Martha El Debs

Tabeliã. Palestrante. Idealizadora e fundadora da Escola de Direito Notarial, Registral e do Extrajudicial (E-dren). Coordenadora e professora de Direito Notarial e Registral em pós-graduações e cursos preparatórios. Autora das obras "Legislação Notarial e de Registros Públicos comentada", "Vade Mecum Notarial e Registral – Coletânea de Leis para Cartórios", "Concurso Cartório SP – Código de Normas, jurisprudência, enunciados e questões", "Revisaço Direito Notarial e Registral", "Jurisprudência de Cartórios" e "Cartórios – Legislação em Questão: Seu Guia de Perguntas e Respostas". Coautora das obras "Repercussões do Novo CPC – Cartórios", Coordenação de Fredie Didier Jr., "Direito de Laje – Do Puxadinho à Digna Moradia", "Sistema Multiportas – A Mediação e a Conciliação nos Cartórios como Instrumento de Pacificação Social e Dignidade Humana", "Revisaço Cartórios", "Revisão Final TJ-MG". Coordenadora das obras "O Novo Marco das Garantias: Aspectos Práticos e Teóricos da Lei 14.711/2023", "Registro de Imóveis – Temas aprofundados", "O Registro Civil na atualidade – A importância dos Ofícios da Cidadania na construção da sociedade atual", "O Novo Protesto de Títulos e Documentos de Dívida – Os Cartórios de Protesto na Era Digital", "Cartórios 2ª Fase – Guia Prático para Resolução de Questões e Peças Práticas dos Concursos de Cartórios", "O Registro Civil das Pessoas Naturais – Reflexões sobre Temas atuais", "Usucapião Extrajudicial", "Cartórios e Acesso à Justiça", "Tabelionato de Notas – Temas Aprofundados, "Registro Civil das Pessoas Naturais – Temas Aprofundados", "Regime Tributário dos Notários e Registradores", "Caderno de Estudos da Lei Seca – Cartórios", "Questões de Provas Orais Comentadas", "Vade Mecum Cartórios – Normas Estaduais – TJRS" e "Vade Mecum Cartórios – Normas Estaduais – TJAL". Tem formação em Programação Neurolinguística (PNL) e neurociência aplicada à educação. Aprovada em diversos concursos na área jurídica, inclusive os de Outorga de Delegação de Notas e de Registro de Imóveis em SP. Mestre em Direito. Especialista em Direito Notarial e Registral, Imobiliário, Civil, Processo Civil, Constitucional e outras áreas.

EDITORA *Jus*PODIVM
www.editorajuspodivm.com.br

LEGISLAÇÃO
NOTARIAL E DE REGISTROS PÚBLICOS

comentada

– artigo por artigo –

Doutrina, Jurisprudência e Questões de concursos

Martha El Debs

LEGISLAÇÃO NOTARIAL E DE REGISTROS PÚBLICOS

comentada

– artigo por artigo –

Doutrina, Jurisprudência e Questões de concursos

7ª edição
revista, ampliada e atualizada

2025

EDITORA *Jus*PODIVM
www.editorajuspodivm.com.br

EDITORA *Jus*PODIVM
www.editorajuspodivm.com.br

Rua Canuto Saraiva, 131 – Mooca – CEP: 03113-010 – São Paulo – São Paulo
Tel: (11) 3582.5757
• Contato: https://www.editorajuspodivm.com.br/central-de-relacionamento

Capa e diagramação: Maitê Coelho e Cendi Coelho *(cendicoelho@gmail.com)*

D288l Debs, Martha El

Legislação Notarial e de Registros Públicos Comentada Artigo por Artigo / Martha El Debs – 7.ed., rev., atual. e ampl. - São Paulo: Editora JusPodivm, 2025.

1952 p.

ISBN: 978-85-442-5425-7

1. Direito Notarial e Registral. I. Debs, Martha El. II. Título.

CDD 341.411

Bibliotecária responsável:
Ana Carolina Ribeiro Mois – CRB7 – RJ 007348/0

7.ª ed., *2.ª tir.:* mar./2025.

Sobre a autora

Martha El Debs

Tabeliã. Palestrante. Idealizadora e fundadora da Escola de Direito Notarial, Registral e do Extrajudicial (E-dren). Coordenadora e professora de Direito Notarial e Registral em pós-graduações e cursos preparatórios. Autora das obras "Legislação Notarial e de Registros Públicos comentada", "Vade Mecum Notarial e Registral – Coletânea de Leis para Cartórios", "Concurso Cartório SP – Código de Normas, jurisprudência, enunciados e questões", "Revisaço Direito Notarial e Registral", "Jurisprudência de Cartórios" e "Cartórios – Legislação em Questão: Seu Guia de Perguntas e Respostas". Coautora das obras "Repercussões do Novo CPC – Cartórios", Coordenação de Fredie Didier Jr., "Direito de Laje – Do Puxadinho à Digna Moradia", "Sistema Multiportas – A Mediação e a Conciliação nos Cartórios como Instrumento de Pacificação Social e Dignidade Humana", "Revisaço Cartórios", "Revisão Final TJ-MG". Coordenadora das obras "O Novo Marco das Garantias: Aspectos Práticos e Teóricos da Lei 14.711/2023", "Registro de Imóveis – Temas aprofundados", "O Registro Civil na atualidade – A importância dos Ofícios da Cidadania na construção da sociedade atual", "O Novo Protesto de Títulos e Documentos de Dívida – Os Cartórios de Protesto na Era Digital", "Cartórios 2ª Fase – Guia Prático para Resolução de Questões e Peças Práticas dos Concursos de Cartórios", "O Registro Civil das Pessoas Naturais – Reflexões sobre Temas atuais", "Usucapião Extrajudicial", "Cartórios e Acesso à Justiça", "Tabelionato de Notas – Temas Aprofundados, "Registro Civil das Pessoas Naturais – Temas Aprofundados", "Regime Tributário dos Notários e Registradores", "Caderno de Estudos da Lei Seca – Cartórios", "Questões de Provas Orais Comentadas", "Vade Mecum Cartórios – Normas Estaduais – TJRS" e "Vade Mecum Cartórios – Normas Estaduais – TJAL". Tem formação em Programação Neurolinguística (PNL) e neurociência aplicada à educação. Aprovada em diversos concursos na área jurídica, inclusive os de Outorga de Delegação de Notas e de Registro de Imóveis em SP. Mestre em Direito. Especialista em Direito Notarial e Registral, Imobiliário, Civil, Processo Civil, Constitucional e outras áreas.

Nota introdutória

O presente trabalho foi idealizado levando-se em conta a consabida necessidade de compilação de uma obra comentada com as mais importantes leis que regem a atividade notarial e registral, quais sejam: a Lei de Registros Públicos (6.015/1973), a Lei de Protesto de Títulos e Outros Documentos de Dívida (9.492/1997), a Lei dos Notários e Registradores (8.935/1994), a Lei dos Emolumentos (10.169/2000), a Lei 7.433/1985 e o seu Decreto regulamentador 93.240/1986, que dispõem acerca da Escritura Pública.

Todas essas leis são estudadas em conjunto com o Código Nacional de Normas da Corregedoria Nacional de Justiça do Conselho Nacional de Justiça (Provimento CNJ n. 149/2023), que também é entrelaçado nas abordagens, promovendo um diálogo enriquecedor entre as normativas.

A presente obra destina-se a difundir temas do Direito Notarial e Registral a todos os operadores do Direito que atuam na área – tabeliães, notários, registradores, escreventes, advogados, promotores de justiça, magistrados, despachantes, corretores e qualquer cidadão que se depare com a temática e tenha interesse por ela.

A Lei 6.015, de 1973, possui mais de quatro décadas de vigência e ainda apresenta grandes desafios à atividade notarial e de registros. A doutrina e a jurisprudência continuam sedimentando interpretações sobre esta vetusta lei, também em razão do advento de diversos diplomas, incluindo a Constituição Federal de 1988, o Código Civil e os inúmeros atos normativos da Corregedoria Nacional de Justiça (CNJ), além dos Provimentos da Corregedoria-Geral da Justiça.

Recentemente, a Lei do SERP e o Marco Legal das Garantias tornaram-se marcos importantes nas áreas do Direito Imobiliário, Notarial e Registral. Esse novo ordenamento representa um avanço significativo no fenômeno da extrajudicialização no país, com a previsão de inúmeros novos processos extrajudiciais. Houve uma robusta acessibilidade notarial e registral.

A mais recente, a Lei n. 14.711/2023, que visa dar agilidade ao mercado imobiliário, trouxe inúmeras alterações que influenciam direta e indiretamente a atividade notarial e registral. A lei possibilita o registro de alienações fiduciárias sucessivas sobre o mesmo imóvel, preservando a prioridade das alienações anteriores. Permite a extensão de garantias reais, facilitando sua renovação sem que se faça a novação do contrato. Introduz regras para a execução de garantia imobiliária em concurso de credores. Estabelece a figura do agente de garantias, terceiro que, em nome dos credores, administra a constituição, gestão e execução das garantias. Reformula os procedimentos de leilão de imóveis em caso de inadimplemento, permitindo ao credor aceitar lances abaixo do valor mínimo em determinadas circunstâncias. A legislação confere novas atribuições aos notários e registradores, como a possibilidade de atuar como mediador/conciliador/árbitro, de gerenciar contas garantia (*escrow* notarial) e de certificar o cumprimento de condições contratuais. Também amplia as funções dos registros civis para emitir certificados de vida, estado civil e domicílio, reforçando o papel dessas entidades no atendimento às necessidades da população. E ainda, indo ao encontro da extrajudicialização, também trouxe novidades aos Tabeliães de Protesto, acrescentando os arts. 11-A e 26-A, que, em normas gerais, dispõe de medidas de solução negocial prévia ao protesto, vencidas ainda não protestadas, e de solução negocial posterior ao protesto.

O fortalecimento de vias alternativas ao Poder Judiciário, promovendo responsável desjudicialização e prestigiando o postulado de justiça multiportas, reforça a adequada interpretação do comando constitucional do art. 5º, XXXV, que não possui a pretensão de transformar a corte estatal na via exclusiva de resolução de litígios.

Aos tabeliães e registradores compete aplicar o direito e proceder de forma a garantir maior segurança e eficiência aos atos por eles elaborados, sempre respeitando os interesses, o direito e as liberdades das partes neles envolvidas.

Profundas inovações legais demandam que nós, profissionais do Direito, em exercício hermenêutico, examinemos as alterações e facilitemos a compreensão da Lei a toda a população.

Não é demais ressaltar que a legislação apresentada nesta obra dialoga com importantes temas do Direito Público e Privado, especialmente com o Direito Civil, com o qual mantém uma relação intrínseca. Assim, era necessária a elaboração de um trabalho que entrelaçasse a legislação registral e notarial com os diversos ramos do Direito, com o intuito de estabelecer um estudo globalizado, holístico, proveitoso e eficaz. Destarte, realiza-se um diálogo de fontes que não se limita apenas ao diploma civil.

O livro apresenta um enfoque interdisciplinar e multicultural, interagindo com outros ramos jurídicos, como o Direito Constitucional, Administrativo, Tributário, Processual Civil, Penal e Ambiental, além de uma ampla legislação esparsa, como, por exemplo, as Leis 4.591/1964 (Incorporação Imobiliária), 5.709/1971 (Aquisição de Imóvel Rural por Estrangeiro), 6.766/1979 (Parcelamento do Solo Urbano), 8.069/1990 (Estatuto da Criança e do Adolescente), 9.514/1997 (Alienação Fiduciária), 12.651/2012 (Código Florestal), 13.465/2017 (Regularização Fundiária, Condomínio de Lotes, Direito Real de Laje), 13.775/2018 (Duplicatas Virtuais), 13.777/2018 (Multipropriedade), 13.709/2018 (Proteção de Dados), 13.784/2019 (Liberdade Econômica), 13.986/2020 (Patrimônio Rural em Afetação), entre outros.

Adicionalmente, são considerados Provimentos, Resoluções, Recomendações e Orientações da Corregedoria Nacional de Justiça (CNJ), legislação sobre cédulas de crédito, letras e notas, além de inúmeros atos normativos que têm notável impacto na atividade notarial, registral e extrajudicial.

Também já era destaque na obra, por ser um tema atual e relevante, o estudo de uma vasta legislação sobre o Registro Eletrônico, que se proliferou nos últimos anos e se intensificou em 2020 devido à pandemia. Nesse sentido, o livro agora está atualizado de acordo com as modificações promovidas pela Lei 14.382/2022 (Lei do Sistema Eletrônico dos Registros Públicos – SERP), que ajustou a Lei de Registros Públicos à revolução cibernética que o mundo vive, prestigiando e aprimorando a virtualização e digitalização dos serviços. Além disso, modernizou e simplificou os procedimentos relativos aos registros públicos de atos e negócios jurídicos, conforme a Lei nº 6.015/1973 e inúmeras outras.

A lei também traz medidas de desburocratização por meio de procedimentos extrajudiciais a serem realizados nos cartórios e normatiza o entendimento da melhor doutrina, além das soluções pactuadas no âmbito de fóruns e enunciados. Nota-se uma clara simpatia e importância que o legislador atribui à desjudicialização.

Assim, de forma geral, a Lei do SERP contribui para o aprimoramento do ambiente de negócios no país, por meio da modernização dos registros públicos, desburocratização dos serviços registrais e centralização nacional das informações e garantias, resultando em redução de custos e prazos, além de maior facilidade para a consulta de informações registrais e envio de documentação para registro.

É importante destacar ainda que o Direito Notarial e Registral também tem avançado de forma significativa na adaptação das normas jurídicas às mudanças sociais, refletindo um compromisso com a justiça e os direitos humanos no contexto contemporâneo.

Esse avanço é evidente na possibilidade de alterações extrajudiciais do nome, permitindo que indivíduos realizem mudanças importantes em sua identificação de maneira mais ágil e acessível, refletindo uma sociedade mais inclusiva e adaptada às necessidades pessoais e identitárias. Além disso, a Resolução 175/2013 do Conselho Nacional de Justiça exemplifica essa modernização ao dispor sobre a habilitação, celebração de casamento civil e a conversão de união estável em casamento entre pessoas do mesmo sexo. Esta resolução é um marco de inclusão e igualdade, refletindo a adaptação das normas jurídicas às transformações sociais e aos direitos fundamentais no contexto contemporâneo.

A obra traz ainda menções das doutrinas clássica e contemporânea, eventos históricos, súmulas, ementas dos tribunais, comentários dos enunciados doutrinários, como os das recentes I Jornada de Direito Notarial e Registral, II Jornada de Prevenção e Solução Extrajudicial de Litígios e IX Jornada de Direito Civil, todas do Conselho da Justiça Federal, e as conclusões internacionais da União Internacional do Notariado Latino (UINL).

A obra também inclui menções às doutrinas clássica e contemporânea, eventos históricos, súmulas, ementas dos tribunais e comentários sobre enunciados doutrinários, como os da recente Jornada de Direito Notarial e Registral, Jornadas de Prevenção e Solução Extrajudicial de Litígios, Jornadas de Direito Civil e Processo Civil e a recente Jornada de Direito do Patrimônio Cultural e Natural, que se conecta diretamente com o

Direito Imobiliários, todas do Conselho da Justiça Federal, além das conclusões internacionais da União Internacional do Notariado Latino (UINL).

Buscou-se o uso de uma linguagem fácil e acessível, sem descuidar do apuro técnico e da profundidade, possibilitando a assimilação do conteúdo, inclusive àqueles que ainda não tiveram contato com o ramo do Direito Notarial e Registral.

Definimos assim a didática que acreditamos ser a ideal: artigo de lei, comentários, jurisprudência complementar (informativos, súmulas, enunciados, decisões do STF, do STJ, dos Tribunais Estaduais, do Conselho Superior da Magistratura, da Corregedoria Geral da Justiça dos Estados e das Varas de Registros Públicos referentes ao artigo) e questões de concursos referentes ao dispositivo. Dessa maneira, o leitor tem à sua disposição, de forma organizada, um pouco de tudo para que seu conhecimento seja completo: lei, doutrina, jurisprudência e exercícios.

A crítica e a avaliação dos leitores serão sempre bem-vindas e vão colaborar para o aperfeiçoamento da obra.

São Paulo, Setembro de 2024.

Martha El Debs

Sumário

Artigos mais cobrados em Concursos 13

LEI Nº 6.015, DE 31 DE DEZEMBRO DE 1973

TÍTULO I – Das Disposições Gerais 15
Capítulo I – Das Atribuições 15
Capítulo II – Da Escrituração 87
Capítulo III – Da Ordem do Serviço 112
Capítulo IV – Da Publicidade 131
Capítulo V – Da Conservação 158
Capítulo VI – Da Responsabilidade 171
TÍTULO II – Do Registro de Pessoas Naturais 171
Capítulo I – Disposições Gerais 172
Capítulo II – Da Escrituração e Ordem de Serviço 260
Capítulo III – Das Penalidades 269
Capítulo IV – Do Nascimento 291
Capítulo V – Da Habilitação para o Casamento 376
Capítulo VI – Do Casamento 398
Capítulo VII – Do Registro do Casamento Religioso para Efeitos Civis 412
Capítulo VIII – Do Casamento em Iminente Risco de Vida 420
Capítulo IX – Do Óbito 423
Capítulo X – Da Emancipação, Interdição e Ausência 444
Capítulo XI – Da Legitimação Adotiva 466
Capítulo XII – Da Averbação 467
Capítulo XIII – Das Anotações 481
Capítulo XIV – Das Retificações, Restaurações e Suprimentos 484
TÍTULO III – Do Registro Civil de Pessoas Jurídicas 497
Capítulo I – Da Escrituração 497
Capítulo II – Da Pessoa Jurídica 533
Capítulo III – Do Registro de Jornais, Oficinas Impressoras, Empresas de Radiodifusão e Agências de Notícias 539
TÍTULO IV – Do Registro de Títulos e Documentos 545
Capítulo I – Das Atribuições 545
Capítulo II – Da Escrituração 577
Capítulo III – Da Transcrição e da Averbação 585
Capítulo IV – Da Ordem do Serviço 587
Capítulo V – Do Cancelamento 607
TÍTULO V – Do Registro de Imóveis 608
Capítulo I – Das Atribuições 608
Capítulo II – Da Escrituração 1067
Capítulo III – Do Processo do Registro 1120
Capítulo IV – Das Pessoas 1240
Capítulo V – Dos Títulos 1243
Capítulo VI – Da Matrícula 1263
Capítulo VII – Do Registro 1278

Capítulo VIII – Da Averbação e do Cancelamento 1296
Capítulo IX – Do Bem de Família 1336
Capítulo X – Da Remição do Imóvel Hipotecado 1342
Capítulo XI – Do Registro Torrens 1350
Capítulo XII – Do Registro da Regularização Fundiária Urbana 1355

TÍTULO VI – Das Disposições Finais e Transitórias 1368

LEI Nº 9.492, DE 10 DE SETEMBRO DE 1997

Capítulo I – Da Competência e das Atribuições 1395
Capítulo II – Da Ordem dos Serviços 1461
Capítulo III – Da Distribuição 1481
Capítulo IV – Da Apresentação e Protocolização 1494
Capítulo V – Do Prazo 1511
Capítulo VI – Da Intimação 1515
Capítulo VII – Da Desistência e Sustação do Protesto 1524
Capítulo VIII – Do Pagamento 1531
Capítulo IX – Do Registro do Protesto 1534
Capítulo X – Das Averbações e do Cancelamento 1552
Capítulo XI – Das Certidões e Informações do Protesto 1566
Capítulo XII – Dos Livros e Arquivos 1575
Capítulo XIII – Dos Emolumentos 1581
Capítulo XIV – Disposições Finais 1589

LEI Nº 8.935, DE 18 DE NOVEMBRO DE 1994

TÍTULO I – Dos Serviços Notariais e de Registros 1597
Capítulo I – Natureza e Fins 1597
Capítulo II – Dos Notários e Registradores 1604
Seção I – Dos Titulares 1604
Seção II – Das Atribuições e Competências dos Notários 1607
Seção III – Das Atribuições e Competências dos Oficiais de Registros 1693

TÍTULO II – Das Normas Comuns 1695
Capítulo I – Do Ingresso na Atividade Notarial e de Registro 1695
Capítulo II – Dos Prepostos 1721
Capítulo III – Responsabilidade Civil e Criminal 1735
Capítulo IV – Das Incompatibilidades e dos Impedimentos 1760
Capítulo V – Dos Direitos e Deveres 1780
Capítulo VI – Das Infrações Disciplinares e das Penalidades 1794
Capítulo VII – Da Fiscalização pelo Poder Judiciário 1813
Capítulo VIII – Da Extinção da Delegação 1816
Capítulo IX – Da Seguridade Social 1835

TÍTULO III – Das Disposições Gerais 1839
TÍTULO IV – Das Disposições Transitórias 1847

LEI Nº 10.169, DE 29 DE DEZEMBRO DE 2000

Lei nº 10.169, de 29 de dezembro de 2000 1857

LEI Nº 7.433, DE 18 DE DEZEMBRO DE 1985 E DECRETO Nº 93.240, DE 9 DE SETEMBRO DE 1986

Lei nº 7.433, de 18 de dezembro de 1985 1891
Decreto nº 93.240, de 9 de setembro de 1986 1892

Resumo dos prazos das serventias extrajudiciais 1943

Bibliografia 1947

Artigos mais cobrados
em Concursos

Lei 6.015/1973 – Lei de Registros Públicos	Arts. 1º, 2º, 3º, 4º, 5º, 6º, 7º, 8º, 9º, 10, 12, 13, 14, 15, 16, 17, 18, 19, 22 a 27, 29, 30, 33, 46, 49, 50, 52, 53, 54, 55, 56, 57, 58, 67, 70, 71, 72, 73, 74, 76, 77, 78, 79, 80, 89, 90, 91, 92, 93, 94, 97, 98, 99, 106, 107, 109, 110, 114, 115, 116, 119, 120, 122, 127, 129, 132, 135, 137, 148, 160, 164, 167, 168, 169, 172, 173, 174, 175, 176, 177, 178, 184, 186, 187, 188, 190, 192, 195, 198, 199, 200, 201, 202, 203, 204, 205, 212, 213, 214, 221, 227, 228, 229, 234, 235, 237, 250.
Lei 9.492/1997 – Lei do Protesto	Arts. 1º, 2º, 3º, 5º, 6º, 7º, 8º, 9º, 10, 11, 12, 13, 14, 15, 16, 17, 19, 21, 22, 25, 26, 27, 29, 31, 36, 37, 38, 40.
Lei 8.935/1994 – Lei dos Notários e dos Registradores	Arts. 1º, 3º, 4º, 5º, 6º, 7º, 8º, 9º, 11, 14, 15, 16, 17, 18, 19, 20, 21, 22, 23, 24, 25, 27, 28, 29, 30, 31, 32, 33, 34, 35, 36, 39, 40, 41, 43, 44, 45, 46.
Lei 10.169/2000 – Lei dos Emolumentos	Arts. 2º, 4º, 6º, 7º e 8º.
Lei 7.433/1985 – Lei da Escritura Pública	Arts. 1º e 2º
Decreto 93.240/1986 – *Regulamenta a Escritura Pública*	Arts. 1º, 2º e 3º

*Para facilitar o estudo, destacamos, ao longo do livro, os números dos **artigos mais cobrados nas provas de concursos.***

Dispõe sobre os registros públicos, e dá outras providências.

TÍTULO I – DAS DISPOSIÇÕES GERAIS

CAPÍTULO I – DAS ATRIBUIÇÕES

Art. 1º Os serviços concernentes aos Registros Públicos, estabelecidos pela legislação civil para autenticidade, segurança e eficácia dos atos jurídicos, ficam sujeitos ao regime estabelecido nesta Lei.

§ 1º Os Registros referidos neste artigo são os seguintes:

I – o registro civil de pessoas naturais;

II – o registro civil de pessoas jurídicas;

III – o registro de títulos e documentos;

IV – o registro de imóveis.

§ 2º Os demais registros reger-se-ão por leis próprias.

§ 3º Os registros serão escriturados, publicizados e conservados em meio eletrônico, nos termos estabelecidos pela Corregedoria Nacional de Justiça do Conselho Nacional de Justiça, em especial quanto aos:

I - padrões tecnológicos de escrituração, indexação, publicidade, segurança, redundância e conservação; e

II - prazos de implantação nos registros públicos de que trata este artigo.

§ 4º É vedado às serventias dos registros públicos recusar a recepção, a conservação ou o registro de documentos em forma eletrônica produzidos nos termos estabelecidos pela Corregedoria Nacional de Justiça do Conselho Nacional de Justiça.

1.1 REGIME JURÍDICO DO SISTEMA REGISTRAL E NOTARIAL[1]

Cumpre-nos iniciar este trabalho apresentando, para uma melhor compreensão das leis comentadas nesta obra, as características do regime jurídico dos como instrumentos contratuais de privatização do exercício dessa atividade material (não jurídica) em que se constituem os serviços públicos.

2) A delegação que lhes timbra a funcionalidade não se traduz, por nenhuma forma, em cláusulas con-

Lei nº 6.015,

de 31 de dezembro de 1973

Dispõe sobre os registros públicos, e dá outras providências.

TÍTULO I – DAS DISPOSIÇÕES GERAIS

CAPÍTULO I – DAS ATRIBUIÇÕES

Art. 1º Os serviços concernentes aos Registros Públicos, estabelecidos pela legislação civil para autenticidade, segurança e eficácia dos atos jurídicos, ficam sujeitos ao regime estabelecido nesta Lei.

§ 1º Os Registros referidos neste artigo são os seguintes:

I – o registro civil de pessoas naturais;

II – o registro civil de pessoas jurídicas;

III – o registro de títulos e documentos;

IV – o registro de imóveis.

§ 2º Os demais registros reger-se-ão por leis próprias.

§ 3º Os registros serão escriturados, publicizados e conservados em meio eletrônico, nos termos estabelecidos pela Corregedoria Nacional de Justiça do Conselho Nacional de Justiça, em especial quanto aos:

I - padrões tecnológicos de escrituração, indexação, publicidade, segurança, redundância e conservação; e

II - prazos de implantação nos registros públicos de que trata este artigo.

§ 4º É vedado às serventias dos registros públicos recusar a recepção, a conservação ou o registro de documentos em forma eletrônica produzidos nos termos estabelecidos pela Corregedoria Nacional de Justiça do Conselho Nacional de Justiça.

1.1 REGIME JURÍDICO DO SISTEMA REGISTRAL E NOTARIAL[1]

Cumpre-nos iniciar este trabalho apresentando, para uma melhor compreensão das leis comentadas nesta obra, as características do regime jurídico dos sistemas registral e notarial, conforme lecionado por Carlos Ayres Britto na ADI 2.415, veja-se:

1) Trata-se de atividades jurídicas que são próprias do Estado, porém exercidas por particulares mediante delegação. Exercidas ou traspassadas, mas não por conduto da concessão ou da permissão, normadas pelo *caput* do art. 175 da Constituição como instrumentos contratuais de privatização do exercício dessa atividade material (não jurídica) em que se constituem os serviços públicos.

2) A delegação que lhes timbra a funcionalidade não se traduz, por nenhuma forma, em cláusulas contratuais.

3) A sua delegação somente pode recair sobre pessoa natural, e não sobre uma empresa ou pessoa mercantil, visto que de empresa ou pessoa mercantil é que versa a Magna Carta Federal em tema de concessão ou permissão de serviço público.

4) Para se tornar delegatária do poder público, tal pessoa natural há de ganhar habilitação em concurso público de provas e títulos, e não por adjudicação em processo licitatório, regrado, este, pela Constituição como antecedente necessário

1. Toda a legislação citada nos comentários desta obra está disponível em EL DEBS, Martha. *Vade Mecum Notarial e Registral*. Coletânea de Leis para Cartórios. 11ª ed. São Paulo: Juspodivm, 2024.

do contrato de concessão ou de permissão para o desempenho de serviço público.

5) Cuida-se ainda de atividades estatais cujo exercício privado jaz sob a exclusiva fiscalização do Poder Judiciário, e não sob órgão ou entidade do Poder Executivo, sabido que por órgão ou entidade do Poder Executivo é que se dá a imediata fiscalização das empresas concessionárias ou permissionárias de serviços públicos. Por órgãos do Poder Judiciário é que se marca a presença do Estado para conferir certeza e liquidez jurídica às relações inter partes, com esta conhecida diferença: o modo usual de atuação do Poder Judiciário se dá sob o signo da contenciosidade, enquanto o invariável modo de atuação das serventias extraforenses não adentra essa delicada esfera da litigiosidade entre sujeitos de direito.

6) As atividades notariais e de registro não se inscrevem no âmbito das remuneráveis por tarifa ou preço público, mas no círculo das que se pautam por uma tabela de emolumentos, jungidos esses a normas gerais que se editam por lei necessariamente federal.

7) As serventias extrajudiciais se compõem de um feixe de competências públicas, embora exercidas em regime de delegação a pessoa privada. Competências que fazem de tais serventias uma instância de formalização de atos de criação, preservação, modificação, transformação e extinção de direitos e obrigações. Se esse feixe de competências públicas investe as serventias extrajudiciais em parcela do poder estatal idônea à colocação de terceiros numa condição de servil acatamento, a modificação dessas competências estatais (criação, extinção, acumulação e desacumulação de unidades) somente é de ser realizada por meio de lei em sentido formal, segundo a regra de que ninguém será obrigado a fazer ou deixar de fazer alguma coisa senão em virtude de lei.

1.2 DISCIPLINA DAS ATIVIDADES NOTARIAL E DE REGISTROS PÚBLICOS NA CONSTITUIÇÃO FEDERAL DE 1988

Reza o **art. 22, XXV**, da Carta Magna que compete **privativamente** à União legislar sobre registros públicos.

No mesmo diploma, o art. 236 trata da atividade notarial e de registro, veja-se:

> **Art. 236.** Os serviços notariais e de registro são exercidos em caráter privado, por delegação do Poder Público.
>
> § 1º Lei regulará as atividades, disciplinará a responsabilidade civil e criminal dos notários, dos oficiais de registro e de seus prepostos, e definirá a fiscalização de seus atos pelo Poder Judiciário.
>
> § 2º Lei federal estabelecerá normas gerais para fixação de emolumentos relativos aos atos praticados pelos serviços notariais e de registro.
>
> § 3º O ingresso na atividade notarial e de registro depende de concurso público de provas e títulos, não se permitindo que qualquer serventia fique vaga, sem abertura de concurso de provimento ou de remoção, por mais de seis meses.

A Emenda Constitucional 45/2004 incluiu o **art. 103-B, § 4º, III (cuja redação foi alterada pela Emenda Constitucional nº 103, de 2019)**, estabelecendo a competência do Conselho Nacional de Justiça para receber e conhecer as reclamações contra membros ou órgãos do Poder Judiciário, inclusive contra seus **serviços auxiliares, serventias e órgãos prestadores de serviços notariais e de registro que atuem por delegação do poder público ou oficializados**, sem prejuízo da competência disciplinar e correicional dos tribunais, podendo avocar processos disciplinares em curso, determinar a remoção ou a disponibilidade e aplicar outras sanções administrativas, assegurada ampla defesa. Esta temática está esmiuçada nos comentários da Lei n. 8.935/1994 (Lei dos Notários e Registradores), nesta obra.

No Ato de Disposições Constituições Transitórias (ADCT) também existe dispositivo regulamentando a atividade notarial e de registro. Assim, preceitua o **art. 32** que o disposto no art. 236 **não se aplica** aos serviços notariais e de registro que já tenham sido oficializados pelo Poder Público, respeitando-se o direito de seus servidores. Em outras palavras, o artigo 32 do ADCT estabelece uma **exceção** à regra geral do art. 236. Isso significa que os cartórios que eram estatizados antes da Constituição Cidadã podem continuar operando nesse regime, sem a necessidade de delegação a particulares. Além disso, o artigo 32 do ADCT ressalta que deve ser respeitado o direito dos servidores que já atuavam nesses serviços oficializados. Tem-se aqui uma proteção à situação específica dos serviços notariais e de registro que foram integrados ao aparato do Estado antes da Constituição de 1988, assegurando que as alterações trazidas pelo art. 236 não afetem as estruturas e os empregos já estabelecidos sob o regime anterior.

1.3 NATUREZA JURÍDICA DA LEI 6.015/1973

A Lei de Registros Públicos, regulamentada pela Lei nº 6.015/1973 no Brasil, possui uma natureza jurídica de **lei ordinária federal**. Não obstante ser essencialmente de **índole formal**, apresenta também **natureza material**. No aspecto material, ela estabelece direitos e obrigações substantivas, destacando-se, por exemplo, o artigo 172 e os artigos relacionados à instituição do bem de família. Na dimensão formal, a lei define regras procedimentais, incluindo o procedimento de dúvida, a remição de imóveis hipotecados e a retificação contenciosa dos registros.

1.4 NATUREZA JURÍDICA DO PROVIMENTO CNJ N. 149/2023

O Provimento nº 149/2023, editado pelo Corregedor Nacional de Justiça, Ministro Luis Felipe Salomão, e conhecido como Código Nacional de Normas da Corregedoria Nacional de Justiça do Conselho Nacional de Justiça - Foro Extrajudicial (CNN/CN/CNJ-Extra), ou de modo simplificado, Código Nacional de Normas, foi publicado no Diário da Justiça em 4 de setembro de 2023.

É evidente que essa normativa possui caráter de consolidação, uma vez que compilou provimentos previamente editados pelo CNJ. Apesar de ser denominado como "código", as normas presentes têm a natureza de uma consolidação, conforme expressamente indicado na exposição de motivos que acompanhou a sua edição.

Mas afinal, qual é a diferença entre um código e uma consolidação? E consolidação se distingue de compilação?

Ricardo Dip nos ensina que a exposição de motivos do aqui versado Código de Nacional do Extrajudicial indicou a intenção de eliminar a diáspora normativa referente às atividades extrajudiciais, por ser esta dispersão "*potencialmente nociva à segurança jurídica*", já por faltar-se articulação sistêmica, já por permitir a sobrevivência aparente de normas revogadas de maneira implícita. Referiu-se ainda o expresso objetivo de, sem embargo de "*ajustes redacionais*", evitar "*inovações normativas*". Estas características são as **idealmente** próprias de uma **consolidação**. Mas, quando menos de fato, há uma linha tênue a separar, de um lado, a consolidação, e, de outro, um código.

Com efeito, numa perspectiva ideal, ao passo em que os **códigos** hospedam inovações normativas, já as **consolidações** somente juntam normas dispersas, sem as inovar. Diversamente, contudo, do que se passa com as **compilações** –que apenas juntam os textos dos atos normativos preexistentes–, as consolidações podem modificar a redação desses atos: por elas, ensinou José de Oliveira Ascensão, "*os próprios textos são alterados; o que passa para a consolidação não são as fórmulas, são as regras, e estas podem receber nova formulação*" (*in O direito -Introdução e teoria geral*, ed. Verbo, 4.ed., Lisboa, 1987, p. 296).

Acontece que a ordenação consolidativa dos atos normativos preexistentes –é dizer, sua incorporação ordenada em um ato formal e expressivamente unitário–, se bem que, em linha de princípio, aparte (o que também se indica para a compilação, que se supõe preexistir à tarefa de consolidar), modificações que representem inovações fundamentais na normativa prévia, calha que a recondução dessa normativa anterior dispersa a uma unidade expressiva formal e sistêmica termina, frequentemente, por implicar (ao menos) de fato algumas alterações. Para logo, a só circunstância típica de admitirem-se, na consolidação, "*ajustes redacionais*" –ou seja, novas formulações literais– é propícia à atração de possíveis novas compreensões de significados a partir dos novos textos.

O teor do mencionado Provimento 150/2023 –com **novas** regras acerca do processo extrajudicial de adjudicação compulsória de imóveis e sobre o Agente Regulador dos Operados Nacionais dos Registros Públicos– vem de feição para ilustrar que o Código Nacional de Normas, **sendo sobretudo consolidação, não deixa de incluir inovações**, o que, pois, vai além do modelo próprio de uma consolidação.

1.5 O DIREITO REGISTRAL E O DIREITO NOTARIAL

Luiz Guilherme Loureiro explicita que **o direito notarial** é "o conjunto de normas e princípios que regulam a função do notário, a organização do notariado e os documentos ou instrumentos redigidos por este profissional do direito que, a título privado, exerce uma função pública por delegação do Estado. O conceito do **direito registral** é similar: trata-se do conjunto de normas e princípios que regulam a atividade do registrador, o órgão do Registro, os procedimentos registrais e os efeitos da publicidade registral, bem como o estatuto jurídico aplicável a este profissional do direito. (*Registros Públicos. Teoria e Prática*. 7. ed. São Paulo: Juspodivm, 2019, p. 50).

O autor ressalta ainda que "a única similitude entre um e outro direito é a finalidade precípua de ambos os microssistemas, que é a segurança jurídica preventiva, e o estatuto legal aplicável aos respectivos agentes e profissionais do direito, ou seja, os modos de acesso às atividades próprias, os direitos, os deveres, os impedimentos e as responsabilidades. No que concerne ao modo de atuação, às competências e atribuições, há diferenças consideráveis nas normas que formam os direitos notarial e de registro. O notário – não só em decorrência das normas acima citadas, mas também de seu surgimento espontâneo por razões de necessidade e utilidade individual e social, é o jurista do cotidiano da pessoa comum, responsável pela aplicação e aperfeiçoamento do direito privado –, é o conselheiro imparcial dos particulares na realização dos atos e negócios mais importantes nas esferas patrimonial e pessoal de suas vidas. Ele é o profissional do direito que está presente no momento mesmo da celebração dos negócios jurídicos, que atende as partes diversas antes da concretização do negócio, ouve as respectivas vontades, cientifica-se dos bens da vida por essas pretendidos, aconselha-as sobre os riscos, benefícios, aspectos fiscais e efeitos jurídicos do ato desejado e, finalmente, cria e autoriza o negócio jurídico solene, adotando os cuidados e cautelas legais para a sua perfeição, validade e eficácia. Trata-se, portanto, de um jurista de confiança das partes, de livre escolha das mesmas, observadas algumas limitações territoriais. Já o registrador é o agente de um órgão ou instituição pensada e criada para tornar cognoscível de todos os membros da comunidade determinados fatos e situações jurídicas de especial relevância. Seja por repercutirem nas esferas jurídicas de todos, seja por serem essenciais para a segurança e o progresso do tráfico jurídico e econômico, tais situações subjetivas devem ser acessíveis ao conhecimento de todos os cidadãos" (Op. cit., p. 50).

A Lei 6.015/1973 criou variadas modalidades de registros para a publicidade jurídica de fatos ou situações jurídicas de naturezas diversas. Assim, existem diferentes tipos de registradores, cada qual com atribuições e competências dissemelhantes, que veremos mais adiante.

Por fim, cumpre salientar que tanto o direito notarial quanto o direito registral constituem campo da ciência jurídica e avançam como os demais. Tal afirmação é ratificada pela crescente edição de novas leis, resoluções, provimentos (ato de caráter normativo, com a finalidade de regulamentar, esclarecer ou interpretar a aplicação de dispositivos genéricos de lei, aprovar ou expedir regulamentos e regimentos internos dos organismos e estruturas administrativas), recomendações, orientações, decretos, portarias, além da expansão da jurisprudência e doutrina especializada e pelo surgimento de institutos, academias e instituições de estudo e ensino de Direito Notarial e Registral no Brasil.

Vale observar que recentemente o Supremo Tribunal Federal classificou as resoluções do Conselho Nacional de Justiça como atos normativos primários, ou seja, atos que podem inovar no ordenamento jurídico, independentemente da existência de interposto texto legal, uma vez que o fundamento de validade para edição de tais atos primários advém da própria CF (CNJ: art. 103-B, II, CF)

1.6 OS SERVIÇOS REGISTRAIS E OS SERVIÇOS NOTARIAIS

O parágrafo 1º do dispositivo em questão indica quais são os serviços concernentes aos Registros Públicos **regidos pela Lei 6.015/1973**. São eles:

a) **Registro Civil de Pessoas Naturais**, regulamentado pelos **artigos 29 a 113 da Lei 6.015/1973, art. 5º, VI, da Lei 8.935/1994** e **legislação esparsa**, como por exemplo, Resoluções e Provimentos do Conselho Nacional de Justiça, que serão analisados detalhadamente ao longo desta obra.

No Ofício Civil das Pessoas Naturais são registrados os mais relevantes atos jurídicos referentes à pessoa natural, tais como, os nascimentos; casamentos; conversões de união estável em casamento; casamento religioso de efeito civil; óbitos; natimortos; emancipações; sentenças declaratórias de interdição, ausência e de morte presumida; transcrições de assentos de nascimento, casamento e óbito lavrados no exterior; opções de nacionalidade; registro da união estável, sentenças de adoção (art. 29 da Lei 6.015/1973 e art. 9º do Código Civil). Em outros Estados, como por exemplo, no Estado de São Paulo também pode ser registrado no Registro Civil das Pessoas Naturais, a autenticação de livros comerciais, observado o Decreto-Lei nº 486, de 3 de março de 1969, regulamentado pelo Decreto Federal nº 64.567, de 22 de maio de 1969, até que haja absorção pela Junta Comercial do Estado de São Paulo – JUCESP, ou outra autoridade pública. Ademais, frise-se que em alguns estados onde já existia lei específica quando da publicação da Lei 8.935/1994, o art. 52 da Lei 8.935/1994 expressamente permite que os Oficiais do Registro Civil das Pessoas Naturais pratiquem atos notariais referentes à lavratura de procurações, substabelecimento e revogação de procurações públicas, além de reconhecimentos de firma e autenticações de cópias.

b) **Registro Civil de Pessoas Jurídicas**, regido pelos **artigos 114 a 126 da Lei 6.015/1973, art. 5º, V, da Lei 8.935/1994** e **legislação esparsa**, como por exemplo, atos normativos do Conselho Nacional de Justiça, que também serão analisados ao em momento oportuno. Nesta Serventia, inscrevem-se os atos constitutivos das sociedades simples, associações, fundações e dos partidos políticos. Anote-se que este Ofício recepciona desde o ato constitutivo até o da extinção das entidades supracitadas. Também serão feitas as matrículas de jornais, periódicos, oficinas impressoras, agências de notícias e empresas de radiodifusão. Apenas as entidades que possuem objeto lícito é que poderão ser registradas neste Ofício, e consequentemente, adquirir **personalidade jurídica**.

c) **Registro de Títulos e Documentos** regulado pelos **artigos 127 a 166 da Lei 6.015/1973, art. 5º, V, da Lei 8.935/1994** e **legislação esparsa**. O Registro de Títulos e Documentos, no âmbito de suas atribuições é o serviço de organização técnica e administrativa que tem por finalidade assegurar a autenticidade, segurança, publicidade e eficácia dos atos e negócios jurídicos, constituindo ou declarando direitos e obrigações, para prova de sua existência e data, além da conservação perpétua de seu conteúdo e efeitos *erga omnes*. Este Ofício tem competência residual, equivale dizer, no RTD são registrados todos os documentos que a legislação não tenha atribuído aos demais tipos de cartórios.

d) **Registro de Imóveis**, previsto nos **artigos 167 a 288 da Lei 6.015/1973, art. 5º, IV, da Lei 8.935/1994** e **legislação esparsa,** analisados em momento oportuno nesta obra. O Registro de Imóveis é o repositório de todas as informações da propriedade imobiliária. Ao Ofício de Imóveis cumpre, na forma da lei, garantir autenticidade, publicidade, segurança, disponibilidade e eficácia dos atos jurídicos constitutivos, declaratórios, translativos ou extintivos de direitos reais sobre imóveis. Assim, o registro de imóveis estabelece o direito de propriedade imobiliária e tem suas atribuições previstas no art. 167 desta Lei.

O parágrafo 2º preceitua que os demais registros reger-se-ão por **leis próprias**.

Assim, o **Tabelionato de notas** e o **Tabelionato e Ofício de Registro de Contratos Marítimos** são regidos pela **Lei 8.935/1994** e **legislação esparsa** (ex.: Resolução CNJ 35/2007; Provimentos do CNJ ; Lei 7.433/1985 e Decreto 93.240/1986); o **Tabelionato de Protestos** é subordinado à **Lei 9.492/1997 e legislação esparsa**; o registro das sociedades empresárias é feito no **Registro Público das Empresas Mercantis** regulado pela **Lei 8.934/1994**; enquanto a **Lei 9.279/1996** e a **Lei 9.610/1998** regem, respectivamente, a **Propriedade Industrial** e a **Propriedade Intelectual.** A **Lei 4.827/1924** previa a reorganização dos registros públicos instituídos pelo Código Civil. A título de curiosidade, referida lei estabelecia competência também para o registro da propriedade literária, científica e artística.

As atribuições e competências dos Tabeliães de Notas estão definidas nos artigos 6º a 7-Aº da Lei 8.935/1994.

O notário é um legítimo preventor de litígios, além de ser um conselheiro jurídico imparcial das partes.

A função notarial confere aos notários a competência de formalizar juridicamente a vontade das partes. Eles intervêm nos atos e negócios jurídicos nos quais as partes devam ou desejem conferir forma legal ou autenticidade, seja autorizando, seja redigindo os instrumentos adequados. Além disso, os notários são responsáveis por conservar os originais desses documentos e expedir cópias fidedignas de seu conteúdo, bem como por autenticar fatos.

Por sua vez, a **competência exclusiva** do notário é estabelecida no art. 7º da Lei 8.935/1994, nestes termos:

> **Art. 7º** Aos tabeliães de notas compete com exclusividade:
>
> I - lavrar escrituras e procurações, públicas;
>
> II - lavrar testamentos públicos e aprovar os cerrados;
>
> III - lavrar atas notariais;
>
> IV - reconhecer firmas;
>
> V - autenticar cópias.

É importante destacar também a competência exclusiva estabelecida pelo artigo 306 do Provimento CNJ nº 149/2023, que faz parte do Código Nacional de Normas da Corregedoria Nacional de Justiça do Conselho Nacional de Justiça – Foro Extrajudicial (CNN/CN/CNJ-Extra), É importante destacar também a competência exclusiva estabelecida pelo artigo 306 do Provimento CNJ nº 149/2023, que faz parte do Código Nacional de Normas da Corregedoria Nacional de Justiça do Conselho Nacional de Justiça – Foro Extrajudicial (CNN/CN/CNJ-Extra) que traz regras sobre a prática de atos notariais eletrônicos utilizando o sistema e-Notariado, neste sentido:

> **Art. 306.** Compete, exclusivamente, ao tabelião de notas:
> I - a materialização, a desmaterialização, a autenticação e a verificação da autoria de documento eletrônico;
>
> II - autenticar a cópia em papel de documento original digitalizado e autenticado eletronicamente perante outro notário;
>
> III - reconhecer as assinaturas eletrônicas apostas em documentos digitais, ato que terá a mesma força jurídica de um reconhecimento de firma; e
>
> IV - realizar o reconhecimento da firma como autêntica no documento físico, devendo ser confirmadas, por videoconferência, a identidade, a capacidade daquele que assinou e a autoria da assinatura a ser reconhecida.
>
> § 1º Tratando-se de documento atinente a veículo automotor, será competente para o reconhecimento de firma, de forma remota, o tabelião de notas do município de emplacamento do veículo ou de domicílio do adquirente indicados no Certificado de Registro de Veículo - CRV ou na Autorização para Transferência de Propriedade de Veículo - ATPV.
>
> § 2º O tabelião arquivará o trecho da videoconferência em que constar a ratificação da assinatura pelo signatário com expressa menção ao documento assinado, observados os requisitos previstos no parágrafo único do art. 3º deste provimento.

A Lei n. 14.711/2023, conhecida como Marco Legal das Garantias, trouxe novas atribuições aos Tabeliães de Notas, que serão analisadas de forma minuciosa em momento oportuno nesta obra. Veja-se:

> **Art. 6º-A** A pedido dos interessados, os tabeliães de notas comunicarão ao juiz da vara ou ao tribunal, conforme o caso, a **existência de negociação em curso entre o credor atual de precatório ou de crédito reconhecido em sentença transitada em julgado e terceiro**, o que constará das informações ou consultas que o juízo emitir, consideradas ineficazes as cessões realizadas para pessoas não identificadas na comunicação notarial se, dentro do prazo de 15 (quinze) dias corridos, contado do recebimento desta pelo juízo, for lavrada a respectiva escritura pública de cessão de crédito.
>
> (...)
>
> **Art. 7º-A** Aos tabeliães de notas também compete, **sem exclusividade**, entre outras atividades:
>
> I - certificar o implemento ou a frustração de condições e outros elementos negociais, respeitada a competência própria dos tabeliães de protesto;
>
> II - atuar como mediador ou conciliador;
>
> III - atuar como árbitro.

(...)

No que diz respeito à competência do Tabelião de Protesto de Títulos e Documentos de Dívida, esta é estabelecida no artigo. 11 da Lei 8.935/1994 e no artigo 3º da Lei 9.492/1997.

O Protesto é o ato formal e solene pelo qual se prova a inadimplência e o descumprimento de obrigação originada em títulos e outros documentos de dívida, cujo objeto são títulos de crédito e documentos de dívida.

No conceito moderno e abrangente, um documento de dívida é qualquer documento que represente uma obrigação com conteúdo econômico, isto é, de natureza pecuniária. Exemplos incluem contratos de aluguel, de alienação fiduciária, de arrendamento mercantil, honorários advocatícios, encargos condominiais, termos de conciliação da Justiça do Trabalho e confissões de dívida.

Decisões judiciais transitadas em julgado também podem ser levadas a protesto após o prazo para pagamento voluntário, que é de 15 dias conforme o artigo 523 do Código de Processo Civil. Embora o protesto de tais documentos já fosse possível, a explicitação dessa faculdade se tornou mais evidente com as alterações introduzidas pelo novo Código de Processo Civil, especialmente nos artigos 517, que trata do protesto de decisão judicial em geral, e 528, que aborda o protesto de decisões de prestação de alimentos. Adicionalmente, a reforma trabalhista incorporou ao texto da Consolidação das Leis do Trabalho (CLT) o artigo 883-A, que expressamente possibilita o protesto de decisões judiciais trabalhistas.

De igual modo, a certidão de dívida ativa (CDA), um legítimo documento de dívida, teve seu protesto destacado após a promulgação da Lei 12.767/2012, que incluiu o parágrafo único no art. 1º do Diploma Protestual e declarado constitucional pelo Supremo Tribunal Federal na Ação Direta de Inconstitucionalidade (ADI) 5135, em que a Confederação Nacional da Indústria (CNI) questionou tal norma. Por maioria, o Plenário entendeu que a utilização do protesto pela Fazenda Pública para promover a cobrança extrajudicial de CDAs e acelerar a recuperação de créditos tributários é constitucional e legítima.

A Lei n. 14.711/2023, indo ao encontro da extrajudicialização, também trouxe novidades aos Tabeliães de Protesto, acrescentando os arts. 11-A e 26-A, que, em normas gerais, dispõe de medidas de solução negocial prévia ao protesto, vencidas ainda não protestadas, e de solução negocial posterior ao protesto. A Corregedoria Nacional de Justiça, por meio do Provimento n. 168, de 27 de maio de 2024, regulamentou estas questões e definiu novas regras para negociação de dívidas protestadas ou em vias de protesto, favorecendo negociações. O novo instrumento simplifica a aplicação da norma nas serventias brasileiras que tenham essa atribuição. A medida possibilita ainda a redução do número de demandas que sobrecarregam o Poder Judiciário. Esta matéria também será analisada de forma pormenorizada em momento oportuno nesta obra.

Por derradeiro, cumpre informar que o protesto de títulos é o meio legal para registrar não só a falta de pagamento, mas também a falta de aceite ou de devolução (obviamente nos títulos que permitem tais atos cambiários – duplicata e letra de câmbio).

1.7. A IMPORTÂNCIA DAS ATIVIDADES NOTARIAIS E DE REGISTROS

As Serventias Extrajudiciais são responsáveis por assegurar a publicidade, autenticidade, segurança e eficácia dos atos jurídicos. Em razão disso, exercem um relevante papel para o **desenvolvimento econômico e social do país**.

Os serviços extrajudiciais fazem parte da Administração Pública como atividade jurídica. Eles se sujeitam aos princípios do Direito Administrativo, incluindo aqueles previstos no art. 37 da Constituição Federal, a saber: legalidade, impessoalidade, moralidade, publicidade e eficiência (LIMPE).

A relevância de seus objetivos institucionais e seus reais benefícios, na maioria das vezes, é vista de forma distorcida pela população, que enxerga tal serviço como uma marca do ranço burocrático brasileiro. No entanto, desde a Constituição Federal de 1988, os serviços notariais e de registros públicos vêm ampliando suas competências em face dos direitos fundamentais, colaborando para a **prevenção e solução de litígios** ao oferecer segurança jurídica aos atos e fatos formalizados em razão de sua competência.

Outrossim, as serventias extrajudiciais exercem um importante papel na **extrajudiciallizaçao e desafogo do Poder Judiciário e das relações privadas**. Neste contexto, entende-se por extrajudicilização o processo de transferência para os cartórios extrajudiciais de alguns serviços que estão na esfera da justiça, com o objetivo de simplificar processos e agilizar ações que não envolvem litígio.

Para ilustrar, podemos citar a Lei 11.441/2007, que possibilitou a realização de inventário, partilha, separação consensual e divórcio consensual por via administrativa. Na esfera do protesto extrajudicial, atualmente é pacífica a ideia de protesto de certidões de dívidas ativas, em razão da inclusão do parágrafo único do art. 1º da Lei 9.492/1997, que foi declarado constitucional pela Ação Direta de Inconstitucionalidade (ADI) 5135.

O Novo Código de Processo Civil também contribuiu significativamente para este fenômeno, prevendo a usucapião administrativa e outros atos que veremos ao longo deste trabalho.

Como exemplo recente, a Lei das Garantias (Lei n. 14.711/2023) marcou também um importante avanço no fenômeno da extrajudicialização no país, com inúmeros novos processos extrajudiciais previstos e consequentemente do acesso à justiça.

O Marco Legal das Garantias também ampliou a acessibilidade registral. O diploma promove responsável desburocratização de procedimentos do extrajudicial, aumenta competências dos delegatários dos serviços públicos em benefício da coletividade e sedimenta a prática de atos eletrônicos. A intervenção imparcial do notário nos negócios, como pessoa de confiança das partes, fica evidenciada com as novas atribuições trazidas pela Lei nº 14.711/23, reforçando ao Tabelião a competência para atuar como conciliador, mediador e agora árbitro, fortalecendo a utilização de mecanismos extrajudiciais de resoluções de conflitos no âmbito do Tabelionato. A conta garantia (*escrow account*) é exemplo vivo da boa modernidade.

É importante destacar ainda que os serviços notariais e de registros públicos, em todas as suas especialidades, estão em **constante modernização e progresso, acompanhando a evolução dinâmica da sociedade**. Isso se evidencia na implementação do registro eletrônico e dos atos notariais eletrônicos.

Ademais, o direito notarial e registral também tem avançado de forma significativa na adaptação das normas jurídicas às **mudanças sociais, refletindo um compromisso com a justiça e os direitos humanos no contexto contemporâneo**.

Esse avanço é evidente na possibilidade de alterações extrajudiciais do nome, permitindo que indivíduos realizem mudanças importantes em sua identificação de maneira mais ágil e acessível, refletindo uma sociedade mais inclusiva e adaptada às necessidades pessoais e identitárias. Além disso, a Resolução 175/2013 do Conselho Nacional de Justiça exemplifica essa modernização ao dispor sobre a habilitação, celebração de casamento civil e a conversão de união estável em casamento entre pessoas do mesmo sexo. Esta resolução é um marco de inclusão e igualdade, refletindo a adaptação das normas jurídicas às transformações sociais e aos direitos fundamentais no contexto contemporâneo.

Todas essas temáticas serão vistas oportunamente nesta obra.

1.8 DESJUDICIALIZAÇÃO X EXTRAJUDICIALIZAÇÃO

Nas últimas décadas, o Direito brasileiro tem passado por uma transformação significativa, refletindo uma tendência global de modernização e eficiência. Entre as mudanças mais notáveis, destacam-se os processos de extrajudicialização e desjudicialização. Estas práticas, que visam aliviar a carga do Poder Judiciário e acelerar a resolução de conflitos, têm se mostrado essenciais para o aprimoramento do sistema jurídico nacional. Este tópico explorará, de forma breve, os conceitos de extrajudicialização e desjudicialização, discutindo seus fundamentos, aplicações práticas e as implicações para o futuro da justiça no Brasil.

Extrajudicialização é a atribuição de determinadas funções, antes exclusivas do Poder Judiciário, aos serviços extrajudiciais. Este fenômeno busca conferir maior celeridade e eficiência na resolução de demandas que, embora juridicamente relevantes, não necessitam de uma decisão judicial para serem solucionadas. A transferência dessas funções para notários e registradores, agentes dotados de fé pública e rigorosa formação jurídica, permite a manutenção de um elevado nível de segurança jurídica, que é um dos pilares dessas atividades.

Na extrajudicialização, tem-se a presença de um agente delegado do Poder Judiciário (Notários e Registradores), com fé pública, formação jurídica robusta diretamente fiscalizada pelo Judiciário, o que pode permitir, em diversos casos, dispensar o prévio pronunciamento jurisdicional com alto nível de segurança jurídica, um dos pilares da atividade notarial e registral.

Apresento, a seguir, alguns exemplos de extrajudicialização em todas as modalidades de serventias extrajudiciais:

- Retificação imobiliária (Lei n. 10.931/2004);
- Protesto de CDA (Lei n. 12.767/2012);
- Execução extrajudicial de dívidas garantidas por alienação fiduciária de bens imóveis (Lei n. 9.514/1997);
- Lavratura dos atos notariais relacionados a inventário, partilha, separação consensual, divórcio consensual e extinção consensual de união estável por via administrativa (Lei n. 11.441/2007, CPC e Resolução 35 CNJ);
- Registro de nascimento tardio (Lei 11.790/2008 e Prov. 28 CNJ, atualmente incorporado ao Prov. CNJ n. 149/2023);
- Homologação de Penhor Legal (CPC/2015, art. 703);
- Usucapião extrajudicial (CPC/2015, art. 1.071; art. 216-A, LRP);
- Adjudicação Compulsória Extrajudicial (art. 216-B, LRP; Prov. CNJ n. 150/2023)
- Paternidade/maternidade socioafetiva no RCPN (Provimento 63/2017 CNJ);
- Execução Extrajudicial da Hipoteca (Art. 9º da lei 14.711/2023)

- Execução Extrajudicial da Alienação Fiduciária em Garantia de Bens Móveis (Dec-Lei n. 911/1969)
- Arbitragem Notarial (Marco Legal das Garantias; art. 7-Aº, Lei n. 8.935/1994)

Desjudicialização, por sua vez, consiste em deslocar atribuições do Poder Judiciário, criando novos mecanismos de resolução de conflitos que não dependam de um pronunciamento judicial. Este processo visa desafogar o sistema judiciário e promover formas alternativas de resolução de litígios, como a mediação, a arbitragem e outros métodos consensuais. Em outras palavras, na desjudicialização, há um movimento para reduzir a necessidade de intervenção judicial. Como exemplo de desjudicialização podemos citar os "dispute boards", mediação, conciliação, arbitragem, advocacia colaborativa e outros.

Observe que os procedimentos de extrajudicialização abrem caminho para a desjudicialização dos instrumentos processuais.

A pergunta que se coloca é: **é possível desjudicializar o que foi extrajudicializado?** A resposta é afirmativa.

Por exemplo, no caso da execução de alienação fiduciária de bens móveis (DL 911/1969), o procedimento tradicional envolvia uma parte extrajudicial (notificação pelo RTD ou protesto para comprovação de mora), uma parte judicial (medida cautelar de busca e apreensão) e uma parte particular (venda do bem pelo credor). A Lei 13.043/2014 desjudicializou a parte extrajudicializada ao **dispensar a notificação pelo Registro de Títulos e Documentos ou protesto do título.** Para clarear:

- **Antes** da alteração dada pela Lei n. 13.043/2014: Execução de alienação fiduciária de bens móveis:

> Art 2º (...)
>
> § 2º A mora decorrerá do simples vencimento do prazo para pagamento e poderá ser comprovada por carta registada expedida por intermédio de **Cartório de Títulos e Documentos ou pelo protesto do título**, a critério do credor.

- **Após** a alteração dada pela Lei n. 13.043/2014: Execução de alienação fiduciária de bens móveis:

> Art 2º (...)
>
> § 2º A mora decorrerá do simples vencimento do prazo para pagamento e poderá ser comprovada por carta registrada com aviso de recebimento, não se exigindo que a assinatura constante do referido aviso seja a do próprio destinatário.

Note que foi dispensada a notificação extrajudicial ou pelo protesto. Logo, é possível desjudicializar o que era extrajudicializado.

A extrajudicialização e a desjudicialização representam avanços significativos no Direito brasileiro, refletindo uma busca contínua por eficiência e modernização. Ao transferir funções judiciais para a esfera extrajudicial e ao reduzir a necessidade de intervenção judicial, esses processos contribuem para um sistema jurídico mais ágil e acessível. À medida que o Brasil continua a explorar e implementar essas práticas, a expectativa é de que o sistema de justiça se torne cada vez mais eficiente, beneficiando a sociedade como um todo.

O tema será aprofundado ao longo de toda a obra. Recomenda-se ainda a leitura do tópico 1.13.4.2 "Transferências de Competências para o Serviço Extrajudicial", nos comentários deste artigo.

1.8.1 ODS 16 E A PROMOÇÃO DA CULTURA DE CONSENSUALIDADE

O Objetivo 16 do Desenvolvimento Sustentável (ODS), presente na Agenda 2030 da Organização das Nações Unidas, visa promover sociedades pacíficas e inclusivas para o desenvolvimento sustentável, proporcionar o acesso à Justiça para todos e construir instituições eficazes, responsáveis e inclusivas em todos os níveis. Uma das ideias centrais desse objetivo é disseminar a desjudicialização para que decorra naturalmente a cultura da consensualidade.

A sinergia entre notários e registradores e o Poder Judiciário tem sido muito exitosa e profícua, especialmente com as inovações legislativas dos últimos anos. Desde a proliferação de leis sobre desjudicialização, vê-se um empenho conjunto em disseminar essa cultura e superar a cultura do litígio. A desjudicialização em sentido amplo (englobando a extrajudicialização), não apenas alivia a carga do Judiciário, mas também promove soluções mais rápidas e menos conflituosas para as partes envolvidas.

1.9 ATRIBUIÇÕES, ATRIBUTOS E EFEITOS DOS REGISTROS PÚBLICOS

O Capítulo I da lei em comento, traz as **atribuições** dos registros públicos. Nos dizeres de Plácido e Silva, atribuição é mais comumente empregada no plural, atribuições, derivado do latim *attributio*, de *attribuere* (imputar, dar ou conferir) e, sendo assim representa a soma de poderes outorgados ou conferidos à pessoa para que validamente pratique certos e determinados atos" (*Vocábulo jurídico.* 7 ed. Rio de Janeiro: Forense, 1984, vol. I.).

Os registros públicos e notariais são atividades que constituem **funções públicas**, e que por força do disposto no art. 236 da Constituição Federal, não são executadas diretamente pelo Estado, e sim, por meio de **delegação (e não concessão)**. Na delegação, o Estado mantém a titularidade e transfere apenas o poder de prestar o serviço.

Na explicação de Celso Antonio Bandeira de Mello, a delegação de serviços notariais e de registro e a concessão de serviços públicos são institutos jurídicos que têm acentuados pontos de contato. O que substancialmente os diferencia é que no primeiro caso está em pauta **atividades jurídicas** e no segundo **atividades materiais**. Sem embargo, sobre serem, igualmente, formas de exercício de atividades públicas por particulares.

É importante destacar que a atividade registral, embora pública (estatal), é prestada em **caráter privado por um particular**, por meio de delegação, cujo titular é um profissional do direito, dotado de fé pública, exercendo-a, por sua conta e risco. O ingresso na carreira se dá por meio de **concurso público de provas e títulos**, na forma do art. 14 e seguintes da Lei 8.935/1994 e das Resoluções 80/2009 e 81/2009 do Conselho Nacional de Justiça.

Sob os augúrios da Constituição Federal, da Lei dos Notários e Registradores (Lei n. 8.935/1994) e da iterativa jurisprudência do Superior Tribunal de Justiça, a atribuição para a delegação do exercício das funções notariais e de registro é afeta aos Presidentes dos Tribunais de Justiça.

O titular da delegação está sujeito à **fiscalização do Poder Judiciário**, o que se dá por meio das correições, ordinária e extraordinária e também do Conselho Nacional de Justiça

A principal finalidade dos Registros Públicos é garantir a **publicidade, autenticidade, segurança** e **eficácia** dos atos jurídicos (art. 1º da Lei 6.015/1973, art. 1º da Lei nº 8.935/1994 e art. 2º da Lei 9.492/1997). Esses quatro pilares são conhecidos pela sigla PASE.

A regra estabelecida no art. 1º da Lei de Registros Públicos define como fins dos serviços registrais assegurar a autenticidade, segurança e eficácia dos atos jurídicos, e trata ainda nos artigos 16 ao 21, da publicidade. A Lei dos Notários e Registradores (Lei 8.935/1994), também no art. 1º, dispõe que os serviços notariais, bem como os concernentes aos registros públicos são os de organização técnica e administrativa destinados a garantir a publicidade, autenticidade, segurança e eficácia dos atos jurídicos. Dessa forma, faz também a Lei de Protestos (9.492/1997), que estabelece no art. 2º, que os serviços concernentes ao protesto são garantidores de autenticidade, publicidade, segurança e eficácia dos atos jurídicos. Algumas normativas estaduais reforçam de maneira explícita tais atributos.

A **publicidade** tem por finalidade outorgar segurança às relações jurídicas, assegurando a qualquer interessado o conhecimento do teor do acervo das serventias notariais e registrais e garantir sua oponibilidade contra terceiros. No direito brasileiro se dá por meio de expedição de **certidão**. É a chamada **publicidade formal ou indireta**.

Os registradores e notários, via de regra, **não podem permitir o acesso direto do interessado aos livros**, pois haveria **riscos à conservação** desses arquivos, afetando dessa forma, a **segurança jurídica** almejada pela publicidade, salvo em alguns casos legais, como por exemplo, o disposto no Dec. Lei nº 58/37, art. 1º, § 5º (*O memorial, o plano de loteamento e os documentos depositados serão franqueados, pelo oficial do registro, ao exame de qualquer interessado, independentemente do pagamento de emolumentos, ainda que a título de busca*) e na Lei Federal nº 6766/79, art. 24 (*O processo de loteamento e os contratos de depositados em Cartório poderão ser examinados por qualquer pessoa, a qualquer tempo, independentemente do pagamento de custas ou emolumentos, ainda que a título de busca*).

Todas as providências que exigirem a apresentação de qualquer livro, ficha substitutiva ou documento, e mesmo as diligências judiciais, devem ser efetuadas no próprio serviço (art. 23 da Lei 6.015/1973) e os livros e documentos somente podem sair do respectivo serviço mediante autorização judicial.

Ademais, o art. 46 da Lei 8.935/1994, estabelece que os livros, fichas, documentos, papéis, microfilmes e sistemas de computação deverão permanecer sempre sob a guarda e responsabilidade do titular de serviço notarial ou de registro, que zelará por sua ordem, segurança e conservação.

Sobre a conservação, os cartórios de notas, protestos de letras e títulos, registros de imóveis, registros civis de pessoas naturais, registros civis de pessoas jurídicas e registros de títulos e documentos devem adotar a Tabela de Temporalidade de Documentos na forma indicada no Provimento CNJ n. 50/2015.

Por ser a publicidade formal ou indireta, necessário haver cautela ao prestar informações por telefone a fim de não violar o princípio da segurança jurídica, pois os dados fornecidos pelo usuário podem não corresponder com os da matrícula ou escritura, por exemplo.

Dessa forma, entendo que o atendimento telefônico aos usuários pode ocorrer e será prestado no horário de expediente, mas limitado às informações que não demandarem a presença do solicitante em cartório.

Sérgio Jacomino muito bem explicita ao escrever sobre o tema que (https://circuloregistral. com. br/2016/05/03/ publicidade-registral-informacao-por-telefone/):

a) Informação registral, prestada em qualquer meio, somente pode se dar nos moldes previstos na Lei 6.015/1973 e Normas de Serviço da

Corregedoria-Geral de Justiça. A informação eletrônica se fará nos termos do § único do art. 17 da mesma lei;

b) Toda informação, seja em que meio prestada, deve ser cobrada. Além dos emolumentos devidos – dos quais o registrador não pode abrir mão, sob pena de infringir as regras e princípios de direito tributário – incidem custas e contribuições, cuja isenção ou não cobrança pode levar à responsabilidade do Oficial, sujeito passivo por substituição;

c) Informações telefônicas devem cingir-se a meras informações gerais, não cabendo responder consultas técnicas, nem tampouco prestar informações específicas sobre a situação jurídico-real acerca dos titulares de direitos inscritos;

d) Cabe exclusivamente aos oficiais a escolha da melhor forma para a expedição das certidões dos documentos registrados e atos praticados no Cartório.

Neste sentido, a decisão da Primeira Vara de Registros Públicos de São Paulo:

> **EMENTA: Reclamação – atendimento telefônico – informações. Publicidade registral. Emolumentos.** Publicidade Registral – Informação Telefônica. É temerário prestar informações aos usuários pelo telefone. Tal conduta viola o princípio da segurança jurídica e os dados fornecidos pelo usuário podem ser diferentes daqueles constantes nas matrículas dos imóveis. Reclamação arquivada. Processo 0008645-49.2016.8.26.0100, São Paulo, j. 26/4/2016, DJe 3/5/2016, Dra. Tânia Mara Ahualli.

Miguel Maria de Serpa Lopes, ao discorrer sobre o tema em "Caracteres e Função da Publicidade", assevera que "a publicidade é um corolário necessário, atributo lógico do Registro, mesmo quando este é facultativo e só para fim de perpetuidade de um documento. Há sempre uma publicidade, embora com efeitos de intensidade variável" (*Tratado dos registros públicos*. 6. ed. Ver. e atual, pelo Prof. José Serpa de Santa Maria. Brasília: Brasília Jurídica, 1997. vol. I, p. 19-21).

Sobre o princípio da publicidade, Leonardo Brandelli leciona que "a função notarial, bem como a registral é pública porquanto ao Estado pertence e a toda a coletividade interessa. Prevenir litígios, dando certeza e segurança jurídica às relações, é atividade que a todos beneficia, embora exercida em casos concretos, com partes estabelecidas na relação jurídica específica" (*Teoria Geral do Direito Notarial*. 2ª ed. São Paulo: Saraiva, 2007). Os atos notariais são públicos, pois tornam o ato jurídico instrumentalizado e acessível a qualquer cidadão, mediante a expedição de certidão pelo notário ou registrador.

Frise-se que essa publicidade **não é absoluta**, e sofre **limitações nos serviços registrais**. Podemos citar aqui vários exemplos que ocorrem no Registro Civil de Pessoas Naturais, veja-se:

> Art. 18, LRP. *"Ressalvado o disposto nos arts. 45, 57, § 7o, e 95, parágrafo único, a certidão será lavrada independentemente de despacho judicial, devendo mencionar o livro de registro ou o documento arquivado no cartório".*

> Art. 519, Prov. CNJ n. 149/2023 (CNN/ CN/CNJ-Extra). (Corresponde art. 5º do revogado Prov. CNJ n. 73/2018, que dispunha sobre normas para o transgênero): *"A alteração de que trata o presente Capítulo tem **natureza sigilosa**, razão pela qual a informação a seu respeito não pode constar das certidões dos assentos, salvo por solicitação da pessoa requerente ou por determinação judicial, hipóteses em que a certidão deverá dispor sobre todo o conteúdo registral".*

No capítulo da "Pessoa com Sexo Ignorado", do referido ato normativo, também encontramos o art. 529 (corresponde ao revogado art. 6º do Provimento CNJ n. 122/2021):

> *"Art. 529. Averbada a opção, nenhuma observação sobre sexo ou nome constantes inicialmente do assento, sobre a opção ou sobre sua averbação constarão nas certidões do registro".*

Vale anotar ainda que o Provimento CNJ n. 82/2019, que estabelece o procedimento de averbação, no registro de nascimento e no de casamento dos filhos, da alteração do nome do genitor também traz uma certa restrição da publicidade. É que o art. 1º, § 2º e art. 2º, § 4º preceituam, respectivamente que:

> *"§ 2º. A certidão de nascimento e a de casamento serão emitidas com o nome mais atual, sem fazer menção sobre a alteração ou o seu motivo, devendo fazer referência no campo 'observações' ao parágrafo único art. 21 da lei 6.015, de 31 de dezembro de 1973* e que: *§ 4º. A certidão de nascimento será emitida com o acréscimo do patronímico do genitor ao nome do filho no respectivo campo, **sem fazer menção expressa sobre a alteração ou seu motivo**, devendo fazer referência no campo 'observações' ao parágrafo único do art. 21 da lei 6.015/1973"*

No âmbito do Registro de Títulos e Documento (RTD), o parágrafo 1º do art. 127-A, da LRP, traz vedação à publicidade. É que o dispositivo prescreve a **restrição** do acesso ao conteúdo do registro facultativo ao requerente. Em outras palavras, fica vedada a utilização do registro para qualquer outra finalidade, com **exceção** de requisição da autoridade tributária, em caso de negativa de autorização sem justificativa aceita e de determinação judicial.

De maneira similar, existe restrição no Tabelionato de Protestos, pois as certidões do protocolo e dos protestos cancelados só podem ser fornecidas ao próprio devedor ou mediante ordem judicial, conforme determinado pelos artigos 27, § 2º, e 31 da Lei nº 9.492/1997.

Quanto às demais Serventias, até a edição do Provimento CNJ nº 134/2022, que trata da Proteção de Dados Pessoais e hoje contém prescrições nos artigos 79 a 135 do CNN/CN/CNJ-Extra, prevalecia o entendimento de que não havia qualquer impedimento para o acesso às informações, desde que respeitada a formalidade de um requerimento escrito por parte do interessado. Este tema será tratado de forma detalhada em momento oportuno.

No direito notarial e registral existe ainda uma doutrina que agasalha dois tipos de publicidade: **a publicidade necessária e a publicidade não-necessária.** A primeira intervém no ato jurídico como seu elemento integrador. Também é necessária a publicidade exterior ao próprio fato, que leva à produção de efeitos em relação a terceiros, equivale dizer, funciona como condição de oponibilidade em relação a esses terceiros. Ademais, é necessária quando imposta para servir de elemento comprobatório, em relação a fato jurídico, determinando todos os efeitos imediatos que dele possam decorrer. É não-necessária a publicidade que apenas leva ao público o conhecimento de fatos ou situações jurídicas de interesse geral, sem adentrar no elemento formador do ato jurídico. É a lição de Serpa Lopes. (*Tratado dos registros públicos.* 6. ed. Brasília: Brasília Jurídica, 1997. Vol. 1).

A publicidade necessária, por sua vez, classifica-se em **declarativa e constitutiva**, conforme sua **carga de eficácia.** É constitutiva quando indispensável à constituição de determinado direito. É assim, **uma publicidade de existência.** Como exemplo, podemos citar as aquisições de imóveis por meio de atos inter vivos (CC, 1.245). A publicidade declarativa afirma uma situação jurídica preexistente. No dizer de Nicolau Balbino, é considerada declarativa quando relativa a fatos anteriores ou a negócios jurídicos já perfeitos, e a sua ausência dá lugar apenas a certas restrições que não desconstituem o ato jurídico, sendo condição de oponibilidade perante terceiros (*Direito Imobiliário Registral.* São Paulo: Saraiva, 2001). A publicidade nesse caso é de **evidência.** Encontramos tal publicidade para dar disponibilidade em usucapião, herança, celebração de casamento, acessões.

Carlos Ferreira de Almeida elucida que a publicidade não necessária era denominada **publicidade-notícia,** essa em plena decadência, até na França, seu berço. Tal publicidade serve para informar atos e fatos, como por exemplo, restrições urbanísticas e ambientais.

O autor apresenta como alternativa, na visão dele mais satisfatória, três classificações: "publicidade-notícia, publicidade constitutiva e publicidade essencial, à qual se acrescentaram, contudo, outros termos, ainda, como os de publicidade reforçativa, publicidade sanante, publicidade notificativa ou ainda a designação imprecisa de publicidade com efeitos particulares." (*Publicidade e teoria dos registros.* Coimbra: Almedina, 1966, p. 117).

Sobre a publicidade, recomendo a leitura do próximo tópico, que trata da atividade notarial e registral e da Lei de Proteção de Dados, a fim de complementar os estudos.

Autenticidade é a qualidade, condição ou caráter de autêntico. Na atividade notarial e registral, ela decorre da **fé pública** do notário e do registrador. É atributo que está intimamente ligado à fé pública.

Dito isto, importante distinguirmos a fé pública notarial da registral. A **fé pública notarial** evidencia a força probante atribuída pela ordem jurídica aos atos praticados com intervenção do notário e garante certeza e autenticidade; trata-se de uma das características do sistema de notariado de tipo latino. A **fé pública registral**, por sua vez, representa existência e certeza de um direito real, bem como inexistência de fatos impeditivos ou proibitivos de disponibilidade.

Walter Ceneviva elucida que, "**autenticidade** é qualidade do que é confirmado por ato de autoridade, de coisa, documento ou declaração verdadeiros. O registro cria presunção relativa de verdade. É retificável, modificável." (*Lei dos Notários e dos Registradores Comentada.* 8ª ed. São Paulo: Saraiva, 2010, p. 46).

Nos dizeres de Aflaton Castanheira Maluf, "assim como acontece com os atos administrativos em geral, autenticidade e fé pública possuem como atributos credibilidade e presunção de legitimidade sobre atos registrais e/ou notariais e suas cópias. Aliás, admite-se autenticação dos arquivos eletrônicos contidos nos Tabelionatos de Protesto – Lei Federal nº 9.492/97 art. 39. Vale dizer que autenticidade não se confunde com veracidade. Quaisquer atos maculados produzem efeito contrário, ou fé púnica (má-fé, perfídia) do cartorário ou de seus prepostos." (*Registros Públicos, Notas e Protestos.* 2. ed. Leme: BH Editora, 2013, p. 32).

A autenticidade visa assim, estabelecer uma presunção relativa de verdade sobre o conteúdo do ato notarial ou registral, ou seja, diz respeito ao **próprio registro**, não ao negócio causal.

No que se refere à **segurança**, tal atributo confere estabilidade às relações jurídicas e confiança no ato notarial e registral. Para Eduardo Pacheco Ribeiro de Souza, a segurança decorre da "certeza quanto ao ato e sua eficácia, promovendo a libertação dos riscos. A consulta aos teores dos registros e dos livros de notas, possível a qualquer interessado (publicidade formal), associada à presunção de verdade dos atos que emanam dos serviços notariais e registrais, permite a aferição da boa-fé de quem pratica qualquer ato fundado nas informações recebidas" (*Os serviços notariais e registrais no Brasil.* Disponível em: http://www.irib.org.br/html/ biblioteca/biblioteca-detalhe.php?obr=140).

Por fim, a **eficácia** consiste na **aptidão de produzir efeitos jurídicos**. Ela assegura a produção destes efeitos decorrentes do ato notarial e registral. Quem exemplifica é Aflaton Castanheira Maluf: "não será eficaz nem válido, por exemplo, o registro de casamento de quem já era casado; será igualmente inválido e ineficaz o registro do imóvel celebrado mediante instrumento particular, quando o título deveria ser uma escritura pública. Também podem ocorrer situações onde o título ou documentos precedentes estejam corretos e o registro ineficaz ou incorreto. O registro não supre vícios (princípio da não sanação). Quando necessário deve ser corrigido ou até anulado (LRP 109, 110, 213, 214 etc.) (...) Não é eficaz/eficiente o tabelião que demora uma semana para elaborar uma escritura que normalmente levaria um dia, ou que solicita documentos insuficientes ou impróprios para a prática do ato; será igualmente ineficaz ou ineficiente um registrador de imóveis que apresenta várias e sucessivas notas de devolução quando na verdade deveria ser apresentada apenas uma contendo todas as exigências necessárias ao registro. (Op. cit., p. 33).

Os atributos da publicidade, autenticidade, segurança e eficácia, nas palavras de Marcelo Rodrigues, "apontam o norte, distinguem os fins e põem em relevo os objetivos de toda legislação concernente aos Registros Públicos" (*Tratado de Registros Públicos e Direito Notarial*. 2 ed., São Paulo: Atlas, 2016, p. 10).

Vale transcrever os ensinamentos do autor: "dentre os mais importantes atos jurídicos, há os que, por sua natureza e atributos, repercutem não só entre as partes que os praticam, expandindo os seus efeitos, reflexos ou diretos, nas órbitas do Estado e de terceiros de boa-fé, o que, por si só, justifica a existência de um bom sistema de publicidade registral, seguro e confiável, estruturado em princípios e regras, que justifique a confiança nele depositada pela população. Com efeito, com o crescimento populacional, a revolução industrial e o incremento dos negócios verificados a partir do século XIX, fez-se necessária a construção de um eficiente sistema de publicidade capaz de despertar a confiança da população, inspirada por um fato externo, de natureza pública, erigido por um rigoroso mecanismo de controle e de remissões recíprocas, ao qual a lei atribui a mais robusta força probante. Desde então ficou claro que a possibilidade do conhecimento dos efeitos de um ato jurídico que se desenvolvia no estreito círculo de indivíduos e, como tal, dele podiam dispor facilmente, ficou definitivamente sepultada pela roda dos tempos. Na atualidade, essa necessidade se vê ainda mais presente com o fenômeno da globalização, da informatização, digitalização e da manifestação dos contratos e negócios jurídicos. Diferentemente do que se dá no âmbito do processo judicial, em que a sentença do juiz produz efeitos tão somente entre as partes, não beneficiando, nem prejudicando, terceiros (art. 472, CPC), para determinados atos a lei não se contenta com a simples declaração de vontade, ainda que eventualmente a forma solene e especial seja de sua substância". (Op. cit., p. 10-11).

Importante ressaltar que os atributos da publicidade, autenticidade, segurança e eficácia são aplicados a **todos** os atos aos quais a lei determina a obrigação do registro, sejam eles públicos ou privados, judiciais ou extrajudiciais.

Quanto aos **efeitos dos registros**, prevalece na doutrina que os registros possuem:

a) **Efeitos constitutivos**, significa que sem o registro, o direito não se constitui. Exemplos: emancipação, aquisição de propriedade imóvel.
b) **Efeitos comprobatórios**: o registro prova a existência e a veracidade do ato. Exemplo: registro de nascimento, registro de óbito.
c) **Efeitos publicitários**: o ato registrado é acessível a todos, salvo algumas exceções já expostas nesta obra. O art. 17 da Lei 6.015/1973 estabelece que qualquer pessoa, a qualquer tempo pode requerer certidão do registro sem informar ao oficial ou ao funcionário o motivo ou interesse do pedido.

1.10. ESCRITURAÇÃO, PUBLICIDADE E CONSERVAÇÃO DOS REGISTROS EM MEIO ELETRÔNICO

O § 3º do art. 1º da Lei de Registros Públicos, foi, inicialmente, introduzido pela Medida Provisória n. 881, de 30 de abril de 2019, que foi convertida na Lei n. 13.874, de 20 de setembro de 2019. Atualmente, possui nova redação dada pela Medida Provisória n. 1.085, de 27 de dezembro de 2021, que foi convertida na Lei n. 14.382, de 27 de junho de 2022. Já o § 4º é resultado da MP 1.085, que foi convertida na Lei do SERP.

Os parágrafos supracitados, juntamente com os arts. 7º-A, 116, 141, 194 e 221, § 4º, da Lei n. 6.015/1973, também alterados pela Lei n. 14.382/2022, fornecem a base para uma plena digitalização do acervo de todos os ofícios registrais. Em outras palavras, possibilitam, de forma global, a escrituração, publicidade e conservação dos registros em meio eletrônico, conforme regulamentação da Corregedoria Nacional de Justiça.

O objetivo da Lei n. 14.382/2022 é contribuir para o aprimoramento do ambiente de negócios no país por meio da modernização dos registros públicos, desburocratização dos serviços registrais e centralização nacional das informações e garantias. Isso resulta em uma consequente redução de custos e prazos, além de maior facilidade para a consulta de informações registrais e envio de documentação para registro.

A integração entre as serventias, bem como a facilitação e eficiência dos registros públicos, só seriam plenamente alcançadas se todas as especialidades registrais tivessem a mesma oportunidade de se adequar ao modelo proposto. Deste modo, todas as serventias registrais foram impactadas pelas mudanças introduzidas pela Lei do SERP.

Desse modo, a Lei de Registros Públicos (LRP) ajusta-se à revolução cibernética que o mundo vive, autorizando a completa virtualização dos atos registrais em substituição ao armazenamento em meio físico. Nos termos do art. 7º-A desta lei, ficam dispensadas as regras de escrituração física nos casos de digitalização.

Para uma melhor didática, os §§ 3º e 4º do art. 1º da LRP serão analisados nos comentários do art. 7º-A, uma vez que a ideia central aqui é a escrituração.

1.11. A ATIVIDADE NOTARIAL E REGISTRAL E A LEI DE PROTEÇÃO DE DADOS

Estamos vivendo uma Revolução Cibernética. Com chegada da internet e do cada vez mais presente ambiente digital, é nítido o surgimento de novos riscos à vida privada relacionados à coleta e ao uso de dados e informações pessoais nesses ambientes, despontando um novo conceito de privacidade.

É a chamada **privacidade informacional ou o direito à autodeterminação informacional,** segundo Cartilha elaborada pelo Instituto de Estudos de Protesto de Títulos do Brasil (IEPTB). Esses conceitos, apesar de protegerem valores similares – a autonomia e a dignidade dos indivíduos, além da garantia de uma esfera pessoal onde seja possível desenvolver livremente a personalidade, o pensamento e as opiniões, os dois direitos são diferentes em suas formulações e escopos. Enquanto o direito à privacidade consiste em uma proibição geral de interferência estatal, o direito à proteção de dados pessoais é um direito novo e ativo que impõe o funcionamento de um sistema de conformidade para proteger o indivíduo sempre que seus dados pessoais sejam coletados e tratados. Assim, a autodeterminação informativa seria ligada ao controle efetivo do titular dos dados em relação à exatidão das informações e real utilização dos seus dados pessoais, bem como a transparência em relação aos motivos e às finalidades do tratamento dos dados pessoais. Portanto, o direito à proteção de dados pessoais de modo algum vem para impor o sigilo ou vedar o fluxo de dados pessoais, mas sim para determinar que seu processamento seja justo, com propósito específico, baseado no consentimento dos titulares ou em base legítima determinada por lei. Garante aos titulares o direito de acessá-los e retificá-los, bem como determina que a fiscalização seja feita por autoridade independente.

A Lei de Proteção de Dados brasileira (LGPD), Lei n. 13.709/2018, teve como inspiração a legislação da proteção de dados da União Europeia, a GDPR. Aliás, o Parlamento Europeu e o Conselho da União Europeia, estabeleceu o Regulamento (EU) 2016/679, dispondo que a proteção das pessoas singulares (físicas) relativamente ao tratamento de dados pessoais é um direito fundamental.

A LGPD traz como ideia central, que parte do conceito de autodeterminação informativa, é de que as pessoas possam conhecer e controlar a coleta e o processamento de seus dados, permitindo que a limitação desse processamento seja tanto por parte de particulares como pelo Estado, e trazendo práticas transparentes e seguras para quando esses dados são tratados, com o objetivo de garantir direitos e liberdades fundamentais. A lei estabelece regras sobre coleta, armazenamento, tratamento e compartilhamento de dados pessoais, oferecendo segurança jurídica para o uso e tratamento deles. São os ensinamentos introdutórios da Cartilha do IEPTB.

Em suma, o **objetivo** da lei brasileira é proteger os direitos fundamentais de liberdade e de privacidade e o livre desenvolvimento da personalidade da pessoa natural (física).

É importante ainda salientar que a Lei Geral de Proteção de Dados não revoga ou impede a aplicação de normas específicas que também regulamentam dados pessoais. Como exemplo, podemos citar:

a) Lei n. 6.015/1973 (Registros Públicos)
b) Lei n. 8.429/1992 (Lei de Improbidade Administrativa);
c) Lei n. 8.935/1994 (Estatuto dos Notários e Registradores);
d) Lei n. 9.492/1997 (Lei de Protesto de Títulos e Outros Documentos de Dívida);
e) Lei n. 9.507/1997 (Lei do Habeas Data);
f) Lei n. 9.784/1999 (Lei Geral do Processo Administrativo);
g) Lei n. 12.527/2011 (Lei de Acesso à Informação);
h) Provimento n. 74/2018 do Conselho Nacional de Justiça (Padrões mínimos de tecnologia da informação para a segurança, integridade e disponibilidade de dados para a continuidade da atividade pelos serviços notariais e de registro do Brasil). Aliás, de acordo com este Provimento, os cartórios devem adotar políticas de segurança de informação com relação à confidencialidade, disponibilidade, autenticidade, integridade, mecanismos preventivos de controle físico e lógico da informação.

Antes de adentrarmos efetivamente no Provimento CNJ n. 134, ato normativo direcionado à proteção de dados nas serventias extrajudiciais e com disposições incorporadas no Código Nacional de Normas (arts. 79 a 135) imperioso trabalharmos alguns conceitos, fundamentos, aplicação e princípios normatizados na Lei n. 13.709/2018 (LGPD).

Desse modo, iniciaremos nosso estudo explorando os **conceitos** legais essenciais para melhor compreensão do conteúdo exposto:

a) **Dado pessoal:** informação relacionada a pessoa natural identificada ou identificável;

b) **Dado pessoal sensível**: dado pessoal sobre origem racial ou étnica, convicção religiosa, opinião política, filiação a sindicato ou a organização de caráter religioso, filosófico ou político, dado referente à saúde ou à vida sexual, dado genético ou biométrico, quando vinculado a uma pessoa natural;

c) **Dado anonimizado:** dado relativo a titular que não possa ser identificado, considerando a utilização de meios técnicos razoáveis e disponíveis na ocasião de seu tratamento;

d) **Banco de dados:** conjunto estruturado de dados pessoais, estabelecido em um ou em vários locais, em suporte eletrônico ou físico;

e) **Titular:** pessoa natural a quem se referem os dados pessoais que são objeto de tratamento;

f) **Controlador:** pessoa natural ou jurídica, de direito público ou privado, a quem competem as decisões referentes ao tratamento de dados pessoais;

g) **Operador:** pessoa natural ou jurídica, de direito público ou privado, que realiza o tratamento de dados pessoais em nome do controlador;

h) **Encarregado:** pessoa indicada pelo controlador e operador para atuar como canal de comunicação entre o controlador, os titulares dos dados e a Autoridade Nacional de Proteção de Dados (ANPD);

i) **Agentes de tratamento:** o controlador e o operador;

j) **Tratamento:** toda operação realizada com dados pessoais, como as que se referem a coleta, produção, recepção, classificação, utilização, acesso, reprodução, transmissão, distribuição, processamento, arquivamento, armazenamento, eliminação, avaliação ou controle da informação, modificação, comunicação, transferência, difusão ou extração;

k) **Anonimização:** utilização de meios técnicos razoáveis e disponíveis no momento do tratamento, por meio dos quais um dado perde a possibilidade de associação, direta ou indireta, a um indivíduo;

l) **Consentimento:** manifestação livre, informada e inequívoca pela qual o titular concorda com o tratamento de seus dados pessoais para uma finalidade determinada;

m) **Bloqueio:** suspensão temporária de qualquer operação de tratamento, mediante guarda do dado pessoal ou do banco de dados;

n) **Eliminação:** exclusão de dado ou de conjunto de dados armazenados em banco de dados, independentemente do procedimento empregado;

o) **Transferência internacional de dados:** transferência de dados pessoais para país estrangeiro ou organismo internacional do qual o país seja membro;

p) **Uso compartilhado de dados:** comunicação, difusão, transferência internacional, interconexão de dados pessoais ou tratamento compartilhado de bancos de dados pessoais por órgãos e entidades públicos no cumprimento de suas competências legais, ou entre esses e entes privados, reciprocamente, com autorização específica, para uma ou mais modalidades de tratamento permitidas por esses entes públicos, ou entre entes privados;

q) **Relatório de impacto à proteção de dados pessoais:** documentação do controlador que contém a descrição dos processos de tratamento de dados pessoais que podem gerar riscos às liberdades civis e aos direitos fundamentais, bem como medidas, salvaguardas e mecanismos de mitigação de risco;

r) **Órgão de pesquisa:** órgão ou entidade da administração pública direta ou indireta ou pessoa jurídica de direito privado sem fins lucrativos legalmente constituída sob as leis brasileiras, com sede e foro no País, que inclua em sua missão institucional ou em seu objetivo social ou estatutário a pesquisa básica ou aplicada de caráter histórico, científico, tecnológico ou estatístico; e

s) **Autoridade nacional:** órgão da administração pública responsável por zelar, implementar e fiscalizar o cumprimento desta Lei em todo o território nacional.

No que diz respeito aos **fundamentos**, destacam-se:

a) O respeito à privacidade;

b) A autodeterminação informativa;

c) A liberdade de expressão, de informação, de comunicação e de opinião;

d) A inviolabilidade da intimidade, da honra e da imagem;

e) O desenvolvimento econômico e tecnológico e a inovação;

f) A livre iniciativa, a livre concorrência e a defesa do consumidor; e

g) Os direitos humanos, o livre desenvolvimento da personalidade, a dignidade e o exercício da cidadania pelas pessoas naturais.

Importante ainda tratarmos da **aplicação da LGPD**. Desse modo, segundo o art. 3º da Lei 13.709/2018, aplica-se a qualquer operação de tratamento realizada por pessoa natural ou por pessoa jurídica de direito público ou privado, independentemente do meio, do país de sua sede ou do país onde estejam localizados os dados, desde que:

> I - a operação de tratamento seja realizada no território nacional;
>
> II - a atividade de tratamento tenha por objetivo a oferta ou o fornecimento de bens ou serviços ou o tratamento de dados de indivíduos localizados no território nacional; ou
>
> III - os dados pessoais objeto do tratamento tenham sido coletados no território nacional.

§ 1º Consideram-se coletados no território nacional os dados pessoais cujo titular nele se encontre no momento da coleta.

§ 2º Excetua-se do disposto no inciso I deste artigo o tratamento de dados previsto no inciso IV do *caput* do art. 4º desta Lei.

Por outro lado, o art. 4º prescreve que **não** se aplica ao tratamento de dados pessoais:

I - realizado por pessoa natural para fins exclusivamente particulares e não econômicos;

II - realizado para fins exclusivamente:

a) jornalístico e artísticos; ou

b) acadêmicos, aplicando-se a esta hipótese os arts. 7º e 11 desta Lei;

III - realizado para fins exclusivos de:

a) segurança pública;

b) defesa nacional;

c) segurança do Estado; ou

d) atividades de investigação e repressão de infrações penais; ou

IV - provenientes de fora do território nacional e que não sejam objeto de comunicação, uso compartilhado de dados com agentes de tratamento brasileiros ou objeto de transferência internacional de dados com outro país que não o de proveniência, desde que o país de proveniência proporcione grau de proteção de dados pessoais adequado ao previsto nesta Lei.

No tocante aos **princípios** que regem as atividades de tratamento de dados pessoais, além da boa-fé, deverão ser observados os seguintes:

a) **Finalidade:** realização do tratamento para propósitos legítimos, específicos, explícitos e informados ao titular, sem possibilidade de tratamento posterior de forma incompatível com essas finalidades;

b) **Adequação:** compatibilidade do tratamento com as finalidades informadas ao titular, de acordo com o contexto do tratamento;

c) **Necessidade:** limitação do tratamento ao mínimo necessário para a realização de suas finalidades, com abrangência dos dados pertinentes, proporcionais e não excessivos em relação às finalidades do tratamento de dados;

d) **Livre acesso:** garantia, aos titulares, de consulta facilitada e gratuita sobre a forma e a duração do tratamento, bem como sobre a integralidade de seus dados pessoais;

e) **Qualidade dos dados:** garantia, aos titulares, de exatidão, clareza, relevância e atualização dos dados, de acordo com a necessidade e para o cumprimento da finalidade de seu tratamento;

f) **Transparência:** garantia, aos titulares, de informações claras, precisas e facilmente acessíveis sobre a realização do tratamento e os respectivos agentes de tratamento, observados os segredos comercial e industrial;

g) **Segurança:** utilização de medidas técnicas e administrativas aptas a proteger os dados pessoais de acessos não autorizados e de situações acidentais ou ilícitas de destruição, perda, alteração, comunicação ou difusão;

h) **Prevenção:** adoção de medidas para prevenir a ocorrência de danos em virtude do tratamento de dados pessoais;

i) **Não discriminação:** impossibilidade de realização do tratamento para fins discriminatórios ilícitos ou abusivos;

j) **Responsabilização e prestação de contas:** demonstração, pelo agente, da adoção de medidas eficazes e capazes de comprovar a observância e o cumprimento das normas de proteção de dados pessoais e, inclusive, da eficácia dessas medidas.

Dito isto, passemos à análise do **Provimento CNJ n. 134/2022**, que não foi revogado pelo Provimento CNJ n. 149/2023 (CNN), mas teve a maioria dos artigos incorporados nos artigos 79 a 135. São medidas a serem adotadas pelas serventias extrajudiciais em âmbito nacional para o processo de adequação à Lei Geral de Proteção de Dados Pessoais (Lei 13.709/2018). Tais regras vão desde a governança de dados pessoais, passando por temas como revisão de contratos, transparência das atividades de tratamento, elaboração de relatório de impacto, e proteção tanto para os próprios cartórios quanto para os usuários.

Muitos debates ocorreram até se concretizar o Provimento n. 134/2022. Os atos normativos foram engendrados com a preocupação de ouvir vários segmentos da atividade notarial e de registros públicos, bem como do Poder Judiciário, que constitucionalmente tem a responsabilidade da fiscalização e regulação da atividade notarial e registral.

O Provimento veio em hora necessária e traduz diversos comandos contidos na LGPD, ajusta imprecisões pontuais da versão publicada preliminarmente, além de pacificar questões controvertidas de provimentos estaduais, uniformizando assim o tema.

Este Provimento é muito significativo à medida que se considera a quantidade e a qualidade dos dados pessoais guardados por cada um dos notários e registradores. São atos que estão presentes no dia a dia do cidadão e que vão do nascimento à morte, questões de Estado, filiação, parentalidade, cobrança extrajudiciais de dívidas, assim como as mais diversificadas e espinhosas questões patrimoniais, ou relacionadas com pessoas jurídicas de várias naturezas.

Dentre as **justificativas** que contribuíram para a edição do Provimento CNJ n. 134/2022, destacam-se:

A) Que é missão do Conselho Nacional de Justiça desenvolver políticas judiciárias que promovam a efetividade e a unidade ao Poder Judiciário, incluindo-se as serventias extrajudiciais, para os valores de justiça e de paz social;

B) A competência dos órgãos judiciários para exercerem função regulatória das atividades prestadas nas serventias notariais e registrais (CF, art. 236, § 1º);

C) A necessidade de regulamentar as disposições da Lei n. 13.709, de 14 de agosto de 2018, que dispõe sobre o tratamento de dados pessoais, inclusive nos meios digitais, por pessoa natural ou por pessoa jurídica de direito público ou privado, com o objetivo de proteger os direitos fundamentais de liberdade e de privacidade e o livre desenvolvimento da personalidade da pessoa natural, considerando as resoluções aplicáveis, como a Resolução CD/ANPD n. 02, de 27 de janeiro de 2022;

D) O princípio da publicidade que orienta a prática dos atos registrais e notariais, possibilitando, inclusive, que a pessoa possa requerer certidão sem informar o motivo ou o interesse do pedido (Lei n. 6.015/1973, art. 17; Lei n. 8.934/1994, art. 1º);

E) A obrigação das serventias extrajudiciais de cumprir as normas técnicas estabelecidas pelo Poder Judiciário (arts. 37 e 38 da Lei n. 8.935, de 18 de novembro de 1994);

F) O fato de haver tratamento de dados pessoais, sensíveis ou não, na prestação das atividades notariais e registrais, sendo os responsáveis pelas delegações dos serviços extrajudiciais de notas e de registro, no desempenho de suas atividades, controladores de dados pessoais;

G) O compartilhamento de dados pessoais pelos responsáveis das serventias extrajudiciais com as centrais de serviços eletrônicos compartilhados, decorrente de previsões legais e normativas.

Caminhando pelos artigos iniciais do Título IV, "Da Proteção de Dados" no Provimento CNJ n. 149/2023, notamos regras específicas que as serventias devem adotar como medidas de transparência aos usuários sobre o tratamento de dados pessoais, definição de Políticas de Segurança da Informação e Interna de Privacidade e Proteção de Dados, além da criação de procedimentos eficazes para atendimento aos direitos dos titulares.

Note-se que as determinações têm por finalidade fortalecer a cultura de proteção de dados pessoais nos cartórios.

Passemos às análises dos dispositivos.

O art. 79 do Provimento estabelece que os responsáveis pelas serventias extrajudiciais deverão atender às disposições da Lei n. 13.709/2018, independentemente do meio ou do país onde os dados estão localizados, obedecendo a seus fundamentos, princípios e obrigações concernentes à governança do tratamento de dados pessoais, vistos no início deste tópico.

Por sua vez, o parágrafo único do art. 1º da Lei n. 13.709/2018 prescreve que deverão ser cumpridas as disposições previstas na LGPD e nas diretrizes, regulamentos, normas, orientações e procedimentos expedidos pela Autoridade Nacional de Proteção de Dados Pessoais (ANPD), com base nas competências previstas no artigo 55-J da LGPD.

Aliás, vale mencionar que em outubro de 2022, a Lei n. 14.460/2022 transformou a ANPD, em **autarquia de natureza especial**.

Para uma melhor compreensão, segue a transcrição do dispositivo mencionado anteriormente:

> **Art. 55-J.** Compete à ANPD:
>
> I - zelar pela proteção dos dados pessoais, nos termos da legislação;
>
> II - zelar pela observância dos segredos comercial e industrial, observada a proteção de dados pessoais e do sigilo das informações quando protegido por lei ou quando a quebra do sigilo violar os fundamentos do art. 2º desta Lei;
>
> III - elaborar diretrizes para a Política Nacional de Proteção de Dados Pessoais e da Privacidade;
>
> IV - fiscalizar e aplicar sanções em caso de tratamento de dados realizado em descumprimento à legislação, mediante processo administrativo que assegure o contraditório, a ampla defesa e o direito de recurso;
>
> V - apreciar petições de titular contra controlador após comprovada pelo titular a apresentação de reclamação ao controlador não solucionada no prazo estabelecido em regulamentação;
>
> VI - promover na população o conhecimento das normas e das políticas públicas sobre proteção de dados pessoais e das medidas de segurança;
>
> VII - promover e elaborar estudos sobre as práticas nacionais e internacionais de proteção de dados pessoais e privacidade;
>
> VIII - estimular a adoção de padrões para serviços e produtos que facilitem o exercício de controle dos titulares sobre seus dados pessoais, os quais deverão levar em consideração as especificidades das atividades e o porte dos responsáveis;
>
> IX - promover ações de cooperação com autoridades de proteção de dados pessoais de outros países, de natureza internacional ou transnacional;
>
> X - dispor sobre as formas de publicidade das operações de tratamento de dados pessoais, respeitados os segredos comercial e industrial;
>
> XI - solicitar, a qualquer momento, às entidades do poder público que realizem operações de tratamento de dados pessoais informe específico sobre o âmbito, a natureza dos dados e os demais detalhes do tratamento realizado, com a possibilidade de emitir parecer técnico complementar para garantir o cumprimento desta Lei;
>
> XII - elaborar relatórios de gestão anuais acerca de suas atividades;
>
> XIII - editar regulamentos e procedimentos sobre proteção de dados pessoais e privacidade, bem como sobre relatórios de impacto à proteção de dados pessoais para os casos em que o tratamento representar alto risco à

garantia dos princípios gerais de proteção de dados pessoais previstos nesta Lei;

XIV - ouvir os agentes de tratamento e a sociedade em matérias de interesse relevante e prestar contas sobre suas atividades e planejamento;

XV - arrecadar e aplicar suas receitas e publicar, no relatório de gestão a que se refere o inciso XII do *caput* deste artigo, o detalhamento de suas receitas e despesas;

XVI - realizar auditorias, ou determinar sua realização, no âmbito da atividade de fiscalização de que trata o inciso IV e com a devida observância do disposto no inciso II do *caput* deste artigo, sobre o tratamento de dados pessoais efetuado pelos agentes de tratamento, incluído o poder público;

XVII - celebrar, a qualquer momento, compromisso com agentes de tratamento para eliminar irregularidade, incerteza jurídica ou situação contenciosa no âmbito de processos administrativos, de acordo com o previsto no Decreto-Lei nº 4.657, de 4 de setembro de 1942;

XVIII - editar normas, orientações e procedimentos simplificados e diferenciados, inclusive quanto aos prazos, para que microempresas e empresas de pequeno porte, bem como iniciativas empresariais de caráter incremental ou disruptivo que se autodeclarem startups ou empresas de inovação, possam adequar-se a esta Lei;

XIX - garantir que o tratamento de dados de idosos seja efetuado de maneira simples, clara, acessível e adequada ao seu entendimento, nos termos desta Lei e da Lei nº 10.741, de 1º de outubro de 2003 (Estatuto do Idoso);

XX - deliberar, na esfera administrativa, em caráter terminativo, sobre a interpretação desta Lei, as suas competências e os casos omissos;

XXI - comunicar às autoridades competentes as infrações penais das quais tiver conhecimento;

XXII - comunicar aos órgãos de controle interno o descumprimento do disposto nesta Lei por órgãos e entidades da administração pública federal;

XXIII - articular-se com as autoridades reguladoras públicas para exercer suas competências em setores específicos de atividades econômicas e governamentais sujeitas à regulação; e

XXIV - implementar mecanismos simplificados, inclusive por meio eletrônico, para o registro de reclamações sobre o tratamento de dados pessoais em desconformidade com esta Lei.

§ 1º Ao impor condicionantes administrativas ao tratamento de dados pessoais por agente de tratamento privado, sejam eles limites, encargos ou sujeições, a ANPD deve observar a exigência de mínima intervenção, assegurados os fundamentos, os princípios e os direitos dos titulares previstos no art. 170 da Constituição Federal e nesta Lei.

§ 2º Os regulamentos e as normas editados pela ANPD devem ser precedidos de consulta e audiência públicas, bem como de análises de impacto regulatório.

§ 3º A ANPD e os órgãos e entidades públicos responsáveis pela regulação de setores específicos da atividade econômica e governamental devem coordenar suas atividades, nas correspondentes esferas de atuação, com vistas a assegurar o cumprimento de suas atribuições com a maior eficiência e promover o adequado funcionamento dos setores regulados, conforme legislação específica, e o tratamento de dados pessoais, na forma desta Lei.

§ 4º A ANPD manterá fórum permanente de comunicação, inclusive por meio de cooperação técnica, com órgãos e entidades da administração pública responsáveis pela regulação de setores específicos da atividade econômica e governamental, a fim de facilitar as competências regulatória, fiscalizatória e punitiva da ANPD.

§ 5º No exercício das competências de que trata o *caput* deste artigo, a autoridade competente deverá zelar pela preservação do segredo empresarial e do sigilo das informações, nos termos da Lei.

§ 6º As reclamações colhidas conforme o disposto no inciso V do *caput* deste artigo poderão ser analisadas de forma agregada, e as eventuais providências delas decorrentes poderão ser adotadas de forma padronizada.

Voltando à análise do Provimento CNJ n. 149/2023, tem-se que o tratamento de dados pessoais destinado à prática dos atos inerentes ao exercício dos respectivos ofícios, consistentes no exercício de competências previstas em legislação específica, algumas já citadas na abertura deste tópico, deve ser promovido de forma a atender à finalidade da prestação do serviço, na persecução do interesse público, e com os objetivos de executar as competências legais e desempenhar atribuições legais e normativas dos serviços públicos delegados.

O art. 81 ratifica a criação, pelo Provimento n. 134/2022, no âmbito da Corregedoria Nacional de Justiça do Conselho Nacional de Justiça (CNJ), da **Comissão de Proteção de Dados (CPD/CN)**, de caráter consultivo, responsável por propor, independentemente de provocação, diretrizes com critérios sobre a aplicação, interpretação e adequação das Serventias à LGPD, espontaneamente ou mediante provocação pelas Associações.

A LGPD criou a figura do **controlador,** que é a pessoa natural ou jurídica, de direito público ou privado, a quem competem as decisões referentes ao tratamento de dados pessoais. Na seara notarial e registral, os responsáveis pelas delegações dos serviços extrajudiciais de notas e de registro, na qualidade de titulares das serventias, interventores ou interinos, são controladores no exercício da atividade típica registral ou notarial, a quem compete as decisões referentes ao tratamento de dados pessoais. Já os administradores dos Operadores Nacionais de registros públicos e de Centrais de serviços compartilhados são controladores para fins da legislação de proteção de dados pessoais.

No tocante ao **operador,** outra figura criada pela LGPD, em âmbito extrajudicial, pode-se dizer que é a pessoa natural ou jurídica, de direito público ou privado, externa ao quadro funcional da serventia, contratada para serviço que envolva o tratamento de dados pessoais em nome e por ordem do controlador.

Daniel Ribeiro muito bem pontua que um erro comum em alguns provimentos estaduais foi o enquadramento dos prepostos do delegatário como operador. Os funcionários do agente delegado (controlador), contudo, não são operadores - eles apenas atuam sob seu poder diretivo. Esse entendimento coaduna com o manifestado pela ANPD no "Guia Orientativo para Definições dos Agentes de Tratamento de Dados Pessoais e do Encarregado". Segundo o documento, o operador será sempre uma pessoa distinta do controlador, isto é, que não atua como profissional subordinado a este. Por esta razão, deve-se evitar a confusão dessas figuras - preposto do controlador e operador. Os modelos de contratação são diferentes, assim como o regime de responsabilização previsto na LGPD. O operador responde solidariamente pelos danos causados pelo tratamento quando descumprir as obrigações da legislação ou quando não tiver seguido as instruções lícitas do controlador - hipótese em que o operador se equipara ao controlador. Já os prepostos do controlador, uma vez que não são tecnicamente agentes de tratamento, não respondem diretamente pelo dano. Com isso, o controlador é quem será obrigado a repará-lo. Apesar do acerto na conceituação realizada no art. 5º, o texto final do Provimento manteve a confusão relacionada à menção ao operador no art. 16, V. Aparentemente se trata de erro na redação, uma vez que o capítulo VIII se dedica ao treinamento dos prepostos do agente delegado que, como já visto anteriormente, não são agentes de tratamento, muito menos, operadores. Por outro lado, pode-se interpretar que há um comando para que os cartórios também capacitem os prestadores externos ao quadro funcional da serventia. Tal medida não seria uma prática desaconselhada, ainda mais ao se considerar o dever de orientação do operador pelo controlador. Caberá à CPD/CN/CNJ, se não houver alteração no texto do Provimento que esclareça os pontos mencionados, a definição da melhor interpretação do conteúdo do art. 16, V (https://www.migalhas.com.br/depeso/372840/novo-marco-de-protecao-de-dados--nos-cartorios)

Feitas estas considerações gerais, passe-se a examinar o papel da **"Governança do Tratamento de Dados Pessoais nas serventias".**

Na implementação dos procedimentos de tratamento de dados, o responsável pela serventia extrajudicial tem como dever verificar o porte da sua serventia e classificá-la, de acordo com o Provimento CNJ n. 74/2018 (Classe I, II ou III), e observadas as regulamentações da Autoridade Nacional de Proteção de Dados ("ANPD"), fazer a adequação à legislação de proteção de dados conforme o volume e a natureza dos dados tratados, e de forma proporcional à sua capacidade econômica e financeira para aporte e custeio de medidas técnicas e organizacionais.

Desse modo, é necessário adotar ao menos as seguintes providências:

a) nomear encarregado pela proteção de dados;

b) mapear as atividades de tratamento e realizar seu registro;

c) elaborar relatório de impacto sobre suas atividades, na medida em que o risco das atividades o faça necessário;

d) adotar medidas de transparência aos usuários sobre o tratamento de dados pessoais;

e) definir e implementar Política de Segurança da Informação;

f) definir e implementar Política Interna de Privacidade e Proteção de Dados;

g) criar procedimentos internos eficazes, gratuitos, e de fácil acesso para atendimento aos direitos dos titulares;

h) zelar para que terceiros contratados estejam em conformidade com a LGPD, questionando-os sobre sua adequação e revisando cláusulas de contratação para que incluam previsões sobre proteção de dados pessoais; e

i) treinar e capacitar os prepostos.

No que diz respeito ao **mapeamento de dados** no âmbito da atividade notarial e registral, trata-se da atividade de identificar o banco de dados da serventia, os dados pessoais objeto de tratamento e o seu ciclo de vida, incluindo todas as operações de tratamento a que estão sujeitos, como a coleta, armazenamento, compartilhamento, descarte, e quaisquer outras operações às quais os dados pessoais estejam sujeitos.

Anote-se que o produto final da atividade de mapeamento será denominado **"Inventário de Dados Pessoais"**, devendo o responsável pela serventia:

I – garantir que o inventário de dados pessoais contenha os registros e fluxos de tratamento dos dados com base na consolidação do mapeamento e das decisões tomadas a respeito de eventuais vulnerabilidades encontradas, que conterão informações sobre:

a) finalidade do tratamento;

b) categorias de dados pessoais, e descrição dos dados utilizados nas respectivas atividades;

c) a identificação das formas de obtenção/coleta dos dados pessoais;

d) base legal;

e) descrição da categoria dos titulares;

f) se há compartilhamento de dados com terceiros, identificando eventual transferência internacional;

g) categorias de destinatários, se houver;

h) prazo de conservação dos dados; e

i) medidas de segurança organizacionais e técnicas adotadas.

II – elaborar plano de ação para a implementação dos novos processos, procedimentos, controles e demais medidas internas, incluindo a revisão e criação de documentos, bem como as formas de comunicação com os titulares e a Autoridade Nacional de Proteção de Dados (ANPD), quando necessária;

III – conduzir a avaliação das vulnerabilidades (*gap assessment*) para análise de lacunas em relação à proteção de dados pessoais no que se refere às atividades desenvolvidas na serventia.

IV – tomar decisões diante das vulnerabilidades encontradas e implementar as adequações necessárias e compatíveis com a tomada de decisões;

V – atualizar, sempre que necessário, não podendo ultrapassar um ano, o inventário de dados; e

VI – arquivar o inventário de dados pessoais na serventia e disponibilizá-lo em caso de solicitação da Corregedoria Geral da Justiça, da Autoridade Nacional de Proteção de Dados Pessoais ou de outro órgão de controle.

Também é possível que o responsável pela serventia extrajudicial utilize de formulários e programas de informática adaptados para cada especialidade de serventia para o registro do fluxo dos dados pessoais, abrangendo todas as fases do seu ciclo de vida durante o tratamento, tais como coleta, armazenamento e compartilhamento, eventualmente disponibilizados por associações de classe dos notários e registradores.

Existe também uma seção dedicada à **revisão dos contratos**. Desse modo, a serventia deve revisar e adequar todos os contratos que envolvam as atividades de tratamento de dados pessoais às normas de privacidade e proteção de dados pessoais, considerando a responsabilização dos agentes de tratamento prevista na lei, observando os seguintes procedimentos:

a) revisar todos os contratos celebrados com os seus empregados, incluindo a obrigatoriedade de respeito às normas de privacidade e proteção de dados nos contratos ou em regulamentos internos;

b) revisar os modelos existentes de minutas de contratos e convênios externos, que envolvam atividades de tratamento de dados pessoais, incluindo compartilhamento de dados;

c) elaborar "Termos de Tratamento de Dados Pessoais" para assinatura com os operadores, sempre que possível, incluindo as informações sobre quais dados pessoais são tratados, quem são os titulares dos dados tratados, para quais finalidades e quais são os limites do tratamento;

d) incluir cláusulas de descarte de dados pessoais nos contratos, convênios e instrumentos congêneres, conforme os parâmetros da finalidade (pública) e necessidade acima indicados;

e) elaborar orientações e procedimentos para as contratações futuras, no intuito de deixá-los em conformidade com a lei de regência;

f) criar procedimentos de auditoria regulares para realizar a gestão de terceiros com quem houver o compartilhamento de dados pessoais.

Ademais, os responsáveis pelas serventias extrajudiciais devem exigir de seus fornecedores de tecnologia, automação e armazenamento a adequação às exigências da LGPD quanto aos sistemas e programas de gestão de dados internos utilizados.

Passemos a estudar a figura do **encarregado** pelo tratamento e dados pessoais. Trata-se da pessoa indicada pelo controlador e operador para atuar como canal de comunicação entre o controlador, os titulares dos dados e a Autoridade Nacional de Proteção de Dados (ANPD). Permito-me transcrever o dispositivo para facilitar a compreensão do tema:

> **Art. 88.** Deverá ser designado o encarregado pelo tratamento de dados pessoais, conforme o disposto no art. 41 da LGPD, consideradas as seguintes particularidades:
>
> I – os responsáveis pelas Serventias Extrajudiciais poderão terceirizar o exercício da função de Encarregado mediante a contratação de prestador de serviços, pessoa física ou pessoa jurídica, desde que apto ao exercício da função;
>
> II – a função do Encarregado não se confunde com a do responsável pela delegação dos serviços extrajudiciais de notas e de registro;
>
> III – a nomeação do Encarregado será promovida mediante contrato escrito, a ser arquivado em classificador próprio, de que participarão o controlador na qualidade de responsável pela nomeação e o Encarregado; e
>
> IV – a nomeação de Encarregado não afasta o dever de atendimento pelo responsável pela delegação dos serviços extrajudiciais de notas e de registro, quando for solicitado pelo titular dos dados pessoais.
>
> § 1º Serventias classificadas como "Classe I" e "Classe II" pelo Provimento n. 74, de 31 de julho de 2018, da Corregedoria Nacional de Justiça, poderão designar Encarregado de maneira conjunta.
>
> § 2º A nomeação e contratação do Encarregado de Proteção de Dados Pessoais pelas Serventias será de livre escolha do titular da Serventias, podendo, eventualmente, ser realizada de forma conjunta, ou ser subsidiado ou custeado pelas entidades de classe.
>
> § 3º Não há óbice para a contratação independente de um mesmo Encarregado por serventias de qualquer Classe, desde que demonstrável a inexistência de conflito na cumulação de funções e a manutenção da qualidade dos serviços prestados.

Outro dever do responsável pela serventia é cuidar para que seja realizado **relatório de impacto** à proteção de dados pessoais referente aos atos em que o tratamento de dados pessoais possa gerar risco às liberdades civis e aos direitos fundamentais do titular, de acordo com as orientações expedidas pela ANPD. Poderão ser fornecidos, pelas entidades representativas de classe, modelos, formulários e programas de informática adaptados para cada especialidade de serventia para elaboração de Relatório de Impacto.

Anote-se que a elaboração do Relatório deverá se atentar às seguintes instruções:

a) Adotar metodologia que resulte na indicação de medidas, salvaguardas e mecanismos de mitigação de risco;

b) Elaborar o documento previamente a contrato ou convênio que seja objeto da avaliação feita por meio do Relatório;

c) Franquear, a título de transparência, aos afetados a possibilidade de se manifestarem a respeito do conteúdo; e

d) Elaborar o documento previamente à adoção de novos procedimentos ou tecnologias.

Os arts. 90 e 91 do Provimento prescrevem regras sobre **medidas e segurança, técnicas e administrativas,** neste sentido:

> Art. 90. Cabe ao responsável pelas serventias implementar medidas de segurança, técnicas e administrativas aptas a proteger os dados pessoais de acessos não autorizados e de situações acidentais ou ilícitas de destruição, perda, alteração, comunicação ou qualquer forma de tratamento inadequado ou ilícito, nos termos dos arts. 46 e seguintes da LGPD, por meio de:
>
> I – elaboração de política de segurança da informação que contenha:
>
> a) medidas de segurança técnicas e organizacionais;
>
> b) previsão de adoção de mecanismos de segurança, desde a concepção de novos produtos ou serviços (security by design) (art. 46, § 1º, da LGPD); e
>
> c) plano de resposta a incidentes (art. 48 da LGPD).
>
> II – avaliação do sistemas e bancos de dados em que houver tratamento de dados pessoais e/ou tratamento de dados sensíveis, submetendo tais resultados à ciência do Encarregado pelo tratamento de dados pessoais da serventia;
>
> III – avaliação da segurança de integrações de sistemas;
>
> IV – análise da segurança das hipóteses de compartilhamento de dados pessoais com terceiros; e
>
> V – realização de treinamentos.
>
> Art. 91. O plano de resposta a incidentes de segurança envolvendo dados pessoais deverá prever a comunicação, pelos responsáveis por serventias extrajudiciais, ao titular, à Autoridade Nacional de Proteção de Dados, ao Juiz Corregedor Permanente e à Corregedoria Geral da Justiça, no prazo máximo de 48 horas úteis, contados a partir do seu conhecimento, de incidente que possa acarretar risco ou dano relevante aos titulares, com esclarecimento da natureza do incidente e das medidas adotadas para a apuração das suas causas e a mitigação de novos riscos e dos impactos causados aos titulares dos dados.

Sobre a inutilização e eliminação de documentos em conformidade com a Tabela de Temporalidade de Documentos prevista no Provimento CNJ n. 50/2015, que dispõe sobre a conservação de documentos nos cartórios extrajudiciais (estudado no Capítulo II desta Lei de Registros Públicos), será promovida de forma a **impedir a identificação dos dados pessoais neles contidos.**

Consigna-se que a inutilização e eliminação de documentos não afasta os deveres previstos na Lei n. 13.709/2018, em relação aos dados pessoais que remanescerem em índices, classificadores, indicadores, banco de dados, arquivos de segurança ou qualquer outro modo de conservação adotado na unidade dos serviços extrajudiciais de notas e de registro.

Anote-se ainda outra recomendação. O responsável pela serventia extrajudicial, sempre que possível digitalizará os documentos físicos ainda utilizados; e armazenará os documentos físicos que contenham dados pessoais e dados pessoais sensíveis em salas ou compartimentos com controle de acesso. Após a digitalização, o documento físico poderá ser eliminado, respeitados as disposições e os prazos definidos no Provimento CNJ n. 50/2015.

O art. 94 do Provimento CNJ n. 149/2023 traz regras sobre **treinamento.** Desse modo, as serventias deverão realizar treinamentos para implementação da cultura de privacidade e proteção de dados pessoais, bem como para a capacitação de todos os envolvidos no tratamento dos dados pessoais sobre os novos controles, processos e procedimentos, observando o seguinte:

a) Capacitar todos os trabalhadores da serventia a respeito dos procedimentos de tratamento de dados pessoais;

b) Realizar treinamentos com todos os novos trabalhadores;

c) Manter treinamentos regulares, de forma a reciclar o conhecimento sobre o assunto e atualizar os procedimentos adotados, sempre que necessário;

d) Organizar, por meio do Encarregado e eventual equipe de apoio, programa de conscientização a respeito dos procedimentos de tratamento de dados, que deverá atingir todos os trabalhadores; e

e) Manter os comprovantes da participação em cursos, conferências, seminários ou qualquer modo de treinamento proporcionado pelo controlador aos operadores e Encarregado, com indicação do conteúdo das orientações transmitidas.

Registre-se que o responsável pela serventia extrajudicial poderá solicitar apoio à entidade de classe para capacitação de seus prepostos.

Como **medida de transparência** e prezando pelos **Direitos dos Titulares de dados,** deverá o responsável pela serventia elaborar, por meio do canal do próprio Encarregado, se terceirizado, e/ou em parceria com as respectivas entidades de classe: canal eletrônico específico para atendimento das requisições e/ou reclamações apresentadas pelos titulares dos dados pessoais; e fluxo para atendimento aos direitos dos titulares de dados pessoais, requisições e/ou reclamações apresentadas, desde o seu ingresso até o fornecimento da resposta.

Importante esclarecer que devem ser divulgadas em local de fácil visualização e consulta pelo público as informações básicas a respeito dos dados pessoais e procedimentos de tratamento, os direitos dos titulares dos dados, o canal de atendimento disponibilizado aos titulares de dados para que exerçam seus direitos e os dados de qualificação do encarregado, com nome, endereço, e meios de contato.

Ainda sobre medidas de transparência, invocam-se os importantes arts. 97 e 98 do Provimento CNJ n. 139/2023, veja-se:

> **Art. 97.** Deverão ser disponibilizadas pelos responsáveis pelas serventias informações adequadas a respeito dos procedimentos de tratamento de dados pessoais, nos termos do art. 9º da LGPD, por meio de:
>
> I – aviso de privacidade e proteção de dados;
>
> II – avisos de cookies no portal de cada serventia, se houver; e
>
> III – aviso de privacidade para navegação no website da serventia, se houver.
>
> **Art. 98.** A gratuidade do livre acesso dos titulares de dados (art. 6º, IV, da LGPD) será restrita aos dados pessoais constantes nos sistemas administrativos da serventia, não abrangendo os dados próprios do acervo registral e não podendo, em qualquer hipótese, alcançar ou implicar a prática de atos inerentes à prestação dos serviços notariais e registrais dotados de fé-pública.
>
> § 1º Todo documento obtido por força do exercício do direito de acesso deverá conter em seu cabeçalho os seguintes dizeres: "Este não é um documento dotado de fé pública, não se confunde com atos inerentes à prestação do serviço notarial e registral nem substitui quaisquer certidões, destinando-se exclusivamente a atender aos direitos do titular solicitante quanto ao acesso a seus dados pessoais".
>
> § 2º A expedição de certidões deverá ser exercida conforme legislação específica registral e notarial e taxas e emolumentos cobrados conforme regulamentação própria.
>
> § 3º Mantém-se o disposto quanto aos titulares beneficiários da isenção de emolumentos, na forma da lei específica.
>
> § 4º O notário e/ou registrador coletarão as informações necessárias para identificação segura do solicitante, com o objetivo de garantir a confidencialidade.

Apresentemos agora regras sobre **certidões.**

Mais do que um atributo, a publicidade consiste em um dos pilares da atividade notarial e registral. Tem por finalidade outorgar segurança às relações jurídicas, assegurando a qualquer interessado o conhecimento do teor do acervo das serventias notariais e registrais e garantir sua oponibilidade contra terceiros. No direito brasileiro se dá por meio de expedição de **certidão**. É a chamada **publicidade formal ou indireta.**

Vimos que a LGPD tem como fundamentos previstos no artigo 2º, dentre outros, o respeito à privacidade e a inviolabilidade da intimidade, objetivando como dado pessoal qualquer informação relacionada à pessoa natural através da qual seja possível identificá-la direta ou indiretamente.

Também dialoga com o tema, o art. 23 da Lei n. 13.709/2018, neste sentido:

> Art. 23. O tratamento de dados pessoais pelas pessoas jurídicas de direito público referidas no parágrafo único do art. 1º da Lei nº 12.527, de 18 de novembro de 2011 (Lei de Acesso à Informação) , deverá ser realizado para o atendimento de sua finalidade pública, na persecução do interesse público, com o objetivo de executar as competências legais ou cumprir as atribuições legais do serviço público, desde que:
>
> [...]
>
> § 4º Os serviços notariais e de registro exercidos em caráter privado, por delegação do Poder Público, terão o mesmo tratamento dispensado às pessoas jurídicas referidas no *caput* deste artigo, nos termos desta Lei.
>
> § 5º Os órgãos notariais e de registro devem fornecer acesso aos dados por meio eletrônico para a administração pública, tendo em vista as finalidades de que trata o *caput* deste artigo.

Exatamente em virtude da natureza pública desses serviços, a LGPD determinou, em seu art. 23, §4º, que os serviços notariais e de registro terão o mesmo tratamento dispensado às pessoas jurídicas de direito público. A LGPD dispôs também que os órgãos notariais e de registro devem fornecer, para a Administração Pública, o acesso aos dados por meio eletrônico.

Em razão deste artigo, ou seja, a **inserção das serventias extrajudiciais entre os destinatários de uma norma de proteção de dados,** com imposição sincrônica de deveres de transparência e publicidade, em um primeiro momento, inúmeras dúvidas surgiram no que tange à sua aplicabilidade. É que aparentemente havia um conflito entre dois princípios em questão – privacidade e publicidade.

Bem explicam José Eduardo Gussem, Alex Pereira e Sofia Martinelli que a atividade cartorária guarda íntima relação com a promoção da transparência dos negócios jurídicos entre particulares e que guardam repercussão pública. É justamente a fé pública conferida pelos cartórios que permite promover a segurança jurídica sem a necessidade do aporte de seguros para garantir os negócios, diminuindo os custos de transação no Brasil. Tudo isso sempre esteve pautado pelo princípio da publicidade (artigo 37 da CRFB/88), reforçado pelo artigo 1º da L. 8.935/94, que estabelece que *"serviços notariais e de registro são os de organização técnica e administrativa destinados a garantir a publicidade, autenticidade, segurança e eficácia dos atos jurídicos"*. Não obstante, o próprio artigo 1º da Lei 8.935/94 já expressa que os Cartórios têm a função primordial de *"garantir a publicidade, autenticidade, segurança e eficácia dos atos jurídicos"*, a finalidade última do tratamento de dados pelas serventias e, portanto, o limite do tratamento de dados no exercício de suas funções públicas para fins da LGPD (https://www.conjur.com.br/2022-dez-03/opiniao-lgpd-cartorios-publicidade--privacidade).

Pois bem. Elucidam os autores que se ainda assim pudesse haver dúvidas quanto aos limites entre esses dois princípios, a aprovação do Provimento CNJ nº 134/2022 foi oportuna para sedimentar parâmetros interpretativos quanto à aplicação da LGPD aos cartórios, aniquilando, de um lado, qualquer dúvida que porventura restasse quanto à aplicabilidade da proteção de dados pessoais às suas atividades, e atribuindo, de outro, conteúdo concreto às normas da LGPD, em especial, ao princípio da necessidade do tratamento de dados pessoais.

E assim, o Provimento CNJ n. 134/2022 traz um capítulo específico sobre certidões publicidade e a proteção de dados, e que foi incorporado aos arts. 99 a 135. Sugere-se, para melhor compreensão do tema e ter em mente como funciona cada tipo de serventia extrajudicial, que a matéria a seguir exposta (especificidade das certidões), seja lida após o estudo completa de toda esta obra.

Regra inserta no art. 99, o Notário ou o Registrador, na emissão de certidão, deve observar o conteúdo obrigatório estabelecido em legislação específica, como é o caso da LRP, LNR, LPT, dentre outras, adequado e proporcional à finalidade de comprovação de fato, ato ou relação jurídica. Devem ainda apurar a adequação, necessidade e proporcionalidade de particular conteúdo em relação à finalidade da certidão, quando este não for explicitamente exigido ou quando for apenas autorizado pela legislação específica. Note-se aqui a consagração do princípio da necessidade para a expedição de certidões.

Em caso de requerimento de certidões por via telemática, havendo necessidade de justificação do interesse na certidão, o solicitante será identificado por meio idôneo, reconhecido pela entidade responsável pela tramitação do serviço eletrônico compartilhado da respectiva especialidade cartorial.

A norma do art. 101 do Provimento CNJ n. 149/2023 é clara ao prescrever que o **compartilhamento de dados com centrais de serviços eletrônicos compartilhados é compatível com a proteção de dados pessoais**, devendo as centrais observarem a adequação, necessidade e persecução da finalidade dos dados a serem compartilhados, bem como a maior eficiência e conveniência dos serviços registrais ou notariais ao cidadão. Ademais, deve ser dada preferência e envidados esforços no sentido de adotar a modalidade de descentralização das bases de dados entre a central de serviços eletrônicos compartilhados e as serventias, por meio do acesso pelas centrais às informações necessárias para a finalidade perseguida, evitando-se a transferência de bases de dados, a não ser quando necessária para atingir a finalidade das centrais ou quando o volume de requisições ou outro aspecto técnico prejudicar a eficiência da prestação do serviço.

Sobre as centrais de serviços eletrônicos compartilhados, recomenda-se a leitura do tópico “Registro Eletrônico”, nos comentários do Capítulo II (arts. 3º ao 7º-A) da Lei n. 6.015/1973.

O compartilhamento de dados com órgãos públicos pressupõe lei ou ato normativo do órgão solicitante, ou convênio ou outro instrumento formal com objeto compatível com as atribuições e competências legais da atividade notarial e registral. São os termos do art. 102 do Provimento, que complementa a regra em seus parágrafos, a saber:

> § 1º O compartilhamento deverá ser oferecido na modalidade de fornecimento de acesso a informações específicas adequadas, necessárias e proporcionais ao atendimento das finalidades presentes na política pública perseguida pelo órgão, observando-se os protocolos de segurança da informação e evitando-se a transferência de bancos de dados, a não ser quando estritamente necessária para a persecução do interesse público.
>
> § 2º Caso o registrador ou notário entenda haver desproporcionalidade na solicitação de compartilhamento de dados pelo órgão público, deverá consultar a Corregedoria Nacional de Justiça, no prazo de 24 horas, oferecendo suas razões, à luz do disposto neste artigo.

Anote-se ainda que o responsável pela serventia extrajudicial deve efetuar, sempre que possível, aplicável e compatível com a finalidade perseguida e o tipo de tratamento, a criptografia ou a pseudonimização de dados pessoais para o acesso a informações ou transferência dos dados para terceiros, inclusive centrais de serviços eletrônicos compartilhados e órgãos públicos.

Ademais, é dever dos registradores e notários remeter dados com a finalidade da formação de indicadores estatísticos às entidades previstas em lei ou regulamento, garantindo que sejam anonimizados na origem, nos termos da LGPD.

Os últimos artigos do Provimento CNJ n. 139/2023 no que tange à proteção de dados são destinados à sua aplicação nas serventias em cada uma de suas especialidades.

Iniciaremos pelo **Tabelionato de Notas**, cujas prescrições estão previstas nos arts. 106 a 111, veja-se:

> Art. 106. A emissão e o fornecimento de certidão de ficha de firma e dos documentos depositados por ocasião de sua abertura somente poderão ser realizados a pedido do titular referido nos documentos, seus representantes legais e mandatários com poderes especiais ou mediante decisão judicial.
>
> Art. 107. O fornecimento de certidões para os solicitantes legitimados pode ocorrer por meio de cópia reprográfica.
>
> Art. 108. O pedido de lavratura de ata notarial, realizado por um dos pais, ou pelo responsável legal, envolvendo

dados pessoais de sujeito menor de 12 (doze) anos de idade será considerado como consentimento específico e em destaque para o tratamento dos dados da criança.

Art. 109. Nos atos protocolares e nas escrituras públicas, não haverá necessidade de inserção da condição de pessoa exposta politicamente.

Art. 110. A certidão de testamento somente poderá ser fornecida ao próprio testador ou mediante ordem judicial.

Parágrafo único. Após o falecimento, a certidão de testamento poderá ser fornecida ao solicitante que apresentar a certidão de óbito.

Art. 111. No ato notarial, serão inseridos na qualificação dos sujeitos: o nome completo de todas as partes; o documento de identificação, ou, na sua falta, a filiação; o número de CPF; a nacionalidade; o estado civil; a existência de união estável; a profissão e o domicílio, sendo dispensada a inserção de endereço eletrônico e número de telefone.

Note-se que nos artigos 109 e 111 fica clara a dispensa de alguns dados pessoais para fins de realização do ato notarial.

O Colégio Notarial do Brasil elaborou uma cartilha explicativa sobre a LGPD, seguidas de um maior direcionamento às atividades cotidianamente exercidas pelos Notários.

Nos comentários do 7º da Lei n. 8.935/1994, nesta obra, destaquei alguns pontos práticos sobre a aplicação da LGPD nos Tabelionatos de Notas.

Dando continuidade à análise do Provimento CNJ n. 149/2023, analisaremos as normas específicas sobre a proteção de dados e **Registro de Títulos e Documentos e Civil de Pessoas Jurídicas**:

Art. 112. As notificações que contenham dados pessoais tratados devem ser feitas preferencialmente pelo Registro de Títulos e Documentos da circunscrição do destinatário. Quando assim não ocorrer, a notificação deverá ser enviada juntamente com folha adicional informativa com os dados tratados do notificado.

Recomenda-se a leitura do art. 160 desta Lei de Registros Públicos, para melhor compreensão do tema.

Por sua vez, o Seção XIII prescreve normas sobre a proteção de dados no **Registro Civil das Pessoas Naturais**, neste sentido:

Art. 113. É livre o acesso às informações constantes nos livros de Registro Civil das Pessoas Naturais, por meio de certidões de breve relato, com as informações regulamentadas pelo Provimento n. 63/2017, da Corregedoria Nacional de Justiça, independentemente de requerimento ou de identificação do requerente.

Art. 114. As certidões de registro civil em geral, inclusive as de inteiro teor, requeridas pelos próprios interessados, seus representantes legais, mandatários com poderes especiais, serão expedidas independentemente de autorização do Juiz Corregedor Permanente.

§ 1º Nas hipóteses em que a emissão da certidão for requerida por terceiros e a certidão contiver dados sensíveis, somente será feita a expedição mediante a autorização do juízo competente.

§ 2º Após o falecimento do titular do dado sensível, as certidões de que trata o *caput* deste artigo poderão ser fornecidas aos parentes em linha reta, independentemente de autorização judicial.

Art. 115. Nas certidões de breve relato deverão constar somente as informações previstas no Provimento CN n. 63/2017, sendo que qualquer outra informação solicitada pela parte constante do registro ou anotações e averbações posteriores somente poderá ser fornecida por meio de certidão por quesitos ou por inteiro teor, de acordo com as disposições previstas neste Provimento.

Parágrafo único. Sempre deverão constar do campo destinado às observações a existência de adoção simples realizada por meio escritura pública; as alterações de nome indígena; a declaração do registrado como indígena; a etnia ou a inclusão de etnia; e a alteração de nome em razão da cultura ou do costume indígena.

Art. 116. As solicitações de certidões por quesitos, ou informações solicitadas independentemente da expedição de certidões, receberão o mesmo tratamento destinado às certidões solicitadas em inteiro teor quando os dados solicitados forem restritos, sensíveis ou sigilosos.

§ 1º São considerados elementos sensíveis os elencados no inciso II do art. 5º da Lei n. 13.709/2018, ou outros, desde que previstos em legislação específica.

§ 2º São considerados elementos restritos os previstos nos artigos 45 e 95 da Lei n. 6.015/1973, no artigo 6º e seus parágrafos, da Lei n. 8.560/1992, e no artigo 5º do Provimento n. 73/ 2018, da Corregedoria Nacional de Justiça, ou outros, desde que previstos em legislação específica.

§ 3º São considerados elementos sigilosos os previstos no parágrafo 7º do artigo 57 da Lei n. 6.015/1973, ou outros, desde que previstos em legislação específica.

Art. 117. A emissão de certidão em inteiro teor sempre depende de requerimento escrito com firma reconhecida do requerente ou com assinatura digital nos padrões ICP-Brasil, no padrão do sistema gov.br ou com assinatura confrontada com o documento de identidade original.

§ 1º O reconhecimento de firma será dispensado quando o requerimento for firmado na presença do Oficial ou de preposto.

§ 2º Os requerimentos poderão ser recepcionados por e-mail ou por meio da Central de Informações do Registro Civil – CRC, desde que assinados digitalmente, nos padrões da ICP-Brasil, cuja autenticidade e integridade serão conferidas no verificador de conformidade do ITI – Instituto Nacional de Tecnologia da Informação, por meio do sistema de assinatura gov.br ou com assinatura confrontada com o documento de identidade original.

§ 3º O requerimento de certidão em inteiro teor deverá conter a identificação do requerente, o motivo em virtude do qual se requer a certidão sob a forma de inteiro teor e o grau de parentesco com o registrado, caso exista, bem como o fato de ser este falecido ou não.

§ 4º A certidão com referência à circunstância de ser legítima a filiação poderá ser fornecida, inclusive a terceiros, independentemente de autorização judicial.

Art. 118. Não é necessário requerimento ou autorização judicial para emissão de certidão de óbito em nenhuma de suas modalidades.

Art. 119. As restrições relativas aos dados sensíveis elencados pelo inciso II do art. 5º da Lei n. 13.709/2018 não se aplicam ao caso de pessoa falecida.

Art. 120. A emissão e o fornecimento de certidão sobre procedimentos preparatórios ou documentos apresentados para a realização de atos no Registro Civil das Pessoas Naturais somente poderão ser realizados a pedido do próprio interessado ou do titular do documento, seus representantes legais e mandatários com poderes especiais ou mediante autorização judicial ou, ainda, quando o documento solicitado for público com publicidade geral e irrestrita.

Parágrafo único. Após o falecimento do titular, a certidão de que trata o *caput* deste artigo poderá ser fornecida ao solicitante que apresentar a certidão de óbito.

Art. 121. É facultado a qualquer interessado, independentemente de justificação ou de requerimento, realizar buscas nos índices dos Registros Civis das Pessoas Naturais, respeitados os emolumentos estabelecidos pelas legislações estaduais.

Parágrafo único. A realização de buscas baseadas em outras fontes, além dos índices de registros dos livros do cartório, somente será autorizada mediante requerimento escrito fundamentado, sujeito à análise de finalidade pelo Oficial do Registro Civil das Pessoas Naturais, de cuja decisão, em caso de indeferimento, caberá revisão pelo juiz competente.

Art. 122. O edital de proclamas conterá tão somente o nome, o estado civil, a filiação, a cidade e circunscrição do domicílio dos noivos.

Parágrafo único. Quando os nubentes residirem em circunscrições diferentes, constará do edital o endereço dos nubentes para a comprovação deste fato, nos termos do art. 67, § 4º, da Lei n. 6.015/1973.

O Registro Civil de Pessoas Naturais (RCPN) está regulamentado nos artigos 29 a 113 da Lei de Registros Públicos, com comentários detalhados e aprofundados sobre este tipo de serventia. Para uma compreensão mais completa, recomenda-se a leitura dos artigos 113 a 122 do Provimento CNJ n. 149/2023 em conjunto com os artigos 17 ao 21 da Lei de Registros Públicos.

A Sessão XIV é dedicada ao **Registro de Imóveis.** Para tanto, estabelece nos arts. 123 a 128, regras sobre a proteção de dados nesta modalidade de serventia, conforme segue:

Art. 123. Dependem de identificação do requerente e independem de indicação da finalidade os pedidos de certidão de registros em sentido estrito, averbações, matrículas, transcrições ou inscrições específicas, expedidas em qualquer modalidade.

§ 1º Também dependem de identificação do requerente e independem de indicação da finalidade os pedidos de certidão de documentos arquivados no cartório, desde que haja previsão legal ou normativa específica de seu arquivamento no registro.

§ 2º Pedidos de certidão de documentos arquivados em cartório para a qual não haja previsão legal específica de expedição dependem de identificação do requerente e indicação da finalidade, aplicando-se a regra do § 4º deste artigo.

§ 3º Pedidos de certidão, busca e informações apresentados em bloco, ainda que instruídos com a numeração dos atos a serem certificados, dependem de identificação do requerente e indicação da finalidade.

§ 4º Na hipótese do parágrafo anterior, caracterizada tentativa de tratamento de dados em desacordo com as finalidades do Registro de Imóveis e com os princípios da Lei Geral de Proteção de Dados Pessoais, poderá o oficial recusar o fornecimento em nota fundamentada, do que caberá revisão pelo juízo competente.

Art. 124. Ressalvadas as hipóteses que tenham previsão legal ou normativa expressa, como as certidões de filiação de imóveis, ou de propriedade com negativa de ônus e alienações, ou outras compatíveis com as finalidades dos registros de imóveis e com os princípios da Lei Geral de Proteção de Dados, não serão expedidas certidões cujo conteúdo envolva informações sobre dados pessoais extraídos de mais de uma matrícula, assentamento do registro auxiliar, transcrição ou inscrição.

Art. 125. As certidões dos imóveis que já forem objeto de matrícula eletrônica, após a "primeira qualificação eletrônica", serão expedidas, independentemente de indicação de finalidade, em formato nato-digital estruturado, contendo a situação jurídica atual do imóvel, ou seja, sua descrição, titularidade e os ônus reais não cancelados.

Parágrafo único. A expedição de certidão de atos anteriores da cadeia filiatória do imóvel depende de identificação segura do requerente e de indicação da finalidade.

Art. 126. O atendimento a requisições de buscas fundadas exclusivamente no indicador pessoal ou real pressupõe a identificação segura do solicitante, bem como a indicação da finalidade, de tudo mantendo-se o registro em meio físico ou virtual.

Art. 127. O fornecimento, pelo registrador, por qualquer meio, de informações sobre o registro não veiculadas por certidão dependerá da segura identificação do solicitante, e da indicação da sua finalidade, exceto nos casos em que o solicitante figure no registro em questão.

Art. 128. Serão formados prontuários físicos ou digitais contendo os dados de identificação e indicação de finalidade em todas as hipóteses em que estas tenham sido exigidas.

Parágrafo único. O titular dos dados pessoais solicitados terá direito a requisitar as informações contidas nos prontuários formados em virtude de buscas ou pedidos de informações e certidões para os quais foi exigida a identificação do solicitante e a indicação de finalidade.

Vale ressaltar que o registro de imóveis é tratado nos arts. 167 a 288-A desta Lei de Registros Públicos.

Por fim, apresentam-se as regras sobre a proteção de dados nos Tabelionatos de Protesto. Esta serventia extrajudicial é regulamentada pela Lei nº 9.492/1997, que possui um capítulo dedicado a ela nesta obra.

Art. 129. Das certidões individuais de protesto deverão constar, sempre que disponíveis, os dados enumerados no art. 17, parágrafo único, do Provimento 87, da Corregedoria Nacional de Justiça, excetuados endereço completo, endereço eletrônico e telefone do devedor.

Art. 130. As certidões em forma de relação sobre inadimplementos por pessoas naturais serão elaboradas pelo nome e CPF dos devedores, devidamente identificados, devendo abranger protestos por falta de pagamento, de aceite ou de devolução, vedada exclusão ou omissão, espécie do título ou documento de dívida, data do vencimento da dívida, data do protesto da dívida e valor protestado.

Art. 131. Nas informações complementares requeridas em lote ou em grande volume poderão constar CPF dos devedores, espécie do título ou documento de dívida, número do título ou documento de dívida, data da emissão e data do vencimento da dívida, valor protestado, protocolo e data do protocolo, livro e folha do registro de protesto, data do protesto, nome e endereço do cartório.

Art. 132. O fornecimento de cópias ou certidões de documentos arquivados na serventia se limita ao documento protestado propriamente dito, nos termos do art. 22 da Lei n. 9.492/1997, enquanto perdurar o protesto, e dentro do prazo máximo de 10 (dez) anos, nos termos do art. 30 Lei n. 9.492/1997, não devendo ser fornecidas cópias dos demais documentos, salvo para as partes ou com autorização judicial.

Parágrafo único. Tratando-se de documento de identificação pessoal, a cópia arquivada somente deve ser fornecida ao próprio titular.

Art. 1335. O tabelião de protesto poderá devolver ou eliminar documentos apresentados para protesto ou para cancelamento que forem considerados desnecessários à prática do ato almejado, após adequada qualificação.

§ 1º O documento cujo original não precise ser guardado por imposição legal deve ser eliminado de maneira segura quando for digitalizado, evitando-se a duplicidade (art. 35, § 2º, Lei n. 9.492/1997).

§ 2º Fica o tabelião de protesto autorizado a eliminar o documento após o término do prazo da tabela de temporalidade prevista no Provimento 50, da Corregedoria Nacional de Justiça, ou superada a necessidade de sua guarda por outras circunstâncias, tais como prescrição civil, tributária e penal.

Art. 134. Antes da expedição do edital para intimação do devedor, o tabelião poderá buscar outros endereços em sua base de dados, endereços em que outros tabeliães realizaram a intimação, desde que na mesma base da sua competência territorial, ou endereços eletrônicos, a serem compartilhados por meio da CENPROT, bem como endereços constantes de bases de natureza jurídica pública e de acesso livre e disponível ao tabelião.

Parágrafo único. A CENPROT deverá compartilhar entre os tabeliães os endereços em que foi possível a realização da intimação de devedores, acompanhado do CNPJ ou CPF do intimado, bem como da data de efetivação.

Art. 135. A declaração eletrônica de anuência para fins de cancelamento de protesto, recebida na forma prevista no art. 17, inciso V, do Provimento 87, da Corregedoria Nacional de Justiça, poderá ser comunicada ao interessado por meio dos Correios, empresas especializadas, portador do próprio tabelião ou correspondência eletrônica, via internet ou qualquer outro aplicativo de mensagem, ficando autorizado o encaminhamento de boleto bancário, outro meio de pagamento ou instruções para pagamento dos emolumentos e despesas relativos ao cancelamento do protesto.

Esclarecem José Eduardo Gussem, Alex Pereira e Sofia Martinelli, no que diz respeito à comprovação dos atos registrados perante a serventia, que é certo que a emissão de certidões **prescinde de justificativa ou motivação pelo solicitante.** Não obstante, o fornecimento da cópia dos documentos arquivados e relacionados ao respectivo ato, por força das normas de proteção de dados pessoais, parece-nos restrito à hipótese de solicitação pelo titular, por seu representante legal ou por ordem judicial ou mediante seu consentimento expresso e específico, conforme artigo 5º, XII da LGPD.

Por derradeiro, deve-se atentar que um tratamento de dados é considerado irregular quando realizado em desconformidade com as determinações legais ou quando não é fornecida ao titular a segurança esperada.

O **art. 58 do Provimento CNJ n. 134/2022,** ainda em vigor, estabelece que as Corregedorias Gerais da Justiça dos Estados e do Distrito Federal devem fiscalizar a observância das normas previstas neste Provimento pelas unidades do serviço extrajudicial, expedindo as normas complementares que se fizerem necessárias.

1.12 MEDIDAS PREVENTIVAS NO ÂMBITO DAS SERVENTIAS EXTRAJUDICIAIS

1.12.1 VIOLÊNCIA PATRIMONIAL OU FINANCEIRA CONTRA PESSOA IDOSA

No dia 12 de março de 2021 (publicação em 17.03), a Corregedoria Nacional de Justiça do CNJ editou a Recomendação n. 47, que dispõe sobre medidas preventivas para que **se evitem atos de violência patrimonial ou financeira contra pessoa idosa, especialmente vulnerável,** no âmbito das serventias extrajudiciais e da execução dos serviços notariais.

A edição do referido provimento foi justificada, entre outras considerações, em razão:

a) Da condição de vulnerabilidade da pessoa idosa;
b) Dos termos do art. 102 da Lei 10.741/2003, que configura crime apropriar-se de ou desviar bens, proventos, pensão ou qualquer outro rendimento da pessoa idosa, dando-lhes aplicação diversa da de sua finalidade, cominando-se pena de reclusão de 1 (um) a 4 (quatro) anos e multa;
c) Do relevante caráter preventivo dos serviços notariais e de registro, ao evitarem conflitos e protegerem a sociedade, garantindo publicidade, autenticidade, segurança e eficácia dos atos jurídicos;
d) Do que consta do Pedido de Providências n. 0004772-35.2020.2.00.000, instaurado após recebimento do Ofício n. 3041/2020GM.MMFDH/MMFDH, em que o Ministério da Mulher, da Família e dos Direitos Humanos informa que dados mais recentes do canal Disque 100 apontam que os casos de violência patrimonial contra a pessoa idosa, em 2019, tiveram um aumento de 19% e que, em 2020, com o isolamento social imposto pela pandemia, a situação tornou-se cada vez mais crítica.

Assim, recomenda-se aos serviços notariais e de registro do Brasil que adotem medidas preventivas para coibir a prática de abusos contra pessoas idosas, especialmente vulneráveis, realizando diligências se entenderem necessário, a fim de evitar violência patrimonial ou financeira nos seguintes casos:

I – antecipação de herança;

II – movimentação indevida de contas bancárias;

III – venda de imóveis;

IV – tomada ilegal;

V – mau uso ou ocultação de fundos, bens ou ativos; e

VI – qualquer outra hipótese relacionada à exploração inapropriada ou ilegal de recursos financeiros e patrimoniais sem o devido consentimento do idoso.

Havendo indícios de qualquer tipo de violência contra idosos nos atos a serem praticados perante notários e registradores, o fato deve ser comunicado imediatamente ao Conselho Municipal do Idoso, Defensoria Pública, Polícia Civil ou Ministério Público.

De forma resumida, a Recomendação CNJ n. 47/2021 propõe uma abordagem proativa e protetiva por parte dos serviços notariais e de registro no Brasil em relação à segurança patrimonial e financeira das pessoas idosas.

Essa legislação é relevante para fortalecer as salvaguardas legais em favor dos idosos, garantindo que eles sejam protegidos de abusos e exploração. Além disso, ao envolver múltiplas entidades no processo de monitoramento e resposta, o ato normativo busca criar uma rede de suporte eficaz, que pode agir prontamente para proteger os direitos e o bem-estar dos idosos no país.

Anote-se que o ordenamento jurídico já trazia outras medidas protetivas por parte dos notários e registradores em relação à pessoa idosa.

Para ilustrar, invoco a Lei 10.741/2013 (Estatuto da Pessoa Idosa), que criou vários tipos penais que dialogam diretamente e indiretamente com a atividade notarial.

No art. 108 traz a **conduta típica do notário** ao prescrever que lavrar ato notarial que envolva pessoa idosa sem discernimento de seus atos, sem a devida representação legal incorre em penalidade de 2 a 4 anos de reclusão.

O Estatuto Protetivo ainda elenca outros delitos que conectam à atividade, veja-se:

> **Art. 96.** Discriminar pessoa idosa, impedindo ou dificultando seu acesso a operações bancárias, aos meios de transporte, ao direito de contratar ou por qualquer outro meio ou instrumento necessário ao exercício da cidadania, por motivo de idade:
>
> Pena – reclusão de 6 (seis) meses a 1 (um) ano e multa.
>
> **Art. 100.** Constitui crime punível com reclusão de 6 (seis) meses a 1 (um) ano e multa:
>
> [...]
>
> III – recusar, retardar ou dificultar atendimento ou deixar de prestar assistência à saúde, sem justa causa .
>
> **Art. 102.** Apropriar-se de ou desviar bens, proventos, pensão ou qualquer outro rendimento da pessoa idosa, dando-lhes aplicação diversa da de sua finalidade: *(Redação dada pela Lei nº 14.423, de 2022)*
>
> Pena – reclusão de 1 (um) a 4 (quatro) anos e multa.
>
> **Art. 106.** Induzir pessoa idosa sem discernimento de seus atos a outorgar procuração para fins de administração de bens ou deles dispor livremente:
>
> Pena – reclusão de 2 (dois) a 4 (quatro) anos.
>
> **Art. 107.** Coagir, de qualquer modo, a pessoa idosa a doar, contratar, testar ou outorgar procuração: (Redação dada pela Lei nº 14.423, de 2022)
>
> Pena – reclusão de 2 (dois) a 5 (cinco) anos.

1.12.2 CAMPANHA SINAL VERMELHO CONTRA VIOLÊNCIA DOMÉSTICA

No dia 03 de março de 2022 (publicação em 04.03), a Corregedoria Nacional de Justiça do CNJ editou a Recomendação n. 49, que dispõe sobre a adesão dos órgãos prestadores de serviços notariais e de registro à Campanha Sinal Vermelho contra a Violência Doméstica.

A edição do referido provimento foi justificada, entre outras razões, devido:

a) Ao disposto no art. 226, § 8º, da Constituição Federal, que atribui ao Estado o dever de criar mecanismos voltados a coibir a violência no âmbito das relações familiares;

b) A promulgação da Lei nº 14.188/2021, que define o Programa de Cooperação Sinal Vermelho contra a Violência Doméstica como uma das medidas de enfrentamento à violência doméstica e familiar contra a mulher;

c) A sistemática e as diretrizes para coibir a violência doméstica e familiar contra a mulher previstas na Lei nº 11.340/2006 (Lei Maria da Penha);

d) A Meta nº 8 das Metas Nacionais para o Poder Judiciário brasileiro em 2021, que impõe prioridade de julgamento para os casos de feminicídio e violência doméstica;

e) A adesão da Associação dos Notários e Registradores do Brasil (ANOREG-BR) à Campanha Sinal Vermelho e disponibilizou material informativo ao serviço extrajudicial;

f) Ao Objetivo de Desenvolvimento Sustentável (ODS) nº 5 da Agenda 2030 para o Desenvolvimento Sustentável da Organização das Nações Unidas, que consiste na promoção da igualdade de gênero;

g) A necessidade da ampliação e interiorização da campanha em todo território nacional e a abrangência territorial dos serviços notariais e de registro;

h) Ao número alarmante de mais de 17 milhões de mulheres que sofreram violência física, psicológica ou sexual entre agosto de 2020 e julho de 2021;

Assim, recomenda-se que os delegatários e responsáveis interinos, no exercício de atividades notariais e de registro, adiram à Campanha Sinal Vermelho contra a Violência Doméstica, nos termos do artigo 3º da Lei n. 14.188/2021, como forma de enfrentamento da violência doméstica e familiar contra a mulher.

A recomendação também orienta notários, registradores, interventores e interinos quanto à necessidade de oferta, a escreventes, a auxiliares e a quaisquer outros serventuários, de capacitação adequada ao acolhimento e ao tratamento eficaz dos pedidos de socorro recebidos, na forma prevista no artigo 2º da Lei n. 14.188/2021, ou sob qualquer outra forma, desde que inequívoca, com:

> I – atribuição de sigilo e de prioridade ao processamento do pedido de socorro, dispensando-se cautela necessária para que, no mínimo até a chegada da Autoridade Policial, a requisição de ajuda seja mantida sob conhecimento exclusivo do serventuário que a tenha recebido e do responsável pela serventia, caso este não a tenha acolhido diretamente;
>
> II – uso do bom senso, discrição, zelo e urgência necessários à proteção prioritária da pessoa que requisitou socorro e eventualmente esteja ao alcance do potencial agressor, bem como do cuidado à salvaguarda da imagem, da intimidade e da vida privada dos envolvidos;
>
> III – comunicação imediata e discreta à Autoridade Policial, com fornecimento dos elementos necessários à identificação do potencial agressor e da potencial vítima, inclusive quando esta não puder aguardar as providências na própria unidade extrajudicial;
>
> IV – uso adequado, comedido e racional de comunicação não violenta, bem como de técnicas e de tecnologias tendentes à preservação da segurança e da integridade física dos serventuários, dos demais usuários, da potencial vítima, do potencial agressor e das instalações.

Em resumo, a Recomendação aborda medidas importantes para o combate à violência doméstica dentro do contexto de serviços notariais e de registro, alinhando-se à Lei n. 14.188/2021, ressaltando um papel importante que notários e registradores podem desempenhar na identificação e no encaminhamento de casos de violência doméstica. Além disso, enfatiza-se a necessidade de capacitação adequada para os serventuários, detalhando procedimentos específicos para o tratamento eficaz dos pedidos de socorro, desde o acolhimento sigiloso até a comunicação imediata e cuidadosa às autoridades policiais

A implementação dessas diretrizes pode significar um avanço significativo na proteção das vítimas de violência doméstica, oferecendo-lhes um canal seguro e discreto para solicitar ajuda. Isso não apenas reforça o compromisso social dos cartórios como também contribui para uma sociedade mais vigilante e menos tolerante com a violência contra a mulher. Ações como estas são passos essenciais para fortalecer a rede de suporte às vítimas e garantir que elas recebam o auxílio necessário de maneira eficiente e respeitosa

1.13 A JUSTIÇA MULTIPORTAS E A MEDIAÇÃO E CONCILIAÇÃO NOS SERVIÇOS EXTRAJUDICIAIS

1.13.1 JUSTIÇA MULTIPORTAS

O modelo atual de resolução de conflitos e a estrutura do Poder Judiciário são insuficientes para atender o número crescente de disputas. Assim, iniciou-se um processo de desjudicialização e de compartilhamento da justiça nas demandas, com a criação de várias leis que estabeleceram métodos **alternativos e integrativos** de resolução de conflitos. Entre esses métodos, destacam-se a mediação e a conciliação.

Até então, a conciliação, mediação e arbitragem, além de outros métodos ainda menos usuais no país mas que têm ganhado cada vez mais relevância, especialmente em contratos de execução continuada, como os *dispute boards* ou Comitês de Resolução de Disputas (CRD), eram conhecidos como métodos alternativos de solução de conflitos.

Uma parte da doutrina passou a afirmar, a partir da edição do CPC/2015 que esses meios integram, em conjunto com a jurisdição, a Justiça Multiportas. Assim, tais métodos não devem mais ser conceituados como "alternativos", pois não se tratam de acessórios de algo principal, mas sim de componentes essenciais e complementares do sistema de justiça.

Nos ensinamentos de Leonardo Cunha "costumam-se chamar de 'meios alternativos de resolução de conflitos' a mediação, a conciliação e a arbitragem (*Alternative Dispute Resolution - ADR*). Estudos mais recentes demonstram que tais meios não seriam 'alternativos': mas sim integrados, formando um modelo de sistema de justiça multiportas. Para cada tipo de controvérsia, seria adequada uma forma de solução, de modo que há casos em que a melhor solução há de ser obtida pela mediação, enquanto outros, pela conciliação, outros, pela arbitragem e, finalmente, os que se resolveriam pela decisão do juiz estatal. Há casos, então, em que o meio alternativo é que seria o da justiça estatal. A expressão multiportas decorre de uma metáfora: seria como se houvesse, no átrio do fórum, várias portas; a depender do problema apresentado, as partes seriam encaminhadas para a porta da mediação, ou da conciliação, ou da arbitragem, ou da própria justiça estatal. O direito brasileiro, a partir da Resolução nº 125/2010 do Conselho Nacional de Justiça e com o Código de Processo Civil de 2015, caminha para a construção de um processo civil e sistema de justiça multiportas, com cada caso sendo indicado para o *método* ou *técnica* mais adequada para a solução do conflito. O Judiciário deixa de ser um lugar de *julgamento* apenas para ser um local de resolução de disputas. Trata-se de uma importante mudança paradigmática. Não basta que o caso seja julgado; é preciso que seja conferida uma *solução* adequada que faça com que as partes saiam *satisfeitas* com o resultado".[2]

A Justiça Multiportas, também conhecida como Centro Abrangente de Justiça, consiste em um mecanismo que aplica métodos alternativos ou integrativos de resolução de conflitos. Neste sistema, a partir do conflito apresentado pelas partes interessadas, é oferecida uma variedade de meios ou "portas", usando uma metáfora – onde cada porta simboliza uma abordagem diferente (indicando que o Poder Judiciário não é a única nem a principal opção). O objetivo é identificar a abordagem mais adequada para a formulação de um acordo que seja eficaz, cumprido e satisfatório para os envolvidos.

A relevância da Justiça Multiportas reside na necessidade de enfatizar constantemente que o acesso à justiça é um direito fundamental, intrinsecamente ligado ao princípio da dignidade da pessoa humana, um dos pilares fundamentais da República. Essa abordagem reforça a importância de oferecer múltiplas vias para a resolução de conflitos, garantindo que todos tenham a oportunidade de buscar soluções justas e eficazes para suas disputas.

É importante frisar que o acesso à justiça não é garantido exclusivamente pelo Poder Judiciário. Além disso, não podemos nos limitar à visão restrita de que se trata apenas do direito de propor ações e apresentar defesas. O direito de acesso à justiça é muito mais abrangente; envolve não apenas a solução do caso, mas sua efetiva resolução. Em outras palavras, busca-se a efetividade material e concreta na aplicação da justiça, assegurando que as decisões não apenas sejam tomadas, mas que realmente atendam às necessidades das partes envolvidas e restaurem a ordem social de forma justa e duradoura.

Registre-se que a ideia do Tribunal Multiportas originou-se nos Estados Unidos com o Professor Frank Sander, da Faculdade de Direito de Harvard, entre 1976 e 1978. A concepção surgiu durante uma conferência que discutiu a crise no Judiciário norte-americano. É importante salientar que essa inovação inspirou a Resolução 125/2010 do Conselho Nacional de Justiça, que adotou regras e princípios para promover a resolução eficaz e eficiente de conflitos no sistema judiciário brasileiro.

Rafael Alves de Almeida, Tânia Almeida e Mariana Hernandez Crespo apontam as vantagens do sistema multiportas:

a) o cidadão assumiria o protagonismo da solução de seu problema, com maior comprometimento e responsabilização acerca dos resultados;
b) estimulo à autocomposição;
c) maior eficiência do Poder Judiciário, porquanto caberia à solução jurisdicional apenas os casos mais complexos, quando inviável a solução por outros meios ou quando as partes assim o desejassem;
d) transparência, ante o conhecimento prévio pelas partes acerca dos procedimentos disponíveis para a solução do conflito.[3]

Por fim, vale transcrever alguns enunciados da I e II Jornada da **Prevenção e Solução Extrajudicial de Litígios** do Conselho da Justiça Federal, ocorridas respectivamente em 2016 e 2021 que dialogam com o tema exposto:

I Jornada:

Enunciado 49. Os Comitês de Resolução de Disputas (*Dispute Boards*) são método de solução consensual de conflito, na forma prevista no § 3º do art. 3º do Código de Processo Civil Brasileiro.

Enunciado 73. A educação para a cidadania constitui forma adequada de solução e prevenção de conflitos, na via extrajudicial, e deve ser adotada e incentivada como política pública privilegiada de tratamento adequado do conflito pelo sistema de justiça.

Enunciado 80. A utilização dos Comitês de Resolução de Disputas (*Dispute Boards*), com a inserção da respectiva cláusula contratual, é recomendável para os contratos de construção ou de obras de infraestrutura, como mecanismo voltado para a prevenção de litígios e redução dos custos correlatos, permitindo a imediata resolução de conflitos surgidos no curso da execução dos contratos.

Enunciado 81. A conciliação, a arbitragem e a mediação, previstas em lei, não excluem outras formas de resolução de conflitos que decorram da autonomia privada, desde que o objeto seja lícito e as partes sejam capazes.

II Jornada:

Enunciado 116. É necessária a oferta de cursos de capacitação frequentes e atuais pelas Escolas Superiores das Instituições do Sistema de Justiça e de outros órgãos da Administração Pública, bem como a exigência de inclusão nas provas de concurso de acesso às carreiras, de matéria versando sobre a desjudicialização de conflitos e sobre o acesso à justiça célere, eficiente e desburocratizado por meio das demais formas de composição dos litígios.

Enunciado 131. As decisões promovidas por Comitês de Resolução de Disputa (Dispute Boards) que sejam vinculantes têm natureza contratual e refletem a vontade das partes que optaram por essa forma de resolução de conflitos, pelo que devem ser cumpridas

2. CUNHA, Leonardo Carneiro da. *A Fazenda Pública em Juízo*. 13ª ed., Rio de Janeiro: Forense, p. 637.

3. ALMEIDA, Rafael Alves de e outros. *Tribunal Multiportas. Investindo no Capital Social Para Maximizar o Sistema de Solução de Conflitos no Brasil*. Editora: FGV, 2012, 1ª Ed.

obrigatória e imediatamente, sem prejuízo de eventual questionamento fundamentado em ação judicial ou procedimento arbitral.

Enunciado 137. Na utilização do comitê de resolução de disputas (Dispute Board) como meio alternativo de prevenção e resolução de controvérsias relativas aos contratos administrativos (art. 151 da Lei n. 14.133, de 1º de abril de 2021), deverá ser utilizada, preferencialmente, a modalidade combinada, na qual o comitê pode emitir recomendações e decisões.

Enunciado 138. A execução de acórdão condenatório de Tribunal de Contas pode se valer das medidas de desjudicialização da execução civil, tais como a notificação pelo Registro de Títulos e Documentos, o protesto e a anotação do nome do devedor em cadastro de inadimplência.

Enunciado 161. O direito previsto no art. 5º, inciso XXXV, da Constituição da República não se esgota no acesso formal ao Poder Judiciário, compreendendo a existência de um sistema organizado e efetivo destinado à garantia de direitos, prevenção de conflitos e resolução pacífica das controvérsias. Dispositivos relacionados: art. 5º, inciso XXXV, da CR/1988; art. 2.1 da Declaração Universal dos Direitos Humanos de 1948; art. 3º, *caput* e §§ 1º, 2º e 3º, da Lei n. 13.105/2015.

Enunciado 168. A preexistência de decisão judicial transitada em julgado não impede a conciliação ou mediação entre os mesmos interessados.

1.13.2 CONCEITO DE MEDIAÇÃO E CONCILIAÇÃO

A **mediação** ocorre quando um terceiro, denominado mediador, posiciona-se entre os litigantes com o objetivo de estimular a busca por um acordo ou autocomposição. Este mediador facilita o diálogo e atua de maneira a ajudar as partes a construírem , juntas, solução para o conflito.

O mediador auxilia as partes a compreender as questões e os interesses em conflito, de modo que eles possam, pelo restabelecimento da comunicação, identificar, por si próprios, soluções consensuais que gerem benefícios mútuos. O mediador não propõe soluções para os litigantes.

Pode-se afirmar que o mediador propicia o encontro entre as partes, adotando uma postura mais passiva, aproximando os litigantes e fomentando o diálogo. Assim, eles são encorajados a resolver o conflito por meio da autocomposição. Com isso, percebe-se que o foco está na desconstrução do litígio e na restauração de uma convivência pacífica.

Note-se também que na mediação, a atuação se dá preferencialmente nos casos em que exista algum vínculo anterior entre os envolvidos. Em outras palavras, para conflitos subjetivos, no qual exista relação entre os envolvidos ou desejo de que tal relacionamento perdure, indica-se a mediação. Dessa forma, a mediação é a técnica mais adequada para relações continuadas, como as de família, vizinhança, condomínio, associações, sociedade, franquia, entre outros.

Sobre o tema, vale transcrever os enunciados da **II Jornada da Prevenção e Solução Extrajudicial de Litígios** do Conselho da Justiça Federal, ocorrida em 2021:

Enunciado 166. A mediação é meio eficiente e prioritário para resolver os conflitos de vizinhança, devendo sempre garantir a intimidade e a inviolabilidade da vida privada dos vizinhos, conforme estabelece o Enunciado n. 319 da IV Jornada de Direito Civil.

Enunciado 167. A mediação é instrumento extrajudicial adequado de planejamento sucessório, com aplicação preventiva aos conflitos entre herdeiros, sobre conteúdos patrimoniais e extrapatrimoniais.

Enunciado 204. O termo final de mediação extrajudicial constitui título executivo extrajudicial, independentemente da assinatura de testemunhas no instrumento.

Enunciado 205. A mediação deve ser incentivada como método adequado para resolução de conflitos familiares envolvendo pessoa idosa, principalmente quando se tratar de controvérsias a respeito de cuidados ou nomeação de curador.

Enunciado 213. A mediação constitui importante instrumento de desenvolvimento econômico e social, sendo recomendada a sua utilização nessa perspectiva

Por sua vez, a **conciliação** também representa um método de resolução de litígios. Diferentemente do mediador, o conciliador assume uma postura mais ativa, intervindo em conflitos específicos ao sugerir soluções e possíveis acordos entre as partes.

Note-se que dessa forma, o conciliador fomenta o encontro. O foco aqui é no acordo, na solução pontual de determinado conflito, tendo feição negocial. E é por isso, que a conciliação é mais apropriada para casos nos quais não exista qualquer relacionamento anterior entre as partes, ou seja, para conflitos objetivos, mais superficiais, nos quais não existe relacionamento duradouro entre os envolvidos, aconselha-se o uso da conciliação.

Dessa forma, observa-se que o conciliador fomenta o encontro entre as partes. Neste contexto, o foco está no acordo e na solução pontual de determinado conflito, apresentando um caráter negocial. Por essa razão, a conciliação é particularmente apropriada para casos em que não há um relacionamento anterior entre as partes, ou seja, em conflitos objetivos e mais superficiais, onde não existe uma relação duradoura entre os envolvidos. Nestas circunstâncias, recomenda-se o uso da conciliação.

Consequentemente, a conciliação é a técnica mais adequada para casos circunstanciais, como questões de consumo em geral, indenizações, violações de marca ou patente, entre outros.

É importante destacar que o Código de Processo Civil (Lei n. 13.105/2015) reafirma essa diferenciação em seu artigo 165. Assim, na conciliação, o terceiro facilitador da conversa atua de forma mais direta no conflito, podendo até sugerir opções de solução para as partes, conforme estipula o § 2º do artigo 165. Por outro lado, na mediação, o mediador tem o papel de facilitar o diálogo entre as partes, de modo que sejam elas mesmas a propor soluções para o litígio, conforme descrito no § 3º do mesmo artigo.

1.13.3 A RESOLUÇÃO N. 125 DO CONSELHO NACIONAL DE JUSTIÇA, O NOVO CÓDIGO DE PROCESSO CIVIL E A LEI DE MEDIAÇÃO

O Conselho Nacional de Justiça editou a Resolução n. 125/2010 objetivando consolidar, no âmbito judicial, uma política permanente de incentivo e aperfeiçoamento dos mecanismos consensuais de solução de litígios.

Esse mesmo órgão considerou que a conciliação e a mediação são instrumentos efetivos de pacificação social, solução e prevenção de litígios, e que a sua apropriada disciplina em programas já implementados no país tem reduzido a excessiva judicialização dos conflitos de interesses, a quantidade de recursos e de execuções de sentenças.

Há muito tempo, percebe-se que o Poder Judiciário tem demonstrado crescente preocupação em concentrar suas funções primordialmente em ações de jurisdição contenciosa que efetivamente demandam o uso de seu aparato estatal.

Após a publicação da Resolução 125 do CNJ em 2.010, várias outras legislações acompanharam essa nova dinâmica de solução de conflitos.

Após a publicação da Resolução 125 do Conselho Nacional de Justiça (CNJ) em 2010, diversas legislações foram criadas para acompanhar essa nova dinâmica de solução de conflitos. Uma das mudanças mais significativas e impactantes no cenário jurídico nacional foi a promulgação do novo Código de Processo Civil Brasileiro, que elevou a conciliação e a mediação à norma fundamental do Processo Civil.

No mesmo ano, foi promulgada a Lei da Mediação, que coroou esse novo modo de solução de conflitos ao legislar e regulamentar tanto a mediação judicial quanto a extrajudicial. Esta lei representou um marco importante, estabelecendo diretrizes claras para a prática da mediação em diferentes contextos.

A Lei 13.140/2015 aborda especificamente a mediação extrajudicial nos artigos 21 a 23. Para um entendimento claro, é importante considerar a transcrição desses artigos:

Subseção II – Da Mediação Extrajudicial

Art. 21. O convite para iniciar o procedimento de mediação extrajudicial poderá ser feito por qualquer meio de comunicação e deverá estipular o escopo proposto para a negociação, a data e o local da primeira reunião.

Parágrafo único. O convite formulado por uma parte à outra considerar-se-á rejeitado se não for respondido em até trinta dias da data de seu recebimento.

Art. 22. A previsão contratual de mediação deverá conter, no mínimo:

I – prazo mínimo e máximo para a realização da primeira reunião de mediação, contado a partir da data de recebimento do convite;

II – local da primeira reunião de mediação;

III – critérios de escolha do mediador ou equipe de mediação;

IV – penalidade em caso de não comparecimento da parte convidada à primeira reunião de mediação.

§ 1º A previsão contratual pode substituir a especificação dos itens acima enumerados pela indicação de regulamento, publicado por instituição idônea prestadora de serviços de mediação, no qual constem critérios claros para a escolha do mediador e realização da primeira reunião de mediação.

§ 2º Não havendo previsão contratual completa, deverão ser observados os seguintes critérios para a realização da primeira reunião de mediação:

I – prazo mínimo de dez dias úteis e prazo máximo de três meses, contados a partir do recebimento do convite;

II – local adequado a uma reunião que possa envolver informações confidenciais;

III – lista de cinco nomes, informações de contato e referências profissionais de mediadores capacitados; a parte convidada poderá escolher, expressamente, qualquer um dos cinco mediadores e, caso a parte convidada não se manifeste, considerar-se-á aceito o primeiro nome da lista;

IV – o não comparecimento da parte convidada à primeira reunião de mediação acarretará a assunção por parte desta de cinquenta por cento das custas e honorários sucumbenciais caso venha a ser vencedora em procedimento arbitral ou judicial posterior, que envolva o escopo da mediação para a qual foi convidada.

§ 3º Nos litígios decorrentes de contratos comerciais ou societários que não contenham cláusula de mediação, o mediador extrajudicial somente cobrará por seus serviços caso as partes decidam assinar o termo inicial de mediação e permanecer, voluntariamente, no procedimento de mediação.

Art. 23. Se, em previsão contratual de cláusula de mediação, as partes se comprometerem a não iniciar procedimento arbitral ou processo judicial durante certo prazo ou até o implemento de determinada condição, o árbitro ou o juiz suspenderá o curso da arbitragem ou da ação pelo prazo previamente acordado ou até o implemento dessa condição.

Parágrafo único. O disposto no *caput* não se aplica às medidas de urgência em que o acesso ao Poder Judiciário seja necessário para evitar o perecimento de direito.

Conforme observado, o ano de 2015 foi particularmente significativo para a implementação de métodos extrajudiciais de solução de conflitos. É oportuno, então, transcrever dois artigos relevantes para a atividade de notarial e registral que estão relacionados ao tema estudado:

Art. 175 CPC/2015. As disposições desta Seção não excluem outras formas de conciliação e mediação extrajudiciais vinculadas a órgãos institucionais ou realizadas por intermédio de profissionais independentes, que poderão ser regulamentadas por lei específica.

Art. 9º, Lei n. 13.140/2015. Poderá funcionar como mediador extrajudicial qualquer pessoa capaz que tenha a confiança das partes e seja capacitada para fazer mediação, independentemente de integrar qualquer tipo de conselho, entidade de classe ou associação, ou nele inscrever-se.

Dialoga com o tema, o enunciado 47 da **I Jornada da Prevenção e Solução Extrajudicial de Litígios** do Conselho da Justiça Federal:

Enunciado 47. A menção à capacitação do mediador extrajudicial, prevista no art. 9º da Lei n. 13.140/2015, indica que ele deve ter experiência, vocação, confiança dos envolvidos e aptidão para mediar, bem como conhecimento dos fundamentos da mediação, não bastando formação em outras áreas do saber que guardem relação com o mérito do conflito.

Da leitura dos comandos, extrai-se que são condições para o exercício da função da mediação extrajudicial apenas a confiança depositada pelas partes, a capacitação e imparcialidade.

E é por essa razão que podemos perceber a vocação dos delegatários para o exercício dessa atividade. A função de mediador de conflitos, de preventor de litígios, é inerente à atividade. Em outras palavras, pode-se afirmar com certeza que a mediação e a conciliação estão no gene, na identidade, no DNA da atividade notarial e registral.

Com a maestria que lhe é peculiar, Dr. Celso Fernandes Campilongo acrescenta que *"o notário é essencialmente um mediador"*.[4]

Por derradeiro, cumpre mencionar que a Lei 13.140/2015, em seu artigo 42, previu expressamente a possibilidade de os notários e registradores atuarem na mediação, nestes termos:

Art. 42. Aplica-se esta Lei, no que couber, às outras formas consensuais de resolução de conflitos, tais como mediações comunitárias e escolares, e àquelas levadas a efeito nas serventias extrajudiciais, desde que no âmbito de suas competências.

1.13.4 A MEDIAÇÃO E A CONCILIAÇÃO NOS SERVIÇOS NOTARIAIS E REGISTRAIS

1.13.4.1 INTRODUÇÃO

Tem-se consolidado a tendência de promover o acesso à justiça no âmbito das serventias extrajudiciais, possibilitando a resolução de situações concretas de maneira extremamente rápida, segura e eficaz. Essa abordagem também contribui significativamente para a desobstrução do Poder Judiciário, facilitando a gestão e o encaminhamento de casos que podem ser solucionados fora dos tribunais.

Entre as vantagens do uso de serventias extrajudiciais para a resolução de conflitos, destacam-se a capacidade jurídica e a experiência dos delegatários, o procedimento mais célere e com melhor custo-benefício, a segurança jurídica proporcionada, a economia de recursos públicos e a capilaridade dos cartórios.

Desde tempos antigos, a influência da atividade notarial e registral na vida das pessoas é imensurável. Muito do que se sabe hoje, acerca da legislação, dos costumes, da economia, dos povos gregos, egípcios, e romanos, deve-se aos profissionais que exerciam a função notarial nessas sociedades.[5]

Embora uma análise detalhada da história da atividade notarial e registral extrapole o escopo deste trabalho, é importante reconhecer que, há muito tempo, o tabelião e o registrador desempenham papéis fundamentais como agentes imparciais de segurança jurídica e de pacificação social. Eles asseguram a autenticidade, a eficácia e a segurança das transações e acordos, contribuindo significativamente para a estabilidade e a ordem social.

No Brasil, os delegatários exercem o papel de:

a) **consultor jurídico**, porque assessoram as partes, imparcialmente, para que suas vontades se traduzam em possibilidades jurídicas;
b) **polícia jurídica**, fazendo a prevenção de litígios; e
c) **redator qualificado**, pois reveste de forma jurídica e adequada a vontade das partes. Promove-se assim assistência jurídica, com vistas à segurança jurídica preventiva.

E conforme já mencionado, a Constituição Federal estabelece, seguida pela Lei Federal 8.935/1994 e reforçada pela Resolução 81/2009 do Conselho Nacional de Justiça, que a qualificação para o exercício da atividade notarial e de registro é exigida através de concurso público. Esse processo seletivo garante que apenas indivíduos devidamente capacitados e qualificados assumam estas importantes funções, assegurando a integridade e a eficácia do serviço prestado à sociedade.

Voltando ao nosso tema principal, que é a mediação e a conciliação nas serventias extrajudiciais, é oportuno mencionar também o reconhecimento e a discussão dessas práticas em âmbito internacional. Especificamente, o tema foi abordado por meio de Conclusões e Enunciados em alguns Congressos Internacionais do Notariado Latino. Esses eventos destacaram a importância desses métodos alternativos de resolução de

4. CAPILONGO, Celso Fernandes. *Função social do notariado: eficiência, confiança e imparcialidade.* São Paulo: Saraiva, 2014, p. 135.

5. SARDINHA, Cristiano de Lima Vaz e EL DEBS, Martha. *Cartórios e Acesso à Justiça.* Salvador, Editora Juspodivm, 2019.

conflitos, reforçando a relevância e a eficácia da atuação notarial e registral na mediação e conciliação globalmente.

Aqui, vale fazer um parêntese: o notariado do tipo latino está presente atualmente em 91 países e atende sete das dez maiores economias do mundo, incluindo Alemanha, França, Japão, China, Rússia, Indonésia e Brasil. Além disso, 22 dos 28 países que compõem a União Europeia e 15 dos 20 países membros do G20 adotam este modelo de notariado, que serve a dois terços da população mundial. O notariado latino é representado pela União Internacional do Notariado Latino (UINL), organização não governamental que reúne representantes de várias nações, incluindo o Brasil. Sua função é promover, coordenar e desenvolver a atividade notarial em âmbito internacional. Por outro lado, os cartórios – englobando todos os tipos – estão presentes em mais de 100 países, abrangendo três quartos da população mundial. Isso corresponde a 60% do Produto Interno Bruto (PIB) global, destacando o papel crítico e extensivo que essas instituições desempenham na economia e na administração da justiça em todo o mundo, além de contribuírem significativamente para a desburocratização, a prevenção de litígios e a pacificação social, além de desempenharem um papel relevante no combate à lavagem de dinheiro.

Em Atenas, na Grécia, o delegatário já atua como mediador há anos. É o que se extrai das conclusões do 23º Congresso Internacional Del Notariado Latino, em 2001:

> 2- La mediación se dirige a la composición amistosa, a la "gestión" prejurisdiccional de los conflictos, y ofrece un conjunto sistemático procesal e instrumental para la instauración o reinstauración de la paz jurídica y social entre las partes. La mediación se sitúa, como método e instancia intermedia, entre las partes en disputa y los Tribunales del Estado (o las instancias de Arbitraje) y tiene como fin primordial la evitación de los litigios y la salvaguarda de los intereses jurídicos, sociales, psicológicos y personales de las partes.
>
> 3.- Este peculiar tratamiento de los conflictos, cuya pertinencia es generalmente aceptada pese a las opiniones divergentes en cuanto a los detalles de contenido y de procedimiento, se basa en una cultura jurídica y social nueva que, en caso de conflicto y de discordancia de intereses, remite a las personas e instituciones em primer lugar a sí mismas y a su potencial individual de solución amistosa. Esta mediación, obligatoria o voluntaria, se orienta a frenar el acceso precipitado a la Jurisdicción del Estado y al alivio de ésta, en la convicción firme de que los Tribunales del Estado están desbordados de trabajo, mal equipados desde el punto de vista técnico, a veces –pese a la buena voluntad de sus componentes- no especializados en la materia concreta objeto de la contienda, lentos y costosos en su funcionamiento, todo lo cual hace que, desgraciadamente, no sean eficaces para preservar o restablecer la paz entre las partes de un litigio.
>
> 4.- El concepto de la mediación implica que las partes de un conflicto (y sus asesores, a quienes el procedimiento de mediación está siempre abierto) se sirven de la asistencia de un mediador neutral, que se vale de técnicas apropiadas para la solución del conflicto. Pero son las mismas partes las que actúan sobre el conflicto y deciden su solución, por lo que este procedimiento tiene como objeto el encuentro de una solución "acordada por las partes" y no "dictada por un tercero".
>
> 5.- En el terreno de la mediación es necesario distinguir los diferentes casos y asuntos. La asistencia de un intermediario cualquiera, incluso formado en materia de medición, no garantiza automáticamente la competencia para aportar la correcta solución a todo tipo de conflictos o divergencias de intereses de la vida jurídica y social. La mediación, correctamente entendida, está unida a una competencia particular y debe ser practicada como mediación específica según los casos y las distintas materias. En este sentido, en todas las materias, principalmente jurídicas o que tienen relación con lo jurídico, es necesaria la intervención de un mediador que tenga una completa preparación jurídica y que garantice, gracias a su formación específica, el perfecto dominio de los métodos y prácticas de la mediación y que, además, disponga de neutralidad, imparcialidad e independencia, gozando de una confianza pública y privada a causa de sus funciones y responsabilidades profesionales, y tenga la firme voluntad de comprometerse en el caso concreto de una mediación.
>
> 6.- Si, para llegar a buen fin, la mediación debe cumplir todas esas condiciones que se acaban de citar, el notario, por sus características profesionales y particulares y por su experiencia como "moderador" entre las partes, está especialmente capacitado para ser mediador y para actuar como notario-mediador competente en todos los conflictos que tengan relación con lo jurídico; sin excluir de este procedimiento notarial la participación de asesores particulares de las partes (como abogados, asesores fiscales u otros). Para la realización de la mediación le hará falta al notario, además de su dominio del derecho, una formación especial, un adecuado equipamiento técnico y, en su caso, una deontología apropiada y una remuneración adecuada. Por lo demás, el notario podrá escoger libremente si ofrece sus servicios como mediador en forma complementaria a sus otras funciones notariales. (Disponível em: http://www.uinl.org/documents/20181/72808/XXIII+CONGRES++CONCLUSIONS+THEME+I+-+NOT.+HELLGE+%28ES%29/ba3ed439-58be-4d9f-ac3f-d644283bab11>)

No mesmo sentido, a Conclusão do 27º Congresso Internacional Del Notariado, ocorrido em Lima, no Peru, em 2013:

> Considerando el valor añadido de la formación de cada notario, que le confiere sus cualidades de independencia, neutralidad, imparcialidad, confidencialidad, secreto profesional, capacidad de escuchar, de experto en Derecho, experto en técnicas contractuales y que le permite convertirse, de una forma totalmente natural, en un mediador por excelencia;
>
> Considerando que el notario podrá ejercer tanto su tradicional papel de prevención de conflictos como también jugar, con competencia y profesionalidad, su papel de mediador para la resolución de conflictos.
>
> La Asamblea de Notariados miembros recomienda a los Colegios y Consejos Nacionales: - que cada Estado se comprometa a crear un marco jurídico sobre el recurso a las técnicas ADR para solucionar los contenciosos tanto nacionales como transfronterizos; - que cada Estado

pueda beneficiarse de las cualidades naturales como mediador que caracterizan al notario, eliminando los posibles obstáculos jurídicos y/o culturales que impiden a los notarios actuar como mediadores y/o árbitros; [...] – que cada notario pueda mejorar su capacitación profesional gracias a una formación específica que gire en torno a las técnicas de ADR, adquirir mayor conocimiento y familiarizarse con las herramientas de ADR; [...] En síntesis: que el notariado pueda contribuir plenamente y en todo el mundo a GARANTIZAR LA PAZ SOCIAL, tanto antes como después de estipular cada contrato o documento notarial. *(Disponível em https://spp.com.pe/wp-content/uploads/2017/12/ Cardo_18.pdf. Acesso em set. de 2019)*

Em seu brilhante trabalho sobre a Arbitragem Notarial, o Tabelião Ygor Ramos C. Pinheiro, evidencia que "nos demais países em que funciona o notariado latino, a atuação do notário como mediador já é realidade". E citando Celso Fernandes Campilongo "traz o caso espanhol como um norte a ser seguido: Existe reconhecimento internacional de que uma das mais completas, sofisticadas e atualizadas escolas de direito notarial e registral é a espanhola. A Ciência do Direito Registral e Notarial ganhou, na Espanha, *status* teórico e acadêmico que remonta a estudiosos que, desde o século XIX, construíram invejável edifício científico. Esta sólida tradição, repita-se, é unânime e uniforme em reconhecer que o desempenho da função notarial envolve, natural e automaticamente, muito antes que os "meios alternativos de solução de conflitos" se tornassem quase inevitável modismo, a atividade de mediação".

Oportuno ainda trazer os ensinamentos de Ana Carolina Bergamaschi Arouca sobre a temática: "em outros países da Europa, como a França os notários já atuam como mediadores e chegam à solução de 80% dos casos demandados nesta esfera." (*A atuação dos notários nos métodos extrajudiciais de solução de conflitos: da arbitragem e da mediação para garantia da dignidade da pessoa humana.* Disponível em: <http://www.seer.ufu.br/index.php/revistafadir/ article/viewFile/30426/18385>).

1.13.4.2 TRANSFERÊNCIAS DE COMPETÊNCIAS PARA O SERVIÇO EXTRAJUDICIAL

Vimos que as gestões judiciárias estaduais têm priorizado metas que busquem a desjudicialização dos serviços, isto é a transferência para as Serventias Extrajudiciais de todos os atos e atribuições que hoje tramitam perante o judiciário, mas que não exijam a prolação de uma decisão do Estado-juiz.

Logo, alguns atos classificados como de jurisdição voluntária têm reduzido a necessidade da atuação do juiz de direito na formalização dos negócios jurídicos. "Na ausência desse elemento subjetivo – participação do juiz -, deixam, por óbvio, de ser considerados como atos de jurisdição".[6] Claramente existe atividade estatal, porém diversa da jurisdicional. Assevera Pontes de Miranda que: "Os tabeliães, ou notários, ditos, de começo, *iudices chartularri*, foram os que receberam maior carga desses negócios".[7]

A título de exemplo, destaca-se o Provimento CG nº 15/2012, editado pela Corregedoria-Geral de Justiça do Estado de São Paulo. Este ato normativo, em consonância com o espírito da Lei nº 10.931/2004, alterou o processamento das retificações de registros de imóveis. Com essa modificação, estabeleceu-se que o juiz de direito interviria apenas para examinar eventuais impugnações fundamentadas apresentadas durante o processo. Dessa forma, todas as demais fases da retificação permanecem sob o âmbito das Serventias de Registro de Imóveis, agilizando o procedimento e mantendo a segurança jurídica.

No que diz respeito às Retificações, essa abordagem também foi estendida ao Registro Civil de Pessoas Naturais. Conforme o procedimento administrativo previsto no artigo 110 da Lei de Registros Públicos, as retificações podem ser realizadas diretamente perante o Oficial de Registro Civil, em um procedimento célere e simplificado, dispensando a necessidade de advogado ou de uma decisão judicial, facilitando assim a correção de registros de forma eficiente e acessível.

Com o advento da Lei nº 13.484, de 26 de setembro de 2017, ocorreu uma importante alteração no artigo 110 da Lei nº 6.015/73, que simplificou ainda mais os procedimentos de retificação de registro, averbação ou anotação. Essas mudanças permitiram que tais procedimentos pudessem ser realizados de ofício ou a requerimento do interessado, através de uma petição assinada pelo próprio interessado, seu representante legal ou procurador. Importante ressaltar que essas ações podem ser efetuadas independentemente de prévia autorização judicial ou manifestação do Ministério Público, nos casos em que:

1. Haja erros que não exijam qualquer indagação para a constatação imediata de necessidade de sua correção;
2. Exista erro na transposição dos elementos constantes em ordens e mandados judiciais, termos ou requerimentos, bem como outros títulos a serem registrados, averbados ou anotados, e o documento utilizado para a referida averbação e/ou retificação ficará arquivado no registro no cartório;

6. CHAVES, Carlos Fernando Brasil; REZENDE, Afonso Celso F. Tabelionato de Notas e o Notário Perfeito. São Paulo. 7ª Edição, 2013, Editora Saraiva, p.318.
7. MIRANDA, Pontes de. *Tratado de direito privado*. V. LX, §5981, Revista dos Tribunais, 2012, p. 193.

3. Ocorra inexatidão da ordem cronológica e sucessiva referente à numeração do livro, da folha, da página, do termo, bem como da data do registro;
4. Falte a indicação do Município relativo ao nascimento ou naturalidade do registrado, nas hipóteses em que existir descrição precisa do endereço do local do nascimento;
5. Ocorra elevação de Distrito a Município ou alteração de suas nomenclaturas por força de lei.

Também visando à desjudicialização e à simplificação dos processos legais, uma das transferências de competências mais significativas ao Serviço Extrajudicial ocorreu com a Lei 11.441, de 4 de janeiro de 2007. Esta lei alterou dispositivos do então vigente Código de Processo Civil de 1973, possibilitando a realização de inventários, partilhas, separações consensuais e divórcios consensuais por via administrativa, permitindo que tais procedimentos fossem realizados diretamente em cartórios, desde que todas as partes envolvidas estejam de acordo e não existam filhos menores ou incapazes. Essa alteração legal significou uma importante etapa na redução do volume de casos que necessitam da intervenção judicial, agilizando os processos e reduzindo custos para os cidadãos.

Nas palavras de Paulo Gaiger e Felipe Leonardo Rodrigos, "a lei segue a tendência mundial de retirar do judiciário os atos de jurisdição voluntária, para acelerá-los e simplificá-los. Trata-se de desjudicialização, termo novo que já se incorpora ao meio jurídico, no Brasil e também no exterior".[8]

Ainda nesse contexto de fomento à desjudicialização, o Conselho Nacional de Justiça (CNJ) reforçou a aplicação desta política ao editar a Resolução nº 35, de 24 de abril de 2007, que disciplina a aplicação da Lei 11.441/07 pelos serviços notariais e de registro.

Após a publicação do novo Código de Processo Civil, a extinção da união estável passou a ser regulamentada, permitindo que os notários realizem esse procedimento, desde que acompanhados de advogados ou Defensores Públicos. Esta prática não estava prevista nem pelo antigo CPC nem pela Resolução CNJ 35/2007.

A Resolução CNJ n. 35/2007, assim como suas recentes alterações trazidas pela Resolução 571/2024, é abordada de forma detalhada nos comentários da Lei nº 7.133/1985 e do Decreto n. 93.240/1986, precisamente no tópico 1.12.

No que diz respeito ao Registro de Imóveis, é importante ressaltar que o legislador tem gradualmente atribuído funções mediatórias e conciliatórias ao registrador imobiliário. Isso é evidenciado pela Lei 13.465/2017, que trata da Regularização Fundiária. A lei destaca a importância do papel do registrador não apenas como um agente de registro, mas também como um facilitador na resolução de conflitos relacionados à posse e propriedade de imóveis. Este enfoque é fundamental na implementação de políticas de regularização fundiária, ajudando a resolver disputas de maneira eficiente e promovendo a segurança jurídica e o desenvolvimento social.

Uma das disposições expressas da Lei 13.465/2017, que ilustra o uso da mediação no âmbito do Cartório de Registro de Imóveis, refere-se à impugnação de demarcação urbanística no procedimento de regularização fundiária. Neste contexto, o Oficial Imobiliário utilizará os instrumentos previstos na Lei 13.140/2015 para solucionar eventuais conflitos entre a área demarcada e a área a ser regularizada, veja-se:

> **Art. 21.** Na hipótese de apresentação de impugnação, poderá ser adotado **procedimento extrajudicial de composição de conflitos.**
>
> § 3º **A mediação observará o disposto na Lei nº 13.140, de 26 de junho de 2015**, facultando-se ao poder público promover a alteração do auto de demarcação urbanística ou adotar qualquer outra medida que possa afastar a oposição do proprietário ou dos confrontantes à regularização da área ocupada.
>
> § 4º Caso não se obtenha acordo na etapa de mediação, fica facultado o emprego da **arbitragem.** (Grifo do autor).

Na Lei da Regularização Fundiária, o legislador também promove o uso de Câmaras de Prevenção e Resolução Administrativa de Conflitos para solucionar questões relacionadas à Regularização Urbana (Reurb) de maneira consensual. Essas câmaras devem ser regulamentadas pelo Poder Executivo Municipal. Na ausência de regulamentação específica municipal, aplica-se a Lei da Mediação (Lei nº 13.140/2015), a saber:

> **Art. 34.** Os Municípios poderão criar **câmaras de prevenção e resolução administrativa de conflitos, no âmbito da administração local,** inclusive mediante celebração de ajustes com os Tribunais de Justiça estaduais, as quais deterão competência para dirimir conflitos relacionados à Reurb, mediante solução consensual.
>
> § 1º O modo de composição e funcionamento das câmaras de que trata o *caput* deste artigo será estabelecido em ato do Poder Executivo municipal e, **na falta do ato, pelo disposto na Lei nº 13.140, de 26 de junho de 2015.**

8. RODRIGUES, Felipe Leonardo. FERREIRA, Paulo Roberto Gaiger. *Tabelionato de Notas*. Editora Saraiva, 2013, pg. 200.

> § 2º Se houver consenso entre as partes, o acordo será reduzido a termo e constituirá condição para a conclusão da Reurb, com consequente expedição da CRF.
>
> § 3º **Os Municípios poderão instaurar, de ofício ou mediante provocação, procedimento de mediação coletiva de conflitos relacionados à Reurb.**
>
> § 4º A instauração de procedimento administrativo para a **resolução consensual de conflitos no âmbito da Reurb suspende a prescrição.**
>
> § 5º Os Municípios e o Distrito Federal poderão, mediante a celebração de convênio, utilizar os Centros Judiciários de Solução de Conflitos e Cidadania ou as câmaras de mediação credenciadas nos Tribunais de Justiça.

Essa disposição busca garantir que, mesmo sem um marco regulatório local específico, ainda exista um mecanismo eficaz e padronizado para a resolução de disputas, facilitando o processo de regularização fundiária e promovendo acordos pacíficos entre as partes envolvidas.

Por fim, e não menos importante, destaca-se a usucapião extrajudicial, tema amplamente discutido no meio acadêmico e jurídico. Este procedimento permite a declaração de usucapião de um imóvel diretamente pelo Registrador de Imóveis competente, desde que sejam cumpridos os requisitos legais necessários.

O procedimento de usucapião extrajudicial foi introduzido no ordenamento jurídico brasileiro pelo artigo 1.071 do novo Código de Processo Civil, que acrescentou o artigo 216-A à Lei n. 6.015/1973, nestes termos:

> **Art. 1.071.** O Capítulo III do Título V da Lei nº 6.015, de 31 de dezembro de 1973 (Lei de Registros Públicos), passa a vigorar acrescida do seguinte art. 216-A: Art. 216-A. Sem prejuízo da via jurisdicional, é admitido o pedido de reconhecimento extrajudicial de usucapião, que será processado diretamente perante o cartório do registro de imóveis da comarca em que estiver situado o imóvel usucapiendo, a requerimento do interessado, representado por advogado, instruído com [...]:"

Desta forma, pode-se dizer que procedimento de usucapião extrajudicial se divide em duas fases: a primeira com a lavratura da Ata Notarial pelo Tabelião de Notas da circunscrição do Município onde situado o imóvel usucapiendo, atestando o tempo, forma e modo de aquisição da posse, e uma outra fase que ocorrerá perante Ofício de Registro de imóveis da circunscrição do imóvel, com requerimento do interessado ao Oficial de Registro Imobiliário para reconhecer-se a *posse ad usucapionem*.

Dessa forma, é correto afirmar que o procedimento de usucapião extrajudicial se divide em duas fases distintas:

1. ATA NOTARIAL: A primeira fase envolve a lavratura da Ata Notarial pelo Tabelião de Notas da circunscrição do município onde o imóvel está situado. Nesta etapa, o tabelião atesta o tempo, a forma e o modo de aquisição da posse, comprovando os requisitos necessários conforme a legislação vigente.
2. REQUERIMENTO AO REGISTRO DE IMÓVEIS: A segunda fase ocorre perante o Ofício de Registro de Imóveis da circunscrição onde o imóvel se encontra. O interessado deve fazer um requerimento ao Oficial de Registro Imobiliário solicitando o reconhecimento da posse *ad usucapionem*, que por sua vez, analisará a documentação e as provas apresentadas, e se estiverem de acordo com os requisitos legais, procederá com o registro da usucapião, formalizando a propriedade do imóvel.

Note-se que ao emprestar um caráter de consensualidade ao procedimento extrajudicial de usucapião, a lei facilita a sua funcionalidade como instrumento eficaz de regularização fundiária. Isso se aplica especialmente aos casos em que existe um prévio negócio entre o usucapiente e o titular do domínio do imóvel, refletido pela presença do justo título.

1.13.4.4 REGULAMENTAÇÃO DO CONSELHO NACIONAL DE JUSTIÇA ACERCA DA MEDIAÇÃO E CONCILIAÇÃO

Para uma análise mais aprofundada e detalhada sobre o tema, recomenda-se a obra "Sistema Multiportas – A Mediação e a Conciliação nos Cartórios como Instrumento de Pacificação Social e Dignidade Humana", da qual sou coautora. Publicado pela Editora Juspodivm, este livro aborda de maneira profunda e detalhista as práticas de mediação e conciliação realizadas nos cartórios, destacando como esses processos contribuem para a pacificação social e a promoção da dignidade humana.

1.13.4.3.1. PROVIMENTO CNJ 67, DE 26 DE MARÇO DE 2018

O referido provimento originalmente abordava os procedimentos de conciliação e de mediação nos serviços notariais e de registro do Brasil, estabelecendo um marco normativo significativo para a implementação dessas práticas nos cartórios. Atualmente, seu conteúdo foi integralmente incorporado aos artigos 18 a 67 do Provimento CNJ n. 149/2023 (CNN).

É fundamental trazer um histórico deste importante ato normativo para compreender sua evolução.

Passados quase três anos após a promulgação da Lei nº 13.140 e do Código de Processo Civil, que abordam a temática da mediação e conciliação, o Conselho Nacional de Justiça regulamentou esses procedimentos nos cartórios por meio do Provimento 67/2018.

Aqui são necessárias algumas considerações sobre as justificativas para a edição deste ato normativo. Destacam-se:

a) A incumbência do Conselho Nacional de Justiça de consolidar uma política pública permanente de incentivo e aperfeiçoamento dos mecanismos consensuais de solução de litígios (Resolução CNJ n. 125, de 29 de novembro de 2010);

b) A efetividade da conciliação e da mediação como instrumentos de pacificação social, solução e prevenção de litígios;

c) A necessidade de organização e uniformização de normas e procedimentos afetos aos serviços de conciliação, mediação e a outros métodos consensuais de solução de conflitos, a serem prestados, de forma facultativa, pelos serviços notariais e de registro;

d) As disposições do Código de Processo Civil, da Lei n. 13.140, de 26 de junho de 2015, as sugestões e aquiescência da Comissão de Acesso à Justiça e Cidadania (CAJC), do Conselho Nacional de Justiça.

e) A decisão proferida nos autos do Pedido de Providências n. 0005163-92.2017.2.00.0000. Trata-se de antigo anseio dos notários e registradores, que já vinham se estruturando para o oferecimento dos referidos serviços. Neste sentido, ocorreu uma consulta no Conselho Nacional de Justiça (0003416-44.2016.2.00.0000) sobre dois temas: a **possibilidade** de os notários e registradores realizarem conciliações e mediações voluntariamente no âmbito judicial; e a **viabilidade** de os cartórios extrajudiciais prestarem serviços de conciliação e de mediação no âmbito extrajudicial.

Feitas as primeiras considerações, passamos agora a tratar dos principais pontos do conteúdo do Provimento 67/2018, que regulamenta a mediação e a conciliação nos cartórios.

Inicialmente, é importante ressaltar que os procedimentos de conciliação e de mediação nos serviços notariais e de registro são **facultativos.** Todavia, se o delegatário optar por tê-lo em sua serventia, os requisitos previstos no Provimento CNJ 67/2018 devem ser observados, sem prejuízo do disposto na Lei n. 13.140/2015, já dantes mencionada.

Para saber quais os serviços notariais e registrais autorizados para os procedimentos de conciliação e de mediação, as corregedorias gerais de justiça dos Estados e do Distrito Federal e dos Territórios devem manter em seu *site* uma listagem pública de tais serviços, indicando os nomes dos conciliadores e mediadores, de livre escolha das partes.

Tal regra está em consonância com o art. 8º da Lei 8.935/1994, que determina ser livre a escolha do tabelião de notas, qualquer que seja o domicílio das partes ou o lugar de situação dos bens objeto do ato ou negócio.

O provimento traz normas específicas sobre o processo de autorização para a realização de mediação e conciliação nos serviços notariais e de registro. Este processo deve ser regulamentado pelos Núcleos Permanentes de Métodos Consensuais de Solução de Conflitos (NUPEMEC) e pelas Corregedorias Gerais de Justiça locais. Além disso, referido ato normativo permite que os serviços notariais e de registro solicitem autorização específica para que o serviço seja prestado, sob supervisão do delegatário, por no máximo cinco escreventes habilitados.

A Corregedoria-Geral da Justiça e o juiz coordenador do Centro Judiciário de Solução de Conflitos e Cidadania (CEJUSC) da jurisdição a que estejam vinculados os serviços notariais e de registro são os responsáveis pela fiscalização de tais serviços.

No tocante à fiscalização realizada pela Corregedoria-Geral da Justiça, esta regra vai ao encontro das normas dos artigos 236, § 1º da Constituição Federal e 37 da Lei 8.935/1994, a saber:

> **Art. 236 § 1º CF.** *Lei regulará as atividades, disciplinará a responsabilidade civil e criminal dos notários, dos oficiais de registro e de seus prepostos, e definirá a fiscalização de seus atos pelo Poder Judiciário.*
>
> **Art. 37, Lei 8.935/1994.** *A fiscalização judiciária dos atos notariais e de registro, mencionados nos arts. 6º a 13, será exercida pelo juízo competente, assim definido na órbita estadual e do Distrito Federal, sempre que necessário, ou mediante representação de qualquer interessado, quando da inobservância de obrigação legal por parte de notário ou de oficial de registro, ou de seus prepostos.*

O NUPEMEC deve manter um cadastro de conciliadores e mediadores habilitados, no qual é imprescindível incluir dados relevantes sobre sua atuação, tais como o número de causas em que participam, o sucesso ou insucesso de suas atividades, e a matéria sobre a qual versa a controvérsia, além de outras informações consideradas relevantes. Os dados coletados dessa forma são classificados sistematicamente pelo NUPEMEC e publicados, ao menos anualmente, para conhecimento da população e para fins estatísticos e de avaliação da conciliação e mediação pelos serviços notariais e de registro, bem como de seus conciliadores e mediadores. A obrigatoriedade de curso específico de formação, que dará a capacitação ao titular e/ou prepostos do serviço notarial e registral para atuar como mediador e conciliador está regulamentada no art. 22 do Provimento CNJ n. 149/2023. Dessa forma, somente poderão atuar como conciliadores ou mediadores aqueles que forem formados em curso para o desempenho das funções, observadas as diretrizes curriculares estabelecidas no Anexo I da Resolução CNJ n. 125/2010, com a redação dada pela Emenda n. 2, de 8 de março de 2016.

Informa-se que este curso de formação deve ser custeado pelos serviços notariais e de registro e será ofertado pelas escolas judiciais ou por instituição formadora de mediadores judiciais, nos termos do art. 11 da Lei n. 13.140/2015, regulamentada pela Resolução ENFAM n. 6 de 21 de novembro de 2016.

O Provimento também permite que os tribunais de justiça dos Estados e do Distrito Federal possam credenciar associações, escolas e institutos vinculados aos serviços notariais e de registro não integrantes do Poder Judiciário para que realizem, sob supervisão, o curso de formação retro mencionado, desde que respeitados os parâmetros estabelecidos pela Resolução ENFAM n. 6/2016.

Os conciliadores e mediadores autorizados a prestar o serviço tem o dever de a cada 2 (dois) anos, contados da autorização, comprovar à CGJ e ao NUPEMEC a que estão vinculados a realização de curso de aperfeiçoamento em conciliação e em mediação.

Registre-se que a admissão, como conciliadores ou mediadores, daqueles que comprovarem a realização do curso de formação promovido por entidade não integrante do Poder Judiciário e anterior à edição deste provimento será condicionada a prévio treinamento e aperfeiçoamento (art. 12, § 1º, da Resolução CNJ n. 125/2010).

O Código Nacional de Normas, em seu art. 22 apregoa que o conciliador e o mediador devem observar os princípios e regras previstos na Lei n. 13.140/2015, no art. 166 do CPC e no Código de Ética de Conciliadores e Mediadores (Anexo III da Resolução CNJ n. 125/2010). Aqui, especialmente, nota-se uma diferença do que previa o Provimento 17/2013 da CGJSP, que elencou **expressamente** os princípios da mediação e da conciliação e não apenas os citou.

Nesse sentido, a conciliação e a mediação são informadas pelos princípios da independência, da imparcialidade, da autonomia da vontade, da confidencialidade, da oralidade, da informalidade e da decisão informada.

O **Princípio da Autonomia da Vontade das Partes** se destaca neste contexto, e elucida que ninguém será obrigado a permanecer em procedimento de mediação. Note-se que a busca do consenso na mediação é sempre imperativa. Entretanto, se no contrato firmado entre as partes houver uma cláusula prevendo a mediação como solução de controvérsias (cláusula de mediação), as partes deverão comparecer pelo menos à primeira reunião de mediação. Após essa primeira reunião, ninguém será obrigado a permanecer no procedimento de mediação.

Ademais, conforme o § 4º do artigo 166, do novo Código de Processo Civil de 2015, a mediação e a conciliação serão regidas conforme a livre autonomia dos interessados, inclusive no que diz respeito à definição das regras procedimentais.

Por **confidencialidade**, entende-se o dever de manter sigilo sobre todas as informações obtidas na sessão, salvo autorização expressa das partes, violação à ordem pública ou às leis vigentes, não podendo ser testemunha do caso, nem atuar como advogado dos envolvidos, em qualquer hipótese.

A **II Jornada da Prevenção e Solução Extrajudicial de Litígios** do Conselho da Justiça Federal, ocorrida em 2021, traz dois enunciados sobre este princípio, veja-se:

> **Enunciado 190.** O princípio da confidencialidade da mediação também se aplica ao administrador judicial, a quem compete avaliar tão somente o resultado final das negociações consubstanciadas nos acordos resultantes da mediação levados à homologação em juízo, pedir às partes informações necessárias à sua fiscalização e atentar para que os prazos do art. 20-A da Lei n. 11.101/2005 sejam observados.
>
> **Enunciado 218.** O princípio da confidencialidade aplica-se integralmente às mediações empresariais.

O **princípio da decisão informada** estabelece o dever de manter o usuário plenamente informado quanto aos seus direitos e ao contexto fático no qual está inserido.

Sobre este princípio, complemento com o enunciado 41 da **I Jornada da Prevenção e Solução Extrajudicial de Litígios** do Conselho da Justiça Federal, ocorrida em 2016:

> **Enunciado 41.** Além dos princípios já elencados no art. 2º da Lei 13.140/2015, a mediação também deverá ser orientada pelo Princípio da Decisão Informada.

A **imparcialidade** significa o dever de agir com ausência de favoritismo, preferência ou preconceito, assegurando que valores e conceitos pessoais não interfiram no resultado do trabalho, compreendendo a realidade dos envolvidos no conflito e jamais aceitando qualquer espécie de favor ou presente.

Pelo **princípio da independência e autonomia** o mediador e conciliador devem atuar com liberdade, sem sofrer qualquer pressão interna ou externa, sendo permitido recusar, suspender ou interromper a sessão se ausentes as condições necessárias para seu bom desenvolvimento, tampouco havendo dever de redigir acordo ilegal ou inexequível.

A **II Jornada da Prevenção e Solução Extrajudicial de Litígios** do Conselho da Justiça Federal enuncia também os princípios da boa-fé e da cooperação, neste sentido:

> **Enunciado 132.** Os princípios da boa-fé e da cooperação incidem sobre todo o sistema multiportas de acesso à Justiça, inclusive no foro extrajudicial.
>
> **Enunciado 219** O princípio da boa-fé objetiva, decorrente da eticidade, aplica-se à mediação.

Acrescenta-se ainda o **respeito à ordem pública** e às **leis vigentes**, pois o mediador e o conciliador devem velar para que eventual acordo entre os envolvidos não viole a ordem pública, nem contrarie as leis vigentes; o **empoderamento**, vale dizer, dever de estimular os interessados a aprenderem a melhor resolverem seus conflitos futuros em função da experiência de justiça vivenciada na autocomposição e a **validação,** em outras palavras, a incumbência que tem o mediador e o conciliador de estimular os interessados perceberem-se reciprocamente como serem humanos merecedores de atenção e respeito.

Percebe-se que muitos dos princípios e valores presentes na carreira de mediadorese conciliadores também são **coincidentes à atividade do notário e registrador**, como por exemplo, a confidencialidade ou sigilo profissional. É, inclusive, dever expresso dos delegados do serviço público, previsto no art. 30, inciso VI, da Lei n. 8.935/1994.

Assim, toda e qualquer informação revelada na sessão de conciliação ou mediação será confidencial, salvo as hipóteses do art. 30 da Lei n. 13.140/2015, a saber:

> **Art. 30.** Toda e qualquer informação relativa ao procedimento de mediação será confidencial em relação a terceiros, não podendo ser revelada sequer em processo arbitral ou judicial salvo se as partes expressamente decidirem de forma diversa ou quando sua divulgação for exigida por lei ou necessária para cumprimento de acordo obtido pela mediação.

Frise-se que este dever de confidencialidade aplica-se ao conciliador, ao mediador, às partes, a seus prepostos, advogados, assessores técnicos e a outras pessoas que tenham, direta ou indiretamente, participado dos procedimentos. No entanto, a informação relativa à ocorrência de crime de ação pública não será protegida pela regra de confidencialidade.

No mesmo sentido, a confidencialidade não afastará o dever de prestar informações à administração tributária (Fisco). Exemplo: se em uma mediação a parte "A" concordou em pagar a parte "B" R$ 100.000,00 (cem mil reais) a título de danos materiais, esse rendimento deverá ser informado à Receita Federal, não estando abrangido pelo dever de confidencialidade.

O Provimento também veda, para fim diverso daquele expressamente deliberado pelas partes, o registro, a divulgação e a utilização das informações apresentadas no curso do procedimento.

Além da confidencialidade, destacamos também os princípios da imparcialidade e independência como coincidentes às duas carreiras. Aliás, essa regra está inserida no Código Brasileiro de Ética Notarial. (EL DEBS, Martha. *Vade Mecum Notarial e Registral. Coletânea de Leis para Cartórios.* 11 ed. São Paulo: Editora Juspodivm):

> **Artigo 2º:** O procedimento do notário deve levar em consideração os seguintes aspectos, dentre outros que possam dignificar a função:
>
> II) imparcialidade e independência no exercício de sua profissão.
>
> **Artigo 3º:** São deveres dos notários, além daqueles impostos pela legislação e regulamentos pertinentes à atividade:
>
> IV) manter uma posição equilibrada entre os diferentes interesses das partes, procurando uma solução que tenha como único objetivo observar a legalidade e preservar a segurança jurídica do usuário de seus serviços.

Os princípios da imparcialidade e da independência foram estabelecidos para assegurar os princípios da rogação e da liberdade de escolha. O delegatário tem o dever de assessorar ambas as partes e refletir a vontade das mesmas, sendo-lhe vedado tomar para si o interesse de uma das partes. Em outras palavras, deve atuar de forma a dignificar e tornar efetiva a independência e imparcialidade que lhe é conferida pela Lei 8.935/1994. Ao contrário do advogado, é imprescindível que o tabelião e o registrador tratem ambas as partes de forma imparcial. Por meio de sua atuação imparcial, deslindam os riscos, escolhas e interesses apresentados às partes.

Neste sentido, Ygor Ramos C. Pinheiro muito bem pondera que o delegatário deve praticar a isonomia material, e não apenas formal, tratando os desiguais na medida de sua desigualdade".

Não foi outra a conclusão do 28º Congresso Internacional do Notariado, realizado em Paris, França, nos dias 19 a 22 de outubro de 2016:

> *"Que durante a elaboração de um contrato, o notário tenha a obrigação de procurar um equilíbrio entre as partes. Assim, assume o papel social na sociedade, evita por todos os meios que os documentos contenham cláusulas abusivas. Ele jamais permite que uma parte se oculte da outra. Ele defende os interesses dos mais fracos, em especial de pessoas vulneráveis, e leva em conta o nível intelectual das partes".* (Disponível em http://www.tjes.jus.br/wp-content/uploads/Clipping_26_07_2021.pdf)

As regras sobre impedimentos e suspeições, aplicam-se também aos conciliadores e mediadores, nos termos do disposto nos arts. 148, II, 167, § 5º, 172 e 173 do CPC e 5º a 8º da Lei n. 11.340/2015, devendo, quando constatadas essas circunstâncias, ser informadas aos envolvidos, interrompendo-se a sessão.

As partes aptas a participar da conciliação e da mediação como requerente ou requerido são: a **pessoa natural absolutamente capaz** (que poderá ser representada por procurador devidamente constituído, mediante instrumento público ou particular com poderes para transigir e com firma reconhecida; a **pessoa jurídica**, incluindo o empresário individual (representados por preposto, munido de carta de preposição com poderes para transigir e com firma reconhecida, sem necessidade da existência de vínculo empregatício) e os **entes despersonalizados** a que a lei confere capacidade postulatória representados conforme previsto legalmente.

Frise-se que o delegatário deve exigir da pessoa jurídica a prova de representação mediante a exibição dos seus atos constitutivos.

No tocante à legitimação referida, o Provimento 67/2018 foi mais inclusivo do que o Provimento 17/2013 da CGJSP, uma vez que incluiu expressamente os entes despersonalizados como detentores de capacidade postulatória para participar de mediação e conciliação extrajudiciais. Até então, a capacidade era atribuída somente à pessoa natural absolutamente capaz e pessoa jurídica. Assim ratificou o Provimento CNJ n. 149/2023 no art. 26.

É prevista a assistência das partes por advogados ou defensores públicos munidos de instrumento de mandato com poderes especiais para o ato. No caso de uma das partes comparecer desacompanhada de advogado ou de defensor público, o conciliador ou mediador deve suspender o procedimento até que todas estejam devidamente assistidas.

No tocante ao **objeto**, somente os **direitos disponíveis e os indisponíveis** que admitam transação poderão ser objeto de conciliação e de mediação, o qual poderá versar sobre todo o conflito ou parte dele.

Todavia, a conciliação e a mediação que envolvam **direitos indisponíveis, mas transigíveis**, deverão ser **homologadas em juízo**, na forma do art. 725, VIII, do CPC e do art. 3º, § 2º, da Lei n. 13.140/2015.

Nessa hipótese, é dever do cartório encaminhar ao juízo competente o termo de conciliação ou de mediação e os documentos que instruíram o procedimento e, posteriormente, em caso de homologação, entregar o termo homologado diretamente às partes.

Antes de tratarmos do procedimento de mediação e conciliação nas serventias extrajudiciais, faz-se necessário destacar as peculiaridades da **escrituração.**

A escrituração consiste no ato de "anotar" os atos notariais e registrais em seus devidos livros. Podem escriturar o registrador ou notário e seus substitutos, além dos escreventes que forem expressamente autorizados.

Nos serviços extrajudiciais que optarem pela prestação do serviço de mediação e conciliação, é necessário criar um **Livro de Protocolo específico** para o recebimento de requerimentos desses atos. Este livro, com trezentas folhas, será aberto, numerado, autenticado e encerrado pelo oficial do serviço notarial e de registro, podendo ser utilizado, para tal fim, processo mecânico de autenticação previamente aprovado pela autoridade judiciária competente.

A regra é similar a do art. 4º e seu parágrafo único da Lei 6.015/1973, permitindo que somente o oficial de registro de registro e o tabelião de notas realizem tais atos. Todavia, difere da sistemática protestual, pois segundo o art. 33 da Lei 9.492/1997, os livros de Registros de Protesto serão abertos e encerrados pelo Tabelião de Protestos ou seus Substitutos, ou ainda por Escrevente autorizado, com suas folhas numeradas e rubricadas.

O Livro de Protocolo específico para recebimento de requerimentos de conciliação e de mediação deve conter os seguintes dados:

I – o número de ordem, que seguirá indefinidamente nos livros da mesma espécie;

II – a data da apresentação do requerimento;

III – o nome do requerente;

IV – a natureza da mediação.

Além do Livro de Protocolo, Os serviços notariais e de registro que optarem por prestar o serviço devem também instituir **Livro de Conciliação e de Mediação**, cuja abertura atenderá às normas estabelecidas pelas corregedorias-gerais de justiça dos Estados e do Distrito Federal e dos Territórios. Assim, os termos de audiência de conciliação ou de mediação serão lavrados em livro exclusivo, vedada sua utilização para outros fins.

O § 2.º do art. 43 do Provimento CNJ n. 149/2023 (CNN) estabelece que os livros obedecerão aos modelos de uso corrente, aprovados pelo juízo da vara de registros públicos. Existe regra semelhante no art. 3º da Lei 6.015/1973.

Aqui vale uma observação. É oportuno lembrar que, desde o advento da Lei dos Notários e dos Registradores (Lei 8.935/1994), que assegurou a **autonomia gerencial e administrativa** dos tabeliães e registradores, nos artigos 28 e 41, prevalece que não é mais necessário submeter à aprovação do juiz competente a utilização das melhores técnicas no desempenho de suas atividades. Dessa forma, para a prestação de serviço mais adequada e eficiente (arts. 4º e 30, II da Lei 8.935/1994), as dimensões dos livros também serão estabelecidas a critério dos titulares.

Transcrevem-se os citados artigos:

> **Art. 28.** Os notários e oficiais de registro gozam de independência no exercício de suas atribuições, têm direito à percepção dos emolumentos integrais pelos atos praticados na serventia e só perderão a delegação nas hipóteses previstas em lei."
>
> **Art. 41.** Incumbe aos notários e aos oficiais de registro praticar, independentemente de autorização, todos os atos previstos em lei necessários à organização e execução dos serviços, podendo, ainda, adotar sistemas de computação, microfilmagem, disco ótico e outros meios de reprodução.

Por isso, uma parcela da doutrina entende que foram tacitamente revogados todos os dispositivos que exigem autorização judicial para medidas relacionadas à organização e execução dos serviços notariais e de registro. De acordo com essa visão, as novas regulamentações teriam suprimido a necessidade de aprovação judicial, simplificando os procedimentos e conferindo maior autonomia aos cartórios. Por outro lado, outra parte da doutrina defende a manutenção desses dispositivos, especialmente a regra estampada no art. 3º, § 2º da Lei de Registros Públicos (LRP), que continua plenamente em vigor. Esta corrente argumenta que a aprovação pelo juízo competente é essencial por se tratar de um importante aspecto de direito formal. Segundo essa visão, a supervisão judicial garante a conformidade dos atos notariais e registrais com a legislação vigente, preservando a segurança jurídica e a integridade dos serviços prestados.

Outra norma idêntica à do diploma registral, especificamente do art. 7º é a do § 3.º do art. 43, do Código Nacional de Normas: "Os números de ordem dos termos de conciliação e de mediação não serão interrompidos ao final de cada livro, mas continuarão indefinidamente nos seguintes da mesma espécie". Os dois artigos evidenciam a existência de uma continuidade dos atos, vale dizer, um livro será a sequência do outro.

Ainda no que tange à escrituração, a adoção simultânea de mais de um livro de conciliação e de mediação para lavratura de audiências por meio eletrônico é permitida. Da mesma forma, os serviços notariais e de registro que adotarem a mediação e a conciliação, deverão confeccionar ainda o livro de carga físico, no qual serão correlacionados os escreventes e os livros quando o serviço utilizar, concomitantemente, mais de um livro de conciliação e de mediação.

O livro sob a responsabilidade de um escrevente é de seu uso exclusivo, permitida a utilização por outro escrevente apenas com autorização prévia do notário e do registrador, lançada e datada no livro de carga.

Tal qual o livro protocolo, o livro de conciliação e de mediação também terá 300 (trezentas) folhas, permitido o acréscimo apenas para evitar a inconveniência de cisão do ato. Além do timbre do serviço notarial e de registro, todas as folhas conterão o número do livro e do termo de conciliação ou de mediação correspondentes, numeradas em ordem crescente por sistema mecânico ou eletrônico.

Entende-se por escrituração mecânica aquela realizada sem o uso de sistema informatizado de base de dados, ainda que utilizados editores de texto em computador. A escrituração eletrônica, por sua vez, é aquela realizada por meio de sistema informatizado de base de dados, com impressão dos atos em fichas ou em livros físicos.

Havendo erro material na numeração das folhas, este poderá ser corrigido pelo notário ou registrador, devendo constar do termo de encerramento.

Também é possível a adoção do livro eletrônico, mas o sistema deve assegurar a verificação da existência e conteúdo do ato, subordinando-se às mesmas regras de lavratura atinentes ao livro físico.

Nos termos de audiências de conciliação e de mediação lavradas em livro de folhas soltas, as partes lançarão a assinatura no final da última, rubricando as demais. Se os declarantes ou participantes não puderem, por alguma circunstância, assinar, far-se-á declaração no termo, assinando a rogo outra pessoa e apondo-se à margem do ato a impressão datiloscópica da que não assinar.

As folhas soltas utilizadas serão acondicionadas em pasta própria, correspondente ao livro a que pertençam, até a encadernação, que ocorrerá no período de até 60 (sessenta) dias subsequentes à data do encerramento. O encerramento será feito imediatamente após a lavratura do último termo de audiência, ainda que pendente o prazo retromencionado para ultimação do ato previamente praticado e não subscrito.

Anote-se que o livro de conciliação e de mediação abarca índice alfabético com a indicação dos nomes das partes interessadas presentes à sessão, devendo constar o número do CPF/CNPJ – ou, na sua falta, o número de documento de identidade – e a referência ao livro e folha em que foi lavrado o termo de conciliação ou de mediação. Tais índices poderão ser elaborados pelo sistema de fichas, microfichas ou eletrônico, em que serão anotados os dados das partes envolvidas nos procedimentos de mediação ou de conciliação.

No que tange à **conservação** dos livros de conciliação e mediação, é importante observar que as regras aplicáveis são equivalentes às dispostas nos artigos 22 a 24 da Lei 6.015/1973, no artigo 46 da Lei 8.935/1994 e na legislação esparsa pertinente.

Assim, faz-se necessário que o livro e qualquer documento oriundo de conciliação ou de mediação extrajudicial permaneça no ofício e quaisquer diligências judiciais ou extrajudiciais que exigirem sua apresentação serão realizadas, sempre que possível, no próprio ofício, salvo por determinação judicial, caso em que o documento ou o livro poderá deixar o serviço extrajudicial. Os serviços notariais e de registro deverão, ainda, manter em segurança permanente os livros e documentos de conciliação e de mediação, respondendo pela ordem, guarda e conservação.

Sobre a temática "conservação", sugere-se a leitura em conjunto com o Provimento 50/2012 do Conselho Nacional de Justiça, que dispõe sobre a conservação de documentos nos cartórios extrajudiciais, a fim de realizar uma pesquisa completa e globalizada acerca do tema. Por fim, não é demais alertar que o art. 196 do Código Nacional de Normas estabelece que os cartórios de notas, protestos de letras e títulos, registros de imóveis, registros civis de pessoas naturais, registros civis de pessoas jurídicas e registros de títulos e documentos adotarão a Tabela de Temporalidade de Documentos na forma indicada no Provimento n. 50, de 28 de setembro de 2015.

Quanto à **qualificação** a ser feita pelo notário e do registrador, a depender do tipo de serventia, os documentos eventualmente apresentados pelas partes para a instrução da conciliação ou da mediação serão examinados e devolvidos a seus titulares durante a sessão. Cabe aos serviços notariais e de registro manter em arquivo próprio, além do requerimento firmado pelas partes, todos os documentos que julgar pertinentes.

Estipulou-se o **prazo mínimo de 5 (cinco) anos para arquivamento** dos documentos relativos à conciliação e mediação.

Importante apontar que não subsistirá a obrigatoriedade de conservação dos documentos microfilmados ou gravados por processo eletrônico de imagens. Regra idêntica encontra-se inserida no art. 35, § 2º da Lei de Protesto de Títulos (Lei 9.492/1997).

Analisadas as regras sobre a escrituração, passemos a estudar o **procedimento** na conciliação e mediação nas serventias extrajudiciais.

Para que a mediação e a conciliação alcancem resultado prático efetivo é importante que o seu procedimento seja efetuado de forma simples.

O artigo 29 do Provimento 149/2023, aborda a **competência** para o requerimento de conciliação ou mediação, confirmando a regra estabelecida no artigo 42 da Lei 13.140/2015. De acordo com essa norma, o requerimento pode ser dirigido a qualquer serviço notarial ou de registro, conforme suas respectivas competências.

São **requisitos mínimos do requerimento** de realização de conciliação ou de mediação:

I – qualificação do requerente, em especial, o nome ou denominação social, endereço, telefone e *e-mail* de contato, número da carteira de identidade e do cadastro de pessoas físicas (CPF) ou do cadastro nacional de pessoa jurídica (CNPJ) na Secretaria da Receita Federal, conforme o caso;

II – dados suficientes da outra parte para que seja possível sua identificação e convite;

III – a indicação de meio idôneo de notificação da outra parte;

IV – narrativa sucinta do conflito e, se houver, proposta de acordo;

V – outras informações relevantes, a critério do requerente.

Frise-se que são de inteira responsabilidade do requerente a veracidade e correção dos dados fornecidos relacionados acima.

Após o recebimento e protocolo do requerimento, se, em exame formal, for considerado não preenchido algum dos requisitos supracitados, o requerente será notificado, preferencialmente por meio eletrônico, para sanar o vício no prazo de 10 (dez) dias, marcando-se nova data para audiência, se necessário. Persistindo o não cumprimento de qualquer dos requisitos, o conciliador ou o mediador rejeitará o pedido. A inércia do requerente acarretará o arquivamento do pedido por ausência de interesse.

A distribuição do requerimento será anotada no livro de protocolo de conciliação e de mediação conforme a ordem cronológica de apresentação.

Ao receber o requerimento, o serviço notarial ou de registro designará, de imediato, data e hora para a realização da sessão de conciliação ou de mediação e dará ciência (que recairá na pessoa do apresentante do requerimento, ainda que não seja ele o requerente) dessas informações ao apresentante do pedido, dispensando-se a notificação do requerente.

O apresentante do requerimento tem direito de receber o recibo do protocolo e de todos os valores recebidos a título de depósito prévio.

Importante destacar as **regras da notificação** da parte requerida, que são apresentadas forma simplificada. A notificação pode ser realizada por qualquer meio idôneo de comunicação, o qual o serviço notarial ou de registro informar ao requerente, devendo ocorrer preferencialmente por meio eletrônico, por carta com AR ou notificação por oficial de registro de títulos e documentos do domicílio de quem deva recebê-la. Esta notificação deve ser paga pelo requerente; no entanto, se for feita por meio eletrônico, não será cobrada. O custo do envio da carta com AR não poderá ser superior ao praticado pela Empresa Brasileira de Correios e Telégrafos e o custo da notificação por oficial de registro de títulos e documentos será o previsto na tabela de emolumentos. O serviço notarial ou de registro remeterá, com notificação, cópia do requerimento à parte requerida, esclarecendo, desde logo, que sua participação na sessão de conciliação ou de mediação será facultativa e concederá prazo de 10 (dez) dias para que, querendo, indique, por escrito, nova data e horário, caso não possa comparecer à sessão designada. Para a conveniência dos trabalhos, o serviço notarial ou de registro poderá manter contato com as partes no intuito de designar data de comum acordo para a sessão de conciliação ou de mediação.

O legislador acertou ao estabelecer norma referente à necessidade de espaço reservado, nos seguintes termos:

> **Art. 21.** Os serviços notariais e de registro manterão espaço reservado em suas dependências para a realização das sessões de conciliação e de mediação durante o horário de atendimento ao público.

Dessa forma, preserva-se a confidencialidade inerente ao procedimento e faz valer a norma do art. 4º da Lei 8.935/1994, que prescreve que os serviços notariais e de registro serão prestados, **de modo eficiente e adequado**, em dias e horários estabelecidos pelo juízo competente, atendidas as peculiaridades locais, em local de fácil acesso ao público e que ofereça segurança para o arquivamento de livros e documentos.

Na data e hora designados para a realização da **sessão de conciliação ou de mediação**, realizado o chamamento nominal das partes e constatado o não comparecimento de qualquer delas, o requerimento será arquivado.

Tal regra não se aplicará se, entretanto, estiverem preenchidos, cumulativamente, os seguintes requisitos:

I – pluralidade de requerentes ou de requeridos;

II – comparecimento de ao menos duas partes contrárias com o intuito de transigir;

III – identificação formal da viabilidade de eventual acordo.

Aponte-se que a sessão de conciliação ou de mediação terá **eficácia** apenas entre as partes presentes e obtido o acordo, será lavrado termo de conciliação ou de mediação e as partes presentes assinarão a última folha do termo, rubricando as demais.

Finalizado o procedimento, o termo será arquivado no Livro de Conciliação e de Mediação e será fornecida via do termo de conciliação ou de mediação a cada uma das partes presentes à sessão.

Este documento tem **natureza jurídica de documento público com força de título executivo extrajudicial**, nos termos do art. 784, IV, do CPC.

É importante destacar que a não obtenção de acordo não impedirá a realização de novas sessões de conciliação ou mediação até que finalizadas as tratativas.

Também é possível o **arquivamento do pedido**, independentemente de anuência da parte contrária, se o requerente solicitar, a qualquer tempo e por escrito, a sua desistência. Necessário o arquivamento do requerimento em pasta própria, não subsistindo a obrigatoriedade de sua conservação quando for microfilmado ou gravado por processo eletrônico de imagens.

A **desistência do requerimento** será tida como presumida se o requerente, após notificado, não se manifestar no prazo de 30 (trinta) dias.

Em caso de não obtenção do acordo ou de desistência do requerimento antes da sessão de conciliação ou de mediação, o procedimento será arquivado pelo serviço notarial ou de registro, que anotará essa circunstância no livro de conciliação e de mediação.

Por derradeiro, trataremos dos **emolumentos** da mediação e conciliação nos serviços extrajudiciais. Cabe aqui uma breve introdução geral acerca do tema.

As atividades notariais e de registro não se inscrevem no âmbito das remuneráveis por tarifa ou preço público, mas no círculo das que se pautam pelos chamados emolumentos.

Assim, os serviços notariais e de registro são serviços públicos exercidos em caráter privado, por meio de delegação sendo remunerados, pelos usuários, com o pagamento dos respectivos emolumentos, que por sua vez, são a contraprestação do serviço prestado.

Nos termos do art. 236, § 2º da Constituição Federal, lei federal estabelecerá normas gerais para a fixação de emolumentos relativos aos atos praticados pelos serviços notariais e de registro. A lei federal que regulamenta esse dispositivo constitucional é a Lei 10.169/2000. Aos Estados e ao Distrito Federal cabe estabelecer normas específicas como, por exemplo, o valor dos emolumentos.

Os emolumentos devem corresponder ao efetivo custo e à adequada e suficiente remuneração dos serviços prestados. Para a fixação do valor de seu valor, são considerados a natureza pública e o caráter social dos serviços notariais e de registro, sendo os valores constantes de tabelas e expressos em moeda corrente do país.

Importante registrar que o pagamento dos emolumentos em criptomoedas, até o presente momento, não é admitido, conforme entendimento da Corregedoria-Geral da Justiça do Estado de São Paulo, nestes termos: "*não se verifica a possibilidade de cobrança e também de recebimento de emolumentos em moeda estrangeira ou em moeda virtual, ao menos até que assim seja autorizado por norma que regulamente a matéria*" (Disponível em https://irib.org.br/noticias/detalhes/emolumentos-undefined-pagamento-em-criptomoedas/).

O STF já decidiu reiteradas vezes que os emolumentos têm natureza jurídica de taxa, sujeitando-se, assim, aos princípios constitucionais tributários, sendo portanto uma espécie de tributo.

O Provimento traz uma sessão específica sobre emolumentos prevendo que enquanto não editadas, no âmbito dos Estados e do Distrito Federal, normas específicas relativas aos emolumentos, observadas as diretrizes previstas pela Lei n. 10.169, de 29 de dezembro de 2000, aplicar-se-á às conciliações e às mediações extrajudiciais a tabela referente ao menor valor cobrado na lavratura de escritura pública **sem valor econômico por sessão de sessenta minutos**, que se excedidos ou se forem necessárias sessões extraordinárias para a obtenção de acordo, serão cobrados emolumentos proporcionais ao tempo excedido, na primeira hipótese, e relativos a cada nova sessão de conciliação ou de mediação, na segunda hipótese, mas, em todo caso, poderá o custo ser repartido *pro rata* entre as partes, salvo se transigirem de forma diversa. Entende-se como sessão extraordinária aquela não prevista no agendamento.

De outro modo, o antigo Provimento 17/2013 da CGJSP preconizava o pagamento de emolumentos pelo critério **com valor econômico**, e no que tange à restituição dos valores, 90% do total recebido, se o arquivamento ou seu pedido ocorresse antes da sessão de mediação ou conciliação; 50%, quando infrutífera a sessão de mediação ou conciliação; 40%, quando a sessão de mediação ou conciliação, depois de iniciada, tivesse de ser continuada em outra data.

Compartilhamos do posicionamento de Ygor Ramos C. Pinheiro. Não concorda-se totalmente com nenhum dos dois critérios que foram criados. Entende-se que o critério de cobrança deve ser *com valor econômico*, pois o mediador ou conciliador atuará na tentativa de se chegar a um acordo sobre direito patrimonial representativo de certo montante, o que leva à necessidade de adequada remuneração, além de levar em consideração o risco a que se submete. Sobre a devolução, concorda-se com o critério de devolução de 50% do valor já pago em quaisquer dos casos em que não se chegue ao termo de acordo. Além disso, deve-se aplicar analogicamente o que previu o Conselho Nacional de Justiça, por meio do artigo 26, do Provimento n. 65/2017, sobre a cobrança pelo procedimento de usucapião extrajudicial, ou seja, o mediador ou conciliador recebem um ato pelo processamento da mediação ou conciliação e um ato pela formalização do termo de acordo. O risco enfrentado, o preparo exigido e o custo demandado, quando comparados à remuneração ajustada pelo CNJ, vem tirando de tabeliães o interesse em qualificar-se e a seus prepostos, tendo em vista o baixo número de cadastros efetuados desde a edição do provimento. Talvez uma revisão na questão da remuneração pudesse fazer com que mais notários cadastrem-se e, assim, todo o potencial de diminuir o número de demandas que chegam ao Poder Judiciário seja alcançado. Por oportuno, embora não haja disposição semelhante no provimento nacional, nota-se que o artigo 17, do Provimento n. 17/2013 da Corregedoria-Geral da Justiça de São Paulo, previu desconto nos emolumentos, pelo fato de supostamente o termo de mediação também poder ser feito por instrumento particular. Não se concorda com isto, tendo em vista que, apesar de poderem optar por qualquer mediador de confiança, as partes optaram pelo tabelião, optando, portanto, pela atuação do detentor de fé pública na solução de seu conflito, não havendo que se falar em possibilidade de lavratura do termo por instrumento particular. Neste ponto, cabe tecer duas considerações fundamentais. Primeiramente, como já se afirmou, discorda-se da forma de cobrança estabelecida pelo Provimento n. 67/2018 do Conselho Nacional de Justiça, já que, ao praticar a heterocomposição do conflito, não está o tabelião praticando um ato sem valor declarado, mas, ao contrário, pondo fim a um conflito patrimonial envolvendo direito disponível, razão pela qual deve a cobrança ser feita pelo critério "com valor econômico". Destaca-se, portanto, que deve a contraprestação pelo serviço preservar o equilíbrio econômico-financeiro da delegação constitucional recebida pelo notário, suportando o efetivo custo do serviço e remunerando o notário, conforme o risco da atividade. Em segundo lugar, como também já fora observado, cabe analogia ao artigo 26, do provimento n. 65/2017 do Conselho Nacional de Justiça, que regulamentou a forma de cobrança, pelo Oficial de Registro de Imóveis, do procedimento de registro da usucapião extrajudicial. Desta maneira, deve o tabelião de notas ser remunerado em um ato pela condução do procedimento, e mais um ato de igual valor pela decisão arbitral a ser proferida. Francisco José Cahali assim já afirmou, em participação no XVII Congresso Notarial Brasileiro, em 2012, ao comentar sobre os emolumentos devidos por ocasião da mediação notarial: "A questão de emolumentos teria que ser equalizada, pois o custo da mediação e algumas adaptações jurídicas teriam que ser feitas" (*Arbitragem Notarial*. Op. Cit.).

O Provimento 67/2018, ratificado pelo Código Nacional de Normas, proibiu os serviços notariais e de registro de receber das partes qualquer vantagem referente à sessão de conciliação ou de mediação, exceto os valores relativos aos emolumentos e despesas de notificação.

As sessões não remuneradas, com o fito de atender a gratuidade no procedimento de mediação e conciliação nos cartórios, também foram previstas com base no art. 169, § 2º, do CPC. Assim, os tribunais determinarão o percentual de audiências não remuneradas, que não poderá ser inferior a 10% da média semestral das sessões realizadas pelo serviço extrajudicial nem inferior ao percentual fixado para as câmaras privadas.

1.12.4.3.2. PROVIMENTO CNJ 72, DE 27 DE JUNHO DE 2018 E 168, DE 27 DE MAIO DE 2024

Referido Provimento será analisado em capítulo específico da Lei 9.492/1997, que regulamenta o protesto extrajudicial.

1.12.4.3.3. RECOMENDAÇÃO CNJ 28, DE 17 DE AGOSTO DE 2018

Aqui, mais uma vez, o Conselho Nacional de Justiça considerou a efetividade da conciliação e da mediação como instrumentos de pacificação social, solução e prevenção de litígio e editou referida Recomendação.

A edição do referido ato normativo também é justificada pela **obrigatoriedade** da instalação de CEJUSCs pelos tribunais, por intermédio dos núcleos permanentes de métodos consensuais de solução de conflitos

(NUPEMECs) (art. 165, *caput*, do CPC e art. 4º, art. 7º, IV, e art. 8º, § 2º, da Resolução CNJ n. 125/2010), e pela necessidade de instalação dos CEJUSCs nos locais onde existam **dois juízos** – juizados ou varas – com competência para a realização de audiência (art. 8º, § 2º, da Resolução CNJ n. 125/2010).

Ademais, também contribuíram para a edição da Recomendação CNJ n. 28/2018, a **facultatividade** de instalação dos CEJUSCs nos locais onde exista **um juízo – juizado, vara ou subseção** – que seja atendido por centro regional ou itinerante (art. 8º, § 4º, da Resolução CNJ n. 125/2010) e a não instalação dos CEJUSCs como descumprimento das disposições da Resolução CNJ n. 125/2010 (arts. 4º e 8º, § 2º) e do Código de Processo Civil (art. 165); e as disposições do Código de Processo Civil, da Lei n. 13.140, de 26 de junho de 2015, e dos Provimentos CN-CNJ n. 67, de 26 de março de 2018, e 72, de 27 de junho de 2018.

Nessa direção, recomenda-se aos tribunais de justiça dos Estados e do Distrito Federal, por intermédio de seus Núcleos Permanentes de Métodos Consensuais de Solução de Conflitos, **a celebração de convênios com notários e registradores do Brasil** para a instalação de centros judiciários de solução de conflitos e cidadania nos locais em que ainda não tenham sido implantados, que deverá ser precedida de estudo preliminar acerca da viabilidade jurídica, técnica e financeira do serviço.

Este estudo prévio é realizado pelos tribunais de justiça dos Estados e do Distrito Federal, por meio dos NUPEMECs, em conjunto com os notários ou registradores da jurisdição a que estiverem vinculados.

Firmado termo de convênio com base nesta recomendação, os tribunais de justiça dos Estados e do Distrito Federal deverão:

I – encaminhar cópia do termo à Corregedoria Nacional de Justiça, via PJe, para conhecimento e disseminação de boas práticas entre os demais entes da Federação;

II – manter, em seu site, por intermédio dos núcleos permanentes de métodos consensuais de solução de conflitos, listagem pública dos centros judiciários de solução de conflitos e cidadania instalados mediante convênio com os serviços notariais e de registro.

Os procedimentos de conciliação e de mediação realizados nos CEJUSCs instalados nos serviços notariais e de registro em virtude do convênio objeto desta recomendação serão fiscalizados pela Corregedoria Geral de Justiça (CGJ) e pelo juiz coordenador do CEJUSC da jurisdição a que o serviço notarial e de registro estiver vinculado.

No tocante à **fiscalização** realizada pela CGJ, esta vai ao encontro das normas dos arts. 236, § 1º da Constituição Federal e 37 da Lei 8.935/1994, a saber:

> **Art. 236 § 1º CF.** *Lei regulará as atividades, disciplinará a responsabilidade civil e criminal dos notários, dos oficiais de registro e de seus prepostos, e definirá a fiscalização de seus atos pelo Poder Judiciário.*
>
> **Art. 37 Lei 8.935/1994.** *A fiscalização judiciária dos atos notariais e de registro, mencionados nos arts. 6º a 13, será exercida pelo juízo competente, assim definido na órbita estadual e do Distrito Federal, sempre que necessário, ou mediante representação de qualquer interessado, quando da inobservância de obrigação legal por parte de notário ou de oficial de registro, ou de seus prepostos.*

Dialoga com o tema exposto neste tópico os recentes enunciados 69 e 73 da **I Jornada de Direito Notarial e Registral**, veja-se:

> **Enunciado 69.** Recomenda-se aos Tribunais a celebração de convênios com notários e registradores para a instalação de centros judiciários de solução de conflitos e cidadania.
>
> ⊙ Justificativa: Proposta de alteração à Recomendação n. 28 do CNJ e Provimento CNJ n. 67/2018. Sem dúvidas, o cumprimento da mencionada Recomendação, com a celebração de convênios entre os NUPEMEC – Núcleo Permanentes de Métodos Consensuais de Solução de Conflitos – e os Serviços Notariais e Registrais de cada Estado, fomentará de maneira expressiva a atuação dos notários e registradores, promovendo de fato o acesso à justiça pelo maior número da população. É sabido que a capilaridade dos serviços notariais e registrais é o indicativo mais importante de sua eficácia na prestação dos serviços à população brasileira. Isto porque existem inúmeros municípios da federação brasileira que o Poder Judiciário não consegue se fazer presente, em razão dos elevados custos e exigências legais mínimas para isto; porém sempre haverá um serviço de registro civil apto a promover diversos serviços à população. É exatamente por isso que um convênio celebrado entre Poder Judiciário e os Serviços Notariais e Registrais, apto a promover a instalação de centros judiciários de solução de conflitos e cidadania será o ápice da concretização do acesso à justiça célere, acessível e de baixo custo para a população. Tornar obrigatório a Recomendação n. 28 do CNJ e incorporá-la ao texto impositivo do Provimento n. 67/2018 será capaz de fomentar, sem dúvida alguma, o acesso à justiça utilizando como "porta" de entrada os Serviços Notariais e Registrais.
>
> **Enunciado 73.** Visando a disseminar a prática da mediação e da conciliação extrajudicial, recomenda-se aos Tribunais e às Corregedorias de Justiça que promovam campanhas junto aos delegatários e à sociedade, sobre a possibilidade de o cidadão buscar os serviços extrajudiciais para a solução de seus conflitos
>
> ⊙ Justificativa: A explosão de demandas perante o Poder Judiciário a dele exigir cada vez mais o emprego de recursos humanos e de bens e serviços, ao que se contrapõe a escassez dos recursos públicos e o limite de despesas impostas nessa área (art. 20, I, b e II, b, da LRF), gerou um estrangulamento na prestação da atividade jurisdicional e, daí, ao aumento da morosidade processual, levando nos últimos anos o legislador a estimular a utilização de meios alternativos à composição de litígios, notadamente por meio da arbitragem, da mediação e da conciliação. No ano

de 1996, por exemplo, foi promulgada a Lei nº 9.307/1996 que dispôs sobre a arbitragem, estabelecendo que as pessoas capazes de contratar podem dela se valer para dirimir litígios relativos a direitos patrimoniais disponíveis (art. 1º, *caput*). A seu turno, foi permitido que qualquer pessoa capaz e que tenha a confiança das partes seja árbitro (art. 13), exigindo-se, apenas, que proceda com imparcialidade, independência, competência, diligência e discrição no desempenho de sua função (art. 13, § 6º). Mais recentemente, em 2015, por meio da Lei nº 13.140/2015, foram definidas regras para a mediação entre particulares como forma de solução de controvérsias, sendo prevista a figura da mediação extrajudicial (art. 21 a 23), conduzida por mediadores extrajudiciais de quem se exige ser pessoa capaz que tenha a confiança das partes e seja capacitada para fazer mediação, independentemente de integrar qualquer tipo de conselho, entidade de classe ou associação, ou nele inscrever-se (art. 9º). Em sua atuação, deverá conduzir o trabalho como um terceiro imparcial sem poder decisório, que, escolhido ou aceito pelas partes, as auxilia e estimula a identificar ou desenvolver soluções consensuais para a controvérsia (arts. 1º, parágrafo único e 2º, I). Nada mais natural, à luz dessas disposições, que muitos desses espaços abertos à arbitragem, à mediação e à conciliação sejam ocupados pelos delegatários dos serviços extrajudiciais de que trata a Lei nº 8.935/1994. Não só não há nenhum impedimento ou incompatibilidade legal a essa atuação, nem pelas leis antes apontadas e tampouco pela própria norma que os rege, sendo as únicas hipóteses aquelas tratadas nos artigos 25 e 27 da Lei nº 8.935/1994, como, de fato, a função se coaduna às finalidades do *munus* desses agentes. Para além de serem profissionais do direito altamente qualificados, selecionados em concurso público de grande exigência de conhecimento no ramo (arts. 3º; 14, I e V e 15, da Lei nº 8.935/1994) e contarem com equipe especializada, a própria natureza de suas atividades já lhes demanda atuarem de maneira equidistante e imparcial na relação com os usuários que se valem de seus serviços. Assim, exemplificando, um tabelião de protesto não está a cargo do credor. Se apercebendo de algum erro formal no título, não promoverá o protesto (art. 9º, *caput* e parágrafo único, da Lei nº 9.492/1997). E, em sendo parte equidistante de credor e devedor e integrante de uma das cadeias possíveis de cobrança do crédito, por que não lhe autorizar participar como conciliador dos interesses dos envolvidos. Se apercebendo disso, o Conselho Nacional de Justiça, em boa hora, editou o Provimento CNJ nº 72/2018 dispondo sobre medidas de incentivo à quitação ou à renegociação de dívidas protestadas nos tabelionatos de protesto do Brasil. Antes, aliás, já editara norma mais geral não limitada aos tabelionatos de protesto disciplinando os procedimentos de conciliação e de mediação nos serviços notariais e de registro do Brasil como um todo. Refiro-me ao Provimento CNJ nº 67/2018. Sim, pois igualmente em outros setores, para além da cobrança de dívidas, faz-se possível vislumbrar a atuação dos delegatários como árbitros, mediadores ou conciliadores. Assim, sem esgotar as possibilidades, mas somente exemplificando, podem atuar em conflitos imobiliários, sucessórios, de vizinhança, envolvendo responsabilidade civil e mesmo de direito de família quando não relacionado a direito indisponível. Mas, já havendo um bom arcabouço jurídico a respaldar a atuação dos delegatários como árbitros, mediadores ou conciliadores, é fato que a prática ainda não se encontra disseminada no país e, a tanto, algumas medidas adicionais podem ser tomadas, especialmente pelas Corregedorias e Tribunais locais para despertar o interesse desses agentes.

1.14. APOSTILAMENTO NAS SERVENTIAS NOTARIAIS E DE REGISTROS PÚBLICOS

Inicialmente, cumpre trazer alguns conceitos importantes com o objetivo de fazê-los compreender melhor o tema.

O **apostilamento** consiste no procedimento que concede o reconhecimento mútuo de documentos brasileiros no exterior e de documentos estrangeiros no Brasil. Do apostilamento surge a Apostila.

Por sua vez, a **Apostila** é o certificado de autenticidade emitido por países signatários da Convenção da Haia (Holanda, 1965), promulgada no Brasil pelo Decreto 8.660/2016, que é posta em um documento público para atestar sua origem (assinatura, cargo de agente público, selo ou carimbo de instituição).

Como efeito, a Apostila certifica apenas a **origem do documento público, e não o próprio documento.** O que ela faz é certificar a autenticidade da assinatura (reconhecimento de firma) da pessoa, da função ou do cargo exercido pelo signatário do documento e, quando cabível, a autenticidade do selo ou do carimbo nele aposto. A **Apostila não certifica o conteúdo do documento,** nem deve ser utilizada para reconhecimento dentro do país em que foi emitida.

Ademais, não existe prazo de validade para a Apostila. Ela não 'vence' e não interfere na validade dos documentos apostilados. Por exemplo, se sua certidão possui um prazo de validade, a emissão da Apostila não o prolongará. Não confunda isso com a norma do art. 9º do Provimento CNJ n. 62/2017 – a Apostila será emitida mediante solicitação do portador do documento, sem a necessidade de requerimento escrito. As autoridades apostilantes fornecerão um recibo de protocolo no momento do requerimento, estipulando um prazo para a entrega, **que não poderá ultrapassar 5 (cinco) dias.**

Em território brasileiro, só podem ser apostilados **documentos produzidos no Brasil**, destinados à apresentação no exterior. No caso de documentos internacionais, estes deverão ser apostilados no respectivo país de emissão. Cumpre ressaltar que os documentos já apostilados, mesmo que antes da entrada em vigor da Convenção no Brasil, poderão produzir efeitos em território nacional.

Quanto ao objeto, somente podem ser apostilados **documentos públicos ou aqueles de natureza particular que tenham sido previamente reconhecidos por notário ou autoridade pública competente,** os quais têm fé pública.

O artigo 1º da Convenção estabelece que são considerados documentos públicos:

a) os documentos provenientes de uma autoridade ou de um agente público vinculados a qualquer jurisdição do Estado, inclusive os documentos provenientes do Ministério Público, de escrivão judiciário ou de oficial de justiça;

b) os documentos administrativos;

c) os atos notariais;

d) as declarações oficiais apostas em documentos de natureza privada, tais como certidões que comprovem o registro de um documento ou a sua existência em determinada data, e reconhecimentos de assinatura.

Cada país pode definir quais documentos são considerados aptos ao apostilamento.

Para ilustrar, podem ser apostilados: escrituras públicas, certidões do registro civil, documentos empresariais, diploma universitário (histórico escolar), traduções juramentadas, entre outros.

Vale destacar que o documento apostilado não precisa ser o original; cópias autenticadas também podem ser apostiladas.

Sobre o objeto do apostilamento, invoca-se ainda o enunciado 3 da I Jornada de Direito Notarial e Registral, a saber:

> **Enunciado 3.** Podem ser objeto de apostilamento pelos serviços notariais e registrais, após análise formal, documentos e peças judiciais, aferida a autenticidade dos elementos exigidos pela Convenção da Haia.
>
> ⊙ Justificativa: Arts. 1º, § único,4º e 5º do Prov. 62/CNJ, art.6º, II, Resolução 228 CNJ e art. 1º da Convenção da Haia, promulgada pelo Decreto nº 8.660/2016 e art. 9º, §2º do Provimento 62 CNJ.

A Convenção da Apostila não se aplica a determinados documentos. Primeiramente, excluem-se do apostilamento os **documentos emitidos por agentes diplomáticos ou consulares.**

Também estão **excluídos** do apostilamento **documentos administrativos relacionados a operações mercantis ou alfandegárias,** nos casos de documentos para os quais a legalização já não era necessária de acordo com as normas, acordos e entendimento em vigor. No caso de **documentos comerciais** que costumam ser legalizados, o apostilamento poderá ser feito, o que ensejará a facilitação dos fluxos comércio e investimentos. Deve-se ter em mente que o objetivo da Convenção da Apostila é sempre **simplificar** o processo de tramitação internacional de documentos, e não criar procedimentos burocráticos antes inexistentes. Tal entendimento coaduna-se com o costume internacional e com as orientações do Manual de Aplicação da Convenção da Apostila publicado pela Conferência da Haia de Direito Internacional Privado.

Demais disso, a Apostila **não se aplica** a documentos a serem apresentados em países não signatários da Convenção da Haia. Nesses casos, o processo de legalização continuará a ser realizado pelo **Ministério das Relações Exteriores, por seus escritórios regionais (no Brasil) e Embaixadas e Repartições Consulares (no exterior).**

Desse modo, a Apostila substitui todo o processo de legalização que incluía a participação do Ministério das Relações Exteriores. O referido Ministério só continuará participando do processo de legalização de documentos a serem apresentados em países não participantes da Convenção da Haia.

Dito isto, cumpre distinguir apostilamento de legalização:

Se os **países de origem e de destino** do documento estiverem na **lista de países parte da Convenção da Apostila**, o documento será então **apostilado**. Anote-se que são 111 países que aderiram à Convenção. Para ilustrar, trago alguns exemplos: se o documento foi emitido no Brasil e será usado na Espanha, nos EUA ou na África do Sul, o documento deve ser apostilado. Da mesma forma, se o documento foi emitido na Nova Zelândia, Portugal ou Noruega e será usado no Brasil, o documento também deve ser apostilado.

Por outro lado, se o país de origem ou de destino do documento **não** estiver na lista de países parte da Convenção da Apostila, o documento deverá ser **legalizado.** Assim, se o documento foi emitido no Brasil e será utilizado na Tailândia ou no Líbano, por exemplo, o documento deve ser legalizado. Igualmente, se o documento foi emitido na Malawi e será utilizado no Brasil, o documento deve ser legalizado.

Uma dúvida que pode surgir é se documentos estrangeiros apostilados, traduzidos para o português por tradutores oficiais desses países, teriam validade no Brasil ou apenas aqueles traduzidos por tradutores brasileiros.

No Brasil, documentos estrangeiros, mesmo apostilados, só estão aptos a produzir efeitos com a respectiva tradução juramentada. Esta, por sua vez, só pode ser realizada no Brasil. A matéria está regulamentada pelo art. 192 do Código de Processo Civil, art. 236 do Código de Processo Penal, Decreto 13.609/1943 e ainda no artigo 216-C do Regimento Interno do Superior Tribunal de Justiça.

Na prática e de forma resumida, para que um documento receba o certificado da Apostila, basta levá-lo a um dos cartórios ou tabelionatos autorizados (na forma do art. 3º do Provimento CNJ n. 149/20234).

O apostilamento abrange uma via física e outra eletrônica. A primeira será emitida junto ao documento, a ele colada ou apensada. A segunda fica registrada em sistema próprio e será utilizada tanto para o controle das autoridades brasileiras quanto para a consulta de autoridades estrangeiras sobre as Apostilas emitidas no Brasil. Ademais, os interessados estrangeiros poderão consultar a autenticidade da Apostila emitida no Brasil, por meio de um código (QR Code), inserido na própria Apostila física.

Quanto aos documentos estrangeiros, uma vez apostilados no exterior, também estarão aptos a produzir efeitos no Brasil, junto às autoridades, órgãos e instituições interessadas. Não haverá mais envolvimento do Ministério das Relações Exteriores – ou de suas representações no exterior – no processo. Importante ressaltar que eventuais formalidades, no Brasil, podem ser exigidas, como a tradução para o português. A autoridade competente para apostilamento, no exterior, varia de país a país. Sugerimos que consulte a embaixada ou consulados do país emissor do documento, ou a lista de autoridades competentes da Convenção da Apostila.

1.14.1 RESOLUÇÃO CNJ N. 228/2016

Foi publicada no dia 23 de junho de 2016 a Resolução 228 do CNJ, que regulamenta a aplicação, no âmbito do Poder Judiciário, da Convenção de Haia sobre a Eliminação da Exigência de Legalização de Documentos Públicos Estrangeiros, de 1961.

O Conselho Nacional de Justiça (CNJ) é o responsável por coordenar e regulamentar a aplicação da Convenção da Apostila da Haia no Brasil, que entrou em vigor em agosto de 2016. O tratado, assinado pelo Brasil no segundo semestre de 2015, tem o objetivo de agilizar e simplificar a legalização de documentos entre os 111 países signatários, permitindo o reconhecimento mútuo de documentos brasileiros no exterior e de documentos estrangeiros no Brasil.

Uma relevante justificativa para a edição da Resolução 228 foi a adesão da República Federativa do Brasil à Convenção sobre a Eliminação da Exigência de Legalização de Documentos Públicos Estrangeiros, celebrada na Haia, em 5 de outubro de 1961 (Convenção da Apostila), aprovada pelo Congresso Nacional consoante **Decreto Legislativo 148, de 6 de julho de 2015**, ratificada no plano internacional por meio do depósito do instrumento de adesão perante o Ministério dos Negócios Estrangeiros do Reino dos Países Baixos, em 2 de dezembro de 2015, e promulgada no plano interno conforme Decreto 8.660, de 29 de janeiro de 2016.

Dentre outras justificativas para a confecção da aludida Resolução, considerou-se a economia, a celeridade e a eficiência propiciadas pelos benefícios da simplificação e da desburocratização, decorrentes da eliminação da exigência de legalização diplomática ou consular de documentos determinada pela Convenção da Apostila.

Outrossim, havia a necessidade de uniformizar, em todo o território nacional, os procedimentos relativos à aplicação da Convenção da Apostila, inclusive quanto ao uso de sistema eletrônico para aposição de apostila em documentos e para certificação da autenticidade do referido ato.

A legalização de documentos produzidos em território nacional e destinados a produzir efeitos em países partes da Convenção de Haia começou a ser realizada em 14 de agosto de 2016, exclusivamente por meio da **aposição de apostila**, emitida nos termos da Resolução 228/2016. Entende-se como **legalização, ou chancela consular**, a formalidade pela qual se atesta a autenticidade da assinatura, da função ou do cargo exercido pelo signatário do documento e, quando cabível, a autenticidade do selo ou do carimbo nele aposto.

As apostilas emitidas por países partes da Convenção da Apostila, inclusive as emitidas em data anterior à vigência da referida Convenção no Brasil, foram aceitas em todo o território nacional desde o dia 14 de agosto de 2016, em substituição à legalização diplomática ou consular.

Anote-se que não será exigida a aposição de apostila quando, no país onde o documento deva produzir efeitos, a legislação em vigor, tratado, convenção ou acordo de que a República Federativa do Brasil seja parte afaste ou dispense o ato de legalização diplomática ou consular.

Importante ressaltar que as disposições de tratado, convenção ou acordo de que o Brasil seja parte e que tratem da simplificação ou dispensa do processo de legalização diplomática ou consular de documentos **prevalecem** sobre as disposições da Convenção da Apostila.

Por evidência, não será aposta apostila em documento que evidentemente consubstancie ato jurídico contrário à legislação brasileira.

No que tange ao procedimento de legalização diplomática ou consular de documentos que tenham como origem ou destino países que não sejam partes da Convenção da Apostila permanece regido pelas normas do **Ministério das Relações Exteriores**.

O art. 6º da Resolução 228 estabelece quais são as **autoridades competentes** para a aposição de apostila em documentos públicos produzidos no território nacional:

> I – pessoas jurídicas de direito público e a órgãos públicos, mediante normatização específica da Corregedoria Nacional de Justiça e;
>
> II – titulares dos serviços extrajudiciais.

O exercício da competência para emissão de apostilas, observado o art. 17 desta Resolução, pressupõe autorização específica e individualizada da Corregedoria Nacional de Justiça. E o CNJ deve manter, em sua página eletrônica, para fins de divulgação ao público, lista atualizada das autoridades brasileiras habilitadas a emitir a apostila, bem como relação de países para os quais será possível a emissão do documento.

O art. 7º estabelece critérios para que a apostila esteja em conformidade com o modelo constante do Anexo I da Resolução 228/2016, apresentando as seguintes características:

> I – terá a forma de um quadrado com pelo menos 9 (nove) centímetros de lado;
>
> II – constarão do cabeçalho o brasão de Armas da República Federativa do Brasil e a logomarca do CNJ;
>
> III – título apenas em francês "Apostille (Convention de La Haye du 5 octobre 1961)";
>
> IV – campos fixos inscritos, redigidos em português, inglês e francês;
>
> V – indicar o número sequencial e a data de emissão;
>
> VI – constar o nome do signatário do documento público ou, no caso de documentos não assinados, a indicação da autoridade que apôs o selo ou carimbo, juntamente com o cargo ou a função exercida e a instituição que representa.

Ademais, é atribuição da Corregedoria Nacional de Justiça definir os padrões de segurança, validade e eficácia para a aposição da apostila em documento assinado eletronicamente e da emissão de apostila em meio eletrônico. Atente-se que o Provimento CNJ 106/2020 que dispunha sobre a adoção e utilização, do sistema eletrônico – APOSTIL (Sistema Eletrônico de Apostilamento) foi revogado.

Por sua vez, a Resolução 228/2016 instituiu nos art. 8º ao 12, o **Sistema Eletrônico de Informações e Apostilamento (SEI Apostila)** como sistema único para emissão de apostilas em território nacional, veja-se:

> **Art. 8º** As apostilas serão emitidas e registradas em sistema eletrônico.
>
> § 1º As apostilas serão assinadas com certificado digital e registradas pelo emissor.
>
> § 2º A apostila será emitida desde que realizada a conferência de autenticidade da assinatura, da função ou do cargo exercido pelo signatário do documento e, quando cabível, de autenticidade do selo ou do carimbo nele aposto.
>
> § 3º O apostilamento de documentos assinados fisicamente dependerá da apresentação do original.
>
> § 4º As apostilas emitidas deverão conter mecanismo que permita a verificação eletrônica de existência e de autenticidade, assim como conexão com o documento apostilado.
>
> **Art. 9º** O sistema eletrônico de apostilamento e registro é de propriedade intelectual da União e administrado pelo Conselho Nacional de Justiça, por meio da Corregedoria Nacional de Justiça.
>
> Parágrafo único. A Corregedoria Nacional de Justiça poderá, sob sua normatização e fiscalização, delegar, sem ônus para o CNJ, a gestão, administração e manutenção do sistema à Associação de Notários e Registradores do Brasil – ANOREG/BR ou outra entidade de representação nacional de todas as especialidades notariais e registrais que venha a substituí-la.
>
> **Art. 10** A numeração da apostila será única em todo o território nacional, cabendo ao CNJ o registro e o armazenamento de todas as informações relativas às apostilas emitidas pelas autoridades de que trata o art. 6º desta Resolução.
>
> **Art. 11.** A apostila em papel será impressa, nos termos de normatização da Corregedoria Nacional de Justiça, carimbada na forma do Anexo II desta Resolução e rubricada em campo próprio pela autoridade competente.
>
> **Art. 12** O CNJ manterá banco de dados unificado do registro eletrônico das apostilas emitidas em território nacional, permitindo a qualquer interessado, por meio de consulta eletrônica (*online*), a verificação da existência e da autenticidade das apostilas emitidas, bem como da conexão com cada documento apostilado.

A Resolução 228/2016, no seu art. 18, trata dos **emolumentos**. Preceitua o dispositivo:

> **Art. 18** Os emolumentos corresponderão, para cada apostila emitida, ao custo de Procuração Sem Valor Declarado, segundo os valores vigentes em cada Estado da Federação.
>
> Parágrafo único. Será isenta da cobrança de emolumentos a emissão de apostila em documentos requeridos por órgãos do Poder Executivo Federal para utilização no exterior, no interesse do serviço público.

O tema "Emolumentos" será explorado de forma minuciosa nos comentários da Lei n. 10.169/2000.

Importante anotar que, com a revogação do art. 20 da Resolução CNJ 228/2016, os documentos públicos que foram submetidos à regularização nos termos da legislação anterior à Resolução e à Convenção, permanecerão valendo, ante a configuração do ato jurídico perfeito. Já os documentos que serão apresentados posteriormente à Resolução e à Convenção, deverão ser submetidos ao procedimento de apostilamento. A única exigência com o art. 20 era que, até mesmo os documentos anteriores fossem apostilados, com a revogação do artigo a apostila será dispensada, comprovada a legalização em momento anterior à resolução, salvo exigência do país recebedor dos documentos.

1.14.2 PROVIMENTO CNJ N. 62/2017

Foi publicado no dia 17 de novembro de 2017 o Provimento 62 que dispõe sobre a **uniformização** dos procedimentos para a aposição de apostila no âmbito do Poder Judiciário em conformidade com a Convenção sobre a Eliminação da Exigência de Legalização de Documentos Públicos Estrangeiros, celebrada na Haia, em 5 de outubro de 1961 (Convenção da Apostila). Entre provimento, entre outras disposições, **revogou expressamente as disposições do Provimento 58/2016 do CNJ.**

Entre as principais mudanças trazidas pela nova legislação está a determinação de que **cada especialidade só poderá realizar o apostilamento de documentos que são originalmente de sua competência.** Dessa forma, com o Provimento CNJ 62/2018, todos os cartórios poderão fazer apostilamento, desde que relacionado com a sua especialidade.

Também é importante observar que o Provimento CNJ n. 149/2023 não revogou em sua totalidade o

Provimento 62. Os arts. 2º a 6º; art. 7º, *caput* e § 1º e § 2º; e arts. 8º a 17 foram incorporados aos arts. 1º a 17 do Código Nacional de Normas (CNN).

O art. 1º traz regra sobre da **uniformização e equiparação de documento público**:

> **Art. 1º** Dispor sobre a **uniformização** dos procedimentos para a aposição de apostila em documentos públicos produzidos no território nacional.
>
> Parágrafo único. Equiparam-se a documento público produzido no território nacional os históricos escolares, declarações de conclusão de série e diplomas ou certificados de conclusão de cursos registrados no Brasil (Lei n. 9.394, de 20 de dezembro de 1996).

Por sua vez, o art. 2º traz diálogos com a já analisada Resolução 228/2016 do CNJ, neste sentido:

> **Art. 2º** O ato de aposição de apostila observará rigorosamente o disposto na Resolução CNJ n. 228, 22 de junho de 2016, em seus anexos e neste provimento.
>
> § 1º A apostila emitida em meio físico será afixada no documento pela autoridade apostilante, não sendo permitida a entrega da apostila de forma avulsa ao solicitante do serviço.
>
> § 2º O descumprimento das disposições contidas na mencionada resolução e no presente provimento pelas autoridades apostilantes ensejará a instauração de procedimento administrativo disciplinar, sem prejuízo de responsabilização cível e criminal.

Os arts. 3º e 4º normatizam a obrigação do **cadastramento e a prestação do serviço de apostilamento**, nestes termos:

> **Art. 3º** Serão obrigatórios o cadastramento e a prestação do serviço de apostilamento por todos os serviços de notas e de registro das capitais dos Estados e do Distrito Federal.
>
> § 1º Os serviços de notas e de registro da capital dos Estados e do Distrito Federal que expuserem motivos justificados às corregedorias-gerais de justiça locais poderão ser dispensados da prestação dos serviços de apostilamento, devendo o ato de dispensa ser comunicado formalmente à Corregedoria Nacional de Justiça.
>
> § 2º O cadastramento e a prestação do serviço de apostilamento pelos serviços de notas e de registro do interior de cada Estado serão facultativos, mas recomendáveis para conferir melhor capilaridade ao serviço.
>
> § 3º O ato de credenciamento das autoridades apostilantes será realizado pelas corregedorias-gerais de Justiça dos Estados e do Distrito Federal, às quais compete enviar à Corregedoria Nacional de Justiça listagem com a identificação das autoridades aptas à prestação do serviço de apostilamento, devidamente capacitadas nos termos do art. 4º, §§ 1º e 2º, deste Provimento, e com os dados necessários ao cadastro, conforme Anexo do presente Provimento.
>
> **Art. 4º** O serviço notarial e de registro exercerá o apostilamento por delegação do Conselho Nacional de Justiça.
>
> § 1º O apostilamento poderá ser executado por qualquer notário ou registrador cadastrado, mediante capacitação oferecida por suas entidades de classe, sob supervisão da Corregedoria Nacional de Justiça, independentemente de especialização do serviço ou de circunscrição territorial.
>
> § 2º O responsável pela serventia e os escreventes autorizados já cadastrados deverão participar e obter aprovação no curso de capacitação a que se refere o parágrafo antecedente, até agosto de 2022.
>
> § 3º Ao apostilar documentos emitidos por serviço notarial ou registral, a autoridade apostilante deverá verificar a função e a autenticidade da assinatura do subscritor mediante consulta às centrais de sinais públicos das respectivas especialidades, cujo acesso deverá ser franqueado às autoridades apostilantes para este fim.
>
> § 4º Será mantida, no sistema eletrônico de apostilamento, ferramenta relacionada a banco de dados de sinais públicos de autoridades brasileiras, para fins de coleta de seus padrões de sinais públicos, assim como identificação civil e documentação comprobatória do cargo ou função exercida, cumprindo-se as formalidades constantes do art. 3º da Convenção sobre a Eliminação da Exigência de Legalização de Documentos Públicos Estrangeiros, firmada pela República Federativa do Brasil, em Haia, em 5 de outubro de 1961, para consulta e conferência pelas autoridades apostilantes. (redação dada pelo Provimento n. 119, de 7.7.2021)
>
> § 5º No caso de vacância ou afastamento do titular do serviço notarial e de registro, o serviço será prestado pelo designado responsável do serviço extrajudicial. (redação dada pelo Provimento n. 119, de 7.7.2021)

A seguir, o art. 5º traz regra sobre o **apostilamento no sistema eletrônico**, veja-se:

> **Art. 5º** A aposição de apostila em documento público brasileiro somente será admitida por autoridade apostilante devidamente cadastrada no sistema eletrônico de apostilamento disponibilizado gratuitamente pelo Conselho Nacional de Justiça, para a confecção, consulta e aposição de apostila.
>
> § 1º As apostilas serão assinadas com certificado digital e registradas pelo emissor.
>
> § 2º A gestão, administração e manutenção do sistema poderá ser delegada pela Corregedoria Nacional de Justiça à Associação de Notários e Registradores do Brasil – ANOREG/BR ou outra entidade de representação nacional de todas as especialidades notariais e registrais que venha a substituí-la, mediante a celebração de Termo de Cooperação Técnica com os seus institutos membros, no qual serão definidos deveres, responsabilidades, critérios de rateio dos custos, prazo para transição, condições em caso da extinção da delegação prevista neste parágrafo, dentre outras disposições pertinentes.
>
> § 3º A delegação a que se refere o § 2º deste artigo ocorrerá sem ônus para o CNJ e será fiscalizada por Comitê Técnico instituído pela Corregedoria Nacional de Justiça, cujas competências serão definidas no ato normativo que o instituir.

O art. 6º regulamenta as **autoridades competentes** para documentos específicos:

> **Art. 6º** As corregedorias-gerais de justiça e os juízes diretores do foro das unidades judiciárias são autoridades competentes para o ato de aposição de apostila somente quanto aos documentos de interesse do Poder Judiciário.
>
> Parágrafo único. Consideram-se documentos de interesse do Poder Judiciário aqueles oriundos de seus respectivos órgãos em países signatários da Convenção da Apostila, bem como aqueles necessários à adoção internacional.

Nos termos do art. 7º, os **documentos eletrônicos** possuem a faculdade de serem impressos para aposição de apostila:

Art. 7º Para fins de apostilamento, a critério do solicitante do serviço, os documentos eletrônicos poderão ser impressos para aposição de apostila.

§ 1º O papel de segurança padronizado, conforme requisitos de segurança submetidos pela ANOREG-BR e aprovados pela Corregedoria Nacional de Justiça, será numerado sequencialmente e vinculado ao CNS – Cadastro Nacional de Serventia de cada unidade.

§ 2º O papel de segurança não pode ser alienado ou cedido entre as autoridades apostilantes, sob pena de responsabilidade civil, penal e administrativa.

§ 3º Para fins de apostilamento, considerar-se-ão válidos, pelo prazo de 18 (dezoito) meses contados da publicação do Provimento n. 119, de 7 de julho de 2021, os papéis de segurança previamente adquiridos junto à Casa da Moeda do Brasil, na forma estabelecida em contrato firmado pelo Conselho Nacional de Justiça.

O art. 8º elenca outros **deveres** para as autoridades apostilantes, a saber:

Art. 8º As autoridades apostilantes deverão, para fins de controle das corregedorias-gerais de justiça dos Estados e do Distrito Federal, afixar no documento, previamente ao ato de digitalização do documento apostilando, o selo físico, etiqueta e/ou a estampa de selo eletrônico, conforme regras locais.

Por sua vez, o art. 9º estabelece normas para a **solicitação e emissão da apostila**, veja-se:

Art. 9º A apostila será emitida mediante solicitação do portador do documento, sendo dispensado requerimento escrito. As autoridades apostilantes darão recibo de protocolo no momento do requerimento, estipulando prazo para entrega, que não poderá ultrapassar 5 (cinco) dias.

§ 1º As autoridades apostilantes deverão prestar ao solicitante do serviço todos os esclarecimentos necessários antes da prática do ato de apostilamento.

§ 2º Para a emissão da apostila, a autoridade apostilante deverá realizar a análise formal do documento apresentado, aferindo a autenticidade de todas as assinaturas apostas, do cargo ou função exercida pelo signatário e, quando cabível, a autenticidade do selo ou do carimbo aposto.

§ 3º O apostilamento de reconhecimento de firma ou de cópia autenticada é ato excepcional, caso em que a assinatura, a função ou o cargo exercido a serem lançados na apostila serão do tabelião ou do seu preposto que após a fé pública no documento.

§ 4º O apostilamento de certidão de registro de documento e de reconhecimento de firma somente será permitido em documentos de natureza privada.

Havendo **dúvida quanto à autenticidade** do documento público, é necessário seguir a regra do art. 10:

Art. 10. Em caso de dúvida quanto à autenticidade do documento público produzido em território brasileiro, a autoridade apostilante deverá realizar procedimento específico prévio, conforme previsto no art. 3º, § 2º, da Resolução CNJ n. 228/2016.

§ 1º Persistindo a existência de dúvida após a finalização do procedimento específico prévio, a autoridade apostilante poderá recusar a aposição de apostila mediante ato fundamentado, que deverá ser entregue ao solicitante do serviço.

§ 2º O ato de instauração do procedimento prévio e o de recusa de aposição da apostila poderão ser impugnados pelo solicitante do serviço no prazo de 5 (cinco) dias, perante a autoridade apostilante, que, não reconsiderando o ato, no mesmo prazo, remeterá o pedido à corregedoria-geral de justiça do Estado ou do Distrito Federal para decisão sobre a questão duvidosa em 30 (trinta) dias.

O art. 11 preceitua sobre a **forma do documento**:

Art. 11. A apostila será emitida por documento, não importando a quantidade de páginas que possuir. Será de forma diversa se o solicitante do serviço assim o requerer.

Por sua vez, os arts. 12, 13, 14, 15 e 16 estabelecem o **procedimento** a ser adotado no apostilamento:

Art. 12. Ao realizar o ato de apostilamento, a autoridade apostilante deverá proceder à inserção da imagem do documento no banco de dados unificado do registro eletrônico das apostilas.

§ 1º No ato de digitalização do documento, a autoridade apostilante deverá utilizar-se de software que minimize o tamanho do arquivo.

§ 2º A autoridade apostilante deverá conferir a correspondência entre a imagem eletrônica e o documento.

Art. 13. Encerrado o procedimento de aposição de apostila e constatado erro, a autoridade apostilante deverá refazer o procedimento para a aposição de outra apostila, inutilizando o primeiro ato.

§ 1º Constatado que o erro ocorreu devido a falha do serviço da autoridade apostilante, o novo apostilamento deverá ser realizado sem custo para o solicitante do serviço.

§ 2º Constatado que o erro ocorreu devido a falha de informações por parte do solicitante do serviço, o novo apostilamento será por ele custeado.

Art. 14. O documento eletrônico apresentado à autoridade apostilante ou por ela expedido poderá ser apostilado independentemente de impressão em papel, desde que esteja emitido em formato compatível para upload no sistema do CNJ e assinado eletronicamente.

§ 1º A apostila eletrônica será salva em arquivo único, na sequência do documento, assinada pela autoridade apostilante, entregue em mídia ou enviado no endereço eletrônico fornecido pelo solicitante.

§ 2º Para os fins estabelecidos no *caput* deste artigo, considera-se assinado eletronicamente:

I – o arquivo eletrônico assinado na forma do art. 10, § 1º, da Medida Provisória nº 2.200-2, de 24 de agosto de 2001, ou legislação superveniente; ou

II – o documento que contém declaração de ter sido assinado na forma do art. 10, § 1º, da Medida Provisória nº 2.200-2, de 24 de agosto de 2001; do art. 1º, § 2º, III, da Lei nº 11.419, de 19 de dezembro de 2006; ou do art. 4º da Lei nº 14.063, de 23 de setembro de 2020, cujo conteúdo pode ser conferido na rede mundial de computadores, em site governamental.

§ 3º Nas hipóteses do § 2º, II, deste artigo, em caso de dúvida sobre a veracidade do documento ou do sítio eletrônico de verificação, a autoridade apostilante contatará o órgão responsável pela emissão do documento, e, permanecendo a dúvida, o apostilamento será negado.

Art. 15. A aposição de apostila em tradução de documento público produzido no território nacional somente será admitida em tradução realizada por tradutor público ou nomeado ad hoc pela junta comercial.

§ 1º O procedimento deverá ser realizado em duas apostilas distintas: apostila-se primeiro o documento público original e, posteriormente, o traduzido.

§ 2º Para fins de aposição da apostila, o documento de procedência interna bilíngue, contendo versão em língua estrangeira, não dispensa a apresentação da tradução juramentada.

Art. 16. Em caso de extravio ou de inutilização do papel de segurança utilizado para o ato de aposição da apostila, as autoridades apostilantes deverão fazer inserir a informação diretamente no sistema eletrônico de apostilamento.

Parágrafo único. Em caso de inutilização do papel de segurança, a autoridade apostilante deverá destruí-lo mediante incineração ou procedimento semelhante, registrando o incidente na forma do *caput*.

Por derradeiro, as **normas emolumentares** estão prevista no art. 17:

Art. 17. Os emolumentos serão cobrados por apostila, nos termos do art. 18 da Resolução CNJ n. 228/2016, enquanto não for editada legislação específica no âmbito dos Estados e do Distrito Federal.

§ 1º É dispensada a cobrança de emolumentos para emissão de apostila em documentos requeridos por órgãos da administração direta do Poder Executivo federal, estadual ou municipal para utilização no exterior, no interesse do serviço público.

§ 2º Os órgãos da administração direta do Poder Executivo federal, estadual ou municipal solicitarão o apostilamento do documento público produzido no território nacional mediante ofício endereçado ao serviço de notas ou de registro.

§ 3º O Poder Judiciário dos Estados e do Distrito Federal, no âmbito de sua competência, estabelecerá forma de compensação para a emissão de apostila em documentos requeridos por órgãos da administração direta do Poder Executivo federal, estadual ou municipal.

§ 4º É vedada a prática de cobrança parcial ou de não cobrança de emolumentos, ressalvadas as hipóteses de isenção, não incidência ou diferimento previstas na legislação específica.

1.14.3 DIVULGAÇÃO DE NOTA EXPLICATIVA SOBRE APOSTILA DA HAIA – (ANOREG)

Após as alterações do Provimento n. 119/2021 no Provimento n. 62/2022, a Associação dos Notários e Registradores do Brasil (Anoreg/BR) divulgou nota explicativa sobre Apostila da Haia. Oportuna a transcrição a fim de orientar os delegatários do serviço, bem como seus prepostos:

A Associação dos Notários e Registradores do Brasil – Anoreg/BR, entidade nacional com legitimidade reconhecida pelos Poderes constituídos para representar todas as especialidades dos cartórios extrajudiciais brasileiros, esclarece que de acordo com art. 3º, § 3º, do Provimento n. 62/2017, com redação dada pelo Provimento n. 119/2021 (equivalente ao mesmo artigo do Código Nacional de Normas), as serventias extrajudiciais que se interessarem em realizar o apostilamento devem se cadastrar diretamente na Corregedoria Geral de Justiça do seu Estado ou do Distrito Federal, conforme os procedimentos definidos pela autoridade correicional.

Considerando a serventia apta a Corregedoria local incluirá os agentes apostilantes na listagem da Corregedoria Nacional do Conselho Nacional de Justiça.

A Anoreg/BR informa que é obrigatório que o agente apostilante seja aprovado no curso de capacitação de Apostilamento, conforme determina o art. 4º, §§ 1º e 2º, do Provimento n. 62/2017, com redação dada pelo Provimento n. 119/2021 art. 3º, § 3º, do Provimento n. 62/2017, com redação dada pelo Provimento n. 119/2021 (equivalente ao mesmo artigo do Código Nacional de Normas), que é oferecido, de forma gratuita, pela Escola Nacional de Notários e Registradores ENNOR.

Importante esclarecer que o certificado de conclusão de todos os agentes autorizados a realizar o apostilamento deve ser apresentado no momento da solicitação de credenciamento junto a Corregedoria local. Caso seja necessário agilizar o credenciamento, deve ser encaminhado para o e-mail do CNJ extrajudicial@cnj.jus.br, juntamente com a autorização da Corregedoria local.

Outrossim, aqueles que necessitarem do certificado para renovação do curso, após dois anos, nesse caso a própria Escola, por meio da Anoreg-BR, informará ao sistema Apostil.

Salientamos que após o processo de credenciamento, as serventias deverão adquirir o papel de segurança da Apostila da Haia junto a uma das gráficas credenciadas pela Anoreg-BR.

1.14.4 DECRETO Nº 8.742, DE 4 DE MAIO DE 2016

No dia 5 de maio de 2016, foi publicado o Decreto 8.742, que dispõe sobre os atos notariais e de registro civil do serviço consular brasileiro e da dispensa de legalização no Brasil das assinaturas e atos emanados das autoridades consulares brasileiras.

Para fins do Decreto, são consideradas válidas as cópias dos atos notariais e de registro civil escriturados nos livros do serviço consular brasileiro, quando a elas estiver aposta a etiqueta ou a folha de segurança da repartição consular emitente, que leva o nome e a assinatura da autoridade consular brasileira responsável (art. 1º).

Essas assinaturas originais das autoridades consulares brasileiras têm validade em todo o território nacional, **ficando dispensada sua legalização.**

O § 2º do art. 1º do Decreto 8.742/2016 estabelece que são considerados autoridades consulares brasileiras os servidores do Serviço Exterior Brasileiro no exercício dos seguintes cargos:

I – Cônsul-Geral;

II – Cônsul-Geral Adjunto;

III – Cônsul;

IV – Cônsul-Adjunto;

V – Vice-Cônsul; e

VI – Encarregados de Negócios, Encarregados dos Arquivos das Embaixadas, Encarregados de Consulados-Gerais, Encarregados de Vice-Consulados, Chefes de Setor Consular das Embaixadas, Terceiros, Segundos e Primeiros Secretários, Conselheiros, Ministros-Conselheiros e Embaixadores, quando no exercício de função consular em Missões Diplomáticas ou Representações Consulares.

Anote-se que, em caso de dúvidas quanto à autenticidade ou validade dos atos emitidos pelas autoridades consulares brasileiras supracitadas, as consultas poderão ser dirigidas diretamente aos Consulados e às Embaixadas brasileiras que escrituraram esses atos em seus livros.

No que se refere às etiquetas e as folhas de segurança emitidas pelas repartições consulares, estas poderão trazer o nome e o cargo da autoridade consular brasileira responsável por sua emissão com ou sem a sua assinatura, sempre que a autenticidade e a validade do documento possam ser comprovadas eletronicamente.

O art. 4º trata da **dispensa de legalização consular**. Assim, ficam dispensados de legalização consular, para terem efeito no Brasil, os documentos expedidos por autoridades estrangeiras encaminhados por via diplomática ao Governo brasileiro. Outrossim, ficam igualmente dispensados de legalização consular os documentos expedidos por países com os quais a República Federativa do Brasil tenha firmado acordos bilaterais ou multilaterais de simplificação ou dispensa do processo de legalização de documentos.

Sobre o tema "apostilamento", recomenda-se fortemente a leitura do tópico "Jurisprudência Complementar". Neste tópico, o Conselho Nacional de Justiça respondeu a uma consulta que questionava se o art. 129, § 6º, da Lei nº 6.015/73 seria aplicável aos documentos estrangeiros apostilados segundo a Convenção da Haia e se tal exigência seria necessária antes da elaboração de uma Escritura Pública.

1.15 BREVES NOTAS SOBRE O NOTÁRIO E O REGISTRADOR NA PREVENÇÃO À LAVAGEM DE DINHEIRO, E FINANCIAMENTO DO TERRORISMO E DA PROLIFERAÇÃO DE ARMAS DE DESTRUIÇÃO EM MASSA (PLD/FTP)

No dia 1º de outubro de 2019, o Conselho Nacional de Justiça (CNJ) editou o Provimento n. 88, que incluiu notários e registradores como agentes colaboradores na fiscalização para a prevenção de crimes de lavagem de dinheiro e no combate ao financiamento do terrorismo. O objetivo da norma foi regulamentar a forma pela qual notários e registradores deveriam comunicar ao COAF (chamado de "UIF" no Provimento, editado na vigência de Medida Provisória convertida na Lei nº 13.974/2020, que manteve o nome anterior) operações que poderiam configurar indícios dos crimes de Lavagem de Dinheiro ou de Financiamento do Terrorismo, ou que com eles se relacionassem.

Ressalte-se que na lavagem de dinheiro, frequentemente há pagamento de impostos para legalizar dinheiro de origem ilícita, sendo de certo modo "oposta" ao crime de sonegação fiscal. Contudo, a tentativa de tornar lícito dinheiro obtido a partir de sonegação fiscal pode configurar o crime de lavagem de dinheiro.

Destaco algumas justificativas para a edição do aludido provimento:

a) A Lei n. 9.613/1998, que dispõe sobre o crime de lavagem de dinheiro, sujeita diversas atividades aos mecanismos de controle, incluindo os registros públicos (art. 9º, XIII) e as pessoas físicas que prestem serviços de assessoria, consultoria, aconselhamento ou assistência em operações de compra e venda de imóveis (art. 9º, XIV, "a");

b) Os notários e registradores, no desempenho das atividades de que trata a Lei n. 8.935/1994, estão sujeitos aos deveres de colaboração impostos pela lei como medidas de prevenção à lavagem de dinheiro e ao financiamento do terrorismo;

c) As Recomendações n. 22 e 23 do Grupo de Ação Financeira contra a Lavagem de Dinheiro e o Financiamento do Terrorismo (Gafi);

d) As políticas públicas instituídas a partir da vigência da Lei n. 9.613/1998, para a prevenção à lavagem de dinheiro e ao financiamento do terrorismo, que incluem a avaliação da existência de suspeita nas operações dos usuários dos serviços extrajudiciais de notas e de registro, com especial atenção àquelas incomuns ou que, por suas características, no que se refere a partes envolvidas, valores, forma de realização, finalidade, complexidade, instrumentos utilizados ou pela falta de fundamento econômico ou legal, possam configurar sérios indícios dos crimes previstos na Lei n. 9.613, de 1998, ou com eles se relacionar;

e) Os Registradores, os Tabeliães de Notas e os de Protesto de Títulos, bem como os responsáveis por delegações vagas, ou delegações sob intervenção, devem observar em sua atuação os princípios constitucionais da legalidade, moralidade, publicidade e eficiência, assim como garantir a publicidade, autenticidade, segurança e eficácia dos atos jurídicos (art. 1º da Lei n. 8.935, de 18 de novembro de 1994);

f) A Ação n. 12/2019 da Estratégia Nacional de Combate à Corrupção e à Lavagem de Dinheiro-ENCCLA.

O Provimento 88/2019 foi revogado e suas normas foram incorporadas aos artigos 137 a 181 do Código Nacional de Normas (Provimento CNJ. 149/2023). Ocorre que no dia 11 de março de 2023, foi editado um novo ato normativo a fim de atualizar as disposições relacionadas a deveres de prevenção à lavagem de dinheiro e ao financiamento do terrorismo e da proliferação de armas de destruição em massa (PLD/FTP). Trata-se do Provimento CNJ n. 161/2023, também já incorporado aos mesmos artigos do Código Nacional de Normas (arts. 137 a 181).

As regras dos arts. 137 a 181 dispõem sobre o cumprimento dos deveres de prevenção à **lavagem de dinheiro e ao financiamento do terrorismo**. Mas agora, a partir do novo ato normativo, não apenas disso. Acrescentou-se a **proliferação de armas de destruição em massa (PLD/FTP)** legalmente atribuídos a serviços notariais e de registro pelos arts. 9º a 11 da Lei n. 9.613/1998, pelos arts. 9º a 12 da Lei n. 13.810/2019, e por normas correlatas.

As normas do Provimento CNJ n. 161 são **destinadas** aos Tabeliães de Notas; Tabeliães e oficiais de registro de contratos marítimos; Tabeliães de protesto de títulos; Oficiais de registro de imóveis; Oficiais de registro de títulos e documentos e civis de pessoas jurídicas, sejam eles titulares, interventores ou interinos dos serviços notariais e registrais, estendendo-se inclusive às autoridades consulares com atribuição notarial e registral.

O art. 139 do Código Nacional de Normas estipula **regras sobre a prestação de serviços e atendimento a clientes e usuários,** neste sentido:

> **Art. 139.** Notários e registradores devem observar as disposições deste Capítulo na prestação de serviços e no atendimento a clientes ou usuários, inclusive quando envolverem interpostas pessoas, compreendendo todos os negócios e todas as operações que lhes sejam submetidas, observadas as seguintes particularidades:
>
> I - as informações que para tanto possam razoavelmente obter; e
>
> II - a especificidade dos diversos tipos de serviços notariais e de registro.
>
> § 1.º A adoção de política, procedimentos e controles internos em cumprimento às disposições deste Capítulo dar-se-á de forma:
>
> I - compatível com o porte da serventia extrajudicial de que se trate e com o volume de suas operações ou atividades;
>
> II - orientada por abordagem baseada em risco, de modo proporcional aos riscos de PLD/FTP relacionados às atividades de cada notário ou registrador, que deve identificar e avaliar tais riscos, visando à sua efetiva mitigação; e
>
> III - considerando o nível e o tipo de contato com informações documentais e com partes e outros envolvidos, proporcionado pelas características específicas de cada tipo de serviço notarial ou de registro, inclusive no que se refere à peculiar limitação desse contato no desempenho do serviço de protesto de títulos.
>
> § 2.º A orientação por abordagem baseada em risco de que trata o inciso II do § 1º deste artigo não afasta nem condiciona o dever de notários e registradores em, a teor dos arts. 9º a 12 da Lei n. 13.810, de 2019:
>
> I - dar cumprimento pleno e sem demora a sanções impostas por resoluções do Conselho de Segurança das Nações Unidas (CSNU) ou por designações de seus comitês de sanções relacionadas a terrorismo, proliferação de armas de destruição em massa ou seu financiamento; e
>
> II - proceder às comunicações previstas no art. 11 e no parágrafo único do art. 12 da Lei n. 13.810, de 2019.

Para identificar e avaliar riscos de LD/FTP relacionados a suas atividades, notários e registradores devem considerar, entre outras fontes confiáveis de informação, avaliações nacionais ou setoriais de risco conduzidas pelo Poder Público, assim como avaliações setoriais ou subsetoriais realizadas por suas entidades de representação.

O art. 140 traz importantes **conceitos** para uma eficaz utilização do Provimento. São eles:

> Art. 140. Para os fins deste Capítulo, considera-se:
>
> I - **cliente ou usuário do serviço notarial:** todo o usuário que comparecer perante um notário como parte direta ou indiretamente interessada em um ato notarial, ainda que por meio de representantes, independentemente de ter sido o notário escolhido pela parte outorgante, outorgada ou por terceiro;
>
> II - **cliente ou usuário do registro imobiliário:** o titular de direitos sujeitos a registro;
>
> III - **cliente ou usuário do registro de títulos e documentos e do registro civil da pessoa jurídica:** todos que forem qualificados nos instrumentos sujeitos a registro;
>
> IV - **cliente ou usuário do serviço de protesto de títulos:** toda pessoa natural ou jurídica que for identificada no título apresentado, bem como seu apresentante;
>
> V - **beneficiário final:** a pessoa natural em nome da qual uma transação é conduzida ou que, em última instância, de forma direta ou indireta, possui, controla ou influencia significativamente uma pessoa jurídica, ainda que sem qualificação formal como sócio ou administrador;
>
> VI - **Unidade de Inteligência Financeira (UIF):** o Conselho de Controle de Atividades Financeiras (Coaf), que constitui a UIF do Brasil, tendo sido criado pelo art. 14 da Lei n. 9.613, de 3 de março de 1998, e reestruturado na forma da Lei n. 13.974, de 7 de janeiro de 2020; e
>
> VII - **em espécie:** meio de pagamento consistente em moeda manual, ou seja, em cédulas de papel-moeda ou moedas metálicas fracionárias, também designado por expressões como "dinheiro vivo", numerário ou meio circulante, que não se confundem com expressões como "moeda corrente" ou "moeda de curso legal", referentes apenas à unidade do sistema monetário nacional, que é o Real, conforme art. 1º da Lei n. 9.069, de 29 de junho de 1995, ou à unidade do sistema monetário de outros países, independentemente do meio de pagamento pelo qual seja essa unidade veiculada (a exemplo de transferência bancária, transferência eletrônica entre contas de pagamento, PIX, cheque ou dinheiro em espécie).

Neste contexto, alguns **deveres** são impostos aos notários e registradores. Veja-se:

Art. 141. Notários e registradores devem implementar procedimentos de monitoramento, seleção e análise de operações, propostas de operação ou situações com o objetivo de identificar aquelas que possam configurar indício de prática de LD/FTP ou de infração correlacionada.

§ 1.º Os procedimentos de monitoramento e seleção devem permitir a identificação de operações, propostas de operação ou situações que, considerando suas características, especialmente partes, demais envolvidos, valores, modo de realização, meios e formas de pagamento, falta de fundamento econômico ou legal ou, ainda, incompatibilidade com práticas de mercado, sinalizem, inclusive por seu caráter não usual ou atípico, possível indício de prática de LD/FTP ou de infração correlacionada, devendo, por isso, ser objeto de análise com especial atenção na forma do § 2.º.

§ 2.º Os procedimentos de análise das operações, propostas de operação ou situações selecionadas conforme o disposto no § 1.º devem reunir os elementos objetivos com base nos quais se conclua pela configuração, ou não, de possível indício de prática de LD/FTP ou de infração correlacionada.

§ 3.º A análise e a conclusão referidas no § 2.º devem ser documentadas e estar disponíveis para efeito de demonstração à Corregedoria Nacional de Justiça ou às Corregedorias-Gerais de Justiça estaduais ou do Distrito Federal, independentemente de terem resultado, ou não, no encaminhamento de comunicação à UIF na forma do art. 142.

§ 4.º Nos procedimentos de monitoramento, seleção e análise de que trata este artigo, será dedicada especial atenção a operações, propostas de operação ou situações que envolvam pessoas expostas politicamente, nos termos da norma da UIF, bem como seus familiares, estreitos colaboradores e pessoas jurídicas de que participem ou nas quais se caracterizem como administrador ou beneficiário final.

Art. 142. Notários e registradores comunicarão à UIF, pelo Sistema de Controle de Atividades Financeiras (Siscoaf), quaisquer operações, propostas de operação ou situações quanto às quais concluam, após análise na forma do art. 141, § 3.º, que, por suas características, conforme o indicado no § 1.º do mesmo artigo, possam configurar indício de prática de LD/FTP ou de infração correlacionada.

Parágrafo único. Sem prejuízo do disposto no *caput*, notários e registradores também comunicarão à UIF o que for definido neste Capítulo como hipótese em que devam fazê-lo independentemente de análise, devendo implementar procedimentos de monitoramento e seleção do que assim houver de ser comunicado.

Art. 143. Notários e registradores, sob a supervisão da Corregedoria Nacional de Justiça e das Corregedorias dos Tribunais de Justiça dos Estados e do Distrito Federal, devem estabelecer e implementar, no âmbito das serventias extrajudiciais a seu cargo, política de LD/FTP compatível com seu porte e volume de operações ou atividades, a qual deve abranger, no mínimo, diretrizes para a adoção de procedimentos e controles internos destinados à:

I – realização de diligência razoável para a qualificação dos clientes, beneficiários finais e demais envolvidos nas operações que realizarem;

II – obtenção de informações sobre o propósito e a natureza da relação de negócios;

III – identificação de operações ou propostas de operações suspeitas ou de comunicação obrigatória;

IV – mitigação dos riscos de que novos produtos, serviços e novas tecnologias possam ser utilizadas para a lavagem de dinheiro e para o financiamento do terrorismo; e

V – verificação periódica da eficácia da política e dos procedimentos e controles internos adotados.

§ 1.º A política tratada neste artigo deve ser formalizada expressamente por notários e registradores, abrangendo, também, procedimentos para:

I – treinamento dos notários, dos registradores, dos oficiais de cumprimento e dos empregados contratados;

II – disseminação do seu conteúdo ao quadro de pessoal por processos institucionalizados de caráter contínuo;

III – monitoramento das atividades desenvolvidas pelos empregados; e

IV – prevenção de conflitos entre os interesses comerciais/empresariais e os mecanismos de prevenção à lavagem de dinheiro e ao financiamento do terrorismo.

§ 2.º Os tabeliães de protesto de títulos cumprirão o disposto nos incisos I e II do *caput* deste artigo, por meio dos dados e das informações constantes do título ou documento de dívida apresentado, ou de sua indicação, bem como dos dados fornecidos pelo apresentante, não podendo obstar a realização do ato ou exigir elementos não previstos nas leis que regulam a emissão e circulação dos títulos ou documentos em questão.

É importante ressaltar que os notários e os registradores são os responsáveis pela implantação das políticas, procedimentos e controles internos de prevenção à lavagem de dinheiro e ao financiamento do terrorismo no âmbito da serventia, podendo indicar, entre seus prepostos, **oficiais de cumprimento,** que devem ser indicados no Justiça Aberta, à Corregedoria Nacional de Justiça, no Cadastro Nacional de Serventias, disponibilizando a informação à Unidade de Inteligência Financeira (UIF) para fins de habilitação no Siscoaf. Em caso de não nomeação de oficial de cumprimento, será considerado como tal o notário ou o registrador responsável pela serventia.

São **atribuições do oficial de cumprimento, do notário ou registrador**, entre outras previstas em instruções complementares:

A) informar à Unidade de Inteligência Financeira (UIF) qualquer operação ou tentativa de operação que, pelos seus aspectos objetivos e subjetivos, possam estar relacionadas às operações de lavagem de dinheiro ou financiamento do terrorismo;

B) prestar, gratuitamente, no prazo estabelecido, as informações e os documentos requisitados pelos órgãos de segurança pública, do Ministério Público e do Poder Judiciário para o adequado exercício de suas funções institucionais, vedada a recusa na sua prestação sob a alegação de justificativa insuficiente ou inadequada;

C) promover treinamentos para os colaboradores da serventia; e

D) elaborar manuais e rotinas internas sobre regras de conduta e sinais de alerta.

Anota-se que os notários e registradores, inclusive interinos e interventores, são **solidariamente responsáveis** com os Oficiais de Cumprimento na execução de seus deveres.

Os arts. 145 e 146 estabelecem normas sobre o "Cadastro de Clientes e Demais Envolvidos". Por sua vez, os arts. 147 e 148 tratam do "Cadastro Único de Beneficiários Finais".

Outro dever dos notários e registradores que merece destaque é o estipulado no art. 149 do Código Nacional de Normas. Vejamos:

> Art. 149. Notários e registradores devem manter registro eletrônico, para fins de PLD/FTP, de todos os atos notariais protocolares e registrais de conteúdo econômico que lavrarem ou cuja lavratura lhes seja proposta, bem como sobre situações correlatas.
>
> Parágrafo único. No registro eletrônico a que se refere o caput constarão as seguintes informações em relação ao ato cartorário realizado ou proposto, ou a situação correlata, sempre que cabível, em razão da especialidade da serventia e do ato de que se trate:
>
> I – identificação de clientes ou proponentes e demais envolvidos;
>
> II – descrição pormenorizada do ato ou da situação;
>
> III – valores envolvidos, quando houver, notadamente valores que tenham sido declarados, indicados por avaliadores ou adotados para fins de incidência tributária ou para fins patrimoniais em contexto sucessório ou de integralização de capital societário, por exemplo;
>
> IV – datas relevantes envolvidas, notadamente do ato cartorário ou da proposta de sua lavratura, de negócios aos quais se refira ou de situações correlatas;
>
> V – formas de pagamento de valores envolvidos, quando houver;
>
> VI – meios de pagamento de valores envolvidos, quando houver;
>
> VII – fontes em que obtidas as informações relativas a cada um dos demais incisos deste artigo incluídas no registro, a exemplo de declaração ou documento apresentado pelas partes, outros documentos disponíveis, registros públicos, bases de dados ou cadastros a que se tenha acesso, fontes abertas disponíveis pela rede mundial de computadores (internet) ou veículos jornalísticos; e
>
> VIII – outras informações nos termos de regulamentos especiais e instruções complementares.

O art. 150-A dialoga com o dispositivo mencionado, nestes termos:

> Art. 150-A. O registro de que trata o art. 149:
>
> I - deve ser mantido de modo a viabilizar a implementação dos procedimentos de monitoramento, seleção, análise e comunicação de que tratam os arts. 141 e 142, bem como o atendimento a requisições de autoridades competentes, como as referidas no art. 178; e
>
> II - não se confunde com o ato-fim da própria serventia, ainda que suas informações possam eventualmente constar em um mesmo ambiente ou suporte documental, desde que isso não comprometa a restrição do acesso a informações sensíveis, para fins de PLD/FTP, em conformidade com o disposto no art. 154.

Um dever específico dos notários é o de que, antes da lavratura de ato notarial, ele deve verificar a atualidade dos poderes de uma procuração, abstendo-se da sua prática caso tenha conhecimento de que tenha sido revogada ou modificada.

No que tange às **Comunicações à Unidade de Inteligência Financeira (UIF)**, os notários e registradores, ou seu oficial de cumprimento, devem comunicar à UIF operações, propostas de operação ou situações nestas hipóteses:

I) Constatação, após análise na forma do art. 141, § 2.º, de indício de prática de LD/FTP ou de infração correlacionada. Tais comunicações devem ser devidamente fundamentadas, incluindo:

A) manifestação circunstanciada dos motivos que levaram a concluir pela configuração de possível indício de prática de LD/FTP ou de infração correlacionada;

B) todos os dados relevantes da operação, proposta de operação ou situação comunicada, a exemplo dos que se refiram à descrição de bens ou direitos e formas de pagamento, assim como à identificação e qualificação das pessoas envolvidas; e

C) indicação das fontes das informações veiculadas ou consideradas na comunicação, tais como documentos em que constem, declarações prestadas, observação direta, correspondências, mensagens de e-mail ou telefonemas, matérias jornalísticas, resultados de pesquisa por mecanismos de busca na internet, redes sociais em seu âmbito mantidas ou mesmo, quando for o caso, suspeitas informalmente compartilhadas em determinado âmbito local, regional, familiar, comunitário ou de praça comercial, por exemplo.

II) Hipótese de comunicação à UIF independentemente de análise, conforme o definido neste Capítulo. Trata-se de regra exposta no art. 151.

Na hipótese do item I, convém invocar o art. 155-A.

Envolvendo dever de análise com especial atenção (art. 141, §§ 1.º e 3º), o notário e o registrador atentarão para operações, propostas de operação ou situações que, a partir dos documentos que lhes forem submetidos para a prática do ato:

> I - aparentem não decorrer de atividades ou negócios usuais do cliente, de outros envolvidos ou do seu ramo de atuação;
>
> II - tenham origem ou fundamentação econômica ou legal não claramente aferíveis;
>
> III - se mostrem incompatíveis com o patrimônio ou com a capacidade econômico-financeira do cliente ou de outros envolvidos;

IV - envolvam difícil ou inviável identificação de beneficiário(s) final(is);

V - se relacionem a pessoa jurídica domiciliada em jurisdição listada pelo Grupo de Ação Financeira (Gafi) como de alto risco ou com deficiências estratégicas em matéria de PLD/FTP;

VI - envolvam países ou dependências listados pela RFB como de tributação favorecida e/ou regime fiscal privilegiado;

VII - se relacionem a pessoa jurídica cujos sócios, administradores, beneficiários finais, procuradores ou representantes legais mantenham domicílio em jurisdições consideradas pelo Gafi de alto risco ou com deficiências estratégicas em matéria de PLD/FTP;

VIII - apresentem, por parte de cliente ou demais envolvidos, resistência ao fornecimento de informação ou documentação solicitada para fins relacionados ao disposto neste Capítulo;

IX - envolvam a prestação, por parte de cliente ou demais envolvidos, de informação ou documentação falsa ou de difícil ou onerosa verificação;

X - se mostrem injustificadamente mais complexas ou onerosas que de ordinário, mormente se isso puder dificultar o rastreamento de recursos ou a identificação de real propósito;

XI - apresentem sinais de caráter fictício ou de relação com valores incompatíveis com os de mercado;

XII - envolvam cláusulas que estabeleçam condições incompatíveis com as praticadas no mercado;

XIII - aparentem tentativa de burlar controles e registros exigidos pela legislação de PLD/FTP, inclusive mediante fracionamento ou pagamento em espécie, com título emitido ao portador ou por outros meios que dificultem a rastreabilidade;

XIV - envolvam o registro de documento de procedência estrangeira, nos termos do art. 129, § 6º, combinado com o art. 148 da Lei n. 6.015, de 31 de dezembro de 1973, que ofereçam dificuldade significativa para a compreensão do seu sentido jurídico no contexto da atividade notarial ou registral de que se trate;

XV - revelem substancial ganho de capital em curto período;

XVI - envolvam lavratura ou utilização de instrumento de procuração que outorgue amplos poderes de administração de pessoa jurídica ou de gestão empresarial, de gerência de negócios ou de movimentação de conta bancária, de pagamento ou de natureza semelhante, especialmente quando conferidos em caráter irrevogável ou irretratável ou isento de prestação de contas, independentemente de se tratar, ou não, de procuração em causa própria ou por prazo indeterminado;

XVII - revelem operações de aumento de capital social que pareçam destoar dos efetivos atributos de valor, patrimônio ou outros aspectos relacionados às condições econômico-financeiras da sociedade, diante de circunstâncias como, por exemplo, partes envolvidas no ato ou características do empreendimento; e

XVIII - quaisquer outras operações, propostas de operação ou situações que, considerando suas características, especialmente partes, demais envolvidos, valores, modo de realização, meios e formas de pagamento, falta de fundamento econômico ou legal ou, ainda, incompatibilidade com práticas de mercado, possam configurar sérios indícios de práticas de LD/FTP ou de infrações que com elas se relacionem.

Parágrafo único. Na hipótese do caput deste artigo, o notário e o registrador também atentarão para operações, propostas de operação ou situações que:

I - revelem emprego não usual de meio ou forma de pagamento que possa viabilizar anonimato ou dificultar a rastreabilidade de movimentação de valores ou a identificação de quem a tenha realizado, como o uso de valores anormalmente elevados em espécie ou na forma de título emitido ao portador ou, ainda, de ativo virtual não vinculado nominalmente a quem o movimente; e

II - apresentem algum sinal de possível relação, direta ou indireta, com práticas de terrorismo ou proliferação de armas de destruição em massa ou com seus financiamentos, inclusive em hipóteses correlatas eventualmente contempladas em atos normativos da UIF.

Caso não haja **nenhuma** operação, proposta de operação ou situação que devessem comunicar à UIF, ao longo de um ano civil, notários e registradores, ou seu oficial de cumprimento, devem apresentar à Corregedoria-Geral de Justiça estadual ou do Distrito Federal comunicação de não ocorrência nesse sentido até 31 de janeiro do ano seguinte. Trata-se de mais um dever do delegatário, sob pena de a Corregedoria-Geral de Justiça instaurar procedimento administrativo para apurar a responsabilidade de notário ou registrador que deixar de prestar, no prazo estipulado, essa informação.

Não é demais apresentar outro importante dever. É que os notários, registradores e oficiais de cumprimento devem **guardar sigilo acerca das comunicações**, inclusive em relação a pessoas a que elas possam fazer referência, sendo vedado o compartilhamento de informação com as partes envolvidas ou terceiros, com exceção da Corregedoria Nacional de Justiça ou, na forma por ela autorizada, de órgãos ou integrantes de Corregedoria-Geral de Justiça estadual ou do Distrito Federal.

No que diz respeito à **guarda e conservação de registros e documentos**, notários e registradores devem conservar, por meio físico ou eletrônico, os cadastros e os registros, bem como a documentação correlata, pelo prazo mínimo de cinco anos, contados da prática do ato, sem prejuízo de deveres de conservação por tempo superior decorrentes de legislação diversa.

Em diálogo com o **Direito Penal**, vale transcrever a regra do art. 177:

> Art. 177. O notário ou o registrador, inclusive na condição de interventor ou interino, que deixar de cumprir os deveres previstos neste Capítulo, sujeita-se às sanções previstas no art. 12 da Lei n. 9.613, de 1998.
>
> § 1º As sanções serão aplicadas pela Corregedoria Nacional de Justiça ou pelas Corregedorias-Gerais de Justiça dos Estados e do Distrito Federal, cabendo recurso para o Conselho de Recursos do Sistema Financeiro Nacional (CRSFN), na forma do Decreto n. 9.889, de 27 de junho de 2019.

Ainda no que diz respeito aos deveres dos notários e registradores sobre a prevenção à lavagem de dinheiro e ao financiamento do terrorismo e da proliferação de armas de destruição em massa (PLD/FTP) legalmente atribuídos a serviços notariais e de registro, tem-se:

> Art. 178. Notários e registradores devem atender às requisições formuladas pela UIF e pelo CNJ na forma e nas condições por eles estabelecidas, cabendo-lhes preservar, nos termos da lei, o sigilo das informações prestadas.
>
> Art. 179. Notários e registradores não recusarão a prática de ato a seu cargo tão somente por motivo de falta de informação ou documento cuja obtenção seja determinada exclusivamente em razão do disposto neste Capítulo.
>
> Art. 180. Para fins de cumprimento dos deveres previstos neste Capítulo, as entidades representativas de notários e registradores poderão, por intermédio de convênios e/ou acordos de cooperação, ter acesso aos bancos de dados estatais de identificação da RFB e do Tribunal Superior Eleitoral (TSE), bem como de outras bases confiáveis, limitando-se a consulta aos dados necessários à confirmação da autenticidade de documentos de identificação apresentados.

Em relação às regras sobre a prevenção à lavagem de dinheiro e ao financiamento do terrorismo e da proliferação de armas de destruição em massa (PLD/FTP) nas **diferentes modalidades de serventias extrajudiciais**, temos:

- Das Normas Aplicáveis aos Tabeliães e Oficiais de Registro de Contratos: arts. 157 e 158
- Das Normas Aplicáveis aos Tabeliães de Protesto: arts. 159 e 160
- Das Normas Aplicáveis aos Registradores de Imóveis: arts. 161 e 162
- Das Normas Aplicáveis aos Oficiais de Registro de Títulos e Documentos e Civis das Pessoas Jurídicas: arts. 163 e 164
- Das Normas Aplicáveis aos Notários: arts. 165 a 172

Em dezembro de 2022, ocorreu o 30º Congresso Mundial do Notariado, realizado no México, evento que marcou os debates em torno de dois temas mundiais: "O exercício da função pública notarial em âmbito virtual" e "O exercício da função pública notarial vinculado à recuperação das economias nacionais na época pós-pandemia." Vide maiores explicações nos comentários do art. 6º da Lei n. 8.935/1994, nesta obra.

Ali, notariados de todo o mundo ainda debateram o tema "O notariado partícipe da luta contra a lavagem de dinheiro e financiamento ao terrorismo". A mesa de debates do fórum internacional contou com a participação de notários da Espanha, México, Peru, Argentina e Canadá e, segundo o notário espanhol Alfonso Cavallé, foi uma experiência positiva, boa para o cidadão, para a sociedade e para a atividade notarial, que assumiu um protagonismo muito relevante perante o estado espanhol e em toda a comunidade europeia.

1.15.1 LEGISLAÇÃO PERTINENTE

Recomenda-se a leitura dos referidos diplomas para melhor compreensão do tema:

- Manual elaborado por Fernando Domingos Carvalho Blasco, Titular do 30º Tabelionato de Notas da Comarca de São Paulo/SP, disponível em Manual Notarial e Registral de Prevenção à Lavagem de Dinheiro e ao Financiamento do Terrorismo
- Lei nº 9.613/98 (Lei da Lavagem de Dinheiro), disponível em Lei nº 9.613/98
- Instrução Normativa RFB nº 1.037/2010 (lista de paraísos fiscais), disponível em Instrução Normativa RFB nº 1.037/2010
- Lei nº 13.260/2016 (Lei do Financiamento ao Terrorismo), disponível em Lei nº 13.260/2016
- Resolução COAF nº 31, de 7 de junho de 2019 (pessoa acusada ou investigada de terrorismo), disponível em Resolução COAF nº 31
- Resolução COAF nº 40, de 22 de novembro de 2021 (Dispõe sobre os procedimentos a serem observados, em relação a pessoas expostas politicamente, por aqueles que se sujeitam à supervisão do Conselho de Controle de Atividades Financeiras – Coaf)
- Recomendações do GAFI disponíveis em Recomendações do GAFI

1.16 OS DIÁLOGOS DO DIREITO NOTARIAL E REGISTRAL

O Direito Notarial e Registral está intrinsecamente ligado a várias ciências jurídicas. A criação de uma metodologia eficaz tornou-se essencial para melhor absorver este ramo tão específico e fascinante do Direito, uma vez que ele não deve ser estudado de forma isolada. A aprendizagem neste campo exige um estudo holístico, globalizado e interconectado com os outros ramos do Direito. Dessa forma, assegura-se uma compreensão mais abrangente e profunda das suas práticas e princípios.

Estratégia desenvolvida por mim desde o início dos meus estudos e vida acadêmica, esta obra é assim confeccionada sob enfoque interdisciplinar, utilizando a metodologia de diálogos. O Direito Notarial e Registral, além de sua íntima relação com o Direito Civil, se interliga de maneira abrangente com diversas outras áreas do Direito, incluindo Direito Constitucional, Processual Civil, Empresarial, Administrativo, Tributário, Ambiental, Penal, Previdenciário, entre outros.

A seguir, apresento um breve resumo dessas interconexões, que serão exploradas de forma detalhada ao longo de toda a obra.

Direito Constitucional e o Direito Notarial e Registral: São vários os temas constitucionais que dialogam com a atividade notarial e registral. Entre eles, destacam-se: aqueles referentes aos do art. 5º, LXXVI (Gratuidade de atos do Registro Civil); art. 12 (Nacionalidade); art. 17 (Partidos Políticos); art. 20 (Bens da União); art. 22, XVV (Competência para legislar sobre Registros Públicos); art. 26 (Bens dos Estados); arts. 37 e 40 (Administração Pública); art 103-B, § 4º, III (Fiscalização do Poder Judiciário); arts. 153 ao 156 (Impostos); art. 170 (Princípios da Ordem Econômica); art. 182 (Política Urbana); arts. 184 ao 191 (Política Agrícola e Fundiária e da Reforma Agrária); art. 194 (Seguridade Social); art. 201 (Previdência Social); art. 225 (Meio Ambiente); arts. 226 ao 230 (Família, Criança, Adolescente, Jovem e Idoso); art. 231 (Índios); art. 236 (Serviços Notariais e Registrais); arts. 31, ADCT (Exceção à aplicação do art. 236, CF).

Direito Processual Civil e o Direito Notarial e Registral: Com o crescente movimento da Desjudicialização e da Extrajudicialização, o Código de Processo aborda temas que têm repercussão direta na atividade notarial e registral. São eles: art. 175 (Mediação e Conciliação Extrajudiciais); art. 495 (Hipoteca Judiciária); arts. 569 a 573 (Divisão e Demarcação de Terras Particulares); arts. 517 e 528 (Protesto de Decisão Judicial e de Dívida Alimentar); arts. 515 e 784 (Títulos Executivos Judiciais e Extrajudiciais, respectivamente); arts. 610 e seguintes (Inventário e Partilha); art. 694 (Mediação Extrajudicial no Direito de Família); arts. 703 a 706 (Homologação Extrajudicial do Penhor Legal); arts. 731 a 734 (Do Divórcio e da Separação Consensuais, da Extinção Consensual de União Estável e da Alteração do Regime de Bens do Matrimônio); art. 1.071 (Usucapião Extrajudicial).

Ademais, o Código de Processo Civil (CPC) tem impacto significativo no Direito Notarial e Registral ao tratar de diversos temas. Entre eles estão a competência da sede da serventia notarial ou de registro para a ação de reparação de dano por ato praticado em razão do ofício (art. 53, III, "f"); a extensão do benefício da justiça gratuita aos emolumentos devidos a notários e registradores (art. 98, § 1º, IX); a prática eletrônica de atos (art. 193, parágrafo único); e as provas, especialmente a ata notarial e as provas documentais (arts. 384 e 405 a 438). O processo de execução também é um tema relevante, notadamente para o Direito Registral Imobiliário. Destacam-se os artigos 791 (Penhora de Propriedade e Direito de Superfície); 792 (Fraude à Execução); e 831 a 869 (Penhora).

Direito Empresarial e o Direito Notarial e Registral: Há diversos temas empresariais que dialogam com a atividade notarial e registral. Entre eles estão os previstos no art. 94 da Lei n. 11.101/2005 (Protesto Falimentar); art. 73 da Lei Complementar 123/2006; Título II do Código Civil – Das Pessoas Jurídicas (arts. 40 a 69, CC); Título VIII do Código Civil – Dos Títulos de Crédito (arts. 887 a 926, CC); Livro II - Direito de Empresa (arts. 966 a 1.195, CC); e a Legislação Cambiária (LUG, Decreto 2.044/1908; 4.728/1965; 5.474/1968; 7.357/1985; 10.931/2004; 13.778/2018).

Direito Administrativo e o Direito Notarial e Registral: Vários temas de Direito Administrativo têm notável impacto na atividade notarial e registral. Entre eles estão os princípios constitucionais de Direito Administrativo, autarquias, fundações, serviço público, serviços delegados, servidores públicos, atos administrativos, contrato administrativo, concessões e permissões de serviço público, poder de Polícia, intervenção do Estado na propriedade, prescrição no Direito Administrativo.

Direito Tributário e o Direito Notarial e Registral: O notário e o registrador são colaboradores fiscais. Destacam-se, neste campo, os tributos em espécie, notadamente: o Imposto sobre a Propriedade Territorial Rural (ITR), o Imposto sobre Transmissão Causa Mortis e Doação (ITCMD), o Imposto sobre Transmissão de Bens Imóveis (ITBI), a Declaração de Operação Imobiliária (DOI), conforme a nova Instrução Normativa RFB 2.186/2024, que revogou a 1.112/2010, e a Declaração sobre Operações Imobiliárias e de Transmissão de Direitos sobre Imóveis Urbanos (DOITU). Também são relevantes temas como a responsabilidade tributária, o crédito tributário, o Imposto Sobre Serviços (ISS) aplicado aos cartórios, a natureza jurídica dos emolumentos e as leis de emolumentos dos estados.

Direito Ambiental e o Direito Notarial e Registral: O sistema registral imobiliário é indubitavelmente uma das ferramentas de proteção do meio ambiente sob a perspectiva da publicidade e da segurança jurídica. Destacam-se os arts. 17 a 24 (Regime de Proteção da Reserva Legal) e art. 57, II (manejo florestal madeireiro sustentável da Reserva Legal) da Lei 12.651/2012 (Código Florestal); a Lei 14.119/2021, que institui a Política Nacional de Pagamento por Serviços Ambientais; o art. 22, § 7º da Lei 4.947/1966 (Obrigações do serviço de registro de imóveis a encaminhar ao INCRA, mensalmente, as modificações ocorridas nas matrículas imobiliárias decorrentes de mudanças de titularidade, parcelamento, desmembramento, loteamento, remembramento, retificação de área, reserva legal e particular do patrimônio natural e outras limitações e restrições de caráter ambiental, envolvendo os imóveis rurais, inclusive os destacados do patrimônio público); art. 4º, § 3º da Lei 6.766/1979 (áreas impedidas de serem loteadas).

Direito Penal e o Direito Notarial e Registral: O Direito Penal relaciona-se com o Direito Notarial e Registral à medida que trata de crimes específicos. Destacam-se: Crimes contra a Família (arts. 235 a 249) abrangendo temas como casamento, estado de filiação, assistência familiar, poder familiar, tutela e curatela; Crimes contra a Fé Pública (arts. 289 a 311); Crimes contra a Administração Pública (arts. 312 a 359). Existe também uma legislação penal especial que prescreve crimes direcionados ao notário ou registrador, como: o art. 108 da Lei 10.741/2013 (Estatuto da Pessoa Idosa) e o art. 52 da Lei 6.766/1979 (Parcelamento do Solo). Vale lembrar ainda que o notário e o registrador são agentes combativos na lavagem de dinheiro, conforme o Provimento CNJ n. 161/2024. Portanto, o estudo da Lei 9.613/1998 torna-se pertinente.

Direito Previdenciário e o Direito Notarial e Registral: Destacam-se, nesta seara, os seguintes dispositivos da Lei 8.212/1991 (Lei da Seguridade Social): art. 25-A (documento registrado em cartório de títulos e documentos para equiparação de empregador rural pessoa física ao consórcio simplificado de produtores rurais); arts. 47 e 48 (Certidão Negativa de Débito); art. 53 (Penhora de Bens da União); art. 68 (obrigações de comunicações de atos do Registrador Civil) e o recente art. 68-A (gratuidade nos emolumentos da procuração pública para receber um benefício previdenciário ou assistencial do INSS), todos da Lei 8.212/1991 (Lei da Seguridade Social). No Decreto Regulamentador 3.048/1999, saliento o art. 9º, § 15, VII (regime previdenciário).

2. JURISPRUDÊNCIA COMPLEMENTAR

EMENTA: CONSULTA. CONVENÇÃO DA HAIA. REGISTRO DE DOCUMENTO APOSTILADO. REGISTRO DE TÍTULOS E DOCUMENTOS. ESCRITURA PÚBLICA.

1. A presente Consulta versa sobre a necessidade de registro de documento apostilado segundo a Convenção da Haia, perante o Cartório de Registro de Títulos e Documentos, antes da sua utilização na elaboração de uma escritura pública.

2. Consulta conhecida e respondida nos termos do parecer ofertado pela Coordenadoria de Gestão de Serviços Notariais e de Registro da Corregedoria Nacional de Justiça pela aplicabilidade do art. 129, § 6º da Lei nº. 6.015/73 à documentos estrangeiros apostilados segundo a Convenção da Haia, bem como pela necessidade de tal exigência prévia à elaboração de Escritura Pública.

ACÓRDÃO

O Conselho, por unanimidade, respondeu a consulta para responder: 1 - O art. 129, 6º, da Lei nº. 6.015/73 é aplicável aos documentos estrangeiros apostilados segundo a Convenção da Haia;

2 - Necessidade de tal exigência prévia à elaboração de Escritura Pública, nos termos do voto do Relator.

Presidiu o julgamento a Ministra Rosa Weber. Plenário Virtual, 10 de março de 2023. Votaram os Excelentíssimos Conselheiros Rosa Weber, Luis Felipe Salomão, Vieira de Mello Filho, Mauro Pereira Martins, Salise Sanchotene, Jane Granzoto, Richard Pae Kim, Marcio Luiz Freitas (Relator), Giovanni Olsson, Sidney Madruga, João Paulo Schoucair, Marcos Vinícius Jardim Rodrigues, Marcello Terto, Mário Goulart Maia e Luiz Fernando Bandeira de Mello.

RELATÓRIO

O Excelentíssimo Senhor Conselheiro MARCIO LUIZ FREITAS (Relator): Trata-se de Consulta (Cons) formulada por Cristiano Cardoso na qual pretende esclarecer as seguintes questões:

"4.1 é aplicável o art. 129, "6º", da Lei nº. 6.015/73 para documentos estrangeiros celebrados segundo o protocolo estabelecido na Convenção do Apostilamento da Haia (ratificada através do Decreto nº. 8.660, de 29 de janeiro de 2016), a qual elimina a exigência de legalização de documentos públicos estrangeiros;

4.2 no caso de aplicabilidade do respectivo dispositivo legal, um documento apostilado, proveniente do exterior, cuja formalização obedece ao protocolo da Haia, deve ser levado a registro junto ao Cartório de Registro de Títulos e Documentos, anteriormente à sua utilização na elaboração de uma escritura pública?

4.3 Há necessidade de tal exigência prévia à elaboração de Escritura Pública?".

Tendo em vista que a Corregedoria Nacional de Justiça editou o Provimento nº 62/2017, que dispõe sobre a uniformização dos procedimentos para a aposição de apostila, no âmbito do Poder Judiciário, da Convenção sobre a Eliminação da Exigência de Legalização de Documentos Públicos Estrangeiros, celebrada na Haia, determinei, no Id 4596088, a remessa do presente feito à Coordenadoria de Gestão de Serviços Notariais e de Registro da Corregedoria Nacional de Justiça para parecer.

A Ministra Corregedora aprovou o parecer (Id 4766348) elaborado pela Coordenadoria de Gestão de Serviços Notariais e de Registro da Corregedoria Nacional de Justiça por meio do Despacho Id 4766479.

É, em apertada síntese, o relatório.

VOTO

O Excelentíssimo Senhor Conselheiro MARCIO LUIZ FREITAS (Relator): A presente Consulta versa sobre a necessidade de registro de documento apostilado segundo a Convenção da Haia, perante o Cartório de Registro de Títulos e Documentos, antes da sua utilização na elaboração de uma escritura pública. Sobre o tema, a Coordenadoria de Gestão de Serviços Notariais e de Registro da Corregedoria Nacional de Justiça prestou o seguinte parecer Id 4766348:

"Inicialmente, cabe salientar que o Conselho Nacional de Justiça não se debruça sobre causas individuais, especialmente diante da ausência de repercussão geral sobre elas.

Na mesma toada é o Enunciado Administrativo n. 17 do CNJ, verbis:

'Não cabe ao CNJ o exame de pretensões de natureza individual, desprovidas de interesse geral, compreendido este sempre que a questão ultrapassar os interesses subjetivos da parte em face da relevância institucional, dos impactos para o sistema de justiça e da repercussão social da matéria.'

Nesse sentido, infere-se que a consulta veiculada se limita a questão individual, particularizada, com efeito puramente concreto, entretanto, a atuação do CNJ não se coaduna com o julgamento de questões pessoais, desprovidas de interesse social e/ou de repercussão em grau que seja relevante para parcela significativa do Poder Judiciário e/ou da sociedade brasileira.

A teor do disposto pelo art. 103-B, § 4º, da Constituição Federal, cabe ao Conselho Nacional de Justiça o "controle da atuação administrativa e financeira do Poder Judiciário e do cumprimento dos deveres funcionais dos juízes, cabendo-lhe, além de outras atribuições que lhe forem conferidas pelo Estatuto da Magistratura".

A propósito, já se disse outrora que o CNJ não julga causas específicas, mas fixa teses em busca de uniformizar a atuação administrativa dos mais diversos tribunais do país. Confira-se o seguinte julgado:

RECURSO ADMINISTRATIVO EM PEDIDO DE PROVIDÊNCIAS. TRIBUNAL DE JUSTIÇA DO ESTADO DE SÃO PAULO. PRECATÓRIOS. PRETENSÃO DE NATUREZA INDIVIDUAL. ENUNCIADO ADMINISTRATIVO Nº. 17/2018. DECISÃO MONOCRÁTICA DE ARQUIVAMENTO. RECURSO CONHECIDO E NÃO PROVIDO.

I – Recurso Administrativo interposto contra decisão monocrática que não conheceu do procedimento, em vista da natureza eminentemente individual da matéria nele veiculada.

II - A atuação constitucional do Conselho Nacional de Justiça objetiva o controle de atos de interesse geral e abstrato dos órgãos do Poder Judiciário. E, assim, não se insere no conjunto de suas atribuições o exame de pretensões de caráter meramente individual, com efeito puramente concreto, conforme prevê o Enunciado Administrativo nº 17/2018 do CNJ.

III - In casu, a temática tratada nos autos, concernente à alteração da ordem de pagamento de créditos específicos contra a Fazenda do Estado de São Paulo, sob a pretensão de reconhecimento de preferência do

Requerente, traduz matéria de índole individual, segundo jurisprudência desta Casa, o que confirma o entendimento da decisão recorrida. Precedentes.

IV – Recurso Administrativo conhecido e não provido. (Recurso Administrativo no PP n. 0000461-64.2021.2.00.0000, Rel. Conselheiro Emmanoel Pereira, 88º Sessão Virtual, julgado em 11/06/2021)

Ocorre que, diversamente, no caso em foco, como já adiantado, o requerente consulta sobre a necessidade de registro de documento apostilado segundo a Convenção de Haia, junto ao Cartório de Registro de Títulos e Documentos, antes da sua utilização na elaboração de uma escritura pública.

Assim, esta Coordenadoria entende que a presente consulta não deve ser conhecida, com fulcro no art. 25, inciso x, do Regimento Interno do CNJ, visto que a atuação deste Conselho não é dirigida a pretensões de interesse meramente individual, mas coletivas.

Caso não entenda pelo conhecimento, passo a análise da consulta formulada.

O apostilamento da Convenção de Haia garante a autenticidade de documentos públicos oriundos de outros países que são signatários do acordo, pois trata-se de um certificado que valida o documento público, apostilado, sem a necessidade de legalização consular ou diplomática.

Assim, sua principal finalidade é garantir que um documento público nacional seja reconhecido em outro país.

O tratado tem o objetivo de agilizar e simplificar a legalização de documentos entre os países signatários, permitindo o reconhecimento mútuo de documentos brasileiros no exterior e de documentos estrangeiros no Brasil.

São mais de 100 países fazendo parte da Convenção de Haia, sendo que no Brasil o tratado assinado passou a vigorar em agosto de 2016.

Os documentos apostilados são os públicos, ou os particulares que já tenham sido reconhecidos por notário.

O Conselho Nacional de Justiça é o responsável por coordenar e regulamentar a aplicação da Convenção da Apostila da Haia no Brasil, e considerando a adesão do Brasil à Convenção da Apostila, editou a Resolução nº 228/2016, dispondo que:

Art. 2º As apostilas emitidas por países partes da Convenção da Apostila, inclusive as emitidas em data anterior à vigência da referida Convenção no Brasil, serão aceitas em todo o território nacional a partir de 14 de agosto de 2016, em substituição à legalização diplomática ou consular.

E desde 2021, no Brasil foi delegado ao serviço notarial e de registro exercer o apostilamento (Provimento CNJ nº 119/2021).

Entretanto, mesmo em caso de documentos apostilados, deve ser observada a legislação do Estado de Destino para que estes produzam seus efeitos, pois conforme expresso no Manual da Apostila (produzido pelo Secretariado Permanente da Conferência da Haia e publicado em 2016):

'A Convenção da Apostila não afeta o direito de o Estado de Destino determinar a aceitação, admissibilidade e valor probatório dos documentos públicos estrangeiros (C & R nº 82 do SC de 2009; C & R nº 14 do SC de 2012). Em particular, as autoridades do Estado de Destino podem determinar se um documento foi forjado, alterado ou se foi validamente celebrado. Eles também podem estabelecer limites de tempo para a aceitação de documentos públicos estrangeiros (por exemplo: o documento deve ser produzido dentro de um determinado período de tempo depois da sua execução), ainda que tais limites não possam ser impostos sobre a aceitação da apostila em si. Além disso, mantém se pelas leis da evidência do Estado de Destino para determinar em qual medida os documentos públicos estrangeiros podem ser utilizados para estabelecer um determinado efeito.'

Assim, os documentos apostilados nos termos da Convenção de Haia são válidos e produzem efeitos legais entre os países que também são signatários do acordo, porém devem obediência às leis de cada país.

Portanto, havendo norma no país de destino do documento apostilado que traga alguma exigência para que este produza efeitos legais essa norma deve ser observada.

No caso específico, em que o recorrente questiona acerca da necessidade de registro de documento apostilado segundo o protocolo estabelecido na Convenção da Haia, junto ao Cartório de Registro de Títulos e Documentos, antes da sua utilização na elaboração de uma escritura pública, aplica-se o disposto art. 129, § 6º, da Lei nº 6.015/73:

Art. 129. Estão sujeitos a registro, no Registro de Títulos e Documentos, para surtir efeitos em relação a terceiros: [...] 6º) todos os documentos de procedência estrangeira, acompanhados das respectivas traduções, para produzirem efeitos em repartições da União, dos Estados, do Distrito Federal, dos Territórios e dos Municípios ou em qualquer instância, juízo ou tribunal;

Portanto, os documentos apostilados, para produzirem efeitos em repartições da União, dos Estados, do Distrito Federal, dos Territórios e dos Municípios ou em qualquer instância, juízo ou tribunal, estão sujeitos a registro, no Registro de Títulos e Documentos.

Com essas considerações, a Coordenadoria de Gestão de Serviços Notariais e de Registro (CONR) da Corregedoria Nacional de Justiça opina pelo não conhecimento da consulta. E em caso de conhecimento, opina pela aplicabilidade do art. 129, § 6º da Lei nº. 6.015/73 à documentos estrangeiros apostilados segundo a Convenção da Haia, bem como pela necessidade de tal exigência prévia à elaboração de Escritura Pública.

É o parecer."

Inicialmente, entendo que no caso em tela estão presentes os requisitos de conhecimento do presente procedimento, porquanto os questionamentos apresentados atendem os pressupostos previstos no art. 89 e parágrafos do Regimento Interno deste Conselho (RICNJ).

Com efeito, as indagações foram feitas em tese, sem qualquer apontamento de um caso concreto. Além disso, este Conselho editou a Resolução nº 228/2016 e o Provimento nº119/21, que tratam da uniformização de procedimentos para a aposição da Convenção sobre a eliminação da exigência de legalização de documentos públicos estrangeiros, celebrada na Haia, em 5 de outubro de 1961. Sendo assim, diante do uso dos serviços prestados pelas serventias extrajudiciais, é natural o surgimento de incertezas procedimentais pelos usuários bem como dos operadores do Direito, de modo que as respostas aqui prestadas podem contribuir para elucidar dúvidas de toda sociedade e, consequentemente, aperfeiçoar os serviços prestados aos cidadãos.

Por outro lado, quanto ao mérito, acolho os fundamentos apresentados pela Coordenadoria de Gestão de Serviços Notariais e de Registro da Corregedoria Nacional de Justiça *"pela aplicabilidade do art. 129, § 6º da Lei nº. 6.015/73 à documentos estrangeiros apostilados segundo a Convenção da Haia, bem como pela necessidade de tal exigência prévia à elaboração de Escritura Pública."*

Diante do exposto, **conheço** da consulta proposta, para, no mérito, **responder** que:

1 – O art. 129, 6º, da Lei nº. 6.015/73 é aplicável aos documentos estrangeiros apostilados segundo a Convenção da Haia.

2 – Necessidade de tal exigência prévia à elaboração de Escritura Pública.

É como voto.

CONSELHEIRO MARCIO LUIZ FREITAS. Relator (CNJ – Consulta nº 0009075-58.2021.2.00.0000 – Rel. Cons. Marcio Luiz Freitas – DJ 14.03.2023)

EMENTA: CONSULTA. PROVIMENTO CN/CNJ N.º 88/2019. COMUNICAÇÕES À UNIDADE DE INTELIGÊNCIA FINANCEIRA (UIF). OBRIGAÇÃO IMPOSTA POR LEI. REMUNERAÇÃO DOS NOTÁRIOS E REGISTRADORES. INCABÍVEL. AUSÊNCIA DE PREVISÃO LEGAL. INVIÁVEL A EVENTUAL REGULAMENTAÇÃO DA MATÉRIA POR INTERMÉDIO DE ATO NORMATIVO ADMINISTRATIVO DE TRIBUNAL.

1. Notários e registradores, delegatários de serviços públicos, quando no exercício das suas funções, sujeitam-se aos deveres de colaboração com o poder público impostos por lei.

2. O dever de fiscalizar indícios da prática de crime de lavagem de dinheiro ou de financiamento do terrorismo, previstas no Provimento CN/CNJ n.º 88/2019, se configura como verdadeiro múnus público.

3. Impossibilidade de normatizar-se remuneração, mediante provimento administrativo de Tribunal, visto que as normas que tratam dos emolumentos relativos à prestação de serviços notariais e de registro possuem natureza tributária.

4. Inviável a remuneração pelo cumprimento de obrigações de fiscalização impostas por lei.

5. Do igual modo, inadmissibilidade de remuneração por serviços prestados pelas serventias extrajudiciais, em razão das obrigações impostas pelo Provimento CN/CNJ n.º 88/2019.

6. Consulta respondida.

ACÓRDÃO

O Conselho, por unanimidade, respondeu a consulta no sentido da inadmissibilidade de remuneração por serviços prestados pelas serventias extrajudiciais, em razão das obrigações impostas pelo Provimento CN/CNJ n.º 88/2019, nos termos do voto do Relator. Presidiu o julgamento a Ministra Rosa Weber. Plenário Virtual, 10 de fevereiro de 2023. Votaram os Excelentíssimos Conselheiros Rosa Weber, Luis Felipe Salomão, Vieira de Mello Filho, Mauro Pereira Martins, Salise Sanchotene, Jane Granzoto, Richard Pae Kim, Marcio Luiz Freitas, Giovanni Olsson, Sidney Madruga, João Paulo Schoucair, Marcos Vinícius Jardim Rodrigues, Marcello Terto, Mário Goulart Maia e Luiz Fernando Bandeira de Mello.

RELATÓRIO

O CONSELHEIRO SIDNEY PESSOA MADRUGA (Relator):

Trata-se de consulta formulada pela Corregedoria-Geral de Justiça do Estado do Amapá (CGJAP), por meio da qual se questiona a possibilidade de remuneração de serviços prestados pelas serventias extrajudiciais, em razão das obrigações constantes no Provimento CN/CNJ n.º 88/2019[1].

Em suas razões, aduz que, segundo informações levantadas pela Associação dos Notários e Registradores do Estado do Amapá (ANOREG/AP), grande parte das operações de transferência imobiliária no estado são realizadas por meio dos chamados “contratos de gaveta” e, portanto, sem a lavratura de escritura pública de compra e venda ou recolhimento do imposto de transmissão de bens imóveis (ITBI).

Relata que esses atos são praticados, em sua maioria, por pessoas de alto poder aquisitivo, as quais procuram as serventias extrajudiciais apenas para burlar os procedimentos legais e escapar da fiscalização da Receita Federal e do próprio Poder Judiciário.

Informa, ainda, que o prazo para o exame dos documentos arquivados passou a ser de 45 a 60 dias, em razão das disposições contidas no art. 15, §§ 1º e 2º, do referido Provimento CN/CNJ n.º 88/2019[2], e, por esses motivos, entende que os mencionados procedimentos não podem ser oferecidos gratuitamente.

Com essas alegações, formula consulta, nos seguintes termos, *in verbis*:

As serventias extrajudiciais têm direito à percepção do valor correspondente ao “efetivo custo e à adequada e suficiente remuneração dos serviços prestados” (art. 1º, parágrafo único, da Lei n.º 10.169/2000), por intermédio do respectivo padrão pecuniário correspondente, qual seja, seu tabelamento previamente fixado (art. 2º, inc. I, da Lei nº 10.169/2000), em razão das obrigações impostas pelo Provimento nº 88/2019 no sentido de fiscalizar ações suspeitas de lavagem de dinheiro ou financiamento de terrorismo, por meio de uma série de procedimentos que, de fato, exteriorizam-se através de atos que não somente de aferição de seu conteúdo como também de armazenamento e conservação dos documentos apresentados?

É o relatório.

[1] Dispõe sobre a política, os procedimentos e os controles a serem adotados pelos notários e registradores visando à prevenção dos crimes de lavagem de dinheiro, previstos na Lei n. 9.613, de 3 de março de 1998, e do financiamento do terrorismo, previsto na Lei n. 13.260, de 16 de março de 2016 e dá outras providências.

[2] Art. 15. Havendo indícios da prática de crime de lavagem de dinheiro ou de financiamento do terrorismo, ou de atividades a eles relacionadas, conforme critérios estabelecidos neste capítulo, será efetuada comunicação à Unidade de Inteligência Financeira – UIF no dia útil seguinte ao término do exame da operação ou proposta de alteração. §1º O exame de operações ou propostas de operações que independem de análise será concluído em até 45 (quarenta e cinco) dias, contados da operação ou proposta de operação. §2º O exame de operações ou propostas de operações que dependem de análise será concluído em até 60 (sessenta) dias, contados da operação ou proposta de operação.

VOTO

O CONSELHEIRO SIDNEY PESSOA MADRUGA (Relator):

Presentes os requisitos do art. 89 do RICNJ[1], admito a presente consulta.

Trata-se, conforme relatado, de procedimento formulado pela CGJAP, em que se indaga a possibilidade de remuneração dos serviços prestados pelas serventias extrajudiciais, haja vista as obrigações impostas pelo Provimento CN/CNJ n.º 88/2019.

Considerando a matéria em questão, os autos foram encaminhados à Coordenadoria de Gestão de Serviços Notariais e de Registro (CONR), que se manifestou, por intermédio de parecer (Id. 4678042), ratificado pela então Corregedora Nacional de Justiça, Ministra Maria Thereza de Assis Moura (Id. 4717739), de forma contrária à percepção de valores pelas serventias extrajudiciais, em função da fiscalização de indícios da prática de crime de lavagem de dinheiro ou de financiamento do terrorismo, prevista no Provimento CN/CNJ n.º 88/2019, *ad litteris*:

[...]

A legislação nacional voltada à prevenção e ao enfrentamento dos crimes de lavagem ou ocultação de bens, direitos e valores; da utilização do sistema financeiro para fins ilícitos e do financiamento do terrorismo estipula uma série competências/atribuições incumbidas a diversos atores institucionais, cada qual nos seus respectivos campos de atuação e searas jurídicas.

Nesse contexto, a Lei Federal n.º 9.613/1998, com as alterações promovidas pela Lei Federal n.º 12.683/2012, sujeita diversas atividades aos mecanismos de controle, em que se incluem os registros públicos e as pessoas físicas que prestam serviços de assessoria, consultoria, aconselhamento ou assistência em operações de compra e venda de imóveis.

Por sua vez, o Provimento CN/CNJ n.º 88/2019 – no seu propósito de dispor sobre a política, os procedimentos e os controles a serem adotados pelos notários e registradores visando à prevenção dos crimes de lavagem de dinheiro, previstos na Lei Federal n.º 9.613/1998, e do financiamento do terrorismo, previsto na Lei Federal n.º 13.260/2016 – estabelece uma série de regramentos que vinculam os notários e registradores ao sistema de prevenção dessas condutas ilícitas.

Cinge-se a aparente controvérsia posta nestes autos justamente aos deveres inseridos no artigo 15, caput e parágrafos seguintes, do Provimento CN/CNJ n.º 88/2019, a saber:

Art. 15. Havendo indícios da prática de crime de lavagem de dinheiro ou do financiamento do terrorismo, ou de atividades a eles relacionadas, conforme critérios estabelecidos neste capítulo, será efetuada comunicação à Unidade de Inteligência Financeira – UIF no dia útil seguinte ao término do exame da operação ou proposta de alteração.

§1º **O exame de operações ou propostas de operações que independem de análise será concluído em até 45 (quarenta e cinco) dias, contados da operação ou proposta de operação.**

§2º **O exame de operações ou propostas de operações que dependem de análise será concluído em até 60 (sessenta) dias, contados da operação ou proposta de operação.**

§3º A comunicação será efetuada em meio eletrônico no site da Unidade de Inteligência Financeira – UIF, por intermédio do link siscoaf.fazenda.gov.br/siscoaf-internet, ou posteriores atualizações, garantido o sigilo das informações fornecidas. (Grifou-se).

A consulente apresenta, então, questionamento sobre a possibilidade de remuneração das serventias extrajudiciais pela prática desses “serviços”.

A resposta à indagação formulada pela Corregedoria-Geral da Justiça do Estado do Amapá não pode ser favorável.

De fato, não se está a falar em efetivo “serviço” prestado por essas unidades. Em verdade, no exercício das suas funções de delegatários de serviços públicos, os notários e registradores estão sujeitos a deveres de colaboração com o Poder Público impostos por lei, deveres esses que são desdobramentos lógicos e consequenciais da prestação de serviços extrajudiciais regularmente remunerados pelos valores descritos nas tabelas de emolumentos – no caso, precipuamente o registro de imóveis.

Nessa linha, a Lei Federal n.º 9.613/1998 dispõe de forma hialina sobre a natureza das ações incumbidas aos delegatários, *in verbis*:

CAPÍTULO V

DAS PESSOAS SUJEITAS AO MECANISMO DE CONTROLE

Art. 9º. Sujeitam-se às obrigações referidas nos arts. 10 e 11 as pessoas físicas e jurídicas que tenham, em caráter permanente ou eventual, como atividade principal ou acessória, cumulativamente ou não:

I - a captação, intermediação e aplicação de recursos financeiros de terceiros, em moeda nacional ou estrangeira;

II – a compra e venda de moeda estrangeira ou ouro como ativo financeiro ou instrumento cambial;

III - a custódia, emissão, distribuição, liquidação, negociação, intermediação ou administração de títulos ou valores mobiliários.

Parágrafo único. Sujeitam-se às mesmas obrigações:

(...)

VIII - as demais entidades cujo funcionamento dependa de autorização de órgão regulador dos mercados financeiro, de câmbio, de capitais e de seguros;

(...)

XIV - as pessoas físicas ou jurídicas que prestem, mesmo que eventualmente, serviços de assessoria, consultoria, contadoria, auditoria, aconselhamento ou assistência, de qualquer natureza, em operações:

a) de compra e venda de imóveis, estabelecimentos comerciais ou industriais ou participações societárias de qualquer natureza;

(...) (Grifou-se).

Como se observa, a Lei Federal n.º 9.613/1998 deixa mesmo claro que as ações decorrentes do exercício de certas atividades, sejam privadas ou em colaboração com o Poder Público, não passam de sujeição desses organismos a obrigações impostas pelo normativo. Desse modo, não há falar em remuneração pelo cumprimento de obrigações impostas por Lei – em outras palavras, é incabível contraprestação pecuniária por desdobramento lógico e consequencial do exercício de atividade que, a propósito, já é regularmente remunerada desde o seu nascedouro, consoante a respectiva tabela de emolumentos.

Advirta-se, outrossim, que a única exceção possível a esse entendimento seria se a Lei regulamentadora assim o tivesse previsto – ou se Lei posterior, em sentido estrito, assim o dispuser. Isso porque, à luz da jurisprudência consolidada do Supremo Tribunal Federal, nos termos do precedente firmado no julgamento de medida cautelar na ADI n.º 1.378, "os emolumentos concernentes aos serviços notariais e registrais possuem natureza tributária, qualificando-se como taxas remuneratórias de serviços públicos, sujeitando-se, em 'consequência, quer no que concerne à sua instituição e majoração, quer no que se refere à sua exigibilidade, ao regime jurídico-constitucional pertinente a essa especial modalidade de tributo vinculado, notadamente aos princípios fundamentais que proclamam, dentre outras, as garantias essenciais (a) da reserva de competência impositiva, (b) da legalidade, (c) da isonomia e (d) da anterioridade". Confira-se, neste particular, a ementa do mencionado julgado:

AÇÃO DIRETA DE INCONSTITUCIONALIDADE - CUSTAS JUDICIAIS E EMOLUMENTOS EXTRAJUDICIAIS - NATUREZA TRIBUTÁRIA (TAXA) - DESTINAÇÃO PARCIAL DOS RECURSOS ORIUNDOS DA ARRECADAÇÃO DESSES VALORES A INSTITUIÇÕES PRIVADAS - INADMISSIBILIDADE - VINCULAÇÃO DESSES MESMOS RECURSOS AO CUSTEIO DE ATIVIDADES DIVERSAS DAQUELAS CUJO EXERCÍCIO JUSTIFICOU A INSTITUIÇÃO DAS ESPÉCIES TRIBUTÁRIAS EM REFERÊNCIA - DESCARACTERIZAÇÃO DA FUNÇÃO CONSTITUCIONAL DA TAXA - RELEVÂNCIA JURÍDICA DO PEDIDO - MEDIDA LIMINAR DEFERIDA. NATUREZA JURÍDICA DAS CUSTAS JUDICIAIS E DOS EMOLUMENTOS EXTRAJUDICIAIS.

- **A jurisprudência do Supremo Tribunal Federal firmou orientação no sentido de que as custas judiciais e os emolumentos concernentes aos serviços notariais e registrais possuem natureza tributária, qualificando-se como taxas remuneratórias de serviços públicos, sujeitando-se, em consequência, quer no que concerne à sua instituição e majoração, quer no que se refere à sua exigibilidade, ao regime jurídico-constitucional pertinente a essa especial modalidade de tributo vinculado, notadamente aos princípios fundamentais que proclamam, dentre outras, as garantias essenciais (a) da reserva de competência impositiva, (b) da legalidade, (c) da isonomia e (d) da anterioridade. Precedentes. Doutrina.**

(...)

(ADI 1378 MC, Relator(a): CELSO DE MELLO, Tribunal Pleno, julgado em 30/11/1995, DJ 30-05-1997 PP-23175 EMENT VOL-01871-02 PP-00225). (Grifou-se).

Com efeito, tendo em vista que as normas que tratam dos emolumentos concernentes à prestação de serviços notariais e de registro possuem natureza jurídica tributária – e que, por esse motivo, estão submetidas a regime constitucional próprio e à incidência dos princípios que lhe são peculiares – **seria inviável a pretensão de regulamentar a aludida "remuneração" por meio de provimento administrativo de Tribunal, sob pena de violação do princípio da legalidade estrita caso se editasse ato normativo visando a esse propósito, ante a ausência de previsão normativa nas Leis Federais n.º 9.613/1998 e 13.260/2016.**

Forte nos fundamentos acima consignados, a Coordenadoria de Gestão dos Serviços Notariais e de Registros da Corregedoria Nacional de Justiça propõe a restituição dos autos, com as nossas homenagens.

É o parecer. (grifos no original)

De fato, como bem destacou a CONR no parecer retro, os notários e registradores, delegatários de serviços públicos, quando no exercício das suas funções, sujeitam-se aos deveres de colaboração com o poder público impostos por lei.

O dever, portanto, de fiscalizar indícios da prática de crime de lavagem de dinheiro ou de financiamento do terrorismo, nos termos do Provimento CN/CNJ n.º 88/2019, se afigura como verdadeiro múnus público, visto que se trata de desdobramento lógico e consequencial da prestação de serviços extrajudiciais habitualmente remunerados pelos valores previstos nas tabelas de emolumentos.

Nesta perspectiva, não é cabível a remuneração pelo cumprimento de obrigações impostas por lei.

Inviável, ademais, a normatização da remuneração pleiteada por meio de provimento administrativo de Tribunal, visto que as normas que tratam dos emolumentos relativos à prestação de serviços notariais e de registro possuem natureza jurídica tributária e, por conseguinte, são submetidas a regime e princípios constitucionais próprios.

Ante o exposto, acolhendo na íntegra as conclusões externadas no parecer da CONR, responde-se à consulta formulada no sentido da **inadmissibilidade de remuneração por serviços prestados pelas serventias extrajudiciais**, em razão das obrigações impostas pelo Provimento CN/CNJ n.º 88/2019.

É como voto.

Brasília/DF, data registrada em sistema.

SIDNEY PESSOA MADRUGA

Conselheiro Relator

[1] Art. 89. O Plenário decidirá sobre consultas, em tese, de interesse e repercussão gerais quanto à dúvida suscitada na aplicação de dispositivos legais e regulamentares concernentes à matéria de sua competência. § 1º A consulta deve conter indicação precisa do seu objeto, ser formulada articuladamente e estar instruída com a documentação pertinente, quando for o caso. § 2º A resposta à consulta, quando proferida pela maioria absoluta do Plenário, tem caráter normativo geral.

CNJ – Consulta nº 0008048-40.2021.2.00.0000 – Amapá – Rel. Cons. Sidney Pessoa Madruga – DJ 15.02.2023

3. QUESTÕES DE CONCURSOS

01. **(TJ/SP – 2024 – VUNESP – Notário e Registrador/Provimento)** Com relação ao Apostilamento de Haia, assinale a alternativa correta.

a) Não se equiparam a documento público produzido no território nacional os históricos escolares, as declarações de conclusão de série e os diplomas ou os certificados de conclusão de cursos registrados no Brasil.

b) As Corregedorias Gerais de Justiça e os Juízes Diretores do foro das unidades judiciárias são autoridades competentes para o ato de aposição de apostila somente quanto aos documentos de interesse do Poder Judiciário.

c) É facultativo o cadastramento e a prestação do serviço de apostilamento pelos serviços de notas e de registro existentes nos Estados e no Distrito Federal.

d) A apostila será emitida mediante solicitação, através de requerimento por escrito, do portador do documento.

02. (IESES – Titular de Serviços de Notas e Registros – TJ – TO - Provimento/2022) Sabe-se que atividade notarial e registral são de extrema importância para o desenvolvimento econômico pátrio e seu exercício está regulamentado pela Lei nº 8.935/94, conhecida como Lei dos Cartórios, cujos seus objetivos estão estampados logo no Art. 1º da referida norma, ao estabelecer que tais serviços são destinados a garantir a publicidade, autenticidade, segurança e eficácia dos atos jurídicos. Sobre os titulares destes serviços e suas atribuições, é INCORRETO afirmar que:

a) Serviços Notarias e de registro não são sinônimos porque realizam atribuições diferentes, e, regra geral, são exercidos por delegados distintos.

b) Serviços Notarias e de registro possuem atribuições distintas.

c) Notário ou tabelião possui a atribuição legal para efetuar registros e abertura de matrículas, mediante prévia distribuição, atendendo as peculiaridades locais.

d) Aos notários compete formalizar juridicamente a vontade das partes; intervir nos atos e negócios jurídicos a que as partes devam ou queiram dar forma legal ou autenticidade, autorizando a redação ou redigindo os instrumentos adequados, conservando os originais e expedindo cópias fidedignas de seu conteúdo; autenticar fatos.

03. (Vunesp – Titular de Serviços de Notas e Registros – TJ – SP - Provimento/2022) Pode-se afirmar corretamente, no âmbito da Lei Geral de Proteção de Dados, que o tratamento de dados pessoais de crianças e de adolescentes deverá ser realizado em seu melhor interesse, nos termos do artigo 14, da Lei Federal nº 13.709/2018 e da legislação pertinente, nos seguintes termos:

a) no tratamento de dados de que trata o § 1º do artigo 14, os controladores estão dispensados de manter pública a informação sobre os tipos de dados coletados, a forma de sua utilização e os procedimentos para o exercício dos direitos a que se refere o Art. 18 da Lei Geral de Proteção de Dados.

b) o tratamento de dados pessoais de crianças deverá ser realizado com o consentimento específico e em destaque dado por, pelo menos, um dos pais ou pelo responsável legal.

c) nunca poderão ser coletados dados pessoais de crianças sem o consentimento a que se refere o § 1º do artigo 14 da Lei Geral de Proteção de Dados.

d) os controladores deverão condicionar a participação dos titulares de que trata o § 1º do artigo 14, da Lei de Proteção de Dados, em jogos, aplicações de internet ou outras atividades ao fornecimento de informações pessoais além das estritamente necessárias à atividade.

04. (IESES – Titular de Serviços de Notas e Registros – TJ – TO - Remoção/2022) Dentre o conjunto de direitos e deveres perante o Conselho Nacional de Justiça- CNJ, emerge a política de prevenção à lavagem de dinheiro e ao financiamento do terrorismo; sendo que esta deverá ser formalizada expressamente por notários e registradores, abrangendo, também, procedimentos para:

I. Treinamento dos notários, dos registradores, oficiais de cumprimento e empregados contratados.

II. Disseminação do seu conteúdo ao quadro de pessoal por processos institucionalizados de caráter contínuo.

III. Monitoramento das atividades desenvolvidas pelos empregados.

IV. Prevenção de conflitos entre os interesses comerciais/empresariais e os mecanismos de prevenção à lavagem de dinheiro e ao financiamento do terrorismo.

A sequência correta é:

a) Apenas a assertiva IV está incorreta.

b) Apenas as assertivas I e IV estão corretas.

c) As assertivas I, II, III e IV estão corretas.

d) Apenas as assertivas I e II estão corretas.

05. (Vunesp – Outorga de Delegação de Notas e Registros – TJ – GO/2021) É considerado "dado pessoal sensível" para os fins da Lei Geral de Proteção de Dados Pessoais - Lei nº 13.709/17

a) qualquer informação relacionada a pessoa natural ou jurídica, desde que identificada.

b) dado pessoal sobre origem racial ou étnica, convicção religiosa, opinião política, filiação a sindicato ou a organização de caráter religioso, filosófico ou político, dado referente à saúde ou à vida sexual, dado genético ou biométrico, quando vinculado a uma pessoa natural.

c) qualquer informação relacionada a pessoa natural identificada ou identificável.

d) dado relativo a titular que não possa ser identificado, considerando a utilização de meios técnicos razoáveis e disponíveis na ocasião de seu tratamento.

06. (Vunesp – Outorga de Delegação de Notas e Registros – TJ – GO/2021) É "controlador" para os fins da Lei Geral de Proteção de Dados Pessoais - Lei nº 13.709/17:

a) pessoa natural ou jurídica, de direito público ou privado, que realiza o tratamento de dados pessoais em nome do operador.

b) órgão da administração pública responsável por zelar, implementar e fiscalizar o cumprimento desta Lei em todo o território nacional.

c) pessoa natural ou jurídica, de direito público ou privado, a quem competem as decisões referentes ao tratamento de dados pessoais.

d) pessoa natural a quem se referem os dados pessoais que são objeto de tratamento.

07. (Vunesp – Outorga de Delegação de Notas e Registros – TJ – GO/2021) No tocante à disciplina normativa do Conselho Nacional de Justiça, o apostilamento poderá ser executado por qualquer notário ou registrador cadastrado

a) independentemente da especialização do serviço ou da circunscrição territorial.

b) observando-se a especialização do serviço e a circunscrição territorial.

c) observando-se a especialização do serviço, independentemente da circunscrição territorial.

d) independentemente da especialização do serviço, observando-se, porém, a circunscrição territorial.

08. (UFPR – Outorga das Delegações – Provimento - TJ – PR/2019) A respeito da Convenção sobre a Eliminação da Exigência de Legalização de Documentos Públicos Estrangeiros (Decreto Executivo nº 8.660/2016), considere as seguintes afirmativas:

1. A Convenção sobre a Eliminação da Exigência de Legalização de Documentos Públicos Estrangeiros é tratado internacional

firmado em Haia, em 1961, e sua incorporação ao ordenamento jurídico brasileiro foi aprovada pelo Congresso Nacional por meio de Decreto Legislativo apenas em 2015.

2. A apostila prevista na Convenção atesta a autenticidade da assinatura, a função ou o cargo exercido pelo signatário do documento e, quando cabível, a autenticidade do selo ou carimbo nele aposto.
3. Para fins da Convenção da Apostila de Haia, os atos notariais são considerados documentos públicos, assim como as declarações oficiais apostas em documentos de natureza privada, tais como certidões que comprovem o registro de um documento ou a sua existência em determinada data e reconhecimentos de assinatura.
4. Em virtude da reserva feita ao tratado pelo Brasil, os cartórios extrajudiciais competentes para emissão do documento do Anexo da Convenção não necessitarão registrá-lo ou arquivá-lo especificando o número e data da apostila.

Assinale a alternativa correta.

a) Somente a afirmativa 3 é verdadeira.
b) Somente as afirmativas 1 e 4 são verdadeiras.
c) Somente as afirmativas 2 e 4 são verdadeiras.
d) Somente as afirmativas 1, 2 e 3 são verdadeiras.
e) As afirmativas 1, 2, 3 e 4 são verdadeiras.

09. (UFPR – Outorga das Delegações – Remoção - TJ – PR/2019) No que diz respeito à Convenção da Apostila de Haia e sua regulamentação interna no ordenamento jurídico brasileiro, assinale a alternativa correta.

a) A emissão de apostila poderá ser realizada pelo sistema eletrônico ou físico de preferência do titular do cartório.
b) Quando órgãos do Poder Executivo Federal necessitarem de emissão de apostila em documentos a serem utilizados no exterior, no interesse do serviço público, haverá isenção da cobrança de emolumentos.
c) O cadastramento e a prestação do serviço de apostilamento pelos serviços de notas e de registro são atualmente obrigatórios tanto nas capitais dos Estados e do Distrito Federal quanto nos Municípios do interior.
d) A competência para a aposição de apostila, no ordenamento jurídico brasileiro, é reservada com exclusividade aos titulares de cartórios extrajudiciais.
e) A Convenção da Apostila de Haia se aplica aos documentos emitidos por agentes diplomáticos ou consulares, mas não se aplica aos documentos administrativos diretamente relacionados a operações comerciais ou aduaneiras.

10. (Consulplan – Outorga e Delegação de Serviços Notariais e Registrais – TJ – MS/2019) Assinale a alternativa correta sobre o Provimento 88, de 1º de outubro de 2019, do Conselho Nacional de Justiça, que dispõe sobre a política, os procedimentos e os controles a serem adotados pelos notários e registradores visando à prevenção dos crimes de lavagem de dinheiro.

a) Podem configurar indícios da ocorrência dos crimes de lavagem de dinheiro ou de financiamento do terrorismo, ou com eles relacionar-se, a concessão de empréstimos hipotecários ou com alienação fiduciária entre particulares.
b) Podem configurar indícios da ocorrência dos crimes de lavagem de dinheiro ou de financiamento ao terrorismo, ou com eles relacionar-se, pagamentos ou cancelamentos de títulos protestados em valor igual ou superior a R$ 500.000,00 (quinhentos mil reais), não relacionados ao mercado financeiro, mercado de capitais ou entes públicos.
c) Além do definido em regulamentos especiais, os notários devem manter o registro físico e eletrônico de todos os atos notariais protocolares que lavrarem, independentemente da sua natureza ou objeto, e remeter seus dados essenciais ao CNB/CF por meio eletrônico, de forma sincronizada ou com periodicidade, no máximo, quinzenal.
d) O oficial de registro de imóveis, ou seu oficial de cumprimento, comunicará obrigatoriamente à Unidade de Inteligência Financeira - UIF, independentemente de análise ou de qualquer outra consideração, a ocorrência de registro de transmissões sucessivas do mesmo bem, em período não superior a 6 (seis) meses, se a diferença entre os valores declarados for superior a 100%.

11. (Vunesp – Cartório – Provimento – TJ – SP/2018) De acordo com o Provimento nº 62/2017, da Corregedoria Nacional da Justiça, o cadastramento e a prestação de serviços de apostilamento pelas serventias notariais e de registro são obrigatórios

Nota da autora: A quase totalidade do Provimento CNJ nº 62/2017 foi incorporada aos arts. 1º a 17 do Provimento CNJ nº 149/2023 (CNN), permanecendo ainda em vigor os arts. 1º e 18 e seu anexo.

a) nas Capitais dos Estados e no Distrito Federal, com possibilidade de dispensa por motivos justificados, e facultativos no interior.
b) nas Capitais dos Estados e no Distrito Federal e facultativos no interior.
c) em todas as serventias, com possibilidade de dispensa por motivos justificados.
d) em todas as serventias.

12. (Vunesp – Cartório – Remoçao – TJ – SP/2018) De acordo com o Provimento nº 62/2017, da Corregedoria Nacional da Justiça, quando o documento contiver mais de duas páginas, a apostila será emitida por

Nota da autora: A quase totalidade do Provimento CNJ nº 62/2017 foi incorporada aos arts. 1º a 17 do Provimento CNJ nº 149/2023 (CNN), permanecendo ainda em vigor os arts. 1º e 18 e seu anexo.

a) folha, cobrando-se um único ato para a frente e o verso.
b) página, cobrando-se metade do valor a partir da segunda página.
c) página.
d) documento, salvo se o solicitante do serviço requerer de outra forma.

13. (Consulplan – Outorga das Delegações de Notas e de Registros – TJ – MG/2018) O diploma expedido por universidade particular brasileira, para efeito de apostilamento, é considerado

a) documento privado, que pode ser apostilado, mediante prévio ato de reconhecimento de firma dos signatários e apostilamento, propriamente, das assinaturas desses signatários.
b) documento privado, que pode ser apostilado, mediante prévio ato de reconhecimento de firma dos signatários e apostilamento, propriamente, da assinatura do tabelião ou escrevente que praticou o ato de reconhecimento de firma.
c) documento público, que pode ser apostilado, mediante prévio reconhecimento de firma e verificação da qualidade da autoridade (sendo obrigatória a certificação no documento de que houve esse reconhecimento de firma), e devendo ser apostilada, propriamente, a assinatura do escrevente ou tabelião que reconheceu as firmas.
d) documento público, que pode ser apostilado, mediante prévio reconhecimento de firma e verificação da qualidade da autoridade (sendo dispensável a certificação no documento de que houve esse reconhecimento de firma), devendo ser apostiladas, propriamente, as assinaturas dos signatários do documento e não do tabelião ou escrevente que lhes reconheceu as firmas.

14. (EJEF Tabelionato e Registro-MG/2007) Sobre a atividade notarial, assinale a alternativa INCORRETA.

a) Serviços notariais e de registro são organização técnica e administrativa destinada a garantir a publicidade, autenticidade, segurança e eficácia dos atos jurídicos.
b) A perfeição do ato jurídico realizado pelo notário serve também para evitar a falsidade, inexatidão ou imperfeição de um documento.
c) O notário não é consultor jurídico e por isso não deve analisar os fatos de natureza econômica, moral ou familiar submetidos por seus clientes à sua apreciação, sob o prisma do direito.
d) A função notarial tem caráter cautelar, imparcial, público e técnico.

15. (EJEF – Tabelionato e Registro-MG/2007) Serviços notariais e de registro são os de organização técnica e administrativa destinados a garantir a:

a) Publicidade, autenticidade, segurança e eficácia dos atos jurídicos.
b) Publicidade, eficiência, eficácia e segurança dos atos jurídicos.
c) Publicidade, autogestão, segurança e eficiência dos atos jurídicos.
d) Publicidade, veracidade, impessoalidade e eficácia dos atos jurídicos.

16. (UFMT – Notário-MT/2003) Nos termos da Lei dos Notários e Registradores, os serviços notariais e de registro são os de organização técnica e administrativa destinados a garantir:

a) Publicidade, autenticidade, segurança e eficácia dos atos jurídicos.
b) Publicidade, legalidade, continuidade, especialidade e unitariedade dos atos jurídicos.
c) Prioridade, preferência, precedência e segurança hipotecária.
d) Mutação jurídica que faz nascer os direitos reais em nosso sistema.
e) Autenticidade de atos e fatos jurídicos para produzir efeitos erga omnes.

17. (FGV – Notário-AM /2005) A Lei 6.015/73, que trata dos registros públicos, não prevê, expressamente, o funcionamento do:

a) Registro Civil de Pessoas Jurídicas.
b) Registro de Títulos e Documentos.
c) Registro de Imóveis.
d) Registro de Marcas e Patentes.
e) Registro Civil de Pessoas Naturais.

18. (IESES – Cartório – TJ – PB/2014) De acordo com a Lei Geral dos Registros Públicos, os serviços concernentes aos Registros Públicos visão dar:

a) Autenticidade, segurança e eficiência dos fatos jurídicos.
b) Autenticidade, segurança e eficácia dos fatos jurídicos.
c) Autenticidade, segurança e eficácia dos atos jurídicos.
d) Autenticidade, segurança e eficiência dos atos jurídicos.

19. (Vunesp – Cartório – TJ – SP/2014) Com relação aos serviços notariais e de registro, é incorreto afirmar que eles são destinados a garantir:

a) eficiência dos atos jurídicos.
b) segurança dos atos jurídicos.
c) publicidade dos atos jurídicos.
d) autenticidade dos atos jurídicos.

GAB										
	1	B	2	C	3	B	4	C	5	B
	6	C	7	A	8	D	9	B	10	A
	11	A	12	D	13	D	14	C	15	A
	16	A	17	D	18	C	19	A		

Art. 2º Os registros indicados no § 1º do artigo anterior ficam a cargo de serventuários privativos nomeados de acordo com o estabelecido na Lei de Organização Administrativa e Judiciária do Distrito Federal e dos Territórios e nas Resoluções sobre a Divisão e Organização Judiciária dos Estados, e serão feitos:

I – o do item I, nos ofícios privativos, ou nos cartórios de registro de nascimentos, casamentos e óbitos;

II – os dos itens II e III, nos ofícios privativos, ou nos cartórios de registro de títulos e documentos;

III – os do item IV, nos ofícios privativos, ou nos cartórios de registro de imóveis.

1. COMENTÁRIOS

Inicialmente, cumpre ressaltar que a palavra *cartório*, de origem latina, necessita ser contextualizada dentro do encadeamento normativo que regula, contemporaneamente, a atividade notarial e registral no Brasil. Atualmente, utiliza-se bastante o termo "serventia extrajudicial" ou "ofício extrajudicial".

Sérgio Jacomino, em estudo sobre terminologia da palavra *cartório*, pondera: "A conhecida palavra portuguesa cartório finca raízes em boa fonte greco-latina. O núcleo da palavra é CHARTÆ, CHARTA, carta, chartula. Na Idade Média, os importantes documentos notariais, alguns apógrafos, outros originais, eram conglomerados em coleções denominadas cartulários – donde cartários, do baixo latim *chartulatium*, de chartula, que vem de nos dar a belíssima cartório. De pequenas coleções depositadas em igrejas, mitras, mosteiros, arquivos reais etc., muitas vezes em pequenos arquivos ou escritórios, a palavra sofre mutações e chega, em plena maturidade, à denominação da complexa instituição encarregada do registro público, garantindo a publicidade, eficácia, autenticidade, segurança dos atos e negócios jurídicos. Essas coleções serviram também para conservar os documentos lavrados pelos tabeliães medievais, evitando-se, assim, a dispersão e é justamente a existência de cartórios que se tem permitido, ao longo dos séculos, que se possam conhecer e recompor eventualmente os documentos originais que se perderam" (A bela palavra cartório. https://cartorios.org/ 2015/04/24/a-bela-palavra-cartorio/).

O Conselho Nacional de Justiça analisou a utilização do termo "cartório" e recomendou aos Tribunais de Justiça a elaboração de proposta de projeto de lei para regulamentar a utilização dos termos "cartório" e "cartório extrajudicial", em Pedido de Providências feito pelo Estado do Sergipe, vejamos:

> **EMENTA**: PEDIDO DE PROVIDÊNCIAS. PRESTAÇÃO DE SERVIÇO CARTORIAL "ON-LINE". UTILIZAÇÃO INDEVIDA DOS TERMOS "CARTÓRIO" E "CARTÓRIO EXTRAJUDICIAL". NECESSIDADE DE REGULAMENTAÇÃO. IMPROCEDENTE.
>
> 1. Constatação de que os serviços notariais e de registro não possuem relação com as franquias prestadoras de serviços cartoriais "online".
>
> 2. Os "cartórios on-line" funcionam como espécie de despachante, recebendo os pedidos das pessoas interessadas e formalizando o requerimento junto aos serviços notariais e de registro que prestam o serviço pretendido.
>
> 3. A utilização do termo "cartório", indistintamente, por qualquer pessoa jurídica, pode gerar uma certa confusão, pois o usuário pode imaginar estar diante de um serviço público delegado pelo Poder Judiciário.
>
> 4. Recomendação para que os Tribunais de Justiça dos Estados e do Distrito Federal, iniciem a elaboração de proposta de projeto de lei para regulamentar a utilização dos termos "cartório" e "cartório extrajudicial".
>
> 5. Pedido julgado improcedente. (CNJ – Consulta nº 0004185-86.2015.2.00.0000 – Sergipe – Rel. Cons. Gustavo Tadeu Alkmim – DJ 17.06.2016)

Em âmbito estadual, o Novo Código de Normas do Estado do Mato Grosso do Sul, em seu art. 990, disciplinou a temática nos seguintes termos:

> **Art. 990, CNMS.** É vedado ao oficial de registro civil das pessoas jurídicas efetivar:
>
> I - registro ou alteração de atos constitutivos de pessoas jurídicas privadas cuja nomenclatura apresente as palavras "Cartório", "Tribunal", "Registro", "Notário", "Tabelionato" ou "Ofício", suas derivações ou quaisquer outras que possam induzira coletividade a erro quanto ao exercício das atividades desenvolvidas por entidades privadas, confundindo-as com órgãos judiciais, serviços notariais e de registro ou entidades representativas dessas classes.

No mesmo sentido, a Lei Estadual n. 3.507/2019 de Tocantins disciplinou o uso dos termos cartório no âmbito do estado, vedando inclusive o uso do nome por despachantes ou pessoas físicas e jurídicas. Veja-se:

> **Art. 1º** Esta Lei disciplina o uso dos termos cartório e cartório extrajudicial, no âmbito do Estado do Tocantins.
>
> § 1º Para os efeitos desta Lei, considera-se:
>
> I - cartório extrajudicial: repartição, local ou estabelecimento onde pessoas físicas realizam, por delegação do Estado e sob sua supervisão, serviço notarial ou de registro, todos os dias úteis, com expediente único em todo o Estado do Tocantins; e
>
> II - despachante: pessoa física ou pessoa jurídica de direito privado que realiza serviços de encaminhamento de documentos, desembaraço de negócios e/ou intermediação de atos particulares, em órgãos e agentes da Administração Pública Direta e Indireta, agentes públicos e cartórios.
>
> **Art. 2º** As denominações cartório e cartório extrajudicial são exclusivas daqueles que exercem serviços notariais e de registro como delegatários de serviços públicos, nos termos da Lei Federal 8.935, de 18 de novembro de 1994, ressalvado o disposto no § 2º do art. 1º desta Lei.
>
> **Art. 3º** É vedado aos despachantes ou a qualquer outro tipo de pessoa física ou jurídica assemelhada:
>
> I - utilizar os termos cartório ou cartório extrajudicial no seu nome empresarial, firma, denominação ou nome fantasia; e
>
> II - fazer qualquer menção aos termos cartório ou cartório extrajudicial para descrever seus serviços, materiais de expediente, de divulgação e de publicidade, na internet ou em qualquer outro meio eletrônico, digital, impresso, de som ou imagem.
>
> **Art. 4º** É vedado à Junta Comercial do Estado do Tocantins (JUCETINS):
>
> I - efetuar qualquer registro de pessoa jurídica que utilize os termos cartório ou cartório extrajudicial no seu nome empresarial firma denominação ou nome fantasia;
>
> II - arquivar qualquer documento de constituição, alteração, dissolução e extinção de pessoa jurídica que utilize os termos cartório ou cartório extrajudicial em seu nome empresarial ou faça menção em documento que presta serviços de cartório ou de cartório extrajudicial.
>
> Parágrafo único. A JUCETINS deverá desarquivar os documentos que afrontam as normas estabelecidas nesta Lei, no prazo de 90 (noventa) dias.

Demais disso, encontra-se em análise no Congresso Nacional um oportuno projeto de lei que visa coibir o uso indevido da palavra "cartório" por empresas e pessoas que não possuam delegação estatal, na forma do artigo 236 da Constituição Federal, para a realização dos serviços públicos de notas e registro.

As serventias extrajudiciais são os locais onde funcionam os serviços notariais (tabelionatos) e de registro (ofícios de registro).

A Lei de Registros Públicos, data de 1973, foi confeccionada sob a égide de outro ordenamento constitucional durante o regime militar. Dessa forma, muitos dispositivos dessa lei não foram recepcionados pela Carta Magna de 1988, nem foram expressamente retirados de seu texto. Cabe ao intérprete fazer esta análise, tendo como parâmetro os princípios e diretrizes da Carta Constitucional de 1988.

O art. 2º da Lei n. 6.015/1973 foi **recepcionado** pela Constituição Federal de 1988, apenas quanto ao seu **sentido geral,** pois o art. 236 da Carta Magna estabelece que "os serviços notariais e de registros são exercidos em caráter privado, por delegação do Poder Público".

Os registros públicos e notariais são atividades que constituem **funções públicas** e, por força do disposto no art. 236 da Constituição Federal, não são executadas diretamente pelo Estado, mas sim, por meio de **delegação (e não concessão)**. Nesse contexto, o Estado mantém a titularidade e transfere apenas o poder de prestar o serviço. Essa temática foi minuciosamente estudada nos comentários do art. 1º desta Lei de Registros Públicos.

O art. 2º em comento também foi **revogado, em parte**, pela Lei dos Notários e Registradores (Lei 8.935/1994), pois essa lei federal estabelece as regras gerais a respeito, podendo ser complementadas pelas normas estaduais ou distritais. Assim, o art. 14 estabelece a forma de ingresso na atividade notarial e de registros públicos. A delegação para o exercício dessas atividades depende dos seguintes requisitos:

a) habilitação em concurso público de provas e títulos;
b) nacionalidade brasileira;
c) capacidade civil;
d) quitação com as obrigações eleitorais e militares;
e) diploma de bacharel em direito;
f) verificação de conduta condigna para o exercício da profissão.

Em igual sentido, a Resolução CNJ n 81/2009, que dispõe **sobre os concursos públicos de provas e títulos:**

> Art. 7º São requisitos para inscrição no concurso público, de provimento inicial ou de remoção, de provas e títulos, que preencha o candidato os seguintes requisitos:
>
> I - nacionalidade brasileira;
>
> II - capacidade civil;
>
> III - quitação com as obrigações eleitorais e militares;
>
> IV - ser bacharel em direito, com diploma registrado, ou ter exercido, por dez anos, completados antes da publicação do primeiro edital, função em serviços notariais ou de registros;
>
> V - comprovar conduta condigna para o exercício da atividade delegada.

A Resolução CNJ n. 575/2024 alterou a Resolução 81/2009 e acrescentou o seguinte requisito:

> VI – apresentar comprovante de aprovação no Exame Nacional dos Cartórios, válido no dia do pedido de inscrição, para os concursos com edital de abertura publicado a partir da entrada em vigor desta norma.

Os concursos serão realizados pelo **Poder Judiciário**, com a participação, em todas as suas fases, da **Ordem dos Advogados do Brasil, do Ministério Público, de um notário e de um registrador.** Os candidatos **não bacharéis** em direito que tenham completado, até a data da primeira publicação do edital do concurso de provas e títulos, dez anos de exercício em serviço notarial ou de registro também poderão concorrer.

As vagas serão preenchidas **alternadamente, duas terças** partes por concurso público de **provas e títulos** e uma **terça parte** por meio de **remoção** também mediante **provas e títulos**, não obstante a lei falar somente em títulos, como já decidiu o Conselho Nacional de Justiça, que entendeu que "uma das diretrizes desse Conselho é zelar pela eficiência, de modo que um concurso feito com provas e títulos seleciona pessoas melhor qualificadas". Não é permitido que qualquer serventia notarial ou de registro fique vaga, sem abertura de concurso de provimento inicial ou de remoção, por mais de seis meses. Ao concurso de remoção somente serão admitidos titulares que exerçam a atividade por mais de dois anos.

Dessa maneira, o ingresso na atividade notarial e de registro depende de concurso público de provas e títulos, inclusive nas **remoções.** Não se encontra na Carta Maior autorização para simples concurso de títulos ou atividade discricionária. A Lei Fundamental deixa claro que só existem duas modalidades passíveis de adoção no concurso de remoção a que se refere o § 3º de seu artigo 236, quais sejam, concurso público de provas ou de provas e títulos. Essa regra também é extraída do inciso II do art. 37.

É comum encontrar julgados em que pessoas que não assumiram a serventia extrajudicial por meio de concurso público invocam a regra do art. 54 da Lei 9.784/1999 (prazo decadencial de 5 anos para revisão de atos administrativos). No entanto, a situação em exame tem outra conformação. A Constituição ordena a sujeição ao concurso público a quem não ostente essa condição de acesso à serventia ocupada, ordem essa que não está sujeita a prazo de qualquer natureza, não podendo se cogitar a convalidação dos atos ou fatos que persistem em descumpri-la. Portanto, não há sentido algum em se debater a respeito da decadência nessas hipóteses.

Em suma, o art. 54 da Lei 9.784/1999 não se aplica a situações inconstitucionais, em que houve a delegação de serventia extrajudicial sem a prévia realização do devido concurso público (Rel. Min. RICARDO LEWANDOWSKI, Plenário, DJe de 21.02.2013), ocasião em que a Corte decidiu, por unanimidade, que o exame da investidura na titularidade de cartório sem concurso público não está sujeito ao prazo previsto no art. 54 da Lei 9.784/1999.

Com efeito, a partir de 05.10.1988, o requisito constitucional do concurso público é inafastável em ambas hipóteses de delegação de serventias extrajudiciais e sem a incidência de prazo decadencial.

Cumpre informar também que no exercício da atribuição constitucional do art. 103-B, § 4º, II, da Constituição Federal, o CNJ pode declarar a vacância da serventia titularizada pela parte recorrente em cumprimento ao parágrafo único do art. 2º da Resolução 80, editada, segundo consta das informações, com a finalidade de identificar os atos utilizados para o provimento dos milhares de serviços notariais e de registro existentes no País, verificar quais desses serviços estão ocupados em desacordo com o sistema jurídico vigente e explicitar, mediante decisões administrativas de caráter individualizado e uniforme, aqueles que devem ser submetidos a concurso público para regular provimento.

Com efeito, o ato do CNJ que interfere na atuação irregular do Tribunal submetido ao seu controle administrativo não assume o sentido estrito do controle de constitucionalidade, mas significa zelar pela supremacia da Constituição Federal, estando, portanto, em estrita consonância com o preceito do art. 236, § 3º, da Constituição, e com a jurisprudência deste Tribunal.

Em uma decisão recente, o STF novamente proibiu a remoção nos serviços notariais baseada apenas em prova de títulos. Para o Plenário, artigo da Lei dos Cartórios infringe a regra constitucional que exige concurso de provas e títulos tanto para provimento inicial quanto para remoção. Por unanimidade, o Plenário do Supremo Tribunal Federal (STF) declarou inconstitucional o dispositivo da Lei dos Cartórios que permite a remoção apenas com prova de títulos nos concursos para atividades notariais e de registro. A decisão foi tomada durante o julgamento da Ação Declaratória de Constitucionalidade (ADC) 14.

A Associação dos Notários e Registradores do Brasil (Anoreg/BR), autora da ação, solicitava a declaração de constitucionalidade do artigo 16 da Lei dos Cartórios (Lei 8.935/1994, conforme alterada pela Lei 10.506/2002). Segundo a entidade, os Tribunais de Justiça têm gerado insegurança jurídica ao recusarem a aplicação desse dispositivo.

A ministra Rosa Weber, relatora do processo, em seu voto pela improcedência do pedido, esclareceu que a remoção não é uma **mera transferência de localidade, mas sim uma nova investidura**, onde os mesmos serviços vagos são disputados, em concurso unificado, por candidatos ao provimento inicial e à remoção.

Também foi destaque nos esclarecimentos da ministra que a própria Constituição Federal (art. 236, § 3º) estabeleceu o concurso de provas e títulos como requisito de ingresso, por provimento inicial ou remoção, na atividade notarial e registral, em razão da relevância e da complexidade dessa função pública. Por fim, ela lembrou que tanto a jurisprudência do STF quanto a Resolução 81/2009 do Conselho Nacional de Justiça (CNJ) estão alinhadas com essa diretriz.

Levando em consideração a segurança jurídica, o Plenário decidiu pela validade das remoções realizadas com base na norma considerada inconstitucional, desde que essas remoções tenham sido precedidas por concursos públicos exclusivamente de títulos, iniciados e concluídos com a publicação da lista de aprovados, durante o período entre a entrada em vigor da Lei 10.506/2002 (9 de julho de 2002) e a emissão da Resolução 81/2009 do CNJ (9 de junho de 2009).

Sobre a Resolução CNJ n. 81/2009, esclarece-se que o tema será estudado nesta obra nas disposições da Lei 8.935/1994.

Em resumo, os serviços notariais e de registro são exercidos por bacharéis em Direito (ou por não bacharéis em direito que tenham completado, até a data da primeira publicação do edital do concurso de provas e títulos, dez anos de exercício em serviço notarial ou de registro), em caráter privado, mediante delegação do Poder Público, outorgada em razão de aprovação em concurso público de provas e títulos. Esses serviços estão sujeitos ao regime jurídico estabelecido na Constituição Federal, nas Leis n. 6.015/1973 e n. 8.935/1994, que definem sua organização, funcionamento, competência e atribuições, bem como na supracitada Resolução CNJ n. 81/2009.É tempestivo esclarecer ainda que o adjetivo "privativo" utilizado nos incisos do dispositivo em comento significa "exclusivo" ou "próprio". Existem várias espécies de registradores, com **atribuições e competências diferentes**. Assim, o serviço será executado com exclusividade pelo serventuário ao qual foi delegado. Nas palavras de Antonio Macedo de Campos, "ofício privativo é aquele próprio ou exclusivo de determinado serventuário e somente por ele pode ser exercido, ao passo que se entende por cartório o lugar onde, privativamente, o serventuário de justiça exerce seu ofício" (Comentários à Lei de Registros Públicos. 2ª ed. Bauru: Javoli, 1981. Vol. 1, p. 40-41).

Por fim, ainda sobre os incisos do art. 2º, já analisamos de forma breve nos comentários do artigo anterior, as competências de cada serventia. Voltaremos a estudá-las ao longo deste trabalho.

2. JURISPRUDÊNCIA COMPLEMENTAR

⊙ CONSELHO NACIONAL DE JUSTIÇA

EMENTA: Extrajudicial – Pedido de Providências – Concurso de remoção irregular, realizado entre 05/10/1988 e 10/07/2002 (publicação da Lei nº 10.506/2002), regido por normas estaduais incompatíveis com a Constituição Federal de 1988 – Vacância determinada pela Corregedoria Nacional, no ano de 2010 e no ano de 2015 – Questão jurisdicionalizada e apreciada pelo STF, no Mandado de Segurança nº 29.063 e na Ação Rescisória nº 2.690 – Coisa julgada formada no âmbito jurisdicional – Ausência de fato novo juridicamente relevante – Reiteração, em seara administrativa, de pretensão manifestamente rescisória.

1. A partir de 05/10/1988, consubstancia-se em manifesta afronta ao princípio republicano da impessoalidade e à estrita legalidade administrativa, a assunção da titularidade de serventia extrajudicial vaga por pessoa que não tenha conquistado aprovação e classificação assecuratórias de direito à serventia assumida, em prévio concurso público regular, realizado nos termos da CF/1988. Pela intensidade do vício, a afronta constitui-se em ato nulo e não simplesmente anulável. Não há direito adquirido contra a Constituição Federal.

2. O Plenário do STF assentou entendimento pelo qual o prazo decadencial quinquenal do artigo 54 da Lei n. 9.784/1999 não se aplica à revisão de atos de delegação de serventia extrajudicial que tenham sido editados após 05/10/1988, sem observância do requisito previsto no artigo 236, §3º da Constituição Federal.

3. Para o interregno firmado entre 05/10/1988 e 09/07/2002 (dia anterior ao de publicação da Lei n. 10.506/2002), o autoaplicável artigo 236, § 3º da Constituição Federal exige concurso público regular, de provas e títulos, para o ingresso na atividade notarial e de registro, sem fazer qualquer distinção entre provimento ou remoção. *"Em*

outras palavras, o espírito da mencionada disposição constitucional é o de estabelecer que o ingresso na titularidade de uma serventia, seja por provimento, seja por remoção, depende de aprovação em concurso público de provas e títulos". (MS 32.841-MC/PR, Rel. Ministro Luís Fux, j. 27/03/2014).

4. São irregulares, as ocupações de serventias extrajudiciais, realizadas entre 05/10/1988 e 09/07/2002, sob regência de normas estaduais incompatíveis com a Constituição Federal, que permitiram ingressos não antecedidos por concursos públicos de provas e títulos e/ou antecedidos tão-somente por concursos de títulos, circunstanciados por discricionariedade e/ou ausência de critérios objetivos nas seleções de candidatos às remoções. *Este entendimento também foi adotado, pela Corregedoria Nacional, em 09/07/2010, nos autos do PP n. 000384-41.2010.2.00.0000, para composição da relação definitiva de serventias vagas, integrada por mais de 390 serventias extrajudiciais, associadas a remoções incompatíveis com a Constituição Federal de 1988. Continua sendo adotado, desde então.*

5. A eficácia da Lei n. 13.489/2017, cujo texto ordena expressa observância dos termos da CF/1988, tem como pressuposto a autoaplicabilidade do artigo 236, §3º da Carta Federal vigente e não configura fato novo, em si apto à modificação do julgamento que foi deferido, ainda no ano de 2010, pela Corregedoria Nacional, para a remoção irregular a que o recorrente se sujeitou.

6. A menos que se pretenda inverter o sentido da estrutura hierárquica das normas, de modo a se interpretar a Constituição Federal a partir da legislação ordinária, lei não pode ter o alcance de convalidar atos administrativos inconstitucionais por natureza, porque frontal e diretamente ofensivos a dispositivos expressos da Lei Maior. A eficácia da Lei n. 13.489/2017 está adstrita à autoaplicabilidade do artigo 236, 3º da Constituição Federal.

7. Caso concreto no qual a pretensão do recorrente em ver-se investido na titularidade de serventia extrajudicial para a qual foi irregularmente removido, entre 05/10/1988 e 09/07/2002, sem prévio e concurso público de provas e títulos, foi expressamente afastada: a) em decisões administrativas anteriores produzidas pelo CNJ, nos autos do PP 0000384-41.2010.2.00.000 (em 21/01/2010, em 09/07/2010; e em 19/08/2015); e b) em decisões jurisdicionais, proferidas nos autos do Mandado de Segurança n. 29.063 e da Ação Rescisória n. 2.690, que tiveram seguimento negado por decisões que transitaram em julgado nos dias 16/02/2017 e 21/08/2020.

8. O efeito rescisório pretendido nestes autos, para decisões administrativas e para decisões jurisdicionais, não pode ser admitido, constitui-se em ofensa à autoaplicabilidade do artigo 236, §3º, à coisa julgada administrativa e à preclusão incidente sobre todas e quaisquer teses que não tenham sido, em tempo e modo, apresentadas ao debate, inclusive sobre aquela lastreada em suposta violação ao princípio da isonomia.

9. Apelo a que se nega provimento (CNJ – Pedido de Providências nº 0004416-74.2019.2.00.0000 – Rio de Janeiro – Rel. Min. Maria Thereza de Assis Moura – DJ 12.09.2022)

EMENTA: Extrajudicial – Pedido de Providências – Responsável interino, designado em 20/10/1988 – Serventia alocada, por erro, desde o ano de 2010, na relação de serventias providas – Autoaplicabilidade do §3º do artigo 236 da CF/1988 – Eficácia da Resolução CNJ nº 80/2009 – Inexistência de direito adquirido contra a Constituição – Decadência não configurada – Vacância de serventia declarada em agosto/2019 – Recurso improvido.

1. A partir de 05/10/1988, consubstancia-se em manifesta afronta ao princípio republicano da impessoalidade e à estrita legalidade administrativa, a assunção da titularidade de serventia extrajudicial vaga por pessoa que não tenha conquistado aprovação e classificação assecuratórias de direito à serventia assumida, em prévio concurso público regular, realizado nos termos da CF/1988. Pela intensidade do vício, a afronta constitui-se em ato nulo e não simplesmente anulável. Não há direito adquirido contra a Constituição Federal.

2. O Plenário do STF assentou entendimento pelo qual o prazo decadencial quinquenal do artigo 54 da Lei nº 9.784/1999 não se aplica à revisão de atos de delegação de serventia extrajudicial que tenham sido editados após 05/10/1988, sem observância do requisito previsto no artigo 236, §3º da Constituição Federal.

3. Para o interregno firmado entre 05/10/1988 e 09/07/2002 (data de publicação da Lei nº 10.506/2002), o autoaplicável artigo 236, § 3º, da Constituição Federal, exige concurso público regular, de provas e títulos, para o ingresso na atividade notarial e de registro, sem fazer qualquer distinção entre provimento ou remoção. *"Em outras palavras, o espírito da mencionada disposição constitucional é o de estabelecer que o ingresso na titularidade de uma serventia, seja por provimento, seja por remoção, depende de aprovação em concurso público de provas e títulos".* (MS 32.841-MC/PR, Rel. Ministro Luís Fux, j. 27/03/2014).

4. São irregulares as ocupações de serventias extrajudiciais, realizadas a partir de 05/10/1988, sob regência de normas estaduais incompatíveis com a Constituição Federal, que permitiram ingressos por provimento não antecedidos por concurso público de provas e títulos. Este entendimento também foi adotado, pela Corregedoria Nacional, em 09/07/2010, nos autos do PP nº 000384-41.2010.2.00.0000, para composição da relação definitiva de serventias vagas, integrada por mais de 1.500 serventias extrajudiciais, à época associadas a responsáveis não previamente aprovados em concursos públicos regulares.

5. A Administração Pública não apenas pode, como deve – anular seus próprios atos, quando eivados de vícios que os tornem ilegais, porque deles não se originam direitos (Lei 9.784/1999, artigo 53 e Súmulas 346 e 473 do STF). Caso concreto circunstanciado pelo reconhecimento de nulidade de decisões anteriores, passadas em 21/01/2010 e em 09/07/2010, também de lavra da Corregedoria Nacional que, por erros na análise de fatos, não observaram o comando constante do artigo 236, § 3º da Constituição Federal, relativamente à serventia extrajudicial que, desde 20/10/1988, está ocupada por responsável, expressamente nomeado de forma interina, considerado titular por erro no exame da matéria fático-probatória, uma vez que nunca esteve investido nas funções de delegatário mediante regular e prévio concurso público de provas e títulos.

6. Recurso administrativo a que se nega provimento. (CNJ – Pedido de Providências nº 0004734-57.2019.2.00.0000 – Alagoas – Rel. Min. Maria Thereza de Assis Moura – DJ 25.03.2022)

EMENTA: RECURSO ADMINISTRATIVO. SERVENTIA EXTRAJUDICIAL PROVIDA SEM CONCURSO PÚBLICO. IMPOSSIBILIDADE. ART. 236, § 3º, DA CF/88. DELEGAÇÃO DISCUTIDA JUDICIALMENTE. MATÉRIA ACOBERTADA PELO MANTO DA COISA JULGADA. AUSÊNCIA DE CUMPRIMENTO DE DEVERES INERENTES À INTERINIDADE. QUEBRA DE CONFIANÇA. AFASTAMENTO. 1. É inconstitucional o provimento de serventia extrajudicial sem a efetivação de concurso público de provas e títulos – art. 236, § 3º, da Constituição Federal de 1988.

2. A delegação irregular da serventia extrajudicial já foi discutida judicialmente em mais de uma oportunidade, o que acarreta a coisa julgada e impede uma nova discussão acerca do tema administrativamente. 3. O descumprimento de deveres inerentes à interinidade acarreta a quebra da confiança, que leva ao afastamento do interino (CNJ – Pedido de Providências nº 0011149-90.2018.2.00.0000 – Mato Grosso – Rel. Cons. Humberto Martins – DJ 23.07.2020)

EMENTA: Recurso administrativo – Edital de concurso público – Serventias extrajudiciais (cartórios) – Prova de títulos de especialização – Marco temporal para aquisição de títulos coincidente com data de publicação da peça convocatória – Ausência de ilegalidade – Recurso não provido – 1. Não há ilegalidade na regra editalícia que considera a data da publicação da peça convocatória como marco temporal para a aquisição de todos os títulos – 2. A faculdade de estabelecimento de marco temporal posterior, coincidente com a etapa de apresentação de títulos, não conduz à conclusão de que a comissão de concurso deve considerar outros marcos temporais, distintos da publicação do edital – 3. A redação do item 7.1 da minuta anexa à Resolução nº 81/2009 do CNJ refere-se à obrigatoriedade de previsão correspondente à publicação da peça convocatória para os títulos previstos nos incisos I e II. Quanto aos títulos previstos nos incisos III a VII, é permitida a discricionariedade – 4. Recurso conhecido e não provido. (CNJ – Procedimento de Controle Administrativo nº 0006357-64.2016.2.00.0000 – Maranhão – Rel. Cons. Daldice Santana – DJ 27.06.2017)

▸ **EMENTA:** PEDIDO DE PROVIDÊNCIAS. **PRESTAÇÃO DE SERVIÇO CARTORIAL "ON-LINE".** UTILIZAÇÃO INDEVIDA DOS TERMOS "CARTÓRIO" E "CARTÓRIO EXTRAJUDICIAL". NECESSIDADE DE REGULAMENTAÇÃO. IMPROCEDENTE. 1. Constatação de que os serviços notariais e de registro não possuem relação com as franquias prestadoras de serviços cartoriais "on-line". 2. Os "cartórios on-line" funcionam como espécie de despachante, recebendo os pedidos das pessoas interessadas e formalizando o requerimento junto aos serviços notariais e de registro que prestam o serviço pretendido. 3. A utilização do termo "cartório", indistintamente, por qualquer pessoa jurídica, pode gerar uma certa confusão, pois o usuário pode imaginar estar diante de um serviço público delegado pelo Poder Judiciário. 4. Recomendação para que os Tribunais de Justiça dos Estados e do Distrito Federal, iniciem a elaboração de proposta de projeto de lei para regulamentar a utilização dos termos "cartório" e "cartório extrajudicial". 5. Pedido julgado improcedente.

ACÓRDÃO: O Conselho, por unanimidade, julgou improcedente o pedido, nos termos do voto do Relator. Plenário Virtual, 7 de junho de 2016. Votaram os Excelentíssimos Senhores Conselheiros Ricardo Lewandowski, Nancy Andrighi, Lelio Bentes, Carlos Levenhagen, Daldice Santana, Gustavo Tadeu Alkmim, Bruno Ronchetti, Fernando Mattos, Carlos Eduardo Dias, Rogério Nascimento, Arnaldo Hossepian, Norberto Campelo e Luiz Claudio Allemand. Ausente, em razão de posse em outro cargo público, o representante do Senado Federal. Não votou o Excelentíssimo Senhor Conselheiro Emmanoel Campelo.

RELATÓRIO: Trata-se de Pedido de Providências formulado pela Corregedoria Geral de Justiça do Estado de Sergipe, por meio da qual insta o Conselho Nacional de Justiça a manifestar-se sobre a possibilidade de os serviços notariais e de registro manterem relação com franquias prestadoras de serviços cartoriais "on-line" (Cartórios – Serviços cartoriais especializados de Sergipe, Cartório Postal, Cartório Mais, Cartório Expresso, Rede Cartório Fácil, Cartório 24 horas).

Informa que tais estabelecimentos se intitulam "empresas do segmento cartorário", mas que o serviço disponibilizado não encontra previsão legal. Entende que a intermediação dos serviços notariais e de registro é incompatível com o exercício da atividade notarial e registral, conforme prevê o art. 25, da Lei 8.935/94. Menciona que "a intermediação pode gerar concorrência desleal, principalmente entre os Tabelionatos de Notas, onde é livre a escolha pelo usuário. Assim, um eventual direcionamento de serviços pela franquia para um cartório específico, por exemplo, seria indevido". Informa, ainda, que a empresa "Cartório 24 horas" foi criada pela Associação de Notários e Registradores do Brasil – ANOREG.

Os autos foram remetidos à Corregedoria Nacional de Justiça, diante da certidão de prevenção acostada pela secretaria processual (Id 1777289).

A Corregedora manifestou-se pela inexistência de relação entre os fatos deste procedimento com os do Pedido de Providências nº 0003814-25.2015.2.00.0000, que tramita naquele órgão correicional, pelo que determinou o retorno dos autos a este Relator.

Ao receber novamente o feito, determinei a intimação dos Tribunais de Justiça dos Estados e do Distrito Federal para manifestação sobre a eventual existência de procedimentos que versassem sobre a matéria aqui tratada e informassem se há notícias de vinculação entre os serviços notariais e de registro e os serviços prestados pelos cartórios "on-line". Com exceção do Tribunal de Justiça do Estado do Amazonas, todos os demais manifestaram-se.

Os Tribunais demonstraram inexistir vínculo entre a prestação de serviço notarial e de registro com as franquias que intermediam tal serviço de forma "on-line".

O Tribunal de Justiça do Estado do Paraná – TJPR informou que nenhuma serventia extrajudicial mantém convênio com terceiros prestadores de serviços para o fornecimento de certidão ou documentos quaisquer. Alega que os sistemas atualmente disponibilizados constituem centrais de atendimento para fornecimento de certidões on-line, sendo administradas por entidades tais como ANOREG e IRPEN. Informa, ainda, a existência do expediente nº 2002.00157573, por meio do qual o então presidente da ANOREG-PR solicitou à Corregedoria Geral de Justiça do Estado do Paraná autorização para implantação do projeto "Cartório 24 horas" (Id 1855216).

Já o Tribunal de Justiça do Estado do Ceará – TJCE apresentou entendimento no sentido de que as atividades desenvolvidas pelas empresas indicadas são ilegais, pois tais estabelecimentos não são legalmente constituídos no Judiciário estadual respectivo (Id 1815132).

O Tribunal de Justiça do Estado de Rondônia –TJRO informa que está em tramitação proposta de projeto de lei dispondo que as denominações "cartório" e "cartório extrajudicial" passem a ser exclusivos das serventias extrajudiciais (Id 1814991), enquanto que o Tribunal de Justiça do Estado de Santa Catarina – TJSC informa a existência da Lei Estadual nº 16.578, de janeiro de 2015, que regulamenta a utilização dos termos "cartório", "cartório extrajudicial" e "despachante" (Id 1803189).

É o relatório.

VOTO: De plano, determino a alteração da classe processual do procedimento para Pedido de Providências, por não se enquadrar na previsão constante do art. 89 e seguintes do Regimento Interno do CNJ, em razão de a problemática trazida não representar dúvida na aplicação de dispositivos legais e regulamentares concernentes à matéria.

Cuida-se de procedimento destinado a avaliar a relação dos "cartórios on-line" com a atuação das serventias extrajudiciais.

Após detida análise dos autos e atento às informações prestadas pelos Tribunais de Justiça dos Estados e do Distrito Federal, é possível extrair que esses "cartórios on-line" funcionam como espécie de despachante, recebendo os pedidos das pessoas interessadas e formalizando o requerimento junto aos cartórios que prestam o serviço pretendido. Atuam, portanto, na esfera privada, pois, como dito, apenas coletam as demandas a partir de solicitações feitas através de mecanismo eletrônico – *sites* de cartórios virtuais.

Com o pedido recebido através dos sítios eletrônicos, essas empresas fazem a solicitação do documento junto à determinada serventia extrajudicial para viabilizar a emissão e o valor cobrado agrega tanto o valor do cartório, quanto a taxa de serviço cobrada pelos *sites*.

Como se verifica, a atividade prestada pelos cartórios virtuais tem caráter eminentemente privado, não estando comprovada qualquer vinculação com o exercício da atividade notarial e de registro, desempenhada pelos delegatários do serviço público.

Dessa forma, não vislumbro no aspecto qualquer hipótese de violação ao disposto no art. 25, da Lei 8.935/94, pois, como demonstrado, não há vinculação entre o exercício da atividade notarial e de registro com o exercício da intermediação de seus serviços.

Como não há ligação entre a prestação de serviços extrajudiciais e a atuação dos cartórios virtuais, por ser esta última, atividade de caráter privado, não há falar em controle a ser realizado pelo Conselho Nacional de Justiça, nos termos do que dispõe o § 4º, do art. 103-B, da Constituição Federal.

Aliás, essa foi a mesma conclusão a que chegou a Corregedoria Nacional de Justiça, no julgamento do Pedido de Providências nº 0003814-25.2015.2.00.0000, ao entender que o fato de o responsável pelo *site* "cartório virtual", Marcelo Lages Ribeiro de Carvalho, não ser notário e nem possuir qualquer vínculo com o Poder Judiciário "afasta qualquer possibilidade da Corregedoria interferir na venda de dado sigiloso realizada pelo site 'Cartório Virtual', visto que a competência material do Conselho Nacional de Justiça abrange tão somente órgãos e autoridades do Poder Judiciário".

Não obstante esse entendimento, determinou o encaminhamento do expediente à Polícia Federal para apuração de eventual prática de delito pelo responsável pelo sítio eletrônico referido, considerando a utilização indevida do Brasão da República ao lado da expressão "Cartório Virtual", por transmitir aos usuários "a falsa ideia de que estão acessando um site oficial do Poder Judiciário".

Nesse ponto, concordo com o voto da Corregedora, que a utilização do termo "cartório" possa gerar uma certa confusão, pois o usuário pode imaginar estar diante de um serviço delegado pelo Poder Judiciário, além de reforçar "a aparência de oficialidade ao Cartório

Virtual, visto que tal signo é associado, na prática jurídica, ora aos denominados Cartórios de Justiça (...), ora aos Órgãos do Foro Extrajudicial (...)[1]".

Os Tribunais de Justiça dos Estados de Santa Catarina e de Rondônia já se deram conta que a utilização do termo "cartório" não é adequado para essas empresas prestadoras de serviços típicos de despachante, tanto que editaram ou estão em fase de edição de atos normativos destinados a regulamentar as denominações relacionadas com esse tipo de atividade. Como se extrai do relatório, o TJRO informa que está em tramitação proposta de projeto de lei dispondo que as denominações "cartório" e "cartório extrajudicial" passem a ser exclusivos das serventias extrajudiciais (Id 1814991), enquanto que o TJSC informa a existência da Lei Estadual nº 16.578, de janeiro de 2015, que regulamenta a utilização dos termos "cartório", "cartório extrajudicial" e "despachante" (Id 1803189).

Como forma de evitar que esses "cartórios virtuais" utilizem indiscriminadamente os termos "cartório" e "cartório extrajudicial", **recomendo** que os Tribunais de Justiça dos Estados e do Distrito Federal, providenciem a elaboração de proposta de projeto de lei com vistas a regulamentação da utilização das expressões "cartório" e "cartório extrajudicial", nos moldes da Lei Estadual de Santa Catarina nº 16.578/2015, como forma de proteger o usuário do serviço extrajudicial e conferir clareza na informação divulgada pelas empresas privadas que se propõe a intermediar a entrega dos documentos emitidos pelos serviços notariais e de registro.

Ante o exposto, **julgo improcedente** o pedido, por não verificar relação entre a atuação das franquias prestadoras de serviços cartoriais "on-line" (Cartórios – Serviços cartoriais especializados de Sergipe, Cartório Postal, Cartório Mais, Cartório Expresso, Rede Cartório Fácil, Cartório 24 horas) com as serventias extrajudiciais, delegadas pelo Poder Judiciário.

Fica a recomendação para que os Tribunais de Justiça dos Estados e do Distrito Federal, com exceção dos Tribunais de Justiça dos Estados de Santa Catarina e Rondônia, iniciem a elaboração de proposta de projeto de lei para regulamentar a utilização dos termos "cartório" e "cartório extrajudicial".

Intimem-se os Tribunais de Justiça dos Estados e do Distrito Federal do teor desta decisão, para conhecimento. Após as intimações de praxe, arquivem-se os autos.

É como voto.

Brasília, 3 de março de 2016.

GUSTAVO TADEU ALKMIM

Conselheiro Relator

EMENTA: RECURSO ADMINISTRATIVO EM PROCEDIMENTO DE CONTROLE ADMINISTRATIVO. CONCURSO PARA PROVIMENTO E REMOÇÃO NA ATIVIDADE NOTARIAL E DE REGISTRO. PROVA ESCRITA ÚNICA PARA OS CRITÉRIOS DE REMOÇÃO E PROVIMENTO. POSSIBILIDADE.

1. Trata-se de Recurso Administrativo em Procedimento de Controle Administrativo contra Decisão Monocrática que julgou improcedente PCA contra ato do Presidente da Comissão do Concurso para Ingresso, por Provimento ou Remoção, na Atividade Notarial e de Registro do Estado de Santa Catarina.

2. Insurge-se o requerente, em síntese, contra dispositivo do Edital do Concurso que não faz distinção entre as provas escritas utilizadas em cada um dos critérios (provimento e remoção).

3. Inexiste previsão na Resolução nº 81, de 9 de junho de 2009, de que as provas escritas sejam necessariamente diferentes. Ao contrário, porque essa previsão consta apenas para as provas objetivas, o silêncio da Resolução parece indicar que é possível a realização de apenas uma prova para ambos os concursos. Essa orientação, embora não tenha sido diretamente enfrentada por este Conselho, exsurge de casos em que, examinando a legalidade de todo o certamente, o Plenário não vislumbrou irregularidade na disposição de edital que preveja, na etapa subjetiva, apenas uma prova para ambos os critérios, provimento e remoção.

4. Embora tempestivo, deve o presente Recurso ser desprovido. (CNJ – Procedimento de Controle Administrativo nº 0001998 – 76.2013.2.00.0000 – Santa Catarina – Rel. Cons. José Roberto Neves Amorim – DJ 02.08.2013)

SUPREMO TRIBUNAL FEDERAL

EMENTA: A atividade notarial e registral, ainda que executada no âmbito de serventias extrajudiciais não oficializadas, constitui, em decorrência de sua própria natureza, função revestida de estatalidade, sujeitando-se, por isso mesmo, a um regime estrito de direito público. A possibilidade constitucional de a execução dos serviços notariais e de registro ser efetivada "em caráter privado, por delegação do poder público" (CF, art. 236), não descaracteriza a natureza essencialmente estatal dessas atividades de índole administrativa. As serventias extrajudiciais, instituídas pelo poder público para o desempenho de funções técnico-administrativas destinadas "a garantir a publicidade, a autenticidade, a segurança e a eficácia dos atos jurídicos" (Lei 8.935/1994, art. 1º), constituem órgãos públicos titularizados por agentes que se qualificam, na perspectiva das relações que mantêm com o Estado, como típicos servidores públicos. [ADI 1.378 MC, rel. min. Celso de Mello, j. 30-11-1995, P, *DJ* de 30-5-1997.]

EMENTA: Art. 32 do ADCT da Constituição do Estado do Espírito Santo em flagrante contrariedade com o § 3º do art. 236 da CF/1988. Injustificável o direito de opção dos escreventes juramentados pelo regime jurídico dos servidores públicos civis pelo fato de não haver necessidade de realização de concurso público para o preenchimento dos referidos cargos. Declarada a inconstitucionalidade do art. 32 do ADCT da Constituição do Estado do Espírito Santo, tendo em vista que tal dispositivo faculta o acesso daqueles que exercem atividade de livre nomeação ao regime de servidor público, sem a realização do devido concurso público. Precedentes: ADI 417, rel. Maurício Corrêa, *DJ* de 8-5-1998; AC 83 QO, rel. Celso de Mello, *DJ* de 21-11-2003; ADI 363, rel. Sydney Sanches, *DJ* de 3-5-1996; ADI 1.573, rel. Sydney Sanches, *DJ* de 25-4-2003. [ADI 423, rel. p/ o ac. min. Gilmar Mendes, j. 2-8-2007, P, *DJ* de 24-8-2007.]

EMENTA: Art. 34 da Constituição do Estado do Espírito Santo. Estatização dos Cartórios de Notas e Registro Civil. Faculdade conferida aos atuais titulares. Contrariedade ao art. 236, *caput*, da CF que prescreve serem os serviços notariais e de registro exercidos em caráter privado. [ADI 417, rel. min. Maurício Corrêa, j. 5-3-1998, P, *DJ* de 8-5-1998.]

EMENTA: Serventias judiciais e extrajudiciais. Concurso público: arts. 37, II, e 236, § 3º, da CF. Ação direta de inconstitucionalidade do art. 14 do ADCT da Constituição do Estado de Santa Catarina, de 5-10-1989, que diz: "Fica assegurada aos substitutos das serventias, na vacância, a efetivação no cargo de titular, desde que, investidos na forma da lei, estejam em efetivo exercício, pelo prazo de três anos, na mesma serventia, na data da promulgação da Constituição". É inconstitucional esse dispositivo por violar o princípio que exige concurso público de provas ou de provas e títulos, para a investidura em cargo público, como é o caso do titular de serventias judiciais (art. 37, II, da CF), e também para o ingresso na atividade notarial e de registro (art. 236, § 3º). [ADI 363, rel. min. Sydney Sanches, j. 15-2-1996, P, *DJ* de 3-5-1996.]

SUPERIOR TRIBUNAL DE JUSTIÇA

EMENTA: PROCESSUAL CIVIL. AÇÃO RESCISÓRIA. CONCURSO DE REMOÇÃO PARA ATIVIDADE NOTARIAL E DE REGISTRO. INSCRIÇÕES DISTINTAS PREVISTAS NO EDITAL. SEGURANÇA CONCEDIDA PARA ANULAR LISTA CLASSIFICATÓRIA UNIFICADA. VIOLAÇÃO A LITERAL DISPOSITIVO DE LEI. INEXISTÊNCIA.

1. E. A. P. S. ajuizara Mandado de Segurança a fim de anular a classificação de G. M. N. – que figurou como litisconsorte passivo da autoridade coatora. A segurança foi concedida pelo STJ no julgamento do RMS 19.676/RS.

2. O acórdão rescindendo está respaldado na constatação de que a adoção de lista classificatória unificada desrespeitou o edital do

concurso de remoção, o qual previa inscrições distintas para as atividades notarial e de registro.

3. Tal fundamento assegura o poder normativo do edital questionado no caso concreto, sem violar, de forma clara e inequívoca, os dispositivos legais e constitucionais invocados pelo autor, pois nenhum deles prevê que o titular de serventia apenas notarial possa obter remoção para serventia de registro.

4. O autor referiu que a jurisprudência do STF (ADI 2.602/MG) fixou a tese de que as atividades notariais e registrais não são equiparáveis a cargos públicos, notadamente por serem atividades tipicamente privadas a contar da Constituição Federal de 1988. Conclui que a fundamentação com base no art. 37, II, da CF, adotada pelo acórdão rescindendo, estaria equivocada.

5. "A partir de 05.10.1988, o concurso público é pressuposto inafastável para a delegação de serventias extrajudiciais, inclusive em se tratando de remoção, observado, relativamente a essa última hipótese, o disposto no art. 16 da referida Lei, com a redação que lhe deu a Lei 10.506/2002. " (MS 29484 ED-ED-AgR, Relator(a): Min. Teori Zavascki, Segunda Turma, julgado em 11-11-2014, Processo Eletrônico DJe-230, Divulg. 21-11-2014; Public 24-11-2014).

6. A invocação do art. 37, II, da CF pelo acórdão rescindendo deu-se dentro do contexto da obrigatoriedade do concurso público para ingresso na atividade notarial e registral, prevista, para o caso, no art. 236, § 3º, da CF, regime igualmente aplicável ao concurso de remoção.

7. O entendimento da Primeira Turma, de que a remoção para atividade diversa configura inconstitucional provimento derivado, decorreu de interpretação razoável da regra constitucional do concurso público e das regras do certame então questionado.

8. De acordo com a jurisprudência do STJ, a rescisão de julgado com base no art. 485, V, do CPC somente é cabível quando houver flagrante violação de norma legal, e não mero descontentamento com a interpretação que lhe foi dada.

9. A argumentação do autor evidencia mero inconformismo e intuito de rediscutir a controvérsia, à margem das hipóteses de cabimento da Ação Rescisória, que não pode ser utilizada como sucedâneo recursal. 10. Considerando as circunstâncias e a complexidade da causa e o baixo valor atribuído à ação (R$ 5.000,00), os honorários advocatícios são fixados em R$ 5.000,00 (cinco mil reais), à luz do art. 20, § 4º, do CPC, em favor do patrono do réu.

11. O depósito realizado deve ser revertido em favor do réu (art. 494 do CPC). 12. Ação Rescisória julgada improcedente. (STJ – Ação Rescisória nº 3.920 – Rio Grande do Sul – 1ª Seção – Rel. Min. Herman Benjamin – DJ 25.05.2016)

▶ **EMENTA**: ADMINISTRATIVO. INVESTIDURA EM SERVENTIA SEM CONCURSO PÚBLICO. NULIDADE ABSOLUTA DECORRENTE DO PRÓPRIO TEXTO CONSTITUCIONAL. INAPLICABILIDADE DO PRAZO DECADENCIAL PREVISTO NO ART. 54 DA LEI nº 9.784/99. AÇÃO CIVIL PROPOSTA EM 2002. RECURSO ESPECIAL IMPROVIDO. (STJ – REsp nº 1.294.194 – GO – 2ª Turma – Rel. Min. Humberto Martins – DJ 16.02.2012)

3. QUESTÕES DE CONCURSOS

01. (VUNESP - 2023 - TJ-AL - Titular de Serviços de Notas e de Registros – Provimento) A Constituição Federal de 1988 define que os serviços notariais e de registro são exercidos em caráter privado, por delegação do Poder Público. Nesse contexto, é correto afirmar que

a) a transferência da execução do serviço público ocorre por concessão.

b) a transferência da execução do serviço público ocorre por contrato administrativo unilateral.

c) a transferência da execução do serviço público ocorre por lei em sentido formal.

d) a transferência da execução do serviço público ocorre por outorga.

02. (Notário/AM – 2005 – FGV) A Lei 6.015/73, que trata dos registros públicos, não prevê, expressamente, o funcionamento do:

a) Registro Civil de Pessoas Jurídicas.

b) Registro de Títulos e Documentos.

c) Registro de Imóveis.

d) Registro de Marcas e Patentes.

e) Registro Civil de Pessoas Naturais.

03. (Notário/MG – 2007/1 – EJEF) A Lei Federal nº 6.015, de 1973, que "dispõe sobre os Registros Públicos", regula os serviços:

a) de Tabeliães de Notas; de Tabeliães e Oficiais de Registros de Contratos Marítimos; de Tabeliães de Protesto de Títulos; de Oficiais de Registro de Imóveis; de Oficiais de Registro de Títulos e Documentos e Civis das Pessoas Jurídicas; de Oficiais de Registro Civil das Pessoas Naturais e de Interdições e Tutelas; de Oficiais de Registro de Distribuição.

b) de Registro Civil de Pessoas Naturais; de Registro Civil de Pessoas Jurídicas; de Registro de Títulos e Documentos; e de Registro de Imóveis.

c) de Registro Civil de Pessoas Naturais; de Registro de Interdições e Tutelas; de Registro de Títulos e Documentos e Civil de Pessoas Jurídicas; de Registro de Imóveis; de Registro de Protestos de Títulos e outros Documentos de Dívidas.

d) de Tabeliães de Notas; de Oficiais de Protesto de Títulos; de Oficiais de Registro de Imóveis; de Oficiais de Registro de Títulos e Documentos; de Oficiais de Registro Civil de Pessoas Naturais e Jurídicas; de Oficiais de Registro de Distribuição.

04. (VUNESP – NOTARIO-SP/2012) Os registros disciplinados pela Lei de Registros Públicos são:

a) Civil de pessoas naturais, Juntas Comerciais, de títulos e documentos e de imóveis.

b) Civil de pessoas naturais, de títulos e documentos, de imóveis e protestos.

c) Civil de pessoas naturais, civil de pessoas jurídicas, de títulos e documentos e de imóveis

d) Civil de pessoas naturais, civil de pessoas jurídicas, títulos e documentos, protestos e imóveis.

05. (Cespe – Cartório – ES/2013) Origina-se do cartório de registros:

a) escritura pública de compra e venda de bem imóvel.

b) certidão de protesto.

c) registro de protesto.

d) certidão de matrícula de imóvel.

e) ata notarial.

06. (IESES – Cartório – Remoção – TJ-RO/2017) A lei de registros públicos (Lei 6.015/73) NÃO se aplica ao:

a) Registro de títulos e documentos.

b) Registro de imóveis.

c) Registro de propriedade industrial.

d) Registro civil de pessoas naturais e de pessoas jurídicas.

GAB	1	D	2	D	3	B
	4	C	5	D	6	C

CAPÍTULO II – DA ESCRITURAÇÃO

Art. 3º. A escrituração será feita em livros encadernados, que obedecerão aos modelos anexos a esta Lei, sujeitos à correição da autoridade judiciária competente.

§ 1º Os livros podem ter 0,22m até 0,40m de largura e de 0,33m até 0,55m de altura, cabendo ao oficial a escolha, dentro dessas dimensões, de acordo com a conveniência do serviço.

§ 2º Para facilidade do serviço podem os livros ser escriturados mecanicamente, em folhas soltas, obedecidos os modelos aprovados pela autoridade judiciária competente.

Art. 4º. Os livros de escrituração serão abertos, numerados, autenticados e encerrados pelo oficial do registro, podendo ser utilizado, para tal fim, processo mecânico de autenticação previamente aprovado pela autoridade judiciária competente.

Parágrafo único. Os livros notariais, nos modelos existentes, em folhas fixas ou soltas, serão também abertos, numerados, autenticados e encerrados pelo tabelião, que determinará a respectiva quantidade a ser utilizada, de acordo com a necessidade do serviço.

Art. 5º. Considerando a quantidade dos registros o Juiz poderá autorizar a diminuição do número de páginas dos livros respectivos, até a terça parte do consignado nesta Lei.

Art. 6º. Findando-se um livro, o imediato tomará o número seguinte, acrescido à respectiva letra, salvo no registro de imóveis, em que o número será conservado, com a adição sucessiva de letras, na ordem alfabética simples, e, depois, repetidas em combinação com a primeira, com a segunda, e assim indefinidamente. Exemplos: 2-A a 2-Z; 2-AA a 2-AZ; 2-BA a 2-BZ, etc.

Art. 7º. Os números de ordem dos registros não serão interrompidos no fim de cada livro, mas continuarão, indefinidamente, nos seguintes da mesma espécie

Art. 7º-A O disposto nos arts. 3º, 4º, 5º, 6º e 7º não se aplica à escrituração por meio eletrônico de que trata o § 3º do art. 1º desta Lei.

1. COMENTÁRIOS

Os arts. 1º ao 7º, que regulam a **escrituração dos registros** , foram elaborados numa época em que a tecnologia moderna e o avanço da internet eram inexistentes. Assim, no que tange à escrituração e forma dos livros, tais artigos **devem ser lidos à luz da legislação posterior e dentro do cenário atual**, que possibilita as mais diversas formas de produção e armazenamento de documentos jurídicos.

Vale anotar que a Lei n. 13.874, de 2019, incluiu no art. 1º da Lei 6.015/1973, o § 3º, estabelecendo que os registros poderão ser escriturados, publicitados e conservados em meio eletrônico. Mais tarde, a Lei n. 14.382, de 2022 (conversão da MP n. 1.085/2021) trouxe nova redação ao dispositivo, incluindo outros incisos no § 3º e acrescentando ainda o § 4º, em breve estudados no tópico "Registro Eletrônico", neste artigo.

As unidades do serviço notarial e de registro devem possuir e escriturar todos os livros regulamentares, observadas as disposições gerais e específicas de cada uma, conforme **a legislação e as normativas estaduais**. A escrituração de cada serventia está submetida à correição da atividade judiciária competente (juiz corregedor permanente ou juiz competente na forma da organização local e Corregedor-geral da Justiça).

Miguel Maria Serpa Lopes já advertia que a organização dos livros, que é necessária nos Registros Públicos constitui assunto de grande importância, porquanto é dessa mesma organização que depende o sucesso da publicidade, espinha dorsal dos Registros (Op. cit., p. 101).

A escrituração consiste no ato de "anotar" os atos notariais e registrais em seus devidos livros. Podem fazer a escrituração, o registrador ou notário e seus substitutos, além dos escreventes que forem expressamente autorizados.

A redação dos atos notariais e registrais deverá ser feita em **linguagem clara, precisa e objetiva,** acessível a todos, ainda que leigos em assuntos jurídicos.

Imprescindível que a escrituração dos atos seja feita **sem abreviaturas ou algarismos**, a fim de evitar erros, omissões, rasuras ou entrelinhas. Porém, eventuais emendas, entrelinhas e adições que corrijam erros ou omissões de escrituração, ou, caso o assento já tenha sido assinado, ainda é possível fazer a ressalva, desde que todos assinem novamente em seguida. Reputam-se inexistentes e sem efeitos jurídicos quaisquer emendas, entrelinhas, adições ou alterações não ressalvadas.

Entende-se por **escrituração mecânica** aquela realizada sem o uso de sistema informatizado de base de dados, ainda que utilizados editores de texto em computador. Por sua vez, considera-se **escrituração eletrônica** aquela realizada por meio de sistema informatizado de base de dados, com impressão dos atos em fichas ou em livros físicos. Importante atentar que nas normativas estaduais da Corregedoria-Geral de Justiça do Estado de São Paulo, a escrituração eletrônica está conceituada como a escrituração dos atos registrais em mídia totalmente eletrônica, mas referido Código enfatiza que até a implantação plena do sistema de registro eletrônico, **a escrituração em meio eletrônico, sem impressão em papel, restringe-se aos indicadores reais e pessoais, controle de títulos contraditórios, certidões e informações registrais e ao cadastro de aquisições de imóveis rurais por estrangeiros, mantidos os demais livros na forma e modelos previstos na Lei nº 6.015/1973.**

Por **registro eletrônico,** depreende-se a escrituração realizada exclusivamente por meio de sistema informatizado de base de dados, observados os requisitos do sistema de registro eletrônico, conforme o disposto na Lei nº 11.977, de 2009, sem a impressão dos atos em fichas ou em livros físicos.

Mario de Carvalho Camargo Neto e Marcelo Salaroli, ao analisarem o art. 3º desta lei, observam que atualmente as impressoras e os *scanners* – equipamentos para a digitalização do papel, transformando-o em uma imagem eletrônica –, em sua grande maioria, adotam o tamanho padronizado A4, que tem por largura 0,21 metros e altura de 0,29 metros e, portanto, estaria fora dos limites legais. No entanto, sugerem que a leitura atenta do dispositivo legal leva à conclusão de que os limites estabelecidos no parágrafo primeiro aplicam-se apenas aos livros de escrituração manuscrita. Isso porque o parágrafo segundo é muito claro ao estabelecer que a escrituração mecânica e por folhas soltas seguirá o modelo aprovado pela autoridade judiciária competente, ou seja, poderá ser um modelo diverso, com medidas diversas das que estão expressas no parágrafo primeiro (*Registro Civil das Pessoas Naturais,* vol. I. São Paulo: Saraiva, 2014, p. 83).

É oportuno relatar que, desde o advento da Lei dos Notários e dos Registradores (Lei 8.935/ 1994), que assegurou a **autonomia gerencial e administrativa dos tabeliães e registradores, nos artigos 28 e 41,** prevalece que não é mais necessário submeter à aprovação do juiz competente a utilização das melhores técnicas no desempenho de suas atividades. Além disso, a abertura e encerramento dos livros de escrituração do serviço registral e notarialficam a cargo do delegado do serviço, salvo normativas estaduais que disponham em sentido contrário. Dessa forma, para a prestação de um serviço mais adequado e eficiente (arts. 4º e 30, II da Lei 8.935/1994), as dimensões dos livros também serão estabelecidas a critério dos titulares. Veja-se:

Art. 28. Os notários e oficiais de registro gozam de independência no exercício de suas atribuições, têm direito à percepção dos emolumentos integrais pelos atos praticados na serventia e só perderão a delegação nas hipóteses previstas em lei. "

Art. 41. Incumbe aos notários e aos oficiais de registro praticar, independentemente de autorização, todos os atos previstos em lei necessários à organização e execução dos serviços, podendo, ainda, adotar sistemas de computação, microfilmagem, disco ótico e outros meios de reprodução.

Assim, entende-se que foram tacitamente revogados todos os dispositivos da Lei 6.015/1973 que dizem respeito à necessidade de autorização judicial competente para medidas relacionadas com a **organização dos serviços e sua execução.**

Entretanto, alguns autores, como Sergio Jacomino defendem a aprovação por autoridade judicial, fundamentando que, por se tratar de importantes aspectos de direito formal, a regra estampada no art. 3º, § 2º da Lei 6.015/1973 permanece plenamente em vigor: a substituição completa e definitiva estará sempre na dependência de prévia aprovação da autoridade judiciária competente. Da mesma forma, algumas normativas estaduais preveem essa exigência. A maioria da doutrina, entretanto, argumenta que tal regra não mais vigora.

Os livros sempre serão **abertos, numerados, autenticados e encerrados** pelo registrador ou tabelião, sendo **vedada** a prática destes atos pelos prepostos, salvo disposição em sentido contrário nas normativas estaduais. A justificativa é que tais atos são de controle central do ofício, e consequentemente devem ser exercido pelo titular. Dessa forma assegura-se também a autenticidade, segurança e eficácia dos atos levados aos Registros Públicos.

José Horário Cintra Gonçalves Pereira, ao comentar o parágrafo único do art. 4º que prescreve que "os livros **notariais**, nos modelos existentes, em folhas fixas ou soltas, serão também abertos, numerados, autenticados e encerrados pelo tabelião, que determinará a respectiva quantidade a ser utilizada, de acordo com a necessidade do serviço", observa o equívoco do legislador ao inserir tal parágrafo, pois o seu conteúdo diz respeito aos "livros notariais", muito embora a presente lei cuide apenas dos registros públicos. Os atos notariais, por sua vez, vêm regulados pela Lei nº 8.935/1994 que regulamenta o art. 236 da CF, dispondo sobre serviços notariais e de registro (*Lei de Registros Públicos comentada.* Rio de Janeiro: Forense, 2019, p. 7)

As normas das Corregedorias dos Estados regulam as disposições sobre escrituração em seus respectivos territórios. Da mesma forma, o Conselho Nacional de Justiça, por meio do Provimento n. 149/2023, estabelece diretrizes. É o caso do Capítulo I do Livro III, que define normas para a **escrituração contábil e correicional.**

Neste Código Nacional de Normas também encontramos regra sobre a escrituração nos serviços extrajudiciais que optarem pela prestação de mediação e conciliação. Assim, deve ser criado o **Livro de Protocolo** específico para o recebimento de requerimentos desses atos. Este livro, com trezentas folhas, será aberto, numerado, autenticado e encerrado pelo oficial do serviço notarial e de registro, podendo ser utilizado, para tal fim, processo mecânico de autenticação previamente aprovado pela autoridade judiciária competente.

A regra é similar ao art. 4º e ao seu parágrafo único da Lei 6.015/1973, permitindo que somente o oficial de registro e o tabelião de notas realizem tais atos. Todavia, difere da sistemática protestual, pois, segundo o art. 33 da Lei 9.492/1997, os livros de Registros de Protesto serão abertos e encerrados pelo Tabelião de Protestos ou seus substitutos, ou ainda por escrevente autorizado, com suas folhas numeradas e rubricadas.

O Livro de Protocolo específico para recebimento de requerimentos de conciliação e de mediação deve conter os seguintes dados:

I – o número de ordem, que seguirá indefinidamente nos livros da mesma espécie;

II – a data da apresentação do requerimento;

III – o nome do requerente;

IV – a natureza da mediação.

Ademais, os serviços notariais e de registro que optarem por prestar o serviço devem também instituir **Livro de Conciliação e de Mediação**, cuja abertura atenderá às normas estabelecidas pelas corregedorias-gerais de justiça dos Estados e do Distrito Federal e dos Territórios.

Assim, os termos de audiência de conciliação ou de mediação serão lavrados em livro exclusivo, vedada sua utilização para outros fins.

O art. 5º da Lei de Registros Públicos, ao preceituar que "considerando a quantidade dos registros o Juiz poderá autorizar a diminuição do número de páginas dos livros respectivos, até a terça parte do consignado nesta Lei", tem por finalidade evitar que, em circunscrições de fraco movimento, se mantenham livros abertos por prolongados períodos, prejudicando assim a manutenção deles. Importante frisar que esse dispositivo autoriza a redução, **e não o aumento do número de folhas de livro.** Dessarte, fica também assegurado um dos princípios que conduz as atividades de natureza pública: o **princípio da economia.**

Por sua vez, o disposto no art. 6º serve como **controle** dos livros existentes nos Ofícios de Registro. Finalizado um livro, carecerá o novo ter o número seguinte, acrescido da respectiva letra.

Entretanto, **no registro de imóveis a regra é diferente**, pois o número deverá ser conservado com a adição sucessiva de letras, na ordem alfabética simples, e, depois, repetidas em combinação com a primeira, com a segunda, e assim indefinidamente.

Sobre o tema, vale dialogar com o art. 336 do Provimento CNJ n. 149/2023, que, em relação à **escrituração da matrícula em fichas soltas**, estabelece:

> Art. 336. Os oficiais de registro de imóveis transportarão todas as matrículas escrituradas de forma manuscrita em livros encadernados e todas as matrículas escrituradas mecanicamente em livros desdobrados (art. 6.º da Lei n. 6.015, de 31 de dezembro de 1973) para o sistema de fichas soltas (parágrafo único do art. 173 da Lei n. 6.015, de 31 de dezembro de 1973), as quais conterão os atos registrais lançados, por rigorosa ordem sequencial, conservando-se as mesmas numerações, com remissão na relativa matrícula originária e respeitados os prazos postos neste Código.

A regra do art. 7º evidencia a existência de uma continuidade dos atos, vale dizer, um livro será a sequência do outro.

Além disso, é importante destacar que a Lei 6.015/1973, alguns provimentos do Conselho Nacional de Justiça (CNJ), bem como as normativas estaduais, tratam da escrituração de cada modalidade de serventia, temas que serão discutidos ao longo deste trabalho. Assim, temos:

a) **arts. 33 ao 45** – escrituração do registro pessoas naturais;
b) **arts. 114 ao 119** – escrituração do registro pessoas jurídicas;
c) **arts. 132 ao 141** – escrituração do registro títulos e documentos;
d) **arts. 172 ao 181** – escrituração do registro imóveis;
e) **arts. 32 ao 36 da Lei 9.492/1997** – escrituração do protesto.

Por fim, antes de adentrarmos na temática do "Registro Público Eletrônico", é importante destacar que a Lei n. 14.382/2022 incluiu o art. 7º-A na Lei de Registros Públicos (LRP), especificamente no Capítulo II – Da Escrituração. Este artigo estabelece que o disposto nos arts. 3º, 4º, 5º, 6º e 7º, já explorado neste tópico, **não se aplica à escrituração por meio eletrônico de que trata o § 3º do art. 1º da LRP.**

1.1 DO REGISTRO ELETRÔNICO

1.1.1. CONCEITOS INTRODUTÓRIOS RELEVANTES

Para iniciarmos a temática de documentos e registro eletrônico, é relevante, para uma melhor didática, trazer alguns conceitos iniciais. Ademais, tais assuntos são frequentemente abordados nas provas de conhecimentos gerais para o concurso de outorga de delegações de Notas e de Registros. Não deixe de responder às questões ao final deste capítulo para testar seu conhecimento. Dito isto, vamos aos temas:

As **transações eletrônicas** necessitam da adoção de mecanismos de segurança capazes de garantir autenticidade do emissor e do receptor da transação ou documento, confidencialidade entre as partes e integridade do emissor e do receptor da transação ou documento às informações eletrônicas.

A **certificação digital** funciona com base em um documento eletrônico chamado **certificado digital**. A certificação digital possui validade em nosso ordenamento jurídico com a instituição da Medida Provisória 2.002, de 27 de julho de 2001, reeditada pela Medida Provisória 2.001-2 de 24 de agosto de 2001, que institui a Infraestrutura de Chaves Públicas Brasileira – ICP-Brasil e transforma o Instituto Nacional de Tecnologia da Informação em autarquia.

Mas, para entender a função desse recurso, convém estudarmos antes outro conceito: a **assinatura digital**.

A **assinatura digital** nada mais é do que um mecanismo eletrônico que faz uso de criptografia, mais precisamente, de **chaves criptográficas**. Assinatura digital é um conceito genérico e bastante amplo, que compreende o certificado digital. A assinatura é uma forma de autenticação. Por exemplo, a senha do cartão bancário que utilizamos para efetuar o pagamento de uma conta é uma assinatura digital reconhecida pelo banco. Da mesma forma, ao inserir um sinal gráfico em documentos redigidos, estamos utilizando uma assinatura digital.

A partir da edição da **Medida Provisória 2.200-2/2001**, os documentos assinados digitalmente também adquiriram segurança jurídica. Dessa forma, por meio da certificação digital, outras três importantes garantias são asseguradas: a autenticidade, que garante que o arquivo é proveniente de uma fonte segura e não sofreu modificações; a confidencialidade, que preserva a privacidade da comunicação; e a integridade, que preserva a fidelidade da informação correspondente à fonte original.

A Assinatura Digital possui um **ciclo de vida**, que é composto das seguintes fases, segundo o DOC-ICP-15 :

I. **Criação** – processo de criação de um resumo criptográfico logicamente associado a um conteúdo digital e a chave criptográfica privada do signatário;

II. **Verificação Inicial** – processo de verificação quanto à validade de uma ou mais assinaturas digitais logicamente associadas a um conteúdo digital;

III. **Armazenamento** – processo que trata da guarda da assinatura digital. Compreende, pelo menos, cuidados para conversão dos dados para mídias mais atuais, sempre que necessário;

IV. **Revalidação** – processo que estende a validade do documento assinado, por meio da reassinatura dos documentos ou da aposição de carimbos do tempo, quando da expiração ou revogação dos certificados utilizados para gerar ou revalidar as assinaturas, ou ainda quando do enfraquecimento dos algoritmos ou tamanhos de chave utilizados.

Por sua vez, são **atributos da assinatura digital**:

I. ser única para cada documento, mesmo que seja o mesmo signatário;

II. comprovar a autoria do documento eletrônico;

III. possibilitar a verificação da integridade do documento, ou seja, sempre que houver qualquer alteração, o destinatário terá como percebê-la;

IV. assegurar ao destinatário o "não repúdio" do documento eletrônico, uma vez que, a princípio, o emitente é a única pessoa que tem acesso à chave privada que gerou a assinatura.

É importante destacar que assinatura digital e assinatura eletrônica não se confundem. A **assinatura eletrônica** é aquela mediante a qual a pessoa pode assinar virtualmente um documento com a mesma validade jurídica da assinatura física, desde que cumpridos requisitos exigidos em lei. É usada para documentos online sem o uso de mecanismos de criptografia. Em outras palavras, não há necessidade de um certificado digital, como ocorre na assinatura digital, vez que esta é criptografada. Assim, existe o universo das assinaturas eletrônicas, sendo o formato digital uma das formas existentes neste universo.

Com o fito de ampliar o acesso a serviços públicos digitais, a Lei n. 14.063/2020 **(interações com entes públicos)** ampliou os tipos de assinatura eletrônica. Neste sentido, art. 4º dispõe:

> **Art. 4º** Para efeitos desta Lei, as assinaturas eletrônicas são classificadas em (grifo meu):
>
> I - **assinatura eletrônica simples**:
>
> a) a que permite identificar o seu signatário;
>
> b) a que anexa ou associa dados a outros dados em formato eletrônico do signatário;
>
> II - **assinatura eletrônica avançada**: a que utiliza certificados não emitidos pela ICP-Brasil ou outro meio de comprovação da autoria e da integridade de documentos em forma eletrônica, desde que admitido pelas partes como válido ou aceito pela pessoa a quem for oposto o documento, com as seguintes características:
>
> a) está associada ao signatário de maneira unívoca;
>
> b) utiliza dados para a criação de assinatura eletrônica cujo signatário pode, com elevado nível de confiança, operar sob o seu controle exclusivo;

c) está relacionada aos dados a ela associados de tal modo que qualquer modificação posterior é detectável;

III - **assinatura eletrônica qualificada**: a que utiliza certificado digital, nos termos do § 1º do art. 10 da Medida Provisória nº 2.200-2, de 24 de agosto de 2001.

É importante alertar que o uso de assinaturas eletrônicas deve ser utilizado no âmbito da interações com entes públicos. Neste sentido:

a) interação interna dos órgãos e entidades da administração direta, autárquica e fundacional dos Poderes e órgãos constitucionalmente autônomos dos entes federativos;

b) interação entre pessoas naturais ou pessoas jurídicas de direito privado e os entes públicos acima citados;

c) interação entre os entes públicos.

De outro giro, as formas de assinaturas eletrônicas previstas na Lei 14.063/2020 **não se aplicam:**

a) aos processos judiciais;

b) à interação: entre pessoas naturais ou entre pessoas jurídicas de direito privado; na qual seja permitido o anonimato; na qual seja dispensada a identificação do particular;

c) aos sistemas de ouvidoria de entes públicos;

d) aos programas de assistência a vítimas e a testemunhas ameaçadas;

e) às outras hipóteses nas quais deva ser dada garantia de preservação de sigilo da identidade do particular na atuação perante o ente público.

Avançando um pouco mais, outro conceito relevante é o do **documento nato-digital**. Diferente da digitalização de documentos, em que os documentos passam do meio físico para o digital, os documentos nato-digitais são aqueles que já nascem no meio digital. Uma grande vantagem dos documentos nato-digitais é que, de acordo com o Decreto 8.539/2015, eles também possuem validade jurídica, já que não houve alteração no formato e contexto dos mesmos. Somente em algumas exceções, em que se exige documentação em papel, faz-se necessária sua reprodução em meio físico. Para garantir a segurança e autenticidade desses documentos, é imprescindível seguir alguns regramentos, como a criação de uma assinatura digital.

As **chaves criptográficas** são, em poucas palavras, um conjunto de bits baseado em um algoritmo que possui regras bem determinadas para cifrar e decifrar informações. Pode-se usar chaves simétricas ou chaves assimétricas – estas últimas são mais conhecidas como chaves públicas.

Por sua vez, a **criptografia** consiste em um processo que codifica (ou cifra) informações digitais de forma que somente o emissor e o receptor possam acessar os dados presentes ali.

Agora que sabemos tais conceitos, fica mais fácil compreender o significado de **certificado digital**. Basicamente, trata-se de um documento eletrônico com assinatura digital que contém:

a) dados como nome do utilizador (que pode ser uma pessoa, uma empresa, uma instituição etc.);

b) entidade emissora;

c) prazo de validade e

d) chave pública.

Com o certificado digital, a parte interessada obtém a certeza de estar se relacionando com a pessoa ou entidade esperada.

O certificado digital, diferentemente dos documentos convencionais (que, depois de emitidos, podem ser usados indefinidamente), tem **prazo de validade**. Após a expiração, deve-se solicitar a renovação, que envolve custos, tal como na primeira emissão. É possível, entretanto, revogar (cancelar) os certificados antes do fim da validade a qualquer momento. Basta encaminhar a solicitação à Autoridade Certificadora (AC) responsável. Esse pedido deve ser feito, por exemplo, quando houver suspeita de fraude com o uso do certificado.

Ressalta-se, todavia, que não é possível fazer assinaturas com um certificado expirado ou revogado. No entanto, as assinaturas realizadas dentro do prazo de validade continuam válidas e podem ser verificadas a qualquer momento.

E emitir certificado digital ICP-Brasil mediante procuração, seria possível? A resposta é afirmativa. Para tanto, são necessárias as seguintes condições:

a) o estatuto ou contrato social deve prever expressamente essa possibilidade;

b) a procuração deve ser pública, lavrada em cartório, deve conceder poderes específicos para atuar perante a ICP-Brasil; e

c) só pode ser utilizada até 90 dias da data de sua lavratura.

Para que possam ser aceitos e utilizados por pessoas, empresas, governos e qualquer tipo de instituição, os certificados digitais precisam ser emitidos por **entidades apropriadas**. No Brasil, essas entidades se dividem em duas categorias: Autoridade Certificadora (AC) e Autoridade de Registro (AR).

A **Autoridade Certificadora** pode ser pública ou privada e tem a função de associar uma identidade a uma chave e "inserir" esses dados em um certificado digital. Para tanto, o solicitante deve fornecer documentos que comprovem a sua identificação. Já a **Autoridade de Registro** tem uma função intermediária: ela pode solicitar certificados digitais ou a revogação destes a uma AC, por exemplo, mas não pode emitir esse documento diretamente.

Assim, podemos concluir que certificação digital é um tipo de tecnologia de identificação que permite que transações eletrônicas dos mais diversos tipos sejam realizadas considerando os aspectos da integridade, autenticidade e confidencialidade, de forma a evitar que adulterações, interceptações de informações privadas ou outros tipos de ações indevidas ocorram.

Uma questão interessante é saber se um documento digital é a mesma coisa que um documento eletrônico. Na literatura arquivística internacional, ainda é comum o uso do termo "documento eletrônico" como sinônimo de "documento digital". Entretanto, do ponto de vista tecnológico, existe uma diferença entre os termos "eletrônico" e "digital".

Um documento eletrônico é acessível e interpretável por meio de um equipamento eletrônico (como um aparelho de videocassete, filmadora ou computador) e pode ser registrado e codificado de forma analógica ou em dígitos binários. Já um documento digital é um documento eletrônico caracterizado pela codificação em dígitos binários e acessado por meio de um sistema computacional. Assim, todo documento digital é eletrônico, mas nem todo documento eletrônico é digital.

Como exemplos de documentos eletrônicos, temos um filme em VHS e música em fita cassete. Por outro lado, um texto em PDF, uma planilha de cálculo em Microsoft Excel, um áudio em MP3 e um filme em AVI são exemplos de documentos digitais.

Por fim, apresentamos o conceito de **Infraestrutura de Chaves Públicas Brasileiras**. A ICP Brasil é um conjunto de técnicas, práticas e procedimentos, implementado pelas organizações governamentais e privadas brasileiras com o objetivo de estabelecer os fundamentos técnicos e metodológicos de um sistema de certificação digital baseado em chave pública.

A ICP-Brasil trabalha com uma hierarquia onde a AC-Raiz, isto é, a instituição que gera as chaves das ACs e que regulamenta as atividades de cada uma, é o Instituto Nacional de Tecnologia da Informação (ITI). A ICP-Brasil tem várias ACs credenciadas.

1.1.2 O PAPEL DA TECNOLOGIA NA EVOLUÇÃO DOS SERVIÇOS NOTARIAIS E DE REGISTROS

A tecnologia já não é mais nenhuma novidade para nós, mas a sua incorporação nas atividades notariais e de registro ainda apresenta uma certa característica de novidade e é bastante específica. A verdade é que é impossível ficar inerte ao progresso tecnológico.

O avanço tecnológico é imprescindível para a rápida e eficaz prestação do serviço. Juntamente com a modernização dos serviços, devem vir os cuidados com a segurança eletrônica.

O ambiente tecnológico vem sendo inserido e utilizado nos cartórios, beneficiando a sociedade ao dignificar e facilitar o acesso da população à informação, além de tornar as atividades mais eficientes. Há uma necessidade constante de inovação nos serviços oferecidos pelos registradores e tabeliães, para que possam vislumbrar o futuro e fazer uma projeção tecnológica que prolongue a qualidade dos serviços, adicionando um diferencial. A tecnologia não ameaça a atuação dos cartórios; pelo contrário, agrega valor. Todavia, diferentemente do que ocorre nas atividades privadas, em que se pode simplesmente incorporar a modernidade e a tecnologia para se alcançar maior eficiência, a aplicação destas na atividade notarial e de registros depende de normativização, do estabelecimento de regras e da observância de certos padrões. É preciso obedecer a esses regramentos para que possamos empregar as ferramentas tecnológicas com validade e segurança jurídica, bem como com segurança operacional. Desse modo, ao adotar o sistema de escrituração eletrônica ou de registro eletrônico, a serventia deve implementar um sistema de backups.

Nos ensinamentos de Paulo Gaiger, "sem segurança digital não pode haver segurança jurídica".

O livro digital e os índices digitais são métodos modernos, e quando empregados da forma correta e segura, auxiliam, descomplicam e agilizam os serviços.

1.1.3 CONSERVAÇÃO

Antes de aprofundarmos na temática do registro eletrônico, faz-se necessário apresentar alguns aspectos da conservação dos documentos. É que uma matéria está ligada à outra. Isso porque a forma como os documentos são preservados impacta diretamente a forma como eles serão digitalizados, armazenados e acessados seja eletrônica ou fisicamente.

A conservação é um conjunto de ações estabilizadoras que visa a desacelerar o processo de degradação de documentos ou objetos, por meio de controle ambiental e de tratamentos específicos, como higienização, reparos e acondicionamento.

A finalidade é buscar ao máximo a preservação do documento, pois, pela natureza do papel, utilizado nos Livros, o manuseio inadequado é o principal causador de danos e diminuição do tempo de duração do mesmo, levando inclusive à perda total.

A conservação não se aplica apenas aos documentos físicos, mas também aos eletrônicos, conforme demonstrado pela Recomendação CNJ nº 9/2013 (alterada pela nº 11). Além disso, elenco alguns dispositivos relacionados ao tema, veja-se:

a) **Art. 1º, §§ 3º e 4º, da Lei n. 6.015/1973.** Elenca regra sobre a obrigatoriedade de escrituração, publicidade e conservação de registros públicos em meio eletrônico, seguindo os padrões e prazos estabelecidos pela Corregedoria Nacional de Justiça, e da proibição de recusa de documentos eletrônicos pelas serventias.

b) **Arts. 22, 23 e 24 da Lei n. 6.015/1973.** Trata-se da responsabilidade dos oficiais de manter em segurança, permanentemente, os livros e documentos, assegurando sua ordem e conservação.

c) **Arts. 30, inc. I, e 46, *caput*, da Lei 8.935/1994.** Preceitua a responsabilidade dos tabeliães e registradores públicos na guarda, ordem e conservação de livros, fichas, documentos, papéis, microfilmes e sistemas de computação relacionados à prestação dos serviços extrajudiciais correspondentes.

d) **Art. 22, parágrafo único da Lei n. 9.492/1997.** Refere-se à dispensa da transcrição literal do título ou documento de dívida e suas declarações no registro e no instrumento, quando o Tabelião de Protesto mantiver gravação eletrônica, cópia reprográfica ou micrográfica do documento em seus arquivos.

e) **Art. 6º da Lei 12.682/2012.** Dispõe sobre a elaboração e o arquivamento de documentos em meios eletromagnéticos.

f) **Provimento CNJ n. 50/2015.** Dispõe sobre a conservação de documentos nos cartórios extrajudiciais.

g) **Art. 33 do Provimento CNJ n. 67/2018 (incorporado ao art. 49 do Provimento CNJ n. 149/2023).** Estabelece a obrigação dos serviços notariais e de registro de manter em segurança permanente os livros e documentos de conciliação e de mediação, sendo responsáveis por sua ordem, guarda e conservação.

h) **Art. 7º do Provimento CNJ n. 73/2018 (incorporado ao art. 521 do Provimento CNJ n. 149/2023).** Determina que todos os documentos mencionados no art. 4º deste provimento devem permanecer arquivados indefinidamente, de forma física ou eletrônica, tanto no ofício do RCPN onde o registro civil foi lavrado originalmente quanto naquele onde a alteração foi lavrada, se diferente do ofício do assento original.

i) **Art. 3º do Provimento CNJ n. 74/2018.** Estabelece que todos os livros e atos eletrônicos praticados pelos serviços notariais e de registro devem ser arquivados de forma a garantir a segurança e a integridade de seu conteúdo.

j) **Art. 11 do Provimento CNJ n. 89/2019.** Determina que os oficiais de registro de imóveis devem manter indefinida e permanentemente, sob segurança e controle exclusivos, os livros, classificadores, documentos e dados eletrônicos, sendo responsáveis por sua guarda e conservação, inclusive após a implementação do registro imobiliário eletrônico.

k) **Art. 31 do Provimento CNJ n. 100/2020 (incorporado ao art. 314 do Provimento CNJ n. 149/2023).** Permite o arquivamento exclusivamente digital de documentos e papéis apresentados aos notários, seguindo as mesmas regras de organização dos documentos físicos.

l) **Art. 14 do Provimento CNJ n. 134/2022(incorporado ao art. 92 do Provimento CNJ n. 149/2023).** Estabelece que a inutilização e eliminação de documentos em conformidade com a Tabela de Temporalidade de Documentos prevista no Provimento n. 50/2015, da Corregedoria Nacional de Justiça, devem ser realizadas de forma a impedir a identificação dos dados pessoais neles contidos.

m) **Art. 7º, III, da Lei n.14.382/2022.** Determina que a Corregedoria Nacional de Justiça do Conselho Nacional de Justiça é responsável por disciplinar os padrões tecnológicos e procedimentos relacionados à escrituração, indexação, publicidade, segurança, redundância, e conservação de atos registrais, bem como a recepção e comprovação da autoria e integridade de documentos eletrônicos, conforme a legislação.

n) **Art. 196 do Provimento CNJ n. 149/2023.** Estabelece comando para que os cartórios de notas, protestos de letras e títulos, registros de imóveis, registros civis de pessoas naturais, registros civis de pessoas jurídicas e registros de títulos e documentos adotem a Tabela de Temporalidade de Documentos na forma indicada no Provimento n. 50, de 28 de setembro de 2015.

o) **Art. 197 a 205-L do Provimento CNJ n. 149/2023.** Estabelece regras sobre o extravio e a danificação do acervo.

1.1.4 LEGISLAÇÃO ESPARSA E HISTÓRICO SOBRE A INFORMÁTICA APLICADA À ATIVIDADE NOTARIAL E REGISTRAL

A ideia deste tópico é organizar a legislação principal, incluindo os artigos que se relacionam ao tema.

→ **Lei 5.433, de 8 de maio de 1968** – *Regula a microfilmagem de documentos oficiais.*

> **Art. 1º** É autorizada, em todo o território nacional, a **microfilmagem** de documentos particulares e **oficiais** arquivados, estes de órgãos federais, estaduais e municipais.
>
> § 1º Os microfilmes de que trata esta Lei, assim como as certidões, os traslados e as cópias fotográficas obtidas diretamente dos filmes produzirão os mesmos efeitos legais dos documentos originais em juízo ou fora dele.
>
> § 2º Os documentos microfilmados poderão, **a critério da autoridade competente**, ser eliminados por incineração, destruição mecânica ou por outro processo adequado que assegure a sua desintegração

→ **Decreto 1.799, de 30 de janeiro de 1996** – *Regulamenta a Lei nº 5.433, de 8 de maio de 1968, que regula a microfilmagem de documentos oficiais.*

Art. 12. A eliminação de documentos, após a microfilmagem, dar-se-á por meios que garantam sua inutilização, sendo a mesma precedida de lavratura de termo próprio e após a revisão e a extração de filme cópia.

Parágrafo único. A eliminação de documentos oficiais ou públicos só deverá ocorrer se prevista na tabela de temporalidade do órgão, **aprovada pela autoridade competente** na esfera de sua atuação e respeitado o disposto no art. 9º Da lei nº 8.159, de 8 de janeiro de 1991.

Art. 13. Os documentos oficiais ou públicos, com valor de guarda permanente, não poderão ser eliminados após a microfilmagem, devendo ser recolhidos ao arquivo público de sua esfera de atuação ou preservados pelo próprio órgão detentor.

→ **Lei 6.015, de 31 de dezembro de 1973** – *Lei de Registros Públicos*

Art. 25. Os papéis referentes ao serviço do registro serão arquivados em cartório mediante a utilização de **processos racionais que facilitem as buscas, facultada a utilização de microfilmagem** e de outros meios de reprodução autorizados em lei.

Art. 26. Os livros e papéis pertencentes ao arquivo do cartório ali permanecerão **indefinidamente.**

→ **Lei 8.159, de 8 de janeiro de 1991** – *Dispõe sobre a política nacional de arquivos públicos e privados*

Art. 7º. Os **arquivos públicos** são os conjuntos de documentos produzidos e recebidos, no exercício de suas atividades, por órgãos públicos de âmbito federal, estadual, do Distrito Federal e municipal em decorrência de suas funções administrativas, legislativas e judiciárias.

§ 1º - São também **públicos** os conjuntos de documentos produzidos e recebidos por instituições de caráter público, por entidades privadas encarregadas da gestão de serviços públicos no exercício de suas atividades

Art. 8º. Os documentos públicos são identificados como correntes, intermediários e permanentes.

§ 1º - Consideram-se documentos correntes aqueles em curso ou que, mesmo sem movimentação, constituam objeto de consultas frequentes.

§ 2º - Consideram-se documentos intermediários aqueles que, não sendo de uso corrente nos órgãos produtores, por razões de interesse administrativo, aguardam a sua eliminação ou recolhimento para guarda permanente.

§ 3º – Consideram-se **permanentes** os conjuntos de documentos de valor histórico, probatório e informativo que devem ser definitivamente preservados.

Art. 10. Os documentos de valor permanente são inalienáveis e imprescritíveis

→ **Lei 8.935, de 18 de novembro de 1994** – *Estatuto dos Notários e Registradores*

Art. 41. Incumbe aos notários e aos oficiais de registro praticar, independentemente de autorização, todos os atos previstos em lei necessários à organização e execução dos serviços, podendo, ainda, **adotar sistemas de computação, microfilmagem, disco ótico e outros meios de reprodução.**

Art. 46. Os livros, fichas, documentos, papéis, **microfilmes e sistemas de computação** deverão permanecer sempre sob a guarda e responsabilidade do titular de serviço notarial ou de registro, que zelará por sua ordem, segurança e conservação.

→ **Lei 9.492, de 10 de setembro de 1997** – *Lei de Protestos*

Art. 8º (...)

§ 1º Poderão ser recepcionadas as indicações a protestos das Duplicatas Mercantis e de Prestação de Serviços, por meio magnético ou de gravação eletrônica de dados, sendo de inteira responsabilidade do apresentante os dados fornecidos, ficando a cargo dos Tabelionatos a mera instrumentalização das mesmas. (Renumerado do parágrafo único pela Lei nº 13.775, de 2018)

§ 2º Os títulos e documentos de dívida mantidos sob a forma escritural nos sistemas eletrônicos de escrituração ou nos depósitos centralizados de que trata a Lei nº 12.810, de 15 de maio de 2013, poderão ser recepcionados para protesto por extrato, desde que atestado por seu emitente, sob as penas da lei, que as informações conferem com o que consta na origem. (Incluído pela Lei nº 13.775, de 2018)

Art. 32. O livro de Protocolo poderá ser escriturado mediante processo manual, mecânico, **eletrônico ou informatizado**, em folhas soltas e com colunas destinadas às seguintes anotações: número de ordem, natureza do título ou documento de dívida, valor, apresentante, devedor e ocorrências.

Art. 34. Os índices serão de localização dos protestos registrados e conterão os nomes dos devedores, na forma do § 4º do art. 21, vedada a exclusão ou omissão de nomes e de protestos, ainda que em caráter provisório ou parcial, não decorrente do cancelamento definitivo do protesto.

(...)

§ 2º Os índices poderão ser elaborados pelo sistema de fichas, microfichas ou banco **eletrônico de dados.**

Art. 35. O Tabelião de Protestos arquivará ainda:

(...)

§ 2º Para os livros e documentos microfilmados ou gravados por **processo eletrônico** de imagens não subsiste a obrigatoriedade de sua conservação.

Art. 39. A reprodução de **microfilme ou do processamento eletrônico da imagem**, do título ou de qualquer documento arquivado no Tabelionato, quando autenticado pelo Tabelião de Protesto, por seu Substituto ou Escrevente autorizado, guarda o mesmo valor do original, independentemente de restauração judicial.

Art. 41. Para os serviços previstos nesta Lei os Tabeliães poderão adotar, independentemente de autorização, **sistemas de computação, microfilmagem, gravação eletrônica de imagem e quaisquer outros meios de reprodução.**

Art. 41-A Os tabeliães de protesto manterão, em âmbito nacional, uma central nacional de serviços eletrônicos compartilhados que prestará, ao menos, os seguintes serviços: (...)

I - escrituração e emissão de duplicata sob a forma escritural, observado o disposto na legislação específica, inclusive quanto ao requisito de autorização prévia para o exercício da atividade de escrituração pelo órgão supervisor e aos demais requisitos previstos na regulamentação por ele editada;

II - recepção e distribuição de títulos e documentos de dívida para protesto, desde que escriturais;

III - consulta gratuita quanto a devedores inadimplentes e aos protestos realizados, aos dados desses protestos e dos tabelionatos aos quais foram distribuídos, ainda que os respectivos títulos e documentos de dívida não sejam escriturais;

IV - confirmação da autenticidade dos instrumentos de protesto em meio eletrônico; e

V - anuência eletrônica para o cancelamento de protestos.

→ **Medida Provisória 2.002, de 27 de julho de 2001, reeditada pela Medida Provisória 2.001-2 de 24 de agosto de 2001** – *Institui a Infra-Estrutura de Chaves Públicas Brasileira – ICP-Brasil, transforma o Instituto Nacional de Tecnologia da Informação em autarquia.*

A certificação digital possui validade em nosso ordenamento jurídico com a instituição da Medida Provisória 2.002, de 27 de julho de 2001:

Art. 1º Fica instituída a Infra-Estrutura de Chaves Públicas Brasileira – ICP-Brasil, **para garantir a autenticidade, a integridade e a validade jurídica de documentos em forma eletrônica**, das aplicações de suporte e das aplicações habilitadas que utilizem certificados digitais, bem como a realização de transações eletrônicas seguras.

Art. 2º A ICP – Brasil, cuja organização será definida em regulamento, será composta por uma autoridade gestora de políticas e pela cadeia de autoridades certificadoras composta pela Autoridade Certificadora Raiz – AC Raiz, pelas Autoridades Certificadoras – AC e pelas Autoridades de Registro – AR.

→ **Decreto 4.073, de 3 janeiro de 2002** – *Regulamenta a Lei nº 8.159, de 8 de janeiro de 1991, que dispõe sobre a política nacional de arquivos públicos e privados.*

Art. 15. São arquivos públicos os conjuntos de documentos:

I – produzidos e recebidos por órgãos e entidades públicas federais, estaduais, do Distrito Federal e municipais, em decorrência de suas funções administrativas, legislativas e

→ **Lei 11.419, de 19 de dezembro de 2006** – *Dispõe sobre a informatização do processo judicial; altera a Lei nº 5.869, de 11 de janeiro de 1973 – Código de Processo Civil*

Art. 16. Os **livros cartorários** e demais repositórios dos órgãos do Poder Judiciário poderão ser gerados e armazenados em meio totalmente **eletrônico.**

→ **Lei 11.977, de 7 de julho de 2009** – *Lei do Programa Minha Casa Minha Vida*

Art. 37. Os serviços de registros públicos de que trata a Lei nº 6.015, de 31 de dezembro de 1973 (Lei de Registros Públicos) promoverão a implantação e o funcionamento adequado do Sistema Eletrônico dos Registros Públicos (Serp), nos termos da Medida Provisória nº 1.085, de 27 de dezembro de 2021.

Art. 38. Os documentos eletrônicos apresentados aos serviços de registros públicos ou por eles expedidos deverão atender aos requisitos estabelecidos pela Corregedoria Nacional de Justiça do Conselho Nacional de Justiça, com a utilização de assinatura eletrônica avançada ou qualificada, conforme definido no art. 4º da Lei nº 14.063, de 23 de setembro de 2020.

§ 1º Os serviços de registros públicos disponibilizarão serviços de recepção de títulos e de fornecimento de informações e certidões em meio eletrônico.

§ 2º Ato da Corregedoria Nacional de Justiça do Conselho Nacional de Justiça poderá estabelecer hipóteses de admissão de assinatura avançada em atos que envolvam imóveis.

Art. 39. Os atos registrais praticados a partir da vigência da Lei nº 6.015, de 31 de dezembro de 1973, serão inseridos no sistema de registro eletrônico, no **prazo de até 5 (cinco) anos** a contar da publicação desta Lei. (Vide Decreto nº 8.270, de 2014)

Parágrafo único. Os atos praticados e os documentos arquivados anteriormente à vigência da Lei nº 6.015, de 31 de dezembro de 1973, deverão ser inseridos no sistema eletrônico.

Art. 40. Serão definidos em regulamento os requisitos quanto a cópias de segurança de documentos e de livros escriturados de forma eletrônica.

Art. 41. A partir da implementação do sistema de registro eletrônico de que trata o art. 37, os serviços de registros públicos disponibilizarão ao Poder Judiciário e ao Poder Executivo federal, por meio eletrônico e sem ônus, o **acesso às informações constantes de seus bancos de dados**, conforme regulamento. (Redação dada pela Lei nº 13.097, de 2015)

Parágrafo único. O descumprimento do disposto no *caput* ensejará a aplicação das penas previstas nos incisos II a IV do *caput* do art. 32 da Lei nº 8.935, de 18 de novembro de 1994. (Redação dada pela Lei nº 13.097, de 2015)

(...)

Art. 45. Regulamento disporá sobre as condições e as etapas mínimas, bem como sobre os prazos máximos, a serem cumpridos pelos serviços de registros públicos, com vistas na efetiva implementação do sistema de registro eletrônico de que trata o art. 37.

→ **Portaria 94, de 21 de dezembro de 2010 do Conselho Nacional de Arquivos – Conarq.** *Criação da Comissão Especial para Gestão Documental do Foro Extrajudicial, com o objetivo de propor ações e procedimentos para a modernização, organização e gestão documental dos acervos dos Cartórios de Registro de Imóveis da Amazônia Legal, de conformidade com os dispositivos previstos na Resolução nº 110, de 6 de abril de 2010, do Conselho Nacional de Justiça.*

→ **Provimento 25, de 12 de novembro de 2012 do CNJ** – *Dispõe sobre a regulamentação do uso do Malote Digital pelas serventias extrajudiciais de notas e de registro.*

→ **Provimento 18, de 28 de agosto de 2012 do CNJ (incorporado aos arts. 264 a 273 do Provimento**

CNJ n. 149/2023 – CNN) –*Da Central Notarial de Serviços Eletrônicos Compartilhados – CENSEC.*

→ **Recomendação 14, de 2 de julho de 2014 do CNJ** – *Dispõe sobre a divulgação do resultado de estudos realizados para a especificação do modelo de sistema digital para implantação de Sistemas de Registro de Imóveis Eletrônico – S-REI.* Atente-se que esta recomendação foi revogada pelo recentíssimo Provimento CNJ n. 180/2024.

→ **Lei 13.105, de 16 de março de 2015** – *Instituiu o novo Código de Processo Civil.*

Da Prática Eletrônica de Atos Processuais

Art. 193. Os atos processuais podem ser total ou parcialmente digitais, de forma a permitir que sejam produzidos, comunicados, armazenados e validados por meio eletrônico, na forma da lei.

Parágrafo único. O disposto nesta Seção aplica-se, no que for cabível, à **prática de atos notariais e de registro.**

Note-se assim que a aludida regra veio reforçar as previsões normativas da Medida Provisória 2.200-2/2001 e do art. 41, da Lei 8935/1994, que autorizam a realização dos atos notariais por meio eletrônico.

→ **Provimento 46, de 16 de junho de 2015 do CNJ (incorporado aos arts. 229 a 245 do Provimento CNJ n. 149/2023 – CNN)** – *Da Central de Informações de Registro Civil das Pessoas Naturais – CRC.*

→ **Resolução 01, de 09 de julho de 2015 do Comitê Gestor do Sistema Nacional de Informações de Registro Civil** – *Dispõe sobre a padronização dos procedimentos para envio de dados pelas serventias de registro civil de pessoas naturais ao Sistema Nacional de Informações de Registro Civil – Sirc*

→ **Resolução 04, de 28 de maio de 2019 do Comitê Gestor do Sistema Nacional de Informações de Registro Civil** – *Dispõe sobre o compartilhamento de dados do Sistema Nacional de Informações de Registro Civil - Sirc.*

→ **Provimento 48, de 16 de março de 2016 do CNJ (incorporado aos arts. 246 a 256 do Provimento CNJ n. 149/2023 – CNN)** – *Do sistema de registro eletrônico de títulos e documentos e civil de pessoas jurídicas.* Atente-se que o Provimento CNJ n. 180/2024 traz termo atual e adequado, nomeando de Central do Registro de Títulos e Documentos e Civil de Pessoas Jurídicas – Central do RTDPJ.

→ **Resolução 228, de 22 de junho de 2016 do CNJ.** *Regulamenta a aplicação, no âmbito do Poder Judiciário, da Convenção sobre a Eliminação da Exigência de Legalização de Documentos Públicos Estrangeiros, celebrada na Haia, em 5 de outubro de 1961 (Convenção da Apostila).*

Art. 8º As apostilas serão emitidas e registradas em sistema eletrônico.

§ 1º As apostilas serão assinadas com certificado digital e registradas pelo emissor.

§ 2º A apostila será emitida desde que realizada a conferência de autenticidade da assinatura, da função ou do cargo exercido pelo signatário do documento e, quando cabível, de autenticidade do selo ou do carimbo nele aposto.

§ 3º O apostilamento de documentos assinados fisicamente dependerá da apresentação do original.

§ 4º As apostilas emitidas deverão conter mecanismo que permita a verificação eletrônica de existência e de autenticidade, assim como conexão com o documento apostilado.

Art. 9º O sistema eletrônico de apostilamento e registro é de propriedade intelectual da União e administrado pelo Conselho Nacional de Justiça, por meio da Corregedoria Nacional de Justiça.

Parágrafo único. A Corregedoria Nacional de Justiça poderá, sob sua normatização e fiscalização, delegar, sem ônus para o CNJ, a gestão, administração e manutenção do sistema à Associação de Notários e Registradores do Brasil – ANOREG/BR ou outra entidade de representação nacional de todas as especialidades notariais e registrais que venha a substituí-la.

Art. 10 A numeração da apostila será única em todo o território nacional, cabendo ao CNJ o registro e o armazenamento de todas as informações relativas às apostilas emitidas pelas autoridades de que trata o art. 6º desta Resolução.

Art. 11 A apostila em papel será impressa, nos termos de normatização da Corregedoria Nacional de Justiça, carimbada na forma do Anexo II desta Resolução e rubricada em campo próprio pela autoridade competente.

Art. 12 O CNJ manterá banco de dados unificado do registro eletrônico das apostilas emitidas em território nacional, permitindo a qualquer interessado, por meio de consulta eletrônica (*online*), a verificação da existência e da autenticidade das apostilas emitidas, bem como da conexão com cada documento apostilado.

→ **Provimento 62, de 14 de novembro de 2017 do CNJ /Arts. 1º a 17 do Provimento CNJ n. 149/2023 – CNN)** – *Apostilamento.*

Art. 14. O documento eletrônico apresentado à autoridade apostilante ou por ela expedido poderá ser apostilado independentemente de impressão em papel, desde que esteja emitido em formato compatível para upload no sistema do CNJ e assinado eletronicamente.

§ 1º A apostila eletrônica será salva em arquivo único, na sequência do documento, assinada pela autoridade apostilante, entregue em mídia ou enviado no endereço eletrônico fornecido pelo solicitante.

§ 2º Para os fins estabelecidos no *caput* deste artigo, considera-se assinado eletronicamente:

I – o arquivo eletrônico assinado na forma do art. 10, § 1º, da Medida Provisória nº 2.200-2, de 24 de agosto de 2001, ou legislação superveniente; ou

II – o documento que contém declaração de ter sido assinado na forma do art. 10, § 1º, da Medida Provisória nº 2.200-2, de 24 de agosto de 2001; do art. 1º, § 2º, III, da Lei nº 11.419, de 19 de dezembro de 2006; ou do art. 4º da Lei nº 14.063, de 23 de setembro de 2020, cujo conteúdo pode ser conferido na rede mundial de computadores, em site governamental.

§ 3º Nas hipóteses do § 2º, II, deste artigo, em caso de dúvida sobre a veracidade do documento ou do sítio eletrônico de verificação, a autoridade apostilante contatará o órgão responsável pela emissão do documento, e, permanecendo a dúvida, o apostilamento será negado.

→ **Lei 13.465, de 11 de julho de 2017** – *Regularização Fundiária*

Art. 76. O Sistema de Registro Eletrônico de Imóveis (SREI) será implementado e operado, em âmbito nacional, pelo Operador Nacional do Sistema de Registro Eletrônico de Imóveis (ONR).

§ 1º O procedimento administrativo e os atos de registro decorrentes da Reurb serão feitos por meio eletrônico, nos termos dos arts. 37 a 41 da Lei nº 11.977, de 7 de julho de 2009.

→ **Provimento 67, de 26 de março de 2018 do CNJ (incorporado aos arts. 18 a 57 do Provimento CNJ n. 149/2023 – CNN)** – *Da conciliação e de mediação nos serviços notariais e de registro do Brasil.*

Art. 44. *O livro de conciliação e de mediação terá trezentas folhas, permitido o acréscimo apenas para evitar a inconveniência de cisão do ato.*

1º Além do timbre do serviço notarial e de registro, todas as folhas conterão o número do livro e do termo de conciliação ou de mediação correspondentes, numeradas em ordem crescente por ***sistema mecânico ou eletrônico.***

(...)

3º O **livro eletrônico** somente poderá ser adotado por sistema que garanta a verificação da existência e conteúdo do ato, subordinando se às mesmas regras de lavratura atinentes ao livro físico.

Art. 47, parágrafo único. Os índices poderão ser elaborados pelo sistema de fichas, microfichas ou eletrônico, em que serão anotados os dados das partes envolvidas nos procedimentos de mediação ou de conciliação.

→ **Provimento 74, de 31 de julho de 2018 do CNJ** – *Dispõe sobre padrões mínimos de tecnologia da informação para a segurança, integridade e disponibilidade de dados para a continuidade da atividade pelos serviços notariais e de registro do Brasil e dá outras providências.*

→ **Decreto 9.929, de 22 de julho de 2019** – *Dispõe sobre o Sistema Nacional de Informações de Registro Civil - Sirc e sobre o seu comitê gestor.*

→ **Provimento 87, de 11 de setembro de 2019 do CNJ (incorporado aos arts. 1257 a 263 do Provimento CNJ n. 149/2023 – CNN)** – *Da Central Nacional de Serviços Eletrônicos dos Tabeliães de Protesto de Títulos – CENPROT e dá outras providências.*

→ **Provimento 89, de 18 de dezembro de 2019 do CNJ** – *Regulamenta o Código Nacional de Matrículas – CNM, o Sistema de Registro Eletrônico de Imóveis – SREI, o Serviço de Atendimento Eletrônico Compartilhado – SAEC, o acesso da Administração Pública Federal às informações do SREI e estabelece diretrizes para o estatuto do Operador Nacional do Sistema de Registro Eletrônico – ONR.*

→ **Lei 13.874, de 20 de setembro de 2019** – *Liberdade Econômica* – Inclui o art. 2º-A na Lei 12.682/2012.

Art. 2º-A. Fica autorizado o armazenamento, em meio eletrônico, óptico ou equivalente, de documentos públicos ou privados, compostos por dados ou por imagens, observado o disposto nesta Lei, nas legislações específicas e no regulamento. (Incluído pela Lei nº 13.874, de 2019)

§ 1º Após a digitalização, constatada a integridade do documento digital nos termos estabelecidos no regulamento, o original poderá ser destruído, ressalvados os documentos de valor histórico, cuja preservação observará o disposto na legislação específica. (Incluído pela Lei nº 13.874, de 2019)

§ 2º O documento digital e a sua reprodução, em qualquer meio, realizada de acordo com o disposto nesta Lei e na legislação específica, terão o mesmo valor probatório do documento original, para todos os fins de direito, inclusive para atender ao poder fiscalizatório do Estado. (Incluído pela Lei nº 13.874, de 2019)

§ 3º Decorridos os respectivos prazos de decadência ou de prescrição, os documentos armazenados em meio eletrônico, óptico ou equivalente poderão ser eliminados. (Incluído pela Lei nº 13.874, de 2019)

§ 4º Os documentos digitalizados conforme o disposto neste artigo terão o mesmo efeito jurídico conferido aos documentos microfilmados, nos termos da Lei nº 5.433, de 8 de maio de 1968 , e de regulamentação posterior. (Incluído pela Lei nº 13.874, de 2019)

§ 5º Ato do Secretário de Governo Digital da Secretaria Especial de Desburocratização, Gestão e Governo Digital do Ministério da Economia estabelecerá os documentos cuja reprodução conterá código de autenticação verificável. (Incluído pela Lei nº 13.874, de 2019)

§ 6º Ato do Conselho Monetário Nacional disporá sobre o cumprimento do disposto no § 1º deste artigo, relativamente aos documentos referentes a operações e transações realizadas no sistema financeiro nacional. (Incluído pela Lei nº 13.874, de 2019)

§ 7º É lícita a reprodução de documento digital, em papel ou em qualquer outro meio físico, que contiver mecanismo de verificação de integridade e autenticidade, na maneira e com a técnica definidas pelo mercado, e cabe ao particular o ônus de demonstrar integralmente a presença de tais requisitos. (Incluído pela Lei nº 13.874, de 2019)

§ 8º Para a garantia de preservação da integridade, da autenticidade e da confidencialidade de documentos públicos será usada certificação digital no padrão da Infraestrutura de Chaves Públicas Brasileira (ICP-Brasil). (Incluído pela Lei nº 13.874, de 2019)

→ **Decreto 10.278, de 18 de março de 2020** – *Regulamenta o disposto no inciso X do caput do art. 3º da Lei nº 13.874, de 20 de setembro de 2019, e no art. 2º-A da Lei nº 12.682, de 9 de julho de 2012, para estabelecer a técnica e os requisitos para a digitalização de documentos públicos ou privados, a fim de que os documentos digitalizados produzam os mesmos efeitos legais dos documentos originais.*

→ **Provimento 100, de 26 de maio de 2020 do CNJ (incorporado aos arts. 284 a 319 do Provimento CNJ n. 149/2023 – CNN)** – *Atos notariais eletrônicos utilizando o sistema e-Notariado, cria a Matrícula Notarial Eletrônica-MNE.*

→ **Provimento 103, de 04 de junho de 2020 do CNJ** – *Dispõe sobre a Autorização Eletrônica de Viagem nacional e internacional de crianças e adolescentes até 16 (dezesseis) anos desacompanhados de ambos ou um de seus pais e dá outras providências.*

→ **Provimento 104, de 09 de junho de 2020 do CNJ (incorporado aos arts. 182 e 183 do Provimento CNJ n. 149/2023 - CNN)** – *Envio de dados registrais, das pessoas em estado de vulnerabilidade socioeconômica, pelo Cartórios de Registro Civil de Pessoas Naturais, diretamente ou por intermédio da Central de Informações de Registro Civil de Pessoas Naturais- CRC, aos Institutos de Identificação dos Estados e do Distrito Federal, para fins exclusivos de emissão de registro geral de identidade.*

→ **Provimento 115, de 24 de março de 2021 do CNJ** – *Institui a receita do fundo para implementação e custeio do SREI, estabelece a forma do seu recolhimento pelas serventias do serviço de registro de imóveis, e dá outras providências.*

→ **Provimento 124, de 07 de dezembro de 2021 do CNJ** – *Estabelece prazo para a universalização do acesso por todas as unidades do serviço de registro de imóveis do Brasil, ao Sistema de Registro Eletrônico de Imóveis (SREI), operado pelo Operador Nacional do Registro Eletrônico de Imóveis – ONR, sob regulação da Corregedoria Nacional de Justiça.*

→ **Provimento 127, de 09 de fevereiro de 2022 do CNJ** – *Disciplina a Plataforma do Sistema Integrado de Pagamentos Eletrônicos - SIPE para os serviços notariais e de registro, e dá outras providências.*

→ **Lei 14.382, de 27 de junho de 2022** – *Dispõe sobre o Sistema Eletrônico dos Registros Públicos (Serp) e traz outras inúmeras alterações na legislação satélite.*

Aqui, dada a complexidade e a importância do tema para a atividade notarial e registral, abrirei um tópico, chamado "Lei do SERP" para esmiuçar a Lei n. 14.382/2022, proveniente da MP n. 1.085.

→ **Provimento 149, de 18 de dezembro de 2023 do CNJ** – *Institui o Código Nacional de Normas da Corregedoria Nacional de Justiça do Conselho Nacional de Justiça - Foro Extrajudicial (CNN/ CN/ CNJ-Extra), que regulamenta os serviços notariais e de registro.*

→ Livro IV, Título II. Dos Sistemas Digitais dos Serviços: Arts. 207 a 210 do **Provimento 159, de 18 de dezembro de 2023 do CNJ** – *Institui o Fundo para a Implementação e Custeio do Sistema Eletrônico dos Registros Públicos – FIC-ONSERP, o Fundo para a Implementação e Custeio do Sistema Eletrônico do Registro Civil das Pessoas Naturais – FIC-RCPN, e o Fundo para a Implementação e Custeio do Sistema Eletrônico do Registro de Títulos e Documentos e Civis das Pessoas Jurídicas – FIC-RTDPJ.*

→ **Provimento 180, de 16 de agosto de 2024 do CNJ** – *Altera o Código Nacional de Normas para dispor sobre o Sistema Eletrônico dos Registros Públicos – Serp.*

1.1.5. CONCEITO, INSTITUIÇÃO, MIGRAÇÃO, DESCUMPRIMENTO E PRAZOS DO REGISTRO ELETRÔNICO

Entende-se por **registro eletrônico**, a escrituração realizada exclusivamente por meio de sistema informatizado de base de dados, observados os requisitos do sistema de registro eletrônico, conforme o disposto na Lei nº 11.977/2009, sem a impressão dos atos em fichas ou em livros físicos.

Por sua vez, a **escrituração eletrônica** é aquela realizada por meio de sistema informatizado de base de dados, com impressão dos atos em fichas ou em livros físicos. Importante atentar que nas normativas estaduais da Corregedoria-Geral de Justiça do Estado de São Paulo, a escrituração eletrônica está conceituada como a dos atos registrais em mídia totalmente eletrônica, mas tal Código enfatiza que até a implantação plena do sistema de registro eletrônico, **a escrituração em meio eletrônico, sem impressão em papel, restringe-se aos indicadores reais e pessoais, controle de títulos contraditórios, certidões e informações registrais e ao cadastro de aquisições de imóveis rurais por estrangeiros, mantidos os demais livros na forma e modelos previstos na Lei nº 6.015/ 1973.**

Considera-se **escrituração mecânica** aquela realizada sem o uso de sistema informatizado de base de dados, ainda que utilizados editores de texto em computador.

A migração para a escrituração registral no sistema de registro eletrônico está sendo feita de **forma gradativa**, nos prazos e condições previstos na Lei nº 11.977/2009 (PMCMV), notadamente nos artigos 37 a 41 e 45, alterados pela Lei n. 14.382/2022, pelas normas editadas pela Corregedoria Nacional da Justiça do Conselho Nacional de Justiça (CNJ) e pelas Corregedorias dos Estados, sempre atendidos os critérios de segurança da informação.

A Lei 13.097/2015 dá nova redação ao art. 41 da Lei n. 11.977/2009. Assim, a partir da implementação do sistema de registro eletrônico de que trata o art. 37 da Lei 11.977/2009, os serviços de registros públicos disponibilizam ao Poder Judiciário e ao Poder Executivo federal, **por meio eletrônico e sem ônus, o acesso às informações constantes de seus bancos de dados**, conforme regulamento. O descumprimento enseja a aplicação das penas previstas nos incisos II a IV do caput do art. 32 da Lei nº 8.935, de 18 de novembro de 1994. (II – multa; III – suspensão por noventa dias, prorrogável por mais trinta; IV – perda da delegação).

Anote-se que, embora em um primeiro momento a Lei n. 11.977/2009 (por tratar do Programa Minha Casa Minha Vida) nos levasse a crer que o registro eletrônico estava destinado apenas ao registro de imóveis, não foi isso que ocorreu. É indubitável que todas as especialidades registrais e notariais – Registro Civil de Pessoas Naturais, Registro Civil de Pessoas Jurídicas, Registro de Imóveis, Notas e Protestos – teriam de operar em meios eletrônicos. Desse modo, a fim de deixar este entendimento cristalino, a Lei n. 14.382/2022 alterou a redação do art. 37, **englobando todas as serventias registrais** e estabelecendo que os serviços de registros públicos de que trata a Lei nº 6.015/1973 devem promover a implantação e o funcionamento adequado do Sistema Eletrônico dos Registros Públicos (Serp), nos termos da Medida Provisória nº 1.085, de 27 de dezembro de 2021.

Como se pôde ver no capítulo anterior, que tratou da legislação esparsa, a utilização de meios eletrônicos nos serviços registrais e notariais **antecedeu** à determinação legal da Lei n. 11.977/2009. Os sistemas informatizados já estavam presentes em muitos registros públicos brasileiros há diversos anos. Para ilustrar, o art. 41 da Lei n. 8.935/1994 e a 9.492/1997, nos arts. 39 e 41, já estabeleciam a possibilidade de adoção de sistemas de computação e gravação eletrônica de imagens, independentemente de autorização judicial.

Todavia, o **marco** do registro eletrônico, isto é, sua **obrigatoriedade**, inicia-se com a Lei n. 11.977/2009. A partir de então, inaugura-se a **era dos serviços digitais nos cartórios**. A Corregedoria Nacional de Justiça do CNJ editou diversos atos normativos a fim de regulamentar o registro eletrônico em cada tipo de serventia, conforme vimos no tópico anterior, intitulado "Legislação Esparsa e Histórico sobre a Informática Aplicada à Atividade Notarial e Registral", e continua a fazê-lo até os dias de hoje.

Atualmente, tais disposições estão incorporadas em título próprio do Provimento CNJ n. 149/2023 (CNN), chamado "Dos Sistemas Digitais dos Serviços". Esse título é dividido em capítulos, sendo o Capítulo I sobre as normas comuns (arts. 207 a 210) e o Capítulo II referente ao Sistema Eletrônico dos Registros Públicos (SERP) (arts. 211 a 228-I). O Capítulo III é dedicado aos serviços eletrônicos no Registro Civil das Pessoas Naturais (arts. 229 a 245). Por sua vez, o Capítulo IV, nos arts. 246 a 256, estabelece regras para para o serviço eletrônico do Registro de Títulos e Documentos e Civil de Pessoas Jurídicas. Quanto ao Tabelionato de Protesto, o Capítulo V regulamenta os Serviços Eletrônicos dos Tabeliães de Protesto de Títulos – CENPROT (arts. 257 a 263). Os arts. 264 a 319 pertencem ao Capítulo VI, referente ao Tabelionato de Notas. Nestes dispositivos, encontramos regras para os atos notariais eletrônicos. Por fim, no Capítulo VII, precisamente nos arts. 321 a 329, o Código Nacional de Normas preceitua regras sobre a prestação dos serviços eletrônicos pelos Registros de Imóveis.

1.1.6 A LEI DO SERP

É cada vez mais comum a introdução de recursos tecnológicos na atividade extrajudicial, juntamente com inovações legislativas que, ao longo do tempo, alteraram as regras aplicáveis às mais diversas atribuições notariais e registrais. A mais recente dessas inovações é a Lei n. 14.382/2022 conhecida como a Lei do SERP.

A Lei n. 14.382/2022, conversão da MP n. 1.085/2021, dispõe sobre o Sistema Eletrônico dos Registros Públicos (SERP), de que trata o art. 37 da Lei n. 11.977/2009 (PMCMV), bem como **moderniza e simplifica os procedimentos relativos aos registros públicos de atos e negócios jurídicos,** de que trata a Lei n. 6.015/1973 (Lei de Registros Públicos), e de incorporações imobiliárias, de que trata a Lei n. 4.591/1964. O diploma também busca normatizar o entendimento da melhor doutrina e as soluções acordadas em fóruns e enunciados.

Como vimos no tópico anterior, é indubitável que a Lei n. 14.382/2022 dá continuidade ao processo de digitalização e informatização aplicado à atividade notarial e registral. Trata-se de procedimento que vem crescendo paulatinamente devido à grande quantidade de legislação que é continuamente editada para acompanhar a revolução cibernética. Ao longo desta obra, abordaremos, inclusive, as Centrais Eletrônicas específicas de cada serventia extrajudicial. Podemos afirmar que o SERP se traduz como uma espécie de Central Eletrônica Nacional dos Registros Públicos.

A Lei n. 14.382/2022 é **direcionada** às relações jurídicas que envolvem não apenas os oficiais dos registros públicos, mas também os usuários dos serviços de registros públicos. Enfatiza-se que os oficiais dos registros públicos integram o SERP.

O Serp é regido pelos **princípios** que disciplinam a administração pública em geral e os serviços notariais e registrais, em especial, os princípios da legalidade, integridade, impessoalidade, moralidade, razoabilidade, finalidade, motivação, interesse público, eficiência, segurança, adequação, regularidade, continuidade, atualidade, generalidade, publicidade, autenticidade e cortesia na prestação dos serviços.

No que tange ao objetivo, o Sistema Eletrônico dos Registros Públicos (SERP) tem como **finalidade** viabilizar:

a) o registro público eletrônico dos atos e negócios jurídicos;
b) a interconexão das serventias dos registros públicos;

c) a interoperabilidade das bases de dados entre as serventias dos registros públicos e entre as serventias dos registros públicos e o Serp;

d) o atendimento remoto aos usuários de todas as serventias dos registros públicos, por meio da internet;

e) a recepção e o envio de documentos e títulos, a expedição de certidões e a prestação de informações, em formato eletrônico, inclusive de forma centralizada, para distribuição posterior às serventias dos registros públicos competentes;

f) a visualização eletrônica dos atos transcritos, registrados ou averbados nas serventias dos registros públicos;

g) o intercâmbio de documentos eletrônicos e de informações entre as serventias dos registros públicos e os entes públicos, inclusive por meio do Sistema Integrado de Recuperação de Ativos (Sira), de que trata o Capítulo V da Lei n. 14.195/2021 e os usuários em geral, inclusive as instituições financeiras e as demais instituições autorizadas a funcionar pelo Banco Central do Brasil e os tabeliães;

h) o armazenamento de documentos eletrônicos para dar suporte aos atos registrais;

i) a divulgação de índices e de indicadores estatísticos apurados a partir de dados fornecidos pelos oficiais dos registros públicos;

j) a consulta às indisponibilidades de bens decretadas pelo Poder Judiciário ou por entes públicos; às restrições e aos gravames de origem legal, convencional ou processual incidentes sobre bens móveis e imóveis registrados ou averbados nos registros públicos; e aos atos em que a pessoa pesquisada conste como: 1. devedora de título protestado e não pago; 2. garantidora real; 3. cedente convencional de crédito; ou 4. titular de direito sobre bem objeto de constrição processual ou administrativa.

Anote-se que esta consulta deve ser realizada com base em indicador pessoal ou, quando compreender bem especificamente identificável, mediante critérios relativos ao bem objeto de busca.

k) outros serviços, nos termos estabelecidos pela Corregedoria Nacional de Justiça do Conselho Nacional de Justiça.

São **atribuições** do SERP:

a) observar os padrões e os requisitos de documentos, de conexão e de funcionamento estabelecidos pela Corregedoria Nacional de Justiça do Conselho Nacional de Justiça; e

b) garantir a segurança da informação e a continuidade da prestação do serviço dos registros públicos.

O Serp deve ter um **operador nacional**, sob a forma de pessoa jurídica de direito privado, na modalidade associação ou fundação. Em outras palavras, deve ser entidade civil sem fins lucrativos, nos termos estabelecidos pelo Conselho Nacional de Justiça

A Lei n. 14.382/2022 também estabelece alguns **deveres** aos oficiais dos registros públicos, quais sejam, promover a implantação e o funcionamento adequado do Serp, com a disponibilização das informações necessárias, nos termos estabelecidos pela Corregedoria Nacional de Justiça do Conselho Nacional de Justiça, especialmente das informações relativas:

a) às garantias de origem legal, convencional ou processual, aos contratos de arrendamento mercantil financeiro e às cessões convencionais de crédito, constituídos no âmbito da sua competência; e

b) aos dados necessários à produção de índices e de indicadores estatísticos.

Indo na mesma direção dos atos normativos do CNJ sobre a obrigatoriedade de adesão às centrais eletrônicas, a Lei n. 14.382/2022 estabelece que a adesão ao SERP é **obrigatória** para os oficiais dos registros públicos, conforme previsto na Lei n. 6.015/1973, ou para os responsáveis interinos pelo expediente. No caso de descumprimento dessa obrigação, estão previstas as penas do art. 32 da Lei dos Notários e Registradores (Lei n. 8.935/1994), nos termos estabelecidos pela Corregedoria Nacional de Justiça do CNJ.

A Lei n. 14.382/2022 inclui um artigo destinado a disciplinar o **Fundo para a Implementação e Custeio do Sistema Eletrônico dos Registros Públicos (FICS)**, nos seguintes termos:

> Art. 5º Fica criado o Fundo para a Implementação e Custeio do Sistema Eletrônico dos Registros Públicos (Fics), subvencionado pelos oficiais dos registros públicos, respeitado o disposto no § 9º do art. 76 da Lei nº 13.465, de 11 de julho de 2017.
>
> § 1º Caberá à Corregedoria Nacional de Justiça do Conselho Nacional de Justiça:
>
> I - disciplinar a instituição da receita do Fics;
>
> II - estabelecer as cotas de participação dos oficiais dos registros públicos;
>
> III - fiscalizar o recolhimento das cotas de participação dos oficiais dos registros públicos; e
>
> IV - supervisionar a aplicação dos recursos e as despesas incorridas.
>
> § 2º Os oficiais dos registros públicos ficam dispensados de participar da subvenção do Fics na hipótese de desenvolverem e utilizarem sistemas e plataformas interoperáveis necessários para a integração plena dos serviços de suas delegações ao Serp, nos termos estabelecidos pela Corregedoria Nacional de Justiça do Conselho Nacional de Justiça.

O art. 7º da Lei n. 14.382/2022 atribui à Corregedoria Nacional de Justiça a competência para disciplinar o disposto nos arts. 37 a 41 e 45 da Lei n. 11.977/2009 (PMCMV), bem como o prescrito nesta Lei.

Essa atribuição decorre do art. 236, § 1º, da Constituição Federal, que confere aos órgãos judiciários a competência para exercer a função regulatória das atividades prestadas nas serventias notariais e registrais, bem como a obrigação das serventias extrajudiciais de cumprir as normas técnicas estabelecidas pelo Poder Judiciário, conforme disposto nos arts. 37 e 38 da Lei n. 8.935/1994 (Lei dos Notários e Registradores). Além disso, justifica-se pelo Regimento Interno do Conselho Nacional de Justiça, que estabelece a competência do Corregedor Nacional de Justiça, entre outras atribuições, para expedir provimentos, instruções, orientações e outros atos normativos destinados ao aperfeiçoamento das atividades dos serviços auxiliares do Poder Judiciário e dos serviços notariais e de registro (art. 8º, X).

Nessa direção, o CNJ deve disciplinar, em especial, os seguintes aspectos:

a) Os sistemas eletrônicos integrados ao Serp, por tipo de registro público ou de serviço prestado;

b) O cronograma de implantação do Serp e do registro público eletrônico dos atos jurídicos em todo o País, que poderá considerar as diferenças regionais e as características de cada registro público;

c) Os padrões tecnológicos de escrituração, indexação, publicidade, segurança, redundância e conservação de atos registrais, de recepção e comprovação da autoria e da integridade de documentos em formato eletrônico, a serem atendidos pelo Serp e pelas serventias dos registros públicos, observada a legislação;

d) A forma de certificação eletrônica da data e da hora do protocolo dos títulos para assegurar a integridade da informação e a ordem de prioridade das garantias sobre bens móveis e imóveis constituídas nos registros públicos;

e) A forma de integração do Sistema de Registro Eletrônico de Imóveis (SREI), de que trata o art. 76 da Lei n. 13.465/2017, ao Serp;

f) A forma de integração da Central Nacional de Registro de Títulos e Documentos, prevista no § 2º do art. 3º da Lei nº 13.775/2018, ao Serp;

g) Os índices e os indicadores estatísticos que serão produzidos por meio do Serp, nos termos do inciso II do *caput* do art. 4º desta Lei, a forma de sua divulgação e o cronograma de implantação da obrigatoriedade de fornecimento de dados ao Serp;

h) A definição do extrato eletrônico previsto no art. 6º desta Lei e os tipos de documentos que poderão ser recepcionados dessa forma;

i) O formato eletrônico de que trata a alínea *b* do inciso I do § 1º do art. 6º desta Lei; e

j) Outros serviços a serem prestados por meio do Serp.

Além disso, a Corregedoria Nacional de Justiça do CNJ poderá definir, em relação aos atos e negócios jurídicos relativos a bens móveis, os tipos de documentos que serão, prioritariamente, recepcionados por **extrato eletrônico** (vide "extratos eletrônicos" nos comentários do item 1.7 no art. 167, caput, da LRP).

Por derradeiro, analisa-se a regra do art. 9º da Lei do SERP, que regulamenta o acesso às bases de dados de identificação.

Assim, para verificação da identidade dos usuários dos registros públicos, **as bases de dados de identificação civil**, inclusive de identificação biométrica, dos institutos de identificação civil, das bases cadastrais da União, inclusive do Cadastro de Pessoas Físicas da Secretaria Especial da Receita Federal do Brasil do Ministério da Economia e da Justiça Eleitoral, poderão ser acessadas, a critério dos responsáveis pelas referidas bases de dados, desde que previamente pactuado, por tabeliães e oficiais dos registros públicos, observado o disposto nas Leis ns. 13.709/2018 (Lei Geral de Proteção de Dados Pessoais), e 13.444/2017 (Identificação Civil Nacional).

Recomenda-se a leitura em conjunto com o art. 46, § 6º, desta Lei de Registros Públicos, que prevê que os órgãos do Poder Executivo e do Poder Judiciário detentores **de bases biométricas** poderão franquear ao oficial de registro civil de pessoas naturais acesso às bases para fins de conferência por ocasião do registro tardio de nascimento.

1.1.6.1. REGULAMENTAÇÃO DO SISTEMA ELETRÔNICO DOS REGISTROS PÚBLICOS PELA CORREGEDORIA NACIONAL DE JUSTIÇA DO CNJ

No dia 1 de fevereiro de 2023, a Corregedoria Nacional de Justiça do CNJ editou o Provimento n. 139 regulamentando o Sistema Eletrônico dos Registros Públicos (Serp), o Operador Nacional do Sistema de Registros Públicos (ONSERP), o Fundo para a Implementação e Custeio do Sistema Eletrônico de Registros Públicos (FICONSERP), o Fundo para a Implementação e Custeio do Sistema Eletrônico do Registro Civil de Pessoas Naturais (FIC-RCPN) e o Fundo para a Implementação e Custeio do Sistema Eletrônico do Registro de Títulos e Documentos e Civil de Pessoas Jurídicas (FIC-RTDPJ), institui o Operador Nacional do Registro Civil de Pessoas Naturais (ON-RCPN) e o Operador Nacional do Registro de Títulos e Documentos e Civil de Pessoas Jurídicas (ON-RTDPJ), e dá outras providências.

Destacam-se algumas justificativas para a edição do mencionado ato normativo:

a) O disposto no art. 3º, § 4º, da Lei n. 14.382/2022, que conferiu à Corregedoria Nacional de Justiça poderes para estabelecer os termos de funcionamento do Sistema Eletrônico dos Registros Públicos (Serp);

b) Que as especialidades de registros públicos, enumeradas no art. 5º da Lei n. 8.935/1994, não são acumuláveis, ressalvado o disposto no parágrafo único do art. 26 dessa Lei;

c) O art. 5º da Lei n. 14.382/2022, que criou o Fundo para a Implementação e Custeio do Sistema Eletrônico dos Registros Públicos (Fics), subvencionado pelos oficiais dos registros públicos, e estabeleceu à Corregedoria Nacional de Justiça as atribuições de disciplinar a instituição da receita do fundo para a implementação e o custeio do registro eletrônico, bem como estabelecer as cotas de participação das serventias de registros públicos e fiscalizar o recolhimento dos recursos.

Ocorre que o Provimento n. 139/2023 foi incorporado ao Código Nacional de Normas (Provimento CNJ nº 149/2023). Em um primeiro momento, não houve alterações legislativas. Contudo, no dia 16 de agosto de 2024, a Corregedoria Nacional do CNJ editou o Provimento n. 180, alterando o CNN.

Vamos às análises.

De início, é relevante invocar as **diretrizes para a organização do SERP.** Veja-se (grifo meu):

> **Art. 211** O Sistema Eletrônico de Registros Público (Serp), previsto na Lei n. 14.382, de 27 de junho de 2022, será **integrado** tecnologicamente e de forma obrigatória pelos oficiais de registros públicos de que trata a Lei n. 6.015, de 31 de dezembro de 1973, responsáveis interinos ou interventores, que disponibilizarão, nos termos estabelecidos pela Corregedoria Nacional de Justiça, as informações necessárias para a sua adequada implantação e funcionamento.
>
> § 1.º O Serp reger-se-á pelos **princípios** que disciplinam a Administração Pública em geral e os serviços notariais e registrais, em especial, os princípios da legalidade, integridade, impessoalidade, moralidade, razoabilidade, finalidade, motivação, interesse público, eficiência, segurança, adequação, regularidade, continuidade, atualidade, generalidade, publicidade, autenticidade e cortesia na prestação dos serviços.
>
> § 2º É vedada a criação, a implantação e a manutenção de centrais de serviços eletrônicos de registros públicos compartilhados descentralizados (estaduais ou regionais).
>
> § 3º As únicas plataformas autorizadas a prestar serviços públicos de registro eletrônico no Brasil são as mantidas pelos operadores integrantes do Serp (ON-RCPN, ONR e ON-RTDPJ), como:
>
> I - o Serviço de Atendimento Eletrônico Compartilhado (SAEC), no caso de Registro de Imóveis (art. 321);
>
> II - a Central de Informações do Registro Civil das Pessoas Naturais (CRC), no caso de Registro Civil das Pessoas Naturais (art. 229);
>
> III - a Central RTDPJ Brasil, no caso de Registro de Títulos e Documentos e de Registro Civil das Pessoas Jurídicas (art. 246).
>
> § 4º É obrigatório a todas as unidades do serviço registral integrarem suas plataformas e sistemas internos à plataforma de serviços de sua especialidade no ambiente do Serp.
>
> § 5º Para possibilitar a recepção e envio de títulos e documentos bem como outras atividades destinadas a viabilizar a prestação do serviço eletrônico de registro público, os oficiais de registro público deverão atender aos padrões de segurança e integridade do Serp a serem definidos em Instruções Técnicas de Normalização (ITN) do ONSERP.
>
> **Art. 212.** Para promover a **implantação, a manutenção e o funcionamento do Sistema Eletrônico de Registros Públicos (Serp),** será constituído o **Operador Nacional do Sistema Eletrônico dos Registros Públicos (ON-SERP),** sob a forma de pessoa jurídica de direito privado, prevista nos incisos I e III do art. 44 da Lei n. 10.406, de 10 de janeiro de 2002 (Código Civil), na modalidade de entidade civil sem fins lucrativos, de forma a viabilizar os objetivos constantes no art. 3.º da Lei n. 14.382, de 2022.
>
> § 1.º Integrarão o ONSERP o Operador Nacional do Sistema de Registro Eletrônico de Imóveis (ONR) e os operadores nacionais de registros públicos mencionados neste Capítulo.
>
> § 2.º A gestão do ONSERP ficará a cargo do Comitê Executivo de Gestão, composto pelos presidentes dos operadores nacionais de registros públicos, que funcionará sob a orientação e a fiscalização da Corregedoria Nacional de Justiça.
>
> § 3.º O ONSERP terá sede e foro em Brasília, Distrito Federal.
>
> § 4.º São atribuições do ONSERP:
>
> I – a implantação e coordenação do Serp, visando ao seu funcionamento uniforme, apoiando os demais operadores nacionais de registros e atuando em cooperação com a Corregedoria Nacional de Justiça e as corregedorias-gerais da Justiça;
>
> II – a operação do Sistema Eletrônico de Registros Públicos (Serp) em consonância com norma específica da Corregedoria Nacional de Justiça, organizando e desenvolvendo as suas atividades estatutárias sob permanente supervisão do agente regulador;
>
> III – a apresentação de sugestões à Corregedoria Nacional de Justiça para edição de instruções técnicas de normatização aplicáveis ao Serp, de modo a propiciar a operação segura do sistema, a interoperabilidade de dados e documentos e a longevidade de arquivos eletrônicos, como também a adaptação eletrônica dos requisitos jurídico-formais implicados nos serviços, visando garantir a autenticidade e a segurança das operações realizadas com documentos digitais; e
>
> IV – a formulação de indicadores de eficiência e a implementação de sistemas em apoio às atividades das corregedorias-gerais da Justiça e do CNJ, que permitam a inspeção remota.
>
> § 5.º O ONSERP observará:
>
> I – o cumprimento das leis, dos regulamentos, das normas externas e internas, dos convênios e dos contratos, notadamente as normas editadas pela Corregedoria Nacional de Justiça, conforme se extrai dos dispositivos da Lei n. 14.382, de 2022;
>
> II – as normas que regem o segredo de justiça, os sigilos profissional, bancário e fiscal, a autonomia do registrador e sua independência no exercício de suas atribuições, nos termos da Lei n. 8.935, de 18 de novembro de 1994; e
>
> III - as normas gerais e específicas aplicáveis à proteção de dados pessoais, conforme dispõe a Lei Geral de Proteção de Dados (Lei n. 13.709/2018) e este Código Nacional de Normas.
>
> § 6.º (revogado pelo Provimento n. 180, de 16.8.2024)

Os arts. 213 a 216 do Código Nacional de Normas estabelecem regras sobre os **Operadores Nacionais de Registros Públicos (ONSERP).** Neste sentido:

Art. 213. O Operador Nacional do Sistema Eletrônico dos Registros Públicos (ONSERP) será **integrado** pelo Operador Nacional do Registro Civil das Pessoas Naturais (ON-RCPN), pelo Operador Nacional do Registro de Títulos e Documentos e Civil das Pessoas Jurídicas (ON-RTDPJ) e pelo ONR.

Parágrafo único. As unidades do serviço de Registro Civil das Pessoas Naturais e de Registro de Títulos e Documentos e Civil das Pessoas Jurídicas dos Estados e do Distrito Federal integram o Serp, na forma disposta no art. 211 deste Código, e ficam vinculadas ao **ON-RCPN e ao ON-RTDPJ**, respectivamente.

Art. 214. Os registradores civis das pessoas naturais e os registradores de títulos e documentos e civis das pessoas jurídicas do Brasil, por meio de suas entidades representativas de caráter nacional já instituídas em 1.º de fevereiro de 2023, ficam autorizados a constituir formalmente e organizar, respectivamente, o ON-RCPN e o ON-RTDPJ, na forma de **pessoas jurídicas de direito privado**, sem fins lucrativos.

§ 1.º Os registradores civis das pessoas naturais e os registradores de títulos e documentos e civis das pessoas jurídicas do Brasil, por meio de suas entidades representativas de caráter nacional já instituídas em 1.º de fevereiro de 2023, respectivamente, apresentarão propostas de estatuto do ON-RCPN e do ON-RTDPJ.

§ 2.º Os estatutos do ON-RCPN e do ON-RTDPJ deverão ser aprovados pelos oficiais de registros das respectivas especialidades de todo o território nacional, reunidos em assembleia geral.

§ 3.º Os registradores civis das pessoas naturais e os registradores de títulos e documentos e civis das pessoas jurídicas vinculados ao ON-RCPN e ao ON-RTDPJ, respectivamente, serão convocados para as assembleias gerais nos demais casos previstos em seus estatutos.

§ 4.º A assembleia geral de que trata o § 3.º deste artigo será convocada pelas entidades representativas dos oficiais dos respectivos registros, de caráter nacional e já instituídas em 1.º de fevereiro de 2023, alcançando os filiados e não filiados, sob supervisão da Corregedoria Nacional de Justiça.

Art. 215. A Corregedoria Nacional de Justiça atuará como agente regulador do ONSERP, ON-RCPN e do ON-RTDPJ, conforme regulamento a ser editado nos moldes da regulamentação do ONR.

§ 1.º O estatuto aprovado pela assembleia geral e suas alterações deverão ser submetidos à Corregedoria Nacional de Justiça para homologação, no exercício de sua função de agente regulador.

§ 2.º As pessoas jurídicas do ON-RCPN e do ON-RTDPJ, mantidas e administradas conforme deliberação da assembleia geral, somente poderão ter em seu quadro diretivo delegatários que estejam em pleno exercício da atividade.

§ 3.º Após aprovação, os estatutos serão registrados no **1.º Ofício de Registro Civil das Pessoas Jurídicas de Brasília/DF.**

Art. 216. Os operadores nacionais de registros públicos manterão registros contábeis, financeiros e administrativos, de acordo com as correspondentes arrecadações, deduzidas eventuais despesas a título de ressarcimentos.

Por sua vez, os arts. 217 a 220 do Provimento CNJ n. 149/2023 estabelecem **regras sobre a sustentação financeira** do ONSERP, ONR, ON-RCPN e ON-RTDPJ, conforme segue:

Art. 217. Os recursos financeiros para desenvolvimento, implantação, sustentação e evolução do Sistema Eletrônico de Registros Públicos (Serp) advirão do **Fundo para a Implementação e Custeio do Sistema Eletrônico dos Registros Públicos (FIC-ONSERP),** criado pelo art. 5.º da Lei 14.382, de 2022.

Parágrafo único. O FIC-ONSERP será subvencionado indiretamente pelos oficiais dos registros públicos, responsáveis interinos ou interventores, dos estados e do Distrito Federal, mediante repasses de percentual das rendas do FIC-RCPN, FIC-RTDPJ e FIC/SREI, em montante a ser definido em processo administrativo análogo ao destinado à definição da cota de participação desses fundos setoriais.

Art. 218. Constituem **rendas** do ON-RCPN e do ON-RTDPJ:

I – o Fundo para a Implementação e Custeio do Sistema Eletrônico do Registro Civil de Pessoas Naturais (FIC-RCPN) e o Fundo para a Implementação e Custeio do Sistema Eletrônico do Registro de Títulos e Documentos e Civil de Pessoas Jurídicas (FIC-RTDPJ), subvencionados pelos oficiais dos registros públicos, ou responsáveis interinos ou interventores, respectivos dos estados e do Distrito Federal, na forma do art. 5.º da Lei n. 14.382 de 2022;

II – os valores recebidos em atos de liberalidade, como doações e legados;

III – as rendas oriundas de prestação de serviços facultativos, nos termos do art. 42-A da Lei n. 8.935, de 18 de novembro de 1994, e da alienação ou locação de seus bens; e

IV – as rendas eventuais.

§ 1.º A cota da subvenção a que se refere o inciso I deste artigo será definida em processo administrativo instaurado pela Corregedoria Nacional de Justiça, no qual serão realizados estudos sobre o volume de arrecadação dos emolumentos brutos pelos atos praticados nos respectivos registros públicos e colhidas informações sobre os montantes estimados necessários para implementação, sustentação e evolução do Serp por cada operador de registros públicos.

§ 2.º O recolhimento da cota de participação será efetuado até o último dia útil de cada mês, com base nos emolumentos percebidos no mês imediatamente anterior.

Art. 219. O FIC/SREI é gerido pelo ONR, cujas regras estão previstas no Capítulo VII do Título II do Livro IV da Parte Geral deste Código de Normas.

Art. 219-B. OFIC-ONSERP, o FIC-RCPN e o FIC-RTDPJ são geridos pelos respectivos operadores nacionais setoriais (ONSERP, ON-RCPN e ON-RTDPJ), e as regras relativas ao seu custeio, com inclusão dos percentuais de cota de participação devida pelos contribuintes, observará o disposto no Provimento nº 159, de 18 de dezembro de 2023. (incluído pelo Provimento n. 159, de 18.12.2023)

Art. 220. Ao Operador Nacional do Sistema Eletrônico de Registros Públicos (ONSERP), ao ONR, ao ON-RCPN e ao ON-RTDPJ, bem como aos tabeliães e aos registradores, é **vedado cobrar dos usuários do serviço público delegado valores**, a qualquer título e sob qualquer pretexto, pela prestação de serviços eletrônicos relacionados com a atividade dos registradores públicos, inclusive pela intermediação dos próprios serviços, conforme disposto no art. 25, caput, da Lei n. 8.935 de 1994, sob pena de ficar configurada a infração administrativa prevista no artigo 31, I, II, III e V, da referida Lei.

O Provimento CNJ n. 150/2023 incluiu a "Seção III-A" no Código Nacional de Normas para dispor sobre os agentes reguladores. Veja-se:

Seção III-A – Do Agente Regulador

Subseção I – Das Disposições Gerais

Art. 220-A. O **Agente Regulador dos Operadores Nacionais dos Registros Públicos** (ONSERP, ONR, ON-RCPN e ON-RTDPJ), é o órgão da Corregedoria Nacional de Justiça encarregado de exercer a competência reguladora, conforme se extrai dos seguintes dispositivos da Lei n. 14.382/2002: inciso XI do art. 3º; § 3º, I, do art. 3º; parte final do § 4º do art. 3º; parte final do *caput* do art. 4º; § 2º, do art. 4º; §§ 1º e 2º do art. 5º; art. 7º e art. 8º.

Art. 220-B. O Agente Regulador **funcionará** por meio dos seguintes órgãos internos:

I – Secretaria Executiva;

II – Câmara de Regulação; e

III – Conselho Consultivo.

Subseção II – Das Atividades de Regulação do Agente Regulador

Art. 220-C. Competem ao Agente Regulador, observados os princípios regentes do Sistema Eletrônico dos Registros Públicos, as seguintes **atribuições de regulação**:

I – regular as atividades relacionadas à implementação e à operação do Serp por meio de diretrizes direcionadas ao ONSERP;

II – propor diretrizes para o funcionamento do ONSERP;

III – formular propostas ao planejamento estratégico do ONSERP, ONR, ON-RCPN e ON-RTDPJ, sempre visando atingir os seus fins estatutários;

IV – aprovar as diretrizes nacionais e monitorar a execução do planejamento estratégico do ONSERP, ONR, ON-RCPN e ON-RTDPJ;

V – zelar pelo cumprimento do estatuto do ONSERP, ONR, ON-RCPN e ON-RTDPJ, e pelo alcance de suas finalidades para as quais foram instituídos;

VI - suspender, cautelarmente, e cassar, a qualquer tempo, de ofício ou por solicitação, as Instruções Técnicas de Normalização (ITN) editadas pelo ONSERP, ONR, ON-RCPN e ON-RTDPJ;

VII – participar da elaboração dos indicadores estatísticos pertinentes à atividade registral, zelando sempre pela aplicação da Lei Geral de Proteção de Dados Pessoais e regras do Título VI do Livro I do presente Código de Normas.

VIII – regular as atividades do ONSERP, ONR, ON-RCPN e ON-RTDPJ, quando necessário, por meio de diretrizes propostas pela Câmara de Regulação, após audiência com os representantes do Operadores, sempre com o objetivo de zelar pelo cumprimento dos seus fins estatutários e para o estrito cumprimento das finalidades legais dos referidos Operadores Nacionais dos Registros Públicos;

IX – zelar pela implantação do Serp e pelo contínuo aperfeiçoamento de seu funcionamento;

X – aprovar as alterações estatutárias do ONSERP, ONR, ON-RCPN e ON-RTDPJ;

XI – elaborar e aprovar o Regimento Interno do Agente Regulador; e

XII – responder consultas concernentes à adequada interpretação do Estatuto do ONSERP, ONR, ON-RCPN e ON-RTDPJ.

§ 1º Das decisões do Agente Regulador, não caberá recurso administrativo.

§ 2º Os órgãos internos do Agente Regulador poderão, a qualquer tempo, solicitar informes aos operadores nacionais ou convidar seus dirigentes a participar de reuniões ordinárias ou extraordinárias.

Subseção III – Da Fiscalização do ONSERP, ONR, ON-RCPN e ON-RTDPJ

Art. 220-D. A fiscalização do ONSERP, ONR, ON-RCPN e ON-RTDPJ será exercida diretamente pela Corregedoria Nacional de Justiça, Agente Regulador dos referidos Operadores Nacionais dos Registros Públicos, a qual caberá:

I – fiscalizar a gestão administrativa e financeira, buscando sempre assegurar a sua sustentabilidade e o cumprimento de seus fins estatutários;

II – exercer a atividade correcional, por meio de visitas, inspeções, correições ordinárias e extraordinárias, inclusive intervenções previstas na Lei Federal n. 8.935/1994, com vistas a assegurar o estrito respeito às finalidades do ONSERP, ONR, ON-RCPN e ON-RTDPJ.

Art. 220-E. No exercício de funções de planejamento, fiscalização e controle, o Agente Regulador poderá atuar de ofício.

Subseção IV – Dos órgãos internos do agente regulador

Subseção IV.1 – Da Secretaria Executiva

Art. 220-F. São **atribuições** da Secretaria Executiva do Agente Regulador do ONSERP, ONR, ON-RCPN e ON-RTDPJ:

I – receber e processar os procedimentos administrativos de competência do Agente Regulador;

II – elaborar a pauta das reuniões e secretariar os trabalhos de competência da Câmara de Regulação e do Conselho Consultivo, formalizando a convocação, a pedido dos respectivos coordenadores desses órgãos internos, e lavrando as atas das reuniões;

III – secretariar os trabalhos de fiscalização do Agente Regulador do ONSERP, ONR, ON-RCPN e ON-RTDPJ, de competência da Corregedoria Nacional de Justiça, quando for o caso, lavrando as respectivas atas;

IV – outras atividades que lhe sejam atribuídas pela Câmara de Regulação, pelo Conselho Consultivo, ou pelo Regimento Interno do Agente Regulador.

Parágrafo único. A Coordenadoria de Gestão de Serviços Notariais e de Registro da Corregedoria Nacional de Justiça – CONR funcionará como Secretaria Executiva do Agente Regulador.

Subseção IV.2 – Da Câmara de Regulação

Art. 220-G. A Câmara de Regulação do Agente Regulador será integrada por 7 (sete) membros, designados pelo Corregedor Nacional de Justiça.

§ 1º A coordenação da Câmara de Regulação competirá a um Juiz Auxiliar da Corregedoria designado pelo Corregedor Nacional de Justiça.

§ 2º Serão designados dois suplentes que se revezarão, quando possível, para atuar nos impedimentos dos membros titulares, inclusive naqueles ocasionados por necessidade de serviço.

Art. 220-H. Compete à Câmara de Regulação deliberar sobre todas as atividades do Agente Regulador, especialmente aquelas do elenco dos artigos 220-D e 220-E deste Código, assim como propor soluções e ações para promover os objetivos do Serp, ONSERP, ONR, ON-RCPN e ON-RTDPJ.

§ 1º As deliberações, propostas de portarias, ordens de serviço, ofícios circulares e decisões administrativas com caráter normativo da Câmara de Regulação serão submetidas ao Corregedor Nacional de Justiça para homologação.

§ 2º O Corregedor Nacional de Justiça poderá delegar a Juiz Auxiliar da Corregedoria Nacional a homologação dos atos deliberativos e a assinatura dos atos correspondentes, no todo ou em parte.

Art. 220-I. Os atos e decisões propostos pela Câmara de Regulação, uma vez homologados, serão publicados no Diário da Justiça Eletrônico – DJe para que se dê publicidade e tenham vigência.

Subseção IV.3 – Do Conselho Consultivo

Art. 220-J. O Conselho Consultivo d o Agente Regulador será integrado por 11 (onze) membros designados pelo Corregedor Nacional de Justiça.

§ 1º A coordenação do Conselho Consultivo competirá a um Juiz Auxiliar da Corregedoria designado pelo Corregedor Nacional de Justiça.

§ 2º As designações recairão, preferencialmente, sobre nomes com notório saber nas áreas do direito registral imobiliário, civil das pessoas naturais, de título e documentos e civil das pessoas jurídicas, notas e protestos, da administração pública, da gestão estratégica, da tecnologia da informação e da proteção de dados.

§ 3º Na forma do Regimento Interno do Agente Regulador, a função do Conselho será planejar e propor diretrizes para o funcionamento do SERP, ONSERP, ONR, ON-RCPN e ON-RTDPJ, além de promover estudos, sugerir estratégias e formular propostas em geral, a fim de que sejam apreciadas pela Câmara de Regulação, sempre visando aos fins estatutários.

Subseção V – Das Disposições Finais

Art. 220-K. Não são remunerados quaisquer dos serviços prestados pelos integrantes da Câmara de Regulação e do Conselho Consultivo do Agente Regulador, constituindo suas atividades serviço público voluntário e de relevante interesse público.

A "Seção IV" traz regras de **disposições gerais**, conforme segue:

Art. 221. O ONSERP, o ONR, o ON-RCPN e o ON-RTDPJ observarão as disposições estatutárias e as orientações gerais editadas pela Corregedoria Nacional de Justiça para composição de receitas e execução de despesas, bem como prestarão contas anuais aos respectivos órgãos internos e ao agente regulador, acompanhadas de pareceres produzidos por auditoria independente.

Parágrafo único. A prestação de contas e os pareceres também deverão ser apresentados sempre que solicitado pelo agente regulador.

Art. 222. O ONSERP, ONR, ON-RCPN e ON-RTDPJ apresentarão ao agente regulador relatórios semestrais de gestão, sem prejuízo dos demais deveres tratados neste Capítulo e nos atos próprios da Câmara de Regulação.

Art. 223. Ao ONSERP, ONR, ON-RCPN e ON-RTDPJ **são aplicáveis, no que couber, as disposições do art. 37 e art. 38, ambos da Lei n. 8.935 de 1994.**

Art. 224. O Operador Nacional do Sistema de Registro Eletrônico de Imóveis (ONR) manterá **sua organização e governança na forma estabelecida no art. 76 da Lei n. 13.465, de 11 de julho de 2017**, e nos atos normativos expedidos pela Corregedoria Nacional de Justiça.

Art. 225. Para viabilizar a consulta referida no art. 3.º, X, "c", "1", da Lei n. 14.382, de 2022, diretamente no Serp, a Central Nacional de Serviços Eletrônicos Compartilhados dos Tabeliães de Protesto (CENPROT), prevista no art. 41-A da Lei n. 9.492, de 10 de setembro de 1997, será integrada por meio de Interface de Programação de Aplicação (API).

Art. 226. O **intercâmbio de documentos eletrônicos e de informações entre as serventias de registros públicos e os tabeliães de notas**, nos termos do art. 3.º, VII, "b", da Lei n. 14.382, de 2022, será feito por meio de Interface de Programação de Aplicação (API).

Art. 227. As entidades representativas de caráter nacional já constituídas em 1.º de fevereiro de 2023 deverão, até o dia 2 de maio de 2023, instituir os pertinentes operadores nacionais na forma deste Código de Norma.

Art. 228. No prazo de 15 dias da composição do ON-RCPN e do ON-RTDPJ, aqueles que integrarão o Comitê Executivo de Gestão do ONSERP apresentarão proposta de estatuto para homologação pela Corregedoria Nacional de Justiça.

Parágrafo único. Após a homologação, o Comitê Executivo de Gestão realizará a constituição jurídica do ONSERP, na forma disciplinada neste Código de Normas.

Por fim, o Provimento CNJ n. 157/2023 incluiu a "Seção V" no Código Nacional de Normas para dispor sobre a "Autenticação de Usuários", "Assinatura Eletrônica" e "Lista de Serviços Eletrônicos Confiáveis no ON-RCPN". Nestes termos:

Seção V – Da Autenticação de Usuários, Assinatura Eletrônica e Lista de Serviços Eletrônicos Confiáveis no ON-RCPN

Subseção I – Das Disposições Gerais

Art. 228-A. Ficam instituídos os seguintes **módulos** nos sistemas eletrônicos do ON-RCPN:

I - Sistema de Autenticação Eletrônica do Registro Civil – IdRC;

II - Infraestrutura de Chaves Públicas do Registro Civil – ICP-RC,

III - Lista de Serviços Eletrônicos Confiáveis do Registro Civil do Brasil – LSEC-RCPN.

§ 1º A documentação técnica referente ao IdRC e à ICP-RC será apresentada à Corregedoria Nacional de Justiça, onde ficará arquivada, e será publicada na página eletrônica do ON-RCPN (https://onrcpn.org.br/icp).

§ 2º A utilização do IdRC e da ICP-RC, para o acesso ao sistema eletrônico do ON-RCPN e para a prática dos atos de Registro Civil das Pessoas Naturais, não gerará custos para o usuário.

Subseção II – Do Sistema de Autenticação Eletrônica do Registro Civil - IdRC

Art. 228-B. O **IdRC** é destinado à autenticação e ao controle de acesso de usuários internos e externos e utilizará o acesso às bases de dados biográficos do Registro Civil das Pessoas Naturais e dados biométricos, na forma do art. 9º da Lei n. 14.382, de 27 de junho de 2022, para validação da identificação do titular.

Parágrafo único. Se o batimento dos dados biométricos não permitir a identificação do titular, o oficial de Registro Civil poderá fazê-lo presencialmente, à vista de documento de identificação oficial e válido, equiparada a esta a manifestação eletrônica na forma do § 8º do art. 67 da Lei n. 6.015, de 31 de dezembro de 1973.

Art. 228-C. O IdRC será considerado válido para identificação e autenticação de usuários em todas as plataformas e serviços do Serp, inclusive pelas demais especialidades de registro, sem prejuízo da possibilidade ou obrigatoriedade legal de utilização da assinatura eletrônica qualificada, tratada na Lei 14.063/2020, ou de outras formas de identificação previstas em Instrução Técnica de Normalização - ITN.

Art. 228-D. O IdRC poderá ser utilizado para a indexação e correlação dos atos de registro e averbação praticados pelos oficiais do Registro Civil.

Subseção III – Da Infraestrutura de Chaves Públicas do Registro Civil (ICP-RC)

Art. 228-E. A ICP-RC será utilizada para a gestão do ciclo de vida de chaves públicas de assinaturas eletrônicas avançadas, em conformidade com o disposto no art. 38 da Lei n. 11.977, de 7 de julho de 2009, e art. 4º, II, da Lei n. 14.063, de 23 de setembro de 2020.

§ 1º A ICP-RC não integra a cadeia hierárquica da ICP-Brasil.

§ 2º Serão regulamentadas, mediante edição de ITNs, modalidades de assinatura eletrônica avançada não compreendidas na hierarquia da ICP-RC, de menor nível de exigência de requisitos de segurança, destinadas à prática de atos de menor criticidade, nos limites da Lei n. 14.063/2020.

Subseção IV – Da Lista de Serviços Eletrônicos Confiáveis do Registro Civil do Brasil (LSEC-RCPN)

Art. 228-F. A LSEC-RCPN conterá dados que descrevem os serviços aceitos como confiáveis pelo ON-RCPN.

§ 1º A LSEC-RCPN será mantida, atualizada e publicada pelo ON-RCPN.

§ 2º Serão regulamentadas, mediante edição de ITNs, as alterações, inclusões e exclusões de serviços da LSEC-RCPN.

§ 3º A ICP-RC integra a LSEC-RCPN.

§ 4º É válida a utilização de assinaturas eletrônicas cuja raiz estiver registrada na LSEC-RCPN para os atos descritos nos art. 38 da Lei n. 11.977, de 7 de julho de 2009, art. 17 da Lei n. 6.015, de 31 de dezembro de 1973, e no art. 17-A da Lei n. 14.063, de 14 de julho de 2023.

Art. 228-G. Os demais Operadores Nacionais dos Registros Públicos (ONSERP, ONR e ON-RTDPJ) poderão adotar a LSEC-RCPN.

Art. 228-H. A regulamentação das disposições desta Seção ocorrerá mediante edição de ITNs do ON-RCPN, quando necessário.

Por fim, apresenta-se uma nova seção introduzida pelo Provimento CNJ n. 180/2024, que estabelece regras sobre os **Comitês de Normas Técnicas e as Instruções Técnicas de Normalização (ITNs).**

Art. 228-I. O ONSERP, ONR, ON-RCPN e ON-RTDPJ disporão de órgão técnico, dentro de suas respectivas estruturas, denominados Comitê de Normas Técnicas, com a sigla CNT seguida da sigla de cada Operador, incumbidos da edição de Instruções Técnicas de Normalização (ITNs) destinadas ao detalhamento de orientações aos oficiais de registros públicos sobre o cumprimento de determinações legais ou normativos que digam respeito às plataformas, sistemas e serviços eletrônicos.

§ 1º As Instruções Técnicas de Normalização (ITNs) aprovadas pelo ONSERP, ONR, ON-RCPN e ONRTDPJ entram em vigor imediatamente após a publicação pelo respectivo Operador, independentemente de homologação do Agente Regulador.

§ 2º Concomitantemente com a publicação, as ITNs deverão ter seu acesso disponibilizado de forma eletrônica ao Agente Regulador, com aviso ou alerta sobre a inclusão no sistema dos Operadores.

§ 3º As ITNs ficam sujeitas, a qualquer tempo, à suspensão cautelar e à cassação, caso exorbitem da atribuição de normalização dos Operadores ou incorram em colidência com disposição legal ou normativa, o que pode ser feito de ofício pelo Agente Regulador ou a requerimento de qualquer interessado.

§ 4º Cada Operador deverá manter registro das ITNs, atualizado e de fácil acesso ao público e ao Agente Regulador, com histórico de alterações, revogações, suspensões ou cassações.

§ 5º As matérias que não possam ser objeto de ITN poderão ser encaminhadas ao Agente Regulador como proposta de alteração ou edição de norma administrativa.

§ 6º Caso seja recorrente a extrapolação de atribuições por qualquer dos Operadores, a edição de ITNs poderá ser suspensa pelo Agente Regulador, e toda a pretensão regulatória deverá ser objeto de proposta de provimento ou decisão normativa, conforme § 5º.

1.1.6.2 DA RECEPÇÃO DE TÍTULOS E DOCUMENTOS POR VIA ELETRÔNICA

Os oficiais de registro e os tabeliães deverão recepcionar diretamente títulos e **documentos nato-digitais ou digitalizados**, observado o seguinte:

1) a recepção pelos tabeliães de notas e de protestos ocorrerá por meio que comprove a autoria e integridade do arquivo;
2) a recepção pelos oficiais de registro ocorrerá por meio:
   a) preferencialmente, do Sistema Eletrônico dos Registros Públicos – Serp e dos sistemas que o integra (especialmente os indicados nos incisos I a III do § 1º do art. 211 deste Código); ou
   b) de sistema ou plataforma facultativamente mantidos em suas próprias serventias, desde que tenham sido produzidos por meios que permitam certeza quanto à autoria e integridade.

O Provimento CNJ n. 180/2024 alterou a redação do § 1º do art. 208 do Código Nacional de Normas, passando a dispor que são considerados **títulos nato-digitais**, para todas as atividades, sem prejuízo daqueles previstos em lei específica:

I – o documento público ou particular gerado eletronicamente em PDF/A e assinado, por todos os signatários (inclusive testemunhas), com assinatura eletrônica qualificada ou com assinatura eletrônica avançada admitida perante os serviços notariais e registrais (art. 17, §§ 1º e 2º, da Lei n. 6.015/1973; art. 38, § 2º, da Lei n. 11.977/2009; art. 285, I, deste Código);

II – o **documento público ou particular** para qual seja exigível a assinatura apenas do apresentante, desde que gerado eletronicamente em PDF/A e assinado por aquele com assinatura eletrônica qualificada ou com assinatura eletrônica avançada admitida perante os serviços notariais e registrais (art. 17, §§ 1º e 2º, da Lei n. 6.015/1973; art. 38, § 2º, da Lei n. 11.977/2009; art. 285, I, do CNN);

III – a **certidão ou o traslado notarial** gerado eletronicamente em PDF/A ou XML e assinado por tabelião de notas, seu substituto ou preposto;

IV – os **documentos desmaterializados por qualquer notário ou registrador**, gerados em PDF/A e assinados por ele, seus substitutos ou prepostos com assinatura qualificada ou avançada;

V – **cartas de sentença, formais de partilha, cartas de adjudicação, os mandados de registro, de averbação e de retificação**, obtidos na forma do inciso I ou por acesso direto do oficial do registro ao processo judicial eletrônico, a requerimento do interessado;

Por sua vez, consideram-se **títulos digitalizados** com padrões técnicos aqueles que forem digitalizados em conformidade com os critérios estabelecidos no art. 5.º do Decreto n. 10.278, de 18 de março de 2020, inclusive os que utilizem assinatura eletrônica qualificada ou avançada admitida perante os registros públicos (art. 17, §§ 1º e 2º, da Lei n. 6.015/1973; art. 38, § 2º, da Lei n. 11.977/2009; art. 285, I, do CNN).

É ainda possível que os oficiais de registro ou tabeliães, quando recepcionarem título ou documento digitalizado, exigir a **apresentação do original** e, em caso de dúvida, poderão requerer, ao juiz, na forma da lei, providências para esclarecimento da autenticidade e integridade.

1.1.6.3 BREVES NOTAS SOBRE O PROVIMENTO CNJ N. 180/2024

No dia 16 de agosto de 2024, a Corregedoria Nacional de Justiça editou o Provimento n. 180, que introduz importantes atualizações ao Código Nacional de Normas para o Foro Extrajudicial (CNN), instituído pelo Provimento n. 149/2023. Visando **aprimorar o uso do Sistema Eletrônico dos Registros Públicos (Serp),** referido ato normativo apresenta uma série de mudanças para fortalecer a segurança, a eficiência e a uniformidade dos serviços notariais e de registro no Brasil.

As alterações serão abordadas em momento oportuno ao longo desta obra. Entre as principais delas, destaca-se a determinação de que todas as comunicações entre as serventias extrajudiciais de notas e de registro, bem como entre estas e os órgãos do Poder Judiciário, sejam realizadas exclusivamente por meio das plataformas SERP, CENSEC, e CENPROT. Enquanto essas integrações não estiverem completamente operacionais, o Sistema Hermes – Malote Digital continuará sendo utilizado para garantir a continuidade do serviço.

Além disso, o Provimento proíbe a criação, implantação e manutenção de centrais de serviços eletrônicos de registros públicos descentralizados (estaduais ou regionais), exigindo que todas as unidades de serviço registral integrem seus sistemas à plataforma Serp. As centrais estaduais ou regionais ainda em funcionamento deverão ser desativadas até 30 de junho de 2025.

Outra inovação relevante é que o ato normativo estabelece que tabeliães e oficiais de registro devem aceitar documentos nato-digitais ou digitalizados, assegurando a autoria e a integridade dos arquivos. Preferencialmente, esses documentos devem ser processados por meio do SERP ou de sistemas integrados. Alternativamente, poderão ser utilizados sistemas próprios, desde que garantam a autenticidade dos documentos.

Em se tratando do Registro Civil de Pessoas Naturais, o processo de restauração de assentamentos poderá ser solicitado no foro do domicílio do interessado, eliminando a necessidade do "cumpra-se" do juiz corregedor, desde que a autenticidade do documento possa ser verificada. Isso facilita e agiliza o procedimento de restauração.

Quanto ao Sistema de Autenticação Eletrônica do Registro Civil – ***IdRC***, este foi regulamentado para ser utilizado como meio válido de identificação e autenticação em todas as plataformas e serviços do Serp. Além disso, o Provimento prevê a regulamentação de modalidades de assinatura eletrônica avançada para atos de menor criticidade, em conformidade com a Lei n. 14.063/2020.

O Provimento também cria Comitês de Normas Técnicas (CNTs) dentro das estruturas dos Operadores do Serp, como o ONSERP, ONR, ON-RCPN, e ON-RTDPJ. Esses comitês são responsáveis por emitir Instruções Técnicas de Normalização (ITNs), que detalham orientações para os oficiais de registros públicos sobre a conformidade legal e normativa das plataformas e serviços eletrônicos.

Essencial para a operacionalização do Sistema Eletrônico dos Registros Públicos (Serp) no Registro Civil das Pessoas Naturais, a CRC deve mantida pelo ON-RCPN. Todos os oficiais de registro civil devem integrar e utilizar a CRC, sendo sua adesão obrigatória. O Ministério das Relações Exteriores (MRE) também terá acesso à CRC, ampliando sua abrangência. Além disso, a CRC poderá ser utilizada para consulta por pessoas naturais ou jurídicas, respeitadas as hipóteses de gratuidade por lei.

As serventias de registro civil poderão oferecer serviços remunerados relacionados à identificação dos cidadãos, mediante convênios com órgãos públicos e entidades privadas. Em caso de extinção do ON-RCPN, todo o banco de dados será transmitido ao CNJ ou à entidade indicada, sem ônus para o Poder Público, garantindo a continuidade dos serviços prestados pela CRC.

Também foram esclarecidas pelo Provimento, as regras para a cobrança de emolumentos em procedimentos iniciados em serventias diversas da competente, incluindo atos gratuitos e hipóteses de erro imputável ao oficial responsável. Essas atualizações visam aprimorar a eficiência, segurança e adequação das normas administrativas aos objetivos do Sistema Eletrônico dos Registros Públicos (Serp).

No que tange ao Registro de Imóveis, o ato normativo estabelece que o Serviço de Atendimento Eletrônico Compartilhado (SAEC), mantido pelo ONR, é a única plataforma autorizada a prestar serviços públicos de registro eletrônico no Brasil. Além disso, foi criada a Lista de Serviços Eletrônicos Confiáveis do Registro de Imóveis (LSEC-RI).

Por sua vez, para os Registros de Títulos e Documentos e Civil de Pessoas Jurídicas, a Central RTDPJ, mantida pelo ON-RTDPJ, é agora a única plataforma autorizada a prestar serviços públicos de registro eletrônico, com adesão obrigatória de todas as serventias. Toda a troca de documentos e informações entre os ofícios de registro e demais entidades deverá ser feita exclusivamente por meio da Central RTDPJ Brasil, respeitando os direitos de privacidade, proteção de dados pessoais e sigilo das comunicações privadas e registros.

1.1.7 COMPILAÇÃO DE CONCEITOS RELEVANTES

Nos concursos de cartório, têm sido tendência questionamentos sobre registro eletrônico, noções gerais de documentos eletrônicos e de informática aplicada aos serviços notariais e de registros; assinatura e certificação digital; títulos e certidões em meio digital. Esses temas são abordados não só na disciplina de direito notarial e registral, mas também na **matéria de conhecimentos gerais.**

Por esta razão, compilei os principais e mais frequentes conceitos sobre a temática, trazidos pelo Conselho Nacional de Arquivo (Conarq), a fim de auxiliar nos estudos e na compreensão desse árduo tema.

Para a **matéria de Direito Notarial e Registral**, vários outros conceitos foram estudados neste capítulo "Do Registro Eletrônico" e outros relevantes serão abordados ao longo desta obra, em capítulos próprios, para uma melhor didática. Exemplos incluem aqueles referentes aos atos notariais eletrônicos. Para estes, o leitor deve reforçar a leitura a fim de fazer uma boa prova, bem como atuar com maior facilidade na prática da atividade extrajudicial.

Acervo	Totalidade dos documentos de uma entidade produtora ou de uma entidade custodiadora.
Acessibilidade	Facilidade no acesso ao conteúdo e ao significado de um objeto digital.
Arquivamento	Sequência de operações intelectuais e físicas que visam à guarda ordenada de documentos.
	Ação pela qual uma autoridade determina a guarda de um documento, cessada a sua tramitação
Arquivo	Conjunto de documentos produzidos e acumulados por uma entidade coletiva, pública ou privada, pessoa ou família, no desempenho de suas atividades, independentemente da natureza do suporte.
	Instituição ou serviço que tem por finalidade a custódia, o processamento técnico, a conservação e o acesso a documento arquivístico.
Arquivo digital	Conjunto de bits que formam uma unidade lógica interpretável por um programa de computador e armazenada em suporte apropriado.
Assinatura digital	Modalidade de assinatura eletrônica, resultado de uma operação matemática que utiliza algoritmos de criptografia e permite aferir, com segurança, a origem e a integridade do documento. Os atributos da assinatura digital são:
	a) ser única para cada documento, mesmo que seja o mesmo signatário;
	b) comprovar a autoria do documento digital;
	c) possibilitar a verificação da integridade;
	d) assegurar ao destinatário o "não repúdio" do documento digital, uma vez que, a princípio, o emitente é a única pessoa que tem acesso à chave privada que gerou a assinatura.
Assinatura eletrônica	Geração, por computador, de qualquer símbolo ou série de símbolos executados, adotados ou autorizados por um indivíduo para ser o laço legalmente equivalente à assinatura manual do indivíduo. Assinatura eletrônica simples: a) a que permite identificar o seu signatário; b) a que anexa ou associa dados a outros dados em formato eletrônico do signatário; Assinatura eletrônica avançada: a que utiliza certificados não emitidos pela ICP-Brasil ou outro meio de comprovação da autoria e da integridade de documentos em forma eletrônica, desde que admitido pelas partes como válido ou aceito pela pessoa a quem for oposto o documento, com as seguintes características: a) está associada ao signatário de maneira unívoca; b) utiliza dados para a criação de assinatura eletrônica cujo signatário pode, com elevado nível de confiança, operar sob o seu controle exclusivo; c) está relacionada aos dados a ela associados de tal modo que qualquer modificação posterior é detectável; Assinatura eletrônica qualificada: a que utiliza certificado digital, nos termos do § 1º do art. 10 da Medida Provisória nº 2.200-2, de 24 de agosto de 2001.
Autenticação	Declaração de que um documento original é autêntico, ou que uma cópia reproduz fielmente o original, feita num determinado momento, por uma pessoa jurídica com autoridade para tal (servidor público, notário, autoridade certificadora).
Autenticidade	Credibilidade de um documento enquanto documento, isto é, a qualidade de um documento ser o que diz ser e que está livre de adulteração ou qualquer outro tipo de corrupção.

Autoridade Certificadora (AC)	Organização que emite certificados digitais obedecendo às práticas definidas na Infraestrutura de Chaves-Públicas - ICP.
Autoridade de Registro (AR)	Organização que distribui certificados digitais aos usuários finais mediante processo de identificação estabelecido nas práticas definidas na Infraestrutura de Chaves-Públicas - ICP.
Banco de dados	Ambiente computacional composto por:
	a) dados estruturados em bases de dados relacionadas entre si, segundo um modelo de dados;
	b) regras que definem as operações válidas sobre os dados e garantem sua integridade.
	Sistema Gerenciador de Banco de Dados - SGBD: software que implementa o banco de dados e permite a realização de operações de manipulação de dados (inclusão, alteração, exclusão, consulta) e administrativas (gestão de usuários, cópia e restauração de dados, alterações no modelo de dados).
Base de dados	Conjunto de dados estruturados, com as respectivas regras de acesso, formatação e validação, e gerenciados por um Sistema Gerenciador de Banco de Dados – SGBD.
Certificação digital	Atividade de reconhecimento em meio eletrônico que se caracteriza pelo estabelecimento de uma relação única, exclusiva e intransferível entre uma chave de criptografia e uma pessoa física, jurídica, máquina ou aplicação. Esse reconhecimento é inserido em um certificado digital por uma autoridade certificadora (INSTITUTO NACIONAL DE TECNOLOGIA DA INFORMAÇÃO, 2007).
Certificado digital	Conjunto de dados de computador, gerados por uma autoridade certificadora, que se destina a registrar, de forma única, exclusiva e intransferível, a relação existente entre uma chave de criptografia e uma pessoa física, jurídica, máquina ou aplicação (INSTITUTO NACIONAL DE TECNOLOGIA DA INFORMAÇÃO, 2007).
Chave privada	Chave matemática formada por uma sequência de dígitos, usada para criptografia assimétrica e criada em conjunto com a chave pública correspondente que deve ser mantida em segredo pelo portador. Usada para assinar digitalmente documentos, bem como para decifrar aqueles criptografados com a chave pública correspondente.
Chave pública	Chave matemática formada por uma sequência de dígitos, usada para criptografia assimétrica e criada em conjunto com a chave privada correspondente, disponibilizada publicamente por certificado digital, e utilizada para verificar assinaturas digitais. Também pode ser usada para criptografar mensagens ou arquivos a serem decifrados com a chave privada correspondente.
Ciclo vital dos documentos	Sucessivas fases por que passam os documentos arquivísticos da sua produção à guarda permanente ou eliminação.
Correio eletrônico	Sistema usado para criar, transmitir e receber mensagem eletrônica e outros documentos digitais por meio de rede de computadores. (I) E- mail.
	Ver também: Endereço de correio eletrônico; Mensagem eletrônica
Criptografia	Método de codificação de dados segundo algoritmo específico e chave secreta de forma que somente os usuários autorizados podem restabelecer sua forma original.
Criptografia assimétrica	Método de criptografia que utiliza um par de chaves diferentes entre si, que se relacionam matematicamente por meio de um algoritmo, de forma que o texto cifrado por uma chave, apenas seja decifrado pela outra do mesmo par. As duas chaves envolvidas na criptografia assimétrica são denominadas chave pública e chave privada (INSTITUTO NACIONAL DE TECNOLOGIA DA INFORMAÇÃO, 2008).
Criptografia simétrica	Método de criptografia que utiliza uma chave simétrica, de forma que o texto seja cifrado e decifrado com esta mesma chave.
Digitalização	Processo de conversão de um documento para o formato digital, por meio de dispositivo apropriado (ARQUIVO NACIONAL, 2005, p.69).
Documento arquivístico	Documento produzido (elaborado ou recebido), no curso de uma atividade prática, como instrumento ou resultado da tal atividade, e retido para ação ou referência. (I) Record.
Documento arquivístico digital	Documento digital reconhecido e tratado como um documento arquivístico. (I) Digital record.
Documento arquivístico eletrônico	Documento eletrônico reconhecido e tratado como um documento arquivístico. (I) Electronic record.
Documento digital	Informação registrada, codificada em dígitos binários, acessível e interpretável por meio de sistema computacional. (I) Digital document.
Documento eletrônico	Informação registrada, codificada em forma analógica ou em dígitos binários, acessível e interpretável por meio de um equipamento eletrônico. (I) Electronic document.
Infraestrutura de Chaves Públicas (ICP)	Conjunto de técnicas, práticas e procedimentos, que estabelecem os fundamentos técnicos e metodológicos de um sistema de certificação digital baseado em chave pública. Normalmente é composto por uma cadeia de autoridades certificadoras composta pela Autoridade Certificadora Raiz - AC Raiz, pelas demais Autoridades Certificadoras - AC e pelas Autoridades de Registro - AR.

2. QUESTÕES DE CONCURSOS

01. (IESES – Cartório – Remoção – TJ – CE/2018) Sobre o procedimento de escrituração previsto na Lei dos Registros Públicos (Lei nº 6.015/73) pode-se afirmar:

I. A escrituração será feita em livros encadernados, que obedecerão aos modelos anexos a Lei nº 6.015/73, sujeitos à correição da autoridade judiciária competente.

II. Para facilidade do serviço podem os livros ser escriturados mecanicamente, em folhas soltas, obedecidos os modelos aprovados pela autoridade judiciária competente.

III. Considerando a quantidade dos registros o Juiz poderá autorizar a diminuição do número de páginas dos livros respectivos, até a terça parte do consignado na Lei nº 6.015/73.

IV. Os números de ordem dos registros poderão ser interrompidos no fim de cada livro, reiniciando a numeração nos seguintes da mesma espécie.

A sequência correta é:

a) As assertivas I, II, III e IV estão corretas.
b) Apenas a assertiva II está incorreta.
c) Apenas as assertivas I, II e III estão corretas.
d) Apenas as assertivas II e IV estão corretas.

02. (IESES – Notário-MA/2008) Quanto à escrituração, estabelece a Lei nº 6.015/73.

I. A escrituração será feita em livros encadernados, que obedecerão aos modelos anexos à lei de registros públicos (Lei nº 6.015/73), sujeitos à correição da autoridade judiciária competente.

II. Para facilidade do serviço podem os livros ser escriturados mecanicamente, em folhas soltas, obedecidos os modelos aprovados pela autoridade judiciária competente.

III. Os livros de escrituração serão abertos, numerados, autenticados e encerrados pelo Juiz, podendo ser utilizado, para tal fim, processo mecânico de autenticação previamente aprovado pela autoridade judiciária competente.

IV. Considerando a quantidade dos registros, o Juiz poderá autorizar a diminuição do número de páginas dos livros respectivos, até a metade do consignado na lei de registros públicos (Lei nº 6.015/73).

a) As alternativas II e IV estão corretas.
b) As alternativas II e III estão corretas.
c) As alternativas I e II estão corretas.
d) As alternativas III e IV estão corretas.

03. (IESES – Serviços Notariais e Registrais/Remoção--RO/2012) Assinale a assertiva INCORRETA, a respeito do que expressamente determina a Lei 6.015/73, que trata do Registro Público:

a) Considerando a quantidade dos registros o Juiz poderá autorizar a diminuição do número de páginas dos livros respectivos, até a terça parte do consignado em lei.
b) O acesso ou envio de informações aos registros públicos, quando forem realizados por meio da rede mundial de computadores (internet) poderão ser assinados com uso de certificado digital, que atenderá os requisitos da Infraestrutura de Chaves Públicas Brasileira – ICP.
c) Salvo as anotações e as averbações obrigatórias, os atos do registro serão praticados a requerimento do Ministério Público, quando a lei autorizar.
d) Será nulo o registro lavrado fora das horas regulamentares ou em dias em que não houver expediente, sendo civil e criminalmente responsável o oficial que der causa à nulidade.

04. (IESES – Cartório – TJ – RO/2012) Assinale a assertiva INCORRETA, a respeito do que expressamente determina a Lei 6.015/73, que trata do Registro Público:

a) Os livros notariais, nos modelos existentes, em folhas fixas ou soltas, serão também abertos, numerados, autenticados e encerrados pelo tabelião, que determinará a respectiva quantidade a ser utilizada, de acordo com a necessidade do serviço.
b) Segundo o previsto na Lei 6015/73, será feita em livros encadernados que devem medir 0,40m de largura e até 0,55m de altura, sendo que para facilidade do serviço podem os livros ser escriturados mecanicamente, em folhas soltas, obedecidos os modelos aprovados pela autoridade judiciária competente.
c) Findando-se um livro, o imediato tomará o número seguinte, acrescido à respectiva letra, salvo no registro de imóveis, em que o número será conservado, com a adição sucessiva de letras, na ordem alfabética simples, e, depois, repetidas em combinação com a primeira, com a segunda, e assim indefinidamente. Exemplos: 2 – A a 2-Z; 2-AA a 2-AZ; 2-BA a 2-BZ, etc.
d) Os números de ordem dos registros não serão interrompidos no fim de cada livro, mas continuarão, indefinidamente, nos seguintes da mesma espécie.

05. (IESES – Cartório – TJ – RO/2012) A respeito do Programa Minha Casa, Minha Vida:

I. Os documentos eletrônicos apresentados aos serviços de registros públicos ou por eles expedidos deverão atender aos requisitos da Infraestrutura de Chaves Públicas Brasileira – ICP e à arquitetura e-PING (Padrões de Interoperabilidade de Governo Eletrônico), conforme regulamento.

II. Os atos registrais praticados serão inseridos no sistema de registro eletrônico, no prazo de até 5 (cinco) anos a contar da publicação desta Lei.

III. O regulamento definirá os requisitos quanto a cópias de segurança de documentos e de livros escriturados de forma eletrônica, bem como a disponibilização, pelos serviços de registros públicos, das informações constantes de seus bancos de dados, conforme regulamento.

IV. Os emolumentos devidos pelos atos de abertura de matrícula, registro de incorporação, parcelamento do solo, averbação de construção, instituição de condomínio, averbação da carta de "habite-se" e demais atos referentes à construção de empreendimentos no âmbito do PMCMV serão reduzidos em 50% para qualquer empreendimento.

a) Apenas I, II e III estão corretas.
b) Apenas I e II estão corretas.
c) Apenas I e III estão corretas.
d) Apenas II e IV estão corretas.

06. (Vunesp – Cartório – SP – Provimento/2016) Segundo as Normas da Corregedoria-Geral da Justiça do Estado de São Paulo, é correto afirmar que, no Registro Civil das Pessoas Naturais, ocorrendo omissões ou erros,

a) admite-se adições ou emendas apenas antes das assinaturas das partes, sendo que, após a assinatura do assento, as correções somente poderão ser realizadas por meio da lavratura de assento de retificação.
b) as adições e emendas são vedadas, admitindo-se a cláusula em tempo, se exarada antes da assinatura das partes e demais comparecentes e da subscrição do Oficial ou escrevente autorizado.
c) são vedadas as adições, emendas e a cláusula em tempo, sendo que as retificações dependerão de manifestação do Ministério Público.
d) respectivas adições ou emendas serão feitas antes das assinaturas, ou ainda em seguida, sendo a ressalva novamente assinada por todos.

07. (Vunesp – Cartório – SP – Remoção/2016) Sobre a escrituração eletrônica dos atos registrais imobiliários, na forma autorizada pela legislação, é correto afirmar que

a) se entende por escrituração eletrônica a escrituração dos atos registrais em mídia totalmente eletrônica.
b) se trata da escrituração em folha de segurança, com a imagem digitalizada.
c) se entende como a escrituração feita, obrigatoriamente, tanto em papel de segurança como em mídia digital.
d) se trata de um sistema informático utilizado em Registros de Imóveis, que permite imprimir as matrículas em editor de texto próprio.

08. (Consulplan – Cartório – MG – Remoção/2016) A respeito da escrituração dos atos, assinale a afirmação correta.

a) Emendas, entrelinhas, rasuras e riscaduras são vedadas no documento notarial.
b) As emendas, entrelinhas, rasuras e riscaduras devem ser evitadas, mas, caso ocorram, serão ressalvadas "em tempo", ao final do texto e antes das assinaturas, fazendo-se referência a seu motivo e localização.
c) É livre o uso de abreviaturas e siglas no documento notarial, mesmo de conhecimento restrito, devendo o tabelião fazer constar no fim do instrumento um glossário com o significado de todas as abreviaturas utilizadas.
d) No livro em folhas soltas, as partes assinarão somente a última lauda do documento notarial, preferencialmente por extenso. Se optarem por rubrica, esta será lançada na última lauda do documento notarial, acompanhada do nome do subscritor de modo legível.

09. (Vunesp – Cartório – SP – Provimento/2016) Em relação aos critérios de formação dos arquivos de segurança (backups) das Serventias Extrajudiciais, é correto afirmar que

a) exige o emprego de certificado digital emitido no âmbito da Infraestrutura de Chaves Públicas Brasileira – ICP-Brasil.
b) impõe a preservação dos registros públicos originais.
c) as digitalizações anteriores não poderão ser aproveitadas.
d) os serviços de datacenter e de Storage podem ser contratados com pessoa jurídica constituída ou não no Brasil.

10. (IESES – Cartório – TJ – PA/2016) Adotado o sistema de escrituração eletrônica ou de registro eletrônico, a serventia deverá obrigatoriamente adotar sistema de backups, que será atualizado com:

a) Periodicidade não superior a 60 (sessenta) dias e terá uma de suas vias arquivada na residência do tabelião ou do oficial de registro, aonde será posto sob vigilância os servidores ou qualquer espécie de sistema de mídia eletrônica ou digital que contenha requisitos de segurança.
b) Periodicidade não superior a 1 (um) mês e terá ao menos uma de suas vias arquivada em local distinto da serventia, facultado o uso de servidores externos ou qualquer espécie de sistema de mídia eletrônica ou digital que contenha requisitos de segurança.
c) Periodicidade não superior a 3 (três) meses e terá ao menos uma de suas vias arquivada em local distinto da serventia, facultado o uso de servidores externos ou qualquer espécie de sistema de mídia eletrônica ou digital que contenha requisitos de segurança.
d) Periodicidade não superior a 3 (três) meses, sendo dispensado o arquivo em local distinto da serventia.

QUESTÕES DE CONHECIMENTOS GERAIS NAS PROVAS DE CARTÓRIO

11. (FCC – Cartório – TJ – PE/2013) Em meio eletrônico, a atividade que estabelece relação única, exclusiva e intransferível entre uma chave de criptografia, de um lado, e uma pessoa física, jurídica, máquina ou aplicação, de outro, é conhecida como

a) conversão.
b) chave pública.
c) identificador único.
d) trilha de auditoria.
e) certificação digital.

12. (FCC – Cartório – TJ – PE/2013) O ciclo de vida de uma assinatura digital compreende as seguintes etapas:

a) produção, reprodução, compatibilização e anulação.
b) corrente, intermediária e permanente.
c) emissão, autenticação, microfilmagem e digitalização.
d) criação, verificação, armazenamento e revalidação.
e) transcrição, cópia, criptografia e arquivamento.

13. (FCC – Cartório – TJ – PE/2013) Na terminologia adotada pela Infraestrutura de Chaves Públicas Brasileira, entende-se por documento eletrônico a unidade de registro de informações

a) em suporte diferente do papel.
b) codificada por meio de dígitos binários.
c) acessível por meio de equipamento eletrônico.
d) cujas cifras se tornaram inteligíveis.
e) de teor confidencial e acesso limitado.

14. (FCC – Cartório – TJ – PE/2013) Um dos atributos da assinatura digital é o fato de

a) dispensar algoritmos de criptografia.
b) ser única para cada documento.
c) impedir a verificação da integridade do documento.
d) não comprovar a origem do documento.
e) admitir múltiplos emitentes.

15. (Vunesp – Cartório – TJ – SP/2012) Sobre certificação digital, pode ser afirmado que:

I. O Instituto Nacional de Tecnologia da Informação - ITI - é uma autarquia federal vinculada à Casa Civil da Presidência da República, responsável por manter a Infraestrutura de Chaves Públicas Brasileira - ICP- -Brasil;
II. O Instituto Nacional de Tecnologia (INT) é uma autarquia federal vinculado ao Ministério da Ciência, Tecnologia e Inovação (MCTI), responsável por manter a Infraestrutura de Chaves Públicas Brasileira - ICP- -Brasil;
III. A Autoridade Certificadora Raiz da ICP-Brasil é a primeira autoridade da cadeia de certificação. É executora das Políticas de Certificados e normas técnicas e operacionais aprovadas pelo Comitê Gestor da ICP-Brasil. Compete à AC-Raiz emitir, expedir, distribuir, revogar e gerenciar os certificados das autoridades certificadoras de nível imediatamente subsequente ao seu;
IV. A assinatura digital com certificado no padrão ICP-Brasil está baseada em sistema de criptografia assimétrico, apoiado em tecnologia de chaves públicas, constituído de um par de chaves, uma privada e outra pública, que se atribuem de maneira biunívoca e que garantem a autoria e a integridade do conteúdo do arquivo eletrônico assinado digitalmente pela chave privada do autor da assinatura.

Está correto apenas o que se afirma em

a) I.
b) II.
c) I, III e IV.
d) II, III e IV.

GAB	1	C	2	C	3	B	4	B	5	A
	6	D	7	A	8	B	9	B	10	B
	11	E	12	D	13	C	14	B	15	C

CAPÍTULO III – DA ORDEM DO SERVIÇO

Art. 8º. O serviço começará e terminará às mesmas horas em todos os dias úteis.

Parágrafo único. O registro civil de pessoas naturais funcionará todos os dias, sem exceção.

Art. 9º. Será nulo o registro lavrado fora das horas regulamentares ou em dias em que não houver expediente, sendo civil e criminalmente responsável o oficial que der causa à nulidade.

§ 1º Serão contados em dias e horas úteis os prazos estabelecidos para a vigência da prenotação, para os pagamentos de emolumentos e para a prática de atos pelos oficiais dos registros de imóveis, de títulos e documentos e civil de pessoas jurídicas, incluída a emissão de certidões, exceto nos casos previstos em lei e naqueles contados em meses e anos.

§ 2º Para fins do disposto no § 1º deste artigo, consideram-se:

I - dias úteis: aqueles em que houver expediente; e

II - horas úteis: as horas regulamentares do expediente.

§ 3º A contagem dos prazos nos registros públicos observará os critérios estabelecidos na legislação processual civil.

1. COMENTÁRIOS

A regra geral é que as serventias funcionarão todos os dias úteis, no mesmo horário. Como exceção, tem-se o Registro Civil das Pessoas Naturais, que, por ser um serviço de enorme relevância, funcionará **todos os dias**, incluindo **plantões** aos sábados, domingos e feriados. É o único serviço que opera de forma contínua, sem interrupção. Os serviços dos Tabelionatos de Protesto, por sua vez, geralmente seguem o horário de funcionamento dos serviços bancários.

A lei não estabeleceu um horário fixo de funcionamento para as serventias. Esse horário não é uniforme em todo o país e deve ser determinado pelo Juiz Corregedor ou por normas estaduais, atendendo às peculiaridades locais. Por sua vez o horário de atendimento ao público deve ser afixado em local visível da serventia. Trata-se de um dever do notário e registrador.

Anote-se que no Estado de Santa Catarina, o horário de expediente das serventias extrajudiciais e o horário de atendimento ao público devem observar ato normativo do Conselho da Magistratura. Em situação excepcional, na impossibilidade de realização de sessão extraordinária do Conselho da Magistratura para a resolução de questão específica ou diante de necessidade de urgente, o Corregedor-Geral do Foro Extrajudicial poderá adotar medidas que flexibilizem ou alterem o horário de funcionamento das serventias.

É preciso enfatizar que os conceitos de **horário de atendimento ao público** e de **horário de expediente para a prática dos atos extrajudiciais** são distintos e não devem ser confundidos. O juiz corregedor, via de regra, definirá os horários de atendimento ao público, de acordo com as peculiaridades locais. No que tange ao horário de expediente, cabe ao notário ou registrador definir, respeitando as normas da legislação trabalhista, pois cabe a ele o gerenciamento administrativo e financeiro da serventia, nos termos do art. 21 da Lei nº 8.935/1994. Para ilustrar, seguem as normativas extrajudiciais do Estado de Goiás:

> **Art. 90, CNPFE/GO.** Os conceitos de horário de atendimento ao público e de horário de expediente para a prática dos atos extrajudiciais são diversos e não se confundem.
>
> § 1º. O horário de atendimento ao público será das 9 (nove) as 17 (dezessete) horas, de segunda a sexta-feira, em dias úteis, ininterruptamente.
>
> § 2º. O expediente para a prática dos atos extrajudiciais ocorrerá em dias úteis, de segunda a sexta-feira, das 6 (seis) às 20 (vinte) horas, respeitadas as normas da legislação trabalhista.
>
> § 3º. É facultado aos Tabelionatos de Notas o atendimento ao público aos sábados, das 8 (oito) as 12 (doze) horas.
>
> § 4º. O tabelião de notas poderá lavrar atos notariais fora dos dias e horários previstos no *caput* e §§ 1º e 2º.

Ainda sobre a fixação de horário, é oportuno trazer o entendimento do Supremo Tribunal Federal: a fixação de horário de funcionamento de estabelecimento comercial é matéria de competência municipal. O STF considerou improcedentes as alegações de violação aos princípios constitucionais da isonomia, da livre iniciativa, da livre concorrência, da liberdade de trabalho, da busca do pleno emprego e da proteção ao consumidor. (AI 481.886 AgR, rel. min. Carlos Velloso, j. 15-2-2005, 2ª T, DJ de 1º-4-2005.)

A consequência do descumprimento dos horários fixados pelas normas competentes para a prática dos atos de registro é a **nulidade do ato**, conforme preceitua o art. 9º.

O art. 166, inciso VII, do Código Civil reza que o negócio jurídico é nulo quando **a lei taxativamente o declarar nulo, ou proibir-lhe a prática, sem cominar sanção.**

Para Serpa Lopes, a nulidade prevista no art. 9º impossibilita a ratificação, somente sendo possível a repetição de todo ato (Op. cit., p. 97).

Frise-se que o descumprimento do horário de lavratura do registro é causa absoluta de nulidade, e não relativa.

Importante chamar a atenção para o caminho atual, que é o da informatização. A interpretação correta, e que vai ao encontro da modernidade, é a de que o ato que o legislador objetivou reprovar no art. 9º é o **ato de registro**, que se formaliza com a **assinatura** do Oficial ou preposto autorizado e, quando necessário, das partes e testemunhas, e **não da lavratura do registro, que é o lançamento por escrito.**

Assim, as expressões "lavrar e registrar" contidas no art. 9º ora em análise interpretam-se como distintas, e não como sinônimas, sendo somente o **ato de registro que obedecerá ao requisito do cumprimento de horário e não o ato de lavratura.**

Para ilustrar, temos a regra do art. 208 da Lei 6.015/1973, na qual o registro começado dentro das horas fixadas não será interrompido, salvo motivo de força maior declarado, prorrogando-se expediente até ser concluído. Não obstante, deve-se evidenciar que **o protocolo encerra-se na hora regulamentada** e durante a prorrogação nenhuma nova apresentação será admitida, garantindo assim, a prioridade.

Sobre o tema, oportuno invocar o recente enunciado 20 da **I Jornada de Direito Notarial e Registral**:

> **Enunciado 20.** Em regra, os serviços no Registro de Imóveis podem ser praticados e selados em qualquer dia e horário, respeitadas as normas para a prática de intimações, sendo a sanção de nulidade de atos fora das horas e dias regulamentares a que se refere o art. 9º, *caput*, da Lei n. 6.015/1973, aplicável apenas ao serviço de protocolo de títulos e sua respectiva lavratura.
>
> ⊙ Justificativa: A Lei 6.015/1973 diz: Art. 9º Será nulo o registro lavrado fora das horas regulamentares ou em dias em que não houver expediente, sendo civil e criminalmente responsável o oficial que der causa à nulidade. É ilógico e inconveniente interpretar que haja um limite para a prática de atos internos tais como a lavratura de registros em geral e sua selagem. Pelo contrário, existem demandas sazonais que provocam acúmulo de serviço. Desse modo, a prática de atos internos durante a noite ou nos feriados e finais de semana é salutar à eficiência e à qualidade na prestação do serviço cartorário, permitindo uma maior economicidade na utilização dos equipamentos de trabalho em sistemas de turnos de pessoal, gerando maior capacidade de produção e maior rapidez na entrega do serviço ao usuário. Esses princípios e diretrizes encontram-se positivados na Lei 9.784/1999, artigo 2º, e na Lei 13.460/2017, artigos 1º, §3º, 4º e 5º, III e VI, considerando que se trata de serviço público prestado por delegação (Constituição Federal de 1988, artigo 236). Os cartórios devem apenas respeitar, na realização dos serviços, a ordem dos pedidos, com a ressalva de que estes podem, pelo princípio da razoabilidade, ser separados segundo sua qualidade e complexidade sem que isso implique nefasta discriminação. Apenas o serviço de protocolo de títulos e sua respectiva lavratura no Livro de Protocolo precisam obedecer a um controle quanto aos dias e horários regulamentares em que o serviço é realizado/selado, controle esse que se justifica exclusivamente devido ao princípio registral da prioridade, segundo o qual um título protocolado tem terá prevalência sobre aquele protocolado em momento posterior quando referentes ao mesmo imóvel e contraditórios. A única possibilidade de um título ser apresentado fora do horário regulamentar de funcionamento ao público é por meio do protocolo eletrônico mencionado, por exemplo, no artigo 7º dos Provimentos nº 94/2020 e 95/2020, ambos do Conselho Nacional de Justiça, e no sítio eletrônico (https://registradores.onr.org.br), e seu protocolo deve se efetivar anteriormente ao dos títulos apresentados quando o cartório reabrir seu balcão de atendimento.

Parte da doutrina ainda entende, no que se refere ao **Registro Civil das Pessoas Naturais**, dadas suas **características peculiares**, que a sanção do art. 9º não deve ser a decretação da nulidade.

Assim, algumas Corregedorias de Justiça dos Estados, em suas normas do serviço extrajudicial, não preveem este tipo de sanção, não incorrendo em vício o ato praticado fora do horário normal.

A responsabilidade civil prevista pelo dispositivo depende da efetiva comprovação do prejuízo causado pelo ato.

No que se refere à responsabilidade criminal, não há um tipo penal específico que preveja tal ato. Há quem diga que poderá configurar o crime de prevaricação. Anote-se que este crime não admite forma culposa. Assim, não será possível responsabilizar criminalmente o registrador que, por negligência, deixe de fiscalizar seus colaboradores que pratiquem atos registrais fora do tempo adequado.

Ricardo Dip elucida que isto, porém, não impede que possa caracterizar-se o dolo do registrador, ainda que o ato registral seja efetivado por um colaborador, se o oficial concorre intencionalmente para a prática desse ato. De toda a sorte, remanescerá sempre a questão disciplinar em caso de violação do tempo do registro, sendo distintas, como se sabe, as responsabilidades penal (*stricto sensu*) e penal-disciplinar.

Estudaremos a responsabilidade dos registradores e tabeliães nos artigos 22 ao 24 da Lei n. 8.935/1994, bem como no art. 38 da Lei 9.492/1997, que trata do Protesto de Títulos. A matéria é positivada ainda no art. 28 desta Lei de Registros Públicos.

Além destas regras sobre as normas do serviço, é imprescindível para o funcionamento das Serventias o respeito à norma do **art. 43 da Lei n. 8.935/1994**, que prescreve que "cada serviço notarial ou de registros funcionará em um só local, vedada a instalação de sucursal". Pela expressão "em um só local", entende-se que o serviço deve possuir uma única sede, não devendo ser ampliada essa expressão para um só município, comarca ou circunscrição.

Convidamos o leitor aos comentários do art. 184 desta Lei, que se refere ao Registro de Imóveis, como forma de complementação e aprofundamento do tema.

Ademais, juntamente com o dispositivo em comento, devem-se estudar os **arts. 33 ao 45**, que tratam da ordem de serviço nos **Ofícios de Registro Civil das Pessoas Naturais**; os **arts. 146 ao 163** que abordam o tema nas **Serventias de Registro de Títulos e Documentos**; os **arts. 182 ao 216** que cuidam do assunto no **Registro de Imóveis**. A ordem de serviço nos serviços de **Protesto** é encontrada nos **arts. 4º ao 6º da Lei 9.492/1997**.

Ainda é interessante noticiar que existe atualmente o Projeto de Lei 10.939/2018, que tramita no Senado e permite aos titulares de cartórios decidir pela prestação dos serviços em qualquer dia e horário, respeitado o mínimo legal de horas diárias. A proposta, do Senado Federal, alterará a Lei 8.935/1994.

Pelo Projeto, o funcionamento decidido pelo titular deverá ser previamente comunicado ao juiz competente, mas não dependerá de autorização. Ainda segundo a proposta do Senado, o tabelião de notas poderá lavrar escrituras e procurações públicas, testamentos públicos e atas notariais, além de reconhecer firmas e autenticar cópias fora da sede de sua serventia, respeitado o limite territorial do município. A lei atual já proíbe o tabelião de notas de praticar atos de seu ofício fora do município para o qual recebeu delegação.

No relatório final da comissão mista, apontou-se como injustificável a restrição imposta ao horário de funcionamento dos serviços notariais e de registro. "Não deveria haver obstáculo algum a que os oficiais praticassem atos nos fins de semana e em períodos noturnos, especialmente porque a necessidade do mercado e dos indivíduos reclama esses serviços a todo momento. É o titular da serventia que deverá decidir, de acordo com as suas necessidades, se disponibilizará o serviço além do mínimo legal."

1.1 DO TELETRABALHO

Em um primeiro momento, o teletrabalho no âmbito dos serviços notariais e de registro do Brasil foi regulamentado pelo Provimento CNJ n. 69 de 2018.

Referido ato normativo foi revogado e incorporado aos arts. 58 a 64 do Código Nacional de Normas (Provimento CNJ n. 149/2023). Não houve alteração legistativa.

A adoção do teletrabalho é **facultativa** aos escreventes, prepostos e colaboradores do serviço notarial e de registro. Todavia, é vedada a sua realização pelos titulares delegatários, bem como pelos interinos e interventores nomeados para responder pela atividade.

Entende-se por "teletrabalho" na seara notarial e registral que os escreventes, prepostos e colaboradores do serviço notarial e de registro, quando autorizados pelos titulares delegatários, interinos e interventores, podem executar suas **tarefas fora das dependências da serventia extrajudicial, de forma remota, com a utilização de recursos tecnológicos**.

De outro giro, não se enquadram no conceito de "teletrabalho" as atividades notariais e de registro executadas externamente em razão da natureza do ato a ser praticado.

Duas pontos são importantes aqui:

a) O teletrabalho **não implica a criação de sucursais** e não autoriza ao notário e ao registrador a prática de atos de seu ofício fora do âmbito de sua delegação;
b) Os afastamentos justificados do titular delegatário do serviço notarial e de registro não são considerados teletrabalho.

A **finalidade** da prestação do serviço notarial e de registro em regime de teletrabalho é auxiliar da prestação do serviço presencial e deve ser realizada sem prejuízo da eficiência e da qualidade do serviço, assim como da continuidade do atendimento presencial aos usuários do serviço. Dessa forma, ficam respeitadas as regras do art. 4º da Lei n. 8.934/1994 que prescreve: "Os serviços notariais e de registro serão prestados, de modo eficiente e adequado, em dias e horários estabelecidos pelo juízo competente, atendidas as peculiaridades locais, em local de fácil acesso ao público e que ofereça segurança para o arquivamento de livros e documentos".

O art. 61 do Provimento CNJ n. 149/2023 estabelece uma **limitações e vedações**. A finalidade do dispositivo e buscar equilibrar a modernização do trabalho, mas assegurando que o atendimento presencial ao público não seja afetado. Confira

> Art. 61. A atividade notarial e de registro na modalidade teletrabalho **está limitada a 30% da força de trabalho da serventia extrajudicial**, desde que seja mantida a capacidade plena de funcionamento dos setores de atendimento ao público externo.
>
> § 1.º A **capacidade de funcionamento dos setores** de atendimento ao público externo deverá ser avaliada constantemente pelos juízes corregedores permanentes e/ou pelas corregedorias de Justiça dos estados e do Distrito Federal e, em caso de constatação de prejuízo para a prestação do serviço, o teletrabalho deve ser adequado ou suspenso.

§ 2.º Os titulares delegatários definirão, no âmbito do seu poder de gestão das serventias extrajudiciais, as atividades que poderão ser realizadas de forma remota.

§ 3.º É **vedada** a prestação de serviço notarial e de registro na modalidade teletrabalho em relação aos atos para os quais a lei exija a prática exclusiva pelo titular delegatário da serventia extrajudicial.

Quanto aos **deveres** do titular do serviço notarial e registral, o art. 62 do Provimento CNJ n. 149/2023 estabelece que:

> Art. 62. O titular do serviço notarial e de registro que decidir implementar ou alterar o regime de teletrabalho na serventia extrajudicial **deverá comunicar ao órgão correcional local:**
>
> I - o nome, CPF, e-mail e telefone dos escreventes, prepostos e colaboradores do serviço notarial e de registro incluídos no sistema de teletrabalho; e
>
> II - os meios de controle das atividades dos escreventes, prepostos e colaboradores do serviço notarial e de registro incluídos no sistema de teletrabalho.
>
> Parágrafo único. A adoção e a alteração previstas no *caput* deste artigo deverão ser comunicadas à corregedoria local com antecedência mínima de 15 dias.

Já no que refere aos deveres dos escreventes, prepostos e colaborares incluídos no sistema de teletrabalho, estes deverão estar presentes às correições ordinárias realizadas pelas corregedorias locais e pela Corregedoria Nacional de Justiça.

Em resumo, o teletrabalho nos cartórios é uma medida que busca conciliar a modernização das práticas laborais com a manutenção da qualidade e eficiência no atendimento ao público, essencial para a segurança jurídica e a prestação de serviços notariais e de registro.

1.2 CONTAGEM DE PRAZO

A Lei n. 14.382/2022 (Lei do SERP) acrescentou dois parágrafos ao art. 9º da Lei 6.015.

- O § 1º estabelece a contagem em **dias e horas úteis** dos prazos estabelecidos para a vigência da prenotação, para os pagamentos de emolumentos e para a prática de atos pelos oficiais dos registros de imóveis, de títulos e documentos e civil de pessoas jurídicas, incluída a emissão de certidões, **exceto** nos casos previstos em lei e naqueles contados em meses e anos.

O que se vê é que a nova lei traz ao processo registral os critérios de **contagem dos prazos do processo civil em vigor,** nos termos do art. 219 do CPC.

Frise-se que nem todos os prazos são contados em dias úteis. Nos comentários do art. 188 da LRP, abordo algumas exceções. Neste texto, vou focar na Lei n. 14.382, que inegavelmente alargou as exceções, como se vê, entre tantas outras, com o disposto no art. 206-A da referida Lei 6.015:

> "Quando o título for apresentado para prenotação, o usuário poderá optar:
>
> I – (...)
>
> II – pelo recolhimento do valor da prenotação e depósito posterior do pagamento do valor restante, no prazo de 5 (cinco) dias, contado da data da análise pelo oficial que concluir pela aptidão para registro.
>
> § 1º Os efeitos da prenotação serão mantidos durante o prazo de que trata o inciso II do *caput* deste artigo."

Aqui vale uma outra importante observação. Os **prazos de direito material não são alcançados pela contagem em dias úteis.** Em outras palavras, não há que se falar na aplicação do § 1º do art. 9º para estes prazos. O melhor exemplo é o art. 1.532 do Código Civil, que em sua dicção prescreve que a eficácia da habilitação será de noventa dias, a contar da data em que foi extraído o certificado. Carlos Elias e Flávio Tartuce explicam que se trata de prazo material, pois diz respeito ao prazo de eficácia para o exercício de um direito com base em um documento. Logo, sua contagem é em dias corridos, e não em dias úteis (Op. cit. p. 42).

Ao discorrer sobre a nova sistemática registral, Ricardo Dip alerta que:

> Esse dispositivo atrai ao processo registral os critérios da contagem dos prazos no processo civil em vigor. Há muitas questões a enfrentar a esse respeito.
>
> Para logo, quanto à contagem do prazo indicado em dias, deverão computar-se apenas os úteis, por força do que dispõe o art. 219 do Código de processo civil de 2015.
>
> Não se trata aqui somente dos prazos relativos aos atos a praticarem-se pelo registrador (e seus colaboradores), senão que também dos prazos para a prática de atos por interessados em processos registrais (p.ex., os prazos, na Lei 6.015: para declaração do nascimento ocorrido a bordo de navios ou aeronaves – art. 51; para oposição fundamentada ao prenome e sobrenomes indicados pelo declarante no assento de nascimento –§ 4º do art. 55; para manifestações nos processos extrajudiciais de retificação registral e de usucapião – arts. 213 e 216-A da Lei 6.015; para contestação do pedido de registro Torrens – art. 258; para reclamação contra pleito de instituição de bem de família –inc. II do art. 262).
>
> Não parece que se justifique controvérsia quanto à contagem simples (e não em dobro) dos prazos próprios da União, dos estados, do Distrito federal, dos municípios e suas respectivas autarquias e fundações de direito público (§ 2º do art. 183), do Ministério público (§ 2º do art. 180) e da Defensoria pública (§ 4º do art. 186).
>
> Em dados processos extrajudiciais (p.ex., o da usucapião) terá de aplicar-se a regra do art. 229 do Código de processo civil: *"Os litisconsortes que tiverem diferentes procuradores, de escritórios de advocacia distintos, terão prazos contados em dobro para todas as suas manifestações, em qualquer juízo ou tribunal, independentemente de requerimento"*.
>
> E, no que respeita aos termos para a contagem desses prazos para atos dos *extranei*, cabe a aplicação do disposto nos arts. 224, 230 e 231 do mesmo Código processual:
>
> Adivinhável é a controvérsia que haverá de incidir acerca da aplicação, nos processos registrais em geral, da regra do art. 220 do Código de processo civil: *"Suspende-se o*

curso do prazo processual nos dias compreendidos entre 20 de dezembro e 20 de janeiro, inclusive". Parece mais provável que esse dispositivo apenas (se tanto) se aplique quanto a alguns processos especiais no extrajudicial (p.ex., de usucapião, de retificação, de registro Torrens, de instituição de bem de família), sem abranger a totalidade dos processos registrais. O tempo dirá.

- Por sua vez, o § 2º do art. 9º estabelece o que deve-se considerar **dias úteis e horas úteis.** Assim, dias úteis são aqueles em que houver expediente, ao passo que horas úteis sãoas horas regulamentares do expediente.

Sobre o tema, continuemos com os ensinamentos de Ricardo Dip:

> Prudente foi a adoção legislativa de que, para os fins desse art. 9º, dia útil é o dia em que há expediente. Com efeito, a contagem do tempo exige algum critério, e este pode variar: p.ex., entre os hebreus, para fins religiosos, o dia contava-se de um pôr do sol até seu consecutivo; mas, para fins civis, dia era o tempo do nascer ao seguinte pôr do sol; noite, do ocaso ao consecutivo nascer do sol. São ainda conhecidas as contagens das quatro vigílias da noite e a classificação ternária do dia (prima, tércia, sexta, noa), de maneira que, bem se vê, a história humana tem seus critérios diversificados para a caracterização e a divisão do dia e da noite.
>
> Para a aplicação da lei civil brasileira, denomina-se dia útil o período de tempo de 24 horas em que se permite, segundo o ordenamento jurídico vigente, o exercício habitual de atividades civis, comerciais e industriais. Para logo, entre nós, são dias não úteis – ou seja, dias defesos – os feriados civis e os feriados religiosos, como se lê na Lei 9.093/1995. Mas a esses dias defesos outros devem acrescentar-se, como se extrai, por exemplo, do art. 216 do Código de processo civil, de maneira que bem pode haver situações em que, pese embora tratar-se de dia útil, não se dê expediente forense e no extrajudicial. Todavia, não se recusa a possibilidade de adoção de critérios peculiares: p.ex., a Lei 13.869/2019, versando o abuso de autoridade, instituiu, no fim e ao cabo, um singular conceito de dia útil, que vai das cinco às 21 horas, vedando, sob cominação penal, que se cumpra "mandado de busca e apreensão domiciliar após as 21h (vinte e uma horas) ou antes das 5h (cinco horas)" (inc. III do § 1º do art. 22).
>
> Daí a prudente indicação, com a Lei 14.382, do critério assinalante do dia útil para os fins (em geral) da Lei 6.015: já não bastante a distinção entre dia natural (contagem do tempo de sol a sol, isto é, a partir do surgimento rotineiro da luz solar até o pôr do sol) e dia civil (da meia-noite de um dia até a meia-noite do seguinte), calhavam ainda a necessidade inaugural de definir se o dia civil é útil ou defeso, e, na sequência, o critério de maior relevo: o de haver expediente no registro, vale dizer, o de que ocorra atividade ou expediência registral.
>
> Ressalve-se apenas que, em bom rigor, não há, no Brasil, dia defeso para o registro civil das pessoas naturais: "O registro civil de pessoas naturais funcionará todos os dias, sem exceção" (par. único do art. 8º da Lei 6.015).

Ao discorrer sobre o § 2º, II do art. 9º, Carlos Elias e Flávio Tartuce observam que a legislação - de forma censurável à luz das boas técnicas de redação legislativa – prevê prazos em horas para algumas hipóteses envolvendo os procedimentos relacionados aos serviços notariais e registrais. Prazos em horas geram muitas controvérsias jurídicas. No procedimento de habilitação, por exemplo, é estipulado prazo de 24 horas para os nubentes especificarem as provas que pretendem produzir. Entendemos que, na hipótese em pauta, as horas só poderão fluir em dias úteis. Se, a título de ilustração, o prazo iniciar em um dia não útil, a fluência das horas só deve se dar no início do próximo dia útil. Caso o final da contagem ocorra em horário em que seja inviável operacionalmente a manifestação, como no caso de indisponibilidade de plataforma eletrônica ou local de protocolo fechado, é de assegurar à parte o direito de manifestar-se na primeira hora em que tal se tornar possível. Um prazo de 24 horas, por exemplo, que comece em um domingo, só passará a fluir a partir de meia-noite de segunda-feira, supondo-se ser esse um dia útil. O prazo encerrar-se-ia às 23h59min da segunda-feira. Caso a manifestação da parte tenha de ocorrer presencialmente perante uma serventia, e como esta se encontra de portas fechadas nesse horário, deve-se assegurar à parte o direito de protocolar sua manifestação na primeira hora de funcionamento da serventia no próximo dia útil" (Op. cit. p. 43).

1.3 FUNCIONAMENTO DAS SERVENTIAS EXTRAJUDICIAIS DURANTE A PANDEMIA

Considerando a Declaração de Pandemia de COVID-19 pela Organização Mundial da Saúde em 11 de março de 2020, em decorrência da Infecção Humana pelo novo coronavírus (Sars-Cov-2), muitos atos normativos foram editados, sobretudo pela Corregedoria Nacional de Justiça do CNJ. Alguns em caráter transitório, outros de cunho definitivo, como o Provimento CNJ n. 100/2020, que dispõe sobre atos notariais eletrônicos, hoje incorporado aos arts. 284 a 319 do Código Nacional de Normas.

Dentre as justificativas para a publicação dessas normas, destaco algumas:

a) a Portaria n. 188/GM/MS, de 04/02/2020, que declarou Emergência em Saúde Pública de Importância Nacional (ESPIN);

b) a Recomendação CNJ n. 45/2020, que dispõe sobre medidas preventivas para a redução dos riscos de contaminação com o novo coronavírus, causador da COVID-19, no âmbito das serventias extrajudiciais e da execução dos serviços notariais e de registro;

c) o princípio da continuidade dos serviços públicos e o fato de que os serviços notariais e de registro devem ser prestados, de modo eficiente e adequado em dias e horários estabelecidos pelo juízo competente, desde que atendidas as peculiaridades locais (art. 4º da Lei 8.935/1994);

d) que os serviços notariais e de registro são essenciais para o exercício da cidadania, para a circulação da propriedade, para a obtenção de crédito com garantia real, para a prova do inadimplemento de títulos e outros documentos de dívida com a chancela da fé pública, entre outros direitos.

No que diz respeito ao funcionamento dos serviços extrajudiciais, destaco dois provimentos. O primeiro foi revogado recentemente pelo Provimento CNJ n. 136/2022 e o segundo foi alterado diversas vezes a fim de estabelecer prazo de vigência indeterminado e agora revogado pelo Provimento CNJ n. 149/2023 e incorporado aos arts. 208 a 210 do referido ato normativo :

- **Provimento CNJ N. 91, de 22 de março de 2020.** *Dispõe sobre a suspensão ou redução do atendimento presencial ao público, bem como a suspensão do funcionamento das serventias extrajudiciais a cargo dos notários, registradores e responsáveis interinos pelo expediente, como medidas preventivas para a redução dos riscos de contaminação com o novo coronavírus, causador da COVID-19, e regula a suspensão de prazos para a lavratura de atos notariais e de registro.*
- **Provimento CNJ N. 95, de 1 de abril de 2020.** *Dispõe sobre o funcionamento dos serviços notariais e de registro durante o período de Emergência em Saúde Pública de Importância Nacional (ESPIN), em decorrência da infecção humana pelo novo Coronavírus (Sars-Cov-2), enquanto serviço público essencial que possui regramento próprio no art. 236 da Constituição Federal e na Lei nº 8.935, de 18 de novembro de 1994.*

1.4 FILA DE ESPERA NO SERVIÇO NOTARIAL E REGISTRAL

Neste tópico, abordaremos a decisão do Supremo Tribunal Federal, no Recurso Extraordinário 397094, no que se refere à fila de espera nos serviços notariais e registrais. Veja-se:

Distrito Federal: competência legislativa para fixação de tempo razoável de espera dos usuários dos serviços de cartórios.

1. A imposição legal de um limite ao tempo de espera em fila dos usuários dos serviços prestados pelos cartórios **não constitui matéria relativa à disciplina dos registros públicos,** mas assunto de **interesse local, cuja competência legislativa a Constituição atribui aos Municípios,** nos termos do seu art. 30, I.
2. A LD 2.529/2000, com a redação da LD 2.547/2000, não está em confronto com a Lei Federal 8.935/94 - que disciplina as atividades dos notários, dos oficiais de registro e de seus prepostos, nos termos do art. 236, § 1º, da Constituição - por tratarem de temas totalmente diversos. 3. RE conhecido e desprovido.

(STF - RE: 397094 DF, Relator: SEPÚLVEDA PERTENCE, Data de Julgamento: 29/08/2006, Primeira Turma, Data de Publicação: DJ 27-10-2006 PP-00050 EMENT VOL-02253-04 PP-00750 LEXSTF v. 29, n. 337, 2007, p. 255-261)

2. QUESTÕES DE CONCURSOS

01. (TJ/AM – 2023 – TJ/AM - Titular de Notas e Serviços de Registros) Acerca das atribuições, escrituração e ordem do serviço, é correto afirmar, de acordo com a Lei nº 6.105/1973:

a) A contagem dos prazos nos registros públicos observará os critérios estabelecidos na legislação civil.

b) Serão contados em dias e horas úteis os prazos estabelecidos para a vigência da prenotação, para os pagamentos de emolumentos e para a prática de atos pelos oficiais dos registros de imóveis, de títulos e documentos e civil de pessoas jurídicas, incluída a emissão de certidões, exceto nos casos previstos em lei e naqueles contados em meses e anos.

c) Os títulos e documentos, apresentados no horário regulamentar ao registro civil de pessoas naturais que não forem registrados até a hora do encerramento do serviço, aguardarão o dia seguinte, no qual serão registrados, preferencialmente, aos apresentados nesse dia.

d) Nos casos em que da precedência decorra prioridade de direitos para o apresentante, a ausência de comprovação do recolhimento do imposto de transmissão de bem imóvel obstará a apresentação do título e o seu lançamento do Protocolo.

02. (VUNESP – 2023 – TJ/AL – Titular de Notas e Serviços de Registros)

De acordo com o Provimento nº 69/2018 da Corregedoria Nacional de Justiça, sobre o teletrabalho no âmbito dos serviços notariais e de registro, assinale a alternativa correta.

a) Desde que autorizados pelos titulares delegatários, interinos e interventores nomeados para responder pelo serviço, os escreventes, prepostos e colaboradores do serviço notarial e de registro poderão executar suas tarefas fora das dependências da serventia extrajudicial, na modalidade teletrabalho, de forma remota e com a utilização de recursos tecnológicos.

b) A adoção do teletrabalho é facultativa aos escreventes, prepostos e titulares delegatários.

c) A atividade notarial e de registro na modalidade teletrabalho está limitada a cinquenta por cento da força de trabalho da serventia.

d) A implementação ou alteração do regime de teletrabalho independe de comunicação ao órgão correcional local, pois integra a independência do titular delegatário no que se refere ao gerenciamento administrativo e financeiro da serventia

Nota da autora: O Provimento CNJ n. 69/2015 foi revogado e incorporado aos arts. 58 a 64 do Provimento CNJ n. 149/2023 (CNN). Não houve alterações legislativas, motivo pelo qual é útil trazer esta questão.

03. (IESES – Titular de Serviços de Notas e Registros – TJ – TO - Remoção/2022) A contagem dos prazos nos registros públicos observará:

a) Os critérios estabelecidos na legislação estadual da territorialidade da serventia.

b) Os dias corridos, sem interrupção de feriados nacionais.

c) Os critérios estabelecidos na legislação processual civil.

d) Normativas próprias de cada serventia.

04. (IESES – Cartório – Remoção – TJ – AM/2018) O registro lavrado fora das horas regulamentares ou em dias em que não houver expediente será considerado:

a) Nulo.
b) Anulável.
c) Validado.
d) Ratificado.

05. (Vunesp – Oficial de Registro-SP/2002) O registro lavrado fora das horas regulamentares e em dia em que não houver expediente é

a) anulável, devendo a anulabilidade ser declarada somente se demonstrado que disto resultou prejuízo a qualquer interessado.
b) nulo, podendo, porém, ser ratificado se disto não resultar prejuízo a qualquer interessado.
c) nulo, sendo civil e penalmente responsável o Oficial que der causa à nulidade.
d) válido, ressalvada ação judicial própria para que o prejudicado dele requeira o cancelamento.

06. (Vunesp – Cartório – SP – Provimento/2016) Sobre o expediente ao público do Registro Civil das Pessoas Naturais, assinale a alternativa correta.

Nota da autora: esta questão exige do candidato conhecimento das Normas do Serviço Extrajudicial da Corregedoria Geral da Justiça do Estado de São Paulo – Tomo II

a) Na Comarca da Capital, funcionam das 9 às 17 horas nos dias úteis, e das 9 às 12 horas aos sábados. Aos domingos, feriados e dias de paralisação das atividades forenses, observa-se o sistema de plantão fixado pelo Juiz Corregedor Permanente.
b) Na Comarca da Capital, funcionam das 9 às 17 horas nos dias úteis, e das 9 às 12 horas aos sábados, domingos e feriados. Nos dias de paralisação das atividades forenses, observa-se o sistema de plantão fixado pelo Juiz Corregedor Permanente.
c) Na Comarca da Capital, funcionam das 9 às 17 horas nos dias úteis, e das 9 às 12 horas aos sábados e domingos. Nos feriados e dias de paralisação das atividades forenses, observa-se o sistema de plantão fixado pelo Juiz Corregedor Permanente.
d) Na Comarca da Capital, funcionam das 9 às 16 horas nos dias úteis, e das 9 às 12 horas aos sábados e domingos. Nos feriados e dias de paralisação das atividades forenses, observa-se o sistema de plantão fixado pelo Juiz Corregedor Permanente.

07. (Cartórios GO). De acordo com a distribuição de competências dos entes da Federação brasileira, instituída pela Constituição Federal de 1988, e a orientação jurisprudencial do Supremo Tribunal Federal, compete à União:

a) legislar privativamente sobre procedimentos em matéria processual.
b) legislar exclusivamente sobre registros públicos e juntas comerciais.
c) estabelecer o horário de funcionamento, para fins de atendimento ao público, de estabelecimento comercial e dos serviços notariais e de registro.
d) estabelecer normas gerais para fixação de emolumentos relativos aos atos praticados pelos serviços notariais e de registro.

GAB	1	B	2	A	3	C	4	A
	5	C	6	A	7	D		

Art. 10. Todos os títulos, apresentados no horário regulamentar e que não forem registrados até a hora do encerramento do serviço, aguardarão o dia seguinte, no qual serão registrados, preferencialmente, aos apresentados nesse dia.

Parágrafo único. O registro civil de pessoas naturais não poderá, entretanto, ser adiado.

1. COMENTÁRIOS

O legislador não foi feliz ao empregar a expressão "títulos", pois sabe-se que nem todos os atos de registro são baseados em títulos apresentados. Alguns são fundamentados em **atos ou fatos jurídicos**, como o nascimento (ato) ou a morte (fato), e não em **títulos.**

A finalidade do dispositivo é explicitar a ideia de que o registrador não deve promover um ato de registro se o horário previamente regulamentado estiver encerrado, devendo aguardar o dia seguinte para realizar o registro, observando a ordem de recebimento.

O parágrafo único prescreve o evidente ao estabelecer que "o Registro Civil das Pessoas Naturais não poderá, entretanto, ser adiado", pois o seu serviço deve funcionar todos os dias e por regime de plantão, naqueles horários que não condizem com o expediente comercial. Isso é cristalino porque o Registro Civil das Pessoas Naturais lida com eventos fundamentais e inadiáveis, como nascimentos e óbitos, que precisam ser registrados quase que imediatamente. Dessa forma, é o único serviço que trabalha de forma contínua, sem interrupção.

O art. 10 também assegura o **princípio da prioridade**, explorado com maior profundidade no capítulo sobre o Registro de Imóveis. Este relevante princípio também encontra-se presente nos arts. 208 e 209. O art. 208 estabelece que o registro começado dentro das horas fixadas não será interrompido, salvo motivo de força maior declarado, prorrogando-se o expediente até ser concluído. Por sua vez, o art. 209 determina que, durante a prorrogação, nenhuma nova apresentação será admitida, lavrando-se o termo de encerramento no Protocolo.

No caso singular dos Ofícios Imobiliários, o título deverá ser protocolado e tem um prazo de 10 (dez) dias para registro (arts. 182, 188), sempre respeitando o princípio da prioridade (art. 186).

Também é importante considerar o disposto no art. 4º da Lei 8.935/1994 e nos arts. 5º e 12, § 2º da Lei 9.492/1997, que dialogam com o tema.

2. QUESTÕES DE CONCURSO

01. (TJ/MA – 2023 – Consulplan – Notário e Registrador/Remoção) Pressupondo-se que o SERP (Sistema Eletrônico de Registros Públicos) esteja completamente implantado e integrado ao SREI (Sistema de Registro Eletrônico de Imóveis), João comparece ao Registro de Imóveis da Comarca de São Luís, às 10 horas do dia 10 de março, segunda-feira, e requer ao oficial a expedição de certidão relativa a certo imóvel, devendo ela mencionar apenas as informações vigentes de sua descrição: número de contribuinte, proprietário, direitos, ônus e restrições judiciais e administrativas, além das demais informações necessárias à comprovação da propriedade, à transmissão e à constituição de outros direitos reais. Diante da solicitação realizada, considerando a situação exposta, sobre a publicidade dos Registros Públicos e o disposto na Lei nº 6.015/1973 e no Código de Divisão e Organização Judiciárias do Maranhão, a certidão deve ser expedida até

a) as 14 horas do dia 10 de março.
b) as 10 horas do dia 11 de março.
c) o término de expediente do dia 11 de março.
d) o término de expediente do dia 15 de março.

02. (IESES - 2022 - TJ-TO - Titular de Serviços de Notas e de Registros – Remoção) Conforme dispõe a Lei de Registros Públicos nº 6.015/73, todos os títulos, apresentados no horário regulamentar e que não forem registrados até a hora do encerramento do serviço, aguardarão o dia seguinte, no qual serão registrados, preferencialmente, aos apresentados nesse dia. Qual dos registros descritos abaixo não poderá, entretanto, ser adiado:

a) O registro de emancipação.
b) O registro civil de pessoas naturais.
c) O registro de protesto.
d) O registro dos contratos sociais, atos constitutivos e estatutos.

03. (FMP – Cartório – TJ – MT/2014) Considerando as normas legais aplicáveis à escrituração e à ordem de serviço no Registro Civil das Pessoas Naturais, é incorreto afirmar que

a) o serviço de registro civil das pessoas naturais será prestado, também, nos sábados, domingos e feriados pelo sistema de plantão.
b) todos os títulos, apresentados no horário regulamentar e que não forem registrados até a hora do encerramento do serviço, aguardarão o dia seguinte, no qual serão registrados, preferencialmente, aos apresentados nesse dia.
c) tendo havido no assento omissão ou erro de modo que seja necessário fazer adição ou emenda, estas serão feitas antes da assinatura ou ainda em seguida, mas antes de outro assento, sendo a ressalva novamente por todos assinada.
d) antes da assinatura dos assentos, serão estes lidos às partes e às testemunhas, do que se fará menção.
e) a testemunha para os assentos de registro deve satisfazer às condições exigidas pela lei civil, sendo admitido o parente, em qualquer grau, do registrado.

04. (IESES – Notário-MA/2008) Assinale a alternativa INCORRETA de acordo com a Lei nº 6.015/73:

a) Quando o interessado no registro for o oficial encarregado de fazê-lo ou algum parente seu, em grau que determine impedimento, o ato incumbe ao substituto legal do oficial.
b) Salvo as anotações e as averbações obrigatórias, os atos do registro serão praticados: (i) por ordem judicial; (ii) a requerimento verbal ou escrito dos interessados; (iii) a requerimento do Ministério Público, quando a lei autorizar.
c) Será anulável o registro lavrado fora das horas regulamentares ou em dias em que não houver expediente, sendo civil e criminalmente responsável o oficial que der causa à anulabilidade.
d) Todos os títulos, apresentados no horário regulamentar e que não forem registrados até a hora do encerramento do serviço, aguardarão o dia seguinte, no qual serão registrados, preferencialmente, aos apresentados nesse dia. O registro civil de pessoas naturais não poderá, entretanto, ser adiado.

GAB	1	C	2	B	3	B	4	C

Art. 11. Os oficiais adotarão o melhor regime interno de modo a assegurar às partes a ordem de precedência na apresentação dos seus títulos, estabelecendo-se, sempre, o número de ordem geral.

1. COMENTÁRIOS

A expressão contida no art. 11 "melhor regime interno" traduz a ideia de liberdade e autonomia no gerenciamento da Serventia. Esta liberdade, entretanto, **não é absoluta**, eis que **encontra limites na satisfatória e correta execução dos serviços**, que será objeto de fiscalização pelo Poder Judiciário.

Assim, para a garantia da precedência do registro, que é **fato gerador de presunção** em benefício das partes ou dos direitos que menciona, o melhor regime interno é aquele pautado num serviço de **qualidade.**

Aliás, é sempre bom ressaltar que o gerenciamento administrativo e financeiro dos serviços notariais e de registro é da **responsabilidade exclusiva do respectivo titular**, inclusive no que diz respeito às despesas de custeio (como por exemplo, custos diários para manter o funcionamento, como contas de luz, água, materiais de escritório, etc., investimento (gastos para melhorias ou expansões do serviço, como compra de novos equipamentos ou reforma do espaço) e pessoal (salários e benefícios dos funcionários que trabalham no cartório, entre outras coisas), cabendo-lhe estabelecer normas, condições e obrigações relativas à atribuição de funções e de remuneração de seus prepostos de modo a obter a melhor qualidade na prestação dos serviços.

É ainda oportuno abordar aqui os ensinamentos de Sergio Jacomino ao analisar o art. 186, que trata da prioridade registral. Ele diferencia as regras do art. 11 em comento em relação ao art. 186. Veja-se:

> "A literalidade do texto (do art. 186) poderia levar à suposição de que a prioridade seria da pessoa (parte) e não do título. Entretanto, é de se observar que a

precedência, garantida na *ordem* geral do art. 11, não se confunde com a prioridade prevista no art. 186. A prioridade dos títulos coexiste e se aperfeiçoa exatamente com apoio no direito de precedência garantido às partes. A prioridade do título somente se alcança, lógica e efetivamente, se forem observadas regras rígidas para o controle de precedência" (*Lei de Registros Públicos comentada.* Rio de Janeiro: Forense, 2019, p. 987).

Questionou-se se a referida prioridade abarcaria o **atendimento à pessoa idosa** nas Serventias Extrajudiciais. De fato, é sim garantido o seu atendimento prioritário, porém, de acordo com a doutrina majoritária e as normativas estaduais, **não há se confundir com a prioridade dos atos de prenotação ou de registro.** Sobre o tema, recomenda-se a leitura do item 1.4.2 nos comentários do art. 167 desta lei.

Art. 12. Nenhuma exigência fiscal, ou dúvida, obstará a apresentação de um título e o seu lançamento do Protocolo com o respectivo número de ordem, nos casos em que da precedência decorra prioridade de direitos para o apresentante.

Parágrafo único. Independem de apontamento no Protocolo os títulos apresentados apenas para exame e cálculo dos respectivos emolumentos.

1. COMENTÁRIOS

Veremos mais adiante que cabe aos Oficiais de registro, no exercício de suas funções, realizar rigorosa fiscalização do pagamento dos impostos devidos em razão dos atos que lhes forem apresentados, conforme disposto no art. 289. No entanto, a observância deste dever **não impede a prenotação do título**, garantindo assim a precedência do direito do apresentante. É a prenotação em primeiro lugar no Livro do Protocolo que estabelece a prioridade protetora dos direitos do interessado

Note-se que, dada a importância do protocolo como requisito para assegurar direitos dos interessados, a própria Lei de Registros Públicos cria mecanismos que impedem o registrador de recusar protocolo a títulos que lhe forem apresentados. É o que se extrai da leitura dos arts. 12, 174 e 182 da aludida lei.

Vale destacar que o dispositivo em comento impede que até mesmo **as exigências fiscais ou a existência de dúvidas** obstem o lançamento no protocolo de títulos cuja prioridade interessa para o apresentante. Nem mesmo o **bloqueio judicial da Matrícula**, previsto no art. 214, § 4º da LRP consegue obstar este lançamento.

O Livro Protocolo servirá para apontamento de todos os títulos apresentados diariamente, ressalvado o disposto no parágrafo único do art. 12 desta Lei. Como decorrência do **princípio da prioridade,** os títulos apresentados serão sempre apontados no protocolo na rigorosa ordem de apresentação. Ainda que falte algum requisito fundamental, o protocolo não poderá ser obstado.

O registrador deverá **sempre recepcionar** o título, **inscrevê-lo no protocolo** para assegurar a precedência decorrente da prenotação, e na sequência fazer a **qualificação registral**. Se a qualificação for negativa, o oficial confeccionará nota de exigências por escrito para entregar ao apresentante que terá a faculdade de cumpri-las durante a vigência do protocolo assegurando a prioridade da prenotação. Walter Ceneviva preceitua que "a recusa em receber o respectivo instrumento contra o comprovante correspondente constitui infração disciplinar a ser denunciada ao competente juiz corregedor" (*Lei dos Registros Públicos Comentada.* 20. ed. São Paulo: Saraiva. 2010. p. 81).

Tem-se, portanto, como função do protocolo, apontar a apresentação do título, a fim de que o exame da legitimidade não prejudique a prioridade com o eventual ingresso de outro título conflitante. Nas palavras de Afrânio de Carvalho, "a prenotação do título no protocolo serve para obviar esse risco e antecipar a eficácia da inscrição, fazendo-a valer antes de ser materialmente escriturada no livro próprio". Assim, a porta do protocolo acha-se franqueada a todos os títulos que aspirem prioridade, não podendo fechar-se a nenhum deles sob pretexto algum. Na entrada não há discriminação, à vista do incisivo mandamento, segundo o qual 'todos os títulos tomarão, no protocolo, o número de ordem que lhes competir em razão da sequência rigorosa de sua apresentação (art. 182). E conclui que ainda que um serventuário do cartório, ou circunstante, insinue que o título não é registrável, isso não deve deter o apresentante, visto como, se realmente não o for, o registrador, após a prenotação, fará a *exigência* cabível ou levantará a *dúvida*, sem prejuízo da prioridade que já então estará assegurada. (*Registro de Imóveis.* 4ª ed. Rio de Janeiro: Forense, 1998. p. 316-320).

Dessa forma, a prenotação de todos os títulos ingressados na Serventia, **ressalvados os títulos recebidos para simples exame de cálculo de emolumentos** a pedido dos interessados (parágrafo único do art. 12), é uma **obrigação** e **dever** do Oficial, visando publicizar uma situação jurídica, e **não mera opção.**

A recepção de títulos somente para exame e cálculo é excepcional e dependerá de requerimento escrito e expresso do interessado. Assim dispõe a **Orientação de**

Número 13 da Escola Nacional de Direito Notarial e Registral – ENNOR:

> "A apresentação de título para exame e cálculo (art. 12, parágrafo único da Lei 6.015/73) deve se fazer por escrito, constando do recibo a advertência de que o título não gozará os efeitos de prioridade e preferência do artigo 186 da Lei 6.015/73, anotando-se tal circunstância no indicador real".

Registre-se que a *dúvida* mencionada no dispositivo em questão, **não foi empregada no sentido técnico** da dúvida do art. 198, que é o procedimento administrativo competente para **dirimir dissenso** entre o usuário do serviço e o registrador. A dúvida do art. 12 é aquela de **sentido gramatical**, ou seja, "a incerteza sobre a realidade de um fato ou verdade de uma asserção" (FERREIRA, Aurélio Buarque de Holanda. *Novo Dicionário da língua portuguesa)*.

Vale informar que algumas normas do serviço extrajudicial das Corregedorias dos Estados estipulam o **Livro de Recepção de Títulos**, no qual serão lançados exclusivamente os títulos apresentados para **exame e cálculo dos respectivos emolumentos**, conforme parágrafo único deste artigo 12, os **quais não gozam dos efeitos da prioridade.** Nos Estados em que não existe tal Livro, o requerimento dos títulos apresentados apenas para exame e cálculo dos respectivos emolumentos deve ser mantido em **pasta própria ou em meio eletrônico** não sendo apontados no Livro Protocolo, pois, nesse caso não implica a prioridade e não há interesse em garantir a precedência do registro.

Recomenda-se a leitura do dispositivo em análise juntamente com os comentários do art. 174 e 182 desta lei.

2. QUESTÕES DE CONCURSOS

01. (Cespe – Notário-DFT/2003) Acerca da Lei de Registros Públicos (LRP Lei nº 6.015/1973), julgue os itens subsequentes.

( ) Todos os títulos sujeitos a registro, notadamente os relativos a direitos imobiliários, somente poderão ser aceitos para lançamento no protocolo se as correspondentes obrigações tributárias estiverem integral e devidamente quitadas.

02. (EJEF – Tabelionato e Registro-MG/2007) A Lei dos Registros Públicos (Lei nº 6.015, de 1973) prevê que:

a) Exigência fiscal ou dúvida poderá obstar a apresentação de um título e o seu lançamento no Protocolo com o respectivo número de ordem, nos casos em que da precedência decorra prioridade de direitos para o apresentante.

b) O registro civil de pessoas naturais poderá ser diferido caso não consumado no horário regulamentar, ficando sua lavratura adiada para o dia seguinte, com preferência.

c) Segundo o princípio da instância ou da demanda o oficial registrador pode em regra atuar de ofício independentemente de ordem judicial ou de requerimento verbal ou escrito dos interessados.

d) O serviço começará e terminará às mesmas horas em todos os dias úteis, à exceção do registro civil de pessoas naturais, que funcionará todos os dias, sem exceção, cominando pena de nulidade absoluta do registro lavrado fora das horas regulamentares ou em dias em que não houver expediente e impondo responsabilidade civil e criminal ao oficial que der causa à nulidade.

03. (TJ-SC – Notário-SC/2012) Quanto à Ordem do Serviço nos Registros Públicos, podemos afirmar que:

a) Somente as exigências fiscais, ou dúvidas, obstarão a apresentação de um título e o seu lançamento do Protocolo com o respectivo número de ordem.

b) O registro civil de pessoas naturais funcionará todos os dias, exceto nos feriados nacionais.

c) O serviço começará e terminará às mesmas horas em todos os dias úteis.

d) Devem ser apontados no Protocolo os títulos apresentados para exame e cálculo dos respectivos emolumentos.

e) Pelos atos que praticarem, os Oficiais do Registro terão direito, a título de remuneração, aos emolumentos fixados nos Regimentos de Custas dos Estados, os quais serão pagos, pelo interessado que os requerer, na devolução do título registrado.

04. (IESES – Cartório – TJ – RO/2012) Assinale a alternativa correta.

I. Todos os títulos deverão ser registrados até a hora do encerramento do serviço.

II. Nenhuma exigência fiscal, ou dívida, obstará a apresentação de um título, nem o seu lançamento no protocolo com o respectivo número de ordem.

III. Os títulos apresentados para exame precisarão ser apontados.

IV. As anotações e averbações obrigatórias deverão ser registradas, podendo, ainda, os atos de registro serem praticados: por ordem judicial; a requerimento verbal ou escrito dos interessados; ou a requerimento do Ministério Público, quando a lei autorizar.

a) Apenas II e III estão corretas.

b) Apenas I e II estão corretas.

c) Apenas I e III estão corretas.

d) Apenas II e IV estão corretas.

GAB	1	ERRADO	2	D	3	C	4	D

Art. 13. Salvo as anotações e as averbações obrigatórias, os atos do registro serão praticados:

I – por ordem judicial;

II – a requerimento verbal ou escrito dos interessados;

III – a requerimento do Ministério Público, quando a lei autorizar.

§ 1º O reconhecimento de firma nas comunicações ao registro civil pode ser exigido pelo respectivo oficial.

§ 2º A emancipação concedida por sentença judicial será anotada às expensas do interessado.

1. COMENTÁRIOS

Do art. 13 da Lei de Registros Públicos, extrai-se o **princípio da instância ou da rogação ou da reserva iniciativa**, pelo qual o registrador somente pode praticar registros e averbações se solicitado pelo interessado.

Todos os títulos que forem apresentados à qualificação do Oficial deverão **conter expressa ou implicitamente** a autorização para se proceder os atos requeridos.

Assim, regra geral, os atos de registro só poderão ser praticados mediante provocação por **ordem judicial, a requerimento verbal** ou **escrito dos interessados ou a requerimento do Ministério Público, quando a lei autorizar.** Esse princípio da **instância, rogação ou da reserva iniciativa** comporta **exceções**, que encontramos em vários dispositivos, inclusive no próprio *caput* do dispositivo em comento, ao mencionar as **anotações e averbações obrigatórias.**

De ofício, o Oficial do registro civil de pessoas naturais averbará as anotações de que tratam os **arts. 106 a 108 da Lei 6.015/1973.** Também de ofício, é permitido ao Registrador proceder à **retificação do registro ou da averbação** nos termos do art. 213, inciso I, da Lei 6.015/73. Podemos acrescentar ainda, como exemplo recente, o inciso IV do art. 169, da LRP, incluído pela Lei n. 14.382/2022 que estabelece que aberta matrícula na serventia da situação do imóvel, o oficial deverá comunicar o fato à serventia de origem para o encerramento da matrícula anterior. Trata-se também de ato de **ofício** e dever do registrador.

Ainda quanto à atuação de ofício, a maior parte da doutrina entende que a atuação do registrador pode se dar de ofício para **cancelar as hipotecas convencionais peremptas**, equivale dizer, aquelas que foram registradas há mais de 30 anos (art. 1.485 do Código Civil). Sem discrepância, Narciso Orlandi Neto assevera que a perempção pode ser reconhecida, "ex officio", pelo próprio registrador (Retificação do Registro de Imóveis, Del Rey, 1997, pág. 270). No mesmo sentido, o Corregedor Geral da Justiça, Des. Luiz Tâmbara, em decisão proferida em 06 de fevereiro de 2002, aprovando parecer do MM. Juiz Auxiliar Dr. Marcelo Fortes Barbosa Filho, ordenou, de ofício, a averbação da perempção de hipoteca (Apelação Cível nº 256.993 – S. Paulo, apte.: Espólio de Abel Ferreira dos Santos, rel.: Des. Acácio Rebouças, j. 13/01/77, pub. D. J. 02/02/77, fls. 07).

Na Ap. Civ. 256.993, São Paulo, j. 13.1.1977, rel. des. Acácio Rebouças) encontramos uma excelente fundamentação para tal caso. Veja-se:

"Não se deve confundir a **extinção da hipoteca**, de que trata o art. 849 do CC, com a **perempção**, do art. 817, restrita às convencionais. A **extinção**, que só começa a ter efeitos contra terceiros depois de averbada no Registro de Imóveis (art. 850), **exige prova, quando não seja requerida por ambas as partes** (art. 851). A **perempção**, ao contrário, opera *ipso facto*, pelo **simples decurso do lapso temporal** que, por ser evidente, **não reclama prova**; e, sendo o prazo fatal, insuscetível de interrupção ou suspensão, como doutrina Barros Monteiro (Direito das Coisas, p. 367), a hipoteca cessa de pleno direito, sem necessidade de reconhecimento pelo credor ou de julgamento. Como adverte Pontes de Miranda (Tratado de Direito Privado, 20/47), se a permanência do direito real de garantia depende de renovação da inscrição (e assim, dispõe a segunda parte do art. 817), 'a extinção opera-se automaticamente, uma vez que os terceiros – todo o público – conhecem a cessação do direito real de garantia'. Consoante o preceito citado, após o decurso do prazo de perempção, 'só poderá subsistir, o contrato de hipoteca, reconstituindo-se por nova inscrição'. O interesse do credor resguarda-se por essa forma; e, quando a lei impõe determinada forma, outra não vale (CC, art. 82). Ou o credor renovou a inscrição, ou não. A anterior pereceu, e não pode permanecer aberta. Nada há que decidir no caso, nem se oferece questão de nenhuma indagação maior. Circunscrita a dúvida à necessidade de ordem judicial para a averbação da perempção, a solução é negativa. Dão provimento, pois, para declarar a desnecessidade de manifestação judicial nas averbações de perempção, como no caso."

Analisando o **inciso I**, no caso dos registros serem praticados por **ordem judicial**, significa que o Juízo expede providência judicial para a prática de determinado ato, cujo descumprimento impõe sanção. Para ilustrar, tragos os casos de declaração de ausência ou de morte presumida, interdição, emancipação promovida por tutor, alteração de nome e de identificação de sexo, adoção, reconhecimento judicial de paternidade ou maternidade, cancelamento de protestos, adjudicação compulsória, penhora, aquisição por usucapião, entre outros.

A hipótese do **inciso II**, que estabelece que os atos de registro serão praticados **a requerimento, verbal ou escrito, do próprio interessado**, é a mais frequente. Os interessados são os titulares do interesse jurídico e, consequentemente, podem requerer o ato de registro para a realização dos efeitos desejados. Assim, são exemplos o registro de nascimento e óbito, a emancipação concedida pelos pais, o casamento, o reconhecimento de paternidade, o protesto, o testamento público e o cerrado, o ato de aquisição e transferência, entre outras inúmeras hipóteses.

No que se refere **ao inciso III**, quanto **aos atos requeridos pelo Ministério Público**, quando a lei autorizar, deve-se anotar que o *Parquet*, de modo geral, não tem ligação funcional ou administrativa direta com o registrador. Assim, tais atos ficam restritos a um número menor de hipóteses. No entanto, na qualidade de curador dos registros públicos, o Promotor poderá atuar em alguns eventos, como, por exemplo, ao atender interesses de pessoas naturais como no caso do art. 245 da Lei 6.015/1973 (*quando o regime de separação de bens for determinado por lei, far-se-á a respectiva averbação nos termos do artigo anterior, incumbindo ao Ministério Público zelar pela fiscalização e observância dessa providência*).

Quanto ao **§ 1º** do dispositivo em análise, que dispõe sobre a faculdade de ser exigida pelo respectivo oficial o reconhecimento de firma nas **comunicações** ao registro civil, trata-se de um eficaz **mecanismo de segurança.** Sempre que o oficial fizer algum registro ou averbação, deverá, no prazo de **cinco dias, anotá-los nos atos anteriores**, com **remissões recíprocas**, se lançados na serventia, ou fará **comunicação**, com resumo do assento, ao oficial em cuja serventia estiverem os registros primitivos, obedecendo-se sempre à forma prescrita no artigo 98 da Lei de Registros Públicos.

No tocante ao Registro Civil das Pessoas Naturais, nos termos do artigo 106 e parágrafo único da Lei 6.015/1973, as comunicações serão feitas mediante **cartas relacionadas em protocolo**, anotando-se à margem ou sob o ato comunicado, e ficarão arquivadas na serventia que as receber.

Por sua vez, o art. 207 do Código Nacional de Normas (correspondente ao art. 8º do revogado Provimento CNJ n. 46/2015, que dispunha sobre a CRC e atualmente alterado pelo Provimento CNJ n. 180/2024), estabelece que as comunicações entre as serventias extrajudiciais de notas e de registro, e entre estas e os órgãos do Poder Judiciário, serão realizadas com a utilização das plataformas **Serp, Censec e Cenprot.** Enquanto não completadas as integrações entre as plataformas e sistemas, as comunicações poderão ser realizadas com a utilização do Sistema Hermes – Malote Digital na forma do Provimento n. 25, de 12 de novembro de 2012.

Também é importante alertar que alguns Códigos de Normas de Serviço das Corregedorias dos Estados, como no caso do Estado de São Paulo, dispunham que as comunicações seriam feitas obrigatoriamente via **"intranet"** (ARPEN-SP), se destinadas ao Estado de São Paulo, e mediante **carta relacionada em protocolo**, se endereçadas aos Registros Civis das Pessoas Naturais de outros Estados ainda não interligados. As comunicações remetidas por outros Estados ficarão **arquivadas** no Registro Civil das Pessoas Naturais que as receber até a efetiva anotação. Todavia, tais normativas foram re alteradas a fim de se adequarem ao Provimento CNJ 46/2015 que, por sua vez, foi incorporado do Código Nacional de Normas (Provimento CNJ n. 149/2023).

A **emancipação judicial** tratada no § 2º é aquela concedida por sentença judicial. São duas as hipóteses de emancipação judicial. Veja-se:

a) **menor sob tutela**, pois o tutor não pode emancipar voluntariamente o pupilo por meio de escritura pública, exigindo a lei que seja por sentença judicial;
b) **quando houver divergência dos pais**. Se o pai quer emancipar o filho e a mãe se opõe ou vice-versa, será necessário que o conflito seja dirimido por sentença judicial. Nesse caso o processo de emancipação será **contencioso**, ao passo que, na hipótese anterior, o procedimento é de **jurisdição voluntária.** Aludida sentença, para surtir efeitos perante terceiros, deve ser **registrada no Registro Civil das Pessoas Naturais competente, no Livro E.**

A emancipação judicial só é possível se o menor tiver **dezesseis anos completos.**

A emancipação será **anotada** nos assentos de casamento e nascimento, às expensas do interessado.

Sobre as emancipações, remetemos o leitor aos comentários do art. 89 e seguintes desta Lei de Registros Públicos para um maior aprofundamento do tema.

2. QUESTÕES DE CONCURSOS

01. (IESES – Titular de Serviços de Notas e Registros – TJ – TO - Remoção/2022) A emancipação concedida por sentença judicial será anotada:

a) Gratuitamente para o interessado, independentemente de sua hipossuficiência econômica.
b) Às expensas do interessado.
c) Às expensas dos Estados, em se tratando de sentença de Juiz Estadual.
d) Às expensas da União, em se tratando de sentença de Juiz Federal.

02. (Vunesp – Outorga de Delegação de Notas e Registros – TJ – GO/2021) De acordo com o Provimento nº 46/2015 do Conselho Nacional de Justiça, no tocante à Central de Informações de Registro Civil das Pessoas Naturais - CRC, é correto afirmar que

Nota da autora: O Provimento CNJ n. 46/2015 foi revogado e incorporado aos arts. 229 a 245 do Provimento CNJ n. 149/2023 (CNN). Não houve alterações legislativas, motivo pelo qual é útil trazer esta questão.

a) a CRC será integrada, facultativamente, por todos os registradores civis das pessoas naturais do Brasil, que poderão acessá-la para incluir os dados específicos.
b) o sistema conta com módulo de geração de relatórios para efeito de contínuo acompanhamento, controle e fiscalização pelas Corregedorias Gerais da Justiça e pelo Conselho Nacional de Justiça.
c) as comunicações previstas nos artigos 106 e 107 da Lei nº 6.015/73 poderão ser enviadas facultativamente pela CRC.
d) a emissão de certidão negativa pelos registradores civis das pessoas naturais deverá ser precedida de consulta à CRC, podendo, a critério do Oficial, ser consignado na certidão o código da consulta gerado (hash).

03. (Cespe – Notário-ES/2013) No que concerne a fatos e atos jurídicos e suas implicações no registro civil das pessoas naturais, assinale a opção correta.

a) O óbito de determinado indivíduo, ocorrido em município diverso do de seu nascimento, deverá ser anotado em livro especial, com expressa menção a esse fato.

b) A declaração de ausência e de morte presumida deverá ser anotada nos registros de nascimento e de casamento, a requerimento escrito dos interessados, e assinada por duas testemunhas.

c) As emancipações promovidas por pais e por tutores poderão ser registradas mediante requerimento verbal ou escrito dos representantes legais.

d) A emancipação e a interdição são anotadas em remissões recíprocas nos assentos de nascimentos e de casamento.

e) O MP tem legitimidade para determinar a averbação e anotação em registro civil destinado à mudança do nome de indivíduo transexual, desde que essa seja fundada em procedimento administrativo, instaurado mediante inquérito civil público.

04. (EJEF Tabelionato e Registro-MG/2007) No tocante ao sistema de remissões recíprocas, assinale a alternativa CORRETA.

a) É providência que não obstante essencial para garantia da segurança jurídica, depende de provocação do interessado ou de ordem judicial, podendo ser feita à margem do assento e, quando não houver espaço, no livro corrente com notas que facilitem a busca.

b) Somente se aplicam nas averbações, podendo ser praticadas de ofício, a requerimento do interessado, do órgão do Ministério Público e por ordem judicial.

c) Consiste em anotar nos atos anteriores, caso lançados em seu serviço ou em comunicar, com resumo do assento, ao oficial em cujo serviço estiverem os registros primitivos, em caráter obrigatório e de ofício pelo oficial registrador, no prazo de cinco (5) dias, sempre que algum registro ou averbação for lançado, dado que se tratam de providências essenciais para garantia da segurança jurídica e higidez do sistema.

d) Compreende anotações ou comunicações em assentos anteriores que devem ser lançadas até, no máximo, a correição anual ordinária ou extraordinária.

05. (IESES – Cartório – Remoção – TJ – RO/2017) A emancipação concedida por sentença judicial será anotada:

a) Às expensas do interessado.

b) Sempre de forma gratuita.

c) Custeada pelo Ministério Público.

d) Custeada pelo cartório que efetuar o registro de emancipação.

06. (IESES – Cartório – Remoção – TJ – RO/2017) Salvo as anotações e as averbações obrigatórias, os atos do registro NÃO serão praticados:

a) A pedido de líder religioso, em interesse de terceiros, sem poderes formais de representação.

b) Por ordem judicial.

c) A requerimento verbal ou escrito dos interessados.

d) A requerimento do Ministério Público, quando a lei autorizar.

07. (IESES – Cartório – TJ – PB/2014) Segundo a Lei dos Registros Públicos, salvo as anotações e as averbações obrigatórias, os atos do registro serão praticados:

I. A requerimento verbal ou escrito dos interessados.

II. A requerimento do delegado da polícia civil no curso do inquérito policial.

III. Por ordem judicial.

IV. A requerimento do ministério público, quando a lei autorizar.

A sequência correta é:

a) Apenas as assertivas I, III e IV estão corretas.

b) As assertivas I, II, III e IV estão corretas.

c) Apenas as assertivas II e IV estão corretas.

d) Apenas as assertivas II e III estão corretas.

GAB	1	B	2	B	3	D	4	C
	5	A	6	A	7	A		

Art. 14. Os oficiais do registro, pelos atos que praticarem em decorrência do disposto nesta Lei, terão direito, a título de remuneração, aos emolumentos fixados nos Regimentos de Custas do Distrito Federal, dos Estados e dos Territórios, os quais serão pagos pelo interessado que os requerer.

Parágrafo único. O valor correspondente às custas de escrituras, certidões, buscas, averbações, registros de qualquer natureza, emolumentos e despesas legais constará, obrigatoriamente, do próprio documento, independentemente da expedição do recibo, quando solicitado.

1. COMENTÁRIOS

Emolumentos são as taxas devidas pelos interessados aos notários e registradores, pelos atos que vierem a ser praticados no âmbito de suas serventias, dentro de sua competência legal, de acordo com os valores previstos para cada um deles, na conformidade das tabelas de emolumentos previstas em leis estaduais.

Modificado pela Lei n. 14.382/2022, o *caput* do art. 14, que estabelecia o dever de o usuário do serviço pagar os emolumentos no ato de requerimento ou da apresentação do título, ganhou nova redação. Agora, o momento do pagamento pode ser estipulado de acordo com regras específicas.

Os serviços notariais e de registro são **serviços públicos** exercidos em **caráter privado**, sendo remunerados pelos usuários mediante o pagamento dos respectivos **emolumentos.**

A **Lei 10.169/2000** regulamenta o parágrafo 2º do art. 236 da Constituição Federal, estabelecendo normas gerais para a fixação de emolumentos relativos aos atos praticados pelos serviços notariais e de registro.

Cabe aos **Estados e ao Distrito Federal,** já que não existem mais Territórios, estabelecer o valor dos emolumentos, **que deverá corresponder ao efetivo custo e à adequada e suficiente remuneração dos serviços prestados.**

Para a fixação do valor dos emolumentos, são considerados a natureza pública e o caráter social dos serviços notariais e de registro, sendo os valores constantes de tabelas e expressos em moeda corrente do país, atendidas ainda as seguintes regras:

I. Os valores dos emolumentos constarão de tabelas e serão expressos em moeda corrente do País;

II. Os atos comuns aos vários tipos de serviços notariais e de registro serão remunerados por emolumentos específicos, fixados para cada espécie de ato;

III. Os atos específicos de cada serviço serão classificados em:

a) atos relativos a situações jurídicas, sem conteúdo financeiro, cujos emolumentos atenderão às peculiaridades socioeconômicas de cada região;

b) atos relativos a situações jurídicas, com conteúdo financeiro, cujos emolumentos serão fixados mediante a observância de faixas que estabeleçam valores mínimos e máximos, nas quais enquadrar-se-á o valor constante do documento apresentado aos serviços notariais e de registro.

De uma forma breve, os emolumentos servem para o custeio material da serventia, o custeio do pessoal da serventia, a remuneração do oficial e e do tabelião, bem como compensar a responsabilidade civil.

A utilização dos emolumentos como **contraprestação por um serviço prestado**, além do alicerce constitucional, é claramente percebida pela sistemática da Lei 8.935/1994. Essa lei proíbe a imposição de novas despesas ao usuário em decorrência da realização das diligências necessárias ao preparo dos atos notariais, veda a cobrança de emolumentos aos reconhecidamente pobres pelas certidões de nascimento e de óbito, e impõe aos notários e oficiais do Registro o dever de observar os emolumentos fixados para a prática dos atos do seu ofício. A cobrança em excesso dos emolumentos pode gerar punição ao delegado do serviço, sem prejuízo da responsabilidade disciplinar, com multa nos limites previstos em lei, imposta de ofício ou a requerimento de qualquer interessado pelo Juiz Corregedor Permanente, além da restituição em valor alto estipulado por cada lei estadual, da importância cobrada em excesso.

Sandro Maciel Carvalho, no artigo "Os emolumentos e o equilíbrio econômico-financeiro", citando Emanuel Costa Santos, esclarece que os emolumentos podem ser **puros ou não puros**. No primeiro caso, as somas são **integralmente destinadas e pertencentes ao delegatário**, para o remunerarem e cobrirem os custos da sua profissão. No segundo, há **repasses obrigatórios**, ou seja, importâncias que não lhe pertencem, mas são por ele necessariamente recolhidas e transferidas a entes, órgãos, pessoas ou atividades diversas (*Direito Notarial e Registral avançado*. São Paulo: Revista dos Tribunais, 2014, p. 95).

No que tange aos repasses da taxa de fiscalização, vale enfatizar que o Superior Tribunal de Justiça entendeu que a sua falta configura ato de **improbidade administrativa**. Para maior aprofundamento, consulte o tópico "Jurisprudência Complementar".

O Supremo Tribunal Federal já decidiu reiteradas vezes que os emolumentos têm **natureza jurídica de taxa**, sujeitando-se, assim, aos princípios constitucionais tributários, sendo uma **espécie tributária**..

Relembrando o conceito de taxa, trata-se do tributo que tem como fato gerador o exercício regular do poder de polícia ou a utilização, efetiva ou potencial, de serviço público específico e divisível, prestado ao contribuinte.

A taxa é considerada um tributo vinculado, equivale dizer, existe aqui uma **contraprestação específica** por parte do Estado. Assim, o particular paga o tributo porque recebe algo. Dessa forma, o STF tem entendimento no sentido de que não é possível a destinação do produto da arrecadação, ou de parte deste, a instituições privadas, entidades de classe e Caixa de Assistência dos Advogados. Permiti-lo, importaria ofensa ao princípio da igualdade. Precedentes do STF. (ADI 1.145, Rel. Min. Carlos Velloso, julgamento em 3-10-2002, Plenário, DJ de 8-11-2002). Vide: MS 28.141, Rel. Min. Ricardo Lewandowski, julgamento em 10-2-2011, Plenário, DJE de 1º-7-2011; RE 233.843, Rel. Min. Joaquim Barbosa, julgamento em 1º-12-2009, Segunda Turma, DJE de 18-12-2009).

Uma vez mais, Sandro Maciel Carvalho defende a **natureza híbrida** dos emolumentos, a tributária e a remuneratória. **Tributária**, naquilo que corresponde ao custeio das expensas do serviço, e **remuneratória**, naquilo que diz respeito ao lucro. É dúplice, assim, a sua essência, o seu fim último. Bem assim prescreve o parágrafo único do art. 1º da Lei Federal 10.169/2000: "o valor fixado para os emolumentos deverá corresponder ao efetivo custo e à adequada e suficiente remuneração dos serviços prestados". E conclui: "importa registrar que a essência dúplice dos emolumentos diz respeito à parte **pura** dessas prestações. Já no que concerne aos **repasses obrigatórios,** parcelas emolumentares **não puras,** a sua **natureza jurídica** pode ensejar alguma **dúvida,** porque eles variam de uma unidade para outra. Apesar disso, pode-se asseverar que, salvas as importâncias destinadas à **manutenção e à fiscalização** da atividade notarial e registral (fiscalização essa que constitucionalmente compete apenas ao Poder Judiciário, como manifestação de seu poder de polícia), esses repasses não são taxas nem remuneração (*Direito Notarial e Registral avançado.* São Paulo: Revista dos Tribunais, 2014, p. 97-98).

A Lei 10.169/2000, em seu art. 8º, estabelece que os **Estados e o Distrito Federal** devem prever **formas de compensação** aos registradores civis das pessoas naturais pelos atos praticados gratuitamente em decorrência da lei federal. Vale lembrar também que o Provimento n. 81 da Corregedoria Nacional de Justiça do CNJ estabelece regras sobre a Renda Mínima do Registrador Civil de Pessoas Naturais.

Os emolumentos são tabelados por **lei** e devem ser **uniformes** dentro de um mesmo Estado. É ilegal a cobrança tanto a maior quanto a menor (art. 30, X, e art. 31, III da Lei 8.935/1994). Caso haja a cobrança em **excesso** cabe restituição à parte que arcou com o pagamento. Por outro lado, no tocante à cobrança **insuficiente**, é dever do Tabelião pagar o que faltou às entidades, pois deveria haver o repasse das parcelas dos emolumentos por ele cobrados a menor, o que não ocorreu.

As tabelas de emolumentos devem ser afixadas obrigatoriamente em cada unidade de serviço notarial e de registro, sendo publicadas pelos órgãos oficiais de cada unidade da Federação.

O parágrafo único deste artigo, prevê que "o valor correspondente às custas de escrituras, certidões, buscas, averbações, registros de qualquer natureza, emolumentos e despesas legais constará, obrigatoriamente, do próprio documento, independentemente da expedição do recibo, quando solicitado". No entanto, conforme o **art. 30, IX da Lei dos Notários e dos Registradores**, é **dever** dos notários e oficiais de registro dar recibo dos emolumentos percebidos **independentemente de solicitação.** Além disso, o valor dos emolumentos deverá constar do próprio ato praticado.

Por derradeiro, o Código Civil no **art. 206, § 1º, III**, estabelece que prescreve em **um ano** a pretensão dos **tabeliães**, auxiliares da justiça, serventuários judiciais, árbitros e peritos, pela percepção de emolumentos, custas e honorários. Claro que a expressão *tabeliães* foi utilizada de forma genérica, de modo que a referida regra sobre a prescrição também se estende aos **registradores.**

O tema "Emolumentos" será estudado de forma detalhada e aprofundada no capítulo referente à Lei n. 10.169/2000, onde foi feito um estudo globalizado de toda a legislação pertinente ao tema.

2. JURISPRUDÊNCIA COMPLEMENTAR

SUPREMO TRIBUNAL FEDERAL

EMENTA: DIREITO PROCESSUAL CIVIL. GRATUIDADE DE JUSTIÇA. EXTENSÃO A ATOS NOTARIAIS E DE REGISTRO. REQUERIMENTO QUE DEVE SER PROVIDENCIADO DIRETAMENTE PELA PARTE INTERESSADA. RECURSO PARCIALMENTE PROVIDO. I. A assistência judiciária gratuita contempla atos notariais e de registro indispensáveis ao desenvolvimento da relação processual. II. O juiz da causa não está adstrito à requisição direta de documento ou ato notarial ou de registro. III. Cabe à parte interessada, munida de certidão da serventia judicial, requerer ao serviço de notas ou de registro imobiliário o documento que reputa essencial à defesa dos seus interesses em Juízo. IV. Recurso conhecido e parcialmente provido." TJDF, (Acórdão n.858855, 20150020013680AGI, Relator: JAMES EDUARDO OLIVEIRA, 4ª Turma Cível, Data de Julgamento: 18/03/2015, Publicado no DJE: 10/04/2015. Pág.: 187)

EMENTA: Emolumentos. Serviços notariais e de registro. Art. 145, § 2º, da CF. Não há inconstitucionalidade quando a regra impugnada utiliza, pura e simplesmente, parâmetros que não provocam a identidade vedada pelo art. 145, § 2º, da CF. No caso, os valores são utilizados apenas como padrão para determinar o valor dos emolumentos. Ação direta de inconstitucionalidade julgada improcedente. (ADI 3.887, Rel. Min. Menezes Direito, julgamento em 15-10-2008, Plenário, *DJE* de 19-12-2008).

EMENTA: Lei Estadual 12.986/1996. Violação do art. 167, IV, da CF. Não ocorrência. Preceito de lei estadual que destina 5% [cinco por cento] dos emolumentos cobrados pelas serventias extrajudiciais e não oficializadas ao Fundo Estadual de Reaparelhamento e Modernização do Poder Judiciário – FUNDESP não ofende o disposto no art. 167, IV, da CF. Precedentes. A norma constitucional veda a vinculação da receita dos impostos, não existindo, na Constituição, preceito análogo pertinente às taxas. (RE 570.513-AgR, Rel. Min. Eros Grau, julgamento em 16-12-2008, Segunda Turma, *DJE* de 27-2-2009.)

EMENTA: As custas, a taxa judiciária e os emolumentos constituem espécie tributária, são taxas, segundo a jurisprudência iterativa do Supremo Tribunal Federal. (...) Impossibilidade da destinação do produto da arrecadação, ou de parte deste, a instituições privadas, entidades de classe e Caixa de Assistência dos Advogados. Permiti-lo, importaria ofensa ao princípio da igualdade. Precedentes do STF. (ADI 1.145, Rel. Min. Carlos Velloso, julgamento em 3-10-2002, Plenário, *DJ* de 8-11-2002). Vide: MS 28.141, Rel. Min. Ricardo Lewandowski, julgamento em 10-2-2011, Plenário, *DJE* de 1º-7-2011; RE 233.843, Rel. Min. Joaquim Barbosa, julgamento em 1º-12-2009, Segunda Turma, *DJE* de 18-12-2009).

EMENTA: A idoneidade em tese da disciplina de matéria tributária em medida provisória é firme na jurisprudência do Tribunal, de que decorre a validade de sua utilização para editar norma geral sobre fixação de emolumentos cartorários, que são taxas. Afirmada em decisão recente (ADI 1.800 MC) a validade em princípio da isenção de emolumentos relativos a determinados registros por lei federal fundada no art. 236, § 2º, da Constituição, com mais razão parece legítima a norma legal da União que, em relação a determinados protestos, não isenta, mas submete a um limite os respectivos emolumentos, mormente quando o consequente benefício às microempresas tem o respaldo do art. 170, IX, da Lei Fundamental. [ADI 1.790 MC, rel. min. Sepúlveda Pertence, j. 23-4-1999, P, *DJ* de 8-9-2000.]

SUPERIOR TRIBUNAL DE JUSTIÇA

EMENTA: ADMINISTRATIVO. IMPROBIDADE ADMINISTRATIVA. RECURSO ESPECIAL INTERPOSTO PELA RÉ. AÇÃO MOVIDA CONTRA TABELIÃ DE OFÍCIO DE NOTAS, POR ALEGADA AUSÊNCIA DE REPASSE, A TEMPO E MODO, DE QUANTIA REFERENTE À TAXA DE FISCALIZAÇÃO JUDICIÁRIA DEVIDA À FAZENDA ESTADUAL. PROCEDÊNCIA DO PEDIDO AUTORAL EM PRIMEIRA INSTÂNCIA E CONFIRMAÇÃO EM GRAU DE APELAÇÃO. DIVERGÊNCIA PRETORIANA INDEMONSTRADA. NOTÁRIOS E REGISTRADORES DE SERVENTIAS NÃO OFICIALIZADAS. SUBMISSÃO À LEI Nº 8.429/1992. SIMULTÂNEA CARACTERIZAÇÃO, NA ESPÉCIE, DAS CONDUTAS ÍMPROBAS DE ENRIQUECIMENTO ILÍCITO, DE DANO AO ERÁRIO E DE VIOLAÇÃO A PRINCÍPIOS DA ADMINISTRAÇÃO PÚBLICA. FUNDAMENTO DO ACÓRDÃO NÃO IMPUGNADO NO RECURSO ESPECIAL, O QUE ATRAI A SÚMULA 283/STF. INDEPENDÊNCIA DAS ESFERAS CÍVEL, PENAL E ADMINISTRATIVA. DOSIMETRIA.

PROPORCIONALIDADE E RAZOABILIDADE. MANUTENÇÃO DAS SANÇÕES IMPOSTAS EM PRIMEIRA INSTÂNCIA E CONFIRMADAS EM APELAÇÃO. RECURSO DESPROVIDO.

1. O dissídio jurisprudencial não foi comprovado na forma exigida pelos arts. 541, parágrafo único, do CPC e 255, §§ 1º e 2º, do RISTJ, pois o paradigma colacionado refere-se a julgado que não guarda similitude fática com o tema em exame.

2. Consoante a jurisprudência do STJ e a doutrina pátria, notários e registradores estão abrangidos no amplo conceito de "agentes públicos", na categoria dos "particulares em colaboração com a Administração".

3. A Lei nº 8.935/1994 (Lei dos Cartórios), que regulamentou o art. 236 da CF, dentre outros aspectos, reforça a indispensabilidade da habilitação em concurso público de provas e títulos para o ingresso na atividade (art. 14, I); assenta a incompatibilidade das funções notariais e de registro com a advocacia, a intermediação de seus serviços e o exercício de qualquer cargo, emprego ou função públicos, ainda que em comissão (art. 25); bem como dispõe que a perda da delegação dependerá de sentença judicial transitada em julgado ou de decisão decorrente de processo administrativo instaurado pelo juízo competente, assegurado amplo direito de defesa (art. 35, I e II).

4. A partir do art. 236 da CF e de sua regulamentação pela Lei nº 8.935/1994, a jurisprudência pátria tem consignado a legalidade da ampla fiscalização e controle das atividades cartoriais pelo Poder Judiciário (RMS 23.945/PB, Rel. Ministro Herman Benjamin, Segunda Turma, julgado em 20/8/2009, DJe 27/8/2009), bem como a natureza pública dessas atividades, apesar de exercidas em caráter privado, por delegação do Poder Público (ADI 1.378-MC, Rel. Ministro Celso de Mello, Tribunal Pleno, julgada em 30/11/1995; ADI 3.151, Rel. Ministro Ayres Britto, Tribunal Pleno, julgada em 8/6/2005).

5. Ainda na esteira da jurisprudência pátria, os emolumentos percebidos pelos serviços notariais e registrais se qualificam como tributos, na modalidade de taxas remuneratórias de serviços públicos (ADI 2.129-MC, Rel. Ministro Eros Grau, Tribunal Pleno, julgada em 10/5/2000; ADI 1378-MC, Rel. Ministro Celso de Mello, Tribunal Pleno, julgada em 30/11/1995; REsp 1.181.417/SC, Rel. Ministro Humberto Martins, Segunda Turma, julgado em 19/8/2010, DJe 3/9/2010).

6. Os aspectos acima elencados revelam-se suficientes a justificar a inclusão dos notários e registradores, como "agentes públicos" que são, no campo de incidência da Lei nº 8.429/1992.

7. Consoante desponta do arcabouço fático delineado no acórdão, sobre o qual não há controvérsia, restou claramente demonstrado que a "a ré, na qualidade de Tabeliã, indevidamente, deixou de recolher os valores referentes à Taxa de Fiscalização Judiciária, devidos à Fazenda Pública Estadual, descumprindo o preceito contido no artigo 8º, § 3º, da Lei Estadual 12.727/97, com redação dada pela Lei nº 13.438/99". Esse proceder, que resultou na apropriação indevida de R$ 926.429,71, configurou, a um só tempo, "violação dos deveres de moralidade e legalidade, bem como [...] lesão ao erário e [...] enriquecimento ilícito". Entendimento que não merece reparos.

8. Demais disso, o recurso especial não impugnou fundamento que ampara o acórdão recorrido, qual seja, o de que a conduta da insurgente implicou violação aos deveres de moralidade e legalidade, o que deu ensejo à sua condenação com base no art. 11 da LIA. Súmula 283/STF.

9. O Superior Tribunal de Justiça firmou a compreensão de que as esferas cível, administrativa e penal são independentes, com exceção dos casos de absolvição, no processo criminal, por afirmada inexistência do fato ou inocorrência de autoria.

10. As razões do recurso especial não lograram demonstrar que, na espécie, as sanções aplicadas, no patamar mínimo estabelecido no art. 12, I, da Lei nº 8.429/1992, devessem ser decotadas porque desproporcionais ou irrazoáveis.

11. Recurso especial desprovido, mantidas as reprimendas já fixadas na sentença e confirmadas em apelação. (REsp 1186787/MG, Rel. Ministro SÉRGIO KUKINA, PRIMEIRA TURMA, julgado em 24/04/2014, DJe 05/05/2014)

EMENTA: PROCESSUAL CIVIL E ADMINISTRATIVO. RECURSO ESPECIAL. INEXISTÊNCIA DE VIOLAÇÃO DO ART. 535 DO CPC. TRANSCRIÇÃO DA SENTENÇA NO OFÍCIO DE REGISTRO DE IMÓVEIS. ISENÇÃO DE EMOLUMENTOS. DECRETO – LEI nº 1.537/77. EXTENSÃO DA PRERROGATIVA ÀS AUTARQUIAS. 1. Não ocorre ofensa ao art. 535 do CPC, se o Tribunal de origem decide, fundamentadamente, as questões essenciais ao julgamento da lide. 2. O art. 1º do Decreto – Lei nº 1.537/77 isenta a União do pagamento de custas e emolumentos aos Ofícios e Cartórios de Registro de Imóveis, com relação às transcrições, inscrições, averbações e fornecimento de certidões relativas a quaisquer imóveis de sua propriedade ou de seu interesse, ou que por ela venham a ser adquiridos. 3. Na transcrição do título de propriedade representado por sentença proferida em ação de desapropriação no ofício de registro de imóveis competente, o DNOCS é isento do pagamento de emolumentos, sobretudo prevendo o art. 31 da Lei nº 4.229/63 que *"ao Departamento serão extensivos a imunidade tributária, impenhorabilidade de bens, rendas ou serviços e os privilégios de que goza a Fazenda Pública, inclusive o uso de ações especiais, prazo de prescrição e regime de custas correndo os processos de seu interesse perante o Juiz de Feitos da Fazenda Pública, sob o patrocínio dos procuradores da autarquia"*. 4. Recurso especial provido. (STJ – REsp nº 1.334.830 – Ceará – 2ª Turma – Rel. Min. Eliana Calmon – DJ 09.10.2013)

EMENTA: PROCESSUAL CIVIL – AGRAVO EM RECURSO ESPECIAL – EXECUÇÃO FISCAL – OBRIGATORIEDADE DE CARTÓRIO DE REGISTRO DE IMÓVEIS EMITIR CERTIDÃO GRATUITAMENTE À FAZENDA MUNICIPAL – NÃO IMPUGNAÇÃO DOS FUNDAMENTOS ADOTADOS NA INSTÂNCIA DE ORIGEM – SÚMULA 283/STF. (STJ – AREsp nº 384.159 – Minas Gerais – 2ª Turma – Rel. Min. Eliana Calmon – DJ 03.09.2013)

EMENTA: DIREITO PROCESSUAL CIVIL – CUSTAS E EMOLUMENTOS – FAZENDA PÚBLICA – ART. 39 DA LEI Nº 6.830/80 – CONDENAÇÃO – SERVENTIA NÃO OFICIALIZADA. (STJ – AREsp nº 277.206 – Espírito Santo – 2ª Turma – Rel. Des. Eliana Calmon – DJ 08.08.2013)

TRIBUNAL REGIONAL DO TRABALHO 1ª REGIÃO

EMENTA: MANDADO DE SEGURANÇA – RETENÇÃO (11%) DA CONTRIBUIÇÃO PREVIDENCIÁRIA – EMOLUMENTOS (PRESTAÇÃO DE SERVIÇOS CARTORÁRIOS).

1 – O ato do gestor do serviço cartório de condicionar a prestação de sua atividade ao pagamento dos emolumentos sem retenção, pelo usuário, da contribuição previdenciária (11%) é, consoante a CF/88 (art. 5º, LXIX), passível de combate pela via do mandamus.

2 – A legislação de regência (art. 40 da Lei nº 9.935/1994, c/c art. 9º, V, e VI, do Decreto nº 3.048/99) alça notários, oficiais de registro, escreventes e auxiliares de cartórios à condição de segurados obrigatórios. (contribuintes individuais), e o art. 4º da Lei nº 10.666/2003 obriga as empresas a que prestados os serviços a reter do pagamento a contribuição (11%). 3 – O tema emolumentos segue diretriz da Corregedoria do respectivo TJ (a Portaria TJMG nº 639/CGJ/2008, aliás, afirma não lhe caber definir ou redefinir elementos da estrutura tributária e tributos), não estando autorizado, pois, que oficiala interprete a questão, definindo o que sejam emolumentos integrais, tanto menos pretendendo que tal expressão signifique valor líquido, livre de tributos. 4 – Precedente (*mutatis mutandis*.): STJ, RMS nº 23.945/PB. 5 – Remessa oficial não provida. [TRF 1ª Reg. REO 200838030048310, JUIZ FEDERAL RAFAEL PAULO SOARES PINTO (CONV.), e-DJF1, 15/01/2010, p. 169]

TRIBUNAL DE JUSTIÇA DO ESTADO DE SÃO PAULO

EMENTA: Improbidade Administrativa – Oficial titular e substituto de Cartório de Registro de Imóveis – Apropriação de recursos públicos a títulos de emolumentos – Enriquecimento ilícito – Condenação na esfera penal por peculato e perda da delegação em processo administrativo – Preliminares afastadas – Dolo caracterizado – Ausência de comprovação de que o corréu Flávio não teve responsabilidade pelos fatos – Sentença mantida – Recurso desprovido, com observação de modo a evitar duplicidade do ressarcimento. (TJSP – Apelação Cível nº 1000193-19.2019.8.26.0297 – Jales – 2ª Câmara de Direito Público – Rel. Des. Luciana Almeida Prado Bresciani – DJ 23.06.2021)

EMENTA: APELAÇÃO – ITBI – Isenção – Imóvel adquirido por meio do programa oficial de habitação do Governo Federal denominado MINHA CASA, MINHA VIDA – Área privativa inferior ao limite de $70m^2$

-- Parte autora que faz jus à isenção de ITBI nos termos do art. 3º, da Lei Municipal n. 13.711/09. Interpretação teleológica na qual se deve entender que essa metragem se refere à área construída e não ao terreno onde se encontra a construção – Precedentes do TJSP. RECURSO PROVIDO. (TJSP – Apelação Cível nº 1003275-66.2015.8.26.0566 – São Carlos – 15ª Câmara de Direito Público – Rel. Des. Fortes Muniz – DJ 01.08.2016)

EMENTA: MANDADO DE SEGURANÇA – ALVARÁ JUDICIAL – BENEFÍCIO DA ASSISTÊNCIA JUDICIÁRIA GRATUITA – CUSTAS E EMOLUMENTOS EXTRAJUDICIAIS – Liminar indeferida – Necessidade de conferir provimento favorável a titular de direito verossímil, sem que a demora da duração do processo atue em seu desfavor – Possibilidade de expedição de ofício ao tabelionato para comunicação da concessão dos benefícios da assistência judiciária gratuita, que abrange taxas e emolumentos extrajudiciais necessárias a prática de ato a garantir a efetividade de provimento judicia – Art. 3º, II, da Lei 1060/50 – Precedentes Jurisprudenciais – Concessão da liminar nesse ponto – OUTORGA DA ESCRITURA – Indispensabilidade da presença do inventariante no ato – Alvará que autoriza o inventariante a outorgar a escritura, mas não supre sua presença – Pretensão afastada – Recurso parcialmente provido. (TJSP – Agravo de Instrumento nº 2020548-56.2016.8.26.0000 – São Paulo – 6ª Câmara de Direito Privado – Rel. Des. Percival Nogueira – DJ 13.04.2016)

EMENTA: Prestação de serviços notariais – Lavratura de escritura pública – Ação de cobrança de emolumentos – Tabelião investido de função pública por delegação – Natureza tributária da cobrança – Matéria que se insere na competência de uma das Colendas Câmaras de Direito Público do TJSP – Redistribuição – Necessidade. Recurso não conhecido. (TJSP – Apelação Cível nº 0002512-81.2008.8.26.0484 – Promissão – 30ª Câmara de Direito Privado – Rel. Des. Marcos Ramos – DJ 18.06.2013)

EMENTA: REPETIÇÃO DE INDÉBITO CUMULADA COM DANOS MORAIS – Tabelião – Recolhimento de custas e emolumentos referentes à averbação de construção – Autora que fazia jus à redução prevista na Lei nº 11.977/2009, eis que era beneficiária de financiamento residencial pelo Programa Minha Casa Minha Vida – Cabimento – Inexistência de danos morais – Mero aborrecimento ou dissabor, tendo em vista as circunstâncias do caso concreto – Sentença de procedência parcial confirmada por seus próprios e jurídicos fundamentos. Recursos desprovidos. (TJSP – Apelação Cível nº 0005349-05.2011.8.26.0032 – Araçatuba – 11ª Câmara de Direito Público – Rel. Des. Oscild de Lima Júnior – DJ 10.06.2013)

TRIBUNAL DE JUSTIÇA DO ESTADO DE MINAS GERAIS

EMENTA: AÇÃO DE OBRIGAÇÃO DE FAZER. SENTENÇAS PROFERIDAS EM AÇÃO DE USUCAPIÃO. NEGATIVA DO TITULAR DO CARTÓRIO DE IMÓVEIS EM PROCEDER AO REGISTRO. ILEGITIMIDADE PASSIVA DO OFICIAL. REJEIÇÃO. APLICAÇÃO DO ARTIGO 515, § 3º DO CPC. JUSTIÇA GRATUITA. EXTENSÃO DO BENEFÍCIO AOS ATOS EXTRAJUDICIAIS. EMOLUMENTOS CARTORÁRIOS ABRANGIDOS. PROCEDÊNCIA DO PEDIDO. RECURSO PROVIDO. a) O procedimento previsto no art. 198 da Lei nº 6.015/73 é apenas um dos caminhos legais para se submeter à apreciação judicial a exigência formulada pelo Oficial de Registro, admitindo-se a utilização de outros meios ou ações judiciais para dirimirem conflitos existentes nesta seara, pois nada obsta a que o interessado provoque o pronunciamento do Poder Judiciário por outra via. b) O Oficial da Serventia, por ser o responsável pelo registro e sua negativa deve figurar no pólo passivo do feito. c) A assistência judiciária abrange todos os atos judiciais e extrajudiciais necessários à realização das decisões, aí incluídos as despesas das taxas judiciárias, custas e emolumentos cartorários, consoante expressamente autoriza o art. 3º da Lei 1060/50. d) Apelação a que se dá provimento. [TJMG – Ap. Civ. nº 1.0534.09.018519-8/001 Des. SEBASTIÃO PEREIRA DE SOUZA, Publicação 22/11/2011

3. QUESTÕES DE CONCURSOS

Nota da autora: a **Lei 10.169/2000** regulamenta o parágrafo 2º do art. 236 da Constituição Federal, mediante o estabelecimento de normas gerais para a fixação de emolumentos relativos aos atos praticados pelos serviços notariais e de registro. Cabe aos **Estados e ao Distrito Federal,** já que não existem mais Territórios, estabelecer o valor dos emolumentos, **que deverá corresponder ao efetivo custo e à adequada e suficiente remuneração dos serviços prestados**. Assim, note-se que muitas questões exigem do candidato o conhecimento da legislação estadual sobre emolumentos.

01. (Cespe – Notário-ES/2013) Com relação aos notários e registradores, assinale a opção correta, com base no Código de Normas da CGJ/ES.

a) É vedado aos notários e registradores exercer suas funções, caso elas envolvam interesses de primos deles.
b) A oferta de serviços especiais das serventias nas páginas da Internet independe de autorização da corregedoria.
c) É direito do notário perceber metade dos emolumentos pelos atos praticados na serventia, pertencendo a outra parte ao TJ/ES.
d) O notário não pode suscitar dúvida diretamente à corregedoria sem antes suscitá-la perante o juiz competente.
e) A divulgação de qualquer informação de cunho comercial das serventias, em suas páginas da Internet, depende de prévia autorização da corregedoria.

02. (Cespe – Notário-ES/2013) O pagamento regular, em cartório, de título apresentado para protesto pressupõe a inclusão, no valor pago, além do valor original do título,

a) da correspondente correção monetária apenas, caso prevista, visto que as despesas e os emolumentos devem ser pagos pelo credor.
b) da correspondente correção monetária, e, ainda, dos emolumentos e das despesas cartorárias.
c) dos emolumentos e das despesas cartorárias.
d) da correspondente correção monetária, caso prevista, e dos emolumentos.
e) da correspondente correção monetária, caso prevista, e das despesas cartorárias.

03. (Vunesp – Cartório – TJ – SP/2014) Para fins da lavratura de escritura pública, considerando a Lei Estadual nº 11.331/2002, é correto afirmar que:

a) imóveis financiados por entidade financeira terão os emolumentos calculados pela tabela de escritura com valor declarado, aplicando-se redução de 30% (trinta por cento).
b) aplicam-se as regras de cobrança para escrituras de imóveis financiados por entidade financeira exclusivamente para aquisição de imóveis comerciais.
c) imóveis financiados por entidade financeira terão como base de cálculo dos emolumentos, em caso de prédio acabado, o valor total do prédio.
d) nas escrituras de imóveis financiados por entidade financeira, quando o caso tratar de terreno com financiamento de prédio a ser construído, a base de cálculo será exclusivamente o valor do terreno.

04. (Cespe – Cartório – ES/2013) De acordo com a Lei nº 10.169/2000, para a fixação de emolumentos a serem cobrados pela prática de atos específicos de cada serviço, relativos a situações jurídicas sem conteúdo financeiro, deverá ser levada em consideração a

a) situação socioeconômica da região.
b) despesa que o cartório terá ao praticar o ato.
c) quantidade de atos praticados para o serviço anualmente no estado.
d) quantidade de atos praticados para o serviço anualmente em cada município.
e) situação demográfica da região.

05. (Cespe – Cartório-PI/2013) Considerando que determinada pessoa tenha apresentado, perante o juiz competente, reclamação a respeito da cobrança indevida de custas e emolumentos do serviço notarial e de registro, assinale a opção correta.

a) Aplicada a pena de multa pelo juiz, o delegado do serviço terá cinco dias para efetuar seu recolhimento, sob pena de perda da delegação.

b) O juiz somente poderá aplicar multa ao delegado do serviço se ele tiver recebido dolosamente as custas e os emolumentos indevidos.

c) Seja em caso de dolo, seja em caso de culpa, o delegado do serviço notarial que tiver recebido indevidamente custas e emolumentos deverá ser punido com multa, independentemente da responsabilidade disciplinar.

d) A reclamação deve ser recebida mesmo que tenha sido apresentada verbalmente.

e) A decisão proferida pelo juiz após a oitiva do reclamado será irrecorrível.

06. (Cespe – Cartório-PI/2013) Os emolumentos extrajudiciais de serviços notariais e de registro público podem ser criados ou alterados, a qualquer tempo, pelos tribunais de justiça. Acerca desse assunto, assinale a opção correta.

a) Incidem imposto sobre operações relativas à circulação de mercadorias e prestação de serviço de transporte interestadual e intermunicipal e de comunicação e contribuições parafiscais nos serviços notariais prestados e cobrados aos cidadãos.

b) As custas e os emolumentos extrajudiciais têm natureza tributária de taxas cobradas em razão do poder de polícia.

c) Os emolumentos extrajudiciais podem ser criados pelos tribunais de justiça por provimentos gerais, independentemente da existência de lei que assim os defina.

d) Para a criação e cobrança de emolumentos extrajudiciais, é necessário observar os princípios da anterioridade e da reserva legal.

e) A corregedoria dos tribunais tem a função de fiscalizar os serviços notariais e pode, por provimento, determinar e atualizar os valores dos serviços, independentemente de lei.

07. (Cespe – Cartório-PI/2013) À luz da Lei nº 10.169/2000, que estabelece normas gerais para a fixação de emolumentos relativos aos atos praticados pelos serviços notariais e de registro, assinale a opção correta.

a) Se, por mera hipótese, uma norma válida, publicada em 5 de janeiro de 2012, tivesse estabelecido nova tabela para elevar os valores dos emolumentos, os cartórios somente poderiam cobrar os novos valores a partir de 2013.

b) O STJ possui firme entendimento de que a fazenda pública é isenta do pagamento de emolumentos cartorários.

c) Os notários e registradores devem entregar recibo aos usuários dos serviços prestados, ou indicarem os respectivos valores dos emolumentos pagos, em conformidade com a tabela vigente ao tempo da prática do ato.

d) Segundo o STF, os emolumentos possuem a natureza jurídica de tarifa.

e) O STF já decidiu que tanto a simples correção monetária dos valores anteriormente fixados a título de emolumentos, quanto o aumento das custas extrajudiciais, podem resultar de resolução do respectivo tribunal de justiça.

08. (FMP – Cartório – TJ – MT/2014) Acerca dos emolumentos relativos aos serviços notarias e de registro, assinale a afirmativa correta.

a) De acordo com a Constituição Federal, a lei estadual estabelecerá as normas gerais para fixação de emolumentos relativos aos atos praticados pelos serviços notariais e de registro, bem como o valor dos respectivos emolumentos.

b) O valor fixado para os emolumentos deverá corresponder ao efetivo custo e à adequada e suficiente remuneração dos serviços prestados.

c) Os notários e os registradores darão recibo dos emolumentos percebidos, sem prejuízo da indicação facultativa dos respectivos valores à margem do documento entregue ao interessado.

d) Para a fixação do valor dos emolumentos, a lei levará em conta a natureza privada e o caráter social dos serviços notariais e de registro e, nos atos com conteúdo financeiro, as peculiaridades socioeconômicas de cada região.

e) Os valores dos emolumentos constarão de tabelas e serão expressos em moeda corrente do País; os atos específicos dos vários tipos de serviços notariais e de registro serão remunerados por emolumentos comuns, fixados de modo uniforme.

09. (Cespe – Cartório – TJ-DFT/2014) Assinale a opção correta a respeito dos emolumentos pelos atos de notários e registradores.

a) Serão reduzidos pela metade os valores dos emolumentos relativos à renovação de atos ou às escrituras de rerratificação, em decorrência de erros atribuíveis à serventia, sejam materiais, sejam resultantes de exigência legal.

b) Os atos que, praticados pela serventia, não constem da tabela de emolumentos devem ser cobrados com base em preços compatíveis com seu efetivo custo e na suficiente remuneração dos serviços prestados.

c) A lei estadual ou distrital poderá fixar emolumentos em percentual incidente sobre o valor do negócio jurídico objeto dos serviços notariais e de registro.

d) Segundo entendimento do STJ, é indevida a cobrança de emolumentos indispensáveis ao cumprimento de decisão proferida em processo judicial no qual se tenha concedido à parte o benefício da gratuidade de justiça.

e) Os atos gratuitos praticados pelos notários e registradores serão compensados conforme lei criada no âmbito de competência dos estados e do DF.

10. (Consulplan – Cartório – MG – Provimento/2016) A Lei nº. 15.424, de 30 de dezembro de 2004, que dispõe sobre a fixação, a contagem, a cobrança e o pagamento de emolumentos relativos aos atos praticados pelos serviços notariais e de registro, e o recolhimento da Taxa de Fiscalização Judiciária e a compensação dos atos sujeitos à gratuidade estabelecida em lei federal e dá outras providências, prevê, no § 1º do art. 2º, o anexo no qual são fixados os seus valores.

Com base no anexo constante da Tabela de Emolumentos, é correto afirmar:

a) A Tabela 5 é destinada aos Tabeliães de Notas.

b) A Tabela 1 é destinada aos atos do Tabelião de Notas, especialmente o item 6, que trata sobre Cartas de Notificação.

c) A Tabela 5 é destinada aos atos do Oficial de Registro de Títulos e Documentos e no item 7, letra "a" refere-se ao registro ou averbação de contrato de alienação fiduciária, leasing ou reserva de domínio sobre o valor financiado.

d) A Tabela 5 é destinada aos atos do Oficial de Registro de Títulos e Documentos e no item 7, letra "a" refere-se ao registro completo, incluindo anotações e remissões, com conteúdo financeiro de título ou documento, trasladação na íntegra ou por extrato.

GAB	1	D	2	B	3	C	4	A	5	B
	6	D	7	A	8	B	9	D	10	C

Art. 15. Quando o interessado no registro for o oficial encarregado de fazê-lo ou algum parente seu, em grau que determine impedimento, o ato incumbe ao substituto legal do oficial.

1. COMENTÁRIOS

São parentes em **linha reta** as pessoas que estão umas para com as outras na relação de ascendentes e descendentes (art. 1.591, CC). São parentes em **linha colateral** ou transversal, até o quarto grau, as pessoas provenientes de um só tronco, sem descenderem uma da outra (art. 1.592, CC).

Observa-se neste dispositivo que a lei não impõe que qualquer ato de interesse do oficial seja praticado em outra serventia. Apenas veda a atuação **pessoal** no serviço da qual é delegado, posto que **inexiste fé pública** no ato que o notário ou registrador pratique em seu próprio benefício. Logo, essa limitação diz respeito **exclusivamente ao oficial**, não alcançando o seu substituto,escreventes e auxiliares.

Sobre o tema, vale trazer os ensinamentos de Ricardo Dip:

> "A ideia de «interesse» corresponde às de vantagem, benefício, proveito, importância. Não se trata, porém, de qualquer vantagem, benefício, etc., mas de um interesse –ou proveito, importância– de caráter **particular** (incluindo o benefício de parente).
>
> A questão não é simples, mas de logo pode afirmar-se que o interesse a que se refere o dispositivo desse art. 15 não é o próprio do ofício do registrador –p.ex., o proveito na recepção de emolumentos, a honra de praticar algum registro, etc. (não é de todo estranho o fato dessa honraria: houve até quem tratasse de divulgar amplamente a primazia de registrar-se usucapião –declarado em processo extrajudicial).
>
> Emerge principalmente a hipótese de um interesse pessoal (ou familiar) de caráter econômico, mas pode ocorrer outra espécie de interesse (pense-se na hipótese de ter o registrador uma grave animosidade contra o usuário –isso, embora, constitua motivo de suspeição e não de impedimento no processo judicial-civil (cf. inc. I do art. 145 do Código de processo civil em vigor)".

Walter Ceneviva observa que "a lei não faz referência expressa a registro de interesse do cônjuge do serventuário. Todavia, existe o impedimento, pois o interesse do oficial se confunde com o do cônjuge, independentemente do regime de bens, e o companheiro ou companheira, em face da união estável." (*Lei dos Registros Públicos Comentada*. 20 ed. Saraiva, 2010, p. 87).

É imperioso que este dispositivo seja lido em consonância com os **artigos 27** e o **parágrafo 5º do art. 20 da Lei dos Notários e dos Registradores (Lei 8.935/1994)**. Reza o art. 27 que no serviço de que é titular, o notário e o registrador não poderão praticar, pessoalmente, qualquer ato de seu interesse, ou de interesse de seu cônjuge ou de parentes, na linha reta, ou na colateral, consanguíneos ou afins, até o **terceiro grau**.

Uma vez mais, oportuno trazer a interpretação de Ricardo Dip agora sobre o art. 27 da Lei dos Notários e Registradores, conforme segue:

> "O art. 27 da Lei 8.935/1994 não esclarece qual é esse interesse impediente.
>
> Não parece demasia considerar parte das hipóteses previstas, no Código de processo civil, quanto ao impedimento dos magistrados. Assim, quando
>
> (*i*) o registrador for sócio ou membro de direção ou de administração da pessoa jurídica que pleiteie o registro;
>
> (*ii*) for ele herdeiro presuntivo, donatário ou empregador do usuário;
>
> (*iii*) o ato seja postulado por instituição de ensino com a qual o registrador tenha relação de emprego ou resultante de contrato de prestação de serviços;
>
> (*iv*) o rogante seja cliente do escritório de advocacia de cônjuge do registrador, ou de companheiro ou parente dele, consanguíneo ou afim, em linha reta ou colateral, até o terceiro grau, inclusive;
>
> (*v*) o registrador promova ação judicial contra o pleiteante do ato (cf. incs. V a IX do art. 144 do Código de processo civil).
>
> Questão não isenta de controversa é a relativa à hipótese de o registro ser do interesse de corregedor do oficial. Parece indicar-se o impedimento do registrador.
>
> Em toda essa matéria, no entanto, reclama-se particular temperamento. Nem consciência laxa –para a qual nunca há motivo de impedimento–, nem consciência escrupulosa, em que tudo se vê sob a óptica de algum possível conflito de interesses, ou seja, em que sem razões bastantes, hospeda-se o registrador em motivos fúteis para apartar-se da ação".

Da análise do art. 27 da Lei dos Notários e Registradores, extrai-se que o impedimento existe no parentesco até o **terceiro grau**. Deve-se estender a noção de cônjuge à ideia de companheiro.

Reconhecido o impedimento, a prática do ato incumbirá ao substituto legal do registrador. É que o parágrafo 5º do art. 20, estabelece que, dentre os substitutos, um deles será designado pelo notário ou oficial de registro para responder pelo respectivo serviço nas ausências e nos impedimentos do titular.

Esse impedimento justifica-se para evitar conflitos de interesses e, consequentemente, preservar a higidez vital para os registros, além de ressaltar a **moralidade administrativa**. Afinal, um ato público confeccionado diretamente por alguém que possivelmente teria interesse nele obviamente lesiona essa moralidade.

Também pode ocorrer, em algumas situações, que **tanto o oficial quanto seus prepostos estejam impedidos de praticar o registro**. Nesse caso, caberá ao corregedor, atendendo a requerimento do registrador, designar um oficial *ad hoc* para a realização do ato.

Ao corregedor competirá ainda apreciar e decidir, de ofício ou a requerimento de algum interessado, tanto a presença quanto a ausência de conflito de interesses entre o usuário e o registrador.

Da decisão do corregedor, que possui caráter administrativo, caberá recurso. Ricardo Dip defende que é possível ajuizar uma demanda judicial de natureza contenciosa de forma autônoma, como, por exemplo, um mandado de segurança.

2. QUESTÕES DE CONCURSOS

01. (VUNESP - 2023 - TJ-AL - Titular de Serviços de Notas e de Registros – Provimento) De acordo com as Leis nºs 6.015/1973 e 8.935/1994, no serviço de que é titular, o Oficial Registrador não poderá praticar, pessoalmente, atos nas seguintes hipóteses:

a) Quando o ato for de seu interesse, de seu cônjuge ou de parentes, na linha reta, ou na colateral, consanguíneos ou afins, até o quarto grau.

b) Quando o ato for de seu interesse, ou de interesse de seu cônjuge ou de parentes, na linha reta, ou na colateral, consanguíneos ou afins, até o terceiro grau.

c) Quando o oficial se declarar suspeito, devendo declarar seu impedimento por ato de averbação lançado à margem do protocolo.

d) Nos casos em que o oficial em algum momento tenha sido proprietário do imóvel.

02. (EJEF – Tabelionato e Registro-MG/2007) O tabelião, em seu próprio Tabelionato, poderá promover a lavratura de atos de interesse de seu cônjuge ou de parentes, na linha reta ou na colateral, consanguíneos ou afins, até o terceiro grau, desde que:

a) ele exija representação dessas pessoas, por procuração pública.

b) os atos notariais sejam firmados por seu substituto legal.

c) ela seja precedida de autorização judicial expressa.

d) os atos notariais sejam subscritos por colega tabelião da mesma cidade.

03. (IESES – Notário-MA/2008) Assinale a alternativa INCORRETA de acordo com a Lei nº 6.015/73:

a) Quando o interessado no registro for o oficial encarregado de fazê-lo ou algum parente seu, em grau que determine impedimento, o ato incumbe ao substituto legal do oficial.

b) Salvo as anotações e as averbações obrigatórias, os atos do registro serão praticados: (i) por ordem judicial; (ii) a requerimento verbal ou escrito dos interessados; (iii) a requerimento do Ministério Público, quando a lei autorizar.

c) Será anulável o registro lavrado fora das horas regulamentares ou em dias em que não houver expediente, sendo civil e criminalmente responsável o oficial que der causa à anulabilidade.

d) Todos os títulos, apresentados no horário regulamentar e que não forem registrados até a hora do encerramento do serviço, aguardarão o dia seguinte, no qual serão registrados, preferencialmente, aos apresentados nesse dia. O registro civil de pessoas naturais não poderá, entretanto, ser adiado.

GAB	1	B	2	B	3	C

CAPÍTULO IV – DA PUBLICIDADE

1. COMENTÁRIOS

Para informações detalhadas sobre a parte geral do tema "Publicidade", remeto o leitor aos comentários do art. 1º desta Lei em questão.

Art. 16. Os oficiais e os encarregados das repartições em que se façam os registros são obrigados:

§ 1º a lavrar certidão do que lhes for requerido;

§ 2º a fornecer às partes as informações solicitadas.

1. COMENTÁRIOS

O dispositivo em questão trata do **dever** dos oficiais de fornecer certidões, assegurando a publicidade do conteúdo dos registros.

Walter Ceneviva adverte que a cabeça do art. 16 estabelece distinção entre *oficial e encarregado de repartição,* conforme seja titular de serventia não oficializada ou oficializada. Nos passos seguintes a lei cuida apenas de *oficial.* Teria andado bem se assim houvesse preferido desde o começo. No art. 17, porém, cria nova alternativa entre *oficial e funcionário.* O legislador, sob esse aspecto, não teve o menor cuidado, cabendo ao intérprete superar as deficiências do texto. Os serviços notariais e de registro são considerados serviços públicos, e sendo assim, uma de suas atividades típicas consiste na expedição de certidões. Com a edição da LNR, estes últimos passaram a ser designados oficiais de registro, delegados ou simplesmente registradores. O art. 236 da CF, ao definir seu exercício em caráter privado, excluiu do grupo os *encarregados de repartição,* mencionados no art. 16, submetidos ao regime único do serviço público (Op. cit., p. 40).

Certidão é o **instrumento público** expedido em razão do ofício e que contenha, alternativamente:

a) a cópia integral e fiel do teor de escrito existente em livro ou arquivo da serventia;
b) o resumo de ato praticado ou de documento arquivado na serventia;
c) o relato da realização de atos, conforme quesitos;
d) a negativa da existência de atos.

Quanto à **natureza jurídica da certidão**, trata-se de **ato administrativo enunciativo**, equivale dizer, são todos aqueles em que a Administração se limita a certificar ou a atestar um fato, ou emitir uma opinião sobre determinado assunto, constantes de registros, processos e arquivos públicos, sendo sempre, por isso, vinculados quanto ao motivo e ao conteúdo. Exemplos de atos enunciativos incluem certidões, atestados e pareceres.

A **finalidade** das certidões é permitir o **conhecimento do teor dos registros**, garantindo a **publicidade** no sistema registral brasileiro. Assim, a publicidade nos registros públicos é exercida por meio de **certidão**, pois **é vedada a publicidade na forma de exibição dos livros de registro.**

A certidão prevista no art. 16 da Lei n. 6.015/1973, expedida pelos registros públicos, é **documento extraprotocolar, secundário** e **acessório**. Nos ensinamentos de Ricardo Dip, podem expedir-se, nos registros públicos, certidões tanto protocolares, quanto extraprotocolares. As primeiras, as protocolares, integram os livros registrais (por isso, são chamas certidões tabulares), como o são, por exemplo, as certidões que podem lançar-se nesses livros para referir-lhes, com fé pública, a abertura e o encerramento; elas substituem outro lançamento, o dos termos de abertura e clausura dos livros. Já as segundas, **extraprotocolares** ou extratabulares, são as que se emitem fora dos livros, fora da tábula, como documento avulso. São a estas últimas, como ficou dito, que se refere o art. 16 da Lei 6.015, e elas podem dizer-se com propriedade certidões registrais.

Essa certidão extraprotocolar é documento **secundário**, porque sempre supõe a primazia (ou primariedade) lógica e, de algum modo, a situação existencial de um documento de a que certidão é (*i*) alguma cópia (total, parcial ou ao menos referencial) ou (*ii*) a negação de existência desse documento primário. Numa ou noutra hipótese, **positiva ou negativa**, há sempre uma relação de secundariedade entre algo documentado (ou não documentado) anterior e a certidão.

Por fim, dessa certidão cabe dizer que é algo **acessório**. Mas é preciso entender em que consiste esse caráter **acessório** da certidão. Acessoriedade, enfim, em relação a qual substancialidade ou a qual fim? Com efeito, a substância dos atos registrais é o lançamento primário –é dizer, nos livros do registro; e é a essa substância que deve corresponder a fiel reprodução –total, parcial ou referencial– das certidões; tanto que, alterada a substância (ou seja, retificado o conteúdo dos lançamentos primários), segue-lhe a sorte a certidão. Mas há também uma acessoriedade quanto ao fim, pois a certidão é um dos meios para atender-se à finalidade publicitária dos registros. E, mais uma vez, segue a sorte do principal: um registro deficitário importa uma deficiência correlata em sua certificação.

O **parágrafo 1º do art. 16** preceitua que compete ao titular delegado lavrar certidão do que lhes for requerido. Em outras palavras, confirma-se aqui o princípio da instância, rogação ou reserva iniciativa, sendo necessária a provocação da parte. Na lição de Ricardo Dip: "O parágrafo 1º do art. 16 estabelece que compete ao titular delegado lavrar certidão do que lhes for requerido. Em outras palavras, confirma-se aqui o princípio da instância, rogação ou reserva de iniciativa, sendo necessária a provocação da parte".

O **parágrafo 2º do art. 16** estabelece que compete ao titular delegado fornecer às partes as informações solicitadas. Ricardo Dip adverte que "a expressão "partes" não pode tomar-se em acepção própria, já porque não há verdadeiramente "partes" em um processo administrativo (ou ainda de jurisdição voluntária), já porque a ninguém se pode negar a publicidade que é o fim incumbido à atividade registral". Melhor e mais adequado seria a expressão "interessados" ou "usuário do serviço" ou "utente".

Ainda analisando o **parágrafo 2º do art. 16**, note-se que o parágrafo **fala em informações solicitadas. Aqui, faz-se necessário** demonstrar que **informação é diferente de certidão**. Informação é o simples esclarecimento fornecido a todo aquele que tenha interesse no ato jurídico equivalente ao registro. Podemos afirmar que a informação não é um documento, ao passo que a certidão é. A informação é uma reprodução oral, e nesse contexto possui o atributo da fé pública, assim como a certidão. Ricardo Dip esclarece que a maneira como se cogite confirmar – em juízo – a fé pública é questão de todo diversa, pois o que inibe ou, ao menos, dificulta essa confirmação é a ausência de corporeidade das informações, ou seja, o fato de não serem documentos.

Por fim, é importante destacar que **negar ou retardar** a prestação de informações ou certidões constitui **falta disciplinar**, afinal, esse é um dever do oficial e do tabelião.

Art. 17. Qualquer pessoa pode requerer certidão do registro sem informar ao oficial ou ao funcionário o motivo ou interesse do pedido.

§ 1º O acesso ou o envio de informações aos registros públicos, quando realizados por meio da internet, deverão ser assinados com o uso de assinatura avançada ou qualificada de que trata o art. 4º da Lei nº 14.063, de 23 de setembro de 2020, nos termos estabelecidos pela Corregedoria Nacional de Justiça do Conselho Nacional de Justiça.

§ 2º Ato da Corregedoria Nacional de Justiça do Conselho Nacional de Justiça poderá estabelecer hipóteses de uso de assinatura avançada em atos que envolvam imóveis.

1. COMENTÁRIOS

No que se refere à legitimidade para requerer certidão, estas podem ser requeridas por **qualquer pessoa**, não cabendo ao Oficial delegado questionar o motivo ou interesse do pedido.

Esta regra está em consonância com a Constituição Federal, que garante a todos a obtenção de certidões, no **art. 5º, inciso XXXIV, letra b**, ao prescrever que "são a todos assegurados, independentemente do pagamento de taxas: b) a obtenção de certidões em repartições públicas, para defesa de direitos e esclarecimento de situações de interesse pessoal".

O antigo **parágrafo único do art. 17** foi incluído pela Lei nº 11.977, de 2009 e tinha a seguinte redação: *"O acesso ou envio de informações aos registros públicos, quando forem realizados por meio da rede mundial de computadores (internet) deverão ser assinados com uso de certificado digital, que atenderá os requisitos da Infraestrutura de Chaves Públicas Brasileira – ICP"*. Em outras palavras, explicava a **exigência de certificação digital quando do envio de informações pela internet**, com a finalidade de assegurar o ideal de segurança e os efeitos jurídicos que daí decorrem.

Aliás, qualquer comunicação realizada entre Serviços Notariais e de Registro via internet deveria ser feita com o uso de assinatura com certificado digital (e-CPF), atendendo aos requisitos da Infraestrutura de Chaves Públicas Brasileira.

Sobre referidos conceitos, remetemos o leitor aos comentários do art. 3º desta Lei, que trata do Registro Eletrônico.

A inserção do parágrafo único do art. 17 no capítulo da "Publicidade" tinha por fim **esclarecer que o usuário poderia requerer sua certidão,** ao invés de impressa, que ela seria entregue em **meio eletrônico,** salva em uma mídia (CD, pen drive) ou mesmo enviada por e-mail, sempre com uso de certificação digital.

Ocorre que a Lei n. 14.382/2022, conversão da MP n. 1.085/2021, alterou a redação do parágrafo único, que passou a ser § 1º e atualmente dispõe que o acesso ou o envio de informações aos registros públicos, quando realizados por **meio da internet, deverão ser assinados com o uso de assinatura avançada ou qualificada** de que trata o art. 4º da Lei n. 14.063, de 23 de setembro de 2020, nos termos estabelecidos pela Corregedoria Nacional de Justiça do Conselho Nacional de Justiça.

A Lei n. 14.063/2020 foi editada no auge da pandemia, com o fito de ampliar o acesso a serviços públicos digitais e assim amplificou os tipos de assinatura eletrônica.

Desse modo, as assinaturas eletrônicas são classificadas em:

I. **assinatura eletrônica simples:**
   a) a que permite identificar o seu signatário;
   b) a que anexa ou associa dados a outros dados em formato eletrônico do signatário;

II. **assinatura eletrônica avançada:** a que utiliza certificados não emitidos pela ICP-Brasil ou outro meio de comprovação da autoria e da integridade de documentos em forma eletrônica, desde que admitido pelas partes como válido ou aceito pela pessoa a quem for oposto o documento, com as seguintes características:
   a) está associada ao signatário de maneira unívoca;
   b) utiliza dados para a criação de assinatura eletrônica cujo signatário pode, com elevado nível de confiança, operar sob o seu controle exclusivo;
   c) está relacionada aos dados a ela associados de tal modo que qualquer modificação posterior é detectável;

III. **assinatura eletrônica qualificada:** a que utiliza certificado digital, nos termos do § 1º do art. 10 da Medida Provisória nº 2.200-2, de 24 de agosto de 2001.

Note-se que o art. 38 da Lei n. 11.977/2009 também foi alterado para constar que os documentos eletrônicos apresentados aos serviços de registros públicos ou por eles expedidos deverão atender aos requisitos estabelecidos pela Corregedoria Nacional de Justiça do Conselho Nacional de Justiça, com a utilização de **assinatura eletrônica avançada ou qualificada,** conforme definido no art. 4º da Lei nº 14.063, de 23 de setembro de 2020. Os serviços de registros públicos disponibilizarão serviços de recepção de títulos e de fornecimento de informações e certidões em meio eletrônico (art. 38, § 1º, Lei n. 11.977/2009).

Em resumo, o que os novos parágrafos fazem é **flexibilizar** o uso da assinatura avançada ou qualificada para uma maior interatividade dos utentes do serviço com os serviços registrais. Nos ensinamentos de Bernardo Chezzi, em todas as oportunidades, o objetivo de universalizar o acesso do cidadão por meio eletrônico aos Registros Públicos norteou todas as modificações da Lei 6.015/1973 e demais leis que tratam do tema. Um dos mecanismos centrais para viabilizar isso é justamente a modificação do art. 17, parágrafo único, da Lei 6.015, implementada pela Lei 14.382/2022. Mediante implementação da Corregedoria Nacional de Justiça, será possível que o acesso ou envio de informações ao Registro de Imóveis, Registro Civil das Pessoas Naturais e Registro Civil de Pessoas Jurídicas, Títulos e Documentos se dê por meio de uma assinatura qualificada ou por uma assinatura avançada. Assim, por meio de regulamento, por exemplo, um compromisso de compra e venda que seja assinado com o e-note do Provimento CNJ 100, poderá ter ingresso no fólio real do Registro de Imóveis. Igualmente, um requerimento de averbação de construção poderá ser enviado quando o requerente seja identificado pelo Gov.Br. Eis uma importante conquista da sociedade brasileira para a universalidade do acesso aos serviços notariais e registrais, gerando mais direitos e sua efetividade às pessoas (...) (Op. cit. p. 184).

Por fim, oportuno salientar a regra do art. 10 do **Provimento 46, de 16 de Junho de 2015**, do Conselho Nacional de Justiça, que dispõe sobre a Central de Informações de Registro Civil de Pessoas Naturais – CRC e deve ter adesão obrigatória de todos os registradores civis do país, estabelece que **a emissão de certidão negativa pelos Oficiais de Registro Civil das Pessoas Naturais deverá ser precedida de consulta à CRC,** devendo ser consignado na certidão o **código da consulta gerado (hash).** Para a emissão de certidão negativa deverá ser promovida consulta prévia ao SCI/MRE quando estiver disponível a integração com o Ministério das Relações Exteriores. Referido dispositivo foi incorporado ao art. 238 do CNN.

Vale transcrever outras regras relevantes sobre emissão das certidões do Registro Civil das Pessoas Naturais:

> **Art. 239, CNN.** Caso seja encontrado o registro pesquisado, poderá o consulente, no mesmo ato, solicitar a expedição da respectiva certidão que, pagos os emolumentos, custas e encargos administrativos devidos, será disponibilizada na Central de Informações de Registro Civil das Pessoas Naturais – CRC, em formato eletrônico, em prazo não superior a 5 (cinco) dias úteis.
>
> § 1º Para a emissão das certidões eletrônicas deverão ser utilizados formatos de documentos eletrônicos de longa duração, compreendidos nessa categoria os formatos PDF/A e os produzidos em linguagem de marcação XML, com certificado digital ICP-Brasil, tipo A3 ou superior, assinatura digital em formato PKCS#7, com disponibilização do código de rastreamento.
>
> § 2º As certidões eletrônicas ficarão disponíveis na Central Nacional de Informações do Registro Civil – CRC pelo prazo de trinta dias corridos, vedado o envio por intermédio de correio eletrônico convencional (*e-mail*).
>
> § 3º Havendo CRC estadual, e nas hipóteses em que o cartório solicitante da certidão eletrônica e o cartório acervo pertençam à mesma unidade da Federação, poderá a certidão permanecer disponível na CRC do mesmo Estado, pelo prazo previsto no parágrafo anterior.
>
> § 4º. O interessado poderá solicitar a qualquer Oficial de Registro Civil das Pessoas Naturais integrante da Central de Informações de Registro Civil das Pessoas Naturais – CRC, ou a qualquer repartição consular do Brasil no exterior após operacionalização da integração entre CRC e SCI/MRE, que a certidão expedida em formato eletrônico seja materializada em papel e assinada fisicamente, observados os emolumentos devidos.
>
> § 5º. Ressalvados os casos de gratuidade prevista em lei, os encargos administrativos referidos no *caput* deste artigo serão reembolsados pelo solicitante da certidão na forma e conforme os valores que forem fixados em norma de cada Corregedoria Geral da Justiça. Serão compreendidas como encargos administrativos as despesas com compensação de boleto bancário, operação de cartão de crédito, transferências bancárias, certificação digital (SDK, framework, certificado de atributo e de carimbo de tempo), e outras que forem previstas em normas estaduais, desde que indispensáveis para a prestação do serviço solicitado por meio da central informatizada.
>
> **Art. 240, CNN.** Os Oficiais de Registro Civil deverão, obrigatoriamente, atender às solicitações de certidões efetuadas por via postal, telefônica, eletrônica, ou pela Central de Informações de Registro Civil das Pessoas Naturais – CRC, desde que satisfeitos os emolumentos previstos em lei e, se existentes, pagas as despesas de remessa.
>
> **Art. 241, CNN.** A Central de Informações de Registro Civil das Pessoas Naturais – CRC poderá ser utilizada para consulta por entes públicos que estarão isentos do pagamento de custas e emolumentos, ou somente de custas, conforme as hipóteses contempladas na legislação, e por pessoas naturais ou jurídicas privadas que estarão sujeitas ao pagamento de custas e emolumentos.

Enunciado da Comissão de LGPD do CNJ possibilita a emissão de certidão em inteiro teor adaptada à LGPD – (ANOREG). 09/01/2024

Quando for solicitada certidão de inteiro teor por pessoa diversa do(a) registrado(a), seu representante legal ou mandatário(a) com poderes especiais, o(a) oficial(a) de registro civil deverá informar ao(à) solicitante sobre a existência de dado sensível no registro, conforme definido no art. 5º, II, da Lei 13.709/2018, hipótese em que será necessária autorização judicial para a expedição do documento. Caso o(a) requerente, entretanto, concorde com a supressão do dado sensível, poderá solicitar a CERTIDÃO EM INTEIRO TEOR ADAPTADA À LEI GERAL DE PROTEÇÃO DE DADOS PESSOAIS, hipótese em que será dispensada autorização judicial. Neste caso, a certidão trará todo o conteúdo do registro, com exceção do dado sensível e, ao final, dela deverá constar: "Esta certidão é cópia fiel e integral do assento, com exceção do elemento…, considerado dado sensível, nos termos do art. 5º,

II, da Lei n. 13.709/2018, cuja publicidade é proibida sem autorização judicial".

Com informações da Comissão de Proteção de Dados (CPD/CN/CNJ): CNJ

Fonte: https://www.anoreg.org.br/

Para complementação, os parágrafos do artigo 254, do CNMA.

§ 1° Os **advogados** poderão examinar livremente os processos e documentos que lhes tenham sido regularmente apresentados, com a supervisão do serventuário ou qualquer outro empregado designado, desde que não sejam sigilosos, conforme previsões legais.

§ 2° O **exame dos atos notariais e registros** dar-se-á por meio de traslado ou de certidões, extraídas dos livros de notas e registros, ou, ainda, por fornecimento de informações requeridas à serventia extrajudicial, para o exercício da advocacia.

2. QUESTÕES DE CONCURSOS

01. (IESES – Titular de Serviços de Notas e Registros – TJ – TO – Remoção/2022) Quanto ao requerimento de uma certidão do registro nos termos da lei 6.015/73:

a) Qualquer pessoa pode requerer certidão do registro sem informar ao oficial ou ao funcionário o motivo ou interesse do pedido.
b) Apenas o titular constante na certidão do registro poderá requerê-la.
c) Apenas o titular constante na certidão do registro poderá requerê-la, ou terceiro munido de instrumento de procuração com fins específicos.
d) Qualquer pessoa pode requerer certidão do registro, porém deverá informar ao oficial ou ao funcionário o motivo ou interesse do pedido.

02. (IESES – Cartório – TJ – PB/2014) Quanto ao requerimento de certidão de registro civil de nascimento, pode-se afirmar:

a) Qualquer pessoa pode requerer certidão do registro sem informar ao oficial ou ao funcionário o motivo ou interesse do pedido.
b) É ato privativo do titular da certidão.
c) É ato exclusivo do titular da certidão.
d) Os ascendentes em primeiro grau são os únicos que poderão requerer.

03. (Vunesp – Cartório – SP – Remoção/2016) Assinale a alternativa correta sobre a Central de Informações do Registro Civil (CRC).

a) Qualquer Oficial de Registro Civil das Pessoas Naturais integrante da Central pode materializar a certidão eletrônica, ainda que não a tenha expedido.
b) Somente o Oficial de Registro Civil das Pessoas Naturais que expediu a certidão eletrônica pode materializá-la.
c) Apenas a certidão eletrônica relativa a nascimento pode ser materializada por Oficial de Registro Civil das Pessoas Naturais integrante da Central que não a expediu.
d) É facultativa a utilização de papel de segurança na materialização da certidão eletrônica.

04. (Vunesp – Cartório – SP – Remoção/2016) A participação dos Oficiais de Registro Civil das Pessoas Naturais do Estado de São Paulo na Central de Informações do Registro Civil (CRC)

a) é facultativa para as Serventias vagas.
b) é facultativa.
c) só é permitida aos associados da ARPEN-SP (Associação dos Registradores de Pessoas Naturais do Estado de São Paulo).
d) é obrigatória.

05. (IESES – Cartório – Remoção – TJ – RO/2017) De acordo com a Lei de Registros Públicos (lei 6.015/73) pode-se afirmar:

Nota da autora: questão adaptada em razão da Lei n. 14.382/2022

I. Qualquer pessoa pode requerer certidão do registro sem informar ao oficial ou ao funcionário o motivo ou interesse do pedido.
II. Quando o interessado no registro for o oficial encarregado de fazê-lo ou algum parente seu, em grau que determine impedimento, o ato incumbe ao substituto legal do oficial.
III. O acesso ou o envio de informações aos registros públicos, quando realizados por meio da internet, deverão ser assinados com o uso de assinatura avançada ou qualificada de que trata o art. 4º da Lei nº 14.063, de 23 de setembro de 2020, nos termos estabelecidos pela Corregedoria Nacional de Justiça do Conselho Nacional de Justiça.
IV. A certidão será lavrada em inteiro teor, em resumo, ou em relatório, conforme quesitos, e devidamente autenticada pelo oficial ou seus substitutos legais, não podendo ser retardada por mais de 15 (quinze) dias.

Pode-se afirmar que:

a) Apenas as assertivas I e IV estão corretas.
b) As assertivas I, II, III e IV estão corretas.
c) Apenas a assertiva II está correta.
d) A assertiva IV está incorreta.

GAB	1	A	2	A	3	A	4	D	5	D

Art. 18. Ressalvado o disposto nos arts. 45, 57, § 7º, e 95, parágrafo único, a certidão será lavrada independentemente de despacho judicial, devendo mencionar o livro de registro ou o documento arquivado no cartório.

1. COMENTÁRIOS

O dispositivo em comento estabelece que a certidão será lavrada independentemente de despacho judicial, sempre fazendo menção ao livro de registro ou ao documento arquivado na serventia a partir do qual se expediu a certidão. No entanto, o artigo também trata das **exceções à publicidade** estabelecendo as hipóteses em que a expedição da certidão depende **sempre de ordem judicial,** são elas:

a) **artigo 45** dispõe sobre **o registro civil de filho havido fora do casamento**. Atualmente, o art. 1.609 do Código Civil de 2002 estabelece as formas de reconhecimento, que devem ser interpretadas de acordo com o art. 227, § 6º da Constituição.

b) **artigo 57, § 7º** , preceitua sobre a **averbação da alteração de nome em função de colaboração com o crime (proteção à testemunha)**; e

c) **artigo 95, parágrafo único**, prescreve sobre a sentença concessiva da antiga legitimação adotiva. Atualmente, a adoção é regulamentada pelo Estatuto da Criança e do Adolescente (Lei 8.069/1990) e a legitimação adotiva foi suprimida.

O **art. 227, § 6º da Constituição** estabelece que os filhos, havidos ou não da relação do casamento, ou por adoção, terão os mesmos direitos e qualificações, proibidas quaisquer designações discriminatórias relativas à filiação.

Diante disso, verifica-se que a certidão de nascimento não mencionará:

– indicação de concepção decorrente de relação fora do casamento, por qualquer dos pais;	– indicação do estado civil dos pais;
– a natureza da filiação, se natural, legítima, ilegítima, espúria, adotiva, adulterina, por inseminação artificial;	– ao lugar e cartório do casamento dos pais e ao estado civil destes;

Em registros antigos de nascimento, principalmente anteriores à Lei 8.560/1992, é frequente que o assento faça menção expressa a tais circunstâncias, ficando proibida a expedição de certidão, nessas situações, a qualquer interessado. Em outras palavras, a emissão só é possível se tais informações forem omitidas. Por outro lado, se a requisição decorrer de ordem judicial ou de pedido escrito formulado pelo próprio interessado, a certidão em inteiro teor é permitida.

A certidão deve ser emitida dentro de cinco dias. Em caso de recusa ou retardamento na expedição, o interessado poderá reclamar à autoridade competente, que aplicará, se for o caso, a pena disciplinar cabível.

Diante de todo o exposto, nota-se que a publicidade não é absoluta e irrestrita, sofrendo limitações no Registro Civil de Pessoas Naturais. Podemos citar aqui vários exemplos, veja-se:

> Art. 519, Prov. CNJ n. 149/2023 (CNN/ CN/CNJ-Extra). (Correspondente ao art. 5º do revogado Prov. CNJ n. 73/2018, que dispunha sobre normas para o transgênero): *"A alteração de que trata o presente Capítulo tem **natureza sigilosa**, razão pela qual a informação a seu respeito não pode constar das certidões dos assentos, salvo por solicitação da pessoa requerente ou por determinação judicial, hipóteses em que a certidão deverá dispor sobre todo o conteúdo registral".*

No capítulo da "Pessoa com Sexo Ignorado", do referido ato normativo, também encontramos o art. 529 (corresponde ao revogado art. 6º do Provimento CNJ n. 122/2021):

> *"Art. 529. Averbada a opção, nenhuma observação sobre sexo ou nome constantes inicialmente do assento, sobre a opção ou sobre sua averbação constarão nas certidões do registro".*

Vale anotar ainda que o Provimento CNJ n. 82/2019, que estabelece o procedimento de averbação, no registro de nascimento e no de casamento dos filhos, da alteração do nome do genitor também traz uma certa restrição da publicidade. É que o art. 1º, § 2º e art. 2º, § 4º preceituam, respectivamente que:

> *"§ 2º. A certidão de nascimento e a de casamento serão emitidas com o nome mais atual, sem fazer menção sobre a alteração ou o seu motivo, devendo fazer referência no campo 'observações' ao parágrafo único art. 21 da lei 6.015, de 31 de dezembro de 1973* e que: § 4º.
>
> *A certidão de nascimento será emitida com o acréscimo do patronímico do genitor ao nome do filho no respectivo campo, **sem fazer menção expressa sobre a alteração ou seu motivo**, devendo fazer referência no campo 'observações' ao parágrafo único do art. 21 da lei 6.015/1973."*

O art. 116, § 2.º do Provimento CNJ n. 149/2023 também ratifica esse entendimento, conforme segue: "São considerados **elementos restritos** os previstos no art. 45 e art. 95 da Lei n. 6.015/1973, no art. 6.º e seus parágrafos da Lei n. 8.560/1992, nas normas de alteração de nome ou sexo no caso de pessoa transgênero, ou outros, desde que previstos em legislação específica".

Além disso, o § 3.º reforça a ideia de que o art. 57, § 7º contém elementos sigilosos: "São considerados **elementos sigilosos** os previstos no parágrafo 7.º do art. 57 da Lei n. 6.015/1973, ou outros, desde que previstos em legislação específica".

Para complementação dos estudos, apresento o recente enunciado 70 Arpen-SP, que dialoga com o tema:

> **Enunciado 70:** Os documentos e certidões eletrônicos, apresentados para a instrução dos procedimentos de retificação de registro; de reconhecimento de filiação; de alteração de patronímico; de alteração de prenome e/ou sexo de pessoa transgênero; de habilitação para o casamento; e demais procedimentos administrativos, com autenticidade verificada pelo Registrador, poderão ser impressos e, após certificada a conferência realizada, juntados aos respectivos procedimentos em meio físico. Fundamento legal: Lei 12.682/2012, art. 2-A, §2º; Lei 6.015/1973, art. 110; Provimento CNJ nº 16/2012, art. 3º, §2º; Provimento CNJ nº 82/2019, art. 1º, *"caput"*; Provimento CNJ nº 73/2018, art. 7º; Código Civil, art. 1.525.

1.1 CERTIDÕES EM BRAILE

O Órgão Especial do Tribunal de Justiça do Estado de São Paulo afastou a obrigação dos Oficiais do RCPN paulistas de emitirem certidões de nascimento, casamento e óbito em braille. A Associação dos Notários e Registradores de São Paulo – ANOREG SP, requereu e teve julgada procedente a Ação Direta de Inconstitucionalidade. Assim, a obrigação de emissão das certidões em braille, conforme previsto pela Lei do Estado de São Paulo n. 17.649, de 7 de março de 2023, foi declarada inconstitucional.

Para melhor compreensão do assunto, recomendo a leitura integral da recente decisão (destaques meus):

> Ementa: Demanda direta de inconstitucionalidade. Lei estadual que preceitua a expedição de certidões em braille pelos ofícios paulistas de registro civil das pessoas

naturais. Concorrência conflituosa de competências legislativas.

- O **conflito:** (i) os estados membros têm competência para editar leis, tanto de maneira concorrente (inc. XIV do art. 24 da Const. Federal), quanto de modo suplementar (§ 2º do mesmo art. 24), em matéria de "proteção e integração social das pessoas portadoras de deficiência"; (ii) a União tem competência privativa para legislar sobre "registros públicos" (inc. XXV do art. 22 da Const. nacional) .

- O **caso:** uma lei paulista que, noticiando intenções protetivas de pessoas portadoras de deficiência visual, enuncia regra que, primeira e diretamente, incide no registro público, para cuja disciplina há reserva privativa de competência da União.

- O **inconveniente:** com a só prevalência da apontada finalidade benigna de proteger direitos de pessoas portadoras de deficiência, já não haveria limite algum para conter a competência constitucional da edição de leis pelos estados.

- O **efeito:** admitida a tese da validade da lei objeto, tem de inferir-se que os estados membros – tanto indiquem um fim protetivo de pessoas com deficiência – podem (sem lei autorizadora de caráter complementar: par. único do art. 22 da Const. Federal) editar, primeira e diretamente, normas de direito civil, de direito penal, de direito do trabalho, de direito eleitoral, ou regras de processo civil e de processo penal, etc.

- A necessidade de um critério objetivo para a solução do conflito: para beneficiar um fim jurídico não se admite adotarem-se, primeira e diretamente, meios injurídicos. Ou seja, o fim não justifica os meios. De não ser assim estaria consagrada uma espécie de «maquiavelismo legístico». Rejeição da preliminar (relativa a falta de interesse processual) e acolhimento da ação de inconstitucionalidade.

Voto de relator designado:

1. Esta ação direta de inconstitucionalidade foi ajuizada pela Associação dos Notários e Registradores do Estado de São Paulo, com pleito de invalidade da Lei paulista 17.649, de 7 de março de 2023, lei essa que impõe aos cartórios de registro civil das pessoas naturais do Estado de São Paulo a emissão, mediante escrita em braile, de certidões de óbito, nascimento e casamento.

Afirma a autora que é privativa da União a competência para legislar acerca dos registros públicos, já se tendo expedido, a propósito, a Lei 6.015/1973 (de 31-12). Que disciplina a forma de expedições das certidões (art. 19), sem menção alguma a que se extraiam por meio de escrita em braile. acrescenta a requerente que essa norma vulnera o disposto no art. 111 da Constituição do Estado de São Paulo, ofendendo os princípios da razoabilidade, da finalidade e da eficiência.

Concedida medida liminar suspensiva da eficácia da lei adversada, sobrevindo manifestação da Procuradoria Geral do Estado (e-págs. 102-113) e dos requeridos (e-págs. 118-135 e 140-141), arguindo-se déficit processual (falta de interesse de agir) e sustentando-se a validade da norma em pauta.

Interpuseram-se, sem êxito, agravos regimentais contra a r. decisão concessiva dessa liminar, prolatada pelo eminente Des. DÉCIO NOTARANGELI (e-págs. 158-170, 200-203, 213-231 e 262-266).

Ao fim, a digna Procuradoria Geral de Justiça opinou pela improcedência da ação (fls. 280/287).

2. Rejeita-se, de início, a suscitação preliminar de falta de interesse processual.

Bem observou, a propósito, o eminente Relator sorteado, Des. DÉCIO NOTARANGELI , que o parâmetro da ação direta de inconstitucionalidade, na esfera dos tribunais estaduais, é sempre a constituição local, é dizer, no caso de São Paulo, a Constituição paulista. Mas não se apartam desse paradigma as normas da Constituição nacional que sejam de observância obrigatória pelos estados, tal se dá, na espécie, com a disciplina da competência legiferante. Nesse sentido, em situação símile à destes autos, julgados mais antigos (no STF, p.ex., RE 87.484, Rel. Min. NÉRI DA SILVEIRA; RE 94.039, Rel. Min. MOREIRA ALVES; RE 97.911, Rel. Min. ALFREDO BUZAID; neste Tribunal de Justiça: ADI 15.181, Rel. Des. NEREU CÉSAR DE MORAES) tendiam à extinção das demandas diretas de invalidade normativa. Essa orientação alterou-se, entretanto, quer no STF (v.g. , RCL 337, Rel. Min. MOREIRA ALVES; RCL 383, Rel. Min. PAULO BROSSARD), quer neste Órgão Especial (assim, ADI 15.922, Rel. Des. RENAN LOTUFO; ADI 15.328, Rel. Des. NELSON FONSECA; ADI 15.920, Rel. Des. FRANCIS DAVIS). Solidou-se esse entendimento de serem de todo admissíveis as ações diretas de inconstitucionalidade, no âmbito estadual, que apontem por violadas normas de repetição obrigatória de dispositivos da Constituição federal.

2. Consta do art. 1º da aqui discutida Lei paulista 17.649/2023: " Ficam os cartórios com sede no Estado obrigados a disponibilizar, quando solicitados, certidões de óbito, de nascimento e de casamento em escrita braile ". Os demais dispositivos dessa lei são secundários.

3. De uma parte, alega a demandante – Associação dos Notários e Registradores do Estado de São Paulo (Anoreg-SP) – que a normativa impugnada atrita, no plano formal, com a competência privativa da União para legislar sobre registros públicos (inc. XXV do art. da Constituição nacional de 1988), afrontando, assim o aponta a requerente, o disposto nos arts. 1º e 19 da Constituição do Estado. Entende ainda a autora que, no aspecto material, a lei alvejada ofende a norma do art. 111 da mesma Constituição paulista, por frustração dos princípios da razoabilidade, da finalidade e da eficiência.

Em contrário, a Procuradoria Geral do Estado argumentou competir aos estados, de modo concorrente e suplementar, a edição de leis de " proteção e integração social das pessoas portadoras de deficiência " (inc. XIV do art. 24 da Constituição federal), além de afeiçoada a lei objeto ao que dispõe, no âmbito federal, a Lei 13.146, de 6 de julho de 2015.

4. Tem-se aqui, em palavras de CANOTILHO, um «**caso de tensão**», porque se enfrentam competências legislativas, exigindo encontrar o que o mesmo CANOTILHO designou como «**norma de decisão situativa**» – ou seja, moldada às circunstâncias do caso (cf. Direito constitucional e teoria da constituição , ed. Almedina, Coimbra, 1998, p. 1.109).

O diagnóstico do enfrentamento de competências legislativas, no quadro em exame, põe, de um lado, a previsão de que os estados membros possam, de consonância com a ordem constitucional que vigora entre nós, legislar tanto de maneira **concorrente** (inc. XIV do art. 24 da Constituição federal), quanto de **modo suplementar** (§ 2º do mesmo art. 24), em matéria de " proteção e integração social das pessoas portadoras de deficiência".

De outro lado, põe-se a indicação da competência privativa da União para legislar sobre "registros públicos" (inc. XXV do art. 22 da Constituição nacional).

Saliente-se que a lei objeto – relativa à **publicidade formal registrária** – integra, assim, o segmento do direito dos registros públicos, a tanto bastando ver que a expedição de certidões, núcleo da lei adversada, vem referida ao largo de toda a vigente norma geral dos registros públicos (Lei 6.015, de 31-12-1973: v.g., arts. 14, 16, 17, 18, 19, 20, 21, 30, 32, 47, etc.; no mesmo sentido, em doutrina, a título ilustrativo: SERPA LOPES, Tratado dos registos públicos , ed. Freitas Bastos, 4.ed., Rio de Janeiro -São Paulo, 1960, vol. I, p. 19 et sqq .; Carlos FERREIRA DE ALMEIDA, Publicidade e teoria dos registros , ed. Almedina, 2.ed., São Paulo, 2022, p. 99 et sqq.).

Não custa dizer que a classificação das **certidões** do registro como **documentos secundários** resulta de considerar-se sua **posterioridade lógica e cronológica** em relação aos **documentos principais** (assentos no registro civil das pessoas físicas, matrículas no ofício imobiliário e no registro civil das pessoas jurídicas, transcrições no registro de títulos e documentos). **Mas as certidões não são documentos de relevância jurídica secundária**, tanto que – mediante a *fides attestationis* que lhes é própria – **têm o mesmo valor jurídico dos originais** (cf. art. 217 do Código civil brasileiro: " Terão a mesma força probante os traslados e as certidões, extraídos por tabelião ou oficial de registro, de instrumentos ou documentos lançados em suas notas ").

5. Vê-se na situação destes autos um conflito que envolve o tratamento relativo a um direito fundamental – mais exatamente, um **direito fundamental particular**, cujo núcleo é a **dignidade da pessoa portadora de deficiência** (cf. JORGE MIRANDA, Manual de direito constitucional , ed. Coimbra, 2.ed., Coimbra, 1998, tomo IV, p. 80) e, de modo contraposto, um **fim de interesse geral** (o registro público).

Não há hierarquia formal – no âmbito das regras – em nossa Constituição, entre essas duas competências legislativas, e **o fato do exercício de uma delas beneficiar um direito fundamental não acarreta, por si só, sua superioridade sobre outra que se exercite em favor do interesse geral da sociedade**. Com efeito, os direitos fundamentais – sequer o mais elevado deles, que é o direito à vida – não são ilimitados, podendo subalternar-se, em dadas circunstâncias, ao interesse comunal. Por outro lado, já o **critério principiológico** da **prevalência do interesse** aparentaria, *prima facie* , sinalizar, no caso dos autos, o benefício da preferência competencial da União, à míngua de avistar-se alguma peculiaridade regional que pudesse justificar o primado da competência legislativa do Estado de São Paulo.

Mais ainda: tenha-se em conta que o objetivo de encontrar uma norma afeiçoada às circunstâncias não deve, contudo, **reduzir-se ao caso concreto**, como se não houvesse um critério ou princípio geral para nortear a solução, admitindo-se, então, apenas um **casuísmo autorreferencial**.

É possível, parece, buscar um critério geral para a dirimição do enfrentamento das normas.

Empresta-se aqui ainda uma vez uma referência de CANOTILHO, que fala na «**topografia dos conflitos**».

Que temos, a propósito? **Uma lei estadual que, visando à proteção de pessoas com deficiência, emana regra que, primeira e diretamente, incide no registro público – para cuja disciplina há reserva privativa de competência da União.**

Consideremos agora – **observada rigorosamente o mesmo parâmetro da situação topográfica do conflito em exame** – uma outra **lei estadual** (**hipotética, decerto**), que também tenha por fim a proteção de pessoas com deficiência, expedindo norma que, **primeira e diretamente**, atue no campo do processo civil ou do processo penal, cujas leis são de competência privativa da União (inc. I do art. 22 da Constituição federal). Cogitemos, à luz dessa hipótese, de um **exemplo concretizador** – que é **propositadamente caricatural**, para melhor pôr à mostra o problema: **uma lei estadual, dirigida a proteger pessoas com deficiência de visão, emissora de regra que, nos processos de que elas participem, imponha seja feito o julgamento dos recursos na sala de estar da residência dessas pessoas.** Ou ainda: **uma lei estadual que, com a mesma intenção protetiva, reduza, quanto às compras efetuadas pelos deficientes visuais, as alíquotas do imposto relativo à importação de produtos estrangeiros** (matéria que é da competência legislativa da União: inc. I do art. 153 da Constituição federal).

É fácil a indução de que, com a prevalência das finalidades benignas (do legislador e da lei – mentes legislatoris legis que) **de proteger direitos de pessoas portadoras de deficiência, já não haveria limite algum para conter a competência constitucional da edição de leis pelos estados membros.**

Preservou-se nos exemplos acima a particular situação da «topografia do conflito» apreciado nestes autos: leis estaduais que, com o objetivo da consecução de um fim que quadra com a competência constitucional legislativa dos estados, atinge esse fim, entretanto, por meios, **primeira e diretamente**, intrusivos da esfera alheia da competência legiferante dos mesmos estados. Não se imunizam, porém, as competências legislativas concorrente ou de suplementação da observância dos espaços de reserva legiferante.

Admitida a tese da validade da lei em exame, evidencia-se o inconveniente: os estados membros – tanto buscassem um fim protetivo de pessoas com deficiência – poderiam (sem lei autorizadora de caráter complementar: par. único do art. 22 da Constituição federal) **editar normas de direito civil, de direito penal, de direito do trabalho, de direito eleitoral, ou regras de processo civil e de processo penal, *et reliqua*.**

A clivagem, portanto, para a solução do conflito competencial, no caso, não pode estar nas finalidades, porque isso implicaria a legitimação das extravasões de competência. O corte deve pôr-se no que **primeiro e diretamente** se atua na esfera dessa competência.

Em outras palavras, **para beneficiar um fim jurídico não se admite adotarem-se, primeira e diretamente, meios injurídicos**. Ou seja, **o fim não justifica os meios.** Diversamente, estaríamos diante de uma espécie de «**maquiavelismo legístico**».

Um exemplo, em contrário, de norma estadual válida que, com o fim de proteção de pessoas com deficiência, não deixou, contudo, de repercutir na atividade dos registros públicos, dá-nos o próprio Estado de São Paulo com sua **Lei 12.907, de 15 de abril de 2008**, que consolidou a legislação paulista relativa à pessoa com deficiência. Com nela prever-se a acessibilidade física aos locais de atendimento público, incluídos, pois, os das atividades dos registros, essa lei somente **reflexamente** (é dizer, **não primeira, nem de modo direto**) interferiu no exercício das funções registrais. Uma coisa, pois, é editar uma normativa referente à **atividade típica** registral (v.g , a expedição de certidões); outra, um ato normativo que diga respeito a **atividades atípicas** do registro (atividades burocráticas, estatísticas, etc.; neste sentido, p.ex., o que se decidiu pelo Pleno do STF ao julgar-se a ADI 903, Rel. Min. DIAS TOFFOLI , j. 22-5-2013, processo a que se reportou o voto do eminente Des. NOTARANGELI; cf. também o art. 27 da Lei paulista 10.705, de 28-12-2000, que prevê: "O oficial do Registro Civil remeterá, mensalmente, à repartição fiscal da sede da comarca, relação completa, em forma de mapa, de todos os óbitos registrados no cartório, com a declaração da existência ou não de bens a inventariar").

6. Parece não ser demasiado averbar aqui o fato de a lei adversada apenas impor encargo ao registro civil de pessoas naturais, quando, por certo, as certidões das demais classes de registros públicos e as certidões, atas e traslados dos tabelionatos também são de interesse das pessoas portadoras de deficiência.

Por mais deva reconhecer-se a maior importância social de que frui o registro civil das pessoas naturais, é ele também, no momento atual, o mais notoriamente incumbido de responder por gratuidades explícitas e implícitas, e as máquinas para escrever em braille são muito dispendiosas, especialmente quando se considera a dificultosa situação econômica que aflige uma larga parcela dos ofícios brasileiros do registro civil das pessoas naturais (os do Estado de São Paulo, inclusive).

De todo modo, porém, isso não implica, *in abstracto*, dissonância da lei refertada com a normativa constitucional – sequer pela cogitada afronta do disposto no art. 111 da Constituição de São Paulo – remanescendo apenas efeitos consideráveis de **desequilíbrio na equação econômico financeira dos contratos administrativos de delegação registral**, matéria idônea somente de apreciação e decisão em eventuais processos subjetivos, via própria para aferir a efetividade de possíveis detrimentos na aludida equação.

POSTO ISSO, meu voto, rejeitada a arguição preliminar, declara a procedência da presente demanda, concluindo pela **inconstitucionalidade formal** da Lei paulista 17.649, de 7 de março de 2023.

É como voto.

Des. Ricardo Dip -relator designado. (TJSP – Direta de Inconstitucionalidade nº 2073261-61.2023.8.26.0000 – São Paulo – Órgão Especial – Rel. Des. Ricardo Dip – DJ 06.11.2023)

Art. 19. A certidão será lavrada em inteiro teor, em resumo, ou em relatório, conforme quesitos, e devidamente autenticada pelo oficial ou seus substitutos legais, não podendo ser retardada por mais de 5 (cinco) dias.

§ 1º A certidão de inteiro teor será extraída por meio reprográfico ou eletrônico.

§ 2º As certidões do registro civil das pessoas naturais mencionarão a data em que foi lavrado o assento.

§ 3º Nas certidões de registro civil, não se mencionará a circunstância de ser legítima, ou não, a filiação, salvo a requerimento do próprio interessado, ou em virtude de determinação judicial.

§ 4º As certidões de nascimento mencionarão a data em que foi feito o assento, a data, por extenso, do nascimento e, ainda, expressamente, a naturalidade.

§ 5º As certidões extraídas dos registros públicos deverão, observado o disposto no § 1º deste artigo, ser fornecidas eletronicamente, com uso de tecnologia que permita a sua impressão pelo usuário e a identificação segura de sua autenticidade, conforme critérios estabelecidos pela Corregedoria Nacional de Justiça do Conselho Nacional de Justiça, dispensada a materialização das certidões pelo oficial de registro.

§ 6º O interessado poderá solicitar a qualquer serventia certidões eletrônicas relativas a atos registrados em outra serventia, por meio do Sistema Eletrônico dos Registros Públicos (Serp), nos termos estabelecidos pela Corregedoria Nacional de Justiça do Conselho Nacional de Justiça.

§ 7º A certidão impressa nos termos do § 5º e a certidão eletrônica lavrada nos termos do § 6º deste artigo terão validade e fé pública.

§ 8º Os registros públicos de que trata esta Lei disponibilizarão, por meio do Serp, a visualização eletrônica dos atos neles transcritos, praticados, registrados ou averbados, na forma e nos prazos estabelecidos pela Corregedoria Nacional de Justiça do Conselho Nacional de Justiça.

§ 9º A certidão da situação jurídica atualizada do imóvel compreende as informações vigentes de sua descrição, número de contribuinte, proprietário, direitos, ônus e restrições, judiciais e administrativas, incidentes sobre o imóvel e o respectivo titular, além das demais informações necessárias à comprovação da propriedade e à transmissão e à constituição de outros direitos reais.

§ 10. As certidões do registro de imóveis, inclusive aquelas de que trata o § 6º deste artigo, serão emitidas nos seguintes prazos máximos, contados a partir do pagamento dos emolumentos:

I - 4 (quatro) horas, para a certidão de inteiro teor da matrícula ou do livro auxiliar, em meio eletrônico, requerida no horário de expediente, desde que fornecido pelo usuário o respectivo número;

II - 1 (um) dia, para a certidão da situação jurídica atualizada do imóvel; e

III - 5 (cinco) dias, para a certidão de transcrições e para os demais casos.

§ 11. No âmbito do registro de imóveis, a certidão de inteiro teor da matrícula conterá a reprodução de todo seu conteúdo e será suficiente para fins de comprovação de propriedade, direitos, ônus reais e restrições sobre o imóvel, independentemente de certificação específica pelo oficial.

§ 12. Na localidade em que haja dificuldade de comunicação eletrônica, a Corregedoria-Geral da Justiça Estadual poderá autorizar, de modo excepcional e com expressa comunicação ao público, a aplicação de prazos maiores para emissão das certidões do registro de imóveis de que trata o § 10 deste artigo.

1. COMENTÁRIOS

1.1 MODALIDADES E PRAZO DA CERTIDÃO

O *caput* do art. 19 especifica três modalidades de certidão, sendo que todas devem obedecer ao prazo máximo de 5 (cinco) dias úteis e podem ser emitidas pelo Oficial Registrador, seu substituto ou escrevente autorizado. São elas:

a) **Certidão de inteiro teor**: consiste na transcrição de tudo o que consta do registro e à sua margem. É a certidão que contém todos os dados de um registro, item por item, escrito em sua literalidade e em um texto corrido. Em outras palavras, é a certidão que contempla todos os elementos do registro, ou seja, na prática é como se a foto do livro fosse impressa em formato de certidão. Adverte-se que, quando o registro contiver alguma das informações proibidas de serem divulgadas, é **vedado fornecer certidão em inteiro teor a qualquer interessado**. Nestes casos, é imperativo que haja **ordem judicial ou requerimento do próprio interessado**.

Sobre o tema "certidão de inteiro teor" é pertinente transcrever a dicção do enunciado 129, da II Jornada de Prevenção e Solução Extrajudicial de Litígios, veja-se:

> **Enunciado 129.** O pedido de certidão em inteiro teor, quando houver informação sigilosa no registro, independe de ordem judicial, se for feito ao Registrador Civil das Pessoas Naturais pelo próprio registrado ou seu responsável legal.
>
> ⊙ Justificativa: Por ser a certidão de inteiro teor, como o nome sugere, aquela que consta todas as informações existentes no assento, é de se compreender que, em certas situações, um requisito extra será exigido para a sua expedição – trata-se da autorização do juiz competente, assim considerado aquele requisito definido de acordo com a estrutura judiciária de cada estado da federação. No Estado de São Paulo, as Normas de Serviço da Corregedoria Geral da Justiça (NSCGJ/SP), no capítulo (XVII) que trata do Registro Civil das Pessoas Naturais, na seção atinente a publicidade, consagram:
>
> "47.2. Nas certidões de registro civil em geral, inclusive as de inteiro teor, requeridas pelos próprios interessados, seus representantes legais e mandatários com poderes especiais, ressalvado o caso de proteção à testemunha, serão expedidas independentemente de autorização do Juiz Corregedor Permanente." Da leitura é possível verificar que uma vez requerida a Certidão em Inteiro Teor pelas pessoas elencadas (registrado, representante legal e mandatário), serão expedidas, independente de autorização do Juiz Corregedor Permanente, quando requeridas pelos próprios interessados, seus representantes legais e mandatários com poderes especiais. Por exclusão, segundo a linha interpretativa apontada, toda e qualquer certidão requerida por quem não seja "registrado, representante legal e mandatário" dependeria da autorização do Juiz Corregedor Permanente.

Vale anotar que, no âmbito do **registro de imóveis, a certidão de inteiro teor da matrícula** conterá a reprodução de todo seu conteúdo e será suficiente para fins de comprovação de propriedade, direitos, ônus reais e restrições sobre o imóvel, independentemente de certificação específica pelo oficial.

A Lei n. 14.382/2022 alterou a redação do § 1º do art. 19 da LRP, para fazer constar que certidão de inteiro teor será extraída por **meio reprográfico ou eletrônico**. A antiga redação falava em meio datilográfico ou reprográfico e não contemplava o meio eletrônico, uma realidade já presente nas Serventias Extrajudiciais.

Sérgio Jacomino, com a maestria que lhe é peculiar, adverte sobre a transformação testemunhada com o advento das máquinas datilográficas, dos mimeógrafos, das canetas-tinteiros, esferográficas, carimbos, copiadoras, dispositivos reprográficos, entre outros, que proporcionaram o uso das fichas avulsas mecanizadas das matrículas. Todos esses equipamentos tornaram mais rápida e prática a expedição das certidões. E, como não poderia ser diferente, a nova forma de expedição por meio reprográfico causou medo e incerteza às vésperas da vigência da Lei 6.015/1973 (*www.migalhas.com.br/coluna/migalhas-notariais-e-registrais/370498/ementa--escritura-publica-manuscrita--paleografia-notarial*).

Karin Rick Rosa, ao explicar o § 1º do art. 19, explica como é feita a utilização dos dois meios distintos para expedição das certidões: o reprográfico e o eletrônico. **Para aqueles atos que ainda não estão digitalizados e armazenados em sistema eletrônico, o uso do meio reprográfico, que já era previsto, permanece,**

inclusive para a expedição da certidão de inteiro teor. A tendência, no entanto, é que em algum momento todo o acervo esteja arquivado em **meio eletrônico na serventia, possibilitando que todas as certidões sejam extraídas eletronicamente** (Op. cit. p. 187).

Também recomenda-se ler o § 1º do art. 19 da LRP em conjunto com o § 5º, na medida em que este estabelece que as certidões extraídas dos registros públicos deverão, observado o disposto no § 1º deste artigo, ser fornecidas eletronicamente, com uso de tecnologia que permita a sua impressão pelo usuário e a identificação segura de sua autenticidade, conforme critérios estabelecidos pela Corregedoria Nacional de Justiça do Conselho Nacional de Justiça, dispensando a materialização das certidões pelo oficial de registro.

Ainda sobre a certidão de inteiro teor, é relevante transcrever os artigos do Código Nacional de Normas (Provimento CNJ n. 149/2023), relativos à proteção de dados pessoais no Registro Civil das Pessoas Naturais. Veja-se:

> Art. 114. As certidões de registro civil em geral, **inclusive as de inteiro teor**, requeridas pelos próprios interessados, seus representantes legais, mandatários com poderes especiais, serão expedidas independentemente de autorização do juiz corregedor permanente.
>
> § 1.º Nas hipóteses em que a emissão da certidão for requerida por terceiros e a certidão contiver dados sensíveis, somente será feita a expedição mediante a autorização do juízo competente.
>
> § 2.º Após o falecimento do titular do dado sensível, as certidões de que trata o *caput* deste artigo poderão ser fornecidas aos parentes em linha reta, independentemente de autorização judicial.

Lembrando que é considerado dado pessoal sensível aquele relacionado à origem racial ou étnica, convicção religiosa, opinião política, filiação a sindicato ou a organização de caráter religioso, filosófico ou político, dado referente à saúde ou à vida sexual, dado genético ou biométrico, quando vinculado a uma pessoa natural (inciso II do art. 5.º da Lei n. 13.709/2018)

> Art. 117. A emissão de **certidão em inteiro teor** sempre depende de requerimento escrito com firma reconhecida do requerente ou com assinatura digital nos padrões ICP-Brasil, no padrão do sistema gov.br ou com assinatura confrontada com o documento de identidade original.
>
> § 1.º O reconhecimento de firma será dispensado quando o requerimento for firmado na presença do oficial ou de preposto.
>
> § 2.º Os requerimentos poderão ser recepcionados por e-mail ou por meio da Central de Informações do Registro Civil (CRC), desde que assinados digitalmente, nos padrões da ICP-Brasil, cuja autenticidade e integridade serão conferidas no verificador de conformidade do Instituto Nacional de Tecnologia da Informação (ITI), por meio do sistema de assinatura gov.br ou com assinatura confrontada com o documento de identidade original.
>
> § 3.º O requerimento de certidão em inteiro teor deverá conter a identificação do requerente, o motivo em virtude do qual se requer a certidão sob a forma de inteiro teor e o grau de parentesco com o registrado, caso exista, bem como o fato de ser este falecido ou não.
>
> § 4.º A certidão com referência à circunstância de ser legítima a filiação poderá ser fornecida, inclusive a terceiros, independentemente de autorização judicial.

b) **Certidão em resumo**: é a transcrição das principais partes do assento ou documentos arquivados, essenciais à prova que se pretenda fazer com a certificação.

c) **Certidão em relatório**: trata-se da transcrição de partes isoladas do assento ou documentos arquivados questionados pelo interessado. A parte deverá indicar com clareza as informações que deseja obter.

Walter Ceneviva aconselha a cautela que deve se fazer presente nas certidões em resumo e em relatório, pois o oficial delegado, ao deixar de "transpor uma anotação de seus livros, ou dos documentos arquivados, passa a informar ou a restringir informação em termos que repercutirão no direito de terceiros" (*Lei dos Registros Públicos comentada.* 14. ed. São Paulo, Saraiva, 2001).

No que diz respeito a certidão em breve relato, é relevante transcrever os artigos do Código Nacional de Normas (Provimento CNJ n. 149/2023), relativos à proteção de dados pessoais no Registro Civil das Pessoas Naturais. Veja-se:

> Art. 113. É livre o acesso às informações constantes nos livros de Registro Civil das Pessoas Naturais, por meio de certidões de **breve relato**, com as informações regulamentadas em lei, neste Código de Normas e em outras normas compatíveis, independentemente de requerimento ou de identificação do requerente.
>
> Art. 115. Nas certidões de breve relato deverão constar somente as informações previstas em lei ou ato normativo, sendo que qualquer outra informação solicitada pela parte constante do registro ou das anotações e das averbações posteriores somente poderá ser fornecida por meio de certidão por quesitos ou por inteiro teor, de acordo com as disposições previstas neste Código de Normas.
>
> Parágrafo único. Sempre deverão constar do campo destinado às observações a existência de adoção simples realizada por meio de escritura pública; as alterações de nome indígena; a declaração do registrado como indígena; a etnia ou a inclusão de etnia; e a alteração de nome em razão da cultura ou do costume indígena.

E quanto à **certidão por quesitos**? Esta ocorre quando existe alguma dúvida sobre um item em um registro ou quando se quer provar uma informação específica. Nesse caso, é possível formular quesitos ao oficial registrador e solicitar que seja emitida uma certidão com a resposta a esses questionamentos. Para ilustrar, a certidão de estado civil é muito comum em processos de habilitação de casamento no exterior.

Aqui vale transcrever a normativa do Código Nacional de Normas:

Art. 116. As solicitações de certidões por quesitos, ou informações solicitadas independentemente da expedição de certidões, receberão o mesmo tratamento destinado às certidões solicitadas em inteiro teor quando os dados solicitados forem restritos, sensíveis ou sigilosos.

§ 1.º São considerados elementos sensíveis os elencados no inciso II do art. 5.º da Lei n. 13.709/2018, ou outros, desde que previstos em legislação específica.

§ 2.º São considerados elementos restritos os previstos no art. 45 e art. 95 da Lei n. 6.015/1973, no art. 6.º e seus parágrafos da Lei n. 8.560/1992, nas normas de alteração de nome ou sexo no caso de pessoa *transgênero*, ou outros, desde que previstos em legislação específica.

§ 3.º São considerados elementos sigilosos os previstos no parágrafo 7.º do artigo 57 da Lei n. 6.015/1973, ou outros, desde que previstos em legislação específica.

Por derradeiro, é relevante esclarecer o disposto no art. 425, III, do Código de Processo Civil, que estabelece que as reproduções dos documentos públicos, desde que autenticadas por oficial público ou conferidas em cartório com os respectivos originais, têm a mesma força probante que os originais. Esta disposição está em consonância com o art. 217 do Código Civil: "Terão a mesma força probante os traslados e as certidões, extraídos por tabelião ou oficial de registro, de instrumentos ou documentos lançados em suas notas". Traslado consiste na criação, pelo mesmo processo de elaboração do original, de um novo documento com a repetição integral do texto. Outra doutrina o conceitua como o instrumento público mediante o qual é expedida a primeira cópia integral e fiel do teor de escritura pública, com a mesma data.

1.2 A DATA NA CERTIDÃO

A antiga redação do § 2º do art. 19, da LRP, estabelecia que "as certidões do Registro Civil das Pessoas Naturais mencionarão, **sempre,** a data em que foi lavrado o assento e **serão manuscritas ou datilografadas e, no caso de adoção de papéis impressos, os claros serão preenchidos também em manuscrito ou datilografados".**

A Lei n. 14.382/2022 suprimiu parte de expressões do parágrafo, passando a prever agora pura e simplesmente que "as certidões do registro civil das pessoas naturais mencionarão a data em que foi lavrado o assento".

O fundamento é a revolução cibernética que estamos vivendo. Karin Rick Rosa explica que com a utilização em larga escala dos computadores nas serventias extrajudiciais, a emissão de certidões à mão ou datilografadas, se ainda não foram, deverá ser totalmente abandonada em breve. Vale sempre lembrar que as situações atípicas de indisponibilidade no sistema, falhas ou outros infortúnios poderão obstar a expedição de uma certidão em um dado momento. Contudo, tais situações não deverão obstar o fornecimento da certidão, considerando o prazo de cinco dias previsto no *caput* (Op. cit. p. 186).

1.3 RESTRIÇÕES E SIGILOS

Sobre a temática, remetemos o leitor aos comentários do artigo anterior, onde a matéria foi minuciosamente estudada.

1.4 ELEMENTOS DA CERTIDÃO

Em 26 de setembro de 2017, foi publicada a Lei 13.484 (conversão da MP 776/2017), que entrou em vigor na data de sua publicação e alterou a redação do § 4º do art. 19. A nova redação estabelece que as certidões de nascimento mencionarão a data em que foi feito o assento, a data do nascimento por extenso e, ainda, expressamente, a **naturalidade.**

De acordo com a lei, a naturalidade agora passa a ser uma **opção do declarante**, podendo corresponder ao município de residência da mãe, desde que localizado em território nacional, ou o Município onde ocorreu o nascimento, conforme art. 54, § 4º da Lei 6.015/73.

Nos comentários deste capítulo, abordaremos apenas a mudança referente à certidão de nascimento, deixando para os capítulos específicos o tema "opção da naturalidade".

1.5 O PROVIMENTO N. 63/2017 DO CONSELHO NACIONAL DE JUSTIÇA

O Provimento 63, de 14 de novembro de 2017, instituiu **modelos únicos de certidão de nascimento, de casamento e de óbito, a serem adotadas pelos ofícios de registro civil das pessoas naturais, revogando-se assim, os Provimentos 02 e 03, de 2009**, que dispunham sobre os modelos de certidões.

O referido Provimento trouxe outras inovações que serão vistas ao longo desta obra, em momento oportuno.

Por ora, vamos nos ater ao tema atual, que são as certidões e seus novos formatos, incluindo a obrigatoriedade de inclusão do CPF.

Exponho a seguir algumas das justificativas para a edição do Provimento 63:

a) A existência de convênio firmado entre a Associação dos Registradores de Pessoas Naturais (ARPEN-Brasil) e a Receita Federal do Brasil (RFB) que viabiliza a integração da Central Nacional de Informações do Registro Civil (CRC) com o banco de dados da RFB;

b) A gratuidade da incorporação do número do Cadastro de Pessoas Físicas (CPF) aos documentos de identidade civil da União, dos Estados e do Distrito Federal e, mediante essa integração de dados, a possibilidade de verificação do cumprimento dos requisitos de elegibilidade para concessão e manutenção dos benefícios sociais pelo órgão concedente (art. 9º da Lei n. 13.444, de 11 de maio de 2017);

c) A possibilidade de a naturalidade do cidadão corresponder à do município em que ocorreu o nascimento ou à do município de residência da mãe do registrando, desde que localizado em território nacional, cabendo a opção ao declarante no ato de registro de nascimento (art. 1º da Lei n. 13.484, de 26 de setembro de 2017);

d) A possibilidade, no caso de adoção iniciada antes do registro de nascimento, de o declarante optar pela naturalidade do município de residência do adotante na data do registro;

e) A necessidade de constar no assento de casamento a naturalidade dos cônjuges (art. 1º da Lei n. 13.484/2017);

f) A importância da integração de dados para aumentar a confiabilidade da documentação e diminuir as possibilidades de fraudes no país, além de contemplar as fontes primárias de todo e qualquer cidadão concernentes ao nascimento, casamento e óbito, que compõem a base de dados da CRC;

g) O eventual interesse de pessoa física de solicitar, quando da expedição de nascimento atualizada, a averbação de outros documentos, de forma a facilitar seu acesso a programas sociais e reunir informações em documento único;

h) O sistema de registro eletrônico, que facilita a interoperabilidade de dados (arts. 37 e seguintes da Lei n. 11.977, de 7 de julho de 2009);

De forma resumida, no que se refere às certidões, o Provimento 63 incluiu alterações relativas ao campo "Naturalidade", permitindo que os pais optem, no ato do registro, pela indicação do local de nascimento ou do município de residência da família como cidade natural do recém-nascido, mudança prevista pela Lei Federal 13.484/2017. Além disso, foi introduzido um quadro onde são lançados os demais documentos, como RG, CNH e Passaporte, que poderão ser emitidos pelos Cartórios de Registro Civil, agora corretamente denominados Ofícios da Cidadania.

É relevante anotar que o Provimento CNJ n. 63/2017 foi conservado parcialmente, por conter anexos dos modelos de certidões. Seus dispositivos foram incorporados aos arts. 472 a 479 do Provimento CNJ n. 149/2023, sem alteração legislativa.

Assim, nas certidões **de casamento, nascimento e óbito**, sem exceção, a partir do Provimento 63/2017, devem consignar a matrícula que identifica o código nacional da serventia, o código do acervo, o tipo do serviço prestado, o tipo de livro, o número do livro, o número da folha, o número do termo e o dígito verificador, observados os códigos previstos no Anexo IV, da aludida norma.

A **certidão de inteiro teor** requerida pelo **adotado** deverá dispor sobre todo o conteúdo registral, mas dela não deverá constar a origem biológica, salvo por determinação judicial (art. 19, § 3º, c/c o art. 95, parágrafo único, da Lei de Registros Públicos).

Por sua vez, a **certidão de inteiro teor**, de **natimorto** e as relativas aos atos registrados ou **transcritos no Livro E** são emitidas de acordo com o modelo do Anexo V do Provimento 63/2017.

Na hipótese de **adoção iniciada antes do registro de nascimento**, o oficial registrador incluirá no registro, em campo próprio, a naturalidade do recém-nascido ou a do adotado.

Corroborando a regra da opção da naturalidade instituída pela Lei 13.484/2017, o registrando poderá ser cidadão do município em que ocorreu o nascimento ou do município de residência da mãe na data do nascimento, desde que localizado em território nacional, cabendo **ao declarante optar no ato de registro de nascimento.**

Importante ressaltar que os modelos de certidão de nascimento continuarão a consignar, em campo próprio, o local de nascimento do registrando, que corresponderá ao local do parto.

Além disso, tais certidões devem conter, no campo filiação, as informações referentes à naturalidade, domicílio ou residência atual dos pais do registrando.

Não é demais lembrar também que o número da declaração do nascido vivo (DNV), quando houver, será obrigatoriamente lançado em campo próprio da certidão de nascimento.

Uma relevante inovação do Provimento foi a **obrigatoriedade do CPF nas certidões de nascimento, casamento e óbito.**

Se, entretanto, o sistema para a emissão do CPF estiver indisponível, o registro não será obstado, devendo o oficial averbar, **sem ônus**, o número do CPF quando do restabelecimento do sistema.

Vale mencionar que a Lei n. 14.534, de 11 de janeiro de 2023, determina o CPF como documento de identificação único para as certidões de nascimento, casamento e óbito, neste sentido:

> **Art. 1º** Fica estabelecido o número de inscrição no Cadastro de Pessoas Físicas (CPF) como número único e suficiente para identificação do cidadão nos bancos de dados de serviços públicos.
>
> § 1º O número de inscrição no CPF deverá constar dos cadastros e dos documentos de órgãos públicos, do registro civil de pessoas naturais ou dos conselhos profissionais, em especial nos seguintes documentos:
>
> I - certidão de nascimento;
>
> II - certidão de casamento;
>
> III - certidão de óbito;

Ratificando o disposto na Lei 13.484/2017, o Provimento 63/2017 editou norma no sentido de que deve ser incluída no assento de casamento a naturalidade dos cônjuges (art. 70 da Lei de Registros Públicos).

O leitor deve notar que o provimento ratificou ainda a regra disposta na Lei 13.484/2017, no sentido de que deve ser incluída no assento de casamento a naturalidade dos cônjuges (art. 70 da Lei de Registros Públicos).

Quanto ao prazo, os novos modelos começaram a ser utilizados a partir de 1º de janeiro de 2018 e não devem conter quadros preestabelecidos para o preenchimento dos nomes dos genitores e progenitores, bem como para anotações de cadastro que não estejam averbadas ou anotadas nos respectivos registros. Não há necessidade de substituição das certidões expedidas em modelo diverso até a data de implementação mencionada. Assim, não precisarão ser substituídas e permanecerão válidas por prazo indeterminado.

Acerca da temática das *certidões* e para complementação dos estudos, convém transcrever os enunciados da ARPEN-SP:

Enunciado 22: A emissão de certidão de nascimento em inteiro teor da pessoa adotada não necessita autorização judicial nos casos em que requerida pelo próprio adotado maior de idade ou por seu representante legal. Fundamento legal: redação atual deste enunciado conforme item 47.2.1 do Cap. XVII das Normas de Serviço da E. Corregedoria Geral de Justiça (Provimento 56/2019.

Enunciado 22: A emissão de certidão de inteiro teor para o próprio registrado só necessita de autorização judicial nos casos em que no registro conste referência à adoção, nos casos de registros cancelados em virtude de adoção e nos casos de proteção à testemunha. No entanto, independe de autorização judicial se, na data da adoção, o registrado já era plenamente capaz.

Enunciado 23: A procuração do próprio registrado com finalidade de obter certidão de inteiro teor poderá ser por instrumento particular, desde que com firma reconhecida, sempre com poderes específicos e expressos.

Enunciado 24: O simples fato do registro ter sido lavrado por mandado judicial não impede que o próprio registrado solicite o inteiro teor independentemente de autorização judicial.

Enunciado 25: Nos casos de legitimação, legitimação adotiva, proteção à testemunha, reconhecimento voluntário ou judicial de paternidade ou maternidade, alteração de patronímico, adoção, negatória de paternidade ou maternidade, a alteração deverá ser mencionada nos campos próprios da certidão, sendo neste caso proibido o uso da inscrição de que "a presente certidão envolve elementos de averbação à margem do termo", e, igualmente, proibida a menção sobre a origem do ato.

Enunciado 26: Nenhuma modalidade de adoção será mencionada nas certidões de registro de nascimento, salvo se autorizado o inteiro teor. Fundamento: o item 47.7 das Normas se refere a adoção indistintamente.

Enunciado 27: O campo das observações/averbações das certidões em breve relatório deverá ser preenchido com a expressão "Nada mais me cumpria certificar", tanto nos casos de registros em que nada consta na coluna de averbações, quanto nos casos de registros em que consta averbação cuja publicidade é vedada.

Enunciado 28: Deverá constar da certidão a inscrição "a presente certidão envolve elementos de averbação à margem do termo" nos casos de registros em que foi averbada uma retificação, ainda que nesse mesmo registro também foi averbado um ato cuja publicidade é vedada.

Enunciado 29: Somente é cobrado os emolumentos previstos no item 12 da Tabela V (Lei Estadual 11.331/2002) nos casos específicos de anotação ou averbação efetivamente transcritas no campo das observações/averbações da certidão.

Enunciado 30: É possível acrescer no campo das observações/averbações da certidão outros elementos do registro que não estejam protegidos pelo sigilo (por exemplo, a profissão dos genitores no registro de nascimento, estado civil dos nubentes no registro de casamento), sempre que houver pedido do solicitante nesse sentido. Nesse caso, por não serem anotações nem averbações, não incide a cobrança dos emolumentos previstos no item 12 da Tabela V (Lei Estadual 11.331/2002).

Enunciado 31: As certidões de pessoa emancipada, mesmo que já tenha completado a maioridade, deverão constar a anotação da emancipação e incide os emolumentos previstos no item 12 da Tabela V (Lei Estadual 11.331/2002).

Enunciado 32: As certidões de pessoa interditada, mesmo que já cancelada a interdição, deverão sempre constar as anotações da interdição e seu cancelamento, incidindo os emolumentos previstos no item 12 da Tabela V (Lei Estadual 11.331/2002).

Enunciado 56: Das certidões de casamento em breve relatório não devem conter no campo das observações que se trata de conversão de união estável em casamento, salvo se houver pedido do solicitante da certidão.

Enunciado 57: Das certidões de casamento religioso com efeito civil extraídas em breve relatório deverão constar a data da celebração religiosa no campo das observações, sem necessidade de mencionar culto religioso. Fundamento: o artigo 1.515 do Código Civil estabelece que o casamento produz efeitos a partir da celebração religiosa, o que torna a sua data relevante para a publicidade registral.

Enunciado 62: O requerimento de certidão em inteiro teor, realizado para utilização na própria Serventia ou remetido via e-protocolo, poderá ser realizado por qualquer pessoa, devendo ser assinado na presença do oficial/escrevente, com dispensa do reconhecimento de firma e acompanhado de cópia do documento de identificação apresentado. O oficial/escrevente deverá recomendar que o requerente exponha as razões do pedido, assim como o grau de parentesco com o(a) registrado(a) cuja certidão se requer, diante da possibilidade de indeferimento do pedido, pelo juiz corregedor permanente, em caso de ausência dessas informações.

Enunciado 63: O requerimento de certidão em inteiro teor, recebido por via diversa do e-protocolo, poderá ser realizado por qualquer pessoa e deverá ter a firma reconhecida do requerente, seja por semelhança ou autenticidade. O oficial/escrevente deverá recomendar que o requerente exponha as razões do pedido, assim como o grau de parentesco com o registrado cuja certidão se requer, diante da possibilidade de indeferimento do pedido, pelo juiz corregedor permanente, em caso de ausência dessas informações.

Enunciado 66: Na emissão de certidões, salvo nos casos de inteiro teor, não deverá constar qualquer referência a averbação regulamentada no Provimento 73/2018 da CN-CNJ, de alteração de sexo, prenome ou de ambos, nem mesmo a expressão "a presente certidão envolve elementos de averbação à margem do termo". Fundamento: a privacidade do indivíduo, expressamente assegurada no art. 5º do Provimento citado.

Enunciado 68: Os requerimentos de certidão de inteiro teor poderão ser encaminhados ao serviço de registro civil das pessoas naturais em formato eletrônico «.p7s» ou «.pdf», com assinatura digital nos padrões da ICP-Brasil, cuja autenticidade e integridade serão conferidas no verificador de conformidade do ITI - Instituto Nacional de Tecnologia da Informação, serviço disponível gratuitamente no endereço eletrônico: https://verificador.iti.gov.br/

68.1: Caso necessário, o serviço de registro civil poderá imprimir e arquivar em papel o requerimento eletrônico, juntamente com a confirmação de autenticidade e integridade, certificando que a impressão é reprodução fiel do original em meio eletrônico, sem custos adicionais para o requerente. Fundamento legal: artigos 10 e 13 da Medida Provisória 2200-2, perenizada pela Emenda Constitucional 32.

Enunciado 70: Os documentos e certidões eletrônicos, apresentados para a instrução dos procedimentos de retificação de registro; de reconhecimento de filiação; de alteração de patronímico; de alteração de prenome e/ou sexo de pessoa transgênero; de habilitação para o casamento; e demais procedimentos administrativos, com autenticidade verificada pelo Registrador, poderão ser impressos e, após certificada a conferência realizada, juntados aos respectivos procedimentos em meio físico. Fundamento legal: Lei 12.682/2012, art. 2-A, §2°; Lei 6.015/1973, art. 110; Provimento CNJ n° 16/2012, art. 3°, §2°; Provimento CNJ n° 82/2019, art. 1°, "caput"; Provimento CNJ n° 73/2018, art. 7°; Código Civil, art. 1.525.

1.5.1. APLICAÇÃO DO COMANDO DO ARTIGO 477, § 2º, DO CÓDIGO NACIONAL DE NORMAS

Uma questão interessante é saber se seria possível a averbação do número de CPF nos assentos de nascimento, casamento e óbito lavrados em **data anterior à vigência do Provimento 63/2017**. Reza o dispositivo:

> **Art. 477 (anterior art. 6º do Provimento CNJ n. 63/2017).** O CPF será obrigatoriamente incluído nas certidões de nascimento, casamento e óbito.
>
> (...)
>
> § 2º Nos assentos de nascimento, casamento e óbito lavrados em data anterior à vigência do Provimento n. 63/2017, poderá ser averbado o número de CPF, de forma gratuita, bem como anotados o número do DNI ou RG, título de eleitor e outros dados cadastrais públicos relativos à pessoa natural, mediante conferência.

A Corregedoria-Geral da Justiça do Estado de Minas Gerais realizou consulta de número 0004693-27.2018.2.00.0000 ao Conselho Nacional de Justiça, questionando a amplitude de aplicação deste comando.

O Ministro João Otávio de Noronha, ex-Corregedor Nacional de Justiça, posicionou-se no seguinte sentido:

> "Afirma-se, portanto, que não há necessidade de requerimento expresso e específico para que se proceda à inclusão do CPF, mas, sim, mero pedido de emissão da 2ª via de certidão, o que seria suficiente para realização, de ofício, da averbação por parte dos registradores.

Tal é o entendimento firmado no parágrafo 3º do mesmo art. 477:

> § 3º A emissão de segunda via de certidão de nascimento, casamento e óbito dependerá, quando possível, da prévia averbação cadastral do número de CPF no respectivo assento, de forma gratuita.

Isso significa que, mesmo nos casos de registros anteriores à entrada em vigor do Provimento CN-CNJ n. 63/2017, qualquer pedido de segunda via de certidão perante o Ofício de Registro Civil exigirá a averbação, de ofício, do CPF nos casos em que não conste o seu número.

> De toda sorte, há de salientar a necessidade de manifestação da Receita Federal ante a exigência de atribuição de CPF mesmo nos casos de óbito de pessoas que não possuíam o referido cadastro, seja para fins fiscais, seja para controle preventivo em relação a eventuais fraudes em relação à pessoa do falecido.

Transcreve-se a seguir a consulta, atentando-se para o fato de que o art. 6º, §§ 2º e 3º do Provimento CNJ n. 63/2017 corresponde ao atual art. 477 do Provimento CNJ n. 149/2023:

> Consulta – Provimento CNJ nº 63/2017 – Art. 6º, §§ 2º e 3º – Possibilidade de averbação do CPF nos traslados dos assentos de nascimento, casamento e óbito de brasileiros em país estrangeiro – Finalidade da norma – Ausência de óbices – Encaminhamento à Corregedoria Nacional de Justiça para avaliar alteração do Provimento – Proposta de inclusão de dispositivo na Resolução CNJ nº 155/2012 – Consulta conhecida e respondida
>
> 1. Trata-se de Consulta sobre a extensão dos ditames estabelecidos pelo artigo 6º, §§ 2º e 3º do Provimento CNJ nº 63/2017 que disciplina a obrigatoriedade de inclusão do número do CPF nas certidões de nascimento, casamento e óbito emitidas após a vigência do normativo, bem como a possibilidade de averbação do número do CPF nos assentos lavrados em data anterior à vigência do Provimento ou na hipótese de emissão de segunda via, de forma gratuita.
>
> 2. A Lei n. 6.015, de 31 de dezembro de 1973 e a Resolução CNJ n. 155, de 16 de julho de 2012, estabelecem que os assentos de nascimento, óbito e casamento de brasileiros em país estrangeiro são autênticos nos termos da lei do lugar em que foram lavrados, mas que para produzirem efeitos no Brasil devem ser trasladados nos cartórios de 1º Ofício do domicílio do registrado ou no 1º Ofício do Distrito Federal, em falta de domicílio conhecido.
>
> 3. Considerando a finalidade do Provimento CN-CNJ n. 63/2017 de ampliar o espectro de informações nos documentos civis de identificação dos brasileiros, ao prever a possibilidade de averbação do CPF nos assentos de nascimento, casamento e óbito, tal objetivo é igualmente aplicável aos traslados dos assentos de nascimento, casamento e óbito, não havendo óbices para a equiparação.
>
> 4. Com o intuito de uniformização de procedimentos em âmbito nacional, propõe-se a avaliação pela Corregedoria Nacional de Justiça da pertinência de alteração do Provimento n. 63/2017, bem como a inclusão de dispositivo na Resolução CNJ n. 155/2012 com o teor da resposta a esta consulta.
>
> 5. Resposta à consulta no sentido de que poderá ser averbado o número de CPF, de forma gratuita, nos traslados dos assentos de nascimento, casamento e óbito de brasileiros em país estrangeiro.
>
> 6. Consulta conhecida e respondida (CNJ – Consulta nº 0007971-02.2019.2.00.0000 – Rel. Cons. Tânia Regina Silva Reckziegel – DJ 14.09.2021)

1.6 MODELOS DE CERTIDÕES PREVISTOS NO PROVIMENTO CNJ N. 63/2017

Para tornar a temática das certidões ainda mais compreensível, transcrevo a seguir os modelos prescritos no provimento estudado.

ANEXO I

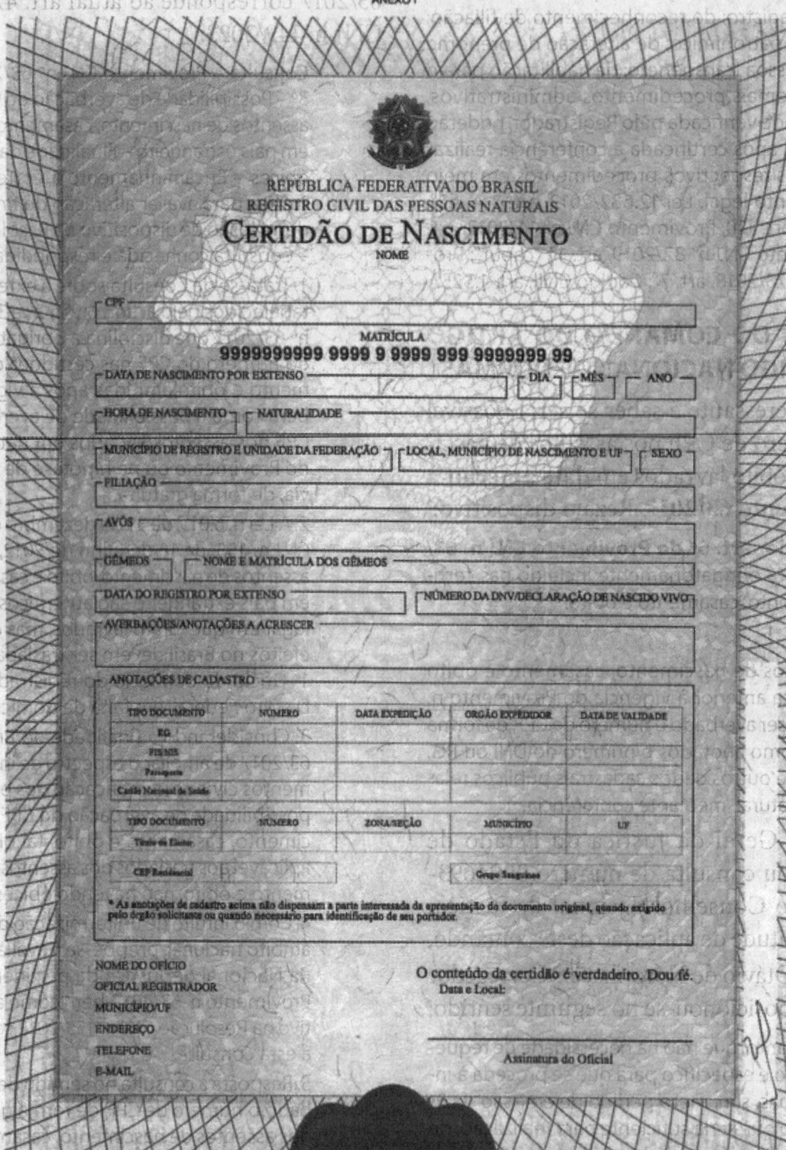

REPÚBLICA FEDERATIVA DO BRASIL
REGISTRO CIVIL DAS PESSOAS NATURAIS

CERTIDÃO DE NASCIMENTO

NOME

CPF

MATRÍCULA
9999999999 9999 9 9999 999 9999999 99

DATA DE NASCIMENTO POR EXTENSO | DIA | MÊS | ANO

HORA DE NASCIMENTO | NATURALIDADE

MUNICÍPIO DE REGISTRO E UNIDADE DA FEDERAÇÃO | LOCAL, MUNICÍPIO DE NASCIMENTO E UF | SEXO

FILIAÇÃO

AVÓS

GÊMEOS | NOME E MATRÍCULA DOS GÊMEOS

DATA DO REGISTRO POR EXTENSO | NÚMERO DA DNV/DECLARAÇÃO DE NASCIDO VIVO

AVERBAÇÕES/ANOTAÇÕES A ACRESCER

ANOTAÇÕES DE CADASTRO

TIPO DOCUMENTO	NÚMERO	DATA EXPEDIÇÃO	ÓRGÃO EXPEDIDOR	DATA DE VALIDADE
RG				
PIS/NIS				
Passaporte				
Cartão Nacional de Saúde				

TIPO DOCUMENTO	NÚMERO	ZONA/SEÇÃO	MUNICÍPIO	UF
Título de Eleitor				

CPF Residencial | Grupo Sanguíneo

* As anotações de cadastro acima não dispensam a parte interessada da apresentação do documento original, quando exigido pelo órgão solicitante ou quando necessário para identificação de seu portador.

NOME DO OFÍCIO
OFICIAL REGISTRADOR
MUNICÍPIO/UF
ENDEREÇO
TELEFONE
E-MAIL

O conteúdo da certidão é verdadeiro. Dou fé.
Data e Local:

Assinatura do Oficial

ANEXO II

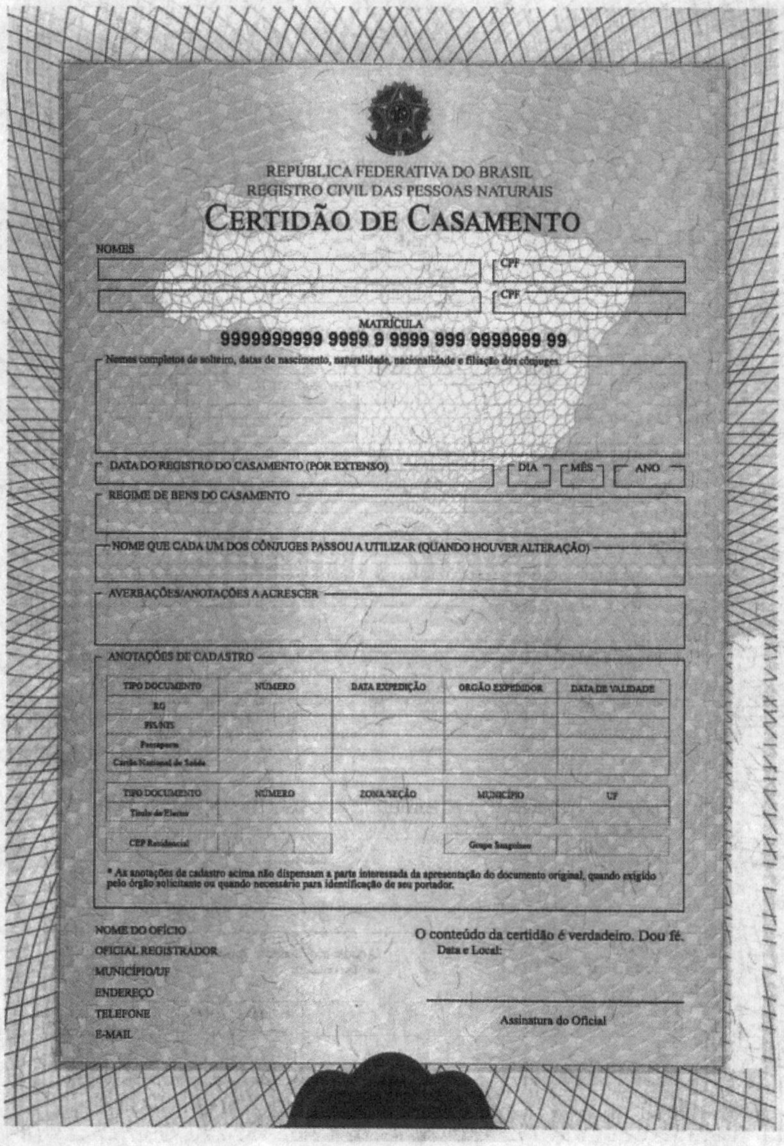

REPÚBLICA FEDERATIVA DO BRASIL
REGISTRO CIVIL DAS PESSOAS NATURAIS

CERTIDÃO DE CASAMENTO

NOMES | CPF
CPF

MATRÍCULA
9999999999 9999 9 9999 999 9999999 99

Nomes completos de solteiro, datas de nascimento, naturalidade, nacionalidade e filiação dos cônjuges

DATA DO REGISTRO DO CASAMENTO (POR EXTENSO) | DIA | MÊS | ANO

REGIME DE BENS DO CASAMENTO

NOME QUE CADA UM DOS CÔNJUGES PASSOU A UTILIZAR (QUANDO HOUVER ALTERAÇÃO)

AVERBAÇÕES/ANOTAÇÕES A ACRESCER

ANOTAÇÕES DE CADASTRO

TIPO DOCUMENTO	NÚMERO	DATA EXPEDIÇÃO	ORGÃO EXPEDIDOR	DATA DE VALIDADE
RG				
PIS/NIS				
Passaporte				
Cartão Nacional de Saúde				

TIPO DOCUMENTO	NÚMERO	ZONA/SEÇÃO	MUNICÍPIO	UF
Título de Eleitor				

CEP Residencial			Grupo Sanguíneo	

* As anotações de cadastro acima não dispensam a parte interessada da apresentação do documento original, quando exigido pelo órgão solicitante ou quando necessário para identificação de seu portador.

NOME DO OFÍCIO
OFICIAL REGISTRADOR
MUNICÍPIO/UF
ENDEREÇO
TELEFONE
E-MAIL

O conteúdo da certidão é verdadeiro. Dou fé.
Data e Local:

Assinatura do Oficial

ANEXO III

REPÚBLICA FEDERATIVA DO BRASIL
REGISTRO CIVIL DAS PESSOAS NATURAIS

CERTIDÃO DE ÓBITO

NOME

CPF

MATRÍCULA
9999999999 9999 9 9999 999 9999999 99

SEXO | COR | ESTADO CIVIL E IDADE

NATURALIDADE | DOCUMENTO DE IDENTIFICAÇÃO | ELEITOR

FILIAÇÃO E RESIDÊNCIA

DATA E HORA DE FALECIMENTO | DIA | MÊS | ANO

LOCAL DE FALECIMENTO

CAUSA DA MORTE

SEPULTAMENTO/CREMAÇÃO (município e cemitério, se conhecido) | DECLARANTE

NOME E NÚMERO DO DOCUMENTO DO MÉDICO QUE ATESTOU O ÓBITO

AVERBAÇÕES/ANOTAÇÕES A ACRESCER

ANOTAÇÕES DE CADASTRO

TIPO DOCUMENTO	NÚMERO	DATA EXPEDIÇÃO	ORGÃO EXPEDIDOR	DATA DE VALIDADE
RG				
PIS/NIS				
Passaporte				
Cartão Nacional de Saúde				

TIPO DOCUMENTO	NÚMERO	ZONA/SEÇÃO	MUNICÍPIO	UF
Título de Eleitor				

CEP Residencial		Grupo Sanguíneo	

* As anotações de cadastro acima não dispensam a apresentação do documento original, quando exigida pelo órgão solicitante.

NOME DO OFÍCIO
OFICIAL REGISTRADOR
MUNICÍPIO/UF
ENDEREÇO
TELEFONE
E-MAIL

O conteúdo da certidão é verdadeiro. Dou fé.
Data e Local:

Assinatura do Oficial

ANEXO IV – VERSO DO IMPRESSO DE SEGURANÇA

DETALHAMENTO DA MATRÍCULA

MATRÍCULA	
PADRÃO	
DETALHAMENTO	
	CÓDIGO NACIONAL DA SERVENTIA (IDENTIFICAÇÃO ÚNICA DO CARTÓRIO)
	CÓDIGO DO ACERVO, SENDO: 01 - ACERVO PRÓPRIO OUTROS - ACERVOS INCORPORADOS
	TIPO DE SERVIÇO PRESTADO, SENDO: 51: SERVIÇO DE NOTAS 52: SERVIÇO DE PROTESTO DE TÍTULOS 53: SERVIÇO DE REGISTRO DE IMÓVEIS 54: SERVIÇO DE REGISTRO DE TÍTULOS E DOCUMENTO CIVIL DE PESSOA JURÍDICA 55: SERVIÇO DE REGISTRO CIVIL DAS PESSOAS NATURAIS 56: SERVIÇO DE REGISTRO DE CONTRATOS MARÍTIMOS 57: REGISTRO DE DISTRIBUIÇÃO
	ANO DO REGISTRO
	TIPO DO LIVRO, SENDO: 1: LIVRO A (NASCIMENTO) 2: LIVRO B (CASAMENTO) 3: LIVRO B (REGISTRO DE CASAMENTO RELIGIOSO PARA FINS CIVIS) 4: LIVRO C (ÓBITO) 5: LIVRO C AUXILIAR (REGISTRO DE NATIMORTOS) 6: LIVRO D (REGISTRO DE PROCLAMAS) 7: LIVRO E (DEMAIS ATOS RELATIVOS AO REGISTRO CIVIL)
	NÚMERO DO LIVRO
	NÚMERO DA FOLHA
	NÚMERO DO TERMO
	DÍGITO VERIFICADOR

ANEXO V

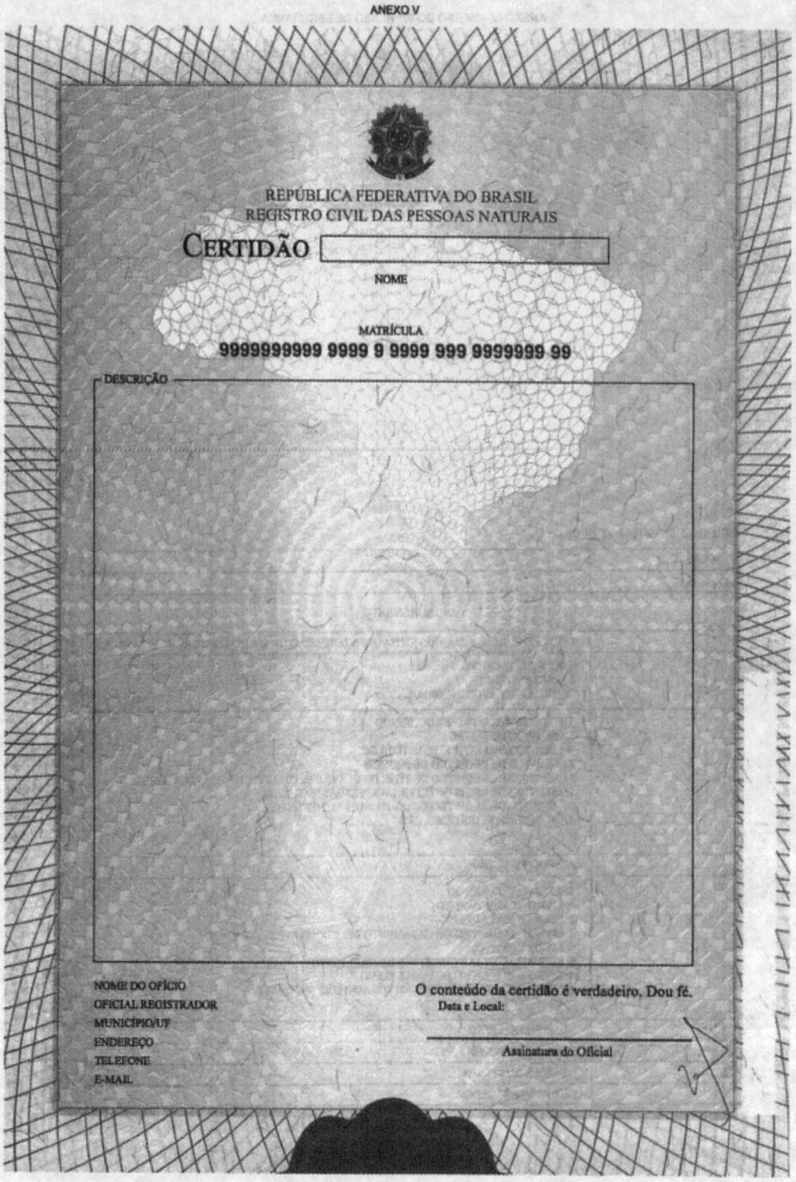

REPÚBLICA FEDERATIVA DO BRASIL
REGISTRO CIVIL DAS PESSOAS NATURAIS

CERTIDÃO

NOME

MATRÍCULA
9999999999 9999 9 9999 999 9999999 99

DESCRIÇÃO

NOME DO OFÍCIO
OFICIAL REGISTRADOR
MUNICÍPIO/UF
ENDEREÇO
TELEFONE
E-MAIL

O conteúdo da certidão é verdadeiro. Dou fé.
Data e Local:

Assinatura do Oficial

o qual deve ser gratuito, ao menos na primeira vez, por já estar incluso no valor dos emolumentos.

A título de concreção, se o cidadão pede uma certidão de um ato, ela poderá ser emitida em meio digital, mas deve-se assegurar a ele o direito de exigir da serventia a impressão do documento digital. Em segundo lugar, as serventias físicas *devem* disponibilizar aos cidadãos o direito a, se assim o quiserem, requerer os atos presencialmente. Há de se garantir, inclusive, o direito a apresentar o título e os documentos pertinentes em meio físico, caso em que caberá à própria serventia digitalizar os papeis para deflagrar o procedimento administrativo necessário. O próprio art. 194 da LRP dá respaldo a essa posição, ao exigir esse papel do RI. Entendemos, porém, que essa regra do art. 194 da LRP estende-se também às demais especialidades. O art. 19, § 6º, da LRP também corrobora esse entendimento. De fato, embora a maioria dos usuários haverá de preferir formular seus requerimentos remotamente por meio da plataforma eletrônica disponível não podemos nos [illegible] para os quais o canal eletrônico [illegible]vo, inviável ou inconveniente. Em terceiro lugar, ainda com relação ao direito do cidadão a requerer presencialmente certidões eletrônicas, [illegible] § 6º, do art. 19 transformou [illegible] espécie de posto avançado das [illegible] perante determinada serventia próxima de sua casa, requerer certidões eletrônicas oriundas de qualquer serventia registral do País, [illegible] especialidades. A ilustrar, se um [illegible] em Rio Branco/AC, precisa de uma certidão [illegible]ento de um RCPN situado em Porto [illegible] poderá se dirigir ao RI mais próximo [illegible] certidão. Caberá ao RI mais próximo [illegible] expedir essa certidão. Em poucas palavras, [illegible] é um "despachante" das demais, conforme a previsão legal do § 6.º do art. 19 da LRP, o qual ainda dependerá de regulamentação. O CNJ, na sua regulamentação, poderá vir a adotar interpretação [illegible] diferente, restringindo esse direito a certidões expedidas por serventias da mesma especialidade. Não [illegible] conveniente essa restrição, porque a ideia do SERP é a de integrar todas as serventias registrais, mesmo as de especialidade diferente, bem como a de facilitar o acesso dos cidadãos aos serviços notariais e registrais. Não enxergamos problema algum na lei local de emolumentos prever um valor adicional por esse serviço de "despachante". Afinal de contas, trata-se de um serviço adicional a ser prestado, a gerar aumento de custos para a serventia com a contratação de material e de infraestrutura. Em quarto lugar, devem ser evitadas repetições de procedimentos (Op. cit. p. 38).

Passa-se agora à análise do § 8º do art. 19, que prescreve que os registros públicos de que trata a Lei n. 6.015/1973 disponibilizarão, por meio do Serp, a

1.7 CERTIDÕES ELETRÔNICAS E VISUALIZAÇÕES ELETRÔNICAS

Com redação dada pela Medida Provisória n. 1.085/2021, convertida na Lei n. 14.382/2022, o § 5º do art. 19 da LRP, prevê que as certidões extraídas dos registros públicos deverão, observado o disposto no § 1º deste artigo, ser fornecidas eletronicamente, com **uso de tecnologia que permita a sua impressão pelo usuário e a identificação segura de sua autenticidade**, conforme critérios estabelecidos pela Corregedoria Nacional de Justiça do Conselho Nacional de Justiça, **dispensada a materialização das certidões pelo oficial de registro**. Em outras palavras, a impressão da certidão pode ser feita pelo próprio utente do serviço.

De acordo com **a nova lei, o interessado tem a faculdade de solicitar a qualquer serventia, certidões eletrônicas relativas a atos registrados em outra serventia**, por meio do Sistema Eletrônico dos Registros Públicos (Serp), nos termos est[illegible] doria Nacional de Justiça do C[illegible] tiça. Em suma, o § 6º, do art. [illegible] da **expedição unificada das certidões**.

Anote-se que a **certidão impressa** nos termos do § 5º e a **certidão eletrônica** lavrada nos termos do § 6º do art. 19 terão **validade e fé p**[illegible] tos de Karin Rick Rosa, preocupa[illegible] garantir a validade e a fé pública da certidão impressa pelo próprio usuário e das certidões eletrônicas expedidas por outra serventia, pelo SERP. Não faria sentido autorizar a impressão pelo usuário e não garantir a validade e a fé pública à certidão. Vale referir que a expedição de certidões em meio e[illegible] o uso de assinatura eletrônica com certificado digital ICP-Brasil do registrador púb[illegible] da fé pública, que é atributo dos atos praticados por esse profissional, e de validade, a teor do disposto nos arts. 1º e 10, § 1º, da Medida Provisória 2.200-02/2001 (Op. cit. 188).

Algumas questões práticas de relevo precis[illegible] expostas.

Desse modo, Carlos Elias e Flávio Tartuce observam, em primeiro lugar, que, embora a [illegible] do acervo e dos serviços deva ser observada por todas as serventias à luz dos atos infralegais do CNJ e dos Tribunais locais, **é fundamental lembrar dos cidadãos que não têm acesso a meios digitais**. Muitos deles não dispõem de computador, de smartphones ou de outros dispositivos necessários para acessar os atos notariais e registrais. Além disso, nem todos os cidadãos têm impressoras. É sob essa ótica que se devem interpretar alguns dispositivos incluídos pela Lei n. 14.382/2022, além de outros dispositivos da LRP, como o art. 19, §§ 5º e 7º. Por essa razão, entendemos que toda serventia é obrigada a atender o pedido de impressão do ato digital.

ANEXO VI

TERMO DE RECONHECIMENTO DE FILIAÇÃO SOCIOAFETIVA

Qualificação completa da pessoa que comparece espontaneamente para reconhecer o(a) filho(a) (nome completo, nacionalidade, naturalidade, data e local de nascimento, estado civil, profissão, RG, CPF, endereços, telefones, endereço eletrônico e filiação, com especificação dos nomes completos dos respectivos genitores, para constarem como avós do reconhecido):__________

Dados para identificação induvidosa do filho(a) reconhecido(a), em especial seu nome completo e indicação do Oficial de Registro de Pessoas Naturais em que realizado seu registro de nascimento, que poderá ser diverso daquele em que preenchido o presente termo (sem prejuízo de outros elementos que seja possível consignar, tais como nome da mãe, endereços desta e do filho(a), respectivos telefones, endereço eletrônico, identificação e localização de outros parentes etc.): __________

Declaração da pessoa que realiza o reconhecimento: DECLARO, sob as penas da lei, que:

1. **a filiação socioafetiva ora afirmada é verdadeira e que RECONHEÇO, nos termos do Provimento nº --- do Conselho Nacional de Justiça, meu(minha) filho(a) SOCIOAFETIVO acima identificado(a);**
2. **o reconhecimento da filiação socioafetiva ou adoção não foi pleiteado em juízo;**
3. **não há vínculo de parentesco biológico na linha de ascendente ou de irmãos com o(a) filho(a) reconhecido(a);**
4. **possuo diferença de idade em, no mínimo, de 16 anos com o(a) filho(a) reconhecido(a);**
5. **tenho conhecimento que o(a) filho(a) reconhecido(a) passará a ter todos os direitos legais de filho, inclusive os direitos sucessórios, em igualdade com os filhos biológicos ou adotados, sem distinção;**
6. **tenho ciência de que o reconhecimento é irrevogável nos termos do art. 1.610 do vigente Código Civil.**

Por ser expressão da verdade, firmo o presente termo.

(Local), __/__/__

____
Pessoa que reconhece o(a) filho(a)

____
Filho(a) maior de 12 anos ou mãe do(a) filho(a) menor, caso compareça simultaneamente para anuência (com qualificação no campo acima)

____
Oficial de Registro de Pessoas Naturais, com identificação e carimbo

Lei 6.015/1973

1.7 CERTIDÕES ELETRÔNICAS E VISUALIZAÇÕES ELETRÔNICAS

Com redação dada pela Medida Provisória n. 1.085/2021, convertida na Lei n. 14.382/2022, o § 5º do art. 19 da LRP, prevê que as certidões extraídas dos registros públicos deverão, observado o disposto no § 1º deste artigo, ser fornecidas eletronicamente, **com uso de tecnologia que permita a sua impressão pelo usuário e a identificação segura de sua autenticidade,** conforme critérios estabelecidos pela Corregedoria Nacional de Justiça do Conselho Nacional de Justiça, **dispensada a materialização das certidões pelo oficial de registro.** Em outras palavras, a impressão da certidão pode ser feita pelo próprio utente do serviço.

De acordo com a nova lei, o interessado tem a faculdade de solicitar a **qualquer serventia, certidões eletrônicas relativas a atos registrados em outra serventia**, por meio do Sistema Eletrônico dos Registros Públicos (Serp), nos termos estabelecidos pela Corregedoria Nacional de Justiça do Conselho Nacional de Justiça. Em suma, o § 6º, do art. 19 deixa clara a garantia da expedição **unificada** das certidões.

Anote-se que a **certidão impressa** nos termos do § 5º e a **certidão eletrônica** lavrada nos termos do § 6º do art. 19, terão **validade e fé pública.** Nos ensinamentos de Karin Rick Rosa, preocupou-se o legislador em garantir a validade e a fé pública da certidão impressa pelo próprio usuário e das certidões eletrônicas expedidas por outra serventia, pelo SERP. Não faria sentido autorizar a impressão pelo usuário e não garantir a validade e a fé pública à certidão. Vale referir que a expedição de certidões em meio eletrônico, mediante o uso de assinatura eletrônica com certificado digital ICP-Brasil do registrador público reveste o documento da fé pública, que é atributo dos atos praticados por esse profissional, e de validade, a teor do disposto nos arts. 1º e 10, § 1º, da Medida Provisória 2.200-02/2001 (Op. cit. 188).

Algumas questões práticas de relevo precisam ser expostas.

Desse modo, Carlos Elias e Flávio Tartuce observam, em **primeiro lugar**, que, embora a digitalização do acervo e dos serviços deva ser observada por todas as serventias à luz dos atos infralegais do CNJ e dos Tribunais locais, **é fundamental lembrar dos cidadãos que não têm acesso a meios digitais.** Muitos deles não dispõem de computador, de smartphones ou de outros dispositivos necessários para acessar os atos notariais e registrais. Além disso, nem todos os cidadãos têm impressoras. É sob essa ótica que se devem interpretar alguns dispositivos incluídos pela Lei n. 14.382/2022, além de outros dispositivos da LRP, como o art. 19, §§ 5º e 7º. Por essa razão, entendemos que toda serventia é obrigada a atender o pedido de impressão do ato digital, o qual deve ser gratuito, ao menos na primeira vez, por já estar incluso no valor dos emolumentos.

A título de concreção, se o cidadão pede uma certidão de um ato, ela poderá ser emitida em meio digital, mas deve-se assegurar a ele o direito de exigir da serventia a impressão do documento digital. Em **segundo lugar**, as serventias físicas devem disponibilizar aos cidadãos o direito a, se assim o quiserem, requerer os atos presencialmente. Há de se garantir, inclusive, o direito a apresentar o título e os documentos pertinentes em meio físico, caso em que caberá à própria serventia digitalizar os papéis para deflagrar o procedimento administrativo necessário. O próprio art. 194 da LRP dá respaldo a essa posição, ao exigir esse papel do RI. Entendemos, porém, que essa regra do art. 194 da LRP estende-se também às demais especialidades. O art. 19, § 6º, da LRP também corrobora esse entendimento. De fato, embora a maioria dos usuários haverá de preferir formular seus requerimentos remotamente por meio da plataforma eletrônica disponível não podemos nos esquecer dos cidadãos para os quais o canal eletrônico seja, por qualquer motivo, inviável ou inconveniente. Em **terceiro lugar**, ainda com relação ao direito do cidadão a requerer presencialmente certidões eletrônicas, é preciso realçar que o § 6º, do art. 19 transformou cada serventia em uma espécie de posto avançado das demais. O usuário pode, perante determinada serventia próxima de sua casa, requerer certidões eletrônicas oriundas de qualquer serventia registral do País, mesmo a de outras especialidades. A ilustrar, se um cidadão residente em Rio Branco/AC, precisa de uma certidão de nascimento de um RCPN situado em Porto Alegre/RS, ele poderá se dirigir ao RI mais próximo e requerer essa certidão. Caberá ao RI mais próximo acessar o SERP e expedir essa certidão. Em poucas palavras, cada serventia é um **"despachante" das demais**, conforme a previsão legal do § 6.º do art. 19 da LRP, o qual ainda dependerá de regulamentação. O CNJ, na sua regulamentação, poderá vir a adotar interpretação diferente, restringindo esse direito a certidões expedidas por serventias da mesma especialidade. Não consideramos conveniente essa restrição, porque a ideia do SERP é a de integrar todas as serventias registrais, mesmo as de especialidade diferente, bem como a de facilitar o acesso dos cidadãos aos serviços notariais e registrais. Não enxergamos problema algum, na lei local de emolumentos, prever um valor adicional por esse serviço de "despachante". Afinal de contas, trata-se de um serviço adicional a ser prestado, a gerar aumento de custos para a serventia com a contratação de material e de infraestrutura. Em **quarto lugar**, devem ser evitadas repetições de procedimentos (Op. cit. p. 38).

Passa-se agora à análise do **§ 8º do art. 19**, que prescreve que os registros públicos de que trata a Lei n. 6.015/1973 disponibilizarão, por meio do Serp, a

visualização eletrônica dos atos neles transcritos, praticados, registrados ou averbados, na forma e nos prazos estabelecidos pela Corregedoria Nacional de Justiça do Conselho Nacional de Justiça.

Trata-se de normativa diferente daquelas que estabelecem a emissão da certidão. Aqui possibilita-se a visualização dos atos diretamente no site do SERP, como por exemplo, o inteiro teor de uma matrícula de imóvel.

No que diz respeito aos emolumentos desses atos de visualização eletrônica, os Estados e o Distrito Federal deverão editar normas específicas.

1.8 A PROTEÇÃO DE DADOS PESSOAIS E O RCPN

Toda a parte geral sobre a Proteção de Dados foi detalhada nos comentários do Tópico 1.11 do art. 1º da Lei n. 6.015/1973, nesta obra. Aqui compilo as prescrições, também já estudadas oportunamente, sobre o Registro Civil das Pessoas Naturais, previstas nos arts. 113 a 122 do Provimento CNJ n. 149/2023 (correspondentes aos arts. 35 a 44 do Provimento CNJ n. 134/2022), conforme segue:

> Art. 113. É livre o acesso às informações constantes nos livros de Registro Civil das Pessoas Naturais, por meio de certidões de breve relato, com as informações regulamentadas em lei, neste Código de Normas e em outras normas compatíveis, independentemente de requerimento ou de identificação do requerente.
>
> Art. 114. As certidões de registro civil em geral, inclusive as de inteiro teor, requeridas pelos próprios interessados, seus representantes legais, mandatários com poderes especiais, serão expedidas independentemente de autorização do juiz corregedor permanente.
>
> § 1.º Nas hipóteses em que a emissão da certidão for requerida por terceiros e a certidão contiver dados sensíveis, somente será feita a expedição mediante a autorização do juízo competente.
>
> § 2.º Após o falecimento do titular do dado sensível, as certidões de que trata o *caput* deste artigo poderão ser fornecidas aos parentes em linha reta, independentemente de autorização judicial.
>
> Art. 115. Nas certidões de breve relato deverão constar somente as informações previstas em lei ou ato normativo, sendo que qualquer outra informação solicitada pela parte constante do registro ou das anotações e das averbações posteriores somente poderá ser fornecida por meio de certidão por quesitos ou por inteiro teor, de acordo com as disposições previstas neste Código de Normas.
>
> Parágrafo único. Sempre deverão constar do campo destinado às observações a existência de adoção simples realizada por meio de escritura pública; as alterações de nome indígena; a declaração do registrado como indígena; a etnia ou a inclusão de etnia; e a alteração de nome em razão da cultura ou do costume indígena.
>
> Art. 116. As solicitações de certidões por quesitos, ou informações solicitadas independentemente da expedição de certidões, receberão o mesmo tratamento destinado às certidões solicitadas em inteiro teor quando os dados solicitados forem restritos, sensíveis ou sigilosos.
>
> § 1.º São considerados elementos sensíveis os elencados no inciso II do art. 5.º da Lei n. 13.709/2018, ou outros, desde que previstos em legislação específica.
>
> § 2.º São considerados elementos restritos os previstos no art. 45 e art. 95 da Lei n. 6.015/1973, no art. 6.º e seus parágrafos da Lei n. 8.560/1992, nas normas de alteração de nome ou sexo no caso de pessoa *transgênero*, ou outros, desde que previstos em legislação específica.
>
> § 3.º São considerados elementos sigilosos os previstos no parágrafo 7.º do artigo 57 da Lei n. 6.015/1973, ou outros, desde que previstos em legislação específica.
>
> Art. 117. A emissão de certidão em inteiro teor sempre depende de requerimento escrito com firma reconhecida do requerente ou com assinatura digital nos padrões ICP-Brasil, no padrão do sistema gov.br ou com assinatura confrontada com o documento de identidade original.
>
> § 1.º O reconhecimento de firma será dispensado quando o requerimento for firmado na presença do oficial ou de preposto.
>
> § 2.º Os requerimentos poderão ser recepcionados por e-mail ou por meio da Central de Informações do Registro Civil (CRC), desde que assinados digitalmente, nos padrões da ICP-Brasil, cuja autenticidade e integridade serão conferidas no verificador de conformidade do Instituto Nacional de Tecnologia da Informação (ITI), por meio do sistema de assinatura gov.br ou com assinatura confrontada com o documento de identidade original.
>
> § 3.º O requerimento de certidão em inteiro teor deverá conter a identificação do requerente, o motivo em virtude do qual se requer a certidão sob a forma de inteiro teor e o grau de parentesco com o registrado, caso exista, bem como o fato de ser este falecido ou não.
>
> § 4.º A certidão com referência à circunstância de ser legítima a filiação poderá ser fornecida, inclusive a terceiros, independentemente de autorização judicial.
>
> Art. 118. Não é necessário requerimento ou autorização judicial para emissão de certidão de óbito em nenhuma de suas modalidades.
>
> Art. 119. As restrições relativas aos dados sensíveis elencados pelo inciso II do art. 5.º da Lei n. 13.709/2018 não se aplicam ao caso de pessoa falecida.
>
> Art. 120. A emissão e o fornecimento de certidão sobre procedimentos preparatórios ou documentos apresentados para a realização de atos no Registro Civil das Pessoas Naturais somente poderão ser realizados a pedido do próprio interessado ou do titular do documento, seus representantes legais e mandatários com poderes especiais ou mediante autorização judicial ou, ainda, quando o documento solicitado for público com publicidade geral e irrestrita.
>
> Parágrafo único. Após o falecimento do titular, a certidão de que trata o *caput* deste artigo poderá ser fornecida ao solicitante que apresentar a certidão de óbito.
>
> Art. 121. É facultado a qualquer interessado, independentemente de justificação ou de requerimento, realizar buscas nos índices dos Registros Civis das Pessoas Naturais, respeitados os emolumentos estabelecidos pelas legislações estaduais.
>
> Parágrafo único. A realização de buscas com base em outras fontes, além dos índices de registros dos livros do cartório, somente será autorizada mediante requerimento escrito fundamentado, sujeito à análise de finalidade

pelo oficial do registro civil das pessoas naturais, de cuja decisão, em caso de indeferimento, caberá revisão pelo juiz competente.

Art. 122. O edital de proclamas conterá tão somente o nome, o estado civil, a filiação, a cidade e a circunscrição do domicílio dos noivos.

Parágrafo único. Quando os nubentes residirem em circunscrições diferentes, constará do edital o endereço dos nubentes para a comprovação deste fato, nos termos do art. 67, § 4.º, da Lei n. 6.015/1973.

1.9 CERTIDÕES IMOBILIÁRIAS

O § 9º do art. 19 da LRP aborda a certidão da situação jurídica atualizada do imóvel, estabelecendo que nela devem compreender as informações vigentes de sua **descrição, número de contribuinte, proprietário, direitos, ônus** e **restrições, judiciais e administrativas,** incidentes sobre o imóvel e o respectivo titular, além das demais informações necessárias à comprovação da propriedade e à transmissão e à constituição de outros direitos reais.

Karin Rick Rosa, citando Sérgio Jacomino, explica que a origem dessa certidão remonta os anos de 2011 e 2012, em especificação do SREI, levada a cabo pelo CNJ em parceria com a LSITEC. Explica o registrador que essa especificação do SREI foi transportada para o Provimento CNJ 89/2019, que estabeleceu como parâmetro e rotina operacional, no art. 10, IV, a formação de matrícula eletrônica da situação atualizada do imóvel, contendo sua descrição, direitos reais sobre ele e restrições, após cada registro e averbação. E complementa, concluindo que a certidão da situação jurídica atualizada da matrícula é o próprio ato de registro consolidado em si mesmo, dinamicamente:

> "A norma nos revela, com clareza lapidar, que a matrícula eletrônica deve conter dados estruturados que podem ser extraídos de forma automatizada, contendo seções relativas aos controles, atos e situação jurídica do imóvel, constituindo-se em um documento nato-digital de conteúdo estruturado (inc. VII do mesmo artigo). O sistema atualiza-se *in itinere*, favorecendo a extração de dados transcendentes para efeitos de expedição da certidão" (Op. cit. p. 192).

O **§ 10 do art. 19, da LRP** estabelece **prazos máximos para emissão das certidões do registro de imóveis,** inclusive aquelas de que trata o § 6º deste artigo. Desse modo, serão emitidas nos seguintes prazos máximos, **contados a partir do pagamento dos emolumentos:**

a) **4 (quatro) horas,** para a **certidão de inteiro teor da matrícula ou do livro auxiliar, em meio eletrônico,** requerida no horário de expediente, desde que fornecido pelo usuário o respectivo número. Sobre esta certidão, vale anotar que, no âmbito do registro de imóveis, ela deve abranger a reprodução de todo seu conteúdo e será suficiente para fins de comprovação de propriedade, direitos, ônus reais e restrições sobre o imóvel, independentemente de certificação específica pelo oficial.

b) **1 (um) dia,** para a certidão da situação jurídica atualizada do imóvel; e

c) **5 (cinco) dias,** para a certidão de transcrições e para os demais casos.

Ainda no que tange ao tempo necessário para emissão da certidão, em algumas hipóteses é possível estender esse prazo. Em localidades onde há dificuldade de comunicação eletrônica, a Corregedoria-Geral da Justiça Estadual poderá autorizar, de modo excepcional e com expressa comunicação ao público, a aplicação de prazos maiores para a emissão das certidões do registro de imóveis que analisamos acima. Para melhor compreensão, elaborou-se o seguinte quadro elucidativo:

Certidões	Prazo (dias e horas úteis)	Base Legal
Regra geral	5 dias	Art. 19, *caput* e § 10, III, LRP
Certidão da situação jurídica atualizada do imóvel	1 dia	Art. 19, § 10, II, LRP
Certidão de Inteiro teor - Pedido eletrônico, excetuados os casos de atos manuscritos (Livro 2 ou Livro 3)	4 horas	Art. 19, § 10, I, LRP

⦿ EXEMPLO 1

Imaginemos uma serventia cujo horário de atendimento ao público começa às 8 horas da manhã e termina às 18 horas, de forma ininterrupta. Caso o pedido online de certidão de inteiro teor seja encaminhado às 7 horas da manhã, a contagem do prazo só começará a fluir na hora que oficialmente a serventia abrir ao público, isto é, às 8 horas, de modo que a certidão deverá ser expedida até no máximo às 12 horas.

⦿ EXEMPLO 2

Outra situação que podemos imaginar é a serventia que não trabalha ininterruptamente, fechando, por exemplo, para o horário de almoço. Um registro de imóveis cujo trabalho externo, pela manhã, inicie-se às 9 horas, fechando às 12 horas, reabrindo na parte da tarde às 14 horas e funcionando até às 17 horas, deverá considerar como hora não útil (não computada no prazo) o descanso do meio-dia. Desse modo, caso um pedido de certidão online seja encaminhado e recepcionado às 10 horas da manhã, a certidão poderá ser expedida até às 16 horas (descontando-se as horas não úteis, entre 12 horas e 14 horas).

⦿ EXEMPLO 3

Frise-se que, se o prazo total de horas não se finalizar no mesmo dia, por ter sido solicitada a certidão, por exemplo, no final do expediente, deve-se continuar a contagem das horas e minutos no dia útil seguinte, no exato horário oficial de expediente ao público. Com efeito, no nosso último exemplo (serventia que inicia seu expediente às 9 horas da manhã e encerra às 17 horas), caso o pedido seja recepcionado às 15 horas de uma sexta-feira, considerando que não há expediente no sábado, o prazo final para a expedição da certidão somente terminará às 11 horas da segunda-feira da próxima semana, dia útil seguinte.

*Exemplos trazidos pela Cartilha do IRIB (A Lei n. 14.382/2022 e seus reflexos no registro de imóveis [livro eletrônico] / [organização Caroline Ferri , Jannice Amóras] . - São Paulo : IRIB - Instituto de Registro Imobiliário do Brasil, 2022).

Quanto ao prazo para emissão da certidão de situação jurídica de imóvel, vale mencionar ainda a **Orientação n. 12, de maio de 2023**, da Corregedoria Nacional de Justiça do CNJ, que orienta notários, registradores, interinos e usuários sobre esse procedimento. Veja-se:

> **Art. 2º** A emissão da certidão de situação jurídica de imóvel observará o prazo previsto no art. 19, § 10, inciso II, da Lei n. 6.015/1973, a partir da completa implementação do Sistema Eletrônico de Registros Públicos – SERP e sua integração ao Sistema Eletrônico de Registros Públicos - SREI.
>
> Parágrafo único. Enquanto o SERP não estiver implementado e integrado ao SREI, o prazo de emissão da certidão de situação jurídica atualizada do imóvel será de 5 (cinco) dias, na forma do inciso III, in fine, do §10 do art. 19 da Lei n. 6.015/1973.

1.10 PROTEÇÃO DE DADOS E REGISTRO IMOBILIÁRIO

Toda a parte geral sobre a Proteção de Dados foi detalhada nos comentários do Tópico 1.11 do art. 1º da Lei n. 6.015/1973, nesta obra. Aqui compilo as prescrições que serão estudadas em momento oportuno, sobre o Registro de Imóveis, previstas nos arts. 123 a 128 do Provimento CNJ n. 149/2023 (correspondentes aos arts. 45 a 50 do Provimento CNJ n. 134/2022), conforme segue:

> **Do Registro de Imóveis e a Proteção de Dados**
>
> Art. 123. Dependem de identificação do requerente e independem de indicação da finalidade os pedidos de certidão de registros em sentido estrito, averbações, matrículas, transcrições ou inscrições específicas, expedidas em qualquer modalidade.
>
> § 1º Também dependem de identificação do requerente e independem de indicação da finalidade os pedidos de certidão de documentos arquivados no cartório, desde que haja previsão legal ou normativa específica de seu arquivamento no registro.
>
> § 2º Pedidos de certidão de documentos arquivados em cartório para a qual não haja previsão legal específica de expedição dependem de identificação do requerente e indicação da finalidade, aplicando-se a regra do § 4º deste artigo.
>
> § 3º Pedidos de certidão, busca e informações apresentados em bloco, ainda que instruídos com a numeração dos atos a serem certificados, dependem de identificação do requerente e indicação da finalidade.
>
> § 4º Na hipótese do parágrafo anterior, caracterizada tentativa de tratamento de dados em desacordo com as finalidades do Registro de Imóveis e com os princípios da Lei Geral de Proteção de Dados Pessoais, poderá o oficial recusar o fornecimento em nota fundamentada, do que caberá revisão pelo juízo competente.
>
> Art. 124. Ressalvadas as hipóteses que tenham previsão legal ou normativa expressa, como as certidões de filiação de imóveis, ou de propriedade com negativa de ônus e alienações, ou outras compatíveis com as finalidades dos registros de imóveis e com os princípios da Lei Geral de Proteção de Dados, não serão expedidas certidões cujo conteúdo envolva informações sobre dados pessoais extraídos de mais de uma matrícula, assentamento do registro auxiliar, transcrição ou inscrição.
>
> Art. 125. As certidões dos imóveis que já forem objeto de matrícula eletrônica, após a "primeira qualificação eletrônica", serão expedidas, independentemente de indicação de finalidade, em formato nato-digital estruturado, contendo a situação jurídica atual do imóvel, ou seja, sua descrição, titularidade e os ônus reais não cancelados.
>
> Parágrafo único. A expedição de certidão de atos anteriores da cadeia filiatória do imóvel depende de identificação segura do requerente e de indicação da finalidade.
>
> Art. 126. O atendimento a requisições de buscas fundadas exclusivamente no indicador pessoal ou real pressupõe a identificação segura do solicitante, bem como a indicação da finalidade, de tudo mantendo-se o registro em meio físico ou virtual.
>
> Art. 127. O fornecimento, pelo registrador, por qualquer meio, de informações sobre o registro não veiculadas por certidão dependerá da segura identificação do solicitante, e da indicação da sua finalidade, exceto nos casos em que o solicitante figure no registro em questão.
>
> Art. 128. Serão formados prontuários físicos ou digitais contendo os dados de identificação e indicação de finalidade em todas as hipóteses em que estas tenham sido exigidas.
>
> Parágrafo único. O titular dos dados pessoais solicitados terá direito a requisitar as informações contidas nos prontuários formados em virtude de buscas ou pedidos de informações e certidões para os quais foi exigida a identificação do solicitante e a indicação de finalidade.

Vale ressaltar que o registro de imóveis é tratado nos arts. 167 a 288-A desta Lei de Registros Públicos.

2. JURISPRUDÊNCIA COMPLEMENTAR

Ementa: Procedimento de controle administrativo. Tribunal de Justiça do Estado de São Paulo. Corregedoria Geral. Normas de Serviço dos cartórios extrajudiciais. averbação de cpf. gratuidade. Provimento CN 63/2017. Procedência do pedido.

1. Procedimento de Controle Administrativo em que se requer o controle de ato de Tribunal que autoriza a cobrança de valores por averbação do Cadastro de Pessoas Físicas (CPF) em certidões de nascimento, casamento e óbito, quando solicitada a segunda via do documento.

2. O texto do Provimento CN 63/2017 (art. 6º, § 3º) é indene de dúvidas e dispensa maior digressão: a emissão de segunda via de certidão de nascimento, casamento e óbito dependerá, quando possível, da prévia averbação cadastral do número de CPF no respectivo assento, de forma gratuita.

3. Argumentar a suposta previsão em lei local para autorizar a cobrança é desconsiderar o poder normativo deste Conselho (art. 103-B, CF); a competência da Corregedoria Nacional de Justiça, de regulamentar a padronização das certidões de nascimento, casamento, óbito e de inteiro teor; e relegar a gratuidade da incorporação do número do CPF aos documentos de identidade civil da União, dos Estados e do Distrito Federal, prevista no artigo 9º da Lei 13.444/2017.

4. Pedido julgado procedente para determinar ao Tribunal a adequação das Normas de Serviço dos cartórios extrajudiciais ao artigo 6º do Provimento CN 63/2017. (CNJ – Procedimento de Controle Administrativo nº 0004794-25.2022.2.00.0000 – São Paulo – Rel. Cons. Mário Goulart Maia – DJ 17.03.2023)

3. QUESTÕES DE CONCURSOS

01. (TJ/SP – 2024 – VUNESP – Notário e Registrador/Provimento) Em relação à averbação do cadastro de pessoas físicas (CPF) em registros pretéritos, é correto afirmar quanto ao pagamento:

a) são gratuitos a averbação e o seu acréscimo em certidões.
b) é devido apenas o pagamento pelo seu acréscimo em certidões.
c) é devido apenas o pagamento pela averbação.
d) é devido o pagamento pela averbação e pelo seu acréscimo em certidão.

02. (VUNESP - 2023 - TJ-AL - Titular de Serviços de Notas e de Registros – Provimento) De acordo com o Provimento nº 63/2017 da Corregedoria Nacional de Justiça, assinale a alternativa correta sobre a inclusão do número do CPF nos assentamentos do registro civil das pessoas naturais.

a) O CPF será obrigatoriamente incluído nas certidões de nascimento, casamento e óbito.
b) Se o sistema para a emissão do CPF estiver indisponível, o oficial adiará o registro para o dia seguinte.
c) Estando o sistema indisponível, o oficial designará nova data para a lavratura do registro, intimando o interessado no ato.
d) Por solicitação verbal do interessado, poderá ser averbado o número do CPF nos assentos de nascimento, casamento e óbito, lavrados em data anterior à vigência do Provimento, mediante pagamento de emolumentos correspondentes à averbação sem valor declarado.

03. (TJ/AM – 2023 – TJ/AM - Titular de Notas e Serviços de Registros) A Lei de Registros Públicos estabelece que a certidão emitida pelo registro civil será lavrada em inteiro teor, em resumo, ou em relatório, conforme quesitos, e devidamente autenticada pelo oficial ou seus substitutos legais, não podendo ser retardada por mais de 5 (cinco) dias. Sobre as certidões emitidas pelo registro civil, analise cada um dos itens I a IV, se possuem afirmações verdadeiras (V) ou falsas (F) e assinale a alternativa correta.

I. As certidões do registro civil das pessoas naturais mencionarão a data em que foi lavrado o assento.
II. As certidões de registro civil, deverão mencionar expressamente a circunstância de ser legítima, ou não, a filiação, independente de requerimento do interessado, ou de determinação judicial.
III. A certidão de inteiro teor será extraída por meio reprográfico ou eletrônico.
IV. As certidões de nascimento mencionarão a data em que foi feito o assento, a data, por extenso, do nascimento e, ainda, expressamente, a naturalidade.

a) Todos os itens são afirmações falsas.
b) Os itens I e IV possuem afirmações falsas.
c) Todos os itens são afirmações verdadeiras.
d) Somente a afirmação do item II é falsa.

04. (IESES – Titular de Serviços de Notas e Registros – TJ – TO - Provimento/2022) A propriedade privada pode ser considerada como direito fundamental e como um princípio de desenvolvimento econômico do país, conforme estabelecido nos Arts. 5° e 170 da Constituição Federal e os serviços notariais e registrais podem ser considerados como ferramenta concretização deste direito, bem como de efetivação de tal Princípio. Por tal razão, tais serviços estão em constante evolução para acompanhar a dinâmica dos fatos sociais e poder colaborar cada vez mais com a prosperidade econômica do país. Tendo em mente a legislação que a modernização dos serviços notariais e de registro, podemos considerar como INCORRETA a seguinte afirmação:

a) A certidão digital pode ser expedida no formato eletrônico pelo Oficial do Registro de Imóveis, por meio de um aplicativo e ferramentas desenvolvidas especialmente para essa finalidade, devidamente assinada com Certificado Digital ICP-Brasil.
b) A Certidão Digital tem a mesma fé pública e validade jurídica da certidão tradicional em papel e faz prova em Juízo ou fora dele e pode ser utilizada para lavratura de escrituras públicas, contratos de financiamento imobiliário e quaisquer outros documentos públicos e particulares em geral.
c) É necessária a formulação do pedido presencialmente, comparecendo pessoalmente no cartório que deseja colher informação, porque ainda não é possível solicitar certidão em sitio eletrônico em nenhum estado do Brasil.
d) Conforme definição atribuída pelo CNJ, ato notarial eletrônico é o conjunto de metadados, gravações de declarações de anuência das partes por videoconferência notarial e documento eletrônico, correspondentes a um ato notarial.

05. (IESES – Cartório – TJ – RS/2013) Em um assento de nascimento, lavrado há muito tempo, consta ser a filiação não legítima. Assim, quanto ao fornecimento de certidão desse assento, marque a alternativa correta.

a) Poderá ser fornecida certidão de inteiro teor a qualquer interessado, independentemente de autorização judicial.
b) Não poderá ser fornecida certidão de inteiro teor a qualquer requerente, mesmo sendo o próprio interessado, salvo por autorização judicial.
c) Poderá ser fornecida certidão de inteiro teor desse assento ao próprio interessado, independentemente de autorização judicial.
d) Se o registrado já for falecido, poderá ser fornecida certidão de inteiro teor a qualquer interessado, independentemente de autorização judicial.

06. (IESES – Notário-MA/2008) Assinale a alternativa INCORRETA de acordo com a Lei nº 6.015/73:

Nota da autora: questão adaptada em razão da Lei n. 14.382/2022

a) As certidões do registro civil das pessoas naturais mencionarão a data em que foi lavrado o assento.
b) A certidão de inteiro teor será extraída por meio reprográfico ou eletrônico.
c) As certidões de nascimento mencionarão, além da data em que foi feito a assento, a data, por extenso, do nascimento e, ainda, expressamente, o lugar onde o fato houver ocorrido.
d) A certidão será lavrada em inteiro teor, em resumo, ou em relatório, conforme quesitos, e devidamente autenticada pelo oficial ou seus substitutos legais, não podendo ser retardada por mais de 10 (dez) dias.

07. (FCC – Cartório – TJ – PE/2013) Sobre a publicidade, a Lei nº 6.015/73 dispõe:

I. Os oficiais e os encarregados das repartições em que se façam os registros são obrigados a lavrar certidão do que lhes for requerido e a fornecer às partes as informações solicitadas, nos termos da lei.
II. Qualquer pessoa pode requerer certidão do registro sem informar ao oficial ou ao funcionário o motivo ou interesse do pedido e, em qualquer caso, a certidão será lavrada independentemente de despacho judicial.
III. A certidão deverá mencionar o livro de registro ou o documento arquivado no cartório e será lavrada em inteiro teor, em resumo, ou em relatório, conforme quesitos, e devidamente autenticada pelo oficial ou seus substitutos legais, não podendo ser retardada por mais de 3 (três) dias.

Está correto o que se afirma APENAS em

a) I.

b) II e III.
c) II.
d) I e III.
e) III.

08. (CETRO – Notário-RJ/2012) Sobre a publicidade dos Registros Públicos, assinale a alternativa correta.

a) Nas certidões de registro civil, não se mencionará a circunstância de ser legítima, ou não, a filiação, mesmo diante de requerimento do próprio interessado.
b) As certidões podem ser requeridas por qualquer pessoa, desde que informem ao oficial o motivo ou o interesse do pedido.
c) As certidões podem ser lavradas em inteiro teor, em resumo ou em relatório.
d) As certidões de nascimento mencionarão obrigatoriamente a data em que foi feito o assento, a data do nascimento, o lugar onde ocorreu o nascimento e a forma como se deu o parto.
e) As certidões extraídas deverão ser fornecidas em papel ou eletronicamente, a critério do solicitante.

09. (FCC – Cartório – TJ – PE/2013) Quanto ao Registro Civil das Pessoas Naturais é correto afirmar:

a) Apenas as serventias situadas nas sedes das comarcas são obrigadas a manter o Livro "E" para inscrição das emancipações, interdições, ausências, tutelas, curatelas, os traslados ou registros de nascimentos, casamentos e óbitos de estrangeiros.
b) Se houver dados que não possam ser mencionados, é vedada certidão de inteiro teor, salvo se for requerida pelo próprio interessado, por procurador com poderes especiais ou por determinação judicial, esclarecendo-se tal circunstância no termo.
c) A declaração de nascimento pode ser feita por qualquer pessoa idônea, não havendo precedência na ordem legal para os declarantes.
d) Não cabe ao oficial registrador empreender diligência para comprovar a veracidade da declaração de nascimento a ele formulada, respondendo o declarante civil e criminalmente por eventual declaração falsa.
e) Para o registro de nascimento, além da declaração de nascido vivo daquele cujo parto tenha ocorrido com assistência médica, são imprescindíveis duas testemunhas maiores e capazes.

10. (Consulplan – Cartório – MG – Remoção/2016) Segundo o art. 19, da Lei nº 6.015/73, "A certidão será lavrada em inteiro teor, em resumo, ou em relatório conforme quesitos e devidamente autenticada pelo oficial ou seus substitutos legais, não podendo ser retardada por mais de ( ) dias.

Assinale a alternativa que completa corretamente o enunciado.

a) 10 (dez)
b) 5 (cinco)
c) 2 (dois)
d) 3 (três)

11. (IESES – Cartório – Remoção – TJ – RO/2017) Nas certidões de registro civil, em especial certidões de nascimento, NÃO mencionará:

a) A circunstância de ser legítima, ou não, a filiação, salvo a requerimento do próprio interessado, ou em virtude de determinação judicial.
b) A data em que foi feito a assento.
c) Expressamente, o lugar onde o fato houver ocorrido.
d) A data, por extenso, do nascimento.

12. (Vunesp – Oficial de Registro-SP/2002) Assinale a alternativa incorreta.

Nota da autora: questão adaptada em razão da Lei n. 14.382/2022.

a) Qualquer pessoa pode requerer certidão do registro, sem informar ao oficial ou seu substituto o motivo ou interesse do pedido.
b) As certidões expedidas pelos Oficiais de Registro são dotadas de presunção absoluta de veracidade, em relação aos atos e aos fatos a que se referem, em razão da fé pública a estes atribuída.
c) Ainda que não especificado no respectivo pedido, e ressalvadas as hipóteses expressamente previstas em lei, deve o Oficial de Registro, obrigatoriamente, sob pena de responsabilidade civil e penal, mencionar todas as alterações posteriores ao ato cuja certidão lhe foi pedida.
d) A certidão da situação jurídica atualizada do imóvel compreende as informações vigentes de sua descrição, número de contribuinte, proprietário, direitos, ônus e restrições, judiciais e administrativas, incidentes sobre o imóvel e o respectivo titular, além das demais informações necessárias à comprovação da propriedade e à transmissão e à constituição de outros direitos reais.

13. (TJ-SC – Notário-SC/2012) Acerca das certidões expedidas pelos Oficiais de Registros Públicos, assinale a alternativa INCORRETA:

a) Qualquer pessoa pode requerer certidão do registro, devendo entretanto informar ao oficial ou ao funcionário o motivo ou interesse do pedido.
b) A certidão será lavrada em inteiro teor, em resumo, ou em relatório, conforme quesitos.
c) A entrega da certidão não pode ser retardada por mais de cinco dias.
d) As certidões do registro de imóveis serão emitidas nos seguintes prazos máximos, contados a partir do pagamento dos emolumentos: I - 4 (quatro) horas, para a certidão de inteiro teor da matrícula ou do livro auxiliar, em meio eletrônico, requerida no horário de expediente, desde que fornecido pelo usuário o respectivo número; II - 1 (um) dia, para a certidão da situação jurídica atualizada do imóvel; e III - 5 (cinco) dias, para a certidão de transcrições e para os demais casos.

GAB	1	A	2	A	3	D	4	C	5	C
	6	D	7	A	8	C	9	B	10	B
	11	A	12	B	13	A				

Art. 20. No caso de recusa ou retardamento na expedição da certidão, o interessado poderá reclamar à autoridade competente, que aplicará, se for o caso, a pena disciplinar cabível.

Parágrafo único. Para a verificação do retardamento, o oficial, logo que receber alguma petição, fornecerá à parte uma nota de entrega devidamente autenticada.

1. COMENTÁRIOS

O dispositivo em comento se refere à **falta funcional** cometida pelo Oficial **ao recusar-se** a fornecer a certidão, **retardá-la** por mais de cinco dias úteis ou **negar** a entrega de comprovante do pedido.

Ao solicitar uma certidão, o usuário deve pagar os emolumentos devido à Serventia, recebendo assim uma **nota de entrega** que contém a **data do requerimento**. Essa certidão é fornecida em até **5 dias úteis contados da data do pedido**. No entanto, atualmente, com a informatização dos serviços registrais, o caminho a ser seguido é o fornecimento das certidões de forma imediata ou em prazo bastante reduzido.

Ressalte-se que a autoridade judiciária mencionada no dispositivo em questão é o Juiz Corregedor Permanente ou Juiz competente na forma da organização local.

Encontramos regra similar no art. 47 desta Lei: "Se o oficial do registro civil recusar fazer ou retardar qualquer registro, averbação ou anotação, bem como o fornecimento de certidão, as partes prejudicadas poderão queixar-se à autoridade judiciária, a qual, ouvindo o acusado, decidirá dentro de cinco (5) dias".

Art. 21. Sempre que houver qualquer alteração posterior ao ato cuja certidão é pedida, deve o Oficial mencioná-la, obrigatoriamente, não obstante as especificações do pedido, sob pena de responsabilidade civil e penal, ressalvado o disposto nos artigos 45 e 95.

Parágrafo único. A alteração a que se refere este artigo deverá ser anotada na própria certidão, contendo a inscrição de que "a presente certidão envolve elementos de averbação à margem do termo.

1. COMENTÁRIOS

O artigo em comento **reforça o princípio da publicidade**, proibindo o oficial de omitir na certidão quaisquer elementos que constem de averbação à margem do termo. Por exemplo, no caso de um requerimento de certidão de nascimento que contenha, à margem do assento, uma anotação de casamento, a informação sobre o casamento deve ser incluída na certidão de nascimento emitida. A omissão dessa informação pode acarretar responsabilidade civil e penal para o registrador.

Para mais detalhes sobre a responsabilidade civil e criminal do notário e do registrador, consulte os comentários ao art. 22 da Lei n. 8.935/1994.

3. QUESTÕES DE CONCURSOS

01. (IESES – Cartório – TJ – RO/2012) Decorrem do princípio da publicidade dos atos registrais as seguintes regras:

I. O requerimento de certidão de registro independe de motivação, tornando-se possível, ainda, a assinatura com uso de certificado digital, que atenderá os requisitos da Infraestrutura de Chaves Pública, quando o acesso ou envio das informações for realizado através da rede mundial de computadores.

II. A certidão será ordinariamente lavrada independentemente de despacho judicial, mencionando-se o livro do registro ou o documento arquivado em cartório.

III. A certidão será lavrada apenas em inteiro teor ou em resumo, não podendo ser retardada por mais de cinco dias, devendo sempre estar devidamente autenticada pelo oficial ou seus substitutos legais.

IV. Sempre que houver qualquer alteração posterior ao ato cuja certidão é pedida, deve o oficial mencioná-la, obrigatoriamente, não obstante as especificações do pedido, sob pena de exclusiva responsabilidade penal, devendo a modificação ser anotada na própria certidão, contendo a inscrição de que "a presente certidão envolve elementos de averbação à margem do termo".

a) Apenas I e III estão corretas.
b) Apenas I e II estão corretas.
c) Apenas II e III estão corretas.
d) Apenas I e IV estão corretas.

GAB	1	B

CAPÍTULO V – DA CONSERVAÇÃO

Art. 22. Os livros de registro, bem como as fichas que os substituam, somente sairão do respectivo cartório mediante autorização judicial.

Art. 23. Todas as diligências judiciais e extrajudiciais que exigirem a apresentação de qualquer livro, ficha substitutiva de livro ou documento, efetuar-se-ão no próprio cartório.

Art. 24. Os oficiais devem manter em segurança, permanentemente, os livros e documentos e respondem pela sua ordem e conservação.

Art. 25. Os papéis referentes ao serviço do registro serão arquivados em cartório mediante a utilização de processos racionais que facilitem as buscas, facultada a utilização de microfilmagem e de outros meios de reprodução autorizados em lei.

Art. 26. Os livros e papéis pertencentes ao arquivo do cartório ali permanecerão indefinidamente.

1. COMENTÁRIOS

Inicialmente, é oportuno destacar que a noção de registros está sempre associada à ideia de arquivos, funcionando como um **depósito seguro de documentos públicos**. Esses arquivos divulgam registros, averbações, anotações e, de forma geral, todos os assentamentos realizados neles.

Nos termos do **art. 7º da Lei 8.159/1991**, os **arquivos públicos** são os conjuntos de documentos produzidos e recebidos, no exercício de suas atividades, por órgãos públicos de âmbito federal, estadual, do Distrito Federal e municipal em decorrência de suas funções administrativas, legislativas e judiciárias. Assim, cabe observar que, como os serviços notariais e de registro são exercidos por delegação do Poder Público, os arquivos produzidos são considerados de caráter público em conformidade com a aludida lei.

O capítulo trata da **conservação** dos arquivos das serventias. Mas, afinal, o que é conservação?

A conservação é um conjunto de ações estabilizadoras que visa a desacelerar o processo de degradação de documentos ou objetos, por meio de controle ambiental e de tratamentos específicos, como higienização, reparos e acondicionamento.

A finalidade é buscar ao máximo a preservação do documento, pois, devido à natureza do papel utilizado nos Livros, o manuseio inadequado é o principal causador de danos e redução da sua durabilidade, levando inclusive à perda total.

Walter Ceneviva define que conservação, em sentido amplo, significa a segurança do registro, a rapidez das buscas, o adequado atendimento das partes. Não há necessidade de luxo, mas de instalações apropriadas, funcionais, cuja manutenção deve ser controlada pelo Juiz Corregedor. (Op. cit., p. 101).

Cabe ao oficial registrador e ao tabelião **assegurar a perpetuidade dos livros** e **documentos sob a sua guarda**, bem com garantir **a facilidade do acesso** às informações que eles contêm.

Os registradores e notários, via de regra, **não podem permitir o acesso direto do interessado aos livros**, pois haveria **riscos à conservação** desses arquivos, afetando dessa forma, a **segurança jurídica** almejada pela publicidade, salvo em alguns casos legais, como por exemplo, o disposto no Dec. Lei nº 58/37, art. 1º § 5º (*O memorial, o plano de loteamento e os documentos depositados serão franqueados, pelo oficial do registro, ao exame de qualquer interessado, independentemente do pagamento de emolumentos, ainda que a título de busca)* e na Lei Federal nº 6.766/79, art. 24 (*O processo de loteamento e os contratos de depositados em Cartório poderão ser examinados por qualquer pessoa, a qualquer tempo, independentemente do pagamento de custas ou emolumentos, ainda que a título de busca*)

Dessa forma, facilitar o acesso às informações não significa permitir acesso direto ao acervo da serventia. No direito brasileiro, a publicidade é formal ou indireta, sendo realizada mediante pedidos de certidão.

Dessa forma, facilitar o acesso às informações não significa permitir acesso direto ao acervo da serventia. No direito brasileiro, a publicidade é formal ou indireta, sendo realizada mediante pedidos de certidão.

A expressão *mediante autorização judicial* mencionada no art. 22 tem **natureza administrativa.** Isso significa que a autorização para a saída das serventias dos livros de registros, bem como as fichas que os substituam, é da competência do **juiz corregedor.**

Livros de registros, nas palavras de Ceneviva, são todos os repositórios de informação nos quais estão contidos os registros e averbações efetuados, bem como as correspondentes máquinas ou suportes físicos sobre os quais forem arquivados. (Op. cit., p. 101).

Todas as providências que exigirem a apresentação de qualquer livro, ficha substitutiva ou documento, e mesmo as **diligências judiciais** (ato pelo qual o juiz ou serventuário da justiça praticam atos fora dos respectivos tribunais e cartórios), devem ser efetuadas no **próprio serviço.**

O art. 26 tem por finalidade **impedir o risco de extravio e danificação** que a saída destes livros e fichas traria à Serventia. Esse dispositivo também enfatiza **que os arquivos, livros e papéis constituem propriedade pública** e, portanto, se outro titular assumir a delegação, esses materiais continuarão a pertencer ao acervo do Cartório.

Para Flauzilino Araújo dos Santos "os arquivos dos cartórios não pertencem ao Judiciário e nem ao Executivo. Enquanto delegação, os cartórios detêm a guarda exclusiva dos seus arquivos, sendo responsáveis pela sua conservação e mesmo integrados em centrais, as informações devem ficar em bases primárias" (http://www.irib.org.br/noticias/detalhes/2745).

É oportuno lembrar que o **art. 46 da Lei n. 8.935/1994** também estabelece normas de conservação ao determinar que os livros, fichas, documentos, papéis, microfilmes e sistemas de computação devem permanecer sempre sob a guarda e responsabilidade do titular do serviço notarial ou de registro, que zelará por sua ordem, segurança e conservação.

A responsabilidade pela guarda dos livros ainda aparece como um dos **deveres** elencados aos notários e registradores **no art. 30, inciso I,** da mencionada Lei, que determina a manutenção em ordem os livros, papéis e documentos de sua serventia, guardando-os em locais seguros.

O empenho na conservação de todos os documentos em que se baseiam os registros impõe imprescindível atenção a um sistema de **arquivamento moderno**. Os sistemas antigos de conservação, devido ao crescimento físico dos acervos, nos fazem acreditar na impossibilidade de cumprir rigorosamente a lei.

O avanço tecnológico é necessário para a **rápida e eficaz prestação do serviço**. Juntamente com a modernização dos serviços, devem vir os cuidados com a segurança eletrônica.

Assim, é importante deixar claro que a conservação não se aplica apenas aos documentos físicos, mas também aos eletrônicos, conforme demonstrado pela **Recomendação CNJ n. 9/2013**.

Ressalte-se que a mencionada Recomendação, alterada pela Recomendação n. 11/2013, que dispõe sobre a formação e manutenção de um arquivo de segurança pelos responsáveis pelas serventias do serviço extrajudicial de notas e de registro tem por objetivo incentivar notários e registradores de todo o Brasil a criarem uma cópia de segurança dos livros de registro.

Os meios estabelecidos na Recomendação para elaborar e manter essa cópia são variados. A escolha do método cabe ao notário ou registrador, desde que alcance a finalidade de preservar a informação registral e possibilite sua restauração.

Ainda sobre a temática "conservação", imprescindível abordar o **art. 6º da Lei 12.682/2012.** Esse dispositivo estabelece que os registros públicos originais, ainda que digitalizados, deverão ser **preservados** de acordo com o disposto na legislação pertinente.

Por outro lado, o livro que é estruturado de forma eletrônica desde o início (sem um original em papel a ser digitalizado) é o documento original a ser preservado indefinidamente.

É oportuno destacar que algumas **Corregedorias dos Estados** também estabelecem regras de conservação em suas normas do serviço extrajudicial, abrangendo livros, fichas, documentos, recibos e demais papéis, bem como arquivos eletrônicos.

Reinaldo Velloso dos Santos traz dois importantes precedentes a respeito do tema "conservação".

O primeiro é o **Parecer CG nº 147/2010-E**, da lavra do magistrado Jomar Juarez Amorim, caso em que se considerou a expressa previsão de inutilização documental após a prévia digitalização ou microfilmagem, foi autorizada a entrega de parte de acervo (habilitações de casamento) a fundação, com o fim de preservação do valor histórico, desde que celebrado convênio, com o Tribunal de Justiça do Estado.

Já no **Parecer CG nº 194/12-E,** relativo ao acesso de pesquisadores a determinada serventia, o magistrado Luciano Gonçalves Paes Leme fez as seguintes ponderações: *A questão é delicada, pois, além da obrigação de ordem, segurança e conservação atribuída aos notários e registradores, que devem manter sob sua guarda e sua responsabilidade os acervos das serventias extrajudiciais (artigos 24, da Lei nº 6.015/1973, 30, I, e 46, da Lei nº 8.935/1994), estas, por outro lado, não se equiparam a uma biblioteca, muito menos a uma pública, onde a consulta a livros, documentos e outros materiais é, sob certas condições, oportunizada aos interessados. De resto, também não se pode ignorar que os serviços notariais e de registro são exercidos em regime privado, com finalidade lucrativa. Apesar destas ponderações, não se deve, do mesmo modo, relevar a importância das serventias extrajudiciais como repositório de informações de interesses acadêmicos e, particularmente, histórico-culturais. Não há dúvida: guardam registros de informações que documentam alusões à identidade, à ação e à memória dos grupos formadores da sociedade brasileira. Seguramente, tais unidades conservam documentos que constituem patrimônio cultural brasileiro.* Ao apreciar o parecer, o Des. José Renato Nalini, à época Corregedor Geral da Justiça, garantiu o acesso das pesquisadores às dependências da serventia, na seguinte forma: *"assegurando-lhes a consulta e o manuseio do acervo da unidade, desde que, por lei, não protegido pelo sigilo ou por restrição de acesso ao público em geral, sob fiscalização do titular dos serviços ou de um preposto seu, durante quatro horas diárias, ao longo de três meses, ressalvando que as reproduções de documentos e a expedição de certidões dependerão do pagamento dos emolumentos correspondentes, pois, embora permitidas as anotações, a obtenção de cópias por via própria ou mediante intervenção de terceiros pessoas resta vedada"*. A solução foi acertada e seguiu a regra do art. 30, inciso XII, da Lei 8.935/1994, que prevê a facilitação, por todos os meios, do acesso à documentação existente às pessoas legalmente habilitadas, mas de forma a preservar a integridade do acervo das serventias *(http://reinaldovelloso.blog.br/?p=306).*

No dia 28 de setembro de 2015, foi editado o **Provimento 50** da Corregedoria Nacional da Justiça do Conselho Nacional da Justiça – CNJ, que dispõe sobre a conservação de documentos nos cartórios extrajudiciais. A seguir, sua relevante transcrição:

PROVIMENTO Nº 50, DE 28 DE SETEMBRO DE 2015

CONSIDERANDO o disposto no art. 236 da Constituição Federal de 1988, no inciso XIV do art. 30 da Lei 8.935, de 18 de novembro de 1994, no inciso X do art. 8º do Regimento Interno do Conselho Nacional de Justiça, e inciso XI do art. 3º do Regulamento Geral da Corregedoria Nacional de Justiça;

CONSIDERANDO serem responsabilidade dos tabeliães e registradores públicos a guarda, ordem e conservação de livros, fichas, documentos, papéis, microfilmes e sistemas de computação relacionados à prestação dos serviços extra judiciais correspondentes (arts. 30, inc. I, e 46, *caput*, da Lei 8.935/94);

CONSIDERANDO as normas dos arts. 7º, § 2º, 8º, 9º e 10 da Lei 8.159, de 8 de janeiro de 1991, especialmente a classificação dos documentos em correntes, intermediários e permanentes, e os critérios para sua guarda permanente ou eliminação;

CONSIDERANDO as necessidades impostas pela economia de tempo, esforços e custos;

CONSIDERANDO a experiência que se noticia frutuosa de adoção de Tabela de Temporalidade de Documentos pelo Tribunal de Justiça do Rio de Janeiro; RESOLVE:

Art. 1º. Ficam autorizados os Cartórios de Notas, Protestos de Letras e Títulos, Registros de Imóveis, Registros Civis de Pessoas Naturais, Registros Civis de Pessoas Jurídicas e Registros de Títulos e Documentos a adotar a anexa Tabela de Temporalidade de Documentos.

Art. 2º. Os documentos que venham a ser descartados devem ser previamente desfigurados de modo que as informações não possam ser recuperadas, especialmente as indicações de identidade pessoal e assinaturas.

Art. 3º. Toda eliminação de documentos pelos cartórios extrajudiciais, observados os termos da Lei 8.159 de 1991 e a Tabela de Temporalidade de Documentos anexa, deverá ser comunicada, semestralmente, ao juízo competente.

Art. 4º. Este Provimento entra em vigor na data de sua publicação.

Ministra NANCY ANDRIGHI
Corregedora Nacional de Justiça

O **Código Nacional de Normas (Provimento CNJ n. 149/2023)** reforça a necessidade da conservação dos documentos e prevê no art. 196 que os cartórios de notas, protestos de letras e títulos, registros de imóveis, registros civis de pessoas naturais, registros civis de pessoas jurídicas e registros de títulos e documentos adotarão a Tabela de Temporalidade de Documentos na forma indicada no Provimento n. 50, de 28 de setembro de 2015.

Por fim, recomendo fortemente a leitura do tópico 1.1. do artigo 3º ("Do Registro Eletrônico") desta obra, onde compilei uma vasta legislação sobre a temática da conservação.

2. JURISPRUDÊNCIA COMPLEMENTAR

CONSELHO NACIONAL DE JUSTIÇA

EMENTA: Extrajudicial – Reclamação Disciplinar – Serventia com acervo transmitido sob condições inadequadas de conservação – Não localização de registros pretendidos pelo reclamante atestada pela responsável interina e pelo Juiz Corregedor – Ausência de indícios de falta ou de irregularidades imputáveis à interina – Arquivamento.
1. Apesar da possibilidade de os registros pretendidos pelo requerente terem sido lavrados na Comarca de Santo Sé ou nalgum dos Distritos daquela Comarca, no mundo dos fatos, após minuciosas e reiteradas diligências, tais registros não foram localizados e não há outros livros locais onde possam ser procurados.
2. Caso concreto circunstanciado pela impossibilidade de a serventia extrajudicial prestar atendimento ao pedido vestibular para exibição de registros que não lhe estão sob guarda.
3. Reclamação Disciplinar arquivada pela inexistência de indícios de infração disciplinar imputável à responsável interina, a quem o acervo de serventia foi transmitido sob condições inadequadas de conservação.
4. Recurso administrativo improvido (CNJ – Reclamação Disciplinar nº 0003810-46.2019.2.00.0000 – Bahia – Rel. Min. Maria Thereza de Assis Moura – DJ 14.10.2021)

3. QUESTÕES DE CONCURSOS

01. (TJ/MA – 2023 – Consulplan – Notário e Registrador/Remoção) No que se refere ao arquivo dos livros, papéis e fichas, a Lei nº 6.015/1973, que dispõe sobre os Registros Públicos, disciplina que:

a) Os livros de registro, bem como as fichas que os substituam, podem sair do respectivo cartório mediante autorização judicial e por deliberação do responsável pela Serventia.
b) Todas as diligências judiciais e extrajudiciais que exigirem a apresentação de qualquer livro, ficha substitutiva de livro ou documento, efetuar-se-ão no próprio cartório ou na Vara da Corregedoria Permanente.
c) Os livros e papéis pertencentes ao arquivo do cartório ali permanecerão indefinidamente, sendo que os oficiais deverão manter em segurança os livros e documentos de forma permanente, sendo responsáveis pela sua ordem e conservação.
d) Os papéis referentes ao serviço do registro serão arquivados em cartório mediante a utilização de processos racionais que facilitem as buscas, sendo obrigatória a utilização de microfilmagem e de outros meios de reprodução autorizados em lei.

02. (TJ/SP – 2024 – VUNESP – Notário e Registrador/Remoção)

Nota da autora: A Tabela de Temporalidade de Documentos anexo ao Provimento CNJ n. 50/2012 consta no Vade Mecum Notarial e Registral, de minha autoria e organização.

Conforme Tabela de Temporalidade de Documentos anexa ao Provimento 50, de 28 de setembro de 2015, do Conselho Nacional de Justiça, o prazo de guarda da Guia de Recolhimento de Receita Judiciária é de

a) 5 anos.
b) 3 anos.
c) 10 anos.
d) 1 ano.

03. (TJ/AM – 2023 – TJ/AM - Titular de Notas e Serviços de Registros) A Lei nº 6.015/73 estabelece que os livros de registro, bem como as fichas que os substituam, somente sairão do respectivo cartório mediante autorização judicial. Assim, tendo em mente as normas legais sobre a conservação dos livros da serventia registral, analise cada uma das afirmações contidas nos itens I ao IV e escolha a alternativa que qualifica corretamente cada uma das afirmações como Falsa (F) ou Verdadeira (V).

I. Os oficiais devem manter em segurança, permanentemente, os livros e documentos e respondem pela sua ordem e conservação.
II. Os papéis referentes ao serviço do registro serão arquivados em cartório mediante a utilização de processos racionais que

facilitem as buscas, facultada a utilização de microfilmagem e de outros meios de reprodução autorizados em lei.

III. Os livros e papéis pertencentes ao arquivo do cartório ali permanecerão indefinidamente.

IV. Quando a lei criar novo cartório, e enquanto este não for instalado, os registros continuarão a ser feitos no cartório que sofreu o desmembramento, não sendo necessário repeti-los no novo ofício e o arquivo do antigo cartório continuará a pertencer-lhe.

a) Todos os itens são afirmações verdadeiras.
b) Os itens II e III são afirmações falsas.
c) Somente os itens III e IV são afirmações verdadeiras.
d) Todos os itens são afirmações falsas.

04. (IESES – Titular de Serviços de Notas e Registros – TJ - TO - Remoção/2022) Referente à guarda e à conservação dos livros de registro:

a) O titular da serventia poderá circular livremente com os livros de registro dentro da circunscrição estadual de atuação.
b) Jamais poderão ser retirados respectivo cartório.
c) O titular da serventia poderá circular livremente com os livros de registro dentro da circunscrição municipal de atuação.
d) Somente sairão do respectivo cartório mediante autorização judicial.

05. (IESES – Cartório – Remoção – TJ – AM/2018) No que se refere a conservação dos livros e documentos arquivados em cartório podemos afirmar que:

I. Os papéis referentes ao serviço do registro serão arquivados em cartório mediante a utilização de processos racionais que facilitem as buscas, facultada a utilização de microfilmagem e de outros meios de reprodução autorizados em lei.

II. Quando a lei criar novo cartório, e enquanto este não for instalado, os registros continuarão a ser feitos no cartório que sofreu o desmembramento, não sendo necessário repeti-los no novo ofício.

III. Os livros e papéis pertencentes ao arquivo do cartório ali permanecerão por tempo determinado.

IV. Os livros de registro não sairão do respectivo cartório, salvo por autorização judicial, ou ocorrendo força maior.

A sequência correta é:

a) As assertivas I, II, III e IV estão corretas.
b) Apenas a assertiva IV está incorreta.
c) Apenas as assertivas I, II e IV estão corretas.
d) Apenas as assertivas I e IV estão corretas.

06. (Vunesp – Notário-MS/2009) Os livros e papéis pertencentes ao arquivo do cartório ali permanecerão

a) por 10 anos.
b) por 20 anos.
c) até que se opere a decadência do ato ou negócio jurídico.
d) até que se opere a prescrição do negócio jurídico.
e) indefinidamente.

07. (TJ-SC – Notário-SC/2012) Segundo a Lei nº 6.015/1973, nas disposições gerais, no que tange à publicidade, conservação e responsabilidade, é correto afirmar:

a) Os livros de registro, bem como as fichas que os substituam, somente sairão do respectivo cartório mediante autorização administrativo-tributária ou judicial.
b) O antigo cartório deve entregar o arquivo ao novo cartório criado por lei assim que ele for instalado.
c) Os oficiais são civil e criminalmente responsáveis por todos os prejuízos que, pessoalmente ou pelos prepostos ou substitutos que indicarem, causarem, por culpa ou dolo, aos interessados no registro.
d) Qualquer pessoa pode requerer certidão do registro desde que comprove o interesse do pedido ao oficial ou ao funcionário do cartório.
e) O acesso ou envio de informações aos registros públicos, quando forem realizados por meio da rede mundial de computadores (internet), deverão ser assinados com uso de certificado digital, que atenderá os requisitos da Infraestrutura de Chaves Públicas Brasileira – ICP.

08. (IESES – Cartório – Remoção – TJ – RO/2017) Os livros e papéis pertencentes ao arquivo do cartório:

a) Ali permanecerão por trinta anos.
b) Ali permanecerão indefinidamente.
c) Ali permanecerão por um século.
d) Ali permanecerão por cinquenta anos.

GAB	1	C	2	C	3	A	4	D
	5	C	6	E	7	E	8	B

Art. 27. Quando a lei criar novo cartório, e enquanto este não for instalado, os registros continuarão a ser feitos no cartório que sofreu o desmembramento, não sendo necessário repeti-los no novo ofício.

Parágrafo único. O arquivo do antigo cartório continuará a pertencer-lhe.

1. COMENTÁRIOS

No que tange à criação, desdobramento, desmembramento, organização territorial e extinção dos ofícios notariais e de registro, o Supremo Tribunal Federal continua entendendo, mesmo depois da Constituição de 1988, que compete, privativamente, aos respectivos Tribunais de Justiça, a propositura de **projetos de lei** sobre essas matérias, ficando **vedado ato administrativo** emanado do Tribunal de Justiça. Baseia-se nossa Suprema Corte nos dispositivos do art. 96, incs. I, alínea "b", e II, alíneas "b" e "d", demonstrando que os serviços notariais e de registro continuam sendo considerados serviços reguláveis em leis de organização do Poder Judiciário.

Assim, a criação, extinção e modificação de ofícios extrajudiciais, bem como criação de novos ofícios a partir de modificação de critérios de divisão territoriais, devem observar o **princípio da reserva legal.**

Para uma melhor compreensão do tema, apresento os seguintes conceitos:

a) **Criação:** é a constituição de uma nova serventia extrajudicial, notarial ou registral, em virtude da instituição de novo município ou comarca, de desmembramento da jurisdição ou de desdobramento da competência de serventia existente;

b) **Desmembramento**: resulta de nova divisão territorial da circunscrição sobre um município ou distrito, para que no mesmo espaço territorial passem a funcionar duas ou mais serventias registrais;

c) **Desdobramento:** consiste no aumento do número de serventias com competência sobre um mesmo tipo de serviço não vinculado à circunscrição territorial específica, de natureza notarial, para incentivar a competitividade, descentralizar os locais de execução das atividades extrajudiciais e ampliar as opções de atendimento ao público, observada a viabilidade econômica de cada serventia;

d) Anexação/acumulação: compreende a fusão de uma serventia vaga com outra existente, ainda que de atribuições distintas, de natureza notarial ou registral, quando se demonstre economicamente inviável a existência de serventias separadas, especialmente, em cartórios situados em municípios do interior e distritos que não possuam volume de serviços e receita suficientes para a manutenção da serventia;

e) Desacumulação/desanexação: deverá ocorrer em virtude de nova distribuição de funções notariais ou de registro, entre delegatários situados em uma mesma circunscrição territorial, sempre que as funções exercidas por uma serventia venham a ser atribuídas a outro cartório já existente e localizado no mesmo município.

f) Extinção: é o desaparecimento de uma serventia considerada inviável economicamente, cujas funções serão anexadas à de outro cartório.

Quando houver a criação **por lei** de nova Serventia Registral, podem ocorrer duas situações:

a) Enquanto não for instalado, os registros continuarão a ser feitos no cartório antigo, vale dizer, aquele que sofreu desmembramento.

b) Quando for instalado, não será imprescindível repetir os atos na nova serventia, sendo que o arquivo da antiga Serventia continuará a pertencer-lhe.

Os dados serão transportados à nova Serventia por meio da apresentação, pelo usuário, de certidões atualizadas.

É importante ressaltar que no capítulo do Registro de Imóveis desta Lei, o **art. 170** prevê que o **desmembramento territorial posterior ao registro não exige sua repetição no novo cartório**, reforçando assim o disposto do art. 27 ora em questão.

2. JURISPRUDÊNCIA COMPLEMENTAR

⊙ CONSELHO NACIONAL DE JUSTIÇA

EMENTA: PROCEDIMENTO DE CONTROLE ADMINISTRATIVO. TRIBUNAL DE JUSTIÇA DO ESTADO DA BAHIA. CARTÓRIOS DE REGISTRO CIVIL DE PESSOAS NATURAIS. LIMITES DE COMPETÊNCIA TERRITORIAL. AUSÊNCIA DE LEI. FIXAÇÃO POR ATO ADMINISTRATIVO. EXCEPCIONALIDADE. CRITÉRIOS OBJETIVOS E EQUÂNIMES.

I – A regra da territorialidade é o limite de competência dos registradores civis de pessoas naturais, cuja definição cabe a cada Estado, por meio de lei de iniciativa do Poder Judiciário local.

II – A ausência de lei compromete a eficácia e a segurança jurídica das unidades extrajudiciais, razão pela qual deve o Tribunal requerido encaminhar à Assembleia Legislativa do Estado da Bahia anteprojeto de lei que estabeleça a circunscrição geográfica do 1º e do 2º Registros Civis de Pessoas Naturais da Comarca de Juazeiro/BA a partir de critérios objetivos e equânimes.

III – Até que sobrevenha lei estadual tratando da matéria, atende ao interesse público a disposição excepcional das circunscrições territoriais do 1º e do 2º Registros Civis de Pessoas Naturais da Comarca de Juazeiro/BA por ato administrativo, desde que estabeleça critérios objetivos e equânimes, que garantam equidade na atuação de ambos os Registradores e esteja embasado em estudos adequados à especialidade das serventias.

IV – Determinação para que o Tribunal requerido promova estudos, podendo se subsidiar em perícia técnica, e edite novo ato, revogando o Provimento n. 11/2019-CGJ/TJBA, a fim de estabelecer de forma objetiva e equânime a divisão geográfica das circunscrições do 1º e do 2º Registros Civis de Pessoas Naturais da Comarca de Juazeiro/BA.

V – Procedimento que se julga parcialmente procedente, com comunicação à Corregedoria Nacional de Justiça acerca da existência de inúmeras serventias que se encontram na mesma situação das que são objeto deste feito.

O Conselho, por maioria, julgou parcialmente procedente o pedido com determinações ao Tribunal, nos termos do voto da Relatora. Vencidos os Conselheiros Candice L. Galvão Jobim, Marcos Vinícius Jardim Rodrigues e Rubens Canuto, que julgavam procedente. Declarou suspeição o Conselheiro Mário Guerreiro. Ausente, em razão da vacância do cargo, o representante do Ministério Público da União. Presidiu o julgamento o Ministro Luiz Fux. Plenário, 15 de dezembro de 2020. Presentes à sessão os Excelentíssimos Senhores Conselheiros Luiz Fux, Maria Thereza de Assis Moura, Emmanoel Pereira, Luiz Fernando Tomasi Keppen, Rubens Canuto, Tânia Regina Silva Reckziegel, Mário Guerreiro, Candice L. Galvão Jobim, Flávia Pessoa, Ivana Farina Navarrete Pena, Marcos Vinícius Jardim Rodrigues, André Godinho, Maria Tereza Uille Gomes e Henrique Ávila. Sustentaram oralmente: pelo Requerente J.G., a Advogada Mariana Albuquerque Rabelo – OAB/DF 44.918; e, pela Interessada V.S.F, o Advogado Bernardo Barbosa Almeida – OAB/DF nº 41.515.

RELATÓRIO

Trata-se de PROCEDIMENTO DE CONTROLE ADMINISTRATIVO apresentado por J.G. em face do TRIBUNAL DE JUSTIÇA DO ESTADO DA BAHIA – TJBA, por meio do qual se insurge contra a edição do Provimento n. 11/2019-CGJ/TJBA, de 28/11/2019, que fixou os limites de competência territorial dos Cartórios de Registro Civil das Pessoas Naturais da Comarca de Juazeiro/BA.

Alega, em síntese, que:

i) "na Comarca de Juazeiro/BA existiam DOIS Cartórios de Registro Civil das Pessoas Naturais (RCPN), tendo o 1º RCPN de Juazeiro/BA sido criado em 02/01/1899, sendo a única serventia daquela Comarca até o ano de 1986 – momento em que foi criado o 2º RCPN (criado em 30/04/1986)";

ii) "muito embora existissem dois ofícios com a mesma atribuição em Juazeiro/BA, não havia qualquer previsão legal que delimitasse a competência territorial de cada serventia";

iii) "desde que criado o 2º RCPN a agente delegada titular do 1º Cartório de Notas de Juazeiro, Sra. C.A.S., acumulava a titularidade do 1º e 2º RCPNs e, portanto, não subsistiam implicações práticas pela ausência de delimitação. Além disso, o 1º RCPN era tradicionalmente reconhecido como o marco referencial da cidade, detendo maior acervo documental e rentabilidade – já que, como visto, por quase 100 (cem) anos foi a única serventia com referida atribuição na cidade";

iv) "no Concurso Público de Provas e Títulos para Outorga de Delegações de Notas e de Registro do Estado da Bahia, deflagrado pelo Edital nº 01/2013, citadas Serventias foram ofertadas para provimento de modo separado";

v) o Requerente, candidato aprovado em 143º lugar, fez a opção pelo 1º Registro Civil das Pessoas Naturais da Comarca de Juazeiro/BA e a candidata V.S.F, aprovada em 178º lugar, fez a opção pelo 2º Registro Civil das Pessoas Naturais da Comarca de Juazeiro/BA;

vi) diante da ausência de lei que delimitasse a competência territorial das serventias, "os agentes delegados firmaram composição para que os atos de registro civil fossem realizados com alternância mensal na maternidade interligada, bem como para que fosse livre a escolha dos usuários com relação aos demais atos registrais";

vii) o referido "acordo foi mediado pelo Presidente da Associação de Registradores Civis das Pessoas Naturais do Estado da Bahia – ARPEN/BA e comunicado ao E. TJBA em 21/11/2018";

viii) "após tomar ciência do acordado, em 28/11/2019 a Exma. Des. Corregedora Geral da Justiça da Bahia expediu o Provimento nº 11/2019-CGJ/TJBA, deixando de atentar para as especificidades dos RCPN de Juazeiro e promovendo uma divisão extremamente desproporcional em prejuízo exclusivo do ora Requerente";

ix) "o Provimento CGJ nº 11/2019 usurpa a competência legislativa, já que a Corte de Justiça baiana somente poderia propor novas áreas de jurisdição a qualquer tipo de Serventia Extrajudicial por meio da competente Lei Estadual", a teor do que prescrevem a Lei Estadual n. 10.845/2007 e o Regimento Interno do TJBA;

x) a conduta do TJBA afronta, ainda, o entendimento do Supremo Tribunal Federal, que, no julgamento da ADI n. 2415, se manifestou pela "necessidade de que a reorganização das Serventias Extrajudiciais ocorra por meio de Lei Estadual";

xi) "a norma foi elaborada sem a realização de qualquer estudo da situação fática do Município" e "sem qualquer fundamentação, limitando-se, tão somente, a fazer referência a ato normativo editado há quase 25 (vinte e cinco) anos!";

xii) "o ato administrativo questionado acaba por promover verdadeira INVERSÃO na situação das serventias, transformando a mais tradicional da cidade (1º RCPN) em serventia praticamente deficitária e atribuindo uma quantidade de atos ao 2º RCPN muito superior à historicamente praticada";

xiii) "embora também entenda necessária a divisão das circunscrições entre os RCPNs, não pode concordar com um critério aleatório à realidade fático-histórica que lhe RETIRA a competência de atuação sobre a maior parte do Município e, principalmente, lhe SUBTRAI a competência sobre quase todas as maternidades locais (e, portanto, sobre os registros de nascimento)";

xiv) o TJBA adotou um critério que não guarda qualquer relação com os registros civis, tomando por base o "Provimento que delimitou a atuação dos Registros de Imóveis da mesma Comarca publicado no ano de 1994 – dentro da realidade daquele momento", considerando o desenvolvimento estrutural ao redor da BR 407;

xv) com a edição do Provimento impugnado, a Maternidade Municipal e todos os demais hospitais de Juazeiro passaram a estar sob a competência do 2º RCPN, restringindo a atuação do 1º RCPN e a própria "essência da atividade registrária para a qual recebeu a incumbência do Poder Público", haja vista que a atividade ficará adstrita "aos atos já constantes do acervo e aos casamentos"; e

xvi) a "promissora" serventia pela qual optou foi transformada em uma serventia "deficitária".

Diante disso, requer a concessão de liminar para o fim de suspender o Provimento n. 11/2019-CGJ/TJBA, até que seja proferida decisão de mérito do presente procedimento. E, no mérito, a revogação do referido Provimento, "com determinação para que o E. TJBA encaminhe proposta legislativa fundamentada que preveja divisão de circunscrição de modo equânime entre os titulares dos Cartórios de Registro Civil das Pessoas Naturais da Comarca de Juazeiro/BA".

Instada a se manifestar, a Corregedoria-Geral da Justiça do Estado da Bahia – CGJBA registrou:

"(...)

Primeiramente, cumpre explanar todo o arcabouço fático acerca da circunscrição territorial do Município de Juazeiro, fato em que acarretou na edição e publicação do Provimento nº CGJ 11/2019. Pois bem, até 30 de abril de 1986, somente a serventia do 1º Ofício de Registro Civil das Pessoas Naturais da Comarca de Juazeiro havia sido instalada, momento em que fora criado o 2 Ofício. No impasse acerca da delimitação de competência das serventias daquela região, a Corregedoria Geral da Justiça fez baixar a Portaria nº CGJ 07/1994, definindo as circunscrições dos Cartórios de Registro de Imóveis, porém, nada disciplinou quanto à circunscrição dos Cartórios de Registro Civil. Com o passar dos anos, as duas serventias em questão foram geridas por servidores públicos, que praticavam os atos registrais de forma equânime. Com a finalização do Concurso de Outorga de Delegação das Serventias Extrajudiciais do Estado da Bahia, ocorrida em meados de janeiro de 2017, a omissão legislativa ainda perdurou, fato em os dois delegatários firmaram acordo em setembro de 2018 para que os atos de registro civil fossem realizados com alternância mensal na maternidade interligada. Superado esse ponto, passemos ao cerne da questão que levou à criação do Provimento ora impugnado. Mesmo com a composição firmada pelos registradores, a inexistência de regulamentação quanto a circunscrição dos Cartórios de Registro Civil das Pessoas Naturais do Município de Juazeiro vem comprometendo a eficácia e segurança jurídica das duas unidades extrajudiciais ali existentes, cenário no qual se instalou uma situação insustentável naquela localidade diante de diversas denúncias quanto ao desrespeito ao aludido acordo por parte do delegatário J.G., ora reclamante, o que ocasionou a instauração do Processo Administrativo Disciplinar tombado sob o nº TJ-PAD-2019/53178 (fls. 72/82) em desfavor daquele, com vistas a apurar eventual responsabilidade consistente em supostas parcerias com funerárias e empresas de moto taxi para intermediação do serviço público; cooptação de clientela para registros de nascimento e óbito fora e dentro da área de circunscrição do 1º Ofício, através de cartões de visita; realização de registros de óbito nas dependências de funerária da cidade de Juazeiro; divulgação de casamento gratuito para supostamente angariar atos isentos, condutas estas que, em tese, infringem os arts. 30, V e XIV c/c com o art. 31, I, II e V e 43 da Lei. 8.935/94 e os arts. 27, § 1º e 55 do Código de Normas dos Serviços Extrajudiciais do Estado da Bahia. Diante deste cenário, em caráter excepcional, a saída encontrada por esta Corregedoria Geral da Justiça foi de estender a mesma circunscrição definida para o registro de imóveis, prevista no Provimento nº 07/1994-CGJ/TJBA, à circunscrição dos cartórios de Registro Civil das Pessoas Naturais, na tentativa de se estabelecer a paz social naquela localidade. Nada obstante este Órgão Censor reconheça a imperiosa necessidade de encaminhamento de projeto para estabelecer a circunscrição não só no município de Juazeiro, mas em diversos outros que também se encontram sem disciplina quanto a circunscrição, a presente Corregedoria depende, ainda, da aprovação do projeto de reestruturação das serventias extrajudiciais do Estado da Bahia, projeto este já encaminhado à Comissão de Reforma Administrativa deste Egrégio Tribunal, de modo que somente após aprovação na Assembleia Legislativa da Bahia, é que se poderá elaborar o projeto que trata da Territorialidade. Ante o exposto, opino no sentido de que cópia do presente pronunciamento, subsidiado pelos documentos de fls. 72/82, sejam encaminhados ao Conselho Nacional de Justiça, em atendimento as informações solicitadas.

(...)." (ID n. 3838882/3838883)

A seguir, o Requerente reitera o pedido liminar, alegando restar inconteste a ilegalidade do Provimento impugnado, haja vista que o TJBA admitiu a que a matéria deve ser tratada por meio de Lei Estadual, a qual dependeria de aprovação do projeto de reestruturação das serventias extrajudiciais do Estado da Bahia (ID n. 3839189).

Por conseguinte, o Conselheiro Luciano Frota, meu antecessor, determinou a intimação da Sra. V.S.F delegatária titular do 2º Registro Civil das Pessoas Naturais da Comarca de Juazeiro/BA, para se manifestar, haja vista que a decisão administrativa a ser tomada nestes autos eventualmente alcançará seus direitos ou interesses (ID n. 3841399).

Em complementação à manifestação da Corregedoria-Geral, a Presidência do TJBA destacou (ID n. 3842115):

i) que o Requerente formulou o presente procedimento sem sequer realizar uma tentativa de solucionar a controvérsia administrativamente, o que configuraria supressão de instância;

ii) "a Corregedoria Geral da Justiça, com a finalidade de assegurar o bom funcionamento da prestação dos serviços notariais e de registro, editou a norma impugnada, a fim de estabelecer os limites da competência territorial aos Cartórios de Registro Civil das Pessoas Naturais da Comarca de Juazeiro-BA, porquanto, conforme noticiado pela Corregedoria local, inexistia, até então, a regulamentação quanto à circunscrição dos Cartórios de Registro Civil das Pessoas Naturais do Município de Juazeiro, situação que vinha comprometendo a eficácia e segurança jurídica das duas unidades extrajudiciais ali existentes"; e

iii) a "situação se agravou no momento em que o Requerente adotou condutas relacionadas à atividade registral que podem configurar desvio ético-funcional, com risco à segurança jurídica, à comunidade local e à concorrência desleal entre as serventias extrajudiciais, apesar do acordo celebrado com a Oficiala do 2° RCPN da Comarca de Juazeiro".

Por sua vez, a delegatária V.S.F reiterou as alegações do TJBA e ressaltou, em síntese, que (ID n. 3855047 e 3857011):

i) "a edição do Provimento nº CGJ 11/2019 foi motivada pelo próprio Autor, através do descumprimento reiterado do acordo anteriormente firmado entre os titulares do 1º e 2º Ofício dos RCPNs"; e

ii) "o propósito do Autor não é preservar a legalidade, mas os seus interesses, já que, com a repartição territorial feita somente pelo acordo, ele continuaria a descumprir, como o fez à época, dando ensejo, inclusive, a instauração do TJPAD-2019/53178".

Na oportunidade, pugnou pela improcedência do pedido, bem assim para que se determine à Corregedoria-Geral do Estado da Bahia a juntada do andamento do processo disciplinar em curso.

A seguir, determinei a inclusão da delegatária V.S.F como terceira interessada no feito, bem como a intimação do TJBA para prestação de informações complementares (ID n. 3898632).

Em resposta, a Corte de Justiça baiana encaminhou informações prestadas pela Corregedoria-Geral da Justiça do Estado da Bahia, das quais destaco (ID n. 3920882/3920883):

i) o "Provimento CGJ 11/2019, que estendeu a delimitação circunscricional dos Registros de Imóveis da Comarca na comarca de Juazeiro às serventias do Registro Civil das Pessoas Naturais da mesma localidade, regulamentada pela Portaria CGJ 07/1994, ainda está em vigor";

ii) "é competência da Comissão Permanente de Reforma Judiciária, Administrativa e Regimento Interno do Tribunal de Justiça do Estado da Bahia opinar sobre todos os assuntos relativos à organização judiciária e aos serviços auxiliares da Justiça", razão pela qual, não dispondo de informações acerca da tramitação do anteprojeto de lei de reestruturação das serventias extrajudiciais, deixou de apresentá-las; e

iii) o Processo Administrativo Disciplinar n. TJ-PAD-2019/53178, instaurado em face do Requerente, não foi concluído, estando sob análise pedido de prorrogação do prazo para conclusão.

Concluída a instrução processual, com integral observância do contraditório e da ampla defesa, e subsequente apreciação dos autos, solicitou-se sua inclusão em pauta virtual para julgamento de mérito, nos termos do artigo 118-A do Regimento Interno do Conselho Nacional de Justiça – RICNJ, em 1º de abril de 2020 (ID n. 3924964).

O procedimento foi pautado na 64ª Sessão do Plenário Virtual, mas, a pedido de V.S.F, terceira interessada (ID n. 3952531), foi excluído com vistas à realização de sustentação oral (ID n. 3952865).

O feito foi, então, incluído nas pautas da 321ª e 322ª Sessões Ordinárias, mas restou adiado, encontrando-se pautado para julgamento na 323ª Sessão Ordinária, a se realizar em 15 de dezembro de 2020.

Sobrevieram outras duas petições da terceira interessada da V.S.F.

A primeira carreava pedido de retirada do procedimento da pauta de julgamentos e conversão em diligências para juntada dos autos integrais do Processo Administrativo Disciplinar – PAD instaurado em face do Requerente pela Corregedoria-Geral da Justiça do Estado da Bahia, sob o argumento de que as condutas ali apuradas constituem "uma das razões subjacentes ao ato impugnado neste PCA" (ID n. 4184224).

Indeferi o pedido por não vislumbrar necessidade da diligência requerida, seja porque as condutas supostamente praticadas não são objeto de apuração pelo Conselho Nacional de Justiça, seja porque a edição do Provimento impugnado não pode constituir um juízo punitivo prévio do TJBA em face do Registrador, o que foi devidamente examinado e será explicitado na leitura do voto (ID n. 4184528).

A segunda, protocolizada em 7 de dezembro de 2020, apresenta ponderação acerca da reestruturação do sistema cartorário do Estado da Bahia, levada a efeito por meio do Provimento Conjunto n. 7/2018, que, no entender da terceira interessada, pode ser afetada pela decisão plenária que será proferida nestes autos (ID n. 4199530).

Diante disso, requer a modulação dos "efeitos de eventual decisão até que sobrevenha a lei que o TJBA, em sua manifestação, noticiou estar em fase de projeto".

É o relatório.

Passo ao julgamento imediato do mérito, deixando de analisar o pedido liminar, uma vez que os autos estão devidamente instruídos e as informações a ele acostadas são suficientes à cognição exauriente.

VOTO

Conforme relatado, o Requerente acorre ao CNJ com vistas à revogação do Provimento n. 11/2019-CGJ/TJBA, com determinação para que o TJBA encaminhe proposta legislativa fundamentada que preveja a divisão das circunscrições de modo equânime entre os titulares dos Cartórios de Registro Civil das Pessoas Naturais da Comarca de Juazeiro/BA.

O ato impugnado estabelece que:

Provimento CGJ n. 11/2019

"A DESEMBARGADORA LISBETE M. TEIXEIRA ALMEIDA CEZAR SANTOS, CORREGEDORA GERAL DA JUSTIÇA DO ESTADO DA BAHIA, no uso de suas atribuições legais e regimentais consoante o disposto nos arts. 87, 88 e 90 do Regimento Interno do Tribunal de Justiça do Estado da Bahia e,

CONSIDERANDO que compete ao Poder Judiciário estadual, como autoridade delegante dos Serviços Notariais e de Registro, zelar para que os serviços cartorários sejam prestados com eficiência, eficácia, qualidade, nos termos do art. 38 da Lei Federal n.8935/94;

CONSIDERANDO que compete a Corregedoria Geral da Justiça, a orientação, fiscalização e organização dos serviços cartorários a fim de assegurar o bom funcionamento da prestação dos serviços notariais e de registro;

CONSIDERANDO que os notários e registradores não podem praticar atos fora do território da circunscrição para a qual recebeu delegação;

CONSIDERANDO que todos os Delegatários devem observar o princípio da territorialidade, nos termos do art.12 da Lei Federal n.8935/94;

CONSIDERANDO o princípio da eficiência na prestação do serviço público para a população;

CONSIDERANDO a insegurança jurídica e a concorrência desleal entre os 2 (dois) Cartórios de Registro Civil;

CONSIDERANDO que o provimento 07/94, estabeleceu os limites da divisão territorial dos Cartórios de Registro de Imóveis e Hipotecas da Comarca de Juazeiro-BA;

RESOLVE:

Art. 1º. Estender os parâmetros do provimento 07/94, notadamente quanto aos limites da competência territorial ali estabelecidos, aos Cartórios de Registro Civil das Pessoas Naturais da Comarca de Juazeiro-Bahia.

Art. 2º. Determinar aos titulares dos Cartórios de Registro Civil das Pessoas Naturais da Comarca de Juazeiro/Bahia, o cumprimento deste Provimento.

Parágrafo único. Recomendar ao Juiz da Vara de Registros Públicos que, durante as correições ordinárias, observe se o princípio da territorialidade, na prática dos atos registrais, está sendo respeitado, ensejando eventual apuratório nas hipóteses de descumprimento do mencionado princípio, a teor do quanto disposto no art. 31 da Lei 8.935/1994.

Art. 2º. Este Provimento entrará em vigor na data de sua publicação.

Salvador, 27 de novembro de 2019.

DESA. LISBETE MARIA TEIXEIRA ALMEIDA CEZAR SANTOS

CORREGEDORA GERAL DA JUSTIÇA." (ID n. 3834164)

Em suas informações, o TJBA aponta basicamente duas justificativas para a edição do ato administrativo: i) a ausência de regulamentação legal dos limites territoriais de atuação das destacadas serventias e ii) o agravamento da situação de comprometimento da eficácia e da segurança jurídica com a adoção de condutas por parte do Requerente que podem configurar desvio ético-funcional e que são objeto de processo administrativo disciplinar.

Não obstante "reconheça a imperiosa necessidade de encaminhamento de projeto para estabelecer a circunscrição não só no município de Juazeiro, mas em diversos outros que também se encontram sem disciplina quanto a circunscrição", o TJBA alega que depende da aprovação de projeto de reestruturação das serventias extrajudiciais do Estado da Bahia, o qual foi encaminhado à Comissão de Reforma Administrativa do Tribunal, e, somente após a aprovação na Assembleia Legislativa, poderá elaborar o projeto que trata da territorialidade.

I – DA REJEIÇÃO À PRELIMINAR DE AUSÊNCIA DE INTERESSE DE AGIR

É de se ver que, tanto o TJBA, quanto a terceira interessada, V.S.F, arguem preliminar de ausência de interesse de agir do Requerente sob o fundamento de que inexistiu prévio requerimento administrativo dirigido ao Tribunal, a quem competia examinar e deliberar sobre questões *interna corporis*.

Alegam, assim, que a supressão de instância configuraria impedimento ao exame da matéria pelo CNJ.

Razão não lhes assiste.

O controle da legalidade de ato administrativo é de interesse coletivo e geral, tanto que pode ser feito de ofício por este Conselho, a teor do art. 91 do RICNJ.

Nesse cenário, na linha de inúmeros precedentes desta Casa, o argumento de ilegitimidade e/ou falta de interesse de agir não pode afastar deste Conselho a obrigatoriedade de controlar a legalidade de atos administrativos praticados pelos Tribunais, sobretudo quando o Requerente detém interesse direto na solução da controvérsia.[1]

Não por outro motivo o Supremo Tribunal Federal entende que "**qualquer pessoa é parte legítima para representar ilegalidades perante o Conselho Nacional de Justiça**", bem assim que "**não há necessidade de exaurimento da instância administrativa ordinária para a atuação do CNJ. Competência concorrente**, e não subsidiária" (MS 28.620, rel. min. Dias Toffoli, j. 23-9-2014, 1ª T, DJE de 8-10-2014 – grifei).

Portanto, rejeito a preliminar, conheço do pedido e passo ao exame do mérito.

II – DA OBRIGATORIEDADE DE LEI FORMAL PARA A DEFINIÇÃO DAS CIRCUNSCRIÇÕES GEOGRÁFICAS DE UNIDADES EXTRAJUDICIAIS

Com efeito, a definição das circunscrições geográficas não pode ser efetuada *por simples ato administrativo normativo do Tribunal de Justiça*, mas tão-somente por lei formal.

A teor do que estabelecem os arts. 96, I, "a", e 125, §1º, da Constituição Federal, a organização e a administração da Justiça são de competência dos Estados, cabendo aos tribunais de justiça a iniciativa para a propositura de suas leis de organização judiciária, dispondo sobre a competência e o funcionamento de seus órgãos:

CF/88

Art. 96. Compete privativamente:

I – aos tribunais:

a) eleger seus órgãos diretivos e elaborar seus regimentos internos, com observância das normas de processo e das garantias processuais das partes, dispondo sobre a competência e o funcionamento dos respectivos órgãos jurisdicionais e administrativos;

(...)

Art. 125. Os Estados organizarão sua Justiça, observados os princípios estabelecidos nesta Constituição.

§ 1º A competência dos tribunais será definida na Constituição do Estado, sendo a lei de organização judiciária de iniciativa do Tribunal de Justiça.

Destarte, nessa outorga de competências se insere a de fixar a circunscrição territorial das comarcas, que somente poderá ser feita por meio de lei estadual de iniciativa do Poder Judiciário.

Na lição de Walter Ceneviva, a proposta de lei de organização judiciária deve contemplar a divisão das circunscrições geográficas de competência dos oficiais de registro. *Verbis*:

Cabe-lhes (tribunais de justiça) a iniciativa de proposta de lei de organização judiciária, na qual se insere a divisão das circunscrições, às quais estão sujeitos os registradores imobiliários e civil de pessoas naturais.

Em cada Estado, o Tribunal de Justiça tem discrição para adotar – com o caráter genérico próprio das leis – o que melhor lhe pareça para a sistematização ordenada dos serviços do Estado. [2]

E, nos termos do artigo 12 da Lei n. 8.935/94, o exercício das funções delegadas a registradores de imóveis e civis de pessoas naturais está circunscrito à área territorial definida em lei. Senão vejamos:

Art. 12. Aos oficiais de registro de imóveis, de títulos e documentos e civis das pessoas jurídicas, civis das pessoas naturais e de interdições e tutelas compete a prática dos atos relacionados na legislação pertinente aos registros públicos, de que são incumbidos, independentemente de prévia distribuição, mas sujeitos os oficiais de registro de imóveis e civis das pessoas naturais às normas que definirem as circunscrições geográficas.

É de se ver, portanto, que a regra da territorialidade é o limite de competência dos registradores civis de pessoas naturais, cuja definição cabe a cada Estado, por meio de lei de iniciativa do Poder Judiciário local.

Traçado esse panorama, ressai a irregularidade da situação enfrentada na Comarca de Juazeiro/BA – o que, segundo informações do Tribunal de Justiça, se repete em diversas outras comarcas daquele Estado.

Não obstante, o TJBA destaca que depende da aprovação de projeto de reestruturação das serventias extrajudiciais do Estado da Bahia, o qual foi encaminhado à Comissão de Reforma Administrativa do Tribunal, e, somente após a aprovação na Assembleia Legislativa, poderá elaborar o projeto que trata da territorialidade.

Ora, mesmo reconhecendo que a ausência de lei compromete a eficácia e a segurança jurídica das unidades extrajudiciais, o TJBA não apresenta alternativa viável, salvo a manutenção do Provimento impugnado, o qual foi editado sem considerar as particularidades dos serviços prestados e em aparente juízo punitivo prévio ao delegatário J.G.

Diante disso, é inconcebível que a Corte de Justiça baiana pretenda postergar *sine die* a regularização da delimitação territorial das referidas serventias, devendo encaminhar à Assembleia Legislativa do Estado da Bahia, no prazo de 120 (cento e vinte) dias, a contar da publicação do acórdão, anteprojeto de lei que estabeleça a circunscrição geográfica do 1º e do 2º Registros Civis de Pessoas Naturais da Comarca de Juazeiro/BA, a partir de critérios objetivos e equânimes que, deverão, desde logo, ser adotados em atuação administrativa excepcional, conforme adiante se verá.

III – DA NECESSIDADE DE ELABORAÇÃO EXCEPCIONAL DE PROVIMENTO QUE DISTRIBUA DE FORMA OBJETIVA E EQUÂNIME A COMPETÊNCIA TERRITORIAL DOS CARTÓRIOS DE REGISTRO CIVIL DE PESSOAS NATURAIS DA COMARCA DE JUAZEIRO/BA ATÉ QUE SOBREVENHA LEI ESTADUAL

Conforme relatado, o TJBA editou o Provimento impugnado, cujo texto estende o critério adotado para as serventias de Registro de Imóveis para as do Registro Civil de Pessoas Naturais, visando coibir suposta atuação indevida de um dos Registradores.

Os Registros Civis de Pessoas Naturais são de fundamental importância, tanto que a Lei n. 8.935/94 reserva a eles tratamento diferenciado, com a exigência de, no mínimo, um em cada sede municipal, ou ainda um em cada sede distrital nos municípios de significativa extensão territorial, bem como estabelece regras específicas quanto ao expediente ao público e à acessibilidade.

Em artigo publicado no sítio de internet "Migalhas" se encontra pertinente definição:

"Nele 'se resguardam, de forma pública e perene, os status jurídicos assumidos pela pessoa natural ao longo de sua vida'. Assentos como o de nascimento permitem 'amplo acesso aos serviços públicos mais essenciais'. Mais precisamente, tal repositório de informações 'garante a oponibilidade do estado civil perante terceiros; assegura o pleno exercício da cidadania; oferece um referencial seguro para fins de imputação e direitos e obrigações; representa uma fonte precisa de dados estatísticos', dentre outros desdobramentos.

A própria Corregedoria Nacional de Justiça, preocupada com a especificidade dos serviços, com a necessidade de garantir a presença e a continuidade, dentre outros, editou o Provimento n. 81/2018, que estabelece renda mínima ao Registrador Civil de Pessoas Naturais.

Nesse cenário, ganha relevo a inadequação dos critérios implantados por meio do Provimento n. 11/2019-CGJ/TJBA, seja porque editados para serventias de Registros de Imóveis, seja porque apurados em outra realidade fática do Município (o Provimento original é o de n. 07/1994-TJBA), seja porque carente de qualquer estudo que pudesse embasar a atribuição de competência sobre a Maternidade Municipal e todos os demais hospitais de Juazeiro/BA ao 2º RCPN, impondo ao 1º RCPN, serventia instalada há mais de 120 (cento e vinte) anos, condição que certamente se revelará deficitária, dado que sua atuação ficará restrita aos atos já constantes do acervo e aos casamentos. Com efeito, a edição do Provimento impugnado sobreleva um certo juízo punitivo prévio do TJBA em face do Registrador, ora Requerente. Todavia, é importante salientar que: i) a omissão do TJBA em disciplinar por meio de lei a competência territorial abriu espaço para situações como a verificada nos autos; e ii) os atos ilegais supostamente praticados pelo Requerente são objeto do devido Processo Administrativo Disciplinar e naquela seara devem receber a reprimenda acaso comprovados.

Daí porque indeferi o pedido de juntada dos autos integrais do PAD instaurado em face do Requerente. Ora, as condutas supostamente praticadas não são objeto de apuração pelo Conselho Nacional de Justiça e não poderiam ter sido utilizadas como fundamento para a edição de ato administrativo que antecipa efeitos disciplinares, retirando do Requerente, de forma indevida e carente de razoabilidade, importantes áreas de atuação.

Destarte, até que sobrevenha lei estadual tratando da matéria, atende ao interesse público a disposição excepcional das circunscrições territoriais do 1º e do 2º Registros Civis de Pessoas Naturais da Comarca de Juazeiro/BA por ato administrativo, desde que estabeleça critérios objetivos e equânimes, que garantam equidade na atuação de ambos os Registradores e esteja embasado em estudos adequados à especialidade das serventias.

Por todo o exposto, determino que, no prazo de 60 (sessenta) dias, a contar da publicação do acórdão, o TJBA promova estudos, podendo se subsidiar em perícia técnica, e edite novo ato, revogando o Provimento n. 11/2019-CGJ/TJBA, a fim de estabelecer de forma objetiva e equânime a divisão geográfica das circunscrições do 1º e do 2º Registros Civis de Pessoas Naturais da Comarca de Juazeiro/BA.

IV – DA AUSÊNCIA DE REPERCUSSÃO DO JULGAMENTO DO PRESENTE FEITO NA VALIDADE DO PROVIMENTO CONJUNTO N. 7/2018

Conforme explicitado, impugna-se, neste feito, o Provimento n. 11/2019-CGJ/TJBA, que fixou os limites de competência territorial dos Cartórios de Registro Civil das Pessoas Naturais da Comarca de Juazeiro/BA.

Após análise, concluo neste voto pela necessidade de: i) revogação do referido Provimento; ii) edição excepcional de novo ato administrativo, a fim de estabelecer de forma objetiva e equânime a divisão geográfica das circunscrições do 1º e do 2º Registros Civis de Pessoas Naturais da Comarca de Juazeiro/BA; e iii) encaminhamento de anteprojeto de lei que estabeleça a circunscrição geográfica das destacadas serventias à Assembleia Legislativa do Estado da Bahia, a partir dos critérios mencionados.

Não obstante, em 7 de dezembro de 2020, depois de o feito ter sido pautado em 3 (três) sessões de julgamento, sobreveio petição da terceira interessada, V.S.F, por meio da qual apresenta fato até então não noticiado nos autos, consubstanciado na alegada reestruturação de todo o sistema cartorário do Estado da Bahia, levada a efeito por meio do Provimento Conjunto n. 7/2018, da Corregedoria-Geral de Justiça do Estado da Bahia e da Corregedoria das Comarcas do Interior.

O destacado Provimento Conjunto "determina a imediata desativação das serventias vagas e que se mostram inviáveis, regulamenta a remessa dos respectivos acervos para as unidades que deverão recebê-los, e dá outras providências" (ID n. 4199531).

Antecipando eventual procedência do feito, a terceira interessada sustenta em seu requerimento que, diante da "particularidade do sistema cartorário da Bahia, **estruturado via Provimento**" (grifos no original), haveria necessidade de modular os efeitos da decisão plenária até que sobrevenha lei disciplinando a matéria.

Isso porque, no seu entender, tal como se constata na edição do Provimento n. 11/2019-CGJ/TJBA, existiria ilegalidade na edição do Provimento Conjunto n. 7/2018, que teria promovido a reestruturação do sistema cartorário extrajudicial baiano por meio de ato administrativo em detrimento da via legislativa.

A questão apresentada tangencia a que é objeto deste feito, mas não impede sua análise, tampouco impõe a modulação de efeitos da decisão que vier a ser tomada.

Explico.

Em princípio, impõe-se ressaltar que, em nenhum momento, o Tribunal requerido informou a este Conselho acerca da existência do Provimento Conjunto n. 7/2018.

Como se viu, o TJBA arguiu que dependia da aprovação de projeto de lei de reestruturação de suas serventias extrajudiciais, o qual ainda pendia de análise da Comissão de Reforma Administrativa daquele Tribunal, para somente após a aprovação na Assembleia Legislativa, elaborar o projeto que trataria da territorialidade.

Nesse cenário, conforme explanado nos itens anteriores, julguei ser inconcebível que a Corte de Justiça baiana pretendesse postergar *sine die* a regularização da delimitação territorial das serventias objeto do presente PCA.

Assim, entendi pela necessidade de impor àquele Tribunal a obrigação de solucionar a demanda apresentada, a qual, frise-se, compromete a eficácia e a segurança jurídica das unidades extrajudiciais do Registro Civil da Comarca de Juazeiro/BA, ainda que seja solução que não abranja todas as Comarcas em idêntica situação.

Essa foi a linha adotada exatamente porque o TJBA noticiou que tramita em suas unidades internas anteprojeto de lei para promover a reestruturação necessária, se comprometendo a adotar, imediatamente após a aprovação pela Assembleia Legislativa, as providências para estabelecer, também por lei, as circunscrições territoriais das serventias reestruturadas e/ou daquelas que hoje já se encontram carentes de tal regramento legal.

Nesse cenário, não vislumbro em que medida se possa, neste momento processual (instrução encerrada em 1º de abril de 2020 – ID n. 3924964 e procedimento incluído em pauta), acatar o pedido apresentado pela terceira interessada, para submeter ao Plenário proposta de modulação acerca de objeto distinto (Provimento Conjunto n. 7/2018), sobre o qual as partes não se manifestaram, e que, em princípio, não será afetado pela Decisão que vier a ser tomada, haja vista que a discussão se cinge à legalidade do Provimento n. 11/2019-CGJ/TJBA.

Ainda que a tese que se propõe firmar neste feito – obrigatoriedade de lei formal para a definição das circunscrições geográficas de unidades extrajudiciais – possa aproveitar à tese sustentada pela terceira interessada – desativação de unidades extrajudiciais por lei –, é de se ver que o julgamento do presente PCA terá efeito *inter partes* e se restringirá ao ato administrativo impugnado.

Assim, eventuais interessados ou prejudicados pela edição do Provimento Conjunto n. 7/2018 poderão, a seu juízo, aviar procedimento autônomo para discussão de legalidade do destacado Ato.

Diante do exposto, não conheço do requerimento formulado pela terceira interessada, V.S.F.

V – CONCLUSÃO

Como dito, na ausência de lei que estabelecesse os limites territoriais das serventias em destaque, pactuou-se uma solução entre as partes, a qual, aparentemente, foi descumprida por uma delas, o que impôs ao Tribunal a necessidade de fixar, por provimento, a área de atuação respectiva.

Uma vez reconhecida a obrigatoriedade de lei para regularização, bem assim a inadequação do Provimento editado, impõe-se a determinação de encaminhamento de anteprojeto de lei à Assembleia Legislativa e a revogação do normativo.

Não obstante, nenhuma das medidas pode ser executada de plano, haja vista que os trâmites administrativo e legislativo são longos e a revogação imediata abriria espaço para novos conflitos entre os delegatários, o que acarretaria ainda mais instabilidade na prestação dos serviços.

Assim, admite-se, excepcional e provisoriamente, que se mantenha vigente o Provimento n. 11/2019-CGJ/TJBA enquanto o TJBA realiza estudos para subsidiar a edição de novo ato que estabeleça de forma objetiva e equânime a divisão geográfica das circunscrições do 1º e do 2º Registros Civis de Pessoas Naturais da Comarca de Juazeiro/BA. De igual forma, ainda que não encontre amparo legal, o novo regramento será tolerado até que sobrevenha a lei.

Cumpre destacar que se trata de alternativa transitória e excepcionalíssima, que tem por objetivo evitar prejuízos aos serviços e, por consequência, à população.

Ante o exposto, julgo parcialmente procedente o presente Procedimento de Controle Administrativo para determinar ao Tribunal de Justiça do Estado da Bahia que:

i) no prazo de 60 (sessenta) dias, a contar da publicação do acórdão, promova estudos, podendo se subsidiar em perícia técnica, e edite novo ato, revogando o Provimento n. 11/2019-CGJ/TJBA, a fim de estabelecer de forma objetiva e equânime a divisão geográfica das circunscrições do 1º e do 2º Registros Civis de Pessoas Naturais da Comarca de Juazeiro/BA;

ii) no prazo de 120 (cento e vinte) dias, a contar da publicação do acórdão, encaminhe anteprojeto de lei à Assembleia Legislativa do Estado da Bahia, nos termos da fundamentação.

Encaminhe-se cópia dos autos à Corregedoria Nacional de Justiça para as providências que entender cabíveis, haja vista a informação prestada pelo próprio Tribunal de Justiça do Estado da Bahia no sentido de que inúmeras outras serventias encontram-se na mesma situação das que são objeto deste feito.

É como voto.

Intimem-se.

Após as providências de praxe, reautue-se como procedimento de acompanhamento de cumprimento de decisão (CUMPRDEC).

Brasília, data registrada em sistema.

FLÁVIA PESSOA

Conselheira

VOTO DIVERGENTE

Adoto o relatório da Ilustre Conselheira Flávia Pessoa lançado no procedimento em análise.

O presente Procedimento de Controle Administrativo foi proposto por J.G. contra ato editado pela Corregedoria Geral da Justiça (CGJBA) e pelo Tribunal de Justiça do Estado da Bahia (TJBA) que fixou os limites de competência territorial dos Cartórios de Registro Civil das Pessoas Naturais da Comarca de Juazeiro/BA (Provimento 11/2019 – CGJ/TJBA).

A Eminente Relatora julgou o pedido parcialmente procedente, nos termos do seguinte dispositivo:

Ante o exposto, julgo parcialmente procedente o presente Procedimento de Controle Administrativo para determinar ao Tribunal de Justiça do Estado da Bahia que:

i) no prazo de 60 (sessenta) dias, a contar da publicação do acórdão, promova estudos, podendo se subsidiar em perícia técnica, e edite novo ato, revogando o Provimento n. 11/2019-CGJ/TJBA, a fim de estabelecer de forma objetiva e equânime a divisão geográfica das circunscrições do 1º e do 2º Registros Civis de Pessoas Naturais da Comarca de Juazeiro/BA;

ii) no prazo de 120 (cento e vinte) dias, a contar da publicação do acórdão, encaminhe anteprojeto de lei à Assembleia Legislativa do Estado da Bahia, nos termos da fundamentação.

Encaminhe-se cópia dos autos à Corregedoria Nacional de Justiça para as providências que entender cabíveis, haja vista a informação prestada pelo próprio Tribunal de Justiça do Estado da Bahia no sentido de que inúmeras outras serventias encontram-se na mesma situação das que são objeto deste feito. (sem grifos originais)

Peço vênia à Ilustre Conselheira Flávia Pessoa, para apresentar parcial divergência tão somente em relação aos encaminhamentos propostos no dispositivo do *decisum*.

No caso vertente, ficou demonstrado ao longo da instrução que o vício identificado nos autos é de violação ao princípio da legalidade na edição do Provimento 11/2019 – CGJ/TJBA, haja vista a necessidade de lei formal para estabelecimento da competência territorial das serventias extrajudiciais.

Em seu judicioso voto, a Eminente Relatora propôs a manutenção do ato cuja nulidade foi reconhecida até que sobrevenha lei para, de forma objetiva e equitativa, estabelecer a divisão geográfica das circunscrições do 1º e do 2º Registros Civis de Pessoas Naturais da Comarca de Juazeiro – BA.

Rogando escusas aos eminentes pares que aderiram ao entendimento da Ilustre Relatora, entendo que deve ser dada ao caso decisão diversa.

A meu sentir, até a edição da lei para disciplinar a matéria, atenderia aos princípios da proporcionalidade e da razoabilidade a manutenção do *status quo ante* que, conforme relatado nos autos, indica uma divisão equânime das demandas pelos serviços cartorários.

Nesse cenário, considerando que foi reconhecida a ausência de critérios justos e objetivos na repartição de competências estabelecida pelo Provimento 11/2019 – CGJ/TJBA, entendo que a solução mais adequada para a questão deduzida nos autos é a declaração de nulidade do ato impugnado, com a manutenção da forma anteriormente estabelecida para divisão dos trabalhos.

Repita-se, a competência cumulativa sem divisão territorial entre o 1º e do 2º Registros Civis de Pessoas Naturais da Comarca de Juazeiro – BA observada até a edição do ato normativo pelo Tribunal de Justiça, que ora está sendo considerado ilegal e despido de critérios justos e objetivos, deve vigorar até que seja editada lei para regular a competência territorial das referidas serventias extrajudiciais.

Ante o exposto e renovando o pedido de vênia, divirjo da Eminente Relatora para julgar o pedido procedente para determinar a anulação do Provimento 11/2019 – CGJ/TJBA.

É como voto.

Brasília, data registrada no sistema.

Candice Lavocat Galvão Jobim

Conselheira

Notas:

[1] CNJ – RA – Recurso Administrativo em PCA – Procedimento de Controle Administrativo – 0005331-65.2015.2.00.0000 – Rel. BRUNO RONCHETTI – 7ª Sessão Virtual – julgado em 1º/3/2016; CNJ – PP – Pedido de Providências – Conselheiro – 0006114-28.2013.2.00.0000 – Rel. GISELA GONDIN RAMOS – 183ª Sessão Ordinária – julgado em 25/2/2014.

[2] CENEVIVA. Walter. Lei dos Notários e Registradores comentada. Saraiva, São Paulo. 6ª edição, pág. 141.

[3] https://www.migalhas.com.br/coluna/registralhas/296125/da-renda-minima-do-registrador-civil-de-pessoas-naturais-breve-anotacao-sobre-o-provimento-81-da-corregedoria-nacional-de--justica, acesso em 12 de março de 2020.

(CNJ – Procedimento de Controle Administrativo nº 0009666-88.2019.2.00.0000 – Bahia – Rel. Cons. Candice Lavocat Galvão Jobim – DJ 17.12.2020)

▶ **EMENTA:** Recurso em sede de Procedimento de Controle Administrativo – Cartórios – Extinção de serventia – Previsão legal – Transferência das atribuições – Possibilidade – Inexistência de fato novo – Não provimento – I. Recurso contra decisão que julgou improcedente o pedido constante do PCA, por considerar que o Tribunal extinguiu serventia extrajudicial em razão do disposto em Lei Complementar Estadual – II. O então titular da serventia extrajudicial sofreu sanção disciplinar de perda da delegação, assim, diante da previsão em Lei Complementar Estadual, o Tribunal extinguiu o serviço, atendendo, dessa forma, ao princípio da reserva legal – III. O artigo 26, parágrafo único, da Lei 8935/1994, autoriza a acumulação dos serviços notariais e de registro na hipótese de desinteresse da Administração na manutenção do serviço com uma única especialidade, cuja análise se insere na autonomia administrativa conferida aos tribunais – IV. Inexistindo, nas razões recursais, qualquer elemento novo capaz de alterar o entendimento adotado, a decisão monocrática combatida deve ser mantida – IV. Recurso conhecido, uma vez que tempestivo, mas que, no mérito, nega-se provimento. (CNJ – Procedimento de Controle Administrativo nº 0002757-35.2016.2.00.0000 – Rio Grande do Norte – Rel. Cons. Rogério José Bento Soares do Nascimento – DJ 22.05.2017).

EMENTA: Recurso administrativo em Pedido de Providências – Reorganização dos serviços auxiliares – Criação de serventias extrajudiciais – Autonomia dos tribunais – Precedentes – Recurso desprovido – I. Ausência nas razões recursais, de elementos novos capazes de alterar o entendimento adotado na Decisão combatida – II. A reorganização dos serviços auxiliares, que poderá culminar na definição de quais localidades demandam a criação de ofícios extrajudiciais, levada a cabo mediante lei em sentido estrito após a realização de estudos técnicos, é matéria inerente à autonomia constitucional dos Tribunais. Precedentes do CNJ – III. Recurso conhecido e desprovido. (CNJ – Pedido de Providências nº 0004655-83.2016.2.00.0000 – São Paulo – Rel. Cons. Carlos Eduardo Oliveira Dias – DJ 09.06.2017)

EMENTA: Pedido de Providências – Recurso administrativo – Desacumulação de serventias extrajudiciais – Tabelionato de notas e registro de imóveis – Perda de arrecadação – Redução da qualidade do serviço – Edição de Lei Complementar Estadual nº 193/2010 – Art. 49 da Lei Federal nº 8.935/94 – Necessidade de prévia vacância da serventia extrajudicial – 1. Nos termos do art. 49 da Lei nº 8.935/94 e da Lei Complementar nº 193/2010, a desacumulação de serviço notarial somente será precedida após a primeira vacância do registro notarial ou registral – 2. A queda da rentabilidade da serventia, a diminuição do número de funcionários do cartório e a redução da qualidade na prestação de serviços não fazem concluir, de per si, a existência de práticas ilegais de captação de usuários por parte de delegatário de serventia extrajudicial localizada em mesmo município – 3. Recurso administrativo desprovido. (CNJ – Pedido de Providências nº 0003766-32.2016.2.00.0000 – Sergipe – Rel. Min. João Otávio de Noronha – DJ 19.06.2017)

SUPREMO TRIBUNAL FEDERAL

EMENTA: Ação direta de inconstitucionalidade. 2. Dispositivos da Constituição do Estado de São Paulo. Iniciativa de lei sobre serventias judiciais e estabelecimento de critérios e prazos para sua criação. 3. Pertence ao Tribunal de Justiça estadual a iniciativa privativa para legislar sobre organização judiciária, na qual se inclui a criação, alteração ou supressão de cartórios. Precedentes. 4. Vulnera o princípio da separação dos Poderes a imposição de diretrizes e prazos, pelo Constituinte Estadual, para a elaboração de projeto de lei de iniciativa reservada ao Tribunal de Justiça. Precedentes. 5. Ação direta de inconstitucionalidade julgada procedente para declarar a inconstitucionalidade do artigo 24, § 2º, 6, da Constituição do Estado de São Paulo e do art. 17, *caput* e parágrafos, do Ato das Disposições Constitucionais Transitórias do mesmo diploma.

Vistos, relatados e discutidos estes autos, acordam os Ministros do Supremo Tribunal Federal, em Sessão Plenária, sob a presidência do Senhor Ministro Dias Toffoli, na conformidade da ata de julgamento e das notas taquigráficas, por unanimidade, conheceu da ação direta e julgou procedente o pedido formulado para declarar a inconstitucionalidade do art. 24, § 2º, 6, da Constituição do Estado de São Paulo, bem como do art. 17 do Ato de suas Disposições Transitórias, nos termos do voto do Relator.

Brasília, Sessão Virtual de 06 a 12 de março de 2020.

Ministro GILMAR MENDES

Relator

RELATÓRIO

O SENHOR MINISTRO GILMAR MENDES (RELATOR): Trata-se de ação direta de inconstitucionalidade, com pedido de liminar, proposta pelo Procurador-Geral da República, contra dispositivos da Constituição do Estado de São Paulo que dispõem sobre reserva de iniciativa de lei.

Transcrevo os trechos pertinentes da Constituição Estadual, com os dispositivos impugnados em destaque:

Constituição do Estado de São Paulo:

"Art. 24 – A iniciativa das leis complementares e ordinárias cabe a qualquer membro ou Comissão da Assembléia Legislativa, ao Governador do Estado, ao Tribunal de Justiça, ao Procurador-Geral de Justiça e aos cidadãos, na forma e nos casos previstos nesta Constituição.

(...)

§ 2º – Compete, exclusivamente, ao Governador do Estado a iniciativa das leis que disponham sobre:

(...)

6 – criação, alteração ou supressão de cartórios notariais e de registros públicos".

Ato das Disposições Constitucionais Transitórias do Estado de São Paulo:

"**Artigo 17 – Lei a ser editada no prazo de quatro meses após a promulgação desta Constituição disporá sobre normas para criação dos cartórios extrajudiciais, levando-se em consideração sua distribuição geográfica, a densidade populacional e demanda do serviço.**

§ 1º – O Poder Executivo providenciará no sentido de que, no prazo de seis meses após a publicação da lei mencionada no «caput» deste artigo, seja dado cumprimento a ela, instalando-se os cartórios.

§ 2º – Os cartórios extrajudiciais localizar-se-ão, obrigatoriamente, na circunscrição onde tenham atribuições".

Aponta-se violação ao artigo 96, I, *b*, e II, *b* e *d*, da Constituição Federal.

Em suas razões, o autor alega que pertencem à iniciativa reservada dos Tribunais de Justiça as leis que tratem das serventias extrajudiciais, como reconhecido por esta Corte na ADI 3.773, o que impediria mesmo o Constituinte Estadual de prever critérios para sua criação. (eDOC 1, p. 3)

Requer a suspensão liminar da eficácia do ato impugnado e, ao final, a declaração de sua inconstitucionalidade.

O relator originário, Min. Cezar Peluso, adotou o rito do art. 12 da Lei 9.868/1999 e solicitou informações. (eDOC 3)

A Assembleia Legislativa do Estado de São Paulo, em informações, sustenta que a Constituição determina ao Poder Judiciário apenas prover as serventias extrajudiciais e fiscalizar os atos de seus titulares, mas não lhe concede iniciativa legislativa para propor a criação ou extinção delas. Lembra que a lei federal que regulamenta a prestação dos serviços notariais e de registro (Lei 8.935/1994) foi de iniciativa do Poder Executivo. (eDOC 5)

O Advogado-Geral da União manifesta-se pela procedência do pedido, pois o Supremo Tribunal Federal já teria assentado que a criação e a extinção de cartórios constituiria matéria de organização judiciária, de iniciativa reservada ao Judiciário, e que as matérias com reserva de lei não poderiam ser disciplinadas por Constituição Estadual. (eDOC 7, p. 6)

O Procurador-Geral da República ratifica os pedidos da inicial. (eDOC 11)

Deferi o ingresso nos autos (eDOC 20), como *amicus curiae*, do Sindicato dos Notários e Registradores do Estado de São Paulo – Sinoreg/SP, que entende constitucional o ato impugnado. (eDOC 13)

É o relatório.

VOTO

O SENHOR MINISTRO GILMAR MENDES (RELATOR): A presente ação, em síntese, tem por objeto normas da Constituição do Estado de São Paulo que dispõem sobre a iniciativa para criação, alteração ou supressão de cartórios extrajudiciais naquele Estado.

Em síntese, o constituinte paulista conferiu ao Governador do Estado a iniciativa legislativa sobre cartórios, estabelecendo diretrizes para sua criação e instalação, inclusive fixando prazos ao Poder Executivo.

A impossibilidade de atribuir-se ao Chefe do Executivo iniciativa reservada a Tribunal de Justiça pela Constituição Federal foi fixada pelo Supremo em diversos precedentes, inclusive no julgamento da ADI 3.773, quando a Corte declarou a inconstitucionalidade da Lei 12.227/2006 do Estado de São Paulo, que regulamentava o art. 17 do ADCT, aqui impugnado. O acórdão restou assim ementado:

"Ação Direta de Inconstitucionalidade. Lei Estadual (SP) nº 12.227/06. Inconstitucionalidade formal. Vício de iniciativa. Art. 96, II, "b" e "d", da Constituição Federal. 1. A declaração de inconstitucionalidade proferida por Tribunal estadual não acarreta perda de objeto da ação ajuizada na Suprema Corte, pendente ainda recurso extraordinário. 2. Vencido o Ministro Relator, que extinguia o processo sem julgamento do mérito, a maioria dos Julgadores rejeitou a preliminar de falta de interesse de agir por ausência de impugnação do art. 24, § 2º, item 6, da Constituição do Estado de São Paulo, com entendimento de que este dispositivo não serve de fundamento de validade à lei estadual impugnada. 3. É pacífica a jurisprudência do Supremo Tribunal Federal no sentido de que as leis que disponham sobre serventias judiciais e extrajudiciais são de iniciativa privativa dos Tribunais de Justiça, a teor do que dispõem as alíneas "b" e "d" do inciso II do art. 96 da Constituição da República. Precedentes: ADI nº 1.935/RO, Relator o Ministro Carlos Velloso, DJ de 4/10/02; ADI nº 865/MA-MC, Relator o Ministro Celso de Mello, DJ de 8/4/94. 4. Inconstitucionalidade formal da Lei Estadual (SP) nº 12.227/06, porque resultante de processo legislativo deflagrado pelo Governador do Estado. 5. Ação direta que se julga procedente, com efeitos ex tunc". (ADI 3.773, Rel. Min. MENEZES DIREITO, Tribunal Pleno, DJe 4.9.2009)

Como os artigos aqui impugnados não foram objeto daquela ação, o Tribunal apenas declarou a inconstitucionalidade da Lei paulista, não tendo se manifestado expressamente sobre os dispositivos da Constituição paulista na matéria. No entanto, o fundamento para a declaração de inconstitucionalidade da lei e dos dispositivos da Constituição paulista é o mesmo.

A composição e distribuição pelo território dos serviços notariais e de registro, destinados a garantir a publicidade, autenticidade, segurança e eficácia dos atos jurídicos, em equilíbrio entre a demanda social e a sustentabilidade prática, é matéria de organização judiciária, atribuída à iniciativa dos Tribunais de Justiça pelo art. 96, II, *d*, da Constituição (*"Art. 96. Compete privativamente: (...) II – ao Supremo Tribunal Federal, aos Tribunais Superiores e aos Tribunais de Justiça propor ao Poder Legislativo respectivo, observado o disposto no art. 169: (...) d) a alteração da organização e da divisão judiciárias"*). Isso é reconhecido pelo Supremo Tribunal desde o julgamento da ADI 865 MC:

"ADIN – CÓDIGO DE DIVISÃO E ORGANIZAÇÃO JUDICIÁRIAS DO ESTADO DO MARANHÃO (ART. 87 E PARÁGRAFO ÚNICO; ART. 88 E §; ART. 89 E PARÁGRAFO ÚNICO) – SERVENTIAS JUDICIAIS E EXTRAJUDICIAIS – MATÉRIA DE ORGANIZAÇÃO JUDICIÁRIA – INICIATIVA RESERVADA AO TRIBUNAL DE JUSTIÇA – PROCESSO LEGISLATIVO – LIMITES DA ATUAÇÃO PARLAMENTAR – EMENDABILIDADE DOS PROJETOS DE LEI EM TEMA DE ORGANIZAÇÃO JUDICIÁRIA – A QUESTÃO DO ART. 236 DA CONSTITUIÇÃO FEDERAL – AUSÊNCIA DE PLAUSIBILIDADE JURÍDICA DO PEDIDO – MEDIDA CAUTELAR INDEFERIDA". (ADI 865 MC, rel. Min. Celso de Mello, Tribunal Pleno, DJ 8.4.1994)

Mais recentemente, no julgamento da ADI 2.127, tive a oportunidade de recordar a uníssona jurisprudência da Corte nesse sentido, em demanda proposta contra Lei que tratava unicamente de serventias extrajudiciais, questionada ao fundamento de vício de iniciativa, atribuída, pelo requerente, ao Chefe do Poder Executivo:

"Ação direta de inconstitucionalidade. 2. Lei 11.383/1999 do Estado do Rio Grande do Sul. 3. Criação dos 2º e 3 º Serviços de Registro de Títulos e Documentos e Civis das Pessoas Jurídicas de Porto Alegre. 4. Proposta encaminhada pelo Presidente do Tribunal de Justiça. Alegação de Vício de Iniciativa. 5. Improcedência da ação. Competência privativa dos tribunais de justiça para propor leis que disponham sobre serventias judiciais e extrajudiciais. Precedentes. 6. Ação direta de inconstitucionalidade julgada improcedente". (ADI 2.127, de minha relatoria, Tribunal Pleno, DJe 7.5.2019)

Ademais, as normas da Constituição Estadual não podem dispor sobre matéria de iniciativa legislativa reservada ao Poder Judiciário pela Constituição Federal, estabelecendo diretrizes, prazos e obrigações, sob pena de violação ao princípio da separação dos poderes. Confira-se a jurisprudência desta Corte a respeito:

"Direito Constitucional. ADI. Constituição estadual. Norma impondo obrigações ao Legislativo e ao Judiciário. Violação ao princípio da separação dos poderes. Inconstitucionalidade. 1. O art. 120, § 7º, da Constituição do Estado de Santa Catarina viola o princípio da separação dos Poderes (art. 2º e 96 da Constituição Federal), ao determinar que as audiências públicas serão promovidas pelos Poderes Executivo e Judiciário, nas datas e nos municípios designados pela Assembleia Legislativa. Precedentes. 2. Medida cautelar confirmada. Ação direta de inconstitucionalidade julgada procedente". (ADI 1.606, rel. Min. Roberto Barroso, Tribunal Pleno, DJe 25.2.2019)

"PODER – PRERROGATIVA – TRIBUNAL DE JUSTIÇA – COMPOSIÇÃO. Vulnera a Constituição Federal norma de Carta estadual que preveja limite de cadeiras no Tribunal de Justiça, afastando a iniciativa deste quanto a projeto de lei visando à alteração". (ADI 3.362, rel. Min. Sepúlveda Pertence, redator para acórdão Min. Marco Aurélio, Tribunal Pleno, DJe 28.3.2008)

Registro, por fim, que as diretrizes para a delegação do serviço notarial e registral são fixadas pela Constituição Federal, em seu art. 236, cabendo à lei federal estabelecer normas gerais, inclusive sobre a fiscalização atribuída ao Poder Judiciário.

Assim, seguindo o entendimento fixado por esta Suprema Corte no julgamento da ADI 3.773, devem ser declaradas inconstitucionais as normas impugnadas, uma vez que contrariam o disposto nos artigos 2º; 96, *caput*, e inciso II, alíneas *b* e *d*; e 236, § 1º, da Constituição Federal.

Ante o exposto, conheço da presente ação direta e, no mérito, julgo procedente o pedido para declarar a inconstitucionalidade do art. 24, § 2º, 6, da Constituição do Estado de São Paulo, bem como do art. 17 do Ato de suas Disposições Transitórias.

VOTO

O SENHOR MINISTRO MARCO AURÉLIO – Atentem para a organicidade do Direito, em especial dos procedimentos relativos ao itinerário processual das demandas trazidas à apreciação do Supremo. Nada obstante a iniciativa em prol da racionalidade no regular andamento dos trabalhos do Pleno, cuja atividade judicante está sobremaneira dificultada pela invencível avalanche de processos, tem-se por premissa inafastável, levando em conta a formalização de ação direta de inconstitucionalidade, a impropriedade de pronunciar-se, não em ambiente presencial, mas no Plenário Virtual, quando há o prejuízo do devido processo legal, afastada a troca de ideias e a sustentação da tribuna.

Faço a observação reiterando, por dever de coerência, ser o Colegiado – órgão democrático por excelência – somatório de forças distintas, pressupondo colaboração, cooperação mútua entre os integrantes, quadro de todo incompatível com a deliberação em âmbito eletrônico.

EXTRATO DE ATA

AÇÃO DIRETA DE INCONSTITUCIONALIDADE 4.223

PROCED. : SÃO PAULO

RELATOR : MIN. GILMAR MENDES

REQTE.(S) : PROCURADOR-GERAL DA REPÚBLICA

INTDO.(A/S) : ASSEMBLÉIA LEGISLATIVA DO ESTADO DE SÃO PAULO

AM. CURIAE. : SINDICATO DOS NOTÁRIOS E REGISTRADORES DO ESTADO DE SÃO PAULO – SINOREG/SP

ADV.(A/S) : MAURÍCIO ZOCKUN (0156594/SP)

Decisão: O Tribunal, por unanimidade, conheceu da ação direta e julgou procedente o pedido formulado para declarar a inconstitucionalidade do art. 24, § 2º, 6, da Constituição do Estado de São Paulo, bem como do art. 17 do Ato de suas Disposições Transitórias, nos termos do voto do Relator. Não participou deste julgamento, por motivo de licença médica, o Ministro Celso de Mello. Plenário, Sessão Virtual de 6.3.2020 a 12.3.2020.

Composição: Ministros Dias Toffoli (Presidente), Celso de Mello, Marco Aurélio, Gilmar Mendes, Ricardo Lewandowski, Cármen Lúcia, Luiz Fux, Rosa Weber, Roberto Barroso, Edson Fachin e Alexandre de Moraes.

Carmen Lilian Oliveira de Souza

Assessora-Chefe do Plenário

STF – Ação Direta de Inconstitucionalidade nº 4.223 – São Paulo– Rel. Min. Gilmar Mendes – DJ 02.04.2020

▶ **EMENTA:** A inexistência de lei de organização judiciária versando a desanexação de serventias extrajudiciais inadequadamente acumuladas não inviabiliza a realização de concurso público para a outorga das delegações, presente a norma do art. 236 da CF. [MS 32.844, rel. min. Marco Aurélio, j. 15-8-2017, 1ª T, *DJE* de 28-8-2017.]

3. QUESTÕES DE CONCURSOS

01. (IESES – Notário-MA/2008) Quanto aos registros públicos, responda:

I. Os livros de registro, bem como as fichas que os substituam, somente sairão do respectivo cartório mediante autorização judicial ou por requerimento da parte interessada dirigido ao Oficial de Registro.

II. Os livros e papéis pertencentes ao arquivo do cartório ali permanecerão por 20 anos, e posteriormente poderão ser arquivados no fórum da comarca em que pertencer a serventia.

III. Quando a lei criar novo cartório, e enquanto este não for instalado, os registros continuarão a ser feitos no cartório que sofreu o desmembramento, não sendo necessário repeti-los no novo ofício.

a) Somente a alternativa II está incorreta.
b) Todas as alternativas estão incorretas.
c) Somente a alternativa III está correta.
d) Somente a alternativa I está correta.

02. (EJEF – Registro de Imóveis-MG/2005) Considerando-se que as atribuições legais do Registrador são circunscritas à situação do imóvel, é INCORRETO afirmar que

a) a averbação do direito de preferência relativo ao contrato de locação deve ser efetuada no local da matrícula do imóvel.
b) as averbações, em geral, devem ser realizadas na matrícula ou à margem do registro a que se referirem, mesmo que o imóvel tenha passado a pertencer a outra circunscrição.
c) o registro de contrato de locação, no Livro 2, com cláusula de vigência, mesmo no caso de alienação do imóvel, de promessa de compra e venda ou de cessão, deve ser realizado no local da matrícula do imóvel.
d) o registro de imóvel desmembrado posteriormente a registro anterior deve ser feito em todas as circunscrições do imóvel, devendo os Serviços fazer constar de seus registros tal ocorrência.

03. (IESES – Cartório – TJ – PB/2014) Quando a lei criar novo cartório, e enquanto este não for instalado, os registros continuarão a ser feitos no cartório que sofreu o desmembramento, não sendo necessário repeti-los no novo ofício. Porém, no tocante aos registros arquivados é correto afirmar:

a) Será encaminhado ao novo cartório uma cópia de todo o arquivo do cartório antigo.
b) O arquivo do antigo cartório continuará a pertencer-lhe.
c) O arquivo do antigo cartório será encaminhado ao novo cartório.
d) O arquivo do antigo cartório será inutilizado no prazo de 30 anos da data da criação do novo cartório.

GAB	1	C	2	D	3	B

▸ CAPÍTULO VI – DA RESPONSABILIDADE

Art. 28. Além dos casos expressamente consignados, os oficiais são civilmente responsáveis por todos os prejuízos que, pessoalmente, ou pelos prepostos ou substitutos que indicarem, causarem, por culpa ou dolo, aos interessados no registro.

Parágrafo único. A responsabilidade civil independe da criminal pelos delitos que cometerem.

1. COMENTÁRIOS

As normas sobre a responsabilidade civil dos Notários, Tabeliães e Registradores encontram-se além deste art. 28. A Lei de Protesto (Lei 9.492/1997), em seu art. 28, e a Lei dos Notários e Registradores, nos arts. 22 ao 24 também dispõem sobre a temática. Desse modo, remeto o leitor aos comentários dos arts. 22 ao 24 da Lei 8.935/1994, espaço onde condensei as explicações de forma completa e pormenorizada.

▸ TÍTULO II – DO REGISTRO DE PESSOAS NATURAIS

1. COMENTÁRIOS

O Registro Civil é a atividade à qual a lei delega o registro dos mais relevantes atos jurídicos referentes à **pessoa natural.**

A origem da atividade desempenhada pelos Oficiais de Registro Civil das Pessoas Naturais, como ensina Serpa Lopes (1997, p. 24), remontando ao Direito Justiniano e ao registro canônico dos nascimentos e óbitos de bispos, príncipes e fiéis durante a Idade Média pré-Concílio de Trento[9], sem deixar de se mencionar do matrimônio religioso realizado perante a fé católica (FISCARELLI, Gustavo. O Novo Marco Das Garan-

9. Antes do Concílio de Trento, para fins de constante oração em Missas, inscrevia-se o nascimento de bispos, príncipios ou fiéis vivos ou mortos, para perpétua memória, assim como os respectivos sepultados. A partir do Concílio de Trento, de 1553, com vistas a mitigar os efeitos da reforma protestante, uniformizou-se regras acerca da celebração do casamento, sendo celebrado por autoridade eclesiástica que deveria zelar pelos impedimentos oficiais e regular as dispensas nos casos cabíveis (PIMENTEL, 2005, p. 28).

tias. Aspectos práticos e teóricos da Lei n. 14.711/2023. Coord. El Debs, Martha; Chezzi, Bernardo. São Paulo: Juspodivm, 2024).

Em resumo, trata-se de instituição que teve seus primórdios na Igreja Católica. Desde a Idade Média, ela registrava os nascimentos, casamentos e óbitos por meio das inscrições nos livros paroquiais.

No Brasil, entre o período colonial e metade do Império, devido à relação entre a Igreja e o Estado (a religião católica era a religião oficial do Estado), os registros eclesiásticos eram considerados autênticos. Contudo, esse sistema de registro paroquial deixou de prover satisfatoriamente as necessidades da sociedade pátria, principalmente com o início da imigração e o processo de abolição da escravatura. Tornou-se imprescindível uma demanda social por um sistema de registro regido pelo Estado, para que todos os cidadãos tivessem o devido acesso.

Assim, a secularização do Registro Civil iniciou-se com o **Decreto 9.886 de 1888**, onde foram previstos os registros dos nascimentos, casamentos e óbitos das pessoas que não eram da religião católica, feito em livros próprios dos Escrivães dos Juízos de Paz. Esse Decreto até hoje influencia toda a legislação pátria, tendo como principal base legal a Lei 6.015/1973.

O Registro Civil das Pessoas Naturais representa a oficialização da existência do indivíduo, conferindo a ele os direitos inerentes à cidadania. Tem por finalidade fixar os mais relevantes fatos da vida humana, visto que a manutenção desses assentos públicos interessa à própria pessoa, à nação, bem como a todos que com ele mantenham relações.

Interessa ao próprio registrado, pois é no registro que encontrará prova segura e fácil de sua existência.

2. QUESTÕES DE CONCURSOS

01. (EJEF – Tabelionato e Registro-MG/2007) Podem ser levados a registro, EXCETO:

a) os nascimentos.
b) os óbitos.
c) as interdições.
d) os acidentes automobilísticos em que haja deformação física de eventual vítima.

GAB	1	D

▸ CAPÍTULO I – DISPOSIÇÕES GERAIS

Art. 29. Serão registrados no registro civil de pessoas naturais:

1. COMENTÁRIOS

Quanto aos atos realizados no Ofício de Registro Civil das Pessoas Naturais, tem-se:

1) Registro;
2) Averbação;
3) Anotação;
4) Transcrição; e
5) Certidão.

O **registro** consiste no assento principal e se refere aos principais fatos ou atos inerentes à existência da pessoa humana.

Por sua vez, considera-se **averbação** o ato de lançar à margem de registro existente informação sobre fato que o modifique, retifique ou cancele.

A **anotação** consiste na simples remissão a um outro assento alusivo à pessoa natural registrada, lavrado na mesma serventia ou em qualquer outra de registro.

O **traslado** consiste no registro de um título ou documento d**e certidões de registro civil de pessoas naturais emitidas no exterior.**

O **registro** é o assento principal que abrange os principais fatos ou atos relacionados à existência da pessoa humana.

Os registros **são dinâmicos** e não estáticos, pois refletem a vida das pessoas. Portanto, as mutações do estado das pessoas devem ser acompanhadas de alteração nos registros públicos, realizadas por meio dos atos de **averbações** e **anotações**. São esses atos acessórios que garantem um registro íntegro e atualizado.

Desse modo, a **averbação** envolve o ato de lançar à margem de um registro existente, informação sobre fato que o modifique, retifique ou cancele. Por sua vez, considera-se **anotação** o ato de fazer uma simples referência/remissão a outro registro alusivo à pessoa registrada, lavrado na mesma serventia ou em qualquer outra de registro.

A diferença destes atos, nas palavras de Mario de Carvalho Camargo Neto e Marcelo Salaroli de Oliveira "é que a averbação produz todos os efeitos jurídicos relativos ao ato por si só, sem necessidade de ser complementada com qualquer outro documento. A anotação depende de apresentação também da certidão do registro ou averbação à qual ela se refere para produzir efeitos plenos, vez que apenas noticia e indica a existência de outro ato". (*Registro Civil das Pessoas Naturais*. Vol. I. São Paulo: Saraiva, 2014, p. 68).

A visão mais tradicional argumenta que os registros em sentido estrito são *numerus clausus*, vale dizer, devem estar previstos expressamente em lei. No entanto, uma abordagem mais moderna defende que as normas administrativas estaduais podem elencar outros atos de registro, mesmo que não previstos em lei, com a finalidade de outorga-lhes maior segurança jurídica. Um exemplo disso é o registro da tutela permitido em algumas normas.

Por outro lado, no que tange às averbações, não há rol taxativo, mas sim *numerus apertus*, o que significa que é permitido averbar não apenas os atos e fatos previstos em lei, mas também qualquer ato ou fato que modifique o conteúdo ou efeito de registro, além de atos ou fatos relevantes para o estado da pessoa natural, visando garantir publicidade, segurança, autenticidade e eficácia típicas do registro civil das pessoas naturais.

No Registro Civil das Pessoas Naturais são objetos de **traslados** os registros de nascimento, casamento ou óbito de brasileiro, ocorrido no estrangeiro, para que aqui produzam os efeitos legais.

Sobre a **certidão**, remeto o leitor aos comentários dos artigos 17 de seguintes desta Lei.

2. QUESTÃO DE CONCURSO

01. (FCC – Cartório – TJ – PE/2013) Considerando-se o Registro Civil das Pessoas Naturais é correto afirmar:

a) São atos de registro *strictu sensu* as alterações ou abreviaturas de nomes.

b) Não serão cobrados emolumentos pelo registro civil de nascimento e pelo assento de óbito, bem como pela primeira certidão respectiva.

c) Os fatos concernentes ao registro civil que se derem a bordo dos navios de guerra serão registrados imediatamente e comunicados oportunamente ao registro civil da sede da Capital do Estado-Membro respectivo para os assentamentos, notas ou averbações.

d) Os assentos de nascimento, óbito e casamento de brasileiros em país estrangeiro serão considerados autênticos após homologação pelo Superior Tribunal de Justiça.

e) A opção de nacionalidade de filho de brasileiro ou brasileira, nascido no estrangeiro, deve ser feita no prazo de até dois anos depois de atingida a maioridade.

GAB	1	B

I – os nascimentos;

1. COMENTÁRIOS

Todas as pessoas nascidas no Brasil devem aqui ser registradas. É que a Constituição Federal considera como brasileiro o indivíduo nascido no território nacional, ainda que de filho de estrangeiros.

Não há dúvida de que os atos relacionados ao nascimento e ao óbito estão ligados à **cidadania e ao seu respectivo exercício** conforme previsto no rol dos direitos e garantias individuais (artigo 5º da Constituição), que determina que tais atos sejam gratuitos. A cidadania é um dos fundamentos da República Federativa do Brasil **postulado no art. 1º da Carta Constitucional.**

A finalidade da lavratura do assento de nascimento é **tornar público** o nascimento ocorrido e **perpetuar** essa informação. As disposições sobre o nascimento estão reguladas nos artigos 50 a 66 da Lei de Registros Públicos, nas normativas estaduais e em outras legislações específicas, as quais serão abordadas ao longo desta obra.

O nascimento será analisado de forma mais aprofundada em um capítulo dedicado exclusivamente a este tema.

II – os casamentos;

1. COMENTÁRIOS

O casamento estabelece **comunhão plena de vida**, com base na igualdade de direitos e deveres dos cônjuges.

Conforme o artigo 226 da Constituição, o casamento é uma das principais formas de constituição de família e altera o estado civil. No entanto, atualmente também se reconhece **a união estável** (relação duradoura, pública e contínua entre um homem e uma mulher ou pessoas do mesmo sexo, conforme o artigo 226, § 3º da Constituição), assim como a **família monoparental** (relação de um dos pais com sua descendência, conforme o artigo 226, § 4º da Constituição) e outras formas que serão discutidas adiante.

A doutrina e a jurisprudência também têm se manifestado favoravelmente à **família eudemonista**, um conceito moderno que se refere à família que busca a realização plena de seus membros, caracterizando-se pela comunhão de afeto recíproco, consideração e respeito mútuos entre os membros que a compõe, independente do vínculo biológico.

O Colégio Notarial do Brasil apresenta um quadro distintivo das possibilidades de formação de família nos tempos atuais:

Família Matrimonial	formada pelo casamento, tanto entre casais heterossexuais quanto homoafetivos.
Família Informal	formada por uma união estável, tanto entre casais heterossexuais quanto homoafetivos.
Família monoparental	formada por qualquer um dos pais e seus descendentes.
Família anaparental	família sem pais, formada apenas por irmãos. O prefixo "ana" significa sem.
Família unipessoal	uma família de uma pessoa só.
Família mosaica ou reconstituída	pais que tem filhos e se separam e, eventualmente começam a viver com outra pessoa que também tem filhos.
Família simultânea/ paralela	se enquadra naqueles casos em que o indivíduo mantém duas relações ao mesmo tempo.
Família eudemonista	família afetiva, formada por uma parentalidade socioafetiva.

Toda essa evolução social e consequentemente legal tem reflexo nos registros.

Certamente, toda essa evolução social e legal tem impacto direto nos registros, pois os registros civis refletem as mudanças e novas formas de constituição familiar, como a união estável, famílias monoparentais, eudemonistas, entre outras. Isso demanda adaptações nos procedimentos de registro para garantir a devida legalidade e reconhecimento das diferentes formas de família na sociedade contemporânea.

Note-se que, em termos de hierarquia, o casamento tem uma posição de destaque em relação às outras formas de constituição familiar. Isso se reflete no fato de que o Estado tem a responsabilidade de incentivar e proteger o casamento, garantindo-lhe uma proteção especial e facilitando seu acesso, conforme estabelecido nos artigos 226, §§ 1º e 2º da Constituição Federal. Essa abordagem é orientada pelos **princípios da dignidade da pessoa humana** (artigo 1º, III da Constituição) e do **bem-estar humano** (artigo 3º, IV da Constituição).

O Código Civil não oferece uma definição precisa do conceito de casamento. Trata-se de uma concessão duradoura de direitos da personalidade e patrimoniais entre um homem e uma mulher, ou entre pessoas do mesmo sexo, que estabelece um vínculo jurídico com o propósito de regular as relações sexuais, garantir assistência mútua (apoio nas dificuldades da vida) e efetivar a procriação e criação da prole.

O casamento civil é precedido de processo de habilitação, no qual os interessados, apresentando os documentos exigidos pelo art. 1.525 do Código Civil, requerem ao oficial de registro civil das pessoas naturais da circunscrição de residência de um dos nubentes, que lhes expeça certificado de habilitação para o casamento.

Para as pessoas cuja pobreza for declarada, a habilitação, o registro e a primeira certidão são isentos de emolumentos.

O casamento, juntamente com seu processo de habilitação, celebração e registro, será abordado em um capítulo específico desta obra, nos artigos 67 ao 76 da Lei de Registros Públicos (LRP).

1.1 EQUIPARAÇÃO DA UNIÃO ESTÁVEL AO CASAMENTO PARA EFEITOS SUCESSÓRIOS

O plenário do Supremo Tribunal Federal (STF) decidiu em maio de 2017, por maioria, que a união estável e o casamento possuem, para efeitos sucessórios, o mesmo valor, ou seja, o companheiro tem os mesmos direitos a heranças que o cônjuge. Além disso, o STF afirmou que essa equiparação entre companheiro e cônjuge deve ser aplicada também às uniões estáveis de **casais homoafetivos.** Essa decisão representou um avanço significativo na proteção dos direitos dos casais em união estável, independentemente da orientação sexual.

A tese estabelecida pelo Supremo Tribunal Federal (STF) considerou inconstitucional o artigo 1.790 do Código Civil, que estabelecia regras diferentes para a herança no caso de união estável. O ministro Luís Roberto Barroso destacou que, no sistema constitucional em vigor, é inconstitucional fazer distinção nos regimes sucessórios entre cônjuges e companheiros, devendo ser aplicado, em ambos os casos, o regime estabelecido no artigo 1.829 do Código Civil de 2002.

Essas decisões têm repercussão geral e se aplicam a todas as disputas em herança em diferentes instâncias da Justiça, garantindo assim a igualdade de direitos sucessórios entre cônjuges e companheiros em união estável, incluindo casais homoafetivos.

Dessa maneira, mesmo que não seja casado "no papel", o companheiro que comprovar a união estável terá direito à metade da herança do falecido, sendo o restante dividido entre os filhos ou pais, se houver. Se não houver descendentes ou ascendentes, a herança é integralmente do companheiro. Pelo artigo 1.790, considerado agora inconstitucional, o companheiro tinha direito somente a uma quota igual à que coubesse aos filhos comuns do casal.

Na decisão, o ministro Alexandre de Moraes esclareceu que "todos os instrumentos protetivos à família devem ser igualmente aplicados, independentemente do tipo de família, da constituição da família. Não importa se a família foi constituída pelo casamento, não importa se a família foi constituída pela união estável, não importa se a família constituída por união estável se hétero ou homoafetiva".

Ressalte-se que a decisão não alcança os julgamentos de sucessões que já tiveram sentenças transitadas em julgado ou partilhas extrajudiciais com escritura pública.

2. JURISPRUDÊNCIA COMPLEMENTAR

SUPERIOR TRIBUNAL DE JUSTIÇA

EMENTA: Recurso especial – Direito de família e processual civil – Possibilidade jurídica do reconhecimento de união entre pessoas do mesmo sexo (homoafetiva) – Orientação principiológica conferida pelo STF no julgamento da ADPF nº 132/RJ e da ADI nº 4.277/DF – Recurso especial provido.

1. No Superior Tribunal de Justiça e no Supremo Tribunal Federal, são reiterados os julgados dando conta da viabilidade jurídica de uniões estáveis formadas por companheiros do mesmo sexo, sob a égide do sistema constitucional inaugurado em 1988, que tem como caros os princípios da dignidade da pessoa humana, a igualdade e repúdio à discriminação de qualquer natureza.

2. O Supremo Tribunal Federal, no julgamento conjunto da ADPF nº 132/RJ e da ADI nº 4.277/DF, conferiu ao art. 1.723 do Código Civil de 2002 interpretação conforme à Constituição para dele excluir todo significado que impeça o reconhecimento da união contínua, pública e duradoura entre pessoas do mesmo sexo como *entidade familiar*, entendida esta como sinônimo perfeito de *família*; por conseguinte, "este reconhecimento é de ser feito segundo as mesmas regras e com as mesmas consequências da união estável heteroafetiva».

3. A legislação que regula a união estável deve ser interpretada de forma expansiva e igualitária, permitindo que as uniões homoafetivas tenham o mesmo regime jurídico protetivo conferido aos casais heterossexuais, trazendo efetividade e concreção aos princípios da dignidade da pessoa humana, da não discriminação, igualdade, liberdade, solidariedade, autodeterminação, proteção das minorias, busca da felicidade e ao direito fundamental e personalíssimo à orientação sexual.

4. A igualdade e o tratamento isonômico supõem o direito a ser diferente, o direito à autoafirmação e a um projeto de vida independente de tradições e ortodoxias, sendo o alicerce jurídico para a estruturação do direito à orientação sexual como direito personalíssimo, atributo inseparável e incontestável da pessoa humana. Em suma: o direito à igualdade somente se realiza com plenitude se for garantido o direito à diferença.

5. Como entidade familiar que é, por natureza ou no plano dos fatos, vocacionalmente amorosa, parental e protetora dos respectivos membros, constituindo-se no espaço ideal das mais duradouras, afetivas, solidárias ou espiritualizadas relações humanas de índole privada, o que a credenciaria como base da sociedade (ADI nº 4277/DF e ADPF 132/RJ), pelos mesmos motivos, não há como afastar da relação de pessoas do mesmo sexo a obrigação de sustento e assistência técnica, protegendo-se, em última análise, a própria sobrevivência do mais vulnerável dos parceiros.

6. As condições do direito de ação jamais podem ser apreciadas sob a ótica do preconceito, da discriminação. Ao revés, o exame deve-se dar a partir do ângulo constitucional da tutela da dignidade humana e dos deveres de solidariedade e fraternidade que permeiam as relações interpessoais.

7. A conclusão que se extrai no cotejo de todo ordenamento é a de que a isonomia entre casais heteroafetivos e pares homoafetivos somente ganha plenitude de sentido se desembocar no igual direito subjetivo à formação de uma autonomizada família (ADI nº 4277/DF e ADPF 132/RJ)

8. *Ratio decidendi* adotada em julgado da Quarta Turma desta Corte Superior envolvendo as mesmas partes litigantes, em ação cautelar objetivando a concessão de alimentos provisionais (Recurso Especial nº 1.302.467/SP, Rel. Ministro Luis Felipe Salomão, julgado em 03/03/2015, DJe de 25/03/2015)

9. Recurso especial provido. (STJ – REsp nº 1.286.879 – São Paulo – 4ª Turma – Rel. Min. Luis Felipe Salomão – DJ 08.03.2017)

EMENTA: Processual civil – Civil – Contrato de convivência particular – Regulação das relações patrimoniais de forma similar à comunhão universal de bens – Possibilidade.

1. O texto de lei que regula a possibilidade de contrato de convivência, quando aponta para ressalva de que contrato escrito pode ser entabulado entre os futuros conviventes para regular as relações patrimoniais, fixou uma dilatada liberdade às partes para disporem sobre seu patrimônio.

2. A liberdade outorgada aos conviventes deve se pautar, como outra qualquer, apenas nos requisitos de validade de um negócio jurídico, regulados pelo art. 104 do Código Civil.

3. Em que pese a válida preocupação de se acautelar, via escritura pública, tanto a própria manifestação de vontade dos conviventes quanto possíveis interesses de terceiros, é certo que o julgador não pode criar condições onde a lei estabeleceu o singelo rito do contrato escrito.

4. Assim, o pacto de convivência formulado em particular, pelo casal, na qual se opta pela adoção da regulação patrimonial da futura relação como símil ao regime de comunhão universal, é válido, desde que escrito.

5. Ainda que assim não fosse, vulnera o princípio da boa-fé (*venire contra factum proprium*), não sendo dado àquele que, sem amarras, pactuou a forma como se regularia as relações patrimoniais na união estável, posteriormente buscar enjeitar a própria manifestação de vontade, escudando-se em uma possível tecnicalidade não observada por ele mesmo.

6. Recurso provido. (STJ – REsp nº 1.459.597 – Santa Catarina – 3ª Turma – Rel. Min. Nancy Andrighi – DJ 15.12.2016).

EMENTA: Recurso especial – Direito das sucessões – Escritura declaratória de união estável com opção pelo regime da separação convencional de bens – Companheiro – Herdeiro necessário – Concorrência com descendentes – Possibilidade – Art. 1.829, I, c/c com os arts. 1.845 e 1.890 do Código Civil – Precedentes – Recurso provido. (STJ – REsp nº 1.446.278 – Rio de Janeiro – 3ª Turma – Rel. Min. Marco Aurélio Bellizze – DJ 09.02.2017)

EMENTA: Recurso Especial – Direito de família – Ação de reconhecimento e dissolução de união estável – Ausência de contrato de convivência – Aplicação supletiva do regime da comunhão parcial de bens – Partilha – Imóvel adquirido pelo casal – Doação entre os companheiros – Bem excluído do monte partilhável – Inteligência do art. 1.659, I, do CC/2002 – Recurso especial não provido.

1. Diante da inexistência de contrato de convivência entre os companheiros, aplica-se à união estável, com relação aos efeitos patrimoniais, o regime da comunhão parcial de bens (CC/2002, art. 1.725).

2. Salvo expressa disposição de lei, não é vedada a doação entre os conviventes, ainda que o bem integre o patrimônio comum do casal (aquestos), desde que não implique a redução do patrimônio do doador ao ponto de comprometer sua subsistência, tampouco possua caráter inoficioso, contrariando interesses de herdeiros necessários, conforme os arts. 548 e 549 do CC/2002.

3. O bem recebido individualmente por companheiro, através de doação pura e simples, ainda que o doador seja o outro companheiro, deve ser excluído do monte partilhável da união estável regida pelo estatuto supletivo, nos termos do art. 1.659, I, do CC/2002 –4. Recurso especial não provido. (STJ – REsp nº 1.171.488 – Rio Grande do Sul – 4ª Turma – Rel. Min. Raul Araújo – DJ 11.05.2017)

III – os óbitos;

1. COMENTÁRIOS

A existência da pessoa natural termina com a morte, sendo assim importante estabelecer o momento desse evento ou provar sua ocorrência para que os efeitos relacionados ao desaparecimento jurídico da pessoa humana possam ocorrer, tais como a dissolução do vínculo matrimonial, o término das relações de parentesco, a transmissão da herança, entre outros.

À vista disso, a necessidade do registro desse fato jurídico com menção de todas as circunstâncias e de dados qualificativos da pessoa natural torna-se imprescindível, permitindo assim a prova simples e segura do fato, facultando a todos o acesso a essa informação.

Registre-se que a **justificação de óbito** consiste no procedimento para autorizar o assento de óbito de pessoas desaparecidas em **naufrágio, inundação, incêndio, terremoto ou qualquer outra catástrofe**, quando estiver **provada a sua presença** no local do desastre e não for possível encontrar o cadáver para exame. Como neste caso existe a certeza da morte, o assento deve ser feito mediante **mandado judicial** e registrado no **Livro "C"**.

No que se refere à **morte presumida**, sem decretação de ausência, tal fato ocorre se for **extremamente provável** a morte de quem estava em perigo de vida, ou se alguém, **desaparecido em campanha ou feito prisioneiro**, não for encontrado até dois anos após o término da guerra. Essa declaração somente pode ser requerida depois de esgotadas as buscas e averiguações, devendo a sentença fixar a data provável do falecimento. Nesse caso, o assento de óbito será no **Livro 'E'**.

A Lei de Registros Públicos, nos **artigos 77 a 88,** regulamenta o óbito. Encontramos previsão também nas normas das Corregedorias dos Estados e na legislação esparsa, que veremos em momento oportuno nesta obra.

2. QUESTÕES DE CONCURSOS

01. (IESES – Cartório – Provimento – TJ – RO/2017) Assinale a alternativa correta:

a) Devem ser registrados no registro civil de pessoas naturais os casamentos, nascimentos e óbitos.

b) Devem ser registrados no registro civil de pessoas naturais os nascimentos, casamentos e os atos constitutivos das pessoas jurídicas de direito privado.

c) Devem ser registrados no registro civil de pessoas naturais os nascimentos, casamentos e os estatutos dos partidos políticos.

d) Devem ser registrados no registro civil de pessoas naturais os nascimentos, óbitos e dissolução de sociedade empresarial.

GAB	1	A

IV – as emancipações;

1. COMENTÁRIOS

O registro da emancipação é regido pelo art. 29, IV e pelos arts. 89 a 91 da Lei 6.015/1973, pelo art. 9º, inciso II, do Código Civil, bem como pelas normativas estaduais das Corregedorias dos Estados.

A emancipação consiste no instituto jurídico que atribui **capacidade plena** aos menores de dezoito anos. Convém não confundir a capacidade civil com a maioridade civil. Conquanto a emancipação atribua capacidade plena aos menores de dezoito anos, o certo é que eles ainda continuam menores.

No tocante à forma, a emancipação pode ser **voluntária, judicial e legal**.

A **emancipação voluntária** é a concedida pelos pais mediante escritura pública, que deve ser **inscrita no Registro Civil das Pessoas Naturais competente**. Essa inscrição, essencial para que a emancipação surta efeitos perante terceiros, **independe de homologação judicial**.

A emancipação voluntária é outorgada conjuntamente pelos pais, sendo imprescindível que o menor tenha **dezesseis anos completos**.

A regra a ser observada é a manifestação conjunta de ambos os pais; no entanto, prevalece o entendimento de que, diante da **falta de um destes**, **devidamente declarada no instrumento público de emancipação**, a legitimidade é concedida a apenas um dos pais. Elucidativa é a decisão do Colendo Conselho Superior da Magistratura de São Paulo, na Apelação Cível 96.91400/9, que esclarece: *"sendo inviável a colheita do consentimento expresso do outro genitor, deve-se atentar à realidade social, acolhendo-se a manifestação isolada do genitor que o exerce o pátrio poder na falta do outro, cabendo entender significar o vocábulo "falta", não apenas ausência ou morte, mas a **não-presença**"*. Desse modo, a falta de um dos pais não pode ser interpretada restritivamente.

Discute-se sobre a necessidade de anuência do menor emancipando. Alguns autores defendem essa exigência para que a emancipação possa produzir efeitos.

Neste caso, o oficial registrador, ao qualificar o título, deverá verificar a existência da anuência e, na ausência desta, realizar a nota devolutiva com tal exigência. Outros autores, no entanto, argumentam que não há exigência legal de anuência do emancipando, motivo pelo qual esta é desnecessária e definem a natureza jurídica da emancipação como ato unilateral.

É tempestivo relembrar que, com o advento do Código Civil de 2002, a **emancipação por instrumento particular não mais subsiste,** devendo o oficial registrador estar atento a este aspecto durante a qualificação do título.

A **emancipação judicial** é aquela concedida por sentença judicial, ouvindo-se o Ministério Público. Aludida sentença, para surtir efeitos perante terceiros, também deve ser **registrada no Registro Civil das Pessoas Naturais competente**. Essa emancipação só é possível se o menor tiver **dezesseis anos completos.**

Por sua vez, a **emancipação legal** opera-se automaticamente (art. 5º, parágrafo único, do Código Civil), **independentemente** de ato dos pais, tutor ou sentença judicial, **não devendo ser registrada, nem averbada** no Registro Civil das Pessoas Naturais.

Sobre o tema, invoca-se o enunciado 660 da **IX Jornada de Direito Civil** do Conselho da Justiça Federal. Veja-se:

> **Enunciado 660.** Art. 928: Suprime-se o Enunciado 41 da I Jornada de Direito Civil do Conselho da Justiça Federal. ("A única hipótese em que poderá haver responsabilidade solidária do menor de 18 anos com seus pais é ter sido emancipado nos termos do art. 5º, parágrafo único, inc. I, do novo Código Civil.")
>
> ⊙ Justificativa: O Enunciado 41 da I Jornada de Direito Civil considera exclusivamente a emancipação como causa de responsabilidade solidária dos menores de 18 anos, o que é contraditório ao Enunciado 40 da mesma Jornada, que reconhece que o menor é devedor principal no caso de atos infracionais com medida protetiva de reparação do dano. Ademais, havendo mais de um causador do dano, e sendo o adolescente também devedor principal, este deve ser considerado devedor solidário, conforme art. 942, parte final, do Código Civil. Nesse sentido: "Assim é que, para os danos resultantes de ato infracional, de que é importante o dano dolosamente causado (Código Penal, art. 163), poderá ser imposta uma responsabilidade civil subjetiva (ECA, art. 116), sendo o adolescente solidariamente responsável com os seus pais ou tutor (Código Civil, art. 942, parágrafo único)." (CALIXTO, Marcelo Junqueira. A culpa na responsabilidade civil: estrutura e função. Rio de Janeiro: Renovar, 2008, p. 45-46). No mesmo sentido: TEPEDINO, Gustavo; BARBOZA, Heloisa Helena; MORAES, Maria Celina Bodin de. Código Civil interpretado conforme a Constituição da República. 2. ed. Rio de Janeiro: Renovar, 2012, v. 2, p. 823.

A **emancipação voluntária** e **judicial** deve ser **registrada** no **Livro "E"** do Registro Civil das Pessoas Naturais do 1º Ofício ou Subdistrito da Sede da Comarca do **domicílio do(a) emancipado(a).**

Em atendimento ao **princípio da instância**, previsto no **art. 13 da Lei 6.015/1973**, é sempre necessário que o registro seja requerido ou determinado judicialmente.

Importante ressaltar que a emancipação é o **único ato do Livro "E"** que a lei exige assinatura do **apresentante**. Assim, o apresentante do instrumento judicial ou notarial assinará o assento de emancipação. Claro que se o título judicial for apresentado ao registro pelo Juízo, a assinatura do apresentante não deve ser colhida, pois, como bem explica Mario de Carvalho Camargo Neto e Marcelo Salaroli "não há apresentante no sentido estrito da palavra, sendo desprovido de qualquer fundamento jurídico exigir a assinatura do Juiz de Direito no assento de emancipação ou do agente da justiça que levou o mandado ao cartório, isto quando não se tratar de título encaminhado por vias eletrônicas ou pelo correio" (*Registro Civil das Pessoas Naturais.* São Paulo: Saraiva, 2014, p. 155).

O registro da emancipação será feito mediante trasladação da sentença oferecida em certidão ou do instrumento, limitando-se, se for de escritura pública, às referências da **data, livro, folha e ofício em que for lavrada, sem dependência**, em qualquer dos casos, da presença de testemunhas, mas com a assinatura do apresentante, como se sabe.

Do registro de emancipação, sempre constarão:

a) data do registro e da emancipação;

b) prenome e sobrenome, idade, filiação, profissão, naturalidade e residência do emancipado; data e cartório em que foi registrado o seu nascimento;

c) nome, profissão, naturalidade e residência dos pais ou do tutor.

Quando a emancipação for judicial, o juiz comunicará, de ofício, ao oficial de registro, se não constar dos autos haver sido efetuado este dentro de **8 (oito) dias.** É o que se extrai do art. 91.

Saliente-se que, antes do registro, a emancipação, em qualquer caso, não produzirá efeito, sendo o registro condição de eficácia desta.

Feito o registro da emancipação, deve ser anotada, de ofício ou mediante comunicação, no assento de nascimento do emancipado (art. 107, § 1º).

A emancipação será analisada de forma mais aprofundada em um capítulo dedicado exclusivamente a este tema.

2. QUESTÕES DE CONCURSOS

01. (Vunesp – Cartório – Remoção – TJ – SP/2018) Quanto à emancipação, é correto afirmar que será

a) registrada no Livro E.

b) averbada no Livro A, quando oriunda de concessão dos pais e formalizada por instrumento público.

c) registrada no Livro E, apenas na hipótese decorrente de sentença judicial.

d) obrigatoriamente averbada no Livro A, tanto nos casos estabelecidos por concessão dos pais mediante escritura pública, como também nas hipóteses decorrentes de sentença judicial, ouvido o tutor, se o menor tiver 16 (dezesseis) anos completos.

02. (FMP – Cartório – TJ – MT/2014) Acerca da emancipação no âmbito do Registro Civil das Pessoas Naturais, é correto afirmar que

a) a emancipação por concessão dos pais, feita por escritura pública, será registrada, mediante trasladação, no Livro E, e a sua respectiva revogação será averbada também no Livro E.

b) a emancipação por concessão dos pais, feita por instrumento particular, será registrada, mediante declaração, no Livro E, hipótese em que deverá o registrador civil exigir o reconhecimento de firma das partes declarantes.

c) a emancipação por sentença judicial será registrada, mediante trasladação, no Livro E, dispensando-se, no assento, a presença de testemunhas, sendo que antes do registro não produzirá efeito.

d) a emancipação por sentença judicial será registrada, mediante trasladação, no Livro D, e deverá ser anotada no Livro A, no assento de nascimento.

e) a emancipação por concessão dos pais independe de homologação judicial, e seu registro no Livro D será feito por trasladação do instrumento público.

03. (IESES – Cartório – TJ – RO/2012) Assinale a alternativa correta:

a) O maior de 70 anos não pode casar.

b) Para o casamento de menores de 16 anos, basta a autorização de ambos os pais.

c) O menor de 18 anos que já tenha sido emancipado por seus pais através de escritura pública pode celebrar casamento independentemente da autorização de seus pais.

d) Após o divórcio decretado, é possível o casamento um dos ascendentes do ex-cônjuge.

GAB	1	A	2	C	3	C

V – as interdições;

1. COMENTÁRIOS

Na redação original do Código Civil, a interdição estava regulada nos artigos 1.767 a 1.778, e seu procedimento regia-se pelo disposto nos artigos 1.177 a 1.186 do Código de Processo Civil de 1973. Atualmente, com a revogação de alguns dispositivos pelo CPC e pelo Estatuto da Pessoa com Deficiência (Lei 13.146/2015), a interdição é regida pelos artigos 1.767, I, III, V; 1.774; 1.775; 1.775-A; 1.776; 1.777; 1.778; 1.779; 1.780; 1.781; 1.782 e 1.783 do Código Civil, e seu procedimento, pelo disposto nos artigos 747 a 758 do CPC.

Cristiano Chaves de Farias adverte que o capítulo da interdição no Código Civil foi significativamente alterado pelo advento da Lei 13.146/2015. O aludido Diploma Legal materializou, no âmbito normativo interno brasileiro, a Convenção Internacional sobre os Direitos das Pessoas com Deficiência, apelidado de Convenção de Nova Iorque, ratificada pelo Congresso Nacional por meio do Decreto Legislativo 189/08 (...) É bem verdade que o advento do Estatuto da Pessoa com Deficiência terminou por produzir um fenômeno jurídico curioso por ter revogado dispositivos legais do Código Civil que já estavam revogados por uma lei anterior (o novo Código de Processo Civil), que, por seu turno, estava em *vacatio legis*, cumprindo um período de vacância superior à Norma Estatutária. Com isso, exsurgiu uma situação, para dizer pouco, curiosa e inusitada. A revogação de um dispositivo legal que já estava sendo revogado por uma outra lei, anteriormente editada, mas que estava em período de *vacatio legis*. (Código Civil. Salvador: Juspodivm, 2016, p. 1439).

Não obstante a polêmica sobre a natureza jurídica da interdição, prevalece que a sentença de interdição é **meramente declaratória**, podendo seus efeitos retroagir à data do início da incapacidade. Na lição de Pontes de Miranda, "o elemento declarativo é alto, porém não preponderante. O estado da pessoa é declarado e o que se constitui é a incapacitação" (Comentários ao Código de Processo Civil, tomo XVI, 1ª ed. Rio de Janeiro: Forense, 1977).

Lecionam Cristiano Chaves de Farias e Nelson Rosenvald, acerca do assunto em questão: "*vale destacar que a sentença de interdição, que tem natureza declaratória (CC, art. 1.773) – logo não é o decreto judicial que cria a incapacidade, decorrendo esta da situação psíquica antes existente e apenas reconhecida em juízo –, admite gradação da incapacidade (...). Questão que suscita intensos debates refere-se aos atos praticados pelo interditado antes do decreto de interdição. É certo que, reconhecida a incapacidade, todos os atos praticados pelo incapaz estão fulminados de invalidade, viciados por conta de sua falta de perfeita compreensão da realidade. Pois bem, como o fito de preservar o princípio basilar da boa-fé, tem-se reconhecido proteção ao terceiro que, de boa-fé, negocia com o interditado dês que não seja visível a incapacidade e não cause prejuízo ao incapaz. Por isso, somente será reputado inválido o negócio celebrado pelo amental se era notório o estado de loucura, isto é, de conhecimento público geral ou lhe causar danos.*" (Direito Civil – Teoria Geral, 4ª Ed. Lumen Iuris. Rio de Janeiro: 2006).

A doutrina que considera a sentença como de caráter declaratório baseia seu posicionamento no argumento de que a interdição apenas declara uma situação jurídica preexistente e, consequentemente, seus efeitos podem retroagir. Essa retroatividade é permitida desde que se ateste a incapacidade no momento da prática de ato ou negócio jurídico (anteriores à sentença de interdição) e a manifesta incapacidade da pessoa interditada.

Por outro lado, outra parte da doutrina sustenta que o provimento jurisdicional no processo de interdição possui natureza eminentemente constitutiva, alterando a situação jurídica do interditando. Como produz efeitos "ex nunc", as sentenças constitutivas não possuem retroatividade de seus efeitos.

Moacyr Amaral dos Santos, a respeito das sentenças constitutivas, elucida que *"essas sentenças, como as demais, contêm uma declaração de certeza de relação ou situação jurídica preexistente, mas a isso, como consequência, acrescentam um quid, consistente na criação de nova relação. Há nelas uma declaração de certeza do direito preexistente, das condições necessárias e determinadas em lei para se criar nova relação, ou alterar a relação existente, e aí se manifesta a função declaratória, comum a todas as sentenças; e acrescentam a criação, a modificação ou extinção da relação jurídica, como decorrência daquela declaração, e nisso consiste o seu efeito específico, que as caracteriza – efeito constitutivo."* (Primeiras Linhas de Direito Processual Civil, 3º Volume. 3 edição. São Paulo: Saraiva, 1979, pg.31).

Também preleciona Maria Berenice Dias: *"Muito se debate sobre a natureza jurídica da sentença que decreta a interdição, tema que diz com a validade dos atos praticados pelo interditando antes do ato sentencial. Considerar que a sentença é declaratória seria conferir-lhe eficácia ex tunc ou seja, retroativa, surgindo a possibilidade de se reconhecer a nulidade dos atos realizados antes mesmo da decisão judicial. De outro lado, atribuir à sentença carga eficacial constitutiva lhe confere efeitos ex nunc, ou seja, efeitos a partir de sua prolação, e somente os atos realizados depois da sentença seriam nulos".*

Daniel Amorim Assumpção Neves elucida que por meio da interdição se busca a declaração de que determinado sujeito é parcial ou totalmente incapaz de praticar atos da vida civil, em virtude da perda de discernimento para a condução de seus próprios interesses. Nesse caso, será nomeado curador que representará ou assistirá o assistido (Op. cit., p. 1176).

O art. 747 do novo CPC estabelece **a legitimidade ativa para o processo de interdição**. Assim, o pedido pode ser promovido:

a) pelo cônjuge ou companheiro;

b) pelos parentes ou tutores;

c) pelo representante da entidade em que se encontra abrigado o interditando;

d) pelo Ministério Público.

Cristiano Chaves assegura que promovendo uma interpretação sistêmica e finalística, não há qualquer sombra de dúvidas, sequer longínqua, de que a revogação do art. 1.768 do Código Civil pelo novo Código Instrumental não afastou a legitimidade da própria pessoa para requerer a sua curatela. É o que se chama **autocuratela.** A justificativa salta aos olhos: ninguém mais do que a própria pessoa tem interesse em sua proteção jurídica. Assim, há de se interpretar que ao revogar o multicitado dispositivo do Código Civil, o Código de Processo Civil de 2015 não poderia ter afastado a legitimidade da própria pessoa para a curatela, o que só veio a ser reconhecido pelo legislador posteriormente, durante a *vacatio legis* do novo Código de Ritos. A harmonização legislativa é imperativa no caso. (Op. cit., p. 1441).

Julgada procedente a interdição, esta deve ser registrada no competente Registro Civil das Pessoas Naturais. O art. 1.773 do CC revogado pelo novo CPC dispunha que "a sentença que declara a interdição produz efeitos desde logo, embora sujeita a recurso."

Frise-se que sua revogação **não alterou o alcance dos efeitos da sentença que determine a curatela, quando sujeita a apelação**, visto que permanecerá tal decisão produzindo efeitos imediatamente, como se pode observar nos arts. 755, § 3º e 1.012 do CPC.

Assim, a sentença de interdição produz efeito desde logo, devendo ser inscrita no **registro de pessoas naturais** e imediatamente publicada na rede mundial de computadores, no sítio do tribunal a que estiver vinculado o juízo e na plataforma de editais do Conselho Nacional de Justiça, onde permanecerá por 6 (seis) meses, na imprensa local, 1 (uma) vez, e no órgão oficial, por 3 (três) vezes, com intervalo de 10 (dez) dias, constando do edital os **nomes do interdito e do curador, a causa da interdição, os limites da curatela e, não sendo total a interdição, os atos que o interdito poderá praticar autonomamente.** Cumprindo o princípio da instância nos termos do art. 13 da Lei 6.015/1973, o registro deve ser praticado por ordem judicial ou a requerimento verbal ou escritos dos interessados, bem como a requerimento do Ministério Público.

Vale ressaltar que o **registro da interdição** vem regulamentado no art. 9º, inciso III, do Código Civil, bem como na Lei 6.015/1973 nos artigos 29, inciso V, e 92 e 93. Assim, o requerimento junto ao Registro Civil deverá ser formulado pelo **curador** ou **pelo promovente da ação de interdição**, de acordo com o **art. 93 da Lei 6.015/1973**, que estabelece que se não houver notícia nos autos de o registro ter sido realizado em oito dias, o Juiz comunicará ao oficial de registro civil, juntamente com a certidão da sentença, para que lavre o registro da interdição.

Com o propósito de assegurar o registro, o artigo 93, parágrafo único, dispõe que **antes de registrada a sentença o curador não poderá assinar o respectivo termo.**

As interdições são registradas no **Livro "E"** ou **seu desmembramento do Registro Civil do 1º Ofício ou Subdistrito da Sede da Comarca**, do **domicílio do interdito.**

Mario de Carvalho Camargo Neto e Marcelo Salaroli de Oliveira observam que no caso em que são apresentadas para registro sentenças de interdição prolatadas há longa data, é comum haver alteração do domicílio na data de sentença e na data da apresentação para registro. Nestes casos, para melhor garantia da publicidade, considerando que o registro deve espelhar a situação atual da pessoa natural e que a qualificação registral é exercida no momento da apresentação do título para registro, conforme a situação existente nessa data (*tempus regit actum*), a melhor solução é registrar a interdição no local do domicílio atual da pessoa natural. Para tanto, necessário apresentar comprovante de endereço e/ou colher declaração de domicílio por parte do curador, para respaldar a atribuição territorial para o ato. (Op. cit., p. 158).

Do registro da interdição devem constar os seguintes elementos:

a) data do registro;

b) prenome e sobrenome, idade, estado civil, profissão, naturalidade, domicílio e residência do interdito, data e cartório em que forem registrados o nascimento e o casamento, bem como o nome do cônjuge, se for casado;

c) data da sentença, nome e vara do Juiz que a proferiu;

d) nome, profissão, estado civil, domicílio e residência do curador;

e) nome do requerente da interdição e causa desta;

f) limites da curadoria, quando for parcial a interdição (previsto no art. 1.772 e 1.782 do Código Civil);

g) lugar onde está internado o interdito.

A interdição é **anotada** de ofício ou mediante comunicação **nos assentos de nascimento e casamento do interdito** (artigo 107, § 1º). Tal anotação visa conferir maior publicidade ao ato, permitir o efetivo conhecimento dessa relevante alteração da capacidade e assegurar a veracidade do registro.

No registro de interdição é feita a **averbação das sentenças que puserem termo à interdição, das substituições dos curadores, das alterações dos limites de curatela, da cessação ou mudança de internação** (artigo 104). Trata-se de rol exemplificativo, uma vez que outras alterações poderão surgir.

A interdição será analisada de forma pormenorizada em capítulo próprio.

2. JURISPRUDÊNCIA COMPLEMENTAR

TRIBUNAL DE JUSTIÇA DO ESTADO DE SÃO PAULO

2ª VARA DE REGISTROS PÚBLICOS

EMENTA: Ação de interdição – Prática de atos civis – Conteúdo existencial – Desnecessidade de curatela – Conteúdo negocial e patrimonial – Curatela. Processo 0037946-46.2013.8.26.0100. Registro Civil das Pessoas Naturais. R. Di P. R. Di P.

Vistos. 1. Fls. 127 e ss: Infere-se dos autos que V. Di P. encontra-se impossibilitado de exprimir sua vontade, em virtude de doença. Na ação de interdição que está em tramite, consta que houve nomeação de curador provisório, mas não consta sentença estabelecendo a gradação do transtorno que o acomete e a intensidade da intervenção do curador sobre a prática dos atos civis. Como é sabido, o Estatuto da Pessoa com Deficiência introduziu um novo regramento para a teoria das incapacidades, abolindo a figura da incapacidade civil absoluta para os maiores de 16 anos. O artigo 6º do Estatuto estabelece que a deficiência não afeta a plena capacidade civil da pessoa, especialmente para a prática dos atos elencados em seus incisos, os quais abarcam conteúdo existencial, cerne da proteção do estatuto, e relacionados aos direitos da personalidade, incluindo o direito ao nome. O artigo 85 do Estatuto restringe a curatela apenas aos atos de natureza negocial e patrimonial, excluindo as decisões afetas ao aspecto existencial do indivíduo, dos direitos da personalidade, como o direito ao próprio corpo, à sexualidade, ao casamento, à privacidade, ao trabalho, ao voto, à saúde e à educação. O nome é um direito da personalidade e, como tal, não é abrangido pela curatela. Feitas estas considerações, determino à parte autora que apresente alvará emitido pelo MMº Juízo da ação de interdição, autorizando a retificação do nome do interditando, tal como pleiteada nesses autos. Prazo: dez dias. 2. Após, abra-se vista dos autos ao Ministério Público. Intimem-se. (DJe de 05.10.2016 – NP)

3. QUESTÕES DE CONCURSOS

01. (Vunesp – Cartório – TJ – SP/2012) A sentença de interdição:

a) não é passível de inscrição no registro civil.

b) é averbada no registro de nascimento e de casamento do curador.

c) é registrada no Livro "E", salvo quando desdobrado, pela natureza dos atos, em livros especiais, do 1.º Subdistrito da sede da Comarca e anotada no assento de nascimento e de casamento do interdito.

d) é averbada no registro de nascimento e de casamento do interdito.

02. (IESES – Cartório – Provimento) Assinale a alternativa INCORRETA:

a) Antes de registrada a sentença de interdição, não poderá o curador assinar o respectivo termo.

b) No cartório do 1º Ofício ou da 1ª subdivisão judiciária de cada comarca serão registrados, em livro especial, as sentenças de emancipação.

c) Quando o juiz conceder emancipação, deverá comunicá-la, de ofício, ao oficial de registro, se não constar dos autos haver sido efetuado este dentro de cinco dias.

d) Antes do registro no cartório de registro civil, a emancipação, em qualquer caso, não produzirá efeito.

GAB	1	C	2	C

VI – as sentenças declaratórias de ausência;

1. COMENTÁRIOS

Ao contrário do que estabelecia o Código Civil de 1916, o atual dispõe que o ausente não figura mais no rol dos absolutamente incapazes. Isso ocorre porque o dilema relacionado à ausência sempre foi de restrição de direitos, e não exatamente de incapacidade, tanto que os atos praticados pelo ausente no lugar onde ele se encontrava presente, eram considerados válidos.

A ausência pode ser **processual** ou **civil.** A primeira refere-se ao réu revel, ou seja, aquele que não comparece aos atos processuais. A ausência civil, por sua vez, constata-se quando o paradeiro da pessoa é desconhecido. A pessoa desaparece de seu domicílio e não dá notícias de seu paradeiro. Aqui, não há certeza de morte, apenas uma suspeita, presumindo-se a morte apenas quando da abertura da sucessão definitiva, ou seja, após o decurso de **10 (dez) anos** de sentença de sucessão provisória ou cinco anos das últimas notícias do maior de **80 anos.**

A ausência civil está prevista em um capítulo autônomo da Parte Geral do Código Civil, especificamente nos artigos 26 a 39. No que tange aos bens do ausente, o novo CPC regulamenta a matéria nos arts. 744 e 745.O procedimento de ausência desenrola-se em três fases sucessivas:

a) **Curadoria do ausente;**
b) **Sucessão provisória;**
c) **Sucessão definitiva.**

Registre-se que o procedimento só é instaurado na hipótese de o ausente ter **deixado bens.** A jurisdição é voluntária e qualquer interessado pode requerer sua instauração. Frise-se que o art. 1.163, § 2º do CPC de 1973 previa a legitimação subsidiária do Ministério Público, que somente poderia pedir o início da sucessão provisória diante da omissão de todos os demais legitimados. Todavia, tal regra não foi repetida no novo CPC e não consta no art. 27 do CC, o que nos leva a crer que o Ministério Público não tem mais legitimidade para tal pedido.

Tal procedimento é instaurado no **último domicílio do ausente.**

Visto isto, passamos a estudar as fases do procedimento de ausência.

1.1 PRIMEIRA FASE – DA CURADORIA DO AUSENTE

Nesta fase, quem representa o ausente é o seu curador. O cônjuge do ausente, sempre que não esteja separado será o seu legítimo curador.

Na falta do cônjuge, a curadoria dos bens do ausente incumbe aos pais ou aos descendentes, nesta ordem, desde que não haja impedimento que os iniba de exercer o cargo. Entre os descendentes, os mais próximos precedem os mais remotos. Na falta das pessoas mencionadas, compete ao juiz a escolha do curador.

Se o ausente não houver deixado representante ou procurador a quem caiba administrar seus bens, não será declarada a ausência e, consequentemente, não será nomeado curador.

Caso o mandatário não queira ou não possa exercer ou continuar o mandato, a ausência poderá ser declarada.

Feita a arrecadação, o juiz mandará publicar editais durante 1 (um) ano, reproduzidos de dois em dois meses, anunciando a arrecadação e chamando o ausente a entrar na posse de seus bens.

A curadoria do ausente cessará:

a) pelo comparecimento do ausente, do seu procurador ou de quem o represente;
b) pela certeza da morte do ausente;
c) pela sucessão provisória.

1.2. SEGUNDA FASE – DA SUCESSÃO PROVISÓRIA

Decorrido um ano da arrecadação dos bens do ausente, ou, se ele deixou representante ou procurador, em se passando três anos, poderão os interessados requerer que se declare a ausência e se abra provisoriamente a sucessão.

São interessados para requerer a sucessão provisória:

a) o cônjuge não separado judicialmente;
b) os herdeiros presumidos, legítimos ou testamentários;
c) os que tiverem sobre os bens do ausente direito dependente de sua morte;
d) os credores de obrigações vencidas e não pagas.

Não havendo interessados na sucessão provisória, cumpre ao Ministério Público requerê-la ao juízo competente.

O interessado, ao requerer a abertura da sucessão provisória, pedirá a citação pessoal dos herdeiros presentes e do curador e, por editais, a dos ausentes para oferecerem artigos de habilitação.

A sentença que determinar a abertura da sucessão provisória só produzirá efeito 180 (cento e oitenta) dias depois de publicada pela imprensa; mas, logo que passe em julgado, proceder-se-á à abertura do testamento, se houver, e ao inventário e partilha dos bens, como se o ausente fosse falecido.

Os herdeiros, para se imitirem na posse dos bens do ausente, darão garantias da restituição deles, mediante penhores ou hipotecas equivalentes aos quinhões respectivos. Frise-se que os ascendentes, os descendentes e o cônjuge estão dispensados dessa caução.

No que se refere aos demais herdeiros, estes não tomarão posse se não prestarem caução, mantendo-se os seus quinhões sob a administração do curador. Entretanto, o herdeiro que não tomar posse, por falta de caução, poderá requerer lhe seja entregue metade dos rendimentos do quinhão que lhe tocaria.

Empossados nos bens, os sucessores provisórios ficarão representando ativa e passivamente o ausente, de modo que contra eles correrão as ações pendentes e as que de futuro àquele forem movidas.

O descendente, ascendente ou cônjuge que for sucessor provisório do ausente, fará seus todos os frutos e rendimentos dos bens que a este couberem; os outros sucessores, porém, deverão capitalizar metade desses frutos e rendimentos, convertendo-os em imóveis ou títulos da dívida pública. Tal capitalização é determinada pelo juiz, após ouvir o representante do Ministério Público.

Se o ausente aparecer, e ficar provado que a ausência foi voluntária e injustificada, perderá ele, em favor do sucessor, sua parte nos frutos e rendimentos.

Anote-se que os imóveis do ausente só poderão ser alienados, não sendo por desapropriação, ou hipotecar, quando o ordene o juiz, para lhes evitar a ruína. Quanto aos bens móveis, a venda também depende de ordem judicial.

Ademais, antes da partilha, o juiz, quando julgar conveniente, ordenará a conversão dos bens móveis, sujeitos a deterioração ou a extravio, em imóveis ou em títulos garantidos pela União.

A sucessão provisória cessará pelo comparecimento do ausente e converter-se-á em definitiva:

a) quando houver certeza da morte do ausente;
b) dez anos depois de passada em julgado a sentença de abertura da sucessão provisória;
c) quando o ausente contar 80 (oitenta) anos de idade e houverem decorrido 5 (cinco) anos das últimas notícias suas.

Recentemente, a Terceira Turma do Superior Tribunal de Justiça, **no REsp 1.924.451**, estabeleceu que é possível a abertura da sucessão definitiva prevista no **artigo 38 do Código Civil independentemente de prévia sucessão provisória.** Para o colegiado, apenas a hipótese do **artigo 37 da Lei Civil** exige a sucessão provisória para a abertura da definitiva.

Com este entendimento, por unanimidade, a turma proveu o recurso especial em que a recorrente pleiteava diretamente a abertura de sucessão definitiva de seu irmão, pois ele estava desaparecido havia 20 anos e, se estivesse vivo, teria 80 anos – cumpridos, portanto, os requisitos do artigo 38 do CC para a sucessão definitiva. A recorrente, única herdeira do irmão, ajuizou pedido de declaração de ausência e abertura de sucessão porque ele, nascido em 1940, estava desaparecido desde o ano 2000. O pedido foi concedido e, com a declaração de ausência, ela foi nomeada curadora, motivo pelo qual requereu a abertura de sucessão definitiva, conforme os autos.

Por entender que seria imprescindível a abertura de sucessão provisória, o juiz negou o requerimento. Nesta toada, o Tribunal de Justiça de São Paulo manteve a decisão. O argumento utilizado foi o de que, mesmo preenchidos os requisitos do artigo 38 do CC, a referida norma não dispensa a abertura de sucessão provisória, mas apenas autoriza a conversão desta em definitiva em período menor que os dez anos previstos no artigo 37.

A ministra Nancy Andrighi, relatora do recurso no STJ, ponderou que, "embora a tese adotada pelo TJSP tenha respaldo na doutrina, essa não é a melhor interpretação dos dispositivos legais que regem a matéria, pois a regra do artigo 38 é hipótese autônoma de abertura da sucessão definitiva, de forma direta e independentemente da existência, ou não, de sucessão provisória". Ela também informou "não ser razoável a exigência de abertura de sucessão provisória quando é absolutamente presumível a morte do autor da herança, diante da presença das circunstâncias exigidas pelo Código Civil – 80 anos ao tempo do requerimento e desaparecimento ocorrido há pelo menos cinco anos".

Prosseguindo com a fundamentação do julgado, a ministra relatora advertiu que o **artigo 745, parágrafos 2º e 3º, do Código de Processo Civil** não leva ao entendimento de que a sucessão provisória seria sempre obrigatória, mas "somente disciplina, do ponto de vista procedimental, como se dará a conversão da sucessão provisória em definitiva quando aquela se configurar pressuposto lógico desta (**artigo 37 do CC**)".

Por fim, dando continuidade à sucessão definitiva pleiteada, a relatora ponderou que, "embora essa modalidade transmita a propriedade dos bens aos herdeiros, os virtuais interesses de quem teve a morte presumida estarão preservados por mais dez anos, como dispõe o **artigo 39 do CC.** Havendo um improvável regresso, extinguir-se-á a propriedade pela condição resolutória consubstanciada no retorno do ausente".

1.3 TERCEIRA FASE – DA SUCESSÃO DEFINITIVA

Dez anos depois de passada em julgado a sentença que concede a abertura da sucessão provisória (vide entendimento recente do STJ no item anterior), poderão os interessados requerer a sucessão definitiva e o levantamento das cauções prestadas.

Regressando o ausente nos dez anos seguintes à abertura da sucessão definitiva, ou algum de seus descendentes ou ascendentes, aquele ou estes haverão só os bens existentes no estado em que se acharem, os sub-rogados em seu lugar, ou o preço que os herdeiros e demais interessados houverem recebido pelos bens alienados depois daquele tempo.

Se, nestes dez anos o ausente não regressar, e nenhum interessado promover a sucessão definitiva, os bens arrecadados passarão ao domínio do Município ou do Distrito Federal, se localizados nas respectivas circunscrições, incorporando-se ao domínio da União, quando situados em território federal.

A sentença definitiva produz os seguintes efeitos:

a) presunção da morte do ausente. Trata-se da chamada morte ficta, pois o óbito não é sequer registrado;
b) averbação desta sentença no Cartório de Registro Civil;
c) dissolução do casamento. Assim, o cônjuge ausente pode contrair novas núpcias, sem que haja necessidade do divórcio, porquanto é reputado viúvo;
d) extinção do poder familiar;
e) levantamento das cauções prestadas pelos herdeiros que se imitiram na posse;
f) aquisição da propriedade resolúvel dos bens por parte dos herdeiros.

1.4 DO REGISTRO

O registro da sentença declaratória de ausência deve conter, nos termos do art. 94 da LRP:

O registro da ausência está previsto no art. 9º, inciso IV, do Código Civil, e nos artigos 29, inciso VI, e 94 da Lei 6.015/1973. Esse registro deve ser realizado na circunscrição do 1º Ofício ou Subdistrito da Sede da Comarca do **domicílio anterior do ausente**, com base em sentença judicial, cumprindo o princípio da instância previsto no art. 13 da LRP, e com as mesmas cautelas e efeitos do registro da interdição.

O registro da sentença declaratória de ausência deve conter, nos termos do art. 94 da LRP:

1º) data do registro;
2º) nome, idade, estado civil, profissão e domicílio anterior do ausente, data e cartório em que foram registrados o nascimento e o casamento, bem como o nome do cônjuge, se for casado;
3º) tempo de ausência até a data da sentença;
4º) nome do promotor do processo;
5º) data da sentença, nome e vara do Juiz que a proferiu;
6º) nome, estado, profissão, domicílio e residência do curador e os limites da curatela.

O registro de sentença de ausência tem **natureza declaratória** e possui **efeito comprobatório.**

Por derradeiro, é oportuno aludir que no registro de ausência serão **averbadas**: a cessação da ausência pelo aparecimento do ausente; a sentença de abertura de sucessão provisória, após o trânsito em julgado, com referência especial ao testamento do ausente se houver e indicação de seus herdeiros habilitados; a sentença de abertura de sucessão definitiva, após o trânsito em julgado, bem como quaisquer outras alterações no registro, decorrentes de determinação judicial ou de procedimento administrativo legalmente previsto.

2. JURISPRUDÊNCIA COMPLEMENTAR

SUPERIOR TRIBUNAL DE JUSTIÇA

EMENTA: Civil – Processual Civil – Ausência – Abertura de sucessão provisória ou definitiva – Regra do art. 37 do CC/2002 que pressupõe a existência de sucessão provisória como condição para a definitiva – Regra do art. 38 do CC/2002, contudo, que se consubstancia em hipótese autônoma de sucessão do ausente – Abertura da sucessão definitiva se presentes os requisitos do art. 38 do CC/2002 – Possibilidade – Presunção de morte do autor da herança diante do preenchimento cumulativo dos requisitos legais – Ser octogenário ao tempo do requerimento e estar desaparecido há pelo menos 05 anos – Preservação dos interesses do presumivelmente morto por 10 anos, diante da regra do art. 39 do CC/2002 – Transmissão da propriedade sob condição resolutória – 1. Ação ajuizada em 20/08/2015. Recurso especial interposto em 11/08/2020 e atribuído à Relatora em 03/03/2021.

2. O propósito recursal é definir se, presentes os requisitos do art. 38 do CC/2002, é indispensável a prévia abertura da sucessão provisória ou se, ao revés, é admissível a abertura da sucessão definitiva direta e independentemente da provisória.

3. Apenas a regra do art. 37 do CC/2002 pressupõe a existência da sucessão provisória como condição para a abertura da sucessão definitiva, ao passo que a regra do art. 38 do CC/2002, por sua vez, é hipótese autônoma de abertura da sucessão definitiva, de forma direta e independentemente da existência, ou não, de sucessão provisória.

4. A possibilidade de abertura da sucessão definitiva se presentes os requisitos do art. 38 do CC/2002 decorre do fato de ser absolutamente presumível a morte do autor da herança diante da presença, cumulativa, das circunstâncias legalmente instituídas – que teria o autor da herança 80 anos ao tempo do requerimento e que tenha ele desaparecido há pelo menos 05 anos.

5. Conquanto a abertura da sucessão definitiva transmita a propriedade dos bens aos herdeiros, a regra do art. 39 do CC/2002 ainda preserva, por mais 10 anos, os virtuais interesses daquele cuja morte se presume, pois, havendo um improvável regresso, extinguir-se-á a propriedade pela condição resolutória consubstanciada no retorno do ausente.

6. Hipótese em que o autor da herança possuiria, hoje, 81 anos de idade e está desaparecido há 21 anos, razão pela qual não há óbice à abertura da sucessão definitiva, nos moldes previstos no art. 38 do CC/2002 – 7. Recurso especial conhecido e provido (STJ – REsp nº 1.924.451 – São Paulo – 3ª Turma – Rel. Min. Nancy Andrighi – DJ 22.10.2021).

3. QUESTÕES DE CONCURSOS

01. (IESES – Titular de Serviços de Notas e Registros – TJ – TO - Remoção/2022) As sentenças judiciais declaratórias de ausência deverão ser:

a) Registradas no registro civil de pessoas naturais.
b) Registradas no registro civil de pessoas jurídicas.
c) Registradas no registro de títulos e documentos.
d) Registradas no registro civil de pessoas naturais e no registro de títulos e documentos.

02. (Vunesp – Cartório – TJ – SP/2012) A sentença de interdição

a) não é passível de inscrição no registro civil.
b) é averbada no registro de nascimento e de casamento do curador.
c) é registrada no Livro "E", salvo quando desdobrado, pela natureza dos atos, em livros especiais, do 1.º Subdistrito da sede da Comarca e anotada no assento de nascimento e de casamento do interdito.
d) é averbada no registro de nascimento e de casamento do interdito.

03. (FCC – Cartório – TJ – PE/2013) No tocante à ausência, é correto afirmar que

a) a sentença que determinar a abertura da sucessão provisória só produzirá efeitos noventa dias após sua publicação pela imprensa, a partir dos quais se procederá à abertura do testamento, se houver, e ao inventário e partilha dos bens, como se o ausente fosse falecido.
b) a declaração de morte presumida pressupõe necessariamente a decretação da ausência.
c) arrecadados os bens do ausente, de imediato poderão os interessados requerer que se declare a ausência e que se abra provisoriamente a sucessão.
d) pode-se requerer a sucessão definitiva se houve prova de que o ausente conta oitenta anos de idade e que de cinco anos datam as últimas notícias dele.
e) os imóveis do ausente só poderão ser alienados por ordem judicial, podendo porém seu curador gravá-los livremente, em prol de uma administração eficiente dos bens.

04. (Cespe – Cartório-PI/2013) Declarada a ausência de pessoa casada que tenha desaparecido de seu domicílio sem deixar vestígio e que não tenha deixado representante ou procurador a quem caiba administrar-lhe os bens,

a) após o trânsito em julgado da sucessão definitiva, o domínio dos bens do ausente transferidos aos sucessores deixará de se revestir de condição resolutiva.
b) o vínculo conjugal estará dissolvido mesmo antes do trânsito em julgado da sentença da sucessão definitiva.
c) a lei que regerá a sucessão do ausente será a vigente na data da comprovação da ausência, de forma que a declaração de ausência tem efeitos retroativos.
d) os bens imóveis do ausente poderão ser hipotecados ou alienados sem autorização judicial, desde que caracterizada sua ruína.
e) o cônjuge que for sucessor provisório do ausente deverá capitalizar metade dos frutos e rendimentos dos bens que lhe couber e prestar anualmente contas ao juiz competente.

05. (Cespe – Cartório – TJ-DFT/2014) Acerca da capacidade e personalidade civil das pessoas naturais, assinale a opção correta.

a) A emancipação voluntária pode ser concedida por ato conjunto dos pais, ou por um deles na falta do outro, mediante homologação judicial, ouvido o MP.
b) Somente depois de decretada a interdição por sentença constitutiva é que se reconhece a incapacidade civil, com efeitos ex nunc, sendo inviável a declaração de nulidade de alienação de imóvel realizada por pessoa portadora de anomalia psíquica, ainda que se comprove que a enfermidade era anterior à instituição da curatela.
c) A curatela do ausente poderá ser deferida a requerimento de qualquer interessado ou do MP, sendo o legítimo curador o cônjuge do ausente, desde que não esteja separado judicialmente ou de fato por mais de dois anos antes da declaração de ausência, direito que se estende ao companheiro.
d) O menor relativamente incapaz tem capacidade civil mediante assistência, notadamente para aceitar mandato, fazer testamento e ser testemunha em atos jurídicos.
e) Em razão do princípio da inalterabilidade do nome, o parentesco por afinidade em linha reta não autoriza a averbação, no registro de nascimento de enteado ou enteada, do nome da família de seu padrasto ou madrasta, ainda que haja a concordância destes.

GAB	1	A	2	C	3	D	4	B	5	C

VII – as opções de nacionalidade;

1. COMENTÁRIOS

O Artigo 15 da Declaração Universal dos Direitos do Homem, 1948, dispõe que:

> I – Todo o indivíduo tem direito a ter uma nacionalidade.
>
> II – Ninguém pode ser arbitrariamente privado da sua nacionalidade nem do direito de mudar de nacionalidade.

A opção de nacionalidade é um procedimento de **jurisdição voluntária**, da competência da Justiça Federal, conforme o art. 109, inciso X, da Constituição Federal. O procedimento era regido pelos artigos 2º a 5º da Lei 818/1949. Todavia, a Lei de Migração (Lei 13.445/2017) e o Decreto 9.199/2017 revogaram a Lei 818/1949, bem como o Estatuto do Estrangeiro (Lei 6.815/1980), e atualmente regulamentam a matéria.

A Constituição Federal, no art. 12, inciso I, "c" (alterado pela Emenda Constitucional 54, de 2007). define que são **brasileiros natos** os nascidos no estrangeiro de pai brasileiro ou de mãe brasileira, desde que sejam registrados em repartição brasileira competente ou venham a residir na República Federativa do Brasil e optem, **em qualquer tempo,** depois de atingida a maioridade, pela nacionalidade brasileira.

O art. 63 da Lei da Migração confirma o dispositivo constitucional, conforme segue:

> **Art. 63, Lei 13.445/2017.** O filho de pai ou de mãe brasileiro nascido no exterior e que não tenha sido registrado

em repartição consular poderá, **a qualquer tempo**, promover ação de opção de nacionalidade.

Parágrafo único. O órgão de registro deve informar periodicamente à autoridade competente os dados relativos à opção de nacionalidade, conforme regulamento.

Assim, os filhos de brasileiros que não estejam a serviço do Brasil, nascidos no exterior e registrados em repartição estrangeira, para serem considerados brasileiros natos, devem vir a **residir no Brasil e optar pela nacionalidade brasileira a qualquer tempo após a maioridade, e não mais dentro do prazo de quatro anos.**

Note-se que fica revogado o prazo aludido no art. 32, § 4º, da LRP, que assim dispõe: "**Dentro do prazo de quatro anos**, depois de atingida a maioridade, o interessado referido no § 2º deverá manifestar a sua opção pela nacionalidade brasileira perante o juízo federal. Deferido o pedido, proceder-se-á ao registro no livro 'E' do Cartório do 1º Ofício do domicílio do optante." Esta alteração foi destacada como uma "pegadinha" na peça prática do 4º Concurso de Outorga de Delegações de Notas e de Registros do Estado de São Paulo.

Até a maioridade, os filhos de brasileiro nascidos no exterior detêm a condição de brasileiros natos, a ser comprovada pela certidão de transcrição de nascimento na Serventia de Registro Civil das Pessoas Naturais. Saliente-se que a opção de nacionalidade só pode ser feita **após a maioridade civil** e tal direito de opção é **personalíssimo**, ou seja, não pode ser exercido pelo representante legal, conforme já decidiu o Supremo Tribunal Federal (RE 418.096, Rel. Min. Carlos Velloso, j. em 22-3-2005, Segunda Turma, DJ de 22-4-2005). Antes da opção, o Tribunal Regional Federal da 3ª Região decidiu que o nascido no exterior possui a chamada **'nacionalidade potestativa'** (Apelação Cível 596.798, Relatora Juíza Marli Ferreira)

O artigo 213 do Decreto 9.199 apresenta o conceito de opção de nacionalidade e confirma a jurisprudência do TRF 3 região. Veja-se:

Art. 213, Decreto 9.199/2017. A opção pela nacionalidade é o ato pelo qual o brasileiro nascido no exterior e que não tenha sido registrado em repartição consular confirma, perante a autoridade judiciária competente, a sua intenção de manter a nacionalidade brasileira.

§ 1º A opção de nacionalidade não importará a renúncia de outras nacionalidades.

§ 2º A opção de nacionalidade é ato personalíssimo e deverá ocorrer por meio de procedimento específico, de jurisdição voluntária, perante a Justiça Federal, a qualquer tempo, após atingida a maioridade civil.

Também é importante salientar que o atual texto constitucional preceitua que a **residência no país antes da maioridade é prescindível,** além de não mais estabelecer prazo para a opção de nacionalidade (antes existia um prazo de quatro anos), conforme constatamos

Conclui-se assim que:

a) é brasileiro nato independentemente de opção o registrado em repartição brasileira competente. Neste caso, deve-se observar o que dispõe o art. 7º, § 1º: "Deverá constar do assento e da respectiva certidão do traslado a seguinte observação: "Brasileiro nato, conforme os termos da alínea c do inciso I do art. 12, *in limine*, da Constituição Federal".

b) Aqueles não registrados em repartição brasileira, a nacionalidade dependerá de opção, após atingida a maioridade, desde que venha a residir no Brasil. Frise-se que não há prazo para tal residência. Após atingida a maioridade, também não há prazo para opção.

A Emenda Constitucional (EC) 54/2007 trouxe uma inovação ao incluir o artigo 95 no Ato das Disposições Constitucionais Transitórias (ADCT). Vamos explorar mais sobre esse artigo?

Art. 95. Os nascidos no estrangeiro entre 7 de junho de 1994 e a data da promulgação desta Emenda Constitucional, filhos de pai brasileiro ou mãe brasileira, poderão ser registrados em repartição diplomática ou consular brasileira competente ou em ofício de registro, se vierem a residir na República Federativa do Brasil.

Note-se que a inclusão do artigo 95 no Ato das Disposições Constitucionais Transitórias (ADCT) pela Emenda Constitucional (EC) 54/2007 veio preceituar que é legítimo tais pessoas requererem seu registro em repartição brasileira competente, adquirindo **automaticamente** a nacionalidade brasileira, facilitando-se assim, o processo de aquisição de nacionalidade para filhos de brasileiros nascidos no exterior.

A Resolução CNJ n. 155/2012 regulamentou o tema, conforme segue::

Art. 12. Por força da redação atual da alínea c do inciso I do art. 2 da Constituição Federal e do art. 95 do Ato das Disposições Constitucionais Transitórias (Emenda Constitucional nº 54, de 20 de setembro de 2007), o oficial de registro civil deverá, de ofício ou a requerimento do interessado/procurador, sem a necessidade de autorização judicial, efetuar averbação em traslado de assento consular de nascimento, cujo registro em repartição consular brasileira tenha sido lavrado entre 7 de junho de 1994 e 21 de setembro de 2007, em que se declara que o registrado é: "Brasileiro nato de acordo com o disposto no art. 12, inciso I, alínea "c", in limine, e do artigo 95 dos ADCTs da Constituição Federal. "

Parágrafo único. A averbação também deverá tornar sem efeito eventuais informações que indiquem a necessidade de residência no Brasil e a opção pela nacionalidade brasileira perante a Justiça Federal, ou ainda expressões que indiquem tratar-se de um registro provisório, que não mais deverão constar na respectiva certidão".

O art. 215 do Decreto 9.199/2017 reforça a necessidade do procedimento da opção da nacionalidade para confirmá-la. Até então, a **condição de brasileiro nato fica suspensa**, como se observa:

> **Art. 215, Decreto 9.199/2017.** O filho de pai ou mãe brasileira nascido no exterior e cujo registro estrangeiro de nascimento tenha sido transcrito diretamente em cartório competente no País terá a confirmação da nacionalidade vinculada à opção pela nacionalidade brasileira e pela residência no território nacional.
>
> § 1º Depois de atingida a maioridade e até que se faça a opção pela nacionalidade brasileira, a condição de brasileiro nato ficará **suspensa** para todos os efeitos.

Ademais, o dispositivo enfatiza que a opção de nacionalidade tem **efeitos retroativos**, nestes termos:

> § 2º Feita a opção pela nacionalidade brasileira, os efeitos da condição de brasileiro nato retroagem à data de nascimento do interessado.

Por sua vez, o art. 29, § 2º, da Lei 6.015/1973 estabelece que é competente para a inscrição da opção de nacionalidade, a **serventia da residência do optante, ou de seus pais**. Se forem residentes no estrangeiro, far-se-á o registro no **Distrito Federal.**

A Lei 6.015/973 não elenca os elementos do registro da opção da nacionalidade, mas a doutrina os faz, bem como algumas normativas estaduais como SP, RS, MG e GO.

Assim, o registro, que será feito no **Livro "E" da Serventia do 1º Ofício do domicílio do optante,** deve conter os seguintes **elementos**:

a) data do registro;
b) nome completo, data de nascimento, naturalidade e filiação;
c) data da sentença e seu trânsito em julgado, vara e nome do Juiz que a proferiu;
d) o Cartório de Registro Civil das Pessoas Naturais que lavrou o assento de transcrição de nascimento, se conhecido;
e) data do mandado judicial.

Vale ressaltar que o Decreto n. 9.199 ainda estabelece duas novas obrigações do Registrador Civil das Pessoas Naturais. Vejamos:

> **Art. 81.** Os Cartórios de Registro Civil remeterão mensalmente à Polícia Federal, preferencialmente por meio eletrônico, informações acerca dos registros e do óbito de imigrantes.
>
> (...)
>
> **Art. 216.** A comprovação da opção pela **nacionalidade brasileira** ocorrerá por meio do registro da sentença no Cartório de Registro Civil das Pessoas Naturais, observado o disposto no art. 29, *caput*, inciso VII, da Lei nº 6.015, de 31 de dezembro de 1973.
>
> Parágrafo único. O órgão de registro deverá informar, periodicamente, os dados relativos à **opção pela nacionalidade** brasileira à Polícia Federal.
>
> **Art. 217.** O **registro consular de nascimento** deverá ser trasladado em Cartório de Registro Civil das Pessoas Naturais para gerar efeitos plenos no território nacional, observado o disposto no art. 32 da Lei nº 6.015, de 1973.

No que diz respeito à **perda da nacionalidade**, trata-se de ato de **averbação** no registro de nascimento. Por esse motivo, o tema foi tratado nos comentários do art. 102, § 5º, desta Lei de Registros.

2. JURISPRUDÊNCIA COMPLEMENTAR

SUPREMO TRIBUNAL FEDERAL

EMENTA: CONSTITUCIONAL. NACIONALIDADE. OPÇÃO. CF, ART. 12, I, "c", com emenda Constitucional de revisão nº 3, de 1994. I – São brasileiros natos os nascidos no estrangeiro, de pai brasileiro ou mão brasileira, desde que venham a residir no Brasil e optem, em qualquer tempo, pela nacionalidade brasileira. ii – a opção pode ser feita a qualquer tempo, desde que venha o filho de pai brasileiro ou de mãe brasileira, nascido no estrangeiro, a residir no Brasil. Essa opção somente pode ser manifestada depois de alcançada a maioridade. é que a opção, por decorrer da vontade, tem caráter personalíssimo. Exige-se, então, que o optante tenha capacidade plena para manifestar a sua vontade, capacidade que se adquire com a maioridade. iii – vindo o nascido no estrangeiro, de pai brasileiro ou de mãe brasileira, a residir no Brasil, ainda menor, passa a ser considerado brasileiro nato, sujeita essa nacionalidade à manifestação da vontade do interessado, mediante a opção depois de atingida a maioridade. atingida a maioridade, enquanto não manifestada a opção, esta passa a constituir-se em condição suspensiva da nacionalidade brasileira. iv – precedente do STF. ac n 70-qo/RS – Ministro Sepulveda Pertence, plenário, 25.09.2003, DJ de 12.03.2004. v. – re conhecido e não provido" (STF, 2 turma, re n 418.096/rs, rel. min. Carlos Velloso, dju 22.04.2005, p. 2015)

TRIBUNAL REGIONAL FEDERAL DA 4ª REGIÃO

EMENTA: CONSTITUCIONAL. OPÇÃO DE NACIONALIDADE. DESCABIMENTO. OPTANTE MENOR DE IDADE NASCIDA NO ESTRANGEIRO. FILHA DE PAI BRASILEIRO E MÃE ESTRANGEIRA. INCAPACIDADE CIVIL. DIREITO PERSONALÍSSIMO. CONSTITUIÇÃO FEDERAL DE 1988. ARTIGO 12, INCISO I, LETRA C. EMENDA CONSTITUCIONAL Nº 54/2007. 1. Com relação a (...), a partir da maioridade, que a torna possível, a nacionalidade do filho brasileiro, nascido no estrangeiro, mas residente no País, fica sujeita à condição suspensiva da homologação judicial da opção. 2. Esse condicionamento suspensivo, só vigora a partir da maioridade; antes, desde que residente no País, o menor – mediante o registro provisório previsto no art. 32, § 2º, da Lei dos Registros Públicos – se considera brasileiro nato, para todos os efeitos. 3. Com relação a (...), se aplica disposto no art. 95 do ADCT, os nascidos no estrangeiro entre 7 de junho de 1994 e a data da promulgação desta Emenda Constitucional filhos de pai brasileiro ou mãe brasileira, poderão ser registrados em repartição diplomática ou consular brasileira competente ou em ofício de registro, se vierem a residir na República Federativa do Brasil. (Acrescentado pela EC-054-2007) 4. Apelação parcialmente provida. (TRF 4ª Reg. AC 2008720000 71760 Des. Fed. JOÃO PEDRO GEBRAN NETO 3ª T. D. E. 07/10/2009)

EMENTA: OPÇÃO PROVISÓRIA. NACIONALIDADE. BRASILEIRA. REGISTRO. CARTÓRIO. O filho de brasileiro ou brasileira, nascido no estrangeiro, e cujos pais não estejam ali a serviço do Brasil, desde que registrado em consulado brasileiro ou não registrado, venha a residir no território nacional antes de atingir a maioridade, poderá requerer, no juízo de seu domicílio, se registre, no Primeiro Ofício do Registro Civil, o termo de nascimento. Não atendidas as disposições do parágrafo 2º e seguintes do art. 32 da Lei 6015/73, indefere-se o pedido. (TRF 4ª Reg. AC 200370000848314, Des. Fed. EDGARD ANTÔNIO LIPPMANN JÚNIOR, Publicação: 14/01/2008)

3. QUESTÕES DE CONCURSO

01. (TJ/AM – 2023 – TJ/AM - Titular de Notas e Serviços de Registros). Os fatos concernentes ao registro civil, que se derem a bordo dos navios de guerra e mercantes, em viagem, e no exército, em campanha, serão imediatamente registrados e comunicados em tempo oportuno, por cópia autêntica, aos respectivos Ministérios, a fim de que, através do Ministério da Justiça, sejam ordenados os assentamentos, notas ou averbações nos livros competentes das circunscrições a que se referirem. Assim como este caso excepcional, a Lei nº 6015/73 também estabelece normas para atos do registro civil realizados por autoridades consulares. Com base na citada Lei analise as afirmações contidas nos itens I ao IV e escolha a alternativa que qualifica corretamente cada uma das afirmações como Falsas (F) ou Verdadeiras (V).

I. Os assentos de nascimento, óbito e de casamento de brasileiros em país estrangeiro serão considerados autênticos, nos termos da lei do lugar em que forem feitos, legalizadas as certidões pelos cônsules ou quando por estes tomados, nos termos do regulamento consular.
II. Os assentos relativos às atribuições do registro civil de brasileiros em país estrangeiro serão transladados nos cartórios de 1º Ofício do domicílio do registrado ou no 1º Ofício do Distrito Federal, em falta de domicílio conhecido, quando tiverem de produzir efeito no País, ou, antes, por meio de segunda via que os cônsules serão obrigados a remeter por intermédio do Ministério das Relações Exteriores.
III. O filho de brasileiro ou brasileira, nascido no estrangeiro, e cujos pais não estejam ali a serviço do Brasil, desde que registrado em consulado brasileiro ou não registrado, venha a residir no território nacional antes de atingir a maioridade, poderá requerer, no juízo de seu domicílio, se registre, no livro "E" do 1º Ofício do Registro Civil, o termo de nascimento.
IV. Do termo e das respectivas certidões do nascimento registrado na forma do item III desta questão constará que só valerão como prova de nacionalidade brasileira, até 2 anos depois de atingida a maioridade. Então, dentro do prazo de 2 anos, depois de atingida a maioridade pelo interessado, este deverá manifestar a sua opção pela nacionalidade brasileira perante o juízo federal. Deferido o pedido, proceder-se-á ao registro no livro "E" do Cartório do 1º Ofício do domicílio do optante. Não sendo feita a opção, o oficial cancelará, de ofício, o registro provisório.

a) Somente o item IV tem uma afirmação falsa.
b) Todos os itens são afirmações verdadeiras.
c) Os itens II e III são afirmações falsas.
d) Somente os itens III e IV são afirmações verdadeiras.

02. (Vunesp – Outorga de delegação de serviços notariais e registrais – Remoção – TJ – RS/2019) A opção de nacionalidade deve ser registrada no

Assinale a alternativa que completa, corretamente, a frase.

a) Livro A, perante o RCPN do 1º Ofício do domicílio do interessado, antes de atingida a maioridade, mediante requerimento feito diretamente pelos pais do interessado ao Oficial, através de advogado regularmente constituído por procuração com finalidade específica.
b) Livro E, perante o RCPN do 1º Ofício da residência do optante, depois de atingida a maioridade, mediante a apresentação, a qualquer tempo, do mandado expedido pela Justiça Federal.
c) Livro E, perante o RCPN do 1º Ofício do domicílio do optante, depois de atingida a maioridade, mediante a apresentação do mandado expedido pela Justiça Federal, até o prazo máximo de 4(quatro) anos.
d) Livro A, perante o RCPN onde está localizado o assento de nascimento de um de seus pais, depois de atingida a maioridade, mediante a apresentação do mandado expedido pela Justiça Federal, a qualquer tempo.
e) Livro E, no RCPN do 1º Ofício da residência do optante, depois de atingida a maioridade, mediante requerimento, diretamente ao Oficial, a qualquer tempo.

03. (IESES – Cartório – TJ – PB/2014) É competente para a inscrição da opção de nacionalidade o cartório da residência do optante, ou de seus pais. Porém, se forem residentes no estrangeiro, far-se-á o registro:

a) Na Embaixada mais próxima da residência.
b) No Consulado mais próximo da residência.
c) No Distrito Federal.
d) Na sede do Ministério das Relações Exteriores.

GAB	1	A	2	B	3	C

VIII – as sentenças que deferirem a legitimação adotiva.

1. COMENTÁRIOS

Conforme o art. 227, § 5º da Constituição Federal, a adoção será assistida pelo Poder Público, que, na forma da lei, estabelecerá casos e condições de sua efetivação por parte de estrangeiros. A lei a que a Carta Constitucional faz alusão é o Estatuto da Criança e do Adolescente (ECA).

A adoção é considerada pela doutrina uma **modalidade artificial de filiação**. O Estatuto da Criança e do Adolescente – ECA (Lei 8.069/1990) - busca replicar a filiação natural, cujo pressuposto é sustentado por uma relação afetiva, equivale dizer, está relacionado com a convivência familiar..

Desse modo, a Lei 12.010/2009 introduziu diversas alterações no ordenamento jurídico brasileiro, modificando substancialmente o Estatuto da Criança e do Adolescente (ECA), a Lei de Investigação de Paternidade (Lei 8.560/1992), o Código Civil (Lei 10.406/2002) e a Consolidação das Leis do Trabalho (CLT).

A adoção é atualmente regulada inteiramente regulada pelo Estatuto da Criança e do Adolescente, tendo sido revogados quase todos os dispositivos do Código Civil sobre este instituto. Apenas os artigos 1.618 e 1.619 foram mantidos, com a seguinte redação:

> **Art. 1.618.** A adoção de crianças e adolescentes será deferida na forma prevista pela Lei nº 8.069, de 13 de julho de 1990 – Estatuto da Criança e do Adolescente.
>
> **Art. 1.619.** A adoção de maiores de 18 (dezoito) anos dependerá da assistência efetiva do poder público e de sentença constitutiva, aplicando-se, no que couber, as regras gerais da Lei nº 8.069, de 13 de julho de 1990 – Estatuto da Criança e do Adolescente.

O ECA também revogou o inciso III do art. 10 do Código Civil. Atualmente, com o advento da Lei 12.010/2009, o **vínculo de adoção constitui-se somente por sentença judicial, que será inscrita no Registro**

Civil mediante mandado, do qual não se fornecerá certidão.

A inscrição consignará o nome dos adotantes como pais, bem como o nome de seus ascendentes. O mandado judicial, que será arquivado, **cancelará o registro original** do adotado, conforme o art. 47 do ECA.

Reinaldo Velloso dos Santos defende que na atividade de qualificação registrária do título (mandado de inscrição de adoção), o registrador deve necessariamente verificar se os requisitos referidos anteriormente (como idade do adotando, vedação decorrente do parentesco, diferença mínima de idade, competência do Juízo, necessidade de mandado e não mero ofício, dados da sentença, menção do trânsito em julgado, naturalidade dos adotantes, dentre outros) estão preenchidos (Op. cit p. 81).

Por outro lado, Mario de Carvalho Camargo Neto e Marcelo Salaroli de Oliveira concordam parcialmente com o aludido autor. Entendem que qualificação desta maneira fere os limites da qualificação de título de origem judicial. Não deve o registrador entrar no mérito da decisão, limitando-se a analisar a competência absoluta do juízo, a congruência entre o que foi decidido e o que se ordenou no mandado, o preenchimento das formalidades legais essenciais para o registro e o respeito aos princípios registrais. O atendimento aos requisitos legais da adoção e o deferimento de adoção em tal ou qual circunstância fazem parte do mérito da questão e, tratando-se de adoção de menor de idade, pautam-se pelo melhor interesse da criança e do adolescente, o que está na esfera de apreciação do juízo e não cabe ao registrador questionar. Diante disso e do mencionado por Reinaldo Velloso, deve o registrador, na qualificação, verificar "competência do Juízo, necessidade de mandado e não mero ofício, dados da sentença, menção do trânsito em julgado", bem como a existência de todos os elementos necessários para inscrição adequada da adoção. (Op. cit., p. 212).

Ademais, é dever do registrador, na qualificação, verificar se se trata de ato de registro ou de averbação. Alguns registradores sugerem que, **se for caso de averbação** e o Juízo determinar o cancelamento e o novo registro, o Oficial deve recusar o mandado.

Antes do Código Civil de 2002, a **adoção de maior** podia ser feita por escritura pública. Sendo assim, **os atos notariais de adoção lavrados sob a égide da legislação anterior podem ainda ser averbados em face do princípio *tempus regit actum*.** Portanto, será **nula** a escritura pública de adoção lavrada **após a entrada em vigor do Código Civil**, sendo vedado ao registrador aceitar tal instrumento público, por conter defeito de forma, pois atualmente o vínculo somente se estabelece por sentença.

No Estado de São Paulo e na maioria dos outros Estados, a adoção de **maior** e a adoção **unilateral** configuram atos de **averbação**. Por sua vez, o enunciado 12 da **I Jornada de Direito Notarial e Registral** incorporou o entendimento da doutrina majoritária, nos seguintes termos:

> **Enunciado 12.** A adoção unilateral da criança e do adolescente será averbada sem cancelamento do registro original.
>
> ⊙ Justificativa: Na esteira da efetivação do direito à convivência familiar e comunitária, previsto no art. 227 da Constituição Federal, tem-se que a colocação na família substituta é uma das formas de concretização do conteúdo essencial desse direito fundamental. A adoção é uma das formas de colocação da criança e do adolescente em família substituta, ex vi do art. 28 do Estatuto da Criança e do Adolescente, sendo essa medida excepcional e irrevogável, consoante o art. 19 cc. art. 39, § 1º, ambos do mesmo Diploma Legal. Estabelece o artigo 47 do Estatuto da Criança e do adolescente que o "vínculo da adoção constitui-se por sentença judicial, que será inscrita no registro civil mediante mandado do qual não se fornecerá certidão. Em seu § 2º, fica estabelecido que o mandado judicial expedido ao RCPN cancelará o registro original do adotado, lavrando-se novo registro. Pois bem. Uma das modalidades de adoção é a chamada adoção unilateral, prevista no art. 41, § 1º, do ECA, que assim reza: "Se um dos cônjuges ou concubinos adota o filho do outro, mantêm-se os vínculos de filiação entre o adotado e o cônjuge ou concubino do adotante e os respectivos parentes. Nessa hipótese, mantém-se os vínculos biológicos com apenas um dos pais, constituindo-se a filiação adotiva com o outro, seja nas hipóteses em que inexista o pai registral, seja naquelas em que, mesmo presentes ambos os pais, um deles é destituído do poder familiar. Com efeito, nas hipóteses em que preservado o vínculo da criança ou do adolescente com um dos genitores, os arts. 29, § 1º, inciso (e) e 102, item 3º da LRP, que preveem os atos de averbação decorrentes do vínculo de adoção, cc. o art. 10, II, do Código Civil, devem ser aplicados para fins registrais, evitando as unidades judiciárias com competência infantojuvenil a determinação do cancelamento do registro primevo, procedendo-se à determinação de expedição de mandado para averbação da adoção unilateral junto ao RCPN competente.

De acordo com o entendimento da Corregedoria do Estado de São Paulo, as finalidades da adoção de maior e menor são diversas.

A **adoção de menor** é estabelecida pelo **Estatuto da Criança e do Adolescente** e tem **característica assistencial**, cujo escopo é a proteção da criança e do adolescente mediante a colocação em família substituta, quando inviável a manutenção delas na família biológica. Ocorre o rompimento total dos laços que ligavam o adotado à sua família biológica e necessidade de manter sigilo sobre o paradeiro da criança e dos pais adotivos, para preservação de seus interesses.

Com relação ao **maior**, a participação do Estado é ínfima, limitando-se ao estabelecimento do vínculo de adoção. Não existe aqui a preocupação com o melhor interesse da criança, uma vez que a adoção, nesse caso, é puramente por conveniência das partes e tem caráter negocial.

Na **órbita registral**, a diferença também se faz presente. No que se refere ao menor, a sentença de adoção estabelece o cancelamento do registro original e a abertura de novo registro de nascimento, no qual constarão os nomes dos adotantes como pais e de seus genitores como avós. A criança passará a adotar o sobrenome dos adotantes e estes podem, inclusive, optar pela alteração do prenome do adotado. Na certidão de registro não se fará constar a origem da filiação ou qualquer menção que permita identificá-la, salvo por ordem judicial ou a pedido do próprio adotado (vide art. 48 do Estatuto da Criança e do Adolescente).

Reinaldo Velloso dos Santos adverte que a maioria dos Juízos da Infância e da Juventude somente encaminha o mandado de adoção após receber a confirmação do cancelamento do registro originário. Mesmo assim, é recomendável ao registrador que inscreve a sentença independentemente do cancelamento do registro original a cautela de entrar em contato com a unidade de serviço onde lavrado o registro, se constar da cópia da sentença, para verificar se houve cancelamento. Assim procedendo, evitará a duplicidade de assentos (Op. cit., p. 81).

Discordando desse posicionamento, os autores Mario de Carvalho Camargo Neto e Marcelo Salaroli de Oliveira salientam que não se pode condicionar a inscrição da adoção estabelecida pela sentença transitada em julgado à confirmação de cancelamento do registro original, não sendo correto, tampouco razoável, deixar o adotado sem registro ou retardar este em razão de fato que não é seu requisito (Op. cit., p. 214).

A ARPEN-SP possui enunciado no sentido de que "no registro de adoção somente constará o número da DNV (Declaração de Nascido Vivo) se tal informação constar no mandado, não sendo correto colher tal informação do registro cancelado, pois seria uma forma oblíqua de dar publicidade sobre quem é a mãe biológica do registrado (Enunciado 4).

Ainda sobre a adoção de menor, o **art. 141, § 1º do Estatuto da Criança e do Adolescente** apregoa que a assistência judiciária gratuita será prestada aos que dela necessitarem, através de defensor público ou advogado nomeado. Assim, na adoção de menor determinada pelo Juízo com competência para matéria da Infância e Juventude, deve-se considerar a **isenção de custas.**

O ECA também estabeleceu, no art. 41, § 1º, que na adoção de menor, quando um dos cônjuges ou companheiros adota o filho do outro, mantêm-se os vínculos de filiação entre o adotado e o cônjuge ou companheiro do adotante e os respectivos parentes. Esta adoção unilateral se faz por meio de averbação no registro de nascimento do menor.

No que tange ao registro da **adoção do maior**, não se sustenta o cancelamento do assento de nascimento original e a lavratura de outro, pois, como vimos, as finalidades são diversas, bastando sua **averbação no registro de nascimento.**

Esse entendimento era pautado no art. 10, inciso III, do Código Civil, que foi revogado pela Lei 12.010/2009. Entretanto, o **ato de averbação da adoção do maior** continua vigente em vários Estados e para Mario de Carvalho Camargo Neto e Marcelo Salaroli de Oliveira esta é a melhor solução encontrada pelos seguintes motivos: "não se alteraram as características e as finalidades do ato de adoção de maior como exposto anteriormente; que o intuito da alteração legislativa foi deixar claro que não haveria adoção extrajudicial; e que o rol de averbações não é taxativo, podendo a adoção ser averbada mesmo na ausência de lei específica" (Op. cit p. 216-217).

Assim como na adoção de menor, na adoção de maior não se mencionará qualquer referência à adoção nas certidões. A certidão deverá ser emitida contendo os nomes dos pais adotivos, dos avós da família adotiva e o novo nome do adotado, em conformidade com o disposto no art. 227, § 6º da Constituição Federal, que assegura o princípio da igualdade jurídica entre os filhos.

1.1 ADOÇÃO À BRASILEIRA E CONSEQUÊNCIAS

A adoção à brasileira é um termo utilizado para descrever a prática ilegal de registrar uma criança como se fosse biológica, quando, na realidade, não há nenhum vínculo genético entre a criança e os supostos pais. Nesse tipo de adoção, os pais registram a criança no cartório como se ela tivesse nascido da mãe registradora, burlando assim o processo legal de adoção.

Essa prática é considerada ilegal e pode ter várias consequências jurídicas, tanto para os pais registradores quanto para a criança, uma vez que pode envolver falsidade ideológica, supressão de estado civil e outros crimes previstos no Código Penal Brasileiro. Além disso, a adoção à brasileira ignora procedimentos legais que garantem o bem-estar da criança e a correta avaliação da capacidade dos adotantes para exercerem a parentalidade.

O Superior Tribunal de Justiça consolidou entendimento no Informativo 577 de que o **filho tem direito de desconstituir a denominada "adoção à brasileira" para fazer constar o nome de seu pai biológico em seu registro de nascimento, ainda que preexista vínculo socioafetivo de filiação com o pai registral** (STJ. 3ª Turma. REsp 1.417.598-CE, Rel. Min. Paulo de Tarso Sanseverino, julgado em 17/12/2015).

De fato, a jurisprudência do STJ entende que "não há que se falar em erro ou falsidade se o registro de nascimento de filho não biológico efetivou-se em decorrência do reconhecimento de paternidade, via escritura pública, de forma espontânea, quando inteirado o pretenso pai de que o menor não era seu filho; porém, materializa-se sua vontade, em condições normais de discernimento, movido pelo vínculo socioafetivo e sentimento de nobreza" (REsp 709.608-MS, Quarta Turma, DJe 23/11/2009).

Nada obstante, o reconhecimento do estado biológico de filiação constitui direito personalíssimo, indisponível e imprescritível, consubstanciado no princípio constitucional da dignidade da pessoa humana (REsp 1.215.189-RJ, Quarta Turma, DJe 1º/2/2011; e AgRg no REsp 1.203.874-PB, Terceira Turma, DJe 18/8/2011).

Ademais, há precedentes do STJ no sentido de que é possível o desfazimento da "adoção à brasileira", mesmo no caso de vínculo socioafetivo, se assim opta o interessado.

Dessa forma, a paternidade socioafetiva em face do pai registral não pode ser óbice à pretensão do filho de ver alterado o seu registro para constar o nome de seu pai biológico, sob pena de ofensa ao art. 1.596 do CC, segundo o qual "os filhos, havidos ou não da relação de casamento, ou por adoção, terão os mesmos direitos e qualificações, proibidas quaisquer designações discriminatórias relativas à filiação". Precedentes citados: REsp 1.352.529-SP, Quarta Turma, DJe 13/4/2015; e REsp 1.256.025-RS, Terceira Turma, DJe 19/3/2014. REsp 1.417.598-CE, Rel. Min. Paulo de Tarso Sanseverino, julgado em 17/12/2015, DJe 18/2/2016.

1.2 ADOTADOS POR NOVA FAMÍLIA NA VIGÊNCIA DO ANTIGO CÓDIGO CIVIL TERIAM DIREITO A HERANÇA DE AVÓ BIOLÓGICA?

O Superior Tribunal de Justiça (STJ) decidiu, no REsp 1477498, que netos adotados por terceiros na vigência do Código Civil de 1916 **não têm direito a herança de avó biológica falecida em 2007, quando já em vigor o novo código.**

A Terceira Turma negou o pedido dos adotados aplicando a regra do CC de 2002, segundo o qual, **com a adoção, não há mais qualquer direito sucessório com relação à ascendente biológica.**

Os irmãos adotados queriam participar da partilha sob a alegação de que, como foram adotados em 1969, deveria ser aplicada a regra do CC/16.

O código antigo previa que os direitos que resultavam do parentesco consanguíneo, entre eles o direito de herança, não se extinguiam pela adoção.

Ao analisar a questão, o relator, ministro João Otávio de Noronha, ressaltou **que não há direito adquirido à sucessão (que se estabelece por ocasião da morte) e que é nesse momento (morte) em que se dá a transferência do acervo hereditário aos titulares.** O ministro assinalou que devia ser aplicada a lei vigente à época da abertura da sucessão – ou seja, o ano de 2007, data da morte da avó. No caso, vigia o artigo 1.626 do CC/02 (revogado pela Lei 12.010/2009), segundo o qual a adoção provocava a dissolução do vínculo consanguíneo.

O ministro Noronha observou que a interpretação do parágrafo 6º do artigo 227 da Constituição Federal, que instituiu o princípio da igualdade entre os filhos, proíbe a concessão de benefício sucessório extra a determinados filhos, fundamentado em dispositivo legal do Código Civil de 1916, dentro da família adotante. Isso implicaria reconhecer o direito de participar da herança dos parentes adotivos e dos parentes consanguíneos.

Assim, como não eram mais considerados descendentes, manteve-se a decisão da Justiça de São Paulo que excluiu da herança os netos biológicos adotados por terceiros.

1.3 O ECA PODE SER APLICADO EM ADOÇÃO PÓSTUMA DE MAIOR, MESMO EM PEDIDO FEITO NA VIGÊNCIA DO CÓDIGO CIVIL DE 1916?

Em julgamento de recurso especial, a Quarta Turma do Superior Tribunal de Justiça (STJ), em processo tramitado em segredo de justiça, **reconheceu a possibilidade de aplicação, por analogia, do Estatuto da Criança e do Adolescente (ECA) a um caso de adoção de maiores de idade**, cujo pedido foi formulado ainda na vigência do Código Civil de 1916 e que teve a tramitação interrompida após o falecimento do adotante.

No STJ, o relator, ministro Antonio Carlos Ferreira reconheceu que, na época em que o pedido foi formulado, 1999, a adoção de maiores era regida pelo CC/1916, que não previa a adoção "*post mortem*". Mas defendeu a possibilidade de ser aplicada ao caso a sistemática prevista no ECA para as situações envolvendo menores. Nas palavras dele "diante da omissão legislativa no período compreendido entre a vigência do ECA e a publicação da Lei Nacional da Adoção (Lei 12.010/09) – na qual se previu expressamente a utilização do Estatuto também para os maiores de 18 anos –, deve-se lançar mão da analogia, para dirimir eventuais controvérsias que se refiram à possibilidade de adoção póstuma de adultos, desde que, nos termos do artigo 42, parágrafo 6º, da Lei 8.069/1990, haja inequívoca manifestação de vontade do adotante".

O ministro também observou que, como a matéria se refere ao **estado das pessoas e às regras do processo**, as normas atualmente em vigor deveriam ser aplicadas **imediatamente** aos procedimentos ainda em trâmite. Assim, entendeu que, no caso, incidiriam as disposições da Lei Nacional da Adoção (Lei nº 12.010/09), que possibilita a utilização das normas do ECA à adoção de maiores, nestes termos: "tanto pela utilização da analogia quanto pela imediata aplicação das leis atualmente em vigor, a pretensão recursal deve ser acolhida, para permitir aos recorrentes que o pedido de autorização de adoção seja apreciado, mesmo depois do óbito do adotante".

A turma, por unanimidade, deu provimento ao recurso especial para determinar às instâncias ordinárias que examinem o pedido de adoção formulado e a real existência de manifestação de vontade do adotante falecido no curso do procedimento.

1.4 É POSSÍVEL A ADOÇÃO PÓSTUMA MESMO COM MORTE DO ADOTANTE ANTES DE INICIADO PROCESSO DE ADOÇÃO?

Sim, de acordo com a Terceira Turma do Superior Tribunal de Justiça (STJ), é possível a adoção póstuma mesmo que o adotante morra antes de iniciado o processo de adoção, em situações excepcionais, quando ficar demonstrada a inequívoca vontade de adotar, diante da longa relação de afetividade.

A adoção por parte do falecido foi reconhecida pelo STJ, pois consideraram que ficou comprovado que a adotanda recebeu tratamento idêntico ao de filha por parte dele durante sua vida, manifestado não apenas no suporte material, mas também em sua plena inserção no núcleo familiar.

De acordo com a relatora do recurso, ministra Nancy Andrighi, o direito brasileiro possibilita a adoção póstuma, nos termos do artigo 42, parágrafo 6º, do Estatuto da Criança e do Adolescente (ECA), na hipótese de óbito do adotante no curso do procedimento de adoção, e diante da constatação de que ele manifestou, em vida, de forma inequívoca, seu desejo de adotar.

A jurisprudência tem alargado os limites do ECA e permitido que figure como adotante aquele que, **embora não tenha ajuizado essa ação em vida, demonstrou, também de forma inequívoca**, que pretendia realizar o procedimento.

Assim, nas palavras da ministra "havendo consistente e irrefutável comprovação de que adotante e adotado construíram durante a vida um inequívoco relacionamento socioafetivo de pai/filha, um possível pedido judicial de adoção, antes do óbito, teria apenas selado com o manto da certeza o que a vida em comum de ambos já confirmara: que eles já teriam incorporado e dado publicidade de que formavam, por vínculos socioafetivos, uma relação de pai e filha".

No caso julgado, a relatora afirmou que não poderia ignorar a existência de um relacionamento filial entre a adotanda e aqueles que a criaram desde um ano e dez meses de idade até a fase adulta, principalmente em razão do que ficou comprovado com a petição inicial protocolada pela mãe adotiva, na qual traz fatos sobre toda a vida escolar da adotanda, bem como seus convites de formatura e de casamento em que constam os nomes da viúva e do falecido como seus pais.

1.5 ADOÇÃO REALIZADA SOB AS REGRAS DO CC/1916 É PASSÍVEL DE REVOGAÇÃO CONSENSUAL NA VIGÊNCIA DO CÓDIGO DE MENORES?

No REsp 1930825, a Terceira Turma do Superior Tribunal de Justiça entendeu que a adoção realizada sob as regras do Código Civil de 1916 era passível de revogação consensual após a entrada em vigor do Código de Menores (Lei 6.697/1979), mas antes de sua substituição pelo Estatuto da Criança e do Adolescente – ECA (Lei 8.069/1990).

Em razão desse entendimento, o colegiado restabeleceu sentença que declarou a ilegitimidade ativa do autor de uma ação de inventário, cuja adoção foi formalizada em junho de 1964, quando tinha dois anos de idade, e revogada em janeiro de 1990, de forma consensual entre ele – então com 28 – e seus pais adotivos.

Foi proposta pelo autor do processo a divisão dos bens deixados pelo pai adotante falecido, com a inclusão de seu nome no rol de herdeiros. Ocorreu a contestação dos outros filhos, que sustentaram que o CC/1916, sob o qual ocorreu a adoção, permitia a revogação do ato. Ao ser ouvido em audiência, o adotado, apesar de admitir ter assinado a escritura pública de revogação da adoção, alegou que não tinha conhecimento de seu conteúdo.

O processo foi extinto na primeira instância, sem resolução do mérito por ilegitimidade ativa do autor. É que a revogação da adoção lhe retiraria a condição de herdeiro.

Por sua vez, o Tribunal de Justiça de Goiás reformulou a decisão entendendo que a adoção era um ato irrevogável.

Nos ensinamentos da relatora, ministra Nancy Andrighi, "no CC/1916, a adoção tinha natureza de ato jurídico negocial entre os pais biológicos e os adotivos, de modo que se admitia a revogação, tanto de forma unilateral – pelo adotado, até um ano após atingir a maioridade, ou pelos adotantes, diante de um ato de ingratidão – quanto por decisão bilateral e consensual. Posteriormente, a Lei 4.655/1965 disciplinou a legitimação adotiva, uma modalidade de adoção expressamente irrevogável. O Código de Menores, instituído em 1979, estabeleceu as modalidades simples e plena de adoção, sendo esta última, de caráter irrevogável, introduzida com a função de substituir a legitimação adotiva. No entanto, a adoção plena – caracterizada pela ruptura definitiva dos vínculos com os pais biológicos – possuía uma série de pressupostos específicos, razão pela qual não se pode afirmar que a adoção concretizada na vigência do CC/1916 tenha automaticamente se transformado em uma adoção plena após a entrada em vigor do Código de Menores".

Registre-se que a relatora afirmou: "a regra da irrevogabilidade não se aplica ao caso dos autos, pois a adoção ocorreu em junho de 1964 – antes, portanto, do início da vigência do Código de Menores – e foi revogada em janeiro de 1990, momento anterior ao ECA, que passou a viger em outubro daquele ano e consagrou a irrevogabilidade de qualquer espécie de adoção, A revogação, realizada em 1990 de forma bilateral e consensual, de adoção celebrada na vigência do CC/1916, é compatível com o artigo 227, parágrafo 6º, da Constituição Federal de 1988, uma vez que a irrevogabilidade de qualquer espécie de adoção somente veio a ser introduzida no ordenamento jurídico com o artigo 39, parágrafo 1º, do ECA, regra que, ademais, tem sido flexibilizada, excepcionalmente, quando não atendidos os melhores interesses da criança e do adolescente."

2. JURISPRUDÊNCIA COMPLEMENTAR

SUPERIOR TRIBUNAL DE JUSTIÇA

INFORMATIVO 567 STJ – DIREITO DA CRIANÇA E DO ADOLESCENTE. ADOÇÃO DE CRIANÇA POR PESSOA HOMOAFETIVA. É possível a inscrição de pessoa homoafetiva no registro de pessoas interessadas na adoção (art. 50 do ECA), independentemente da idade da criança a ser adotada. A legislação não veda a adoção de crianças por solteiros ou casais homoafetivos, tampouco impõe, nessas hipóteses, qualquer restrição etária. Ademais, sendo a união entre pessoas do mesmo sexo reconhecida como uma unidade familiar, digna de proteção do Estado, não se vislumbra, no contexto do "pluralismo familiar" (REsp 1.183.378-RS, DJe 1º/2/2012), pautado nos princípios da igualdade e da dignidade da pessoa humana, a possibilidade de haver qualquer distinção de direitos ou exigências legais entre as parcelas homoafetiva (ou demais minorias) e heteroafetiva da população brasileira. Além disso, mesmo se se analisar sob o enfoque do menor, não há, em princípio, restrição de qualquer tipo à adoção de crianças por pessoas homoafetivas. Isso porque, segundo a legislação vigente, caberá ao prudente arbítrio do magistrado, sempre sob a ótica do melhor interesse do menor, observar todas as circunstâncias presentes no caso concreto e as perícias e laudos produzidos no decorrer do processo de adoção. Nesse contexto, o bom desempenho e bem-estar da criança estão ligados ao aspecto afetivo e ao vínculo existente na unidade familiar, e não à opção sexual do adotante. Há, inclusive, julgado da Terceira Turma do STJ no qual se acolheu entendimento doutrinário no sentido de que "Estudos feitos no âmbito da Psicologia afirmam que pesquisas '[...] têm demonstrado que os filhos de pais ou mães homossexuais não apresentam comprometimento e problemas em seu desenvolvimento psicossocial quando comparados com filhos de pais e mães heterossexuais. O ambiente familiar sustentado pelas famílias homo e heterossexuais para o bom desenvolvimento psicossocial das crianças parece ser o mesmo'" (REsp 1.281.093-SP, DJe 4/2/2013). No mesmo sentido, em precedente da Quarta Turma do STJ (REsp 889.852, DJe 10/8/2010), afirmou-se que "os diversos e respeitados estudos especializados sobre o tema, fundados em fortes bases científicas (realizados na Universidade de Virgínia, na Universidade de Valência, na Academia Americana de Pediatria), 'não indicam qualquer inconveniente em que crianças sejam adotadas por casais homossexuais, mais importando a qualidade do vínculo e do afeto que permeia o meio familiar em que serão inseridas e que as liga a seus cuidadores'". REsp 1.540.814-PR, Rel. Min. Ricardo Villas Bôas Cueva, julgado em 18/8/2015, DJe 25/8/2015.

EMENTA: RECURSO ESPECIAL – RETIFICAÇÃO DE REGISTRO CIVIL DE NASCIMENTO – PRETENSÃO DE INCLUSÃO DO NOME DOS ASCENDENTES DOS PAIS ADOTIVOS NA CERTIDÃO DE NASCIMENTO – ADOÇÃO SIMPLES REALIZADA POR ESCRITURA PÚBLICA – INSTÂNCIAS ORDINÁRIAS QUE REJEITARAM O PEDIDO ANTE A IMPOSSIBILIDADE DE MODIFICAÇÃO DO ATO JURÍDICO PERFEITO.

1. O ordenamento jurídico vigente ao tempo em que realizada a adoção simples da peticionante por meio de escritura pública (natureza contratual), previa que o parentesco resultante da adoção era meramente civil e limitava-se ao adotante e ao adotado, não se estendendo aos familiares do adotante visto que mantidos os vínculos do adotado com a sua família biológica.

2. A pretensão da insurgente é a de afastar o parentesco para com os avós biológicos e estabelecer vínculo com a família dos adotantes (ascendentes), ou seja, objetiva modificar a substância do ato adotivo. Não se trata de aplicação retroativa dos efeitos hodiernos conferidos ao instituto da adoção plena e seus consectários, mas sim do próprio remodelamento do ato adotivo.

3. Inviável o acolhimento da reivindicação dada a impossibilidade de modificação do ato jurídico perfeito e acabado da adoção levada a efeito em 1962, tempo ao qual a lei previa a manutenção não apenas dos vínculos mas também dos direitos e deveres decorrentes do parentesco natural dada a expressa e clara disposição constante do artigo 378 do Código Civil/1916: "Os direitos e deveres que resultam do parentesco natural não se extinguem pela adoção, exceto o pátrio poder, que será transferido do pai natural para o adotivo."

4. Recurso especial desprovido.

Vistos, relatados e discutidos os autos em que são partes as acima indicadas, acordam os Ministros da Quarta Turma do Superior Tribunal de Justiça, após o voto-vista do Ministro Marco Buzzi divergindo do relator, por maioria, negar provimento ao recurso especial, nos termos do voto do Ministro Marco Buzzi (Presidente), que lavrará o acórdão. Vencidos o relator e o Ministro Luis Felipe Salomão. Votaram com o Sr. Ministro Marco Buzzi (Presidente) os Srs. Ministros Raul Araújo e Maria Isabel Gallotti.

Brasília (DF), 11 de fevereiro de 2020 (Data do Julgamento)

MINISTRO MARCO BUZZI

Relator

RELATÓRIO

O EXMO. SR. MINISTRO ANTONIO CARLOS FERREIRA (Relator):

Trata-se de recurso especial interposto contra acórdão do TJMG assim ementado (e-STJ fl. 176):

PROCESSUAL CIVIL. AGRAVO REGIMENTAL. APELAÇÃO. NEGATIVA DE SEU SEGUIMENTO DIANTE DE SUA MANIFESTA IMPROCEDÊNCIA. ADOÇÃO EFETIVADA SOB A ÉGIDE DO CÓDIGO CIVIL DE 1916. ADOTANDA. PRETENSÃO DE ALTERAÇÃO DE SEU REGISTRO DE NASCIMENTO PARA DELE CONSTAR O NOME DE SEUS AVÓS ADOTIVOS. IMPOSSIBILIDADE. JURISPRUDÊNCIA DOMINANTE DESTE EG TRIBUNAL DE JUSTIÇA. RECURSO IMPROVIDO. Nada há que ser alterado na decisão agravada, máxime quando ela, embasada em jurisprudência dominante desta colendo Tribunal de Justiça, nega seguimento à Apelação, tendo em vista sua manifesta improcedência, por entender ser impossível a inclusão na certidão de nascimento da adotanda, o nome de seus avós adotivos, máxime quando sua adoção acorreu sob a égide do Código Civil de 1916.

Os embargos de declaração opostos foram rejeitados (e-STJ fls. 191/196).

Nas razões do recurso especial (e-STJ fls. 199/207), fundamentado no art. 105, III, "a", da CF, a recorrente informa que *"ingressou com ação visando retificar seu assento de nascimento para nele fazer constar o nome dos avós paternos e maternos já que, sua certidão de nascimento foi omissa quanto ao nome dos avós"* (e-STJ fl. 201), no entanto, o acórdão recorrido *"negou provimento ao recurso de apelo da recorrente, entendendo que a inclusão dos avós adotivos no registro civil de nascimento desta violaria ato jurídico perfeito, tendo em vista que a adoção foi feita sob a égide do Código Civil de 1916 e antes da Constituição da República de 1988"* (e-STJ fl. 200).

Sustenta que, ao negar a inclusão dos nomes dos avós paternos e maternos em sua certidão de nascimento, a instância de origem violou o disposto no art. 41 do ECA, *"que atribui ao adotado condição de filho com os mesmos direitos e deveres, desligando-o de qualquer vínculo"* (e-STJ fl. 202). Aduz que *"não podem co-existir no ordenamento jurídico dois tipos de adotados, aqueles ocorridos antes da Constituição de 1988 e os adotados posteriormente a ela"* (e-STJ fl. 202).

Busca, por fim, que seja autorizada *"a inclusão no registro de nascimento da recorrente os nomes de seus avós adotivos"* (e-STJ fl. 207).

Em razão do procedimento ser de jurisdição voluntária, não é caso de apresentação de contrarrazões (e-STJ fl. 227).

Parecer do Ministério Público Federal pelo provimento do recurso (e-STJ fls. 262/269).

É o relatório.

VOTO VENCIDO

O EXMO. SR. MINISTRO ANTONIO CARLOS FERREIRA (Relator): Trata-se de recurso especial interposto contra acórdão do TJMG assim ementado (e-STJ fl. 176):

PROCESSUAL CIVIL. AGRAVO REGIMENTAL. APELAÇÃO. NEGATIVA DE SEU SEGUIMENTO DIANTE DE SUA MANIFESTA IMPROCEDÊNCIA. ADOÇÃO EFETIVADA SOB A ÉGIDE DO CÓDIGO CIVIL DE 1916. ADOTANDA. PRETENSÃO DE ALTERAÇÃO DE SEU REGISTRO DE NASCIMENTO PARA DELE CONSTAR O NOME DE SEUS AVÓS ADOTIVOS. IMPOSSIBILIDADE. JURISPRUDÊNCIA DOMINANTE DESTE EG TRIBUNAL DE JUSTIÇA. RECURSO IMPROVIDO. Nada há que ser alterado na decisão agravada, máxime quando ela, embasada em jurisprudência dominante desta colendo Tribunal de Justiça, nega seguimento à Apelação, tendo em vista sua manifesta improcedência, por entender ser impossível a inclusão na certidão de nascimento da adotanda, o nome de seus avós adotivos, máxime quando sua adoção acorreu sob a égide do Código Civil de 1916.

Os embargos de declaração opostos foram rejeitados (e-STJ fls. 191/196).

Nas razões do recurso especial (e-STJ fls. 199/207), fundamentado no art. 105, III, "a", da CF, a recorrente informa que *"ingressou com ação visando retificar seu assento de nascimento para nele fazer constar o nome dos avós paternos e maternos já que, sua certidão de nascimento foi omissa quanto ao nome dos avós"* (e-STJ fl. 201), no entanto, o acórdão recorrido *"negou provimento ao recurso de apelo da recorrente, entendendo que a inclusão dos avós adotivos no registro civil de nascimento desta violaria ato jurídico perfeito, tendo em vista que a adoção foi feita sob a égide do Código Civil de 1916 e antes da Constituição da República de 1988"* (e-STJ fl. 200).

Sustenta que, ao negar a inclusão dos nomes dos avós paternos e maternos em sua certidão de nascimento, a instância de origem violou o disposto no art. 41 do ECA, *"que atribui ao adotado condição de filho com os mesmos direitos e deveres, desligando-o de qualquer vínculo"* (e-STJ fl. 202). Aduz que *"não podem co-existir no ordenamento jurídico dois tipos de adotados, aqueles ocorridos antes da Constituição de 1988 e os adotados posteriormente a ela"* (e-STJ fl. 202). Eu

Busca, por fim, que seja autorizada *"a inclusão no registro de nascimento da recorrente os nomes de seus avós adotivos"* (e-STJ fl. 207).

Em razão do procedimento ser de jurisdição voluntária, não é caso de apresentação de contrarrazões (e-STJ fl. 227).

Parecer do Ministério Público Federal pelo provimento do recurso (e-STJ fls. 262/269).

É o relatório.

Trata-se de ação de retificação de registro para incluir o nome dos avós adotivos na certidão de nascimento. Na época da adoção, em 30/3/1962, vigorava o Código Civil de 1916, que não previa essa possibilidade.

Informa a recorrente que nasceu na data de 09/11/1957, sendo adotada, em 30/3/1962, por ÁLVARO DE MELLO e MARIA APARECIDA ELYSEU DE MELLO. Alega que, *"quando da lavratura da presente Escritura de Adoção da requerente, o Escrivão deixou de constar o nome dos avós paternos e maternos da mesma requerente e adotada, os pais dos adotantes; portanto, as certidões expedidas ficaram omissas quanto aos avós"* (e-STJ fls. 7/8).

O Juízo de primeira instância julgou improcedente o pedido da autora, sob os seguintes fundamentos (e-STJ fl. 25):

Em que pesem os argumentos da requerente, em verdade, não laborou em erro o oficial do 1º Ofício do Município de Itajubá, quando elaborou a escritura de adoção. Deve-se ponderar que a adoção da requerente ocorreu sob a égide do revogado Código Civil de 1916, onde adoção civil era restrita, pois não integrava totalmente o adotado na família do adotante, já que permaneciam os laços sangüíneos do parentesco natural, conforme dispunha o revogado artigo 378, daquele Código.

(...).

Por sua vez, no caso em exame, na certidão de nascimento da requerente não constava o nome de seus avós naturais, motivo pelo qual não poderia o oficial lançar o nome dos avós da família dos adotantes, em virtude do impedimento legal.

Assim, em respeito ao ato jurídico perfeito não se pode aplicar os dispositivos do Estatuto da Criança de do Adolescente, que instituiu entre nós a adoção plena, pois assim estaríamos aplicando uma lei de forma retroativa, o que é vedado.

A sentença foi mantida no julgamento do recurso de apelação, por entender o Tribunal de origem que *"a pretensão da apelante colide com a jurisprudência dominante do Supremo Tribunal Federal e deste Tribunal de Justiça, visto que prevalece o entendimento de que a inclusão do nome dos avós adotivos no registro civil de nascimento, quando a adoção tiver sido feita na vigência do Código Civil de 1916 e antes da Constituição da República de 1988, viola o ato jurídico perfeito"* (e-STJ fl. 178).

Preliminarmente, convém proceder um breve histórico das normas brasileiras a respeito da adoção, com ênfase na regulamentação do vínculo entre os ascendentes do adotante e o adotado.

A sistematização do instituto no Brasil iniciou-se com o advento do Código Civil de 1916, cujos artigos 375 e 376 previam que deveria ser realizada por intermédio de escritura pública, com restrição do parentesco apenas ao adotante e ao adotado, *in verbis*:

Art. 375. A adoção far-se-á por escritura pública, em que se não admite condição, em termo.

Art. 376. O parentesco resultante da adoção (art. 336) limita-se ao adotante e ao adotado, salvo quanto aos impedimentos matrimoniais, a cujo respeito se observará o disposto no art. 183, ns. III e V.

A Lei n. 4.655/1965 trouxe, entre outras mudanças, a possibilidade do vínculo da adoção se estender aos ascendentes do adotante, desde que com expressa anuência destes:

Art. 9º O legitimado adotiva tem os mesmos direitos e deveres do filho legítimo, salvo no caso de sucessão, se concorrer com filho legítimo superveniente à adoção (Cód. Civ. § 2º do art. 1.605).

§ 1º O vínculo da adoção se estende à família dos legitimantes, quando os seus ascendentes derem adesão ao ato que o consagrou.

§ 2º Com a adoção, cessam os direitos e obrigações oriundos da relação parentesco do adotado com a família de origem.

A Lei n. 6.697/1979, *"conhecida como 'Código de Menores', revogou a Lei n. 4.655/65, passando a vigorar duas formas de adoção: a adoção plena, nos moldes da Legitimação Adotiva, e a adoção simples, regida pelo Código de 1916 e pelos arts. 27 e 28 do Código de Menores. Enquanto a adoção plena extinguia todos os vínculos do adotado com a sua família natural, estendendo o vínculo da adoção à família do adotante, a adoção simples não promovia este rompimento. A adoção plena manteve o espírito da legitimação adotiva, mas estendeu o vínculo da ação à família do adotante, inscrevendo, inclusive, o nome dos ascendentes dos adotantes, independentemente da concordância deles"* (PEREIRA, Tânia da Silva. Tratado de Direito das Famílias. IBDFAM. Belo Horizonte: 2015, p. 373).

Assim, em relação a hipótese de adoção plena, trazida pela Lei n. 6.697/1979, passou a vigorar a obrigatoriedade da inscrição, no registro civil, do nome dos ascendentes dos pais adotivos, independentemente de concordância, encerrando os vínculos de filiação e parentesco genéticos:

Art. 35. A sentença concessiva da adoção plena terá efeito constitutivo e será inscrita no Registro Civil mediante mandado, do qual não se fornecerá certidão.

§ 1º A inscrição consignará o nome dos pais adotivos como pais, bem como o nome de seus ascendentes.

§ 2º Os vínculos de filiação e parentesco anteriores cessam com a inscrição.

§ 3º O registro original do menor será cancelado por mandado, o qual será arquivado.

§ 4º Nas certidões do registro nenhuma observação poderá constar sobre a origem do ato.

§ 5º A critério da autoridade judiciária, poderá ser fornecida certidão para salvaguarda de direitos.

Com o advento da Constituição Federal de 1988, o art. 227 expressamente previu a proibição do tratamento desigual dos filhos:

§ 6º Os filhos, havidos ou não da relação do casamento, ou por adoção, terão os mesmos direitos e qualificações, proibidas quaisquer designações discriminatórias relativas à filiação.

Por sua vez, o Estatuto da Criança e do Adolescente (Lei n. 8.069/1990) revogou os dispositivos do Código Civil de 1916 e das demais leis ordinárias, no que dizia respeito aos menores de 18 (dezoito) anos, mantendo, contudo, os anteriores preceitos normativos para as adoções dos maiores de idade.

Especificamente quanto aos ascendentes do adotante, o ECA manteve a obrigatoriedade do vínculo de parentesco, com registro na certidão de nascimento do adotado:

Art. 47. O vínculo da adoção constitui-se por sentença judicial, que será inscrita no registro civil mediante mandado do qual não se fornecerá certidão.

§ 1º A inscrição consignará o nome dos adotantes como pais, bem como o nome de seus ascendentes.

O art. 1.596 do Código Civil de 2002, em harmonia com o mandamento constitucional, erigiu a igualdade entre os filhos, estabelecendo que ***"[o]s filhos, havidos ou não da relação de casamento, ou por adoção, terão os mesmos direitos e qualificações, proibidas quaisquer designações discriminatórias relativas à filiação"***. Nessa perspectiva, promoveu *"a unificação da adoção, impondo novo e completo vínculo familiar, com efetiva participação do poder Público. Determinou-se, dentre outras coisas, que só subsiste a adoção plena. Devido às inovações inseridas em 2002, o Estatuto da Criança e do Adolescente passou a ser aplicado somente naquilo que não contrariasse as disposições civilistas"* (ROSSATO, Luciano Alves, LÉPORE, Paulo Eduardo e CUNHA, Rogério Sanches. Estatuto da Criança e do Adolescente Comentado. Editora Revista dos Tribunais. 4ª edição. São Paulo, p. 203).

Finalmente, com a edição da Lei n. 12.010/2009, houve profundas modificações no Estatuto da Criança e do Adolescente, que praticamente passou a ser absoluto na regulamentação do tema, aplicando-se, inclusive, de forma subsidiária, quanto à adoção de maiores de idade (art. 1.619 do CC/2002).

Após todas as modificações legislativas, e principalmente devido à proibição constitucional de qualquer forma discriminatória entre os filhos (art. 227, § 6º), *"hoje, todas as adoções revestem-se das seguintes características e efeitos: a) são judiciais; b) definidas por sentença constitutiva; c) assistidas pelo Poder Público; d) protegidas pela irrevogabilidade do vínculo a partir da publicação da sentença constitutiva (exceção: art. 42, § 6º, do ECA); e)* ***mantêm-se os vínculos de parentesco entre o adotado e os adotantes, entre o adotante e os descendentes do adotado e entre o adotado e todos os parentes do adotante, com todas as obrigações resultantes dessa relação, como o dever de alimentos, direitos sucessórios, direito de visita etc.****; f) manutenção do vínculo consanguíneo do adotado com os pais e parentes naturais (biológicos) em virtude dos impedimentos matrimoniais; g) que sejam realizadas no interesse da criança e do adolescente"* (LIBERATI, Wilson Donizeti. Comentários ao Estatuto da Criança e do Adolescente. Malheiros Editores. 12ª edição. São Paulo: 2014, p. 59).

No caso dos autos, conforme consta na petição inicial, a autora foi adotada em 30/3/1962 (e-STJ fl. 7), antes mesmo da vigência das Leis n. 4.655/1965 e 6.697/1979, ou seja, a modalidade de adoção na época era a simples, prevista no Código Civil de 1916, segundo a qual os efeitos do ato não se estendiam à família do adotante.

Estabelecidas tais premissas, verifica-se que, para a resolução da controvérsia, é necessário analisar a eficácia intertemporal das normas jurídicas, tendo em vista que a Constituição Federal não recepcionou parte do Código Civil de 1916 e demais normas legislativas, vigentes à época da adoção da autora, notadamente os dispositivos autorizadores de tratamento diferenciado entre os filhos.

A análise do direito intertemporal decorre de as instâncias de origem terem se posicionado pela contrariedade ao ato jurídico perfeito no caso de inclusão do nome dos avós adotivos no registro de nascimento, sob o fundamento de que a adoção foi realizada na vigência de lei limitadora do parentesco apenas a adotante e adotado.

Segundo Maria Helena Diniz, ato jurídico perfeito é aquele *"que já se tornou apto para produzir os seus efeitos"* (DINIZ, Maria Helena. Lei de Introdução ao Código Civil Brasileiro Interpretada. Editora Saraiva. 15ª edição. São Paulo: 2010, p. 209). Nesse aspecto, verifico que não se trata da desconstituição da adoção em si, que permanece um ato jurídico perfeito e acabado. O que se discute são os consectários legais da adoção, a irradiação dos efeitos para os ascendentes do adotante. Portanto, a questão em análise é saber se a mudança legislativa pode e deve alcançar os efeitos do ato jurídico perfeito.

Nesse raciocínio, Wilson de Souza Campos Batalha ensina que os efeitos da adoção *"são subordinados às leis sucessivas, por se tratar de estatuto legal: a esse respeito é de admitir-se a incidência imediata das leis novas"* (Direito intertemporal. Editora Forense. 1ª edição. Rio de janeiro: 1980, p. 272).

Ademais, a moderna doutrina tem abandonado a ideia contratualista da adoção e recepcionado o instituto com natureza jurídica de estatuto legal. Nesse sentido, preleciona Sérgio Gischkow Pereira:

Acrescenta Roubier que o estatuto legal constitui a situação jurídica primária, enquanto o contrato constitui a situação jurídica secundária, que é construída sobre a base da primária: as modificações introduzidas na primeira atuam sobre a segunda.

Quando se está diante de situação de estatuto legal, pouco sobra de espaço para as noções de direito adquirido e ato jurídico perfeito, pois as partes celebraram determinado ato submetendo-se ao referido estatuto, e, portanto anuíram desde logo nas futuras modificações que viessem a padecer o estatuto. Não tiveram elas como ditar os efeitos jurídicos do ato celebrado, pois tal eficácia é rigidamente estabelecida em lei de regime estatuário. Nas leis de regime contratual se dá o contrário, pois as partes têm ampla liberdade de escolher e dispor sobre os efeitos jurídicos do negócio.

Por sinal, Roubier, versando especificamente sobre a adoção (ob. cit., n. 79, p. 393), disserta que nela as partes não são livres para estabelecer como quiserem os efeitos jurídicos do ato. A vontade das partes age na formação do ato, mas não no pertinente aos efeitos, previstos inafastavelmente na lei; assim, se a lei modifica os efeitos da adoção, ela não modifica os efeitos de um contrato, mas os de um estatuto legal. (Doutrinas essenciais – Família e Sucessões, Volume IV. Organizadores: CAHALI, Yussef Said e CAHALI, Francisco José. Editora Revista dos Tribunais. São Paulo: 2011, p. 845).

Dessa forma, tratando-se de regime estatutário, a jurisprudência é pacífica no sentido de que as alterações posteriores se aplicarão imediatamente aos efeitos presentes e futuros do ato jurídico perfeito, não havendo direito adquirido, mas apenas expectativa de direito.

A propósito, a Quarta Turma desta Corte Superior já se manifestou quanto à natureza jurídica da adoção e à aplicação imediata das novas leis, ocasião em que afastou o pedido de habilitação do adotado na herança da avó biológica. Confira-se:

RECURSO ESPECIAL – PROCEDIMENTO DE INVENTÁRIO – SUCESSÃO LEGÍTIMA E TESTAMENTÁRIA – EXCLUSÃO DE NETAS BIOLÓGICAS – ADOÇÃO SIMPLES REALIZADA POR TERCEIRO SEM PARENTESCO COM A DE CUJUS – TRIBUNAL A QUO QUE MANTEVE A DECISÃO DE EXCLUSÃO ANTE A APLICAÇÃO DAS REGRAS ATUAIS QUANTO AO INSTITUTO DA ADOÇÃO – INSURGÊNCIA DAS EXCLUÍDAS.

Hipótese: Discussão acerca da aplicação, à adoção realizada sob a vigência do Código Civil de 1916, do regime atual da adoção, que rompe completamente os vínculos com a família biológica, a inviabilizar a habilitação das adotadas como herdeiras legítimas da avó biológica.

1. Viabilidade de apreciação da violação ao artigo 6º da LINDB por via de Recurso Especial. Alegação de afronta ao direito adquirido por aplicação da lei ao caso concreto, e não por comando legal que determinasse a retroatividade da lei. Precedentes.

2. A capacidade para suceder e o direito à herança são aferidos conforme a lei do tempo da abertura da sucessão, nos termos do artigo 1.787 do Código Civil de 2002. Inexistência de direito adquirido à sucessão.

3. Inexistência de violação a ato jurídico perfeito. A adoção no caso concreto foi feita no intuito de acolher as recorrentes em nova família. Impossibilidade de realizar a adoção em outra modalidade que não a simples, uma vez que o adotante não tinha, em 1977, outra possibilidade legal, considerando as condições das adotadas.

3.1. Não há direito adquirido ao regime anterior de adoção. Conforme a doutrina e a jurisprudência pátrias, institutos ou conjunto de regras podem ser alterados pelo legislador, modificando os efeitos presentes e futuros de atos passados.

3.2 Ocorrência da retroatividade mínima ou eficácia imediata das disposições constitucionais sobre Direito de Família. A Constituição determinou, por meio do artigo 227, § 6º, a igualdade entre filhos, mesmo que havidos por adoção. Eficácia imediata das normas constitucionais.

3.3 A aplicação do dispositivo constitucional impede que as recorrentes utilizem o regime anterior da adoção para figurarem como herdeiras da avó biológica.

4. Recurso especial DESPROVIDO.

(REsp 1116751/SP, Rel. Ministro MARCO BUZZI, QUARTA TURMA, julgado em 27/09/2016, DJe 07/11/2016.)

Transcrevo, por oportuno, trecho do voto do Ministro MARCO BUZZI, no julgamento do citado REsp n. 1.116.751/SP:

Em primeiro lugar, **(i) não existe direito adquirido à sucessão**, como já apontado pelo tribunal estadual, assim como **não há direito adquirido ao regime jurídico da adoção vigente ao tempo do ato**. Em segundo lugar, **(ii)** ainda que se considere a adoção ato jurídico perfeito, **entende-se ser possível a retroatividade mínima, também chamada eficácia imediata, das normas constitucionais** que estabelecem a igualdade entre filhos adotivos e biológicos. Por fim, **(iii)** dar **provimento à pretensão das recorrentes implicaria**, considerando o atual direito de família, **a constituição de vínculo de multiparentalidade, o que não é objeto da presente demanda**.

(...).

Essa restrição deve ser levada em consideração para interpretar o ato jurídico de adoção. Considerando todo o contexto descrito no acórdão, o ato praticado pelo pai adotivo das recorrentes não tinha natureza meramente contratual, mas foi verdadeiro acolhimento delas na nova família. Consta do acórdão impugnado:

(...).

Desse modo, verifica-se que o ato praticado pode ser interpretado como tendo dupla natureza: ato de vontade e mudança de estado de família. Nesse caso, a aplicação do regime atual da adoção ao caso *sub judice* não implica descaracterização da natureza jurídica do ato ou retroação inaceitável da lei, mas sim, atribuição de efeito imediato às normas jurídicas vigentes.

3.2.2. Verificada a relevância que o legislador pátrio deu ao instituto ora em debate, afastando-o dos contornos apenas contratuais, não há como deixar de aplicar à hipótese, imediatamente, a Constituição Federal e as leis civis ao caso concreto.

Essa decisão não constitui afronta a direito adquirido ou a ato jurídico perfeito.

Trata-se de eficácia imediata do regime jurídico da adoção.

(...).

A norma nova pode ser aplicada de imediato às situações jurídicas presentes sem que isso constitua ofensa à Constituição. A nova lei não modifica o passado, mas irá alterar o presente e o futuro. Por esse motivo, entende-se que não há direito adquirido a regime ou a instituto jurídico – como é o caso da adoção – devendo eventual modificação legislativa ser aplicada de imediato, salvo se o próprio legislador determinar o contrário.

(...).

A aplicação do regime jurídico atual da adoção para o ato realizado em 1977 é perfeitamente possível. Mais ainda, é condizente com os valores constitucionalmente positivados de igualdade entre os filhos adotados e biológicos.

Não se trata de aplicação retroativa da lei civil, mas de reconhecimento da natureza institucional do ato praticado, a adoção das recorrentes, e consequente aplicação dos princípios constitucionais que vedam a distinção entre filhos. Sobre esse fenômeno, Sérgio PEREIRA, citado por Arnaldo RIZZARDO, assevera:

Soma-se, ainda, o fato de que as normas regentes da adoção tratam do estado personalíssimo de filiação do adotado, sendo proclamado pela doutrina civilista que *"as leis que definem o estado da pessoa aplicam-se imediatamente a todos que se achem nas novas condições previstas"* (PEREIRA. Caio Mário da Silva. Instituições de Direito Civil – volume 1. Editora Forense. 2ª edição. Rio de Janeiro: 1990, p. 116).

A respeito da aplicação imediata das normas regentes do estado da pessoa, novamente cito a obra de Sérgio Gischkow Pereira, segundo o qual, *"o caso é de efeito imediato e geral da lei nova, incidente sobre os efeitos jurídicos de um ato que ainda estão se produzindo"* (op. cit, p. 845). E complementa o autor:

A eficácia imediata resguarda os efeitos que antecederam à lei, atingindo somente os posteriores, com o que se evita a retroação.

É certo que o efeito imediato não pode contrariar a Constituição Federal quando esta protege o ato jurídico perfeito, o direito adquirido e a coisa julgada. Porém, estas categorias perdem sentido em se tratando de lei de estatuto legal, como já se viu. Se isto não bastasse, tem-se que: a) a proteção ao ato jurídico perfeito diz com as condições e requisitos que regeram a constituição do referido ato; ora, a igualdade dos adotivos nada tem a ver com tais condições e requisitos, mas sim com efeitos do ato em instante posterior; b) nem haveria como falar em um direito adquirido a ter permanentemente um filho em *status* inferior, como que uma parcela de filho, um pedaço de filho, um-terço ou um-quarto de filho e assim por diante (o que mostra os gravíssimos problemas éticos com que se depararam os que almejam sustentar a não extensão da igualdade constitucional às adoções precedentes)! (op. cit., p. 846).

Além do mais, apenas para ilustrar, o art. 227, § 6º, da CF possui eficácia plena, incidindo imediatamente sobre os efeitos posteriores ao ato de adoção, em razão da retroatividade mínima das normas constitucionais, segundo a qual *"(...) a lei nova atinge apenas os efeitos dos fatos anteriores, verificados após a data em que ela entra em vigor"* (ADI 493 MC, Rel. Ministro MOREIRA ALVES, Tribunal Pleno, julgado em 08/05/1991, DJ 04-09-1992).

No sentido de aplicação da retroatividade mínima da norma constitucional no caso em análise é o parecer do ilustre Ministério Público Federal (e-STJ fls. 266/268):

Entretanto, negar o reconhecimento da historicidade pessoal socioafetiva da recorrente não significa macular o ato jurídico perfeito, mas sim perpetuar situação jurídica que a ordem constitucional inaugurada em 1.988 quis abolir, vale dizer, a desigualação ilegítima entre filhos.

A indagação que se impõe é: o que está sendo preservado pela decisão recorrida sob o pretexto de manutenção do ato jurídico perfeito? A ausência de menção aos avós maternos e paternos da recorrente em sua certidão de nascimento? Com a máxima vênia, não se pode compartilhar do referido entendimento.

O que a Constituição quis evitar foi claramente o que a r. decisão recorrida preserva: diversas espécies de adoção.

(...).

Percebe-se que a decisão recorrida mantém situação incompatível com a nova ordem jurídica (constitucional e infraconstitucional), que não tolera mais a discriminação entre os filhos, o que se verifica na espécie, quando mantida a impossibilidade da recorrente ter reconhecida pelo poder público sua historicidade pessoal socioafetiva.

Ademais, é assente que as normas constitucionais, em regra, possuem retroatividade mínima, podendo, ainda, caso expressamente preveja o Texto Maior, possuir retroatividades média e máxima. Neste sentido: (...).

Ora, mesmo considerada a retroatividade mínima das normas constitucionais, como a do art. 227, § 6º, como dito, vetor axiológico para se interpretar toda a legislação infraconstitucional, tem-se que até a Constituição Federal de 1.988 o pleito da recorrente não encontraria respaldo no ordenamento jurídico.

Ocorre que os vínculos familiares consubstanciam situação jurídica que se perpetua no tempo.

Logo, com a mudança de paradigma axiológico trazida pela Constituição Federal de 1.988 (art. 227, § 6º) e espelhada na legislação de regência (ECA, art. 41) tem-se, agora, o suporte necessário ao pleito trazido na presente insurgência recursal. Vale dizer, alcançam-se os efeitos futuros ("in casu", a pretendida retificação de registro civil para reconhecimento da historicidade pessoal socioafetiva da recorrente) dos fatos passados (adoção da recorrente).

Por fim, entender que a legislação atual não se aplica aos casos pretéritos de adoção é aceitar a possibilidade de tratamento diferenciado dentro da própria família, na qual alguns irmãos teriam o nome dos avós na certidão de nascimento, enquanto outros não.

E ainda, impossibilitar a inserção do nome dos avós na certidão de nascimento é, em última análise, negar o direito à ancestralidade, a parte de sua história de vida, inerente à própria personalidade, que deve prevalecer, em razão dos valores agregados, sobre questões técnicas registrais.

Concluo, em tais circunstâncias, que, ao ser indeferida a inclusão do nome dos avós na certidão de nascimento da adotada, houve negativa de vigência ao art. 41 do ECA.

Diante do todo o exposto, DOU PROVIMENTO ao recurso especial, para julgar procedente o pedido de inclusão dos nomes dos avós paternos e maternos adotivos na certidão de nascimento da autora.

É como voto.

VOTO-VENCEDOR

O SR. MINISTRO MARCO BUZZI:

Cuida-se de recurso especial interposto por MARIA GORETI DE MELLO, com fundamento no artigo 105, inciso III, alínea "a" da Constituição Federal, em desafio a acórdão proferido em agravo regimental em apelação cível pelo Tribunal de Justiça do Estado de Minas Gerais.

Na origem, a ora insurgente ingressou com pedido de retificação de seu registro de nascimento, para que nele passe a constar o nome dos avós paternos e maternos. Aduz ter sido registrada no Cartório de Registro Civil de Brasópolis, em 09/11/1957 e, posteriormente, em 30/03/1962, foi adotada por intermédio de escritura pública de adoção (fl. 13) formulada perante o Cartório do 1º Ofício da cidade de Itajubá. Informa que, quando da lavratura do novo registro civil decorrente da escritura pública de adoção, o escrivão deixou de constar o nome dos avós paternos e maternos da requerente, ou seja os genitores dos adotantes.

O magistrado, pela sentença de fls. 24-26, julgou improcedente o pedido, tendo em vista que a adoção da requerente ocorreu sob a égide do Código Civil de 1916, no âmbito do qual a adoção civil era restrita, pois não integrava totalmente o adotado na família do adotante, já que permaneciam os vínculos sanguíneos do parentesco natural, conforme disposto no art. 378 do Código Civil de 1916. Assim, não foi acolhido o pedido de aplicação do ECA ao caso, que instituiu a adoção plena, em respeito ao ato jurídico perfeito.

Interposta apelação o reclamo não foi provido, concluindo o Tribunal Mineiro que a pretensão colide com a jurisprudência dominante do Supremo Tribunal Federal, porquanto prevalece o entendimento de que viola o ato jurídico perfeito a inclusão do nome dos ascendentes dos pais adotivos no registro civil de nascimento em razão da adoção ter sido empreendida na vigência do Código Civil de 1916 e antes da Constituição da República de 1988.

Confira-se, por oportuno, a ementa do referido julgado:

PROCESSUAL CIVIL. AGRAVO REGIMENTAL. APELAÇÃO. NEGATIVA DE SEU SEGUIMENTO DIANTE DE SUA MANIFESTA IMPROCEDÊNCIA. ADOÇÃO EFETIVADA SOB A ÉGIDE DO CÓDIGO CIVIL DE 1916. ADOTANDA. PRETENSÃO DE ALTERAÇÃO DE SEU REGISTRO DE NASCIMENTO PARA DELE CONSTAR O NOME DE SEUS AVOS ADOTIVOS. IMPOSSIBILIDADE. JURISPRUDÊNCIA DOMINANTE DESTE EG. TRIBUNAL DE JUSTIÇA. RECURSO IMPROVIDO. Nada há que ser alterado na decisão agravada, máxime quando ela, embasada em jurisprudência dominante deste colendo Tribunal de Justiça, nega seguimento à Apelação, tendo em vista sua manifesta improcedência, por entender ser impossível a inclusão na certidão de nascimento da adotanda, o nome de seus avós adotivos, máxime quando sua adoção ocorreu sob a égide do Código Civil de 1916.

Nas razões do recurso especial aponta violação ao artigo 41 do Estatuto da Criança e do Adolescente aduzindo que o normativo determina que a adoção atribui a condição de filho ao adotado, com os mesmos direitos e deveres, inclusive sucessórios, desligando-o de qualquer vínculo com os pais e parentes biológicos. Assevera que "os efeitos discriminatórios decorrentes do ato jurídico perfeito, não podem se convalidar *ad eternum* contrariando desta forma o novo ordenamento jurídico".

Inadmitido o reclamo na origem adveio agravo de instrumento (AG nº 1.223.509/MG) visando destrancar a insurgência, ao qual o e. Ministro Aldir Passarinho Junior deu provimento para determinar a subida do recurso especial.

Parecer do Ministério Público Federal às fls. 262-269 pelo provimento do recurso.

O e. relator, Ministro Antonio Carlos Ferreira, em seu judicioso voto dá provimento ao recurso para julgar procedente o pedido de inclusão dos nomes dos avós paternos e maternos adotivos na certidão de nascimento da autora. Fundamenta o acolhimento do pedido na Constituição Federal de 1988 que proibiu o tratamento discriminatório entre os filhos e no artigo 47, § 1º do Estatuto da Criança e Adolescente que o vínculo de adoção será inscrito no registro civil no qual constará o nome dos adotantes como pais, bem como de seus ascendentes. Arremata aduzindo que embora a adoção tenha sido realizada na vigência do diploma Civilista de 1916, as posteriores modificações legislativas devem ser aplicadas imediatamente ao caso, notadamente em razão da natureza jurídica estatutária da adoção.

Ante a intrigante questão jurídica objeto da presente controvérsia e em razão dos provocantes debates travados na sessão de julgamento pedi vista dos autos.

É o relatório.

Voto

Em que pese os relevantes argumentos expendidos pelo e. relator em seu judicioso voto, peço venia para dele divergir e negar provimento ao recurso especial.

1. De início, é importante frisar que a pretensão veiculada pela parte insurgente está limitada, desde a origem, à obtenção da retificação do seu registro civil de nascimento para fazer constar o nome dos ascendentes dos pais adotivos. A requerente não veicula nenhum pedido atinente à aplicação da norma jurídica vigente para a salvaguarda de quaisquer direitos patrimoniais ou sucessórios, tampouco pretende a equiparação do ato adotivo realizado no ano de 1962 à adoção estatutária.

Dito isso, destaca-se ser inegável que o instituto da adoção sofreu significante modificação com o advento da Constituição Federal e a sua regulamentação pelo Estatuto da Criança e do Adolescente (Lei n. 8.069, de 13 de julho de 1990) e, atualmente, pela Lei Nacional da Adoção (Lei n. 12.010, de 3 de agosto de 2009). Essas normas conferiram uma efetiva mudança de paradigmas à forma tradicional de adoção vigente no Brasil sob a codificação civilista de 1916.

Verifica-se que, no ordenamento jurídico, Beviláqua destacava-se a **adoção simples** (artigos 368-378 do Código Civil de 1916) essa que era realizada por escritura pública e para a qual o parentesco resultante da adoção limitava-se ao adotante e ao adotado, salvo os impedimentos matrimoniais. Nos termos da lei, os direitos e deveres que resultavam do parentesco natural não se extinguiam pela adoção, exceto o pátrio poder, que seria transferido do pai natural para o adotivo, notadamente por que a adoção estabelecia parentesco meramente civil entre o adotante e o adotado.

Confira-se, por oportuno, os seguintes dispositivos do Código Civil de 1916 acerca do tema:

Art. 336. A adoção estabelece parentesco meramente civil entre o adotante e o adotado (art. 375).

Art. 378. Os direitos e deveres que resultam do parentesco natural não se extinguem pela adoção, exceto o pátrio poder, que será transferido do pai natural para o adotivo.

Em 8 de maio de 1957, a Lei 3.133 atualizou o instituto da adoção prescrita pelo revogado diploma, mantendo, no entanto, a relação do parentesco apenas entre adotante e adotado, preservando a natureza jurídica contratual da adoção, tanto que previu a possibilidade de rompimento do vínculo adotivo quando às partes (adotante e adotado) conviesse (art. 374, inciso I).

A Lei 4.655/1965, que dispunha sobre a legitimidade adotiva, entre outras significativas mudanças – notadamente a paridade dos direitos do legitimado adotivo com os filhos legítimos, salvo na hipótese de sucessão, se concorrer com filho legítimo superveniente à adoção -, **trouxe a possibilidade do vínculo da adoção se estender aos ascendentes do adotante, desde que com expressa anuência destes e previu, também, o rompimento dos direitos e obrigações oriundos da relação do adotado com a família de origem**:

Art. 9º O legitimado adotivo tem os mesmos direitos e deveres do filho legítimo, salvo no caso de sucessão, se concorrer com filho legítimo superveniente à adoção (Cód. Civ. § 2º do art. 1.605).

§ 1º O vínculo da adoção se estende à família dos legitimantes, quando os seus ascendentes derem adesão ao ato que o consagrou.

§ 2º Com a adoção, cessam os direitos e obrigações oriundos, da relação parentesco do adotado com a família de origem.

Em resumo, a adoção simples impunha relação de filiação entre adotante e adotado, porém essa relação, como regra, não se estendia aos familiares do adotante, visto que mantidos os vínculos do adotado com sua família biológica. Nessa modalidade "contratual", a adoção podia ser revogada pela vontade das partes a qualquer tempo.

Somente com o advento da Lei 6.697/1979, conhecida como o "Código de Menores" é que passou a vigorar no país a adoção plena. Admitiu essa legislação a coexistência das duas formas de adoção, a simples e a plena. Enquanto essa última era endereçada apenas aos menores em situação irregular e extinguia todos os vínculos do adotado com a sua família natural, estendendo o vínculo adotivo aos parentes do adotante independentemente da concordância destes, a adoção simples não ensejava tal rompimento, tanto que essa modalidade podia ser revogada pela vontade das partes a qualquer tempo, pois constituída por intermédio de um contrato assinado expresso em escritura pública.

Com o advento da Constituição Federal de 1988, restou estabelecida a proibição do tratamento desigual entre os filhos. O Estatuto da Criança e do Adolescente (Lei 8.069/90) que entrou em vigor no biênio seguinte revogou os dispositivos do Código Civil de 1916 e das demais leis ordinárias relativamente aos menores de 18 (dezoito) anos. Manteve, no entanto, os anteriores preceitos normativos para as adoções dos maiores de idade, haja vista que a referida legislação volta-se às crianças e adolescentes.

O Código Civil de 2002 (arts. 1.618 e 1619), no entanto, promoveu a unificação do instituto passando a admitir apenas a adoção plena, impondo novo e completo vínculo familiar, com a efetiva participação do Poder Público no processo de adoção de crianças, adolescentes ou maiores de 18 (dezoito) anos.

Atualmente, a adoção de crianças e adolescente é regida pela Lei Nacional da Adoção (Lei n. 12.010, de 3 de agosto de 2009) e pelo Estatuto da Criança e do Adolescente (Lei n. 8.069, de 13 de julho de 1990). Os referidos normativos, fazem menção apenas à adoção plena, ou seja, se referem à adoção estatutária, outrora também chamada de plena, tendo em vista a sua característica de irrevogabilidade e pelo fato de integrar completamente o adotado na família do adotante, trazendo vínculos para todos os envolvidos.

Pois bem, feito esse breve histórico, ressalta-se que o caso em questão é peculiar, pois a adoção da insurgente fora realizada por meio de escritura pública em 30/05/1962, quando essa contava com aproximadamente 4 (quatro) anos de idade, motivo pelo qual afirma a recorrente que "ao solicitar nova certidão de nascimento para fins de recadastramento junto à Fazenda Pública (...) ficou estarrecida ao verificar que dela constam os nomes dos avos biológicos, pessoas que jamais participaram de sua vida e criação, diferentemente dos avós adotivos" (fls. 202).

É irretorquível que a adoção, no modo como é concebida hodiernamente, constitui um importantíssimo instrumento a serviço da solidariedade humana, na medida em que voltado à instituição de laços de parentesco irrestritos, baseados na afetividade, enquanto aquela adoção simples era, em regra, calcada em aspectos patrimoniais, tanto que formulada por contrato (escritura pública).

Certamente, a tenra idade da insurgente ao ser adotada juntamente com o irmão também menor poderia, em uma análise perfunctória, denotar que o vínculo contratual estabelecido pela genitora biológica com os adotantes tivesse o condão de se assemelhar à adoção estatutária/plena hoje existente. Entretanto, ao tempo em que realizado o procedimento essa modalidade (a adoção plena) sequer existia e, na época, por força de lei, o vínculo limitava-se às figuras do adotado e adotante, não se estendendo à família deste.

Foi apenas com o advento da Lei 4.655/1965 que o ordenamento jurídico possibilitou que o vínculo adotivo se estendesse à família dos legitimados à adoção, quando e se os ascendentes conferissem adesão ao ato.

Na hipótese ora em foco tanto em razão do momento no qual formulada a escritura pública quanto pelas informações constantes do feito, é incontroverso não ter havido por parte dos ascendentes dos adotantes qualquer participação ou aquiescência ao ato adotivo.

O e. relator, em seu judicioso voto, afirma que a resolução da controvérsia perpassa pela análise do direito intertemporal das normas jurídicas tendo em vista que a Constituição Federal não recepcionou parte do Código Civil de 1916 e demais normas legislativas, vigentes à época da adoção da demandante, notadamente os dispositivos autorizadores de tratamento diferenciado entre os filhos.

Afirma, ademais, que a discussão limita-se aos efeitos prospectivos do ato adotivo, posto que no passado o vínculo estabelecido entre adotante e adotado não se estendia à família do adotante, porquanto permanecia hígido o parentesco biológico, ao passo que pelas novas regras a adoção rompe definitivamente com esse e estabelece, a partir de então, novos e integrais vínculos familiares.

Apesar das ponderações do e. relator, fundadas na interpretação razoável de precedentes desta Corte Superior, ressalta-se que os julgados não se aplicam ao caso, pois como referido no preâmbulo deste voto, **a questão ora posta em julgamento não retrata discussão atinente aos efeitos decorrentes do ato adotivo, mas sim ao modo pelo qual efetivamente teria sido concebido/realizado**, ou seja, **encerra debate quanto à efetiva possibilidade de modificação do ato jurídico perfeito para nele agregar valores e requisitos legalmente inconcebíveis ao tempo em que formulado, bem ainda afastar outros que permaneciam hígidos por força da lei. Como alhures referido, não objetiva a insurgente a equiparação da adoção realizada à hoje vigente no ordenamento jurídico brasileiro. Também não pretende sejam aplicados os efeitos patrimoniais ou sucessórios da adoção plena, mas apenas a modificação do seu registro civil de nascimento.**

Como cediço, a hipótese diferencia-se absolutamente dos precedentes firmados no RESP nº 1.292.260/RJ, relator para acórdão o Ministro Luis Felipe Salomão, no RESP nº 1.503.922/MG, relatora Ministra Nancy Andrighi e RESP nº 1.116.751/SP, de minha relatoria, pois, além desses tratarem dos efeitos sucessórios atinentes à adoção simples de pessoa maior de idade, o que não se cogita na espécie, em todos, dada a extensão do debate, não se admitiu modificar a adoção simples perfectibilizada em razão da prevalência do ato jurídico perfeito. Estabeleceu-se, tão somente, que, a nova ordem constitucional, dada a retroatividade mínima da norma, alcança os **efeitos futuros** do ato praticado no passado com ela incompatível, desde que não enseje qualquer alteração na própria essência do título, perfeito e acabado, por ocasião de sua feitura.

Resumidamente, é possível extrair dos referidos julgados que o ato de adoção simples realizado em observância aos critérios e pressupostos vigentes à época de sua consumação confere direito de filiação, mas não gera o direito adquirido ao regime sucessório então vigente. Isso porque, é o *evento mortis* o determinante para a aplicação das regras atinentes ao direito sucessório.

Na hipótese, a pretensão da insurgente é a de afastar o parentesco para com os avós biológicos e estabelecer vínculo com a família dos adotantes (ascendentes), ou seja, objetiva modificar a substância do ato adotivo. Como se vê, não se trata de aplicação retroativa dos efeitos hodiernos conferidos ao instituto da adoção plena e seus consectários, mas sim do próprio remodelamento do ato adotivo que estabelecia apenas parentesco civil entre o adotante e o adotado (artigo 336). A reivindicação, aqui, é a de excluir a parentalidade biológica dos avós (mantida por força de expressa disposição legal) e agregar parentalidade adotiva relacionada aos ascendentes dos adotantes, ao tempo inadmissível em razão da manutenção não apenas dos vínculos mas também dos direitos e deveres decorrentes do parentesco natural dada a expressa e clara disposição constante do artigo 378 do Código Civil/1916: "Os direitos e deveres que resultam do parentesco natural não se extinguem pela adoção, exceto o pátrio poder, que será transferido do pai natural para o adotivo."

Desta forma, com a devida vênia do e. relator, entende-se inviável o acolhimento do reclamo dada a impossibilidade de modificação do ato jurídico perfeito e acabado da adoção levada a efeito em 1962.

Salienta-se que, embora seja inviável o acolhimento da pretensão veiculada pela parte nessa demanda ante a impossibilidade de modificação do ato jurídico perfeito, não há qualquer óbice que impeça o ajuizamento de pleito no qual a requerente objetive apenas a aplicação eventual dos efeitos patrimoniais ou sucessórios previstos para a adoção plena.

2. Do exposto, diverge-se do e. relator para negar provimento ao recurso especial.

É como voto.

STJ – REsp nº 1.232.387 – Minas Gerais – 4ª Turma – Rel. Min. Antonio Carlos Ferreira – DJ 28.02.2020

EMENTA: RECURSO ESPECIAL. DIREITO DE FAMÍLIA. PROCESSUAL CIVIL. ADOÇÃO PÓSTUMA. SOCIOAFETIVIDADE. ART. 1.593 DO CÓDIGO CIVIL. POSSIBILIDADE. ART. 42, § 6º, DO ECA. INTERPRETAÇÃO EXTENSIVA. JULGAMENTO ANTECIPADO DA LIDE. POSSIBILIDADE. MAGISTRADO COMO DESTINATÁRIO DAS PROVAS. CERCEAMENTO DE DEFESA. INEXISTÊNCIA. 1. A socioafetividade é contemplada pelo art. 1.593 do Código Civil, no sentido de que *"o parentesco é natural ou civil, conforme resulte da consanguinidade ou outra origem"*. 2. A comprovação da inequívoca vontade do *de cujus* em adotar, prevista no art. 42, § 6º, do ECA, deve observar, segundo a jurisprudência desta Corte, as mesmas regras que comprovam a filiação socioafetiva, quais sejam: o tratamento do menor como se filho fosse e o conhecimento público dessa condição. 3. A paternidade socioafetiva realiza a própria dignidade da pessoa humana por permitir que um indivíduo tenha reconhecido seu histórico de vida e a condição social ostentada, valorizando, além dos aspectos formais, como a regular adoção, a verdade real dos fatos. 4. A posse de estado de filho, que consiste no desfrute público e contínuo da condição de filho legítimo, restou atestada pelas instâncias ordinárias. 5. Os princípios da livre admissibilidade da prova e do livre convencimento do juiz (art. 130 do CPC) permitem ao julgador determinar as provas que entender necessárias à instrução do processo, bem como indeferir aquelas que considerar inúteis ou protelatórias. 6. Recurso especial não provido. (STJ – REsp nº 1.500.999 – Rio de Janeiro – 3ª Turma – Rel. Min. Ricardo Villas Bôas Cueva – DJ 19.04.2016)

EMENTA: RECURSO ESPECIAL. INSCRIÇÃO DE HOMOAFETIVO NO REGISTRO PARA ADOÇÃO DE MENORES. POSSIBILIDADE. LIMITE DE IDADE PARA SER ADOTADO. INEXISTÊNCIA DE PREVISÃO LEGAL. REQUISITOS DO RECURSO NÃO PREENCHIDOS. OMISSÃO NÃO CONFIGURADA. DISPOSITIVOS LEGAIS NÃO PREQUESTIONADOS. 1. Hipótese em que pessoa homoafetiva intenciona figurar no registro de pessoas interessadas em adoção de menores. 2. A tese do Ministério Público estadual é de que o interessado homoafetivo somente pode se inscrever para adoção de menor que tenha no mínimo 12 (doze) anos de idade, para que possa se manifestar a respeito da pretensa adoção. 3. Não há disposição no ordenamento jurídico pátrio que estipule a idade de 12 (doze) anos para o menor ser adotado por pessoa homoafetiva. 4. O recurso especial que indica violação do artigo 535 do Código de Processo Civil, mas traz somente alegação genérica de negativa de prestação jurisdicional, é deficiente em sua fundamentação, o que atrai o óbice da Súmula nº 284 do Supremo Tribunal Federal 5. O conteúdo normativo dos arts. 3º, 6º, 15, 16, 18 e 45, § 2º, do ECA não foi prequestionado pelo tribunal de origem, mesmo depois de opostos os embargos declaratórios, de modo que incide, na espécie, a Súmula nº 211/STJ. 6. Recurso especial não provido. (STJ – REsp nº 1.540.814 – Paraná – 3ª Turma – Rel. Min. Ricardo Villas Bôas Cueva – DJ 25.08.2015)

EMENTA: CIVIL. PROCESSUAL CIVIL. RECURSO ESPECIAL. UNIÃO HOMOAFETIVA. PEDIDO DE ADOÇÃO UNILATERAL. POSSIBILIDADE. ANÁLISE SOBRE A EXISTÊNCIA DE VANTAGENS PARA A ADOTANDA. I. Recurso especial calcado em pedido de adoção unilateral de menor, deduzido pela companheira da mãe biológica da adotanda, no qual se afirma que a criança é fruto de planejamento do casal, que já vivia em união estável, e acordaram na inseminação artificial heteróloga, por doador desconhecido, em C. C. V. II. Debate que tem raiz em pedido de adoção unilateral – que ocorre dentro de uma relação familiar qualquer, onde preexista um vínculo biológico, e o adotante queira se somar ao ascendente biológico nos cuidados com a criança –, mas que se aplica também à adoção conjunta – onde não existe nenhum vínculo biológico entre os adotantes e o adotado. III. A plena equiparação das uniões estáveis homoafetivas, às uniões estáveis heteroafetivas, afirmada pelo STF (ADI 4277/DF, Rel. Min. Ayres Britto), trouxe como corolário, a extensão automática àquelas, das prerrogativas já outorgadas aos companheiros dentro de uma união estável tradicional, o que torna o pedido de adoção por casal homoafetivo, legalmente viável. IV. Se determinada situação é possível ao extrato heterossexual da população brasileira, também o é à fração homossexual, assexual ou transexual, e todos os demais grupos representativos de minorias de qualquer natureza que são abraçados, em igualdade de condições, pelos mesmos direitos e se submetem, de igual forma, às restrições ou exigências da mesma lei, que deve, em homenagem ao princípio da igualdade, resguardar-se de quaisquer conteúdos discriminatórios. V. Apesar de evidente a possibilidade jurídica do pedido, o pedido de adoção ainda se submete à norma-princípio fixada no art. 43 do ECA, segundo a qual "a adoção será deferida quando apresentar reais vantagens para o adotando". VI. Estudos feitos no âmbito da Psicologia afirmam que pesquisas "(...)têm demonstrado que os filhos de pais ou mães homossexuais não apresentam comprometimento e problemas em seu desenvolvimento psicossocial quando comparados com filhos de pais e mães heterossexuais. O ambiente familiar sustentado pelas famílias homo e heterossexuais para o bom desenvolvimento psicossocial das crianças parece ser o mesmo". (FARIAS, Mariana de Oliveira e MAIA, Ana Cláudia Bortolozzi *in*: Adoção por homossexuais: a família homoparental sob o olhar da Psicologia jurídica. Curitiba: Juruá, 2009, pp.75/76). VII. O avanço na percepção e alcance dos direitos da personalidade, em linha inclusiva, que equipara, em *status* jurídico, grupos minoritários como os de orientação homoafetiva – ou aqueles que têm disforia de gênero – aos heterossexuais, traz como corolário necessário a adequação de todo o ordenamento infraconstitucional para possibilitar, de um lado, o mais amplo sistema de proteção ao menor – aqui traduzido pela ampliação do leque de possibilidades à adoção – e, de outro, a extirpação dos últimos resquícios de preconceito jurídico – tirado da conclusão de que casais homoafetivos gozam dos mesmos direitos e deveres daqueles heteroafetivos. VII. A confluência de elementos tecnicos e fáticos, tirados da i) óbvia cidadania integral dos adotantes; ii) da ausência de prejuízo comprovado para os adotados e; iii) da evidente necessidade de se aumentar, e não restringir, a base daqueles que desejam adotar, em virtude da existência de milhares de crianças que longe de quererem discutir a orientação sexual de seus pais, anseiam apenas por um lar, reafirmam o posicionamento adotado pelo Tribunal de origem, quanto à possibilidade jurídica e conveniência do deferimento do pleito de adoção unilateral. Recurso especial NÃO PROVIDO. (STJ – REsp nº 1.281.093 – SP – 3ª Turma – Rel. Min. Nancy Andrighi – DJ 04.02.2013)

TRIBUNAL DE JUSTIÇA DO ESTADO DO PARANÁ

EMENTA: APELAÇÃO CÍVEL. AÇÃO DE RETIFICAÇÃO DE REGISTRO CIVIL, EM DECORRÊNCIA DE ADOÇÃO. SENTENÇA DE PARCIAL PROCEDÊNCIA, DETERMINANDO O CANCELAMENTO DO REGISTRO CIVIL ANTERIOR E REALIZAÇÃO DE NOVO ASSENTO DE NASCIMENTO, NO LOCAL DE RESIDÊNCIA DOS PAIS, CONFORME PREVISÃO DO ART. 47, § 3º, DO ECA. PRETENSÃO DE ALTERAÇÃO, TAMBÉM, DO LOCAL DE NASCIMENTO DA CRIANÇA, NO NOVO REGISTRO DE NASCIMENTO. POSSIBILIDADE. PRECEDENTES. RECURSO PROVIDO. Considerando que a adoção deve ensejar a desvinculação quanto às relações anteriores, bem como ante a inexistência de empecilho legal, não há por que não se permitir, também, a modificação da informação constante do registro no que concerne ao local de nascimento do adotado, até porque se modificam completamente o nome e a origem sanguínea. Vale dizer, se se permite o mais, correspondente à alteração do nome e da origem biológica da criança, não há por que se vedar o menos, como é o caso do local de nascimento. (TJPR – Apelação Cível nº 986544-3 – Guarapuava – 12ª Câmara Cível – Rel. Des. Juiz de Direito Substituto em 2º Grau Everton Luiz Penter Correa – DJ 26.08.2013)

TRIBUNAL DE JUSTIÇA DO ESTADO DE MINAS GERAIS

EMENTA: APELAÇÃO CÍVEL – FAMÍLIA – ADOÇÃO – ATO DECLARADO INEFICAZ – PATERNIDADE BIOLÓGICA – SUCESSÃO – LEGITIMAÇÃO PARA SUCEDER – LEI VIGENTE. 1. A legitimação para suceder rege-se pela lei vigente ao tempo da morte do autor da herança. 2. Enquanto perdurou o estado de filiação adotiva, o adotado fez jus a todos os direitos oriundos dessa condição. 3. Não caracteriza enriquecimento ilícito o fato de o filho concorrer à sucessão dos bens do pai biológico, mesmo já tendo herdado de sua mãe adotiva, se o ato de adoção foi supervenientemente declarado ineficaz. (TJMG – Apelação Cível nº1.0514.09.042198-3/001 – Pitangui – 7ª Câmara Cível – Rel. Min. Oliveira Firmo – DJ 24.05.2013).

TRIBUNAL DE JUSTIÇA DO ESTADO DO RIO DE JANEIRO

EMENTA: Adoção. Retificação do registro de nascimento. Averbação do nome da avó paterna, adotante de seu genitor. Adoção do pai do requerente realizada por escritura pública após o casamento e o nascimento do requerente. Inexistência de distinção entre os adotados e os filhos consanguíneos. Primazia dos princípios da família. Provimento pelo apelo. (TJRJ, 11ª CC, Apelação Cível n 2003.001.21891, rel. Des. Helena Belc Klausner, DOE 11.03.2004).

TRIBUNAL DE JUSTIÇA DO ESTADO DE SANTA CATARINA

EMENTA: APELAÇÃO CRIMINAL – CRIME CONTRA A FAMÍLIA – REGISTRO DE FILHO ALHEIO COMO PRÓPRIO (CP, ART. 242, *CAPUT*) – RECURSO DO MINISTÉRIO PÚBLICO – ALEGADA "ADOÇÃO À BRASILEIRA" – PLEITO DE CONDENAÇÃO – IMPOSSIBILIDADE – MOTIVAÇÃO NOBRE EVIDENCIADA – GENITORA QUE NÃO DESEJA FICAR COM A FILHA RECÉM NASCIDA – APLICABILIDADE DO ART. 242, PARÁGRAFO ÚNICO, DO CÓDIGO PENAL – CONCESSÃO DO PERDÃO JUDICIAL – SENTENÇA MANTIDA – RECURSO DESPROVIDO.(TJSC – Apelação Criminal nº 2013.074058-2 – Xaxim – 2ª Câmara Criminal – Rel. Des. Salete Silva Sommariva – DJ 02.07.2014)

3. QUESTÕES DE CONCURSOS

01. (CEBRASPE – 2023 – TJ/SC – Titular de Serviços de Notas e de Registros). A Lei de Registros Públicos segrega as atividades de registros e de averbações entre os diversos tipos de serventias. No registro civil, são objeto de registro as sentenças que

a) declararem a filiação legítima.
b) decidirem a nulidade ou anulação do casamento.
c) decidirem o restabelecimento da sociedade conjugal.
d) deferirem a legitimação adotiva.
e) julgarem ilegítimos os filhos concebidos na constância do casamento.

02. (Vunesp – Outorga de Delegação de Notas e Registros – TJ – GO/2021) No tocante à adoção, assinale a alternativa correta.

a) A sentença concessiva de adoção do maior é registrada no Livro A.
b) A sentença concessiva de adoção do maior é averbada no Livro A.
c) A sentença de adoção unilateral de criança ou adolescente é registrada no Livro A.
d) A sentença de adoção unilateral de criança ou adolescente é anotada no Livro A.

03. (FGV – Titular de Serviço de Notas e Registros – TJ – SC/2021) Clara, criança de 4 anos de idade, foi vítima de severos abusos praticados por seus pais, o que ensejou o ajuizamento de ação de perda do poder familiar pelo Ministério Público, sendo o pedido julgado procedente pelo Poder Judiciário, com trânsito em julgado. Em momento posterior, João e Maria conheceram Clara em uma instituição de abrigo e decidiram adotá-la. Após trâmite regular do pedido de adoção no Juízo da Infância e da Juventude, é correto afirmar, em relação ao Registro Civil das Pessoas Naturais, que a adoção de Clara:

a) será promovida perante o oficial, o qual, a partir de autorização do juízo, colherá a manifestação de vontade de João e Maria;
b) foi constituída pela sentença, que será inscrita no Registro Civil mediante mandado, do qual somente pode ser fornecida certidão ao legítimo interessado;
c) foi constituída pela sentença, que será inscrita no Registro Civil mediante mandado, sendo que esse registro coexistirá com o registro original do adotado;
d) foi constituída pela sentença, que será inscrita no Registro Civil mediante mandado, do qual não pode ser fornecida certidão, e que acarretará o cancelamento do registro original;
e) decorre de um ato complexo, consistente da autorização da adoção mediante sentença e da realização do registro pelo oficial do Registro Civil.

04. (Cespe – Notários e Oficiais de Registro – Provimento – TJ – DFT/2019) O mandado judicial de adoção inscrito no registro civil será arquivado e implicará, quanto ao registro original do adotado,

a) ineficácia.
b) inexistência.
c) sigilo.
d) cancelamento.
e) nulidade.

05. (Vunesp – Cartório – TJ – SP/2012) Assinale a alternativa incorreta sobre a adoção de criança e de adolescente.

a) O vínculo da adoção constitui-se por sentença judicial, que será inscrita no registro civil mediante mandado.
b) A inscrição consignará o nome dos adotantes como pais, omitindo-se os nomes e prenomes dos avós paternos e maternos.
c) A pedido do adotante, o novo registro poderá ser lavrado perante o Oficial de Registro Civil do Município de sua residência.
d) A sentença conferirá ao adotado o nome do adotante e, a pedido de qualquer deles, poderá determinar a modificação do prenome.

06. (IESES – Cartório – TJ – PB/2014) Na adoção, a sentença conferirá ao adotando os apelidos de família do(s) adotante(s), podendo o mesmo pronunciamento judicial, ainda, com relação ao prenome, determinar:
a) A pedido do(s) adotante(s), em conjunto com o adotado, a modificação do prenome, averbando-se a modificação do prenome no registro de nascimento original.
b) A pedido do(s) adotante(s) ou do adotado a modificação do prenome, cancelando-se o registro de nascimento original.
c) A pedido do(s) adotante(s) ou do adotado a modificação do prenome, averbando-se a modificação no registro de nascimento original.
d) A pedido do(s) adotante(s), exclusivamente, a modificação do prenome, cancelando-se o registro de nascimento original.

07. (Vunesp – Cartório – TJ – SP/2014) Serão registradas no livro de registro de nascimento as sentenças concessivas de adoção do menor, mediante mandado.
O Oficial do Registro Civil das Pessoas Naturais, para efetuar o registro, deve observar os seguintes requisitos formais:
a) do assento, consignará o nome dos adotantes como pais, bem como o nome de seus ascendentes. A sentença conferirá ao adotado o nome do adotante e também poderá alterar o prenome do adotado. O registro de nascimento original será cancelado. O registro poderá ser lavrado no Cartório do Registro Civil do Município de residência do adotante e, por fim, o respectivo mandado judicial será arquivado ou microfilmado.
b) do assento, consignará o nome dos adotantes como pais, mantendo-se o nome dos ascendentes biológicos. A sentença conferirá ao adotado o nome do adotante e também poderá alterar o prenome do adotante. O registro de nascimento original será cancelado. O registro poderá ser lavrado no Cartório do Registro Civil do Município de residência do adotante e, por fim, o respectivo mandado judicial será arquivado ou microfilmado.
c) do assento, consignará o nome dos adotantes como pais, bem como o nome de seus ascendentes. A sentença conferirá ao adotado o nome do adotante, não podendo ser alterado o prenome do adotado. O registro de nascimento original será cancelado. O registro poderá ser lavrado no Cartório do Registro Civil do Município de residência do adotante e, por fim, o respectivo mandado judicial será arquivado ou microfilmado.
d) do assento, consignará o nome dos adotantes como pais, bem como o nome de seus ascendentes. A sentença conferirá ao adotado o nome do adotante e também poderá alterar o prenome do adotante. O registro de nascimento original será cancelado. O registro deverá ser lavrado no Cartório do Registro Civil do Município de nascimento do adotado e, por fim, o respectivo mandado judicial será arquivado ou microfilmado.

08. (EJEF Tabelionato e Registro-MG/2007) Quanto à adoção, assinale a opção INCORRETA.
a) O vínculo de adoção constitui-se por sentença judicial, que será inscrita no registro civil mediante mandado do qual não se fornecerá certidão.
b) O mandado judicial, que será arquivado, cancelará o registro original do adotado.
c) A inscrição consignará o nome dos adotantes como pais, bem como o nome de seus ascendentes.
d) A adoção produz seus efeitos a partir da inscrição no registro civil.

09. (CETRO – Notário-RJ/2012) Analise as assertivas abaixo sobre a adoção de criança e adolescente.
I. Para ser a adoção realizada de forma conjunta, é indispensável que os adotantes sejam casados civilmente ou mantenham união estável, comprovada a estabilidade da família.
II. É medida excepcional, mas pode ser revogável.
III. A adoção não poderá ser deferida ao adotante que, após inequívoca manifestação de vontade, vier a falecer no curso de procedimento, antes de prolatada a sentença.
É correto o que se afirma em
a) I, apenas.
b) II, apenas.
c) III, apenas.
d) I, II e III.
e) I e II, apenas.

10. (Vunesp – Cartório – TJ – SP/2012) A adoção póstuma
a) assegura todos os vínculos originados da adoção, salvo os referentes ao direito sucessório, pois os efeitos da adoção póstuma só se operam após o trânsito em julgado da sentença constitutiva da adoção.
b) não é permitida no ordenamento jurídico pátrio.
c) poderá ser deferida ao adotante que, após inequívoca manifestação de vontade, vier a falecer no curso do processo de adoção, antes de prolatada a sentença.
d) é concedida após a morte do adotando, ocorrida no curso do procedimento de adoção, antes de prolatada a sentença.

11. (IESES – Cartório – TJ – RO/2012) Considerando a proteção destinada às crianças e adolescentes, assinale a alternativa correta:
a) Se um dos genitores possui a guarda dos filhos, poderá representá-lo sozinho no interesse destes.
b) Uma vez realizada a adoção, esta é irrevogável.
c) O poder familiar pode ser transmitido aos avós.
d) A adoção pode ser realizada por escritura pública, desde que ambos os pais concordem.

12. (IESES – Cartório – TJ – RO/2012) Assinale a assertiva INCORRETA, quanto ao Registro Civil, frente à o instituto da Adoção:
a) A sentença concessiva de adoção será registrada no livro de registro de nascimentos, mediante mandado de que não se fornecerá certidão.
b) No registro que se lavrar constarão os nomes dos pais adotantes como pais, bem como os nomes de seus ascendentes, cancelando-se, por mandado, o registro original do menor, o qual será arquivado.
c) Nas certidões do registro nenhuma observação poderá constar sobre a origem do ato.
d) Para salvaguarda de direitos, a critério do órgão do Ministério Público ou da Autoridade Judiciária, poderá ser fornecida certidão dos registros que forem efetuados em decorrência da sentença concessiva de adoção.

13. (Cespe – Cartório – TJ – BA/2014) Assinale a opção correta no que se refere à adoção.

a) A adoção à brasileira, assim como a adoção legal, tem aptidão de romper os vínculos civis entre o filho e os pais biológicos, não sendo possível restabelecer os consectários legais da paternidade biológica, como os registrais, os patrimoniais e os hereditários.

b) A adoção *intuito personae* e a promovida por escritura pública são mecanismos que fortalecem esse instituto, na medida em que conferem maior dignidade e proteção à criança e ao adolescente.

c) Em se tratando de adoção à brasileira, é permitida a declaração da nulidade do registro pelo pai-adotante, independentemente da constituição do vínculo de socioafetividade com o adotado.

d) Na adoção realizada por escritura pública, mesmo havendo vínculo socioafetivo entre o filho e o pai adotante, é permitido ao filho ter acesso a sua verdade biológica, podendo pleitear, judicialmente, o reconhecimento do vínculo biológico de parentesco.

e) A adoção faz cessar os vínculos jurídico-legais entre a criança e os parentes consanguíneos.

14. (Cespe – Cartório – TJ – DF/2014) No que se refere ao instituto da adoção, assinale a opção correta.

a) Verificado o óbito do adotante no curso do procedimento de adoção, ainda que manifestada a vontade do adotante, de forma inequívoca, impõe-se a declaração de perda de objeto do pedido.

b) Em se tratando de adoção de maiores de dezoito anos, admite-se o procedimento por ato extrajudicial perante o registro civil de pessoas naturais, com assistência de advogado, ou por meio de sentença constitutiva.

c) A lei veda que tutor com vínculo de parentesco em segundo grau colateral com o tutelado o adote, ainda que prestadas as contas de sua administração.

d) Configura requisito essencial à adoção o prévio estágio de convivência, excetuando-se a hipótese de a criança adotanda encontrar-se sob a guarda de fato dos adotantes.

e) O avô detentor da guarda de neta adolescente tem legitimidade para adotá-la, dispensando-se o estágio de convivência.

15. (Vunesp – Cartório – SP – Remoção/2016) Em relação à adoção, é correto afirmar que

a) serão registradas no livro de registro de nascimento, mediante mandado, as sentenças concessivas de adoção do menor ou maior.

b) na adoção unilateral do menor, deverá ser averbado o cancelamento do seu registro original de nascimento.

c) a adoção será objeto de registro ou averbação, conforme for determinado no mandado, sendo vedado ao Oficial de Registro Civil das Pessoas Naturais qualificar título judicial.

d) a adoção do maior será averbada no Registro Civil das Pessoas Naturais em que lavrados o seu nascimento e o seu casamento, quando for o caso.

16. (Consulplan – Cartório – MG – Remoção/2016) Sobre a adoção, assinale a alternativa correta.

a) Os maiores de 18 anos podem ser adotados por meio de escritura pública, desde que plenamente capazes.

b) Para a adoção de plenamente capazes por meio de escritura pública é indispensável que o adotante seja, no mínimo, 18 anos mais velho do que o adotado.

c) A adoção de capazes e de incapazes é regulada por legislação própria, sendo inadmissível a lavratura de escritura pública de adoção depois da entrada em vigor do Código Civil atual.

d) A escritura pública é documento formal e legítimo para a adoção de pessoas plenamente capazes, pela qual o tabelião observará os requisitos legais, notadamente 18 anos de diferença de idade entre adotante e adotado, interveniência do Ministério Público Estadual e manifestação inequívoca de vontade de adotar e de ser adotado.

17. (IESES – Cartório – Remoção – TJ – RO/2017) Serão averbados no registro civil de pessoas naturais, EXCETO:

a) Os atos judiciais ou extrajudiciais de reconhecimento de filhos ilegítimos.

b) As escrituras de adoção e os atos que a dissolverem.

c) As sentenças que deferirem a legitimação adotiva.

d) Os casamentos de que resultar a legitimação de filhos havidos ou concebidos anteriormente.

18. (Cespe – Cartório – ES/2013) No que se refere à adoção, assinale a opção correta.

a) O registro original da criança adotada não será cancelado, devendo-se, contudo, anotar a existência do novo registro, que poderá ser lavrado no cartório do registro civil da residência do adotante.

b) A adoção depende do consentimento dos pais ou do representante legal do adotando, sendo este dispensado em relação à criança ou ao adolescente cujos pais tenham sido destituídos do poder familiar.

c) Para a salvaguarda de direitos, poderá ser fornecida, a critério do órgão do MP ou da autoridade judiciária, certidão dos registros que forem efetuados em decorrência de sentença concessiva de adoção.

d) A adoção produz seus efeitos a partir do registro da sentença no cartório de registro civil das pessoas naturais, salvo quando nuncupativa.

e) Admite-se adoção realizada por procuração, desde que lavrada por instrumento público.

19. (IESES – Cartório – TJ – PB/2014) Na adoção, a sentença conferirá ao adotando os apelidos de família do(s) adotante(s), podendo o mesmo pronunciamento judicial, ainda, com relação ao prenome, determinar:

a) A pedido do(s) adotante(s), em conjunto com o adotado, a modificação do prenome, averbando-se a modificação do prenome no registro de nascimento original.

b) A pedido do(s) adotante(s) ou do adotado a modificação do prenome, cancelando-se o registro de nascimento original.

c) A pedido do(s) adotante(s) ou do adotado a modificação do prenome, averbando-se a modificação no registro de nascimento original.

d) A pedido do(s) adotante(s), exclusivamente, a modificação do prenome, cancelando-se o registro de nascimento original.

GAB										
	1	D	2	B	3	D	4	D	5	B
	6	B	7	A	8	D	9	A	10	C
	11	B	12	D	13	D	14	C	15	D
	16	C	17	C	18	B	19	B		

§ 1º Serão averbados:

a) as sentenças que decidirem a nulidade ou anulação do casamento, o desquite e o restabelecimento da sociedade conjugal;

1. COMENTÁRIOS

Analisados os atos de registro da cabeça do 1º, passa-se agora à análise dos atos de averbação.

O item em questão refere-se **às averbações específicas do registro de casamento**.

No livro de registro de casamento, será feita **averbação da sentença de nulidade e anulação de casamento, bem como de separação judicial e divórcio**, declarando-se a data em que o juiz a proferiu, a sua conclusão, os nomes das partes e o trânsito em julgado. Como se trata de rol exemplificativo, é possível também requerer outras averbações, como alteração do regime de bens, desde que se adote o procedimento previsto no art. 97 da Lei 6.015/1973.

Antes de averbadas, as sentenças não produzirão efeito contra terceiros.

1.1 AVERBAÇÃO DA SEPARAÇÃO, DO RESTABELECIMENTO DA SOCIEDADE CONJUGAL E DO DIVÓRCIO

A alínea "a" fala em separação **judicial** (antigo desquite), e era uma das causas de dissolução da sociedade conjugal sem, no entanto, extinguir o vínculo conjugal.

Os **arts. 1.572 e seguintes do Código Civil** trazem a previsão das causas da separação judicial.

Sobre a separação extrajudicial, esta será abordada em breve neste capítulo.

Aqui vale uma importante observação, que também será estudada oportunamente: o Supremo Tribunal Federal fixou a seguinte tese: "Após a promulgação da EC 66/10, a separação judicial não é mais requisito para o divórcio, nem subsiste como figura autônoma no ordenamento jurídico. Sem prejuízo, preserva-se o estado civil das pessoas que já estão separadas por decisão judicial ou escritura pública, por se tratar de ato jurídico perfeito".

No registro de casamento também é averbado o ato de **restabelecimento de sociedade conjugal,** que também tem previsão no art. 10 do Código Civil.

O art. 1.577 do diploma civil, estabelece que seja qual for a causa da separação judicial e o modo como esta se faça, é lícito aos cônjuges restabelecer, a todo tempo, a sociedade conjugal por ato regular em juízo.

A **reconciliação** em nada prejudicará o direito de terceiros, adquirido antes e durante o estado de separado, seja qual for o regime de bens.

No que diz respeito ao tema, convém invocar os arts. 48 a 51 da Resolução CNJ n. 35/2007. Veja-se:

Art. 48. O restabelecimento de sociedade conjugal pode ser feito por escritura pública, ainda que a separação tenha sido judicial. Neste caso, é necessária e suficiente a apresentação de certidão da sentença de separação ou da averbação da separação no assento de casamento.

Art. 49. Em escritura pública de restabelecimento de sociedade conjugal, o tabelião deve: a) fazer constar que as partes foram orientadas sobre a necessidade de apresentação de seu traslado no registro civil do assento de casamento, para a averbação devida; b) anotar o restabelecimento à margem da escritura pública de separação consensual, quando esta for de sua serventia, ou, quando de outra, comunicar o restabelecimento, para a anotação necessária na serventia competente; e c) comunicar o restabelecimento ao juízo da separação judicial, se for o caso.

Art. 50. A sociedade conjugal não pode ser restabelecida com modificações.

Art. 51. A averbação do restabelecimento da sociedade conjugal somente poderá ser efetivada depois da averbação da separação no registro civil, podendo ser simultâneas.

O recente Enunciado 53 da I Jornada de Direito Notarial e Registral preceitua que é admissível a **escritura de restabelecimento da sociedade conjugal**, ainda que haja filhos incapazes ou nascituros.

⊙ Justificativa: A Lei nº 11.441/2007 possibilitou a realização de separações e divórcios pela via extrajudicial, em tabelionato de notas, desde que consensuais e que inexistam filhos menores ou incapazes do casal. Possibilitou, ainda, a realização de inventário e partilhas amigáveis, desde que todos os herdeiros sejam capazes e concordes, e que o autor da herança não tenha deixado testamento. O procedimento em cartório representa um grande avanço para o Direito pátrio, sendo, por vezes, muito mais célere, acessível e menos oneroso às partes, garantindo-se, inclusive, aos reconhecidamente pobres, a gratuidade dos atos. Apesar de a Resolução 35/2007 do CNJ não prever expressamente a possibilidade de realização do procedimento de restabelecimento da sociedade conjugal, pela via extrajudicial, em tais casos (existência de filhos menores, incapazes ou nascituros), este não pode ser negado às partes, por constituir instrumento deveras importante à proteção da família, com fulcro nos Princípios do Melhor Interesse da Criança e do Adolescente (CF, art. 227), da Proteção Integral à Criança e ao Adolescente (CF, art. 227), Princípio da Paternidade Responsável (CF, art. 226, parágrafo sétimo), Princípio da Especial Proteção do Estado à Família (CF, art. 226) e demais princípios norteadores do Direito de Família Contemporâneo, os quais, por sua natureza constitucional, autorizam o restabelecimento da sociedade conjugal pela via extrajudicial ainda que existam filhos menores ou incapazes do casal, assim como nascituros.

Sobre o **divórcio**, tal instituto foi introduzido no Brasil com a Emenda Constitucional 9, de 28 de junho de 1977.

A regulação do divórcio ocorreu com a Lei 6.515/1977. Assim, o estatuto é posterior à Lei 6.015/1973, motivo pelo qual não foi mencionado neste inciso II, item "a". Decretado o divórcio, será feita a averbação à margem do assento de casamento da sentença que decretou a medida, nos termos do art. 10, inciso I, do Código Civil e art. 32 da Lei 6.515/1977.

Oportuno mencionar que, de acordo com a Lei 11.441/2007, que alterou o Código de Processo Civil de 1973 e foi detalhadamente regulamentada pela Resolução 35/2007, do Conselho Nacional de Justiça, são permitidos o divórcio, a separação consensual e o restabelecimento da separação por escritura pública, desde que preenchidos os requisitos do referido ato normativo (sobre o tema, vide tópico específico nos comentários da Lei 7.344/1985 e Decreto 93.240/1986, nesta obra). Nesta hipótese, o título apresentado para a **averbação no RCPN é o traslado da escritura pública, independentemente de manifestação do Ministério Público ou decisão do juiz.**

Vale mencionar também que na escritura pública deve constar que as partes foram orientadas sobre a necessidade de apresentação de seu **traslado no registro civil do assento de casamento, para a averbação devida.**

A Resolução CNJ n. 571/2024 alterou a Resolução 35/2007 e incluiu a Seção "Disposições referentes ao Divórcio Extrajudicial", estabelecendo requisitos para o êxito do divórcio na esfera extrajudicial. Confira:

> **Art. 33.** Para a **lavratura da escritura pública de divórcio consensual**, deverão ser apresentados: a) certidão de casamento; b) documento de identidade oficial e CPF/MF; c) pacto antenupcial, se houver; d) certidão de nascimento ou outro documento de identidade oficial dos filhos, se houver; e) certidão de propriedade de bens imóveis e direitos a eles relativos; e f) documentos necessários à comprovação da titularidade dos bens móveis e direitos, se houver.
>
> **Art. 34.** As partes **devem declarar ao tabelião**, no ato da lavratura da escritura, que não têm filhos comuns ou, havendo, indicar seus nomes, as datas de nascimento e se existem incapazes.
>
> § 1º As partes devem, ainda, declarar ao tabelião, na mesma ocasião, que o cônjuge virago **não se encontra em estado gravídico**, ou ao menos, que não tenha conhecimento sobre esta condição.

Note-se que mulheres grávidas não podem promover a dissolução extrajudicial de sua entidade familiar porquanto direitos e interesses de menores e daqueles que estão por nascer seguem sendo indisponíveis, salvo que estes direitos já tenham sido ajustados em precedente acordo ou ação judicial.

> § 2º **Havendo filhos comuns do casal menores ou incapazes**, será permitida a lavratura da escritura pública de divórcio, desde que devidamente comprovada a prévia resolução judicial de todas as questões referentes à guarda, visitação e alimentos deles, o que deverá ficar consignado no corpo da escritura.
>
> § 3º Na dúvida quanto às questões de interesse do menor ou do incapaz, o tabelião submeterá a questão à apreciação do juiz prolator da decisão.
>
> **Art. 35.** Da escritura, deve constar declaração das partes de que estão cientes das consequências do divórcio, firmes no propósito de pôr fim à sociedade conjugal ou ao vínculo matrimonial, respectivamente, sem hesitação, com recusa de reconciliação e concordância com a regulamentação da guarda, da convivência familiar e dos alimentos dos filhos menores e/ou incapazes realizada em juízo.
>
> **Art. 36.** O **comparecimento pessoal** das partes é **dispensável** à lavratura de escritura pública de divórcio consensual, sendo admissível ao(s) divorciando(s) se fazer representar por mandatário constituído, desde que por instrumento público com poderes especiais, descrição das cláusulas essenciais e prazo de validade de trinta dias.
>
> **Art. 37.** Havendo **bens a serem partilhados na escritura**, distinguir-se-á o que é do patrimônio individual de cada cônjuge, se houver, do que é do patrimônio comum do casal, conforme o regime de bens, constando isso do corpo da escritura.
>
> **Art. 38.** Na **partilha** em que houver transmissão de propriedade do patrimônio individual de um cônjuge ao outro, ou a partilha desigual do patrimônio comum, deverá ser comprovado o recolhimento do tributo devido sobre a fração transferida.
>
> **Art. 39.** A partilha em escritura pública de divórcio consensual far-se-á conforme as regras da partilha em inventário extrajudicial, no que couber.
>
> **Art. 40.** O **traslado da escritura pública de divórcio consensual** será apresentado ao Oficial de Registro Civil do respectivo assento de casamento, para a averbação necessária, independente de autorização judicial e de audiência do Ministério Público.
>
> **Art. 41.** Havendo **alteração do nome** de algum cônjuge em razão de escritura de restabelecimento da sociedade conjugal ou do divórcio consensual, o Oficial de Registro Civil que averbar o ato no assento de casamento também anotará a alteração no respectivo assento de nascimento, se de sua unidade, ou, se de outra, comunicará ao Oficial competente para a necessária anotação.
>
> **Art. 42. Não há sigilo** na escritura pública de divórcio consensual.
>
> **Art. 43.** Na escritura pública deve constar que as partes foram orientadas sobre a necessidade de apresentação de seu **traslado no registro civil do assento de casamento, para a averbação devida.**
>
> **Art. 44.** É admissível, por consenso das partes, escritura pública de retificação das **cláusulas de obrigações alimentares** ajustadas no divórcio consensual.
>
> **Art. 45.** (revogado pela Resolução n. 571, de 26.8.2024)
>
> **Art. 46.** O tabelião poderá se negar a lavrar a escritura de divórcio se houver fundados indícios de prejuízo a um dos cônjuges ou em caso de dúvidas sobre a declaração de vontade, fundamentando a recusa por escrito.
>
> **Art. 46-A.** As disposições desta Seção aplicam-se, no que couber, à extinção consensual da união estável.

O novo Código de Processo Civil reforçou o que já normatizava a Lei 11.441/2007 – possibilidade de fazer inventário, partilha, divórcio e separação consensual na esfera administrativa – e inovou ao disciplinar a **extinção consensual da união estável de forma extrajudicial**, desde que presentes os requisitos legais, nos termos do art. 733:

> **Art. 733.** *O divórcio consensual, a separação consensual e a extinção consensual de união estável, não havendo nascituro ou filhos incapazes e observados os requisitos legais, poderão ser realizados por escritura pública, da qual constarão as disposições de que trata o art. 731.*

Em junho de 2020, a fim de adequar a Resolução CNJ 35/2007 à nova legislação, a Resolução 326, de 26 de junho de 2020, modificou a ementa do ato normativo de 2007, que agora passa a disciplinar a lavratura dos atos notariais relacionados a inventário, partilha, separação consensual, divórcio consensual e extinção consensual de união estável por via administrativa.

Para complementação dos estudos, é pertinente dos dispositivos do novo Código de Processo Civil referentes ao tema:

> **Seção IV – Do Divórcio e da Separação Consensuais, da Extinção Consensual de União Estável e da Alteração do Regime de Bens do Matrimônio**
>
> **Art. 731**. A homologação do divórcio ou da separação consensuais, observados os requisitos legais, poderá ser requerida em petição assinada por ambos os cônjuges, da qual constarão:
>
> I – as disposições relativas à descrição e à partilha dos bens comuns;
>
> II – as disposições relativas à pensão alimentícia entre os cônjuges;
>
> III – o acordo relativo à guarda dos filhos incapazes e ao regime de visitas; e
>
> IV – o valor da contribuição para criar e educar os filhos.
>
> Parágrafo único. Se os cônjuges não acordarem sobre a partilha dos bens, far-se-á esta depois de homologado o divórcio, na forma estabelecida nos arts. 647 a 658.
>
> **Art. 732**. As disposições relativas ao processo **de homologação judicial de divórcio ou de separação consensuais** aplicam-se, no que couber, ao processo de homologação da extinção consensual de união estável.
>
> **Art. 733.** O divórcio consensual, a separação consensual e a extinção consensual de união estável, **não havendo nascituro ou filhos incapazes e observados os requisitos legais, poderão ser realizados por escritura pública**, da qual constarão as disposições de que trata o art. 731.
>
> § 1º A escritura **não depende de homologação judicial** e constitui **título hábil para qualquer ato de registro**, bem como para levantamento de importância depositada em instituições financeiras.
>
> § 2º O tabelião somente lavrará a escritura se os interessados estiverem **assistidos por advogado ou por defensor público**, cuja qualificação e assinatura constarão do ato notarial.
>
> **Art. 734.** A **alteração do regime de bens do casamento**, observados os requisitos legais, poderá ser requerida, motivadamente, em petição assinada por ambos os cônjuges, na qual serão expostas as razões que justificam a alteração, ressalvados os direitos de terceiros.
>
> § 1º Ao receber a petição inicial, o juiz determinará a intimação do Ministério Público e a publicação de edital que divulgue a pretendida alteração de bens, somente podendo decidir depois de decorrido o prazo de 30 (trinta) dias da publicação do edital.
>
> § 2º Os cônjuges, na petição inicial ou em petição avulsa, podem propor ao juiz meio alternativo de divulgação da alteração do regime de bens, a fim de resguardar direitos de terceiros.
>
> § 3º Após o trânsito em julgado da sentença, serão expedidos mandados de averbação aos cartórios de registro civil e de imóveis e, caso qualquer dos cônjuges seja empresário, ao Registro Público de Empresas Mercantis e Atividades Afins.

1.2 EMENDA CONSTITUCIONAL N. 66/2010

No que tange ao instituto da separação, vale noticiar que a **Emenda Constitucional 66/2010**, fruto de uma série de mudanças e alterações nos paradigmas sociais e das relações familiares, modificou a redação do parágrafo 6º do art. 226 da Constituição Federal de 1988: *"O casamento civil pode ser dissolvido pelo divórcio"*. A interpretação literal do texto deixa clara a supressão da necessidade de prévia separação judicial por mais de um ou da separação de fato por mais de dois anos. Todavia, divergências nas interpretações doutrinárias eram comuns.

De um lado, alguns entendiam que o divórcio passou a ser o único meio de dissolução do vínculo e da sociedade conjugal. De outro giro, a corrente majoritária defendia que a Emenda Constitucional se limitou apenas a suprimir o requisito temporal para o divórcio, não revogando a possibilidade de separação. Essa dúvida também afetou a aplicação da Lei 11.441/2007, levantando a questão de se, após a Emenda 66/2010, ainda seria possível realizar a separação por escritura pública.

O Tribunal do Rio Grande do Sul prolatou a **Súmula 64** que prevê que a Emenda Constitucional 66/2010, não baniu do ordenamento jurídico o instituto da separação judicial, dispensados, porém, os requisitos de um ano de separação de fato (quando litigioso o pedido) ou de um ano de casamento (quando consensual).

No mesmo sentido, **a Súmula 514 da Jornada de Direito Civil do Conselho da Justiça Federal**: "A Emenda Constitucional 66/2010 não extinguiu o instituto da separação judicial e extrajudicial".

Contudo, na **Apelação Cível nº 1.0024.09.735393-2/001**, o Tribunal de Justiça de Minas Gerais decidiu que o instituto da separação não perdura, pois não foi recepcionado pela nova ordem constitucional estabelecida pela emenda em comento.

A Escola Nacional de Notários e Registradores (ENNOR) apresentou a **Orientação n. 9**, que determina que, mesmo após a Emenda Constitucional 66/2010, o Oficial de Registro deve praticar o ato (registro/averbação) correspondente ao título de separação judicial ou extrajudicial.

Por sua vez, a ARPEN-SP editou o seguinte enunciado:

> **Enunciado ARPEN-SP 52:** É possível à averbação de escritura pública ou mandado judicial de divórcio, independentemente de prévia separação judicial por mais de

um ano ou de comprovada separação de fato por mais de dois anos.

Fundamento legal: Emenda Constitucional 66/2010 (notadamente sua ementa) e Resolução CNJ 35/2007, com alteração do pedido de providências 0005060-32.2010.2.00.0000, relator Conselheiro Jefferson Kravchychyn, publicado em 16/09/2010, edição 170/2010 do Diário Eletrônico do CNJ. Publicado em 24 de setembro de 2010. (Enunciado renumerado na compilação em 30/05/2014)

Em 2017, a **4ª Turma do Superior Tribunal** de Justiça colocou uma pá de cal no assunto. Ficou estabelecido que a entrada em vigor da Emenda Constitucional 66, que modificou o artigo 226 da Constituição Federal para deixar de condicionar o divórcio à prévia separação judicial ou de fato, não aboliu a figura da separação judicial do ordenamento jurídico brasileiro, mas apenas facilitou aos cônjuges o exercício pleno de sua autonomia privada. Ou seja, quem quiser pode se divorciar diretamente; quem preferir pode apenas se separar.

A separação é uma modalidade de extinção da sociedade conjugal que põe fim aos deveres de coabitação, fidelidade e ao regime de bens. Já o divórcio extingue o casamento e reflete diretamente sobre o estado civil da pessoa.

Em novembro de 2023, o **Supremo Tribunal Federal**, definiu, no dia 8 de Novembro de 2023, que as normas do Código Civil que tratam da separação judicial perderam a validade com a entrada em vigor da Emenda Constitucional (EC) 66/2010. Segundo a decisão, depois que essa exigência foi retirada da Constituição Federal, a efetivação do divórcio deixou de ter qualquer requisito, a não ser a vontade dos cônjuges. (RE 1.167.478, Tema 1.053). Em outras palavras, o STF decidiu que a exigência de Separação Judicial não é Requisito para Divórcio. Sem prejuízo, **preserva-se o estado civil das pessoas que já estão separadas, por decisão judicial ou escritura pública**, por se tratar de ato jurídico perfeito (art. 5º, XXXVI, da CF).

A seguir, analisaremos os fundamentos da decisão:

A) Separação Judicial e Extrajudicial Prévia

O texto original da Constituição previa a dissolução do casamento civil pelo divórcio, mas exigia a separação judicial prévia por mais de um ano ou a comprovação da separação de fato por mais de dois anos. A Emenda Constitucional (EC) 66/2010 suprimiu a exigência, porém, não houve alteração no Código Civil no mesmo sentido.

Na decisão do dia 8 de novembro de 2023, o Plenário entendeu que, com a alteração do texto constitucional, a separação judicial deixou de ser uma das formas de dissolução do casamento, independentemente de as normas sobre o tema terem permanecido no Código Civil. Para o colegiado, a figura da separação judicial não pode continuar a existir como norma autônoma.

Segundo o relator, a separação judicial também não é mais um mecanismo existente de forma autônoma na legislação brasileira, como uma espécie de etapa anterior a uma decisão definitiva dos casais. Determinaram que "preserva-se o estado civil das pessoas que estão separadas judicialmente".

B) Argumentações dos Ministros

Ministro Edson Fachin: "Casar é um ato de liberdade. É uma escolha. É um ato que constitui uma comunhão de vida. Manter-se casado também há de ser um ato de liberdade".

Ministro Dias Toffoli trouxe os números de feminicídio no Brasil, pontuando que "o homem acha que é dono do corpo da mulher". "Mesmo aquele namorado que é rejeitado, ele acha que existe direito subjetivo ao amor. Ele acha que é direito subjetivo de propriedade do corpo da mulher".

Ministra Cármen Lúcia: "Casar é um ato de liberdade, descasar também e não casar também. A liberdade é a única justificativa para que a gente tenha um direito democrático", ponderou.

C) Controvérsia

O Recurso Extraordinário (RE) 1167478 (Tema 1.053) contesta uma decisão do Tribunal de Justiça do Estado do Rio de Janeiro (TJ-RJ) que manteve sentença decretando o divórcio sem que tenha havido a separação prévia do casal. Segundo o TJ-RJ, a EC 66/2010 afastou essa exigência, bastando manifestar a vontade de romper o vínculo conjugal. No recurso ao Supremo, um dos cônjuges alega que a alteração constitucional não afasta as regras do Código Civil.

D) Simplificação do rompimento do vínculo matrimonial

Prevaleceu o entendimento do relator, ministro Luiz Fux, no sentido de que a alteração constitucional simplificou o rompimento do vínculo matrimonial e eliminou as condicionantes. Com isso, passou a ser inviável exigir separação judicial prévia para efetivar o divórcio, pois essa modalidade de dissolução do casamento deixou de depender de qualquer requisito temporal ou causal.

E) Estado Civil e o Impacto na Atividade Notarial e Registral

Segundo a decisão, o estado civil das pessoas que atualmente estão separadas, por decisão judicial ou por escritura pública, **permanece o mesmo**. Não houve impacto na atividade notarial e registral. Noutro dizer, preserva-se o estado civil das pessoas que já estão separadas, por **decisão judicial ou escritura pública**, por se tratar de ato jurídico perfeito (art. 5º, XXXVI, da CF).

Os ministros Cristiano Zanin, Edson Fachin, Dias Toffoli, Cármen Lúcia, Gilmar Mendes e Luís Roberto

Barroso (presidente) seguiram integralmente o voto do relator. Já para os ministros André Mendonça, Nunes Marques e Alexandre de Moraes, embora também entendam que a separação deixou de ser requisito para o divórcio, o instituto permaneceria válido para os casais que optassem por ele.

F) Tese de Repercussão Geral Fixada

A tese de repercussão geral fixada para o Tema 1.053 é a seguinte:

"Após a promulgação da Emenda Constitucional 66/2010, a separação judicial não é mais requisito para o divórcio, nem subsiste como figura autônoma no ordenamento jurídico. Sem prejuízo, preserva-se o estado civil das pessoas que já estão separadas por decisão judicial ou escritura pública, por se tratar de um ato jurídico perfeito".

G) Repercussão Geral

O caso tem repercussão geral, ou seja, uma decisão do Supremo vai orientar o tratamento de outras disputas judiciais semelhantes em instâncias inferiores. Quando a repercussão geral foi reconhecida, o ministro Luiz Fux, relator do caso, apontou que a mudança na Constituição gerou interpretações e posicionamentos diversos na Justiça. Nas palavras dele "A alteração da redação constitucional ensejou interpretações variadas na doutrina e posicionamentos conflitantes no Poder Judiciário acerca da manutenção da separação judicial no ordenamento jurídico, bem como a respeito da exigência de se observar prazo para o divórcio"

1.3 AVERBAÇÃO DA NULIDADE E ANULABILIDADE NO ASSENTO DE CASAMENTO

Sobre a **averbação do casamento nulo**, mencionada no parágrafo em comento, considera-se nulo o casamento que, embora reúna os requisitos necessários à sua existência, foi originado de forma defeituosa, violando preceitos legais.

Antes da Lei 13.146/2015 (Estatuto da Pessoa com Deficiência), o casamento era nulo em duas hipóteses. São elas:

a) quando contraído pelo enfermo mental sem o necessário discernimento para os atos da vida civil;
b) quando contraído por infringência de impedimento.

Todavia, a hipótese da letra "a" foi revogada, e atualmente o casamento é nulo somente quando contraído por infringência de impedimento.

A ação de nulidade do casamento pode ser movida por **qualquer interessado** ou pelo **Ministério Público.**

Assim, enquanto os impedimentos podem ser opostos por qualquer pessoa capaz, a ação de nulidade só pode ser proposta pelo interessado, ou seja, a pessoa que tenha algum interesse jurídico, econômico ou moral em invalidar o casamento.

As hipóteses de **casamento anulável**, por sua vez, encontram-se previstas no **art. 1.550 do Código Civil.** Dessa forma, o casamento é anulável quando:

> **a)** de quem não completou a idade mínima para casar;
> **b)** do menor em idade núbil, quando não autorizado por seu representante legal;
> **c)** por vício da vontade, nos termos dos arts. 1.556 a 1.558;
> **d)** do incapaz de consentir ou manifestar, de modo inequívoco, o consentimento;
> **e)** realizado pelo mandatário, sem que ele ou o outro contraente soubesse da revogação do mandato, e não sobrevindo coabitação entre os cônjuges; e
> **f)** por incompetência da autoridade celebrante.
> § 1º Equipara-se à revogação a invalidade do mandato judicialmente decretada. (Redação dada pela Lei nº 13.146, de 2015)
> § 2º A pessoa com deficiência mental ou intelectual em idade núbia poderá contrair matrimônio, expressando sua vontade diretamente ou por meio de seu responsável ou curador. (Incluído pela Lei nº 13.146, de 2015)

1.4 A AVERBAÇÃO DIRETA DA SENTENÇA ESTRANGEIRA DE DIVÓRCIO SIMPLES OU PURO

Em 16 de maio de 2016, foi editado o **Provimento 53** da Corregedoria Nacional de Justiça do CNJ (publicação em 17/05), que dispunha sobre a **averbação direta por Oficial de Registro Civil das Pessoas Naturais da sentença estrangeira de divórcio consensual simples ou puro, no assento de casamento, independentemente de homologação judicial.**

Várias razões motivaram a edição do referido Provimento, dentre elas:

a) A atual redação do § 5º do art. 961 do CPC de que "a sentença estrangeira de divórcio consensual produz efeitos no Brasil, independentemente de homologação pelo Superior Tribunal de Justiça".
b) Que conforme o disposto no § 1º do já citado art. 961 é passível de homologação a decisão judicial definitiva, bem como a decisão não judicial que, pela lei brasileira, teria natureza jurisdicional.
c) A necessidade de uniformização em todo território nacional da averbação da sentença estrangeira de divórcio consensual não homologada pelo Superior Tribunal de Justiça.
d) A necessidade de interpretação sistemática do disposto nos arts. 960 a 965 do Código de Processo Civil com o disposto nos arts. 32 e 100 da Lei nº 6.015/1973, e no art. 10 do Código Civil.

Atualmente, o Provimento CNJ n. 53/2016 foi revogado e seus artigos incorporados aos arts. 464 a 467 do Código Nacional de Normas (Provimento CNJ n. 149/2023). Não houve modificação legislativa.

Assim, desde maio de 2016, é permitido realizar, perante o Oficial de Registro Civil das Pessoas Naturais, a averbação direta no assento de casamento da sentença estrangeira de divórcio consensual simples ou puro, bem como da decisão não judicial de divórcio, que pela lei brasileira tem natureza jurisdicional.

A averbação direta **independe** de prévia homologação da sentença estrangeira pelo Superior Tribunal de Justiça e/ou de prévia manifestação de qualquer outra autoridade judicial brasileira e **dispensa a assistência de advogado ou defensor público.**

É importante destacar que o divórcio que independe de homologação do Superior Tribunal de Justiça é o divórcio consensual **simples ou puro**. Em outras palavras, a averbação da sentença estrangeira de divórcio consensual que, além da dissolução do matrimônio, envolva **disposição sobre guarda de filhos, alimentos e/ou partilha de bens** – denominado **divórcio consensual qualificado** – **dependerá** de prévia homologação pelo Superior Tribunal de Justiça.

Também ficou estabelecido no provimento quais são os documentos que o interessado deve apresentar no Registro Civil das Pessoas Naturais para averbação direta. Assim, junto ao assento de seu casamento, o interessado deverá apresentar **cópia integral da sentença estrangeira, comprovação do trânsito em julgado, tradução oficial juramentada e chancela consular.**

Os documentos apresentados para a averbação da sentença estrangeira de divórcio devem ser arquivados pelo Oficial de Registro Civil de Pessoas Naturais, em meio físico ou mídia digital segura, com referência do arquivamento à margem do respectivo assento.

Havendo interesse em **retomar o nome de solteiro**, o interessado deverá demonstrar a existência de disposição expressa na sentença estrangeira, exceto quando a legislação estrangeira permitir a retomada, ou quando o interessado comprovar, por documento do registro civil estrangeiro a alteração do nome.

Destaco ainda o enunciado 10 da I Jornada de Direito Notarial e Registral, que dialoga com o tema em questão:

> **Enunciado 10.** É possível a averbação, diretamente perante o Registro Civil das Pessoas Naturais, do divórcio consensual decretado no exterior, independentemente de intervenção judicial, cabendo ao interessado providenciar a homologação, pelo Superior Tribunal de Justiça, apenas dos demais capítulos da sentença estrangeira, tais como alimentos, partilha de bens e guarda (art. 961, §§2º e 5º, CPC/2015)
>
> ⊙ Justificativa: O art. 961, §5º, do CPC/2015 dispensa a homologação, pelo Superior Tribunal de Justiça, de sentença estrangeira de divórcio consensual, podendo, pois, o interessado requerer a averbação diretamente ao Registro Civil de Pessoas Naturais onde esteja registrado o respectivo casamento. Acrescente-se que o §2º do mesmo artigo do diploma processual prevê expressamente a possibilidade de o Superior Tribunal de Justiça homologar parcialmente a sentença estrangeira. Sendo assim, caso a sentença estrangeira esteja composta por vários capítulos, ou seja, julgue diferentes questões, é admissível que o capítulo da sentença relativo ao divórcio consensual seja diretamente averbado perante o Registro Civil de Pessoas Naturais, dispensando-se a homologação dessa parte pelo Superior Tribunal de Justiça, cabendo ao interessado requerer a homologação judicial apenas dos demais capítulos que ainda dependem do juízo de delibação pelo referido tribunal, tais como os capítulos que dispõem sobre alimentos, guarda ou partilha de bens. Cândido Rangel Dinamarco ressalta o interesse em cindir ideologicamente a sentença, isolando as partes mais ou menos autônomas de que ela se compõe.

2. JURISPRUDÊNCIA COMPLEMENTAR

⊙ SUPERIOR TRIBUNAL DE JUSTIÇA

▶ **EMENTA:** Recurso especial – Direito civil – Família – Emenda Constitucional nº 66/10 – Divórcio direto – Separação judicial – Subsistência – 1. A separação é modalidade de extinção da sociedade conjugal, pondo fim aos deveres de coabitação e fidelidade, bem como ao regime de bens, podendo, todavia, ser revertida a qualquer momento pelos cônjuges (Código Civil, arts. 1571, III e 1.577). O divórcio, por outro lado, é forma de dissolução do vínculo conjugal e extingue o casamento, permitindo que os ex-cônjuges celebrem novo matrimônio (Código Civil, arts. 1571, IV e 1.580). São institutos diversos, com consequências e regramentos jurídicos distintos – 2. A Emenda Constitucional nº 66/2010 não revogou os artigos do Código Civil que tratam da separação judicial – 3. Recurso especial provido. (STJ – REsp nº 1.247.098 – Mato Grosso do Sul – 4ª Turma – Rel. Min. Maria Isabel Gallotti – DJ 16.05.2017).

⊙ TRIBUNAL DE JUSTIÇA DO ESTADO DE SÃO PAULO 2ª VARA DE REGISTROS PÚBLICOS

▶ **EMENTA:** RCPN – Averbação – Homologação de sentença estrangeira de divórcio – Juízo administrativo – Atividade atípica para homologação – Ademais, consta no divórcio disposição sobre guarda, alimentos e partilha de bens – Divórcio consensual qualificado – Necessidade de homologação pelo STJ – Pedido indeferido. Processo 1057954-22.2016.8.26.0100. Pedido de Providências. Direito Civil – F.P. e outro. Vistos,

Trata-se de pedido de providências instaurado pelo Sr. F. P. e Sra. F. D. V. P., objetivando a homologação de sentença estrangeira de divórcio junto ao Cartório de Registro Civil das Pessoas Naturais do (...)º Subdistrito (...). Os autos foram instruídos com os documentos de fls. 06 a 47. Instada a se manifestar, a Sra. Oficial do Subdistrito de Indianópolis opinou pela impossibilidade de cumprimento, junto àquela Serventia Extrajudicial, do pleito inicial (fls. 51/60). O representante do Ministério Público declarou-se contra o deferimento do solicitado, apresentando manifestação às fls. 72/75. **É o relatório. Decido.** Cuida-se de expediente iniciado por F. P. e F. D. V. P., em face da Sra. Oficial de Registro Civil das Pessoas Naturais do (...)º Subdistrito (...), com o fito de ter homologada, por aquela serventia, sentença de divórcio prolatada nos Estados Unidos da América. Sustentam seu pedido, os requerentes, na disposição contida no art. 961, § 5º, do Novo Código de Processo Civil, cuja redação determina que a sentença estrangeira de divórcio consensual produz efeitos no Brasil, independentemente de homologação pelo Superior Tribunal de Justiça. Secundariamente, com base no § 6º do mesmo artigo, solicitam que, em caso de negativa da Sra. Titular, este Juízo homologue a referida sentença, considerando-se que "competirá a qualquer juiz examinar a validade da decisão, em caráter principal ou incidental, quando essa questão for suscitada em processo de sua competência" (NCPC, art. 961, §6º). A Sra. Oficial, em sua manifestação (fls. 51/54), reiterou sua negativa anteriormente apresentada aos Requerentes, em razão de a sentença, cuja homologação é requerida, tratar do chamado divórcio consensual qualificado, o qual envolve cláusulas a respeito de alimentos e partilha de bens. Explica a Sra.

Registradora que, em casos como o ora analisado, necessária se faz a homologação pelo Superior Tribunal de Justiça, em conformidade com os termos do disposto no Provimento nº 53, art. 1º, § 3º, do CNJ e Provimento 26/2016 da E. CGJ. Transcreve-se, abaixo, o item 131.2.3, do Cap. XVII, das Normas de Serviço da CGJ, alterado pelo citado provimento 26/2016, da e. CGJ:

131.2.3. A averbação da sentença estrangeira de divórcio consensual, que, além da dissolução do matrimônio, envolva disposição sobre guarda de filhos, alimentos e/ou partilha de bens – aqui denominado divórcio consensual qualificado – dependerá de prévia homologação pelo Superior Tribunal de Justiça. O n. representante do Ministério Público, opinando pelo indeferimento do pedido (fls. 72/75) ressaltou que, no caso em tela, a sentença do divórcio estipulou a pensão alimentícia devida à ex-esposa (fls. 22/25) e a divisão dos bens do casal (fls. 25/31), sendo claro tratar-se de divórcio consensual qualificado, entendendo o d. Promotor não ser possível a averbação automática do decidido. Declara, ainda, o Dr. Promotor de Justiça, que o pedido também não se sustenta pelo disposto no já citado §6º do art. 961, do NCPC, uma vez que os regramentos administrativos supra mencionados são claros em definir que o ora discutido tipo de decisum requer a homologação da Corte Superior. Também é de se ressaltar o exercício atípico de atividade administrativa pelo Poder Judiciário nesta Corregedoria Permanente, assim, a homologação em caráter principal ou incidente dependeria do exercício de atividade jurisdicional, o que não é o caso neste processo administrativo. Bem assim, consigno que, nos termos do Provimento 53/2016 do CNJ e do item 131.2.3 das NSCGJ, Tomo II, Cap. XVII, necessária se faz a homologação da sentença de divórcio consensual, emitida no exterior, pelo Superior Tribunal de Justiça, por envolver disposição à respeito de alimentos e partilha de bens (v. fls. 22/31). O fato do término da eficácia dos alimentos fixados não excluiria a necessidade da homologação, além disso, houve partilha de bens quando do divórcio, como se observa da documentação juntada aos autos.

Ante ao exposto, à vista dos fatos narrados e por tudo o mais que consta nos autos, indefiro o pedido de averbação do divórcio ante a não homologação da sentença estrangeira nos termos dos provimentos administrativos do Colendo Conselho Nacional de Justiça e da Egrégia Corregedoria-Geral da Justiça. Ciência à Sra. Oficial e ao Ministério Público, arquivando-se oportunamente. P.R.I.C. São Paulo, 21 de julho de 2016. Marcelo Benacchio Juiz de Direito.

(DJe de 26.07.2016 – SP)

3. QUESTÕES DE CONCURSOS

01. (IESES – Titular de Serviços de Notas e Registros – TJ – TO - Provimento/2022) Existem Objetivos de Desenvolvimento Sustentável (ODS) que fazem parte da chamada "Agenda 2030", um pacto global assinado durante a Cúpula das Nações Unidas em 2015 pelos 193 países membros. A agenda é composta por 17 objetivos ambiciosos e interconectados, desdobrados em 169 metas, com foco em superar os principais desafios de desenvolvimento enfrentados por pessoas no Brasil e no mundo, promovendo o crescimento sustentável global até 2030. Neste contexto se insere o importante trabalho realizado pelos registradores civis. Sobre os atos a serem registrados e averbados no registro civil de pessoas naturais, assinale a alternativa que contém a afirmação ERRADA.

a) Serão averbadas no registro civil de pessoas naturais os atos judiciais ou extrajudiciais de reconhecimento de filhos ilegítimos; as escrituras de adoção e os atos que a dissolverem; as alterações ou abreviaturas de nomes.
b) As sentenças que decidirem a nulidade ou anulação do casamento serão averbadas no registro civil de pessoas naturais.
c) Os atos judiciais ou extrajudiciais de reconhecimento de filhos ilegítimos serão averbados no registro civil de pessoas naturais.
d) Serão averbados no registro civil de pessoas naturais os nascimentos; os casamentos; os óbitos; as emancipações; as interdições; as sentenças declaratórias de ausência; as opções de nacionalidade; as sentenças que deferirem a legitimação adotiva.

02. (Consulplan – Outorga das Delegações de Notas e de Registros – TJ – MG/2018) De acordo com o Provimento nº 260/13 da Corregedoria-Geral de Justiça de Minas Gerais é correto afirmar:

a) A averbação da sentença estrangeira de divórcio consensual qualificado, que, além da dissolução do matrimônio, envolva disposição sobre guarda de filhos, alimentos e/ou partilha de bens, independerá de prévia homologação pelo Superior Tribunal de Justiça.
b) O registro, a averbação e a anotação de carta de sentença de divórcio ou de separação judicial oriunda de homologação de sentença estrangeira pelo Superior Tribunal de Justiça, ou a certidão de seu julgado, dependem de prévio cumprimento ou de execução em Juízo Federal.
c) Havendo interesse em retomar o nome de solteiro, o interessado na averbação direta deverá demonstrar a existência de disposição expressa na sentença estrangeira, exceto quando a legislação estrangeira permitir a retomada, ou quando o interessado comprovar, por documento do registro civil estrangeiro, a alteração do nome.
d) É indispensável a homologação pelo Superior Tribunal de Justiça no caso de sentença estrangeira de divórcio consensual simples ou puro, bem como de decisão não judicial de divórcio, que, pela lei brasileira, tem natureza jurisdicional, configurando hipótese de averbação direta perante o oficial de registro civil das pessoas naturais a partir de 18 de março de 2016

03. (IESES – Cartório – TJ – RO/2012) Assinale a afirmação INCORRETA, a respeito do ato de Escritura de Separação Consensual por via administrativa:

a) A escritura é gratuita aos que se declararem pobres sob as penas da lei.
b) Não depende de homologação judicial.
c) É defeso no ato, que participe advogado.
d) A escritura constitui título hábil para o registro de imóveis.

04. (IESES – Cartório – Provimento – TJ – RO/2017) Assinale a alternativa INCORRETA:

a) A averbação será feita mediante a indicação minuciosa da sentença ou ato que a determinar.
b) As sentenças de nulidade ou anulação de casamento serão averbadas mesmo enquanto sujeitas a recurso, qualquer que seja o seu efeito.
c) A averbação será feita à margem do assento e, quando não houver espaço, no livro corrente, com as notas e remissões recíprocas, que facilitem a busca.
d) No livro de casamento, será feita averbação da sentença de nulidade e anulação de casamento, bem como do desquite, declarando-se a data em que o Juiz a proferiu, a sua conclusão, os nomes das partes e o trânsito em julgado.

05. (IESES – Cartório – TJ – PB/2014) Assinale a alternativa correta. É nulo o casamento contraído:

a) Pelo enfermo mental sem o necessário discernimento para os atos da vida civil.
b) Por menor em idade núbil, quando não autorizado por seu representante legal.
c) Por quem não completou a idade mínima para casar.
d) Por incapaz de consentir ou manifestar, de modo inequívoco, o consentimento.

GAB	1	D	2	C	3	C	4	B	5	A

b) as sentenças que julgarem ilegítimos os filhos concebidos na constância do casamento e as que declararem a filiação legítima;

1. COMENTÁRIOS

O **princípio da igualdade entre os filhos** está consagrado no art. 227, § 6º da Constituição Federal, nos seguintes termos: "Os filhos, havidos ou não da relação de casamento, ou por adoção, terão os mesmos direitos e qualificações, proibidas quaisquer designações discriminatórias relativas à filiação".

Este princípio, também reproduzido no art. 1.596 do Código Civil, fundamenta-se na identidade de direitos e qualificações aos filhos sendo, assim, inconstitucional qualquer lei que estabeleça entre eles direitos e qualificações desiguais.

Dessa maneira, fica vedado ao legislador usar designações discriminatórias relativas à filiação, como, por exemplo, as expressões "filhos adulterino, filho incestuoso, filho adotivo", etc.

2. JURISPRUDÊNCIA COMPLEMENTAR

TRIBUNAL DE JUSTIÇA DO ESTADO DE SÃO PAULO

EMENTA: RETIFICAÇÃO DE REGISTRO CIVIL – PRETENSÃO DE RETIRAR A EXPRESSÃO "FILHO ILEGÍTIMO" DO ASSENTO DE CASAMENTO – POSSIBILIDADE – DESPICIENDA E AGRESSIVA PALAVRA CONSTANTE DO REGISTRO – INTELIGÊNCIA DO ARTIGO 227, § 6º, DA CONSTITUIÇÃO FEDERAL – VEDAÇÃO À DISCRIMINAÇÃO – CATEGORIA DE FILIAÇÃO QUE TAL INEXISTENTE NO DIREITO BRASILEIRO – DECISÃO MANTIDA – RECURSO DESPROVIDO.

Cuida-se de Apelação Cível, vituperando a R. sentença de fls. 69/71, que deu pela procedência da ação, em que buscava o Autor a retificação do Assento de Casamento de seu avô, Gogliardo Fenetti, para a supressão da expressão "filho ilegítimo", uma vez que pretende obter a cidadania italiana, estando impedido por constar referido termo, rijo o "decisum" no argumento de que, com o advento da Constituição Federal, artigo 227, § 6º, foram proibidas quaisquer designações discriminatórias relativas à filiação, o que foi regulamentado pelo Art. 5º da Lei 8560/92.

Inconformado, recorre o Ministério Público de Primeiro Grau, aduzindo que não há qualquer erro que justifique a retificação, já que o assento reflete, com exatidão e fidelidade, a situação vislumbrada quando da sua feitura, época em que havia distinção quanto à filiação; que a certidão do inteiro teor deve indicar todos os dados do assento, aí incluída a informação sobre ser filho ilegítimo. Sustenta que se for deferida a retificação, haverá expedição de certidão que não condiz com a realidade do assento; que a pretensão abre precedente temerário em outras situações, colocando em xeque a segurança jurídica.

Parecer a fls. 109/111, empós de processamento regular do apelo.

Esse o breve relato.

Com efeito, o apelo não merece acatamento, e a sédula sentença, que em verdade leu pelos Códigos, merece integral confirmação.

Deveras, a Constituição Federal, em seu Artigo 227, § 6º, veda "quaisquer designações discriminatórias relativas à filiação", no que, certamente, se inclui a expressão "filho ilegítimo".

Ainda, ao regulamentar a investigação de paternidade, a Lei nº 8.506/92, estabelece que:

Art. 5º No registro de nascimento não se fará qualquer referência à natureza da filiação, à sua ordem em relação a outros irmãos do mesmo prenome, exceto gêmeos, ao lugar e cartório do casamento dos pais e ao estado civil destes.

E como bem observou o Procurador de Justiça, "*...da certidão italiana, não consta que Gogliardo fosse filho ilegítimo e somente pode ser atribuível a conclusão tirada por quem lavrou o assento de casamento, visto que não há notícia de filiação ilegítima, nem mesmo se essa discriminação era realizada no país de origem do contraente, portanto, conclui-se que a informação foi incluída indevidamente, no assento de casamento. A expressão que constou do registro é despicienda e sem qualquer relevância para o ato que ali se realizava. Ainda que se justificasse a identificação do contraente, para tanto bastava constar o nome da mãe.*"

Outrossim, é certo que a regra do *tempus regit actum* deve ser ponderada de acordo com os outros princípios, principalmente o princípio máximo constitucional da Dignidade Humana, que está intimamente ligado aos direitos de família, até o da filiação.

Pelo que, invocando-se ainda o Art. 252 do Regimento Interno desta Relação, NEGA-SE PROVIMENTO ao recurso.

L.B. Giffoni Ferreira. RELATOR. (TJSP – Apelação Cível nº 1049137-61.2019.8.26.0100 – São Paulo – 2ª Câmara de Direito Privado – Rel. Des. L. B. Giffoni Ferreira – DJ 27.08.2019)

c) os casamentos de que resultar a legitimação de filhos havidos ou concebidos anteriormente;

d) os atos judiciais ou extrajudiciais de reconhecimento de filhos ilegítimos;

1. COMENTÁRIOS

Como se sabe, a expressão "ilegítimos" não condiz com a sistemática jurídica atual.

O reconhecimento de filhos consiste no ato que faz nascer o parentesco jurídico entre pais e filhos. Para a lei, filho não reconhecido não é filho.

Quanto às **modalidades**, o reconhecimento pode ser **espontâneo** (prescinde de ação judicial, emanado de ato de vontade do pai ou mãe) e **forçado, coativo ou judicial** (proveniente de sentença prolatada em ação de investigação de paternidade ou maternidade).

O art. 1º da Lei 8.560/1992 elenca as formas de reconhecimento, a saber:

Art. 1º O reconhecimento dos filhos havidos fora do casamento é irrevogável e será feito:

I - no registro de nascimento;

II - por escritura pública ou escrito particular, a ser arquivado em cartório;

III - por testamento, ainda que incidentalmente manifestado;

IV - por manifestação expressa e direta perante o juiz, ainda que o reconhecimento não haja sido o objeto único e principal do ato que o contém.

No mesmo sentido, o art. 1.609 do Código Civil:

> **Art. 1.609.** O reconhecimento dos filhos havidos fora do casamento é irrevogável e será feito:
>
> I – no registro do nascimento;
>
> II – por escritura pública ou escrito particular, a ser arquivado em cartório;
>
> III – por testamento, ainda que incidentalmente manifestado;
>
> IV – por manifestação direta e expressa perante o juiz, ainda que o reconhecimento não haja sido o objeto único e principal do ato que o contém.
>
> Parágrafo único. O reconhecimento pode preceder o nascimento do filho ou ser posterior ao seu falecimento, se ele deixar descendentes.

O Estatuto da Criança e do Adolescente – ECA, por sua vez, em seu art. 2º, instituiu o chamado **reconhecimento judicial oficioso** ou **investigação oficiosa**, realizado em procedimento administrativo.

O reconhecimento de paternidade também é tema tratado no **Provimento 16,** de 17 de fevereiro de 2012, do Conselho Nacional de Justiça, que dispõe sobre a recepção, pelos Oficiais de Registro Civil das Pessoas Naturais de **indicações de supostos pais** de pessoas que já se acharem registradas sem paternidade estabelecida, bem como sobre o reconhecimento espontâneo de filhos perante os referidos registradores.

Contribuiu para a edição do aludido Provimento:

a) O alcance social e os alentadores resultados do chamado "Programa Pai Presente", instituído pelo Provimento nº 12, de 06 de agosto de 2010, da Corregedoria Nacional de Justiça, para obtenção do reconhecimento da paternidade de alunos matriculados na rede de ensino;

b) A utilidade de se propiciar, no mesmo espírito, facilitação para que as mães de filhos menores já registrados sem paternidade reconhecida possam, com escopo de sanar a lacuna, apontar os supostos pais destes, a fim de que sejam adotadas as providências previstas na Lei nº 8.560/92;

c) A pertinência de se disponibilizar igual facilidade aos filhos maiores que desejem indicar seus pais e às pessoas que pretendam reconhecer, espontaneamente, seus filhos;

d) O interesse de se viabilizar o sucesso de campanhas e mutirões realizados para a colheita de manifestações dessa natureza;

e) Os resultados do diálogo com a Associação dos Registradores das Pessoas Naturais do Brasil - ARPEN-BR e os esforços encetados em conjunto para a consecução dos relevantes fins sociais almejados.

É relevante anotar que o Provimento CNJ n. 16/2012 foi conservado parcialmente, por conter anexos dos modelos de certidões. Seus dispositivos foram incorporados aos arts. 496 a 504 do Provimento CNJ n. 149/2023 (CNN), sem alteração legislativa.

Nos termos do art. 496 do Código Nacional de Normas, em caso de **menor** que tenha sido registrado apenas com a maternidade estabelecida, sem obtenção, à época, do reconhecimento de paternidade pelo procedimento descrito no art. 2º, *caput*, da Lei nº 8.560/92, este deverá ser observado, a qualquer tempo, sempre que, durante a menoridade do filho, a mãe comparecer pessoalmente perante Oficial de Registro de Pessoas Naturais e apontar o suposto pai.

Poderá se valer de igual faculdade o filho **maior**, comparecendo pessoalmente perante Oficial de Registro de Pessoas Naturais.

É dever do Oficial providenciar o preenchimento de **termo**, conforme modelo anexo ao Provimento 16, do qual constarão os dados fornecidos pela mãe ou pelo filho maior, e colherá sua assinatura, firmando-o também e zelando pela obtenção do maior número possível de elementos para identificação do genitor, especialmente nome, profissão (se conhecida) e endereço.

Para indicar o suposto pai, com preenchimento e assinatura do termo, a pessoa interessada poderá, facultativamente, comparecer a Ofício de Registro de Pessoas Naturais diverso daquele em que realizado o registro de nascimento. Neste caso, deverá ser apresentada obrigatoriamente ao Oficial, que conferirá sua autenticidade, a certidão de nascimento do filho a ser reconhecido, anexando-se cópia ao termo.

Anote-se que, se o registro de nascimento houver sido realizado na própria serventia, o registrador expedirá nova certidão e a anexará ao termo.

Por sua vez, o Oficial perante o qual houver comparecido a pessoa interessada remeterá ao seu Juiz Corregedor Permanente ou ao magistrado da respectiva comarca definido como competente pelas normas locais de organização judiciária ou pelo Tribunal de Justiça do Estado, o termo mencionado no parágrafo anterior, acompanhado da certidão de nascimento, em original ou cópia. O Juiz, sempre que possível, ouvirá a mãe sobre a paternidade alegada e mandará, em qualquer caso, notificar o suposto pai, independente de seu estado civil, para que se manifeste sobre a paternidade que lhe é atribuída.

Caso ele entenda ser necessário, determinará que a diligência seja realizada em segredo de justiça e, se considerar conveniente, requisitará do Oficial perante o qual realizado o registro de nascimento certidão integral.

No caso do suposto pai **confirmar expressamente a paternidade**, será lavrado termo de reconhecimento e remetida certidão ao Oficial da serventia em que originalmente feito o registro de nascimento, para a devida averbação.

Todavia, se o suposto pai **não atender, no prazo de trinta dias**, a notificação judicial ou negar a alegada paternidade, o Juiz remeterá os autos ao representante do Ministério Público ou da Defensoria Pública para que intente, havendo elementos suficientes, a ação de investigação de paternidade. Nesta hipótese, é dispensável o ajuizamento de ação de investigação de paternidade pelo Ministério Público se, após o não comparecimento ou a recusa do suposto pai em assumir a paternidade a ele atribuída, a criança for encaminhada para adoção.

Registre-se que a iniciativa conferida ao Ministério Público ou Defensoria Pública **não impede** a quem tenha legítimo interesse de intentar investigação, visando a obter o pretendido reconhecimento da paternidade.

Mas atenção! A sistemática estabelecida no aludido provimento não poderá ser utilizada se já pleiteado em juízo o reconhecimento da paternidade, razão pela qual constará, ao final do termo, declaração da pessoa interessada, sob as penas da lei, de que isto não ocorreu.

Sem prejuízo das demais modalidades legalmente previstas, o reconhecimento espontâneo de filho poderá ser feito perante Oficial de Registro de Pessoas Naturais, **a qualquer tempo**, por escrito particular, que será arquivado em cartório.

Para tal finalidade, a pessoa interessada poderá optar pela utilização de termo, cujo preenchimento será providenciado pelo Oficial, conforme modelo anexo ao Provimento 16/2012, e será assinado por ambos.

A fim de efetuar o reconhecimento, o interessado poderá, opcionalmente, comparecer a Ofício de Registro de Pessoas Naturais **diverso daquele em que lavrado o assento natalício** do filho, apresentando cópia da certidão de nascimento deste, ou informando em qual serventia foi realizado o respectivo registro e fornecendo dados para induvidosa identificação do registrado. Nesse caso, o Oficial perante o qual houver comparecido o interessado remeterá ao registrador da serventia em que realizado o registro natalício do reconhecido, o documento escrito e assinado em que consubstanciado o reconhecimento, com a qualificação completa da pessoa que reconheceu o filho e com a cópia, se apresentada, da certidão de nascimento..

Relevante apontar que o reconhecimento de filho por pessoa **relativamente incapaz** independerá de assistência de seus pais, tutor ou curador.

Aqui devemos fazer **distinção entre relativamente incapaz e absolutamente incapaz**. Enquanto que o primeiro poderá ser efetuar o registro sem assistência de seus pais, tutor, curador ou apoiador, o reconhecimento da paternidade por absolutamente incapaz somente poderá ser efetivado por decisão judicial. Todavia, a declaração de maternidade da **genitora absolutamente incapaz** dependerá de representação de um dos responsáveis, acompanhada dos documentos exigidos para o registro, o que deverá constar do termo.

A averbação do reconhecimento de filho desde a edição do Provimento 16, vem sendo concretizada **diretamente** pelo Oficial da serventia em que lavrado o assento de nascimento, **independentemente de manifestação do Ministério Público ou decisão judicial**, mas dependerá de anuência escrita do filho maior, ou, se menor, da mãe. A colheita dessa anuência poderá ser efetuada não só pelo Oficial do local do registro, como por aquele, se diverso, perante o qual comparecer o reconhecedor. Na falta da mãe do menor, ou impossibilidade de manifestação válida desta ou do filho maior, o caso será apresentado ao Juiz competente.

Suspeitando de fraude, falsidade ou má-fé, o registrador não deve praticar o ato pretendido e submeterá o caso ao magistrado, comunicando, por escrito, os motivos da suspeita.

Nas hipóteses de indicação do suposto pai e de reconhecimento voluntário de filho, competirá ao Oficial a minuciosa verificação da identidade de pessoa interessada que, perante ele comparecer, mediante colheita, no termo próprio, de sua qualificação e assinatura, além de rigorosa conferência de seus documentos pessoais.

Em qualquer caso, o Oficial perante o qual houver o comparecimento, após conferir o original, manterá em arquivo cópia de documento oficial de identificação do interessado, juntamente com cópia do termo, ou documento escrito, por este assinado.

Haverá observância, no que couber, das normas legais referentes à gratuidade de atos, que será abordada ao longo desta obra. Sobre a gratuidade, é oportuno trazer o entendimento recente do CNJ.

Em agosto de 2012, foi editado o **Provimento 19**, que assegurava aos comprovadamente pobres a gratuidade da averbação do reconhecimento de paternidade e respectiva certidão.

Recentemente, no entanto, o pleno do Conselho Nacional de Justiça ratificou decisão da Corregedoria Nacional de Justiça de **suspender a aplicabilidade do Provimento n. 19/2012,** que limitava a gratuidade da averbação do reconhecimento de paternidade e a respectiva certidão.

De acordo com relatório do processo n. 0004451-05.2017.2.00.0000, o provimento estabelecia restrição desamparada da lei regulatória ao condicionar a gratuidade do referido registro à comprovação de hipossuficiência.

O desamparo legal ganhou reforço com a publicação da Lei n. 13.257/2016, que determinou que os registros e certidões necessários à inclusão, a qualquer tempo, do nome do pai no assento de nascimento são isentos de multas, custas e emolumentos, gozando de absoluta prioridade e gratuidade.

Sobre a legislação que trata do reconhecimento de filhos, faz-se necessário citar os **Provimentos 12/2010 e 26/2012**, que dispõem sobre o programa Pai Presente. Esses provimentos objetivam estimular o reconhecimento de paternidade de pessoas que não possuem esse registro.

Toda a legislação exposta neste capítulo foi editada em harmonia com a Constituição Federal, prevendo o reconhecimento dos filhos independentemente da origem da filiação. O direito à paternidade é garantido pelo artigo 226, § 7º, da Constituição Federal de 1988.

Quanto à averbação das **sentenças de investigação de paternidade e negatória de paternidade** que constituírem nova relação de filiação, esta será feita no Registro Civil das Pessoas Naturais que registrou o nascimento do menor, com as mesmas cautelas e efeitos do registro inicial, fazendo constar:

a) data da averbação;

b) data da sentença, Vara e nome do Juiz que a proferiu;

c) nome do novo genitor e sua qualificação se conhecida;

d) os nomes dos avós paternos, se conhecidos;

e) sobrenome que passar a possuir.

Acerca da temática do "reconhecimento de filho" e, para complementação dos estudos, vale também transcrever os enunciados da ARPEN-SP:

> **Enunciado 33:** No procedimento de reconhecimento de filho, caso os comparecentes não portarem documento de identificação deverão ser identificados na forma do art. 215, § 5º do Código Civil, participando do ato duas testemunhas que os conheçam e atestem as suas identidades.
>
> **Enunciado 34:** No registro de nascimento ou no reconhecimento de filho, quando o genitor for identificado por meio de duas testemunhas na forma do art. 215, § 5º do Código Civil, é permitido lançar os nomes dos avós do registrado (pais da pessoa identificada por testemunhas) e sua naturalidade apenas com fundamento no depoimento das testemunhas. Nestes casos, para evitar erros de grafia, é aconselhável a apresentação de qualquer documento escrito, bem como a pesquisa no acervo da serventia, mas a ausência desses documentos não impede a lavratura do ato.
>
> **Enunciado 35:** Qualquer que seja o título apresentado para o reconhecimento de filho (por exemplo, instrumento particular, instrumento lavrado nos termos do Provimento CNJ 16/2012, escritura pública, título judicial, testamento, termo lavrado na penitenciária) a averbação será lavrada independentemente de manifestação do Ministério Público ou decisão judicial, mas dependerá de anuência escrita do filho maior ou, se menor, da mãe.

1.1 VIÚVA POSSUI LEGITIMIDADE PARA CONTESTAR AÇÃO DE INVESTIGAÇÃO DE PATERNIDADE?

Para o Superior Tribunal de Justiça, a viúva tem legitimidade para contestar ação de investigação de paternidade.

O colegiado entendeu que o interesse puramente moral da viúva do suposto pai, tendo em conta os vínculos familiares, e a defesa do casal que formou com o falecido, compreendem-se no **conceito de "justo interesse"** para contestar a ação. Nas palavras da ministra relatora "é o que está previsto no artigo 365 do Código Civil de 1916 e no artigo 1.615 do código em vigor. Não sendo herdeira, deve ela, todavia, receber o processo no estado em que se encontrava quando requereu o ingresso no feito, uma vez que não ostenta, ao meu sentir, a condição de litisconsorte passiva necessária".

A ministra acolheu o pedido da viúva sem prejuízo da validade de todos os atos processuais anteriores ao seu pedido de ingresso na relação processual.

No caso, a viúva recorreu de decisão do Tribunal de Justiça de Goiás (TJGO), que entendeu que a legitimidade passiva na ação de investigação de paternidade *post mortem* recai apenas nos herdeiros do suposto pai falecido. Assim, a viúva não deve participar da ação, uma vez que, no caso, não é herdeira, mas apenas meeira do investigado.

No STJ, a defesa alegou que a ação de investigação de paternidade influenciará a ação de petição de herança, em que ocorreu "a constrição da totalidade dos bens do espólio, o que enseja, claramente, o justo interesse da recorrente", com o objetivo de resguardar os seus direitos.

Em seu voto, a ministra Gallotti destacou que, em princípio, a ação de investigação de paternidade será proposta contra suposto pai, diante do seu caráter pessoal. Desse modo, falecido o suposto pai, a ação deverá ser proposta contra os herdeiros do investigado.

Assim, na hipótese de não ser a viúva herdeira do investigado, não ostenta ela, a princípio, a condição de parte ou litisconsorte necessária em ação de investigação de paternidade. "A relação processual estará, em regra, completa com a citação do investigado ou de todos os seus herdeiros, não havendo nulidade pela não inclusão no polo passivo de viúva não herdeira", disse a ministra.

No entanto, a relatora lembrou que o artigo 365 do CC de 1916, em dispositivo idêntico ao do artigo 1.615 do CC de 2002, estabelece: "qualquer pessoa, que justo interesse tenha, pode contestar a ação de investigação da paternidade ou maternidade".

Assim, a ministra Gallotti examinou se o puro interesse moral seria suficiente para autorizar a viúva a contestar a ação. Para tanto, baseou-se em doutrina e também em julgados do Supremo Tribunal Federal (STF), os quais reconheceram a legitimidade da viúva do alegado pai para contestar ação de investigação de paternidade em hipótese em que não havia petição de herança.

1.2 RECUSA DE HERDEIROS AO EXAME DE DNA GERA PRESUNÇÃO DE PATERNIDADE?

A recusa imotivada da parte investigada – mesmo que sejam os herdeiros do suposto pai – a se submeter ao exame de DNA **gera presunção relativa** de paternidade, como determina a **Súmula 301 do Superior Tribunal de Justiça (STJ)**.

Com base nesse entendimento, a Terceira Turma rejeitou recurso de herdeiros contra decisão que reconheceu um cidadão como filho legítimo do pai deles.

Segundo o relator do recurso, ministro Villas Bôas Cueva, a súmula é a aplicação direta da vedação do *venire contra factum proprium*, porque obstaculizar a realização do exame de DNA possui o evidente intento de frustrar o reconhecimento da paternidade.

No caso, o tribunal de segunda instância reconheceu a paternidade com base em testemunhos e provas documentais, chegando a afirmar que ela "era de conhecimento de todos".

Entre outros pontos, os herdeiros contestaram a aplicação da presunção contra eles ao argumento de que só seria válida em caso de recusa pessoal do suposto pai. No entanto, conforme explicou o ministro, na ação de paternidade posterior à morte, a legitimidade passiva recai sobre os herdeiros ou sucessores do falecido, "que, por isso mesmo, sujeitam-se ao ônus de se defender das alegações aduzidas pelo autor".

Conforme o relator, se as provas do processo forem consideradas suficientes para se presumir a paternidade, não é necessária a exumação de cadáver para fazer exame de DNA. Ele também reforçou a ideia de que o STJ firmou tese no sentido de que "a exumação de cadáver, em ação de investigação de paternidade, para realização de exame de DNA, é faculdade conferida ao magistrado pelo artigo 130 do Código de Processo Civil".

O STJ ressaltou que o tribunal estadual nem cogitou da necessidade de exumação, pois o contexto fático-probatório dos autos foi considerado suficiente para o julgamento da causa. "A prova testemunhal e o comportamento processual dos herdeiros do réu conduziram à certeza da paternidade. Assim, o reconhecimento da paternidade reafirmada pelo tribunal de origem, fundamentada no conjunto fático-probatório apresentado e produzido durante a instrução, não pode ser desconstituída em sede de recurso especial, porque vedado o reexame de matéria de prova produzida no processo", afirmou o relator do processo.

No recurso, os herdeiros também contestaram a conclusão do tribunal estadual a respeito de um acordo feito no passado para encerrar outra ação de investigação de paternidade, ocasião em que o autor, suposto filho, recebeu expressiva quantia em dinheiro para desistir do processo.

Para a corte local, a existência daquele acordo corrobora as outras provas, pois a viúva e os herdeiros não teriam firmado o pacto se não tivessem pleno conhecimento de que o autor da ação era mesmo filho biológico do falecido.

Os herdeiros sustentaram que nenhuma outra conclusão poderia ser tirada do acordo a não ser o fato de que o autor "manteve seu estado de filiação" e deu quitação de eventuais direitos hereditários.

Sobre isso, Villas Bôas Cueva comentou que o acordo não afasta a possibilidade de reconhecimento da paternidade, visto que se trata de direito indisponível, imprescritível e irrenunciável, ou seja, ninguém é obrigado a abdicar de seu próprio estado, que pode ser reconhecido a qualquer tempo. A decisão da turma foi unânime.

Por fim, dialoga com o tema, a novidade recente incluída pela Lei nº 14.138, de 2021 no § 2º, art. 2º, da Lei 8.560, nestes termos:

> § 2º Se o suposto pai houver falecido ou não existir notícia de seu paradeiro, o juiz determinará, a expensas do autor da ação, a realização do exame de pareamento do código genético (DNA) em parentes consanguíneos, preferindo-se os de grau mais próximo aos mais distantes, importando a recusa em presunção da paternidade, a ser apreciada em conjunto com o contexto probatório.

Note-se que a Lei 14.138/2021 não traz, a rigor, novidades substanciais. Nas palavras de Cristiano Chaves de Farias, "a ideia central é que nas ações de investigação de paternidade quando o suposto pai é morto ou está em paradeiro incerto os seus parentes próximos devem realizar o exame de DNA, sob pena de presunção (relativa) da prova que se pretendia produzir. Ou seja, se os parentes do falecido, ou desaparecido (não há necessidade de que seja morto ou ausente, podendo estar em local incerto e sem notícias suas), se recusarem ao exame, presume-se a paternidade alegada pelo autor. A lei apenas normatiza o que já estava consagrado, de há muito, pela jurisprudência do STJ (REsp. 1.531.093/RS e AgRg no AREsp. 499.722/DF): a recusa dos familiares do investigado (irmãos, pais, filhos...) em realizar o DNA faz presumir a procedência do pedido investigatório. Legislou-se o que já estava incorporado na prática cotidiana das varas de família, decorrendo de simples exercício hermenêutico do texto originário da Lei n. 8.560/92".

1.2.1. PRESUNÇÃO DE PATERNIDADE E A UNIÃO ESTÁVEL

Recentemente, I Jornada de Direito Notarial e Registral editou o enunciado 7 sobre o tema:

> **Enunciado 7.** A presunção de paternidade, prevista no art. 1.597 do Código Civil, **aplica-se aos conviventes em união estável,** desde que esta esteja previamente registrada no Livro E do Registro Civil das Pessoas Naturais da Sede, ou, onde houver, no 1º Subdistrito da Comarca, nos termos do Provimento CNJ n. 37/2014.

A Constituição Federal brasileira equipara a união estável ao casamento, de modo que as regras que dispõem sobre a presunção de paternidade decorrente do casamento devem ser aplicadas à união estável, desde que esta se encontre com a sua situação jurídica estabilizada, mediante a sua regular inscrição no registro civil

1.3 É POSSÍVEL AJUIZAR AÇÃO DECLARATÓRIA DE RELAÇÃO AVOENGA MESMO QUE O PAI FALECIDO TENHA OUTRA FILIAÇÃO REGISTRAL?

Decidiu a Terceira Turma do Superior Tribunal de Justiça, que os herdeiros de pai pré-morto têm legitimidade para ajuizar ação declaratória de relação avoenga caso o próprio falecido não tenha pleiteado, em vida, a investigação de sua origem paterna, sendo irrelevante o fato de ele ter sido registrado por outra pessoa que não o genitor.

Assim, o STJ manteve acórdão do TJRS que reconheceu a legitimidade processual ativa de netos que, após o falecimento do pai, ajuizaram ação para que fosse reconhecida a relação com o suposto avô.

Classifica-se "pré-morto" aquele que faleceu antes do autor da herança, seu ascendente, e deixou descendentes que herdarão em seu lugar, conforme as regras do **direito de representação** previstas no Código Civil.

Para a solução deste julgado, a Terceira Turma aplicou os mesmos fundamentos de precedente no qual a Segunda Seção estabeleceu que os netos possuem direito próprio e personalíssimo de pleitear a declaração de relação avoenga.

O suposto avô declarou ao STJ, entre outros pontos, que aquele precedente não se aplicaria ao caso, porque seria necessário distinguir a situação em que os ascendentes do pai pré-morto são desconhecidos – matéria enfrentada no precedente – da hipótese em que está pré-estabelecida essa relação de filiação, ainda que apenas registral.

Nancy Andrighi, ministra relatora do processo demonstrou que o precedente da Segunda Seção não se baseou, fundamentalmente, em considerações acerca da existência ou não de anterior paternidade registral ou socioafetiva. Fundamentou que a distinção pretendida pelo suposto avô é irrelevante para o deslinde da controvérsia, pois tanto na hipótese em que se desconhecem os genitores de pai pré-morto quanto na situação em que já existe paternidade registral ou socioafetiva reconhecida, é imprescindível tutelar o direito próprio dos netos de verem reconhecida sua parentalidade avoenga biológica. Nessas palavras, ela arremata: "Se o direito dos filhos ao reconhecimento de sua origem biológica não é obstado pela existência de eventual paternidade registral ou socioafetiva, não há razão para se tolher o direito dos netos ao reconhecimento da relação avoenga."

A relatora explana ainda que caso prevalecesse o entendimento de que seria necessário o interesse do genitor em exercer o direito de buscar a sua paternidade biológica, para que só depois os seus filhos pudessem ter reconhecida a relação avoenga, seriam criadas, de maneira artificial e injusta, categorias de netos de primeira e de segunda classe. Aos primeiros, seria deferido o direito à investigação da ancestralidade biológica; aos segundos, seria imposta verdadeira limitação ao setor nuclear de suas esferas jurídicas, sede dos direitos da personalidade.

Por fim, a ministra Nancy salientou que, muito embora a pretensão decorrente do direito ao parentesco (natural ou civil) seja imprescritível, por ter como objetivo uma declaração de estado e como fundamento um direito da personalidade, não o são as pretensões patrimoniais – notadamente as sucessórias – que derivem desse direito. E encerrou alegando que a obtenção de possíveis efeitos patrimoniais dessa declaração de estado será limitada às hipóteses em que não estiver prescrita a própria pretensão patrimonial.

1.4 PATERNIDADE E MATERNIDADE SOCIAFETIVA

O Provimento 63, de 14 de novembro de 2017, institui modelos únicos de certidão de nascimento, de casamento e de óbito, a serem adotadas pelos ofícios de registro civil das pessoas naturais, revogando-se assim, os Provimentos 02 e 03, de 2009, tema que já estudamos em capítulo próprio.

Além disso, o referido ato normativo também prescreveu sobre o **reconhecimento voluntário e a averbação da paternidade e maternidade socioafetiva no Livro "A"** e deliberou a respeito do registro de nascimento e emissão da respectiva certidão dos filhos havidos por reprodução assistida, que analisaremos oportunamente

Por ora, vamos focar no tema atual, que é a socioafetividade.

Apresento algumas das justificativas para a edição do Provimento 63 relativas ao tema, conforme segue:

a) A conveniência de edição de normas básicas e uniformes para a realização do registro ou averbação, visando conferir segurança jurídica à paternidade ou à maternidade socioafetiva estabelecida, inclusive no que diz respeito a aspectos sucessórios e patrimoniais;

b) A ampla aceitação doutrinária e jurisprudencial da paternidade e maternidade socioafetiva, contemplando os princípios da afetividade e da dignidade da pessoa humana como fundamento da filiação civil;

c) A possibilidade de o parentesco resultar de outra origem que não a consanguinidade e o reconhecimento dos mesmos direitos e qualificações aos filhos, havidos ou não da relação de casamento ou por adoção, proibida toda designação discriminatória relativa à filiação (arts. 1.539 e 1.596 do Código Civil);

d) A possibilidade de reconhecimento voluntário da paternidade perante o oficial de registro civil das pessoas naturais e, ante o princípio da igualdade jurídica e de filiação, de reconhecimento voluntário da paternidade ou maternidade socioafetiva;

e) A necessidade de averbação, em registro público, dos atos judiciais ou extrajudiciais que declararem ou reconhecerem a filiação (art. 10, II, do Código Civil);

f) O fato de que a paternidade socioafetiva, declarada ou não em registro público, não impede o reconhecimento do vínculo de filiação concomitante baseado na origem biológica, com os efeitos jurídicos próprios (Supremo Tribunal Federal – RE n. 898.060/SC);

g) O previsto no art. 227, § 6º, da Constituição Federal e no art. 1.609 do Código Civil;

h) As disposições do Provimento CN-CNJ n. 13, de 3 de setembro de 2010, bem como da Resolução CNJ n. 175, de 14 de maio de 2013;

i) O reconhecimento da união contínua, pública e duradoura entre pessoas do mesmo sexo como família, com eficácia *erga omnes* e efeito vinculante para toda a administração pública e demais órgãos do Poder Judiciário (Supremo Tribunal Federal, ADPF n. 132/RJ e ADI n. 4.277/DF).

j) A garantia do direito ao casamento civil às pessoas do mesmo sexo (Superior Tribunal de Justiça, REsp n. 1.183.378/RS).

No que se refere ao Provimento CNJ 83/2019 (que alterou o Provimento 63/2017), além das justificativas mencionadas, destacam-se:

a) A Plena aplicação do reconhecimento extrajudicial da parentalidade de caráter socioafetivo para aqueles que possuem dezoito anos ou mais;

b) A possibilidade de aplicação desse instituto jurídico aos menores, desde que sejam emancipados, nos termos do parágrafo único do art. 5º, combinado com o art. 1º do Código Civil;

c) A possibilidade de aplicação desse instituto, aos menores, com doze anos ou mais, desde que seja realizada por intermédio de seu(s) pai(s), nos termos do art. 1.634, VII do Código Civil, ou seja, por representação;

d) Ser recomendável que o Ministério Público seja sempre ouvido nos casos de reconhecimento extrajudicial de parentalidade socioafetiva de menores de 18 anos;

e) O que consta nos autos dos Pedidos de Providência n. 0006194-84.2016.2.00.0000 e n. 0001711.40.2018.2.00.0000.

É relevante anotar que o Provimento CNJ n. 63/2017 foi conservado parcialmente, por conter anexos dos modelos de certidões. Seus dispositivos sobre a maternidade e paternidade sociafetivas foram incorporados aos **arts. 505 a 511 do Provimento CNJ n. 149/2023 (Código Nacional de Normas)**, sem alteração legislativa.

Nessa modalidade de reconhecimento de filhos, é estabelecida uma relação de pai (ou mãe) e filho sem, no entanto, que haja vínculo sanguíneo ou de adoção entre as partes. Em outras palavras, ocorre quando uma criança não tem o nome do pai ou da mãe em seu registro, ou quando há o falecimento de um deles, passando o menor a conviver com o novo companheiro(a) do genitor. Nesse caso, o vínculo constituído entre ambos poderá constar diretamente na certidão de nascimento.

Assim, para que um padrasto, madrasta ou novo companheiro de um dos pais da criança conste no documento como pai ou mãe, basta que o responsável legal por ela manifeste esse desejo no cartório e preencha os requisitos legais.

Pela redação original do Provimento 63/2017, o reconhecimento voluntário da paternidade ou da maternidade socioafetiva poderia ser aplicado para pessoa de qualquer idade. Atualmente a regra é outra. Veja-se:

> **Art. 505, Provimento CNJ n. 149/2023.** O reconhecimento voluntário da paternidade ou da maternidade socioafetiva de pessoas **acima de 12 anos** será autorizado perante os oficiais de registro civil das pessoas naturais.

A questão etária foi uma das principais modificações, pois, conforme visto, a regra anterior não limitava o reconhecimento extrajudicial quanto a este critério. Agora, o reconhecimento extrajudicial atinge apenas os adolescentes, definidos pelo ECA como sendo pessoas com idade entre 12 e 18 anos e os adultos.

Note-se que, de **forma parcial**, utilizou-se o **critério etário da adoção**, que, assim como a parentalidade socioafetiva, constitui forma de parentesco civil. Parcialmente, pois, nos termos do art. 45, § 2º do ECA, é necessidade apenas de ouvir a pessoa adotada que tenha essa idade ou mais, mas não há essa limitação de idade para a adoção, restrição que agora atinge a parentalidade socioafetiva administrativa.

Além disso, para que o reconhecimento não seja viciado, é preciso seguir **outros requisitos.** Para tanto, invoco o art. 506. Vejamos:

> **Art. 506, Provimento CNJ n. 149/2023.** A paternidade ou a maternidade socioafetiva deve ser estável e deve estar exteriorizada socialmente.
>
> § 1º O registrador deverá atestar a existência do vínculo afetivo da paternidade ou maternidade socioafetiva mediante apuração objetiva por intermédio da verificação de elementos concretos.

E como essa afetividade poderá ser demonstrada pelo requerente? O parágrafo seguinte forneceu um norte ao registrador:

> § 2º O requerente demonstrará a afetividade por todos os meios em direito admitidos, bem como por documentos, tais como: apontamento escolar como responsável ou representante do aluno; inscrição do pretenso filho em plano de saúde ou em órgão de previdência; registro oficial de que residem na mesma unidade domiciliar; vínculo de conjugalidade - casamento ou união estável - com o ascendente biológico; inscrição como dependente do requerente em entidades associativas; fotografias em celebrações relevantes; declaração de testemunhas com firma reconhecida.

Resta alertar que a **ausência destes documentos não impede o registro**, desde que justificada a impossibilidade. No entanto, o registrador deverá atestar como apurou o vínculo socioafetivo.

O reconhecimento da paternidade e maternidade socioafetiva é **irrevogável,** somente podendo ser desconstituído pela via judicial, nas hipóteses de vício de vontade, fraude ou simulação.

Esse tipo de reconhecimento gera os **mesmos direitos e obrigações legais** perante o filho, que também goza dos mesmos direitos de um filho biológico ou adotivo.

Os **legitimados** para requerer o reconhecimento da paternidade ou maternidade socioafetiva de filho são os maiores de dezoito anos de idade, independentemente do estado civil. Por outro lado, não podem reconhecer a paternidade ou maternidade socioafetiva, os irmãos entre si nem os ascendentes.

Aqui vale uma pausa para apresentar a resposta à Consulta 0009179-50.2021.2.00.0000 ao Conselho Nacional de Justiça, onde seu Plenário decidiu, por unanimidade, reforçar a impossibilidade de ascendentes biológicos – avôs e avós – reconhecerem extrajudicialmente a paternidade ou maternidade afetiva de netos.

No documento, a conselheira relatora Jane Granzoto esclareceu que não há divergência entre o Provimento n. 63/2017 e o n. 83/2019, que atualizou o anterior. Em seus ensinamentos, o Provimento estabelece que os ascendentes não poderão, pela via extrajudicial, realizar o reconhecimento voluntário da paternidade ou maternidade socioafetiva dos seus descendentes, uma vez que já existe vínculo preexistente entre eles.

Também foi destacado, no texto da relatora, que só é permitida a inclusão de um ascendente socioafetivo, seja do lado paterno ou do materno. Qualquer segundo ascendente socioafetivo que se pretenda registrar deverá ser necessariamente reclamado pela via judicial. Este tema será abordado em tópico separado.

Voltando à análise, também ficou estabelecido no ato normativo do CNJ que o pretenso pai ou mãe deve ser pelo menos **dezesseis anos mais velho** que o filho a ser reconhecido.

Sobre a **competência** do oficial de registro civil para o reconhecimento da paternidade ou maternidade socioafetiva, a norma diz que este será processado perante o Ofício de registro, ainda que diverso daquele em que foi lavrado o assento, mediante a exibição de documento oficial de identificação com foto do requerente e da certidão de nascimento do filho, ambos em original e cópia, sem constar do traslado menção à origem da filiação.

É imprescindível que o registrador proceda a uma minuciosa verificação da identidade do requerente, mediante coleta, em termo próprio, por escrito particular, conforme modelo constante do Anexo VI do Provimento CNJ n. 63/2017. Isso inclui a qualificação e assinatura do requerente, além de uma rigorosa conferência dos documentos pessoais. Dessa maneira, roga-se por uma **qualificação registral** bastante acurada.

Ato contínuo, o registrador, ao conferir o original, deve manter em arquivo cópia de documento de identificação do requerente, juntamente com o termo assinado. Constarão do termo, além dos dados do requerente, os dados do campo FILIAÇÃO e do filho que constam no registro, devendo o registrador colher a assinatura do pai e da mãe do reconhecido, caso este seja menor.

Alinhando-se à regra da vedação do reconhecimento extrajudicial para menores de 12 anos, o art. 507, § 4º, do Código Nacional de Normas estabelece que, se o filho for **menor de 18 anos** (anteriormente, pela redação original do Provimento 63, a idade limite era 12 anos), o reconhecimento da paternidade ou maternidade socioafetiva exigirá o seu consentimento.

A coleta da anuência tanto do pai quanto da mãe e do filho menor de 18 anos deve ser feita **pessoalmente** perante o oficial de registro civil das pessoas naturais ou escrevente autorizado.

Na **falta da mãe ou do pai do menor**, na impossibilidade de manifestação válida destes ou do filho, quando exigido, o caso será apresentado ao juiz corregedor ou juiz competente nos termos da legislação local.

Se o procedimento envolver a participação de pessoa com deficiência é imprescindível que sejam observadas as regras da **tomada de decisão apoiada** disciplinada no Código Civil.

O reconhecimento da paternidade ou da maternidade socioafetiva pode ocorrer por meio de **documento público ou particular de disposição de última vontade**.

Sobre a atuação do **Ministério Público** no procedimento de paternidade ou maternidade socioafetiva, não havia essa prescrição na redação original do Provimento CNJ n. 63/2017. O ato normativo alterador (Provimento 83/2019) trouxe disposições sobre o tema, que foram ratificadas pelo Código Nacional de Normas. Veja-se:

> Art. 507, Prov. CNJ n. 149/2023
>
> (...)
>
> § 9.º Atendidos os requisitos para o reconhecimento da paternidade ou da maternidade socioafetiva, o registrador encaminhará o expediente ao representante do Ministério Público para parecer:
>
> I – o registro da paternidade ou da maternidade socioafetiva será realizado pelo registrador após o parecer favorável do Ministério Público;
>
> II – se o parecer for desfavorável, o registrador não procederá o registro da paternidade ou maternidade socioafetiva e comunicará o ocorrido ao requerente, arquivando-se o expediente; e
>
> (...)

Ainda sobre a atuação do Ministério Público no reconhecimento da paternidade ou maternidade socioafetiva, é pertinente invocar o entendimento do enunciado da II Jornada de Prevenção e Solução Extrajudicial de Litígios, que, em resumo, estabelece que a participação do Ministério Público é obrigatória no reconhecimento extrajudicial da parentalidade socioafetiva quando a pessoa a ser reconhecida é menor de idade, mas não é necessária quando essa pessoa é maior de idade e capaz. Isso visa assegurar a proteção dos direitos dos menores, enquanto respeita a autonomia dos adultos. Veja-se:

> **Enunciado 121.** A manifestação do Ministério Público, nos autos do Procedimento Extrajudicial de Reconhecimento da Parentalidade Socioafetiva, é **obrigatória quando a pessoa reconhecida contar com menos de 18 anos de idade** na data do reconhecimento, **ficando dispensada quando se tratar de pessoa reconhecida maior e capaz.**
>
> ⊙ Justificativa: O texto original da norma que disciplina o reconhecimento da parentalidade socioafetiva - Provimento 63/2017, do CNJ - não condicionava a averbação ao encaminhamento dos autos do procedimento para parecer do Ministério Público. Contudo, essa norma foi alterada pelo Provimento 83/2019, também do CNJ, incluindo a obrigatoriedade de manifestação do "Parquet" como condição para a referida averbação. Não obstante o artigo específico da norma (art. 11, § 9º) não limitar expressamente essa obrigação aos autos cujo reconhecido for menor de 18 anos, o que motivou a alteração do texto da norma foi a recomendação de participação do Ministério Público em procedimentos de interesse de crianças e adolescentes. Em seus "Considerandos", o Provimento 83/2019, do CNJ, assim dispõe: Considerando ser recomendável que o Ministério Público seja sempre ouvido nos casos de reconhecimento extrajudicial de parentalidade socioafetiva de menores de 18 anos.

A redação da norma permitiu uma segunda interpretação que, além de ferir a necessária uniformidade de procedimentos em todo o território nacional, traz uma burocracia desnecessária, em detrimento da celeridade na prática do ato solicitado pelo usuário do serviço. Demais de tudo isso, até mesmo dentre os promotores a divergência de entendimentos se opera. Em muitos casos, o conflito de entendimentos entre o registrador civil e o representante do Ministério Público precisa ser dirimido judicialmente.

Quanto à necessidade de **atuação do juízo competente**, esta ocorre somente em casos de **dúvida** referente ao registro. Transcrevo o dispositivo para facilitar a compreensão:

> **Art. 507.** Provimento CNJ n. 149/2023
>
> [...]
>
> **§ 9º** (...)
>
> III – Eventual dúvida referente ao registro deverá ser remetida **ao juízo competente** para dirimí-la.

Para complementar os estudos, invoca-se ainda o **Enunciado 6 da I Jornada de Direito Notarial e Registral**, que, em termos gerais, estabelece que, no caso de reconhecimento de filiação socioafetiva, a ausência de consentimento de um dos genitores não deve ser motivo para que o processo seja levado ao Judiciário, desde que essa ausência de consentimento seja devida ao falecimento anterior do genitor. Em outras palavras, se um dos pais biológicos já faleceu, isso não deve impedir que o reconhecimento socioafetivo ocorra extrajudicialmente, sem a necessidade de intervenção judicial. Confira-se:

> **Enunciado 6.** O procedimento de reconhecimento de filiação socioafetiva não deve ser encaminhado para a análise do Judiciário, quando a ausência de consentimento do genitor ocorrer em razão de seu falecimento prévio.
>
> ⊙ Justificativa: O artigo mencionado deve ser interpretado no sentido de que tal impossibilidade seja igual à ausência de concordância ou causa provisória (física ou não) que impeça o pai ou a mãe biológica de concordar com o procedimento no âmbito extrajudicial e, portanto, nesses casos, a questão deverá ser dirimida pelo Poder Judiciário. Por outro lado, quando houver a extinção do poder familiar, em razão da morte de um dos genitores, exigir-se o consentimento do pai ou da mãe biológica seria impor uma condição impossível e obrigar as partes ao uso da via judicial. Assim, quando houver consentimento válido de todas as partes interessadas vivas, o procedimento pode ocorrer na via extrajudicial. A hipótese é corroborada, ademais, pelo duplo filtro realizado, primeiramente, pelo Oficial de

Registro Civil das Pessoas Naturais e, posteriormente, por meio do parecer do Ministério Público para que o reconhecimento da filiação socioafetiva possa ser realizado, sem a necessidade de intervenção judicial (art. 11, § 9º, Provimento 63, CNJ).

Suspeitando de **fraude, falsidade, má-fé, vício de vontade, simulação ou dúvida sobre a configuração do estado de posse de filho**, o registrador fica impossibilitado de praticar o ato e deve fundamentar a recusa, encaminhando o pedido ao juiz corregedor.

A **discussão judicial** sobre o reconhecimento da paternidade ou de procedimento de adoção obsta o reconhecimento da filiação. Em razão disso, o requerente deve declarar o desconhecimento da existência de processo judicial em que se discuta a filiação do reconhecendo, sob pena de incorrer em ilícito civil e penal.

Regra que gerava calorosos debates, o texto do art. 14 também foi modificado, ganhando dois parágrafos pelo Provimento 83/2019 e ratificados pelo Código Nacional de Normas.

Diz o referido dispositivo: *"O reconhecimento da paternidade ou maternidade socioafetiva somente poderá ser realizado de forma unilateral e não implicará o registro de mais de dois pais e de duas mães no campo FILIAÇÃO no assento de nascimento"*.

Antes de apresentar os dois parágrafos adicionados ao artigo, é necessário apresentar o entendimento e a interpretação do Conselho Nacional de Justiça sobre este dispositivo, que, como sabemos, gerou muita controvérsia.

O Ministro João Otávio de Noronha, Corregedor Nacional de Justiça, provocado por manifestação da Corregedoria-Geral da Justiça do Estado do Ceará, definiu, nos autos do Pedido de Providências nº 0003325-80.2018.2.00.0000, que o termo "unilateral" presente no artigo 14 do Provimento CNJ n. 63/2017 (atentar para a correspondência no Provimento CNJ n. 149/2023 – art. 510) **limita o oficial de registro civil das pessoas naturais a anotar apenas pai ou mãe socioafetivos, não possibilitando o registro de ambos ao mesmo tempo**. Transcrevo a íntegra da decisão:

> Trata-se de pedido de providências instaurado pela CORREGEDORIA NACIONAL DE JUSTIÇA após a CORREGEDORIA-GERAL DA JUSTIÇA DO ESTADO DO CEARÁ encaminhar cópia de resposta à consulta sobre a correta interpretação do art. 14 do Provimento 63/2017-CNJ.
>
> Entendeu a Corregedoria local que a utilização da expressão "unilateral", com o propósito de elidir a possibilidade de declaração de reconhecimento de paternidade e maternidade a um só tempo e no mesmo procedimento, não foi a melhor opção.
>
> Sustenta, ainda, que a leitura conjunta dos arts. 10 a 15, que disciplinam a paternidade socioafetiva, permite extrair a conclusão da admissão de situação de multiparentalidade que possa resultar do reconhecimento administrativo de paternidade/maternidade.
>
> Pontuou, por fim, que não há restrições quanto à adoção da via administrativa por casais homoafetivos com vistas ao reconhecimento da paternidade socioafetiva.
>
> É o relatório. Decido.
>
> Em que pese o acerto da Corregedoria-Geral da Justiça do Estado do Ceará em tornar clara a possibilidade de reconhecimento de paternidade sócioafetiva por casais de sexo semelhante, o mesmo não se pode dizer quanto à interpretação que conferiu a Corregedoria local quando aponta para permissivo que admite situação de multiparentalidade no registro da paternidade socioafetiva.
>
> Não é essa alternativa a que se volta o Provimento n. 63/2017-CNJ. Basta uma mera interpretação autêntica para lançar luz sobre a questão.
>
> A adoção do termo "unilateral" se revelou necessária e adequada na medida em que o Provimento buscou promover o reconhecimento voluntário da paternidade ou maternidade socioafetiva de um modo menos burocrático, ante o princípio da igualdade jurídica e de filiação, sem, com isso, abrir mão da reserva à segurança jurídica e sem possibilitar a subversão do procedimento criado, não conferindo espaço para a prática de atos tendentes a propiciar uma "adoção à brasileira".
>
> Dessa forma, o termo unilateral presente no art. 14 do Provimento 63/2017-CNJ limita o oficial de registro civil das pessoas naturais a anotar apenas pai ou mãe socioafetivos, não possibilitando o registro de ambos ao mesmo tempo.
>
> Ante o exposto, para fins de uniformização e adoção de interpretação do Provimento 63/2017-CNJ, oficie-se às Corregedorias-Gerais da Justiça dos Estados e do Distrito Federal e Territórios, para ciência do entendimento adotado pela Corregedoria Nacional de Justiça quanto ao art. 14 do referido Provimento.
>
> Após, arquive-se o presente feito.
>
> Intimem-se.
>
> Brasília, 18 de julho de 2018.

Dessa maneira, o art. 14 do Provimento 63/2017 (corresponde ao art. 510 do Provimento 149/2023) passou a vigorar com a seguinte redação:

> **§ 1º** Somente é permitida a inclusão de um ascendente socioafetivo, seja do lado paterno ou do materno.
>
> **§ 2º** A inclusão de mais de um ascendente socioafetivo deverá tramitar pela via judicial.

É ainda tempestivo informar que o **reconhecimento espontâneo da paternidade ou maternidade socioafetiva** não obstaculiza a discussão judicial sobre a verdade biológica.

Válido ainda mencionar a recente decisão da Vara da Infância e Juventude de Mogi das Cruzes que **negou pedido do Ministério Público para desconstituição de paternidade no assento de nascimento de uma criança.** O juiz Eduardo Calvert **reconheceu paternidade socioafetiva do homem que havia registrado a criança,** mantendo seu nome no documento mesmo com a comprovação de inexistência de vínculos biológicos.

A Promotoria pleiteava a substituição no assento de nascimento, para inclusão do nome do suposto pai biológico. No entanto, seu paradeiro é desconhecido e o homem que assumiu a paternidade manifestou interesse em adotar a menina, caso seu nome fosse excluído da certidão de nascimento.

O magistrado ressaltou que, embora o laço consanguíneo seja a forma de filiação mais comum na sociedade, há outras igualmente aceitas legalmente, como a adoção, a inseminação artificial e a filiação socioafetiva, sendo que a doutrina jurídica entende que a socioafetividade prevalece em relação à origem biológica.

Nas palavras dele "considerando a parentalidade socioafetiva já construída no presente caso, além de ser o desejo do réu de continuar sendo o pai da criança, também levando em conta o superior interesse da criança, que já reconhece o réu como seu pai, além do fato de não ter sido comprovada a paternidade biológica do corréu, a improcedência dos pedidos é medida que se impõe".

Sobre a temática, vale anotar outro julgado relevante, da 8ª Câmara de Direito Privado do Tribunal de Justiça de São Paulo – TJSP. Uma mulher que manteve relação de proximidade com os filhos biológicos do ex-marido após o divórcio teve a maternidade socioafetiva reconhecida em decisão unânime que permitiu a inclusão do nome no registro dos três autores da ação.

Após o divórcio, a relação de afetividade foi mantida com os filhos biológicos do ex-marido, autores da ação. O relator, ao avaliar o caso, alegou que o artigo 1.593 do Código Civil prevê parentesco por adoção ou consanguinidade, mas também aqueles de "outra origem". Ainda explanou que, conforme a doutrina, há espaço ao reconhecimento da paternidade desbiologizada.

A presidente da Comissão Nacional de Notários e Registradores do Instituto Brasileiro de Direito de Família – IBDFAM, Márcia Fidelis Lima relatou que a decisão do TJSP fundamentou o acórdão com "o que há de mais inclusivo e juridicamente coerente com as realidades contemporâneas acerca das relações familiares, no que se refere aos vínculos de parentesco".

Nas palavras da especialista, "a posse do estado de filho é a vivência de uma relação fática de filiação, pendente apenas de sua formalização registral. Porque o que estabelece a existência do parentesco dessa natureza é o convívio, um conjunto de comportamentos recíprocos, ostensivos à comunidade em que vivem, verificados normalmente entre outros pais/mães e filhos/filhas. Não existe um ato ou um instante identificável (por exemplo, o nascimento com vida na consanguinidade) ou juridicamente estabelecido (como a sentença transitada em julgado na adoção) como marco inicial que constitui o parentesco. Verificada a posse do estado de filho, essa relação será levada a registro. Atendidos requisitos que permitem a inclusão da filiação no registro de nascimento diretamente perante o registrador civil, dispensa-se, inclusive, ação judicial".

A professora Márcia Fidelis muito bem reitera que o objeto do julgado impôs a intervenção judicial principalmente porque a mãe é falecida, estando, portanto, impedida de declarar presencialmente, reconhecendo a maternidade. Nas palavras dela "não fosse esse obstáculo, bastaria o comparecimento de mãe e filhos no Serviço de Registro Civil mais próximo deles para formalizar a maternidade originada de uma relação socioafetiva, nos termos do Provimento 63/2017, com as alterações do Provimento 83/2019, ambos do CNJ."

Por fim, assegura-se que o reconhecimento jurídico das relações de afeto como fonte de vínculo de parentesco é um marco no sistema brasileiro de normas que trouxe dignidade para as famílias da vida real.

1.4.1 ENUNCIADOS DO IBDFAM SOBRE A FILIAÇÃO SOCIOAFETIVA APROVADOS NO X CONGRESSO BRASILEIRO DE DIREITO DE FAMÍLIA, EM NOVEMBRO 2017

Enunciado 06. Do reconhecimento jurídico da filiação socioafetiva decorrem todos os direitos e deveres inerentes à autoridade parental.

Enunciado 21. O reconhecimento voluntário da parentalidade socioafetiva de pessoa que não possua parentalidade registral estabelecida poderá ser realizado diretamente no ofício de registro civil, desde que não haja demanda em curso e independentemente de homologação judicial.

1.4.2 A PATERNIDADE SOCIOAFETIVA IMPEDE DIREITO À HERANÇA DE PAI BIOLÓGICO?

A 8ª Câmara Cível do Tribunal de Justiça do Estado do Rio Grande do Sul, no Processo 70071160394, entendeu que a paternidade socioafetiva, declarada ou não em registro público, **não** impede o reconhecimento do vínculo de filiação baseado na origem biológica, inclusive quanto às suas consequências patrimoniais e extrapatrimoniais. Notadamente quando a Ação Investigatória de Paternidade é ajuizada por iniciativa do próprio filho, o maior interessado.

Válido transcrever a decisão para melhor compreensão do tema:

> EMENTA: APELAÇÃO CÍVEL. PRELIMINARES DE NULIDADE AFASTADAS. INVESTIGAÇÃO DE PATERNIDADE. INVESTIGANTE QUE CONTA COM PAI REGISTRAL. RESULTADO DE EXAME DE DNA QUE APONTA PROBABILIDADE SUPERIOR A 99,99% DE QUE O INVESTIGADO SEJA O PAI BIOLÓGICO DA INVESTIGANTE. REFLEXOS NA ESFERA REGISTRAL E PATRIMONIAL. PATERNIDADE REGISTRAL QUE NÃO PODE

INIBIR AS REPERCUSSÕES DA INVESTIGATÓRIA, EM DETRIMENTO DOS INTERESSES DA INVESTIGANTE.

1. No que toca à alegada nulidade do feito por ausência de intimação pessoal do pai registral, representado pela Defensoria Pública, para a apresentação de memorais, é questão que não diz respeito ao legítimo interesse da sucessão apelante, tratando-se de objeção afeta a terceiro que não traz prejuízo a quem a invoca. Além disso, o Juízo da origem expôs as razões jurídicas que o levaram a decidir as questões processuais e as questões materiais da causa, estando a sentença adequadamente fundamentada, atendendo ao disposto no art. 93, inc. IX, da CF, e no art. 489, §1º, do CPC.

2. Considerando que o índice de probabilidade de paternidade apontado no resultado do exame de DNA foi superior a 99,99%, é indubitável que o investigado é mesmo o pai biológico da autora, impondo-se, pois, o julgamento de procedência do pedido investigatório, com todas as suas repercussões. O fato de a investigante possuir um pai registral não deve constituir óbice à procedência de tal pleito, com seus reflexos na esfera registral e patrimonial.

3. Via de regra, o argumento da prevalência da paternidade socioafetiva em relação à biológica somente é passível de acolhimento em prol do filho, quando for de interesse dele preservar e manter o vínculo parental estampado no registro de nascimento, e não contra o filho. A exceção à mencionada regra se dá em circunstâncias muito especiais, o que não se verifica no caso em exame. O cenário desenhado neste feito tem se mostrado reiteradamente em ações investigatórias, isto é, o pai biológico, "muito preocupado" em preservar a paternidade socioafetiva da investigante em relação a terceiro, invoca os vínculos afetivos dela com seu pai registral como fundamento para inibir o desfazimento desta relação... É uma alegação curiosíssima e evidentemente hipócrita, pois é claro que o pai biológico não está verdadeiramente preocupado com a situação da autora, tampouco com a relação dela com o pai registral. O pai biológico está preocupado é com a sua própria situação e com a repercussão patrimonial decorrente da paternidade reconhecida em favor da apelada. NEGARAM PROVIMENTO. UNÂNIME

1.4.3 A SUPOSTA PARTICIPAÇÃO EM HOMICÍDIO IMPEDE MULTIPARENTALIDADE?

Os ministros da Terceira Turma do Superior Tribunal de Justiça, em processo que corre em segredo judicial, mantiveram decisão do Tribunal de Justiça do Ceará que reconheceu a multiparentalidade no caso de um rapaz (que darei o nome fictício de "Tício") acusado de participar do homicídio do pai adotivo. Na ação, o rapaz requereu a manutenção da filiação biológica, que já constava do registro civil, e a reinclusão da filiação socioafetiva, a qual havia sido excluída em ação anterior.

"Tício" alegou ter sido criado pelo pai adotivo desde os primeiros dias de vida e ter sido registrado por ele mesmo na ausência de vínculo biológico ou de um processo regular de adoção. Segundo afirmou, a relação de filiação existente entre os dois sempre foi "afetuosa e respeitosa".

Na primeira instância, foi reconhecida a possibilidade das duas filiações, tanto a biológica, constante do registro público, como a socioafetiva.

O juiz sentenciante entendeu que, apesar de já existir um registro civil com o nome dos genitores e embora o requerente responda a processo criminal pela morte do pai adotivo, as provas demonstraram a clara existência de laços afetivos decorrentes da adoção informal, inclusive reconhecidos publicamente.

Houve apelação da filha biológica do falecido, porém, o entendimento da sentença foi mantido.

O ministro Villas Bôas Cueva afirmou que o Tribunal de Justiça do Ceará 'indicou adequadamente os motivos para reconhecer a paternidade socioafetiva à luz do artigo 1.593 do Código Civil, com a análise profunda do caso concreto, o que não pode ser alterado pelo STJ em virtude do disposto na Súmula 7'. Nas palavras dele "a paternidade socioafetiva realiza a própria dignidade da pessoa humana por permitir que um indivíduo tenha reconhecido seu histórico de vida e a condição social ostentada, valorizando, além dos aspectos formais, como a regular adoção, a verdade real dos fatos".

Ele observou que 'a acusação criminal contra o recorrido não é relevante para o reconhecimento da paternidade, pois a suposta indignidade do filho socioafetivo gera efeitos somente no âmbito patrimonial em caso de recebimento de parte da herança' e afirmou que "se eventualmente, em ação autônoma, for verificada a alegada indignidade (artigos 1.814 e 1.816 do Código Civil de 2002), seus efeitos se restringirão aos aspectos pessoais, não atingindo os descendentes do herdeiro excluído (artigo 1.816 do Código Civil/2002)".

1.4.4 FAMÍLIAS MULTINACIONAIS E A PARENTALIDADE SOCIOAFETIVA

Reconheceu-se o vínculo de parentalidade socioafetiva de casal que vive no exterior com sobrinha no Brasil. Ainda criança, ela passou a ser criada pelo casal e manteve a conexão com eles quando eles foram viver no exterior. No assento de nascimento da requerente, deverão ser incluídos os nomes dos pais socioafetivos, bem como dos avós, sem exclusão do nome da mãe biológica. A decisão é da 2ª Vara de Goiânia.

Conforme os autos em análise, a mãe biológica entregou sua filha para a irmã criar junto ao marido desta. Em 2004, o casal se mudou para o exterior, enquanto a menina, impossibilitada, precisou permanecer no Brasil. Dessa forma, ela passou a viver aos cuidados dos pais do marido de sua tia, que passaram a tratá-la como neta.

Nesta situação, o casal de idosos que permaneceu com a menina no Brasil regularizou a guarda na Justiça.

Posteriormente, resolveram registrá-la no nome dos pais afetivos, mas acabaram denunciados por suposto uso de documento público ideologicamente falso, pois não tinham conhecimento de que a infante já havia sido registrada pela mãe biológica.

Apesar da distância entre os países, a tia e seu marido sempre prestaram auxílio financeiro e estiveram presentes na vida da menina, mantendo a afetividade e a comunicação por meio de aplicativos de comunicação virtual.

Por sua vez, a mãe biológica tem total conhecimento de todo o ocorrido e concorda com o reconhecimento dos pais socioafetivos de sua filha, hoje já em maioridade.

Nos termos do laudo pericial, conclui-se que a moça reconheceu o casal como seus pais, tendo construído com eles vínculos afetuosos. Além disso, ao se referir aos seus irmãos, mencionou os filhos biológicos do casal. Observou-se a presença de vinculação afetiva de sua parte para aqueles a quem reconhece como pai, mãe e irmãos, tanto quanto manifestou com bastante convicção o desejo de que a situação possa ser regularizada.

O juiz do caso, evidenciou a filiação socioafetiva do reconhecimento da maternidade/paternidade com base no afeto, sem que haja vínculo sanguíneo entre as pessoas. No entendimento dele, "possuir o estado de filho significa ser tratado como se filho fosse, inclusive perante a sociedade. Deriva de um ato de vontade, respeito e reciprocidade construído ao longo do tempo, no qual a afeição é a base e não há ligação biológica. Os pais socioafetivos também percebem a jovem da mesma forma que os filhos biológicos. No entanto, mostraram inabilidade de lidar com tranquilidade com o tema adoção, talvez proveniente de suas próprias questões de vida e/ou de pouco esclarecimento acerca da questão, de acordo com a análise judicial".

Sobre o nome, o juiz deixou de determinar a alteração do patronímico conforme requerido na inicial, pois a filiação socioafetiva não tem como consequência a completa alteração do nome da filha. O que poderia ocorrer seria a simples inclusão do patronímico dos pais socioafetivos e não a exclusão de qualquer patronímico dos pais biológicos.

Conclui-se que o reconhecimento da filiação socioafetiva não deve ter fronteiras. Trata-se de um grande avanço para o Direito das Famílias. Nos ensinamentos do advogado Pedro Sousa Barros "neste caso, conseguimos garantir que esse convívio ultrapasse a limitação dos aplicativos para que chegue ao contato físico. Hoje, contudo, podemos perceber que com as vias eletrônicas, as ligações e as chamadas de vídeo, a socioafetividade pode ser mantida em países diferentes. A tendência é que essa questão evolua cada vez mais no Direito das Famílias.

1.4.5 A NEGATIVA ANTERIOR DE REGISTRO DO PAI BIOLÓGICO IMPEDE NOVA AÇÃO PARA REGISTRO CONJUNTO DE VÍNCULOS PARENTAIS?

Segundo a Terceira Turma do Superior Tribunal de Justiça, a resposta é negativa. Considerou-se viável a propositura de ação para reconhecimento concomitante de paternidade afetiva e biológica, mesmo havendo processo anterior, com trânsito em julgado, no qual foi negado o pedido para substituir o pai socioafetivo pelo biológico.

Para o STJ, a renovação do pedido de reconhecimento da paternidade biológica deu-se em extensão e com fundamentos jurídicos diversos, o que mostra que a nova ação é absolutamente distinta da anterior.

Em 2017, na ação que deu origem ao recurso, o autor almeja a declaração de que o requerido é o seu pai biológico, com a consequente anotação no registro de nascimento, sem prejuízo da filiação socioafetiva já registrada.

Na primeira e segunda instância, a Justiça decidiu que o processo deveria ser extinto em razão da existência de coisa julgada, pois, na ação anterior, ajuizada em 2008, foi rejeitado o pedido de reconhecimento da paternidade biológica em relação ao mesmo suposto genitor.

O ministro relator do recurso, Marco Aurélio Bellizze, evidenciou que, na ação anterior, o juízo de primeiro grau chegou a julgar procedente o pedido de reconhecimento da filiação biológica, com base em exame positivo de DNA. A sentença, todavia, foi reformada pelo tribunal sob o fundamento de que o vínculo socioafetivo – que havia perdurado por mais de 40 anos – deveria prevalecer sobre a filiação biológica. Por sua vez, no segundo processo, destacou que o pedido do autor é baseado na identidade genética e na possibilidade de coexistência da paternidade afetiva com a biológica, sem que uma se sobreponha à outra.

No entanto, para Belizze, "é necessário examinar a sentença transitada em julgado para averiguar os limites da coisa julgada, especialmente em se tratando de decisão de improcedência. Isso porque há uma inerente correlação lógica entre a *causa petendi* e o pedido nela fundado, gizados na inicial, com a fundamentação e a parte dispositiva, respectivamente, expendidas na sentença. Na primeira ação, a corte estadual não discutiu o direito de personalidade – consistente na busca pela origem genética – nem a possibilidade de coexistência dos vínculos de filiação afetivo e biológico; na verdade, apenas a paternidade socioafetiva foi abrangida pela coisa julgada no primeiro processo."

Por seu turno, na leitura do relator, o processo mais recente tem como pedido o reconhecimento concomitante dos vínculos parentais de origem afetiva e biológica, com fundamento na harmonia entre os direitos à ancestralidade e à origem genética, de um lado, e à afetividade, de outro – contornos que evidenciam a distinção total entre as duas ações.

Por fim, quando do provimento do recurso e ordem do prosseguimento da ação na origem, o magistrado também ressaltou que, ainda que se estivesse, em tese, diante da identidade de ações, seria o caso de analisar a incidência da teoria da relativização da coisa julgada, por meio da qual se permite a desconsideração do trânsito em julgado quando a sentença revela uma injustiça intolerável ou manifesta inconstitucionalidade – porque, nessas situações, não haveria a pacificação social do conflito pela prestação jurisdicional.

2. JURISPRUDÊNCIA COMPLEMENTAR

CONSELHO NACIONAL DE JUSTIÇA

EMENTA: CONSULTA. PARENTALIDADE SOCIOAFETIVA. RECONHECIMENTO VOLUNTÁRIO. IMPOSSIBILIDADE DE MANIFESTAÇÃO VÁLIDA DE UM DOS GENITORES. OFICIAL REGISTRADOR. EMISSÃO DE RECUSA. ORIENTAÇÃO PARA O INGRESSO PELA VIA DO PROCESSO JUDICIAL. SEGURANÇA JURÍDICA. DOUTRINA DA PROTEÇÃO INTEGRAL. MELHOR INTERESSE DA CRIANÇA E DO ADOLESCENTE.

1. Consulta formulada pela Corregedoria-Geral de Justiça do Estado de Santa Catarina – CGJSC sobre a possibilidade de reconhecimento extrajudicial de paternidade socioafetiva, sem anuência de um dos genitores, com esteio em normativo deste Conselho Nacional de Justiça (CNJ).

2. Os temas relacionados às crianças e aos adolescentes estão submetidos à doutrina da proteção integral, com status constitucional (CRFB, artigo 227) e regulação infraconstitucional irradiada do Estatuto da Criança e do Adolescente (Lei federal n. 8.069/1990), referindo-se ao direito da personalidade à própria identidade da pessoa objeto da proteção estatal, inclusive à paternidade e à maternidade.

3. De acordo com o artigo 507, caput e § 6º, do Provimento CNJ n. 149/2023, que instituiu o Código Nacional de Normas da Corregedoria Nacional de Justiça do Conselho Nacional de Justiça — Foro Extrajudicial (CNN/CN/CNJ-Extra), "o reconhecimento da paternidade ou da maternidade socioafetiva será processado perante o oficial de registro civil das pessoas naturais, ainda que diverso daquele em que foi lavrado o assento, mediante a exibição de documento oficial de identificação com foto do requerente e da certidão de nascimento do filho, ambos em original e cópia, sem constar do traslado menção à origem da filiação", mas, "na falta da mãe ou do pai do menor, na impossibilidade de manifestação válida destes ou do filho, quando exigido, o caso será apresentado ao juiz competente nos termos da legislação local."

4. Nessas circunstâncias de ausência de manifestação de um dos genitores, não se pode conceber a prática do ato sem que ocorra sua citação para que o ausente possa manifestar a sua posição e, eventualmente, exercitar o contraditório, sob pena de esvaziamento do poder familiar do genitor/genitora, em questão envolvendo o direito da personalidade da criança e do adolescente.

5. Somente o juízo com competência para causas de direito de família, infância ou juventude poderá processar o pedido e suprir, sendo o caso, a vontade do genitor ou genitora ausente, averiguando se o pedido, que não conta com a anuência da mãe biológicos, também contempla o respeito à opinião (ECA, artigo 16, inciso II) e à dignidade da criança ou do adolescente como pessoa humana em processo de desenvolvimento e como sujeito de direitos civis, humanos e sociais (ECA, artigo 15).

6. Diante da impossibilidade de manifestação válida de um dos genitores nos procedimentos de reconhecimento voluntário da parentalidade socioafetiva, o oficial registrador deverá emitir nota de recusa e orientar os usuários a apresentarem a demanda no âmbito do Poder Judiciário, com o fim de resguardar a segurança jurídica e o melhor interesse da criança e do adolescente.

7. Consulta conhecida e respondida com caráter normativo geral. (CNJ – Consulta nº 0000060-94.2023.2.00.0000 – Santa Catarina – Rel. Cons. Marcello Terto – DJ 16.02.2024)

Ementa: Consulta. Provimento da Corregedoria Nacional de Justiça nº 63/2017, alterado pelo Provimento nº 83/2019. Impossibilidade de ascendentes biológicos reconhecerem, extrajudicialmente, a paternidade ou a maternidade socioafetiva de netos(as). Consulta respondida.

1. Questionamento quanto à possibilidade de avô e avó reconhecerem, extrajudicialmente, a paternidade ou a maternidade socioafetiva de netos(as), à vista de possível divergência entre o § 3º do artigo 10, e o §1º do artigo 14, do Provimento nº 63/2017, após ser alterado pelo Provimento nº 83/2019.

2. O novo dispositivo inserido - o §1º do artigo 14 - ao mencionar "ascendente", se refere à pessoa sem vínculo jurídico com aquele que se pretende reconhecer a filiação socioafetiva. Além disso, a norma visou explicitar o sentido do termo "unilateral", empregado no *caput*, para limitar a inclusão, pela via extrajudicial, de apenas um ascendente socioafetivo, conferindo maior segurança jurídica ao procedimento.

3. Ausente alterações no sentido original da norma, permanece vedado aos ascendentes o reconhecimento extrajudicial da filiação socioafetiva de netos(as).

4. Consulta respondida.

ACÓRDÃO

Após o voto do Conselheiro Mário Goulart Maia (vistor), o Conselho, por unanimidade, respondeu a consulta no sentido de que o § 1º do art. 14, acrescentado pelo Provimento nº 83/2019, não alterou a redação do § 3º do art. 10 do Provimento CNJ nº 63/2017, permanecendo vedado aos avós biológicos o reconhecimento da paternidade ou da maternidade socioafetiva de netos(as) pela via extrajudicial, nos termos do voto da Relatora. Presidiu o julgamento a Ministra Rosa Weber. Plenário Virtual, 10 de março de 2023. Votaram os Excelentíssimos Conselheiros Rosa Weber, Luis Felipe Salomão, Vieira de Mello Filho, Mauro Pereira Martins, Salise Sanchotene, Jane Granzoto (Relatora), Richard Pae Kim, Marcio Luiz Freitas, Giovanni Olsson, Sidney Madruga, João Paulo Schoucair, Marcos Vinícius Jardim Rodrigues, Marcello Terto, Mário Goulart Maia e Luiz Fernando Bandeira de Mello.

RELATÓRIO

A EXCELENTÍSSIMA SENHORA CONSELHEIRA JANE GRANZOTO (RELATORA): Trata-se de Consulta formulada por CARLOS ANDRÉ DA SILVA COSTA na qual objetiva pronunciamento deste Conselho quanto à possível dualidade entre os artigos 10, §3º, e 14, §1º, do Provimento nº 63, de 14 de novembro de 2017, que dispõe, dentre outros, sobre o reconhecimento voluntário e a averbação da paternidade e da maternidade socioafetiva.

Da leitura dos dispositivos, o consulente afirma existirem interpretações diversas entre os Ministérios Públicos dos Estados e do Distrito Federal ante a impossibilidade de avôs ou avós reconhecerem seus netos como filhos socioafetivos e assim, indaga:

Em razão da dualidade do art. 10, §3º e art. 14, §3º do Provimento 63, alterado pelo 83 do CNJ, é possível o reconhecimento de filiação socioafetivo de ascendente (neto) pelos avós, com base no art. 14, §3º? Em caso de resposta positiva que seja, pela possibilidade de reconhecimento de ascendente(neto) pelos avós com base no art. 14, §3º, seja tal consulta julgada procedente.

Em 20.1.2022 os autos foram redistribuídos a esta cadeira após o transcurso do prazo de 90 (noventa) dias do término do mandato do Conselheiro Marcos Vinícius Jardim Rodrigues, nos termos do § 2º, do art. 45-A, do RICNJ (Id. 4592872).

Na sequência, a então relatora determinou o encaminhamento dos autos à Corregedoria Nacional de Justiça para emissão de parecer (Id. 4608409), este oferecido em 29.6.2022 (Id. 4757463).

É o relatório.

VOTO

A EXCELENTÍSSIMA SENHORA CONSELHEIRA JANE GRANZOTO (RELATORA): Trata-se de Consulta que tem como finalidade suprir possível dúvida entre dispositivos contidos no Provimento nº 63, de 14 de novembro de 2017, após ser alterado pelo Provimento nº 83, de 14 de agosto de 2019, que dispõe, dentre outros, sobre o reconhecimento voluntário e a averbação da paternidade e da maternidade socioafetiva.

Segundo o consulente, haveria dualidade entre o disposto no artigo 10, §3º, e o artigo 14, §1º, já que o primeiro preceito não permite o reconhecimento extrajudicial da paternidade ou da maternidade socioafetiva por ascendentes, enquanto o segundo comando admitira a inclusão de um ascendente socioafetivo, paterno ou materno.

No intuito de obter subsídios para o julgamento da questão, a Corregedoria Nacional de Justiça manifestou-se, por meio de sua Coordenadoria de Gestão de Serviços Notariais e de Registro (CONR), em parecer da lavra do então juiz auxiliar, Marcelo Martins Berthe, que abaixo reproduzo (Id. 4757463):

Inicialmente, cabe salientar que o Conselho Nacional de Justiça não se debruça sobre causas individuais, especialmente diante da ausência de repercussão geral sobre elas.

Na mesma toada é o Enunciado Administrativo n. 17 do CNJ, verbis:

[...]

Nesse sentido, infere-se que a consulta veiculada se limita a questão individual, particularizada, com efeito puramente concreto, entretanto, a atuação do CNJ não se coaduna com o julgamento de questões pessoais, desprovidas de interesse social e/ou de repercussão em grau que seja relevante para parcela significativa do Poder Judiciário e/ou da sociedade brasileira.

A teor do disposto pelo art. 103-B, § 4º, da Constituição Federal, cabe ao Conselho Nacional de Justiça o "controle da atuação administrativa e financeira do Poder Judiciário e do cumprimento dos deveres funcionais dos juízes, cabendo-lhe além de outras atribuições que lhe forem conferidas pelo Estatuto da Magistratura".

A propósito, já se disse outrora que o CNJ não julga causas específicas, mas fixa teses em busca de uniformizar a atuação administrativa dos mais diversos tribunais do país. Confira-se o seguinte julgado:

[...]

Ocorre que, diversamente, no caso em foco, como já adiantado, o requerente consulta a possibilidade do reconhecimento de filiação socioafetiva de neto por ascendente (avós), com base no art. 14, § 3º do Provimento CNJ nº 63/2017.

Assim, esta Coordenadoria entende que a presente consulta não deve ser conhecida, com fulcro no art. 25, inciso x, do Regimento Interno do CNJ, visto que a atuação deste Conselho não é dirigida a pretensões de interesse meramente individual, mas coletivas.

Caso não entenda pelo conhecimento, passo a análise da consulta formulada.

A Corregedoria Nacional de Justiça, no âmbito de sua competência regimental, editou o Provimento n. 63/2017, que dispõe sobre o reconhecimento voluntário e a averbação da paternidade e maternidade socioafetiva.

O ato normativo estabelecendo regras para o procedimento do registro extrajudicial da filiação socioafetiva, definiu, dentre outras matérias, que os ascendentes não poderão reconhecer a paternidade ou maternidade socioafetiva (art. 10):

"Art. 10. O reconhecimento voluntário da paternidade ou da maternidade socioafetiva de pessoas acima de 12 anos será autorizado perante os oficiais de registro civil das pessoas naturais. (Redação dada pelo Provimento n. 83, de 14.8.19)

§ 1º O reconhecimento voluntário da paternidade ou maternidade será irrevogável, somente podendo ser desconstituído pela via judicial, nas hipóteses de vício de vontade, fraude ou simulação.

§ 2º Poderão requerer o reconhecimento da paternidade ou maternidade socioafetiva de filho os maiores de dezoito anos de idade, independentemente do estado civil.

§ 3º Não poderão reconhecer a paternidade ou maternidade socioafetiva os irmãos entre si nem os ascendentes."

Assim, o Provimento estabelece que os ascendentes não poderão, pela via extrajudicial, realizar o reconhecimento voluntário da paternidade ou da maternidade socioafetiva dos seus descendentes, uma vez que já existe vínculo preexistente entre eles.

Adiante, considerando os avanços que decorreram da desjudicialização das filiações socioafetivas consensuais, a Corregedoria Nacional de Justiça editou o Provimento nº 83/2019, modificando dispositivos do Provimento nº 63, anunciando mudanças significativas e aumentando a segurança jurídica nos procedimentos extrajudiciais em questão.

Após a publicação do Provimento CNJ nº 83/2019, o reconhecimento voluntário da paternidade ou da maternidade socioafetiva perante os oficiais de registro civil das pessoas naturais, passou a ser restrito a inclusão de apenas um ascendente socioafetivo, seja do lado materno, seja do lado paterno, ao contrário do que ocorria na vigência do Provimento 63/2017, que possibilitava a inclusão de dois ascendentes, desde que por meio de procedimentos independentes.

Esta alteração visa esclarecer dúvidas de interpretação que poderiam advir da leitura inicial do artigo 14, especificamente quanto à hipótese de multiparentalidade.

Desse modo, foram acrescentados os seguintes parágrafos explicativos ao dispositivo:

Art. 14. O reconhecimento da paternidade ou maternidade socioafetiva somente poderá ser realizado de forma unilateral e não implicará o registro de mais de dois pais e de duas mães no campo FILIAÇÃO no assento de nascimento.

§ 1ª Somente é permitida a inclusão de um ascendente socioafetivo, seja do lado paterno ou do materno.

§ 2º A inclusão de mais de um ascendente socioafetivo deverá tramitar pela via judicial.

A Multiparentalidade, ou seja, quando um filho estabelece uma relação de paternidade/maternidade com mais de um pai e/ou mais de uma mãe, tornou-se uma realidade fática e jurídica.

O novo texto foi direto e explícito ao afirmar que o que resta autorizado para via extrajudicial é a inclusão de apenas mais um ascendente socioafetivo (seja pai ou mãe). Ou seja, qualquer segundo ascendente socioafetivo que se pretenda registrar deverá – necessariamente – ser reclamada pela via judicial.

A redação destes novos parágrafos deixa mais claro o sentido do termo unilateral utilizado na redação originária do respectivo artigo 14.

Como se percebe, o que se quer limitar é apenas a inclusão de mais um ascendente socioafetivo, pela via extrajudicial.

A preocupação, nesse item, tem relação com a multiparentalidade, que poderia estar sujeita a abusos, como nos casos envolvendo um pai "e" uma mãe socioafetivos, hipótese que poderia encobrir uma adoção irregular.

A limitação de apenas um reconhecimento socioafetivo é uma restrição que visa aumentar a segurança jurídica.

Logo, restou esclarecida, com o novo provimento, a admissão da multiparentalidade unilateral: ou seja, a inclusão de um ascendente socioafetivo ao lado de um outro biológico que já preexista, mesmo que da mesma linha.

Salienta-se, que a redação dos novos parágrafos ao dispor sobre "ascendente" trata da inclusão de pessoa que ainda não tem vínculo jurídico com aquele o qual se pretende reconhecer a paternidade ou maternidade sociafetiva, ou seja, não está relacionado aos parentescos já existentes, como o caso dos avós, ascendentes por natureza.

Pelo exposto, conclui-se que os parágrafos acrescentados em nada alteram a redação do § 3º do art. 10 do Provimento CNJ 63/2017, a qual dispõe que "Não poderão reconhecer a paternidade ou maternidade socioafetiva os irmãos entre si nem os ascendentes."

Desse modo, os avós (ascendentes vedados no dispositivo acima citado) permanecem impossibilitados de reconhecer a paternidade/maternidade sociafetiva pela via extrajudicial.

Com essas considerações, a Coordenadoria de Gestão de Serviços Notariais e de Registro (CONR) da Corregedoria Nacional de Justiça opina pelo não conhecimento da consulta. E em caso de conhecimento, opina pela impossibilidade do reconhecimento de filiação socioafetivo de neto pelos avós, com base no art. 14, § 3º do Provimento CNJ nº 63/2017.

É o parecer.

Brasília, data registrada no sistema.

Desembargador MARCELO MARTINS BERTHE

Juiz Auxiliar da Corregedoria Nacional de Justiça

Inicialmente, o parecer opina pelo não conhecimento do pedido por entender se tratar de demanda de natureza individual, de efeito puramente concreto, o que afastaria a atuação deste Conselho. Entretanto, com as mais respeitosas vênias, observo que a narrativa exposta na inicial torna este ponto inconclusivo. Sabidamente, muitas dúvidas sobre a interpretação de dispositivos e de ato regulamentares de competência desta Casa surgem a partir da análise de uma determinada situação, mas, neste específico caso, embora não se possa afastar completamente que a dúvida retrataria a realidade do próprio consulente, não há robustez processual suficiente que demonstre a concretude do pedido.

Nesta via, entendo que a dúvida suscitada atende aos preceitos da art. 89 do RICNJ, além de envolver questionamento sobre os termos do Provimento CNJ nº 63/2017.

Ultrapassado o ponto em que o parecer sugere o não conhecimento do pedido, no mais, acolho integralmente a opinião técnica, no sentido de não existir divergências entre o §1º o artigo 14, e o §3º do artigo 10, do Provimento CNJ nº 63/2017, mesmo diante da alteração promovida pelo Provimento CNJ nº 83/2019, quando se referem ao reconhecimento extrajudicial da filiação socioafetiva.

Desde a edição do Provimento CNJ nº 63/2017, não se admite aos ascendentes (biológicos) o reconhecimento extrajudicial do vínculo socioafetivo de seus descendentes em razão da preexistente relação de parentesco.

A inclusão do §1º, ao artigo 14, pelo Provimento CNJ nº 83/2019, além de não interferir na vedação antes vista do artigo 10, §3º, do Provimento CNJ nº 63/2017, se refere apenas ao vínculo socioafetivo para limitar a formalização deste a um dos ascendentes, ao pai ou à mãe, na intenção de evitar a ocorrência de situações abusivas.

Pelo exposto, conheço da Consulta e respondo no sentido de que o § 1º do art. 14, acrescentado pelo Provimento nº 83/2019, não alterou a redação do § 3º do art. 10 do Provimento CNJ nº 63/2017, permanecendo vedado aos avós biológicos o reconhecimento da paternidade ou da maternidade socioafetiva de netos(as) pela via extrajudicial.

É como voto.

Intime-se todos os Tribunais de Justiça dos Estados e do Distrito Federal e dos Territórios para os efeitos do art. 89, §2º, do RICNJ.

Após, arquivem-se os autos.

Brasília, data registrada no sistema.

Jane Granzoto. Conselheira Relatora (CNJ – Consulta nº 0009179-50.2021.2.00.0000 – Rel. Cons. Jane Granzoto – DJ 15.03.2023)

▶ **EMENTA:** Pedido de Providências – Provimento CNJ nº 63/2017 – Reconhecimento de paternidade ou maternidade sócioafetiva – Necessidade da presença do oficial de registro para efetivação do ato.

1. Conforme previsto nos artigos 10 e 11 do Provimento CNJ n. 63/2017, o reconhecimento da paternidade ou da maternidade socioafetiva será autorizado perante os oficiais de registro civil das pessoas naturais.

2. Inexiste conflito entre os atos submetidos a controle e a norma-paradigma, esta e aqueles devem ser preservados. São entre si distintas, as atribuições privativas dos oficiais de registro civil e as atribuições da Defensoria Pública.

3. Eventual proposta de revisão dos termos do Provimento n. 63/2017 há de ser submetida ao juízo de oportunidade e conveniência do Conselho Nacional de Justiça em procedimento próprio, sob rito adequado, preferencialmente integrado pela participação dos órgãos e entidades que estiveram envolvidos no processo originário de formação de sobredito diploma normativo-regulamentar.

4. Apelo a que se nega provimento.

O Conselho, por unanimidade, negou provimento ao recurso, nos termos do voto da Relatora. Presidiu o julgamento o Ministro Luiz Fux. Plenário Virtual, 10 de setembro de 2021. Votaram os Excelentíssimos Conselheiros Luiz Fux, Maria Thereza de Assis Moura, Emmanoel Pereira, Luiz Fernando Tomasi Keppen, Rubens Canuto, Tânia Regina Silva Reckziegel, Mário Guerreiro, Candice L. Galvão Jobim, Flávia Pessoa, Sidney Madruga, Ivana Farina Navarrete Pena, Marcos Vinícius Jardim Rodrigues, André Godinho e Luiz Fernando Bandeira de Mello. Não votou, em razão da vacância do cargo, o representante da Câmara dos Deputados.

RELATÓRIO

A EXMA. SRA. MINISTRA MARIA THEREZA DE ASSIS MOURA, CORREGEDORA NACIONAL DE JUSTIÇA (Relatora):

Trata-se de Recurso Administrativo interposto face à Decisão Final (Id 3601844) que determinou o arquivamento liminar deste procedimento, considerando que o §5º do artigo 11 do Provimento CNJ n. 63/2017 exige que a coleta da anuência tanto do pai quanto da mãe e do filho maior de doze anos deverá ser feita pessoalmente, perante o oficial de registro civil das pessoas naturais ou escrevente autorizado.

No recurso (Id 3618674), a Defensoria Pública do Estado de Minas Gerais, na cidade de Sete Lagoas, informou haver realizado, em 23/11/2018, evento nominado "Mutirão Direito a ter Pai", com atendimento concentrado, ao propósito de realizar reconhecimentos de paternidade e de filiação socioafetiva, exames de DNA e outros procedimentos previstos na legislação, tais como transações referentes a alimentos, guarda e ao direito de convivência. Aludido evento foi realizado em 42 comarcas do Estado de Minas Gerais (Id 3549189).

Reporta haver atendido ao Sr. J.M.A, à adolescente B.S. e à Sra. L.S.M, que buscavam o reconhecimento de paternidade socioafetiva, bem como o envio do reconhecimento e dos documentos necessários para o Cartório no qual foi registrado o nascimento da adolescente.

A Defensoria informa haver recebido, no dia 31/01/2019, ofício expedido pelo Senhor Ricardo Silva de Souza, Oficial Substituto, informando que não iria averbar o reconhecimento da paternidade socioafetiva em virtude do indeferimento produzido pela Juíza de Direito Letícia Fraga Benitez, da 2ª Vara de Registros Públicos, do Foro Central Cível, da Comarca de São Paulo, ao fundamento de que, para o ato de reconhecimento, não foram preenchidos os requisitos do Provimento CNJ n. 63/2017.

Em contraponto à decisão proferida pela 2ª Vara, indica que todos os demais cartórios de registro civil de pessoas naturais nos estados de Minas Gerais e do Espírito Santo receberam os termos de reconhecimento de paternidade produzidos no supracitado evento e providenciaram as averbações que lhes foram requeridas (Id 3549192).

Esclarece haver procedido à identificação e coleta das declarações dos interessados no exercício de atribuições constitucionais e legais e indica que o instrumento de transação, mediação ou conciliação referendado pelo Defensor Público tem o valor de título executivo extrajudicial, inclusive quando celebrado com pessoas jurídicas de direito público (Lei Complementar n. 80/1994, artigo 4º, §4º). Aduz que os atos da Defensoria Pública são dotados de presunção de legitimidade.

A peça recursal está encerrada com pedido de concessão de tutela antecipada, para determinar, ao Oficial Titular do Cartório de Registro Civil das Pessoas Naturais do 20º Subdistrito e à Juíza de Direito Letícia Fraga Benitez, que procedam à averbação da paternidade socioafetiva, reconhecida pelo instrumento público, referendada por Defensor Público, no registro de nascimento de B.S.

Requereu, ao final, provimento do recurso, com reforma da decisão recorrida.

É o relatório.

VOTO

A EXMA. SRA. MINISTRA MARIA THEREZA DE ASSIS MOURA, CORREGEDORA NACIONAL DE JUSTIÇA (Relatora):

Trata-se de Recurso Administrativo interposto face à Decisão Final (Id 3601844) que determinou o arquivamento liminar deste procedimento, considerando que o §5º do artigo 11 do Provimento CNJ n. 63/2017 exige que a coleta da anuência tanto do pai quanto da mãe e do filho maior de doze anos deverá ser feita pessoalmente, perante o oficial de registro civil das pessoas naturais ou escrevente autorizado.

A decisão recorrida deve ser mantida, por seu próprio fundamento.

Na peça exordial (Id 3550173) constam os seguintes pedidos:

"(...)

Ante o exposto, a Defensoria Pública do Estado de Minas Gerais requer:

v.i) a concessão do pedido liminar, para determinar aos representados Oficial Titular do Cartório de Registro Civil das Pessoas Naturais do 20º Subdistrito e Juíza de Direito Letícia Fraga Benitez, a averbação da paternidade socioafetiva, reconhecida pelo instrumento público, referendado por Defensor Público, no registro de nascimento de B.S.

v.ii) ao final, seja acolhida a representação, confirmando o pedido liminar.

(...)"

A leitura do trecho transcrito permite indubitável compreensão de que a parte autora submeteu, ao controle de legalidade exercido pelo CNJ, os atos administrativos produzidos pelo Oficial de Registro e pela Magistrada Corregedora, que indeferiram a averbação de paternidade socioafetiva.

A pretensão em evidência (controle de ato administrativo praticado por membros ou órgãos do Poder Judiciário) não deveria estar autuada em Pedido de Providências, mas sim, em Procedimento de Controle Administrativo (Regimento Interno do CNJ, artigo 43, X). E este esclarecimento serve ao próximo, indicativo da não existência de incompatibilidade entre o ato administrativo submetido a controle e o Provimento CNJ n. 63/2017, visto aqui estabelecido como parâmetro (STF, MS 27.621, rel. p/ o ac. min. Ricardo Lewandowski. DJE de 11-5-2012).

Os artigos 10 e 11 do Provimento CNJ n. 63/2017 estabelecerem, de forma expressa e inequívoca, que o reconhecimento voluntário da paternidade ou maternidade socioafetiva deverá ser processado perante o oficial de registro civil das pessoas naturais:

"(...)

"Art. 10. O reconhecimento voluntário da paternidade ou da maternidade socioafetiva de pessoa de qualquer idade será autorizado perante os oficiais de registro civil das pessoas naturais.

[...]

Art. 11. O reconhecimento da paternidade ou maternidade socioafetiva será processado perante o oficial de registro civil das pessoas naturais, ainda que diverso daquele em que foi lavrado o assento, mediante a exibição de documento oficial de identificação com foto do requerente e da certidão de nascimento do filho, ambos em original e cópia, sem constar do traslado menção à origem da filiação.

§ 1º O registrador deverá proceder à minuciosa verificação da identidade do requerente, mediante coleta, em termo próprio, por escrito particular, conforme modelo constante do Anexo VI, de sua qualificação e assinatura, além de proceder à rigorosa conferência dos documentos pessoais.

§2º O registrador, ao conferir o original, manterá em arquivo cópia de documento de identificação do requerente, juntamente com o termo assinado.

§3º Constarão do termo, além dos dados do requerente, os dados do campo FILIAÇÃO e do filho que constam no registro, devendo o registrador colher a assinatura do pai e da mãe do reconhecido, caso este seja menor.

§4º Se o filho for maior de doze anos, o reconhecimento da paternidade ou maternidade socioafetiva exigirá seu consentimento.

§5º A coleta da anuência tanto do pai quanto da mãe e do filho maior de doze anos deverá ser feita pessoalmente perante o oficial de registro civil das pessoas naturais ou escrevente autorizado.

§6º Na falta da mãe ou do pai do menor, na impossibilidade de manifestação válida destes ou do filho, quando exigido, o caso será apresentado ao juiz competente nos termos da legislação local.

§7º Serão observadas as regras da tomada de decisão apoiada quando o procedimento envolver a participação de pessoa com deficiência (Capítulo III do Título IV do Livro IV do Código Civil).

§8º O reconhecimento da paternidade ou da maternidade socioafetiva poderá ocorrer por meio de documento público ou particular de disposição de última vontade, desde que seguidos os demais trâmites previstos neste provimento.

(...)"

Conforme regra consignada no §5º do artigo 11 do Provimento CNJ n. 63/2017, a coleta da anuência, tanto do pai quanto da mãe e do filho maior de doze anos, deverá ser feita pessoalmente perante o oficial de registro civil das pessoas naturais ou escrevente autorizado.

Não há, nos autos, elementos indicativos de que a Defensoria Pública tenha estabelecido as tratativas preliminares necessárias à presença de oficial de registro nos eventos institucionais promovidos, tampouco notícia de que os oficiais competentes tenham se recusado a participar de tais eventos e/ou de que inexistem cartórios de registro civil na localidade em que residem os jurisdicionados interessados na averbação.

Não há, também, na espécie, a sugerida violação do §8º do art. 10 do Provimento CNJ n. 63/2017, que assim dispõe:

"(...)

Art. 10. O reconhecimento voluntário da paternidade ou da maternidade socioafetiva de pessoa de qualquer idade será autorizado perante os oficiais de registro civil das pessoas naturais.

(...)

§ 8º O reconhecimento da paternidade ou da maternidade socioafetiva poderá ocorrer por meio de documento público ou particular de disposição de última vontade, desde que seguidos os demais trâmites previstos neste provimento.

(...)"

Com efeito, o referido parágrafo não possibilita o reconhecimento da paternidade ou maternidade socioafetiva por meio de quaisquer documentos públicos ou particulares como faz crer a recorrente. Apenas possibilita o reconhecimento por disposição de última vontade ante a impossibilidade da coleta da anuência ser feita pessoalmente perante o delegatário ou escrevente autorizado, o que não é o caso dos autos.

Por fim, quanto a alegada violação do poder de requisição da Defensoria Pública entendo que tal prerrogativa, apenas, atribuiu à entidade o poder de requisitar documentos, informações, certidões (etc.) a qualquer órgão público para defesa de direitos, mas não possibilita que a Defensoria Pública assuma atribuições privativas do oficial de registro civil das pessoas naturais.

O caso concreto revela que o reconhecimento da paternidade socioafetiva (cuja averbação foi obstada pelos atos administrativos submetidos a controle) foi realizado diretamente pela Defensoria Pública, sem a presença de oficial de registro civil, em afronta à norma-parâmetro.

Neste sentir, não há correção a ser feita nos atos administrativos que negaram a averbação daquele ato e que foram produzidos, de forma sucessiva, pelo Oficial do serviço no qual registrado o nascimento e pelo respectivo Juízo Corregedor.

Em apertada síntese, a Defensoria Pública apresentou determinado entendimento quanto à aplicação de norma baixada pelo CNJ e a intenção de que tal entendimento seja adotado por esta Casa, com reflexo imediato na eficácia atinente ao caso concreto nestes autos e à eficácia abstrata do texto regulamentar. Esta pretensão não merece acolhida, ao menos neste momento.

Isto porque eventual proposta de revisão dos termos do Provimento n. 63/2017 há de ser submetida ao juízo de oportunidade e conveniência do Conselho Nacional de Justiça em procedimento próprio, sob rito adequado, preferencialmente integrado pela participação dos órgãos e entidades que estiveram envolvidos no processo originário de formação de sobredito diploma normativo-regulamentar. O casuísmo deve ser evitado.

Importa consignar, por fim, que a decisão final recorrida não se consubstancia em efetivo prejuízo aos interessados no ato de reconhecimento da paternidade socioafetiva, uma vez que estes podem se apresentar perante qualquer oficial de registro civil para levar a efeito aquela pretensão.

Ante o exposto, voto pelo conhecimento do recurso, por tempestivo e pelo não provimento do mérito.

É como voto. (CNJ – Pedido de Providências nº 0000965-41.2019.2.00.0000 – São Paulo – Rel. Min. Maria Thereza de Assis Moura – DJ 14.09.2021)

EMENTA: PEDIDO DE PROVIDÊNCIAS. ATO NORMATIVO. PROVIMENTO CNJ N. 19/2012. LEI N. 13.257/2016. SUPERVENIÊNCIA DE LEI EM SENTIDO CONTRÁRIO. REVOGAÇÃO DE ATO NORMATIVO DO CNJ CONTRÁRIO A LEI EM TESE.

1. A superveniência de lei em sentido estrito implica na revogação dos atos normativos editados pelo Conselho Nacional de Justiça que lhe são contrários. 2. A gratuidade da averbação destinada ao reconhecimento de paternidade no assento de nascimento, bem como da certidão de decorrente do registro, nos termos da Lei n. 13.257/2016, não permite restrição por ato normativo cronologicamente anterior e de grau hierárquico inferior.

3. Pedido de revogação do Provimento CNJ n. 19/2012 provido.

ACÓRDÃO

O Conselho, por unanimidade, ratificou a revogação do Provimento CNJ n.19/2012, nos termos do voto do Relator. Plenário Virtual, 20 de abril de 2018. Votaram os Excelentíssimos Conselheiros João Otávio de Noronha, Aloysio Corrêa da Veiga, Iracema do Vale, Daldice Santana, Valtércio de Oliveira, Márcio Schiefler Fontes, Fernando Mattos, Luciano Frota, Arnaldo Hossepian, Valdetário Andrade Monteiro, André Godinho, Maria Tereza Uille Gomes e Henrique Ávila. Não votaram a Excelentíssima Conselheira Presidente Cármen Lúcia e, em razão da vacância do cargo, o representante do Ministério Público Federal.

RELATÓRIO

O EXMO. SR. MINISTRO JOÃO OTÁVIO DE NORONHA, CORREGEDOR NACIONAL DE JUSTIÇA:

Trata-se de pedido de providências instaurado de ofício pela Corregedoria Nacional de Justiça em vista de expediente físico encaminhado pela Corregedoria-Geral de Justiça do Estado do Rio Grande do Sul (Id 2188128).

No expediente encaminhado a esta Corregedoria Nacional foram solicitadas informações acerca da aplicabilidade do Provimento CNJ n. 19/2012, em relação a entrada em vigor da Lei n. 13.257/16.

Afirma que o ato normativo emanado do CNJ assegura tão somente aos comprovadamente pobres a gratuidade da averbação do reconhecimento de paternidade e a respectiva certidão, enquanto a novel legislação estende o benefício da gratuidade daqueles atos a toda e qualquer pessoa.

As Corregedorias Gerais de Justiça dos Estados e do Distrito Federal foram oficiadas para que se manifestarem sobre a matéria (Id 2196346).

Os órgãos censores se manifestaram dentro do prazo estipulado (Ids 2204414, 2205802, 2205967, 2205993, 2206815, 2206847, 2207197, 2207314, 2207379, 2207971, 2208005, 2208018, 2208406, 2209289, 2209407, 2210057, 2210335, 2211100, 2211545, 2213988, 2214090, 2214133, 2214206 e 2219066).

Proferi decisão revogando o provimento diante da edição de lei posterior tratando do tema.

É o relatório.

VOTO

O EXMO. SR. MINISTRO JOÃO OTÁVIO DE NORONHA, CORREGEDOR NACIONAL DE JUSTIÇA:

De acordo com o documento inicial que instruiu este pedido de providências (Id 2188128), o art. 33 da Lei n. 13.257/2016 alterou os parágrafos 5º e 6º do art. 122 do ECA, os quais passaram a ter a seguinte redação:

§ 5º Os registros e certidões necessários à inclusão, a qualquer tempo, do nome do pai no assento de nascimento são isentos de multas, custas e emolumentos, gozando de absoluta prioridade.

§ 6º São gratuitas, a qualquer tempo, a averbação requerida do reconhecimento de paternidade no assento de nascimento e a certidão correspondente.

O Provimento CNJ n. 19/2012, por sua vez, assegura aos comprovadamente pobres a gratuidade da averbação do reconhecimento de paternidade e a respectiva certidão.

Nota-se, que nesse caso, o provimento estabelece restrição desamparada da lei regulatória, de modo a condicionar a gratuidade do referido registro à comprovação de hipossuficiência.

O fato da Lei n. 13.257/2016 ser espécie legislativa estrito senso, por si só, exige o cumprimento do princípio da estrita legalidade. Por esse motivo, todo e qualquer ato de hierarquia inferior, como é o caso de provimentos emanados do Conselho Nacional de Justiça, devem obediência aos limites impostos pelo legislador infraconstitucional, não podendo criar ou restringir situações fora dos parâmetros descritos na lei em tese.

Tem-se, portanto, que a novel legislação estabeleceu como gratuita toda e qualquer averbação referente ao reconhecimento de paternidade no assento de nascimento, bem como a certidão decorrente do registro.

Assim, pelo critério cronológico, retira-se que o disposto na Lei n. 13.257/2016 revogou as restrições decorrentes do Provimento CNJ n. 19/2012, posição esta referendada pelas Corregedorias Gerais de Justiça dos Estados nestes autos.

A revogação do Provimento CNJ n. 19/2012 é medida que se impõe, visto que o referido ato normativo impõe restrição desemparada de lei posterior que regula o tema. De outro lado, a unidades federativas devem atentar para o ressarcimento dos atos gratuitos praticados pelos registradores.

Ante o exposto, **diante do previsto no art. 33 da Lei n. 13.257/2016, voto pela ratificação da revogação do Provimento CNJ n. 19/2012.**

É como voto.

Brasília, 2018-05-03.

CNJ – Pedido de Providências nº 0004451-05.2017.2.00.0000 – Rio Grande do Sul – Rel. Cons. João Otávio de Noronha – DJ 07.05.2018

SUPERIOR TRIBUNAL DE JUSTIÇA

EMENTA: Direito Civil – Família – Recurso Especial – Ação de investigação de paternidade c/c negatória de paternidade – Negativa de prestação jurisdicional – Inocorrência – Princípio da concentração da defesa – Observância – Vício de consentimento – Inexistência – Relação socioafetiva – Presença – Julgamento: CPC/2015

1. Ação de investigação de paternidade cumulada com negatória de paternidade proposta em 05/04/2012, da qual foi extraído o presente recurso especial interposto em 24/05/2018 e atribuído ao gabinete em 13/08/2019.

2. O propósito recursal é dizer se a) houve negativa de prestação jurisdicional, b) foi observado o princípio da concentração da defesa, c) o registro de nascimento do recorrido foi formalizado mediante vício de consentimento e d) há relação de socioafetividade entre as partes.

3. A alegada violação a dispositivo constitucional não pode ser apreciada em sede de recurso especial, sob pena de usurpação da competência do STF.

4. Os fundamentos para o afastamento da alegação de preclusão bem como para a rejeição da pretensão estão expostos no acórdão recorrido, não havendo que se falar em violação aos arts. 489 e 1.022 do CPC/2015. Ademais, "em função do princípio do livre convencimento motivado, o magistrado não está vinculado aos relatórios técnicos apresentados pelas equipes de avaliação psicossocial, uma vez que a manifestação da equipe multidisciplinar consubstancia apenas um dos elementos de convicção do juízo" (HC 513.811/SP).

5. O princípio da concentração da defesa ou da eventualidade impõe ao réu o ônus de alegar, na contestação, toda a matéria de defesa (art. 336 do CPC/2015). Se o tema, ainda que não desenvolvido com profundidade, foi suscitado na defesa, inexiste violação a tal princípio.

6. O art. 1604 do CC/02 dispõe que "ninguém pode vindicar estado contrário ao que resulta do registro de nascimento, salvo provando-se erro ou falsidade do registro". Vale dizer, não é possível negar

a paternidade registral, salvo se consistentes as provas do erro ou da falsidade.

7. Esta Corte consolidou orientação no sentido de que para ser possível a anulação do registro de nascimento, é imprescindível a presença de dois requisitos, a saber: (*i*) prova robusta no sentido de que o pai foi de fato induzido a erro, ou ainda, que tenha sido coagido a tanto e (*ii*) inexistência de relação socioafetiva entre pai e filho. Assim, a divergência entre a paternidade biológica e a declarada no registro de nascimento não é apta, por si só, para anular o registro. Precedentes.

8. Na hipótese, o recorrente refletiu por tempo considerável e, findo esse período, procedeu à realização do registro de forma voluntária. Não há elementos capazes de demonstrar a existência de erro ou de outro vício de consentimento, circunstância que impede o desfazimento do ato registral. Não só, as provas examinadas pelo Tribunal local apontam para a existência de vínculo socioafetivo entre as partes, o que corrobora a necessidade de manutenção do registro tal qual realizado.

9. Recurso especial parcialmente conhecido e, nessa extensão, desprovido (STJ – REsp nº 1.829.093 – Paraná – 3ª Turma – Rel. Min. Nancy Andrighi – DJ 10.06.2021)

EMENTA: RECURSO ORDINÁRIO EM MANDADO DE SEGURANÇA. IMPUGNAÇÃO DE ATO JUDICIAL, DESTINADO A BEM INSTRUIR PEDIDO DE HABILITAÇÃO EM PROCESSO DE INVENTÁRIO, QUE DETERMINA A AVERBAÇÃO DE SENTENÇA DE PROCEDÊNCIA EM AÇÃO NEGATÓRIA DE MATERNIDADE, TRANSITADA EM JULGADO. CONSEQUÊNCIA LEGAL OBRIGATÓRIA, EFETIVADA, ORDINARIAMENTE, DE OFÍCIO. PROVIDÊNCIA QUE NÃO SE CONFUNDE COM O DIREITO PERSONALÍSSIMO ALI DISCUTIDO; QUE DISPENSA AJUIZAMENTO DE AÇÃO PARA ESSE FIM; E QUE NÃO SE SUBMETE A QUALQUER PRAZO DECADENCIAL/PRESCRICIONAL. RECONHECIMENTO. INEXISTÊNCIA DE VIOLAÇÃO DE DIREITO LÍQUIDO E CERTO DO IMPETRANTE. RECURSO ORDINÁRIO IMPROVIDO.

1. A controvérsia posta no presente recurso ordinário centra-se em saber se a decisão que autoriza a expedição de mandado de averbação de sentença de procedência, exarada em ação negatória de maternidade e transitada em julgado em 1992, a fim de instruir pedido de habilitação nos autos de inventário, ofende direito líquido e certo do impetrante – o qual teve desconstituído, em face da aludida sentença, seu estado de filiação materna.

2. A averbação de sentença transitada em julgado, a qual declara ou reconhece determinado estado de filiação – como se dá nas ações negatórias de maternidade/paternidade, em caso de procedência –, constitui consequência legal obrigatória, destinada a conferir publicidade e segurança jurídica ao desfecho que restou declarado e reconhecido judicialmente, o que se dá, ordinariamente, de ofício.

2.1 Não existe nenhuma faculdade conferida às partes envolvidas a respeito de proceder ou não à referida averbação, como se tal providência constituísse, em si, um direito personalíssimo destas. Não há, pois, como confundir o exercício do direito subjetivo de ação de caráter personalíssimo, como o é a pretensão de desconstituir estado de filiação, cuja prerrogativa é exclusiva das pessoas insertas nesse vínculo jurídico (pai/mãe e filho), com o ato acessório da averbação da sentença de procedência transitada em julgado, que se afigura como mera consequência legal obrigatória.

3. Na eventualidade de tal proceder não ser observado – o que, na hipótese dos autos, deu-se em virtude de declarada falha do serviço judiciário (houve expedição, mas não houve o encaminhamento do mandado de averbação ao Ofício do Registro Civil das Pessoas Naturais) – não se impõe à parte interessada o manejo de específica ação para esse propósito. A providência de averbação da sentença, por essa razão, não se submete a qualquer prazo, seja ele decadencial ou prescricional.

4. Mostra-se descabido discutir a legitimidade dos herdeiros para promover a averbação da sentença, pois, além dessa providência não se confundir com o direito personalíssimo discutido na ação negatória de maternidade, revela-se inquestionável o interesse jurídico do espólio, representado pela inventariante, acerca da higidez do processo de inventário, sobretudo na qualificação daqueles que ingressam com pedido de habilitação, cujo registro de assentamento civil deve, necessariamente, corresponder com a realidade atual dos fatos, em atenção ao princípio da veracidade, que rege o registro público.

5. A estreita via do mandado de segurança não comporta o conhecimento de matéria concernente ao suposto estabelecimento de maternidade sócio-afetivo, que, por si, não dispensaria exauriente instrução probatória, mostrando-se, de igual modo, de todo impertinente qualquer consideração, a esse propósito, quanto aos efeitos e abrangência da coisa julgada exarada na ação negatória de maternidade.

6. A norma processual que regulamenta as hipóteses em que o processo tramita sob sigilo é expressa em autorizar que terceiros que ostentem comprovado interesse jurídico tenham acesso ao dispositivo da sentença, extraindo-se a correspondente certidão. Salientese, a esse propósito, que o fato de o processo tramitar em segredo de justiça é circunstância absolutamente indiferente à natural repercussão dos efeitos da coisa julgada.

7. Recurso ordinário improvido (STJ – RMS nº 56.941 – Distrito Federal – 3ª Turma – Rel. Min. Marco Aurélio Bellizze – DJ 27.05.2020)

EMENTA: DIREITO CIVIL E PROCESSUAL CIVIL. LEGITIMIDADE DA VIÚVA PARA IMPUGNAR AÇÃO DE INVESTIGAÇÃO DE PATERNIDADE POST MORTEM. Mesmo nas hipóteses em que não ostente a condição de herdeira, a viúva poderá impugnar ação de investigação de paternidade *post mortem*, devendo receber o processo no estado em que este se encontra. Em princípio, a ação de investigação de paternidade será proposta em face do suposto pai ou suposta mãe, diante do seu caráter pessoal. Desse modo, falecido o suposto pai, a ação deverá ser proposta contra os herdeiros do investigado. Nesse contexto, na hipótese de a viúva não ser herdeira, ela não ostentará, em tese, a condição de parte ou litisconsorte necessária em ação de investigação de paternidade. Assim, a relação processual estará, em regra, completa com a citação do investigado ou de todos os seus herdeiros, não havendo nulidade pela não inclusão no polo passivo de viúva não herdeira. Ocorre que o art. 365 do CC/1916, em dispositivo reproduzido no art. 1.615 do Código em vigor, estabelece: "qualquer pessoa, que justo interesse tenha, pode contestar a ação de investigação da paternidade ou maternidade". Por conseguinte, o interesse em contestar não é privativo dos litisconsortes necessários. Esclareça-se, a propósito, que a doutrina – seja sob a égide do Código de 1916, seja do atual – orienta-se no sentido de que o "justo interesse" pode ser de ordem econômica ou moral. De igual modo já decidiu o STF, em julgado no qual foi reconhecida a legitimidade da viúva do alegado pai para contestar ação de investigação de paternidade em hipótese em que não havia petição de herança (RE 21.182-SE, Primeira Turma, julgado em 29/4/1954). Desta feita, o interesse puramente moral da viúva do suposto pai, tendo em conta os vínculos familiares e a defesa do casal que formou com o falecido, compreende-se no conceito de "justo interesse" para contestar a ação de investigação de paternidade, nos termos do art. 365 do CC/1916 e do art. 1.615 do CC/2002. Não sendo herdeira, deve ela, todavia, receber o processo no estado em que este se encontrar, uma vez que não ostenta a condição de litisconsorte passiva necessária. REsp 1.466.423-GO, Rel. Min. Maria Isabel Gallotti, julgado em 23/2/2016, DJe 2/3/2016.

EMENTA: Recurso Especial – Direito de família e processual civil – Ação negatória de paternidade – Pretensão de relativização da coisa julgada formada em anterior ação de investigação de paternidade – Impossibilidade na espécie – Dissídio jurisprudencial – Ausência de devida demonstração – Negativa de prestação jurisdicional – Inocorrência – 1. O Supremo Tribunal Federal, ao apreciar o RE 363.889/DF, com repercussão geral reconhecida, permitiu, em caráter excepcional, a relativização da coisa julgada formada em ação de investigação julgada improcedente por ausência de provas, quando não tenha sido oportunizada a realização de exame pericial acerca da origem biológica do investigando por circunstâncias alheias à vontade das partes – 2. Hipótese distinta do caso concreto em que a ação de investigação de paternidade foi julgada procedente com base na prova testemunhal, e, especialmente, diante da reiterada recusa dos herdeiros do investigado em proceder ao exame genético, que, chamados à coleta do material por sete vezes, deixaram de atender a qualquer deles – 3. Configura conduta manifestamente contrária à boa-fé objetiva, a ser observada também em sede processual, a reiterada negativa, por parte da recorrente, de produzir a prova que traria certeza à controvérsia estabelecida nos autos da anterior ação de investigação de paternidade para, transitada em julgado a decisão que lhe é desfavorável, ajuizar ação negatória de paternidade agora visando à realização do exame de DNA que se negara a realizar anteriormente – 4. Intolerável o comportamento contraditório da parte, beirando os limites da litigância de má-fé – 5. Recurso especial parcialmente conhecido e desprovido. (STJ – REsp nº 1.562.239 – Mato Grosso do Sul – 3ª Turma – Rel. Min. Paulo de Tarso Sanseverino – DJ 16.05.2017).

EMENTA: AGRAVO EM RECURSO ESPECIAL. CIVIL E PROCESSO CIVIL. AÇÃO DE INVESTIGAÇÃO DE PATERNIDADE. FILHO REGISTRADO POR QUEM NÃO É O VERDADEIRO PAI. RETIFICAÇÃO DE REGISTRO. IMPRESCRITIBILIDADE. DIREITO PERSONALÍSSIMO. PRECEDENTES. APLICAÇÃO DA SÚMULA 83/STJ. AGRAVO CONHECIDO PARA, DESDE LOGO, NEGAR SEGUIMENTO AO RECURSO ESPECIAL. (STJ – AREsp nº 484.578 – São Paulo – 3ª Turma – Rel. Min. Paulo de Tarso Sanseverino – DJ 04.02.2016)

EMENTA: Direito processual civil. Família. Ação negatória de paternidade. Descaracterização. Pedido formulado. Anulação de registro de nascimento. Legitimidade ativa. – Na ação negatória de paternidade, prevista no art. 1.601, do CC/02, o objeto está restrito à impugnação da paternidade dos filhos havidos no casamento, e a legitimidade ativa para sua propositura é apenas do marido, que possui o vínculo matrimonial necessário para tanto. Na hipótese, contesta-se a paternidade de filho concebido fora do matrimônio, o que aponta a inadequada incidência do art. 1.601, do CC/02 à espécie. – O pedido de anulação de registro de nascimento, fundamentado em falsidade ideológica do assento, encontra amparo na redação do art. 1.604, do CC/02, cuja aplicação amolda-se ao pedido exposto na exordial. – Não se tratando de negatória de paternidade, mas de ação declaratória de inexistência de filiação, por alegada falsidade ideológica no registro de nascimento, não apenas o pai é legítimo para intentá-la, mas também outros legítimos interessados. Recurso especial conhecido e provido.

SUPERIOR TRIBUNAL DE JUSTIÇA

EMENTA: RECURSO ESPECIAL. PROCESSUAL CIVIL. DECLARATÓRIA DE INEXISTÊNCIA DE FILIAÇÃO. INTERESSE. EXISTÊNCIA.

I. O pedido deduzido por irmão, que visa alterar o registro de nascimento de sua irmã, atualmente com mais de 60 anos de idade, para dele excluir o pai comum, deve ser apreciado à luz da verdade socioafetiva, mormente quando decorridos mais de 40 anos do ato inquinado de falso, que foi praticado pelo pai registral sem a concorrência da filha.

II. Mesmo na ausência de ascendência genética, o registro da recorrida como filha, realizado de forma consciente, consolidou a filiação socioafetiva, devendo essa relação de fato ser reconhecida e amparada juridicamente. Isso porque a parentalidade que nasce de uma decisão espontânea, deve ter guarida no Direito de Família.

III. O exercício de direito potestativo daquele que estabelece uma filiação socioafetiva, pela sua própria natureza, não pode ser questionado por seu filho biológico, mesmo na hipótese de indevida declaração no assento de nascimento da recorrida.

IV. A falta de interesse de agir que determina a carência de ação, é extraída, tão só, das afirmações daquele que ajuíza a demanda – *in status assertionis* –, em exercício de abstração que não engloba as provas produzidas no processo, porquanto a incursão em seara probatória determinará a resolução de mérito, nos precisos termos do art. 269, I, do CPC. Recurso não provido. (STJ – REsp nº 1.259.460 – São Paulo – 3ª Turma – Rel. Min. Nancy Andrighi – DJ 29.06.2012).

TRIBUNAL DE JUSTIÇA DO ESTADO DE SÃO PAULO CORREGEDORIA-GERAL DA JUSTIÇA

EMENTA: Registro Civil das Pessoas Naturais – Reconhecimento da filiação socioafetiva perante o Registro Civil das Pessoas Naturais – Possibilidade – Recurso não provido (PROCESSO Nº 2014/88189 – SÃO PAULO). Excelentíssimo Senhor Corregedor Geral da Justiça: Trata-se de recurso interposto pelo Ministério Público do Estado de São Paulo contra a r. decisão do MM. Juízo Corregedor Permanente (fls. 55/58 e 71/72) que autorizou a inclusão do nome de A. B. como genitora socioafetiva de R.P. e os nomes dos pais dela como avós. Alega, em síntese, que a competência para o reconhecimento é da Vara de Família em razão da ausência de determinação de vínculo biológico entre a criança e A., e que a decisão não interpretou corretamente o art. 1597, do Código Civil. Ainda, que o princípio constitucional da isonomia foi violado. Afirma, também, inexistir erro de registro. Aduz que a decisão administrativa não faz coisa julgada e que não garante segurança jurídica à criança em virtude de eventual questionamento futuro. Contrarrazões às fls. 75/90. A D. Procuradoria Geral de Justiça opinou pelo não provimento do recurso Ministerial (fls. 96/99), mantendo-se a r. decisão recorrida. É o relatório. Opino. M.C.P.S. e A.B. formularam requerimento ao Oficial de Registro Civil do 24º Subdistrito da Capital objetivando a inclusão, no assento de R.P., do nome de A. B., como mãe de R., e dos pais dela, como avós. Solicitaram, ainda, que o nome do R. passasse a constar R.P.B. Consta do requerimento de M.C.P.S. e A.B. que vivem em união estável desde 2006 e se submeteram conjuntamente à fertilização *in vitro* com doador anônimo em 2013. Houve estimulação dos ovários, colheita e fertilização dos óvulos de ambas com sêmem de doador anônimo e, por fim, seleção e transferência dos melhores embriões para o útero de M. C., que foi a escolhida para ser a gestante. O nascimento de R. ocorreu em 08.11.13 e, em seu assento de nascimento, constou apenas o nome de sua mãe biológica M.C., motivo pelo qual buscam a inclusão, na qualidade também de mãe, de A.B., dos pais dela como avós, e a alteração do nome de R., acrescendo-lhe o sobrenome B. O requerimento foi instruído com: a) declaração de nascido vivo que atesta que R. p. filho de M.C.P.S., nasceu no dia 08.11.2013, no Hospital Israelita Albert Einstein (fl. 08); b) certidão de nascimento de R.P., com número de matrícula 115030 01 55 2013 1 00302 230 0027865 92, em que consta o nome de M.C.P.S. como genitora (fl. 09);c) escritura pública de união estável lavrada em 04.04.2012, nas notas do 29º Tabelionato da Capital, por meio da qual declaram viver em união estável, como companheiras, desde 15.05.2006, estabelecem a comunicabilidade de todos os bens adquiridos onerosamente após a constituição da entidade familiar, e que, em caso de enfermidade, a companheira sã pode deliberar, prioritariamente aos demais familiares, sobre as providências médico-hospitalares oportunas, fixam-se como beneficiárias para fins previdenciários (fls. 10/12);d) Relatório final de tratamento por FIV, subscrito por médico que declara que A. e M.C., em regime de união estável, foram por ele submetidas a tratamento de fertilização *in vitro* com sêmen de doador e transferência de embriões no dia 03.03.2013 no Projeto Alfa-Aliança de Laboratórios de Fertilização Assistida, e que referido tratamento ensejou a gestação única de M. C. da qual resultou o nascimento de RN vivo, masculino (fl. 13);e) fotos do nascimento no hospital e do chá de bebê (fls. 14/17);f) Relatório médico complementar ratificando que houve fertilização in vitro dos oócitos de A. e M. C. e transferência de embriões ao útero desta última independentemente da origem dos oócitos, tudo com autorização de A. (fls. 42/43);g) Relatório médico atestando que A. esteve presente em todas as consultas acompanhando M. C., participando ativamente tanto no período de fertilização quanto de todo o período pré-natal. Informa, ainda, que A. recebeu medicações para produzir leite materno e, desta forma, foi capaz de amamentar o recém-nascido desde os primeiros dias (fl. 44);h) Declaração da médica responsável pela puericultura dando conta de que R. sempre está acompanhado das mães A. e M. C., as quais participam ativamente do desenvolvimento do menor, que vem evoluindo de forma bastante saudável, com desenvolvimento adequado sendo nítido que reconhece igualmente a voz e os chamados das duas mães quando interagem com ele, reagindo com atenção, fixação do olhar e sorriso social desde 1 mês e meio, reações comuns apenas na relação muito próxima com o familiar, demonstrando convívio diário (fl. 45). É incontroverso nos autos que a inclusão do nome de A. B., como genitora, e dos pais dela, como avós, no assento de nascimento de R. p. é medida justa e necessária. O que se discute é se o reconhecimento voluntário da filiação socioafetiva pode ser realizado perante os Oficiais de Registro Civil das Pessoas Naturais ou se necessita de ação judicial. A D. Procuradoria Geral da Justiça, forte nos fundamentos da r. decisão recorrida, é favorável ao reconhecimento nesta via administrativa. A r. decisão recorrida, por seu turno, traz os seguintes argumentos: a) demonstração da relação familiar; b) presunção de paternidade no caso de inseminação artificial heteróloga precedida de autorização do marido (CC 1.597, V); c) a expressão "marido", contida no art. 1.597, V, do Código Civil, não deve servir de óbice ao reconhecimento socioafetivo porque a união estável é reconhecida pela Constituição Federal como entidade familiar e a ADI nº 4277 reconheceu a união estável homoafetiva nos mesmos moldes da heterossexual. De fato, após o julgamento da ADI 4277-DF pelo E. Supremo Tribunal Federal, todos os dispositivos legais, notadamente os do Código Civil, que, de alguma forma, permitam ou induzam tratamento diverso entre os casamentos e uniões estáveis heterossexuais e homoafetivos devem passar por uma releitura para atender às suas novas finalidades. Assim, de acordo com a lógica construída na r. decisão e acatada pelo D. Procuradoria Geral de Justiça, se a presunção da paternidade contida no art. 1.597, V, do Código Civil, vale também entre companheiros, e se aos casamentos e uniões estáveis de pessoas do mesmo sexo são garantidos os mesmos direitos, não se pode recusar à mãe socioafetiva o direito de reconhecer como seu o filho havido nestas circunstâncias. Do contrário, criar-se-ia a seguinte situação injustificada de desigualdade: os cônjuges ou companheiros de sexos diferentes (relacionamento heterossexual) teriam acesso à via mais rápida do reconhecimento direto perante o registrador, ao passo que os companheiros ou cônjuges de mesmo sexo (relacionamento homoafetivo) teriam de trilhar a morosa e dispendiosa via judicial. Mas não é só. Milton Paulo de Carvalho[1] lembra que a opção do legislador pela filiação socioafetiva se manifesta nos arts. 1.593, 1.596, 1.597, V, 1.605 e 1.614, todos do Código Civil: *Art. 1.593. O parentesco é natural ou civil, conforme resulte de consanguinidade ou outra origem. Art. 1.596. Os filhos, havidos ou não da relação de casamento, ou por adoção, terão os mesmos direitos e qualificações, proibidas quaisquer designações discriminatórias relativas à filiação. Art. 1.597. Presumem-se concebidos na constância do casamento os filhos: V – havidos por inseminação artificial heteróloga, desde que tenha prévia autorização do marido. Art. 1.605. Na falta, ou defeito, do termo de nascimento, poderá provar-se a filiação por qualquer modo admissível em direito: I – quando houver começo de prova por escrito, proveniente dos pais, conjunta ou separadamente; II – quando existirem veementes presunções resultantes de fatos já certos. Art. 1.614. O filho maior não pode ser reconhecido sem o seu consentimento, e o menor pode impugnar o reconhecimento, nos quatro anos que se seguirem à maioridade, ou à emancipação.* E, ao comentar o art. 1.596, explica que a legislação estabelece quatro tipos de estado de filiação: por consanguinidade, por adoção, por inseminação artificial e em virtude de posse de estado de filiação. Na jurisprudência, é tranquilo o reconhecimento da socioafetividade como um dos modos de filiação. Nos autos do Recurso Especial nº 1000356/SP, a Ministra Nancy Andrighi destacou que a filiação socioafetiva tem alicerce no art. 227, § 6º, da Constituição Federal, e envolve não apenas a adoção, como também parentescos de outra origem, conforme introduzido pelo art. 1.593, do Código Civil, além daqueles decorrentes da consanguinidade oriunda da ordem natural, de modo a contemplar a socioafetividade surgida como elemento de ordem cultural. A jurisprudência deste E. Tribunal de Justiça caminha no mesmo sentido, podendo-se citar, por exemplo, trecho do voto proferido nos autos da apelação nº 01637-05.2010.8.26.0510, relatada pelo Desembargador Francisco Eduardo Loureiro: *O artigo 1.593 do novo Código Civil, afinado com o espírito da Constituição Federal, dispõe que "o parentesco é natural ou civil, conforme resulte de consanguinidade ou outra origem" (grifo nosso). O termo outra origem, usado pelo legislador, admite como fontes do parentesco os casos de reprodução artificial e as relações socioafetivas, sem vínculo biológico ou de adoção. Na lição de Edson Luiz Fachin, a verdadeira filiação só pode vingar no terreno da afetividade, da intensidade das relações que unem pais e filhos, independente da origem biológico-genética (Comentários ao Novo Código Civil, Forense, V. XVI, p. 25; ver, também, Eduardo Oliveira Leite, Temas de Direito de Família, RT, 1.94, p. 121, entre outros).* Como se vê, o Código Civil prevê diversas causas de parentesco: civil, consanguíneo e com "outras origens", aí incluídas a socioafetiva e a procriação por reprodução artificial. O parentesco civil se constitui por meio de adoção e, para esta hipótese de filiação, a via judicial é indispensável, nos termos exigidos pelo Estatuto da Criança e do Adolescente. Diversas, porém, são as hipóteses de reconhecimento de filho biológico e por socioafetividade. Em relação aos filhos biológicos, para os havidos durante a constância do casamento, a lei presume a filiação (CC 1.597); quanto aos concebidos fora dele, basta a declaração do pai perante o registrador para que seja averbada a paternidade no assento de nascimento (art. 1º, I, da Lei nº 8.560/92). No caso do filho havido fora do casamento, é importante destacar que não se exige qualquer prova específica daquele que se apresenta como pai, sendo suficiente a afirmação desta qualidade perante o registrador – ou mesmo perante o juiz (o art. 2º, § 3º, da Lei nº 8.560/92). Quanto à filiação por socioafetividade que, repita-se, não se confunde com a adoção, a via judicial também é prescindível porque a Lei nº 8.560/92 cuida do reconhecimento de filhos havidos fora do casamento, sem discriminar o tipo de filiação: biológica ou socioafetiva. Assim, impedir o reconhecimento da filiação socioafetiva na via administrativa implicaria inegável afronta à vedação da discriminação da filiação em virtude da natureza prevista no § 6º, do art. 227, segundo o qual: *Os filhos, havidos ou não da relação do casamento, ou por adoção, terão os mesmos direitos e qualificações, proibidas quaisquer designações discriminatórias relativas à filiação.* Deste modo, se o filho biológico pode ser reconhecido voluntariamente pelo pai mediante simples declaração – desacompanhada de qualquer prova – feita perante o oficial de registro civil, o mesmo direito, nas mesmas condições, deve ser concedido ao filho socioafetivo. A desnecessidade da via judicial se evidencia ainda mais no caso em exame porque o filho permanecerá na família de origem e apenas terá o nome de sua mãe socioafetiva, que assim se declarou voluntaria e espontaneamente, inserido em seu registro. A utilização da via administrativa representa, ainda, medida de desjudicialização, porque transfere a órgão não jurisdicional questão que prescinde da manifestação do Estado-Juiz. O reconhecimento da filiação socioafetiva é modalidade de parentesco ainda precoce em nosso ordenamento jurídico e em nossa jurisprudência pátria, de modo que precisa ser interpretado à luz dos novos princípios informadores do direito de família, abandonando-se conceitos antigos arraigados em nossa cultura já incompatíveis com a realidade. Não por outra razão, o Ministro Eduardo Ribeiro já observou, com total razão, que as normas jurídicas hão de ser entendidas tendo em vista o contexto legal em que inseridas e considerando os valores tidos como válidos em determinado momento histórico. Não há como interpretar-se uma disposição, ignorando as profundas modificações por que passou a sociedade, desprezando os avanços da ciência e deixando de terem conta as alterações de outras normas, pertinentes aos mesmos institutos jurídicos (STJ, Resp 194866). E é dentro deste novo contexto do direito de família que o reconhecimento voluntário da filiação socioafetiva deve ser analisado. Nos Estados do Pernambuco, Maranhão e Ceará, as respectivas Corregedorias Gerais de Justiça editaram Provimentos autorizando o reconhecimento voluntário por socioafetividade perante o registro civil de pessoas naturais (Provimentos nºs 09/2013, 21/2013 e 15/2013). Referidos provimentos tomaram por base as seguintes premissas: igualdade de filiação; inexistência de hierarquia da filiação biológica sobre a civil; o art. 226, da Lei Maior, segundo o qual a família, base da sociedade, tem especial proteção do Estado; a inserção de novos valores; os princípios da afetividade e da dignidade da pessoa humana; que o instituto da paternidade socioafetiva tem a sua existência ou coexistência reconhecidas no âmbito da realidade familiar; a possibilidade do reconhecimento voluntário de paternidade perante o Oficial de Registro Civil, devendo tal possibilidade ser estendida às hipóteses de reconhecimento voluntário de paternidade socioafetiva, já que ambos estabelecem relação de filiação, cujas espécies devem ser tratadas com igualdade jurídica; que as normas consubstanciadas nos Provimentos nº 12, 16, e 26 do Conselho Nacional de Justiça, as quais visam a facilitar o reconhecimento voluntário de paternidade biológica devem ser aplicáveis, no que forem compatíveis, ao reconhecimento voluntário da paternidade socioafetiva, tendo em vista a igualdade jurídica entre as espécies de filiação; o Enunciado Programático nº 06/2013, do IBDFAM – Instituto Brasileiro de Direito de Família, segundo o qual "do reconhecimento jurídico da filiação socioafetiva decorrem todos os direitos e deveres inerentes à autoridade parental; o art. 10, II, do Código Civil, segundo o qual "os atos judiciais ou extrajudiciais que declararem ou reconhecerem a filiação devem ser averbados em registro público"; a existência de um grande número de crianças e adultos sem paternidade registral estabelecida, embora tenham relação de paternidade socioafetiva já consolidada. No Estado de São Paulo, como não há provimento regulamentando a matéria, é preciso examinar o caso concreto. Pois bem. Os documentos acostados aos autos demonstram, de forma mais do que suficiente e, sobretudo, objetiva, a existência do convívio familiar, desde 2006, por meio da constituição de união estável registrada por escritura pública. Os atestados médicos apresentados e até mesmo as fotos demonstram, por sua vez, que, juntas, as recorrentes se submeteram conjuntamente à fertilização *in vitro* com doador anônimo em 2013. Assim, houve estimulação dos ovários, colheita e fertilização dos óvulos de ambas com sêmem de doador anônimo e, por fim, seleção e transferência dos melhores embriões para o útero de M. C., que foi a escolhida para ser a gestante e que deu à luz a R. ocorreu em 08.11.13. O cenário fático encontra-se objetivamente demonstrado, carecendo de qualquer outra prova. No que diz respeito à atribuição do registrador civil de pessoas naturais para aferir o vínculo socioafetivo, anoto que, se para o reconhecimento do filho biológico não se exige qualquer comprovação, o mesmo tratamento deve ser dispensado ao reconhecimento da filiação por socioafetividade. Mas, ainda que assim não fosse, a análise documental em questão é meramente objetiva, extrínseca, portanto a pleno alcance do registrador, desde que exercida, como sempre, mediante prudente critério. A propósito do exame notarial e registral, sublinho que as últimas modificações feitas por V. Exa. nas Normas de Serviço da Corregedoria-Geral da Justiça têm prestigiado – em razão da eficiência, da boa prestação de serviços, da meta de desjudicialização e da inexistência de impedimento legal – o desenvolvimento e o estímulo da qualificação registral que, se de um lado, transferem mais confiança e atribuições aos notários e registradores, de outro, trazem maior responsabilidade. Apenas para exemplificar o incremento da atividade qualificatória notarial e registral, cito alguns casos: a possibilidade de o tabelião de protestos recusar o protesto dos chamados "cheques podres" (item 34, do Capítulo XV); permissão para o registrador de imóveis rejeitar as impugnações infundadas nas retificações registro (item 138.19, I, do Capítulo XX); autorização para registrador de imóveis, seguindo o critério da prudência e à vista dos demais documentos e circunstâncias de cada caso, verificar se os documentos apresentados pelos interessados na regularização fundiária podem embasar o registro da propriedade (item 291, Capítulo XX); autorização para os notários e registradores realizarem conciliação e mediação nas Serventias Extrajudiciais (Provimento CG nº 17/2013). Todos os fatos acima indicados demonstram que inexistem motivos jurídicos ou razoáveis a impor às recorrentes o moroso e dispendioso caminho da via judicial. Quanto ao risco de fraude, destaco que, para os casos como o presente, nenhuma segurança a mais se conseguiria com a remessa das recorrentes à via judicial haja vista que, nela, seriam os mesmos documentos ora apresentados e examinados que serviriam de alicerce para a inevitável sentença de procedência de eventual ação de investigação de paternidade socioafetiva. De mais a mais, nenhum sistema é imune a fraudes e a prova disso são as inúmeras adoções à brasileira que, infelizmente, ainda ocorrem e, posteriormente, vêm a ser chanceladas pelo Judiciário com base justamente na socioafetividade e, ainda, no princípio do melhor interesse da criança. A sistemática do reconhecimento administrativo estabelecido pela Lei nº 8.560/92, da mesma forma, também é suscetível a burlas, na medida em que não exige mais do que a simples declaração voluntária do pai em relação ao filho a ser reconhecido. Por fim, também a via judicial pode ser usada para chancelar situação de filiação socioafetiva inexistente, bastando que os fraudadores se casem ou constituam união estável por escritura pública para dar aparência de convivência familiar e, com isso, alcançar o espúrio objetivo. Assim, também sob o prisma da segurança, não se pode obstar o reconhecimento da filiação socioafetiva na via administrativa. Em contrapartida, deve-se sempre lembrar que a boa-fé é sempre presumida, de modo que não se pode impedir o benefício para muitos em virtude do eventual desvio de conduta de alguns. E que, em caso de suspeita de fraude, o registrador sempre poderá recorrer ao juiz corregedor permanente. Por último, quanto à alegada insegurança jurídica decorrente da inexistência de trânsito em julgado material das decisões administrativas, destaco que o art. 1.604, do Código Civil, dispõe que ninguém pode vindicar estado contrário ao que resulta do registro de nascimento, salvo provando-se erro ou falsidade do registro. Assim, somente por meio de decisão judicial o estado de filiação poderá ser alterado – apenas nos casos de erro ou falsidade –, de onde se conclui que a segurança ora requerida é, em verdade, a mesma já existente que protege o reconhecimento da filiação biológica. Em suma: seja pelo suporte legal e jurisprudencial indicado na r. decisão recorrida, seja pelos argumentos ora apontados, o recurso do Ministério Público não comporta provimento. Diante do exposto, o parecer que respeitosamente submeto à elevada consideração de Vossa Excelência é no sentido de que seja negado provimento ao recurso. Em caso de aprovação, sugiro publicação, por três dias alternados no DJE, para conhecimento geral. Sub censura. São Paulo, 22 de outubro de 2014. (a) Gustavo Henrique Bretas Marzagão. Juiz Assessor da Corregedoria.

2ª VARA DE REGISTROS PÚBLICOS

EMENTA: RCPN – Reconhecimento de paternidade – Anuência materna – Genitora que se encontra desparecida – Ausência de prejuízo ao menor – Autorização concedida. Processo 0024356-65.2014.8.26.0100. Pedido de Providências. Registro Civil das Pessoas Naturais – M.S.S. Trata-se de expediente encaminhado pelo Oficial do Registro Civil das Pessoas Naturais do Subdistrito – (...), Capital, no interesse de E. J. S., suscitando dúvida quanto a possibilidade de averbação de paternidade no assento de nascimento de E. A. A. C., nascido no Brasil em 12 de setembro de 2009, filho de D. M. A. C., alegadamente desaparecida, considerando-se a falta de anuência da genitora para o procedimento da averbação. O expediente veio instruído com os documentos de fls. 04/08. Em razão do desconhecimento do paradeiro da genitora, que justificou o entendimento da representante do Ministério Público de que o menor estaria em situação de risco, este Juízo encaminhou o procedimento ao Juízo da Infância e Juventude. O I. Juízo da Infância e Juventude, considerando que o menor está na guarda de fato de sua avó paterna, o que não caracteriza situação de risco, entendeu pela redistribuição do feito ao Juízo da Família e Sucessões (fl. 49). O representante do Ministério Público da Família e Sucessões manifestou-se pelo deferimento da averbação da paternidade (fls. 61/62), o I. Juízo da Família e Sucessões, porém, entendeu pela competência desta 2ª Vara de Registros Públicos, diante da matéria se tratar de procedimento regulado pelo Provimento nº 16 do Conselho Nacional de Justiça, determinando encaminhamento dos autos para esta Vara (fls. 63/64). É o breve relatório. DECIDO. Trata-se de situação peculiar que merece tratamento específico, atentando-se ao melhor interesse da criança que, não tendo sido devidamente registrada com a sua paternidade, enfrenta dificuldade na regularização de sua guarda, uma vez que ausente a anuência da genitora para averbação da paternidade. O Provimento nº 16, do Conselho Nacional de Justiça, criou mecanismo destinado a facilitar e simplificar a regularização da pendência registrária tocante à inserção da paternidade, que passou a ser concretizada diretamente pelo Oficial Registrador, independente de manifestação do Ministério Público ou autorização Judicial; porém é exigida declaração de anuência escrita do filho maior, ou, se menor, da mãe (artigo 7º do referido Provimento), o que não ocorreu no caso em tela. A anuência da genitora constitui providência a ser suprida, o que motivou o envio deste procedimento ao Juiz da Vara da Infância e da Juventude e ao seguinte enviou à Vara da Família e das Sucessões, que entenderam pela regularidade da situação do infante, não havendo providências a serem tomadas sob as suas respectivas competências. Destarte, observando-se o art. 7º, §2º c. c. art. 4º, do Provimento nº 16 do CNJ, que estabelecem a competência deste Juízo Corregedor Permanente para dirimir dúvidas na falta da anuência da mãe do menor, e entendendo que, se houvesse indícios de risco ao menor no feito, providências teriam sido tomadas pelos I. Juízos da Infância e Juventude ou da Família e Sucessões, nada deve obstar a averbação pretendida. Pelo exposto, primando pelo interesse da criança, AUTORIZO a averbação de paternidade requerida, na falta de anuência da genitora. Ciência ao Ministério Público. Após, ao Oficial Registrador, com urgência, para realização da averbação e comunicação dos interessados. Comunique-se a decisão à Egrégia Corregedoria-Geral da Justiça, com cópias integrais dos autos. Arquiva-se oportunamente. P. R.I.C. (DJe de 16.03.2015 – SP)

TRIBUNAL DE JUSTIÇA DO RIO GRANDE DO SUL

EMENTA: APELAÇÃO CÍVEL. REGISTRO CIVIL. O objetivo do Conselho Nacional de Justiça, ao editar o Provimento 16 foi o de facilitar os reconhecimentos de paternidade, criando uma modalidade mais singela, que dispensa intervenção judicial e até mesmo escritura pública. Jamais, porém, revogou (e nem poderia!) o Código Civil! No entanto, a interpretação que foi dada pelo Sr. responsável pelo ofício paranaense colide frontalmente com essa finalidade, pois acaba por criar intransponível dificuldade para que pessoas de pouquíssimos recursos, e que hoje residem na cidade de Canoas-RS, venham a regularizar o registro do filho, pois não têm como se deslocar a Realeza-PR para esse fim! Nesse contexto, a solução que se apresenta – em nome dos superiores interesses da criança, constitucionalmente tutelados (art. 227, CF) – é a de transformar um ato administrativo (escritura pública) em uma decisão judicial, mediante a homologação daquele reconhecimento, determinando-se, então, por mandado, a averbação indispensável. APELAÇÃO PROVIDA, EM DECISÃO MONOCRÁTICA. (TJRS – Apelação Cível nº 70065737009 – Canoas – 8ª Câmara Cível – Rel. Des. Luiz Felipe Brasil Santos – DJ 24.11.2015)

3. QUESTÕES DE CONCURSOS

01. (TJ/MA – 2023 – Consulplan – Notário e Registrador/Remoção) A socioafetividade entre pais e filhos pode ser realizada judicial e extrajudicialmente. No hipotético reconhecimento extrajudicial da socioafetividade entre duas pessoas, é correto afirmar que

a) extrajudicialmente não pode ser efetivada entre o menor de dezoito anos e maior de doze anos com um de seus avós.
b) pode ser realizado por um pai socioafetivo e um filho menor de doze anos, desde que previamente autorizado pelo juiz competente e que a diferença de idade entre eles seja de, no mínimo, dezesseis anos.
c) permite que, extrajudicialmente, a socioafetividade seja feita com o filho menor de doze anos, desde que no procedimento seja ouvido o Ministério Público estadual ou do Distrito Federal, a quem compete autorizar a lavratura do ato registral.
d) contando o filho socioafetivo com mais de doze anos e menos de dezoito anos, após a finalização do procedimento e antes da lavratura do ato registrário, o registrador civil das pessoas naturais o deve enviar para o juízo competente, a que compete autorizar o registro.

02. (CESPE / CEBRASPE - 2023 - TJ-SC - Titular de Serviços de Notas e de Registros – Remoção) João, depois de ter completado 22 anos de idade, descobriu, por intermédio de seus familiares, quem era seu pai. Assim, ajuizou uma ação de reconhecimento de paternidade e, em paralelo, compareceu ao ofício de registro de pessoas naturais de sua cidade, para realizar o procedimento extrajudicial.

Com base no Provimento n.º 16/2012 do CNJ, é correto afirmar que, na situação hipotética precedente, João procedeu

Nota da autora: O Provimento CNJ n. 16/2012 foi conservado parcialmente, por conter anexos. Seus dispositivos foram incorporados aos **arts. 496 a 505 do Provimento CNJ n. 149/2023 (Código Nacional de Normas)**, sem alteração legislativa, motivo pelo qual é possível aproveitar esta questão.

a) de maneira equivocada, visto que, por ser maior de 21 anos de idade, somente poderia ajuizar uma demanda judicial para o reconhecimento da paternidade, sendo inadmissível buscar extrajudicialmente o poder público com essa finalidade.
b) corretamente ao ajuizar a demanda judicial e, em sequência, provocar o poder público de maneira extrajudicial, a fim de alcançar a solução mais célere possível.
c) de maneira equivocada, pois não deveria ter buscado o poder público de maneira extrajudicial, uma vez que já havia buscado o reconhecimento da paternidade em juízo.
d) corretamente, porque, embora ele pudesse ingressar judicialmente a qualquer tempo, ainda que por representação, o procedimento extrajudicial junto ao poder público é autorizado exclusivamente aos maiores de 21 anos de idade, independentemente de manifestação do Ministério Público.
e) corretamente, porque, embora ele pudesse ingressar judicialmente a qualquer tempo, ainda que por representação, o procedimento extrajudicial junto ao poder público é autorizado exclusivamente para os maiores de 21 anos de idade e condicionado a manifestação do Ministério Público.

03. (CESPE / CEBRASPE - 2023 - TJ-SC - Titular de Serviços de Notas e de Registros – Provimento) Carlos, aos dezenove anos de idade, pediu à mãe que lhe informasse sobre o pai dele, que abandonara a família logo após o seu nascimento. Depois de muita insistência, a mãe de Carlos informou-lhe o nome completo, o estado civil, a profissão e o endereço do pai dele. Com essas informações, Carlos dirigiu-se pessoalmente ao ofício de registro de pessoas naturais de sua cidade, visando ao reconhecimento de sua paternidade.

Nessa situação hipotética, à luz do Provimento n.º 16/2012 do Conselho Nacional de Justiça (CNJ), o procedimento de reconhecimento de paternidade

Vide "nota da autora" da questão acima.

a) pode ser iniciado por via cartorária desde que mediante requerimento protocolado no ofício de registro de pessoas naturais no qual Carlos tenha sido registrado.
b) não pode ser iniciado por via cartorária dada a necessidade de solicitação judicial de exame de DNA.
c) pode ser iniciado por via cartorária desde que todas as diligências dele decorrentes sejam realizadas em segredo de justiça.
d) por meio de requerimento realizado em ofício de registro de pessoas naturais diverso daquele em que Carlos tenha sido registrado, independentemente do estado civil do suposto pai.
e) pode ser iniciado por via cartorária por meio de requerimento realizado em ofício de registro de pessoas naturais diverso daquele em que Carlos tenha sido registrado, desde que o suposto pai seja solteiro.

04. (Vunesp – Titular de Serviços de Notas e Registros – TJ – SP - Provimento/2022) Assinale a alternativa correta.

a) Será autorizado perante os oficiais de registro civil das pessoas naturais o reconhecimento voluntário da paternidade ou da maternidade socioafetiva somente de pessoas acima de 12 anos.
b) Será autorizado perante os oficiais de registro civil das pessoas naturais o reconhecimento voluntário da paternidade ou da maternidade socioafetiva de pessoas de todas as idades.
c) Será autorizado perante os oficiais de registro civil das pessoas naturais o reconhecimento voluntário da paternidade ou da maternidade socioafetiva somente de pessoas acima de 18 anos.
d) Será autorizado perante os oficiais de registro civil das pessoas naturais o reconhecimento voluntário da paternidade ou da maternidade socioafetiva somente de pessoas acima de 2 anos.

05. (IESES – Titular de Serviços de Notas e Registros – TJ – TO – Remoção/2022) O reconhecimento dos filhos havidos fora do casamento é irrevogável e será feito:

I. No registro de nascimento.

II. Por testamento, desde que expressamente manifestado.

III. Por escritura pública ou escrito particular, a ser arquivado em cartório.

IV. Por manifestação expressa e direta perante o juiz, desde que o reconhecimento haja sido o objeto único e principal do ato que o contém.

A sequência correta é:

a) Apenas a assertiva IV está incorreta.
b) Apenas as assertivas I e II estão corretas.
c) As assertivas I, II, III e IV estão corretas.
d) Apenas as assertivas II e IV estão incorretas.

06. (Vunesp – Outorga de Delegação de Notas e Registros – TJ – GO/2021) De acordo com a disciplina normativa do Conselho Nacional de Justiça, referente à paternidade socioafetiva, assinale a alternativa correta.

a) Poderão requerer o reconhecimento da paternidade ou maternidade socioafetiva de filho os pretensos pais maiores de dezesseis anos de idade, independentemente do estado civil.
b) O reconhecimento voluntário da paternidade ou maternidade será revogável, mediante procedimento administrativo e averbação no próprio cartório.
c) É autorizado o reconhecimento voluntário da paternidade ou da maternidade socioafetiva de pessoas acima de 12 anos perante os oficiais de registro civil das pessoas naturais.
d) O pretenso pai ou mãe será, pelo menos, doze anos mais velho que o filho a ser reconhecido.

07. (FGV – Titular de Serviço de Notas e Registros – TJ – SC/2021) Mário reconheceu voluntariamente a paternidade socioafetiva de Joana, que somente fora registrada por sua mãe. Apesar de conviverem em família e de terem sólidos laços afetivos, Joana, depois de atingir a maioridade e cerca de trinta anos após o reconhecimento, ingressou com ação de investigação de paternidade em face de Cícero, alegando ser ele o seu pai biológico, o que era verdadeiro e estava cabalmente provado, embora não existisse qualquer laço afetivo entre ambos. Considerando a narrativa acima e a plena veracidade dos fatos descritos, o pedido formulado por Joana, no sentido de que fosse reconhecido que Cícero era seu pai, deve ser julgado:

a) improcedente, já que a paternidade socioafetiva se sobrepõe à biológica;
b) improcedente, pois a paternidade socioafetiva, a exemplo da adoção, faz surgir nova relação parental, cessando a anterior;
c) procedente, pois Joana não concorreu para o reconhecimento inverídico da paternidade por Mário;
d) procedente, desde que Joana tenha averbado, no registro civil, ao atingir a maioridade, a sua divergência;
e) improcedente, considerando a ausência de afetividade entre Joana e Cícero e o decurso do tempo.

08. (FGV – Titular de Serviço de Notas e Registros – TJ – SC/2021) João manteve união estável com Maria, que perdurou por muitos anos. Nesse período, reconheceu a paternidade socioafetiva de Pedro, fruto do primeiro relacionamento de Maria e que sequer conhecera o seu pai biológico. Em razão de desavenças do casal, João decidiu sair de casa e dissolver por completo os vínculos com a antiga família. Com base nessa premissa, ingressou com ação negatória de paternidade.

De acordo com a jurisprudência predominante, o pedido formulado nessa espécie de ação, nas circunstâncias indicadas:

a) deve ser acolhido, já que a paternidade biológica sempre prepondera sobre a socioafetiva, sendo que esta última não pode prosseguir quando cessado o vínculo afetivo;
b) não deve ser acolhido, já que constituído o estado de filiação entre Pedro e João, caracterizado pelas relações socioafetivas manifestadas durante a convivência familiar;
c) não deve ser acolhido, já que o registro civil de nascimento permanece hígido enquanto não anulado, o que seria uma questão prejudicial à pretensão de João;
d) somente deve ser acolhido caso Maria, que aquiesceu com o reconhecimento da paternidade socioafetiva por parte de João, concorde com o pedido;
e) deve ser acolhido, pois a paternidade socioafetiva, na forma como foi reconhecida, caracteriza ilícito penal, qual seja, a "adoção à brasileira".

09. (CETRO – Notário-RJ/2012) Sobre o reconhecimento de filhos havidos fora do casamento, é incorreto afirmar que

a) é ato irrevogável.
b) poderá ser feito por escrito particular, a ser arquivado em cartório.
c) poderá ser feito por testamento, ainda que incidentalmente manifestado.
d) tanto o filho maior quanto o menor não precisam consentir e nem podem impugnar o reconhecimento.
e) são ineficazes a condição e o termo apostos ao ato de reconhecimento de filho.

10. (IESES – Cartório – TJ – RO/2012) Sobre o reconhecimento extrajudicial da paternidade:

I. É possível reconhecer filho na ata de casamento.

II. O oficial deverá remeter ao juiz certidão integral do registro de nascimento do menor apenas com a maternidade estabelecida, quando ela indicar o suposto pai.

III. O não comparecimento do suposto pai, devidamente notificado à audiência determinada judicialmente, enseja a presunção de reconhecimento da paternidade.

IV. Sempre que na sentença de primeiro grau se reconhecer a paternidade, nela se fixarão os alimentos provisionais ou definitivos do reconhecido que deles necessite.

a) Apenas I e III estão corretas.
b) Apenas II e IV estão corretas.
c) Apenas I e II estão corretas.
d) Apenas II e III estão corretas.

11. (IESES – Cartório – TJ – PA/2016) O registro civil da pessoa natural:

a) Pode se dar em decorrência do reconhecimento voluntário de paternidade considerado por declaração no curso de qualquer processo judicial.
b) Deve mencionar o nome escolhido pelos genitores, constituído pelo prenome, acompanhado dos apelidos de família materno e paterno, por determinação legal.
c) O registro tardio de maiores depende sempre de procedimento que tem lugar junto à Corregedoria Permanente da Serventia.
d) Dispensa a intervenção do juízo e do representante do Ministério Público em casos de retificação de grafia do nome.

12. (IESES – Cartório – TJ – PA/2016) O reconhecimento dos filhos havidos fora do casamento é irrevogável e será feito:

I. Por testamento, ainda que incidentalmente manifestado.

II. No registro do nascimento.

III. Por manifestação direta e expressa perante o juiz, ainda que o reconhecimento não haja sido o objeto único e principal do ato que o contém.

IV. Por escritura pública ou escrito particular, a ser arquivado em cartório.

A sequência correta é:

a) As assertivas I, II, III e IV estão corretas.
b) Apenas as assertivas I e IV estão corretas.
c) Apenas as assertivas I, III e IV estão corretas.
d) Apenas a assertiva IV está correta.

13. (Vunesp – Cartório – SP – Provimento/2016) Segundo o Provimento nº 16/2012 do Conselho Nacional de Justiça, para a averbação do reconhecimento espontâneo de paternidade de menor, declarado pelo genitor perante o Oficial de Registro Civil das Pessoas Naturais, na falta da mãe ou na impossibilidade de manifestação de vontade desta, é correto afirmar que

Nota da autora: O Provimento CNJ n. 16/2012 foi conservado parcialmente, por conter anexos. Seus dispositivos foram incorporados aos **arts. 496 a 505 do Provimento CNJ n. 149/2023 (Código Nacional de Normas)**, sem alteração legislativa, motivo pelo qual é possível aproveitar esta questão.

a) o procedimento deverá ser encaminhado ao Juiz competente, que poderá autorizar a prática do ato.
b) o reconhecimento não poderá ser realizado extrajudicialmente.
c) o reconhecimento poderá ser realizado diretamente pelo Oficial de Registro Civil das Pessoas Naturais, com a presença de duas testemunhas que atestem a paternidade.
d) o reconhecimento poderá ser realizado diretamente pelo Oficial de Registro Civil das Pessoas Naturais, podendo o menor impugná-lo nos quatro anos que se seguirem à sua maioridade ou emancipação

14. (Vunesp – Cartório – SP – Remoção/2016) A genitora poderá declarar a paternidade no registro de nascimento, independentemente da presença do genitor,
a) de filho havido na constância de seu casamento com o genitor, independentemente da data de sua celebração.
b) em até 300 (trezentos) dias do término de seu casamento com o genitor, em razão do falecimento deste, ainda que tenha contraído novas núpcias neste período.
c) após 180 (cento e oitenta) dias da celebração de seu casamento com o genitor em segundas núpcias, ainda que contraídas antes de 300 (trezentos) dias do término do casamento anterior.
d) se comprovada a união estável com o genitor, por escritura pública ou sentença declaratória registradas perante o Oficial de Registro Civil das Pessoas Naturais da Sede ou do 1º Subdistrito da Comarca.

15. (Cespe – Cartório-PI/2013) Considerando que um menor de idade tenha sido registrado apenas com a maternidade estabelecida, sem obtenção, à época, do reconhecimento de paternidade pelo procedimento previsto na Lei nº 8.560/1992, assinale a opção correta.

a) Se, em serventia diversa daquela do registro de nascimento, a mãe preencher termo com os elementos para identificação do genitor, isso será suficiente para que o registrador expeça nova certidão e a anexe ao termo.
b) Se, após notificação, o pai negar a paternidade, o representante do MP poderá propor ação de investigação de paternidade, dispensável se a criança tiver sido encaminhada para adoção.
c) Será vedado à mãe apontar, posteriormente, o suposto pai perante o oficial de registro de pessoas naturais.
d) O reconhecimento de filho por pessoa relativamente incapaz dependerá de assistência de seus pais, tutor ou curador.
e) Se houvesse suspeita de fraude no registro do menor, o oficial de registro deveria praticar o ato, comunicando apenas suas suspeitas ao juiz.

16. (Cespe – Notários e Oficiais de Registro – Provimento – TJ – DFT/2019) No caso de o pai confirmar expressamente a paternidade após o registro de nascimento do menor que tenha apenas a maternidade estabelecida, será lavrado termo de reconhecimento e a certidão será remetida ao oficial do registro, que irá
a) retificar o registro.
b) emendar o registro.
c) averbar o registro.
d) lavrar novo registro, anulando o anterior.
e) lavrar novo registro, cancelando o anterior.

17. (Vunesp – Cartório – TJ – SP/2012) O reconhecimento espontâneo de paternidade, no registro do nascimento, pelo genitor relativamente incapaz, com menos de 18 (dezoito) anos de idade,
a) pode ser efetuado sem assistência de seus pais ou tutor.
b) depende da assistência de seus pais ou tutor, mas dispensa autorização judicial.
c) depende de autorização judicial.
d) só pode ocorrer depois de atingida a maioridade.

18. (EJEF – Tabelionato e Registro-MG/2007) Para o reconhecimento de sua paternidade:
a) o filho maior e capaz deve dar seu consentimento.
b) não haverá necessidade do consentimento do filho maior.
c) o filho relativamente incapaz deve dar seu consentimento.
d) o filho absolutamente incapaz por menoridade deve dar seu consentimento.

GAB										
	1	A	2	C	3	D	4	A	5	D
	6	C	7	C	8	B	9	D	10	B
	11	A	12	A	13	A	14	B	15	B
	16	C	17	A	18	A				

e) as escrituras de adoção e os atos que a dissolverem;

1. COMENTÁRIOS

Esse tema foi tratado nos comentários do art. 29, inciso VIII.

f) as alterações ou abreviaturas de nomes.

1. COMENTÁRIOS

O nome civil representa a forma como um indivíduo é identificado no sistema jurídico, sendo o meio pelo qual a pessoa é diferenciada e individualizada. Esse nome é um elemento inseparável da pessoa que ele identifica, estando intimamente ligado à sua identidade. Em essência, trata-se de um direito pessoal que, no contexto jurídico, adquire um caráter público, recebendo proteção específica dentro do ordenamento.

O nome civil é composto dos seguintes elementos: *prenome, nome de família, sobrenome, agnome partícula e conjugação, nome vocatório, apelido e alcunha, hipocorístico, pseudônimo e heterônimo, títulos nobiliárquicos e heterônimos.* (NEVES, José Roberto. *Direito ao nome da pessoa física.* Niterói: Ímpetus, 2010, p. 9).

O tema "nome" será estudado de forma aprofundada nos comentários aos artigos 55, 56, 57 e 58 desta lei..

2. QUESTÕES DE CONCURSOS

01. (IESES – Cartório – Remoção – TJ – RO/2017) Serão registrados no registro civil de pessoas naturais, EXCETO:

a) As interdições.
b) As emancipações.
c) As sentenças declaratórias de ausência.
d) As alterações ou abreviaturas de nomes.

GAB	1	D

§ 2º É competente para a inscrição da opção de nacionalidade o cartório da residência do optante, ou de seus pais. Se forem residentes no estrangeiro, far-se-á o registro no Distrito Federal.

1. COMENTÁRIOS

A opção da nacionalidade foi minuciosamente abordada nos comentários do art. 29, VII, desta Lei de Registros Públicos.

§ 3º Os ofícios do registro civil das pessoas naturais são considerados ofícios da cidadania e estão autorizados a prestar outros serviços remunerados, na forma prevista em convênio, em credenciamento ou em matrícula com órgãos públicos e entidades interessadas.

§ 4º O convênio referido no § 3º deste artigo independe de homologação e será firmado pela entidade de classe dos registradores civis de pessoas naturais de mesma abrangência territorial do órgão ou da entidade interessada.

§ 5º *(VETADO na Lei nº 14.382, de 27/6/2022)*

1. COMENTÁRIOS

Os §§ 3º e 4º trouxeram importantes mudanças feitas pela Lei 13.484/2017, ampliando a possibilidade de serviços a serem prestados pelos cartórios de Registro de Pessoas Naturais, devidamente chamados de **Ofícios da Cidadania.**

Como se sabe, no Registro Civil de Pessoas Naturais são feitos os registros de nascimentos, casamentos, óbitos, conversões e registro de união estável em casamento, emancipações, entre outros previstos no art. 29 da Lei de Registros Públicos, no art. 9º do Código Civil, bem como nas disposições das normativas estaduais. Como exemplo, podemos citar a possibilidade de emissão de passaporte, RG, CPF.

A tendência é que, gradativamente, esses serviços sejam disponibilizados nos Registros Civis, dependendo do acordo entre as serventias e os órgãos públicos de cada região. Parcerias essas que trazem benefícios para a população, facilitando a vida dos cidadãos e reduzindo os índices de fraudes.

A Lei 13.484/2017 reconheceu a **relevância e a capilaridade** dos Registros Civis das Pessoas Naturais em todos os municípios brasileiros, ampliando sua competência. Como é cediço, o Ofício de RCPN é a única especialidade registral obrigatoriamente presente em todos os municípios e distritos do país (art. 44, §§2º e 3º da Lei nº 8.935/94). Por assim ser é que foram atribuídas novas responsabilidades aos Ofícios da Cidadania.

Vale mencionar a norma da Lei 8.935/1994:

> **Art. 44**
>
> (...)
>
> § 2º Em cada sede municipal haverá no mínimo um registrador civil das pessoas naturais.
>
> § 3º Nos municípios de significativa extensão territorial, a juízo do respectivo Estado, cada sede distrital disporá no mínimo de um registrador civil das pessoas naturais.

1.1 A AÇÃO DIRETA DE INCONSTITUCIONALIDADE (ADI) 5855

Em fevereiro de 2018, o Ministro Alexandre de Moraes, do Supremo Tribunal Federal, na ADI nº 5.855, suspendeu a eficácia do artigo 29, §§ 3º e 4º, da Lei 6.015/1973, com redação dada pela Lei 13.484/2017. Transcrevo a seguir algumas importantes passagens da decisão:

> "Trata-se de ação direta proposta pelo Partido Republicano Brasileiro, PRB, em face do art. 29, §§ 3º e 4º, da Lei Federal 6.015/1973, Lei de Registros Públicos, com a redação dada pela Lei Federal 13.484/2017, dispositivos

que facultam aos ofícios de registro civil das pessoas naturais de todo país a prestação de serviços remunerados mediante a celebração de convênios, credenciamento ou matrícula com órgãos públicos e entidades de outra natureza.

(...)

A concessão de medida cautelar nas ações de jurisdição constitucional concentrada necessita de comprovação de perigo de lesão irreparável (IVES GANDRA MARTINS, Repertório IOB de jurisprudência, n 8/95, p. 150/154, abr. 1995), uma vez tratar-se de exceção ao princípio segundo o qual os atos normativos são presumidamente constitucionais (ADI 1.155-3/DF, Pleno, Rel. Min. MARCO AURÉLIO, DJ de 18/5/2001), conforme ensinamento de PAULO BROSSARD, segundo axioma incontroverso, a lei se presume constitucional. A lei se presume constitucional, porque elaborada pelo Poder Legislativo e sancionada pelo Poder Executivo, isto é, por dois dos três poderes, situados no mesmo plano que o Judiciário (A constituição e as leis a ela anteriores. Arquivo Ministério da Justiça. Brasília, 45 (180), jul./dez. 1992. p. 139).

A análise dos requisitos do *fumus boni iuris* e *periculum in mora* para a concessão de medida liminar em sede de controle abstrato de constitucionalidade admite maior discricionariedade por parte do SUPREMO TRIBUNAL FEDERAL, com a realização de verdadeiro juízo de conveniência política da suspensão da eficácia (ADI 3.401 MC, Rel. Min. GILMAR MENDES, Pleno, decisão: 3/2/2005), pelo qual deverá ser analisada a conveniência da suspensão cautelar da lei impugnada (ADI 425 MC, Rel. Min. PAULO BROSSARD, Pleno, decisão: 4/4/1991; ADI 467 MC, Rel. Min. OCTÁVIO GALLOTTI, Pleno, decisão: 3/4/1991), permitindo, dessa forma, uma maior subjetividade na análise da relevância do tema, bem assim em juízo de conveniência, ditado pela gravidade que envolve a discussão (ADI 490 MC, Rel. Min. CELSO DE MELLO, Pleno, decisão: 6/12/1990; ADI 508 MC, Rel. Min. OCTÁVIO GALLOTTI, Pleno, decisão: 16/4/1991), bem como da plausibilidade inequívoca e dos evidentes riscos sociais ou individuais, de várias ordens, que a execução provisória da lei questionada gera imediatamente (ADI 474 MC, Rel. Min. SEPÚLVEDA PERTENCE, Pleno, decisão: 4/4/1991), ou, ainda, das prováveis repercussões pela manutenção da eficácia do ato impugnado (ADI 718 MC, Rel. Min. CELSO DE MELLO, Pleno, decisão: 3/8/1992), da relevância da questão constitucional (ADI 804 MC, Rel. Min. SEPÚLVEDA PERTENCE, Pleno, decisão: 27/11/1992) e da relevância da fundamentação da arguição de inconstitucionalidade, além da ocorrência de *periculum in mora*, tais os entraves à atividade econômica (ADI 173-MC, Rel. Min. MOREIRA ALVES, Pleno, decisão: 9/3/1990) ou social.

Na presente hipótese, estão presentes os requisitos necessários para a concessão da medida liminar.

As normas atacadas preveem a possibilidade de prestação de "outros serviços remunerados" por parte dos ofícios do registro civil das pessoas naturais, qualificados nesses mesmos dispositivos como "ofícios da cidadania". O conteúdo desses serviços é inteiramente remetido à regulamentação por instrumentos contratuais firmados entre as entidades interessadas, públicas ou privadas, e as entidades de classe dos registradores respectivos, independentemente de homologação (art. 29, § 4º, LRP). Assim, o texto legal não fornece elementos para a identificação das atividades que se autoriza serem desempenhadas pelos ofícios de registro das pessoas naturais. O relato constante da petição inicial sobre o debate parlamentar da emenda que acrescentou essa previsão ao texto original da MP 776 sugere que o escopo dessa iniciativa diria respeito à utilização dos ofícios de registro das pessoas naturais para a emissão de documentos públicos como passaportes, CPF, carteira de trabalho e afins.

Verifico, em juízo de cognição sumária, que essa providência normativa não trata estritamente de registros públicos (competência legislativa da União, conforme art. 22, XXV, CF), mas sim do regime jurídico de serviço auxiliar vinculado ao Poder Judiciário, a quem a Constituição reserva a competência para organizá-los e fiscalizá-los, mediante o "exercício da atividade correicional respectiva", e a exclusividade de iniciativa para a proposição legislativa que trate de sua remuneração (art. 96, I, "b", e II, "b", CF). Como visto, a norma impugnada autoriza o desempenho de atividades remuneradas antes não inseridas no rol de atribuições delegadas, implicando alteração significativa no regime de delegação dos ofícios de registro de pessoas naturais. A jurisprudência do SUPREMO TRIBUNAL FEDERAL reconhece a inconstitucionalidade formal de normas sobre esses serviços editadas com desrespeito à iniciativa dos respectivos Tribunais. Nesse sentido: ADI 1681, Rel. Min. MAURÍCIO CORRÊA, Tribunal Pleno, DJ de 5/12/2003; ADI 1935, Rel. Min. CARLOS VELLOSO, Tribunal Pleno, DJ de 4/10/2002; ADI 3773, Rel. Min. MENEZES DIRIETO, Tribunal Pleno, DJe de 3/9/2009; ADI 1835, Rel. Min DIAS TOFFOLI, Tribunal Pleno, DJe de 16/10/2014.

Por outro lado, também chama a atenção a disparidade temática entre o conteúdo original da MP 776 e o conteúdo das normas ora impugnadas. O Presidente da República editou a referida medida provisória para acrescentar ao art. 54 da LRP o § 4º, de seguinte teor:

Art. 54 (...) § 4º A naturalidade poderá ser do Município em que ocorreu o nascimento ou do Município de residência da mãe do registrando na data do nascimento, desde que localizado em território nacional, e a opção caberá ao declarante no ato de registro do nascimento.

Ou seja, facultou-se o registro da naturalidade de recém-nascidos com base na localidade de origem da mãe. Além disso, a MP 776 tratou de aspectos formais das certidões de nascimento, relacionados à qualificação dos declarantes e testemunhas. Ou seja, nada assimilável ao disposto nos §§ 3º e 4º, acrescidos ao art. 29 da LRP.

(...)

Cabe frisar que a norma a Lei 13.484/2017 foi editada já após o marco temporal definido no julgamento da ADI 5127, oportunidade em que o Plenário preservou a validade das leis conversão editadas até aquele momento, não mais se admitindo a prática de emendas parlamentares sem pertinência temática com a proposta em debate.

Assim, verificada a consistência jurídicas das teses de inconstitucionalidade formal formuladas na petição inicial, em juízo de cognição sumária, sem prejuízo da análise oportuna das demais teses veiculadas na petição inicial, tenho por presente a fumaça do bom direito a justificar a concessão de medida cautelar.

Vislumbro, ademais, o perigo da demora no fato de que a eficácia das normas impugnadas poderá impactar o funcionamento dos ofícios de registro de pessoas naturais em todo o país em razão da assunção de atividades remuneradas de todo tipo – a lei não delimita quais serviços remunerados poderiam ser prestados pelos ofícios, mostrando-se possível a celebração de convênios com objetos dos mais diversos. Além disso, a dispensa de homologação referida no § 4º impugnado fragiliza a fiscalização e controle pelas Corregedorias dos Tribunais respectivos, em prejuízo do serviço público prestado.

Diante do exposto, nos termos dos arts. 10, § 3º, da Lei 9.868/99 e 21, V, do RISTF, CONCEDO A MEDIDA CAUTELAR PLEITEADA, ad referendum do Plenário, DETERMINANDO A IMEDIATA SUSPENSÃO DA EFICÁCIA do art. 29, §§ 3º e 4º, da Lei 6.015/1973, na redação dada pela Lei 13.484/2017.

Intime-se o Presidente da República e o Congresso Nacional para ciência e cumprimento desta decisão, bem como para fornecer informações pertinentes, no prazo máximo de 10 (dez) dias. Após este prazo, dê-se vista ao Advogado-Geral da União e ao Procurador-Geral da República, sucessivamente, no prazo de 5 (cinco) dias, para que cada qual se manifeste na forma do art. 12 da Lei 9.868/99. (...)"

Em abril de 2019, por maioria dos votos, o Supremo Tribunal Federal decidiu pela constitucionalidade da lei que cria os Ofícios da Cidadania nos Cartórios de Registro Civil.

A decisão ocorreu no julgamento da referida Ação Direta de Inconstitucionalidade 5855, ajuizada pelo Partido Republicano Brasileiro (PRB), que contestava a possibilidade de os Cartórios de Registro Civil prestarem serviços por meio de convênios com órgãos públicos, conforme previsto na Lei Federal 13.484/2017 e no Provimento n. 66/2018 da Corregedoria Nacional de Justiça.

O relator do processo, o ministro Alexandre de Moraes, afirmou em seu voto que a emenda à Medida Provisória 776/2017, que autoriza os cartórios de registro civil a prestar outros serviços por meio de convênios, trata da mesma temática originária da MP: a ampliação do acesso aos serviços públicos no Brasil.

Nas palavras dele "a Medida Provisória 776/2017 tratava, em sua forma originária, da naturalidade facultativa, possibilitando que no registro de nascimento consta-se o local de domicilio da mãe como a naturalidade da criança. O que é uma ampliação do acesso ao serviço do registro civil. E o Congresso Nacional, no processo de votação da medida, entendeu que a possibilidade de convênios entre cartórios de registro civil e órgãos públicos também era uma forma de ampliar a acessibilidade a esses serviços. Desta forma, entendo que a emenda possui a mesma temática que se tratava a medida provisória originária e não pode ser considera um contrabando legislativo. Porque se o Congresso não puder ampliar ideias, ele se tornará um mero chancelador".

Para defender essa tese, o ministro Alexandre de Moraes apontou alguns convênios já firmados entre os cartórios extrajudiciais e os órgãos públicos do Governo, tais como os realizados entre a Receita Federal e a Arpen-Brasil.

Ainda em seu voto, o ministro destacou a necessidade de uma interpretação clara sobre os convênios que podem ser firmados pelos cartórios de registro civil. Segundo ele, os serviços devem ser pertinentes à atuação já existente dos cartórios de registro civil. "É salutar a ampliação dos serviços, mas é necessária a conexão temática. Conforme previsto no Provimento 66 da Corregedoria Nacional de Justiça, as serventias de registro civil das pessoas naturais do Brasil poderão, mediante convênio, credenciamento ou matrícula com órgãos públicos, prestar serviços públicos relacionados à identificação dos cidadãos, visando auxiliar a emissão de documentos pelos órgãos", afirmou.

Assim, em relação ao § 3º do artigo 29, o relator votou no sentido de dar **interpretação conforme a CF, ou seja, desde que sejam conexos às atividades registrais.**

Em relação ao § 4º do artigo 29, que define que os convênios independem de homologação e devem ser firmados pela entidade de classe dos registradores civis de pessoas naturais de mesma abrangência territorial do órgão ou da entidade interessada, o relator da ação solicitou a anulação parcial do item, tornando obrigatória a homologação dos convênios pelos órgãos do Poder Judiciário que fiscalizam os serviços notariais e de registro. Em outras palavras, no que se refere ao artigo 29, § 4º, o ministro declarou a **nulidade parcial, com redução de texto, da expressão "independe de homologação"**, para assentar a **necessidade de homologação dos convênios** pelo Judiciário local.

Nas palavras do ministro, "há um problema de inconstitucionalidade neste item porque a fiscalização, a regulamentação, e estruturação dos serviços extrajudiciais competem aos Estados. Todos os convênios que me foram indicados pelos Tribunais de Justiça passaram pela homologação do Poder Judiciário. Não se deve impedir a participação da entidade de classe, mas a fiscalização é uma exigência institucional. Em virtude disso, deve se declarar a anulabilidade parcial deste item, retirando apenas a independência de homologação. Desta forma, mantenho a possibilidade de novos serviços remunerados nos cartórios. Desde que os serviços tenham relação com o serviço registrais ou com o serviço público, e com a necessidade homologação e fiscalização do Poder Judiciário".

Antes de votar junto com o relator, o ministro Ricardo Lewandowski questionou se a fiscalização e homologação também envolviam a remuneração desses serviços, o que foi confirmado pelo ministro Alexandre de Moraes. O ministro Edson Fachin, também votando junto com o relator, destacou a importância da ampliação dos serviços nos seguintes termos: "Mantenho os convênios e a fiscalização do Poder Judiciário. Essa medida é importante porque descentraliza os serviços.

Além dos ministros Ricardo Lewandowski e Edson Fachin também votaram junto com o relator os ministros Luís Roberto Barroso, Rosa Weber, Cármen Lúcia,

Celso de Melo e o presidente do Supremo Tribunal Federal, Dias Toffoli. O ministro Marco Aurélio foi voto vencido na ação.

1.2 O PROVIMENTO 66/2018 DO CONSELHO NACIONAL DE JUSTIÇA

Inicialmente, é importante destacar que o Provimento CNJ 66/2018 também teve sua eficácia suspensa durante o julgamento da ADI 5.855, conforme abordado no item anterior.

O ministro Alexandre de Moraes acolheu um novo pedido formulado na Ação Direta de Inconstitucionalidade (ADI) 5855, ajuizada pelo Partido Republicano Brasileiro (PRB). Em decisão anterior, o relator já havia determinado a suspensão de dispositivos da Lei 6.015/1973 (Lei de Registros Públicos), na redação dada pela Lei 13.484/2017, que possibilitavam a prestação de outros serviços remunerados por parte dos cartórios.

Em petição apresentada após a concessão da primeira decisão, o PRB sustentou que o CNJ teria exorbitado de sua competência constitucional, violando a reserva de lei exigida pela Constituição para o tratamento da matéria. Pediu assim, a extensão dos efeitos da medida cautelar já deferida para que fosse determinada a suspensão da norma.

Por sua vez, o CNJ defendeu que o ato normativo corrobora a decisão monocrática do relator. Afirmou que, ao editar a norma, buscou suprir a inconstitucionalidade formal e material da lei suspensa e que, por ser órgão do Poder Judiciário e em decorrência de sua competência regimental e constitucional, tem a prerrogativa de expedir provimentos e outros atos normativos destinados ao aperfeiçoamento das atividades do serviço de registro, em que se enquadra o provimento em questão.

Como foi abordado no item anterior, o Plenário do Supremo Tribunal Federal julgou válida a permissão para que os ofícios de registro civil de pessoas naturais prestem outros serviços remunerados, desde que sejam conexos às atividades cartorárias e que o convênio que os autorize seja homologado pelo Judiciário. Com a decisão, foi restabelecida a eficácia do Provimento 66 do Conselho Nacional de Justiça (CNJ), até a edição do Provimento CNJ 180/2024, que o revogou expressamente. O Provimento 66 dispunha sobre a prestação de serviços referentes à identificação de pessoas pelos cartórios mediante convênio, credenciamento e matrícula com órgãos e entidades governamentais e privadas. Seu estudo é válido para entender o histórico do tema.

O Provimento CNJ 66 foi editado em 25 de janeiro de 2018. Algumas das justificativas para a edição do provimento incluem:

1. A incumbência do Conselho Nacional de Justiça de consolidar uma política pública permanente de desburocratização do serviço público prestado ao cidadão brasileiro;
2. O compromisso nacional de ampliação do acesso do cidadão brasileiro à documentação civil básica, mediante colaboração e articulação dos entes públicos (art. 1º Decreto nº 10.063, de 2019);
3. A existência do serviço de registro civil das pessoas naturais em cada município do Brasil para atendimento à população (art. 44, § 2º, da Lei n. 8.935/1994);
4. A prestação dos serviços de registro civil das pessoas naturais em no mínimo seis horas diárias ininterruptas, podendo ocorrer inclusive aos sábados, domingos e feriados (art. 8º, parágrafo único, da Lei n. 6.015/1973, e art. 4º, §§ 1º e 2º, da Lei n. 8.935/1994);
5. A localização de fácil acesso ao público dos serviços de registro civil das pessoas naturais (art. 4º, *caput*, da Lei n. 8.935/1994);
6. A instituição da Identificação Civil Nacional (ICN) com a finalidade de identificar o brasileiro em suas relações com a sociedade e com os órgãos e entidades governamentais e privadas (Lei n. 13.444, de 11 de maio de 2017 e Resoluções n. 1/2017, 2/2017, 3/2017 e 4/2017 do Comitê Gestor da Identificação Civil Nacional);
7. A necessidade de formação e operacionalização de uma base de dados de identificação civil nacional (Resolução TSE n. 23.526/2017);
8. A necessidade de empreender esforços para que os serviços de registro civil das pessoas naturais implantem a Identidade Civil Nacional e a biometria interligada com o Tribunal Superior Eleitoral e expeçam cadastro de pessoas físicas;
9. A necessidade de fortalecimento e sustentabilidade dos ofícios de registro civil das pessoas naturais, que prestam serviços de forma gratuita ao cidadão;
10. As experiências exitosas em vários Estados e a necessidade de organizar e uniformizar normas e procedimentos de registro civil das pessoas naturais.

Dito isto, passemos à análise dos artigos 468 a 470 do Código Nacional de Normas, que atualmente tratam da matéria. Na verdade, não houve quase nenhuma alteração legislativa em relação ao Provimento CNJ n. 66/2018, mas sim uma incorporação dos dispositivos ao Provimento CNJ n. 149/2023.

As serventias de registro civil das pessoas naturais do Brasil poderão, como ofício da cidadania, **mediante convênio, credenciamento ou matrícula** com órgãos públicos e entidades interessadas, prestar outros serviços remunerados relacionados à identificação dos cidadãos, visando auxiliar a emissão de documentos pelos órgãos responsáveis. Os serviços públicos referentes à identificação dos cidadãos são aqueles inerentes à atividade registral que tenham por objetivo a identificação do conjunto de atributos de uma pessoa, tais como **biometria, fotografia, cadastro de pessoa física e passaporte.**

Importante ressaltar que o convênio, credenciamento e matrícula com órgãos públicos para prestação de serviços de registro civil em **âmbito nacional** dependerão da homologação da Corregedoria Nacional de Justiça. Nestes casos, a ANOREG-BR ou a ON-RCPN formularão pedido de homologação à **Corregedoria Nacional de Justiça** por meio do sistema de tramitação de processos PJe.

De outro giro, em **âmbito local**, o convênio, credenciamento e matrícula com órgãos públicos para prestação de serviços de registro civil das pessoas naturais dependerão da homologação das **corregedorias de justiça dos Estados ou do Distrito Federal**, às quais competirá:

I – realizar estudo prévio acerca da viabilidade jurídica, técnica e financeira do serviço;

II – enviar à Corregedoria Nacional de Justiça cópia do termo celebrado em caso de homologação, para disseminação de boas práticas entre os demais entes da Federação.

As corregedorias de Justiça dos estados e do Distrito Federal manterão em seu site listagem pública dos serviços prestados pelos registros civis das pessoas naturais mediante convênio, credenciamento ou matrícula.

1.3 A RECOMENDAÇÃO 43/2019 DO CONSELHO NACIONAL DE JUSTIÇA

Em 30 de abril de 2019, foi editada a Recomendação CNJ 43, que dispõe sobre o procedimento prévio a ser observado por todos os registradores civis do País para a lavratura de registros de nascimento e passaportes.

Entre as contribuições para a edição da mencionada Recomendação, podemos destacar:

a) As normas do Provimento n. 46, de 16/6/2015, da Corregedoria Nacional de Justiça, que dispõe sobre a Central de Informações de Registro Civil das Pessoas Naturais – CRC;

b) O avanço tecnológico, a informatização e a implementação de sistemas eletrônicos compartilhados e de sistema de registro eletrônico que possibilitam a realização das atividades de registro mediante o uso de tecnologias da informação e comunicação;

c) A possibilidade da ocorrência de fraudes na lavratura de registro de nascimento com fundamento na mesma Declaração de Nascido Vivo-DNV;

d) Necessidade de estabelecer um protocolo prévio de verificação das Declarações de Nascido Vivo – DNV por todos os registradores civis do País, antes da lavratura dos registros de nascimento, a fim de garantir maior segurança jurídica na prática do ato;

e) O decidido no Pedido de Providências n. 0008479-45.2019.2.00.0000.

Por meio do ato normativo do CNJ, recomenda-se aos Ofícios de Registro Civil de Pessoas Naturais de todo o território nacional que, antes da lavratura de qualquer registro de nascimento, seja realizada consulta prévia à Central de Informações de Registro Civil das Pessoas Naturais – CRC, a fim de verificar a existência de registro de nascimento lavrado com o mesmo número de Declaração de Nascido Vivo-DNV.

Existindo tal registro, o Oficial, titular, interino ou interventor, não lavrará o registro de nascimento, encaminhando cópias dos documentos apresentados pelo interessado e sua identificação às autoridades policiais e ao Ministério Público no prazo de 48 (quarenta e oito) horas.

Os Ofícios de Registro Civil de Pessoas Naturais que emitirem documentos de identificação dos cidadãos, mediante convênio, credenciamento e matrícula com órgãos e entidades governamentais privadas, na forma do Provimento n. 66, de 25 de janeiro de 2018, também deverão, antes da emissão de passaportes, efetuar consulta à Central de Informações de Registro Civil das Pessoas Naturais – CRC, a fim de verificar a regularidade do registro de nascimento e respectiva Declaração de Nascido Vivo – DNV.

Sendo constatada a utilização da mesma Declaração de Nascido Vivo – DNV para a lavratura de mais de um registro de nascimento, deve o Oficial de Registro Civil, titular, interino ou interventor agir nos mesmos moldes do dito acima, ou seja, não lavrará o registro de nascimento, encaminhando cópias dos documentos apresentados pelo interessado e sua identificação às autoridades policiais e ao Ministério Público no prazo de 48 (quarenta e oito) horas.

1.3.1 NOTA OFICIAL DA ARPEN-BRASIL SOBRE RECOMENDAÇÃO N. 43, DO CNJ

Quando da publicação da Recomendação CNJ n. 43/2019, a ARPEN-BRASIL emitiu nota oficial no seguinte sentido:

> Com o intuito de evitar fraudes e duplicidade de registros realizados com base em uma única DNV, o Conselho Nacional de Justiça editou recomendação para que antes da lavratura de qualquer registro de nascimento, seja realizada consulta prévia à CRC, a fim de verificar se há registro de nascimento lavrado com o mesmo número de Declaração de Nascido Vivo-DNV apresentada.
>
> Todas as medidas necessárias para viabilizar a consulta recomendada já estão sendo implementadas. Assim que

a busca por DNV for disponibilizada, será feita nova comunicação aos Registradores Civis.

Por hora, recomenda-se aos Registradores que efetuem busca pelo nome da mãe na base da CRC, a fim de verificar se já houve registro de nascimento relativo à criança nascida na mesma data da DNV apresentada para registro.

1.4 BREVES COMENTÁRIOS SOBRE O VETO DO § 5º DO ART. 29 DA LRP

Vetado pela Lei nº 14.382/2022, o § 5º do art. 29 da Lei nº 6.015/1973 prescrevia que "a atividade delegada desempenhada exclusivamente pelo Oficial de Registro Civil das Pessoas Naturais é compatível com o exercício da arbitragem, nos termos da Lei nº 9.307, de 23 de setembro de 1996 (Lei de Arbitragem), e da leiloaria, cumpridos os seus requisitos próprios."

A **arbitragem**, regulamentada pela Lei nº 9.307/1996, estabelece que qualquer pessoa capaz que tenha a confiança das partes pode ser árbitro (art. 13). Por não haver qualquer empecilho legal, referida função seria plenamente compatível com o exercício da delegação do oficial de registro civil das pessoas naturais, que poderia ser o escolhido pelas partes para decidir questão conflituosa.

Trata-se de mais uma ferramenta de **autocomposição extrajudicial** que se somaria à mediação e conciliação, já permitida aos registradores civis das pessoas naturais por meio do Provimento 67/2018 do CNJ.

A **leiloaria**, por sua vez, já foi analisada pelo DREI (SEI Nº 260959/2020/ME), que concluiu não haver vedação para que, especificamente, o Oficial de Registro Civil das Pessoas Naturais atue como leiloeiro público. Essa decisão foi tomada em resposta a um questionamento apresentado pela ARPEN-BRASIL, nos referidos autos, que destacou:

a) a leiloaria praticamente inexiste no interior dos Estados, o que s.m.j. impacta negativamente na sociedade local que desconhece o seu viés pacificador;
b) o desconhecimento social aliado à inexistência de local de prestador gera o "não serviço", que impacta ainda na eficiência do Poder Judiciário, além do âmbito extrajudicial;
c) eficiência, pacificação, fé pública e segurança jurídica são objetivos e atributos do registrador civil das pessoas naturais;
d) a Nota Técnica DNRC/COJUR/Nº40/10 concluiu pela compatibilidade da leiloaria inclusive pelos exercentes de cargos públicos efetivos, pois constitui atividade de "particular em colaboração".

No caso, o registrador civil de pessoas naturais não exerce "cargo público", apesar de o ingresso se dar por concurso, pois a CF/88 (art. 236) prevê que deve ser exercido em caráter "pessoal" e "privado". Além disso, não constitui atividade mercantil, conforme entendimento pacífico do E. STF (por exemplo, ADI 2415).

A decisão também está perfeitamente alinhada aos precedentes do DNRC, considerando que os registradores civis das pessoas naturais não atuam, nem mesmo indiretamente, na instrumentalização da compra e venda, conforme o parecer jurídico DNRC/COJUR/Nº 009/06 (Processo MDIC nº 52700 000898/05-45) que estabelece ser "proibido ao leiloeiro exercer o comércio direta ou indiretamente no seu ou alheio nome", vedando assim a matrícula aos corretores de imóveis, haja vista que "realmente guarda estreita correlação com a mercancia evidenciando-se esta prática quando lhe atribui a competência nas compras e vendas de imóveis intermediando". Por fim, destaque-se o parecer jurídico DNRC/COJUR/Nº 147/04 (Processo MDIC nº 52700-001842/04-27) que eapregoa não ser possível fixar número de vagas para leiloeiros, pois constitucionalmente sujeitas ao livre exercício profissional, desde que preenchidos os seus requisitos próprios.

O parágrafo 5º reforçava a ideia de que o Registro Civil das Pessoas Naturais, é de fato o ofício da cidadania e que tem condição de prestar outros serviços compatível com a sua função, a teor do que dispõe o § 3º do artigo 29 da LRP.

Assim, o dispositivo ora vetado autorizaria que o oficial RCPN desempenhasse a atividade da arbitragem a que se refere a Lei n.º 9.307/96 e a atividade de leiloeiro oficial.

1.5 TRANSFERÊNCIA DE PROPRIEDADE DO VEÍCULO EM MEIO DIGITAL (ATPV-E).

Em 24 de novembro de 2023, foi editada a Portaria n. 1.137, que credencia a Associação Nacional dos Registradores de Pessoas Naturais (ARPEN Brasil), que é uma pessoa jurídica, para prestar o serviço de disponibilização e assinatura da Autorização para Transferência de Propriedade do Veículo em meio digital (ATPV-e).

Referido serviço é um canal de atendimento aos cidadãos facultativo, de livre escolha dos vendedores e compradores de veículos, em âmbito nacional.

Para melhores esclarecimentos, é pertinente a transcrição da Portaria. Veja-se:

> **Art. 2º** Fica a ARPEN Brasil autorizada a acessar dados de sistemas e subsistemas informatizados organizados e mantidos pela Secretaria Nacional de Trânsito (SENATRAN) com a finalidade específica de disponibilização e assinatura da ATPV-e.
>
> § 1º A relação dos dados autorizados está disposta no Anexo.
>
> § 2º A hipótese de tratamento de dados para a finalidade específica indicada no caput é a prevista no inciso I, § 1º, do art. 26 da Lei nº 13.709, de 14 de agosto de 2018, a Lei Geral de Proteção de Dados Pessoais (LGPD).

Art. 3º A integração de soluções e o acesso aos dados de que trata o art. 2º serão viabilizados mediante solicitação efetivada na plataforma Credencia, mantida pela SENATRAN.

§ 1º No momento da solicitação, além do cumprimento das exigências previstas no § 1º, do art. 10, da Portaria SENATRAN nº 922, de 20 de julho de 2022, a ARPEN Brasil deverá apresentar comprovante de homologação do credenciamento de que trata esta Portaria junto à Corregedoria Nacional de Justiça do Conselho Nacional de Justiça, sob pena de indeferimento.

§ 2º A ARPEN Brasil deverá observar as regras e especificações técnicas de integração definidas pela SENATRAN.

Art. 4º No caso de cometimento de irregularidades no uso dos dados ou na disponibilização dos serviços de que trata esta Portaria, será aplicada pela SENATRAN a sanção administrativa de suspensão do credenciamento por, no mínimo, 30 (trinta) dias.

Parágrafo único. Após o período de suspensão, caso a ARPEN Brasil não tenha solucionado o fato gerador, ou tenha incorrido em outras irregularidades, estará sujeita à aplicação pela SENATRAN de sanção administrativa de cassação do credenciamento, assegurado o contraditório e a ampla defesa.

Art. 5º Esta Portaria entra em vigor na data de sua publicação.

ADRUALDO DE LIMA CATÃO
(DOU de 27.11.2023)

ANEXO

Dados com autorização de acesso para prestação do serviço de disponibilização e assinatura da ATPV-e:

1. Placa do veículo;
2. Número RENAVAM do veículo;
3. Número de documento do proprietário do veículo (pessoa física ou pessoa jurídica);
4. Nome do proprietário do veículo;
5. Score biométrico do comprador e vendedor do veículo (para validação biométrica de identidade);
6. Restrições do veículo existentes nas bases RENAVAM e RENAINF;
7. Vendas digitais abertas por veículo; e
8. ATPV-e.

2. QUESTÕES DE CONCURSOS

01. (Vunesp – Outorga de Delegação de Notas e Registros – TJ – GO/2021) De acordo com a Lei nº 6.015/73, no tocante aos ofícios da cidadania, assinale a alternativa correta.

a) O convênio realizado no âmbito dos ofícios da cidadania será firmado entre Corregedoria Geral da Justiça e órgãos públicos.
b) Os ofícios de registro civil das pessoas naturais são considerados ofícios da cidadania e estão autorizados a prestar outros serviços gratuitos.
c) O convênio realizado no âmbito dos ofícios da cidadania será firmado entre CNJ e órgãos públicos.
d) Os ofícios de registro civil das pessoas naturais são considerados ofícios da cidadania e estão autorizados a prestar outros serviços remunerados.

02. (Cespe – Notários e Oficiais de Registro – Provimento – TJ – DFT/2019) Em regra, as atividades dos ofícios notariais e de registro são definidas de modo objetivo e taxativo, o que significa que eles somente podem realizar os serviços que lhes são inerentes; todavia, são autorizados a prestar outros serviços remunerados, mediante o devido convênio, os cartórios

a) de notas.
b) de protesto.
c) de registro civil de pessoas naturais.
d) de registro de títulos e documentos.
e) de registro de imóveis.

GAB	1	D	2	C

§ 6º Os ofícios de registro civil das pessoas naturais poderão, ainda, emitir certificado de vida, de estado civil e de domicílio, físico e eletrônico, da pessoa natural, e deverá ser realizada comunicação imediata e eletrônica da prova de vida para a instituição interessada, se for o caso, a partir da celebração de convênio.

1. COMENTÁRIOS

O 6º do art. 29 foi incluído pela Lei n. 14.711/2023 (Marco Legal das Garantias).

Antes de entrar especificamente no detalhamento da nova atribuição conferida aos oficiais de registro civil das pessoas naturais, importante contextualizar o cenário social que impulsionou a inovação legislativa.

Para isso trago os relevantíssimos ensinamentos de Gustavo Fiscarelli no artigo "O Marco Legal das Garantias: Certificados de Vida, de Estado Civil e de Domicílio" (O Novo Marco Das Garantias. Aspectos práticos e teóricos da Lei n. 14.711/2023. Coord. El Debs, Martha; Chezzi, Bernardo. São Paulo: Juspodivm, 2024), que examina as novas atribuições conferidas aos oficiais de registro civil para a emissão de certificados de vida, estado civil e domicílio, posicionando o tema na adaptação do ordenamento pátrio às demandas contemporâneas de mobilidade internacional das pessoas e às exigências de comprovação documental em contextos transnacionais:

> "A Lei n. 14.711/2023, conhecida como Marco Legal das Garantias, ao atender demandas do setor financeiro, trouxe uma série de alterações e inovações em matéria de garantias mobiliárias e imobiliárias, com objetivo incentivar a circulação de crédito no país.
>
> É cediço que a inacessibilidade ao crédito no Brasil decorre, em grande parte, em razão das taxas de juros praticadas, consequência da alta inadimplência e ausência de mecanismos eficazes na recuperação do crédito emprestado.
>
> É justamente neste contexto que o Marco Legal das Garantias representa nova investida legislativa no afã de mudança desse cenário, possibilitando crescimento econômico do país.

> Ao lado da dificuldade de recuperação do crédito inadimplente, o mercado cita as fraudes ao sistema financeiro como outro fator de pressão e manutenção dos juros nas alturas.
>
> Grande parte dessas fraudes decorre de falha na devida identificação do cliente, seja de forma presencial ou eletrônica. O uso de documentação de identificação falsa e a declaração de dados pessoais inverídica inibe o ente financeiro de qualquer movimento de resgate do crédito cedido, pois falta-lhe, inclusive, ação contra o verdadeiro tomador do dinheiro.
>
> Uma das medidas profiláticas deste tipo de fraude consiste na **checagem dos dados biográficos e biométricos da pessoa pretendente ao crédito.**
>
> Diante disso, a Certificação pelo oficial de registro civil, especialmente a de vida, **surge como possível solução a fraudes desta natureza, ainda mais se adotada a comunicação imediata à instituição interessada, conforme autoriza a novel disposição.**
>
> Sem sombra de dúvidas, **o objetivo da proposta foi reforçar a proteção ao crédito.** Mas ao lado disso, criou-se uma sistemática de certificação que serve como meio de prova de vida, do estado civil e do domicílio de cada indivíduo em suas relações transfronteiriças, notadamente nas contratações de operações financeiras realizadas no exterior e no âmbito do reconhecimento de outra nacionalidade de origem. Nesse último caso, as modalidades de Certificados oferecem, ademais, um novo campo de aplicação pautado no direito à devida identificação, à não discriminação, e à vida privada e familiar, proporcionando segurança jurídica, eficácia e previsibilidade quanto a dados relevantes da pessoa natural".

Feita essa importante contextualização sobre a introdução da nova regra, trataremos, a seguir, da **diferença entre certidão e certificado e conceitos de certificação.**

Nos ensinamentos de Gustavo Fiscarelli, a certificação para além do próprio registro mostra-se imprescindível, vez que inaugura ato registral de análise sistêmica, demanda antiga e determinante para a prática de infindáveis atos cotidianos. Aliás, reside aqui a diferença entre certidão e certificado. Enquanto a primeira presta-se à certificação de fato jurídico registrado de forma singular, o segundo atesta situações que extrapolam o próprio registro e que sequer exigem prévio assentamento em livro específico – seja ele físico ou eletrônico (Op. cit. 599)

Pode-se definir o **Certificado de Vida** como sendo a certificação realizada pelo oficial de registro civil das pessoas naturais, dotado de fé pulica, de que determinada pessoa se encontra viva e não se confunde com qualquer outra, a partir de checagem documental e sistêmica, além da conferência de seus dados biográficos e biométricos (Op. cit 599). O **Certificado de Domicílio,** por seu turno, poderia ser conceituado como a certificação realizada pelo oficial de registro civil das pessoas naturais, dotado de fé pulica, de que a pessoa tem seu domicílio(s) em determinado(s) lugar(es), a partir de declaração prestada perante o registrador civil acompanhado de prova idônea, ou de informação constante em registro ou procedimento realizado no passado. Já o **Certificado de Estado Civil** pode ser entendido como a certificação realizada pelo oficial de registro civil das pessoas naturais, dotado de fé pública, de que determinada pessoal ostenta determinado estado civil, a partir de declaração prestada perante o registrador civil, além de checagem documental e sistêmica (Op. cit. 599).

Passemos agora à análise do **procedimento para a emissão dos certificados**, que deve ser iniciado por requerimento da pessoa interessada, e envolve análise de documentos. A representação por procuração é permitida para os Certificados de Domicílio e Estado Civil, mas não para o Certificado de Vida. Melhor detalha Gustavo Fiscarelli (Op. cit. 602-603).

> "É importante salientar que a expedição dos Certificados envolve uma análise documental e probatória, de modo que se consubstancia em um procedimento iniciado a partir de requerimento da pessoa interessada, culminado com a extração do Certificado propriamente dito.
>
> Ademais, não se pode olvidar que a atribuição desempenhada pelos Oficiais de Registro Civil das Pessoas Naturais não somente refere-se à natureza puramente registral. Ou seja: estão habilitados a colher a manifestação de vontade de qualquer parte interessada e instrumentalizá-la em respectivo procedimento, termo ou certificado passível ou não de assentamento.
>
> Como bem ensina Amadei (2004, p. 89), ao tratar da natureza do protesto de títulos, foi reafirmada, pela Lei 14.382/2022, que o RCPN possui dupla-função, ou seja, dar forma escrita e pública aos atos registráveis, instrumentalizando-os, bem como inscrevendo-os para dar publicidade aos fatos jurídicos. Assim sendo, como o protesto de títulos, a natureza aqui é ao mesmo tempo de coletora da manifestação de vontade das partes como inscritiva e registral.
>
> Assim sendo, no tocante aos Certificados do Marco Legal das Garantias, não há que se falar em mera emissão de Certidão, pois envolvem sim a análise e qualificação registral no âmbito do Princípio da Legalidade que envolve a atividade desenvolvida pelos oficiais de registro civil.
>
> Tendo em conta que se trata de procedimento, o primeiro ato para tanto é o requerimento perante o oficial de registro civil das pessoas naturais.
>
> No Certificado de Vida, por se tratar de ato que exigem checagem biométrica, o comparecimento pessoal – leia-se físico ou de forma digital, é obrigatório, não se admitindo a representação por procuração. Por outro lado, a representação legal de menores ou incapazes seria admitida, desde que acompanhada do menor ou do incapaz. Já no caso do Certificado de Domicílio e Estado Civil, a representação por procuração seria admitida, desde que com poderes especiais para tanto.
>
> O passo seguinte, no âmbito do procedimento para a extração do Certificado, é a conferência e qualificação dos documentos apresentados pela parte requerente, que se valeria sempre da via original do documento, fazendo-se as confirmações de autenticidade junto ao ente expedidor. O rol de documentos exigidos para emissão de cada respectivo Certificado varia de acordo com o conteúdo a ser objeto da certificação. Assim, para a

prova de vida, exigir-se-ão certidões de nascimento e casamento, ou de união estável, atualizadas, para que se verifique a inexistência de anotação de óbito nas mesmas, bem como solicitação de outros documentos que possam dar segurança jurídica ao Oficial no momento da análise acerca do deferimento ou não do requerimento. Um desses outros documentos poderia ser a atestação médica, com reconhecimento de firma, acerca da pessoa a que se destina o Certificado de Vida.

Já a checagem sistêmica consiste na busca no sistema do registro civil, notadamente na base de dados da Central de Informações do Registro Civil das Pessoas Naturais – CRC, acerca de ato de registro que possa ser importante à certificação.

A conferência biográfica permite a confrontação com o verdadeiro dado extraído dos atos de registro. A conferência biométrica consiste no rastreamento dos caracteres biométricos da pessoa nas bases oficiais a que o Registro Civil tem permissão de acesso.

Por fim, admite-se a prova dos fatos a serem certificados por meio de prova idônea, que pode ser, inclusive, testemunhal".

Feita essa análise, cabe informar que a Lei n. 14.711/2023 é **autoaplicável**, permitindo a imediata emissão dos Certificados pelos Oficiais de Registro Civil. Contudo, futuras regulamentações podem padronizar procedimentos e estabelecer valores dos serviços.

Art. 30. Não serão cobrados emolumentos pelo registro civil de nascimento e pelo assento de óbito, bem como pela primeira certidão respectiva.

§ 1º Os reconhecidamente pobres estão isentos de pagamento de emolumentos pelas demais certidões extraídas pelo cartório de registro civil.

§ 2º O estado de pobreza será comprovado por declaração do próprio interessado ou a rogo, tratando-se de analfabeto, neste caso, acompanhada da assinatura de duas testemunhas.

§ 3º A falsidade da declaração ensejará a responsabilidade civil e criminal do interessado.

§ 3º-A Comprovado o descumprimento, pelos oficiais de Cartórios de Registro Civil, do disposto no *caput* deste artigo, aplicar-se-ão as penalidades previstas nos arts. 32 e 33 da Lei nº 8.935, de 18 de novembro de 1994.

§ 3º-B Esgotadas as penalidades a que se refere o parágrafo anterior e verificando-se novo descumprimento, aplicar-se-á o disposto no art. 39 da Lei nº 8.935, de 18 de novembro de 1994.

§ 3º-C. Os cartórios de registros públicos deverão afixar, em local de grande visibilidade, que permita fácil leitura e acesso ao público, quadros contendo tabelas atualizadas das custas e emolumentos, além de informações claras sobre a gratuidade prevista no *caput* deste artigo.

§ 4º É proibida a inserção nas certidões de que trata o § 1º deste artigo de expressões que indiquem condição de pobreza ou semelhantes.

§ 5º (VETADO) *(Incluído pela Lei nº 9.534, de 1997)*

§ 6º (VETADO) *(Incluído pela Lei nº 9.534, de 1997)*

§ 7º (VETADO) *(Incluído pela Lei nº 9.534, de 1997)*

§ 8º (VETADO) *(Incluído pela Lei nº 9.534, de 1997)*

§ 9º (VETADO). *(Incluído pela Lei nº 14.382, de 2022)*

1. COMENTÁRIOS

A **Lei 10.169/2000**, em seu **art. 8º**, estabelece que os **Estados e o Distrito Federal** devem prever forma de compensação aos Registradores Civis das Pessoas Naturais pelos atos praticados gratuitamente em decorrência da lei federal.

Julgada constitucional pelo Supremo Tribunal Federal na Ação Direta de Inconstitucionalidade 1.800-1-DF, a **Lei 9.534/1997** alterou o artigo 30 da Lei 6.015/1973, passando a prever que o **registro civil de nascimento, o assento de óbito e a primeira certidão de cada um desses atos serão gratuitos.**

Assim, cumpriu-se a previsão constitucional de que "são gratuitos (...), na forma da lei, os atos necessários ao exercício da cidadania" (artigo 5º, inciso LXXVI, da Constituição Federal de 1988). Verifica-se que essa gratuidade, concedida indistintamente a todas as pessoas, decorre da necessidade dos registros de nascimento e de óbito ao **exercício da cidadania.**

Pela **legislação federal (Lei 9.534/1997)**, são gratuitos **todos** os registros e primeiras certidões de nascimento e de óbito e, **para os reconhecidamente pobres**, as demais certidões e o processo de habilitação, registro e primeira certidão de casamento. Percebe-se que a aludida lei **estendeu** a gratuidade à emissão de

certidões e à prática de **registros de nascimento** a **todos os cidadãos, independentemente de sua condição econômica**.

O artigo 5º inciso LXXVI, da Constituição Federal previa a gratuidade de forma **mais restrito**, em consonância com a disposição revogada do art. 30 da Lei 6.015/1973 e com a redação do art. 45 da Lei 8.935/1994.

O parágrafo 4º do art. 30, que proíbe a inserção nas certidões de expressões que indiquem condição de pobreza ou semelhantes, foi acrescentado pela Lei 11.789/2008. Essa medida vai ao encontro do **princípio da dignidade da pessoa humana**, previsto no art. 1º, inciso III da Constituição Federal, com o objetivo de evitar o uso segregatório, discriminatório e constrangedor de tais expressões.

É oportuno mencionar que o STF já decidiu que a atividade desenvolvida pelos titulares das serventias de notas e registros, embora análoga à atividade empresarial, está sujeita a um regime de direito público. Portanto, a lei que isenta os "reconhecidamente pobres" do pagamento dos emolumentos devidos pela expedição de registro civil de nascimento e de óbito, bem como da primeira certidão respectiva, **não ofende o princípio da proporcionalidade** (STF, ADC 5, Rel. Min. Nelson Jobim, DJe-117, DIVULG 04-10-2007, p. 05-10-2007).

Ademais, a aludida lei é um excelente meio de combate ao **sub-registro** (falta de registro). Por sub-registro de nascimento "entende-se o conjunto de nascimentos ocorridos no ano (...) e não registrados no próprio ano ou até o fim do primeiro trimestre do ano subsequente" (IBGE. *Estatísticas do Registro Civil de 2007.* Disponível em: http://www.ibge.gov.br/home/estatistica/população/registrocivil/2007/default.shtm). O combate ao sub-registro é fundamental para o exercício da cidadania.

As pessoas sem registro não podem trabalhar com carteira assinada, não recebem nenhum benefício do Estado, não têm acesso à educação, à saúde ou a qualquer serviço público indispensável, não têm acesso à Justiça, não votam nem são votados, não podem contrair matrimônio. A certidão de nascimento abre as portas ao exercício de todos esses direitos (Conselho Nacional de Justiça. Pedido de providências nº 200810000017182. Voto da relatora Andréa Maciel Pachá. Disponível em *www.cnj.jus.br*)

Como exemplo das **principais iniciativas de combate ao sub-registro**, destaco:

a) **Recomendação 50 da Corregedoria Nacional de Justiça do CNJ.** Dispõe sobre a prevalência do direito fundamental ao nome sobre exigências não estabelecidas na Lei de Registros Públicos, para fins de registro de nascimento ou de óbito de crianças.

b) **Provimento 104/2020 da Corregedoria Nacional de Justiça do CNJ (incorporado aos arts. 182 e 183 do Código Nacional de Normas).** Envio de dados registrais, das pessoas em estado de vulnerabilidade socioeconômica, pelo Cartórios de Registro Civil de Pessoas Naturais, diretamente ou por intermédio da Central de Informações de Registro Civil de Pessoas Naturais - CRC, aos Institutos de Identificação dos Estados e do Distrito Federal, para fins exclusivos de emissão de registro geral de identidade.

c) **Provimento 13/2010 da Corregedoria Nacional de Justiça do CNJ (incorporado aos arts. 445 e 460 do Código Nacional de Normas).** Unidades Interligadas nos estabelecimentos de saúde.

d) **Leis 9.534/1997** e **10.169/2000.** Prevê a compensação aos registradores civis das pessoas naturais pelos atos gratuitos por eles praticados, viabilizando o desempenho desta essencial atividade.

e) **Decreto Federal 10.063/2019.** Dispõe sobre o Compromisso Nacional pela Erradicação do Sub-registro Civil de Nascimento e Ampliação do Acesso à Documentação Básica, o Comitê Gestor Nacional do Compromisso Nacional pela Erradicação do Sub-registro Civil de Nascimento e Ampliação da Documentação Básica e a Semana Nacional de Mobilização para o Registro Civil de Nascimento e a Documentação Básica.

f) **Decreto Federal 7.037/2009.** Aprova o Programa Nacional de Direitos Humanos – PNDH-3 e na Diretriz 7 estabelece a Garantia dos Direitos Humanos de forma universal, indivisível e interdependente, assegurando a cidadania plena;

g) **Portaria 938/GM, de 20 de maio de 2002, do Ministério da Saúde.** Institui gratificações para as unidades de assistência à saúde que estimulem as famílias a registrarem seus filhos antes da alta hospital da mãe.

Em relação às infrações disciplinares e suas penalidades cometidas pelo oficial registrador acerca deste tema, remetemos o leitor aos comentários dos artigos 31 a 39 da Lei 8.935/1994.

Destaco ainda um exemplo recente no enfrentamento ao sub-registro civil. Em 22 de fevereiro de 2023, foi editado o **Provimento n. 140 da Corregedoria Nacional de Justiça do CNJ**, que estabelece, no âmbito do Poder Judiciário, o Programa de Enfrentamento ao Sub-registro Civil e de Ampliação do Acesso à Documentação Básica por Pessoas Vulneráveis, além de instituir a Semana Nacional do Registro Civil e outras providências.

Entre as justificativas para a edição deste ato normativo, destaco:

a) Que se insere no rol de direitos fundamentais a gratuidade do registro civil de nascimento aos reconhecidamente pobres (art. 5º, inciso LXXVI, alínea "a", da Constituição Federal de 1988);

b) Que são direitos sociais, entre outros, a assistência aos desamparados (art. 6º, *caput*, da Constituição Federal de 1988);

c) Que a Meta 16.9 da Agenda 2030 da ONU para o Desenvolvimento Sustentável, de "até 2030, fornecer identidade legal para todos, incluindo o registro de nascimento";

d) Que a Diretriz Estratégica n. 5 para o ano de 2023, da Corregedoria Nacional de Justiça, aprovada no XI Encontro Nacional do Poder Judiciário, que dispõe: "Aprimoramento – Sub-registro Civil – Proceder ao incremento das unidades interligadas no Estado, programar e realizar ações visando à erradicação do sub-registro civil, nas localidades identificadas com maior concentração potencial do número de ocorrências, bem como conferir tramitação prioritária aos processos judiciais concernentes ao registro tardio".

Quanto ao **objetivo**, o Provimento CNJ n. 140 estabelece que a Corregedoria Nacional de Justiça e as Corregedorias-Gerais de Justiça dos Tribunais de Justiça e dos Tribunais Regionais Federais têm como **meta** conjugar esforços com a União, Estados, Distrito Federal, Municípios, demais entidades públicas, entidades representativas dos oficiais de registro civil das pessoas naturais, organizações da sociedade civil, iniciativa privada e comunidade, visando erradicar o sub-registro civil de nascimento no País e ampliar o acesso à documentação civil básica a todos os brasileiros, especialmente à população socialmente vulnerável.

O parágrafo único do art. 2º do Provimento CNJ 140/2023, considera **população socialmente vulnerável**:

> I - população em situação de rua, nos termos do parágrafo único do art. 1º do Decreto n. 7.053, de 23 de dezembro de 2009 (Política Nacional para a População em Situação de Rua);
>
> II - povos originários;
>
> III - população ribeirinha;
>
> IV - refugiados;
>
> V - população em cumprimento de medidas de segurança, situação manicomial, carcerária e egressos do cárcere.

São **diretrizes** para a Corregedoria Nacional de Justiça, no âmbito nacional, e as Corregedorias-Gerais de Justiça, no âmbito estadual e municipal, atuar diretamente ou em articulação com os demais entes federados e outros Poderes, com as entidades representativas dos oficiais de registro civil, demais entidades e pessoas que se vincularem ao Programa:

> I - erradicação do sub-registro civil de nascimento por meio da realização de ações de mobilização nacional, estadual ou municipal;
>
> II - fortalecimento de ações que visem à ampliação do acesso à documentação civil básica, sobretudo da população vulnerável;
>
> III - ampliação da rede de serviços dos registros públicos das pessoas naturais, visando assegurar a eficiência, desburocratização e a capilaridade do atendimento, com a garantia de sustentabilidade destes serviços;
>
> IV - fomento ao procedimento administrativo de registro tardio de nascimento por meio do aperfeiçoamento normativo e ações de conscientização; e
>
> V - observância da renda mínima ao registrador civil, nos termos do Provimento CNJ n. 81/2018.

O Provimento CNJ n. 140/2023 também instituiu a **Semana Nacional do Registro Civil – "Registre-se!"**, que ocorrerá, no mínimo, uma vez a cada ano, com convocação prévia pela Corregedoria Nacional de Justiça. Durante esse dias, os oficiais de registro civil das pessoas naturais deverão atender às solicitações de certidão oriundas do projeto de **forma prioritária**. É importante observar que as declarações de hipossuficiência, necessárias à concessão da gratuidade dos atos, devem ser prestadas eletronicamente pelos interessados, conforme ferramenta disponibilizada pelos registradores civis.

O art. 8º do Provimento prescreve a **forma de ressarcimento** aos oficiais por todos os atos gratuitos que praticarem em decorrência do projeto, nestes termos:

> § 1º O ressarcimento a que se refere o *caput* ocorrerá no mês subsequente à realização do projeto, conforme relatório encaminhado aos administradores dos Fundos estaduais de custeio de atos gratuitos pela Central de Informações de Registro Civil das Pessoas Naturais, instituída pelo Provimento n. 46, de 16 de junho de 2015, do Conselho Nacional de Justiça.
>
> § 2º Os gestores dos Fundos estaduais de custeio de atos gratuitos deverão encaminhar à Corregedoria Nacional de Justiça, em até 10 (dez) dias depois do término do prazo para o ressarcimento, a comprovação do pagamento dos atos indicados no § 1º deste artigo.

Por sua vez, o art. 9º estabelece as **formas dos pedidos** de certidão de registro civil realizados durante a Semana Nacional, neste sentido:

> Art. 9º Os pedidos de certidão de registro civil realizados durante a Semana Nacional serão processados em ambiente reservado e controlado, por meio de módulo próprio da Central de Informações de Registro Civil das Pessoas Naturais, cujo acesso será franqueado aos usuários indicados pela Associação Nacional dos Registradores de Pessoas Naturais – Arpen Brasil.

Por derradeiro, cumpre instruir que é dever das Corregedorias-Gerais dos Tribunais informar à Corregedoria Nacional de Justiça, em até 10 (dez) dias após a realização da semana de esforço concentrado, os dados e relatórios dos resultados alcançados, incluindo a quantidade de pedidos de certidão de registro civil realizados e a população socialmente vulnerável atendida.

1.1 BREVES COMENTÁRIOS SOBRE O VETO DO § 9º DO ART. 30 DA LEI N. 6.015/1973

A Lei 14.382, de 2022 vetou a redação do § 9º do art. 30 da LRP. O dispositivo dispunha o seguinte:

> "É indenizatória a compensação recebida pelos registradores civis das pessoas naturais pelos atos gratuitos por eles praticados."

Nas razões do veto, entendeu-se que, apesar da boa intenção do legislador, a proposição legislativa incorre em vício de inconstitucionalidade e contraria o interesse público. Isso se deve ao fato de que, ao conceituar como indenizatória a compensação recebida, poderia afastar a tributação pelo Imposto sobre a Renda da Pessoa Física (IRPF), o que implicaria renúncia de receita sem que estivesse acompanhada da demonstração do impacto orçamentário-financeiro e de medidas de compensação, em violação ao disposto no art. 113 do ADCT, no art. 14 da Lei Complementar nº 101/2000 – Lei de Responsabilidade Fiscal, e no caput e no § 1º do art. 124 da Lei nº 14.194/2021 – Lei de Diretrizes Orçamentárias para 2022.

Ademais, argumentaram que, ao conceder uma isenção sobre o recebimento das compensações pelos atos gratuitos praticados pelos oficiais de registro, a proposição legislativa estaria ferindo a isonomia tributária, pois não há critério de distinção que justifique o tratamento diferenciado.

O fundamento utilizado foi que isso violaria o princípio constitucional da igualdade tributária, nos termos do inciso II do *caput* do art. 150 da Constituição, o qual dispõe que é vedada a instituição de tratamento desigual entre contribuintes que se encontrem em situação equivalente, proibindo, portanto, qualquer distinção em razão de ocupação profissional ou função por eles exercida.

Além dessa razão, outro fundamento foi alegado: a proposição legislativa estaria em desconformidade com o § 6º do art. 150 da Constituição, que determina que qualquer redução da base de cálculo, isenção e subsídio relativo a imposto federal só poderá ser concedida mediante lei específica federal que regule exclusivamente a matéria ou o correspondente tributo.

2. JURISPRUDÊNCIA COMPLEMENTAR

CONSELHO NACIONAL DE JUSTIÇA

EMENTA: Extrajudicial – Recurso administrativo – Cobrança pela retificação de certidão solicitada via CRC – Valor referente à materialização da certidão – Ausência de irregularidade – Recurso administrativo desprovido – Cobrança relacionada à materialização da certidão, que não diz respeito ao ato de retificação sobre o qual recai a gratuidade, não afronta ao disposto no artigo 110, I, § 5º, da Lei nº 6.015/73, nem ao Provimento CNJ nº 107/2020 – Extrajudicial – Recurso administrativo – Concurso público para serventias extrajudiciais – Acompanhamento realizado nos autos da inspeção ordinária – Reconsideração – Sobrestamento do feito – Acompanhamento do concurso público para provimento das serventias extrajudiciais realizado nos autos da inspeção ordinária, o qual foi instaurado em virtude da necessidade de apuração das determinações impostas à Corregedoria-Geral da Justiça do Estado do Espírito Santo – Sobrestamento do feito, aguardando-se o avançar da tramitação nos autos em que se perfaz o acompanhamento da matéria.

EMENTA: Pedido de Providências. Ressarcimento das correspondências e comunicações gratuitas necessários ao exercício da cidadania. Lei Federal nº 9.534, de 1997. Compensação aos Registradores Civis das Pessoas Naturais pelo custeio dos serviços. Ônus atribuídos aos Estados e ao Distrito Federal. Art. 8º da Lei Federal nº 10.169, de 2000. Lei Estadual n. 12.352, de 2011. Desconstituição do ato impugnado.

1. O Registro Civil das Pessoas Naturais é uma função pública exercida por um particular em nome do Estado, sujeitando sua atuação à fiscalização do Poder Judiciário, que supervisiona suas atividades a fim de garantir o amplo acesso dos usuários a requisito indispensável para o pleno exercício da cidadania.

2. A Lei Federal n. 10.169, de 2000, estabeleceu a responsabilidade dos Estados e do Distrito Federal pelo estabelecimento de forma de compensação aos registradores civis das pessoas naturais pelos atos gratuitos por eles praticados.

3. O Conselho Gestor do FECOM não tem competência para suprimir hipótese de ressarcimento fixada por ato normativo hierarquicamente superior publicado pela Corregedoria-Geral de Justiça do Estado da Bahia, previsto em lei estadual e em conformidade com precedentes do CNJ, devendo o ato questionado ser desconstituído.

4. O ato impugnado reflete na qualidade dos serviços gratuitos prestados aos cidadãos e na realização de comunicações obrigatórias pelos cartórios de registro civil, causando prejuízos no atendimento ao interesse público e afetando diretamente o equilíbrio econômico-financeiro dos registros civis.

5. O FECOM deve aplicar o que determina o § 2º do art. 16 da Lei Estadual, isto é, adequar a renda mínima ao saldo financeiro do fundo, antes de restringir institutos do rol de atos gratuitos passíveis de ressarcimento, para que possa manter a viabilidade econômica das serventias.

6. Pedido de Providências julgado procedente para declarar a nulidade, com efeitos *ex tunc*, do Ato Normativo nº 2, de 2020, expedido pelo Conselho Gestor do FECOM/BA, na parte em que exclui os atos de comunicação obrigatória e as anotações realizadas pelos registradores civis de pessoas naturais da compensação dos atos gratuitos (CNJ – Pedido de Providências nº 0002152-16.2021.2.00.0000 – Bahia – Rel. Cons. Luiz Fernando Bandeira de Mello – DJ 14.06.2022).

EMENTA: RECURSO ADMINISTRATIVO. REGISTRO DE NASCIMENTO DE BRASILEIRO NASCIDO NO EXTERIOR. REPARTIÇÃO CONSULAR BRASILEIRA. TRANSCRIÇÃO/TRASLADO DE ATOS. GRATUIDADE NÃO EXTENSÍVEL. PREVISÃO LEGAL. DETERMINAÇÃO DE NÃO CUMPRIMENTO DE LEI ESTADUAL. REGULAMENTAÇÃO DA MATÉRIA. INCOMPETÊNCIA DO CNJ.

1. Não há irregularidade na cobrança de emolumentos pela prática de transcrição/traslado de atos registrados em repartição consular brasileira, contanto que prevista em lei.

2. Não cabe ao Conselho Nacional de Justiça determinar o não cumprimento de lei estadual oriunda do legítimo exercício da competência legislativa dos Estados.

3. É vedado ao Conselho Nacional de Justiça regulamentar, por meio de atos normativos, matéria que exige tratamento por meio de lei.

4. Recurso administrativo conhecido e desprovido.

ACÓRDÃO

O Conselho, por unanimidade, negou provimento ao recurso administrativo, nos termos do voto do Relator. Ausentes, justificadamente, os Conselheiros André Godinho, Maria Tereza Uille Gomes e Henrique Ávila. Presidiu o julgamento a Ministra Cármen Lúcia. Plenário, 6 de março de 2018. Presentes à sessão os Excelentíssimos Senhores Conselheiros Cármen Lúcia, João Otávio de Noronha, Aloysio Corrêa da Veiga, Iracema do Vale, Daldice Santana, Valtércio de Oliveira, Márcio

Schiefler Fontes, Fernando Mattos, Luciano Frota, Rogério Nascimento, Arnaldo Hossepian e Valdetário Andrade Monteiro.

RELATÓRIO

O EXMO. SR. MINISTRO JOÃO OTÁVIO DE NORONHA, CORREGEDOR NACIONAL DE JUSTIÇA:

Trata-se de recurso administrativo interposto por BRUNO SANTOS CUNHA e M. H. M. C. contra decisão da CORREGEDORIA NACIONAL DE JUSTIÇA que arquivou pedido de providências formulado em desfavor do CARTÓRIO DO PRIMEIRO DISTRITO DE RECIFE – REGISTRO CIVIL.

A controvérsia versa sobre extensão de gratuidade aplicada ao registro de nascimento a transcrição/traslado do registro consular de M. H. M. C., brasileira registrada em repartição consular no exterior.

Sustenta o primeiro recorrente que foi surpreendido, no Cartório de Registro Civil de Pessoas Naturais do 1º Ofício do Recife (PE), com a cobrança ilegal pela transcrição/traslado do referido registro consular, no montante aproximado de R$ 150,00, o que englobaria os custos de transcrição/traslado, autenticação de cópias do registro consular da menor e registro e reconhecimento de firma dos pais.

Assim, a parte recorrente requereu:

a) o reconhecimento da irregularidade da cobrança pelos serviços de registro civil nacionais da transcrição/traslado dos registros consulares de nascimento de brasileiros nascidos no exterior, determinando-se, por conseguinte, a integral aplicação do art. 30 da Lei de Registros Públicos aos atos em comento;

b) o reconhecimento, em consequência do disposto no item "a" acima, da irregularidade da cobrança pelos serviços de registro civil nacionais de quaisquer outros valores referentes a registro e reconhecimento de firmas, cópias e autenticações supostamente necessárias para a efetivação da transcrição/traslado do registro consular;

c) a determinação ao Cartório do Primeiro Distrito de Recife – Registro Civil para que providencie, sem nenhum custo (inclusive acessório e/ou conexo), a transcrição/traslado do registro consular da menor; e

d) a elaboração pelo Conselho Nacional de Justiça de ato normativo que explicite a matéria e instrua os serviços de registro civil nacionais acerca da gratuidade acima exposta, na forma do item III da presente petição (proposta de emenda à Resolução CNJ n. 155/2012).

Instado a manifestar-se a respeito dos fatos narrados, o Tribunal de Justiça do Estado de Pernambuco (TJPE) informou que não houve irregularidade na atuação da serventia requerida, pois o que ocorreu foi a aplicação expressa da Lei estadual n. 11.404, de 19 de dezembro de 1996 – que consolida as normas relativas às taxas, custas e emolumentos no âmbito do Poder Judiciário de Pernambuco – ao caso concreto.

A Corregedoria Nacional de Justiça, então, determinou o arquivamento do feito porquanto o registro civil de nascimento e o traslado de documentos registrados no exterior são atos diversos, de modo que a gratuidade alcança apenas aquele.

Concluiu que a gratuidade fora conferida ao registro de nascimento da menor e que eventual concessão da isenção de pagamento pelo traslado careceria de lei do Estado de Pernambuco ante a natureza jurídica dos emolumentos.

Em recurso administrativo, a parte reproduz argumentos desenvolvidos na petição inicial. Sustenta que nascimento de brasileiro registrado no exterior e posterior traslado feito em serventia extrajudicial são partes de um ato composto, razão pela qual a gratuidade deveria estender-se ao traslado.

Alega que a Lei estadual n. 11.404/1996, ao prever a cobrança pelo referido traslado, estaria indo de encontro à lei nacional que garante a gratuidade do registro de nascimento e, por isso, seria ilegal.

Ao final, requer os recorrentes:

a) a concessão de medida liminar para que se determine ao Cartório do Primeiro Distrito de Recife – Registro Civil que providencie, de forma imediata e sem custo, a transcrição/traslado do registro consular da menor;

b) a oitiva das Corregedorias de Justiça dos Estados e do Distrito Federal a fim de que sejam colhidas informações a respeito da situação da cobrança de emolumentos pelos cartórios de registro civil de pessoas naturais para transcrição/traslado dos assentos de nascimento de brasileiros ocorrido no exterior e identificar quais outros serviços acessórios e/ou conexos são cobrados nesses casos;

c) a oitiva da Procuradora-Geral da República e do Presidente do Conselho Federal da Ordem dos Advogados do Brasil;

d) a produção de eventuais provas, a serem oportunamente especificadas;

e) a realização de sustentação oral; e

f) o julgamento procedente do recurso administrativo para acolhimento integral dos pedidos formulados na petição que ensejou a abertura do presente pedido de providências.

É o relatório.

VOTO

O EXMO. SR. MINISTRO JOÃO OTÁVIO DE NORONHA, CORREGEDOR NACIONAL DE JUSTIÇA (Relator):

I – PRELIMINAR – Medida liminar

O primeiro pedido de que trata o presente recurso administrativo diz respeito à concessão de medida liminar para determinação ao Cartório do Primeiro Distrito de Recife – Registro Civil para que providencie, de forma imediata e sem custo, a transcrição/traslado do registro consular da menor M. H. M. C.

Ocorre que, para a concessão de pedido liminar, é imprescindível a demonstração de elementos que evidenciem a probabilidade do direito, o perigo de dano ou o risco ao resultado útil do processo.

No presente caso, não se verifica o preenchimento de nenhum desses requisitos. As razões recursais apenas reproduzem os argumentos apresentados na petição inicial, os quais, segundo apreciação da Corregedoria Nacional de Justiça, não foram capazes de embasar a pretensão da parte, razão pela qual não há falar em presença do *fumus boni iuris*. Ademais, também inexiste possibilidade de perigo de dano ou de risco ao resultado útil do processo, uma vez que a não concessão da medida liminar em nada prejudica eventual decisão do Plenário do CNJ para dar provimento aos pedidos ora formulados.

Acrescente-se que determinar, liminarmente e pela via administrativa, a realização do traslado sem cobrança ensejaria indesejável interferência na competência legislativa estadual, porquanto estaria o Conselho Nacional de Justiça expedindo determinação para que o recorrido não aplique lei local que regulamenta a matéria no âmbito do Estado do Pernambuco.

Assim, ausentes os requisitos necessários para a concessão da medida, **indefiro o pedido liminar.**

II – MÉRITO

a) Registro de nascimento e traslado de documentos registrados no exterior

Para fundamentar sua pretensão, a parte recorrente assevera que o registro de nascimento de brasileiro nascido no exterior inicia-se com ato praticado em repartição consular brasileira, mas somente se perfectibiliza quando do traslado via serventia extrajudicial, sendo, portanto, um ato composto. Assim, tanto o ato praticado em repartição consular brasileira quanto o traslado estariam acobertados pela gratuidade conferida aos registros de nascimento (art. 45 da Lei n. 8.935, de 18 de novembro de 1994).

Ocorre que, diversamente do alegado, o registro em repartição consular já garante a nacionalidade brasileira à menor. Trata-se de ato que atinge sua perfeição, validez e eficácia para o mundo jurídico na própria repartição. Desse modo, no instante em que foi registrada no exterior, M. H. M. C. passou a gozar do *status* de brasileira nata. Somente esse ato é alcançado pelo art. 45 da Lei n. 8.935/1994.

A transcrição/traslado é ato com finalidade diferente. Não se presta a garantir a condição de brasileiro nato a quem é destinatário do referido procedimento, mas sim a conceder àquele que já é cidadão brasileiro as condições para exercer a cidadania no território nacional e para praticar atos da vida civil, tais como comprovação e/ou alteração de estado civil, aquisição de imóveis e inventários. Portanto, ao segundo ato não se aplica o disposto no art. 45 da Lei n. 8.935/1994.

b) Impossibilidade de concessão da gratuidade do traslado via CNJ

Como já demonstrado anteriormente, *registro de nascimento* e *traslado* são atos diferentes, que se perfectibilizam em momentos distintos.

Assim, a concessão da gratuidade pretendida careceria de previsão legal, ato normativo que o CNJ não tem competência para editar, visto que teria de fixar hipóteses de não incidência tributária, tratando-se, portanto, de nova isenção tributária.

Caberia ao legislador ordinário federal estabelecer essa regra caso fosse de seu interesse, tal como previsto no art. 45 da Lei n. 8.935/1994, ou, até mesmo, ao legislador ordinário estadual no âmbito de sua competência legislativa.

Entretanto, ambos não o fizeram. Ao contrário, o legislador do Estado de Pernambuco decidiu não oferecer isenção para o traslado, tendo fixado, por meio da Lei estadual n. 11.404/1996, os valores a serem cobrados para o caso em questão.

Assim, expedir determinação para a concessão da gratuidade na espécie implicaria não reconhecer a previsão contida em lei estadual e não respeitar a repartição constitucional de competência dos entes federados, o que ofenderia o pacto da federativo brasileiro.

Acrescente-se que conferir ao CNJ atribuição que apenas o Poder Legislativo possui é uma latente ofensa ao princípio da separação dos Poderes, insculpido no art. 1º da Constituição Federal de 1988.

c) Controle de legalidade exercido na via jurisdicional

Por fim, pretende a parte fazer valer suposto conteúdo de lei federal que se encontra em conflito com lei estadual, requerendo do Conselho Nacional de Justiça que determine à serventia recorrida o não cumprimento de legislação estadual.

Ainda que fossem procedentes os argumentos desenvolvidos pelos recorrentes, não cabe ao CNJ exercer controle de legalidade ou de constitucionalidade, seja na via difusa seja na via concentrada. Nesse contexto, seria necessária apreciação jurisdicional, e não administrativa.

De todo modo, via de regra, enquanto não declarada inconstitucional ou ilegal, a lei tem a presunção de constitucionalidade e legalidade, produzindo todos os efeitos cabíveis no mundo jurídico.

Dessa forma, não pode o CNJ negar cumprimento a lei alguma sob o fundamento de ser ela ilegal.

III – CONCLUSÃO

Ante o exposto, **conheço do recurso e nego-lhe provimento** pelas razões seguintes:

a) quanto à cobrança pelos serviços de transcrição/traslado dos registros consulares de nascimento de brasileiros nascidos no exterior e dos serviços conexos, não se verifica irregularidade;

b) quanto à determinação ao recorrido para que providencie o traslado em apreço sem nenhum custo, o CNJ não tem competência para determinar o não cumprimento de lei estadual;

c) quanto à elaboração de ato normativo que explicite a matéria e instrua os serviços de registro civil nacionais acerca da gratuidade, exorbita da competência do CNJ regulamentar matéria que exige tratamento por meio de lei.

É como voto.

Brasília, 2018-03-20.

3. QUESTÕES DE CONCURSOS

01. (TJ/AM – 2023 – TJ/AM - Titular de Notas e Serviços de Registros). O Art. 14 da Lei nº 6.015/73 estabelece que os oficiais do registro, pelos atos que praticarem em decorrência do disposto na referida Lei, terão direito, a título de remuneração, aos emolumentos fixados nos Regimentos de Custas do Distrito Federal, dos Estados e dos Territórios, os quais serão pagos pelo interessado que os requerer. Sobre emolumentos e sua possível isenção no registro civil, assinale a alternativa **INCORRETA**.

a) Os reconhecidamente pobres não estão isentos de pagamento de emolumentos pelas demais certidões extraídas pelo cartório de registro civil, mas tão somente pelo registro de nascimento e a primeira certidão.

b) Para fins de isenção de emolumentos, o estado de pobreza será comprovado por declaração do próprio interessado ou a rogo, tratando-se de analfabeto, neste caso, acompanhada da assinatura de duas testemunhas. Sendo proibida a inserção nas certidões de expressões que indiquem condição de pobreza ou semelhantes. A falsidade da declaração ensejará a responsabilidade civil e criminal do interessado.

c) Os cartórios de registros públicos deverão afixar, em local de grande visibilidade, que permita fácil leitura e acesso ao público, quadros contendo tabelas atualizadas das custas e emolumentos, além de informações claras sobre a gratuidade prevista em lei.

d) Não serão cobrados emolumentos pelo registro civil de nascimento e pelo assento de óbito, bem como pela primeira certidão respectiva.

02. (IESES – Titular de Serviços de Notas e Registros – TJ – TO - Provimento/2022) Os serviços notariais e de registro são exercidos em caráter privado, por delegação do Poder Público, regulamentados pela Lei nº 8935/94, que disciplina a responsabilidade civil e criminal dos notários, dos oficiais de registro e de seus prepostos, e define a fiscalização de seus atos pelo Poder Judiciário. Sobre estes importantes serviços, assinale a alternativa INCORRETA:

a) Em cada sede municipal haverá no mínimo um registrador civil das pessoas naturais.

b) São gratuitos os assentos do registro civil de nascimento e o de óbito, bem como todas as certidões relacionadas aos referidos atos.

c) Existe uma Lei federal que estabelece normas gerais para fixação de emolumentos relativos aos atos praticados pelos serviços notariais e de registro.

d) O ingresso na atividade notarial e de registro depende de concurso público de provas e títulos, não se permitindo que qualquer serventia fique vaga, sem abertura de concurso de provimento ou de remoção, por mais de seis meses.

03. (Cespe – Notários e Oficiais de Registro – Remoção – TJ – DFT/2019) De acordo com a Lei de Registros Públicos, o estado de pobreza para fins de emissão da segunda via de certidão de casamento será comprovado por

a) declaração do próprio interessado.

b) decisão judicial que assegure a gratuidade de justiça.

c) declaração de isento da receita federal.

d) carteira de trabalho que demonstre os proventos do interessado.

e) comprovação oficial de desempregado por mais de três meses.

04. (EJEF – Notário-MG/2011) Analise as seguintes afirmativas e assinale V para as verdadeiras e F para as falsas.

( ) Os livros de registro serão divididos em quatro partes, sendo na primeira (da esquerda para a direita) lançado o número de ordem, na segunda lançada a data do assento, na terceira o assento, e na quarta o espaço para as notas, averbações e retificações.

( ) Depois da assinatura dos assentos, serão estes lidos às partes e às testemunhas.

( ) Para que haja a isenção do pagamento dos emolumentos, nas certidões emitidas aos reconhecidamente pobres, é obrigatória a inserção de expressões que indiquem condições de pobreza ou semelhantes.

( ) Os livros de registro de casamento, registro de nascimento e registro de óbito terão obrigatoriamente trezentas folhas cada um. O número de folhas dos demais livros fica a critério do oficial, não podendo ser superior a 300, nem inferior a 150.

Assinale a alternativa que apresenta a sequência de letras CORRETA.

a) (V) (F) (V) (F)

b) (V) (V) (F) (F)

c) (F) (F) (F) (V)

d) (F) (F) (F) (F)

05. (EJEF Tabelionato e Registro-MG/2007) Pelos atos que praticarem em decorrência da Lei dos Registros Públicos (Lei nº 6.015, de 1973), os oficiais de registro terão direito, a título de remuneração, à integralidade dos emolumentos fixados nos Regimentos de Custas do Distrito Federal, dos Estados e dos Territórios, os quais serão pagos, pelo interessado que os requerer, no ato de requerimento ou no da apresentação do título, EXCETO:

a) Em qualquer situação, os assentos do registro civil de nascimento e o de óbito, assim como a primeira certidão respectiva; na hipótese dos reconhecidamente pobres, fica assegurada a isenção de pagamento de emolumentos pelas demais certidões extraídas pelos serviços de registro civil de pessoas naturais.

b) Os emolumentos devidos pelos atos relacionados com aquisição imobiliária para fins residenciais, oriundas de programas e convênios com a União, Estados, Distrito Federal e Municípios, para a construção de habitações populares destinadas a famílias de baixa renda, pelo sistema de mutirão e autoconstrução orientada.

c) Nos atos praticados relativos a financiamento rural cuja propriedade tenha extensão de até 5 (cinco) módulos rurais.

d) Os emolumentos devidos pelos atos relacionados com a primeira aquisição imobiliária para fins residenciais, financiada pelo Sistema Financeiro Habitacional.

06. (FCC – Cartório – TJ – PE/2013) Considerando-se o Registro Civil das Pessoas Naturais é correto afirmar:

a) São atos de registro strictu sensu as alterações ou abreviaturas de nomes.

b) Não serão cobrados emolumentos pelo registro civil de nascimento e pelo assento de óbito, bem como pela primeira certidão respectiva.

c) Os fatos concernentes ao registro civil que se derem a bordo dos navios de guerra serão registrados imediatamente e comunicados oportunamente ao registro civil da sede da Capital do Estado-Membro respectivo para os assentamentos, notas ou averbações.

d) Os assentos de nascimento, óbito e casamento de brasileiros em país estrangeiro serão considerados autênticos após homologação pelo Superior Tribunal de Justiça.

e) A opção de nacionalidade de filho de brasileiro ou brasileira, nascido no estrangeiro, deve ser feita no prazo de até dois anos depois de atingida a maioridade.

07. (FMP – Cartório – TJ – MT/2014) Sobre a publicidade no Registro Civil das Pessoas Naturais, de acordo com a Lei 6.015/73, assinale a afirmativa correta.

a) Nas certidões de Registro Civil, não se mencionará a circunstância de ser legítima, ou não, a filiação, nem a requerimento do próprio interessado, salvo em virtude de determinação judicial.

b) Qualquer pessoa pode requerer certidão do Registro Civil, devendo, no entanto, informar por escrito, ao oficial ou ao funcionário o motivo ou interesse do pedido.

c) O acesso ou envio de informações ao registro civil, quando forem realizados por meio da rede mundial de computadores (internet) poderão ser assinados, a critério do registrador, com uso de certificado digital, que atenderá os requisitos estabelecidos pelo Conselho Nacional de Justiça.

d) Nas certidões extraídas pelo registro civil aos reconhecidamente pobres, isentas de emolumentos, fica proibida a inserção de expressões que indiquem condição de pobreza ou semelhantes.

e) Havendo qualquer espécie de alteração posterior ao ato cuja certidão é pedida, deve o registrador mencioná-la somente quando solicitado pelo próprio interessado ou por determinação judicial, fazendo constar que a certidão envolve elementos de averbação a margem do termo.

08. (IESES – Cartório – TJ – PB/2014) Para a Lei dos Registros Públicos no que se refere aos reconhecidamente pobres:

I. Estão isentos de pagamento de emolumentos pelas certidões extraídas pelo cartório de registro civil.

II. O estado de pobreza será comprovado por declaração do próprio interessado ou a rogo, tratando-se de analfabeto, neste caso, acompanhada da assinatura de duas testemunhas.

III. Estão isentos de pagamento de emolumentos pelas primeiras vias das certidões extraídas pelo cartório de registro civil, não se aplicando essa condição aos demais pedidos, como por exemplo, a segunda via da certidão de casamento.

IV. É proibida a inserção nas certidões expedidas gratuitamente aos reconhecidamente pobres de expressões que indiquem condição de pobreza ou semelhantes.

A sequência correta é:

a) Apenas as assertivas III e IV estão corretas.

b) Apenas as assertivas II e III estão corretas.

c) Apenas as assertivas I, II e IV estão corretas.

d) As assertivas I, II, III e IV estão corretas.

09. (Vunesp – Cartório – TJ – SP/2014) A Constituição Federal, na parte em que trata dos direitos e garantias fundamentais, especificamente nos direitos e deveres individuais e coletivos, estabelece a gratuidade para os reconhecidamente pobres, na forma da lei,

a) somente do registro civil de nascimento e da certidão de casamento.

b) somente do registro civil de nascimento e da certidão de óbito.

c) somente da certidão de óbito.

d) somente do registro civil de nascimento.

10. (IESES – Cartório – Provimento – TJ – RO/2017) Em relação ao Registro Civil de Pessoas Naturais é correto afirmar:

a) Os estatutos das pessoas jurídicas de direito privado devem ser registrados no Registro civil de Pessoas Naturais.

b) Os nascimentos devem ser averbados no Registro Civil de Pessoas Naturais.

c) Não serão cobrados emolumentos pelo registro civil de nascimento e pelo assento de óbito, bem como pela primeira certidão respectiva.

d) O estado de pobreza será comprovado por declaração emitida pela Receita Federal.

11. (IESES – Titular de Serviços de Notas e Registros – TJ – TO - Provimento/2022) Os de registros públicos deverão afixar, em local de grande visibilidade, que permita fácil leitura e acesso ao público, quadros contendo atualizadas das custas e emolumentos, além de informações claras sobre a ______. É proibida a inserção nas _____ de expressões que indiquem condição de ________ ou semelhantes.

Marque a alternativa que completa CORRETAMENTE e sequencialmente os espaços do enunciado, conforme o texto legal.

a) Serviços; mapas; legislação; escrituras; gênero.

b) Cartórios; tabelas; atividade; escrituras; pobreza.

c) Cartórios; tabelas; gratuidade; certidões; pobreza.

d) Serviços; horas; competência; certidões; adoção.

12. (Cespe – Notário-AC/2006) Acerca do registro de imóveis, de acordo com a Lei dos Registros

A publicidade dos atos submetidos a registro público está assegurada pelo princípio da publicidade, o qual também garante a qualquer pessoa o direito de requerer e obter gratuitamente certidão do registro de um bem imóvel ou mesmo informações de todos os termos do assento, mediante solicitação verbal, pertinentes a esse registro.

GAB	1	A	2	B	3	A	4	D	5	A
	6	B	7	D	8	C	9	B	10	C
	11	C	12	ERRADO				–		

Art. 31. Os fatos concernentes ao registro civil, que se derem a bordo dos navios de guerra e mercantes, em viagem, e no exército, em campanha, serão imediatamente registrados e comunicados em tempo oportuno, por cópia autêntica, aos respectivos Ministérios, a fim de que, através do Ministério da Justiça, sejam ordenados os assentamentos, notas ou averbações nos livros competentes das circunscrições a que se referirem.

1. COMENTÁRIOS

Fica evidente, neste dispositivo, a omissão do legislador ao não fazer qualquer alusão nesta lei às ocorrências em **aeronaves** e em **campanha da Marinha e da Aeronáutica**.

No entanto, Walter Ceneviva sugere que, apesar da omissão, o art. 31 deve ser interpretado sistematicamente com o art. 51, como extensivo a nascimentos, óbitos e casamentos ocorridos a bordo de aeronaves e também envolvendo as armas da aviação e da marinha, em campanha.

Ademais, este dispositivo deve ser lido em conjunto não só com o art. 51, mas também com os arts. 64, 65, 66 e 84. Faz-se oportuno transcrevê-los aqui:

> **Art. 51.** Os nascimentos ocorridos a bordo, quando não registrados nos termos do artigo 65, deverão ser declarados dentro de **cinco (5) dias, a contar da chegada do navio ou aeronave ao local do destino, no respectivo cartório ou consulado.**
>
> **Art. 64.** Os assentos de nascimento em navio brasileiro mercante ou de guerra serão lavrados, logo que o fato se verificar, pelo modo estabelecido na legislação de marinha, devendo, porém, observar-se as disposições da presente Lei.
>
> **Art. 65.** No primeiro porto a que se chegar, o comandante depositará imediatamente, na capitania do porto, ou em sua falta, na estação fiscal, ou ainda, no consulado, em se tratando de porto estrangeiro, duas cópias autenticadas dos assentos referidos no artigo anterior, uma das quais será remetida, por intermédio do Ministério da Justiça, ao oficial do registro, para o registro, no lugar de residência dos pais ou, se não for possível descobri-lo, no 1º Ofício do Distrito Federal. Uma terceira cópia será entregue pelo comandante ao interessado que, após conferência na capitania do porto, por ela poderá, também, promover o registro no cartório competente.
>
> Parágrafo único. Os nascimentos ocorridos a bordo de quaisquer aeronaves, ou de navio estrangeiro, poderão ser dados a registro pelos pais brasileiros no cartório ou consulado do local do desembarque.
>
> **Art. 66.** Pode ser tomado assento de nascimento de filho de militar ou assemelhado em livro criado pela administração militar mediante declaração feita pelo interessado ou remetido pelo comandante da unidade, quando em campanha. Esse assento será publicado em boletim da unidade e, logo que possível, trasladado por cópia autenticada, ex officio ou a requerimento do interessado, para o cartório de registro civil a que competir ou para o do 1º Ofício do Distrito Federal, quando não puder ser conhecida a residência do pai. (Renumerado do art. 67, pela Lei nº 6.216, de 1975).
>
> Parágrafo único. A providência de que trata este artigo será extensiva ao assento de nascimento de filho de civil, quando, em consequência de operações de guerra, não funcionarem os cartórios locais.
>
> **Art. 84.** Os assentos de óbitos de pessoas falecidas a bordo de navio brasileiro serão lavrados de acordo com as regras estabelecidas para os nascimentos, no que lhes for aplicável, com as referências constantes do artigo 80, salvo se o enterro for no porto, onde será tomado o assento.

No caso de nascimentos ocorridos a bordo de aeronaves brasileiras, o **art. 173 do Código Brasileiro de Aeronáutica (Lei 7.565/1986)** prevê o **registro no Diário de Bordo**, conforme segue:

> "O Comandante procederá ao assento, no Diário de Bordo, dos nascimentos e óbitos que ocorrerem durante a viagem, e dele extrairá cópia para os fins de direito".

Para melhor compreensão do tema, sugerimos a leitura em conjunto dos comentários dos artigos 51, 64 e 65 desta Lei.

2. QUESTÕES DE CONCURSOS

01. (IESES – Titular de Serviços de Notas e Registros – TJ – TO - Remoção/2022) Os fatos concernentes ao registro civil, que se derem a bordo dos navios de guerra e mercantes, em viagem, e no exército, em campanha, serão imediatamente registrados e comunicados em tempo oportuno, por cópia autêntica, aos respectivos Ministérios, a fim de que, através do Ministério __________, sejam ordenados os assentamentos, notas ou averbações nos livros competentes das circunscrições a que se referirem.

a) Da Cidadania.
b) Das Relações Exteriores.
c) Da Defesa.
d) Da Justiça (da Justiça e Segurança Pública).

02. (IESES – Cartório – TJ – PB/2014) Os fatos concernentes ao registro civil, que se derem a bordo dos navios de guerra e mercantes, em viagem, e no exército, em campanha, serão imediatamente registrados e comunicados em tempo oportuno, por cópia autêntica, aos respectivos Ministérios, a fim de que, sejam ordenados os assentamentos, notas ou averbações nos livros competentes das circunscrições a que se referirem, através do:

a) Ministério da Defesa.
b) Ministério da Justiça.
c) Ministério das Relações Exteriores.
d) Chefe da Casa Civil.

03. (IESES – Cartório – Remoção – TJ – RO/2017) Os fatos concernentes ao registro civil, que se derem a bordo dos navios de guerra e mercantes, em viagem, e no exército, em campanha, serão:

a) Impreterivelmente registrados e comunicados no prazo de quinze dias úteis, por cópia autêntica, aos respectivos

Ministérios, a fim de que, através do Ministério da Justiça, sejam ordenados os assentamentos, notas ou averbações nos livros competentes das circunscrições a que se referirem.

b) Impreterivelmente registrados e comunicados no prazo de quinze dias, por cópia autêntica, aos respectivos Ministérios, a fim de que, através do Ministério da Justiça, sejam ordenados os assentamentos, notas ou averbações nos livros competentes das circunscrições a que se referirem.

c) Impreterivelmente registrados e comunicados no prazo de trinta dias, por cópia autêntica, aos respectivos Ministérios, a fim de que, através do Ministério da Justiça, sejam ordenados os assentamentos, notas ou averbações nos livros competentes das circunscrições a que se referirem.

d) Imediatamente registrados e comunicados em tempo oportuno, por cópia autêntica, aos respectivos Ministérios, a fim de que, através do Ministério da Justiça, sejam ordenados os assentamentos, notas ou averbações nos livros competentes das circunscrições a que se referirem.

GAB	1	D	2	B	3	D

Art. 32. Os assentos de nascimento, óbito e de casamento de brasileiros em país estrangeiro serão considerados autênticos, nos termos da lei do lugar em que forem feitos, legalizadas as certidões pelos cônsules ou quando por estes tomados, nos termos do regulamento consular.

§ 1º Os assentos de que trata este artigo serão, porém, transladados nos cartórios de 1º Ofício do domicílio do registrado ou no 1º Ofício do Distrito Federal, em falta de domicílio conhecido, quando tiverem de produzir efeito no País, ou, antes, por meio de segunda via que os cônsules serão obrigados a remeter por intermédio do Ministério das Relações Exteriores.

§ 2º O filho de brasileiro ou brasileira, nascido no estrangeiro, e cujos pais não estejam ali a serviço do Brasil, desde que registrado em consulado brasileiro ou não registrado, venha a residir no território nacional antes de atingir a maioridade, poderá requerer, no juízo de seu domicílio, se registre, no livro "E" do 1º Ofício do Registro Civil, o termo de nascimento.

1. COMENTÁRIOS

Não é incomum que fatos importantes da vida civil, como o nascimento, o casamento e o óbito, possam ocorrer no exterior e sejam lá registrados.

Quando assim acontecer, para a produção de efeitos no país, necessária é a **transcrição** no **Registro Civil das Pessoas Naturais** do **1º Ofício ou Subdistrito da Sede da comarca** onde for domiciliada a parte, ou do **Distrito Federal** em falta de domicílio conhecido.

É importante ressaltar que o art. 32 se refere aos **brasileiros.**

Assim, somente pode ser feito o traslado se a pessoa registrada tiver **nacionalidade brasileira**, ficando vedado ao estrangeiro a transcrição no Brasil, do assento lavrado em seu país. A justificativa é a impossibilidade de conferir publicidade *erga omnes* a um registro lavrado no exterior.

A Lei de Introdução às Normas do Direito brasileiro – LINDB (Decreto-lei 4.657/1942) estabelece que os cônsules brasileiros têm competência para os atos de registro civil e do tabelionato. É o que se extrai do art. 18: "*Tratando-se de brasileiros, são competentes as autoridades consulares brasileiras para lhes celebrar o casamento e os mais atos de Registro Civil e de tabelionato, inclusive o registro de nascimento e de óbito dos filhos de brasileiro ou brasileira nascido no país da sede do Consulado*".

Os registros de nascimento, óbito ou casamento serão aptos a produzir efeitos na República Federativa do Brasil se estiverem em **conformidade com a lei do país em que ocorrerem.** Nessa direção, o art. 13 da LINDB destaca que a prova dos fatos ocorridos em país estrangeiro rege-se pela lei que nele vigorar, quanto ao ônus e aos meios de produzir-se, não admitindo os tribunais brasileiros provas que a lei brasileira desconheça.

A validade do registro de nascimento, casamento, regime de bens e óbito é estabelecida pela **lei do domicílio**. No entanto, o art. 17 da LINDB traz uma restrição à eficácia desses atos ao dispor que "*as leis, atos e sentenças de outro país, bem como quaisquer declarações de vontade, não terão eficácia no Brasil, quando ofenderem a soberania nacional, a ordem pública e os bons costumes*".

Mario de Carvalho Camargo Neto e Marcelo Salaroli de Oliveira possuem entendimento no sentido de que a verificação dessa ofensa à soberania nacional, à ordem pública e aos bons costumes não parece ser de atribuição do registrador civil a quem compete o traslado do assento, mas do juiz de direito. Todavia, faz-se a ressalva de que as normas e as decisões não deixam claro qual deve ser a postura do registrador diante de pedido de traslado de assento em que há potencial ofensa nos termos do art. 17. Observe-se que, muito embora se defenda amplamente que o Registrador não deva fazer juízo de valor, mas apenas se submeter à legalidade, há casos em que a lei comete ao oficial de registro tal tipo de análise, como no caso do Registro Civil da Pessoa Jurídica, que em conformidade com o art. 115 da Lei 6.015/1973, não poderá registrar "atos constitutivos de pessoas jurídicas, quando o seu objeto ou circunstâncias relevantes indiquem destino ou atividades ilícitos ou contrários, nocivos ou perigosos ao bem público, à segurança do Estado e da coletividade, à ordem pública ou social, à moral e aos bons costumes (Op. cit., p. 182).

O livro destinado aos traslados de nascimento, casamento e óbito é o **Livro "E"**, de acordo com o art. 33, parágrafo único, e o art. 32, § 2º da Lei 6.015/1973.

Uma vez mais, Mario de Carvalho Camargo Neto e Marcelo Salaroli de Oliveira, citando Maria Helena Diniz, lecionam que de acordo com o texto do art. 32, anteriormente transcrito, o traslado não confere autenticidade aos assentos, que assim são considerados nos termos da lei do local onde lavrados, tampouco interfere na existência ou validade do ato, isso decorre das normas de Direito Internacional Privado, conforme as quais o ordenamento jurídico brasileiro não pode deixar de respeitar o ato jurídico perfeito, o direito adquirido e a coisa julgada emanados de outro Estado (Op. cit., p. 181).

Esse entendimento vai ao encontro do art. 7º, *caput* da LINDB, conforme segue:

> Art. 7º A lei do país em que domiciliada a pessoa determina as regras sobre o começo e o fim da personalidade, o nome, a capacidade e os direitos de família.

E § 4º do mesmo artigo:

> O regime de bens, legal ou convencional, obedece à lei do país em que tiverem os nubentes domicílio, e, se este for diverso, a do primeiro domicílio conjugal.

No que se refere ao § 2º deste art. 32, já foram tecidas considerações a respeito da nacionalidade e sua opção nos comentários do art. 29, VII e § 2º desta Lei.

Não é demais ressaltar que a expressão do § 2º deste art. 32 *"venha a residir no território nacional antes de atingir a maioridade"* não foi recepcionada pela Constituição Federal (art. 12, I "c"). O atual texto constitucional preceitua que a **residência no país antes da maioridade é prescindível.**

Também possui relação com o dispositivo em comento o art. 1.544 do Código Civil, que dispõe que o casamento de brasileiro, celebrado no estrangeiro, perante as respectivas autoridades ou os cônsules brasileiros, deverá ser registrado em cento e oitenta dias, a contar da volta de um ou de ambos os cônjuges ao Brasil, no cartório do respectivo domicílio, ou, em sua falta, no 1º Ofício da Capital do Estado em que passarem a residir.

Em 16 de julhoe de 2012, o Conselho Nacional de Justiça, considerando a necessidade de uniformizar normas e procedimentos para transcrições no Brasil de documentos lavrados no exterior, uma vez que essas eram distintas em cada unidade da Federação, editou a **Resolução 155.**

Destaco algumas justificativas para a edição do relevante ato normativo:

a) Que, segundo dados do Ministério das Relações Exteriores, vivem cerca de três milhões de brasileiros residentes no exterior e que utilizam os consulados para o exercício de seus direitos;

b) Que o Ministério das Relações Exteriores é responsável pela lavratura de registro de nascimento, casamento e óbito, de acordo com o disposto na Lei de Introdução às Normas do Direito Brasileiro, no Decreto-Lei nº 4.657/1942, alterado pela Lei nº 12. 376/2010, no qual dispõe que: "tratando-se de brasileiros, são competentes as autoridades consulares brasileiras para lhes celebrar o casamento e os mais atos de Registro Civil e de tabelionato, inclusive o registro de nascimento e de óbito dos filhos de brasileiro ou brasileira nascido no país da sede do Consulado";

A Resolução CNJ n. 155/2012 é de essencial leitura, motivo pelo qual sua transcrição faz-se necessária:

> **Resolução nº 155, de 16 de julho de 2012**
>
> *Dispõe sobre traslado de certidões de registro civil de pessoas naturais emitidas no exterior*
>
> O PRESIDENTE DO CONSELHO NACIONAL DE JUSTIÇA, no uso de suas atribuições constitucionais e regimentais, visando ao aprimoramento dos serviços judiciários, RESOLVE:
>
> **DISPOSIÇÕES COMUNS**
>
> **Art. 1º** O traslado de assentos de nascimento, casamento e óbito de brasileiros em país estrangeiro, tomados por autoridade consular brasileira, nos termos do regulamento consular, ou por autoridade estrangeira competente, a que se refere o *caput* do art. 32 da Lei nº 6.015/1973, será efetuado no Livro "E" do 1º Ofício de Registro Civil de Pessoas Naturais da Comarca do domicílio do interessado ou do 1º Ofício de Registro Civil de Pessoas Naturais do Distrito Federal, sem a necessidade de autorização judicial.
>
> **Art. 2º** Os assentos de nascimento, casamento e óbito de brasileiros lavrados por autoridade estrangeira competente, que não tenham sido previamente registrados em repartição consular brasileira, somente poderão ser trasladados no Brasil se estiverem legalizados por autoridade consular brasileira que tenha jurisdição sobre o local em que foram emitidas.
>
> § 1º Antes de serem trasladados, tais assentos também deverão ser traduzidos por tradutor público juramentado, inscrito em junta comercial brasileira.
>
> § 2º A legalização efetuada por autoridade consular brasileira consiste no reconhecimento da assinatura de notário/autoridade estrangeira competente aposta em documento original/fotocópia autenticada ou na declaração

de autenticidade de documento original não assinado, nos termos do regulamento consular. O reconhecimento, no Brasil, da assinatura da autoridade consular brasileira no documento será dispensado, conforme previsto no art. 2º do Decreto nº 84.451/1980.

§ 3º Os oficiais de registro civil deverão observar a eventual existência de acordos multilaterais ou bilaterais, de que o Brasil seja parte, que prevejam a dispensa de legalização de documentos públicos originados em um Estado a serem apresentados no território do outro Estado, ou a facilitação dos trâmites para a sua legalização.

Art. 3º Sempre que o traslado for indeferido pelo oficial de registro civil, será feita nota com os motivos do indeferimento, cumprindo-se, quando for o caso, o art. 198 c. c. o art. 296 da Lei nº 6.015/1973.

Art. 4º O traslado de certidões de assentos de nascimento, casamento e óbito de brasileiros lavrados em país estrangeiro será efetuado mediante apresentação de documentos originais.

Parágrafo único. O arquivamento de tais documentos poderá ser feito por cópia reprográfica conferida pelo oficial de registro civil.

Art. 5º O oficial de registro civil deverá efetuar o traslado das certidões de assentos de nascimento, casamento e óbito de brasileiros ocorridos em país estrangeiro, ainda que o requerente relate a eventual necessidade de retificação do seu conteúdo. Após a efetivação do traslado, para os erros que não exijam qualquer indagação para a constatação imediata de necessidade de sua correção, o oficial de registro deverá proceder à retificação conforme art. 110 da Lei nº 6.015/1973.

Parágrafo único. Para os demais erros, aplica-se o disposto no art. 109 da referida Lei.

Art. 6º As certidões dos traslados de nascimento, de casamento e de óbito, emitidas pelos Cartórios de 1º Ofício de Registro Civil de Pessoas Naturais deverão seguir os padrões e modelos estabelecidos pelo Provimento CN-CNJ nº 63/2017, bem como por outro(s) subsequente(s) que venha(m) a alterá-lo ou complementá-lo, com as adaptações que se fizerem necessárias. *(redação dada pela Resolução n. 419, de 21.9.2021)*

Art. 6º-A Poderá ser averbado o número de CPF nos traslados dos assentos de nascimento, casamento e óbito de brasileiros em país estrangeiro, de forma gratuita. *(incluído pela Resolução n. 419, de 21.9.2021)*

TRASLADO DE NASCIMENTO

Art. 7º O traslado de assento de nascimento, lavrado por autoridade consular brasileira, deverá ser efetuado mediante a apresentação dos seguintes documentos:

a) certidão de assento de nascimento emitida por autoridade consular brasileira;

b) declaração de domicílio do registrando na Comarca ou comprovante de residência/domicílio, a critério do interessado. Na falta de domicílio no Brasil, o traslado deverá ser efetuado no 1º Ofício do Distrito Federal; e

c) requerimento assinado pelo registrado, por um dos seus genitores, pelo responsável legal ou por procurador.

§ 1º Deverá constar do assento e da respectiva certidão do traslado a seguinte observação: "Brasileiro nato, conforme os termos da alínea c do inciso I do art. 12, in limine, da Constituição Federal. "

Art. 8º O traslado de assento estrangeiro de nascimento de brasileiro, que não tenha sido previamente registrado em repartição consular brasileira, deverá ser efetuado mediante a apresentação dos seguintes documentos:

a) certidão do assento estrangeiro de nascimento, legalizada por autoridade consular brasileira e traduzida por tradutor público juramentado;

b) declaração de domicílio do registrando na Comarca ou comprovante de residência/domicílio, a critério do interessado. Na falta de domicílio no Brasil, o traslado deverá ser efetuado no 1º Ofício do Distrito Federal;

c) requerimento assinado pelo registrado, por um dos seus genitores, pelo responsável legal ou por procurador; e

d) documento que comprove a nacionalidade brasileira de um dos genitores.

§ 1º Deverá constar do assento e da respectiva certidão do traslado a seguinte observação: "Nos termos do artigo 12, inciso I, alínea "c", in fine, da Constituição Federal, a confirmação da nacionalidade brasileira depende de residência no Brasil e de opção, depois de atingida a maioridade, em qualquer tempo, pela nacionalidade brasileira, perante a Justiça Federal".

Art. 9º O traslado de assento de nascimento ocorrido em país estrangeiro poderá ser requerido a qualquer tempo.

Art. 10. Caso não conste o sobrenome do registrando no assento de nascimento ocorrido em país estrangeiro, faculta-se ao requerente a sua indicação, mediante declaração escrita que será arquivada.

Art. 11. A omissão no assento de nascimento ocorrido em país estrangeiro de dados previstos no art. 54 da Lei nº 6.015/1973 não obstará o traslado.

Parágrafo único. Os dados faltantes poderão ser inseridos posteriormente por averbação, mediante a apresentação de documentação comprobatória, sem a necessidade de autorização judicial.

Art. 12. Por força da redação atual da alínea c do inciso I do art. 2 da Constituição Federal e do art. 95 do Ato das Disposições Constitucionais Transitórias (Emenda Constitucional nº 54, de 20 de setembro de 2007), o oficial de registro civil deverá, de ofício ou a requerimento do interessado/procurador, sem a necessidade de autorização judicial, efetuar averbação em traslado de assento consular de nascimento, cujo registro em repartição consular brasileira tenha sido lavrado entre 7 de junho de 1994 e 21 de setembro de 2007, em que se declara que o registrado é: "Brasileiro nato de acordo com o disposto no art. 12, inciso I, alínea "c", in limine, e do artigo 95 dos ADCTs da Constituição Federal. "

Parágrafo único. A averbação também deverá tornar sem efeito eventuais informações que indiquem a necessidade de residência no Brasil e a opção pela nacionalidade brasileira perante a Justiça Federal, ou ainda expressões que indiquem tratar-se de um registro provisório, que não mais deverão constar na respectiva certidão.

TRASLADO DE CASAMENTO

Art. 13. O traslado do assento de casamento de brasileiro ocorrido em país estrangeiro deverá ser efetuado mediante a apresentação dos seguintes documentos:

a) certidão de assento de casamento emitida por autoridade consular brasileira ou certidão estrangeira de casamento legalizada por autoridade consular brasileira e traduzida por tradutor público juramentado;

b) certidão de nascimento do cônjuge brasileiro, ou certidão de casamento anterior com prova da sua dissolução, para fins do artigo 106 da Lei nº 6.015/1973;

c) declaração de domicílio do registrando na Comarca ou comprovante de residência/domicílio, a critério do interessado. Na falta de domicílio no Brasil, o traslado deverá ser efetuado no 1º Ofício do Distrito Federal; e

d) requerimento assinado por um dos cônjuges ou por procurador.

§ 1º Se o assento de casamento a ser trasladado referir-se a brasileiro naturalizado, será obrigatória também a apresentação do certificado de naturalização ou outro documento que comprove a nacionalidade brasileira.

§ 2º A omissão do regime de bens no assento de casamento, lavrado por autoridade consular brasileira ou autoridade estrangeira competente, não obstará o traslado.

§ 3º Faculta-se a averbação do regime de bens posteriormente, sem a necessidade de autorização judicial, mediante apresentação de documentação comprobatória.

§ 4º Deverá sempre constar do assento e da respectiva certidão a seguinte anotação: "Aplica-se o disposto no art. 7º, § 4º, do Decreto-Lei nº 4.657/1942".

§ 5º Na eventual existência de pacto antenupcial, lavrado perante autoridade estrangeira competente, o oficial de registro civil deverá, antes de efetuar o traslado, solicitar que os interessados providenciem o seu registro em cartório de registro de títulos e documentos no Brasil, alertando-os que o documento deverá estar previamente legalizado por autoridade consular brasileira e tenha jurisdição sobre o local em que foi emitido e traduzido por tradutor público juramentado.

§ 6º A omissão do(s) nome(s) adotado(s) pelos cônjuges após o matrimônio no assento de casamento ocorrido em país estrangeiro não obstará o traslado.

§ 7º Nesse caso, deverão ser mantidos os nomes de solteiro dos cônjuges. Faculta-se a averbação posterior, sem a necessidade de autorização judicial, mediante apresentação de documentação comprobatória de que os nomes foram modificados após o matrimônio, em conformidade com a legislação do país em que os nubentes tinham domicílio, nos termos do art. 7 do Decreto-Lei nº 4.657/1942.

§ 8º A omissão no assento de casamento ocorrido em país estrangeiro de outros dados previstos no art. 70 da Lei nº 6.015/1973 não obstará o traslado.

§ 9º Os dados faltantes poderão ser inseridos posteriormente por averbação, mediante a apresentação de documentação comprobatória, sem a necessidade de autorização judicial.

§ 10 Os casamentos celebrados por autoridades estrangeiras são considerados autênticos, nos termos da lei do local de celebração, conforme previsto no *caput* do art. 32 da Lei nº 6.015/1973, inclusive no que respeita aos possíveis impedimentos, desde que não ofendam a soberania nacional, a ordem pública e os bons costumes, nos termos do art. 17 do Decreto nº 4.657/1942.

§ 11 O traslado no Brasil, a que se refere o § 1º do referido artigo, efetuado em Cartório de 1º Ofício, tem o objetivo de dar publicidade e eficácia ao casamento, já reconhecido válido para o ordenamento brasileiro, possibilitando que produza efeitos jurídicos plenos no território nacional.

TRASLADO DE CERTIDÃO DE ÓBITO

Art. 14. O traslado do assento de óbito de brasileiro, ocorrido em país estrangeiro, deverá ser efetuado mediante a apresentação da seguinte documentação:

a) certidão do assento de óbito emitida por autoridade consular brasileira ou certidão estrangeira de óbito, legalizada por autoridade consular brasileira e traduzida por tradutor público juramentado;

b) certidão de nascimento e, se for o caso, de casamento do falecido, para fins do artigo 106 da Lei nº 6.015/1973; e

c) requerimento assinado por familiar ou por procurador.

§ 1º A omissão no assento de óbito ocorrido em país estrangeiro, de dados previstos no art. 80 da Lei nº 6.015/73 não obstará o traslado.

§ 2º Os dados faltantes poderão ser inseridos posteriormente por averbação, mediante a apresentação de documentação com probatória, sem a necessidade de autorização judicial.

REGISTRO DE NASCIMENTO DE NASCIDOS NO BRASIL FILHOS DE PAIS ESTRANGEIROS A SERVIÇO DE SEU PAÍS

Art. 15. Os registros de nascimento de nascidos no território nacional em que ambos os genitores sejam estrangeiros e em que pelo menos um deles esteja a serviço de seu país no Brasil deverão ser efetuados no Livro "E" do 1º Ofício do Registro Civil da Comarca, devendo constar do assento e da respectiva certidão a seguinte observação: "O registrando não possui a nacionalidade brasileira, conforme do art. 12, inciso I, alínea "a", in fine, da Constituição Federal. "

Art. 16. Esta Resolução entra em vigor na data de sua publicação.

Ministro AYRES BRITTO

(DJE 17.07.2012)

O Código Nacional de Normas (Provimento CNJ n. 149/2023) ratificou a necessidade de observância da Resolução n. 155/2012 ao dispor que:

> Art. 462. O traslado de assentos de nascimento, casamento e óbito de brasileiros em país estrangeiro, tomados por autoridade consular brasileira, nos termos do regulamento consular, ou por autoridade estrangeira competente, a que se refere o caput do art. 32 da Lei n. 6.015, de 31 de dezembro de 1973, observará a Resolução n. 155, de 16 de julho de 2012, e o disposto neste Código de Normas.

Para enriquecer e complementar os estudos sobre os traslados de registros civis, é pertinente transcrever os recentes enunciados da **I Jornada de Direito Notarial e Registral** sobre o tema:

> **Enunciado 1.** É possível trasladar os registros civis estrangeiros de nascimento, casamento e óbito de brasileiros naturalizados no Livro E do Ofício de Registro Civil das Pessoas Naturais competente mediante a apresentação do certificado de naturalização e dos demais documentos exigidos na Resolução CNJ n. 155/2012.
>
> ⊙ Justificativa: O traslado de assento civil de brasileiro realizado no estrangeiro no Ofício de Registro Civil pátrio tem a finalidade de conferir publicidade e eficácia interna a ato jurídico existente e válido praticado por autoridade consular brasileira, na forma da Portaria n. 457/2010, do Ministério das Relações Exteriores, ou por

autoridade estrangeira competente, na forma de sua lei, como enuncia o art. 32, §1º, da Lei Federal n. 6.015/1973:

> Art. 32. Os assentos de nascimento, óbito e de casamento de brasileiros em país estrangeiro serão considerados autênticos, nos termos da lei do lugar em que forem feitos, legalizadas as certidões pelos cônsules ou quando por estes tomados, nos termos do regulamento consular.
>
> § 1º Os assentos de que trata este artigo serão, porém, transladados nos cartórios de 1º Ofício do domicílio do registrado ou no 1º Ofício do Distrito Federal, em falta de domicílio conhecido, quando tiverem de produzir efeito no País, ou, antes, por meio de segunda via que os cônsules serão obrigados a remeter por intermédio do Ministério das Relações Exteriores.

A fim de uniformizar o procedimento de trasladação dos registros civis de brasileiros ocorridos no exterior, o Conselho Nacional de Justiça editou, em dezesseis de julho de dois mil e doze, a Resolução n. 155, que assim disciplina em seu art. 1º:

> Art. 1º O traslado de assentos de nascimento, casamento e óbito de brasileiros em país estrangeiro, tomados por autoridade consular brasileira, nos termos do regulamento consular, ou por autoridade estrangeira competente, a que se refere o *caput* do art. 32 da Lei n. 6.015/1973, será efetuado no Livro "E" do 1º Ofício de Registro Civil de Pessoas Naturais da Comarca do domicílio do interessado ou do 1º Ofício de Registro Civil de Pessoas Naturais do Distrito Federal, sem a necessidade de autorização judicial.

Ocorre que a referida normativa não fez menção expressa à possibilidade de trasladação no Registro Civil pátrio dos assentos de nascimento e óbito de brasileiros naturalizados, o que tem gerado celeuma acerca da possibilidade jurídica de fazê-los. De início, insta definirmos o conceito de brasileiro, o que nos leva a analisar o art. 12, incisos I e II, de nossa Carta Magna:

> Art. 12. São brasileiros:
>
> I- natos: a) os nascidos na República Federativa do Brasil, ainda que de pais estrangeiros, desde que estes não estejam a serviço de seu país; b) os nascidos no estrangeiro, de pai brasileiro ou mãe brasileira, desde que qualquer deles esteja a serviço da República Federativa do Brasil; c) os nascidos no estrangeiro de pai brasileiro ou de mãe brasileira, desde que sejam registrados em repartição brasileira competente ou venham a residir na República Federativa do Brasil e optem, em qualquer tempo, depois de atingida a maioridade, pela nacionalidade brasileira. (Redação dada pela Emenda Constitucional n. 54, de 2007.)
>
> II - naturalizados: a) os que, na forma da lei, adquiram a nacionalidade brasileira, exigidas aos originários de países de língua portuguesa apenas residência por um ano ininterrupto e idoneidade moral; b) os estrangeiros de qualquer nacionalidade, residentes na República Federativa do Brasil há mais de quinze anos ininterruptos e sem condenação penal, desde que requeiram a nacionalidade brasileira. (Redação dada pela Emenda Constitucional de Revisão n. 3, de 1994)
>
> §1º Aos portugueses com residência permanente no País, se houver reciprocidade em favor de brasileiros, serão atribuídos os direitos inerentes ao brasileiro, salvo os casos previstos nesta Constituição. (Redação dada pela Emenda Constitucional de Revisão n. 3, de 1994)
>
> §2º A lei não poderá estabelecer distinção entre brasileiros natos e naturalizados, salvo nos casos previstos nesta Constituição. (...)

O §2º do art. 12 da Constituição Federal supramencionado obsta qualquer discriminação entre brasileiros natos ou naturalizados além das por ela definidas, retirando da área de abrangência legislativa o estabelecimento de qualquer outro discriminem entre eles.

A Constituição Federal não proíbe a trasladação dos registros civis dos brasileiros naturalizados e veda que a lei o faça, resplandecendo a ausência de óbice impeditivo à prática desses atos registrais, permitindo a igualdade de ingresso no fólio registral, por ser imperativo ao exercício da cidadania à toda gama de brasileiros.

Não é só, na redação da Resolução n. 155 do Conselho Nacional de Justiça e da Lei Federal n. 6.015/1973 não houve qualquer discriminação entre brasileiro nato e naturalizado no que se refere à prática de atos registrais, ainda que fosse incompatível com o texto constitucional, reafirmando a universalidade e igualdade de acesso registral no RCPN aos cidadãos brasileiros.

No que pese a ausência de menção expressa na Resolução n. 155 do CNJ acerca do traslado de registros estrangeiros de nascimento e óbito de brasileiros naturalizados no livro E, o §1º de seu art. 13, possibilita o traslado de assento de casamento de brasileiro naturalizado, desde que apresentado o certificado de naturalização ou outro documento que comprove a naturalidade brasileira de um dos cônjuges, demonstrando a inexistência de razão teleológica para obstar o traslado do registro de nascimento e óbito do brasileiro naturalizado.

> Art. 13. O traslado do assento de casamento de brasileiro ocorrido em país estrangeiro deverá ser efetuado mediante a apresentação dos seguintes documentos:
>
> (...)
>
> §1º Se o assento de casamento a ser trasladado referir-se a brasileiro naturalizado, será obrigatória também a apresentação do certificado de naturalização ou outro documento que comprove a nacionalidade brasileira.
>
> (...)

Vejam, apesar de expressamente autorizada a trasladação do registro de casamento estrangeiro de brasileiro naturalizado, ainda há casos de recusa, em que oficiais se negam a fazê-lo em virtude de os contraentes não possuírem a nacionalidade brasileira ao tempo do matrimônio, adquirindo-a posteriormente. É o que ocorreu em caso prático enfrentado pela jurista Dra. Flávia Mendes Lima, cujo trecho de sua argumentação, em pedido de traslado direcionado à serventia de Registro Civil, passo a transcrever:

> Por conseguinte, impedir que um brasileiro naturalizado, ainda que posteriormente ao matrimônio, venha a transcrevê-lo no Registro Civil das Pessoas Naturais, configura

> flagrante transgressão da norma constitucional, criando distinção entre brasileiros natos e naturalizados, sendo irrelevante o momento em que tenha ocorrido a aquisição da nacionalidade derivada, o que, frise-se, criaria distinção até mesmo entre brasileiros naturalizados.

Ao analisarmos todos os diplomas jurídicos já mencionados, conforme a Constituição brasileira, resta evidente que a ausência de menção ocorrida na Resolução n. 155 do CNJ, no que se refere à possibilidade de trasladar-se o registro de nascimento e óbito de brasileiro naturalizado, não pode ser encarada como proibição à prática destes atos registrais, pois negaria a eficácia interna aos registros de nascimento de brasileiros ocorridos no exterior, dependentes do traslado para tanto, conforme §1º do art. 32, da Lei n. 6.015/1973.

Tanto é que o traslado de assento de nascimento ocorrido em país estrangeiro poderá ser requerido a qualquer tempo, conforme art. 9º da Resolução do CNJ em estudo: *O traslado de assento de nascimento ocorrido em país estrangeiro poderá ser requerido a qualquer tempo.*

Isso reafirma a tese de cabimento do traslado de registro de nascimento de brasileiro naturalizado, pois o princípio registral do *tempus regit actum*, o tempo rege o ato, remete-nos a analisar os requisitos registrais ao tempo de praticar o ato inscritível, ou seja, ao tempo do traslado no RCPN, momento este em que o registrado é brasileiro, o que se prova com seu certificado de naturalização ou outro documento hábil.

Há quem fundamente a impossibilidade de realizar o ato registral sob o argumento de que o brasileiro naturalizado não poderá requerer o traslado pois não teria como apresentar documento que comprove a nacionalidade brasileira de um de seus genitores, na forma da alínea "d" do art. 8º da Resolução n. 155 do CNJ, o que não nos parece óbice.

> Art. 8º O traslado de assento estrangeiro de nascimento de brasileiro, que não tenha sido previamente registrado em repartição consular brasileira, deverá ser efetuado mediante a apresentação dos seguintes documentos:
>
> a) certidão do assento estrangeiro de nascimento, legalizada por autoridade consular brasileira e traduzida por tradutor público juramentado;
>
> b) declaração de domicílio do registrando na Comarca ou comprovante de residência/domicílio, a critério do interessado. Na falta de domicílio no Brasil, o traslado deverá ser efetuado no 1º Ofício do Distrito Federal;
>
> c) requerimento assinado pelo registrado, por um dos seus genitores, pelo responsável legal ou por procurador; e
>
> d) documento que comprove a nacionalidade brasileira de um dos genitores.
>
> § 1º Deverá constar do assento e da respectiva certidão do traslado a seguinte observação: "Nos termos do art. 12, inciso I, alínea "c", in fine, da Constituição Federal, a confirmação da nacionalidade brasileira depende de residência no Brasil e de opção, depois de atingida a maioridade, em qualquer tempo, pela nacionalidade brasileira, perante a Justiça Federal.

A exigência da apresentação de documentação comprobatória da nacionalidade brasileira de um dos genitores do registrado tem a finalidade de comprovar que o registrado, nascido em território estrangeiro e registrado em órgão público daquela nacionalidade, possui a nacionalidade brasileira sob condição suspensiva, pelo critério do *jus sanguinis* dependendo de residência no Brasil e de opção, depois de atingida a maioridade, em qualquer tempo, pela nacionalidade brasileira, perante a Justiça Federal, nos termos do art. 12, inciso I, alínea "c", in fine, da Constituição Federal.

Tal exigência perde seu fundamento no caso em estudo, pois ao naturalizado já foi atribuída a nacionalidade brasileira, o que se prova com o certificado de naturalização.

Ora, se o indivíduo que tem sua nacionalidade brasileira sob a condição suspensiva de residir no Brasil e realizar opção após a maioridade, a qualquer tempo, perante a Justiça Federal, tem direito a requerer a transcrição do seu assento estrangeiro no livro E do Registro Civil pátrio *ab initio*, sem fazer prova do implemento, como vedar o traslado do registro de quem já possua a nacionalidade brasileira plena. É nitidamente contrário aos dispositivos constitucionais admitirmos o ingresso no fólio registral do registro de nascimento de brasileiro sob condição suspensiva, cujo implemento poderá não ocorrer, e negarmos esse direito inerente à cidadania a quem já tenha cumprido todos os requisitos legais para adquiri-la, ou seja, o brasileiro naturalizado.

No tocante à trasladação do registro de casamento estrangeiro de brasileiro naturalizado, esse ato está expressamente previsto no §1º do art. 13 da Resolução n. 155 do CNJ, aplicando-se também a regra do *tempus regit actum*, não havendo fundamento jurídico para negar o seu traslado, desde que haja prova da nacionalidade brasileira de um dos consortes ao tempo do requerimento.

Vale a ressalva de que o casamento, quando realizado por autoridades estrangeiras, tem os impedimentos disciplinados pela legislação alienígena, o que se deve respeitar desde que não haja ofensa à soberania nacional, à ordem pública ou aos bons costumes, conforme art. 17 do Decreto n. 4.657/1942: *As leis, atos e sentenças de outro país, bem como quaisquer declarações de vontade, não terão eficácia no Brasil, quando ofenderem a soberania nacional, a ordem pública e os bons costumes.*

A título de exemplo, o segundo casamento de um brasileiro realizado na Arábia Saudita, onde a poligamia é possível, não seria trasladado no Registro Civil das Pessoas Naturais pátrio, pelo fato de nosso ordenamento jurídico ser de matriz familiar monogâmica, conforme proibição legal contida no inciso VI do art.

1.521 do Código Civil e crime tipificado no art. 235 do Código Penal.

> Art. 1.521. Não podem casar:
>
> I- os ascendentes com os descendentes, seja o parentesco natural ou civil;
>
> II- os afins em linha reta;
>
> III- o adotante com quem foi cônjuge do adotado e o adotado com quem o foi do adotante;
>
> IV- os irmãos, unilaterais ou bilaterais, e demais colaterais, até o terceiro grau inclusive;
>
> V - o adotado com o filho do adotante;
>
> VI - as pessoas casadas;
>
> VII - o cônjuge sobrevivente com o condenado por homicídio ou tentativa de homicídio contra o seu consorte.
>
> **Bigamia**
>
> Art. 235. Contrair alguém, sendo casado, novo casamento:
>
> Pena - reclusão, de dois a seis anos.
>
> §1º Aquele que, não sendo casado, contrai casamento com pessoa casada, conhecendo essa circunstância, é punido com reclusão ou detenção, de um a três anos.
>
> §2º Anulado por qualquer motivo o primeiro casamento, ou o outro por motivo que não a bigamia, considera-se inexistente o crime.

Quanto ao regime de bens, sua omissão não obstará o traslado, sendo facultada a averbação posterior independentemente de autorização judicial, desde que instruída com a documentação obrigatória, sendo sempre obrigatória a menção no traslado que *"Aplica-se o disposto no art. 7º, § 4º, do Decreto-Lei n. 4.657/1942"*.

No que tange ao traslado de registro de óbito de brasileiro naturalizado assentado em repartição estrangeira, mais uma vez não houve previsão expressa na Resolução n. 155 do CNJ. Porém, sua viabilidade decorre da inexistência e impossibilidade de vedá-lo em legislação infraconstitucional e na inexistência de restrição no texto constitucional, como já explanado.

O fato de a Resolução n. 155, do Egrégio Conselho Nacional de Justiça, haver regulamentado imensa gama de casos possíveis de trasladação de registros de brasileiros realizados em repartições consulares ou órgãos estrangeiros competentes e uniformizar de forma quase completa o assunto não proibiu o exercício do direito inerente à cidadania, nacionalidade e dignidade da pessoa humana do brasileiro naturalizado ter seus registros civis trasladados no 1º Ofício Registro Civil das Pessoas Naturais da Sede da Comarca aonde tenha domicílio ou, não o possuindo, no 1º Ofício de Registro Civil das Pessoas Naturais do Distrito Federal, a ser feito no Livro E de registros especiais.

Diante do exposto, consolidamos o entendimento de ser possível a trasladação dos registros estrangeiros de nascimento, casamento e óbito de brasileiros natos e naturalizados, no livro E da serventia competente, dependendo os naturalizados da apresentação de documentação comprobatória deste fato ao tempo do requerimento, qual seja o seu certificado de naturalização, o que se fundamenta na interpretação conjunta dos arts. 32, §1º, da Lei Federal n. 6.015/1973, e art. 12, §2º da Constituição Federal, e todo o ordenamento jurídico pátrio.

> **Enunciado 5:** É possível a transcrição no Livro E do Ofício de Registro Civil das Pessoas Naturais, do assento de nascimento de registrado estrangeiro que foi adotado por brasileiro.
>
> ⊙ Justificativa: A Constituição Federal veda a discriminação entre os filhos (art. 227, §6º) e o art. 12, I, c não restringe a nacionalidade brasileira apenas aos nascidos biologicamente, por exemplo, de pai brasileiro ou de mãe brasileira - tanto que a nacionalidade é assegurada ainda que fruto de fertilização heteróloga, independentemente da nacionalidade do doador(es) (STF - RE: 1198744 RJ - RIO DE JANEIRO 0006748-80.2017.4.02.5102, Relator: Min. EDSON FACHIN, Data de Julgamento: 08/11/2019, Data de Publicação: DJe-251 19/11/2019). A nacionalidade, de fato, é o exercício de soberania, desde que seja para a concessão da naturalização, o que não trata o presente caso. Ao não se reconhecer o direito de transcrever o registro daquele nascido no estrangeiro e legalmente adotado por brasileiro, estabelece-se uma diferença no tratamento da filiação, o que é proibido constitucionalmente. A Constituição Federal de 1988 não fez qualquer reserva à nacionalidade daqueles filhos de brasileiros por adoção, como o faz, por exemplo, na distinção de ocupação de certos cargos entre brasileiros natos e naturalizados. Repetir conceitos ultrapassados, mas que eram dogmas de Constituições anteriores que vigiam em uma sociedade que privilegiava, dentre outros, à discriminação da filiação, à sociedade patriarcal, à incapacidade da mulher, não é refletir a quebra de paradigmas como o fez a Constituição Cidadã.

2. JURISPRUDÊNCIA COMPLEMENTAR

⊙ SUPREMO TRIBUNAL FEDERAL

INFORMATIVO 796 do STF. Extradição e falsidade de registro civil de nascimento. A Segunda Turma deferiu pedido de extradição instrutória, formulado pelo Governo do Paraguai em desfavor de seu nacional, para o processamento de ação penal instaurada naquele país em razão de sua suposta participação em dois crimes de homicídio doloso. A defesa sustentava a condição de brasileiro nato do extraditando, sendo falso seu registro civil no Paraguai, o que impediria o deferimento da extradição. A Turma afirmou que o pedido de extradição fora devidamente instruído pelo Estado requerente, observando-se todos os requisitos legais. Assim, foram apresentadas cópias da ordem de prisão expedida pela autoridade judiciária competente e dos demais documentos exigidos, havendo indicações seguras e precisas sobre o local, a data, a natureza, as circunstâncias e a qualificação legal dos fatos delituosos. Ademais, estariam configuradas, na espécie, a dupla tipicidade e a dupla punibilidade, na medida em que os fatos delituosos imputados ao extraditando corresponderiam, no Brasil, ao crime de homicídio qualificado, previsto no art. 121, § 2º, IV, do CP, e não teria ocorrido a prescrição da pretensão punitiva, consoante os textos legais apresentados pelo Estado requerente e a legislação penal brasileira (CP, art. 109, I). Relativamente à suposta condição de brasileiro nato do extraditando, o Colegiado asseverou ser incontroverso o fato de o extraditando ter dois assentos de nascimento, o primeiro lavrado no Paraguai, e o segundo, no Brasil, dez anos depois. Como os dois registros apontariam que o extraditando nascera, na mesma data, em ambos os países, a impossibilidade lógica e material de sua coexistência seria manifesta. Outrossim, nos termos do art. 1.604 do CC, "ninguém pode vindicar estado contrário ao que resulta do registro de nascimento, salvo provando-se erro ou falsidade do registro". Na espécie, juízo de primeira instância, em ação anulatória de registro civil ajuizada pelo Ministério Público estadual, deferira pleito de antecipação dos efeitos da tutela jurisdicional e cancelara o assento de nascimento do extraditando no Brasil. Assim, estando judicialmente afastada a presunção "juris tantum" de veracidade do registro brasileiro, por decisão que, não obstante provisória, continuaria a projetar seus efeitos, não haveria óbice à análise do mérito do pedido de extradição. Nesse particular, embora o pleito extradicional não fosse a sede própria para a determinação da real nacionalidade do extraditando, inúmeros elementos de prova constantes dos autos reforçariam a convicção de que ele seria natural do Paraguai, lá gozando da condição de paraguaio nato. Nesse sentido, esses elementos corroborariam a decisão de 1º grau que cancelara o seu registro civil brasileiro. Ante o consignado, não seria aplicável ao caso em comento o art. 5º, LI, da CF, que veda a extradição do brasileiro nato. Ext 1393/DF, rel. Min. Dias Toffoli, 25.8.2015. (Ext-1393).

TRIBUNAL REGIONAL FEDERAL DA 4ª REGIÃO

EMENTA: CONSTITUCIONAL. REGISTRO DE NASCIMENTO EM CONSULADO BRASILEIRO NO ESTRANGEIRO. REGISTRO CIVIL. ASSENTAMENTO. DIREITO ADQUIRIDO. BRASILEIRO NATO. 1. A requerente (filha de mãe brasileira) nasceu em 10 de setembro de 1990, na Província de Buenos Aires, República Argentina, sendo devidamente registrada perante Consulado Geral da República Federativa do Brasil, preenchendo, assim, todos os requisitos exigidos pela redação originária do artigo 12, I, "c", da Constituição Federal (vigente à época). 2. É certo que a Emenda Constitucional de Revisão nº 03/1994 alterou a redação do dispositivo referido, afastando a possibilidade de o simples registro em Consulado brasileiro no exterior conferir nacionalidade originária a pessoas nascidas no estrangeiro. Contudo, os nascidos anteriormente à referida Emenda Constitucional, desde que preenchidos os requisitos à época necessários, têm direito adquirido à nacionalidade originária, prescindindo de qualquer manifestação de opção perante o Judiciário pátrio. 3. A recorrente inclusive já promoveu a transcrição do Registro de Nascimento junto ao Cartório de Registro Civil da Comarca de Passo Fundo/RS, não havendo que se falar em exercício de opção pela nacionalidade brasileira. 4. Apelação improvida. (TRF 4ª Região – Apelação Cível nº 2009.71.18.000016-7 – Rio Grande do Sul – 3ª Turma – Rel. Des. Fernando Quadros da Silva – DJ 01.12.2011)

TRIBUNAL REGIONAL FEDERAL DA 5ª REGIÃO

EMENTA: Lei de Registros públicos. Menor nascido no estrangeiro. Filho de mãe brasileira. Assento lavrado em repartição consular. Fixação de residência no território Nacional. Transcrição no Registro Civil. Preenchimento dos requisitos. Possibilidade. Provisoriedade do assento. Maioridade. Convalidação. Necessidade. – menor nascido no estrangeiro, filho de pai ou mãe brasileiro, registrado em repartição consular nacional, ora residente no território nacional, faz jus à transcrição de seu assento de nascimento na circunscrição cartorária competente, em vez preenchidos os pressupostos normativos (art. 12, I c., CF e art. 32, § 2º da Lei nº 6.015/73 – Lei de Registros Públicos). – O registro do requerente no cartório competente não implica aquisição definitiva, senão provisória, da nacionalidade brasileira, que deverá ser ratificada após a aquisição da maioridade civil. – Demonstrada, por meio de prova documental, a nacionalidade brasileira da genitora do requerente, o seu nascimento no estrangeiro e a fixação de residência no território nacional, há de ser deferido o requerimento de transcrição do registro de nascimento no cartório competente. – Remessa oficial improvida. (TRF 5ª Reg. REO 200281000057245, Des. Fed. Alcides Saldanha, Publicação DJ 08/06/ 2004 – p. 671 – nº 109).

TRIBUNAL DE JUSTIÇA DO ESTADO DO PARANÁ

EMENTA: APELAÇÃO CÍVEL – AÇÃO DE RETIFICAÇÃO DE REGISTRO CIVIL – PRETENSA RETIFICAÇÃO DOS TRASLADOS DE CASAMENTO E NASCIMENTO EFETUADOS NO 1º OFÍCIO DE REGISTRO CIVIL DA COMARCA DE LONDRINA – IMPOSSIBILIDADE – DOCUMENTOS LAVRADOS NA ITÁLIA E REGISTRADOS NO CONSULADO BRASILEIRO EM MILÃO – NECESSIDADE DE RETIFICAÇÃO PRIMEIRAMENTE NO PAÍS DE ORIGEM – AUSÊNCIA DE COMPROVAÇÃO DE QUE O EQUÍVOCO TENHA SIDO PERPETRADO PELO CONSULADO BRASILEIRO NO ATO DE REGISTRO – EQUÍVOCO, EM TESE, PERPETRADO POR REGISTRADORES ITALIANOS – IMPOSSIBILIDADE DE INGERÊNCIA DO PODER JUDICIÁRIO BRASILEIRO – RECURSO DESPROVIDO.(TJPR – Apelação Cível nº 1064715-1 [Numeração única 0045687-20.2012.8.16.0014] – Londrina – 12ª Câmara Cível – Rel. Des. Joeci Machado Camargo – DJ 18.07.2014)

TRIBUNAL DE JUSTIÇA DO ESTADO DE SÃO PAULO

EMENTA: Casamento – Ação de ratificação de registro civil – Pretensão de homologação judicial de matrimônio celebrado no exterior em razão de os requerentes terem optado pela separação de bens, mas não realizado o pacto antenupcial exigido pelo Código Civil Brasileiro – Falta de interesse de agir – Configuração Ato civil realizado nos termos da legislação do país de sua celebração, cujo registro em Cartório Brasileiro com a simples transcrição do texto do assento civil do exterior traz regularidade, validade e eficácia em território nacional – Observância do art. 7º da LINDB e do art. 32 da Lei nº6.015/73 – Necessidade de aplicação da legislação estrangeira – Recurso improvido.

Vistos.

Trata-se de recurso interposto contra a r. sentença de fls. 73/74, cujo relatório se adota, que julgou extinta, sem resolução de mérito, ação de ratificação de registro civil sob o fundamento de que não é necessária homologação judicial do casamento celebrado entre os requerentes no exterior, cuja validade em território nacional depende apenas de transcrição em cartório, sem seguir exigência de formalidade da legislação brasileira sobre a elaboração de um pacto antenupcial para valer o escolhido regime de separação de bens.

Inconformados, os autores argumentam, em apertada síntese, que optaram pelo regime de separação de bens para a proteção de patrimônio de descendentes unilaterais de ambos; que não foi realizado o pacto antenupcial no casamento celebrado na Polônia e que ele se mostra necessário para garantir eficácia do regime de bens no Brasil; que, pela carreira de diplomata do requerente, o casal possui diversos domicílios desde a época do casamento.

Com parecer ministerial, vieram os autos para reexame.

É o relatório.

Trata-se de ação de ratificação e retificação de registro civil proposta sob o argumento dos autores de que se casaram em 15 de outubro de 2007 na cidade de Varsóvia, ela brasileira e ele polonês, e que posteriormente efetuaram o registro no 1º Cartório de Registro Civil da Sé em São Paulo, no qual adotaram o regime de separação total de bens, mas sem elaboração de pacto antenupcial, em conformidade com o direito polonês. Argumentam, em síntese, que para ter a eficácia devida no Brasil, faz-se essencial a homologação em razão da ausência de pacto antenupcial, previsto no art. 1.640 do Código Civil.

Conquanto exista a regra do direito brasileiro estabelecendo o critério para fixação do domicílio da pessoa natural como sendo o local em que estabelece residência com ânimo definitivo e, se existirem diversas residências, poderá ser qualquer uma delas (arts. 70 e 71 do Código Civil), e que, na hipótese vertente, os requerentes não possuem um domicílio fixo em razão da carreira diplomática do autor, tem-se que os regramentos para a celebração de casamento possuem uma regra especial, a qual deve ser obedecida.

Pois bem. Ao caso em apreço se aplicam o art. 7º da Lei de Introdução às Normas do Direito Brasileiro e o art. 32 da Lei nº 6.015/1973 (Lei de Registros Públicos).

Da documentação juntada, nota-se que a celebração do casamento ocorreu perante Oficial do Ofício de Registro Civil da cidade de Varsóvia, nos termos da legislação daquele país, e posteriormente foi feito registro na Embaixada Brasileira e a transcrição em Cartório Civil da Cidade de São Paulo. Não há notícia de que a legislação do país em que oficializado o matrimônio exigia a realização de pacto antenupcial, constando como aceito e regular o regime de separação de bens escolhido pelo casal. Na ocasião, ambos residiam na Polônia, apesar de terem domicílio em países diversos (Brasil e Polônia), e foi informado pelos requerentes que o primeiro domicílio do casal foi também na Polônia (fls. 70/71).

Nos termos do art. 7º, "caput", "a lei do país em que domiciliada a pessoa determina as regras sobre o começo e o fim da personalidade, o nome, a capacidade e os direitos de família".

O § 1º do referido dispositivo exige as formalidades da legislação pátria para a celebração de casamento realizado especificamente no Brasil.

Já os §§ 3º e 4º desse mesmo art. 7º preceituam que "tendo os nubentes domicílio diverso, regerá os casos de invalidade do matrimônio a lei do primeiro domicílio conjugal" e que "o regime de bens, legal ou convencional, obedece à lei do país em que tiverem os nubentes domicílio, e, se este for diverso, a do primeiro domicílio conjugal"

Logo, constando que o primeiro domicílio do casal foi na Polônia e que o casamento foi celebrado perante autoridade daquele país, a sua respectiva lei é que deve ser aplicada e, conforme a documentação, o regime de separação foi regularmente aceito, sem necessidade de apresentação de qualquer pacto antenupcial, diferentemente do que ocorreria com a legislação brasileira.

Por sua vez, estabelecendo a validade dos exatos termos adotados nos atos civis referentes ao casamento efetivado em outro país, permitindo a sua eficácia em território nacional, o "caput" do art. 32 da Lei nº 6.015/73 institui que "Os assentos de nascimento, óbito e de casamento de brasileiros em país estrangeiro serão considerados autênticos, nos termos da lei do lugar em que forem feitos, legalizadas as certidões pelos cônsules ou quando por estes tomados, nos termos do regulamento consular", enquanto que o seu § 1º define que "os assentos de que trata este artigo serão, porém, transladados nos cartórios de 1º Ofício do domicílio do registrado ou no 1º Ofício do Distrito Federal, em falta de domicílio conhecido, quando tiverem de produzir efeito no País, ou, antes, por meio de segunda via que os cônsules serão obrigados a remeter por intermédio do Ministério das Relações Exteriores".

Destarte, pelo texto legal acima transcrito, a lei brasileira, para garantir regularidade, validade e eficácia do ato, define que a transladação necessária significa a simples reprodução do assento original consistente na sua exata tradução.

Inexistindo, assim, qualquer verificação de erro ou condições que retirem a eficácia do ato, não se entrevê motivo para a sua retificação ou homologação judicial acerca do pacto antenupcial, já que juntados documentos autênticos e sem vícios.

Não cabe se falar em ineficácia no Brasil do regime de separação de bens adotado no casamento, tendo em vista que, se ao matrimônio deve ser aplicada a legislação do local de sua celebração, o que inclui o respectivo regime de bens, ele estará regular porque obedecida a regra da lei do país em que foi celebrado, não podendo ser exigida qualquer formalização da legislação brasileira.

Portanto, se o casamento seguiu as regras do país em que foi celebrado, todos os seus aspectos, inclusive o regime de bens, terão a devida validade no Brasil sem qualquer retificação ou homologação, não se exigindo e nem se aplicando ao caso o parágrafo único do art. 1.640 do Código Civil, que traz uma formalidade para aqueles matrimônios ocorridos em território brasileiro. A transcrição do documento elaborado no exterior já contém o regime de bens adotado e se mostra válida.

Logo, tendo sido obedecida a regra da legislação estrangeira do local da celebração (Varsóvia) e não havendo que se falar na exigência da formalidade da lei brasileira da realização de um pacto antenupcial, vigente e regular o casamento com regime de separação de bens, com total efeito jurídico no Brasil.

A necessária posterior realização do registro do casamento celebrado no exterior em cartório brasileiro, nos termos do art. 1.544 do Código Civil, figura como uma formalidade que deve ser obedecida, mas que não se confunde com aquelas cumpridas pela legislação estrangeira quando do casamento, as quais são, como exaustivamente repetido, consideradas válidas e aplicadas quando de tal registro nos serviços de cartório brasileiros. Assim, o registro do ato em cartório brasileiro é essencial e basta para a sua validade integral em território nacional, sem necessidade de alteração de qualquer de suas previsões, nem mesmo se impondo a elaboração de um pacto antenupcial, mostrando-se aceitável o regime de separação de bens escolhido pelo casal, que foi aceito pela autoridade do país estrangeiro em que contraído o matrimônio (Oficial do Ofício de Registro Civil da cidade de Varsóvia). Tal ato é considerado perfeito e acabado, pois, pelo alegado, está em conformidade com o direito polonês.

Afinal, as exigências do direito brasileiro não podem ser impostas àqueles atos praticados regularmente perante autoridades estrangeiras e nos termos da respectiva legislação, de modo que, ausente qualquer notícia de irregularidade no outro país, o registro do ato civil deve ser feito nos exatos termos que nele constam, inclusive quanto ao escolhido regime de bens do casamento.

Corretamente assentou a douta Procuradoria Geral de Justiça que "não se pode emprestar os requisitos exigidos pelo direito brasileiro para o matrimônio dos apelantes, realizado na Polônia. Conforme documentos de fls. 10/12, 12/14 e 15, o matrimônio foi contraído em 08/09/2007 na cidade de Varsóvia, perante a Oficial do Ofício de Registro Civil da cidade de Varsóvia, Voivodia de Mazódia Polônia, Grazyna Michalska, adotado o regime de separação de bens. Ato perfeito e acabado perante àquela autoridade. (...) Trata-se de casamento estrangeiro que deve seguir a legislação do país no qual foi contraído (...). Portanto, a exigência do § único, do art. 1.640, do Código Civil não se aplica aos apelantes, não havendo interesse na prestação jurisdicional para ratificar ou retificar o casamento, notadamente, porque da transcrição respectiva já consta o regime de bens adotando".

Sobre o tema, confira-se:

APELAÇÃO. AÇÃO DE RETIFICAÇÃO DE REGISTRO CIVIL. Pretensão de inclusão do patronímico da esposa. Descabimento. Casamento realizado no Japão, de acordo com a legislação local, havendo mera transcrição do assento no registro civil brasileiro. Necessidade de observância da lei estrangeira. Aplicação do princípio locus regit actum (art. 32, §1º, da Lei 6.015/73). Alteração do traslado que depende da correspondente modificação do assento originário no exterior. Precedentes jurisprudenciais. Improcedência mantida. RECURSO NÃO PROVIDO (Apelação nº 1034400-06.2018.8.26.0224 – Guarulhos – 2ª Câmara de Direito Privado – Rel. Rosangela Telles – J.17/10/2019)

Apelação Cível. Retificação de Registro Civil. Casamento realizado na Suíça. Assento regularmente trasladado. Simples transcrição. Pedido de retificação para que conste o regime da comunhão parcial de bens. Impossibilidade sem a correspondente alteração no assento estrangeiro. Inteligência do art. 32 da Lei nº 6.015/73 e do art. 7º, § 4º da LICC. Recurso desprovido (Apelação nº 1066593-56.2016.8.26.0576 – São José do Rio Preto – 6ª Câmara de Direito Privado Rel. Rodolfo Pellizari J. 21/09/2017)

Na hipótese de oposição de embargos de declaração contra o presente acórdão, ficam as partes, desde já, intimadas a se manifestarem no próprio recurso a respeito de eventual contrariedade ao julgamento virtual, nos termos do art. 1º da Resolução nº 549/2011 do Órgão Especial deste E. Tribunal, entendendo-se, o silêncio, como concordância.

Diante do exposto, nego provimento ao recurso.

ALVARO PASSOS

Relator – – /(TJSP – Apelação Cível nº 1065286-35.2019.8.26.0100 – São Paulo – 2ª Câmara de Direito Privado – Rel. Des. Alvaro Passos – DJ 03.08.2020)

EMENTA: ALVARÁ JUDICIAL. Ação julgada extinta sem resolução do mérito, com fundamento no artigo 267, VI, do CPC, sob a alegação de que o apelante pretendia a naturalização brasileira – Inconformismo do autor. Acolhimento – Pedido de expedição de alvará judicial para transcrição de certidão de nascimento estrangeira no Cartório de Registro Civil a fim de matricular-se em escola brasileira. Art. 32, caput e parágrafos 1º e 2º, da Lei nº 6015/73. Filho de brasileira, registrado no Paraguai. O filho de brasileiro ou brasileira, nascido no estrangeiro, e cujos pais não estejam ali a serviço do Brasil, desde que registrado em consulado brasileiro ou não registrado, venha a residir no território nacional antes de atingir a maioridade, poderá requerer, no juízo de seu domicílio, se registre, no livro E. do 1º Ofício de Registro Civil, o termo de nascimento Sentença anulada, de modo a viabilizar a análise do pedido, com a produção de provas, se necessário. Recurso provido (TJSP – APC 0025755-85.2007.8.26.0000 Viviani Nicolau 9ª Câmara de Direito Privado julgamento: 10/04/2012).

⊙ **TRIBUNAL DE JUSTIÇA DO ESTADO DO RIO DE JANEIRO**

▶ **EMENTA:** Traslado. Registro Civil do nascimento. Filho de brasileira nascido no estrangeiro. Apelação cível. O requerimento de traslado (§ 1º do art. 32 da Lei 6.015/73) de certidão de nascimento de menor filha de mãe brasileira, cujo assento foi efetivado em consulado, não se confunde com o registro previsto no § 2º do art. 32 da Lei 6.015/73 e deve ser procedido no cartório da Circunscrição do Registro Civil. O requerimento o registro é que deve ser empreendido junto à Justiça Federal. Desprovimento do recurso. (TJRJ, 11 CC, Apelação Cível nº 2005.001.30536, rel. Des. Marilene Melo Alves, j. 19.04.2006).

▶ **EMENTA**: Transcrição de nascimento ocorrido no exterior. Filha de pais brasileiros não prestando serviços ao seu país. Certidão emitida pelo Consulado Brasileiro com validade provisória até que o interessado providencie a sua transcrição no cartório do 1 Ofício do Registro Civil de Pessoas Naturais do Distrito Federal ou de sua residência no Brasil. Registro provisório a ser transformado em definitivo quando da apresentação da opção pela nacionalidade brasileira no momento de sua maioridade e requerida perante a Justiça Federal. Transcrição que visa dar publicidade ao registro efetuado no exterior, razão pela qual deve ser julgado pela Justiça Estadual por não se tratar de procedimento para opção de nacionalidade a ser aforada perante a Justiça Federal. Precedentes desta Corte. Conhecimento e improvimento do apelo. Precedente citado: TJERJ – AC n.30.642/2003, rel. Des. Maria Henriqueta Lobo, j. 06.04.2004" (TJRJ, 17 CC, Apelação Cível n 2005.001.03006, rel. Des. Raul Celso Lins e Silva, j. 20.04.2005).

▶ **EMENTA:** Registro civil de casamento. Retificação Regime de bens do casamento. Casamento no exterior. Art. 32 da Lei de Registros Públicos. Retificação de registro civil. Regime de bens. Casamento realizado no estrangeiro. Comunhão total de bens. Certidão consular. Art. 32 da Lei 6.015/73. Validade. A certidão de casamento dos litigantes consta que o regime é o comum de bens, esclarecido no dia seguinte ao das núpcias como regime de comunhão de bens. Nesse diapasão, a certidão expedida pelo Consulado-Geral da República Federativa do Brasil em Los Angeles e seu distrito, certifica que o regime de bens do casamento adotado na Califórnia, local onde se realizou o matrimônio, é o da comunhão total de bens. O casamento realizado na Califórnia teve sua certidão legalizada pelo consulado brasileiro, onde consta, expressamente, o regimento da comunhão total de bens, situação que configura ato jurídico perfeito. Assim, a transcrição do casamento, ato para efeito erga omnes, deve respeitar integralmente o documento expedido pelo consulado brasileiro, onde, repita-se, consta, expressamente, que o regime de bens é o da comunhão total. A outro tanto, o art. 32 da Lei 6.015/73 dispõe que assentos de casamento de brasileiros em país estrangeiro serão considerados autênticos, nos termos da lei do lugar em que forem feitos, legalizadas as certidões pelos cônsules. Não pode o Registro Civil desvirtuar-se do documento consular, nem proceder retificação de documento expedido pelo EUA, fazendo inserir dado que não consta no documento estrangeiro. Verifica-se dessa forma, que há casamento válido, como se prova pela certidão consular, com regime de bens especificado – comunhão total – situação inadmissível de alteração em procedimento administrativo. Preliminar rejeitada. Provimento do recurso. Vendido o Des. Gilberto Rego (TJRJ, 6 CC, Apelação Cível nº 2003.001.10334, rel, Des. Roberto de Abreu e Silva, DOE. 24.02.2005).

▶ **EMENTA:** Embargos infringentes. Ação rescisória. Casamento de brasileiros celebrado no exterior. Cancelamento da transcrição realizada. Motivo que se vincula à nulidade do próprio casamento transcrito. Necessidade da propositura de ação ordinária. Competência do Juízo de Família. Recurso improviso. Voto vencido. Feita a transcrição de assento de casamento de brasileiros celebrado no exterior, na Circunscrição do Registro Civil de Pessoas Naturais, se a razão do cancelamento da mesma não se refere a defeito dessa anotação realizada ou do documento que lhe serviu de base, inexiste questão meramente administrativa a autorizar dito cancelamento por sentença do Juiz do Registro Civil. Assim, restando demonstrado que o verdadeiro motivo que embasou a anulação da transcrição efetivada é a nulidade do próprio casamento cujo ato foi transcrito, porquanto contraído por pessoa ainda ligada a vínculo matrimonial anterior, necessária se faz a propositura de ação ordinária para que possa ser decretada tal nulidade, como exige a norma do artigo 222 do Código Civil, sendo certo que a competência para tanto é do Juízo de Família, face ao disposto nos artigos 85, I, "a", e 96, ambos do Código de Organização e Divisão Judiciárias do Estado do Rio de Janeiro (GAS). Vencido o Des. Paulo Sergio Fabiao. Obs.: Ação Rescisória nº 36/96 (TJRJ, Embargos Infringentes 1998.005.00109, rel. Des. Antonio Eduardo F. Duarte, DOE 21.08.2000).

3. QUESTÕES DE CONCURSOS

01. (IESES – Titular de Serviços de Notas e Registros – TJ – TO - Remoção/2022) O filho de brasileiro ou brasileira, nascido no estrangeiro, e cujos pais não estejam ali a serviço do Brasil, desde que registrado em consulado brasileiro ou não registrado, venha a residir no território nacional antes de atingir a maioridade, poderá requerer, no juízo de seu domicílio, se registre, o termo de nascimento:

a) No livro "E" do 1º Ofício do Registro Civil.
b) No livro "A" do 1º Ofício do Registro Civil.
c) No livro "D" do 2º Ofício do Registro Civil.
d) No livro "B" do 1º Ofício do Registro Civil.

02. (Vunesp – Cartório – Remoção – TJ – SP/2018) A respeito dos traslados de assentos lavrados em país estrangeiro, é correto afirmar que

a) a autorização para o traslado será concedida exclusivamente pela via jurisdicional.
b) os traslados de assentos de nascimento, casamento e óbito de brasileiros em país estrangeiro serão efetuados no Livro E, de qualquer serventia de Registro Civil das Pessoas Naturais localizada no território nacional, ou, na hipótese de o brasileiro residir no exterior, no 1º Ofício de Registro Civil de Pessoas Naturais do Distrito Federal.
c) os traslados de assentos de nascimento, casamento e óbito de brasileiros em país estrangeiro serão efetuados no Livro E, do Registro Civil das Pessoas Naturais do 1º Subdistrito da Comarca do domicílio do interessado, sem necessidade de autorização judicial.
d) a autorização para o traslado será concedida na esfera administrativa pelo Juiz Corregedor Permanente.

03. (IESES – Cartório – TJ – PB/2014) Analise as seguintes proposições:

I. Serão registrados no oficial de registro civil de pessoas naturais: nascimentos, casamentos, óbitos, escrituras públicas de adoção, atos judiciais ou extrajudiciais de reconhecimento de filhos ilegítimos.
II. Os assentos de nascimento e casamento de brasileiros em país estrangeiro serão considerados autênticos, salvo o de óbito, nos termos da lei do local onde realizados, legalizadas as certidões pelo respectivo Cônsul, ou quando, por estes tomados, em conformidade com o regulamento consular.
III. O Registro Civil de Pessoas Naturais terá os seguintes livros de registros: A – nascimento; B – casamento; B Auxiliar – casamento religioso para efeitos civis; C – óbitos; C Auxiliar – Natimortos; D – Proclamas.
IV. A certidão relativa ao nascimento de filho legitimado por subsequente matrimônio deverá ser fornecida sem o teor da declaração ou averbação do fato, como se fosse legítimo. Na certidão de casamento também será omitida a referência àquele filho, salvo se houver, em qualquer dos casos, determinação judicial, concedida em favor de quem demonstrar legítimo interesse em obtê-la.

a) As alternativas II e IV estão incorretas.
b) As alternativas III e IV estão incorretas.
c) As alternativas I e II estão incorretas.

d) As alternativas I, II e III estão incorretas.

04. (Vunesp – Cartório – SP – Provimento/2016) Em relação aos traslados de assentos de brasileiros lavrados em país estrangeiro, é correto afirmar que

a) antes de serem trasladados, os registros realizados em repartição estrangeira deverão ser traduzidos por tradutor público juramentado, legalizados por autoridade consular brasileira e registrados em cartório de Títulos e Documentos.

b) deverão ser registrados perante o Oficial de Registro Civil das Pessoas Naturais da Sede ou do 1º Subdistrito da Comarca do domicílio do interessado, no livro próprio de nascimento, casamento ou óbito, conforme o caso.

c) a omissão do regime de bens no assento de casamento não obstará o traslado deste.

d) deverá constar do assento do traslado de registro de nascimento, realizado em repartição estrangeira, a observação de que se trata de brasileiro nato, se o genitor brasileiro residir em território nacional.

05. (Cespe – Notário-ES/2013) A respeito de nacionalidade e de registro público, assinale a opção correta.

a) A Lei de Registros Públicos e a Constituição Federal vigente adotam o sistema misto de determinação de nacionalidade originária, ao privilegiar o local do nascimento da pessoa, critério territorial, e a sua descendência, aspecto sanguíneo.

b) O registro civil de estrangeiro naturalizado brasileiro deverá conter expressa referência ao ato jurídico que o determinou e aos impedimentos ao exercício profissional relativos a categorias profissionais, essas definidas em decreto do Ministério da Justiça.

c) O ordenamento jurídico brasileiro adota o sistema de atribuição de nacionalidade originária, determinada pelo estado em que nasceu o indivíduo, relativizando a nacionalidade dos genitores.

d) O sistema brasileiro de determinação da nacionalidade originária consagra o critério absoluto do *ius sanguinis*, de modo que é considerado brasileiro apenas o filho de um indivíduo assim registrado.

e) O filho de brasileiro ou brasileira nascido fora do território nacional deverá pleitear, para o reconhecimento da naturalização ou da naturalidade secundária, a declaração em sede de procedimento de jurisdição voluntária.

GAB	1	A	2	C	3	C	4	C	5	A

§ 3º Do termo e das respectivas certidões do nascimento registrado na forma do parágrafo antecedente constará que só valerão como prova de nacionalidade brasileira, até quatro (4) anos depois de atingida a maioridade.

§ 4º Dentro do prazo de quatro anos, depois de atingida a maioridade pelo interessado referido no § 2º deverá ele manifestar a sua opção pela nacionalidade brasileira perante o juízo federal. Deferido o pedido, proceder-se-á ao registro no livro "E" do Cartório do 1º Ofício do domicílio do optante.

§ 5º Não se verificando a hipótese prevista no parágrafo anterior, o oficial cancelará, de ofício, o registro provisório efetuado na forma do § 2º.

1. COMENTÁRIOS

O prazo decadencial de **4 (quatro) anos** para a manifestação de opção de nacionalidade estabelecido nos §§ 3º e 4º **não existe mais.** Esse tema foi minuciosamente aborda donos comentários do art. 29, inciso VII desta Lei.

Atualmente, a opção de nacionalidade pode ser feita a **qualquer tempo,** conforme disposto no art. 12, I, "c" da Constituição Federal e legislação esparsa. Tais disposições encontram fundamento no princípio de que não se deve limitar de forma temporal os direitos personalíssimos.

CAPÍTULO II – DA ESCRITURAÇÃO E ORDEM DE SERVIÇO

Art. 33. Haverá, em cada cartório, os seguintes livros:

I - "A" - de registro de nascimento;

II - "B" - de registro de casamento;

III - "B Auxiliar" - de registro de casamento religioso para efeitos civis;

IV - "C" - de registro de óbitos;

V - "C Auxiliar" - de registro de natimortos;

VI - "D" - de registro de proclama.

Parágrafo único. No Cartório do 1º Ofício ou da 1ª subdivisão judiciária haverá, em cada comarca, outro livro para inscrição dos demais atos relativos ao estado civil, designado sob a letra E.

1. COMENTÁRIOS

Os livros de registro são obrigatórios, ainda que a Serventia também possua banco de dados eletrônicos com todos os registros de nascimento, casamento, óbito, entre outros.

A Unidade de Registro Civil das Pessoas Naturais possui os seguintes livros:

a) **Livro "A"** para promover os **registros de nascimentos** das pessoas naturais e as **averbações** dos atos judiciais ou extrajudiciais que modifiquem tal registro, como o reconhecimento de paternidade ou de maternidade, a sentença em ação versando sobre a paternidade ou maternidade brasileira comunicada pelo Ministério da Justiça, sentenças judiciais de adoção, suspensão e perda do poder familiar, reaquisição da nacionalidade brasileira, alteração de sexo, nomeação de tutor, dentre outras, uma vez que as averbações não obedecem a um rol taxativo.

b) **Livro "B"** para promover os **registros de casamento, da conversão da união estável em casamento** e as **averbações** dos atos judiciais ou extrajudiciais que modifiquem tal registro, como a separação, reconciliação, divórcio, anulação ou nulidade do casamento, alteração de regime de bens, dentre outras.

c) **Livro "B Auxiliar"** para promover o **registro de casamento religioso para efeitos civis**, conforme preveem os arts. 71 a 75 da Lei 6.015/1973 e os arts. 1.515 e 1.516 do Código Civil, bem como as **averbações** dos atos judiciais ou extrajudiciais que modifiquem tal registro.

d) **Livro "C"** para promover os **registros de óbitos e a justificação de óbito**, bem como as **averbações** que modifiquem tal registro. Exemplos incluem a averbação de alteração do local de sepultamento declarado no registro, o traslado de restos mortais para outro cemitério, o sepultamento do cadáver utilizado para estudos e pesquisas, dentre outras hipóteses. Pode-se averbar também no registro de óbito, o reconhecimento de paternidade do falecido, se estiver em consonância com a norma do art. 1.609, parágrafo único do Código Civil. Cumpre informar que a **justificação de óbito** consiste no procedimento para autorizar o assento de óbito de pessoas desaparecidas em naufrágio, inundação, incêndio, terremoto ou qualquer outra catástrofe, quando estiver provada a sua presença no local do desastre e não for possível encontrar o cadáver para exame. Como neste caso existe a certeza da morte, o assento deve ser feito mediante **mandado judicial** e registrado no **Livro "C"**. Atenção para algumas normativas estaduais (minoria), que estabelece que a morte presumida deve ser feita no Livro "C" (Código de Normas de Alagoas, por exemplo).

e) **Livro "C Auxiliar"** para promover o **registro de natimortos**. Natimorto é a denominação dada ao feto que morreu dentro do útero ou durante o parto, ou seja, quando ocorre óbito fetal. O Manual de Instruções para o preenchimento da Declaração de Nascido Vivo da Secretaria de Vigilância em Saúde, do Ministério da Saúde (disponível em: *http://svs.aids.gov. br/download/manuais/Manual_Instr_Preench_DN_jan.pdf)*,estabelece que óbito fetal é a morte de um produto da concepção, antes da expulsão ou da extração completa do corpo da mãe, independentemente da duração da gravidez. Indica o óbito o fato de o feto, depois da separação, não respirar nem apresentar nenhum outro sinal de vida, como batimentos do coração, pulsações do cordão umbilical ou movimentos efetivos dos músculos de contração voluntária. Para **fins registrários**, a interrupção da gravidez que justifica a emissão de declaração de óbito fetal, e consequentemente o registro de natimorto, é a prevista no art. 19, III, da Portaria 116/2009 da Secretaria de Vigência em Saúde do Ministério da Saúde, que veremos nos comentários do art. 53. Antes da vigésima semana de gestação se o feto morre ocorre um aborto espontâneo, caso ocorra depois, ao feto dá-se o nome de natimorto. Outras interpretações médico-legais estabelecem o limite temporal na 24ª semana de gravidez. O assento de natimorto será feito com os elementos que couberem no **Livro "C Auxiliar"**, em conformidade com o **art. 33, V, da Lei 6.015/1973**.

f) **Livro "D"** para se realizar o ato de **registro de proclamas**. Proclamas são editais expedidos pelos oficiais registradores anunciando os pretendidos casamentos para o conhecimento de todas e eventuais oposições.

g) **Livro "E"**; O Registro Civil das Pessoas Naturais do **1º Subdistrito da Sede da Comarca** deve possuir ainda o Livro "E", onde são lavrados os **registros especiais**. Esses são atos ou fatos relativos ao estado da pessoa natural que sejam passíveis de registro e não se enquadrem em outro livro: emancipação, interdição, declaração de ausência e de morte presumida, opção de nacionalidade, união estável e transcrição de assentos estrangeiros. No que tange ao instituto da tutela, trata-se de uma hipótese bastante controvertida, pois parte da doutrina e algumas normas das Corregedorias dos Estados entendem que o registro deve ser feito no Livro "E", em razão do disposto no art. 5º, inciso VI, da Lei 8.935/1994. Em contraste, outras normas locais determinam a sua averbação no Livro "A".

O *"caput"* e o parágrafo único do artigo art. 33 foram alterados pela Medida Provisória n. 1.085, de 27/12/2021, convertida na Lei n. 14.382, de 27/6/2022. Até então, estes livros deveriam conter 300 e 150 folhas, respectivamente.

A nova redação destes dispositivos deixa muito claro que os livros de registro civil das pessoas naturais **não possuirão mais um limite exato de folhas** para cada livro, podendo ficar a critério de cada oficial registrador.

Nos ensinamentos de Karin Rick Rosa, a alteração promovida no art. 33 suprimiu a parte final do *caput*, que estabelecia o número de folhas dos livros [...] Da leitura da justificativa das propostas relacionadas ao Registro Civil das Pessoas Naturais, verifica-se que o objetivo era permitir que o Livro "E" fosse totalmente digital. Talvez por isso na redação sugerida para o art. 33, não havia alteração no *caput*. Convém destacar que o Livro "E" tem por finalidade receber as inscrições das sentenças e/ou escrituras públicas de união estável, conforme Provimento CNJ 37/2014, além das sentenças de interdição e ausência, as sentenças e as escrituras públicas de emancipação, os traslados de nascimento, casamento e óbito de brasileiros ocorridos no exterior. Nos municípios onde houver mais de um Ofício do Registro Civil de Pessoas Naturais, o Livro "E" pertencerá sempre ao 1º Ofício. Como se vê, a redação final dada ao artigo suprimiu a numeração prevista para todos os livros, de trezentas folhas, o que deve ter se dado pela mesma finalidade, qual seja, a possibilidade de que todos os livros sejam totalmente digitais, sendo irrelevante a fixação de um limite para numeração de suas folhas. Físico ou eletrônico, a legislação federal deixou de fixar o número de folhas, o que não afasta eventual regramento em nível estadual, por norma administrativa (Op. Cit., p. 206).

As folhas dos livros de registros dos itens dos Livros "A", "B", "B Auxiliar", "C", "C Auxiliar", bem como do Livro "E" são **divididas, internamente, em três colunas**, lançando-se **na esquerda o número de ordem**, no **centro o registro** levado à publicidade e na terceira coluna, à **direita, as anotações, averbações e retificações**.

Além destes livros, todas as serventias são dotadas ainda do **sistema de protocolo** no qual são lançados, pela ordem de ingresso, os processos de habilitação para casamento, os requerimentos de retificação administrativa ou de registro de nascimento cujo nome foi recusado pelo oficial, bem como todos os pedidos relacionados a atos registrais que sofrerem exigência ou não puderem ser praticados de imediato.

Demais disso, o Oficial Registrador deve atentar para o cumprimento do **Provimento 45**, de 13 de maio de 2015 do CNJ que consolida as normas relativas à manutenção e escrituração dos livros **Diário Auxiliar, Visitas e Correições e Controle de Depósito Prévio** pelos titulares de delegações e responsáveis interinos do serviço extrajudicial de notas e registros públicos. É importante anotar que a maioria dos dispositivos deste provimento estão atualmente incorporados aos arts. 186 a 196, no capítulo da "Escrituração Contábil e Correicional" do Provimento CNJ n. 149/2023 (CNN).

Ressalte-se ainda que outros livros não previstos em lei podem ser escriturados no Registro Civil das Pessoas Naturais.

Mas não é só: o acervo do registro civil não é constituído apenas por livros. Existem ainda os **classificadores**, onde são arquivados os documentos apresentados ao registrador.

Percebe-se que os livros e classificadores referem-se a formas de organização e armazenamento de documentos e registros, mas eles têm funções e características distintas. Os livros são usados para registrar atos e fatos jurídicos de maneira oficial e permanente. Os classificadores são usados para armazenar documentos e arquivos de forma organizada e acessível, facilitando a consulta e o manuseio diário.

Ante a falta de previsão legal para livros e classificadores, cabe ao titular do serviço, pautado nos **artigos 21, 30, I e 41 da Lei 8.935/1994**, fazer um juízo de razoabilidade e conveniência, para organizar o acervo de forma segura, apropriada e eficiente.

Outrossim, é dever dos notários e registradores cumprir as normas técnicas expedidas pelo juízo competente (art. 30, XIV, da Lei 8.935/1994). Nos dias atuais, tais normas têm sido editadas pelas Corregedorias Estaduais de Justiça e, em âmbito federal, pelo Conselho Nacional de Justiça e pela Corregedoria Nacional de Justiça.

Sobre a escrituração eletrônica, sugerimos a leitura dos comentários do art. 3º desta Lei, no tópico "Registro Eletrônico".

2. QUESTÕES DE CONCURSOS

01. (IESES – Cartório – TJ – RO/2012) Assinale a afirmação correta quanto ao registro civil de pessoas naturais:

a) Segundo determina a lei, haverá, em cada cartório de registro, os seguintes livros, todos com trezentas folhas cada um: A – de registro de nascimento; B – de registro de casamento; B Auxiliar – de registro de casamento Religioso para Efeitos Civis; C – de registro de óbitos; C Auxiliar – de registro de natimortos; e D – de registro de proclamas.

b) Segundo determina a lei, os livros de registro, bem como as fichas que os substituam, poderão sair do respectivo cartório mediante autorização do Juiz, do Corregedor Geral da Justiça ou do Promotor de Justiça.

c) Segundo determina a lei, os livros e papéis pertencentes ao arquivo do cartório ali permanecerão pelo prazo máximo de cem anos, após o que deverão ser encaminhados ao arquivo histórico.

d) Segundo o que determina a lei, os assentos de nascimento, óbito e de casamentos de brasileiros em país estrangeiro, serão considerados autênticos, nos termos da lei do lugar em que forem feitos, legalizadas as certidões pelos cônsules ou quando por estes tomados, nos termos do regulamento consular, sendo tais assentos porém transladados em qualquer cartório de registro do respectivo ato, no país, ou antes, por meio de segunda via que os cônsules serão obrigados a remeter por intermédio do Ministério das Relações Exteriores.

02. (Cespe – Cartório-PI/2013) A respeito de escrituração dos livros do registro civil das pessoas naturais, assinale a opção correta.

a) A conversão da união estável em casamento deve ser lavrada no Livro E.
b) Os casamentos celebrados no exterior por autoridade estrangeira e cujas certidões tenham sido legalizadas por cônsules devem ser transcritos no Livro B.
c) A sentença de morte presumida deve constar do Livro C.
d) Tanto o registro de emancipação quanto o da interdição devem ser feitos no Livro E.
e) Se uma criança morrer na ocasião do parto, tendo, entretanto, respirado, o registro deverá ser feito no Livro C auxiliar, com os elementos cabíveis.

03. (Vunesp – Cartório – SP – Provimento/2016) Os registros de casamento religioso para efeitos civis, natimorto, óbito, união estável e proclamas devem ser feitos, respectivamente, em que livros do Registro Civil das Pessoas Naturais?

a) "B", "C", "C Auxiliar", "D" e "E".
b) "B", "C", "C", "B" e "D".
c) "B Auxiliar", "C Auxiliar", "C", "E" e "D".
d) "B Auxiliar", "C Auxiliar", "C", "B" e "D Auxiliar".

04. (Vunesp – Cartório – SP – Provimento/2016) São classificadores exclusivos do Registro Civil das Pessoas Naturais:

Nota da autora: a questão aborda comando estadual, por isso, recomenda-se a leitura das normativas extrajudiciais do Estado de São Paulo.

a) de cópias das relações de comunicações expedidas em meio físico referentes ao óbito, união estável e casamento, de declarações de nascidos vivos e de guias de recolhimento ao IPESP e IAMSPE.
b) de petições de registro tardio, de cópias dos ofícios expedidos e de declarações de nascidos fora de maternidades ou estabelecimentos hospitalares.
c) de atestados e declarações de óbito, de guias de recolhimento ao IPESP e IAMSPE e de comprovantes de entrega dos pagamentos aos credores.
d) de declarações de nascidos vivos, de atestados e declarações de óbito e de segundas vias dos demonstrativos de atos gratuitos para compensação perante a entidade gestora.

05. (Vunesp – Cartório – SP – Provimento/2016) Será objeto de registro no Livro E do Oficial de Registro Civil das Pessoas Naturais da Sede ou do 1º Subdistrito da Comarca:

a) a perda ou a retomada de nacionalidade brasileira, mediante comunicação do Ministério da Justiça.
b) a interdição, mediante mandado judicial ou certidão da respectiva sentença, com indicação dos limites da curatela sendo parcial a interdição.
c) o assento de óbito de pessoa desaparecida em catástrofe, mediante mandado judicial, expedido nos autos de ação de justificação.
d) a emancipação de menor com 16 (dezesseis) anos completos, mediante instrumento público outorgado pelos pais ou tutor.

06. (Vunesp – Cartório – SP – Remoção/2016) Assinale a alternativa correta. O filho de brasileiro ou brasileira, nascido no estrangeiro, e cujos pais não estejam ali a serviço do Brasil, desde que registrado em consulado brasileiro ou não registrado, venha a residir no território nacional, poderá requerer

a) no juízo de seu domicílio, que se registre, no livro "E" do 1º Oficial do Registro Civil, o termo de nascimento.
b) no Registro Civil de seu domicílio, que se registre, no livro "E" do 1º Oficial do Registro Civil, o termo de nascimento.
c) no Registro Civil de seu domicílio, que se registre, no livro "A" do 1º Oficial do Registro Civil, o termo de nascimento.
d) no juízo de seu domicílio, que se registre, no livro "A" do 1º Oficial do Registro Civil, o termo de nascimento.

07. (IESES – Cartório – Remoção – TJ – RO/2017) Para a Escrituração Cartorária, o livro "C Auxiliar", refere-se:

a) Ao livro de registro de casamento de menor incapaz.
b) Ao livro de registro de casamento religioso para efeitos civis.
c) Ao livro de registro de natimortos.
d) Ao livro de registro de proclama.

08. (IESES – Cartório – Remoção – TJ – RO/2017) Para a Escrituração Cartorária, o livro "A", refere-se:

a) Ao livro de registro de proclama.
b) Ao livro de registro de nascimento.
c) Ao livro de registro de óbito.
d) Ao livro de registro de casamento.

GAB	1	A	2	D	3	C	4	D
	5	B	6	B	7	C	8	B

Art. 34. O oficial juntará, a cada um dos livros, índice alfabético dos assentos lavrados pelos nomes das pessoas a quem se referirem.

Parágrafo único. O índice alfabético poderá, a critério do oficial, ser organizado pelo sistema de fichas, desde que preencham estas os requisitos de segurança, comodidade e pronta busca.

1. COMENTÁRIOS

O sucessivo avanço da informatização traz, a cada dia, técnicas mais eficientes para a formação de índices e, consequentemente, para a célere busca baseada na ordem alfabética.

Sobre o sistema de fichas Walter Ceneviva ensina que a sua não é novidade em nosso direito. Há muitos decênios é adotada no registro civil, com grande vantagem para indexação em ordem alfabética, a critério do oficial, segundo julgue necessário a seu serviço". (Op. cit., p. 99)

Ressalte-se que os requisitos de segurança, comodidade e pronta busca, impostos pelo parágrafo único, são a finalidade geral de todo o registro público.

Conecta-se ao dispositivo em comento o art. 30, I, da Lei 8.935/1994, que elenca, dentre vários outros deveres do notário e registrador, o de manter em ordem os livros, papéis e documentos de sua serventia, guardando-os em locais seguros.

Art. 35. A escrituração será feita seguidamente, em ordem cronológica de declarações, sem abreviaturas, nem algarismos; no fim de cada assento e antes da subscrição e das assinaturas, serão ressalvadas as emendas, entrelinhas ou outras circunstâncias que puderem ocasionar dúvidas. Entre um assento e outro, será traçada uma linha de intervalo, tendo cada um o seu número de ordem.

1. COMENTÁRIOS

Ao dispor da ordem cronológica das declarações, este artigo cumpre o estabelecido nos **arts. 11 e 12** da Lei n. 6.015/1973, uma vez que a ordem cronológica das declarações condiz com a dos assentos.

Entende-se por **ressalva** a anotação complementar que aponta o local e o conteúdo da correção, devendo ser feita sempre antes de ser encerrado e assinado o ato respectivo.

Anote-se que, em qualquer hipótese, fica vedada a rasura.

Conectam-se com o artigo 35 em comento, os artigos 39 e 40 desta lei, a saber:

> **Art. 39.** Tendo havido omissão ou erro de modo que seja necessário fazer adição ou emenda, estas serão feitas antes da assinatura ou ainda em seguida, mas antes de outro assento, sendo a ressalva novamente por todos assinada.
>
> **Art. 40.** Fora da retificação feita no ato, qualquer outra só poderá ser efetuada nos termos dos arts. 109 a 112 desta Lei.

Saliente-se que o **Decreto Federal 7.231/2010** preceitua que os registros promovidos no Registro Civil das Pessoas Naturais e as respectivas certidões devem conter a **matrícula própria e única** referente ao registro em questão.

O CNJ já havia editado os Provimentos 2 e 3 de 2009 que implementou mudanças nos modelos das certidões de nascimento, de casamento e de óbito, em consideração às sugestões apresentadas pela Associação dos Registradores das Pessoas Naturais do Brasil – ARPEN-BR. Tal matéria é atualmente prevista no Provimento CNJ 63/2017, ficando revogados os provimentos acima aludidos.

O CNJ já havia editado os Provimentos 2 e 3 de 2009, que implementaram mudanças nos modelos das certidões de nascimento, de casamento e de óbito, em consideração às sugestões apresentadas pela Associação dos Registradores das Pessoas Naturais do Brasil – ARPEN-BR. Tal matéria é atualmente prevista no Provimento CNJ 63/2017, revogando os provimentos acima mencionados.

É relevante anotar que o Provimento CNJ n. 63/2017 foi conservado parcialmente, por conter **anexos dos modelos de certidões**. Seus dispositivos regulamentando as certidões foram incorporados aos **arts. 472 a 479 do Provimento CNJ n. 149/2023 (Código Nacional de Normas)**, sem alteração legislativa.

Art. 36. Os livros de registro serão divididos em três partes, sendo na da esquerda lançado o número de ordem e na central o assento, ficando na da direita espaço para as notas, averbações e retificações.

1. COMENTÁRIOS

Inicialmente, cumpre informar que há uma imprecisão técnica na expressão "notas", pois, na verdade, o legislador quis referir-se às **anotações** estabelecidas nos arts. 106 a 108 da Lei 6.015/1973.O **registro** consiste no assento principal e se refere aos principais fatos ou atos inerentes à existência da pessoa humana.

Os registros são dinâmicos e não estáticos, pois refletem a vida das pessoas. Assim, as mudanças no estado das pessoas devem ser acompanhadas de alterações nos registros públicos, o que se dá por meio dos atos de averbações e anotações. São esses atos acessórios que permitem um registro íntegro e atualizado.

Considera-se **averbação** o ato de lançar à margem de registro existente informação sobre fato que o modifique, retifique ou cancele.

A **anotação** consiste na simples remissão a um outro assento alusivo à pessoa natural registrada, lavrado na mesma serventia ou em qualquer outra de registro.

As **retificações**, por sua vez, são as modificações destinadas a retificar os assentos.

Para complementação dos estudos, sugerimos a leitura dos comentários dos arts. 3º e 33 desta Lei, acerca da escrituração de forma geral e do registro civil.

2. QUESTÕES DE CONCURSO

01. (IESES – Cartório – Provimento – TJ – AM/2018) Assinale a alternativa correta:

a) O registro do edital de casamento não necessita conter todas as indicações quanto à época de publicação e aos documentos apresentados, bem como no caso de edital remetido por outro oficial processante.

b) O livro C Auxiliar do cartório de registro civil é destinado ao registro de óbitos.

c) A testemunha para os assentos de registro civil deve satisfazer às condições exigidas pela lei civil, sendo vedado o parente, em qualquer grau, do registrado.

d) No cartório de registro civil os livros de registro serão divididos em três partes, sendo na da esquerda lançado o número de ordem e na central o assento, ficando na da direita espaço para as notas, averbações e retificações.

02. (Vunesp – Cartório – SP – Provimento/2016) Os livros do Registro Civil das Pessoas Naturais são divididos

a) em três partes, sendo na esquerda lançado o assento, na central as notas, averbações e retificações, ficando na da direita espaço para o número de ordem.

b) em três partes, sendo na esquerda lançado o número de ordem, na central o assento, averbações e retificações, e na da direita as notas.

c) em três partes, sendo na esquerda lançado o número de ordem e na central o assento, ficando na da direita espaço para as notas, averbações e retificações.

d) em duas partes, sendo na esquerda lançado o número de ordem e assento e na direita as notas, averbações e retificações.

GAB	1	D	2	C

Art. 37. As partes, ou seus procuradores, bem como as testemunhas, assinarão os assentos, inserindo-se neles as declarações feitas de acordo com a lei ou ordenadas por sentença. As procurações serão arquivadas, declarando-se no termo a data, o livro, a folha e o ofício em que foram lavradas, quando constarem de instrumento público.

§ 1º Se os declarantes, ou as testemunhas não puderem, por qualquer circunstâncias assinar, far-se-á declaração no assento, assinando a rogo outra pessoa e tomando-se a impressão dactiloscópica da que não assinar, à margem do assento.

§ 2º As custas com o arquivamento das procurações ficarão a cargo dos interessados.

1. COMENTÁRIOS

De início, esclarece-se que "partes" no registro civil são os **interessados**. Assim, no **nascimento** as partes serão os **declarantes e o registrado**, no **casamento** os **noivos e as testemunhas**, no **óbito**, o **declarante.**

As procurações citadas no *caput* podem ser por instrumento particular ou por instrumento público, a depender do ato.

As testemunhas referidas no § 1º são uma exceção à regra geral, pois permitem que parentes em qualquer grau atuem como testemunhas.

Os arts. 227 e 228 do Código Civil estabelecem regras sobre a prova testemunhal. Veja-se:

> **Art. 227** *("Caput" do artigo revogado pela Lei nº 13.105, de 16/3/2015, publicada no DOU de 17/3/2015, em vigor após 1 ano da publicação)*
>
> Parágrafo único. Qualquer que seja o valor do negócio jurídico, a prova testemunhal é admissível como subsidiária ou complementar da prova por escrito.
>
> **Art. 228.** Não podem ser admitidos como testemunhas:
>
> I – os menores de dezesseis anos;
>
> II – (Revogado) (Redação dada pela Lei nº 13.146, de 2015)
>
> III – (Revogado) (Redação dada pela Lei nº 13.146, de 2015)
>
> IV – o interessado no litígio, o amigo íntimo ou o inimigo capital das partes;
>
> V – os cônjuges, os ascendentes, os descendentes e os colaterais, até o terceiro grau de alguma das partes, por consanguinidade, ou afinidade.
>
> Parágrafo único. Para a prova de fatos que só elas conheçam, pode o juiz admitir o depoimento das pessoas a que se refere este artigo.

No que tange às escrituras públicas, o art. 215, §§ 2º, 4º e 5º do Código Civil traz normativas sobre o assunto para aqueles que, por enfermidade ou retardamento mental, não tiverem discernimento para a prática dos atos da vida civil. Vejamos:

> **Art. 215.** (...)
>
> § 2º Se algum comparecente não puder ou não souber escrever, outra pessoa capaz assinará por ele, a seu rogo.
>
> § 3º A escritura será redigida na língua nacional.
>
> § 4º Se qualquer dos comparecentes não souber a língua nacional e o tabelião não entender o idioma em que se expressa, deverá comparecer tradutor público para servir de intérprete, ou, não o havendo na localidade, outra pessoa capaz que, a juízo do tabelião, tenha idoneidade e conhecimento bastantes.
>
> § 5º Se algum dos comparecentes não for conhecido do tabelião, nem puder identificar-se por documento, deverão participar do ato pelo menos duas testemunhas que o conheçam e atestem sua identidade.

Art. 38. Antes da assinatura dos assentos, serão estes lidos às partes e às testemunhas, do que se fará menção.

1. COMENTÁRIOS

É cristalino que o artigo em questão somente tem utilidade prática nas hipóteses em que seja **imprescindível a leitura do ato**, ou seja, naqueles atos em que haja necessidade de comparecimento do interessado e das testemunhas.

Aflanton Castanheira Maluf salienta que "tratando-se de ato registral solene, a leitura em voz alta e clara pelo titular ou preposto da Serventia Extrajudicial, constitui condição *sine qua non* ou formalidade necessária para o aperfeiçoamento do ato registral (CCiv. art. 107). Essa providência – leitura em voz alta e clara – também é necessária, a título de exemplos, nas escrituras públicas (CCiv. art. 215, VI); casamentos (CCiv. art. 1535 = as "falas" aqui são do Juiz de Paz); e testamentos públicos (CCiv. art. 1864, II)" (Op. cit., p. 94).

A justificativa para a leitura antes da assinatura é garantir que todos tenham conhecimento prévio e pleno do ocorrido.

2. QUESTÕES DE CONCURSO

01. (IESES – Cartório – Remoção – TJ – AM/2018) No tocante ao Registro de Pessoas Naturais podemos afirmar que:

I. A testemunha para os assentos de registro deve satisfazer às condições exigidas pela lei civil, sendo admitido apenas parente, em qualquer grau, do registrado.

II. A certidão relativa ao nascimento de filho legitimado por subsequente matrimônio deverá ser fornecida sem o teor da declaração ou averbação a esse respeito, como se fosse legítimo; na certidão de casamento também será omitida a referência àquele filho, salvo havendo em qualquer dos casos, determinação judicial, deferida em favor de quem demonstre legítimo interesse em obtê-la.

III. Antes da assinatura dos assentos, serão estes lidos às partes e às testemunhas, do que se fará menção.

IV. Se os declarantes, ou as testemunhas não puderem, por quaisquer circunstâncias assinar, far-se-á declaração no assento, assinando a rogo outra pessoa e tomando-se a impressão dactiloscópica da que não assinar, à margem do assento.

A sequência correta é:

a) Apenas a assertiva I está incorreta.
b) Apenas as assertivas I, II e III estão corretas.
c) As assertivas I, II, III e IV estão corretas.
d) Apenas as assertivas II e IV estão corretas.

GAB	1	A

Art. 39. Tendo havido omissão ou erro de modo que seja necessário fazer adição ou emenda, estas serão feitas antes da assinatura ou ainda em seguida, mas antes de outro assento, sendo a ressalva novamente por todos assinada.

Art. 40. Fora da retificação feita no ato, qualquer outra só poderá ser efetuada nos termos dos arts. 109 a 112 desta Lei.

Art. 41. Reputam-se inexistentes e sem efeitos jurídicos quaisquer emendas ou alterações posteriores, não ressalvadas ou não lançadas na forma indicada nos artigos 39 e 40.

1. COMENTÁRIOS

Extrai-se do dispositivo em questão, duas situações que possibilitam a adição ou emenda no assento:

a) adição ou emenda **antes** da assinatura do ato e

b) adição ou emenda **após** a assinatura, porém, antes do término do ato e da lavratura de outro assento.

Daniel Nilson Ribeiro bem observa que com a mesma rigidez que impede qualquer tipo de modificação após o início de um novo registro, a Lei fulmina com a "inexistência" essas modificações feitas em desacordo com as suas regras, mas vale esclarecer que o registro continuará valendo em todos os seus demais termos, somente a modificação irregular será considerada inexistente (*Lei de Registros Públicos comentada*. Rio de Janeiro: Forense, 2019, p. 186).

A redação dos atos notariais e registrais deve ser feita em **linguagem clara, precisa e objetiva,** acessível a todos, ainda que leigos em assuntos jurídicos.

É imprescindível que a escrituração dos atos seja feita **sem abreviaturas ou algarismos**, a fim de evitar erros, omissões, rasuras ou entrelinhas. No entanto, eventuais emendas, entrelinhas e adições que corrijam erros ou omissões de escrituração podem ser feitas. Caso o assento já tenha sido assinado, ainda é possível fazer a ressalva, desde que todos assinem novamente em seguida.

Todavia, considera-se **inexistente e sem efeitos jurídicos** quaisquer emendas, entrelinhas, adições ou alterações não ressalvadas.

2. QUESTÃO DE CONCURSO

01. (IESES – Titular de Serviços de Notas e Registros – TJ – TO - Provimento/2022) Os atos praticados no registro civil de pessoas naturais possuem sistemática estabelecida na Lei de Registros Púbicos (LRP - Lei nº 6.015/73). Tratando sobre a Escrituração e Ordem de Serviço referente ao registro civil de pessoas naturais, assinale a alternativa FALSA.

a) Tendo havido omissão ou erro de modo que seja necessário fazer adição ou emenda, estas serão feitas antes da assinatura ou ainda em seguida, mas antes de outro assento, sendo a ressalva novamente por todos assinada.

b) O oficial juntará, a cada um dos livros, índice alfabético dos assentos lavrados pelos nomes das pessoas a quem se referirem. O índice alfabético poderá, a critério do oficial, ser organizado pelo sistema de fichas, desde que preencham estas os requisitos de segurança, comodidade e pronta busca.

c) Tendo havido omissão ou erro de modo que seja necessário fazer adição ou emenda no registro civil praticado, será o assento sempre cancelado e realizado um novo assentamento correto.

d) A escrituração será feita seguidamente, em ordem cronológica de declarações, sem abreviaturas, nem algarismos; no fim de cada assento e antes da subscrição e das assinaturas, serão ressalvadas as emendas, entrelinhas ou outras circunstâncias que puderem ocasionar dúvidas. Entre um assento e outro, será traçada uma linha de intervalo, tendo cada um o seu número de ordem.

GAB	1	C

Art. 42. A testemunha para os assentos de registro deve satisfazer às condições exigidas pela lei civil, sendo admitido o parente, em qualquer grau, do registrado.

Parágrafo único. Quando a testemunha não for conhecida do oficial do registro, deverá apresentar documento hábil da sua identidade.

1. COMENTÁRIOS

É sabido que, nos atos do registro civil, admite-se testemunhas **parentes em qualquer grau,** sendo imprescindível que todas elas, parentes ou não, observem as regras da lei civil. Assim, **não** podem ser testemunhas, conforme art. 228 do Código Civil:

> I – os menores de dezesseis anos;
>
> II – (Revogado); (Redação dada pela Lei nº 13.146, de 2015);
>
> III – (Revogado); (Redação dada pela Lei nº 13.146, de 2015)
>
> IV – o interessado no litígio, o amigo íntimo ou o inimigo capital das partes;
>
> V – os cônjuges, os ascendentes, os descendentes e os colaterais, até o terceiro grau de alguma das partes, por consanguinidade, ou afinidade

Em diversas passagens na Lei 6.015/1973, existe a previsão da presença de testemunhas, que podem ser neste artigo aplicadas. São elas: arts. 52, § 1º, 59, 68, 70, 72, 73, 76, 83, 90 e 109.

2. QUESTÃO DE CONCURSO

01. (Vunesp – Outorga de delegação de serviços notariais e registrais – Provimento – TJ – RS/2019) Sobre os atos praticados no Registro Civil, é correto afirmar que

a) a testemunha para os assentos de registro deve satisfazer as condições exigidas pela lei civil, sendo admitido parente apenas até terceiro grau do registrado.

b) quando o declarante não souber ou estiver impedido de assinar, outro assinará a rogo, devendo o ato, nesta hipótese, ser assistido e assinado por duas testemunhas maiores e capazes.

c) não permitem ressalvas, erros, adições ou emendas e, caso aconteçam, os atos deverão ser completamente inutilizados e feitos novamente.

d) todos os livros de registro serão divididos em duas partes, sendo na da esquerda lançado o número de ordem e o assento, ficando na da direita espaço para as notas, averbações e retificações.

e) cada Ofício terá como Livros principais obrigatórios: "A" (Nascimento), "B" (Casamento), "B Auxiliar" (Casamento religioso para efeitos civis e para conversão de união estável em casamento); "C" (óbitos), "D" (demais atos relativos ao estado civil).

GAB	1	B

Art. 43. Os livros de proclamas serão escriturados cronologicamente com o resumo do que constar dos editais expedidos pelo próprio cartório ou recebidos de outros, todos assinados pelo oficial.

Parágrafo único. As despesas de publicação do edital serão pagas pelo interessado.

Art. 44. O registro do edital de casamento conterá todas as indicações quanto à época de publicação e aos documentos apresentados, abrangendo também o edital remetido por outro oficial processante.

1. COMENTÁRIOS

O proclama consiste no edital do casamento, publicado pelo oficial registrador civil em obediência aos arts. 1.527 e 1.536, IV do Código Civil, e arts. 67, § 1º e 69 da Lei 6.015/1973.

Nos termos do art. 33, VI, da Lei n. 6015/1973, os proclamas são registrados **no Livro "D"** e o registro do edital de casamento deverá conter todas as indicações quanto à época de publicação e aos documentos apresentados e, obrigatoriamente, se publicará na imprensa local, se houver.

A Lei 14.382, de 2022, alterou os arts. 67 e 69 da Lei de Registros Públicos, a fim de facilitar a fase de habilitação e a fase de celebração do casamento, proporcionando melhorias e ajustes.

Em atenção à Revolução Cibernética que estamos vivendo, prestigiou-se a prática de **atos eletrônicos no procedimento de casamento.** Assim, o **livro de registro de proclamas** tornou-se **eletrônico** o que já ocorria em várias normativas extrajudiciais, a saber:

> Art. 467, Código de Normas da Corregedoria-Geral da Justiça do Estado de Santa Catarina:
>
> [...]
>
> § 2º Podem ser mantidos exclusivamente em **meio eletrônico:**
>
> I – livro diário auxiliar da receita e da despesa;
>
> II – livros de protocolo de notas e protestos;
>
> III – livro índice de Registro Civil das Pessoas Jurídicas;
>
> IV – livro de indicador pessoal do Registro de Títulos e Documentos;
>
> V – livros de indicadores real e pessoal do Registro de Imóveis;
>
> **VI – livro de registro de proclamas;**
>
> VIII – livro de Registro de Protesto;

Desse modo, vale transcrever a regra do art. 67, § 1º, e do art. 69 da Lei 6.015/1973, que dialogam com o tema: **Art. 67, § 1º, LRP.** Se estiver em ordem a documentação, o oficial de registro dará **publicidade, em meio eletrônico,** à habilitação e extrairá, no prazo de até 5 (cinco) dias, o certificado de habilitação, podendo os nubentes contrair matrimônio perante qualquer serventia de registro civil de pessoas naturais, de sua livre escolha, observado o prazo de eficácia do art. 1.532 da Lei nº 10.406, de 10 de janeiro de 2002 (Código Civil).

> **Art. 69, LRP.** Para a **dispensa da publicação eletrônica dos proclamas**, nos casos previstos em lei, os contraentes, em petição dirigida ao oficial de registro, deduzirão os motivos de urgência do casamento, provando o alegado, no prazo de 24 (vinte e quatro) horas, com documentos.
>
> § 1º (Revogado). *(Redação dada pela Lei nº 14.382, de 2022)*
>
> § 2º O oficial de registro, no prazo de 24 (vinte quatro) horas, com base nas provas apresentadas, poderá dispensar ou não a publicação eletrônica, e caberá recurso da decisão ao juiz corregedor.

É o avanço tecnológico contribuindo para a publicidade ampla, a preservação do meio ambiente, uma vez que se reduz a quantidade de papéis impressos, e a redução de custos, visto que os jornais impressos cobram um valor superior pela publicação. Este tema será aprofundado nos comentários aos arts. 67 e 69 da LRP.

2. QUESTÕES DE CONCURSOS

01. (TJ/AM – 2023 – TJ/AM - Titular de Notas e Serviços de Registros) Leia o texto abaixo e marque a alternativa que completa corretamente e sequencialmente os espaços do enunciado, conforme o texto contido da Lei nº 6.015/73, sobre atividade do registro civil de pessoas naturais: Os livros de ________ serão escriturados cronologicamente com o resumo do que constar dos ________ expedidos pelo próprio cartório ou recebidos de outros, todos assinados pelo oficial. As despesas de publicação do edital serão pagas pelo ________. ________ do edital de casamento conterá todas as indicações quanto à época de publicação e aos documentos apresentados, abrangendo também o ________ remetido por outro oficial processante.

a) proclamas; editais; interessado; o registro; edital.
b) casamentos; editais; oficial; a averbação; edital.
c) casamentos; livros; oficial; o registro; jornal.
d) proclamas; livros; interessado; a averbação; jornal.

02. (IESES – Cartório – Provimento – TJ – RO/2017) O Livro D do Registro Civil de Pessoas Naturais é destinado ao registro:

a) Casamento.
b) Nascimento.
c) Proclamas.
d) Registro de óbito.

GAB	1	A	2	C

Art. 45. A certidão relativa ao nascimento de filho legitimado por subsequente matrimônio deverá ser fornecida sem o teor da declaração ou averbação a esse respeito, como se fosse legítimo; na certidão de casamento também será omitida a referência àquele filho, salvo havendo em qualquer dos casos, determinação judicial, deferida em favor de quem demonstre legítimo interesse em obtê-la.

1. COMENTÁRIOS

Inicialmente, é importante observar que o princípio da igualdade entre os filhos está consagrado no art. 227, § 6º, da Constituição Federal, nos seguintes termos: "Os filhos, havidos ou não da relação de casamento, ou por adoção, terão os mesmos direitos e qualificações, proibidas quaisquer designações discriminatórias relativas à filiação".

Esse princípio, que também é reproduzido no art. 1.596 do Código Civil, fundamenta-se na identidade de direitos e qualificações dos filhos. Portanto, qualquer lei que estabeleça direitos e qualificações desiguais entre eles é inconstitucional.

Dessa maneira, fica **vedado ao legislador usar designações discriminatórias relativas à filiação,** como, por exemplo, as expressões "filhos adulterino, filho incestuoso, filho adotivo", etc. Todos os filhos são detentores do mesmo status.

O art. 45 foi parcialmente revogado pela Lei 8.560/1992, cujo art. 6º, § 1º, estabelece que **não deverá constar**, em qualquer caso, o **estado civil dos pais** e a **natureza da filiação**, bem como o **lugar e cartório do casamento**, proibida referência à presente lei.

Para a complementação dos estudos, recomenda-se a leitura do tópico "Reconhecimento de Filhos" no art. 29, § 1º, alíneas "c" e "d" desta Lei.

2. JURISPRUDÊNCIA COMPLEMENTAR

Acerca do tema, vide jurisprudência complementar do art. 29, § 1º, alíneas "c" e "d" desta Lei.

CAPÍTULO III – DAS PENALIDADES

Art. 46. As declarações de nascimento feitas após o decurso do prazo legal serão registradas no lugar de residência do interessado.

§ 1º O requerimento de registro será assinado por 2 (duas) testemunhas, sob as penas da lei.

§ 2º *Revogado pela Lei 10.215, de 2001.*

§ 3º O oficial do Registro Civil, se suspeitar da falsidade da declaração, poderá exigir prova suficiente.

§ 4º Persistindo a suspeita, o oficial encaminhará os autos ao juízo competente.

§ 5º Se o Juiz não fixar prazo menor, o oficial deverá lavrar o assento dentro em cinco (5) dias, sob pena de pagar multa correspondente a um salário mínimo da região.

§ 6º Os órgãos do Poder Executivo e do Poder Judiciário detentores de bases biométricas poderão franquear ao oficial de registro civil de pessoas naturais acesso às bases para fins de conferência por ocasião do registro tardio de nascimento.

1. COMENTÁRIOS

O art. 46 da Lei 6.015/1973 encontra-se no capítulo das penalidades. Trata-se de um procedimento extrajudicial de registro tardio e, devido à sua importância, requer todas as formas de cautela na sua confecção, que veremos ao longo dos comentários.

Antes de iniciarmos os desdobramentos deste dispositivo, vale trazer a certeira observação do Oficial de Registro e Presidente da ARPEN-BR, Gustavo Fiscarelli: "o art. 46 da Lei 6.015/1973, embora inserido originalmente no capítulo destinado às penalidades, representa o fundamento legal para os registros tardios de nascimento. Não obstante, hodiernamente, a única "penalidade" advinda do registro de nascimento realizado fora do prazo legal seja a perda da competência do lugar do parto para o registro" (art. 46, *caput*, da Lei 6.015/1973, alterado pela Lei 11.790/2008), deve-se levar em conta que referido procedimento ainda é observado com certa frequência nos cartórios de registro civil das pessoas naturais do país, especialmente naqueles localizados em lugares mais distantes dos grandes centros urbanos (Op. Cit. p. 207).

A Lei de Registros Públicos determina que o registro de nascimento seja feito **no lugar em que tiver ocorrido o parto ou no lugar da residência dos pais**, dentro do **prazo de quinze dias**, que será ampliado em até **três meses** para os lugares distantes **mais de trinta quilômetros** da sede do cartório.

O art. 46 tratou do chamado **registro de nascimento tardio**. É assim denominado por ser realizado serodiamente, equivale dizer, muito tempo após o evento nascimento.

O registro de nascimento tardio atualmente é regulado por este art. 46, com o texto dado pela **Lei 11.790/2008** e pelo **Provimento 28/2013 da Corregedoria Nacional de Justiça do CNJ**, que foi incorporado aos **arts. 480 a 495 do Código Nacional de Normas** (**Provimento CNJ n. 149/2023**), sem alterações legislativas.

O registro civil fora do prazo **prescinde de despacho do juiz,** conforme sustenta a Lei 11.790/2008.

A nova legislação alterou o artigo 46 da Lei nº 6.015/1973 para permitir o registro de nascimento fora do prazo legal **diretamente** nas serventias extrajudiciais, **desjudicializando e desonerando o Poder Judiciário**.

O texto original do art. 46 estabelecia que as declarações de nascimento fora do prazo legal somente seriam registradas mediante despacho do Juiz competente do lugar da residência do interessado e recolhimento de multa correspondente a 1/10 do salário mínimo da região.

De acordo com a nova Lei e o aludido provimento, as declarações de nascimento feitas após o decurso do prazo legal serão registradas no **lugar de residência do interessado**.

Note-se que a competência territorial para o registro tardio é diferente da regra geral do art. 50.

Não tendo o interessado moradia ou residência fixa, será considerado competente o Oficial de Registro Civil das Pessoas Naturais do local onde se encontrar.

Frise-se que o procedimento de registro **tardio não se aplica à lavratura de assento de nascimento de indígena** no Registro Civil das Pessoas Naturais, regulamentado pela Resolução Conjunta nº 03, de 19 de abril de 2012, do Conselho Nacional de Justiça e do Conselho Nacional do Ministério Público, e **não afasta a aplicação do previsto no art. 102 da Lei nº 8.069/90.**

O Provimento CNJ n. 177/2024 incluiu o § 2º no art. 480 do Código Nacional de Normas (CNN), estabelecendo uma condicionante para o procedimento de registro tardio, qual seja: somente ocorrerá nos casos em que não houver indícios de lavratura de registros ou expedição de certidões avulsas que tenham produzido efeitos anteriormente, observado, nesses casos, o procedimento de suprimento de que trata este Código (art. 205).

Pelo princípio da instância, é imprescindível que haja **requerimento para o registro tardio**, conforme § 1º do art. 46 e § 1º do Provimento 28. O requerimento de registro, cujo legitimado é o **próprio interessado**, pessoalmente ou por seu representante legal, será assinado por 2 (duas) testemunhas, sob as penas da lei.

Admitem-se como **testemunhas**, além das demais pessoas habilitadas, os parentes em qualquer grau do registrando (artigo 42 da Lei 6.015/73), bem como a parteira tradicional ou profissional da saúde que assistiu o parto.

Nos casos em que os declarantes e testemunhas já firmaram o requerimento de registro, fica dispensada nova colheita de assinaturas no livro de registro de nascimentos.

O requerimento poderá ser realizado mediante preenchimento de formulário, que deverá ser fornecido pelo oficial.

O oficial certificará a autenticidade das firmas do interessado ou do seu representante legal, bem como das testemunhas, que forem lançadas em sua presença ou na presença de preposto autorizado.

Caso se trate de interessado analfabeto sem representação, será exigida a aposição de sua impressão digital no requerimento, assinado, a rogo, na presença do oficial.

Conforme o art. 482 do Provimento 149 (corresponde ao art. 3º do revogado Provimento CNJ 28/2013), do requerimento constará:

a) o dia, mês, ano e lugar do nascimento e a hora certa, sempre que possível determiná-la;
b) o sexo do registrando;
c) seu prenome e seu sobrenome;
d) o fato de ser gêmeo, quando assim tiver acontecido;
e) os prenomes e os sobrenomes, a naturalidade, a profissão dos pais e sua residência atual, inclusive para apuração de acordo com os art. 8º e seguintes deste Provimento;
f) indicação dos prenomes e os sobrenomes dos avós paternos e maternos que somente serão lançados no registro se o parentesco decorrer da paternidade e maternidade reconhecidas;
g) a atestação por 2 (duas) testemunhas entrevistadas pelo Oficial de Registro, ou preposto expressamente autorizado, devidamente qualificadas (nome completo, data de nascimento, nacionalidade, estado civil, profissão, residência, números de documento de identidade e, se houver, número de inscrição no CPF), sob responsabilidade civil e criminal, da identidade do registrando, bem como do conhecimento de quaisquer dos outros fatos relatados pelo mesmo;
h) fotografia do registrando e, quando possível, sua impressão datiloscópica, obtidas por meio material ou informatizado, que ficarão arquivadas na serventia, para futura identificação se surgir dúvida sobre a identidade do registrando.

Ressalta-se que a ausência das informações previstas nas alíneas d, e, f e h deste artigo não impede o registro, desde que fundamentada a impossibilidade de sua prestação.

Se ausente a identificação dos genitores, será adotado o sobrenome indicado pelo registrando, se puder se manifestar, ou, em caso negativo, pelo requerente do registro tardio.

Dessa forma, o Provimento estabelece que qualquer pessoa pode requerer seu registro de nascimento, mesmo que desconheça os nomes dos pais, de seus avós ou que não seja possível preencher os requisitos para a confirmação da paternidade ou maternidade, como a naturalidade, profissão e residência atual de seus pais.

O provimento também cria mecanismos a fim de facilitar o registro tardio de pessoas declaradas como **incapazes** e que, dessa forma, não têm condições de buscar diretamente o oficial de registro de civil das pessoas naturais.

Nestes casos, o ato normativo deixa evidente que as providências para o registro poderão ser adotadas pelo Ministério Público, que atuará em favor do incapaz.

O Ministério Público também tem a prerrogativa de requerer o registro tardio de nascimento de pessoa **tutelada pelo Estatuto da Pessoa Idosa ou de incapaz submetido à interdição provisória ou definitiva**, com a finalidade de suprir eventual omissão de curador nomeado em favor do incapaz.

Se a declaração de nascimento se referir a pessoa que já tenha completado **doze anos de idade**, as duas testemunhas deverão assinar o requerimento na presença do oficial, ou de preposto expressamente autorizado, que examinará seus documentos pessoais e certificará a autenticidade de suas firmas, entrevistando-as, assim como entrevistará o registrando e, sendo o caso, seu representante legal, para verificar, ao menos:

a) se o registrando consegue se expressar no idioma nacional, como brasileiro;
b) se o registrando conhece razoavelmente a localidade declarada como de sua residência (ruas principais, prédios públicos, bairros, peculiaridades etc.);
c) quais as explicações de seu representante legal, se for caso de comparecimento deste, a respeito da não realização do registro no prazo devido;

d) se as testemunhas realmente conhecem o registrando, se dispõem de informações concretas e se têm idade compatível com a efetiva ciência dos fatos declarados no requerimento, preferindo-se as mais idosas do que ele;

e) quais escolas o registrando já frequentou; em que unidades de saúde busca atendimento médico quando precisa;

f) se o registrando tem irmãos e, se positivo, em que cartório eles estão registrados; se o registrando já se casou e, se positivo, em que cartório; se o registrando tem filhos e, se positivo, em que cartório estão registrados;

g) se o registrando já teve algum documento, como carteira de trabalho, título de eleitor, documento de identidade, certificado de batismo, solicitando, se possível, a apresentação desses documentos;

A ausência de alguma dessas informações **não impede o registro**, desde que justificada a impossibilidade de sua prestação.

Sendo o registrando **menor de 12 (doze) anos de idade**, ficará dispensado o requerimento escrito e o comparecimento das testemunhas se for apresentada pelo declarante a Declaração de Nascido Vivo – DNV instituída pela Lei nº 12.662, de 5 de junho de 2012, devidamente preenchida por profissional da saúde ou parteira tradicional.

Note-se que o Provimento também enfatiza a importância da DNV para a comprovação do nascimento e da maternidade.

No registro de nascimento de criança com **menos de 3 (três) anos de idade**, nascida de parto sem assistência de profissional da saúde ou parteira tradicional, a Declaração de Nascido Vivo será preenchida pelo oficial de registro civil que lavrar o assento de nascimento e será assinada também pelo declarante, o qual se declarará ciente de que o ato será comunicado ao Ministério Público.

O oficial, nos **cinco dias** após o registro do nascimento ocorrido fora de maternidade ou estabelecimento hospitalar, fornecerá ao Ministério Público da Comarca os dados da criança, dos pais e o endereço onde ocorreu o nascimento.

No que tange à filiação, sabemos que esta não pode ser lançada no registro tardio de nascimento exclusivamente com base na declaração do requerente e das testemunhas. Deve-se obedecer às regras do art. 488 do Código Nacional de Normas, a saber:

> Art. 488. A maternidade será lançada no registro de nascimento por força da Declaração de Nascido Vivo (DNV), quando for apresentada.
>
> § 1.º O estabelecimento da filiação poderá ser feito por meio de reconhecimento espontâneo dos genitores, nos termos do artigo 1.609, I do Código Civil Brasileiro, independentemente do estado civil dos pais.
>
> § 2.º O Capítulo III do Título II do Livro V da Parte Especial deste Código de Normas aplica-se aos registros de nascimento lavrados de forma tardia tanto para o reconhecimento da paternidade como para o da maternidade.
>
> § 3.º A paternidade ou a maternidade também poderá ser lançada no registro de nascimento por força da presunção estabelecida no art. 1.597 do Código Civil, mediante apresentação de certidão do casamento com data de expedição posterior ao nascimento.
>
> § 4.º Se o genitor que comparecer para o registro afirmar que estava separado de fato de seu cônjuge ao tempo da concepção, não se aplica a presunção prevista no parágrafo anterior.
>
> § 5.º Se não houver elementos nos termos do presente artigo para se estabelecer ao menos um dos genitores, o registro deverá será lavrado sem a indicação de filiação.

Em qualquer caso, se o oficial do registro civil suspeitar da falsidade da declaração, poderá exigir prova suficiente.

A **suspeita** abrange aspectos como a identidade do registrando, a sua nacionalidade, a sua idade, a veracidade da declaração de residência, ao fato de ser realmente conhecido pelas testemunhas, a identidade ou sinceridade destas, a existência de registro de nascimento já lavrado, ou a quaisquer outros aspectos concernentes à pretensão formulada ou à pessoa do interessado.

Persistindo a suspeita, o oficial encaminhará os autos ao Juiz Corregedor Permanente, ou ao Juiz competente na forma da organização local. Tal previsão não exclui a possibilidade de outras medidas de prevenção a fraudes.

Sendo **infundada a dúvida**, o Juiz ordenará a realização do registro; caso contrário, exigirá justificação ou outra prova idônea, sem prejuízo de ordenar, conforme o caso, as providências penais cabíveis.

Deferido o pedido de registro tardio pelo Juízo competente, o oficial deverá lavrar o ato dentro de cinco dias da data que for regularmente cientificado da decisão, podendo, o Juiz, fixar expressamente prazo menor para o cumprimento da sentença, sob pena de multa.

Lavrado o assento no respectivo livro, haverá anotação, com indicação de livro, folha, número de registro e data, no requerimento que será arquivado em pasta própria, juntamente com os termos de declarações colhidas e as demais provas apresentadas.

A condição para a lavratura do registro civil de nascimento tardio é a **inexistência de registro anterior**, posto ser **vedada a duplicidade de registros**, sob pena de gerar insegurança jurídica

Assim, o oficial fornecerá ao Ministério Público, ao Instituto Nacional do Seguro Social – INSS e à Autoridade Policial informações sobre os documentos apresentados para o registro e sobre os dados de qualificação das testemunhas, quando for solicitado em decorrência da suspeita de fraude ou de duplicidade de registros, sem prejuízo de fornecimento de certidão nos demais casos previstos em lei.

O oficial, suspeitando de fraude ou constatando a **duplicidade de registros** depois da lavratura do registro tardio de nascimento, comunicará o fato ao Juiz Corregedor Permanente, ou ao Juiz competente na forma da organização local, que, após ouvir o Ministério Público, adotará as providências que forem cabíveis.

Constatada a duplicidade de assentos de nascimento para a mesma pessoa, decorrente do registro tardio, será **cancelado o assento de nascimento lavrado em segundo lugar**, com transposição, para o assento anterior, das anotações e averbações que não forem incompatíveis.

O cancelamento do registro tardio por duplicidade de assentos poderá ser promovido de ofício pelo Juiz Corregedor, assim considerado aquele definido na órbita estadual e do Distrito Federal como competente para a fiscalização judiciária dos atos notariais e de registro, ou a requerimento do Ministério Público ou de qualquer interessado, dando-se ciência ao atingido.

Havendo cancelamento de registro tardio por duplicidade de assentos de nascimento, será promovida a retificação de eventuais outros assentos do registro civil das pessoas naturais abertos com fundamento no registro cancelado, para que passem a identificar corretamente a pessoa a que se referem.

Acerca do tema, a ARPEN-SP proferiu dois enunciados, a saber:

> **Enunciado 5:** No registro de nascimento fora do prazo, quando o registrando for menor de 12 (doze) anos de idade, ficará dispensado o requerimento escrito e o comparecimento das testemunhas mencionadas, se for apresentada pelo declarante a Declaração de Nascido Vivo – DNV instituída pela Lei nº 12.662, de 5 de junho de 2012, devidamente preenchida por profissional da saúde ou parteira tradicional. Fundamento: O item 52 do Capítulo XVII das Normas de Serviço da E. Corregedoria-Geral da Justiça de São Paulo, bem como o artigo 7º do Provimento CNJ 28/2013, prevalecem sobre o item 37, k do Capítulo XVII das Normas de Serviço da E. Corregedoria-Geral da Justiça de São Paulo.

> **Enunciado 6:** No registro de nascimento fora do prazo, é dispensada a assinatura do declarante e testemunhas no livro de registro de nascimento, desde que já tenham assinado o requerimento de registro, que ficará arquivado em cartório. Fundamento: O item 52 do Capítulo XVII das Normas de Serviço da E. Corregedoria-Geral da Justiça de São Paulo, bem como o artigo 10º, parágrafo primeiro, do Provimento CNJ 28/2013, prevalecem sobre o item 37, k do Capítulo XVII das Normas de Serviço da E. Corregedoria-Geral da Justiça de São Paulo.

1.1 ACESSO À BASE DE DADOS DO PODER PÚBLICO

O art. 9º da Lei 14.382/2022 preceitua que, para verificação da identidade dos usuários dos registros públicos, as bases de dados de identificação civil, inclusive de identificação biométrica, dos institutos de identificação civil, das bases cadastrais da União, inclusive do Cadastro de Pessoas Físicas da Secretaria Especial da Receita Federal do Brasil do Ministério da Economia e da Justiça Eleitoral, poderão ser acessadas, a critério dos responsáveis pelas referidas bases de dados, desde que previamente pactuado, por tabeliães e oficiais dos registros públicos, observado o disposto nas Leis nºs 13.709/2018 (Lei Geral de Proteção de Dados Pessoais), e 13.444/2017 (Identificação Civil Nacional).

Pois bem. Reforça-se referida autorização no § 6º do art. 46 em questão, incluído pela Lei do SERP: "os órgãos do Poder Executivo e do Poder Judiciário detentores de bases biométricas poderão franquear ao oficial de registro civil de pessoas naturais acesso às bases para fins de conferência por ocasião do registro tardio de nascimento".

Trata-se de medida benéfica, visto que sana eventuais dúvidas quanto à identidade das partes, mas deve-se ter em mente que o acesso somente será admitido quando da realização do registro tardio de nascimento. Isso quer dizer que o Registrador Civil das Pessoas Naturais não poderá se valer da base de dados biométricos para outros propósitos.

Noutro dizer, o procedimento extrajudicial de registro tardio, devido a sua importância, requer todas as formas de cautela na sua confecção. São frequentes as denúncias de registros tardios realizados fraudulentamente em prejuízo ao erário, especialmente ao sistema previdenciário. Referida medida visa implementar segurança ao procedimento, já que permite a rastreabilidade do indivíduo perante todo o sistema público biométrico, evitando a duplicidade de registros ou registros maliciosamente realizados. Basta a consulta ao INSS para se aferir a quantidade de valores "perdidos" a partir de um nascimento tardio fraudulento.

Por fim, cumpre informar que o novo parágrafo incluído no art. 46 vai ao encontro da desjudicialização, tendência contemporânea da legislação que vem crescendo paulatinamente.

Sobre o tema, imprescindível invocar 3 recentes enunciados da **I Jornada de Direito Notarial e Registral**, a saber:

> **Enunciado 44.** A viabilidade de acesso às bases de dados de identificação dos usuários dos serviços (art. 9º da Lei n. 14.382/2022), desde que firmado convênio com os órgãos públicos de identificação civil, abrange também os serviços notariais, não se limitando aos serviços de registros públicos.

⊙ Justificativa: Devido à necessidade de conferir maior segurança aos atos registrais no âmbito do Sistema Eletrônico de Registros Públicos, a Medida Provisória nº 1.085, de 27 de dezembro de 2021 (art. 9º) admite o acesso às informações da identificação civil inclusive de identificação biométrica perante os órgãos públicos de identificação civil das unidades da Federação brasileira (institutos de identificação civil), os órgãos da União Federal (tais como os dados da Receita Federal e da Justiça Eleitoral), a critério dos responsáveis pelas respectivas bases de dados, em convênio celebrado com os Tabeliães e Oficiais dos registros públicos, desde que atendidas as previsões legais em matéria de proteção de dados pessoais, inclusive no que se refere à identificação civil nacional prevista na Lei n.º 13.444/17. A Lei n. 13.444/17 criou a Identificação Nacional Civil (ICN) com o objetivo de identificar o brasileiro em suas relações com a sociedade e com os órgãos e entidades governamentais e privados. Em virtude da inegável capilaridade dos ofícios de registro civil das pessoas naturais, promulgou-se a Lei 13.484/2017, segundo a qual os Cartórios de Registro Civil brasileiros passaram a ser reconhecidos como Ofícios da Cidadania. Assim, possibilitou-se a ampliação dos serviços oferecidos ante a realização de convênio com órgãos públicos por meio da emissão de documentos que antes eram feitos apenas em órgãos públicos, como Registro Geral (RG), Cadastro de Pessoa Física (CPF), Carteira Nacional de Habilitação (CNH), Passaporte, Carteira de Trabalho, entre outros que venham a ser conveniados. Frise-se que a referida Lei foi declarada constitucional pelo STF no julgamento da ADI 5.855 em 10.04.2019. A regra do art. 9º, da Medida Provisória nº 1.085, de 27 de dezembro de 2021, apresenta certa perplexidade que, em sede de sua interpretação, merece atenção. A questão diz respeito ao acesso a bases de dados de identificação dos usuários dos serviços; sobre tal tema, a letra da parte inicial do preceito normativo deixa claro que a finalidade do acesso é a de verificação da identidade dos usuários dos registros públicos. Contudo, ainda no preceito normativo é referida a possibilidade de também Tabeliães e não apenas Oficiais dos registros públicos pactuarem o acesso com os órgãos públicos. Neste aspecto, por óbvio que se o ato notarial é realizado por meio eletrônico, como no exemplo comum das escrituras públicas lavradas com emprego da videoconferência regulamentada pelo Provimento n. 100, do CNJ (o que foi potencializado no período mais agudo da pandemia da COVID-19), a finalidade do acesso a bases de dados de identificação do usuário também abrange a realização dos atos praticados pelos tabeliães, sob pena de gerar maior insegurança comparativamente à realização dos atos registrais. Como se trata de regra recente, ainda não há doutrina, tampouco julgados que tenham tratado do tema específico.

Enunciado 45. A regra do art. 9º da Lei n. 14.382/2022, ao tratar da viabilidade de acesso a bases de dados de identificação dos usuários dos serviços, apresenta rol meramente exemplificativo dos órgãos públicos de identificação civil e, por isso, também permite o convênio firmado para acesso à base de dados relativos às pessoas jurídicas (tal como o Cadastro Nacional de Pessoas Jurídicas da Secretaria Especial da Receita Federal do Brasil).

⊙ Justificativa: Uma questão que chama atenção da regra do art. 9º, da Medida Provisória nº 1.085/21 é a referência ao Cadastro de Pessoas Físicas da Secretaria Especial da Receita Federal do Brasil do Ministério da Economia como podendo ser acessado pelos Tabeliães e Oficiais dos registros públicos. Ainda que tenha sido uma enunciação exemplificativa, a literalidade da norma daria ensejo à interpretação de tal possibilidade de acesso da base de dados de identificação somente abrangeria pessoas físicas (ou naturais), excluídas as pessoas jurídicas. Tal interpretação literal pecaria por excluir a maior conveniência do acesso a base de dados de identificação quando o usuário dos serviços notariais e dos serviços registrais fosse pessoa jurídica, como por exemplo na consulta ao Cadastro Nacional de Pessoas Jurídicas da Secretaria Especial da Receita Federal do Brasil do Ministério da Economia. Em síntese: haveria maior insegurança na identificação da pessoa jurídica como usuária dos registros públicos e dos serviços notariais devido à impossibilidade de acesso a bases de dados de sua identificação junto aos órgãos públicos, como no exemplo da Receita Federal do Brasil. Assim, deve-se dar a correta interpretação ao texto do art. 9º, da Medida Provisória nº 1.085/21, de modo a considerar que o preceito normativo também abrange os usuários de serviços notariais e registrais que sejam pessoas jurídicas, e não apenas pessoas físicas. Na realidade, a referência constante do preceito normativo aos órgãos públicos de identificação civil é meramente exemplificativa e, por isso não excluem outros bancos de dados existentes em órgãos públicos que permitam a confirmação da identidade do usuário, seja ele pessoa física ou pessoa jurídica. Como se trata de regra recente, ainda não há doutrina, tampouco julgados que tenham tratado do tema específico.

Enunciado 46. O acesso a bases de dados de identificação dos usuários dos serviços de registro público e/ou de notas (art. 9º da Lei n. 14.382/2022), desde que firmado convênio com os órgãos públicos de identificação civil, deve ser realizado em consonância com a proteção aos direitos da personalidade, tais como a privacidade e a autodeterminação informativa, daí a necessidade de sua compatibilização com as regras da Lei n. 13.079/2018 (LGPD).

⊙ Justificativa: Devido à necessidade de conferir maior segurança aos atos registrais e aos atos notariais -, a Medida Provisória nº 1.085, de 27 de dezembro de 2021 (art. 9º) admite o acesso às informações da identificação civil inclusive de identificação biométrica perante os órgãos públicos de identificação civil das unidades da Federação brasileira (institutos de identificação civil), os órgãos da União Federal (tais como os dados da Receita Federal e da Justiça Eleitoral), a critério dos responsáveis pelas respectivas bases de dados, em convênio celebrado com os Tabeliães e Oficiais dos registros públicos, desde que atendidas as previsões legais em matéria de proteção de dados pessoais.

Algumas cautelas, no entanto, devem ser adotadas. À luz do art. 6º, da Lei n. 13.079/2018 (LGPD), tudo que se refira ao tratamento de dados pessoais deverá observar a boa-fé objetiva e a certos princípios. No âmbito da LGPD, é prevista a hipótese de tratamento de dados pessoais mesmo sensíveis, ainda que sem consentimento do titular dos dados, no caso de *garantia da prevenção à fraude e à segurança do titular, nos processos de identificação e autenticação de cadastro em sistemas eletrônicos* (art. 11, II, g). Além disso, o uso compartilhado de dados pessoais pelo Poder Público pode ocorrer para os casos de previsão legal a esse respeito; ou em caso de transferência respaldada em *contratos, convênios ou instrumentos congêneres* (art. 26, IV, da LGPD); ou, ainda, para a hipótese em que a transferência de dados objetivar a prevenção *de fraudes e irregularidades, ou proteger e resguardar a segurança e integridade do titular dos dados, desde que vedado o tratamento para outras finalidades* (art. 26, V, da LGPD).

Os serviços notariais e registrais, exercidos em caráter privado, por delegação do Poder Público (art. 236, da CRFB/88), terão o mesmo regime jurídico dispensado às pessoas jurídicas de direito público (art. 23, § 4º, da LGPD), uma vez que atuam como controladores. Desse modo, o tratamento de dados pessoais deverá ser realizado para o atendimento de sua finalidade pública, na persecução do interesse público, com o objetivo de executar as competências legais ou cumprir as atribuições legais do serviço público.

Os serviços notariais e de registro são destinados a garantir a publicidade do que foi realizado, por conseguinte, o amplo e irrestrito conhecimento de certas situações de natureza pessoal ou geral, em observância aos arts. 1º, da Lei 8.935/94, e 5º, XXXIII, da CRFB/88, salvo raras exceções. Assim, desempenha uma tríplice função, qual seja: a) transmite ao conhecimento de terceiros da informação do direito correspondente ao conteúdo do registro, excetuados apenas os sujeitos ao sigilo; b) informa sobre bens e direitos seus ou que lhes sejam referentes, a benefício das garantias advindas do registro; c) possui finalidade estatística, de interesse nacional ou de fiscalização públicas (CENEVIVA, Walter. Lei de registros públicos comentada. 18. ed. rev. e atual. São Paulo: Saraiva, 2008, pp. 37-38).

2. JURISPRUDÊNCIA COMPLEMENTAR

SUPERIOR TRIBUNAL DE JUSTIÇA

EMENTA: PROCESSUAL CIVIL E REGISTRO PÚBLICO. DISPOSITIVO LEGAL. AUSÊNCIA DE PREQUESTIONAMENTO. SÚMULA nº 282 DO STF. PROCEDIMENTO DE JURISDIÇÃO VOLUNTÁRIA. RECONHECIMENTO DE NACIONALIDADE. REGISTRO CIVIL TARDIO DE NASCIMENTO. ARTS. 9º, I, DO CÓDIGO CIVIL E 50 E 53 DA LEI nº 6.015/73. POSSIBILIDADE JURÍDICA. LUGAR DA DECLARAÇÃO. RESIDÊNCIA DO INTERESSADO. ART. 46 DA LRP (REDAÇÃO DADA PELA LEI nº 11.790 /08).

1. É inviável o conhecimento do recurso especial em relação a dispositivo que não tenha sido objeto de prequestionamento (Súmula nº 282 /STF).

2. O pedido de registro civil tardio de nascimento de avô materno, pessoa já falecida, atestado por declaração de batismo, certidão de óbito, como também por certidões de inexistência do registro emitidas por cartórios, revela-se juridicamente possível por ostentar a evidente necessidade de plena regularização de tal assento público e buscar a superação do sub-registro, prática usual em décadas passadas e que, atualmente, está a merecer a repulsa de toda a sociedade.

3. Mesmo envolvendo o objetivo mediato de confirmar a descendência de cidadãos originários da Itália, denota-se que a pretensão tem como principal escopo a emissão do registro público de nascimento de ascendente, por se tratar de documento unicamente capaz de atender as exigências das autoridades daquele país, para permitir a parte autora dar início ao processo de reconhecimento de sua nacionalidade, cidadania italiana.

4. O registro civil de nascimento após o decurso do prazo legal, ainda que de pessoa falecida, com base em dados comprobatórios hábeis a tal mister, não encontra vedação na Lei de Registro Públicos nem fere o ordenamento jurídico pátrio, pois, além de não acarretar nenhum prejuízo a terceiros, encontra abrigo na obrigatoriedade do registro prevista nos art. 9º, I, do atual Código Civil c/c arts. 50 e 53 da Lei nº 6.015/73

5. Deter-se o julgador a uma codificação generalista, padronizada, implica retirar-lhe a possibilidade de dirimir a controvérsia de forma satisfatória e justa, condicionando-o a uma atuação judicante que não se apresenta como correta para promover a solução do caso concreto, quando indubitável que, mesmo inexistente um expresso preceito legal sobre ele, há que suprir as lacunas por meio dos processos de integração normativa, pois, atuando o juiz *supplendi causa*, deve adotar a decisão que melhor coadune com valores maiores do ordenamento jurídico, tais como o da dignidade das pessoas.

6. Tanto sob a égide das anteriores disposições do art. 46 da LRP como a partir da redação dada pela Lei nº 11.790/2008, não se verifica óbice de que a declaração de nascimento após o decurso do prazo legal seja realizada no lugar de residência do interessado. 7. Recurso especial conhecido em parte e provido. (STJ – RESP 2005 00074975, Min. JOÃO OTÁVIO DE NORONHA, DJE: 16/11/2009)

TRIBUNAL DE JUSTIÇA DO ESTADO DE SÃO PAULO

EMENTA: REGISTRO CIVIL – ASSENTO DE NASCIMENTO – DUPLICIDADE DE REGISTRO – CANCELAMENTO DO SEGUNDO REGISTRO DETERMINADO – RECURSO PROVIDO – Para que atenda à finalidade de garantir segurança jurídica que se espera dos Registros Públicos, deve observar autenticidade e fidedignidade com as informações coletadas. No caso dos autos, verificou-se que o registro tardio, além de feito em duplicidade, contém informações incorretas e, portanto, deve ser suprimido.

Vistos.

1 – Cuida-se de ação de anulação de registro civil que foi julgada extinta sem conhecimento do mérito, por entender o MM. Juiz impossível o pedido.

Recorre a autora esclarecendo que foi registrada duas vezes em cartórios distintos e pleiteando a procedência da ação para anulação do segundo registro.

O Ministério Público manifestou-se pelo provimento do recurso.

É o relatório.

2 – A r. sentença não deu correta solução à lide, porque perfeitamente admissível a ação para o cancelamento do segundo registro de nascimento lavrado.

Conforme restou demonstrado, a requerente foi registrada pela primeira vez em Alpercata MG, no Cartório de Registro Civil, constando como nascida em Tarumirim MG, aos 20/09/1952.

De acordo com as informações dos Institutos de Identificação do Estado de São Paulo e de Minas Gerais, esse é o registro utilizado pela autora, inclusive para posterior averbação do casamento.

Ocorre que a autora foi novamente registrada, em registro tardio, no Cartório de registro Civil de Engenheiro Caldas MG, constando como nascida em Tarumirim MG, mas em 20/10/1954.

As certidões de inteiro teor dos respectivos registros (fls. 28 e 34), demonstram a duplicidade do registro em nome da mesma pessoa, ou seja, da autora.

Anote-se que o último assento realizado, na cidade de Engenheiro Caldas MG, foi levado a efeito em 1960 e a prova dos autos demonstra que não se trata de pessoas diversas, mas de duplo registro.

Ao que tudo indica houve erro do declarante no registro tardio do nascimento realizado no cartório de Engenheiro Caldas MG.

Como ressaltam Camargo Neto e Oliveira:

O registro de nascimento é o documento originário da pessoa natural, servindo de base para a emissão de todos os demais; contém os elementos do estado da pessoa natural que individualizam a pessoa para a prática de atos e realização de negócios; recebe as informações acerca dos demais atos relevantes ao estado da pessoa natural e possíveis alterações do nome, por meio de averbações e anotações[1].

Para que atenda à finalidade de garantir segurança jurídica que se espera dos Registros Públicos, deve observar autenticidade e fidedignidade com as informações coletadas.

No caso dos autos, verificou-se que o registro tardio, além de feito em duplicidade, contém informações incorretas e, portanto, deve ser suprimido.

3 – Ante o exposto, DÁ-SE PROVIMENTO AO RECURSO para julgar procedente a ação e determinar o cancelamento do segundo registro de nascimento da autora, realizado no livro 1-A, folha 185v, termo nº 740, do Serviço Registral de Engenheiro Caldas MG (fls. 34), expedindo-se o respectivo mandado. Não há sucumbência.

RONNIE HERBERT BARROS SOARES

RELATOR
Nota:
[1] Camargo Neto, Mario de Carvalho Registro civil das pessoas naturais: parte geral e registro de nascimento, volume 1 / Mario de Carvalho Camargo Neto, Marcelo Salaroli de Oliveira. -- São Paulo: Saraiva, 2014. (Coleção cartórios / coordenador Christiano Cassettari), p. 114. – – /

TJSP – Apelação Cível nº 1022140-83.2015.8.26.0002 – São Paulo – 10ª Câmara de Direito Privado – Rel. Des. Ronnie Herbert Barros Soares – DJ 03.04.2020

CONSELHO SUPERIOR DA MAGISTRATURA

EMENTA: REGISTRO CIVIL – REGISTRO TARDIO DE NASCIMENTO – INDEFERIMENTO FUNDADO NA FALTA DE PROVA SOBRE O LOCAL DO NASCIMENTO E DIANTE DA EXISTÊNCIA DE AÇÃO CRIMINAL CONTRA O INTERESSADO – PREENCHIMENTO DOS REQUISITOS MÍNIMOS PREVISTOS NO ARTIGO 3º DO PROVIMENTO nº 28 DO CONSELHO NACIONAL DA JUSTIÇA – NÃO DEMONSTRADA SUSPEITA DE FALSIDADE – AÇÃO CRIMINAL NÃO OBSTA O DEFERIMENTO DO REGISTRO TARDIO – OBSERVAÇÃO PARA QUE SEJA COMUNICADO AO JUÍZO CRIMINAL O TEOR DA PRESENTE DECISÃO – RECURSO PROVIDO ((Apelação nº 9000003-97.2009.8.26.0222, da Comarca de XXX). Trata-se de apelação interposta por XXX contra a sentença da fl. 74 e verso, que indeferiu registro tardio de nascimento do apelante, sob o fundamento de que não há dados seguros sobre a data e o local de nascimento do requerente, bem como diante da existência de ação criminal contra o interessado. Sustenta, o apelante, a possibilidade do registro tardio de nascimento, diante das provas constantes dos autos (fls. 77/81). A Procuradoria Geral de Justiça opinou pelo provimento do recurso (fls. 93/95). O processo foi enviado pela Corregedoria-Geral da Justiça a este Conselho Superior da Magistratura (fl. 101). É o relatório. O presente recurso comporta provimento. A decisão das fls. 74 e verso indeferiu o pedido de registro tardio de nascimento do ora recorrente, sob o fundamento de que o requerente não conseguiu informar, com exatidão, o local de seu nascimento, bem como porque há ação penal contra o interessado em trâmite na Comarca de XXX. Verifico, através dos documentos e declarações constantes nos autos, que XXX demonstrou suficientemente a inexistência de assento de nascimento lavrado, por meio da certidão negativa juntada na fl. 33, expedida pelo Oficial de Registro Civil da Comarca de XXX, tendo prestado as informações mínimas necessárias para a lavratura do assento tardio, tais como o dia, mês, ano e lugar do nascimento, seu prenome e seu sobrenome, os prenomes e os sobrenomes de sua genitora e a declaração de testemunha sobre a identidade do registrando. No mesmo sentido, consta informação da Secretaria Municipal de Saúde do Município de XXXX, noticiando a inexistência de registro de nascimento ou outras informações em nome do interessado (fl. 25). Ainda, na fl. 40 veio a informação de que XXX não é cadastrado civil e criminalmente no Instituto de Identificação de Minas Gerais. A irmã do interessado foi ouvida, conforme fls. 66/68, e confirmou as informações prestadas inicialmente pelo requerente, quanto à data e ao local de nascimento, bem como à inexistência de assento de nascimento. Destaco que, além de suficientes as provas colhidas, "a eventual dificuldade no levantamento de provas que corroborassem as declarações do interessado não se constitui, por si só, em obstáculo intransponível à lavratura do assento tardio, só se podendo cogitar em tese do indeferimento de tal pretensão quando, em havendo suspeita de falsidade das declarações prestadas, não for possível afastá-las", conforme já decidido no processo nº 2008/31380 da CGJSP, data do julgamento: 17/10/2008, Relator: Walter Rocha Barone. Nesse sentido é o disposto no artigo 12 do Provimento nº 28 do Conselho Nacional da Justiça, bem como o item 49.5, do Capítulo XVII, das NSCGJ. A decisão recorrida não esclarece se houve suspeita de falsidade das declarações prestadas, nem tampouco indica, em caso afirmativo, que suspeitas seriam essas, cingindo-se em afirmar a existência de ação penal contra o interessado, mas que não impede o registro tardio de nascimento, obviamente comunicando-se ao juízo processante da ação penal, para ciência da decisão que deferir o registro. Posto isso, dou provimento ao recurso para determinar o registro tardio de nascimento de XXX, nascido em XXXX, em XXX, filho de XXX, tendo por avó materna XXX, com a observação para que seja oficiado ao juízo da Comarca de XXX, referente ao processo nº 48/2003 (Júri), noticiando a presente decisão. HAMILTON ELLIOT AKEL. Corregedor Geral da Justiça e Relator. (D.J.E. de 07.04.2014 – SP)

TRIBUNAL DE JUSTIÇA DO ESTADO DO ESPÍRITO SANTO

EMENTA: AÇÃO DE REGISTRO CIVIL DE NASCIMENTO FORA DO PRAZO – ART. 46 DA LEI DE REGISTROS PÚBLICOS – DIREITOS DA PERSONALIDADE HUMANA – PROVA – APELO IMPROVIDO. I – O suprimento de registro civil de nascimento toca direitos da personalidade humana, direitos estes constitucionalmente assegurados ao cidadão, independente do decurso do prazo, porque dizem respeito ao estado da pessoa; II – Em conformidade com o documento de fls. 04 dos autos, Maria José Bernardo, genitora da autora, deu à luz a uma criança do sexo feminino em 10 de março de 1978; III – Ademais, as declarações exigidas pelo direito registral são quaisquer manifestações, comunicações, afirmações verbais ou escritas, prestadas por força da lei, capazes de comprovar o nascimento daquele que pretende ver seu direito assegurado que, no caso, é a Certidão de Nascimento Civil, que lhe conferirá existência não apenas no campo jurídico, mas principalmente na órbita moral e social; IV – Apelo improvido, mantendo-se a sentença recorrida. (TJES – Ap. Civ. 013 020006345, Relator MAURÍLIO ALMEIDA DE ABREU, 4ª Câmara Cível, Data do Julgamento: 15/04/2008)

TRIBUNAL DE JUSTIÇA DO ESTADO DO RIO DE JANEIRO

EMENTA: REGISTRO TARDIO PROMOVIDO PELA CURADORIA ESPECIAL. LEGITIMIDADE. ATUAÇÃO PRÓ-ATIVA. IDOSO INTERNO EM HOSPITAL-COLÔNIA. PRINCÍPIO DA DIGNIDADE DA PESSOA HUMANA. INTERESSE E ADEQUAÇÃO. SENTENÇA DE EXTINÇÃO SEM MÉRITO. ANULAÇÃO. PROVIMENTO DO RECURSO.

1. O procedimento de iniciativa da Curadoria Especial que visa a obtenção de registro civil tardio em favor de interno em hospital-colônia atende ao princípio constitucional da dignidade da pessoa humana e à norma constitucional de amparo ao idoso.

2. Não obstante a legitimidade ativa para a propositura do respectivo procedimento seja atribuída ao Ministério Público e aos interessados, quando nenhum dos entes ordinariamente legitimados atua com efetividade, negligenciando a preservação do bem jurídico em questão, deve-se admitir extraordinariamente a iniciativa processual da Defensoria Pública, no exercício do munus da Curadoria Especial, de modo a representar em juízo o incapaz, viabilizando a efetiva salvaguarda do direito violado, conforme restou evidenciado pelo tempo em que o idoso permanece acolhido em hospital-colônia, em situação de abandono familiar e sem possuir sequer registro de nascimento civil.

3. Em casos tais, na defesa da proteção e amparo ao idoso (artigo 230 da Constituição Federal), é salutar a atuação pró-ativa da Defensoria Pública, como Curadora Especial, até que os órgãos ordinariamente legitimados assumam com plenitude os rigores de suas funções constitucionais e legais.

4. Obtenção de registro tardio de nascimento com amparo nas normas constitucionais, consubstanciadas na adoção de medidas por meio da legislação em vigor, notadamente do Decreto Federal nº 6.289/2007, que estabelece o compromisso de erradicação do sub-registro civil de nascimento, restando evidenciado, no presente caso, o interesse na efetividade de tal diligência, impondo-se a anulação da sentença de extinção do processo sem mérito para regular tramitação do feito.

5. Provimento do recurso. (TJRJ – Ap. Civ. 000 5205-28.2004.8.19.0046, DES. ELTON LEME, Julgamento: 20/10/2010)

3. QUESTÕES DE CONCURSOS

01. (TJ/AM – 2023 – TJ/AM - Titular de Notas e Serviços de Registros). A Lei nº 11.790/2008 alterou o art. 46 da Lei nº 6.015/1973, para permitir o registro da declaração de nascimento fora do prazo legal diretamente nas serventias extrajudiciais. Assinale a alternativa **INCORRETA:**

a) O oficial do Registro Civil, se suspeitar da falsidade da declaração, poderá exigir prova suficiente. Persistindo a suspeita, o oficial encaminhará os autos ao juízo competente.
b) As declarações de nascimento feitas após o decurso do prazo legal serão registradas no lugar do nascimento do interessado.
c) O requerimento de registro de nascimento fora do prazo será assinado por 2 (duas) testemunhas.
d) Se o Juiz não fixar prazo menor, o oficial deverá lavrar o assento dentro de cinco (5) dias, sob pena de pagar multa correspondente a um salário-mínimo da região.

02. (FGV - 2023 - TJ-SE - Atividade Notarial e de Registro – Provimento). João, oficial do Registro Civil das Pessoas Naturais da circunscrição territorial X, recebeu declaração de nascimento, feita por um interessado, após o decurso do prazo legal.
Em situações dessa natureza, à luz da sistemática estabelecida na Lei nº 6.015/1973, é correto afirmar que João:
a) deve realizar o registro de nascimento, ad referendum do juiz competente;
b) somente deve realizar o registro mediante autorização do juiz competente;
c) deve realizar o registro, desde que a circunscrição territorial X seja o lugar de residência do interessado;
d) pode realizar o registro, desde que o requerimento seja assinado por uma testemunha, nos termos da lei;
e) deve solicitar autorização judicial para que os órgãos do Poder Executivo detentores de bases biométricas franqueiem o seu acesso para fins de conferência.

03. (FGV - 2023 - TJ-SE - Atividade Notarial e de Registro - Provimento) Pettersen, estrangeiro oriundo de determinado país africano, obteve visto temporário para permanecer no território brasileiro, com a finalidade de realizar tratamento de saúde.
Nesse caso, à luz da sistemática estabelecida na Lei nº 13.445/2017, é correto afirmar que Pettersen:
a) está obrigado a realizar o seu registro, em livro próprio, no Registro Civil das Pessoas Naturais, caso deseje praticar os atos da vida civil;
b) está obrigado a realizar o seu registro, consistente na identificação civil por dados biográficos e biométricos, que gerará um número único de identificação, permitindo o pleno exercício dos atos da vida civil;
c) está habilitado a praticar os atos da vida civil, com a só obtenção do visto temporário e correlata residência no território nacional, mas, caso deseje contrair casamento, deverá promover o seu registro no Registro Civil das Pessoas Naturais;
d) deve utilizar o número único de identificação, fornecido por ocasião da obtenção do visto temporário, para promover o seu registro, consistente na identificação civil por dados biométricos e dactiloscópicos, o que lhe permitirá praticar os atos da vida civil;
e) pode solicitar o registro, consistente na identificação civil, utilizando o número único de identificação fornecido por ocasião da obtenção do visto temporário, caso deseje praticar os atos da vida civil, o que poderá ser feito com a só apresentação do protocolo de registro.

04. (FGV – Titular de Serviço de Notas e Registros – TJ – SC/2021) Maria, oficial do Registro Civil das Pessoas Naturais, atendeu Joana, que desejava proceder ao registro de nascimento de Pedro, então com 15 anos de idade. Na ocasião, não foi apresentada a declaração de nascido vivo, tendo Joana informado que o parto fora feito em casa, por sua mãe. À luz da sistemática vigente, Maria deve:
a) negar-se a proceder ao registro, salvo se apresentado exame de DNA e declaração de duas testemunhas corroborando as informações de Joana;
b) orientar Joana a redigir requerimento nos termos regulamentares, proceder à entrevista dos envolvidos e decidir pelo registro ou pela suspeita;
c) lavrar termo do requerimento formulado, ouvir as testemunhas apresentadas, bem como a Pedro, e encaminhar os autos ao juízo competente para que decida;
d) entrevistar Pedro, instruir o requerimento com as demais informações apresentadas por Joana, solicitar a manifestação do Ministério Público e decidir pelo registro ou pela suspeita;
e) orientar Joana a obter justificativa judicial da prova testemunhal, apresentando os demais elementos de que disponha, decidindo pelo registro ou pela suspeita após a oitiva do Ministério Público.

05. (Cespe – Notários e Oficiais de Registro – Remoção – TJ – DFT/2019) Conforme a Lei de Registros Públicos, o oficial do registro que, motivadamente, duvidar da existência da criança cujo nascimento tenha sido declarado pelos pais dentro do prazo, poderá
a) encaminhar a dúvida ao juízo competente.
b) ir à residência do suposto recém-nascido para confirmar a sua existência.
c) dar conhecimento da dúvida ao Ministério Público local a quem compete investigar o caso.
d) convocar o administrador do hospital onde nasceu a criança para firmar declaração na serventia.
e) dar conhecimento da dúvida ao conselho tutelar local para as devidas providências.

06. (Vunesp – Outorga de delegação de serviços notariais e registrais – Provimento – TJ – RS/2019) Considere as assertivas a seguir.
I. A divergência parcial ou total entre o nome do pai constante da DNV e o verificado pelo Oficial no momento do registro constitui motivo para a recusa na lavratura do registro.
II. Não será exigida DNV para os nascimentos ocorridos em hospitais, após 24 meses da data do nascimento. Para os nascimentos em domicílio, o Oficial do RCPN emitirá a DNV, independentemente da data do nascimento.
III. Do assento de nascimento, deve constar o nome dos genitores conforme a época do nascimento dos filhos. Em sendo casados, os pais não poderão escolher entre o nome de casado ou de solteiro, mesmo que a prole seja fruto de um relacionamento extramatrimonial.
Está correto o que se afirma em:
a) II e III, apenas.
b) III, apenas.
c) I, II e III.
d) I, apenas.
e) II, apenas.

07. (IESES – Cartório – Provimento – TJ – AM/2018) Em relação ao nascimento, assinale a alternativa correta:
a) Tratando-se de registro de nascimento fora do prazo legal o oficial, em caso de dúvida, poderá requerer ao Juiz as providências que forem cabíveis para esclarecimento do fato.
b) Todo nascimento que ocorrer no território nacional deverá ser dado a registro, no lugar em que tiver ocorrido o parto ou no lugar da residência dos pais, dentro do prazo de vinte dias, que será ampliado em até três meses para os lugares distantes mais de cinquenta quilômetros da sede do cartório.
c) Os menores de vinte e um anos e maiores de dezesseis anos poderão, pessoalmente e isentos de multa, requerer o registro de seu nascimento.

d) Os índios, quando estiverem integrados, não estão obrigados a inscrição do nascimento.

08. (Vunesp – Notário-MS/2009) Assinale a alternativa que está em consonância com o registro civil das pessoas naturais, conforme disciplinado em lei.

a) As sentenças que decidirem a nulidade de casamento dispensam averbação no registro.
b) Serão cobrados emolumentos pelo assento do óbito, bem como pela primeira certidão respectiva.
c) A competência para a inscrição da opção de nacionalidade é exclusiva do Distrito Federal.
d) As declarações de nascimento feitas após o decurso do prazo legal somente serão registradas mediante despacho do juiz competente do lugar da residência do interessado e que será dispensado se o registrando tiver menos de 12 anos de idade.
e) Os livros de proclamas serão escriturados cronologicamente com dispensa do resumo do que constar dos editais quando expedidos pelo próprio cartório.

09. (Vunesp – Notário-SP/2009) O registro tardio de nascimento de pessoa com mais de 12 anos de idade

a) poderá ser feito diretamente na serventia de registro civil das pessoas naturais, sem necessidade de intervenção judicial, desde que o oficial tenha segurança jurídica para a prática do ato e com a observância das disposições normativas regulamentadoras da questão.
b) deverá ser iniciado por procedimento administrativo na própria serventia de registro civil das pessoas naturais, porém, o registro necessariamente dependerá de final autorização do juízo corregedor, haja vista a idade do registrando.
c) dependerá necessariamente de determinação judicial, após regular procedimento jurisdicional.
d) deverá ser feito, de pronto, na própria serventia de registro civil das pessoas naturais, não mais havendo possibilidade de análise da questão pelo juízo corregedor, haja vista a atual legislação em vigor.

10. (Cespe – Cartório-PI/2013) Com base no Provimento nº 28/2013 do Conselho Nacional de Justiça, assinale a opção correta quanto ao registro tardio de nascimento por oficial de registro civil das pessoas naturais.

Nota da autora: O Provimento CNJ n. 28/2013 foi revogado e seus dispositivos incorporados aos **arts. 480 a 495 do Provimento CNJ n. 149/2023 (Código Nacional de Normas)**, sem alteração legislativa, motivo pelo qual é possível aproveitar esta questão.

a) Ainda que um oficial de registro suspeite de fraude, a ele é imposto encaminhar o requerimento do registro, cabendo exclusivamente ao juiz competente exigir provas que atestem sua veracidade.
b) Não será possível o registro se do requerimento de registro não constarem os prenomes e os sobrenomes dos pais da pessoa a ser registrada.
c) O procedimento de registro tardio previsto no referido provimento aplica-se à lavratura de assento de indígena no registro civil das pessoas naturais.
d) O requerimento de registro de nascimento direcionado ao oficial de registro civil independe de testemunhas.
e) Se o registrando for menor de doze anos de idade, será dispensado o requerimento escrito se o declarante apresentar declaração de nascido vivo.

11. (Vunesp – Cartório – TJ – SP/2012) Sobre as declarações de nascimento feitas após o decurso do prazo legal, não é correto afirmar que

a) o registro é feito no lugar de residência do interessado.
b) é dispensada a assinatura das 2 (duas) testemunhas no requerimento de registro, se o registrando tiver menos de doze anos de idade.
c) o Oficial do Registro Civil, se suspeitar da falsidade da declaração, poderá exigir prova suficiente; persistindo a suspeita, o Oficial encaminhará os autos ao Juiz Corregedor Permanente.
d) se o requerimento for formulado, em hipótese que o permita, pelo próprio registrando, o estabelecimento de sua filiação dependerá da anuência dos apontados pais.

12. (Vunesp – Cartório – SP – Provimento/2016) Segundo o Provimento nº 28/2013 do Conselho Nacional de Justiça, o registro de nascimento fora do prazo legal poderá ser realizado sem a presença de testemunhas:

Nota da autora: O Provimento CNJ n. 28/2013 foi revogado e seus dispositivos incorporados aos **arts. 480 a 495 do Provimento CNJ n. 149/2023 (Código Nacional de Normas)**, sem alteração legislativa, motivo pelo qual é possível aproveitar esta questão.

a) se o registrando for menor de 3 anos.
b) se for apresentada a Declaração de Nascido Vivo – DNV.
c) se o registrando for menor de 12 anos e for apresentada a Declaração de Nascido Vivo – DNV.
d) se o registrando for menor de 18 anos e for apresentada a Declaração de Nascido Vivo – DNV.

13. (Consulplan – Cartório – MG – Remoção/2016) Nos termos da Lei nº 6.015, de 31/12/1073, é correto afirmar:

a) Os oficias de registro civil remeterão à Fundação Instituto Brasileiro de Geografia e Estatística, dentro dos primeiros 8 (oito) dias úteis dos meses de janeiro, abril, julho e outubro de cada ano, um mapa dos nascimentos, casamentos e óbitos ocorridos no trimestre anterior.
b) No caso de ter a criança nascido morta, será o registro feito no livro "C", com os elementos que couberem.
c) A testemunha para os assentos de registro deve satisfazer às condições exigidas pela lei civil, sendo admitido somente parente colateral de 3º grau do registrando.
d) As declarações de nascimento feitas após o decurso do prazo legal serão registradas no lugar de residência do interessado.

GAB	1	B	2	C	3	B	4	B	5	B
	6	E	7	A	8	D	9	A	10	E
	11	B	12	C	13	C				

Art. 47. Se o oficial do registro civil recusar fazer ou retardar qualquer registro, averbação ou anotação, bem como o fornecimento de certidão, as partes prejudicadas poderão queixar-se à autoridade judiciária, a qual, ouvindo o acusado, decidirá dentro de cinco (5) dias.

§ 1º Se for injusta a recusa ou injustificada a demora, o Juiz que tomar conhecimento do fato poderá impor ao oficial multa de um a dez salários mínimos da região, ordenando que, no prazo improrrogável de vinte e quatro (24) horas, seja feito o registro, a averbação, a anotação ou fornecida certidão, sob pena de prisão de cinco (5) a vinte (20) dias.

§ 2º Os pedidos de certidão feitos por via postal, telegráfica ou bancária serão obrigatoriamente atendidos pelo oficial do registro civil, satisfeitos os emolumentos devidos, sob as penas previstas no parágrafo anterior.

1. COMENTÁRIOS

O intuito do legislador ao prescrever tal dispositivo foi **evitar prejuízos aos interessados**, pois os atos praticados no Registro Civil das Pessoas Naturais, quais sejam, o registro, a averbação, a anotação e a certidão, produzem diversos efeitos na vida civil.

Somente a **parte** pode reclamar o retardamento ou omissão do oficial à **autoridade judicial encarregada da fiscalização do serviço**, ou seja, ao Juiz Corregedor Permanente ou Juiz competente na forma da organização local.

Assim, no registro, a reclamação do retardamento ou omissão cabe ao declarante ou ao próprio registrando, ao passo que na averbação, toca à pessoa em cujo nome há registro, ou a alguém que demonstre relevante interesse jurídico.

No caso da norma do art. 47 não surtir efeito, o legislador conferiu ao interessado outras alternativas, como a imposição de sanção de natureza pecuniária e ainda a realização do ato de registro, averbação, anotação ou fornecimento da certidão.

A desobediência à ordem emitida pelo Juiz, no prazo concedido por ele à ouvida do Oficial, pode configurar falta administrativa (arts. 32 e seguintes da Lei 8.935/1994) e criminal (crime de desobediência, art. 30 CP).

Devido às garantias constitucionais do devido processo legal, a aludida prisão do § 1º não vige mais.

Como se sabe, pela legislação federal (Lei 9.534/1997), são gratuitos **todos** os registros e primeiras certidões de nascimento e de óbito e, **para os reconhecidamente pobres**, as demais certidões e o processo de habilitação, registro e primeira certidão de casamento. Saliente-se que, não obstante a gratuidade de alguns atos do registro civil, isto não alcança as despesas com os outros atos paralelos e necessários, como as despesas de serviço postal, telegráfico ou bancário.

Para complementação dos estudos, remetemos o leitor aos comentários do art. 30 desta Lei.

2. JURISPRUDÊNCIA COMPLEMENTAR

TRIBUNAL DE JUSTIÇA DO ESTADO DE MINAS GERAIS

EMENTA: DIREITO REGISTRÁRIO – LEI 6.015/73 – RECUSA DO OFICIAL AO REGISTRO DO NOME – DISCORDÂNCIA DOS PAIS – ART. 55, PARÁGRAFO ÚNICO – POSSIBILIDADE DE APLICAÇÃO DA MULTA PREVISTA NO ART. 47, § 1º – NÃO CONFIGURAÇÃO. – Não configura recusa injusta ou injustificada demora a negativa do serventuário ao registro quando entender que o prenome escolhido pode expor ao ridículo o seu portador, na medida em que a própria Lei de Registros Públicos prevê tal possibilidade, sendo certo ainda que referida negativa sequer ultrapassou o prazo legal de cinco dias, estipulado no art. 19, para o fornecimento de certidões, motivo pelo qual desarrazoado impor ao oficial do registro civil a multa prevista no art. 47, § 1º da mesma Lei. (TJMG – Ap. Cív. 1.0707.09.181570-4/001, DES. DÍDIMO INOCÊNCIO DE PAULA, Publicação 06/11/2009).

Art. 48. Os Juízes farão correição e fiscalização nos livros de registro, conforme as normas da organização Judiciária.

1. COMENTÁRIOS

O dispositivo em comento, apesar de estar no capítulo do registro civil, aplica-se a **todas as espécies de serventia.** Noutro dizer, todos os serviços notariais e de registro estão submetidos à correição e à fiscalização do **Poder Judiciário.**

O § 1º do art. 236 estabelece que "lei regulará as atividades, disciplinará a responsabilidade civil e criminal dos notários, dos oficiais de registro e de seus prepostos, e **definirá a fiscalização de seus atos pelo Poder Judiciário**". Refere-se a Constituição à Lei 8.935/1994, que dispôs no Capítulo VII, da fiscalização pelo Poder Judiciário. Vejamos:

Art. 37. A fiscalização judiciária dos atos notariais e de registro, mencionados nos artes. 6º a 13, será exercida pelo juízo competente, assim definido na órbita estadual e do Distrito Federal, sempre que necessário, ou mediante representação de qualquer interessado, quando da inobservância de obrigação legal por parte de notário ou de oficial de registro, ou de seus prepostos.

Parágrafo único. Quando, em autos ou papéis de que conhecer, o Juiz verificar a existência de crime de ação pública, remeterá ao Ministério Público as cópias e os documentos necessários ao oferecimento da denúncia.

Art. 38. O juízo competente zelará para que os serviços notariais e de registro sejam prestados com rapidez, qualidade satisfatória e de modo eficiente, podendo sugerir à autoridade competente a elaboração de planos de adequada e melhor prestação desses serviços, observados, também, critérios populacionais e sócio-econômicos, publicados regularmente pela Fundação Instituto Brasileiro de Geografia e Estatística.

A correição é diferente da fiscalização. A primeira consiste numa vistoria administrativa em diligência, pelo juiz corregedor, de livros e papéis pertinentes à atividade do delegado, com o objetivo de assegurar correção dos serviços e bom funcionamento. A fiscalização, por sua vez é a atividade correcional permanente, aberta às queixas do público, que o juiz desenvolve, sobre a serventia, o oficial e os funcionários, embora não tenha poder disciplinar sobre estes (CENEVIVA, Walter. *Lei dos Registros Públicos comentada*. 16. ed. São Paulo: Saraiva, 2006, p. 48-49).

A função correcional é exercida, em todo o **Estado**, pelo **Corregedor Geral da Justiça** e, nos **limites de suas atribuições**, pelos **Juízes de Direito** (Juiz Corregedor Permanente ou Juiz competente na forma da organização local).

O exercício da função correcional será permanente, por meio de **correições ordinárias** ou **extraordinárias,** gerais ou parciais, ou, ainda, por visitas.

A **correição ordinária** consiste na fiscalização prevista e efetivada segundo as normas estaduais das Corregedorias dos Estados e leis de organização judiciária.

Considera-se **correição extraordinária** uma fiscalização excepcional, realizável a qualquer momento, podendo ser geral ou parcial, conforme abranja todos os serviços notariais e de registro da comarca, ou apenas alguns.

A **visita correcional**, por sua vez, consiste na fiscalização direcionada à verificação da regularidade de funcionamento da unidade, à verificação de saneamento de irregularidades constatadas em correições ou ao exame de algum aspecto da regularidade ou da continuidade dos serviços e atos praticados. Tal visita independerá de edital ou de qualquer outra providência, dela lançando-se sucinto termo no livro de Visitas e Correições (arts. 185 e seguintes do Provimento CNJ n. 149), no qual também constarão as determinações do Juiz Corregedor Permanente, se houver.

Importante frisar que os livros, fichas, documentos, papéis, microfilmes e sistemas de computação deverão, salvo quando solicitados pelo Corregedor Permanente ou pela Corregedoria-Geral da Justiça, permanecer sempre sob a guarda e responsabilidade do titular de serviço notarial ou de registro, que zelará por sua ordem, segurança e conservação. Se houver necessidade de serem periciados, o exame deverá ocorrer na própria sede do serviço, em dia e hora adrede designados, com ciência do titular e autorização do juízo competente.

Atualmente, com a informatização dos serviços, algumas normas estaduais estão, de forma gradativa, implantando a **correição online**. É o caso das Normas de Serviço Extrajudicial da Corregedoria-Geral de Justiça do Estado de São Paulo, item 395, do Capítulo XX.

2. JURISPRUDÊNCIA COMPLEMENTAR

⊙ TRIBUNAL DE JUSTIÇA DO ESTADO DE SÃO PAULO

▶ **EMENTA:** Agravo de Instrumento – Inventário – Adjudicação – Cumprimento de sentença – Nota de devolução de tabelião de cartório de registro de imóveis – Impugnação que deve ser feita no âmbito correicional – Revisão da decisão de natureza registrária não cabe ao Juízo da ação de conhecimento – Competência da Corregedoria Permanente dos cartórios de registro de imóveis – Precedentes deste Tribunal – Recurso improvido. (TJSP – Agravo de Instrumento nº 2134562-19.2017.8.26.0000 – Bauru – 4ª Câmara de Direito Privado – Rel. Des. Hamid Bdine – DJ 23.08.2017)

Art. 49. Os oficiais do registro civil remeterão à Fundação Instituto Brasileiro de Geografia e Estatística, dentro dos primeiros oito dias dos meses de janeiro, abril, julho e outubro de cada ano, um mapa dos nascimentos, casamentos e óbitos ocorridos no trimestre anterior.

§ 1º A Fundação Instituto Brasileiro de Geografia e Estatística fornecerá mapas para a execução do disposto neste artigo, podendo requisitar aos oficiais do registro que façam as correções que forem necessárias.

§ 2º Os oficiais que, no prazo legal, não remeterem os mapas, incorrerão na multa de um a cinco salários mínimos da região, que será cobrada como dívida ativa da União, sem prejuízo da ação penal que no caso couber.

§ 3º No mapa de que trata o *caput* deverá ser informado o número da identificação da Declaração de Nascido Vivo.

§ 4º Os mapas dos nascimentos deverão ser remetidos aos órgãos públicos interessados no cruzamento das informações do registro civil e da Declaração de Nascido Vivo conforme o regulamento, com o objetivo de integrar a informação e promover a busca ativa de nascimentos.

§ 5º Os mapas previstos no *caput* e no § 4º deverão ser remetidos por meio digital quando o registrador detenha capacidade de transmissão de dados.

1. COMENTÁRIOS

Daniel Nilson Ribeiro ensina que o presente artigo foi modificado em 1974 por meio da Lei 6.140. Tal modificação, basicamente, substituiu o § 2º, criando penalidades para o não envio dos dados. O legislador suprimiu por completo o texto anterior que estabelecia: 'Os mapas serão arquivados e deles poderão ser dadas certidões referentes aos atos registrados, em caso de perda ou deterioração dos livros originais', procedimento este que seria de grande utilidade para os Ofícios de Registro Civil de País que enfrentam o grave e bastante comum problema de ter livros perdidos ou deteriorados (Op. cit., 196).

Já sabemos que o Registro Civil das Pessoas Naturais consiste na **principal fonte de estatística do Governo,** servindo de base para suas **políticas públicas**, inclusive cometendo infração o registrador que não remeter, trimestralmente, à Fundação Instituto Brasileiro de Geografia e Estatística – IBGE, os mapas de nascimentos, casamentos e óbitos.

O Registro Civil das Pessoas Naturais possui, dentre outros deveres, inclusive também regulamentados por atos estaduais ou locais, a obrigação de comunicar os atos referentes aos registros de nascimento, óbito e casamento a algumas instituições, a saber:

a) **Instituto Brasileiro de Geografia e Estatísticas – IBGE:** os Oficiais de Registro Civil devem encaminhar trimestralmente ao IBGE, um mapa dos nascimentos, casamentos e óbitos ocorridos no trimestre anterior. Neste mapa deverá ser informado o número da identificação da Declaração de Nascido Vivo.

b) **Fundação SEADE, no Estado de São Paulo:** os Oficiais dos Registros Civis das Pessoas Naturais fornecerão mensalmente à Fundação SEADE, até o dia 10 do mês subsequente, os dados para levantamento do número de nascimentos, casamentos, óbitos e natimortos, por mídia digital ou informação eletrônica. Os Registros Civis das Pessoas Naturais deverão encaminhar também à Fundação SEADE cópia das Declarações de Nascido Vivo (DN) e dos Atestados de Óbito (DO), até a regularização do registro perante o banco de dados da Fundação.

c) **Fundação Nacional do índio – FUNAI:** comunicam-se à FUNAI, os nascimentos de indígenas, a fim de que seja realizado o registro administrativo (RANI).

d) **Junta Militar:** mensalmente, serão comunicados ao serviço militar correspondente do local, os óbitos de brasileiros do sexo masculino, entre 17 e 45 anos de idade, para fins de atualização dos cadastros de reservistas das Forças Armadas.

e) **Secretaria da Fazenda (art. 27 da Lei Estadual Paulista 10.705/2000):** mensalmente, serão comunicados à Secretaria da Fazenda os óbitos registrados na Unidade de Registro Civil, com nome do falecido e dados sobre a existência ou não de bens (para fins de verificação do ITCMD).

f) **Cartório Eleitoral:** até o dia 15 (quinze) de cada mês, deverá ser enviada ao Juiz Eleitoral da Zona em que estiver situada a Serventia a relação de óbitos dos cidadãos alistáveis, para cancelamento das inscrições.

g) **Instituto de Previdência Social – INSS:** o Titular do Cartório de Registro Civil de Pessoas Naturais remeterá ao INSS, em até 1 (um) dia útil, pelo Sistema Nacional de Informações de Registro Civil (Sirc) ou por outro meio que venha a substituí-lo, a relação dos nascimentos, dos natimortos, dos casamentos, dos óbitos, das averbações, das anotações e das retificações registradas na serventia.

h) **Ministério da Justiça:** mensalmente serão encaminhadas ao Ministério da Justiça cópia dos registros de casamento e de óbito de estrangeiros.

i) **Instituto de Identificação Ricardo Gumbleton Daunt – IIRGD (Lei 10.866/2011), no Estado de São Paulo:** serão encaminhadas mensalmente, até o dia 10 do mês subsequente, ao Instituto de Identificação Ricardo Gumbleton Daunt – IIRGD e à Secretaria de Segurança Pública do Estado de São Paulo, através da Central de Informações do Registro Civil – CRC, os dados de todos os óbitos registrados. Oportuno mencionar que a Ação Direta de Inconstitucionalidade no Supremo Tribunal Federal (ADI 3157) questionou a constitucionalidade da Lei estadual 10.866/2001, sob o fundamento de que a competência legislativa sobre registros públicos seria privativa da União. O Tribunal, por unanimidade e nos termos do voto do Relator, julgou improcedente o pedido formulado na ação direta.

j) **Secretaria Municipal de Saúde, no Estado de Minas Gerais:** é enviada mensalmente relação de óbitos com *causa mortis.*

k) **Diretoria de Recursos Humanos do Tribunal de Justiça do Rio Grande do Sul:** são comunicados os óbitos para controle de servidores, de aposentadorias e pensões.

l) **Central de Informações do Registro Civil (ARPEN – arts. 229 a 245, Provimento CNJ 149/2023):** os Oficiais de Registro Civil das Pessoas Naturais deverão disponibilizar para a Central de Informações de Registro Civil das Pessoas Naturais – CRC as informações definidas pela Arpen-Brasil, observada a legislação em vigor no que se refere a dados estatísticos, no prazo de dez dias, corridos, contados da lavratura dos atos, respeitadas as peculiaridades locais.

m) **Sistema Nacional de Informações do Registro Civil – SIRC (Decreto 9.929/2019):** o titular do cartório de registro civil de pessoas naturais deverá inserir no Sirc, de preferência diariamente, os dados de nascimento, de casamento, de óbito e de natimorto registrados, observado como prazo máximo o dia 10 do mês subsequente, na forma definida pelo CGSirc.

n) **Envio de dados registrais de pessoas em estado de vulnerabilidade econômica:** os cartórios de registro civil de pessoas naturais, diretamente ou por intermédio da Central de Informações de Registro Civil de Pessoas Naturais (CRC), devem enviar aos Institutos de Identificação dos estados e do Distrito Federal, gratuitamente, os dados registrais das pessoas em estado de vulnerabilidade socioeconômica, para fins exclusivos de emissão de registro geral de identidade, em até 48 horas, a contar do recebimento da solicitação Institutos de Identificação dos estados e do Distrito Federal.

o) **Ministério da Economia e ao INSS pelo Sistema Nacional de Informações de Registro Civil (Sirc) ou por outro meio que venha a substituí-lo:** o oficial de registro civil comunicará o registro de nascimento e o de casamento (arts. 52, § 3º e art. 75, parágrafo único da LRP, incluído pela Lei 13.846/2019)

p) **Órgãos expedidores do RG, ICN, CPF e passaporte, bem como ao Tribunal Regional Eleitoral (TRE):** o Oficial do RCPN deve comunicar a estes órgãos, a averbação da alteração do prenome e do gênero nos assentos de nascimento e casamento de pessoa transgênero.

q) **Institutos de Identificação dos Estados e do Distrito Federal,** para fins exclusivos de emissão de registro geral de identidade: envio de dados registrais, das pessoas em estado de vulnerabilidade socioeconômica (arts. 182 e 183 do Provimento CNJ n. 149/2023)

Sugiro que o leitor complemente o tema "comunicação dos atos registrais" com as normativas estaduais extrajudiciais em razão de suas especificidades.

Além disso, a **Lei 13.114/2015** incluiu o parágrafo único no art. 80, que trata dos requisitos que o assento do óbito deve conter, dispondo que o oficial de registro civil **comunicará o óbito à Receita Federal e à Secretaria de Segurança Pública da unidade da Federação** que tenha emitido a cédula de identidade, exceto se, em razão da idade do falecido, essa informação for manifestamente desnecessária.

Para complementar, vale rememorar que, em 21 de novembro de 2017, foi publicado o **Decreto 9.199**, que regulamenta a Lei da Migração (13.445/2017). Este decreto traz obrigações ao Registrador Civil das Pessoas Naturais, a saber

Art. 81. Os Cartórios de Registro Civil remeterão **mensalmente à Polícia Federal**, preferencialmente por meio eletrônico, informações acerca dos **registros e do óbito de imigrantes**.

(...)

Art. 216. A comprovação da opção pela nacionalidade brasileira ocorrerá por meio do registro da sentença no Cartório de Registro Civil das Pessoas Naturais, observado o disposto no art. 29, *caput*, inciso VII, da Lei nº 6.015, de 31 de dezembro de 1973.

Parágrafo único. O órgão de registro deverá informar, periodicamente, os dados relativos à opção pela nacionalidade brasileira à Polícia Federal.

Art. 217. O registro consular de nascimento deverá ser trasladado em Cartório de Registro Civil das Pessoas Naturais para gerar efeitos plenos no território nacional, observado o disposto no art. 32 da Lei nº 6.015, de 1973.

1.1 SISTEMA NACIONAL DE INFORMAÇÕES DE REGISTRO CIVIL – SIRC

Em 26 de junho de 2014, o Decreto 8.270 instituiu o Sistema Nacional de Informações de Registro Civil – SIRC e seu comitê gestor. Recentemente, foi revogado pelo Decreto 9.929/2019, que agora trata da matéria.

O SIRC tem por **finalidade** captar, processar, arquivar e disponibilizar dados relativos a registros de nascimento, de casamento, de óbito e de natimorto produzidos pelos cartórios de registro civil das pessoas naturais, e sobre o seu comitê gestor e possui base de dados própria. São objetivos do Sirc:

I - apoiar e otimizar o planejamento e a gestão de políticas públicas que demandarem o conhecimento e a utilização dos dados a que se refere o art. 1º.

II - promover o aperfeiçoamento da troca de dados entre os cartórios de registro civil de pessoas naturais e o Poder Executivo federal;

III - promover a interoperabilidade entre os sistemas dos cartórios de registro civil de pessoas naturais e os cadastros mantidos pelo Poder Executivo federal; e

IV - a padronizar os procedimentos para envio de dados pelos cartórios de registro civil de pessoas naturais ao Poder Executivo federal.

Os dados atualizados relativos aos registros de nascimento, casamento, óbito e natimorto são disponibilizados no Sirc eletronicamente, nos termos dos arts. 39 e 41 da Lei nº 11.977/2009, do art. 68 da Lei nº 8.212/1991, bem como do art. 228 do Decreto 3.048/1999, alterado pelo Decreto 10.410, de 2020.

É também dever do titular da serventia de registro civil de pessoas naturais inserir no Sirc, de preferência diariamente, os dados de nascimento, casamento, óbito e natimorto registrados no mês, observado como prazo máximo o dia 10 do mês subsequente, na forma definida pelo comitê gestor.

Na hipótese de não haver sido registrado nenhum nascimento, casamento, óbito ou natimorto, deverá o

Oficial Registrador comunicar o fato por meio do Sirc, no prazo previsto acima.

Os atos registrais referentes a registros de nascimento, casamento, óbito e natimorto praticados a partir da vigência da Lei nº 6.015/1973, ainda não constantes do sistema de registro eletrônico, devem ser inseridos no Sirc, na forma disposta pelo comitê gestor, observado o art. 39 da Lei nº 11.977/2009.

Importante consignar que os dados obtidos por meio do Sirc **não substituem certidões** emitidas pelas serventias de registros civis das pessoas naturais.

Os registradores civis têm acesso, por meio do Sirc, a informações suficientes para localização dos registros e identificação da respectiva serventia, para que possam solicitar e emitir certidões, inclusive por meio eletrônico.

De acordo com o decreto, as certidões eletrônicas podem ser produzidas, transmitidas, armazenadas e assinadas por meio eletrônico, na forma da lei, sendo que cada certidão eletrônica só poderá ser impressa uma única vez pelo oficial.

Sobre a assinatura eletrônica, atualmente elas se classificam em:

I - **assinatura eletrônica simples:**

a) a que permite identificar o seu signatário;

b) a que anexa ou associa dados a outros dados em formato eletrônico do signatário;

II - **assinatura eletrônica avançada:** a que utiliza certificados não emitidos pela ICP-Brasil ou outro meio de comprovação da autoria e da integridade de documentos em forma eletrônica, desde que admitido pelas partes como válido ou aceito pela pessoa a quem for oposto o documento, com as seguintes características:

a) está associada ao signatário de maneira unívoca;

b) utiliza dados para a criação de assinatura eletrônica cujo signatário pode, com elevado nível de confiança, operar sob o seu controle exclusivo;

c) está relacionada aos dados a ela associados de tal modo que qualquer modificação posterior é detectável;

III - **assinatura eletrônica qualificada: a** que utiliza certificado digital, nos termos do § 1º do art. 10 da Medida Provisória nº 2.200-2, de 24 de agosto de 2001.

O emitente da certidão eletrônica deverá prover mecanismo de acesso público e gratuito na internet que possibilite ao usuário verificar a autenticidade da certidão emitida, na forma definida pelo comitê gestor, previsto no art. 3º do Decreto 9.929/2019.

É recomendável a leitura da Portaria DIRBEN/INSS n. 901, de 20 de maio de 2021, que dispõe sobre regras de conduta de acesso pelos Titulares e Substitutos de Cartórios de Registro Civil ao Sistema Nacional de Informações de Registros Civis – SIRC, a fim de complementar os estudos.

Se o Oficial de Registro descumprir qualquer obrigação imposta no artigo 68 da Lei n. 8.212/1991 e fornecer informação inexata, sujeitarão o Titular do Cartório de Registro Civil de Pessoas Naturais, além de outras penalidades previstas, à penalidade prevista no art. 92 desta Lei e à ação regressiva proposta pelo INSS, em razão dos danos sofridos.

Se o Oficial de Registro descumprir qualquer obrigação imposta no artigo 68 da Lei n 8.212/1991 e fornecer informação inexata, estará ele sujeito, além de outras penalidades previstas, à penalidade prevista no art. 92 desta Lei e à ação regressiva proposta pelo INSS, em razão dos danos sofridos.

Dialoga ainda com o tema a Instrução Normativa do Ministério da Economia/INSS n. 116/2021, que disciplina o procedimento relativo à apuração de descumprimento de qualquer obrigação imposta pelo art. 68 da Lei nº 8.212, de 24 de julho de 1991, assim como o fornecimento de informação inexata pelos Titulares de Cartórios de Registro Civil de Pessoas Naturais, para fins de aplicação de multa e propositura de ação regressiva.

Trata-se de ato normativo polêmico. Em razão disso, a ARPEN-BR apresentou pedido de providências em face do SIRC. Assim, é relevante trazer o histórico e o atual desfecho do caso.

Em um primeiro momento, o Pedido de Providências n. 0000272-86.2021.2.00.0000, **deferiu liminar impossibilitando o compartilhamento**, por obrigação legal, de informações entre Registradores Civis de Pessoas Naturais e órgão do Governo Federal, em desrespeito à LGPD.

Apresento um resumo da decisão para melhor compreensão do tema:

→ **Argumentação da recorrente:** Sustenta o recorrente que o presente Pedido de Providências trata sobre o necessário pronunciamento do C. Conselho Nacional de Justiça acerca do compartilhamento de informações entre os Ofícios de Registro Civil de Pessoas Naturais e o Sistema Nacional de Informações de Registro Civil (SIRC), órgão do Governo Executivo, à luz do novel artigo 23 e seguintes da Lei nº 13.709/2018 ("Lei Geral de Proteção de Dados")

→ **Pleitos:** Requer seja, liminarmente, determinada a vedação de repasse de informações ao SIRC quanto a registros pretéritos, atualmente exigida pelo Poder Executivo sob o pretexto de cumprimento do disposto no art. 68 da Lei nº 8.212/1991 no tocante aos dados de averbações, anotações e retificações relativas a atos não integrantes de sua base de dados. Pleiteia "a concessão de medida liminar a fim de que seja suspenso o compartilhamento indiscriminado de dados pessoais pelos Registradores Civis de Pessoas Naturais acerca de anotações, averbações e retificações até ulterior normatização por este C. Conselho Nacional de Justiça. Caso não seja esse o entendimento de V. Exa. pede-se, subsidiariamente, que seja concedida ordem liminar, restringindo o compartilhamento apenas quanto aos atos (anotações, averbações e retificações) que modificarem as informações que tenham ingressado na base de dados do SIRC a partir da edição da Lei nº 13.846, de 18 de junho de 2019, e desde que não se revele o motivo da alteração, pelos fundamentos já expostos no presente pedido.

→ **Decisão:** "Com essas considerações, defiro a liminar para suspender o compartilhamento de dados pessoais pelos Registradores Civis de Pessoas Naturais com o SIRC (Sistema Nacional de Informações de Registro Civil) acerca de anotações, averbações e retificações até ulterior normatização por esta Colenda Corregedoria Nacional de Justiça, o que já está em curso, com o Grupo de Estudos criado pela Portaria CNJ nº 60 (Cria Grupo de Estudos para elaboração de estudos e de propostas voltadas à adequação dos serviços notariais e de registro à Lei Federal nº 13.709/2018)".

E assim, a ARPEN expediu uma nota técnica para orientar os registradores civis, cuja transcrição segue abaixo (destaque meu)

> NOTA TÉCNICA ARPEN-BRASIL
>
> A ARPEN-BRASIL, pela presente Nota Técnica, orienta seus associados que:
>
> 1. em cumprimento à decisão liminar do C. Conselho Nacional de Justiça no citado Pedido de Providências de n.º 0000272-86.2021.2.00.0000, devem ser enviadas ao SIRC **somente as informações previstas em Lei quanto aos registros de nascimentos, natimortos, casamentos e óbitos;**
>
> 2. **foi suspensa a remessa de informações sobre averbações, anotações e retificações** de assentos lavrados **após** a entrada em vigor da Lei n.º 13.846/2019;
>
> 3.. restou vedado o repasse de informações ao SIRC quanto a registros pretéritos atualmente exigido pelo Poder Executivo sob o pretexto de cumprimento de averbações, anotações e retificações a eles relativos;
>
> 4. o envio de informações realizado pelos Oficiais diretamente ao SIRC **não exclui o dever de cumprimento do disposto nos arts. 6º e 7º do Provimento CNJ n.º 46/2015 quanto à Central de Informações de Registro Civil das Pessoas Naturais – CRC;**
>
> 5. atendidos os padrões técnicos e de segurança, o envio de informações ao SIRC poderá se dar por intermédio da Central de Informações de Registro Civil das Pessoas Naturais – CRC, nos termos do parágrafo único do art. 1º do Provimento CNJ n.º 46/2015.
>
> Brasília, 2 de fevereiro de 2021.
>
> ARPEN-BRASIL
>
> Diretoria Executiva

Em um segundo momento, a decisão foi alinhada à nova regulamentação, qual seja, o Provimento CNJ n. 134/2022 (Proteção de Dados Pessoas nas Serventias Extrajudiciais). Veja-se:

> **EMENTA:** Extrajudicial – Pedido de Providências – Compartilhamento, por obrigação legal, de informações entre registradores civis de pessoas naturais e órgão do Governo Federal, em desrespeito à LGPD – Impossibilidade – Deferimento de liminar – Posterior edição do Provimento CNJ nº 134/2022 – Regulamentação da matéria – *Decisum* provisório alinhado à nova regulamentação – Liminar confirmada em sede de decisão de mérito – Arquivamento.
>
> Trata-se de pedido de providências formulado pela ASSOCIAÇÃO NACIONAL DOS REGISTRADORES DE PESSOAS NATURAIS (ARPEN-BR) em que figura como requerida esta CORREGEDORIA NACIONAL DE JUSTIÇA.
>
> Explica a parte autora que este expediente visa a tratar "sobre o necessário pronunciamento deste C. Conselho Nacional de Justiça acerca do compartilhamento de informações entre os Ofícios de Registro Civil de Pessoas Naturais e o Sistema Nacional de Informações de Registro Civil (SIRC) à luz do novel artigo 23 e seguintes da Lei nº 13.709/2018 ('Lei Geral de Proteção de Dados')" (Id. n.º 4227244).
>
> Sustenta que, "em conformidade ao atual artigo 68 da Lei nº 8.212/1991", "subsiste obrigação legal de envio, ao Poder Executivo, pelos Oficiais de Registro Civil das Pessoas Naturais, de relação de nascimentos, dos natimortos, dos casamentos, dos óbitos, das averbações, das anotações e das retificações registradas nas serventias, com preocupante vagueza semântica" (Id. n.º 4227244).
>
> Aduz, ainda, que "justamente em razão dessa lacuna normativa, os Registradores Civis de Pessoas Naturais receiam problemas futuros tanto no que se refere à forma de compartilhamento, mediante duplicação da base de dados com o Poder Executivo, quanto ao conteúdo exigido na forma de comunicados e informações do Comitê Gestor do SIRC, que vem sendo reputados como temerários à luz da Lei Geral de Proteção de Dados, a qual entrou em vigor no ano de 2020" (Id. n.º 4227244).
>
> Ademais, informa que "o cabimento e a necessidade do presente Pedido de Providências, voltado a obter subsídios para a prática e a regulamentação do fluxo de dados pessoais, a fim de contemplar, concomitantemente, critérios necessários e suficientes para o compartilhamento de dados entre os Ofícios de Registro Civil de Pessoas Naturais e a Administração Pública, de tal forma que essas ocorram de modo legítimo, adequado, proporcional e adstrito às suas finalidades" (Id. n.º 4227244).
>
> Acrescenta, também, que "em nenhum momento, os Registradores Civis pretendem descumprir a legislação, senão o contrário. Busca-se, pelo presente, o delineamento dos pressupostos legítimos e adequados para o compartilhamento dos dados sem que haja ofensa aos preceitos constitucionais e à Lei Geral de Proteção de Dados Pessoais, preservando-se a integridade e inviolabilidade informacional cuja atribuição foi delegada nos termos do art. 236 da Constituição de 1988" (Id. n.º 4227244).
>
> Em suma, o que se busca é a adequação do compartilhamento de dados com o Poder Executivo à Lei Geral de Proteção de Dados, tendo em vista os seus limites e possibilidades.

Nesse passo, assevera que, "na qualidade de verdadeira colisão de direitos fundamentais, exige, na doutrina de Robert Alexy, a devida justificativa quanto à adequação, necessidade e proporcionalidade em sentido estrito, que justifica o repasse obrigatório de informações para o Poder Público, em detrimento do controle e respeito aos direitos do titular dos dados pessoais" (Id. n.º 4227244).

Afirma, outrossim, que "a irresignação demonstrada nos presentes autos de Pedido de Providências se refere, especificamente, à forma de transmissão, como também ao conteúdo de dados, cujo repasse é vedado pela legislação e que não apresenta qualquer conformidade à finalidade ou aos objetivos do SIRC" (Id. 4227244). No ponto, acrescenta que "a forma de repasse exigida, de forma genérica e sem qualquer delimitação de caráter objetivo ou temporal, ofende qualquer compromisso já assumido pelo Brasil sobre proteção de dados pessoais, como também viola a LGPD e vulnera os protocolos de segurança dos Registradores Civis de Pessoas Naturais, fiscalizados pelo Conselho Nacional de Justiça" (Id. n.º 4227244).

Ainda, menciona que, "no que concerne aos dados pessoais a serem compartilhados neste caso em apreço, faz-se imprescindível, nos termos já acertadamente determinados pela Recomendação CNJ nº 40/2019 que: (i) a informação a ser compartilhada tenha previsão em lei; (ii) seja imposta para atender fins legítimos; e (iii) se conforme aos testes estritos de necessidade e proporcionalidade" (Id. n.º 4227244).

Nesse escopo, o compartilhamento de dados estaria respaldado por sistemática hábil e segura, que permitiria a transparência necessária para se adequar aos mesmos princípios estabelecidos pelo artigo 6º da Lei Geral de Proteção de Dados, a saber: finalidade; adequação; necessidade; livre acesso quanto à forma e duração do tratamento dos dados pessoais; qualidade dos dados; transparência aos titulares de dados pessoais, objeto de compartilhamento; segurança; prevenção; não discriminação; responsabilização e prestação de contas.

Por fim, leciona o requerente que "nos autos das ADIs nº 6387, 6389, 6390, 6393 e nos autos de ADPF n. 722, o Supremo Tribunal Federal reconheceu a fundamentalidade do direito à proteção de dados pessoais, como também a necessidade de balizas objetivas sobre o compartilhamento de dados com a Administração Pública, enquanto corolário da própria democracia" (Id. n.º 4227244).

Pleiteia, pois, "a concessão de medida liminar a fim de que seja suspenso o compartilhamento indiscriminado de dados pessoais pelos Registradores Civis de Pessoas Naturais acerca de anotações, averbações e retificações até ulterior normatização por este C. Conselho Nacional de Justiça" ou que, subsidiariamente, "seja concedida ordem liminar, restringindo o compartilhamento apenas quanto aos atos (anotações, averbações e retificações) que modificarem as informações que tenham ingressado na base de dados do SIRC a partir da edição da Lei nº 13.846, de 18 de junho de 2019, e desde que não se revele o motivo da alteração, pelos fundamentos já expostos no presente pedido" (Id. n.º 4227244).

Além disso, requer seja determinada, liminarmente, a vedação de repasse de informações ao SIRC quanto a registros pretéritos, atualmente exigida pelo Poder Executivo à guisa de cumprir as disposições do artigo 68 da Lei Federal n.º 8.212/1991 no que diz respeito aos dados de averbações, anotações e retificações relativas a atos não integrantes de sua base de dados (Id. n.º 4227244).

Distribuídos os autos, a medida liminar pleiteada foi deferida em 29/01/2021, para as seguintes finalidades:

Com essas considerações, **defiro a liminar para suspender o compartilhamento de dados pessoais pelos Registradores Civis de Pessoas Naturais com o SIRC (Sistema Nacional de Informações de Registro Civil) acerca de anotações, averbações e retificações até ulterior normatização por esta Colenda Corregedoria Nacional de Justiça,** o que já está em curso, com o Grupo de Estudos criado pela Portaria CNJ nº 60 (Cria Grupo de Estudos para elaboração de estudos e de propostas voltadas à adequação dos serviços notariais e de registro à Lei Federal nº 13.709/2018).

Além disso, também **defiro a liminar para determinar a vedação de repasse de informações ao SIRC quanto a registros pretéritos, atualmente exigida pelo Poder Executivo sob o pretexto de cumprimento do disposto no art. 68 da Lei nº 8.212/91 no tocante aos dados de averbações, anotações e retificações relativas a atos não integrantes de sua base de dados.**

(Id. n.º 4241061).

Contra a concessão da medida liminar foram interpostos dois recursos administrativos, um aviado pelo **Instituto Nacional do Seguro Social** (INSS) (Id. n.º 4252829) e outro interposto pela **União** (Id. n.º 4253084), ambos buscando o recebimento como pedido de reconsideração, a suspensão dos efeitos da decisão ou a revogação da tutela cautelar deferida.

Posteriormente, vieram aos autos o Ofício SEI n.º 56/2021/PRES-INSS, encaminhado pelo Presidente do Instituto Nacional do Seguro Social (INSS) (Id. n.º 4277117), em que reitera os argumentos contidos no seu recurso administrativo.

Logo após, juntou-se aos autos o Ofício n.º 3894/2021/GM/CGU, procedente da Controladoria-Geral da União, por meio do qual ressalta a importância do acolhimento dos recursos administrativos interpostos (Id. n.º 4299220).

A ARPEN-BR, ainda, apresentou o Ofício n.º 024/2021, comunicação que se presta a informar a inexistência de qualquer interferência no cumprimento do prazo legal de envio das informações ao SIRC, determinadas no artigo 68 da Lei Federal n.º 8.212/91, decorrentes da concessão da medida liminar pleiteada nos presentes autos (Id. n.º 4306874).

Recentemente, anexou-se aos autos cópia das peças assentadas sob os Ids. n.º 4591701 e 4591702 do PP n.º 0000294-13.2022.2.00.0000, por força de decisão proferida naquele expediente.

Desdobra-se o referido de procedimento de cópia de decisão/ofício, remetido pela Corregedoria-Geral da Justiça do Estado do Tocantins, de expediente no qual a Associação dos Notários e Registradores do Estado do Tocantins (ANOREG-TO) requer "agendamento de reunião para tratar de assuntos relacionados as informações alimentadas pelas Serventias de Registro Civil de Pessoas Naturais (RCPNs), junto ao Sistema Nacional de Informações de Registro Civil (SIRC)" (Id. n.º 4591702 dos autos do PP n.º 0000294-13.2022.2.00.0000).

No aludido documento, a Corregedoria-Geral da Justiça do Estado do Tocantins aponta pendências/dificuldades relacionadas ao tema e solicita orientação sobre os seguintes pontos:

A) Não reconhecer dados já informados na mesma competência, por pura falha no sistema.

B) Exigir, a cada competência, a reiteração de dados já enviados, fazendo com que, a cada nova data de envio, o oficial precise encaminhar os mesmos dados.

C) Ausência de suporte técnico de eficiência.

D) Atualizações não previamente informadas aos usuários, que são surpreendidos com novas ferramentas e entraves para envio dos dados.

Por fim, insta consignar que no DOU 85, de 07/05/2021, fora publicada a IN nº 116/INSS, **que impõe diversas obrigações sansões aos oficiais de registro relacionadas justamente ao Sistema SIRC. Assim, por representar clara ingerência sobre a competência do judiciário, a instrução normativa em testilha será questionada por expediente próprio, não obstante imponha matéria diretamente ligada ao presente SEI.**

(Id. n.º 4591702 dos autos do PP n.º 0000294-13.2022.2.00.0000).

O Instituto Nacional do Seguro Social (INSS) encaminhou Nota Técnica nº 8/2022/DCIC/CIS/CGAIS/DIRBEN-INSS.

É o relatório.

A Corregedoria Nacional de Justiça, considerando a necessidade de regulamentar as disposições da Lei n. 13.709, de 14 de agosto de 2018, que dispõe sobre o tratamento de dados pessoais, inclusive nos meios digitais, por pessoa natural ou por pessoa jurídica de direito público ou privado, bem como à vista do compartilhamento de dados pessoais pelas serventias extrajudiciais com as centrais de serviços eletrônicos compartilhados, editou o Provimento CNJ nº 134/2022, o qual estabelece medidas a serem adotadas pelas serventias extrajudiciais em âmbito nacional para o processo de adequação à Lei Geral de Proteção de Dados Pessoais.

Tendo em conta que a decisão liminar proferida no Id. 4241061 está em consonância com os pressupostos constantes do ato normativo supra citado, verifica-se ser hipótese de confirmação da medida de urgência, mas, a este tempo, a título de decisão final definitiva de mérito.

Ante o exposto, julgo procedente o pedido de providências formulado, para confirmar e tornar definitiva a medida liminar proferida no Id. 4241061, uma vez que em fina sintonia com os ditames do Provimento CNJ nº 134/2022.

No mais, saliento que na hipótese de algum órgão público entender necessário o compartilhamento ou repasse de informações adicionais pelas serventias extrajudiciais dos serviços de RCPN, deverá formular pleito autônomo e específico, a ser autuado em expediente próprio, a fim de que a Corregedoria Nacional de Justiça possa analisar cada caso concreto, à luz do Provimento CNJ nº 134/2022.

Outrossim, no que diz respeito às peças trasladadas do expediente número 0000294-13.2022.2.00.0000, dê-se ciência à Corregedoria-Geral da Justiça do Estado do Tocantins acerca da regulamentação superveniente (Provimento CNJ nº 134/2022).

Por fim, ante o exaurimento do seu objeto, determino o arquivamento destes autos.

Cumpra-se. Intimem-se.

Brasília,

Ministra MARIA THEREZA DE ASSIS MOURA.
Corregedora Nacional de Justiça

(CNJ – Pedido de Providências nº 0000272-86.2021.2.00.0000 - Rel. Min. Maria Thereza de Assis Moura - 24.08.2022)

Recentemente, foi publicado o **Comunicado Sirc 09/2023**, que trouxe novo entendimento. Em resumo, ele informa que o Conselho Nacional de Justiça arquivou o pedido de providências nº 0000272-86.2021.2.00.0000, **tornando todas as decisões sem efeito**, que, como vimos, tratavam da suspensão do envio de averbações, anotações e retificações ao Sirc, bem como da vedação do repasse de registros pretéritos.

Assim, os cartórios devem enviar ao Sirc todas as informações pendentes e retificar quaisquer erros constatados.

É pertinente a transcrição do comunicado para melhor compreensão do tema.

Comunicado Sirc 09/2023

Assunto: Decisão do Pedido de Providências nº 0000272-86.2021.2.00.0000 - sem efeitos

Prezados(as) Titulares de Cartórios de Registros Civis de Pessoas Naturais,

1. Servimo-nos do presente para lhes dar conhecimento sobre o arquivamento do pedido de providências do Conselho Nacional de Justiça, que tornou sem efeitos todas as decisões.

2. As decisões do referido pedido de providências tratavam da suspensão do envio das averbações, anotações e retificações ao Sirc bem como a vedação do repasse de registros pretéritos.

3. Cabe destacar o trecho em que as decisões foram tornadas sem efeito:

Portanto, a LGPD traz disposições legais harmoniosas com as normas especiais de regência da questão debatida. O art. 23, § 4º, dispõe que os serviços notariais e de registro, exercidos em caráter privado, por delegação do Poder Público, terão o mesmo tratamento dispensado às pessoas jurídicas referidas no caput do artigo, nos termos desta Lei, sendo certo que o art. 25 orienta que os dados deverão ser mantidos em formato interoperável e estruturado para o uso compartilhado, com vistas à execução de políticas públicas e à prestação de serviços públicos.

(...)

3. Diante do exposto, torno sem efeito as decisões prolatadas nestes autos, determinando a extração de cópia da inicial deste expediente, para juntada aos autos do Pedido de Providências n. 0006634-41.2020.200.0000, assim como a inclusão da ARPEN como terceira interessada no referido processo.

Julgo prejudicados os recursos administrativos. (...)

4. A decisão de arquivamento definitivo encontra-se anexa.

5. Cumpre destacar que na decisão de arquivamento menciona-se que o Pedido de Providências n. 0009818-39.2019.2.00.0000 foi indeferido e possuía o mesmo objeto, tendo sido arquivado em 09/09/2020.

6. A par do que havia sido orientado no Comunicado Sirc 04/2011, Comunicado Sirc 05/2022 e Comunicado Sirc 06/2023, o artigo 68 da Lei nº 8.212/91 permanece vigente com regulamentação no artigo 177 da Instrução Normativa PRES/INSS nº 128, de 28 de março de 2022. Além disso, foi publicada a Portaria DIRBEN/INSS nº 990, em 28 de março de 2022, regulamentando procedimentos em seus artigos 178 a 209.

7. Dessa forma, como todas as decisões encontram-se sem efeitos, orientamos todos os titulares de Cartórios de Registro Civil que encaminhem ao Sirc todas as informações que nesse período não foram encaminhadas, tendo por base as decisões do pedido de providências.

8. Também reforçamos que, caso existam informações inexatas encaminhadas pelas serventias, estas devem ser retificadas no Sirc pelo responsável pelo cartório nos casos de constatação de erro. O erro inclusive deve ser verificado pelo cartório em seu livro de registro, consoante o inciso I do artigo 110 da Lei nº 6.015/73.

9. Reafirmamos que o cumprimento da Lei e o interesse público são prevalentes no Sirc. A busca por amenizar o prejuízo ao erário e a concessão de direitos de forma ágil ao cidadão é incessante.

10. Contamos assim com a parceria das serventias de registros civis de pessoas naturais que possuam o mesmo objetivo, com a persecução do interesse público e melhoria na execução de políticas públicas.

Brasília, 10 de novembro de 2023.

Equipe INSS

1.2 CENTRAL DE INFORMAÇÕES DE REGISTRO CIVIL DAS PESSOAS NATURAIS – CRC

O Provimento CNJ n. 38/2014 regulamentou inicialmente, em nível nacional, a Central de Informações de Registro Civil das Pessoas Naturais – CRC. No entanto, em 2015, o Provimento CNJ n. 46 revogou esse ato normativo. Atualmente, as disposições relativas à CRC estão incorporadas aos artigos 229 a 245 do Código Nacional de Normas, sem que tenha havido qualquer alteração legislativa. A Central de Informações de Registro Civil das Pessoas Naturais (CRC) consiste em sistema eletrônico interligado, disponibilizado na rede mundial de computadores.

É pertinente apresentar algumas justificativas para a criação da Central de Informações do RCPN – CRC. Veja-se:

a) A experiência positiva resultante do funcionamento de centrais estaduais mantidas por associações de registradores com autorização das Corregedorias Gerais da Justiça dos Estados de Minas Gerais, Paraná, Rio de Janeiro, Rio Grande do Sul, Santa Catarina e São Paulo, centrais que se destinam à circulação de informações do Registro Civil de Pessoas Naturais;

b) O princípio e garantia constitucional previsto no inciso X do art. 5º da Constituição Federal, referentes à inviolabilidade da intimidade, da vida privada, da honra e da imagem das pessoas;

c) A interligação entre os cartórios de registro civil das pessoas naturais, o Poder Judiciário e os órgãos da Administração Pública atende ao interesse público, à racionalidade, à economicidade e à desburocratização da prestação dos serviços correspondentes.

A CRC deve ser integrada por todos os oficiais de registro civil das pessoas naturais do Brasil que deverão acessá-la para incluir os dados específicos, nos termos do Provimento CNJ n. 149/2023, observados os requisitos técnicos fixados pelo ON-RCPN. A adesão à Central de Informações de Registro Civil das Pessoas Naturais e a sua utilização são **obrigatórias** a todas as serventias de Registro Civil das Pessoas Naturais do Brasil. Em outras palavras, a adesão dos registradores não é uma faculdade, e sim um **dever**.

O Código Nacional de Normas define o **conjunto mínimo de especificações técnicas e funcionalidades** da Central de Informações de Registro Civil das Pessoas Naturais – CRC, de forma que, independentemente de novo ato normativo, as tecnologias utilizadas possam ser aprimoradas com outras que venham a ser adotadas no futuro, a partir de novas funcionalidades incorporadas à CRC.

São **objetivos** da CRC:

I. interligar os Oficiais de Registro Civil das Pessoas Naturais, permitindo o intercâmbio de documentos eletrônicos e o tráfego de informações e dados;

II. aprimorar tecnologias para viabilizar os serviços de registro civil das pessoas naturais em meio eletrônico;

III. implantar, em âmbito nacional, sistema de localização de registros e solicitação de certidões;

IV. possibilitar o acesso direto de órgãos do Poder Público, mediante ofício ou requisição eletrônica direcionada ao Oficial competente, às informações do registro civil das pessoas naturais;

V. possibilitar a interligação com o Ministério das Relações Exteriores, mediante prévia autorização deste, a fim de obter os dados e documentos referentes a atos da vida civil de brasileiros ocorridos no exterior, bem como possibilitar às repartições consulares do Brasil a participação no sistema de localização de registros e solicitação de certidões do registro civil das pessoas naturais.

Uma das funções dos Oficiais de Registro Civil das Pessoas Naturais, pessoalmente, ou por meio das Centrais de Informações do Registro Civil – CRC é o de fornecer meios tecnológicos para o acesso das informações exclusivamente estatísticas à Administração Pública Direta, sendo-lhes **vedado o envio e repasse de dados de forma genérica, que não justifiquem seu fim** devendo respeitar-se o princípio e a garantia previstos no inciso X do art. 5º da Constituição Federal de 1988.

A Central de Informações de Registro Civil das Pessoas Naturais (CRC) é organizada e mantida pelo ON-RCPN, e objetiva viabilizar a operacionalização do Sistema Eletrônico dos Registros Públicos - Serp no âmbito do Registro Civil de Pessoas Naturais.

Todo acesso à CRC para a prática de atos registrais, será feito exclusivamente pelo oficial de registro civil ou prepostos que autorizar, utilizando-se como meio de autenticação a forma prevista no artigo 228-C do Código Nacional de Normas.

O Ministério das Relações Exteriores (MRE) poderá ter acesso à Central de Informações de Registro Civil das Pessoas Naturais (CRC), utilizando-se como meio de autenticação a forma prevista no artigo 228-C do Provimento CNJ n. 149/2023.

No que tange às **funcionalidades** que a CRC deve disponibilizar, sem prejuízo de outras previstas pelas normativas estaduais, elencam-se as seguintes:

a) CRC – Buscas: ferramenta destinada a localizar os atos de registro civil das pessoas naturais;

b) CRC – Comunicações: ferramenta destinada a cumprir as comunicações obrigatórias previstas nos artigos 106 e 107 da LRP. O art. 8º estabelece que estas comunicações devem ser enviadas obrigatoriamente pela CRC. Anote-se que o envio de informações entre as serventias pela CRC dispensa o uso do Sistema Hermes – Malote Digital de que trata o Provimento n. 25 da Corregedoria Nacional de Justiça. É importante enfatizar que a utilização da CRC – Comunicações **não impede** a realização da anotação por outros meios, como a apresentação diretamente ao Oficial de Registro Civil das Pessoas Naturais do original ou cópia autenticada da certidão do ato, ou a informação obtida na CRC – Buscas. Por sua vez, é importante alertar para a nova redação do art. 207 do Código Nacional de Normas, alterado pelo Provimento CNJ n. 180/2024. Este dispositivo estabelece que as comunicações entre as serventias extrajudiciais de notas e de registro, e entre estas e os órgãos do Poder Judiciário, serão realizadas com a utilização das plataformas **Serp, Censec e Cenprot.** Enquanto não completadas as integrações entre as plataformas e sistemas, as comunicações poderão ser realizadas com a utilização do Sistema Hermes — Malote Digital na forma do Provimento n. 25, de 12 de novembro de 2012.

c) CRC – Certidões: ferramenta destinada à solicitação de certidões;

d) CRC – e-Protocolo: ferramenta destinada ao envio de documentos eletrônicos representativos de atos que devem ser cumpridos por outras serventias;

e) CRC – Interoperabilidade: ferramenta destinada a interligar os serviços prestados através de convênios com os programas necessários para o seu desenvolvimento.

Mediante iniciativa do Ministério das Relações Exteriores, é possível promover a integração entre a Central de Informações de Registro Civil das Pessoas Naturais (CRC) e o Sistema Consular Integrado do Ministério das Relações Exteriores (SCI/MRE), a fim de possibilitar a consulta à CRC pelas repartições consulares do Brasil no exterior e a consulta, pelos Oficiais de Registro Civil das Pessoas Naturais, aos índices de atos relativos ao registro civil das pessoas naturais praticados nas repartições consulares.

Quanto ao seu **funcionamento**, anote-se que a CRC permite aos Oficiais de Registro Civil das Pessoas Naturais a consulta em tempo real para a localização dos atos de registro.

Por sua vez, o art. 234 do Provimento CNJ n. 149/2023 dispõe sobre **prazo**, veja-se:

> **Art. 234.** Os oficiais de registro civil das pessoas naturais deverão disponibilizar para a Central de Informações de Registro Civil das Pessoas Naturais (CRC) as informações definidas pelo ON-RCPN, observada a legislação em vigor no que se refere a dados estatísticos, no prazo de 1 (um) dia útil, contado da lavratura dos atos, respeitadas as peculiaridades locais.
>
> Parágrafo único. Qualquer alteração nos registros informados à CRC deverá ser atualizada no mesmo prazo e na forma do parágrafo anterior.

Em relação aos assentos **lavrados anteriormente à vigência do Provimento n. 46/2015**, serão comunicados à CRC os elementos necessários à identificação do registro, observadas as definições feitas pelo ON-RCPN, considerando-se a necessidade de afastar, o mais possível, o risco relativo à existência de homônimos. Assim, temos que:

a) As informações serão prestadas progressivamente, começando pelos registros mais recentes.

b) O prazo para o fornecimento das informações previstas neste artigo será de seis meses para cada cinco anos de registros lavrados, iniciando-se a contagem desse prazo a partir de um ano da vigência do Provimento 46/2015.

c) § 3.º Este prazo poderá ser reduzido ou prorrogado uma vez, mediante ato da competente Corregedoria-Geral da Justiça (CGJ), fundamentado nas peculiares condições das serventias locais, comunicando-se à Corregedoria Nacional de Justiça e ao ON-RCPN.

O art. 236-A foi inserido recentemente no CNN pelo Provimento CNJ n. 180/2024 trazendo **diretrizes para o envio eletrônico de mandados judiciais**. Veja-se:

> **Art. 236-A.** Os mandados judiciais a serem cumpridos pelos oficiais de registro civil das pessoas naturais serão enviados eletronicamente pelos respectivos juízos de origem, por meio de módulo disponibilizado pelo ON-RCPN, devendo a parte interessada efetuar o pagamento dos emolumentos, caso não seja beneficiária da justiça gratuita.
>
> § 1º. O registrador poderá rejeitar o recebimento de mandados judiciais enviados por via diversa da prevista no caputdeste artigo.
>
> § 2º. O mandado judicial advindo de juízo de comarca diversa do oficial de registro civil destinatário da ordem é dispensado do recebimento do "Cumpra-se" do juízo local, desde que seja possível a verificação de sua autenticidade.

Os arts. 238 e 239 do Provimento CNJ n. 149/2023 (antigo arts. 10 e 11 do Prov. CNJ n. 46/2015) estabelecem a **forma** da emissão da certidão, nestes termos:

> **Art. 238.** A emissão de certidão negativa pelos oficiais de registro civil das pessoas naturais deverá ser precedida de consulta à Central de Informações de Registro Civil das Pessoas Naturais (CRC), devendo ser consignado na certidão o código da consulta gerado (*hash*).
>
> Parágrafo único. Para a emissão de certidão negativa deverá promover- se consulta prévia ao SCI/MRE quando estiver disponível a integração com o Ministério das Relações Exteriores.
>
> **Art. 239.** Caso seja encontrado o registro pesquisado, poderá o consulente, no mesmo ato, solicitar a expedição da respectiva certidão que, pagos os emolumentos, as custas e os encargos administrativos devidos, será disponibilizada na Central de Informações de Registro Civil das Pessoas Naturais (CRC), em formato eletrônico, em prazo não superior a cinco dias úteis.
>
> § 1.º Para a emissão das certidões eletrônicas deverão ser utilizados formatos de documentos eletrônicos de longa duração, compreendidos nessa categoria os formatos PDF/A e os produzidos em linguagem de marcação XML, com certificado digital ICP-Brasil, tipo A3 ou superior, assinatura digital em formato PKCS#7, com disponibilização do código de rastreamento.
>
> § 2.º As certidões eletrônicas ficarão disponíveis na Central Nacional de Informações do Registro Civil (CRC) pelo prazo de 30 dias corridos, vedado o envio por intermédio de correio eletrônico convencional (e-mail).
>
> § 3º. Nas hipóteses de solicitação de certidão eletrônica em cartório diverso do cartório no qual consta o registro, nos termos do art. 19, § 6º, da Lei n. 6.015/1973, caberá ao interessado o pagamento dos emolumentos respectivos aos registradores envolvidos, salvo hipótese de gratuidade.
>
> § 4.º O interessado poderá solicitar a qualquer oficial de registro civil das pessoas naturais integrante da Central de Informações de Registro Civil das Pessoas Naturais (CRC), ou a qualquer repartição consular do Brasil no exterior após operacionalização da integração entre CRC e SCI/MRE, que a certidão expedida em formato eletrônico seja materializada em papel e assinada fisicamente, observados os emolumentos devidos.
>
> § 5º Para a obtenção da gratuidade, a hipossuficiência deve ser declarada pelo próprio interessado ao oficial do registro, de forma física ou eletrônica, nos termos de Instrução Técnica de Normalização (ITN) do ON-RCPN.
>
> § 6º Ressalvados os casos de gratuidade prevista em lei, os encargos administrativos referidos no caput deste artigo serão reembolsados pelo solicitante da certidão na forma e conforme os valores que forem fixados em norma de cada Corregedoria-Geral da Justiça (CGJ).

Satisfeitos os emolumentos previstos em lei, e se existentes, pagas as despesas, é dever do oficial atender às solicitações de certidões efetuadas por via postal, telefônica, eletrônica, ou pela CRC.

Ainda no que tange aos emolumentos, vale apresentar a nova regra dada pelo Provimento CNJ n. 180/2024. Veja-se:

> **Art. 231-A.** No caso de procedimento iniciado pelo requerente perante serventia diversa da competente para o ato, caber-lhe-á o pagamento dos emolumentos respectivos **a todos os registradores envolvidos no procedimento**, observadas as gratuidades legais.
>
> § 1º Se o pedido realizado nos termos do caput deste artigo tiver como objeto ato gratuito previsto em lei federal, não serão devidos custas e emolumentos a nenhum dos oficiais envolvidos, garantido, entretanto, o ressarcimento dos atos pelos fundos de compensação locais.
>
> § 2º Em se tratando de erro imputável ao oficial, previsto no art. 110, § 5º, da Lei 6.015/73, não será possível a utilização do módulo e-Protocolo para encaminhamento do pedido a partir de outra serventia; nesse caso, deverá o interessado formulá-lo de forma física ou eletrônica diretamente ao oficial a quem se imputa o erro.

Em relação à consulta da CRC por entes públicos, existe previsão normativa no art. 241:

> **Art. 241.** A CRC poderá ser utilizada para consulta por pessoas naturais ou jurídicas de direito público ou privadas, respeitadas as hipóteses de gratuidades por lei.
>
> Parágrafo único. O ON-RCPN poderá firmar convênios com Instituições Públicas e entidades privadas para melhor prestar os serviços disponibilizados pela CRC, respeitados os convênios firmados pela Arpen-Brasil até a data da cessão dos direitos sobre a CRC feita por esta ao ON-RCPN.

Como mecanismo contínuo de acompanhamento, controle e fiscalização pelas Corregedorias Gerais da Justiça e pelo Conselho Nacional de Justiça, o sistema deverá contar ainda com **módulo de geração de relatórios (correição *on line*)**.

O art. 244, alterado pelo Provimento CNJ n. 180/2024, estabelece normas para o caso de **extinção ou paralisação do ON-RCPN**, conforme segue:

> Art. 244. Ocorrendo a extinção do ON-RCPN, ou a paralisação da prestação, por ele, do serviço objeto desta da Seção, sem substituição por associação ou entidade que o assuma em idênticas condições mediante autorização do Conselho Nacional de Justiça (CNJ), será o banco de dados, em sua totalidade, transmitido ao CNJ ou à entidade que o CNJ indicar, com o código-fonte e as informações técnicas necessárias para o acesso e a utilização de todos os seus dados, bem como para a continuação de seu funcionamento na forma prevista neste Código de Normas, sem ônus, custos ou despesas para o Poder Público e, notadamente, sem qualquer remuneração por direitos autorais e de propriedade intelectual a fim de que a Central de Informações de Registro Civil das Pessoas Naturais (CRC) permaneça em integral funcionamento.

O art. 245 do Provimento CNJ n 149/2023 trata da **obrigação de sigilo** por parte do ON-RCPN ou de quem o substituir. Ele estabelece que a identificação dos órgãos públicos e dos respectivos servidores que acessam a Central de Informações de Registro Civil das Pessoas Naturais (CRC) deve ser mantida em sigilo, exceto em casos de requisição judicial ou fiscalização pela Corregedoria Nacional de Justiça. Essa norma visa proteger a privacidade e a segurança das informações acessadas, garantindo que apenas autoridades competentes possam solicitar essa identificação quando necessário.

1.3 DO ENVIO DE DADOS REGISTRAIS DE PESSOAS EM ESTADO DE VULNERABILIDADE

Em 9 de junho de 2020, foi editado pela Corregedoria Nacional de Justiça do CNJ o Provimento 104, que dispõe sobre o envio de dados registrais pelos Cartórios de Registro Civil de Pessoas Naturais (diretamente ou por intermédio da Central de Informações de Registro Civil de Pessoas Naturais- CRC), das pessoas em estado de vulnerabilidade socioeconômica, aos Institutos de Identificação dos Estados e do Distrito Federal, para fins exclusivos de emissão de registro geral de identidade. Atualmente, os arts 182 e 183 do Código Nacional de Normas incorporaram o Provimento CNJ n. 104/2020. Não houve alteração legislativa.

Destaco algumas razões para a confecção dessas normas. Veja-se:

a) Necessidade de garantir às pessoas em situação de maior vulnerabilidade acesso à obtenção de documentos civis, nos termos da alínea "b" inciso XXXIV do artigo 5º da CF;

b) Que as pessoas em situação de vulnerabilidade social não têm condições socioeconômicas de obter os dados registrais para o exercício de direitos fundamentais;

c) Que a ausência dos dados registrais tem impedido o fornecimento dos demais documentos civis das pessoas em situação de vulnerabilidade, atingindo o exercício da cidadania, o que, por questão humanitária e escopo do Estado Democrático de Direito, exige esforços das instituições para sua superação;

d) Que a cidadania e dignidade da pessoa humana constituem fundamentos constitucionais do Estado Democrático de Direito (art. 1º da CF);

e) Que são objetivos fundamentais da República Federativa do Brasil a construção de uma sociedade livre, justa e solidária, a garantia do desenvolvimento nacional, a erradicação da pobreza e da marginalização, a redução de desigualdades sociais e regionais, a promoção do bem de todos, sem preconceitos de origem, raça, sexo, cor, idade e quaisquer outras formas de discriminação (art. 3º da CF);

f) Que a Agenda 2030 das Nações Unidas é um plano de ação com metas e indicadores globais, adotado por 193 Países, inclusive o Estado brasileiro, e possui por escopo a efetivação dos direitos humanos e a promoção do desenvolvimento sustentável em suas dimensões social, econômica, ambiental e institucional;

g) Que a Agenda 2030 está alinhada aos princípios constitucionais e ao Plano Plurianual Cidadão-PPA Cidadão;

h) A adesão da Corregedoria Nacional de Justiça à Agenda 2030 das Nações Unidas (Provimento nº 85/2019), que dispõe no item 16.9 como Objetivo de Desenvolvimento Sustentável que *"até 2030, fornecer identidade legal para todos, incluindo o registro de nascimento"*;

i) O compromisso nacional de ampliação do acesso do cidadão brasileiro à documentação civil básica, mediante colaboração e articulação dos entes públicos (art. 1º do Decreto n. 10.063/2019);

j) A necessidade de acesso a dados biográficos eletrônicos para a obtenção e confirmação de cadastros pelos órgãos públicos e privados visando ao exercício de direitos fundamentais;

k) Que a tecnologia permite a organização nacional de remessa digital dos dados registrais de forma organizada e uniformizada.

Diretamente ou por intermédio da Central de Informações de Registro Civil de Pessoas Naturais- CRC, os Ofícios da Cidadania devem enviar aos **Institutos de Identificação dos Estados e do Distrito Federal,** gratuitamente, **os dados registrais das pessoas em estado de vulnerabilidade socioeconômica,** para fins exclusivos de emissão de registro geral de identidade.

Tais dados possuem o prazo de até 48 (quarenta e oito) horas para o envio eletrônico, a ser contado do recebimento da solicitação dos Institutos de Identificação dos Estados e do Distrito Federal.

Consideram-se hipóteses de estado de vulnerabilidade socioeconômica:

I. população em situação de rua, definida no Decreto n. 7.053/2009;
II. povos e comunidades tradicionais, hipossuficientes, definidos no Decreto n. 6.040/2007;
III. pessoa beneficiada por programas sociais do governo federal;
IV. pessoa com deficiência ou idosa incapaz de prover sua manutenção, cuja renda familiar, per capta, seja igual ou inferior a ¼ do salário mínimo;
V. migrantes, imigrantes e refugiados sem qualquer identidade civil nacional.

A comprovação de quaisquer destas hipóteses deve ser efetuada pelos órgãos públicos, inclusive de assistência social dos Estados e Municípios, no momento em que formularem a solicitação aos institutos de identificação.

É tempestivo alertar que caso o agente público ateste falsamente a existência de estado de vulnerabilidade, sua conduta incorrerá em crime.

1.4 DECLARAÇÃO DE NASCIDO VIVO

Destaque-se que os §§ 3º, 4º e 5º foram introduzidos pela **Lei 12.662/2012,** que assegura validade nacional à Declaração de Nascido Vivo (DNV), regula sua expedição, altera a Lei 6.015/1973, e dá outras providências.

A Declaração de Nascido Vivo tem **validade em todo o território nacional** até que seja lavrado o assento do registro do nascimento e será emitida para todos os nascimentos com vida ocorridos no País, sendo válida exclusivamente para fins de elaboração de políticas públicas e lavratura do assento de nascimento.

A Declaração de Nascido Vivo só pode ser emitida por profissional de saúde responsável pelo acompanhamento da gestação, do parto ou do recém-nascido, inscrito no Cadastro Nacional de Estabelecimentos de Saúde – CNES ou no respectivo Conselho profissional.

Referida declaração **não substitui ou dispensa**, em qualquer hipótese, o registro civil de nascimento, obrigatório e gratuito.

A DNV deverá conter o número de identificação nacionalmente unificado, a ser gerado exclusivamente pelo Ministério da Saúde, além dos seguintes dados:

a) nome e prenome do indivíduo;
b) dia, mês, ano, hora e Município de nascimento;
c) sexo do indivíduo;
d) informação sobre gestação múltipla, quando for o caso;
e) nome e prenome, naturalidade, profissão, endereço de residência da mãe e sua idade na ocasião do parto;
f) nome e prenome do pai; e
g) outros dados a serem definidos em regulamento.

Os dados colhidos nas Declarações de Nascido Vivo serão consolidados em sistema de informação do Ministério da Saúde e deverão assegurar a interoperabilidade com o Sistema Nacional de Informações de Registro Civil (Sirc). Esta norma sobre a interoperabilidade foi incluída pela Lei 13.257/2016.

2. JURISPRUDÊNCIA COMPLEMENTAR

TRIBUNAL REGIONAL FEDERAL 4ª REGIÃO

EMENTA: PREVIDENCIÁRIO. APELAÇÃO EM MANDADO DE SEGURANÇA. RECEBIMENTO DE BENEFÍCIO APÓS O ÓBITO DO TITULAR. HIPÓTESE EXCEPCIONAL. – Sendo a comunicação do óbito obrigação do Titular do Cartório de Registro Civil de Pessoas Naturais, prevista em lei (art. 68 da Lei 8.212/91), não pode o INSS imputar à impetrante a responsabilidade por não tê-lo feito. In casu, tendo a autora recebido de boa-fé, por cerca de cinco meses, valores relativos à aposentadoria do falecido esposo, mas tendo comparecido espontaneamente ao INSS para postular administrativamente a pensão por morte, à qual fazia jus desde a data do óbito, não deve ser condenada à devolução dos valores recebidos, os quais foram empregados no pagamento de alimentação, despesas médicas e gastos decorrentes do funeral do de cujus. (TRF 4ª Reg. AMS 200270030050223 Des. Fed. RICARDO TEIXEIRA DO VALLE PEREIRA 5ª T. DJ 04/08/2004 pág: 3790).

3. QUESTÕES DE CONCURSOS

01. (TJ/AM – 2023 – TJ/AM - Titular de Notas e Serviços de Registros). No que diz respeito à obrigação do Oficial de Registro Civil de Pessoas Naturais prestar informações ao Instituto Nacional do Seguro Social, é **INCORRETO** afirmar que:

a) No caso de não ter sido registrado nenhum nascimento, natimorto, casamento, óbito ou averbações, anotações e retificações no mês, deverá o Titular do Cartório de Registro Civil de Pessoas Naturais comunicar este fato ao INSS até o 5º (quinto) dia útil do mês subsequente.
b) O Titular do Cartório de Registro Civil de Pessoas Naturais remeterá ao INSS, em até 5 (cinco) dias úteis, pelo Sistema Nacional de Informações de Registro Civil (Sirc) ou por outro meio que venha a substituí-lo, a relação dos nascimentos, dos natimortos, dos casamentos, dos óbitos, das averbações, das anotações e das retificações registradas na serventia.
c) Para os registros de nascimento e de natimorto, constarão das informações, obrigatoriamente, a inscrição no Cadastro de Pessoas Físicas (CPF), o sexo, a data e o local de nascimento do registrado, bem como o nome completo, o sexo, a data e o local de nascimento e a inscrição no CPF da filiação.
d) Para os municípios que não dispõem de provedor de conexão à internet ou de qualquer meio de acesso à internet, fica autorizada a remessa das informações dos nascimentos, dos natimortos, dos casamentos, dos óbitos, das averbações, das anotações e das retificações registradas na serventia em até 5 (cinco) dias úteis.

02. (IESES – Titular de Serviços de Notas e Registros – TJ – TO – Remoção/2022) Os oficiais do registro civil remeterão à Fundação Instituto Brasileiro de Geografia e Estatística, dentro dos primeiros ____ dos meses de janeiro, abril, julho e outubro de cada ano, um mapa dos nascimentos, casamentos e óbitos ocorridos no trimestre anterior.

a) 10 (dez) dias.
b) 15 (quinze) dias.
c) 8 (oito) dias.
d) 5 (cinco) dias.

03. (Vunesp – Cartório – Provimento – TJ – SP/2018) A respeito da Declaração de Nascido Vivo, assinale a alternativa correta.

a) No registro de nascimento de criança com menos de 03 (três) anos de idade, nascida de parto sem assistência de profissional da saúde ou parteira, a Declaração de Nascido Vivo será preenchida pelo Oficial de Registro Civil que lavrará o assento de nascimento e será assinada também pelo declarante, dispensada a comunicação do ato ao Ministério Público.
b) O assento de nascimento deverá conter o número de identificação da Declaração de Nascido Vivo.
c) Constitui motivo para recusa, devolução ou solicitação de retificação da Declaração de Nascido Vivo por parte do Registrador Civil, a omissão do nome do recém-nascido ou do nome do pai.
d) O nome do pai constante da Declaração de Nascido Vivo representa uma das formas legais de presunção da paternidade, entretanto, será qualificada como ineficaz, diante de negativa expressa da mãe na oportunidade do registro.

04. (IESES – Cartório – TJ – RO/2012) Assinale a afirmação INCORRETA quanto ao registro civil de pessoas naturais:

a) Os oficiais do registro civil remeterão à Fundação Instituto Brasileiro de Geografia e Estatística, dentro dos primeiros oito dias dos meses de janeiro e julho de cada ano, um mapa dos nascimentos, casamentos e óbitos ocorridos no semestre imediatamente anterior.
b) Nos nascimentos frutos de partos sem assistência de profissionais da saúde ou parteiras tradicionais, a Declaração de Nascido Vivo será emitida pelos Oficiais de Registro Civil que lavrarem o registro de nascimento, sempre que haja demanda das Secretarias Estaduais ou Municipais de Saúde para que realizem tais emissões.

c) As declarações de nascimento feitas após o decurso do prazo legal serão registradas no lugar de residência do interessado.
d) Se o oficial do registro civil recusar fazer ou retardar qualquer registro, averbação ou anotação, bem como o fornecimento de certidão, as partes prejudicadas poderão queixar-se à autoridade judiciária, a qual, ouvindo o acusado, decidirá dentro de cinco dias.

05. (FMP – Cartório – TJ – MT/2014) Não constituem motivo para recusa, devolução ou solicitação de retificação da Declaração de Nascido Vivo – DNV, por parte do registrador civil das pessoas naturais, exceto:
a) equívocos ou divergências que comprometam a identificação da mãe.
b) omissão do nome do recém-nascido.
c) divergência parcial ou total entre o nome do recém-nascido constante da declaração e o escolhido em manifestação perante o registrador no momento do registro de nascimento, prevalecendo este último.
d) divergência parcial ou total entre o nome do pai constante da declaração e o verificado pelo registrador nos termos da legislação civil, prevalecendo este último.
e) omissão do nome do pai.

06. (IESES – Cartório – TJ – PB/2014) Para fins de registro civil de nascimento, o nome do pai constante da Declaração de Nascido Vivo:
a) Constitui prova da paternidade.
b) Não constitui prova ou presunção da paternidade, somente podendo ser lançado no registro de nascimento quando verificado nos termos da legislação civil vigente.
c) Constitui presunção da paternidade.
d) Constitui suspeição da paternidade.

07. (Vunesp – Cartório – SP – Provimento/2016) Em relação à Declaração de Nascido Vivo – DNV, é correto afirmar que
a) se houver divergência entre o genitor indicado na DNV e o declarado perante o Oficial de Registro Civil das Pessoas Naturais nos termos da lei, prevalece este último, sem necessidade de retificação da DNV.
b) a DNV não poderá ser preenchida por parteira, devendo sempre constar o nome do médico que a preencheu e o número de sua inscrição no Conselho Regional de Medicina.
c) os Oficiais do Registro Civil das Pessoas Naturais fornecerão à Secretaria Municipal de Saúde a segunda via da DNV no caso de parto sem assistência médica.
d) o assento de nascimento sempre deverá conter o número da DNV, ainda que lavrado sob a forma de registro tardio.

GAB	1	B	2	C	3	B	4	A
	5	A	6	B	7	A		

CAPÍTULO IV – DO NASCIMENTO

1. COMENTÁRIOS

Prevê o art. 2º do Código Civil de 2002 que "a personalidade civil da pessoa começa do nascimento com vida". O mesmo diploma estabelece, ainda, no art. 9º, inciso I, que "serão registrados em registros públicos: os nascimentos".

Assim, o início da pessoa natural se dá pelo **nascimento com vida**. A partir daí o ordenamento jurídico atribui a pessoa natural personalidade jurídica, passando a ser titular de direitos e obrigações. Nas palavras de Pontes de Miranda, a pessoa é o polo possível das relações do direito (*Tratado de Direito Privado.* T.I. Rio de Janeiro: Borsoi, 1954, p. 128).

É relevante apresentar um conceito contemporâneo de personalidade: um conceito ético-jurídico. Nelson Rosenvald, Cristiano Chaves e Felipe Braga, com a clareza e o brilhantismo que lhes são peculiares, ensinam que a experiência jurídica do século XXI é fundamentalmente ético-jurídica. Não faz sentido, hoje, falar em direito como um repositório de soluções neutras e formais. Não é isso que a sociedade legitimamente espera, nem é isso que a Constituição de 88 – de índole transformadora e humanista – no caso brasileiro, determina. O conceito atual de personalidade não é puramente formal. Não basta dizer que pessoa é aquele que pode ser sujeito de direito. Continua sendo isso, mas não é só isso. Essencial às notas contemporâneas do conceito é a noção de dignidade humana. A exigência da racionalidade não faz parte do conceito atual de personalidade (FARIAS, Cristiano Chaves de e outros. *Manual de Direito Civil.* Volume único. Editora Juspodivm: Salvador, 2017, p. 275).

A Resolução nº 1, de 13 de junho de 1988, do Conselho Nacional de Saúde do Ministério da Saúde estatui, em seu art. 29, inciso VI, que nascimento com vida "é a expulsão ou extração completa do produto da concepção quando, após a separação, respire e tenha batimentos cardíacos, tendo sido ou não cortado o cordão, esteja ou não desprendida a placenta".

Ocorrendo o nascimento com vida, fato jurídico ordinário que produz uma série de efeitos jurídicos, a começar pela aquisição da personalidade, é necessário o seu registro, cuja finalidade é dar publicidade e perpetuar essa informação, fazendo com que a pessoa passe a existir para o mundo jurídico. O registro assegura prova segura e fácil de sua existência, filiação e nome, não se restringindo apenas a provar a sua nacionalidade.

O registro de nascimento possui as seguintes características:

a) **Gratuito:** não há dúvida de que os atos relativos ao nascimento e ao óbito relacionam-se com a cidadania e seu respectivo exercício, estando previsto no rol dos direitos e garantias individuais, inserto no art. 5º da Carta Magna, que tais atos serão gratuitos.

A cidadania é um dos fundamentos da República Federativa do Brasil, postulado no art. 1º da Constituição Federal de 1988. A Lei 9.534/1997, que foi julgada constitucional pelo Supremo Tribunal Federal, na Ação Direta de Inconstitucionalidade 1.800-1-DF, alterou o artigo 30 da Lei 6.015/1973, o qual passou a prever que serão gratuitos o registro civil de nascimento e o assento de óbito, bem como a primeira certidão de cada um desses atos. Assim, cumpriu-se a previsão constitucional de que 'são gratuitos (...), na forma da lei, os atos necessários ao exercício da cidadania' (art. 5º, inciso LXXVI, da Constituição Federal de 1988). Verifica-se que tal gratuidade, concedida indistintamente a todas as pessoas, decorre da necessidade dos registros de nascimento e de óbito ao exercício da cidadania. Pela legislação federal (Lei 9.534/1997), são gratuitos todos os registros e primeiras certidões de nascimento e de óbito e, para os reconhecidamente pobres, as demais certidões e o processo de habilitação, registro e primeira certidão de casamento. Percebe-se que a aludida lei estendeu a gratuidade à emissão de certidões e à prática de registros de nascimento a todos os cidadãos, independentemente de sua condição econômica."

b) **Perpétuo:** uma vez que atende a finalidade da segurança e autenticidade dos registros públicos. No Registro Civil das Pessoas Naturais, o cancelamento somente ocorre em casos excepcionais, como, por exemplo, em razão da duplicidade de registros.

c) **Dinâmico:** os registros **são dinâmicos** e não estáticos porque espelha a vida das pessoas. Assim, as mutações do estado das pessoas devem ser acompanhadas de alteração nos registros públicos, o que se dá por meio dos atos de **averbações** e **anotações**. São estes atos acessórios que permitem um registro íntegro e atualizado.

d) **Obrigatório:** conforme o texto do art. 50 da Lei 6.015/1973, que veremos a seguir, conclui-se que o registro de nascimento é obrigatório, consistindo numa obrigação.

O registro civil de nascimento está previsto no **art. 9º, inciso I, do Código Civil**, no **art. 29, inciso I, da Lei 6.015/1973** e nas **normativas estaduais.** Deve ser lavrado no **Livro "A"**, conforme art. 33, inciso I, da aludida lei, com exceção dos traslados de assentos de nascimentos de brasileiros ocorridos no exterior, que são escriturados no Livro "E", bem como os registros de nascimento de filhos de pai e mãe estrangeiros, desde que um deles esteja no Brasil a serviço de seu país.

2. QUESTÃO DE CONCURSO

01. (IESES – Titular de Serviços de Notas e de Registros – Remoção – TJ – SC – 2019) O Registro de nascimento da pessoa natural.

a) Representa a oficialização da existência do indivíduo, conferindo a ele os direitos inerentes à cidadania.
b) Deve ser lavrado no local do nascimento obrigatoriamente.
c) Não comporta lavratura tardia.
d) É gratuito para pessoas reconhecidamente pobres.

GAB	1	A

Art. 50. Todo nascimento que ocorrer no território nacional deverá ser dado a registro, no lugar em que tiver ocorrido o parto ou no lugar da residência dos pais, dentro do prazo de quinze dias, que será ampliado em até três meses para os lugares distantes mais de trinta quilômetros da sede do cartório.

§ 1º Quando for diverso o lugar da residência dos pais, observar-se-á a ordem contida nos itens 1º e 2º do art. 52.

§ 2º Os índios, enquanto não integrados, não estão obrigados a inscrição do nascimento. Este poderá ser feito em livro próprio do órgão federal de assistência aos índios.

§ 3º Os menores de vinte e um (21) anos e maiores de dezoito (18) anos poderão, pessoalmente e isentos de multa, requerer o registro de seu nascimento.

§ 4º É facultado aos nascidos anteriormente à obrigatoriedade do registro civil requerer, isentos de multa, a inscrição de seu nascimento.

§ 5º Aos brasileiros nascidos no estrangeiro se aplicará o disposto neste artigo, ressalvadas as prescrições legais relativas aos consulados.

1. COMENTÁRIOS

Todas as pessoas nascidas no Brasil **devem** aqui ser registradas, uma vez que a Constituição Federal considera brasileiro o indivíduo nascido no território nacional, ainda que de filho de estrangeiros.

Os filhos de brasileiros nascidos no exterior podem ser registrados no consulado brasileiro do país em que nasceram e assim são considerados desde logo brasileiros natos.

Além disso, podem ser registrados na repartição competente local, onde deve ser providenciado o traslado do assento estrangeiro na Serventia do Registro Civil do 1º Subdistrito da Sede da Comarca do domicílio, podendo a opção pela nacionalidade brasileira ser feita a qualquer tempo.

Assim, pelo texto do dispositivo, conclui-se que o registro de nascimento é **obrigatório**, consistindo em uma obrigação das pessoas enumeradas no art. 52 da Lei 6.015/1973.

A finalidade da lavratura do assento de nascimento é dar **publicidade**, ou seja, tornar público o nascimento ocorrido e perpetuar essa informação.

1.1 DA LOCALIDADE DO REGISTRO DE NASCIMENTO – TERRITORIALIDADE

O **assento de nascimento** deverá ser realizado no lugar em que tiver **ocorrido o parto** ou **no lugar da residência dos pais.**

A Lei 9.053/1995 **ampliou** a regra da competência, atribuindo aos pais residentes em circunscrição diversa daquela onde foi realizado o parto o **direito de opção**.

O § 1º relaciona-se com os itens 1 e 2 do art. 52. Assim, pela redação antiga deste dispositivo, quando o lugar da residência dos pais era diverso, a competência era da serventia da circunscrição da residência do pai e, em caso de falta ou impedimento do pai, da residência da mãe.

A atual regra do art. 52, estabelecida pela Lei n. 13.112 de 2015, em conformidade com o art. 5º, inciso II, e o art. 226, § 5º, da Constituição Federal, prescreve que são obrigados a fazer a declaração de nascimento: 1) o pai ou a mãe, isoladamente ou em conjunto, observado o disposto no § 2º do art. 54; 2) no caso de falta ou de impedimento de um dos indicados no item 1, outro indicado, que terá o prazo para declaração prorrogado por 45 (quarenta e cinco) dias. Frise-se que, no caso de participação pessoal da mãe ou do pai no ato do registro, aplicar-se-á o prazo de 60 (sessenta) dias previsto no item 2 do art. 52 da Lei 6.015/73.

Noutro dizer, caso a mãe declare o nascimento, sozinha ou acompanhada do pai, a serventia da circunscrição de seu domicílio também será competente, poupando o deslocamento da mãe que teve parto recente a outra localidade distante de sua residência.

É muito importante não confundir tal regra com a norma da recente Lei 13.484/2017 (conversão da MP 776/2017), que trouxe um novo conceito **de naturalidade.**

Até a publicação da MP 776/2017, o termo 'naturalidade' no Brasil era compreendido como 'local de nascimento'. Já não é mais assim. A partir de 27/04/2017, houve mudança no conceito de naturalidade no Brasil, tendo sido alterada a redação da Lei de Registros Públicos, Lei n. 6.015/73. Agora, a naturalidade é uma opção do declarante, podendo ser:

a) o Município de residência da mãe, desde que localizado em território nacional, ou

b) o Município onde ocorreu o nascimento, conforme art. 54, § 4º da Lei 6.015/73.

Em outras palavras, a Lei nº 13.484/2017 (ratificando o exposto na MP 776/2017) alterou a LRP para prever que, se a criança nasceu em cidade diferente daquela onde mora sua mãe, ela poderá ser registrada:

a) como sendo natural do local de nascimento, ou

b) do Município onde reside sua genitora.

Cabe à pessoa que estiver declarando o nascimento a escolha de uma das duas opções acima O tema será melhor explorado nos comentários do art. 54 desta obra.

O Provimento 13/2010, da Corregedoria Nacional de Justiça do CNJ, que dispunha sobre a emissão de certidão de nascimento nos estabelecimentos de saúde que realizam partos, trazia disposição acerca da territorialidade do registro de nascimento. Atualmente, as normas do provimento foram incorporadas aos arts. 445 a 460 do Código Nacional de Normas, sem alteração legislativa. Veja-se:

> **Art. 453 do Prov. CNJ n. 1492023 (corresponde ao antigo art. 9º Prov. CNJ N 13/2010**
>
> (...)
>
> § 1º O registro de nascimento solicitado pela Unidade Interligada será feito em cartório da cidade ou distrito de residência dos pais, se este for interligado, ou, mediante expressa opção escrita do declarante e arquivada na unidade interligada, em cartório da cidade ou distrito em que houver ocorrido o parto.
>
> § 2º Caso o cartório da cidade ou distrito de residência dos pais não faça parte do sistema interligado, e não haja opção do declarante por cartório do lugar em que houver ocorrido o parto, deve-se informar ao declarante quanto à necessidade de fazer o registro diretamente no cartório competente.

No entanto, tal Provimento não alterou a **atribuição territorial** para o registro de nascimento prevista no art. 50 da Lei 6.015/1973. Mesmo quando declarado perante a Unidade Interligada, a regra é que o registro de nascimento seja lavrado na serventia com atribuição para a circunscrição onde residem os pais ou no local em que ocorreu o parto, que é o local do estabelecimento hospitalar.

Assim, o art. 453, § 1º, do Provimento 149/2023 apenas fixou uma **regra suplementar** com o fito de garantir o direito de escolha do local do registro ao declarante. A temática será discutida de forma mais aprofundada nos comentários do art. 52 desta lei, em tópico denominado "Unidades Interligadas"

Evidencie-se que existe **exceção à regra de competência para o registro de nascimento** quando se trata de óbito de criança com **idade inferior a um ano**. Neste caso, o art. 77, § 1º, da Lei 6.015/1973, preceitua que, antes de proceder ao assento de óbito de criança com menos de 1 (um) ano, o oficial verificará se houve registro de nascimento, que, em caso de falta, será previamente feito, ainda que **em circunscrição diversa do lugar do parto ou da residência dos pais**.

Dentro dos reflexos registrários, o nascimento sem vida não provoca a aquisição da personalidade, mas acarreta consequências jurídicas. Por isso, o assento desse fato deve ser realizado no **Livro 'C Auxiliar'**. Situação diferente ocorre na hipótese de morte por ocasião do parto, devendo, neste caso, ser feitos dois registros: o de nascimento e o de óbito, com os elementos cabíveis e remissões recíprocas. Lembrando também que não se cogita, no nosso sistema, a morte civil, apesar de seus resquícios.

Sobre o registro de nascimento realizado em **serventia territorialmente incompetente,** Reinaldo Velloso dos Santos faz uma importante observação: "Apesar da omissão da lei a respeito dessa questão específica, caso tenha sido feito o registro por serventia territorialmente incompetente, o registro não deve ser reputado nulo de pleno direito, como ocorre no Registro de Imóveis. A lavratura de assento com violação da regra de competência não acarreta a invalidade do registro, gerando apenas consequências no âmbito disciplinar para o Oficial de Registro. Com efeito, o Registro Civil das Pessoas Naturais, ao proceder o registro de nascimento de uma pessoa, está praticando um ato necessário ao exercício da cidadania, nos termos do artigo 1º, inciso VI, da Lei 9.265/1996, que regulamenta o artigo 5º, inciso LXXVII, da Constituição Federal. E, sendo a cidadania um dos fundamentos do Estado Brasileiro (Constituição Federal, artigo 1º, inciso II), na omissão da lei não se pode considerar nulo um ato necessário ao seu exercício por mera violação à regra de competência territorial. O cancelamento de um registro de nascimento após a lavratura do ato e a utilização da certidão para os atos da vida civil não beneficia a ninguém. Pelo contrário, causa inúmeros prejuízos ao registrado por ato irregularmente praticado por outrem, seja o Oficial de Registro, sejam os pais do registrado". (Op. cit., p. 40)

1.1.1 A MITIGAÇÃO DO PRINCÍPIO DA TERRITORIALIDADE

O Expediente CIA n. 0041504-08.2020.8.11.0000 trouxe algo inédito até então. Em épocas pandêmicas, mitigou-se a regra do art. 50, que trata do registro de nascimento, e a do art. 77, que trata do registro de óbito, ambos da LRP. Em outras palavras, houve mitigação do princípio da territorialidade.

Neste espaço, apresento as principais argumentações em um quadro didático, com a finalidade de ajudar o leitor na compreensão do tema:

A) Relatório da Procuradoria da República do Estado do Tocantins

Trata-se de expediente instaurado pela Procuradoria da República do Estado do Tocantins, na qual solicita autorização para que os cartórios de registros civis, situados nas cidades de São Félix do Araguaia, Luciara e Santa Teresinha, Tais cidades estão situadas no Estado do Mato Grosso realizem atos referentes às certificações de nascimentos e óbitos dos povos indígenas residentes na Ilha do Bananal, Estado do Tocantins.

Em outras palavras, a Procuradoria estava requerendo que o registro civil e o de óbito fossem feitos em uma comarca que não da competência prevista na lei registral, por inúmeros e relevantes motivos. São eles:

- → Alega que os povos indígenas Karajás estavam encontrando dificuldades para concretizarem atos de registro civil, mais especificamente a confecção das certidões de nascimentos e óbitos, por parte do Cartório do Ofício de Registro Civil da Comarca de São Félix do Araguaia, o que pode causar impactos nas tradições daquela etnia.
- → Aduz que a negativa, por parte do registrador civil, de atendimento daquela população indígena se deve em razão da territorialidade, uma vez que aquela comunidade encontra-se situada no Estado do Tocantins, e a mencionada serventia extrajudicial está localizada no Estado de Mato Grosso.
- → Afirma que a negativa de acesso dos indígenas ao registro civil, pode impactar negativamente aquele povo, causando-lhe desestímulo aos partos domiciliares, conforme é do feitio da tradição Karajá, bem como poderá ocasionar maior risco de contaminação pelo vírus Covid-19, uma vez que o indígena precisaria, necessariamente, se deslocar cerca de 774 km para a sede do município mais próximo, sito, no Estado do Tocantins, o que poderia gerar incentivo ao fornecimento de declarações falsas, a exemplo do fornecimento de endereços na cidade de São Félix do Araguaia, Estado de Mato Grosso.
- → O expediente busca autorização para que as serventias extrajudiciais situadas nas cidades de São Félix do Araguaia, Luciara e Santa Teresinha, realizem atos referentes aos registros de nascimento e óbito dos povos indígenas residentes na Ilha do Bananal, Estado do Tocantins.

B) Origem do pleito.

O pleito teve origem em virtude da negativa de confecção dos registros pelo registrador civil da Comarca de São Félix do Araguaia lastreado no disposto no art. 50 da Lei n. 6.015/73, uma vez que as informações constantes da Declaração de Nascido Vivo – DNV, atestou que a criança nasceu na Aldeia Santa Isabel, localizada no município de Lagoa da Confusão – TO. Do mesmo modo, consta dos autos, informação de que as certidões de óbitos não estariam sendo confeccionadas pela mencionada serventia extrajudicial, o que tem trazido transtornos para os indígenas residentes na Ilha do Bananal – TO.

Frise-se que o registrador não estava errado. Cumpria-se a regra do art. 50 e do art. 77 da Lei de Registros Públicos.

C) Pedidos da Procuradoria no Expediente.

→ Consignou-se que, os dispositivos legais em questão não poderiam prever todas as hipóteses fáticas, notadamente pela grande extensão territorial de nosso País, principalmente, em Estados como o nosso e o do vizinho Tocantins, que possuem dimensões continentais, tal como foi asseverado no expediente, de cujo pronunciamento, destaca-se esta parte:

→ Solicitação para autorização para que serventias do Estado do Mato Grosso realizem atos de registro civil de povos indígenas residentes na Ilha do Bananal, Estado do Tocantins em razão das dificuldades de acesso dos indígenas às serventias tocantinenses e mitigação das regras previstas nos arts. 50 e 77 da LRP – Prevalência do princípio da dignidade da pessoa humana.

D) Argumentos utilizados

Pelo disposto nos arts. 50 e 77 da Lei n. 6.015/73 e da forma como está escrito, vê-se que os dispositivos legais não dão respostas satisfatórias às indagações feitas pelo requerente, uma vez que não abarcam os casos posto aqui em debate, e como alerta o membro do Ministério Público Federal, poderia implicar até mesmo, em mudanças nos valores culturais da etnia Karajá, pois, com o intuito de simplificar a expedição da certidão de nascimento, as parturientes procurariam a cidade mais próxima de sua aldeia, quebrando-se assim aquela tradição de realização de parto domiciliar, peculiar daquele povo, aumentando-se em muito, a situação de vulnerabilidade daqueles que são os primeiros habitantes desta nação, conforme se infere do Memorando n. 30/2020/CTL, da Fundação Nacional do Índio – FUNAI, que por sua pertinência, reproduz-se este fragmento:

> *[...] 3. Como é de conhecimento desta Coordenação Regional, é inviável que as famílias Karajá da Ilha do Bananal se desloquem para algum município tocantinense para fazerem o RCN.*

E, na espécie, em confronto com as regras normativas insculpidas nos arts. 50 e 77, da Lei n. 6.015/73, nos casos trazidos por este procedimento, também está em jogo o direito à integridade moral dos povos indígenas, direito esse protegido pela Constituição Federal, havendo de ser considerado os valores culturais e as tradições que os respaldam, procurando-se assim, evitar os transtornos e abalos morais causado pela recusa à confecção dos registros públicos essenciais ao exercício da cidadania, o que pode influenciar, negativamente, no modo de vida daqueles que são os primeiros habitantes desta nação e muitas vezes esquecidos pelos Poderes Públicos.

Assim, o acesso à certidão de nascimento e ao registro do óbito, por ser documentos essenciais para acesso aos demais serviços públicos e, conforme já mencionado acima, condição de acesso ao exercício da cidadania, não pode haver qualquer entrave ao seu pleno acesso, principalmente em um país com graves desigualdades sociais e, por ser de inteira justeza a pretensão daqueles povos, que encontram suporte na Constituição Federal.

E) A Decisão

Entendeu-se pertinente a derrotabilidade daquelas normas jurídicas trazidas por este expediente, uma vez que existe nos arts. 50 e 77 da Lei de Registros Públicos verdadeira proteção insuficiente, mormente porque o Estado deve agir na proteção de bens jurídicos de índole constitucional, como sói ser o caso em alusão.

Foi autorizado que as serventias extrajudiciais dos municípios de São Félix do Araguaia, Luciara e Santa Teresinha, realizem atos referentes aos registros de nascimento e óbitos daqueles povos indígenas residentes na Ilha do Bananal, Estado do Tocantins, mesmo que os nascimentos ou óbitos ocorram no Estado vizinho, em observância ao princípio constitucional da dignidade da pessoa humana.

Autorizou-se, ainda, a extensão dos efeitos da decisão para as serventias que se encontram em toda a extensão do Vale do Araguaia, em relação aos povos indígenas que se encontram na mesma situação aqui decidida.

Recomenda-se a leitura completa deste fato no tópico "Jurisprudência Complementar".

1.2 DO PRAZO DO REGISTRO DE NASCIMENTO

O nascimento deve ser registrado dentro do prazo de **quinze dias**, que será ampliado em até **três meses** para os lugares distantes mais de **trinta quilômetros** da sede da serventia.

O prazo pode ainda, ser prorrogado por **45 (quarenta e cinco) dias**, conforme estabelece o art. 52, 2º, a saber:

> **Art. 52.** São obrigados a fazer declaração de nascimento:
> 1º) o pai ou a mãe, isoladamente ou em conjunto, observado o disposto no § 2º do art. 54;
> 2º) no caso de falta ou de **impedimento de um dos indicados** no item 1º, outro indicado, que terá o prazo para declaração prorrogado por 45 (quarenta e cinco).

A doutrina diverge na interpretação dos prazos para registro. Mário de Carvalho Camargo Neto e Marcelo Salaroli de Oliveira entendem que o prazo para **qualquer declarante** é de **15 dias** a contar do nascimento;

caso o nascimento ocorra em local distante mais de 30 quilômetros da sede do cartório, tal prazo poderá ser prorrogado **em até 3 meses**, totalizando-se **3 meses e quinze dias**; em ambos os casos, se a mãe for declarante, o prazo é prorrogado por mais **45 dias**, totalizando **60 dias ou 3 meses mais 60 dias** quando o nascimento ocorrer em local distante mais de 30 quilômetros da sede do cartório (Op. cit., p. 119). A explanação dos aludidos autores deve ser interpretada à luz da Lei 13.112/2015, que permitiu à mulher, em igualdade de condições, proceder ao registro de nascimento de seu filho. No entantoo, existe outro respeitado posicionamento na doutrina anterior à referida lei. Defendia-se que o prazo era de **15 dias** para qualquer declarante, **60 dias** para a mãe e **3 meses** se o nascimento tiver ocorrido mais de 30 quilômetros da sede da serventia.

Todos estes prazos são contados na forma da lei civil (art. 132), ou seja, exclui-se o dia do começo e inclui-se o do vencimento.

Constata-se que são competentes para o registro de nascimento **dentro do prazo legal**, as serventias das circunscrições do **lugar do parto e da residência dos pais.**

Após o decurso do prazo de registro, será competente tão somente a serventia da circunscrição da **residência do interessado**, conforme regra inserta no art. 46 da Lei 6.015/1973.

1.3 REGISTRO DE NASCIMENTO INDÍGENA

O § 2º do dispositivo em comento apresenta **exceção legal** ao dever de registrar ao estabelecer que "os índios, enquanto não integrados, não estão obrigados à inscrição do nascimento. Este poderá ser feito em livro próprio do órgão federal de assistência aos índios".

No que tange ao Registro Civil das Pessoas Naturais, a regra da não obrigatoriedade do registro indígena encontra-se lastreada no **art. 50, § 2º**, desta **Lei de Registros,** nos **arts. 12 e 13 da Lei 6.001/1973** e, atualmente, na **Resolução Conjunta nº 3 do Conselho Nacional de Justiça e Conselho Nacional do Ministério Público**.

O nascimento de indígena não integrado é registrado em livro próprio da Fundação Nacional do Índio, a FUNAI, denominado **Registro Administrativo de Nascimento do índio – RANI** (art. 13 da Lei 6.001/1973). Porém, caso a criança indígena seja registrada na Serventia do Registro Civil das Pessoas Naturais, é dever do oficial comunicar imediatamente a FUNAI sobre a lavratura do assento, a fim de que esta providencie o registro administrativo.

Nessa direção estabelecem os arts. 12 e 13 do Estatuto do Índio (Lei 6.001/1973):

Art. 12. Os nascimentos e óbitos, e os casamentos civis dos índios não integrados, serão registrados de acordo com a legislação comum, atendidas as peculiaridades de sua condição quanto à qualificação do nome, prenome e filiação.

Parágrafo único. O registro civil será feito a pedido do interessado ou da autoridade administrativa competente.

Art. 13. Haverá livros próprios, no órgão competente de assistência, para o registro administrativo de nascimentos e óbitos dos índios, da cessação de sua incapacidade e dos casamentos contraídos segundo os costumes tribais.

Parágrafo único. O registro administrativo constituirá, quando couber documento hábil para proceder ao registro civil do ato correspondente, admitido, na falta deste, como meio subsidiário de prova.

Ressalte-se que a maioria da doutrina entende que, diante da nova ordem jurídica constitucional (art. 231 da Constituição Federal), não se pode mais fazer diferenciação entre índio integrado e não integrado, não sendo recepcionada a sistemática do Estatuto do Índio neste aspecto. Todo indígena deve ser tratado com o mesmo regime de proteção especial e reconhecidos a eles sua organização social, costumes, línguas, crenças e tradições, e os direitos originários sobre as terras que tradicionalmente ocupam, de modo que a facultatividade do registro civil abrangeria todo e qualquer indígena.

Neste sentido, se lastreou a Resolução Conjunta nº 3, de 19 de abril de 2012, do Conselho Nacional de Justiça (CNJ) e do Conselho Nacional do Ministério Público (CNMP), que atualmente é a regra vigente para o assento de nascimento de indígenas no Registro Civil das Pessoas Naturais e não faz distinção entre índio integrado ou não, conforme textualiza o art. 2º.

Destaco algumas das justificativas que contribuíram para a edição da Resolução Conjunta CNJ/CNMP n. 3:

a) Os direitos e garantias fundamentais previstos no *caput* do art. 5º da Constituição da República Federativa do Brasil, que consagram a igualdade entre brasileiros;

b) O disposto no art. 231 da Constituição Federal, no parágrafo único do artigo 12 e no parágrafo único do artigo 13 da Lei nº 6.001/73, bem como no § 2º do art. 50 da Lei nº 6.015/73;

c) A tutela judicial dos índios conferida ao Ministério Público pelo art. 232 da Constituição Federal;

d) A experiência positiva decorrente do disposto no Prov. n.º 22/09 da E. Corregedoria Geral da Justiça do Estado de São Paulo e no Prov. n.º 18/09 da E. Corregedoria Geral da Justiça do Estado de Mato Grosso do Sul;

e) A positiva experiência dos registradores civis em mutirões de registro de etnias aldeadas;

f) A necessidade de se regulamentar em âmbito nacional o assento de nascimento de indígenas nos Serviços de Registro Civil das Pessoas Naturais;

g) A experiência positiva decorrente do disposto no Provimento n. 22/2009, da Corregedoria Geral da Justiça do Estado de São Paulo, no Provimento n. 18/2009, da Corregedoria Geral da Justiça do Estado do Mato Grosso do Sul, e no Provimento n. 22/2009-CG, da Corregedoria Geral da Justiça do Estado de Rondônia;

Logo no art. 1º da Resolução, confirma-se a **facultatividade** do registro de nascimento de indígena não integrado.

Acerca do **nome indígena**, a aludida Resolução, nos arts. 2º e 3º estabelece que:

> **Art. 2º** No assento de nascimento do indígena, integrado ou não, deve ser lançado, a pedido do apresentante, o nome indígena do registrando, de sua **livre escolha, não sendo caso de aplicação do art. 55, parágrafo único da Lei nº 6.015/73.**
>
> § 1º. No caso de registro de indígena, a **etnia do registrando** pode ser lançada como sobrenome, a pedido do interessado.
>
> § 2º. A pedido do interessado, a **aldeia de origem do indígena e a de seus pais** poderão constar como informação a respeito das respectivas naturalidades, juntamente com o município de nascimento.
>
> § 3º A **pedido do interessado**, poderão figurar, como observações do assento de nascimento, a declaração do registrando como indígena e a indicação da respectiva etnia.
>
> § 4º Em caso de dúvida fundada acerca do pedido de registro, o registrador poderá exigir o **Registro Administrativo de Nascimento do Indígena – RANI**, ou a presença de representante da FUNAI.
>
> § 5º Se o oficial **suspeitar de fraude ou falsidade**, submeterá o caso ao Juízo competente parafiscalização dos atos notariais e registrais, assim definido na órbita estadual e do Distrito Federal, comunicando-lhe os motivos da suspeita.
>
> **Art. 3º** O indígena já registrado no Serviço de Registro Civil das Pessoas Naturais poderá solicitar, na forma do art. 57 da Lei nº 6.015/73, pela via judicial, a **retificação do seu assento de nascimento**, pessoalmente ou por representante legal, para inclusão das informações constantes do art. 2º, *"caput"* e § 1º.
>
> § 1º. Caso a alteração decorra de equívocos que não dependem de maior indagação para imediata constatação, bem como nos casos de erro de grafia, a retificação poderá ser procedida na forma prevista no art. 110 da Lei nº 6.015/73.
>
> § 2º. Nos casos em que haja alterações de nome no decorrer da vida em razão da **cultura ou do costume indígena**, tais alterações podem ser averbadas à margem do registro na forma do art. 57 da Lei nº 6.015/73, sendo obrigatório constar em todas as certidões do registro o inteiro teor destas averbações, para fins de segurança jurídica e de salvaguarda dos interesses de terceiros.
>
> § 3º. Nos procedimentos judiciais de retificação ou alteração de nome, deve ser observado o benefício previsto na lei 1.060/50, levando-se em conta a situação sociocultural do indígena interessado.

Por fim, a Resolução em seu art. 4º impõe regras e procedimentos para o **registro tardio do indígena.**

Frise-se que **o procedimento de registro tardio previsto no Provimento CNJ 28/2013 não se aplica à lavratura de assento de nascimento de indígena no Registro Civil das Pessoas Naturais,** regulamentado pela Resolução Conjunta nº 03, de 19 de abril de 2012, do Conselho Nacional de Justiça e do Conselho Nacional do Ministério Público, e não afasta a aplicação do previsto no art. 102 da Lei nº 8.069/90.

Ademais, atente-se para o fato de que a terminologia *registro tardio do indígena* não é a mais correta, uma vez que sabemos que a regra da obrigatoriedade do registro de nascimento não se aplica ao índio não integrado.

> **Art. 4º** O registro tardio do indígena poderá ser realizado:
>
> I – mediante a apresentação do RANI;
>
> II – mediante apresentação dos dados, em requerimento, por representante da Fundação Nacional do Índio – FUNAI a ser identificado no assento; ou
>
> III – na forma do art. 46 da Lei nº 6.015/73.
>
> § 1º Em caso de dúvida fundada acerca da autenticidade das declarações ou de suspeita de duplicidade de registro, o registrador poderá exigir a presença de representante da FUNAI e apresentação de certidão negativa de registro de nascimento das serventias de registro que tenham atribuição para os territórios em que nasceu o interessado, onde é situada sua aldeia de origem e onde esteja atendido pelo serviço de saúde.
>
> § 2º Persistindo a dúvida ou a suspeita, o registrador submeterá o caso ao Juízo competente para fiscalização dos atos notariais e registrais, assim definido na órbita estadual e do Distrito Federal, comunicando-lhe os motivos.
>
> § 3º. O Oficial deverá comunicar o registro tardio de nascimento do indígena imediatamente à FUNAI, a qual informará o juízo competente quando constatada duplicidade, para que sejam tomadas as providências cabíveis.

Sobre o registro de nascimento do indígena, sugiro a leitura do tópico 'Jurisprudência Complementar' em 'Expediente CIA' do Tribunal de Justiça do Estado de Mato Grosso, a fim de aprofundar o tema.

1.4 COMENTÁRIOS AOS §§ 3º E 4º

Devido à alteração legislativa dada pela Lei 9.534/1997, as disposições dos §§ 3º e 4º do artigo 50 da Lei 6.015/1973 foram **parcialmente** afetadas no que tange à isenção de multa para registros solicitados por maiores de dezoito e menores de vinte e um anos, assim como por aqueles que nasceram antes da obrigatoriedade do registro civil. Assim, a única consequência direta do decurso do prazo legal sem registro é a perda da competência do Oficial de Registro da circunscrição do local de nascimento.

1.5 COMENTÁRIOS AO § 5º

O § 5º do artigo em comento já foi abordado nos comentários do art. 32 desta lei.

1.6 A DUPLICIDADE DE REGISTROS DE NASCIMENTO

Oportuno se faz anotar o problema da duplicidade de registros de nascimento.

A lei brasileira incentiva o registro de nascimento, porquanto constitui uma forma de assegurar a dignidade da pessoa humana, a sua inclusão na sociedade e o primeiro passo para o exercício da cidadania. Por tal motivo, todo cidadão brasileiro, com a promulgação da Lei 9.534/1997, tem o direito de ser registrado gratuitamente.

Apesar de alguns cuidados estabelecidos em lei, o registro de nascimento é pautado notadamente na declaração da pessoa que tem o dever de comunicar o fato ao oficial registrador civil. Pode acontecer de este profissional do direito se deparar com a existência de dois registros relativos à mesma pessoa. Neste caso, ocorre a duplicidade de registro de nascimento, devendo ser **cancelado** um deles, por meio de **averbação**.

O Provimento 149/2023 da Corregedoria Nacional de Justiça do CNJ, tratou do tema no art. 495 (antigo art. 16 do Prov. CNJ n. 28/2013):

> **Art. 495**. Constatada a duplicidade de assentos de nascimento para a mesma pessoa, decorrente do registro tardio, **será cancelado o assento de nascimento lavrado em segundo lugar**, com transposição, para o assento anterior, das anotações e averbações que não forem incompatíveis.
>
> § 1º. O cancelamento do registro tardio por duplicidade de assentos poderá ser promovido de ofício pelo Juiz Corregedor, assim considerado aquele definido na órbita estadual e do Distrito Federal como competente para a fiscalização judiciária dos atos notariais e de registro, ou a requerimento do Ministério Público ou de qualquer interessado, dando-se ciência ao atingido.
>
> § 2º. Havendo cancelamento de registro tardio por duplicidade de assentos de nascimento, será promovida a retificação de eventuais outros assentos do registro civil das pessoas naturais abertos com fundamento no registro cancelado, para que passem a identificar corretamente a pessoa a que se referem.

A jurisprudência já se inclinava pela validade do **primeiro registro, salvo se eivado de vício**.

A Corregedoria-Geral de Justiça do Estado de São Paulo possui decisão no sentido de que se no primeiro registro não constar nome do pai, e no segundo houver o reconhecimento da paternidade, não deverá ser anulado administrativamente o segundo registro, porquanto envolve questão de estado. Tal é o entendimento no processo 532/2006:

> "Registro Civil. Duplicidade de registros de nascimento. Cancelamento do assento lavrado em segundo lugar, determinado na esfera administrativa e que desconstitui vínculo de paternidade. Cancelamento inviável, porque envolve questão de estado, referente à filiação. Situação que reclama pronunciamento jurisdicional em processo contencioso. Inteligência do art. 113 da Lei 6.015/73. Recurso provido, para revogar ordem de cancelamento".

1.7 REGISTRO DE CRIANÇAS GERADAS POR TÉCNICAS DE REPRODUÇÃO ASSISTIDA – PROVIMENTO 63/2017 CNJ

O século XXI foi marcado por várias revoluções e avanços, sendo um deles os novos modos de engravidar. Nos dizeres de Cristiano Farias, Nelson Rosenvald e Felipe Braga "o século XXI é um ciclo histórico iconoclasta em vários sentidos. Revoluciona, sem cerimônia, o sentido dos fatos, fazendo-os diferentes daquilo que costumavam ser" (Op. cit., p. 258).

A sociedade humana é **dinâmica** e o **direito deve acompanhar** suas mudanças. O mesmo se aplica à área registral e notarial.".

As técnicas de reprodução assistida têm o papel de auxiliar no processo de geração de uma criança, a partir da doação de óvulos e espermatozoides e preservação desses gametas, de embriões e tecidos germinativos.

O Conselho Nacional de Justiça editou o provimento 52, de 14 de março de 2016, que tornava mais simples registrar crianças geradas por técnicas de reprodução assistida, como a fertilização *in vitro* e a gestação por substituição, mais conhecida como "barriga de aluguel".

Todavia, o Provimento 63/2017 revogou o entendimento de sua norma anterior (Provimento 52), que exigia que o documento firmado pelo diretor da clínica responsável pela fertilização indicasse os doadores de material genético. Este entendimento contrariava o disposto pelo Conselho Federal de Medicina (CFM) e foi motivo de diversas críticas, pois inibia os doadores, uma vez que eles poderiam ser identificados posteriormente. Na hipótese de barriga de aluguel, também fica vedado, pelo Provimento 63, constar do registro o nome da parturiente.

O Provimento 63 é um avanço e facilitou o registro das crianças geradas por técnicas de reprodução assistida, como a fertilização *in vitro* e a gestação por substituição, mais conhecida como 'barriga de aluguel'. Até então, esse registro só era feito por meio de decisão judicial, já que não havia regras específicas para esses tipos de casos. Com a edição do referido ato normativo, este registro pode ser feito diretamente no Cartório de Registro Civil.

É relevante anotar que o Provimento CNJ n. 63/2017 foi conservado parcialmente, por conter anexos dos modelos de certidões. Todavia, seus dispositivos sobre a reprodução assistida foram incorporados aos arts. 512

a 515 do Provimento CNJ n. 149/2023, sem alteração legislativa.

Destaco algumas justificativas para a concretização desse tema:

a) As normas éticas para uso de técnicas de reprodução assistida, tornando-as dispositivo deontológico a ser seguido por todos os médicos brasileiros. Em um primeiro momento, o Provimento cita a Resolução CFM n. 2.121/ 2015. Todavia, este ato normativo foi revogado pela Resolução 2.168/2017, que por sua vez, foi revogada pela Resolução 2.294/2021. Atualmente, o Conselho Federal de Medicina editou a Resolução 2.320/2022 com novas normas sobre Reprodução Assistida (RA). O CFM justifica que, como ainda não existe legislação específica sobre assunto aprovada pelo Congresso, é preciso que o continue editando resoluções, aperfeiçoando as regras. Dentre as novidades dos atos normativos, destaca-se a inclusão de questões sociais na avaliação médica para utilização de RA. Pacientes em tratamento oncológico também foram contemplados. Em 2003, o Senado aprovou projeto (PLS 90/1999) que normatiza a Reprodução Assistida no Brasil. A proposta aguarda análise da Câmara dos Deputados.
b) A necessidade de uniformização, em todo o território nacional, do registro de nascimento e da emissão da respectiva certidão para filhos havidos por técnica de reprodução assistida de casais homoafetivos e heteroafetivos.

É pertinente apresentar algumas regras para a reprodução assistida estabelecidas pelo Conselho Federal da Medicina, a saber:

a) Idade máxima de 50 anos para candidatas à gestação por técnicas de reprodução assistida;
b) Proibição da escolha do sexo da criança;
c) Proibição de se obter lucro com a doação de óvulos, espermatozoides ou embriões e idade limite de 37 anos para mulheres e 45 anos para homens fazerem a doação.
d) Proibição de ganho financeiro com a cessão temporária do útero, a chamada "barriga de aluguel".
e) Possibilidade de todas as pessoas capazes que tenham solicitado o procedimento e cuja indicação não se afaste dos limites desta resolução podem ser receptoras das técnicas de RA, desde que os participantes estejam de inteiro acordo e devidamente esclarecidos, conforme legislação vigente, permitindo-se assim o uso das técnicas de RA para heterossexuais, homoafetivos, transgêneros, família monoparentais, casais não unidos pelo matrimônio, etc. a fim de auxiliar no processo de procriação.
f) Permissão de gestação compartilhada em união homoafetiva feminina. Considera-se gestação compartilhada a situação em que o embrião obtido a partir da fecundação do(s) oócito(s) de uma mulher é transferido para o útero de sua parceira.
g) Às famílias monoparentais, aos casais não unidos pelo matrimônio e aos do mesmo sexo fica garantida a igualdade de direitos relativos aos casais e famílias tradicionais para dispor das técnicas de reprodução assistida com o papel de auxiliar no processo de procriação.

No que diz respeito aos aspectos registrais, o assento de nascimento de filho havido por técnicas de reprodução assistida deve ser inscrito no Livro A, independentemente de prévia autorização judicial e observada a legislação em vigor no que for pertinente. Como vimos, atualmente, a legislação é a Resolução 2.320/2022 do CFM. O registro deve ser feito mediante o comparecimento de ambos os pais, munidos da documentação exigida atualmente pelo Código Nacional de Normas.

Note-se que a tendência contemporânea da legislação é a de estimular a desjudicialização. O Provimento CNJ n. 63/2017 é exemplo disso, pois não existe necessidade deste procedimento de registro passar pelo crivo do judiciário.

Note-se que a tendência contemporânea da legislação é estimular a desjudicialização. As normas do Provimento CNJ n. 63/2017, ratificadas pelo Código Nacional de Normas, são exemplo disso, pois não há necessidade de que este procedimento de registro passe pelo crivo do judiciário.

Sobre o tema 'desjudicialização', os **Enunciados nº 608**, da VII Jornada de Direito Civil, do Conselho da Justiça Federal, em 29.09.2015, e o **Enunciado nº 12**, do X Congresso Brasileiro de Direito de Família, do IBDFAM, de 23.10.2015, já defendiam a possibilidade do registro de nascimento de filhos de casais homoafetivos, havidos de reprodução assistida, diretamente no cartório de Registro Civil, tornando dispensável a propositura de uma ação judicial, sempre que houvesse regulamentação da Corregedoria local

Se os pais forem casados ou conviverem em união estável, poderá somente um deles comparecer ao ato de registro, desde que apresente a documentação prevista no art. 513 do Código de Normas (corresponde ao antigo art. 17 do Prov. 63/2017). Veja-se:

> **Art. 513.** Será indispensável, para fins de registro e de emissão da certidão de nascimento, a apresentação dos seguintes documentos:
> I – declaração de nascido vivo (DNV);
> II – declaração, com firma reconhecida, do diretor técnico da clínica, centro ou serviço de reprodução humana em que foi realizada a reprodução assistida, indicando que a criança foi gerada por reprodução assistida heteróloga, assim como o nome dos beneficiários;
> III – certidão de casamento, certidão de conversão de união estável em casamento, escritura pública de união

estável ou sentença em que foi reconhecida a união estável do casal.

§ 1º Na hipótese de gestação por substituição, não constará do registro o nome da parturiente, informado na declaração de nascido vivo, devendo ser apresentado termo de compromisso firmado pela doadora temporária do útero, esclarecendo a questão da filiação.

§ 2º Nas hipóteses de reprodução assistida *post mortem*, além dos documentos elencados nos incisos do *caput* deste artigo, conforme o caso, deverá ser apresentado termo de autorização prévia específica do falecido ou falecida para uso do material biológico preservado, lavrado por instrumento público ou particular com firma reconhecida.

§ 4º O conhecimento da ascendência biológica não importará no reconhecimento do vínculo de parentesco e dos respectivos efeitos jurídicos entre o doador ou a doadora e o filho gerado por meio da reprodução assistida.

No caso de filhos de **casais homoafetivos**, o assento de nascimento deverá ser adequado para que constem os nomes dos ascendentes, sem referência a distinção quanto à ascendência paterna ou materna.

É vedado aos oficiais registradores recusar o registro de nascimento e a emissão da respectiva certidão de filhos havidos por técnica de reprodução assistida. Caso isso ocorra, a recusa deve ser comunicada ao juiz corregedor, para as **providências disciplinares** cabíveis. A Lei 8.935/1994 elenca um rol de infrações disciplinares e as medidas cabíveis, que serão estudadas nesta obra em breve oportunidade.

Por fim, as normas legais referentes à **gratuidade** deverão ser observadas nestes casos pelos registradores.

1.7.1. REPRODUÇÃO ASSISTIDA *POST MORTEM*

A reprodução assistida pós-morte é o uso de óvulos, espermatozoides ou embriões que tenham sido previamente congelados para obtenção de gravidez após o falecimento de um dos cônjuges.

Nas hipóteses de reprodução assistida *post mortem*, além dos documentos elencados nos incisos do *caput* do art. 513 do Provimento CNJ n. 149/2023, deverá ser apresentado termo de autorização prévia específica do falecido ou falecida para uso do material biológico preservado, lavrado por instrumento público ou particular com firma reconhecida.

Algumas normativas estaduais assim disciplinam.

No mesmo sentido, o Enunciado 633 da VIII Jornada de Direito Civil da CJF:

Enunciado 633. É possível ao viúvo ou ao companheiro sobrevivente, o acesso à técnica de reprodução assistida póstuma – por meio da maternidade de substituição, desde que haja expresso consentimento manifestado em vida pela sua esposa ou companheira.

Recentemente, o Superior Tribunal de Justiça decidiu que a implantação necessita de manifestação inequívoca, expressa e formal do cônjuge falecido.

A Quarta Turma do Superior Tribunal de Justiça, por maioria, restabeleceu **sentença** que proibiu a implantação de embriões criopreservados em uma viúva, por entender que tal procedimento, para ser realizado após a morte do cônjuge, depende de consentimento expresso e inequívoco.

No processo em questão, o ministro relator Luiz Felipe Salomão afirmou que, como a decisão de autorizar a utilização dos embriões projetaria efeitos para além da vida do indivíduo – com implicações não só patrimoniais, mas também relacionadas à personalidade do genitor e dos que seriam concebidos –, a sua manifestação de vontade deveria se dar de maneira incontestável, por meio de testamento ou outro instrumento equivalente em termos de formalidade e garantia.

O magistrado considerou que o contrato de prestação de serviços com o hospital uma declaração inequívoca de vontade do falecido significaria admitir o rompimento do testamento que ele deixou, com alteração do planejamento sucessório original por pessoa diferente do próprio testador.

Por fim, o ministro alegou que o hospital também entendeu não haver autorização do marido para a implantação dos embriões após a sua morte. Para ele, a autorização dada no contrato serve apenas para que a viúva possa ceder o material genético para pesquisa, descartá-lo ou deixá-lo intocado, mas nunca implantá-lo em si, porque aí necessitaria de autorização prévia e expressa.

1.8 PROVIMENTO CNJ N. 93/2020

Considerando a Declaração de Pandemia de COVID-19 pela Organização Mundial da Saúde em 11 de março de 2020, em decorrência da Infecção Humana pelo novo coronavírus (Sars-Cov-2), muitos atos normativos foram editados, sobretudo pela Corregedoria Nacional de Justiça do CNJ. Alguns em caráter transitório, outros de cunho definitivo.

Entre as justificativas para a publicação destas normas, destaco algumas, enfatizando neste capítulo o Provimento 93/2020, que dispõe sobre o envio eletrônico dos documentos necessários para a lavratura de registros de nascimentos e de óbitos no período de pandemia.

a) a Portaria n. 188/GM/MS, de 04/02/2020, que declarou Emergência em Saúde Pública de Importância Nacional (ESPIN);

b) a Recomendação CNJ n. 45/2020, que dispõe sobre medidas preventivas para a redução dos riscos de contaminação com o novo coronavírus, causador da COVID-19, no âmbito das serventias extrajudiciais e da execução dos serviços notariais e de registro;

c) o princípio da continuidade dos serviços públicos e o fato de que os serviços notariais e de registro devem ser prestados, de modo eficiente e adequado em dias e horários estabelecidos pelo juízo competente, desde que atendidas as peculiaridades locais (art. 4º da Lei 8.935/1994).

Alerta-se que o Provimento CNJ nº 93/2020 foi revogado pelo Provimento CNJ nº 149/2023. No entanto, trago-o aqui com o intuito de informar que ele pode ser utilizado como exemplo e histórico no que tange ao registro em épocas pandêmicas.

2. JURISPRUDÊNCIA COMPLEMENTAR

SUPERIOR TRIBUNAL DE JUSTIÇA

EMENTA: Recurso Especial – Inexistência de negativa de prestação jurisdicional – Impossibilidade de análise de ofensa a atos normativos interna ***corporis*** – Reprodução humana assistida – Regulamentação – Atos normativos e administrativos – Prevalência da transparência e consentimento expresso acerca dos procedimentos – Embriões excedentários – Possibilidade de implantação, doação, descarte e pesquisa – Lei de biossegurança – Reprodução assistida *post mortem* – Possibilidade – Autorização expressa e formal – Testamento ou documento análogo – Planejamento familiar – Autonomia e liberdade pessoal –

1. A negativa de prestação jurisdicional não se configura quando todos os aspectos relevantes para o correto julgamento da causa são considerados pelo órgão julgador, estabelecendo-se, de modo claro e fundamentado, a compreensão firmada, ainda que em sentido diferente do desejado pelos recorrentes –

2. Nos termos do entendimento do STJ, é inviável, em recurso especial, a verificação de ofensa/aplicação equivocada de atos normativos interna *corporis*, tais como regimentos internos, por não estarem compreendidos no conceito de tratado ou lei federal, consoante a alínea "a" do inciso III do art. 105 da CF/1988 –

3. No que diz respeito à regulamentação de procedimentos e técnicas de reprodução assistida, o Brasil adota um sistema permissivo composto por atos normativos e administrativos que condicionam seu uso ao respeito a princípios éticos e constitucionais. Do acervo regulatório destaca-se a Resolução nº 2.168/2017 do Conselho Federal de Medicina, que impõe a prevalência da transparência, do conhecimento e do consentimento da equipe médica, doadores e receptores do material genético em todas as ações necessárias à concretização da reprodução assistida, desde a formação e coleta dos gametas e embriões, à sua criopreservação e seu destino –

4. Quanto ao destino dos embriões excedentários, a Lei da Biossegurança (Lei nº 11.105/2005) dispõe que poderão ser implantados no útero para gestação, podendo, ainda, ser doados ou descartados. Dispõe, ademais, que, garantido o consentimento dos genitores, é permitido utilizar células-tronco embrionárias obtidas da fertilização in vitro para fins de pesquisa e terapia –

5. Especificamente quanto à reprodução assistida *post mortem*, a Resolução CFM nº 2.168/2017, prevê sua possibilidade, mas sob a condição inafastável da existência de autorização prévia específica do(a) falecido(a) para o uso do material biológico criopreservado, nos termos da legislação vigente –

6. Da mesma forma, o Provimento CNJ nº 63 (art. 17, § 2º) estabelece que, na reprodução assistida *post mortem*, além de outros documentos que especifica, deverá ser apresentado termo de autorização prévia específica do falecido ou falecida para uso do material biológico preservado, lavrado por instrumento público ou particular com firma reconhecida –

7. O Enunciado nº 633 do CJF (VIII Jornada de Direito Civil) prevê a possibilidade de utilização da técnica de reprodução assistida póstuma por meio da maternidade de substituição, condicionada, sempre, ao expresso consentimento manifestado em vida pela esposa ou companheira –

8. O Planejamento Familiar, de origem governamental, constitucionalmente previsto (art. 196, § 7º e art. 226), possui natureza promocional, e não coercitiva, com fundamento nos princípios da dignidade da pessoa humana e da paternidade responsável, e consiste na viabilização de utilização de recursos educacionais e científicos, bem como na garantia de acesso igualitário a informações, métodos e técnicas de regulação da fecundidade –

9. O princípio da autonomia da vontade, corolário do direito de liberdade, é preceito orientador da execução do Planejamento Familiar, revelando-se, em uma de suas vertentes, um ato consciente do casal e do indivíduo de escolher entre ter ou não filhos, o número, o espaçamento e a oportunidade de tê-los, de acordo com seus planos e expectativas –

10. Na reprodução assistida, a liberdade pessoal é valor fundamental e a faculdade que toda pessoa possui de autodeterminar-se fisicamente, sem nenhuma subserviência à vontade de outro sujeito de direito –

11. O CC/2002 (art. 1.597) define como relativa a paternidade dos filhos de pessoas casadas entre si, e, nessa extensão, atribui tal condição à situação em que os filhos são gerados com a utilização de embriões excedentários, decorrentes de concepção homóloga, omitindo-se, contudo, quanto à forma legalmente prevista para utilização do material genético *post mortem* –

12. A decisão de autorizar a utilização de embriões consiste em disposição *post mortem*, que, para além dos efeitos patrimoniais, sucessórios, relaciona-se intrinsecamente à personalidade e dignidade dos seres humanos envolvidos, genitor e os que seriam concebidos, atraindo, portanto, a imperativa obediência à forma expressa e incontestável, alcançada por meio do testamento ou instrumento que o valha em formalidade e garantia –

13. A declaração posta em contrato padrão de prestação de serviços de reprodução humana é instrumento absolutamente inadequado para legitimar a implantação ***post mortem*** de embriões excedentários, cuja autorização, expressa e específica, haverá de ser efetivada por testamento ou por documento análogo –

14. Recursos especiais providos. (STJ – REsp nº 1.918.421 – São Paulo – Rel. Min. Marco Buzzi – DJ 26.08.2021)

TRIBUNAL DE JUSTIÇA DO ESTADO DO MATO GROSSO

Expediente CIA n. 0041504-08.2020.8.11.0000: Pedido de autorização para que serventias do Estado do Mato Grosso realizem atos de registro civil de povos indígenas residentes na Ilha do Bananal, Estado do Tocantins – Dificuldades de acesso dos indígenas às serventias tocantinenses – Possibilidade – Mitigação das regras previstas nos arts. 50 e 77 da LRP – Prevalência do princípio da dignidade da pessoa humana – Extensão da decisão a todas as serventias do Vale do Araguaia, em relação aos povos indígenas que se encontrem na mesma situação – Procedência.

Trata-se de expediente instaurado pela Procuradoria da República do Estado do Tocantins, na qual solicita autorização para que os cartórios de registros civis, situados nas cidades de São Félix do Araguaia, Luciara e Santa Teresinha, realizem atos referentes às certificações de nascimentos e óbitos dos povos indígenas residentes na Ilha do Bananal, Estado do Tocantins.

Relata que os povos indígenas Karajás estão encontrando dificuldades para concretizarem atos de registro civil, mais especificamente a confecção das certidões de nascimentos e óbitos, por parte do Cartório do 2º Ofício de Registro Civil, Pessoa Jurídica, Protestos e Tabelionato da Comarca de São Félix do Araguaia, o que pode causar impactos nas tradições daquela etnia.

Aduz que a negativa, por parte do registrador civil, de atendimento daquela população indígena se deve em razão da territorialidade, uma vez que aquela comunidade encontra-se situada no Estado do Tocantins, e a mencionada serventia extrajudicial está localizada no Estado de Mato Grosso.

Afirma que a negativa de acesso dos indígenas ao registro civil, pode impactar negativamente aquele povo, causando-lhe desestímulo aos partos domiciliares, conforme é do feitio da tradição Karajá, bem como poderá ocasionar maior risco de contaminação pelo vírus Covid-19, uma vez que o indígena precisaria, necessariamente, se deslocar cerca de 774 km para a sede do município mais próximo, sito, no Estado do Tocantins, o que poderia gerar incentivo ao fornecimento de declarações falsas, a exemplo do fornecimento de endereços na cidade de São Félix do Araguaia, Estado de Mato Grosso.

É o relatório.

Decido.

Conforme relatado, o expediente busca autorização para que as serventias extrajudiciais situadas nas cidades de São Félix do Araguaia, Luciara e Santa Teresinha, realizem atos referentes aos registros de nascimento e óbito dos povos indígenas residentes na Ilha do Bananal, Estado do Tocantins.

O pleito teve origem em virtude da negativa de confecção dos registros pelo registrador civil da Comarca de São Félix do Araguaia e, ao que tudo indica, lastreado no disposto no art. 50 da Lei n. 6.015/73, uma vez que as informações constantes da Declaração de Nascido Vivo – DNV, atestou que a criança nasceu na Aldeia Santa Isabel, localizada no município de Lagoa da Confusão – TO.

Do mesmo modo, consta dos autos, informação de que as certidões de óbitos não estariam sendo confeccionadas pela mencionada serventia extrajudicial, o que tem trazido transtornos para os indígenas residentes na Ilha do Bananal – TO.

Neste ponto, convém transcrever a redação dos dispositivos que tratam do registro de nascimento e óbito:

CAPÍTULO IV

Do Nascimento

Art. 50. Todo nascimento que ocorrer no território nacional deverá ser dado a registro, no lugar em que tiver ocorrido o parto ou no lugar da residência dos pais, dentro do prazo de quinze dias, que será ampliado em até três meses para os lugares distantes mais de trinta quilômetros da sede do cartório. (Redação dada pela Lei nº 9.053, de 1995)

CAPÍTULO IX

Do Óbito

Art. 77. Nenhum sepultamento será feito sem certidão do oficial de registro do lugar do falecimento ou do lugar de residência do de cujus, quando o falecimento ocorrer em local diverso do seu domicílio, extraída após a lavratura do assento de óbito, em vista do atestado de médico, se houver no lugar, ou em caso contrário, de duas pessoas qualificadas que tiverem presenciado ou verificado a morte. (Redação dada pela Lei n. 13.484/2017)

Urge consignar que, os mencionados dispositivos legais em questão não poderiam prever todas as hipóteses fáticas, notadamente pela grande extensão territorial de nosso País, principalmente, em Estados como o nosso e o do vizinho Tocantins, que possuem dimensões continentais, tal como foi asseverado no expediente, de cujo pronunciamento, destaca-se esta parte:

[...] Como é de conhecimento desta Coordenação Regional, é inviável que as famílias Karajá da Ilha do Bananal se desloquem para Lagoa da Confusão para a emissão de documentos. Na maior parte do ano o acesso se dá em uma viagem de 774 km, incluindo muitos trechos de estradas não pavimentadas e uma travessia de balsa. Sequer há uma linha que faça esse trajeto e, devido à pandemia, os ônibus não estão operando normalmente, sendo necessário que a pessoa faça baldeação em diferentes cidades, ocasionando uma viagem em que provavelmente será necessário pernoitar na estrada. Essa Viagem ainda implica na passagem pelo sul, do Pará, onde há muitos casos confirmados de coronavírus. Além do mais, esta viagem tem um custo que a maior parte das famílias Karajá não tem condições de pagar. Em contrapartida, o acesso à sede do município de São Félix do Araguaia se dá por barco, em um deslocamento de 10 minutos.

Vale ressaltar que somente a Aldeia Santa Isabel do Morro tem uma população superior a 900 pessoas, e há ainda aldeias menores, que estão ainda mais próximas à São Félix do Araguaia. Exigir que as demandas dos indígenas residentes na beira do Rio Araguaia sejam todas atendidas somente no município de Lagoa da Confusão é o mesmo que privá-los de seus direitos fundamentais. [...]. (Trecho extraído do Memorando n. 31/2020/CTL, constante do andamento n. 3, p. 7)

Assim, pelo disposto nos arts. 50 e 77 da Lei n. 6.015/73 e da forma como está escrito, vê-se que os dispositivos legais não dão respostas satisfatórias às indagações feitas pelo requerente, uma vez que não abarcam os casos posto aqui em debate, e como alerta o membro do Ministério Público Federal, poderia implicar até mesmo, em mudanças nos valores culturais da etnia Karajá, pois, com o intuito de simplificar a expedição da certidão de nascimento, as parturientes procurariam a cidade mais próxima de sua aldeia, quebrando-se assim aquela tradição de realização de parto domiciliar, peculiar daquele povo, aumentando-se em muito, a situação de vulnerabilidade daqueles que são os primeiros habitantes desta nação, conforme se infere do Memorando n. 30/2020/CTL, da Fundação Nacional do Índio – FUNAI, que por sua pertinência, reproduz-se este fragmento:

[...] 3. Como é de conhecimento desta Coordenação Regional, é inviável que as famílias Karajá da Ilha do Bananal se desloquem para algum município tocantinense para fazerem o RCN. Na maior parte do ano o acesso se dá em uma viagem de 774 km, incluindo uma travessia de balsa e a passagem pelo estado do Pará. Em contrapartida, o acesso à sede do município de São Félix do Araguaia se dá por barco, em um deslocamento de 10 minutos. A alternativa proposta pelo Tabelião foi que a família Karajá apresentasse um comprovante de residência de São Félix do Araguaia. ***Este impedimento do Cartório pode causar diversos danos ao povo Karajá, entre eles: desestimulo aos partos domiciliares conforme a tradição Karajá; maior fluxo de indígenas vindo para a cidade de São Félix do Araguaia para atendimentos de saúde, aumentando o risco de contaminação por Covid-19; necessidade de deslocamento para a sede dos municípios no Tocantins, passando pelo Pará onde há muitos casos confirmados de coronavírus e tendo um custo que a maior parte das famílias Karajá não podem pagar; incentivo ao fornecimento de informações falsas, como de endereços em São Félix do Araguaia, quando eles residem na Ilha do Bananal****. [...].* (Trecho extraído do Memorando n. 30/2020/CTL, andamento n. 3, p. 6). Destacamos

Com efeito, antes de adentrar na discussão acerca objeto deste procedimento, é imperativo esclarecer que as normas jurídicas são compostas por princípios e regras. E nesse ponto, deve ser enfatizado que as regras jurídicas possuem primazia sobre os princípios jurídicos, mas tão somente no sentido que representam o resultado ou o produto da ponderação entre princípios colidentes realizado por quem detém competência para tanto no Estado Democrático de Direito, podendo-se dizer, por conseguinte, que é apenas uma regra de precedência, na medida em que razões fortes podem afastar inclusive o texto literal de uma regra constitucional.

Nesse sentido, é necessário compreender que regras e princípios desempenham funções diferentes e complementares, e a obediência das regras justifica-se não só na ideia de autoridade – devem ser seguidas porque são leis – mas porque pré-determinam escolhas que eliminam controvérsias e incertezas, afastam ou reduzem arbitrariedades passíveis de surgimento na aplicação de valores morais diretamente pelos julgadores, significando dizer, pois, que a obediência às regras decorrente de sua força vinculante é um dever imperativo para a coordenação da vida em sociedade; eis que desempenham uma função essencial para fins de segurança jurídica, o que não significa dizer que não podem ser excepcionalmente superadas.

Assim, deve ser destacado as diferentes funções das normas dentro do sistema jurídico para fins de manutenção do equilíbrio, porquanto a estrutura das regras, ao impor condutas determinadas, contribui para segurança jurídica (previsibilidade e estabilidade do Direito), enquanto a estrutura dos princípios, mais flexível e aberta, liga-se diretamente à ideia de justiça, no sentido de que são instrumentos que servem para produzir justiça no caso concreto, havendo, portanto, uma relação de dependência mútua entre as espécies normativas, e essa particularidade assume relevância no caso de inserção de exceção a uma regra jurídica válida (decisão *contra legem*), cuja juridicidade decorre da força normativa dos princípios na argumentação jurídica da decisão.

Aliás, acerca do tema, eis a doutrina de Bustamante:

[...] Em um sistema jurídico de natureza dinâmica, as regras estabelecidas na legislação infraconstitucional não podem ser normas absolutas, ou seja, normas que prevejam uma hipótese de incidência fechada à qual

seria impossível admitir exceções. Se a distinção regra/princípio é adotada, então se deve reconhecer que as regras são normas superáveis. Os princípios constituem o material que será empregado na justificação da sua superabilidade. Há duas características dos princípios que são altamente relevantes para a superabilidade. Em primeiro lugar, os princípios, ao contrário das regras, constituem uma institucionalização imperfeita da moral, já que estabelecem apenas um fim ou valor a ser buscado, embora na máxima medida possível. Em segundo lugar, os princípios, tendo em vista o seu caráter axiológico mais acentuado, constituem o fundamento das regras jurídicas [...]. (Curso de Direito Constitucional, Thomas da Rosa de Bustamante, 2010, p. 163).

Nesse contexto, a **derrotabilidade** ou **superabilidade** da norma jurídica significa a possibilidade, no caso concreto, de uma norma ser afastada ou ter sua aplicação negada, sempre que uma **exceção relevante** se apresente, ainda que a norma tenha preenchido seus requisitos necessários e suficientes para que seja válida e aplicável, de forma que, em razão dessa teoria, toda norma, seja ela qualificada como regra ou princípio, está sujeita a exceções que não são previstas de forma exaustiva, podendo, em face da incidência da exceção, ser superada ou derrotada de acordo com o caso concreto e a argumentação desenvolvida.

Porém, é importante deixar esclarecido, que embora possa uma norma jurídica ser derrotada/afastada diante do caso concreto, ela não perde sua validade no ordenamento jurídico, porquanto tão somente é afastada no caso excepcional, mantendo-se a sua aplicabilidade nos casos ordinários, podendo ser citado como exemplo de derrotabilidade, o reconhecimento pelo Supremo Tribunal Federal da possibilidade de interrupção da gravidez em razão da anencefalia, pois, com a decisão foi superada/derrotada uma norma jurídica de Direito Penal proibitiva do aborto (salvo nos casos de gravidez decorrente de estupro ou para salvar a vida da gestante). Entretanto, o crime de aborto continua a existir e incidir normalmente nos casos tipificados no Código Penal.

Nesse particular, deve ser registrado que não é propriamente a norma que é derrotada ou excepcionada, embora a teoria difundida seja a derrotabilidade da norma, o que é derrotado ou superado é o enunciado normativo.

Enfim, volvendo-se à hipótese vertida neste procedimento, releva ponderar, a morte e o nascimento são partes da nossa condição humana, e assim como a comunidade festeja nascimento, não pode estar ausente quando a vida chega ao fim, de modo que o nascimento e o sepultamento são atos comunitários, quando nos alegramos com o surgimento de um novo ser e quando somos desafiados a enterrar com dignidade os mortos e consolar os enlutados. E nesse ponto, sendo a dignidade da pessoa humana não só um direito fundamental, mas também um dos cinco pilares em que se assenta o nosso Estado Democrático de Direito, ela deverá ser garantida em todas as situações da vida, e até na morte.

E, na espécie, em confronto às regras normativas insculpidas nos arts. 50 e 77, da Lei n. 6.015/73, nos casos trazidos por este procedimento, também está em jogo o direito à integridade moral dos povos indígenas, direito esse protegido pela Constituição Federal, havendo de ser considerado os valores culturais e as tradições que os respaldam, procurando-se assim, evitar os transtornos e abalos morais causado pela recusa à confecção dos registros públicos essenciais ao exercício da cidadania, o que pode influenciar, negativamente, no modo de vida daqueles que são os primeiros habitantes desta nação e muitas vezes esquecidos pelos Poderes Públicos.

Assim, o acesso à certidão de nascimento e ao registro do óbito, por ser documentos essenciais para acesso aos demais serviços públicos e, conforme já mencionado acima, condição de acesso ao exercício da cidadania, não pode haver qualquer entrave ao seu pleno acesso, principalmente em um país com graves desigualdades sociais e, por ser de inteira justeza a pretensão daqueles povos, que encontram suporte na Constituição Federal, mas para qual, conforme visto, infelizmente, ainda existem óbices na regulamentação infraconstitucional.

Dessa forma, entende-se pertinente a derrotabilidade daquelas normas jurídicas, tratadas por este expediente, uma vez que existe nos arts. 50 e 77 da Lei de Registros Públicos verdadeira proteção insuficiente (Untermassverbote), mormente porque o Estado deve agir na proteção de bens jurídicos de índole constitucional, como sói ser o caso em alusão.

O tema é melhor tratado na seara penal, contudo, não se afasta sua aplicação nesta esfera administrativa e, acerca do referido princípio, confira excerto da ementa do *Habeas Corpus* n. 104.410/RS, julgado pela Suprema Corte, cujo trecho que interessa segue adiante transcrito:

*[...] **Os direitos fundamentais não podem ser considerados apenas como proibições de intervenção (Eingriffsverbote)**, expressando também um postulado de proteção (Schutzgebote). Pode-se dizer que os direitos fundamentais expressam não apenas uma proibição do excesso (Übermassverbote), **como também podem ser traduzidos como proibições de proteção insuficiente ou imperativos de tutela (Untermassverbote)**. [...].* (STF. HC n. 104410 – Relator Ministro GILMAR MENDES, julgado em 06.03.2012, DJe 27/03/2012). Destacamos

Posto isso, **julgo procedente** este expediente, a fim de autorizar, que as serventias extrajudiciais dos municípios de São Félix do Araguaia, Luciara e Santa Teresinha, realizem atos referentes aos registros de nascimento e óbitos daqueles povos indígenas residentes na Ilha do Bananal, Estado do Tocantins, mesmo que os nascimentos ou óbitos ocorram no Estado vizinho, em observância ao princípio constitucional da dignidade da pessoa humana.

Autorizo ainda, a extensão dos efeitos desta decisão para as serventias que se encontram em toda extensão do Vale do Araguaia, em relação aos povos indígenas que se encontram na mesma situação aqui decidida.

Comunique-se as serventias mencionadas e o Ministério Público Federal, por e-mail endereçado no link a seguir; http://www.mpf.mp.br/mpfservicos, conforme requerido (andamento n. 3, p. 1), devendo constar o número do procedimento naquele órgão, qual seja, PA n. 1.36.000.000343/2020-18.

Cumpridas as formalidades legais, **arquive-se.**

Cuiabá, 28 de janeiro de 2021.

Desembargador JOSÉ ZUQUIM NOGUEIRA

Corregedor-Geral da Justiça

(assinado digitalmente) – – /(TJMT – Expediente CIA nº 0041504-08.2020.8.11.0000 – Rel. Des. José Zuquim Nogueira – Data de Julgamento 28.01.2021)

TRIBUNAL DE JUSTIÇA DO ESTADO DO RIO GRANDE DO SUL

EMENTA: SUPRIMENTO DE ASSENTO DE NASCIMENTO E CASAMENTO. POSSIBILIDADE. PEDIDO DE RETIFICAÇÃO DE REGISTRO CIVIL DE ASCENDENTE, A FIM DE OBTENÇÃO DA CIDADANIA ITALIANA. Faculta-se aos descendentes requerer o registro tardio de antepassado, em face da inexistência de certidão de batismo e/ ou registro público, quando à época do nascimento não havia Registro Civil das pessoas Naturais, nem era obrigatória a anotação no Cartório. Aplicável o disposto no art. 50, § 4º, da LRP. Comprovação do casamento religioso ocorrido em 1896, com a formação de prole e demonstração da vontade de constituição de família. Vínculo extinto pelo óbito do nubente. Certidão de óbito que declara o casamento e a existência de filhos. Possibilidade do Suprimento Judicial. APELO PROVIDO. (TJRS – Ap. Cív. 70045830650, 7ª C. Cível, Relator: Liselena Schifino Robles Ribeiro, Julgado em 28/03/2012)

3. QUESTÕES DE CONCURSOS

01. (TJ/AM – 2023 – TJ/AM - Titular de Notas e Serviços de Registros). Sobre o registro civil de nascimento, leia a sentença e marque a alternativa que completa corretamente e sequencialmente os espaços do enunciado, conforme o texto legal contido na Lei nº 6015/73: Todo ___________ que ocorrer no território nacional deverá ser dado a _________, no lugar em que tiver ocorrido _______ ou no lugar da residência dos pais, dentro do prazo de ______ dias, que será ampliado em até _______ meses para os lugares distantes mais de _______ quilômetros da sede do cartório.

a) óbito; averbação; a morte; vinte; três; trinta.

b) nascimento; registro; o parto; trinta; seis; dez.

c) óbito; registro; a morte; quinze; três; vinte.
d) nascimento; registro; o parto; quinze; três; trinta.

02. (VUNESP - 2023 - TJ-AL - Titular de Serviços de Notas e de Registros – Provimento) De acordo com a Consolidação Normativa Notarial e Registral da Corregedoria Geral da Justiça do Estado de Alagoas (CNNR-CGJ/AL), considere as seguintes afirmações sobre o registro de nascimento de indígena no Registro Civil das Pessoas Naturais:

I. O assento de nascimento de indígena não integrado é facultativo, e sua inscrição far-se-á no Livro "A".
II. O RANI – Registro Administrativo de Nascimento Indígena – apresentado pelo declarante ou pelo próprio registrando é documento hábil para proceder ao registro civil, sempre que contiver todos os elementos necessários para o registro de nascimento.
III. Todo o assento de nascimento de indígena realizado pelo registrador deverá ser, imediatamente, comunicado à FUNAI, para as providências necessárias ao registro administrativo, caso ainda não tenha sido feito.
IV. Não se registrarão prenomes suscetíveis de expor ao ridículo os seus portadores, todavia, deve o oficial do registro civil considerar a identidade étnica do registrando, que poderá ser lançada como sobrenome, a pedido do interessado.

Estão corretas

a) I, II e IV , somente.
b) I e III, somente.
c) I, II, III e IV.
d) I e II, somente.

03. (Vunesp – Titular de Serviços de Notas e Registros – TJ – SP – Provimento/2022) Sobre o registro de nascimento decorrente de reprodução assistida, conforme normativa vigente do Conselho Nacional de Justiça, é correto afirmar:

a) na hipótese de gestação por substituição, poderá eventualmente constar do registro o nome da parturiente, informado na DNV.
b) em se tratando de reprodução assistida post mortem, deverá ser apresentado termo de autorização prévia da pessoa falecida para uso do material biológico preservado, lavrado por instrumento público ou particular com firma reconhecida.
c) exige tal registro a prévia autorização do Juiz Corregedor Permanente.
d) o conhecimento da ascendência biológica poderá ensejar reconhecimento do vínculo de parentesco e dos respectivos efeitos jurídicos entre o doador ou a doadora e o filho gerado por meio da reprodução assistida.

04. (Vunesp – Outorga de Delegação de Notas e Registros – TJ – GO/2021) No tocante ao registro de nascimento de filho havido por técnicas de reprodução assistida, normatizado pelo Provimento nº 63/2017 do Conselho Nacional de Justiça, é correto afirmar que

Nota da autora: É relevante anotar que o Provimento CNJ n. 63/2017 foi conservado parcialmente, por conter anexos dos modelos de certidões. Todavia, seus dispositivos sobre a reprodução assistida foram incorporados aos arts. 512 a 515 do Provimento CNJ n. 149/2023, sem alteração legislativa, motivo pelo qual é possível aproveitar esta questão.

a) mesmo que casados os pais ou convivam em união estável, ambos deverão comparecer ao ato de registro.
b) no caso de filhos de casais homoafetivos, o assento de nascimento deverá ser adequado para que constem os nomes dos ascendentes, sem referência a distinção quanto à ascendência paterna ou materna.
c) o conhecimento da ascendência biológica importará no reconhecimento do vínculo de parentesco e dos respectivos efeitos jurídicos entre o doador ou a doadora e o filho gerado por meio da reprodução assistida.
d) em caso de gestação por substituição, constará do registro o nome da parturiente, informado na declaração de nascido vivo.

05. (Vunesp – Outorga de Delegação de Notas e Registros – TJ – GO/2021) Assinale a alternativa correta no tocante ao registro de indígena.

a) Em caso de dúvida fundada acerca do pedido de registro, não cabe ao Oficial exigir a presença de representante da Fundação Nacional do Índio – FUNAI.
b) Havendo fundada suspeita de fraude ou falsidade, o oficial de registro submeterá o caso ao Juiz Federal competente, comunicando-lhe os motivos da suspeita.
c) A pedido do interessado, poderão constar no assento de nascimento do registrando informações sobre sua naturalidade, como a aldeia de origem, o município de nascimento, declaração do registrando como indígena e a indicação da respectiva etnia.
d) É vedado constar, mesmo que a pedido do interessado, a etnia do registrando como seu sobrenome.

06. (FGV – Titular de Serviço de Notas e Registros – TJ – SC/2021) João e Antônio viviam em união estável homoafetiva há muitos anos, devidamente documentada em escritura pública, e decidiram ter um filho com o auxílio de técnicas de reprodução assistida. A gestação deu-se por substituição, o que foi detalhado em termo de compromisso específico, sendo Maria, doadora temporária do útero, a parturiente de Marta. Com o objetivo de proteger a esfera jurídica de Marta, João solicitou a opinião de um amigo a respeito de como deveria proceder no registro civil do nascimento, sendo-lhe informado que (I) é obrigatória a presença de João e Antônio ao Registro Civil das Pessoas Naturais; (II) serão indicados os ascendentes paternos e maternos, conforme João e Antônio, por mútuo acordo, sejam enquadrados em uma ou outra categoria; (III) o nome de Maria, referido na declaração de nascido vivo, não constará do registro; (IV) o oficial do Registro Civil das Pessoas Naturais processará o pedido e o encaminhará, para decisão, ao juízo competente.

À luz da sistemática legal e regulamentar vigente, em relação às informações fornecidas pelo amigo de João, está(ão) correta(s):

a) somente III;
b) somente IV;
c) somente I e IV;
d) somente I, II e III;
e) I, II, III e IV.

07. (Consulplan – Outorga e Delegação de Serviços Notariais e Registrais – TJ – MS/2019) Em relação ao registro de nascimento de indígena, assinale a alternativa correta de acordo com o Provimento 240 de 2020 (Código de Normas da Corregedoria-Geral de Justiça de MS).

a) No caso de registro de indígena, a etnia do registrando pode ser lançada como sobrenome, a pedido do interessado.
b) O Oficial deverá comunicar à FUNAI o assento de nascimento do indígena, em até 5 (cinco) dias úteis, para as providências necessárias ao registro administrativo.
c) O assento de nascimento de indígena não integrado no Registro Civil é obrigatório e sua inscrição será feita no Livro "A" com os requisitos do assento de nascimento.
d) O registrador não poderá exigir o Registro Administrativo de Nascimento Indígena – RANI ou a presença de representante da Fundação Nacional do Índio – FUNAI, mesmo nos casos em que houver dúvida acerca do pedido do registro.

08. (IESES – Cartório – Remoção – TJ – AM/2018) Todo nascimento que ocorrer no território nacional deverá ser dado a registro no cartório do lugar em que tiver ocorrido o parto, dentro de.......dias, ampliando-se até..............meses para os lugares distantes mais de trinta quilômetros da sede do cartório. Assinale a alternativa que preenche corretamente as lacunas em branco.

a) 45 dias; 6 meses.
b) 30 dias; 3 meses.
c) 10 dias; 2 meses.
d) 15 dias; 3 meses.

09. (EJEF – Tabelionato e Registro-MG/2007) Todo nascimento deverá ser registrado, quando:

a) ocorrer no território brasileiro, no lugar da residência dos avós.
b) ocorrer no território brasileiro, no lugar em que tiver ocorrido o parto ou no lugar da residência dos pais, no prazo de 30 dias.
c) ocorrer no território brasileiro, no lugar em que tiver ocorrido o parto ou no lugar da residência dos pais, no prazo de 15 dias.
d) ocorrer no estrangeiro, no prazo de até 3 meses.

10. (EJEF – Notário-MG/2011) Em regra, todo nascimento que ocorrer no território nacional deverá ser dado a registro, no lugar em que tiver ocorrido o parto ou no lugar de residência dos pais, no prazo legal de

a) 10 (dez) dias, podendo ser ampliado em até 3 (três) meses, para os lugares distantes mais de 20 (vinte) quilômetros da sede do cartório.
b) 15 (quinze) dias, podendo ser ampliado em até 2 (dois) meses, para os lugares distantes mais de 30 (trinta) quilômetros da sede do cartório.
c) 10 (dez) dias, podendo ser ampliado em até 6 (seis) meses, para os lugares distantes mais de 100 (cem) quilômetros da sede do cartório.
d) 15 (quinze) dias, podendo ser ampliado em até 3 (três) meses, para os lugares distantes mais de 30 (trinta) quilômetros da sede do cartório.

11. (EJEF – Notário-MG/2011) Em que lugar serão registradas as declarações de nascimento feitas após o decurso do prazo legal?

a) No lugar onde ocorreu o parto.
b) No lugar de residência da genitora.
c) No lugar escolhido pelos pais.
d) No lugar de residência do interessado.

12. (Cespe – Cartório – ES/2013) Suponha que um casal residente na comarca de Colatina – ES, após cem dias do nascimento do seu filho, dirija-se à comarca de Vitória – ES, local do parto, para realizar o registro civil de nascimento da criança. Nessa situação hipotética,

a) esgotado o prazo para o registro do nascimento, o requerimento do registro deverá ser assinado por duas testemunhas, bem como instruído com a prova inequívoca da veracidade da alegação.
b) tanto o cartório de Vitória – ES, lugar de ocorrência do parto, quanto o de Colatina – ES são competentes para o registro do nascimento.
c) sendo a comarca de Vitória – ES territorialmente incompetente para o registro de nascimento da criança, o ato, se efetivado, deverá ser declarado nulo de pleno direito, dada a aplicação analógica do regramento previsto para o registro de imóveis.
d) embora o cartório de Vitória – ES seja incompetente para o registro de nascimento da criança, o oficial de registro civil não poderá recusar a lavratura do ato, dada a sua função de prestador de serviço público.
e) embora a comarca de Vitória – ES seja territorialmente incompetente para o registro de nascimento, o ato de registro deve ser considerado válido, gerando apenas consequências no âmbito disciplinar ao oficial de registro.

13. (FCC – Cartório – TJ – PE/2013) No registro de nascimento da pessoa natural,

a) o prazo para declaração pelo pai é de 15 dias, que pode ser ampliado em até três meses para lugares a mais de trinta quilômetros de distância da sede do Registro Civil.
b) o assento de nascimento, no Registro Civil, de indígena não integrado à sociedade é obrigatório nos termos da Resolução Conjunta na 3 do Conselho Nacional de Justiça e do Conselho Nacional do Ministério Público.
c) não é possível a realização de seu assento nas dependências do Registro Civil sem a declaração de nascido vivo.
d) o assento de nascimento precisa conter os nomes e prenomes dos avós paternos e maternos.
e) a alteração do nome pode ser feita, como regra, pelo interessado, pessoalmente ou por procurador, a qualquer tempo, depois da maioridade.

14. (IBFC – Cartório – TJ – PR/2014) Quanto ao Registro de Nascimento, assinale a proposição correta:

a) Estão entre os requisitos para o registro de nascimento o sexo do registrando, o número da declaração de nascido vivo, a cor, o nome e o prenome atribuídos à criança.
b) Os oficiais do registro civil não registrarão prenomes suscetíveis de expor ao ridículo os seus portadores. Quando os pais não se conformarem com a recusa do Oficial, este submeterá por escrito o caso, mediante a cobrança dos emolumentos devidos, à decisão do Juiz competente.
c) Quando o Oficial tiver motivo para duvidar da declaração, poderá ir à casa do recém-nascido verificar a sua existência, ou exigir a atestação do médico ou da parteira que tiver assistido o parto, ou o testemunho de três pessoas que tiverem visto o recém-nascido.
d) Os índios, enquanto não integrados, não estão obrigados a inscrição do nascimento. Este poderá ser feito em livro próprio do órgão federal de assistência aos índios.

15. (Vunesp – Cartório – SP – Remoção/2016) Em relação ao registro de nascimento do indígena, assinale a alternativa correta.

a) É facultativo o assento de nascimento de indígena, integrado ou não, no Registro Civil das Pessoas Naturais.
b) Aplica-se o procedimento de registro tardio para a lavratura de assento de nascimento de indígena requerido por representante da Fundação Nacional do Índio – FUNAI.
c) A etnia do registrando poderá ser lançada como sobrenome, se assim for solicitado.
d) É vedado constar do assento que o registrando é indígena.

16. (IESES – Cartório – Provimento – TJ – RO/2017) Assinale a alternativa INCORRETA:

a) No caso de ter a criança nascido morta, será o registro feito no livro "C Auxiliar", com os elementos que couberem.
b) Todo nascimento que ocorrer no território nacional deverá ser dado a registro, no lugar em que tiver ocorrido o parto ou no lugar da residência dos pais, dentro do prazo de quinze dias, que será ampliado em até três meses para os lugares distantes mais de trinta quilômetros da sede do cartório.
c) Os índios, mesmo os não integrados, estão obrigados a inscrição do nascimento.
d) Quando o oficial tiver motivo para duvidar da declaração, poderá ir à casa do recém-nascido verificar a sua existência, ou exigir a atestação do médico ou parteira que tiver assistido o parto, ou o testemunho de duas pessoas que não forem os pais e tiverem visto o recém-nascido.

GAB								
	1	D	2	C	3	B	4	B
	5	C	6	A	7	A	8	D
	9	C	10	D	11	D	12	E
	13	A	14	D	15	C	16	C

Art. 51. Os nascimentos ocorridos a bordo, quando não registrados nos termos do artigo 65, deverão ser declarados dentro de cinco (5) dias, a contar da chegada do navio ou aeronave ao local do destino, no respectivo cartório ou consulado.

1. COMENTÁRIOS

Os nascimentos ocorridos a bordo de navio, aeronave e em campanha são regulamentados especificamente pelos artigos 51, 64 ao 66 e 84 da Lei de Registros Públicos e pelo art. 173 do Código Brasileiro de Aeronáutica (Lei 7.565/1986).

O nascimento ocorrido **a bordo de navio brasileiro** está previsto no art. 64, que tem a seguinte redação:

> **Art. 64.** Os assentos de nascimento em navio brasileiro mercante ou de guerra serão lavrados, logo que o fato se verificar, pelo modo estabelecido na legislação de marinha, devendo, porém, observar-se as disposições da presente Lei". O assento será feito no Diário de Bordo.

No que tange aos nascimentos ocorridos a **bordo de aeronaves brasileiras**, a regra encontra-se prevista no art. 173 do Código Brasileiro de Aeronáutica (Lei 7.565/1986):

> **Art. 173.** O comandante procederá ao assento, no Diário de Bordo, dos nascimentos e óbitos que ocorrerem durante a viagem, e dele extrairá cópia para os fins de direito.

O procedimento nesses dois casos deve seguir a regra inserta no art. 65 da Lei 6.015/1973:

> **Art. 65.** No primeiro porto a que se chegar, o comandante depositará imediatamente, na capitania do porto, ou em sua falta, na estação fiscal, ou ainda, no consulado, em se tratando de porto estrangeiro, duas cópias autenticadas dos assentos referidos no artigo anterior, uma das quais será remetida, por intermédio do Ministério da Justiça, ao oficial do registro, para o registro, no lugar de residência dos pais ou, se não for possível descobri-lo, no 1º Ofício do Distrito Federal. Uma terceira cópia será entregue pelo comandante ao interessado que, após conferência na capitania do porto, por ela poderá, também, promover o registro no cartório competente.
>
> Parágrafo único. Os nascimentos ocorridos a bordo de quaisquer aeronaves, ou de navio estrangeiro, poderão ser dados a registro pelos pais brasileiros no cartório ou consulado do local do desembarque.

Percebe-se que a **territorialidade** para tais registros de nascimento foge da regra do art. 50. Nos aludidos casos, a competência para tais registros é do **Oficial do lugar de residência dos pais**, ou, não sendo possível descobri-lo, o **1º Ofício do Distrito Federal**.

A norma do parágrafo único é destinada ao **nascimento a bordo de navio ou aeronave estrangeira**, e também estabelece outra exceção. Em tais casos, os pais poderão promover o registro no **cartório ou consulado do local do desembarque.**

O art. 51 contém **regra subsidiária**. Assim, se não for assentado o nascimento no Diário de Bordo ou quando não registrados nos termos do artigo 65, aplica-se o texto do artigo em comento. Neste caso, o prazo é excessivamente breve. São **5 (cinco) dias para o registro,** contados da chegada do navio ou aeronave ao local do destino, na respectiva serventia ou consulado.

A contagem do prazo é a mesma da lei civil (art. 132), ou seja, exclui-se o dia do começo e inclui-se o do vencimento.

Por derradeiro, o art. 66 estabelece regra no caso de **nascimento de filho de militar em campanha e o nascimento de filho de civil**, quando, em consequência de operações de guerra, não funcionarem os cartórios locais:

> **Art. 66.** Pode ser tomado assento de nascimento de filho de militar ou assemelhado em livro criado pela administração militar mediante declaração feita pelo interessado ou remetido pelo comandante da unidade, quando em campanha. Esse assento será publicado em boletim da unidade e, logo que possível, trasladado por cópia autenticada, ex officio ou a requerimento do interessado, para o cartório de registro civil a que competir ou para o do 1º Ofício do Distrito Federal, quando não puder ser conhecida a residência do pai.
>
> Parágrafo único. A providência de que trata este artigo será extensiva ao assento de nascimento de filho de civil, quando, em consequência de operações de guerra, não funcionarem os cartórios locais.

2. QUESTÃO DE CONCURSO

01. (IESES – Cartório – TJ – PB/2014) Os fatos concernentes ao registro civil, que se derem a bordo dos navios de guerra e mercantes, em viagem, e no exército, em campanha, serão imediatamente registrados e comunicados em tempo oportuno, por cópia autêntica, aos respectivos Ministérios, a fim de que, sejam ordenados os assentamentos, notas ou averbações nos livros competentes das circunscrições a que se referirem, através do:

a) Ministério da Defesa.
b) Ministério da Justiça.
c) Ministério das Relações Exteriores.
d) Chefe da Casa Civil.

GAB	1	B

Art. 52. São obrigados a fazer declaração de nascimento:

1º) o pai ou a mãe, isoladamente ou em conjunto, observado o disposto no § 2º do art. 54;

2º) no caso de falta ou de impedimento de um dos indicados no item 1º, outro indicado, que terá o prazo para declaração prorrogado por 45 (quarenta e cinco) dias;

3º) no impedimento de ambos, o parente mais próximo, sendo maior achando-se presente;

4º) em falta ou impedimento do parente referido no número anterior os administradores de hospitais ou os médicos e parteiras, que tiverem assistido o parto;

5º) pessoa idônea da casa em que ocorrer, sendo fora da residência da mãe;

6º) finalmente, as pessoas (VETADO) encarregadas da guarda do menor.

§ 1º Quando o oficial tiver motivo para duvidar da declaração, poderá ir à casa do recém-nascido verificar a sua existência, ou exigir a atestação do médico ou parteira que tiver assistido o parto, ou o testemunho de duas pessoas que não forem os pais e tiverem visto o recém-nascido.

§ 2º Tratando-se de registro fora do prazo legal o oficial, em caso de dúvida, poderá requerer ao Juiz as providências que forem cabíveis para esclarecimento do fato.

§ 3º O oficial de registro civil comunicará o registro de nascimento ao Ministério da Economia e ao INSS pelo Sistema Nacional de Informações de Registro Civil (Sirc) ou por outro meio que venha a substituí-lo.

1. COMENTÁRIOS

Este artigo trata do **dever** de fazer a declaração de nascimento, uma vez que o registro de nascimento é de interesse público e consiste na **principal fonte de estatística do governo**, servindo de base para suas **políticas públicas**. Além disso, é um ato necessário ao **exercício da cidadania.**

Como se sabe, o requerimento do interessado decorre do princípio da instância, já estudado no art. 13 desta obra.

Para rememorar, o **princípio da instância, da rogação ou da reserva iniciativa** é aquele pelo qual o registrador somente pode praticar registros e averbações se solicitado pelo interessado e não de ofício.

Mario de Carvalho Camargo Neto e Marcelo Salaroli de Oliveira conceituam a declaração de nascimento como o ato jurídico unilateral, uma manifestação de vontade livre e consciente, por agente capaz e legitimado, relativa a objeto lícito – nascimento real e ainda não registrado – e realizada na forma da lei. (Op. cit., p. 121).

Qualquer que seja a pessoa obrigada a declarar o nascimento, deve atentar para o prazo legal e as regras de competência já estudadas no art. 50.

1.1 IDENTIFICAÇÃO DO DECLARANTE

O oficial registrador, ao fazer a qualificação registral da declaração de nascimento, deve verificar a identidade do declarante por meio de documentos oficiais de identificação, a saber:

a) Identidade Civil Nacional – ICN, instituída pela Lei 13.444, de 11 de maio de 2017;

b) Carteira de identidade – registro geral (RG) – Lei 7.116/1983;

c) Carteira Nacional de Habilitação (CNH) – Lei 9.503/1997, inclusive em formato digital. Havia divergência se a CNH poderia ou não estar com o prazo de validade vencido. A doutrina em peso defendia a possibilidade sob o seguinte argumento: se utilizada somente para a finalidade específica de declaração de nascimento, a negativa estaria impossibilitando a prática de um ato essencial à cidadania. Pois bem, o Conselho Nacional de Justiça entendeu no PCA 0003423-07.2014.2.00.0000 que é desnecessária a verificação do prazo de validade da CNH para conferência dos atos notariais e registrais. Recentemente, o Contran (Conselho Nacional de Trânsito) decidiu que a CNH vencida pode ser usada como documento de identificação.

d) Carteiras expedidas pelos órgãos criados por lei federal, fiscalizadores do exercício profissional – Lei 6.206/1975;

e) Carteira de Trabalho e Previdência Social, modelo atual;

f) Há normativas estaduais, como a do Rio Grande do Sul, que permitem a identificação por meio de Certificado de Reservista, desde que contenha os elementos de identificação do portador. Mas a regra é a de que tal documento não é meio de prova de identidade.

g) Carteira de Identidade de militar das Forças Armadas, o documento de identificação de seus dependentes e pensionistas e o documento de identificação dos integrantes da Marinha Mercante. As normas estão prescritas no Decreto 8.518, de 18 de setembro de 2015. A carteira de identidade de militar das Forças Armadas é documento de identidade válido para todos os fins legais de identificação pessoal e funcional, com fé pública e validade em todo o território nacional.

h) Passaporte Brasileiro – art. 2º, Decreto 1.983/1996. Prevalece que este documento pode estar com prazo de validade expirado. Recomenda-se a consulta nas normativas estaduais. Demais disso, há certa desarmonia de entendimento no que se refere à necessidade de visto válido. Reinaldo Velloso e outros autores consagrados entendem que não há tal necessidade, sob pena de estar impossibilitando a prática de um ato essencial a cidadania. Há, porém, interessante consulta feita à Corregedoria-Geral de Justiça do Estado de São Paulo, sobre a admissibilidade da utilização do salvo-conduto na abertura de ficha-padrão, para o reconhecimento de firma de estrangeiro, bem como no registro de nascimento de filho de estrangeiro – Documento equivalente ao passaporte, de acordo com o Decreto nº 86.715/81 (atualmente revogado pelo Decreto nº 9.757, de 2019) – Resposta afirmativa, desde que, conjuntamente, seja apresentado documento pessoal que permita sua segura identificação. Segue na íntegra aludida consulta:

> PROCESSO Nº 2008/84896 – CAPITAL – MINISTÉRIO PÚBLICO FEDERAL – PROCURADORIA DA REPÚBLICA NO ESTADO DE SÃO PAULO – MINISTÉRIO PÚBLICO DO TRABALHO – PRT 2º REGIÃO – DEFENSORIA PÚBLICA DA UNIÃO EM SÃO PAULO – SUPERINTENDÊNCIA REGIONAL DO TRABALHO E EMPREGO EM SÃO PAULO (33/2011-E). TABELIONATO DE NOTAS e REGISTRO CIVIL DAS PESSOAS NATURAIS – Consulta sobre a admissibilidade da utilização do salvo-conduto na ABERTURA DE FICHA-PADRÃO, para o reconhecimento de firma DE ESTRANGEIRO, bem como no registro de nascimento de filho de estrangeiro – Documento equivalente ao passaporte, de acordo com o Decreto nº 86.715/81, que regulamentou a Lei dos Estrangeiros – Resposta afirmativa, desde que, conjuntamente, seja apresentado documento pessoal que permita sua segura identificação. Excelentíssimo Senhor Corregedor Geral da Justiça: Trata-se de consulta formulada pelo Ministério Público Federal, pelo Ministério Público do Trabalho, pela Defensoria Pública da União e pela Superintendência Regional do Trabalho e Emprego em São Paulo, quanto à possibilidade de que as unidades de serviço notarial e registral do Estado de São Paulo aceitem o 'SALVO CONDUTO' como documento hábil: a) Para o RECONHECIMENTO DE FIRMA de estrangeiros e b) Para o REGISTRO DE NASCIMENTO DE FILHOS de estrangeiros. Foram colhidas as manifestações do Colégio Notarial do Brasil – Seção de São Paulo – CNB/SP e da Associação dos Registradores de Pessoas Naturais do Estado de São Paulo – ARPEN/SP. É O RELATÓRIO. Opino. De acordo com o item 60, do Capítulo XIV, das Normas de Serviço da Egrégia Corregedoria Geral da Justiça, *'É obrigatória a apresentação do original de documento de identidade (Registro Geral; Carteira Nacional de Habilitação, modelo atual, instituído pela Lei número 9.503/97, com o prazo de validade em vigor; carteira de exercício profissional expedida pelos entes criados por Lei Federal, nos termos da Lei nº 6.206/75 ou PASSAPORTE que, na hipótese de estrangeiro, deverá estar com prazo do visto não expirado) para a abertura de ficha-padrão, vedada a apresentação destes documentos replastificados. Os tabeliães estão autorizados a extrair, às expensas dos interessados, cópia reprográfica do documento de identidade apresentado para preenchimento da ficha-padrão, na hipótese do próprio interessado não fornecer a cópia autenticada. Em qualquer caso, a cópia será devidamente arquivada com a ficha-padrão para fácil verificação'.* As Normas de Serviço da Egrégia Corregedoria Geral da Justiça exigem, portanto, que a ficha-padrão, com vistas ao reconhecimento de firma, só pode ser aberta mediante a apresentação do original de um documento de identificação pessoal do interessado, entre eles o passaporte, que, na hipótese de se tratar de estrangeiro, deverá estar com o prazo do visto não expirado. O PASSAPORTE, por igual razão, também é aceito como documento de identificação, para fins do registro de nascimento de filho de estrangeiro. O Decreto nº 86.715/81, que regulamentou a Lei nº 6.815/80, por seu turno, estabelece em seu artigo 11, § único, que *consideram-se como EQUIVALENTES AO PASSAPORTE o: I. "Laissez-passer", II. O salvo-conduto, III. A permissão de reingresso e IV. Outros documentos de viagem emitidos por governo estrangeiro ou organismo internacional reconhecido pelo Governo Brasileiro'.* Tendo em vista a equivalência entre os documentos em tela, reconhecida pelo Decreto nº 86.715/81, comporta, pois, acolhimento, embora com ressalvas, a pretensão formulada pelos consulentes, no sentido de que o SALVO-CONDUTO SEJA ACEITO pelos notários e registradores civis do Estado de São Paulo: a) por ocasião da abertura de ficha-padrão com vistas ao reconhecimento de firma de estrangeiro, b) BEM COMO para fins do registro de nascimento de filho de estrangeiro. Nessa mesma direção, aliás, as manifestações do Colégio Notarial do Brasil – Seção São Paulo – CNB/SP, e da Associação dos Registradores de Pessoas Naturais do Estado de São Paulo – ARPEN/SP. Conforme ressaltado por tais entidades de classe, o salvo-conduto, embora equivalente ao passaporte, não confere, porém, como este, a segurança necessária ao processo de identificação, não trazendo elementos precisos que assegurem ao Tabelião ou ao Oficial a indispensável certeza quanto à identidade daquele que o apresenta, o que pode colocar em risco a fé pública de que se reveste a atividade notarial e de registro. Tendo em vista referido contexto, a utilização do SALVO-CONDUTO pode ser admitida como elemento hábil à abertura de ficha padrão para o reconhecimento de firma de estrangeiro, bem como para o registro de nascimento de filho de estrangeiro, desde que, CONJUNTAMENTE, seja apresentado, pelo estrangeiro, documento pessoal que permita sua segura identificação. Ante o exposto, o parecer que respeitosamente submeto ao elevado critério de Vossa Excelência é no sentido de que a consulta em exame seja respondida no sentido da admissibilidade da utilização do salvo-conduto como elemento hábil à abertura de ficha-padrão para o reconhecimento de firma de estrangeiro, bem como para fins de registro de nascimento de filho de estrangeiro, desde que, conjuntamente, seja

apresentado, pelo estrangeiro, documento pessoal que permita sua segura identificação. *Sub censura*. São Paulo, 07 de fevereiro de 2011. (a) WALTER ROCHA BARONE Juiz Auxiliar da Corregedoria DECISÃO: Aprovo, com força normativa, o parecer do MM. Juiz Auxiliar da Corregedoria, por seus fundamentos, que adoto. Determino sua publicação, na íntegra, juntamente com esta decisão, para conhecimento geral. Ademais, remetam-se cópias aos interessados. São Paulo, 11 de fevereiro de 2011. (a) Des. CARLOS EDUARDO DE CARVALHO, Corregedor Geral da Justiça, em exercício. (D.J.E. de 21.02.2011)

i) Cédula de Identidade de Estrangeiro, com número do Registro Nacional de Estrangeiro (RNE) e/ou Carteira de Registro Nacional Migratório – CRNM, antiga CIE – Carteira de Identidade Estrangeira – Decreto nº 9.199, de 20 de novembro de 2017;

j) Identificação Estrangeira dos Países do Mercosul e Estados Associados, conforme anexo do Acordo sobre Documentos de Viagem dos Estados Partes do Mercosul e Estados Associados. São associados a Argentina, Bolívia, Paraguai, Uruguai, Equador, Chile, Colômbia, Peru e Venezuela;

k) Carteira de Identidade brasileira para os portugueses no Brasil, beneficiários do estatuto de igualdade. Serão fornecidos, para uso interno, documentos de identidade de modelos iguais aos dos respectivos nacionais, com a menção da nacionalidade do portador e referência ao presente Tratado – art. 22, Tratado da Amizade, Cooperação e Consulta.

l) Documento de Identidade de pessoa solicitante de refúgio – Decreto nº 9.277/2018 (Dispõe sobre a identificação do solicitante de refúgio e sobre o Documento Provisório de Registro Nacional Migratório);

Em breve resumo:

→ Considera-se documento de identidade a identificação civil nacional – ICN, instituída pela Lei 13.444, de 11 de maio de 2017, a carteira de identidade expedida pelos órgãos de identificação civil dos Estados, a Carteira Nacional de Habilitação instituída pela Lei 9.503/97, inclusive em formato digital, passaporte expedido pela autoridade competente, Carteira de Trabalho e Previdência Social, modelo atual, informatizado, e carteira de exercício profissional emitida pelos Órgãos criados por Lei Federal, nos termos da Lei 6.206/75, vedada a apresentação destes documentos replastificados.

→ Consideram-se documento de identidade da pessoa nacional de outro país ou apátrida, desde que contenham fotografia, o passaporte; o laissez-passer; a autorização de retorno; o salvo-conduto; a carteira de identidade de marítimo; a carteira de matrícula consular; o documento de identidade civil ou documento estrangeiro equivalente, quando admitidos em tratado de que o Brasil seja parte; o certificado de membro de tripulação de transporte aéreo; a carteira de Registro Nacional do Estrangeiro (RNE), expedido pela Polícia Federal, que passou ser denominado Registro Nacional Migratório (RNM); a carteira de Registro Nacional Migratório (RNM), inclusive em formato eletrônico.

→ Considera-se documento de identidade da pessoa solicitante de refúgio, de asilo, de registro nacional migratório, de reconhecimento de apatridia ou de acolhimento humanitário o documento comprobatório de que solicitou à autoridade competente, desde que contenha foto.

Reinaldo Velloso dos Santos sugere que "caso o declarante não esteja munido de um dos documentos acima referidos, mas sim de mera cópia simples ou autenticada, de documentos vencidos ou que não tenham valor como documento de identificação, ou até mesmo não esteja portando nenhum documento, nem seja conhecido do Oficial de Registro, deverão participar do ato pelo menos duas testemunhas, devidamente identificadas, que o conheçam e atestem sua identidade, nos termos do artigo 215 § 5º do Código Civil" (Op. cit., p. 57).

Também é possível utilizar a regra do art. 215, § 4º, do aludido Código, que tem a seguinte redação: 'Se qualquer dos comparecentes não souber a língua nacional e o tabelião não entender o idioma em que se expressa, deverá comparecer tradutor público para servir de intérprete, ou, não o havendo na localidade, outra pessoa capaz que, a juízo do tabelião, tenha idoneidade e conhecimento bastantes.

1.1.1 REGISTRO DE NASCIMENTO TARDIO E O CARTÃO DE VACINA

É possível considerar o cartão de vacina como documento para lavrar o registro de nascimento?

O caso ocorreu recentemente em Tocantins, onde um indígena de 31 anos, da etnia Apinajé e morador da Aldeia Águas Lindas, em Tocantinópolis, conquistou na Justiça o direito ao registro de nascimento tardio. A decisão da 1ª Vara Cível de Tocantinópolis **considerou o cartão de vacina, que contém os nomes dos pais e a data de nascimento, além de documentos pessoais de irmãos.** A Defensoria Pública fez o pedido, e a tramitação ocorreu com assistência gratuita e sem custas judiciais.

Foi apresentada uma **certidão negativa de registro** pelo Cartório de Tocantinópolis, e também foi constatado que o indígena não havia sido registrado pela Fundação Nacional dos Povos Indígenas – FUNAI ao nascer. Este é um caso de registro tardio de nascimento, e, em se tratando de indígena, as regras a serem obedecidas são as do art. 46 da Lei n. 6.015/1973 (Registros Públicos), que determina que as declarações de nascimento feitas após o prazo legal devem ser registradas no lugar de residência do interessado.

A Resolução Conjunta CNJ/CNMP n. 3/2012, que dispõe sobre o assento de nascimento de indígena no Registro Civil das Pessoas Naturais, também deve ser considerada nestes casos.

O magistrado, ao proferir a decisão, entendeu que diante das provas constantes nos autos, assiste razão ao Ministério Público, uma vez que, conforme documentos apresentados, especialmente o cartão de vacina, onde constam os nomes dos pais e data de nascimento, bem como documentos pessoais de seus irmãos, o pedido deve ser deferido, possibilitando que o requerente possa usufruir dos direitos da personalidade e obter uma vida mais digna.

1.1.2 IDENTIFICAÇÃO CIVIL NACIONAL – LEI 13.444/2017

A Identificação Civil Nacional (ICN) consiste no documento que unifica os dados biométricos e civis dos brasileiros.

É regra inserta no art. 2º que a ICN utilizará:

> I – a base de dados biométricos da Justiça Eleitoral;
>
> II – a base de dados do Sistema Nacional de Informações de Registro Civil (Sirc), criado pelo Poder Executivo federal, e da Central Nacional de Informações do Registro Civil (CRC Nacional), instituída pelo Conselho Nacional de Justiça, em cumprimento ao disposto no art. 41 da Lei nº 11.977, de 7 de julho de 2009;
>
> III – outras informações, não disponíveis no Sirc, contidas em bases de dados da Justiça Eleitoral, dos institutos de identificação dos Estados e do Distrito Federal ou do Instituto Nacional de Identificação, ou disponibilizadas por outros órgãos, conforme definido pelo Comitê Gestor da ICN.
>
> § 1º A base de dados da ICN será armazenada e gerida pelo Tribunal Superior Eleitoral, que a manterá atualizada e adotará as providências necessárias para assegurar a integridade, a disponibilidade, a autenticidade e a confidencialidade de seu conteúdo e a interoperabilidade entre os sistemas eletrônicos governamentais.
>
> § 2º A interoperabilidade de que trata o § 1º deste artigo observará a legislação aplicável e as recomendações técnicas da arquitetura dos Padrões de Interoperabilidade de Governo Eletrônico (e-Ping).

A ICN deverá unificar o Registro Geral (RG), o Título de Eleitor e o Cadastro de Pessoa Física (CPF). Esses documentos continuarão válidos, mas deverão ser substituídos quando perderem a validade. No que se refere à Carteira Nacional de Habilitação (CNH), esta não está abrangida porque pode ser retida em caso de infração, assim como o Passaporte, visto que é uma exigência de outros países.

Anote-se que fica vedada a comercialização, total ou parcial, da base de dados da ICN.

O Documento Nacional de Identidade (DNI) é criado com fé pública e validade em todo o território nacional e faz prova de todos os dados nele incluídos, dispensando a apresentação dos documentos que lhe deram origem ou que nele tenham sido mencionados. Referido documento pode ser emitido:

a) pela Justiça Eleitoral;

b) pelos institutos de identificação civil dos Estados e do Distrito Federal, com certificação da Justiça Eleitoral;

c) por outros órgãos, mediante delegação do Tribunal Superior Eleitoral, com certificação da Justiça Eleitoral.

No dia 11 de março de 2019, publicou-se o Decreto 9.723, que indica novas providências para a implantação do Documento Nacional de Identidade (DNI). Este decreto autoriza que o número do CPF substitua a apresentação de uma série de outros documentos, como a carteira de motorista, a carteira de trabalho, o certificado de alistamento militar e o cadastro no PIS/Pasep. A medida é considerada um "ato preparatório" à implantação do DNI, segundo o decreto.

O DNI também foi criado pela Lei 13.444, de 2017 e consiste em um documento virtual que unifica o Cadastro de Pessoas Físicas (CPF) com o título de eleitor.

Sobre o acesso à base de dados, previsto no art. 9º da Lei n. 14.382/2022, remete-se o leitor aos comentários do art. 46, § 6º, desta Lei de Registros Públicos.

1.2 CAPACIDADE DO DECLARANTE

É dever também do oficial constatar a **capacidade** do declarante. Mario de Carvalho Camargo Neto e Marcelo Salaroli propõem que diante da atribuição notarial que existe na recepção da declaração, o registrador deve zelar pela higidez do ato, verificando a capacidade natural do declarante, qual seja, sua capacidade de compreensão do ato praticado e suas consequências. De tal maneira, deve-se evitar que alguém, mesmo não interditado, que não apresente condições de compreender a extensão da prática do ato, declare o nascimento, devendo ser chamado outro legitimado a fazê-lo em seu lugar. Observe-se que esta análise não pode ser rigorosa a ponto de impedir a prática de um ato legítimo e obrigatório, devendo favorecer o registro de nascimento. Não se faz necessário que o declarante compreenda os detalhes de um registro de nascimento ou a exata finalidade deste, que estão além do alcance de grande parte da população, mas apenas que saiba que está declarando um nascimento para registro civil. (Op. cit., p. 125).

Em se tratando da declaração de nascimento dos **pais relativamente incapazes**, a doutrina dominante defende que eles podem declarar o nascimento

independentemente de assistência de seus pais, tutores e curadores porque se podem reconhecer a filiação no registro de nascimento independentemente de assistência, evidentemente poderão declarar o nascimento de um filho, que é dever dos pais e ato necessário ao exercício da cidadania. Esse entendimento é adotado também na maioria das normativas extrajudiciais.

São relativamente incapazes nos termos na nova redação do art. 4º do Código Civil, dada pela Lei 13.146/2015 (Estatuto do Deficiente):

> I – os maiores de dezesseis e menores de dezoito anos;
>
> II – os ébrios habituais e os viciados em tóxico;
>
> III – aqueles que, por causa transitória ou permanente, não puderem exprimir sua vontade;
>
> IV – os pródigos.
>
> Parágrafo único. A capacidade dos indígenas será regulada por legislação especial.

No que tange à declaração de nascimento dos **pais absolutamente incapazes**, a **representação** no ato faz-se necessária.

A **mãe absolutamente incapaz** é representada por seus pais ou curador na declaração de nascimento.

No caso de reconhecimento de maternidade, sendo ou estando a genitora absolutamente incapaz, o registro será feito mediante a apresentação da Declaração de Nascido Vivo (DNV) ou declaração médica que confirme a maternidade, com firma reconhecida.

Caso o **pai seja absolutamente incapaz** e não incida a presunção de paternidade do art. 1.597 do Código Civil, ele não tem legitimidade para reconhecer o filho. Assim, o reconhecimento da paternidade por absolutamente incapaz somente poderá ser efetivado por decisão judicial.

São absolutamente incapazes nos termos na nova redação do art. 3º do Código Civil, dada pela Lei 13.146/2015 (Estatuto do Deficiente), os menores de 16 (dezesseis) anos.

1.3 A PROVA DO NASCIMENTO PARA O REGISTRO, A PORTARIA 116/2009 E A DECLARAÇÃO DE NASCIDO VIVO (DNV) – LEI 12.662/2012

O § 1º do art. 52 é texto original da Lei de Registros Públicos e estipula que "quando o oficial tiver motivo para duvidar da declaração, poderá ir à casa do recém-nascido verificar a sua existência, ou exigir a atestação do médico ou parteira que tiver assistido o parto, ou o testemunho de duas pessoas que não forem os pais e tiverem visto o recém-nascido". Não era exigida a prova do *fato jurídico nascimento*, bastando sua declaração, competindo ao oficial, quando tivesse motivo para duvidar da declaração, se valer da regra do aludido § 1º do art. 52.

Tal conjuntura foi alterada, passando-se a exigir o **documento médico** ou a **declaração de duas testemunhas** para prova dos nascimentos como requisito para o respectivo registro.

Encontramos a primeira previsão legal de declaração de nascimento no art. 10, inciso IV, do Estatuto da Criança e Adolescente (Lei 8.069/1990), que assim dispôs:

> **Art. 10.** Os hospitais e demais estabelecimentos de atenção à saúde de gestantes, públicos e particulares, são obrigados a: IV – fornecer declaração de nascimento onde constem necessariamente as intercorrências do parto e do desenvolvimento do neonato.

O Ministério da Saúde, por meio de portarias, regulamentou e padronizou essa declaração, impondo a obrigatoriedade da emissão da Declaração de Nascido Vivo.

Atualmente, a DNV é regulada pela **Portaria 116, de 11 de fevereiro de 2009**, que prevê sua obrigatoriedade no art. 27 § 1º, e pela recente **Lei 12.662, de 5 de junho de 2012**, que assegurou sua obrigatoriedade e validade nacional.

A DNV tem validade em todo o território nacional até que seja lavrado o assento do registro do nascimento e é documento obrigatório para todos os nascimentos com vida ocorridos no País.

Frise-se que a Declaração de Nascido Vivo não substitui ou dispensa, **em qualquer hipótese**, o registro civil de nascimento, obrigatório e gratuito.

A DNV será válida exclusivamente para fins de elaboração de políticas públicas e lavratura do assento de nascimento.

Os dados colhidos nas Declarações de Nascido Vivo serão consolidados em sistema de informação do Ministério da Saúde. Tais dados poderão ser compartilhados com outros órgãos públicos, para elaboração de estatísticas voltadas ao desenvolvimento, avaliação e monitoramento de políticas públicas, respeitadas as normas do Ministério da Saúde sobre acesso a informações que exigem confidencialidade.

Ademais, o sistema de informação do Ministério da Saúde deverá assegurar a interoperabilidade com o sistema de registro eletrônico determinado pela Lei nº 11.977, de 7 de julho de 2009, de modo a permitir a troca de dados com os serviços de registro civil de pessoas naturais e deverá assegurar a interoperabilidade com o Sistema Nacional de Informações de Registro Civil (Sirc).

Conforme o art. 3º da Lei 12.662/2012, a emissão da DNV compete ao **profissional de saúde responsável pelo acompanhamento da gestação, do parto ou do recém-nascido**, inscrito no Cadastro Nacional de Estabelecimentos de Saúde – CNES ou no respectivo Conselho profissional.

O art. 27 da Portaria 116/2009 possui um rol mais amplo, prevendo que a emissão da DNV é da competência dos profissionais de saúde, ou **parteiras tradicionais responsáveis pela assistência ao parto** ou ao recém-nascido (reconhecidas e vinculadas a unidades de Saúde), no caso dos partos hospitalares ou domiciliares com assistência.

O art. 54, § 3º da Lei 6.015/1973 ainda possibilita a emissão de DNV pelo **oficial**, ao prever que, nos nascimentos frutos de partos **sem assistência de profissionais da saúde ou parteiras tradicionais**, a Declaração de Nascido Vivo será emitida pelos Oficiais de Registro Civil que lavrarem o registro de nascimento, sempre que haja demanda das Secretarias Estaduais ou Municipais de Saúde para que realizem tais emissões.

No mesmo sentido, a regra do parágrafo único do art. 7º do Provimento 28 do CNJ incorporada ao art. 486, parágrafo único do Código Nacional de Normas que prescreve sobre **o registro de nascimento de criança com menos de três anos de idade.**

> **Art. 486, parágrafo único:** No registro de nascimento de criança com menos de 3 (três) anos de idade, nascida de parto sem assistência de profissional da saúde ou parteira tradicional, a Declaração de Nascido Vivo será preenchida pelo Oficial de Registro Civil que lavrar o assento de nascimento e será assinada também pelo declarante, o qual se declarará ciente de que o ato será comunicado ao Ministério Público.

Dialoga com a temática, a regra do item 9º do art. 54 da Lei 6.015/1973, alterado pela Lei 9.997/2000, que passou a obrigar que no registro conste os nomes e prenomes, a profissão e a residência das duas testemunhas do assento, quando se tratar de parto ocorrido **sem assistência médica em residência ou fora de unidade hospitalar ou casa de saúde.**

Também é dever do oficial, nos cinco dias após o **registro do nascimento ocorrido fora de maternidade ou estabelecimento hospitalar**, fornecer ao Ministério Público da Comarca, os dados da criança, dos pais e o endereço onde ocorreu o nascimento.

O art. 4º da Lei 12.662/2012 estabelece que a Declaração de Nascido Vivo deverá conter número de identificação nacionalmente unificado, a ser gerado exclusivamente pelo Ministério da Saúde, além dos seguintes dados:

> I – nome e prenome do indivíduo;
>
> II – dia, mês, ano, hora e Município de nascimento;
>
> III – sexo do indivíduo;
>
> IV – informação sobre gestação múltipla, quando for o caso;
>
> V – nome e prenome, naturalidade, profissão, endereço de residência da mãe e sua idade na ocasião do parto;
>
> VI – nome e prenome do pai; e
>
> VII – outros dados a serem definidos em regulamento.
>
> § 1º O prenome previsto no inciso I não pode expor seu portador ao ridículo.
>
> § 2º Caso não seja possível determinar a hora do nascimento, prevista no inciso II, admite-se a declaração da hora aproximada.
>
> § 3º A declaração e o preenchimento dos dados do inciso VI são facultativos.
>
> § 4º A Declaração de Nascido Vivo deverá conter inscrição indicando que o registro civil de nascimento permanece obrigatório, não sendo substituído por esse documento.

1.4 LEGITIMIDADE PARA A DECLARAÇÃO DE NASCIMENTO

A ordem do art. 52 para fazer a declaração de nascimento é **sucessiva**. Assim, o próximo só possui a legitimação para declarar o nascimento quando o antecessor estiver impossibilitado de fazer.

1.4.1 OS PAIS

Os pais são os primeiros e principais legitimados a declarar o nascimento. Essa obrigação tem fundamento no **dever de assistência aos filhos menores e no princípio da paternidade responsável** (artigos 226, parágrafo 7º e 229 da Constituição Federal).

No dia 30 de março de 2015 foi editada a Lei 13.112, que **permite à mulher, em igualdade de condições, proceder ao registro de nascimento de seu filho**. Sendo assim, este novo comando legal alterou **expressamente** o artigo 52 da Lei 6.015/73. Desta maneira, a ordem de preferência estipulada nos itens 1º e 2º do artigo em comento, que era do pai, caiu por terra.

Todavia, a ordem de preferência estipulada nos itens 1º e 2º do antigo artigo 52 já era considerada inconstitucional, uma vez que ofendia o art. 5º, inciso I, e art. 226, 5º da Constituição Federal. Dessa forma, entendia a esmagadora maioria da doutrina e a Escola Nacional de Direito Notarial e de Registros – ENNOR, na Orientação de número 12

> A ordem de preferência dos itens 1º e 2º do artigo 52 da Lei 6.015/73 não foi recepcionada pela Constituição Federal que prevê igualdade entre o homem e a mulher, não cabendo mais a preferência dada ao pai sobre a mãe na ordem de legitimação para a declaração do nascimento dentro do prezo de 15 (quinze dias), persistindo a ampliação do prazo dada à mãe.

Assim, antes mesmo da edição da Lei 13.112/2015, a obrigação de fazer a declaração de nascimento era **conjunta do pai e da mãe,** os quais poderiam realizar a declaração isoladamente, observados os prazos legais (art. 50).

Tratando-se de **filho havido na constância do casamento** no qual incida a presunção do art. 1.597 do Código Civil, basta o comparecimento de um dos genitores, que deverá estar portando a Declaração de Nascido Vivo (DNV) e a certidão de casamento atualizada.

No registro **de filhos havidos fora do casamento** não serão considerados o estado civil e, ou, eventual parentesco dos genitores, cabendo ao oficial velar unicamente pelo atendimento da declaração por eles manifestada e a uma das seguintes formalidades:

a) genitores comparecem, pessoalmente, ou por intermédio de procurador com poderes específicos, ao Registro Civil das Pessoas Naturais, para efetuar o assento, do qual constará o nome dos genitores e dos respectivos avós;

b) apenas a mãe comparece com declaração de reconhecimento ou anuência do pai à efetivação do registro;

c) apenas o pai comparece, mas munido da Declaração de Nascido Vivo (DNV), ou declaração médica que confirme a maternidade, com firma reconhecida.

Se ocorrer parto domiciliar sem assistência de profissionais de saúde, não haverá DNV. Neste caso, é imprescindível a participação de duas testemunhas com a devida identificação.

1.4.2 DEMAIS LEGITIMADOS À DECLARAÇÃO DE NASCIMENTO

Havendo a apresentação da Declaração de Nascido Vivo (DNV), e na impossibilidade de os genitores declararem, a obrigação de declarar o nascimento poderá ser feita por qualquer dos legitimados indicados no art. 52 da Lei 6.015/73.

1.5 DA DECLARAÇÃO POR MEIO DE PROCURADOR

O declarante pode se valer da representação para a declaração de nascimento, desde que a procuração não seja de poderes gerais. Neste caso, é imprescindível que o declarante outorgue **procuração com poderes especiais** para declarar específico nascimento ao registro. Assim, a procuração deve individualizar o nascimento, com todos os dados possíveis.

A procuração deverá ser feita por instrumento público ou particular, **reconhecida a firma do signatário.**

As regras sobre a declaração por meio de procurador são estabelecidas nas normas específicas de cada Estado. Vale transcrever o art. 680 do Código de Normas Parte Extrajudicial da Corregedoria-Geral de Justiça do Rio de Janeiro, que trata de forma abrangente a temática das procurações:

> Art. 680. Em se tratando de registro de nascimento de filho de pais que não sejam casados entre si, o registro do filho poderá ser realizado:
>
> I – pelo pai, mediante apresentação do original do seu documento de identidade e da mãe da criança, dispensada a presença da genitora;
>
> II – pela mãe, mediante a apresentação de declaração de reconhecimento subscrita pelo pai, por escrito particular, com firma reconhecida por autenticidade ou pela via eletrônica por plataforma autorizada, ou por escritura pública, ficando o documento arquivado no serviço; e
>
> III – por procurador com poderes específicos, constituído por instrumento público ou particular com a firma do signatário reconhecida por autenticidade ou pela via eletrônica por plataforma autorizada, ficando o documento arquivado no serviço.
>
> § 1º. Fica dispensada a legalização da procuração lavrada em consulado brasileiro no exterior (art. 1º, *caput* e §§ 1º e 2º, do Decreto nº 8.742/2016).
>
> § 2º. Quando se tratar de procuração lavrada por notário estrangeiro, deverá o traslado estar devidamente legalizado no consulado brasileiro ou apostilado, traduzido por tradutor juramentado, se for o caso, e registrado o original e a tradução no serviço de registro de títulos e documentos.
>
> § 3º. As procurações serão arquivadas em pasta própria do serviço pelo mesmo período de guarda das DNV s, fazendo-se remissões recíprocas no assento e na procuração arquivada, constando do assento a circunstância de que a parte foi representada por procurador, com menção à data, livro, folha, número do termo e serviço onde foi lavrada, quando se tratar de instrumento público.
>
> § 4º. Estando o genitor preso ou cumprindo medida socioeducativa, terá validade o original da procuração ou declaração, quando a assinatura for abonada pelo diretor do presídio, do estabelecimento da internação ou pela autoridade policial competente, dispensado o reconhecimento de firma do agente público.
>
> § 5º. As declarações do parágrafo anterior serão arquivadas em pasta própria no serviço, fazendo-se remissões recíprocas no assento e na declaração arquivada, constando do assento menção à data, livro, folha, número do termo e serviço onde foi lavrada, quando se tratar de instrumento público.

1.6 DO REGISTRO POR MANDADO JUDICIAL

Examinado o registro de nascimento feito mediante requerimento do interessado, que é a forma mais comum de declaração, trataremos agora do registro por ordem judicial.

O registro pode ser feito mediante mandado judicial quando for o caso de:

a) Adoção;

b) Registro Tardio em que haja suspeita de fraude;

c) Regularização do Registro Civil prevista no art. 102 do Estatuto da Criança e do Adolescente;

d) Restauração e Suprimento de Registro estabelecidos no art. 109 da Lei 6.015/1973.

Saliente-se que, não obstante a origem jurisdicional do título, é de rigor sua qualificação registral. Trata-se de posição unânime na doutrina e questão já enfrentada pela jurisprudência.

O Conselho Superior da Magistratura do Estado de São Paulo possui entendimento consolidado neste sentido, elucidando que "a circunstância de exibir-se a inscrição título de origem judicial não implica isenção dos requisitos registrários, incumbindo ao registrador: a) verificar a competência (absoluta) da autoridade judiciária; b) aferir a congruência do que se ordena ao registro com o processo respectivo; c) apurar a presença das formalidades documentais; d) examinar se o título esbarra em obstáculos propriamente registrários (por exemplo: legalidade, prioridade, especialidade, consecutividade". (Apelação Cível 30.657-0/2). Todavia, é vedado ao Oficial adentrar no mérito da decisão.

No que se refere à adoção e ao registro tardio, tais matérias já foram apreciadas respectivamente nos comentários dos arts. 29, inciso VIII, e 46 desta Lei.

Analisaremos agora a regularização do registro civil prevista no art. 102 do Estatuto da Criança e do Adolescente – ECA.

Nesta hipótese o registro será lavrado por ordem judicial, proferida pelo Juízo da Infância e Juventude, obedecidos os requisitos do § 1º do art. 102 do ECA. Assim, verificada a inexistência de registro anterior, o assento de nascimento da criança ou adolescente será feito à **vista dos elementos disponíveis.** Tais registros e suas certidões são **isentos de multas, custas e emolumentos, gozando de absoluta prioridade.**

Caso ainda não definida a paternidade, será deflagrado procedimento específico destinado à sua averiguação (indicação do suposto pai), conforme previsto pela Lei de Investigação de Paternidade (Lei 8.560/1992).

Se os pais não forem conhecidos, aplica-se, no que se refere ao nome, o art. 488, § 5º do Provimento CNJ 149/2023: Se não houver elementos nos termos do presente artigo para se estabelecer ao menos um dos genitores, o registro deverá será lavrado sem a indicação de filiação.

Ausente a identificação dos genitores, será adotado o sobrenome indicado pelo registrando, se puder se manifestar, ou, em caso negativo, pelo requerente do registro tardio.

É **dispensável** o ajuizamento de ação de investigação de paternidade pelo Ministério Público se, após o não comparecimento ou a recusa do suposto pai em assumir a paternidade a ele atribuída, a criança for encaminhada para adoção.

Demais disso, pode ser lavrado o registro mediante mandado judicial na hipótese do art. 109 da Lei 6.015/1973 (Restauração e Suprimento de Registro).

Julgado procedente o pedido de restauração e suprimento de registro, o Juiz ordenará que se expeça mandado para que seja lavrado, restaurado e retificado o assentamento, indicando, com precisão, os fatos ou circunstâncias que devam ser retificados, e em que sentido, ou os que devam ser objeto do novo assentamento.

O art. 9º do Provimento 23/2012, incorporado ao art. 205 do Código Nacional de Normas e alterado recentemente pelo Provimento CNJ n. 180/2024, estabelece relevante preceito acerca do processamento da restauração em localidade diversa daquela do registro a ser restaurado, a saber:

> **Art. 205, Prov. CNJ n. 149/2023.** A restauração do assentamento no Registro Civil a que se refere o artigo 109, e seus parágrafos, da Lei n. 6.015/73, poderá ser requerida perante o juízo do foro do domicílio da pessoa legitimada para pleiteá-la e será processada na forma prevista na referida lei e nas normas editadas pela Corregedoria-Geral da Justiça do ente federativo em que formulado e processado o requerimento, dispensado o "cumpra-se" do juiz corregedor a que estiver subordinado o Registro Civil das Pessoas Naturais em que lavrado o assento a ser restaurado, quando se tratar de jurisdição diversa, desde que seja possível a verificação de sua autenticidade.

1.7 DO REGISTRO NA MATERNIDADE

O combate ao sub-registro é fundamental para o exercício da cidadania. As pessoas sem registro não podem trabalhar com carteira assinada, não recebem nenhum benefício do Estado, não têm acesso à educação, à saúde ou a qualquer serviço público indispensável, não têm acesso à Justiça, não votam nem são votados, não podem contrair matrimônio. A certidão de nascimento abre as portas ao exercício de todos esses direitos (Conselho Nacional de Justiça. Pedido de providências nº 200810000017182. Voto da relatora Andréa Maciel Pachá. (Disponível em www.cnj.jus.br).

Já foram abordados nesta obra os mecanismos e as principais iniciativas de combate ao sub-registro. Agora, faz-se necessário invocar o Provimento n. 13/2010 da Corregedoria Nacional de Justiça do CNJ, que foi **incorporado aos arts. 445 a 460 do Código Nacional de Normas** e trata das Unidades Interligadas nos estabelecimentos de saúde, sem alteração legislativa.

Com o advento do Provimento 13/2010, a emissão de certidão de nascimento nos estabelecimentos de saúde que realizam partos é feita por meio da utilização de sistema informatizado que, via rede mundial de computadores, os interligue às serventias de registro civil existentes nas Unidades Federativas e que aderiram ao Sistema Interligado, a fim de que a mãe e/ou a criança receba alta hospitalar já com a certidão de nascimento.

Note-se que, essa adesão ao Sistema Interligado é **facultativa**, não obrigando o registrador a manter tal serviço na maternidade.

O art. 445, § 1º do Código Nacional de Normas, estabelece o conceito de "Unidade Interligada". Veja-se:

> O posto de remessa, recepção de dados e impressão de certidão de nascimento que funciona em

estabelecimentos de saúde que realizam partos e que está conectado pela rede mundial de computadores às serventias de registro civil das pessoas naturais é denominado "Unidade Interligada.

Frise-se que a Unidade Interligada que conecta estabelecimento de saúde aos serviços de registro civil **não é considerada sucursal,** não infringindo, portanto, a regra do art. 43 da Lei 8.935/1994, pois relaciona-se com diversos cartórios.

Segundo o provimento, todo processo de comunicação de dados entre a Unidade Interligada e os cartórios de registro civil das pessoas naturais, via rede mundial de computadores, deverá ser feito com o uso de certificação digital, desde que atenda aos requisitos da Infraestrutura de Chaves Públicas Brasileira – ICP.

A implantação das Unidades Interligadas dar-se-á mediante **convênio firmado entre o estabelecimento de saúde e o(s) registrador (es) da cidade ou distrito onde estiver localizado o estabelecimento**, com a supervisão e a fiscalização das Corregedorias Gerais de Justiça dos Estados e Distrito Federal, bem como da Corregedoria Nacional de Justiça.

Em relação ao cadastramento, a A Unidade Interligada deverá ser cadastrada no Sistema Justiça Aberta mediante solicitação à Corregedoria Nacional de Justiça, formulada por qualquer dos registradores conveniados. A solicitação deverá ser conter certificação digital e ser encaminhada para o endereço: abertaextrajudicial@cnj.jus.br.

Em relação aos prepostos, a regra é clara. O profissional da Unidade Interligada que operar, nos estabelecimentos de saúde, os sistemas informatizados para transmissão dos dados necessários à lavratura do registro de nascimento e emissão da respectiva certidão será **escrevente preposto do registrador**, contratado nos termos do artigo 20 da Lei 8.935/1994. Caso os registradores interessados entendam possível a aplicação analógica do disposto no art. 25-A da Lei nº 8.212, de 24 de julho de 1991, o escrevente preposto poderá ser contratado por consórcio simplificado, formado pelos registradores civis interessados.

Na hipótese de o estabelecimento de saúde estar localizado em cidade ou distrito que possua **mais de um registrador civil**, e inexistindo consenso para que preposto de apenas um deles, ou preposto contratado por meio de consórcio, atue na unidade interligada, faculta-se a execução do serviço pelo sistema de rodízio entre substitutos ou escreventes prepostos, no formato estabelecido pelos próprios registradores e comunicado à Corregedoria-Geral de Justiça da respectiva unidade da federação.

Não poderá ser obstada a adesão à Unidade Interligada de qualquer registrador civil do município ou distrito no qual se localiza o estabelecimento de saúde que realiza partos, desde que possua os equipamentos e certificados digitais necessários ao processo de registros de nascimento e emissão da respectiva certidão pela rede mundial de computadores.

A adesão do registrador civil a uma Unidade Interligada será feita mediante convênio, cujo instrumento será remetido à Corregedoria Nacional de Justiça nos moldes dos parágrafos 1º e 2º do artigo 446 do Provimento 149/2023.

No caso de o cartório responsável pelo assento ser **diverso** daquele que remunera o preposto atuante na unidade interligada, o ato será cindido em duas partes. A primeira será praticada na unidade integrada e formada pela qualificação, recebimento das declarações e entrega das certidões; a segunda será praticada pelo cartório interligado responsável pelo assento e formada pela conferência dos dados e a lavratura do próprio assento. Nesta hipótese, o ressarcimento pelo registro de nascimento deve ser igualmente dividido, na proporção de metade para o registrador ou consórcio responsável pela remuneração do preposto que atua na unidade interligada, e metade para o registrador que efetivar o assento.

Caso o operador da unidade interligada seja remunerado por pessoa diversa dos registradores ou de seus consórcios, o ressarcimento será feito na proporção de metade para o(s) registrador(es) responsável(is) pelo credenciamento do preposto que atua na unidade interligada, e metade para o registrador que efetivar o assento.

Relevante é a observação de Mario de Carvalho Camargo e Marcelo Salaroli de Oliveira de que o Provimento 13 (atual 149/2023), **não altera a atribuição territorial para o registro de nascimento, prevista no artigo 50 da LRP – no lugar em que tiver ocorrido o parto ou no lugar da residência dos pais** –, de forma que, caso a Unidade Interligada seja operada por registrador que não tem atribuição para a circunscrição do local do parto (estabelecimento hospitalar), este somente poderá lavrar o registro em seus livros caso os pais residam em sua circunscrição, do contrário deverá obrigatoriamente remeter o registro ao cartório competente para o local do parto ou da residência dos pais. Caso não aja dessa forma, o registrador pratica ato para o qual não tem competência, descumprindo a lei, o que configura infração disciplinar sujeita às penas legais, nos termos do artigo 30, inciso I, da Lei 8.935/1994 (Op. cit., p. 184).

Caso não ocorra a designação do preposto na forma legal, o art. 448 traz a solução, a saber:

> Art. 448. Não ocorrendo a designação de preposto na forma do art. 452, poderão ser indicados empregados pelos estabelecimentos de saúde, o qual deverá ser credenciado pelo menos por um registrador civil da cidade ou do distrito no qual funcione a unidade interligada.

§ 1.º No caso da indicação prevista no *caput* deste artigo, e sem prejuízo do disposto no art. 22 e nos seguintes da Lei 8.935, de 1994, em relação aos credenciadores, o estabelecimento de saúde encaminhará termo de compromisso para a Corregedoria-Geral de Justiça (CGJ) de sua unidade da federação, pelo qual se obriga a:

I – responder civilmente pelos erros cometidos por seus funcionários;

II – noticiar à autoridade competente a ocorrência de irregularidades quando houver indícios de dolo; e

III – aceitar a supervisão pela Corregedoria-Geral de Justiça (CGJ) e pela Corregedoria Nacional de Justiça sobre os empregados que mantiver na Unidade Interligada.

§ 2.º Cópia da comunicação do estabelecimento de saúde à Corregedoria-Geral de Justiça (CGJ), com o respectivo comprovante da entrega, permanecerá arquivada na unidade interligada.

§ 3.º O Juízo competente para a fiscalização do serviço solicitará, de ofício ou a requerimento de registrador civil, a substituição de tais empregados quando houver indícios de desídia ou insuficiência técnica na operação da unidade interligada.

Por meio deste artigo, está-se impondo ao registrador a aceitação de um preposto indicado pelo estabelecimento hospitalar, o que não se pode imaginar. Este funcionário não é de escolha do registrador, não está a ele subordinado, tampouco é por ele supervisionado, mas meramente credenciado, de forma que não há como considerá-lo preposto do registrador nos termos do artigo 20 da Lei 8.935/1994. Tampouco é possível imaginar que haja qualquer responsabilidade do registrador por atos de tal funcionário, conforme o artigo 22 da mesma Lei. Vê-se que ao registrador compete apenas o credenciamento e a solicitação da substituição do funcionário quando houver indícios de desídia ou insuficiência técnica. Não se tratando de preposto do registrador, como está claro, em que pese a tentativa da redação, verifica-se que o artigo 4º padece de grave vício, por ferir de morte a fé pública e a segurança jurídica. São os ensinamentos de Mario de Carvalho Camargo e Marcelo Salaroli de Oliveira (Op. cit., p. 185).

Neste aspecto, o art. 450 do Provimento 149/2023 é bastante relevante, pois estabelece que todos os profissionais das unidades interligadas que forem operar os sistemas informatizados, inclusive os empregados dos estabelecimentos de saúde credenciados na forma deste Código Nacional de Normas, devem ser previamente credenciados junto a registrador civil conveniado da unidade e capacitados de acordo com as orientações fornecidas pelo registrador conveniados à unidade ou por suas entidades representativas, sem prejuízo de parcerias com a Secretaria de Direitos Humanos da Presidência da República e supervisão pelas corregedorias locais e pela Corregedoria Nacional de Justiça. O art. 451 do Provimento estabelece **as incumbências** dos profissionais que atuarão nas Unidades Interligadas. São elas:

Art. 451 Aos profissionais que atuarão nas Unidades Interligadas incumbe:

I – receber os documentos comprobatórios da declaração de nascimento, por quem de direito, na forma deste Código de Normas;

II – acessar o sistema informatizado de registro civil e efetuar a transmissão dos dados preliminares do registro de nascimento;

III – receber o arquivo de retorno do cartório contendo os dados do registro de nascimento;

IV – imprimir o termo de declaração de nascimento, colhendo a assinatura do declarante e das testemunhas, se for o caso, na forma do art. 37 e seguintes da Lei nº 6.015, de 1973;

Para dialogar: Art. 451, § 2º As assinaturas apostas no termo de declaração de nascimento de que trata o inciso IV deste artigo **suprem** aquelas previstas no "*caput*" do art. 37 da Lei nº 6.015, de 1973.

V – transmitir o Termo de Declaração para o registrador competente;

VI – imprimir a primeira via da certidão de nascimento, já assinada eletronicamente pelo Oficial de Registro Civil competente com o uso de certificação digital;

VII – apor o respectivo selo, na forma das respectivas normas locais, se atuante nas unidades federativas onde haja sistema de selo de fiscalização;

VIII – zelar pela guarda do papel de segurança, quando obrigatória sua utilização.

Em registro de nascimento de criança apenas com a **maternidade estabelecida**, o profissional da Unidade Interligada facultará à respectiva mãe a possibilidade de declarar o nome e prenome, profissão, identidade e residência do suposto pai, reduzindo a termo a declaração positiva ou negativa. O oficial do registro deve remeter ao juiz competente de sua Comarca certidão integral do registro, a fim de ser averiguada a procedência da declaração positiva (Lei nº 8.560/1992).

Em relação aos selos, as unidades federativas, quando empreguem o sistema de selos de fiscalização, fornecerão os documentos às unidades interligadas, na forma de seus regulamentos, sob critérios que evitem a interrupção do serviço registral.

Saliente-se que, juntamente com o termo de declaração previsto no inciso V do aludido artigo, deverá ser remetida a digitalização dos documentos colhidos. Veja-se:

Art. 455. Os documentos listados no art. 456, V, e no art. 458, serão digitalizados pelo profissional da Unidade Interligada e remetidos ao cartório de registro civil das pessoas naturais, por meio eletrônico, com observância dos requisitos da Infraestrutura de Chaves Públicas Brasileira (ICP).

Parágrafo único. O oficial do registro civil, recebendo os dados na forma descrita no *caput*, deverá conferir a adequação dos documentos digitalizados para a lavratura do registro de nascimento e posterior transmissão do termo de declaração para a unidade interligada.

Os funcionários indicados pelo estabelecimento hospitalar (art. 451) deverão ainda se ater aos procedimentos previstos nos artigos 452, 453, 457, 458 e 459 do Provimento 149/2023, sendo oportuno transcrevê-los para uma melhor compreensão do tema:

> **Pessoas legitimadas que devem declarar o nascimento – Unidade Interligada**
>
> Art. 452. O profissional da Unidade Interligada que operar o sistema recolherá do declarante do nascimento a documentação necessária para que se proceda ao respectivo registro.
>
> § 1.º Podem declarar o nascimento perante as unidades interligadas:
>
> I – o pai maior de 16 anos de idade, desde que não seja absolutamente incapaz, ou pessoa por ele autorizada mediante instrumento público; e
>
> II – a mãe maior de 16 anos, desde que não seja absolutamente incapaz.
>
> § 2.º Caso a mãe seja menor de 16 anos de idade, ou absolutamente incapaz, ou esteja impedida de declarar o nascimento, seus representantes legais podem fazê-lo.
>
> § 3.º A paternidade somente poderá reconhecida voluntariamente:
>
> I – por declaração do pai, desde que maior de 16 anos de idade e não seja absolutamente incapaz;
>
> II – por autorização ou procuração do pai, desde que formalizada por instrumento público; e
>
> III – por incidência da presunção do art. 1.597 do Código Civil, caso os pais sejam casados.
>
> **Documentos exigidos para o registro de nascimento por intermédio da Unidade Interligada**
>
> Art. 453. O registro de nascimento por intermédio da Unidade Interligada depende, em caráter obrigatório, da apresentação de:
>
> I – Declaração de Nascido Vivo (DNV), com a data e local do nascimento;
>
> II – documento oficial de identificação do declarante;
>
> III – documento oficial que identifique o pai e a mãe do registrando, quando participem do ato;
>
> IV – certidão de casamento dos pais, na hipótese de serem estes casados e incidir a presunção do art. 1.597 do Código Civil; e
>
> V – termo negativo ou positivo da indicação da suposta paternidade firmado pela mãe, nos termos do § 1.º do art. 389 deste Código, quando ocorrente a hipótese.
>
> § 1.º O registro de nascimento solicitado pela Unidade Interligada será feito em cartório da cidade ou distrito de residência dos pais, se este for interligado, ou, mediante expressa opção escrita do declarante e arquivada na unidade interligada, em cartório da cidade ou distrito em que houver ocorrido o parto.
>
> § 2.º Caso o cartório da cidade ou distrito de residência dos pais não faça parte do sistema interligado, e não haja opção do declarante por cartório do lugar em que houver ocorrido o parto, deve-se informar ao declarante quanto à necessidade de fazer o registro diretamente no cartório competente.

Já sabemos que o ato normativo do CNJ não alterou a atribuição territorial para o registro de nascimento prevista no art. 50 da Lei nº 6.015/1973. Mesmo quando for declarado perante a Unidade Interligada, a regra é que o registro de nascimento seja lavrado na serventia com atribuição para a circunscrição onde residem os pais ou no local em que ocorreu o parto, que é o local do estabelecimento hospitalar. Conclui-se que o art. 453, § 1º do Provimento 149/2023 apenas fixou uma **regra suplementar** com o fito de garantir o direito de escolha do local do registro ao declarante.

> **Certidão de nascimento emitida no sistema da Unidade Interligada**
>
> Art. 457. A certidão do assento de nascimento conterá a identificação da respectiva assinatura eletrônica, propiciando sua conferência na rede mundial de computadores pelo preposto da unidade interligada, que nela aporá a sua assinatura, ao lado da identificação do responsável pelo registro, antes da entrega aos interessados.
>
> Parágrafo único. A certidão somente poderá ser emitida depois de assentado o nascimento no livro próprio de registro, ficando o descumprimento deste dispositivo sujeito às responsabilidades previstas no art. 22/24 e art. 31 e nos seguintes da Lei 8.935, de 1994, e art. 47 da Lei 6.015, de 1973.
>
> Art. 458. A certidão de nascimento deverá ser entregue, pelo profissional da Unidade Interligada, ao declarante ou interessado, nos moldes padronizados, sempre antes da alta da mãe e/ou da criança registrada.
>
> Art. 459. O profissional da Unidade Interligada, após a expedição da certidão, enviará em meio físico, ao registrador que lavrou o respectivo assento, a DNV e o Termo de Declaração referidos no art. 451, V, e art. 453, I, deste Código de Normas.
>
> Parágrafo único. Os cartórios de registro civil das pessoas naturais que participem do Sistema Interligado deverão manter sistemática própria para armazenamento dos documentos digitais referidos no art. 451, V, e art. 453 deste Código de Normas. E arquivo físico para o armazenamento dos termos de declaração de nascimento e respectivas DNVs.
>
> **Inconsistência ou dúvida na documentação**
>
> Art. 456. O oficial do registro civil responsável pela lavratura do assento, frente à inconsistência ou dúvida em relação à documentação ou declaração, devolverá ao profissional da Unidade Interligada, por meio do sistema informatizado, o requerimento de registro, apontando as correções ou diligências necessárias à lavratura do registro de nascimento.

1.8 COMUNICAÇÃO DO REGISTRO DE NASCIMENTO PELO OFICIAL REGISTRADOR AO MINISTÉRIO DA ECONOMIA E AO INSS

Incluído pela Lei 13.846, de 2019, resultante da Medida Provisória n. 871, o § 3º do art. 52 em comento, estabelece que o oficial de registro civil comunicará o registro de nascimento ao Ministério da Economia e ao INSS pelo Sistema Nacional de Informações de Registro Civil (Sirc) ou por outro meio que venha a substituí-lo.

Entre outros dispositivos, a Lei alterou o artigo 68 da Lei n. 8.212/1991, que dispõe sobre o Plano de Custeio da Previdência Social, para determinar que:

Art. 68. O Titular do Cartório de Registro Civil de Pessoas Naturais deve remeter ao INSS, em até 1 dia útil, pelo Sirc – Sistema Nacional de Informações de Registro Civil ou por outro meio que venha a substituí-lo, a relação dos nascimentos, dos natimortos, dos casamentos, dos óbitos, das averbações, das anotações e das retificações registradas na serventia. Aos Municípios que não dispõem de provedor de conexão à internet ou de qualquer meio de acesso à internet, fica autorizada a remessa da relação em até 5 dias úteis.

Para os **registros de nascimento e de natimorto**, constarão das informações, obrigatoriamente, a inscrição no CPF – Cadastro de Pessoas Físicas, o sexo, a data e o local de nascimento do registrado, bem como o nome completo, o sexo, a data e o local de nascimento e a inscrição no CPF da filiação.

Já para os **registros de casamento e de óbito**, constarão das informações, obrigatoriamente, a inscrição no CPF, o sexo, a data e o local de nascimento do registrado, bem como, caso disponíveis, os seguintes dados:

a) número do cadastro perante o PIS – Programa de Integração Social ou o Pasep – Programa de Formação do Patrimônio do Servidor Público;
b) NIT – Número de Identificação do Trabalhador;
c) número de benefício previdenciário ou assistencial, se a pessoa falecida for titular de qualquer benefício pago pelo INSS;
d) número de registro da Carteira de Identidade e respectivo órgão emissor;
e) número do título de eleitor;
f) número e série da CTPS – Carteira de Trabalho e Previdência Social.

No caso de **não haver sido registrado** nenhum nascimento, natimorto, casamento, óbito, averbação, anotação ou retificação no mês, o Titular do Cartório de Registro Civil de Pessoas Naturais deverá comunicar este fato ao INSS até o 5º dia útil do mês subsequente.

2. QUESTÕES DE CONCURSOS

01. (EJEF – Tabelionato e Registro-MG/2007) São obrigados a fazer a declaração de nascimento, EXCETO:
a) o pai.
b) em falta ou impedimento do pai, a mãe.
c) no impedimento de ambos, o parente mais próximo, mesmo sendo menor, porém achando-se presente.
d) os administradores de hospitais ou os médicos e parteiras que tiverem assistido o parto.

02. 2.(IESES – Cartório – Remoção – TJ – RO/2017) O nome do pai constante da Declaração de Nascido Vivo:
a) Constitui prova incontestável da paternidade, podendo ser lançado no registro de nascimento nos termos da legislação civil vigente.
b) Não constitui prova ou presunção da paternidade, somente podendo ser lançado no registro de nascimento quando verificado nos termos da legislação civil vigente.
c) Constitui prova da paternidade, quando acompanhada de declaração verbal da genitora, podendo ser lançado no registro de nascimento nos termos da legislação civil vigente.
d) Constitui presunção da paternidade, podendo ser lançado no registro de nascimento nos termos da legislação civil vigente

03. (IESES – Notário-MA/2011) Quanto ao registro do nascimento, assinale a alternativa correta:
a) Estão entre os requisitos para o registro de nascimento o sexo do registrando, o número da declaração de nascido vivo, a cor, o nome e o prenome atribuídos à criança.
b) Os oficiais do registro civil não registrarão prenomes suscetíveis de expor ao ridículo os seus portadores. Quando os pais não se conformarem com a recusa do oficial, este submeterá por escrito o caso, mediante a cobrança dos emolumentos devidos, à decisão do Juiz competente.
c) Os índios, enquanto não integrados, não estão sujeitos a inscrição do nascimento, que deverá ser feito em livro próprio do órgão federal de assistência aos índios.
d) Quando o oficial tiver motivo para duvidar da declaração, poderá ir à casa do recém-nascido verificar a sua existência, ou exigir a atestação do médico ou parteira que tiver assistido o parto, ou o testemunho de duas pessoas que não forem os pais e tiverem visto o recém-nascido.

04. (IESES – Cartório – TJ – RO/2012) Assinale a afirmação INCORRETA quanto ao registro civil de pessoas naturais:
a) Pode ser tomado assento de nascimento de filho de militar ou assemelhado em livro criado pela administração militar mediante declaração feita pelo interessado ou remetido pelo comandante da unidade, quando em campanha.
b) São obrigados a fazer declaração de nascimento, entre outros, o pai; na falta ou impedimento do pai, a mãe, sendo neste caso o prazo para declaração prorrogado por sessenta (60) dias; e no impedimento de ambos, o parente mais próximo, sendo maior achando-se presente.
c) O nome do pai constante da Declaração de Nascido Vivo não constitui prova ou presunção da paternidade, somente podendo ser lançado no registro de nascimento quando verificado nos termos da legislação civil vigente.
d) Não constituem motivo para recusa, devolução ou solicitação de retificação da Declaração de Nascido Vivo por parte do Registrador Civil das Pessoas Naturais, divergência parcial ou total entre o nome do recém-nascido constante da declaração e o escolhido em manifestação perante o registrador no momento do registro de nascimento, prevalecendo este último.

GAB	1	C	2	B	3	D	4	B

Art. 53. No caso de ter a criança nascido morta ou no de ter morrido na ocasião do parto, será, não obstante, feito o assento com os elementos que couberem e com remissão ao do óbito.

§ 1º No caso de ter a criança nascido morta, será o registro feito no livro "C Auxiliar", com os elementos que couberem.

§ 2º No caso de a criança morrer na ocasião do parto, tendo, entretanto, respirado, serão feitos os dois assentos, o de nascimento e o de óbito, com os elementos cabíveis e com remissões recíprocas.

1. COMENTÁRIOS

O art. 53, *caput* e § 1º, prevê o registro de **natimorto.**

Natimorto é a denominação dada ao feto que morreu dentro do útero ou durante o parto, ou seja, quando ocorre óbito fetal.

O Manual de Instruções para o preenchimento da Declaração de Nascido Vivo da Secretaria de Vigilância em Saúde, do Ministério da Saúde (disponível em: http://svs.aids. gov.br/download/manuais/Manual_Instr_Preench_DN_jan.pdf), estabelece que óbito fetal é a morte de um produto da concepção, antes da expulsão ou da extração completa do corpo da mãe, independentemente da duração da gravidez. Indica o óbito o fato de o feto, depois da separação, não respirar nem apresentar nenhum outro sinal de vida, como batimentos do coração, pulsações do cordão umbilical ou movimentos efetivos dos músculos de contração voluntária.

Para **fins registrários**, a interrupção da gravidez que justifica a emissão de declaração de óbito fetal e, consequentemente, o registro de natimorto, é a prevista no art. 19, III, da Portaria 116/2009 da Secretaria de Vigência em Saúde do Ministério da Saúde, a saber:

> **Art. 19.** A competência para a emissão da DO será atribuída com base nos seguintes parâmetros:
>
> III – Nos óbitos fetais, os médicos que prestaram assistência à mãe ficam obrigados a fornecer a DO quando a gestação tiver duração igual ou superior a 20 (vinte) semanas, ou o feto tiver peso corporal igual ou superior a 500 (quinhentos) gramas, e/ou estatura igual ou superior a 25 (vinte e cinco) centímetros.

Antes da vigésima semana de gestação, se o feto morre, ocorre um aborto espontâneo. Caso ocorra depois, ao feto dá-se o nome de natimorto. Outras interpretações médico-legais estabelecem o limite temporal na 24ª semana de gravidez.

O assento de natimorto será feito com os elementos que couberem no **Livro "C Auxiliar"**, em conformidade com o art. 33, V, da Lei 6.015/1973.

O registro do natimorto era relevante para os fins dos arts. 877 e 878 do Código de Processo Civil de 1973, que previam a posse em nome do nascituro. O novo CPC aboliu esta figura e esses dispositivos supracitados não têm correspondência no Código atual. Hoje, ele é importante para os fins do art. 2º do Código Civil, que estabelece que 'a lei põe a salvo, desde a concepção, os direitos do nascituro.' Nesse caso, o registro do natimorto **prova o fim da gestação e, consequentemente, a aludida proteção aos direitos do nascituro.**

Sobre os **direitos de personalidade** do natimorto, o enunciado da **I Jornada de Direito Civil do Conselho da Justiça Federal de 2002,** reconhece, no art. 2º, que "a proteção que o Código Civil defere ao nascituro alcança o natimorto no que concerne aos direitos da personalidade, tais como: nome, imagem e sepultura".

Oportuno ainda mencionar o **Enunciado 03 da ARPEN-SP,** que estabelece que "a atribuição de nome ao natimorto é facultativa, mas, uma vez registrado o nome, não será possível registrar outro filho com o mesmo prenome, devendo ser usado então duplo prenome ou nome completo diverso".

Por sua vez, as Normas de Serviço Extrajudicial de São Paulo incluíram o item 32 no Capítulo XVII, que autoriza a **atribuição de nome ao natimorto.** Veja-se:

> "Em caso de natimorto, **facultado o direito de atribuição de nome**, o registro será efetuado no livro "C-Auxiliar", com o índice em nome do pai ou da mãe, dispensando o assento de nascimento."

Não é outro o entendimento do enunciado 124 da **II Jornada de Solução e Prevenção Extrajudicial de Litígios:**

> **Enunciado 124.** É direito dos genitores o registro do natimorto com inclusão de nome e demais elementos de registro, independentemente de ordem judicial, sempre que optarem por seu sepultamento, nas hipóteses em que tal providência não for obrigatória.

⊙ Recentemente, indo ao encontro da doutrina majoritária e das prescrições nas normativas extrajudiciais, o **Enunciado 2 da I Jornada de Direito Notarial e Registral** preceitua que 'não obstante a ausência de previsão legal, é facultado aos pais a atribuição de nome ao natimorto, a ser incluído em registro que deverá ser realizado no Livro C-Auxiliar.'Justificativa: O nome, incluindo o prenome e o sobrenome, é um dos direitos inerentes à personalidade, segundo o artigo 16 do Código Civil de 2002. A personalidade civil começa no nascimento com vida, conforme dispõe o artigo 2º do Código Civil de 2002, em seu artigo 2º. Entretanto, o mesmo artigo ressalva os direitos do nascituro que, apesar de ainda não ter personalidade, tem a expectativa de sua aquisição, gozando dos direitos que lhe são inerentes. O natimorto, assim como o nascituro, não adquiriu personalidade jurídica. Entretanto, entende-se que para fins de proteção jurídica, o natimorto se equipara ao nascituro, com base no princípio da dignidade da pessoa humana, positivado no artigo 1º, inciso III, da Constituição Federal de 1988. A dignidade da pessoa humana é uma qualidade intrínseca e distintiva de cada ser humano que o faz merecedor do mesmo respeito e consideração por parte do Estado e da comunidade, implicando, neste sentido, um complexo de direitos e deveres fundamentais que assegurem a pessoa tanto contra todo e qualquer ato de cunho degradante e desumano, como venham a lhe garantir as condições existenciais mínimas para uma vida saudável, além de propiciar e promover sua participação ativa e corresponsável nos destinos da própria existência e da vida em comunhão com os demais seres humanos (CUNHA JÚNIOR, Dirley da. Curso de Direito Constitucional. Salvador: Juspodivm. 3. ed. 2009, p.527-528.). Assim, o natimorto, como ser humano, também merece a proteção do ordenamento jurídico. Outra não é a orientação doutrinária: Nascituro. É pessoa por nascer, já concebida no ventre materno (Teixeira de Freitas, Esboço, art. 53). Antes de nascer o nascituro não tem personalidade jurídica, mas tem natureza humana (humanidade), razão de ser de sua proteção jurídica pelo CC. Natimorto. É aquele que nasceu morto que, segundo o CC 2º não adquiriu personalidade jurídica e, consequentemente, não se tornou sujeito de direito (v., abaixo, *coments. Prelims.* Ao CC 11). Mesmo não havendo nascido com vida, ou seja, não tendo adquirido personalidade jurídica, o natimorto tem humanidade e por isso recebe proteção jurídica do sistema de direito privado, pois a proteção da norma ora comentada a ele se estende, relativamente aos direitos de personalidade (nome, imagem, sepultura, etc). (NERY JUNIOR, Nelson e NERY, Rosa Maria Andrade. Código Civil Comentado. São Paulo: Revista dos Tribunais. 2005. 3. ed. p.162.) O referido entendimento, inclusive, foi defendido na 1ª Jornada de Direito Civil do Superior Tribunal de Justiça, realizada em setembro de 2002, oportunidade em que foi aprovada a seguinte tese: A proteção que o Código confere ao nascituro alcança o natimorto, no que concerne dos direitos da personalidade, tais como nome imagem e sepultura Ainda que não tenha nascido com vida, o natimorto, como indivíduo único, que goza de proteção jurídica, pode receber um nome para que possa ser plenamente identificado. Não se pode olvidar, ainda, a situação dos pais do natimorto. O sofrimento pela perda do filho esperado, a quem certamente já foi adjudicado um nome durante a gestação, acredita-se, é minorado pela possibilidade de registro do filho com o nome escolhido. Tal sofrimento não pode ser irrelevante para o Direito, também merecendo proteção. Vale consignar, acerca do tema, excerto de artigo de autoria do Desembargador do Tribunal de Justiça de Pernambuco Jones Figueirêdo Alves, disponível na Internet: O filho gestado significa o projeto parental já alcançado, de tal modo que, por isso mesmo, o nascituro já recebe dos pais um nome. Isso é fato que tem sido recorrente, a tanto que é preparada a sua chegada pondo-se-lhe o nome que o representa. (...) Urge, portanto, melhor proteção jurídica ao natimorto e aos seus pais.

Outras normativas estaduais também possuem previsão neste sentido.

Se o registro de natimorto tiver sido lavrado antes dessas normatizações, é possível a inclusão de seu nome por meio averbação.

Já o § 2º do art. 53 apresenta a hipótese de nascimento com vida, apesar de ocorrer a morte na ocasião do parto. Neste caso, a criança é considerada **nativivo ou nascido vivo**, o que, para o **Manual de Instruções para o Preenchimento da Declaração de Nascido Vivo da Secretaria de Vigilância em Saúde do Ministério da Saúde**, ocorre quando há a expulsão ou extração completa de um produto da concepção do corpo materno, independentemente da duração da gestação, o qual, depois da separação do corpo materno, respira ou dá qualquer outro sinal de vida, tais como: batimento do coração, pulsação do cordão umbilical ou movimento efetivo dos músculos da contração voluntária, estando ou não cortado o cordão umbilical e estando ou não desprendida a placenta. Cada produto de um nascimento que reúna essas condições se considera como uma criança viva.

Assim, são feitos os assentos de nascimento no **Livro "A"** e de óbito no **Livro "C"**, com os elementos cabíveis e remissões recíprocas.

A expressão *elementos que couberem* do § 1º do art. 53, significa que o registro de natimorto deverá conter os elementos do registro de nascimento do art. 54, bem como os elementos do registro de óbito do art. 80 desta lei, no que forem compatíveis.

Em relação a esses elementos, a legislação federal é omissa, assim como a maioria das normativas extrajudiciais estaduais. O que deveria constar neste assento?

O primeiro código a disciplinar a matéria foi o de Goiás, que responde a questão. É que o art. 706 estabelece requisitos mesclando elementos dos dois tipos de assentos, a saber:

> **Art. 706, CNPFE/GO.** O assento de natimorto indicará:
> I – hora, se possível, dia, mês e ano do nascimento sem vida;
> II – lugar da ocorrência, com indicação precisa;
> III – sexo, duração da gestação e cor do natimorto;
> IV – fato de ser gêmeo, se for o caso;
> V – nome, profissão, naturalidade e residência dos pais;
> VI – nome dos avós paternos e maternos;
> VII – se a morte foi natural ou violenta e a causa conhecida, com o nome dos atestantes; e
> VIII – o lugar do sepultamento, da cremação ou onde o cadáver estará disponível para fins de ensino e pesquisa de caráter científico.

1.1 REGRAS SOBRE O REGISTRO DO NATIMORTO NO CÓDIGO NACIONAL DE NORMAS

Com o objetivo de garantir dignidade às famílias que enfrentam o drama de perder um bebê no seu nascimento, a Corregedoria Nacional de Justiça editou norma com regras para o registro em cartório de filho natimorto. O Provimento n. 151/2023 altera o Código Nacional de Normas da Corregedoria Nacional de Justiça e estabelece ainda os procedimentos para registro de nascimento de criança ou adolescente no caso de omissão.

Para este tópico, vamos nos ater ao direito do natimorto. O texto destaca que "É direito dos pais atribuir, se quiserem, nome ao natimorto, devendo o registro ser realizado no Livro "C-Auxiliar", com índice elaborado a partir dos nomes dos pais". O provimento prevê também a dispensa da inclusão do indivíduo no

Cadastro de Pessoas Físicas (CPF) e assegura o direito à averbação do nome no caso de registro de natimorto anteriormente lavrado sem essa informação, ou seja, tem efeito retroativo.

No caso de o bebê, embora tenha nascido vivo, morrer por ocasião do parto, serão feitos, necessariamente no mesmo cartório, dois registros: o de nascimento e o de óbito.

Destacam-se algumas justificativas para a edição do Provimento CNJ n. 151/2023:

a) ser a dignidade da pessoa humana um dos fundamentos da República Federativa do Brasil (art. 1º, III, da Constituição Federal);

b) que o Código Civil assegura, a título de direito da personalidade, que "*Toda pessoa tem direito ao nome, nele compreendidos o prenome e o sobrenome*" (art. 16 da Lei n. 10.406/2002);

c) o Estatuto da Criança e do Adolescente prever a regularização do Registro Civil (art. 102 da Lei n. 8.069/1990);

d) o Pacto Internacional sobre Direitos Civis e Políticos estabelecer que "*Toda criança deverá ser registrada imediatamente após seu nascimento e deverá receber um nome*" (art. 24, item 2, do Decreto n. 592/1992);

e) a Convenção Internacional sobre os Direitos da Criança, que prescreve que "*A criança será registrada rapidamente após seu nascimento e terá direito, desde o momento em que nasce, a um nome, a uma nacionalidade e, na medida do possível, a conhecer seus pais e ser cuidada por eles*", bem como que "*Quando uma criança se vir privada ilegalmente de algum ou de todos os elementos que configuram sua identidade, os Estados Partes deverão prestar assistência e proteção adequadas com vistas a restabelecer rapidamente sua identidade*" (arts. 7, item 1, e 8, item 2, do Decreto n. 99.710/1990);

f) a Convenção Americana sobre Direitos Humanos (Pacto de São José da Costa Rica) encetar que "*Toda pessoa tem direito a um prenome e aos nomes de seus pais ou de um destes. A lei deve regular a forma de assegurar a todos esses direitos, mediante nomes fictícios, se for necessário*" (art. 18 do Decreto n. 678/1992);

g) o disposto na Resolução CNJ n. 485, de 18 de janeiro de 2023, sobre o adequado atendimento de gestante ou parturiente que manifeste desejo de entregar o filho para adoção e a proteção integral da criança;

h) que o direito ao nome é atributo da personalidade a ser estabelecido no registro de nascimento, bem como atende ao princípio da dignidade da pessoa humana possibilitar aos pais atribuir nome ao natimorto;

i) que o Registro de Nascimento é relevante ao exercício da cidadania e aos direitos da personalidade; e

j) que um dos principais objetivos do Registro de Nascimento é o de individualizar a pessoa perante a sociedade,

Em termos de normatização, o Provimento 151/2023, que altera o Provimento CNJ n. 149 do mesmo ano, incorpora entendimentos já consolidados na doutrina, na jurisprudência e nas normativas extrajudiciais estaduais. É válido transcrever o texto para conferência.

> **DO REGISTRO DE NATIMORTO**
>
> Art. 479-A. É direito dos pais atribuir, se quiserem, nome ao natimorto, devendo o registro ser realizado no Livro "C-Auxiliar", com índice elaborado a partir dos nomes dos pais.
>
> § 1º Não será gerado Cadastro de Pessoa Física (CPF) ao natimorto.
>
> § 2º É assegurado aos pais o direito à averbação do nome no caso de registros de natimorto anteriormente lavrado sem essa informação.
>
> § 3º As regras para composição do nome do natimorto são as mesmas a serem observadas quando do registro de nascimento.
>
> Art. 479-B. Se a criança, embora tenha nascido viva, morre por ocasião do parto, serão feitos, necessariamente na mesma serventia, dois assentos, o de nascimento e o de óbito, com os elementos cabíveis e remissões recíprocas.

2. JURISPRUDÊNCIA COMPLEMENTAR

TRIBUNAL DE JUSTIÇA DO RIO GRANDE DO SUL

EMENTA: APELAÇÃO CÍVEL. REGISTRO CIVIL. PEDIDO DE REGISTRO DE NATIMORTO NO LIVRO "C AUXILIAR". POSSIBILIDADE. INTELIGÊNCIA DO ART. 53, § 1º, DA LEI DE REGISTROS PUBLICOS. Nos termos do art. 53, § 1º, da Lei nº 6.015 /1973, tendo a criança nascido morta, será o registro feito no livro "C Auxiliar", com os elementos que couberem. Desse modo, não há razão para que se indefira o pedido de registro de natimorto na espécie, em que a criança nasceu morta por ocasião do procedimento de indução ao trabalho de parto, necessário à interrupção da gravidez recomendada por equipe médica para fins de preservação da vida da gestante. DERAM PROVIMENTO. UNÂNIME. (Apelação Cível Nº 70057297814, Oitava Câmara Cível, Tribunal de Justiça do RS, Relator: Luiz Felipe Brasil Santos, Julgado em 30/01/2014)

TRIBUNAL DE JUSTIÇA DO ESTADO DO PARÁ

EMENTA: APELAÇÃO CIVIL. CERTIDÃO DE ÓBITO DE NATIMORTO. POSSIBILIDADE. DIREITO FUNDAMENTAL GARANTIDO. RECURSO CONHECIDO E PROVIDO. 1. O registro dos natimortos está previsto no art. 53, § 1º, da Lei nº 6.212/75, e ao ler os termos do referido dispositivo se verá que não há qualquer óbice ou empecilho legal à pretensão da apelante; 2. Feito o registro no livro específico aos natimortos, os oficiais de registro são obrigados a lavrar certidão do que lhes for requerido e a fornecer às partes as informações solicitadas dos atos registrados em sua serventia. Como determinado pelo art. 16, da Lei nº 6.015/73; 3. Como a Lei prevê de forma expressa a pretensão da apelante, o seu pleito deve ser considerado procedente, em face da obrigatoriedade, no Brasil, do assento do registro civil do natimorto em um livro à parte. Importante frisar a relevância jurídica atribuída aos natimortos, evidenciada pela preocupação da lei em registrá-los no chamado Livro C Auxiliar?. 4. Recurso conhecido e provido. ACÓRDÃO Vistos, relatados e discutidos os autos, acorda, os Excelentíssimos Senhores Desembargadores que integram a 5ª Câmara Cível Isolada do Tribunal de Justiça do Estado do Pará, à unanimidade, pelo conhecimento e provimento do recurso, nos termos do voto da Desembargadora Relatora. Sala das Sessões do Tribunal de Justiça do Estado do Pará, aos 14 a 1 de maio de 2015. DIRACY NUNES ALVES Desembargadora – Relatora (Apelação APL 00009154520138140061 BELÉM (TJ-PA)

TRIBUNAL DE JUSTIÇA DO ESTADO DE MINAS GERAIS

EMENTA: REGISTRO CIVIL – NATIMORTO – ASSENTO NO LIVRO C AUXILIAR COM OS ELEMENTOS QUE COUBEREM – INTELIGÊNCIA DO ARTIGO 53 DA LEI 6015/73 – RECURSO DESPROVIDO. No caso de ter a criança nascido morta, o assento é indispensável, mas feito apenas no Livro C auxiliar com os elementos que couberem, dentre os mencionados no artigo 54, substituída a atribuição de nome pela menção a feto. (TJMG – Ap. Civ. 1.0079.05.199929-4/001, DES. ALVIM SOARES, Publicação 10/11/ 2006)

3. QUESTÕES DE CONCURSOS

01. (VUNESP - 2023 - TJ-AL - Titular de Serviços de Notas e de Registros – Provimento) De acordo com a Lei de Registros Públicos, nascendo morta a criança, ou morrendo na ocasião do parto, considere as seguintes afirmações:

I. Nascendo morta a criança, ou morrendo na ocasião do parto, far-se-á o assento no Livro C-Auxiliar, com os elementos adequados.

II. Nascendo morta, far-se-á um único assento no Livro "C Auxiliar", de registro de natimortos, podendo, a critério do declarante, ser lançado o nome do natimorto.

III. Morrendo a criança na ocasião do parto, mas se respirou, efetuar-se-ão os dois assentos, o de nascimento e o de óbito, com remissões recíprocas.

IV. Nos óbitos fetais a Declaração de Óbito (DO) somente será aceita pelo oficial do registro civil das pessoas naturais se constar que o feto tem peso corporal igual ou superior a 500 (quinhentos) gramas e/ou estatura igual ou superior a 25 (vinte e cinco) centímetros.

Alternativas

a) I e III.
b) I e II.
c) I, II e IV.
d) II e III.

02. (IESES – Titular de Serviços de Notas e Registros – TJ – TO – Remoção/2022) No caso de a criança morrer na ocasião do parto, tendo, entretanto, respirado:

a) Será dispensado o assento de nascimento.
b) Será dispensado o assento de óbito.
c) Será feito o assento do nascimento com os elementos que couberem e com remissão a este.
d) Serão feitos dois assentos, o de nascimento e o de óbito, com os elementos cabíveis e com remissões recíprocas.

03. (IESES – Titular de Serviços de Notas e de Registros – Remoção – TJ – SC – 2019) Sobre a lavratura de registro de óbito, pode-se afirmar que:

a) O Registrador Civil competente para lavrar o óbito de criança de menos de 1 (um) ano de idade também o será para a lavratura do registro de nascimento, qualquer que tenha sido o local deste, verificada a sua falta.
b) Para o registro do natimorto, que se dará no Livro "C Auxiliar", deverão estar presentes ambos os genitores que pretendam integrar o ato, mesmo se forem casados.
c) Em caso de morte violenta, a comunicação do óbito feita pela autoridade policial depende de ratificação pelos familiares do falecido para a lavratura do assento.
d) Não é possível a lavratura do óbito de pessoa desconhecida, por falta de elementos essenciais à constituição do registro.

04. (Vunesp – Notário-SP/2012) No caso de a criança morrer na ocasião do parto, tendo, entretanto, respirado,

a) o registro será feito no livro "C Auxiliar" – de registro de natimortos, com os elementos que couberem.
b) será dispensado o registro de óbito, fazendo-se a averbação no registro de nascimento.
c) será lavrado o registro de óbito, no livro "C", dispensando-se a lavratura do registro de nascimento.
d) serão feitos dois assentos, o de nascimento e o de óbito, com os elementos cabíveis e com remissões recíprocas.

05. (IESES – Cartório – TJ – RS/2013) Uma mãe encontra-se em trabalho de parto de trigêmeos: A, B e C. O gêmeo A nasce com vida e morre após alguns minutos. O gêmeo B nasce morto. E o gêmeo C nasce com vida. Marque a alternativa que se apresenta correta sobre os registros a serem elaborados.

a) Deverá ser feito um registro no Livro "A" e um no Livro "C", para o gêmeo A; um registro no livro "C auxiliar", para o gêmeo B e somente um registro no Livro "A", para o gêmeo C.
b) Todos os gêmeos deverão ter registro no Livro "A".
c) Os gêmeos A e B terão registros somente no Livro "C auxiliar".
d) Deverá ser feito um registro no Livro "A" e um no Livro "C auxiliar", para o gêmeo A; um registro no Livro "C", para o gêmeo B e somente um registro de nascimento para o gêmeo C.

06. (Cespe – Cartório – RR/2013) Acerca da pessoa natural e da pessoa jurídica, assinale a opção correta.

a) Segundo o entendimento majoritário do STJ, a ordem constitucional consagra o direito ao conhecimento da origem genética, mas restringe o seu alcance às pessoas tuteladas pelo ECA.
b) A proteção que o Código Civil/2002 confere ao nascituro alcança o natimorto no que concerne aos direitos da personalidade, tais como nome, imagem e sepultura.
c) As pessoas jurídicas de direito privado sem fins lucrativos não estão incluídas no conceito de abuso da personalidade jurídica e, portanto, não sofrem incidência da chamada teoria da desconsideração da personalidade jurídica.
d) Os partidos políticos são pessoas jurídicas de direito público interno.
e) A pessoa física é o ente dotado de estrutura e complexidade biopsicológica, capaz de praticar os atos da vida civil. Nesse contexto, é correto afirmar que o Código Civil/2002 ainda trata da pessoa física como o ente biologicamente criado, não englobando, portanto, os métodos artificiais de criação, como a fertilização in vitro e a inseminação artificial.

07. (Vunesp – Cartório – TJ – SP/2014) A proteção que o Código Civil Brasileiro defere ao nascituro (art. 2.º), desde a sua concepção,

a) só diz respeito a direitos patrimoniais.
b) alcança também o natimorto no que concerne aos direitos da personalidade, tais como nome, imagem e sepultura.
c) pressupõe, obrigatoriamente e sempre, o nascimento com vida, assim demonstrado pelo exame médico-legal conhecido por docimasia.
d) não alcança o natimorto.

08. (Cespe – Cartório – RR/2013) Acerca da pessoa natural e da pessoa jurídica, assinale a opção correta.

a) Segundo o entendimento majoritário do STJ, a ordem constitucional consagra o direito ao conhecimento da origem genética, mas restringe o seu alcance às pessoas tuteladas pelo ECA.

b) A proteção que o Código Civil/2002 confere ao nascituro alcança o natimorto no que concerne aos direitos da personalidade, tais como nome, imagem e sepultura.

c) As pessoas jurídicas de direito privado sem fins lucrativos não estão incluídas no conceito de abuso da personalidade jurídica e, portanto, não sofrem incidência da chamada teoria da desconsideração da personalidade jurídica.

d) Os partidos políticos são pessoas jurídicas de direito público interno.

e) A pessoa física é o ente dotado de estrutura e complexidade biopsicológica, capaz de praticar os atos da vida civil. Nesse contexto, é correto afirmar que o Código Civil/2002 ainda trata da pessoa física como o ente biologicamente criado, não englobando, portanto, os métodos artificiais de criação, como a fertilização *in vitro* e a inseminação artificial.

09. (IESES – Cartório – Provimento – TJ – RO/2017) Em relação ao natimorto, o livro correto para registro é:

a) Livro B Auxiliar.

b) Livro B.

c) Livro C.

d) Livro C Auxiliar.

10. (IESES – Cartório – Remoção – TJ – RO/2017) No caso de a criança morrer na ocasião do parto, tendo, entretanto, respirado, serão feitos:

a) O assento de natimorto.

b) Apenas o assento de óbito, com os elementos cabíveis e com remissões recíprocas.

c) O assento de nascituro.

d) Os dois assentos, o de nascimento e o de óbito, com os elementos cabíveis e com remissões recíprocas.

GAB	1	D	2	D	3	A	4	D	5	A
	6	B	7	B	8	B	9	D	10	D

Art. 54. O assento do nascimento deverá conter:

1º) o dia, mês, ano e lugar do nascimento e a hora certa, sendo possível determiná-la, ou aproximada;

2º) o sexo do registrando;

3º) o fato de ser gêmeo, quando assim tiver acontecido;

4º) o nome e o prenome, que forem postos à criança;

5º) a declaração de que nasceu morta, ou morreu no ato ou logo depois do parto;

6º) a ordem de filiação de outros irmãos do mesmo prenome que existirem ou tiverem existido;

7º) Os nomes e prenomes, a naturalidade, a profissão dos pais, o lugar e cartório onde se casaram, a idade da genitora, do registrando em anos completos, na ocasião do parto, e o domicílio ou a residência do casal.

8º) os nomes e prenomes dos avós paternos e maternos;

9º) os nomes e prenomes, a profissão e a residência das duas testemunhas do assento, quando se tratar de parto ocorrido sem assistência médica em residência ou fora de unidade hospitalar ou casa de saúde;

10) o número de identificação da Declaração de Nascido Vivo, com controle do dígito verificador, exceto na hipótese de registro tardio previsto no art. 46 desta Lei; e

11) a naturalidade do registrando.

§ 1º Não constituem motivo para recusa, devolução ou solicitação de retificação da Declaração de Nascido Vivo por parte do Registrador Civil das Pessoas Naturais:

I – equívocos ou divergências que não comprometam a identificação da mãe;

II – omissão do nome do recém-nascido ou do nome do pai;

III – divergência parcial ou total entre o nome do recém-nascido constante da declaração e o escolhido em manifestação perante o registrador no momento do registro de nascimento, prevalecendo este último;

IV – divergência parcial ou total entre o nome do pai constante da declaração e o verificado pelo registrador nos termos da legislação civil, prevalecendo este último;

V – demais equívocos, omissões ou divergências que não comprometam informações relevantes para o registro de nascimento.

§ 2º O nome do pai constante da Declaração de Nascido Vivo não constitui prova ou presunção da paternidade, somente podendo ser lançado no registro de nascimento quando verificado nos termos da legislação civil vigente.

§ 3º Nos nascimentos frutos de partos sem assistência de profissionais da saúde ou parteiras tradicionais, a Declaração de Nascido Vivo será emitida pelos Oficiais de Registro Civil que lavrarem o registro de nascimento, sempre que haja demanda das Secretarias Estaduais ou Municipais de Saúde para que realizem tais emissões.

§ 4º A naturalidade poderá ser do Município em que ocorreu o nascimento ou do Município de residência da mãe do registrando na data do nascimento, desde que localizado em território nacional, e a opção caberá ao declarante no ato de registro do nascimento.

§ 5º O oficial de registro civil de pessoas naturais do Município poderá, mediante convênio e desde que não prejudique o regular funcionamento da serventia, instalar unidade interligada em estabelecimento público ou privado de saúde para recepção e remessa de dados, lavratura do registro de nascimento e emissão da respectiva certidão.

1. COMENTÁRIOS

O nascimento com vida é um fato jurídico ordinário que gera uma série de efeitos legais, começando pela aquisição da personalidade. É essencial realizar o registro, cuja finalidade é dar publicidade e perpetuar essa informação, fazendo com que a pessoa passe a existir para o mundo jurídico. Esse registro assegura prova segura e fácil da existência, da filiação e do nome da pessoa, não se limitando a provar sua nacionalidade.

O registro de nascimento é gratuito, visando garantir o exercício da cidadania. Ele é perpétuo, dinâmico e obrigatório.

A importância do registro de nascimento está fundamentada na dignidade da pessoa humana, que é um dos princípios da República Federativa do Brasil, conforme o art. 1º, III, da **Constituição Federal.** O **Estatuto da Criança e do Adolescente** (art. 102 da Lei n. 8.069/1990) também prevê a regularização do Registro Civil, estabelecendo a necessidade de registro imediato de toda criança ao nascer, conforme o **Pacto Internacional sobre Direitos Civis e Políticos** (art. 24, item 2, do Decreto n. 592/1992).

Por sua vez, a **Convenção Internacional sobre os Direitos da Criança** reforça que a criança tem direito a ser registrada rapidamente após o nascimento, a ter um nome, uma nacionalidade e, na medida do possível, a conhecer seus pais e ser cuidada por eles (arts. 7, item 1, e 8, item 2, do Decreto n. 99.710/1990). Além disso, o registro de nascimento é essencial para o exercício da cidadania e para assegurar os direitos da personalidade, tendo como um dos principais objetivos individualizar a pessoa perante a sociedade.

1.1 ANÁLISE DETALHADA DOS ELEMENTOS DO ASSENTO DE NASCIMENTO

O art. 54 elenca os elementos que devem constar no assento de nascimento. Contudo, alguns itens foram tacitamente revogados, como o item 6º e parte do item 7º, à medida que não foram recepcionados pela Constituição Federal.

Nos assentos de nascimento, **não será feita qualquer referência à origem e natureza da filiação**, sendo vedada, portanto, a indicação da ordem da filiação relativa a irmãos, exceto gêmeos, do lugar e Registro Civil das Pessoas Naturais do casamento dos pais e de seu estado civil, bem como qualquer referência às disposições da Constituição Federal, da Lei n. 8.560/92, Portarias, Provimentos, Resoluções, ou a qualquer outro indício de não ser o registrando fruto de relação conjugal.

Alusão à cor da pele também é vedado, por não produzir qualquer efeito jurídico para a identificação do ser humano. Noutro dizer, os requisitos para o assento de nascimento não incluem a cor ou raça, em contraste com o artigo 80 desta lei, que prevê a inclusão da cor nos assentos de óbito.

Aqui é pertinente trazer algumas informações. Antes da Constituição de 1988, era comum registrar a raça/etnia nos assentos de nascimento no Brasil. Essa prática foi descontinuada com base no artigo 5º, que estabelece a igualdade de todos perante a lei.

Mas atenção! Embora a cor ou raça não seja registrada no assento de nascimento, ela é incluída na Declaração de Nascido Vivo. As cópias dessas declarações são enviadas a órgãos de estatística, como a Fundação SEADE e o IBGE. O IBGE, responsável pelas estatísticas oficiais, utiliza o critério de autodeclaração de cor ou raça em suas pesquisas, permitindo que as pessoas se identifiquem como branca, preta, amarela, parda ou indígena, sem referência específica à etnia.

Dito isto, vamos às análises dos elementos do assento de nascimento.

Começando pelo **item 1º**, o **dia, mês, ano e lugar do nascimento**, assim como a **hora certa**, sendo possível determiná-la, ou aproximada, são dados que individualizam a pessoa e, por isso, devem constar do registro. Tais elementos estão contidos na DNV ou, se ela não existir, na declaração médica. No caso de nascimento sem assistência médica, esses dados são apresentados pelo declarante e testemunhas

O dia, mês e ano publicizam a idade do registrado, enquanto o lugar estabelece a naturalidade e a nacionalidade.

Questiona-se como se lavraria um registro com data de nascimento ocorrida em 29 de fevereiro. Neste caso, os nascidos no dia 29 de fevereiro devem ter o dia exato registrado na certidão de nascimento, feita a partir da Declaração de Nascido Vivo (DNV), ou seja, 29 de fevereiro.

O **item 2º** traz como elemento do registro o **sexo do registrando**, que também consta na DNV ou, se ela não existir, na declaração médica. No caso de nascimento sem assistência médica, o sexo é apresentado pelo declarante e testemunhas.

Reinaldo Velloso dos Santos, em explicação vanguardista, assegura que "havendo dúvida em relação ao sexo do registrado, como em casos de hermafroditismo, recomenda-se a realização prévia de exames e a apresentação de relatório médico indicando o sexo correto ou prevalecente, evitando-se maiores constrangimentos ao registrado e sua família" (Op. cit., p. 68).

Em relação ao tema, Luiz Guilherme Loureiro explica que "sob o ponto de vista da medicina, inicialmente prevaleceu a ideia de que a natureza anatômica das gônadas deveria determinar o "sexo verdadeiro" do indivíduo. Sem dar importância à função dos tecidos, ovariano ou testicular, o aspecto do genital, o tamanho do pênis, a presença de vagina ou de mamas, a aparência ou o papel sexual. Ou seja, na presença de ovários, o indivíduo deveria ser considerado mulher e, na presença de testículos, homem. Caso se decidisse que o indivíduo era uma mulher com ovários e testículos, realizava-se uma cirurgia para remover o testículo. Com o avanço da medicina e, principalmente, com a realização de biópsias, tornou-se possível descobrir a existência de hermafroditas verdadeiros e a definição gonadal do sexo começou a ser reavaliada. Destarte, cabia apenas à medicina estabelecer e decidir o sexo do recém-nascido: a decisão era tomada por um grupo multiprofissional (urologista, endocrinologista, pediátrico, geneticista e psicólogo). Atualmente, com as mudanças culturais e por se entender que outros mecanismos determinam ou influenciam a formação da identidade e do comportamento sexual, é dada uma maior ênfase na liberdade individual de escolha. Sendo assim, nos casos de intersexualidade, nem sempre o sexo que consta do registro é aquele que realmente se adéqua à verdadeira identidade do indivíduo. É óbvio que o recém-nascido ou a criança não tem condições de contribuir com qualquer decisão quanto ao seu próprio sexo de criação, tampouco fornecer um consentimento. Apenas futuramente poder-se-á observar que a definição legal do sexo, estabelecida no registro civil, não corresponde à realidade e à vontade individual da pessoa. Hermafroditismo, portanto, é a formação de genitais ambíguos, ou seja, presença, em um indivíduo, de estruturas masculinas e femininas completas ou não. Os hermafroditas têm em comum com os transexuais o fato de que, caso o diagnóstico do hermafroditismo seja tardio, o que acontece frequentemente, eles terão enfrentado os mesmos problemas de identidade sexual e adequação social por que passam os transexuais. Muitos indivíduos nascem com esse distúrbio e crescem com a genitália defeituosa, e até mesmo com uma identificação sexual ambígua. Estima-se um caso para cada 15 mil nascimentos – e a maioria só consegue reverter o defeito depois da adolescência. O diagnóstico do hermafroditismo exclui o do transexualismo, pois o indivíduo transexual possui genitália perfeitamente formada, adequada às suas informações genéticas e aos seus órgãos internos. O fenótipo corresponde ao genótipo, não houve má formação embrionária, não houve má formação genética, restando o distúrbio apenas na inadequação da identidade sexual. Inicialmente a jurisprudência era relutante em admitir a alteração do sexo em decorrência de cirurgias em intersexuais para definição do sexo masculino ou feminino. Atualmente, embora ainda permaneça certa polêmica, a orientação predominante é pela possibilidade de alteração do sexo e, consequentemente, do nome de pessoa intersexual ou transexual submetida a tratamento cirúrgico para definição ou mudança do sexo. O principal fundamento dessa nova jurisprudência é o princípio da dignidade humana, uma vez que todo indivíduo tem o direito de ser feliz com sua sexualidade e de não enfrentar constrangimentos em decorrência da contradição entre sua identidade civil e sua identidade pessoal e sexual. Nesse sentido, a seguinte ementa: *"Apelação. Retificação de Registro Civil. Transexual que se submeteu à cirurgia de adequação ao sexo feminino. Obediência ao princípio da dignidade da pessoa humana. Harmonização dos direitos e garantias fundamentais com a segurança jurídica e a verdade registrária.* Modificação de nome e sexo que, no entanto, deve ser processada pela via da averbação, para que se preserve a continuidade do registro civil e os direitos de terceiros. Recurso parcialmente provido" (TJSP, 3ª Câmara de Direito Privado, Proc. 12620-2005, voto 7.275). Percebe-se, portanto, que não há cancelamento do registro original de nascimento, mas sim averbação da mudança do sexo e do nome, para que sejam preservadas a continuidade do registro e a segurança jurídica (Op. cit., p. 210).

Ainda sobre o registro do sexo no assento de nascimento, faz-se oportuno trazer provimento, até então inédito sobre registro de bebês sem sexo definido editado pelo Tribunal de Justiça do Estado do Rio Grande do Sul.

A Corregedora-Geral da Justiça, Desembargadora Denise Oliveira Cezar, publicou o Provimento nº 016/2019-CGJ, que modificou as regras de registro de nascituros com Anomalia de Diferenciação Sexual (ADS), uma medida inédita no Brasil. Essa mudança visa garantir o acesso a direitos pertinentes ao bebê e aos familiares, bem como o resguardo psíquico dos envolvidos.

Conforme a literatura médica, a ADS é uma condição de recém-nascidos que apresentam genitália indiferenciada ou ambígua, impedindo a imediata definição do sexo da criança. A distinção sexual, nesses casos, é tarefa complexa que exige, em geral, 15 dias de exames e, eventualmente, intervenção cirúrgica.

O novo regulamento é fruto de estudo conjunto, realizado entre a Corregedoria-Geral da Justiça, o programa especializado em ADS do Hospital de Clínicas de Porto Alegre e os Núcleos de Estudos de Saúde e Bioética e de Direito de Família da Escola Superior da Magistratura do RS.

O registro de nascimento é indispensável, pois é exigido pelos sistemas de saúde público ou privado e necessário para o transporte da criança e o acesso a demais direitos. Principalmente, o registro civil, com a atribuição de nome, é direito de personalidade, ligado à dignidade da pessoa humana. O problema que se colocava era o de como fazer o registro do recém-nascido com ADS quando o sexo da criança ainda está indefinido.

Na prática, o provimento criou novos artigos na Consolidação Normativa Notarial e Registral do Rio Grande do Sul (CNNR/RS), trazendo a possibilidade de se lançar no registro de nascimento o sexo como ignorado, conforme a Declaração de Nascido Vivo, e a opção para o declarante do nascimento de que no campo destinado ao nome passe a constar a expressão "RN de"(Recém-Nascido de), seguido do nome de um ou ambos os genitores.

Após o diagnóstico dos especialistas sobre o sexo biológico do bebê, a retificação do registro, com a indicação do sexo e com o nome escolhido pode ser efetuado pelos genitores ou responsáveis pela criança diretamente no cartório, de forma totalmente gratuita.

Ainda sobre o sexo do recém-nascido, a Arpen-SP proferiu enunciado sobre o tema. Veja-se:

> **Enunciado 67:** Quando na Declaração de Nascido Vivo o sexo do recém nascido estiver informado na opção "ignorado" (campo 3 do formulário padronizado do Ministério da Saúde) o registro de nascimento será lavrado constando o sexo do registrado como "ignorado". Fundamento: Lei 6.015/73, art. 54, §2º e princípio da veracidade registral.

Por sua vez, a Holanda incluiu gênero neutro no registro civil.

Em 2021, foi editado o Provimento CNJ n. 122, a fim de dispor sobre o assento de nascimento nos casos em que o campo sexo da DNV ou na Declaração de Óbito (DO) fetal tenha sido preenchido "ignorado". É relevante anotar que o referido provimento foi conservado parcialmente, por conter anexo. Todavia, seus dispositivos foram incorporados aos arts. 524 a 530 do Provimento CNJ n. 149/2023, sem alteração legislativa.

Várias justificativas motivaram a edição do referido ato normativo. Destaco algumas delas:

> **a)** a Convenção Internacional sobre os Direitos da Criança, em seu artigo 2º, prescreve o dever dos Estados Partes de assegurar sua aplicação a cada criança sujeita à sua jurisdição, sem distinção alguma, e que os Estados Partes tomarão todas as medidas apropriadas para assegurar a proteção da criança contra toda forma de discriminação ou castigo por causa da condição, das atividades, das opiniões manifestadas ou das crenças de seus pais, representantes legais ou familiares;
>
> **b)** a Convenção Internacional sobre os Direitos da Criança prevê, em seu art. 12, o direito da criança de ser ouvida sobre os assuntos que lhe concernem e, nos termos do art. 5º, estabelece que sua decisão deve ser devidamente considerada na medida em que evolui em sua capacidade, devendo-se dar prevalência da decisão a quem terá de viver pessoalmente com suas consequências;
>
> **c)** a legislação internacional de direitos humanos, em especial, o Pacto de San Jose da Costa Rica, que impõe o respeito ao direito ao nome (art. 18), ao reconhecimento da personalidade jurídica (art. 3º), à liberdade pessoal (art. 7º.1) e à honra e à dignidade (art. 11.2);
>
> **d)** a Opinião Consultiva n. 24/17 da Corte Interamericana de Direitos Humanos;
>
> **e)** que os formulários da Declaração de Nascido Vivo – DNV e da Declaração de Óbito (DO) fetal apresentam, no campo "sexo" da pessoa recém-nascida, três opções à pessoa responsável pelo preenchimento: "masculino", "feminino" e "ignorado";
>
> **f)** que o Registro de Nascimento é relevante ao exercício da cidadania e dos direitos da personalidade;
>
> **g)** que o Registro de Nascimento tem como um de seus principais objetivos individualizar a pessoa perante a sociedade;
>
> **h)** que o direito ao nome, incluindo o prenome, é atributo da personalidade, a ser estabelecido no registro de nascimento logo após o nascimento;
>
> **i)** a Meta 5 dos Objetivos de Desenvolvimento Sustentável (ODS), da Agenda 2030, das Nações Unidas e o disposto no art. 2º do Provimento CN 85/2019 do Conselho Nacional de Justiça.

Se, na **Declaração de Nascido Vivo (DNV),** o campo sexo foi preenchido "ignorado", o assento de nascimento deve ser lavrado registrando o sexo "ignorado".

Anote-se que o Registrador Civil recomendará ao declarante a escolha de **prenome comum aos dois sexos**. Por sua vez, este tem a faculdade de recusar a sugestão. Neste caso, o registro será lavrado com o prenome indicado pelo declarante.

O assento de óbito segue a mesma direção. Assim, verificado que, na **Declaração de Óbito (DO) fetal**, o campo sexo foi preenchido "ignorado", o assento de óbito será lavrado registrando o sexo "ignorado".

No que tange à regra na **DNV** acima tratada e indo ao encontro do Provimento CNJ n. 73/2018 (a averbação da alteração do prenome e do gênero nos assentos de nascimento e casamento de pessoa transgênero no RCPN), a **designação de sexo será feita por opção,** a ser realizada a **qualquer tempo** e averbada no registro civil de pessoas naturais, **independentemente de autorização judicial** ou de **comprovação de realização de cirurgia de designação sexual ou de tratamento hormonal**, ou de **apresentação de laudo médico ou psicológico.**

No que tange à regra na DNV acima mencionada e em consonância com as normas sobre a averbação da alteração do prenome e do gênero de pessoa transgênero, a designação de sexo será feita por opção, podendo ser realizada a qualquer tempo e averbada no registro civil de pessoas naturais, independentemente de autorização judicial ou de comprovação de realização de cirurgia de designação sexual, de tratamento hormonal, ou de apresentação de laudo médico ou psicológico.

Ademais, é facultada a mudança do prenome juntamente com a opção pela designação de sexo.

Frise-se que a pessoa optante sob **poder familiar** poderá ser representada ou assistida apenas pela mãe ou pelo pai. Se a pessoa tiver **mais de 12 anos de idade**, será necessário o seu consentimento. Já a opção realizada **após a morte** da pessoa será feita pela mãe ou pelo pai.

No que tange à opção, esta deverá ser documentada por **termo,** conforme modelo constante do anexo do Provimento CNJ n. 122/2021, cuja **competência** é de qualquer ofício do registro civil de pessoas naturais.

Por seu turno, o oficial ou preposto identificará os presentes e colherá as assinaturas em sua presença.

Ato contínuo, o Registrador Civil averbará a opção, que se tiver sido realizada em ofício do registro civil de pessoas naturais **diverso,** será encaminhada, às expensas da pessoa requerente, para a averbação, via Central de Informações do Registro Civil (CRC). Averbada a opção, nenhuma observação sobre sexo ou nome constantes inicialmente do assento, sobre a opção ou sobre sua averbação constarão nas certidões do registro. Trata-se aqui de exemplo de **restrição da publicidade registral**. Desse modo, só por solicitação da pessoa registrada ou por determinação judicial poderá ser expedida certidão sobre inteiro teor do conteúdo registral.

É regra imperiosa que o Registrador Civil mantenha índice em papel e/ou eletrônico de forma que permita a localização do registro tanto pelo **nome original quanto pelo nome alterado.**

Importante ressaltar que os atos normatizados no Provimento CNJ n. 122/2021, agora incorporados nos arts. 524 a 530 devem ser **gratuitos**. É que a designação do sexo **é parte** do assento de nascimento. Sendo assim, a lavratura do termo de opção, sua averbação e a expedição da primeira certidão subsequente são gratuitas, na forma do art. 30 da Lei n. 6.015/1973.

Voltando à análise dos elementos do art. 54 da LRP, o **item 3º** estabelece como elemento do registro, o **fato de ser gêmeo**, quando assim tiver acontecido. No caso de gêmeos, será declarada no assento especial de cada um a ordem de nascimento. Os gêmeos que tiverem o prenome igual deverão ser inscritos com duplo prenome ou nome completo diverso, de modo que possam distinguir-se.

Se algum dos irmãos tiver nascido morto, o assento deste deverá ser feito no Livro "C Auxiliar". Reinaldo Velloso dos Santos defende que "no assento do natimorto menciona-se o nome do que nasceu vivo e no assento de nascimento deste, o fato de que um irmão nasceu morto" (Op. cit., p. 68).

Devem também constar do assento, segundo o **item 4º, o prenome e o sobrenome.** Note-se que o item menciona 'nome e sobrenome', mas sua terminologia deve ser adaptada ao Código Civil. O nome, integrado pelo prenome e sobrenome, é um dos elementos que compõem o direito da personalidade. O nome designa, distingue e qualifica o indivíduo no meio social.

O **item 5º** prevê como elemento, **a declaração de que nasceu morta, ou morreu no ato ou logo depois do parto.** Mario de Carvalho Camargo Neto e Marcelo Salaroli de Oliveira, questionam a necessidade de constar esse elemento no registro de nascimento, uma vez que é o registro de óbito que provará a morte, o qual deve ser lavrado nos termos do artigo 53, § 2º, da Lei 6.015/1973, e será anotado no registro de nascimento, nos termos dos artigos 106 e 107 da mesma lei, constando de todas as certidões (Op. cit., p. 167). Na mesma direção, Luiz Guilherme Loureiro: "A redação deste dispositivo é confusa e equivocada. Quando a criança nasce morta (natimorto), não se faz registro de nascimento, e sim de óbito. O registro de natimorto é feito no Livro "C Auxiliar". Logo, a primeira parte deste dispositivo não deveria ter sido incluída no art. 53 da Lei 6.015, de 1973" (Op. cit., p. 191)

Não pode constar do registro de nascimento o item 6º, que estabelece a ordem de filiação de outros irmãos do mesmo prenome que existirem ou tiverem existido, pois não está em consonância com o art. 227, § 6º, da Constituição Federal e foi revogado pelo art. 5º da Lei nº 8.560/1992, que prevê que 'no registro de nascimento não se fará qualquer referência à natureza da filiação, à sua ordem em relação a outros irmãos do mesmo prenome, exceto gêmeos'.

O **item 7º** que estipula como elemento do registro de nascimento os nomes e prenomes, a naturalidade, a profissão dos pais, o lugar e cartório onde se casaram, a idade da genitora, do registrando em anos completos, na ocasião do parto, e o domicílio ou a residência do casal, **foi revogado em parte**. Dessarte, não são mais considerados elementos do assento **o lugar e o cartório onde os pais se casaram** por ferir o art. 227, § 6º da Constituição Federal e o art. 5º da Lei 8.560/1992.

Assim, no registro de filhos havidos **fora do casamento ou da união estável** não serão considerados o estado civil nem eventual parentesco dos genitores, cabendo ao Oficial velar unicamente pelo atendimento da declaração por eles manifestada e a uma das seguintes formalidades:

a) genitores comparecem, pessoalmente, ou por intermédio de procurador com poderes específicos, ao Registro Civil das Pessoas Naturais, para efetuar o assento, do qual constará o nome dos genitores e dos respectivos avós;

b) apenas a mãe comparece com declaração de reconhecimento ou anuência do pai à efetivação do registro;

c) apenas o pai comparece, mas munido da Declaração de Nascido Vivo (DN), ou declaração médica que confirme a maternidade, com firma reconhecida.

Nessas hipóteses, a manifestação da vontade por declaração, procuração ou anuência será feita por instrumento público ou particular, reconhecida a firma do signatário.

Anote-se que a Recomendação CNJ n. 23/2016 indica aos Oficiais de Registro Civis das Pessoas Naturais que promovam e fiscalizem a inclusão completa dos dados referentes à profissão dos pais nos assentos de nascimento e nas respectivas certidões. O registro de nascimento de filhos de funcionários de Missões Diplomáticas e Consulares estrangeiras, a serviço no Brasil, deverá ser efetuado no Livro "E" do Registro Civil da Comarca, devendo constar do assento e da respectiva certidão a seguinte observação: 'O registrando não possui a nacionalidade brasileira, conforme o art. 12, inciso I, alínea "a", *in fine*, da Constituição Federal'.

É oportuno apresentar a decisão da Terceira Turma do Superior Tribunal de Justiça (STJ), que manteve o registro civil de uma **criança com dupla paternidade, filha de casal homoafetivo, nascida com o auxílio de reprodução assistida**. A genitora foi a irmã de um dos companheiros, que renunciou à maternidade. O casal havia, então, solicitado o registro em nome dos pais, o biológico e o socioafetivo, mantendo em branco o campo relativo ao nome da mãe.

O Ministério Público de Santa Catarina (MPSC) entrou com recurso que buscava anular o registro civil da criança, alegando tratar-se de um caso de adoção unilateral e não de dupla paternidade. A competência para o caso, então, não seria da Vara da Família, mas da Vara de Infância e Juventude. Em primeira instância, o pedido de registro da dupla paternidade foi julgado procedente.

O MPSC apelou para o Tribunal de Justiça de Santa Catarina (TJSC), que manteve a sentença. O ministro Paulo de Tarso Sanseverino, relator na Terceira Turma que votou pela rejeição do pedido, ressaltou que a criança vive em lar saudável e os pais têm plenas condições de assegurar seu bem-estar.

Para o IBDFAM, que durante o X Congresso Brasileiro de Direito de Família aprovou o Enunciado nº 12, estabelecendo que 'é possível o registro de nascimento dos filhos de casais homoafetivos, havidos de reprodução assistida, diretamente no cartório de registro civil,' além de assegurar os direitos do casal homoafetivo, a decisão do STJ reforça a equidade de valores e responsabilidades entre pai e mãe, considerando que dois homens podem suprir as necessidades de um filho.

O **item 8º** refere-se aos **prenomes e sobrenomes dos avós paternos e maternos**. Note-se que o item fala em "nome e sobrenome", mas deve ser adaptado à terminologia do Código Civil, consoante já abordado neste tópico.

Conforme o **item 9º**, também devem constar do assento de nascimento **os nomes e prenomes, a profissão e a residência das duas testemunhas do assento**, quando se tratar de parto ocorrido sem assistência médica em residência ou fora de unidade hospitalar ou casa de saúde.

As Normas de Serviço Extrajudicial de São Paulo no item 37, *j*, do Capítulo XVII define que os prenomes e os sobrenomes, a profissão, o número do documento de identificação e a residência das duas testemunhas do assento, **que não são necessariamente as testemunhas do nascimento**, mas que ao menos conheçam a mãe e a existência da gravidez, nas hipóteses em que o nascimento tenha ocorrido sem assistência médica, em residência, ou fora de unidade hospitalar ou casa de saúde.

Por derradeiro, o **item 10** prevê como elemento do assento de nascimento o **número de identificação da Declaração de Nascido Vivo – com controle do dígito verificador, ressalvado na hipótese de registro tardio previsto no art. 46 da Lei 6.015/1973**.

O art. 4º da Lei 12.662/2012 estabelece que a Declaração de Nascido Vivo deverá conter número de identificação nacionalmente unificado, a ser gerado exclusivamente pelo Ministério da Saúde, além dos seguintes dados:

I) nome e prenome do indivíduo;

II) dia, mês, ano, hora e Município de nascimento;

III) sexo do indivíduo;

IV) informação sobre gestação múltipla, quando for o caso;

V) nome e prenome, naturalidade, profissão, endereço de residência da mãe e sua idade na ocasião do parto;

VI) nome e prenome do pai; e

VII) outros dados a serem definidos em regulamento.

A **Escola Nacional de Direito Notarial e de Registro – ENNOR** já possuía entendimento no mesmo sentido das atuais regras do item 10, § 1º, inciso III e § 2º, incluídas pela Lei 12.662/2012, tendo aprovado as seguintes Orientações:

> ORIENTAÇÃO nº 10: Havendo divergência parcial ou total entre o nome do recém nascido constante da Declaração de Nascido Vivo e o escolhido em manifestação perante o registrador no momento do registro, prevalece este último.
>
> ORIENTAÇÃO nº 11: O nome do pai constante da Declaração de Nascido Vivo não constitui prova ou presunção da paternidade, somente podendo ser lançado no registro de nascimento quando verificado nos termos da legislação civil vigente.

Saliente-se que a Lei 12.662/2012 alterou não só o art. 54 desta Lei, como também os § 3º, § 4º e § 5º do art. 49.

O § 4º do dispositivo em comento foi incluído recentemente pela Lei 13.484/2017 (conversão da MP 776/2015).

Já foi abordado nos comentários de artigos anteriores que o § 4º trouxe uma nova definição de naturalidade. Até a publicação da MP 776/2017, o termo 'naturalidade' no Brasil era compreendido como 'local de nascimento.' Já não é mais assim. A partir de 27/04/2017, o conceito de naturalidade no país foi modificado, tendo sido alterada a redação da Lei de Registros Públicos (ratificada pela Lei nº 13.484/2017). Agora, a naturalidade é uma opção do declarante, podendo ser:

a) ser o Município de residência da mãe, desde que localizado em território nacional, ou

b) o Município onde ocorreu o nascimento, conforme art. 54, § 4º da Lei 6.015/73.

Frise-se que a opção cabe à pessoa que estiver declarando o nascimento (normalmente quem declara o nascimento é o pai ou a mãe, nos termos do art. 52 da LRP).

Recomenda-se, em conjunto com o art. 54 desta lei, a leitura do item 1.6, nos comentários do art. 19, que traz o modelo de certidão de nascimento.

1.2 UNIDADES INTERLIGADAS NAS MATERNIDADES

O § 5º do art. 54 foi incluído pela Lei nº 14.382/2022 e dispõe que o oficial de registro civil de pessoas naturais do Município poderá, mediante convênio e desde que não prejudique o regular funcionamento da serventia, instalar **unidade interligada em estabelecimento público ou privado de saúde para:**

a) Recepção e remessa de dados,

b) Lavratura do registro de nascimento e

c) Emissão da respectiva certidão.

Não se trata de novidade na seara registral, à medida que a matéria foi regulamentada pelo Provimento CNJ n. 13, em 2010.

Inclusive, ficou comprovado que a instalação de unidades interligadas nesses estabelecimentos consiste em uma das formas mais eficazes de combate ao sub-registro de nascimento, pois aproxima o registro civil do local do parto, registando-se o nascente ainda na unidade hospitalar.

Este tema foi tratado de forma minuciosa no item 1.7 do art. 54 da LRP.

Vale trazer as observações de Gustavo Fiscarelli, que entende que o legislador, aparentemente, buscou dar contornos legais à matéria, diante de algumas distorções que vinham sendo observadas na prática. Aspecto relevante diz respeito ao caráter não obrigatório da implantação da unidade interligada pelo oficial de registro civil das pessoas naturais. É cediço que a unidade interligada representa meio eficaz no combate ao sub-registro de nascimento no Brasil, responsável, em grande parte, pela queda abrupta dos índices de crianças não registradas em nosso país. No entanto, a instalação de unidade interligada não pode sacrificar o regular funcionamento do serviço prestado na sede do oficial de registro civil interligado. Isso porque as condições financeiras do registrador civil são limitadas, especialmente nas pequenas cidades, e a obrigatoriedade de instalação de unidade interligada pode representar ônus insuportável ao registrador, em prejuízo de todos os demais serviços prestados pela unidade. Ademais, o legislador confirma o convênio como instrumento hábil para formalização da instalação da unidade interligada, o que reforça seu caráter consensual, além de possibilitar sua instalação tanto em estabelecimento público como privado que realiza partos (Op. cit. p. 210).

1.3 DIREITO PENAL APLICADO

Alguns crimes previstos no Código Penal, especificamente no capítulo dos 'Crimes Contra o Estado de Filiação,' dialogam com o artigo em questão. São eles:

Registro de nascimento inexistente

Art. 241. Promover no registro civil a inscrição de nascimento inexistente:

Pena – reclusão, de dois a seis anos.

Exemplo prático: O Ofício de Registro Civil das Pessoas Naturais da Comarca de São Paulo, a pedido de um amigo, registra o nascimento de uma criança que, na verdade, nunca nasceu.

Parto suposto. Supressão ou alteração de direito inerente ao estado civil de recém-nascido

Art. 242. Dar parto alheio como próprio; registrar como seu o filho de outrem; ocultar recém-nascido ou substituí-lo, suprimindo ou alterando direito inerente ao estado civil:

Pena – reclusão, de dois a seis anos.

Parágrafo único – Se o crime é praticado por motivo de reconhecida nobreza:

Pena – detenção, de um a dois anos, podendo o juiz deixar de aplicar a pena.

O crime de parto suposto ocorre quando alguém declara falsamente o nascimento de uma criança que não nasceu ou atribui a uma mãe um filho que, na verdade, não é dela. Isso pode envolver a falsificação de documentos de nascimento ou a manipulação de registros civis para criar a existência legal de uma criança inexistente ou para alterar a maternidade de uma criança real. O objetivo por trás desse crime pode variar, incluindo obter benefícios indevidos, como a herança, ou manipular a identidade de uma criança para fins ilegais.

Exemplo prático: Maria, estava em um relacionamento conturbado e enfrentava pressão social para ter filhos. Ao saber que sua amiga Luiza estava grávida e pretendia dar a criança para adoção, Maria viu uma oportunidade.

Durante o parto, Luiza foi a um hospital e, após dar à luz, decidiu que realmente queria manter a criança. No entanto, Maria, temendo perder a chance de se tornar mãe, decidiu agir. Ela se apresentou no hospital e, com a ajuda de um enfermeiro que era seu amigo, falsificou documentos, alegando que era a mãe da criança.

Quando Luiza saiu do hospital, Maria já havia registrado o bebê como seu filho, utilizando informações falsas sobre a maternidade.

Mais tarde, Luiza ficou sabendo do registro e procurou ajuda legal. Ao descobrir a fraude, Maria foi denunciada por parto suposto, que consiste em registrar como seu filho um recém-nascido que não é fruto de sua gestação, violando a verdade biológica.

Nesse caso, Maria pode ser processada pelo crime de parto suposto, enfrentando consequências legais severas, como pena de reclusão e multa, conforme estabelecido no Código Penal.

Sonegação de estado de filiação

Art. 243. Deixar em asilo de expostos ou outra instituição de assistência filho próprio ou alheio, ocultando-lhe a filiação ou atribuindo-lhe outra, com o fim de prejudicar direito inerente ao estado civil:

Pena – reclusão, de um a cinco anos, e multa.

Exemplo prático: Maria, que recentemente deu à luz a uma menina chamada Ana, está passando por dificuldades financeiras e emocionais severas. Ela acredita que não será capaz de prover uma vida digna para sua filha. Desesperada e sem o apoio da família, Maria decide deixar Ana em um orfanato. No entanto, ao fazer isso, ela opta por não revelar a verdadeira filiação da criança. Ela preenche os documentos do orfanato atribuindo a Ana uma filiação falsa, afirmando que a menina é filha de pais desconhecidos, com o objetivo de ocultar sua própria identidade e a do pai de Ana.

Neste cenário, Maria comete o crime de sonegação de estado de filiação, pois ela ocultou deliberadamente a verdadeira filiação de Ana, alterando uma informação fundamental para a identidade civil da criança. A ação de Maria visa impedir que Ana tenha conhecimento de seus verdadeiros pais, o que poderia afetar diversos direitos da criança, como o direito à herança, ao reconhecimento de sua nacionalidade e à manutenção de uma relação com sua família biológica.

2. JURISPRUDÊNCIA COMPLEMENTAR

⊙ CONSELHO NACIONAL DE JUSTIÇA

Ementa: Pedido de Providências – Provimento – Registro Civil de Pessoas Naturais – Assento de nascimento – Sexo na Declaração de Nascido Vivo (DNV) ou na Declaração de Óbito (DO) fetal preenchido *"ignorado"* – Designação posterior – Possibilidade – Gratuidade – Provimento referendado.

1. Necessidade de adotar norma que discipline a atividade registral em caráter nacional. Não há uma disposição legal a ser observada pelos registradores quando o sexo é marcado como "ignorado" na DNV ou na DO fetal.

2. Registro do nascimento, em conformidade com a DNV ou DO – sexo ignorado.

3. Designação do sexo, mediante opção pelo feminino ou masculino, com possível modificação do prenome, a ser feita a qualquer tempo e averbada no registro civil de pessoas naturais independentemente de autorização judicial ou de comprovação médica ou psicológica. Preservação da intimidade e da autodeterminação da pessoa registrada e de sua família.

4. Gratuidade da designação.

5. Provimento referendado (CNJ – Pedido de Providências nº 0005130-34.2019.2.00.0000 – Rel. Min. Maria Thereza de Assis Moura – DJ 16.08.2021)

⊙ TRIBUNAL DE JUSTIÇA DO ESTADO DE SÃO PAULO

EMENTA: RETIFICAÇÃO DE REGISTRO CIVIL – MODIFICAÇÃO EM DATA DE NASCIMENTO – INVIABILIDADE – FALTA DE PROVA DA

ERRONIA – INSUFICIÊNCIA DE CERTIDÃO DE BATISMO RELIGIOSO – DECISÃO CONFIRMADA – APELO DESPROVIDO.

Cuida-se de Apelação Cível, vituperando a R. sentença de fls., que houve por improcedente feito de Retificação de Registro, rija no argumento da inviabilidade da pretensão ante o conjunto probante, insuficiente a prova ante os documentos juntados.

No apelo de fls. revela da discrepância entre várias datas relativamente à de seu nascimento, havendo que prevalecer aquela aposta no documento de batismo, nem detendo veracidade absoluta o que consta do Assento, contrariado o Princípio da Dignidade da Pessoa Humana, inexistente prejuízo para terceiros.

Parecer a fls., empós de processamento regular do apelo.

Esse o breve relato.

Com efeito, a R. sentença merece integral confirmação, pois que bem apreciou a espécie.

Nem há falar-se na violação do Princípio brandido pois aqui a hipótese ressumbra perigo para a segurança dos Registros Públicos, que hão que prevalecer ante documento emitido por ocasião do batismo religioso da Autora.

Assim, a peça de cunho espiritual ou religiosa de fls., conquanto respeitável e coerente, se não pode sobrepor ao Registro Público da data de nascimento revelada; deferir a pretensão fora remeter para as Kalendas Gregas o Princípio da Segurança do Registro Público coisa que se não pode conceber.

NEGA-SE PROVIMENTO ao recurso.

L.B. Giffoni Ferreira

RELATOR

Assinatura Eletrônica – – /(TJSP – Apelação Cível nº 1002288-16.2019.8.26.0299 – Jandira – 2ª Câmara de Direito Privado – Rel. Des. L. B. Giffoni Ferreira – DJ 16.06.2020)

TRIBUNAL DE JUSTIÇA DO ESTADO DE MINAS GERAIS

EMENTA: RETIFICAÇÃO DE REGISTRO CIVIL. ESPECTRO DA VERDADE. INCLUSÃO. PROFISSÃO DO GENITOR. POSSIBILIDADE. VIABILIDADE JURÍDICA. – Inexiste óbice legal para inclusão na certidão de nascimento do filho da verdadeira profissão de seu genitor. O registro é como se fosse um espelho onde se projeta a figura real do respectivo assentamento. (TJMG – Ap. Civ. 1.0097.08.003050-1/001, DES. BELIZÁRIO DE LACERDA, Publicação 09/07/2010)

3. QUESTÕES DE CONCURSOS

01. (CESPE / CEBRASPE - 2023 - TJ-SC - Titular de Serviços de Notas e de Registros – Remoção) Eduardo forneceu, falsamente, a um cartório de registro civil, os nomes e prenomes dos avós paternos de uma criança, em desconformidade com a Lei n.º 6.015/1973 (Lei de Registros Públicos), a fim de promover inscrição de nascimento inexistente.

Considerando o delito cometido por Eduardo nessa situação hipotética, assinale a opção correta.

a) Eventual ação penal interposta contra Eduardo será de iniciativa pública condicionada à representação da pessoa prejudicada com a utilização do registro inexistente.
b) Eduardo praticou crime formal.
c) Eduardo cometeu delito plurissubjetivo.
d) O delito cometido por Eduardo é uma forma especializada do crime de falso na qual o agente fornece, falsamente, ao cartório de registro civil os dados exigidos pela Lei de Registros Públicos.
e) Eduardo cometeu delito transeunte.

02. (VUNESP - 2023 - TJ-AL - Titular de Serviços de Notas e de Registros – Provimento) De acordo com a Consolidação Normativa Notarial e Registral da Corregedoria Geral da Justiça do Estado de Alagoas (CNNR-CGJ/AL), ao lavrar um assento de nascimento deverá o oficial de registro civil das pessoas naturais observar o seguinte:

Nota da autora: Embora a questão envolva normativas estaduais, é possível respondê-la com base na legislação federal, pois trata-se de uma reprodução desta.

I. A naturalidade do registrando poderá ser do Município em que ocorreu o nascimento ou do Município de residência da mãe do registrando na data do nascimento, desde que localizado em território nacional, e a opção caberá ao declarante no ato de registro do nascimento.
II. Na hipótese de a genitora não manifestar interesse em declarar o nome do suposto pai, o Oficial colherá declaração nesse sentido, não lavrará o registro e remeterá o expediente ao Juiz com atribuição administrativa do cartório.
III. Não se fará qualquer referência à natureza da filiação.

a) Somente I e III estão corretas.
b) Somente I e II estão corretas.
c) Somente I está correta.
d) I, II e III estão corretas.

03. (Vunesp – Titular de Serviços de Notas e Registros – TJ – SP – Provimento/2022) Assinale a alternativa correta quanto ao registro de nascimento.

a) Poderão ser adotados sobrenomes do pai, da mãe ou de ambos, vedada a intercalação.
b) A naturalidade do registrando poderá ser do Município em que ocorreu o nascimento ou do Município de residência da mãe ou do pai do registrando na data do nascimento, desde que localizado em território nacional, e a opção caberá ao declarante no ato de registro do nascimento.
c) É vedado atribuir a irmãos gêmeos o mesmo prenome.
d) Constitui motivo para solicitação de retificação da DNV, por parte do Registrador Civil das Pessoas Naturais, a omissão do nome do recém-nascido.

04. (Vunesp – Outorga de Delegação de Notas e Registros – TJ – GO/2021) Segundo o Provimento nº 122/2021 do Conselho Nacional de Justiça, no tocante aos casos em que o campo sexo da DNV tenha sido preenchido como ignorado, assinale a alternativa correta.

Nota da autora: É relevante anotar que o referido provimento foi conservado parcialmente, por conter anexo. Todavia, seus dispositivos foram incorporados aos arts. 524 a 530 do Provimento CNJ n. 149/2023, sem alteração legislativa, motivo pelo qual a questão ainda é muito pertinente.

a) Não há possibilidade de se realizar a opção de designação de sexo após a morte da pessoa.
*b) A designação de sexo será feita por opção, a ser realizada a qualquer tempo e averbada no registro civil de pessoas naturais, independentemente de autorização judicial.
c) É obrigatória a mudança do prenome quando ocorrer a opção pela designação de sexo. Caso seja um prenome neutro, este poderá ser mantido.
d) Para a opção de designação de sexo, é necessário o consentimento da pessoa optante quando esta tiver mais de 10 anos de idade.

05. (Vunesp – Outorga de Delegação de Notas e Registros – TJ – GO/2021) Em conformidade com o Provimento nº 122/2021 do Conselho Nacional de Justiça, verificado que, na Declaração de Nascido Vivo (DNV), o campo sexo foi preenchido como ignorado, o assento de nascimento

Nota da autora: É relevante anotar que o referido provimento foi conservado parcialmente, por conter anexo. Todavia, seus dispositivos foram incorporados aos arts. 524 a 530 do Provimento CNJ n. 149/2023, sem alteração legislativa, motivo pelo qual a questão ainda é muito pertinente.

a) será lavrado sem o nome do registrando, o qual será escolhido após laudo complementar que esclareça a situação.
b) será lavrado registrando o sexo como ignorado.
c) não será lavrado, devendo-se aguardar laudo complementar que esclareça a situação.
d) será lavrado, desde que autorizado pelo Juízo Corregedor Permanente.

06. (IESES – Cartório – Remoção – TJ – AM/2018) No que se refere ao registro de nascimento, é correto afirmar, EXCETO:

a) A naturalidade poderá ser do Município em que ocorreu o nascimento ou do Município de residência da mãe do registrando na data do nascimento, desde que localizado em território nacional, e a opção caberá ao declarante no ato de registro do nascimento.
b) O nome do pai constante da declaração de nascido vivo constitui prova ou presunção da paternidade.
c) O interessado, no primeiro ano após ter atingido a maioridade civil, poderá, pessoalmente ou por procurador bastante, alterar o nome, desde que não prejudique os apelidos de família, averbando-se a alteração que será publicada pela imprensa.
d) No caso de gêmeos, será declarada no assento especial de cada um a ordem de nascimento. Os gêmeos que tiverem o prenome igual deverão ser inscritos com duplo prenome ou nome completo diverso, de modo que possam distinguir-se.

07. (Vunesp – Notário-SP/2012) No registro de nascimento, não se fará qualquer referência:

I. à natureza da filiação;
II. ao lugar e cartório do casamento dos pais;
III. ao estado civil dos pais.

Está correto o contido em

a) I e II, apenas.
b) II e III, apenas.
c) I e III, apenas.
d) I, II e III.

08. (IESES – Cartório – Remoção – TJ – RO/2017) O assento do nascimento deverá conter:

I. Os nomes e prenomes, a profissão e a residência das duas testemunhas do assento, quando se tratar de parto ocorrido sem assistência médica em residência ou fora de unidade hospitalar ou casa de saúde.
II. O sexo do registrando.
III. O nome e o prenome, que forem postos à criança.
IV. O fato de ser gêmeo, quando assim tiver acontecido.

A sequência correta é:

a) As assertivas I, II, III e IV estão corretas.
b) Apenas a assertiva II está correta.
c) A assertiva IV está incorreta.
d) Apenas as assertivas I e IV estão corretas.

GAB	1	D	2	A	3	B	4	B
	5	B	6	B	7	D	8	A

Art. 55. Toda pessoa tem direito ao nome, nele compreendidos o prenome e o sobrenome, observado que ao prenome serão acrescidos os sobrenomes dos genitores ou de seus ascendentes, em qualquer ordem e, na hipótese de acréscimo de sobrenome de ascendente que não conste das certidões apresentadas, deverão ser apresentadas as certidões necessárias para comprovar a linha ascendente.

§ 1º O oficial de registro civil não registrará prenomes suscetíveis de expor ao ridículo os seus portadores, observado que, quando os genitores não se conformarem com a recusa do oficial, este submeterá por escrito o caso à decisão do juiz competente, independentemente da cobrança de quaisquer emolumentos.

§ 2º Quando o declarante não indicar o nome completo, o oficial de registro lançará adiante do prenome escolhido ao menos um sobrenome de cada um dos genitores, na ordem que julgar mais conveniente para evitar homonímias.

§ 3º O oficial de registro orientará os pais acerca da conveniência de acrescer sobrenomes, a fim de se evitar prejuízos à pessoa em razão da homonímia.

§ 4º Em até 15 (quinze) dias após o registro, qualquer dos genitores poderá apresentar, perante o registro civil onde foi lavrado o assento de nascimento, oposição fundamentada ao prenome e sobrenomes indicados pelo declarante, observado que, se houver manifestação consensual dos genitores, será realizado o procedimento de retificação administrativa do registro, mas, se não houver consenso, a oposição será encaminhada ao juiz competente para decisão.

1. COMENTÁRIOS

O art. 55 trata da formação do nome da pessoa e passou por relevantes alterações dadas pela Lei 14.382/2022 de modo a preconizar a competência e atribuição extrajudicial dos Oficiais de Registro Civil possibilitando-se a realização de procedimentos para alteração de prenome e sobrenome diretamente no RCPN. É cristalino que a Lei do SERP prestigiou a extrajudicialização.

Inicialmente, cumpre informar que o *caput* do art. 55 incorpora o entendimento doutrinário, jurisprudencial e da legislação satélite, pacificando algumas divergências constantes da antiga redação. Note-se, inclusive, que a cabeça do artigo segue exatamente a regra do art. 16 do Código Civil.

O nome é o sinal que identifica a pessoa e indica a sua procedência familiar, sendo um dos mais importantes direitos da personalidade, dentro do qual está inserida sua personalidade jurídica. Trata-se do principal elemento de individualização do ser humano.

A materialidade e efetividade do nome é dada pelo Registro Civil das Pessoas Naturais, que o perpetua e o publiciza.

Para Clóvis Beviláqua, o nome não constitui um bem jurídico, pois não é possível sua apropriação pelo Estado ou pela sociedade.

O Código Civil, em seu art. 16, estabelece que toda pessoa tem direito ao nome, nele compreendidos o prenome e o sobrenome. Essa regra foi positivada na nova redação do art. 55 da LRP, dada pela Lei nº 14.382/2022, e é uma das justificativas para a edição dos Provimentos CNJ n. 152 e 153.

Importante ainda dialogar com a Recomendação CNJ nº 50, editada no dia 18 de julho de 2022, que dispõe sobre a prevalência do direito fundamental ao nome sobre exigências não estabelecidas na Lei de Registros Públicos, para fins de registro de nascimento ou de óbito de crianças.

Entre as razões para a edição do referido ato normativo, destacam-se:

a) Os direitos da personalidade enquanto direitos fundamentais;

b) Que toda pessoa tem direito ao nome, nele compreendidos o prenome e o sobrenome e

c) Que a Lei n. 13.846/2019, de cunho previdenciário, alterou a Lei n. 8.212/1991, mas não alterou a Lei n. 6.015/1973 no que tange aos requisitos para lavratura do assento de nascimento ou para registro de criança nascida morta.

Desse modo, recomenda-se aos registradores civis que promovam o registro de nascimento e de natimorto, independentemente da apresentação dos números de inscrição no CPF dos respectivos pais (biológicos ou socioafetivos), ofertando prioridade à erradicação do sub-registro.

Ademais, nas situações em que os pais do registrando não estejam previamente cadastrados na base de dados da Receita Federal do Brasil, aos oficiais de registros, recomenda-se que providenciem o assento de nascimento ou o registro de óbito exclusivamente à vista dos elementos essenciais descritos nos números 1 a 11 do artigo 54 da Lei n. 6.015/1973, com observância do regramento constante do Provimento CNJ n. 63/2017 e da Recomendação CN n. 38/2019.

No quesito 'legislação internacional', a Convenção Americana sobre Direitos Humanos – Pacto de São José da Costa Rica, também traz regras sobre o nome, a saber:

> **Art. 18.** Toda pessoa tem direito a um prenome e aos nomes de seus pais ou ao de um destes. A lei deve regular a forma de assegurar a todos esse direito, mediante nomes fictícios, se for necessário.

Demais disto, a Convenção sobre os Direitos da Criança, de 21 de novembro de 1990, trata do tema no artigo 7, que tem a seguinte redação:

> **Art. 7. 1.** A criança será registrada imediatamente após seu nascimento e terá direito, desde o momento em que nasce, a um nome, a uma nacionalidade e, na medida do possível, a conhecer seus pais e a ser cuidada por eles. **2.** Os Estados Partes zelarão pela aplicação desses direitos de acordo com sua legislação nacional e com as obrigações que tenham assumido em virtude dos instrumentos internacionais pertinentes, sobretudo se, de outro modo, a criança se tornaria apátrida.

Quanto aos **elementos essenciais e obrigatórios do nome**, temos:

a) **prenome ou nome próprio**, cujo objetivo é identificar a pessoa dentro da própria família e;

b) **patronímico ou sobrenome,** que é o sinal indicativo da procedência familiar, cujo objetivo é identificar a pessoa no seio da sociedade. Noutro dizer, consiste no retrato da identidade da pessoa, em sintonia com princípio fundamental da dignidade humana

Leonardo Brandelli entende que o nome possui um **duplo aspecto**. Do ponto de vista público, o uso do nome corresponde à necessidade imperiosa de particularizar e distinguir a pessoa das demais, sendo então obrigatório o seu uso e restritos os casos de alteração. Do ponto de vista privado, o nome é um direito fundamental da pessoa humana, personalíssimo e intimamente relacionado com a sua dignidade e sua privacidade, na medida em que é o signo que a representa, ou seja, um dos modos da expressão do ser humano na família e na sociedade (*Nome Civil da Pessoa Natural.* São Paulo: Saraiva, 2012).

Continuando a análise do art. 55, note-se que *caput* do artigo, introduz a permissão, quando da realização do registro, do **acréscimo de sobrenome de ascendente que não conste das certidões apresentadas:**

> Art. 55, caput. (...) *"observado que ao prenome serão acrescidos os sobrenomes dos genitores ou de seus ascendentes, em qualquer ordem e, na hipótese de acréscimo de sobrenome de ascendente que não conste das certidões apresentadas, deverão ser apresentadas as certidões necessárias para comprovar a linha ascendente".*

Em outras palavras, será possível acrescentar o sobrenome de um ascendente que não conste no nome dos genitores.

O **sobrenome, apelido de família ou patronímico**, que sucede ao prenome, indica a procedência familiar da pessoa, sua filiação e igualmente pode ser simples ou composto.

Reinaldo Velloso dos Santos, parte da doutrina e jurisprudência já defendia antes da Lei n. 14.382/2022 que "na composição do sobrenome, pode ser adotado apenas o sobrenome do pai ou o da mãe; pode haver a mescla de sobrenomes da mãe e do pai, ou até mesmo de avós, ainda que não integrem o nome dos pais. A liberdade de composição do sobrenome se estende à ordem dos sobrenomes, podendo constar primeiramente o do pai ou o da mãe". E conclui que "é livre a definição da ordem de sobrenomes, desde que não haja intercalação de sobrenome materno no meio do sobrenome paterno e vice-versa". (Op. cit., p. 74). Hoje, esta regra já está positivada no art. 55 da LRP, com as alterações dadas pela Lei do SERP.

Enfatiza-se que é possível, sim, acrescentar um sobrenome familiar que **ainda não esteja no nome.** Em outras palavras, poderá ser acrescentado o sobrenome de uma avó, desde que a ascendência seja comprovada documentalmente por meio de certidões.

O Código Nacional de Normas está alinhado com a nova redação do art. 55 em sua primeira parte. Veja-se:

> Art. 515-B. Toda pessoa tem direito ao nome, nele compreendidos o prenome, de livre escolha dos pais, e o sobrenome, que indicará a ascendência do registrado.
>
> §1º A pedido do declarante, no momento da lavratura do registro de nascimento, serão acrescidos, ao prenome escolhido, os sobrenomes dos pais e/ou de seus ascendentes, em qualquer ordem, sendo obrigatório que o nome contenha o sobrenome de, ao menos, um ascendente de qualquer grau, de qualquer uma das linhas de ascendência, devendo ser apresentadas certidões que comprovem a linha ascendente sempre que o sobrenome escolhido não constar no nome dos pais.

Registre-se que essa medida já era admitida por algumas normativas estaduais extrajudicial e agasalha entendimento majoritário firmado na jurisprudência brasileira, no sentido de ser possível a inclusão do sobrenome de qualquer dos ascendentes. O objetivo é além de homenageá-los, perpetuar o nome de suas famílias e manter tradições.

No entanto, algumas questões importantes podem surgir: uma vez estabelecida a ordem do sobrenome que será dada ao primeiro filho, essa deve ser observada para os demais membros da família? Há quem defenda que sim, em respeito ao princípio da igualdade na disposição do sobrenome, de modo que os filhos tenham os mesmos apelidos de família na mesma ordem, preservando-se o nome familiar. Essa doutrina traz uma exceção: quando a criança for chamada pelo mesmo nome do pai, tio ou avô, deverão ser acrescidos os agnomes 'filho', 'júnior', 'sobrinho', 'neto', sempre no final do nome. No mais, há de se aguardar sedimentações doutrinárias.

Também foi positivado nas normas a **vedação da supressão total** do sobrenome de solteiro(a), divorciado(a) ou viúvo(a) quando da mudança deste em virtude do casamento. No entanto, é permitida a supressão parcial.

Para reforçar esse entendimento, apresento duas recentes teses do Superior Tribunal de Justiça, destacadas no 'Jurisprudência em Tese Registros Públicos, Cartoriais e Notariais II'. Veja-se:

→ **Tese 2:** Não é possível a completa supressão e substituição total do nome registral por livre escolha e criação do titular, pois o ordenamento jurídico brasileiro adota o princípio da definitividade do registro civil da pessoa natural para garantir a estabilidade das relações jurídicas.

> **Julgados:** REsp 1927090/RJ, Rel. Ministro LUIS FELIPE SALOMÃO, Rel. p/ Acórdão Ministro RAUL ARAÚJO, QUARTA TURMA, julgado em 21/03/2023, DJe 25/04/2023.

→ **Tese 3:** Não é possível a completa supressão com a substituição total do nome registral, por pessoa autoidentificada como indígena, por ausência de previsão legal e em respeito ao princípio da segurança jurídica e às relações jurídicas constituídas.

> *Arts. 55, 56, 57 e 58 da Lei n. 6015/1973 e Resolução conjunta CNJ/CNMP n. 3/2012.*

Questão interessante é saber se a **decisão estrangeira** que autorizou a exclusão total dos patronímicos pode ser homologada. A 'Tese 7' nos responde:

→ Tese 7. **Não é possível** homologar decisão estrangeira que autorizou a exclusão total dos patronímicos da parte e permitiu a escolha aleatória de prenome e/ou sobrenome sem relação com o nome anterior ou a genealogia, pois ofende a soberania nacional e a ordem pública.

> Julgados: AgInt na HDE 6217/EX, Rel. Ministra MARIA THEREZA DE ASSIS MOURA, CORTE ESPECIAL, julgado em 13/12/2022, DJe 16/12/2022; AgInt nos EDcl na HDE 4371/EX, Rel. Ministro HUMBERTO MARTINS, CORTE ESPECIAL, julgado em 13/10/2021, DJe 15/10/2021.

É bastante comum, no que se refere à composição do nome da pessoa natural, o uso de **agnomes, partículas** e **cognomes**, **alcunhas** ou **epítetos**. Esses são **elementos facultativos ou secundários**, ou seja, dispensáveis para o registro do nome.

O agnome é o sinal acrescentado ao nome para distinguir membros da mesma família, por exemplo, José da Silva *Junior* ou Maria de Oliveira *Filha*. O agnome pode se dar também de forma ordinal. Para ilustrar, José da Silva *Segundo*. Em outras palavras, os agnomes "Filho", "Junior", "Neto", "Sobrinho" ou congêneres serão utilizados apenas ao **final** do nome e quando repetir de forma idêntica o prenome e patronímico(s) do homenageado. Admite-se a inclusão, junto ao sobrenome do genitor, de sobrenomes de outros ascendentes do registrado, desde que comprovado o parentesco.

Nessa direção, apresento o art. 515-B do Código Nacional de Normas, alterado pelo Provimento CNJ n 153/2023:

> Art. 515-B.
>
> (...)
>
> §7º Se o nome escolhido for idêntico ao de outra pessoa da família, é obrigatório o acréscimo de agnome ao **final do nome** a fim de distingui-los.

A **partícula** são preposições como ***da, das, de, do, dos***. Frise-se que as partículas, como elementos de ligação, não desnaturam o patronímico familiar. Assim, o referido acréscimo não tem o condão de mutilar ou alterar os apelidos de família, nem os desfigura. Tal é também o entendimento da Arpen-SP, que editou enunciado neste sentido:

> **Enunciado 49:** As partículas de ligação no sobrenome, tais como "de" ou "e", estejam no singular ou no plural, no gênero masculino ou no feminino, não são elementos essenciais do sobrenome, logo podem ser suprimidas ou acrescidas por ocasião das escolhas ou alterações de nome permitidas pela lei. Fundamento legal: Proc CG 89.652/2009/ Proc CG 89.550/2009/ Proc CG 79.567/2009/ Proc CG 89.253/2009/ Proc CG 89.619/2009/ Proc CG 89.528/2009/ Proc CG 89.626/2009/ Proc CG 89.649/2009 / Proc CG 9.826/2009 / Proc CG 9.848/2009/ Proc CG 89.558/2009/ Proc CG 26.003/2009/ Proc CG 26.005/2009/ Proc CG 60.445/2009.

Verifica-se com este enunciado que é permitido adotar o sobrenome do cônjuge em virtude do casamento com ou sem referidas partículas ou compor o sobrenome do filho no momento do registro de nascimento ou no momento do reconhecimento de filiação com ou sem as referidas partículas.

Note-se que esse entendimento foi incorporado ao Código Nacional de Normas (Provimento CNJ n. 149/2023), alterado pelo Provimento CNJ n. 153/2023, conforme segue:

> Art. 515-I.
>
> (...)
>
> §2º A alteração de sobrenome permite a **supressão ou acréscimo de partícula** (de, da, do, das, dos etc.), a critério da pessoa requerente.
>
> Art. 515-B
>
> (...)
>
> §6º Para a composição do nome, é permitido o **acréscimo ou supressão de partícula** entre os elementos do nome, a critério do declarante.

No que tange ao **cognome**, trata-se de apelido que, por sentença judicial, passa a integrar o nome, como, por exemplo, Maria da Graça *Xuxa* Meneghel e Luiz Inácio *Lula* da Silva.

Do art. 55 em questão, extrai-se que a legitimação para indicar o nome completo do registrado é do **declarante**.

Considera-se declarante uma das pessoas indicadas no art. 52 da Lei 6.015/1973. Divergem os autores acerca da pessoa do declarante. Walter Ceneviva defende que "excetuados o pai e a mãe, os demais podem escusar-se de referir o nome completo do registrando, posto que a tanto não estão obrigados". (Op. cit., 134). Por sua vez, Mario de Carvalho Camargo Neto e Marcelo Salaroli de Oliveira, sustentam que "a escolha deveria ser preferencialmente ato dos pais, mas a lei não faz essa exigência, de tal modo que não se pode impedir ou retardar o registro feito por outro legitimado a declarar sob o argumento da escolha do nome. Recorde-se que os demais declarantes somente se tornam legitimados no impedimento ou impossibilidade de os pais declararem o nascimento". (Op. cit., p. 137).

Passemos então a analisar os parágrafos 1º e 2º do art. 55.

> *§ 1º O oficial de registro civil não registrará prenomes suscetíveis de expor ao ridículo os seus portadores, observado que, quando os genitores não se conformarem com a recusa do oficial, este submeterá por escrito o caso à decisão do juiz competente, independentemente da cobrança de quaisquer emolumentos.*
>
> *§ 2º Quando o declarante não indicar o nome completo, o oficial de registro lançará adiante do prenome escolhido ao menos um sobrenome de cada um dos genitores, na ordem que julgar mais conveniente para evitar homonímias.*

Estes parágrafos reproduzem a regra antiga do art. 55. Em outras palavras, não há modificação substancial no § 1º, antigo parágrafo único, do art. 55 da LRP, enquanto o § 2º já estava previsto em parte no *caput* do art. 55, embora com redação em desacordo com a Constituição Federal. Ao prescrever que 'quando o declarante não indicar o nome completo, o oficial lançará adiante do prenome escolhido o nome do pai, e na falta, o da mãe', mostrava-se em total dissonância com o art. 3º, inciso IV, art. 5º e art. 226, § 5º da Carta Magna, que afirmam a igualdade entre homem e mulher.

Todavia, o dispositivo era lido à luz da nova ordem constitucional e assim aplicado. A Lei nº 14.382/2022 apenas trouxe a releitura a partir da nova ordem constitucional, reafirmando a igualdade de direitos entre homens e mulheres, além da vedação de discriminação no que tange à origem dos filhos.

O **prenome,** que pode ser simples ou composto, é livremente escolhido pelos pais, caso eles sejam os declarantes, sendo vedado somente a exposição do portador do nome ao ridículo, o que deve ser impedido pelo registrador. Em outras palavras, os Oficiais de Registro não registrarão prenomes suscetíveis de expor ao ridículo os seus portadores. Trata-se de **regra subjetiva**, devendo o Oficial se pautar na singularidade de cada caso.

No Processo 66.310/1983 da Corregedoria Geral da Justiça do Estado de São Paulo, decidiu-se que o "Oficial, criteriosamente, deve repudiar os prenomes que possam causar ridículo aos registrandos, sem, todavia, perder de vista a regra contida no art. 47 da Lei 6.015/1973, que o sujeita a penalidades quando injustificadamente recusa o registro. Deve guiar-se, sempre, pelas normas de seu bom-senso, afastando a possibilidade de aborrecimentos futuros ao registrando. No que diz respeito à tradução dos prenomes, cumpre lembrar que os mesmos podem ser escolhidos de acordo com os desejos dos interessados, na onomástica nacional ou estrangeira, ressalvada a hipótese de exposição ao ridículo".

Não se conformando os pais com a recusa do Oficial, este submeterá por escrito o caso, independente da cobrança de quaisquer emolumentos, à decisão do Juiz competente. Havendo **irresignação** do declarante, poderá se valer do procedimento de dúvida previsto no art. 198 da Lei 6.015/1973.

Para complementar, o art. 515-B do Provimento CNJ n. 149/2023, estava que nessa hipótese de recusa, o oficial deve informar ao juiz competente as justificativas do declarante para a escolha do prenome, se houver.

Sobre o subjetivismo da questão, recentemente tivemos um exemplo concreto. O cantor Seu Jorge tentou registrar o nome de seu filho como Samba. Em um primeiro momento, o cartório negou o registro sob a justificativa de que era um nome incomum e que, de acordo com a regra do § 1º do art. 55, é vedado colocar nomes que possam levar crianças ao ridículo.

Penso que, para a qualificação registral ideal, é necessário levar em conta diversos fatores, como se aquele nome será vexatório ou não dentro da realidade daquela pessoa e a inserção social da criança. No caso, Seu Jorge é um artista internacional, com representação racial, artística e política. Samba é um nome próprio em diversos países da África, notadamente no Senegal. Seu Jorge tem 85,1% de genes africanos. Dessa forma, é recomendável que a qualificação registral seja pautada também em elementos de lastro racial e origem etnográfica. A ideia dele era a preservação de vínculos africanos e a restauração cultural com suas origens.

Outro ponto a ser levado em consideração é que as outras filhas do Seu Jorge também possuem nomes que muitos considerariam incomuns: Luz Bella Jorge, Flor de Maria Jorge e Maria Aimée Jorge.

Posteriormente e diante das razões apresentadas por Seu Jorge, o cartório registrou o nome escolhido.

Voltando à escolha e a composição do nome, **se os pais divergirem**, o registrador não pode eleger um ou outro. Nesses casos, é da competência do Juiz de Direito solucionar o impasse.

De outro giro, estando tudo em ordem nos termos da lei, deve o Oficial Registrador atribuir o nome no assento.

Continuando o desdobramento do novo art. 55 da LRP, prescreve o seu parágrafo § 3º:

> *§ 3º O oficial de registro orientará os pais acerca da conveniência de acrescer sobrenomes, a fim de se evitar prejuízos à pessoa em razão da homonímia.*

Apesar de prática corriqueira na Serventia Registral Civil das Pessoas Naturais, o legislador positivou a regra para maior segurança jurídica.

Aqui vale acrescentar o Tese de número 5 do 'Jurisprudência em Tese Registros Públicos, Cartoriais e Notariais II'. Veja-se:

→ **Tese 5.** A existência de homônimo que responde a processo criminal, ainda que em outro estado da federação, pode ensejar constrangimento suficiente para fundamentar inclusão de patronímico.

Por fim, passa-se à análise do § 4º:

> **§ 4º** Em até 15 (quinze) dias após o registro, qualquer dos genitores poderá apresentar, perante o registro civil onde foi lavrado o assento de nascimento, oposição fundamentada ao prenome e sobrenomes indicados pelo declarante, observado que, se houver manifestação consensual dos genitores, será realizado o procedimento de retificação administrativa do registro, mas, se não houver consenso, a oposição será encaminhada ao juiz competente para decisão.

Trata-se de novidade no procedimento de oposição ao registro e vai ao encontro do movimento de desjudicialização e extrajudicialização, à medida que tem por objetivo evitar que a discussão chegue até o Poder Judiciário.

Na Cartilha da Arpen, enfatiza-se que a legislação inovou ao permitir, dentro do prazo de 15 dias após o registro, que os genitores possam apresentar oposição fundamentada ao prenome e sobrenome indicados pelo declarante (artigo 55, § 4º, da Lei nº 6.015/1973). Na prática, essa autorização legislativa evita a judicialização para situações comuns decorrentes de declaração unilateral de um dos genitores acerca da composição do nome, em discordância com a escolha acordada com o outro. Se houver concordância de ambos os genitores, autoriza-se a retificação administrativa do nome. Caso contrário, encaminha-se a oposição ao juiz competente para decisão, que será o juízo corregedor da serventia, sem a necessidade de ingresso de ação judicial.

Carlos Elias e Flávio Tartuce lembram bem que, em 2021, noticiou-se no site do Superior Tribunal de Justiça o caso de uma autorização judicial de mudança de nome registrada pelo pai da criança que não respeitou o acordo prévio com a mãe, registrando-a com outro prenome. A Terceira Turma do Tribunal, em acórdão relatado pela Ministra Nancy Andrighi, entendeu que o desrespeito a esse acordo prévio seria razão suficiente para a alteração (Op. cit., p. 62).

Em resumo, o art. 55, § 4º, da LRP estabelece:

a) Alteração do nome do filho até 15 dias após a lavratura do registro; b) Esta alteração vale para prenome e sobrenome; c) Deve haver consenso entre os pais, caso esteja estabelecida a filiação com duas pessoas. A professora Márcia Fidélis adverte que, sendo apenas uma, não inviabiliza o procedimento, pois o exercício do poder familiar será exclusivo, bastando este para requerer a mudança no nome; d) Esta alteração deve ser averbada.

O Provimento CNJ n. 153/2023, que alterou o Código Nacional de Normas, endossa e complementa, no parágrafo único do art. 515-C, a regra do art. 55, § 4º, da LRP, prescrevendo que:

> Art. 515-C. Em até 15 (quinze) dias após o registro de nascimento, qualquer dos pais poderá apresentar, perante o registro civil em que foi lavrado o assento de nascimento, oposição fundamentada ao prenome e/ou sobrenomes indicados pelo declarante, indicando o nome substituto e os motivos dessa opção, hipótese em que se observará a necessidade ou não de submissão do procedimento de retificação ao juiz na forma do § 4º do art. 55 da Lei n. 6.015, de 31 de dezembro de 1973.
>
> Parágrafo único. Por não se tratar de erro imputável ao oficial, em qualquer hipótese, serão devidos emolumentos pela retificação realizada.

1.1 O NOVO ENTENDIMENTO DO NOME CIVIL NO BRASIL. PRINCÍPIO DA DEFINITIVIDADE DO NOME

O nome civil se moderniza com as novas diretrizes da Lei nº 14.382/2022 e a regulamentação pelo Código Nacional de Normas, alterados pelos Provimentos CNJ nºs 152 e 153, ambos de 2023.

Quando da promulgação da Lei nº 6.015/73, o princípio afeto ao nome era o da imutabilidade, uma vez que era considerado o principal identificador da pessoa. Entretanto, essa realidade se modificou muito ao longo dos anos.

Não só o advento da CF/1988, mas também inúmeras leis e provimentos flexibilizaram essa regra, à medida que a identificação do cidadão, hodiernamente, apenas pelo nome, já não se mostra suficiente.

Assim, o que impera hoje é o **princípio da definitividade (e não mais da imutabilidade)** do nome, consagrando diversas hipóteses de alteração do nome civil (Constituição Federal, Lei n. 10.406/2002 – Código Civil, Lei n. 8.560/1992, Provimentos CNJ 16/2012, 37/2014, 63/2017, 73/2018, 82/2019 e 122/2021, Lei nº 14.382/2022, dentre outros). Atendeu-se, assim, à **plena adequação do instituto à realidade social, além de sua compilação em um único diploma.**

Gustavo Fiscarelli explica que, antes regido pelo princípio da imutabilidade, ainda que mitigado, o nome civil passa a ser 'apenas' definitivo, imperando a liberdade de sua autodeterminação pelo indivíduo nas hipóteses legais (Op. cit. p. 211).

A professora Márcia Fidelis, Presidente Nacional da Comissão de Notários e Registradores do IBDFAM e diretora do IBDFAM-MG, elucida que, desde o fim do Estado confessional até a atualidade, o nome passou de imutável para definitivo (mutabilidade motivada) e agora para mutável, em pouco mais de um século. Dois fatores influenciaram diretamente a gradativa flexibilização das regras para alterar o nome: a dependência do nome para individualizar e identificar o cidadão (quanto mais o Estado depende do nome para diferenciar as pessoas, maior o rigor para alterar) e o fator psicológico que faz do nome um atributo da personalidade (quanto mais o cidadão se apega ao seu nome, maior a necessidade de se identificar com ele; quando isso não ocorre, a tendência é desejar alterar). Esse tema foi desenvolvido no texto completo, demonstrando, desde o Código Civil de 1916 até os dias atuais, os aspectos históricos, psicológicos e sociológicos que influenciaram a mudança de paradigmas em relação à mutabilidade do nome.

Para aprofundamento do tema, recomenda-se fortemente a leitura do artigo do ilustre registrador Thiago Pagliuca, publicado no site Migalhas, intitulado 'O princípio da imutabilidade do nome ainda existe?' (https://www.migalhas.com.br/depeso/389370/o-principio-da-imutabilidade-do-nome-ainda-existe).

1.2 É POSSÍVEL A REMOÇÃO DE AGNOME DO PAI SOB A JUSTIFICATIVA DE APROXIMAR A CRIANÇA DA FAMÍLIA MATERNA?

Este tema foi abordado pela Quarta Turma do Superior Tribunal de Justiça, que restabeleceu sentença que **negou pedido de alteração do registro civil de uma criança para que, além da inclusão do sobrenome da mãe – que exerce a guarda dos filhos –, fosse removido do registro o agnome Filho, uma referência ao nome do pai.**

O Tribunal entendeu não ser suficiente a justificativa de que a alteração seria necessária para aproximar a criança da família materna e evitar constrangimentos ao filho para motivar a mudança dos sobrenomes – os quais têm a finalidade de identificar, perante o círculo social, a origem familiar da pessoa.

Conforme os autos, a criança recebeu o mesmo nome do pai – acrescido do sobrenome Filho para diferenciação –, mas não teve registrado o sobrenome da mãe. Após o divórcio dos pais, a criança ficou sob guarda da mãe e teria começado a se sentir constrangida, especialmente porque a sua irmã possuía o sobrenome materno, sendo constantemente questionada sobre a diferença dos nomes.

Além da alteração do nome da criança, foi pedida a averbação do atual nome de solteira da mãe dos menores. Em primeiro grau, o pedido foi acolhido apenas neste ponto. O tribunal estadual, contudo, determinou a inclusão do sobrenome da mãe no registro da criança, mas sem a remoção do agnome Filho.

Recorreram ao STJ tanto a mãe das crianças quanto o pai recorreram ao STJ. Segundo a genitora, após a inclusão do sobrenome materno, o filho adotará nome diferente do pai, não se justificando mais o uso do agnome. Por sua vez, o pai argumentou que, com a remoção do agnome, a mãe buscou tirar do filho a identificação que ele tem com o genitor e a homenagem que lhe foi prestada, além de apontar que a definição do nome da criança se deu em comum acordo com a mãe.

O ministro Luis Felipe Salomão, acentuou que, "segundo a doutrina, a Justiça deve realizar um exame prudente de situações que envolvam interesses da criança em meio a conflitos entre os pais, sob pena de acolher pedidos que, na verdade, têm como objetivo real atingir o ex-cônjuge, agravando ainda mais os litígios. Aquele que recebe o nome de seu pai ou mãe, acrescido do agnome "Filho" ou "Filha", não perde o vínculo com as famílias de seus genitores, tampouco sofre constrangimento por não ter os mesmos sobrenomes de eventual irmão, pois não é função do nome de família estreitar o vínculo afetivo. Admitindo-se o raciocínio contido na exordial, ter-se-ia também que admitir, como consectário lógico, que, ao não agregar aos filhos todos os sobrenomes de seus ascendentes, os pais estariam a promover um afastamento do registrando para com troncos familiares, que também sentir-se-iam desprestigiados – o que, renovada as vênias, é deveras absurdo".

O magistrado concluiu que "não há motivo idôneo e circunstância excepcional, segundo penso, para ensejar acolhimento do pedido de alteração do registro civil do infante, sendo certo também que a mudança, ao argumento de evitar-se suposto constrangimento de não ter sobrenomes iguais aos da irmã, ao revés é que teria o condão de ocasionar constrangimento, pois resultaria em situação inusual em que o filho(a) tem prenome idêntico ao do(a) genitor(a), mas sem o agnome "filho" ou "filha" ou outro equivalente".

2. JURISPRUDÊNCIA COMPLEMENTAR

⊙ SUPREMO TRIBUNAL FEDERAL

EMENTA: Possibilidade de alteração de gênero no assento de registro civil de transexual, mesmo sem a realização de procedimento cirúrgico de redesignação de sexo.

I) O transgênero tem direito fundamental subjetivo à alteração de seu prenome e de sua classificação de gênero no registro civil, não se exigindo, para tanto, nada além da manifestação de vontade do indivíduo, o qual poderá exercer tal faculdade tanto pela via judicial como diretamente pela via administrativa;

II) Essa alteração deve ser averbada à margem do assento de nascimento, vedada a inclusão do termo 'transgênero';

III) Nas certidões do registro não constará nenhuma observação sobre a origem do ato, vedada a expedição de certidão de inteiro teor, salvo a requerimento do próprio interessado ou por determinação judicial;

IV) Efetuando-se o procedimento pela via judicial, caberá ao magistrado determinar de ofício ou a requerimento do interessado a expedição de mandados específicos para a alteração dos demais registros nos órgãos públicos ou privados pertinentes, os quais deverão preservar o sigilo sobre a origem dos atos (STF, RE 670422).

⊙ SUPERIOR TRIBUNAL DE JUSTIÇA

EMENTA: REGISTRO CIVIL. NOME DE PESSOA NATURAL. RECURSO ESPECIAL. AÇÃO DE RETIFICAÇÃO DE REGISTRO CIVIL. SUPRESSÃO COMPLETA DO NOME REGISTRAL PARA ADOÇÃO DE NOVO NOME INDÍGENA, SEM COMPROVAÇÃO DE ORIGEM AUTÓCTONE BRASILEIRA. INVIABILIDADE. AUSÊNCIA DE PREVISÃO LEGAL. PRINCÍPIO DA DEFINITIVIDADE DO REGISTRO CIVIL DA PESSOA NATURAL. RECURSO ESPECIAL IMPROVIDO.

1. A legislação pátria adota o princípio da definitividade do registro civil da pessoa natural, prestigiado com o recente advento da Lei 14.382/2022, de modo que o prenome e o nome são, em regra, definitivos a fim de garantir a segurança jurídica e a estabilidade das relações jurídicas e sociais.

2. As hipóteses que relativizam o princípio da definitividade do nome, elencadas na Lei de Registros Públicos, não contemplam a possibilidade de exclusão total dos patronímicos materno e paterno registrados, com substituição destes por outros, de livre escolha e criação do titular e sem nenhuma comprovação ou mínima relação com as linhas ascendentes acenadas, com concomitante alteração voluntária também do prenome registrado.

3. A Resolução Conjunta CNJ/CNMP nº 3/2012 admite a retificação do assento de nascimento de pessoa natural de origem indígena, para inclusão das informações constantes do art. 2º, caput e § 1º, daquela Resolução, referentes ao nome e à respectiva etnia, sem previsão, no entanto, de adoção das mesmas medidas para pessoa que, sem qualquer comprovação de origem autóctone brasileira, deseja tornar-se indígena, por razões meramente subjetivas e voluntárias, com substituição completa do nome registrado, inclusive exclusão dos apelidos de família.

4. Recurso especial improvido. (REsp 1.927.090-RJ, Rel. Ministro Luis Felipe Salomão, Rel. para acórdão Ministro Raul Araújo, Quarta Turma, por maioria, julgado em 21/3/2023).

EMENTA: Recurso Especial – Ação de retificação de registro de nascimento para a troca de prenome e do sexo (gênero) masculino para o feminino – Pessoa transexual – Desnecessidade de cirurgia de transgenitalização –

1. O STF definiu a seguinte tese repercussão geral: "O transgênero tem direito fundamental subjetivo à alteração de seu prenome e de sua classificação de gênero no registro civil, não se exigindo, para tanto, nada além da manifestação da vontade do indivíduo, o qual poderá exercer tal faculdade tanto pela via judicial como diretamente pela via administrativa" (RE 670422, Relator(a): Dias Toffoli, Tribunal Pleno, julgado em 15/08/2018, Processo Eletrônico Repercussão Geral – Mérito DJe-051 Divulg 09-03-2020 Public 10-03-2020) –

2. É firme a jurisprudência do STJ no sentido de que "devem ser resguardados os direitos fundamentais das pessoas transexuais não operadas à identidade (tratamento social de acordo com sua identidade de gênero), à liberdade de desenvolvimento e de expressão da personalidade humana (sem indevida intromissão estatal), ao reconhecimento perante a lei (independentemente da realização de procedimentos médicos), à intimidade e à privacidade (proteção das escolhas de vida), à igualdade e à não discriminação (eliminação de desigualdades fáticas que venham a colocá-los em situação de inferioridade), à saúde (garantia do bem-estar biopsicofísico) e à felicidade (bem-estar geral). Consequentemente, à luz dos direitos fundamentais corolários do princípio fundamental da dignidade da pessoa humana, infere-se que o direito dos transexuais à retificação

do sexo no registro civil não pode ficar condicionado à exigência de realização da cirurgia de transgenitalização, para muitos inatingível do ponto de vista financeiro (como parece ser o caso em exame) ou mesmo inviável do ponto de vista médico [...] Exegese contrária revela-se incoerente diante da consagração jurisprudencial do direito de retificação do sexo registral conferido aos transexuais operados, que, nada obstante, continuam vinculados ao sexo biológico/cromossômico repudiado. Ou seja, independentemente da realidade biológica, o registro civil deve retratar a identidade de gênero psicossocial da pessoa transexual, de quem não se pode exigir a cirurgia de transgenitalização para o gozo de um direito" (REsp 1626739/RS, Rel. Ministro Luis Felipe Salomão, Quarta Turma, julgado em 09/05/2017, DJe 01/08/2017) –

3. Recurso especial provido a fim de julgar integralmente procedente a pretensão deduzida na inicial, autorizando a retificação do registro civil da autora, no qual deve ser averbado, além do prenome indicado, o sexo/gênero feminino, assinalada a existência de determinação judicial, sem menção à razão ou ao conteúdo das alterações procedidas, resguardando-se a publicidade dos registros e a intimidade da autora. STJ – REsp nº 1.651.546 – Minas Gerais – 4ª Turma – Rel. Min. Luis Felipe Salomão – DJ 02.12.2021

TRIBUNAL DE JUSTIÇA DO ESTADO DE MINAS GERAIS

EMENTA: REGISTRO CIVIL – PRENOME – EXPOSIÇÃO AO RIDÍCULO – SENTIMENTO ÍNTIMO – ALTERAÇÃO – JUSTO MOTIVO DEMONSTRADO – FLEXIBILIZAÇÃO DA IMUTABILIDADE. DO NOME – DIGNIDADE DA PESSOA HUMANA – AUSÊNCIA DE PREJUÍZO A TERCEIROS – POSSIBILIDADE – RECURSO PROVIDO. – Doutrina e jurisprudência, amparadas pela atual legislação de registros públicos, vêm entendendo que a imutabilidade do nome, outrora absoluta no ordenamento jurídico brasileiro, recomenda temperamentos, afigurando-se admissível; portanto, em determinadas situações, a alteração do prenome para aquele em que a pessoa é socialmente conhecida. Nessa orientação, diante das circunstâncias fáticas esposadas nos autos, amparadas pelo conjunto probatório, não há sentido, nem respaldo legal, à negativa da pretensão da autora – que se sente exposta ao ridículo ao usar o seu prenome em público –, sob pena de injustificado prestígio a rigorismos e solenidades, em detrimento da própria dignidade, um dos maiores bens imateriais da pessoa. (TJMG – Ap. Civ. 1.0414.11.000528-0/001, Relator: Des. Eduardo Andrade, 1ª C. CÍVEL, Julgamento: 10/07/2012)

3. QUESTÕES DE CONCURSOS

01. (TJ/MA – 2023 – Consulplan – Notário e Registrador/Provimento) A Lei nº 14.382/2022 apresenta inúmeras alterações na Lei de Registros Públicos, principalmente no que tange ao nome. Assinale a afirmativa correta de acordo com a Lei de Registros Públicos.

a) O oficial de registro civil não registrará prenomes suscetíveis de expor ao ridículo os seus portadores, observado que, quando os genitores não se conformarem com a recusa do oficial, este submeterá por escrito o caso à decisão do juiz competente, independentemente da cobrança de quaisquer emolumentos.

b) Quando o declarante não indicar o nome completo, o oficial de registro lançará adiante do prenome escolhido ao menos dois sobrenomes de um dos genitores, na ordem que julgar mais conveniente para evitar homonímias. O oficial de registro orientará os pais acerca da conveniência de acrescer sobrenomes, a fim de se evitar prejuízos à pessoa em razão da homonímia.

c) Toda pessoa tem direito ao nome, nele compreendidos o prenome e o sobrenome, observado que ao prenome serão acrescidos os sobrenomes dos genitores ou de seus ascendentes, em qualquer ordem e, na hipótese de acréscimo de sobrenome de ascendente que não conste das certidões apresentadas, deverão ser apresentadas todas as certidões da linha ascendente.

d) Em até quinze dias úteis após o registro, qualquer dos genitores poderá apresentar, perante o registro civil onde foi lavrado o assento de nascimento, oposição fundamentada ao prenome e sobrenomes indicados pelo declarante, observado que, se houver manifestação consensual dos genitores, será realizado o procedimento de retificação administrativa do registro, mas, se não houver consenso, a oposição será encaminhada ao juiz competente para decisão.

02. (TJ/AM – 2023 – TJ/AM - Titular de Notas e Serviços de Registros). No tocante ao nome, assinale a afirmativa correta de acordo com a Lei de Registros Públicos:

a) O oficial de registro civil não registrará prenomes suscetíveis de expor ao ridículo os seus portadores, observado que, quando os genitores não se conformarem com a recusa do oficial, este submeterá por escrito o caso à decisão do juiz competente, mediante a cobrança de emolumentos.

b) Em até quinze dias úteis após o registro, qualquer dos genitores poderá apresentar, perante o registro civil onde foi lavrado o assento de nascimento, oposição fundamentada ao prenome e sobrenomes indicados pelo declarante, observado que, se houver manifestação consensual dos genitores, será realizado o procedimento de retificação administrativa do registro, mas, se não houver consenso, a oposição será encaminhada ao juiz competente para decisão.

c) Quando o declarante não indicar o nome completo, o oficial de registro lançará adiante do prenome escolhido ao menos dois sobrenomes de um dos genitores, na ordem que julgar mais conveniente para evitar homonímias. O oficial de registro orientará os pais acerca da conveniência de acrescer sobrenomes, a fim de se evitar prejuízos à pessoa em razão da homonímia.

d) Toda pessoa tem direito ao nome, nele compreendidos prenome e o sobrenome, observado que ao prenome serão acrescidos os sobrenomes dos genitores ou de seus ascendentes, em qualquer ordem e, na hipótese de acréscimo de sobrenome de ascendente que não conste das certidões apresentadas, deverão ser apresentadas todas as certidões da linha ascendente.

03. (VUNESP - 2023 - TJ-AL - Titular de Serviços de Notas e de Registros – Provimento) Assinale a alternativa correta quanto à inclusão dos nomes dos genitores, não casados entre si, no registro de nascimento.

Nota da autora: Embora a questão envolva normativas estaduais, é possível respondê-la com base na doutrina, pois trata-se de uma reprodução desta.

a) É possível, bastando que compareça apenas o pai, independentemente de comparecimento ou declaração da genitora, desde que esteja munido do seu documento de identidade e indique o nome completo da mãe e dos avós maternos da criança.

b) É possível, desde que os dois compareçam, pessoalmente ou por meio de procurador com poderes específicos, ao Ofício do Registro Civil das Pessoas Naturais, para realizar o assento.

c) É possível, bastando que compareça apenas a mãe, independentemente de comparecimento ou declaração do genitor, desde que esteja munida do seu documento de identidade e indique o nome completo do pai e dos avós paternos da criança.

d) É possível, bastando que um dos genitores compareça e apresente procuração ou anuência, necessariamente lavrados por instrumento público, vedado o instrumento particular.

04. (IESES – Titular de Serviços de Notas e Registros – TJ – TO – Remoção/2022) Toda pessoa tem direito ao nome, nele compreendidos o prenome e o sobrenome, observado que ao prenome serão acrescidos os sobrenomes dos genitores ou de seus ascendentes:

a) Sendo primeiro o paterno e por fim o materno.
b) Em qualquer ordem.
c) Sendo primeiro o materno e por fim o paterno.
d) Em qualquer ordem, apenas no caso de reconhecimento de paternidade ou maternidade socioafetiva, de genitores homoafetivos.

05. (Vunesp – Outorga de Delegação de Notas e Registros – TJ – GO/2021) Em conformidade com o Código de Normas, assinale a alternativa correta.

a) Os agnomes "Filho", "Júnior", "Neto", "Sobrinho" ou congêneres serão utilizados apenas ao final do nome e mesmo que repetir parcialmente o prenome e patronímico(s) do homenageado.
b) As partículas de ligação no sobrenome, tais como "de" ou "e", não são elementos essenciais do sobrenome e podem ser suprimidas ou acrescidas por ocasião da escolha ou alteração de nome permitidas pela lei.
c) Os agnomes "Filho", "Júnior", "Neto", "Sobrinho" ou congêneres serão utilizados em qualquer ordem do nome e quando repetir de forma idêntica o prenome e patronímico(s) do homenageado.
d) As partículas de ligação no sobrenome, tais como "de" ou "e", são elementos essenciais do sobrenome e não podem ser suprimidas ou acrescidas por ocasião da escolha ou alteração de nome permitidas pela lei.

06. (IESES – Titular de Serviços de Notas e de Registros – Remoção – TJ – SC – 2019) Assinale a alternativa ERRADA referente ao nome civil da pessoa natural:

a) A atribuição de nome à pessoa natural é obrigatória e integra o registro de nascimento, sendo fundamental para a sua individualização; serve para comprovar nacionalidade, filiação e naturalidade, além de possibilitar inúmeros atos da vida civil.
b) A Lei 6015/79 reconhece expressamente o caráter absoluto do princípio da imutabilidade do prenome, podendo ser afastado apenas nos casos de erro material ou exposição à situação vexatória de seu portador.
c) A partir do registro civil realizado, o direito ao nome passa a também estar relacionado ao "direito a determinado nome" ou "direito ao seu próprio nome", integrando o rol dos direitos da personalidade.
d) O natimorto, embora não tenha chegado a adquirir personalidade, tem direito ao nome, em respeito à vontade dos genitores e ao Princípio da Dignidade da Pessoa Humana.

07. (Cespe – Cartório – ES/2013) Considerando a proteção jurídica conferida ao nome civil, direito da personalidade, assinale a opção correta.

a) Em relação às pessoas físicas, o nome é indisponível e transmissível.
b) O nome dado às pessoas jurídicas é um direito prescritível, podendo o titular perdê-lo pelo seu não uso.
c) A imutabilidade absoluta é a principal característica do nome civil.
d) O nome produz efeitos erga omnes e é obrigatório.
e) O nome dado às pessoas jurídicas é exclusivo e insuscetível de desapropriação pelo poder.

GAB	1	A	2	B	3	B	4	B
	5	B	6	B	7	D		

Art. 56. A pessoa registrada poderá, após ter atingido a maioridade civil, requerer pessoalmente e imotivadamente a alteração de seu prenome, independentemente de decisão judicial, e a alteração será averbada e publicada em meio eletrônico.

§ 1º A alteração imotivada de prenome poderá ser feita na via extrajudicial apenas 1 (uma) vez, e sua desconstituição dependerá de sentença judicial.

§ 2º A averbação de alteração de prenome conterá, obrigatoriamente, o prenome anterior, os números de documento de identidade, de inscrição no Cadastro de Pessoas Físicas (CPF) da Secretaria Especial da Receita Federal do Brasil, de passaporte e de título de eleitor do registrado, dados esses que deverão constar expressamente de todas as certidões solicitadas.

§ 3º Finalizado o procedimento de alteração no assento, o ofício de registro civil de pessoas naturais no qual se processou a alteração, a expensas do requerente, comunicará o ato oficialmente aos órgãos expedidores do documento de identidade, do CPF e do passaporte, bem como ao Tribunal Superior Eleitoral, preferencialmente por meio eletrônico.

§ 4º Se suspeitar de fraude, falsidade, má-fé, vício de vontade ou simulação quanto à real intenção da pessoa requerente, o oficial de registro civil fundamentadamente recusará a retificação.

1. COMENTÁRIOS

A antiga redação do art. 56 da LRP estabelecia que o interessado, ao atingir a **maioridade civil** (18 anos) tinha o prazo de **um ano** para alterar o nome, desde que não prejudicasse a identificação de sua procedência familiar. Esta alteração era procedida **administrativamente**, junto à Serventia de Registro Civil das Pessoas Naturais, e o pedido era apreciado pelo **Juiz Corregedor Permanente (JCP) ou Juiz competente na forma da organização local.**

À época, esse entendimento foi flexibilizado em vários estados. Indo ao encontro do movimento da extrajudicialização de procedimentos e superando antigos paradigmas, algumas normativas estaduais autorizavam esse pedido diretamente ao Oficial Registrador, sem necessidade de apreciação pelo JCP e pelo Ministério Público. A ilustrar, trago a norma de São Paulo:

> 35, Cap. XVII, NSCGJ/SP. O registrado, no primeiro ano após ter atingido a maioridade civil e independentemente de justo motivo, nos termos do art. 56 da Lei 6.015/73, poderá, pessoalmente ou por procurador bastante, requerer a alteração de seu nome em seu registro de nascimento perante o Oficial de Registro Civil das Pessoas Naturais detentor do assento ou aquele que melhor convier ao requerente, sendo que neste último caso deverá ser encaminhado ao oficial competente, às expensas do requerente, por meio da Central de Informações do Registro Civil (CRC), **sem a necessidade de audiência do Ministério Público e autorização do Juiz Corregedor Permanente**

Além disso, já existiam precedentes sobre o tema em Minas Gerais.

Vale trazer a conclusão do saudoso Cristiano Chaves de Faria, que, apesar de ser anterior à Lei n. 14.382/2022, ainda está muito atual. O jurista observa, ao comentar o antigo art. 56 da LRP, que "embora se trate de previsão antiga (de 1973), anterior à Constituição de 1988, é norma que se harmoniza com a concepção que enxerga no nome um direito de personalidade. Respeita-se a autonomia da pessoa, suas escolhas e seu percurso existencial. Abre a possibilidade de que a própria pessoa redefina sua trajetória em algo bastante importante como é o nome. Trata-se, sem dúvida, de escolha existencial fundamental das mais relevantes" (Op. cit., p. 208).

Pois bem. A Lei n. 14.382/2022 alterou o *caput* do art. 56 e lhe deu vários parágrafos.

Enquanto o art. 55, analisado anteriormente, apresenta ponderações no que diz respeito à composição do nome, o art. 56 normatiza procedimento de alteração extrajudicial de prenome. Por sua vez, o também modificado art. 57, em breve será analisado, trata do procedimento de alteração do sobrenome.

Note-se que a nova legislação exalta a importância do nome civil como elemento identificador da pessoa e atributo indissociável de sua personalidade, promovendo a desjudicialização de procedimentos em prol da realização de alterações e mudanças diretamente na esfera extrajudicial.

Passemos aos desdobramentos do art. 56.

Atualmente, **não há mais prazo decadencial** para a alteração do prenome, podendo ser realizada a **qualquer tempo,** desde que atingida a maioridade, ou seja, dezoito anos.

Enfatiza-se a maioridade e não capacidade civil. Portanto, menor emancipado tem que aguardar completar 18 anos.

Atualmente, não há mais prazo decadencial para a alteração do prenome, podendo ser realizada a qualquer tempo, desde que atingida a maioridade, ou seja, dezoito anos. Note-se que a exigência é em relação à maioridade, e não à capacidade civil. Portanto, o menor emancipado deve aguardar completar 18 anos. O interessado deve requerer pessoalmente a alteração de seu prenome, independentemente de decisão judicial. Trata-se de um ato **personalíssimo.**

Ademais, a alteração é **imotivada**, ou seja, não é preciso apresentar o motivo pelo qual deseja mudar o nome.

Note-se que o art. 56 se refere ao **prenome.** É esse que pode ser alterado nos termos do dispositivo em questão.

Outro comando a ser observado é que a alteração do prenome somente poderá ocorrer **na via extrajudicial uma vez,** e sua desconstituição dependerá de sentença judicial.

O Código de Normas Nacional está alinhado com as novas alterações introduzidas pela Lei do SERP no art. 56, estabelecendo que:

> Art. 515-D, CNN. Toda pessoa maior de dezoito anos completos poderá, pessoalmente e de forma imotivada, requerer diretamente ao oficial de registro civil das pessoas naturais a alteração de seu prenome, independentemente de decisão judicial, observado o disposto no art. 56 da Lei n. 6.015, de 31 de dezembro de 1973.

Questiona-se acerca da extensão da alteração do prenome. A resposta é cristalina: tal modificação abrange a **substituição total ou parcial do prenome**, permitindo-se o **acréscimo**, a **supressão** ou a **inversão.** Mas atenção! O art. 515-D, § 2º, do Provimento CNJ nº 149/2023 estabelece uma nova **vedação** nestes casos, qual seja, a impossibilidade de nova alteração extrajudicial do prenome, mesmo na hipótese de a alteração anterior ter ocorrido para pessoas transgênero.

Recapitulação do *caput* e § 1º do art. 56:
1. **Alteração do prenome**: Somente o prenome poderá ser alterado.
2. **Marco inicial**: O marco inicial é a maioridade, e não a capacidade civil. Portanto, o menor emancipado deve aguardar completar 18 anos.
3. **Ato personalíssimo**: A alteração deve ser realizada pessoalmente.
4. **Publicação**: Em meio eletrônico
5. **Alteração imotivada**: Não é preciso apresentar o motivo pelo qual se deseja mudar o nome.
6. **Uma única vez na via extrajudicial**: A alteração pode ser feita apenas uma vez na via extrajudicial. Em caso de arrependimento, a desconstituição deve ser realizada via judicial.

Voltando à análise do art. 56 e parágrafos, a alteração do prenome deverá ser **averbada** e publicada em meio eletrônico para fins de publicidade e com o objetivo de celebrar o princípio da veracidade, inerente ao registro civil, além de salvaguarda de eventuais direitos.

Noutro dizer, **não haverá publicidade restrita**.. É o que o § 2º do art. 56 estabelece que a averbação de alteração de prenome conterá, obrigatoriamente, o prenome anterior, os números de documento de identidade, de inscrição no Cadastro de Pessoas Físicas (CPF) da Secretaria Especial da Receita Federal do Brasil, de passaporte e de título de eleitor do registrado, dados esses que deverão constar expressamente de todas as certidões solicitadas. Frisa-se que esta averbação deverá constar expressamente em **todas as certidões solicitadas**, inclusive, com menção ao nome anterior.

Na mesma direção, o art. 515-F do Provimento CNJ . 149/2023. Veja-se:

> Art. 515-F, CNN. A alteração de prenome de que trata este Capítulo **não tem natureza sigilosa**, razão pela qual a averbação respectiva deve trazer, obrigatória e expressamente, o prenome anterior e o atual, o nome completo que passou adotar, além dos números de documento de identidade, de inscrição no Cadastro de Pessoas Físicas (CPF) da Secretaria Especial da Receita Federal do Brasil, de título de eleitor do registrado e de passaporte, dados esses que deverão constar expressamente de todas as certidões solicitadas, inclusive as de breve relato.
>
> §1º Dispensa-se a indicação na averbação dos números cadastrais previstos no caput se o registro de nascimento já contiver tais informações.
>
> §2º No caso de o requerente declarar que não possui passaporte, o registrador deverá consignar essa informação no requerimento de alteração a fim de afastar a exigência de apresentação do referido documento.
>
> §3º Se o pedido do requerente envolver alteração concomitante de prenome e sobrenome, a averbação respectiva deverá trazer todas as informações previstas no caput.
>
> §4º Uma vez realizada a averbação, a alteração deverá ser publicada, a expensas do requerente, em meio eletrônico, na plataforma da Central de Informações de Registro Civil das Pessoas Naturais – CRC.

O § 3º do art. 56 da Lei de Registros Públicos estabelece deveres de comunicação. Assim, finalizado o procedimento de alteração no assento, o ofício de registro civil de pessoas naturais no qual se processou a alteração, **a expensas do requerente**, comunicará o ato oficialmente **aos órgãos expedidores do documento de identidade,** do **CPF** e do **passaporte,** bem como ao **Tribunal Superior Eleitoral,** preferencialmente por meio eletrônico.

No mesmo sentido, o art. 515-G do Provimento CNJ . 149/2023, conforme segue:

> Art. 515-G, CNN. Finalizado o procedimento de alteração do prenome, o registrador que realizou a alteração comunicará eletronicamente, por meio da Central de Informações de Registro Civil das Pessoas Naturais – CRC, sem qualquer custo, o ato aos órgãos expedidores do RG, CPF, título de eleitor e passaporte.
>
> Parágrafo único. A comunicação de que trata o caput, a critério e a expensas do requerente, poderá se dar por outro meio de transmissão, desde que oficial.

Note-se que essa comunicação é dever do **Oficial Registral**. Sendo assim, questiona-se se a comunicação desobriga o **requerente** de providenciar a atualização em outros registros ou cadastros mantidos por instituições públicas ou privadas.

A resposta é negativa. Em outras palavras, **não desobriga** o requerente de providenciar a atualização em outros registros ou cadastros mantidos por instituições públicas ou privadas e que digam respeito, direta ou indiretamente, à sua identificação.

Vale dialogar com a regra do revogado Provimento CNJ n. 137/2022, da Corregedoria Nacional de Justiça do CNJ, publicado no dia 7 de dezembro de 2022. Este provimento, hoje incorporado ao art. 184 do Código Nacional de Normas sem alteração legislativa, estabelece normas para o envio, ao Tribunal Superior Eleitoral, da comunicação de alteração de prenome prevista no art. 56, § 3º, da Lei nº 6.015/1973, com a redação dada pela Lei nº 14.382/2022.

Destaco algumas justificativas para a edição da referida norma:

a) A necessidade de regulamentar o disposto no art. 56, § 3º, da Lei n. 6.015/1973, com a redação dada pela Lei n. 14.382/2022, que estabeleceu a obrigatoriedade de comunicação, pelos ofícios de registro civil das pessoas naturais, aos órgãos expedidores do documento de identidade, do CPF e do passaporte, bem como ao Tribunal Superior Eleitoral, da realização do ato de alteração de prenome;

b) Que algumas comunicações dos Cartórios de Registro Civil ao Tribunal Superior Eleitoral não apresentam dados suficientes para identificar a pessoa que alterou o prenome;

c) Que a Lei n. 6.015/1973, com a redação dada pela Lei n. 14.382/2022, ao determinar a comunicação dos Cartórios ao Tribunal Superior Eleitoral é passível de gerar impressão equivocada para a pessoa interessada de que seu prenome será automaticamente retificado no Cadastro Eleitoral;

d) O disposto no Ofício CGE n. 33/2022, expedido pelo Exmo. Corregedor-Geral da Justiça Eleitoral, constante no Processo SEI/CNJ 11686/2022.

Desse modo, os Cartórios de registro civil das pessoas naturais, ao realizarem a comunicação a que se refere o art. 56, § 3º, da LRP, ao TSE, possuem o dever de:

> I – prestar as informações suficientes para individualizar a pessoa requerente (nome anterior, nome atualizado, nome dos pais, data de nascimento, documento de

identidade e CPF), em documento cuja autenticidade possa ser verificada; e

II – informar à pessoa interessada que a retificação do seu prenome no Cadastro Eleitoral deverá ser por ela requerida à Justiça Eleitoral, mediante operação de revisão, o que é indispensável para possibilitar que as certidões eleitorais e o caderno de votação contemplem o nome atual.

Parágrafo único. A comunicação a que se refere o inciso I deverá ser encaminhada ao Tribunal de Justiça Eleitoral (TSE), preferencialmente, por Malote Digital, nos termos deste Código de Normas.

Recapitulação dos §§ 2º e 3º do art. 56:
1. **Conteúdo da averbação nas certidões**: É obrigatório constar o conteúdo da averbação em todas as certidões, incluindo o prenome anterior e os números de documentos pessoais.
2. **Comunicação a órgãos públicos**: É obrigatória a comunicação aos órgãos públicos emissores de documentos do registrado, preferencialmente em meio eletrônico, com as despesas repassadas ao interessado.

Por sua vez, a norma do § 4º do art. 56 coincide com inúmeros Provimentos do CNJ, tais como o 63/2017 e o 73/2018, hoje com as normas incorporadas no Código Nacional (Provimento CNJ n. 149/2023), entre outros. Desse modo, se houver **suspeita de fraude, falsidade, má-fé, vício de vontade** ou **simulação** quanto à real intenção do requerente, o oficial de registro civil recusará fundamentadamente a retificação.

O Provimento CNJ n. 149/2023 encampa a regra do art. 56, § 4º da Lei n. 6.015/1973 e complementa (destaque meu):

> Art. 515-H, CNN. Suspeitando de fraude, falsidade, má-fé, vício de vontade ou simulação quanto à real intenção do requerente, o oficial de registro civil, fundamentadamente, recusará a alteração e, **caso o requerente não se conforme, poderá, desde que solicitado, encaminhar o pedido ao juiz corregedor competente para decisão.**

1.1 É POSSÍVEL INCLUIR SOBRENOME DE PADRINHO PARA FORMAR PRENOME COMPOSTO?

A resposta veio no REsp 1951170, onde a Terceira Turma do Superior Tribunal de Justiça (STJ) considerou **possível alterar o registro de nascimento para incluir o sobrenome de padrinho ao nome, formando, a partir do acréscimo, um primeiro nome composto.** Segundo o colegiado, a legislação autoriza a alteração do prenome sem exigência de motivação para tanto, de modo que, se é permitida a substituição de um prenome por outro, não seria plausível proibir a inclusão de determinada partícula para deixar o prenome duplo ou composto.

Com esse entendimento, a turma deu provimento ao recurso especial de um homem que ajuizou ação para retificar sua certidão de nascimento, mediante a inclusão do sobrenome de seu padrinho ao seu prenome. O pedido foi indeferido em primeiro grau e novamente negado pelo Tribunal de Justiça do Distrito Federal e dos Territórios (TJDFT), sob o fundamento de que não seria possível adicionar ao sobrenome um elemento indicativo do patronímico de terceiros (no caso, o do padrinho), mesmo que houvesse a intenção de compor o nome colocando-o ao lado do prenome.

Perante o STJ, o cidadão argumentou que a alteração de seu prenome era legítima e não necessitava de justificativa, pois a solicitação foi feita no primeiro ano após alcançar a maioridade civil e não causaria nenhum dano aos sobrenomes familiares.

Rememore-se que a **alteração legislativa dada pela Lei do SERP no art. 56 da LRP, retirou prazo máximo para pedido de alteração do nome.**

Relator do recurso, o ministro Marco Aurélio Bellizze, ponderou que o nome é um dos direitos expressamente estabelecidos no Código Civil como uma manifestação externa da personalidade (artigo 16 do CC), encarregado de identificar de forma individual seu portador nas relações civis e, em razão disso, deve ser registrado civilmente para garantir a proteção estatal sobre ele.

Nesse contexto, o ministro destacou que o artigo 56 da Lei de Registros Públicos (LRP) estipulava que o indivíduo, no primeiro ano após atingir a maioridade civil, poderia modificar seu nome, desde que não prejudicasse os apelidos de família. Contudo, Bellizze apontou que a Lei 14.382/2022 alterou o texto original desse dispositivo, passando a permitir que a pessoa registrada, após alcançar a maioridade civil, possa solicitar a alteração de seu prenome, sem necessidade de decisão judicial e sem a restrição temporal anteriormente estabelecida.

Assim, destacou: "Diante disso, observados esses pressupostos, dever-se-ia acolher o pedido de alteração do prenome, independentemente da motivação externada pelo requerente, que poderá, por exemplo, modificá-lo integralmente, acrescer nomes intermediários, adotar prenome duplo ou até mesmo incluir apelido público notório, como prevê o artigo 58 da LRP".

Em relação aos **requisitos legais estipulados na norma anterior do art. 56**, o ministro entendeu que, independentemente da recente alteração legislativa, no caso em questão, a ação foi proposta em dezembro de 2018 e respeitou a previsão legal da época sobre o prazo máximo para alteração do prenome – ou seja, entre os 18 e 19 anos de idade. E enfatizou:"Verifica-se que o requerente completou a maioridade civil em 25/12/2017, tendo proposto a presente ação em 18/12/2018, ou seja, dentro do prazo decadencial de um ano, assim como se vislumbra a pretensão do autor de manter dos apelidos de família."

Com isso, para o magistrado, sem desconsiderar o princípio da imutabilidade do nome, o pedido de mudança do prenome deve ser aceito, pois a questão se insere na esfera da **autonomia privada e não oferece nenhum risco à segurança jurídica ou a terceiros**. Bellizze ressaltou que foram apresentadas **várias certidões negativas relacionadas ao nome do autor,** além de uma **declaração explícita do padrinho**, indicando que ele não se opõe à inclusão solicitada por seu afilhado.

2. JURISPRUDÊNCIA COMPLEMENTAR

Consulte a jurisprudência complementar nos comentários do art. 58 desta LRP, que reúne os julgados dos artigos referentes ao nome (56, 57 e 58 da Lei nº 6.015/1973).

3. QUESTÕES DE CONCURSOS

01. (IESES – Titular de Serviços de Notas e Registros – TJ – TO – Provimento/2022) A importância do registro civil de nascimento também pode ser visualizada para os pais, pois é por meio desse documento que a criança passa a ser reconhecida pelo Estado e com isso se garante seu acesso à cidadania. É um documento que irá acompanhar o indivíduo por toda sua vida, havendo previsão legal da possibilidade de sua retificação. Sobre registro civil de pessoas naturais e a retificação do registro de nascimento, assinale a alternativa que contém uma afirmação ERRADA.

a) A averbação de alteração de prenome conterá, obrigatoriamente, o prenome anterior, os números de documento de identidade, de inscrição no Cadastro de Pessoas Físicas (CPF) da Secretaria Especial da Receita Federal do Brasil, de passaporte e de título de eleitor do registrado, dados esses que deverão constar expressamente de todas as certidões solicitadas.

b) Finalizado o procedimento de alteração no assento, o ofício de registro civil de pessoas naturais no qual se processou a alteração, a expensas do requerente, comunicará o ato oficialmente aos órgãos expedidores do documento de identidade, do CPF e do passaporte, bem como ao Tribunal Superior Eleitoral, preferencialmente por meio eletrônico.

c) A alteração imotivada de prenome e sua desconstituição poderá ser feita na via extrajudicial apenas 1 (uma) vez, independente de sentença judicial.

d) A pessoa registrada poderá, após ter atingido a maioridade civil, requerer pessoalmente e imotivadamente a alteração de seu prenome, independentemente de decisão judicial, e a alteração será averbada e publicada em meio eletrônico.

02. (UFPR – Outorga das Delegações – Remoção – TJ – PR/2019) O oficial de registro, dois dias após registrar o nascimento de uma criança, é procurado pela mãe, que solicita alteração do prenome da criança, sob a justificativa de que o pai havia atribuído à filha o nome de uma amante. Nessa situação, o oficial:

a) alterará o prenome, caso a mãe comprove que ele lhe gerará constrangimento e humilhação.

b) alterará o prenome, caso a mãe comprove que ele gerará constrangimento e humilhação para filha.

c) alterará o prenome caso a mãe e o pai solicitem, conjuntamente, a alteração.

d) não alterará o prenome, devendo a mãe recorrer à via judicial para pleitear a alteração.

e) não alterará o prenome, pelo fato de que, uma vez feito o registro, o prenome jamais poderá ser alterado.

GAB	1	C	2	D

Art. 57. A alteração posterior de sobrenomes poderá ser requerida pessoalmente perante o oficial de registro civil, com a apresentação de certidões e de documentos necessários, e será averbada nos assentos de nascimento e casamento, independentemente de autorização judicial, a fim de:

I – inclusão de sobrenomes familiares;

II – inclusão ou exclusão de sobrenome do cônjuge, na constância do casamento;

III – exclusão de sobrenome do ex-cônjuge, após a dissolução da sociedade conjugal, por qualquer de suas causas;

IV – inclusão e exclusão de sobrenomes em razão de alteração das relações de filiação, inclusive para os descendentes, cônjuge ou companheiro da pessoa que teve seu estado alterado.

§ 1º Poderá, também, ser averbado, nos mesmos termos, o nome abreviado, usado como firma comercial registrada ou em qualquer atividade profissional.

§ 2º Os conviventes em união estável devidamente registrada no registro civil de pessoas naturais poderão requerer a inclusão de sobrenome de seu companheiro, a qualquer tempo, bem como alterar seus sobrenomes nas mesmas hipóteses previstas para as pessoas casadas.

§ 3º *(Revogado pela Lei nº 14.382, de 27/6/2022)*

§ 3º-A O retorno ao nome de solteiro ou de solteira do companheiro ou da companheira será realizado por meio da averbação da extinção de união estável em seu registro.

§ 4º *(Revogado pela Lei nº 14.382, de 27/6/2022)*

§ 5º *(Revogado pela Lei nº 14.382, de 27/6/2022)*

§ 6º *(Revogado pela Lei nº 14.382, de 27/6/2022)*

§ 7º Quando a alteração de nome for concedida em razão de fundada coação ou ameaça decorrente de colaboração com a apuração de crime, o juiz competente determinará que haja a averbação no registro de origem de menção da existência de sentença concessiva da alteração, sem a averbação do nome alterado, que somente poderá ser procedida mediante determinação posterior, que levará em consideração a cessação da coação ou ameaça que deu causa à alteração.

§ 8º O enteado ou a enteada, se houver motivo justificável, poderá requerer ao oficial de registro civil que, nos registros de nascimento e de casamento, seja averbado o nome de família de seu padrasto ou de sua madrasta, desde que haja expressa concordância destes, sem prejuízo de seus sobrenomes de família..

1. ALTERAÇÃO POSTERIOR DE SOBRENOMES: REGRAS E PROCEDIMENTOS ATUAIS

O art. 57 foi significativamente alterado pela Lei n. 14.382/2022 e, ao analisá-lo, fica evidente a importância que o legislador atribui à extrajudicialização.

Muitas dessas modificações são confirmações do que já era consolidado pela doutrina e pela jurisprudência.

O dispositivo em comento trata da alteração do sobrenome, por motivo justificado, no âmbito extrajudicial.

Pela regra da antiga redação do artigo 57, a modificação posterior de sobrenome, seja durante o casamento, seja durante a união estável ou por enteado que almejasse, por uma razão ou outra, ter o sobrenome de seu padrasto ou madrasta, somente era possível por meio de ação judicial de retificação de registro civil, comprovado os fundamentos do pedido.

Com a alteração do art. 57, agora é possível a modificação do nome, seja por inclusão ou exclusão do patronímico, de forma extrajudicial, mediante requerimento ao registrador civil das pessoas naturais responsável pelo registro.

Preenchidos os requisitos do art. 57 e, não havendo risco de lesão a terceiros de boa-fé ou ao interesse público, não há razão plausível para obstar a modificação requerida.

A comprovação se dá com a apresentação das certidões e dos documentos necessários, a fim de que se prove a existência de um ascendente com o sobrenome desejado. Conclui-se, portanto, que a escolha do patronímico não é livre.

Atente-se para o fato de que, diferentemente do art. 56 (alteração do **prenome**), o art. 57 não exige a publicação da alteração do patronímico em meio eletrônico. Portanto, conclui-se que a publicidade do próprio ato registral, ou seja, a averbação, é suficiente. A certidão emitida com a alteração do sobrenome deve indicar, expressamente, na averbação correspondente, o **nome completo anterior e o atual**, inclusive nas de breve relato.

As possibilidades previstas no art. 57 desta LRP e no art. 515-I do Provimento CNJ n. 149/2023, de forma extrajudicial, são:

a) A alteração de sobrenomes, em momento posterior ao registro de nascimento, poderá ser requerida diretamente perante o oficial de registro civil das pessoas naturais, com a apresentação de certidões atualizadas do registro civil e de documentos pessoais, e será averbada no assento de nascimento e casamento, se for o caso, independentemente de autorização judicial, a fim de:

Inclusão de sobrenomes familiares;

Aqui vale acrescentar o Tese de número 6 do 'Jurisprudência em Tese Registros Públicos, Cartoriais e Notariais II'. Veja-se:

> "Não é possível a alteração de patronímico de família, com duplicação de uma consoante, a fim de adequar o nome registral àquele utilizado como assinatura artística".
>
> *Art. 57 da Lei n. 6.015/73.*
>
> *Julgados: REsp 1729402/SP, Rel. Ministro MARCO BUZZI, QUARTA TURMA, julgado em 14/12/2021, DJe*

b) **Inclusão ou exclusão** de sobrenome do cônjuge, na constância do casamento;

O art. 515-L do Código Nacional de Normas está alinhado ao art. 57, II e apresenta algumas regulamentações. Veja-se:

> Art. 515-L, CNN. A inclusão ou exclusão de sobrenome do outro cônjuge na forma do inciso II do art. 57 da Lei n. 6.015, de 31 de dezembro de 1973, independe da anuência deste.
>
> § 1º A inclusão de sobrenome do outro cônjuge na forma do inciso II do art. 57 da Lei n. 6.015, de 31 de dezembro de 1973, autoriza a supressão de sobrenomes originários, desde que remanesça, ao menos, um vinculando a pessoa a uma das suas linhas de ascendência.

§2º A exclusão do sobrenome do cônjuge autoriza o retorno ao nome de solteiro pela pessoa requerente, com resgate de sobrenomes originários eventualmente suprimidos.

Explicando em outras palavras, se você alterou seu nome, casou, retirou alguns de seus sobrenomes e posteriormente se arrependeu, de acordo com a nova regulamentação, é plenamente possível recuperar todos os seus sobrenomes.

c) **Exclusão** de sobrenome do ex-cônjuge, após a dissolução da sociedade conjugal, por qualquer de suas causas;

d) **Inclusão e exclusão** de sobrenomes em razão de alteração das relações de filiação, inclusive para os descendentes, cônjuge ou companheiro da pessoa que teve seu estado alterado.

Questiona-se se há possibilidade de alteração de sobrenome fora dessas hipóteses. O Código Nacional de Normas nos responde:

Art. 515, I, Provimento CNJ n. 149/2023

(...)

§1º A alteração de sobrenome **fora das hipóteses** acima descritas poderá ser requerida diretamente perante o oficial de registro civil das pessoas naturais, **mas dependerá** de decisão do juiz corregedor competente, que avaliará a existência de justa causa.

Vale lembrar que a alteração de sobrenome permite a supressão ou acréscimo de partícula (de, da, do, das, dos etc.), a critério da pessoa requerente, tema já analisado nos comentários do art. 55.

As certidões necessárias para a apresentação da alteração de sobrenome devem estar atualizadas há, no máximo, **90 (noventa) dias.**

Todas as alterações devem ser **averbadas** nos assentos de nascimento e casamento, para conhecimento de terceiros e salvaguarda de direitos.

O Código Nacional de Normas regulamentou a alteração de sobrenome quando a pessoa for incapaz, conforme segue:

Art. 515-J, CNN. Se aquele cujo sobrenome se pretenda alterar for pessoa incapaz, a alteração dependerá de:

I – no caso de incapacidade por menoridade, requerimento escrito formalizado por ambos os pais na forma do art. 515-P, admitida a representação de qualquer deles mediante procuração por escritura pública ou instrumento particular com firma reconhecida, cumulativamente com o consentimento da pessoa se esta for maior de dezesseis anos;

II – nos demais casos, decisão do juiz corregedor competente.

Para complementar os estudos, é oportuno agregar o enunciado 122 da **II Jornada de Prevenção e Solução e Prevenção Extrajudicial de Litígios.**

Enunciado 122. O direito à inclusão de sobrenome em virtude do reconhecimento de filiação se estende aos descendentes e cônjuge da pessoa reconhecida, faculdade a ser exercida por mero requerimento perante o Oficial de Registro Civil das Pessoas Naturais, independentemente de decisão judicial.

O enunciado é anterior à Lei do SERP e está em conformidade com a nova legislação. Conforme reiterada jurisprudência do Superior Tribunal de Justiça, o direito ao nome é elemento estruturante dos direitos da personalidade e da dignidade da pessoa humana, razão pela qual sua modificação é autorizada judicialmente em algumas hipóteses. Dentre elas, o direito à identidade familiar se destaca. Nesse contexto, nas hipóteses em que haja inclusão de sobrenome em decorrência de reconhecimento de filiação, deve ser garantido aos descendentes e cônjuge da pessoa reconhecida o direito a também incorporá-lo aos seus nomes, independente de sentença judicial.

Apresento um quadro didático do que já foi abordado neste tópico.

Recapitulação do Art. 57 e do Art. 515-I da CNN Circunstâncias que Permitem Alterar Sobrenome:
• Somente será possível alterar o sobrenome mediante comprovação de existência de ascendente com o sobrenome desejado.
• A comprovação deve ser feita através da apresentação de certidões e documentos necessários.
• Não é livre a escolha do sobrenome.
• As hipóteses legais estabelecidas nos incisos I ao IV devem ser obedecidas.
• Caso a alteração ocorra fora dessas hipóteses, deve seguir o disposto no §1º do Art. 515-I.

Diante do exposto, conclui-se que a nova ordem do dispositivo legal ampliou o rol de hipóteses para a alteração extrajudicial do sobrenome, conforme já regulamentado pela Corregedoria Nacional de Justiça do CNJ no Provimento 82/2019. Analisaremos esses aspectos com mais detalhes nos próximos tópicos.

Os próximos parágrafos do art. 57 serão analisados em tópicos separados.

1.1 OUTRAS ALTERAÇÕES DO NOME EM DECORRÊNCIA DO CASAMENTO, SEPARAÇÃO, DIVÓRCIO, VIUVEZ E ANULAÇÃO

Conforme o § 1º do art. 1.565, do Código Civil, qualquer dos nubentes, querendo, poderá acrescer ao seu o sobrenome do outro. Assim, o casamento é meio de aquisição do nome, neste caso, o sobrenome.

Sobre o tema, o enunciado 120 da **II Jornada de Prevenção e Solução Extrajudicial de Litígios**, estabelece que:

> Art. 1.565, § 1º, e 1.571, § 2º, CC: são admissíveis a retomada do nome de solteiro e a inclusão do sobrenome do cônjuge de quem não o fez quando casou, a qualquer tempo, na constância da sociedade conjugal, por requerimento ao Registro Civil das Pessoas Naturais, independentemente de autorização judicial.

Ressalte-se que é **vedada a supressão total** do sobrenome de solteiro(a), divorciado(a) ou viúvo(a) quando da mudança deste em virtude do casamento, sendo, no entanto, **permitida a supressão parcial**.

Em regra, o nubente deve requerer o pedido de acréscimo do nome do outro no procedimento específico de habilitação. Não obstante, o Superior Tribunal de Justiça, decidiu pelo direito ao acréscimo do sobrenome já na **constância do casamento**, entendendo o colegiado que tal opção não pode ser limitada ao procedimento de habilitação do casamento ou à data de sua celebração:

> Dada a multiplicidade de circunstâncias da vida humana, a opção conferida pela legislação de inclusão do sobrenome do outro cônjuge não pode ser limitada, de forma peremptória, à data da celebração do casamento. Podem surgir situações em que a mudança se faça conveniente ou necessária em período posterior, enquanto perdura o vínculo conjugal. Nesses casos, já não poderá a alteração de nome ser procedida diretamente pelo oficial de registro de pessoas naturais, que atua sempre limitado aos termos das autorizações legais, devendo ser motivada e requerida perante o Judiciário, com o ajuizamento da ação de retificação de registro civil prevista nos arts.57 e 109 da Lei 6.015/73. Trata-se de procedimento judicial de jurisdição voluntária, com participação obrigatória do Ministério Público" (REsp 910.094 SC, d 2012, relator Ministro Raul Araújo).

Em se tratando de **casamento declarado nulo**, a sentença retroage à data da celebração e restitui as partes ao seu *status quo ante*, vez que tal provimento judicial tem conteúdo declaratório. Neste caso, os efeitos civis do casamento deixarão de existir, perdendo ambos os cônjuges o direito de usar o sobrenome do outro.

O **casamento putativo** é aquele em que os "cônjuges" têm a percepção de estarem casados legalmente, mas, na realidade, não estão, devido a um vício que o tornará anulável ou nulo. Se apenas um dos cônjuges estava de boa-fé ao celebrar o casamento, os seus efeitos civis só a ele e aos filhos aproveitarão; se ambos estavam de boa-fé, a putatividade estende-se a ambos.

No que concerne ao nome do outro cônjuge, as posições se dividem. Parte da doutrina defende não ser possível a permanência do nome do outro cônjuge, ainda que de boa-fé, porque rompido o vínculo matrimonial, não se justificaria a permanência do nome, que é característica da relação matrimonial.

Por outro lado, outros sustentam a possibilidade de o cônjuge inocente manter o nome de família do outro, se tiver interesse. Essa posição é baseada na ideia de que o próprio instituto do casamento putativo produz os mesmos efeitos do casamento válido, sendo o nome um desses efeitos.

No que diz respeito à dissolução pelo **divórcio**, direto ou por conversão, o cônjuge poderá manter o nome de casado; salvo, no segundo caso, dispondo em contrário a sentença de separação judicial.

O art. 1.578, por sua vez, introduz a ideia de culpa e estabelece que:

> **Art. 1.578.** O cônjuge declarado culpado na ação de separação judicial perde o direito de usar o sobrenome do outro, desde que expressamente requerido pelo cônjuge inocente e se a alteração não acarretar:
>
> I – evidente prejuízo para a sua identificação;
>
> II – manifesta distinção entre o seu nome de família e o dos filhos havidos da união dissolvida;
>
> III – dano grave reconhecido na decisão judicial.
>
> § 1º O cônjuge inocente na ação de separação judicial poderá renunciar, a qualquer momento, ao direito de usar o sobrenome do outro.
>
> § 2º Nos demais casos caberá a opção pela conservação do nome de casado.

Acerca da recente decisão do Supremo Tribunal Federal sobre o instituto da separação judicial no ordenamento jurídico, convidamos o leitor a revisitar o tema no art. 29, § 1º, inciso I, desta Lei.

Em relação à **viuvez**, outorga-se ao cônjuge (ou companheiro) a faculdade de manter ou excluir o sobrenome do outro. É o que tem orientado a lei e a jurisprudência brasileira. A matéria está regulamentada no Provimento CNJ 82/2019, que será estudado no próximo artigo.

1.2 AVERBAÇÃO DA ALTERAÇÃO DO NOME DO GENITOR NO REGISTRO DE NASCIMENTO E NO DE CASAMENTO DOS FILHOS – PROVIMENTO CNJ 82/2019

Em 2019, o Provimento CNJ n. 82 veio padronizar nacionalmente alguns procedimentos relativos ao nome.

Consideraram-se os seguintes motivos para a edição do referido Provimento:

a) Possibilidade de os genitores alterarem o seu nome quando do casamento para incluir o patronímico do cônjuge, e quando da separação e do divórcio voltar a assinar o nome de solteiro (arts. 1.565, § 1º; 1.571, § 2º, e 1.578, do CC);

b) Que é direito da personalidade ter um nome, nele compreendidos o prenome e o sobrenome (art. 16, do CC), e que ter o patronímico familiar dos seus genitores consiste no retrato da identidade da pessoa, em sintonia com princípio fundamental da dignidade humana;

c) A jurisprudência do Superior Tribunal de Justiça, em especial o decidido no Recurso Especial n. 1.069.864;

d) O que consta do Pedido de Providências n. 0002323-41.2019.2.00.0000.

É pertinente ressaltar que o Provimento CNJ nº 82/2019 não foi revogado nem incorporado no Código Nacional de Normas. Na exposição de motivos deste, foi explicado que alguns provimentos foram preservados, total ou parcialmente, por envolverem a necessidade de debates sobre sua eventual reformulação ou revogação, seja devido à superveniência de novas leis, seja por conta de seu exaurimento em razão de uma destinação limitada a uma ação pontual. O exame de eventual aproveitamento desses atos deverá ser feito posteriormente, após o nascimento do presente Código Nacional de Normas. É o caso, por exemplo, dos seguintes atos: Provimento nº 44, de 18 de março de 2015 (registro de regularização fundiária urbana) e do Provimento nº 82, de 3 de julho de 2019 (lançamento no assento do filho de mudanças de nome do genitor).

Nesta última hipótese contexto, ficou claro que o art. 57 da LRP, alterado pela Lei do SERP, ampliou o rol de possibilidades de alteração extrajudicial do sobrenome, já regulamentadas pelo CNJ no Provimento nº 82/2019.

Passaremos então a desdobrá-lo.

Segundo o ato normativo, não mais será necessário pedir autorização judicial para alteração do nome da pessoa nas três possibilidades que relaciona:

A) averbação no registro de nascimento e no de casamento dos filhos das alterações de patronímico dos genitores em decorrência de casamento, separação e divórcio;

B) averbação no registro de nascimento dos filhos do acréscimo do patronímico de genitor ao nome do filho menor de idade quando houver alteração do nome do genitor ou quando o filho tiver sido registrado apenas com o patronímico do outro genitor;

C) averbação do retorno ao nome de solteira pela pessoa que ficar viúva.

Analisaremos cada hipótese.

Poderá ser requerida, perante o Oficial de Registro Civil competente, **a averbação no registro de nascimento e no de casamento das alterações de patronímico dos genitores em decorrência de casamento, separação e divórcio,** mediante a apresentação da certidão respectiva.

Frise-se que tal procedimento administrativo não depende de autorização judicial.

A certidão de nascimento e a de casamento serão emitidas com o nome mais atual, sem fazer menção sobre a alteração ou o seu motivo, devendo fazer referência no campo 'observações' ao parágrafo único art. 21 da Lei 6.015/1973. Trata-se de exceção à ampla publicidade registral.

Por ocasião do óbito do(a) cônjuge, poderá o(a) viúvo(a) requerer averbação para eventual retorno ao nome de solteiro(a).

A averbação do acréscimo do patronímico de genitor ao nome do filho menor de idade também poderá ser requerida, perante o Oficial de Registro Civil competente, quando:

A) Houver alteração do nome do genitor em decorrência de separação, divórcio ou viuvez;

B) O filho tiver sido registrado apenas com o patronímico do outro genitor.

Este procedimento administrativo também não depende de autorização judicial. Todavia, se o filho for maior de dezesseis anos, o acréscimo do patronímico exigirá o seu consentimento.

Somente será averbado o acréscimo do patronímico ao nome do filho menor de idade, quando o nome do genitor for alterado no registro de nascimento.

Vale anotar que, neste procedimento também haverá restrição da publicidade. É que a certidão de nascimento será emitida com o acréscimo do patronímico do genitor ao nome do filho no respectivo campo, sem fazer menção expressa sobre a alteração ou seu motivo. No campo 'observações', deverá ser feita referência ao parágrafo único do art. 21 da Lei de Registros Públicos.

Márcia Fidelis observa acertadamente que o Provimento CNJ n. 82/2019 desburocratiza e desjudicializa os procedimentos, privilegiando as adequações nos sobrenomes em função das conformações familiares.

Inovou, ainda, em 2019, ao permitir, ao viúvo ou à viúva, a retomada de seu nome anterior ao casamento, sem que, para isso, tenha que contrair novo matrimônio. Dispensa a tutela jurisdicional para a harmonização dos nomes dos cônjuges e ex-cônjuges por contraírem casamento ou dissolvê-lo, criando possibilidade de alterar seus respectivos nomes nos registros dos filhos. Possibilita ainda, nesses casos específicos, que os nomes completos dos filhos tragam sobrenomes das famílias de seus ascendentes em relação a todos os pais e/ou mães que compõem a sua filiação.

Os atuais provimentos do CNJ, com ênfase no Provimento CNJ 82, **privilegiam a autonomia da vontade nas relações privadas,** impondo ao Estado a garantia do exercício do direito ao nome.

1.3 ALTERAÇÃO DO NOME EM DECORRÊNCIA DA UNIÃO ESTÁVEL

Havia diversos artigos da Lei nº 6.015/1973 cuja interpretação precisava ser contextualizada e devidamente adaptada ao ordenamento jurídico após a Constituição Federal de 1988 e legislações posteriores. Assim, antes mesmo da Lei n. 14.382/2022, já estava revogada a alternativa que a Lei de Registros Públicos atribuía exclusivamente à mulher a possibilidade de alterar o nome.

Ademais, já se considerava revogado tacitamente o antigo § 4º do art. 57, pois o **reconhecimento da união estável como entidade familiar** era uma realidade.

Por sua vez, os antigos §§ 2º a 6º do art. 57 da Lei nº 6.015/1973 passaram a ser interpretados à luz da nova ordem constitucional, consagrando a **igualdade entre homens e mulheres.**

Já o art. 57, § 3º, estabelecia a imprescindibilidade da vida em comum pelo prazo de cinco anos, bem como a existência de filhos da união. Todavia, tal normativa ia de encontro ao art. 226, § 3º da Constituição Federal e ao art. 1.723 do Código Civil, que reconhece como entidade familiar a união estável entre homem e mulher, configurada na convivência pública, contínua e duradoura, estabelecida com o objetivo de constituição de família. Assim, o art. 57, § 3º, foi contextualizado e ajustado à normativa em vigor, admitindo a alteração do patronímico independentemente do prazo de cinco anos e da existência de filhos da união, desde que haja anuência do consorte.

Pois bem. A Lei n. 14.382/2022 atualizou todos os dispositivos relatvos à união estável.

Merece relevância a nova regra do § 2º do art. 57 da LRP. Agora, os conviventes em união estável **devidamente registrada** no registro civil de pessoas naturais poderão requerer a inclusão de sobrenome de seu companheiro, **a qualquer tempo**, bem como alterar seus sobrenomes nas mesmas hipóteses previstas para as pessoas casadas.

Em outras palavras, a medida, que já era admitida pela jurisprudência do Superior Tribunal de Justiça e positivada em algumas normativas estaduais, permite que os conviventes em união estável adotem o sobrenome do companheiro, desde que a união seja registrada previamente no Livro E, conforme o recente artigo 94-A da LRP e os arts. 537 e 539 do Código Nacional de Normas, revogado pelo Provimento CNJ n. 37/2014.

É relevante dialogar o tema com a Tese 7 da "Jurisprudência em Tese: Registros Públicos, Cartoriais e Notariais III" do Superior Tribunal de Justiça. Veja-se:

→ Tese 7. É possível alterar o registro civil para incluir sobrenome de companheiro desde que seja feita prova documental da existência de união estável, por instrumento público, judicial ou extrajudicial, em que conste a anuência do companheiro quanto à adoção do patronímico.

Art. 57, § 2º, da Lei n. 6.015/1973.

Julgados: REsp 1306196/MG, Rel. Ministra NANCY ANDRIGHI, TERCEIRA TURMA, julgado em 22/10/2013, DJe 28/10/2013.

Vide Informativo de Jurisprudência N. 506

Dialoga com o § 2º do art. 57, o novo § 3º-A, estabelecendo que o retorno ao nome de solteiro ou de solteira do companheiro ou da companheira será realizado por meio da averbação da extinção de união estável em seu registro.

Em casos como esses, será necessária a prévia dissolução da união estável anterior, com consequente retorno ao nome de solteiro(a) ou, ao menos, a averbação da alteração de nome a pedido, já que a união estável em si não é obstáculo para um novo relacionamento.

Note-se que o legislador realmente se simpatiza com o instituto da união estável, ao conceder o mesmo procedimento do casamento no que tange às alterações de nome. Para isso, porém, deixa claro que a união estável deve estar devidamente registrada.

Também foram revogados os §§§ 4º, 5º e 6º do art. 57, que estipulavam:

> § 4º O pedido de averbação só terá curso, quando desquitado o companheiro, se a ex-esposa houver sido condenada ou tiver renunciado ao uso dos apelidos do marido, ainda que dele receba pensão alimentícia.
>
> § 5º O aditamento regulado nesta Lei será cancelado a requerimento de uma das partes, ouvida a outra.
>
> § 6º Tanto o aditamento quanto o cancelamento da averbação previstos neste artigo serão processados em segredo de justiça.

Como vimos, na prática, tais prescrições já se encontravam em desuso. O legislador fez uma reinterpretação constitucional do regime da união estável, celebrando a igualdade de direitos entre homem e mulher.

A professora Márcia Fidélis apresenta um resumo do procedimento do art. 57 sobre a alteração de sobrenome de conviventes em união estável:

1) Somente poderá alterar o sobrenome.
2) Exclusivo para uniões estáveis já devidamente registradas no Livro E.
3) Critérios equivalentes ao que ocorre no casamento.
4) Apesar de não estar expresso no texto da lei, é importante observar casos em que haja alteração de nome e o convivente venha a iniciar outro relacionamento e pretende registrar. Em casos como esses, será necessária prévia dissolução da união estável anterior, com consequente retorno ao nome de solteiro/a ou, ao menos, averbar a alteração de nome a pedido, já que a união estável em si não é obstáculo para novo relacionamento.

1.4 ALTERAÇÃO DO NOME EM DECORRÊNCIA DA PROTEÇÃO A VÍTIMAS E TESTEMUNHAS AMEAÇADAS

Fica mantida a regra do art. 57, § 7º, da LRP, incluída em 1999 pela Lei nº 9.807 (Proteção a Vítimas e Testemunhas Ameaçadas).Trata-se de uma situação peculiar, cujo objetivo é garantir a efetividade do programa sem prejudicar a necessária segurança jurídica dos registros públicos.

Assim, quando a alteração de nome for concedida em razão de **fundada coação ou ameaça decorrente de colaboração com a apuração de crime**, o juiz competente determinará que haja a **averbação no registro de origem de menção da existência de sentença concessiva da alteração, sem a averbação do nome alterado,** que somente poderá ser procedida mediante determinação posterior, que levará em consideração a cessação da coação ou ameaça que deu causa à alteração.

Esta regra deve ser lida em conjunto com o parágrafo único do art. 58, da LRP, que estabelece que a substituição do prenome será ainda admitida em razão de fundada coação ou ameaça decorrente da colabo ração com a apuração de crime, por determinação, em sentença, de juiz competente, ouvido o Ministério Público.

O procedimento ocorre na forma do art. 9º da Lei nº 9.807/1999, conforme transcrição a seguir:

> Art. 9º Em casos excepcionais e considerando as características e gravidade da coação ou ameaça, poderá o conselho deliberativo encaminhar requerimento da pessoa protegida ao juiz competente para registros públicos objetivando a alteração de nome completo.
>
> § 1º A alteração de nome completo poderá estender-se às pessoas mencionadas no § 1º do art. 2º desta Lei, inclusive aos filhos menores, e será precedida das providências necessárias ao resguardo de direitos de terceiros.
>
> § 2º O requerimento será sempre fundamentado e o juiz ouvirá previamente o Ministério Público, determinando, em seguida, que o procedimento tenha rito sumaríssimo e corra em segredo de justiça.
>
> § 3º Concedida a alteração pretendida, o juiz determinará na sentença, observando o sigilo indispensável à proteção do interessado:
>
> I – a averbação no registro original de nascimento da menção de que houve alteração de nome completo em conformidade com o estabelecido nesta Lei, com expressa referência à sentença autorizatória e ao juiz que a exarou e sem a aposição do nome alterado;
>
> II – a determinação aos órgãos competentes para o fornecimento dos documentos decorrentes da alteração;
>
> III – a remessa da sentença ao órgão nacional competente para o registro único de identificação civil, cujo procedimento obedecerá às necessárias restrições de sigilo.
>
> § 4º O conselho deliberativo, resguardado o sigilo das informações, manterá controle sobre a localização do protegido cujo nome tenha sido alterado.
>
> § 5º Cessada a coação ou ameaça que deu causa à alteração, ficará facultado ao protegido solicitar ao juiz competente o retorno à situação anterior, com a alteração para o nome original, em petição que será encaminhada pelo conselho deliberativo e terá manifestação prévia do Ministério Público.

Frise-se que a referida proteção pode ser estendida, se necessário, ao cônjuge ou companheiro, ascendentes, descendentes e dependentes que tenham convivência habitual com a vítima ou testemunha.

1.5 NOME DE FAMÍLIA DO PADRASTO OU MADRASTA – ALTERAÇÃO DO SOBRENOME DO ENTEADO OU ENTEADA

Tendo em vista que o nome consiste numa das principais exteriorizações dos direitos personalíssimos do ser humano, a Lei 11.924/2009, conhecida como "Lei Clodovil", incluiu o § 8º no art. 57, permitindo que **um(a) enteado (a)** adote o patronímico do **padrasto ou madrasta.**

A justificativa da lei referia-se à afinidade e consideração entre o padrasto/madrasta e seu enteado/enteada. O motivo que ensejou a sua elaboração foi justamente proporcionar às novas famílias um meio de demonstrar a posse de estado de filho que vivenciam.

A *concordância* destes fica restrita aos **interessados** apenas, o padrasto/madrasta – enteado/enteada.

A Lei n. 14.382/2022 veio aperfeiçoar o § 8º do art. 57, estabelecendo que o enteado ou a enteada, se houver **motivo justificável,** poderá requerer ao oficial de registro civil que, nos registros de nascimento e de casamento, seja averbado o nome de família de seu padrasto ou de sua madrasta, desde que **haja expressa concordância destes, sem prejuízo de seus sobrenomes de família.**

Com efeito, o acréscimo do sobrenome do cônjuge do genitor não alterará o patronímico anteriormente constante no registro do enteado. Vale dizer, da mesma forma que o convivente pode adotar o nome de seu companheiro e em nada modificar seus apelidos de família, o enteado também pode acrescentar o patronímico sem que sejam prejudicados os nomes de família. O nome será o mesmo, acrescentado pelo patronímico do padrasto ou madrasta.

Vale destacar as razões para a modificação do § 8º do art. 57 da LRP, introduzida pela Lei nº 14.382/2022. Quando a lei de 2009 foi editada, ainda não havia a possibilidade de reconhecimento da paternidade e/ou maternidade socioafetiva nos cartórios, ou seja, de forma extrajudicial ou administrativa. Atualmente, a matéria é regulamentada pelo arts. 505 a 511 do Código Nacial de Normas (transportados do Provimento CNJ n. 63/2017), permitindo que o enteado ou a enteada realizem o acréscimo do sobrenome do padrasto ou madrasta diretamente no Registro Civil das Pessoas Naturais, sem necessidade de autorização judicial. É imprescindível que haja comprovação da socioafetividade, bem como o expresso consenso das partes envolvidas.

Gustavo Fiscarelli alerta que a simples inclusão do sobrenome do padrasto ou da madrasta não acarreta o reconhecimento da filiação socioafetiva em relação ao enteado ou à enteada, embora represente prova das mais vigorosas para fins de cumprimento do art. 10-A, § 1º, do Provimento CNJ 63/2017 pelo registrador civil (Op. cit. 222). O artigo citado equivale ao atual 506 do Código Nacional de Normas.

O art. 515-M do Provimento CNJ n. 149/2023, incluído pelo Provimento CNJ n. 153/2023 veio encampar essa tese. Veja-se:

> Art. 515-M.. A inclusão do sobrenome do padrasto ou da madrasta na forma do <u>§ 8º do art. 55 da Lei n. 6.015, de 31 de dezembro de 1973</u>, depende de:
>
> I – motivo justificável, o qual será presumido com a declaração de relação de afetividade decorrente do padrastio ou madrastio, <u>o que, entretanto,</u> **<u>não importa em reconhecimento de filiação socioafetiva, embora possa servir de prova desta</u>**;

Além disso, estabelece que:

> II – consentimento, por escrito, de ambos os pais registrais e do padrasto ou madrasta; e
>
> III – comprovação da relação de padrastio ou madrastio mediante apresentação de certidão de casamento ou sentença judicial, escritura pública ou termo declaratório que comprove relação de união estável entre um dos pais registrais e o padrasto/madrasta.

Para complementar, faz-se necessário invocar a regra do art. 515-P, que dialoga com as referidas prescrições. Veja-se:

> Art. 515-P, CNN. A manifestação escrita da vontade do requerente ou de terceiros intervenientes, como os declarantes nas hipóteses dos incisos I e II do art. 515-M deste Código, deverá ser feita **presencialmente perante o RCPN**, equiparada a esta a manifestação eletrônica **<u>na forma do § 8º do art. 67 da Lei n. 6.015, de 31 de dezembro de 1973.</u>**

Em outras palavras, trata-se de um ato personalíssimo, incluindo a possibilidade de manifestação por **videoconferência.**

Vale trazer a síntese da professora Márcia Fidelis sobre o art. 57, § 8º:

Alteração do sobrenome do enteado ou enteada:

1) Somente poderá alterar o sobrenome.
2) Podem acrescer aos seus os sobrenomes de padrastos e madrastas, desde que haja consenso.
3) Essa regra tende ao uso mínimo, após reconhecimento jurídico da filiação socioafetiva. Ficarão restritos aos casos em que realmente não haja posse do estado de filho.
4) Não pode alterar sobrenome do enteado, da enteada. Haverá somente acréscimo.
5) Alteração motivada (motivo justo).

1.6 QUADRO DIDÁTICO SOBRE AS ALTERAÇÕES DO NOME EM VIRTUDE DA LEI N. 14.382/2022

O Colégio Notarial do Brasil, seção São Paulo, elaborou um quadro bastante didático sobre as alterações do nome. Vale a transcrição:

Alteração	Como era	Como ficou	Como fazer	Documentos necessários	Fundamentação legal
Nome de recém-nascido	Apenas por decisão judicial	Pode ser feito em até 15 dias do registro ao cartório	Os pais devem comparecer ao cartório de registro civil e solicitar a alteração	Certidão de nascimento do bebê e RG e CPF dos pais	Art. 55, Parágrafo 4º
Prenome após a maioridade	Podia ser feito apenas no primeiro ano da maioridade	Pode ser feito após a maioridade, a qualquer tempo, apenas uma vez em cartório	Comparecer ao cartório de registro civil para solicitar a alteração	RG, CPF e certidões atualizadas do solicitante. Recomenda-se a solicitação da documentação exigida para alteração de nome e gênero nos termos do Provimento CNJ N. 73/2018.	Art. 56
Inclusão de sobrenome familiar	Apenas por decisão judicial	Pode ser feito em cartório, a qualquer tempo	Comparecer ao cartório de registro civil para solicitar alteração	RG, CPF e certidões atualizadas do solicitante	Art. 57, inciso I
Inclusão e exclusão de sobrenome de casado	Apenas por decisão judicial	Pode ser feito em cartório, na constância do casamento	Comparecer ao cartório de registro civil para solicitar a alteração	RG, CPF e certidões atualizadas do solicitante	Art. 57, inciso I

1.7 DAS REGRAS COMUNS AOS PROCEDIMENTOS DE ALTERAÇÃO DE PRENOME E DE SOBRENOME

O tema foi regulamentado pelo Provimento CNJ n. 153/2023, atualmente incorporado ao Código Nacional de Normas. Já abordamos alguns dispositivos ao analisar os arts. 55 e 56.

Destaco para este momento, o art. 515-O, por demandar uma atenção especial do leitor:

> Art. 515-O. O requerente da alteração do prenome e sobrenome deverá se apresentar pessoalmente perante o oficial de registro civil das pessoas naturais, admitida, porém, sua representação no caso de alteração exclusiva de sobrenome, mediante mandatário constituído por escritura pública lavrada há menos de noventa dias e especificando a alteração a ser realizada, assim como o nome completo a ser adotado.

Entende-se que o mandatário não pode fazer a alteração de **prenome,** visto que é um ato personalíssimo. No entanto, segundo o dispositivo, permite-se ao mandatário realizar a alteração exclusiva de sobrenome.

O art. 515-Q estabelece a **comunicação entre as serventias**, neste sentido:

> Art. 515-Q,. O registrador incumbido do ato de averbação da alteração do prenome ou do sobrenome deverá comunicar as serventias dos atos anteriores na forma do art. 236 deste Código para anotação.

A comunicação entre os atos nas serventias extrajudiciais serve para garantir a atualização e a integridade dos registros públicos, assegurando que as informações sejam precisas e consistentes em todos os atos e registros realizados.

Agora suponha que o requerente tenha contraído matrimônio mais de uma vez. Pense em exemplos famosos como Fábio Jr., Gretchen ou Elizabeth Taylor. De acordo com o artigo 515-Q, §1º, se o requerente se casou mais que uma vez, **basta a comunicação para anotação no assento do seu último casamento.**

Por sua vez, o art. 515-S reproduz regras sobre o **arquivamento**, conforme segue:

> Art. 515-S, CNN. Os procedimentos e respectivos documentos previstos neste Capítulo deverão permanecer arquivados **tanto no ofício do RCPN em que foi lavrado originalmente o registro civil quanto naquele em que foi recepcionada a alteração**, se for o caso, pelo prazo indicado na tabela de temporalidade constante no Provimento CNJ n. 50/2015, para os processos de retificação, permitida a eliminação antes do prazo de inutilização, se previamente digitalizados.

Aqui vale rememorar nossa abordagem, nos comentários do art. 3º desta obra, sobre o Provimento CNJ n. 50/2015 e sua tabela de temporalidade.

Por fim, o art. 515-T traz diretivas sobre **emolumentos:**

> Art. 515-T, Enquanto não for editada legislação específica no âmbito dos Estados e do Distrito Federal, o valor dos emolumentos para o procedimento de alteração de prenome e/ou sobrenome será o correspondente ao procedimento de retificação administrativa, ou, em caso de inexistência desta previsão específica em legislação estadual, de 50% (cinquenta por cento) do valor previsto para o procedimento de habilitação de casamento.

2. QUESTÕES DE CONCURSO

01. (TJ/SP – 2024 – VUNESP – Notário e Registrador/Remoção) É correto afirmar que não cabe alteração administrativa de sobrenome no seguinte caso:

a) Inclusão de sobrenome de cônjuge na constância do casamento.

b) Exclusão de sobrenome do cônjuge na constância do casamento.

c) Exclusão, a qualquer tempo, do sobrenome do ex-cônjuge mantido no divórcio.

d) Reinclusão, a qualquer tempo, de sobrenome de ex-cônjuge excluído no divórcio.

02. FGV - 2023 - TJ-SE - Atividade Notarial e de Registro - Provimento) Maria compareceu perante o oficial do Registro Civil das Pessoas Naturais, munida de sua certidão de casamento, e solicitou a exclusão do sobrenome do seu cônjuge, na constância do casamento.

O oficial, ao receber a solicitação, entendeu corretamente que a solicitaçao de Maria:

a) pode ser atendida, caso esteja acompanhada de aquiescência do seu cônjuge;

b) deve ser atendida, sendo realizada a averbação necessária nos assentos de nascimento e casamento;

c) não pode ser atendida, considerando o princípio da inalterabilidade registral na constância do ato de casamento;

d) exige audiência do Ministério Público e só será permitida por sentença do juiz a que estiver sujeito o Registro, arquivando-se o mandado e publicando-se a alteração;

e) pode ser atendida, *ad referendum* do juiz a que estiver sujeito o Registro, após oitiva do Ministério Público, caso seja apresentado motivo idôneo para a alteração.

03. (FGV - 2023 - TJ-SE - Atividade Notarial e de Registro - Remoção) João compareceu perante o oficial do Registro Civil das Pessoas Naturais e requereu a alteração do seu prenome para Pedro. De acordo com ele, a medida era necessária por figurar como principal testemunha em um processo criminal no qual vinha recebendo ameaças por sua colaboração e no qual figuravam como acusados os membros de uma organização criminosa especializada na prática dos crimes de homicídio.

Ao analisar o requerimento de João, o oficial concluiu, corretamente, que:

a) deve ser acolhido, considerando as razões que lhe dão sustentação;

b) pode ser acolhido, caso seja comprovada a inclusão de João no programa de proteção à testemunha;

c) pode ser admitido por determinação, em sentença, do juiz competente, ouvido o Ministério Público;

d) deve ser negado, considerando a definitividade do prenome, ressalvada a situação do transgênero ou a sua substituição por apelidos públicos notórios;

e) pode ser acolhido, caso seja comprovada a inclusão de João no programa de proteção à testemunha, ad referendum do juiz do Registro Civil, ouvido o Ministério Público.

04. (Vunesp – Outorga de Delegação de Notas e Registros – TJ – GO/2021) Assinale a alternativa correta.

a) A alteração necessária do patronímico familiar por subsequente matrimônio dos pais será processada a requerimento do interessado, com audiência do Ministério Público.
b) A alteração necessária do patronímico familiar por subsequente matrimônio dos pais será processada a requerimento do interessado, mediante autorização do Juiz Corregedor Permanente.
c) Será dispensada a audiência do Ministério Público e a autorização judicial nos casos de averbação de reconhecimento de filho, sendo necessárias na alteração de patronímico.
d) A alteração necessária do patronímico familiar por subsequente matrimônio dos pais será processada a requerimento do interessado, independentemente de procedimento de retificação.

05. (Consulplan – Outorga e Delegação de Serviços Notariais e Registrais – TJ – MS/2019) De acordo com o Provimento 82, de 03 de julho de 2019, do Conselho Nacional de Justiça, que padronizou nacionalmente os procedimentos de alteração do nome do genitor nos registros de nascimento e casamento dos filhos, assinale a afirmativa correta.
a) Se o filho for maior de 12 (doze) anos, o acréscimo do patronímico do genitor exigirá o seu consentimento.
b) Somente poderá ser averbado o acréscimo do patronímico ao nome do filho menor de idade, quando o nome do genitor for alterado no registro de nascimento.
c) Poderá ser requerido, perante o Oficial de Registro Civil competente, a averbação do acréscimo do patronímico de genitor ao nome do filho menor de idade, quando houver alteração do nome do genitor em decorrência de separação e divórcio, exceto nos casos de viuvez.
d) Poderá ser requerida, perante o Oficial de Registro Civil competente, a averbação no registro de nascimento e no de casamento das alterações de patronímico dos genitores em decorrência de casamento, separação e divórcio, mediante a apresentação da certidão respectiva. Nesses casos, a certidão de nascimento e a de casamento serão emitidas com o nome anterior, fazendo-se menção, no campo 'observações' sobre a alteração ou o seu motivo.

06. (Cespe – Cartório – ES/2013) Uma pessoa colabora com a apuração de determinado crime e, depois, passa a ser ameaçada em razão desse fato. Nesse caso,
a) o Ministério Público (MP) deverá, necessariamente, ser ouvido para a alteração do nome da pessoa.
b) a hipótese de alteração de nome não se aplica à pessoa for a estrangeira domiciliada no Brasil.
c) a alteração do nome dependerá sempre de autorização judicial, nesse e em todos os casos admitidos pela legislação.
d) o ordenamento brasileiro impede a alteração do prenome dessa pessoa posto que livremente colaborou para a elucidação do crime.
e) a averbação no registro de origem deverá conter o nome alterado, mesmo que o juiz autorize a alteração do nome da pessoa.

GAB	1	D	2	B	3	A	4	D	5	B	6	D

Art. 58. O prenome será definitivo, admitindo-se, todavia, a sua substituição por apelidos públicos notórios.

Parágrafo único. A substituição do prenome será ainda admitida em razão de fundada coação ou ameaça decorrente da colaboração com a apuração de crime, por determinação, em sentença, de juiz competente, ouvido o Ministério Público.

1. COMENTÁRIOS

Enquanto o art. 55, já analisado, apresenta ponderações no que diz respeito à composição do nome, o art. 56 normatiza os procedimentos de alteração administrativa de prenome. Por sua vez, o também modificado art. 57 trata do procedimento de alteração do sobrenome.

Note-se que a nova legislação exalta a importância do nome civil como elemento identificador da pessoa e atributo indissociável de sua personalidade, promovendo a desjudicialização de procedimentos em prol da realização de alterações e mudanças diretamente na esfera extrajudicial.

O *caput* do artigo 58 não foi alterado pela Lei do SERP, mas teve sua redação modificada pela Lei n. 9.708/1998.

Até a Lei nº 14.382/2022, vigorava a regra fundamental da imutabilidade do nome, sendo a sua alteração considerada uma exceção. Para tanto, invocava-se a lucidez de Limongi França: "sem nenhuma dúvida, as razões éticas e psicológicas são de molde a justificar, por equidade, a própria derrogação da regra fundamental da imutabilidade do prenome e do patronímico (*Doutrinas Essenciais de Direito Registral. Vol. I.* Editora: Revista dos Tribunais, 2012, p. 784).

Com efeito, o princípio da imutabilidade do nome estabelecido em lei não era absoluto, sendo renunciado em circunstâncias excepcionais, principalmente quando se fazia necessária a correção de erros prejudiciais à vida do indivíduo. Neste sentido, o entendimento do Tribunal de Justiça do Estado de São Paulo:

> "A regra da imutabilidade do prenome destina-se a garantir a permanência daquele com que a pessoa se tornou conhecida no meio social. Se o prenome lançado no registro, por razões respeitáveis, e não de mero capricho, jamais representou a individualidade ao seu portador, a retificação é de ser admitida, sobrepujando as realidades da vida o simples apego às exigências formais" (TJSP, 1.7.1969, apelação nº 178.477, RT 412/178).

Sobre a relativização do princípio da imutabilidade do nome, pronunciou-se o eminente Ministro Ruy Rosado Aguiar, por ocasião do julgamento do Recurso Especial nº 220059: *"Devo registrar, finalmente, que são dois os valores em colisão: de um lado, o interesse público de imutabilidade do nome pelo qual a pessoa se relaciona na vida civil; de outro, o direito da pessoa de portar o nome que não a exponha a constrangimentos e corresponda à sua realidade familiar. Para atender a este, que me parece prevalente, a doutrina e a jurisprudência têm liberalizado a interpretação do princípio da imutabilidade, já fragilizado pela própria lei, a fim de permitir, mesmo depois do prazo de um ano subsequente à maioridade, a alteração posterior do nome, desde que daí não decorra prejuízo grave ao interesse público, que o princípio da imutabilidade preserva. A situação dos autos evidencia a necessidade de ser aplicada essa orientação mais compreensiva da realidade e dos valores humanos em causa".*

O princípio da imutabilidade do nome tinha por escopo assegurar **a segurança jurídica e a estabilidade dos atos da vida civil**. Sendo o nome um elemento individualizador da pessoa no âmago da sociedade, se fosse sempre permitida a sua alteração, ocorreria sério risco de dano aos negócios e interesses de terceiros. Daí o art. 58 normatizar que o prenome é definitivo. Conquanto, este mesmo artigo preconiza a exceção ao princípio da imutabilidade do prenome no *caput* e no § 1º.

Ocorre que o nome civil está sendo modernizado conforme as novas diretrizes da Lei n. 14.382/2022, em resposta às mudanças significativas na realidade ao longo dos anos. O Direito deve acompanhar essas transformações na sociedade.

Não apenas o advento da CF/1988, mas também inúmeras leis e provimentos flexibilizaram essa regra, à medida que a identificação do cidadão, atualmente, apenas pelo nome, já não se mostra suficiente. Assim, hoje, impera o **princípio da definitividade (e não mais da imutabilidade) do nome**, consagrando diversas hipóteses de alteração do nome civil (Constituição Federal, Lei nº 10.406/2002 – Código Civil, Lei nº 8.560/92, Provimentos da Corregedoria Nacional de Justiça do CNJ, como o 151, 152, 153, todos de 2023 e os mais antigos, como o 16/2012, 37/2014, 63/2017, 73/2018 e 122/2021, hoje incorporados ao Provimento CNJ n. 149/2023, dentre outros). Atendeu-se, pois, à adequação plena do instituto à realidade social, além de sua compilação em um único diploma.

Nas palavras de Gustavo Fiscarelli, antes regido pelo princípio da imutabilidade, ainda que mitigado, o nome civil passa a ser "apenas" definitivo, imperando a liberdade de sua autodeterminação pelo indivíduo nas hipóteses legais (Op. cit. p. 211).

A professora Márcia Fidelis, Presidente Nacional da Comissão de Notários e Registradores do IBDFAM e diretora do IBDFAM-MG, muito bem elucida que desde o fim do Estado confessional até a atualidade, o nome passou de imutável para definitivo (mutabilidade motivada) e agora para mutável, em pouco mais de um século. Dois fatores competiram e influenciaram diretamente a gradativa flexibilização das regras para alterar nome: a dependência dele para individualizar e identificar o cidadão (quanto mais o Estado depende do nome para diferenciar as pessoas, maior o rigor para alterar); o fator psicológico que faz do nome um atributo da personalidade (quanto mais o cidadão se apega ao seu nome maior a necessidade de se identificar com ele e, quando isso não ocorre, a tendência é desejar alterar). Esse tema foi desenvolvido no texto completo, demonstrando, desde o Código Civil de 1916 até os dias atuais, os aspectos históricos, psicológicos e sociológicos que influenciaram a mudança de paradigmas em relação a mutabilidade do nome.

1.1 ALGUMAS CAUSAS JÁ CONSOLIDADAS DE ALTERAÇÃO DO NOME

Além das hipóteses já analisadas nos arts. 55, 56 e 57, existem outras previstas em leis extravagantes. Desse modo, são causas de alteração do prenome e/ou de patronímico:

a) Nome que expuser ao ridículo, vexatório ou imoral (art. 55, § 1º, LRP);
b) Alteração imotivada do prenome após a maioridade civil (art. 56, LRP);
c) Alteração do nome em decorrência do casamento, separação, divórcio, viuvez ou anulação;
d) Alteração do nome do genitor no registro de nascimento e casamento dos filhos (Provimento CNJ n. 82/2019);
e) Alteração de nome em decorrência de união estável (art. 57, § 2º e § 3º-A, LRP);
f) Proteção de vítimas e testemunhas de crimes (art. 57, § 7º, e 58, parágrafo único, LRP);
g) Nome de família do padrasto ou madrasta (art. 57, § 8º, LRP);
h) Apelido público e notório que venha a substituir o nome (art. 58, LRP);
i) Erro gráfico evidente;
j) Tradução de nome estrangeiro (antigo art. 43, III, da Lei 6.815/1980). Importante frisar que o Estatuto do Estrangeiro foi revogado pela Lei 13.445/2017, que instituiu a Lei da Migração, mas também possibilita a tradução de nome nos termos do art. 71, veja-se:

> **Art. 71.** O pedido de naturalização será apresentado e processado na forma prevista pelo órgão competente do Poder Executivo, sendo cabível recurso em caso de denegação.
>
> § 1º No curso do processo de naturalização, o naturalizando poderá requerer a tradução ou a adaptação de seu nome à língua portuguesa.
>
> § 2º Será mantido cadastro com o nome traduzido ou adaptado associado ao nome anterior.

k) Adoção;
l) Homonímia;
m) Reconhecimento de filho e Ação Negatória de Paternidade;

n) Hipótese do art. 3º, Provimento CNJ n. 122/2021, incorporado ao art. 526 do Provimento CNJ n. 149/2023;

o) Alteração de prenome pessoal transgênero.

1.2 ALTERAÇÃO DO PRENOME E DO GÊNERO

No dia 28 de junho de 2018, a Corregedoria Nacional de Justiça do CNJ, editou o Provimento 73, que dispõe sobre a averbação da alteração do prenome e do gênero nos assentos de nascimento e casamento de pessoa transgênero diretamente no Registro Civil das Pessoas Naturais (RCPN), sem necessidade de decisão judicial ou da realização da cirurgia de redesignação sexual.

Destacam-se algumas das justificativas para a edição do referido provimento.

a) A legislação internacional de direitos humanos, em especial, o Pacto de San Jose da Costa Rica, que impõe o respeito ao direito ao nome (art. 18), ao reconhecimento da personalidade jurídica (art. 3º), à liberdade pessoal (art. 7º. 1) e à honra e à dignidade (art. 11.2);

b) A Convenção Interamericana de Direitos Humanos, da qual a República Federativa do Brasil é signatária e cujos dispositivos devem ser observados sob pena de responsabilidade internacional;

c) A Opinião Consultiva n. 24/17 da Corte Interamericana de Direitos Humanos, que trata da identidade de gênero, igualdade e não discriminação e define as obrigações dos Estados-Parte no que se refere à alteração do nome e à identidade de gênero;

d) O direito constitucional à dignidade (art. 1º, III, da CF/88), à intimidade, à vida privada, à honra, à imagem (art. 5º, X, da CF/88), à igualdade (art. 5º, *caput*, da CF/88), à identidade ou expressão de gênero sem discriminações;

e) A decisão da Organização Mundial da Saúde de excluir a transexualidade do capítulo de doenças mentais da Classificação Estatística Internacional de Doenças e Problemas Relacionados à Saúde (CID);

f) A possibilidade de o Brasil, como Estado-Membro das Nações Unidas, adotar a nova CID a partir de maio de 2019, quando da apresentação do documento na Assembleia Mundial da Saúde, sendo permitidos, desde já, o planejamento e a adoção de políticas e providências, inclusive normativas, adequadas à nova classificação;

g) A decisão do Supremo Tribunal Federal que conferiu ao art. 58 da Lei n. 6.015/1973 interpretação conforme à Constituição Federal, reconhecendo o direito da pessoa transgênero que desejar, independentemente de cirurgia de redesignação ou da realização de tratamentos hormonais ou patologizantes, à substituição de prenome e gênero diretamente no ofício do RCPN (ADI n. 4.275/DF). Recomenda-se fortemente a leitura deste julgado no item "Jurisprudência Complementar"

h) A decisão proferida nos autos do Pedido de Providências n. 0005184- 05.2016.2.00.0000, em trâmite no Conselho Nacional de Justiça.

O Provimento CNJ n. 73/2018 parcialmente foi conservado, por conter anexo. Todavia, seus dispositivos foram incorporados aos arts. 516 a 523 do Provimento CNJ n. 149/2023, sem alteração legislativa. No mesmo ano, foi editado o Provimento CNJ n. 152, que altera o Código Nacional de Normas da Corregedoria Nacional de Justiça, para **aprimorar** as regras de averbação de alteração de nome, de gênero ou de ambos de pessoas transgênero.

Quanto à **legitimidade**, podem requerer a alteração e a averbação do prenome e do gênero no RCPN, a fim de adequá-los à identidade autopercebida, **qualquer pessoa maior de 18 anos** completos habilitada à prática de todos os atos da vida civil.

Aqui vale apresentar uma decisão isolada, mas relevante.

O Tribunal de Justiça do Estado do Paraná autorizou adolescente transgênero de 17 anos a alterar o registro civil.

Assim, mesmo sendo menor de idade, com o apoio dos pais, os desembargadores foram unânimes em conceder esse direito. O relator do caso ressaltou que "a jurisprudência tem reconhecido a possibilidade de alteração de prenome e gênero para pessoas transexuais, independentemente do sexo biológico, desde que manifestem essa vontade".

Representado pela Defensoria Pública do Paraná, por meio do Núcleo de Infância e Juventude, o adolescente relatou viver situações de "constrangimento devido à incompatibilidade entre sua identidade de gênero e seu registro civil, o que resultava em sofrimento intenso causado por discriminação, bullying e violência".

Por sua vez, o Ministério Público do Paraná apelou da decisão inicial que autorizava a mudança, argumentando que os registros só deveriam ser alterados em caso de incorreções, o que não seria o caso, pois "o registro de nascimento reflete a realidade biológica da época da sua lavratura". Além disso, o Ministério Público sustentou que "mesmo que a autora se identifique com um sexo diferente do registrado, o sexo não deve ser alterado após o nascimento, devendo prevalecer o considerado biologicamente".

O voto baseou-se na jurisprudência do próprio TJPR, que anteriormente já havia concedido a alteração de gênero e prenome no registro civil como direito fundamental, bastando a manifestação de vontade. Essa decisão é alinhada com o entendimento do Supremo Tribunal Federal (STF) na ação 0005730-88.2009.1.00.0000, que reconhece como direito constitucional e registral das pessoas transgênero a possibilidade de alterar prenome e sexo no registro civil, garantindo o direito ao nome, reconhecimento da personalidade jurídica, liberdade pessoal, honra e dignidade.

Quanto ao **objeto da alteração**, o pedido pode abranger a **inclusão** ou a **exclusão** de agnomes indicativos de gênero ou de descendência. Contudo, o **não compreende** a modificação dos nomes de família e não pode ensejar a identidade de prenome com outro membro da família.

O pedido poderá ser desconstituído na via administrativa, mediante autorização do juiz corregedor permanente, ou na via judicial.

Sobre o tema, oportuno trazer a consulta n. 0000617-86.2020.2.00.0000 do Conselho Nacional de Justiça:

> Consulta – Provimento nº 73/2018 – Manifestação da Corregedoria Nacional de Justiça – Alteração isolada de prenome ou de gênero – Possibilidade – Registro de gênero neutro – Impossibilidade na seara administrativa – Consulta respondida.
>
> 1. O Provimento n. 73/2018 dispõe sobre a averbação da alteração do prenome e do gênero no assento de nascimento e de casamento de pessoas *transgênero* no Registro Civil das Pessoas Naturais (RCPN).
>
> 2. É válida a alteração isolada de prenome ou de gênero diretamente no Ofício em que foi lavrado o RCPN.
>
> 3. O RCPN consigna apenas os gêneros feminino, masculino ou ignorado, conforte conste da Declaração de Nascido Vivo (DNV), não sendo possível, administrativamente, proceder ao reconhecimento de gênero neutro (CNJ – Consulta nº 0000617-86.2020.2.00.0000 – Paraná – Rel. Cons. Flávia Pessoa – DJ 31.08.2021).

A **competência** para a averbação do prenome, do gênero ou de ambos é a do ofício do RCPN onde o assento foi lavrado, mas nada impede que o pedido seja formulado no Registro Civil diverso do que lavrou o assento. Atente-se que neste caso, deverá o registrador encaminhar o procedimento ao oficial competente, às expensas da pessoa requerente, para a averbação pela Central de Informações do Registro Civil (CRC).

No que diz respeito às regras da **competência**, os procedimentos de alteração do prenome e/ou do gênero poderão ser realizados perante o ofício de RCPN em que se lavrou o assento de nascimento ou diverso, a escolha do requerente.

Com a modificação introduzida pelo Provimento CNJ n. 152/2023, verifica-se o que denomino de **dupla qualificação**. Antes de avançarmos, torna-se imprescindível a leitura do parágrafo incluído:

> Art. 517, CNN.
>
> § 1º No caso de o pedido ser formulado perante ofício de RCPN diverso daquele em que se lavrou o assento de nascimento, deverá o registrador, após qualificação preliminar do pedido, encaminhar o procedimento ao oficial competente para a qualificação principal e, se for o caso, a prática dos atos pertinentes no assento de nascimento.
>
> § 2º O encaminhamento de que trata o § 1º será feito por meio do módulo e-Protocolo da Central de Informações de Registro Civil das Pessoas Naturais – CRC.

Agora, passamos às explicações.

Para aqueles que não estão familiarizados com a prática, os registradores se comunicam com todos os registradores civis do país por meio da Central de Informações do Registro Civil. Através da CRC, é possível solicitar certidões e encaminhar comunicações.

E por que pode ocorrer a **dupla qualificação** destacada no § 1º do art. 517?

Para ilustrar: imagine que você, registrador em São Paulo, receba documentos para análise. Após verificar a completude e a conformidade da documentação, você os enviará, por meio do e-protocolo, ao registrador na Bahia, que é o competente para o registro. É importante destacar que, como registrador em São Paulo, você não enviará um procedimento incompleto, como no caso de falta de documentos necessários.

Portanto, há uma qualificação tanto do registrador que envia a documentação (no caso, o de São Paulo) quanto do registrador receptor (aquele que a recebe), no exemplo dado, o da Bahia.

Vale destacar que esse encaminhamento não gera custos adicionais além dos emolumentos legalmente previstos para a prestação do serviço em ambos os cartórios.

Quanto ao **procedimento**, este deverá ser realizado com base na autonomia da pessoa requerente, que deverá declarar, perante o Registrador Civil, a vontade de proceder à adequação da identidade mediante a averbação do prenome, do gênero ou de ambos.

É importante ressaltar que o atendimento do pedido apresentado ao registrador independe de prévia autorização judicial ou da comprovação de realização de cirurgia de redesignação sexual e/ou de tratamento hormonal ou patologizante, assim como de apresentação de laudo médico ou psicológico.

Para fins de **identificação do requerente**, o registrador deve coletar, em termo próprio, conforme modelo constante do anexo do Provimento CNJ 73/2018, sua qualificação e assinatura, além de conferir os documentos pessoais originais. Para clarear, apresento o referido anexo:

> **ANEXO**
>
> OFICIAL DE REGISTRO CIVIL DAS PESSOAS NATURAIS DO MUNICÍPIO DE ...
>
> I - REQUERENTE:
> Nome civil completo, nacionalidade, naturalidade, data e local do nascimento, estado civil, profissão, RG, CPF, endereço completo, telefone, endereço eletrônico.
>
> II - REQUERIMENTO:
> Visto que o gênero que consta em meu registro de nascimento não coincide com minha identidade

autopercebida e vivida, solicito que seja averbada a alteração do sexo para (masculino ou feminino), bem como seja alterado o prenome para...

III - DECLARAÇÕES SOB AS PENAS DA LEI

Declaro que não possuo passaporte, identificação civil nacional (ICN) ou registro geral de identidade (RG) emitido em outra unidade da Federação.

OU

Declaro que possuo o Passaporte n. ...., ICN n. .... e RG n. ...

Estou ciente de que não será admitida outra alteração de sexo e prenome por este procedimento diretamente no registro civil, resguardada a via administrativa perante o juiz corregedor permanente.

Estou ciente de que deverei providenciar a alteração nos demais registros que digam respeito, direta ou indiretamente, a minha pessoa e nos documentos pessoais.

Declaro que não sou parte em ação judicial em trâmite sobre identidade de gênero (ou Declaro que o pedido que estava em trâmite na via judicial foi arquivado, conforme certidão anexa.)

IV - FUNDAMENTO JURÍDICO

O presente requerimento está fundamentado no princípio da dignidade da pessoa humana, no art. 58 da Lei n. 6.015/1973, interpretado pelo Supremo Tribunal Federal no julgamento da ADI n. 4.275, e no Provimento CN-CNJ n. ..../2018.

Por ser verdade, firmo o presente termo.

Local e data.

Assinatura do requerente

CERTIFICO E DOU FÉ que a assinatura supra foi lançada em minha presença.

Local e data.

Carimbo e assinatura do cartório

No próximo passo, a pessoa requerente assina o requerimento na **presença do oficial**, indicando a alteração pretendida e declarando a inexistência de processo judicial que tenha por objeto tal alteração.

Note-se que o ato é personalíssimo. Noutro dizer, não é possível que seja realizado por meio de procuração. Todavia, com as inovações introduzidas pelo Provimento CNJ n. 152/2023, agora é possível utilizar **videoconferências**. Observe:

> Art. 517, § 4º-A. Para efeito deste artigo, **equipara-se a atos presenciais** os realizados **eletronicamente** perante o RCPN na forma do § 8º do art. 67 da Lei n. 6.015, de 31 de dezembro de 1973.

A opção pela via administrativa na hipótese de tramitação anterior de processo judicial cujo objeto tenha sido a alteração pretendida será condicionada à comprovação de arquivamento do feito judicial.

No que tange aos **documentos** que deverão ser apresentados pela pessoa requerente no ato do requerimento, para que seja realizada uma prudente qualificação registral por parte do registrador, o § 6º do art. 518 do Código Nacional de Normas os elenca. São eles:

> I – certidão de nascimento atualizada;
> II – certidão de casamento atualizada, se for o caso;
> III – cópia do registro geral de identidade (RG);
> IV – cópia da identificação civil nacional (ICN), se for o caso;
> V – cópia do passaporte brasileiro, se for o caso;
> VI – cópia do cadastro de pessoa física (CPF) no Ministério da Fazenda;
> VII – cópia do título de eleitor;
> IX – cópia de carteira de identidade social, se for o caso;
> X – comprovante de endereço;
> XI – certidão do distribuidor cível do local de residência dos últimos cinco anos (estadual/federal);
> XII – certidão do distribuidor criminal do local de residência dos últimos cinco anos (estadual/federal);
> XIII – certidão de execução criminal do local de residência dos últimos cinco anos (estadual/federal);
> XIV – certidão dos tabelionatos de protestos do local de residência dos últimos cinco anos;
> XV – certidão da Justiça Eleitoral do local de residência dos últimos cinco anos;
> XVI – certidão da Justiça do Trabalho do local de residência dos últimos cinco anos;
> XVII – certidão da Justiça Militar, se for o caso.

Registre-se que a falta de documento listado no § 6º **impede** a alteração indicada no requerimento apresentado ao Ofício de Registro. De outro giro, o § 9º preceitua que as ações em andamento ou débitos pendentes, nas hipóteses dos incisos XI, XII, XIII, XIV, XV, XVI e XVII do § 6º, **não impedem** a averbação da alteração pretendida, que deverá ser comunicada aos juízos e órgãos competentes pelo ofício do RCPN onde o requerimento foi formalizado.

A antiga redação do § 7º do art. 518 estabelecia que, além dos documentos listados acima, **era facultado** à pessoa requerente juntar ao requerimento, para instrução do procedimento previsto no presente provimento, os seguintes documentos:

> I – laudo médico que ateste a transexualidade/travestilidade;
> II – parecer psicológico que ateste a transexualidade/travestilidade;
> III – laudo médico que ateste a realização de cirurgia de redesignação de sexo.

Ressalta-se que essa regra não está mais em vigor. Na modernização das normas relativas à alteração de prenome e/ou gênero de pessoas transgênero, foi revogada a disposição anterior que exigia a apresentação de laudos médicos ou psicológicos que atestassem a transexualidade. Tal revogação ocorreu devido à sua incompatibilidade com o princípio da identidade autopercebida, que é o cerne do ato normativo. Em outras palavras, não é mais necessário comprovar a transexualidade por meio de laudos ou cirurgias, pois tal documentação é prescindível para validar a identidade autodeclarada.

Outra regra que passa a ser positivada no Código Nacional de Normas é a alteração de prenome e gênero do **brasileiro naturalizado**. Assim, o art. 518 ganha um novo parágrafo, conforme segue:

> Art. 518, § 7º-A. No caso de brasileiro naturalizado:
> I - a certidão de nascimento exigida pelo inciso I do § 6º deste artigo será substituída pela certidão do registro, no Livro E do Registro Civil das Pessoas Naturais, do certificado de naturalização ou da portaria de naturalização publicada no Diário Oficial da União ou outro documento oficial que venha a substituí-los; e
> II - a alteração do prenome e/ou do gênero deve ser averbada à margem do registro indicado no inciso I deste parágrafo.

O Provimento CNJ n. 152/2023 estendeu a possibilidade dos benefícios não apenas aos brasileiros naturalizados, mas também aos **brasileiros no exterior**.

Dessa maneira, brasileiros naturalizados transgêneros que residem no exterior agora têm a possibilidade de alterar seus nomes e sexo nos registros oficiais diretamente em **consulados** ou **embaixadas** do país onde vivem. Noutro dizer, esta medida estende um direito que já era garantido aos residentes no Brasil pelo Provimento 73, de junho de 2018 (incorporado aos arts 516 a 523 do Provimento CNJ n. 149/2023), que permite que qualquer pessoa com mais de 18 anos possa solicitar ao cartório de registro civil a mudança em sua certidão de nascimento ou casamento para refletir sua identidade de gênero autopercebida, sem necessidade de um processo judicial. Até a edição do Provimento CNJ n. 152/2023, os brasileiros vivendo no exterior estavam excluídos desse direito.

Passemos a analisar os detalhes desse novo comando.

No que diz respeito à documentação exigida no art. 518, § 6º, I (certidão de nascimento atualizada), esta poderá ser será substituída pela **certidão do registro do traslado de nascimento**, observada a Resolução CNJ n. 155/2012.

Por sua vez, as certidões de que tratam os incisos XI a XVI do § 6º do art. 518 (certidão do distribuidor cível do local de residência dos últimos cinco anos (estadual/federal); certidão do distribuidor criminal do local de residência dos últimos cinco anos (estadual/federal); certidão de execução criminal do local de residência dos últimos cinco anos (estadual/federal); certidão dos tabelionatos de protestos do local de residência dos últimos cinco anos; certidão da Justiça Eleitoral do local de residência dos últimos cinco anos e certidão da Justiça do Trabalho do local de residência dos últimos cinco anos) poderão ser substituídas por **declaração que indique residência no exterior há mais de cinco anos, acompanhada de prova documental do alegado.**

Quanto ao envio do procedimento ao ofício do RCPN competente para a realização da averbação, este deverá ser realizado eletronicamente por meio da **Central de Informações de Registro Civil das Pessoas Naturais – CRC.**

Sobre a regra do recolhimento dos emolumentos devidos, esta se dará **diretamente perante o ofício de registro civil competente**, por meio de **plataforma** disponibilizada pela Central de Informações de Registro Civil das Pessoas Naturais – CRC, devendo o respectivo comprovante ser apresentado à autoridade consular.

As representações consulares brasileiras no exterior que **não reúnam condições tecnológicas para acesso à plataforma da Central de Informações de Registro Civil das Pessoas Naturais – CRC** poderão enviar o procedimento ao ofício do RCPN competente por meio do **Ministério das Relações Exteriores, mantida a forma de pagamento dos emolumentos pelo requerente descrita no parágrafo** acima

Uma importante regra sobre a restrição da publicidade registral, já mencionada nesta obra, refere-se à **natureza sigilosa** dessa alteração. Por essa razão, a informação sobre a alteração não pode constar das certidões dos assentos, exceto por solicitação da pessoa requerente ou por determinação judicial. Nesses casos, a certidão deverá incluir todo o conteúdo registral.

Assim, emite-se a certidão com o novo prenome e gênero. Sendo a certidão de inteiro teor, esta pode ser requerida apenas pelo próprio interessado ou por determinação judicial. Caso seja pedida uma certidão em breve relato, essa averbação não pode constar no campo das averbações. Em outras palavras, a alteração de sexo de pessoa transgênero deve ser incluída na própria certidão, mas é proibido o uso da inscrição 'a presente certidão envolve elementos de averbação à margem do termo' e igualmente proibida a menção sobre a origem do ato.

Não confunda essa situação com a referente aos índices. Os Registros Civis das Pessoas Naturais deverão manter um índice em papel e/ou eletrônico de forma que permita a localização do registro tanto pelo nome original quanto pelo nome alterado da pessoa transgênero, observado o sigilo legal sob pena de responsabilidade administrativa, civil e penal do Oficial do Registro Civil.

Uma questão interessante é como proceder se a **pessoa for casada**. Essa alteração pode ser feita? Para ilustrar, suponhamos que Paulo seja casado com Maria. Paulo pode alterar seu nome para Paula? A resposta é positiva, mas atenção! É necessário que primeiro seja alterado seu registro de nascimento de Paulo e, posteriormente, mediante o cumprimento de alguns requisitos, incluindo a anuência do cônjuge ou companheiro, altere também o registro de casamento. Aprofundaremos essa questão em breve.

Caso haja **suspeita de fraude, falsidade, má-fé, vício de vontade ou simulação** quanto ao desejo real da pessoa requerente, o registrador deve fundamentar a recusa e encaminhar o pedido ao juiz corregedor permanente.

No que diz respeito à **conservação**, é dever do Oficial **arquivar**, de forma física ou eletrônica, por tempo indefinido, tanto no ofício do RCPN em que foi lavrado originalmente o registro civil quanto naquele em que foi lavrada a alteração, se diverso do ofício do assento original, os documentos referidos no art. 518. Para tanto, deverá manter índice em papel e/ou eletrônico de forma que permita a localização do registro tanto pelo nome original quanto pelo nome alterado.

Em relação às comunicações, o Provimento CNJ nº 152/2023 trouxe uma nova regra. Manteve-se a norma de que, finalizado o procedimento de alteração no assento, o ofício do RCPN que processou a alteração deve comunicar o ato oficialmente aos órgãos expedidores do RG, ICN, CPF e passaporte, bem como ao Tribunal Regional Eleitoral (TRE). No entanto, anteriormente isso era feito às expensas do requerente. Agora, a regra é a seguinte:

> Art. 522. Finalizado o procedimento de alteração do prenome, o registrador que realizou a alteração comunicará eletronicamente, por meio da Central de Informações de Registro Civil das Pessoas Naturais – CRC, **sem qualquer custo**, o ato aos órgãos expedidores do RG, CPF, título de eleitor e passaporte.
>
> (...)
>
> § 5º A comunicação de que trata o *caput*, **a critério e a expensas do requerente**, poderá se dar por outro meio de transmissão, desde que oficial.

Por sua vez, a pessoa requerente deverá providenciar a alteração nos demais registros que digam respeito, direta ou indiretamente, a sua identificação e nos documentos pessoais.

A subsequente averbação da alteração do prenome e/ou do gênero no registro de **nascimento** dos descendentes da pessoa requerente dependerá da **anuência deles** quando relativamente capazes ou maiores, bem como da autorização de ambos os pais, no caso de serem menores. Assim, o Provimento 152/2023 supriu a lacuna do ato normativo anterior que nada fala em filho menor.

Por seu turno, a subsequente averbação da alteração do prenome e do gênero no registro de **casamento ou de união estável** do requerente dependerá da anuência do cônjuge ou o companheiro. O Provimento 152 acrescentou-se a hipóteses da união estável. Havendo discordância dos pais, do cônjuge ou do companheiro quanto à averbação mencionada nos parágrafos anteriores, o consentimento deverá ser suprido judicialmente.

Por derradeiro, enquanto não for editada legislação específica no âmbito dos Estados e do Distrito Federal, o valor dos **emolumentos** para o procedimento de alteração do prenome e/ou do gênero da pessoa transgênero será o correspondente ao procedimento de retificação administrativa ou, em caso de inexistência dessa previsão específica em legislação estadual, de **50% (cinquenta por cento) do valor previsto para o procedimento de habilitação de casamento.**

Ademais, . é imperativo que o registrador observe para fins destas alterações, as normas legais referentes à **gratuidade de atos**, já abordadas no art. 30 desta obra.

1.2.1 GÊNERO NÃO-BINÁRIO

Em esclarecimentos à época da edição do Provimento CNJ nº 152/2023, que aprimora as regras da averbação de alteração de nome, gênero ou ambos de pessoas transgênero, a Corregedoria Nacional de Justiça do CNJ se pronunciou quando questionada sobre a possibilidade de o referido ato normativo abranger a hipótese de gênero não-binário, nestes termos:

> "Muito embora tenha o Supremo Tribunal Federal redigido a ementa da ADI n.4.275/DF valendo-se da expressão "transgêneros", ao invés da expressão "transexuais", não se observa da leitura atenta do inteiro teor do respectivo acórdão qualquer ampliação dos gêneros passíveis de alteração no Registro Civil das Pessoas Naturais (RCPN) para além daqueles que também podem caracterizar o sexo de determinada pessoa (masculino e feminino).
>
> O eminente Ministro Luiz Fux, inclusive, consignou em seu voto convergente que "A identidade de gênero, repita-se, corresponde ao gênero com o qual a pessoa se identifica psicossocialmente. Não há terceiro gênero, nem é este o pleito." Logo, evidente que, quando da apreciação da referida Ação Direta de Inconstitucionalidade, valeu-se a Suprema Corte do chamado "sistema binário do gênero/ sexo", que, nos termos do Parecer Consultivo n. 24 da Corte Interamericana de Direitos Humanos, consiste no "modelo social e cultural dominante na cultura ocidental que 'considera que gênero e sexo englobam duas, e apenas duas, categorias rígidas, a saber, masculino/homem e feminino/mulher". Deste modo, em sendo o Provimento CNJ n. 73/2018 mero ato normativo voltado a esclarecer e orientar a execução dos serviços extrajudiciais em razão da decisão proferida pelo Supremo Tribunal Federal na ADI n. 4.275/DF e que esta, por sua vez, nada prescreveu sobre eventual possibilidade de alteração do sexo de determinada pessoa diretamente no Registro Civil de Pessoas Naturais para qualquer gênero diferente de "masculino" ou "feminino", não se mostra possível que, por este meio – ato administrativo –, venha esta Corregedoria Nacional permitir a inclusão do termo "nãobinárie" – ou algo que o valha – no campo destinado ao registro do "sexo" de alguém.
>
> Nesse contexto, relevante consignar o entendimento já exarado por esta Corregedoria Nacional de Justiça, no Parecer constante do Processo SEI n. 02037/2023,sobre a possibilidade, ou não, de "ampliação das alternativas de gênero para efeito registral, além do binarismo masculino e feminino" (doc. 1591099), do qual transcrevo: Conforme registrado pelo Ministro Marco Aurélio no seu voto da ADI n. 4.275 já acima reproduzido, "O critério morfológico, embora carente de mitigação, ainda é parâmetro relevante para a identificação de cidadãos".
>
> As consequências aqui, de não se identificar o sexo ou a identidade de gênero binária no registro civil, são de ordem bastante ampla, atingindo direitos e obrigações de todas as ordens, como de saúde, educação, trabalhista, previdenciária, e essa questão, acredito, ainda

não se encontra madura o suficiente para que seja regulada administrativamente por esta Corregedoria Nacional, merecendo um ambiente de amplo debate no Poder Legislativo, quem detém competência para definir legal e universalmente a temática, e, eventualmente, pelas Cortes de Justiça, sob o enfoque de garantir o melhor direito ao cidadão.

Assim, muito embora sejam legítimas as preocupações da requerente e encontrem fundamentos relevantes no voto do Juiz de Direito Eduardo Rezende Melo, membro do Foninj, não há como acolher as propostas por ele realizadas no que diz respeito à atuação desta Corregedoria Nacional de Justiça".

1.3 CONCLUSÃO

Analisadas as hipóteses **exemplificativas** de alteração de nome, uma vez feita a averbação no registro da pessoa que teve seu nome alterado por qualquer razão, poderá o interessado solicitar, na forma do art. 97 da Lei 6.015/1973, a alteração em seus outros registros.

2. JURISPRUDÊNCIA COMPLEMENTAR

CONSELHO NACIONAL DE JUSTIÇA

EMENTA: CONSULTA. EXIBIÇÃO DO NOME SOCIAL NOS SISTEMAS PROCESSUAIS DOS TRIBUNAIS. CUMPRIMENTO DA RESOLUÇÃO CNJ N. 270/2018. DIREITO DE UTILIZAÇÃO DO NOME SOCIAL PELAS PESSOAS TRANS, TRAVESTIS E TRANSEXUAIS (TRANSGÊNEROS). DESTAQUE DO NOME SOCIAL. DIGNIDADE HUMANA (ART. 1º, III, DA CRFB). DIREITO FUNDAMENTAL À INTIMIDADE, À VIDA PRIVADA, À HONRA E À IMAGEM. PROVIMENTO CNJ Nº 149/2023. DECRETO 8.727/2016. ADI 4.275/DF.

1. "O direito à igualdade sem discriminações abrange a identidade ou expressão de gênero", de modo que "a identidade de gênero é manifestação da própria personalidade da pessoa humana e, como tal, cabe ao Estado apenas o papel de reconhecê-la, nunca de constituí-la". (ADI 4275, Relator(a): MARCO AURÉLIO, Relator(a) p/ Acórdão: EDSON FACHIN, Tribunal Pleno, julgado em 01-03-2018, PROCESSO ELETRÔNICO DJe-045 DIVULG 06-03-2019 PUBLIC 07-03-2019).

2. A pessoa transgênero que externalize a sua identidade de gênero dissonante daquela que lhe foi designada ao nascer por autoidentificação firmada em declaração ou requerimento escrito que certifique essa sua vontade dispõe alternativamente do direito fundamental subjetivo (i) à alteração do prenome e da classificação de gênero no registro civil pela via administrativa ou judicial ou (ii) à adoção de nome social, por se tratar de tema relativo ao direito fundamental ao livre desenvolvimento da personalidade.

3. A Resolução nº 270/2018 dispõe sobre o uso do nome social pelas pessoas trans, travestis e transexuais usuárias dos serviços judiciários, membros, servidores, estagiários e trabalhadores terceirizados dos tribunais brasileiros, assegurando o destaque e predominância do nome social sobre o nome civil, como forma de desenvolver "o pleno respeito às pessoas, independentemente da identidade de gênero, respeitando a igualdade, a liberdade e a autonomia individual, que deve constituir a base do Estado Democrático de Direitos e nortear a realização de políticas públicas destinadas à promoção da cidadania e respeito às diferenças humanas, incluídas as diferenças sexuais".

4. O direito fundamental à dignidade (art. 1º, III, da CRFB), à intimidade, à vida privada, à honra e à imagem (art. 5º, X, da CRFB) permite que, no cabeçalho dos processos judiciais figurem em destaque apenas o nome social, evitando a exposição da identidade de gênero, sem prejuízo dos registros internos que façam a vinculação com o nome civil e o Cadastro de Pessoas Física – CPF (Resolução CNJ nº 270/2018, art. 2º, § 1º).

5. Nos processos antigos, o campo do nome social deve ser implementado e preenchido em primeira posição, seguido da menção do nome registral precedido de "registrado civilmente como" (Resolução CNJ nº 270/2018, art. 3º). No caso de alteração do nome de pessoa transgênero no registro civil, deve-se alterar o próprio nome civil no cadastro e atentar-se para o seu caráter sigiloso, razão pela qual a informação a esse respeito não pode constar das certidões dos assentos, salvo por solicitação da pessoa requerente ou por determinação judicial, únicas hipóteses em que a certidão deverá dispor sobre todo o conteúdo registral (Provimento CNJ nº 149/2023, art. 519).

6. Deve haver a vinculação entre nome civil, nome social e CPF, para que, em todos os processos em que figure como parte, advogado, defensor público, membro do Ministério Público, mediador, conciliador, árbitro, auxiliar da justiça, servidor ou juiz, a pessoa interessada possa ser identificada também pelo nome social. Essa atenção não torna menos importante a atualização dos processos com o nome social das pessoas interessadas.

7. Nas pesquisas que tenham como critério ou parâmetro o nome social devem aparecer nos retornos os processos vinculados aos nomes social e civil da pessoa interessada. É importante destacar, porém, que, em todos os processos relacionados, a pessoa deve ser destacada pelo nome social com que se identifica. Caso necessário, para evitar confusões, o nome social deve aparecer depois da indicação "nome social", conforme dispõe o artigo 3º da Resolução CNJ nº 270/2018.

8. Caso o nome social já seja utilizado nos registros da Receita Federal, esse nome deve ser utilizado pelo tribunal nos processos sob a sua jurisdição, mantendo em seus bancos de dados a vinculação com o nome civil e o CPF, sem prejuízo de que a pessoa interessada seja intimada/notificada para se manifestar previamente. É sempre importante lembrar que alteração de registro civil não se confunde com adoção de nome social. Contudo, em qualquer hipótese, para evitar constrangimentos e violação de direitos fundamentais, é imprescindível se garantir que o banco de dados do tribunal ou do seu sistema de processo eletrônico esteja sempre atualizado.

9. Consulta conhecida e respondida com caráter normativo geral, nos termos do art. 89, § 2º, do RICNJ.(CNJ – Consulta nº 0002449-52.2023.2.00.0000 – Rel. Cons. Marcello Terto – DJ 05.03.2024)

EMENTA: PEDIDO DE PROVIDÊNCIAS. AVERBAÇÃO DA ALTERAÇÃO DO PRENOME E DO GÊNERO NOS ASSENTOS DE NASCIMENTO E CASAMENTO DE PESSOA TRANSGÊNERO NO REGISTRO CIVIL DAS PESSOAS NATURAIS (RCPN). ATENDIMENTO À LEGISLAÇÃO INTERNACIONAL DE DIREITOS HUMANOS E AO PACTO DE SAN JOSÉ DA COSTA RICA. DIREITO AO NOME. RECONHECIMENTO DA PERSONALIDADE JURÍDICA, DA LIBERDADE PESSOAL, DA HONRA E DA DIGNIDADE. OPINIÃO CONSULTIVA N. 24/17 DA CORTE INTERAMERICANA DOS DIREITOS HUMANOS. DIREITO CONSTITUCIONAL À DIGNIDADE, À INTIMIDADE, À VIDA PRIVADA, À HONRA, À IMAGEM, À IGUALDADE E À IDENTIDADE OU EXPRESSÃO DE GÊNERO SEM DISCRIMINAÇÕES. ADI 4.275/DF. INTERPRETAÇÃO CONFORME O ART. 58 DA LEI N. 6.015/73. RECONHECIMENTO DO DIREITO DA SUBSTITUIÇÃO DO PRENOME E DO GÊNERO DIRETAMENTE NO OFÍCIO DO RCPN. DESNECESSIDADE DE PRÉVIA CIRURGIA DE REDESIGNAÇÃO OU DA REALIZAÇÃO DE TRATAMENTOS HORMONAIS OU PATOLOGIZANTES.

1. O Corregedor Nacional de Justiça possui a prerrogativa de editar atos normativos com vistas ao aperfeiçoamento dos serviços auxiliares do Poder Judiciário (Art. 3º, inciso XI, do Regulamento Geral da Corregedoria Nacional de Justiça).

2. A legislação internacional dos direitos humanos, em especial o Pacto de San José da Costa Rica, impõe o respeito ao direito ao nome (art. 18), ao reconhecimento da personalidade jurídica (art. 3º), à liberdade pessoal (art. 7º.1) e à honra e à dignidade (art. 11.2).

3. É necessária a observância pela República Federativa do Brasil, na condição de Estado Signatário, da Convenção Interamericana dos Direitos Humanos, sob pena de responsabilidade internacional, assim como do direito constitucional à dignidade (art. 1º, III, da CF/88), à intimidade, à vida privada, á honra, à imagem (art. 5º,X, da CF/88), à igualdade (art. 5º, *caput*, da CF/88), à identidade ou expressão de gênero sem discriminações.

4. A Organização Mundial da Saúde decidiu excluir a transexualidade do capítulo de doenças mentais da Classificação Estatística Internacional de Doenças e Problemas Relacionados à Saúde (CID),

possibilitando ao Brasil adotar, desde já, o planejamento, políticas e providências, inclusive normativas, adequados à nova classificação.

5. O Supremo Tribunal Federal conferiu ao art. 58 da Lei n. 6.015 de 31 de dezembro de 1973 interpretação em conformidade com a Constituição Federal, reconhecendo o direito da pessoa transgênero que desejar, independentemente de cirurgia de redesignação ou da realização de tratamentos hormonais ou patologizantes, à substituição de prenome e gênero diretamente no ofício do RCPN (ADI n. 4.275/DF).

Provimento referendado pelo Plenário do Conselho Nacional de Justiça (CNJ – Pedido de Providências nº 0005184-05.2016.2.00.0000 – Rel. Cons. Luiz Fernando Tomasi Keppen – DJ 07.05.2020).

SUPREMO TRIBUNAL FEDERAL

EMENTA: Ação direta de inconstitucionalidade. direito constitucional e registral. Pessoa transgênero. alteração do prenome e do sexo no registro civil. Possibilidade. direito ao nome, ao reconhecimento da personalidade jurídica, à liberdade pessoal, à honra e à dignidade. Inexigibilidade de cirurgia de transgenitalização ou da realização de tratamentos hormonais ou patologizantes.

1. O direito à igualdade sem discriminações abrange a identidade ou expressão de gênero.

2. A identidade de gênero é manifestação da própria personalidade da pessoa humana e, como tal, cabe ao Estado apenas o papel de reconhecê-la, nunca de constituí-la.

3. A pessoa transgênero que comprove sua identidade de gênero dissonante daquela que lhe foi designada ao nascer por autoidentificação firmada em declaração escrita desta sua vontade dispõe do direito fundamental subjetivo à alteração do prenome e da classificação de gênero no registro civil pela via administrativa ou judicial, independentemente de procedimento cirúrgico e laudos de terceiros, por se tratar de tema relativo ao direito fundamental ao livre desenvolvimento da personalidade.

4. Ação direta julgada procedente.

(STF - ADI: 4275 DF - DISTRITO FEDERAL 0005730-88.2009.1.00.0000, Relator: Min. MARCO AURÉLIO, Data de Julgamento: 01/03/2018, Tribunal Pleno, Data de Publicação: DJe-045 07-03-2019)

RELATÓRIO

O SENHOR MINISTRO MARCO AURÉLIO – Adoto, como relatório, as informações prestadas pelo assessor Dr. Lucas Faber de Almelda Rosa:

O Procurador-Geral da República ajuizou ação direta de inconstitucionalidade, buscando seja conferida, ao artigo 58 da

Lei nº 6.015/1973, interpretação conforme ao Texto Maior. Eis o teor do dispositivo questionado:

Art. 58. O prenome será definitivo, admitindo-se, todavia, a sua substituição por apelidos públicos notórios.

Segundo narra, a interpretação do preceito em jogo em consonância com os artigos 1º, inciso III, 3º, inciso IV, e 5º, cabeça e inciso X, da Carta Federal direciona à possibilidade de mudança de sexo e prenome, por transexuais, no registro civil.

Aponta existirem duas abordagens não excludentes da transexualidade: a biomédica, que a define como distúrbio de identidade de gênero, e a social, embasada no direito à autodeterminação da pessoa. Consoante alega, impor a cidadão a manutenção de prenome em descompasso com a própria identidade atenta contra a dignidade e compromete a interlocução com terceiros, em espaços públicos e privados. Alude ao direito comparado, sustentando ter o Tribunal Europeu de Direitos do Homem entendido que a recusa em autorizar a retificação de certidão de nascimento de transexual ofende a garantia à vida privada prevista na Convenção Europeia de Direitos Humanos. Diz ser incongruente permitir a alteração de prenome sem a correspondente modificação de sexo no registro civil. Assevera que o direito fundamental à identidade de gênero justifica a troca de prenome, independentemente da realização da cirurgia. Pondera que a configuração da transexualidade não depende do procedimento cirúrgico. Reporta-se à experiência alemã, na qual reconhecida, pelo legislador, duas situações de mudança de prenome por transexual: com e sem cirurgia. Informa haver o Tribunal Constitucional Federal alemão condicionado a alteração no registro civil sem a cirurgia à faixa etária – ao menos 18 anos –, à convicção, há 3 anos, de pertencer ao gênero oposto ao biológico e à aferição da observância dos requisitos por grupo de especialistas.

Argui mostrar-se consentânea com a Carta da Republica interpretação segundo a qual a expressão "apelidos públicos notórios", inserida no artigo 58 da Lei nº 6.015/1973, abrange o prenome social dos transexuais, ensejando também a modificação relativa ao registro de gênero.

Sob o ângulo do risco, salienta que a não declaração do direito em jogo expõe os transexuais a danos gravíssimos.

Requer, liminarmente, seja conferida ao artigo 58 da Lei nº 6.015/1973 interpretação conforme à Constituição Federal, reconhecendo-se aos transexuais, independentemente da realização de cirurgia de transgenitalização, o direito à mudança de prenome e sexo no registro civil. Pede, caso o indivíduo não opte pela cirurgia, a fixação dos seguintes requisitos para a alteração do assentamento: (i) idade superior a 18 anos; (ii) convicção, há pelo menos 3 anos, de pertencer ao gênero oposto ao biológico; e (iii) baixa probabilidade, de acordo com pronunciamento de grupo de especialistas, de modificação da identidade de gênero. Pugna, alfim, pela confirmação da tutela de urgência.

Postula, sucessivamente, caso o Tribunal não entenda suficiente para a solução da questão em jogo a interpretação do artigo 58 da Lei nº 6.015/1973, seja a ação direta admitida como arguição de descumprimento de preceito fundamental, voltada contra decisões judiciais que implicaram o indeferimento do pedido de mudança do registro civil de transexual, anexadas à petição inicial.

Em 23 de julho de 2009, o Presidente do Supremo acionou o disposto no artigo 12 da Lei nº 9.868/1999, solicitando as informações, a manifestação do Advogado-Geral da União e o parecer do Procurador-Geral da República.

O Presidente da República tece considerações sobre a transexualidade. Aponta ter o Poder Executivo tutelado o direito do transexual mediante a instituição, no Sistema Único de Saúde, de processo transexualizador. Defende a possibilidade da retificação do registro civil postulada na peça primeira, desde que não implique a eliminação da averbação originária com o gênero e prenome anteriores.

A Câmara dos Deputados assevera não ter informações a prestar, presente o disposto no artigo 103, § 3º, da Carta da República.

O Senado Federal alude à proporcionalidade e adequação social das normas relativas ao nome e ao registro civil no Brasil. Aduz que o Poder Público promove os direitos fundamentais dos transexuais de forma eficiente, assegurando a realização de cirurgia de transgenitalização. Frisa ser inviável a modificação do assentamento sem a submissão ao procedimento, considerada a imprescindibilidade de o registro corresponder à realidade física. Afirma a impropriedade de o Poder Judiciário atuar como legislador positivo.

A Advocacia-Geral da União diz da inadmissibilidade da ação direta. Consoante alega, o artigo 58 da Lei nº 6.015/1973 não rege a situação relativa à mudança de registro do transexual, não comportando a interpretação conforme buscada pelo requerente. No mérito, sustenta a parcial procedência do pedido. Argumenta que a condição de transexual, a revelar a necessidade de alteração do quanto averbado em relação ao nome e ao gênero, independe da realização de cirurgia de transgenitalização. Ressalva a necessidade de manter registrado o estado anterior, afirmando que o desaparecimento do sujeito pregresso inviabilizaria a cobrança de débitos civis e tributários, bem assim a persecução penal.

O Procurador-Geral da República opina pela procedência do pleito, reiterando as razões expostas na peça primeira.

Em 8 de junho de 2011, Vossa Excelência deferiu o ingresso, como terceiro interessado, do Instituto Brasileiro de Direito de Família – IBDFAM.

Em 20 de setembro de 2013, não acolheu os pedidos de intervenção formulados por Nuances – Grupo pela Livre Expressão Sexual e por Igualdade – Associação de Travestis e Transexuais do Rio Grande do Sul.

Admitiu, em 3 de outubro de 2014, no processo, como terceiros, o Grupo de Advogados pela Diversidade Sexual – GADVS e a Associação Brasileira de Lésbicas, Gays, Bissexuais, Travestis e Transexuais – ABGLT.

Em 26 de novembro de 2015, deferiu pleito de ingresso, como interessado, do Grupo Dignidade – Pela Cidadania de Gays, Lésbicas e Trans.

Admitiu, em 23 de agosto de 2016, como terceiros, o Centro Latino-Americano em Sexualidade e Direitos Humanos

– CLAM, o Laboratório Integrado em Diversidade Sexual e de Gênero, Políticas e Direitos – LIDIS e o Conselho Federal da Ordem dos Advogados do Brasil.

O processo está concluso no Gabinete.

É o relatório.

AÇÃO DIRETA DE INCONSTITUCIONALIDADE 4.275 DISTRITO FEDERAL VOTO

O SENHOR MINISTRO MARCO AURÉLIO (RELATOR) – A questão constitucional em jogo envolve definir a interpretação do artigo 58 da Lei nº 6.015/1973 consentânea com a Carta Federal, relativamente à possibilidade de transexual alterar o registro civil de nome e gênero. Eis o teor do preceito:

Art. 58. O prenome será definitivo, admitindo-se, todavia, a sua substituição por apelidos públicos notórios.

Rejeito a preliminar, suscitada pela Advocacia-Geral da União, de inadmissibilidade da ação direta. O artigo 58 da Lei nº 6.015/1973 permite a técnica de interpretação conforme à Carta Federal. Embora lacônico, o dispositivo encerra situação excepcional na qual autorizada a substituição do prenome por apelido público notório. O exame do alcance desta última expressão revela a polissemia da norma, sobretudo a partir das balizas do Texto Maior. A ressaltar essa óptica, o preceito tem sido utilizado por magistrados para afastar o direito à mudança do prenome e gênero averbados relativamente a transexual, consoante revelam as decisões judiciais anexadas à petição inicial (folha 31).

A controvérsia submetida ao Supremo consiste em definir se, ante a norma, é possível a modificação de prenome e gênero de transexual no registro civil, independentemente da realização de cirurgia de transgenitalização, estabelecendo-se a interpretação do artigo 58 da Lei nº 6.015/1973 em harmonia com o Diploma Maior.

A adequada solução da questão pressupõe a fixação de premissas corretas no tocante à terminologia própria, sob pena de confundir expressões e vocábulos. A transexualidade, versada nesta ação, não é o mesmo que a homossexualidade – na qual delimitada a orientação sexual[10] –, tampouco alcança travestis – uma vez ausente a repulsa pela genitália do sexo biológico. Segundo as palavras de Maria Berenice Dias[11]:

A transexualidade é uma divergência entre o estado psicológico de gênero e as características físicas e morfológicas perfeitas que associam o indivíduo ao gênero oposto. Caracteriza-se por um forte conflito entre o corpo e a identidade de gênero e compreende um arraigado desejo de adequar – hormonal e cirurgicamente – o corpo ao gênero almejado. Existe uma ruptura entre o corpo e a mente, o transexual sente-se como se tivesse nascido no corpo errado, como se esse corpo fosse um castigo ou mesmo uma patologia congênita. O transexual se considera pertencente ao sexo oposto, entalhado com o aparelho sexual errado, o qual quer ardentemente erradicar. Enquanto o homossexual aceita seu sexo biológico, o transexual rejeita seu próprio sexo anatômico. O transexual masculino tem ego corporal e psíquico femininos. Com o transexual feminino, ocorre o contrário.

[...]

Já travestis são pessoas que, independente da orientação sexual, aceitam o seu sexo biológico, mas se vestem, assumem e se identificam como do gênero oposto. Não sentem repulsa por sua genitália, como ocorre com os transexuais. Por isso não perseguem a redesignação cirúrgica dos órgãos sexuais, até porque encontram gratificação sexual com o seu sexo.

O tema é sensível e envolve valores constitucionais de importância maior. Cabe indagar: mostra-se legítimo recusar a transexuais o direito à alteração do prenome e gênero no registro civil? A resposta é desenganadamente negativa.

É tempo de a coletividade atentar para a insuficiência de critérios morfológicos para afirmação da identidade de gênero, considerada a dignidade da pessoa humana. Descabe potencializar o inaceitável estranhamento relativo a situações divergentes do padrão imposto pela sociedade para marginalizar cidadãos, negando-lhes o exercício de direitos fundamentais.

A tutela estatal deve levar em conta a complexidade ínsita à psique humana, presente a pluralidade dos aspectos genésicos conformadores da consciência. É inaceitável, no Estado Democrático de Direito, inviabilizar a alguém a escolha do caminho a ser percorrido, obstando-lhe o protagonismo, pleno e feliz, da própria jornada.

A dignidade da pessoa humana, princípio desprezado em tempos tão estranhos, deve prevalecer para assentar-se o direito do ser humano de buscar a integridade e apresentar-se à sociedade como de fato se enxerga. Solução diversa apenas reforça o estigma que conduz muitos cidadãos transgêneros à depressão, à prostituição e ao suicídio. É o que revela estudo conduzido pelas professoras Liliana Lopes Pedral Sampaio e Maria Thereza Ávila Dantas Coelho[12]:

[...]

As formas de lidar com as mais diversas situações são explicadas por Flávio como "um meio de ir levando essa coisa, mas que dói, dói. Eu não quero o meu nome como ele é; eu quero um nome masculino, que me represente no masculino" (Flávio). Essa situação se amplia com a dificuldade de ingresso e permanência no mercado de trabalho, mesmo para os que concluíram a formação universitária, como é o caso de mais uma dessas pessoas. Muitas vezes, a assunção da transexualidade implica o abandono do trabalho. Os homens contam que, como forma de sobrevivência, partem para o trabalho autônomo, quando conseguem, ou então se submetem a trabalhar para casas de prostituição, não se prostituindo, mas fazendo a propaganda do lugar. Trabalhar em borracharia é mais uma opção apresentada por Flávio, mas, segundo ele, extremamente difícil, por conta do machismo. Quando não conseguem nenhum trabalho, a alternativa que muitas vezes resta é o tráfico de drogas, o que, segundo Flávio, não é raro acontecer.

[...]

Surge relevante a autonomia da vontade, na vivência desimpedida do autodescobrimento, condição de plenitude do ser humano. É dever do Poder Público, no Estado Democrático de Direito, promover a convivência pacífica com o outro, na seara do pluralismo, sem admitir o crivo da maioria sobre escolhas exclusivamente morais, sobretudo quando decorrem de inafastáveis circunstâncias próprias à constituição somática da pessoa. Cabe a cada qual trilhar a respectiva jornada, arcando com a responsabilidade imposta pela própria consciência, na busca pelos objetivos que se propôs a cumprir.

Consectário lógico desse raciocínio é a autorização da mudança no registro civil, independentemente da cirurgia de transgenitalização. Observem a organicidade do Direito. A alteração no assentamento decorre da dignidade da pessoa humana, presente incompatibilidade da morfologia sexual com a identidade de gênero. Legitima-se a modificação para permitir que a pessoa possa viver plenamente em sociedade, tal como se percebe.

Como se vê, os fundamentos para autorização da mudança do registro civil pressupõem não a submissão a procedimento cirúrgico, o qual altera apenas o aspecto anatômico, mas, sim, a condição de transexual. A disforia e o sofrimento dela decorrentes justificam a troca do prenome, com ou sem cirurgia. A ressaltar essa óptica, Maria Berenice Dias anota que, "atualmente, muitos transexuais não desejam realizar a cirurgia, ainda que não sintam prazer sexual não sentem repulsa por seus órgãos genitais"[13]. Impossível, juridicamente, é impor a mutilação àqueles que, tão somente, buscam a plena fruição de

10. Maria Berenice Dias afirma que "A orientação sexual indica o impulso sexual de cada indivíduo, aponta para a forma como ele vai canalizar sua sexualidade. A orientação sexual tem como referência o gênero pelo qual a pessoa sente atração, desejo afetivo e sexual" DIAS, Maria Berenice. Homoafetividade e os direitos LGBTI. 6ª edição. São Paulo: Editora Revista dos Tribunais, 2014. P. 42.
11. DIAS, Maria Berenice. Homoafetividade e os direitos LGBTI. 6ª edição. São Paulo: Editora Revista dos Tribunais, 2014. P. 43 e 269.
12. SAMPAIO, Liliana Lopes Pedral e COELHO, Maria Thereza Ávila Dantas. Quando o estranhamento se traduz em preconceito: trajetórias de vida de pessoas transexuais. In: Minorias Sexuais – direitos e preconceitos. Brasília: Editora Consulex, 2012. P. 343-344.
13. DIAS, Maria Berenice. Homoafetividade e os direitos LGBTI. 6ª edição. São Paulo: Editora Revista dos Tribunais, 2014. P. 268.

direitos fundamentais, a integral proteção assegurada pela dignidade da pessoa humana.

Contudo, a modificação do registro civil constitui situação excepcional no ordenamento jurídico. O critério morfológico, embora carente de mitigação, ainda é parâmetro relevante para a identificação de cidadãos. Nos casos em que não realizada a cirurgia de transgenitalização, a alteração do assentamento deve ser precedida da verificação de critérios técnicos aptos a comprovar a transexualidade. Mostra-se adequado observar o que preconizado na Resolução nº 1.955, de 3 de setembro de 2010, do Conselho Federal de Medicina. A norma dispõe sobre a cirurgia de transgenitalização, estabelecendo os requisitos a serem atendidos pelo paciente a fim de redefinir, com segurança, os caracteres sexuais. Eis o teor dos dispositivos pertinentes:

RESOLVE:

[...]

Art. 3º Que a definição de transexualismo obedecerá, no mínimo, aos critérios abaixo enumerados:

1) Desconforto com o sexo anatômico natural;

2) Desejo expresso de eliminar os genitais, perder as características primárias e secundárias do próprio sexo e ganhar as do sexo oposto;

3) Permanência desses distúrbios de forma contínua e consistente por, no mínimo, dois anos;

4) Ausência de transtornos mentais.

Art. 4º Que a seleção dos pacientes para cirurgia de transgenitalismo obedecerá a avaliação de equipe multidisciplinar constituída por médico psiquiatra, cirurgião, endocrinologista, psicólogo e assistente social, obedecendo os critérios a seguir definidos, após, no mínimo, dois anos de acompanhamento conjunto:

1) Diagnóstico médico de transgenitalismo;

2) Maior de 21 (vinte e um) anos;

3) Ausência de características físicas inapropriadas para a cirurgia.

Essas condições devem ser transpostas, no que couber, aos casos de modificação do registro civil sem a realização de cirurgia. Decisão com essa relevância pressupõe estar a pessoa em faixa etária condizente com o grau de amadurecimento necessário, bem assim diagnóstico de equipe médica especializada, em lapso temporal a revelar a definitividade da mudança.

A alteração do assentamento de pessoa não submetida à transgenitalização deve ser condicionada ao preenchimento dos seguintes requisitos: (i) idade mínima de 21 anos – cumpre esclarecer, neste ponto, não estar em jogo a maioridade civil, alcançada, nos termos do Código Civil de 2002, aos 18 anos, mas, sim, a maturidade adequada para a tomada de decisão; e (ii) diagnóstico médico de transexualismo, consoante os critérios do artigo 3º da Resolução nº 1.955/2010, do Conselho Federal de Medicina, por equipe multidisciplinar constituída por médico psiquiatra, cirurgião, endocrinologista, psicólogo e assistente social, após, no mínimo, dois anos de acompanhamento conjunto.

Vale notar que esses pressupostos devem ser aferidos em procedimento de jurisdição voluntária, com a participação do Ministério Público, observados os artigos 98 e 99 da Lei nº 6.015/1973.

No campo da forma e da publicidade da mudança do registro civil, cabe acolher o pedido da Advocacia-Geral da União. A adequação do nome à identidade psicossocial de gênero não elimina o caminho trilhado até aquele momento pelo transexual. Trata-se da mesma pessoa, sendo responsável por atos praticados na situação anterior. Inexiste direito absoluto, de modo que a modificação de prenome e sexo no registro civil, embora relativa à esfera íntima, não pode ser justificativa para descontinuidade das informações registradas. É necessário resguardar o interesse público de sanar divergências ou dúvidas relativas ao estado da pessoa, consubstanciado no princípio da veracidade do registro. Isso não significa expor a constrangimentos ou preconceito. Qualquer discriminação por parte de terceiros, decorrente da condição de transgênero, será resolvida no campo da responsabilidade civil.

O acesso de terceiros de boa-fé ao teor da averbação atinente à alteração do nome e do sexo deve ser, contudo, condicionado a autorização judicial, conferida em procedimento de jurisdição voluntária no qual demonstrado justo motivo para o levantamento do sigilo sobre o conteúdo da informação.

Julgo parcialmente procedente o pedido para assentar, como interpretação do artigo 58 da Lei nº 6.015/1973 compatível com a Constituição Federal, a possibilidade de mudança de prenome e gênero no registro civil, mediante averbação no registro original, condicionando- se a modificação, no caso de cidadão não submetido à cirurgia de transgenitalização, aos seguintes requisitos: (i) idade mínima de 21 anos; e (ii) diagnóstico médico de transexualismo, presentes os critérios do artigo 3º da Resolução nº 1.955/2010, do Conselho Federal de Medicina, por equipe multidisciplinar constituída por médico psiquiatra, cirurgião, endocrinologista, psicólogo e assistente social, após, no mínimo, dois anos de acompanhamento conjunto. Tenho como inconstitucional interpretação do artigo que encerre a necessidade de cirurgia para ter-se a alteração do registro quer em relação ao nome, quer no tocante ao sexo. É como voto.

SUPERIOR TRIBUNAL DE JUSTIÇA

Jurisprudência em Teses – Dos Direitos da Personalidade – II.

TESE 5) A regra no ordenamento jurídico é a imutabilidade do prenome, um direito da personalidade que designa o indivíduo e o identifica perante a sociedade, cuja modificação revela-se possível, no entanto, nas hipóteses previstas em lei, bem como em determinados casos admitidos pela jurisprudência.

Julgados: REsp 1728039/SC, Rel. Ministro MARCO AURÉLIO BELLIZZE, TERCEIRA TURMA, julgado em 12/06/2018, DJe 19/06/2018; REsp 1626739/RS, Rel. Ministro LUIS FELIPE SALOMÃO, QUARTA TURMA, julgado em 09/05/2017, DJe 01/08/2017; REsp 1217166/MA, Rel. Ministro MARCO BUZZI, QUARTA TURMA, julgado em 14/02/2017, DJe 24/03/2017; AgRg no AgRg no AREsp 594598/SP, Rel. Ministro PAULO DE TARSO SANSEVERINO, TERCEIRA TURMA, julgado em 15/09/2015, DJe 24/09/2015; AgRg no AREsp 253087/MT, Rel. Ministro RAUL ARAÚJO, QUARTA TURMA, julgado em 16/12/2014, DJe 19/12/2014; REsp 1412260/SP, Rel. Ministra NANCY ANDRIGHI, TERCEIRA TURMA, julgado em 15/05/2014, DJe 22/05/2014. (Vide Informativo de Jurisprudência N. 482)

TESE 6) O transgênero tem direito fundamental subjetivo à alteração de seu prenome e de sua classificação de gênero no registro civil, exigindo-se, para tanto, nada além da manifestação de vontade do indivíduo, em respeito aos princípios da identidade e da dignidade da pessoa humana, inerentes à personalidade.

Julgados: REsp 1561933/RJ, Rel. Ministro PAULO DE TARSO SANSEVERINO, TERCEIRA TURMA, julgado em 20/03/2018, DJe 23/04/2018; REsp 1626739/RS, Rel. Ministro LUIS FELIPE SALOMÃO, QUARTA TURMA, julgado em 09/05/2017, DJe 01/08/2017; REsp 737993/MG, Rel. Ministro JOÃO OTÁVIO DE NORONHA, QUARTA TURMA, julgado em 10/11/2009, DJe 18/12/2009; REsp 1008398/SP, Rel. Ministra NANCY ANDRIGHI,TERCEIRA TURMA, julgado em 15/10/2009, DJe 18/11/2009; REsp 1548879/SP (decisão monocrática), Rel. Ministro RICARDO VILLAS BÔAS CUEVA, TERCEIRA TURMA, julgado em 15/06/2018, publicado em 29/06/2018; REsp 1631644/MT (decisão monocrática), Rel. Ministro MARCO AURÉLIO BELLIZZE, TERCEIRA TURMA, julgado em 08/05/2018, publicado em 28/05/2018. (Vide Informativo de Jurisprudência N. 608)

TESE 7) É possível a modificação do nome civil em decorrência do direito à dupla cidadania, de forma a unificar os registros à luz dos princípios da verdade real e da simetria.

Julgados: REsp 1310088/MG, Rel. Ministro JOÃO OTÁVIO DE NORONHA, Rel. p/ Acórdão Ministro PAULO DE TARSO SANSEVERINO, TERCEIRA TURMA, julgado em 17/05/2016, DJe 19/08/2016; REsp 1412260/SP, Rel. Ministra NANCY ANDRIGHI, TERCEIRA TURMA, julgado em 15/05/2014, DJe 22/05/2014. (Vide Informativo de Jurisprudência N. 588)

TESE 8) A continuidade do uso do sobrenome do ex-cônjuge, à exceção dos impedimentos elencados pela legislação civil, afirma-se como direito inerente à personalidade, integrando-se à identidade civil da pessoa e identificando-a em seu entorno social e familiar.

Julgados: REsp 1732807/RJ, Rel. Ministra NANCY ANDRIGHI, TERCEIRA TURMA, julgado em 14/08/2018, DJe 17/08/2018; REsp 1482843/RJ, Rel. Ministro MOURA RIBEIRO, TERCEIRA TURMA, julgado em 02/06/2015, DJe 12/06/2015; REsp 358598/PR, Rel. Ministro BARROS

MONTEIRO, QUARTA TURMA, julgado em 17/09/2002, DJ 02/12/2002 p. 315; AREsp 987408/SP (decisão monocrática), Rel. Ministro MARCO AURÉLIO BELLIZZE, TERCEIRA TURMA, julgado em 20/03/2018, publicado em 03/04/2018; AREsp 391474/RJ (decisão monocrática), Rel. Ministra MARIA ISABEL GALLOTTI, QUARTA TURMA, julgado em 24/04/2017, publicado em 04/05/2017. (Vide Informativo de Jurisprudência N. 147)

TESE 9) O direito ao nome, enquanto atributo dos direitos da personalidade, torna possível o restabelecimento do nome de solteiro após a dissolução do vínculo conjugal em decorrência da morte. Julgados: REsp 1724718/MG, Rel. Ministra NANCY ANDRIGHI, TERCEIRA TURMA, julgado em 22/05/2018, DJe 29/05/2018. (Vide Informativo de Jurisprudência N. 627)

JURISPRUDÊNCIA EM TESES – REGISTROS PÚBLICOS, CARTÓRIOS E NOTARIAIS

TESE 5 (Edição atualizada em 10.10.2023) É possível a retificação do registro do nome civil, seja para obter o direito à dupla nacionalidade, seja em decorrência do reconhecimento do direito, desde que não haja prejuízo a terceiros.

Redação anterior: É possível a retificação do registro do nome civil em decorrência do direito à dupla nacionalidade, desde que não haja prejuízo a terceiros

Acórdãos

REsp 1310088/MG, Rel. Ministro JOÃO OTÁVIO DE NORONHA, Rel. p/ Acórdão Ministro PAULO DE TARSO SANSEVERINO, TERCEIRA TURMA, julgado em 17/05/2016, DJe 19/08/2016

REsp 1412260/SP, Rel. Ministra NANCY ANDRIGHI, TERCEIRA TURMA, julgado em 15/05/2014, DJe 22/05/2014

REsp 1138103/PR, Rel. Ministro LUIS FELIPE SALOMÃO, QUARTA TURMA, julgado em 06/09/2011, DJe 29/09/2011

Decisões Monocráticas

HDE 7517/EX, Rel. Ministra MARIA THEREZA DE ASSIS MOURA, PRESIDÊNCIA, julgado em 31/05/2023, publicado em 02/06/2023

TESE 6) A alteração do nome no assentamento do registro civil é admitida em caráter excepcional e deve ser motivada nos casos em que se constatar equívoco capaz de provocar conflito, insegurança ou violação ao princípio da veracidade.

Precedentes: REsp 1217166/MA, Rel. Ministro MARCO BUZZI, QUARTA TURMA, julgado em 14/02/2017, DJe 24/03/2017; REsp 1417598/CE, Rel. Ministro PAULO DE TARSO SANSEVERINO, TERCEIRA TURMA, julgado em 17/12/2015, DJe 18/02/2016; REsp 1330404/ RS, Rel. Ministro MARCO AURÉLIO BELLIZZE, TERCEIRA TURMA, julgado em 05/02/2015, DJe 19/02/2015; REsp 1279952/MG, Rel. Ministro RICARDO VILLAS BÔAS CUEVA, TERCEIRA TURMA, julgado em 03/02/2015, DJe 12/02/2015; AgRg no AREsp 253087/MT, Rel. Ministro RAUL ARAÚJO, QUARTA TURMA, julgado em 16/12/2014, DJe 19/12/2014; REsp 1412260/SP, Rel. Ministra NANCY ANDRIGHI, TERCEIRA TURMA, julgado em 15/05/2014, DJe 22/05/2014. (VIDE INFORMATIVO DE JURISPRUDÊNCIA N. 555)

TESE 7) (Edição atualizada em 10.10.2023) A pessoa transgênero tem direito fundamental subjetivo à alteração de seu prenome e de sua classificação de gênero no registro civil independentemente da realização de cirurgia de transgenitalização.

Redação anterior: As pessoas que passarem por procedimento de redesignação sexual têm direito a alteração do prenome e do gênero no registro civil de nascimento.

Acórdãos

REsp 1860649/SP, Rel. Ministro RICARDO VILLAS BÔAS CUEVA, TERCEIRA TURMA, julgado em 12/05/2020, DJe 18/05/2020

REsp 1561933/RJ, Rel. Ministro PAULO DE TARSO SANSEVERINO, TERCEIRA TURMA, julgado em 20/03/2018, DJe 23/04/2018

REsp 1626739/RS, Rel. Ministro LUIS FELIPE SALOMÃO, QUARTA TURMA, julgado em 09/05/2017, DJe 01/08/2017

SUPERIOR TRIBUNAL DE JUSTIÇA

EMENTA: RECURSO ESPECIAL. ALTERAÇÃO DE REGISTRO CIVIL. ART. 56 DA LEI N. 6.015/1973. MODIFICAÇÃO DO PRENOME APÓS A MAIORIDADE CIVIL. JUSTO MOTIVO. PRESCINDIBILIDADE. CONSTITUIÇÃO DE PRENOME COMPOSTO. POSSIBILIDADE. RECURSO ESPECIAL CONHECIDO E PROVIDO.

1. O propósito recursal consiste em definir se é possível a inclusão do sobrenome do padrinho do postulante para constituição de prenome composto, com amparo na regra do art. 56 da Lei n. 6.015/1973.

2. O nome é um dos direitos expressamente previstos no Código Civil como um sinal exterior da personalidade (art. 16 do CC), sendo responsável por individualizar seu portador no âmbito das relações civis e, em razão disso, deve ser registrado civilmente como um modo de garantir a proteção estatal sobre ele.

3. O sobrenome não tem a função de estreitar vínculos afetivos com os membros da família ou pessoas próximas, pois sua função primordial é revelar a estirpe familiar no meio social e reduzir as possibilidades de homonímia. Precedentes.

4. Já a alteração do prenome, segundo a redação original do art. 56 da Lei de Registros Públicos, vigente ao tempo do ajuizamento da ação, seria possível quando o interessado, no primeiro ano após ter atingido a maioridade civil, manifestasse sua intenção, desde que não prejudicados os apelidos de família, independentemente da demonstração do justo motivo.

5. Verificados os pressupostos estabelecidos na norma de regência, o pedido de alteração do prenome, independentemente da motivação externada pelo requerente, deve ser acolhido, podendo modificá-lo integralmente, acrescer nomes intermediários, adotar prenome duplo ou até mesmo incluir apelido público notório.

6. Recurso especial conhecido e provido.(STJ – REsp nº 1.951.170 – Distrito Federal – 3ª Turma – Rel. Min. Marco Aurélio Bellizze – DJ 23.02.2024)

EMENTA: APELAÇÃO – RETIFICAÇÃO DE ASSENTO DE REGISTRO CIVIL – INCLUSÃO DO SOBRENOME "PARKS" AO PRENOME – HOMENAGEM AO PERSONAGEM DO HOMEM ARANHA – SENTENÇA DE IMPROCEDÊNCIA – INCONFORMISMO DO AUTOR – REJEIÇÃO – Inclusão de sobrenome estranho à família do autor – Hipótese que não se insere nos casos previstos no art. 57 da Lei nº 6.015/1973 – Violação à cadeia registral – Ainda que o autor alegue tratar-se de alteração do prenome para nome composto, o acréscimo de patronímico estranho ao tronco familiar não é permitida – Sentença mantida – NEGARAM PROVIMENTO AO RECURSO.

Trata-se de apelação interposta pelo autor contra a respeitável sentença, cujo relatório ora se adota, que julgou improcedente a ação de retificação de assento de registro civil.

O apelante pugna pela reforma da r. sentença a fim de que seja julgado procedente seu pedido de inclusão do sobrenome "Parks" ao seu prenome, de modo a ter um prenome composto. Sustenta que: i) a inclusão do sobrenome homenageia o personagem Peter Parker do Homem Aranha, de quem é fã; ii) já é conhecido no meio social como "Kayque Parks"; iii) a pretensão se enquadra na hipótese do artigo 56 da Lei de Registros Públicos, tendo em vista que ajuizou a ação após ter completado 18 anos; iv) não haverá prejuízo ao seu prenome, nem ao seu nome, os quais permanecerão inalterados.

A D. Procuradoria-Geral de Justiça opinou pelo desprovimento do recurso.

É o breve relatório.

Atendidos os pressupostos de admissibilidade, o recurso é recebido com efeito suspensivo (artigo 1.012, *caput*, do CPC).

Trata-se de ação de registro civil em que o autor de nome Kayque Carvalho da Cunha, pretende a inclusão do sobrenome "Parks" ao seu prenome, de modo a ter seu nome modificado para "Kayque Parks Carvalho da Cunha".

A r. sentença julgou improcedente o pedido, destacando-se o seguinte trecho:

O pedido não merece acolhimento.

Isso porque vigora em nosso ordenamento jurídico o princípio da imutabilidade do nome, apenas se admitindo modificações em casos restritos, como os previstos na Lei de Registros Públicos, quais sejam, exposição ao ridículo, apelidos públicos e notórios e erros de grafia evidentes, além das hipóteses de adoção, de tradução de nome estrangeiro em razão de naturalização e na separação judicial/divórcio.

No caso, como bem salientado pelo Ministério Público, não está presente nenhuma das hipóteses referidas. A motivação exposta na inicial não se traduz em hipótese excepcional.

Em que pese o inconformismo do autor, o recurso não comporta provimento.

A propósito, a fim de evitar repetições desnecessárias, ratifica-se a r. sentença por seus próprios e bem deduzidos fundamentos, nos termos do artigo 252 do novo Regimento Interno deste E. Tribunal de Justiça: *"Nos recursos em geral, o relator poderá limitar-se a ratificar os fundamentos da decisão recorrida, quando, suficientemente motivada, houver de mantê-la"*.

Nesse, sentido a jurisprudência do C. STJ tem prestigiado o entendimento de se reconhecer a viabilidade de se adotar ou ratificar o juízo de valor firmado na sentença (AgRg no AREsp 44161 / RS, Segunda Turma, Rel. Min. Herman Benjamin, julgado em 14/05/2013; AgRg no REsp 1339998 / RS, Quarta Turma, Rel. Min. Raul Araújo, julgado em 15/05/2014; AgRg no AREsp 530121 / SP, Quarta Turma, Rel. Min. Luis Felipe Salomão, julgado em 19/08/2014).

Com efeito, o nome da pessoa se constitui direito personalíssimo, nos termos do art. 16 do Código Civil, que estabelece que *"toda pessoa tem direito ao nome, nele compreendidos o prenome e o sobrenome"*.

A questão se reveste de inegável interesse e relevância por se tratar o nome de um dos direitos da personalidade, razão pela qual a solução para questionamentos acerca da matéria deve ser regida pelo ordenamento jurídico pátrio, abarcando os interesses sociais e o princípio da segurança jurídica.

No caso em exame, o autor pretende acrescer o sobrenome "Parks" ao seu prenome, de forma a modificar seu nome para o prenome composto "Kayque Parks", como é conhecido no meio social (fls. 25/28).

Ocorre que, por mais que o autor sustente que se trata de alteração do seu prenome, **sua pretensão viola a cadeia registral, tendo em vista a inclusão de sobrenome alheio ao seu tronco familiar, o que está fora das hipóteses previstas no artigo 57 da Lei nº 6.015/1973**.

Na lição de Washington de Barros Monteiro: *"O patronímico ou apelido de família, também conhecido como sobrenome, representa elemento identificador da procedência familiar da pessoa que o porta, prestando-se a indicar sua filiação, sua estirpe, sendo, por isso, indisponível" [1]*.

Como bem salientado pela douto Procuradoria Geral de Justiça, *"Permitir o acréscimo de patronímico estranho ao tronco familiar abriria precedente nocivo a estabilidade ou segurança na identificação das pessoas, por consequência dos próprios registros públicos"*.

Destarte, nenhum reparo comporta a r. sentença, a qual é ratificada.

Sem condenação em honorários advocatícios, tendo em vista a ausência de parte contrária.

E com o intuito de se evitar a necessidade de oposição de embargos declaratórios para o específico fim de prequestionamento, como forma de se viabilizar a interposição de recursos nas instâncias superiores, fica, desde logo, prequestionada toda a matéria apontada, seja ela constitucional ou infraconstitucional e até mesmo infralegal, na medida em que houve a análise e consequente decisão em relação a todas as questões controvertidas, ressaltando que há muito já se pacificou o entendimento de que não está o colegiado obrigado a apreciar individualmente cada um dos dispositivos legais suscitados pelas partes, competindo a estas, no mais, observar o disposto no artigo 1026, §2º do CPC.

Ante o exposto, pelo presente voto, **NEGA-SE PROVIMENTO** ao recurso, nos termos supraexpostos.

ALEXANDRE COELHO. Relator. Nota: [1] MONTEIRO, Washington de Barros. Curso de Direito Civil – Parte Geral, Ed. Saraiva, 8ª edição, vol. 1, p. 103, 1.991. – – (TJSP – Apelação Cível nº 1005811-17.2021.8.26.0024 – Andradina – 8ª Câmara de Direito Privado – Rel. Des. Alexandre Coelho – DJ 12.08.2022)

▶ **EMENTA:** Recurso Especial – Ação de retificação de registro de nascimento para a troca de prenome e do sexo (gênero) masculino para o feminino – Pessoa transexual – Desnecessidade de cirurgia de transgenitalização.

1. O STF definiu a seguinte tese repercussão geral: *"O transgênero tem direito fundamental subjetivo à alteração de seu prenome e de sua classificação de gênero no registro civil, não se exigindo, para tanto, nada além da manifestação da vontade do indivíduo, o qual poderá exercer tal faculdade tanto pela via judicial como diretamente pela via administrativa"* (RE 670422, Relator(a): Dias Toffoli, Tribunal Pleno, julgado em 15/08/2018, Processo Eletrônico Repercussão Geral – Mérito DJe-051 Divulg 09-03-2020 Public 10-03-2020).

2. É firme a jurisprudência do STJ no sentido de que *"devem ser resguardados os direitos fundamentais das pessoas transexuais não operadas à identidade (tratamento social de acordo com sua identidade de gênero), à liberdade de desenvolvimento e de expressão da personalidade humana (sem indevida intromissão estatal), ao reconhecimento perante a lei (independentemente da realização de procedimentos médicos), à intimidade e à privacidade (proteção das escolhas de vida), à igualdade e à não discriminação (eliminação de desigualdades fáticas que venham a colocá-los em situação de inferioridade), à saúde (garantia do bem-estar biopsicofísico) e à felicidade (bem-estar geral). Consequentemente, à luz dos direitos fundamentais corolários do princípio fundamental da dignidade da pessoa humana, infere-se que o direito dos transexuais à retificação do sexo no registro civil não pode ficar condicionado à exigência de realização da cirurgia de transgenitalização, para muitos inatingível do ponto de vista financeiro (como parece ser o caso em exame) ou mesmo inviável do ponto de vista médico [...] Exegese contrária revela-se incoerente diante da consagração jurisprudencial do direito de retificação do sexo registral conferido aos transexuais operados, que, nada obstante, continuam vinculados ao sexo biológico/cromossômico repudiado. Ou seja, independentemente da realidade biológica, o registro civil deve retratar a identidade de gênero psicossocial da pessoa transexual, de quem não se pode exigir a cirurgia de transgenitalização para o gozo de um direito"* (REsp 1626739/RS, Rel. Ministro Luis Felipe Salomão, Quarta Turma, julgado em 09/05/2017, DJe 01/08/2017).

3. Recurso especial provido a fim de julgar integralmente procedente a pretensão deduzida na inicial, autorizando a retificação do registro civil da autora, no qual deve ser averbado, além do prenome indicado, o sexo/gênero feminino, assinalada a existência de determinação judicial, sem menção à razão ou ao conteúdo das alterações procedidas, resguardando-se a publicidade dos registros e a intimidade da autora (STJ – REsp nº 1.651.546 – Minas Gerais – 4ª Turma – Rel. Min. Luis Felipe Salomão – DJ 02.12.2021).

▶ **EMENTA:** Homologação de Decisão Estrangeira – Agravo Interno – Documentos apresentados – Alteração do sobrenome – Possibilidade.

1. Decisão estrangeira proferida pela Justiça alemã que autorizou a alteração do sobrenome da agravante.

2. Documentos necessários à pretensão devidamente apresentados.

3. A alteração do sobrenome é autorizada pela legislação brasileira em razão do casamento ou união estável, pelo divórcio, nulidade ou anulação do casamento, ou ainda pelo reconhecimento de paternidade ou de maternidade, ou eventuais contestações de paternidade ou maternidade.

4. "Conquanto a modificação do nome civil seja qualificada como excepcional e as hipóteses em que se admite a alteração sejam restritivas, esta Corte tem reiteradamente flexibilizado essas regras, interpretando-as de modo histórico-evolutivo para que se amoldem à atual realidade social em que o tema se encontra mais no âmbito da autonomia privada, permitindo-se a modificação se não houver risco à segurança jurídica e a terceiros. Precedentes" (REsp n. 1.873.918/SP, relatora Ministra Nancy Andrighi, Terceira Turma, DJe de 4/3/2021).

5. Ausência de violação da ordem pública.

6. Justo motivo para a alteração do sobrenome da agravante.

7. Precedentes.

Agravo interno provido para homologar o título judicial estrangeiro (STJ – AgInt na HDE nº 3946 – EX – Rel. Min. Humberto Martins – DJ 13.08.2021)

EMENTA: RECURSO ESPECIAL. ALTERAÇÃO DE REGISTRO PÚBLICO. LEI Nº 6.015/1973. PRENOME MASCULINO. ALTERAÇÃO. GÊNERO. TRANSEXUALIDADE. REDESIGNAÇÃO DE SEXO. CIRURGIA. NÃO REALIZAÇÃO. DESNECESSIDADE. DIREITOS DE PERSONALIDADE.

1. Recurso especial interposto contra acórdão publicado na vigência do Código de Processo Civil de 2015 (Enunciados Administrativos nºs 2 e 3/STJ).

2. Cinge-se a controvérsia a discutir a possibilidade de transexual alterar o prenome e o designativo de sexo no registro civil independentemente da realização da cirurgia de alteração de sexo.

3. O nome de uma pessoa faz parte da construção de sua própria identidade. Além de denotar um interesse privado, de autorreconhecimento, visto que o nome é um direito de personalidade (art. 16 do Código Civil de 2002), também compreende um interesse público, pois é o modo pelo qual se dá a identificação do indivíduo perante a sociedade.

4. A Lei de Registros Públicos (Lei nº 6.015/1973) consagra, como regra, a imutabilidade do prenome, mas permite a sua alteração pelo próprio interessado, desde que solicitada no período de 1 (um) ano após atingir a maioridade, ou mesmo depois desse período, se houver outros motivos para a mudança. Os oficiais de registro civil podem se recusar a registrar nomes que exponham o indivíduo ao ridículo.

5. No caso de transexuais que buscam a alteração de prenome, essa possibilidade deve ser compreendida como uma forma de garantir seu bem-estar e uma vida digna, além de regularizar uma situação de fato.

6. O uso do nome social, embora não altere o registro civil, é uma das maneiras de garantir o respeito às pessoas transexuais, evitando constrangimentos públicos desnecessários, ao permitir a identificação da pessoa por nome adequado ao gênero com o qual ela se identifica. Ele deve ser uma escolha pessoal do indivíduo e aceito por ele como parte de sua identidade.

7. O direito de escolher seu próprio nome, no caso de aquele que consta no assentamento público se revelar incompatível com a identidade sexual do seu portador, é uma decorrência da autonomia da vontade e do direito de se autodeterminar. Quando o indivíduo é obrigado a utilizar um nome que lhe foi imposto por terceiro, não há o respeito pleno à sua personalidade.

8. O Código Civil, em seu artigo 15, estabelece que ninguém pode ser constrangido a se submeter, principalmente se houver risco para sua vida, a tratamento médico ou intervenção cirúrgica, caso aplicável à cirurgia de redesignação de sexo.

9. A cirurgia de redefinição de sexo é um procedimento complexo que depende da avaliação de profissionais de variadas áreas médicas acerca de sua adequação.

10. A decisão individual de não se submeter ao procedimento cirúrgico tratado nos autos deve ser respeitada, não podendo impedir o indivíduo de desenvolver sua personalidade.

11. Condicionar a alteração do gênero no assentamento civil e, por consequência, a proteção da dignidade do transexual, à realização de uma intervenção cirúrgica é limitar a autonomia da vontade e o direito de o transexual se autodeterminar. Precedentes.

12. Recurso especial provido (STJ – REsp nº 1.860.649 – São Paulo – 3ª Turma – Rel. Min. Ricardo Villas Bôas Cueva – DJ 18.05.2020)

EMENTA: REGISTROS PÚBLICOS. APELAÇÃO CÍVEL. AÇÃO DE RETIFICAÇÃO DE REGISTRO CIVIL DE CASAMENTO. PEDIDO DE INCLUSÃO DO PATRONÍMICO DO CÔNJUGE – POSSIBILIDADE – ART. 1564, DO CÓDIGO CIVIL E ART. 57 DA LEI 6.015/1973 – AUSÊNCIA DE LIMITE TEMPORAL PARA A INCLUSÃO DO NOME – PRECEDENTES DO STJ. *1. "Dada a multiplicidade de circunstâncias da vida humana, a opção conferida pela legislação de inclusão do sobrenome do outro cônjuge não pode ser limitada, de forma peremptória, à data da celebração do casamento. Podem surgir situações em que a mudança se faça conveniente ou necessária em período posterior, enquanto perdura o vínculo conjugal. Nesses casos, já não poderá a alteração de nome ser procedida diretamente pelo oficial de registro de pessoas naturais, que atua sempre limitado aos termos das autorizações legais, devendo ser motivada e requerida perante o Judiciário, com o ajuizamento da ação de retificação de registro civil prevista nos arts. 57 e 109 da Lei 6.015/73. Trata-se de procedimento judicial de jurisdição voluntária, com participação obrigatória do Ministério Público. 3. Recurso especial a que se nega provimento."* (STJ, 4ª Turma, REsp nº 910.094 – SC. Rel. Min. Raul Araújo, d. j. 04/09/2012). 2. Recurso conhecido e não provido. (TJPR – Apelação Cível nº 1.333.418-0 – Curitiba – 11ª Câmara Cível – Rel. Des. Ruy Muggiati – DJ 12.08.2015)

EMENTA: CIVIL. PROCESSUAL CIVIL. RECURSO ESPECIAL. UNIÃO ESTÁVEL. ALTERAÇÃO DO ASSENTO REGISTRAL DE NASCIMENTO. INCLUSÃO DO PATRONÍMICO DO COMPANHEIRO. POSSIBILIDADE. I. Pedido de alteração do registro de nascimento para a adoção, pela companheira, do sobrenome de companheiro, com quem mantém união estável há mais de 30 anos. II. A redação do art. 57, § 2º, da Lei 6.015/73 outorgava, nas situações de concubinato, tão somente à mulher, a possibilidade de averbação do patronímico do companheiro, sem prejuízo dos apelidos próprios, desde que houvesse impedimento legal para o casamento, situação explicada pela indissolubilidade do casamento, então vigente. III. A imprestabilidade desse dispositivo legal para balizar os pedidos de adoção de sobrenome dentro de uma união estável, situação completamente distinta daquela para qual foi destinada a referida norma, reclama a aplicação analógica das disposições específicas do Código Civil relativas à adoção de sobrenome dentro do casamento, porquanto se mostra claro o elemento de identidade entre os institutos e a parelha ratio legis relativa à união estável, com aquela que orientou o legislador na fixação, dentro do casamento, da possibilidade de acréscimo do sobrenome de um dos cônjuges, pelo outro. IV. Assim, possível o pleito de adoção do sobrenome dentro de uma união estável, em aplicação analógica do art. 1.565, § 1º, do CC-02, devendo-se, contudo, em atenção às peculiaridades dessa relação familiar, ser feita sua prova documental, por instrumento público, com anuência do companheiro cujo nome será adotado. V. Recurso especial provido. (STJ – REsp nº 1.206.656 – GO – 3ª Turma – Rel. Min. Nancy Andrighi – DJ 11.12.2012)

EMENTA: AGRAVO REGIMENTAL. AGRAVO EM RECURSO ESPECIAL. AÇÃO DE RECONHECIMENTO DE UNIÃO ESTÁVEL. NÃO CONFIGURAÇÃO. UNIÕES ESTÁVEIS SIMULTÂNEAS. IMPOSSIBILIDADE. SÚMULA 83/STJ. 1. A jurisprudência do Superior Tribunal de Justiça não admite o reconhecimento de uniões estáveis simultâneas, pois a caracterização da união estável pressupõe a inexistência de relacionamento de fato duradouro, concorrentemente àquele ao qual se pretende proteção jurídica. Precedentes. 2. Inviável o recurso especial se o acórdão recorrido se alinha com o posicionamento sedimentado na jurisprudência do STJ, a teor do que dispõe a Súmula 83 desta Corte Superior. 3. Agravo regimental a que se nega provimento. (STJ – AgRg no AREsp nº 395.983 – Mato Grosso do Sul – 4ª Turma – Rel. Min. Maria Isabel Gallotti – DJ 07.11.2014)

TRIBUNAL DE JUSTIÇA DO ESTADO DE SÃO PAULO

EMENTA: Registro Civil – Alteração de nome em virtude de conversão ao judaísmo – Possibilidade – Situação autorizadora de modificação do registro civil – Princípio da imutabilidade do nome civil que não é absoluto – Ausência de prejuízo a terceiros – Sentença reformada – Recurso provido (TJSP – Apelação Cível nº 1012168-76.2021.8.26.0100 – São Paulo – 2ª Câmara de Direito Privado – Rel. Des. Alvaro Passos – DJ 05.10.2021)

EMENTA: APELAÇÃO CÍVEL. Ação de Retificação de registro civil. Sentença de Improcedência. Inconformismo da Autora. Acolhimento. Competência do Juízo para retificação do registro de documento brasileiro. Inclusão de prenome adquirido em razão de matrimônio. Possibilidade. Inteligência do art. 57, *caput* da Lei de Registros Públicos. Ausência de prejuízo. Sentença reformada. RECURSO PROVIDO, julgando-se procedente o pedido para a retificação da Certidão de Naturalização da Requerente para fins de regularizar todos os documentos, inclusive o passaporte brasileiro, a fim de que conste o mesmo nome em todos os documentos, com a finalidade de evitar-se qualquer equívoco, passando a constar no mencionado registro seu nome completo, Claire Mei Yin Chen Ledoit". (TJSP – Apelação Cível nº 1005399-86.2020.8.26.0100 – São Paulo – 2ª Câmara de Direito Privado – Rel. Des. Penna Machado – DJ 11.06.2020)

EMENTA: Retificação de Registro Civil – Pedido de troca do nome de solteira da autora pelo sobrenome do seu cônjuge, como forma de resguardar a expressão do grupo familiar, facilitar a individualização na sociedade e no círculo religioso – Possibilidade – Embora a regra seja pela imutabilidade do registro civil esta não é absoluta, tanto que o próprio Código Civil em seu § 1º, do artigo 1.565 e a Lei nº 6.015/73, disciplinam em seus artigos 57, § 2º, e 70, § 8º, a pretendida alteração – No caso específico, demonstrada o vínculo afetivo e familiar pela contração de matrimônio e, não havendo prejuízos a terceiros ou ofensa à segurança jurídica e tampouco a individualização no meio familiar e social, cabível a alteração – Recurso provido (TJSP – Apelação Cível nº 1017228-07.2019.8.26.0001 – São Paulo – 9ª Câmara de Direito Privado

EMENTA: Registro Civil – Retificação – Supressão do patronímico do cônjuge – Possibilidade – Prova dos autos a revelar que a autora é conhecida no meio profissional por seu nome de solteira – Ausência de prejuízo a terceiros – Ação julgada procedente – Recurso provido. (TJSP – Apelação Cível nº 0004876-57.2013.8.26.0126 – Caraguatatuba – 1ª Câmara de Direito Privado – Rel. Des. Augusto Rezende – DJ 12.04.2016)

EMENTA: Registro civil – Retificação para a exclusão do patronímico do cônjuge falecido – Possibilidade – Sendo a morte do cônjuge causa de extinção da sociedade conjugal é razoável a permissão de supressão de seu apelido de família – Interpretação sistemática a luz do direito de família, uma vez que há permissão legal ao cônjuge em caso de separação, renunciar, a qualquer momento, ao direito de usar o sobrenome do outro – Recurso provido. (TJSP – Apelação Cível nº 0015125-88.2012.8.26.0001 – São Paulo – 10ª Câmara de Direito Privado – Rel. Des. Coelho Mendes – DJ 04.02.2013).

CONSELHO SUPERIOR DA MAGISTRATURA

EMENTA: REGISTRO CIVIL – REGISTRO DE ESCRITURA PÚBLICA DE UNIÃO ESTÁVEL – PRETENSÃO DE ACRÉSCIMO DO SOBRENOME DO COMPANHEIRO AO DA COMPANHEIRA – POSSIBILIDADE – INTELIGÊNCIA DOS ARTIGOS 57, § 2º, DA LEI DE REGISTROS PÚBLICOS E 1.565, § 1º, DO CÓDIGO CIVIL, EM CONSONÂNCIA COM O ART. 226, § 3º, DA CONSTITUIÇÃO FEDERAL – DÚVIDA IMPROCEDENTE, DETERMINANDO-SE O REGISTRO DA ESCRITURA, COM ACRÉSCIMO DO SOBRENOME. Trata-se de Dúvida, suscitada pelo Oficial do Registro Civil das Pessoas Naturais e de Interdições e Tutelas da Sede da Comarca de XXXX, a respeito da possibilidade de registrar Escritura Pública de União Estável com alteração do sobrenome da companheira, que pretende acrescer o sobrenome do companheiro. O MM. Juiz Corregedor Permanente julgou procedente a Dúvida, afirmando que há necessidade de procedimento judicial, de jurisdição voluntária, para alteração de nome. Inconformados com a respeitável decisão, os interessados interpuseram, tempestivamente, o presente recurso. Alegam, em síntese, que a alteração pode ocorrer, por analogia ao art. 1.565, § 1º, do Código Civil e porque o Superior Tribunal de Justiça, interpretando os dispositivos que regem a matéria, conforme a Constituição Federal, já permitiu o registro. A Douta Procuradoria Geral de Justiça manifestou-se pelo desprovimento do recurso. É o relatório. O recurso comporta provimento. O Capítulo XVII, Subseção V, itens 113 a 116, das NSCGJ, permite o registro das sentenças declaratórias de reconhecimento de união estável e de escrituras públicas de contrato envolvendo união estável. A alteração do sobrenome dos companheiros, quando do reconhecimento judicial de união estável, tal qual aquela permitida no art. 1.565, § 1º, do Código Civil, para os nubentes, na hipótese de casamento, foi recentemente admitida pelo Superior Tribunal de Justiça, a quem cabe exercer a função nomofilácica, uniformizando a interpretação da legislação infraconstitucional. Veja-se, a propósito, o trecho, pertinente ao caso, do julgamento do Recurso Especial nº 1.206.656-GO, voto da Ministra Nancy Andrighi: *"É sabido que as possibilidades de alteração de nome dentro da legislação nacional são escassas, ocorrendo, no mais das vezes, flexibilização jurisprudencial da vetusta Lei 6.015/73, em decorrência do transcurso de quase quatro décadas, entremeado pelo advento do divórcio e por nova constituição que, em muitos aspectos, fixou balizas novas para os relacionamentos interpessoais – como a igualdade entre os sexos dentro da relação familiar – e ainda, reconheceu a existência de novos institutos, v.g. a união estável, na qual se enquadra o relacionamento vivenciado pela recorrente nos últimos trinta anos. Por óbvio, não obstante a recepção do texto legal pela Constituição de 1988, a Lei 6.015/73 tem merecido constantes ajustes, ditados tanto pela superveniente Constituição, como pelas profundas alterações sociais pelas quais o país tem passado nas últimas décadas. Particularmente em relação aos companheiros, o art. 57, § 2º, da Lei 6.015/73 outorgava, nas situações de concubinato, tão somente à mulher, a possibilidade de averbação do patronímico do companheiro, sem prejuízo dos apelidos próprios – entenda-se, sem a supressão de seu próprio sobrenome –, desde que houvesse impedimento legal para o casamento. Essa normatização refletia a proteção e exclusividade que se dava ao casamento – que era indissolúvel –, no início da década de 70 do século passado, pois este era o único elemento formador de família, legalmente aceito, fórmula da qual derivava as restrições impostas pelo texto de lei citado, que apenas franqueava a adoção de patronímico, por companheira, quando não houvesse a possibilidade de casamento, por força da existência de um dos impedimentos descritos em lei. No entanto, a consolidação da união estável no cenário jurídico nacional, com o advento da Constituição de 1988, deu nova abrangência ao conceito de família e, por seu caráter prospectivo, vinculou a produção legislativa e jurisprudencial desde então – naquela, imprimindo novos parâmetros para a criação de leis e nesta, condicionando o interprete a adaptar os textos legais recepcionados, à nova ordem jurídica. Sob esse diapasão, a mera leitura do art. 57, § 2º, da Lei 6.015/73, feita sob o prisma do § 3º do art. 226 da CF, mostra a completa inadequação daquele texto de lei, o que exige a adoção de posicionamento mais consentâneo à realidade constitucional e social hoje existente. Para se superar esse imbróglio é necessário, preliminarmente, reconhecer-se que o fato social reconhecido supervenientemente como união estável, carece de específica regulação quanto à adoção de sobrenome pelo(a) companheiro(a), não se encontrando na Lei 6.015/73, os elementos necessários para a regulação da matéria, pois em seu artigo 57, trata, na verdade, da adoção de patronímico em relações concubinárias, em período anterior à possibilidade de divórcio, focando-se, portanto, nas relações familiares à margem da lei, que não podiam ser regularizadas ante a indissolubilidade do vínculo conjugal, então existente. Por óbvio, esse anacrônico artigo de lei não se presta para balizar os pedidos de adoção de sobrenome dentro de uma união estável, situação completamente distinta daquela para qual foi destinada a referida norma. Assim, à mingua de regulação específica, solve-se a questão pela aplicação analógica das disposições específicas do Código Civil, relativas à adoção de sobrenome dentro do casamento, porquanto se mostra claro o elemento de identidade entre os institutos e a parelha ratio legis relativa à união estável, com aquela que orientou o legislador na fixação, dentro do casamento, da possibilidade de acréscimo do sobrenome de um dos cônjuges, pelo outro. Símeis – a situação regulada: adoção do patronímico do cônjuge em casamento, e a questão sem regulação: adoção do patronímico do companheiro em união estável –, a solução aplicada à circunstância normalizada deve, igualmente, servir para a fixação da possibilidade de adoção de patronímico de companheiro dentro da união estável, pois, onde impera a mesma razão, deve prevalecer a mesma decisão – ubi eadem legis ratio ibi eadem dispositivo. A única ressalva que se faz, e isso em atenção às peculiaridades da união estável, é que seja feita prova documental da relação, por instrumento público, e nela haja anuência do companheiro que terá o nome adotado, cautelas dispensáveis dentro do casamento, pelas formalidades legais que envolvem esse tipo de relacionamento, mas que não inviabilizarão a aplicação analógica das disposições constantes no Código Civil à espécie."* O Oficial argumenta que o enunciado 12 da ARPEN-SP – que trata da interpretação das NSCGJ sobre registro civil das pessoas naturais – previu, em consonância com esse voto, a possibilidade de registro de título judicial

– logo, sentença – que disponha sobre a alteração do sobrenome da companheira ou do companheiro. Leia-se o enunciado 12: *"Se no título em que se reconheceu a união estável constou que o companheiro acresceu o sobrenome do outro, tal alteração do nome deverá constar do registro da união estável e das respectivas certidões"*. Da locução *"título em que se reconheceu a união estável"*, o Oficial tira a conclusão de que se trata, tão somente, de sentença judicial. Afinal, título de reconhecimento de situação jurídica equivale a sentença declaratória e, mais, na hipótese, constitutiva. As indagações que se fazem, no entanto, são as seguintes: a) a união estável só pode ser constituída por sentença que a reconheça ou também por escritura pública; b) essa escritura pública pode ser levada a registro, tal como a sentença de reconhecimento; c) o Superior Tribunal de Justiça entendeu que sentença de reconhecimento de união estável pode dispor sobre alteração do sobrenome da companheira ou do companheiro e deve ser registrada; d) a união estável é equiparada ao casamento, como forma de constituição de família e e) a adoção de sobrenome comum é inerente ao senso médio de constituição de um núcleo familiar, por qual razão se deve impedir o registro de escritura pública de união estável que preveja o acréscimo do sobrenome a um dos companheiros? Não se vislumbra por qual motivo se deva tratar de forma diferente, sob esse aspecto, o registro de uma sentença de reconhecimento de união estável e o registro de uma escritura pública de união estável. Se o Superior Tribunal de Justiça já decidiu que cabe a alteração do sobrenome quando do reconhecimento de união estável, fazendo-o por equiparação ao casamento, parece claro que também cabe essa alteração por meio de escritura pública. Ressalte-se que estão presentes, ademais, as duas condicionantes previstas no voto da Ministra Nancy Andrighi: há prova documental da relação, por instrumento público – a própria Escritura –, e nela há anuência do companheiro que terá o nome adotado. Nesses termos, pelo meu voto, à vista do exposto, dou provimento do recurso, para determinar o registro da Escritura Pública de União Estável com o acréscimo do sobrenome do companheiro ao da companheira, possibilitando, dessa forma, a adoção de sobrenome comum. HAMILTON ELLIOT AKEL. Corregedor Geral da Justiça e Relator. (D.J.E. de 20.05.2014 – SP)

CORREGEDORIA-GERAL DA JUSTIÇA

EMENTA: PROCESSO Nº 2017/210087 – SÃO PAULO (373/2017-E). Registro Civil das Pessoas Naturais – Requerimento de alteração de nome completo formulado com fundamento no artigo 9º da Lei nº 9.807/99 – Atribuição que já vem sendo exercida de forma exclusiva pela 2ª Vara de Registros Públicos da Capital – Concentração desse tipo de requerimento em um único juízo que se mostra conveniente, diante de suas peculiaridades – Sugestão de edição de Provimento da Corregedoria-Geral para regramento do tema. Excelentíssimo Senhor Corregedor Geral da Justiça, Trata-se de ofício enviado pelo MM. Juiz de Direito da 2ª Vara de Registros Públicos da Capital, por meio do qual: a) informa que os expedientes de interesse do Conselho Deliberativo do Programa de Proteção às Vítimas e Testemunhas – PROVITASP de todo o Estado vêm sendo processados naquela Vara; b) consulta acerca da correção deste procedimento; e c) pede autorização para continuar esse trabalho, considerando o caráter sensível e sigiloso do tema.

Opino. Em data recente, representantes do Conselho Deliberativo do Programa de Proteção às Vítimas e Testemunhas – PROVITASP e o Dr. Marcelo Benacchio, MM. Juiz da 2ª Vara de Registros Públicos da Capital, estiveram nesta Corregedoria-Geral visando a aprimorar os procedimentos traçados no artigo 9º da Lei nº 9.807/99. Nessa ocasião, os participantes da reunião expuseram que todos os requerimentos para alteração do nome completo da pessoa protegida feitos no Estado de São Paulo, na forma do artigo 9º da Lei nº 9.807/99, são processados na 2ª Vara de Registros Públicos da Capital, independentemente da localização do Cartório de Registro Civil que será responsável pela realização da averbação do assento de nascimento. O MM. Juiz da 2ª Vara de Registros Públicos da Capital explicou que poucos são os requerimentos (não passam de vinte) e que eles são processados de modo uniforme, por um mesmo escrevente, com o intuito de preservar o sigilo das informações que lá constam. Aliás, o contínuo aperfeiçoamento deste procedimento interno é comprovado pela Portaria nº 1/2017, acostada a fls. 3. Feito esse breve introito e considerando o pleito formulado no item "c" supra, conveniente a regulamentação do tema. Embora a 2ª Vara de Registros Públicos da Capital somente exerça a Corregedoria Permanente dos Registros Civis de Pessoas Naturais da Capital, não se vê razão para que esse pleito (averbação de modificação de nome completo com base na Lei nº 9.807/9) passe a tramitar perante todos os juízos Corregedores Permanente do Estado. O requerimento de modificação de nome completo da testemunha/vítima protegida é incomum e seu processamento exige cautela redobrada, diante de seu caráter extremamente sigiloso. Essas características, por si sós, justificam a concentração que já ocorre na prática. É recomendável que um único juízo, já acostumado com as peculiaridades desse requerimento, processe-o de forma confidencial e, ao final, avalie a sua pertinência. E mesmo a determinação final de averbação do assento de nascimento da testemunha/vítima protegida advir de juízo que não exerce a Corregedoria Permanente não é novidade. Com efeito, diariamente, os Cartórios de Registro Civil recebem diversas ordens judiciais provenientes de juízos que não são seus Corregedores Permanentes. Conveniente, por tudo isso, a edição de Provimento por esta Corregedoria-Geral, na forma do artigo 271, III e § 3º, do Regimento Interno do Tribunal de Justiça do Estado de São Paulo, para que não pairem dúvidas acerca da atribuição exclusiva da 2ª Vara de Registros Públicos da Capital para o processamento deste tipo de solicitação. Ante o exposto, o parecer que, respeitosamente, submeto à elevada apreciação de Vossa Excelência propõe a edição de Provimento, conforme minuta anexa. Caso este parecer seja aprovado e devido à relevância da matéria, sugiro sua publicação na íntegra no Diário da Justiça Eletrônico. Sub censura. São Paulo, 06 de novembro de 2017. (a) Carlos Henrique André Lisboa Juiz Assessor da Corregedoria. **DECISÃO:** Aprovo, pelas razões expostas, a edição do Provimento sugerido, conforme minuta apresentada, a ser publicado, juntamente com o parecer, no DJE. Publique-se. São Paulo, 06 de novembro de 2017. (a) MANOEL DE QUEIROZ PEREIRA CALÇAS, Corregedor Geral da Justiça. (DJe de 14.11.2017 – SP)

TRIBUNAL DE JUSTIÇA DO ESTADO DO RIO GRANDE DO SUL

EMENTA: PROCESSO Nº 70066320177. APELAÇÃO CÍVEL. RETIFICAÇÃO DE REGISTRO CIVIL. CASAMENTO. ACRÉSCIMO DO SOBRENOME DA ESPOSA ANTES DO PATRONÍMICO PATERNO DO CÔNJUGE VARÃO. IMPOSSIBILIDADE.

1. Não merece ser conhecido o apelo no ponto em que postula a inclusão do sobrenome de sua esposa após seu patronímico, visto que não houve pedido nesse sentido na peça portal, de forma que se trata de inovação recursal.

2. Embora a legislação pátria autorize que qualquer dos nubentes, querendo, acrescer ao seu o sobrenome do outro (art. 1.565, § 1º, do CCB), seja por ocasião do casamento, seja durante o período de convivência do casal, na espécie, mostra-se descabido o pedido feito pelo autor de acréscimo do nome de família do cônjuge antes de seu patronímico, já que "acrescer" significa adicionar ao final do seu o nome da consorte, e não fazer uma mescla, agregando-o no meio, como pretendido pelo apelante.

EMENTA: PROCESSO Nº 70066914193. APELAÇÃO CÍVEL. REGISTRO CIVIL. RETIFICAÇÃO. ALTERAÇÃO DO PATRONÍMICO MATERNO. CABIMENTO. Não enseja violação à lei o acréscimo do patronímico da genitora decorrente de alteração do casamento com o genitor, já que o pedido é motivado e não enseja alteração à identificação do apelante, nem viola o princípio da modificação dos apelidos de família. Apelação parcialmente provida.

EMENTA: PROCESSO Nº 70058451196. APELAÇÃO CÍVEL. REGISTRO CIVIL. TROCA DO SOBRENOME PATERNO. POSSIBILIDADE. ARTIGOS. 57 E 58 DA LEI Nº 6.015/73. SITUAÇÃO DE CONSTRANGIMENTO. Não há óbice legal ao acolhimento do pedido de retificação no registro civil, para que o outro sobrenome do pai conste no lugar do que foi usado pelo registrador. No caso concreto, a prova produzida revela as diversas situações vexatórias vivenciadas pela família e o consequente sofrimento com essa exposição, a ponto de um dos autores fazer tratamento psicológico, que persiste. Manutenção da retificação deferida na origem. Recurso desacolhido. APELO DESPROVIDO.

EMENTA: PROCESSO Nº 70053949335 (Nº CNJ: 0119560-72.2013.8.21.7000): APELAÇÃO CÍVEL. REGISTRO CIVIL. RETIFICAÇÃO. ACRÉSCIMO DO PATRONÍMICO DO GENITOR DA AUTORA. Não enseja violação à lei o acréscimo do patronímico do genitor, já que o pedido é motivado e não enseja alteração à identificação da apelante, nem viola o princípio da modificação dos apelidos de família. Contudo, não há como excluir o sobrenome da mãe, já que o registro civil não pode prejudicar os apelidos de família, devendo manter a cadeia de registro. Apelação parcialmente provida.

EMENTA: APELAÇÃO CÍVEL. AÇÃO DE RETIFICAÇÃO DE NOME. REGISTRO CIVIL. SUPRESSÃO DO PATRONÍMICO PATERNO. CONSTRANGIMENTO. SITUAÇÃO EXCEPCIONAL AMPARADA NO ART. 57 DA LEI DOS REGISTROS PÚBLICOS. Se o patronímico paterno representa irrefutável constrangimento social para o apelante, pela semelhança com palavra de chacota e, considerando que a exclusão não interfere na sua identificação no meio social, é de ser reconhecida a situação excepcional prevista no art. 57 da Lei dos Registros Públicos, para autorizar a retificação no registro civil. SENTENÇA DESCONSTITUÍDA. APELAÇÃO PROVIDA.

EMENTA: PROCESSO Nº 70050689066: APELAÇÃO CÍVEL. REGISTRO CIVIL. ALTERAÇÃO DE NOME. APELIDO PÚBLICO NOTÓRIO. NECESSIDADE DE PROVA ACERCA DE INEXISTÊNCIA DE PREJUÍZO A TERCEIROS. DESCONSTITUIÇÃO DA SENTENÇA. Considerando que o uso de apelido público notório excepciona a regra da imutabilidade do prenome, resta possibilitar a prova de que a alteração pretendida não trará prejuízo a terceiros. DERAM PARCIAL PROVIMENTO E DESCONSTITUIRAM A SENTENÇA. UNÂNIME.

3. QUESTÕES DE CONCURSOS

01. (VUNESP - 2023 - TJ-AL - Titular de Serviços de Notas e de Registros – Provimento) De acordo com a Consolidação Normativa Notarial e Registral da Corregedoria Geral da Justiça do Estado de Alagoas (CNNR-CGJ/AL), sobre a averbação da alteração do prenome, do gênero ou de ambos, à adequação da identidade de transgênero, é correto afirmar:

Nota da autora: Embora a questão envolva normativas estaduais, é possível respondê-la com base na legislação federal, pois trata-se de uma reprodução desta.

a) A alteração poderá ser desconstituída a qualquer tempo, mediante requerimento firmado pelo interessado, com firma reconhecida, apresentado ao oficial do registro civil das pessoas naturais onde o assento foi lavrado, independentemente de autorização judicial ou administrativa.

b) Toda pessoa maior de 18 anos completos habilitada à prática de todos os atos da vida civil poderá requerer ao ofício do RCPN a alteração e a averbação do prenome e do gênero no registro de nascimento, a fim de adequá-los à identidade autopercebida, independentemente de autorização judicial.

c) O atendimento do pedido de alteração do prenome e sexo de transgênero apresentado ao registrador depende de prévia autorização judicial ou da comprovação de realização de cirurgia de redesignação sexual e/ou apresentação de laudo médico ou psicológico.

d) O requerimento será assinado pela pessoa requerente na presença do oficial de registro civil das pessoas naturais exclusivamente no local do registro de nascimento onde será realizada a averbação.

02. (CESPE / CEBRASPE - 2023 - TJ-SC - Titular de Serviços de Notas e de Registros – Remoção) Guilherme é um homem transexual que ainda não retificou seu registro de prenome e gênero por ter uma relação conturbada com sua mãe, que nega sua identidade de gênero. Ela alega que a identidade de Guilherme não faz sentido porque ele foi casado por muito tempo com uma pessoa do gênero masculino, com quem teve um filho, atualmente de seis anos de idade. Depois de uma longa conversa com seu pai, que o apoia, Guilherme decidiu ir ao ofício de registro de pessoas naturais de sua cidade, para realizar a desejada alteração.

Em relação a essa situação hipotética, assinale a opção correta de acordo com o Provimento n.º 73/2018 do CNJ.

a) Guilherme deverá, necessariamente, realizar o procedimento de alteração de prenome e de gênero no ofício de registro de pessoas naturais em que o seu assento de registro foi originalmente lavrado.

b) Guilherme poderá proceder com pedido extrajudicial de alteração de prenome e de gênero e, concomitantemente, ajuizar demanda com o mesmo objetivo, tendo em vista a solução mais célere possível.

c) Os documentos exigidos para alteração de prenome e de gênero que forem apresentados devidamente por Guilherme deverão ser mantidos no arquivo da serventia pelo prazo máximo de 25 anos.

d) A averbação de eventual alteração de prenome e de gênero de Guilherme no registro de nascimento do seu filho dependerá da anuência do outro genitor, porém, em caso de discordância deste, seu consentimento poderá ser suprido judicialmente.

e) A averbação de eventual alteração de prenome e de gênero de Guilherme no registro de nascimento do seu filho independerá da anuência do outro genitor.

03. (CESPE / CEBRASPE - 2023 - TJ-SC - Titular de Serviços de Notas e de Registros – Provimento) Tomás da Silva Filho é o nome completo de registro de nascimento designado a Sara, a qual atualmente se identifica como mulher trans. Buscando alterar seu nome para refletir sua identidade de gênero, Sara, ao completar dezoito anos de idade, dirigiu-se ao ofício de registro de pessoas naturais de sua cidade para realizar o procedimento de retificação extrajudicial.

Nessa situação hipotética, à luz do Provimento n.º 73/2018 do CNJ, Sara

Nota da autora: É relevante anotar que o referido provimento foi conservado parcialmente, por conter anexo. Todavia, seus dispositivos foram incorporados aos arts. 516 a 523 do Provimento CNJ n. 149/2023, sem alteração legislativa, motivo pelo qual a questão ainda é muito pertinente.

a) só poderá retificar seu prenome e seu gênero de maneira extrajudicial após completar 21 anos de idade.

b) poderá retificar seu prenome e seu gênero de maneira extrajudicial, mas não o seu agnome indicativo de gênero e descendência nem o seu nome de família.

c) poderá retificar seu prenome e seu gênero de maneira extrajudicial, bem como o seu agnome indicativo de gênero e descendência e o seu nome de família.

d) poderá retificar seu prenome e seu gênero de maneira extrajudicial, assim como o seu agnome indicativo de gênero e descendência, mas não o seu nome de família.

e) poderá retificar seu prenome e seu gênero de maneira extrajudicial, inclusive o seu nome de família, mas não o seu agnome indicativo de gênero e descendência.

04. (Vunesp – Outorga de Delegação de Notas e Registros – TJ – GO/2021) Com relação à alteração de nome e de gênero de pessoa transgênero, assinale a alternativa correta.

Nota da autora: Embora a questão envolva normativas estaduais, é possível respondê-la com base na legislação federal, pois trata-se de uma reprodução desta.

a) O procedimento e a alteração de prenome e sexo de transgênero têm natureza pública, e a informação a seu respeito constará obrigatoriamente de todas as certidões dos assentos atingidos.

b) A averbação da alteração do prenome e do gênero no registro de nascimento da pessoa requerente dependerá da anuência do cônjuge.

c) Para a alteração de prenome e sexo de transgênero pela via administrativa é necessário comprovar o arquivamento de processo judicial que tenha a mesma finalidade.

d) No procedimento de alteração de prenome e sexo de transgênero é necessário apresentar laudo médico que ateste a transexualidade.

05. (Vunesp – Outorga de Delegação de Notas e Registros – TJ – GO/2021) De acordo com o Código de Normas, com relação à alteração de nome e de gênero de pessoa transgênero, assinale a alternativa correta.

a) É imprescindível prévia autorização judicial, mas prescindível a comprovação de realização de cirurgia de redesignação sexual, de tratamento hormonal ou patologizante.

b) É prescindível prévia autorização judicial, mas imprescindível a comprovação de realização de cirurgia de redesignação sexual, de tratamento hormonal ou patologizante.

c) Toda pessoa poderá requerer ao Registro Civil de Pessoas Naturais a alteração e a averbação do prenome e do gênero no registro de nascimento, independentemente de autorização judicial, sendo o menor representado ou assistido na forma legal.

d) Toda pessoa com 18 anos completos, habilitada à prática de todos os atos da vida civil, poderá requerer ao Registro Civil de Pessoas Naturais a alteração e a averbação do prenome e do gênero no registro de nascimento, independentemente de autorização judicial.

06. (Vunesp – Outorga de Delegação de Notas e Registros – TJ – GO/2021) De acordo com o Código de Normas, no tocante à alteração de nome e de gênero de pessoa transgênero, assinale a alternativa correta.

Nota da autora: Embora a questão envolva normativas estaduais, é possível respondê-la com base na legislação federal, pois trata-se de uma reprodução desta.

a) A subsequente averbação da alteração do prenome e do gênero no registro de nascimento dos descendentes do requerente dependerá da anuência deles quando relativamente capazes ou maiores.

b) A averbação da alteração do prenome e do gênero no registro de casamento independerá da anuência do cônjuge.

c) A averbação da alteração do prenome e do gênero no registro de casamento dos pais dependerá da anuência dos filhos, acaso existentes.

d) A subsequente averbação da alteração do prenome e do gênero no registro de nascimento dos descendentes do requerente independerá da anuência deles quando relativamente capazes ou maiores.

07. (Consulplan – Outorga e Delegação de Serviços Notariais e Registrais – TJ – MS/2019) Assinale a afirmativa correta de acordo com o Provimento 73, de 28 de junho de 2018, do Conselho Nacional de Justiça, que regulamenta a alteração de prenome e gênero no Registro Civil das Pessoas Naturais.

Nota da autora: É relevante anotar que o referido provimento foi conservado parcialmente, por conter anexo. Todavia, seus dispositivos foram incorporados aos arts. 516 a 523 do Provimento CNJ n. 149/2023, sem alteração legislativa, motivo pelo qual a questão ainda é muito pertinente.

a) A subsequente averbação da alteração do prenome e do gênero no registro de casamento não dependerá da anuência do cônjuge.

b) A averbação da alteração do prenome e do gênero do pai ou da mãe no registro de nascimento dos descendentes dependerá da anuência deles, somente após atingirem a maioridade, bem como da de ambos os pais.

c) Somente pessoa maior de 18 (dezoito) anos completos habilitada à prática de todos os atos da vida civil poderá requerer ao ofício do RCPN a alteração e a averbação do prenome e do gênero, a fim de adequá-los à identidade autopercebida.

d) O procedimento de alteração de prenome e gênero será realizado com base na autonomia da pessoa requerente, que deverá declarar, perante o registrador do RCPN, a vontade de proceder à adequação da identidade mediante a averbação do prenome, do gênero ou de ambos. O atendimento do pedido apresentado ao registrador deverá ser instruído com comprovação de realização de cirurgia de redesignação sexual e/ou de tratamento hormonal ou patologizante, assim como de apresentação de laudo médico ou psicológico.

08. (Cespe – Cartório-PI/2013) Assinale a opção correta acerca dos registros públicos, de acordo com o entendimento do STJ.

a) Admite-se a alteração do registro de nascimento para inclusão do sobrenome do companheiro, mediante comprovação da união estável, por instrumento público, e anuência do companheiro cujo nome será adotado.

b) É reconhecida a possibilidade de alteração do prenome em caso de cirurgia de transgenitalização, sendo, contudo, vedada a retificação do sexo no assento de nascimento.

c) A ação de retificação de registro civil é a via correta para correção, na certidão de casamento, da atividade profissional.

d) Atingida a maioridade civil, o indivíduo terá prazo de um ano para alterar seu nome, ficando, a partir dessa data, impedido de fazê-lo, ainda que presente razão suficiente para gerar exceções à regra.

e) Menores, ainda que devidamente representados ou assistidos por seus pais, não podem postular retificação no registro civil, mesmo que por justo motivo.

09. (Cespe – Cartório-PI/2013) A respeito do nome estrangeiro, da gratuidade do registro civil e da paternidade, assinale a opção correta.

a) A sentença de legitimação adotiva deve ser registrada no registro de nascimentos, não podendo o oficial fornecer certidão, ainda que por determinação judicial, e o mandado implicará o cancelamento do registro original do adotado.

b) A recusa dos descendentes do falecido em se submeterem ao exame de DNA gera presunção relativa de veracidade na ação de investigação de paternidade.

c) Cabe à União estipular forma de compensação aos registradores civis das pessoas naturais pelos atos gratuitos praticados nos termos da lei.

d) O nome do estrangeiro no registro poderá ser alterado, entre outros motivos, se for de difícil pronunciação e compreensão e se puder ser traduzido ou adaptado à prosódia da língua portuguesa.

e) Consoante posicionamento do STF, é inconstitucional a gratuidade, para os reconhecidamente pobres, do registro civil de nascimento e da certidão de óbito, visto que a delegação do serviço público é exercida por particular e em caráter privado.

10. (IESES – Cartório – TJ – PA/2016) Quanto ao nome da pessoa natural, NÃO É CERTO afirmar que:

a) Não é possível a retificação do nome diretamente no registro civil, mesmo que se trate de erro de grafia.

b) A lei estabelece a obrigatoriedade do nome e do registro civil, sendo este declaratório e não constitutivo.

c) O nome é imutável, admitindo exceção, desde que justificada, sendo vedado o registro de prenomes que possam expor ao ridículo seus portadores.

d) O nome integra o rol dos direitos da personalidade, constituindo direito subjetivo absoluto e oponível erga omnes.

11. (IESES – Cartório – Remoção – TJ – RO/2017) Em relação ao registro das pessoas naturais e o prenome, pode-se afirmar:

I. O prenome será definitivo, não sendo admitido a sua substituição por apelidos públicos notórios.

II. No caso de gêmeos, será declarada no assento especial de cada um a ordem de nascimento.
III. Serão obrigados a duplo prenome, ou a nome completo diverso, os irmãos a que se pretender dar o mesmo prenome.
IV. Os gêmeos que tiverem o prenome igual deverão ser inscritos com duplo prenome ou nome completo diverso, de modo que possam distinguir-se.

A sequência correta é:

a) As assertivas I, II, III e IV estão corretas.
b) Apenas as assertivas I e IV estão corretas.
c) A assertiva I está incorreta.
d) Apenas a assertiva IV está correta.

GAB	1	B	2	D	3	D	4	C
	5	D	6	A	7	C	8	A
	9	A	10	A	11	C		–

Art. 59. Quando se tratar de filho ilegítimo, não será declarado o nome do pai sem que este expressamente o autorize e compareça, por si ou por procurador especial, para, reconhecendo-o, assinar, ou não sabendo ou não podendo, mandar assinar a seu rogo o respectivo assento com duas testemunhas.

1. COMENTÁRIOS

O **princípio da igualdade entre os filhos** está consagrado no art. 227 § 6º, da Constituição Federal, nos seguintes termos: "Os filhos, havidos ou não da relação de casamento, ou por adoção, terão os mesmos direitos e qualificações, proibidas quaisquer designações discriminatórias relativas à filiação".

Este princípio, que também é reproduzido no art. 1.596 do Código Civil, fundamenta-se na identidade de direitos e qualificações aos filhos, sendo assim, inconstitucional qualquer lei que estabeleça entre eles direitos e qualificações desiguais. Dessa maneira, fica vedado ao legislador usar designações discriminatórias relativas à filiação, como, por exemplo, as expressões 'filho adulterino,' 'filho incestuoso,' 'filho adotivo,' 'filho ilegítimo,' o que torna o dispositivo inteiramente aplicável.

Em outras palavras, o artigo analisado é válido no que se refere ao reconhecimento de filho quando o pai não for casado, devendo ele assinar o assento de nascimento pessoalmente ou por meio de um procurador com poderes especiais. Neste caso, como formas especiais de reconhecimento, aplicam-se os incisos II a IV do art. 1.609 do Código Civil.

O tema 'Reconhecimento de Filhos' foi analisado de forma aprofundada nos comentários do art. 29, § 1º, letras 'c' e 'd'. Veja também nessa mesma análise o tópico 'Jurisprudência Complementar' e 'Questões de Concurso'.

Art. 60. O registro conterá o nome do pai ou da mãe, ainda que ilegítimos, quando qualquer deles for o declarante.

1. COMENTÁRIOS

Conforme já analisado, a expressão 'ilegítimos' não condiz mais com a sistemática jurídica atual.

Todo o registro de nascimento deve conter, pelo menos, o nome da mãe, seja o filho fruto do casamento ou não. Quando houver reconhecimento de paternidade, nos termos do art. 1.609 do Código Civil, art. 2º do ECA e dos arts. 496 a 511 do Provimento CNJ n. 149/2023 (Código Nacional de Normas), constará também o nome do pai.

Para uma melhor compreensão do art. 60, remetemos o leitor aos comentários do art. 52 desta Lei.

Art. 61. Tratando-se de exposto, o registro será feito de acordo com as declarações que os estabelecimentos de caridade, as autoridades ou os particulares comunicarem ao oficial competente, nos prazos mencionados no artigo 51, a partir do achado ou entrega, sob a pena do artigo 46, apresentando ao oficial, salvo motivo de força maior comprovada, o exposto e os objetos a que se refere o parágrafo único deste artigo.

Parágrafo único. Declarar-se-á o dia, mês e ano, lugar em que foi exposto, a hora em que foi encontrado e a sua idade aparente. Nesse caso, o envoltório, roupas e quaisquer outros objetos e sinais que trouxer a criança e que possam a todo o tempo fazê-la reconhecer, serão numerados, alistados e fechados em caixa lacrada e selada, com o seguinte rótulo: "Pertence ao exposto tal, assento de fls..... do livro..... " e remetidos imediatamente, com uma guia em duplicata, ao Juiz, para serem recolhidos a lugar seguro. Recebida e arquivada a duplicata com o competente recibo do depósito, far-se-á à margem do assento a correspondente anotação.

Art. 62. O registro do nascimento do menor abandonado, sob jurisdição do Juiz de Menores, poderá fazer-se por iniciativa deste, à vista dos elementos de que dispuser e com observância, no que for aplicável, do que preceitua o artigo anterior.

1. COMENTÁRIOS

Na hipótese de infante exposto e de menor abandonado, mesmo sem saber quem são seus pais, também é essencial que se faça o competente assento de nascimento, uma vez que o registro é ato obrigatório e necessário ao exercício da cidadania.

Incumbe àquele que tiver o menor sob sua **custódia** transportar o fato ao conhecimento do Juízo da Infância e da Juventude para que sejam adotadas as medidas necessárias, notadamente o registro de nascimento.

Neste cenário, a competência para a determinação da expedição de mandado para o registro de nascimento é do Juízo da Vara da Infância e da Juventude, que especificará as circunstâncias determinantes do registro, à vista dos elementos disponíveis, para que sejam averbadas à sua margem. Do registro, será expedida certidão sem que conste qualquer referência ao fato.

Estabelece o art. 102 do Estatuto da Criança e Adolescente – ECA (Lei 8.069/1990) que as medidas de proteção deste diploma serão acompanhadas da regularização do registro civil.

Tais registros e certidões necessários à essa regularização **são isentos de multas, custas e emolumentos, gozando de absoluta prioridade.**

Caso ainda não definida a paternidade, será deflagrado procedimento específico destinado à sua averiguação, conforme já analisamos. Neste caso, é **dispensável** o ajuizamento de ação de investigação de paternidade pelo Ministério Público se, após o não comparecimento ou a recusa do suposto pai em assumir a paternidade a ele atribuída, a criança for encaminhada para adoção.

Prevalece que o ECA revogou tacitamente os artigos 61 e 62 ora em análise. Nas palavras de Walter Ceneviva: "Com a entrada em vigor do Código de Menores, em 1979, os arts. 61 e 62 foram parcialmente revogados, o que se confirmou com o ECA. Sobrevindo o CC/02 acrescentou-se ao ordenamento legal o art. 1.764". (Op. cit., p. 160).

Algumas normativas estaduais apresentam dispositivos semelhantes, porém com termos atualizados de acordo com a nova legislação. É o caso das Normas de Serviço da Corregedoria Geral da Justiça do Estado de São Paulo. Veja-se:

Item 48, Cap. XVII, NSCGJSP. O registro de nascimento de criança ou adolescente em situação de risco, sob a jurisdição do Juiz da Infância e da Juventude, far-se-á por iniciativa deste, por mandado do mesmo juízo.

1.1 DO PROCEDIMENTO DE PROMOÇÃO DO REGISTRO DE NASCIMENTO NO CASO DE OMISSÃO

Em 26 de setembro de 2023, o Provimento CNJ nº 151, regulamentou o procedimento para a promoção do registro de nascimento em casos de omissão, incluindo os arts. 495-A a 495-E no Código Nacional de Normas. Destacam-se algumas justificativas que contribuíram para a edição desse ato normativo:

A) Ser a dignidade da pessoa humana um dos fundamentos da República Federativa do Brasil (art. 1º, III, da Constituição Federal);

B) Ser dever do Estado assegurar à criança e ao adolescente, com absoluta prioridade, o direito à dignidade e ao respeito, colocando-os a salvo de toda forma de negligência, discriminação, exploração, violência, crueldade e opressão (art. 227 da Constituição Federal);

C) O Estatuto da Criança e do Adolescente prever a regularização do Registro Civil (art. 102 da Lei n. 8.069/1990);

D) O Pacto Internacional sobre Direitos Civis e Políticos estabelecer que "*Toda criança deverá ser registrada imediatamente após seu nascimento e deverá receber um nome*" (art. 24, item 2, do Decreto n. 592/1992);

E) A Convenção Internacional sobre os Direitos da Criança, que prescreve que "*A criança será registrada rapidamente após seu nascimento e terá direito, desde o momento em que nasce, a um nome, a uma nacionalidade e, na medida do possível, a conhecer seus pais e ser cuidada por eles*", bem como que "*Quando uma criança se vir privada ilegalmente de algum ou de todos os elementos que configuram sua identidade, os Estados Partes deverão prestar assistência e proteção adequadas com vistas a restabelecer rapidamente sua identidade*" (arts. 7, item 1, e 8, item 2, do Decreto n. 99.710/1990);

F) O disposto na Resolução CNJ n. 485, de 18 de janeiro de 2023, sobre o adequado atendimento de gestante ou parturiente que manifeste desejo de entregar o filho para adoção e a proteção integral da criança;

G) Que o Registro de Nascimento é relevante ao exercício da cidadania e aos direitos da personalidade; e

H) Que um dos principais objetivos do Registro de Nascimento é o de individualizar a pessoa perante a sociedade,

O artigo 495-A busca assegurar a proteção integral de crianças e adolescentes por meio do registro de nascimento, um direito fundamental de personalidade. Esse artigo trata da atuação do Estado e da sociedade em situações onde há ausência de registro civil de menores, o que pode ocorrer por diversas razões, incluindo a ação ou omissão do Estado, falhas, omissões ou abusos por parte dos pais ou responsáveis.

O *caput* do art. 495-A traz a garantia de registro pelo Juízo da Infância e Juventude, estabelecendo que, ao identificar uma situação de falta de registro de nascimento, o juízo deve determinar a **expedição de um mandado judicial para assegurar o registro**. Esta medida é crucial para garantir a proteção integral da criança ou adolescente, permitindo-lhes acesso a diversos direitos e benefícios que dependem da existência do registro civil.

Por sua vez, § 1º enfatiza a necessidade de **verificação prévia da inexistência de registro de nascimento antes de emitir o mandado judicial**. Para isso, o juízo deve consultar a Central de Informações de Registro Civil das Pessoas Naturais (CRC). Esta etapa é fundamental para **evitar duplicidade de registros** e garantir a eficiência do procedimento.

O § 2º determina que os **mandados judiciais para registro de nascimento devem ser enviados eletronicamente** aos oficiais de registro civil. A preferência é pelo uso da CRC ou outros meios que permitam a comprovação de recepção pela serventia. Esta medida moderniza e agiliza o processo, garantindo que os registros sejam realizados de maneira rápida e eficiente.

Note-se que a implementação do art. 495-A é um passo significativo para garantir que todas as crianças e adolescentes tenham seus direitos de personalidade protegidos através do registro civil. Ele reforça a responsabilidade do Estado e da sociedade em assegurar que nenhum menor fique sem a devida documentação, essencial para o exercício pleno da cidadania e acesso aos direitos fundamentais.

O artigo 495-B aborda as situações em que **não é possível determinar a qualificação pessoal de uma criança ou adolescente para fins de registro de nascimento**. Este dispositivo legal prevê uma série de medidas para garantir que, mesmo na ausência de informações precisas, o registro de nascimento seja realizado de forma adequada, assegurando os direitos fundamentais do menor. Aqui vale a transcrição para complementar os estudos:

> Art. 495-B. Quando não for possível precisar a qualificação pessoal de criança ou adolescente, a determinação da lavratura do seu registro de nascimento será precedida da confecção de termo circunstanciado sobre o fato, acompanhado das seguintes declarações:
>
> I – hora, dia, mês e ano do nascimento;
>
> II – lugar do nascimento;
>
> III – idade aparente;
>
> IV – sinais característicos;
>
> V – objetos encontrados com a criança ou adolescente.

Noutras palavras, o art. 495-B estabelece um procedimento detalhado para assegurar que nenhuma criança ou adolescente fique sem registro de nascimento, mesmo em casos onde a identificação completa não é possível. A criação do termo circunstanciado com as declarações especificadas proporciona uma abordagem estruturada para lidar com essas situações, garantindo que os direitos dos menores sejam protegidos e que eles possam acessar os benefícios e serviços a que têm direito. Este artigo exemplifica o compromisso do sistema legal em proteger a infância e a juventude, mesmo diante de desafios complexos de identificação.

O artigo 495-C dispõe sobre os procedimentos a serem adotados na instrução do registro de nascimento **quando não é possível identificar o nome atribuído à criança ou ao adolescente pelos genitores**. Este artigo estabelece uma série de providências destinadas a garantir que a criança ou adolescente tenha um nome significativo e que respeite seu direito à identidade, conforme segue:

> Art. 495-C. Na instrução do feito relativo ao registro de nascimento de que trata este Capítulo, em não sendo possível identificar o nome atribuído à criança ou ao adolescente pelos genitores, devem ser adotadas as seguintes providências, no que couber:
>
> I – determinar as provas e diligências necessárias à instrução do feito visando à identificação de dados qualificativos da criança ou do adolescente bem como de seus familiares, a fim de permitir atribuir a ela nome que seja significativo à sua história de vida e ao seu direito à identidade;
>
> II – sendo conhecido o nome de familiares, verificar se não há registro civil da criança ou adolescente em outra localidade;
>
> III – verificar se a criança ou o adolescente não é desaparecido, consultando os bancos de dados da polícia, inclusive genéticos;
>
> IV – em se tratando de criança ou adolescente com capacidade de se comunicar, verbalmente ou por outro

meio, tem o direito de ser ouvido para que informe qual o nome pelo qual se identifica.

Conclui-se que o art. 495-C demonstra um comprometimento com a proteção dos direitos da criança e do adolescente, especialmente no que tange à sua identidade e ao direito de possuir um nome. Ao estabelecer procedimentos claros e detalhados, o artigo assegura que, mesmo na ausência de informações iniciais dos genitores, todas as medidas possíveis sejam tomadas para identificar e registrar a criança ou adolescente de maneira digna e respeitosa. Este artigo reforça a importância de um sistema de registro civil inclusivo e abrangente, capaz de lidar com situações complexas e garantir os direitos fundamentais dos menores.

O artigo 495-D estabelece **critérios específicos para a atribuição do nome completo de crianças e adolescentes,** visando garantir a proteção de sua identidade e dignidade. Este artigo destaca a responsabilidade do juiz ao determinar o nome, observando diretrizes que promovem a inclusão, o respeito e a proteção contra constrangimentos. Veja-se:

> Art. 495-D. Na atribuição do nome completo da criança ou adolescente na forma deste Capítulo, o juiz observará os seguintes critérios:
>
> a) onomástica comum e mais usual brasileira;
>
> b) para o sobrenome, as circunstâncias locais, históricas e pessoais com o fato, respeitado, se possível, o art. 55, § 2º, da Lei n. 6.015, de 31 de dezembro de 1973;
>
> c) a diretriz de evitar homonímias;
>
> d) a prevalência, se for o caso, do nome pelo qual a criança ou o adolescente declara identificar-se.
>
> e) a vedação de atribuir nomes que:
>
> I – sejam suscetíveis de exposição ao ridículo;
>
> II – possibilitem o pronto reconhecimento do motivo do registro;
>
> III – se relacionem a pessoas de projeção social, política, religiosa ou qualquer outra de fácil identificação, ainda que somente em âmbito local; ou
>
> IV – de qualquer forma tenham a aptidão de ensejar constrangimento.

Não restam dúvidas de que o art. 495-D reflete um cuidado especial na atribuição de nomes a crianças e adolescentes, garantindo que o procedimento seja realizado com respeito à identidade, à dignidade e ao contexto cultural. Ao estabelecer critérios claros e vedações específicas, este artigo busca assegurar que o nome atribuído contribua positivamente para a formação da identidade do menor, evitando situações de constrangimento e promovendo sua inclusão social e cultural.

Por fim, o artigo 495-E estabelece procedimentos claros e rigorosos para os oficiais de registro civil **após a efetivação do registro de nascimento de uma criança ou adolescente.** Este artigo sublinha a importância da comunicação eficiente entre os registros civis e o juízo responsável, garantindo que a documentação necessária seja encaminhada de forma adequada e em tempo hábil. Confira:

> Art. 495-E. Feito o registro, deverá o oficial de registro civil, no **prazo de cinco dias** úteis e, sob pena de incorrer em infração disciplinar, remeter eletronicamente a certidão de nascimento ao Juízo mandante para juntada aos autos.
>
> Parágrafo único. A inobservância do dever estabelecido nesse artigo não caracterizará infração disciplinar se decorrer de motivo justificável, devidamente informado ao Juízo mandante dentro do mesmo prazo conferido para o atendimento da obrigação."

Em resumo, o art. 495-E destaca a importância da eficiência e da responsabilidade no processo de registro de nascimento. Ao estabelecer prazos claros e prever penalidades para o descumprimento, o artigo busca garantir que todos os registros sejam feitos de maneira rápida e adequada, contribuindo para a proteção dos direitos das crianças e adolescentes. A inclusão de uma exceção para motivos justificáveis demonstra um equilíbrio entre rigor e flexibilidade, assegurando que o sistema possa responder de maneira justa a situações excepcionais sem comprometer a integridade do processo.

2. QUESTÃO DE CONCURSO

01. (Vunesp – Outorga de delegação de serviços notariais e registrais – Remoção – TJ – RS/2019) No que diz respeito às regras existentes com relação à escolha do nome no ato do registro de nascimento, assinale a alternativa correta.

a) Caso os genitores não indiquem o nome completo, o Oficial não poderá lançá-lo sozinho, devendo submeter o caso ao Juiz de Direito do Foro da Comarca que pertencer a Serventia.

b) Os pais são completamente livres, não havendo nenhuma regra ou orientação com relação ao nome, cabendo ao Oficial do RCPN (Registro Civil das Pessoas Naturais) respeitar o poder familiar dos genitores.

c) A única regra existente é a do art. 55, parágrafo único, da Lei nº 6.015/73, que impede os Oficiais de RCPN de registrarem prenomes que exponham o menor ao ridículo.

d) Para os expostos ou menores em estado de abandono, o prenome deve ser escolhido entre os da onomástica comum e mais usual brasileira, e o sobrenome, consideradas circunstâncias locais, históricas e pessoais.

e) Após atingida a maioridade, o interessado poderá, em até dois anos e pessoalmente, alterar o nome, desde que não prejudique os apelidos de família.

GAB	1	D

Art. 63. No caso de gêmeos, será declarada no assento especial de cada um a ordem de nascimento. Os gêmeos que tiverem o prenome igual deverão ser inscritos com duplo prenome ou nome completo diverso, de modo que possam distinguir-se.

Parágrafo único. Também serão obrigados a duplo prenome, ou a nome completo diverso, os irmãos a que se pretender dar o mesmo prenome.

1. COMENTÁRIOS

Já foi esclarecido nesta obra que é vedado constar no registro de nascimento o item 6º do art. 54 da Lei 6.015/1973, que estabelece a **ordem de filiação** de outros irmãos do mesmo prenome que existirem ou tiverem existido, pois não está em consonância com o art. 227, § 6º da Constituição Federal. Além disso, tal item foi revogado pelo art. 5º da Lei 8.560/1992, que prevê que "no registro de nascimento não se fará qualquer referência à natureza da filiação, à sua ordem em relação a outros irmãos do mesmo prenome, exceto gêmeos".

Percebe-se que o dispositivo em análise consiste numa **exceção à ordem de filiação**, sendo permitido no caso de **irmãos gêmeos**. O fundamento dessa exceção é estabelecer a diferenciação cronológica de eventos quando se tratar de gravidez com mais de uma criança, ou seja, qual gêmeo nasceu em primeiro lugar, em segundo, e assim sucessivamente.

Ademais, com o escopo de individualizar a pessoa natural para a composição do nome dos gêmeos, da mesma forma que ocorre com todos os irmãos, deve haver distinção entre eles. Tal norma faz-se necessária para que não ocorra casos de homonímia entre os parentes.

Ademais, com o objetivo de individualizar cada pessoa natural na composição do nome dos gêmeos, assim como ocorre com todos os irmãos, deve haver distinção entre eles. Essa norma é necessária para evitar casos de homonímia entre os parentes..

Art. 64. Os assentos de nascimento em navio brasileiro mercante ou de guerra serão lavrados, logo que o fato se verificar, pelo modo estabelecido na legislação de marinha, devendo, porém, observar-se as disposições da presente Lei.

Art. 65. No primeiro porto a que se chegar, o comandante depositará imediatamente, na capitania do porto, ou em sua falta, na estação fiscal, ou ainda, no consulado, em se tratando de porto estrangeiro, duas cópias autenticadas dos assentos referidos no artigo anterior, uma das quais será remetida, por intermédio do Ministério da Justiça, ao oficial do registro, para o registro, no lugar de residência dos pais ou, se não for possível descobri-lo, no 1º Ofício do Distrito Federal. Uma terceira cópia será entregue pelo comandante ao interessado que, após conferência na capitania do porto, por ela poderá, também, promover o registro no cartório competente.

Parágrafo único. Os nascimentos ocorridos a bordo de quaisquer aeronaves, ou de navio estrangeiro, poderão ser dados a registro pelos pais brasileiros no cartório ou consulado do local do desembarque.

Art. 66. Pode ser tomado assento de nascimento de filho de militar ou assemelhado em livro criado pela administração militar mediante declaração feita pelo interessado ou remetido pelo comandante da unidade, quando em campanha. Esse assento será publicado em boletim da unidade e, logo que possível, trasladado por cópia autenticada, ex officio ou a requerimento do interessado, para o cartório de registro civil a que competir ou para o do 1º Ofício do Distrito Federal, quando não puder ser conhecida a residência do pai.

Parágrafo único. A providência de que trata este artigo será extensiva ao assento de nascimento de filho de civil, quando, em consequência de operações de guerra, não funcionarem os cartórios locais.

1. COMENTÁRIOS

Os arts. 64, 65 e 66 já foram analisados nos comentários dos arts. 31 e 51 desta Lei.

CAPÍTULO V – DA HABILITAÇÃO PARA O CASAMENTO

1. COMENTÁRIOS

O instituto do casamento no registro civil é composto pelo **procedimento de habilitação**, pelo **ato de celebração** e pelo **registro**.

A **habilitação** para o casamento consiste no procedimento realizado junto ao Registro Civil das Pessoas Naturais da circunscrição de residência de um dos nubentes, cujo objetivo é verificar os pressupostos legais a fim de averiguar se os nubentes estão habilitados a contrair o matrimônio e se não possuem algum impedimento para o casamento.

A **celebração,** por sua vez, é a solenidade pela qual os nubentes expressam a vontade livre e espontânea de estabelecer o vínculo conjugal, perante autoridade religiosa ou civil, salvo algumas exceções que veremos adiante.

A **publicidade** do casamento se dá por meio do registro civil, em livro próprio. É o que se extrai do art. 1.543 do Código Civil, que tem a seguinte redação: *"O casamento celebrado no Brasil prova-se pela certidão do registro"*. Assim, o registro faz prova do casamento tornando-o público e conhecido de todos, o estado civil de casado do indivíduo.

Mario de Carvalho Camargo Neto e Marcelo Salaroli de Oliveira muito bem observam que a ordem lógica desses atos é a habilitação, a celebração e o registro. No entanto, é possível haver habilitação após a celebração (casamento religioso para efeitos civis), bem como registro sem celebração (conversão de união estável em casamento), além de outras situações especiais (*Registro Civil das Pessoas Naturais*. Vol. II. São Paulo: Saraiva, p. 18).

Nos termos do art. 1.512 do Código Civil, o casamento é civil e sua celebração é gratuita a sua **celebração**, à medida que a **habilitação** para o casamento, o **registro e a primeira certidão** são isentos de selos, emolumentos e custas, para as pessoas cuja pobreza for declarada, sob as penas da lei.

Sobre este comando, vale invocar o Enunciado 9 da I Jornada de Direito Notarial e Registral, a saber:

> **Enunciado 9.** Em caso de suspeita ou dúvida acerca da declaração de pobreza para fins de habilitação de casamento, o Oficial de Registro Civil das Pessoas Naturais poderá solicitar documentos comprobatórios acerca da hipossuficiência.
>
> ⊙ Justificativa: Os Estados não possuem padronização sobre critérios de aplicação e de responsabilização no tocante às pessoas que alegam direito à Justiça gratuita sem enquadrar-se em critérios objetivos de sua impossibilidade. A proposta assegura a possibilidade de pedir documentos comprobatórios quando a autodeclaração não se mostrar suficiente para aferir a sua suposta miserabilidade, como também sedimenta a aplicabilidade, em âmbito nacional, daquilo que já consta na legislação quando houver indicativo de má-fé e que não têm trâmite estabelecido em muitos Estados da Federação.

Art. 67. Na habilitação para o casamento, os interessados, apresentando os documentos exigidos pela lei civil, requererão ao oficial do registro do distrito de residência de um dos nubentes, que lhes expeça certidão de que se acham habilitados para se casarem.

§ 1º Se estiver em ordem a documentação, o oficial de registro dará publicidade, em meio eletrônico, à habilitação e extrairá, no prazo de até 5 (cinco) dias, o certificado de habilitação, podendo os nubentes contrair matrimônio perante qualquer serventia de registro civil de pessoas naturais, de sua livre escolha, observado o prazo de eficácia do art. 1.532 da Lei nº 10.406, de 10 de janeiro de 2002 (Código Civil).

§ 2º *(Revogado). (Redação dada pela Lei nº 14.382, de 2022)*

§ 3º *(Revogado). (Redação dada pela Lei nº 14.382, de 2022)*

§ 4º *(Revogado). (Redação dada pela Lei nº 14.382, de 2022)*

§ 4º-A A identificação das partes e a apresentação dos documentos exigidos pela lei civil para fins de habilitação poderão ser realizadas eletronicamente mediante recepção e comprovação da autoria e da integridade dos documentos.

§ 5º Se houver impedimento ou arguição de causa suspensiva, o oficial de registro dará ciência do fato aos nubentes, para que indiquem, em 24 (vinte e quatro) horas, prova que pretendam produzir, e remeterá os autos a juízo, e, produzidas as provas pelo oponente e pelos nubentes, no prazo de 3 (três) dias, com ciência do Ministério Público, e ouvidos os interessados e o órgão do Ministério Público em 5 (cinco) dias, decidirá o juiz em igual prazo.

§ 6º Quando a celebração do casamento ocorrer perante oficial de registro civil de pessoas naturais diverso daquele da habilitação, deverá ser comunicado o oficial de registro em que foi realizada a habilitação, por meio eletrônico, para a devida anotação no procedimento de habilitação .

§ 7º Expedido o certificado de habilitação, celebrar-se-á o casamento, no dia, hora e lugar solicitados pelos nubentes e designados pelo oficial de registro.

§ 8º A celebração do casamento poderá ser realizada, a requerimento dos nubentes, em meio eletrônico, por sistema de videoconferência em que se possa verificar a livre manifestação da vontade dos contraentes.

Art. 68. Se o interessado quiser justificar fato necessário à habilitação para o casamento, deduzirá sua intenção perante o Juiz competente, em petição circunstanciada indicando testemunhas e apresentando documentos que comprovem as alegações.

§ 1º Ouvidas as testemunhas, se houver, dentro do prazo de cinco (5) dias, com a ciência do órgão do Ministério Público, este terá o prazo de vinte e quatro (24) horas para manifestar-se, decidindo o Juiz em igual prazo, sem recurso.

§ 2º Os autos da justificação serão encaminhados ao oficial do registro para serem anexados ao processo da habilitação matrimonial.

1. COMENTÁRIOS

A despeito de a lei dar o nome de processo de habilitação, a rigor, trata-se de um verdadeiro **procedimento**, que consiste na sucessão ordenada de atos necessários para que se consubstancie a tutela jurídica.

Já sabemos que a habilitação para o casamento é o procedimento realizado junto ao Registro Civil das Pessoas Naturais da circunscrição de residência de um dos nubentes, cujo objetivo é verificar os pressupostos legais a fim de averiguar se os nubentes estão habilitados a contrair o matrimônio e se não possuem algum impedimento para o casamento.

É também por meio do procedimento da habilitação que se verifica a **capacidade** dos nubentes para o casamento, a **ausência de causas suspensivas**, a adequada escolha do **nome**, bem como o **regime de bens**.

A Lei n. 14.382/2022 trouxe significativas mudanças na habilitação e celebração do casamento, com a finalidade de desburocratizar e modernizar o procedimento.

De início, frisa-se que permanece a **competência do cartório de residência de um dos nubentes para a habilitação de casamento**. Contudo, quanto aos prazos e à forma de publicação dos editais, ocorreram alterações.

A nova lei inova ao permitir o encaminhamento da documentação para a **habilitação de forma eletrônica**, veja-se:

> § 1º Se estiver em ordem a documentação, o oficial de registro dará publicidade, em meio eletrônico, à habilitação e extrairá, no prazo de até 5 (cinco) dias, o certificado de habilitação, podendo os nubentes contrair matrimônio perante qualquer serventia de registro civil de pessoas naturais, de sua livre escolha, observado o prazo de eficácia do art. 1.532 da Lei nº 10.406, de 10 de janeiro de 2002 (Código Civil).

O prazo a que o diploma civil se refere é o da eficácia da habilitação, que será de noventa dias, a contar da data em que foi extraído o certificado.

Aliás, é relevante mencionar o **Enunciado 11 da I Jornada de Direito Notarial e Registral**, que prescreve que a certidão do registro civil necessária à habilitação para casamento deve ter sido emitida há menos de 90 (noventa) dias, contados da data da apresentação dos documentos para habilitação. A justificativa para essa exigência é:

> O art. 1.525 do Código Civil estabelece que: *O requerimento de habilitação para o casamento será firmado por ambos os nubentes, de próprio punho, ou, a seu pedido, por procurador, e deve ser instruído com os seguintes documentos: I - certidão de nascimento ou documento equivalente; (...) IV - declaração do estado civil, do domicílio e da residência atual dos contraentes e de seus pais, se forem conhecidos; (...)*
>
> O art. 1.521 assim dispõe: *Não podem se casar: (...) VI - as pessoas casadas; (...)*
>
> Já o art. 1.523 estabelece que: *Não devem casar: I- o viúvo ou a viúva que tiver filho do cônjuge falecido, enquanto não fizer inventário dos bens do casal e der partilha aos herdeiros; II- a viúva, ou a mulher cujo casamento se desfez por ser nulo ou ter sido anulado, até dez meses depois do começo da viuvez, ou da dissolução da sociedade conjugal; III- o divorciado, enquanto não houver sido homologada ou decidida a partilha dos bens do casal; IV- o tutor ou o curador e os seus descendentes, ascendentes, irmãos, cunhados ou sobrinhos, com a pessoa tutelada ou curatelada, enquanto não cessar a tutela ou curatela, e não estiverem saldadas as respectivas contas.*
>
> O art. 107 da Lei n. 6.015/1973 dispõe que: *O óbito deverá ser anotado, com as remissões recíprocas, nos assentos de casamento e nascimento, e o casamento no deste.* Logo, é possível extrair as seguintes conclusões: 1. A prova da capacidade para o casamento deve ser literal, objetiva

e sem dúvidas; 2. Existem diversos atos jurídicos que podem ocorrer na vida da pessoa (casamento, separação, divórcio, óbito do cônjuge etc.) e que não estarão evidenciados na primeira.

No que toca ao procedimento da habilitação, foram revogados pelo art. 20 da Lei do SERP os parágrafos 2º, 3º e 4º. Tais comandos referiam-se às intervenções do Ministério Público. Permitam-me trazer um histórico mais detalhado sobre o tema.

A intervenção do MP em habilitação para o casamento está prevista no art. 1.526 do CC, com redação conferida pela Lei n. 12.133/2009, bem como nos parágrafos revogados do art. 67, da LRP.

Até 10 de maio de 2016, a Recomendação 16/2010 do Conselho Nacional do Ministério Público (CNMP) era pautada na desnecessidade da atuação ministerial em vários atos, tais como: habilitação de casamento, dispensa de proclamas, registro de casamento nuncupativo, justificações que devam produzir efeitos nas habilitações de casamento. A justificativa: otimizar a atuação ministerial no Processo Civil.

Todavia, essa recomendação foi revogada pela de número 34, em 2016. A nova abordagem do ato foi esteada em razão da necessidade de se oferecerem diretrizes para a intervenção do órgão ministerial prevista no inciso I do art. 178 do CPC/2015, que se refere à questões de interesse público ou social.

Em outras palavras, enquanto a Recomendação 16/2010 elencava hipóteses de dispensa do Ministério Público, a Recomendação 34/2016 fez exatamente o oposto, tendo como fundamento o dispositivo supracitado do novo CPC.

Ocorre que, com as alterações feitas pela Lei 14.382/2022, passa-se a exigir a manifestação do Ministério Público **apenas** nos casos de **oposição de impedimento ou causa suspensiva**, e não mais nos demais casos de habilitação de casamento, conforme estabelecido pelo artigo 67, § 5º, da Lei nº 6.015/1973, nestes termos:

> Se houver impedimento ou arguição de causa suspensiva, o oficial de registro dará ciência do fato aos nubentes, para que indiquem, em 24 (vinte e quatro) horas, prova que pretendam produzir, e remeterá os autos a juízo, e, produzidas as provas pelo oponente e pelos nubentes, no prazo de 3 (três) dias, com ciência do Ministério Público, e ouvidos os interessados e o órgão do Ministério Público em 5 (cinco) dias, decidirá o juiz em igual prazo.

Note-se que o § 5º do art. 67 também inova ao **reduzir o prazo de processamento do incidente de oposição por razão de impedimento ou de causa suspensiva.**

Outra melhoria muito bem-vinda foi a autorização para que o procedimento de habilitação de casamento seja realizado **totalmente de forma digital,** a partir do envio de documentos e da identificação de forma eletrônica. É o que se extrai do novo § 4º-A, que estabelece que a identificação das partes e a apresentação dos documentos exigidos pela lei civil para fins de habilitação poderão ser realizadas eletronicamente mediante recepção e comprovação da autoria e da integridade dos documentos.

Aliás, agrega-se a essa grande mudança a possibilidade de **celebrar** o casamento por **sistema de videoconferência,** desde que seja possível verificar a livre manifestação da vontade dos contraentes..

Frise-se que tais mudanças dependerão de regulamentação das Corregedorias-Gerais da Justiça dos Estados ou pela Corregedoria Nacional de Justiça do CNJ. É o que se depreende do § 8º do art. 67, da LRP.

Ademais, é importante atentar que para a preservação da ampla publicidade da celebração, deve-se observar comandos do art. 1.534 do Código Civil.

Vale lembrar que o festejado Provimento CNJ n. 100/2020, ato normativo que celebra os atos notariais eletrônicos e hoje incorporado aos arts. 284 a 319 do Código Nacional de Normas, já permitia o procedimento da chamada videoconferência notarial, ato realizado pelo notário para verificação da livre manifestação da vontade das partes em relação ao ato notarial lavrado eletronicamente. Os atos notariais eletrônicos forami minuciosamente explorados nesta obra no capítulo referente à Lei n. 8.935/1994 (Lei dos Notários e Registradores).

Ainda sobre as inovações dadas pela Lei do SERP, anote-se que o **local e o horário para a celebração do casamento** agora são da atribuição do **registrador civil** e não mais prerrogativa do celebrante/juiz de paz, como ocorria na sistemática anterior. Não é outra a conclusão da redação do art. 67, § 7º, da LRP: *Expedido o certificado de habilitação, celebrar-se-á o casamento, no dia, hora e lugar solicitados pelos nubentes e* ***designados pelo oficial de registro.***

O antigo texto do § 6º do art. 67 estabelecia que quando o casamento se desse em circunscrição diferente daquela da habilitação, o oficial do registro deveria comunicar ao da habilitação esse fato, com os elementos necessários às anotações nos respectivos autos. Ocorre que esta regra já era ultrapassada, tanto que as normativas estaduais mais atuais utilizavam o comando que agora está previsto no atual § 6º. Assim, quando a celebração do casamento ocorrer perante oficial de registro civil de pessoas naturais diverso daquele da habilitação, deverá ser comunicado o oficial de registro em que foi realizada a habilitação, por meio eletrônico, para a devida anotação no procedimento de habilitação.

Carlos Elias e Flávio Tartuce observam se os atos ocorrerem perante serventias diferentes, caberá ao oficial da celebração do casamento comunicar eletronicamente o fato ao oficial da habilitação para que este promova a devida anotação nos autos do procedimento de habilitação (art. 67, § 6.º, da LRP). Se os atos sucederem na mesma serventia, entendemos que a anotação da celebração do casamento no procedimento de habilitação é obrigatória, apesar do silêncio do § 6º do art. 67 da LRP, uma vez que esse dispositivo apenas trata da anotação quando a celebração ocorrer em serventia diferente da do procedimento de habilitação. No entanto, a finalidade da anotação é permitir, por meio da consulta ao procedimento de habilitação, a fácil identificação de que o casamento foi celebrado. Por isso, a anotação deve dar-se mesmo se a celebração realizar-se no mesmo RCPN da habilitação, o que constitui uma interpretação teleológica do referido dispositivo (Op. cit. p. 75).

1.1 IMPEDIMENTOS AO CASAMENTO

Os impedimentos podem ser opostos até o momento da celebração do casamento, por qualquer pessoa capaz. Todavia, se o juiz ou o **oficial de registro** tiver conhecimento da existência de algum impedimento, será **obrigado** a declará-lo.

No art. 1.521 do Código Civil, encontram-se as hipóteses dos impedimentos matrimoniais. Veja-se:

> **Art. 1.521.** Não podem casar:
>
> I – os ascendentes com os descendentes, seja o parentesco natural ou civil;
>
> II – os afins em linha reta;
>
> III – o adotante com quem foi cônjuge do adotado e o adotado com quem o foi do adotante;
>
> IV – os irmãos, unilaterais ou bilaterais, e demais colaterais, até o terceiro grau inclusive;
>
> V – o adotado com o filho do adotante;
>
> VI – as pessoas casadas;
>
> VII – o cônjuge sobrevivente com o condenado por homicídio ou tentativa de homicídio contra o seu consorte.

Ressalte-se que a doutrina tem entendimento consolidado de que o **casamento entre colaterais de terceiro grau** é admitido, desde que eles requeiram no processo de habilitação o exame médico pré-nupcial. O juiz então nomeará dois médicos para examinar o problema referente à sanidade da eventual prole. Se os médicos descartarem qualquer problema de eugenia, o casamento poderá ser realizado (art. 2º do Dec.-lei 3.200/1941). Caso contrário, nulo será o casamento.

Nesse sentido, o enunciado 98 da I Jornada de Direito Civil do Conselho da Justiça Federal:

> **Enunciado 98** – Art. 1.521, IV, do novo Código Civil: o inc. IV do art. 1.521 do novo Código Civil deve ser interpretado à luz do Decreto-Lei nº 3.200/41 no que se refere à possibilidade de casamento entre colaterais de 3º grau.

Sobre o inciso VI, que menciona o impedimento às pessoas casadas, paira celeuma se seria aplicável à união estável. Mario de Carvalho Camargo Neto e Marcelo Salaroli de Oliveira prelecionam que: "Para o registrador civil, vislumbram-se duas situações em que essa questão poderá vir à tona. A primeira, quando qualquer pessoa opõe impedimento alegando que um dos nubentes vive em união estável. Nesse caso, o registrador não poderá entrar no mérito da questão e deverá realizar o procedimento de oposição de impedimento, para que as autoridades competentes se manifestem e decidam. A segunda, quando os nubentes, ao apresentarem a documentação para a habilitação, notadamente a declaração do estado civil (CC, art. 1.525, IV), declararem que mantêm convívio com terceira pessoa, a despeito da doutrina majoritária não considerar que a união estável altere o estado civil" (*Registro Civil das Pessoas Naturais*. Vol. II. São Paulo: Saraiva, p. 26).

Ainda não existe interpretação sedimentada acerca desta temática, incumbindo aos aplicadores do direito, dentre eles os notários e registradores, proceder de forma a garantir maior segurança e eficiência aos atos por ele elaborados, sempre respeitando os interesses e as liberdades das partes neles envolvidas.

1.2 CAUSAS SUSPENSIVAS

As causas suspensivas são aquelas que obstam a celebração do casamento. No entanto, quando desrespeitadas, não anulam o ato. No Código Civil de 1916, elas figuravam no rol dos impedimentos e a doutrina as chamava de **impedimentos meramente impedientes.**

O casamento celebrado com transgressão dessas causas suspensivas não é nulo nem anulável, porque não viola a ordem pública, mas interesses predominantemente privados, acarretando apenas uma **sanção patrimonial aos nubentes**, qual seja, o casamento com o regime de separação obrigatória de bens (art. 1.641, I, do Código Civil).

Todavia, se a causa suspensiva for arguida por algum dos legitimados (art. 1.524, CC) durante o período de habilitação, o casamento será suspenso até que a causa seja decidida.

Reza o art. 1.523 do Código Civil:

> **Art. 1.523.** Não devem casar:
>
> I – o viúvo ou a viúva que tiver filho do cônjuge falecido, enquanto não fizer inventário dos bens do casal e der partilha aos herdeiros;
>
> II – a viúva, ou a mulher cujo casamento se desfez por ser nulo ou ter sido anulado, até dez meses depois do começo da viuvez, ou da dissolução da sociedade conjugal;
>
> III – o divorciado, enquanto não houver sido homologada ou decidida a partilha dos bens do casal;
>
> IV – o tutor ou o curador e os seus descendentes, ascendentes, irmãos, cunhados ou sobrinhos, com a pessoa tutelada ou curatelada, enquanto não cessar a tutela ou curatela, e não estiverem saldadas as respectivas contas.
>
> Parágrafo único. É permitido aos nubentes solicitar ao juiz que não lhes sejam aplicadas as causas suspensivas

previstas nos incisos I, III e IV deste artigo, provando-se a inexistência de prejuízo, respectivamente, para o herdeiro, para o ex-cônjuge e para a pessoa tutelada ou curatelada; no caso do inciso II, a nubente deverá provar nascimento de filho, ou inexistência de gravidez, na fluência do prazo.

O **Enunciado 139 da II Jornada de Prevenção e Solução Extrajudicial de Litígios** estabelece que, na hipótese prevista no art. 1.523, inciso II, do Código Civil, não será imposto o regime de separação obrigatória de bens ao novo casamento da mulher grávida quando os contraentes firmarem declaração de que são pais do nascituro, independentemente de autorização judicial.

⊙ Justificativa: O Código Civil impõe o regime obrigatório de bens em razão da *turbatio sanguinis*, contudo, com o exame de DNA, a turbatio sanguinis perdeu força. O reconhecimento de paternidade pode ser prévio, logo, nenhum prejuízo sofrerá o nascituro. Somente os nubentes enfrentam, muitas vezes, o prejuízo da espera, pois aguardam o filho nascer para poder contrair núpcias para poder optar pelo regime de bens desejado. De outra forma, convêm lembrar que a presunção de paternidade prevista no art. 1.597, II, do Código Civil não é absoluta, conforme art. 9º, § 4º, do Provimento 28/2013 do CNJ.

1.3 CAPACIDADE PARA O CASAMENTO

O Código Civil de 2002 estabeleceu a distinção entre incapacidade e impedimento matrimonial.

A incapacidade matrimonial ocorre quando a pessoa não pode casar-se com quem quer que seja, como o menor de 16 anos ou a pessoa já casada. O impedimento matrimonial, por sua vez, refere-se à falta de legitimação. Por exemplo, os colaterais de segundo grau. Eles não são incapazes para o casamento e podem se casar com quem desejarem, exceto com a pessoa que a lei vedou.

O inciso II do art. 1.525 do Código Civil que determina a autorização por escrito das pessoas sob cuja dependência legal estiverem, ou ato judicial que a supra, tem relação com a capacidade matrimonial.

É certo que, aos 16 anos, as pessoas são capazes para o casamento. Contudo, quando ainda não atingiram a maioridade civil (18 anos), faz-se imprescindível a autorização de ambos os pais, admitido, se necessário, o suprimento judicial. Essa é a redação do art. 1.517 do Código Civil, a saber:

> **Art. 1.517.** O homem e a mulher com dezesseis anos podem casar, exigindo-se autorização de ambos os pais, ou de seus representantes legais, enquanto não atingida a maioridade civil.
>
> Parágrafo único. Se houver divergência entre os pais, aplica-se o disposto no parágrafo único do art. 1.631.

Note-se que a lei fala em maioridade. A pergunta que se faz é: a pessoa emancipada também necessitaria de autorização dos pais ou responsável legal para o casamento? Ora, os emancipados são capazes, mas não são maiores. Nesse sentido, é o Enunciado 512 da V Jornada de Direito Civil do Conselho da Justiça Federal, que tem a seguinte redação:

> O art. 1.517 do Código Civil, que exige autorização dos pais ou responsáveis para casamento, enquanto não atingida a maioridade civil, não se aplica ao emancipado.

O art. 1.517 exige a outorga de **ambos os pais** para o casamento. Todavia, Reinaldo Velloso dos Santos, baseando-se nos argumentos da Apelação Cível 96.914-0/9, que tratou da outorga de emancipação, defende a ideia de que, diante da falta de um destes, é concedida a legitimidade a apenas um dos pais. Elucidativa é a referida decisão do Colendo Conselho Superior da Magistratura de São Paulo, que deu a seguinte interpretação: "sendo inviável a colheita do consentimento expresso do outro genitor, deve-se atentar à realidade social, acolhendo-se a manifestação isolada do genitor que o exerce o pátrio poder na falta do outro, cabendo entender significar o vocábulo "falta", não apenas ausência ou morte, mas a **não-presença**".

Mario de Carvalho Camargo Neto e Marcelo Salaroli de Oliveira alertam que "a posição de Reinaldo Velloso dos Santos, embora acatada por muitos registradores, não é pacífica e não pode ser aplicada irrestritamente, sendo recomendável o estudo de normas e decisões locais, uma vez que há previsões diametralmente contrárias que proíbem a mencionada aplicação, como no caso do Código de Normas do Rio de Janeiro, art. 758 § 3º" (*Registro Civil das Pessoas Naturais.* Vol. II. São Paulo: Saraiva, p. 42).

Divergindo os pais quanto ao exercício do poder familiar, e um deles denegar o consentimento, sendo injusta tal denegação, é assegurado a qualquer dos nubentes recorrer ao juiz para solução do desacordo. Se ambos os pais se opõem a autorização, o menor pode requerer ao juiz a expedição de alvará de suprimento de consentimento. Prevalece que esse suprimento deve ser concedido **anteriormente** ao procedimento da habilitação.

O **tutor** também poderá dar consentimento para o casamento, independentemente de autorização judicial, se a pessoa maior de 16 anos e menor de 18 estiver sob sua tutela.

O consentimento de **pais analfabetos**, para que seus filhos menores possam contrair matrimônio, deverá ser dado por meio de procurador constituído por instrumento público ou por termo de consentimento, nos autos da habilitação, subscrito por uma pessoa a rogo do analfabeto, comprovada a presença do declarante pela tomada de sua impressão digital ao pé do termo.

A **pessoa com deficiência** que manifestar vontade poderá requerer habilitação de casamento, sem assistência ou representação, sendo certo que a falta de manifestação não poderá ser suprida pela intervenção individual de curador ou apoiador.

Quanto ao **nubente interdito**, seja qual for a data ou os limites da interdição, prevalece que este poderá contrair casamento.

Excepcionalmente, admitia-se, em caso de gravidez, o casamento de quem ainda não havia alcançado a idade núbil (16 anos). O art. 1.520 do Código Civil trazia mais uma exceção, permitindo o casamento de quem não havia alcançado a idade núbil para evitar imposição ou cumprimento de pena criminal. Ocorre que, com o advento da Lei 11.106/2005, operou-se a revogação expressa dos incisos VII e VIII do art. 107 do Código Penal, que previa a extinção da punibilidade pelo casamento. A doutrina defendia que, por ser a ação penal pública condicionada, o consentimento da vítima poderia caracterizar perdão ou renúncia e, por conseguinte, a possibilidade de casamento para os nubentes abaixo dos 16 anos. Em 2009, com o advento da Lei 12.015/2009, essa ação penal passou a ser pública incondicionada em caso de menores de 18 anos para crimes sexuais. Assim, a parte final do art. 1.520 não vigorava mais.

Com a finalidade de esclarecimento do conteúdo das normas, elaborei a seguinte tabela:

Texto anterior	Texto atual (Lei 13.8112019)
"Art. 1.520. Excepcionalmente, será permitido o casamento de quem ainda não alcançou a idade núbil (art. 1.517), para evitar imposição ou cumprimento de pena criminal ou em caso de gravidez".	"Art. 1.520. Não será permitido, em qualquer caso, o casamento de quem não atingiu a idade núbil, observado o disposto no art. 1.517 deste Código".

Desse modo, não é mais permitido, em qualquer caso, o casamento de menor de 16 anos (denominado por parcela da doutrina de *casamento infantil*), observado o disposto no art. 1.517 do Código Civil (*O homem e a mulher com dezesseis anos podem casar, exigindo-se autorização de ambos os pais, ou de seus representantes legais, enquanto não atingida a maioridade civil*).

Havendo suprimento judicial para o casamento, seja qual for o fundamento, imperativo é a aplicação pelo oficial de registro civil, do regime obrigatório da separação de bens.

Por derradeiro, é regra inserta no art. 1.518 do Código Civil, que até a celebração do casamento podem os pais, tutores ou curadores revogar a autorização para o matrimônio.

1.4 ALTERAÇÃO DO NOME

O oficial deve esclarecer aos nubentes, no procedimento de habilitação, sobre a possibilidade de alteração de nome. Nesse caso, as alterações podem ocorrer **somente no sobrenome**, e não no prenome.

Em regra, o nubente deve requerer o pedido de acréscimo do nome do outro no procedimento específico de habilitação.

No entanto, o Superior Tribunal de Justiça, no REsp 910.094 SC, de 2012, relator Ministro Raul Araújo, decidiu pelo direito ao acréscimo do sobrenome já na **constância do casamento**, entendendo o colegiado que tal opção não pode ser limitada ao procedimento de habilitação do casamento ou à data de sua celebração.

Para uma melhor compreensão do tema, convidamos o leitor a relembrar os comentários dos arts. 55 ao 57 desta Lei.

1.5 REGIME DE BENS

Pontes de Miranda preleciona que regime de bens é o conjunto de regras, mais ou menos orgânico, que estabelece para certos bens, ou para os bens subjetivamente caracterizados, sistema de destinação e de efeitos (*Tratado de Direito de Família*. Vol. 2. São Paulo: Max Limonad, 1947).

Na concepção de Caio Mário, os regimes de bens são princípios jurídicos que disciplinam as relações econômicas entre os cônjuges enquanto perdura o casamento (*Instituições de Direito Civil*. 5ª ed. Rio de Janeiro: Forense, 1980).

É lícito aos nubentes, antes de celebrado o casamento, estipular, quanto aos seus bens, o que lhes aprouver, ressalvados os casos em que a lei determina o regime da separação obrigatória de bens (art. 1.641 do Código Civil).

O regime de bens pode ser elegido até procedimento da habilitação, porém pode ser alterado até a celebração do casamento, e entre os cônjuges começa a vigorar desde esta data. Ocorrendo a celebração, o regime somente pode ser modificado por meio de autorização judicial em pedido motivado de ambos os cônjuges, ressalvados os direitos de terceiros, como estabelece o art. 1.639, § 2º, do Código Civil.

Cumpre informar que, quando da edição do Código Civil de 2002, surgiu polêmica sobre a possibilidade ou não de alteração de regime de bens para casamentos confeccionados sob a égide do Código Civil de 1916. A Quarta Turma do Superior Tribunal de Justiça (STJ), em decisão unânime, julgou **possível a alteração do regime de bens de casamentos contraídos antes da vigência do novo Código Civil brasileiro**.

O Código Civil propõe os seguintes regimes de bens: comunhão parcial; comunhão universal; participação final nos aquestos e separação de bens, podendo os nubentes optar por qualquer um deles no procedimento de habilitação.

Salvo o regime da comunhão parcial e o regime da separação obrigatória de bens, todos os outros regimes devem ser feitos por pacto antenupcial.

Importante consignar que o regime da comunhão parcial de bens para casamentos celebrados, neste regime, **até 26/12/1977 (Lei 6.515/1977), faz-se necessária a lavratura e o registro do pacto.** A partir de 27/12/1977, este regime passa ser o regime legal de bens, ficando, assim, dispensada a lavratura e registro do pacto. Isto se dá porque o regime legal até tal data era o regime de comunhão universal. Assim, se o atual regime legal for o escolhido, bastará que se **reduza a termo** tal opção, sendo neste caso, facultativo o pacto antenupcial.

Não havendo convenção antenupcial, ou sendo ela nula ou ineficaz, vigorará, quanto aos bens entre os cônjuges, o regime da comunhão parcial.

O pacto antenupcial é um acordo, feito mediante escritura pública, em Tabelionato de Notas, que visa regular o regime de bens do futuro casamento, no caso de opção por regime distinto do regime legal.

É nulo o pacto antenupcial se não for feito por escritura pública, e ineficaz se não lhe seguir o casamento (art. 1.653).

O traslado ou certidão da escritura pública de pacto antenupcial deve ser apresentado ao oficial registrador no procedimento de habilitação, por meio, inclusive de cópia autenticada na serventia.

Além disso, segundo o art. 244 da Lei 6.015/1973, *"as escrituras antenupciais serão registradas no livro nº 3 do cartório do domicílio conjugal, sem prejuízo de sua averbação obrigatória no lugar da situação dos imóveis de propriedade do casal, ou dos que forem sendo adquiridos e sujeitos a regime de bens diverso do comum, com a declaração das respectivas cláusulas, para ciência de terceiros".* Se os cônjuges nunca fixaram domicílio no país, o pacto antenupcial deverá ser registrado na circunscrição imobiliária onde tenha que produzir efeitos.

Para um estudo mais aprofundado acerca da temática, encaminhamos o leitor aos comentários do art. 167, I, "12" desta Lei.

Recentemente, o Superior Tribunal de Justiça (STJ) decidiu que a **alteração do regime de bens de um casamento, de separação total para comunhão universal, deve ter efeitos retroativos à data do matrimônio, conferindo eficácia ex tunc.** Essa decisão veio após os recorrentes solicitarem a mudança, argumentando que o regime de separação total não atendia mais aos interesses do casal, que havia construído patrimônio conjuntamente desde o casamento celebrado em 2004.

Inicialmente, o pedido foi aceito em primeira instância, mas com a determinação de que a modificação produzisse efeitos apenas a partir do trânsito em julgado (*ex nunc*). Inconformados, os recorrentes apelaram, buscando que a alteração retroagisse à data do casamento, permitindo a comunicação de todos os bens, presentes e futuros. O Tribunal de Justiça de São Paulo manteve os efeitos *ex nunc*, com base no art. 1.639, § 2º, do Código Civil de 2002, negando provimento à apelação.

No recurso especial interposto ao STJ, os recorrentes apontaram violação ao art. 1.667 do Código Civil de 2002, que prevê a comunicação de todos os bens dos cônjuges no regime de comunhão universal. O STJ deu provimento ao recurso, afirmando que a natureza do regime de comunhão universal pressupõe a comunicação de todos os bens, presentes e futuros, desde a celebração do matrimônio. A eficácia *ex tunc* é vista como um corolário lógico desse regime, salvo prejuízo a terceiros, cujos direitos são protegidos pelo art. 1.639, § 2º, do Código Civil.

Assim, o STJ determinou que a alteração do regime de bens deve retroagir à data do casamento, assegurando a comunicação de todos os bens presentes e futuros dos cônjuges, sem prejuízo aos direitos de terceiros. Recomendo vivamente a leitura desse julgado no tópico "Jurisprudência Complementar".

Sobre o tema "regime de bens" e "pacto antenupcial", apresento os recentes Enunciados da I Jornada de Direito Notarial e Registral, a fim de enriquecer os estudos:

Enunciado 80. Podem os cônjuges ou companheiros escolher outro regime de bens além do rol previsto no Código Civil, combinando regras dos regimes existentes (regime misto).

⊙ Justificativa: O enunciado segue o entendimento majoritário da doutrina, no sentido de ser o rol dos regimes de bens previsto no Código Civil meramente exemplificativo (*numerus apertus*) e não taxativo (*numerus clausus*). Confirma-se, assim, o teor do Enunciado 331, aprovado na IV Jornada de Direito Civil: "o estatuto patrimonial do casal pode ser definido por escolha de regime de bens distinto daqueles tipificados no Código Civil (art. 1.639 e parágrafo único do art. 1.640), e, para efeito de fiel observância do disposto no art. 1.528 do Código Civil, cumpre certificação a respeito, nos autos do processo de habilitação matrimonial". Nesse contexto, é possível a criação de um regime atípico misto, combinando-se regras dos regimes já existentes. O enunciado afasta eventuais decisões judiciais em sentido contrário, não havendo qualquer violação a norma cogente ou de ordem pública nessa pactuação, que representa um eficiente instrumento de planejamento familiar e sucessório.

Enunciado 81. Podem os cônjuges, por meio de pacto antenupcial, optar pela não incidência da Súmula 377 do STF.

⊙ Justificativa: A proposta segue o teor do Enunciado n. 634, aprovado na VIII Jornada de Direito Civil: "é lícito aos que se enquadrem no rol de pessoas sujeitas ao regime da separação obrigatória de bens (art. 1.641 do Código Civil) estipular, por pacto antenupcial ou contrato de convivência, o regime da separação de bens, a fim de assegurar os efeitos de tal regime e afastar a incidência da Súmula 377 do STF". A conclusão foi adotada pela Corregedoria-Geral do Tribunal de Justiça de Pernambuco, que editou provimento admitindo o afastamento da Súmula 377 do STF por pacto antenupcial celebrado por cônjuges com idade superior a setenta anos (Provimento 08/2016). Nos seus termos,: "CONSIDERANDO que é possível, por convenção dos nubentes e em escritura pública, o afastamento da aplicação da Súmula 377 do STF, "por não ser o seu conteúdo de ordem pública, mas, sim, de matéria afeita à disponibilidade de direitos" (ZENO VELOSO); CONSIDERANDO que, enquanto a imposição do regime de separação obrigatória de bens, para os nubentes maiores de setenta anos, é norma de ordem pública (artigo 1.641, II, do Código Civil), não podendo ser afastada por pacto antenupcial que contravenha a disposição de lei (artigo 1.655 do Código Civil); poderão eles, todavia, por convenção, ampliar os efeitos do referido regime de separação obrigatória, "passando esse a ser uma verdadeira separação absoluta, onde nada se comunica" (JOSÉ FERNANDO SIMÃO); CONSIDERANDO que podem os nubentes, atingidos pelo artigo 1.641, inciso II, do Código Civil, afastar por escritura pública a incidência da Súmula 377 do STF, estipulando nesse ponto e na forma do que dispõe o artigo 1.639, *caput*, do Código Civil, quanto aos seus bens futuros o que melhor lhes aprouver (MÁRIO LUIZ DELGADO); CONSIDERANDO que o afastamento da Súmula 377 do STF, "constitui um correto exercício de autonomia privada, admitido pelo nosso Direito, que conduz a um eficaz mecanismo de planejamento familiar, perfeitamente exercitável por força de ato público, no caso de um pacto antenupcial (artigo 1.653 do Código Civil)"; conforme doutrina pontificada por FLÁVIO TARTUCE)". Como conteúdo do provimento, passou-se a estabelecer que, "no regime de separação legal ou obrigatória de bens, na hipótese do artigo 1.641, inciso II, do Código Civil, deverá o oficial do registro civil cientificar os nubentes da possibilidade de afastamento da incidência da Súmula 377 do Supremo Tribunal Federal, por meio de pacto antenupcial. Parágrafo único. O oficial do registro esclarecerá sobre os exatos limites dos efeitos do regime de separação obrigatória de bens, onde comunicam-se os bens adquiridos onerosamente na constância do casamento". Em dezembro de 2017, surgiu decisão da Corregedoria-Geral de Justiça do Tribunal de Justiça de São Paulo, com o mesmo entendimento, assim ementada: "nas hipóteses em que se impõe o regime de separação obrigatória de bens (art. 1.641 do CC), é dado aos nubentes, por pacto antenupcial, prever a incomunicabilidade absoluta dos aquestos, afastando a incidência da Súmula 377 do Excelso Pretório, desde que mantidas todas as demais regras do regime de separação obrigatória. Situação que não se confunde com a pactuação para alteração do regime de separação obrigatória, para o de separação convencional de bens, que se mostra inadmissível".

Vale ainda mencionar o **Enunciado 96 da II Jornada de Prevenção e Solução Extrajudicial de Litígios,** que prescreve ser válida a inserção da **cláusula compromissória em pacto antenupcial e em contrato de união estável.**

⊙ Justificativa: É plenamente válida e eficaz a inserção da cláusula compromissória no pacto antenupcial ou no contrato de união estável, desde que tenha por objeto direitos patrimoniais disponíveis, compatibilizando-se, assim, o art. 1º da LArb com o art. 104 do CC, no que tange à licitude do objeto como requisito geral de validade dos negócios jurídicos. Nas relações entre os cônjuges ou entre os companheiros, não há que se falar em direitos patrimoniais indisponíveis. Todos os direitos subjetivos que emergem das relações jurídicas patrimoniais entre parceiros conjugais são disponíveis. Assim, v.g., a discussão envolvendo o direito de qualquer dos cônjuges a partilhar bem adquirido antes ou durante o casamento pode ser tranquilamente submetida à jurisdição arbitral, tanto em face de cláusula inserida na convenção matrimonial, quer previamente ao casamento, quer após o casamento, mediante alteração do regime de bens, nos termos do § 2º do art. 1.639 do CCB, como em decorrência de compromisso arbitral que venha a ser celebrado após o surgimento do conflito.

1.6 LOCAL DA HABILITAÇÃO

O art. 67 da Lei 6.015/1973 e o art. 1.526 estabelecem a **atribuição do Oficial de Registro Civil das Pessoas Naturais para o procedimento de habilitação**. Sendo os nubentes residentes de diferentes circunscrições, em qualquer um deles poderá ser realizado o referido procedimento.

Note-se que o art. 67 da LRP faz alusão à *residência* e não domicílio. Com efeito, não é exigido o ânimo definitivo previsto no art. 70 do Código Civil e, por conseguinte, não se aplicam as regras do domicílio necessário regulados no seu art. 76.

Não residindo nenhum dos nubentes no Brasil, deverá ser aplicada a regra do art. 7º do Decreto-lei 4.657/1942, segundo a qual o país em que domiciliada a pessoa determina as regras sobre o começo e o fim da personalidade, o nome, a capacidade e os direitos de família. No entanto, se ambos os nubentes forem brasileiros, a habilitação e o casamento podem ser realizados perante autoridade consular brasileira. É o que se extrai do item 4.3.27 do Capítulo 4º do Manual do Serviço Consular e Jurídico.

1.7 PROCEDIMENTO DA HABILITAÇÃO

Trata-se de procedimento regido pelos **artigos 1.525 a 1.532** do Código Civil, pelos artigos **67 a 69** da Lei 6.015/1973, bem como pelas **normas específicas** de cada Estado.

Demais disso, no dia 14 de maio de 2013, foi aprovada a **Resolução 175** do Conselho Nacional de Justiça – CNJ, cujo propósito foi conferir efetividade à decisão proferida no plano da Ação de Descumprimento de Preceito Fundamental (ADPF) 132-RJ e da Ação Direta de Inconstitucionalidade (ADI 4.277-DF), de 5/5/2011, que reconheceu no direito brasileiro a legalidade das uniões estáveis homoafetivas.

A aludida Resolução dispõe sobre a habilitação, celebração de casamento civil, ou de conversão de união estável em casamento, entre **pessoas de mesmo sexo** e veda às autoridades competentes, os Oficiais de Registro Civil de Pessoas Naturais, a recusa de tais atos, implicando na imediata comunicação ao respectivo Juiz Corregedor para as providências cabíveis, caso haja recusa.

Recentemente, o Código Nacional de Normas reiterou regra da Resolução CNJ n. 175/2013, para dispor que:

> Art. 554. A recusa de habilitação, celebração de casamento civil ou de conversão de união estável em casamento entre pessoas de mesmo sexo deverá ser comunicada ao juiz corregedor para as providências cabíveis na forma da Resolução n. 175, de 14 de maio de 2013.

Nesse sentido é também o Enunciado 21 da Arpen-SP, que tem a seguinte redação:

> **Enunciado 21:** A habilitação, a celebração, a conversão de união estável, o registro e a certidão referentes ao casamento entre pessoas do mesmo sexo deve seguir exatamente as mesmas regras de todos os casamentos.

Noutro dizer, equiparou-se a união estável homoafetiva à heterossexual, e desde então, a possibilidade de inclusão do sobrenome de um companheiro pelo outro tornou-se incontestável. Assim foi a interpretação dada, coerente e natural do reconhecimento jurídico conferido pelo Estado nessas situações.

Via de regra, o procedimento da habilitação precede ao casamento e é composto de quatro fases: **requerimento e documentação, proclamas, certificado e registro.**

Analisamos todas as modificações feitas pela Lei do SERP. A partir de agora, passaremos a desdobrar cada uma dessas fases.

1.8 REQUERIMENTO E DOCUMENTAÇÃO

O requerimento da habilitação para o casamento, instruído com os documentos do art. 1.525 do CC, será firmado por ambos os nubentes, de próprio punho, ou a seu pedido, por procurador representado por instrumento público ou particular com firma reconhecida, constituído para este fim, ou a rogo com 2 (duas) testemunhas, caso analfabetos os contraentes.

Nesse sentido também é o Enunciado 45 da Arpen-SP:

> **Enunciado 45:** O requerimento de habilitação para o casamento poderá ser firmado por procurador, constituído por instrumento público ou particular com firma reconhecida, mesmo após a vigência da Lei Federal 12.133/2009. Fundamento legal: artigo 1.525 do Código Civil. Publicado em 08 de fevereiro de 2010.

Frise-se que, sendo o requerimento assinado por procurador, deve ser apresentada também a procuração, a fim de que o Oficial possa verificar a regularidade da representação. Ademais, a procuração para o procedimento de habilitação tem **regra diversa** da procuração para a celebração do casamento. Esta última está prevista no art. 1.542 do Código Civil e exige-se documento público com poderes especiais para a sua realização.

Na hipótese de qualquer dos comparecentes não souber o idioma nacional e o registrador civil de pessoas naturais não entender aquele em que se expressa, deverá comparecer **tradutor público** para servir de intérprete ou, não o havendo na localidade, outra pessoa capaz que, a juízo do oficial, tenha idoneidade e conhecimento suficiente.

A participação do tradutor será sempre mencionada no corpo do ato, com a sua devida identificação e seu registro na Junta Comercial, na hipótese de tradutor público, bem como o devido compromisso, na hipótese de tradutor indicado pelo oficial de registro civil.

Reinaldo Velloso dos Santos preleciona que "para algumas hipóteses especiais, aplicam-se por analogia as normas relativas ao testamento público. Assim, se um dos noivos não souber ou não puder assinar, o Oficial de Registro assim o declarará, caso em que assinará pelo noivo, a seu rogo, uma das testemunhas ou qualquer outra pessoa, colhendo a impressão digital preferencialmente do polegar direito. O indivíduo surdo, que saiba ler, lerá e assinará o memorial e demais documentos; sendo mudo e sabendo escrever poderá manifestar sua vontade por escrito. Sendo cego, recomenda-se a cautela de dupla leitura de tudo que for assinado. Surdos-mudos que saibam ler e escrever podem manifestar a sua vontade da forma acima" (Op. cit., p. 90).

O surdo-mudo que não puder exprimir sua vontade pela escrita, desde que capaz para exercer pessoalmente os atos da vida civil, deve se fazer acompanhar de tradutor e intérprete que domine a Língua Brasileira de Sinais (LIBRAS), conforme Lei nº 10.436/2002 e Decreto nº 5.626/2005. Algumas normativas estaduais regulamentaram esta possibilidade A título de ilustração, o Código de Normas da Corregedoria-Geral da Justiça do Estado de Santa Catarina:

> **Art. 482, CNCGJ/SC.** A pessoa com deficiência auditiva e/ou de fala que não puder exprimir sua vontade pela escrita, deve se fazer acompanhar de tradutor e intérprete que domine a Língua Brasileira de Sinais (Libras).

Consigne-se que o Estatuto da Pessoa com Deficiência (Lei 13.146/2015) também trata da Língua Brasileira de Sinais (Libras).

Já sabemos que o art. 1.525 do Código Civil elenca os documentos necessários que devem instruir a petição dos habilitantes.

Enfatiza-se que a Lei n. 14.382/2022 inovou ao permitir o **encaminhamento da documentação para a habilitação de forma eletrônica,** na forma do § 1º do art. 67, da LRP, veja-se:

Se estiver em ordem a documentação, o oficial de registro dará publicidade, em meio eletrônico, à habilitação e extrairá, no prazo de até 5 (cinco) dias, o certificado de habilitação, podendo os nubentes contrair matrimônio perante qualquer serventia de registro civil de pessoas naturais, de sua livre escolha, observado o prazo de eficácia do art. 1.532 da Lei nº 10.406, de 10 de janeiro de 2002 (Código Civil).

O novo § 4º-A do art. 67 da LRP, inserido pela Lei do SERP, também permite que a identificação das partes e a apresentação dos documentos exigidos pela lei civil para fins de habilitação poderão ser realizadas **eletronicamente** mediante recepção e comprovação da autoria e da integridade dos documentos.

Passemos a análise dos documentos:

I) Certidão de nascimento ou documento equivalente.

A certidão de nascimento tem por finalidade fazer prova da idade e, consequentemente da capacidade do nubente para o matrimônio.

A certidão também faz prova da filiação e por conseguinte da existência de impedimentos em razão do parentesco.

Além disso, a nacionalidade dos nubentes é provada por meio da certidão de nascimento.

Ainda, prova-se o estado civil da pessoa natural, caso a certidão esteja atualizada, conforme art. 106 da Lei 6.015/1073.

Se os nubentes forem estrangeiros, eles poderão fazer a prova de idade, estado civil e filiação por cédula especial de identidade ou passaporte, atestado consular ou certidão de nascimento traduzida e registrada por oficial de registro de títulos e documentos, e prova de estado civil e filiação por declaração de testemunhas ou atestado consular.

A lei também dá opção aos nubentes de apresentarem outro documento equivalente à certidão de nascimento, desde que tal documento permita demonstrar a identidade do nubente, com prova da idade.

II) Autorização por escrito das pessoas sob cuja dependência legal estiverem, ou ato judicial que a supra;

Já analisamos este item no tópico da capacidade para o casamento.

III) Declaração de duas testemunhas maiores, parentes ou não, que atestem conhecê-los e afirmem não existir impedimento que os iniba de casar;

Este item reforça a ideia da necessidade de prova da identidade dos nubentes e da inexistência de impedimentos à realização do matrimônio.

O Código Civil, no art. 228, recentemente alterado pela Lei 13.146/2015, traz um rol daqueles que não podem ser admitidos como testemunha. Trata-se de regra geral. Todavia, a norma do inciso I, que estabelece que os menores de 16 anos não podem ser testemunha, é **excepcionada** para o procedimento da habilitação, sendo imprescindível que as testemunhas sejam maiores de 18 anos. O inciso V, que proíbe os cônjuges, os ascendentes, os descendentes e os colaterais, até o terceiro grau de alguma das partes, por consanguinidade, ou afinidade, de serem testemunhas, também sofre ressalva para o procedimento de habilitação, sendo admitido nesse caso, os parentes.

Nas normativas estaduais existem disposições acerca da qualificação das testemunhas no procedimento de habilitação.

IV) Declaração do estado civil, do domicílio e da residência atual dos contraentes e de seus pais, se forem conhecidos;

A declaração escrita e expressa do estado civil reforça a ideia de averiguação de impedimentos e se for falsa, tipifica o crime de falsidade ideológica, previsto no art. 299 do Código Penal.

A declaração do domicílio e da residência atual é importante para a apuração da competência territorial para o procedimento de habilitação e para a publicação de proclamas em outras circunscrições, no caso de residência diversa.

Mario de Carvalho Camargo Neto e Marcelo Salaroli de Oliveira, bem observam que "com relação aos pais dos nubentes, a informação acerca do estado civil destes não tem nenhuma importância para o casamento, até mesmo contraria a regra expressa vigente para o registro de nascimento, vedando constar informação acerca do casamento dos pais. Os mesmos valores protegidos por essa regra no registro de nascimento se aplicam ao registro de casamento, sendo cabível a analogia. Assim, interpreta-se a parte final do inciso "e de seus pais" como referente apenas à residência. Até mesmo a residência dos pais é de pouca importância jurídica ou prática, salvo se o casamento depender da autorização destes, quando então é colhida a qualificação completa dos pais, em virtude do inciso II do artigo em comento" (*Registro Civil das Pessoas Naturais.* Vol. II, p. 45).

V) Certidão de óbito do cônjuge falecido, de sentença declaratória de nulidade ou de anulação de casamento, transitada em julgado, ou do registro da sentença de divórcio.

Este item também ter por finalidade provar a inexistência de impedimento. No caso em questão, quer-se verificar a ausência de um dos impedimentos do casamento, a do art. 1.521, VI, do Código Civil, que proíbe o casamento de pessoas casadas.

Outra forma de extinção do vínculo matrimonial se dá com a **ausência**, quando da abertura da sucessão definitiva (art. 6º, CC), motivo pelo qual pode ser acrescida ao inciso V, a possibilidade de apresentação da certidão do registro de ausência com averbação da abertura da sucessão definitiva.

Além da apresentação dos documentos elencados no art. 1.525 do Código Civil, também poderão ser necessários alguns outros, a depender de caso concreto.

O documento de identidade dos nubentes será sempre exigido pelo Oficial quando estiverem presentes perante ele. Sobre os documentos oficiais de identificação, o tema já foi analisado nos comentários do art. 52 desta Lei.

Como se sabe, também poderão ser exigidos o pacto antenupcial ou termo de opção, a procuração, a declaração de vontade de alteração do nome, dentre outros.

O art. 68 da Lei 6.015/1973 estabelece o procedimento de **justificação judicial em habilitação**, caso os nubentes queiram demonstrar fato necessário à habilitação para o casamento.

A justificação é uma modalidade de **jurisdição voluntária** e não tramita perante o Oficial de Registro Civil. Possui tratamento diferenciado da justificação regulamentada pelos arts. 861 ao 866 do Código de Processo Civil de 1973, correspondentes aos arts. 381, § 5 e 382 do novo CPC, sendo os autos entregues ao requerente.

Na justificação judicial em habilitação, os autos são encaminhados ao Oficial Registrador para serem anexados ao processo da habilitação matrimonial.

Aplica-se também a regra prevista no art. 111 da Lei 6.015/1973, cuja redação estabelece que *"nenhuma justificação e matéria de registro civil, para retificação, restauração ou abertura de assento, será entregue à parte"*.

1.9 OPOSIÇÃO DE IMPEDIMENTOS E CAUSAS SUSPENSIVAS

A oposição é o ato que visa obstar a celebração do casamento.

O art. 67, § 5º da Lei 6.015/1973, alterado pela Lei n. 14.382/2022, e os artigos 1.529 e 1.530 do Código Civil regulam a oposição de impedimentos e causas suspensivas para o casamento. Frise-se que a antiga redação do parágrafo mencionado no art. 67 da LRP só utilizava a expressão *impedimento*, uma vez que, em 1973, data da sua edição, o Código Civil era o de 1916, que dava o nome de impedimento às causas suspensivas. Com as alterações dadas pela Lei do SERP, a LRP vai ao encontro do CC.

É dever do registrador esclarecer os nubentes a respeito dos fatos que podem ocasionar a invalidade do casamento, bem como sobre os diversos regimes de bens.

A legitimidade para apresentar a oposição dos impedimentos é atribuída a qualquer pessoa capaz. No entanto, se o juiz ou o oficial de registro tiver conhecimento da existência de algum impedimento, será obrigado a declará-lo. Ao revés, as causas suspensivas somente podem ser arguidas pelos parentes em linha reta de um dos nubentes, sejam consanguíneos ou afins, mas não podem ser conhecidas de ofício, ao contrário dos impedimentos.

Tanto os impedimentos quanto as causas suspensivas serão opostos em **declaração escrita** e assinada, instruída com as provas do fato alegado, ou com a indicação do lugar onde possam ser obtidas.

Ocorrendo a apresentação do impedimento ou arguição de causa suspensiva, o oficial de registro dará ciência do fato aos nubentes, para que indiquem, em **24 (vinte e quatro) horas**, prova que pretendam produzir, e remeterá os autos a juízo, e, produzidas as provas pelo oponente e pelos nubentes, no prazo de **3 (três) dias**, com ciência do Ministério Público, e ouvidos os interessados e o órgão do Ministério Público em **5 (cinco) dias**, decidirá o juiz em igual prazo.

Note-se que a Lei do SERP também inova ao **reduzir o prazo** de processamento do incidente de oposição por razão de impedimento ou de causa suspensiva, conforme o art. 67, § 5º , LRP.

O parágrafo único do art. 1.530, todavia, estabelece que podem os nubentes requerer prazo razoável para fazer prova contrária aos fatos alegados, e promover as ações civis e criminais contra o oponente de má-fé.

1.10 INTERVENÇÃO DO MINISTÉRIO PÚBLICO

Reza o art. 1.526 do Código Civil, com redação dada pela Lei 12.133/2009, que "a habilitação será feita pessoalmente perante o Oficial do Registro Civil, com a audiência do Ministério Público. Parágrafo único. Caso haja impugnação do Oficial, do Ministério Público ou de terceiro, a habilitação será submetida ao juiz".

A redação anterior à aludida lei determinava que a homologação era dada pelo juiz. A necessidade de intervenção judicial a toda e qualquer habilitação mostrava-se incompatível com a realidade, visto que, em regra, a questão restringe-se a simples conferência de documentos, sem conteúdo jurisdicional.

O art. 5º da **Recomendação 16/2010** do Conselho Nacional do Ministério Público, determinava a dispensa da atuação do MP no procedimento da habilitação matrimonial.. No entanto, o **Ato 680 de 2011**, do Procurador-Geral de Justiça, Corregedor-Geral do Ministério Público e Colégio de Procuradores de Justiça (PGJ/CGMP/CPJ) do Estado de São Paulo, impunha que:

> **Art. 1º.** É facultativa a fiscalização preventiva do Ministério Público e sua manifestação nas habilitações de casamento e nos pedidos de conversão da união estável em casamento, salvo nas seguintes hipóteses:

I – oposição de impugnação do Oficial ou de terceiro (art. 67, § 5º, da Lei nº 6.015/73 c. c. art. 1.526 do Código Civil na redação dada pela Lei nº 12.133/09);

II – justificação de fato necessário à habilitação (art. 68 da Lei nº 6.015/73);

III – pedido de dispensa de proclamas (art. 69 da Lei nº 6.015/73);

Na prática, funcionava da seguinte maneira: até 10/05/2016, vigorava a Recomendação 16/2010 do CNMP, a qual, como vimos, era voltada a otimizar a atuação ministerial no Processo Civil, prevendo ser desnecessária a intervenção deste órgão em vários atos.

A atual Recomendação do CNMP 34/2016 expressa um giro de perspectiva em relação ao diploma normativo anterior, pois, antes eram elencadas hipóteses em que se entendia desnecessária a intervenção do MP, ao passo que a Recomendação 34/2016, traz um rol exemplificativo de situações em que se identifica a presença de interesse social relevante.

A abordagem da Recomendação 34/16 foi motivada pela necessidade de se oferecerem diretrizes para a intervenção fundada no inciso I do art. 178 do CPC/15, que se refere a questões de interesse público ou social.

Ocorre que, com as alterações feitas pela Lei 14.382/2022, passa-se a exigir a manifestação do MP **apenas** nos casos de **oposição de impedimento ou causa suspensiva**, e não mais nos demais casos de habilitação de casamento, na forma estabelecida pelo artigo 67, § 5º, da Lei nº 6.015/1973.

1.11 PROCLAMAS E REGISTRO

O tema será tratado nos comentários dos arts. 69 e 70 desta Lei de Registros Públicos.

1.12 AÇÕES DE CARÁTER INFORMATIVO PARA MELHOR PREPARAÇÃO PARA O CASAMENTO CIVIL

Em 28 de junho de 2021, foi editada a Resolução n. 402 da Corregedoria Nacional de Justiça do CNJ.

Referido ato normativo dispõe sobre ações de caráter informativo, no âmbito do Serviço de Registro Civil das Pessoas Naturais, para melhor preparação para o casamento civil, e dá outras providências.

Dentre as **justificativas** para a edição desta resolução, considerou-se:

a) Que a família, base da sociedade, merece especial atenção e proteção do Estado (art. 226, CF);

b) Que a educação, direito de todos e dever do Estado e da família, será promovida e incentivada com a colaboração da sociedade, visando ao pleno desenvolvimento da pessoa (art. 205, CF);

c) Que o casamento é forma solene de constituição de uma família, e que as formas que o regulamentam são de ordem pública (art. 226, §§1º e 2º, CF, e arts. 71 a 76, LRP);

d) Que a finalidade do casamento é estabelecer uma comunhão plena de vida, com base na igualdade de direitos e deveres dos cônjuges (art. 226, § 5º, CF, e art. 1.511, CC);

e) A relevância do diálogo e da comunicação entre os cônjuges para o bem-estar familiar e para o fortalecimento do matrimônio;

f) Que, como corolário do direito fundamental à segurança jurídica, o Estado deve possibilitar aos nubentes a antevisão de seus direitos e deveres e a previsão das consequências jurídicas de suas condutas;

g) O dever do Estado de prestar aos nubentes as informações jurídicas necessárias à compreensão da natureza jurídica do casamento, de suas formalidades, de seus efeitos jurídicos, do regime de bens entre os cônjuges, dos direitos e deveres conjugais, do poder familiar sobre os filhos e das formas de sua dissolução (art. 1.511 e seguintes, CC, e LRP);

h) Que essas informações devem estar desvestidas de qualquer viés religioso ou ideológico, haja vista a laicidade do Estado e o princípio fundamental do pluralismo político em que se assenta a República Federativa do Brasil (CF);

i) Os impactos sociais, econômicos e psicológicos da fragilização e da ruptura dos vínculos familiares;

j) A importância do exercício adequado da parentalidade para se assegurar o sadio e regular desenvolvimento de crianças e adolescentes;

k) Que conforme enfatizado pela Convenção sobre os Direitos da Criança em seu preâmbulo, a criança, para o pleno e harmonioso desenvolvimento de sua personalidade, deve crescer no seio da família, em um ambiente de felicidade, amor e compreensão, e que o Brasil assumiu o compromisso de assegurar a ela a proteção e o cuidado necessários ao seu bem-estar;

l) Que a criança e o adolescente, enquanto pessoas em desenvolvimento, têm o direito de conviverem pacificamente no seio de suas famílias e de serem protegidos de toda forma de sofrimento, violência, abuso, crueldade e opressão (art. 227, CF, e arts. 2º, parágrafo único, e 5º, VII, X e XIII, ambos da Lei 13.431/2017);

m) Que o poder público deve desenvolver políticas que visem garantir os direitos humanos das mulheres no âmbito das relações domésticas e familiares no sentido de resguardá-las de toda forma de negligência, discriminação, exploração, violência, crueldade e opressão (art. 3º, § 1º, da Lei 11.340/2006), de tal modo que a preparação para o casamento deve compreender o esclarecimento dos nubentes sobre o fenômeno da violência doméstica e familiar contra a mulher e as formas de prevenção;

n) Que um dos objetivos da Política Judiciária Nacional de Enfrentamento à Violência contra as Mulheres, instituída pela Resolução CNJ 254/2018, é estimular parcerias entre órgãos governamentais, ou entre estes e entidades não governamentais, nas áreas de segurança pública, assistência social, saúde, educação, trabalho e habitação, para a efetivação de programas de prevenção e combate a todas as formas de violência contra a mulher (arts. 2º, II, e 9º);

o) Os objetivos do Termo de Cooperação Técnica firmado entre o Conselho Nacional de Justiça, o Ministério da Mulher, da Família e dos Direitos Humanos, a Confederação Nacional dos Notários e Registradores (CNR) e a Associação Nacional dos Registradores de Pessoas Naturais (Arpen-Brasil);

p) A decisão proferida pelo Plenário do CNJ no julgamento do Procedimento de Ato Normativo nº 0003633-14.2021.2.00.0000, na 333ª Sessão Ordinária, realizada em 15 de junho de 2021.

Vistas as razões para a criação da Resolução CNJ n. 402/2021, passemos à análise de seus comandos.

São os termos do art. 1º:

> Instituir, no âmbito do Serviço de Registro Civil das Pessoas Naturais, a obrigatoriedade de disponibilização aos nubentes, no momento da habilitação para o matrimônio, de material informativo para melhor preparação para o casamento civil.
>
> Parágrafo único. O material informativo será também disponibilizado a qualquer interessado(a) que compareça a uma unidade do Serviço de Registro Civil das Pessoas Naturais para obter informações sobre o casamento.

Anote-se que o acesso ao material informativo pelos pretendentes ao casamento é **facultativo**, pois **não constitui requisito ou condição para a habilitação para o matrimônio**.

A título de ilustração, o material informativo pode consistir de manuais, cartilhas, guias rápidos, cartazes a serem afixados nas unidades do Registro Civil e vídeos, acessíveis por meio eletrônico, por intermédio de link a ser fornecido aos(às) interessados(as) pelo(a) registrador(a).

Por sua vez, o art. 4º elenca os **objetivos** do material informativo de preparação para o casamento civil, quais sejam:

> I – prestar aos(às) interessados(as) em se casar as informações jurídicas necessárias à compreensão do casamento, de suas formalidades, de seus efeitos jurídicos, do regime de bens entre os cônjuges, dos direitos e deveres conjugais, do poder familiar sobre os filhos e das formas de sua dissolução;
>
> II – conscientizar os(as) nubentes sobre a relevância e o significado do casamento, sobre a importância do diálogo como forma de superação de conflitos familiares e de se evitar o divórcio irrefletido, e sobre o interesse da sociedade e dos(as) próprios(as) contraentes na estabilidade e permanência das relações matrimoniais;
>
> III – possibilitar aos(às) nubentes a antevisão de seus direitos e deveres e a previsão das consequências jurídicas de suas condutas;
>
> IV – conscientizar os(as) nubentes sobre o exercício adequado da parentalidade, como forma de se assegurar o sadio desenvolvimento de crianças e adolescentes, e de prevenção de maus tratos e abusos; e
>
> V – esclarecer os(as) pretendentes ao matrimônio sobre o fenômeno da violência doméstica e familiar contra a mulher e as formas de sua prevenção e enfrentamento.

No que tange ao formato do material informativo, este claramente deve ser produzido em linguagem acessível ao grande público, sendo que seus conteúdos informativos podem ser desdobrados por temas, no formato de minicursos, de modo a possibilitar maior verticalização de conhecimentos.

Frise-se que, em razão da laicidade do Estado e em obediência ao o princípio fundamental do pluralismo político em que se assenta a República Federativa do Brasil (art. 1º, V, CF), o material informativo não poderá se revestir de caráter religioso ou ideológico.

Consigna-se que a produção deste material deverá ser feita em conformidade com o disposto no Código Nacional de Normas e no Termo de Cooperação Técnica firmado entre o Conselho Nacional de Justiça (CNJ), o Ministério da Mulher, da Família e dos Direitos Humanos, a Confederação Nacional dos Notários e dos Registradores (CNR), a Associação Nacional dos Registradores de Pessoas Naturais (Arpen – Brasil) e o Operador Nacional de Registro Civil de Pessoas Naturais (ON-RCPN).

Por fim, é importante destacar que o Código Nacional de Normas aborda essas questões nos artigos 531 a 536, os quais estão alinhados com as disposições da Resolução CNJ n. 402/2021.

2. JURISPRUDÊNCIA COMPLEMENTAR

SUPERIOR TRIBUNAL DE JUSTIÇA

EMENTA: Recurso especial. Civil e processual civil. Direito de família. Casamento. Alteração do regime de bens de separação total para comunhão universal. Retroação à data do matrimônio. Eficácia "ex tunc". Manifestação expressa de vontade das partes. Corolário lógico do novo regime. Recurso especial provido.

1. Nos termos do art. 1.639, § 2º, do Código Civil de 2002, *"é admissível alteração do regime de bens, mediante autorização judicial em pedido motivado de ambos os cônjuges, apurada a procedência das razões invocadas e ressalvados os direitos de terceiros"*.

2. A eficácia ordinária da modificação de regime de bens é "ex nunc", valendo apenas para o futuro, permitindo-se a eficácia retroativa ("ex tunc"), a pedido dos interessados, se o novo regime adotado amplia as garantias patrimoniais, consolidando, ainda mais, a sociedade conjugal.

3. A retroatividade será corolário lógico do ato se o novo regime for o da comunhão universal, pois a comunicação de todos os bens dos cônjuges, presentes e futuros, é pressuposto da universalidade da comunhão, conforme determina o art. 1.667 do Código Civil de 2002.

4. A própria lei já ressalva os direitos de terceiros que eventualmente se considerem prejudicados, de modo que a modificação do regime de bens será considerada ineficaz em relação a eles (art. 1.639, § 2º, parte final).

5. Recurso especial provido, para que a alteração do regime de bens de separação total para comunhão universal tenha efeitos desde a data da celebração do matrimônio ("ex tunc").

ACÓRDÃO

Vistos e relatados estes autos, em que são partes as acima indicadas, decide a Quarta Turma, por unanimidade, dar provimento ao recurso especial, nos termos do voto do Sr. Ministro Relator. A Sra. Ministra Maria Isabel Gallotti e os Srs. Ministros Antonio Carlos Ferreira, Marco Buzzi e João Otávio de Noronha votaram com o Sr. Ministro Relator. Sustentou, oralmente, o Dr. Alde da Costa Santos Júnior, pela parte recorrente.

Brasília, 25 de abril de 2023 (Data do Julgamento)

MINISTRO RAUL ARAÚJO - Presidente e Relator

RELATÓRIO

O SENHOR MINISTRO RAUL ARAÚJO:

Trata-se de **recurso especial** interposto por A. S. D. A. e C. C. H. D. A., com fundamento no art. 105, III, "a" e "c", da Constituição Federal, contra acórdão do Tribunal de Justiça do Estado de São Paulo, assim ementado (e-STJ, fl. 107):

"EMENTA - CASAMENTO - **ALTERAÇÃO DE REGIME DE BENS (separação total para comunhão universal)** *- Decreto de procedência - Recurso interposto pelos autores, pleiteando* **que a alteração retroaja à data da celebração do casamento - Inadmissibilidade - Modificação de regime de bens que possui efeito ex nunc - Inteligência do art. 1.639, § 2º, do Código Civil - Precedentes, inclusive do C. STJ** *- Sentença mantida - Recurso improvido."*

Opostos embargos de declaração, foram rejeitados (e-STJ, fls. 160/163).

Nas razões do recurso especial, os recorrentes apontam violação do **art. 1.667 do Código Civil de 2002,** bem como divergência jurisprudencial, argumentando que a modificação do regime de bens deve produzir efeitos *ex tunc*. Assim, pedem o provimento do recurso especial, determinando-se que o regime da comunhão universal de bens adotado pelas partes retroaja à data do casamento, importando a comunicação de todos os bens presentes e futuros dos cônjuges e suas dívidas passivas.

O **Ministério Público Federal** manifestou-se pelo desprovimento do recurso especial (e-STJ, fls. 264/271).

Inicialmente, proferi decisão negando provimento ao recurso especial (e-STJ, fls. 285/287).

Após a interposição de agravo interno, reconsiderei a decisão monocrática para submeter o julgamento do recurso ao colegiado (e-STJ, fl. 320).

É o relatório.

VOTO

O SENHOR MINISTRO RAUL ARAÚJO (Relator):

Os recorrentes ajuizaram a presente ação ordinária visando à **alteração do regime de separação total para o regime de comunhão universal de bens,** sob o argumento de que o regime de separação total adotado no matrimônio, celebrado em 02/09/2004, não atendia mais aos interesses do casal, tendo em vista que a relação se solidificou e os cônjuges construíram o patrimônio por esforço comum.

O d. Juiz de Direito da 9ª Vara da Família e Sucessões do Foro Central Cível da Comarca de São Paulo **julgou procedente o pedido**, para alterar o regime de bens estabelecido, quando do matrimônio, para o da comunhão universal, **alcançando tal modificação os bens adquiridos após o trânsito em julgado da sentença.**

Os autores apelaram quanto aos efeitos da modificação do regime de bens, afirmando que devem retroagir à data do matrimônio, porque a finalidade da ação é exatamente a comunicação de todos os bens presentes existentes, independentemente da data de aquisição.

O eg. Tribunal de Justiça do Estado de São Paulo **negou provimento à apelação**, nos termos da seguinte fundamentação (e-STJ, fls. 108/109):

"Em que pesem os reclamos dos apelantes, reputo correta a r. sentença ao consignar, em sua parte dispositiva, que **a alteração do regime de bens deferida possui eficácia a partir do trânsito em julgado.**

Com efeito, **descabido que a alteração retroaja à data da celebração do casamento, como pretendem os recorrentes, haja vista que a sentença de procedência, em casos tais, gera efeitos ex nunc. Possui, portanto, efeito prospectivo, de sorte que não incide sobre o patrimônio já constituído. Essa a exegese do artigo 1.639, § 2º, do Código Civil.**

Em comento ao referido dispositivo legal, NELSON NERY JÚNIOR e ROSA MARIA ANDRADE NERY, na Obra Código Civil Comentado, 10ª edição, Editora Revista dos Tribunais, às págs. 1.429/1.430, ensinam que:

'Eficácia da modificação. **O novo regime de bens passa a produzir efeitos a partir do trânsito em julgado da autorização do Juiz, entre os cônjuges.** *Após a averbação no assento de casamento e nos registros respectivos fundamentais ao resguardo dos interesses de terceiro (registro imobiliário, junta comercial, registro de pessoa jurídica, etc.), passa a ter eficácia erga omnes'."* (grifou-se)

Como se vê, não obstante tenha sido concedida a modificação do regime de bens do casamento, de separação total para comunhão universal, consignou-se que a alteração do regime deferida teria eficácia somente a partir do trânsito em julgado, ou seja, os efeitos seriam *ex nunc*.

O Código Civil de 2002 dispõe:

Art. 1.639. **É lícito aos nubentes, antes de celebrado o casamento, estipular, quanto aos seus bens, o que lhes aprouver.**

§ 1º O regime de bens entre os cônjuges começa a vigorar desde a data do casamento.

§ 2º **É admissível alteração do regime de bens, mediante autorização judicial em pedido motivado de ambos os cônjuges, apurada a procedência das razões invocadas e ressalvados os direitos de terceiros.**

Art. 1.667. **O regime de comunhão universal importa a comunicação de todos os bens presentes e futuros dos cônjuges e suas dívidas passivas, com as exceções do artigo seguinte.**

Art. 1.668. São excluídos da comunhão:

I - os bens doados ou herdados com a cláusula de incomunicabilidade e os sub-rogados em seu lugar;

II - os bens gravados de fideicomisso e o direito do herdeiro fideicomissário, antes de realizada a condição suspensiva;

III - as dívidas anteriores ao casamento, salvo se provierem de despesas com seus aprestos, ou reverterem em proveito comum;

IV - as doações antenupciais feitas por um dos cônjuges ao outro com a cláusula de incomunicabilidade;

V - Os bens referidos nos incisos V a VII do art. 1.659.

No recurso especial, apontou-se como violado o artigo 1.667 do Código Civil de 2002, acima transcrito. Os recorrentes argumentam que a alteração do regime do casamento para comunhão universal implica a comunicação de todos os bens do casal, não sendo possível determinar que tal comunicação ocorrerá apenas com relação aos bens adquiridos após o trânsito em julgado da sentença que determinou tal modificação, sob pena de desvirtuamento do próprio regime da comunhão universal. Complementam que comprovaram nos autos, mediante a apresentação de certidões - inclusive atualizadas no curso do processo -, a inexistência de dívidas e de prejuízos a terceiros, o que foi ressaltado na r. sentença de primeiro grau.

A questão controvertida consiste, então, nos **efeitos retroativos ou prospectivos da modificação do regime de bens no casamento**, quando ocorre **de separação total para comunhão universal**, ou seja, se operam os efeitos a partir do trânsito em julgado da sentença (eficácia *ex nunc*), como decidiram as instâncias ordinárias, ou se devem retroagir à data do matrimônio (eficácia *ex tunc*), como postulam as partes.

Como é cediço, a modificação do regime de bens foi admitida pelo Código Civil de 2002, especialmente no seu **art. 1.639, § 2º, supratranscrito.**

Nos termos da literalidade da norma, a alteração do regime de bens não poderá prejudicar os direitos de terceiros. Constata-se, assim, a preocupação de se proteger a boa-fé objetiva, em desprestígio da má-fé, de modo que a alteração do regime não poderá ser utilizada para fraude em prejuízo de terceiros, inclusive de ordem tributária.

Assim, em qualquer hipótese, havendo prejuízo para terceiros de boa-fé, a alteração do regime de bens deve ser reconhecida como ineficaz em relação a esses, o que não prejudica a sua validade e eficácia entre as partes e de modo geral.

Quanto aos efeitos da sentença que defere a alteração do regime de bens, as instâncias ordinárias seguiram a posição segundo a qual os efeitos dessa alteração são *ex nunc*, ou seja, a partir do trânsito em julgado da decisão.

Para fundamentar tal posicionamento, o v. acórdão recorrido cita julgado da eg. **Terceira Turma** do STJ (**REsp 1.300.036/MT**, DJe de 20.05.2014) reconhecendo a eficácia *ex nunc* da alteração do regime de bens, tendo por termo inicial a data do trânsito em julgado da decisão judicial que o modificou. Por oportuno, colhe-se do voto do ilustre Relator do aludido recurso especial, o sempre admirado **Ministro Paulo de Tarso Sanseverino**, a seguinte fundamentação:

"O segundo ponto controvertido situa-se em torno da ***fixação do termo*** *inicial dos efeitos dessa alteração do regime de bens: retroação à data do casamento (eficácia "ex tunc") ou a partir da data do trânsito em julgado da decisão judicial que o alterou (eficácia "ex nunc").*

Essa questão, ainda hoje debatida na doutrina e na jurisprudência, é relevante na espécie, pois ***as partes, após alguns anos de união estável, casaram-se, em 24/05/1997, pelo regime da separação de bens, alterando esse regime para comunhão parcial em 2007, deflagrando-se o processo de separação em outubro de 2008.***

Em relação a eficácia "ex tunc", o acórdão recorrido sintetiza os argumentos em prol dessa tese, sendo o principal deles o de que o regime de bens do casamento deve ser único ao longo de toda a relação conjugal.

Em relação à eficácia "ex nunc", o argumento central é no sentido de que a eficácia da alteração de um regime de bens, que era válido e eficaz, deve ser para o futuro, preservando-se os interesses dos cônjuges e de terceiros.

Penso ser esta segunda a melhor orientação, pois não foi estabelecida pelo legislador a necessidade de que o regime de bens do casamento seja único ao longo de toda a relação conjugal, podendo haver a alteração com a chancela judicial.

Devem-se respeitar os efeitos do ato jurídico perfeito celebrado sob a égide do Código Civil de 1916, conforme expressamente ressalvado pelos artigos 2035 e 2039 do Código Civil de 2002.

Além disso, devem ser preservados os interesses de terceiros que, mantendo relações negociais com os cônjuges, poderiam ser surpreendidos com uma alteração no regime de bens do casamento.

Nesta Corte, analisando a possibilidade de alteração do regime de bens nos casamentos celebrados sob a égide do Código Civil de 1916, encontram-se dois precedentes no sentido de que os efeitos da decisão que a homologa se operam a partir da alteração, ficando regidos os fatos anteriores e os efeitos pretéritos pelo regime de bens anterior.

Nesse sentido, avulta precedente desta Terceira Turma da relatoria da eminente ***Ministra Nancy Adrighi,*** *cuja ementa foi a seguinte:*

Direito civil. Família. Casamento celebrado sob a égide do ***CC/16. Alteração do regime de bens. Possibilidade.***

- A interpretação conjugada dos arts. 1.639, § 2º, 2.035 e 2.039, do CC/02, admite a alteração do regime de bens adotado por ocasião do matrimônio, desde que ressalvados os direitos de terceiros e apuradas as razões invocadas pelos cônjuges para tal pedido.

- Assim, se o Tribunal Estadual analisou os requisitos autorizadores da alteração do regime de bens e concluiu pela sua viabilidade, tendo os cônjuges invocado como razões da mudança a cessação da incapacidade civil interligada à causa suspensiva da celebração do casamento a exigir a adoção do regime de separação obrigatória, além da necessária ressalva quanto a direitos de terceiros, a alteração para o regime de comunhão parcial é permitida.

- Por elementar questão de razoabilidade e justiça, o desaparecimento da causa suspensiva durante o casamento e a ausência de qualquer prejuízo ao cônjuge ou a terceiro, permite a alteração do regime de bens, antes obrigatório, para o eleito pelo casal, notadamente porque cessada a causa que exigia regime específico.

- Os fatos anteriores e os efeitos pretéritos do regime anterior permanecem sob a regência da lei antiga. Os fatos posteriores, todavia, serão regulados pelo CC/02, isto é, a partir da alteração do regime de bens, passa o CC/02 a reger a nova relação do casal.

- Por isso, não há se falar em retroatividade da lei, vedada pelo art. 5º, inc. XXXVI, da CF/88, e sim em aplicação de norma geral com efeitos imediatos.

Recurso especial não conhecido.

(REsp 821.807/PR, Rel. Ministra NANCY ANDRIGHI, TERCEIRA TURMA, julgado em 19/10/2006, DJ 13/11/2006, p. 261) – grifo nosso.

Analisando caso semelhante, o ***Min. Jorge Scartezzinni*** *(REsp 730546/MG, 4ª Turma, julgado em 23/08/2005, DJ 03/10/2005) preferiu voto nos seguintes termos, adotando o mesmo entendimento:*

Destarte, consoante a orientação doutrinária ora em apreço, ***quanto aos casamentos celebrados sob a égide do CC/1916, em curso quando da promulgação da nova disciplina jurídica civil, em razão da própria dinâmica do matrimônio, cujos efeitos, quanto ao regime de bens*** *(contrato especial de Direito de Família de prestação contínua), não se exauriram sob a vigência deste,* ***projetando-se, ao revés, sob a vigência do CC/2002, aplicam-se imediatamente as novas regras legais, perfazendo-se possível a alteração do regime patrimonial mediante decisão judicial.***

Assim, in casu, tem-se que ***os bens adquiridos antes da prolatação de decisão judicial que venha a alterar o regime de bens remanescerão sob os ditames do pacto de comunhão parcial anteriormente estabelecido: o novo regime de separação total de bens incidirá tão-somente sobre bens e negócios jurídicos adquiridos e contratados após a decisão judicial que autorizar, nos termos do art. 1.639, § 2º, do CC/2002, a modificação incidental do regime de bens.***

No ***plano doutrinário****, relembro duas lições acerca da questão que se orientam no mesmo sentido:*

*O novo regime de bens passa a produzir efeitos a partir do trânsito em julgado da autorização do juiz, entre os cônjuges. Após a averbação no assento de casamento e nos registros respectivos fundamentais ao resguardo dos interesses de terceiros (registro imobiliário, junta comercial, registro de pessoa jurídica etc), passa a ter eficácia 'erga omnes'. (****NERY JUNIOR, Nelson****. Código Civil Comentado, 10. ed., São Paulo: Editora Revista dos Tribunais, p. 1429).*

*A sentença que declarar a mudança do regime terá efeitos 'ex nunc' e substituirá o pacto antenupcial, se houver, por intermédio de mandado de averbação ao cartório de Registro Civil para alteração no assento de casamento e ao cartório de Registro de Imóveis do domicílio do casal. (****DE CARVALHO FILHO, Milton Paulo.*** *Código Civil Comentado: doutrina e jurisprudência/Coord. Cezar Peluso, 5. ed. rev. e atual, Barueri/SP: Manole, 2011, p. 1857).*

Portanto, merece acolhida o primeiro tópico da irresignação recursal, modificando-se o termo inicial da alteração do regime de bens para a data do trânsito em julgado da decisão judicial que o homologou."

Além do julgado acima, indicado no v. acórdão recorrido, há mais dois julgados sobre o tema, também oriundos da **eg. Terceira Turma**: **REsp 1.947.749/SP**, Relatora **Ministra Nancy Andrighi**, j. em 14.09.2021, DJe de 16.09.2021; e **REsp 1.533.179/RS**, Relator **Ministro Marco Aurélio Bellizze**, j. em 08.09.2015, DJe de 23.09.2015.

Realmente, tais julgados reconhecem a eficácia *ex nunc* da alteração do regime de bens, tendo por termo inicial a data do trânsito em julgado da decisão judicial que o modificou.

A hipótese dos autos, contudo, não tem exata correspondência com aquelas julgadas pela eg. Terceira Turma.

No **REsp 1.947.749/SP**, as partes objetivavam a modificação do regime da **separação obrigatória de bens** (casamento com pessoa que contava com 15 anos de idade) para o regime da **comunhão universal de bens**. Não se discutiu naquele caso a eficácia retroativa do regime da comunhão universal de bens, uma vez que, em se tratando de hipótese em que a própria lei impede a comunicabilidade de bens àqueles que contraem matrimônio diante de causa suspensiva, não seria pertinente, diante da posterior modificação do regime de bens, que o patrimônio amealhado naquele período passasse a se comunicar entre os cônjuges.

No presente recurso, as partes pedem a alteração do regime da **separação eletiva de bens** para o regime da **comunhão universal de bens**. A situação, portanto, é diversa, na medida em que as partes estavam voluntariamente casadas pelo regime da separação de bens e, valendo-se da autonomia da vontade, optam por alterar aquele regime para o da comunhão universal de bens, **manifestando, expressamente, a intenção de comunicar todo o patrimônio, inclusive aquele amealhado antes de formulado o pedido de alteração**. Nesse contexto, dificilmente se terá prejuízo para terceiros, dado que o casamento, preexistente e de conhecimento público, se fortalece com o novo regime adotado.

No **REsp 1.533.179/RS**, as partes objetivavam a modificação do regime de bens em sentido contrário ao da presente hipótese. Pretendiam migrar do regime da **comunhão parcial de bens** para o regime da **separação eletiva de bens**. Nessa situação, era pertinente a aplicação de efeitos *ex nunc*, porque, a partir da homologação do pedido, os cônjuges passaram a deter patrimônio exclusivo e terceiros poderiam vir a ser prejudicados em razão de uma comunicação mais restrita do patrimônio. O casamento, preexistente e de conhecimento público, não se fortalece com o novo regime adotado.

No **REsp 1.300.036/MT**, citado no v. acórdão recorrido, as partes obtiveram anteriormente a modificação do regime da **separação eletiva de bens** para o regime da **comunhão parcial de bens, sem debate acerca dos efeitos retroativos ou prospectivos da alteração decretada**. Todavia, posteriormente, já em face de separação judicial, trouxeram a debate o argumento de que o novo regime escolhido pelas partes implicara uma comunicação mais ampla do patrimônio, **sem que as partes houvessem manifestado expresso interesse em estender a referida comunicação ao patrimônio exclusivo a cada uma delas**; entendeu-se pertinente, então, aplicar efeitos *ex nunc* à modificação.

Assim, repise-se, a hipótese do presente recurso é diversa, na medida em que **as partes casaram-se pelo regime da separação eletiva de bens** e, valendo-se da autonomia de vontade, **optam agora por alterá-lo para o regime da comunhão universal de bens (o que supera, portanto, a comunhão parcial), manifestando, expressamente, a intenção de comunicar todo o patrimônio, inclusive aquele amealhado antes de formulado o pedido de alteração.**

É de se atentar que a aplicação dos efeitos *ex nunc* visa assegurar os interesses de terceiros. No entanto, no caso dos autos, a retroatividade (efeitos *ex tunc*) não teria o condão de gerar prejuízos a terceiros, porque todo o patrimônio titulado pelos recorrentes continuaria respondendo, em sua integralidade, por eventuais dívidas, conforme inteligência do art. 1.667 do Código Civil de 2002, que dispõe que o regime da comunhão universal de bens importa a comunhão de todos os bens presentes e futuros dos cônjuges e suas dívidas passivas.

Com efeito, na hipótese de alteração do regime de bens para o da comunhão universal, o próprio casamento se fortalece, os vínculos do casal se ampliam e a eficácia *ex tunc* decorre da própria natureza do referido regime.

Sobre o tema, explica NELSON ROSENVALD:

"Com efeito, imaginando se tratar de modificação de um regime de comunhão para uma separação absoluta, é de se lhe reconhecer efeitos ex nunc, não retroativos... ***De outro modo, hipoteticamente admitida a mudança de um regime separatório para a comunhão universal, naturalmente, vislumbra-se uma eficácia retroativa, ex tunc. Assim, entendemos que dependerá do caso concreto a retroação ou não dos efeitos da sentença.***

De qualquer modo, é certa a possibilidade dos interessados requererem, expressamente, ao juiz que estabeleça a retroação da eficácia do comando sentencial, optando pelos efeitos ex tunc. Outrossim, no que tange à esfera jurídica de interesses de terceiros, a eficácia, será, invariavelmente, ex nunc, não retroativa..." (Direito das Famílias. Rio de Janeiro. Ed. Lumen Iures, 2008, p. 228)

Nessa linha, é possível que os interessados requeiram ao juiz que estabeleça a retroação dos efeitos da sentença, optando pelos efeitos *ex tunc*. No que tange à esfera jurídica de interesses de terceiros, a lei já ressalva os direitos de terceiros que eventualmente se considerem prejudicados, de modo que a modificação do regime de bens será considerada ineficaz em relação a eles.

A vedação, em caráter absoluto, à retroatividade implicaria inadmissível engessamento, retardando os benefícios que adviriam de um regime presumivelmente mais vantajoso para as partes e terceiros. O que não se pode fazer é retroagir para prejudicar, para alterar uma situação do passado em prejuízo da sociedade. Ao contrário, se a retroatividade é benéfica para a coletividade, se não viola o patrimônio individual, nem prejudica terceiros, ou seja, se o retroagir não produz desequilíbrio jurídico-social, deve ser admitido.

Segundo LUCIANO LOPES PASSARELLI, *"se entendermos que os efeitos da modificação não retroagirão para alcançar os bens existentes quando do ajuizamento do pedido, parece que estaríamos criando restrição não feita pela lei"* (Modificação do regime de bens no casamento - Aspectos gerais e reflexos no patrimônio imobiliário do casal. Revista de Direito Imobiliário: RDI, v. 27, n. 57, jul./dez. 2004. p. 99).

Ora, havendo alteração da separação eletiva de bens para a comunhão universal, como no caso, só haveria de fato uma comunhão "universal" se os bens já existentes se comunicarem. Sendo o regime primitivo o da separação de bens, com a alteração para comunhão universal, todos os bens presentes e futuros devem entrar para a comunhão.

Como a própria lei já ressalva os direitos de terceiros (a alteração do regime de bens será ineficaz perante eles), não há por que o Estado-juiz criar embaraços à livre decisão do casal sobre o que melhor atende a seus interesses.

É difícil também imaginar algum prejuízo aos credores, visto que esses, com a alteração do regime para comunhão universal, terão mais bens disponíveis para garantir a cobrança de valores. Independentemente de constar na decisão judicial, o patrimônio continuará respondendo pelas dívidas existentes. Quanto a eventual credor prejudicado, vale a ressalva feita pela lei que diz respeito à ineficácia em relação a direito de algum terceiro que venha a alegar prejuízo.

Para SÉRGIO GISCHKOW PEREIRA: *"parece-me que o próprio texto legislativo conduz à possibilidade da eficácia retroativa: se assim não fosse, perderia sentido a expressão 'ressalvados os direitos de terceiros'. Esta ressalva é relevante exatamente porque o efeito da mudança de regime pode ser retroativa; ninguém pensaria em se preocupar com terceiros que, por exemplo, se tornassem credores dos cônjuges depois da alteração de regime devidamente publicada"* (Observações sobre os Regimes de Bens e o Novo Código Civil. Revista Juris Plenum, Caxias do Sul (RS), v. 2, n. 12, nov. 2006. p. 90).

Na opinião de ÉLCIO ARRUDA: *"em dadas situações,* **a retroatividade será necessária e até imperativa, por constituir corolário lógico do ato***: assim, por exemplo,* **se o novo regime for da comunhão universal (mais amplo), a abrangência de todo acervo patrimonial até então arregimentado, desde o início do casamento, é pressuposto lógico à universalidade da comunhão***; em idêntica vertente, eleito o regime de separação de bens (mais restrito), o patrimônio até então granjeado deverá ser tomado em conta e partilhado, para concretização futura da própria separação. Em suma, a eficácia ordinária da alteração de regime de bens é ex nunc,* **permitida a eficácia ex tunc se e quando corolário lógico da mudança ou a pedido dos interessados, hipótese em que o exame de pertinência e viabilidade será ainda mais acurado***"* (Problemas atuais do direito patrimonial de família. Regime de bens. Estrutura e função. Revista IBDFAM: Famílias e Sucessões, Belo Horizonte, n. 5, set./out. 2014. p. 70).

Salvo melhor juízo, a alteração de regime de bens, contemplada no art. 1.639, § 2º, do Código Civil de 2002, pode ter eficácia retroativa (*ex tunc*), se os cônjuges assim o estipularem, sempre ressalvados os direitos de terceiros, de maneira que estes só poderão ser atingidos se a mudança lhes for favorável.

Como regra, a mudança de regime de bens valerá apenas para o futuro, não prejudicando os atos jurídicos perfeitos. Mas a modificação poderá alcançar os atos passados se o regime adotado (exemplo: alteração de separação convencional para comunhão parcial ou universal) beneficiar terceiro credor pela ampliação das garantias patrimoniais. Aceitável, portanto, a retroação decorrente de explícita manifestação de vontade dos cônjuges.

No particular, a retroatividade será decorrência lógica se o novo regime for o da comunhão universal, pois ele só será efetivamente universal se implicar comunicação de todos os bens, presentes e futuros, dos cônjuges. Impossível seria pensar em comunhão universal que implicasse comunicação apenas dos bens adquiridos a partir da modificação do regime. Seria contraditório com o próprio regime jurídico da comunhão universal se entrassem para a comunhão somente os bens futuros.

A mutabilidade do regime de bens nada mais é do que a livre disposição patrimonial dos cônjuges, senhores que são de suas coisas. Não há sentido proibir a retroatividade à data da celebração do matrimônio livremente manifestada pelos cônjuges de comunicar todo o patrimônio, inclusive aquele amealhado antes de formulado o pedido de alteração do regime de bens, especialmente no caso em que a retroatividade é corolário lógico da mudança para a comunhão universal.

Ante o exposto, **dou provimento ao recurso especial** para que a alteração do regime de bens de separação total para comunhão universal tenha efeitos desde a data da celebração do matrimônio ("ex tunc"), alcançando todos os bens atuais do casal, independentemente da data de aquisição.

É como voto.

VOTO

MINISTRA MARIA ISABEL GALLOTTI: Sr. Presidente, ouvi atentamente a sustentação oral e o cuidadoso voto de V. Exa.

Acompanho o entendimento de que a alteração do regime de bens é retroativa ao início do casamento, mas com a ressalva feita pela lei, a qual nem precisa constar da decisão judicial, de que são ressalvados os eventuais direitos de terceiro.

Isso pode acontecer, em tese, até mesmo no caso em que se pretende alterar o regime da separação de bens para o regime de comunhão universal. Isso porque pode haver terceiro que se alegue credor de obrigação de só um dos cônjuges e que essa alteração estaria prejudicando o direito daquele eventual credor, uma vez que metade do patrimônio do devedor passaria a pertencer ao outro cônjuge. Mas nada disso se alega no presente caso e tudo fica resolvido com a ressalva feita na própria lei, a qual é uma ressalva que diz respeito à ineficácia da mudança de regime em relação ao direito de algum terceiro que, eventualmente, venha a alegar prejuízo, do que não se cogita no presente caso.

Ademais, neste caso, como a mudança é para comunhão universal, seria contraditório com o próprio regime jurídico da comunhão universal que fosse uma comunhão universal só para o futuro.

Portanto, acompanho o voto do Relator também nesse sentido de que é o novo regime é retroativo e de que eventual prejuízo terá que ser alegado em outra via por algum eventual terceiro prejudicado, se houver.

É como voto. (STJ – REsp nº 1.671.422 – São Paulo – 4ª Turma – Rel. Min. Raul Araújo – DJ 30.05.2023)

INFORMATIVO 547: DIREITO INTERNACIONAL PRIVADO E PROCESSUAL CIVIL. HOMOLOGAÇÃO DE SENTENÇA ECLESIÁSTICA DE ANULAÇÃO DE MATRIMÔNIO. É possível a homologação pelo STJ de sentença eclesiástica de anulação de matrimônio, confirmada pelo órgão de controle superior da Santa Sé. De início, o § 1º do art. 216-A do RISTJ prevê a possibilidade de serem homologados "os provimentos não judiciais que, pela lei brasileira, tiverem natureza de sentença". Nesse contexto, as decisões eclesiásticas confirmadas pelo órgão superior de controle da Santa Sé são consideradas sentenças estrangeiras para efeitos de homologação. Isso porque o § 1º do art. 12 do Decreto federal nº 7.107/2010 (que homologou o acordo firmado entre o Brasil e a Santa Sé, relativo ao Estatuto Jurídico da Igreja Católica no Brasil, aprovado pelo Decreto Legislativo nº 698/2009) determina que a "homologação das sentenças eclesiásticas em matéria matrimonial, confirmadas pelo órgão de controle superior da Santa Sé, será efetuada nos termos da legislação brasileira sobre homologação de sentenças estrangeiras". Aliás, não há como sustentar a inconstitucionalidade deste dispositivo legal, tendo em vista que ele apenas institui, em matéria matrimonial, que a homologação de sentenças eclesiásticas, confirmadas pelo órgão de controle superior da Santa Sé – que detém personalidade jurídica de direito internacional público –, será realizada de acordo com a legislação brasileira. Além disso, o caráter laico do Estado brasileiro não impede a homologação de sentenças eclesiásticas, tanto que o Brasil, nos termos do art. 3º de referido Decreto federal nº 7.107/2010, reconhece a personalidade jurídica das instituições eclesiásticas. Além do mais, vale salientar, quanto ao procedimento, que o Código de Direito Canônico assegura plenamente o direito de defesa e os princípios da igualdade e do contraditório, sendo que, nas causas que tratem da nulidade ou dissolução do casamento, sempre atuará o defensor do vínculo, que, por ofício está obrigado a apresentar e expor tudo o que razoavelmente se puder aduzir contra a nulidade ou dissolução (Cân. 1432) e, mais, a sentença favorável à nulidade do matrimônio será submetida a reexame necessário pelo tribunal de segundo grau (Cân. 1682). SEC 11.962-EX, Rel. Min. Felix Fischer, julgado em 4/11/2015, DJe 25/11/2015

TRIBUNAL DE JUSTIÇA DO ESTADO DE SÃO PAULO

EMENTA: CASAMENTO – ALTERAÇÃO DE REGIME DE BENS (separação total para comunhão universal) – Decreto de procedência – Recurso interposto pelos autores, pleiteando que a alteração retroaja à data da celebração do casamento – Inadmissibilidade – Modificação de regime de bens que possui efeito *ex nunc* – Inteligência do art. 1.639, § 2º, do Código Civil – Precedentes, inclusive do C. STJ – Sentença mantida – Recurso improvido. (TJSP – Apelação Cível nº 1056413-22.2014.8.26.0100 – São Paulo – 8ª Câmara de Direito Privado – Rel. Des. Salles Rossi – Julgado em 12.04.2016)

CONSELHO SUPERIOR DA MAGISTRATURA

EMENTA: Registro Civil das Pessoas Naturais – Recurso interposto contra sentença que deferiu habilitação de casamento homoafetivo – Orientação emanada em caráter definitivo pelo Supremo Tribunal Federal (ADI 4277), seguida pelo Superior Tribunal de Justiça (Resp 1.183.378) – Impossibilidade de a via administrativa alterar a tendência sacramentada na via jurisdicional – Recurso não provido (Apelação Cível nº 9000002-32.2012.8.26.0344, 17/07/2013). Apela o Ministério Público do Estado de São Paulo contra a r sentença [que, nos autos do procedimento administrativo de habilitação, autorizou o casamento homoafetivo desde que preenchidos os demais pressupostos legais. Aduz o apelante que: a) o art. 1.514, do Código Civil, só permite o casamento entre pessoas de sexos distintos e; b) referido dispositivo legal encontra-se em vigor, o que impede a via administrativa, porque vinculada aos termos legais, de se conduzir como se lei não houvesse ou como se existisse declaração de inconstitucionalidade específica. A Procuradoria Geral de Justiça opinou pelo provimento do recurso. É uma síntese do necessário. Embora não haja hierarquia entre cortes judiciárias, o Supremo Tribunal Federal tem por atribuição a guarda precípua da Constituição da República e o Superior Tribunal de Justiça a missão de unificar a interpretação do ordenamento em todo o Brasil. Ambos decidiram ser possível o reconhecimento da proteção jurídica a conviventes do mesmo sexo. As ementas da Adi 4277 – DF, 5.5.2011, relatoria do atual Presidente do STF, Ministro AYRES BRITO, são eloquentes: *"PROIBIÇÃO DE DISCRIMINAÇÃO DAS PESSOAS EM RAZÃO DO SEXO, SEJA NO PLANO DA DICOTOMIA HOMEM/MULHER (GÊNERO), SEJA NO PLANO DA ORIENTAÇÃO SEXUAL DE CADA QUAL DELES. A PROIBIÇÃO DO PRECONCEITO COMO CAPITULO DO CONSTITUCIONALISMO FRATERNAL. HOMENAGEM AO PLURALISMO COMO VALOR SOCIO-POLÍTICO-CULTURAL. LIBERDADE PARA DISPOR DA PRÓPRIA SEXUALIDADE, INSERIDA NA CATEGORIA DOS DIREITOS FUNDAMENTAIS DO INDIVÍDUO, EXPRESSÃO QUE É DA AUTONOMIA DE VONTADE. DIREITO À INTIMIDADE E À VIDA PRIVADA. CLÁUSULA PÉTREA. TRATAMENTO CONSTITUCIONAL DA INSTITUIÇÃO DA FAMÍLIA.*

RECONHECIMENTO DE QUE A CONSTITUIÇÃO FEDERAL NÃO EMPRESTA AO SUBSTANTIVO "FAMÍLIA" NENHUM SIGNIFICADO ORTODOXO OU DA PRÓPRIA TÉCNICA JURÍDICA. A FAMÍLIA COMO CATEGORIA SOCIO-CULTURAL E PRINCÍPIO ESPIRITUAL. DIREITO SUBJETIVO DE CONSTITUIR FAMÍLIA. INTERPRETAÇÃO NÃO-REDUCIONISTA. UNIÃO ESTÁVEL. NORMAÇÃO CONSTITUCIONAL REFERIDA A HOMEM E MULHER, MAS APENAS PARA ESPECIAL PROTEÇÃO DESTA ÚLTIMA. FOCADO PROPÓSITO CONSTITUCIONAL DE ESTABELECER RELAÇÕES JURÍDICAS HORIZONTAIS OU SEM HIERARQUIA ENTRE AS DUAS TIPOLOGIAS DO GÊNERO HUMANO. IDENTIDADE CONSTITUCIONAL DOS CONCEITOS DE "ENTIDADE FAMILIAR" E "FAMÍLIA"". Idêntica a clareza das ementas redigidas pelo Ministro LUÍS FELIPE SALOMÃO, relator do REsp. 1.183.378-RS: *"DIREITO DE FAMÍLIA. CASAMENTO CIVIL ENTRE PESSOAS DO MESMO SEXO (HOMOAFETIVO). INTERPRETAÇÃO DOS ARTS. 1514, 1521, 1523, 1535 E 1565 DO CÓDIGO CIVIL DE 2002. INEXISTÊNCIA DE VEDAÇÃO EXPRESSA A QUE SE HABILITEM PARA O CASAMENTO PESSOAS DO MESMO SEXO. VEDAÇÃO IMPLÍCITA CONSTITUCIONALMENTE INACEITÁVEL. ORIENTAÇÃO PRINCIPIOLÓGICA CONFERIDA PELO STF NO JULGAMENTO DA ADPF 132/RJ EDA ADIN 4277/DF*. "Observe-se que nesse julgado o Superior Tribunal de Justiça, respaldado nos princípios fincados na Adi 4277/DF, do STF, admitiu a habilitação direta para o casamento entre pessoas do mesmo sexo sem a necessidade do prévio reconhecimento da união estável. A partir da sinalização das Cortes Superiores, inúmeras as decisões amparadas e fundamentadas nesses julgados. Inclusive em São Paulo. Se, na via administrativa, fosse alterada essa tendência, o Judiciário se veria invocado a decidir, agora na esfera jurisdicional, matéria já sacramentada nos Tribunais com jurisdição para todo o território nacional. Como servos da Constituição – interpretada por aquele Colegiado que o pacto federativo encarregou guardá-la – os juízes e órgãos do Poder Judiciário não podem se afastar da orientação emanada em caráter definitivo pelo STF. É por isso que, doravante, os dispositivos legais e Constitucionais relativos ao casamento e à união estável não podem mais ser interpretados à revelia da nova acepção jurídica que lhes deram o Supremo Tribunal Federal e o Superior Tribunal de Justiça. Assim, a despeito das jurídicas razões contidas no recurso e no r parecer do Ministério Público, a r sentença deve ser mantida. Ante o exposto, pelo meu voto, nego provimento ao recurso. JOSÉ RENATO NALINI. Corregedor Geral da Justiça e Relator.

3. QUESTÕES DE CONCURSOS

01. (VUNESP - 2023 - TJ-AL - Titular de Serviços de Notas e de Registros – Provimento) De acordo com a Consolidação Normativa Notarial e Registral da Corregedoria Geral da Justiça do Estado de Alagoas (CNNR-CGJ/AL), assinale a alternativa que apresenta o procedimento correto do oficial do registro civil das pessoas naturais nos autos de habilitação quanto ao consentimento dos pais para o casamento de filhos menores.

Nota da autora: Embora a questão envolva normativas estaduais, é possível respondê-la com base na doutrina, pois trata-se de uma reprodução desta.

a) Caso um dos genitores se recuse a dar seu consentimento, o outro poderá assinar o respectivo termo perante o oficial do registro civil das pessoas naturais, considerando, assim, suprida a falta de consentimento daquele.
b) O consentimento de pais analfabetos, para que seus filhos possam casar, dar-se-á por intermédio de procurador constituído por instrumento público, ou mediante termo de consentimento, nos autos da habilitação, subscrito pelo Oficial e por uma pessoa a rogo do analfabeto, colhendo-se a impressão digital destes na presença de duas testemunhas, qualificadas, que deverão assinar o termo.
c) Se o consentimento para casar não for firmado pelos pais, perante o oficial do registro civil ou seu preposto, será exigido o reconhecimento notarial das assinaturas por semelhança.
d) Excepcionalmente, na hipótese em que o casamento se realizar no âmbito do projeto Justiça Itinerante não haverá necessidade de consentimento dos pais.

02. (TJ/AM – 2023 – TJ/AM - Titular de Notas e Serviços de Registros). No tocante à habilitação do casamento, assinale a alternativa correta de acordo com a Lei 6.015/1973:

a) Se estiver em ordem a documentação, o oficial de registro dará publicidade, em meio eletrônico, à habilitação e extrairá, no prazo de até 5 (cinco) dias, o certificado de habilitação, podendo os nubentes contrair matrimônio perante qualquer serventia de registro civil de pessoas naturais, de sua livre escolha.
b) Se houver impedimento ou arguição de causa suspensiva, o oficial de registro dará ciência do fato aos nubentes, para que indiquem, em 48 (quarenta e oito) horas, prova que pretendam produzir, e remeterá os autos a juízo, e, produzidas as provas pelo oponente e pelos nubentes, no prazo de 3 (três) dias, com ciência do Ministério Público, e ouvidos os interessados e o órgão do Ministério Público em 5 (cinco) dias, decidirá o juiz em igual prazo.
c) A celebração do casamento não pode ser realizada por sistema de videoconferência.
d) A publicação dos proclamas em jornal local de grande circulação é obrigatória, podendo, excepcionalmente, ser realizada por meio eletrônico, mediante petição formulada pelos contraentes ao oficial de registro.

03. (FGV - 2023 - TJ-SE - Atividade Notarial e de Registro – Provimento)
Maria e João, que residiam nos Municípios X e Y, decidiram contrair núpcias. Por tal razão, Maria compareceu perante o oficial do Registro Civil das Pessoas Naturais (RCPN) da circunscrição territorial em que residia e requereu a expedição de certidão de que ela e João se encontram habilitados para se casar.
Após constatar que a documentação apresentada estava em ordem, o oficial esclareceu corretamente a Maria que:

a) para a conclusão do processo de habilitação na circunscrição territorial em que Maria reside, devem ser publicados os proclamas e registrado o edital na circunscrição de residência de João;
b) após a publicização dos proclamas de casamento, o Ministério Público terá vista dos autos e, se houver apresentação de impedimento, o juiz decidirá, sendo o certificado de habilitação concedido ao final;
c) caso o casamento ocorra na circunscrição territorial em que João reside, o oficial do registro comunicará ao da habilitação esse fato, com aviso de recebimento, acompanhado dos documentos impressos, autenticados, para fins de anotação;
d) após ser dada publicidade à habilitação e na ausência de impedimento ou arguição de causa suspensiva, será extraído certificado de habilitação, de modo que Maria e João poderão contrair núpcias perante qualquer serventia do RCPN;
e) o processo de habilitação deve ser igualmente instaurado na circunscrição territorial em que João reside, sendo prevento, para conhecer de eventual apresentação de impedimentos, ouvido o Ministério Público, o juízo da circunscrição territorial de Maria.

04. (FGV - 2023 - TJ-SE - Atividade Notarial e de Registro – Remoção). No processo de habilitação para casamento de Denis e Maria, o primo de um dos nubentes arguiu que, embora Denis fosse divorciado, a partilha dos bens do seu casamento anterior ainda não havia sido decidida.
Esse fato:

a) só pode ser oposto até o momento da celebração, por se tratar de impedimento;

b) não pode ser arguido por parente colateral de quarto grau, por se tratar de causa suspensiva;
c) pode ser oposto por qualquer interessado, por se tratar de impedimento;
d) configura impedimento e, constatado e provado, tornaria inexistente o casamento se ainda assim celebrado;
e) configura causa suspensiva e, constatado e provado, tornaria anulável o casamento se ainda assim celebrado.

05. (IESES – Titular de Serviços de Notas e Registros – TJ – TO – Provimento/2022) A Lei de Registros Púbicos (LRP – Lei nº 6015/73) estabelece vários atos que podem ser praticados no registro civil de pessoas naturais, dentre eles o casamento, que deve atender a vários requisitos legais. No que tange a habilitação para o Casamento é INCORRETO afirmar o seguinte:
a) A celebração do casamento poderá ser realizada, a requerimento dos nubentes, em meio eletrônico, por sistema de videoconferência em que se possa verificar a livre manifestação da vontade dos contraentes.
b) A eficácia da habilitação será de trinta dias, a contar da data em que foi extraído o certificado.
c) Se estiver em ordem a documentação, o oficial de registro dará publicidade, em meio eletrônico, à habilitação e extrairá, no prazo de até 5 (cinco) dias, o certificado de habilitação, podendo os nubentes contrair matrimônio perante qualquer serventia de registro civil de pessoas naturais, de sua livre escolha, observado o prazo de eficácia de noventa dias, a contar da data em que foi extraído o certificado.
d) Na habilitação para o casamento, os interessados, apresentando os documentos exigidos pela lei civil, requererão ao oficial do registro do distrito de residência de um dos nubentes, que lhes expeça certidão de que se acham habilitados para se casarem.

06. (IESES – Titular de Serviços de Notas e Registros – TJ – TO – Provimento/2022) A ODS (Objetivos de Desenvolvimento Sustentável)16 da Agenda 2030 tem como principal objetivo promover inclusão social e justiça a todo cidadão em paridade e em todos os níveis. Um dos pontos é que, até 2030, haja fornecimento de identidade legal para todos, incluindo a certidão de nascimento que é uma das atribuições do Registro Civil das Pessoas Naturais – RCPN. Sobre as atribuições do RCPN de registro de nascimento, óbito e casamento é INCORRETO afirmar o seguinte:
a) O oficial do RCPN juntará, a cada um dos livros da serventia, índice alfabético dos assentos lavrados pelos nomes das pessoas a quem se referirem. O índice alfabético poderá, a critério do oficial, ser organizado pelo sistema de fichas, desde que preencham estas os requisitos de segurança, comodidade e pronta busca.
b) Na habilitação para o casamento, os interessados, apresentando os documentos exigidos pela lei civil, requererão ao oficial de registro de imóveis do distrito de residência de um dos nubentes, que lhes expeça certidão de que se acham habilitados para casar.
c) A testemunha para os assentos de registro deve satisfazer as condições exigidas pela lei civil, sendo admitido o parente, em qualquer grau, do registrado e quando a testemunha não for conhecida do oficial do registro, deverá apresentar documento hábil da sua identidade, do qual se fará, no assento, expressa menção.
d) Do matrimônio, logo depois de celebrado, será lavrado assento, assinado pelo presidente do ato, os cônjuges, as testemunhas e o oficial.

07. (IESES – Titular de Serviços de Notas e Registros – TJ – TO – Remoção/2022) Sobre o casamento civil, pode-se afirmar:

I. A celebração poderá ser realizada, a requerimento dos nubentes, em meio eletrônico, por sistema de videoconferência em que se possa verificar a livre manifestação da vontade dos contraentes.
II. A lei não admite a conversão da união estável em casamento.
III. A celebração ocorrerá obrigatoriamente perante oficial de registro civil de pessoas naturais de modo presencial.
IV. A conversão da união estável em casamento deverá ser requerida pelos companheiros perante o oficial de registro civil de pessoas naturais de sua residência.
A conversão da união estável dependerá da superação dos impedimentos legais para o casamento, sujeitando-se à adoção do regime patrimonial de bens, na forma dos preceitos da lei civil.

A sequência correta é:
a) Apenas as assertivas I e II estão corretas.
b) As assertivas I, II, III e IV estão corretas.
c) Apenas a assertiva IV está incorreta.
d) Apenas as assertivas I e IV estão corretas.

08. (Vunesp – Outorga de Delegação de Notas e Registros – TJ – GO/2021) Com relação ao casamento, assinale a alternativa correta.
a) O falecimento da parte no curso do processo de habilitação impede a lavratura do assento de conversão de união estável em casamento, mesmo que em termos o pedido.
b) A celebração de casamento de pessoas que se declarem hipossuficientes será realizada singularmente, salvo a hipótese de casamento coletivo previamente autorizado pelo Juiz Corregedor Permanente.
c) O procedimento de modificação do regime de bens é de competência do Juízo Corregedor do cartório no qual foi registrado o casamento.
d) Aplicar-se-á ao casamento ou à conversão de união estável em casamento de pessoas do mesmo sexo as mesmas regras de todos os casamentos, vedada às autoridades competentes a recusa de habilitação, celebração ou de conversão de união estável em casamento sobre esta condição.

09. (TJ-SC – Notário-SC/2008) Sobre casamentos é correto afirmar:
a) A eficácia da habilitação de casamento será de 30 dias, a contar da data em que foi extraído o certificado.
b) O homem e a mulher com 18 anos podem casar, exigindo-se autorização de ambos os pais, ou de seus representantes legais, enquanto não atingida a maioridade civil.
c) A eficácia da habilitação de casamento será de 90 dias, a contar da data em que foi extraído o certificado.
d) Não podem casar os irmãos, unilaterais e bilaterais e demais colaterais, até o 4º grau inclusive.
e) No prazo de 120 dias a contar da realização, o celebrante ou qualquer interessado poderá, apresentando o assento ou termo de casamento religioso, requerer-lhe registro ao oficial do cartório que expediu a certidão.

10. (Cespe – Cartório – TJ-DFT/2014) Com base no disposto no Código Civil e na Lei nº 6.015/1973, assinale a opção correta.
a) O casamento civil será dissolvido pelo divórcio, que poderá ser realizado, quando consensual, pelo oficial de registro civil das pessoas naturais, mediante escritura pública.
b) O casamento religioso, celebrado sem prévia habilitação, poderá ser registrado, desde que seja processada, previamente ao registro, a habilitação, com a publicação dos editais e certificada a inexistência de impedimentos.
c) Qualquer dos nubentes poderá acrescer ao seu sobrenome o do outro até o registro do matrimônio, não podendo fazê-lo posteriormente.

d) Na hipótese de o casamento ocorrer em comarca distinta da de habilitação, o oficial de registro civil das pessoas naturais deverá cientificar o MP, que, em caso de dúvida, poderá exigir elementos de prova que demonstrem a inexistência de impedimentos para o casamento.
e) As causas suspensivas do casamento impedem a caracterização da união estável e, por conseguinte, a sua conversão em casamento.

11. (IESES – Cartório – TJ – PA/2016) O processo de habilitação para o casamento civil:
a) Constitui ato preparatório para a realização do casamento e o pedido deve ser materializado pelos nubentes, não sendo admitida a representação por procurador.
b) Perde a eficácia em não sendo realizado o casamento, bem como se decorrido o prazo decadencial de 90 dias de sua homologação.
c) Tendo como nubente relativamente incapaz em razão da idade, sempre será necessária a autorização judicial.
d) Tem prazo fixado de 15 dias para eventual impugnação do edital de proclamas, que poderá ser dispensado ou abreviado pelo Registador em casos fundamentados de necessidade.

12. (Consulplan – Cartório – MG – Provimento/2016) De acordo com o Código Civil em vigor, é correto afirmar:
a) O requerimento de habilitação para o casamento será firmado por ambos os nubentes, de próprio punho, ou, a seu pedido, por procurador, e deve ser instruído com os documentos previstos em lei.
b) É mera faculdade do oficial do registro esclarecer os nubentes a respeito dos fatos que podem ocasionar a invalidade do casamento, bem como sobre os diversos regimes de bens, pois se trata de norma pela qual ninguém pode alegar desconhecimento.
c) O casamento religioso, cuja validade é independente do casamento civil e deve atender aos interesses do culto que o realiza, não se equipara àquele, mesmo que registrado perante o oficial do registro civil de pessoas naturais.
d) É válido o registro civil do casamento religioso se, antes dele, qualquer dos consorciados houver contraído com outrem casamento civil.

13. (IESES – Cartório – TJ – PB/2014) Segundo o Código Civil de 2002, são impedidas de casar as seguintes pessoas:
I. Os ascendentes com os descendentes, seja o parentesco natural ou civil, os afins em linha reta, o adotado com o filho do adotante, as pessoas casadas.
II. O adotante com quem foi cônjuge do adotado e o adotado com quem o foi do adotante, os irmãos, unilaterais ou bilaterais, e demais colaterais, até o quarto grau inclusive.
III. O cônjuge sobrevivente com o condenado por homicídio ou tentativa de homicídio contra o seu consorte.
IV. O viúvo ou a viúva que tiver filho do cônjuge falecido, enquanto não fizer inventário dos bens do casal e der partilha aos herdeiros.

A sequência correta é:
a) Apenas as assertivas I, II e III estão corretas.
b) As assertivas I, II, III e IV estão corretas.
c) Apenas as assertivas I e III estão corretas.
d) Apenas a assertiva III está correta.

14. (Vunesp – Notário-MS/2009) Assinale a alternativa que está em consonância com o registro civil das pessoas naturais, conforme disciplinado em lei.
a) As sentenças que decidirem a nulidade de casamento dispensam averbação no registro.
b) Serão cobrados emolumentos pelo assento do óbito, bem como pela primeira certidão respectiva.
c) A competência para a inscrição da opção de nacionalidade é exclusiva do Distrito Federal.
d) As declarações de nascimento feitas após o decurso do prazo legal somente serão registradas mediante despacho do juiz competente do lugar da residência do interessado e que será dispensado se o registrando tiver menos de 12 anos de idade.
e) Os livros de proclamas serão escriturados cronologicamente com dispensa do resumo do que constar dos editais quando expedidos pelo próprio cartório.

15. (IESES – Cartório – TJ – RS/2013) Das alternativas abaixo qual NÃO é obrigação do Registrador Civil das Pessoas Naturais trazidas pelo Código Civil de 2002?
a) Esclarecer aos nubentes sobre os diversos regimes de bens.
b) Esclarecer aos nubentes a respeito de fatos que podem ocasionar a invalidade do casamento.
c) Declarar a existência de impedimento matrimonial de que tenha conhecimento.
d) Declarar casados o homem e a mulher que manifestaram, perante o juiz, a sua vontade de estabelecer vínculo conjugal.

GAB	1	B	2	A	3	D	4	B	5	B
	6	B	7	D	8	D	9	C	10	B
	11	B	12	A	13	C	14	D	15	D

Art. 69. Para a dispensa da publicação eletrônica dos proclamas, nos casos previstos em lei, os contraentes, em petição dirigida ao oficial de registro, deduzirão os motivos de urgência do casamento, provando o alegado, no prazo de 24 (vinte e quatro) horas, com documentos.

§ 1º *(Revogado pela Lei nº 14.382, de 27/6/2022)*

§ 2º O oficial de registro, no prazo de 24 (vinte quatro) horas, com base nas provas apresentadas, poderá dispensar ou não a publicação eletrônica, e caberá recurso da decisão ao juiz corregedor.

1. COMENTÁRIOS

Proclamas são editais expedidos pelos oficiais registradores para anunciar os casamentos pretendidos, permitindo que todos tenham conhecimento e possam fazer eventuais oposições, conforme previsto nos artigos 1.527 e 1.536, IV, do Código Civil, e nos artigos 67, § 1º, e 69 da Lei de Registros Públicos (LRP).

Após autuada a petição de habilitação, companhada dos documentos conforme o artigo 1.525 do Código Civil, e constatando-se que a documentação está em conformidade, o Oficial registrador extrairá o edital conforme estabelecido no artigo 67, § 1º, da Lei de Registros Públicos (LRP).

A antiga norma estabelecia que, caso os nubentes tivessem residência em **circunscrições diversas**, o edital seria entregue pelo registrador aos nubentes, que, por sua vez, deveriam providenciar o registro e a publicação do edital na outra serventia de sua residência.

A Lei n. 14.382/2022 alterou toda a sistemática dos proclamas, que agora são realizados de forma exclusivamente eletrônica, não sendo mais necessário afixá-los fisicamente na Serventia.

Enfatiza-se que, mesmo sendo exclusivamente eletrônica, a publicação do edital ainda é indispensável, exceto em situações de urgência conforme o arts. 69 desta Lei n. 6.015/1973 e 1.527 do Código Civil. Com essa mudança, se os nubentes residirem em locais diferentes, não é mais necessário publicar os editais em ambas as localidades, sendo suficiente a publicação no cartório responsável pelo processo de habilitação.

1.1 REGISTRO DE PROCLAMAS

A Lei n. 14.382/2022 alterou os arts. 67 e 69 da Lei de Registros Públicos, a fim de facilitar a fase de habilitação e a fase de celebração do casamento, proporcionando melhorias e ajustes.

Em atenção à Revolução Cibernética que estamos vivendo, prestigiou-se a prática de **atos eletrônicos do procedimento de casamento.** E assim, tornou-se eletrônico o **livro de registro de proclamas**, seguindo uma tendência já presente em diversas normativas extrajudiciais. Veja-se:

> Art. 467, Código de Normas da Corregedoria-Geral da Justiça do Estado de Santa Catarina:
>
> [...]
>
> § 2º Podem ser mantidos exclusivamente em **meio eletrônico:**
>
> I – livro diário auxiliar da receita e da despesa;
>
> II – livros de protocolo de notas e protestos;
>
> III – livro índice de Registro Civil das Pessoas Jurídicas;
>
> IV – livro de indicador pessoal do Registro de Títulos e Documentos;
>
> V – livros de indicadores real e pessoal do Registro de Imóveis;
>
> **VI – livro de registro de proclamas;**
>
> VIII – livro de Registro de Protesto;

Já não era sem tempo que o avanço tecnológico modernizasse também a **publicação de editais de proclamas de casamento.** Muitos cartórios apenas afixavam em seus murais os editais por ausência de jornal na localidade em que situados, comprometendo a ampla publicidade que se pretende.

Com o progresso digital, os benefícios são bastantes significativos. A título de ilustração temos:

a) Publicidade ampla, garantindo que mais pessoas tenham acesso às informações necessárias.

b) Contribuição para o meio ambiente ao reduzir a quantidade de papel impresso.

c) Redução de custos, já que a publicação eletrônica tende a ser mais econômica do que nos jornais impressos, que cobravam valores mais altos.

Os proclamas são registrados no **Livro "D"**, segundo o art. 33, VI da Lei 6.015/1973 e o registro do edital de casamento conterá todas as indicações quanto à época de publicação e aos documentos apresentados.

As despesas de publicação do edital serão pagas pelo interessado, salvo se houver disposição contrária nas normativas estaduais, nos termos do art. 1.530 do Código Civil e do art. 43 da LRP.

1.2 DISPENSA DOS PROCLAMAS

Além do dispositivo em análise, também preceitua sobre a dispensa de proclamas, o **parágrafo único do art. 1.527 do Código Civil**, segundo o qual os editais de proclamas podem ser dispensados, desde que se comprove a **urgência** para a celebração do casamento.

Assim, ocorrendo uma situação de extrema urgência, será admitida, excepcionalmente, a dispensa dos proclamas a fim de realizar o casamento. Podemos concluir aqui que deve haver uma ponderação entre o princípio da publicidade e o da autonomia privada. Nesse contexto, a publicidade será mitigada em prol da autonomia privada.

É importante observar que o legislador não especificou nem definiu as situações de urgência. A doutrina geralmente menciona como exemplos uma doença grave de um dos nubentes, em iminência de morte, ou a necessidade de uma viagem urgente, entre outros casos.

Quando a urgência for fundamentada em moléstia grave ou iminente risco de vida, os procedimentos são aqueles previstos nos arts. 1.538 ao 1.541 do Código Civil.

Frise-se que a dispensa dos proclamas sempre foi um tema debatido na doutrina. Segundo os ensinamentos de Gustavo Fiscarelli, durante a V Jornada de Direito Civil, o Conselho da Justiça Federal aprovou o Enunciado 513, que estabelece que "o juiz não pode dispensar, mesmo fundamentadamente, a publicação do edital de proclamas do casamento, mas apenas o decurso do prazo". Flávio Tartuce, no entanto, e a nosso sentir, corretamente, discorda do Enunciado, pois o preceito está distante do texto legal e do princípio da operabilidade, que visa facilitar os institutos civis, sendo um dos pilares da codificação privada atual. O autor prossegue a crítica, argumentando que o Enunciado valoriza muito o aspecto formal e pouco a materialidade dos atos jurídicos, o que está na contramão da visão que deve prevalecer sobre o Direito Civil Contemporâneo (Op. cit. p. 228).

Gustavo Fiscarelli esclarece ainda que o art. 69 da Lei 6.015/1973 estabelecia, como requisito para a dispensa da publicação, que os contraentes deduzissem, em petição dirigida ao juiz, "os motivos de urgência do casamento, provando-a, **desde logo**, com documentos ou indicando outras provas para demonstração do alegado". Esse trecho final do dispositivo foi modificado pela Lei 14.382/2022, para exigir que os nubentes provem o alegado no prazo de **24 horas,** juntando os documentos respectivos. Nesse contexto, a nova Lei revogou o § 1º, que previa a realização de audiência quando o pedido estivesse fundado em crimes contra os costumes, e modificou a redação do § 2º, que previa a intervenção e a manifestação do Ministério Público após a produção das provas (Op. cit. p. 228).

O art. 69, § 1º, antes dispensava os proclamas nos casos de crimes contra os costumes, no entanto, essa dispensa foi revogada de forma tácita pela Lei 11.106/2006 e 12.015/2009, como já analisado alhures. Agora, a Lei 14.382/2022 revogou o dispositivo de forma expressa.

De acordo com os comandos da antiga lei, o edital de proclamas era publicado pelo prazo de 15 dias na sede do Serviço de Registro. Atualmente, vimos que a publicação faz-se em meio eletrônico. Desse modo, deve o **Oficial** certificar a regularidade da documentação de habilitação para o casamento em até 5 dias, recomendando-se prazo não inferior a 24 horas **em razão da possibilidade de oposição de impedimento.**

A partir da certificação, permanece o prazo de validade da certidão de habilitação de 90 dias, lembrando-se que para este caso, deve ser contado **em dias corridos**, excluindo-se o dia do início e incluindo o último dia.

Eventuais nulidades que surjam após a celebração podem ser contestadas por meio de uma ação judicial específica.

A Lei n. 14.382/2022 **dispensa a figura do juiz** na dispensa dos proclamas. Note-se que a dispensa é examinada pelo próprio Oficial de Registro Civil das Pessoas Naturais, que no prazo de 24 (vinte e quatro) horas, com base nas provas apresentadas, poderá dispensar ou não a publicação eletrônica, e caberá recurso da decisão ao juiz corregedor.

Em outras palavras, buscou-se desjudicializar o pedido de dispensa de proclamas, cuja decisão passa a ser do oficial de registro civil, mas garantido o recurso da decisão ao juiz corregedor.

Feito este panorama sobre as alterações da Lei n. 14.382/2022, passemos às análises de pontos controvertidos relacionados à dispensa dos proclamas.

1.3. PONTOS CONTROVERTIDOS SOBRE A DISPENSA DE PROCLAMAS

Para melhor compreensão do tema, recomenda-se a leitura em conjunto dos arts. 67, § 1º e 69 da LRP, atentando-se para os grifos:

> **Art. 67, § 1º, LRP.** Se estiver em ordem a documentação, o oficial de registro dará **publicidade, em meio eletrônico,** à habilitação e extrairá, no **prazo de até 5 (cinco) dias**, o certificado de habilitação, podendo os nubentes contrair matrimônio perante qualquer serventia de registro civil de pessoas naturais, de sua livre escolha, observado o prazo de eficácia do art. 1.532 da Lei nº 10.406, de 10 de janeiro de 2002 (Código Civil).
>
> **Art. 69, LRP.** Para a **dispensa da publicação eletrônica dos proclamas**, nos casos previstos em lei, os contraentes, em petição dirigida ao oficial de registro, deduzirão os motivos de urgência do casamento, provando o alegado, no **prazo de 24 (vinte e quatro) horas**, com documentos.
>
> [...]
>
> § 2º O oficial de registro, no prazo de 24 (vinte quatro) horas, com base nas provas apresentadas, poderá dispensar ou não a publicação eletrônica, e caberá recurso da decisão ao juiz corregedor.

Ao analisar os dispositivos, observa-se uma falta de harmonia evidente entre a nova redação do § 1º do art. 67 e o art. 69. Isso porque, conforme o art. 67, há um prazo máximo de 5 dias entre a entrada dos documentos e do requerimento de habilitação para casamento e a expedição do certificado de habilitação.

Não é outra a observação da professora Márcia Fidélis, que destaca que se o prazo é de "até 5 dias", entende-se que pode ser expedido o certificado no mesmo dia, data que, em tese, os contraentes podem se casar. Sendo assim, há uma inequívoca incoerência com o art. 69 já que esse dispõe sobre a dispensa da publicação eletrônica dos proclamas para os casos de urgência, sendo concedido aos contraentes prazo de 24 horas para a comprovação dos motivos da urgência.

A solução sugerida, até que a devida correção seja realizada, é aplicar o § 1º do art. 67, já que sua redação permite alcançar o objetivo da inclusão do art. 69, que é viabilizar casamentos em casos de urgência. Como o prazo de até 5 dias é dado ao registrador para considerar os contraentes habilitados, desde que os requisitos sejam cumpridos, o máximo que precisará ser feito é solicitar urgência ao próprio oficial de registro para que ele agilize a emissão do certificado de habilitação.

1.4. RESUMO DAS ALTERAÇÕES FEITAS NO PROCEDIMENTO DE HABILITAÇÃO E CELEBRAÇÃO DO CASAMENTO – ARTS. 67 E 69 DA LRP

1) Não se publica mais o edital de proclamas por 15 dias na sede do Serviço de Registro: faz-se uma publicação em meio eletrônico. A definição a respeito do meio eletrônico próprio para essa e outras

publicações mencionadas nessa lei deverão ser objeto de ato normativo do CNJ e das corregedorias locais.

2) Dispensada a manifestação do Ministério Público nos procedimentos de habilitação para casamento, salvo impedimento ou arguição de causa suspensiva.
3) Com o fim da possibilidade de impugnação ao procedimento, dispensou-se de vez a intervenção judicial, exceto para dirimir oposição de impedimento e suscitação de dúvida. O juiz de Direito não mais precisará homologar o procedimento de habilitação para casamento.
4) O local e horário para a celebração do casamento passou a ser uma atribuição do registrador civil e não mais uma prerrogativa do celebrante/juiz de paz, como antes.
5) Dispôs sobre a celebração do casamento em meio eletrônico, por videoconferência.
6) Salvo disposição normativa do Poder Judiciário, pela análise do texto desta lei, será perfeitamente possível realizar um casamento no mesmo dia.
7) A Lei n. 14.382/2022 alterou os artigos da Lei dos Registros Públicos acerca do casamento, mas não revogou, no Código Civil, os dispositivos conflitantes. Contudo, são leis de mesma hierarquia (leis ordinárias) e a LRP, além de ser lei especial, nos artigos alterados pela Lei do SERP é também lei mais atual, prevalecendo, portanto.

Quadro apresentado pela professora Márcia Fidélis e complementado por mim.

CAPÍTULO VI – DO CASAMENTO

Art. 70. Do matrimônio, logo depois de celebrado, será lavrado assento, assinado pelo presidente do ato, os cônjuges, as testemunhas e o oficial, sendo exarados:

1º) os nomes, prenomes, nacionalidade, naturalidade, data de nascimento, profissão, domicílio e residência atual dos cônjuges;

2º) os nomes, prenomes, nacionalidade, data de nascimento ou de morte, domicílio e residência atual dos pais;

3º) os nomes e prenomes do cônjuge precedente e a data da dissolução do casamento anterior, quando for o caso;

4º) a data da publicação dos proclamas e da celebração do casamento;

5º) a relação dos documentos apresentados ao oficial do registro;

6º) os nomes, prenomes, nacionalidade, profissão, domicílio e residência atual das testemunhas;

7º) o regime de casamento, com declaração da data e do cartório em cujas notas foi tomada a escritura antenupcial, quando o regime não for o da comunhão ou o legal que sendo conhecido, será declarado expressamente;

8º) o nome, que passa a ter a mulher, em virtude do casamento;

9º) os nomes e as idades dos filhos havidos de matrimônio anterior ou legitimados pelo casamento.

10º) à margem do termo, a impressão digital do contraente que não souber assinar o nome.

Parágrafo único. As testemunhas serão, pelo menos, duas, não dispondo a lei de modo diverso.

1. COMENTÁRIOS

Casamento é o vínculo entre o homem e a mulher ou entre pessoas do mesmo sexo, firmado perante o Estado. Cristiano Chaves, Nelson Rosenvald e Felipe Braga muito bem observam que "*primus*, é preciso apartar o casamento da ideia de procriação. Com efeito, para ter filhos não é preciso casar. Casamento é comunhão de vida entre pessoas humanas, independentemente da procriação. Não se olvide, inclusive, que o livre planejamento familiar é garantido constitucionalmente, em nada afetando a estrutura do matrimônio. *Secundus*, também não se pode enxergar no casamento a feição de sua indissolubilidade, pois, conforme expressa previsão constitucional (CF, 226, parágrafo 6), o casamento pode ser dissolvido por vontade de um ou de ambos os cônjuges. *Tertius*, é necessário desvincular o casamento das referências religiosas, sendo fundamental lembrar que, segundo preceito constitucional expresso (CF, 19), o nosso país é laico, não sendo possível conectar o casamento civil às exigências e às formalidades (ou mesmo às finalidades) típicas da sua estrutura religiosa" (Op. Cit. 1668).

A Constituição Federal de 1988 remodelou a redação das demais constituições da República que determinavam ser o casamento a única forma de constituição de família, passando a considerar o casamento a principal delas (mas não a única), garantindo especial proteção do Estado e facilitando o seu acesso (art. 226, §§ 1º e 2º da CF). Tem como vetores o **princípio da dignidade da pessoa humana** (art. 1º, III da CF), e o **princípio do bem-estar do homem** (art. 3º, IV da CF).

Por força constitucional, o casamento é civil. No entanto, o art. 226, § 2º também admite o casamento religioso, desde que com efeito civil, nos termos da lei.

O casamento é regulado pelos artigos 67 ao 76 da Lei 6.015/1973, pelos artigos 1.511 ao 1.547 do Código Civil, bem como pelas normas de Serviço da Corregedoria-Geral dos Estados.

1.1 CELEBRAÇÃO DO CASAMENTO

A Celebração do casamento é um ato solene e "sem o entendimento dos rigores da lei torna inexistente o ato, salvo casos excepcionais de dispensa, no casamento nuncupativo e na conversão da união estável em casamento." (Carlos Roberto Gonçalves. *Direito Civil Brasileiro: direito de família*, volume 6. 7ª edição. São Paulo: Saraiva, 2010).

Conforme a Constituição Federal, a celebração do casamento é **gratuita**. Note-se que a gratuidade se refere apenas à **celebração**.

Todavia, o parágrafo único do art. 1.512 do Código Civil estabelece que **habilitação para o casamento, o registro e a primeira certidão serão isentos de selos, emolumentos e custas**, para as pessoas cuja **pobreza for declarada**, sob as penas da lei.

Com efeito, tal gratuidade não abrange a habilitação para o casamento, o registro e a primeira certidão, podendo as leis de cada estado estipularem a devida cobrança, salvo no caso dos indivíduos declaradamente pobres.

Também não é gratuita a publicação de editais na imprensa e a lei não prevê a dispensa de proclamas na hipótese da falta de recursos dos nubentes.

O casamento é celebrado no dia, hora e local previamente determinados pela autoridade responsável pelo ato, mediante petição dos contraentes habilitados e com a apresentação do certificado de habilitação para o casamento."

A solenidade realizar-se-á com toda publicidade, na sede do cartório, a portas abertas, presentes pelo menos duas testemunhas, parentes ou não dos contraentes, ou, querendo as partes e consentindo a autoridade celebrante, noutro edifício público ou particular, devendo, também ficar de portas abertas durante o ato e na presença de quatro testemunhas.

O Código Civil exige ainda a presença de quatro testemunhas quando algum dos contraentes não souber ou não puder escrever.

A celebração do casamento será imediatamente suspensa se algum dos contraentes recusar a solene afirmação da sua vontade; declarar que esta não é livre e espontânea ou manifestar-se arrependido.

Frise-se que, se algum dos nubentes der causa à suspensão do ato, não será admitido a retratar-se no mesmo dia e a celebração será marcada para outra data.

No ato da celebração do casamento, deverão estar presentes os nubentes ou procurador, testemunhas, o oficial ou seu preposto e o presidente do ato.

O casamento se realiza no momento em que os nubentes manifestam, perante o juiz, a sua vontade de esclarecer o vínculo conjugal, e o juiz os declara casados. Assim, o posterior registro do ato, no Registro Civil das Pessoas naturais, é **meramente declaratório**, servindo como meio de prova do casamento, cujo aperfeiçoamento ocorrera antes.

Quanto à **escrituração**, o casamento deve ser assentado no Livro "B".

É oportuno lembrar que os nubentes habilitados para o casamento poderão pedir ao registrador que o casamento seja realizado perante autoridade ou ministro religioso, o que é conhecido como casamento religioso com efeitos civis.

O oficial expedirá uma certidão de habilitação, mencionando o **prazo de validade da habilitação (90 dias)**, **o fim específico a que se destina** e o **número do procedimento de habilitação**, que será entregue aos nubentes mediante recibo e levado para autoridade eclesiástica.

Será assinado o termo ou assento de casamento pelo celebrante do ato, nubentes e testemunhas, elaborado pela própria autoridade religiosa, que deve ter o reconhecimento de firma do celebrante do ato.

No prazo de noventa dias após a realização da celebração, é imprescindível que seja feito o registro civil de casamento religioso na Unidade em que tramitou o procedimento de habilitação, para que seja lavrado o assento de casamento religioso com efeito civil, assinado apenas pelo oficial registrador no Livro "B-Auxiliar".

No assento de casamento deve constar os requisitos do art. 70 da Lei 6.015/1973.

1.2 AUTORIDADE COMPETENTE PARA CELEBRAR O ATO

A autoridade celebrante pode ser o **juiz de paz** ou **autoridade eclesiástica.**

Os brasileiros no **exterior** devem se casar perante as respectivas **autoridades** ou **os cônsules brasileiros.**

Por sua vez, os **estrangeiros residentes no Brasil** têm a opção de se casarem perante as **autoridades** diplomáticas ou consulares do país de ambos os nubentes.

Nos termos do art. 98, inciso II da Constituição Federal, a União, o Distrito Federal e os Territórios, e os Estados criarão: II – justiça de paz, remunerada, composta de cidadãos eleitos pelo voto direto, universal e secreto, com mandato de quatro anos e competência para, na forma da lei, celebrar casamentos, verificar, de ofício ou em face de impugnação apresentada, o processo de habilitação e exercer atribuições conciliatórias, sem caráter jurisdicional, além de outras previstas na legislação.

Assim, a Justiça de Paz é criada por cada Estado, mas esta norma constitucional é de eficácia limitada e ainda carece de regulamentação legal na maioridade dos Estados.

A Lei 13.454/2000 foi promulgada em Minas Gerais, e em outros estados, como o Distrito Federal, também houve regulamentação semelhante. No Estado de São Paulo, a Justiça de Paz é estabelecida pelo art. 89 da Constituição Estadual, e o Juiz de Casamentos é nomeado pelo Secretário da Justiça e da Defesa da Cidadania (SJDC). Essa atividade é considerada um *múnus público* e não remunerada, conforme estabelecido pelo Decreto 59.101/2013.

As Normas do Serviço Extrajudicial da Corregedoria-Geral do Estado de São Paulo, no item 79, d o Cap. XVII preceituam que:

> 79. Na falta ou impedimento do Juiz de casamento ou de seu Suplente, o Oficial de Registro Civil das Pessoas Naturais ou Escrevente Autorizado indicará outra pessoa idônea para o ato, dentre os eleitores residentes no distrito, não pertencentes a órgão de direção ou de ação de partido político, dotados de requisitos compatíveis de ordem moral e cultural, que poderá ser nomeado pelo Juiz Corregedor Permanente, mediante portaria prévia ou por meio de ratificação.

O art. 1.550, inciso VI, do Código Civil determina a anulação do casamento quando celebrado por **autoridade incompetente**. Entretanto, subsiste o casamento celebrado por aquele que, sem possuir a competência exigida na lei, exercer publicamente as funções de Juiz de casamentos e, nessa qualidade, tiver registrado o ato no Registro Civil. É o que se depreende do art. 1.554.

1.2.1 A VERIFICAÇÃO DA AUTORIDADE CELEBRANTE É NECESSÁRIA NO CASAMENTO?

Ao discutir a qualidade e a competência da autoridade celebrante em casamentos, o cenário jurídico brasileiro fornece um amplo campo de autonomia para os noivos, amparado pelo artigo 5, inciso VI, da Constituição Federal, que assegura a liberdade de crença religiosa. Essa liberdade implica que os noivos têm o direito de escolher quem os celebrará, seja uma autoridade religiosa ou secular.

No entanto, essa escolha traz consigo a responsabilidade de garantir a competência da autoridade escolhida. **O princípio da liberdade de religião garante que não é mandatória a verificação prévia da competência da autoridade religiosa por parte dos órgãos de registro. Contudo, uma decisão do 2º Oficial de Registro de Pessoas Naturais** (Processo CP 587/03 RC) introduz uma nuance importante: embora não seja obrigatório, o oficial registrador tem a **prerrogativa de solicitar comprovação da competência do celebrante e da regularidade da instituição religiosa**. Esta medida é particularmente considerada quando a doutrina religiosa envolvida é desconhecida ou **considerada exótica.**

A decisão do registrador em solicitar tal comprovação não é uma obrigação, mas uma faculdade que deve ser exercida com prudência. Essa flexibilidade serve para proteger a legitimidade do casamento e garantir que os direitos constitucionais sejam respeitados sem infringir a liberdade religiosa.

1.3 CASAMENTO POR PROCURAÇÃO

O casamento pode celebrar-se mediante procuração, desde que por **instrumento público, com poderes especiais** para o ato (art. 1.542, do CC).

A Escola Nacional de Direito Notarial e de Registro – ENNOR, também possui entendimento nesse sentido:

> **Orientação de número 6:** "Podem ambos os nubentes ser representados por procuradores na realização do casamento".

A procuração lavrada por instrumento público, com prazo não superior a 90 dias, deverá conter também nome da pessoa com quem o mandante vai se casar e o regime de bens a ser adotado.

Pontes de Miranda defende que ambos os nubentes se casem por procuração, por intermédio de procurador único, porém as normativas de cada Estado é que darão as diretrizes e a maioria veda tal procedimento.

No Estado de Minas Gerais, por exemplo, o art. 605, parágrafo único, do Provimento 93/CGJ/2020 veda a constituição de único procurador comum, bem como a representação de um dos contraentes pelo outro, devendo cada contraente constituir mandatário distinto.

Nesse sentido, defende Sílvio de Salvo Venosa. Vejamos:

> "... não deve ser admitido que os dois nubentes confiram poderes à mesma pessoa, porque desvirtuaria a natureza do consentimento. A lei não o diz expressamente, mas dela se infere quando menciona no texto 'o outro contraente' (...), expressão que é mantida no § 1º do artigo vigente do Código. Se os dois nubentes casarem por procuração, deverão ser dois procuradores. " (*Direito Civil*. São Paulo: Atlas, 2005. v. 6. 5. e. p. 111).

No casamento nuncupativo, o nubente só poderá fazer-se representar por procurador quando não estiver em iminente risco de vida, segundo o art. 1.542, § 2º, do Código Civil.

Só por instrumento público se poderá revogar o mandato. Saliente-se que a revogação do mandato não necessita chegar ao conhecimento do mandatário; mas, celebrado o casamento sem que o mandatário ou o outro contraente tivessem ciência da revogação, responderá o mandante por perdas e danos.

1.4 CASAMENTO PERANTE AUTORIDADE CONSULAR

Os brasileiros no exterior podem se casar perante as respectivas autoridades ou os cônsules brasileiros.

Assim, o casamento de brasileiro, celebrado no estrangeiro, perante as respectivas autoridades ou os cônsules brasileiros, deverá ser registrado em **cento e oitenta dias**, a contar da volta de um ou de ambos os cônjuges ao Brasil, no cartório do respectivo domicílio, ou, em sua falta, no 1º Ofício da Capital do Estado em que passarem a residir. É o que se extrai do art. 1.544 do Código Civil.

As regras sobre a trasladação dos casamentos de brasileiros ocorridos no estrangeiro estão previstas na Resolução 155 de 16 de julho de 2012, do Conselho Nacional de Justiça, especificamente no art. 13 e já foi analisada nos comentários do art. 32 desta Lei 6.015/1973.

Por sua vez, os estrangeiros residentes no Brasil têm a opção de se casarem perante as autoridades diplomáticas ou consulares do país de ambos os nubentes, conforme o § 2º, do art. 7º, da Lei de Introdução às Normas do Direito Brasileiro – LINDB (Decreto 4.657/1942).

1.5 CASAMENTO EM CASO DE MOLÉSTIA GRAVE

O art. 1.539 do Código Civil prevê o casamento em caso de moléstia grave, estabelecendo que nesse caso, o presidente do ato irá celebrá-lo onde se encontrar o impedido, sendo urgente, ainda que à noite, perante duas testemunhas que saibam ler e escrever.

O referido artigo exige a presença da autoridade celebrante. Todavia, o § 1º ressalva que a falta ou impedimento da autoridade competente para presidir o casamento suprir-se-á por qualquer dos seus substitutos legais, e a do oficial do Registro Civil por outro ad hoc, nomeado pelo presidente do ato.

Com a celebração do casamento, o oficial *ad hoc* lavra o termo avulso, que será registrado no respectivo registro **dentro em cinco dias**, perante **duas testemunhas**, ficando arquivado. O assento será feito no Livro "B", de registro de casamento.

Existe um debate sobre a necessidade de habilitação para o casamento em casos de moléstia grave. A resposta varia conforme as normativas de cada Estado, que estabelecem as diretrizes. Geralmente, prevalece a exigência dessa habilitação.

No Estado de São Paulo e em Minas Gerais, por exemplo, a habilitação é obrigatória para o registro, conforme NSCGJSP, Cap. XVII e Provimento 93/CG-JMG/2020.

1.6 CASAMENTO *IN EXTREMIS* OU EM *ARTICULO MORTIS* OU NUNCUPATIVO

A matéria será analisada adiante, nos comentários do art. 76.

1.7 CASAMENTO COMUNITÁRIO

Algumas normativas estaduais estabelecem regras sobre o casamento comunitário.

O casamento gratuito coletivo ou denominado comunitário é um tipo de cerimônia em que vários casais oficializam a **união no mesmo dia e horário**. São realizados em caráter excepcional e desde que haja viabilidade econômico-financeira para seu ressarcimento, conforme declaração da Comissão da Entidade Gestora do Fundo de Ressarcimento dos atos gratuitos do Registro Civil das Pessoas Naturais, quando houver e desde que cumpridos os requisitos descritos nas normas da Corregedoria de cada Estado.

1.8 PROVAS DO CASAMENTO

O casamento celebrado no Brasil prova-se pela **certidão do registro** (art. 1.543, CC). Todavia, preceitua o parágrafo único que justificada a falta ou perda do registro civil, é admissível qualquer outra espécie de prova.

Na hipótese de perda ou falta do registro, admite-se a ação declaratória de existência do casamento. Nesse sentido, o art. 1.546: "Quando a prova da celebração legal do casamento resultar de processo judicial, o registro da sentença no livro do Registro Civil produzirá, tanto no que toca aos cônjuges como no que respeita aos filhos, todos os efeitos civis desde a data do casamento". Na dúvida entre as provas favoráveis e contrárias, julgar-se-á pelo casamento, se os cônjuges, cujo casamento se impugna, viverem ou tiverem vivido na posse do estado de casados (art. 1.547).

A posse do estado de casados ocorre quando duas pessoas vivem aparentemente como marido e mulher. Para configurá-la a doutrina elenca três requisitos: *Nominativo* (denominação dos cônjuges, como marido e mulher); *Tractatus* (devem se tratar como marido e mulher) e *Reputatio* (devem ter fama de casados).

Dessa forma, a posse do estado de casados, caracterizada pela *nominatio, tractatus e reputatio*, supre a falta do registro do casamento.

1.9 O ASSENTO DE CASAMENTO

Do casamento, logo depois de celebrado, lavrar-se-á o assento no livro de registro que conterá a assinatura do presidente do ato, dos cônjuges, das testemunhas, e do oficial do registro.

O **casamento civil** deve ser registrado no **Livro "B"** (art. 9º, I, CC; 29, II e art. 33, II, Lei 6.015/1973).

Frise-se que o **casamento religioso para efeitos civis** é assentado no **Livro "B – Auxiliar"** (art. 1.515 do CC, art. 72 e art. 33, III, da Lei 6.015/1973), como veremos a seguir nos comentários dos art. 71 a 75.

Tanto a Lei de Registros Públicos, no art. 70, quanto o Código Civil, no art. 1.536, estabelecem os elementos que constituem o assento de casamento. Esses elementos devem ser combinados e coexistir harmoniosamente, e não são aceitos aqueles que contrariam a Constituição Federal.

É importante destacar que a Lei 13.484/2017 introduziu uma nova exigência: o assento de casamento deve agora incluir explicitamente a **naturalidade** dos cônjuges, o que anteriormente não era requerido.

O **item 9º** do art. 70, que prevê como elemento do assento "os nomes e as idades dos filhos havidos de matrimônio anterior ou legitimados pelo casamento", não foi recepcionado pela Constituição Federal, uma vez que está em dissonância com o art. 227, § 6º.

O art. 1.536 do Código Civil não contemplou os itens 8º a 10 do art. 70. O art. 1.536 do Código Civil não inclui os itens 8º a 10º do art. 70. Contudo, com exceção do item 9º, que não foi recepcionado, os demais itens devem ser observados na lavratura do assento de casamento. Isso inclui o nome que passará a ser usado pelo homem ou pela mulher em virtude do casamento (item 8), interpretado à luz dos novos diplomas legais, e a impressão digital do contraente que não souber assinar, à margem do termo (item 10).

Para Walter Ceneviva, entretanto, o art. 70 foi revogado implicitamente pelo art. 1.536 do Código Civil de 2002 (Op. cit., p. 175).

1.9.1 MODELO DE CERTIDÃO DE CASAMENTO

Recomenda-se que, em conjunto com o art. 70 desta lei, seja consultado o item 1.6 nos comentários do art. 19, que apresenta o modelo da certidão de casamento.

1.10 CONVERSÃO DE UNIÃO ESTÁVEL EM CASAMENTO

A união estável é reconhecida constitucionalmente como entidade familiar, em razão do art. 226, § 3º, cuja redação é a seguinte: "Para efeito da proteção do Estado, é reconhecida a união estável entre o homem e a mulher como entidade familiar, devendo a lei facilitar sua conversão em casamento".

Nesse sentido, o art. 1.723 do Código Civil prevê que "é reconhecida como entidade familiar a união estável entre o homem e a mulher, configurada na convivência pública, contínua e duradoura e estabelecida com o objetivo de constituição de família".

No entanto, a união estável não se constituirá se ocorrerem os **impedimentos** do art. 1.521, não se aplicando a incidência do inciso VI no caso de a pessoa casada se achar separada de fato ou judicialmente.

Note-se que as **causas suspensivas** do art. 1.523 não impedirão a caracterização da união estável. Todavia, as relações não eventuais entre o homem e a mulher, impedidos de casar, constituem concubinato.

No que se refere ao registro da conversão da união estável em casamento, convidamos o leitor a analisar o art. 70-A, recentemente introduzido pela Lei 14.382/2022 (Lei do SERP). Este artigo regulamentou em nível federal o que anteriormente era abordado apenas em normativas estaduais.

1.11 RESOLUÇÃO CNJ N. 175/2013

No dia 14 de maio de 2013, o Conselho Nacional de Justiça – CNJ editou a Resolução 175 com o objetivo de conferir efetividade às decisões proferidas na Ação de Descumprimento de Preceito Fundamental – ADPF 132-RJ e na Ação Direta de Inconstitucionalidade – ADI 4.277-DF, de 5 de maio de 2011. Essas decisões reconheceram a legalidade das uniões estáveis homoafetivas no direito brasileiro. A aludida Resolução dispõe sobre a **habilitação, celebração de casamento civil, ou de conversão de união estável em casamento,** entre **pessoas de mesmo sexo**, e veda às autoridades competentes, os Oficiais de Registro Civil de Pessoas Naturais, a recusa de tais atos, implicando na imediata comunicação ao respectivo Juiz Corregedor para as providências cabíveis, caso haja recusa.

Noutro dizer, equiparou-se a união estável homoafetiva à heterossexual, e desde então, a possibilidade de inclusão do sobrenome de um companheiro pelo outro tornou-se incontestável. Assim foi a interpretação dada, coerente e natural do reconhecimento jurídico conferido pelo Estado nessas situações.

É importante mencionar que as decisões do STF (ADI 4277 e ADPF 132) sobre união homoafetiva foram reconhecidas como **patrimônio documental**. Elas receberam o certificado MoWBrasil 2018, concedido pelo Comitê Nacional do Brasil do Programa Memória do Mundo da UNESCO. Esse reconhecimento deve-se à decisão histórica da Corte, proferida em 2011, que validou a união homoafetiva e garantiu os direitos fundamentais aos homoafetivos. A decisão foi inscrita como patrimônio documental da humanidade no **Registro Nacional do Brasil.**

Recentemente, o Código Nacional de Normas reiterou regra da Resolução CNJ n. 175/2013, para dispor que:

> Art. 554. A recusa de habilitação, celebração de casamento civil ou de conversão de união estável em casamento entre pessoas de mesmo sexo deverá ser comunicada ao juiz corregedor para as providências cabíveis na forma da Resolução n. 175, de 14 de maio de 2013.

2. JURISPRUDÊNCIA COMPLEMENTAR

ENUNCIADOS DO IBDFAM APROVADOS NO X CONGRESSO BRASILEIRO DE DIREITO DE FAMÍLIA, EM NOVEMBRO 2017.

Enunciado 03. Em face do princípio da igualdade das entidades familiares, é inconstitucional o tratamento discriminatório conferido ao cônjuge e ao companheiro.

Enunciado 04. A constituição de entidade familiar paralela pode gerar efeito jurídico.

SUPREMO TRIBUNAL FEDERAL

EMENTA: UNIÃO CIVIL ENTRE PESSOAS DO MESMO SEXO – ALTA RELEVÂNCIA SOCIAL E JURÍDICO-CONSTITUCIONAL DA QUESTÃO PERTINENTE ÀS UNIÕES HOMOAFETIVAS – LEGITIMIDADE CONSTITUCIONAL DO RECONHECIMENTO E QUALIFICAÇÃO DA UNIÃO ESTÁVEL HOMOAFETIVA COMO ENTIDADE FAMILIAR: POSIÇÃO CONSAGRADA NA JURISPRUDÊNCIA DO SUPREMO TRIBUNAL FEDERAL (ADPF 132/RJ E ADI 4.277/DF). (...). Ninguém, absolutamente ninguém, pode ser privado de direitos nem sofrer quaisquer restrições de ordem jurídica por motivo de sua orientação sexual. Os homossexuais, por tal razão, têm direito de receber a igual proteção tanto das leis quanto do sistema político-jurídico instituído pela Constituição da República, mostrando-se arbitrário e inaceitável qualquer estatuto que puna, que exclua, que discrimine, que fomente a intolerância, que estimule o desrespeito e que desiguale as pessoas em razão de sua orientação sexual. RECONHECIMENTO E QUALIFICAÇÃO DA UNIÃO HOMOAFETIVA COMO ENTIDADE FAMILIAR. – O Supremo Tribunal Federal – apoiando-se em valiosa hermenêutica construtiva e invocando princípios essenciais (como os da dignidade da pessoa humana, da liberdade, da autodeterminação, da igualdade, do pluralismo, da intimidade, da não discriminação e da busca da felicidade) – reconhece assistir, a qualquer pessoa, o direito fundamental à orientação sexual, havendo proclamado, por isso mesmo, a plena legitimidade ético-jurídica da união homoafetiva como entidade familiar, atribuindo-lhe, em consequência, verdadeiro estatuto de cidadania, em ordem a permitir que se extraiam, em favor de parceiros homossexuais, relevantes consequências no plano do Direito, notadamente no campo previdenciário, e, também, na esfera das relações sociais e familiares. – A extensão, às uniões homoafetivas, do mesmo regime jurídico aplicável à união estável entre pessoas de gênero distinto justifica-se e legitimasse pela direta incidência, dentre outros, dos princípios constitucionais da igualdade, da liberdade, da dignidade, da segurança jurídica e do postulado constitucional implícito que consagra o direito à busca da felicidade, os quais configuram, numa estrita dimensão que privilegia o sentido de inclusão decorrente da própria Constituição da República (art. 1º, III, e art. 3º, IV), fundamentos autônomos e suficientes aptos a conferir suporte legitimador à qualificação das conjugalidades entre pessoas do mesmo sexo como espécie do gênero entidade familiar. – Toda pessoa tem o direito fundamental de constituir família, independentemente de sua orientação sexual ou de identidade de gênero. A família resultante da união homoafetiva não pode sofrer discriminação, cabendo-lhe os mesmos direitos, prerrogativas, benefícios e obrigações que se mostrem acessíveis a parceiros de sexo distinto que integrem uniões heteroafetivas. A DIMENSÃO CONSTITUCIONAL DO AFETO COMO UM DOS FUNDAMENTOS DA FAMÍLIA MODERNA. – O reconhecimento do afeto como valor jurídico impregnado de natureza constitucional: um novo paradigma que informa e inspira a formulação do próprio conceito de família. Doutrina. DIGNIDADE DA PESSOA HUMANA E BUSCA DA FELICIDADE. – O postulado da dignidade da pessoa humana, que representa – considerada a centralidade desse princípio essencial (CF, art. 1º, III) – significativo vetor interpretativo, verdadeiro valor-fonte que conforma e inspira todo o ordenamento constitucional vigente em nosso País, traduz, de modo expressivo, um dos fundamentos em que se assenta, entre nós, a ordem republicana e democrática consagrada pelo sistema de direito constitucional positivo. Doutrina. – O princípio constitucional da busca da felicidade, que decorre, por implicitude, do núcleo de que se irradia o postulado da dignidade da pessoa humana, assume papel de extremo relevo no processo de afirmação, gozo e expansão dos direitos fundamentais, qualificando-se, em função de sua própria teleologia, como fator de neutralização de práticas ou de omissões lesivas cuja ocorrência possa comprometer, afetar ou, até mesmo, esterilizar direitos e franquias individuais. – Assiste, por isso mesmo, a todos, sem qualquer exclusão, o direito à busca da felicidade, verdadeiro postulado constitucional implícito, que se qualifica como expressão de uma ideia-força que deriva do princípio da essencial dignidade da pessoa humana. Precedentes do Supremo Tribunal Federal e da Suprema Corte americana. Positivação desse princípio no plano do direito comparado. (...) Precedentes. Doutrina. (STF. RE-AgR 477554. Min. CELSO DE MELLO 2ª Turma, j. 16.08.2011)

SUPERIOR TRIBUNAL DE JUSTIÇA

EMENTA: Recurso Especial – Direito de família – Casamento civil entre pessoas do mesmo sexo (homoafetivo) – Interpretação dos arts. 1.514, 1.521, 1.523, 1.535 e 1.565 do Código Civil de 2002 – Inexistência de vedação expressa a que se habilitem para o casamento pessoas do mesmo sexo – Dissonância entre o acórdão recorrido e jurisprudência do STJ – Recurso especial provido.

Cuida-se de recurso especial interposto por E. da S. R. e C. V. da S. B., fundamentado nas alíneas *a* e *c* do permissivo constitucional, contra acórdão assim ementado (e-STJ, fls. 109-116):

APELAÇÃO CÍVEL. PROCEDIMENTO DE JURISDIÇÃO VOLUNTÁRIA. UNIÃO ESTÁVEL HOMOAFETIVA. CONVERSÃO EM CASAMENTO. IMPOSSIBILIDADE. AUSÊNCIA DE NORMA AUTORIZATIVA. MANUTENÇÃO DA SENTENÇA.

1. A realidade social tem revelado a existência de pessoas do mesmo sexo convivendo na condição de companheiros, como se casados fossem.
2. A evolução do direito deve acompanhar as transformações sociais, a partir de casos concretos que configurem novas realidades nas relações interpessoais.
3. O princípio da igualdade consagrado nos artigos 3º, inciso IV e 5º da Constituição Federal, aboliu definitivamente, qualquer forma de discriminação.
4. Diante da evolução da sociedade é reconhecida a união estável homoafetiva como entidade familiar, desde que configurada a convivência pública, contínua e duradoura, com o objetivo de constituição de família, de acordo com a interpretação dada ao art. 1723 do CC, na ADI nº 4-277/DF.
5. No entanto, o art. 226, § 3º da CF dispõe sobre a conversão da união estável em casamento, entre homem e mulher.
6. A própria Lei Maior, juntamente com o Código Civil, tem os mesmos requisitos: homem e mulher, e não, pessoas do mesmo sexo.
7. Ainda não foi elaborada norma que permita o casamento entre conviventes do mesmo sexo.

8. Desprovimento do recurso (e-STJ. fls. 110-111)

Nas razões do recurso especial, alegam a violação dos arts. 1.514 e 1.723 do CC/2002, bem como dissídio jurisprudencial. Asseveram que a admissão da conversão da união estável homoafetiva em casamento é consectário imperativo do reconhecimento da dignidade da pessoa humana. Argumentam, ainda, que "as referências *homem* e *mulher*, constantes dos artigos 1.514, 1.517, 1.565 e 1.723 do Código Civil e 223, § 5º, da Constituição Federal não condicionam o casamento ou a união estável à heterossexualidade" (e-STJ, fl. 154). Afirmam que "nenhum destes dispositivos legais prevê que o casamento é exclusivamente entre um homem e uma mulher".

Brevemente relatado, decido.

Com efeito, esta Corte Superior já teve oportunidade de enfrentar a questão, tendo concluído no mesmo sentido perseguido pelas recorrentes. Na oportunidade, o acórdão ficou assim ementado:

DIREITO DE FAMÍLIA. CASAMENTO CIVIL ENTRE PESSOAS DO MESMO SEXO (HOMOAFETIVO). INTERPRETAÇÃO DOS ARTS. 1.514, 1.521, 1.523, 1.535 e 1.565 DO CÓDIGO CIVIL DE 2002. INEXISTÊNCIA DE VEDAÇÃO EXPRESSA A QUE SE HABILITEM PARA O CASAMENTO PESSOAS DO MESMO SEXO. VEDAÇÃO IMPLÍCITA CONSTITUCIONALMENTE INACEITÁVEL. ORIENTAÇÃO PRINCIPIOLÓGICA CONFERIDA PELO STF NO JULGAMENTO DA ADPF N. 132/RJ E DA ADI N. 4.277/DF.

1. Embora criado pela Constituição Federal como guardião do direito infraconstitucional, no estado atual em que se encontra a evolução do direito privado, vigorante a fase histórica da constitucionalização do direito civil, não é possível ao STJ analisar as celeumas que lhe aportam "de costas" para a Constituição Federal, sob pena de ser entregue ao jurisdicionado um direito desatualizado e sem lastro na Lei Maior. Vale dizer, o Superior Tribunal de Justiça, cumprindo sua missão de uniformizar o direito infraconstitucional, não pode conferir à lei uma interpretação que não seja constitucionalmente aceita.

2. O Supremo Tribunal Federal, no julgamento conjunto da ADPF n. 132/RJ e da ADI n. 4.277/DF, conferiu ao art. 1.723 do Código Civil de 2002 interpretação conforme à Constituição para dele excluir todo significado que impeça o reconhecimento da união contínua, pública e duradoura entre pessoas do mesmo sexo como entidade familiar, entendida esta como sinônimo perfeito de família.

3. Inaugura-se com a Constituição Federal de 1988 uma nova fase do direito de família e, consequentemente, do casamento, baseada na adoção de um explícito poliformismo familiar em que arranjos multifacetados são igualmente aptos a constituir esse núcleo doméstico chamado "família", recebendo todos eles a "especial proteção do Estado". Assim, é bem de ver que, em 1988, não houve uma recepção constitucional do conceito histórico de casamento, sempre considerado como via única para a constituição de família e, por vezes, um ambiente de subversão dos ora consagrados princípios da igualdade e da dignidade da pessoa humana. Agora, a concepção constitucional do casamento – diferentemente do que ocorria com os diplomas superados – deve ser necessariamente plural, porque plurais também são as famílias e, ademais, não é ele, o casamento, o destinatário final da proteção do Estado, mas apenas o intermediário de um propósito maior, que é a proteção da pessoa humana em sua inalienável dignidade.

4. O pluralismo familiar engendrado pela Constituição – explicitamente reconhecido em precedentes tanto desta Corte quanto do STF – impede se pretenda afirmar que as famílias formadas por pares homoafetivos sejam menos dignas de proteção do Estado, se comparadas com aquelas apoiadas na tradição e formadas por casais heteroafetivos.

5. O que importa agora, sob a égide da Carta de 1988, é que essas famílias multiformes recebam efetivamente a "especial proteção do Estado", e é tão somente em razão desse desígnio de especial proteção que a lei deve facilitar a conversão da união estável em casamento, ciente o constituinte que, pelo casamento, o Estado melhor protege esse núcleo doméstico chamado família.

6. Com efeito, se é verdade que o casamento civil é a forma pela qual o Estado melhor protege a família, e sendo múltiplos os "arranjos" familiares reconhecidos pela Carta Magna, não há de ser negada essa via a nenhuma família que por ela optar, independentemente de orientação sexual dos partícipes, uma vez que as famílias constituídas por pares homoafetivos possuem os mesmos núcleos axiológicos daquelas constituídas por casais heteroafetivos, quais sejam, a dignidade das pessoas de seus membros e o afeto.

7. A igualdade e o tratamento isonômico supõem o direito a ser diferente, o direito à autoafirmação e a um projeto de vida independente de tradições e ortodoxias. Em uma palavra: o direito à igualdade somente se realiza com plenitude se é garantido o direito à diferença. Conclusão diversa também não se mostra consentânea com um ordenamento constitucional que prevê o princípio do livre planejamento familiar (§ 7º do art. 226). E é importante ressaltar, nesse ponto, que o planejamento familiar se faz presente tão logo haja a decisão de duas pessoas em se unir, com escopo de constituir família, e desde esse momento a Constituição lhes franqueia ampla liberdade de escolha pela forma em que se dará a união.

8. Os arts. 1.514, 1.521, 1.523, 1.535 e 1.565, todos do Código Civil de 2002, não vedam expressamente o casamento entre pessoas do mesmo sexo, e não há como se enxergar uma vedação implícita ao casamento homoafetivo sem afronta a caros princípios constitucionais, como o da igualdade, o da não discriminação, o da dignidade da pessoa humana e os do pluralismo e livre planejamento familiar.

9. Não obstante a omissão legislativa sobre o tema, a maioria, mediante seus representantes eleitos, não poderia mesmo "democraticamente" decretar a perda de direitos civis da minoria pela qual eventualmente nutre alguma aversão. Nesse cenário, em regra é o Poder Judiciário – e não o Legislativo – que exerce um papel contramajoritário e protetivo de especialíssima importância, exatamente por não ser compromissado com as maiorias votantes, mas apenas com a lei e com a Constituição, sempre em vista a proteção dos direitos humanos fundamentais, sejam eles das minorias, sejam das maiorias. Dessa forma, ao contrário do que pensam os críticos, a democracia se fortalece, porquanto esta se reafirma como forma de governo, não das maiorias ocasionais, mas de todos.

10. Enquanto o Congresso Nacional, no caso brasileiro, não assume, explicitamente, sua coparticipação nesse processo constitucional de defesa e proteção dos socialmente vulneráveis, não pode o Poder Judiciário demitir-se desse mister, sob pena de aceitação tácita de um Estado que somente é "democrático" formalmente, sem que tal predicativo resista a uma mínima investigação acerca da universalização dos direitos civis.

11. Recurso especial provido.

(REsp n. 1.183.378/RS, Rel. Min. Luis Felipe Salomão, Quarta Turma, DJe 1º/2/2012)

Após o referido julgamento, o Conselho Nacional de Justiça também se pronunciou acerca do tema mediante a edição da Resolução CNJ n. 175, de 14 de maio de 2013, a qual teve por objeto regulamentar a habilitação e celebração de casamento civil, bem como a conversão de união estável em casamento entre pessoas do mesmo sexo.

Esta compreensão, é certo, tem sido adotada pelos componentes das Turmas de Direito Privado, inclusive em decisões monocráticas, do que são exemplos os seguintes julgados: AgRg no REsp 1.475.582/RJ, Relator Ministro Moura Ribeiro, Data da Publicação: 24/4/2015; REsp 1.428.849/RJ, Relator Ministro Moura Ribeiro, Data da Publicação: 27/3/2015; REsp 1.422.052/RJ, Relator Ministro Marco Aurélio Bellizze, Data da Publicação: 25/10/2017; Resp 1.286.879/SP, Relator Ministro Luis Felipe Salomão, Data da Publicação 8/3/2017; Resp 1.407.453/RJ, Relatora Ministra Maria Isabel Gallotti, Data da Publicação: 7/10/2016; Resp 1.516.484/RJ, Relator Ministro Marco Buzzi, Data da Publicação:13/4/2016

No caso dos autos, muito embora a propositura da demanda na origem fosse contemporânea ao aludido precedente do STJ, o acórdão de origem manteve sentença que indeferiu o pedido ao fundamento único de que não haveria autorização legal para casamento entre pessoas do mesmo sexo.

Desse modo, dou provimento ao recurso especial, a fim de reformar o acórdão de origem e admitir a conversão da união estável em casamento, desde que não esteja presente causa de impedimento legal previsto na legislação civil.

Publique-se.

Brasília (DF), 1º de outubro de 2018.

MINISTRO MARCO AURÉLIO BELLIZZE, Relator

(REsp nº 1.496.228 – Rio de Janeiro – 3ª Turma – Rel. Min. Marco Aurélio Bellizze – DJ 15.10.2018)

TRIBUNAL DE JUSTIÇA DO ESTADO DO AMAZONAS

EMENTA: DIREITO CIVIL – REGISTRO CIVIL – AÇÃO DE RETIFICAÇÃO DE REGISTRO – CERTIDÃO DE CASAMENTO – PROFISSÃO – AUSÊNCIA. DE PROVAS – MEDIDA EXCEPCIONAL QUE EXIGE COMPROVAÇÃO INEQUÍVOCA – SENTENÇA MANTIDA – RECURSO DE APELAÇÃO CONHECIDO – NEGADO PROVIMENTO. – a alteração de dados constantes do registro civil é medida excepcional, somente efetivada se acobertada em forte motivação e desde que demonstrado o engano, porquanto o registro civil goza de presunção de veracidade, somente podendo ser retificado mediante a existência de prova robusta do erro. – Recurso conhecido e negado provimento. (TJAM – Ap. 2011.001995-5. Rel. Des. Aristóteles Lima Thury 3ª Câmara Cível, Publicação: 26/08/2011)

3. QUESTÕES DE CONCURSOS

01. (Vunesp – Titular de Serviços de Notas e Registros – TJ – SP – Provimento/2022) Assinale a alternativa incorreta acerca da realização de casamentos comunitários no Estado de São Paulo.

a) O pedido para realização de casamento comunitário deve ser formulado, no mínimo, com noventa dias de antecedência da data designada para a celebração;

b) Mesmo que o casamento comunitário conte com patrocínio para o pagamento de emolumentos, faz-se necessária a formalização de requerimento próprio ao Oficial do Registro Civil.

c) Os casamentos comunitários são realizados em caráter excepcional e desde que haja viabilidade econômico-financeira para seu ressarcimento.

d) O requerimento de casamento comunitário somente será encaminhado ao Corregedor Permanente em caso de fundada dúvida do Oficial a respeito dos motivos do pleito.

02. (Consulplan – Outorga e Delegação de Serviços Notariais e Registrais – TJ – MS/2019) Com base no Provimento 240 de 2020 (Código de Normas da Corregedoria-Geral de Justiça de MS), assinale a alternativa correta em relação ao procedimento de casamento religioso com efeitos civis.

Nota da autora: Embora a questão envolva normativas estaduais, é possível respondê-la com base na legislação federal.

a) O casamento religioso só poderá ser celebrado após a prévia habilitação perante o oficial de registro público.

b) O termo ou o assento do casamento religioso será assinado pelo celebrante do ato, pelos nubentes e pelas testemunhas. É exigido, para seu registro, o reconhecimento da firma do celebrante.

c) Nas certidões de habilitação para casamento perante autoridade ou ministro religioso, serão mencionados o prazo legal da validade da habilitação e o número respectivo do processo, não sendo necessário constar o recibo da entrega da certidão aos nubentes nos autos da habilitação.

d) No prazo de 30 (trinta) dias, a contar da realização, estando os nubentes previamente habilitados, o celebrante ou qualquer interessado poderá requerer o registro ao oficial do cartório que expediu a habilitação, que o fará no prazo de 24 (vinte e quatro) horas. Após o referido prazo de 30 (trinta) dias, o registro dependerá de nova habilitação. O assento ou o termo do casamento religioso deverá conter a data da celebração, o lugar, o culto religioso, o nome do celebrante, sua qualidade, o cartório que expediu a habilitação, a data desta, os nomes, as profissões, os endereços residenciais e as nacionalidades das testemunhas que o assinaram e os nomes dos contraentes.

03. (Cespe – Cartório-PI/2013) No que concerne a habilitação, celebração, registro e validade do casamento, assinale a opção correta.

a) O casamento pode celebrar-se mediante procuração, por instrumento público, com poderes especiais, caso em que a eficácia do mandato não ultrapassará noventa dias, podendo ser revogado mediante instrumento particular.

b) É anulável o registro civil do casamento religioso se, antes dele, qualquer dos consorciados houver contraído casamento civil com outrem.

c) Em caso de constituição de procurador, mediante instrumento em língua estrangeira, para fins de habilitação ou representação dos nubentes, serão necessárias a regularização consular e a tradução por tradutor juramentado, além de inscrição no registro de títulos e documentos.

d) Em se tratando de habilitação de casamento de estrangeiro divorciado no exterior, é indispensável a homologação da sentença de divórcio, desde que o casamento anteriormente contraído no exterior não tenha sido com brasileiro.

e) O casamento religioso celebrado sem as formalidades legais terá efeitos civis se, a requerimento do casal ou qualquer interessado, for registrado, a qualquer tempo, no registro civil, mediante prévia habilitação perante a autoridade competente.

04. (FCC – Cartório – TJ – PE/2013) Quanto aos atos praticados pelo oficial do Registro Civil das Pessoas Naturais, é correto afirmar:

a) O assento da conversão da união estável em casamento será lavrado no Livro "B", exarando-se o determinado no art. 70, parágrafos 1º ao 8º e 10º, da Lei nº 6.015/73, sem a indicação do nome e assinatura do presidente do ato, anotando-se no respectivo termo que se trata de conversão de união estável em casamento.

b) A Declaração de Óbito (DO) instituída pelo Ministério da Saúde é peça indispensável para a lavratura do assento do registro de óbito, devendo estar preenchida de forma completa, principalmente, no que se relaciona ao nome do falecido, sua qualificação, lugar do falecimento e a causa mortis.

c) Os assentos de nascimentos, casamentos e óbitos, no estrangeiro, pela autoridade diplomática brasileira nesses países, serão trasladados no Livro "E", do serviço de Registro Civil de Pessoas Naturais competente, para surtirem efeitos no Brasil, após homologação judicial.

d) Para efeitos de averbação à margem do assento onde foi realizado o casamento se exigirá comprovante de prévio registro das sentenças de separação ou divórcio no Livro "E", da serventia de Registro Civil das Pessoas Naturais.

e) No assento de nascimento do indígena, integrado ou não, deve ser lançado, obrigatoriamente, o nome indígena do registrando, não se aplicando o artigo 55, parágrafo único, da Lei nº 6.015/73.

05. (Cespe – Cartório – TJ – DF/2014) A respeito das disposições acerca do casamento, assinale a opção correta.

a) O oficial de registro civil das pessoas naturais tem competência para registrar casamento de pessoa em situação de iminente risco de vida, desde que não haja impedimento e desde que o ato seja confirmado, no prazo de cinco dias, por seis testemunhas.

b) Em caso de crime contra os costumes, o oficial de registro civil pode celebrar o casamento entre vítima e autor, mas é necessário que ouça os contraentes de forma separada.

c) As condições suspensivas para o casamento não impedem o reconhecimento da união estável nem a conversão dessa relação em casamento.

d) Na fase de habilitação de casamento, caso um dos nubentes resida no exterior, os proclamas devem ser publicados no 1º Ofício de Registro Civil das Pessoas Naturais do DF, e deve haver comprovação, pela autoridade estrangeira pertinente, da publicação dos proclamas.

e) O livro "B" destina-se ao registro de casamento e de casamento religioso para efeitos civis. Do livro "B auxiliar" devem constar os registros da conversão de união estável em casamento.

06. (Vunesp – Cartório – TJ – SP/2014) Sobre o instituto do casamento, assinale a alternativa correta.

a) O casamento não pode ser realizado por procuração com poderes especiais, ainda que por instrumento público.

b) O suprimento judicial de idade é previsto em favor de pessoa sem idade núbil, em razão de gravidez ou para evitar a imposição de pena criminal, ao passo que o suprimento judicial do consentimento viabiliza o casamento de pessoa com idade núbil, em caso de denegação injusta de qualquer um dos pais, de ambos, ou do representante legal.

c) A solenidade realizar-se-á na sede do cartório, com toda publicidade, a portas abertas, presentes quatro testemunhas se algum dos contraentes não souber ou não puder escrever, sob pena de nulidade do ato.

d) Quando algum dos contraentes estiver em iminente risco de vida, não obtendo a presença da autoridade à qual incumba presidir o ato, nem a de seu substituto, poderá o casamento ser celebrado na presença de oito testemunhas, que com os nubentes não tenham parentesco em linha reta, ou, na colateral, até segundo grau.

07. (Cespe – Cartório – TJ – DF/2014) Acerca do casamento, assinale a opção correta.

a) É possível a anulação de casamento, sob o fundamento de erro essencial quanto à pessoa, em caso de impotência coeundi do cônjuge, por impossibilitar a realização da finalidade do matrimônio, ainda que tenha havido coabitação anterior à celebração do casamento e por mais de três anos após essa celebração.

b) O casamento nulo ou anulável produz todos os efeitos até o dia da sentença anulatória se ambos os cônjuges o contraíram de boa-fé.

c) Sobrevindo prole, não podem ser anulados os efeitos civis do casamento celebrado em infringência a impedimento dirimente decorrente de má-fé de ambos os cônjuges.

d) É válido o casamento nuncupativo realizado perante o oficial do registro, em caso de interditado portador de moléstia grave, na presença de duas testemunhas e do curador.

e) O casamento religioso celebrado sem a observância das formalidades legais, das causas suspensivas e da capacidade matrimonial poderá ser inscrito no registro civil, no prazo estabelecido no Código Civil, mediante requerimento do celebrante ou dos interessados.

08. (Vunesp – Cartório – SP – Provimento/2016) É elemento do assento de casamento

a) livro, folha e número do termo do Oficial de Registro Civil das Pessoas Naturais em que registrada a união estável, em se tratando de registro de conversão de união estável em casamento.

b) a naturalidade dos genitores dos contraentes.

c) a indicação da autoridade celebrante, em se tratando de registro de casamento religioso para efeitos civis.

d) a data da dissolução do casamento anterior e o nome do cônjuge precedente, se for o caso.

09. (Consulplan – Cartório – MG – Remoção/2016) Sobre o casamento por procuração, assinale a alternativa correta, segundo os dispositivos do Código Civil em vigor.

a) Não se permite celebração do casamento por procuração.

b) O casamento pode celebrar-se mediante procuração, por instrumento público ou particular, cuja procuração será irrevogável.

c) A eficácia do mandato outorgado para casar não ultrapassará noventa dias.

d) Não se opera revogação de procuração outorgada por escritura pública, apenas de procuração outorgada por instrumento particular.

GAB	1	D	2	B	3	C	4	A	5	C
	6	B	7	B	8	D	9	C		

Art. 70-A A conversão da união estável em casamento deverá ser requerida pelos companheiros perante o oficial de registro civil de pessoas naturais de sua residência.

§ 1º Recebido o requerimento, será iniciado o processo de habilitação sob o mesmo rito previsto para o casamento, e deverá constar dos proclamas que se trata de conversão de união estável em casamento.

§ 2º Em caso de requerimento de conversão de união estável por mandato, a procuração deverá ser pública e com prazo máximo de 30 (trinta) dias.

§ 3º Se estiver em termos o pedido, será lavrado o assento da conversão da união estável em casamento, independentemente de autorização judicial, prescindindo o ato da celebração do matrimônio.

§ 4º O assento da conversão da união estável em casamento será lavrado no Livro B, sem a indicação da data e das testemunhas da celebração, do nome do presidente do ato e das assinaturas dos companheiros e das testemunhas, anotando-se no respectivo termo que se trata de conversão de união estável em casamento.

§ 5º A conversão da união estável dependerá da superação dos impedimentos legais para o casamento, sujeitando-se à adoção do regime patrimonial de bens, na forma dos preceitos da lei civil.

§ 6º Não constará do assento de casamento convertido a partir da união estável a data do início ou o período de duração desta, salvo no caso de prévio procedimento de certificação eletrônica de união estável realizado perante oficial de registro civil.

§ 7º Se estiver em termos o pedido, o falecimento da parte no curso do processo de habilitação não impedirá a lavratura do assento de conversão de união estável em casamento.

1. COMENTÁRIOS

A Lei n. 14.382/2022 incluiu o artigo 70-A na Lei dos Registros Públicos, desjudicializando, facilitando, regulamentando e padronizando nacionalmente a conversão de união estável em casamento.

A **Constituição Federal**, no art. 226, § 3º, estabelece que para efeito da proteção do Estado, é reconhecida a união estável entre o homem e a mulher como entidade familiar, **devendo a lei facilitar sua conversão em casamento.**

Por sua vez, o **Código Civil de 2002** normatizou a conversão da união estável no art. 1.726, prescrevendo que a união estável poderá converter-se em casamento, mediante pedido dos companheiros ao juiz e assento no Registro Civil.

No entanto, eram as **normativas estaduais** que estabeleciam os procedimentos para a conversão da união estável em casamento. Podemos citar como exemplo as normas das Corregedorias Gerais da Justiça dos estados de São Paulo, Minas Gerais, Mato Grosso do Sul, Distrito Federal, Goiás, Rio Grande do Sul e Santa Catarina, entre outros. Essa diversidade resultou em uma assimetria legislativa, evidenciando a necessidade de uma regulamentação uniforme em nível nacional.

Assim, atendendo a uma demanda antiga dos registradores civis e valorizando as normativas estaduais, bem como considerando as reivindicações da doutrina especializada, a Lei do SERP adicionou o art. 70-A à Lei dos Registros Públicos.

Inicialmente, é relevante deixar claro que a conversão extrajudicial da união estável em casamento é facultativa e não obrigatória, cabendo sempre a via judicial, por exercício da autonomia privada das partes. Esta opção, alinhada aos princípios de liberdade e flexibilidade nos arranjos familiares modernos, reflete o reconhecimento da diversidade das relações pessoais e a busca por procedimentos que respeitem a vontade das partes envolvidas.

O novo procedimento dispensa qualquer intervenção judicial ou prova prévia da união estável, bastando que os conviventes apresentem um requerimento nesse sentido ao Oficial do Registro Civil das Pessoas Naturais (RCPN) de sua residência.

Realizado o requerimento, o pedido feito pelos conviventes deve ser efetuado nos mesmos moldes do procedimento de habilitação de casamento. Frise-se que deverá constar **dos proclamas que se trata de conversão de união estável em casamento.**

A nova lei regulamentou a **conversão por mandato**. Assim, nos termos do art. 70-A, § 2º, em caso de requerimento de conversão de união estável por mandato, a procuração deverá ser **pública** e com **prazo máximo de 30 (trinta) dias.**

Uma vez atestada a regularidade da documentação, ou em outras palavras, estando em termos o pedido, a conversão será registrada de ofício pelo Oficial Registrador, **independentemente de celebração e autorização judicial.**

Quanto à **escrituração**, o assento da conversão da união estável em casamento será lavrado no **Livro B, sem a indicação da data e das testemunhas da celebração, do nome do presidente do ato e das assinaturas dos companheiros e das testemunhas,** anotando-se no respectivo termo que se trata de conversão de união estável em casamento.

É crucial não confundir o procedimento da conversão em casamento com o registro da própria união estável, que está previsto no Provimento CNJ nº 37/2014 e incorporado aos arts. 537 a 553 do Código Nacional de Normas, bem como no art. 94-A, adicionado pela Lei 14.382/2022 à Lei de Registros Públicos (LRP). Para este último, o assento é realizado no Livro 'E', o qual será detalhado posteriormente nesta obra.

O art. 549 do Provimento CNJ n. 149/2023 elenca os elementos do assento da conversão da união estável, conforme segue:

> Art. 549. No assento de conversão de união estável em casamento, deverá constar os requisitos do **art. 70 e art. 70-A, § 4.º, da Lei n. 6.015, de 31 de dezembro de 1973**, além, se for o caso, destes dados:
>
> I – registro anterior da união estável, com especificação dos seus dados de identificação (data, livro, folha e ofício) e a individualização do título que lhe deu origem;
>
> II – o regime de bens que vigorava ao tempo da união estável na hipótese de ter havido alteração no momento da conversão em casamento, desde que o referido regime estivesse indicado em anterior registro de união estável ou em um dos títulos admitidos para registro ou averbação na forma deste Capítulo;
>
> III – a data de início da união estável, desde que observado o disposto neste Capítulo; e
>
> IV – a seguinte advertência no caso de o regime de bens vigente durante a união estável ser diferente do adotado após a conversão desta em casamento: "este ato não prejudicará terceiros de boa-fé, inclusive os credores dos companheiros cujos créditos já existiam antes da alteração do regime.

Ademais, a conversão da união estável dependerá da **superação dos impedimentos legais para o casamento,** sujeitando-se à adoção do regime patrimonial de bens, na forma dos preceitos da lei civil. O art. 1.521 do Código Civil elenca os impedimentos do casamento, quais sejam:

> Art. 1.521, CC. Não podem casar:
>
> I – os ascendentes com os descendentes, seja o parentesco natural ou civil;
>
> II – os afins em linha reta;
>
> III – o adotante com quem foi cônjuge do adotado e o adotado com quem o foi do adotante;
>
> IV – os irmãos, unilaterais ou bilaterais, e demais colaterais, até o terceiro grau inclusive;
>
> V – o adotado com o filho do adotante;
>
> VI – as pessoas casadas;
>
> VII – o cônjuge sobrevivente com o condenado por homicídio ou tentativa de homicídio contra o seu consorte.

Merece relevância a nova regra do § 6º do art. 70 da LRP, que estabelece que **não constará do assento de casamento convertido a partir da união estável a data do início ou o período de duração desta**, salvo no caso de prévio procedimento de certificação eletrônica de união estável realizado perante oficial de registro civil. Trata-se de novidade trazida no procedimento.

Em outras palavras, o comando diz que é possível constar da conversão da união estável a data de seu início ou período de duração (conforme ilustrado no inciso II do art. 549 do Provimento CNJ n. 149/2023), **desde que,** tal fato tenha sido previamente apurado em procedimento próprio de certificação de data da união estável, perante o oficial de RCPN.

Importante relatar que algumas normativas estaduais já admitiam a possibilidade de constar a data do início ou período de duração da união estável quando ela estava devidamente comprovada por **sentença judicial**, **escritura pública** ou **contrato registrado no Registro de Títulos e Documentos.**

A Arpen-SP inclusive editou o enunciado 74, nestes termos:

> Enunciado 74. A prévia certificação eletrônica constante do art. 70-A, § 6º, Lei 6.015/1973 produzirá efeitos, quanto à conversão em casamento, a partir da data em que declarada perante o oficial de Registro Civil das Pessoas Naturais, ainda que a união estável tenha sido iniciada, pelos companheiros, em data anterior. Fundamento legal: Art. 70-A, § 6º, LRP; Art. 1.726 CC.

Por conseguinte, enfatiza-se que, quando o prévio procedimento da união estável tenha acontecido perante o Registrador Civil das Pessoas Naturais, com a oficialização da data de início, em uma futura conversão em casamento, é indubitável que a data poderá ser declarada no assento do matrimônio e respectiva certidão.

A fixação da data de início e fim da união estável, bem como sua subsequente publicidade por meio do registro no Livro E extermina incertezas quanto aos critérios atribuídos a benefícios sucessórios, previdenciários e patrimoniais.

O procedimento de certificação eletrônica de união estável foi regulamentado pela Corregedoria Nacional de Justiça do CNJ e está previsto no art. 553 do Provimento 149/2023. Ele é detalhado passo a passo com o objetivo de esclarecer melhor o procedimento, garantir maior segurança jurídica e orientar os registradores civis. Veja-se:

> Art. 553, CNN. O procedimento de certificação eletrônica de união estável realizado perante oficial de registro civil autoriza a indicação das datas de início e, se for o caso, de fim da união estável no registro e é de natureza facultativa (art. 70-A, § 6.º, Lei n. 6.015, de 1973).

Elaborei um quadro didático para ilustrar o procedimento.

Pedido expresso, eletrônico ou não	O procedimento inicia-se com pedido expresso dos companheiros para que conste do registro as datas de início ou de fim da união estável, pedido que poderá ser eletrônico ou não.
Meio probatórios em direito admitidos	Para comprovar as datas de início ou, se for o caso, de fim da união estável, os companheiros valer-se-ão de todos os meios probatórios em direito admitidos.
Entrevista com os companheiros e testemunhas	O registrador entrevistará os companheiros e, se houver, as testemunhas para verificar a plausibilidade do pedido.
Formalização de Entrevista	A entrevista deverá ser reduzida a termo e assinada pelo registrador e pelos entrevistados.
Provas Adicionais	Havendo suspeitas de falsidade da declaração ou de fraude, o registrador poderá exigir provas adicionais.
Motivação da decisão	O registrador decidirá fundamentadamente o pedido.
Manifestação contra o indeferimento do pedido	No caso de indeferimento do pedido, os companheiros poderão requerer ao registrador a suscitação de dúvida dentro do prazo de 15 dias da ciência, nos termos do art. 198 e art. 296 da Lei n. 6.015, de 1973.
Arquivamento dos autos	O registrador deverá arquivar os autos do procedimento.
Hipóteses de dispensa do procedimento de certificação eletrônica	É dispensado o procedimento de certificação eletrônica de união estável nas hipóteses em que este Capítulo admite a indicação das datas de início e de fim da união estável no registro de reconhecimento ou de dissolução da união estável.

Quanto ao **regime de bens** no procedimento de conversão da união estável em casamento, houve regulamentação específica no Código Nacional de Normas.

Assim, quanto ao regime de bens na conversão da união estável em casamento, este deverá observar os preceitos da lei civil, inclusive quanto à forma exigida para a escolha de regime de bens diverso do legal, nos moldes do art. 1.640, parágrafo único, do Código Civil. Para rememorar, o artigo 1.640 estabelece que, na ausência de uma convenção ou se ela for nula ou ineficaz, aplicar-se-á o regime de comunhão parcial de bens entre os cônjuges.

O art. 550, § 1.º do Provimento CNJ n. 149/2023 preceitua que a conversão da união estável em casamento implica a **manutenção**, para todos os efeitos, do regime de bens que existia no momento dessa conversão, salvo pacto antenupcial em sentido contrário.

Noutro dizer, quando um casal que vive em união estável e decide formalizar a relação como casamento, o regime de bens que prevalece é o mesmo que estava em vigor durante a união estável, salvo se houver um pacto antenupcial que estipule um regime diferente.

Exemplo Prático

→ **Situação Inicial**:

- Debs e Lord vivem em união estável desde 2010.
- Durante a união estável, eles optaram pelo regime de comunhão parcial de bens. Isso significa que todos os bens adquiridos durante a união estável são compartilhados por ambos, enquanto os bens adquiridos antes da união permanecem individuais.

→ **Decisão de Conversão**:

- Em 2024, Debs e Lord decidem converter sua união estável em casamento.

→ **Sem Pacto Antenupcial**

Se Debs e Lord não fizerem um pacto antenupcial, o regime de bens que vigorava durante a união estável (comunhão parcial de bens) será mantido após a conversão da união estável em casamento. Portanto, todos os bens adquiridos após o casamento continuarão a ser compartilhados igualmente entre os dois.

→ **Com Pacto Antenupcial**

Antes de formalizarem o casamento, Debs e Lord decidem que querem mudar o regime de bens para separação total de bens. Para isso, devem formalizar um pacto antenupcial no cartório, especificando que a partir do casamento, cada um será dono apenas dos bens que adquirir individualmente, sem partilha.

→ **Cenário Final**

- **Sem Pacto Antenupcial**: O regime de comunhão parcial de bens é mantido.
- **Com Pacto Antenupcial**: O novo regime de separação total de bens entra em vigor a partir do casamento, alterando a forma como os bens serão administrados e partilhados no futuro.

Esses exemplos mostram como a norma se aplica na prática, assegurando que o regime de bens da união estável seja mantido no casamento, a menos que um pacto antenupcial estipule um regime diferente.

Assim, se na conversão da união estável for adotado novo regime O art. 550, § 2.º será exigida a apresentação de pacto antenupcial, salvo se o novo regime for o da comunhão parcial de bens, hipótese em que se exigirá declaração expressa e específica dos companheiros nesse sentido.

O art. 550, §§ 3.º 4.º do CNN estabelece hipóteses de não aplicação do regime da separação legal. São elas:

> § 3.º Não se aplica o regime da separação legal de bens do art. 1.641, inciso II, da Lei n. 10.406, de 2002, se inexistia essa obrigatoriedade na data a ser indicada como início da união estável no assento de conversão de união estável em casamento ou se houver decisão judicial em sentido contrário.
>
> § 4.º Não se impõe o regime de separação legal de bens, previsto no art. 1.641, inciso I, da Lei n. 10.406, de 2002, se superada a causa suspensiva do casamento quando da conversão.

Já o § 5.º do art. 550 estabelece como o regime de bens a ser indicado no assento de conversão de união estável em casamento:

> I - o mesmo do consignado:
>
> a) em um dos títulos admitidos para registro ou averbação na forma deste Capítulo, se houver; ou
>
> b) no pacto antenupcial ou na declaração de que trata o § 2.º deste artigo.
>
> II - o regime da comunhão parcial de bens nas demais hipóteses.

Por sua vez, o art. 550, § 6.º preceitua que para efeito do art. 1.657 do Código Civil, o título a ser registrado em livro especial no Registro de Imóveis do domicílio do cônjuge será o pacto antenupcial ou, se este não houver na forma do § 1.º deste artigo, será um dos títulos admitidos neste Código para registro ou averbação em conjunto com a certidão da conversão da união estável em casamento.

Para melhor compreensão desse parágrafo, é válido lembrar que o art. 1.657 do CC preconiza que as convenções antenupciais não terão efeito perante terceiros senão depois de registradas, em livro especial, pelo oficial do Registro de Imóveis do domicílio dos cônjuges.

Sobre o tema, é pertinente invocar duas regras:

> Art. 167, LRP. No Registro de Imóveis, além da matrícula, serão feitos.
>
> I. o registro:
>
> (...)
>
> 12) das convenções antenupciais;
>
> (...)
>
> II. a averbação:
>
> 1) das convenções antenupciais e do regime de bens diversos do legal, nos registros referentes a imóveis ou a direitos reais pertencentes a qualquer dos cônjuges, inclusive os adquiridos posteriormente ao casamento;
>
> Art. 178, LRP. Registrar-se-ão no Livro nº 3 - Registro Auxiliar:
>
> V - as convenções antenupciais;

Feitas as análises sobre o regime de bens no assento da conversão da união estável, passemos à análise do último parágrafo do art. 70-A, que normatiza o que já era entendimento da jurisprudência administrativa da Corregedoria-Geral da Justiça do Estado de São Paulo desde 2005. Assim, se no curso do procedimento da conversão da união estável, algum dos pretendentes vier a falecer, este fato **não obstará** a lavratura do assento de conversão da união estável em casamento. É que, quando vivo, o pretendente falecido expressou manifestação de vontade livre no sentido de contrair núpcias. Desse modo, sua vontade deve ser acatada.

No mesmo sentido, o art. 552 do Provimento CNJ n. 149/2023:

> Art. 552, CNN. O falecimento da parte no curso do procedimento de habilitação não impedirá a lavratura do assento de conversão de união estável em casamento, se estiver em termos o pedido (art. 70-A, § 7º, da Lei n. 6.015, de 1973).

Considera-se **em termos o pedido** quando houver pendências não essenciais, assim entendidas aquelas que não elidam a firmeza da vontade dos companheiros quanto à conversão e que possam ser sanadas pelos herdeiros do falecido.

2. JURISPRUDÊNCIA COMPLEMENTAR

TRIBUNAL DE JUSTIÇA DO ESTADO DE SÃO PAULO

EMENTA: Processual civil e civil – Família – Ação de conversão de união estável em casamento – Obrigatoriedade de formulação exclusivamente pela via administrativa – Inexistência – Conversão pela via judicial – Possibilidade –

I. O propósito recursal é reconhecer a existência de interesse de agir para a propositura de ação de conversão de união estável em casamento, considerando a possibilidade de tal procedimento ser efetuado extrajudicialmente

II. Os arts. 1726, do CC e 8º, da Lei 9278/96 não impõem a obrigatoriedade de que se formule pedido de conversão de união estável em casamento exclusivamente pela via administrativa

III. A interpretação sistemática dos dispositivos à luz do art. 226 § 3º da Constituição Federal confere a possibilidade de que as partes elejam a via mais conveniente para o pedido de conversão de união estável em casamento

IV. Recurso especial conhecido e provido. (STJ – REsp nº 1.685.937 – Rio de Janeiro – 3ª Turma – Rel. Min. Nancy Andrighi – DJ 22.08.2017).

CORREGEDORIA-GERAL DA JUSTIÇA

EMENTA: REGISTRO CIVIL - Conversão de união estável em casamento iniciada antes do convivente atingir os setenta anos de idade – possibilidade do registro do casamento sob o regime de comunhão parcial de bens na especificidade do caso concreto – Recurso provido (APELAÇÃO CÍVEL Nº 0046326-29.2011.8.26.0100). Trata-se de apelação interposta por XXX e XXX Contra a r sentença de fls. 28/34 que indeferiu o registro da conversão de união estável dos apelantes em casamento sob o regime da comunhão parcial de bens em razão da regra imposta pelo art. 1.641, inc. II, do Código Civil. Sustentam os apelantes a possibilidade do registro do casamento sob o regime de bens da comunhão parcial em razão da existência da união estável desde 1986, excluindo o regime legal de bens na hipótese (a fls. 36/44). A Procuradoria Geral de Justiça opinou pelo provimento do recurso (a fls. 55/98). O processo foi enviado pela Corregedoria-Geral da Justiça a este Conselho Superior da Magistratura (a fls. 62/64). É o relatório. O fato posto em julgamento é o seguinte: a. os apelantes, conforme reconhecido em ação judicial (a fls. 20/21), vivem em união estável desde 1.986; b. requereram a conversão da união estável em casamento sob o regime de bens de comunhão parcial; c. o homem é septuagenário; d. foi negada a conversão na forma pretendida em razão da incidência da norma cogente contida no art. 1.641, inc. II, do Código Civil, a qual impõe o regime legal obrigatório de separação de bens à pessoa maior de setenta anos. O presente recurso administrativo objetiva a reforma da decisão com a consequente continuidade da habilitação para fins da conversão da união estável em casamento sob o regime de comunhão parcial de bens. O art. 226, parágrafo terceiro, da Constituição Federal e o art. 1.726 do Código Civil, estabelecem a possibilidade da conversão da união estável em casamento e têm as seguintes redações: *CF, Art. 226, § 3º – Para efeito da proteção do Estado, é reconhecida a união estável entre o homem e a mulher como entidade familiar, devendo a lei facilitar sua conversão em casamento. CC, Art. 1.726 – A união estável poderá converter-se em casamento, mediante pedido dos companheiros ao juiz e assento no Registro Civil.* Em razão da expressa previsão legislativa acerca da possibilidade da conversão da união estável em casamento, é possível concluir pela diversidade de natureza jurídica entre a conversão da união estável em casamento e o casamento direto. Rolf Madaleno (*Curso de direito de família.* Rio de Janeiro: Forense, 2008, p. 813) trata dessa distinção da seguinte forma: *Todavia, a lei autoriza a conversão da união estável em casamento, no que difere da habilitação do casamento quanto aos seus efeitos no tempo, considerando que o matrimônio civil direto tem seus efeitos operados a partir da data de sua celebração, sem nenhuma retroação no tempo, seu efeito é* ex nunc. *Já na conversão da união estável em casamento os efeitos se operam* ex tunc, *são retroativos à data do início da união estável. A conversão também difere da celebração de casamento típico, porque além da legalização da união de fato, ocorre igualmente o reconhecimento legal da constituição de uma família em data precedente ao casamento formal.* Nessa linha, as Normas de Serviço da Corregedoria Geral da Justiça (Capítulo XVII, item 87.3), após o processo de habilitação para casamento, dispensam celebração do casamento, prevendo: *87.3. Estando em termos o pedido, será lavrado o assento da conversão da união estável em casamento, independentemente de qualquer solenidade, prescindindo o ato da celebração do matrimônio.* Conforme Paulo Nader (*Curso de direito civil: direito de família.* v. 5, Rio de Janeiro: Forense, 2011, p. 516) já *em Roma, os imperadores cristãos incentivavam a conversão do concubinato em justae nuptiae*, portanto, a distinção vem de longa data. Desse modo, na via administrativa, são necessárias várias considerações para decisão acerca da aplicação (ou não) do regime compulsório de separação de bens no caso da conversão de união em estável em casamento iniciada antes de um dos conviventes atingir os setenta anos de idade. Não obstante a existência de respeitáveis manifestações doutrinárias acerca da inconstitucionalidade do disposto no art. 1.641, inc. II, do Código Civil, por atentatório à dignidade da pessoa humana e discriminar o nubente idoso (a exemplo de Paulo Lobo, *Direito civil: famílias.* Saraiva: São Paulo, 2010, p. 323), não houve o reconhecimento da inconstitucionalidade da referida regra de direito em controle concentrado de constitucionalidade e tampouco sua exclusão do sistema legal quando o legislador aumentou a idade limite de sessenta anos para setenta por meio da Lei nº 12.334/10, assim, em nosso sentir, não seria adequado o reconhecimento da inconstitucionalidade dessa norma legal em sede administrativa. Excluída a possibilidade de uma abordagem zetética da questão, compete-nos seu exame diante da dogmática jurídica (Tercio Sampaio Ferraz Junior. *Introdução ao estudo do direito.* São Paulo: Atlas, 1994, p. 39/51) sob o fio condutor da finalidade dos institutos jurídicos. A finalidade do legislador na imposição do regime obrigatório da separação de bens na hipótese em exame, conforme Silvio Rodrigues (*Curso de direito civil: direito de família*, v. 6. São Paulo: Saraiva, 1991, p. 178), é a de *impedir que pessoa moça procure casar com outra bem mais idosa, atraída menos pelos encantos pessoais que pela fazenda de seu consorte.* Sem abandono do exame estrutural do Direito deve ser agregada a análise funcional, assim, cabe assomar à estrutura a função na aplicação e compreensão do Direito. Noberto Bobbio (*Da estrutura à função.* Barueri: Manole, 2007, p. 53/54) analisa esse ponto da seguinte forma: *Em poucas palavras, aqueles que se dedicaram à teoria geral do direito se preocuparam muito mais em saber "como o direito é feito" do que "para que o direito serve". A consequência disso foi que a análise estrutural foi levada muito mais a fundo do que a análise funcional.* Nessa ordem de ideias, é absolutamente contrário à função do Direito, na especificidade deste caso concerto, a imposição do regime legal da separação de bens por desconforme à finalidade (protetiva) objetivada pela norma jurídica. Ocorrendo expressa previsão, na norma constitucional, da facilitação da conversão da união estável casamento pela afirmação – *devendo a lei facilitar sua conversão em casamento* – impedir a manutenção do regime patrimonial legal (atualmente previsto no art. 1.725 do Código Civil) por meio do qual os conviventes regulavam suas relações econômicas, desde 1986, para conversão de uma entidade familiar para outra; provoca efeito contrário ao mandamento constitucional sugerindo aos conviventes a seguinte opção: manter a união estável em respeito a sua liberdade (autonomia privada) ou contrair matrimônio com o sacrifício do poder de autodeterminação patrimonial; essa situação, a nosso sentir, ofenderia a função promocional (sanção positiva) do Direito prevista na Constituição Federal. Além disso, o fenômeno da contratualização da família pugnando pela maior consideração aos acordos de vontades (autonomia privada) destinados à ordenação da vida familiar em abandono às estruturas rígidas do Direito de Família de outrora (a respeito consulte, Dominique Fenouillet e Pascal de Vareilles-Sommiéres (direction). *La contractualisation de la famile.* Paris: Economica, 2001), igualmente, também como valor, recomenda a interpretação no sentido da possibilidade do regime da comunhão parcial de bens na excepcionalidade do presente julgamento. Nestes termos a aplicação do Direito, mesmo com os limites e particularidades da esfera administrativa, deve considerar a realidade social realizando constante diálogo entre o fato e lei na busca da norma jurídica incidente. Conforme Gustavo Zagrebelsky (*Il diritto mite.* Torino: Eunadi, 1992) – *Non basta considerare il "diritto nei libri", occorre considerare il "diritto inazione"; non basta una "validità logica"; occorre una "validità pratica". Quante volte il significato di una norma é uno in astrattoma un'altro in concreto?* Em conformidade à interpretação exposta, permitimo-nos transcrever o enunciado nº 261 aprovado na III Jornada de Direito Civil, 2004, do Conselho da Justiça Federal, ao tempo em que o limite de idade era ainda menor (sessenta anos) para imposição do regime legal obrigatório, a saber: *261 – Art. 1.641: A obrigatoriedade do regime da separação de bens não se aplica a pessoa maior de sessenta anos, quando o casamento for precedido de união estável iniciada antes dessa idade.* Pelas razões expostas e, na particularidade da situação concreta, decidimos pela possibilidade da conversão da união estável em casamento sob o regime de comunhão parcial em virtude da união informal ter sido iniciada muito antes do companheiro haver atingido os setenta anos de idade. Ante o exposto, pelo meu voto, dou provimento ao recurso para determinar a continuidade do processo de habilitação de casamento com seu registro sob o regime da comunhão parcial de bens na hipótese da ausência de impedimentos legais. (a) JOSÉ RENATO NALINI, Corregedor Geral da Justiça e Relator (D.J.E. de 10.01.2013 – SP)

⊙ TRIBUNAL DE JUSTIÇA DO ESTADO DO RIO DE JANEIRO

EMENTA: APELAÇÃO CÍVEL. PROCEDIMENTO DE JURISDIÇÃO VOLUNTÁRIA. DIREITO DE FAMÍLIA. CONVERSÃO DE UNIÃO ESTÁVEL HOMOAFETIVA EM CASAMENTO. POSSIBILIDADE. PRECEDENTES DESTA CORTE E DO STJ SOBRE A QUESTÃO. PROVIMENTO DO RECURSO.

1. O mesmo raciocínio jurídico utilizado pelo Supremo Tribunal Federal para conceder aos pares homo afetivos os direitos decorrentes da união estável deve ser utilizado para lhes viabilizar o casamento civil, especialmente em razão de a Carta Constitucional determinar a facilitação da conversão da união estável em casamento, e o artigo 1726 do Código Civil dispor que *a união estável poderá converter-se em casamento, mediante pedido dos companheiros ao juiz e assento no Registro Civil.*

2. Em outras palavras, se o STF reconheceu a existência da união estável homoafetiva como entidade familiar, conferindo-lhe as mesmas consequências da união estável entre homem e mulher, não faria sentido obstar a conversão da união estável entre pessoas do mesmo sexo em casamento, sob o argumento da omissão legislativa. 3. Recurso provido, na forma do artigo 557, § 1º-A do CPC. (TJRJ – Apelação Cível nº 0464405-55.2012.8.19.0001 – Rio de Janeiro – 12ª Câmara Cível – Rel. Des. Cherubin Helcias Schwartz Júnior – DJ 14.02.2014)

3. QUESTÕES DE CONCURSOS

01. (TJ/AM – 2023 – TJ/AM - Titular de Notas e Serviços de Registros). No tocante às disposições da Lei nº 6.015/1973 acerca da conversão da união estável em casamento, assinale a alternativa **INCORRETA**:

a) Se estiver em termos o pedido, o falecimento da parte no curso do processo de habilitação não impedirá a lavratura do assento de conversão de união estável em casamento.

b) Em caso de requerimento de conversão de união estável por mandato, a procuração deverá ser pública e com prazo máximo de 30 (trinta) dias.

c) O assento da conversão da união estável em casamento será lavrado no Livro B-Auxiliar, sem a indicação da data e das testemunhas da celebração, do nome do presidente do ato e das assinaturas dos companheiros e das testemunhas, anotando-se no respectivo termo que se trata de conversão de união estável em casamento.

d) Não constará do assento de casamento convertido a partir da união estável a data do início ou o período de duração desta, salvo no caso de prévio procedimento de certificação eletrônica de união estável realizado perante oficial de registro civil.

02. (FGV - 2023 - TJ-SE - Atividade Notarial e de Registro - Provimento) Antônio e João se apaixonaram e decidiram constituir família. Após seis anos de convivência, requereram a sua conversão em casamento ao oficial do Registro Civil das Pessoas Naturais (RCPN) da circunscrição territorial de sua residência. Acresça-se que informaram ter pressa na conversão almejada, considerando que Antônio tinha uma doença terminal e não sabia quanto tempo de vida teria.

Ao receber o referido requerimento, o oficial informou, corretamente, que:

a) a conversão não era possível, considerando a impossibilidade de pessoas do mesmo sexo se casarem;

b) a conversão pressupõe o reconhecimento judicial da união estável, sendo realizada com a apresentação de certidão da decisão proferida;

c) se estiver em termos o pedido e forem atendidos os demais requisitos exigidos, será lavrado o assento de conversão após autorização judicial;

d) será preciso realizar o processo de habilitação e, caso um dos nubentes faleça no seu curso, isso não impedirá a lavratura do assento de conversão;

e) caso a união estável tenha sido reconhecida pelos requerentes há mais de cinco anos, em escritura pública, a conversão será realizada diretamente pelo oficial do RCPN.

03. (FGV - 2023 - TJ-SE - Atividade Notarial e de Registro - Remoção) Josefa e Jurema, após o preenchimento dos requisitos legais, tiveram deferido o requerimento de conversão da união estável em casamento.

Nesse caso, à luz da Lei nº 6.015/1973, o assento da conversão da união estável em casamento será lavrado:

a) no Livro B, sem a assinatura das companheiras e das testemunhas;

b) no Livro B, no qual será transcrita a decisão judicial que autorizou a conversão;

c) no Livro C, com a assinatura das companheiras reconhecendo a união estável e a data de início;

d) no Livro C, com a indicação da data e a assinatura das companheiras e das testemunhas;

e) em livro próprio, no qual constará a assinatura das companheiras e será transcrita a decisão judicial que autorizou a conversão.

04. (Cespe – Notário-ES/2013) Em relação à união estável e a sua conversão em casamento perante o registro civil das pessoas naturais, assinale a opção correta.

a) Os impedimentos para o casamento obstam a declaração de união estável e sua conversão em casamento e podem ser reconhecidos de ofício pelo registrador, ou podem ser opostos por qualquer pessoa.

b) A ausência de homologação de partilha de bens adquiridos em união estável anterior mantida pelo interessado e ex-convivente, como causa suspensiva do matrimônio, impede a conversão da união estável em casamento.

c) A conversão de união estável em casamento deverá reger-se, sem exceção, pelo sistema legal da comunhão parcial de bens.

d) Deverão constar do assento de conversão de união estável em casamento a data de início, o período ou a duração da convivência informal.

05. (Vunesp – Cartório – TJ – SP/2012) De acordo com as Normas de Serviço do Extrajudicial da Corregedoria Geral da Justiça, o assento de conversão da união estável em casamento é lavrado no

a) Livro "B" – de registro de casamento.

b) Livro "B" – Auxiliar – de registro de casamento Religioso para Efeitos Civis.

c) Livro "D" – de registro de proclama.

d) Livro "E".

GAB	1	C	2	D	3	A	4	A	5	A

CAPÍTULO VII – DO REGISTRO DO CASAMENTO RELIGIOSO PARA EFEITOS CIVIS

Art. 71. Os nubentes habilitados para o casamento poderão pedir ao oficial que lhe forneça a respectiva certidão, para se casarem perante autoridade ou ministro religioso, nela mencionando o prazo legal de validade da habilitação.

Art. 72. O termo ou assento do casamento religioso, subscrito pela autoridade ou ministro que o celebrar, pelos nubentes e por duas testemunhas, conterá os requisitos do artigo 71, exceto o 5º.

Art. 73. No prazo de trinta dias a contar da realização, o celebrante ou qualquer interessado poderá, apresentando o assento ou termo do casamento religioso, requerer-lhe o registro ao oficial do cartório que expediu a certidão.

§ 1º O assento ou termo conterá a data da celebração, o lugar, o culto religioso, o nome do celebrante, sua qualidade, o cartório que expediu a habilitação, sua data, os nomes, profissões, residências, nacionalidades das testemunhas que o assinarem e os nomes dos contraentes.

§ 2º Anotada a entrada do requerimento o oficial fará o registro no prazo de 24 (vinte e quatro) horas.

§ 3º A autoridade ou ministro celebrante arquivará a certidão de habilitação que lhe foi apresentada, devendo, nela, anotar a data da celebração do casamento.

Art. 74. O casamento religioso, celebrado sem a prévia habilitação, perante o oficial de registro público, poderá ser registrado desde que apresentados pelos nubentes, com o requerimento de registro, a prova do ato religioso e os documentos exigidos pelo Código Civil, suprindo eles eventual falta de requisitos nos termos da celebração.

Parágrafo único. Processada a habilitação com a publicação dos editais e certificada a inexistência de impedimentos, o oficial fará o registro do casamento religioso, de acordo com a prova do ato e os dados constantes do processo, observado o disposto no artigo 70.

Art. 75. O registro produzirá efeitos jurídicos a contar da celebração do casamento.

Parágrafo único. O oficial de registro civil comunicará o registro ao Ministério da Economia e ao INSS pelo Sistema Nacional de Informações de Registro Civil (Sirc) ou por outro meio que venha a substituí-lo.

1. COMENTÁRIOS

O art. 226, § 2º, da Constituição Federal, prevê que o casamento religioso tem efeito civil, nos termos da lei.

No âmbito infraconstitucional, o **art. 1.515 do CC** estabelece que "o casamento religioso, que atender às exigências da lei para a validade do casamento civil, equipara-se a este, desde que registrado no registro próprio, produzindo efeitos a partir da data de sua celebração".

Os arts. 71 a 75 da Lei 6.015/1973 estabelecem regras que regulam o casamento religioso com efeitos civis. Esses artigos coexistem com as normas estipuladas no Código Civil, exceto quanto ao prazo do art. 73, que estabelecia 30 dias e foi revogado pelo Código Civil, sendo agora prolongado para 90 dias.

O registro do casamento religioso submete-se aos mesmos requisitos exigidos para o casamento civil. A diferença é que a cerimônia é regida por uma autoridade eclesiástica. De fato, no procedimento de habilitação, os nubentes requerem ao oficial a expedição de certidão para se casar perante a autoridade religiosa.

Assim, a celebração do casamento é religiosa, mas impõe-se o procedimento de habilitação e o registro.

Sobre a autoridade religiosa, existe uma decisão interessante da 2 Vara de Registros Públicos da Capital do Estado de São Paulo, Processo CP 587/03 RC, que determina que:

> É única e total responsabilidade dos nubentes assegurarem-se da qualidade e competência do celebrante, bem como da respectiva entidade religiosa. Em casos excepcionais, em se tratando de instituições religiosas desconhecidas ou "exóticas", é facultado ao Oficial solicitar aos contraentes prova da competência do celebrante e da regularidade funcional da instituição religiosa.

Em outras palavras, a verificação de competência da autoridade religiosa não é obrigatória. A decisão, porém, deixou ao prudente critério do oficial registrador – como faculdade e não como obrigação – exigir a prova de competência do celebrante e regularidade da igreja, notadamente nos casos em que a doutrina religiosa é desconhecida ou exótica.

Reinaldo Velloso dos Santos sugere que tal "prova pode ser feita mediante certidão do Oficial de Registro de Títulos e Documentos e Civil de Pessoa Jurídica da Comarca" (*Registro Civil das Pessoas Naturais*. Porto Alegre: Fabris Editor, 2006, p. 111).

A habilitação pode ser anterior à celebração, que é a mais comum e recomendável ou posterior à celebração.

O registro civil deve ser promovido dentro de **90 dias** de sua realização, mediante comunicação do celebrante ao Oficial competente, ou por iniciativa de **qualquer interessado**, desde que tenha sido **previamente** homologada a habilitação do casamento.

Frise-se que o prazo que está vigorando é aquele do art. 1.516, § 1º do Código Civil (90 dias), e não mais o do art. 73 da Lei 6.015/1973 (30 dias). Após o aludido prazo, que é decadencial, o registro dependerá de nova habilitação.

Apresentado o termo religioso no Registro Civil, o registrador deve realizar o assento, no **Livro "B auxiliar"**, no prazo de 24 horas, como prevê o art. 73 da Lei 6.015/1973.

Existe também o casamento religioso celebrado **sem a prévia habilitação**, vale dizer, com **habilitação posterior** (art. 74 da Lei 6.015/1973). Tal ocorre perante o oficial registrador e poderá ser registrado desde que apresentado pelos **nubentes (não mais por qualquer interessado)**, juntamente com o **requerimento de registro, a prova do ato religioso e os documentos exigidos pelo Código Civil**, suprindo eles eventual falta de requisitos nos termos da celebração.

Uma vez processada a habilitação com a publicação dos editais e certificada a inexistência de impedimentos, o oficial registrará o casamento religioso com base na prova do ato e nos dados constantes do processo, conforme o disposto no artigo 70.

1.1 ELEMENTOS DO TERMO RELIGIOSO

Preceitua o art. 72 que "o termo ou assento do casamento religioso, subscrito pela autoridade ou ministro que o celebrar, pelos nubentes e por duas testemunhas, conterá os requisitos do artigo 70, exceto o 5º".

O item 5º refere-se à relação dos documentos apresentados ao oficial do registro. Todavia, Mario de Carvalho Camargo Neto e Marcelo Salaroli de Oliveira advertem que "tal regra deve ser vista com temperamento, diante do princípio da liberdade de organização religiosa, admitindo-se que o termo religioso seja aditado ou complementado com documentos, que muitas vezes já integram o procedimento de habilitação" (Op. cit., p. 83).

As normativas de cada Estado é que estipularão sobre a necessidade ou não de reconhecimento de firma da autoridade celebrante, nubentes e testemunhas, uma vez que a lei nada prevê.

Walter Ceneviva preleciona que "a alternativa *termo ou assento* se destina a distinguir a formalização religiosa da civil. Nesta, há *assento,* que é o registro no livro (art. 33). A cerimônia religiosa é lançada em documento ou em livro da correspondente denominação de fé, podendo, pois, constituir-se em *termo*". (Op. cit., p. 182).

1.2 LOCAL E ELEMENTOS DO REGISTRO

O registro do casamento deve ser realizado pelo mesmo Registrador Civil que realizou o procedimento de habilitação, que é da circunscrição da residência dos nubentes. Assim, realizada a celebração fora da circunscrição territorial, o que é perfeitamente possível, o posterior registro deve ser feito pelo mesmo Oficial que realizou a habilitação.

O registro, que será assentado no **Livro "B-auxiliar"**, conterá a data da celebração, o lugar, o culto religioso, o nome do celebrante, sua qualidade, o cartório que expediu a habilitação, sua data, os nomes, profissões, residências, nacionalidades das testemunhas que o assinarem e os nomes dos contraentes (art. 73, § 1º)

É dever da autoridade celebrante arquivar a certidão de habilitação que lhe foi apresentada, devendo, nela, anotar a data da celebração do casamento (art. 73, § 3º, LRP).

Mário de Carvalho Camargo Neto e Marcelo Salaroli, bem explicam que "a diferença do livro de casamento civil para o de casamento religioso para efeitos civis está no momento em que os efeitos são produzidos. Os efeitos do casamento religioso retroagem à data da celebração (B-auxiliar).

Sabe-se, então que os efeitos dos registros do livro auxiliar retroagirão a uma data anterior (celebração). Provavelmente esse é o motivo pelo qual algumas unidades da Federação que estabelecem que o início da união estável seja inscrito no registro da conversão desta em casamento optam pelo Livro "B-auxiliar" e as unidades que não inscrevem o início da união optam pelo registro da conversão no Livro "B" (Op. cit., 182).

Vale destacar que, com a introdução do novo art. 70-A, § 4º, pela Lei 14.382/2022, o assento da conversão da união estável em casamento passará a ser lavrado no **Livro B.**

1.3 PRAZO E LEGITIMADOS A REQUERER O REGISTRO

Reza o § 1º do art. 1.516 do Código Civil que "o registro civil do casamento religioso deverá ser promovido dentro de noventa dias de sua realização, **mediante comunicação do celebrante ao ofício competente, ou por iniciativa de qualquer interessado,** desde que haja sido homologada previamente a habilitação regulada neste Código. Tal dispositivo trata do casamento religioso com habilitação prévia.

Vê-se que nesse caso, é prescindível a autorização de ambos os cônjuges. A morte de um dos cônjuges não impedirá o registro civil do casamento religioso realizado validamente, quando o pedido de registro for encaminhado dentro do prazo decadencial de noventa dias.

Situação diversa é a prescrita no § 2º do aludido artigo: "o casamento religioso, celebrado sem as formalidades exigidas neste Código, terá efeitos civis se, **a requerimento do casal**, for registrado, a qualquer tempo, no registro civil, mediante prévia habilitação perante a autoridade competente e observado o prazo do art. 1.532". Tal dispositivo trata do casamento religioso com habilitação posterior.

Neste caso, a lei não prevê prazo para que seja inscrito no registro civil o casamento religioso, concluindo-se que pode ser feito a qualquer tempo, desde que seja efetivada pelos nubentes a habilitação perante a autoridade competente. Os efeitos do casamento religioso retroagirão, em qualquer dos casos, à data da celebração.

1.4 EFEITOS DO REGISTRO

O art. 75 da Lei de Registros Públicos (LRP) e o art. 1.515 do Código Civil estabelecem que o registro terá efeitos jurídicos a partir da data da celebração do casamento, mesmo que a habilitação ocorra posteriormente.

Com efeito, a data da celebração determina a data de início do casamento, ao passo que a data do registro é importante para estabelecer o início da publicidade.

Sobre o tema, sugiro a leitura na íntegra da decisão do Processo CG 641/2004, da Egrégia Corregedoria da Justiça de São Paulo sobre os efeitos do registro, no tópico *Jurisprudência Completar*.

1.5 REGISTRO TARDIO DE CASAMENTO E RETIFICAÇÃO DE REGISTRO CIVIS DE ANTEPASSADOS

Em recente julgamento, foi analisada a apelação em uma ação que tratava do registro tardio de casamento e retificação de registros civis de antepassados, cumulada com pedido declaratório. A autora, descendente de imigrantes italianos, buscava o reconhecimento do casamento religioso de seus tataravôs, celebrado em 21 de setembro de 1901, com o objetivo de obter a cidadania italiana.

Na primeira instância, a sentença foi parcialmente favorável à autora, rejeitando o pedido de registro tardio do casamento, mas acolhendo parcialmente as retificações nos registros civis. Inconformada, a autora recorreu, alegando que havia provado o casamento religioso, a convivência e a constituição de família de seus antepassados, além de argumentar a possibilidade de atribuir efeito civil ao casamento religioso e o desconhecimento dos antepassados sobre a necessidade de casamento civil.

No entanto, o Tribunal de Justiça de São Paulo manteve a decisão de improcedência quanto ao registro tardio do casamento. A corte destacou que o casamento civil, instituído pelo Decreto-Lei nº 181 de 24 de janeiro de 1890, é um ato constitutivo e solene, de natureza contratual, que exige manifestação expressa de vontade e prévia habilitação civil. O casamento religioso celebrado após a vigência desse decreto não possui efeitos civis.

A relatora do caso, Desembargadora Hertha Helena de Oliveira, enfatizou que o casamento entre os tataravôs da autora foi realizado exclusivamente no âmbito religioso, sem validade civil. Além disso, a Constituição de 1934, que introduziu a possibilidade de registro de casamento religioso para efeitos civis, não é aplicável ao caso, ocorrido em 1901.

Portanto, o tribunal concluiu que não se trata de um registro tardio de casamento, mas de inexistência de casamento civil, o que inviabiliza o registro pretendido. O ato não pode ser registrado, pois nunca existiu juridicamente no âmbito civil.

Assim, o recurso foi negado e a sentença de improcedência mantida, reforçando que, para efeitos civis, não havia casamento entre os antepassados da autora, impossibilitando o reconhecimento e registro do matrimônio religioso como civil.

Resumo do Julgado:

Caso: Ação de registro tardio de casamento e retificação de registros civis de antepassados, cumulada com pedido declaratório.

Parte Autora: Pretende o reconhecimento do casamento religioso de seus tataravôs ocorrido em 21/09/1901, visando obter cidadania italiana.

Decisão de Primeira Instância: Sentença de improcedência quanto ao registro tardio do casamento, mas acolhendo parcialmente os pedidos de retificação de registros civis.

Argumentos da Apelação:

- A autora provou o casamento religioso, convivência e constituição de família.
- Possibilidade de atribuir efeito civil ao casamento religioso.
- Desconhecimento dos antepassados sobre a necessidade de casamento civil.
- Suprimento de registro baseado em jurisprudência.
- Necessidade da certidão para cidadania italiana.

Decisão do Tribunal:

- O casamento civil é ato constitutivo, solene e de natureza contratual, que exige manifestação expressa de vontade e prévia habilitação civil.
- Desde o Decreto-Lei nº 181/1890, o casamento no Brasil é reconhecido exclusivamente civil, não atribuindo efeito ao casamento religioso.
- O casamento entre os tataravôs foi celebrado apenas no âmbito religioso, sem validade civil.
- A Constituição de 1934 introduziu a possibilidade de registro de casamento religioso para efeitos civis, não aplicável ao caso em questão, ocorrido em 1901.
- Não há como registrar um ato que nunca existiu no âmbito civil.

Conclusão:

- Recurso negado, sentença de improcedência mantida.
- Inexistência jurídica do casamento civil inviabiliza o registro pretendido.
- Decisão fundamentada em precedentes e parecer ministerial adotado.

Sobre o tema, sugiro a leitura na íntegra da decisão da Apelação Cível nº 1008281-50.2022.8.26.0100 do Egrégia Tribunal de Justiça de São Paulo, no tópico *Jurisprudência Completar.*

1.6 COMUNICAÇÃO DO REGISTRO DE NASCIMENTO PELO OFICIAL REGISTRADOR AO MINISTÉRIO DA ECONOMIA E AO INSS

Incluído pela Lei 13.846, de 2019, resultante da Medida Provisória 871, o parágrafo único do art. 75 em comento estabelece que o oficial de registro civil deve comunicar o registro de nascimento ao Ministério da Economia e ao INSS pelo Sistema Nacional de Informações de Registro Civil (Sirc) ou por outro meio que venha a substituí-lo.

Dentre outros dispositivos, a Lei alterou o artigo 68 da Lei 8.212/1991, que dispõe sobre o Plano de Custeio da Previdência Social, para determinar que:

> **Art. 68.** O Titular do Cartório de Registro Civil de Pessoas Naturais deve remeter ao INSS, em até 1 dia útil, pelo Sirc – Sistema Nacional de Informações de Registro Civil ou por outro meio que venha a substituí-lo, a relação dos nascimentos, dos natimortos, dos casamentos, dos óbitos, das averbações, das anotações e das retificações registradas na serventia. Aos Municípios que não dispõem de provedor de conexão à internet ou de qualquer meio de acesso à internet, fica autorizada a remessa da relação em até 5 dias úteis.

Para os registros de nascimento e de natimorto, constarão das informações, obrigatoriamente, a inscrição no CPF – Cadastro de Pessoas Físicas, o sexo, a data e o local de nascimento do registrado, bem como o nome completo, o sexo, a data e o local de nascimento e a inscrição no CPF da filiação.

Já para os registros de casamento e de óbito, constarão das informações, obrigatoriamente, a inscrição no CPF, o sexo, a data e o local de nascimento do registrado, bem como, caso disponíveis, os seguintes dados:

a) número do cadastro perante o PIS – Programa de Integração Social ou o Pasep – Programa de Formação do Patrimônio do Servidor Público;

b) NIT – Número de Identificação do Trabalhador;

c) número de benefício previdenciário ou assistencial, se a pessoa falecida for titular de qualquer benefício pago pelo INSS;

d) número de registro da Carteira de Identidade e respectivo órgão emissor;

e) número do título de eleitor;

f) número e série da CTPS Carteira de Trabalho e Previdência Social.

No caso de não haver sido registrado nenhum nascimento, natimorto, casamento, óbito ou averbações, anotações e retificações no mês, deverá o Titular do Cartório de Registro Civil de Pessoas Naturais comunicar este fato ao INSS até o 5º dia útil do mês subsequente.

O descumprimento de qualquer obrigação supracitada e o fornecimento de informação inexata sujeitarão o Titular do Cartório de Registro Civil de Pessoas Naturais, além de outras penalidades previstas, à multa a partir de R$ 2.411,28 e à ação regressiva proposta pelo INSS, em razão dos danos sofridos.

2. JURISPRUDÊNCIA COMPLEMENTAR

TRIBUNAL DE JUSTIÇA DO ESTADO DE SÃO PAULO

EMENTA: Apelação – Ação de registro tardio de casamento e retificação de registros civis de antepassados, cumulada com pedido declaratório – Autora que pretende o reconhecimento do casamento religioso de seus tataravôs ocorrido em 21/09/1901, perante o registro civil para fins de obtenção de cidadania italiana - Sentença de improcedência – Insurgência da autora – Não cabimento - O registro civil do casamento é ato constitutivo e solene, de natureza contratual, que depende de manifestação expressa de vontade e prévia habilitação civil e por isso não admite o registro tardio, ao contrário dos registros de natureza declaratória como o de nascimento e óbito – Caso em que o casamento teria sido celebrado já na vigência do Decreto-Lei nº 181, de 24/01/1890, que instituiu o reconhecimento do casamento no Brasil como exclusivamente civil, deixando de atribuir qualquer efeito ao casamento celebrado exclusivamente no âmbito religioso - Não se trata de registro tardio de casamento, mas de inexistência de casamento civil, o que inviabiliza o registro pretendido – Impossibilidade de se registrar ato que nunca existiu – Precedentes deste e. Tribunal – Parecer da d. Procuradoria Geral da Justiça adotado como razão de decidir - Sentença mantida – Recursos improvidos.

Vistos.

Trata-se de recurso de apelação interposto contra a r. sentença de fls. 74/79 que, em ação de registro tardio de casamento e retificação de registros civis de antepassados, cumulada com pedido declaratório, julgou parcialmente procedentes os pedidos formulados pela autora, nos seguintes termos:

"Ante todo o exposto, JULGO PARCIALMENTE PROCEDENTE os pedidos autorais, com fundamento no art. 487, inciso I, do Código de Processo Civil, para (i) rejeitar o pedido de registro tardio de casamento dos tataravôs da requerente; (ii) acolher, em parte, os pleitos de retificações de registros civis dos ancestrais, observando-se, quanto à idade declarada na certidão de óbito de Eugênio Crociati, a idade de 74 anos; e (iii) acolher o pedido declaratório em seus exatos termos.

Sucumbente a parte autora, arcará com o pagamento das custas e despesas processuais, bem como honorários advocatícios do patrono da requerida, que fixo em 10% sobre o valor atribuído à causa."

Insurge-se a autora a fls. 82/88, sustentando a necessidade de reforma parcial da sentença, argumentando em seu favor que: (i) fez prova do casamento religioso, da convivência, constituição de família e inexistência de prejuízos a terceiros; (ii) há possibilidade de atribuir efeito civil ao casamento religioso; (iii) desconhecimento dos antepassados sobre a necessidade de casamento civil; (iv) trata-se de suprimento de registro; (v) o pedido tem respaldo jurisprudencial; (vi) necessita da certidão de casamento que é exigida pela autoridade italiana para reconhecimento da cidadania.

Requer a reforma do *decisum*, com a procedência integral dos pedidos.

Recurso tempestivo e regularmente processado.

Parecer ministerial acostado a fls. 105/108, opinando pelo desprovimento do recurso.

Não há oposição ao julgamento virtual.

É o relatório.

Em que pesem os argumentos expostos nas razões de fls. 82/88, entendo que o recurso não comporta provimento.

Na hipótese dos autos, como brilhantemente consignado no parecer ministerial de fls. 105/108, de lavra da i. Procuradora de Justiça Elaine Maria Barreira Garcia, que adoto como razão de decidir:

"O casamento foi realizado apenas com caráter religioso numa época em que já instituído o casamento civil, os contraentes teriam manifestado vontade para um terceiro (representante religioso) em circunstâncias ignoradas, sem a realização da devida habilitação. Portanto, se não houve casamento civil não há como realizá-lo após a morte dos contraentes.

Somente em 1934, a Constituição Federal introduziu a possibilidade de registro de casamento religioso para efeitos civis. Para regulamentar o dispositivo constitucional foi editada a Lei n. 379/37. As Constituições Federais de 1946, 1969 e 1988 mantiveram a previsão de registro mediante habilitação para verificação do preenchimento das condições pessoais para o casamento, o que inexiste no caso dos autos.

Ocorre que havendo a previsão de realização do casamento civil, conforme exposto na r. sentença, os contraentes optaram por não se casar. Não há como suprir ato que não existiu. Cabe observar que o vocábulo suprir dentro do contexto do artigo destinado à retificação, foi aplicado pelo legislador no sentido de completar, inteirar, preencher, remediar, minorar a falta de elemento do registro. No caso concreto, o registro civil não existe e por isso não há como supri-lo.

Ademais, em matéria de registros públicos, em decorrência do princípio da inscrição, prevalece o aforismo "tempus regit actum" o que significa que quando da lavratura do registro devem ser aplicadas as exigências legais contemporâneas ao registro. O registro civil do casamento é ato constitutivo e solene, de natureza contratual, que depende de manifestação expressa de vontade e prévia habilitação civil e por isso não admite o registro tardio, ao contrário dos registros de natureza declaratória como o de nascimento e óbito.

A via retificatória de registro civil, de jurisdição voluntária, é inadequada para viabilização do reconhecimento da condição matrimonial, ou do estado de casado, por ser questão de estado que compete ao Direto de Família, em ação de declaratória de estado civil, para conhecimento de prova e obtenção de título judicial constitutivo.

Não há como dar fé pública a um ato que não realizado por oficial e sem previsão legal.

(...)

Ante o exposto, não merece qualquer reparo a r. sentença recorrida."

Apenas acrescento, que o casamento entre os tataravôs da recorrente foi celebrado apenas no religioso, embora já estivesse em vigor o Decreto n. 181, de 24 de janeiro de 1890, que instituiu o reconhecimento do casamento no Brasil como exclusivamente civil, deixando de atribuir qualquer efeito ao casamento celebrado exclusivamente no âmbito religioso.

Rememore-se ainda que o art. 72, § 4º, da Constituição Brasileira de 1891 previa que: "A República só reconhece o casamento civil, cuja celebração será gratuita".

Portanto, eventual casamento religioso celebrado entre os ascendentes da apelante não tem o condão de produzir efeito civil.

E não há falar que haveria casamento religioso com efeito civil, mesmo porque a previsão do casamento religioso com efeito civil somente foi introduzida no ordenamento brasileiro com a Constituição de 1934, como bem anotado no parecer ministerial e, na hipótese sob análise, o casamento religioso entre Eugênio Crociati e Maria Sanson ocorreu em 21/09/1901.

Conclui-se, assim, que não se trata de registro tardio de casamento, mas de inexistência de casamento civil, o que inviabiliza o registro pretendido. Não há como se registrar ato que nunca existiu.

Para efeito da legislação civil, não havia casamento entre Eugênio e Maria, ainda que tivessem celebrado o casamento religioso.

Logo, pela inexistência jurídica do ato registral que se pretende suprir, o pedido inicial não pode ser acolhido.

Consigno, ainda, que o vocábulo suprir, mencionado no retro citado artigo 109, da Lei de Registros Públicos, foi aplicado pelo legislador no sentido no sentido de completar, inteirar, preencher, remediar, minorar a falta de elemento do registro. No caso concreto, o registro civil não existe e por isso não há como supri-lo.

Anote-se que a certidão negativa acostada aos autos (fl. 28) confirma não ter sido encontrado qualquer registro civil de casamento dos bisavôs da recorrente.

A propósito:

"APELAÇÃO REGISTRO CIVIL DE PESSOAS NATURAIS - SENTENÇA DE IMPROCEDÊNCIA INCONFORMISMO REJEIÇÃO Casamento dos ascendentes (avós) realizado no religioso sem registro civil Registro tardio para fins de requerimento da cidadania italiana Impossibilidade Inércia dos ascendentes em realizar o registro civil - Dec. nº 181/1890 vigente a época do casamento Ascendentes falecidos - Sentença mantida - NEGARAM PROVIMENTO AO RECURSO." (Apelação Cível 1006176-65.2019.8.26.0566; Relator (a): Alexandre Coelho; Órgão Julgador: 8ª Câmara de Direito Privado; Foro de São Carlos - 1ª Vara Cível; Data do Julgamento: 26/08/2020; Data de Registro: 26/08/2020).

"Apelação. Retificação de registro civil. Descendentes de italianos que buscam retificação do registro visando complementar informações e correção de erros de redação de nomes. Sentença de parcial procedência do pedido, decretando carência em relação aos registros que não seriam necessários para obtenção de cidadania estrangeira em face de orientação prestada pelo Consulado italiano. Inadmissibilidade. Interesse de agir presente na retificação dos dados constantes do registro público. Juiz brasileiro que deve zelar pela regularidade e completude do registro público, independentemente da finalidade que a parte pretende dar à documentação. Pedidos de retificação

analisados e deferidos, em parte, conforme documentação existente nos autos. Pretensão de lavratura de assento tardio de casamento realizado em 1892 sob alegação de que o Cartório de Registro Civil somente foi instalado após o matrimônio. Não acolhimento. Parte que apresentou apenas certidão de casamento religioso. Legislação brasileira que desde 1890 havia instituído o casamento civil (Decreto 181/1890), tornando sem efeito casamento religioso (art. 108). Constituição de 1981 que afastou a validade para efeitos civis do casamento religioso. Previsão na legislação das autoridades civis competentes para celebração do casamento antes da instalação do registro civil. Inviabilidade de assento tardio, pois a questão não é de registro, mas de inexistência de casamento sob a ótica da legislação civil. Indeferimento do pedido de assento de casamento e da menção ao casamento dos ascendentes nos documentos indicados. Pedido de retificação acolhido para inclusão de dados mais pormenorizados quanto a nacionalidade, idade e outros dados qualificativos dos ascendentes. Admissibilidade. Complementação das informações exigidas pela Lei de Registro Público (art. 54, art. 70 e art. 80). Erros de grafia nos nomes e sobrenomes dos ascendentes. Retificação em todos os documentos indicados para adequação. Recurso parcialmente provido." (Apelação Cível 1017891-84.2018.8.26.0002; Relator (a): Enéas Costa Garcia; Órgão Julgador: 1ª Câmara de Direito Privado; Foro Regional II - Santo Amaro - 12ª Vara Cível; Data do Julgamento: 24/03/2020; Data de Registro: 24/03/2020 - grifei).

"Apelação cível. Casamento. Registro tardio. Ação movida por descendente para registro de antepassado (imigrante italiano ingresso no Brasil no ano de 1887). Pretensão concessão cidadania italiana. Sentença de improcedência. Mérito. Ausência de registro público de casamento dos bisavós do autor. Certidão negativa emitida por Oficial de Registro Civil apontando não localização de união civil. Inexistência de qualquer certidão do alvitrado casamento. Mera alegação transcrita em registro de nascimento de descendente do imigrante não é apta para aceitar como prova de casamento. Considerando-se a época dos fatos (século XIX), presume-se pela referência ao casamento religioso, também sem provas de sua efetiva ocorrência. Pretensão de emissão de certidão de casamento que viola segurança jurídica. Sentença mantida integralmente. Motivação do decisório adotado como julgamento em segundo grau. Inteligência do art. 252 do RITJ. Resultado. Recurso não provido." (Apelação Cível 1007525-94.2018.8.26.0451; Relator(a): Edson Luiz de Queiróz; Órgão Julgador: 9ª Câmara de Direito Privado; Foro de Jacareí - 2ª Vara de Família e Sucessões; Data do Julgamento: 22/11/2019; Data de Registro: 22/11/2019).

Ante o exposto, por meu voto, NEGO PROVIMENTO ao recurso, nos termos da fundamentação, mantida a sucumbência como fixada na origem.

HERTHA HELENA DE OLIVEIRA

Relatora. (TJSP – Apelação Cível nº 1008281-50.2022.8.26.0100 – Orlândia – 2ª Câmara de Direito Privado – Rel. Des. Hertha Helena de Oliveira – DJ 24.02.2023)

CORREGEDORIA-GERAL DA JUSTIÇA

EMENTA: CASAMENTO – RELIGIOSO – EFEITOS CIVIS – HABILITAÇÃO – RETROATIVIDADE. Os efeitos do casamento religioso retroagem à data de sua celebração tanto nos casos em que foi realizado com prévia habilitação, quanto naqueles de habilitação posterior, sendo que, na primeira hipótese, se decorridos mais de noventa dias previstos na lei, será necessária nova habilitação, dispensando a realização de casamento civil ou novo casamento religioso. Excelentíssimo Senhor Corregedor Geral de Justiça. Trata-se de consulta formulada pela Oficial do Registro Civil do Distrito de XXXXX quanto à aplicação dos efeitos civis ao casamento religioso à luz do Novo Código Civil, uma vez que os Oficiais de Registro Civil têm procedido de formas diversas. O artigo 1516, parágrafo 1º do Novo Código Civil disciplina que "o registro civil de casamento religioso deverá ser promovido dentro de noventa dias de sua realização, mediante comunicação do celebrante ao ofício competente, ou por iniciativa de qualquer interessado, desde que haja sido homologada previamente a habilitação regulada neste Código. Após o referido prazo, o registro dependerá de nova habilitação". O parágrafo 2º do mesmo artigo dispõe que "o casamento religioso, celebrado sem as formalidades exigidas neste Código, terá efeitos civis se, a requerimento do casal, for registrado a qualquer tempo, no registro civil, mediante prévia habilitação perante a autoridade competente e observado o prazo do art. 1532". Tendo em vista a redação adotada pelo legislador, dois entendimentos surgiram quanto aos efeitos do casamento religioso. O primeiro é no sentido de que os efeitos civis do casamento religioso retroagem à data de sua realização, tanto se habilitação foi feita anteriormente à celebração, quanto se foi ela realizada depois do casamento, ainda que no primeiro caso tenha transcorrido o prazo de 90 dias impostos pela lei. Nessa última hipótese deve ser realizada nova habilitação. O segundo entendimento é no sentido de que os efeitos do casamento religioso não retroagem à data de sua celebração se houve habilitação anterior, mas o casamento não se realizou até noventa dias contados da habilitação. A melhor interpretação a ser aplicada à hipótese é a primeira. A habilitação é sempre obrigatória para efetivar-se o registro do casamento religioso. Pode ocorrer antes ou depois da celebração. Se efetuada antes da celebração do casamento, a lei concede o prazo de noventa dias para o registro do casamento civil. Se decorrer tal prazo sem efetivação do registro, a certificação da habilitação perde a eficácia, devendo ser realizada uma nova. Mas, com respeito às opiniões em contrário, não se pode extrair da lei que o decurso de tal prazo faz com que o casamento religioso deixe de produzir efeitos, obrigando as partes a contraírem casamento civil ou novo casamento religioso. O parágrafo primeiro do artigo 1516 assim não disciplina, posto que obriga a realização de nova habilitação, e não de casamento civil ou novo casamento religioso. Outra conclusão não pode ser extraída da disposição contida no parágrafo segundo, que admite a realização do casamento religioso sem prévia habilitação, retroagindo os seus efeitos à data da celebração. O artigo 1515 estabelece que o casamento religioso produz efeitos a partir de sua celebração, desde que atenda às exigências da lei para a validade do casamento civil, não fazendo distinção entre os casamentos realizados com prévia ou posterior habilitação. Dessa forma entende Euclides Benedito de Oliveira: "a validade do casamento religioso continua vinculada à exigência de sua inscrição no registro próprio, que é o Registro Civil das Pessoas Naturais, desde que atendida a providência da habilitação dos nubentes, antes ou depois da celebração religiosa. O prazo para o registro, que a Lei 6015/73 limita a 30 dias, é aumentado, pelo Novo Código Civil, para 90 dias, no caso de prévia habilitação. Mas ainda depois desse prazo será possível o registro a qualquer tempo, desde que efetuada nova habilitação. Da mesma forma, se o casamento religioso foi celebrado sem as formalidades da lei civil, poderá vir a ser inscrito no registro civil a qualquer tempo, bastando que se faça a devida habilitação perante a autoridade competente. Deu-se, portanto, acertada valorização do casamento religioso, uma vez que podem ser admitidos os seus efeitos a qualquer tempo, desde que regularizado mediante habilitação dos contraentes e o devido registro. Note-se que os efeitos, ainda que tardio o registro, retroagem à data da celebração do casamento religioso" (União Estável – Do Concubinato ao Casamento, 6ª edição, ed. Método). Também merece transcrição o seguinte ensinamento: "A transcrição de casamento religioso no registro público pode ser feita extemporaneamente, desde que os interessados promovam nova habilitação, retroagindo os efeitos do casamento na forma do art. 1515. Tanto assim que o parágrafo seguinte admite a transcrição do casamento realizado sem a prévia habilitação, sendo injustificável negar-lhe efeitos quando celebrado de acordo com as formalidades legais". (Maria Luíza De Lamare São Paulo e Roberta da Silva Dumas Rego, O Novo Código Civil, Livro IV, Do Direito de Família, Editora Freitas Bastos, pág. 15). Arnaldo Rizzardo comentando o artigo 1516, especificamente seu parágrafo 2º afirma que "a habilitação, nesta previsão, é posterior, que sempre é autorizada se não efetuada antes do casamento religioso, ou, embora efetuada, não se providenciar no registro até noventa dias da celebração. Leva-se a termo nova habilitação, com o encaminhamento ao cartório dos documentos necessários ao casamento e mais da certidão ou documento da prova da celebração religiosa. Neste tipo de habilitação, ou na sua renovação se não providenciado o registro no lapso temporal de noventa dias, indispensável a manifestação do consentimento final dos dois cônjuges, eis que o casamento, embora já se encontre realizado perante a autoridade religiosa, não tem o efeito jurídico previsto na lei sem o ato registrário, dentro dos padrões legais vigentes. Daí afigurar-se necessária o atendimento de todas as formalidades imposta para a habilitação no casamento civil. Só então efetuar-se-á o registro. Uma vez verificada a regularidade da habilitação, o oficial promoverá o registro, surtindo efeitos retroativamente desde a data da celebração religiosa do enlace" (Direito de Família, 2ª edição, Editora Forense). Assim sendo, o parecer que respeitosamente submeto à Vossa Excelência, é no sentido de se adotar em caráter normativo o entendimento de que os efeitos do casamento religioso retroagem à data de sua celebração tanto nos casos em que foi realizado com prévia habilitação, quanto naqueles de habilitação posterior, sendo que, na primeira hipótese, se decorridos mais de noventa dias previstos na lei, será necessária nova habilitação, dispensando a realização de casamento civil ou novo casamento religioso. Em caso de aprovação, opina que seja publicado esse parecer na integra no Diário Oficial e alterada a redação dada ao item 90.1 do Capítulo XVII das Normas de Serviço das Serventias Extrajudiciais, o que será considerado conjuntamente com as demais alterações das normas contidas naquele capítulo, as quais já se encontram em andamento. Sub censura. São Paulo, 22 de outubro de 2004. Fátima Vilas Boas Cruz. Juíza Auxiliar da Corregedoria.

3. QUESTÕES DE CONCURSOS

01. (UFPR – Outorga das Delegações – Remoção – TJ – PR/2019) Pedro e Camila casaram-se no religioso, e, após 5 anos, resolveram realizar o casamento civil. Diante dessa situação, é correto afirmar:

a) O casamento religioso, celebrado sem a prévia habilitação perante o Oficial Registrador, poderá ser registrado, a requerimento dos nubentes, mediante apresentação da prova da celebração do ato religioso e dos documentos exigidos pela lei, suprindo eles eventual falta de requisitos nos termos de celebração.
b) O casamento religioso poderá ser registrado, a requerimento dos nubentes, para que lhe sejam atribuídos os efeitos do casamento civil, desde que ambos tenham realizado, à época do casamento religioso, prévia habilitação perante o Oficial Registrador.
c) O casamento religioso, celebrado sem a prévia habilitação perante o Oficial Registrador, poderá ser registrado, a requerimento do celebrante, mediante apresentação da prova da celebração do ato religioso e dos documentos exigidos pela lei, suprindo eles eventual falta de requisitos nos termos de celebração.
d) O casamento religioso poderá ser registrado, a requerimento dos nubentes, para que lhe sejam atribuídos os efeitos do casamento civil, somente se a cerimônia de celebração do casamento religioso tiver atendido aos mesmos requisitos da cerimônia de celebração do casamento civil.
e) O casamento religioso somente poderá ser registrado, a requerimento dos nubentes, para que lhe sejam atribuídos os efeitos do casamento civil, na ocorrência de prévia habilitação perante o Oficial Registrador e desde que o pedido de registro ocorra dentro do prazo de 90 dias após a celebração.

02. (Vunesp – Cartório – Provimento – TJ – SP/2018) Sobre o casamento religioso para efeitos civis, é correto afirmar que

a) o casamento religioso celebrado sem as formalidades exigidas pela lei civil jamais poderá ser registrado.
b) o registro no Livro B-Auxiliar produzirá efeitos jurídicos a contar da celebração do casamento.
c) o registro civil do casamento religioso deverá ser promovido dentro de 90 (noventa) dias de sua realização, desde que previamente certificada a habilitação. Expirado o prazo, ainda que se proceda a nova habilitação, o registro não poderá mais ser autorizado.
d) apresentado o termo do casamento religioso para fins de registro, o Registrador Civil deverá formalizar a lavratura do ato no prazo de 48 (quarenta e oito) horas.

03. (FGV - 2023 - TJ-SE - Atividade Notarial e de Registro – Provimento) Joana e Fábio, pessoas muito humildes, se casaram perante ministro religioso, sem que antes tivessem requerido a habilitação para o casamento perante o oficial do Registro Civil das Pessoas Naturais. Após a celebração do casamento religioso, compareceram perante o referido oficial e solicitaram o seu registro.

Na ocasião, o oficial, em harmonia com a Lei nº 6.015/1973, informou, corretamente, a Joana e Fábio que:

a) deve ser declinado o motivo que acarretou a impossibilidade de realização do processo de habilitação, em caráter prévio à celebração do casamento, cabendo ao juiz decidir;
b) a obtenção de certidão de habilitação para o casamento é pressuposto de validade do ato de celebração, civil ou religioso, de modo que o ato terá que ser renovado;
c) apresentados os documentos exigidos em lei, a habilitação será processada com a publicação dos editais e, certificada a inexistência de impedimentos, o oficial fará o registro;
d) o casamento religioso tem validade no plano civil, desde que celebrado em harmonia com os balizamentos estabelecidos pela lei civil, o que gera o direito subjetivo ao pronto registro;
e) o oficial avaliará os motivos declinados para a não realização da habilitação em caráter prévio ao casamento e decidirá, cabível recurso de qualquer interessado ao juiz competente.

04. (Vunesp – Notário-SP/2012) Em relação ao registro do casamento religioso para efeitos civis, analise as seguintes afirmações.

I. A habilitação matrimonial perante o oficial do registro civil das pessoas naturais poderá ser antes ou depois da celebração pela autoridade ou ministro religioso.
II. O termo ou assento do casamento religioso será assinado pelo celebrante do ato, pelos nubentes e pelas testemunhas, sendo exigido, para o seu registro, o reconhecimento da firma do celebrante.
III. O registro civil de casamento religioso deverá ser promovido dentro de noventa dias de sua realização. Após referido prazo, o registro dependerá de nova habilitação.
IV. O casamento religioso celebrado sem as formalidades exigidas pela lei civil poderá ser registrado a qualquer tempo desde que se proceda à prévia habilitação.

Está correto o que se afirma em

a) II, apenas.
b) I e III, apenas.
c) II e III, apenas.
d) I, II, III e IV.

05. (IESES – Cartório – TJ – RS/2013) Na legislação em vigor encontra-se disciplinado o registro do casamento religioso para efeitos civis. Assim, marque a alternativa INCORRETA.

a) O registro civil do casamento religioso deverá ser promovido dentro 30 (trinta) dias de sua realização, mediante comunicação do celebrante ao ofício competente, ou por iniciativa de qualquer interessado, desde que haja sido homologada previamente a habilitação.
b) A habilitação pode ser prévia ou posterior à celebração do casamento pela autoridade ou ministro celebrante, porém, em qualquer caso, terá eficácia de 90 (noventa) dias, a contar da data em que foi extraído o certificado.
c) O registro do casamento religioso para efeitos civis produzirá efeitos jurídicos a contar da celebração do casamento.
d) O termo ou assento do casamento religioso será subscrito pela autoridade ou ministro que o celebrou, pelos nubentes e por duas testemunhas.

06. (Cespe – Cartório – ES/2013) Em relação aos procedimentos de registro civil do casamento, assinale a opção correta.
a) Se um dos nubentes residir no exterior, será necessária a publicação e registro do edital no registro civil da localidade onde reside cada um dos nubentes.
b) A alteração do nome em virtude do casamento deve ser realizada até o registro do matrimônio, não podendo, posteriormente, sofrer alterações.
c) A apresentação da certidão de nascimento para a formalização do casamento é utilizada para a comprovação da idade e da filiação dos nubentes, bem como para possibilitar a comunicação do casamento ao registro civil das pessoas naturais em que tenha sido registrado o nascimento, para anotação.
d) O registro civil do casamento religioso com efeitos civis prescinde da habilitação dos nubentes.
e) O oficial do registro civil das pessoas naturais poderá, nos casos previstos em lei e em caso de comprovada necessidade da urgência do casamento, dispensar os proclamas.

07. (Vunesp – Cartório – SP – Remoção/2016) Em relação ao registro do casamento religioso para efeitos civis, é correto afirmar que
a) deverá ser registrado perante o Oficial de Registro Civil das Pessoas Naturais do lugar da celebração.
b) produz efeitos a partir da data de sua celebração.
c) o prazo para que o Oficial de Registro Civil das Pessoas Naturais realize o registro é de 5 (cinco) dias a partir da entrada do requerimento.
d) o termo do casamento religioso deverá ser assinado pelo celebrante, pelos nubentes e testemunhas, sendo exigido, para o seu registro, o reconhecimento das firmas do celebrante e das testemunhas.

GAB	1	A	2	B	3	C	4	D
	5	A	6	C	7	B		

CAPÍTULO VIII – DO CASAMENTO EM IMINENTE RISCO DE VIDA

Art. 76. Ocorrendo iminente risco de vida de algum dos contraentes, e não sendo possível a presença da autoridade competente para presidir o ato, o casamento poderá realizar-se na presença de seis testemunhas, que comparecerão, dentro de 5 (cinco) dias, perante a autoridade judiciária mais próxima, a fim de que sejam reduzidas a termo suas declarações.

§ 1º Não comparecendo as testemunhas, espontaneamente, poderá qualquer interessado requerer a sua intimação.

§ 2º Autuadas as declarações e encaminhadas à autoridade judiciária competente, se outra for a que as tomou por termo, será ouvido o órgão do Ministério Público e se realizarão as diligências necessárias para verificar a inexistência de impedimento para o casamento.

§ 3º Ouvidos dentro em 5 (cinco) dias os interessados que o requerem e o órgão do Ministério Público, o Juiz decidirá em igual prazo.

§ 4º Da decisão caberá apelação com ambos os efeitos.

§ 5º Transitada em julgado a sentença, o Juiz mandará registrá-la no Livro de Casamento.

1. COMENTÁRIOS

A legislação prevê procedimentos especiais para o casamento em iminente risco de vida, tanto no art. 76 desta Lei, quanto no Código Civil, em seus artigos 1.539 ao 1.541.

Trata-se de modalidade de raríssima incidência prática, na qual as formalidades legais são adiadas para depois da celebração porque um dos noivos corre iminente risco de morte.

O casamento *in extremis* ou em *articulo mortis* ou nuncupativo é aquele que **dispensa o processo de habilitação, a publicação de proclamas e a presença da autoridade**.

É celebrado pelos próprios nubentes na presença de **seis testemunhas** que com eles não tenham parentesco em linha reta, ou, na colateral, até segundo grau, e que só é possível mediante dois requisitos:

a) que um dos contratantes esteja em iminente risco de vida;
b) impossibilidade de os contraentes obterem a presença da autoridade celebrante ou de seu substituto.

Importante ressaltar que a **participação do oficial de registro civil das pessoas naturais** nesse tipo de casamento limitar-se-á à recepção e cumprimento do respectivo mandado a que se refere o § 3º, art. 1.541 do Código Civil.

Referido assento de casamento deverá mencionar expressamente a data da celebração e poderá ser registrado após o falecimento do enfermo.

Nos termos do art. 1.540 do Código Civil, realizado o casamento, devem as testemunhas comparecer perante a autoridade judicial mais próxima, dentro de **dez dias (note que o art. 76 da lei registral fala em 5)**, pedindo que lhes tome por termo a declaração de:

a) que foram convocadas por parte do enfermo;

b) que este parecia em perigo de vida, mas em seu juízo;

c) que, em sua presença, declararam os contraentes, livre e espontaneamente, receber-se por marido e mulher, ou pessoas do mesmo sexo.

Autuado o pedido e tomadas as declarações, o juiz procederá às diligências necessárias para verificar se os contraentes podiam ter-se habilitado, na forma ordinária, ouvidos os interessados que o requererem, dentro em quinze dias.

Verificada a idoneidade dos cônjuges para o casamento, assim o decidirá a autoridade competente, com recurso voluntário às partes.

Se o enfermo convalescer ratificarão o casamento na presença do Juiz de Casamento e do oficial de registro civil, que lavrará por fim o assento, mencionando a data da celebração e da ratificação. O assento assim lavrado retrotrairá os efeitos do casamento, quanto ao estado dos cônjuges, à data da celebração.

O casamento nuncupativo se difere do casamento urgente em caso de moléstia grave previsto no art. 1.539 do Código Civil. No caso de moléstia grave de um dos nubentes, o presidente do ato irá celebrá-lo onde se encontrar o impedido, sendo urgente, ainda que à noite, perante duas testemunhas que saibam ler e escrever.

1.1 PRAZO PARA REGISTRO DE CASAMENTO NUNCUPATIVO PODE SER FLEXIBILIZADO?

A Terceira Turma do Superior Tribunal de Justiça, por unanimidade, decidiu que sim, que é possível a flexibilização.

O STJ reformou acórdão que havia negado o registro de um casamento nuncupativo – realizado quando um dos noivos está em perigo de morte – devido ao não cumprimento do prazo legal para que as testemunhas comparecessem em juízo. Considerou-se, como argumento, que este prazo não é essencial para a validade do matrimônio.

De acordo com os autos, um homem alegou que se casou com a noiva – que corria risco de morte por causa de um câncer de pâncreas – na presença de seis testemunhas sem parentesco próximo com nenhum dos dois, conforme a exigência legal. A noiva faleceu sete dias após o casamento e o registro, que deveria ser feito em até dez dias, só ocorreu quarenta e nove dias após a celebração.

Concordando com a sentença, o tribunal de origem, também negou o registro do casamento. A justificativa: "o requerente não comprovou os motivos pelos quais solicitou a formalidade fora do prazo legal".

Nas palavras da ministra relatora do caso, Nancy Andrighi, "embora a solicitação do registro dentro de dez dias seja uma formalidade do casamento nuncupativo, o descumprimento do prazo não afeta "sua essência e sua substância", de modo que não impede a existência, a validade ou a eficácia do ato. Para que esse tipo de casamento seja válido, é preciso que não seja possível a presença de autoridade competente para celebrar o ato e que ele seja realizado na presença de seis testemunhas, que declararão em juízo que aquela era mesmo a vontade dos noivos. Esse último requisito foi estabelecido em lei para a validação do consentimento, evitando fraude". Nas explicações da relatora, "caso essa formalidade não seja atendida ou os noivos não sejam desimpedidos e civilmente capazes, o casamento não poderá ser registrado. Nenhum desses elementos essenciais à substância do ato foi examinado pelas instâncias ordinárias, que se fiaram, apenas, no desrespeito ao prazo de dez dias estabelecido pelo artigo 1.541, *caput*, do Código Civil".

Por outro lado, explicitou que "não é adequado impedir a formalização do casamento apenas por esse fundamento, sem a análise da ausência de má-fé do noivo". É que foi constatado que o requerente é pessoa humilde, representada pela Defensoria Pública e aparentemente desinformada sobre as exigências legais dessa "rara hipótese de celebração do matrimônio.

Ademais, foi muito bem considerado pela relatora, que a noiva faleceu sete dias após o alegado casamento, sendo "absolutamente razoável" imaginar que o recorrente tenha estado ao seu lado durante esse período.

Para concluir, a ministra Nancy Andrighi, com a maestria que lhe é peculiar declarou que "o desrespeito ao prazo deve ser contextualizado para que possa, eventualmente, ser mitigado."

2. QUESTÕES DE CONCURSOS

01. (IESES – Titular de Serviços de Notas e Registros – TJ – TO – Remoção/2022) Ocorrendo iminente risco de vida de algum dos contraentes, e não sendo possível a presença da autoridade competente para presidir o ato, o casamento poderá realizar-se na presença de:

a) 2 (duas) testemunhas, que comparecerão, dentro de 7 (sete) dias, perante a autoridade judiciária mais próxima, a fim de que sejam reduzidas a termo suas declarações.

b) 6 (seis) testemunhas, que comparecerão, dentro de 5 (cinco) dias, perante a autoridade judiciária mais próxima, a fim de que sejam reduzidas a termo suas declarações.

c) 3 (três) testemunhas, que comparecerão, dentro de 7 (sete) dias, perante a autoridade judiciária mais próxima, a fim de que sejam reduzidas a termo suas declarações.

d) 5 (cinco) testemunhas, que comparecerão, dentro de 5 (cinco) dias, perante a autoridade judiciária mais próxima, a fim de que sejam reduzidas a termo suas declarações.

02. (IESES – Cartório – Provimento – TJ – AM/2018) Em relação ao casamento, assinale a alternativa correta:

a) O assento ou termo somente conterá a data da celebração, o lugar, o culto religioso, o nome do celebrante, sua qualidade, o cartório que expediu a habilitação, sua data, os nomes, profissões, residências, nacionalidades dos cônjuges, não sendo a qualificação das testemunhas.

b) No casamento são necessárias cinco testemunhas para que o ato tenha validade.

c) O casamento religioso, celebrado sem a prévia habilitação, perante o oficial de registro público, não poderá ser registrado.

d) Ocorrendo iminente risco de vida de algum dos contraentes, e não sendo possível a presença da autoridade competente para presidir o ato, o casamento poderá realizar-se na presença de seis testemunhas, que comparecerão, dentro de 5 (cinco) dias, perante a autoridade judiciária mais próxima, a fim de que sejam reduzidas a termo suas declarações.

03. (EJEF – Notário-MG/2011) Ocorrendo iminente risco de vida de algum dos contraentes e não sendo possível a presença da autoridade competente para presidir o ato, indique a seguir como poderá realizar-se o casamento.

a) Não há previsão legal para a realização de casamento quando ocorrer iminente risco de vida de algum dos contraentes.

b) O casamento poderá ocorrer na presença de 6 (seis) testemunhas, que comparecerão, dentro de 5 (cinco) dias, perante a autoridade judiciária mais próxima, a fim de que sejam reduzidas a termo suas declarações.

c) O casamento poderá ocorrer na presença de, no mínimo, 2 (duas) testemunhas, que comparecerão, dentro de 5 (cinco) dias, perante a autoridade judiciária mais próxima, a fim de que sejam reduzidas a termo suas declarações. Sendo nesses casos dispensadas as diligências necessárias para verificar a inexistência de impedimentos, devendo ser ouvido o órgão do Ministério Público.

d) O casamento poderá ocorrer antes do processo de habilitação. Sendo nesses casos dispensadas as diligências necessárias para verificar a inexistência de impedimentos. Todavia, é indispensável que seja ouvido o órgão do Ministério Público e, no prazo legal de até 2 (dois) dias, sejam ouvidos os interessados que o requerem.

04. (Vunesp – Notário-MS/2009) Ocorrendo iminente risco de vida de algum dos contraentes, e não sendo possível a presença da autoridade competente para presidir o ato, o casamento poderá realizar-se na presença de testemunhas, que comparecerão, dentro de cinco dias, perante a autoridade judiciária mais próxima, a fim de que sejam reduzidas a termo suas declarações. Nessas circunstâncias, o número de testemunhas exigido por lei é de

a) duas.

b) três.

c) cinco.

d) seis.

e) oito.

05. (Vunesp – Cartório – TJ – SP/2012) No que tange ao casamento nuncupativo, assinale a alternativa correta.

a) O ato nupcial é celebrado na presença de seis testemunhas, parentes ou não dos contraentes.

b) O nubente que não estiver em iminente risco de vida poderá fazer-se representar.

c) Nele, um dos nubentes está acometido de moléstia grave que o impede de locomover-se ou aguardar a data da celebração futura.

d) É exigida a presença do Oficial do Registro Civil.

06. (IESES – Cartório – Provimento – TJ – RO/2017) Assinale a alternativa correta:

a) Ocorrendo iminente risco de vida de algum dos contraentes, e não sendo possível a presença da autoridade competente para presidir o ato, o casamento poderá realizar-se na presença de seis testemunhas, que comparecerão, dentro de 5 (cinco) dias, perante a autoridade judiciária mais próxima, a fim de que sejam reduzidas a termo suas declarações.

b) Os assentos de óbitos de pessoas falecidas a bordo de navio brasileiro serão lavrados no Distrito Federal.

c) A cremação de cadáver será feita daquele que houver manifestado a vontade de ser incinerado ou por manifestação de vontades dos parentes próximos e se o atestado de óbito houver sido firmado por 2 (dois) médicos ou por 1 (um) médico legista.

d) Não é necessário a inclusão do prenome e da profissão no assento de óbito.

07. (IESES – Cartório – Remoção – TJ – RO/2017) Ocorrendo iminente risco de vida de algum dos contraentes, e não sendo possível a presença da autoridade competente para presidir o ato, o casamento poderá realizar-se:

a) Na presença de seis testemunhas, que comparecerão, dentro de quinze dias, perante a autoridade judiciária mais próxima, a fim de que sejam reduzidas a termo suas declarações.

b) Na presença de três testemunhas, que comparecerão, dentro de cinco dias, perante a autoridade judiciária mais próxima, a fim de que sejam reduzidas a termo suas declarações.

c) Na presença de seis testemunhas, que comparecerão, dentro de cinco dias, perante a autoridade judiciária mais próxima, a fim de que sejam reduzidas a termo suas declarações.

d) Na presença de cinco testemunhas, que comparecerão, dentro de dez dias, perante a autoridade judiciária mais próxima, a fim de que sejam reduzidas a termo suas declarações.

GAB	1	B	2	D	3	B	4	D
	5	B	6	A	7	C		

1. COMENTÁRIOS

A existência da pessoa natural termina com a morte, conforme estabelece o art. 6º do Código Civil. Os efeitos jurídicos resultantes são significativos e complexos, incluindo a dissolução do vínculo matrimonial, o término das relações de parentesco, a transmissão da herança, e a suspensão dos prazos processuais, entre outros.

Miguel Maria de Serpa Lopes assegura que "com a morte, extinguem-se todos os direitos personalíssimos do *de cujus* para só se transmitirem os direitos patrimoniais" (*Curso de direito civil*. Rio de Janeiro: Liv. Freitas Bastos, 1962, p. 265).

Assim, o registro desse evento (art. 9º, inciso I, do CC; art. 29, inciso II e arts. 77 e seguintes da LRP) é importante para fazer prova segura e fácil do fato, permitindo que todos tenham acesso a essas informações, por meio de certidões.

Como se sabe, o registro de óbito é gratuito.

Pela legislação federal (Lei 9.534/1997), são gratuitos **todos** os registros e primeiras certidões de nascimento e de óbito e, **para os reconhecidamente pobres**, as demais certidões e o processo de habilitação, registro e primeira certidão de casamento. A aludida lei veio regulamentar o art. 5º, inciso LXXVI da Constituição Federal, segundo o qual "são gratuitos para os reconhecidamente pobres, na forma da lei: (...) b) a certidão de óbito".

Percebe-se que a aludida lei **estendeu** a gratuidade à emissão de certidões e à prática de registros de nascimento a **todos os cidadãos, independentemente de sua condição econômica**.

Vale destacar que o registro de óbito é **gratuito**. Segundo a legislação federal (Lei 9.534/1997), todos os registros e primeiras certidões de nascimento e de óbito são gratuitos, e para os reconhecidamente pobres, estende-se a gratuidade às demais certidões e ao processo de habilitação, registro e primeira certidão de casamento. Esta lei regulamenta o art. 5º, inciso LXXVI da Constituição Federal, que estabelece que 'são gratuitos para os reconhecidamente pobres, na forma da lei: (...) b) a certidão de óbito'. Além disso, a lei mencionada **amplia a gratuidade** para a emissão de certidões e para a prática de registros de nascimento a todos os cidadãos, **independentemente de sua condição econômica.**

CAPÍTULO IX – DO ÓBITO

Art. 77. Nenhum sepultamento será feito sem certidão do oficial de registro do lugar do falecimento ou do lugar de residência do *de cujus*, quando o falecimento ocorrer em local diverso do seu domicílio, extraída após a lavratura do assento de óbito, em vista do atestado de médico, se houver no lugar, ou em caso contrário, de duas pessoas qualificadas que tiverem presenciado ou verificado a morte.

1. COMENTÁRIOS

Por definição legal, a morte ocorre com o diagnóstico de **morte encefálica**. É o que se depreende do art. 3º, da Lei 9.434/1997, cuja redação é a seguinte:

> A retirada *post mortem* de tecidos, órgãos ou partes do corpo humano destinados a transplante ou tratamento deverá ser precedida de diagnóstico de morte encefálica, constatada e registrada por dois médicos não participantes das equipes de remoção e transplante, mediante a utilização de critérios clínicos e tecnológicos definidos por resolução do Conselho Federal de Medicina.

A Resolução 1.480/1997 do Conselho Federal de Medicina inicialmente definiu os critérios para o diagnóstico de morte encefálica. Contudo, essa Resolução foi posteriormente substituída pela de nº 2.173/2017, que aborda a mesma temática.

O *caput* do art. 77 veio para assegurar o cumprimento da **obrigatoriedade** do registro de óbito. A propósito, o sepultamento sem o precedente registro de óbito pode configurar contravenção penal de inumação de cadáver (art. 67 do Decreto-lei 3.688/1941).

Via de regra, o assento de óbito é lavrado no lugar em que houve o **falecimento** (ainda que o finado seja sepultado em outra localidade) e assentado no **Livro "C"**, em conformidade como o art. 33, inciso IV, da Lei 6.015/1973. Além disso, o fato é **anotado** à margem dos assentos de nascimento e de casamento.

Todavia, é importante apresentar a mudança feita pela Lei 13.484/2017, que alterou a redação do art. 77 da Lei nº 6.015/73, prevendo também a possibilidade de a certidão de óbito ser expedida pelo oficial do Registro Civil do **lugar de residência do falecido quando a morte ocorrer em local diverso do seu domicílio.**

Ex: Antônio residia na cidade Alfa e sofreu uma parada cardíaca. Na cidade Beta, vizinha da Alfa, onde tinha o hospital com maior infraestrutura, foi encaminhado. Antonio acabou falecendo e seu corpo foi levado de volta para ser enterrado na cidade onde morava. De acordo com a nova redação da Lei 13.484/2017 a certidão de óbito poderá ser lavrada pelo oficial do Registro Civil do lugar de residência do falecido, ou seja, cidade Alfa.

Para melhor esclarecimento, apresentamos abaixo um quadro didático:

Antes da Lei 13.484/2017	Depois da Lei 13.484/2017
Art. 77. Nenhum sepultamento será feito sem certidão, do oficial de registro do lugar do falecimento, extraída após a lavratura do assento de óbito, em vista do atestado de médico, se houver no lugar, ou em caso contrário, de duas pessoas qualificadas que tiverem presenciado ou verificado a morte.	Art. 77. Nenhum sepultamento será feito sem certidão do oficial de registro do lugar do falecimento ou do lugar de residência do de *cujus*, quando o falecimento ocorrer em local diverso do seu domicílio, extraída após a lavratura do assento de óbito, em vista do atestado de médico, se houver no lugar, ou em caso contrário, de duas pessoas qualificadas que tiverem presenciado ou verificado a morte.

O atestado médico que o art. 77 faz alusão é a Declaração de Óbito padronizada pela Lei 11.976/2009 e pela Portaria 116/2009, da Secretaria de Vigilância em Saúde do Ministério da Saúde.

Eventual divergência entre o endereço de residência do falecido indicado na DO e o informado pelo declarante no momento do registro do óbito poderá ser sanada mediante apresentação de comprovante de residência.

Os dados informados em todos os campos da DO são de responsabilidade do médico que atestou a morte, cabendo ao atestante preencher pessoalmente e revisar o documento antes de assiná-lo (art. 18, Portaria 116/2009).

O art. 19 da aludida Portaria estabelece a competência para a emissão da DO, veja-se:

Art. 19. A competência para a emissão da DO será atribuída com base nos seguintes parâmetros:

I – Nos óbitos por causas naturais com assistência médica, a DO deverá ser fornecida, sempre que possível, pelo médico que vinha prestando assistência ao paciente, ou de acordo com as seguintes orientações:

a) A **DO do paciente internado sob regime hospitalar** deverá ser fornecida pelo médico assistente e, na sua ausência ou impedimento, pelo médico substituto, independente do tempo decorrido entre a admissão ou internação e o óbito.

b) A **DO do paciente em tratamento sob regime ambulatorial** deverá ser fornecida por médico designado pela instituição que prestava assistência, ou pelo SVO.

c) A **DO do paciente em tratamento sob regime domiciliar** – na Estratégia Saúde da Família (ESF), internação domiciliar e outros – deverá ser fornecida pelo médico pertencente ao programa ao qual o paciente estava cadastrado, podendo ainda ser emitida pelo SVO, caso o médico não disponha de elementos para correlacionar o óbito com o quadro clínico concernente ao acompanhamento registrado nos prontuários ou fichas médicas destas instituições.

d) Nas **localidades sem SVO ou referência de SVO** definida pela CIB, cabe ao médico da ESF ou da Unidade de Saúde mais próxima verificar a realidade da morte, identificar o falecido e emitir a DO, nos casos de óbitos de paciente em tratamento sob regime domiciliar, podendo registrar "morte com causa indeterminada" quando os registros em prontuários ou fichas médicas não ofereçam elementos para correlacionar o óbito com o quadro clínico concernente ao acompanhamento que fazia. Se a causa da morte for desconhecida, poderá registrar "causa indeterminada" na Parte I do Atestado Médico da DO, devendo, entretanto, se tiver conhecimento, informar doenças pré-existentes na Parte II deste documento.

II – Nos óbitos por causas naturais, sem assistência médica durante a doença que ocasionou a morte:

a) Nas localidades com SVO, a DO deverá ser emitida pelos médicos do SVO;

b) Nas localidades sem SVO, a Declaração de Óbito deverá ser fornecida pelos médicos do serviço público de saúde mais próximo do local onde ocorreu o evento e, na sua ausência, por qualquer médico da localidade.

III – Nos óbitos fetais, os médicos que prestaram assistência à mãe ficam obrigados a fornecer a DO quando a gestação tiver duração igual ou superior a 20 (vinte) semanas, ou o feto tiver peso corporal igual ou superior a 500 (quinhentos) gramas, e/ou estatura igual ou superior a 25 (vinte e cinco) centímetros.

IV – Nos óbitos não fetais, de crianças que morreram pouco tempo após o nascimento, os médicos que prestaram assistência à mãe ou à criança, ou seus substitutos, ficam obrigados a fornecer a DO independente da duração da gestação, peso corporal ou estatura do recém-nascido, devendo ser assegurada neste caso também a emissão da Declaração de Nascidos Vivos pelo médico presente ou pelos demais profissionais de saúde.

V – Nas mortes por causas externas:

a) Em **localidade com IML** de referência ou equivalente, a DO deverá, obrigatoriamente, ser emitida pelos médicos dos serviços médico-legais, qualquer que tenha sido o tempo decorrido entre o evento violento e a morte propriamente; e

b) Em **localidade sem IML** de referência ou equivalente, a DO deverá ser emitida por qualquer médico da localidade, ou outro profissional investido pela autoridade judicial ou policial na função de perito legista eventual (*ad hoc*), qualquer que tenha sido o tempo decorrido entre o evento violento e a morte propriamente.

Nos óbitos ocorridos em localidades onde exista **apenas um médico**, este é o responsável pela emissão da DO (art. 19, § 6º, Portaria 116/2009).

Nos óbitos naturais ocorridos em localidades **sem médico**, a emissão das 3 (três) vias da DO deverá ser solicitada ao Cartório do Registro Civil de referência, pelo responsável pelo falecido, acompanhado de 2 (duas) testemunhas, em conformidade com os fluxos acordados com as corregedorias de Justiça local (art. 19, § 7º, Portaria 116/2009).

Além da declaração de óbito (DO), o art. 77 permite que o registro de óbito seja feito pela declaração de duas testemunhas qualificadas que presenciaram a morte.

O art. 83 da Lei 6.015/1973 **traz exceção** ao *caput* do art. 77, permitindo que o sepultamento seja realizado sem que haja atestado médico, nos seguintes termos:

> [...] quando o assento for posterior ao enterro, faltando atestado de médico ou de duas pessoas qualificadas, assinarão, com a que fizer a declaração, duas testemunhas que tiverem assistido ao falecimento ou ao funeral e puderem atestar, por conhecimento próprio ou por informação que tiverem colhido, a identidade do cadáver.

1.1 UTILIZAÇÃO DE CADÁVER NÃO RECLAMADO, PARA FINS DE ESTUDO OU PESQUISA CIENTÍFICA

A Lei 8.501/1992 estabelece procedimentos para a utilização de cadáver não reclamado, para fins de estudos ou pesquisas científicas, nos arts. 1º a 5º, a saber:

> **Art. 1º** Esta Lei visa disciplinar a destinação de cadáver não reclamado junto às autoridades públicas, para fins de ensino e pesquisa.
>
> **Art. 2º** O cadáver não reclamado junto às autoridades públicas, no prazo de trinta dias, poderá ser destinado às escolas de medicina, para fins de ensino e de pesquisa de caráter científico.
>
> **Art. 3º** Será destinado para estudo, na forma do artigo anterior, o cadáver:
>
> I – sem qualquer documentação;
>
> II – identificado, sobre o qual inexistem informações relativas a endereços de parentes ou responsáveis legais.
>
> § 1º Na hipótese do inciso II deste artigo, a autoridade competente fará publicar, nos principais jornais da cidade, a título de utilidade pública, pelo menos dez dias, a notícia do falecimento.
>
> § 2º Se a morte resultar de causa não natural, o corpo será, obrigatoriamente, submetido à necropsia no órgão competente.
>
> § 3º É defeso encaminhar o cadáver para fins de estudo, quando houver indício de que a morte tenha resultado de ação criminosa.
>
> § 4º Para fins de reconhecimento, a autoridade ou instituição responsável manterá, sobre o falecido:
>
> a) os dados relativos às características gerais;
>
> b) a identificação;
>
> c) as fotos do corpo;
>
> d) a ficha datiloscópica;
>
> e) o resultado da necropsia, se efetuada; e
>
> f) outros dados e documentos julgados pertinentes.
>
> **Art. 4º** Cumpridas as exigências estabelecidas nos artigos anteriores, o cadáver poderá ser liberado para fins de estudo.
>
> **Art. 5º** A qualquer tempo, os familiares ou representantes legais terão acesso aos elementos de que trata o § 4º do art. 3º desta Lei.

No Estado de São Paulo, as normas da Corregedoria-Geral da Justiça regulamentam o procedimento no item 101, nestes termos:

> **Do Assento de Óbito de Pessoa Desconhecida e da Utilização do Cadáver para Estudos e Pesquisas.**
>
> 101. Sendo o finado desconhecido, o assento deverá conter declaração de estatura ou medida, se for possível, cor, sinais aparentes, idade presumida, vestuário e qualquer outra indicação que possa auxiliar seu futuro reconhecimento; e no caso de ter sido encontrado morto, serão mencionados essa circunstância e o lugar em que se achava e o da necropsia, se realizada. Nesse caso, será extraída a individual datiloscópica, se no local existir esse serviço.
>
> 101.1. A utilização do cadáver para estudos e pesquisa só ficará disponível após a lavratura do assento de óbito correspondente.
>
> 101.2. Encaminhados cadáveres para estudos ou pesquisa científica, a escola de medicina deverá requerer a lavratura do assento de óbito junto ao Registro Civil das Pessoas Naturais, apresentando, obrigatoriamente, os documentos atestatórios da morte (DO) e da remessa do cadáver.
>
> 101.3. O requerimento mencionado no subitem anterior será autuado e sua autora promoverá a expedição de editais, publicados em algum dos principais jornais da cidade, em dez dias alternados e pelo prazo de trinta dias, onde deverão constar todos os dados identificadores disponíveis do cadáver e a possibilidade de serem dirigidas reclamações de familiares ou responsáveis legais ao Oficial de Registro Civil das Pessoas Naturais.
>
> 101.4. Comprovada a expedição dos editais, mediante a apresentação dos originais da publicação, os autos serão remetidos ao MM. Juiz Corregedor Permanente para o julgamento de reclamações e a eventual concessão de autorização para lavratura do assento de óbito, onde ficará consignado o destino específico do cadáver e será observado o disposto no item 96. Na análise da autorização o MM Juiz Corregedor Permanente deverá atentar especialmente se a publicação dos editais atendeu ao disposto no subitem anterior, em termos de publicidade, e posteriormente enviar a relação dos assentos autorizados ao Núcleo de Criminologia – Programa de Localização e Identificação

de Desaparecidos do Ministério Público do Estado de São Paulo.

101.5. Quando houver declaração firmada em vida pelo falecido ou documento que comprove a liberação do cadáver por cônjuge, companheiro ou parente, maior de idade, até o 2º grau, ficará dispensada a expedição de editais.

101.6. Após a lavratura do assento de óbito, o sepultamento ou a cremação dos restos do cadáver utilizado em atividades de ensino e pesquisa deverá ser comunicado ao Registro Civil das Pessoas Naturais, para a promoção da respectiva averbação.

101.7. É proibido o encaminhamento de partes do cadáver ou sua transferência a diferentes instituições de ensino ou pesquisa.

101.8. Na hipótese em que o cadáver destinado a estudos e pesquisas seja de pessoa identificada, havendo declaração de óbito emitida em formulário do Ministério da Saúde, declaração de doação regularmente formulada e não se tratar de registro tardio, o assento de óbito será lavrado com dispensa do trânsito em julgado da decisão que o autorizar.

101.9. Na hipótese em que o cadáver destinado a estudos e pesquisas seja de pessoa desconhecida, ou sendo tardio o registro, o assento de óbito poderá ser lavrado com dispensa do trânsito em julgado, desde que tal circunstância conste da decisão fundamentada que o autorizar.

Note-se que a Lei 8.501/1992, diferentemente das normas aludidas, foi omissa quanto àqueles que em vida manifestaram a vontade de doar seu corpo para fins de estudos e pesquisas. Vale ressaltar que essa manifestação é perfeitamente possível com lastro no art. 14 do Código Civil, que estipula: *"é válida, com objetivo científico, ou altruístico, a disposição gratuita do próprio corpo, no todo ou em parte, para depois da morte"*. Nestes casos, Reinaldo Velloso dos Santos recomenda a lavratura de escritura pública de declaração (Op. cit., p. 131).

É dever do oficial registrador fazer constar no assento de óbito que o corpo foi utilizado para fins de pesquisa e estudo e a instituição a qual foi encaminhado.

1.2 RECOMENDAÇÃO 18/2015 DO CNJ

Em 2 de março de 2015, a Corregedoria Nacional de Justiça do CNJ emitiu a Recomendação 18, que regulamenta a **expedição de certidões de óbito nos estabelecimentos de saúde onde ocorrerem os falecimentos.**

Dentre outros motivos, a Recomendação foi editada levando em consideração:

a) Os resultados assertivos da expedição de certidões de nascimento nos estabelecimentos de saúde em que se realizam partos, objeto do Provimento nº 13, de 3 de setembro de 2010, e do Provimento nº 17, de 10 de agosto de 2012, ambos da Corregedoria Nacional de Justiça;

b) Convir a experiência de estender símile prática à emissão de certidão de óbito no estabelecimento de saúde em que ocorra o falecimento, na medida em que isso representa economia de tempo e de esforços, sobretudo para os primeiros obrigados legalmente a fazer a declaração de óbito (art. 79 da Lei nº 6.015, de 31-12-1973);

c) Assim como as variadas circunstâncias locais na Federação incluídos os casos em que, para a tomada de dados do óbito, haja participação de serviços funerários ou empresas conveniadas, o que sugere prudência na imposição nacional da prática sob exame.

Essa Recomendação aconselha às Corregedorias Gerais de Justiça dos Estados e do Distrito Federal que promovam e fiscalizem a expedição da certidão de óbito no estabelecimento de saúde em que ocorra o falecimento, utilizando analogicamente o procedimento disposto nos Provimentos nºs 13 e 17 da Corregedoria Nacional de Justiça, que atualmente foram incorporados aos arts. 445 a 460 do Código Nacional de Normas.

2. JURISPRUDÊNCIA COMPLEMENTAR

⊙ TRIBUNAL DE JUSTIÇA DO ESTADO DE SÃO PAULO

▶ **EMENTA**: RESPONSABILIDADE CIVIL. INDENIZAÇÃO POR DANOS MORAIS. EQUIVOCADO REGISTRO DE ÓBITO. Insurgência contra sentença que julgou improcedente a ação de indenização por danos morais. Registro equivocado de óbito. Cerceamento de defesa. Inocorrência. Inutilidade das provas pretendidas. Alegação de dificuldade para licenciar veículo. CPF bloqueado. Situação que seria vexatória e causaria riscos. Não acolhimento. Equívoco corrigido assim que informado. Mero dissabor experimentado pela autora não é suficiente para caracterizar o dano moral e ensejar a reparação perseguida. A indenização por dano moral não pode ser vir de fonte de enriquecimento sem causa. Banalização do instituto que merece ser rechaçada. Improcedência mantida. Recurso desprovido. (TJSP – Apelação Cível nº 0005021-89.2013.8.26.0037 – Araraquara – 3ª Câmara de Direito Privado – Rel. Des. Carlos Alberto de Salles – DJ 10.09.2014)

3. QUESTÕES DE CONCURSOS

01. (TJ/SP – 2024 – VUNESP – Notário e Registrador/Remoção) No caso de óbito por morte violenta, quando, da declaração constar que o cadáver será cremado, é correto afirmar:

a) O registro do óbito depende de prévia autorização judicial.
b) O ato de cremação depende de prévia autorização judicial.
c) Nesses casos, não é permitida a cremação.
d) A cremação pode ocorrer independentemente de autorização judicial.

02. (FGV - 2023 - TJ-SE - Atividade Notarial e de Registro - Provimento) Ana, muito consternada, compareceu perante o oficial do Registro Civil das Pessoas Naturais (RCPN) e informou que o seu irmão, Antônio, acabara de falecer naquela circunscrição, embora tivesse residência na circunscrição de outro RCPN. Por tal razão, era necessária a "certidão de óbito" para realizar o sepultamento, tendo ressaltado que não havia médico no local, para atestar o óbito.

À luz da sistemática estabelecida na Lei nº 6.015/1973, o oficial informou corretamente a Ana que o assento de óbito de Antônio, nas circunstâncias indicadas:

a) pode ser realizado após processo de justificação do óbito, junto ao juízo com competência sobre o RCPN procurado por Ana;
b) pode ser realizado pelo oficial procurado por Ana, em vista das informações de suas pessoas qualificadas que tenham presenciado ou verificado a morte;
c) pode ser realizado pelo oficial do RCPN do lugar do falecimento ou do lugar de residência de Antônio, devendo o oficial verificar o cadáver, certificando suas constatações;
d) deve ser realizado junto ao oficial do RCPN da circunscrição de sua residência, devendo ser solicitado ao serviço público de saúde que disponibilize profissional que possa atestar o óbito;
e) pode ser realizado pelo oficial do RCPN do lugar do falecimento ou do lugar de residência de Antônio, devendo ser solicitado ao serviço público de saúde que disponibilize profissional que possa atestar o óbito.

03. (Vunesp – Outorga de Delegação de Notas e Registros – TJ – GO/2021) Sobre o registro de óbito, assinale a alternativa correta.

a) É vedado o encaminhamento de partes do cadáver ou sua transferência a diferentes instituições de ensino ou pesquisa.
b) No caso de a criança morrer na ocasião do parto, tendo respirado, o registro será feito no Livro C-auxiliar.
c) É competente para o registro do óbito apenas o oficial de registro civil de pessoas naturais da circunscrição da residência do falecido.
d) É competente para o registro do óbito apenas o oficial de registro civil de pessoas naturais da circunscrição do lugar do falecimento.

04. (Vunesp – Outorga de Delegação de Notas e Registros – TJ – GO/2021) Em conformidade com o Código de Normas, com relação ao óbito, assinale a alternativa correta.

Nota da autora: Embora a questão envolva normativas estaduais, é possível respondê-la com base na legislação federal.

a) A cremação de cadáver somente será feita se o atestado de óbito for firmado por dois médicos ou por um médico legista e, no caso de morte violenta, depois de autorizada pela autoridade judiciária.
b) Antes de proceder ao assento de óbito de pessoa de menos de 1 ano, o oficial verificará se houve registro de nascimento, o qual, se inexistente, será previamente feito no Registro Civil das Pessoas do lugar do parto.
c) A cremação de cadáver somente será feita se o atestado de óbito for firmado por dois médicos legistas e, no caso de morte violenta, depois de autorizada pela autoridade judiciária.
d) Antes de se proceder ao assento de óbito de pessoa de menos de 2 anos, o oficial verificará se houve registro de nascimento, o qual, se inexistente, será previamente feito no mesmo Registro Civil das Pessoas Naturais.

05. (Vunesp – Cartório – Provimento – TJ – SP/2018) Em relação ao registro de óbito, assinale a proposição verdadeira.

a) Em caso de natimorto, o registro será efetuado no Livro C-Auxiliar, vedada a atribuição de nome ao registrado.
b) A competência para a lavratura do assento de óbito é exclusiva do Registro Civil do lugar do falecimento.
c) A cremação de cadáver somente será feita daquele que houver manifestado a vontade de ser incinerado ou no interesse da saúde pública, sendo desnecessário que o atestado seja firmado por um médico legista.
d) O registro de óbito após o prazo legal e o registro de óbito de cadáver destinado ao estudo e pesquisa, por escola de medicina, dependem, obrigatoriamente, da autorização do Juiz Corregedor Permanente.

06. (Cespe – Cartório – ES/2013) Antônio sofreu acidente automobilístico na cidade de Vila Velha – ES e o corpo de bombeiros local, verificando a gravidade da situação, transportou Antônio à cidade de Guarapari – ES, local de seu domicílio. Apesar de todas as providências adotadas, verificou-se que Antônio falecera no local do acidente, tendo sido emitido atestado médico com a respectiva informação.

Nessa situação hipotética, o registro de óbito deverá ser lavrado pelo oficial de registro da comarca de

a) Guarapari – ES, local onde foi constatada a morte de Antônio, ou pelo oficial de registro da comarca de Vila Velha – ES, local onde ocorreu, de fato, a morte.
b) a comarca de Vila Velha – ES, lugar do óbito informado no atestado médico.
c) Guarapari – ES, local onde foi constatada a morte de Antônio.
d) Guarapari – ES, domicílio da família do falecido.
e) Guarapari – ES, comarca do hospital onde Antônio foi recebido, visto que a morte decorreu de acidente.

07. (Vunesp – Cartório – TJ – SP/2012) O registro de óbito é feito na circunscrição

a) do lugar do falecimento.
b) do último domicílio do falecido.
c) do lugar do falecimento ou daquele do último domicílio do falecido.
d) do lugar do sepultamento.

08. (Vunesp – Notário-SP/2012) No caso de registro de óbito de pessoa estrangeira, deverá o oficial do registro civil das pessoas naturais enviar cópia ou certidão desse registro para a seguinte instituição:

a) Embaixada ou Consulado no Brasil do país de nacionalidade do morto.
b) Ministério das Relações Exteriores.
c) Ministério da Justiça.
d) Receita Federal do Brasil.

09. (Consulplan – Cartório – MG – Provimento/2016) Nos termos da Lei nº 6.015, de 31/12/1073, analise as proposições abaixo:

I. O registro do casamento religioso para efeitos civis produzirá seus efeitos jurídicos a contar da celebração do casamento.
II. Nenhum sepultamento será feito sem certidão do oficial de registro do lugar do falecimento, extraída após a lavratura do assento de óbito, em vista do atestado de médico, se houver no lugar, ou, em caso contrário, de três pessoas qualificadas que tiverem presenciado ou verificado a morte.
III. Nenhuma justificação em matéria de registro civil, para retificação, restauração ou abertura de assento, será integre à parte.
IV. O óbito deverá ser anotado, com as remissões recíprocas, nos assentos de casamento e nascimento, e o casamento no deste.

Está correto o que se afirma em:

a) I, II, III e IV.
b) III e IV, apenas.
c) I, III e IV, apenas.
d) I e II, apenas.

GAB	1	B	2	B	3	A	4	A	5	D
	6	B	7	A	8	C	9	C		

§ 1º Antes de proceder ao assento de óbito de criança de menos de 1 (um) ano, o oficial verificará se houve registro de nascimento, que, em caso de falta, será previamente feito.

1. COMENTÁRIOS

O aludido parágrafo estabelece **exceção à regra legal de competência para o registro de nascimento.** Nesse caso, o oficial registrador tem o **dever** de averiguar se houve registro de nascimento, e, em caso afirmativo, será feito previamente, ainda que em circunscrição diversa do lugar do parto ou da residência dos pais (art. 50 da Lei 6.015/1973).

Assim, o oficial com atribuição para o registro de óbito de criança falecida com menos de um ano, terá atribuição também para o registro de nascimento caso este não tenha sido lavrado, independentemente do local onde tenha ocorrido o parto da criança ou onde residam os pais.

Serpa Lopes ensina, porém, que o registro somente poderá ser feito quando o Oficial possua também competência para fazê-lo, isto é, que o nascimento haja ocorrido na mesma circunstância em que se verificou o óbito (*Tratado dos Registros Públicos*, V. 1, 5 ed., Brasília Jurídica, p. 331).

2. QUESTÕES DE CONCURSOS

01. (VUNESP - 2023 - TJ-AL - Titular de Serviços de Notas e de Registros – Provimento) De acordo com a Lei dos Registros Públicos, é correto dizer que na lavratura de assento de óbito, o Oficial do Registro Civil das Pessoas Naturais observará o seguinte:

a) Antes de proceder ao assento de óbito de criança de menos de 1 (um) ano, o oficial verificará se houve registro de nascimento. Em caso negativo deverá lavrar o assento de óbito no Livro "C Auxiliar", dispensada a lavratura do assento de nascimento.

b) Antes de proceder ao assento de óbito de criança de menos de 1 (um) ano, o oficial verificará se houve registro de nascimento. Em caso negativo deverá lavrar o assento de óbito no Livro "C Auxiliar", dispensada, a critério do declarante, a lavratura do assento de nascimento.

c) Antes de proceder ao assento de óbito de criança de menos de 1 (um) ano, o oficial verificará se houve registro de nascimento, que, em caso de falta, será previamente feito no Livro "A" – de registro de nascimento. (LRP, art. 77, § 1º).

d) Antes de proceder ao assento de óbito de criança de menos de 1 (um) ano, o oficial verificará se houve registro de nascimento, que, em caso de falta, deverá exigir autorização judicial para registrar o óbito.

02. (EJEF Tabelionato e Registro-MG/2007) Assinale a opção INCORRETA.

a) Antes de proceder ao assento de óbito de criança de menos de 1(um) ano, o oficial verificará se houve registro de nascimento, que, em caso de falta, será previamente feito.

b) O registro de óbito, via de regra, deve ser feito dentro de 24 (vinte e quatro) horas do falecimento.

c) A cremação de cadáver não repercute na esfera do registro civil.

d) Nos termos da Lei dos Registros Públicos, o vizinho, quanto ao falecimento que tiver notícia, mesmo que supletivamente, não é obrigado a fazer a declaração de óbito.

03. (Vunesp – Cartório – SP – Remoção/2016) Assinale a alternativa correta.

a) Antes de proceder ao assento de óbito de pessoa de menos de um ano, o Oficial verificará se houve registro de nascimento, o qual, se inexistente, será previamente feito no mesmo Registro Civil das Pessoas Naturais competente para a lavratura do assento de óbito, após autorização do Juiz Corregedor Permanente.

b) Antes de proceder ao assento de óbito de pessoa de menos de um ano, o Oficial verificará se houve registro de nascimento, o qual, se inexistente, será previamente feito no Registro Civil das Pessoas Naturais do domicílio dos pais, ainda que diverso do qual seria competente para a lavratura do óbito.

c) A lavratura do assento de óbito de pessoa de menos de um ano prescinde do registro de nascimento, desde que feito no cartório do domicílio da mãe.

d) Antes de proceder ao assento de óbito de pessoa de menos de um ano, o Oficial verificará se houve registro de nascimento, o qual, se inexistente, será previamente feito no mesmo Registro Civil das Pessoas Naturais competente para a lavratura do assento de óbito.

GAB	1	C	2	D	3	D

§ 2º A cremação de cadáver somente será feita daquele que houver manifestado a vontade de ser incinerado ou no interesse da saúde pública e se o atestado de óbito houver sido firmado por 2 (dois) médicos ou por 1 (um) médico legista e, no caso de morte violenta, depois de autorizada pela autoridade judiciária.

1. COMENTÁRIOS

A cremação somente poderá ser feita na hipótese do § 2º do art. 77, ou seja, naquele que houver **manifestado em vida a vontade** ou no **interesse da saúde pública**. Nestes dois casos, o atestado de óbito deverá ser firmado por dois médicos ou por um médico legista e, no caso de morte violenta, autorizada pelo Juiz de Direito.

A Escola Nacional de Notários e Registradores possui orientação no sentido de que "para expedir guia de cremação, o oficial de registro deve verificar os requisitos do artigo 77, § 2º, da Lei 6015/73". (Orientação de Número 8).

Para Walter Ceneviva, o § 2º não repercute na esfera do registro. Ele defende que "é norma de direito material a ser observada pelo responsável pelo forno crematório, ao qual incumbe verificar a *manifestação* do falecido ou o *interesse* da saúde pública" (Op. cit., p. 193).

Todavia, Mario de Carvalho Camargo e Marcelo Salaroli de Oliveira não concordam com tal entendimento e argumentam que "baseando-se no princípio da legalidade, é defensável que o registrador possa verificar a regularidade dos fatos que ingressam no registro, garantindo-se o cumprimento da lei e comunicando às autoridades competentes no caso de descumprimento". (*Registro Civil das Pessoas Naturais*. São Paulo: Saraiva, 2014, p. 130).

No que tange à manifestação de vontade do falecido, Reinaldo Velloso dos Santos, preleciona que "não há exigência legal da manifestação de vontade nesse sentido por escrito. Contudo, é recomendável que o interessado tenha em vida subscrito declaração mediante escritura pública ou por instrumento particular, nesse caso subscrito por testemunhas, com reconhecimento de firmas e registro em Registro de Títulos e Documentos". (Op. cit., 2006, p. 119).

No assento de óbito constará que o falecido foi cremado.

2. JURISPRUDÊNCIA COMPLEMENTAR

TRIBUNAL DE JUSTIÇA DO ESTADO DO RIO GRANDE DO SUL

EMENTA: APELAÇÃO CÍVEL. AÇÃO QUE BUSCA AUTORIZAÇÃO JUDICIAL PARA CREMAÇÃO. A manifestação de vontade de ser cremada não requer qualquer formalidade como se extrai do disposto no artigo 77, parágrafo 2º., da Lei nº 6015/73. Suficiente que a genitora dos autores tenha declarado aos filhos que esse era seu desejo. Certidão de Óbito firmada por médico-legista que afastou a morte violenta. Decurso do prazo exigido para exumação na Lei Municipal nº 5.203/2007. Findo o termo do Contrato de Cessão de Direito de Uso Temporário de sepultura, diante da impossibilidade de os recorrentes arcarem com as despesas da aquisição de jazigo, justo é o pedido para realizar a cremação, sob pena de que os restos mortais venham a ser levados ao ossário público. APELAÇÃO PROVIDA. (Apelação Cível Nº 70057047813, Décima Sexta Câmara Cível, Tribunal de Justiça do RS, Relator: Ana Maria Nedel Scalzilli, Julgado em 28/08/2014)

EMENTA: APELAÇÃO CÍVEL. PEDIDO DE EXPEDIÇÃO DE ALVARÁ PARA CREMAÇÃO DE ENTE DA FAMÍLIA. Na espécie, o objetivo dos requerentes não é a exumação ou necropsia do corpo da "de cujus", mas sim de ver atendido um desejo pessoal que essa, em vida, teria manifestado. RECURSO PROVIDO. (Apelação Cível Nº 70058385923, Sétima Câmara Cível, Tribunal de Justiça do RS, Relator: Liselena Schifino Robles Ribeiro, Julgado em 13/02/2014)

EMENTA: APELAÇÃO CÍVEL AUTORIZAÇÃO JUDICIAL PARA CREMAÇÃO DE RESTOS MORTAIS. ART. 77, § 2º, DA LEI Nº 6.015 /73. POSSIBILIDADE JURÍDICA DO PEDIDO. Não há falar em impossibilidade jurídica do pedido de cremação dos restos mortais do ente familiar, tendo em vista o teor do art. 77, § 2º, da Lei nº 6.015 /73, não havendo como descurar, ademais, que em casos como o presente, o juiz não está obrigado a observar o critério de legalidade estrita, podendo valer-se da equidade, como autoriza o art. 1.109 do CPC. APELAÇÃO PROVIDA. (Apelação Cível Nº 70057651556, Oitava Câmara Cível, Tribunal de Justiça do RS, Relator: Ricardo Moreira Lins Pastl, Julgado em 10/04/2014)

TRIBUNAL DE JUSTIÇA DO ESTADO DO RIO DE JANEIRO

EMENTA: AUTORIZAÇÃO DE CREMAÇÃO. LIMINAR DEFERIDA NO PLANTÃO JUDICIÁRIO NOTURNO. AUSÊNCIA DE INDÍCIOS DE CRIME. CONFIRMAÇÃO DA LIMINAR. 1. A matéria é disciplinada pelo § 2º do artigo 77 da Lei nº 6.015/73 (Lei de Registros Públicos). 2. Não há indícios de crime que inviabilizassem a cremação conforme requerida. 3. A liminar deferida pelo Desembargador Plantonista merece ser mantida, uma vez que o pedido de cremação se revestiu dos requisitos exigidos pela legislação vigente. 4. Provimento do agravo. (TJRJ – Ag. Inst. 0010684-33.2010.8.19. 0000, DES. JOSE CARLOS PAES – Julgamento: 07/06/2010).

EMENTA: ALVARÁ DE AUTORIZAÇÃO PARA CREMAÇÃO. MORTE VIOLENTA POR DISPARO DE ARMA DE FOGO OCORRIDA HÁ MAIS DE SEIS ANOS. EXAME CADÁVERICO REALIZADO. DESNECESSIDADE DE MANIFESTAÇÃO PRÉVIA POR ESCRITO DO FALECIDO. PRECEDENTES DESTE E. TRIBUNAL. SENTENÇA QUE SE REFORMA. RECURSO PROVIDO.1 – Morte violenta ocorrida há mais de seis anos, com a lavratura do indispensável Auto de Exame Cadavérico, de forma a satisfazer um dos requisitos do art. 77, § 2º, da Lei 6015/73. 2 – A manifestação da vontade, em casos de cremação, ordinariamente ocorre por intermédio dos familiares do falecido, ressaltando-se que a Lei de Registros Públicos não estabeleceu forma especial para manifestação em vida do de cujus neste sentido. 3 – Ademais, o Código Civil confere legitimidade a qualquer parente em linha reta ou colateral até o quarto grau, a fim de resguardar os direitos da personalidade da pessoa morta (art. 12, parágrafo único). 4 – Recurso a que se dá provimento na forma do artigo 557, § 1º-A, do Código de Processo Civil. (TJRJ – Ap. 0069079-98.2010.8.19.0038, DES. GUARACI DE CAMPOS VIANNA, 19ª C. Civ. – Julgamento: 19/12/2011)

3. QUESTÕES DE CONCURSOS

01. (Vunesp – Titular de Serviços de Notas e Registros – TJ – SP – Provimento/2022) Assinale a alternativa correta no que se refere às atribuições dos Registros Civis das Pessoas Naturais, segundo as Normas de Serviço da Corregedoria Geral de Justiça do TJ/SP.

a) A cremação de cadáver somente será feita daquele que houver manifestado a vontade de ser incinerado ou no interesse da saúde pública e se o atestado de óbito houver sido firmado por 2 (dois) médicos ou por 1 (um) médico legista e, no caso de morte violenta, depois de autorizada pela autoridade judiciária.

b) É competente para o registro de casamento com efeitos civis o Registro Civil das Pessoas Naturais processante da habilitação, exceto se a celebração tiver ocorrido em comarca diversa.

c) Após o protocolo da autuação do pedido para realização do casamento comunitário, o Oficial deverá encaminhá-lo ao Juiz Corregedor Permanente, que dele apenas tomará ciência.

d) Será lavrado no Livro "E" o assento de óbito de pessoa desaparecida em naufrágio, inundação, incêndio, terremoto ou qualquer outra catástrofe, mediante o cumprimento de mandado judicial, expedido nos autos de justificação, quando esteja provada a presença daquela pessoa no local do desastre e não for possível encontrar o cadáver para exame.

02. (FGV – Notário-AM /2005) Assinale a alternativa correta a respeito de cremação de cadáver.

a) Na hipótese de morte violenta, só será possível depois de autorizada pela autoridade judiciária.

b) Depende sempre de autorização da autoridade judiciária.

c) Independe, em qualquer hipótese, de autorização da autoridade judiciária.

d) Depende da manifestação de vontade do incinerado, mesmo no interesse da saúde pública.

e) Todas as alternativas estão incorretas.

GAB	1	A	2	A

Art. 78. Na impossibilidade de ser feito o registro dentro de 24 (vinte e quatro) horas do falecimento, pela distância ou qualquer outro motivo relevante, o assento será lavrado depois, com a maior urgência, e dentro dos prazos fixados no artigo 50.

1. COMENTÁRIOS

Via de regra, o registro de óbito deve ser feito dentro do **prazo de 24 horas** do falecimento, ou seja, antes do sepultamento, conforme já analisado no art. 77.

Todavia, similarmente ao registro de nascimento, existe uma exceção para esse prazo. Refere-se ao chamado **registro de óbito tardio**, aquele que não é realizado dentro de vinte e quatro horas devido à distância ou outro motivo relevante. Nesses casos, aplica-se a regra do art. 50, que estabelece um prazo de quinze (15) dias, ou até três (3) meses para locais situados a mais de trinta (30) quilômetros da sede do cartório, e requer autorização judicial do Juiz Corregedor ou do Juiz competente, conforme a organização local."

Nesse sentido é a Orientação de número 7 da Escola Nacional de Direito Notarial e de Registros – ENNOR, cuja redação é a seguinte:

> Registro de óbito lavrado após 15 dias da morte, prescinde de autorização judicial, desde que apresentada Declaração de Óbito assinada por medico ou declaração de 2 testemunhas nos termos do artigo 83 da Lei 6.015/73.

Deve constar no assento o motivo alegado, com referência explícita ao atraso ocorrido.

2. JURISPRUDÊNCIA COMPLEMENTAR

⊙ TRIBUNAL DE JUSTIÇA DO ESTADO DE SANTA CATARINA

EMENTA: APELAÇÃO CÍVEL – AÇÃO DECLARATÓRIA DE ÓBITO – REGISTRO CIVIL – LEI Nº 6.015/73 – PEDIDO DE REGISTRO DE ÓBITO TARDIO – ASSENTO POSTERIOR AO ENTERRO – MORTE NATURAL SEM ASSISTÊNCIA MÉDICA OU DE DUAS PESSOAS QUALIFICADAS – ÓBITO CONFIRMADO POR DUAS TESTEMUNHAS – INTELIGÊNCIA DOS ARTIGOS 83 E 109, § 4º, AMBOS DA LEI DE REGISTROS PÚBLICOS – SENTENÇA MANTIDA – RECURSO DESPROVIDO Na ausência de atestado médico, admite-se a lavratura do assento de óbito tardio a partir do depoimento de duas testemunhas presenciais do falecimento ou do sepultamento, capazes de confirmar a identidade da pessoa falecida (TJ-SC – Apelação Cível AC 122596 SC 2007.012259-6)

⊙ TRIBUNAL DE JUSTIÇA DO ESTADO DE MINAS GERAIS

EMENTA: PROCESSO CIVIL – AUTORIZAÇÃO PARA REGISTRO TARDIO DE ÓBITO – INDICAÇÃO DO FATO EM DECLARAÇÃO MÉDICA – REQUERIMENTO FORMULADO POR PESSOA QUE SE DIZ COMPANHEIRA DO FALECIDO – INTERPRETAÇÃO DO ART. 79 DA LEI DOS REGISTROS PÚBLICOS – DECLARAÇÃO DE ILEGITIMIDADE AFASTADA – DETERMINAÇÃO DE PROCESSAMENTO DO PEDIDO (Apelação Cível nº 1.0686.11.011477-0/001 – Comarca de Teófilo Otoni – Apelante: Izaltina Bitencorte ou Izaltina Bitencort – Relator: Des. Almeida Melo)

⊙ TRIBUNAL DE JUSTIÇA DO ESTADO DO CEARÁ

EMENTA: REGISTRO DE ÓBITO APÓS O PRAZO LEGAL. SENTENÇA DEFERIU O PEDIDO DE REGISTRO TARDIO. PEDIDO DE RETIFICAÇÃO DO PATRONÍMICO DA EXTINTA. POSSIBILIDADE. PRINCÍPIO DA DIGNIDADE HUMANA. 1. Agravo regimental interposto em face de decisão monocrática deste Relator, proferido em sede de apelação cível, que conheceu do recurso interposto, para negar-lhe provimento, mantendo inalterada a sentença recorrida. 2. Decisão a quo que autoriza o registro tardio do óbito de filha da Autora em aplicação do artigo 78 da Lei dos Registros Públicos, Lei 6.015/73. Ação que fora proposta para formular pedido de registro tardio de óbito. Petitório Inicial plenamente atendido. Pleito tardio que passa a versar sobre aditamento de patronímico. Possibilidade. 3. O sobrenome é fundamental para a identidade pessoal e familiar do indivíduo, constituindo parte de sua integridade psicológica e permitindo que ele construa referência com seus ascendentes e espelhe sua identidade a sua linhagem família. Prevalência do Princípio da Dignidade Humana em detrimento ao Princípio da Unicidade dos registros Públicos. 4. Possibilidade de Retificação do respectivo Registro de Nascimento através do Registro de Óbito para incluir patronímico. (TJCE – Ag. Reg. 181092200580600012, Rel: MANOEL CEFAS FONTELES TOMAZ, 6ª Câmara Cível, Data de registro: 01/02/2012)

3. QUESTÕES DE CONCURSOS

01. (IBFC – Cartório – TJ – PR/2014) Sobre o óbito, marque a alternativa incorreta:

a) Antes de proceder ao assento de óbito de criança de menos de 1(um) ano, o Oficial verificará se houve registro de nascimento, que, em caso de falta, será previamente feito.

b) A cremação de cadáver somente será feita daquele que houver manifestado a vontade de ser incinerado ou no interesse da saúde pública e se o atestado de óbito houver sido firmado por 2 (dois) médicos ou por 1(um) médico legista e, no caso de morte violenta, depois de autorizada pela autoridade judiciária.

c) Na impossibilidade de ser feito o registro dentro de 48 (quarenta e oito horas) do falecimento, pela distância ou qualquer outro motivo relevante, o assento será lavrado depois, com a maior urgência, e dentro dos prazos fixados no artigo 50.

d) O assento de óbito ocorrido em hospital, prisão ou outro qualquer estabelecimento público será feito, em falta de declaração de parentes, segundo a da respectiva administração, observadas as disposições dos artigos 80 a 83; e o relativo à pessoa encontrada acidental ou violentamente morta, segundo a comunicação, ex-officio, das autoridades policiais, às quais incumbe fazê-la logo que tenham conhecimento do fato.

02. (FCC – Cartório – TJ – PE/2013) Com relação ao óbito é correto afirmar:

a) Não é possível a lavratura do assento de óbito se não for localizado o cadáver.

b) O assentamento de óbito ocorrido em hospital, prisão ou outro qualquer estabelecimento público será feito, em falta de declaração de presentes, mediante justificação judicial.

c) Na hipótese de calamidade pública é possível o sepultamento sem a certidão de óbito.

d) Nos óbitos naturais ocorridos em localidades sem médico, a Declaração de Óbito será preenchida pelo titular do cartório.

e) O assento de óbito de criança de menos de um ano de idade prescinde da verificação de registro de nascimento.

GAB	1	C	2	D

Art. 79. São obrigados a fazer declaração de óbitos:

1º) o chefe de família, a respeito de sua mulher, filhos, hóspedes, agregados e fâmulos;

2º) a viúva, a respeito de seu marido, e de cada uma das pessoas indicadas no número antecedente;

3º) o filho, a respeito do pai ou da mãe; o irmão, a respeito dos irmãos e demais pessoas de casa, indicadas no nº 1; o parente mais próximo maior e presente;

4º) o administrador, diretor ou gerente de qualquer estabelecimento público ou particular, a respeito dos que nele faleceram, salvo se estiver presente algum parente em grau acima indicado;

5º) na falta de pessoa competente, nos termos dos números anteriores, a que tiver assistido aos últimos momentos do finado, o médico, o sacerdote ou vizinho que do falecimento tiver notícia;

6º) a autoridade policial, a respeito de pessoas encontradas mortas.

Parágrafo único. A declaração poderá ser feita por meio de preposto, autorizando-o o declarante em escrito, de que constem os elementos necessários ao assento de óbito.

1. COMENTÁRIOS

O art. 79 evidencia o **princípio da instância**. É que o registro de óbito deve ser feito mediante declaração de pessoa legitimada e não de ofício pelo registrador.

Assim como o registro de nascimento, o registro de óbito é também um ato obrigatório e essencial para a ordem pública.

Frise-se que o legislador estabeleceu uma **ordem sucessiva** das pessoas obrigadas à declaração de óbito, devendo o oficial registrador observar essa sequência.

O documento de identidade do declarante será sempre exigido pelo Oficial quando estiverem presentes perante ele. Sobre os documentos oficiais de identificação, o tema já foi analisado nos comentários do art. 52 desta Lei.

Os itens 1º, que se refere ao chefe de família a respeito de sua mulher, filhos, hóspedes, agregados e fâmulos, e o item 2º, que menciona a viúva a respeito de seu marido, de cada uma das pessoas listadas no item anterior, devem ser interpretados à luz do art. 226, § 5º, da Constituição Federal. Este artigo afirma a igualdade de direitos e deveres entre homens e mulheres, garantindo tratamento equânime a ambos os gêneros.

Assim, tendo em vista que os direitos e deveres são exercidos, em colaboração, pelo marido e pela mulher (art. 1.567 do Código Civil), a obrigação de declarar o óbito será de cada um dos cônjuges ou companheiros, solidários entre si, em relação às pessoas indicadas nos itens aludidos.

A maioria das normativas estaduais, ao listar as pessoas obrigadas a declarar o óbito, já adota nomenclaturas atualizadas e alinhadas com a ordem constitucional. Hóspede é aquele que se aloja temporariamente em casa alheia.

Agregado é a pessoa que participa do convívio familiar como se fosse membro da família ou que faz serviços numa casa; serviçal.

Fâmulo é o criado, servidor, serviçal. Tal expressão não é mais comum e está em desuso.

Também estão legitimados a declarar o óbito: o filho, no caso de morte do pai ou da mãe quando o outro não estiver vivo; o irmão, em relação à morte dos irmãos; o parente mais próximo que seja maior de idade e tenha presenciado o fato; o administrador, gerente ou diretor de estabelecimento público ou privado, em caso de morte ocorrida em suas dependências. Exceto nos casos em que uma das pessoas mencionadas anteriormente esteja presente; a pessoa que presenciar os últimos momentos do falecido, como médicos, sacerdotes ou vizinhos informados do ocorrido; e a autoridade policial, no caso de pessoas encontradas mortas.

O parágrafo único, por sua vez, estabelece que a declaração poderá ser feita por meio de preposto, autorizando-o o declarante em escrito, de que constem os elementos necessários ao assento de óbito.

O anexo III do Provimento CNJ n. 63/2017 detalha os elementos da certidão de óbito. Recomenda-se a leitura desse documento em conjunto com o art. 80 da Lei de Registros Públicos (LRP).

ANEXO III

REPÚBLICA FEDERATIVA DO BRASIL
REGISTRO CIVIL DAS PESSOAS NATURAIS

CERTIDÃO DE ÓBITO

NOME

CPF

MATRÍCULA
9999999999 9999 9 9999 999 9999999 99

SEXO | COR | ESTADO CIVIL E IDADE

NATURALIDADE | DOCUMENTO DE IDENTIFICAÇÃO | ELEITOR

FILIAÇÃO E RESIDÊNCIA

DATA E HORA DE FALECIMENTO | DIA | MÊS | ANO

LOCAL DE FALECIMENTO

CAUSA DA MORTE

SEPULTAMENTO/CREMAÇÃO (município e cemitério, se conhecido) | DECLARANTE

NOME E NÚMERO DO DOCUMENTO DO MÉDICO QUE ATESTOU O ÓBITO

AVERBAÇÕES/ANOTAÇÕES A ACRESCER

ANOTAÇÕES DE CADASTRO

TIPO DOCUMENTO	NÚMERO	DATA EXPEDIÇÃO	ORGÃO EXPEDIDOR	DATA DE VALIDADE
RG				
PIS/NIS				
Passaporte				
Cartão Nacional de Saúde				

TIPO DOCUMENTO	NÚMERO	ZONA/SEÇÃO	MUNICÍPIO	UF
Título de Eleitor				
CEP Residencial			Grupo Sanguíneo	

* As anotações de cadastro acima não dispensam a apresentação do documento original, quando exigida pelo órgão solicitante.

NOME DO OFÍCIO
OFICIAL REGISTRADOR
MUNICÍPIO/UF
ENDEREÇO
TELEFONE
E-MAIL

O conteúdo da certidão é verdadeiro. Dou fé.
Data e Local:

Assinatura do Oficial

2. JURISPRUDÊNCIA COMPLEMENTAR

TRIBUNAL DE JUSTIÇA DO ESTADO DE MINAS GERAIS

EMENTA: Autorização para registro tardio de óbito. Indicação do fato em declaração médica. Requerimento formulado por pessoa que se diz companheira do falecido. Interpretação do art. 79 da Lei dos Registros Públicos. Declaração de ilegitimidade afastada. Determinação de processamento do pedido. Em pedido de autorização de registro tardio, verificada a indicação do falecimento em declaração médica, a interpretação das disposições do art. 79 da Lei nº 6.015/73 deve viabilizar a efetivação da norma que estabelece a obrigatoriedade do assento de óbito que, como o de nascimento, é necessário à ordem pública. O art. 79, item nº 5, da Lei nº 6.015/73 autoriza que a declaração de óbito seja feita por pessoa capaz, que tiver assistido aos últimos momentos do finado, na falta dos obrigados descritos nos itens anteriores. À inexistência de pessoa obrigada se equipara sua omissão permanente na declaração do fato para efeito de registro. Recurso provido. (TJMG – Ap. Civ. 1.0686.11.011477-0/001 Relator: Des. Almeida Melo, 4ª CÂMARA CÍVEL, Julgamento: 03/11/2011)

TRIBUNAL DE JUSTIÇA DO ESTADO DO RIO DE JANEIRO

EMENTA: DECLARAÇÃO DE ÓBITO E LOCAL DE SEPULTAMENTO. INTELIGÊNCIA DOS ARTIGOS 79 E 80 DA LEI DE REGISTROS PÚBLICOS. DIREITO EXERCIDO PELA COMPANHEIRA. DECISÃO MANTIDA. Em discussão a respeito de remoção de restos mortais, cabe a companheira, em casos de união estável reconhecida judicialmente, decidir a respeito do local onde os restos mortais do companheiro deverão permanecer. RECURSO DESPROVIDO. (TJRJ – Ag. Inst. 00520 52-56.2009.8.19.0000, DES. FRANCISCO DE ASSIS PESSANHA, Julgamento: 30/06/2010.

3. QUESTÕES DE CONCURSOS

01. (IESES – Cartório – TJ – RO/2012) Sobre o óbito, assinale a resposta correta.

I. O assento de óbito de criança de menos de um ano somente poderá ser realizado pelo oficial se tiver sido efetuado o registro de nascimento; e, em caso de falta, será previamente feito.

II. A cremação de cadáver somente será feita daquele que houver manifestado a vontade de ser incinerado ou no interesse da saúde pública e se o atestado de óbito houver sido firmado por dois médicos ou por um médico legista e, no caso de morte violenta, depois de autorizada pela autoridade judiciária.

III. Não é cabível o assento posterior ao enterro, quando ausente o atestado de médico ou de duas pessoas qualificadas.

IV. O assentamento de óbito ocorrido em hospital, prisão ou outro qualquer estabelecimento público será feito, na falta de declaração de parentes, pela respectiva administração, precedido de autorização judicial.

a) Apenas I e II estão corretas.
b) Apenas II e III estão corretas.
c) Apenas I e IV estão corretas.
d) Apenas I e III estão corretas.

02. (Cespe – Cartório – TJ-DFT/2014) Assinale a opção correta com base no disposto na Lei de Registros Públicos e na Lei nº 8.935/1994.

a) Os filhos serão obrigados a fazer a declaração de óbito de seus pais, sendo facultada a nomeação de preposto para realização do referido ato.
b) As retificações no assento de óbito somente poderão ser realizadas mediante decisão judicial a ser proferida após a oitiva do MP.
c) Caso o local do falecimento não seja o mesmo do domicílio, e os familiares, em razão da distância ou por qualquer outro motivo relevante, não puderem fazer a declaração de óbito no registro civil das pessoas naturais do lugar do falecimento, será possível a emissão do assento de óbito perante o oficial de registro do domicílio do falecido.
d) A certidão de óbito é gratuita, independentemente da situação financeira do requerente, e o oficial de registro civil das pessoas naturais que cobrar pelo referido documento poderá ser multado e perder o direito à compensação pelo fundo de ressarcimento dos atos gratuitos, mas não estará sujeito à perda da delegação, por se tratar de infração leve.
e) Ocorrendo o falecimento de um dos cônjuges, o segundo casamento do sobrevivente somente poderá ser averbado no seu registro de nascimento após a anotação do óbito.

03. (IESES – Cartório – TJ – RO/2012) Assinale a assertiva INCORRETA respeito do que expressamente determina a Lei 6.015/73, que trata do Registro Público:

a) Exige a lei que conste do assento de óbito se o finado deixou filhos, nome e idade de cada um.
b) Antes de proceder ao assento de óbito de criança de menos de um ano, o oficial verificará se houve registro de nascimento, que, em caso de falta, será previamente feito.
c) Quando o assento de óbito for posterior ao enterro, faltando atestado de médico ou de duas pessoas qualificadas, assinarão, com a que fizer a declaração, duas testemunhas que tiverem assistido ao falecimento ou ao funeral e puderem atestar, por conhecimento próprio ou por informação que tiverem colhido, a identidade do cadáver.
d) Em todas as serventias, todos os títulos apresentados no horário regulamentar, que não forem registrados até a hora do encerramento do serviço, deverão aguardar o dia seguinte, no qual serão registrados, preferencialmente, aos apresentados nesse dia.

GAB	1	A	2	A	3	D

Art. 80. O assento de óbito deverá conter:

1º) a hora, se possível, dia, mês e ano do falecimento;

2º) o lugar do falecimento, com indicação precisa;

3º) o prenome, nome, sexo, idade, cor, estado, profissão, naturalidade, domicílio e residência do morto;

4º) se era casado, o nome do cônjuge sobrevivente, mesmo quando desquitado; se viúvo, o do cônjuge pré-defunto; e o cartório de casamento em ambos os casos;

5º) os nomes, prenomes, profissão, naturalidade e residência dos pais;

6º) se faleceu com testamento conhecido;

7º) se deixou filhos, nome e idade de cada um;

8º) se a morte foi natural ou violenta e a causa conhecida, com o nome dos atestantes;

9º) lugar do sepultamento;

10º) se deixou bens e herdeiros menores ou interditos;

11º) se era eleitor.

12º) pelo menos uma das informações a seguir arroladas: número de inscrição do PIS/PASEP; número de inscrição no Instituto Nacional do Seguro Social – INSS, se contribuinte individual; número de benefício previdenciário – NB, se a pessoa falecida for titular de qualquer benefício pago pelo INSS; número do CPF; número de registro da Carteira de Identidade e respectivo órgão emissor; número do título de eleitor; número do registro de nascimento, com informação do livro, da folha e do termo; número e série da Carteira de Trabalho.

Parágrafo único. O oficial de registro civil comunicará o óbito à Receita Federal e à Secretaria de Segurança Pública da unidade da Federação que tenha emitido a cédula de identidade, exceto se, em razão da idade do falecido, essa informação for manifestamente desnecessária.

1. COMENTÁRIOS

A esmagadora maioria da doutrina entende que o rol do art. 80 é **taxativo** e seus requisitos indeclináveis. Portanto, não é possível incluir situações que não estejam expressamente mencionadas em seu texto, exceto por acréscimos prescritos nas normativas estaduais.

Assim, na lavratura do assento de óbito, devem constar todas as circunstâncias e dados qualificativos da pessoa natural, assegurando uma prova segura e simples do fato.

Quando não for possível fazer incluir no assento de óbito todos os elementos referidos no artigo 80, deverá o oficial fazer menção, no corpo do registro, que o declarante ignorava os elementos faltantes.

O art. 68 da Lei 8.212/1991, com a nova redação dada pela Lei 13.846, de 2019, traz importante dever ao oficial, conforme segue:

> **Art. 68.** O Titular do Cartório de Registro Civil de Pessoas Naturais remeterá ao INSS, em **até 1 (um) dia útil**, pelo Sistema Nacional de Informações de Registro Civil (Sirc) ou por outro meio que venha a substituí-lo, a relação dos nascimentos, dos natimortos, dos casamentos, dos óbitos, das averbações, das anotações e das retificações registradas na serventia.

No mesmo sentido, o art. 228 do Decreto 3.048/1999, que regulamenta a Lei 8.212/1991.

Os elementos são obtidos do **atestado de óbito**, fornecido por médico ou por duas testemunhas, e das informações fornecidas pelo declarante.

Caso ocorra divergências entre as declarações prestadas pelo declarante e a que consta da Declaração de Óbito médica (DO), estas poderão ser retificadas por outras provas idôneas.

O art. 80 enumera doze elementos que devem constar no assento de óbito, descritos de forma objetiva e que não necessitam de esclarecimentos adicionais. Além disso, as normativas de alguns estados incluem o número da Declaração de Óbito (DO).

Além desses, o assento de óbito deve incluir o nome e a qualificação do declarante, bem como sua assinatura.

O art. 82, por sua vez, determina que "o assento deverá ser assinado pela pessoa que fizer a comunicação ou por alguém a seu rogo, se não souber ou não puder assinar".

Para uma análise mais abrangente do tema, é importante transcrever os artigos 1º a 5º da **Lei 11.976**, de 7 de julho de 2009, que regula a Declaração de Óbito e a realização de estatísticas de óbitos em hospitais públicos e privados:

> **Art. 1º** O documento oficial do Sistema Único de Saúde para atestar a morte de indivíduos, pacientes e não pacientes, é a Declaração de Óbito.
>
> **Art. 2º** (VETADO)
>
> § 1º A Declaração de Óbito deve ser preenchida em tantas vias quantas forem determinadas e da forma como for estabelecida pela regulamentação específica.
>
> § 2º Obrigatoriamente, uma das vias será remetida a cartório de registro civil e outra à secretaria estadual ou municipal de saúde da jurisdição onde ocorreu o óbito.
>
> § 3º Nas regiões e nos locais onde forem instalados sistemas informatizados de comunicação de informações, os órgãos envolvidos obedecerão ao disposto na respectiva regulamentação.
>
> § 4º Para a identificação das doenças deve ser usada a Classificação Internacional de Doenças (CID) da Organização Mundial da Saúde, salvo definição alternativa emanada do Sistema Único de Saúde.
>
> **Art. 3º** (VETADO)
>
> **Art. 4º** Todos os hospitais, e outros estabelecimentos de saúde onde ocorrerem óbitos, devem realizar, mensalmente, estudo da respectiva estatística de óbitos com a finalidade de aperfeiçoar os seus serviços e os registros correspondentes.
>
> **Art. 5º** As secretarias estaduais e municipais de saúde instalarão comissões ou serviços de investigação e/ou verificação de óbitos visando a resolução de casos de falecimentos por causas mal definidas e a busca da plena notificação dos falecimentos ao Sistema Único de Saúde.

A **Orientação n. 4** da Corregedoria Nacional de Justiça do CNJ, datada de 25 de junho de 2013, esclarece a desnecessidade de preenchimento da coluna 'CID' (Classificação Internacional de Doenças) no campo 40 da Declaração de Óbito do Ministério da Saúde, para efeitos da lavratura de assento de óbito por Oficial de Registro Civil das Pessoas Naturais. A transcrição deste documento é necessária para uma melhor compreensão do tema:

ORIENTAÇÃO CORREGEDORIA CNJ Nº 4, DE 25 DE JUNHO DE 2013.

Orienta sobre a desnecessidade de preenchimento da coluna "CID" do campo 40 da Declaração de Óbito do Ministério da Saúde para efeito de lavratura de assento de óbito por Oficial de Registro Civil das Pessoas Naturais.

O CORREGEDOR NACIONAL DE JUSTIÇA, Ministro Francisco Falcão, no uso de suas atribuições legais e constitucionais;

CONSIDERANDO o disposto no art. 1º, § 4º, da Lei nº 11.976, de 07 de julho de 2009, sobre a identificação de doença em Declaração de Óbito;

CONSIDERANDO as dúvidas manifestadas sobre o efeito da não indicação, em Declaração de Óbito, do Código de Identificação de Doença conforme a Classificação Internacional de Doenças (CID) da Organização Mundial da Saúde;

CONSIDERANDO que o Manual de Instruções para o Preenchimento da Declaração de Óbito editado pelo Ministério da Saúde prevê, em sua pág. 24, que "Os espaços destinados aos códigos da CID são destinados à codificação das causas pelo profissional responsável por este trabalho, nas Secretarias de Saúde, o codificador de causas de morte. Não devem ser preenchidos pelo médico" (Brasília: Ministério da Saúde, 2011), cabendo ao médico responsável pelo preenchimento da Declaração de Óbito promover, portanto, somente a correta descrição do(s) nome(s) da(s) causa(s) da morte em conformidade terminologia prevista nos volumes 1 a 3 da CID. CONSIDERANDO a necessidade de adoção de procedimento uniforme sobre o tema, para evitar postergação da lavratura de assento de óbito;

RESOLVE:

Art. 1º. Orientar os Oficiais de Registro Civil das Pessoas Naturais que a ausência da indicação do Código da Classificação Internacional de Doenças (CID) da Organização

Mundial da Saúde na coluna "CID" do campo 40 da Declaração de Óbito não constitui impedimento para a lavratura do respectivo assento de óbito.

Art. 2º. Esclarecer que compete ao médico responsável pelo preenchimento da Declaração de Óbito promover a correta descrição do(s) nome(s) da(s) causa(s) da morte em conformidade terminologia prevista nos volumes 1 a 3 da CID, sendo que o oportuno preenchimento da coluna "CID" do campo 40 da Declaração de Óbito será feito de forma independente da lavratura do assento de óbito, por profissional da Secretaria da Saúde, conforme previsto no Manual de Instruções para o Preenchimento da Declaração de Óbito editado pelo

Art. 3º. Determinar o encaminhamento de cópia desta Orientação às Corregedorias Gerais da Justiça dos Estados e do Distrito Federal, inclusive para ciência aos responsáveis pelas unidades do serviço extrajudicial de registro civil das pessoas naturais.

Brasília – DF, 25 de junho de 2013.

MINISTRO FRANCISCO FALCÃO
Corregedor Nacional de Justiça

Portanto, é crucial que a causa da morte conste no assento e não seja omitida no registro ou em suas certidões, a menos que haja uma determinação judicial em contrário.

Reinaldo Velloso dos Santos muito bem elucida que a postura do registrador não é do julgador. Seu dever é fazer constar do assento tudo o que conste do atestado médico, ainda que possa causar algum tipo de constrangimento a quem quer que seja. Deve-se levar em consideração que o óbito é comunicado a entidades com finalidade estatística para o fim de elaboração de políticas públicas nas áreas de saúde e segurança pública (Op. cit., p. 122).

Nesse sentido, a decisão da Corregedoria-Geral da Justiça de São Paulo no Processo CG 1.432/96 estabeleceu que 'não é possível a menção apenas parcial à causa mortis, pois não se pode admitir que a certidão não integral suprima dados que possam dar um entendimento equivocado do conteúdo do assento'. Todavia, algumas normativas estaduais não compartilham desse entendimento, seguindo direção totalmente oposta.

A possibilidade de mencionar a existência da união estável no assento de óbito é uma questão que gera discussão. Historicamente, no Processo CG 23.911/1992, a Corregedoria-Geral da Justiça do Estado de São Paulo posicionou-se contra tal menção, argumentando que 'trata-se de declaração unilateral que não produz por si só qualquer efeito como elemento de prova ou de proteção a direitos subjetivos, pelo contrário, viola a imprescindível segurança dos registros públicos.'

O Superior Tribunal de Justiça também compartilhava desse entendimento no Recurso Especial 419.475-DF, cuja ementa é a seguinte:

CIVIL. REGISTRO PÚBLICO. INSERÇÃO DE REGISTRO SOBRE EXISTÊNCIA DE COMPANHEIRO NO ASSENTO DE ÓBITO. LEI nº 6.015/1973. INFORMAÇÃO DE CARÁTER SUBJETIVO NÃO PREVISTA NO ROL TAXATIVO. IMPOSSIBILIDADE. EXCLUSÃO. I. O rol dos elementos que devem constar do assento de óbito é taxativo, de sorte que descabe nele se fazer inserir informação acessória, voluntariamente prestada, acerca de eventual convivência comum da *de cujus* com terceiro.

No entanto, atualmente, o item 99, d, do Capítulo XVII das Normas de Serviço da Corregedoria-Geral da Justiça de São Paulo expressamente permite essa menção. O texto normativo estipula que o assento de óbito deve conter informações sobre se o falecido era casado ou vivia em união estável, incluindo o nome do cônjuge ou companheiro sobrevivente, e mencionando a situação caso estivessem separados judicialmente, divorciados ou se a união estável estivesse dissolvida; se viúvo ou companheiro sobrevivente, o nome do cônjuge ou companheiro pré-morto; e o Registro Civil das Pessoas Naturais do casamento ou união estável. Nesse sentido, os Enunciado 36 e 38 da ARPEN-SP:

Enunciado 36: Para constar no registro de óbito que o falecido vivia em união estável basta que o declarante afirme tal fato jurídico, não sendo necessário apresentar nem mencionar qualquer documento.

Enunciado 38: No registro de óbito não é possível constar a data de início da união estável, mas é possível constar a data da escritura pública, sentença judicial ou registro da união estável, se houver.

E assim, tem sido prescrito nos Códigos de Normas do Extrajudicial Brasil afora.

Para complementar os estudos sobre a inclusão ou não do nome do companheiro no assento de óbito, recomenda-se a leitura do tópico "Jurisprudência Complementar".

Por derradeiro, cumpre informar que a Lei 13.114/2015, ao incluir o parágrafo único no art. 80, estabeleceu mais uma obrigação ao Oficial de registro civil, impondo-lhe a comunicação do óbito à Receita Federal e à Secretaria de Segurança Pública da unidade da Federação que tenha emitido a cédula de identidade, exceto se, em razão da idade do falecido, essa informação for manifestamente desnecessária.

1.1 ENUNCIADO DA ARPEN-SP SOBRE O REGISTRO DE ÓBITO EM QUE CONSTOU A CAUSA DA MORTE COMO "SUSPEITA DE COVID-19"

Enunciado 69: O registro de óbito em que constou a causa da morte como "suspeita de Covid-19", como "Covid-19" ou não constou referência ao Covid-19 poderá ser retificado para excluir ou incluir essa causa da morte, mediante procedimento administrativo requerido por qualquer das pessoas legitimadas a declarar o óbito e apresentação de documento legal e autêntico que consiste no exame laboratorial conclusivo.

Fundamento legal: art. 110 da Lei 6.015/73 e Resolução SS 32 da Secretaria Estadual de Saúde do Estado de São Paulo, publicada no DOE de 21/03/2020.

2. JURISPRUDÊNCIA COMPLEMENTAR

TRIBUNAL DE JUSTIÇA DO ESTADO DE SÃO PAULO

EMENTA: Ação de retificação de registro civil – Certidão de óbito – Sentença de improcedência – Insurgência do autor – Alegação de erro no registro da Covid-19 como causa da morte, em razão da existência de resultado negativo do exame RT-PCR – Desacolhimento – Hipótese em que a Insuficiência Respiratória Aguda também foi uma das causas da morte que constaram da declaração de óbito – Diagnóstico compatível com Covid-19 – Além disso, em caso de resultado negativo, há necessidade de repetição do exame para afastar o diagnóstico da doença, não sendo suficiente um único resultado negativo – Autor não provou repetição do exame, ônus que lhe incumbia – Ausência da declaração do médico atestando que a Covid-19 não foi a causa da morte – Erro no registro não comprovado – Inviável a retificação fundada no art. 109 da Lei nº 6.015/1973 – Precedentes jurisprudenciais – Sentença mantida – Recurso improvido (TJSP – Apelação Cível 1001376-35.2021.8.26.0368 – Monte Alto – 8ª Câmara de Direito Privado – Rel. Des. Benedito Antonio Okuno – DJ 15.03.2022)

EMENTA: RETIFICAÇÃO DE ASSENTO DE ÓBITO – Pedido de alteração para excluir do assento de óbito do pai falecido a informação de que este conviveu em união estável com "E.J.N." – Sentença de extinção do feito sem julgamento do mérito, nos termos do artigo 485, I, do Código de Processo Civil – Cabimento – Regularidade da declaração prestada ao Oficial de Registro Civil, na forma orientada pelo artigo 80 da Lei 6.015/73 – Ausência de qualquer outra prova capaz de elidir essa afirmação (Artigo 109 do mesmo codex) – Pretensão de declaração de uma situação de fato que demanda dilação probatória em via jurisdicional própria – Recurso desprovido.

1. Ao relatório constante de fls. 33/34 acrescento que a sentença julgou extinta a ação de retificação de registro de óbito, sem resolução do mérito, nos termos do artigo 485, I, do Código de Processo Civil.

Volta-se esta contra a decisão deduzindo nas razões recursais de fls. 41/45, em síntese, que as provas produzidas nos autos, com destaque para a declaração da ex-companheira do falecido (fl. 8), comprova que quando do óbito de seu pai em 16.3.2019, aquela não mais convivia em união estável. Contudo, como somente veio a constatar a falha cometida pelo oficial de registro por ocasião da abertura de inventário de seu pai, insisti na correção do assento, daí a desnecessidade de se movimentar o judiciário, com novas despesas aos herdeiros com eventual ingresso de nova ação judicial. Por fim, reitera o pedido de justiça gratuita não analisada na primeira instância, conforme declaração de hipossuficiência de fl. 05.

Recurso regularmente processado. A D. Procuradoria manifestou-se pelo desprovimento do reclamo (fls. 53/55).

2. De início, concedo os benefícios da gratuidade da justiça à apelante e não apreciada pela julgadora monocrática, pois, com base na declaração de hipossuficiência de fl. 5 e o fato de não auferir renda (do lar), justificam o acolhimento do pedido, nos termos do artigo 98 do Código de Processo Civil.

No mais, pretende a recorrente a retificação da certidão de óbito de seu E. P. L (fl. 8), para que dele faça excluir que o falecido convivia em união estável com E.J..N., por considera-la inverídica e para que "surta os efeitos pessoais e patrimoniais dela decorrentes" (fl. 44), tanto que o erro foi constatado por ocasião da abertura de inventário.

Não obstante o esforço argumentativo do patrono da autora não se defluiu, das provas coligidas nos autos, outra conclusão que não aquela a que chegou o juízo recorrido.

A função da certidão de óbito é comprovar a morte. O registro de óbito e a certidão que dele se extrai têm a função de atestar o falecimento de uma pessoa. Outros elementos constantes do assento, como número de filhos ou se deixou bens, não são comprovados pela certidão, a qual não se presta para isso. No caso da união estável não pode ser diferente.

Esses elementos são afirmados perante o Oficial do Registro Civil por quem faz a declaração do óbito, e ao lançar tais indicações no assento este apenas dá fé de que aqueles elementos foram declarados, não que são verdadeiros.

No caso dos autos, a declarante E.J.N., afirmou perante o Oficial de Registro Civil do 31º Subdistrito – Pirituba F.M. (fl. 7), para efeito de individualização da pessoa falecida, que esta conviveu em união estável com E.P.L, ora falecido e pai da autora. Das observações constaram mais detalhes para a sua individualização, de conformidade com o estabelecido no artigo 80, da Lei 6.015/73.

Além disso, o direito à retificação do registro de óbito, autorização que é dada pelo artigo 109 da Lei nº 6.015/73, diz respeito à essência do registro, ou seja, àqueles elementos que possam modificar o que lá foi declarado, situação esta inocorrente no caso.

Isto porque, a pretensão da autora não restringe a mera retificação de assento de óbito, mas buscar declaração de uma situação de fato que demanda dilação probatória em via jurisdicional própria.

Corroborou nesse sentir os pareceres apresentados pelo Ministério Público (fls. 29 e 53/55).

Por essa razão, como bem anotado pela magistrada "a quo": "(...) A pretensão da autora, de retificar o registro público de óbito de seu ex-companheiro, para que deixe de constar que eles ainda viviam em união estável ao tempo do óbito, envolve questões atinentes ao direito de família e sucessões, demandando o ajuizamento de ação, com ampla dilação probatória, na qual se discuta o lapso temporal e a extinção da união estável".

E continua: "A estreita via da retificação de assento não é meio hábil para alterar o documento público, especialmente ante a inexistência de um documento formal, como uma escritura pública de reconhecimento e extinção da união estável, que produza a prova necessária".

Para assim concluir: "Isto posto, e considerando o mais que dos autos consta, indefiro a petição inicial e DECLARO EXTINTO o processo, sem julgamento do mérito, a teor do artigo 485, I, do Código de Processo Civil" (fls. 33/34).

Por essa razão, caberá à requerente se valer das vias ordinárias, com ampla dilação probatória e o exercício regular do contraditório, para obter a declaração da inexistência da união estável entre o de cujus e a suposta companheira, que possibilite a retificação do assento de óbito de seu pai.

Não é por outra razão que a jurisprudência já se manifestou a respeito: "REGISTRO CIVIL Pedido de retificação de assento de óbito para fazer constar que o falecido convivia maritalmente com uma mulher Impossibilidade jurídica do pedido Decisão mantida Recurso não provido". (Apelação Cível 0108518-85.2003.8.26.0000, Relator Desembargador Décio Notarangeli, 3ª Câmara de Direito Privado).

Ou ainda: "RETIFICAÇÃO DE ASSENTO DE ÓBITO. Pedido que importa em alteração do estado civil, referente ao reconhecimento de união estável Questão que depende de ação própria, em processo litigioso, não podendo ser discutida no singelo rito da retificação de assento de óbito. Extinção que se impõe, por falta de interesse de agir na modalidade adequação. Pedido de alteração do nome da falecida, que é improcedente, pois esta foi casada e legalmente adotou o sobrenome do marido. Ausência de erro a ser sanado. Recurso não provido". (Apelação Cível 0001895-67.2004.8.26.0030, Relator Desembargador Teixeira Leite, 4ª Câmara de Direito Privado).

3. Ante o exposto, meu voto nega provimento ao recurso.

Galdino Toledo Júnior

Relator (TJSP – Apelação Cível nº 1029180-74.2019.8.26.0100 – São Paulo – 9ª Câmara de Direito Privado – Rel. Des. Galdino Toledo Júnior – DJ 01.04.2020)

TRIBUNAL DE JUSTIÇA DO ESTADO DE MINAS GERAIS

EMENTA: REGISTROS PÚBLICOS. ASSENTAMENTO DE ÓBITO. INCLUSÃO DO NOME DE FILHO PRÉ-MORTO. MEDIDA COMPATÍVEL COM A FINALIDADE DO SISTEMA DE REGISTROS PÚBLICOS. SENTENÇA REFORMADA. RECURSO PROVIDO. I – Restando comprovado que o falecido, além dos filhos deixados por ocasião de sua morte, ainda teve outro que morreu antes dele, tem-se que, apesar do art. 80, § 7º, da LRP não exigir que do registro de óbito do genitor conste qualquer referência ao filho pré-morto, dito informe poderá ser ali consignado, com base nos arts. 5º da LICCB e 1.109 do CPC, posto contribuir, ao dar publicidade à exata dimensão da prole do falecido, para a segurança jurídica das relações sociais, fim último do próprio sistema de registros públicos. II – O informe adicional ou complementar àqueles essenciais ao assento de óbito, desde que consentâneo com a finalidade dos registros públicos, pode e deve ser admitido, notadamente quando a ninguém prejudica. (TJMG – Ap. Civ. 1.0024.10.121608-3/001, Relator: Des. Peixoto Henriques, 7ª C. CÍVEL, Julgamento: 26/06/2012)

TRIBUNAL DE JUSTIÇA DO ESTADO DO ESPÍRITO SANTO

EMENTA: CERTIDÃO DE ÓBITO. AÇÃO AJUIZADA PELA COMPANHEIRA DE HOMEM QUE VEIO A FALECER. PEDIDOS DE RETIFICAÇÃO PARA INSERÇÃO DO ESTADO CIVIL DO FALECIDO, DA DATA DE SEU SEPULTAMENTO, DA EXISTÊNCIA DE BENS A INVENTARIAR, DO NOME DE SEUS FILHOS E DO NOME DE SUA COMPANHEIRA. ILEGITIMIDADE QUANTO À INSERÇÃO DO NOME DOS FILHOS. FALTA DE INTERESSE DE AGIR NECESSIDADE-UTILIDADE PARA FAZER CONSTAR O NOME DA COMPANHEIRA E DA EXISTÊNCIA DE UNIÃO ESTÁVEL. ENDEREÇO E DATA DE SEPULTAMENTO DO DE CUJUS. FALTA DE PREVISÃO LEGAL. ESTADO CIVIL DO FALECIDO. EXIGÊNCIA DA LEI DE REGISTROS PÚBLICOS. RECURSO PARCIALMENTE PROVIDO. SENTENÇA REFORMADA EM PARTE.

1. De acordo com o art. 6º, do CPC, ninguém poderá pleitear, em nome próprio direito alheio, salvo quando autorizado por lei. Verifica-se, na hipótese, que os filhos dos falecidos são maiores de idade e em momento algum outorgaram poderes à requerente para que esta postulasse seus respectivos direitos. Assim, caracterizada está sua ilegitimidade de agir.

2. A mens legis do art. 80, da Lei 6015/73, do CCB/02, é justamente, fazer constar o estado civil do de cujus. Ora, como consabido a relação de companheirismo decorrente da união estável não diz respeito ao estado civil das pessoas, sendo mera situação fática reconhecida pelo ordenamento jurídico. Assim, incabível é a sua inserção na certidão de óbito do falecido. Ademais, o Código Civil, no § 1º, em seu art. 1723, reconheceu a existência de união estável mesmo entre pessoas separadas de fato ou de direito e, em seu art. 1790, autorizou a participação da companheira na sucessão do falecido. Assim sendo, a via processual empregada não ensejará um resultado útil, nem necessário, pelo que se mostra descabida a pretensão da apelante em fazer constar seu nome na condição de companheira do falecido.

3. Verifica-se que a certidão de óbito foi omissa no que diz respeito a existência de bens a inventariar. Ocorre que, como afirmado pela própria autora D apelante, já foi aberto o inventário dos bens do de cujus. Destarte, desnecessária a inserção de tal expressão na citada certidão de óbito.

4. Quanto à data de sepultamento, verifica-se que a certidão de óbito foi omissa, ao passo que, referentemente ao endereço do falecido, fez constar domicílio antigo do mesmo. Acerca desses pormenores, não há qualquer exigência da Lei de Registros Públicos, para a qual, na primeira hipótese, basta o preenchimento do lugar do sepultamento, o que restou devidamente atendido na certidão em comento.

5. No que toca ao estado civil do falecido, é exigência o art. 80, da Lei 6015 D 73, que o faça constar na certidão de óbito. Tendo sido devidamente comprovado o estado civil do falecido (separado judicialmente), há de ser julgado procedente o pedido da autora D apelante para retificação da certidão de óbito nesse pormenor.

6. Recurso parcialmente provido. Sentença reformada em parte. (TJES – Ap. Civ. 0350 5008 1443, Relator ARNALDO SANTOS SOUZA, 1ª Câmara Civel, Data do Julgamento: 30/01/2007)

3. QUESTÕES DE CONCURSOS

01. (IESES – Titular de Serviços de Notas e Registros – TJ – TO – Provimento/2022) A certidão de óbito é um documento fundamental para comprovar o falecimento e indispensável no ato de solicitações de benefícios, como pensão por morte e seguro de vida. Além disso, ela é requerida para dar entrada em inventário ou acessar o direito de usufruto e possibilitar novo casamento à parte viúva. Além disso, durante a pandemia do Covid 19, os dados dos óbitos fornecidos pelo registro civil de pessoas naturais foram importantes para a formação de estatísticas necessárias ao planejamento de políticas públicas relacionadas ao combate da calamidade global. A Lei de Registros Púbicos (LRP – Lei nº 6.015/73) estabelece as diretrizes para a prática de tal ato registral. Sobre a temática é correto afirmar:

a) São obrigados a fazer declaração de óbitos o chefe de família, a respeito de sua mulher, filhos, hóspedes, agregados e fâmulos; a viúva, a respeito de seu marido, e de cada uma das pessoas indicadas no número antecedente; o filho, a respeito do pai ou da mãe; o irmão, a respeito dos irmãos e demais pessoas de casa, indicadas no nº 1; o parente mais próximo maior e presente; o administrador, diretor ou gerente de qualquer estabelecimento público ou particular, a respeito dos que nele faleceram, salvo se estiver presente algum parente em grau acima indicado; na falta de pessoa competente, nos termos dos números anteriores, a que tiver assistido aos últimos momentos do finado, o médico, o sacerdote ou vizinho que do falecimento tiver notícia; a autoridade policial, a respeito de pessoas encontradas mortas. Podendo a declaração ser feita por meio de preposto, autorizando-o o declarante em escrito, de que constem os elementos necessários ao assento de óbito.
b) Antes de proceder ao assento de óbito de criança de menos de 2 (dois) anos e maior de 1 (um) ano, o oficial verificará se houve registro de nascimento, que, em caso de falta, será previamente feito.
c) A cremação de cadáver somente será feita daquele que houver manifestado a vontade de ser incinerado ou no interesse da saúde pública e se o atestado de óbito houver sido firmado por 1 (um) médicos ou por 1 (um) médico legista no caso de morte violenta.
d) O oficial de registro civil sempre comunicará o óbito à Receita Federal e à Secretaria de Segurança Pública e ao INSS.

02. (IESES – Titular de Serviços de Notas e Registros – TJ – TO – Remoção/2022) O assento de óbito deverá conter, entre outros:

I. Se era eleitor.
II. Se deixou bens e herdeiros menores ou interditos; se faleceu com testamento conhecido.
III. A hora, se possível, dia, mês e ano do falecimento; lugar do sepultamento.
IV. Se era casado, o nome do cônjuge sobrevivente, mesmo quando desquitado; se viúvo, o do cônjuge pré-defunto; e o cartório de casamento em ambos os casos.

A sequência correta é:

a) Apenas as assertivas I e II estão corretas.
b) Apenas as assertivas I e IV estão corretas.
c) Apenas a assertiva III está incorreta.
d) As assertivas I, II, III e IV estão corretas.

03. (Vunesp – Outorga de delegação de serviços notariais e registrais – Remoção – TJ – RS/2019) Na lavratura do registro de óbito, o Oficial de RCPN tem que fazer constar, obrigatoriamente, a seguinte informação:

a) o número da CNH do falecido, caso fosse motorista.
b) a variável raça/cor.
c) o nome do hospital que atendeu o de cujus, mesmo em caso de morte em outro local.
d) a residência dos pais.
e) a hora do falecimento.

04. (IESES – Cartório – Provimento – TJ – AM/ 2018) Em relação ao óbito, assinale a alternativa INCORRETA:

a) O assento de óbito deverá conter o prenome, nome, sexo, idade, cor, estado, profissão, naturalidade, domicílio e residência do morto.

b) São obrigados a fazer declaração de óbitos o chefe de família, a respeito de sua mulher, filhos, hóspedes, agregados e fâmulos.
c) Quando o assento for posterior ao enterro, faltando atestado de médico ou de duas pessoas qualificadas, assinarão, com a que fizer a declaração, duas testemunhas que tiverem assistido ao falecimento ou ao funeral e puderem atestar, por conhecimento próprio ou por informação que tiverem colhido, a identidade do cadáver.
d) O assento óbito deverá ser assinado pela pessoa que fizer a comunicação não podendo outra pessoa a seu rogo fazê-lo, sendo vedado o que analfabetos façam o assento.

05. (Cespe – Tabelião-BA/2005) Acerca do registro civil das pessoas naturais, julgue os itens a seguir.
( ) No assento de óbito de pessoa conhecida, deve constar o estado civil do de cujus e, sendo este casado ou divorciado, o nome do cônjuge ou do ex-cônjuge sobrevivente.

06. (EJEF – Notário-MG/2011) São requisitos que deverão constar no assento de óbito, EXCETO
a) o lugar do falecimento, com indicação precisa.
b) o lugar do sepultamento, com o dia e a hora precisos.
c) se era eleitor.
d) se faleceu com testamento conhecido.

07. (Vunesp – Cartório – SP – Remoção/2016) Dentre outros requisitos, o assento de óbito deve conter:
a) o fato de ser gêmeo, quando assim tiver acontecido.
b) os prenomes, os sobrenomes, a profissão, a naturalidade e a residência dos pais do morto.
c) o lugar do nascimento.
d) o número do procedimento administrativo da habilitação para o casamento, se casado.

08. (IESES – Cartório – Remoção – TJ – RO/2017) Dentre outras informações, o assento de óbito deverá conter:
I. Se era eleitor.
II. O prenome, nome, sexo, idade, cor, estado, profissão, naturalidade, domicílio e residência do morto.
III. Se deixou filhos, nome e idade de cada um.
IV. Se era filhado a partido político, indicando qual o partido e data de filiação.
A sequência correta é:
a) Apenas as assertivas I e IV estão corretas.
b) Apenas a assertiva II está correta.
c) A assertiva IV está incorreta.
d) As assertivas I, II, III e IV estão corretas.

09. (IESES – Cartório – TJ – PB/2014) O declarante do óbito poderá exigir que conste na certidão de óbito para fins de facilitação de posteriores encaminhamentos:
I. Número de inscrição do PIS/PASEP.
II. Número de inscrição no Instituto Nacional do Seguro Social – INSS e o número de benefício previdenciário – NB, no caso de condição de beneficiário.
III. Número do título de eleitor.
IV. Número e série da carteira de trabalho.
A sequência correta é:
a) Apenas as assertivas III e IV estão corretas.
b) As assertivas I, II, III e IV estão corretas.
c) Apenas as assertivas I e III estão corretas.
d) Apenas as assertivas I, III e IV estão corretas.

10. (IESES – Cartório – TJ – RO/2012) Assinale a assertiva INCORRETA a respeito do Registro Público:
a) Os atos constitutivos das associações de utilidade pública devem ser inscritos no Livro A dos Cartórios de Registro Civil de Pessoas Jurídicas.
b) O registro das sociedades, fundações e partidos políticos consistirá na declaração, feita em livro, pelo oficial, do número de ordem, da data da apresentação e da espécie do ato constitutivo, com as seguintes indicações: a denominação, o fundo social, quando houver, os fins e a sede da associação ou fundação, bem como o tempo de sua duração; o modo por que se administra e representa a sociedade, ativa e passivamente, judicial e extrajudicialmente; se o estatuto, o contrato ou o compromisso é reformável, no tocante à administração, e de que modo; se os membros respondem ou não, subsidiariamente, pelas obrigações sociais; as condições de extinção da pessoa jurídica e nesse caso o destino do seu patrimônio; os nomes dos fundadores ou instituidores e dos membros da diretoria, provisória ou definitiva, com indicação da nacionalidade, estado civil e profissão de cada um, bem como o nome e residência do apresentante dos exemplares.
c) Segundo o determinado pela Lei 6015/73, o Livro B, dos Cartórios de Registro Civil de Pessoas Jurídicas, terá 150 folhas.
d) É exigência legal que contenha o assento de óbito cada um dos seguintes dados: o número de inscrição do PIS/PASEP, se houver; o número de inscrição no Instituto Nacional do Seguro Social – INSS, se contribuinte individual; o número de benefício previdenciário – NB, se a pessoa falecida for titular de qualquer benefício pago pelo INSS; o número do CPF; o número de registro da Carteira de Identidade e o respectivo órgão emissor; o número do título de eleitor; o número do registro de nascimento, com informação do livro, da folha e do termo; e o número e série da Carteira de Trabalho.

GAB	1	A	2	D	3	B	4	D
	5	ERRADO			6	B	7	B
	8	C	9	B	10	D	-	

Art. 81. Sendo o finado desconhecido, o assento deverá conter declaração de estatura ou medida, se for possível, cor, sinais aparentes, idade presumida, vestuário e qualquer outra indicação que possa auxiliar de futuro o seu reconhecimento; e, no caso de ter sido encontrado morto, serão mencionados esta circunstância e o lugar em que se achava e o da necropsia, se tiver havido.

Parágrafo único. Neste caso, será extraída a individual dactiloscópica, se no local existir esse serviço.

1. COMENTÁRIOS

O dispositivo em comento descreve duas situações fáticas:

a) de morte de pessoa desconhecida mas, conhecida as circunstâncias da morte e
b) de ter sido encontrado morta a pessoa, de identidade ignorada.

No caso de falecidos desconhecidos, o assento deve incluir declarações sobre estatura ou medida, se possível, cor da pele, sinais aparentes, idade presumida, vestuário e quaisquer outras indicações que possam auxiliar no futuro reconhecimento da pessoa

É importante destacar que a menção à cor da pele é permitida no registro de óbito, enquanto que no assento de nascimento, tal referência é proibida, uma vez que não produz efeitos jurídicos relevantes para a identificação do indivíduo. O tema foi detalhado nos comentários do art. 54, precisamento no item 1.1. Se a pessoa for encontrada morta, além das circunstâncias e elementos mencionados anteriormente para os casos de desconhecidos, também serão registrados o local onde o corpo foi encontrado e o local onde a necropsia foi realizada, caso tenha ocorrido. Nesses casos, será coletada a impressão digital, se houver serviço disponível no local. Importante destacar que, nesta situação, a declaração de óbito será feita por uma **autoridade policial.**

2. QUESTÕES DE CONCURSOS

01. (FMP – Cartório – TJ – MT/2014) Acerca do assento de óbito, assinale a afirmativa correta.

a) O assento de óbito somente poderá ser lavrado em vista de atestado de médico legista ou de dois médicos que tiverem verificado ou presenciado a morte.

b) O assento de óbito deverá ser assinado pelo médico legista que atestou o óbito ou por alguém a seu rogo, se não souber ou não puder assinar.

c) Nenhum assento será lavrado após o sepultamento, salvo por autorização judicial, expedida após a oitiva de duas testemunhas que tiverem assistido ao falecimento ou ao funeral e puderem atestar, por conhecimento próprio ou por informação que tiverem colhido, a identidade do cadáver.

d) O assentamento de óbito ocorrido em hospital, prisão ou outro qualquer estabelecimento público será feito, em falta de declaração de parentes, segundo a declaração da respectiva administração, após autorização judicial.

e) Sendo o finado desconhecido, o assento deverá conter declaração de estatura ou medida, se for possível, cor, sinais aparentes, idade presumida, vestuário e qualquer outra indicação que possa auxiliar de futuro o seu reconhecimento.

02. (IESES – Cartório – Remoção – TJ – RO/2017) Sendo o finado desconhecido, o assento de óbito deverá conter, quando possível, dentre outras informações:

I. A declaração de estatura ou medida e a cor da pele.
II. Sinais aparentes.
III. Idade presumida.
IV. Vestuário e qualquer outra indicação que possa auxiliar de futuro o seu reconhecimento.

A sequência correta é:

a) Apenas as assertivas I e IV estão corretas.
b) A assertiva IV está incorreta.
c) Apenas a assertiva II está correta.
d) As assertivas I, II, III e IV estão corretas.

GAB	1	E	2	D

Art. 82. O assento deverá ser assinado pela pessoa que fizer a comunicação ou por alguém a seu rogo, se não souber ou não puder assinar.

1. COMENTÁRIOS

O dispositivo em questão é aplicável às pessoas mencionadas no caput do art. 79, bem como em seu parágrafo único.

Walter Ceneviva observa que "o declarante deve ser identificado no assento de modo tão completo quanto possível. A exigência da assinatura acompanhada da identificação do autor da comunicação tem o propósito duplo de afirmar a responsabilidade dele e de garantir a correção do assento" (Op. cit., p. 198).

Saliente-se que a declaração falsa de óbito configura crime de falsidade ideológica, prevista no art. 299 do Código Penal.

Art. 83. Quando o assento for posterior ao enterro, faltando atestado de médico ou de duas pessoas qualificadas, assinarão, com a que fizer a declaração, duas testemunhas que tiverem assistido ao falecimento ou ao funeral e puderem atestar, por conhecimento próprio ou por informação que tiverem colhido, a identidade do cadáver.

1. COMENTÁRIOS

O art. 77 estipula que nenhum sepultamento pode ser realizado sem certidão emitida pelo oficial de registro do local do falecimento, a qual deve ser extraída após a lavratura do assento de óbito. Por outro lado, o art. 83 apresenta uma exceção a essa regra, permitindo que o registro de óbito seja realizado após o sepultamento.

Nas palavras de Ceneviva, "o adjetivo *qualificadas*, referente às pessoas que podem atestar o óbito, não havendo médico, tem sentido mais amplo que o de sua completa identificação. Incumbe-lhes certificar que a morte ocorreu e, se possível, qual sua causa. Para isto precisam de qualidade intelectual compatível. Não se confundem com o declarante ou com as testemunhas, embora a lei atribua a estas a relevante função de atestar a identidade. Aquelas substituem o médico no afirmar o óbito em documento separado, que fica arquivado" (Op. cit., p. 199).

Ressalte-se que essas pessoas qualificadas respondem por responsabilidade civil e penal, se constatar erro ou dolo.

2. JURISPRUDÊNCIA COMPLEMENTAR

TRIBUNAL DE JUSTIÇA DO RIO GRANDE DO SUL

EMENTA: PROCESSO Nº 70065880155. REGISTRO TARDIO DE ÓBITO. ART. 83 DA LEI Nº 6.015/73. 1. Considerando que a autora não comprovou de forma segura o falecimento de seu companheiro, mesmo tendo sido oportunizada em mais de uma oportunidade a produção de provas, a improcedência da ação é medida que se impõe. 2. Quando o assento do óbito for posterior ao enterro, faltando atestado de médico ou de duas pessoas qualificadas, assinarão, com a que fizer a declaração, duas testemunhas que tiverem assistido ao falecimento ou ao funeral e puderem atestar, por conhecimento próprio ou por informação que tiverem colhido, a identidade do cadáver, o que não ocorreu no caso. Inteligência do art. 83 do da Lei nº 6.015/73. Recurso desprovido.

3. QUESTÃO DE CONCURSO

01. (Vunesp – Cartório – SP – Remoção/2016) Quando o assento de óbito for posterior ao enterro e não houver atestado de médico ou de duas pessoas qualificadas,

a) assinarão, com a que fizer a declaração, duas testemunhas que tiverem assistido ao falecimento ou ao funeral e puderem atestar, por conhecimento próprio ou por informação que tiverem colhido, a identidade do cadáver.
b) assinará uma testemunha que tiver assistido ao falecimento ou ao funeral e puder atestar, por conhecimento próprio ou por informação que tiver colhido, a identidade do cadáver.
c) a lavratura do assento será precedida de decisão do Ministério Público.
d) assinarão, com a que fizer a declaração, três testemunhas que tiverem assistido ao falecimento ou ao funeral.

GAB	1	A

Art. 84. Os assentos de óbitos de pessoas falecidas a bordo de navio brasileiro serão lavrados de acordo com as regras estabelecidas para os nascimentos, no que lhes for aplicável, com as referências constantes do artigo 80, salvo se o enterro for no porto, onde será tomado o assento.

Art. 85. Os óbitos, verificados em campanha, serão registrados em livro próprio, para esse fim designado, nas formações sanitárias e corpos de tropas, pelos oficiais da corporação militar correspondente, autenticado cada assento com a rubrica do respectivo médico chefe, ficando a cargo da unidade que proceder ao sepultamento o registro, nas condições especificadas, dos óbitos que se derem no próprio local de combate.

Art. 86. Os óbitos a que se refere o artigo anterior, serão publicados em boletim da corporação e registrados no registro civil, mediante relações autenticadas, remetidas ao Ministério da Justiça, contendo os nomes dos mortos, idade, naturalidade, estado civil, designação dos corpos a que pertenciam, lugar da residência ou de mobilização, dia, mês, ano e lugar do falecimento e do sepultamento para, à vista dessas relações, se fazerem os assentamentos de conformidade com o que a respeito está disposto no artigo 66.

1. COMENTÁRIOS

Os óbitos ocorridos a bordo do navio, de aeronave e em campanha configuram situações especiais de registro.

O art. 84 aborda os óbitos ocorridos a bordo de navios, aplicando, quando pertinentes, as mesmas regras estabelecidas para os nascimentos. Essas regras são delineadas nos arts. 64 e 65 da Lei 6.015/1973, o que torna oportuna a sua transcrição:

> **Art. 64.** Os assentos de nascimento em navio brasileiro mercante ou de guerra serão lavrados, logo que o fato se verificar, pelo modo estabelecido na legislação de marinha, devendo, porém, observar-se as disposições da presente Lei.
>
> **Art. 65.** No primeiro porto a que se chegar, o comandante depositará imediatamente, na capitania do porto, ou em sua falta, na estação fiscal, ou ainda, no consulado, em se tratando de porto estrangeiro, duas cópias autenticadas dos assentos referidos no artigo anterior, uma das quais será remetida, por intermédio do Ministério da Justiça, ao oficial do registro, para o registro, no lugar de residência dos pais ou, se não for possível descobri-lo, no 1º Ofício do Distrito Federal. Uma terceira cópia será entregue pelo comandante ao interessado que, após conferência na capitania do porto, por ela poderá, também, promover o registro no cartório competente.
>
> Parágrafo único. Os nascimentos ocorridos a bordo de quaisquer aeronaves, ou de navio estrangeiro, poderão ser dados a registro pelos pais brasileiros no cartório ou consulado do local do desembarque.

O **local de residência do falecido** é considerado competente para o registro.

No registro, serão incluídas referências ao artigo 80.

Ocorrendo o óbito no **porto estrangeiro**, aplicar-se-á o art. 7ºda Lei de Introdução às Normas de Direito, conforme segue:

Art. 7º A lei do país em que domiciliada a pessoa determina as regras sobre o começo e o fim da personalidade, o nome, a capacidade e os direitos de família.

Nos óbitos ocorridos em **aeronave**, quem determina as regras é o art. 173 da Lei 7.565/1986. Veja-se:

Art. 173. O Comandante procederá ao assento, no Diário de Bordo, dos nascimentos e óbitos que ocorrerem durante a viagem, e dele extrairá cópia para os fins de direito.

Parágrafo único. Ocorrendo mal súbito ou óbito de pessoas, o Comandante providenciará, na primeira escala, o comparecimento de médicos ou da autoridade policial local, para que sejam tomadas as medidas cabíveis.

Quanto ao registro dos óbitos ocorridos em **campanha**, aplicam-se as regras dos arts. 85 e 86, devendo o assento ser feito em consonância com o art. 66, que tem a seguinte redação:

Art. 66. Pode ser tomado assento de nascimento de filho de militar ou assemelhado em livro criado pela administração militar mediante declaração feita pelo interessado ou remetido pelo comandante da unidade, quando em campanha. Esse assento será publicado em boletim da unidade e, logo que possível, trasladado por cópia autenticada, ex officio ou a requerimento do interessado, para o cartório de registro civil a que competir ou para o do 1º Ofício do Distrito Federal, quando não puder ser conhecida a residência do pai.

Parágrafo único. A providência de que trata este artigo será extensiva ao assento de nascimento de filho de civil, quando, em consequência de operações de guerra, não funcionarem os cartórios locais.

Nesse caso, o registro deve ser feito no local da residência do falecido.

Art. 87. O assentamento de óbito ocorrido em hospital, prisão ou outro qualquer estabelecimento público será feito, em falta de declaração de parentes, segundo a da respectiva administração, observadas as disposições dos artigos 80 a 83; e o relativo a pessoa encontrada acidental ou violentamente morta, segundo a comunicação, *ex officio*, das autoridades policiais, às quais incumbe fazê-la logo que tenham conhecimento do fato.

1. COMENTÁRIOS

Não havendo declarantes parentes, o registro de óbito ocorrido em hospital, prisão ou outro qualquer estabelecimento público, será realizado segundo a respectiva **administração**, observando-se as diretrizes dos arts. 80 a 83.

No que se refere à pessoa encontrada acidental ou violentamente morta, será lavrado o ato, conforme a comunicação, de ofício, das autoridades policiais, que tem o dever de fazê-la assim que tenham conhecimento do fato.

Tanto em uma quanto em outra hipótese, não sendo bastante os elementos informativos, o registro será lavrado com os elementos disponíveis, mencionando tal circunstância no assento.

Art. 88. Poderão os Juízes togados admitir justificação para o assento de óbito de pessoas desaparecidas em naufrágio, inundação, incêndio, terremoto ou qualquer outra catástrofe, quando estiver provada a sua presença no local do desastre e não for possível encontrar-se o cadáver para exame.

Parágrafo único. Será também admitida a justificação no caso de desaparecimento em campanha, provados a impossibilidade de ter sido feito o registro nos termos do artigo 85 e os fatos que convençam da ocorrência do óbito.

1. COMENTÁRIOS

O art. 88 traz a hipótese de **registro de óbito sem atestado médico ou testemunhas**, uma vez que não é possível verificar o cadáver para exame. Para este registro, faz-se necessária a apreciação judicial no procedimento de **justificação de óbito**.

A justificação de óbito consiste no procedimento para autorizar o assento de óbito de pessoas desaparecidas em naufrágio, inundação, incêndio, terremoto ou qualquer outra catástrofe, quando estiver provada a sua presença no local do desastre e não for possível encontrar o cadáver para exame. Dado que há **certeza da morte**, o registro deve ser realizado por meio de um mandado judicial e inscrito no **Livro 'C'**.

A doutrina majoritária defende que a justificação de óbito prevista no art. 88 é o mesmo instituto da morte presumida sem declaração de ausência, conforme disposto no art. 7º do Código Civil. A redação deste artigo é a seguinte:

Art. 7º Pode ser declarada a morte presumida, sem decretação de ausência:

> I – se for extremamente provável a morte de quem estava em perigo de vida;
>
> II – se alguém, desaparecido em campanha ou feito prisioneiro, não for encontrado até dois anos após o término da guerra.
>
> Parágrafo único. A declaração da morte presumida, nesses casos, somente poderá ser requerida depois de esgotadas as buscas e averiguações, devendo a sentença fixar a data provável do falecimento.

Nestor Duarte, nos comentários do art. 7º do Código Civil afirma que "a Lei 6.015/73 estabelece que o procedimento a ser adotado é a justificação (art. 88), acrescentando, também, o CC que a sentença deverá fixar a data provável do falecimento; logo, não se trata de justificação no sentido estrito do art. 861 do CPC, em que "o juiz não se pronunciará sobre o mérito da prova" (art. 866, parágrafo único), mas de procedimento de jurisdição voluntária cabente no art. 1.103 do CPC". (*Código Civil comentado.* 8. ed. Barueri, SP: Manole, 2014, p. 25).

É importante destacar que o art. 111 da Lei 6.015/1973, ao estipular que 'nenhuma justificação em matéria de registro civil, para retificação, restauração ou abertura de assento, será entregue à parte', e que os autos permanecerão arquivados na Serventia, ressalta a diferença em relação à justificação prevista no art. 861 do CPC de 1973, agora correspondente ao art. 381, § 3º do CPC atual. Neste último caso, a justificação é finalizada por sentença, e os autos são entregues ao requerente, sem necessidade de traslado, após 48 horas da decisão, conforme estabelecido pelo art. 866 do CPC anterior, correspondente ao art. 382 do novo CPC.

Existe também uma corrente doutrinária que aponta diferenças entre os institutos da justificação de óbito e da morte presumida sem declaração de ausência. Segundo essa visão, o art. 7º do Código Civil trata da morte presumida, enquanto o art. 88 aborda a morte real, que ocorre sem atestação de médico ou testemunha. Neste último caso, a responsabilidade pelo registro recai sobre o local do ocorrido, e o assento é lavrado com base na carta de sentença ou em mandado judicial.

Como exemplo de justificação de óbito, podemos citar o caso das pessoas cujos corpos não foram identificados e que, comprovadamente, estavam a bordo do avião da TAM que se acidentou em 2007, no Aeroporto de Congonhas, em São Paulo/SP.

No que se refere à **morte presumida** sem decretação de ausência, esta é declarada quando extremamente provável for a morte de quem estava em perigo de vida; ou se alguém, desaparecido em campanha ou feito prisioneiro, não for encontrado até dois anos após o término da guerra. Essa declaração somente pode ser requerida depois de esgotadas as buscas e averiguações, devendo a sentença fixar a data provável do falecimento. Nesse caso, o assento de óbito será no **Livro "E"**, do Registro Civil do **último domicílio do falecido presumidamente**, com as mesmas cautelas e efeitos do registro da ausência.

Note-se que na morte presumida, há a **probabilidade da morte**, não a certeza.

Para ilustrar, trago o caso "Amarildo Dias de Souza", ajudante de pedreiro, desaparecido, em 2013, na Rocinha- Rio de Janeiro/RJ. Foi reconhecida a morte presumida pela justiça, considerando que ele estava em perigo de vida.

Outro exemplo é o da viúva de um piloto que sobrevoava o Triângulo das Bermudas. Localizado entre Miami, Bermudas e Porto Rico, o Triângulo das Bermudas é famoso por ser o local onde muitas aeronaves e embarcações desapareceram misteriosamente ao longo dos anos. Um dos casos mais conhecidos é o desaparecimento de uma aeronave militar no final da década de 1940, especificamente o Voo 19.

Uma das histórias mais trágicas e tocantes relacionadas ao desaparecimento do Voo 19 é a da viúva de um dos pilotos. A esposa do Tenente Taylor ficou durante anos esperando pelo retorno de seu marido. Como ele nunca foi encontrado e nenhuma evidência de seu destino foi descoberta, ela enfrentou um período de incerteza e dor. Após muitos anos de espera e na ausência de provas concretas sobre o paradeiro do Tenente Taylor, a viúva finalmente conseguiu obter uma declaração de morte presumida para seu marido. Esse procedimento legal permitiu que ela resolvesse questões de herança e seguridade social, além de lhe proporcionar um encerramento simbólico da longa espera pelo retorno de seu marido.

O registro da morte presumida, sem decretação de ausência, é previsto no inciso IV do art. 9º do Código Civil e é realizado com base em sentença que fixará a data provável do falecimento, cumprindo assim o princípio da instância (art. 13 da LRP).

Do registro de morte presumida, devem constar os seguintes elementos:

a) data do registro;

b) nome, idade, estado civil, profissão e domicílio anterior do ausente, data e Registro Civil das Pessoas Naturais em que forem registrados nascimento e casamento, bem como nome do cônjuge, se for casado;

c) nome do requerente do processo;

d) data da sentença, Vara e nome do Juiz que a proferiu;

e) data provável do falecimento.

O registro da morte presumida deve ser **anotado** nos registros anteriores do presumidamente morto, de acordo com o art. 106 da Lei 6.015/1973, a fim de conferir publicidade plena e efetiva.

É oportuno mencionar também a temática do registro de óbito para os **desaparecidos políticos**. A Lei 6.683/1979 (Lei da Anistia) trouxe no art. 6º a seguinte previsão:

> **Art. 6º** O cônjuge, qualquer parente, ou afim, na linha reta, ou na colateral, ou o Ministério Público, poderá requerer a declaração de ausência de pessoa que, envolvida em atividades políticas, esteja, até a data de vigência desta Lei, desaparecida do seu domicílio, sem que dela haja notícias por mais de 1 (um) ano.
>
> § 1º – Na petição, o requerente, exibindo a prova de sua legitimidade, oferecerá rol de, no mínimo, 3 (três) testemunhas e os documentos relativos ao desaparecimento, se existentes.
>
> § 2º – O juiz designará audiência, que, na presença do órgão do Ministério Público, será realizada nos 10 (dez) dias seguintes ao da apresentação do requerente e proferirá, tanto que concluída a instrução, no prazo máximo de 5 (cinco) dias, sentença, da qual, se concessiva do pedido, não caberá recurso.
>
> § 3º – Se os documentos apresentados pelo requerente constituirem prova suficiente do desaparecimento, o juiz, ouvido o Ministério Público em 24 (vinte e quatro) horas, proferirá, no prazo de 5 (cinco) dias e independentemente de audiência, sentença, da qual, se concessiva, não caberá recurso.
>
> § 4º – Depois de averbada no registro civil, a sentença que declarar a ausência gera a presunção de morte do desaparecido, para os fins de dissolução do casamento e de abertura de sucessão definitiva.

Por derradeiro, a **Lei 9.140/1995,** que reconhece como mortas pessoas desaparecidas em razão de participação, ou acusação de participação, em atividades políticas, no período de 2 de setembro de 1961 a 15 de agosto de 1979, traz uma hipótese de morte real, cujo registro de óbito se faz no Livro "C", legitimando o cônjuge, o companheiro ou a companheira, descendente, ascendente, ou colateral até quarto grau, a requerer a oficial de registro civil das pessoas naturais de seu domicílio a lavratura do assento de óbito, instruindo o pedido com original ou cópia da publicação da referida lei e de seus anexos (art. 3º).

Em caso de dúvida, será admitida justificação judicial, conforme previsão no parágrafo único do art. 3º.

2. JURISPRUDÊNCIA COMPLEMENTAR

TRIBUNAL DE JUSTIÇA DO ESTADO DO CEARÁ

EMENTA: MORTE PRESUMIDA. JUSTIFICAÇÃO JUDICIAL DA MORTE PARA ASSENTO DE ÓBITO DE PESSOA DESAPARECIDA EM NAUFRÁGIO (ART. 88 DA LEI Nº 6.015/73). CADÁVER NÃO ENCONTRADO. PROVA TESTEMUNHAL DA PRESENÇA DO DESAPARECIDO NO LOCAL DO ACIDENTE. PROBABILIDADE DE MORTE. ESGOTAMENTO DAS BUSCAS E AVERIGUAÇÕES. INQUÉRITO ADMINISTRATIVO REALIZADO PELA CAPITANIA DOS PORTOS DO CEARÁ. APLICAÇÃO DO ARTIGO 7º, I, E PARÁGRAFO ÚNICO DO CÓDIGO CIVIL DE 2002. APELO CONHECIDO E PROVIDO.

1. É possível a declaração judicial de morte presumida, em face do desaparecimento de quem estava em perigo de vida, sendo extremamente provável sua morte, após serem esgotadas todas as buscas e averiguações no sentido de encontrá-lo. Inteligência do artigo 7º, I, do Código Civil devendo a sentença fixar a data provável do falecimento (parágrafo único do referido artigo). 2. In casu, o fato ocorreu em alto-mar, quando a canoa entornou, após uma grande onda, lançando os tripulantes fora da embarcação. 3. Grande probabilidade do desaparecido ter falecido, vítima do naufrágio, ocorrido em 02.10.2003, em vista o seu não retorno até a presente data, perfazendo o total de quase 08 (oito anos). 4. Permissão legal para a justificação judicial da morte para assento de pessoas desaparecidas em naufrágio, inundação, incêndio, terremoto, ou qualquer outra catástrofe, quando estiver provada a sua presença no local do desastre e não for possível encontrar o cadáver para exame (art. 88 da Lei de Registros Públicos – Lei nº 6.015/73). 5. Recurso conhecido e provido. (TJCE – Ap. Civ. 6581395112000806000011, Relator(a): VERA LÚCIA CORREIA LIMA 4ª Câmara Cível, Data de Registro: 21/10/2011)

3. QUESTÕES DE CONCURSOS

01. (Vunesp – Cartório – Remoção – TJ – SP/2018) Em relação à morte presumida, é correto afirmar que

a) o registro da morte presumida não tem aptidão para dissolver o casamento válido.
b) será registrada no Livro E, quanto ao ausente, nos casos em que a lei autoriza a abertura da sucessão definitiva.
c) será lavrado no Livro E o assento de óbito de pessoa desaparecida em naufrágio, inundação, incêndio, terremoto ou qualquer outra catástrofe, mediante o cumprimento de mandado judicial, expedido nos autos de justificação, quando esteja provada a presença daquela pessoa no local do desastre e não for possível encontrar-se o cadáver para exame.
d) do registro da sentença de declaração da morte presumida não deverá constar a data provável do falecimento.

02. (IESES – Notário-MA/2008) A Lei de Registros Públicos (Lei nº 6.015/73), quanto ao óbito, dispõe:

I. Nenhum sepultamento será feito sem certidão, do oficial de registro do lugar do falecimento, extraída após a lavratura do assento de óbito, em vista do atestado de médico, se houver no lugar, ou em caso contrário, de duas pessoas qualificadas que tiverem presenciado ou verificado a morte.
II. A cremação de cadáver somente será feita daquele que houver manifestado a vontade de ser incinerado ou no interesse da saúde pública e se o atestado de óbito houver sido firmado por 2 (dois) médicos ou por 1 (um) médico legista e, no caso de morte violenta, depois de autorizada pela família do falecido.
III. A declaração de óbito poderá ser feita por meio de preposto, autorizando-o o declarante em escrito ou verbalmente, de que constem os elementos necessários ao assento de óbito.
IV. Poderão os Juízes togados admitir justificação para o assento de óbito de pessoas desaparecidas em naufrágio, inundação, incêndio, terremoto ou qualquer outra catástrofe, quando estiver provada a sua presença no local do desastre e não for possível encontrar-se o cadáver para exame.

a) As alternativas I e III estão corretas.
b) As alternativas I, III e IV estão corretas.
c) As alternativas I e IV estão corretas.
d) As alternativas II e IV estão corretas.

03. (Cespe – Cartório-PI/2013) A respeito do óbito, assinale a opção correta com base na Lei nº 6.015/1973 e demais normas aplicáveis à espécie.

a) O registrador não deve fazer constar no assento de óbito, mesmo diante de declaração de médico atestante, informação sobre a causa mortis que atente contra a dignidade do falecido e de seus familiares.
b) O traslado do assento de óbito de brasileiro ocorrido em país estrangeiro poderá ser realizado com a omissão de dados, sendo possível a posterior inserção das informações faltantes, por averbação, mediante autorização judicial.

c) O rol dos elementos que devem constar do assento de óbito é exemplificativo, de modo que cabe nele a inserção de informação acessória, voluntariamente prestada, acerca de eventual convivência comum do *de cujus* com terceiro.
d) É cabível procedimento de justificação judicial para o assento de óbito de pessoas desaparecidas em naufrágio, inundação, incêndio, terremoto ou qualquer outra catástrofe, se não for possível encontrar o cadáver para exame, sendo irrelevante a prova da presença de tais pessoas no local do desastre.
e) Compete ao juízo do local do falecimento apreciar pedido de justificação de óbito.

GAB	1	B	2	C	3	E

CAPÍTULO X – DA EMANCIPAÇÃO, INTERDIÇÃO E AUSÊNCIA

1. COMENTÁRIOS

Compreende-se no rol de atribuições do Registro Civil das Pessoas Naturais, além do registro de nascimento, casamento e óbito, outros juridicamente relevantes, como o registro da emancipação, interdição e ausência, que se destinam a irradiar efeitos publicitários em relação a terceiros, gerando oponibilidade *erga omnes*.

Esses atos são registrados em livro especial, denominado Livro "E", existente apenas no Cartório do 1º Ofício ou do 1º Subdistrito do Registro Civil de Pessoas Naturais. Marcelo Rodrigues preleciona que "essas ser ventias são as mais antigas de cada município sede de comarca, o que se justifica pela garantia da segurança jurídica adicional proporcionada, por conterem base de dados primitivos de maior amplitude de presumivelmente mais extensa". (*Tratado de Registros Públicos e Direito Notarial*. São Paulo: Atlas, 2014, p. 97).

No Livro "E", que também é denominado de "Livro da Comarca", lavram-se os **registros especiais**, ou seja, aqueles atos ou fatos relativos ao estado da pessoa natural que sejam passíveis de registro e não sejam atinentes a outro livro, tais como a emancipação, interdição, declaração de ausência e de morte presumida, opção de nacionalidade, união estável e traslado de assentos estrangeiros

No que tange à **tutela**, trata-se de uma questão bastante controvertida. Algumas normas das Corregedorias dos Estados determinam que o **registro** deve ser feito no **Livro 'E'**, conforme o disposto no art. 5º, inciso VI, da Lei 8.935/1994. Em contrapartida, outras normas locais exigem a sua **averbação** no **Livro 'A'**. Esta matéria será abordada no item 1.5 deste artigo em comento.

O **registro das sentenças de separação e divórcio e outras alterações no estado civil**, cujo ato tem previsão no art. 32 da Lei 6.515/1977, também é objeto de muitos questionamentos. Há quem defenda a necessidade do registro no Livro "E", porém a posição majoritária é no sentido de que basta a averbação no Livro "B".

A nova redação do art. 10 da Resolução CNJ n. 35/2007, dada pela Resolução 326/2020, coloca uma pá de cal na discussão. Veja-se:

> **Art. 10, Resolução 35/2007.** É desnecessário o registro de escritura pública nas hipóteses aqui abordadas no Livro "E" de Ofício de Registro Civil das Pessoas Naturais, entretanto, o Tribunal de Justiça deverá promover, no prazo de 180 dias, medidas adequadas para a unificação dos dados que concentrem as informações dessas escrituras no âmbito estadual, possibilitando as buscas, preferencialmente, sem ônus para o interessado.

É importante lembrar que o parágrafo único do art. 33, que previa que o Livro 'E' deveria conter 150 folhas, foi alterado pela Medida Provisória nº 1.085, de 27/12/2021, posteriormente convertida na Lei nº 14.382, de 27/6/2022. A nova redação deixa claro que os livros de registro civil das pessoas naturais não possuirão mais um limite exato de folhas para cada livro, podendo ficar a critério de cada oficial registrador.

1.1 REGISTRO DE MORTE PRESUMIDA

O registro da morte presumida, previsto no inciso IV do art. 9º do Código Civil, foi analisado nos comentários do art. 88 desta Lei.

1.2 REGISTRO DA UNIÃO ESTÁVEL

Em um primeiro momento, o registro da união estável veio previsto nas normativas estaduais, como, por exemplo, nas Normas do Serviço Extrajudicial da Corregedoria-Geral de Justiça do Estado de São Paulo – NSCGJ-SP, entre inúmeras outras.

Mais tarde, a Corregedoria Nacional de Justiça do CNJ editou, em 7 de julho de 2014, o Provimento 37, considerando a conveniência da edição de normas básicas e uniformes para a realização do registro da união estável e visando conferir segurança jurídica na relação mantida entre os companheiros e desses com terceiros, inclusive no que tange aos aspectos patrimoniais. Atualmente o referido ato normativo esta incorporado nos arts. 537 a 553 do Código Nacional de Normas.

Por sua vez, a Lei 14.382/2022 reconheceu a união estável na Lei de Registros Públicos, incluindo o art. 94-A. Por este motivo, a matéria será exposta nos comentários do referido dispositivo.

1.3 SENTENÇAS DE SEPARAÇÃO E DIVÓRCIO E OUTRAS ALTERAÇÕES DO ESTADO CIVIL

Algumas normas do serviço extrajudicial das Corregedorias de várias unidades da federação defendem o registro, no Livro "E", do 1º Ofício ou Subdistrito da Sede da Comarca, das sentenças proferidas por autoridade jurisdicional brasileira, bem como das escrituras públicas lavradas conforme as prescrições da Lei 11.441/2007 (regulamentada pela Resolução 35/2007 do CNJ), cujo conteúdo altere o estado civil.

A divergência das normativas é no sentido de o registro ser realizado para sentenças decorrentes de casamentos realizados fora da comarca, realizados fora do Estado onde proferidas ou para os casamentos em geral.

Todavia, as normas que previam tal registro foram editadas antes do Código Civil de 2002, que não continha a regra atual do art. 10, segundo o qual se faz a **averbação** das sentenças que decretarem a nulidade ou anulação do casamento, o divórcio, a separação judicial e o restabelecimento da sociedade conjugal.

Com efeito, algumas normativas foram revogadas enquanto outras permaneceram. No caso da segunda hipótese, o registro do divórcio, da separação, do restabelecimento da sociedade conjugal, da nulidade e da anulação do casamento, deve ser requerido pelo interessado, mediante trasladação do mandado ou certidão judicial, ou também escritura pública. Tudo em cumprimento ao princípio da instância, previsto no art. 13 da Lei 6.015/1973.

Frise-se que tal registro **não exclui a obrigatoriedade da averbação** no registro de casamento, nos termos do art. 10, inciso I, do Código Civil vigente.

A nova redação do art. 10 da Resolução CNJ n. 35/2007, dada pela Resolução 326/2020, coloca uma pá de cal na discussão. Veja-se:

> **Art. 10, Resolução 35/2007.** É desnecessário o registro de escritura pública nas hipóteses aqui abordadas no Livro "E" de Ofício de Registro Civil das Pessoas Naturais, entretanto, o Tribunal de Justiça deverá promover, no prazo de 180 dias, medidas adequadas para a unificação dos dados que concentrem as informações dessas escrituras no âmbito estadual, possibilitando as buscas, preferencialmente, sem ônus para o interessado.

1.4 ALTERAÇÃO DE ESTADO CIVIL NO ESTRANGEIRO

Os estrangeiros casados no exterior que se separam, divorciam ou tem seu casamento nulo ou anulado por sentença no Brasil devem registrar, no Livro "E", tais sentenças na serventia com atribuição para seu domicílio.

O fundamento para o registro é o art. 32 da Lei 6.515/1977, cuja redação é a seguinte: "A sentença definitiva do divórcio produzirá efeitos depois de registrada no Registro Público competente".

Para ilustrar, trago a previsão do item 174, Capítulo XVII das NSCGJ-SP que estipulam: "o Registro Civil das Pessoas Naturais do 1º Subdistrito da Comarca procederá no livro "E", para fins de publicidade e efeitos perante terceiros, o traslado da certidão de casamento de estrangeiros realizado no exterior, devidamente legalizada perante autoridade consular brasileira ou apostilada perante autoridade estrangeira competente, assim como traduzida por tradutor público juramentado, inscrito em junta comercial brasileira, para em ato subseqüente, averbar mandado judicial ou escritura pública de separação, divórcio, conversão de separação em divórcio, divórcio direto, nulidade e anulação de casamento."

Vale ainda mencionar o Provimento CNJ n. 53/2016 da Corregedoria Nacional de Justiça do CNJ, que atualmente está incorporado aos arts. 464 a 467 do Código de Normas. São regras sobre a **averbação direta por Oficial de Registro Civil das Pessoas Naturais da sentença estrangeira de divórcio consensual simples ou puro, no assento de casamento, independentemente de homologação judicial.** e que já foram estudadas quando da análise do art. 29, § 1º, "a" desta Lei.

1.5 TUTELA

Milton Paulo de Carvalho Filho, citando Silvio Rodrigues, preleciona nos comentários do art. 1.728 do Código Civil que tutela "é o conjunto de poderes e encargos conferidos pela lei a um terceiro, para proteger ou zelar pela pessoa de um menor (não incapaz) que se encontra fora do poder familiar, e lhe administre os bens. É um múnus imposto pelo Estado com caráter assistencial, pois visa a substituir o poder familiar em face de pessoas cujos pais faleceram, foram suspensos ou destituídos do poder familiar (*Código Civil comentado.* 8. ed. Barueri, SP: Manole, 2014, p. 1912).

Discute-se se a tutela é registrada ou averbada no Registro Civil das Pessoas Naturais. Parte da doutrina e algumas normas da parte extrajudicial das Corregedorias dos Estados, entendem que o **registro** deve ser feito no Livro "E", em razão do disposto no art. 5º, inciso VI da Lei 8.935/1994, que assegura:

> **Art. 5º** Os titulares de serviços notariais e de registro são os:
>
> (...)
>
> VI – oficiais de registro civis das pessoas naturais e de interdições e tutelas;

Nessa linha de pensamento, prevê o Provimento 93/2020 da Corregedoria Geral de Justiça do Estado de Minas Gerais. Veja-se:

> **Art. 658.** As sentenças de tutela poderão ser registradas no livro de que trata o § 1º do art. 513 deste Provimento Conjunto, existente na comarca de domicílio ou residência do tutelado.

Art. 659. O registro somente será lavrado por ordem judicial, mediante trasladação do respectivo mandado, o qual será instruído com certidão de nascimento do tutelado, em original ou cópia autenticada.

Parágrafo único. Fica dispensada a assinatura do interessado no termo.

Art. 660. O registro de tutela deverá conter:

I – a data do registro;

II – o número do processo, o juízo, a data da sentença e a menção ao trânsito em julgado;

III – o prenome e o sobrenome, a data de nascimento, a naturalidade e o endereço completo de residência atual do tutelado;

IV – a serventia em que foi registrado o nascimento, indicando o livro, folha e termo do respectivo assento;

V – o prenome e o sobrenome, o estado civil, a profissão e o endereço completo de residência atual do tutor;

VI – o nome da parte que promoveu a ação de declaração de tutela; VII – a causa da extinção do poder familiar.

§ 1º Não constando do título judicial os elementos indispensáveis ao registro, poderão os interessados completá-los exclusivamente com documentos oficiais.

§ 2º Na falta ou na impossibilidade de complementação de qualquer dos elementos previstos no caput deste artigo, o oficial de registro deverá devolvê-lo ao apresentante, mediante nota de devolução fundamentada, para as devidas complementações, observando-se o disposto nos arts. 150 a 161 deste Provimento Conjunto..

O Código de Normas e Procedimentos do Foro Extrajudicial do Estado de Goiás segue a mesma direção:

Art. 721, CNPFE/GO. O registro de tutela somente será lavrado por ordem judicial, mediante trasladação do respectivo mandado, o qual será instruído com certidão de nascimento do tutelado, em original ou cópia autenticada.

Art. 722, CNPFE/GO. A sentença de tutela poderá ser registrada no Livro E do registro civil de pessoas naturais da comarca de domicílio ou residência do tutelado e conterá:

I – data do registro;

II – nome, idade, naturalidade e residência do tutelado;

III – nome, estado civil, profissão, domicílio e residência do tutor;

IV – número do processo, juízo, data da decisão e menção ao trânsito em julgado;

V – data e serventia em que foi registrado o nascimento com a indicação do livro, folha e termo do respectivo assento;

VI – nome da parte que promoveu a ação de declaração de tutela;

VII – causa da extinção do poder familiar;

VIII – assinatura do oficial de registro ou escrevente autorizado.

Todavia, outras normativas locais determinam que a tutela deve ser **averbada no Livro "A"**. É ocaso do item 130 das Normas do Serviço Extrajudicial da Corregedoria-Geral de Justiça do Estado de São Paulo:

130. A averbação das sentenças de tutela com nomeação de tutor será feita no Registro Civil das Pessoas Naturais que registrou o nascimento do tutelado, fazendo constar:

a) data da averbação;

b) data da sentença, Vara e nome do Juiz que a proferiu;

c) nome do tutor nomeado e sua qualificação, se conhecida;

d) anotação sobre eventual existência de hipoteca legal

Em relação à **guarda**, a legislação federal nada dispõe sobre o registro ou a averbação. Dessa maneira, cabem às normativas estaduais disciplinarem a matéria, como fez o Código de Normas e Procedimentos do Foro Extrajudicial do Estado de Goiás, conforme segue:

Art. 723, CNPFE/GO. O registro de guarda, ainda que provisória, somente será admitido a quem não detenha o poder familiar, mediante trasladação do respectivo mandado, o qual será instruído com certidão de nascimento do menor, em original ou cópia autenticada.

Art. 724, CNPFE/GO. A decisão de guarda poderá ser registrada no Livro E da comarca de domicílio ou residência do menor e conterá:

I – data do registro;

II – nome, idade, naturalidade e residência do menor sob guarda;

III – nome, estado civil, profissão, domicílio e residência do guardião;

IV – número do processo, juízo, data da decisão e menção ao trânsito em julgado, se houver;

V – data e serventia em que foi registrado o nascimento com a indicação do livro, folha e termo do respectivo assento;

VI – nome da parte que promoveu a ação em que foi deferida a guarda; e

VII – assinatura do oficial de registro ou escrevente autorizado.

Art. 89. No cartório do 1º Ofício ou da 1ª subdivisão judiciária de cada comarca serão registrados, em livro especial, as sentenças de emancipação, bem como os atos dos pais que a concederem, em relação aos menores nela domiciliados.

Art. 90. O registro será feito mediante trasladação da sentença oferecida em certidão ou do instrumento, limitando-se, se for de escritura pública, as referências da data, livro, folha e ofício em que for lavrada sem dependência, em qualquer dos casos, da presença de testemunhas, mas com a assinatura do apresentante. Dele sempre constarão:

1º) data do registro e da emancipação;

2º) nome, prenome, idade, filiação, profissão, naturalidade e residência do emancipado; data e cartório em que foi registrado o seu nascimento;

3º) nome, profissão, naturalidade e residência dos pais ou do tutor.

Art. 91. Quando o juiz conceder emancipação, deverá comunicá-la, de ofício, ao oficial de registro, se não constar dos autos haver sido efetuado este dentro de 8 (oito) dias.

Parágrafo único. Antes do registro, a emancipação, em qualquer caso, não produzirá efeito.

1. COMENTÁRIOS

O registro da emancipação é regido pelos arts. 29, IV, e 89 a 91 da Lei 6.015/1973, pelo art. 9º, inciso II, do Código Civil e pelas normativas estaduais.

A emancipação consiste no instituto jurídico que atribui **capacidade plena** aos menores de dezoito anos. Todavia, a capacidade civil não se confunde com a maioridade civil. Conquanto a emancipação atribua capacidade plena aos menores de dezoito anos, o certo é que eles ainda continuam menores.

No tocante à forma, a emancipação pode ser **voluntária, judicial** e **legal**.

A **emancipação voluntária** é a concedida pelos pais, mediante escritura pública, que deve ser inscrita no Registro Civil das Pessoas Naturais competente. Essa inscrição, essencial para a emancipação surtir efeitos perante terceiros, **independe de homologação judicial.**

A emancipação voluntária é outorgada pelos pais conjuntamente, sendo imprescindível que o menor tenha **dezesseis anos completos**. A regra a ser observada é da manifestação conjunta de ambos os pais. No entanto, prevalece o entendimento de que, na ausência de um dos pais, devidamente **declarada no instrumento público de emancipação**, a legitimidade é concedida a apenas um dos pais.

Elucidativa é a decisão do Colendo Conselho Superior da Magistratura de São Paulo, na Apelação Cível 96.91400/9: *"sendo inviável a colheita do consentimento expresso do outro genitor, deve-se atentar à realidade social, acolhendo-se a manifestação isolada do genitor que o exerce o pátrio poder na falta do outro, cabendo entender significar o vocábulo "falta", não apenas ausência ou morte, mas a* ***não-presença****"*.

Discute-se a necessidade de anuência do menor emancipando. Alguns autores defendem que a anuência é necessária para que a emancipação possa produzir efeitos. Nesse caso, o oficial registrador, ao qualificar o título, deve verificar a existência da anuência e, caso não haja, emitir uma nota devolutiva com essa exigência. Outros autores, de maneira acertada, argumentam que não há exigência legal para a anuência do emancipando, tornando-a desnecessária. Para eles, a emancipação tem natureza jurídica de ato unilateral.

Oportuno relembrar que, com o advento do Código Civil de 2002, **a emancipação por instrumento particular não mais subsiste.**

O Oficial Registrador deve estar atento a este aspecto ao qualificar o título.

A **emancipação judicial** é aquela concedida por sentença judicial, com a oitiva do Ministério Público. Para surtir efeitos perante terceiros, a referida sentença deve ser **registrada** no Registro Civil das Pessoas Naturais competente. Esta forma de emancipação só é possível se o menor tiver dezesseis anos completos.

A **emancipação legal** opera-se automaticamente (art. 5º, parágrafo único, do Código Civil), **independentemente** de ato dos pais, tutor ou sentença judicial, **não devendo ser registrada, nem averbada** no Registro Civil das Pessoas Naturais.

A emancipação voluntária e judicial deve ser **registrada** no **Livro "E"** do Registro Civil das Pessoas Naturais do 1º Ofício ou Subdistrito da Sede da Comarca do **domicilio do(a) emancipado(a).**

Em atendimento ao **princípio da instância**, previsto no art. 13 da Lei 6.015/1973, é sempre necessário que o registro seja requerido ou determinado judicialmente.

É importante ressaltar que a emancipação é o único ato do Livro "E" que a lei exige **assinatura do apresentante.** Assim, o **apresentante** do instrumento judicial ou notarial deverá assinar o assento de emancipação. Claro que se o título judicial for apresentado ao registro pelo Juízo, a assinatura do apresentante não deve ser colhida, pois, como bem explica Mario de Carvalho Camargo Neto e Marcelo Salaroli de Oliveira "não há apresentante no sentido estrito da palavra, sendo desprovido de qualquer fundamento jurídico exigir a assinatura do Juiz de Direito no assento de emancipação ou do agente da justiça que levou o mandado ao cartório, isto quando não se tratar de título encaminhado por vias eletrônicas ou pelo correio" (*Registro Civil das Pessoas Naturais*. São Paulo: Saraiva, 2014, p. 155).

O registro da emancipação será feito mediante trasladação da sentença oferecida em certidão ou do instrumento, limitando-se, se for de escritura pública, as referências da **data, livro, folha e ofício em que for lavrada sem dependência**, em qualquer dos casos, da presença de testemunhas, mas com a assinatura do apresentante.

Do registro de emancipação, sempre constarão:

a) data do registro e da emancipação;

b) prenome e sobrenome, idade, filiação, profissão, naturalidade e residência do emancipado; data e cartório em que foi registrado o seu nascimento;

c) nome, profissão, naturalidade e residência dos pais ou do tutor.

Quando a emancipação for judicial, o juiz comunicará a emancipação, de ofício, ao oficial de registro, caso não conste nos autos que esta tenha sido efetuada dentro de 8 (oito) dias. É o que se extrai do art. 91

Saliente-se que, antes do registro, a emancipação, em qualquer caso, não produzirá efeito, sendo o registro uma condição de sua eficácia.

Feito o registro da emancipação, esta deve ser **anotada**, de ofício ou mediante comunicação, no assento de nascimento do emancipado (art. 107, § 1º).

2. JURISPRUDÊNCIA COMPLEMENTAR

TRIBUNAL DE JUSTIÇA DO ESTADO DO RIO GRANDE DO SUL

EMENTA: REGISTRO CIVIL DAS PESSOAS NATURAIS. ATO DE EMANCIPAÇÃO. ANULAÇÃO. IMPOSSIBILIDADE. ALTERAÇÃO DE CONTRATO SOCIAL. PRETENSÃO DE ANULAÇÃO. ALEGAÇÃO DA PRÓPRIA TORPEZA.

1. Ante à ordem constitucional vigente, que estatuiu a igualdade entre homens e mulheres, a emancipação pode ser concedida por qualquer um dos cônjuges, em conjunto ou separadamente, não importando a ausência do consentimento do outro em nulidade absoluta, mas sim mera irregularidade.

2. A emancipação, muito mais que ato de imposição dos pais, é um direito do menor, sendo o seu consentimento requisito essencial para a validade do ato, não podendo a parte emancipada pretender a anulação do ato emancipatório quando não provado ter sido sua manifestação de vontade viciada por erro, dolo ou coação.

3. Não pode a parte se beneficiar da própria torpeza para obter a declaração anulação de ato jurídico celebrado com seu pleno conhecimento e anuência. Precedentes jurisprudenciais. APELO DESPROVIDO. (TJRS – Ap. Cív. 70016157844, 8ª C. Cível, Relator: Claudir Fidelis Faccenda, Julgado em 26/10/2006)

3. QUESTÕES DE CONCURSOS

01. (TJ/SP – 2024 – VUNESP – Notário e Registrador/Provimento) Em relação aos efeitos do registro de emancipação por instrumento público ou mandado judicial e as suas formalidades é correto afirmar que o registro é

a) declarativo e ele deve ser assinado pelo apresentante.

b) constitutivo e independe de assinatura do apresentante em qualquer situação.

c) constitutivo e ele deve ser assinado pelo apresentante quando os respectivos instrumentos forem apresentados diretamente na Serventia.

d) declarativo e independe de assinatura do apresentante em qualquer situação.

02. (IESES – Cartório – Provimento – TJ – AM/2018) Assinale a alternativa INCORRETA:

a) Não serão cobrados emolumentos pelo registro civil de nascimento e pelo assento de óbito, bem como pela primeira certidão respectiva.

b) As emancipações devem ser averbadas no cartório de registro civil, com o benefício da gratuidade.

c) Os reconhecidamente pobres estão isentos de pagamento de emolumentos pelas demais certidões extraídas pelo cartório de registro civil, sendo que o estado de pobreza será comprovado por declaração do próprio interessado ou a rogo, tratando-se de analfabeto, neste caso, acompanhada da assinatura de duas testemunhas.

d) É competente para a inscrição da opção de nacionalidade o cartório da residência do optante, ou de seus pais e se forem residentes no estrangeiro, far-se-á o registro no Distrito Federal.

03. (Vunesp – Notário-SP/2009) A emancipação legal

a) necessita, para produzir efeito, de seu registro no Livro E do oficial de registro civil das pessoas naturais do 1.º subdistrito competente.

b) necessita, para produzir efeito, de sua anotação à margem do assento de nascimento do emancipado.

c) necessita, para produzir efeito, de sua averbação à margem do assento de nascimento do emancipado.

d) independe de assentamento específico no registro público, produzindo efeito desde logo, a partir do ato ou do fato que a justifique.

04. (FMP – Cartório – TJ – MT/2014) Acerca da emancipação no âmbito do Registro Civil das Pessoas Naturais, é correto afirmar que

a) a emancipação por concessão dos pais, feita por escritura pública, será registrada, mediante trasladação, no Livro E, e a sua respectiva revogação será averbada também no Livro E.

b) a emancipação por concessão dos pais, feita por instrumento particular, será registrada, mediante declaração, no Livro E, hipótese em que deverá o registrador civil exigir o reconhecimento de firma das partes declarantes.

c) a emancipação por sentença judicial será registrada, mediante trasladação, no Livro E, dispensando-se, no assento, a presença de testemunhas, sendo que antes do registro não produzirá efeito.

d) a emancipação por sentença judicial será registrada, mediante trasladação, no Livro D, e deverá ser anotada no Livro A, no assento de nascimento.

e) a emancipação por concessão dos pais independe de homologação judicial, e seu registro no Livro D será feito por trasladação do instrumento público.

05. (Cespe – Notário-SE/2006) A respeito do registro civil das pessoas naturais, julgue os itens seguintes.

( ) A emancipação, voluntária ou judicial, será registrada, em livro especial, no cartório do 1.º ofício ou da 1.ª subdivisão judiciária da comarca do domicílio do menor. Quando essa for diversa da comarca em que foi registrado, se fará menção no registro e a emancipação será anotada, com remissões recíprocas, no assento de nascimento.

06. (Vunesp – Notário-SP/2009) A emancipação legal

a) necessita, para produzir efeito, de seu registro no Livro E do oficial de registro civil das pessoas naturais do 1.º subdistrito competente.

b) necessita, para produzir efeito, de sua anotação à margem do assento de nascimento do emancipado.

c) necessita, para produzir efeito, de sua averbação à margem do assento de nascimento do emancipado.

d) independe de assentamento específico no registro público, produzindo efeito desde logo, a partir do ato ou do fato que a justifique.

07. (Cespe – Tabelião-BA/2005) Acerca do registro civil das pessoas naturais, julgue os itens a seguir.

( ) O menor pode ser emancipado por concessão dos pais ou tutores, desde que a outorga da capacidade civil seja feita por meio de escritura pública, que necessariamente deve ser inscrita no registro civil competente.

08. (EJEF Tabelionato e Registro-MG/2007) Assinale a opção INCORRETA.

a) O registro da emancipação bem como o da interdição são feitos no livro "B", nos termos do artigo 33 da Lei dos Registros Públicos.
b) A emancipação legal (parágrafo único do artigo 5º. do Código Civil), independe de assentamento específico, produzindo efeitos desde logo, a partir do ato ou fato que a justifique.
c) Quando o juiz conceder emancipação, deverá comunicá-la, de ofício, ao oficial de registro, se não constar dos autos haver sido efetuado este dentro de 8 (oito) dias.
d) A sentença que declara a interdição produz efeitos desde logo, embora sujeita a recurso, devendo ser inscrita no registro civil de pessoas naturais.

09. (Cespe – Cartório – TJ – DF/2014) A respeito da emancipação, assinale opção correta.

a) Caso menor com dezesseis anos completos pretenda estabelecer-se com economia própria, na falta de emancipação voluntária, faz-se necessária a autorização dos pais.
b) Na hipótese de casamento putativo, a nulidade do negócio jurídico produz efeitos jurídicos relativamente ao cônjuge, estando prejudicada a emancipação para a respectiva anotação no respectivo assento de nascimento.
c) Do mandado judicial ou do ato notarial deverá constar a indicação do registro civil das pessoas naturais onde tenha sido registrado o nascimento, para o fim de comunicação da emancipação, para a devida anotação no assento de nascimento.
d) A emancipação pode ser concedida pelo tutor ao tutelado que complete dezesseis anos, mediante instrumento público inscrito no registro civil competente.
e) A emancipação legal decorre do casamento, logo, na hipótese de declaração de nulidade do casamento, são considerados inválidos os negócios jurídicos praticados pelo menor em razão dos efeitos ex nunc da sentença declaratória.

GAB	1	C	2	B	3	D
	4	C	5	CERTO		
	6	D	7	ERRADO		
	8	A	9	C	-	

Art. 92. As interdições serão registradas no mesmo cartório e no mesmo livro de que trata o artigo 89, salvo a hipótese prevista na parte final do parágrafo único do artigo 33, declarando-se:

1º) data do registro;

2º) nome, prenome, idade, estado civil, profissão, naturalidade, domicílio e residência do interdito, data e cartório em que forem registrados o nascimento e o casamento, bem como o nome do cônjuge, se for casado;

3º) data da sentença, nome e vara do Juiz que a proferiu;

4º) nome, profissão, estado civil, domicílio e residência do curador;

5º) nome do requerente da interdição e causa desta;

6º) limites da curadoria, quando for parcial a interdição;

7º) lugar onde está internado o interdito.

Art. 93. A comunicação, com os dados necessários, acompanhados de certidão de sentença, será remetida pelo Juiz ao cartório para registro de ofício, se o curador ou promovente não o tiver feito dentro de oito (8) dias.

Parágrafo único. Antes de registrada a sentença, não poderá o curador assinar o respectivo termo.

1. COMENTÁRIOS

Na redação original do Código Civil, a **interdição** estava regulada nos artigos 1.767 a 1.778 e o seu procedimento regia-se pelo disposto nos artigos 1.177 a 1.186, do Código de Processo Civil de 1973.

Atualmente, com a revogação de alguns dispositivos pelo novo CPC e pelo Estatuto da Pessoa com Deficiência (Lei 13.146/2015), a interdição é regida pelos arts. 1.767, I, III, V; 1.774; 1.775; 1.775-A; 1.776; 1.777, 1,778, 1,779, 1.780, 1.781, 1.782 e 1.783 do CC e o seu procedimento pelo disposto nos arts. 747 a 758 do CPC.

Cristiano Chaves de Farias adverte que o capítulo da interdição no CC foi significativamente alterado pelo advento da Lei 12.146/2015. O aludido Diploma Legal materializou, no âmbito normativo interno brasileiro, a Convenção Internacional sobre os Direitos das Pessoas com Deficiência, apelidada de Convenção de Nova Iorque, ratificada pelo Congresso Nacional por meio do Decreto Legislativo 189/08 (...) É bem verdade que o advento do Estatuto da Pessoa com Deficiência terminou por produzir um fenômeno jurídico curioso por ter revogado dispositivos legais do Código Civil que já estavam revogados por uma lei anterior (o novo Código de Processo Civil), que, por seu turno, estava em *vacatio legis*, cumprindo um período de vacância superior à Norma Estatutária. Com isso, exsurgiu uma situação, para dizer pouco, curiosa e inusitada. A revogação de um dispositivo legal que já estava sendo revogado por uma outra lei, anteriormente editada, mas que estava em período de *vacatio legis*. (Código Civil. São Paulo: Juspodivm, 2020, p. 1439).

Por sua vez, o **registro da interdição** está previsto no art. 9º, inciso III, do Código Civil, bem como nos arts. 29, inciso V, 92 e 93 da Lei 6.015/1973.

Daniel Amorim Assumpção Neves elucida que por meio da interdição se busca a declaração de que determinado sujeito é parcial ou totalmente incapaz de praticar atos da vida civil, em virtude da perda de discernimento para a condução de seus próprios interesses. Nesse caso, será nomeado curador que representará ou assistirá o assistido (Op. cit., p. 1176).

Apesar da polêmica sobre a natureza jurídica da interdição, prevalece o entendimento de que a sentença de interdição é meramente declaratória, podendo seus efeitos retroagir à data do início da incapacidade. Na lição de Pontes de Miranda, "o elemento declarativo é alto, porém não preponderante. O estado da pessoa é declarado e o que se constitui é a incapacitação" (*Comentários ao Código de Processo Civil*, tomo XVI. 1ª ed. Rio de Janeiro: Forense, 1977).

Lecionam Cristiano Chaves de Farias e Nelson Rosenvald acerca do assunto em questão:

> "vale destacar que a sentença de interdição, que tem natureza declaratória (CC, art. 1.773) – logo não é o decreto judicial que cria a incapacidade, decorrendo esta da situação psíquica antes existente e apenas reconhecida em juízo –, admite gradação da incapacidade (...). Questão que suscita intensos debates refere-se aos atos praticados pelo interditado antes do decreto de interdição. É certo que, reconhecida a incapacidade, todos os atos praticados pelo incapaz estão fulminados de invalidade, viciados por conta de sua falta de perfeita compreensão da realidade. Pois bem, como o fito de preservar o princípio basilar da boa-fé, tem-se reconhecido proteção ao terceiro que, de boa-fé, negocia com o interditado dês que não seja visível a incapacidade e não cause prejuízo ao incapaz. Por isso, somente será reputado inválido o negócio celebrado pelo amental se era notório o estado de loucura, isto é, de conhecimento público geral ou lhe causar danos." (Direito Civil – Teoria Geral,4ª Ed. Lumen Iuris. Rio de Janeiro: 2006).

A doutrina que entende ser a sentença de caráter declaratório baseia seu posicionamento no argumento de que a interdição apenas declara uma situação jurídica preexistente. Consequentemente, seus efeitos podem retroagir, desde que seja atestada a incapacidade no momento da prática de atos ou negócios jurídicos anteriores à sentença de interdição, bem como a manifesta incapacidade da pessoa interditada.

Por outro lado, outra parte da doutrina sustenta que o provimento jurisdicional no processo de interdição possui caráter eminentemente constitutivo, modificando a situação jurídica do interditando. Como produz efeitos 'ex nunc', as sentenças constitutivas não possuem retroatividade de seus efeitos.

Moacyr Amaral dos Santos, a respeito das sentenças constitutivas, elucida que:

> "Essas sentenças, como as demais, contêm uma declaração de certeza de relação ou situação jurídica preexistente, mas a isso, como consequência, acrescentam um quid, consistente na criação de nova relação. Há nelas uma declaração de certeza do direito preexistente, das condições necessárias e determinadas em lei para se criar nova relação, ou alterar a relação existente, e aí se manifesta a função declaratória, comum a todas as sentenças; e acrescentam a criação, a modificação ou extinção da relação jurídica, como decorrência daquela declaração, e nisso consiste o seu efeito específico, que as caracteriza – efeito constitutivo." (Primeiras Linhas de Direito Processual Civil, 3º Volume. 3 edição. São Paulo: Saraiva, 1979, pg.31).

Também preleciona Maria Berenice Dias:

> "Muito se debate sobre a natureza jurídica da sentença que decreta a interdição, tema que diz com a validade dos atos praticados pelo interditando antes do ato sentencial. Considerar que a sentença é declaratória seria conferir-lhe eficácia ex tunc ou seja, retroativa, surgindo a possibilidade de se reconhecer a nulidade dos atos realizados antes mesmo da decisão judicial. De outro lado, atribuir à sentença carga eficacial constitutiva lhe confere efeitos ex nunc, ou seja, efeitos a partir de sua prolação, e somente os atos realizados depois da sentença seriam nulos".

O art. 747 do CPC estabelece **a legitimidade ativa do processo de interdição**. Assim, o instituto pode ser promovido:

a) pelo cônjuge ou companheiro;
b) pelos parentes ou tutores;
c) pelo representante da entidade em que se encontra abrigado o interditando;
d) pelo Ministério Público.

Cristiano Chaves afirma que promovendo uma interpretação sistêmica e finalística, não há qualquer sombra de dúvidas, sequer longínqua, de que a revogação do art. 1.768 do Código Civil pelo novo Código Instrumental não afastou a legitimidade da própria pessoa para requerer a sua curatela. É o que se chama autocuratela. A justificativa salta aos olhos: ninguém mais do que a própria pessoa tem interesse em sua proteção jurídica. Assim, há de se interpretar que ao revogar o multicitado dispositivo do Código Civil, o Código de Processo Civil de 2015 não poderia ter afastado a legitimidade da própria pessoa para a curatela, o que só veio a ser reconhecido pelo legislador posteriormente, durante a *vacatio legis* do novo Código de Ritos. A harmonização legislativa é imperativa no caso. (Op. cit., p. 1441).

Julgada procedente a interdição, é imperioso proceder ao seu registro. O art. 1.773 do Código Civil, revogado pelo Novo Código de Processo Civil, dispunha que 'a sentença que declara a interdição produz efeitos desde logo, embora sujeita a recurso.' Frise-se que sua revogação **não alterou o alcance dos efeitos da sentença que determina a curatela, mesmo quando sujeita a apelação**, pois tal decisão continuará produzindo efeitos imediatamente, conforme observado nos arts. 755, § 3º e 1.012 do novo CPC.

Assim, a sentença de interdição produz efeito desde logo, devendo ser inscrita no **registro de pessoas naturais** e imediatamente publicada na rede mundial de computadores, no sítio do tribunal a que estiver vinculado o juízo e na plataforma de editais do Conselho Nacional de Justiça, onde permanecerá por 6 (seis) meses, na imprensa local, 1 (uma) vez, e no órgão oficial, por 3 (três) vezes, com intervalo de 10 (dez) dias, constando do edital os **nomes do interdito e do curador, a causa da interdição, os limites da curatela e, não sendo total a interdição, os atos que o interdito poderá praticar autonomamente**. Em conformidade com o princípio da instância, nos termos do art. 13 da Lei 6.015/1973, o registro deve ser realizado por ordem judicial ou a requerimento verbal ou escrito dos interessados, bem como a requerimento do Ministério Público.

Assim, o requerimento junto ao Registro Civil deverá ser formulado pelo **curador** ou **pelo promovente da ação de interdição**, de acordo com o art. 93 da Lei 6.015/1973, que estabelece que se não houver notícia nos autos de o registro ter sido realizado em oito dias, o Juiz comunicará ao oficial de registro civil, juntamente com a certidão da sentença, para que lavre o registro da interdição.

Com o propósito de assegurar o registro, o artigo 93, parágrafo único, dispõe que **antes de registrada a sentença o curador não poderá assinar o respectivo termo.**

As interdições são registradas no **Livro "E" ou seu desmembramento do Registro Civil do 1º Ofício ou Subdistrito da Sede da Comarca**, do **domicílio do interdito.**

Mario de Carvalho Camargo Neto e Marcelo Salaroli de Oliveira observam que "no caso em que são apresentadas para registro sentenças de interdição prolatadas há longa data, é comum haver alteração do domicílio na data de sentença e na data da apresentação para registro. Nestes casos, para melhor garantia da publicidade, considerando que o registro deve espelhar a situação atual da pessoa natural e que a qualificação registral é exercida no momento da apresentação do título para registro, conforme a situação existente nessa data (*tempus regit actum*), a melhor solução é registrar a interdição no local do domicílio atual da pessoa natural. Para tanto, necessário apresentar comprovante de endereço e/ou colher declaração de domicílio por parte do curador, para respaldar a atribuição territorial para o ato". (Op. cit., p. 158).

Do **registro da interdição** devem constar os seguintes elementos:

a) data do registro;
b) prenome e sobrenome, idade, estado civil, profissão, naturalidade, domicílio e residência do interdito, data e cartório em que forem registrados o nascimento e o casamento, bem como o nome do cônjuge, se for casado;
c) data da sentença, nome e vara do Juiz que a proferiu;
d) nome, profissão, estado civil, domicílio e residência do curador;
e) nome do requerente da interdição e causa desta;
f) limites da curadoria, quando for parcial a interdição (previsto no art. 1.772 e 1.782 do Código Civil);
g) lugar onde está internado o interdito.

A interdição é **anotada** de ofício ou mediante comunicação **nos assentos de nascimento e casamento do interdito** (artigo 107, § 1º).

Tal anotação visa conferir maior publicidade ao ato, além de permitir o efetivo conhecimento dessa relevante alteração da capacidade.

No registro de interdição é feita a **averbação** das sentenças que puserem termo à interdição, das substituições dos curadores, das alterações dos limites de curatela, da cessação ou mudança de internação. Trata-se de rol exemplificativo, uma vez que outras alterações poderão surgir.

2. JURISPRUDÊNCIA COMPLEMENTAR

⊙ ENUNCIADOS DO IBDFAM APROVADOS NO X CONGRESSO BRASILEIRO DE DIREITO DE FAMÍLIA

▶ **Enunciado 25.** Depende de ação judicial o levantamento da curatela de pessoa interditada antes da vigência do Estatuto da Pessoa com Deficiência.

▶ **Enunciado 26.** A pessoa com deficiência pode pleitear a autocuratela.

⊙ SUPERIOR TRIBUNAL DE JUSTIÇA

▶ **EMENTA:** CIVIL E PROCESSUAL CIVIL. FUNDAMENTAÇÃO. PROVA. INTERDIÇÃO. (...) Os atos praticados pelo interditado anteriores à interdição podem ser anulados, desde que provada a existência de anomalia psíquica – causa da incapacidade – já no momento em que se praticou o ato que se quer anular. Recurso não conhecido. "(STJ, REsp nº 255271/GO. Rel. Min. César Asfor Rocha. 4ª Turma, julgado em 28.11.2000)

▶ **EMENTA:** INTERDIÇÃO. SENTENÇA. Pretendida retroação dos efeitos da decisão, para alcançar atos ou negócios jurídicos de que participou a pessoa interditada. Inadmissibilidade. Decisório com natureza constitutiva que cria uma situação nova, sujeitando-se ao regime jurídico da curatela. "(RT 707/240.)

▶ **EMENTA:** INTERDIÇÃO. Doença mental. Fixação da data da incapacidade com retroação. Providência inócua. Sentença que não faz coisa julgada e nem tem retroeficácia para alcançar atos anteriores praticados pelo interdito. Natureza constitutiva e não declaratória. Necessidade de comprovação exaustiva da incapacidade em cada ação autônoma. Recurso não provido. "(JTJ 212/104).

TRIBUNAL DE JUSTIÇA DE MINAS GERAIS

EMENTA: INTERDIÇÃO – INCAPACIDADE – CONSTATAÇÃO – EFEITO – NULIDADE DE ATO PRATICADO ANTERIORMENTE À SENTENÇA DE INTERDIÇÃO. O ajuizamento do pedido da interdição, e o respectivo decreto por sentença, são atos que apenas fizeram o reconhecimento e a declaração judicial do estado anterior de demência. Não podem ser considerados como marcos iniciais da demência, visto a necessidade da presença desta e da sua constatação anterior para tais procedimentos. Por consequência, conforme iterativa jurisprudência, nulo é o ato celebrado por portador de tal incapacidade, ainda que a interdição tenha sido decretada posteriormente à prática do respectivo ato jurídico. (TJMG, Apelação Cível nº 303.166-1. Rel. Juiz Fernando Bráulio (vencido), j. em 14/12/00)

TRIBUNAL DE JUSTIÇA DO ESTADO DE SANTA CATARINA

EMENTA: AÇÃO DE INTERDIÇÃO. SUBSTITUIÇÃO DO CURADOR. IMPOSSIBILIDADE. ENCARGO CUMPRIDO SATISFATORIAMENTE PELO COMPANHEIRO DA INTERDITADA. AUSÊNCIA DE ELEMENTOS ENSEJADORES. SENTENÇA MANTIDA. RECURSO CONHECIDO E IMPROVIDO. Mantém-se a nomeação inalterada, quando inexistir elementos ensejadores à substituição da curatela, que vem sendo exercida de maneira adequada pelo companheiro da interditada, no escopo de proteger a pessoa e os interesses da curatelada. (TJSC – Ap. Cív. nº 2008.076068-1, Desª Daniela Fernandes Dias Morelli, Câmara Especial Regional de Chapecó, Data: 01/07/2010)

EMENTA: AÇÃO DE ANULAÇÃO DE ATO JURÍDICO – ANULAÇÃO DE ESCRITURA PÚBLICA DE COMPRA E VENDA DE IMÓVEL E DO CONSEQUENTE REGISTRO IMOBILIÁRIO – ALIENAÇÃO MENTAL – AGENTE INCAPAZ – LAUDO E TESTEMUNHO MÉDICO QUE COMPROVAM A INCAPACIDADE AO TEMPO DA CELEBRAÇÃO DO CONTRATO – REQUISITOS DO NEGÓCIO JURÍDICO NÃO PREENCHIDOS – RECURSO PROVIDO. É nulo o ato praticado por absolutamente incapaz de manifestar convenientemente sua vontade e resguardar seu interesse, ainda que a interdição tenha sido decretada posteriormente, desde que se comprove que à época da liberalidade o interdito já se encontrava com suas faculdades mentais comprometidas (TJSC – AC 2007.062059-7, Rel. Des. Fernando Carioni, 3ª C. Direito Civil j. 14/03/2008)

3. QUESTÕES DE CONCURSOS

01. (Vunesp – Outorga de Delegação de Notas e Registros – TJ – GO/2021) Assinale a alternativa correta.

a) A averbação da sentença de interdição será feita no Livro E do registro civil da sede da comarca do domicílio do interdito.
b) O registro da sentença de interdição será feito no Livro E do registro civil da sede da comarca do domicílio do interdito.
c) O registro da sentença de interdição será feito no Livro E do registro civil da sede da comarca do registro de nascimento do interdito.
d) A averbação da sentença de interdição será feita no Livro E do registro civil da sede da comarca do registro de nascimento do interdito.

02. (Vunesp – Notário-SP/2009) São, respectivamente, registros de eficácia declarativa (I) e de eficácia constitutiva (II):

a) registro de óbito (I) e registro de casamento (II).
b) registro de nascimento (I) e registro de óbito por morte presumida (II).
c) registro de interdição (I) e registro de emancipação voluntária (II).
d) registro de casamento (I) e registro de sentença de ausência (II).

03. (Vunesp – Notário-SP/2009) Em relação às sentenças de interdição, considere as assertivas:

I. são registradas no registro civil do 1.º subdistrito da sede da comarca, no Livro E ou seu desmembramento;
II. produzem efeitos desde logo, devendo o curador assinar o respectivo termo antes de seu registro;
III. são anotadas de ofício ou mediante comunicação nos assentos de nascimento e casamento do interdito.

São verdadeiras apenas as afirmações

a) I e III.
b) II e III.
c) I e II.
d) I.

04. (Cespe – Notário-ES/2013) Acerca da interdição, do idoso e de sua proteção pela Lei de Registros Públicos, assinale a opção correta.

a) O cartório do último domicílio do ausente, declarado por sentença, é competente para a alienação de bens imóveis do ausente, observada a melhor avaliação apresentada por três imobiliárias.
b) O oficial de registro público tem o dever de anotar, de ofício, no assento de nascimento e, se houver, no de casamento do idoso, a existência de incapacidade civil decorrente de enfermidade psíquica comprovada por relatórios médicos, como forma de preservar os interesses e direitos patrimoniais do idoso.
c) Se a pessoa interditada completar a idade de setenta anos, o notário deverá cassar, liminarmente, a procuração e a autorização outorgadas, expedindo-se as devidas comunicações ao juízo competente.
d) A sentença que decreta a interdição tem efeito erga omnes e deve ser observada pelos poderes públicos, admitindo-se, entretanto, a relativização pelo oficial de registro para a realização de negócio jurídico de compra e venda de imóvel, desde que o interditado seja assistido pelo curador, com base em documento médico inequívoco de reversão dos motivos que determinaram a interdição.
e) O registro das sentenças declaratórias de ausência, que nomearem curador, será feito no cartório do domicílio anterior do ausente, nos moldes da sentença de interdição, com inclusão de requisitos específicos, como o tempo de ausência até a data da sentença.

05. (Cespe – Cartório – ES/2013) Com relação ao registro dos atos de emancipação, interdição, ausência e morte presumida, assinale a opção correta.

a) É obrigatória a anotação dos atos de emancipação, interdição e ausência nos assentos de nascimento, sendo facultativa a anotação nos assentos de casamento.
b) A emancipação, ainda que concedida judicialmente, somente surtirá efeitos após ser registrada no registro civil das pessoas naturais da comarca do domicílio do menor.
c) Embora não seja possível o registro da sentença declaratória de morte presumida, o oficial de registro civil das pessoas naturais, de forma a conferir publicidade perante terceiros, deverá proceder a anotação do ato nos registros de nascimento, casamento, bem como daquele que inscreveu a sentença de ausência.
d) O registro de emancipação por sentença judicial será sempre gratuito.
e) A sentença de interdição somente surtirá efeitos após a inscrição no registro civil das pessoas naturais.

GAB	1	B	2	C	3	A	4	E	5	B

Art. 94. O registro das sentenças declaratórias de ausência, que nomearem curador, será feita no cartório do domicílio anterior do ausente, com as mesmas cautelas e efeitos do registro de interdição, declarando-se:

1º) data do registro;

2º) nome, idade, estado civil, profissão e domicílio anterior do ausente, data e cartório em que foram registrados o nascimento e o casamento, bem como o nome do cônjuge, se for casado;

3º) tempo de ausência até a data da sentença;

4º) nome do promotor do processo;

5º) data da sentença, nome e vara do Juiz que a proferiu;

6º) nome, estado, profissão, domicílio e residência do curador e os limites da curatela.

1. COMENTÁRIOS

O tema já foi abordado nos comentários do art. 29, inciso VI, desta Lei.

2. QUESTÕES DE CONCURSO

01. (IESES – Titular de Serviços de Notas e de Registro – Provimento – TJ – SC/2019) Nos termos do Art. 94, da Lei nº 6.015/73, o registro das sentenças declaratórias de ausência, que nomearem curador, será feita no cartório do domicílio anterior do ausente, com as mesmas cautelas e efeitos do registro de interdição. Assinale a alternativa que indica tudo o que deve ser declarado no registro nos termos do citado dispositivo legal:

a) Data da sentença, nome e vara do Juiz que a proferiu; nome, estado, profissão, domicílio e residência do curador e os limites da curatela.
b) Data do registro; nome, idade, estado civil, profissão e domicílio anterior do ausente, data e cartório em que foram registrados o nascimento e o casamento, bem como o nome do cônjuge, se for casado; tempo de ausência até a data da sentença; nome do promotor do processo; data da sentença, nome e vara do Juiz que a proferiu; nome, estado, profissão, domicílio e residência do curador e os limites da curatela.
c) Tempo de ausência até a data da sentença; nome do promotor do processo; data da sentença, nome e vara do Juiz que a proferiu; nome, estado, profissão, domicílio e residência do curador e os limites da curatela.
d) Somente a data do registro; nome, idade, estado civil, profissão e domicílio anterior do ausente, data e cartório em que foram registrados o nascimento e o casamento, bem como o nome do cônjuge, se for casado; tempo de ausência até a data da sentença.

02. (Vunesp – Cartório – Remoção – TJ – SP/2018) Em relação ao registro da ausência, é correto afirmar que

a) após efetivado o registro de ausência, deverá o Registrador Civil, no prazo de 5 (cinco) dias, promover a devida comunicação à serventia detentora dos registros de nascimento e, ou, de casamento do ausente, ficando dispensado de realizar as remissões recíprocas de anotação, na hipótese de os assentos primitivos encontrarem-se registrados na sua própria unidade de serviço.
b) a abertura de sucessão provisória não poderá ser objeto de averbação no registro de ausência.
c) o registro da sentença declaratória que nomear curador será feito no Livro E do Registro Civil das Pessoas Naturais do domicílio anterior do ausente, com as mesmas cautelas e efeitos do registro de interdição.
d) a partir do registro da sentença declaratória de ausência, considera-se legalmente morto o ausente.

GAB	1	B	2	C

Art. 94-A Os registros das sentenças declaratórias de reconhecimento e dissolução, bem como dos termos declaratórios formalizados perante o oficial de registro civil e das escrituras públicas declaratórias e dos distratos que envolvam união estável, serão feitos no Livro E do registro civil de pessoas naturais em que os companheiros têm ou tiveram sua última residência, e dele deverão constar:

I – data do registro;

II – nome, estado civil, data de nascimento, profissão, CPF e residência dos companheiros;

III – nome dos pais dos companheiros;

IV – data e cartório em que foram registrados os nascimentos das partes, seus casamentos e uniões estáveis anteriores, bem como os óbitos de seus outros cônjuges ou companheiros, quando houver;

V – data da sentença, trânsito em julgado da sentença e vara e nome do juiz que a proferiu, quando for o caso;

VI – data da escritura pública, mencionados o livro, a página e o tabelionato onde foi lavrado o ato;

VII – regime de bens dos companheiros;

VIII – nome que os companheiros passam a ter em virtude da união estável.

§ 1º Não poderá ser promovido o registro, no Livro E, de união estável de pessoas casadas, ainda que separadas de fato, exceto se separadas judicialmente ou extrajudicialmente, ou se a declaração da união estável decorrer de sentença judicial transitada em julgado.

§ 2º As sentenças estrangeiras de reconhecimento de união estável, os termos extrajudiciais, os instrumentos particulares ou escrituras públicas declaratórias de união estável, bem como os respectivos distratos, lavrados no exterior, nos quais ao menos um dos companheiros seja brasileiro, poderão ser levados a registro no Livro E do registro civil de pessoas naturais em que qualquer dos companheiros tem ou tenha tido sua última residência no território nacional.

§ 3º Para fins de registro, as sentenças estrangeiras de reconhecimento de união estável, os termos extrajudiciais, os instrumentos particulares ou escrituras públicas declaratórias de união estável, bem como os respectivos distratos, lavrados no exterior, deverão ser devidamente legalizados ou apostilados e acompanhados de tradução juramentada.

1. COMENTÁRIOS

A união estável, embora seja uma situação de fato, tem sido tratada pelos tribunais como um legítimo estado civil, repercutindo e produzindo efeitos no estado da pessoa natural.

Ao lado do casamento, a união estável, igualmente, presta-se à formação das famílias e à regulamentação de relações patrimoniais. Embora seja um fato jurídico que independe de formalização para ocorrer, é importante seu registro, ainda que facultativo, para sua publicidade e geração de efeitos em face de terceiros.

Em um primeiro momento, o registro da união estável foi previsto nas normativas estaduais, como, por exemplo, nas Normas do Serviço Extrajudicial da Corregedoria-Geral de Justiça do Estado de São Paulo – NSCGJSP, entre inúmeras outras.

Mais tarde, a Corregedoria Nacional de Justiça do CNJ editou, em 7 de julho de 2014, o Provimento 37, considerando a conveniência da edição de normas básicas e uniformes para a realização do registro da união estável e visando conferir segurança jurídica na relação mantida entre os companheiros e desses com terceiros, inclusive no que tange aos aspectos patrimoniais.

Em 2022 veio a Lei 14.382, que reconheceu a união estável na Lei de Registros Públicos, incluindo o art. 94-A.

Por sua vez, a Corregedoria Nacional de Justiça publicou, no dia 16 de março de 2023, o Provimento n. 141/2023, a fim de simplificar o processo de reconhecimento e dissolução de união estável, além de facilitar a alteração de regime de bens e a conversão da união estável em casamento.

A norma alterou o Provimento n. 37/2014 para se adequar às determinações da Lei n. 14.382, de 2022, e permitiu que os cartórios que fazem registros de nascimentos, casamentos e óbitos também realizassem os termos declaratórios de reconhecimento e de dissolução de união estável. O objetivo foi formalizar a união estável, podendo o interessado incluir o companheiro como dependente ou beneficiário em plano de saúde, previdência e ainda permite o direito à pensão, herança e adoção de sobrenome, por exemplo.

Atualmente, o Provimento CNJ n. 37/2014 e suas alterações estão incorporados nos arts. 537 a 543 do Código Nacional de Normas.

Inicialmente, é importante esclarecer que o **registro** da união estável, prevista nos artigos 1.723 a 1.727 do Código Civil, é **facultativo** e não um dever jurídico. Essa união pode ser mantida entre um homem e uma mulher, ou entre duas pessoas do mesmo sexo. A regra está prevista no art. 537 do Provimento CNJ 149/2023, mas não foi repetida no art. 94-A da LRP, conforme segue:

> Art. 537. É facultativo o registro da união estável prevista no art. 1.723 a 1.727 do Código Civil, mantida entre o homem e a mulher, ou entre duas pessoas do mesmo sexo.

Nos ensinamentos de Carlos Elias e Flávio Tartuce, o motivo da facultatividade é que a união estável se constitui com a presença dos requisitos fáticos do art. 1.723 do CC e se extingue com o desaparecimento desses mesmos elementos, quais sejam a presença de uma relação pública – notória –, contínua, duradoura e estabelecida com o objetivo de constituição de família. O registro *latu sensu*, portanto, é apenas **declaratório**. Neste ponto, a redação do *caput* do art. 94-A da LRP foi atécnica por não deixar clara essa facultatividade, o que conduz o jurista a ter de lançar mão de uma interpretação sistemática com o art. 1.723 do CC (Op. cit. p. 93).

A união estável registrada garante a publicidade adequada da relação e, consequentemente, a proteção de direitos importantes, como benefícios previdenciários, partilha de bens, entre muitos outros que podem ser mais bem delimitados quando há uma situação jurídica clara. Veja o que estabelece o Código Nacional de Normas:

> **Art. 537, § 1.º** O registro de que trata o caput confere **efeitos jurídicos** à união estável perante terceiros.

Muito bem observa os autores mencionados que os efeitos jurídicos do casamento devem ser estendidos à união estável, salvo naquilo que for incompatível em razão da natureza informal da união estável. Trata-se de um relativo paralelismo jurídico entre o casamento e a união estável. Essa é a diretriz do nosso ordenamento, à luz da jurisprudência e da doutrina brasileira. A esse propósito, destacamos o Enunciado n. 641, aprovado na VIII Jornada de Direito Civil, que traz a necessidade de diferenciação dos institutos em suas regras de formalidade de ou solenidade:

> "A decisão do Supremo Tribunal Federal que declarou a inconstitucionalidade do art. 1.790 do Código Civil não importa equiparação absoluta entre o casamento e a união estável. Estendem-se à união estável apenas as regras aplicáveis ao casamento que tenham por fundamento a solidariedade familiar. Por outro lado, é constitucional a distinção entre os regimes, quando baseada na solenidade do ato jurídico que funda o casamento, ausente na união estável".

No que diz respeito à **vedação**, proíbe-se o registro, no Livro E, de união estável de pessoas casadas, ainda que separadas de fato, exceto se separadas judicialmente ou extrajudicialmente, ou se a declaração da união estável decorrer de sentença judicial transitada em julgado.

Noutro dizer, podemos afirmar que cabe ao RCPN, ao **qualificar** o título declaratório de existência de união estável, verificar se o casal enfrenta algum impedimento matrimonial, causa suspensiva ou outro obstáculo ao casamento, levando em conta as particularidades da união estável. Caso exista um impedimento matrimonial, o oficial deve recusar o registro da união estável.

Sobre o tema, vale, uma vez mais, trazer os ensinamentos de Carlos Elias: existem duas ressalvas que merecem ser aqui destacadas. A primeira ressalva é para o caso de impedimento matrimonial ser o fato de um dos companheiros ser casado (art. 1.521, inc. VI, do CC). Nessa hipótese, é preciso lembrar que esse impedimento não inviabilizará a caracterização da união estável na hipótese de esse companheiro casado estar separado de fato (art. 1.723, § 1.º, CC). Todavia, como o registro público envolve uma situação de formalidade, o registro facultativo da união estável de pessoa casada só poderá ocorrer se ela estiver "formalmente" separada, seja por meio de uma separação judicial, seja por intermédio de uma separação extrajudicial, tudo devidamente averbado no assento de casamento. Mera separação de fato (sem a devida formalização) impede o registro facultativo. Por essa razão, o § 1.º do art. 94-A da LRP autoriza o registro da união estável mesmo se qualquer dos companheiros for casado, desde que a separação esteja devidamente formalizada. Entendemos que, para efeitos de comprovação da separação judicial ou extrajudicial, é necessário comprovar que ela foi averbada no assento de casamento. A segunda ressalva é a de que, nada obstante a existência de algum impedimento matrimonial, pode ocorrer de um juiz reconhecer a união estável. Por exemplo, um juiz reconhece a união estável entre um genro e uma sogra, apesar de tal situação ser considerada um impedimento patrimonial à luz de uma interpretação literal do art. 1.521, inc. II, do CC. Nessa ilustração hipotética, o juiz pode ter adotado alguma interpretação teleológica ou ter seguido outro caminho argumentativo no caso concreto. Nessa situação, é forçoso respeitar a autoridade jurisdicional. Nenhum impedimento matrimonial eventualmente existente antes da data da sentença pode ser invocado como obstáculo à união estável, em respeito à autoridade da coisa julgada (Op. cit., p. 94).

O Código Nacional de Normas esclarece e regulamenta a questão de quando pessoas são indicadas como casadas no título: até quando pode ser feita a comprovação da separação judicial ou extrajudicial?

> **Art. 545, Parágrafo único:** Quando pessoas são mencionadas como casadas no título, a comprovação da separação judicial ou extrajudicial **pode ser apresentada até a data da prenotação do título.** Nessa situação, **o registro deve incluir uma menção explícita a essa circunstância e ao documento comprobatório apresentado.**

Quanto aos **títulos inscritíveis** no Registro Civil das Pessoas Naturais, o Provimento 37/2014 do CNJ, já regulamentava a possibilidade do **registro da sentença declaratória de reconhecimento e dissolução, ou extinção,** bem como da **escritura pública de contrato e distrato envolvendo união estável.**

É declaratória a escritura pública.

E tem natureza declaratória a sentença de reconhecimento e dissolução da união estável, pois a sua constituição e sua a desconstituição ocorrem automaticamente com a presença ou o desaparecimento dos requisitos fáticos mencionados no art. 1.723 do Código Civil: convivência pública, contínua, duradoura e estabelecida com o objetivo de constituição de família.

A novidade é que o *caput* do art. 94-A, da LRP permite agora que se colha a **vontade dos conviventes e formalize redigindo um termo de união estável,** com os elementos previstos na própria lei. Veja-se:

> Art. 94-A. Os registros das sentenças declaratórias de reconhecimento e dissolução, bem como dos termos declaratórios formalizados perante o oficial de registro

civil e das escrituras públicas declaratórias e dos distratos que envolvam união estável [...]

Assim, são admitidos títulos de **origem judicial e extrajudicial**. Tais títulos declararão a existência ou a extinção da união estável.

Sobre o termo declaratório de união estável, por ser uma novidade, vale explorar o tema mais a fundo para não deixar dúvidas. Trata-se de um documento escrito elaborado pelo oficial do RCPN, que registra a declaração de ambos os companheiros sobre a existência ou a dissolução da união estável e atualmente está regulamentado no Código Nacional de Normas, conforme segue:

> Art. 538. O termo declaratório de reconhecimento e de dissolução da união estável consistirá em declaração, por escrito, de ambos os companheiros perante o ofício de registro civil das pessoas naturais de sua livre escolha, com a indicação de todas as cláusulas admitidas nos demais títulos, inclusive a escolha de regime de bens na forma do art. 1.725 da Lei n. 10.406, de 2002 (Código Civil), e de inexistência de lavratura de termo declaratório anterior.

Lavrado o termo declaratório, o título deve ser arquivado na serventia, preferencialmente de forma eletrônica, em classificador próprio, expedindo-se a certidão correspondente aos companheiros. Essa certidão é um título hábil para a formalização da partilha de bens realizada no termo declaratório perante órgãos registrais, respeitada, porém, a obrigatoriedade de escritura pública nas hipóteses legais, como a prevista no art. 108 do Código Civil.

As informações de identificação dos termos deverão ser inseridas em ferramenta disponibilizada pela CRC.

Atente-se que o termo declaratório de união estável é **facultativo** e não obrigatório. Por ser facultativo, o registro do termo declaratório dependerá de **requerimento conjunto dos companheiros**.

Requerido o termo, o oficial que o formalizou deverá encaminhar o título para registro ao ofício competente, por meio da CRC. Aqui, é necessário que o registrador esteja atento, pois ele deve consultar a CRC antes da lavratura do termo declaratório. Isso se deve ao fato de ser vedada a lavratura de termo declaratório de união estável caso já exista um anterior lavrado com os mesmos companheiros. Portanto, o oficial deve consultar a CRC previamente à lavratura e consignar o resultado no termo.

Em relação ao valor dos emolumentos do termo declaratório da união estável, a regra é a prevista no art. 538, § 6.º, V, conforme segue:

> Art. 538. Enquanto não for editada legislação específica no âmbito dos estados e do Distrito Federal, o valor dos emolumentos para:
>
> I - os termos declaratórios de reconhecimento ou de dissolução da união estável será de 50% do valor previsto para o procedimento de habilitação de casamento; e
>
> II - o procedimento de certificação eletrônica da união estável será de 50% do valor previsto para o procedimento de habilitação de casamento.

Feita essa análise sobre o termo declaratório, podemos observar que, no que diz respeito aos títulos extrajudiciais passíveis de registro da união estável, os companheiros têm a opção de lavrar uma escritura pública perante o Tabelião de Notas ou de comparecer diretamente ao RCPN para que o registrador registre, por escrito, a declaração de existência ou extinção da união estável.

Atente-se para o fato de que, para títulos extrajudiciais, o art. 94-A da Lei 6.015/1973 dispensa a assistência de advogado. Isso se aplica à escritura pública declaratória ou ao termo declaratório feito pelos companheiros perante o Registro Civil das Pessoas Naturais.

O art. 537, § 3º, do Provimento CNJ n. 149/2023 está alinhado ao art. 94-A no que diz respeito aos títulos registráveis, apresentando uma abordagem mais técnica. É que a declaração da união estável deve ser objeto de registro stricto sensu, enquanto a extinção da união estável deve ser objeto de averbação no assento de união estável.

> Art. 537, § 3º: Os títulos admitidos para **registro** ou **averbação** na forma deste Capítulo podem ser:
>
> I – sentenças declaratórias de reconhecimento e dissolução da união estável;
>
> II – escrituras públicas declaratórias de reconhecimento da união estável;
>
> III – escrituras públicas declaratórias de dissolução da união estável nos termos do art. 733 da Lei n. 13.105, de 16 de março de 2015 (Código de Processo Civil);
>
> IV – termos declaratórios de reconhecimento e dissolução de união estável formalizados perante o oficial de registro civil das pessoas naturais, exigida a assistência de advogado ou defensor público no caso de dissolução da união estável, nos termos da aplicação analógica do art. 733 da Lei n. 13.105, de 2015 (Código de Processo Civil) e da Resolução n. 35, de 24 de abril de 2007, do Conselho Nacional de Justiça (CNJ).

Ainda quanto aos títulos inscritíveis, o art. 94-A também traz a possibilidade de ingressar no Registro Civil das Pessoas Naturais, as sentenças estrangeiras de reconhecimento de união estável, os termos extrajudiciais, os instrumentos particulares ou escrituras públicas declaratórias de união estável, bem como os respectivos distratos, **lavrados no exterior**, nos quais ao menos um dos companheiros seja brasileiro. Para fins de registro, estes títulos deverão ser devidamente **legalizados ou apostilados** e **acompanhados de tradução juramentada.** Sobre tal exigência, o art. 539, § 3º, do Provimento CNJ n. 149/2023, confirma que o § 3º do art. 94-A não elimina a necessidade desses procedimentos adicionais para garantir a validade legal dos documentos e sentenças estrangeiras no Brasil, conforme segue:

> Art. 539, § 3.º O disposto no § 3º do art. 94-A da Lei n. 6.015, de 31 de dezembro de 1973, não afasta, conforme

o caso, a exigência do registro da tradução na forma do art. 148 da Lei n. 6.015, de 31 de dezembro de 1973, nem a prévia homologação da sentença estrangeira.

Muito bem alertam Carlos Elias e Flávio Tartuce que o registrador precisará estar atento à natureza jurídica da "união estável" reconhecida no título estrangeiro. Se o título estrangeiro se referir à união estável disciplinada pela legislação brasileira, não haverá obstáculos. Todavia, se se referir à "união estável" da legislação estrangeira, o registrador deverá enfrentar um problema típico de direito internacional privado e conhecido como adaptação *latu sensu* de direitos estrangeiros. Caberá ao registrador averiguar se a "união estável" da legislação estrangeira pode ou não ser equiparada à união estável da lei brasileira. Caso a resposta seja negativa, o registrador deve qualificar negativamente o título estrangeiro, ou seja, terá que negar o registro da "união estável estrangeira". Para ilustrar, a "união de fato" da legislação portuguesa pouca semelhança tem com a união estável brasileira. Em termos sucessórios, por exemplo, a união de fato portuguesa não confere quase nenhum direito ao convivente supérstite. Em um caso como esse de dessemelhança dos institutos, entendemos pela inviabilidade da adaptação lato sensu do direito estrangeiro e, por consequência, consideramos inviável o registro da união estável. Por fim, não se pode confundir a hipótese exposta com a de títulos extrajudiciais lavrados em consulado brasileiro. Os consulados oferecem aos brasileiros que estão no exterior serviços notariais e registrais. Nesses casos, o consulado brasileiro atuará como um "verdadeiro" RCPN ou um Tabelionato de Notas perante o brasileiro que está no exterior. Terá, portanto, se isso for pedido pelo brasileiro, de lavrar escritura pública declaratória de união estável ou colher o termo declaratório de união estável. Terá, também, de registrar a existência ou averbar a extinção da união estável. Nesse ponto, pecou o legislador em não ter sido explícito sobre essa hipótese. Diante dessa omissão, entendemos que devem ser aplicadas, por analogia, *mutatis mutandi*, as regras previstas para casamento consular de brasileiro, o que atrairá a incidência do art. 32 da LRP, além de outras normas conexas (Op. cit., p. 101).

Diante da impossibilidade de registrar um título estrangeiro no Brasil, é necessário encontrar uma solução alternativa que permita o reconhecimento dos direitos e das situações jurídicas dos envolvidos. No contexto de companheiros que desejam registrar uma união estável ou sua dissolução, o Código Nacional de Normas oferece a possibilidade de registrar uma declaração de reconhecimento ou de dissolução de união estável, mesmo que este inclua um histórico jurídico transnacional. Veja-se:

Art. 539, § 2.º Havendo a inviabilidade do registro do título estrangeiro, é admitido que os companheiros registrem um título brasileiro de declaração de reconhecimento ou de dissolução de união estável, ainda que este consigne o histórico jurídico transnacional do convívio *more uxorio*.

Feitas as análises sobre os títulos inscritíveis, passemos agora à seguinte questão: é possível indicar a data de início e fim da união estável? Em caso afirmativo, quais são as condicionantes para a indicação dessas datas?

O Código Nacional de Normas aborda essa questão de maneira detalhada em seu art. 537, § 4º:

Art. 537, § 4º. O registro de reconhecimento ou de dissolução da união estável somente poderá indicar as datas de início ou de fim da união estável se estas constarem de um dos seguintes meios:

I – decisão judicial, respeitado, inclusive, o disposto no § 2.º do art. 544 deste Código de Normas;

Art. 544. *Não é exigível o prévio registro da união estável para que seja registrada a sua dissolução, devendo, nessa hipótese, constar do registro somente a data da escritura pública de dissolução. § 2.º Contendo a sentença em que declarada a dissolução da união estável a menção ao período em que foi mantida, deverá ser promovido o registro da referida união estável e, na sequência, a averbação de sua dissolução.*

II – procedimento de certificação eletrônica de união estável realizado perante oficial de registro civil na forma deste Capítulo; ou

III – escrituras públicas ou termos declaratórios de reconhecimento ou de dissolução de união estável, desde que:

a) a data de início ou, se for o caso, do fim da união estável corresponda à data da lavratura do instrumento; e

b) os companheiros declarem expressamente esse fato no próprio instrumento ou em declaração escrita feita perante o oficial de registro civil das pessoas naturais quando do requerimento do registro.

Fora das hipóteses acima mencionadas, o campo das datas de início ou, se for o caso, de fim da união estável no registro constará como **"não informado"**.O Provimento CNJ n. 149/2023 trouxe regulamentações importantes sobre a questão envolvendo **nascituros ou filhos incapazes**. De acordo com esse provimento, a regra estabelecida no art. 537, § 6.º, é clara e objetiva: quando houver nascituro ou filhos incapazes, a dissolução da união estável não poderá ser realizada de forma extrajudicial. Nesse contexto, a única via possível para a dissolução será por meio de sentença judicial, garantindo assim a proteção e os direitos dos envolvidos, especialmente dos mais vulneráveis.

Além disso, o § 7.º do mesmo artigo estabelece uma diretriz fundamental no que tange à representação legal dos companheiros. É expressamente vedada a representação de qualquer dos companheiros por curador ou tutor, salvo mediante autorização judicial. Essa norma visa assegurar que decisões tão importantes e delicadas, sejam tomadas com a devida supervisão judicial, evitando potenciais abusos e garantindo a observância dos melhores interesses dos companheiros envolvidos.

No que diz respeito à **competência**, os títulos mencionados no caput do art. 94-A da Lei de Registros Públicos e do art. 537, § 3º do Código Nacional de Normas, previamente analisados, devem ser registrados no **Livro "E"** do Registro Civil das Pessoas Naturais, correspondente ao local onde os **companheiros têm ou tiveram sua última residência**. Da mesma forma, os **títulos estrangeiros** de união estável devem ser registrados no Ofício de Registro **onde qualquer dos companheiros tem ou teve sua última residência no território nacional**. Essa disposição assegura a centralização e a correta localização dos registros, facilitando o acesso e a consulta aos documentos relevantes.

Ao avançar para as regras sobre a **escrituração** do registro da união estável, é essencial considerar os elementos previstos no art. 94-A em diálogo com o art. 539. Para proporcionar uma melhor compreensão e didática, analisarei primeiramente o art. 94-A e, em seguida, o art. 539, pois este complementa aquele. Tal abordagem permitirá uma análise mais aprofundada e coerente das normas aplicáveis, garantindo uma aplicação correta e eficiente dos procedimentos legais relacionados à união estável. Essa metodologia facilita a visualização das inter-relações entre os artigos, proporcionando uma visão holística e integrada do tema.

Assim, são elementos do registro da união estável:

> Art. 94-A.
>
> I - data do registro;
>
> II - nome, estado civil, data de nascimento, profissão, CPF e residência dos companheiros;
>
> III - nome dos pais dos companheiros;
>
> IV - data e cartório em que foram registrados os nascimentos das partes, seus casamentos e uniões estáveis anteriores, bem como os óbitos de seus outros cônjuges ou companheiros, quando houver;

Aqui vale uma pausa para dialogar com o art. 541, CNN. *Na hipótese de o título não mencionar o estado civil e não haver indicações acerca dos assentos de nascimento, de casamento ou de união estável das partes (art. 94-A, II e IV, da Lei n. 6.015, de 1973), o registrador deverá obter essas informações para a lavratura do registro mediante as seguintes providências:*

> *I – exigir a apresentação, no prazo de 15 dias, das certidões atualizadas dos referidos assentos, desde que esses assentos tenham sido lavrados em outra serventia; ou*
>
> *II – consultar os referidos assentos no próprio acervo, se for o caso.*
>
> *Parágrafo único. Considera-se atualizada a certidão expedida há, no máximo, 90 dias.*

Dando continuidade aos elementos do registro previstos no art. 94-A, temos:

> V - data da sentença, trânsito em julgado da sentença e vara e nome do juiz que a proferiu, quando for o caso;
>
> VI - data da escritura pública, mencionados o livro, a página e o tabelionato onde foi lavrado o ato;
>
> VII - regime de bens dos companheiros;
>
> VIII - nome que os companheiros passam a ter em virtude da união estável.

Destaco este elemento, pois trata-se de um requisito novo incluído no inciso VIII. Essa regra não estava presente na redação original do Provimento 37.

Mas apesar de ser recente no provimento, a possibilidade de os conviventes adotarem o sobrenome do companheiro já era admitida pela jurisprudência do STJ, conforme o REsp n.º 1.206.656-GO, e por algumas normativas estaduais do foro extrajudicial. Hoje, há novas regras sobre o nome, reforçando essa possibilidade.

Nesse aspecto, observa-se uma aproximação cada vez maior entre o instituto da união estável e o do casamento.

Passemos agora à análise do art. 539 do Provimento CNJ n. 149/2023, que vem complementar o art. 94-A da LRP. Veja-se:

> Art. 539. O registro dos títulos de declaração de reconhecimento ou de dissolução da união estável será feito no Livro E do registro civil de pessoas naturais em que os companheiros têm ou tiveram sua última residência, e dele deverão constar, no mínimo:
>
> I – as informações indicadas nos incisos I a VIII do art. 94-A da Lei n. 6.015, de 31 de dezembro de 1973;
>
> II – data do termo declaratório e serventia de registro civil das pessoas naturais em que formalizado, quando for o caso;
>
> III – caso se trate da hipótese do § 2.º do art. 94-A da Lei n. 6.015, de 1973:

Em relação ao art. 94-A, § 2º, da Lei nº 6.015/1973, este já foi analisado ao tratarmos dos títulos registráveis. Assim, enfatiza-se que é possível o registro, no Livro E, de documentos de união estável de origem estrangeira, desde que ao menos um dos conviventes seja brasileiro.

> a) a indicação do país em que foi lavrado o título estrangeiro envolvendo união estável com, ao menos, um brasileiro; e
>
> b) a indicação do país em que os companheiros tinham domicílio ao tempo do início da união estável e, no caso de serem diferentes, a indicação do primeiro domicílio convivencial.

Aqui vale dialogar com o § 1.º do próprio dispositivo:

> § 1.º Na hipótese do inciso III deste artigo, somente será admitido o registro de título estrangeiro, se este expressamente referir-se à união estável regida pela legislação brasileira ou se houver sentença de juízo brasileiro reconhecendo a equivalência do instituto estrangeiro.

Voltando ao desdobramento do art. 539, o IV do artigo já foi abordado nesse tópico:

> IV – data de início e de fim da união estável, desde que corresponda à data indicada na forma autorizada na forma deste Capítulo.

No tocante à **conservação** dos documentos apresentados, estes devem ser arquivados pelo Oficial de Registro Civil, em meio físico ou mídia digital segura, os documentos apresentados para o registro da união estável e de sua dissolução, com referência do arquivamento à margem do respectivo assento, de forma a permitir sua localização

O **registro de união estável decorrente de escritura pública de reconhecimento ou extinção** produzirá efeitos patrimoniais entre os companheiros, não prejudicando terceiros que não tiverem participado da escritura pública. Já o **registro da sentença declaratória da união estável, ou de sua dissolução,** não altera os efeitos da coisa julgada previstos no art. 506 do novo CPC.

Após a análise de todo o procedimento do registro da união estável, é importante também examinar os outros atos decorrentes deste registro.

Na edição anterior desta obra, destacava-se uma atécnica normativa do legislador. Parecia haver confusão entre os termos averbação e anotação quando o texto legal prescrevia que o oficial **deveria averbar,** no registro da união estável, o óbito, o casamento, a constituição de nova união estável e a interdição dos companheiros, que lhe serão comunicados pelo Oficial de Registro que realizar esses registros, se distinto, fazendo constar o conteúdo dessas averbações em todas as certidões que forem expedidas". Ocorre aqui uma **atécnica normativa,** pois de acordo com os conceitos de averbação e anotação, já analisados nesta obra, o correto seria **anotar** tais registros no registro da união estável.

Na edição anterior desta obra, observava-se uma inadequação normativa no texto legal, evidenciando uma confusão entre os termos 'averbação' e 'anotação'. O dispositivo prescrevia que 'o oficial averbará, no registro da união estável, o óbito, o casamento, a constituição de nova união estável e a interdição dos companheiros, que lhe serão comunicados pelo Oficial de Registro que realizar esses registros, se distinto, fazendo constar o conteúdo dessas averbações em todas as certidões que forem expedidas'. Tal prescrição demonstrava uma impropriedade técnica, pois, conforme os conceitos de averbação e anotação, o correto seria anotar tais registros no registro da união estável. Felizmente, parece que essa inadequação foi corrigida na nova normativa, promovendo maior precisão e clareza nos procedimentos. Dessa forma, prescreve o art. 543:

> Art. 543. O oficial deverá **anotar** o registro da união estável nos atos anteriores, com remissões recíprocas, se lançados em seu Registro Civil das Pessoas Naturais, ou comunicá-lo ao oficial do registro civil das pessoas naturais em que estiverem os registros primitivos dos companheiros.
>
> § 1.º O oficial **anotará,** no registro da união estável, **o óbito, o casamento, a constituição de nova união estável e a interdição dos companheiros**, que lhe serão comunicados pelo oficial de registro que realizar esses registros, se distinto, fazendo constar o conteúdo dessas averbações em todas as certidões que forem expedidas.
>
> § 2.º As comunicações previstas neste artigo deverão ser efetuadas por meio da CRC.

O art. 544 do Provimento 149/2023, não exige o prévio registro da união estável para que seja registrada a sua dissolução, devendo, nessa hipótese, constar do registro somente a data da escritura pública de dissolução.

Em consonância com essa orientação, o **Enunciado 22 da I Jornada de Direito Notarial e Registral** estabelece:

> **Enunciado 22.** Para o ingresso da união estável no Registro de Imóveis não é necessário o seu prévio registro no Livro E do Registro Civil das Pessoas Naturais.
>
> ⊙ Justificativa: Para que a união estável aceda ao Registro de Imóveis não deve o Oficial exigir o seu prévio registro no Livro E do Registro Civil das Pessoas Naturais. Referido registro é facultativo, consoante estabelece o art. 1º do Provimento 37/2014 do CNJ, *verbis*: É facultativo o registro da união estável prevista nos artigos 1.723 a 1.727 do Código Civil, mantida entre o homem e a mulher, ou entre duas pessoas do mesmo sexo. De outro lado, é certo que não é toda e qualquer união estável que pode ingressar no Registro de Imóveis, devendo o Oficial por ocasião da qualificação averiguar, entre outras situações: (i) se há manifestação formal de ambos os conviventes (ou seja, inviável a manifestação unilateral); (ii) se os companheiros se encontram devidamente qualificados com os seus respectivos estados civis; (iii) se não há risco de inscrição de direitos de propriedade presumidamente conflitantes (v.g., um dos conviventes figura como casado em comunhão universal com outrem); e (iv) se o título formal apresentado é hábil para permitir o acesso da união estável ao Registro Predial (v.g., não é adequado a eleição de regime diverso do legal pelos conviventes por simples instrumento particular). Com efeito, diante da ausência de previsão legal, não parece correto exigir o prévio registro no Livro E do RCPN como conditio *sine qua non* para acesso da união estável no Registro de Imóveis. Tal registro é relevante, recomendável, mas não obrigatório. Este é o entendimento do Conselho Superior da Magistratura do Estado de São Paulo: Em razão da informalidade para sua constituição e, em regra, para sua dissolução, o art. 1º do Provimento nº 37/2014 da Corregedoria Nacional de Justiça prevê que o registro da união estável no Registro Civil das Pessoas Naturais é faculdade dos companheiros. (...) Sendo facultativo, não deve esse registro ser exigido para que um dos companheiros, ou ambos, pratiquem atos ou negócios jurídicos compatíveis com a autonomia da vontade. (...) Nesse cenário, é possível concluir, observados os requisitos imprescindíveis à inscrição da união estável sem risco de inscrição de direitos de propriedade presumidamente conflitantes, e diante da informalidade para sua constituição e dissolução, que não se mostra necessário o prévio registro no Livro "E" do Registro Civil das Pessoas Naturais (CSMSP Apelação Cível 1044002-05.2018.8.26.0100, Rel. Des. Geraldo Francisco Pinheiro Franco, j.16/05/2019).

Caso exista um **registro prévio da união estável**, a sua dissolução deverá ser **averbada** à margem desse registro. A explicação é simples: o registro original foi alterado e, consequentemente, deve refletir a nova realidade.

Por sua vez, quando a sentença que declara a dissolução da união estável contém a menção ao período em que a união foi mantida, deve-se proceder ao **registro** dessa união estável. Em seguida, deve-se **averbar** a sua dissolução.

No que diz respeito à publicidade registral, é importante consignar que, em todas as certidões relativas ao registro de união estável no Livro "E", constará uma advertência expressa indicando que esse registro não produz os efeitos da conversão da união estável em casamento.

1.1 REGIME DE BENS E UNIÃO ESTÁVEL

Passemos agora a analisar as regras atuais sobre a **alteração do regime de bens na união estável.** É permitido que ambos os companheiros requeiram a alteração do regime de bens no registro de união estável diretamente no registro civil das pessoas naturais. Para isso, é **necessário** que o requerimento seja formalizado pessoalmente pelos companheiros perante o registrador ou por meio de procuração por instrumento público.

Essa possibilidade de alteração direta no registro civil facilita o processo, garantindo maior agilidade e desburocratização. Ao permitir que os companheiros formalizem o pedido de mudança do regime de bens pessoalmente ou por procuração pública, assegura-se a autenticidade e a validade do ato, respeitando-se os princípios de segurança jurídica, publicidade dos registros públicos e autonomia privada.

Para a instrução do procedimento de alteração de regime de bens, o oficial deverá exigir a apresentação dos seguintes documentos, assegurando uma **qualificação registral** prudente e completa:

a) certidão do distribuidor cível e execução fiscal do local de residência dos últimos cinco anos (estadual/federal);
b) certidão dos tabelionatos de protestos do local de residência dos últimos cinco anos;
c) certidão da Justiça do Trabalho do local de residência dos últimos cinco anos;
d) certidão de interdições perante o 1.º ofício de registro civil das pessoas naturais do local da residência dos interessados dos últimos cinco anos; e
e) conforme o caso, proposta de partilha de bens – respeitada a obrigatoriedade de escritura pública nas hipóteses legais, como na do art. 108 da Lei n. 10.406, de 10 de janeiro de 2002 (Código Civil) –, ou declaração de que por ora não desejam realizá-la, ou, ainda, declaração de que inexistem bens a partilhar.

A apresentação completa desses documentos é essencial para garantir a legalidade e a segurança jurídica do procedimento de alteração do regime de bens.

Uma vez alterado o registro, o oficial, deve fazer a alteração do regime de bens à vista do requerimento acima mencionado, consignando expressamente o seguinte: *"a alteração do regime de bens não prejudicará terceiros de boa- fé, inclusive os credores dos companheiros cujos créditos já existiam antes da alteração do regime"*.

Atente-se para a hipótese em que a alteração somente poderá ser realizada via judicial:

> Art. 547, § 2.º, Prov. CNJ n. 149/2023. Na hipótese de a **certidão de interdições ser positiva**, a alteração de regime de bens deverá ocorrer por meio de processo judicial.

O art. 547, § 3.º, trata da **obrigatoriedade de assistência de advogado ou defensor público na alteração de regime de bens** quando houver proposta de partilha de bens ou certidões positivas, e a necessidade de escritura pública conforme as disposições legais. Veja-se:

> § 3.º Quando no requerimento de alteração de regime de bens houver proposta de partilha de bens – respeitada a obrigatoriedade de escritura pública nas hipóteses legais, como na do art. 108 da Lei n. 10.406, de 10 de janeiro de 2002 (Código Civil) – e/ou quando as certidões dos distribuidores de feitos judiciais cíveis e de execução fiscal, da Justiça do Trabalho e dos tabelionatos de protestos forem positivas, os companheiros deverão estar assistidos por advogado ou defensor público, assinando com este o pedido.

Por sua vez, o art. 547, § 4.º estabelece a **data de produção de efeitos do novo regime jurídico**:

> § 4.º O novo regime de bens produzirá efeitos a contar **da respectiva averbação** no registro da união estável, **não retroagindo aos bens adquiridos anteriormente em nenhuma hipótese, em virtude dessa alteração**, observado que, se o regime escolhido for o da **comunhão universal de bens,** os seus efeitos atingem todos os bens existentes no momento da alteração, ressalvados os direitos de terceiros.

São **elementos da averbação** de alteração de regime de bens no registro da união estável, o regime anterior, a data de averbação, o número do procedimento administrativo, o registro civil processante e, se houver, a realização da partilha.

No tocante à **competência**, invocam-se as regras do art. 547, parágrafos 6.º e 8.º:

> § 6.º O requerimento de que trata este artigo pode ser processado perante o ofício de registro civil das pessoas naturais de livre escolha dos companheiros, hipótese em que caberá ao oficial que recepcionou o pedido encaminhá-lo ao ofício competente por meio da CRC.
>
> § 8.º Quando processado perante serventia diversa daquela em que consta o registro da união estável, deverá o procedimento ser encaminhado ao ofício competente, por meio da CRC, para que se proceda à respectiva averbação.

Apresento, a seguir, as regras **emolumentares** previstas no art. 547, § 7.º:

> **§ 7.º** Enquanto não for editada legislação específica no âmbito dos estados e do Distrito Federal, o valor dos emolumentos para o processamento do requerimento de alteração de regime de bens no registro da união estável

corresponderá ao valor previsto para o procedimento de habilitação de casamento.

1.2 REGIME DE SEPARAÇÃO OBRIGATÓRIA E UNIÃO ESTÁVEL

Inicia-se esse tópico trazendo a Súmula 655 do Superior Tribunal de Justiça (STJ), que estabelece que o regime de separação obrigatória de bens se aplica à união estável contraída por septuagenário, comunicando-se os bens adquiridos durante a união, desde que comprovado o esforço comum.

Vale invocar o excerto dos precedentes originários:

"[...] DIREITO DE FAMÍLIA. UNIÃO ESTÁVEL. COMPANHEIRO SEXAGENÁRIO. SEPARAÇÃO OBRIGATÓRIA DE BENS (CC/1916, ART. 258, II; CC/2002, ART. 1.641, II). DISSOLUÇÃO. BENS ADQUIRIDOS ONEROSAMENTE. PARTILHA. NECESSIDADE DE PROVA DO ESFORÇO COMUM. PRESSUPOSTO DA PRETENSÃO. [...] Nos moldes do art. 258, II, do Código Civil de 1916, vigente à época dos fatos (matéria atualmente regida pelo art. 1.641, II, do Código Civil de 2002), à união estável de sexagenário, se homem, ou cinquentenária, se mulher, impõe-se o regime da separação obrigatória de bens. 2. Nessa hipótese, apenas os bens adquiridos onerosamente na constância da união estável, e desde que comprovado o esforço comum na sua aquisição, devem ser objeto de partilha. [...]" (EREsp 1171820 PR, relator Ministro Raul Araújo, Segunda Seção, julgado em 26/8/2015, DJe de 21/9/2015)

"[...] AÇÃO DE RECONHECIMENTO E DISSOLUÇÃO DE UNIÃO ESTÁVEL C/C PARTILHA DE BENS. COMPANHEIRO SEXAGENÁRIO. ART. 1.641, II, DO CÓDIGO CIVIL (REDAÇÃO ANTERIOR À DADA PELA LEI 12.344/2010). REGIME DE BENS. SEPARAÇÃO LEGAL. IMPOSSIBILIDADE DE SE PRESTIGIAR A UNIÃO ESTÁVEL EM DETRIMENTO DO CASAMENTO. NECESSIDADE DE PROVA DO ESFORÇO COMUM. INEXISTÊNCIA. BENFEITORIA EXCLUÍDA DA PARTILHA. [...] Devem ser estendidas, aos companheiros, as mesmas limitações previstas para o casamento, no caso de um dos conviventes já contar com mais de sessenta anos à época do início do relacionamento, tendo em vista a impossibilidade de se prestigiar a união estável em detrimento do casamento. 2. De acordo com o art. 1.641, inciso II, do Código Civil, com a redação anterior à dada pela Lei 12.344/2010 (que elevou essa idade para setenta anos, se homem), ao nubente ou companheiro sexagenário, é imposto o regime de separação obrigatória de bens. 3. Nesse caso, ausente a prova do esforço comum para a aquisição do bem, deve ele ser excluído da partilha. [...]" (REsp 1369860 PR, relator Ministro Sidnei Beneti, relator para acórdão Ministro João Otávio de Noronha, Terceira Turma, julgado em 19/8/2014, DJe de 4/9/2014)

"[...] DIREITO DE FAMÍLIA. AÇÃO DE RECONHECIMENTO E DISSOLUÇÃO DE UNIÃO ESTÁVEL. PARTILHA DE BENS. COMPANHEIRO SEXAGENÁRIO. ART. 1.641, II, DO CÓDIGO CIVIL (REDAÇÃO ANTERIOR À LEI Nº 12.344/2010). REGIME DE BENS. SEPARAÇÃO LEGAL. NECESSIDADE DE PROVA DO ESFORÇO COMUM. COMPROVAÇÃO. BENFEITORIA E CONSTRUÇÃO INCLUÍDAS NA PARTILHA. SÚMULA Nº 7/STJ. [...] É obrigatório o regime de separação legal de bens na união estável quando um dos companheiros, no início da relação, conta com mais de sessenta anos, à luz da redação originária do art. 1.641, II, do Código Civil, a fim de realizar a isonomia no sistema, evitando-se prestigiar a união estável no lugar do casamento. 2. No regime de separação obrigatória, apenas se comunicam os bens adquiridos na constância do casamento pelo esforço comum, sob pena de se desvirtuar a opção legislativa, imposta por motivo de ordem pública. 3. Rever as conclusões das instâncias ordinárias no sentido de que devidamente comprovado o esforço da autora na construção e realização de benfeitorias no terreno de propriedade exclusiva do recorrente, impondo-se a partilha, demandaria o reexame de matéria fático-probatória, o que é inviável em sede de recurso especial, nos termos da Súmula nº 7 do Superior Tribunal de Justiça. [...]" (REsp 1403419 MG, relator Ministro Ricardo Villas Bôas Cueva, Terceira Turma, julgado em 11/11/2014, DJe de 14/11/2014)

"[...] DISSOLUÇÃO DE UNIÃO ESTÁVEL. PARTILHA DE BENS. COMPANHEIRO SEXAGENÁRIO. SÚMULA 377 DO STF. BENS ADQUIRIDOS NA CONSTÂNCIA DA UNIÃO ESTÁVEL QUE DEVEM SER PARTILHADOS DE FORMA IGUALITÁRIA. NECESSIDADE DE DEMONSTRAÇÃO DO ESFORÇO COMUM DOS COMPANHEIROS PARA LEGITIMAR A DIVISÃO. PRÊMIO DE LOTERIA (LOTOMANIA). FATO EVENTUAL OCORRIDO NA CONSTÂNCIA DA UNIÃO ESTÁVEL. NECESSIDADE DE MEAÇÃO. [...] Por força do art. 258, parágrafo único, inciso II, do Código Civil de 1916 (equivalente, em parte, ao art. 1.641, inciso II, do Código Civil de 2002), ao casamento de sexagenário, se homem, ou cinquentenária, se mulher, é imposto o regime de separação obrigatória de bens (recentemente, a Lei 12.344/2010 alterou a redação do art. 1.641, II, do CC, modificando a idade protetiva de 60 para 70 anos). Por esse motivo, às uniões estáveis é aplicável a mesma regra, impondo-se seja observado o regime de separação obrigatória, sendo o homem maior de sessenta anos ou a mulher maior de cinquenta. Precedentes. 2. A ratio legis foi a de proteger o idoso e seus herdeiros necessários dos casamentos realizados por interesse estritamente econômico, evitando que este seja o principal fator a mover o consorte para o enlace. 3. A Segunda Seção do STJ, seguindo a linha da Súmula n.º 377 do STF, pacificou o entendimento de que apenas os bens adquiridos onerosamente na constância da união estável, e desde que comprovado o esforço comum na sua aquisição, devem ser objeto de partilha (EREsp 1171820/PR, Rel. Ministro Raul Araújo, Segunda Seção, julgado em 26/08/2015, DJe 21/09/2015). 4. Nos termos da norma, o prêmio de loteria é bem comum que ingressa na comunhão do casal sob a rubrica de bens adquiridos por fato eventual, com ou sem o concurso de trabalho ou despesa anterior (CC/1916, art. 271, II; CC/2002, art. 1.660, II). 5. Na hipótese, o prêmio da lotomania, recebido pelo ex-companheiro, sexagenário, deve ser objeto de partilha, haja vista que: i) se trata de bem comum que ingressa no patrimônio do casal, independentemente da aferição do esforço de cada um; ii) foi o próprio legislador quem estabeleceu a referida comunicabilidade; iii) como se trata de regime obrigatório imposto pela norma, permitir a comunhão dos aquestos acaba sendo a melhor forma de se realizar maior justiça social e tratamento igualitário, tendo em vista que o referido regime não adveio da vontade livre e expressa das partes; iv) a partilha dos referidos ganhos com a loteria não ofenderia o desiderato da lei, já que o prêmio foi ganho durante a relação, não havendo falar em matrimônio realizado por interesse ou em união meramente especulativa. [...]" (REsp 1689152 SC, relator Ministro Luis Felipe Salomão, Quarta Turma, julgado em 24/10/2017, DJe de 22/11/2017)

Recentemente, o Supremo Tribunal Federal trouxe novas considerações sobre o artigo 1.641, II, do Código

Civil. Apesar de não reconhecer a inconstitucionalidade, deu uma solução intermediária, garantindo ainda a proteção legal, mas criando a possibilidade de as pessoas maiores de 70 anos escolherem outro regime, desde que se manifestem expressamente e por meio **de ato notarial, a escritura pública de pacto antenupcial para o casamento, a escritura pública para a união estável.**

Sobre o tema, é relevante considerar as excelentes ponderações de Arthur Del Guercio e João Massonet(https://ibdfam.org.br/artigos/2119/A+decis%C3%A3o+do+STF +sobre+o+regime+de+bens+da+separa%C3%A7%C3%A3o+obrigat%C3%B3ria+para+os+maiores+de+70+anos+e+a+import%C3%A2ncia+dos+atos+notariais)

Até então, antes da recente decisão do STF, era impossível para as pessoas maiores de 70 anos escolherem um regime de bens afastando a separação legal. A restrição imposta é justamente por haver uma grande preocupação com possíveis golpes contra pessoas idosas.

O tema sempre foi controvertido, pois, de um lado, há a preocupação com discriminação e o preconceito com as pessoas mais velhas, como se a velhice, por si só, tornasse-os incapaz, o que sabemos que não é verdade. Essa situação acaba ocasionando discriminação, podendo até ser interpretada como uma ofensa à dignidade das pessoas mais velhas.

Por outro lado, existe também o receio de que os idosos, com o passar dos anos, sejam vítimas de sujeitos mal-intencionados, uma vez que, com o avanço da idade, pode aumentar a vulnerabilidade dessas pessoas, colocando-as em risco. Nota-se que a intenção de impor essa restrição de escolha de regime de bens está no sentido de proteger, e não discriminar ou ofender a dignidade.

Exatamente por existirem essas duas maneiras de interpretar essa restrição imposta pela legislação é que o tema foi parar no STF, a fim de que se apurasse a inconstitucionalidade ou não desse comando legal.

Antigamente a idade para a imposição do regime da separação obrigatória era de 60 anos, depois passou para 70 anos, o que mostra que esse tema nunca foi tranquilo, e que sempre houve as duas preocupações acima citadas. Por isso que se discutiu sobre a imposição de um regime protetivo em determinada idade, para não só proteger o patrimônio dessas pessoas em vida, com a separação ou divórcio, mas também em caso de morte, evitando a participação do cônjuge ou companheiro na sucessão um do outro. Isso para evitar o, popularmente conhecido, golpe do baú.

O ponto sensível que sempre esteve em jogo nesse tema é o patrimônio das pessoas mais idosas, que trabalharam e lutaram a vida inteira para conquistar, e que acaba proporcionando uma vida digna para eles quando já possuam uma idade avançada. É muito comum que a maioria das pessoas trabalhe uma vida inteira tentando construir um patrimônio, grande ou pequeno, não só para ter segurança em sua velhice, mas também para poder deixar alguma coisa para os seus filhos e netos. Esse é o desejo de quase todas as pessoas.

A nosso ver, o STF não só reconheceu a importância e a **segurança jurídica advindas dos atos notariais,** como tomou a decisão mais acertada para esse caso sensível e de grande relevância na vida dessas pessoas maiores de 70 anos, ao impor que tal escolha de regime diverso da separação legal deva ser feita, obrigatoriamente, por escritura pública de pacto antenupcial, se casamento, ou escritura pública declaratória, se união estável.

O próprio legislador escolheu o notário, com exclusividade, para lavrar os pactos antenupciais. Já as escrituras declaratórias de União Estável, que não são obrigatórias para as demais situações, foram colocadas na decisão como obrigatórias para essa escolha dos maiores de 70 anos em optar por um regime diverso da separação legal, e isso faz todo o sentido, demostrando o cuidado com que o STF tratou o tema, e, também, a confiança depositada no notário para essa missão.

Como já dito, o tema é muito sensível e tem várias preocupações envolvidas, o que comprova que essas pessoas com idade mais avançada precisam de orientação de um profissional de direito capacitado, que contenha vasto conhecimento sobre o tema, e, pensando nisso, quem melhor que os próprios notários? Portanto, escolheu-se esses profissionais do Direito, com exclusividade, pelo legislador, para lavrar os pactos antenupciais, e, mesmo em relação às uniões estáveis, por mais que não seja obrigatória a escritura, a grande maioria dos companheiros tem optado por fazer por escritura pública, pois se sentem muito mais seguros.

Os atos notariais são tabelados, não são os notários que colocam o valor aos atos que praticam, e os notários são obrigados a cumprir exatamente o que está na tabela, não podendo cobrar nem menos, nem mais. O valor do pacto antenupcial em todo território brasileiro é relativamente baixo se pensarmos que o que se busca é uma proteção patrimonial das pessoas.

Por se tratar de um tema de alta relevância, o qual envolve várias situações a serem explicadas para cada regime de bens existente em nosso ordenamento jurídico, e, ainda, as possibilidades de regimes mistos, onde escolhem um regime de bens, mas criam exceções e regras específicas, certamente o caminho mais seguro é terem esse acompanhamento jurídico adequado, realizado por algum profissional do Direito que possa explicar a eles as consequências e regras de cada regime de bens existente no ordenamento jurídico pátrio.

Nesta linha de valorizar os atos notariais, por serem praticados por profissional do Direito altamente capacitado, o renomado jurista Carlos E. Elias de Oliveira, em artigo publicado no site do Migalhas, trouxe a seguinte afirmação:

> O notário tem o dever de apurar a capacidade dos declarantes (art.215, §1º, II, CC), fato que reduzirá os riscos de golpes contra a pessoa idosa. Trata-se de cautela importante diante da maior vulnerabilidade a que podem estar expostas as pessoas idosas.

Concordamos plenamente com o mestre Carlos Elias e podemos complementar lembrando que o notário tem o dever de **promover a segurança jurídica, evitar litígios, assessorar juridicamente as partes, ser imparcial**, e, o mais importante, **tem a fé pública** em todos os atos que pratica.

Encerramos esse singelo artigo com a esperança de que muitos profissionais do Direito passem a seguir o exemplo do legislador, do STF nessa recente decisão, e de muitos que realmente estudam o Direito Notarial e Registral e, portanto, sabem de sua importância, de valorizar os atos notariais e explicar sobre todas as vantagens de sua utilização.

1.3. REGISTRO E CONTRATO DE UNIÃO ESTÁVEL COM SEPARAÇÃO TOTAL DE BENS

No REsp 1.988.228, a Terceira Turma do Superior Tribunal de Justiça decidiu que **sem registro, contrato de união estável com separação total de bens não produz efeitos perante terceiros.** Para o Tribunal, o contrato particular de união estável com separação total de bens não impede a penhora de patrimônio de um dos conviventes para o pagamento de dívida do outro, pois tem efeito somente entre as partes. De acordo com o colegiado, a união estável não produz efeitos perante terceiros quando não há registro público.

A decisão se fixou por unanimidade. Negou-se provimento ao recurso especial em que uma mulher contestou a penhora de móveis e eletrodomésticos, que seriam apenas dela, para o pagamento de uma dívida de seu companheiro. Ela alegou que, antes de comprar os itens, havia firmado contrato de união estável com separação total de bens com o devedor.

Nos termos dos autos, esse contrato foi celebrado quatro anos antes do deferimento da penhora, mas o registro público foi realizado somente um mês antes da efetivação da constrição.

No cumprimento de sentença proposto contra seu companheiro, a mulher opôs embargos de terceiro. Todavia, as instâncias ordinárias consideraram que os efeitos do registro público da união estável não retroagiriam à data em houve o reconhecimento de firmas no contrato. Contudo, resguardaram o direito da embargante à metade da quantia resultante do leilão dos bens.

Nancy Andrighi, relatora do processo, entendeu que o que estava em discussão "não era exatamente a irretroatividade dos efeitos do registro da separação total de bens pactuada entre os conviventes, mas a abrangência dos efeitos produzidos pelo contrato particular e por seu posterior registro. O artigo 1.725 do Código Civil estabeleceu que a existência de contrato escrito é o único requisito legal para que haja a fixação ou a modificação do regime de bens aplicável à união estável, sempre com efeitos futuros. Desse modo, o instrumento particular terá eficácia e vinculará as partes, independentemente de publicidade e registro, sendo relevante para definir questões internas da união estável, porém "é verdadeiramente incapaz de projetar efeitos para fora da relação jurídica mantida pelos conviventes, em especial em relação a terceiros porventura credores de um deles".

A magistrada evidenciou ainda que "o requerimento e o deferimento da penhora ocorreram antes do registro do contrato com cláusula de separação total de bens, que somente foi feito um mês antes da efetiva penhora dos eletrodomésticos – indicando que o registro foi uma tentativa de excluir da constrição que seria realizada os bens supostamente exclusivos da companheira". E concluiu que "o fato de a penhora ter sido efetivada só após o registro público da união estável é irrelevante, pois, quando a medida foi deferida, o contrato particular celebrado entre a recorrente e o devedor era de ciência exclusiva dos dois, não projetando efeitos externos".

1.4. É POSSÍVEL RECONHECIMENTO DE UNIÃO ESTÁVEL PARALELA, AINDA QUE INICIADA ANTES DO CASAMENTO?

A resposta é negativa, de acordo com a Terceira Turma do Superior Tribunal de Justiça. Desse modo, é incabível o reconhecimento de **união estável simultânea ao casamento**, assim como a partilha de bens em três partes iguais (triação), **ainda que o início da união seja anterior ao matrimônio.**

O caso julgado foi o de uma mulher que conviveu três anos com um homem antes que ele se casasse com outra e manteve o relacionamento por mais 25 anos. No Recurso Especial ao STJ, esta mulher reiterou o pedido de reconhecimento e dissolução da união estável, com partilha de bens em triação.

O Tribunal considerou que não há impedimento ao reconhecimento da união estável no período de convivência anterior ao casamento, mas, a partir desse momento, tal união se transforma em concubinato (simultaneidade de relações).

Em primeira instância, o juiz acolheu o pedido da mulher e reconheceu todo o período de convivência como união estável, com a consequente partilha em triação.

Por sua vez, o Tribunal de Justiça de Minas Gerais (TJMG) reformou a sentença, entendendo que o casamento deve prevalecer sobre o concubinato.

A relatora do processo, Nancy Andrighi, enfatizou que, segundo a jurisprudência, "é inadmissível o reconhecimento de união estável concomitante ao casamento, na medida em que aquela pressupõe a ausência de impedimentos para o casamento, ou, ao menos, a existência de separação de fato". Ademais, rememorou que o Supremo Tribunal Federal, em situação análoga, fixou **a tese de que a preexistência de casamento ou de união estável de um dos conviventes impede o reconhecimento de novo vínculo, em virtude da consagração da monogamia pelo ordenamento jurídico brasileiro.**

Dessa maneira, a magistrada **reconheceu como união estável apenas o período de convivência anterior ao casamento.** Segundo ela, a partilha referente a esse intervalo, por se tratar de união anterior à **Lei 9.278/1996**, requer a prova do esforço comum na aquisição do patrimônio, nos termos da **Súmula 380 do STF**.

No que tange ao período posterior à celebração do matrimônio, Nancy evidenciou que a recorrente e o recorrido tiveram dois filhos durante o concubinato que durou 25 anos e era conhecido por todos os envolvidos. Segundo ela, essa relação se equipara à **sociedade de fato, e a partilha nesse período também é possível, desde que haja prova do esforço comum na construção patrimonial** (Súmula 380 do STF).

O acórdão recorrido foi reformado. Nancy Andrighi concluiu que, "resguardado o direito da esposa à metade dos bens (meação), a partilha deve ser feita em liquidação de sentença, uma vez que as instâncias ordinárias não mencionaram se há provas da participação da recorrente na construção do patrimônio ou quais bens fazem parte da meação da esposa".

1.5 RECONHECIMENTO DE UNIÃO ESTÁVEL *POST MORTEM*

No Processo 0806037-78.2023.8.19.0202, uma mulher conseguiu o reconhecimento judicial da união estável com seu parceiro já falecido. O caso foi julgado pela 4ª Vara de Família do Fórum Regional de Madureira, no Rio de Janeiro.

O reconhecimento foi concedido considerando o filho do casal, de 28 anos. Como evidências, foram apresentadas fotografias familiares, depoimentos de amigos, vizinhos, parentes e uma declaração do filho. Testemunhas e o depoimento do filho confirmaram que o casal conviveu por quase trinta anos, compartilhando o mesmo lar.

O processo transitou em julgado 12 dias após a família dar entrada no pedido de reconhecimento da união estável.

2. JURISPRUDÊNCIA COMPLEMENTAR

TESES DO SUPERIOR TRIBUNAL DE JUSTIÇA SOBRE UNIÃO ESTÁVEL

O Superior Tribunal de Justiça, com base em precedentes de seus colegiados, divulgou 16 teses relevantes sobre a união estável por meio da ferramenta "Jurisprudência em Teses".

Compilo aqui todos os entendimentos. Abaixo de cada tese, é possível conferir os precedentes mais recentes relacionados ao tema.

1) Os princípios legais que regem a sucessão e a partilha não se confundem: a sucessão é disciplinada pela lei em vigor na data do óbito; a partilha deve observar o regime de bens e o ordenamento jurídico vigente ao tempo da aquisição de cada bem a partilhar.

Precedentes: REsp 1118937/DF, Rel. Ministro ANTONIO CARLOS FERREIRA, QUARTA TURMA, julgado em 24/02/2015, DJe 04/03/2015; REsp 1124859/MG, Rel. Ministro LUIS FELIPE SALOMÃO, Rel. p/ Acórdão Ministra MARIA ISABEL GALLOTTI, SEGUNDA SEÇÃO, julgado em 26/11/2014, DJe 27/02/2015; AgRg nos EDcl no REsp 1095588/MG (decisão monocrática) Rel. Ministro RAUL ARAÚJO julgado 07/10/2015 DJe 09/11/2015. (VIDE INFORMATIVO DE JURISPRUDÊNCIA N. 556)

2) A coabitação não é elemento indispensável à caracterização da união estável. Súmula 382 STF.

Precedentes: AgRg no AREsp 649786/GO, Rel. Ministro MARCO AURÉLIO BELLIZZE, TERCEIRA TURMA, julgado em 04/08/2015, DJe 18/08/2015; AgRg no AREsp 223319/RS, Rel. Ministro SIDNEI BENETI, TERCEIRA TURMA, julgado em 18/12/2012, DJe 04/02/2013; AgRg no AREsp 59256/SP, Rel. Ministro MASSAMI UYEDA, TERCEIRA TURMA, julgado em 18/09/2012, DJe 04/10/2012; AgRg nos EDcl no REsp 805265/AL, Rel. Ministro VASCO DELLA GIUSTINA (DESEMBARGADOR CONVOCADO DO TJ/RS), TERCEIRA TURMA, julgado em 14/09/2010, DJe 21/09/2010; REsp 1096324/RS, Rel. Ministro HONILDO AMARAL DE MELLO CASTRO (DESEMBARGADOR CONVOCADO DO TJ/AP), QUARTA TURMA, julgado em 02/03/2010, DJe 10/05/2010; REsp 275839/SP, Rel. Ministro ARI PARGENDLER, Relatora para Acórdão Ministra NANCY ANDRIGHI, TERCEIRA TURMA, julgado em 02/10/2008, DJe 23/10/2008.

3) A vara de família é a competente para apreciar e julgar pedido de reconhecimento e dissolução de união estável homoafetiva.

Precedentes: REsp 1291924/RJ, Rel. Ministra NANCY ANDRIGHI, TERCEIRA TURMA, julgado em 28/05/2013, DJe 07/06/2013; REsp 964489/RS, Rel. Ministro ANTONIO CARLOS FERREIRA, QUARTA TURMA, julgado em 12/03/2013, DJe 20/03/2013; REsp 827962/RS, Rel. Ministro JOÃO OTÁVIO DE NORONHA, QUARTA TURMA, julgado em 21/06/2011, DJe 08/08/2011. (VIDE INFORMATIVO DE JURISPRUDÊNCIA N. 524)

4) Não é possível o reconhecimento de uniões estáveis simultâneas.

Precedentes: AgRg no AREsp 609856/SP, Rel. Ministro RAUL ARAÚJO, QUARTA TURMA, julgado em 28/04/2015, DJe 19/05/2015; AgRg no AREsp 395983/MS, Rel. Ministra MARIA ISABEL GALLOTTI, QUARTA TURMA, julgado em 23/10/2014, DJe 07/11/2014; REsp 1348458/MG, Rel. Ministra NANCY ANDRIGHI, TERCEIRA TURMA, julgado em 08/05/2014, DJe 25/06/2014; REsp 912926/RS, Rel. Ministro LUIS FELIPE SALOMÃO, QUARTA TURMA, julgado em 22/02/2011, DJe 07/06/2011; AgRg no Ag 1130816/MG, Rel. Ministro VASCO DELLA GIUSTINA (DESEMBARGADOR CONVOCADO DO TJ/RS), TERCEIRA TURMA, julgado em 19/08/2010, DJe 27/08/2010. (VIDE INFORMATIVO DE JURISPRUDÊNCIA N. 464)

5) A existência de casamento válido não obsta o reconhecimento da união estável, desde que haja separação de fato ou judicial entre os casados.

Precedentes: AgRg nos EDcl no AgRg no AREsp 710780/RS, Rel. Ministro RAUL ARAÚJO, QUARTA TURMA, julgado em 27/10/2015, DJe 25/11/2015; AgRg no AREsp 494273/RJ, Rel. Ministra MARIA ISABEL GALLOTTI, QUARTA TURMA, julgado em 10/06/2014, DJe 01/07/2014; AgRg no REsp 1147046/RJ, Rel. Ministro SEBASTIÃO REIS JÚNIOR,

SEXTA TURMA, julgado em 08/05/2014, DJe 26/05/2014; AgRg no REsp 1235648/RS, Rel. Ministro RICARDO VILLAS BÔAS CUEVA, TERCEIRA TURMA, julgado em 04/02/2014, DJe 14/02/2014; AgRg no AREsp 356223/GO, Rel. Ministra NANCY ANDRIGHI, TERCEIRA TURMA, julgado em 24/09/2013, DJe 27/09/2013; REsp 1096539/RS, Rel. Ministro LUIS FELIPE SALOMÃO, QUARTA TURMA, julgado em 27/03/2012, DJe 25/04/2012; AgRg no REsp 968572/RN, Rel. Ministro MARCO BUZZI, QUARTA TURMA, julgado em 07/02/2012, DJe 14/02/2012. (VIDE INFORMATIVO DE JURISPRUDÊNCIA N. 494)

6) Na união estável de pessoa maior de setenta anos (artigo 1.641, II, do CC/02), impõe-se o regime da separação obrigatória, sendo possível a partilha de bens adquiridos na constância da relação, desde que comprovado o esforço comum.

Precedentes: EREsp 1171820/PR, Rel. Ministro RAUL ARAÚJO, SEGUNDA SEÇÃO, julgado em 26/08/2015, DJe 21/09/2015; AgRg no AREsp 675912/SC, Rel. Ministro MOURA RIBEIRO, TERCEIRA TURMA, julgado em 02/06/2015, DJe 11/06/2015; REsp 1403419/MG, Rel. Ministro RICARDO VILLAS BÔAS CUEVA, TERCEIRA TURMA, julgado em 11/11/2014, DJe 14/11/2014; REsp 1369860/PR, Rel. Ministro SIDNEI BENETI, Rel. p/ Acórdão Ministro JOÃO OTÁVIO DE NORONHA, TERCEIRA TURMA, julgado em 19/08/2014, DJe 04/09/2014; REsp 646259/RS, Rel. Ministro LUIS FELIPE SALOMÃO, QUARTA TURMA, julgado em 22/06/2010, DJe 24/08/2010.

7) São incomunicáveis os bens particulares adquiridos anteriormente à união estável ou ao casamento sob o regime de comunhão parcial, ainda que a transcrição no registro imobiliário ocorra na constância da relação.

Precedentes: REsp 1324222/DF, Rel. Ministro RICARDO VILLAS BÔAS CUEVA, TERCEIRA TURMA, julgado em 06/10/2015, DJe 14/10/2015; REsp 1304116/PR, Rel. Ministro CASTRO MEIRA, SEGUNDA TURMA, julgado em 25/09/2012, DJe 04/10/2012; REsp 707092/ DF, Rel. Ministra NANCY ANDRIGHI, TERCEIRA TURMA, julgado em 28/06/2005, DJ 01/08/2005. (VIDE INFORMATIVO DE JURISPRUDÊNCIA N. 253)

8) O companheiro sobrevivente tem direito real de habitação sobre o imóvel no qual convivia com o falecido, ainda que silente o art. 1.831 do atual Código Civil.

Precedentes: REsp 1203144/RS, Rel. Ministro LUIS FELIPE SALOMÃO, QUARTA TURMA, julgado em 27/05/2014, DJe 15/08/2014; REsp 1156744/MG, Rel. Ministro MARCO BUZZI, QUARTA TURMA, julgado em 09/10/2012, DJe 18/10/2012; REsp 1220838/PR, Rel. Ministro SIDNEI BENETI, TERCEIRA TURMA, julgado em 19/06/2012, DJe 27/06/2012.

9) O direito real de habitação poder ser invocado em demanda possessória pelo companheiro sobrevivente, ainda que não se tenha buscado em ação declaratória própria o reconhecimento de união estável.

Precedentes: REsp 1203144/RS, Rel. Ministro LUIS FELIPE SALOMÃO, QUARTA TURMA, julgado em 27/05/2014, DJe 15/08/2014.

10) Não subsiste o direito real de habitação se houver co-propriedade sobre o imóvel antes da abertura da sucessão ou se, àquele tempo, o falecido era mero usufrutuário do bem.

Precedentes: REsp 1184492/SE, Rel. Ministra NANCY ANDRIGHI, TERCEIRA TURMA, julgado em 01/04/2014, DJe 07/04/2014; REsp 1212121/RJ, Rel. Ministro LUIS FELIPE SALOMÃO, QUARTA TURMA, julgado em 03/12/2013, DJe 18/12/2013; REsp 1273222/SP, Rel. Ministro PAULO DE TARSO SANSEVERINO, TERCEIRA TURMA, julgado em 18/06/2013, DJe 21/06/2013; REsp 826838/RJ, Rel. Ministro CASTRO FILHO, TERCEIRA TURMA, julgado em 25/09/2006, DJ 16/10/2006. (VIDE INFORMATIVO DE JURISPRUDÊNCIA N. 541)

11) A valorização patrimonial dos imóveis ou das cotas sociais de sociedade limitada, adquiridos antes do início do período de convivência, não se comunica, pois não decorre do esforço comum dos companheiros, mas de mero fator econômico.

Precedentes: REsp 1349788/RS, Rel. Ministra NANCY ANDRIGHI, TERCEIRA TURMA, julgado em 26/08/2014, DJe 29/08/2014; REsp 1173931/RS, Rel. Ministro PAULO DE TARSO SANSEVERINO, TERCEIRA TURMA, julgado em 22/10/2013, DJe 28/10/2013; REsp 1357432/ SC (decisão monocrática), Rel. Ministro ANTONIO CARLOS FERREIRA, julgado em 30/06/2015, DJe 03/08/2015 (VIDE INFORMATIVO DE JURISPRUDÊNCIA. 533

12) A incomunicabilidade do produto dos bens adquiridos anteriormente ao início da união estável (art. 5º, § 1º, da Lei n. 9.278/96) não afeta a comunicabilidade dos frutos, conforme previsão do art. 1.660, V, do Código Civil de 2002.

Precedentes: REsp 1349788/RS, Rel. Ministra NANCY ANDRIGHI, TERCEIRA TURMA, julgado em 26/08/2014, DJe 29/08/2014

13) Comprovada a existência de união homoafetiva, é de se reconhecer o direito do companheiro sobrevivente à meação dos bens adquiridos a título oneroso ao longo do relacionamento.

Precedentes: EDcl no REsp 633713/RS, Rel. Ministro RICARDO VILLAS BÔAS CUEVA, TERCEIRA TURMA, julgado em 11/02/2014, DJe 28/02/2014; REsp 930460/PR, Rel. Ministra NANCY ANDRIGHI, TERCEIRA TURMA, julgado em 19/05/2011, DJe 03/10/2011. (VIDE INFORMATIVO DE JURISPRUDÊNCIA N. 472)

14) Não há possibilidade de se pleitear indenização por serviços domésticos prestados com o fim do casamento ou da união estável, tampouco com o cessar do concubinato, sob pena de se cometer grave discriminação frente ao casamento, que tem primazia constitucional de tratamento.

Precedentes: AgRg no AREsp 770596/SP, Rel. Ministra MARIA ISABEL GALLOTTI, QUARTA TURMA, julgado em 17/11/2015, DJe 23/11/2015; AgRg no AREsp 249761/RS, Rel. Ministro LUIS FELIPE SALOMÃO, QUARTA TURMA, julgado em 28/05/2013, DJe 03/06/2013; REsp 874443/RS, Rel. Ministro ALDIR PASSARINHO JUNIOR, QUARTA TURMA, julgado em 24/08/2010, DJe 14/09/2010; EDcl no REsp 872659/MG, Rel. Ministra NANCY ANDRIGHI, TERCEIRA TURMA, julgado em 15/12/2009, DJe 02/02/2010. (VIDE INFORMATIVO DE JURISPRUDÊNCIA N. 404)

15) Compete à Justiça Federal analisar, incidentalmente e como prejudicial de mérito, o reconhecimento da união estável nas hipóteses em que se pleiteia a concessão de benefício previdenciário.

Precedentes: RMS 35018/MG, Rel. Ministro GURGEL DE FARIA, QUINTA TURMA, julgado em 04/08/2015, DJe 20/08/2015; CC 126489/ RN, Rel. Ministro HUMBERTO MARTINS, PRIMEIRA SEÇÃO, julgado em 10/04/2013, DJe 07/06/2013; CC 131529/RS (decisão monocrática), Rel. Ministro REGINA HELENA COSTA, julgado em 02/09/2015, DJe 14/09/2015; CC 139525/RS (decisão monocrática), Rel. Ministro OG FERNANDES, julgado em 03/08/2015, DJe 21/08/2015; CC 137385/GO (decisão monocrática), Rel. Ministra ASSUSETE MAGALHÃES, julgado em 14/04/2015, DJe 23/04/2015; CC 131792/MG (decisão monocrática), Rel. Ministro BENEDITO GONÇALVES, julgado em 21/11/2014, DJe 02/12/2014; CC 136831/MG (decisão monocrática), Rel. Ministro MAURO CAMPBELL MARQUES, julgado em 24/11/2014, DJe 27/11/2014. (VIDE INFORMATIVO DE JURISPRUDÊNCIA N. 517)

16) A presunção legal de esforço comum quanto aos bens adquiridos onerosamente prevista no art. 5º da Lei 9.278/1996, não se aplica à partilha do patrimônio formado pelos conviventes antes da vigência da referida legislação.

Precedentes: REsp 959213/PR, Rel. Ministro LUIS FELIPE SALOMÃO, Rel. p/ Acórdão Ministra MARIA ISABEL GALLOTTI, QUARTA TURMA, julgado em 06/06/2013, DJe 10/09/2013 ; AgRg no REsp 1167829/SC, Rel. Ministro RICARDO VILLAS BÔAS CUEVA, TERCEIRA TURMA, julgado em 18/02/2014, DJe 06/03/2014. (VIDE INFORMATIVO DE JURISPRUDÊNCIA N. 556)

TRIBUNAL DE JUSTIÇA DO ESTADO DE MINAS GERAIS

EMENTA: Ação de reconhecimento de união estável – Pretenso companheiro enfermo mental – Manifestação de discernimento apesar da interdição – Possibilidade – Estando presente os requisitos ensejadores da união estável e manifestando o enfermo mental discernimento, é possível o reconhecimento da união estável entre as partes – O art. 1548, I, do Código Civil de 2002, bem destaca que somente é nulo o casamento contraído pelo enfermo mental sem o necessário discernimento para os atos da vida civil – Logo, se apesar do déficit mental o enfermo mental consegue demonstrar seus sentimentos e anseios, é possível a decretação da união estável em face do mesmo. (TJMG – Apelação Cível nº 1.0702.09.565838-2/001 – Uberlândia – 1ª Câmara Cível – Rel. Des. Vanessa Verdolim Hudson Andrade – DJ 11.05.2012

3. QUESTÕES DE CONCURSOS

01. (TJ/AM – 2023 – TJ/AM - Titular de Notas e Serviços de Registros). Assinale a alternativa **INCORRETA** acerca do registro da união estável, conforme as disposições da Lei nº 6.015/1973:

a) Não poderá ser promovido o registro, no Livro E, de união estável de pessoas casadas, ainda que separadas de fato, exceto se separadas judicialmente ou extrajudicialmente, ou se a declaração da união estável decorrer de sentença judicial transitada em julgado.

b) Os registros das sentenças declaratórias de reconhecimento e dissolução, bem como dos termos declaratórios formalizados perante o oficial de registro civil e das escrituras públicas declaratórias e dos distratos que envolvam união estável, serão feitos no Livro E do registro civil de pessoas naturais em que os companheiros têm ou tiveram sua última residência.

c) As sentenças estrangeiras de reconhecimento de união estável, os termos extrajudiciais, os instrumentos particulares ou escrituras públicas declaratórias de união estável, bem como os respectivos distratos, lavrados no exterior, nos quais ao menos um dos companheiros seja brasileiro, poderão ser levados a registro no Livro E do registro civil de pessoas naturais em que qualquer dos companheiros tem ou tenha tido sua última residência no território nacional.

d) Para fins de registro, as sentenças estrangeiras de reconhecimento de união estável, os termos extrajudiciais, os instrumentos particulares ou escrituras públicas declaratórias de união estável, bem como os respectivos distratos, lavrados no exterior, independem de legalização ou apostilamento, bastando tradução juramentada.

02. (Vunesp – Titular de Serviços de Notas e Registros – TJ – SP – Provimento/2022) As sentenças declaratórias de reconhecimento, dissolução e extinção de união estável, bem como as escrituras públicas de contrato e distrato envolvendo união estável

a) são registradas no Livro "B".

b) são registradas no Livro "B Auxiliar".

c) são registradas no Livro "E".

d) não são inscritas no Registro Civil das Pessoas Naturais.

03. (Vunesp – Cartório – Remoção – TJ – SP/2018) No que se refere ao registro de união estável, resta autorizado afirmar que

a) o registro das sentenças de união estável serão automaticamente convertidos em casamento após o prazo de 15 (quinze) dias, verificando-se a inexistência de impedimentos ou causas suspensivas.

b) não poderá ser promovido o registro de união estável de pessoas casadas, ainda que separadas de fato, ressalvados os casos em que a declaração da união estável decorrer de sentença judicial transitada em julgado.

c) não se fará menção, no registro, do nome que os companheiros passam a ter em virtude da união estável, mesmo que a sentença declaratória de reconhecimento ou a escritura pública de contrato assim disponham.

d) terão ingresso no Livro E apenas os registros das sentenças declaratórias de reconhecimento de união estável, ao passo que as escrituras públicas de contrato de união estável, após prévia habilitação, serão registradas no Livro B-auxiliar.

04. (Cespe – Cartório – ES/2013) Assinale a opção correta no que se refere à união estável e o registro civil das pessoas naturais.

a) A declaração de união estável por sentença judicial deve ser averbada na certidão de nascimento dos interessados, como forma de tornar pública a relação.

b) A união estável deve ser registrada no registro civil das pessoas naturais, devendo os interessados, independentemente da sua condição financeira, recolher os emolumentos previstos em lei.

c) A união estável deve ser registrada no registro civil das pessoas naturais, não havendo cobrança de emolumentos aos que comprovadamente não puderem arcar com o custo do serviço.

d) A união estável somente será registrada no registro civil das pessoas naturais caso seja declarada por sentença judicial.

e) A união estável não consta do rol de atos que devem ser registrados no registro civil das pessoas naturais, devendo nele ser registrada, entretanto, a conversão da união estável em casamento.

GAB	1	D	2	C	3	B	4	E

CAPÍTULO XI – DA LEGITIMAÇÃO ADOTIVA

Art. 95. Serão registradas no registro de nascimentos as sentenças de legitimação adotiva, consignando-se nele os nomes dos pais adotivos como pais legítimos e os dos ascendentes dos mesmos se já falecidos, ou sendo vivos, se houverem, em qualquer tempo, manifestada por escrito sua adesão ao ato (Lei nº 4.655, de 2 de junho de 1965, art. 6º).

Parágrafo único. O mandado será arquivado, dele não podendo o oficial fornecer certidão, a não ser por determinação judicial e em segredo de justiça, para salvaguarda de direitos (Lei nº 4.655, de 2-6-65, art. 8º, parágrafo único).

Art. 96. Feito o registro, será cancelado o assento de nascimento original do menor.

1. COMENTÁRIOS

Os arts. 95 e 96 estão tacitamente revogados pelo art. 47 do ECA, na medida em que dispõem em contrário sobre a matéria.

A adoção foi objeto de análise nos comentários do art. 29, inciso VIII, desta Lei.

2. JURISPRUDÊNCIA COMPLEMENTAR

TRIBUNAL DE JUSTIÇA DO ESTADO DE SANTA CATARINA

EMENTA: RETIFICAÇÃO DE REGISTRO CIVIL. ASSENTO DE NASCIMENTO. INFORMAÇÕES RELATIVAS À FILIAÇÃO. REGISTRO QUE DEVE ESPELHAR A ESCRITURA PÚBLICA DE ADOÇÃO. ARTIGO 95 DA LEI REGISTROS PÚBLICOS. RECONHECIMENTO DE MATERNIDADE PÓSTUMA POR VÍNCULO AFETIVO. IMPOSSIBILIDADE. NECESSIDADE DE

INSTRUÇÃO PROBATÓRIA. SENTENÇA REFORMADA. RECURSO PROVIDO. O assento de nascimento deverá conter, entre outras informações, os nomes e os prenomes dos pais, ao passo que havendo a legitimação adotiva, consignar-se-á no respectivo assento os nomes dos pais adotivos como pais legítimos. A filiação socioafetiva, fundada na posse do estado de filho e consolidada no afeto e na convivência familiar, demanda procedimento próprio para o seu reconhecimento, com a devida instrução probatória, por meio da qual deverão ser demonstrados os seguintes elementos caracterizadores: o nomem – utilização do sobrenome paterno; o tratactus – pessoa deve ser tratada e educada como filho; e a reputatio – o reconhecimento pela sociedade e pela família da condição de filho. (TJSC – Ap. Cív. nº 2010.018552-9, Rel. Des. Fernando Carioni. 3ª Câm. Direito Civil, Data: 27/07/2010)

CAPÍTULO XII – DA AVERBAÇÃO

Art. 97. A averbação será feita pelo oficial do cartório em que constar o assento à vista da carta de sentença, de mandado ou de petição acompanhada de certidão ou documento legal e autêntico.

Parágrafo único. Nas hipóteses em que o oficial suspeitar de fraude, falsidade ou má-fé nas declarações ou na documentação apresentada para fins de averbação, não praticará o ato pretendido e submeterá o caso ao representante do Ministério Público para manifestação, com a indicação, por escrito, dos motivos da suspeita.

Art. 98. A averbação será feita à margem do assento e, quando não houver espaço, no livro corrente, com as notas e remissões recíprocas, que facilitem a busca.

Art. 99. A averbação será feita mediante a indicação minuciosa da sentença ou ato que a determinar.

Art. 100. No livro de casamento, será feita averbação da sentença de nulidade e anulação de casamento, bem como do desquite, declarando-se a data em que o Juiz a proferiu, a sua conclusão, os nomes das partes e o trânsito em julgado.

§ 1º Antes de averbadas, as sentenças não produzirão efeito contra terceiros.

§ 2º As sentenças de nulidade ou anulação de casamento não serão averbadas enquanto sujeitas a recurso, qualquer que seja o seu efeito.

§ 3º A averbação a que se refere o parágrafo anterior será feita à vista da carta de sentença, subscrita pelo presidente ou outro Juiz do Tribunal que julgar a ação em grau de recurso, da qual constem os requisitos mencionados neste artigo e, ainda, certidão do trânsito em julgado do acórdão.

§ 4º O oficial do registro comunicará, dentro de quarenta e oito horas, o lançamento da averbação respectiva ao Juiz que houver subscrito a carta de sentença mediante ofício sob registro postal.

§ 5º Ao oficial, que deixar de cumprir as obrigações consignadas nos parágrafos anteriores, será imposta a multa de cinco salários-mínimos da região e a suspensão do cargo até seis meses; em caso de reincidência ser-lhe-á aplicada, em dobro, a pena pecuniária, ficando sujeito à perda do cargo.

Art. 101. Será também averbado, com as mesmas indicações e efeitos, o ato de restabelecimento de sociedade conjugal.

1. COMENTÁRIOS

Como já dito alhures, o registro não é estático. Após a lavratura de um assento no Ofício de Registro Civil das Pessoas Naturais, fatos relevantes na vida civil da pessoa podem acontecer. Assim, as mutações do estado das pessoas devem ser acompanhadas de alteração nos registros públicos, o que se dá por meio dos atos de **averbações** e **anotações**. São esses atos acessórios que permitem um registro íntegro, atualizado e que espelhe a realidade.

Considera-se **averbação** o ato de lançar à margem de registro existente informação sobre fato que o modifique, retifique ou cancele.

Por sua vez, a **anotação** consiste na simples remissão a um outro assento alusivo à pessoa natural registrada, lavrado na mesma serventia ou em qualquer outra de registro.

Já foi apontado também, no que tange às averbações, que não há um rol taxativo e sim *numerus apertus*, sendo permitido averbar qualquer ato ou fato que modifique o conteúdo ou efeito de registro, bem como atos ou fatos que sejam relevantes ao estado da pessoa natural, a fim de outorgar publicidade, segurança, autenticidade e eficácia típicas do registro civil das pessoas naturais.

O princípio da instância, analisado no art. 13 desta lei, deve ser observado no que concerne às averbações. Assim, a averbação será feita pelo Oficial do Registro Civil das Pessoas Naturais em que constar o assento à **vista de carta de sentença**, de **ordem judicial instrumentada por mandado ou ofício**, ou, ainda, de **petição acompanhada de certidão ou documento legal e autêntico**, admitidos em todos os casos documentos em **meio físico ou digital.**

A Lei 13.484/2017 modificou a redação do art. 97, que exigia do oficial de registro, antes de fazer a averbação, a oitiva do Ministério Público. Essa exigência sempre foi muito criticada pois, na maioria dos casos, as averbações eram simples, sem controvérsia, razão pela qual essa formalidade se mostrava descabida e despropositada.

Nas edições anteriores, expus o que a maioria da doutrina defendia. Assim, por exemplo, Mario de Carvalho Camargo Neto e Marcelo Salaroli de Oliveira advertiam à época que, não obstante o art. 97 fazer alusão à necessidade de audiência do Ministério Público, algumas possibilidades fogem à regra, dispensando tal oitiva, a saber (*Registro Civil das Pessoas Naturais*. Vol. São Paulo: Saraiva, 2014, p. 72):

1) Perda da nacionalidade, que é comunicada pelo Ministério da Justiça, conforme artigo 102, 5º, da LRP, Lei 818/1949 e Decreto 3.453/2000;
2) Reconhecimento voluntário de filho, quando há anuência do outro genitor ou consentimento do filho maior, que nos termos do artigo 7º do Provimento 16 da Corregedoria Nacional de Justiça do CNJ dispensa a intervenção do Ministério Público e do Judiciário;
3) Escritura pública de separação, reconciliação ou divórcio, lavrada nos termos da Lei 11.441/2007, que dispensa a atuação do Ministério Público ou do Judiciário conforme o artigo 40 da Resolução 35 do CNJ;
4) A nacionalidade brasileira do filho de brasileiro nascido no exterior e registrado em Consulado entre a Emenda Constitucional de Revisão nº 3 de 1994 e a Emenda Constitucional nº 54 de 2007, cuja averbação pode ser feita *ex officio,* ou mediante requerimento, dispensada a atuação do Ministério Público e do Judiciário, conforme artigo 12 da Resolução 155 do CNJ;
5) A alteração de patronímico nos termos da Lei 8.560/1992, artigo 3º, parágrafo único, cuja desnecessidade de intervenção do Ministério Público é ratificada pelo item 119.1, do Capítulo XVII das NSCGJ-SP.

Pela nova redação do art. 97, dada pela Lei 13.484/2017, a manifestação do Ministério público deixa de ser obrigatória tanto nas averbações como nas retificações (art. 110).

A exceção fica por conta das hipóteses em que o oficial suspeitar de fraude, falsidade ou má-fé nas declarações ou na documentação apresentada para fins de averbação. Nesse caso, ele não praticará o ato pretendido e submeterá o caso ao representante do Ministério Público para manifestação, com a indicação, por escrito, dos motivos da suspeita.

No que se refere à **qualificação,** ao receber a carta de sentença, o mandado ou a petição acompanhada de certidão ou documento legal e autêntico, deve o registrador lançar o pedido no **livro protocolo** e fazer um juízo prudencial averiguando a conformidade destes documentos com a legalidade e os princípios registrais.

Importante consignar que, mesmo em caso de processo judicial, e que o mandado contenha o "cumpra-se", o oficial registrador deve fazer a qualificação do título, observando as normas e princípios que regem o sistema registrário. Assim, a qualificação registraria deve abranger também os títulos judiciais.

Ressalta-se que, no caso de determinação judicial, fica vedado ao registrador adentrar no mérito da decisão.

Conforme Apelação Civil 80.732-0/6 do Conselho Superior da Magistratura do Estado de São Paulo – CSM-SP, o registrador deve-se limitar a "analisar a competência absoluta do juízo, a congruência entre o que foi decidido e o que se ordenou, ao preenchimento das formalidades legais essenciais para o registro e ao respeito aos princípios registrais. Neste caso, não havendo óbice, deve o registrador lavrar a averbação e expedir a certidão competente com as devidas alterações ou com a integral transcrição da averbação, a depender do caso. Por outro lado, havendo alguma objeção ou inexistente algum elemento essencial à lavratura do assento, faz-se necessário elaborar uma nota de devolução, que no caso é um ofício circunstanciado ao juízo, apresentando os motivos que impossibilitaram o cumprimento da ordem e eventuais exigências que podem ser superadas".

Da mesma forma, em se tratando de petição acompanhada de certidão ou documento legal e autêntico, o oficial deve qualificar em conformidade com a lei e os princípios.

Havendo óbice, o caso é de nota explicativa a ser devolvida ao requerente, contendo as exigências a serem cumpridas e os motivos da impossibilidade de se proceder à averbação. Não havendo óbice, o oficial ou se este foi acertado pelo requerente, o requerimento com os respectivos documentos será encaminhado pelo registrador ao Ministério Público, para a devida oitiva. Se o *Parquet* manifestou-se favoravelmente, o oficial procederá à averbação e expedirá a competente certidão. Ao revés, se a manifestação for contrária, o requerimento é devolvido ao interessado com as razões do Ministério Público.

Se o interessado não concordar com a recusa do oficial ou a manifestação contrária do Ministério Público, ele pode solicitar providências similar ao procedimento de dúvida previsto no artigo 198 da Lei 6.015/1973, que é o procedimento apropriado para o dissenso acerca de atos de **registro**. No que tange aos atos de **averbação**, no Estado de São Paulo, este procedimento é chamado de **pedido de providências administrativas.**

O oficial deve anotar no livro protocolo as ocorrências, como a averbação realizada, a recusa ou o pedido de providências.

Tanto o ato de averbação, como o ato de anotação são consignados na terceira e última coluna do livro de registro. Elas serão feitas à margem direita do assento. Outras normativas locais flexibilizam o art. 98, permitindo que a averbação seja feita em sequência ao ato ou no verso da folha.

No que tange à lavratura de averbação, quando não houver espaço, serão feitas no livro corrente, que é aquele que estiver sendo escriturado à época, com notas e remissões, para que as buscas sejam facilitadas. Alguns Estados utilizam um livro específico, chamado de **Livro de Transporte de anotações e averbações,** facultando-se assim, a sua utilização para tais casos.

É imprescindível que a averbação seja feita **mediante indicação minuciosa da sentença ou do ato que a determinar**, mas é dispensável que o transporte do assento seja feito integralmente. Deverá constar o nome do registrado, livro, folha em número do assento originário, bem como a menção à data em que o transporte foi feito e quem o realizou. A indicação minuciosa da sentença abarca o Juízo, número do processo, data da sentença e o nome do Juiz prolator, a determinação judicial e o trânsito em julgado. Faltando um desses elementos, deve o oficial registrador devolver o mandado.

É imprescindível, para a devida averbação, o **trânsito em julgado da decisão.** Entretanto, existem decisões que produzem efeitos independentemente do trânsito em julgado, e nestes casos, a publicidade deve ser imediata, não necessitando aguardá-lo. Tal ocorre, por exemplo, na suspensão e perda do poder familiar.

Também não existe prazo legal para apresentação na Serventia de Registro Civil, do mandado de averbação, podendo ser cumprido ainda que antigo.

À margem do assento originário deverão ser consignados o livro e a folha onde terá sequência a escrituração, bem como a data em que foi feito o transporte.

Realizado o transporte, todas as anotações e averbações serão feitas na coluna da direita do assento de transporte.

São exemplos de averbações específicas no **registro de Casamento**:

- → Separação
- → Alteração do regime de bens
- → Reconciliação
- → Divórcio
- → Anulação ou nulidade do casamento
- → Alteração de nome

São exemplos de averbações específicas no **registro de óbito**:

- → O reconhecimento de paternidade do falecido, art. 1.609, CC;
- → A alteração do local de sepultamento declarado no registro e o traslado dos restos mortais para outro cemitério;
- → Quaisquer outras alterações no registro, decorrentes de determinação judicial ou de procedimento administrativo legalmente previsto.

Conforme o art. 100, § 4º, as averbações de nulidade, anulação, separação judicial (antigo desquite), restabelecimento da sociedade conjugal e o divórcio, devem ser comunicadas ao juízo dentro de 48 horas.

Tais averbações serão feitas no Livro "B", do assento registro de casamento.

Por fim, realizada a averbação, é dever do oficial anotá-la nos registros anteriores do interessado ou expedir comunicação caso o assento esteja em outra serventia. Mais adiante, nos comentários dos arts. 106 a 108, esta temática será aprofundada.

1.1 A SENTENÇA QUE DESCONSTITUI FILIAÇÃO GERA EFEITOS SEM A DEVIDA AVERBAÇÃO NO REGISTRO CIVIL?

Segundo entendimento recente da Terceira Turma do Superior Tribunal de Justiça (STJ), a sentença que desconstitui o vínculo de filiação **produz efeitos mesmo sem a sua averbação no registro civil**, impedindo, assim, que aquele que foi excluído da condição de filho possa entrar no inventário como se fosse herdeiro do falecido.

O entendimento foi firmado ao manter acórdão de segunda instância que reconheceu que a decisão que autoriza a expedição de mandado de averbação de sentença de procedência, exarada em ação negatória de maternidade e transitada em julgado em 1992, a fim de instruir pedido de habilitação nos autos de inventário, não ofende direito líquido e certo do impetrante.

Para o colegiado, a averbação de sentença transitada em julgado, a qual declara ou reconhece determinado estado de filiação, constitui consequência legal obrigatória, destinada a conferir publicidade e segurança jurídica ao desfecho declarado e reconhecido judicialmente – o que se dá, ordinariamente, de ofício.

Por esse motivo, o procedimento de averbação não é atingido por prazo prescricional ou decadencial. Além disso, caso não seja realizado dentro dos trâmites normais da ação, pode ser posteriormente determinado de ofício ou mediante requerimento – a qualquer tempo – das partes interessadas, como os herdeiros.

No caso analisado pela Terceira Turma, a ação negatória de maternidade foi promovida pela suposta mãe. Após sua morte, o interessado requereu a habilitação no processo de inventário – iniciado em 2011 –, utilizando certidão de nascimento sem a alteração da filiação materna.

O juiz responsável pelo inventário determinou que a inventariante juntasse aos autos a certidão de nascimento atualizada do interessado, com a averbação da exclusão da maternidade decidida judicialmente. Após confirmar a falta de encaminhamento do mandado de averbação original, a inventariante requereu ao juízo onde tramitou a ação negatória de maternidade a expedição de novo documento para a averbação – pedido atendido pelo magistrado.

Em mandado de segurança – que foi negado pelo tribunal estadual –, o interessado alegou que a sentença que desconstituiu a maternidade transitou em julgado em 1992, motivo pelo qual deveria ser reconhecido o transcurso do prazo prescricional de quatro anos para a mudança do registro de nascimento, nos termos do inciso VI do parágrafo 9º do artigo 178 do Código Civil de 1916.

Ainda segundo ele, como o processo tramitou em segredo de Justiça, não poderia ter sido dada vista dos autos à inventariante; além disso, tratando-se de direito personalíssimo, apenas ele ou a falecida poderiam ter dado cumprimento à sentença.

Sobre a publicidade e segurança, o relator do caso no STJ, ministro Marco Aurélio Bellizze, explicou que a averbação de sentença transitada em julgado que declara estado de filiação constitui consequência legal obrigatória, destinada a conferir publicidade e segurança jurídica à decisão judicial. Nas palavras dele "não existe, assim, nenhuma faculdade conferida às partes envolvidas a respeito de proceder ou não à referida averbação, como se tal providência constituísse, em si, um direito personalíssimo destas", afirmou o ministro.

De acordo com o relator, não é possível confundir o exercício do direito subjetivo de uma ação de caráter personalíssimo – como o processo de desconstituição de filiação, cuja prerrogativa é exclusiva das pessoas inseridas nesse vínculo jurídico – com o ato acessório de averbação da sentença de procedência transitada em julgado.

No que tange ao interesse do espólio, para o ministro Bellizze, o fato de a falecida não ter promovido a averbação no cartório – providência que, na verdade, nem sequer lhe incumbia – não significa que não houvesse a intenção de desconstituir o vínculo de filiação; ao contrário, segundo o ministro, a circunstância de ter sido ela quem propôs a ação basta para demonstrar essa intenção.

Em seu voto, Marco Aurélio Bellizze rejeitou a alegação de falta de legitimidade dos herdeiros para promover a averbação da sentença, pois, além de esse ato não se confundir com o direito personalíssimo discutido na ação negatória de filiação, é inquestionável o interesse jurídico do espólio, representado pela inventariante, sobretudo em razão do pedido de habilitação feito pelo interessado – cujo registro civil deve, necessariamente, corresponder à realidade atual dos fatos.

Em relação ao segredo judicial, Bellizze ressaltou que o Código de Processo Civil, em seu artigo 189, autoriza expressamente que terceiros com comprovado interesse jurídico possam ter acesso ao dispositivo da sentença, podendo extrair a correspondente certidão. Enfatizou que, a esse propósito, que o fato de o processo tramitar em segredo de Justiça é circunstância absolutamente indiferente à natural repercussão dos efeitos da coisa julgada.

2. JURISPRUDÊNCIA COMPLEMENTAR

TRIBUNAL DE JUSTIÇA DO ESTADO DE SÃO PAULO

EMENTA: APELAÇÃO – Averbação de óbito no assento de casamento da autora, em nome do seu esposo, com data bem anterior (em 1997) ao seu respectivo falecimento, ocorrido em 2019 – Pretensão de declaração de nulidade do assento de óbito incorreto, bem como da respectiva averbação, em sua certidão de casamento, e indenização por danos materiais e morais – Sentença de improcedência – Pretensão de reforma – Possibilidade – Incontroverso erro do serviço notarial e de registro, exercido por delegação do Poder Público – Responsabilidade objetiva do Estado – Tema nº 777 do o Eg. STF – Responsabilidade civil do registrador – Inexistência de ação ou omissão que lhe possa ser imputada – Ilegitimidade passiva reconhecida, de ofício – Cabimento da retificação da averbação incorreta – Indenização por danos morais devida – Erro do registrador que importou, sem dúvida, em aumento do sofrimento da autora – Pedido parcialmente procedente – Decaimento mínimo do pedido – Aplicação do art. 86, parágrafo único, do CPC – Recurso parcialmente provido.

Resumo da Decisão
Processo: Apelação Cível nº 1011651-63.2020.8.26.0114
Tribunal: TJSP
Relatora: Des. Maria Olívia Alves
Data: 13.03.2023
Câmara: 6ª Câmara de Direito Público
Resumo:

Parte Autora: Maria Martha de Souza Fantinatto
Partes Rés: Carlos Alberto Sass Silva e Estado de São Paulo
Objeto da Ação: Maria Martha de Souza Fantinatto buscou a declaração de nulidade da certidão de óbito de seu marido, José Carlos Fantinatto, lavrada erroneamente em 1997, além de indenização por danos materiais e morais. O erro na certidão impossibilitou a autora de atualizar sua certidão de casamento, afetando a obtenção de aposentadoria e a abertura do inventário.
Decisão de 1ª Instância: Os pedidos foram julgados improcedentes, condenando a autora e o espólio de José Carlos Fantinatto ao pagamento das custas processuais e honorários advocatícios.
Apelação: A autora apelou sustentando que o erro notarial causou-lhe danos materiais e morais. Alegou a responsabilidade objetiva do Estado e dos notários conforme o art. 22 da Lei nº 8.935/94.
Decisão do Tribunal: A apelação foi parcialmente provida. Reconheceu-se o erro no registro de óbito e a responsabilidade objetiva do Estado pelos danos morais causados à autora. Foi determinado:
1. **Retificação do Registro:**
o Declaração de nulidade da averbação de óbito na certidão de casamento da autora para constar a data correta do óbito de José Carlos Fantinatto (28/08/2019).
2. **Indenização por Danos Morais:**
o Condenação do Estado de São Paulo ao pagamento de R$ 25.000,00 por danos morais, com juros de mora e correção monetária conforme índices estabelecidos.
Honorários e Custas Processuais:
• O Estado foi condenado ao pagamento das despesas processuais e honorários advocatícios fixados em 11% sobre o valor da condenação.
• Honorários advocatícios em favor do registrador foram mantidos conforme a sentença de 1ª instância, acrescidos de 1% conforme disposto no art. 85, § 11, do CPC.
Conclusão: A decisão reconheceu a responsabilidade do Estado pelos danos causados à autora devido ao erro no registro de óbito e concedeu a retificação do registro, além de indenização por danos morais.

EMENTA: Retificação de registro civil – Pleito de **averbação no assento de casamento a existência de escritura pública de união estável lavrada em cartório pelo casal** – Possibilidade – Ausência de qualquer óbice em fazer constar a existência da referida escritura pública no assento de casamento, escritura pública justamente referente à união estável – Sentença reformada – Recurso provido, julgando-se procedente o pedido.

Vistos.

Trata-se de apelação interposta contra a r. sentença de fls. 72/74, cujo relatório se adota, que, nos autos da ação de retificação de registro civil, julgou-a improcedente, com resolução do mérito, nos termos do artigo 487, I, do CPC.

Inconformados, os autores apelam e requerem a reforma do julgado, diante das razões de fls. 45/52. Em apertada síntese, pretendem o assento no registro de casamento da existência de escritura pública de união estável, lavrada em 28.04.2006.

Ao se manifestar, a douta Procuradoria Geral de Justiça opinou pelo provimento do apelo (fls. 68/70).

Consertados, subiram os autos para reexame.

Não houve manifestação de oposição ao julgamento virtual nos termos da Resolução nº 772/2017.

É o relatório.

O apelo comporta provimento.

Trata-se, na origem, de ação de retificação de registro civil, visando obter provimento jurisdicional que averbe no assento de casamento a existência de escritura pública de união estável lavrada em cartório pelo casal em 28.04.2006 (fls. 13).

Respeitado o entendimento contrário, não há óbice à pretendida retificação, pois, como bem observado pelo douto Procurador de Justiça oficiante a fls. 69: *"(...) tratando-se de conversão de união estável em casamento, não se vislumbra qualquer óbice em fazer constar a existência da referida escritura pública no assento de casamento, escritura pública justamente referente à união estável. Fazer constar a existência da escritura pública em referencia no assento de casamento, sob nossa ótica, não significa nela fazer constar a data do início, o período ou a duração da união estável.*

Este é o teor, afinal, do artigo 109 da Lei Federal n. 6.015/73:

Art. 109. Quem pretender que se restaure, supra ou retifique assentamento no Registro Civil, requererá, em petição fundamentada e instruída com documentos ou com indicação de testemunhas, que o Juiz o ordene, ouvido o órgão do Ministério Público e os interessados, no prazo de cinco dias, que correrá em cartório."

Portanto, de rigor a reforma da r. sentença, para que seja julgada procedente a presente ação de retificação de registro civil, nos termos consignados pelo douto Procurador de Justiça, fazendo constar "título de averbação a existência de escritura pública de união estável lavrada em cartório pelo casal em 29.04.2006".

Por derradeiro, a fim de evitar a oposição de embargos de declaração, única e exclusivamente voltados ao prequestionamento, tenho por expressamente prequestionada, nesta instância, toda a matéria, consignando que não houve ofensa a qualquer dispositivo a ela relacionado.

Na hipótese de interposição de embargos de declaração contra o presente acórdão, ficam as partes desde já intimadas a se manifestarem no próprio recurso a respeito de eventual oposição ao julgamento virtual, nos termos do art. 1º da Resolução nº 549/2011 do Órgão especial deste E. Tribunal, entendendo-se o silêncio como concordância.

Sendo manifestamente protelatória a apresentação dos embargos de declaração, aplicar-se-á a multa prevista no art. 1.026, §§ 2º e 3º, do CPC.

Pelo exposto, dou provimento ao recurso, nos termos supramencionados.

ALVARO PASSOS
Relator

(TJSP – Apelação Cível nº 1123739-57.2018.8.26.0100 – São Paulo – 2ª Câmara de Direito Privado – Rel. Des. Alvaro Passos – DJ 29.07.2019)

EMENTA: MANDADO DE SEGURANÇA – Qualificação registral – Nota de devolução – Ato de averbação – O denominado **Pedido de Providências** junto ao Juiz Corregedor Permanente da serventia é o procedimento adequado para se insurgir contra a nota devolutiva que tem por objeto um **ato de averbação** – Não cabimento do procedimento de dúvida registral junto a Oficiala – Verificada a legalidade do ato Inexistência de direito líquido e certo – Recurso não provido. (TJSP – Apelação Cível nº 0021173-05.2010.8.26.0625 – Taubaté – 7ª Câmara de Direito Público – Rel. Des. Magalhães Coelho – DJ 06.12.2011)

TRIBUNAL DE JUSTIÇA DO ESTADO DO RIO GRANDE DO SUL

EMENTA: PROCESSO Nº 70054385158. APELAÇÃO CÍVEL. REGISTRO CIVIL. AVERBAÇÃO DE CERTIDÃO DE CASAMENTO REALIZADO NO EXTERIOR. DOCUMENTO TRADUZIDO. Cumpre determinar o registro do documento no Cartório de Títulos e Documentos e, posteriormente, a averbação no Registro Civil, sem a cobrança dos emolumentos, visto que a autora litiga sob o pálio da AJG. DERAM PROVIMENTO AO RECURSO.

TRIBUNAL DE JUSTIÇA DO ESTADO DE MINAS GERAIS

EMENTA: ALTERAÇÃO DE REGISTRO CIVIL – TRANSEXUAL – REDESIGNAÇÃO DO GÊNERO NO REGISTRO CIVIL – INEXISTÊNCIA NO ORDENAMENTO JURÍDICO DE UMA PREVISÃO QUE TORNE O PEDIDO INVIÁVEL – ART. 1º, III, ART. 3º, IV E ART. 5º, X DA CF/88 – PRINCÍPIOS DA DIGNIDADE DA PESSOA HUMANA E DA INVIOLABILIDADE DA INTIMIDADE. – Se não existe no ordenamento jurídico qualquer vedação à alteração de registro de pessoa transexual, não há que se falar em impossibilidade jurídica do pedido, que é encontrada nos princípios e valores que a Constituição da República sobreleva. Seguindo-se os preceitos constitucionais, a dignidade da pessoa humana, enquanto princípio fundamental da República Federativa do Brasil, constitui diretriz que deve nortear a alteração de registro civil de transexual. A Carta Magna objetiva em seu art. 3º promover o bem de todos sem qualquer preconceito de sexo e salienta no inc.

X de seu art. 5º ser inviolável a intimidade, a honra e a vida privada de uma pessoa. Deve-se, desta forma, adaptar a designação sexual e o prenome à nova situação do cidadão. – O princípio da veracidade que norteia o registro público impõe que seja feita a anotação à sua margem de que se trata de averbação feita por ordem judicial. (TJMG – Ap. Civ. nº 1.0647.07.081676-2/001 Des.(a) Vanessa Verdolim Hudson Andrade, 1ª C. Civel, Publicação. 19/08/2011)

3. QUESTÕES DE CONCURSOS

01. (VUNESP - 2023 - TJ-AL - Titular de Serviços de Notas e de Registros – Provimento) De acordo com a Lei nº 6.015/1973, com relação à averbação de retificação de registro, assinale a alternativa correta.

a) Será feita por qualquer oficial de registro civil das pessoas naturais do território nacional, em vista da implementação do Sistema Eletrônico de Registros Públicos (Serp).

b) Será feita apenas pelo oficial de registro civil das pessoas naturais do cartório onde constar o assento.

c) Será feita apenas pelo oficial de registro civil das pessoas naturais do cartório do 1º ofício ou da subdivisão judiciária da comarca da capital, em livro especial.

d) Será feita por qualquer oficial de registro civil das pessoas naturais da comarca, nas localidades onde houver mais de um cartório.

02. (IESES – Cartório – Provimento – TJ – CE/2018) Assinale a única alternativa correta:

a) No registro civil de pessoas naturais a averbação será feita pelo oficial do cartório em que constar o assento à vista da carta de sentença, de mandado ou de petição acompanhada de certidão ou documento legal e autêntico.

b) O reconhecimento judicial ou voluntário dos filhos ilegítimos será registrado no livro de nascimento.

c) As sentenças de nulidade ou anulação de casamento não serão registradas no registro civil de pessoas naturais enquanto sujeitas a recurso, qualquer que seja o seu efeito.

d) Será também registrado, no registro civil das pessoas naturais, com as mesmas indicações e efeitos, o ato de restabelecimento de sociedade conjugal.

03. (Vunesp – Outorga de delegação de serviços notariais e registrais – Provimento – TJ – RS/2019) Assinale a alternativa correta com relação às averbações no RCPN.

a) Para que sejam feitas, o interessado deverá apresentar carta de sentença; mandado; petição acompanhada de certidão ou documento legal e autêntico; ou ainda qualquer outro documento judicial com efeito de mandado.

b) A mulher ou o homem poderá requerer ao Oficial do RCPN que defira a averbação no registro de nascimento, do patronímico do(a) seu(sua) companheiro(a), sem prejuízo dos apelidos próprios de família, havendo ou não impedimento legal para o casamento, e sem a necessidade de intervenção Judicial.

c) O traslado da escritura pública de separação e divórcio consensuais será apresentado ao RCPN onde registrado o assento de casamento, para que seja realizada a respectiva averbação, sendo necessária prévia oitiva do Ministério Público e respectiva autorização judicial.

d) A sentença estrangeira de divórcio consensual poderá ser averbada diretamente e independerá de homologação do STJ, mesmo quando dispuser de guarda de filhos ou alimentos, sendo necessária apenas tradução juramentada e chancela consular.

e) Serão averbados no Registro de Casamento: os registros de emancipação, de interdição, de ausência, de óbito e de morte presumida.

04. (Cespe – Cartório-PI/2013) No que se refere aos registros, às averbações e às anotações relacionados às pessoas naturais, assinale a opção correta.

a) Antes de averbadas, as sentenças já produzem efeitos contra terceiros.

b) A averbação é lavrada diretamente à margem do registro a que se refere e, por si só, já promove sua alteração jurídica.

c) As sentenças de nulidade ou anulação do casamento não serão averbadas enquanto estiverem sujeitas a recurso, a não ser que este seja recebido somente no efeito devolutivo.

d) Registro é o ato principal lavrado em livro próprio, de conhecimento público e verdadeiro, porém transitório.

e) A anotação, referência a ato escriturado no cartório, consiste em remissões recíprocas dos registros e averbações, no caso de uma mesma serventia, com a finalidade de modificar ou cancelar o registro.

05. (CETRO – Notário-RJ/2012) No registro civil das pessoas naturais, não serão registrado(a)s nem averbado(a)s

a) as convenções antenupciais.

b) os casamentos de que resultar a legitimação de filhos havidos ou concedidos anteriormente.

c) as sentenças que decidirem a nulidade ou anulação do casamento.

d) as escrituras de adoção e os atos que a dissolverem.

e) as opções de nacionalidade.

06. (Vunesp – Notário – SP/2008) Na hipótese de restabelecimento da sociedade conjugal,

a) a averbação no registro público é prescindível, exceto se determinada em sentença judicial.

b) a averbação no registro público é imprescindível.

c) a averbação no registro público é sempre facultativa.

d) não há averbação no registro público.

07. (FMP – Cartório – TJ – MT/2014) Sobre os registros, as averbações e as anotações no Registro Civil das Pessoas Naturais, assinale a afirmativa correta.

a) A sentença de anulação de um casamento, cujo registro foi lavrado no Livro B, será averbada no Livro B-auxiliar e anotada nos assentos de nascimento dos cônjuges, lavrados no Livro A.

b) O óbito, cujo registro foi lavrado no Livro C, será averbado no assento de nascimento, e anotado no assento de casamento, lavrados nos Livro A e D, respectivamente.

c) A emancipação, cujo registro foi lavrado no Livro E, será averbada no assento de nascimento e anotada no assento de casamento, lavrados nos Livros A e B, respectivamente.

d) O restabelecimento de uma sociedade conjugal, cujo registro de casamento religioso para efeitos civis foi lavrado no Livro B-auxiliar, será averbado no Livro B-auxiliar e anotado nos assentos de nascimento dos cônjuges, lavrados no Livro A.

e) O casamento, cujo registro foi lavrado no Livro B, será averbado nos assentos de nascimento e anotado nos assentos de óbito dos cônjuges, lavrados respectivamente nos livros A e C.

08. (Vunesp – Cartório – TJ – SP/2014) Quanto ao livro de registro de casamento, é correto afirmar que

a) será averbada a sentença de nulidade ou de anulação de casamento, declarando-se a data em que o Juiz a proferiu, a sua conclusão, os nomes das partes e o trânsito em julgado.

b) o Oficial do Registro Civil das Pessoas Naturais comunicará, dentro de 05 (cinco) dias, o lançamento da averbação ao tabelião que lavrou a escritura de separação ou divórcio consensuais mediante ofício sob registro postal.

c) o Oficial do Registro Civil das Pessoas Naturais comunicará, dentro de 05 (cinco) dias, o lançamento da averbação ao Juiz que houver subscrito a carta de sentença ou mandado mediante ofício sob registro postal.

d) as sentenças de nulidade ou anulação de casamento não serão averbadas enquanto sujeitas a recurso com efeito suspensivo, devendo constar tal circunstância do mandado judicial.

09. (IESES – Cartório – Remoção – TJ – RO/2017) A cerca das averbações, de acordo com a Lei de Registro Civil (lei 6.015/73), afirma-se:

I. Antes mesmo de averbadas, as sentenças relacionadas a registros civis produzirão efeito contra terceiros.
II. A averbação será feita à margem do assento e, quando não houver espaço, no livro corrente, com as notas e remissões recíprocas, que facilitem a busca.
III. A averbação será feita pelo oficial do cartório em que constar o assento à vista da carta de sentença, de mandado ou de petição acompanhada de certidão ou documento legal e autêntico, com audiência do Ministério Público.
IV. A averbação será feita mediante a indicação minuciosa da sentença ou ato que a determinar.

A sequência correta é:

a) Apenas a assertiva III está correta.
b) As assertivas I, II, III e IV estão corretas.
c) Apenas as assertivas I e IV estão corretas.
d) A assertiva I está incorreta.

10. (EJEF – Tabelionato e Registro-MG/2007) Serão averbados, EXCETO:

a) as sentenças que decidirem a nulidade ou anulação do casamento.
b) as emancipações.
c) as alterações ou abreviaturas de nomes.
d) as sentenças que decidirem o restabelecimento da sociedade conjugal.

GAB	1	D	2	A	3	A	4	B	5	A
	6	B	7	D	8	A	9	D	10	B

Art. 102. No livro de nascimento, serão averbados:

1. COMENTÁRIOS

As averbações têm natureza jurídica de *numerus apertus*, ou seja, são exemplificativas, permitindo a possibilidade de se requerer outras averbações, mesmo que não previstas em lei, desde que se adote o procedimento previsto no art. 97 da Lei 6.015/1973.

Averbar informações no registro de nascimento é fundamental para garantir a segurança jurídica e a atualização dos dados civis. Isso permite que os registros públicos reflitam com precisão a identidade e a veracidade, essenciais para a prática de atos da vida civil.

A averbação contribui para a integridade dos registros públicos, permitindo que cidadãos, instituições e autoridades possam confiar na veracidade das informações constantes nos documentos oficiais. Dessa forma, ela desempenha um papel relevante na organização e transparência do sistema registral brasileiro.

São exemplos de averbações específicas no registro de nascimento:

→ Reconhecimento de Filho
→ Alteração de sexo
→ Suspensão e perda do poder familiar
→ Sentença declaratória de filiação
→ Alterações de nome
→ Adoção de maior ou adoção unilateral
→ Perda da nacionalidade brasileira
→ Reaquisição da nacionalidade brasileira
→ Nomeação de tutor

Entre as novidades recentes, destacam-se o art. 528 do Provimento CNJ n. 149/2023 e o Enunciado 4 da I Jornada de Direito Notarial e Registral:

> **Art. 527, Provimento 149/2023.** A opção será documentada por termo, conforme modelo constante do Anexo deste Provimento, lavrado em qualquer ofício do registro civil de pessoas naturais.
>
> Parágrafo único. O oficial ou preposto identificará os presentes, na forma da lei, e colherá as assinaturas em sua presença.
>
> **Art. 5º** O ofício do registro civil de pessoas naturais do registro do nascimento **averbará a opção.**
>
> **Enunciado 4.** É admissível a averbação no assento de nascimento, bem como nos registros subsequentes, da aquisição de nacionalidade originária estrangeira.
>
> ⊙ Justificativa: O registro civil das pessoas naturais é o repositório dos dados biográficos de cada indivíduo, bem como tem o condão de provar o estado civil, familiar e político da pessoa natural. A averbação de demais atributos da pessoal natural, tais como a aquisição originária de outra nacionalidade, e aqueles vinculados à titulação e qualificação profissional de cada registrado, nos termos do disposto pelo Provimento CNJ n. 63/2017 (art. 6º, §2º), servirão para fornecer segurança jurídica sobre seu conteúdo, inclusive evitando procedimentos de perda de nacionalidade brasileira, bem como gerarão, por meio da apresentação de certidões de registros públicos, eficácia, oponibilidade e cognoscibilidade perante terceiros.

2. QUESTÃO DE CONCURSO

01. (IESES – Cartório – TJ – RS/2013) Assinale a alternativa que contém somente atos de averbação no Registro Civil das Pessoas Naturais.

a) No assento de nascimento: inserção do nome abreviado usado como firma comercial registrada ou em qualquer atividade profissional; o restabelecimento da sociedade conjugal.
b) No assento de nascimento: alteração do nome, em razão de fundada coação ou ameaça decorrente da colaboração com a apuração de crime; perda do poder familiar.
c) No assento de nascimento: emancipação; acréscimo do sobrenome do companheiro.
d) No assento de casamento: divórcio judicial ou extrajudicial; óbito.

GAB	1	B

1º) as sentenças que julgarem ilegítimos os filhos concebidos na constância do casamento;

2º) as sentenças que declararem legítima a filiação;

1. COMENTÁRIOS

Este tema foi bastante explorado nos comentários do art. 29, § 1º, "b" e "c" desta obra.

Frise-se que o **princípio da igualdade entre os filhos** está consagrado no art. 227, § 6º da Constituição Federal, nos seguintes termos: "Os filhos, havidos ou não da relação de casamento, ou por adoção, terão os mesmos direitos e qualificações, proibidas quaisquer designações discriminatórias relativas à filiação".

Este princípio, que também é reproduzido no art. 1.596 do Código Civil, fundamenta-se na identidade de direitos e qualificações aos filhos, sendo assim, inconstitucional qualquer lei que estabeleça entre eles direitos e qualificações desiguais. Dessa maneira, fica vedado ao legislador usar designações discriminatórias relativas à filiação, como por exemplo, as expressões "filhos adulterino, filho incestuoso, filho adotivo", etc.

3º) as escrituras de adoção e os atos que a dissolverem;

1. COMENTÁRIOS

O ECA revogou o inciso III do art. 10 do Código Civil. Atualmente, com o advento da Lei 12.010/2009, o **vínculo de adoção constitui-se somente por sentença judicial**, que será inscrita no Registro Civil mediante mandado, do qual não se fornecerá certidão.

Antes do Código Civil de 2002, a **adoção de maior** poderia ser feita por escritura pública. Sendo assim, **os atos notariais de adoção lavrados sob a égide da legislação anterior podem ainda ser averbados em face do princípio *tempus regit actum*. Será nula, portanto, a escritura pública de adoção lavrada após a entrada em vigor do Código civil,** sendo vedado ao registrador aceitar tal instrumento público, por conter defeito de forma, pois atualmente o vínculo somente se estabelece por sentença.

No mais, remetemos o leitor aos comentários do art. 29, § 1º, "e" desta Lei 6.015/1973 para maior aprofundamento sobre o tema.

2. JURISPRUDÊNCIA COMPLEMENTAR

⊙ ENUNCIADOS DO IBDFAM APROVADOS NO X CONGRESSO BRASILEIRO DE DIREITO DE FAMÍLIA

▶ **Enunciado 05.** Na adoção, o princípio do superior interesse da criança e do adolescente deve prevalecer sobre a família extensa.

3. QUESTÕES DE CONCURSOS

01. (Vunesp – Notário-SP/2009) Efetivada, no ano de 2009, adoção de pessoa maior, o ato a ser escriturado pelo registrador civil das pessoas naturais **será**

a) averbação de escritura pública de adoção simples, efetuada à margem do assento de nascimento do adotado.

b) cancelamento do assento de nascimento originário do adotado e efetivação de novo registro de nascimento, em cumprimento a mandado judicial respectivo.

c) averbação da sentença judicial concessiva da adoção, efetuada à margem do assento de nascimento do adotado em cumprimento a mandado judicial respectivo.

d) cancelamento do assento de nascimento originário do adotado e efetivação de novo registro de nascimento, em cumprimento à escritura pública de adoção simples.

02. (Vunesp – Cartório – Remoção – TJ – SP/2018) Com relação à adoção, assinale a alternativa correta.

a) A certidão de nascimento de inteiro teor de pessoa adotada que ainda não atingiu a maioridade somente poderá ser fornecida aos seus pais adotivos e a mais ninguém, independentemente de autorização judicial, mas com o arquivamento no classificador próprio do respectivo pedido, devidamente assinado e com firma reconhecida.

b) A adoção do maior de 18 (dezoito) anos independe da assistência efetiva do poder público e, ou, de sentença constitutiva.

c) Após a entrada em vigor do Código Civil de 2002, a adoção do maior passou a ser estabelecida exclusivamente por escritura pública, não se permitindo, entretanto, a adoção por procuração.

d) A adoção unilateral do menor ou do maior será averbada sem cancelamento do registro original.

GAB	1	C	2	D

4º) o reconhecimento judicial ou voluntário dos filhos ilegítimos;

1. COMENTÁRIOS

O tema foi abordado nos comentários do art. 29, § 1º, "d" desta Lei 6.015/1973.

5º) a perda de nacionalidade brasileira, quando comunicada pelo Ministério da Justiça.

1. COMENTÁRIOS

Os arts. 22 a 34 da Lei 818/1949 estabeleciam o processo da perda da nacionalidade brasileira. Todavia, a Lei de Migração (Lei 13.445/2017) revogou a Lei 818/1949, bem como o Estatuto do Estrangeiro (Lei 6.815/1980) e atualmente é o diploma que regulamenta a matéria, especificamente nos arts. 75 e 76. Vale a transcrição:

Seção IV
Da Perda da Nacionalidade

Art. 75. O naturalizado perderá a nacionalidade em razão de condenação transitada em julgado por atividade nociva ao interesse nacional, nos termos do inciso I do § 4º do art. 12 da Constituição Federal .

Parágrafo único. O risco de geração de situação de apatridia será levado em consideração antes da efetivação da perda da nacionalidade.

Conforme extraído do dispositivo, as hipóteses de **perda da nacionalidade brasileira** estão elencadas na Constituição Federal de 1988, especificamente no art. 12, § 4º, nos seguintes termos:

Será declarada a perda da nacionalidade do brasileiro que:

I - tiver cancelada sua naturalização, por sentença judicial, em virtude de fraude relacionada ao processo de naturalização ou de atentado contra a ordem constitucional e o Estado Democrático;

II - fizer pedido expresso de perda da nacionalidade brasileira perante autoridade brasileira competente, ressalvadas situações que acarretem apatridia.

A Emenda Constitucional n. 131 de 2023 trouxe significativas alterações ao direito de nacionalidade no Brasil, modificando o artigo 12 da Constituição Federal para eliminar a perda automática da nacionalidade brasileira em decorrência da simples aquisição de outra nacionalidade. Agora, brasileiros que adquirirem outra nacionalidade não perderão automaticamente a nacionalidade brasileira, a menos que façam um pedido expresso para isso perante a autoridade competente, e mesmo assim, apenas se tal pedido não resultar em apatridia (situação em que a pessoa fica sem nenhuma nacionalidade).

A emenda também acrescentou a possibilidade de uma pessoa que renunciou à nacionalidade brasileira poder readquiri-la posteriormente, conforme o novo § 5º do art. 12 da Constituição.

Estas mudanças visam proteger o direito fundamental à nacionalidade e evitar situações em que indivíduos possam se tornar apátridas, alinhando-se às diretrizes internacionais de proteção aos direitos humanos.

Note-se que os arts. 248 e 249 do Decreto n. 9.199/2017, estabelecem a perda da nacionalidade nos seguintes termos:

Art. 248. O naturalizado perderá a nacionalidade em razão de sentença transitada em julgado por atividade nociva ao interesse nacional, nos termos estabelecidos no art. 12, § 4º, inciso I, da Constituição .

Parágrafo único. A sentença judicial que cancelar a naturalização por atividade nociva ao interesse nacional produzirá efeitos após o trânsito em julgado.

Art. 249. A perda da nacionalidade será declarada ao brasileiro que adquirir outra nacionalidade, exceto nas seguintes hipóteses:

I - de reconhecimento de nacionalidade originária pela lei estrangeira; e

II - de imposição de naturalização, pela norma estrangeira, ao brasileiro residente em estado estrangeiro, como condição para permanência em seu território ou para o exercício de direitos civis.

A declaração da perda de nacionalidade brasileira se efetivará por ato do Ministro de Estado da Justiça e Segurança Pública, após procedimento administrativo, no qual serão garantidos os princípios do contraditório e da ampla defesa.

Uma vez cessada a causa, o interessado poderá readquirir a nacionalidade ou ter o ato que declarou a perda revogado, nestes termos:

Seção V
Da Reaquisição da Nacionalidade

Art. 76. O brasileiro que, em razão do previsto no inciso II do § 4º do art. 12 da Constituição Federal, houver perdido a nacionalidade, uma vez cessada a causa, poderá readquiri-la ou ter o ato que declarou a perda revogado, na forma definida pelo órgão competente do Poder Executivo.

Anote-se que a revogação da perda da nacionalidade deve ser decretada pela mesma autoridade competente que a decreta, vale dizer, o Ministro da Justiça.

Por fim, é necessária a averbação no registro de nascimento, da **revogação da perda da nacionalidade brasileira.**

1.1 EFEITOS DA PERDA DA NACIONALIDADE BRASILEIRA

A perda da nacionalidade brasileira surtirá efeitos a partir da publicação da portaria declaratória do Ministro da Justiça e Segurança Pública no Diário Oficial da União. Após a publicação do ato, o interessado será considerado, para todos os efeitos, estrangeiro perante o Estado brasileiro.

1.2 RISCO DE APATRIDIA

Não é possível solicitar a perda da nacionalidade brasileira sem a comprovação de que o interessado possui outra nacionalidade, em caráter definitivo.

Tal restrição tem como objetivo evitar a situação de apatridia (ausência de nacionalidade), conforme determina a Convenção das Nações Unidas, de 1961, para a Redução dos Casos de Apatridia, em vigor no Brasil.

A Convenção estabelece que "se a legislação de um Estado Contratante permitir a renúncia à nacionalidade, tal renúncia só será válida se o interessado tiver ou adquirir outra nacionalidade" (artigo 7.1.a), bem como que "os Estados Contratantes não privarão uma pessoa de sua nacionalidade se essa privação vier a convertê-la em apátrida" (artigo 8.1).

A Emenda Constitucional n. 131/2023 acrescentou a possibilidade de uma pessoa que renunciou à nacionalidade brasileira poder readquiri-la posteriormente, conforme o novo § 5º do art. 12 da Constituição.

Conclui-se que estas mudanças visam proteger o direito fundamental à nacionalidade e evitar situações em que indivíduos possam se tornar apátridas, alinhando-se às diretrizes internacionais de proteção aos direitos humanos.

1.3 PERDA DA NACIONALIDADE DE MENORES DE IDADE

No ordenamento jurídico brasileiro, por ser a nacionalidade um direito personalíssimo, não é possível a um menor de idade solicitar a sua perda, ainda que por intermédio de seus pais ou representantes legais.

Dessa forma, somente o próprio interessado, depois de atingida a maioridade (18 anos), poderá solicitar a perda de sua nacionalidade brasileira.

1.4 REGISTRO DA NATURALIZAÇÃO

A doutrina majoritária entende ser possível a realização do registro da naturalização no Livro E do Registro Civil das Pessoas Naturais, tendo em vista que o rol de atos ali registráveis é meramente exemplificativo, conforme se depreende da interpretação do art. 33, parágrafo único, da Lei n. 6.015/1973 para inscrição dos demais atos relativos ao estado civil. Para isso, é necessária a concessão pelo Ministério da Justiça e Segurança Pública.

Recentemente, dois enunciados corroboraram esse entendimento, a saber:

Enunciado 123 da II Jornada de Prevenção e Solução Extrajudicial de Litígios. Pode ser realizado o registro da naturalização no Livro E do Registro Civil das Pessoas Naturais, após sua concessão pelo Ministério da Justiça e Segurança Pública, tendo em vista ser o rol de atos ali registráveis meramente exemplificativo, conforme se depreende da interpretação do art. 33, parágrafo único, da Lei n. 6.015/1973 para inscrição dos demais atos relativos ao estado civil.

⊙ Justificativa: Atualmente, os efeitos da naturalização somente se produzirão após a publicação do ato do Ministério da Justiça e Segurança Pública, no Diário Oficial da União (art. 73 da Lei n. 13.445/2017 c/c artigo 230 do Decreto n. 9.199/2017), não havendo mais a expedição do denominado Certificado de Naturalização. Assim, a proposta de registro facilitaria a demonstração da aquisição da nacionalidade brasileira, bem como o exercício de direitos por parte do brasileiro naturalizado. Dentre os benefícios de tal assento, além do controle próprio dos registros civis, seria aquele de tornar o documento o repositório dos atos da vida da pessoa natural, no qual seria assegurada a publicidade, fim próprio dos atos registrados no RCPN, além de dar efetividade aos direitos adquiridos pelos naturalizados diretamente no registro civil, tal como é assegurado aos brasileiros natos. Portanto, como os brasileiros naturalizados teriam um instrumento formal para a publicização da sua nacionalidade, por meio do qual seriam facilitados os direitos dele decorrentes, ter-se-ia um impacto direto na diminuição das demandas judiciais. Sem o qual, para a obtenção dos direitos acima citados o recurso ao Poder Judiciário seria a única via possível. Podemos citar, como exemplo, eventual realização de alteração de prenome e de gênero (transgênero, após a aquisição da nacionalidade brasileira) diretamente no registro civil; reconhecimento de filiação biológica ou socioafetiva (nos termos do disposto nos Provimentos CNJ 16/2012 e 63/2017), entre outros.

Enunciado 8 da I Jornada de Direito Notarial e Registral. Para inscrição dos demais atos relativos ao estado civil, é possível o registro da naturalização no Livro E do Registro Civil das Pessoas Naturais, após sua concessão pelo Ministério da Justiça e Segurança Pública.

⊙ **Justificativa:** A Portaria de Naturalização é publicada no Diário Oficial da União, visto que, com a entrada em vigor da Lei n.º 13.44/2017 (art. 73), os Certificados de Naturalização não têm sido mais emitidos em substrato físico. Ocorre que essa publicação, em mídia específica e pouco conhecida na população em geral, acarreta bastante desconhecimento acerca da condição de brasileiro naturalizado. O registro da naturalização, além de assegurar a cognoscibilidade perante terceiros, servirá como prova e, caso haja a necessidade ou desejo de se praticar qualquer ato franqueado ao brasileiro naturalizado, haverá assentamento próprio perante o Registro Civil das Pessoas Naturais para que atos subsequentes sejam ali vinculados, tais como o reconhecimento biológico ou socioafetivo ou a alteração de nome e/ou de gênero do brasileiro naturalizado. Com o ato originário, ou seja, o registro da naturalização, poderão ser realizadas as averbações ou anotações a ele relacionadas e a prova de tais fatos jurídicos se utilizarão da relevante publicidade registral. Na prática, a falta de previsão de registro da naturalização junto ao registro civil acaba por impor ao naturalizado uma diferença vedada pela Constituição Federal (art. 12, 2º), estabelecendo novos obstáculos ao exercício de direitos básicos e dificultando ainda mais a sua integração como cidadão brasileiro.

2. QUESTÕES DE CONCURSOS

01. (TJ/SP – 2024 – VUNESP – Notário e Registrador/Provimento) É correto afirmar que a retomada da nacionalidade brasileira é:

a) averbada no registro de nascimento do interessado à vista de comunicação do Ministério da Justiça.

b) registrada no livro "E" à vista de mandado expedido pela Justiça Federal.

c) anotada no registro de nascimento do interessado à vista de mandado expedido pela Justiça Federal.

d) registrada no livro "E" à vista de comunicação do Ministério da Justiça.

GAB	1	A

6º) a perda e a suspensão do pátrio poder.

1. COMENTÁRIOS

Este item 6º foi incluído pelo Estatuto da Criança e do Adolescente – ECA (Lei 8.069/1990).

Lembre-se que o poder familiar era anteriormente chamado de pátrio poder, denominação que foi alterada pelo Código Civil de 2002. O poder familiar encontra-se previsto nos arts. 1.630 a 1.638 do Código Civil, bem como no art. 155 e seguintes do ECA.

Trata-se de um poder-dever que será exercido, em igualdade de condições, pelo pai e pela mãe, conforme disposto na legislação civil. A qualquer um deles é assegurado o direito de, em caso de discordância, recorrer à autoridade judiciária competente para a solução da divergência.

O poder familiar abarca o dever de assistir, criar e educar os filhos, assegurando à criança e ao adolescente, com absoluta prioridade, o direito à vida, à saúde, à alimentação, à educação, ao lazer, à profissionalização, à cultura, à dignidade, ao respeito, à liberdade e à convivência familiar e comunitária. Além disso, o poder familiar deve proteger os filhos de toda a negligência, discriminação, exploração, violência, crueldade e opressão.

A **suspensão e a perda do poder** consistem na interrupção do poder familiar diante de uma conduta grave dos pais.

Quanto às **causas de suspensão,** o Código Civil, estabelece no art. 1.637 que "*se o pai, ou a mãe, abusar de sua autoridade, faltando aos deveres a eles inerentes ou arruinando os bens dos filhos, cabe ao juiz, requerendo algum parente, ou o Ministério Público, adotar a medida que lhe pareça reclamada pela segurança do menor e seus haveres, até suspendendo o poder familiar, quando convenha. Parágrafo único. Suspende-se igualmente o exercício do poder familiar ao pai ou à mãe condenados por sentença irrecorrível, em virtude de crime cuja pena exceda a dois anos de prisão*".

No que se refere à **perda ou destituição**, o art. 1.638 elenca as hipóteses. Veja-se:

> **Art. 1.638**. Perderá por ato judicial o poder familiar o pai ou a mãe que:
>
> I – castigar imoderadamente o filho;
>
> II – deixar o filho em abandono;
>
> III – praticar atos contrários à moral e aos bons costumes;
>
> IV – incidir, reiteradamente, nas faltas previstas no artigo antecedente.
>
> V – entregar de forma irregular o filho a terceiros para fins de adoção.

A Lei n. 13.715/2018 acrescentou outras hipóteses de perda, conforme segue:

> Parágrafo único. Perderá também por ato judicial o poder familiar aquele que:
>
> I – praticar contra outrem igualmente titular do mesmo poder familiar:
>
> a) homicídio, feminicídio ou lesão corporal de natureza grave ou seguida de morte, quando se tratar de crime doloso envolvendo violência doméstica e familiar ou menosprezo ou discriminação à condição de mulher;
>
> b) estupro ou outro crime contra a dignidade sexual sujeito à pena de reclusão;
>
> II – praticar contra filho, filha ou outro descendente:
>
> a) homicídio, feminicídio ou lesão corporal de natureza grave ou seguida de morte, quando se tratar de crime doloso envolvendo violência doméstica e familiar ou menosprezo ou discriminação à condição de mulher;
>
> b) estupro, estupro de vulnerável ou outro crime contra a dignidade sexual sujeito à pena de reclusão.

Frise-se que a **falta ou a carência de recursos materiais não constitui motivo suficiente para a perda ou a suspensão do poder familiar**, da mesma forma que a **condenação criminal do pai ou da mãe não implicará a destituição do poder familiar**, exceto na hipótese de condenação por crime doloso, sujeito à pena de reclusão, contra o próprio filho ou filha.

A perda e a suspensão do poder familiar serão decretadas judicialmente, em procedimento contraditório, assegurada ampla defesa, nos casos previstos na legislação civil, bem como na hipótese de descumprimento injustificado dos deveres e obrigações dos pais.

O procedimento para a perda ou a suspensão do poder familiar terá início por provocação do Ministério Público ou de quem tenha legítimo interesse, sendo o prazo máximo para conclusão do procedimento de 120 (cento e vinte) dias.

A sentença que decretar a perda ou a suspensão do poder familiar será **averbada à margem do registro de nascimento** da criança ou do adolescente a fim de garantir a publicidade e os efeitos perante terceiros.

Receberá o Oficial de Registro Civil para essa averbação um título judicial e fará a devida qualificação. Relembre-se que o título judicial que não satisfaz os requisitos exigidos pela lei, bem como os consubstanciados em instrumento público ou particular, devem ser impedidos de registro pelo Registrador.

É importante anotar que o mandado de averbação da **perda** do poder familiar deve indicar a ocorrência do trânsito em julgado, enquanto a **suspensão** pode ser concedida liminarmente em processo judicial, conforme assegura o art. 157 do ECA.

A averbação da decretação da perda ou suspensão do poder familiar tem previsão específica no **art. 163, parágrafo único do ECA**, bem como no artigo ora em comento (art. 102, 6º).

Ressalte-se que a qualidade de pai ou de mãe não é afastada pela suspensão ou perda do poder familiar, sendo preservada a relação de filiação. Como exemplo, podemos dizer que o herdeiro continuará sendo herdeiro necessário. O que ocorre é o esvaziamento de todos os poderes inerentes à maternidade ou paternidade.

Mario de Carvalho Camargo Neto e Marcelo Salaroli de Oliveira bem advertem que "a certidão é emitida constando o nome do pai ou mãe, ainda que destituídos do poder familiar, com a obrigatória e expressa transcrição da averbação da destituição do poder familiar no campo das observações da certidão. Veja que esse caso não está acobertado pelo sigilo, não há motivos para excepcionar a regra geral da publicidade, pelo contrário, é necessário publicar o real estado civil do registrado, que consiste em ter um pai ou mãe, porém destituídos do poder familiar. Por óbvio, a averbação não mencionará as causas que levaram a destituição, pois isso é desnecessário ao sistema de publicidade e seria vexatório aos indivíduos, mas a destituição é uma realidade jurídica que reclama publicidade no registro público, para que todos tenham conhecimento" (*Registro Civil das Pessoas Naturais*. Saraiva: São Paulo, 2014, p. 249).

A averbação da suspensão ou perda do poder familiar será **isenta de emolumentos**. É o que se extrai do art. 141, § 1º do ECA.

Na averbação, que deverá ser feita no Registro Civil das Pessoas Naturais que registrou o nascimento do menor, constará:

a) data da averbação;
b) data da sentença, Vara e nome do Juiz que a proferiu;
c) nome da pessoa que passa a deter o poder familiar e sua qualificação se conhecida.

Atente-se que a **omissão do nome da pessoa** que passa a deter o poder familiar não é requisito obrigatório do título judicial, motivo pelo qual o registrador não deve qualificá-lo negativamente e apresentar nota de devolução.

1.1 MULTIPARENTALIDADE: SUPERIOR TRIBUNAL DE JUSTIÇA ADMITE PODER FAMILIAR DO PAI BIOLÓGICO E ADOÇÃO UNILATERAL MATERNA

A Quarta Turma do Superior Tribunal de Justiça deu parcial provimento a um recurso para restabelecer o poder familiar do pai biológico de uma criança que foi entregue para a adoção, irregularmente pela mãe, sem o seu consentimento. O genitor só teve a paternidade reconhecida após o requerimento da adoção, quando fez exame de DNA.

No caso, a criança foi entregue pela mãe para a adotante, que não possuía registro no Cadastro Nacional de Adoção. O Ministério Público, após decisão judicial que deferiu a guarda à adotante, alegou falsidade de algumas informações do registro de nascimento, entre elas o nome biológico do pai, que procurou o Conselho Tutelar e afirmou estar consternado com o desaparecimento da criança.

No curso do processo, a mãe biológica admitiu que o nome que constava no registro não era o do pai verdadeiro e revogou o consentimento para a adoção. Posteriormente, um exame de DNA revelou que o homem que denunciou o desaparecimento da criança ao Conselho Tutelar era, de fato, o pai biológico. Ele ingressou com pedido de guarda, o qual foi rejeitado em primeira e segunda instâncias.

Citando o princípio do melhor interesse da criança, o tribunal estadual recomendou, apesar das irregularidades, que a guarda fosse mantida com a adotante, que já cuidava da criança desde o primeiro mês de vida, sendo que na época do julgamento ela já tinha quatro anos.

No recurso especial, o pai biológico pediu a reforma do acórdão, alegando que a adoção foi deferida a pessoa não inscrita previamente no cadastro de adoção, sem o consentimento do pai ou a regular destituição do poder familiar.

Segundo a ministra Isabel Gallotti, relatora no STJ, a adoção "rompe definitivamente os vínculos jurídicos com a família anterior", mas, no caso em julgamento, o pai biológico não praticou nenhuma conduta que justifique a perda do poder familiar. Para ela "não houve abandono pelo pai biológico. Ao contrário. Desde o momento em que conhecedor da paternidade, vem lutando para ter a filha em sua companhia, tendo obtido o direito de visitas por decisão proferida nestes autos".

Devido à excepcionalidade do caso, o colegiado decidiu pela possibilidade de coexistência da manutenção do poder familiar paterno e da adoção unilateral materna, tendo em vista o melhor interesse da criança.

Na decisão, a turma determinou que o juiz de primeira instância analise a viabilidade da guarda compartilhada – entre a mãe adotiva e o pai biológico – ou a estipulação, para o pai, de pensão alimentícia e direito de visitas, além da alteração do registro da criança para que conste o nome paterno.

2. QUESTÕES DE CONCURSOS

01. (Vunesp – Cartório – TJ – SP/2014) Segundo as Normas de Serviço da Corregedoria-Geral de Justiça, no âmbito do Registro Civil das Pessoas Naturais, é correto afirmar que:

a) da averbação das sentenças de perda ou suspensão de poder familiar, constará apenas, a data da sentença, Vara e nome do Juiz que a proferiu, bem como o nome da pessoa que passa a deter o poder familiar e sua qualificação se conhecida.

b) o registro das sentenças de guarda e responsabilidade de menores com a suspensão do poder familiar será feita no Livro E do Registro Civil das Pessoas Naturais do 1.º Subdistrito da sede.

c) a averbação das sentenças de perda ou suspensão de poder familiar será feita no Registro Civil das Pessoas Naturais que registrou o nascimento do menor.

d) a averbação das sentenças concessivas de adoção do maior será feita exclusivamente no Registro Civil das Pessoas Naturais onde foi lavrado o seu registro de nascimento.

02. (Cespe – Cartório – TJ-DFT/2014) Assinale a opção correta a respeito das normas registrais relacionadas à adoção e à perda do poder familiar, bem como acerca das regras que regem o reconhecimento de paternidade e a adoção.

a) A paternidade de filho socioafetivo pode ser reconhecida na ata de casamento, sendo legal a averbação da alteração do patronímico materno no termo de nascimento do filho.

b) Após a averbação da sentença que determina a perda do poder familiar dos pais do menor, o oficial de registro civil das pessoas naturais deverá cientificá-los para, no prazo de quinze dias, nomear o tutor da criança.

c) A sentença de adoção de menor deve ser averbada no registro original de nascimento, consignando-se nele os nomes dos pais adotivos como pais legítimos e procedendo-se à anotação da origem biológica do adotado.

d) Segundo entendimento do STJ, é legítimo o direito do filho adotado conforme a prática conhecida como adoção à brasileira de ajuizar ação de reconhecimento de paternidade em face de seu pai biológico.

e) É facultado ao pai socioafetivo e sem qualquer vínculo biológico com o menor proceder, no prazo decadencial de dois anos, à retificação do registro de nascimento que ele próprio tenha registrado, com o fim de excluir a paternidade do menor.

GAB	1	C	2	D

Art. 103. Será feita, ainda de ofício, diretamente quando no mesmo cartório, ou por comunicação do oficial que registrar o casamento, a averbação da legitimação dos filhos por subsequente matrimônio dos pais, quando tal circunstância constar do assento de casamento.

1. COMENTÁRIOS

O art. 103 está revogado pelo art. 226, § 6º da Constituição Federal, que consagrou o princípio da igualdade entre os filhos nos seguintes termos: "Os filhos, havidos ou não da relação de casamento, ou por adoção, terão os mesmos direitos e qualificações, proibidas quaisquer designações discriminatórias relativas à filiação". Este princípio, também reproduzido no art. 1.596 do Código Civil, fundamenta-se na identidade de direitos e qualificações aos filhos. Portanto, é inconstitucional qualquer lei que estabeleça direitos e qualificações desiguais entre eles. Dessa maneira, fica vedado ao legislador usar designações discriminatórias relativas à filiação, como, por exemplo, as expressões "filho adulterino", "filho incestuoso", "filho adotivo", etc.

No que se refere à parte final do art. 103, houve ainda revogação pelo art. 3º da Lei 8.560/1992, que veda o reconhecimento no ato do casamento ou devido à ocorrência deste. No entanto, o parágrafo único do art. 3º ressalva o direito de averbar a alteração do patronímico materno, em decorrência do casamento, no termo de nascimento do filho.

Atualmente, o reconhecimento dos filhos havidos fora do casamento é **irrevogável** e deve ser feito em uma das seguintes formas:

a) no registro do nascimento;

b) por escritura pública ou escrito particular, a ser arquivado em cartório;

c) por testamento, ainda que incidentalmente manifestado;

d) por manifestação direta e expressa perante o juiz, ainda que o reconhecimento não haja sido o objeto único e principal do ato que o contém.

Art. 104. No livro de emancipações, interdições e ausências, será feita a averbação das sentenças que puserem termo à interdição, das substituições dos curadores de interditos ou ausentes, das alterações dos limites de curatela, da cessação ou mudança de internação, bem como da cessação da ausência pelo aparecimento do ausente, de acordo com o disposto nos artigos anteriores.

Parágrafo único. Averbar-se-á, também, no assento de ausência, a sentença de abertura de sucessão provisória, após o trânsito em julgado, com referência especial ao testamento do ausente se houver e indicação de seus herdeiros habilitados.

1. COMENTÁRIOS

As averbações elencadas neste dispositivo são feitas no Livro "E", que é o livro para os registros especiais dos demais atos que se referem ao estado civil da pessoa natural.

Este artigo não previu a possibilidade de averbação da sucessão definitiva à margem do assento de ausência, o que não impede o ato de averbação, em virtude de relevantes consequências dela resultante, como, por exemplo, a presunção de morte do registrado.

São exemplos de averbações feitas no Livro "E":

→ As sentenças que puserem termo à interdição, que determinarem substituições de curadores de interditos ou ausentes, as alterações de limites da curatela, cessação ou mudança de interdição, bem como a cessação de ausência;

→ Nos assentos de ausência, a sentença de abertura de sucessão provisória, após o trânsito em julgado, com referência especial ao testamento do ausente, se houver, e indicação de seus herdeiros habilitados;

→ Nos assentos de ausência, a sentença de abertura de sucessão definitiva, após o trânsito em julgado;

→ Quaisquer outras alterações no registro, decorrentes de determinação judicial ou de procedimento administrativo legalmente previsto.

Sobre o tema, remetemos o leitor aos comentários do art. 89 a 94 desta Lei para complemento da matéria.

2. QUESTÕES DE CONCURSOS

01. (IESES – Titular de Serviços de Notas e de Registros – Remoção – TJ – SC – 2019) Nos termos do Art. 104, da Lei nº 6.015/73, no livro de emancipações, interdições e ausências, será feita a averbação das sentenças que puserem termo à interdição, das substituições dos curadores de interditos ou ausentes, das alterações dos limites de curatela, da cessação ou mudança de internação, bem como da cessação da ausência pelo aparecimento do ausente. Sobre o assunto, assinale a alternativa INCORRETA, nos termos da citada Lei:

a) A averbação será feita pelo oficial do cartório em que constar o assento à vista da carta de sentença, de mandado ou de petição acompanhada de certidão ou documento legal e autêntico.

b) Nas hipóteses em que o oficial suspeitar de fraude, falsidade ou má-fé nas declarações ou na documentação apresentada para fins de averbação, não praticará o ato pretendido e submeterá o caso ao representante do Ministério Público para manifestação, com a indicação, por escrito, dos motivos da suspeita.

c) Averbar-se-á, também, no assento de ausência, a sentença de abertura de sucessão provisória, após o trânsito em julgado, com referência especial ao testamento do ausente se houver e indicação de seus herdeiros habilitados.

d) A averbação não será feita mediante a indicação minuciosa da sentença ou ato que a determinar.

02. (Vunesp – Cartório – TJ – SP/2014) Segundo as Normas de Serviço da Corregedoria-Geral de Justiça, no âmbito do Registro Civil das Pessoas Naturais, é correto afirmar que:

a) no assento de ausência, será averbada a sentença que determinar a abertura da sucessão definitiva, após o trânsito em julgado, com referência especial ao testamento do ausente, se houver, e indicação de seus herdeiros habilitados, vedada a averbação da sentença de abertura de sucessão provisória.

b) no Livro de Emancipações, Interdições e Ausências, será feita a averbação das sentenças que puserem termo à interdição, que determinarem substituições de curadores de interditos ou ausentes, das alterações de limites da curatela, cessação ou mudança de interdição, bem como da cessação de ausência.

c) o traslado da escritura pública de separação e divórcio consensuais será apresentado ao Registro Civil das Pessoas Naturais do respectivo assento de casamento, para a averbação necessária, depois de homologada judicialmente.

d) as sentenças de separação judicial e de divórcio, após seu trânsito em julgado, serão registradas no livro B, fazendo-se remissão à margem dos assentos de casamento.

GAB	1	D	2	B

Art. 105. Para a averbação de escritura de adoção de pessoa cujo registro de nascimento haja sido fora do País, será trasladado, sem ônus para os interessados, no livro "A" do Cartório do 1º Ofício ou da 1ª subdivisão judiciária da comarca em que for domiciliado o adotante, aquele registro, legalmente traduzido, se for o caso, para que se faça, à margem dele, a competente averbação.

1. COMENTÁRIOS

É sabido que a adoção atualmente somente se constitui por meio de **decisão judicial.**

Na hipótese de uma pessoa ter sido adotada fora do país, por meio de escritura pública regulada pela lei de tal país, prevalece que o procedimento a ser adotado no território nacional é o judicial, pois se assim não fosse, haveria irregularidade ou fraude ou tentativa de burla à lei nacional.

Dessa forma, quem assim defende, entende que não basta que o interessado tenha consigo a escritura de adoção realizada em país que a admita e seja convertida em vernáculo por tradutor juramentado, pois não pode produzir efeitos válidos no Brasil. Mas nada impede que o referido título possa servir como início de documentação para fins de processo de adoção.

No entanto, existe uma doutrina que defende que é possível a averbação de escritura de adoção de pessoa cujo registro de nascimento haja sido fora do País, sendo trasladado, sem ônus para os interessados, no Livro "A" da Serventia do 1º Ofício ou da 1ª subdivisão judiciária da Comarca em que for domiciliado o adotante, aquele registro, legalmente traduzido, se for o caso, para que se faça, à margem dele, a competente averbação. Assim assegura Reinaldo Velloso dos Santos. (Op. cit., p. 84).

Para uma melhor compreensão do tema *adoção*, remetemos o leitor aos comentários do art. 29, § 1º, "e" desta Lei 6.015/1973.

CAPÍTULO XIII – DAS ANOTAÇÕES

Art. 106. Sempre que o oficial fizer algum registro ou averbação, deverá, no prazo de cinco dias, anotá-lo nos atos anteriores, com remissões recíprocas, se lançados em seu cartório, ou fará comunicação, com resumo do assento, ao oficial em cujo cartório estiverem os registros primitivos, obedecendo-se sempre à forma prescrita no artigo 98.

Parágrafo único. As comunicações serão feitas mediante cartas relacionadas em protocolo, anotando-se à margem ou sob o ato comunicado, o número de protocolo e ficarão arquivadas no cartório que as receber.

Art. 107. O óbito deverá ser anotado, com as remissões recíprocas, nos assentos de casamento e nascimento, e o casamento no deste.

§ 1º A emancipação, a interdição e a ausência serão anotadas pela mesma forma, nos assentos de nascimento e casamento, bem como a mudança do nome da mulher, em virtude de casamento, ou sua dissolução, anulação ou desquite.

§ 2º A dissolução e a anulação do casamento e o restabelecimento da sociedade conjugal serão, também, anotadas nos assentos de nascimento dos cônjuges.

1. COMENTÁRIOS

A **anotação** consiste na simples remissão a um outro assento alusivo à pessoa natural registrada, lavrado na mesma serventia ou em qualquer outra de registro.

A anotação deve ser feita no prazo de 5 (cinco) dias do registro ou da averbação, com remissões recíprocas, se lançados na serventia, ou por comunicação, com resumo do assento, ao Oficial Registrador Civil da serventia dos registros primitivos. Tal prazo deve ser estritamente cumprido, sob pena de infringir o art. 108, cuja redação é a seguinte: *"Os oficiais, além das penas disciplinares em que incorrerem, são responsáveis civil e criminalmente pela omissão ou atraso na remessa de comunicações a outros cartórios."*

A **comunicação** consiste num comunicado escrito que obrigatoriamente um oficial deve fazer ao outro, quando de serventia diferente, com o fito de avisar os registros e averbações assentados em seu Ofício, e que alterem o registro primitivo.

Conforme regra inserta no art. 106, parágrafo único, as comunicações deverão ser feitas mediante cartas relacionadas em protocolo, anotando-se à margem ou sob o ato comunicado e ficarão arquivadas na serventia que as receber.

Atualmente, as comunicações podem ser enviadas também por **meio eletrônico** assinado digitalmente. O Provimento 149/2023 do Conselho Nacional de Justiça, em seu art. 236 (corresponde ao antigo art. 8º do Prov. CNJ n. 46/2015) estabelece que as comunicações previstas nos arts. 106 e 107 da Lei 6.015/1973 deverão ser enviadas obrigatoriamente pela CRC.

Por sua vez, é importante alertar para a nova redação do art. 207 do Código Nacional de Normas, alterado pelo Provimento CNJ n. 180/2024. Este dispositivo estabelece que as comunicações entre as serventias extrajudiciais de notas e de registro, e entre estas e os órgãos do Poder Judiciário, serão realizadas com a utilização das plataformas **Serp, Censec e Cenprot**. Enquanto não completadas as integrações entre as plataformas e sistemas, as comunicações poderão ser realizadas com a utilização do Sistema Hermes – Malote Digital na forma do Provimento n. 25, de 12 de novembro de 2012.

As anotações devem conter remissões recíprocas. Assim, Mario de Carvalho Camargo Neto e Marcelo Salaroli de Oliveira prelecionam que "no ato novo deve-se indicar a existência e localização do registro anterior, bem como a expedição da comunicação ao outro cartório, quando for o caso. No registro anterior, além da existência do novo ato, deve ser anotada a numeração e a localização deste. (*Registro Civil das Pessoas Naturais*. São Paulo: Saraiva, 2014, p. 80).

Quanto à **escrituração,** as anotações são lançadas nos termos do art. 98 da Lei 6.015/1973, sendo aplicadas as mesmas regras das averbações.

Além das anotações previstas no art. 107 e parágrafos desta Lei, que são expostas de maneira exemplificativa, também existem outras possibilidades de anotações. Por exemplo, em algumas normas do serviço extrajudicial das Corregedorias Gerais de Justiça, o novo casamento deverá ser anotado no assento de casamento imediatamente anterior, sem prejuízo de sua anotação facultativa nos registros de casamentos anteriores e no assento de nascimento, se informados previamente na habilitação para o casamento.

Da mesma forma, havendo alteração do nome de algum cônjuge em razão de escritura de separação, restabelecimento da sociedade conjugal ou divórcio consensuais, o oficial de registro civil das pessoas naturais que averbar o ato no assento de casamento também anotará a alteração no respectivo assento de nascimento, se de sua Unidade de Serviço, ou, se de outra, comunicará ao oficial competente para a necessária anotação.

Sobre o tema, dois importantes enunciados da ARPEN-SP merecem ser transcritos:

Enunciado 54: A certidão expedida por Oficial de Registro Civil das Pessoas Naturais é documento hábil para a anotação nos atos anteriores, nos termos do artigo 106 da Lei de Registros Públicos, independentemente de comunicação eletrônica ou por escrito. Fundamento legal: Interpretação teleológica do artigo 106 da Lei de Registros Públicos conforme decisão do Juiz de Direito da 2ª Vara de Registros Públicos da Comarca da Capital do Estado de São Paulo, Dr. Márcio Martins Bonilha Filho, no Processo 000.05.021751 CP 214/05, publicada no Diário Oficial de 02 de junho de 2005. Publicado em 10 de janeiro de 2011. *(Enunciado renumerado na compilação em 30/05/2014)*

Enunciado 55: Sempre que solicitado, o registrador civil deverá enviar a comunicação de atos lavrados em sua serventia, mesmo nas situações em que já expirou o prazo legal da comunicação, em que já tenha sido enviada a comunicação obrigatória, em que não consta do assento nenhuma informação que indique a necessidade de comunicação (exemplo, não consta no óbito a cidade em que o falecido se casou, nem o nome da viúva).

55.1 – A comunicação será endereçada a qualquer registrador civil, cabendo ao que recebeu a comunicação a responsabilidade de proceder a devida qualificação registral, antes de realizar a anotação, a fim de verificar se se trata da mesma pessoa

55.2 – A comunicação enviada não poderá conter elementos que não constem do respectivo registro, salvo se constar expressamente no campo das observações da comunicação que se trata de informação declarada pelo cidadão solicitante para facilidade na localização do assento.

55.4 – A critério do interessado, também poderá ser feita a anotação por meio da apresentação da certidão do registro civil, sendo desnecessária a comunicação. Publicado em 02 de julho de 2013 *(Enunciado renumerado na compilação em 30/05/2014)*

CASAMENTO

Enunciado 72: No texto da anotação de casamento não há obrigatoriedade de constar o nome do cônjuge, tenha ou não havido alteração do nome pelo casamento.

Fundamento legal: Lei 6.015/73, arts. 106 e 107.

ANOTAÇÃO

Enunciado 73: Em caso de constatação de informação equivocada em anotação decorrente de erro na comunicação enviada, quando o oficial destinatário, diante de fundados motivos, entender que não é suficiente o envio de nova comunicação, então a anotação poderá ser corrigida mediante retificação administrativa gratuita, de ofício ou mediante requerimento deduzido pela parte interessada ou ainda requerimento do Oficial do cartório comunicante.

Fundamento legal: Lei 6.015/73, art. 110; Provimento 46 da CN-CNJ, arts. 8º e 9º e Lei 10.169/00, art. 3º, inciso IV.

2. QUESTÕES DE CONCURSOS

01. (TJ/AM – 2023 – TJ/AM - Titular de Notas e Serviços de Registros). No tocante às anotações no âmbito do registro civil de pessoas naturais, assinale a alternativa **INCORRETA**:

a) O óbito deverá ser anotado, com as remissões recíprocas, nos assentos de casamento e nascimento, e o casamento no deste.

b) A emancipação, a interdição e a ausência serão anotadas com as remissões recíprocas, nos assentos de nascimento e casamento.

c) Sempre que o oficial fizer algum registro ou averbação, deverá, no prazo de dois dias, anotá-lo nos atos anteriores, com remissões recíprocas, se lançados em seu cartório, ou fará comunicação, com resumo do assento, ao oficial em cujo cartório estiverem os registros primitivos.

d) Os oficiais, além das penas disciplinares em que incorrerem, são responsáveis civil e criminalmente pela omissão ou atraso na remessa de comunicações a outros cartórios.

02. (Cespe – Tabelião-BA/2005) Acerca do registro civil das pessoas naturais, julgue os itens a seguir.

Havendo ato de restabelecimento da sociedade conjugal, mediante reconciliação se separados, ou novo casamento se divorciados, esse ato deve ser averbado no livro de casamento e, havendo bens imóveis no patrimônio conjugal, a averbação do fato deve ser feita em relação a cada um dos imóveis pertencentes ao casal no registro imobiliário da situação dos imóveis, existindo ou não pacto antenupcial.

03. (Cespe – Notário-SE/2006) A respeito do registro civil das pessoas naturais, julgue os itens seguintes

Anotação é o ato praticado pelo oficial, à margem do assento de nascimento, de óbito ou de casamento, que consiste em remissões recíprocas dos registros e averbações, com a finalidade de modificar ou cancelar o registro existente.

04. (Vunesp – Notário-SP/2009) Efetuada averbação de alteração do nome de um dos cônjuges no respectivo assento de casamento, deverá o oficial

a) comunicá-la ao registro de nascimento do outro cônjuge, para a devida anotação.
b) abster-se de efetuar qualquer comunicação sobre tal averbação concretizada, por ausência de previsão normativa para tal.
c) comunicá-la ao registro de nascimento daquele cônjuge que teve seu nome alterado, para simples anotação em seu respectivo assento de nascimento.
d) comunicar às serventias onde foram registrados os filhos, para que se anote à margem dos assentos de nascimentos desses filhos a alteração do nome do genitor.

05. (Vunesp – Cartório – TJ – SP/2012) O Oficial do Registro Civil das pessoas naturais deverá anotar o óbito

a) nos assentos de casamento e nascimento do falecido.
b) nos assentos de casamento e nascimento e na Carteira de Trabalho e Previdência Social do falecido; esta, facultativamente, quando for apresentada pelo declarante.
c) nos assentos de casamento e nascimento, nas procurações eventualmente outorgadas na mesma unidade de serviço e na Carteira de Trabalho e Previdência Social do falecido; esta, facultativamente, quando for apresentada pelo declarante.
d) nos assentos de casamento e nascimento, nas procurações eventualmente outorgadas na mesma unidade de serviço, na Carteira de Trabalho e Previdência Social (CTPS) e no Certificado de Alistamento Militar (CAM) do falecido; estes, facultativamente, quando forem apresentados pelo declarante.

06. (Cespe – Cartório – TJ – DF/2014) Acerca das averbações e anotações, assinale a opção correta.

a) O registro de interdição deve ser efetivado mediante mandado de averbação no registro de nascimento da pessoa interditada.
b) Segundo a ordem constitucional vigente, é possível o traslado de assento de nascimento de filho de brasileiro nascido no exterior e registrado em consulado brasileiro, considerado brasileiro nato, independentemente de opção futura pela nacionalidade brasileira.
c) A averbação somente se realiza por determinação judicial, com audiência do MP, por força de mandado judicial.
d) Em caso de perda da nacionalidade brasileira, a averbação poderá ser realizada mediante comunicação do Ministério da Justiça, ou a requerimento de interessado, em petição instruída mediante portaria específica.
e) Em razão do princípio da continuidade, não é possível a averbação do divórcio à margem do registro de casamento do indivíduo caso haja anotação de sua morte.

GAB	1	C	2	CERTO	3	ERRADO
	4	A	5	A	6	B	–

Art. 108. Os oficiais, além das penas disciplinares em que incorrerem, são responsáveis civil e criminalmente pela omissão ou atraso na remessa de comunicações a outros cartórios.

1. COMENTÁRIOS

A responsabilidade do Oficial Registrador e do Tabelião será objeto de análise nos comentários dos arts. 22 a 24 da Lei 8.935/1994.

Anote-se que há disposições sobre o assunto também no art. 28 da Lei 6.015/1973 e no art. 38 da Lei 9.492/1997 (Lei de Protestos).

Quanto às infrações disciplinares e penalidades, o tema é tratado pela Lei dos Notários e Registradores, nos artigos 31 ao 36.

Vale a transcrição:

LEI 8.935/1994

CAPÍTULO III – DA RESPONSABILIDADE CIVIL E CRIMINAL

Art. 22. Os notários e oficiais de registro são civilmente responsáveis por todos os prejuízos que causarem a terceiros, por culpa ou dolo, pessoalmente, pelos substitutos que designarem ou escreventes que autorizarem, assegurado o direito de regresso. *(Redação dada pela Lei nº 13.286, de 2016).*

Parágrafo único. Prescreve em três anos a pretensão de reparação civil, contado o prazo da data de lavratura do ato registral ou notarial. *(Redação dada pela Lei nº 13.286, de 2016).*

Art. 23. A responsabilidade civil independe da criminal.

Art. 24. A responsabilidade criminal será individualizada, aplicando-se, no que couber, a legislação relativa aos crimes contra a administração pública.

Parágrafo único. A individualização prevista no *caput* não exime os notários e os oficiais de registro de sua responsabilidade civil.

CAPÍTULO VI – DAS INFRAÇÕES DISCIPLINARES E DAS PENALIDADES

Art. 31. São infrações disciplinares que sujeitam os notários e os oficiais de registro às penalidades previstas nesta lei:

I – a inobservância das prescrições legais ou normativas;

II – a conduta atentatória às instituições notariais e de registro;

III – a cobrança indevida ou excessiva de emolumentos, ainda que sob a alegação de urgência;

IV – a violação do sigilo profissional;

V – o descumprimento de quaisquer dos deveres descritos no art. 30.

Art. 32. Os notários e os oficiais de registro estão sujeitos, pelas infrações que praticarem, assegurado amplo direito de defesa, às seguintes penas:

I – repreensão;

II – multa;

III – suspensão por noventa dias, prorrogável por mais trinta;

IV – perda da delegação.

Art. 33. As penas serão aplicadas:

I – a de repreensão, no caso de falta leve;

II – a de multa, em caso de reincidência ou de infração que não configure falta mais grave;

III – a de suspensão, em caso de reiterado descumprimento dos deveres ou de falta grave.

Art. 34. As penas serão impostas pelo juízo competente, independentemente da ordem de gradação, conforme a gravidade do fato.

Art. 35. A perda da delegação dependerá:

I – de sentença judicial transitada em julgado; ou

II – de decisão decorrente de processo administrativo instaurado pelo juízo competente, assegurado amplo direito de defesa.

§ 1º Quando o caso configurar a perda da delegação, o juízo competente suspenderá o notário ou oficial de registro, até a decisão final, e designará interventor, observando-se o disposto no art. 36.

§ 2º (Vetado).

Art. 36. Quando, para a apuração de faltas imputadas a notários ou a oficiais de registro, for necessário o afastamento do titular do serviço, poderá ele ser suspenso, preventivamente, pelo prazo de noventa dias, prorrogável por mais trinta.

§ 1º Na hipótese do *caput*, o juízo competente designará interventor para responder pela serventia, quando o substituto também for acusado das faltas ou quando a medida se revelar conveniente para os serviços.

§ 2º Durante o período de afastamento, o titular perceberá metade da renda líquida da serventia; outra metade será depositada em conta bancária especial, com correção monetária.

§ 3º Absolvido o titular, receberá ele o montante dessa conta; condenado, caberá esse montante ao interventor.

LEI 9.492/1997

Art. 38. Os Tabeliães de Protesto de Títulos são civilmente responsáveis por todos os prejuízos que causarem, por culpa ou dolo, pessoalmente, pelos substitutos que designarem ou Escreventes que autorizarem, assegurado o direito de regresso.

Importante ressaltar ainda que, a indevida omissão ou atraso na remessa de comunicações a outros cartórios, com o intuito de satisfação de interesse pessoal, configura o **crime de prevaricação**, previsto no artigo 319 do Código Penal que assim dispõe:

Art. 319. Retardar ou deixar de praticar, indevidamente, ato de ofício, ou praticá-lo contra disposição expressa de lei, para satisfazer interesse ou sentimento pessoal: Pena – detenção, de três meses a um ano, e multa.

CAPÍTULO XIV – DAS RETIFICAÇÕES, RESTAURAÇÕES E SUPRIMENTOS

Art. 109. Quem pretender que se restaure, supra ou retifique assentamento no Registro Civil, requererá, em petição fundamentada e instruída com documentos ou com indicação de testemunhas, que o Juiz o ordene, ouvido o órgão do Ministério Público e os interessados, no prazo de cinco dias, que correrá em cartório.

§ 1º Se qualquer interessado ou o órgão do Ministério Público impugnar o pedido, o Juiz determinará a produção da prova, dentro do prazo de dez dias e ouvidos, sucessivamente, em três dias, os interessados e o órgão do Ministério Público, decidirá em cinco dias.

§ 2º Se não houver impugnação ou necessidade de mais provas, o Juiz decidirá no prazo de cinco dias.

§ 3º Da decisão do Juiz, caberá o recurso de apelação com ambos os efeitos.

§ 4º Julgado procedente o pedido, o Juiz ordenará que se expeça mandado para que seja lavrado, restaurado e retificado o assentamento, indicando, com precisão, os fatos ou circunstâncias que devam ser retificados, e em que sentido, ou os que devam ser objeto do novo assentamento.

§ 5º Se houver de ser cumprido em jurisdição diversa, o mandado será remetido, por ofício, ao Juiz sob cuja jurisdição estiver o cartório do Registro Civil e, com o seu "cumpra-se", executar-se-á.

§ 6º As retificações serão feitas à margem do registro, com as indicações necessárias, ou, quando for o caso, com a trasladação do mandado, que ficará arquivado. Se não houver espaço, far-se-á o transporte do assento, com as remissões à margem do registro original.

1. COMENTÁRIOS

1.1. RETIFICAÇÃO JUDICIAL

Os registros presumem-se verdadeiros e devem sempre corresponder à realidade. Dessa forma, é necessário um meio descomplicado e eficiente de demonstrar que os registros não correspondem à verdade e exatidão.

Para tanto, existe o direito de retificação, direito este fundamental do cidadão e inerente à dignidade da pessoa humana. A retificação é a medida apropriada para casos de erro ou supressão de algum elemento do assento.

Frise-se que a retificação de registro civil não é meio idôneo para se postular uma alteração do registro civil, vale dizer, uma **alteração do estado da pessoa natural.** Por exemplo, tal procedimento não é aplicável a uma retificação da paternidade no registro. As questões de estado serão decididas em processo contencioso para anulação ou reforma de assento.

Mario de Carvalho Camargo Neto e Marcelo Salaroli de Oliveira prelecionam que "retificar é tornar reto o que está torto, é corrigir um erro. Alterar significa modificar, mudar de um estado para outro, sem que necessariamente o estado anterior seja um erro. Sempre que há um descompasso entre o registro e a realidade deve-se pensar se há um erro ou uma alteração posterior ao registro". (*Registro Civil das Pessoas Naturais*. São Paulo: Saraiva, 2014, p. 210).

Nesse sentido, Reinaldo Velloso adverte que "a lei registrária prevê salutar restrição ao âmbito de competência jurisdicional para ação de cunho meramente registrário. Sempre que houver a necessidade de ação de estado envolvendo filiação ou casamento os interessados devem perseguir as vias ordinárias, ou seja, o processo adequado de jurisdição contenciosa." (Op. cit., p. 199).

As retificações possuem a natureza de averbação e, sendo assim, devem ser feitas à margem direita com as indicações necessárias, ou, quando for o caso, com a trasladação do mandado, que ficará arquivado. Se não houver espaço, far-se-á o transporte do assento, com as remissões à margem do registro original.

A retificação pode se dar na **forma administrativa** (art. 110, LRP) quando se tratar de erros evidentes que não exijam qualquer indagação para a constatação imediata da necessidade de sua correção, erros na transposição dos elementos constantes em ordens e mandados judiciais, termos ou requerimentos, bem como outros títulos a serem registrados, averbados ou anotados. O documento utilizado para a referida averbação e/ou retificação ficará arquivado no registro no cartório. Também abrange inexatidões da ordem cronológica e sucessiva referente à numeração do livro, da folha, da página, do termo, bem como da data do registro; ausência de indicação do município relativo ao nascimento ou naturalidade do registrado, nas hipóteses em que existir descrição precisa do endereço do local do nascimento; elevação de distrito a município ou alteração de suas nomenclaturas por força de lei.

A retificação também pode se dar na **forma judicial** (art. 109, LRP) para quaisquer outros erros. Nesse caso, será necessário um mandado que indique, com precisão, os fatos ou as circunstâncias que devam ser retificados e em que sentido, ou os que devam ser objeto de novo assentamento.

Para este momento, analisaremos a forma judicial de retificação.

A retificação judicial só poderá ser promovida por meio de **advogado** e deve obedecer à processo especial previsto neste art. 109. A postulação é endereçada ao **Juiz de Direito**, em processo de **jurisdição voluntária**. Dessa forma, aquele que almejar que se retifique assentamento no Ofício de Registro Civil, requererá, em petição fundamentada e instruída com documentos ou com indicação de testemunhas, que o Juiz o ordene, ouvido o **órgão do Ministério Público** e os interessados, no prazo de cinco dias, que correrá em cartório.

Caso não haja impugnação ou necessidade de mais provas, o Juiz decidirá no prazo de cinco dias, sendo que da decisão do Juiz, caberá o recurso de apelação com ambos os efeitos. É importante atentar para a competência recursal de cada Estado.

Se o pedido foi julgado procedente, o Juiz ordenará que se expeça mandado para que seja retificado o assentamento, indicando, com precisão, os fatos ou circunstâncias que devam ser retificados, e em que sentido, ou os que devam ser objeto do novo assentamento.

Devendo ser cumprido em jurisdição diversa, o mandado será remetido, por ofício, ao Juiz sob cuja jurisdição estiver o cartório do Registro Civil e, com o seu "cumpra-se", executar-se-á.

Ressalte-se que a ação judicial de retificação nunca é proposta em face do Oficial de Registro, uma vez que este não é parte do processo e não tem interesse jurídico na demanda.

Quando houver alteração do nome do cônjuge em assento de casamento, deve ser procedida a averbação no assento de nascimento daquele cujo nome sofreu alteração. Com relação ao seu cônjuge, bastará a comunicação obrigatória entre os Registros Civis das Pessoas Naturais.

Marcio de Carvalho Camargo Neto e Marcelo Salaroli de Oliveira ao comentarem o § 5º do art. 109, defendem que "tal medida se destina ao trânsito de mandados por meio do judiciário e para garantia de autenticidade de origem deste. Todavia, devem ser observadas duas questões: 1 – Esta regra se aplica exclusivamente aos mandados de restauração, suprimento e retificação de registro, que seguem o procedimento do mencionado artigo 109, não devendo as demais decisões ser remetidas ao juízo sob cuja jurisdição está o cartório, pois não se pode submeter uma decisão judicial transitada em julgado, que representa manifestação de parcela da soberania do Estado brasileiro, ao crivo administrativo de outro juiz; 2 – O "cumpra-se" não exclui a qualificação registral que deve ser realizada pelo oficial sob sua responsabilidade, inclusive no que diz respeito à autenticidade da decisão, servindo tal "cumpra-se" tão somente como medida administrativa de trânsito de mandados por meio do Judiciário, de um juízo para o outro, assim facilitando o cumprimento da decisão (*Registro Civil das Pessoas Naturais.* Vol. I. São Paulo: Saraiva, 2014, p. 78).

1.2 RESTAURAÇÃO E SUPRIMENTO DO REGISTRO CIVIL

Reinaldo Velloso explica que a restauração consiste no refazimento de um ato em virtude de um vício insanável como a falta de subscrição e o extravio do assento. O suprimento, por sua vez, refere-se a alguma omissão do assento. (Op. cit., p. 198).

A restauração e o suprimento não se confundem com a retificação, apesar de estarem previstas no mesmo artigo 109.

Considerando a necessidade de se promover a restauração dos livros extraviados ou danificados de forma a impedir seu manuseio e uso, para a correta prestação do serviço extrajudicial de notas e de registro, a Corregedoria Nacional de Justiça do CNJ editou o **Provimento 23, de 24 de outubro de 2012,** atualmente incorporado aos artigos 97 a 205 do Código Nacional de Normas (Prov. CNJ n. 149/2023).

O extravio, ou danificação que impeça a leitura e o uso, no todo ou em parte, de qualquer livro do serviço extrajudicial de notas e de registro deverá ser imediatamente comunicado ao Juiz Corregedor, assim considerado aquele definido na órbita estadual e do Distrito Federal como competente para a fiscalização judiciária dos atos notariais e de registro, e à Corregedoria-Geral da Justiça (art. 197).

O art. 205 traz regra expressa para o Registro Civil, dispondo que "a restauração do assentamento no Registro Civil a que se refere o artigo 109, e seus parágrafos, da Lei n. 6.015/73, poderá ser requerida perante o juízo do foro do domicílio da pessoa legitimada para pleiteá-la e será processada na forma prevista na referida lei e nas normas editadas pela Corregedoria-Geral da Justiça do ente federativo em que formulado e processado o requerimento, dispensado o "cumpra-se" do juiz corregedor a que estiver subordinado o Registro Civil das Pessoas Naturais em que lavrado o assento a ser restaurado, quando se tratar de jurisdição diversa, desde que seja possível a verificação de sua autenticidade".

O Provimento CNJ n. 177/2024 alterou o Código Nacional de Normas para **regulamentar** o procedimento para restauração e suprimento de registro civil diretamente nos Cartórios de Registro Civil de Pessoas Naturais.

Assim, trouxe alguns conceitos pertinentes para tais atos, conforme segue:

i) **atos do registro civil**: registros, averbações e anotações;

ii) **restauração:** procedimento previsto para regularização de casos em que, por conta de extravio ou danificação total ou parcial de folhas do livro do registro civil das pessoas naturais, tenham-se tornado inviáveis a leitura do ato e a respectiva emissão de certidão;

iii) **suprimento**: procedimento previsto para suprir:
   a) dados que não foram inseridos no ato do registro civil quando de sua lavratura, apesar de obrigatórios ou recomendáveis (suprimento parcial do ato);
   b) ato cuja lavratura no livro competente não se consumou, apesar de ter sido objeto de certidão entregue a terceiros (suprimento total do ato).

Aplicam-se à restauração e ao suprimento as regras de transporte previstas no art. 109, § 6º, da Lei n. 6.015/1973 (*As retificações serão feitas à margem do registro, com as indicações necessárias, ou, quando for o caso, com a trasladação do mandado, que ficará arquivado. Se não houver espaço, far-se-á o transporte do assento, com as remissões à margem do registro original).*

Após o suprimento ou restauração administrativos, o registrador deverá cientificar o fato ao **juiz corregedor local** que, a seu turno, dará ciência ao **Ministério Público.**

O art. 205-B traz normas sobre os **emolumentos**, nesta direção:

> **Art. 205-B.** Enquanto não for editada legislação específica no âmbito dos Estados e do Distrito Federal, o valor dos emolumentos para os procedimentos de restauração ou suprimento será o correspondente ao procedimento de retificação administrativa ou, em caso de inexistência desta previsão específica em legislação estadual, de 50% (cinquenta por cento) do valor previsto para o procedimento de habilitação de casamento.
>
> Parágrafo único. Nos casos em que a restauração ou suprimento decorra de fato imputável ao oficial não será devido o pagamento de emolumentos.

Os arts. 205-C a 205-H regulamentam especificamente a **restauração administrativa** perante o Registro Civil das Pessoas Naturais. Noutro dizer, poderá ser objeto de restauração administrativa, **independentemente de autorização do juiz corregedor permanente**, qualquer ato lançado nos livros do Registro Civil das Pessoas Naturais, quando constatados o extravio ou a danificação total ou parcial da folha do livro, desde que haja prova documental suficiente e inequívoca para a restauração, ressalvada a hipótese de o objeto ser assento de óbito (art. 205-F). Entre outras hipóteses, isso abrange as de desaparecimento de folha ou de algum dado ou assinatura na folha.

No que diz respeito à **competência** para o ato, o requerimento para restauração administrativa deverá ser apresentado **ao Oficial do Registro Civil do lugar onde o registro originário deveria estar lavrado.**

O art. 205-D elenca os **elementos do requerimento**, nestes termos:

> § 1º O requerimento deverá conter pedido específico para restauração do registro e poderá ser formalizado:
>
> I – por escrito, mediante requerimento com:
>
> a) firma reconhecida; ou
>
> b) firma lançada na presença do oficial, que deverá confrontá-la com o documento de identidade do requerimento;

Aqui vale dialogar com a regra do § 5º. Veja-se: "É competente para o protocolo do requerimento e o atesto de que trata a alínea "b" do inciso I do § 1º deste artigo qualquer oficial de registro civil de pessoas naturais, observado, se for o caso, o dever de encaminhamento do requerimento ao oficial competente após prévia qualificação preliminar do requerimento na forma do art. 231-A deste Código".

> II – verbalmente perante o próprio oficial, hipótese em que este reduzirá o requerimento a termo;
>
> III – eletronicamente, perante o sistema eletrônico mantido pelo Operador Nacional do Registro Civil de Pessoas Naturais (ON-RCPN), com as assinaturas eletrônicas que compõem a Lista de Serviços Eletrônicos Confiáveis do Registro Civil do Brasil (art. 228-F deste Código).

Por sua vez, o § 2º estabelece a **legitimidade** para formular o requerimento que é, exclusivamente:

> I - do próprio registrado, por si, por seu representante legal ou por procurador com poderes específicos;
>
> II - em caso de óbito do registrado, de pessoa que demonstre legítimo interesse comprovado documentalmente, presumido este nas hipóteses de prova da existência, com o registrado, ao tempo da morte, de:
>
> a) vínculo conjugal ou convivencial;
>
> b) parentesco na linha reta;
>
> c) parentesco na linha colateral até o quarto grau.
>
> III – do próprio oficial, nos casos em que a restauração possa ser realizada a partir de documentação arquivada na própria serventia.

À vista de provas documentais suficientes para obtenção, com segurança, dos dados necessários à restauração, o **requerimento deverá ser instruído** com documentos oficiais emitidos por autoridade pública e que tenham sido gerados com base no ato objeto da restauração, tais como certidão (original ou cópia legível) do registro civil anterior; carteira de identidade (Lei n. 7.116/1983); carteira de identidade profissional; carteira nacional de habilitação; título de eleitor; declaração de nascido vivo; certificado de reservista.

Em caso de **inviabilidade de apresentação** de qualquer destes documentos, o requerente deverá justificar essa inviabilidade e apresentar outras provas que permitam, por segurança, a obtenção dos dados necessários à restauração.

Vale ressaltar que é **facultado** o processamento do pedido pelo sistema eletrônico, por meio do Operador Nacional do Registro Civil das Pessoas Naturais (ON-RCPN), utilizando os meios de autenticação e assinatura estabelecidos no Código Nacional de Normas.

Nos termos do art. 205-E do Provimento CNJ n. 149/2024, o oficial receberá o requerimento e decidirá, sucinta e fundamentadamente, em até 10 (dez) dias úteis, mediante:

> I – a prática do ato de restauração, no caso de acolhimento do requerimento;
>
> II - nota explicativa a ser entregue ao interessado, no caso de rejeição do requerimento.
>
> § 1º Na hipótese do inciso II deste artigo, será assegurado ao requerente o direito a, no prazo do art. 198 da Lei n. 6.015/1973, apresentar provas adicionais ou requerer a suscitação de dúvida, fato que deverá estar consignado na nota explicativa.
>
> § 2º A rejeição do requerimento ocorrerá quando o oficial entender ser insuficiente a prova documental, suspeitar de falsidade ou reputar inconsistentes as informações prestadas.
>
> § 3º Na hipótese de acolhimento do requerimento, ainda que após o julgamento de eventual dúvida registral, as provas documentais, ou aquelas que possam ser reduzidas a termo, serão posteriormente arquivadas, em meio físico ou digital, na serventia extrajudicial competente para o ato.
>
> § 4º Antes de decidir, quando a restauração decorrer do extravio de folhas de livro, o oficial deverá proceder a consulta na Central de Informações de Registro Civil (CRC) para certificar-se quanto à inexistência de duplicidade do ato a ser restaurado.

Atente-se que no caso de o **objeto da restauração administrativa ser o assento de óbito,** o oficial só poderá realizar o registro após prévia autorização específica do juízo competente para eventual dúvida registral. Como prova documental necessária à obtenção, com segurança, dos dados necessários à restauração do assento de óbito, é **indispensável** a apresentação de certidão de óbito e de declaração de óbito, ainda que em cópia, desde que legível, sem prejuízo de outras provas.

Se houver **dados** a serem retificados em relação ao registro originário na forma do art. 110 da Lei n. 6.015/1973 (retificação administrativa), é permitido cumular, no requerimento inicial, o pedido de retificação com prova documental suficiente. Nestes casos, os atos de retificação serão praticados após realizada a restauração.

No que diz respeito à **escrituração,** a restauração administrativa será feita no **livro corrente**, com remissões recíprocas no registro original e no restaurado, se existente.

Devido à **unicidade e imutabilidade do número de matrícula** e quando possível, o assento restaurado, embora seja lançado no livro corrente, deve possuir o mesmo número de ordem do registro original e o mesmo número de matrícula. Quando não for possível o aproveitamento desta numeração, deverá constar na certidão, no campo observação, a menção de que se trata de restauração administrativa, com menção dos dados do registro originário (livro, folha e termo), se houver.

Os artigos 205-I a 205-L regulamentam o **suprimento administrativo** perante o Registro Civil das Pessoas Naturais. Assim, poderá ser objeto de suprimento administrativo, independentemente de autorização do juiz corregedor permanente, qualquer ato lançado nos livros do Registro Civil das Pessoas Naturais, desde que haja prova documental suficiente para realizar o suprimento total ou parcial (art. 205-A, §1º, III, "a" e "b", CNN).

No caso de **insuficiência da prova documental** para a realização de suprimento total de assento de nascimento, o oficial, em nome do **princípio da fungibilidade,** receberá o requerimento como pedido de registro tardio de nascimento e observará as regrais pertinentes (arts. 480 e seguintes do CNN).

As regras da restauração administrativa podem ser aplicadas ao suprimento, no que couber.

À vista de **provas documentais suficientes** para obtenção, com segurança, dos dados necessários ao suprimento, o **requerimento** será instruído com a certidão, original ou cópia legível, do ato objeto do suprimento e, se houver, outras provas inequívocas. É dever do Oficial constatar se há realmente no livro, termo e folhas indicados a lacuna apontada no requerimento e, no caso de suprimento total, consultar a Central de Informações de Registro Civil (CRC) para certificar-se quanto à inexistência de duplicidade do ato a ser suprido.

Se o requerente não dispuser da **certidão do ato objeto do suprimento,** o requerente deverá justificar essa inviabilidade e apresentar outras provas que permitam, por segurança, a obtenção dos dados necessários ao ato.

O **suprimento parcial** será realizado na mesma folha do ato suprido, mediante preenchimento nas áreas devidas, se possível, exigido, porém, em qualquer caso, que tudo seja descrito em ato de averbação. Na hipótese de inviabilidade de realização deste ato por qualquer motivo (como danificação da folha, extravio da folha, qualquer outra impossibilidade), o suprimento será realizado mediante reprodução do ato objeto de suprimento no livro corrente, com averbações recíprocas e preservação dos mesmos números de assento e de matrícula, observado, no que couber, o disposto para restauração administrativa.

1.3 CERTIDÃO DE BATISMO X CERTIDÃO DE REGISTRO

Antônio José dos Santos estava decidido a corrigir um erro que, segundo ele, marcava a sua vida desde o nascimento. De acordo com a certidão de casamento e outros documentos oficiais, sua data de nascimento era 5 de março de 1961. Contudo, Antônio sempre acreditou que a data correta era 27 de maio de 1959, como constava na sua certidão de batismo. Com essa convicção, ele decidiu entrar com uma ação de retificação de registro civil.

A batalha judicial foi intensa. Antônio alegou que, quando seu registro de casamento foi feito, houve um equívoco ao registrar sua data de nascimento. Ele apresentou a certidão de batismo e declarações de testemunhas como provas para sustentar sua reivindicação. No entanto, a decisão do juízo de primeira instância foi desfavorável, julgando a ação improcedente.

Insatisfeito, Antônio recorreu ao Tribunal de Justiça de São Paulo. **Seu argumento central era que a certidão de batismo deveria prevalecer sobre o registro civil, pois refletia a data verdadeira de seu nascimento.** Ele esperava que a apelação revertesse a decisão inicial.

O caso foi analisado pela 10ª Câmara de Direito Privado do Tribunal de Justiça de São Paulo. Durante a análise, os desembargadores destacaram a **imutabilidade dos registros públicos, uma regra que só pode ser quebrada com justificativas sólidas e provas irrefutáveis.** A certidão de batismo apresentada por Antônio não cumpria esses requisitos. Ela não continha seu nome completo e havia sido expedida para fins religiosos, **não possuindo a mesma credibilidade de um documento dotado de fé pública.**

Além disso, os desembargadores notaram a ausência de outros elementos probatórios que pudessem corroborar a versão de Antônio. Não havia documentos adicionais, como registros civis de nascimento, fotos datadas, carteiras de vacinação ou prontuários médicos da infância, que pudessem sustentar a alteração solicitada.

Ao final, o Tribunal de Justiça de São Paulo decidiu manter a decisão de improcedência. **A fé pública e a presunção de veracidade dos registros civis prevaleceram sobre a certidão de batismo apresentada por**

Antônio. A corte reafirmou que **a segurança jurídica dos registros públicos não poderia ser mitigada sem provas contundentes de erro.**

Recomenda-se a leitura da Apelação Cível n. 1041457-36.2022.8.26.0224, no tópico "Jurisprudência Complementar", para complementação dos estudos.

2. JURISPRUDÊNCIA COMPLEMENTAR

TRIBUNAL DE JUSTIÇA DO ESTADO DE SÃO PAULO

EMENTA: APELAÇÃO – Ação de retificação de registro civil – R. sentença de improcedência – Irresignação do autor sob alegação de que a data correta de seu nascimento é aquela constante de sua certidão de batismo. Impertinência. Imutabilidade dos registros públicos. Exceção à regra que somente é cabível se acompanhada de justa motivação e provas sólidas. Inocorrência. Certidão de batismo que não estampa o nome completo do batizado e expedida para fins religiosos. Impossibilidade de prevalência sobre documento dotado de fé pública. Ausência de outros elementos idôneos a infirmar a presunção de veracidade do documento público. Inteligência do artigo 109 da Lei de Registro Públicos. Precedente do E. STJ e desta C. Câmara – Recurso desprovido.

Trata-se de recurso de apelação contra a r. sentença de fls. 126/127, cujo relatório se adota, que julgou improcedente a *ação de retificação de registro civil* de Antônio José dos Santos**,** nos termos do artigo 487, I, do Código de Processo Civil.

Inconformado, o autor apelou pugnando 1) a reforma da r. sentença e, consequentemente, a procedência da ação para retificação da data de seu nascimento, ao argumento de que 1.1) quando seu assento de casamento foi lavrado, *"o apelante teve sua data de nascimento registrada como nascido no dia 05 de março de 1961, data esta apresentada de forma equivocada na Certidão de Casamento e demais documentos"*. Esclarece que 1.2) *"a data correta é 27 de maio de 1959, momento em que de fato nasceu, conforme pode ser comprovado através da cópia da certidão de batismo e declaração de testemunho constante nos autos"*; e 1.3) *"a Certidão eclesiástica serve como prova significativa da existência de equívoco no registro civil/casamento, nas situações em que este foi realizado com base em meras declarações, por quem não foi alfabetizado, e ainda como no caso em tela que o apelante teve a recente informação dada pelo Cartório, que não possui Registro Civil"* (fls. 131/145). Preparo recolhido (fls. 166/167).

A d. Procuradoria Geral de Justiça manifestou-se pelo desprovimento (fls. 157/160).

Não houve oposição ao julgamento virtual.

É o breve relato.

A irresignação não comporta acolhida.

Trata-se de ação buscando a retificação de registro de nascimento e casamento, sob a justificativa de que constou a sua data de nascimento como sendo 05.03.196, quando o correto é 27.05.1959, conforme certidão de batismo.

A r. sentença deve ser mantida pelos seus próprios fundamentos, a teor do artigo 252 do Regimento Interno deste E. Tribunal de Justiça, vez que o MM. Juízo *a quo* bem analisou a questão, *litteris*:

Com efeito, à vista dos documentos acostados, não houve efetiva demonstração do suposto erro constante nos registros de nascimento e casamento do autor a ensejar sua retificação, nos termos do artigo 109 da LRP.

A tese do requerente é até verossímil, mas carece de comprovação minimamente segura.

Isto é, não há prova suficiente de que o nascimento do autor ocorreu de fato em 27/05/1959, sendo inviável, neste feito, superar a presunção de legalidade e veracidade da certidão de casamento em inteiro teor de fls. 117.

Como observado pelo i. representante do Ministério Público (fls. 125), a certidão de batismo não pode prevalecer diante de certidão de casamento, documento dotado de fé pública, ante o princípio da veracidade registral.

Veja-se que em verdade o documento que o autor trouxe aos autos para embasar sua pretensão é um escrito particular, em máquina de datilografar, alegadamente produzido por uma entidade privada sem qualquer fé pública. Trata-se de situação que sequer pode ser confirmada, e que ainda que o fosse mesmo assim não se revestiria de oficialidade hábil a afastar o poder probatório da certidão oficial de casamento.

Com efeito, o princípio da imutabilidade dos registros públicos comporta flexibilização apenas em caráter excepcional, de forma fundamentada em instruída com provas sólidas aptas a sustentar a pretendida alteração.

É o que se depreende do artigo 109 da Lei de Registros Públicos, *in verbis*:

Art. 109. Quem pretender que se restaure, supra ou retifique assentamento no Registro Civil, requererá, em petição fundamentada e instruída com documentos ou com indicação de testemunhas, que o Juiz o ordene, ouvido o órgão do Ministério Público e os interessados, no prazo de cinco (5) dias, que correrá em cartório.

In casu, como bem pontuou o i. Magistrado *a quo*, a certidão de batismo expedida por autoridade eclesiástica para fins religiosos não pode prevalecer sobre documento dotado de fé pública, considerando, em especial, que referido documento não exibe o nome completo do apelante, mas apenas o prenome, podendo, portanto, se tratar de pessoa diversa.

Em acréscimo, a "declaração de testemunho" juntada aos autos sequer estampa a idade do declarante e não esclarece a que título testemunhou o nascimento de **Antônio**; e tampouco há reconhecimento de firma na assinatura nela oposta.

Esse também o entendimento, fundamentado, da douta Procuradoria Geral da Justiça, a saber:

[...] *A fé pública contida no assento de casamento transcrito sob o n.º 90, lavrado às fls. n.º 9, do livro n.º 01-B. Aux., do Cartório de Registro Civil da Comarca de Piatã no Estado da Bahia (fl. 25), prevalece sobre a certidão de batismo expedida pela Paróquia de Bom Jesus do Rio de Contas do mesmo município por se tratar de documento particular e isoladamente, não é apto a infirmar o registro público que orientou toda a vida do recorrente.*

Incabível mitigar a força probatória do documento registral por documento realizado sem fé pública e para efeitos religiosos, do qual não se extrai inclusive, que se trata da mesma pessoa, visto que redigido precariamente com apenas o prenome.

Do mesmo modo, a "declaração de testemunho" (fl. 26) não é apta ao destino que se presta, visto que nem ao menos se sabe se o subscritor era vivo na época do nascimento, por qual maneira tomou conhecimento do fato e além do mais, a simples assinatura não está reconhecida.

Para que fosse possível a alteração da data de nascimento constante no registro civil do casamento, como quer o apelante, mister que fossem trazidas provas concretas como o registro civil de nascimento ou fotos datadas, carteiras de vacinação, prontuários médicos ou outros documentos relativos à primeira infância, porém não o fez.

Assim, considerando os princípios da segurança jurídica dos registros públicos e da presunção de veracidade dos documentos públicos, a retificação do registro não se justifica sem prova robusta de erro.

Este é inclusive o entendimento sufragado por esta C. Câmara [1] e E. Tribunal de Justiça [2].

Ex positis, **nega-se provimento** ao recurso.

Incabível a condenação por honorários advocatícios, pois ausente a instauração de relação jurídico-processual.

Por fim, prequestionadas as normas jurídicas reportadas no curso do presente feito, ficam as partes advertidas de que a interposição de recurso contra esta decisão, se declarado manifestamente inadmissível, protelatório ou improcedente, poderá acarretar sua condenação às penalidades fixadas no artigo 1.026, § 2º, do CPC/15. Acrescente-se que a função do julgador é decidir a lide de modo fundamentado e objetivo; desnecessário, portanto, o enfrentamento exaustivo de todos os argumentos elaborados pelas partes.

GILBERTO FERREIRA DA CRUZ

Relator

Notas:

[1] *APELAÇÃO CÍVEL. AÇÃO DE RETIFICAÇÃO DE REGISTRO CIVIL. Pretensão de alteração da data constante no assento de nascimento da interessada, lavrado tardiamente. Impossibilidade. Ausência de informações e documentos com força suficiente a ilidir os dados do registro civil que se pretende modificar. Certidão de batismo que não basta para suprimir a presunção de veracidade que emana do ato registral, devendo subsistir o quanto neste declarado. Precedentes desta Corte. Sentença mantida. RECURSO NÃO PROVIDO.* (TJSP; Apelação Cível 1008639-34.2021.8.26.0008; Relator: Márcio Boscaro; Órgão Julgador: 10ª Câmara de Direito Privado; Foro Regional VIII - Tatuapé - 5ª Vara Cível; Data do Julgamento: 31/03/2022; Data de Registro: 31/03/2022)

[2] *Registro civil das pessoas naturais. Retificação de assento de nascimento. Data do nascimento. Certidão de batismo que não basta, por si só, para elidir a fé-pública do assento de nascimento. Precedentes. Mas devido, ao menos, se facultar ao autor a produção de novas provas, dadas as circunstâncias envolvendo anterior retificação de seu nome. Sentença revista. Recurso parcialmente provido.* (TJSP; Apelação Cível 1067522-55.2022.8.26.0002; Relator: Claudio Godoy; Órgão Julgador: 1ª Câmara de Direito Privado; Foro Regional II - Santo Amaro - 9ª Vara Cível; Data do Julgamento: 25/05/2023; Data de Registro: 25/05/2023) (TJSP – Apelação Cível nº 1041457-36.2022.8.26.0224 – Guarulhos – 10ª Câmara de Direito Privado – Rel. Des. Gilberto Ferreira da Cruz – DJ 28.06.2023)

▶ **EMENTA:** Retificação em registro civil – Pretensão à retificação de registro de óbito, para afastar declaração de existência de união estável – Discussão sobre existência ou não de união estável que deve ser manejada em ação própria, contenciosa, a ser proposta perante o Juízo de Família – Registro de óbito que não se presta à comprovação de existência de união estável – Jurisprudência deste E. Tribunal – Sentença mantida – Recurso desprovido (TJSP – Apelação Cível nº 1000762-09.2020.8.26.0257 – Ipuã – 6ª Câmara de Direito Privado – Rel. Des. Marcus Vinicius Rios Gonçalves – DJ 19.10.2021)

▶ **EMENTA**: Retificação de dados do registro civil e restauração de assento destruído por incêndio. O art. 462, do CPC, permite julgamento com as provas que são oferecidas em fase posterior e convém atender a postulação, porque evidenciado o erro (muito comum) na grafia do imigrante italiano que constitui família no Brasil. Comprovação de que o avô materno do recorrente "Rosalbino (Rozalbino) Tucci" é, na verdade, "Michele Albino Tucci". Prova de que o registro de nascimento de sua genitora foi destruído em decorrência de incêndio no acervo do Cartório de Registro Civil de Pessoas Naturais de Ibitinga. Recurso provido. (TJSP – Apelação Cível nº 1003134-24.2014.8.26.0100 – São Paulo – 4ª Câmara de Direito Privado – Rel. Des. Enio Zuliani – DJ 19.04.2016)

▶ **EMENTA:** APELAÇÃO. REGISTRO PÚBLICO. RETIFICAÇÃO. CERTIDÃO DE ÓBITO. FILIÇÃO. DESCENDÊNCIA. Declarante de certidão de óbito que relata a existência de mais um filho do falecido. Tentativas frustradas de localização do suposto filho e do declarante. Ausência de prova de que o fato descrito no assento de registro civil não seja verdadeiro. Ônus que competia à requerente (art. 109 da Lei de Registro Público). Deferimento, porém, da retificação em caráter excepcional, tendo em vista a necessidade de viabilização do inventário, em que o suposto filho foi incluído como herdeiro. Retificação deferida. Recurso provido. (TJSP – Apelação Cível nº 1034022-39.2015.8.26.0100 – São Paulo – 4ª Câmara de Direito Privado – Rel. Des. Hamid Bdine – DJ 19.04.2016)

▶ **EMENTA**: Apelação Cível. Ação de retificação de registro civil – Pleito de alteração do prenome e da data de nascimento constantes no registro – Sentença que extinguiu o processo, sem resolução do mérito, nos termos do artigo 267, inciso VI, do Código de Processo Civil – Desacerto – Interesse de agir do autor configurado – Extinção do processo afastada – Julgamento da ação na forma do artigo 515, parágrafo 3º, do Código de Processo Civil – Assento de nascimento que foi lavrado de forma tardia, com base nas declarações do próprio requerente, à época com dezoito anos de idade – Hipótese, contudo, em que houve erro do Cartório de Registro Civil de Ibipitanga, no Estado da Bahia, quando da lavratura do assento – Documentos pessoais do autor, emitidos por repartições públicas do Estado de São Paulo, que comprovam a existência de incorreções em seu assento de nascimento quanto ao prenome e à data de nascimento – Inexistência de violação à ordem pública ou de prejuízo a terceiros – Retificação justificada – Recurso de apelação provido para o fim de anular a R. Sentença e, desde logo, julgar procedente a ação. Dá-se provimento ao recurso de apelação para o fim de anular a sentença e, desde logo, julgar procedente a ação. (TJSP – Apelação Cível nº 0005044-98.2007.8.26.0278 – Itaquaquecetuba – 1ª Câmara de Direito Privado – Rel. Des. Christine Santini – DJ 23.03.2016)

▶ **EMENTA**: AGRAVO DE INSTRUMENTO. Retificação de registro Civil. Decisão que entendeu que incumbe à parte encaminhar o mandado de averbação. Inconformismo da autora. Cabimento. Agravante beneficiária da assistência judiciária. Encaminhamento que pode ser providenciado pelo juízo. Inteligência do artigo art. 9º da Lei Estadual nº 11.331/02. Decisão alterada. Tutela recursal concedida, nos termos do artigo 557 do CPC. (TJSP – Agravo de Instrumento nº 2048270-65.2016.8.26.0000 – Mauá – 7ª Câmara de Direito Privado – Rel. Des. José Rubens Queiroz Gomes – DJ 22.03.2016)

▶ **EMENTA**: RETIFICAÇÃO DE REGISTRO CIVIL – Certidão de nascimento emitida em Portugal – Necessária a tradução do documento e prévio registro em Registro de Títulos e Documentos, ou sua autenticação via consular, a teor da Súmula 259/STF – Lei dos Registros Públicos a impor legalização do documento vindo do exterior, ainda que escrito em português – Providência não adotada – Concedido prazo, em sede recursal, para os autores suprissem a falha – Determinação atendida – Sentença reformada – RECURSO PROVIDO. (TJSP – Apelação Cível nº 994.07.114931-1 – Santos – 7ª Câmara de Direito Privado – Rel. Des. Elcio Trujillo – Julgado em 23.06.2010).

⊙ TRIBUNAL DE JUSTIÇA DO ESTADO DO PARANÁ

▶ **EMENTA**: APELAÇÃO CÍVEL – JURISDIÇÃO VOLUNTÁRIA – RETIFICAÇÃO DE REGISTRO CIVIL – CERTIDÃO DE ÓBITO DA GENITORA DOS APELANTES – AVERBAÇÃO EQUIVOCADA DO NOME DA FALECIDA – SENTENÇA DE IMPROCEDÊNCIA POR INSUFICIÊNCIA DE PROVAS. REGULARIZAÇÃO PROCESSUAL – NECESSIDADE DE INTIMAÇÃO DE TODOS OS INTERESSADOS – ART. 109 DA LEI DE REGISTROS PÚBLICOS E ART. 1.105 DO CÓDIGO DE PROCESSO CIVIL. SUFICIENTE DEMONSTRAÇÃO DO ERRO APONTADO – SEM REALIZAÇÃO, CONTUDO, DE DILIGÊNCIAS PARA OBTENÇÃO DO REGISTRO DE NASCIMENTO DA FALECIDA E APURAÇÃO DE IRREGULARIDADE EM SEUS DOCUMENTOS PESSOAIS – INCERTEZA RELATIVA AO NOME AVERBADO – SENTENÇA ANULADA, COM DETERMINAÇÃO DE RETORNO DOS AUTOS À ORIGEM. RECURSO PROVIDO EM PARTE. (TJPR – Apelação Cível nº 1.343.326-0 – Curitiba – 11ª Câmara Cível – Rel. Des. Mario Nini Azzolini – DJ 18.11.2015)

▶ **EMENTA**: APELAÇÃO CÍVEL. AÇÃO DE RETIFICAÇÃO DE REGISTRO CIVIL. ALTERAÇÃO DO ASSENTO DE CASAMENTO – POSSIBILIDADE – SENTENÇA MANTIDA. RECURSO CONHECIDO E IMPROVIDO. O artigo 109 da lei nº 6.015/73 autoriza a retificação de registro civil ante a constatação de erro. In casu, constata-se erro na transcrição do assento de casamento. (TJPR – Apelação Cível nº 1333416-6 – Curitiba – 11ª Câmara Cível – Rel. Juiz Subst. 2º G. Antonio Carlos Choma – DJ 25.08.2015)

⊙ TRIBUNAL DE JUSTIÇA DO ESTADO DO RIO GRANDE DO SUL

▶ **EMENTA:** PROCESSO Nº 70065911224. APELAÇÃO CIVEL. DIREITO CIVIL. REGISTRO CIVIL. RETIFICAÇÃO DE DATA DE NASCIMENTO. Os documentos públicos trazem presunção de veracidade juris tantum, pois, apenas se admite a retificação mediante prova cabal de que o registro não retrata a verdade real dos fatos. Outrossim, o disposto no art. 109 da lei dos registros públicos não deixa dúvidas de que só se pode falar em retificação quando o assento contenha erro, engano ou irregularidade. O pedido deve ser fundamentado e acompanhado de prova robusta, ausente no caso. RECURSO DESPROVIDO.

3. QUESTÕES DE CONCURSOS

01. (IESES – Titular de Serviços de Notas e de Registro – Provimento – TJ – SC/2019) A retificação de registro civil segue a seguinte orientação:

a) Constatada a existência de erros materiais no registro civil, não é permitida a elaboração de textos em "adição" ou "emendas" pelo Registrador, mesmo antes da assinatura do ato.

b) Não são permitidas alterações por "ressalvas" no Registro Civil.

c) Simples erros de grafia, que não exijam apuração de fatos para a sua constatação, poderão ser corrigidos de ofício pelo próprio Registrador Civil, titular da serventia em que o ato foi lavrado, sendo dispensada a participação do Ministério Público.

d) Na hipótese de já estar escriturado e concluído o ato de registro, a retificação apenas poderá se dar pelos procedimentos previstos nos artigos 109 e 110 da Lei de Registros Públicos.

02. (IESES – Notário-MA/2011) Assinale a alternativa correta:

a) A dissolução e a anulação do casamento e o restabelecimento da sociedade conjugal serão averbadas nos assentos de nascimento dos cônjuges.

b) A cremação de cadáver somente será feita daquele que houver manifestado a vontade de ser incinerado por instrumento público ou no interesse da saúde pública e se o atestado de óbito houver sido firmado por 2 (dois) médicos ou por 1 (um) médico legista e depois de autorizada pela autoridade judiciária.

c) Se houver de ser cumprido em jurisdição diversa, o mandado será remetido, por ofício, ao Juiz sob cuja jurisdição estiver o cartório do Registro Civil e, com o seu "cumpra-se", executar-se-á.

03. (Cespe – Cartório-PI/2013) Assinale a opção correta em relação a averbações, anotações, retificações, restaurações e suprimentos de assento civil das pessoas naturais.

a) A suspensão e a destituição do poder familiar deferidas judicialmente, mas em caráter liminar, não podem ser averbadas no assento de registro civil das pessoas naturais.

b) Às anotações feitas nos registros de pessoas naturais não se aplicam o princípio da continuidade de registro.

c) Se qualquer interessado ou o órgão do MP impugnar pedido de retificação, restauração ou suprimento, o juiz deverá determinar a produção da prova, dentro do prazo de dez dias, e, ouvidos, sucessivamente, em cinco dias, os interessados e o órgão do MP, decidir em dez dias.

d) Se houver de ser cumprido em jurisdição diversa, o mandado destinado à retificação, restauração ou suprimentos de assentamento no registro civil deverá ser remetido, mediante mero ofício e sem necessidade de deprecata, ao juiz sob cuja jurisdição estiver o cartório do registro civil e, mediante a ordem "cumpra-se", deverá ser executado.

e) A sentença que defira ao transexual a alteração de sexo e prenome tem natureza constitutiva, razão por que enseja novo registro, pois a mera averbação malfere o princípio da dignidade da pessoa humana, visto que os dados do assento pretérito permaneceriam indeléveis.

GAB	1	D	2	C	3	D

Art. 110. O oficial retificará o registro, a averbação ou a anotação, de ofício ou a requerimento do interessado, mediante petição assinada pelo interessado, representante legal ou procurador, independentemente de prévia autorização judicial ou manifestação do Ministério Público, nos casos de:

I – erros que não exijam qualquer indagação para a constatação imediata de necessidade de sua correção;

II – erro na transposição dos elementos constantes em ordens e mandados judiciais, termos ou requerimentos, bem como outros títulos a serem registrados, averbados ou anotados, e o documento utilizado para a referida averbação e/ou retificação ficará arquivado no registro no cartório;

III – inexatidão da ordem cronológica e sucessiva referente à numeração do livro, da folha, da página, do termo, bem como da data do registro;

IV – ausência de indicação do Município relativo ao nascimento ou naturalidade do registrado, nas hipóteses em que existir descrição precisa do endereço do local do nascimento;

V – elevação de Distrito a Município ou alteração de suas nomenclaturas por força de lei.

§ 1º (Revogado).

§ 2º (Revogado).

§ 3º (Revogado).

§ 4º (Revogado).

§ 5º Nos casos em que a retificação decorra de erro imputável ao oficial, por si ou por seus prepostos, não será devido pelos interessados o pagamento de selos e taxas.

1. COMENTÁRIOS

A redação original deste dispositivo foi modificada pela Lei 12.100/2009, que deu nova redação aos artigos 40, 57 e 110 da Lei 6.015/1973, com o intuito de desburocratizar alguns dos serviços realizados pelos Ofícios de registro civil e recentemente foi alterada pela Lei 13.484/2017.

A primeira modificação, trazida pela Lei 12.100/2009, alterou o art. 40 da Lei dos Registros Públicos com a finalidade específica de assegurar que a retificação de assentos de registro civil pudesse ser realizada sem a necessidade de sentença proferida pela autoridade judicial competente. A referida lei também promoveu a alteração do art. 57 da Lei 6.015/1973, permitindo que a retificação extrajudicial, instituída pelo novo art. 110, pudesse promover a alteração do nome do registrado, independentemente de sentença e de outros requisitos ali referidos (arquivamento do mandado no Ofício de Registro Civil e publicação da alteração através da imprensa).Assim, o antigo art. 110 com redação dada pela Lei 12.100/2009, estabelecia que os erros mais simples e evidentes, ou seja, aqueles que não exigiam qualquer indagação para a sua constatação, poderiam ser corrigidos de ofício pelo oficial de Registro no próprio cartório, sem necessidade de decisão judicial. No entanto, **a manifestação do Ministério Público era indispensável.**

Com a entrada em vigor da Lei 13.484/2017, além de **dispensar a prévia oitiva do órgão ministerial**, também foram previstas expressamente outras hipóteses de retificação administrativa, melhorando assim a organização do tema. Dessa forma, a retificação administrativa é possível nas seguintes hipóteses:

1) erros que não exijam qualquer indagação para a constatação imediata de necessidade de sua correção;
2) erro na transposição dos elementos constantes em ordens e mandados judiciais, termos ou requerimentos, bem como outros títulos a serem registrados, averbados ou anotados, e o documento utilizado para a referida averbação e/ou retificação ficará arquivado no registro no cartório;
3) inexatidão da ordem cronológica e sucessiva referente à numeração do livro, da folha, da página, do termo, bem como da data do registro;
4) ausência de indicação do Município relativo ao nascimento ou naturalidade do registrado, nas hipóteses em que existir descrição precisa do endereço do local do nascimento;
5) elevação de Distrito a Município ou alteração de suas nomenclaturas por força de lei.

A Lei 13.484/2017 revogou ainda os parágrafos 1º ao 4º (que tratavam do procedimento de retificação administrativa com a oitiva do MP) do aludido dispositivo e acrescentou o § 5º que dispõe que nos casos em que a retificação decorra de erro imputável ao oficial, por si ou por seus prepostos, não será devido pelos interessados o pagamento de selos e taxas.

No quadro comparativo a seguir, é possível conferir de uma forma mais didática as alterações incorporadas no art. 110 da lei registrária.

REDAÇÃO ANTERIOR À LEI 13.484/2017	REDAÇÃO ATUAL
Art. 110. Os erros que não exijam qualquer indagação para a constatação imediata de necessidade de sua correção poderão ser corrigidos de ofício pelo oficial de registro no próprio cartório onde se encontrar o assentamento, mediante petição assinada pelo interessado, representante legal ou procurador, independentemente de pagamento de selos e taxas, após manifestação conclusiva do Ministério Público. § 1º Recebido o requerimento instruído com os documentos que comprovem o erro, o oficial submetê-lo-á ao órgão do Ministério Público que o despachará em 5 (cinco) dias. § 2º Quando a prova depender de dados existentes no próprio cartório, poderá o oficial certificá-lo nos autos. (Redação dada pela Lei nº 12.100, de 2009). § 3º Entendendo o órgão do Ministério Público que o pedido exige maior indagação, requererá ao juiz a distribuição dos autos a um dos cartórios da circunscrição, caso em que se processará a retificação, com assistência de advogado, observado o rito sumaríssimo. (Redação dada pela Lei nº 12.100, de 2009). § 4º Deferido o pedido, o oficial averbará a retificação à margem do registro, mencionando o número do protocolo e a data da sentença e seu trânsito em julgado, quando for o caso.	Art. 110. O oficial retificará o registro, a averbação ou a anotação, de ofício ou a requerimento do interessado, mediante petição assinada pelo interessado, representante legal ou procurador, independentemente de prévia autorização judicial ou manifestação do Ministério Público, nos casos de: I – erros que não exijam qualquer indagação para a constatação imediata de necessidade de sua correção; II – erro na transposição dos elementos constantes em ordens e mandados judiciais, termos ou requerimentos, bem como outros títulos a serem registrados, averbados ou anotados, e o documento utilizado para a referida averbação e/ou retificação ficará arquivado no registro no cartório; III – inexatidão da ordem cronológica e sucessiva referente à numeração do livro, da folha, da página, do termo, bem como da data do registro; IV – ausência de indicação do Município relativo ao nascimento ou naturalidade do registrado, nas hipóteses em que existir descrição precisa do endereço do local do nascimento; V – elevação de Distrito a Município ou alteração de suas nomenclaturas por força de lei. § 1º (Revogado). § 2º (Revogado). § 3º (Revogado). § 4º (Revogado). § 5º Nos casos em que a retificação decorra de erro imputável ao oficial, por si ou por seus prepostos, não será devido pelos interessados o pagamento de selos e taxas.

No procedimento de retificação administrativa ou extrajudicial, o pedido é encaminhado à **própria**

serventia, com a certidão do registro e outros documentos que demonstrem o erro material, mediante petição assinada pelo interessado, representante legal ou procurador, independentemente de pagamento de selos e taxas, sem necessidade de manifestação do Ministério Público.

Joao Pedro Lamana Paiva já prelecionava antes mesmo da Lei 13.484/2017, que "na hipótese do erro evidente, é perfeitamente dispensável a prévia manifestação do Ministério Público porque a retificação vai ser operada com base em documentos que demonstrem a evidente ocorrência do erro, autorizando o Oficial do Registro Civil a proceder de ofício, com plena vinculação de seu ato a essa prova documental que o sujeita, objetivamente, à demonstração de legalidade do ato frente à atribuição fiscalizadora da atividade, que está a cargo do Poder Judiciário. Na verdade, o Oficial, nesse caso, estará promovendo o acertamento de ato de sua própria autoria, frente a inconfundíveis elementos de fato que o autorizam a retificar a equívoca transposição de dados anteriormente ocorrida. Para as demais hipóteses de retificação extrajudicial, nas quais não esteja caracterizada a ocorrência do erro evidente será indispensável a prévia manifestação do órgão ministerial com atuação na respectiva Comarca, para a regularidade do procedimento previsto pelo novo art. 110 da LRP, que, a teor do que dispõe seu § 1º, tem prazo de cinco dias para proferir sua manifestação, sem prejuízo de que venha a requerer, para maior indagação, ao juiz, a distribuição dos autos visando a um processamento mais contencioso na viabilização da retificação, observado o rito sumaríssimo, que é aquele específico da Lei nº 3.764/60 (*Do Erro Evidente e da Retificação Extrajudicial no RCPN.* http://www.colegioregistralrs.org.br/anexos/Doutrina%20Dr.%20Paiva%20-%2020_01_2010.pdf)

Convém esclarecer que a previsão do art. 110 da Lei 6.015/1973, por ser uma hipótese mais específica, é uma opção do interessado, que, se reputar conveniente, pode optar por pleitear a tutela jurisdicional. Esta regra está inserida no inciso XXXV, art. 5º, da Carta Magna: "a lei não excluirá da apreciação do Poder Judiciário lesão ou ameaça a direito". Trata-se do princípio da inafastabilidade da jurisdição, também chamado de direito de ação ou princípio do livre acesso ao judiciário e, segundo Pontes de Miranda princípio da ubiquidade da justiça.

A inafastabilidade da jurisdição consiste em um direito e garantia individual (cláusula pétrea), que afasta qualquer exigência de esgotamento das instâncias administrativas, permitindo ao indivíduo o exercício imediato do direito de ação, seja para postular a tutela jurisdicional preventiva, seja para postular a repressiva. Tal preceito só possui uma exceção, prevista na própria Carta Magna e só admissível porque introduzida pelo poder constituinte originário: é o que ocorre com a Justiça Desportiva, consoante art. 217, §§ 1º e 2º.

Sobre o tema *retificação administrativa*, oportuna é a transcrição dos enunciados da ARPEN-SP. Veja-se:

AVERBAÇÕES / ANOTAÇÕES

Enunciado 48: O Oficial de Registro é parte interessada para requerer a retificação de seus assentamentos, nos termos do artigo 110 da Lei de Registros Públicos. Fundamento legal: Lei 8.935/94, artigo 30, inciso I e nova redação do artigo 110 da Lei de Registros Públicos. Publicado em 11 de fevereiro de 2010. *(Enunciado renumerado na compilação em 30/05/2014)*

Os Enunciados 46 e 48 perderam o sentido em razão da Lei 13.484/2017 e foram derrogados.

Enunciado 64: Tratando-se de erro evidente, assim qualificado pelo oficial, nos moldes do inciso I do art. 110 da Lei 6.015/73, cuja constatação seja feita a partir de apresentação de documento estrangeiro, este deverá estar apostilado ou consularizado (caso o país emissor não integre a Convenção da Haia), traduzido por tradutor público juramentado devidamente inscrito em Junta Comercial do Brasil e registrado no Registro de Títulos e Documentos competente. Fundamento: Aprovação em Assembléia Geral Extraordinária realizada na sede da ArpenSP em 29/09/2017.

Enunciado 65: Em caso de necessidade de retificação de erro(s) constante(s) em mais de um registro pertencente à mesma Serventia e na mesma ocasião, o requerimento correspondente deverá ser realizado num único instrumento com indicação precisa dos assentos a serem retificados, acompanhado dos documentos (originais, autenticados ou conferidos) que comprove(m) o(s) erro(s). Neste caso, o oficial deverá cobrar por um procedimento de retificação, acrescido de tantas quantas forem as averbações adicionais, descontada daquela que integra o próprio procedimento de retificação. Fundamento: Aprovação em Assembléia Geral Extraordinária realizada na sede da ArpenSP em 29/09/2017.

DOCUMENTOS E CERTIDÕES ELETRÔNICOS

Enunciado 70: Os documentos e certidões eletrônicos, apresentados para a instrução dos procedimentos de retificação de registro; de reconhecimento de filiação; de alteração de patronímico; de alteração de prenome e/ou sexo de pessoa transgênero; de habilitação para o casamento; e demais procedimentos administrativos, com autenticidade verificada pelo Registrador, poderão ser impressos e, após certificada a conferência realizada, juntados aos respectivos procedimentos em meio físico.

⊙ Fundamento legal: Lei 12.682/2012, art. 2-A, §2º; Lei 6.015/1973, art. 110; Provimento CNJ nº 16/2012, art. 3º, §2º; Provimento CNJ nº 82/2019, art. 1º, *"caput"*; Provimento CNJ nº 73/2018, art. 7º; Código Civil, art. 1.525.

2. JURISPRUDÊNCIA COMPLEMENTAR

⊙ TRIBUNAL DE JUSTIÇA DO ESTADO DE SÃO PAULO

EMENTA: REGISTRO CIVIL – Retificação – Pretensão à obtenção da cidadania romena – Erro de grafia nos assentos de nascimento, casamento e óbito dos ascendentes dos autores demonstrado – Impossibilidade de causar prejuízo a terceiros – Inexistência de qualquer óbice legal – Acréscimo do sobrenome "Hillbrunner" no nome dos autores determinado – Possibilidade, também, de registro de nascimento tardio da avó paterna do autor – Necessidade de restabelecimento da veracidade do nome de família de origem romena que independe da manifestação de todos os interessados – Princípio da veracidade dos registros públicos – Retificações determinadas e registro determinado – Recurso provido.

Trata-se de apelação da sentença de fls. 62/63, em que foi julgada improcedente ação de "suprimento e retificação de registros civis" (fls. 1) ajuizada por Luciano Pinto Ramalho e Gabriela Novais Ramalho. Inconformados, apelaram estes, requerendo a reforma da sentença, para que fosse determinada a retificação do nome de família. Remetidos os autos a este Tribunal, a Procuradoria de Justiça opinou pelo desprovimento do recurso (fls. 94/96). Indeferido o pedido de justiça gratuita (fls. 110/111), providenciaram os autores o recolhimento do preparo (fls. 115/116).

É o relatório, adotado, quanto ao restante, o da sentença apelada.

In casu, pleitearam os autores o registro de nascimento tardio da avó paterna do coautor Luciano, bem como a retificação dos registros civis de seus ascendentes e dos próprios para fins de obtenção da cidadania romena.

Analisados os autos, figuraram como passageiros do "Vapor Atlanta", que desembarcaram no Porto de Santos em 21 de julho de 1925, membros da família Hillbrunner (fls. 26/27), aparentemente composta por Jacob, Maria, Mihail, Rudolf, Filip, Gotlib, Maria e Heinrich. Assim, a despeito de o sobrenome dos filhos do casal Jacob e Maria ser Hillbrunner (fls. 55/58), consta do registro de estrangeiro de Maria (fls. 56) e do registro de fls. 26/27 o sobrenome "Hillbrunner", não havendo, assim, óbice a que se adote este sobrenome, como pleiteado pelos autores.

Diante disso, constatado erro de grafia no sobrenome de solteira da avó paterna do coautor Luciano, impõe-se a retificação de seu nome, constante das certidões de casamento (fls. 28) e de óbito (fls. 29) para Elisabete Hillbrunner, bem como dos genitores desta para Jacob Hillbrunner e Maria Hillbrunner. Pelo documento de fls. 56, constata-se que o nome "Maria Fadeicher", ainda que com erro de grafia em relação ao sobrenome, seria o nome de solteira de "Maria Hillbrunner".

Consequentemente, hão de ser corrigidas as certidões de nascimento e de casamento de Gilberto Pinto Ramalho, genitor do coautor Luciano, para constar o nome correto de sua genitora, bem como para que seja acrescido o sobrenome "Hillbrunner" nas certidões de nascimento e casamento do coautor Luciano e na certidão de nascimento da coautora Gabriela, como pretendido pelos autores.

Diante disso, respeitado o entendimento do Juiz de Direito, pela documentação trazida pelos autores, tem-se que as retificações por eles pretendidas estão devidamente justificadas, não sendo passíveis de causar qualquer prejuízo a terceiros.

Outrossim, é certo que inexiste qualquer óbice legal ao acolhimento da pretensão dos requerentes, pois, não acarretará alteração nos números de registros de identificação das pessoas naturais nos cadastros nacionais e estaduais disponíveis. Se isso não bastasse, as retificações pretendidas serão devidamente averbadas no registro público competente.

No mesmo sentido, em hipóteses assemelhadas, assim decidiu esta mesma Câmara:

"Apelação Cível. Ação de retificação de registro civil – Pretensão dos autores à retificação dos registros civis de seus ascendentes, com vistas a obter cidadania italiana – Sentença que extinguiu o processo, sem resolução do mérito, por ilegitimidade ativa "ad causam" – Legitimidade dos autores para pleitear a retificação dos registros civis de seus familiares, já falecidos, no tocante aos patronímicos, a fim de obter documentação necessária para a aquisição de nacionalidade italiana – Extinção do processo afastada – Julgamento da ação na forma do artigo 515, parágrafo 3º, do Código de Processo Civil de 1973 – Elementos dos autos que comprovam ter havido erro nos assentos de nascimento, casamento e óbito que os autores pretendem retificar – Inexistência de violação à ordem pública ou de prejuízos a terceiros – Recurso de apelação provido para o fim de anular a R. Sentença e, desde logo, julgar procedente a ação. Dá-se provimento ao recurso de apelação para o fim de anular a sentença e, desde logo, julgar procedente a ação" (Apelação 1096629-88.2015.8.26.0100 São Paulo, 1ª Câmara de Direito Privado do Tribunal de Justiça do Estado de São Paulo, Relª. Desª. Christine Santini, em 12/12/16).

"REGISTRO CIVIL. Retificação de assento de nascimento do avô do autor, com o específico propósito de obtenção de cidadania italiana. Retificação do nome do avô, com alteração do prenome Vergílio para Virgílio, acréscimo do sobrenome Destro, e do nome da genitora do avô, de Pazzota Ergia para Emília Pazotto Arzir. Possibilidade. Precedentes. Evidente erro de grafia quanto aos prenomes e sobrenomes do avô do autor e da genitora. Inexistência de óbice legal. Ação procedente. Recurso provido" (Apelação 0003120-69.2014.8.26.0581 – São Manuel, 1ª Câmara de Direito Privado do Tribunal de Justiça do Estado de São Paulo, Rel. Des. Francisco Loureiro, em 14/06/16).

Se isso não bastasse, pela documentação trazida pelos autores, nota-se que o registro tardio da avó paterna do coautor Luciano está devidamente justificado, não sendo passível de causar qualquer prejuízo a terceiros. Com efeito, será materializada a situação jurídica de pessoa já falecida, não acarretando, portanto, qualquer dificuldade de identificação de seus descendentes.

Ainda, é certo que inexiste qualquer óbice legal ao acolhimento da pretensão dos requerentes, pois, tanto na certidão de casamento (fls. 28) quanto na de óbito (fls. 29) de Elizabete Hillbrunner, há indicação de que seu local de nascimento seria Piratininga SP.

Em hipótese assemelhada, já decidiu esta Corte no mesmo sentido: "REGISTROS PÚBLICOS. Registro de nascimento tardio do avô já falecido, com o fim de requerer a cidadania italiana. Sentença que julgou a ação improcedente. Índicos que levam a crer que o de cujus nasceu no Brasil, conforme alegado. Recurso provido" (Apelação Cível 0005039-72.2010.8.26.0407 – Osvaldo Cruz, 4ª Câmara de Direito Privado do Tribunal de Justiça do Estado de São Paulo, Rel. Des. Teixeira Leite, em 25/08/2011).

Nessas circunstâncias, inexistindo prejuízo a terceiro, de rigor é a reforma da sentença para restabelecer a veracidade relacionada ao nome de família de origem romena "Hillbrunner", nos termos acima mencionados, independentemente da inclusão dos interessados a que se refere o disposto no art. 109, *"caput"*, da Lei de Registros Públicos, bem como para determinar o registro de nascimento tardio de Elizabete Hillbrunner.

Nessas circunstâncias, dá-se provimento ao recurso.

LUIZ ANTONIO DE GODOY(TJSP – Apelação Cível nº 1076890-90.2019.8.26.0100 – São Paulo – 1 Câmara de Direito Privado – Rel. Des. Luiz Antonio De Godoy – DJ 06.07.2020)

EMENTA: AÇÃO DE RETIFICAÇÃO DE REGISTRO. Assentos de nascimento. Autores (mãe e filho) que objetivam a retificação do prenome da genitora e avó, respectivamente, em seus assentos de nascimento. Existência de retificação pretérita, que buscou a retificação do nome da genitora e avó, equivocadamente constando o nome de solteira (Nazareth Augusta Pereira), ao invés do nome de casada (Nazareth Pereira da Silva), cuja inicial trouxe a grafia equivocada do prenome (Nazaret ao invés de Nazareth), resultando na retificação equivocada do prenome. Indeferimento da inicial. Extinção sem resolução de mérito. (...). Apelam os autores, alegando que a decisão atacada afrontaria o princípio da verdade real, inerente à segurança das relações jurídicas; a retificação anterior, autorizada judicialmente, teria resultado no equívoco no prenome, o que não poderia prevalecer. Cabimento. Inexistência de justificativa para que a pretérita tentativa de alteração dos patronímicos da mãe e avó dos autores tenha resultado na incorreção do prenome de batismo. Ausência de prejuízo na busca de retorno do prenome erroneamente grafado (Nazaret), para o prenome correto (Nazareth). Hipótese de erro evidente, que poderia até ser corrigido de ofício, pelo Oficial de Registro Civil. Inteligência do art. 110 da Lei nº 6.015/ 73. Recurso provido (...) (TJSP – Ap. Civ. 0027562 – 74.2012.8.26.0224, Relator(a): James Siano, 5ª Câmara Direito Privado, Julgamento: 17/10/2012)

3. QUESTÕES DE CONCURSOS

01. (TJ/AM – 2023 – TJ/AM - Titular de Notas e Serviços de Registros). No tocante à retificação de registro civil de pessoas naturais, assinale a alternativa **INCORRETA**:

a) O oficial retificará o registro, independentemente de prévia autorização judicial, no caso de ausência de indicação do Município relativo ao nascimento ou naturalidade do registrado, nas hipóteses em que existir descrição precisa do endereço do local do nascimento.

b) O oficial retificará o registro, a averbação ou a anotação, de ofício ou a requerimento do interessado, mediante petição assinada pelo interessado, representante legal ou procurador, após prévia manifestação favorável do Ministério Público.

c) O oficial retificará o registro, independentemente de prévia autorização judicial, no caso de erro que não exija qualquer indagação para a constatação imediata de necessidade de sua correção.

d) Nos casos em que a retificação decorra de erro imputável ao oficial, por si ou por seus prepostos, não será devido pelos interessados o pagamento de selos e taxas.

02. (Vunesp – Titular de Serviços de Notas e Registros – TJ – SP – Provimento/2022) Quanto às retificações de registros civis, é correto afirmar que

a) podem ser realizadas extrajudicialmente nos casos envolvendo filiação, em que haja alteração dos genitores.

b) se realizadas judicialmente, se enquadram como procedimento de jurisdição contenciosa.

c) independem de prévia autorização judicial ou da manifestação do Ministério Público nos casos de erro na transposição dos elementos constantes em ordens e mandados judiciais, termos ou requerimentos, bem como outros títulos a serem registrados, averbados ou anotados.

d) se ensejarem alteração do nome do registrado no assento de nascimento, basta, em sendo o registrado casado, a comunicação para fins de anotação no assento de casamento, a qual gerará alteração do conteúdo registrário.

03. (IESES – Cartório – TJ – RS/2013) A Lei de Registros Públicos (LRP) disciplina a possibilidade de alteração do nome da pessoa natural. Assinale a alternativa correta.

a) A alteração posterior de nome, somente por exceção e motivadamente, após audiência do Ministério Público, será permitida por sentença do juiz a que estiver sujeito o registro, arquivando-se o mandado e publicando-se a alteração pela imprensa, ressalvada a hipótese do artigo 110.

b) No caso do artigo 110 da LRP, entendendo o órgão do Ministério Público que o pedido não exige maior indagação, requererá ao juiz a distribuição dos autos sob o rito sumaríssimo.

c) O artigo 110 da LRP será utilizado para alteração do nome civil, nos casos em que se exijam maiores indagações sobre a necessidade de correção.

d) A pessoa natural, no primeiro ano após ter atingido a maioridade civil poderá pessoalmente, mas não por procurador, por ser ato personalíssimo, alterar o nome, desde que não prejudique os apelidos de família.

04. (Vunesp – Cartório – SP – Remoção/2016) Sobre a retificação de assento no Registro Civil relativa a erros que não exijam qualquer indagação para a constatação imediata de necessidade de sua correção, assinale a alternativa correta.

a) É isenta de selos e taxas, pode ser feita de ofício pelo registrador e não depende da participação do Ministério Público, que só é necessária no caso de correção em razão de elevação de distrito a município ou alteração de sua nomenclatura por força de lei.

b) Não é isenta de selos e taxas, não pode ser feita de ofício pelo registrador e depende sempre da participação do Ministério Público ainda que se trate de correção em razão de elevação de distrito a município ou alteração de sua nomenclatura por força de lei.

c) É isenta de selos e taxas, pode ser feita de ofício pelo registrador mediante petição assinada pelo interessado e depende da participação do Ministério Público, a qual não é exigível no caso de correção em razão da elevação de distrito a município ou alteração de sua nomenclatura por força de lei.

d) Não é isenta de selos e taxas, pode ser feita de ofício pelo registrador e prescinde da participação do Ministério Público, mesmo nos casos de correção em razão de elevação de distrito a município ou alteração de sua nomenclatura por força de lei.

05. (Vunesp – Cartório – Remoção – TJ – SP/2018) Quanto às retificações administrativas processadas no âmbito do Registro Civil das Pessoas Naturais, afirma-se corretamente que

a) a correção dos erros de grafia poderá ser processada no próprio cartório onde se encontrar o assentamento, mediante petição assinada pelo interessado, submetendo-se o feito ao órgão do Ministério Público e, igualmente, à conclusão do Juiz Corregedor Permanente.

b) o Registrador Civil retificará o assento, a averbação ou a anotação, de ofício ou a requerimento, mediante petição assinada pelo interessado, independentemente de prévia autorização judicial ou da manifestação do Ministério Público, nos casos de erros que não exijam qualquer indagação para a constatação imediata de necessidade de sua correção.

c) o art. 110 da Lei de Registros Públicos foi revogado, conservando-se unicamente a via judicial para a obtenção das retificações.

d) os erros que não exijam qualquer indagação para a constatação imediata de necessidade de sua correção poderão ser corrigidos de ofício, pelo Registrador Civil, no próprio cartório onde se encontrar o assentamento, mediante petição assinada pelo interessado, após manifestação conclusiva do Ministério Público.

06. (Cespe – Notários e Oficiais de Registro – Provimento – TJ – DFT/2019) No caso de erro na transposição de elementos constantes em ordens e mandados judiciais, o oficial procederá

a) ao suprimento do registro.

b) à emenda do registro.

c) à averbação do registro.

d) à retificação do registro.

e) à anotação à margem do registro.

GAB	1	B	2	C	3	A	4	B	5	B	6	D

Art. 111. Nenhuma justificação em matéria de registro civil, para retificação, restauração ou abertura de assento, será entregue à parte.

Art. 112. Em qualquer tempo poderá ser apreciado o valor probante da justificação, em original ou por traslado, pela autoridade judiciária competente ao conhecer de ações que se relacionarem com os fatos justificados.

1. COMENTÁRIOS

A justificação é um procedimento cautelar específico, com disciplina nos arts. 381 e 382 do novo Código de Processo Civil.

Preleciona Daniel Amorim Assumpção Neves que "segundo a doutrina, o § 5º do art. 381 do CPC teria mantido no sistema a justificação, com aplicação das regras procedimentais previstas nos arts. 381 a 383 do CPC. Assim, aquele que pretender justificar a existência de algum fato ou relação jurídica para simples documento e sem caráter contencioso, que exporá, em petição circunstanciada, a sua intenção. A natureza de jurisdição voluntária da justificação prevista no CPC/1973 é corroborada pela ausência de caráter contencioso previsto no art. 381, § 5º do novo CPC" (Op. cit., p. 674).

O art. 111 da Lei 6.015/1973 é uma exceção à regra geral da justificação do art. 381, § 5º, do novo CPC, pois, neste caso, a justificação será julgada por sentença e os autos serão entregues ao requerente independentemente de traslado, decorridas 48 (quarenta e oito) horas da decisão (art. 866 do CPC).

Assim, o art. 111 veio evidenciar que toda a documentação do procedimento que se estabelece, com os autos, a partir da solicitação do interessado, **deve ficar na serventia.**

O art. 12, por sua vez, explicita a **não sujeição do aspecto temporal** da justificação. O pronunciamento da autoridade judiciária não tem natureza de sentença e, consequentemente, não atinge o efeito da coisa julgada.

2. JURISPRUDÊNCIA COMPLEMENTAR

TRIBUNAL DE JUSTIÇA DO ESTADO DO RIO GRANDE DO SUL

EMENTA: PROCESSO Nº 70066692609. APELAÇÃO CÍVEL. AÇÃO DE RESTAURAÇÃO DO REGISTRO CIVIL DE NASCIMENTO. UTILIZAÇÃO DOS DADOS CONSTANTES NO ASSENTO CONFECCIONADO EM 1959. CABIMENTO. SENTENÇA REFORMADA. 1. Na espécie, busca o autor promover a restauração do registro de conformidade com os dados da primeira certidão, datada de 1962, que não constam no livro registral competente, em virtude da incorreção nos dados apostos pelo escrivão – número do livro, folhas e número de ordem. 2. Dúvida não existe, no entanto, de que houve esse primeiro registro, justamente em que se fundou a certidão expedida em 1962, que diverge do segundo, lavrado em 1969, apenas no que toca ao pai declarante, que já havia então falecido. 3. Restauração que se revela possível, pela prevalência do primeiro registro de nascimento, visto que a divergência de dados limita-se a elementos do próprio registro. APELAÇÃO PROVIDA.

Art. 113. As questões de filiação legítima ou ilegítima serão decididas em processo contencioso para anulação ou reforma de assento.

1. COMENTÁRIOS

Não é mais novidade que o princípio da igualdade entre os filhos está consagrado no art. 227, § 6º da Constituição Federal, nos seguintes termos: "Os filhos, havidos ou não da relação de casamento, ou por adoção, terão os mesmos direitos e qualificações, proibidas quaisquer designações discriminatórias relativas à filiação". Este princípio, que também é reproduzido no art. 1.596 do Código Civil, fundamenta-se na identidade de direitos e qualificações aos filhos, sendo assim, inconstitucional qualquer lei que estabeleça entre eles direitos e qualificações desiguais. Dessa maneira, fica vedado ao legislador usar designações discriminatórias relativas à filiação, como por exemplo, as expressões "filhos adulterino, filho incestuoso, filho adotivo", etc.

O art. 113 estabelece que as questões relacionadas à filiação devem ser resolvidas por meio de um processo contencioso destinado à anulação ou reforma do assento. Isso significa que qualquer disputa ou dúvida quanto à filiação de uma pessoa deve ser tratada formalmente no judiciário, onde um processo legal será conduzido para determinar a validade ou a necessidade de modificação do registro existente.

As retificações, restaurações e os suprimentos dos registros de nascimento não podem alterar o estado da pessoa, devendo ser decidida em processo contencioso. O processo contencioso é aquele que "tem por objetivo a composição e solução de um litígio." (BORGES, Marcos Afonso. *Jurisdição Voluntária. Direito Processual Civil. Conferências. Revista de Processo. Vol. 11-12.* São Paulo: RT. p. 211).

Esse objetivo é alcançado mediante à aplicação da lei, onde "o juiz outorga a um ou a outro dos litigantes o bem da vida disputado, e os efeitos da sentença adquirem definitivamente, imutabilidade em frente às partes e seus sucessores (autoridade da coisa julgada material)". (CARNEIRO, Athos Gusmão. *Jurisdição e Competência. 4 ed., rev. e ampl.* São Paulo: Saraiva, 1991. p. 32).

Dessa forma, a investigação de paternidade ou maternidade a que se refere o dispositivo em análise é questão de estado, devendo ser objeto de ação própria perante o juízo da família.

TÍTULO III – DO REGISTRO CIVIL DE PESSOAS JURÍDICAS

1. COMENTÁRIOS

O Registro Civil das Pessoas Jurídicas tem sua atividade regulada por diversas leis. São aplicáveis, entre outras:

→ Decreto 147/1967 (*Procuradoria Geral da Fazenda Nacional*): art. 62, parágrafo único

→ Lei 5.764/1971 (*Cooperativas*)

→ Lei 6.015/1973 (*LRP*)

→ Decreto 1.715/1979 (*Regula a expedição de certidão de quitação de tributos federais*): art. 1º, V, §§ 1º e 2º

→ Lei 6.839/1980 (*Dispõe sobre o registro de empresas nas entidades fiscalizadoras do exercício de profissões*)

→ Constituição Federal 1988: arts. 5º, IV, V, VI, IX, X, XIII, XIV, XVII, XVIII, XIX, XX, XXI, 8º, 17, 19, I, 174, § 2º, § 3º e § 4º, 220

→ Lei 8.036/1990 (*FGTS*): art. 27 "e"

→ Lei 8.212/1991 (*INSS*): arts. 47, I, "d", §§ 3º, 4º e 5º e 48, § 3º

→ Lei 8.742/1993 (*Dispõe sobre a organização da Assistência Social*): arts. 3º, 9º e 18

→ Lei 8.906/1994 (*Registro de Sociedade Simples de Advogado*): arts. 15, §§ 1º e 5º, e 16, § 3º

→ Lei 8.935/1994 (*Notários e Registradores*)

→ Lei 8.958/1994 (*Dispõe sobre as relações entre as instituições federais de ensino superior e de pesquisa científica e tecnológica e as fundações de apoio e dá outras providências*): arts. 1º, 2º, e 6º

→ Lei 9.096/1995 (*Partidos Políticos*)

→ Lei 9.532/1997 (*Altera a legislação tributária federal*)

→ Lei 9.637/1998 (*Dispõe sobre a qualificação de entidades como organizações sociais*): arts. 1º, 2º e 11

→ Decreto 3.048/1999 (*Regulamenta Lei 8.212/1991*): arts. 195, parágrafo único, I, II, III, IV, VI, VII, 257, I "d", §§ 5º, 6º, III, 7º, 8º,I, 10, I, II, 11, 12, 15 e 1

→ Lei 9.790/1999 (*OSCIP*)

→ Lei 9.867/1999 (*Dispõe sobre a criação e o funcionamento de Cooperativas Sociais*): arts. 1º a 4º

→ Código Civil (*Lei 10.406/2002*): arts. 40, 44, 51, 52, 53, 62, 75, 966, 981, 983, 1.000, 1.102, 1.103, 1.109, 1.113, 1.118, 1.121, 1.155, 1.163, 1.166, 1.167, 2.031, 2.032, 2.033 e 2.034

→ Lei Complementar 123/2006 (*Estatuto das Microempresas e Empresas de Pequeno Porte*)

→ Lei 12.879/2013 (*Dispõe sobre a gratuidade dos atos de registro, pelas associações de moradores, necessários à adaptação estatutária à Lei nº 10.406, de 10 de janeiro de 2002*)

→ Lei 13.019/2014 (*Define diretrizes para a política de fomento, de colaboração e de cooperação com organizações da sociedade civil*)

→ Decreto 8.538/2015 (*Regulamenta o tratamento favorecido, diferenciado e simplificado para microempresas, empresas de pequeno porte, agricultores familiares, produtores rurais pessoa física, microempreendedores individuais e sociedades cooperativas nas contratações públicas de bens, serviços e obras no âmbito da administração pública federal*).

→ Lei 13.267/2016 (*Disciplina a criação e a organização das associações denominadas empresas juniores, com funcionamento perante instituições de ensino superior*).

→ Lei 14.030/2020 (*Dispõe sobre as assembleias e as reuniões de sociedades anônimas, de sociedades limitadas, de sociedades cooperativas e de entidades de representação do cooperativismo durante o exercício de 2020; altera as Leis nºs 5.764, de 16 de dezembro de 1971, 6.404, de 15 de dezembro de 1976, e 10.406, de 10 de janeiro de 2002 (Código Civil); e dá outras providências*).

→ Provimento 48/2016 CNJ (*Estabelece diretrizes gerais para o sistema de registro eletrônico de títulos e documentos e civil de pessoas jurídicas*) incorporado aos arts. 246 ao 256 do Código Nacional de Normas (Prov. CNJ n. 149/2023) e alterado pelo Provimento CNJ n. 180/2024.

→ Código de Normas dos Estados.

CAPÍTULO I – DA ESCRITURAÇÃO

Art. 114. No Registro Civil de Pessoas Jurídicas serão inscritos:

1. COMENTÁRIOS

São atribuições dos Oficiais do Registro Civil das Pessoas Jurídicas:

a) Registrar os atos constitutivos, contratos sociais e estatutos das sociedades simples; das associações;

das organizações religiosas; das fundações de direito privado e, dos sindicatos.

Cuidando-se de fundação, o registro pressupõe a prévia aprovação do estatuto pelo Ministério Público, exceto em se tratando de fundação previdenciária, caso em que a aprovação caberá ao órgão regulador e fiscalizador.

b) Registrar as sociedades simples revestidas das formas empresárias, conforme estabelecido no Código Civil, com exceção das sociedades anônimas e das sociedades em comandita por ações;

c) Matricular jornais, revistas e demais publicações periódicas, oficinas impressoras, empresas de radiodifusão que mantenham serviços de notícias, reportagens, comentários, debates e entrevistas, e as empresas que tenham por objeto o agenciamento de notícias. *Vide comentários nos arts. 122 a 126 sobre a validade desta atribuição;*

d) Averbar, nas respectivas inscrições e matrículas, todas as alterações supervenientes;

e) Fornecer certidões dos atos arquivados e dos que praticarem em razão do ofício;

f) Registrar e autenticar livros das pessoas jurídicas registradas, exigindo a apresentação do livro anterior;

Defende acertadamente Regnoberto M. de Melo Jr. no que se refere ao art. 114 sob exame, que "ao contrário do que se presume, ali não se identifica exaustivamente que pessoas jurídicas estariam inscritas no RCPJ. A lista é meramente exemplificativa" (*Lei de Registros Públicos comentada*. Vol. I. Rio de Janeiro: Freitas Bastos, 2003, p. 242).

Assim, de forma sucinta, são atribuições do RCPJ:

1) **Registro**: dos atos constitutivos de sociedades simples, associações, organizações religiosas e partidos políticos.
2) **Matrícula:** dos jornais, revistas e outros periódicos, além de oficinas impressoras, empresas jornalísticas e de radiodifusão.
3) **Averbações**: das modificações dos atos constitutivos e das matrículas.
4) **Registro e autenticação de livros**, que podem ser contábeis ou não.
5) **Certidões,** que devem ser expedidas no prazo de 5 (cinco) dias, a qualquer interessado, independentemente de especificar o motivo.

1.1 PESSOAS JURÍDICAS

A pessoa jurídica é uma entidade a quem a lei confere personalidade jurídica para atuar na ordem civil, tendo direitos e obrigações, assim como uma pessoa natural. Ela possibilita a união de forças para desenvolver determinadas atividades, com ou sem finalidades lucrativas. No Direito brasileiro, a criação da pessoa jurídica segue regras fixadas na legislação, incluindo a publicidade no Registro Civil de Pessoas Jurídicas.

Sobre o conceito de pessoa jurídica, prelecionam João Pedro Lamana Paiva e Pércio Brasil Alvares que "na atualidade, não há mais como limitá-lo, como normalmente ocorre nas abordagens doutrinárias tradicionais do direito brasileiro, à ideia de que a pessoa jurídica é a forma representativa de uma pluralidade de pessoas naturais ou de uma universalidade patrimonial, destinadas à consecução de certos e determinados fins, a qual é reconhecida como sujeito de direito apto a exercer direitos e obrigações na ordem jurídica. Esse é um conceito que pode ser considerado de parcial validade na atualidade do direito brasileiro, que, muito recentemente, admitiu a possibilidade de que uma só pessoa natural, destinando um patrimônio mínimo a certa atividade e sob determinadas condições legais, pode formar essa unicidade constitutiva de uma pessoa jurídica. Foi a introdução, no direito pátrio, da sociedade unipessoal, como uma das espécies de pessoa jurídica de direito privado a que se refere o art. 44 do Código Civil, por força do que dispôs a Lei 12.441/2011, denominando-se "empresa individual de responsabilidade limitada" ou, simplesmente EIRELI (*Registro Civil de Pessoas Jurídicas*. São Paulo: Saraiva, 2013, p, 36). Cumpre informar que a EIRELI não existe mais no ordenamento jurídico brasileiro. Em um primeiro momento, ela foi revogada de forma tácita pelo artigo 41 da Lei 14.195/2021. Mais tarde, houve a revogação expressa dos seus dispositivos legais pela MP 1.085/2021, convertida na Lei 14.382/2022. Ademais, o Ofício Circular 4.823/2022 do DREI, enviado às Juntas Comerciais, traz como assunto a transformação de todas as EIRELI existentes em sociedades limitadas.

Em se tratando das modalidades de pessoas jurídicas, o Código Civil assim dispõe:

> **Art. 40.** As pessoas jurídicas são de direito público, interno ou externo, e de direito privado.
>
> **Art. 41.** São pessoas jurídicas de direito público interno:
>
> I – a União;
>
> II – os Estados, o Distrito Federal e os Territórios;
>
> III – os Municípios;
>
> IV – as autarquias, inclusive as associações públicas;
>
> V – as demais entidades de caráter público criadas por lei.
>
> Parágrafo único. Salvo disposição em contrário, as pessoas jurídicas de direito público, a que se tenha dado estrutura de direito privado, regem-se, no que couber, quanto ao seu funcionamento, pelas normas deste Código.
>
> **Art. 42.** São pessoas jurídicas de direito público externo os Estados estrangeiros e todas as pessoas que forem regidas pelo direito internacional público.
>
> **Art. 43.** As pessoas jurídicas de direito público interno são civilmente responsáveis por atos dos seus agentes que nessa qualidade causem danos a terceiros,

> ressalvado direito regressivo contra os causadores do dano, se houver, por parte destes, culpa ou dolo.
>
> **Art. 44.** São pessoas jurídicas de direito privado:
>
> I – as associações;
>
> II – as sociedades;
>
> III – as fundações.
>
> IV – as organizações religiosas;
>
> V – os partidos políticos.
>
> VI – *revogado*.
>
> § 1º São livres a criação, a organização, a estruturação interna e o funcionamento das organizações religiosas, sendo vedado ao poder público negar-lhes reconhecimento ou registro dos atos constitutivos e necessários ao seu funcionamento.
>
> § 2º As disposições concernentes às associações aplicam-se subsidiariamente às sociedades que são objeto do Livro II da Parte Especial deste Código.
>
> § 3º Os partidos políticos serão organizados e funcionarão conforme o disposto em lei específica.

Diante do exposto, são pessoas jurídicas reconhecidas pelo direito brasileiro: as pessoas jurídicas de direito público externo, as pessoas jurídicas de direito público interno e as pessoas jurídicas de direito privado.

Existe polêmica no que se refere ao rol de pessoas jurídicas de direito privado do art. 44 ser taxativo (*numerus clausus*) ou meramente exemplificativo (*numerus apertus*). Prevalece na doutrina e na jurisprudência que não se trata de rol taxativo. Nesse sentido, o Enunciado 144 da III Jornada de Direito Civil da Justiça Federal afirma:

> **Enunciado 144** – Art. 44: A relação das pessoas jurídicas de Direito Privado, constante do art. 44, incs. I a V, do Código Civil, não é exaustiva.

1.2 PERSONALIDADE JURÍDICA

Personalidade jurídica consiste na aptidão genérica para adquirir direitos e contrair obrigações.

O novo Código Civil estabelece que a existência legal das pessoas jurídicas de direito privado começa com a inscrição do ato constitutivo no respectivo registro, precedida, quando necessário, de autorização ou aprovação do Poder Executivo, averbando-se no registro todas as alterações por que passar o ato constitutivo.

1.3 PRINCÍPIOS NORTEADORES

Antes de adentrarmos na matéria detalhada do Registro Civil das Pessoas Jurídicas, é de boa didática introduzir um tema necessário, relevante e recorrente tanto na prática registral como nos concursos de outorga de delegações de Notas e de Registros (concursos de cartório), quais sejam, seus princípios.

O art. 1º da Lei 8.935/1994 prevê que os serviços notariais e de registro são os de organização técnica e administrativa destinados a garantir a publicidade, autenticidade, segurança e eficácia dos atos jurídicos. Os princípios têm uma importância inegável para todo o sistema jurídico, porque eles informam, orientam e inspiram regras gerais, servindo de viga mestra do sistema, sendo assim, mandamentos de otimização. Parte da doutrina entende que os princípios devem estar positivados em lei. Celso Antônio Bandeira de Melo ensina que "de extrema importância, é desvendar os princípios acolhidos no sistema, isto é, os que se encontram vazados nas diversas normas administrativas, informando suas disposições, e embora não se achem formal ou categoricamente expressos, estes, genericamente acolhidos no sistema, presidem toda a sua organicidade, aplicando-se então, à totalidade dos institutos, ou a apenas a alguns deles. São estes princípios que compõe o equilíbrio do sistema e determinam a unidade e racionalidade interna do regime administrativo" (MELLO, Celso Antônio Bandeira de. *Curso de direito administrativo*. 12. ed. São Paulo: Malheiros Editores, 2000, p. 45).

De uma forma resumida, pois muitos princípios já foram analisados de forma profunda nesta obra, elenco os mais relevantes e norteadores para a prática do registro civil das pessoas jurídicas. São eles:

a) **Princípio da Legalidade:** impõe o exame prévio da legalidade, validade e eficácia dos títulos, a fim de obstar o registro de títulos inválidos, ineficazes ou imperfeitos. Para ilustrar, o art. 115 da LRP:

> Art. 115, LRP. Não poderão ser registrados os atos constitutivos de pessoas jurídicas, quando o seu objeto ou circunstâncias relevantes indiquem destino ou atividades ilícitos ou contrários, nocivos ou perigosos ao bem público, à segurança do Estado e da coletividade, à ordem pública ou social, à moral e aos bons costumes.
>
> Parágrafo único. Ocorrendo qualquer dos motivos previstos neste artigo, o oficial do registro, de ofício ou por provocação de qualquer autoridade, sobrestará no processo de registro e suscitará dúvida para o Juiz, que a decidirá.

b) **Princípio da Fé pública:** assegura autenticidade dos atos emanados do registro e dos serviços, gerando uma presunção *juris tantum*. Já tratamos da fé pública de uma forma bem aprofundada no início desta obra.

c) **Princípio da rogação, da instância ou da reserva de iniciativa:** define o ato registral como de iniciativa exclusiva do interessado, ou por determinação da autoridade judiciária, vedada a prática de atos de averbação e de registro *ex officio*, com exceção das hipóteses previstas em lei. No RCPJ, podemos ilustrar este princípio com o art. 121. Veja-se:

> **Art. 121, LRP.** O registro será feito com base em uma via do estatuto, compromisso ou contrato, apresentada em papel ou em meio eletrônico, **a requerimento do representante legal da pessoa jurídica.**

d) **Princípio da Publicidade:** garante aos direitos submetidos a registro a oponibilidade *erga omnes*.

e) **Princípio da Continuidade:** impede o lançamento de qualquer ato de registro sem a existência de registro anterior que lhe dê suporte formal e preserva as referências originárias, derivadas e sucessivas, de modo a resguardar a cadeia de titularidade. Como exemplo, podemos invocar a parte final do art. 45 do CC:

> **Art. 45. CC.** Começa a existência legal das pessoas jurídicas de direito privado com a inscrição do ato constitutivo no respectivo registro, precedida, quando necessário, de autorização ou aprovação do Poder Executivo, **averbando-se no registro todas as alterações por que passar o ato constitutivo.**

Sobre o tema, dois importantes e recentes enunciados da I Jornada de Direito Notarial e Registral:

> **Enunciado 39.** A regra da nomeação de administrador provisório pelo juiz, nos termos do art. 49 do Código Civil, poderá ser excepcionada quando a solicitação de reativação das atividades da pessoa jurídica for feita ao Oficial de Registro Civil das Pessoas Jurídicas competente por pelo menos 1/5 (um quinto) das pessoas que a integravam ao tempo de sua paralisação.
>
> ⊙ Justificativa: A nomeação de administrador provisório é medida excepcional, reservada para os casos em que há acefalia na representação da pessoa jurídica e não mera irregularidade na representação. Se não houve obediência aos prazos estabelecidos nos estatutos da pessoa jurídica para realização de eleições, o que muitas vezes ocorre em associações, deve-se aplicar, por analogia, o § 4º do art. 150 da Lei n. 6.404/76, considerando ter havido prorrogação de mandato da diretoria até que se eleja a nova gestão. Em muitos casos, a reconstituição de mandatos sequenciais é medida impossível do ponto de vista material. Impõe-se que na AGE especialmente convocada para esse fim, se ratifiquem os atos praticados no período da irregularidade, fazendo constar da ata o motivo pelo qual não foi possível atender ao princípio em questão, declinando-se os nomes dos administradores do período correspondente. Os Tribunais têm acolhido as notas devolutivas de oficiais registradores que impedem o registro de atas com quebra de continuidade, obrigando o desnecessário ajuizamento do procedimento previsto no art. 49 do Código Civil. Note-se que o juiz, seguramente, nomeará administrador aquele que levou a ata a registro e que teve indeferido o seu pedido, o que demonstra ser absolutamente desnecessária a via judicial. Há decisões que afastam a solução ortodoxa que ora se combate, como se verifica, dentre outras, daquela proferida pelo Conselho Superior da Magistratura de São Paulo, no julgamento da Apelação nº 1000.395- 79.2017.8.26.0486 SP. Com a flexibilização do propalado princípio, permite-se a preservação da pessoa jurídica e o seu pleno funcionamento.
>
> **Enunciado 40.** Em razão do princípio da continuidade registral, antes de averbar a ata de eleição/nomeação e posse da atual diretoria e órgãos deliberativos das pessoas jurídicas, é necessária a averbação das atas anteriores de eleição/nomeação e posse, bem como de qualquer alteração havida no decorrer dos respectivos mandatos.
>
> ⊙ Justificativa: O princípio da continuidade registral visa dar fidedignidade ao registro e, consequentemente, segurança jurídica aos atos registrados. Nesse passo, é de extrema importância que a composição da diretoria e dos órgãos deliberativos da pessoa jurídica estejam corretamente averbados no registro, pois a responsabilidade dos administradores se inicia e finaliza com o registro da ata de eleição/nomeação. Assim, é necessária a averbação de todas as atas anteriores de eleição/nomeação e posse da diretoria e órgãos deliberativos da pessoa jurídica, antes de se proceder à averbação da atual ata da eleição/nomeação e posse, por extensão do prescrito no art. 45, do Código Civil.

Parte da doutrina e jurisprudência administrativa entendem que pode haver mitigação do princípio da continuidade pelo princípio da compatibilidade, desde que esta não seja utilizada para atos de mera usurpação.

No contexto do RCPJ, o princípio da compatibilidade abrange Coerência Interna, pois os documentos devem ser internamente consistentes, vale dizer, deverá haver pertinência, correlação e relação dos atos presentes com os atos registrados no passado, não devendo apresentar lacunas.

Em resumo, o princípio da compatibilidade busca assegurar que o registro das pessoas jurídicas seja realizado de maneira ordenada e legal, evitando contradições e garantindo a segurança jurídica das informações registradas.

f) **Princípio da Concentração:** no RCPJ, este princípio significa que todas as modificações que digam respeito ao registro do ato constitutivo que conferiu existência legal à pessoa jurídica, devem ser averbadas. A título de ilustração, o art. 46 do CC e o art. 120 da LRP, em breve analisados nesta obra:

> **Art. 46, CC.** O registro declarará:
>
> I – a denominação, os fins, a sede, o tempo de duração e o fundo social, quando houver;
>
> II – o nome e a individualização dos fundadores ou instituidores, e dos diretores;
>
> III – o modo por que se administra e representa, ativa e passivamente, judicial e extrajudicialmente;
>
> IV – se o ato constitutivo é reformável no tocante à administração, e de que modo;
>
> V – se os membros respondem, ou não, subsidiariamente, pelas obrigações sociais;
>
> VI – as condições de extinção da pessoa jurídica e o destino do seu patrimônio, nesse caso.
>
> **Art. 120, LRP.** O registro das sociedades, fundações e partidos políticos consistirá na declaração, feita em livro, pelo oficial, do número de ordem, da data da apresentação e da espécie do ato constitutivo, com as seguintes indicações:
>
> I – a denominação, o fundo social, quando houver, os fins e a sede da associação ou fundação, bem como o tempo de sua duração;
>
> II – o modo por que se administra e representa a sociedade, ativa e passivamente, judicial e extrajudicialmente;
>
> III – se o estatuto, o contrato ou o compromisso é reformável, no tocante à administração, e de que modo;
>
> IV – se os membros respondem ou não, subsidiariamente, pelas obrigações sociais;
>
> V – as condições de extinção da pessoa jurídica e nesse caso o destino do seu patrimônio;
>
> VI – os nomes dos fundadores ou instituidores e dos membros da diretoria, provisória ou definitiva, com indicação da nacionalidade, estado civil e profissão de cada

um, bem como o nome e residência do apresentante dos exemplares.

g) **Princípio da Prioridade:** outorga ao primeiro a apresentar o título prioridade *erga omnes* do direito e a preferência na ordem de efetivação do registro.

h) **Princípio da Territorialidade**: circunscreve o exercício das funções delegadas do Registro Civil das Pessoas Jurídicas à área territorial definida em lei.

1.4 REGISTRO

Para o Conselho Superior da Magistratura Paulista e diversas Normas das Corregedorias dos Estados, no tocante ao Registro Civil de Pessoas Jurídica, o **registro (estrito senso) consiste na inscrição/transcrição do ato constitutivo.** Tudo o que vier depois será ato de averbação.

Inscrever e **registrar** são tidos como sinônimos e consistem no mesmo ato de extrair e transpor, para os respectivos livros (art. 116), todos os dados de interesse (art. 120) constantes dos instrumentos de constituição da pessoa jurídica de direito privado, apresentados a registro pelo interessado (LAMAINA PAIVA, João Pedro e ALVARES, Pérsio Brasil. *Registro Civil de Pessoas Jurídicas.* São Paulo: Saraiva, 2012, p. 140).

O ato constitutivo de uma pessoa jurídica deve ser apresentado para registro no **prazo de 30 (trinta) dias**, contados da sua assinatura.

Em se tratando de sociedade, o ato constitutivo é o **contrato social**, exceto no caso da sociedade anônima, que será o estatuto social; no que se refere a associação, incluindo-se aí as organizações religiosas, partidos políticos e sindicatos, o ato constitutivo consiste na **ata de constituição, mais o estatuto social**; e, no tocante a fundação, tem-se como ato constitutivo, o **testamento e a escritura pública**.

Quanto ao **local do registro**, será aquele do domicílio da sede principal e, em existindo filiais, também no domicílio destas. Esse procedimento assegura que todas as unidades da pessoa jurídica estejam devidamente registradas nas respectivas jurisdições onde operam, facilitando a fiscalização e garantindo a regularidade jurídica. Portanto, o registro deve seguir essas diretrizes:

1. **Sede Principal**: O registro da pessoa jurídica deve ser feito no RCPJ do local onde está situada a sede principal.
2. **Filiais**: Cada filial deve ser registrada no RCPJ da localidade onde está estabelecida.

Saliente-se que o registro ou averbação no Registro Civil das Pessoas Jurídicas deve obedecer ao **princípio da continuidade ou do trato sucessivo**, vale dizer, deverá haver pertinência, correlação e relação dos atos presentes com os atos registrados no passado, não devendo apresentar lacunas.

Ademais, conforme o **princípio da concentração** extraído do art. 246 da Lei 6.015/1973, devem ser averbadas no registro do ato constitutivo que conferiu existência legal à pessoa jurídica todas as alterações que ocorrer no seu ato constitutivo. Trata-se de corolário do princípio da continuidade.

1.5 VEDAÇÕES

É vedado o registro de quaisquer atos relativos às sociedades simples, associações, organizações religiosas, fundações de direito privado e sindicatos, **se os atos constitutivos não estiverem registrados no mesmo Serviço.**

Também é vedado, **na mesma Comarca**, o registro de pessoas jurídicas com nome empresarial (denominação social ou razão social) ou denominação idêntica ou semelhante a outra já existente, que possa ocasionar dúvida aos usuários do serviço.

A mesma vedação se aplica à denominação social ou firma que possuam semelhança capaz de gerar dúvida ao destinatário, ainda que não sejam idênticas.

Por sua vez, o registro de constituição de nova pessoa jurídica ou a averbação de alteração da denominação de pessoa jurídica já registrada dependerá de prévia busca em todos os Oficiais de Registro da Comarca, para constatação da inexistência de prévia utilização da denominação ou firma pretendida.

Algumas normativas estaduais estabelecem outras vedações, como por exemplo:

a) o registro e a averbação dos serviços concernentes ao Registro de Empresas, por expressa vedação legal;

b) o registro e a averbação, em qualquer serviço, de sociedade com objetivo jurídico profissional;

c) o registro ou a alteração de atos constitutivos e suas alterações, de entidade que inclua em seu respectivo objeto, firma ou denominação social, as expressões "investimento" sem determinar o ramo da atividade econômica ou sem indicar a atividade que exija manifestação favorável de órgãos competentes e "financiamento";

d) o registro ou a alteração de atos constitutivos de pessoas jurídicas privadas cuja nomenclatura apresente as palavras "tribunal", "cartório", "registro", "notário", "tabelionato" ou "ofício", suas derivações ou quaisquer outras que possam induzir a coletividade a erro quanto ao exercício das atividades desenvolvidas por entidades privadas, confundindo-as com órgãos judiciais, serviços notariais e de registro ou entidades representativas dessas classes;

e) o registro ou a averbação de ato relativo a condomínio;

f) o registro, sem a prévia autorização do Banco Central do Brasil, das sociedades que tenham por objeto, ainda que de maneira acessória, a prática de operações aludidas no art. 17 da Lei 4.585/64, e nos artigos 8º, 11 e 12 da Lei nº 4.728/65;

g) o registro ou a alteração de contrato, ato constitutivo, estatutos ou compromissos de sociedade e entidade não mencionadas no art. 114, da Lei nº 6.015/73;

h) o registro de organizações não governamentais que incluam ou reproduzam, em sua composição, siglas ou denominações de órgãos públicos da Administração Direta e de organismos nacionais e internacionais;

i) o registro dos atos de pessoas jurídicas privadas com nome idêntico ou semelhante a outro já existente, ou que inclua ou reproduza em sua composição siglas ou denominações de órgãos públicos, da administração pública direta ou indireta, bem como de organismos internacionais, e aquelas consagradas em lei e atos regulamentares emanados do Poder Público;

j) o registro de estatuto de fundação privada ou pública de natureza privada, ou a averbação de sua alteração, sem a devida aprovação ou anuência do Ministério Público;

1.6 EFEITOS DO REGISTRO

Segundo Graciano Pinheiro da Siqueira (YOSHIDA, Consuelo Yatsuda M; FIGUEIREDO Marcelo; AMADEI, Vicente de Abreu. *Direito Notarial e Registral avançado. São Paulo: Revista dos Tribunais, 2014*), são quatro os efeitos do registro: pessoais, patrimoniais, obrigacionais e processuais.

Efeitos Pessoais: A principal consequência do registro civil é a independência jurídica da pessoa jurídica em relação aos seus sócios, associados ou membros. Isso significa que a pessoa jurídica age em nome próprio, não se confundindo com a personalidade de seus integrantes. Assim, a identidade e os atos da entidade são distintos daqueles de seus componentes, assegurando autonomia nas suas operações e decisões.

Efeitos Patrimoniais: O patrimônio da pessoa jurídica é de sua exclusiva titularidade, distinto do patrimônio de seus sócios, associados ou membros. Em regra, essa separação patrimonial protege os bens pessoais dos integrantes contra dívidas e obrigações da entidade. No entanto, a exceção ocorre conforme o artigo 50 do Código Civil, que trata da desconsideração da personalidade jurídica. Esta medida pode ser aplicada em casos de abuso da personalidade jurídica, caracterizado pelo desvio de finalidade ou confusão patrimonial, permitindo ao juiz, mediante solicitação de parte interessada ou do Ministério Público, responsabilizar os sócios ou administradores diretamente.

Aqui vale trazer as sempre relevantes ponderações de Carlos Elias de Oliveira, que, ao interpretar referidos dispositivos, ensina

> "Os arts. 49-A e 50 do CC devem ser interpretados de modo a preservar o status quo desenhado pela doutrina e jurisprudência majoritárias antes do advento da LLE.
>
> - Pelo texto legal, há agora 2 requisitos para a desconsideração da personalidade jurídica: (a) o abuso da personalidade por meio de confusão patrimonial ou desvio de finalidade e (b) o benefício direto ou indireto pelo sócio.
>
> - O requisito do "benefício direto ou indireto" pode gerar várias dúvidas. Preferimos entendê-lo como referente a benefício, ainda que potencial, de natureza financeira percebido apenas por sócio ou administrador que tenha sido autor do abuso. Sócio sem poder de gestão efetiva não pode ser alvejado pela desconsideração da personalidade jurídica, embora, com fundamento na vedação ao enriquecimento sem causa, possa ser obrigado a restituir ganhos indevidos. O ônus probatório deve ser invertido contra o sócio por força da teoria da distribuição dinâmica do ônus da prova.
>
> - A desconsideração da personalidade jurídica não se limita ao proveito econômico obtido pelo sócio infrator, mas alcança todo o seu patrimônio até a satisfação da dívida diante do seu caráter punitivo (capítulo 3.1.2.1.).
>
> - O requisito do "desvio da finalidade" pode gerar dúvidas hermenêuticas, mas preferimos interpretá-lo de modo a conservar o status quo.
>
> - Positivaram-se, no CC, a desconsideração inversa e a obrigatoriedade da presença dos requisitos da teoria maior para a desconsideração em caso de grupo econômicos".

É também oportuno apresentar o conceito de **"Disregard of Legal Entity"**, teoria jurídica que permite que os tribunais ignorem a separação jurídica entre uma entidade empresarial (como uma empresa) e seus proprietários, diretores ou acionistas. Essa teoria é aplicada em situações onde a entidade legal é usada para fins ilícitos ou fraudulentos, ou para evitar obrigações legais.

Efeitos Obrigacionais: As obrigações assumidas pela pessoa jurídica são de sua exclusiva responsabilidade. Isso significa que todos os contratos, dívidas e compromissos firmados pela entidade são de responsabilidade dela, não se estendendo aos seus sócios ou membros. Essa separação assegura que as obrigações financeiras e contratuais da entidade não afetem diretamente o patrimônio pessoal dos indivíduos envolvidos.

Efeitos Processuais: No âmbito processual, a pessoa jurídica é considerada a parte legítima para figurar como autora ou ré em processos judiciais. Isso implica que, em ações judiciais, a entidade é quem responde ou demanda judicialmente, e não os seus componentes. Essa capacidade processual própria é essencial para a operação legal e para a defesa dos interesses da pessoa jurídica perante o sistema judicial.

1.7 REGISTRO EXTEMPORÂNEO DE ALTERAÇÃO SOCIETÁRIA E EFEITOS RETROATIVOS. É POSSÍVEL?

No **REsp 1.864.618**, a Quarta Turma do Superior Tribunal de Justiça, por unanimidade, decidiu que o registro extemporâneo da retirada de um sócio **não tem efeitos retroativos** e, como consequência, pode acarretar a manutenção de sua responsabilidade por dívidas contraídas pela sociedade.

Segundo o ministro Antonio Carlos Ferreira, o registro possui, em regra, natureza declaratória, o que permite a caracterização do empresário individual ou da sociedade empresária e sua submissão ao regime jurídico empresarial em virtude do exercício da atividade econômica. No entanto, os atos de modificação societária exigem publicidade pelo registro para produzirem efeitos contra terceiros.

O caso teve origem em uma sociedade limitada registrada na Junta Comercial do Rio de Janeiro (Jucerja) que **foi transformada em sociedade simples em 2004, transferindo o arquivamento das futuras alterações contratuais para o Registro Civil das Pessoas Jurídicas do Rio de Janeiro.** Em uma dessas alterações, de 2007, a então sócia administradora deixou a sociedade.

Contudo, a mudança para sociedade simples só foi registrada na Jucerja em 2014. Após ser citada em execuções fiscais decorrentes de dívidas contraídas pela sociedade após sua saída, a empresária ajuizou ação contra a Jucerja para retificar a data do arquivamento da transformação societária, mas não obteve sucesso nas instâncias inferiores.

No STJ, o ministro Antonio Carlos Ferreira destacou que, **após a transformação para sociedade simples, os atos societários devem ser registrados no Registro Civil das Pessoas Jurídicas.** No caso em questão, a transformação da sociedade só foi arquivada na Jucerja dez anos depois, o que fez com que a autora da ação continuasse figurando como sócia administradora da empresa nesse período.

Foi ainda apontado pelo relator que, conforme os artigos 1.150 e 1.151 do Código Civil e o artigo 36 da Lei 8.934/1994, as alterações do contrato social **produzem efeitos a partir da data em que são lavradas, desde que registradas nos 30 dias seguintes, ou a partir da data do registro, se esse prazo não for cumprido. Nas palavras dele,** "a transformação do tipo societário – de limitada para simples – exigia, primeiramente, seu registro na Junta Comercial para, após e em razão de seu novo tipo societário, ser registrada no Registro Civil das Pessoas Jurídicas do Rio de Janeiro, como determina a legislação. A ausência de continuidade do registro na Junta Comercial possibilitou que as ações fossem direcionadas contra a recorrente exatamente pelo fato de que, formalmente, ela figurava como sócia administradora naquela entidade registral".

Como esses argumentos, o ministro ao negou provimento ao recurso.

1.8 CENTRAL DO REGISTRO DE TÍTULOS E DOCUMENTOS E CIVIL DE PESSOAS JURÍDICAS – CENTRAL DO RTDPJ

Em 16 de março de 2016, a Corregedoria Nacional da Justiça do Conselho Nacional da Justiça (CNJ), editou o **Provimento 48** visando estabelecer diretrizes gerais para o sistema de registro eletrônico de títulos e documentos e civil de pessoas jurídicas.

Dentre as principais justificativas da edição do Provimento, considerou-se a necessidade de facilitar o intercâmbio de informações entre os ofícios de registro de títulos e documentos e civil de pessoas jurídicas, o Poder Judiciário, a Administração Pública e o público em geral, para eficácia e celeridade da prestação jurisdicional e do serviço público e a necessidade do Poder Judiciário regulamentar o registro público eletrônico de títulos e documentos e civil de pessoas jurídicas previsto nos arts. 37 a 41 da Lei nº 11.977, de 7 de julho de 2009.

Atualmente, o Provimento CNJ n. 148/2016 está incorporado aos artigos 246 a 256 do Código Nacional de Normas, com alterações legislativas trazidas pelo Provimento CNJ n. 180/2024.

A Central do Registro de Títulos e Documentos e Civil de Pessoas Jurídicas (Central RTDPJ Brasil) é organizada e mantida pelo ON-RTDPJ e deve ser e integrada por **todos** os oficiais de registro de títulos e **documentos** e civil de pessoas jurídicas de cada Estado e do Distrito Federal. Essa Central compreende, dentre outras atividades necessárias à prestação eletrônica dos serviços:

a) O intercâmbio de documentos eletrônicos e de informações entre os ofícios de registro de títulos e documentos e civil de pessoas jurídicas, o Poder Judiciário, a Administração Pública e o público em geral;

b) A recepção e o envio de títulos em formato eletrônico;

c) A expedição de certidões e a prestação de informações em formato eletrônico; e

d) A formação, nos cartórios competentes, de repositórios registrais eletrônicos para o acolhimento de dados e o armazenamento de documentos eletrônicos.

O **intercâmbio** de documentos eletrônicos e de informações entre os ofícios de registro de títulos e documentos e civil de pessoas jurídicas, o Poder Judiciário, a

Administração Pública e o público em geral será realizado exclusivamente por meio da Central RTDPJ Brasil.

Todas as solicitações feitas por meio da Central RTDPJ Brasil serão enviadas ao ofício de registro de títulos e documentos e civil das pessoas jurídicas competente, que será o **único responsável pelo processamento e atendimento**.

No tocante à conservação de documentos os oficiais de registro de títulos e documentos e civil de pessoas jurídicas devem manter em segurança e sob seu exclusivo controle, indefinida e permanentemente, **os livros, classificadores, documentos e dados eletrônicos, e responderão por sua guarda e conservação.**

Até a edição do Provimento CNJ n. 180/2024, o Código Nacional de Normas, no que se refere ao modo de assinatura, estabelecia que os documentos eletrônicos apresentados aos ofícios de registro de títulos e documentos e ao registro civil de pessoas jurídicas, ou por eles expedidos, deveriam ser assinados com o uso de certificado digital, conforme a Infraestrutura de Chaves Públicas Brasileira (ICP), observando a arquitetura dos Padrões de Interoperabilidade de Governo Eletrônico (e-Ping).

Contudo, essa regra já não estava mais em consonância com o ordenamento jurídico, uma vez que essa disposição estava alinhada com o antigo art. 17, parágrafo único, da Lei n. 6.015/1973. A Lei n. 14.382/2022, por sua vez, alterou a redação desse dispositivo, passando a utilizar a assinatura avançada ou qualificada referida no art. 4º da Lei n. 14.063/2020, já analisada nesta obra.

Ocorre que o Provimento CNJ n. 180/2024 alterou a redação do art. 250 do Código Nacional de Normas, estabelecendo normas para a **LSEC-RTDPJ**, conforme segue:

> Art. 250. A Lista de Serviços Eletrônicos Confiáveis do Registro de Títulos e Documentos e Civil das Pessoas Jurídicas LSEC-RTDPJ descreverá os serviços considerados confiáveis pelo ON-RTDPJ, e conterá, pelo menos, os serviços de assinatura eletrônica:
>
> I - da ICP-Brasil;
>
> II - da Lista de Serviços Eletrônicos Confiáveis do Registro Civil do Brasil – LSEC-RCPN, instituída pelo artigo Art. 228-F;
>
> III - da Plataforma gov.br, mediante reconhecimento facial ou certificado digital de níveis prata ou ouro;
>
> IV - do Sistema de Autenticação Eletrônica do Registro Civil – IdRC, instituída pelo Artigo 228-B;
>
> V - do e-Notariado.
>
> § 1º LSEC-RTDPJ poderá adotar o sistema de autenticação eletrônica do Registro Civil (IdRC) e aceitar serviços inclusos na Lista de Serviços Eletrônicos Confiáveis do Registro Civil do Brasil (LSEC-RCPN).
>
> § 2º A LSEC-RTDPJ será mantida, atualizada e publicada pelo ON-RTDPJ.

Importante esclarecer que os livros do registro de títulos e documentos e civil de pessoas jurídicas são escriturados e mantidos segundo a Lei n. 6.015/1973 e legislação esparsa. Para este fim, são adotados sistemas de computação, microfilmagem e outros meios de reprodução, nos termos do art. 41 da Lei n. 8.935/1994, e conforme as normas editadas pelas Corregedorias Gerais de Justiça dos Estados e do Distrito Federal e pela Corregedoria Nacional de Justiça, sem prejuízo da **escrituração eletrônica em repositórios registrais eletrônicos**.

Vale anotar que sempre que solicitado, **documentos físicos (papel)** poderão ser recepcionados por serventia de registro de títulos e documentos para envio a comarca diversa, o que se dará mediante desmaterialização e transmissão, com uso obrigatório da Central RTDPJ Brasil. Nestes casos, recepcionarão o título em meio físico, farão seu lançamento no livro de protocolo e, em seguida, providenciarão a digitalização e inserção na Central RTDPJ Brasil, o que se dará mediante envio de arquivo assinado digitalmente que contenha certidão relativa a todo o procedimento e imagem eletrônica do documento. Ao apresentar seu documento e declarar a finalidade de remessa para registro em outra serventia, o interessado preencherá requerimento em que indicará, além de seus dados pessoais e endereço eletrônico (e-mail), a comarca competente para o registro. Após esse procedimento, a cada envio, a serventia devolverá ao interessado o documento físico e lhe entregará recibo com os valores cobrados e a indicação do sítio eletrônico da Central RTDPJ Brasil, na qual deverá acompanhar a tramitação do pedido e poderá visualizar o arquivo com a certidão enviada. O cartório destinatário, por meio da Central RTDPJ Brasil, informará aos usuários eventuais exigências, valores devidos de emolumentos e taxas e, por fim, disponibilizará o título registrado em meio eletrônico para download.

Note-se que com o SERP ocorrerá a unificação em nível nacional dos dados registrais do RTD.

Mas não é só. "Alem de uma imensa padronização de procedimentos, visando tornar mais objetiva e rápida a qualificação registral, estamos diante de uma profunda transformação da forma de ser do RTD, que passará a informar a sociedade brasileira sobre qualquer ato que incida sobre uma pessoa ou sobre determinado bem móvel. É uma mudança gigantesca! O RTD passará a ter grande utilidade na fase preliminar de qualquer negócio, servindo como fonte de informações para uma análise precisa da situação patrimonial e econômica de uma determinada pessoa e também para a exata aferição da disponibilidade de um determinado bem móvel. Tanto a existência de certos negócios ou garantias como o histórico de adimplência poderão ser utilizados para compreender melhor o risco específico de cada operação, em função da situação real e efetiva de uma determinada pessoa, o que contribuirá para permitir a redução de juros e custos para acesso ao crédito, especialmente para os bons pagadores" (ABELHA, André; CHALHUB, Melhim. Sistema Eletrônico de Registros. Rio de Janeiro: Forense, 2022).

No mais, convidamos o leitor a relembrar o tema "o registro eletrônico", analisado de forma profunda nos comentários do art. 3º.

2. JURISPRUDÊNCIA COMPLEMENTAR

SUPERIOR TRIBUNAL DE JUSTIÇA

Ementa: Recurso Ordinário em Mandado de Segurança – Administrativo – Registro Civil de Pessoa Jurídica – Averbação da ata da assembléia em que foram eleitos novos membros da diretoria do sindicato impetrante – Recusa por inobservância de requisito formal – Ausência de direito líquido e certo – Recurso ordinário do sindicato desprovido (STJ – RMS nº 39.691 – São Paulo – 1ª Turma – Rel. Min. Napoleão Nunes Maia Filho – DJ 08.11.2019)

1. Trata-se de Recurso Ordinário interposto por SINDICATO DOS TRABALHADORES NAS INDÚSTRIAS DE MATERIAL PLÁSTICO DE JUNDIAÍ E REGIÃO contra acórdão do Tribunal de Justiça de São Paulo, proferido em sede de Mandado de Segurança, assim ementado:

MANDADO DE SEGURANÇA – REGISTRO CIVIL DE PESSOA JURÍDICA – AVERBAÇÃO DA ATA DA ASSEMBLÉIA EM QUE FORAM ELEITOS NOVOS MEMBROS DA DIRETORIA DO SINDICATO IMPETRANTE – PREVISÃO ESTATUTÁRIA DE PUBLICAÇÃO DE AVISO RESUMIDO DO EDITAL DE CONVOCAÇÃO, CONTENDO O NOME DO EDITAL "EM DESTAQUE" – REQUISITO FORMAL NÃO OBSERVADO – RECUSA ACERTADA – SEGURANÇA DENEGADA.

2. Insurge-se contra a recusa do 1º. Registro de Imóveis, Títulos e Documentos e Civil de Pessoa Jurídica de Jundiaí/SP de averbar ata de eleição e posse de Diretoria do Sindicato impetrante, que não teria observado formalidades constantes do próprio Estatuto da entidade.

3. Aponta formalidade excessiva e atendimento das finalidades das normas com a divulgação das eleições sindicais, que teria alcançado o objetivo de ampla ciência a que se destinava.

4. Contrarrazões às fls. 1.057/1.064.

5. Ouvido, opinou o Ministério Público Federal, em parecer da lavra do eminente Subprocurador-Geral da República JOSÉ BONIFÁCIO BORGES DE ANDRADA pelo provimento do recurso.

6. É o relatório.

7. Nos termos do art. 22 da Lei 8.935/1994, *os notários e oficiais de registro são civilmente responsáveis por todos os prejuízos que causarem a terceiros, por culpa ou dolo, pessoalmente, pelos substitutos que designarem ou escreventes que autorizarem, assegurado o direito de regresso.*

8. Decorre desse dispositivo e da natureza eminentemente administrativa da atividade a legalidade estrita a que são submetidos os executores dos serviços notariais e de registro. A respeito, cite-se precedente:

CÉDULA RURAL PIGNORATÍCIA. REGISTRO. RECUSA. DIREITO LÍQUIDO E CERTO. VIOLAÇÃO. INEXISTÊNCIA.

1 – A atividade notarial pauta-se pela legalidade estrita e, portanto, não viola direito líquido e certo a recusa em registrar cédula rural pignoratícia que, ao arrepio do art. 61 do Decreto-Lei nº 167/67, estipula prazo de vencimento único de cinco anos. O prazo é de três anos prorrogáveis por mais três e não de seis anos.

2 – Não existem dois prazos: um de vigência e outro de garantia. Esta dura enquanto vigente a cártula. Precedentes do STJ.

3 – Recurso ordinário não provido (RMS 23.006/SP, Rel. Min. FERNANDO GONÇALVES, DJ 3.9.2007).

9. Narram os autos que o Cartório deixou de fazer a averbação postulada sob o fundamento de que não teria sido dado destaque ao nome da entidade sindical no edital de convocação da eleição em conformidade com o art. 55 do Estatuto Social do Impetrante. Segue a redação do dispositivo:

Artigo 55 – o aviso resumido do Edital deverá ser publicado com antecedência mínima de 30 dias em relação a data das eleições, em jornal Diário Oficial do Estado ou jornal de grande circulação regional.

Parágrafo único:– O AVISO RESUMIDO NO EDITAL DE CONVOCAÇÃO DEVERÃO CONTER:

a) – nome da Entidade Sindical em destaque;

10. Nesse contexto, a pretensão da parte autora carece de demonstração de liquidez e certeza do direito vindicado, óbice intransponível à via eleita do Mandado de Segurança.

11. Ante o exposto, nega-se provimento ao Recurso Ordinário do Sindicato.

12. Publique-se. Intimações necessárias.

Brasília-DF, 23 de outubro de 2019.

NAPOLEÃO NUNES MAIA FILHO

MINISTRO RELATOR

STJ – RMS nº 39.691 – São Paulo – 1ª Turma – Rel. Min. Napoleão Nunes Maia Filho – DJ 08.11.2019

TRIBUNAL DE JUSTIÇA DO ESTADO DE SÃO PAULO

CORREGEDORIA GERAL DA JUSTIÇA

EMENTA: Registro Civil de Pessoas Jurídicas – Pretensão de averbação de alteração contratual, para inclusão de espólio como sócio – Inviabilidade da averbação – As quotas sociais que pertenciam ao sócio falecido agora integram a herança e foram transmitidas aos herdeiros – Impossibilidade de participação do espólio no quadro societário – Recurso desprovido.

Excelentíssimo Senhor Corregedor Geral da Justiça:

Trata-se de recurso interposto por EDCAR-LOCAÇÃO DE BENS LTDA. contra a r. sentença de fls. 86/89, que julgou improcedente o pedido de providências suscitado em face da negativa do Sr. Oficial do 4º Registro de Títulos e Documentos e Civil de Pessoa Jurídica da Capital ao pedido de averbação da Ata da Assembleia Geral Ordinária e Extraordinária, realizada em 20 de julho de 2017, com alteração no quadro societário.

Sustenta a recorrente que o *Espólio de Edda Multedo Pareto* possui capacidade postulatória, nos termos do art. 1.056 do Código Civil e art. 618 do Código de Processo Civil, daí decorrendo a possibilidade da averbação, já que o inventário da falecida ainda está em trâmite.

Diz ser perfeitamente possível que o espólio integre o quadro societário, por intermédio de seu representante legal, até o encerramento do inventário.

Por fim, afirma seu direito com base na boa-fé, até porque já houve averbação anterior em que constava o *Espólio de Carlo Ernesto Maria Pareto* como sócio no contrato social.

A D. Procuradoria Geral da Justiça opinou pelo desprovimento do recurso (fl. 129/133).

Opino.

Preliminarmente, não se tratando de procedimento de dúvida, cujo cabimento é restrito aos atos de registro em sentido estrito, verifica-se que o recurso foi denominado erroneamente de apelação.

Isso porque se busca a retificação de atos já inscritos em registros anteriores, materializados por atos de averbação, nos termos do art. 213 § 1º da Lei nº 6.015/73.

Todavia, tendo em vista a sua tempestividade, possível o conhecimento e processamento do apelo como recurso administrativo, nos termos do art. 246 do Código Judiciário do Estado de São Paulo (Decreto-Lei Complementar nº 03/1969).

Na matéria de fundo, independentemente dos dispositivos legais invocados, ou mesmo da vontade dos sócios remanescentes quanto à participação dos sucessores no quadro societário, fato é que o espólio não possui capacidade jurídica para a averbação pretendida.

Diz o art. 1.028 do Código Civil:

Art. 1.028. No caso de morte de sócio, liquidar-se-á sua quota, salvo:

I – se o contrato dispuser diferentemente;

II – se os sócios remanescentes optarem pela dissolução da sociedade;

III – se, por acordo com os herdeiros, regular-se a substituição do sócio falecido.

Por sua vez, o art. 1.031 do Código Civil assim afirma:

Art. 1.031. Nos casos em que a sociedade se resolver em relação a um sócio, o valor da sua quota, considerada pelo montante efetivamente realizado, liquidar-se-á, salvo disposição contratual em contrário, com base na situação patrimonial da sociedade, à data da resolução, verificada em balanço especialmente levantado.

Independentemente das previsões que constam do contrato social, que tratam da liquidação da quota e apuração de haveres no caso de morte de um sócio, é inafastável a aplicação do princípio da *saisine*, nos exatos termos do art. 1.784 da Lei Civil, já que, aberta a sucessão, a herança se transmite desde logo aos herdeiros legítimos e testamentários.

E não se pode confundir capacidade postulatória com capacidade jurídica. A primeira diz respeito à possibilidade de se pleitear direito próprio em seu nome, ou se defender contra pretensão de outrem, em ação judicial, tudo relacionado a institutos do processo civil.

Já a capacidade jurídica tem natureza material, vinculada à capacidade de ser parte em relação jurídica de direito material, tal como participar ou não de quadro societário.

Tais institutos, a rigor, não se confundem.

E mesmo o art. 1.056 do Código Civil, citado nas razões recursais, também diz respeito à capacidade postulatória, ao dispor que: *"os direitos a ele inerentes somente podem ser exercidos (...)"*, em clara referência à defesa de direitos em relação processual.

Não por outro motivo, o art. 981 da Lei Civil é expresso ao definir que *"celebram contrato de sociedade as* ***pessoas*** *que reciprocamente se obrigam a contribuir, com bens ou serviços, para o exercício de atividade econômica e a partilha, entre si, dos resultados».* (g.n).

Ora, espólio não é sujeito de direito e deveres, tampouco é pessoa. Assim, não pode celebrar contrato de sociedade.

Desse modo, o espólio tem a incumbência de administração provisória de apuração de haveres, nos termos dos precedentes citados pela própria recorrente (fl. 105), não restando espaço para que o ente despersonalizado figure como sócio.

O ingresso no quadro societário e a participação nas deliberações sociais dependem de ato de subscrição praticado por pessoa física ou jurídica, dotada de personalidade, não podendo o espólio atuar nesse âmbito.

Cabe ao espólio lidar provisoriamente com a gestão de bens patrimoniais, o que abrange tão somente a administração do direito de crédito representado pelas quotas sociais, mas não a atuação como sócio.

No caso concreto, 31,25% do capital social permaneceriam sem titularidade determinada; a atuação do inventariante do *Espólio de Edda Multedo Pareto* sequer é definitiva, pois nada obsta, por exemplo, que herdeiros renunciem aos seus quinhões, o que tornaria ilegítima qualquer deliberação tomada pelo inventariante, haja vista o efeito retroativo decorrente do princípio da *saisine*.

Resta aos herdeiros o direito patrimonial de crédito representado pelas quotas sociais, ficando a cargo deles a opção de ingressar ou não no quadro societário, já que se trata de declaração de vontade a ser tomada com base na Lei e no ato constitutivo, face à intransmissibilidade imediata e automática da condição de sócio.

Por fim, não se acolhe a alegação de que, como houve registro anterior no qual o espólio de falecido marido foi admitido como sócio, deveria incidir a regra da *venire contra factum proprium*.

A teoria dos atos próprios impede que o sujeito de relação jurídica retorne sobre os próprios passos, prejudicando terceiros que confiaram na regularidade de seu procedimento, em ofensa ao princípio da boa-fé objetiva.

Ocorre que, em matéria de registros públicos, ainda que haja um comportamento inicial e duradouro, tal fato não é passível de gerar expectativa justificada de que se prosseguirá atuando naquela direção.

De fato, fora admitido, em 18/06/2004, o ingresso do *espólio de Carlo Ernesto Maria Pareto* como sócio, naquela situação, com natureza que deveria ser provisória, solucionada pela expedição do formal de partilha, o que não ocorreu.

Em verdade, se aceita a pretensão da recorrente, a saída do *espólio de Carlo Ernesto Maria Pareto* redundaria no ingresso de outro espólio no quadro societário, perpetuando-se a situação de irregularidade no quadro social.

Como bem sugerido pelo Sr. Oficial à fl. 84/85, caso um ou mais herdeiros queiram ingressar na sociedade, poderão subscrever imediatamente quotas do capital social, firmando, juntamente com os sócios remanescentes, a respectiva alteração do contrato social, deixando pendente apenas a integralização dessas quotas para o momento em que for expedido o formal de partilha.

Pelas razões expostas, o parecer que, respeitosamente, submeto à elevada apreciação de Vossa Excelência, é pelo conhecimento da apelação como recurso administrativo, nos termos do art. 246 do Código Judiciário do Estado de São Paulo, e, no mérito, pelo seu desprovimento.

Sub censura.

São Paulo, 22 de novembro de 2018.

Paulo Cesar Batista dos Santos

Juiz Assessor da Corregedoria

DECISÃO: Aprovo o parecer do MM. Juiz Assessor da Corregedoria e, por seus fundamentos, que adoto, recebo a apelação como recurso administrativo e a ele nego provimento. Publique-se. São Paulo, 23 de novembro de 2018. (a) GERALDO FRANCISCO PINHEIRO FRANCO, Corregedor Geral da Justiça – Advogado: BRUNO OLIVEIRA MAGGI, OAB/SP 252.385.

▶ **EMENTA**: Sindicato – continuidade. RCPJ. REGISTRO CIVIL DE PESSOA JURÍDICA. Sindicato. Cronologia dos atos averbados. Alegação de ausência de prestação jurisdicional sobre essa questão. Possibilidade de análise diretamente em sede recursal. Ausência de incompatibilidade lógica instrumental entre os atos averbados. Pedido de providências improcedente. Recurso improvido. (1065601-68.2016.8.26.0100, São Paulo, RTD, j. 3/7/2017, DJe de 24/7/2017, Rel. MANOEL DE QUEIROZ PEREIRA CALÇAS. Legislação: LO – 13.105/15, art. 1.013, §3º).

▶ **EMENTA:** REGISTRO CIVIL DE PESSOA JURÍDICA – Averbação de instrumento de alteração contratual recusada – Título firmado no prazo de 180 dias fixado pelo artigo 1.033, IV, CC, mas prenotado dias depois de vencido aquele – Retardo na prenotação, inferior a 30 dias, que não caracteriza a hipótese de dissolução da sociedade prevista pela legislação civil – Averbação possível – Recurso provido (Processo CG nº 2011/85331. Parecer (361/11-E). Excelentíssimo Senhor Corregedor Geral da Justiça: Trata-se de recurso administrativo interposto por XX. contra r. decisão do MM. Juiz Corregedor Permanente do Oficial de Registro de Títulos e Documentos e Civil de Pessoa Jurídica da Comarca de Santos, que manteve a recusa em averbar alteração do contrato social da empresa, em que houve ingresso de novo sócio, por considerar ultrapassado o prazo para tanto fixado pelo artigo 1.033, IV, do Código Civil. A recorrente alegou, em suma, que a sociedade em exame não pode ser considerada extinta, visto que o prazo de 180 dias, definido pelo artigo 1.033, IV, do Código Civil, foi ultrapassado em apenas 16 dias. Invocou jurisprudência em que se afirmou não se tratar de prazo peremptório. O Ministério Público opinou pelo provimento do recurso. É o relatório. Opino. Em primeiro lugar, ressalte-se que, embora a recorrente tenha intitulado seu recurso como apelação, trata-se na verdade de recurso administrativo, como tal devendo ser apreciado, nos termos do artigo 246 do Código Judiciário do Estado de São Paulo, já que o inconformismo foi manifestado contra r. decisão proferida no âmbito administrativo pelo MM. Juiz Corregedor Permanente da Serventia Extrajudicial em exame. O presente recurso comporta provimento. Embora o artigo 1.033, IV, do Código Civil, estabeleça que *"Dissolve-se a sociedade quando ocorrer: IV – a falta de pluralidade de sócios, não reconstituída no prazo de 180 (cento e oitenta) dias"*, a hipótese dos autos apresenta peculiaridades que recomendam tratamento excepcional. A alteração contratual de fls.40/45, em que o sócio XXX retirou-se da pessoa jurídica "XXX, a qual, em razão de referido fato, passou a contar, exclusivamente, com o sócio YYY, foi firmada em 14/07/2010, prenotada em 04/08/2010 e averbada em 09/08/2010. O ingresso de novo sócio na sociedade deveria ter sido averbado até o dia 08/02/2011, tendo em conta o prazo de 180 dias fixado pelo Código Civil para a regularização do quadro societário, a contar da data da averbação anterior. A alteração contratual de fls.13/18, em que a sócia ZZZ ingressou na pessoa jurídica em exame, foi firmada em 01/02/2011, mas só foi prenotada em 03/03/2011 (fls.09). O prazo para a prenotação do título e subsequente averbação da alteração contratual foi, em tese, ultrapassado. Todavia, considerando que referido instrumento foi firmado em 01/02/2011, isto é, dentro do prazo de 180 dias fixado pelo artigo 1.033, IV, do Código Civil, e foi prenotado menos de 30 dias depois da data final estabelecida pela legislação para a regularização do quadro societário da pessoa jurídica em comento, é possível admitir a averbação do título, entendendo-se inocorrente, 'in casu' a dissolução da sociedade, já que observado o prazo fixado por lei quando da elaboração do instrumento de alteração contratual, sem embargo de ter havido certa demora na sua apresentação para registro, demora esta, contudo, que, por ser inferior a 30 dias, pode, excepcionalmente, ser considerada irrelevante para o deslinde da controvérsia. Ante o exposto, o parecer que respeitosamente submeto ao elevado critério de Vossa Excelência é no sentido de que a apelação interposta pela recorrente seja recebida como recurso administrativo, na forma do artigo 246 do Código Judiciário do Estado de São Paulo, e que a ele seja dado provimento, para o fim de ser permitida a averbação pleiteada. *Sub Censura*. São Paulo, 13 de outubro de 2011. WALTER ROCHA BARONE. Juiz Auxiliar da Corregedoria. DECISÃO: Aprovo o parecer do MM. Juiz Auxiliar da Corregedoria e, por seus fundamentos, que adoto, recebo a apelação interposta como recurso administrativo, na forma do art. 246 do Código Judiciário Estadual, e dou provimento, para o fim de permitir a averbação pleiteada. Publique-se. São Paulo, 18.10.2011. – (a) – MAURÍCIO DA COSTA CARVALHO VIDIGAL – Corregedor Geral da Justiça.

3. QUESTÕES DE CONCURSOS

01. (Consulplan – Outorga e Delegação de Serviços Notariais e Registrais – TJ – MS/2019) Em relação ao Registro de Títulos e Documentos, e de acordo com o Provimento 48, de 16 de março de 2016, do Conselho Nacional de Justiça, que "Estabelece diretrizes gerais para o sistema de registro eletrônico de títulos e documentos e civil de pessoas jurídicas", assinale a alternativa INCORRETA.

Nota da autora: O Provimento CNJ n. 48/2016 foi revogado e seus dispositivos incorporados aos **arts. 246 a 247 do Provimento CNJ n. 149/2023 (Código Nacional de Normas)**, sem alteração legislativa, em um primeiro momento. Todavia, recentemente, houve alteração pelo Provimento CNJ n. 180/2024, motivo pelo qual o candidato deve ficar atento.

a) Aos ofícios de registro de títulos e documentos e civil de pessoas jurídicas é permitido recepcionar ou expedir documentos eletrônicos por *e-mail* ou serviços postais ou de entrega.
b) Todas as solicitações feitas por meio das centrais de serviços eletrônicos compartilhados serão enviadas ao ofício de registro de títulos e documentos e civil de pessoas jurídicas competente, que será o único responsável pelo processamento e atendimento.
c) Os títulos e documentos eletrônicos, devidamente assinados com o uso de certificado digital, segundo a Infra- estrutura de Chaves Públicas Brasileira – ICP, e observada a arquitetura dos Padrões de Interoperabilidade de Governo Eletrônico (e--Ping), podem ser recepcionados diretamente no cartório, caso o usuário assim requeira e compareça na serventia com a devida mídia eletrônica.
d) Os livros do registro de títulos e documentos e civil de pessoas jurídicas serão escriturados e mantidos segundo a Lei nº 6.015, de 31 de dezembro de 1973, podendo, para este fim, ser adotados os sistemas de computação, microfilmagem, disco óptico e outros meios de reprodução, nos termos do Art. 41 da Lei nº 8.935, de 18 de novembro de 1994, e conforme as normas editadas pelas Corregedorias-Gerais de Justiça dos Estados e do Distrito Federal, sem prejuízo da escrituração eletrônica em repositórios registrais eletrônicos.

02. (IESES – Titular de Serviços de Notas e de Registro – Provimento – TJ – SC/2019) "No Registro Civil de Pessoas Jurídicas serão inscritos:

Os ________, os atos constitutivos, o ________ ou compromissos das sociedades civis, religiosas, pias, morais, científicas ou literárias, bem como o das ________ e das associações de utilidade pública; as sociedades civis que revestirem as formas estabelecidas nas leis comerciais, salvo as anônimas; os ________ atos constitutivos e os estatutos dos e o registro dos jornais, periódicos, oficinas impressoras, empresas de radiodifusão e agências de notícias". Marque a alternativa que completa correta e sequencialmente os espaços do enunciado, conforme o texto legal:

a) escolas públicas; jornal digital; agremiações escolares; colégios.
b) contratos; estatuto; fundações; partidos políticos.
c) shoppings centers, registro eletrônico; sociedades anônimas; times de futebol.
d) contratos; estatuto; agremiações universitárias; centros cívicos.

03. (IESES – Cartório – TJ – RO/2012) Assinale a assertiva correta, segundo o que expressamente estabelece o Código Civil para as situações mencionadas:

a) Constituem-se as associações pela união de pessoas que se organizem para fins não econômico e, sob pena de nulidade, seus estatutos conterão: denominação, os fins e a sede da associação; os requisitos para a admissão, demissão e exclusão dos associados; os direitos e deveres dos associados; as fontes de recursos para sua manutenção; o modo de constituição e de funcionamento dos órgãos deliberativos e administrativos; e as condições para a alteração das disposições estatutárias e para a dissolução.
b) Em caso de abuso da personalidade jurídica, caracterizado pelo desvio de finalidade, ou pela confusão patrimonial, pode o juiz decidir, de ofício ou a requerimento da parte ou do Ministério Público quando lhe couber intervir no processo, que os efeitos de certas e determinadas relações de obrigações sejam estendidos aos bens particulares dos administradores ou sócios da pessoa jurídica.
c) Começa a existência legal das pessoas jurídicas de direito privado, com a inscrição do ato constitutivo no respectivo registro, precedida, quando necessário, de autorização ou aprovação do Poder Executivo, averbando-se no registro todas as alterações por que passar o ato constitutivo, sendo que o registro declarará a denominação, os fins, a sede, o tempo de duração e o fundo social, quando houver; o nome e a individualização dos fundadores ou instituidores, e dos diretores; o modo por que se administra e representa, ativa e passivamente, judicial e extrajudicialmente; se o ato constitutivo é reformável no tocante à administração, e de que modo; se os membros respondem, ou não, subsidiariamente, pelas obrigações sociais; as condições de extinção da pessoa jurídica e o destino do seu patrimônio, nesse caso.
d) Começa a existência legal das pessoas jurídicas de direito privado com a inscrição do ato constitutivo no respectivo registro, precedida, quando necessário, de autorização ou aprovação do Poder Executivo, averbando-se no registro todas as alterações por que passar o ato constitutivo, decaindo em dois anos o direito de anular a constituição das pessoas jurídicas de direito privado, por defeito do ato respectivo, contado o prazo da publicação de sua inscrição no registro.

04. (Cespe – Cartório – ES/2013) Assinale a opção correta com relação às normas atinentes às pessoas jurídicas e a suas diversas formas de organização.

a) A massa falida, o espólio e o condomínio, por serem considerados entes despersonalizados, não podem ser considerados pessoas jurídicas.

b) O cancelamento do registro civil da pessoa jurídica em processo de liquidação poderá ser promovido antes de encerrada a liquidação.

c) As entidades sindicais, em regra, não se sujeitam ao mesmo regramento jurídico das associações.

d) Os estatutos sociais das fundações deverão ser aprovados pelo MP, que, por isso, não tem a prerrogativa de elaborá-los diretamente.

e) O registro civil da pessoa jurídica tem efeito retroativo para tornar válidos os atos praticados nos sessenta dias anteriores à assinatura dos documentos.

05. (FMP – Cartório – TJ – MT/2014) Quanto às pessoas jurídicas, assinale a afirmativa correta.

a) Quando insuficientes para constituir a fundação, os bens a ela destinados serão convertidos em títulos da dívida pública até que, aumentados com os rendimentos, perfaçam capital bastante.

b) Para criar uma fundação, far-lhe-á o seu instituidor, por instrumento público ou instrumento particular firmado na presença de cinco testemunhas, e nesta última hipótese o valor do acervo patrimonial não pode ser superior a quarenta salários mínimos, dotação especial de bens, especificando o fim a que se destina e declarando, se quiser, a maneira de administrá-la.

c) Aplica-se a doutrina do disregard legal entity quando, a requerimento dos credores, se constatar a insuficiência do patrimônio da pessoa jurídica para satisfazer obrigações líquidas e certas, vencidas e vincendas.

d) Constituem-se as associações pela união de pessoas que se organizam para fins não econômicos, inexistindo, entre os associados, direitos e obrigações recíprocos, nem intenção de dividir resultados.

e) Começa a existência legal das pessoas jurídicas de direito privado com a elaboração, via escritura pública ou instrumento particular firmado por duas testemunhas, dos respectivos atos constitutivos.

06. (IESES – Cartório – TJ – PA/2016) No registro civil de pessoa jurídica:

a) As instituições eclesiásticas adquirem personalidade jurídica, passando a constituir pessoas jurídicas eclesiásticas, independentemente do registro de seus atos constitutivos no Registro Civil das Pessoas Jurídicas.

b) As sociedades simples são registráveis perante o Registro Civil de Pessoas Jurídicas e não perante a Junta Comercial.

c) Quando constatada a quebra do princípio da continuidade junto ao Registro Civil das Pessoas Jurídicas, poderá ser regularizada a situação pelo Juízo Corregedor Permanente da Serventia, sendo dispensada a nomeação de administrador provisório.

d) As cooperativas não atendem os requisitos legais que caracterizam a atividade empresarial, o que impede, em regra, o ingresso de seus atos constitutivos no Registro Civil de Pessoas Jurídicas.

07. (IESES – Cartório – Provimento – TJ – RO/2017) Assinale a alternativa correta:

a) No Registro Civil de Pessoas Jurídicas havendo suspeita de atividades ilícitas só após concluído o processo é que o oficial poderá suscitar dúvida ao Juiz competente.

b) Aos oficiais de Registro Civil de Pessoas Jurídicas é vedado a adoção do sistema de fichas.

c) A existência legal das pessoas jurídicas só começa com o registro de seus atos constitutivos.

d) As patentes, para obter proteção legal, devem ser registradas no Registro Civil de Pessoas Jurídicas.

08. (Vunesp – Cartório – SP – Remoção/2016) Integra a atribuição do Registrador Civil de Pessoas Jurídicas:

a) averbar as alterações dos estatutos das sociedades anônimas.

b) registrar os atos constitutivos dos sindicatos.

c) registrar e autenticar livros das pessoas jurídicas, ainda que registradas em outro Registro Civil das Pessoas Jurídicas, desde que na mesma Comarca.

d) registrar sociedades de advogados.

09. (Vunesp – Cartório – TJ – SP/2014) Em 25.05.2002, foi constituída uma sociedade simples em que constavam no quadro societário João da Silva, com 40% do capital social, e sua mulher, Maria da Silva, com 60% do capital social, casados no regime da comunhão parcial de bens. Em 30.04.2007, foi averbada alteração do contrato social para indicar mudança do estado civil dos sócios para divorciados. É apresentada agora para registro uma alteração contratual onde João cede suas quotas para filha do casal, Maria Helena da Silva, com 02 anos de idade.

Ao qualificar o título, o Oficial deve, dentre outros aspectos, verificar os seguintes requisitos formais:

a) na alteração contratual deve constar que a menor poderá exercer a administração, desde que representada por seus pais e que o capital social esteja totalmente integralizado.

b) na alteração contratual deve constar que a menor não poderá exercer a administração, que ela está sendo representada por seus pais, sendo que o capital social pode ou não estar totalmente integralizado, desde que garantido por caução.

c) na alteração contratual deve constar que a menor não poderá exercer a administração, devendo ser acompanhada de alvará judicial por se tratar de ato que excede a simples administração.

d) na alteração contratual deve constar que a menor não poderá exercer a administração, que ela está sendo representada por seus pais e que o capital social esteja totalmente integralizado.

10. (EJEF – Notário-MG/2011) São inscrições concernentes aos Cartórios de Registro Civil das Pessoas Jurídicas, EXCETO

a) os contratos, atos constitutivos, o estatuto ou compromissos das sociedades civis, religiosas, pias, morais, científicas ou literárias, bem como o das fundações e das associações de utilidade pública.

b) as sociedades civis que se revestirem das formas estabelecidas nas leis comerciais.

c) os atos constitutivos e os estatutos dos partidos políticos.

d) o registro de jornais, periódicos, oficinas impressoras, empresas de radiodifusão e agências de notícias a que se refere o art. 8º da Lei nº 5.250/67.

11. (EJEF – Notário-MG/2011) No Cartório de Registro de Pessoas Jurídicas, pode-se registrar, EXCETO

a) atas e livros comerciais.

b) estatutos/atos constitutivos de sociedades.

c) jornais e periódicos.

d) sociedade mercantil.

12. (Vunesp – Cartório – SP – Provimento/2016) Em relação ao Registro Civil de Pessoas Jurídicas, é correto afirmar que

a) como regra, os atos constitutivos de uma pessoa jurídica registrável somente podem ser registrados se estiverem visados por advogado, constituindo exceção à regra a hipótese de sociedade simples enquadrada como microempresa ou empresa de pequeno porte.

b) o registro dos atos constitutivos de uma fundação de direito privado somente pode ocorrer se autorizado pelo Ministério Público, salvo no caso de fundação previdenciária, em que deve haver autorização por órgão vinculado ao Ministério da Previdência Social, sendo dispensada a autorização em se tratando de ato de averbação.

c) na medida em que não há atribuição territorial dentro da mesma Comarca, é permitida a averbação de atos relativos a uma associação, ainda que o registro constitutivo não esteja registrado no mesmo Registro Civil de Pessoas Jurídicas, desde que esteja registrado na mesma Comarca.

d) é vedado o registro de pessoa jurídica com denominação idêntica a outra registrada na mesma Comarca, ainda que em outro Registro Civil das Pessoas Jurídicas, sendo possível, entretanto, o registro, se o nome for apenas semelhante, ainda que possa causar alguma dúvida aos usuários.

13. (EJEF Tabelionato e Registro-MG/2007) Assinale a alternativa CORRETA, segundo a lei civil brasileira:

a) Começa a existência legal das pessoas jurídicas de direito privado com a inscrição do ato constitutivo no respectivo registro, precedida, quando necessário, de autorização ou aprovação do Poder Executivo, averbando-se no registro todas as alterações por que passar o ato constitutivo.

b) Salvo disposição em contrário, as pessoas jurídicas de direito público, a que se tenha dado estrutura de direito privado, regem-se, no que couber, quanto ao seu funcionamento, pelas normas do órgão responsável por sua criação.

c) As pessoas jurídicas de direito público interno são civilmente responsáveis por atos dos seus agentes que causem danos a terceiros, ressalvado direito regressivo contra os causadores do dano, se houver, por parte destes, dolo.

d) As pessoas jurídicas são de direito público, externo, e de direito privado.

GAB	1	A	2	B	3	C	4	A	5	D
	6	B	7	C	8	B	9	D	10	B
	11	D	12	A	13	A		-		

I – os contratos, os atos constitutivos, o estatuto ou compromissos das sociedades civis, religiosas, pias, morais, científicas ou literárias, bem como o das fundações e das associações de utilidade pública;

1. COMENTÁRIOS

Contrato é um vínculo jurídico entre dois ou mais sujeitos de direito correspondido pela vontade da responsabilidade do ato firmado, resguardado pela segurança jurídica em seu equilíbrio social, ou seja, é um negócio jurídico bilateral ou plurilateral. Em outras palavras, consiste no acordo de vontades, capaz de criar, modificar ou extinguir direitos.

Ato constitutivo consiste na manifestação de vontade confeccionada individual ou coletivamente, sob a forma escrita, propalando a intenção de formar uma pessoa jurídica destinada à realização de objetivo específico e alcançar o registro necessário, conforme legislação vigente.

O **contrato social** é o ato constitutivo e regulamentar das **sociedades contratuais**, enquanto as **sociedades institucionais** são regidas pelo **estatuto social**.

1.1 SOCIEDADE

A sociedade está regulada nos arts. 44 e 981 a 1.195 do Código Civil. Tem ingresso no RCPJ somente a **sociedade simples**, enquanto a sociedade empresária deve ser registrada no Registro Público de Empresas Mercantis do local de sua sede.

A sociedade simples é uma reunião de pessoas visando à realização de uma atividade econômica, com o fito de lucro, mas sem organização empresarial.

Sobre o tema, aprofundaremos mais adiante.

1.2 FUNDAÇÃO

Antes de adentrarmos neste assunto, faz-se necessário advertir que existem as fundações públicas e as fundações privadas. Veja-se a diferença entre as duas:

FUNDAÇÕES PÚBLICAS (FUNDAÇÕES GOVERNAMENTAIS)	FUNDAÇÕES PRIVADAS
São pessoas jurídicas de direito público	São pessoas jurídicas de direito privado
São instituídas pela administração pública	São criadas por iniciativa de um particular ou um grupo de particulares
Desempenham atividades de caráter social, como educação e ensino	Esse particular ou grupo de particulares separam um patrimônio, que pode ser, por exemplo, um imóvel, dinheiro para criação da fundação
Pode ser instituída pela Administração com natureza jurídica de direito público ou privado. Se tiverem natureza de direito público serão consideradas uma espécie de autarquia (fundação autárquica)	A finalidade é de interesse coletivo
Se forem de direito público, são criadas diretamente pela lei Se forem de direito privado, a lei apenas autoriza a sua instituição e será necessário que o Poder Público registre seu estatuto no Registro Civil de Pessoas Jurídicas para que adquiram personalidade jurídica	O próprio instituidor, ou alguém a seu pedido, elabora o estatuto da fundação especificando o fim a que se destina e a maneira de administrá-la. Esse estatuto é submetido à análise do Ministério Público, que poderá aprová-lo ou não. Se aprovado, a lei autoriza a sua instituição e será necessário o registro do seu estatuto no Registro Civil de Pessoas Jurídicas para que adquiram personalidade jurídica

O tema está previsto nos arts. 62 a 69 do Código Civil.

A fundação consiste num patrimônio ao qual a lei atribui personalidade jurídica, em atenção ao fim a que se destina. Possui dois elementos: **o patrimônio e o fim específico**, que somente poderá constituir-se, segundo a nova redação do art. 62, dada pela Lei 13.151, de 28 de julho de 2015, para os seguintes fins:

a) assistência social;

b) cultura, defesa e conservação do patrimônio histórico e artístico;

c) educação;

d) saúde;

e) segurança alimentar e nutricional;

f) defesa, preservação e conservação do meio ambiente e promoção do desenvolvimento sustentável;

g) pesquisa científica, desenvolvimento de tecnologias alternativas, modernização de sistemas de gestão, produção e divulgação de informações e conhecimentos técnicos e científicos;

h) promoção da ética, da cidadania, da democracia e dos direitos humanos;

i) atividades religiosas

Esta alteração não inovou juridicamente o art. 62. Isso porque a doutrina, antes da Lei 13.151/2015, já sustentava que o rol do parágrafo único do art. 62 do CC era **exemplificativo**. Dois enunciados das Jornadas de Direito Civil corroboravam esse entendimento:

> **Enunciado 8** – Art. 62, parágrafo único: a constituição de fundação para fins científicos, educacionais ou de promoção do meio ambiente está compreendida no CC, art. 62, parágrafo único.
>
> **Enunciado 9** – Art. 62, parágrafo único: o art. 62, parágrafo único, deve ser interpretado de modo a excluir apenas as fundações com fins lucrativos.

Logo, a alteração legal serviu para deixar expressa essa possibilidade.

A fundação é velada pelo órgão do Ministério Público. O estatuto deve ser aprovado pelo MP, por meio da Curadoria ou Provedoria de Fundações.

O parágrafo 1º do art. 66 do Código Civil, que estabelecia o encargo ao Ministério Público Federal de velar pelas fundações no Distrito Federal, ou em Território, foi declarado inconstitucional pelo STF, na ADIN nº 2.794-8. A Lei 13.151/2015 ratificou esta decisão do Supremo, e deu nova redação ao referido artigo, estabelecendo que se as fundações funcionarem no Distrito Federal ou em Território, caberá o encargo ao **Ministério Público do Distrito Federal e Territórios.**

Se as atividades da fundação se estenderem por mais de um Estado, caberá o encargo, em cada um deles, ao respectivo Ministério Público (§ 2º do art. 66).

A expressão "por mais de um Estado", contida no § 2 do art. 66, não exclui o Distrito Federal e os Territórios. A atribuição de velar pelas fundações, prevista no art. 66 e seus parágrafos, ao MP local – isto é, dos Estados, DF e Territórios onde situadas – não exclui a necessidade de fiscalização de tais pessoas jurídicas pelo MPF, quando se tratar de fundações instituídas ou mantidas pela União, autarquia ou empresa pública federal, ou que destas recebam verbas, nos termos da Constituição, da LC n. 75/93 e da Lei de Improbidade (Enunciado 147).

Quanto às fundações que atuam na área de previdência complementar (previdência privada), o MP não vela por elas, cuja fiscalização é da competência do órgão do Ministério da Previdência e Assistência Social nos termos do art. 74 da LC 109/2001.

A elaboração do estatuto da fundação fica a cargo do instituidor ou alguém por ele indicado. Caso não o façam, tal incumbência recairá sobre o próprio Ministério Público.

No que tange às **reformas do estatuto de uma fundação**, a Lei 13.151/2015 estabeleceu o prazo máximo de **45 (quarenta e cinco) dias**, até então **inexistente**, para que o MP a autorize, findo o qual ou no caso de aquele a denegar, possa o juiz supri-la, a requerimento do interessado.

Registrado o estatuto da fundação no Registro Civil de Pessoa Jurídica, a irreversibilidade é da essência do ato.

No tocante a sua atividade, ela é praticamente imutável, pois há um respeito pela intenção do instituidor. A possibilidade de mudança se dá, notadamente, quando há uma ampliação da atividade, sem que se elimine qualquer objetivo projetado pelo instituidor, com a devida autorização prévia do MP (SIQUEIRA, Graciano Pinheiro. *Direito Notarial e Registral avançado*. São Paulo: Revista dos Tribunais, 2014, p. 282).

Além disso, é importante destacar que a Lei 13.151/2015 modificou não somente o Código Civil, mas dispositivos de outras leis, no que tange ao tema fundação. Veja-se:

> **Art. 4º** A alínea a do § 2º do art. 12 da Lei nº 9.532, de 10 de dezembro de 1997, passa a vigorar com a seguinte redação:
>
> "Art. 12.(...)
>
> § 2º (...)
>
> a) não remunerar, por qualquer forma, seus dirigentes pelos serviços prestados, exceto no caso de associações assistenciais ou fundações, sem fins lucrativos, cujos dirigentes poderão ser remunerados, desde que atuem efetivamente na gestão executiva, respeitados como limites máximos os valores praticados pelo mercado na região correspondente à sua área de atuação, devendo seu valor ser fixado pelo órgão de deliberação superior da entidade, registrado em ata, com comunicação ao Ministério Público, no caso das fundações;"

Assim, a Lei 13.151/2015 passou autorizar, expressamente, **que os dirigentes de fundações e também de associações assistenciais sejam remunerados**. Trata-se de uma excelente medida para que tais entidades sejam administradas por profissionais competentes para o melhor desempenho de suas funções.

Graciano Pinheiro Siqueira observa que a remuneração dos dirigentes consiste, em verdade, em uma contraprestação pelo trabalho que estes exercem em favor da entidade, o que não se confunde com a distribuição de dividendos, esta, sim, vedada para as pessoas jurídicas de direito privado que não tenham fito de lucro. Daí a sua legitimidade e pertinência.

1.2.1 ENTIDADES FECHADAS DE PREVIDÊNCIA COMPLEMENTAR

As entidades fechadas de previdência complementar (previdência privada), também conhecidas como "fundos de pensão", são organizadas sob a forma de **fundação ou sociedade civil sem fins lucrativos (leia-se associação)**, matéria esta tratada pela Lei Complementar nº 109/2001, que também prevê a existência de entidades abertas de previdência complementar, constituídas, por sua vez, sob a forma de sociedade anônima.

A entidade **fechada** de previdência complementar é registrada no **Registro Civil das Pessoas Jurídicas**, diferentemente do que ocorre com a entidade **aberta**, assentada, necessariamente, perante a **Junta Comercial**.

Importante transcrever a decisão da 1ª Vara de Registros Públicos de São Paulo, publicada no DJE/SP de 14/05/2015, que aborda normas gerais sobre entidades fechadas de previdência complementar, conforme segue:

> **Processo 1010292-96.2015.8.26.0100** – Pedido de Providências – REGISTROS PÚBLICOS – Caixa Beneficente dos Empregados da Companhia Siderúrgica Nacional – CBS – "Pedido de providências – averbação de alteração estatutária – ausência do endereço da sede da entidade – dissonância com o princípio da segurança jurídica e da transparência – pedido improcedente" Vistos. Trata-se de pedido de providências formulado pela Caixa Beneficente dos Empregados da Companhia Siderúrgica Nacional – CBS em face da negativa do Oficial do 2º Registro de Títulos e Documentos e Civil de Pessoa Jurídica da Capital em proceder ao registro das alterações do Estatuto Social aprovado pela Superintendência Nacional da Previdência Complementar – PREVIC. O óbice registrário refere-se à ausência do endereço completo da sede da pessoa jurídica. A requerente reconhece a falha mas pondera que o processo de alteração estatutária no presente caso depende da aprovação da PREVIC. Assim, a mera alteração de endereço, sem a inserção de novo conteúdo, geraria elevados custos, bem como o grande transcurso de tempo para a efetivação do ato, prejudicando os participantes e assistidos. Salienta que o endereço completo da sede da entidade não está entre os requisitos previstos nos artigos 46, do Código Civil, e 120, da Lei 6.015/1973, e que diversas entidades congêneres, dentre as quais, a PREVI, PETROS, POSTALIS, tiveram seus estatutos sociais devidamente registrados sem a exigência mencionada, sendo que a negativa caracterizaria tratamento não isonômico. Por fim, informa que, quando da alteração de sua sede (de Volta Redonda para São Paulo), o Registrador não fez qualquer ressalva. Requer, subsidiariamente, a averbação das alterações promovidas no Estatuto Social da requerente, nos termos do artigo 45 do Código Civil. Juntou documentos às fls.11/255. O Oficial informa que a exigência tem por fundamento os artigos 46, I, e 54, I, do Código Civil, e 120, I, da Lei de Registros Públicos. Aduz que a indicação apenas da cidade da sede da pessoa jurídica não atende ao requisito legal, cuja finalidade é propiciar segurança jurídica tanto aos associados como aos profissionais, sendo que, quando do registro de seus estatutos, em 27.09.2013, em razão da mudança da sede de Volta Redonda para São Paulo, não foi feita a exigência porque se tratava de duplo registro do mesmo estatuto e, como o registro foi admitido na origem, não havia como ser recusado no destino (fls. 258/259). O Ministério Público opinou pelo indeferimento da pretensão (fls.265/267). É o relatório. Passo a fundamentar e a decidir. Com razão o Registrador e o Douto Promotor de Justiça. De acordo com o artigo 202, "caput", e § 1º, da Constituição Federal: "Art. 202. O regime de previdência privada, de caráter complementar e organizado de forma autônoma em relação ao regime geral de previdência social, será facultativo, baseado na constituição de reservas que garantam o benefício contratado, e regulado por lei complementar." § 1º A lei complementar de que trata este artigo assegurará ao participante de planos de benefícios de entidades de previdência privada o pleno acesso às informações relativas à gestão de seus respectivos planos." A Lei Complementar a que se referem o "caput" e este parágrafo do art. 202, e que contém as regras gerais do sistema de previdência complementar, é a Lei Complementar nº 109, de 29 de maio de 2001. As entidades fechadas de previdência complementar, também conhecidas como "fundos de pensão", são organizadas sob a forma de sociedade civil ou fundação, necessariamente sem finalidade lucrativa, e são chamadas "fechadas" porque acessíveis apenas a indivíduos integrantes de um grupo: empregados de uma empresa ou grupo de empresas (LC 109/01, art. 31, I); servidores públicos (LC 109/01, art. 31, I); associados ou membros de pessoas jurídicas de caráter profissional, classista ou setorial (LC 109/01, art. 31, II). Dentre os princípios legais que regem a previdência complementar destaca-se a transparência para os participantes, bem como independência patrimonial entre os planos administrados por uma mesma EFPC. Ora, a transparência para os participantes e assistidos contempla, dentre outros requisitos, a informação acerca da denominação, endereço da sede e foro onde estão localizados a entidade a qual estão filiados. Neste contexto, a Resolução CGPC nº 08, de 19.02.2004, prevê o conteúdo mínimo de um estatuto de entidade fechada de previdência complementar: "Art. 2º. O estatuto das entidades fechadas de previdência complementar deverá dispor sobre: I denominação, sede e foro; II objeto da entidade; III prazo de duração, que deverá ser indeterminado; IV indicação das pessoas físicas ou jurídicas que, na qualidade de participante, assistido, patrocinador ou instituidor, podem se vincular a plano de benefícios administrado pela entidade; V estrutura organizacional órgãos e suas atribuições, composição, forma de acesso, duração e término do mandato dos seus membros. § 1º O estatuto da entidade fechada de previdência complementar deverá

observar a terminologia constante da Lei Complementar nº 109, de 2001, e, no que couber, da Lei Complementar nº 108, de 2001. § 2º O estatuto não deverá dispor sobre matéria específica de regulamento de plano de benefícios". Decerto, segundo o Código Civil, as fundações são destinadas a determinadas finalidades, dentre as quais não se inclui a de operar planos de previdência; e as sociedades civis não são mais previstas na norma legal. Quanto às figuras previstas no novo Código Civil (sociedade, associação), não são adequadas ao desempenho da atividade de operar planos de benefícios. Assim, a Portaria SPC nº 2, de 08 de janeiro de 2004, dispensou as EFPCs então existentes de fazerem a adaptação ao novo Código Civil. Quanto às entidades fechadas de previdência complementar criadas a partir da promulgação do novo Código Civil, têm adotado a forma de fundação de direito privado. Todavia, independentemente da Portaria ter "dispensado" as entidades fechadas de previdência complementar a se adaptarem às novas normas do Código Civil, tal regra não pode se sobrepor aos princípios da transparência, bem como ao da segurança jurídica, que regem os atos registrários. Se procedermos uma análise cuidadosa dos princípios registrários, chegaremos à conclusão que todos, sem exceção, colimam a segurança necessária que o direito espera e necessita para estabilidade das relações jurídicas, segurança essa que até justifica o emprego de formalismo moderado. Ao aplicar qualquer princípio registrário específico, deve o Oficial Registrador sempre zelar pela segurança jurídica, que pode ser considerada o alicerce do Registro de Imóveis, pois sem ela os atos por ele praticados não serão revestidos da certeza e presunção de veracidade necessários. Os princípios registrários e a formalidade foram criados em benefício dos cidadãos, sendo imprescindível, para resguardar a segurança jurídica dos participantes e assistidos, constar de seus estatutos o endereço completo da sede. Ademais, a alegação de que outras entidades obtiveram seus registros independentemente de constar o endereço completo, constituindo a exigência em tratamento não isonômico, é incabível, pois o Registrador tem plena liberdade para proceder à qualificação registrária, gozando de independência na atribuição do exercício de suas funções para a avaliação do título a ele apresentando, não se atendo a atos praticados por outros registradores em eventuais situações semelhantes. É inegável que a nova alteração estatutária, somente para constar o endereço da sede da requerente, sem modificação de seu conteúdo, trará elevados custos e demora, uma vez que em se tratando de grupo fechado, deve haver a convocação de aproximadamente 33 mil beneficiados para deliberação sobre a referida alteração, bem como o encaminhamento para aprovação da PREVIC. Todavia, tal providência é imprescindível para resguardar os direitos dos interessados. Por fim, em relação a alegação de que foi procedido ao registro da alteração estatutária para constar a modificação da sede da entidade de Volta Redonda para São Paulo sem qualquer exigência, a situação restou esclarecida diante da informação do Oficial, de que se tratava de duplo registro do mesmo Estatuto. O pedido subsidiário, de averbação das alterações no estatuto, fica prejudicado diante do acima exposto. Diante do exposto, julgo improcedente o pedido de providências formulado pela Caixa Beneficente dos Empregados da Companhia Siderúrgica Nacional – CBS em face da negativa do Oficial do 2º Registro de Títulos e Documentos e Civil de Pessoa Jurídica da Capital e mantenho o óbice registrário. Deste procedimento, não há custas, despesas processuais e nem honorários advocatícios. Oportunamente, arquivem-se os autos. P.R.I.C. São Paulo, 11 de abril de 2015. Tania Mara Ahualli Juíza de Direito – ADV: CARLOS EDUARDO ANDRADE SILVA (OAB 338377/SP), VICTOR AUGUSTO PEREIRA SANCHES (OAB 282402/SP)".

1.3 ASSOCIAÇÃO

Relevante é retratar, inicialmente, o princípio da liberdade de associação. Segundo Luiz Guilherme Loureiro o princípio da liberdade de associação, constitui um direito fundamental da pessoa humana, de forma que não pode ser contrariado pela lei infraconstitucional. Em decorrência desse princípio, e conforme previsto expressamente na nossa Lei Maior, não há necessidade de autorização estatal para a criação das associações, e estas somente poderão ser compulsoriamente dissolvidas ou ter suas atividades suspensas por decisão judicial, transitada em julgado (art. 5.º, XVIII e XIX, CF). A lei pode estabelecer requisitos para a instituição de uma associação, desde que não implique interferência arbitrária do Poder executivo na vida associativa. Nesse sentido, já decidiu o Superior Tribunal de Justiça que: "A Constituição assegura plena liberdade de associação. Não podem prevalecer as restrições da Lei 6.251/1975 face à Constituição Federal de 1988. Ninguém é obrigado a associar-se ou a permanecer associado. As associações são dotadas de autonomia de organização e funcionamento (MS 1.291-0/DF – 1.ª Seção – Rel. Min. Milton Luiz Pereira – *Ementário STJ* 9/314)" (Op. cit., p. 421).

O art. 53 do Código Civil de 2002 conceitua a **associação** como sendo a entidade que exerce atividade não econômica, ao passo que o art. 981 define a **sociedade** como a entidade que exerce atividade econômica.

Note-se que o legislador não foi feliz. Ora, nada impede que uma **associação exerça atividade econômica**, desde que o resultado dessa atividade reverta em prol das atividades da mesma, ou seja, desde que o faça como atividade-meio, a fim de com o resultado alcançado, poder realizar a atividade para a qual foi constituída, que é a atividade-fim.

A associação está prevista nos artigos 53 e seguintes do Código Civil. O art. 46 do mesmo diploma, juntamente com o art. 120 da Lei 6.015/1973 e as Normas da Corregedoria Geral de Justiça de cada Estado, também são fundamentais para a associação, pois estabelecem o que o registro deve declarar.

O art. 54 traz os elementos formais que devem constar no estatuto da associação, sob pena de nulidade, nos seguintes termos:

> **Art. 54.** Sob pena de nulidade, o estatuto das associações conterá:
>
> I – a denominação, os fins e a sede da associação;
>
> II – os requisitos para a admissão, demissão e exclusão dos associados;

III – os direitos e deveres dos associados;

IV – as fontes de recursos para sua manutenção;

V – o modo de constituição e de funcionamento dos órgãos deliberativos;

VI – as condições para a alteração das disposições estatutárias e para a dissolução.

VII – a forma de gestão administrativa e de aprovação das respectivas contas.

Juntamente com o estatuto, são apresentados ao Oficial Registrador a **ata de constituição**, a **ata de eleição dos órgãos sociais** e o **requerimento** solicitando seu registro e arquivamento.

1.3.1 SINDICATOS

Dentre as modalidades de associações, merece atenção o **sindicato**. A Constituição Federal, em seu art. 8º estabelece que:

Art. 8º É livre a associação profissional ou sindical, observado o seguinte:

I – a lei não poderá exigir autorização do Estado para a fundação de sindicato, ressalvado o registro no órgão competente, vedadas ao Poder Público a interferência e a intervenção na organização sindical;

II – é vedada a criação de mais de uma organização sindical, em qualquer grau, representativa de categoria profissional ou econômica, na mesma base territorial, que será definida pelos trabalhadores ou empregadores interessados, não podendo ser inferior à área de um Município;

III – ao sindicato cabe a defesa dos direitos e interesses coletivos ou individuais da categoria, inclusive em questões judiciais ou administrativas;

IV – a assembléia geral fixará a contribuição que, em se tratando de categoria profissional, será descontada em folha, para custeio do sistema confederativo da representação sindical respectiva, independentemente da contribuição prevista em lei;

V – ninguém será obrigado a filiar-se ou a manter-se filiado a sindicato;

VI – é obrigatória a participação dos sindicatos nas negociações coletivas de trabalho;

VII – o aposentado filiado tem direito a votar e ser votado nas organizações sindicais;

VIII – é vedada a dispensa do empregado sindicalizado a partir do registro da candidatura a cargo de direção ou representação sindical e, se eleito, ainda que suplente, até um ano após o final do mandato, salvo se cometer falta grave nos termos da lei.

Parágrafo único. As disposições deste artigo aplicam-se à organização de sindicatos rurais e de colônias de pescadores, atendidas as condições que a lei estabelecer.

Sindicato, segundo Luiz Guilherme Loureiro "é uma associação constituída para a defesa dos interesses de pessoas que exercem a mesma profissão ou o mesmo gênero de atividades. A associação profissional está regida, de modo geral, pelas mesmas regras de organização das demais associações, embora sua criação seja disciplinada por lei especial (Op. cit., p. 429).

A natureza jurídica do sindicato tem sido bastante debatida. Há quem defenda que o sindicato é uma **pessoa jurídica de direito público**. Para outros, **trata-se de pessoa jurídica de direito privado**. Existe outra parcela da doutrina que sustenta ser ele uma **pessoa jurídica de direito social**. Prevalece que sindicato é pessoa jurídica de direito privado, inclusive para o Superior Tribunal de Justiça. Dessa forma, a aquisição de sua **personalidade jurídica** se dá com o registro de seus atos constitutivos no Registro Civil de Pessoas Jurídicas.

O registro sindical deve ainda ser efetuado no **Ministério do Trabalho**, que, segundo o Superior Tribunal de Justiça, serve apenas para fins meramente cadastrais.

Assim, o registro do sindicato no Ministério do Trabalho tem mero escopo de fixar a sua procedência, em face ao princípio da unidade sindical.

Frise-se que a questão da unicidade sindical é atribuída ao Ministério do Trabalho, **não devendo o oficial registrador cuidar de tal questão**. Basta que efetive busca de nome para saber se existe ou não, na Comarca, entidade sindical com denominação igual ou semelhante a outra já registrada, bem como examine as formalidades do estatuto.

Nessa direção, o recente enunciado 38 da I Jornada de Direito Notarial e Registral, veja-se:

Enunciado 38. Não cabe ao registrador, quando da qualificação dos atos constitutivos, verificar a unicidade sindical e a base territorial de entidades sindicais.

⊙ Justificativa: Antes da Constituição Federal de 1.988, os Sindicatos adquiriam personalidade jurídica registrando seus estatutos perante o Ministério do Trabalho, que lhes expedia a chamada Carta Sindical, que não mais existe, a quem cabia, inclusive, delimitar a sua base territorial. Atualmente, os Sindicatos, como modalidade especial de associação que são, integram o rol das pessoas jurídicas de direito privado, e, como tal, adquirem personalidade jurídica com o registro de seus estatutos perante o RCPJ do local de sua sede, além de terem que inscrever-se perante o Ministério do Trabalho e Previdência (registro sindical – Portaria MTP nº 671, de 08 de novembro de 2021 arts. 232 a 308). Caso de duplo registro.

1.3.2 ORGANIZAÇÕES RELIGIOSAS

As organizações religiosas, por terem finalidade não econômica e se sustentarem na organização de pessoas, configuram-se, em essência, como associações. Seu estatuto deve conter os requisitos previstos no art. 46 do Código Civil.

Para inscrição no Registro Civil das Pessoas Jurídicas (RCPJ), o estatuto da organização religiosa deve atender aos mesmos requisitos das associações, previstos nos artigos 54 a 61 do Código Civil.

Luiz Guilherme Loureiro atenta para o fato de que "quanto à função social, no entanto, a organização religiosa não se confunde com a associação em geral.

Embora sejam entidades similares, não são idênticas, de modo que a interpretação e a aplicação das normas legais devem obedecer à prévia qualificação das situações jurídicas. Não se pode considerar como iguais entes diferentes. Como já afirmavam os antigos filósofos gregos, a pior das desigualdades é tratar como iguais pessoas desiguais. Todo instituto jurídico tem uma estrutura e uma função: como vimos, as associações e organizações religiosas possuem estruturas semelhantes (embora não propriamente idênticas), mas as funções (finalidades) são diferentes. Desse modo, a aplicação por analogia das regras legais da associação à organização religiosa comporta adaptações e temperamentos tendo em vista a função ou finalidade perseguida pela organização religiosa. Com efeito, ao decidir recurso em processo de dúvida em registro de estatuto de organização religiosa (Sínodo de Bauru, ligado à Igreja Presbiteriana), o CSM/SP entendeu que deveria ser afastada a exigência do registrador no tocante à explicitação, nos membros de organização religiosa. De acordo com tal decisão, "parece adequado, neste ponto, fazer o temperamento das regras relativas às associações pois, aqui, não há como equiparar as situações, haja vista que a composição depende de fator externo". (CSM/SP, Apelação Cível nº 0018134-71.2014.8.26.0071, Voto nº 29.037, DJe de 26.01.2016 – SP). Em suma, mesmo se observadas as peculiaridades que recaem sobre as organizações religiosas, há um mínimo de requisitos legais que, se não atendidos, colocarão em risco toda a segurança jurídica que os registros públicos tentam assegurar (Op. cit., p. 430).

Reza o art. 44, § 1º do Código Civil, com redação dada pela Lei 10.825/2003, que "são livres a criação, a organização, a estruturação interna e o funcionamento das organizações religiosas, sendo vedado ao poder público negar-lhes reconhecimento ou registro dos atos constitutivos e necessários ao seu funcionamento".

João Pedro Lamana Paiva e Pérsio Brasil Alvares, ao comentarem o aludido dispositivo, argumentam que "essa disposição, introduzida posteriormente ao texto original do Código Civil, oferece uma ideia errônea acerca da possibilidade de formação e registro das organizações religiosas, parecendo conferir-lhes uma "imunidade legal" que em verdade não têm. Ainda que se viva na maior plenitude de um Estado Democrático e de Direito, não há essa pretensa liberdade absoluta de criação de pessoas jurídicas de direito privado cujo interesse primordial seja a propagação de determinada fé ou culto religioso e a institucionalização de igrejas, ainda que nossa Constituição proclame, por meio do inciso I do art. 19, ser vedado aos entes da Federação, em todos os níveis políticos, embaraçar-lhes o funcionamento". E concluem: "A expressão *negar registro*, trazida pela nova lei, por sua vez, limita-se a estabelecer a vedação de que o Oficial Registrador, imotivada e simplesmente, negue o deferimento de registro a qualquer organização religiosa que lhe submeta tal pedido, autorizando-o, entretanto, como institui o *princípio da legalidade registral* (art. 37 da Constituição e art. 198 da LRP), a fazer as exigências necessárias à regularidade do registro pretendido, desde que o faça motivadamente, estribado na lei" (Op. cit., p. 77-78).

Nesse sentido, o Enunciado 143 da III Jornada de Direito Civil do Conselho da Justiça Federal:

> **ENUNCIADO 143 – Art. 44:** A liberdade de funcionamento das organizações religiosas não afasta o controle de legalidade e legitimidade constitucional de seu registro, nem a possibilidade de reexame pelo Judiciário da compatibilidade de seus atos com a lei e com seus estatutos.

Por derradeiro, invoca-se o recente Enunciado 37 da I Jornada de Direito Notarial e Registral:

> **Enunciado 37.** Os atos constitutivos de organizações religiosas, e suas alterações, observarão o disposto nos arts. 44 e 46 do CC/2002, sendo tais organizações livres quanto à regência de cultos e atos confessionais.
>
> ⊙ Justificativa: Não se compreende existência de organização religiosa, sem denominação, sede, representante legal, condições de admissão e exclusão de associados e direitos nem declaração das condições de extinção e destino do patrimônio. O art. 55 do CCB já garante possibilidade de categorias de associados com vantagens especiais que inclusive podem formar órgão deliberativo com competência exclusiva em determinados assuntos como destituição de diretoria e alteração estatutária, o que satisfaz quaisquer especialidades.

1.3.21. A LIBERDADE DE ORGANIZAÇÃO RELIGIOSA E SEUS LIMITES

A Constituição Federal de 1988 garante o livre exercício da crença religiosa, incluindo a liberdade de organização, estruturação e funcionamento das entidades religiosas. Essa liberdade, porém, não é absoluta. O Código Civil Brasileiro, em seu art. 44, § 1º, estabelece que são livres a criação, a organização, a estruturação interna e o funcionamento das organizações religiosas, sendo vedado ao poder público negar-lhes reconhecimento ou registro dos atos constitutivos e necessários ao seu funcionamento.

O Enunciado n. 143, da III Jornada de Direito Civil, promovida pela CEJ-CNJ, destaca que a **expressão "negar registro"**, contida no § 1º, do art. 44, apenas veda que o registrador, imotivada e simplesmente, negue o deferimento de registro, podendo, destarte, fazer exigências. Dessa forma, a qualificação negativa do registrador, desde que amparada na lei, não pode ser confundida ou interpretada como tentativa de embaraço ao funcionamento das igrejas e cultos religiosos. E que a ingerência vedada constitucionalmente diz respeito àquelas indevidas intromissões dos agentes públicos de qualquer nível da Administração Pública nas atividades internas das organizações religiosas, seus cultos, liturgias, credos e atos de gestão que consubstanciam, afinal, seu funcionamento.

Sobre o tema, convém fazer uma análise da apelação n. 0018134-71.2014.8.26.0071. Neste o Sínodo de Bauru interpôs recurso contra a recusa do Oficial de Registro Civil de Pessoas Jurídicas de registrar seu estatuto e ata de organização. O Oficial alegou que o estatuto não atendia aos requisitos do Código Civil para associações.

O Tribunal de Justiça do Estado de São Paulo deu provimento parcial ao recurso, determinando que o Sínodo fizesse as seguintes alterações em seu estatuto:

- Esclarecer a composição, forma de constituição e funcionamento da Assembleia Plenária.
- Incluir critérios para perda de mandato, renúncia e outras medidas a serem aplicadas aos membros da Comissão Executiva.
- Definir o quórum e procedimento de reforma do estatuto.
- Esclarecer o destino dos bens do Sínodo em caso de dissolução.

O Tribunal reconheceu que as organizações religiosas têm liberdade para se organizar, mas que essa liberdade não é absoluta e que elas devem observar os requisitos mínimos das leis civis.

Apresento as questões relevantes desse julgado:

- **Liberdade de organização religiosa:** O Tribunal reconheceu que o Código Civil garante às organizações religiosas liberdade para se organizar, estruturar e funcionar internamente.
- **Limitações da liberdade de organização religiosa:** Essa liberdade não é absoluta e as organizações religiosas devem observar os requisitos mínimos das leis civis, no caso, as disposições sobre associações.
- **Requisitos para registro de estatuto de organização religiosa:** O estatuto da organização religiosa deve conter disposições claras sobre a Assembleia Plenária, critérios para perda de mandato dos membros da diretoria, reforma do estatuto e dissolução da entidade.

Conclui-se que o caso do Sínodo de Bauru demonstra que a liberdade de organização religiosa, embora ampla, não é ilimitada. As entidades religiosas devem observar as normas do ordenamento jurídico, especialmente aquelas referentes às associações, para garantir a segurança jurídica e o bom funcionamento das instituições.

Para maior aprofundamento no tema, recomendo a leitura do tópico "Jurisprudência Complementar".

1.3.3 COOPERATIVAS

O conceito legal de sociedade cooperativa encontra-se no *caput* do art. 4º da Lei 5.764/1971, complementado pelas características da sociedade. Tais características também são encontradas no texto do artigo 1.094 do Código Civil.

Estabelece o art. 4º da referida lei:

> As cooperativas são sociedades de pessoas, com forma e natureza jurídica próprias, de natureza civil, não sujeitas à falência, constituídas para prestar serviços aos associados, distinguindo-se das demais sociedades pelas seguintes características:
>
> **I** – adesão voluntária, com número ilimitado de associados, salvo impossibilidade técnica de prestação de serviços;
>
> **II** – variabilidade do capital social representado por quotas-partes;
>
> **III** – limitação do número de quotas-partes do capital para cada associado, facultado, porém, o estabelecimento de critérios de proporcionalidade, se assim for mais adequado para o cumprimento dos objetivos sociais;
>
> **IV** – incessibilidade das quotas-partes do capital a terceiros, estranhos à sociedade;
>
> **V** – singularidade de voto, podendo as cooperativas centrais, federações e confederações de cooperativas, com exceção das que exerçam atividade de crédito, optar pelo critério da proporcionalidade;
>
> **VI** – quorum para o funcionamento e deliberação da Assembléia Geral baseado no número de associados e não no capital;
>
> **VII** – retorno das sobras líquidas do exercício, proporcionalmente às operações realizadas pelo associado, salvo deliberação em contrário da Assembléia Geral;
>
> **VIII** – indivisibilidade dos fundos de Reserva e de Assistência Técnica Educacional e Social;
>
> **IX** – neutralidade política e indiscriminação religiosa, racial e social;
>
> **X** – prestação de assistência aos associados, e, quando previsto nos estatutos, aos empregados da cooperativa;
>
> **XI** – área de admissão de associados limitada às possibilidades de reunião, controle, operações e prestação de serviços.

Nos termos do parágrafo único do art. 982 do Código Civil, a cooperativa é uma sociedade simples: "Independentemente de seu objeto, considera-se empresária a sociedade por ações; e, simples, a cooperativa". Sendo assim, deveria ser registrada no Registro Civil das Pessoas Jurídicas. Contudo, discute-se a competência do órgão registrador.

O art. 18 da Lei 5.764/1971 estabelece que a cooperativa é uma sociedade simples, porém seu registro é na Junta Comercial do Estado, onde a entidade estiver sediada, comunicando a aprovação do ato constitutivo da requerente.

Nesse sentido é o Enunciado 69 da I Jornada de Direito Civil:

> **Enunciado 69** – Art. 1.093: as sociedades cooperativas são sociedades simples sujeitas à inscrição nas juntas comerciais.

Todavia, para Arnoldo Wald, Fabio Ulhoa Coelho, Silvio Venosa, dentre outros, houve uma mudança de regime jurídico, passando a competência de registro ser do Registro Civil das Pessoas Jurídicas.

No Estado de São Paulo, em razão do art. 3º da Lei Estadual 12.226/2006, extrai-se o entendimento de que tal competência é da Junta Comercial. Ademais, o Provimento CGJ 06/2014 excluiu da competência do RCPJ, o registro de cooperativas, entendendo o ex-Corregedor de Justiça, Desembargador Hamilton Elliot Akel, que o órgão competente para registro é a Junta Comercial do Estado. O tema ainda é divergente nos Estados. Existem normativas estaduais que prescrevem a competência do Registro Civil de Pessoas Jurídica para a inscrição das cooperativas, como é o caso do Código de Normas – Parte Extrajudicial do Estado do Rio de Janeiro. Em outras unidades da federação, tem-se atribuído o registro de cooperativas às Juntas Comerciais.

A recente Instrução Normativa do Departamento Nacional de Registro Empresarial e Integração – DREI n. 81/2020 reforça a ideia do registro na Junta Comercial, neste sentido:

> **Art. 9º** O arquivamento de atos de empresário individual, sociedade empresária e cooperativa deverá observar as disposições gerais desta Instrução Normativa, bem como dos Manuais de Registro constantes dos anexos II, IV, V e VI, os quais são de observância obrigatória pelas Juntas Comerciais na prática de atos de registro neles regulados.

1.3.4 ORGANIZAÇÕES NÃO GOVERNAMENTAIS

As organizações não governamentais são associações, ou seja, pessoas jurídicas de direito privado, sem finalidade lucrativa. Em outras palavras, são organizações formadas pela sociedade civil sem fins lucrativos e que têm como missão a resolução de algum problema da sociedade, seja ele econômico, racial, ambiental ou ainda da reivindicação de direitos e melhorias e fiscalização do poder público.

Para ser considerada ONG, uma fundação ou associação precisa atuar em prol de um interesse coletivo ou difuso, beneficiando um número indeterminado de pessoas.

As ONGs fazem parte do chamado **terceiro setor** da Economia. Também estão inclusas no terceiro setor, a Organização da Sociedade Civil de Interesse Público – OSCIP (Lei 9.790/99) e a Organização Social – OS (Lei 9.637/98). Para Graciano Pinheiro de Siqueira, "ser OSCIP ou OS nada mais significa do que uma determinada ONG conseguir, junto ao Poder Público, um título de qualificação, que lhe permite firmar contratos (acordos), convênios, termos de parceria e contratos de gestão com o Poder Público. Da mesma forma, o reconhecimento de uma entidade como sendo de utilidade pública, federal, estadual ou municipal, isso nada mais é do que uma qualificação obtida pelas ONGS." (Op. cit., p. 276).

O conhecimento da legislação correlata à essas entidades, é fundamental para que o oficial registrador realize a qualificação de forma correta e eficaz.

1.3.5 EMPRESAS JUNIORES

Em 2016 foi publicada a **Lei 13.267**, que disciplina a criação e a organização das associações denominadas empresas juniores, com funcionamento perante instituições de ensino superior.

Considera-se empresa júnior a entidade organizada nos termos da aludida lei, sob a forma de **associação civil** gerida por estudantes matriculados em cursos de graduação de instituições de ensino superior, com o propósito de realizar projetos e serviços que contribuam para o desenvolvimento acadêmico e profissional dos associados, capacitando-os para o mercado de trabalho.

Importante destacar que a empresa júnior será inscrita como **associação civil no Registro Civil das Pessoas Jurídicas e no Cadastro Nacional da Pessoa Jurídica.** O registro da empresa júnior é um processo **obrigatório** para que ela possa funcionar legalmente e oferecer serviços ao mercado.

2. JURISPRUDÊNCIA COMPLEMENTAR

SUPERIOR TRIBUNAL DE JUSTIÇA

EMENTA: AGRAVO REGIMENTAL NO RECURSO ESPECIAL. JUÍZO DE RECONSIDERAÇÃO. SINDICATO. LEGITIMIDADE ATIVA. MANDADO DE SEGURANÇA COLETIVO. PERSONALIDADE JURÍDICA ADQUIRIDA COM O REGISTRO NO CARTÓRIO PRÓPRIO. ARQUIVO DO ESTATUTO DO SINDICATO NO MINISTÉRIO DO TRABALHO É INDIFERENTE PARA A SUA ATUAÇÃO COMO SUBSTITUTO PROCESSUAL. RECENTE PRECEDENTE DO SUPREMO TRIBUNAL FEDERAL – RE 370.834/MS, Rel. Min. MARCO AURÉLIO, DJe 26.09.2011. NÃO CONFIGURAÇÃO DE DECADÊNCIA. OBSERVÂNCIA DO PRAZO DE 120 DIAS A CONTAR DA CIÊNCIA INEQUÍVOCA DO ATO IMPUGNADO. PRECEDENTE: MS 8.192/DF, Rel. Min. ARNALDO ESTEVES LIMA, DJU 26.06.2006. FALTA DE PREQUESTIONAMENTO DO ART. 460 DO CPC. SÚMULA 211/STJ. RECURSO ESPECIAL DO ESTADO DE MATO GROSSO DO SUL A QUE SE NEGA SEGUIMENTO. (STJ – AgRg no REsp nº 1.187.419 – MS – 1ª Turma – Rel. Min. Napoleão Nunes Maia Filho – DJ 04.10.2011)

TRIBUNAL DE JUSTIÇA DO ESTADO DE SÃO PAULO

CONSELHO SUPERIOR DA MAGISTRATURA

EMENTA: Registro Civil de Pessoa Jurídica – Organização religiosa – Liberdade absoluta de criação – Inexistência de direito absoluto – Necessidade de observar as regras atinentes às associações, respeitadas as peculiaridades das organizações religiosas – Recurso não provido (Apelação nº 0018134-71.2014.8.26.0071).

Trata-se de apelação interposta por SÍNODO DE BAURU, objetivando a reforma da r. decisão de fls. 227/228 que manteve a recusa do Oficial de Registro Civil de pessoa Jurídica de Bauru em registrar o seu estatuto e a ata de organização, por descumprimento aos artigos 54 todos do Código Civil.

Alega, em suma, que:

a) o registro pretendido tem amparo no art. 44, § 1º, do Código Civil, no art. 5º, VI, e art. 19, I, ambos da CF;

b) as exigências já se encontram atendidas na redação do estatuto;

c) o estatuto dispõe que os regramentos supletivos devem ser a Constituição da Igreja Presbiteriana Brasileira, o Código de Disciplina, princípios da liturgia e leis do país;

d) o art. 18, do estatuto, estabelece os quóruns de instalação e deliberação, e as atribuições da entidade;

e) a composição e mandato dos membros da diretoria constam do art. 10;

f) a perda ou renúncia de mandato e outras medidas a serem aplicadas aos membros da comissão executiva estão disciplinadas na Constituição da Igreja Presbiteriana, aplicável ao estatuto por força do seu art. 28;

g) inaplicabilidade dos critérios de admissão, demissão, direitos, deveres e exclusão de associados ao Sínodo, cuja composição se dá nos termos dos arts. 1º e 4º do Estatuto, porque o Sínodo não tem esses poderes;

h) as fontes de recursos para a sua manutenção estão nos arts. 5º, 6º e 7º, e, ainda, são provenientes dos Presbitérios que o compõem, conforme previsto no art. 70, "p", da Constituição da Igreja Presbiteriana;

i) o quórum e procedimento de reforma do estatuto encontram-se nos arts. 18, § 2º e 30, do estatuto; e

j) o art. 29 estabelece o destino dos bens do Sínodo em caso de dissolução. Contrarrazões às fls. 252/253. A Douta Procuradoria Geral de Justiça opinou pelo não provimento do recurso (fls. 261/265). É o relatório.

Dispõe o art. 44, § 1º, do Código Civil: *São livres a criação, a organização, a estruturação interna e o funcionamento das organizações religiosas, sendo vedado ao poder público negar-lhes reconhecimento ou registro dos atos constitutivos e necessários ao seu funcionamento.* Ao comentar o dispositivo, Lamana Paiva [1] observa que o texto oferece uma ideia errônea acerca da possibilidade de formação e registro das organizações religiosas, parecendo conferir-lhes uma "imunidade legal" que em verdade não têm. Aduz inexistir essa pretensa liberdade absoluta de criação das organizações religiosas, pois não existe exercício ilimitado de direito, mormente quando esse direito tenha a pretensão de ser oposto, pelos particulares, à soberania do Estado. Depois de citar o Enunciado nº 143, da III Jornada de Direito Civil, promovida pela CEJ-CNJ, destaca que a expressão "negar registro", contida no § 1º, do art. 44, apenas veda que o registrador, imotivada e simplesmente, negue o deferimento de registro, podendo, destarte, fazer exigências. Por tudo isso, conclui que a qualificação negativa do registrador, desde que amparada na lei, não pode ser confundida ou interpretada como tentativa de embaraço ao funcionamento das igrejas e cultos religiosos. E que a ingerência vedada constitucionalmente diz respeito àquelas indevidas intromissões dos agentes públicos de qualquer nível da Administração Pública nas atividades internas das organizações religiosas, seus cultos, liturgias, credos e atos de gestão que consubstanciam, afinal, seu funcionamento. Recentemente a Corregedoria aprovou parecer da lavra da MMª. Juíza Assessora Ana Luiza Villa Nova, em que se discutiu a liberdade da organização religiosa em contraposição ao atendimento dos princípios registrais. Naquela ocasião restou definido: *A liberdade de organização é restrita às finalidades de culto e liturgia, porém, quanto ao cumprimento das exigências legais, não há previsão de dispensa, ou seja, a entidade religiosa, como pessoa jurídica de direito privado que é, tem o dever de observar as determinações legais* [2]. Assim, estabelecida a possibilidade de o registrador exercer o seu poder-dever de qualificar os títulos referentes às organizações religiosas, passo ao exame das exigências feitas. O Código Civil não traz regramento específico para as organizações religiosas, o que impõe, pela semelhança e proximidade, a utilização – no que couber – do formato previsto para as associações. Arnaldo Rizzardo observa que a forma livre de constituição das organizações não dispensa a observância de requisitos mínimos, que são os das associações, pela semelhança de natureza [3]. Assim, desde que com temperamento e, no que couber, a utilização das regras afetas às associações em nada afeta a liberdade religiosa consagrada na Constituição Federal.

Segundo a nota devolutiva, o estatuto não foi registrado por faltar:

1) órgão deliberativo, com sua forma de constituição e funcionamento;

2) competência e quóruns necessários do órgão deliberativo (CC 59);

3) critérios para perda de mandato e renúncia dos membros da diretoria executiva (CC 59, I);

4) critérios de admissão, demissão, direitos, deveres e exclusão de associados (CC, 54, II, 55, 56, 57, 58 e 59);

5) fontes de recursos para a manutenção;

6) dizer se o estatuto é reformável ou não (CC 54, IV);

7) critérios para a dissolução da entidade (CC 60 e 61).

Embora a recorrente alegue que o Estatuto, no Capítulo II, é claro em definir os membros que compõem a Assembleia Plenária, há apenas menção sobre os membros efetivos do Sínodo – e não da referida Assembleia – sem fazer, ainda, qualquer alusão às formas de constituição e funcionamento do órgão deliberativo, estando, assim, em desacordo com o art. 54, V, do Código Civil. A expressão "quórum do Sínodo", no art. 18, parece querer se referir à Assembleia Plenária, que seria o órgão máximo da recorrente. Contudo, é preciso que essa circunstância seja devidamente esclarecida por meio de retificação na redação do artigo. Em relação à omissão de critérios para a perda mandato, renúncia e outras medidas e serem aplicadas aos membros da Comissão Executiva, não se pode acolher a alegação da recorrente de que se aplica, nos casos omissos, a Constituição da Igreja Presbiteriana, porque, assim fosse, estar-se-ia permitindo o registro de um estatuto incompleto e em desacordo com as normas legais vigentes que, no caso, são as das associações. É preciso, assim, que tais critérios constem de forma expressa do Estatuto, ainda que apenas repitam o que consta da Constituição da Igreja Presbiteriana. Quanto aos critérios de exclusão, admissão, direitos e deveres dos membros do Sínodo, a recorrente esclareceu que não tem poderes para tanto, porque é formada por membros eleitos bienalmente nos Presbitérios – o que é confirmado pelo art. 4º, do Estatuto – podendo apenas lhes determinar que tratem das matérias relativas aos seus membros. Parece adequado, neste ponto, fazer o temperamento das regras relativas às associações pois, aqui, não há como equiparar as situações, haja vista que a composição depende de fator externo. Essa exigência, portanto, deve ser afastada. No que diz respeito à fonte de recursos para a manutenção do Sínodo, o art. 5º do Estatuto arrola os seus bens imóveis e móveis, as doações, os legados, os juros, os rendimentos como fonte de receita do Sínodo. A exigência, portanto, não prevalece. O § 2º, do art. 18, deixa claro que o Estatuto é reformável: *Para alterar o Estatuto exige-se o voto de dois terços dos presentes à reunião especialmente convocada para este fim.* E o art. 30, por sua vez, define que o Estatuto só será alterado mediante proposta aprovada pelo plenário do Sínodo, por voto de 2/3 dos membros. Portanto, não há dúvidas de que o Estatuto é reformável. Contudo, ao falar da alteração, ele menciona a aprovação do "plenário do Sínodo", o que, como visto na primeira exigência, carece de esclarecimentos a respeito de sua existência, composição e forma de funcionamento. Assim, a indefinição a respeito do plenário torna inaplicável o art. 30, pois não se sabe quem compõe o Plenário. Como dito, o Estatuto dá a entender que todos os membros do Sínodo compõem o Plenário, mas isso não está suficientemente esclarecido e o registrador não pode qualificar títulos por dedução. A retificação, destarte, é de rigor. Quanto aos critérios para a dissolução da entidade, o art. 29 apenas trata do destino dos bens, mas não a sua forma e os requisitos (por exemplo: quórum, motivos, órgão responsável pela deliberação, membros que poderão votar), de modo que deve ser retificado para acrescer esses tópicos. Em suma, mesmo se observadas as peculiaridades que recaem sobre as organizações religiosas, há um mínimo de requisitos legais que, se não atendidos, colocarão em risco toda a segurança jurídica que os registros públicos tentam assegurar. Assim, até que atendidas as exigências ora mantidas, o registro não pode ser deferido. Ante o exposto, nego provimento ao recurso. JOSÉ CARLOS GONÇALVES XAVIER DE AQUINO. CORREGEDOR GERAL DA JUSTIÇA E RELATOR. Notas: [1] Registro Civil de Pessoas Jurídicas, Saraiva, p. 77/79. [2] Processo CG nº 34.701, julg.: 08/04/2015, in DJ: 24/04/2015. [3] Parte Geral do Código Civil, Forense, 5ª ed., p. 285. (DJe de 26.01.2016 – SP)

▶ **EMENTA:** SINDICATO – PERSONALIDADE JURÍDICA – AQUISIÇÃO PELO REGISTRO CIVIL – REGISTRO NO MINISTÉRIO DO TRABALHO – RELEVÂNCIA – UNICIDADE SINDICAL – RECURSO NÃO PROVIDO. (CONSELHO SUPERIOR DA MAGISTRATURA, Apelação Cível nº 0079062-29.2009.8.26.0114). Trata-se de apelação interposta contra r. sentença que reconheceu a impossibilidade do registro de ata de posse da entidade sindical não constituída no Registro Civil das Pessoas Jurídicas, por inobservância do princípio da continuidade registral. O apelante sustentou que a exigência de registro da pessoa jurídica no Cartório Civil de Pessoas Jurídicas decorre da Constituição Federal, não atingindo os sindicatos constituídos em data anterior, constituídos com o simples registro no Ministério do Trabalho. A Douta Procuradoria Geral de Justiça opinou pelo não provimento do recurso. É o relatório. A decisão de 1º grau não merece reforma. *Começa a existência legal das pessoas jurídicas de direito privado com a inscrição do ato constitutivo no respectivo registro* (art. 45 do Código Civil). Inexistindo regular constituição do Sindicato apelante no Registro Civil das Pessoas Jurídicas torna-se descabido o pedido de registro da ata de posse da entidade sindical, por inobservância do princípio da continuidade, que exige o encadeamento dos atos jurídicos. De maneira diversa ao sustentado pela parte interessada em seu recurso, *o registro do sindicato no Ministério do Trabalho, tem mero escopo de fixar a sua procedência, em face ao princípio da unidade sindical (Agravo de Instrumento nº*1085388-0, Comarca de OSASCO, 35ª Câmara de Direito Privado, Des. Artur Marques, data do julgamento 26/03/07) e não constituir a pessoa jurídica. Nesse sentido: *"EMENTA: CONSTITUCIONAL. RECURSO EXTRAORDINÁRIO. JULGAMENTO PELO RELATOR. CPC, art. 557, § 1º-A: LEGITIMIDADE CONSTITUCIONAL. CONSTITUCIONAL. SINDICATO. REGISTRO NO MINISTÉRIO DO TRABALHO: LIBERDADE E UNICIDADE SINDICAL. C. F., art. 8º, I e II. I. – Legitimidade constitucional da atribuição conferida ao relator para negar seguimento a recurso ou a provê-lo – RI/STF, art. 21, § 1º, Lei 8.038/90, art. 38: CPC. art. 557, § 1º-A – desde que, mediante recurso (agravo), possam as decisões ser submetidas ao controle do Colegiado. II. – Liberdade e unicidade sindical: competência para o registro de entidades sindicais (CF., art. 8º. I e II): recepção, pela CF/88, da competência do Ministério do Trabalho para o registro. Esse registro é que propicia verificar se a unicidade sindical, limitação constitucional ao princípio da liberdade sindical, estaria sendo observada ou não, já que o Ministério do Trabalho é detentor das informações respectivas. III. – Precedentes do STF: MI 144-SP, Pertence. Plenário, "DJ" de 28/5/93: RMS 21.758-DF. Pertence. 1ª Turma, "DJ" de 04/11/94: ADIn1121 (MC)-RS. Celso de Mello. "DJ" de 06/10/95: RE 134.300-DF. Pertence. 1ª Turma, 16/8/94. IV. – RE provido. Agravo Improvido"* (AgRg no RE: 222.285/SP, publicado em 22.3.2002, Segunda Turma, da relatoria do em. Ministro Carlos Velloso). Ante o exposto, pelo meu voto, nego provimento ao recurso. JOSÉ RENATO NALINI. Corregedor Geral da Justiça e Relator. (D. J. E de 02.04.2013 – SP)

▶ **EMENTA:** REGISTRO CIVIL DE PESSOA JURÍDICA – Razões de apelação dissociadas do fundamento da sentença – Similitude das denominações dos sindicatos confrontadas – Assento – Confusão inadmissível – Registro do sindicato apelante desautorizado – Desqualificação – Pertinência – Apelação não conhecido (CONSELHO SUPERIOR DA MAGISTRATURA Proc. nº 0000006-62.2012.8.26.0268). O oficial de registro, ao suscitar dúvida e justificar a desqualificação do título, afirmou existir similitude entre a denominação do interessado e a do *Sindicato dos Professores das Escolas Públicas Municipais de* XXXXX, cujo título foi prenotado e registrado precedentemente (fls. 02, 25 e 30/35). A interessada, por sua vez, sustentou: o registro do XXXX não poderia ter sido aceito; tal sindicato não tem representatividade no Município de XXXXX nem conta com o reconhecimento do Ministério do Trabalho; e não há exata correspondência entre as denominações dos sindicatos (fls. 40/44). Com a manifestação do Ministério Público (fls. 176), a dúvida foi julgada procedente (fls. 178), motivo pelo qual interposta apelação, com reiteração de argumentos anteriores, mas, especialmente, sem questionamento sobre a falta de similitude anotada na decisão (fls. 179/184). Uma vez recebido o recurso (fls. 186), os autos foram enviados ao Conselho Superior da Magistratura (fls. 192 e 193) e, ato contínuo, a Procuradoria Geral da Justiça propôs o não conhecimento do recurso e, subsidiariamente, o seu desprovimento (fls. 195/196). É o relatório. Conforme bem observado pela Douta Procuradoria Geral da Justiça, o recurso não admite conhecimento, porquanto, firme em precedentes jurisprudenciais colhidos na obra de Theotonio Negrão e outros, as razões expostas na apelação estão dissociadas do que decidido (fls. 196). Na realidade, o interessado, ora apelante, não se insurgiu especificamente contra o fundamento lançado na sentença. De fato, não atacou a similitude existente entre as denominações dos sindicatos, então determinante para o julgamento procedente da dúvida (fls. 178). De todo modo, se conhecido fosse o recurso, seria o caso de negar-lhe provimento: com efeito, confrontada a denominação do interessado –, com a do sindicato cujo estatuto antes foi registrado – XXXXX-, nota-se, facilmente, a inconveniência do assento pretendido. As denominações dos sindicatos, constituídos com idênticas finalidades, distinguem-se por expressões desprovidas de idoneidade para afastar confusões entre um e outro: a do interessado, faz menção a *RedePública*, enquanto a outra, a confrontada, refere-se a *Escolas Públicas*. Enfim, a sutil diferença desautoriza o registro do estatuto da interessada. Trata-se de solução, aliás, afinada com precedentes deste Colendo Conselho Superior da Magistratura: Registro de Pessoas Jurídicas – Dúvida – Registro de entidade sindical negado – Existência de registro anterior, com a mesma denominação – Admissibilidade de alteração do nome, com exclusão dos elementos similares – Recurso prejudicado (Apelação Cível nº 31.007-0/4, julgado em 15.03.1996, relator Desembargador Márcio Martins Bonilha). Registro Civil de Pessoa Jurídica – Os sindicatos têm natureza jurídica de associação civil competindo duplo registro (Ministério do Trabalho e Registro Civil de Pessoa Jurídica) – Impossibilidade do registro de sindicato com denominação semelhante a de outra associação anteriormente registrada – Registro negado – Recurso não provido (Apelação Cível nº 0014630-42.2009.8.26.0068 Julgada em 06.10.2011, relator Desembargador Maurício Vidigal). De mais a mais, as considerações agitadas pelo interessado, versando sobre elementos estranhos à qualificação registral, não justificam o assento pretendido. Aliás, no primeiro precedente lembrado, constou que "a atividade do registrador restringe-se, à evidência, ao exame do aspecto formal dos atos e documentos que lhes são submetidos, com as restrições previstas no artigo 115 da Lei nº 6.015/73, quanto ao registro dos atos constitutivos de pessoas jurídicas, independentemente de qualquer outro controle. 'Já no outro, ao ser enfocado o ponto relacionado com o duplo registro, restou assinalado que, "em virtude da diversidade de esferas administrativas e finalidades (representação sindical e personalidade jurídica), é irrelevante para o registro da ata objeto desta apelação as questões atinentes ao princípio da unicidade e à representação sindical.' Assim sendo, não conheço do recurso. JOSÉ RENATO NALINI. Corregedor Geral da Justiça e Relator. (D.J.E. de 02.04.2013 – SP).

▶ **EMENTA:** SINDICATO – PERSONALIDADE JURÍDICA – AQUISIÇÃO PELO REGISTRO CIVIL – IMPOSSIBILIDADE – INOBSERVÂNCIA DOS REQUISITOS LEGAIS – RECURSO NÃO PROVIDO (CONSELHO SUPERIOR DA MAGISTRATURA – Apelação nº 0012819-67.2010.8.26.0438). Trata-se de apelação interposta contra r. sentença que reconheceu a impossibilidade do registro de ato constitutivo de pessoa jurídica junto ao Registro de Imóveis, Títulos e Documentos e Civil das Pessoas Jurídicas da Comarca de Penápolis, por descumprimento de exigências legais para tanto. O apelante sustentou, preliminarmente, que a sentença de 1º grau seria nula em decorrência da falta de enfrentamento de todas as matérias alegadas no processo; no mérito, afirmou que as exigências apontadas pelo Oficial seriam descabidas o que autorizaria o registro da pessoa jurídica. A Douta Procuradoria Geral de Justiça opinou pelo não provimento do recurso (fls. 870/875). É o relatório. A preliminar de nulidade da sentença não merece acolhimento. De fato, *o registro do sindicato no Ministério do Trabalho, tem mero escopo de fixar a sua procedência, em face ao princípio da unidade sindical (Agravo de Instrumento nº* 1085388 – 0, Comarca de OSASCO, 35ª Câmara de Direito Privado, Des. Artur Marques, data do julgamento 26/03/07) e não constituir a pessoa jurídica. A decisão atacada em nada afronta a súmula nº 677 do Supremo Tribunal Federal. A atuação do Registrador – diga-se, conforme dispõe o art. 156 da LRP – limitou-se a verificar o descumprimento do item 3, Capítulo XVIII, das Normas de Serviço da Corregedoria-Geral da Justiça, bem como a inobservância dos requisitos legais do art. 120 da LRP, para fim de registro da pessoa jurídica. De igual modo, melhor sorte não assiste ao apelante no tocante à alegação de descaso da sentença com o enfrentamento de todos os argumentos arguidos na impugnação, pois a decisão mostra-se devidamente fundamentada, em prestigio ao art. 93, IX da Constituição Federal. No mérito é de rigor o não provimento do recurso de apelação. Dispensada a análise das questões surgidas no curso do procedimento administrativo e que transbordam da via administrativa, mas comportam maior exploração na esfera judicial – fls. 462/467, 468/524, 585/592, 808/815 – constato que o pedido de constituição do sindicato não observou a Lei de Registros Públicos, em particular o artigo 120, o que basta para a manutenção de procedência da dúvida. Não descartada a estranheza da notícia de fls. 494 – *que indica que no dia da assembléia de constituição da pessoa jurídica alguns dos interessados teriam sido agredidos e expulsos do local, o que denota a falta de ambiente harmônico e democrático para reunião de fundação* – resta claro que a lista originalmente apresentada dos fundadores da pessoa jurídica mostrava-se imperfeita (fls. 77), nos moldes do que dispõe o art. 120, inciso VI, da LRP, e merecia como exigido pelo Registrador devido conserto. O documento supostamente destinado a reparar a exigência acima referida (fls. 402) é insuficiente e não pode ser aceito. Afinal, a regular qualificação de apenas 16 dos membros fundadores com a repetição de Felipe da Silva Macedo no número 2 e 17 é incompreensível diante de uma primeira lista contendo 31 nomes. A lista de fls. 402 não reflete a vontade real dos primeiros fundadores, ausentes de nominação e assinatura no documento, o que fragiliza o princípio da segurança jurídica. Diversamente do alegado na peça recursal não se está diante de vício sanável, fruto de mero equívoco de digitação, mas de gravame irreparável nos termos apresentados. Ademais, quanto às outras tantas exigências – saliento acertadas – indicadas pelo Registrador em sua nota de devolução, observo que a peça recursal em análise não trouxe impugnação especificada o que dispensa maior enfrentamento. Portanto, ante o exposto, pelo meu voto, nego provimento ao recurso. JOSÉ RENATO NALINI. Corregedor Geral da Justiça e Relator. (D.J.E. de 03.04.2013 – SP).

CORREGEDORIA GERAL DA JUSTIÇA

EMENTA: Recurso administrativo – Averbação de estatuto e ata de assembleia – Organização religiosa – Dedicação exclusiva ao culto e à liturgia – Aplicação do § 1º do art. 44 do Código Civil – Recurso provido.

TRIBUNAL DE JUSTIÇA DO ESTADO DO PARANÁ

EMENTA: APELAÇÃO CÍVEL. AÇÃO ORDINÁRIA. NULIDADE DE CONVOCAÇÃO DE ASSEMBLEIA. CRIAÇÃO DE SINDICATO POR DESMEMBRAMENTO DE CATEGORIA DO SETOR PÚBLICO. CATEGORIA PROFISSIONAL DOS PROFESSORES, ORIENTADORES E SUPERVISORES DA REDE PÚBLICA MUNICIPAL DE ENSINO. REQUISITOS DE ORDEM FORMAL. PORTARIA Nº 186/2008 DO MINISTÉRIO DO TRABALHO E EMPREGO. ASSENTAMENTO DO ESTATUTO SINDICAL EM CARTÓRIO DE REGISTRO CIVIL DE PESSOAS JURÍDICAS DA BASE TERRITORIAL DA ENTIDADE. PRINCÍPIO DA PUBLICIDADE. ATENDIMENTO. ATOS POSTERIORES. CONFERÊNCIA E FISCALIZAÇÃO SOB O CRIVO DA SECRETARIA DE RELAÇÕES DO TRABALHO E DA COORDENAÇÃO-GERAL DE REGISTRO SINDICAL. ÓRGÃOS COMPETENTES PARA ANALISAR O PEDIDO DE REGISTRO SINDICAL. LIMINAR DE ANTECIPAÇÃO DOS EFEITOS DA TUTELA REVOGADA. REVOGAÇÃO DA SUSPENSÃO DO ATO CONVOCATÓRIO. DECISÃO MONOCRÁTICA EM SEDE DE AGRAVO DE INSTRUMENTO. DECLARAÇÃO DE LEGALIDADE DO ATO DE CONVOCAÇÃO. PRETENSÃO DO AUTOR JULGADA IMPROCEDENTE. ARTIGO 8º, II DA CONSTITUIÇÃO FEDERAL. DIREITO À LIVRE ASSOCIAÇÃO. DESMEMBRAMENTO LEGÍTIMO. LIBERDADE SINDICAL. VIOLAÇÃO DO PRINCÍPIO DA UNICIDADE SINDICAL. INOCORRÊNCIA. CATEGORIA PROFISSIONAL DIFERENCIADA. REQUISITO ATENDIDO. PROFESSORES, ORIENTADORES E SUPERVISORES DA REDE PÚBLICA MUNICIPAL DE ENSINO. CATEGORIA ÚNICA. CONDIÇÕES SINGULARES DE VIDA. EDIÇÃO DA LEI MUNICIPAL Nº 2.532/2012 (LEI DE PLANO DE CARGOS E SALÁRIOS DO MAGISTÉRIO – PCCSM). OBSERVAÇÃO DO ARTIGO 511, § 3º DA CONSOLIDAÇÃO DAS LEIS DO TRABALHO. RECURSO NÃO PROVIDO. "A preexistência de sindicato que representa a categoria geral dos servidores públicos de determinado município não impede a criação de sindicato específico dos professores públicos do mesmo município pois nosso ordenamento jurídico contempla a possibilidade de criação de sindicatos de categoria profissional diferenciada por desmembramento de categoria, inclusive. Não se identifica violação do princípio constitucional da unicidade sindical (CF, art. 8º, II), pois os professores integram categoria profissional diferenciada (CLT, art. 511, § 3º)." (TJPR – Apelação Cível nº 1.076.110-7 – Londrina – 6ª Câmara Cível – Rel. Des. Espedito Reis do Amaral – DJ 23.11.2015)

3. QUESTÕES DE CONCURSOS

01. (TJ/AM – 2023 – TJ/AM - Titular de Notas e Serviços de Registros) Em relação ao Registro Civil de Pessoas Jurídicas, assinale a alternativa correta:

a) Serão inscritos no Registro civil de Pessoas Jurídicas os contratos, os atos constitutivos, o estatuto ou compromissos das sociedades civis, religiosas, pias, morais, científicas ou literárias, bem como o das fundações e das associações de utilidade pública.
b) Podem ser registrados no registro Civil de Pessoas Jurídicas os atos constitutivos de pessoas jurídicas, quando o seu objeto ou circunstâncias relevantes indiquem destino ou atividades ilícitos ou contrários, nocivos ou perigosos ao bem público, à segurança do Estado e da coletividade, à ordem pública ou social, à moral e aos bons costumes.
c) A existência legal das pessoas jurídicas começa antes do registro de seus atos constitutivos.
d) No Registro Civil de Pessoas Jurídicas, temos os seguintes livros: A, B, B- auxiliar, C e C- auxiliar.

02. (Vunesp – Titular de Serviços de Notas e Registros – TJ – SP – Provimento/2022) Das indicações seguintes, quais são obrigatórias para o registro dos atos constitutivos das fundações?

I. Prova da transferência da propriedade ou outro direito real sobre os bens dotados.
II. A denominação, os fins e a sede da fundação, bem como o tempo de sua duração.
III. Prévia aprovação do estatuto pelo Ministério Público.
IV. O nome completo dos administradores, com a indicação de sua nacionalidade, estado civil, profissão, endereço, identidade e CPF.

a) Apenas as indicações previstas nos itens II, III e IV estão corretas.
b) Apenas as indicações previstas nos itens I, III e IV estão corretas.
c) Todas as indicações estão corretas.
d) Apenas as indicações previstas nos itens I, II e III estão corretas.

03. (Vunesp – Outorga de Delegação de Notas e Registros – TJ – GO/2021) Na análise de documentos destinados ao registro de sociedade simples, o Registro Civil das Pessoas Jurídicas cuidará de observar rigorosamente o seguinte:

a) a retirada, exclusão ou morte do sócio não o exime, ou a seus herdeiros, da responsabilidade pelas obrigações sociais anteriores, até dois anos após averbada a resolução da sociedade; nem nos dois primeiros casos, pelas posteriores e em igual prazo, enquanto não se requerer a averbação.
b) as modificações do contrato social, que tenham por objeto deliberação a respeito das pessoas naturais incumbidas da administração da sociedade, e seus poderes e atribuições, dependem do consentimento da maioria absoluta dos sócios; as demais matérias podem ser decididas por maioria simples, se o contrato não determinar de modo diferente.
c) é anulável a estipulação contratual que exclua qualquer sócio de participar dos lucros e das perdas.
d) é vedado o registro de sociedade formada por cônjuges, entre si ou com terceiros, casados no regime de comunhão universal de bens ou na separação convencional de bens, exceto se um dos sócios for exclusivamente de serviços.

04. (Vunesp – Outorga de Delegação de Notas e Registros – TJ – GO/2021) Compete ao Registro Civil das Pessoas Jurídicas

a) registrar sociedade simples limitada unipessoal.
b) registrar, exemplificativamente, ato constitutivo, contrato social e estatuto de associação, organização religiosa, fundação de direito público e empresa individual de responsabilidade limitada, de natureza simples e sindicato.
c) registrar sociedades de factoring, desde que apresentada ao cartório a respectiva autorização da autoridade competente.
d) registrar federação e cooperativa.

05. (Consulplan – Outorga e Delegação de Serviços Notariais e Registrais – TJ – MS/2019) Assinale a alternativa INCORRETA acerca do Registro Civil de Pessoas Jurídicas, considerando o Provimento 240 de 2020 (Código de Normas da Corregedoria-Geral de Justiça de MS).
a) No registro de atos constitutivos e estatutos de entidades sindicais, o controle da unicidade sindical e da base territorial será feito pelo registrador.
b) Os atos constitutivos e os estatutos das pessoas jurídicas só serão admitidos para registro e arquivamento depois de vistados por Advogado, excetuadas as microempresas e empresas de pequeno porte, que também ficarão dispensadas da apresentação das certidões especificadas.
c) O oficial exigirá a apresentação dos atos constitutivos das pessoas jurídicas com assinatura dos sócios, associados ou representantes legais. Nas sociedades com fins econômicos, as assinaturas deverão ser reconhecidas nos instrumentos de constituição e de alterações do quadro societário.
d) Os atos constitutivos de pessoas jurídicas e suas alterações não poderão ser registrados, quando o seu objeto ou circunstâncias relevantes indiquem destino ou atividades ilícitos ou contrários, nocivos ou perigosos ao bem público, à segurança do estado e da coletividade, à ordem pública ou social, à moral e aos bons costumes.

06. (Vunesp – Cartório – Remoção – TJ - SP/2018) Não se admite a constituição de fundação de direito privado para fins de
a) promoção da ética, da cidadania, da democracia e dos direitos humanos.
b) habitação de interesse social.
c) atividades religiosas.
d) segurança alimentar e nutricional.

07. (Vunesp – Cartório – TJ – SP/2014) Para o registro dos atos constitutivos e suas respectivas alterações no Oficial de Registro Civil de Pessoas Jurídicas, é dispensado o visto do advogado devidamente identificado com seu nome e número de inscrição na OAB:
a) nas organizações religiosas.
b) nas sociedades simples enquadradas como ME ou EPP.
c) nas cooperativas.
d) nas fundações de direito privado.

08. (UFMT – Notário-MT/2003) A quem compete proceder ao registro das Fundações?
a) Ao Ministério Público do Estado, por intermédio da Promotoria de Justiça de Fundações. Esse registro é feito no Livro de Registro das Fundações.
b) Ao Oficial de Registro de Imóveis, caso tenha sido feita dotação especial de bem imóvel. Esse registro é feito no Livro nº 3 (Registro Auxiliar), sem prejuízo do registro da transmissão do imóvel na competente matrícula.
c) À Junta Comercial, quando o patrimônio de constituição for representado por bens móveis.
d) Ao Ministério da Justiça, quando o patrimônio for constituído de bens imóveis localizados em vários Estados da Federação. O registro será lavrado no Livro Especial das Fundações.
e) Ao Oficial do Registro Civil das Pessoas Jurídicas.

09. (IESES – Notário-MA/2008) O registro das sociedades, fundações e partidos políticos consistirá na declaração, feita em livro, pelo oficial, do número de ordem, da data da apresentação e da espécie do ato constitutivo, com as seguintes indicações, dentre outras.
I. As condições de extinção da pessoa jurídica e nesse caso, a forma de distribuição, entre os membros da diretoria, do seu patrimônio.
II. Condições de extinção da pessoa jurídica e nesse caso, o destino do seu patrimônio.
III. Se os membros respondem ou não, subsidiariamente, pelas obrigações sociais.
IV. A forma de remuneração de sua diretoria.
a) As alternativas I e III estão corretas.
b) As alternativas I e IV estão corretas.
c) As alternativas II e III estão corretas.
d) As alternativas II e IV estão corretas.

10. (Vunesp – Cartório – TJ – SP/2014) Em 25.05.2002, foi constituída uma sociedade simples em que constavam no quadro societário João da Silva, com 40% do capital social, e sua mulher, Maria da Silva, com 60% do capital social, casados no regime da comunhão parcial de bens. Em 30.04.2007, foi averbada alteração do contrato social para indicar mudança do estado civil dos sócios para divorciados. É apresentada agora para registro uma alteração contratual onde João cede suas quotas para filha do casal, Maria Helena da Silva, com 02 anos de idade.

Ao qualificar o título, o Oficial deve, dentre outros aspectos, verificar os seguintes requisitos formais:
a) na alteração contratual deve constar que a menor poderá exercer a administração, desde que representada por seus pais e que o capital social esteja totalmente integralizado.
b) na alteração contratual deve constar que a menor não poderá exercer a administração, que ela está sendo representada por seus pais, sendo que o capital social pode ou não estar totalmente integralizado, desde que garantido por caução.
c) na alteração contratual deve constar que a menor não poderá exercer a administração, devendo ser acompanhada de alvará judicial por se tratar de ato que excede a simples administração.
d) na alteração contratual deve constar que a menor não poderá exercer a administração, que ela está sendo representada por seus pais e que o capital social esteja totalmente integralizado.

11. (Cespe – Cartório – TJ-DFT/2014) Em relação à forma de constituição, aquisição de personalidade jurídica, controle e extinção das fundações, assinale a opção correta.
a) No atual Código Civil, não se admite revogação de fundação, por testamento posterior, para a instituição de herdeiro.
b) As fundações públicas com personalidade de direito privado ingressam no mundo jurídico mediante autorização legislativa, enquanto as fundações de direito privado adquirem personalidade por meio de inscrição de seu estatuto no registro civil das pessoas jurídicas, podendo ambas serem extintas por decisão da maioria de seus membros.
c) As fundações instituídas como autarquias pelo poder público estão sujeitas ao controle financeiro e orçamentário do MPF e dos MPs estaduais, conforme o âmbito de sua atuação.
d) Pode-se instituir fundação, como disposição de última vontade, por testamento público, cerrado ou particular, observados, em cada caso, os requisitos legais.
e) A escritura pública firmada pelo instituidor da fundação não pode ser retificada no que diz respeito à composição dos órgãos de administração.

12. (Vunesp – Oficial de Registro-SP/2002) E competente para proceder ao registro das Fundações,

a) a Junta Comercial do Estado de São Paulo – JUCESP, quando o patrimônio de constituição for representado por bens móveis.
b) o Ministério Público do Estado, por intermédio da Promotoria de Justiça de Fundações. Esse registro é feito no Livro de Registro das Fundações.
c) o Oficial de Registro de Imóveis, caso tenha sido feita dotação especial de bem imóvel. Esse registro é feito no Livro 3 – Registro auxiliar, sem prejuízo do registro da transmissão do imóvel na competente matrícula.
d) o Oficial do Registro Civil das Pessoas Jurídicas.

13. (Vunesp – Cartório – SP – Provimento/2016) No que concerne ao registro de um sindicato, no Registro Civil das Pessoas Jurídicas, é correto afirmar que

a) deve ser feito após registro no Ministério do Trabalho, o qual confere representação sindical.
b) não é cabível ao Oficial de Registro exercer o controle do princípio da unicidade sindical.
c) a existência de registro no Ministério do Trabalho dispensa o registro no Registro Civil de Pessoas Jurídicas.
d) tem efeito meramente declaratório para efeitos civis.

14. (UFMT – Notário-MT/2003) A quem compete proceder ao registro das Fundações?

a) Ao Ministério Público do Estado, por intermédio da Promotoria de Justiça de Fundações. Esse registro é feito no Livro de Registro das Fundações.
b) Ao Oficial de Registro de Imóveis, caso tenha sido feita dotação especial de bem imóvel. Esse registro é feito no Livro nº 3 (Registro Auxiliar), sem prejuízo do registro da transmissão do imóvel na competente matrícula.
c) À Junta Comercial, quando o patrimônio de constituição for representado por bens móveis.
d) Ao Ministério da Justiça, quando o patrimônio for constituído de bens imóveis localizados em vários Estados da Federação. O registro será lavrado no Livro Especial das Fundações.
e) Ao Oficial do Registro Civil das Pessoas Jurídicas.

15. (IESES – Notário-MA/2011) Sobre o registro de uma fundação, assinale a alternativa correta:

a) A fundação só adquire personalidade jurídica com o devido registro no Ofício de Registro Civil de Pessoas Jurídicas.
b) A aquisição da personalidade jurídica da fundação se dá no ato da lavratura da competente escritura pública ou do testamento que a institui.
c) No registro da fundação deverá constar o nome dos instituidores, com indicação de nacionalidade, estado civil e profissão de cada um e a autorização do representante do Ministério Público.
d) Por se tratar de uma universalidade jurídica, a fundação, ainda que registrada, não adquire personalidade jurídica.

16. (IESES – Cartório – Provimento – TJ – CE/2018) Assinale a alternativa correta:

a) No registro civil de pessoas jurídicas serão inscritos os contratos sociais das sociedades anônimas.
b) No registro civil de pessoas jurídicas serão inscritos os estatutos das autarquias e empresas públicas.
c) No registro civil de pessoas jurídicas serão inscritos os contratos, os atos constitutivos, o estatuto ou compromissos das sociedades civis, religiosas, pias, morais, científicas ou literárias, bem como o das fundações e das associações de utilidade pública.
d) No registro civil de pessoas jurídicas serão inscritos os atos constitutivos das pessoas jurídicas de direito público interno.

17. (IESES – Cartório – TJ – RO/2012) São reconhecidas como dotadas de personalidade jurídica pessoas naturais e pessoas jurídicas. Sobre o assunto, assinale a alternativa correta:

I. As fundações são instituídas por escritura pública ou testamento, com a dotação de bens livres, declarando a sua finalidade, que somente pode ser religiosa, moral, cultural ou de assistência.
II. As associações são constituídas por uma união de pessoas que se organizam para fins econômicos ou não econômicos, através de um estatuto social.
III. As sociedades individuais de responsabilidade limitada também são pessoas jurídicas de direito privado.

Assinale a correta:

a) Apenas a assertiva I é verdadeira.
b) Todas as assertivas são verdadeiras.
c) Apenas as assertivas I e III são verdadeiras.
d) Apenas as assertivas I e II são verdadeiras.

18. (Cespe – Cartório – TJ – BA/2014) No que se refere às pessoas jurídicas, assinale a opção correta.

a) Personalidade é atributo da dignidade do homem, motivo pelo qual a pessoa jurídica não tem personalidade.
b) A constituição de associação para fins não econômicos implica direitos e obrigações recíprocas aos associados.
c) A personalidade jurídica das sociedades civis poderá ser anulada ou extinta pelo Poder Judiciário quando se verificar abuso do direito de personalidade com vistas a atingir os bens dos sócios ou administradores.
d) Caso não haja cláusula estatutária sobre a destinação dos bens em caso de extinção da fundação, ocorrendo a inutilidade da referida pessoa jurídica, o patrimônio da entidade deverá reverter ao instituidor, ou aos seus sucessores.
e) A existência de organizações religiosas vincula-se à inscrição do ato constitutivo em cartório de registro de pessoas jurídicas.

19. (FMP – Cartório – TJ – MT/2014) No que diz com as pessoas jurídicas, assinale a afirmativa correta.

a) O ato de dotação ou instituição de uma fundação, que compreende a reserva ou a destinação de bens livres, com a indicação dos fins a que se destinam e a maneira de administrá-los, somente pode ser feito por ato inter vivos, mediante escritura pública.
b) Se a pessoa designada pelo instituidor não elaborar o estatuto no prazo de 180 dias, o Ministério Público deverá ajuizar ação civil pública objetivando destinar os bens instituídos a outra fundação que se proponha a fim igual ou semelhante.
c) A regularização da sociedade de fato, com o registro de seu ato constitutivo, produz efeitos pretéritos, retroagindo estes ao período anterior, em que permaneceu como sociedade irregular.
d) Compete privativamente à assembléia geral nas associações, independentemente do que dispuser o estatuto, como expressão máxima do espírito democrático que deve animar as pessoas jurídicas de tal natureza, eleger os administradores pelo voto direto e secreto.
e) Os fins e os objetivos da fundação, depois de instituída, não podem ser modificados nem mesmo pela vontade unânime de seus dirigentes.

GAB										
	1	A	2	A	3	A	4	A	5	A
	6	B	7	B	8	E	9	C	10	D
	11	D	12	D	13	B	14	E	15	A
	16	C	17	C	18	E	19	E		

II – as sociedades civis que revestirem as formas estabelecidas nas leis comerciais, salvo as anônimas.

1. COMENTÁRIOS

Como já dito alhures, a sociedade que tem ingresso no RCPJ é a simples. A sociedade empresária deve ser registrada no Registro Público de Empresas Mercantis do local de sua sede.

Esclarece Luiz Guilherme Loureiro que "a sociedade simples, ao contrário do que sucede com a sociedade empresária, deve ser registrada no Registro Civil de Pessoas Jurídicas para que obtenha personalidade jurídica. Vale dizer, o registro não é o ato constitutivo da sociedade, ou seja, não constitui condição de existência. Para que uma sociedade empresária exista, é necessária a manifestação da vontade de seus sócios, que será concretizada por meio da celebração de um contrato social ou de um estatuto social. Os pressupostos fáticos de existência de uma sociedade são: a *affectio societatis* e a pluralidade de sócios. O registro é o ato pelo qual a sociedade (formada pelo contrato ou estatuto) se torna uma pessoa jurídica e adquire, consequentemente, aptidão para exercer direitos e contrair obrigações na órbita civil.

O **pedido de inscrição** deve ser acompanhado de instrumento autenticado do contrato e, se for o caso, da prova de autorização da autoridade competente para a constituição da sociedade. O direito brasileiro adota o princípio da livre iniciativa, mas a autorização estatal é necessária para o exercício de determinadas empresas, devendo esta, quando for exigida por lei, ser apresentada ao oficial do registro para fins de inscrição da sociedade simples. O contrato social deve ser rubricado por advogado, sob pena de não ser possível o registro. Protocolado o pedido de inscrição do contrato social no prazo de 30 dias, e uma vez efetuado o registro no livro competente, seus efeitos retroagem à data da celebração do contrato, vale dizer, desde esse momento a sociedade é considerada pessoa jurídica, com as consequências que lhe são inerentes: personalidade própria, patrimônio distinto daqueles dos sócios, responsabilidade dos bens da sociedade pelas obrigações sociais, etc. Caso o pedido seja realizado após o trintídio legal, o registro não será negado, mas seus efeitos não retroagem à data da celebração do contrato social, e sim à do protocolo do requerimento de inscrição. Na hipótese de a sociedade simples instituir sucursal, filial ou agência na circunscrição de outro Registro Civil das Pessoas Jurídicas, neste deverá também ser inscrita, com a prova do registro originário. Nesse caso, a existência da agência, filial ou sucursal deve ser objeto de averbação no registro da sociedade. Com efeito, todas as modificações devem ser objeto de averbação no registro da sociedade, de forma que se tornem públicas.

As informações relativas à sociedade interessam não apenas aos sócios, mas a um sem-número de pessoas que com ela se relacionem direta ou indiretamente, e também à Administração Pública. Daí a importância do registro: divulgar informações relevantes sobre a sociedade, por exemplo, quem são os sócios, onde estão localizadas a sede e as filiais, o montante do capital social, o objeto da sociedade, as alterações no contrato social, etc. Tais informações são públicas e qualquer pessoa pode obtê-las, sem necessidade de comprovar legítimo interesse. Basta se dirigir até o Serviço de Registro Civil de Pessoas Jurídicas competente e pedir uma certidão do registro da sociedade em questão (Op. cit., 441).

As sociedades simples foram introduzidas pelo novo Código Civil em substituição às sociedades civis, abrangendo aquelas sociedades que não exercem atividade própria de empresário sujeito a registro (art. 982), isto é, atividades não empresariais ou atividade de empresário rural.

Assim, à luz das **atividades desenvolvidas** pode-se dizer se uma sociedade é simples ou empresária.

A sociedade simples, com previsão nos arts. 997 a 1.038 do Código Civil é uma reunião de pessoas visando à realização de uma atividade econômica, com o fito de lucro, mas sem organização empresarial. Também se caracteriza como simples, **independentemente do objeto,** as sociedades cooperativas reguladas pelos arts. 1.093 a 1.096 do Código Civil e pela Lei nº 5.764/1971.

Nas sociedades simples, os sócios não exercem, exclusiva e profissionalmente, a direção e coordenação da atividade-fim desenvolvida pelo empreendimento no qual atuam.

A sociedade empresária tem sua constituição disciplinada nos arts. 1.039 ao 1.092 do Código Civil (sociedade em nome coletivo, sociedade em comandita simples, sociedade limitada, sociedade anônima ou sociedade em comandita por ações). Adquirem personalidade jurídica com o registro de seus atos constitutivos no Registro Público de Empresas Mercantis (art. 1.150 do Código Civil, no prazo de trinta dias de sua lavratura).

A sociedade anônima é uma empresa com fim lucrativo que tem o seu capital social dividido em ações, que podem ser negociadas livremente. Pode ser subdividida em duas: aberta (capta recursos junto ao público), e fechada (obtém recursos através dos próprios acionistas). A responsabilidade dos sócios (acionistas) limita-se ao valor de emissão das ações que detenham. O registro e o arquivamento dos atos da sociedade anônima, tais como, constituição, atas e outros, ocorre na Junta Comercial do Estado, e não no Registro Civil de Pessoas Jurídicas, por se tratar de uma sociedade empresária.

O tema "a incorporação do imóvel ao capital social" será tratado no art. 167, I, 32 desta Lei.

1.1 DA CONVERSÃO DE SOCIEDADE SIMPLES OU ASSOCIAÇÃO EM SOCIEDADE EMPRESÁRIA E VICE-VERSA

A Instrução Normativa n. 81, de 10 de junho de 2020 do Departamento Nacional de Registro Empresarial e Integração – DREI, normatiza o procedimento da conversão de sociedade simples ou associação em sociedade empresária e vice-versa, nestes termos (grifo meu):

Art. 84. No caso de **conversão de sociedade simples ou associação em sociedade empresária, na mesma ou em outra Unidade da Federação, após averbado no Registro Civil**, o instrumento de conversão deverá ser arquivado na Junta Comercial da sede.

§ 1º O instrumento de conversão, para arquivamento na Junta Comercial, deverá estar acompanhado da consolidação do ato constitutivo do respectivo tipo societário e, havendo filiais, estas devem ser relacionadas, com indicação dos respectivos endereços e CNPJ.

§ 2º Havendo filiais em outro estado, após o registro da conversão na Junta Comercial da sede, deverá ser arquivado o ato na Junta Comercial da Unidade da Federação onde se situa a filial, para proceder o seu registro.

§ 3º No caso de sociedade por ações, deverá ser apresentada relação completa dos acionistas, com a indicação da quantidade de ações resultantes da conversão.

§ 4º Não sendo feita a pesquisa prévia e havendo colidência de nome na Junta Comercial ou impossibilidade de exercício da atividade no endereço informado para a empresa, deverão ser retificados os dados (endereço e nome empresarial) no órgão de registro de destino.

§ 5º A retificação do ato no órgão de registro de destino deverá ocorrer também quando no ato de conversão não houver a consolidação obrigatória do contrato social.

§ 6º Deverá acompanhar o ato de conversão para a Junta Comercial, como anexo, certidão de breve relato do registro civil.

Art. 84-A. Não sendo efetivado o ato da conversão e havendo interesse de retornar a empresa para a Junta Comercial, a fim de regularizar sua situação, o interessado deverá juntar certidão expedida pelo órgão de registro para onde a sociedade seria convertida de que o ato de conversão não foi arquivado naquele registro civil e protocolar juntamente com o instrumento de desistência de conversão.

Parágrafo único. O instrumento que se referir à deliberação de desistência de conversão poderá conter qualquer outra alteração do ato constitutivo.

Art. 85. No caso de **conversão de sociedade empresária em sociedade simples ou associação, na mesma ou em outra Unidade da Federação**, deverá ser arquivado, na Junta Comercial da sede, o instrumento de conversão, oportunidade em que serão consolidadas as informações do ato constitutivo do respectivo tipo societário, **para inscrição no Registro Civil e cumprimento das formalidades exigidas por aquele Registro.**

§ 1º A consolidação de que trata o *caput* deste artigo deverá relacionar as filiais existentes, com indicação dos respectivos endereços e CNPJ.

§ 2º Havendo filiais em outro estado, após o registro da conversão na Junta Comercial da sede, deverá ser arquivado o ato na Junta Comercial da Unidade da Federação onde se situa a filial, para proceder o seu registro.

Art. 85-A. A sociedade de advocacia registrada perante a Ordem dos Advogados do Brasil (OAB) poderá promover a conversão para sociedade empresária, desde que promova alteração contratual retirando as atividades privativas de advogados, observando as disposições deste Capítulo.

2. JURISPRUDÊNCIA COMPLEMENTAR

TRIBUNAL DE JUSTIÇA DO ESTADO DE SÃO PAULO

CORREGEDORIA-GERAL DA JUSTIÇA

EMENTA: REGISTRO CIVIL DAS PESSOAS JURÍDICAS – Necessidade de adaptação das sociedades, constituídas na forma de leis anteriores ao Código Civil de 2002, antes de sua regular extinção – Inteligência do art. 2.031 e artigos que tratam da dissolução e liquidação das sociedades – Exigência correta. PROCESSO Nº 2013/166848 – SÃO PAULO. Parecer (28/2014-E). Excelentíssimo Senhor Corregedor Geral da Justiça: Cuida-se de procedimento iniciado por interessado em registrar distrato de empresa inativa, ao argumento de que não é razoável que, para essa providência, o Oficial do Registro Civil das Pessoas Jurídicas exija sua adaptação ao Código Civil de 2002. Colheram-se informações na ANOREG e do IRTDPJ-SP, que esclareceram que a exigência é justificada, na medida em que o art. 2.031 do Código Civil concedeu prazo para a adaptação e ela é necessária para que se proceda à correta dissolução e liquidação das sociedades. É o relatório. Passo a opinar. A exigência é mesmo justificada. Com efeito, não obstante a inatividade de fato de uma sociedade, ela permanece, enquanto não dissolvida, existente e sujeito de obrigações. Por essa razão, os artigos 1.102 e seguintes prescrevem a forma como, depois de dissolvida a sociedade, ela será liquidada. Apenas após a regular liquidação, com seu encerramento, é que se verificará a existência de credores não satisfeitos e se apurará a responsabilidade dos sócios e até mesmo do liquidante. Para essa verificação, no entanto, é necessário que a sociedade esteja adaptada ao regime do Código Civil. Ao contrário do que imagina o interessado e muitos sócios que pretendem a pura e simples extinção formal das sociedades de que fazem parte, essa extinção é condicionada ao regramento legal. Esse regramento veio exposto, de maneira detalhada, no Código Civil. Como corolário, o mesmo diploma legal, em suas Disposições Finais e Transitórias, dispôs, no art. 2.031, que *"as associações, sociedades e fundações, constituídas na forma das leis anteriores, bem como os empresários, deverão se adaptar às disposições deste Código até 11 de janeiro de 2007."* Veja-se que foi concedido tempo absolutamente suficiente para a adaptação, quatro anos desde a entrada em vigor do Código. Ainda que se trate de sociedades inativas, de fato, mas formalmente ativas e, por isso, sujeitos de direitos e obrigações, a adaptação era cogente e, necessariamente, anterior à dissolução e extinção. Em resumo: pretendendo-se a extinção da sociedade, deve-se seguir o que determina o regramento do Código Civil. E para a obediência a esse regramento, o primeiro passo é a adaptação. Cuida-se, frise-se, de normas cogentes, que o Oficial não pode ignorar. Logo, não é mesmo viável permitir o registro de distrato sem que, antes, se adapte a sociedade, na forma do art. 2.031 do Código Civil e sejam obedecidas as suas prescrições. Assim, o parecer que submeto a Vossa Excelência é no sentido de orientar os Oficiais do Registro Civil das Pessoas Jurídicas a exigir, para o registro de distrato das sociedades constituídas antes da entrada em vigor do Código Civil de 2002, a adaptação de seu contrato social, na forma do seu art. 2.031. E, diante da relevância da matéria, sugiro a publicação do presente parecer, por três vezes, no D.O.E. Sub censura. São Paulo, 30 de janeiro de 2014. Swarai Cervone de Oliveira. Juiz Assessor da Corregedoria. DECISÃO: Vistos. Aprovo o parecer do MM. Juiz Auxiliar da Corregedoria, por seus fundamentos, e determino a publicação do parecer, para orientação aos Oficiais do Registro Civil das Pessoas Jurídicas, em três dias alternados no D.O.E. Publique-se. São Paulo, 11 de fevereiro de 2014. (a) HAMILTON ELLIOT AKEL, Corregedor Geral da Justiça. (D.J.E. de 05.03.2014 – SP)

3. QUESTÃO DE CONCURSO

01. (FMP – Cartório – TJ – MT/2014) Compete ao Registro Civil de Pessoas Jurídicas, exceto:

a) a averbação de alteração contratual de sociedade de responsabilidade limitada não empresária.

b) o registro dos atos constitutivos de sociedade anônima.

c) o registro dos atos constitutivos de fundação instituída por testamento.

d) a averbação de alteração de ato constitutivo de organização religiosa.

e) o registro dos atos constitutivos e dos estatutos de partido político.

GAB	1	B

III – os atos constitutivos e os estatutos dos partidos políticos.

1. COMENTÁRIOS

Estabelece a Constituição Federal, em seu art. 17:

Art. 17. É livre a criação, fusão, incorporação e extinção de partidos políticos, resguardados a soberania nacional, o regime democrático, o pluripartidarismo, os direitos fundamentais da pessoa humana e observados os seguintes preceitos:

I – caráter nacional;

II – proibição de recebimento de recursos financeiros de entidade ou governo estrangeiros ou de subordinação a estes;

III – prestação de contas à Justiça Eleitoral;

IV – funcionamento parlamentar de acordo com a lei.

§ 1º É assegurada aos partidos políticos autonomia para definir sua estrutura interna e estabelecer regras sobre escolha, formação e duração de seus órgãos permanentes e provisórios e sobre sua organização e funcionamento e para adotar os critérios de escolha e o regime de suas coligações nas eleições majoritárias, vedada a sua celebração nas eleições proporcionais, sem obrigatoriedade de vinculação entre as candidaturas em âmbito nacional, estadual, distrital ou municipal, devendo seus estatutos estabelecer normas de disciplina e fidelidade partidária.

§ 2º Os partidos políticos, **após adquirirem personalidade jurídica**, na forma da lei civil, **registrarão seus estatutos no Tribunal Superior Eleitoral.**

Os partidos políticos são pessoas jurídicas de direito privado, regidos por lei específica (Lei 9.096/1995). Os **artigos 8º, 9º, 10, 15 e 29 da Lei 9.096/1995** disciplinam o requerimento de registro e outras providências.

Nos termos da Lei 13.877/2019, que alterou a Lei 9.096, o registro de partido político deve ser feito no **cartório competente do Registro Civil das Pessoas Jurídicas do local de sua sede para adquirir personalidade jurídica** e **após sua inscrição**, é necessário promover também o registro no **Tribunal Superior Eleitoral.**

Oportuna é a transcrição com grifos para melhor compreensão do tema:

Art. 8º O requerimento do **registro de partido político, dirigido ao cartório competente do Registro Civil das Pessoas Jurídicas do local de sua sede**, deve ser subscrito pelos seus fundadores, em número nunca inferior a 101 (cento e um), com domicílio eleitoral em, no mínimo, 1/3 (um terço) dos Estados, e será acompanhado de: I – cópia autêntica da ata da reunião de fundação do partido;

II – exemplares do Diário Oficial que publicou, no seu inteiro teor, o programa e o estatuto;

III – relação de todos os fundadores com o nome completo, naturalidade, número do título eleitoral com a Zona, Seção, Município e Estado, profissão e endereço da residência.

§ 1º O requerimento indicará o nome e a função dos dirigentes provisórios e o endereço da sede do partido no território nacional.

§ 2º Satisfeitas as exigências deste artigo, o **Oficial do Registro Civil efetua o registro no livro correspondente**, expedindo certidão de inteiro teor.

§ 3º **Adquirida a personalidade jurídica** na forma deste artigo, o partido promove a obtenção do apoiamento mínimo de eleitores a que se refere o § 1º do art. 7º e realiza os atos necessários para a constituição definitiva de seus órgãos e designação dos dirigentes, na forma do seu estatuto.

Art. 9º Feita a constituição e designação, referidas no § 3º do artigo anterior, os dirigentes nacionais promoverão o **registro do estatuto do partido junto ao Tribunal Superior Eleitoral**, através de requerimento acompanhado de:

I – exemplar autenticado do inteiro teor do programa e do estatuto partidários, inscritos no Registro Civil;

II – certidão do registro civil da pessoa jurídica, a que se refere o § 2º do artigo anterior;

III – certidões dos cartórios eleitorais que comprovem ter o partido obtido o apoiamento mínimo de eleitores a que se refere o § 1º do art. 7º.

§ 1º A prova do apoiamento mínimo de eleitores é feita por meio de suas assinaturas, com menção ao número do respectivo título eleitoral, em listas organizadas para cada Zona, sendo a veracidade das respectivas assinaturas e o número dos títulos atestados pelo Escrivão Eleitoral.

§ 2º O Escrivão Eleitoral dá imediato recibo de cada lista que lhe for apresentada e, no prazo de quinze dias, lavra o seu atestado, devolvendo-a ao interessado.

§ 3º Protocolado o pedido de registro no Tribunal Superior Eleitoral, o processo respectivo, no prazo de quarenta e oito horas, é distribuído a um Relator, que, ouvida a Procuradoria-Geral, em dez dias, determina, em igual prazo, diligências para sanar eventuais falhas do processo.

§ 4º Se não houver diligências a determinar, ou após o seu atendimento, o Tribunal Superior Eleitoral registra o estatuto do partido, no prazo de trinta dias.

Art. 10. As **alterações programáticas ou estatutárias, após registradas no Ofício Civil competente**, devem ser encaminhadas, para o mesmo fim, ao Tribunal Superior Eleitoral.

§ 1º. O Partido comunica à Justiça Eleitoral a constituição de seus órgãos de direção e os nomes dos respectivos integrantes, bem como as alterações que forem promovidas, para anotação: I – no Tribunal Superior Eleitoral, dos integrantes dos órgãos de âmbito nacional;

II – nos Tribunais Regionais Eleitorais, dos integrantes dos órgãos de âmbito estadual, municipal ou zonal.

§ 2º Os **registros de atas e demais documentos de órgãos de direção nacional, estadual, distrital e municipal** devem ser realizados no cartório do **Registro Civil de Pessoas Jurídicas da circunscrição do respectivo diretório partidário.**

Art. 15. O Estatuto do partido deve conter, entre outras, normas sobre:

I – nome, denominação abreviada e o estabelecimento da sede no território nacional; (Redação dada pela Lei nº 13.877, de 2019)

II – filiação e desligamento de seus membros;

III – direitos e deveres dos filiados;

IV – modo como se organiza e administra, com a definição de sua estrutura geral e identificação, composição e competências dos órgãos partidários nos níveis municipal, estadual e nacional, duração dos mandatos e processo de eleição dos seus membros;

V – fidelidade e disciplina partidárias, processo para apuração das infrações e aplicação das penalidades, assegurado amplo direito de defesa;

VI – condições e forma de escolha de seus candidatos a cargos e funções eletivas;

VII – finanças e contabilidade, estabelecendo, inclusive, normas que os habilitem a apurar as quantias que os seus candidatos possam despender com a própria eleição, que fixem os limites das contribuições dos filiados e definam as diversas fontes de receita do partido, além daquelas previstas nesta Lei;

VIII – critérios de distribuição dos recursos do Fundo Partidário entre os órgãos de nível municipal, estadual e nacional que compõem o partido;

IX – procedimento de reforma do programa e do estatuto.

Art. 29. (...)

§ 4º Na hipótese de **fusão, a existência legal do novo partido tem início com o registro, no Ofício Civil competente da sede do novo partido, do estatuto e do programa**, cujo requerimento deve ser acompanhado das atas das decisões dos órgãos competentes.

O registro do Diretório Estadual ou Municipal de Partido Político no RCPJ do local onde está situada sua base territorial tem por escopo apenas a **publicidade e a regularidade.**

1.1 A LEI Nº 13.877/2019 E O NOVO REGRAMENTO SOBRE OS PARTIDOS POLÍTICOS E SEUS DIRETÓRIOS.

Em 27 de setembro de 2019, foi publicada a Lei 13.877 que, além de outras disposições, alterou a Lei 9.096/1995.

A nova lei consolida o entendimento dominante de que o registro de partidos políticos deve ser feito no cartório do Registro Civil das Pessoas Jurídicas (RCPJ) competente da localidade onde se encontra sua sede principal, ou seja, onde está instalado o Diretório Nacional. Essa sede, por sua vez, não precisa mais obrigatoriamente estar em Brasília, podendo ser fixada em qualquer unidade da federação. Ademais, o registro também poderá ser realizado nos RCPJs das circunscrições onde atuarem seus demais Diretórios (estadual, distrital e municipal).

A revogada Resolução TSE n. 23.432, de 2014 e a Orientação Técnica ASEPA (Assessoria de Exames de Contas Eleitorais e Partidárias) n. 2, de 2015, também entendiam dessa maneira.

Para Graciano Pinheiro, "ressalte-se, entretanto, que o registro efetuado perante os RCPJ dos locais onde situados os **Diretórios Estadual, Distrital e Municipal, não tem o condão de dar-lhes personalidade jurídica,** a qual já é obtida quando do registro junto ao RCPJ da circunscrição do Diretório Nacional, já que o Partido Político é entidade de caráter nacional, nos termos do § 7º, do art. 7º, da Lei nº 9.096/1995. O registro perante os RCPJ das localidades em que instalados os demais Diretórios lhes confere, apenas, regularidade e publicidade de sua existência. Visando orientar os cartórios de RCPJ, o Instituto de Registro de Títulos e Documentos e de Pessoas Jurídicas do Brasil – IRTDPJBrasil emitiu a Orientação Técnica nº 01/2019 (Para Registro de Partido Político, de Diretórios Estaduais e Municipais e Registro de Livros Diários).

Por derradeiro, é oportuno rememorar que os Partidos Políticos deverão também ter seus estatutos devidamente registrados perante o Tribunal Superior Eleitoral, conforme dito alhures.

2. JURISPRUDÊNCIA COMPLEMENTAR

TRIBUNAL SUPERIOR ELEITORAL

EMENTA: REGISTRO DE PARTIDO POLÍTICO. PARTIDO SOCIAL DEMOCRÁTICO (PSD). NÚMERO 55. REQUISITOS. ATENDIMENTO. 1. Atendidos os requisitos da Lei 9.096/95 e da Res.-TSE 23.282/2010, defere-se o registro do estatuto do partido político. 2. Registro deferido. (TSE – RPP – Registro de Partido Político nº 141796 – Brasília/DF, Relator(a) Min. FÁTIMA NANCY ANDRIGHI, Publicação: DJE – Diário da Justiça Eletrônico, Tomo 199, Data 18/10/ 2011, Página 67).

TRIBUNAL DE JUSTIÇA DO ESTADO DO RIO DE JANEIRO

EMENTA: Registro público. Ação de retificação. Serviço de radiofusão comunitária. Estatuto social. Enquadramento no artigo 114, parágrafo único, c/c artigo 116, II, da Lei nº 6.015/73. Diversidade de livros registrais próprios, conforme se trate de rádiofusão comunitária ou comercial. Necessidade de alteração do estatuto social da requerente, em atendimento à determinação do Ministério das Comunicações, para incluir no objeto social a execução de serviço de rádiofusão comunitária, patrocinado sob a forma de apoio cultural. Distinção entre patrocínio cultural, próprio da rádiofusão comunitária, e patrocínio comercial, inerente às atividades societárias: os atos constitutivos destas somente podem ser registrados no Livro B; os daquela, no Livro A. Pedido reparatório de danos ausente da inicial. Inovação recursal. Não conhecimento. Doutrina e precedentes jurisprudenciais. Provimento que se nega ao recurso. (TJRJ – Ap. 0027404-80.2009.8.19.0042, Rel. Des. Jessé Torres, 2ª C. Civ. Julgamento: 30/11/2011)

Parágrafo único. No mesmo cartório será feito o registro dos jornais, periódicos, oficinas impressoras, empresas de radiodifusão e agências de notícias a que se refere o art. 8º da Lei nº 5.250, de 9-2-1967.

1. COMENTÁRIOS

Na lição de Walter Ceneviva, "o cartório ao qual alude o parágrafo único é da mesma classe. Onde houver mais de um, a inscrição será em qualquer deles, salvo se a lei de organização judiciária estadual lhes der atribuição por regiões. O registro de jornais, periódicos, oficinas, impressoras e sociedade de radiodifusão distingue-se da inscrição. É a matrícula (art. 122)". (*Lei dos Registros Públicos Comentada*. São Paulo: Saraiva, 2006, p. 255).

Cumpre observar que o Supremo Tribunal Federal julgou procedente a Ação de Descumprimento de Preceito Fundamental – ADPF 130-7 (DOU de 12-5-2009), para declarar a incompatibilidade da Lei 5.250/1967 com a Constituição Federal de 1988.

Remetemos o leitor aos comentários do art. 122, cujo tema foi profundamente analisado.

2. QUESTÕES DE CONCURSOS

01. (IESES – Titular de Serviços de Notas e Registros – TJ – TO – Provimento/2022) Um termo bastante ouvido no dia a dia das pessoas é a tal da Pessoa Jurídica, ou PJ, como se usa comumente para simplificar. Pessoa jurídica é um cidadão ou um grupo de cidadãos detentores dos direitos e deveres de uma empresa, associação ou entidade, respondendo legalmente sobre ela sob as penas da legislação vigente. Assim como uma pessoa física, que deve ser registrada em cartório logo ao nascer, uma pessoa jurídica deve ter seu registro feito assim que a concepção da ideia que a criou seja formalizada. A Lei nº 6015/73 estabelece as regras destinadas ao Registro Civil de Pessoas Jurídicas (RCPJ), que é uma das atribuições dos registradores. Sobre o assunto, escolha o item que qualifica corretamente cada uma das sentenças (I a IV), como Falsas (F) ou Verdadeiras (V).

I. No que concerne aos atos praticados para os fins previsto na Lei nº 6015/73, no RCPJ haverá os livros A e B, cada um deles com conteúdo especificado na referida Lei.

II. Todos os exemplares de contratos, de atos, de estatuto e de publicações, registrados e arquivados serão encadernados por periódicos certos, acompanhados de índice que facilite a busca e o exame.

III. Os oficiais do RCPJ farão índices, pela ordem cronológica e alfabética, de todos os registros e arquivamentos, podendo adotar o sistema de fichas, mas ficando sempre responsáveis por qualquer erro ou omissão.

IV. A existência legal das pessoas jurídicas só começa com o registro de seus atos constitutivos e quando o funcionamento da sociedade depender de aprovação da autoridade, sem esta não poderá ser feito o registro.

a) I. F; II. F; III. F; IV. V.
b) I. V; II. V; III. V; IV. F.
c) I. F; II. F; III. F; IV. V.
d) I. V; II. V; III. V; IV. V.

02. (IESES – Titular de Serviços de Notas e Registros – TJ – TO – Provimento/2022) A pessoa jurídica é uma entidade a quem a lei confere personalidade jurídica para atuar na ordem civil, tendo direitos e obrigações, como uma pessoa natural e possibilita a união de forças para desenvolver determinadas atividades, com ou sem finalidades lucrativas e no Direito brasileiro, a criação da pessoa jurídica segue regras fixadas na legislação, incluindo a publicidade no Registro Civil de Pessoa Jurídica (RCPJ). Sobre RCPJ que é uma das atribuições dos registradores assinale a alternativa INCORRETA.

a) Trata-se de um dos requisitos do ato constitutivo, a indicação dos nomes dos fundadores ou instituidores e dos membros da diretoria, provisória ou definitiva, com indicação da nacionalidade, estado civil e profissão de cada um, bem como o nome e residência do apresentante dos exemplares, bem como as condições de extinção da pessoa jurídica e nesse caso o destino do seu patrimônio.
b) O registro da pessoa jurídica será feito com base em uma via do estatuto, compromisso ou contrato, apresentada em papel ou em meio eletrônico, a requerimento do representante legal da pessoa jurídica, mesmo que o representante legal da pessoa jurídica tenha subscrito o estatuto, compromisso ou contrato.
c) O ato constitutivo deverá conter, além de outros requisitos previstos em lei, as condições de extinção da pessoa jurídica e nesse caso o destino do seu patrimônio, bem como se os membros respondem ou não, subsidiariamente, pelas obrigações sociais.
d) A denominação, o fundo social, quando houver, os fins e a sede da associação ou fundação, bem como o tempo de sua duração; se é reformável, no tocante à administração, e de que modo; o modo que se administra e representa a sociedade, ativa e passivamente, judicial e extrajudicialmente são alguns dos requisitos do ato constitutivo.

03. (Vunesp – Outorga de Delegação de Notas e Registros – TJ – GO/2021) Relativamente ao registro de partido político, o Registro Civil das Pessoas Jurídicas deverá atentar-se para o seguinte:

a) é assegurada, ao partido político, autonomia para definir sua estrutura interna, organização e funcionamento.
b) o requerimento do registro de partido político deve ser subscrito pelos seus fundadores, em número nunca inferior a 101, com domicílio eleitoral em, no mínimo, 1/4 dos Estados, e será acompanhado de documentos previstos em lei.

c) é vedada previsão estatutária a respeito dos critérios de distribuição dos recursos do Fundo Partidário entre os órgãos de nível municipal, estadual e nacional que compõem o partido.

d) o registro de diretório municipal pressupõe a existência de diretório estadual, o qual deverá ser registrado nos serviços de Registro Civil de Pessoas Jurídicas da Comarca de Goiânia.

GAB	1	D	2	B	3	A

Art. 115. Não poderão ser registrados os atos constitutivos de pessoas jurídicas, quando o seu objeto ou circunstâncias relevantes indiquem destino ou atividades ilícitos ou contrários, nocivos ou perigosos ao bem público, à segurança do Estado e da coletividade, à ordem pública ou social, à moral e aos bons costumes.

1. COMENTÁRIOS

O registrador é profissional do direito, dotado de fé pública, a quem é delegado o exercício da atividade de registro (art. 3º, da Lei 8.935/1994). Este profissional atua como verdadeiro instrumento de **pacificação social**, visando garantir a publicidade, autenticidade, segurança e eficácia dos atos jurídicos.

A atuação do registrador possibilita que diversos procedimentos sejam resolvidos na esfera extrajudicial, desafogando o Judiciário. Trata-se de verdadeiro inspetor da ordem jurídica, dos valores e costumes da sociedade.

Incumbe ao oficial fazer a qualificação dos atos constitutivos das entidades à luz de toda a legislação relacionada, inclusive das normas técnicas estabelecidas pelo juízo competente, que é o órgão fiscalizador (art. 30, XIV, da Lei 8.935/1994).

De acordo com o art. 104 do Código Civil, para que se atribua validade ao negócio jurídico, é necessário que o agente seja capaz, o objeto lícito, possível, determinado ou determinável e a forma não prescrita ou defesa em lei.

Além disso, segundo o art. 421 do Código Civil, a liberdade de contratar será exercida **nos limites da função social do contrato**. Nas relações contratuais privadas, prevalecerão o princípio da intervenção mínima e a excepcionalidade da revisão contratual.

O princípio da função social do contrato consiste na prevalência do interesse coletivo sobre os interesses individuais dos contratantes. Trata-se de inovação do Código Civil de 2002.

Na lição de Caio Mário da Silva Pereira, "a função social do contrato serve precipuamente para **limitar a autonomia da vontade** quando tal autonomia esteja em confronto com o interesse social e este deve prevalecer, ainda que essa limitação possa atingir a própria liberdade de não contratar, como ocorre nas hipóteses de contrato obrigatório. Tal princípio desafia a concepção clássica de que os contratantes tudo podem fazer, porque estão no exercício da autonomia da vontade" (*Obrigações e Contratos. Pareceres*. Rio de Janeiro, 2010).

A função social do contrato vai além da mera satisfação dos interesses individuais das partes. Ela se preocupa com as implicações do contrato na sociedade, ou seja, como o exercício dos direitos e obrigações contratuais impacta terceiros e como estes, por sua vez, podem influenciar o contrato em si.

Assim como a boa-fé objetiva, a função social do contrato apresenta diversas facetas. Ela se desdobra em **três funções principais**:

1. **Função integrativa:** busca harmonizar os interesses individuais com os interesses sociais, promovendo o equilíbrio entre as partes e a justiça social.
2. **Função limitativa:** impõe limites à autonomia da vontade, impedindo que as partes abusem de seus direitos em detrimento de terceiros ou do bem-estar social.
3. **Função interpretativa:** serve como guia para a interpretação das cláusulas contratuais, priorizando a boa-fé e a busca por soluções justas e socialmente responsáveis.

Essa visão multifacetada da função social do contrato contribui para a construção de um ambiente jurídico mais justo, equitativo e harmônico, protegendo tanto os direitos individuais quanto os interesses da coletividade.

Em suma, tanto para o negócio jurídico quanto para o ato jurídico desprovido de conteúdo negocial, a validade exige o cumprimento de todos os requisitos do art. 104 do Código Civil, além da observância da função social.

Maria Helena Diniz, citando Clóvis Beviláqua, preleciona que "bons costumes, são os que estabelecem as normas de proceder nas relações domésticas e sociais em harmonia com os elevados fins da vida humana, cuja ofensa mais direta e profunda fere os sentimentos de honestidade e estima recíproca. São preceitos de ordem moral, ligados à honestidade familiar, ao recato do indivíduo e à dignidade social. Constituem os princípios que regem a sociabilidade, para assegurar a coesão, a prosperidade social, a dignidade e a decência pública" (*Lei de Introdução ao Código Civil brasileiro interpretada*. 7. ed. São Paulo: Saraiva, 2001. p. 364).

Na lição de Ângela Taranta, por ordem pública "entende-se o conjunto dos princípios fundamentais, subjacentes ao sistema jurídico, que o Estado e a Sociedade estão substancialmente interessados em que prevaleçam sobre as convenções privadas. Tais princípios não são susceptíveis de uma catalogação exaustiva, até porque a noção de ordem pública é mutável com os tempos". Por derradeiro, moral consiste no conjunto de regras adquiridas por meio da cultura, da educação, da tradição e do cotidiano, e que orientam o comportamento humano dentro de uma sociedade. O termo tem origem no Latim "*morales*" cujo significado é "relativo aos costumes".

2. JURISPRUDÊNCIA COMPLEMENTAR

TRIBUNAL DE JUSTIÇA DO ESTADO DO RIO DE JANEIRO

EMENTA: PESSOA JURÍDICA – DESCONSIDERAÇÃO DA PERSONALIDADE JURÍDICA – FRAUDE À EXECUÇÃO REGISTRO IRREGULAR DE SOCIEDADE EMPRESÁRIA REALIZADO PELO CARTÓRIO DE REGISTRO CIVIL DE PESSOAS JURÍDICAS – Por possuir personalidade jurídica distinta dos seus sócios, e consequentemente inexistir confusão patrimonial entre eles, por diversas vezes, a pessoa jurídica é utilizada como escudo para a prática de atos tendentes a prejudicar direitos de terceiros. A pessoa jurídica passa a servir de amparo para que seus sócios pratiquem fraudes ou abusos de direitos. O agravante propôs ação de obrigação de fazer cumulada com pedido indenizatório em face da agravada, que deixou de apresentar sua peça de bloqueio não obstante ter sido validamente citada. Instaurado processo de execução, a agravada quedou-se novamente inerte ao chamado judicial, sendo constatada inexistência de bens passíveis de constrição para pagamento do montante devido, também verificada quando da realização da penhora on line em sua conta-corrente. A documentação acostada aos autos demonstra ter sido constituída sociedade limitada figurando único sócio, registrado ato constitutivo no Registro Civil de Pessoas Jurídicas, havendo alteração contratual objetivando cessão total de cotas. Desta forma, a narrativa da situação fático-processual demonstra utilização da pessoa jurídica com objetivo de fraudar a lei e prejudicar direitos de terceiros, ocorrendo alienação de bens para núcleo familiar do seu único sócio. Por fim, a fraude à execução se caracteriza por manobras de devedor com objetivo de furtar-se ao cumprimento de obrigações legais, máxime quando retira de seu patrimônio, em situações previstas em lei, bens que possam garantir determinado débito, o que se dá em violação ao princípio da responsabilidade patrimonial, pelo qual deve responder o devedor com a totalidade de seus bens, presentes e futuros, para o cumprimento de suas obrigações, salvo as restrições estabelecidas em lei (art. 591 do CPC). A agravada alienou bem imóvel no curso do processo de conhecimento, sendo certo que tal disposição patrimonial contribuiu para frustração da satisfação do crédito do agravante. O fato só se tornou possível devido ao registro irregular de sociedade empresária realizado pelo Cartório do Registro Civil de Pessoas Jurídicas. Provimento ao recurso. (TJRJ – Ag. In. 0002187-98.2008.8.19.0000, DES. EDSON VASCONCELOS, 17ª. C. Cível. Julgamento: 28/05/2008)

Parágrafo único. Ocorrendo qualquer dos motivos previstos neste artigo, o oficial do registro, de ofício ou por provocação de qualquer autoridade, sobrestará no processo de registro e suscitará dúvida para o Juiz, que a decidirá.

1. COMENTÁRIOS

Walter Ceneviva preleciona que "qualquer autoridade pública pode representar ao oficial, provocando o sobrestamento. A lei não distingue *autoridade;* estende o significado a todo aquele que tenha poder de comando, assim definido no direito administrativo" (*Lei dos Registros Públicos comentada.* 16. ed. São Paulo: Saraiva, 2006, p. 257).

Por sua vez, Regnoberto M. de Melo Jr. defende que a norma "não tem eficácia por inválida, haja vista não ter sido recebida pela CF. Assim, em resumo, o sobrestamento do processo registral (e de averbação) no RCPJ só acontece em duas hipóteses: de ofício, pelo registrador, ou mediante ordem judicial" (Op. cit., p. 245).

O melhor entendimento, contudo, é o de André Gomes Netto, cujo argumento é: "somos da opinião de que a partir de uma interpretação conforme a constituição o disposto no parágrafo único permite que qualquer pessoa, física ou jurídica, nacional ou estrangeira, requeira, por escrito, ao Registrador o sobrestamento do procedimento de registro dos atos constitutivos de entidades que afrontariam, em tese, os preceitos que a lei visou proteger. Pode o Registrador acatar ou não o pedido de sobrestamento do registro. Em caso de acatamento segundo a sua prudente discricionariedade, o Registrador suscitará a dúvida ao Juízo competente. Em caso de recusa do requerimento, o seu signatário poderá formular pedido de providências ao Órgão Corregedor do Ofício Registral e/ou ao Órgão do Ministério Público competente, além das medidas judiciais que entender cabíveis" (*Lei de Registros Públicos comentada.* Rio de Janeiro: Forense, 2019, p. 348).

Frise-se que a *dúvida* mencionada no dispositivo em questão, **não foi empregada no sentido técnico** daquela definida nos arts. 198 e seguintes da Lei 6.015/1973, que é o procedimento administrativo competente para **dirimir dissenso** entre o usuário do serviço e o registrador, sendo vedado ao oficial instaurar tal procedimento de ofício. No caso do art. 115, a possibilidade de instauração de ofício assegurada pela lei está relacionada à **grave perturbação da ordem jurídica.**

2. QUESTÕES DE CONCURSOS

01. (FGV - 2023 - TJ-SE - Atividade Notarial e de Registro - Provimento) O oficial do Registro Civil das Pessoas Jurídicas recebeu para registro o contrato social da sociedade empresária Alfa, cuja atividade econômica consistia na intermediação entre pessoas interessadas na compra e venda de órgãos e tecidos humanos.

Por entender que o objeto da sociedade civil é manifestamente ilícito, o oficial, corretamente:

a) negou-se a registrar o contrato social, comunicando as razões ao apresentante;
b) sobrestou o processo de registro e suscitou dúvida para o juiz competente, que decidirá;
c) negou-se a registrar o contrato social, decisão proferida ad referendum do juiz competente;
d) registrou o contrato social, apondo nota, à margem do registro, a respeito da ilicitude do objeto;
e) deve aguardar o decurso do prazo do edital publicado e, se for apresentada provocação por qualquer interessado, encaminhará os autos para decisão do juiz competente.

02. (IESES – Titular de Serviços de Notas e Registros – TJ – TO – Provimento/2022) Conforme artigo publicado por João Rodrigo Stinghen, o registro civil de pessoas jurídicas (RCPJ), uma das atribuições da atividade registral, é um dos tipos de serventias extrajudiciais mais relevantes do sistema cartorário brasileiro, pois nele se registram os atos constitutivos de associações, sociedades simples, fundações, organizações religiosas e partidos políticos, bem como as matrículas de jornais e periódicos. Sobre RCPJ assinale a alternativa INCORRETA.

a) As sociedades civis que revestirem as formas estabelecidas nas leis comerciais, salvo as anônimas, serão inscritas no Registro Civil de Pessoas Jurídicas.
b) Não poderão ser registrados os atos constitutivos de pessoas jurídicas, quando o seu objeto ou circunstâncias relevantes indiquem destino ou atividades ilícitos ou contrários, nocivos ou perigosos ao bem público, à segurança do Estado e da coletividade, à ordem pública ou social, à moral e aos bons costumes. Ocorrendo qualquer destes motivos, o oficial do registro sobrestará o processo de registro e suscitará dúvida, somente se ocorrer a devida provocação de autoridade competente, para que o Juiz decida.
c) Os atos constitutivos e os estatutos dos partidos políticos.
d) Os contratos, os atos constitutivos, o estatuto ou compromissos das sociedades civis, religiosas, pias, morais, científicas ou literárias, bem como o das fundações e das associações de utilidade pública serão inscritos no Registro Civil de Pessoas Jurídicas.

GAB	1	B	2	B

Art. 116. Haverá, para o fim previsto nos artigos anteriores, os seguintes livros:

I – Livro A, para os fins indicados nos incisos I e II do *caput* do art. 114 desta Lei; e

II – Livro B, para matrícula das oficinas impressoras, jornais, periódicos, empresas de radiodifusão e agências de notícias.

1. COMENTÁRIOS

Inicialmente, é importante mencionar que o art. 116 foi alterado pela Medida Provisória n. 1.085, de 27 de dezembro de 2021, convertida na Lei 14.382, de 27 de junho de 2022.

Até então, o Livro "A" deveria conter 300 folhas, enquanto o Livro "B" possuía 150 folhas.

A nova redação deste dispositivo deixa claro que os livros de registro civil das pessoas jurídicas, assim como os do registro civil, não possuirão mais um limite exato de folhas para cada livro, podendo ficar a critério de cada oficial registrador.

O **Livro "A"** é destinado a realizar o registro ou a inscrição (lembrando que neste contexto, são expressões sinônimas) dos atos constitutivos, compromissos ou estatutos das associações, organizações religiosas, sindicatos, partidos políticos e fundações, assim como contratos das sociedades simples e cooperativas.

Além disso, deverão constar no registro todas as averbações dos atos posteriores que de alguma forma o alterem.

Para o Conselho Superior da Magistratura Paulista e diversas Normas das Corregedorias dos Estados, no tocante ao Registro Civil de Pessoas Jurídica, o **registro (estrito senso) consiste na inscrição/transcrição do ato constitutivo. Tudo o que vier depois será ato de averbação.**

O **Livro "B"** destina-se à realização das matrículas de jornais, revistas, e outros periódicos, gráficas e oficinas impressoras, empresas de radiodifusão, empresas ou agência noticiosas, vale dizer, meios de comunicação em geral.

O artigo 116 da lei não faz menção explícita ao Livro Protocolo como ferramenta obrigatória para o registro de todos os requerimentos, documentos, papéis e títulos, incluindo aqueles relacionados a atos de registro, averbação e prenotação de títulos não registrados de imediato. No entanto, a análise dos artigos 11 e 12 da Lei 6.015/1973 revela a necessidade implícita de tal livro.

Essa necessidade se torna ainda mais evidente quando se observa que a maioria das Corregedorias Gerais dos Estados já prevê, em suas normativas, a obrigatoriedade do Livro Protocolo, inclusive com a possibilidade de haver livros específicos para diferentes fins. Diante disso, recomenda-se fortemente a adoção de um Livro Protocolo exclusivo para o Registro Civil de Pessoas Jurídicas, distinto daquele utilizado para o Registro de Títulos e Documentos.

2. QUESTÕES DE CONCURSOS

01. (FMP – Cartório – TJ – MT/2014) Acerca da escrituração no Registro Civil de Pessoas Jurídicas, assinale a afirmativa correta.

a) Os jornais, periódicos, empresas de radiodifusão e agências de notícias serão matriculados no Livro B.

b) As oficinas impressoras serão matriculadas no Livro C.
c) Os atos constitutivos das fundações e das sociedades empresárias serão registrados no Livro A.
d) Os atos constitutivos das associações e dos partidos políticos serão registrados no Livro B.
e) O protocolo dos títulos apresentados será feito no Livro C.

02. (Cespe – Cartório – TJ – DF/2014) Com relação ao registro de jornais, oficinas impressoras, empresas de radiodifusão e agências de notícias, assinale a opção correta.
a) As empresas de radiodifusão constituídas como sociedade anônima não podem ser matriculadas no registro civil das pessoas jurídicas.
b) A ausência de matrícula das agências de notícias não implica sua clandestinidade.
c) O procedimento de matrícula dos jornais deve ser instruído mediante a publicação de editais em jornais de grande circulação ou na imprensa oficial, indicando-se o nome, a idade, a residência e a prova da nacionalidade do diretor ou redator-chefe.
d) As empresas distribuidoras de jornais, revistas e demais publicações periódicas devem ser matriculadas no registro civil das pessoas jurídicas.
e) A alteração do local das instalações de estúdio não deve ser averbada na matrícula constante do registro civil das pessoas jurídicas, dado não implicar modificação estatutária das empresas de radiodifusão.

03. (Vunesp – Cartório – SP – Remoção/2016) No Registro Civil de Pessoas Jurídicas,
a) os livros A e B poderão ser substituídos por sistema de microfilmagem, obedecidas as formalidades legais.
b) não haverá livro de protocolo.
c) os contratos, atos, estatutos ou publicações registrados deverão ser arquivados em papel, ainda que adotado o sistema de microfilmagem.
d) na qualificação registral, atentar-se-á apenas aos requisitos formais do documento, não sendo relevante se o objeto social é, por exemplo, contrário ao bem público, ou à moral e aos bons costumes.

GAB	1	A	2	B	3	A

Art. 117. Todos os exemplares de contratos, de atos, de estatuto e de publicações, registrados e arquivados serão encadernados por periódicos certos, acompanhados de índice que facilite a busca e o exame.

Art. 118. Os oficiais farão índices, pela ordem cronológica e alfabética, de todos os registros e arquivamentos, podendo adotar o sistema de fichas, mas ficando sempre responsáveis por qualquer erro ou omissão.

1. COMENTÁRIOS

Em consonância com a era da informação, a implementação de um sistema digitalizado para registro e arquivamento de dados se configura como uma alternativa mais moderna e eficiente em relação ao tradicional sistema de fichas.

Ao implementar um sistema digitalizado para registro e arquivamento de dados, o serviço público demonstra sua adesão aos princípios da eficiência e da continuidade, oferecendo um atendimento mais célere, seguro e confiável à população.

O art. 118 evidencia ainda a responsabilidade civil e criminal do oficial registrador por qualquer erro ou omissão. Sobre o tema, remetemos o leitor aos comentários dos arts. 22, 23 e 24 da Lei 8.935/1994, desta obra.

2. QUESTÃO DE CONCURSO

01. (IESES – Cartório – TJ – PB/2014) Examine as seguintes assertivas relativas ao Registro Civil de Pessoas Jurídicas:
I. No Livro "A" serão registrados os contratos, atos constitutivos e estatuto, ou compromissos das sociedades civis, religiosas, pias, morais, científicas ou literárias.
II. No registro civil das pessoas jurídicas serão matriculados: os jornais e demais publicações periódicas; oficinas impressoras de quaisquer natureza, pertencentes a pessoas naturais ou jurídicas; empresas de radiodifusão que mantenham serviços de notícias, reportagens, comentários, debates e entrevistas.
III. Os oficiais providenciarão índices, pela ordem cronológica e alfabética, de todos os registros e arquivamentos, sendo vedada à adoção do sistema de fichas.
IV. É passível de inscrição no Registro Civil de Pessoas Jurídicas o estatuto das sociedades civis que estiverem revestidas das formas estabelecidas nas leis comerciais, salvo as anônimas.
a) Somente os itens I, II e IV estão corretos.
b) As alternativas I, II, III e IV estão corretas.
c) Somente os itens I e III estão corretos.
d) Somente os itens III e IV estão corretos.

GAB	1	A

Art. 119. A existência legal das pessoas jurídicas só começa com o registro de seus atos constitutivos.

Parágrafo único. Quando o funcionamento da sociedade depender de aprovação da autoridade, sem esta não poderá ser feito o registro.

1. COMENTÁRIOS

O dispositivo em questão abriga igual sentido à regra dos arts. 45 e 985 do Código Civil, vejamos:

> **Art. 45.** Começa a existência legal das pessoas jurídicas de direito privado com a inscrição do ato constitutivo no respectivo registro, precedida, quando necessário, de autorização ou aprovação do Poder Executivo, averbando-se no registro todas as alterações por que passar o ato constitutivo.
>
> Parágrafo único. Decai em três anos o direito de anular a constituição das pessoas jurídicas de direito privado, por defeito do ato respectivo, contado o prazo da publicação de sua inscrição no registro.
>
> **Art. 985.** A sociedade adquire personalidade jurídica com a inscrição, no registro próprio e na forma da lei, dos seus atos constitutivos (arts. 45 e 1.150).

É importante ressaltar que algumas atividades dependem ainda de aprovações de autoridades específicas, como as do **Banco Central**, do **Ministério das Comunicações**, de **autorização ambiental**, e outros.

Se a sociedade depende de **autorização governamental** para funcionar, o oficial de registro deverá exigir sua apresentação, para que proceda à inscrição da pessoa jurídica.

Da mesma forma, o registro de entidades de previdência privada depende de autorização do Ministério da Fazenda, quando se tratar de sociedade aberta, ou do Ministério da Previdência Social, quando se tratar de entidade de natureza fechada.

No tocante às associações, a Constituição Federal é clara ao estabelecer que sua instituição independe de autorização governamental.

No Registro Civil das Pessoas Jurídicas, é imprescindível que o oficial observe os princípios registrais, principalmente o da continuidade, que exige o encadeamento dos atos jurídicos para que o registro mantenha a efetiva coerência com o que modifica a situação jurídica da sociedade ou associação. Em outras palavras, para que seja possível a recepção do título atual, é necessário o registro dos títulos antecedentes.

Para ilustrar, invoca-se o recente enunciado 40 da I Jornada de Direito Notarial e Registral, a saber:

> **Enunciado 40.** Em razão do princípio da continuidade registral, antes de averbar a ata de eleição/nomeação e posse da atual diretoria e órgãos deliberativos das pessoas jurídicas, é necessária a averbação das atas anteriores de eleição/nomeação e posse, bem como de qualquer alteração havida no decorrer dos respectivos mandatos.
>
> ⦿ Justificativa: O princípio da continuidade registral visa dar fidedignidade ao registro e, consequentemente, segurança jurídica aos atos registrados. Nesse passo, é de extrema importância que a composição da diretoria e dos órgãos deliberativos da pessoa jurídica estejam corretamente averbados no registro, pois a responsabilidade dos administradores se inicia e finaliza com o registro da ata de eleição/nomeação. Assim, é necessária a averbação de todas as atas anteriores de eleição/nomeação e posse da diretoria e órgãos deliberativos da pessoa jurídica, antes de se proceder à averbação da atual ata da eleição/nomeação e posse, por extensão do prescrito no art. 45, do Código Civil.

Frise-se que no Estado de São Paulo, as decisões proferidas pela 1ª Vara de Registros Públicos têm entendido que o princípio da continuidade pode ser mitigado pelo **princípio da compatibilidade,** desde que **não seja utilizada para atos de mera usurpação.** Nas palavras de Graciano Pinheiro de Siqueira "trata-se do respeito ao princípio da boa-fé e a um interesse social subjacente, qual seja, o de regularizar a vida de uma entidade, a fim de que esta possa reativar-se e/ou prosseguir com as atividades para as quais foi criada. Tal compatibilidade é apurada, num primeiro instante, pelo oficial registrador, que fará um cotejamento entre as pessoas a que aparecessem no título que se pretende averbar com aquelas que constam no último ato registrado e arquivado em Cartório. Se forem as mesmas ou, pelo menos, parte delas, notadamente os que integravam a Diretoria (o que é muito difícil), haverá a tal compatibilidade, sendo, assim, possível a averbação (*Direito Notarial e Registral avançado*. São Paulo: Revista dos Tribunais, 2014, p. 268-269).

A constituição de sociedade entre cônjuges é viável, **mas com ressalvas.** O Código Civil de 2002, em seu artigo 977, impôs restrições, **facultando** essa modalidade apenas para casais que **não** estejam sob o regime da comunhão universal de bens ou da separação obrigatória.

Ocorre que a promulgação do Código Civil de 2002, e o consequente artigo 977 que impôs restrições à constituição de sociedades entre cônjuges em determinados regimes de bens, gerou dúvidas e debates acerca da situação de **sociedades já existentes antes da vigência do novo Código.**

Para as Juntas Comerciais, o Departamento Nacional de Registro do Comércio e o Conselho da Justiça Federal (Enunciado 204), não há necessidade de alteração do contrato social das sociedades comerciais entre cônjuges casados sob o regime da comunhão universal e separação obrigatória constituídas anteriormente à vigência do novo Código Civil, fundamentado no respeito ao ato jurídico perfeito e ao direito adquirido.

Para esclarecer essa questão, abordaremos a posição das Juntas Comerciais, do Departamento Nacional de Registro do Comércio (DNRC) e do Conselho da Justiça Federal (Enunciado 204), bem como o entendimento do Tribunal de Justiça do Estado de São Paulo.

→ **Posição das Juntas Comerciais e do DNRC:**

- **Enunciado 204 do Conselho da Justiça Federal:** Dispõe que não há necessidade de alterar o contrato social das sociedades entre cônjuges em questão, **respeitando o ato jurídico perfeito e o direito adquirido.**

- **Juntas Comerciais e DNRC:** Em consonância com o Enunciado 204, as Juntas Comerciais e o DNRC **não exigem a alteração** do contrato social nessas situações.

→ **Fundamentos da Posição:**

- **Princípio do Ato Jurídico Perfeito:** Garante a **imutabilidade** dos efeitos jurídicos de atos praticados sob a lei vigente à época.
- **Direito Adquirido:** Assegura a **proteção** de direitos já adquiridos pelos cônjuges sob a lei anterior.
- **Segurança Jurídica:** Evita a **insegurança** e a **desestabilização** das relações jurídicas já estabelecidas.
- **Previsibilidade:** Permite aos agentes jurídicos agir com **maior clareza e confiança**.

O Tribunal de justiça do Estado de São Paulo também entende dessa forma. Veja-se:

> Ação de obrigação de fazer – Oficial registrário que nega averbação de alteração social de sociedade simples, consistente na mera mudança de endereço, fundamentando-se na regra do artigo 977 do Código Civil. Sociedade constituída antes do advento da Lei Federal nº 10.046/2002. Aplicação da regra do artigo 5º, XXXVI, da Constituição Federal. A proibição contida na regra legal não atinge as sociedades entre cônjuges já constituídas ao tempo em que o Código Civil de 2002 entrou em vigor. Recurso provido. Sentença reformada. A r. sentença, com a devida vênia, comporta reforma, porquanto a lei não pode retroagir para alcançar situação constituída no passado, sobretudo quando impõe restrições que ao tempo da lei anterior inexistiam. É o que se retira da regra do artigo 5º, XXXVI, da Constituição Federal, havendo de se consignar que a irretroatividade é a regra, abrindo-se a exceção apenas quando não estiver configurada ofensa a direito adquirido e ao ato jurídico perfeito. Não por outra razão, a doutrina entende que 'A proibição de sociedade entre pessoas casadas sob regime da comunhão universal ou da separação obrigatória só atinge as sociedades constituídas após a vigência do Código Civil de 2002' (Maria Helena Diniz, *Código Civil anotado*, 12. Ed., São Paulo: Saraiva, 2006, p. 767, citando o Enunciado nº 204 do Conselho da Justiça Federal, aprovado na III Jornada de Direito Civil). Neste sentido também se orienta a jurisprudência: Mandado de segurança. Sociedade regularmente registrada na junta comercial entre marido e mulher. Superveniência do Código Civil de 2002. Artigo 977 a proibir sociedade entre casados no regime da comunhão universal ou no da separação obrigatória. Direito adquirido dos sócios. Segurança concedida. Apelo da Fazenda desprovido. Código Civil, art. 977. Desnecessidade de adoção de regime diverso de casamento – § 20 do artigo 1.639 do CC ou de desfazimento da sociedade ou do matrimônio, para cumprir o preceito do artigo 977. Direito adquirido dos cônjuges que formaram sociedade antes da vigência do novo Código Civil. Apelo da Fazenda desprovido. **A vedação do artigo 977 do CC não se aplica às sociedades registradas anteriormente à vigência da nova lei, mas incide apenas para as sociedades a serem constituídas após 11.1.2003**. O artigo 2.031 do CC não incide sobre sociedades entre cônjuges cujos atos constitutivos sejam anteriores ao advento da nova normatividade, pois a eles socorre o direito adquirido de índole fundante e de ênfase explicitada na Constituição de 1988, a partir da alteração topográfica do capítulo dos direitos e garantias individuais" (TJSP, Apelação Cível 358.867 – 5/0-00, 1ª Câmara de Direito Público, Rel. Des. Renato Nalini, j. 18.04.2006).

Por outro lado, Pablo Stolze Gagliano e outros, entendem que essas sociedades antigas devem se adaptar ao Código Civil de 2002, à medida que a norma do art. 977 é de ordem pública. Sendo assim,não há que se falar em ato jurídico perfeito ou direito adquirido. Além disso, defendem que o contrato de sociedade é contrato de trato sucessivo, que não se esgota no momento de sua pactuação.

Corrobora este entendimento, a Corregedoria Geral da Justiça do Estado de São Paulo:

> "Registro Civil de Pessoa Jurídica – Pedido de averbação de alteração contratual – Recusa, por um dos sócios ser casado no regime da comunhão universal – Inteligência do art. 977 do Código Civil – Vedação legal à constituição da sociedade com terceiros, incidente, apenas, se ambos os cônjuges dela participarem – Recurso provido" (Proc. CG 2007/32151).

Existe ainda uma terceira posição sobre o tema, que atenta para a posição topográfica em que situado o aludido art. 977 do CC. Defende-se neste caso que tal regra deveria ser aplicada tão somente ao empresário e, consequentemente, ao sócio de sociedade empresária. Assim, a sociedade simples estaria de fora da regra, uma vez que é considerada sociedade não empresária. Todavia, o Supremo Tribunal Federal já decidiu algumas vezes, em decisões não unânimes, que a regra do art. 977 também se aplica à sociedade de natureza simples.

Por fim, é vedado o registro, no Registro Civil das Pessoas Jurídicas, da constituição de firmas individuais e de sociedade de advogados.

2. JURISPRUDÊNCIA COMPLEMENTAR

⊙ TRIBUNAL DE JUSTIÇA DO ESTADO DE SÃO PAULO

⊙ CORREGEDORIA GERAL DA JUSTIÇA

▶ **EMENTA:** REGISTRO CIVIL DAS PESSOAS JURÍDICAS – Necessidade de adaptação das sociedades, constituídas na forma de leis anteriores ao Código Civil de 2002, antes de sua regular extinção – Inteligência do art. 2.031 e artigos que tratam da dissolução e liquidação das sociedades – Exigência correta. (PROCESSO Nº 2013/166848 – SÃO PAULO) – Parecer (28/2014-E). Excelentíssimo Senhor Corregedor Geral da Justiça: Cuida-se de procedimento iniciado por interessado em registrar distrato de empresa inativa, ao argumento de que não é razoável que, para essa providência, o Oficial do Registro Civil das Pessoas Jurídicas exija sua adaptação ao Código Civil de 2002. Colheram-se informações na ANOREG e do IRTDPJ-SP, que esclareceram que a exigência é justificada, na medida em que o art. 2.031 do Código Civil concedeu prazo para a adaptação e ela é necessária para que se proceda à correta dissolução e liquidação das sociedades. É o relatório. Passo a opinar. A exigência é mesmo justificada. Com efeito, não obstante a inatividade de fato de uma sociedade, ela permanece, enquanto não dissolvida, existente e sujeito de obrigações. Por essa razão, os artigos 1.102 e seguintes prescrevem a forma como, depois de dissolvida a sociedade, ela será liquidada. Apenas após a regular liquidação, com seu encerramento, é que se verificará a existência de credores não satisfeitos e se apurará a responsabilidade dos sócios e até mesmo do liquidante. Para essa verificação, no entanto, é necessário que a sociedade esteja adaptada ao regime do Código Civil. Ao contrário do que imagina o interessado e muitos sócios que pretendem a pura e simples extinção formal das sociedades de que fazem parte, essa extinção é condicionada ao regramento legal. Esse regramento veio exposto, de maneira detalhada, no Código Civil. Como corolário, o mesmo diploma legal, em suas Disposições Finais e Transitórias, dispôs, no art. 2.031, que *"as associações, sociedades e fundações, constituídas na forma das leis anteriores, bem como os empresários, deverão se adaptar às disposições deste Código até 11 de janeiro de 2007.* "Veja-se que foi concedido tempo absolutamente suficiente para a adaptação, quatro anos desde a entrada em vigor do Código. Ainda que se trate de sociedades inativas, de fato, mas formalmente ativas e, por isso, sujeitos de direitos e obrigações, a adaptação era cogente e, necessariamente, anterior à dissolução e extinção. Em resumo: pretendendo-se a extinção da sociedade, deve-se seguir o que determina o regramento do Código Civil. E para a obediência a esse regramento, o primeiro passo é a adaptação. Cuida-se, frise-se, de normas cogentes, que o Oficial não pode ignorar. Logo, não é mesmo viável permitir o registro de distrato sem que, antes, se adapte a sociedade, na forma do art. 2.031 do Código Civil e sejam obedecidas as suas prescrições. Assim, o parecer que submeto a Vossa Excelência é no sentido de orientar os Oficiais do Registro Civil das Pessoas Jurídicas a exigir, para o registro de distrato das sociedades constituídas antes da entrada em vigor do Código Civil de 2002, a adaptação de seu contrato social, na forma do seu art. 2.031. E, diante da relevância da matéria, sugiro a publicação do presente parecer, por três vezes, no D.O.E. Sub censura. São Paulo, 30 de janeiro de 2014. Swarai Cervone de Oliveira. Juiz Assessor da Corregedoria. DECISÃO: Vistos. Aprovo o parecer do MM. Juiz Auxiliar da Corregedoria, por seus fundamentos, e determino a publicação do parecer, para orientação aos Oficiais do Registro Civil das Pessoas Jurídicas, em três dias alternados no D.O.E. Publique-se. São Paulo, 11 de fevereiro de 2014. (a) HAMILTON ELLIOT AKEL, Corregedor Geral da Justiça. (D.J.E. de 27.02.2014 – SP)".

3. QUESTÕES DE CONCURSOS

01. (Vunesp – Outorga de Delegação de Notas e Registros – TJ – GO/2021) Apresentados para registro, em Registro Civil de Pessoas Jurídicas, atos constitutivos de sociedade simples com designação, no respectivo estatuto, de administrador finlandês:

a) Deve ser formalizada a recusa do registro porque o administrador, que também é sócio, é casado no regime da comunhão parcial de bens com uma das sócias da sociedade.
b) Não haverá óbice ao registro desde que o estrangeiro apresente seu documento de identidade expedido em seu país de origem.
c) Deve ser formalizada a recusa, na hipótese de o administrador ter sido condenado criminalmente por crime contra as relações de consumo, perdurando os efeitos da condenação.
d) O registrador deverá recusar o registro na medida em que só brasileiros podem atuar como administradores de sociedades simples.

02. (IESES – Cartório – Provimento – TJ – AM/2018) Em relação ao registro civil de pessoas jurídicas assinale a alternativa correta:

a) No registro civil de pessoas jurídicas serão inscritos os atos constitutivos e os estatutos das pessoas jurídicas de direito público interno.
b) No registro civil de pessoas jurídicas serão inscritos as sociedades civis que revestirem as formas estabelecidas nas leis comerciais, inclusive as anônimas.
c) Poderão ser registrados os atos constitutivos de pessoas jurídicas, quando o seu objeto ou circunstâncias relevantes indiquem destino ou atividades ilícitos ou contrários, nocivos ou perigosos ao bem público, à segurança do Estado e da coletividade, à ordem pública ou social, à moral e aos bons costumes, desde que exista ordem judicial.
d) Quando o funcionamento da sociedade depender de aprovação da autoridade, sem esta não poderá ser feito o registro.

03. (Cespe – Cartório-PI/2013) No que tange à legalidade e aos efeitos da inscrição de atos no ofício do registro de pessoas jurídicas, assinale a opção correta.

a) É possível o registro, no ofício do registro de pessoas jurídicas, de sociedades civis cuja finalidade seja o desempenho da atividade de advocacia.
b) Não deve ser rejeitada a inscrição de atos constitutivos de pessoas jurídicas e suas alterações, ainda que seu objeto indique a realização de atividades contrárias aos bons costumes, dado o registrador ater-se, no momento da qualificação, apenas aos aspectos formais do título.
c) O registro de sociedade independe de sua inscrição, ou da de seus associados, em órgãos de fiscalização profissional.
d) O registro do estatuto de partido político no registro de pessoas jurídicas assegura a essa organização social a exclusividade no uso de sua denominação, sigla e símbolos, vedando-se a utilização, por outros partidos, de variações de designação que venham a induzir ao erro ou à confusão de identificação.
e) É possível a inscrição de quaisquer atos relativos a associações, organizações religiosas, sindicatos, fundações e sociedades simples, ainda que os respectivos atos constitutivos não estejam registrados no ofício do registro.

04. (IESES – Cartório – TJ – RS/2013) A respeito da competência e efeitos do Registro Civil de Pessoas Jurídicas, assinale a alternativa correta.

a) O registro dos estatutos dos partidos políticos, dos jornais, periódicos, oficinas impressoras e agências de notícias serão realizados no Livro B.
b) Começa a existência legal das pessoas jurídicas de direito privado com a inscrição do ato constitutivo no respectivo registro, precedida, quando necessário, de autorização ou aprovação do Poder Executivo, averbando-se no registro todas as alterações por que passar o ato constitutivo.
c) Para início de existência legal, devem ser registradas no Registro Civil e de Pessoas Jurídicas as associações, as sociedades simples, as fundações e, facultativamente, as cooperativas.
d) O registro do contrato social das sociedades simples no Registro de Títulos e Documentos, quando cumulado com o Registro Civil de Pessoas Jurídicas, gerando efeitos perante terceiros, também confere personalidade jurídica.

GAB	1	C	2	D	3	C	4	B

CAPÍTULO II – DA PESSOA JURÍDICA

Art. 120. O registro das sociedades, fundações e partidos políticos consistirá na declaração, feita em livro, pelo oficial, do número de ordem, da data da apresentação e da espécie do ato constitutivo, com as seguintes indicações:

I – a denominação, o fundo social, quando houver, os fins e a sede da associação ou fundação, bem como o tempo de sua duração;

II – o modo por que se administra e representa a sociedade, ativa e passivamente, judicial e extrajudicialmente;

III – se o estatuto, o contrato ou o compromisso é reformável, no tocante à administração, e de que modo;

IV – se os membros respondem ou não, subsidiariamente, pelas obrigações sociais;

V – as condições de extinção da pessoa jurídica e nesse caso o destino do seu patrimônio;

VI – os nomes dos fundadores ou instituidores e dos membros da diretoria, provisória ou definitiva, com indicação da nacionalidade, estado civil e profissão de cada um, bem como o nome e residência do apresentante dos exemplares.

Parágrafo único. Para o registro dos partidos políticos, serão obedecidos, além dos requisitos deste artigo, os estabelecidos em lei específica.

1. COMENTÁRIOS

O Código Civil de 2002 inseriu, a partir do art. 40, várias alterações no que se refere às pessoas jurídicas, dispondo no art. 46 os elementos que o registro da pessoa jurídica deve conter.

Importante ressaltar que o art. 46 do Código Civil estabelece **requisitos especiais e diversos do art. 120 da Lei de Registros Públicos, porém, sem se conflitarem**. Demais disso, não há problema se o instrumento contiver maior número de indicações que as exigidas no texto, pois os artigos elencam os basilares.

Ao realizar a qualificação registral, o oficial de registro deve fazer um exame formal e zeloso do ato constitutivo e dos documentos apresentados, utilizando-se de princípios registrários e da legislação.

Ressalte-se que os títulos judiciais não estão imunes à qualificação registrária. Não estando o título apto para registro, o registrador deve devolvê-lo ao apresentante ou interessado, fundamentando seus motivos por escrito. Não se conformando com as exigências, caberá o procedimento de dúvida do art. 198 desta Lei.

Nos termos do art. 46 do Código Civil, o registro declarará:

I) a denominação, os fins, a sede, o tempo de duração e o fundo social, quando houver;

II) o nome e a individualização dos fundadores ou instituidores, e dos diretores;

III) o modo por que se administra e representa, ativa e passivamente, judicial e extrajudicialmente;

IV) se o ato constitutivo é reformável no tocante à administração, e de que modo;

V) se os membros respondem, ou não, subsidiariamente, pelas obrigações sociais;

VI) as condições de extinção da pessoa jurídica e o destino do seu patrimônio, nesse caso.

Walter Ceneviva preconiza, no que se refere à associação, que "a Lei 11.127/05 substituiu a rigidez do Código Civil em sua redação originária pela maior liberdade organizacional das associações e aos termos de seus estatutos. Há, porém, normas cogentes, das quais o oficial deve cuidar, quando lhe caiba examinar os estatutos propostos. A especificação do art. 54 do Código Civil (alusivo ao estatuto) não se confunde com a do art. 46 (declarações constantes do registro). O art. 54 diz respeito às regras essenciais à validade da norma interna da associação". (Op. cit., p. 264).

1.1 COMPETÊNCIA REGISTRAL

Sobre a competência registral dos atos constitutivos, o Código Civil de 2002 adotou a teoria da empresa, rompendo-se com teoria dos atos de comércio, na distinção entre as sociedades de direito privado.

Atualmente, as sociedades são classificadas como empresárias ou simples, sendo que a diferenciação não reside mais no objeto social. Ambas realizam atividades econômicas, mas o que as diferencia são as **atividades praticadas, o modo de atuação do sócio, a estrutura** e o **modo pelo qual a atividade econômica é organizada e exercida.** Nesse sentido, prescreve o art. 966 do Código Civil:

Art. 966. Considera-se empresário quem exerce profissionalmente atividade econômica organizada para a produção ou a circulação de bens ou de serviços.

Parágrafo único. Não se considera empresário quem exerce profissão intelectual, de natureza científica, literária ou artística, ainda com o concurso de auxiliares ou colaboradores, salvo se o exercício da profissão constituir elemento de empresa.

Com efeito, a competência para o registro das sociedades empresárias é da Junta Comercial do Estado onde estiver sediada, enquanto que o registro das sociedades simples se faz, como se sabe, no Registro Civil de Pessoas Jurídicas do local da sua sede.

1.2 REGULARIDADE DO REGISTRO

Quanto à regularidade do registro, prescreve o art. 2.031 do Código Civil:

Art. 2.031. As associações, sociedades e fundações, constituídas na forma das leis anteriores, bem como os empresários, deverão se adaptar às disposições deste Código até 11 de janeiro de 2007.

Parágrafo único. O disposto neste artigo não se aplica às organizações religiosas nem aos partidos políticos.

Inicialmente, estabeleceu-se o prazo de um ano, a partir da sua vigência, para que as associações, sociedades e fundações se adaptassem às prescrições do novo Código. Posteriormente, tal prazo foi ampliado para 11 de janeiro de 2007, conforme a Lei 11.127/2005.

Discutiu-se sobre as consequências jurídicas dessa norma. A posição majoritária é no sentido de que as pessoas jurídicas não adaptadas às disposições do Código Civil até o prazo concedido, são tidas como sociedades em comum ou irregulares, como se não regularmente inscritas ou registradas. Entre as várias consequências, a principal é que tais sociedades ficam desprovidas de personalidade jurídica, obrigando os sócios a responderem ilimitadamente pelas obrigações sociais.

Graciano Pinheiro de Siqueira ao comentar sobre o tema, ressalta que "a referida regra do art. 2.031 do diploma civil pátrio não se aplica apenas ao caso de distrato social, mas, também a todo ato de pessoa jurídica constituída antes da vigência do Código Civil de 2002, qualquer que seja a espécie desta (associação, sociedade e fundação), e, apesar do prazo de adequação já ter se expirado em 11 de janeiro de 2007, isso não significa que quem ainda não se adaptou esteja desobrigado de fazê-lo. Assim sendo, não será possível, v.g., averbar, no RCPJ, uma alteração de contrato social de simples mudança de sede, caso o contrato social não esteja adequado às regras do CC, no mínimo para dizer que a sociedade, que tinha natureza civil, passou a ter natureza simples ou empresária. Da mesma forma, não poderá ser averbada, p. ex., uma ata de eleição de Diretoria de associação, se esta não estiver com seu estatuto devidamente ajustado às disposições do atual Código Civil. O mesmo se diga em relação ao registro de livros contábeis das pessoas jurídicas, etc." (Op. cit., p. 80).

1.3 VISTO DE ADVOGADO

Reza o § 2º do art. 1º da Lei 8.906/1994 (Estatuto da Advocacia):

> § 2º Os atos e contratos constitutivos de pessoas jurídicas, sob pena de nulidade, só podem ser admitidos a registro, nos órgãos competentes, quando **visados** por advogados.

Dessa forma, o contrato social ou ato constitutivo deve obrigatoriamente ter visto do advogado, sob pena de impedir o registro.

No caso de fundação, deve haver o consentimento do Ministério Público ou suprimento judicial.

O visto de advogado foi declarado constitucional pelo Supremo Tribunal Federal na Adin 1.194-4/DF.

Todavia, o art. 9º, § 2º do Estatuto da Microempresa (ME) e Empresa de Pequeno Porte (EPP), Lei Complementar nº 123/2006, é claro ao determinar que: "*Não se aplica às Microempresas e às Empresas de Pequeno Porte o disposto no § 2º do art. 1º da Lei nº 8.906, de 4 de julho de 1994.*"

1.4 EXCLUSÃO DE SÓCIO

Exclusão de sócio significa a sua retirada forçada na sociedade.

Por ora, vamos nos ater à exclusão de sócio por justa causa, previstas nos arts. 1.030 e 1.085, ambos do Código Civil. Vale a transcrição para melhor compreensão do tema:

> **Art. 1.030.** Ressalvado o disposto no art. 1.004 e seu parágrafo único, pode o sócio ser excluído judicialmente, mediante iniciativa da maioria dos demais sócios, por falta grave no cumprimento de suas obrigações, ou, ainda, por incapacidade superveniente.
>
> Parágrafo único. Será de pleno direito excluído da sociedade o sócio declarado falido, ou aquele cuja quota tenha sido liquidada nos termos do parágrafo único do art. 1.026.
>
> **Art. 1.085.** Ressalvado o disposto no art. 1.030, quando a maioria dos sócios, representativa de mais da metade do capital social, entender que um ou mais sócios estão pondo em risco a continuidade da empresa, em virtude de atos de inegável gravidade, poderá excluí-los da sociedade, mediante alteração do contrato social, desde que prevista neste a exclusão por justa causa.
>
> Parágrafo único. Ressalvado o caso em que haja apenas dois sócios na sociedade, a exclusão de um sócio somente poderá ser determinada em reunião ou assembleia especialmente convocada para esse fim, ciente o acusado em tempo hábil para permitir seu comparecimento e o exercício do direito de defesa. (Redação dada pela Lei nº 13.792, de 2019)

A regra do art. 1.030 diz respeito à exclusão de sócio na sociedade simples e aos demais tipos societários que utilizam subsidiariamente as regras daquela. Nesse caso, aplica-se apenas a exclusão judicial, nos termos do referido artigo.

Todavia, o **Enunciado 280 da IV Jornada de Direito Civil do Conselho da Justiça Federal**, permite também a exclusão extrajudicial, nestes termos:

> **Enunciado 280.** Por força do art. 44, § 2º, consideram-se aplicáveis às sociedades reguladas pelo Livro II da Parte Especial, exceto às limitadas, os arts. 57 e 60, nos seguintes termos:
>
> a) Em havendo previsão contratual, é possível aos sócios deliberar a exclusão de sócio por justa causa, pela via extrajudicial, cabendo ao contrato disciplinar o procedimento de exclusão, assegurado o direito de defesa, por aplicação analógica do art. 1085;
>
> b) As deliberações sociais poderão ser convocadas pela iniciativa de sócios que representem 1/5 (um quinto) do capital social, na omissão do contrato. A mesma regra aplica-se na hipótese de criação, pelo contrato, de outros órgãos de deliberação colegiada.

Ressalte-se que o registrador não pode adentrar no mérito se a decisão é justa ou não.

O art. 1.085, por sua vez, permite a exclusão judicial ou extrajudicialmente do sócio minoritário. O papel do registrador é verificar se aquele cuja exclusão se intenciona foi devidamente notificado, em tempo hábil, para comparecer à reunião ou assembleia, a fim de se defender.

1.5 OPERAÇÕES SOCIETÁRIAS

As operações societárias estão previstas tanto no Código Civil como na Lei das Sociedades Anônimas. São elas: **transformação, incorporação, cisão (total ou parcial) e fusão**. Demais disso, a Lei do Cooperativismo (Lei 5.764/1971), por sua vez, prevê a fusão, incorporação e desmembramento de cooperativas, bem como a mudança de natureza jurídica.

A **transformação** é a operação pela qual a sociedade passa, independentemente de dissolução e liquidação, de um tipo para outro. Ex: Uma sociedade limitada (Ltda.) decide se transformar em sociedade anônima (S.A.). Nesse processo, a empresa muda sua forma jurídica para permitir maior captação de recursos no mercado de ações, mas mantém sua personalidade jurídica, patrimônio e direitos.

Entende-se por **incorporação** a operação pela qual uma ou mais sociedades são absorvidas por outra, que lhes sucede em todos os direitos e obrigações. Ex: A empresa Z (uma grande rede de supermercados) decide incorporar a empresa W (uma rede menor de supermercados). A empresa W é extinta, e todo o seu patrimônio, incluindo lojas, funcionários e operações, é transferido para a empresa Z.

A **fusão** é a operação pela qual se unem duas ou mais sociedades para formar sociedade nova, que lhes sucederá em todos os direitos e obrigações. Com a fusão desaparecem todas as sociedades anteriores para dar lugar a uma só, na qual todas elas se fundem, extinguindo-se todas as pessoas jurídicas existentes, surgindo outra em seu lugar. Ex: A empresa A (uma empresa de tecnologia) e a empresa B (uma empresa de telecomunicações) decidem se fundir para criar a empresa AB, uma nova entidade que combinará os recursos e operações das duas empresas originais.

A **cisão**, por sua vez, é a operação pela qual a sociedade transfere todo ou somente uma parcela do seu patrimônio para uma ou mais sociedades, constituídas para esse fim ou já existentes, extinguindo-se a sociedade cindida – se houver versão de todo o seu patrimônio – ou dividindo-se o seu capital – se parcial a versão. Ex: A empresa X, uma grande empresa de produtos eletrônicos, decide dividir suas operações em duas empresas distintas. A empresa X transfere sua divisão de dispositivos móveis para a nova empresa Y, enquanto mantém suas operações de eletrônicos domésticos sob a empresa X.

Discute-se se essas operações são exclusivas das sociedades ou se poderiam também ser aplicadas nas demais espécies de pessoas jurídicas existentes.

Existe posição no sentido de impossibilidade de aplicação da transformação, incorporação, fusão e cisão para outras espécies que não a sociedade. Todavia, há quem defenda tal possibilidade, cujo argumento é o art. 2.033 do Código Civil.

1.6 CERTIDÕES NEGATIVAS DE DÉBITOS

Sobre o tema, encontramos a seguinte legislação: art. 47, I, letra "d" da Lei 8.212/1991; art. 1º, V e VI, do Decreto-lei 1.715/1979; art. 27, letra "e" da Lei 8.036/1990 – FGTS; e art. 62 do Decreto-Lei nº 147/1967. O distrato social se faz por meio de averbação, sendo necessária, entre outras, a seguinte documentação: original da CND (INSS), original ou fotocópia autenticada da certidão de quitação de tributos e contribuições federais para com a Fazenda Nacional, emitida pela Secretaria da Receita Federal; certificado de Regularidade do FGTS, fornecido pela Caixa Econômica Federal; Certidão de dívida ativa da União.

No Estado de São Paulo, o Parecer 440/12-E, do Processo 2012/63829 da Corregedoria-Geral de Justiça, definiu que as averbações das alterações estatutárias e contratuais ocorram independentemente da previsão do art. 47, I, "d", da Lei 8.212/1991. A decisão foi baseada nos autos da arguição de inconstitucionalidade 139256-75.2011.8.26.000, do Órgão Especial do Tribunal de Justiça do Estado de São Paulo, que declarou a inconstitucionalidade do art. 47, I, *d*, da Lei 8.212/1991.

1.7 PARTIDOS POLÍTICOS

Reza o parágrafo único do art. 120 em análise que "para o registro dos partidos políticos, serão obedecidos, além dos requisitos deste artigo, os estabelecidos em lei específica". A lei em questão é a Lei dos Partidos Políticos (9.096/1995).

O tema já foi objeto de análise nos comentários do art. 114, inciso III, desta Lei.

2. JURISPRUDÊNCIA COMPLEMENTAR

⊙ TRIBUNAL DE JUSTIÇA DO ESTADO DE SÃO PAULO

⊙ CONSELHO SUPERIOR DA MAGISTRATURA

EMENTA: REGISTRO DE TÍTULOS E DOCUMENTOS – Dúvida inversa julgada improcedente – Documentos relacionados a pessoa jurídica não registrada na serventia – Princípio da territorialidade – Impossibilidade de ingresso de documentos para mera publicidade – Pertinência dos óbices apresentados – Impossibilidade de ingresso – Recurso não provido (Apelação Cível nº 0000916-35.2012.8.26.0286). Suscitou o Sindicato dos Trabalhadores nas Indústrias XXX dúvida inversa, diante da recusa de ingresso, pelo Oficial de Registro de Títulos e Documentos da Comarca de XX, de Ata de Assembleia Constitutiva e, posteriormente, de documentos a ela relacionados. Julgada improcedente pela Juíza Corregedora Permanente, interpôs-se a presente apelação, reiteradas as razões anteriormente expostas (fls. 116/118). A Douta Procuradoria de Justiça se manifestou pelo não provimento do recurso. *É uma síntese do necessário.* Postula a recorrente se afaste a negativa de ingresso, pela Registradora de Títulos e Documentos de XX, do registro de Ata de Assembleia constitutiva de pessoas jurídicas e, posteriormente, o registro de documentos a ela relativos, mesmo que para mero conhecimento de terceiros. A regra fundamental em relação às pessoas jurídicas é a publicidade, propiciada por registro público de seus atos constitutivos e averbações das modificações supervenientes, como consta do artigo 45 do Código Civil. O ato constitutivo da pessoa jurídica é um negócio jurídico formal e se submete ao princípio da continuidade, de tal forma que a inscrição subsequente encontre sua procedência na antecedente, e assim por diante. Essa situação é fundamental à segurança jurídica garantida pelos registros públicos. O artigo 45 do Código Civil estabelece: *"Começa a existência legal das pessoas jurídicas de direito privado com a inscrição do ato constitutivo no respectivo registro, precedida, quando necessário, de autorização ou aprovação do Poder Executivo, averbando-se no registro todas as alterações por que passar o ato constitutivo."* Extrai-se da simples leitura da lei, ser necessário um registro anterior para viabilizar averbações a ele referentes, o que não ocorre na hipótese. A averbação, ou o pretendido registro de documentos para mera publicidade, viola o princípio da continuidade pelo mero fato da inexistência de registro anterior. A serventia não abriga o registro dos atos constitutivos do Sindicato. O registro da Ata de Assembleia não consta do acervo da delegação em XX. Por sinal, deflui dos documentos juntados pela própria apelante que a sede do Sindicato se localiza em São Paulo, Capital, aqui fixada a atribuição para registro e posteriores alterações. Bem observa a D. Procuradora de Justiça existir norma expressa desta Corregedoria Geral de Justiça no sentido da vedação de registro de quaisquer atos relativos às associações e sociedades civis, se os atos constitutivos não estiverem registrados no mesmo Serviço. O Sindicato se equipara a pessoa jurídica também para fins deste preceito. Insuperáveis os óbices questionados, correta a negativa de ingresso dos títulos. Ante o exposto, pelo meu voto, nego provimento ao recurso. JOSÉ RENATO NALINI. Corregedor Geral da Justiça e Relator.

⊙ CORREGEDORIA-GERAL DA JUSTIÇA

▶ **EMENTA:** Registro civil de pessoa jurídica. Loteamento – associação. Regulamento interno – eficácia. Advogado – visto. Condomínio fechado. Registro Civil de Pessoa Jurídica – Associação de loteamento – Ata de assembleia geral extraordinária em que se aprovou o regulamento interno – Eficácia e alcance das normas do regulamento – Matéria de natureza intrínseca ao título – Exigência de assinatura de advogado na ata – Desnecessidade – Não comprovação do quórum para a assembleia – Recurso não provido. Processo 12.733/2014. Serra Negra/ São Paulo. J. 14/03/2014, Dje 24/03/2014, rel. des. Elliot Akel. Legislação: CCB – Código Civil Brasileiro| 10.406/2002, ART: 45 |CJESP – Código Judiciário de SP – Dec.-Lei | 3/1969, ART: 246 LRP – Lei de Registros Públicos | 6.015/1973, ART: 127.

⊙ TRIBUNAL DE JUSTIÇA DO ESTADO DE MINAS GERAIS

▶ **EMENTA:** RETIRADA DE SÓCIO. EMPRESA CONSTITUÍDA POR PRAZO INDETERMINADO. INCIDÊNCIA DO ART. 1029 DO CÓDIGO CIVIL. TUTELA ANTECIPADA. REQUISITOS COMPROVADOS. DECISÃO REFORMADA. Para a concessão da tutela antecipada, necessário que todos os requisitos exigidos pelo artigo 273 do Código de Processo Civil estejam presentes, devendo ser apresentada prova inequívoca hábil a convencer a verossimilhança das alegações da parte, aliada ao perigo de dano irreparável ou de difícil reparação. Nos termos da lei civil, qualquer sócio pode retirar-se da sociedade, que sendo constituída por prazo indeterminado exigirá notificação dos demais com antecedência mínima de sessenta dias, prevalecendo a responsabilidade do sócio retirante pelas obrigações sociais enquanto não averbada a alteração contratual no cartório de registro de pessoas jurídicas. Demonstrada a notificação extrajudicial do grupo societário para retirada de integrante do quadro, aliada à ausência de averbação desta alteração contratual no cartório competente, tornam-se presentes os requisitos exigidos pelo artigo 273 do CPC para que seja deferida a tutela antecipada. (TJMG – Ag. In. 1.0024.12.028921-0/001, Relator: Des. Luiz Artur Hilário, 9ª C. Cível, Julgamento: 31/07/2012).

3. QUESTÕES DE CONCURSOS

01. (Cespe – Cartório – TJ – DF/2014) Considerando o disposto no Código Civil e na Lei nº 6.015/1973, assinale a opção correta no que se refere a escrituração e registro.

a) Os efeitos do registro das sociedades simples retroagirão à data da constituição da sociedade, caso haja, no prazo de trinta dias, requerimento da inscrição do contrato social no registro civil das pessoas jurídicas.
b) A empresa individual de responsabilidade limitada deve ser escriturada no Livro A, que conterá trezentas folhas.
c) Os atos constitutivos e os estatutos dos partidos políticos devem ser registrados em livro próprio, que conterá trezentas folhas.
d) Caso o funcionamento de sociedade dependa de autorização do Poder Executivo, o oficial de registro civil das pessoas jurídicas poderá realizar o registro anteriormente à apresentação da autorização pelo interessado, que poderá fazê-lo no prazo de trinta dias, sob pena de cancelamento.
e) A personalidade jurídica da fundação constituída por negócio jurídico entre vivos inicia-se na dotação especial de bens livres, realizada mediante escritura pública.

02. (Vunesp – Cartório – Provimento – TJ – SP/2018) No Registro Civil das Pessoas Jurídicas, exige-se, em regra, visto de advogado nos atos constitutivos, contratos sociais e estatutos das pessoas jurídicas. Em determinadas hipóteses, no entanto, essa providência pode ser dispensada para

a) organizações religiosas.
b) sociedades simples.
c) fundações de direito privado.
d) associações.

GAB	1	A	2	B

Art. 121. O registro será feito com base em uma via do estatuto, compromisso ou contrato, apresentada em papel ou em meio eletrônico, a requerimento do representante legal da pessoa jurídica.

§ 1º É dispensado o requerimento de que trata o *caput* deste artigo caso o representante legal da pessoa jurídica tenha subscrito o estatuto, compromisso ou contrato.

§ 2º Os documentos apresentados em papel poderão ser retirados pelo apresentante nos 180 (cento e oitenta) dias após a data da certificação do registro ou da expedição de nota devolutiva.

§ 3º Decorrido o prazo de que trata o § 2º deste artigo, os documentos serão descartados.

1. COMENTÁRIOS

A MP n. 1.085/2021, convertida na Lei n. 14.382/2022, revogou a Lei 9.042/1973, que dispunha sobre a dispensa de publicação de atos constitutivos de pessoa jurídica para efeito de registro público. Além disso, alterou o caput do artigo 121 da Lei n. 6.015/1973 e acrescentou três novos parágrafos.

O antigo art. 121 exigia apresentação de duas vias do estatuto, compromisso ou contrato, pelas quais far-se-iam o registro mediante petição do representante legal da sociedade, lançando o oficial, nas duas vias, a competente certidão do registro, com o respectivo número de ordem, livro e folha.

Pois bem, indo ao encontro da digitalização e desburocratização dos serviços notariais e registrais, o novo art. 121 solicita apenas **uma via do ato constitutivo** da pessoa jurídica para o registro.

Ademais, não há exigência de firma reconhecida para estes documentos. Todavia, é necessária a formalização, mediante requerimento do documento escrito em uma via podendo ser apresentado mediante papel ou meio eletrônico.

No entanto, se o estatuto, compromisso ou contrato tiver sido subscrito pelo representante legal da pessoa jurídica, fica dispensado este requerimento.

Importante anotar que os atos e contratos constitutivos de pessoas jurídicas, sob pena de nulidade, só podem ser admitidos a registro, nos órgãos competentes, quando visados por advogados (art. 1º, § 2º, da Lei 8.906/1994), nestes termos:

> Art. 1º [...]
>
> § 2º Os atos e contratos constitutivos de pessoas jurídicas, sob pena de nulidade, só podem ser admitidos a registro, nos órgãos competentes, quando visados por advogados.

A falta de intervenção de advogado impede o registro do ato. No caso de fundação deve haver o consentimento do Ministério Público ou suprimento judicial.

Ao realizar a qualificação registral, o oficial de registro deve fazer um exame formal e zeloso do ato constitutivo e dos documentos apresentados, utilizando-se de princípios registrários e da legislação. Ressalte-se que os títulos judiciais não estão imunes à qualificação registrária.

Não estando o título apto a registro, o registrador deve devolvê-lo ao apresentante ou interessado, fundamentando seus motivos por escrito. Não se conformando com as exigências, caberá o procedimento de dúvida do art. 198 desta Lei.

Nos termos da Apelação Cível 12.428-0/6, do Conselho Superior da Magistratura Paulista, "a qualificação afeta ao registrador abrange, como se sabe, o controle da legalidade formal dos atos jurídicos que lhe são submetidos a registro. Esse controle, nada obstante amplo, circunscreve-se à detecção daqueles vícios susceptíveis de inquinar de nulidade o ato jurídico que se instrumenta no título apresentado; não se faculta ao Oficial obstar o registro em razão de eiva que configure mera anulabilidade do ato ou do negócio jurídico. Compete ao registrador, assim, vedar acesso, por vício da legalidade, apenas àquelas mutações jurídico-reais que a lei veda com a cominação de nulidade".

Frise-se que o registrador não deve criar barreiras ou dificuldades desnecessárias e sem fundamentos, sendo pois, perfeitamente aplicável tal pensamento ao RCPJ, como já lecionava Serpa Lopes: "um princípio devem todos ter em vista, quer Oficial de Registro, quer o próprio Juiz: em matéria de Registro de Imóveis toda a interpretação deve tender para facilitar e não para dificultar o acesso dos títulos ao Registro, de modo que toda propriedade imobiliária, e todos os direitos sobre ela recaídos fiquem sob o amparo do regime do Registro Imobiliário e participem dos seus benefícios".

Não poderão ser registrados os atos constitutivos de pessoas jurídicas, quando o seu objeto ou circunstâncias relevantes indiquem destino ou atividades ilícitas, ou contrárias, nocivas ou perigosas ao bem público, à segurança do Estado e da coletividade, à ordem pública ou social, à moral e aos bons costumes (art. 115 da Lei 6.015/1973). Equivale dizer, apenas as entidades que possuem objeto lícito é que poderão ser registradas e, consequentemente, adquirir personalidade jurídica.

A Lei do SERP trouxe uma novidade no que tange aos documentos apresentados em papel, permitindo que o apresentante os retire no prazo de 180 (cento e oitenta) dias após a data da certificação do registro ou da expedição de nota devolutiva. Caso não faça a retirada no prazo estabelecido, os documentos serão descartados.

Hércules Benício observa que, com relação ao serviço de registro civil das pessoas jurídicas, o legislador manteve omissão ao não indicar prazo para a emissão de eventual nota devolutiva; nem explicitar o prazo para conclusão do ato de registro após a apresentação dos documentos; tampouco estabelecer o prazo de vigência da prioridade do título apresentado. Por analogia ao disposto para os ofícios de registro de imóveis, caso não haja norma expressa em provimentos estaduais, pode-se aplicar o prazo de dez dias úteis contados da apresentação dos documentos para emissão da nota devolutiva (LRP, art. 188). Caso não haja exigências, os títulos deverão ser registrados, no prazo de 20 dias úteis (LRP, art. 205). Cessarão

Lei 6.015/1973

automaticamente os efeitos da prenotação se, decorridos 20 dias da data do seu lançamento no Protocolo, o título não tiver sido registrado por omissão do interessado em atender às exigências legais (LRP, art. 205) (Op. cit. p. 246).

Por derradeiro, o art. 126 faz alusão ao dispositivo em comento ao prescrever que "o processo de matrícula será o mesmo do registro prescrito no artigo 121".

2. QUESTÕES DE CONCURSO

01. (TJ/AM – 2023 – TJ/AM - Titular de Notas e Serviços de Registros) Assinale a alternativa correta acerca do registro das sociedades, fundações e partidos políticos, de acordo com a Lei 6.015/1973:

a) Os documentos apresentados em papel poderão ser retirados pelo apresentante em até 30 (trinta) após a data da certificação do registro ou da expedição de nota devolutiva.

b) O requerimento deve ser firmado pelo representante legal da pessoa jurídica que tenha subscrito o estatuto, compromisso ou contrato.

c) O registro será feito com base em uma via do estatuto, compromisso ou contrato, apresentada em papel ou em meio eletrônico, a requerimento do representante legal da pessoa jurídica.

d) Para o registro dos partidos políticos, serão obedecidos os mesmos requisitos de registro das associações.

02. (FGV - 2023 - TJ-SE - Atividade Notarial e de Registro – Remoção). Maria, Joana e Fátima firmaram o contrato social da sociedade civil Alfa, figurando a última delas como sua representante legal. Ato contínuo, identificaram os custos envolvidos e deliberaram que Fátima levaria o referido contrato para registro junto ao Registro Civil das Pessoas Jurídicas. Considerando a sistemática estabelecida na Lei nº 6.015/1973, é correto afirmar que a realização do registro:

a) exige requerimento subscrito pelas três sócias, acompanhado de duas vias do estatuto;

b) dispensa a apresentação de requerimento de Fátima, bastando o contrato em si;

c) pressupõe a apresentação de requerimento subscrito por Fátima, acompanhado de uma via do contrato;

d) só pode ser feita por meio eletrônico, utilizando-se via de comunicação que permita a identificação do apresentante;

e) exige a apresentação de requerimento subscrito por Fátima, contendo autorização expressa de Maria e Joana, acompanhado de duas vias do contrato.

GAB	1	C	2	B

CAPÍTULO III – DO REGISTRO DE JORNAIS, OFICINAS IMPRESSORAS, EMPRESAS DE RADIODIFUSÃO E AGÊNCIAS DE NOTÍCIAS

Art. 122. No registro civil das pessoas jurídicas serão matriculados:

I – os jornais e demais publicações periódicas;

II – as oficinas impressoras de quaisquer natureza, pertencentes a pessoas naturais ou jurídicas;

III – as empresas de radiodifusão que mantenham serviços de notícias, reportagens, comentários, debates e entrevistas;

IV – as empresas que tenham por objeto o agenciamento de notícias.

Art. 123. O pedido de matrícula conterá as informações e será instruído com os documentos seguintes:

I – no caso de jornais ou outras publicações periódicas:

a) título do jornal ou periódico, sede da redação, administração e oficinas impressoras, esclarecendo, quanto a estas, se são próprias ou de terceiros, e indicando, neste caso, os respectivos proprietários;

b) nome, idade, residência e prova da nacionalidade do diretor ou redator-chefe;

c) nome, idade, residência e prova da nacionalidade do proprietário;

d) se propriedade de pessoa jurídica, exemplar do respectivo estatuto ou contrato social e nome, idade, residência e prova de nacionalidade dos diretores, gerentes e sócios da pessoa jurídica proprietária.

II – nos casos de oficinas impressoras:

a) nome, nacionalidade, idade e residência do gerente e do proprietário, se pessoa natural;

b) sede da administração, lugar, rua e número onde funcionam as oficinas e denominação destas;

c) exemplar do contrato ou estatuto social, se pertencentes a pessoa jurídica.

III – no caso de empresas de radiodifusão:

a) designação da emissora, sede de sua administração e local das instalações do estúdio;

b) nome, idade, residência e prova de nacionalidade do diretor ou redator-chefe responsável pelos serviços de notícias, reportagens, comentários, debates e entrevistas.

IV – no caso de empresas noticiosas:

a) nome, nacionalidade, idade e residência do gerente e do proprietário, se pessoa natural;

b) sede da administração;

c) exemplar do contrato ou estatuto social, se pessoa jurídica.

§ 1º As alterações em qualquer dessas declarações ou documentos deverão ser averbadas na matrícula, no prazo de oito dias.

§ 2º A cada declaração a ser averbada deverá corresponder um requerimento.

1. COMENTÁRIOS

Trata-se de capítulo curioso, uma vez que, o seu *título* faz alusão à palavra *registro*, todavia, os seus *artigos* referem-se à *matrícula*. Walter Ceneviva explica que o "vocábulo aqui empregado com o sentido de inscrição dos órgãos e empresas referidos no art. 122, com a finalidade de tornar legal o pleno exercício do objeto a que se destinam". E acrescenta: "a matrícula de jornais, oficina impressoras, empresas de radiodifusão e agências de notícias não se confunde com o registro das pessoas jurídicas a que pertencem, exercentes dessa atividade. O *registro* é lançado ou no Registro Civil de Pessoas Jurídicas ou no Serviço de Registro de Empresas Mercantis (Junta Comercial). As regras pertinentes aos assentamentos empresariais e a legislação correspondente são apartadas deste capítulo, alheias que são à matrícula, em relação à qual – e para publicações periódicas e jornais – há pena de *clandestinidade*" (Lei dos Registros Públicos Comentada. 16. ed. São Paulo: Saraiva, 2005, p. 272).

O registro de jornais, oficinas impressoras, empresas de radiodifusão e agências de notícias consiste na modalidade registral desenvolvida com o fito de **proteger os direitos fundamentais** previstos no art. 5º, IV, V e X da Constituição Federal.

Assim, a norma imposta pelo art. 122, não se destina ao registro das pessoas jurídicas anteriormente aludido e a consequente outorga de personalidade jurídica. A finalidade deste dispositivo até o art. 126 desta Lei é **obstar toda e qualquer clandestinidade, visando o conhecimento e a publicidade destas atividades, e vedando o anonimato.**

Ocorre que o Tribunal Pleno do Supremo Tribunal Federal, na Ação de Descumprimento de Preceito Fundamental 130/DF, em 30.04.2009 declarou que a Lei 5.250/1967 (Lei de Imprensa) em sua integralidade não foi recepcionada pela Constituição Federal de 1988, confirmando "uma incompatibilidade material insuperável entre a Lei 5.250/1967 e a Constituição de 1.988". É o que se extrai do voto do relator, Ministro Carlos Ayres Britto:

"10.1. Óbice lógico à confecção de uma lei de imprensa que se orne de compleição estatutária ou orgânica. A própria Constituição, quando o quis, convocou o legislador de segundo escalão para o aporte regratório da parte restante de seus dispositivos (art. 29, art. 93 e § 5º do art. 128). São irregulamentáveis os bens de personalidade que se põem como o próprio conteúdo ou substrato da liberdade de informação jornalística, por se tratar de bens jurídicos que têm na própria interdição da prévia interferência do Estado o seu modo natural, cabal e ininterrupto de incidir. Vontade normativa que, em tema elementarmente de imprensa, surge e se exaure no próprio texto da Lei Suprema.

10.2. Incompatibilidade material insuperável entre a Lei nº 5.250/67 e a Constituição de 1988. Impossibilidade de conciliação que, sobre ser do tipo material ou de substância (vertical), contamina toda a Lei de Imprensa: a) quanto ao seu entrelace de comandos, a serviço da prestidigitadora lógica de que para cada regra geral afirmativa da liberdade é aberto um leque de exceções que praticamente tudo desfaz; b) quanto ao seu inescondível efeito prático de ir além de um simples projeto de governo para alcançar a realização de um projeto de poder, este a se eternizar no tempo e a sufocar todo pensamento crítico no País.

10.3 São de todo imprestáveis as tentativas de conciliação hermenêutica da Lei 5.250/67 com a Constituição, seja mediante expurgo puro e simples de destacados dispositivos da lei, seja mediante o emprego dessa refinada técnica de controle de constitucionalidade que atende pelo nome de "interpretação conforme a Constituição". A técnica da *interpretação conforme* não pode artificializar ou *forçar* a *descontaminação* da parte restante do diploma legal interpretado, pena de descabido incursionamento do intérprete em legiferação por conta própria. Inapartabilidade de conteúdo, de fins e de viés semântico (linhas e entrelinhas) do texto interpretado. Caso-limite de interpretação necessariamente conglobante ou por arrastamento teleológico, a pré-excluir do intérprete/aplicador do Direito qualquer possibilidade da declaração de inconstitucionalidade apenas de determinados dispositivos da lei sindicada, mas permanecendo incólume uma parte sobejante que já não tem significado autônomo. Não se muda, a golpes de interpretação, nem a inextrincabilidade de comandos nem as finalidades da norma interpretada. Impossibilidade de se preservar, após artificiosa hermenêutica de depuração, a coerência ou o equilíbrio interno de uma lei (a Lei federal nº 5.250/67) que foi ideologicamente concebida e normativamente apetrechada para operar em bloco ou como um todo *pro indiviso*.

11. EFEITOS JURÍDICOS DA DECISÃO. Aplicam-se as normas da legislação comum, notadamente o Código Civil, o Código Penal, o Código de Processo Civil e o Código de Processo Penal às causas decorrentes das relações de imprensa. O direito de resposta, que se manifesta como ação de replicar ou de retificar matéria publicada é exercitável por parte daquele que se vê ofendido em sua honra objetiva, ou então subjetiva, conforme estampado no inciso V do art. 5º da Constituição Federal. Norma, essa, "de eficácia plena e de aplicabilidade imediata", conforme classificação de José Afonso da Silva. "Norma de pronta aplicação", na linguagem de Celso Ribeiro Bastos e Carlos Ayres Britto, em obra doutrinária conjunta.

12. PROCEDÊNCIA DA AÇÃO. Total procedência da ADPF, para o efeito de declarar como não recepcionado pela Constituição de 1988 todo o conjunto de dispositivos da Lei federal nº 5.250, de 9 de fevereiro de 1967".

Percebe-se que a Lei 6.015/1973, em seu art. 114, parágrafo único, bem como os arts. 122 a 126, possuem total relação com a Lei 5.250/1967.

Em face disto, muitos autores defendem que os arts. 122 ao 126 da LRP foram atingidos pela decisão da ADPF 130/DF.

Nesse sentido, transcrevo o entendimento de Andre Gomes Netto, com o qual compartilhamos, por ser o mais coerente: "mostra-se inquestionável que os arts. 122 a 126 têm a sua razão material de existir sedimentada na Lei 5.250/1967, revelando-se, na realidade, uma verdadeira parte sobejante desse último Diploma Legal e que já não teria significado autônomo na esteira do entendimento externado pelo próprio STF. Dessarte, levando-se em consideração que a Lei 6.015/1973 é anterior à Constituição Federal de 1988 e sob a influência da velha máxima romana *acessio cedit principal*, conclui-se que os arts. 122 a 126 da Lei 6.015/1973 foram revogados tacitamente pela mudança de Constituição, a exemplo do que ocorreu com a Lei 5.250/1967, e que foi confirmado pelo STF" (*Lei de Registros Públicos comentada*. Rio de Janeiro: Forense, 2019, p. 383).

No entanto, para quem defende a manutenção de tais dispositivos, cumpre informar como funciona o registro de jornais (art. 122) no Registro Civil das Pessoas Jurídicas, bem como o pedido de matrícula das publicações periódicas (art. 123). Além da necessidade de seguir as regras impostas deste capítulo (arts. 122 a 126), tempestivo trazer entendimento do Instituto de Registro de Títulos e Documentos e de Pessoas Jurídicas do Brasil.

Em consultoria dada pelo IRTDPJBrasil (http://www.irtdpjbrasil.com.br/) a matrícula não se confunde com o registro da pessoa jurídica (Sociedade) proprietária ou responsável pelos veículos de comunicação social e oficinas impressoras, pois não se presta a conferir existência legal ou personalidade jurídica àquela sociedade, que, para tal fim, já deve ter seu registro (seja no próprio Registro Civil de Pessoa Jurídica ou na Junta Comercial, conforme o caso). As matrículas dos jornais, periódicos ou empresas de radiodifusão, têm por finalidade dar publicidade, no aspecto legal, da existência de tais veículos de informação ou notícias, como uma forma complementar de cadastramento, identificação e controle, preservando as publicações da clandestinidade, que é a pena imposta pela falta de matrícula. O registro e a matrícula são atos distintos, sendo semelhante apenas o processo de inscrição, conforme dispõe o artigo 126 da Lei n. 6.015/73 – Lei de Registros Públicos (LRP): Art. 126. O processo de matrícula será o mesmo do registro prescrito no art. 121. Inclusive, enquanto a matrícula é lançada no livro B, o registro é lançado no livro A. Finalizando, a Consultoria do IRTDPJBrasil recomenda que sempre sejam consultadas as normas de serviço da Corregedoria-Geral da Justiça de seu Estado, resguardando-se de que não exista entendimento contrário ao nosso. Havendo divergência, é indicado que sejam obedecidas as referidas normas, bem como a orientação jurisprudencial local.

2. QUESTÕES DE CONCURSOS

01. (CESPE / CEBRASPE - 2023 - TJ-SC - Titular de Serviços de Notas e de Registros – Provimento) Suponha que o prazo de vigência de prenotação relativamente ao registro civil de pessoas jurídicas seja de cinco dias, a se iniciar em uma quarta-feira, dia 6. Considerando que, nesse caso hipotético, a sexta-feira seja feriado nacional, assinale a opção que indica o dia daquele mês em que se encerrará o prazo.

a) 11
b) 12
c) 13
d) 14
e) 15

02. (TJ/AM – 2023 – TJ/AM - Titular de Notas e Serviços de Registros) Assinale a alternativa **INCORRETA** acerca do registro de jornais, oficinas impressoras, empresas de radiodifusão e agência de notícias, de acordo com a Lei 6.015/1973:

a) O pedido de matrícula de jornais deve informar o título do jornal, sede da redação, administração e oficinas impressoras, esclarecendo, quanto a estas, se são próprias ou de terceiros, e indicando, neste caso, os respectivos proprietários.
b) O pedido de matrícula de empresas de radiodifusão deve informar nome, idade, residência e prova de nacionalidade do diretor ou redator-chefe responsável pelos serviços de notícias, reportagens, comentários, debates e entrevistas.
c) A matrícula das oficinas impressoras, jornais, periódicos, empresas de radiodifusão e agências de notícias é realizada no Livro A.
d) As alterações em qualquer das declarações ou documentos atinentes ao registro de jornais, oficinas impressoras, empresas de radiodifusão e agência de notícias deverão ser averbadas na matrícula, no prazo de oito dias.

03. (VUNESP - 2023 - TJ-AL - Titular de Serviços de Notas e de Registros – Provimento) No registro civil das pessoas jurídicas serão matriculados:

a) Jornais e demais publicações periódicas, oficinas impressoras, empresas de radiodifusão.
b) Sites e domínios da Internet.

c) Obras e construções civis, reformas e demolições.
d) Sociedades empresárias, cooperativas e empresário individual.

04. (FGV - 2023 - TJ-SE - Atividade Notarial e de Registro – Remoção). Determinada empresa de radiodifusão, em razão de uma reestruturação interna, teve sua sede alterada, o mesmo ocorrendo em relação ao diretor responsável pelos serviços de notícias e reportagens, cargo que passou a ser exercido por outro profissional da área.

Ao indagar a assessoria jurídica a respeito dos reflexos dessas duas mudanças no âmbito do Registro Civil das Pessoas Jurídicas, foi corretamente informado ao novo diretor que:

a) as alterações serão inseridas no formulário próprio, que deve ser averbado na matrícula nos trinta dias subsequentes;
b) as alterações serão inseridas no formulário próprio, que deve ser averbado na matrícula nos dez dias úteis subsequentes;
c) apenas a alteração da sede, por importar em alteração dos atos constitutivos, deve ser averbada na matrícula nos trinta dias subsequentes;
d) cada alteração deverá ser descrita em declaração autônoma e corresponderá a um requerimento, e as declarações devem ser averbadas na matrícula no prazo de oito dias;
e) cada alteração deverá ser descrita em declaração autônoma, sendo que essas declarações devem ser averbadas na matrícula no prazo de quinze dias, sob pena de multa.

05. (IESES – Titular de Serviços de Notas e Registros – TJ – TO – Provimento/2022) Em ano eleitoral muito se fala em propagação de "fake news" e o direito à liberdade de expressão que é manifestado pela livre publicação e circulação no território nacional de jornais e outros periódicos. A Constituição Federal garante que a manifestação do pensamento, a criação, a expressão e a informação, sob qualquer forma, processo ou veículo, não sofrerão qualquer restrição. Todavia, para trazer para o mundo jurídico as empresas radiodifusoras e agências de notícias, a Lei de Registros Públicos (Lei nº 6.015/73) estabelece uma série de critérios. Sobre as empresas radiodifusoras e agências de notícias, é correto afirmar:

a) Pode ser considerado clandestino o jornal, ou outra publicação periódica, matriculado nos termos da Lei de Registros Públicos.
b) No caso de empresas noticiosas, o pedido de matrícula conterá a designação da emissora, sede de sua administração e local das instalações do estúdio.
c) O pedido de matrícula de empresas de radiodifusão, jornais ou outras publicações periódicas conterá unicamente a indicação da sede da administração, lugar, rua e número onde funcionam as oficinas impressoras e denominação destas.
d) O pedido de matrícula conterá as informações e será instruído com os documentos indicados na Lei nº 6.015/73 e as alterações de qualquer das declarações ou documentos elencados na citada lei deverão ser averbadas na matrícula, no prazo de oito dias. Devendo ainda, cada declaração a ser averbada corresponder a um requerimento.

06. (Vunesp – Titular de Serviços de Notas e Registros – TJ – SP – Provimento/2022) A matrícula de jornais e periódicos no Registro Civil de Pessoas Jurídicas conterá, dentre outras, as seguintes informações:

a) o nome, o estado civil, a profissão e o endereço residencial do diretor ou redator-chefe, e, sendo casado, o nome e qualificação do cônjuge e o regime de bens no casamento, bem como se este se realizou antes ou depois da Lei nº 6.515, de 26 de dezembro de 1977.
b) o estatuto ou contrato social e o nome, a idade, o endereço residencial e a prova de nacionalidade dos diretores, gerentes e sócios da pessoa jurídica proprietária das oficinas impressoras.
c) o título do jornal ou periódico, a sede da redação, a administração, o nome, a idade, o endereço residencial e a prova da nacionalidade do diretor ou redator-chefe.
d) no caso de publicações em papel, a sede das oficinas impressoras e o esclarecimento se estas são próprias ou de terceiros, sendo desnecessário, no último caso, revelar os respectivos proprietários.

07. (FGV – Titular de Serviço de Notas e Registros – TJ – SC/2021) Rebeca e Marina, brasileiras natas, e a sociedade simples ZZ, constituída de acordo com as leis brasileiras e com sede no país, integrada por Maria e Antônia, brasileiras naturalizadas há oito anos, decidiram constituir a sociedade simples XX, com o objetivo de editar o jornal Tudo, para todos, o tempo todo, que circularia exclusivamente no Município Delta.

Para verificar a possibilidade de a sociedade ZZ participar da sociedade XX, bem como que providências deveriam ser adotadas em relação ao registro público, máxime pelo fato de os órgãos de registro terem o dever e a responsabilidade de não registrar os atos societários ilegais, procuraram o seu advogado, sendo informadas, corretamente, que a sociedade ZZ:

a) poderia participar, com no máximo 30% do capital total e votante, da sociedade XX, que deveria ser registrada no Registro Civil das Pessoas Jurídicas, devendo ser promovida a matrícula do jornal na mesma serventia;
b) poderia participar, com no máximo um terço do capital total e votante, da sociedade XX, que deveria ser registrada no Registro de Empresas Mercantis, enquanto o jornal não careceria de registro, pois independe de licença;
c) poderia participar, com percentual inferior a 50% do capital votante, da sociedade XX, que deveria ser matriculada no Registro Civil das Pessoas Jurídicas, o que permitiria a averbação do jornal na mesma matrícula;
d) não poderia participar da sociedade XX, que deveria ser registrada no Registro de Empresas Mercantis, enquanto o jornal deveria ser registrado, em momento posterior, no Registro Civil das Pessoas Jurídicas;
e) não poderia participar da sociedade XX, que deveria ser objeto de registro no Registro Civil das Pessoas Jurídicas, enquanto o jornal não careceria de registro, pois a sua publicação independe de licença.

08. (IESES – Cartório – Provimento – TJ – AM/2018) Assinale a alternativa correta:

a) Não será considerado clandestino o jornal, ou outra publicação periódica, não matriculado de cuja matrícula não constem os nomes e as qualificações do proprietário.
b) No registro de partidos políticos não é necessário que na declaração conste se o estatuto é ou não reformável quanto a administração.
c) No pedido de matricula de jornas não é necessário apresentar documentos relativos a idade e residência do proprietário.
d) No registro civil das pessoas jurídicas serão matriculadas as oficinas impressoras de quaisquer naturezas, pertencentes a pessoas naturais ou jurídicas.

09. (IESES – Titular de Serviços de Notas e de Registro – Provimento – TJ – SC/2019) Sobre o Registro de Jornais, Oficinas Impressoras, Empresas de Radiodifusão e Agências de Notícias, assinale a alternativa INCORRETA:

Nota da autora: a questão foi adaptada em virtude da nova Lei do SERP

a) A falta de matrícula das declarações, exigidas na Lei nº 6.015/73, será punida com multa, fixada em sentença, a qual também fixará prazo, não inferior a trinta dias, para matrícula ou alteração das declarações e tal multa será aplicada pela autoridade judiciária em representação feita pelo oficial, e cobrada por processo executivo, mediante ação do órgão competente. Se a matrícula ou alteração não for efetivada no prazo, o Juiz poderá impor nova multa, agravando-a de 100% (cem por cento) toda vez que seja ultrapassado de vinte dias o prazo assinalado na sentença.

b) O registro será feito com base em uma via do estatuto, compromisso ou contrato, apresentada em papel ou em meio eletrônico, a requerimento do representante legal da pessoa jurídica.

c) A falta de matrícula das declarações, exigidas na Lei nº 6.015/73, será punida com multa, fixada em sentença, a qual também fixará prazo, não inferior a vinte dias, para matrícula ou alteração das declarações e tal multa será aplicada pela autoridade judiciária em representação feita pelo oficial, e cobrada por processo executivo, mediante ação do órgão competente. Se a matrícula ou alteração não for efetivada no prazo, o Juiz poderá impor nova multa, agravando-a de 50% (cinquenta por cento) toda vez que seja ultrapassado de dez dias o prazo assinalado na sentença.

d) Considera-se clandestino o jornal, ou outra publicação periódica, não matriculado nos da Lei nº 6.015/73 ou de cuja matrícula não constem os nomes e as qualificações do diretor ou redator e do proprietário.

10. (IESES – Notário-MA/2008) Com base na Lei nº 6.015/73, responda.

I. No Registro Civil de Pessoas Jurídicas será feito o registro dos jornais, periódicos, oficinas impressoras, empresas de radiodifusão e agências de notícias a que se refere o art. 8º da Lei nº 5.250, de 9-2-1967.

II. Não poderão ser registrados os atos constitutivos de pessoas jurídicas, quando o seu objeto ou circunstâncias relevantes indiquem destino ou atividades ilícitos ou contrários, nocivos ou perigosos ao bem público, à segurança do Estado e da coletividade, à ordem pública ou social, à moral e aos bons costumes.

III. Todos os exemplares de contratos, de atos, de estatuto e de publicações, registrados e arquivados serão encadernados por periódicos certos, acompanhados de índice que facilite a busca e o exame.

IV. A existência legal das pessoas jurídicas só começa com o registro de seus atos constitutivos.

a) Somente as alternativas I, III e IV estão corretas.
b) Somente as alternativas II e III estão corretas.
c) As alternativas I, II, III e IV estão corretas.
d) Somente as alternativas III e IV estão corretas.

11. (EJEF Tabelionato e Registro-MG/2007) Assinale a afirmativa INCORRETA.

Segundo o capítulo da Lei nº 6.015, de 1973, dedicado ao registro de jornais e demais empresas de comunicação, serão matriculados no registro civil das pessoas jurídicas

a) os jornais e demais publicações periódicas.
b) as oficinas impressoras de quaisquer natureza, pertencentes a pessoas naturais ou jurídicas.
c) as empresas de radiodifusão que mantenham serviços de notícias, reportagens, comentários, debates, entrevistas e distribuição de jornais e revistas.
d) as empresas que tenham por objeto o agenciamento de notícias.

12. (EJEF – Notário-MG/2011) Para se fazer o registro de matrícula de jornais ou de outras publicações periódicas, são necessários os seguintes dados / documentos:

a) título do jornal ou periódico, sede da redação, administração e oficinas impressoras, esclarecendo, quanto a estas, se são próprias ou de terceiros, e indicando, nesse caso, os respectivos proprietários.
b) nome, idade, residência e prova da nacionalidade do redator-chefe.
c) nome, idade, residência e prova de nacionalidade do proprietário.
d) se propriedade de pessoa jurídica, exemplar do estatuto ou contrato social e nome, idade, residência e prova da nacionalidade dos diretores, gerentes e sócios da pessoa jurídica proprietária.

13. (Cespe – Cartório – ES/2013) Com relação à escrituração no registro civil de pessoas jurídicas, assinale a opção correta.

a) O registro dos atos constitutivos de associação cujo objeto indique atividades que comprometam a moral e os bons costumes somente pode ser realizado se autorizado pela autoridade judiciária.
b) As sociedades anônimas devem ser registradas, em livro próprio, no registro civil de pessoas jurídicas, para os fins indicados.
c) O registro de autônomo que explore atividade econômica deve ser realizado no mesmo livro em que são lavrados os registros das associações públicas e privadas.
d) As sociedades civis e religiosas, as fundações, as associações, as empresas de radiodifusão e as agências de notícias devem ser inscritas no Livro A, que deve conter 300 folhas.
e) Os jornais ou outras publicações periódicas devem ser matriculados no Livro B, devendo o pedido de matrícula ser instruído com documentos, entre outros, em que constem nome, idade, residência e prova da nacionalidade do seu diretor ou redator-chefe.

14. (Cespe – Cartório – TJ-DFT/2014) Ainda em relação ao registro civil das pessoas jurídicas, assinale a opção correta.

a) A lei confere às fundações instituídas por testamento a prerrogativa de não informar, no estatuto da entidade, se os membros respondem, ou não, subsidiariamente, pelas obrigações sociais.
b) Constitui requisito para a matrícula de empresas de radiodifusão a indicação da forma como os sócios participarão dos lucros e perdas.
c) Para a matrícula de empresa noticiosa, são exigidos, além da designação da sede da administração da entidade, o nome, a idade, a residência e prova da nacionalidade do redator-chefe responsável pelos serviços de notícias, reportagens, comentários, debates e entrevistas.
d) Para o registro das associações, é necessária a apresentação de duas vias do estatuto da entidade, devendo uma delas ficar afixada no cartório de registro civil das pessoas jurídicas pelo prazo de vinte dias, de forma a permitir a qualquer interessado apresentar impugnação em relação à ilicitude das atividades constantes no seu objeto.
e) A matrícula dos jornais e demais publicações periódicas não objetiva conferir existência legal à pessoa jurídica, mas dar publicidade à existência de tais veículos de comunicação social, identificando o seu diretor ou redator e proprietários.

15. (EJEF – Notário-MG/2011) Para se fazer o registro de matrícula de jornais ou de outras publicações periódicas, são necessários os seguintes dados / documentos:

a) título do jornal ou periódico, sede da redação, administração e oficinas impressoras, esclarecendo, quanto a estas, se são próprias ou de terceiros, e indicando, nesse caso, os respectivos proprietários.
b) nome, idade, residência e prova da nacionalidade do redator-chefe
c) nome, idade, residência e prova de nacionalidade do proprietário.
d) se propriedade de pessoa jurídica, exemplar do estatuto ou contrato social e nome, idade, residência e prova da

nacionalidade dos diretores, gerentes e sócios da pessoa jurídica proprietária.

16. (TJ-SC – Notário-SC/2012) Os jornais ou outras publicações periódicas devem ser matriculados no Registro Civil de Pessoas Jurídicas e o pedido de matrícula conterá as informações e será instruído com os documentos seguintes, EXCETO:

a) Nome, idade, residência e prova da nacionalidade do proprietário.
b) Nome, idade, residência e prova da nacionalidade do diretor ou redator-chefe.
c) Título do jornal ou periódico, sede da redação, administração e oficinas impressoras, esclarecendo, quanto a estas, se são próprias ou de terceiros, e indicando, neste caso, os respectivos proprietários.
d) Nome, idade, residência e prova de nacionalidade do jornalista responsável pelos serviços de notícias, reportagens, comentários, debates e entrevistas.
e) Se propriedade de pessoa jurídica, exemplar do respectivo estatuto ou contrato social e nome, idade, residência e prova de nacionalidade dos diretores, gerentes e sócios da pessoa jurídica proprietária.

17. (Cespe – Cartório – ES/2013) Com base na lei que dispõe sobre os registros públicos, assinale a opção correta.

a) As oficinas de impressoras pertencentes a pessoas jurídica com finalidade mercantil devem ser matriculadas na junta comercial respectiva.
b) A existência legal das pessoas jurídicas se iniciará quinze dias após a inscrição de seus atos constitutivos no registro civil de pessoas jurídicas.
c) Os atos constitutivos a serem registrados no registro civil de pessoas jurídicas deverão ser afixados no cartório durante quinze dias, de forma a permitir a qualquer interessado apresentar impugnação em relação à nocividade das atividades constantes no objeto da pessoa jurídica constituída.
d) O procedimento de matrícula é simplificado, em relação ao de registro, já que, para a matrícula, não é necessária a apresentação de uma via do estatuto, compromisso ou contrato da pessoa jurídica.
e) Os jornais e as publicações periódicas de cuja matrícula não constem os nomes e as qualificações do proprietário serão considerados clandestinos.

18. (Vunesp – Cartório – SP – Remoção/2016) Em relação ao pedido de matrícula de jornais, oficinas impressoras, empresas de radiodifusão e agências de notícias, é correto afirmar que os atos de alteração deverão ser averbados na matrícula

a) no prazo de 30 (trinta) dias, sob pena de multa a ser aplicada pelo Oficial de Registro.
b) no prazo de 8 (oito) dias, sob pena de multa a ser aplicada pelo Juiz Corregedor Permanente, devendo o Oficial de Registro a ele representar.
c) no prazo de 8 (oito) dias, sob pena de multa a ser aplicada pelo Oficial de Registro.
d) no prazo de 30 (trinta) dias, sob pena de multa a ser aplicada pelo Juiz Corregedor Permanente, devendo o Oficial de Registro a ele representar.

GAB										
	1	D	2	C	3	A	4	D	5	D
	6	C	7	A	8	D	9	A	10	C
	11	C	12	B	13	E	14	E	15	B
	16	D	17	E	18	B	–			

Art. 124. A falta de matrícula das declarações, exigidas no artigo anterior, ou da averbação da alteração, será punida com multa que terá o valor de meio a dois salários mínimos da região.

§ 1º A sentença que impuser a multa fixará prazo, não inferior a vinte dias, para matrícula ou alteração das declarações.

§ 2º A multa será aplicada pela autoridade judiciária em representação feita pelo oficial, e cobrada por processo executivo, mediante ação do órgão competente.

§ 3º Se a matrícula ou alteração não for efetivada no prazo referido no § 1º deste artigo, o Juiz poderá impor nova multa, agravando-a de 50% (cinquenta por cento) toda vez que seja ultrapassado de dez dias o prazo assinalado na sentença.

1. COMENTÁRIOS

O legislador puniu a falta de matrícula das declarações constantes do art. 123, com multa, assim como a falta da averbação das alterações dessas declarações.

A lei estipula o prazo de **oito dias para averbação** de alterações e trinta para os registros, mas nada diz quanto à matrícula. Como se sabe, é clandestino o jornal ou periódico que circula sem prévio registro. A radiodifusora e agência noticiosa necessitam de permissão governamental. Quanto à oficina impressora, seu registro não depende de ordem de autoridade para funcionar.

É garantido o contraditório e a ampla defesa, no que toca ao processo judicial ou administrativo para averiguação da responsabilidade e a consequente aplicação da pena de multa.

Sobre a execução da multa aplicada, são três os posicionamentos.

Walter Ceneviva entende que "a cobrança de multa se faz em execução por quantia certa e é promovida pelo **Ministério Público**, assestada contra a pessoa (natural ou jurídica) proprietária do jornal ou periódico" (Op. cit., 283).

Para Regnoberto M. de Melo Jr. "a multa pertence ao **Estado**, que a executará após a sua inscrição, pela Fazenda, como **Dívida Ativa não tributária**" (Op. cit., 260).

A posição mais acertada é novamente a de André Gomes Netto: "as multas aplicadas em conformidade com o procedimento traçado pelo dispositivo sempre constituirão **crédito da União Federal**, jamais dos Estados da Federação ou do próprio delegatário do serviço registral. Compete à União Federal, observados os preceitos constitucionais pertinentes, regular a liberdade de manifestação do pensamento e de informação, com a organização dos serviços de telecomunicações e de radiodifusão sonora e de sons e imagens. As penalidades pecuniárias aplicadas em decorrência da violação de suas normas devem lhe pertencer. O processo executivo, em caso de não pagamento espontâneo, deverá ser promovido, em regra, pela Procuradoria-Geral da Fazenda Nacional, segundo o art. 23 da Lei 11.457, de 16.03.2007 (Op. cit., 387).

2. JURISPRUDÊNCIA COMPLEMENTAR

EMENTA: REGISTROS DAS PESSOAS JURÍDICAS E DE TÍTULOS E DOCUMENTOS. RETIFICAÇÃO DE REGISTRO PÚBLICO. CIRCULAÇÃO DO JORNAL SEM O DEVIDO REGISTRO JUNTO AO SERVIÇO NOTARIAL DE REGISTRO. MULTA DE DOIS SALÁRIOS MÍNIMOS MINORADA. APELO PROVIDO, EM PARTE. (TJRS – Ap. Cív. 70010828374, 6ª C. Cível, Relator: José Conrado Kurtz de Souza, Julgado em 27/04/2005)

Art. 125. Considera-se clandestino o jornal, ou outra publicação periódica, não matriculado nos termos do artigo 122 ou de cuja matrícula não constem os nomes e as qualificações do diretor ou redator e do proprietário.

Art. 126. O processo de matrícula será o mesmo do registro prescrito no artigo 121.

1. COMENTÁRIOS

O art. 2º da revogada Lei 5.250/1967 estipulava que: "é livre a publicação e circulação, no território nacional, de livros e de jornais e outros periódicos, *salvo se clandestinos* (art. 11) ou quando atentem contra a moral e os bons costumes".

Para Walter Ceneviva "a restrição constante do dispositivo em exame é constitucional, pois a CF ao mesmo tempo que assegura a liberdade de informação, veda o anonimato" (Op. cit., p. 283).

Saliente-se que compartilhamos com o posicionamento pelo qual se defende a revogação tácita dos arts. 122 a 126, motivo pelo qual o dispositivo em comento é inócuo.

TÍTULO IV – DO REGISTRO DE TÍTULOS E DOCUMENTOS

CAPÍTULO I – DAS ATRIBUIÇÕES

Art. 127. No Registro de Títulos e Documentos será feita a transcrição:

1. COMENTÁRIOS

No Brasil, a primeira legislação que tratou do Registro de Títulos e Documentos (RTD) foi a Lei Federal 973/1903, cujo art. 1º possuia o seguinte teor:

> O registro facultativo de títulos, documentos e outros papéis, para autenticidade, conservação e perpetuidade dos mesmos, como para os efeitos do art. 3º da lei nº 79, de 23 de agosto de 1892, que ora incumbe aos tabeliães de notas, ficará na Capital Federal a cargo de um oficial privativo e vitalício, de livre nomeação do Presidente da República no primeiro provimento, competindo aos tabeliães somente o registro das procurações e documentos a que se referirem as escrituras que lavrarem e que pelo art. 79, § 3º do decreto nº 4824, de 22 de novembro de 1871, podem deixar de incorporar nas mesmas.

O Registro de Títulos e Documentos – RTD é o serviço capacitado a registrar todo e qualquer documento, instrumento ou texto que **não seja de atribuição específica de outra Serventia**.

Para Miguel Maria Serpa Lopes, "título é assim um instrumento portador de efeito jurídico próprio, *v.g.*, os títulos de crédito, que comportam várias categorias, dentre as quais se destacam como precípuas as dos títulos nominativos, à ordem e ao portador" (*Tratado de Registros Públicos*. 5. ed. Rio de Janeiro: Livraria Freitas Bastos, 1962. Vol. I, p. 26). O documento é gênero do qual título é espécie e deve ser interpretado em sentido amplo, abrangendo papel, contrato, título, escritura, filme, fotografia, entre outros.

A **competência residual** é uma particularidade que distingue o Registro de Títulos e Documentos dos outros Registros. Todavia, isso não implica que o RTD possa registrar "todo e qualquer documento". A expressão *outro ofício* abrange não somente outros serviços de registros, como também **qualquer outro órgão oficial de registro**.

Conquanto, é perfeitamente possível que certos documentos registráveis em outros órgãos oficiais podem ser registrados para efeitos de guarda e conservação no Registro de Títulos e Documentos, **desde que após registrado no órgão de atribuição originária para registro**.

O RTD tem como funções precípuas a **publicidade** e a **conservação de documentos em sentido amplo para a produção de efeitos jurídicos perante terceiros, para fixação da data do documento evitando assim a simulação, bem como para mera conservação de meio de prova ou início de prova escrita**.

Outra relevante função dessa Serventia, é de **notificar as pessoas indicadas pelo interessado,** atendendo a seu pedido escrito e mediante o pagamento dos emolumentos devidos. O Registrador de Imóveis pode se utilizar do serviço de notificação quando a lei prevê intimações pela Serventia imobiliária e possibilita que sejam feitas pelo RTD. Para ilustrar, temos o parágrafo 3º do art. 26 da Lei 9.514/1997 (Alienação Fiduciária), bem como o art. 49 da Lei 6.766/1979 (Lei do Parcelamento do Solo Urbano).

No tocante à **certidão de documento registrado ou averbado**, tal documento tem valor probatório equivalente ao do documento original. Será emitida mediante solicitação de qualquer interessado, sem declaração do motivo do pedido e pagamento dos emolumentos devidos. A certidão poderá ser emitida em inteiro teor, breve relato ou por extrato.

Por derradeiro, o **cancelamento** será feito por averbação à margem do registro que lhe deu origem, cessando, assim, os efeitos jurídicos desses documentos.

1.1 ATOS DE REGISTROS E ATOS DE TRANSCRIÇÃO

É fundamental distinguir entre atos de registro e atos de transcrição no RTD para definir a espécie de eficácia atribuída a cada um.

Em primeiro lugar, cabe elucidar que tanto os atos de registro quanto os atos de transcrição são dotados de efeitos publicitários, atestam autenticidade, asseguram segurança, guarda e conservação do documento, e comprovam a data. Tais efeitos estão presentes em quaisquer atos de registro e averbação, conforme preceituam o art. 1º da Lei 6.015/1973 e o art. 1º da Lei 8.935/1994.

No entanto, a eficácia atribuída pelo registro dos atos enumerados pelo **art. 127 da Lei 6.015/1973 (transcrição) é declaratória,** e em alguns casos, o registro na Serventia de Títulos e Documentos tem tão somente a eficácia **assecuratória** (guarda e conservação de documentos). Contudo, em relação aos registros enumerados no **art. 129 da Lei 6.015/1973, a eficácia é constitutiva,** isto é, sem o registro, tais atos não têm forças perante terceiros.

1.2 REGISTRO DE TÍTULOS E DOCUMENTOS E REGISTRO DE IMÓVEIS

A função do Registro de Títulos e Documentos é dissemelhante daquela do Registro de Imóveis. No Registro de Imóveis, destina-se a **proteger um fim**, que é o direito à propriedade. De maneira oposta, a finalidade no Registro de Títulos e Documentos é conferir publicidade e conservação aos **meios** se instrumentalizam os direitos e obrigações, concretizados pelo **título ou documento.** À vista disso, no Registro de Imóveis são essenciais o **conteúdo e a forma**, enquanto no Registro de Títulos e Documentos, tal importância é relativa.

Por conseguinte, é no Registro de Imóveis que se busca tutelar a propriedade de imóveis, as garantias reais imobiliárias, entre outros direitos reais. O Registro de Títulos e Documentos tem finalidade diversa: não constituir ou declarar direitos, mas possibilitar o acesso a informações contidas em determinados títulos e **instrumentos ou possibilitar a preservação de meios de prova.**

1.3 PRINCÍPIOS NORTEADORES DO REGISTRO DE TÍTULOS E DOCUMENTOS

São princípios informadores do Registro de Títulos e Documentos, entre outros de direito público, a segurança jurídica, a legalidade, a territorialidade, a instância, a compatibilidade, a preponderância e a finalidade. Alguns já foram estudados nesta obra, enquanto outros serão abordados ao longo deste capítulo sobre o RTD.

O artigo 135 consagra ainda o **princípio da concentração** no Registro de Títulos e Documentos. Ensina João Pedro Lamana Paiva e Pércio Brasil Alvares que "o princípio da concentração diz respeito à regularidade com que devem ser realizadas remissões ou anotações que façam referência aos registros de atos originários ou relativos à mesma pessoa física ou jurídica, constantes do mesmo órgão registral, de modo a concentrar todas as referências que lhes sejam pertinentes. O princípio da concentração é consectário do princípio da publicidade, que procura ampliar a eficácia do quantum de informação de interesse comum que esteja agregado a um mesmo acervo registral de amplo interesse" (*Registro de Títulos e Documentos*. São Paulo: Saraiva, 2013, p. 30)

Além destes, são princípios específicos do RTD:

I. Conservatório ou da conservação, a assegurar que os registros realizados sejam arquivados perpetuamente;
II. Autenticidade de data, a comprovar a existência do documento na data da apresentação;
III. Valor probante de original, a dispor que as certidões de registros de inteiro teor têm o mesmo valor probante que os documentos originariamente registrados;

IV. Prioridade, a dispor o dever de efetivação do registro segundo a ordem de lançamento no protocolo, outorgando aos direitos constituídos em documentos registrados primeiramente a prevalência sobre aqueles constituídos em documentos registrados posteriormente, quando referentes ao mesmo bem ou a circunstância jurídica contraditória;

V. Competência residual, a prever que, não havendo atribuição expressa a outro Ofício de Registro, a competência para o registro de título ou documento será do Ofício de Registro de Títulos e Documentos.

1.4 O RTD E O REGISTRO DE MÚSICA

A partir dos vários questionamentos que surgiram após o registro da música "Caneta Azul" no 2º Ofício de Balsas/MA, que possui a atribuição de Registro de Títulos e Documentos, a Consultoria do IRTDPJBrasil esclareceu os principais pontos que circundam esse registro, a saber:

> A primeira noção que devemos ter é que o registro em RTD não visa constituir direitos, mas sim, em regra, possibilitar a oponibilidade de relações jurídicas a terceiros, por meio da publicidade inerente a este serviço. Esclarecemos, portanto, desde esse início, que somente o registro no Escritório de Direitos Autorais da Fundação Biblioteca Nacional – EDA, no Rio de Janeiro, pode constituir/reconhecer o direito autoral ao cantor e compositor Manoel Gomes.
>
> De acordo com o artigo 17 da Lei nº 5.988/73, os autores de obras intelectuais poderão registrá-las, para segurança de seus direitos, na Biblioteca Nacional, na Escola de Música, na Escola de Belas Artes da Universidade Federal do Rio de Janeiro, no Instituto Nacional do Cinema, ou no Conselho Federal de Engenharia, Arquitetura e Agronomia. Observa-se que o texto legal **não impõe** uma obrigatoriedade desse registro, deixando a critério do artista o registro de sua obra para fins de reconhecimento do direito autoral.
>
> Superado esse primeiro ponto, passamos a analisar a competência do RTD que permitiu ao cantor o registro de sua música no 2º Ofício de Balsas.
>
> A Lei 6.015/73 enumera nos artigos 127 e 129 os títulos e documentos inscritíveis nos Ofícios de Registro de Títulos e Documentos. Interessa-nos aqui a redação do parágrafo único do artigo 127, que atribui expressamente ao RTD a competência residual dos registros públicos. Vejamos:
>
> *Parágrafo único. Caberá ao Registro de Títulos e Documentos a realização de quaisquer registros não atribuídos expressamente a outro ofício.*
>
> De acordo com o dispositivo supra, não apenas os títulos e documentos podem ser objeto de registro, mas todo e qualquer documento, seja qual for o seu conteúdo ou a sua natureza jurídica, desde que não atribuíveis expressamente a outro ofício. Quanto a esta parte final, a doutrina esclarece que o termo "registro" é utilizado genericamente para sinônimo de inscrição e compreende os registros propriamente ditos, as inscrições e averbações.
>
> A competência residual, bem como a sua função de dar publicidade aos direitos pessoais e obrigacionais, permitem ao RTD servir de repositório de documentos, seja para fins de conservação de meios de prova, seja para a produção de efeitos jurídicos perante terceiros, seja para a eficácia ou oponibilidade em face de terceiros, seja para a fixação da data do documento e, assim, evitar simulação.
>
> A publicidade própria do RTD contribui para a segurança dinâmica, ao fornecer dados sobre o conteúdo de contratos, títulos e outros documentos e possibilitar a conservação de meios de prova.
>
> Pelo exposto, entendemos que composições musicais, tais como "Caneta Azul", podem ser registradas em RTD com embasamento na atribuição residual deste Ofício, sem prejudicar o registro para fins de reconhecimento de direito autoral no Escritório de Direitos Autorais da Fundação Biblioteca Nacional.
>
> (Disponível em https://irtdpjbrasil.org.br/noticia-comentada-consideracoes-sobre-o-registro-de-letras-de-musicas-em-rtd.)

1.5 REGISTRO ELETRÔNICO NO REGISTRO DE TÍTULOS E DOCUMENTOS

Sobre o registro eletrônico no Registro de Títulos e Documentos, remetemos o leitor aos comentários do art. 114, do item 1.8 desta Lei.

2. JURISPRUDÊNCIA COMPLEMENTAR

⊙ TRIBUNAL DE JUSTIÇA DO ESTADO DE SÃO PAULO

▶ **Ementa:** Apelação. Responsabilidade Civil. Direito autoral. Ação de obrigação de fazer cumulada com reparação por danos materiais e morais. Sentença de improcedência. Inconformismo do autor. Descabimento. Fotografia encontrada pela ré na internet e utilizada em seu site para divulgação de pacotes turísticos. Violação não verificada. Inexistência de qualquer elemento distintivo, marcação ou indicação na própria fotografia da autoria. **Antes do registro na Biblioteca Nacional, o autor fez o registro da fotografia no Tabelião de Registro de Títulos e Documentos; porém, aquele tabelião não é órgão competente para o registro de obras intelectuais para a proteção de seus direitos autorais.** Ausência, ademais, de informação sobre a data exata de veiculação das fotografias referidas na inicial. Ato ilícito não verificado. Precedentes envolvendo a mesma parte. Sentença mantida por seus próprios fundamentos. Recurso desprovido.

Apelação interposta contra a sentença de fls. 1.046/1.054, cujo relatório se adota, que julgou improcedente ação de obrigação de fazer cumulada com reparação por danos materiais e morais movida por G.S.B.S. em face de Única Viagens e Turismo (DJOB – Agência de Viagens Ltda – ME), Darlei Batista Job, Cativa Turismo Ltda e Foco Multimídia (DFG Produções Ltda.).

O autor apela e pugna pela reforma da sentença, sustentando seu descabimento pelas razões de fls. 1.073/1.099.

Recurso tempestivo, preparado e respondido (fls. 1.107/1.126).

É o relatório.

Trata-se de ação de obrigação de fazer cumulada com reparação por danos movida por G.S.B.S. em face de Única Viagens e Turismo (DJOB – Agência de Viagens Ltda – ME), Darlei Batista Job, Cativa Turismo Ltda e Foco Multimídia (DFG Produções Ltda.), em razão da utilização indevida de fotografia tirada pelo autor no litoral alagoano no *site* da demandada, para promover diversos pacotes turísticos da empresa demandada com a obra intelectual do autor, sem prévia autorização ou remuneração pelo uso. Aduz o autor que a conduta caracteriza contrafação, causando-lhe danos materiais e morais. Pediu, liminarmente, que a ré retirasse do sítio virtual a referida imagem de sua autoria, sob pena de multa diária de R$5.000,00. Ao final, pretendeu a declaração de que a referida obra fotográfica é de sua propriedade intelectual; a exclusão definitiva da referida fotografia do sítio virtual da ré, sob pena de multa diária de R$5.000,00; a condenação em danos materiais no valor de R$1.500,00; a condenação em danos morais no valor de R$10.000,00 ou quantia superior arbitrada pelo juízo; a condenação da ré fosse na obrigação de publicar na página principal de seu site institucional e em três jornais de grande circulação, a informação de que o autor da fotografia em discussão é o autor, sendo o responsável pelo seu registro e único detentor de todos os seus direitos autorais a ela inerentes, sob pena de multa diária de R$5.000,00.

O d. Magistrado *a quo*, contudo, julgou a ação improcedente e, inconformado, apela o autor para pedir a reforma do *decisum*.

Aduz o apelante que a autoria da foto é incontroversa e que o fato da fotografia ter sido encontrada na *internet*, sem o devido reconhecimento de sua autoria não lhe dá a característica de anonimato e tão pouco a torna de domínio público. Sustenta, portanto, que a decisão desconsiderou completamente a proteção autoral e que a contrafação cometida pela parte apelada configura os danos indenizáveis.

Sem razão, contudo.

Não se verifica na hipótese dos autos que a fotografia indicada na inicial, paisagem litorânea comum, contivesse qualquer indicador da autoria quando a ré a utilizou em seu *site* para a venda de pacotes turísticos.

A publicidade da autoria deve se dar pelo seu registro, momento a partir do qual é vedada a sua utilização não autorizada e, como bem assinalado na irrepreensível sentença:

"Da análise dos autos, verifica-se que o autor não realizou os procedimentos adequados para resguardar seus direitos autorais.

De fato, as fotografias apresentadas pelo autor não apresentam nenhuma das formas de identificação previstas no art. 12 da Lei nº 9.610/98 e, por isso, não era possível identificar a autoria (a partir da própria imagem). Além disso, a parte autora não realizou, tempestivamente, o registro na forma legalmente estipulada.

Com efeito, o artigo 17 da Lei nº 5.988/73 estabelece que são competentes para o registro de obras intelectuais a Biblioteca Nacional, a Escola de Música, a Escola de Belas Artes da Universidade Federal do Rio de Janeiro, o Instituto Nacional do Cinema e o Conselho Federal de Engenharia, Arquitetura e Agronomia, devendo cada obra ser registrada no órgão com o qual guardar maior afinidade.

No presente caso, tratando-se de obra fotográfica, poderia o autor ter efetuado o registro por meio da Biblioteca Nacional ou da Escola de Belas Artes da Universidade Federal do Rio de Janeiro.

O autor, é verdade, solicitou tal registro, mas o fez somente em 12 de junho de 2013 (fls. 36), quando é certo que não se tem a data exata de veiculação das fotografias referidas na inicial.

Sendo assim, e considerando que não havia na obra qualquer sinal que identificasse seu autor, e que ainda não havia o registro na forma legalmente estabelecida, a obra fotográfica, até então, haveria de ser considerada como pertencente ao domínio público, por força do art. 45, II, da Lei nº 9.610/98.

[...]

É verdade que, antes do registro na Biblioteca Nacional ou da Escola de Belas Artes da Universidade Federal do Rio de Janeiro, o autor fez o registro da fotografia no Tabelião de Registro de Títulos e Documentos; porém, aquele tabelião não é órgão competente para o registro de obras intelectuais para a proteção de seus direitos autorais.

Embora previsto pelo art. 127, VII, da Lei nº 6.015/73, o registro facultativo de quaisquer documentos no Registro de Títulos e Documentos tem como finalidade exclusiva a conservação dos documentos apresentados. Ou seja, não se tem a publicidade do ato; logo não pode ser oposto a terceiros.

A confirmar esse entendimento, as Normas de Serviço da Corregedoria Geral da Justiça, Tomo II, preveem em seu Capítulo XIX, item 4:

4. O interessado deverá ser previamente esclarecido de que o registro facultativo exclusivamente para fins de mera conservação prova apenas a existência, data e conteúdo do documento, não gerando publicidade nem efeitos em relação a terceiros, sendo vedada qualquer indicação que possa ensejar dúvida sobre a natureza do registro ou confusão com a eficácia decorrente de outras espécies de atos registrais. (sublinhei).

E embora em situação diversa, o Conselho Superior da Magistratura do Tribunal de Justiça de São Paulo adotou o entendimento de que o registro facultativo em Registro de Títulos e Documentos não gera efeitos em relação a terceiros, prestando-se apenas para fins de conservação (Conselho Superior da Magistratura, na Apelação nº 0003094-83.2014.8.26.0286, da Comarca de Itu, Relator o Desembargador ELLIOT AKEL, j. 27/01/2015, v. u.).

E não há dúvidas, portanto, que aquele registro possui finalidade de mera conservação (já que há menção ao artigo 127, VII, da Lei nº 6.015/73 – fls. 35). Assim, nem mesmo esse registro se presta à finalidade pretendida, qual seja: publicidade de autoria das obras apresentadas.

Nessa ordem de ideias, considerando que não há na obra qualquer sinal que identifique seu autor e que não foi realizado o registro na forma legalmente estabelecida, deve ser a obra considerada como pertencente ao domínio público, por força do art. 45, II, da Lei nº 9.610/98.

[...]

Por fim, impende anotar que o autor tem-se revelado naquilo que se convencionou chamar de "litigante profissional", com o aforamento de milhares de ações por todo o país (todas semelhantes a esta), especialmente no âmbito do TJSP, TJPB e TJSC, consoante revelou a Corregedoria Geral da Justiça, por meio do NUMOPED (Núcleo de Monitoramentos de Perfis de Demanda), via Comunicado 2.323/17 (internet)."(fls. /829).

Destaca o Des. CLÁUDIO GODOY, ao julgar a análoga Apelação nº 1026225-55.2015.8.26.0506 "[...] *não deixa de chamar a atenção que tal se tenha providenciado bem quando se ajuizavam inúmeras ações contra empresas de turismo que, dentre outras, apresentavam a paisagem retratada na fotografia aqui juntada e, afinal, tornada pública nas mídias sociais*".

Ainda, de ação similar movida pelo mesmo autor, em acórdão da lavra do Des. RUI CASCALDI, na Apelação nº 1025630-56.2015.8.26.0506: "[...]*O que se vê é que o próprio apelante divulgou as fotos de sua autoria pela internet, de forma apócrifa, ou seja, sem qualquer sinal identificador da sua autoria, não havendo que se falar em uso indevido pela ré daquela que foi indicada na inicial, pelo que a ação é mesmo improcedente*".

Desta feita, adoto os próprios e bem deduzidos fundamentos da decisão recorrida, os quais ficam inteiramente adotados como razão de decidir pelo desprovimento do recurso.

Outros fundamentos são dispensáveis diante da adoção integral dos que foram deduzidos na sentença, e aqui expressamente adotados (art. 252 do RITJSP).

Por fim, diante do desprovimento do recurso, ficam majorados em 5% os honorários advocatícios de sucumbência fixados na fase de conhecimento, a título de honorários recursais (art. 85, §11, do CPC), totalizando a verba honorária em 20% a ser paga pelo autor/apelante em favor do(s) patrono(s) das rés/apeladas.

Ante o exposto, meu voto nega provimento ao recurso.

Pedro de Alcântara da Silva Leme Filho (TJSP – Apelação Cível nº 1024197-46.2017.8.26.0506 – Ribeirão Preto – 8ª Câmara de Direito Privado – Rel. Des. Pedro de Alcântara da Silva Leme Filho – DJ 21.06.2022)

CORREGEDORIA-GERAL DA JUSTIÇA

EMENTA: PROCESSO Nº 1103157-07.2016.8.26.0100 – SÃO PAULO – PEDRO OSWALDO NASTRI. – ADVOGADA: VALERIA DE PAULA THOMAS DE ALMEIDA, OAB/SP 131.919. – (209/2017-E) – DJE 24.7.2017, P. 8. REGISTRO DE TÍTULOS E DOCUMENTOS E CIVIL DE PESSOAS JURÍDICAS – Pretensão de averbação de carta assinada pelo próprio recorrente, solicitando, do Ministério Público, apuração da prática de supostas irregularidades na administração de associação profissional – Impossibilidade, por absoluta ausência de amparo legal (arts. 114, 127 e 128 da *Lei 6.015/73*) – Documento unilateralmente produzido que não gera, per si, qualquer efeito, tampouco altera os registros já efetuados – Recurso Desprovido. Excelentíssimo Senhor Corregedor

Geral da Justiça. Cuida-se de recurso interposto em face de r. sentença que entendeu pela impossibilidade de averbação, perante o Cartório de Registro de Títulos e Documentos e Civil de Pessoas Jurídicas, de carta redigida pelo recorrente, narrando suposta prática de crime pelo Presidente da Associação Paulista de Imprensa. Sustenta o recorrente que a pretensão de averbação do pedido de investigação teria amparo nos arts. 127, VII, e 128 da Lei 6.015/73. O Ministério Público opinou pelo desprovimento do recurso. É o relatório. Trata-se de verificar a possibilidade de averbação, perante Cartório de Registro de Títulos e Documentos e Civil de Pessoas Jurídicas, de carta assinada pelo autor, solicitando ao Ministério Público de São Paulo a adoção de providências quanto a supostas irregularidades praticadas por Sérgio de Azevedo Redó, enquanto presidente da Associação Paulista de Imprensa. O art. 114 da Lei 6.015/73 elenca documentos passíveis de inscrição no Registro Civil de Pessoas Jurídicas: "Art. 114. No Registro Civil de Pessoas Jurídicas serão inscritos: I – os contratos, os atos constitutivos, o estatuto ou compromissos das sociedades civis, religiosas, pias, morais, científicas ou literárias, bem como o das fundações e das associações de utilidade pública; II – as sociedades civis que revestirem as formas estabelecidas nas leis comerciais, salvo as anônimas. III – os atos constitutivos e os estatutos dos partidos políticos."
Vê-se, então, que a carta em voga não se amolda a qualquer das hipóteses versadas. Por seu turno, o art. 127 da mesma lei arrola as possibilidades de transcrição no Registro de Títulos e Documentos: Art. 127. No Registro de Títulos e Documentos será feita a transcrição: I – dos instrumentos particulares, para a prova das obrigações convencionais de qualquer valor; II – do penhor comum sobre coisas móveis; III – da caução de títulos de crédito pessoal e da dívida pública federal, estadual ou municipal, ou de Bolsa ao portador; IV – do contrato de penhor de animais, não compreendido nas disposições do art. 10 da Lei nº 492, de 30-8-1934; V – do contrato de parceria agrícola ou pecuária; VI – do mandado judicial de renovação do contrato de arrendamento para sua vigência, quer entre as partes contratantes, quer em face de terceiros (art. 19, § 2º do Decreto nº 24.150, de 20-4-1934); VII – facultativo, de quaisquer documentos, para sua conservação. Poder-se-ia cogitar de o inciso VII, dada a aparente vastidão da expressão "quaisquer documentos", amparar o pleito do autor. Não obstante, a finalidade do ato registrário, ali, é a conservação da própria cártula. À evidência, não se nota qualquer motivo para preservação de carta redigida e assinada pelo próprio interessado, postulando providências jurídicas acerca de fatos que reputa criminosos. Dispõe, por fim, o art. 128 da Lei nº 6.015/73: "Art. 128. À margem dos respectivos registros, serão averbadas quaisquer ocorrências que os alterem, quer em relação às obrigações, quer em atinência às pessoas que nos atos figurarem, inclusive quanto à prorrogação dos prazos." Note-se que se está diante de documento unilateralmente produzido, incapaz, per si, de gerar qualquer alteração registrária. Tampouco faz nascer direito algum ao postulante (exceção feita ao de apreciação, pelo Órgão Ministerial, do pleito investigativo, o que já está assegurado pelo próprio protocolo lançado quando de sua apresentação à entidade), reforçando a absoluta ausência de motivo que ampare o registro solicitado. Ademais, está o Sr. Registrador adstrito ao princípio da legalidade. Somente com autorização legal é que estará apto a praticar atos registrários. A recusa não se dá por capricho ou mero ato de vontade, senão pela falta de amparo legal para atender à pretensão do recorrente. O que exsurge dos documentos acostados é flagrante contraposição de interesses de política associativa. Salutar para a categoria que o debate de ideias ocorra, inclusive com eventual apuração dos fatos apontados. Apenas que a via adequada para tal é a jurisdicional. A questão vertente não guarda qualquer relação com a atividade cartorária extrajudicial. Por todo o aduzido, o parecer que, respeitosamente, submeto à elevada apreciação de Vossa Excelência é no sentido de se negar provimento ao recurso administrativo. Sub censura. São Paulo, 16 de maio de 2017. Iberê de Castro Dias. Juiz Assessor da Corregedoria. DECISÃO Aprovo o parecer do MM. Juiz Assessor da Corregedoria e, por seus fundamentos, que adoto, nego provimento ao recurso administrativo. Publique-se. São Paulo, 18 de maio de 2017. Des. MANOEL DE QUEIROZ PEREIRA CALÇAS. Corregedor Geral da Justiça.

3. QUESTÕES DE CONCURSOS

01. (FGV - 2023 - TJ-SE - Atividade Notarial e de Registro - Provimento) Ana foi recentemente contratada para trabalhar no Registro de Títulos e Documentos da cidade em que reside. Com o objetivo de se inteirar das atribuições que passaria a exercer, consultou a Lei nº 6.015/1973, de modo a verificar o que seria passível de ser registrado.

Ao final de suas reflexões, concluiu, corretamente, que o referido Registro:

Alternativas

a) é regido pelo princípio do *numerus apertus*, podendo receber para transcrição ou registro quaisquer documentos que lhe sejam apresentados, produzindo efeitos similares aos que ocorreriam em outros registros;

b) deve receber para registro os documentos específicos previstos no referido diploma normativo, para que surtam efeitos em relação a terceiros, e, para transcrição, apenas os documentos que se busque conservar;

c) é regido pelo princípio do *numerus clausus*, somente podendo receber para transcrição ou registro os documentos específicos indicados na legislação, o que se dá em caráter obrigatório, para que produzam os efeitos ali previstos;

d) deve receber para transcrição os documentos específicos previstos no referido diploma normativo, para os fins ali indicados, e quaisquer documentos para fins de conservação, registrando ainda aqueles não atribuídos expressamente a outro ofício;

e) somente deve receber para transcrição os documentos específicos previstos no referido diploma normativo, além daqueles de caráter facultativo, para fins de publicidade, e, para registro, os documentos que devam se submeter a essa medida em caráter obrigatório.

02. (IESES – Titular de Serviços de Notas e Registros – TJ – TO – Provimento/2022) Em relação aos princípios aplicáveis ao Registro de Títulos e documentos assinale a alternativa correta:

a) O princípio da concentração, aplicável ao registro de títulos e documentos, significa que todos os atos registrais devem ser concentrados em uma única serventia por município.

b) O princípio da publicidade dos registros de títulos e documentos se materializa por meio de publicação de edital que detalhe os atos praticados na serventia.

c) As serventias de títulos e documentos não ficam vinculadas ao princípio da legalidade dos atos registrais.

d) O princípio da instância (ou rogação) estabelece que o registrador só pode agir por meio de provocação de interessado ou de outro legitimado, conforme a previsão da lei.

03. (IESES – Cartório – Provimento – TJ – CE/2018) Assinale a alternativa INCORRETA:

a) Estão sujeitos a registro, no Registro de Títulos e Documentos, para surtir efeitos em relação a terceiros os contratos de locação de serviços não atribuídos a outras repartições.

b) Estão sujeitos a registro, no Registro de Títulos e Documentos, para surtir efeitos em relação a terceiros as cartas de fiança, em geral, feitas por instrumento particular, seja qual for a natureza do compromisso por elas abonado.

c) No registro de títulos e documentos será feita a transcrição o penhor comum sobre coisas móveis.

d) No registro de títulos e documentos será feita a transcrição dos estatutos dos partidos políticos.

04. (IESES – Cartório – TJ – RO/2012) Assinale a assertiva INCORRETA a respeito do Registro Público:

a) No Registro de Títulos e Documentos será feita a transcrição do contrato de parceria agrícola ou pecuária.

b) No Registro de Títulos e Documentos será feito o registro dos atos constitutivos de qualquer pessoa jurídica que não determine a lei seja registrada no Registro Civil das Pessoas Jurídicas.
c) No Registro de Títulos e Documentos será feita a transcrição do penhor comum sobre coisas móveis.
d) No Registro de Títulos e Documentos será feita a transcrição dos instrumentos particulares, para a prova das obrigações convencionais de qualquer valor.

05. (IESES – Cartório – TJ – PA/2016) Não se inclui nas atribuições do Registro de Títulos e Documentos:
a) Caução de títulos de crédito pessoal e da dívida pública federal, estadual ou municipal, ou de Bolsa ao portador.
b) Realização de quaisquer registros não atribuídos expressamente a outro ofício registral.
c) Transcrição de instrumentos particulares, para a prova das obrigações convencionais de qualquer valor.
d) Registro de escrituras de separação e divórcio, em que as partes sejam maiores e capazes.

06. (Consulplan – Cartório – MG – Remoção/2016) Segundo o art. 127, da Lei nº 6.015/73, no Registro de Títulos e Documentos será feita a transcrição, dentre outros, das seguintes espécies de documentos:

I. Instrumentos particulares, para prova das obrigações convencionais de qualquer valor.
II. Caução de títulos de crédito pessoal e da dívida pública federal, estadual ou municipal, ou de bolsa ao portador;
III. Contrato de parceria agrícola ou pecuária.
IV. Contratos de locação de prédios, nos quais tenha sido consignada cláusula de vigência no caso de alienação da coisa locada.

Está correto apenas o que se afirma em:
a) I.
b) I e III.
c) I e IV.
d) I, II e III.

07. (IESES – Cartório – Provimento – TJ – AM/2018) No tocante aos princípios específicos que informam a atividade do Registro de Títulos e documentos, assinale a opção que ensejou larga controvérsia jurídica quanto à aplicação:
a) Princípio da conservação.
b) Princípio da territorialidade.
c) Princípio da autenticidade da data.
d) Princípio do valor probante de original.

GAB	1	D	2	D	3	D	4	B
	5	D	6	D	7	B		–

I – dos instrumentos particulares, para a prova das obrigações convencionais de qualquer valor;

1. COMENTÁRIOS

O art. 221 do Código Civil dispõe que "o instrumento particular, feito e assinado, ou somente assinado por quem esteja na livre disposição e administração de seus bens, prova as obrigações convencionais de qualquer valor; mas os seus efeitos, bem como os da cessão, não se operam, a respeito de terceiros, antes de registrado no registro público".

A prova do instrumento particular pode suprir-se pelas outras de caráter legal. Wilson de Souza Campos Batalha, adverte que a "transcrição prevista para os instrumentos particulares, na forma do inciso I do art. 127, não constitui condição de validade entre as partes, mas meio de prova das obrigações convencionais, as quais têm natureza civil" (*Comentários à lei dos registros públicos*. 2. ed. Rio de Janeiro: Forense, 1979. V. I e II, p. 422).

2. JURISPRUDÊNCIA COMPLEMENTAR

TRIBUNAL REGIONAL FEDERAL DA 5ª REGIÃO

EMENTA: EMBARGOS DE TERCEIRO. AQUISIÇÃO DE IMÓVEL. CONTRATO DE COMPRA E VENDA. REGISTRO EM CARTÓRIO DE TÍTULOS E DOCUMENTOS ANTES DA PROPOSITURA DA EXECUÇÃO FISCAL. FRAUDE. INEXISTÊNCIA. 1. Embora a transmissão da propriedade de bem imóvel formalize-se nos termos do art. 1.245 do Código Civil, o registro do negócio jurídico no cartório de títulos e documentos confere-lhe efeitos erga omnes e objetiva dar publicidade ao ato. 2. No caso, a questão não é inerente à atribuição de propriedade, mas à ciência de que o imóvel não pertencia ao devedor, não restando configurada nenhuma fraude na transmissão do bem. Precedentes do STJ. 3. O Superior Tribunal de Justiça já pacificou o entendimento de que deve ser reconhecido o direito ao promitente comprador que efetivamente exerce a posse do bem, objeto da promessa de compra e venda, mesmo quando inexiste qualquer registro do contrato. 4. Apelação improvida. (TRF 5ª Reg. AC 200981010000196, Des. Fed. Luiz Alberto Gurgel de Faria, 3ª T. DJE 21/07/2011)

3. QUESTÕES DE CONCURSOS

01. (IESES – Cartório – Provimento – TJ – AM/2018) Leia atentamente as proposições abaixo e assinale a que se apresentar correta:
a) Cabe ao oficial do Registro de Títulos e documentos recusar sumariamente o registro de documento de que tenha suspeita de falsificação, embora revestido de todas as formalidades legais.
b) Deve ser considerada inválida a notificação extrajudicial realizada e entregue no endereço do devedor, por via postal e com aviso de recebimento, quando realizada por Cartório de Títulos e Documentos de outra comarca.
c) Segundo a Lei de Registros Públicos, desde que prolongado o expediente além da hora regulamentar para o encerramento de atividade iniciada no período normal, admite-se a apresentação de novos títulos a registro.
d) No Registro de Títulos e Documentos será feita, entre outras atividades, a transcrição dos instrumentos particulares, para a prova das obrigações convencionais de qualquer valor.

02. (Vunesp – Outorga de Delegação de Notas e Registros – TJ – GO/2021) Poderá ser registrado instrumento particular de venda e compra de bem imóvel em Registro de Títulos e Documentos:
a) para fazer prova das obrigações convencionais se o documento tiver sido apresentado anteriormente ao Registro de Imóveis e este, a partir de nota de devolução fundamentada, não tiver procedido ao registro.

b) para surtir efeitos em relação a terceiros, desde que tenha sido previamente registrado em Registro de Imóveis.

c) para validade contra terceiros se houver requerimento expresso das partes contratantes em tal sentido.

d) para fins de conservação e fixação da data, o que será referido expressamente no ato.

GAB	1	D	2	D

II – do penhor comum sobre coisas móveis;

1. COMENTÁRIOS

Penhor é um instituto jurídico que se refere a um direito real de garantia sobre um bem móvel ou imóvel dado como garantia de uma dívida. Quando uma pessoa contrai um empréstimo ou financiamento, por exemplo, pode oferecer um objeto de valor como garantia ao credor. Esse objeto é chamado de penhor.

Para Carlos Roberto Gonçalves, o **penhor** é uma de garantia real que, de forma geral, consiste na tradição de coisa móvel, suscetível de alienação, realizada pelo devedor ou por terceiro ao credor em garantia de um débito (*Direito civil Brasileiro. Direito das Coisas*. 5. Ed. Saraiva. São Paulo. 2010).

O penhor é um direito real que recai diretamente sobre a coisa. Possui eficácia absoluta, existindo sequela, e se constitui mediante contrato. É também um direito acessório e se aperfeiçoa pela tradição do objeto.

1.1 ESPÉCIES DE PENHOR

O penhor pode ser **convencional**, quando resulta de um acordo de vontades, e **legal**, quando decorre da lei.

Pode-se ainda citar o **penhor comum** ou **tradicional** e o **penhor especial**. O primeiro decorre da vontade das partes, ocorrendo a entrega de coisa móvel ao credor, em garantia por celebração do negócio. Já o penhor especial está sujeito às regras específicas, como o penhor rural, industrial, de títulos de crédito, de veículos e o penhor legal.

1.2 OBJETO, CONSTITUIÇÃO E O REGISTRO DO PENHOR

O Código Civil estabeleceu as regras gerais e peculiares para cada uma das modalidades de penhor. Regra geral, o penhor recai sobre **bens móveis**, o chamado penhor tradicional.

Todavia, existe também o penhor especial que incide sobre imóveis, tais como, o penhor rural e o industrial. Conforme o art. 1.424, IV, do Código Civil, os bens empenhados devem ser especificados e identificados de forma completa.

O penhor é um contrato solene, podendo ser constituído por instrumento público ou particular.

O art. 1.432 do Código Civil determina que o instrumento do penhor deverá ser levado a registro, por qualquer dos contratantes; o do **penhor comum** será registrado no **Registro de Títulos e Documentos**.

Também é registrado nessa Serventia, o **penhor de veículos**, constituído mediante instrumento público ou particular. O penhor de veículos está previsto no artigo 1.461 do Código Civil, cujo objeto é o veículo individualizado ou de frota, excluídos os navios e aeronaves, que por disposição de lei especial são considerados objetos de hipoteca.

Já o **penhor rural**, compreendido o penhor agrícola e o pecuário, cujo objeto pode ser bens móveis ou imóveis, constitui-se mediante instrumento público ou particular registrado no **Registro de Imóveis** da circunscrição em que estiverem situados os bens empenhados.

Nesse tipo de penhor **não é exigida a transferência do bem ao credor**, sendo deferida a ele a **posse indireta**, enquanto o devedor conserva a posse direta na forma de depositário. Se o devedor impedir que o credor fiscalize o bem, ele pode recorrer aos meios judiciais para assegurar seu direito de fiscalização.

No caso do **penhor industrial** e **mercantil**, que também deve ser registrado no Registro de Imóveis, pode ter como objeto quaisquer bens inerentes à atividade industrial ou mercantil. O artigo 1.447 do Código Civil ressalta que esse penhor se destina a garantir obrigação originária de negócio jurídico empresarial.

O **penhor de direitos e títulos de crédito** estão previstos nos artigos 1.451 a 1.460 do Código Civil.

Por derradeiro, o **penhor legal** é aquele conferido ao hospedeiro e ao fornecedor de pousada ou alimento, sobre bagagens, joias, dinheiro ou outros bens móveis que os tomadores dos serviços tiverem consigo como guardadores e por garantia quanto às despesas de consumo realizadas pelo hóspede. Neste caso, o **registro é dispensado**.

1.3 HOMOLOGAÇÃO DO PENHOR LEGAL

Registre-se que o novo CPC (Lei 13.105/2015) inovou ao estabelecer que no art. 703, § 2º a homologação do penhor legal poderá ser promovida pela **via extrajudicial mediante requerimento** ao **Tabelião de Notas de sua livre escolha**. O referido dispositivo reforça de forma significativa a natureza de jurisdição voluntária da homologação do penhor legal.

Antes de adentrarmos no referido procedimento, é oportuno responder algumas questões de ordem prática.

→ Averba-se ou registra-se o penhor legal?

→ E quanto à sua cessão, sub-rogação ou dação em pagamento?

O Código Civil não previu, de forma expressa, o registro do penhor legal (como o diploma fez na hipoteca legal, por exemplo).

Letícia Franco Maculan Assumpção ensina que o penhor legal é figura anômala que autoriza o credor apreender bens em garantia da dívida. Sem embargo, o registro no Ofício correspondente, embora não seja requisito de validade à regular constituição do penhor legal, é extremamente recomendável pela doutrina. **É que havendo um conflito entre garantias reais constituídas sobre um mesmo bem móvel, a prioridade na ordem de registro é um critério que dificilmente poderá ser desconsiderado.** Por outro lado, não há dúvidas de que a cessão do crédito, a cessão do direito sobre a coisa empenhada, a sub-rogação e, ainda, a dação em pagamento da coisa empenhada dependem necessariamente do registro no RTD para surtir efeitos em relação a terceiros, nos termos do item 9º. do art. 129 da Lei 6.015/73 (https://www.anoreg.org.br/site/2019/03/21/artigo-o-novo-cpc-e-o-penhor-legal-em-cartorio-de-notas-por-leticia-assumpcao-e-gustavo-de-faria/).

Voltando ao procedimento da homologação do penhor legal.

Diz o art. 703 do CPC que tomado o penhor legal nos casos **previstos em lei**, requererá o credor, ato contínuo, a homologação.

O penhor legal está previsto:

a) Art. 1.467 do Código Civil.

b) Art. 31, Lei 6.533/1978. *Os profissionais de que trata esta Lei têm penhor legal sobre o equipamento e todo o material de propriedade do empregador, utilizado na realização de programa, espetáculo ou produção, pelo valor das obrigações não cumpridas pelo empregador.*

c) Art. 632, Código Comercial. *O capitão tem hipoteca privilegiada para pagamento do preço da passagem em todos os efeitos que o passageiro tiver a bordo, e direito de os reter enquanto não for pago. O capitão só responde pelo dano sobrevindo aos efeitos que o passageiro tiver a bordo debaixo da sua imediata guarda, quando o dano provier de fato seu ou da tripulação.*

O interessado poderá requerer no Tabelionato de seu interesse, que promoverá a notificação extrajudicial do devedor, para em até 5 (cinco) dias, pagar o débito ou impugnar.

Dessa maneira, o Código de Processo Civil está em perfeita consonância com o art. 8º da Lei 8.935/1994: ***"É livre a escolha do tabelião de notas, qualquer que seja o domicílio das partes ou o lugar de situação dos bens objeto do ato ou negócio."***

Anote-se, contudo que, nos termos do art. 9º da LNR, o tabelião de notas não poderá praticar atos de seu ofício fora do Município para o qual recebeu delegação.

O requerimento do credor a notário, conterá os requisitos previstos no § 1º (na petição inicial, instruída com o **contrato de locação ou a conta pormenorizada das despesas**, a **tabela dos preços** e a **relação dos objetos retidos**, o credor pedirá a citação do devedor para pagar ou contestar na audiência preliminar que for designada).

Preenchidos os pressupostos, o notário, depois de realizar juízo de admissibilidade prévio, providenciará a notificação extrajudicial do devedor para, no prazo de cinco dias pagar ou impugnar a cobrança.

A notificação poderá ser procedida:

a) pessoalmente,

b) por meio de ata notarial de notificação,

c) por Aviso de Recebimento ou

d) por meio do Cartório de Registro de Títulos e Documentos.

Se o **devedor pagar, o procedimento é encerrado**, devendo a coisa ser restituída de imediato sob pena de cometimento de esbulho possessório.

Por outro lado, se o **devedor impugnar**, esta deverá ser feita por escrito e só pode consistir em:

a) nulidade do processo;

b) extinção da obrigação;

c) não estar a dívida compreendida entre as previstas em lei ou não estarem os bens sujeitos a penhor legal;

d) alegação de haver sido ofertada caução idônea, rejeitada pelo credor.

Parte da doutrina entende que esse rol não é exaustivo, embora o texto legal seja nesse sentido. Ilustram, como exemplo, a possibilidade de o devedor sustentar excesso do penhor.

Uma vez **impugnada a dívida**, o notário deverá remeter os autos (extrajudiciais) ao juízo competente. A partir da audiência preliminar, observar-se-á o procedimento comum.

Homologado judicialmente o penhor legal, consolidar-se-á a posse do autor sobre o objeto.

Negada a homologação, o objeto será entregue ao réu, ressalvado ao autor o direito de cobrar a dívida pelo procedimento comum, salvo se acolhida a alegação de extinção da obrigação. Contra a sentença caberá apelação, e, na pendência de recurso, poderá o relator ordenar que a coisa permaneça depositada ou em poder do autor.

No **silêncio do devedor** e transcorrido o prazo legal da notificação (5 dias) deverá o tabelião formalizar a homologação do penhor legal por meio de **escritura pública.**

Percebe-se que a desjudicialização do procedimento da homologação do penhor legal prestigia, mais uma vez, o Tabelião de Notas.

1.4 DIREITOS E DEVERES DO CREDOR PIGNORATÍCIO

No art. 1.433 do Código Civil são estabelecidos os **direitos do credor pignoratício**, quais sejam:

a) exercer a posse da coisa empenhada;
b) direito a reter a coisa até que seja indenizado pelas despesas que forem devidamente justificadas e que não forem ocasionadas por sua culpa;
c) direito de ser ressarcido de prejuízo que sofreu devido ao vício da coisa empenhada;
d) promover a execução judicial ou até mesmo a venda amigável, se o contrato permitir expressamente, ou se o devedor autorizar mediante procuração;
e) se apropriar dos frutos da coisa empenhada que está em seu poder; e possibilidade de promover a venda antecipada, por prévia autorização do juiz, quando houver receio justificado de que coisa empenhada se perca ou se deteriore, sendo que o preço deve ser depositado.

Entende-se também como direito do credor pignoratício, o de se sub-rogar no valor do seguro de bens ou de animais que foram empenhados e que venham a perecer, e no valor da desapropriação em caso de necessidade ou de utilidade pública (artigo 1425, V, e § 1º do Código Civil).

No tocante às **obrigações do credor pignoratício**, elas estão dispostas no artigo 1.435 do Código Civil. Vejamos alguns exemplos:

a) guardar e conservar a coisa;
b) restituir a coisa;
c) defender a posse da coisa empenhada, dando ciência ao dono dela das situações que tornarem necessário o exercício da ação possessória;
d) imputar o valor dos frutos de que se apropriou nas despesas que teve para guardar e conservar, nos juros e no capital da obrigação garantida sucessivamente;
e) entregar o que sobrar do valor, quando a dívida for paga, em caso de execução judicial e de venda amigável.

1.5 DIREITOS E DEVERES DO DEVEDOR PIGNORATÍCIO

São **direitos do devedor pignoratício**:

a) reaver a coisa depois de paga a dívida;
b) a posse indireta do bem e conservação da titularidade do domínio da coisa empenhada, durante a vigência do contrato;
c) receber indenização no caso de ocorrer perecimento ou deterioração por culpa do credor

De outro giro, os **deveres** são:

a) ressarcir as despesas referentes à conservação do bem (devidamente justificadas);
b) indenizar o credor por vícios de garantia;
c) substituir a coisa deteriorada;
d) obter prévia licença do credor para vender, se houver necessidade, a coisa empenhada.

1.6 EXTINÇÃO DO PENHOR

O art. 1.436 do Código Civil destaca as principais causas de **extinção do penhor**, quais sejam:

a) a extinção da obrigação;
b) o perecimento da coisa;
c) renúncia do credor;
d) confusão, na mesma pessoa, de qualidades de credor e de dono da coisa;
e) quando ocorre a adjudicação judicial, a remição ou a venda da coisa empenhada, feita pelo credor ou autorizada por ele. Note-se que o artigo menciona de forma equivocada o termo *remissão* – que significa perdão de dívida – ao invés de *remição* – que significa liberação da coisa gravada.

Ressalte-se que as causas de extinção do penhor enumeradas no aludido artigo são exemplificativas.

Ocorrendo a extinção do penhor, o credor deverá restituir o objeto empenhado. Nos termos art. 1.437 do Código Civil, a extinção só produzirá os efeitos depois de averbado o cancelamento do registro, à vista da respectiva prova.

2. QUESTÕES DE CONCURSOS

01. (Vunesp – Outorga de delegação de serviços notariais e registrais – Provimento – TJ – RS/2019) Nos termos da lei, deve ser registrado em Títulos e Documentos o penhor

a) industrial.
b) legal.
c) de direito.
d) mercantil.
e) rural.

02. (EJEF – Tabelionato e Registro-MG/2007) Sobre o penhor de direitos e títulos de crédito, é INCORRETO afirmar:

a) constitui-se mediante o instrumento público ou particular realizado entre as partes, sobre coisas móveis.

b) para ter eficácia o penhor de crédito pressupõe a notificação do devedor.

c) o titular do crédito empenhado só pode receber o pagamento com a anuência do credor pignoratício.

d) estando vencido o crédito pignoratício tem direito o credor de excutir a coisa a ele entregue.

03. (IESES – Cartório – Provimento – TJ – RO/2017) Assinale a alternativa correta:

a) No Registro de Títulos e Documentos será feita a transcrição do penhor comum sobre coisas móveis.

b) No registro de Títulos e Documentos haverá, obrigatoriamente, os livros A, B, C, D, E e F, todos com 300 folhas.

c) No registro de Títulos e Documentos haverá o livro A é destinado para trasladação integral de títulos e documentos, sua conservação e validade contra terceiros, ainda que registrados por extratos em outros livros.

d) No Registro de Títulos e Documentos será feita a transcrição das empresas de radiodifusão que mantenham serviços de notícias.

GAB	1	C	2	A	3	A

III – da caução de títulos de crédito pessoal e da dívida pública federal, estadual ou municipal, ou de Bolsa ao portador;

1. COMENTÁRIOS

A caução também consiste em uma **modalidade de garantia**. Apesar de o Código Civil não tratá-la diretamente, considera-a uma espécie de penhor, uma vez que o penhor engloba elementos próprios da caução nos arts. 1.459 e 1.460.

A caução de títulos de crédito pessoal, dívida pública federal, estadual ou municipal é oponível contra terceiros, desde que seja registrada no Registro de Títulos e Documentos. Sendo modalidade de penhor que é, seu objeto não é ligado por coisas móveis em si, e sim por direitos sobre coisas móveis, constituído mediante instrumento público ou particular. Faz-se necessário que o devedor seja notificado sobre o crédito, verificando-se assim, a mora e todos os seus efeitos previstos na legislação civil.

Qualquer dos interessados poderá levar a registro os contratos de penhor ou caução.

IV – *(Revogado pela Medida Provisória nº 1.085, de 27/12/2021, convertida na Lei nº 14.382, de 27/6/2022)*

1. COMENTÁRIOS

O revogado inciso IV do art. 127 da Lei 6.015, tratava do registro do contrato de penhor de animais, não compreendido nas disposições do art. 10 da Lei nº 492, de 30-8-1934.

O penhor de animais era concretizado por meio de transcrição do instrumento no Registro de Títulos e Documentos, indicando precisamente o lugar onde se encontram os animais apenhados, o seu destino, espécie, raça, mestiçagem, marca ou sinal e demais característicos de identificação.

Diferentemente, o **penhor rural – agrícola ou pecuário** –, previsto nos arts. 1.438 a 1.446 do Código Civil e Decreto 492/1937 (Regula o penhor rural e a cédula pignoratícia), é registrado no Serviço de **Registro de Imóveis**, nos termos do art. 178, VI, da Lei 6.015, especificamente no **Livro 3 – Registro Auxiliar**.

A bem da verdade, este item foi revogado em razão da prescindibilidade de sua norma, à medida que o penhor comum de bem móvel, **qualquer que seja ele,** já estaria abarcado pela hipótese do inciso II deste art. 127. E como sabemos, o penhor rural possui regra específica.

V – do contrato de parceria agrícola ou pecuária;

1. COMENTÁRIOS

O contrato de parceria consiste numa espécie de contrato agrário, sendo regido pelo art. 96 e incisos da Lei nº 4.504/1964 (Estatuto da Terra), e seu respectivo Regulamento (Decreto nº 59.566/66).

Dispõe o art. 4º do Decreto nº 59.566/66, *in verbis*:

> Parceria rural é o contrato agrário pelo qual uma pessoa se obriga a ceder à outra, por tempo determinado ou não, o uso específico de imóvel rural, de partes do mesmo, incluído ou não benfeitorias, outros bens e/ou facilidades, com o objetivo de nele ser exercida atividade de exploração agrícola, pecuária, agro-industrial, extrativa vegetal ou mista; e/ou lhe entrega animais para cria, recria, invernagem, engorda ou extração de matérias primas de origem animal, mediante partilha de riscos de

caso fortuito e da força maior do empreendimento rural, e dos frutos, produtos ou lucros havidos nas proporções que estipularem, observados os limites percentuais da lei (art. 96, VI do estatuto da terra).

São partes contratantes: o parceiro-outorgante, o cedente, proprietário ou não, que entrega os bens; o parceiro-outorgado, a pessoa ou o conjunto familiar, representado pelo chefe, que os recebe para os fins próprios das modalidades de parceria definidas no art. 5º do Estatuto da Terra.

Dessa forma, o parceiro-outorgante não necessita ser o efetivo proprietário do imóvel ou dos produtos cedidos, podendo ser, o mero possuidor, enfiteuta ou usufrutuário.

No tocante ao parceiro-outorgado, mostra-se importante a menção do conjunto familiar em sua representação, conferindo à família do agricultor ou pecuarista que contrata com o parceiro outorgante as mesmas atribuições constantes no contrato de parceria.

Dá-se a **parceria *agrícola***, quando o objeto da cessão for o uso de imóvel rural, de parte ou partes do mesmo, com o objetivo de nele ser exercida a atividade de *produção vegetal*, ao passo que a **parceria *pecuária***, ocorre quando o objetivo da cessão forem animais para *cria*, *recria*, *invernagem* ou *engorda*.

2. JURISPRUDÊNCIA COMPLEMENTAR

SUPERIOR TRIBUNAL DE JUSTIÇA

EMENTA: EMBARGOS DE TERCEIRO. CONTRATO DE PARCERIA AGRÍCOLA. EFICÁCIA CONTRA TERCEIROS. AUSÊNCIA DE REGISTRO. POSSIBILIDADE. ESTATUTO DA TERRA. JULGAMENTO ANTECIPADO DA LIDE. INADMISSIBILIDADE. 1 – Nos termos do art. 92, do Estatuto da Terra, Lei nº 4.504/64, a posse ou uso temporário da terra serão exercidos em virtude de contrato expresso ou tácito, estabelecido entre o proprietário e os que nela exercem atividade agrícola ou pecuária, sob forma de arrendamento rural, de parceria agrícola, pecuária, agro-industrial e extrativa. 2 – Conforme precedentes do Superior Tribunal de Justiça, a parceria agrícola, passível de ajuste nas formas escrita e verbal, não se inclui entre os documentos e contratos sujeitos a registro para produzir efeitos perante terceiros, diante do disposto nos arts. 127, inciso V, e 129 da Lei nº 6.015/73 (Registros Públicos). (TJMG – Ap. Cív. 1.0528.07.002390-8/001, Desª Cláudia Maia, 13ª C. Cível, julgamento 07/04/2011).

EMENTA: CONTRARIEDADE AO ART. 535, II, DO CPC. NÃO-OCORRÊNCIA. IMÓVEL RURAL. PARCERIA AGRÍCOLA. CONTRATO VERBAL. REGISTRO PÚBLICO. DESNECESSIDADE. ARTS. 127, V, E 129 DA LEI nº 6.015/73. ALIENAÇÃO DO IMÓVEL. SUB-ROGAÇÃO DO ADQUIRENTE NOS DIREITOS E OBRIGAÇÕES DO ALIENANTE. ART. 92, § 5º, DO ESTATUTO DA TERRA. 1. É improcedente a arguição de contrariedade ao art. 535, inciso II, do CPC quando o Tribunal de origem, ainda que não emita juízo de valor sobre todos pontos suscitados em sede recursal, examina e decide, de forma adequada e suficientemente, as questões que delimitam a controvérsia. 2. A teor da regra prescrita no § 5º do art. 92 do Estatuto da Terra, mesmo após a alienação de imóvel rural objeto de parceria agrícola, permanecerá esta subsistente, independentemente de contrato expresso e de correspondente registro, sub-rogando o adquirente nos direitos e obrigações do alienante. 3. A parceria agrícola, passível de ajuste nas formas escrita e verbal, não se inclui entre os documentos e contratos sujeitos a registro para produzir efeitos perante terceiros, diante do disposto nos arts. 127, inciso V, e 129 da Lei nº 6.015/73 (Registros Públicos). 4. Recurso especial parcialmente conhecido e desprovido. (STJ – RESP 2005 00138748, Min. JOÃO OTÁVIO DE NORONHA, DJE, 28/04/2008 RNDJ V.105, p. 00083)

3. QUESTÕES DE CONCURSOS

01. (Cespe – Notários e Oficiais de Registro – Remoção – TJ – DFT/2019) Será feito no registro de títulos e documento o registro
a) de penhora de imóveis.
b) em caráter obrigatório de documentos para fins de conservação.
c) de hipotecas convencionais.
d) de sentenças declaratórias de ausência.
e) de contrato de parceria agrícola.

02. (EJEF – Notário-MG/2011) Um contrato de parceria agrícola, datado de 1º de abril de 2011, devidamente assinado pelas partes e testemunhas, tem seu registro efetivado junto ao Cartório de Registro de Títulos e Documentos e entregue ao apresentante no dia 17 de abril do mesmo ano. Esse contrato tem efeito contra terceiros a partir de
a) 01/04/2011.
b) 19/04/2011.
c) 18/04/2011.
d) 17/05/2011.

03. (Vunesp – Notário – SP/2008) O contrato de parceria agrícola ou pecuária é
a) registrado no Registro de Imóveis.
b) transcrito no Registro de Títulos e Documentos.
c) averbado no Registro de Imóveis.
d) registrado no Registro de Títulos e Documentos e averbado no Registro de Imóveis.

04. (Vunesp – Cartório – TJ – SP/2012) A transcrição de penhor comum sobre coisas móveis e contrato de parceria agrícola ou pecuária será feita no
a) Registro de Títulos e Documentos ou Registro Imobiliário, a depender do objetivo do interessado.
b) Registro Imobiliário.
c) Registro Civil de Pessoas Jurídicas.
d) Registro de Títulos e Documentos.

GAB	1	E	2	A	3	B	4	D

VI – do mandado judicial de renovação do contrato de arrendamento para sua vigência, quer entre as partes contratantes, quer em face de terceiros (art. 19, § 2º do Decreto nº 24.150, de 20-4-1934);

1. COMENTÁRIOS

Arrendamento consiste no contrato agrário pelo qual uma pessoa física ou jurídica se obriga a ceder à outra, por tempo determinado ou não, o uso e gozo de imóvel rural ou partes do mesmo, incluindo ou não outros bens, benfeitorias ou facilidades, com o objetivo de nele ser exercida atividade de exploração agrícola, pecuária, agroindustrial, extrativa ou mista, mediante certa retribuição ou aluguel, observados os limites percentuais da Lei.

Cumpre registrar que o Decreto 24.150, de 1934 previsto neste inciso VI do art. 127, foi revogado pela Lei das Locações (Lei 8.245/1991). Apesar disso, Walter Ceneviva adverte que permanece a necessidade de registro do mandado judicial relativo à sentença que defere ação renovatória proposta pelo locatário de imóvel comercial (*Lei dos registros públicos comentada.* 19. Ed. São Paulo: Saraiva, 2009, p. 127).

O Estatuto da Terra (Lei 4.504/1964) exibe previsões acerca dessa modalidade de contrato em seus arts. 92, 95 e 95-A.

2. JURISPRUDÊNCIA COMPLEMENTAR

⊙ TRIBUNAL DE JUSTIÇA DO ESTADO DE MINAS GERAIS

EMENTA: AÇÃO DE DESPEJO – ARRENDAMENTO RURAL – VALIDADE – CONVENÇÃO DAS PARTES – PRAZO INDETERMINADO – MÍNIMO LEGAL – TRÊS ANOS – NOTIFICAÇÃO – AUSÊNCIA – PRORROGAÇÃO DO CONTRATO. – O Estatuto da Terra, Lei que rege o contrato de arrendamento rural, não exige o prazo mínimo de 03 anos para a validade dos pactos. Referida estipulação só é válida para os contratos firmados por prazo indeterminado. – A ausência de notificação, por parte do arrendante, acarreta a prorrogação automática do pacto, conforme dispõem os incisos IV e V, do art. 95, do Estatuto da Terra. Acolher parcialmente a preliminar e negar provimento ao recurso. (TJMG – Ag. In. 1.0363.09.042462-5/001, Des. Otávio Portes, 16ª C. Cível, julgamento 03/03/2011)

3. QUESTÃO DE CONCURSO

01. (Cespe – Cartório-PI/2013) No que se refere ao registro de contratos de alienação fiduciária e de arrendamento mercantil de veículos por oficial de registro de títulos e documentos, assinale a opção correta.

a) O oficial de registro de títulos e documentos do domicílio das partes contratantes é o competente para o registro, facultativo, de contrato de alienação fiduciária de veículo.
b) Os oficiais de registro de títulos e documentos e as repartições de trânsito devem celebrar convênios com objetivo de facilitar o licenciamento de veículos.
c) O registro de contrato de alienação fiduciária de veículo é obrigatório, e o de arrendamento mercantil de veículo é facultativo.
d) O registro obrigatório de contrato de arrendamento mercantil de veículo compete ao oficial de registro de títulos e documentos do local onde estiver o bem, caso esteja em local distinto do domicílio das partes.
e) Em 2012, o CNJ tornou obrigatório o registro de contrato de alienação fiduciária e de arrendamento mercantil de veículo.

GAB	1	A

VII – facultativo, de quaisquer documentos, para sua conservação.

Parágrafo único. Caberá ao Registro de Títulos e Documentos a realização de quaisquer registros não atribuídos expressamente a outro ofício.

1. COMENTÁRIOS

O inciso VII do art. 127 estabelece a **facultatividade** dos registros para o fim de conservação dos documentos e prova da existência das relações jurídicas das obrigações inerente a estas.

Por outro lado, o art. 130 desta Lei prevê as situações de **obrigatoriedade** do registro.

O Registro de Títulos e Documentos tem competência para realizar quaisquer registros não atribuídos expressamente a outra Serventia. Dessa forma, sua atribuição é **subsidiária** e sua **competência residual**, particularidade que distingue o RTD dos outros Registros.

Atente-se que a competência residual não implica que tal Serventia possa registrar "todo e qualquer documento". A expressão *outro ofício* abrange não somente outros serviços de registros, como também qualquer outro órgão oficial de registro.

Conquanto, é perfeitamente possível que certos documentos registráveis em outros órgãos oficiais podem ser registrados para efeitos de guarda e conservação no Registro de Títulos e Documentos, após registrado no órgão de atribuição originária para registro.

2. JURISPRUDÊNCIA COMPLEMENTAR

⊙ TRIBUNAL DE JUSTIÇA DO ESTADO DE SÃO PAULO

⊙ CONSELHO SUPERIOR DA MAGISTRATURA

EMENTA: Registro de Títulos e Documentos – Ata de assembleia geral ordinária de condomínio – Registro para fins de mera conservação na forma do art. 127, VII, da LRP – Irresignação parcial – Dúvida prejudicada – Recurso não conhecido. Trata-se de recurso de apelação interposto contra a r. decisão de fls.75/76, que manteve a recusa do Oficial de Registro de Imóveis, Títulos e Documentos e Civil de Pessoa Jurídica da Comarca de Itu em registrar Ata de Assembleia Geral Ordinária do Condomínio Terras de São José, por entender inexistente "condomínio" em espécie, mas loteamento urbano. Alega o recorrente, em síntese, que nunca se pretendeu registrar qualquer ata de reunião feita pelos moradores/proprietários que dissesse respeito ao Serviço Registral Imóvel, e que não se trata de querer levar a crer que o empreendimento é um "Condomínio Edilício", pois, o que se pretende, é apenas a transcrição das reuniões realizadas pelos proprietários junto ao serviço registral de títulos e documentos, para fins exclusivos de conservação, conforme previsto no artigo 127, inciso VII, da Lei 6.015/73, e que somente estão sujeitos ao registro para surtir efeitos em relação a terceiros os casos taxativamente arrolados no artigo 129 da mesma Lei. A D. Procuradoria Geral da Justiça opinou pelo provimento do recurso. A decisão de fls.120/120 verso determinou a remessa dos autos ao Conselho Superior da Magistratura, competente para julgar o recurso de apelação interposto neste procedimento de dúvida inversa. É o relatório. O recorrente não impugnou a exigência de ser suprida a omissão no que se refere à qualificação completa do síndico, representante legal do "condomínio", e que consta das cinco notas devolutivas apresentadas (fls.7/8, 13/14, 19/20, 25/26 e 54/55). O conformismo manifestado prejudica a dúvida, pois, não há possibilidade de sanar a falta no curso do procedimento. No procedimento de dúvida, ou as exigências são indevidas e o título ingressa no fólio real, ou são devidas e devem ser cumpridas para possibilitar o registro. Logo, configurada a resignação e a pretensão de ser proferida decisão condicional, que depende do posterior suprimento da omissão mencionada nas notas devolutivas, deve-se ter como prejudicada a dúvida, e, consequentemente, o recurso não deve ser conhecido pela ausência de interesse, porque não será possível alcançar a finalidade prática pretendida, que é o registro do título. Neste sentido foi decidido na Apelação Cível nº 93.875-0/8, j. 06.09.2002, relator Desembargador Luiz Tâmbara, e que se aplica por analogia ao ora examinado: *"A posição do Egrégio Conselho Superior da Magistratura, como bem ressaltado pelo digno Procurador de Justiça, é tranquila no sentido de se ter como prejudicada a dúvida, em casos como o que se examina, em que admitida como correta uma das exigências, não sendo a outra cumprida, posto que permanece a impossibilidade de acesso do título ao fólio. Nesse sentido os julgados das Apelações Cíveis números 54.073-0/3, 60.046-0/9, 61.845-0/2 e 35.020-0/2. Posicionar-se de maneira diversa importaria admitir uma decisão condicional pois, somente se atendida efetivamente a exigência tida como correta é que a decisão proferida na dúvida, eventualmente afastando o óbice discutido, é que seria possível o registro do título.* "Caso a dúvida não estivesse prejudicada, o registro seria viável. O recorrente pretende registrar, no Registro de Títulos e Documentos da Comarca de Itu, as Atas de Assembleia Geral Extraordinária e Ordinária do Condomínio Terras de São José (fls. 11/12, 17/18, 23/24, 29/31 e 58/59), com base no art. 127, VII, da Lei nº 6.015/73, que admite a transcrição facultativa de qualquer documento para fins de conservação. A recusa do registrador funda-se no fato de o "Condomínio Terras de São José" não ter, juridicamente, a natureza de condomínio na forma da Lei nº 4.591/64, mas sim de loteamento, de sorte que, admitido o registro, haveria, conforme decidiu este CSM nos autos da Ap. nº 506-6/1, aparência de regularidade formal e de legalidade a condomínio inexistente. Não obstante o teor deste julgado, que tratou do registro de regulamento interno de condomínio, é preciso considerar que o fato de o condomínio de lotes não existir expressamente no ordenamento jurídico, e a menção a ele ter sido expressamente excluída das NSCGJ, em recente decisão, não pode impedir que os titulares de domínio estabeleçam regras a valer entre si em virtude do convívio em conjunto, e nem que levem estas regras a registro para fins de mera conservação na forma prevista na Lei nº 6.015/73. A assembleia é, em última análise, mero ajuste de vontades firmado entre pessoas de interesse comum. E o registro dela não terá força para convalidar, chancelar ou referendar qualquer defeito jurídico eventualmente existente. Parece não haver dúvida de que o intuito do registro é apenas o previsto no art. 127, VII, da Lei nº 6.015/73, e não induzir terceiros a erro. Some-se a isso o fato de que, quando o oficial realiza o registro facultativo, deve fazer a seguinte declaração: *registro efetuado, nos termos do art. 127, VII, da Lei de Registros Públicos, apenas para fins de mera conservação, prova apenas a existência, a data e o conteúdo do documento, não gerando publicidade nem efeitos em relação a terceiros. (item 3, do Cap. XIX, das NSCGJ).* O espírito que deve ser aqui aplicado é o mesmo daqueles casos em que as associações pedem ingresso das respectivas atas de assembleia registro (CG 2014/00012733). Em suma, o registro ora pretendido, se deferido, em nada colocará em risco a veracidade dos registros públicos. De outro lado, servirá de importante fator de segurança para os interessados que o firmaram. Assim foi decidido em caso análogo pelo Conselho Superior da Magistratura, por maioria de votos, na Apelação nº 0003094-83.2014.8.26.0286, j. 27/01/2015, da relatoria do então Corregedor Geral da Justiça Desembargador Hamilton Elliot Akel. Ante o exposto, dou por prejudicada a dúvida e não conheço do recurso. MANOEL DE QUEIROZ PEREIRA CALÇAS. Corregedor Geral da Justiça e Relator TRIBUNAL DE JUSTIÇA DO ESTADO DE SÃO PAULO. Conselho Superior da Magistratura. Apelação Cível 0005617-68.2014.8.26.0286-SEMA. Dúvida de Registro. VOTO VENCIDO (Voto nº 37.395).1. Registro, à partida, o melhor de meus respeitos pelo eminente Relator da espécie, o Corregedor Geral da Justiça de São Paulo, Des. MANOEL DE QUEIROZ PEREIRA CALÇAS, justa vaidade da Magistratura paulista. 2. Sem embargo, *da veniam,* não me persuado da pertinência de, com decidir prejudicado o exame de dado recurso interposto em processo de dúvida registral, tal o caso destes autos, possa a Turma Julgadora prosseguir na apreciação da matéria de fundo e expedir um adendo de mérito de que não sei exatamente a natureza jurídica. 3. Não se trata, para já, de mera questão processual, bastante embora fosse isto e de toda a sorte a recomendar que **não** se prosseguisse na análise de uma impugnação recursal que se tem por prejudicada. 4. Que espécie de decisão é esta, com efeito, que se adota, pela Turma Julgadora, na sequência da declaração do prejuízo recursório? Trata-se de mera recomendação? Ou orientação? Ou será uma determinação para caso futuro eventual? 5. Não vislumbro como possa, todavia e de logo, o egrégio Conselho Superior da Magistratura bandeirante, recomendar, orientar ou determinar para situação **futura** e, por óbvio, **contingente,** quando a autoridade administrativa superior em matéria de registros públicos no Estado de São Paulo é o Corregedor Geral da Justiça paulista e não aquele Conselho. É dizer, a **soberania administrativa,** o poder de decidir em última instância administrativa, é neste campo o do Corregedor e não do Colegiado. O que o Conselho pode decidir é só quanto ao caso específico e em ato alçado por meio de recurso no processo de dúvida. Se não vier assim, o caso só pode ser apreciado e decidido pelo Corregedor, não pelo Conselho. 6. Mas que valor jurídico deve atribuir-se a este versado adendo de mérito posterior ao reconhecimento do prejuízo recursal? Se é recomendação ou orientação, não obriga o registrador, nem o corregedor permanente. Se é determinação, opera de modo supressivo do dever de qualificação jurídica inaugural pelo próprio registrador e inibe ainda a possibilidade de o juiz de primeiro grau decidir, de futuro, com independência jurídica. 7. Além disso, como se haverá de impor esse adendo a ulteriores composições do Conselho Superior da Magistratura? Será também uma recomendação ao próprio Conselho para seguir esse adendo? Ou isto lhe será imposto? Esse adendo preclude? (Lembra-me aqui a, em seu tempo, momentosa reconsideração do Conselho a propósito do caráter da arrematação, e pergunto-me se a **expressa** orientação antiga indicada em alguns ven. acórdãos, afirmando o cariz originário da arrematação, haveria de prevalecer contra o que veio a entender o mesmo Conselho posteriormente).8. Preocupa-me, ainda, o tema da responsabilidade civil do registrador, tanto seja ele obrigado a observar, **sem determinação explícita** em dado processo, uma recomendação ou orientação, a que, cabe sublinhar, **não estão submetidos os particulares e sequer mesmo a jurisdição** do próprio Tribunal. 9. Por fim, não me posso compadecer, *data venia,* com as ablações de competências legalmente demarcadas. A de primeiro grau, no registro público, é do registrador; segue-se, no Estado de São Paulo, em grau para-hierárquico imediato, a do juiz corregedor permanente; por fim, a do Tribunal, segundo corresponda às disposições regimentais: em regra, a do Corregedor Geral; nos recursos de dúvida, a do Conselho. Ao proferir-se o adendo de recomendação, orientação ou determinação, guardado o tributo de minha reverência ao entendimento da douta Maioria, malfere-se a **ordem sobreposta de independências jurídicas** (cf., a propósito, art. 28 da Lei nº 8.935/1994, de 18-11: "Os notários e oficiais de registro gozam de independência no exercício de suas atribuições (...)"). TERMOS EM QUE, *cum magna reverentia,* meu voto apenas julga prejudicado o recurso, sem mais acrescentar. É como voto. Des. RICARDO DIP. Presidente da Seção de Direito Público (DJe de 05.05.2016 – SP)

EMENTA: REGISTRO DE TÍTULOS E DOCUMENTOS – Ata de assembleia – Alteração da convenção condominial – Registro

desautorizado – Artigo 127, parágrafo único, da Lei nº 6.015/1973 – Documento suscetível de registro no livro nº 3 do Registro de Imóveis – Quórum qualificado para modificação da convenção condominial – Artigo 1.351 do CC – Descumprimento – Ofensa ao princípio da legalidade – Erros pretéritos não justificam outros – Dúvida procedente – Recurso desprovido. Ao suscitar a dúvida, a Oficiala do Registro de Imóveis e Anexos de XXX justificou a desqualificação da ata de assembleia apresentada para registro em livro do Registro de Títulos e Documentos: o título, contemplando modificação da convenção condominial, é suscetível de registro apenas no Livro nº 3 (Registro Auxiliar) do Registro de Imóveis, enquanto, por outro lado, as alterações promovidas, relacionadas com o processo eleitoral para preenchimento dos órgãos de administração, desrespeitou o quórum especial exigido por lei (fls. 02/09). Ao requerer a suscitação de dúvida e ao apresentar a impugnação, o interessado ponderou: a ata de assembleia, ao estabelecer o *regulamento e cronograma para as inscrições das chapas que concorrerão à administração*, não alterou a convenção de condomínio nem o regulamento interno; a deliberação tomada em assembleia não contempla item obrigatório da convenção condominial; atas com conteúdo semelhante foram registradas anteriormente; enfim, a dúvida é improcedente (fls. 32/35 e 44/46). Após o parecer do Ministério Público (fls. 75/77), a dúvida foi julgada procedente (fls. 79/80), o interessado interpôs apelação, com reiteração de suas manifestações anteriores (fls. 82/87), e a Procuradoria Geral da Justiça, com o recebimento e processamento do recurso (fls. 89), propôs o desprovimento da apelação (fls. 96/97). É o relatório. A convenção de condomínio do interessado, ora apelante, estabelece, no artigo 8º, que os membros dos órgãos administrativos serão eleitos em assembleia geral ordinária; possibilita, à luz do artigo 10º, a escolha de síndico que não seja condômino; impede, nos artigos 12º e 26º, os condôminos inadimplentes de concorrerem a síndico e a membro do Conselho Consultivo; e prevê, no artigo 13º, a eleição do subsíndico (fls. 20/26). A assembleia geral extraordinária ocorrida no dia 11 de março de 2012, convocada para tratar do *regulamento e cronograma para inscrições das chapas que concorrerão à administração do condomínio – gestão 2011/2013*, introduziu modificações na convenção de condomínio, ao decidir: o síndico deve ser condômino ou promitente comprador de unidade condominial; condômino em conflito judicial com o condomínio e promitente comprador em lide com promitente vendedor ou com agente financeiro estão impedidos de concorrer e de votar (fls. 11/13, itens 3, 5.2, 5.3, 6.2. e 6.3). Com efeito, nos pontos tratados, criou restrições inexistentes na convenção de condomínio. Cuidou de assuntos disciplinados na convenção de condomínio, porém com novas limitações, mais rigorosas que as expressamente impostas por lei (artigos 1.335, III, e 1.347 do Código Civil), particularmente no tocante à acessibilidade aos órgãos de administração e ao direito de voto. Ademais, com relação ao tema, pouco importa que os assuntos focalizados prescindam de tratamento específico na convenção condominial. Na realidade, basta, para a procedência da dúvida, a constatação de que, na hipótese vertente, implicam alteração de seu conteúdo. Aliás, os incisos dos artigos 1.332 e 1.334 do CC revelam somente o conteúdo mínimo da convenção: em harmonia com aludida conclusão, o *caput* do artigo 1.334 do CC é claro, ao definir que a convenção condominial, além das cláusulas obrigatórias, pode conter outras "que os interessados houverem por bem estipular". Desse modo, não resta dúvida: se as deliberações tomadas em assembleia avançam sobre questões versadas na convenção, a ata de assembleia é suscetível de registro apenas no livro nº 3 (Registro Auxiliar) do Registro de Imóveis (artigos 167, I, 17), 177 e 178, III, todos da Lei nº 6.015/1973). A propósito – previsto o registro em livro próprio do Registro de Imóveis, de acordo, inclusive, com o parágrafo único do artigo 1.333 do CC –, a ata de assembleia não comporta, *in concreto*, registro em livro do Registro de Títulos e Documentos. Trata-se de entendimento afinado com a regra do parágrafo único do artigo 127 da Lei nº 6.015/1973, interpretada *a contrario sensu*, que dispõe: "caberá ao Registro de Títulos e Documentos a realização de quaisquer registros não atribuídos expressamente a outro ofício. "Em suma, se o título apresentado para registro não se encaixa em qualquer uma das situações elencadas nos artigos 127 e 129 da Lei nº 6.015/1973, o assento no Registro de Títulos e Documentos é vedado, pois o registro foi atribuído expressamente a outra especialidade dos serviços extrajudiciais. Sob outro prisma, há ainda outro obstáculo legal ao registro do título: o quórum especial, qualificado, exigido para alteração da convenção de condomínio, que depende da aprovação de 2/3 (dois terços) dos votos dos condôminos (artigo 1.351 do CC), não foi respeitado. Quer dizer: as modificações promovidas na convenção são inválidas. Por fim, quanto aos noticiados registros anteriores de atas de assembleia com conteúdo semelhante, os eventuais erros pretéritos não justificam nem legitimam outros, isto é, não se prestam a respaldar o ato registral pretendido. Pelo exposto, nego provimento ao recurso. JOSÉ RENATO NALINI, Corregedor Geral da Justiça e Relator (D.J.E. de 22.02.2013 – SP)

3. QUESTÕES DE CONCURSOS

01. (VUNESP - 2023 - TJ-AL - Titular de Serviços de Notas e de Registros – Provimento) No Registro de Títulos e Documentos serão registrados quaisquer documentos para sua conservação. Este registro ostenta o caráter:

a) Facultativo.
b) Obrigatório.
c) Supletório.
d) Indispensável.

02. (IESES – Titular de Serviços de Notas e Registros – TJ – TO – Provimento/2022) Uma forma de garantir autenticidade, conservação, publicidade e segurança de um documento original é fazer o seu registro na serventia competente, conforme a atribuição que lhe foi delegada. Para isso, o ordenamento jurídico pátrio, por meio das atribuições dos registradores constante na Lei nº 6015/73, estabelece que os documentos podem ser registrados em Registro de Títulos e Documentos para garantir a integralidade do texto e comprovar a data, que servirá como um marco para gerar efeitos jurídicos. Sobre o assunto escolha o item que qualifica corretamente cada uma das sentenças (I a IV) a seguir, como Falsas (F) ou Verdadeiras (V).

I. O Registrador de Títulos e Documentos não tem nenhuma faculdade para a realização de registros não atribuídos expressamente por lei a outro ofício.
II. No Registro de Títulos e Documentos poderá ser feita a transcrição dos instrumentos particulares, para a prova das obrigações convencionais de qualquer valor.
III. O penhor comum sobre coisas móveis poderá ser tornado público no Registro de Títulos e Documentos.
IV. Mandados judiciais que tenham como objeto a renovação de contrato de arrendamento independem do Registro de Títulos e Documentos para sua vigência, quer entre as partes contratantes, quer em face de terceiros.

a) I. F; II. F; III. F; IV. V.
b) I. F; II. F; III. V; IV. V.
c) I. V; II. V; III. V; IV. F.
d) I. F; II. V; III. V; IV. F.

03. (EJEF Tabelionato e Registro-MG/2007) No Registro de Títulos e Documentos será feita a transcrição:

I. dos instrumentos particulares, para a prova das obrigações convencionais de qualquer valor;
II. do penhor comum sobre coisas móveis;
III. da caução de títulos de crédito pessoal e da dívida pública federal, estadual ou municipal, ou de Bolsa ao portador;
IV. do contrato de parceria agrícola ou pecuária;
V. do mandado judicial de renovação do contrato de arrendamento para sua vigência, quer entre as partes contratantes, quer em face de terceiros (art. 19, § 2º, do Decreto nº 24.150, de 20 de abril de 1934);
VI. facultativo, de quaisquer documentos, para sua conservação.

Das afirmativas acima estão CORRETAS

a) apenas os incisos I, II, e III.

b) apenas os incisos IV, V e VI.

c) apenas os incisos I, III, V e VI.

d) todos os incisos estão corretos.

04. (FMP – Cartório – TJ – MT/2014) Caberá ao Registro de Títulos e Documentos, exceto:

a) o registro dos instrumentos particulares para a prova das obrigações convencionais de qualquer valor.

b) o registro para a constituição de penhor rural.

c) o registro do contrato de parceria agrícola ou pecuária.

d) o registro facultativo de quaisquer documentos para sua conservação.

e) a realização de quaisquer registros não atribuídos expressamente a outro ofício.

GAB	1	A	2	D	3	D	4	B

Art. 127-A. O registro facultativo para conservação de documentos ou conjunto de documentos de que trata o inciso VII do *caput* do art. 127 desta Lei terá a finalidade de arquivamento de conteúdo e data, não gerará efeitos em relação a terceiros e não poderá servir como instrumento para cobrança de dívidas, mesmo que de forma velada, nem para protesto, notificação extrajudicial, medida judicial ou negativação nos serviços de proteção ao crédito ou congêneres.

§ 1º O acesso ao conteúdo do registro efetuado na forma prevista no *caput* deste artigo é restrito ao requerente, vedada a utilização do registro para qualquer outra finalidade, ressalvadas:

I – requisição da autoridade tributária, em caso de negativa de autorização sem justificativa aceita; e

II – determinação judicial.

§ 2º Quando se tratar de registro para fins de conservação de documentos de interesse fiscal, administrativo ou judicial, o apresentante poderá autorizar, a qualquer momento, a sua disponibilização para os órgãos públicos pertinentes, que poderão acessá-los por meio do Serp, sem ônus, nos termos estabelecidos pela Corregedoria Nacional de Justiça do Conselho Nacional de Justiça, dispensada a guarda pelo apresentante.

§ 3º A certificação do registro será feita por termo, com indicação do número total de páginas registradas, dispensada a chancela ou rubrica em qualquer uma delas.

§ 4º *(VETADO na Lei nº 14.382, de 27/6/2022)*

1. COMENTÁRIOS

O art. 127-A foi acrescido pela Medida Provisória nº 1.085, de 27/12/2021, convertida e com redação dada pela Lei nº 14.382, de 27/6/2022.

Frise-se que o artigo em comento é cristalino ao dizer que registro facultativo do art. 127, VII deve ser apenas para **fins de conservação do documento**, não podendo gerar efeitos em relação a terceiros e não poderá servir como instrumento para cobrança de dívidas, mesmo que de forma velada, nem para protesto, notificação extrajudicial, medida judicial ou negativação nos serviços de proteção ao crédito ou congêneres.

Este registro deve ser feito em livro próprio, o Livro "F", também novidade da Lei 14.382/2022, embora já existisse previsão dele em algumas poucas normativas estaduais.

Nos ensinamentos de Robson Alvarenga, a LRP prevê no inciso VII de seu art. 127, um tipo de registro que nunca havia sido adequadamente compreendido e explorado. Trata-se do registro facultativo para conservação. Esse registro, inserido no rol de competências do RTD, sempre foi efetivado exatamente da mesma forma que os demais registros, não havendo nenhuma distinção que colocasse em relevo sua finalidade diferenciada e peculiar. Desse modo, o registro para conservação vinha sendo utilizado ocasionalmente em todo o país para registro de documentos que não envolviam negócios ou obrigações, para contratos possessórios sobre imóvel, para contratos imobiliários que não preenchiam os requisitos para registro na matrícula do imóvel ou para documentos em geral cuja competência registral não está prevista em lei. Como se vê, confundiam-se as competências registrais previstas no inciso I e no parágrafo único, ambos do art. 127 da LRP, com a competência referida no art. 127, inciso VII, da LRP. Compreender o alcance e a finalidade de cada uma dessas competências foi essencial para entender a razão de ser do registro facultativo para fins de conservação e a importância da atualização legislativa trazida pela lei 14.382/2022, resultante da conversão da Medida Provisória 1.085/2021, ao inserir o art. 127-A, que regulamenta, em detalhes, o registro para fins de conservação" (Op. Ccit 256).

O registro facultativo sempre foi de acesso público e irrestrito. Isso não era visto com bons olhos àqueles que tinham a intenção de registrar, mas deixavam de fazer por temor à exposição de sua vida particular.

Desse modo, o parágrafo 1º do art. 127-A traz uma espécie de limitação à publicidade. É que o dispositivo prescreve a **restrição do acesso ao conteúdo do registro facultativo ao requerente**. Em outras palavras, fica vedada a utilização do registro para qualquer outra finalidade, com **exceção** de requisição da autoridade tributária, em caso de negativa de autorização sem justificativa aceita e de determinação judicial.

Quanto às ressalvas específicas do 1º do art. 127-A, para que possam ser bem assimiladas, necessário se faz invocar o § 2º, que preceitua que quando se tratar de registro para fins de conservação de documentos de interesse fiscal, administrativo ou judicial, o apresentante poderá autorizar, a qualquer momento, a sua disponibilização para os órgãos públicos pertinentes, que poderão acessá-los por meio do Serp, sem ônus, nos termos estabelecidos pela Corregedoria Nacional de Justiça do Conselho Nacional de Justiça, dispensada a guarda pelo apresentante.

Nos ensinamentos de Robson Alvarenga, com o qual identifico, é fundamental compreender, desde logo, que a requisição da autoridade tributária só pode incidir sobre registro para conservação de interesse fiscal. Evidentemente, seria absurdo admitir que o fisco bisbilhotasse os registros pessoais de alguém fora das hipóteses específicas de registros de interesse fiscal, posto que tal conduta, além de configurar manifesto desvio de finalidade, afrontaria inúmeros direitos constitucionais fundamentais. No entanto, desde que o registro seja de interesse fiscal, a autoridade tributária passa a ter direito de acessar o registro, não podendo o apresentante pretender recusar injustificadamente essa autorização. A questão crucial é diferenciar um registro para conservação de interesse fiscal dos demais registros para conservação de uma pessoa. E, considerando que o acesso ao registro para conservação é restrito ao apresentante e que cabe somente a ele autorizar a sua disponibilização para o fisco quando se tratar de documento de interesse fiscal, é fácil concluir que somente o próprio apresentante é que poderá definir qual registro para conservação terá, ou não, interesse fiscal. Contudo, uma vez feita essa definição pelo apresentante, não poderá ele voltar atrás sem justificativa apropriada e pretender revogar a autorização previamente concedida ao fisco, já que, nessa hipótese e somente nessa hipótese, poderá a autoridade tributária se valer do disposto no inciso I do §1º do art. 127-A para acessar o registro previamente classificado como "de interesse fiscal" pelo apresentante, mesmo contra a vontade deste último. Essa interpretação nos parece a única compatível com os direitos fundamentais previstos na Constituição Federal. Entender-se que o fisco poderia, ao seu livre-arbítrio, investigar registros pessoais de uma pessoa, à procura de elementos que entendesse de interesse fiscal, seria avançar para o campo do abuso de direito e da mais evidente inconstitucionalidade. De igual modo, a segunda ressalva prevista no § 1º do art. 127-A da LRP também deve ser interpretada em conformidade com os direitos fundamentais previstos na Constituição Federal.

Cabe ao juiz o poder de determinar a quebra do sigilo do registro para conservação, mesmo contra a vontade do titular do registro. Mas essa prerrogativa do Poder Judiciário só pode ser exercida em duas situações. A primeira quando se tratar de registro de interesse judicial, assim declarado previamente pelo próprio apresentante, caso em que o acesso pelo Judiciário estará assegurado. A segunda quando o juiz, no exercício do poder jurisdicional e após acurada ponderação das normas constitucionais e legais, concluir que a quebra do sigilo do registro para conservação é necessária e justificável para cumprir adequadamente a função jurisdicional e o devido processo legal, caso em que a sobreposição da vontade do apresentante pela força coercitiva do Estado não será considerada uma violação dos direitos constitucionais fundamentais que protegem a privacidade das pessoas (Op. cit. 257).

O § 3º do art. 127-A traz regra de escrituração em harmonia com o movimento da desburocratização e desjudicialização. Desse modo, a certificação do registro será feita por termo, com indicação do número total de páginas registradas, dispensada a chancela ou rubrica em qualquer uma delas.

Segundo os ensinamentos de Naurican Ludovico Lacerda, para implementar essa nova conformação jurídica, foram criados dois novos livros: o F, para conter o registro facultativo; e o G, para abrigar o seu indicador pessoal. Ambos os livros terão seu acesso restrito e a regra de acesso amplo às certidões dos atos registrados do art. 17 da Lei 6.015/1973 passa a ostentar nova exceção, que poderia ter sido inserta no art. 18 da mesma lei, ao lado de outras situações excepcionais de restrição de emissão de certidão.

Por fim, anote-se que o § 4º do art. 127-A foi vetado. Em sua dicção, preceituava que:

> "A certidão do registro efetuado na forma prevista no *caput* deste artigo" ou qualquer outro documento expedido deverá conter a informação expressa e em destaque de que o registro referido não gerará efeitos em relação a terceiros, e as vedações ressalvadas na parte final do *caput* deste artigo deverão constar em destaque de forma transversal, em quíntuplo do tamanho da fonte de seu texto, em cada página da certidão ou de qualquer outro documento expedido."

Convém apresentar as razões do veto:

> "A proposição legislativa prevê que a certidão do registro efetuado na forma prevista no *caput* do art. 127-A da Lei 6.015, de 31 de dezembro de 1973, ou qualquer outro documento expedido deveria conter a informação expressa

e em destaque de que o registro referido não geraria efeitos em relação a terceiros, e que as vedações ressalvadas na parte final do *caput* do referido artigo deveriam constar em destaque de forma transversal, em quíntuplo do tamanho da fonte de seu texto, em cada página da certidão ou de qualquer outro documento expedido.

Entretanto, apesar de meritória a intenção do legislador, a proposição contraria o interesse público, uma vez que a exigência de que o tamanho da fonte da advertência seja cinco vezes maior que a fonte normal do texto da certidão mostra-se manifestamente excessiva e tecnicamente inviável, tendo em vista que demandaria a utilização de mais da metade da folha da certidão somente com essa informação, o que tornaria, ainda, ilegível o texto original.

Além disso, os registradores deverão respeitar as vedações referidas no *caput* do art. 127-A da Lei nº 6.015, de 1973, o que indica a desnecessidade da inserção da advertência em todas as folhas de todas as certidões registrais."

2. QUESTÕES DE CONCURSO

01. (TJ/AM – 2023 – TJ/AM - Titular de Notas e Serviços de Registros) Assinale a alternativa correta em relação ao registro de títulos e documentos:

a) O registro facultativo para conservação de documentos ou conjunto de documentos de que trata o inciso VII do caput do art. 127 da Lei nº 6.015/1973 terá a finalidade de arquivamento de conteúdo e data, não gerará efeitos em relação a terceiros e não poderá servir como instrumento para cobrança de dívidas, mesmo que de forma velada, nem para protesto, notificação extrajudicial, medida judicial ou negativação nos serviços de proteção ao crédito ou congêneres.

b) É cabível o registro facultativo para conservação de documentos perante Registro de Títulos e Documentos, ainda que atribuídos expressamente a outro ofício.

c) A certificação do registro facultativo para conservação de documentos será feita por termo, com indicação do número total de páginas registradas, com a chancela ou rubrica em cada uma delas.

d) Qualquer pessoa pode requerer certidão do registro facultativo para conservação de documentos, desde que informe ao oficial ou ao funcionário o motivo ou interesse do pedido.

02. (VUNESP - 2023 - TJ-AL - Titular de Serviços de Notas e de Registros – Provimento) De acordo com a Lei de Registros Públicos, o acesso ao conteúdo do registro facultativo para conservação

a) é restrito ao próprio oficial do Registro, que revelará verbalmente o conteúdo quando instado por qualquer do povo.

b) é restrito a qualquer interessado que manifeste seu interesse por requerimento dirigido ao Oficial.

c) é restrito ao requerente, à autoridade tributária ou por determinação judicial.

d) não é restrito, pois o acesso é amplo, geral e irrestrito, pois o Registro de Títulos e Documento é órgão de natureza pública.

GAB	1	A	2	C

Art. 128. À margem dos respectivos registros, serão averbadas quaisquer ocorrências que os alterem, quer em relação às obrigações, quer em atinência às pessoas que nos atos figurarem, inclusive quanto à prorrogação dos prazos.

1. COMENTÁRIOS

Os negócios ou atos jurídicos que extinguem, modificam ou de qualquer forma altere o conteúdo do registro deverão ser averbados à margem dos respectivos registros.

Averbação é o ato que modifica o teor do registro, conferindo publicidade, eficácia e segurança aos atos jurídicos.

Art. 129. Estão sujeitos a registro, no Registro de Títulos e Documentos, para surtir efeitos em relação a terceiros:

1. COMENTÁRIOS

Sobre as considerações de registro e transcrição, remetemos o leitor aos comentários do item 1.1, do Capítulo I, Título IV, desta Lei.

1º) os contratos de locação de prédios, sem prejuízo do disposto do artigo 167, I, nº 3;

1. COMENTÁRIOS

Contrato de Locação é o aquele pelo qual uma pessoa física ou jurídica estabelece as condições para ceder à outra pessoa física ou jurídica, por tempo determinado ou não, o uso e gozo de um bem móvel ou imóvel, mediante certa remuneração.

Neste contrato, deve-se incluir a **identificação do bem, valor, índice de reajuste, vencimento, forma e**

local de pagamento do aluguel, multas estabelecidas para atrasos e um auto de vistoria descrevendo as condições do bem, ao ser entregue ao locatário, para que ele o devolva ao locador nas mesmas condições em que o recebeu.

Nos termos do item 1º do art. 129, o contrato de locação de prédio de qualquer natureza, **para que surtam efeitos contra terceiros,** é imperativo o seu registro na Serventia de Títulos e Documentos, excetuados aqueles contratos de locação nos quais tenha sido estabelecida cláusula de vigência.

O contrato de locação com **cláusula de vigência** é registrado no **Livro 2 – Registro Geral** (art. 173, II, da Lei 6.015/1973) no Registro Imobiliário.

O registro da cláusula de vigência garante ao locatário o respeito ao prazo de locação pactuado no caso de alienação do imóvel, porém é necessário que o contrato contenha cláusula expressa de vigência, sem a qual este não tem ingresso no registro.

Oportuno ainda mencionar o teor da Súmula 442, do Supremo Tribunal Federal: "A inscrição do contrato de locação no registro de imóveis, para a validade da cláusula de vigência contra o adquirente do imóvel, ou perante terceiros, dispensa a transcrição no registro de títulos e documentos".

2. JURISPRUDÊNCIA COMPLEMENTAR

SUPREMO TRIBUNAL FEDERAL

Súmula 482, O locatário, que não for sucessor ou cessionário do que o precedeu na locação, não pode somar os prazos concedidos a este, para pedir a renovação do contrato, nos termos do Decreto nº 24.150.

Súmula 481. Se a locação compreende, além do imóvel, fundo de comércio, com instalações e pertences, como no caso de teatros, cinemas e hotéis, não se aplicam ao retomante as restrições do art. 8º, e, parágrafo único, do Decreto nº 24.150, de 20.4.34.

Súmula 442. A inscrição do contrato de locação no Registro de Imóveis, para a validade da cláusula de vigência contra o adquirente do imóvel, ou perante terceiros, dispensa a transcrição no Registro de Títulos e Documentos.

Súmula 376, Na renovação de locação, regida pelo D. 24.150, de 20.4.34, o prazo do novo contrato conta-se da transcrição da decisão exequenda no Registro de Títulos e Documentos; começa, porém, da terminação do contrato anterior, se esta tiver ocorrido antes do registro.

Súmula 158, Salvo estipulação contratual averbada no registro imobiliário, não responde o adquirente pelas benfeitorias do locatário.

SUPERIOR TRIBUNAL DE JUSTIÇA

Ementa: RECURSO ESPECIAL. AQUISIÇÃO. SHOPPING CENTER. LOJAS. LOCAÇÃO. AÇÃO DE DESPEJO. CLÁUSULA DE VIGÊNCIA. REGISTRO. AUSÊNCIA. OPOSIÇÃO. ADQUIRENTE. IMPOSSIBILIDADE. 1. Recurso especial interposto contra acórdão publicado na vigência do Código de Processo Civil de 2015 (Enunciados Administrativos nºs 2 e 3/STJ). 2. A controvérsia gira em torno de definir se o contrato de locação com cláusula de vigência em caso de alienação precisa estar averbado na matrícula do imóvel para ter validade ou se é suficiente o conhecimento do adquirente acerca da cláusula para proteger o locatário. 3. A lei de locações exige, para que a alienação do imóvel não interrompa a locação, que o contrato seja por prazo determinado, haja cláusula de vigência e que o ajuste esteja averbado na matrícula do imóvel. 4. Na hipótese dos autos, não há como opor a cláusula de vigência à adquirente do shopping center. Apesar de no contrato de compra e venda haver cláusula dispondo que a adquirente se sub-rogaria nas obrigações do locador nos inúmeros contratos de locação, não há referência à existência de cláusula de vigência, muito mesmo ao fato de que o comprador respeitaria a locação até o termo final. 5. Ausente o registro, não é possível impor restrição ao direito de propriedade, afastando disposição expressa de lei, quando o adquirente não se obrigou a respeitar a cláusula de vigência da locação. 6. Recurso especial provido.(STJ – REsp: 1669612 RJ 2017/0101094-9, Relator: Ministro RICARDO VILLAS BÔAS CUEVA, Data de Julgamento: 07/08/2018, T3 – TERCEIRA TURMA, Data de Publicação: DJe 14/08/2018)

TRIBUNAL DE JUSTIÇA DO ESTADO DE SÃO PAULO CORREGEDORIA-GERAL DA JUSTIÇA. CORREGEDORIA-GERAL

EMENTA: Locação – caução real locatícia – dupla garantia – nulidade de pleno direito – cancelamento administrativo de averbação. REGISTRO DE IMÓVEIS – Cancelamento de averbação de caução constituída sobre imóvel em locação – Contrato de locação com dupla garantia (fiança e caução real) – Inadmissibilidade à luz do disposto no art. 37, PU, da Lei nº 8.245/91 – Nulidade de pleno direito da caução, como garantia subsequente à fiança – Possibilidade de determinação de cancelamento nesta via administrativa – Inteligência do artigo 214 da Lei nº 6.015/73 – Recurso provido. Processo 177.033/2013. Itatiba/São Paulo. J. 13/03/2014, Dje 24/03/2014, rel. des. Elliot Akel. Legislação: LRP – Lei de Registros Públicos | 6.015/1973, ART: 214; LI – Lei do Inquilinato | 8.245/1991, ART: 37, PAR: único.

3. QUESTÕES DE CONCURSOS

01. (Cespe – Notário-ES/2013) Determinado imóvel urbano está alugado e o locador deseja vendê-lo antes do prazo final do contrato de locação. Nesse caso,

a) a preferência do locatário sobrepõe-se à do condômino, nos casos em que houver condomínio no imóvel.
b) o direito de preferência incidirá sobre a totalidade dos bens que sejam objeto da alienação, no caso de haver alienação de mais de uma unidade imobiliária.
c) o locador não tem legitimidade para o registro do contrato de locação com cláusula de vigência, em caso de alienação.
d) o locatário deverá exercer seu direito de preempção no prazo de sessenta dias.
e) o locatário preterido no seu direito de preferência poderá reclamar do alienante perdas e danos, independentemente de o contrato de locação ter sido averbado no cartório de imóveis antes da alienação.

02. (Vunesp – Cartório – TJ – SP/2012) Sobre locação de prédios urbanos, pode-se afirmar que

I. os contratos de locação são registrados no Registro de Títulos e Documentos, para surtir efeitos em relação a terceiros, sem prejuízo de serem também levados ao registro imobiliário, quando consignada cláusula de vigência no caso de alienação da coisa locada;
II. os contratos de locação nos quais tenha sido consignada cláusula de vigência no caso de alienação da coisa locada serão registrados na matrícula do imóvel, mediante apresentação de qualquer das vias do contrato, assinado pelas partes e subscrito por duas testemunhas, bastando a coincidência entre o nome de um dos proprietários e o do locador;
III. a base de cálculo dos emolumentos do Registro de Imóveis em relação aos contratos de locação com prazo determinado será o valor da soma dos alugueres mensais. Se o prazo for indeterminado, tomar-se-á o valor de 12 alugueres mensais.

a) Todas as afirmativas estão corretas.
b) Apenas a afirmativa I está correta.

c) Apenas a afirmativa II está correta.
d) Apenas a afirmativa III está incorreta.

03. (Cespe – Cartório – TJ – BA/2014) Tendo por base a jurisprudência do STJ no que concerne à locação de imóveis urbanos, a direitos reais, títulos de crédito e prescrição e decadência, assinale a opção correta.

a) O particular que tenha imóvel localizado em terreno de marinha e cuja propriedade tenha sido estabelecida em cartório de registro de imóveis será considerado proprietário, inclusive, em face de eventual oposição da União.
b) Caso o devedor efetue a quitação da dívida após o protesto do título, a responsabilidade por promover o cancelamento do protesto é do credor.
c) A pretensão de recebimento de valores pagos que não tenham sido restituídos em face de rescisão judicial de contrato de promessa de compra e venda de imóvel submete-se ao prazo prescricional de três anos, por constituir pretensão de reparação civil.
d) Julgada improcedente a ação renovatória da locação, o locatário deverá desocupar o imóvel imediatamente, sob pena de pagamento de multa diária.
e) Em contrato de locação celebrado em 14/4/2010, os efeitos da fiança permanecerão válidos, mesmo sem cláusula expressa, após a prorrogação do prazo contratual por prazo indeterminado.

04. (Vunesp – Cartório – TJ – SP/2014) Estão sujeitos a registro, no Registro de Títulos e Documentos, para surtir efeitos em relação a terceiros:

a) o penhor comum sobre coisas móveis.
b) os contratos de locação de prédios, sem prejuízo do disposto do artigo 167, I, nº 3.
c) o contrato de parceria agrícola ou pecuária.
d) a caução de títulos de crédito pessoal e da dívida pública federal, estadual ou municipal, ou de Bolsa ao portador.

05. (EJEF – Notário-MG/2011) Estão sujeitos a registro no Cartório de Títulos e Documentos, para surtir efeitos com relação a terceiros, EXCETO

a) os contratos de locação de prédios, sem prejuízo do disposto no art. 167, I, 3.
b) os documentos decorrentes de depósitos, ou de cauções feitos em garantia de cumprimento de obrigações contratuais, ainda que em separado dos respectivos instrumentos.
c) os contratos de compra e venda em prestações, com reserva de domínio ou não, qualquer que seja a forma de que se revistam, os de alienação ou de promessas de venda referentes a bens móveis, imóveis e os de alienação fiduciária.
d) atos administrativos expedidos para cumprimento de decisões judiciais, sem trânsito em julgado, pelas quais for determinada a entrega, pelas alfândegas e mesas de renda, de bens e mercadorias procedentes do exterior.

GAB	1	B	2	A	3	E	4	B	5	C

2º) *(Revogado pela Medida Provisória nº 1.085, de 27/12/2021, convertida na Lei nº 14.382, de 27/6/2022)*

1. COMENTÁRIOS

Este item foi revogado pela Medida Provisória nº 1.085, de 27/12/2021, convertida na Lei nº 14.382, de 27/6/2022) e prescrevia o registro dos documentos decorrentes de depósitos, ou de cauções feitos em garantia de cumprimento de obrigações contratuais, ainda que em separado dos respectivos instrumentos.

Os depósitos e cauções que competiam ao Registro de Títulos e Documentos eram aqueles realizados em garantia de obrigações contratuais.

O **contrato de depósito** é aquele pelo qual um dos contraentes (depositário) recebe de outro (depositante) um bem móvel, obrigando-se a guardá-lo, temporária e gratuitamente, para restituí-lo quando lhe for exigido.

É um contrato típico, que se aperfeiçoa com a entrega do bem e que pode ou não ser remunerado, o que não o descaracteriza.

O contrato de depósito está regulado no Código Civil, pelos artigos 627 a 646. É contrato real (exige a tradição); temporário (art. 627); gratuito, exceto se houver convenção em contrário, se resultante de atividade negocial ou se o depositário o praticar por profissão (art. 628); unilateral; quando assalariado, é bilateral; gera obrigação de restituir.

No que se refere à **caução**, o tema já foi objeto de análise nos comentários do art. 127, III, desta Lei.

Carlos E. Elias de Oliveira e Flávio Tartuce explicam que a prática de caução e depósito vem assumindo diferentes maneiras, especialmente com a expansão do uso do cartão de crédito. No lugar de o interessado exigir uma caução ou um depósito de um bem em garantia, bloqueia-se, no cartão de crédito, um valor a ser liberado após a cessação do receio de inadimplência. Trata-se, na verdade, de uma das novas formas de operacionalização de depósito ou caução, envolvendo créditos. Do ponto de vista técnico, há discussões jurídicas acerca da natureza da caução e até do depósito. Não convém aprofundar esse aspecto, eis que o foco aqui é sobre a formalidade exigida para esses negócios jurídicos. Transcrevemos, de qualquer forma, o resumo de artigo sobre o tema, escrito pelo primeiro coautor deste livro:

> "O texto detalha aspectos pouco explorados pela legislação e pela doutrina sobre a 'caução de bens. A caução é muito usual no quotidiano, mas o seu regime jurídico é obscuro. O texto pretende contribuir com a sistematização desse instituto. Em suma, entre outras questões, estabelece o seguinte:
>
> 1. Em regra, a caução de bens pode ser estipulada com base no princípio da autonomia da vontade. Se, porém, houver lei específica, ela poderá ser tanto um direito

obrigacional com eficácia real ou como um direito real, a depender do que for previsto na lei.

2. Na caução em dinheiro como direito obrigacional, se houver inadimplemento da dívida garantia, o caucionário pode simplesmente abster-se de pagar ao caucionante o valor equivalente ao da caução com base na *exceptio non adimpleti contractus*. Não há necessidade da propositura de ação judicial de execução da caução.

3. Na caução de dinheiro, se o credor caucionário não tiver dever legal ou contratual de manter segregados os valores em um determinado local (conta bancária, aplicação financeira etc.), a propriedade do dinheiro continua sendo do devedor caucionante, de maneira que: (a) a não devolução do valor por dolo pode configurar crime de apropriação indébita; (b) o dinheiro não poderá ser penhorado por dívidas pessoais do credor caucionário; (c) o credor caucionário não poderá valer-se da impenhorabilidade da poupança prevista no art. 833, X, do CPC; e (d) não haverá proteção do bem de família se este tiver sido adquirido após o recebimento da caução pecuniária.

4. Se a caução em dinheiro não tiver sido acompanhada de um dever legal ou contratual de o credor caucionário guardar a coisa em um local específico, a propriedade do dinheiro passará a ser do credor caucionário, que terá uma obrigação de dar (e não restituir) um valor equivalente ao final do contrato se não houver inadimplemento. Daí decorre que: (a) não há falar em crime de apropriação indébita; (b) dívidas pessoais do credor caucionário poderão acarretar penhora do dinheiro que o caucionário tiver consigo; (c) o credor caucionário pode valer-se da impenhorabilidade da poupança na forma do art. 833, X, do CPC; e do bem de família.

5. Se inexistir lei dando eficácia erga omnes, a caução de imóveis é devida como simples direito obrigacional, mas não poderá ingressar na matrícula do imóvel. Se, porém, houver lei, a caução de imóvel será um direito obrigacional com eficácia real ou um direito real e, nessa condição, poderá ingressar no álbum imobiliário no Cartório de Imóveis. No caso de locação predial urbana, a caução de imóveis é um direito obrigacional com eficácia real, pode ser instituída por instrumento particular (não se aplica o art. 108 do CC) e é objeto de ato de averbação na matrícula do imóvel.

6. A caução de direitos aquisitivos e creditórios relativos a imóveis é direito real e deve ser averbada na matrícula do imóvel.

7. A caução de direitos de créditos pode livremente ser estipulada como simples direitos obrigacionais. Se houver lei específica, ela será um "direito obrigacional com eficácia real" ou um direito real. Se o crédito for hipotecário ou pignoratício, é necessária a averbação no registro público competente (Op. cit. 122).

3º) as cartas de fiança, em geral, feitas por instrumento particular, seja qual for a natureza do compromisso por elas abonado;

1. COMENTÁRIOS

O contrato de fiança está previsto nos **arts. 818 a 839 do Código Civil.**

A carta de fiança é o documento que explicita o contrato de fiança, negócio jurídico acessório, que depende de um negócio subjacente e principal, ou seja, depende da existência do contrato principal e tem sua execução subordinada ao não cumprimento deste, pelo devedor.

A fiança é um contrato *unilateral*, vale dizer, gera obrigações, depois de comunicado, unicamente para o fiador. É *solene*, porque conforme art. 819, depende de forma escrita, por instrumento público ou particular, no próprio corpo do contrato principal ou em separado. Em regra, é *gratuito*, pois o fiador não recebe nada em troca, admitindo, entretanto, caráter oneroso, quando o afiançado remunera o fiador pela fiança prestada. Também se trata de contrato *personalíssimo* ou *intuitu personae*, porque confeccionado em função da confiança. Por fim, é contrato *benéfico*, e sendo assim, não admite interpretação extensiva (arts. 114 e 819).

Saliente-se que para o registro do instrumento (carta de fiança) é dispensável a anuência do afiançado.

2. JURISPRUDÊNCIA COMPLEMENTAR

SUPERIOR TRIBUNAL DE JUSTIÇA

EMENTA: RECURSO ESPECIAL. EMBARGOS DE TERCEIRO. FIANÇA. AUSÊNCIA DE CONSENTIMENTO DO CÔNJUGE. IRREGULARIDADE. NEGÓCIO JURÍDICO ENTABULADO SOB A ÉGIDE DO Código civil de 1916. INEFICÁCIA TOTAL. SÚMULA 332/STJ. 1. No regime do Código Civil de 1916, já era considerada irregular a fiança concedida somente por um dos cônjuges sem o consentimento expresso do outro. 2. Após longa controvérsia acerca da natureza da irregularidade, consolidou-se a orientação jurisprudencial desta Corte, mediante a edição do enunciado sumular nº 332/STJ, no sentido de que "a fiança prestada sem autorização de um dos cônjuges implica ineficácia total da garantia". 3. RECURSO ESPECIAL PROVIDO. (STJ – REsp nº 1.220.423 – RS – 3ª Turma – Rel. Min. Paulo De Tarso Sanseverino – DJ 08.10.2012)

TRIBUNAL DE JUSTIÇA DO ESTADO DE SÃO PAULO

EMENTA: FIANÇA – AUSÊNCIA DE OUTORGA UXÓRIA NULIDADE TOTAL DA GARANTIA CONFIGURAÇÃO. Considerando que a finalidade da outorga uxória é a preservação da estabilidade financeira da família, é nula a fiança prestada por um cônjuge sem a participação do outro. APELAÇÃO PROVIDA, com observação. (TJSP – Apelação Cível nº 0143624-66.2007.8.26.0001 – São Paulo – 30ª Câmara de Direito Privado – Rel. Des. Andrade Neto – DJ 23.08.2012)

3. QUESTÕES DE CONCURSOS

01. (Cespe – Cartório – ES/2013) Consoante a Lei de Registros Públicos, para que surtam efeitos perante terceiros, devem-se submeter a registro no registro de títulos e documentos

a) os contratos de parceria agrícola ou pecuária.

b) os contratos de penhor rural.

c) as cauções de títulos de crédito.

d) as cartas de fiança em geral, feitas por instrumento particular, seja qual for a natureza do compromisso por elas abonado.
e) os contratos de locação com cláusula de vigência para hipótese de alienação.

02. (Vunesp – Cartório – TJ – SP/2012) No contrato de fiança, se o fiador exige do devedor outro fiador para o caso em que venha exercer seu direito regressivo, é correto afirmar que há

a) subfiança.
b) co-fiança.
c) retrofiança.
d) ineficácia do ato, à luz de interpretação restritiva do instituto.

03. (IESES – Cartório – TJ – PB/2014) Pelo contrato de fiança, uma pessoa garante satisfazer ao credor uma obrigação assumida pelo devedor, caso este não a cumpra. Sobre este instituto do Código Civil é correto afirmar:

I. A fiança dar-se-á por escrito, porém admite interpretação extensiva.
II. Pode-se estipular a fiança, ainda que sem consentimento do devedor ou contra a sua vontade.
III. As dívidas futuras podem ser objeto de fiança; mas o fiador, neste caso, não será demandado senão depois que se fizer certa e líquida a obrigação do principal devedor.
IV. As obrigações nulas não são suscetíveis de fiança, exceto se a nulidade resultar apenas de incapacidade pessoal do devedor.

A sequência correta é:

a) Apenas a assertiva III está correta.
b) Apenas as assertivas II, III e IV estão corretas.
c) Apenas as assertivas I e II estão corretas.
d) As assertivas I e IV estão corretas.

04. (Vunesp – Cartório – SP – Remoção/2016) No Registro de Títulos e Documentos será feito o registro de

a) cartas de fiança feitas por instrumento público.
b) compra e venda em prestações de bens móveis, desde que haja reserva de domínio.
c) contratos de locação de imóveis urbanos, desde que não haja cláusula de vigência no caso de alienação da coisa locada.
d) promessa de venda de bens móveis.

GAB	1	D	2	C	3	B	4	D

4º) os contratos de locação de serviços não atribuídos a outras repartições;

1. COMENTÁRIOS

O contrato de locação de serviços têm previsão nos **arts. 593 a 609** do Código Civil.

No que se refere aos contratos de locação de serviços, a Consolidação das Leis Trabalhistas (CLT) regula as principais relações atinentes à locação de serviço, dispondo de regras específicas para tais vínculos contratuais.

No caso do item em comento, prelecionam João Pedro Lamana Paiva e Pérsio Brasil Alvares que "apesar de a relação de locação de serviços ser regulada na legislação do trabalho, o registro destina-se especialmente aos contratos de prestação eventual de serviços, alheios à relação de emprego. Apesar de haver outros órgãos a que o registro possa ser atribuído, não há óbices ao duplo registro" vários casos em que é permitida essa espécie de registro, e mesmo havendo outros órgãos a que o registro possa ser atribuído, não há óbice ao duplo registro (*Registro de Títulos e Documentos.* São Paulo: Saraiva, 2013, p. 37).

Walter Ceneviva elucida que a palavra "repartições" tem significado amplo, correspondendo a todos os órgãos públicos ou prestadores de serviço público (*Lei dos Registros Públicos Comentada.* 16. ed. São Paulo: Saraiva, 2005, p. 297).

2. QUESTÃO DE CONCURSO

01. (IESES – Titular de Serviços de Notas e Registros – TJ – TO – Provimento/2022) Assinale a alternativa INCORRETA:

a) Para surtir efeitos contra terceiros, os contratos de fiança devem ser registrados no registro de títulos e documentos.
b) Para surtir efeitos contra terceiros, os contratos de locação devem ser registrados no registro de títulos e documentos.
c) Para surtir efeitos contra terceiros, os contratos de depósito e caução devem ser registrados no registro de títulos e documentos.
d) Um boletim de ocorrência não poderá ser registrado no registro de títulos e documentos.

GAB	1	B

5º) os contratos de compra e venda em prestações, com reserva de domínio ou não, qualquer que seja a forma de que se revistam, e os contratos de alienação ou de promessas de venda referentes a bens móveis;

1. COMENTÁRIOS

Este item possui redação dada pela Medida Provisória nº 1.085, de 27/12/2021, convertida na Lei nº 14.382, de 27/6/2022.

Inicialmente cumpre explicitar a razão de alteração desta norma. É que a Lei do SERP adota de forma definitiva o registro eletrônico. Este registro, nas palavras de Robson Alvarenga está sujeito a regras mais modernas e inspiradas no modelo mundialmente difundido de registro de extratos eletrônicos com dados estruturados, como está indicado no art. 6º da Lei 14.382/2022. O registro de extratos eletrônicos substituirá o registro integral de diversos contratos, especialmente no que se refere às garantias mobiliárias. Por conta disso, a Lei 14.382/2022, alterou alguns itens do art. 129, para deixar de prever a necessidade de registro dos instrumentos de contrato. Justamente por isso foi excluída do item 5º a referência ao registro dos contratos de alienação fiduciária e também foi excluída do item 9º a referência ao registro dos instrumentos de cessão de direitos e de créditos, passando a constar no item 10 o registro das cessões de direitos e de créditos e da alienação fiduciária de móveis. A intenção do legislador foi tornar viável o registro no RTD da alienação fiduciária e das cessões por meio de extratos eletrônicos com dados estruturados, dispensando a apresentação dos respectivos instrumentos de contrato. Por idênticas razões, foram revogados os arts. 129, item 2º, 144 e 145 da LRP, que passarão a ser registrados segundo novo procedimento eletrônico, por meio de extratos eletrônicos com dados estruturados, na forma indicada no art. 6º da Lei 14.382/2022 (Op. cit. 263).

Passemos à análise deste item.

O contrato de compra e venda é contrato típico, previsto no Código Civil, nos arts. 481 e seguintes. Por meio desse negócio jurídico, o vendedor se obriga a entregar o bem objeto do negócio ao passo que o comprador se obriga a fazer o pagamento em dinheiro.

Os contratos de compra e venda mencionados no item 5º deste dispositivo, destinam-se apenas a **bens móveis**, mediante prestações, **com ou sem reserva de domínio** ou **alienação fiduciária em garantia.** Isso significa que, a modalidade de compra e venda não é pura, e o alienante não vai receber o preço à vista, e sim, em parcelas consecutivas, mensais ou não. O alienante entregará o bem ao adquirente e a propriedade pode ficar para si reservada. Caso não reserve a propriedade para si, apesar da tradição, não será possível uma imediata busca e apreensão do bem objeto da avença. Se for estabelecida a reserva de domínio, o vendedor ainda mantém a propriedade do bem e a posse indireta, ao passo que o adquirente terá a posse direta e a propriedade mediante a condição de que pague o valor estipulado.

Observa-se que a relevância desse registro na Serventia de Títulos e Documentos encontra-se no fato de que este adquirente poderia ser demandado por outro credor, e sobrevir a penhora precisamente no bem de propriedade do alienante. Por este registro, se prova tal negócio jurídico, sua data e a produção dos efeitos perante terceiros, objetando-se ao ato de constrição.

No tocante à **promessa de venda** referente a bens móveis, o Código Civil dispõe acerca do tema nos artigos 521 a 528. Essa promessa deve ser registrada também pelo fato de poder ser oposta perante terceiros, pois, se alcança com o registro, direito real à aquisição do bem.

O item 5º também estabelecia o registro da **alienação fiduciária de bens móveis**. A Lei 14.382/2022 deslocou-a para o item 10 do art. 129. E existe uma justificativa para isto. É que fica mais técnico reportar-se ao registro de alienação fiduciária do que "contratos" de alienação fiduciária.

Carlos Eduardo Elias e Flávio Tartuce bem observam que a eliminação do substantivo "contrato" é para deixar claro que o registro poderá ser do extrato do contrato, e não apenas do instrumento contratual (Op. cit. 124).

No que se refere à alienação fiduciária, a fim de apaziguar as dissensões jurisprudenciais e doutrinárias acerca do tema, estipulou o art. 1.361 do Código Civil, que o instituto consiste na propriedade resolúvel de coisa móvel infungível que o devedor, com o escopo de garantia, transfere ao credor.

Neste caso, o devedor torna o possuidor direto da coisa, ocorrendo o deslocamento da posse.

No que diz respeito à **alienação fiduciária de veículos automotores** discutia-se a obrigatoriedade do registro, no cartório de títulos e documentos. Nos termos do diploma civil, constitui-se a propriedade fiduciária com o registro do contrato, celebrado por instrumento público ou particular, que lhe serve de título, no Registro de Títulos e Documentos do **domicílio do devedor,** ou, em se tratando de veículos, **na repartição competente para o licenciamento,** fazendo-se a anotação no certificado de registro. Frise que o Supremo Tribunal Federal julgou pela desnecessidade do registro do contrato de alienação fiduciária de veículos no RTD (Informativo 804), tema que será estudado mais adiante.

Dessa forma, fica prejudicada a Súmula 489 da suprema corte que tinha a seguinte redação:

> A compra e venda de automóvel não prevalece contra terceiros, de boa-fé, se o contrato não foi transcrito no Registro de Títulos e Documentos.

Nesse sentido, a Súmula 92 do Superior Tribunal de Justiça, segundo a qual "a terceiro de boa-fé não é oponível a alienação fiduciária não anotada no Certificado de Registro do veículo automotor".

Ainda sobre o tema, convém consignar que foi editado o **Provimento 27 do Conselho Nacional de Justiça**, em 12 de dezembro de 2012. Seu conteúdo estabelece a facultatividade do registro de contrato de alienação fiduciária e de arrendamento mercantil de veículo por Oficial de Registro de Títulos e Documentos.

Tal Provimento continua em vigor, não obstante o STF ter declarado a desnecessidade do registro do contrato de alienação fiduciária em veículo no RTD no informativo 804, pois trata-se de norma facultativa. Atente-se que alguns de seus dispositivos foram revogados pelo Código Nacional de Normas.

Em outubro de 2015, o Supremo Tribunal Federal entendeu que é **desnecessário o registro do contrato de alienação fiduciária de veículos em cartório.** Transcrevo a aludida decisão e sugiro a leitura atenciosa para melhor compreensão do tema:

Informativo nº 804 do STF – Alienação fiduciária de veículos e registro em cartório

1. Alienação fiduciária de veículos e registro em cartório – 1. É desnecessário o registro do contrato de alienação fiduciária de veículos em cartório. Com base nesse entendimento, o Plenário, em julgamento conjunto, proveu recurso extraordinário e julgou parcialmente procedente o pedido formulado na ADI 4.333/DF, para assentar que os §§ 1º e 2º do art. 6º da Lei 11.882/2008 ("Art. 6º. Em operação de arrendamento mercantil ou qualquer outra modalidade de crédito ou financiamento a anotação da alienação fiduciária de veículo automotor no certificado de registro a que se refere a Lei nº 9.503, de 23 de setembro de 1997, produz plenos efeitos probatórios contra terceiros, dispensado qualquer outro registro público. § 1º Consideram-se nulos quaisquer convênios celebrados entre entidades de títulos e registros públicos e as repartições de trânsito competentes para o licenciamento de veículos, bem como portarias e outros atos normativos por elas editados, que disponham de modo contrário ao disposto no *caput* deste artigo. § 2º O descumprimento do disposto neste artigo sujeita as entidades e as pessoas de que tratam, respectivamente, as Leis nos 6.015, de 31 de dezembro de 1973, e 8.935, de 18 de novembro de 1994, ao disposto no art. 56 e seguintes da Lei nº 8.078, de 11 de setembro de 1990, e às penalidades previstas no art. 32 da Lei nº 8.935, de 18 de novembro de 1994") não se aplicam aos convênios celebrados antes da publicação dessa norma. Além disso, **declarou a constitucionalidade do art. 1.361, § 1º, segunda parte, do CC** ("Art. 1.361. Considera-se fiduciária a propriedade resolúvel de coisa móvel infungível que o devedor, com escopo de garantia, transfere ao credor. § 1º Constitui-se a propriedade fiduciária com o registro do contrato, celebrado por instrumento público ou particular, que lhe serve de título, no Registro de Títulos e Documentos do domicílio do devedor, ou, em se tratando de veículos, na repartição competente para o licenciamento, fazendo-se a anotação no certificado de registro"), bem como a constitucionalidade do art. 14, § 7º, da Lei 11.795/2008 ("Art. 14. No contrato de participação em grupo de consórcio, por adesão, devem estar previstas, de forma clara, as garantias que serão exigidas do consorciado para utilizar o crédito. (...) § 7º A anotação da alienação fiduciária de veículo automotor ofertado em garantia ao grupo de consórcio no certificado de registro a que se refere o Código de Trânsito Brasileiro, Lei nº 9.503, de 23 de setembro de 1997, produz efeitos probatórios contra terceiros, dispensado qualquer outro registro público"]. Discutia-se a obrigatoriedade do registro, no cartório de títulos e documentos, do contrato de alienação fiduciária de veículos automotores, mesmo com a anotação no órgão de licenciamento. Ainda na mesma assentada, o Tribunal não conheceu do pleito formulado da ADI 4.227/DF, em razão de o autor não ter impugnado todo o bloco normativo pertinente à controvérsia. RE 611639/RJ, rel. Min. Marco Aurélio, 21.10.2015. (RE-611639) ADI 4333/DF, rel. Min. Marco Aurélio, 21.10.2015. (ADI-4333) ADI 4227/DF, rel. Min. Marco Aurélio, 21.10.2015. (ADI-4227)

2- Alienação fiduciária de veículos e registro em cartório – 2. A Corte afirmou que o Congresso Nacional editara quatro atos normativos (CTB, CC, Lei 11.795/2008 e Lei 11.882/2008) destinados a afastar a exigência de registro, em cartório, do contrato de alienação fiduciária em garantia de automóveis. Salientou que a exigência de registro do contrato de alienação fiduciária nas serventias extrajudiciais teria sido criada na década de 1960 pelo Decreto-Lei 911/1969. Portanto, nada impediria que o legislador, ante o implemento de política pública diferente, extinguisse a obrigatoriedade. Ademais, por mais analítica que fosse a Constituição, descaberia extrair dela a compulsoriedade de registro de um contrato específico em uma instituição determinada. Pontuou que os requisitos atinentes à formação, validade e eficácia de contratos privados consubstanciariam matéria evidentemente ligada à legislação federal e não ao texto constitucional. Ressaltou que, embora o exercício em caráter privado da atividade notarial e de registro estivesse previsto no art. 236 da CF, não haveria conceito constitucional fixo e estático de registro público. Ao reverso, no § 1º do mesmo dispositivo, estaria estabelecida a competência da lei ordinária para a regulação das atividades registrais. Consignou que, como no pacto a tradição seria ficta e a posse do bem continuaria com o devedor, uma política pública adequada recomendaria a criação de meios conducentes a alertar eventuais compradores sobre o real proprietário do bem, de modo a evitar fraudes, de um lado, e assegurar o direito de oposição da garantia contra todos, de outro. De acordo com o legislador, contudo, a exigência de registro em serventia extrajudicial acarretaria ônus e custos desnecessários ao consumidor, além de não conferir ao ato a publicidade adequada. Para o leigo, seria mais fácil, intuitivo e célere verificar a existência de gravame no próprio certificado de propriedade do veículo, em vez de peregrinar por diferentes cartórios de títulos e documentos ou ir ao cartório de distribuição, nos Estados-Membros que contassem com serviço integrado, em busca de informações. RE 611639/RJ, rel. Min. Marco Aurélio, 21.10.2015. (RE-611639) ADI 4333/DF, rel. Min. Marco Aurélio, 21.10.2015. (ADI-4333) ADI 4227/DF, rel. Min. Marco Aurélio, 21.10.2015. (ADI-4227).

3- Alienação fiduciária de veículos e registro em cartório – 3. O Plenário realçou que o parlamento não agira de maneira inconstitucional quando extinguira procedimento registral desprovido de utilidade maior. Além disso, o alcance que o requerente pretendera atribuir à expressão constitucional "registro público", retirando do legislador ordinário qualquer liberdade para delimitação da atividade, colocaria todos os cadastros de informações em banco de dados com acesso geral sujeitos à disciplina do art. 236 da CF, o que atingiria até mesmo a atividade realizada por outros entes privados, como os serviços de proteção ao crédito. Sublinhou que não haveria ofensa ao princípio da separação de Poderes, pois a atividade fiscalizatória desempenhada pelo Judiciário seria restrita aos serviços prestados pelos cartórios extrajudiciais, conforme versado em lei. Asseverou que a Lei 11.882/2008, ao simplificar o procedimento ligado à alienação fiduciária de veículo automotor, não causara ingerência da União nos órgãos de trânsito estaduais ou ofensa ao pacto federativo. Os dispositivos impugnados nessa norma visariam evitar a burla. A nulidade de eventuais convênios seria mera consequência lógica. Quanto à alegação de ofensa a ato jurídico perfeito e à segurança jurídica, em razão dos convênios celebrados entre os órgãos de trânsito estaduais e os titulares das serventias extrajudiciais, o Colegiado conferiu interpretação conforme à Constituição aos dispositivos em exame, de modo a permitir que os convênios já pactuados por ocasião da edição da lei tivessem vigência até o término do prazo estabelecido, vedada qualquer prorrogação. RE 611639/RJ, rel. Min. Marco Aurélio, 21.10.2015. (RE-611639) ADI 4333/DF, rel. Min. Marco Aurélio, 21.10.2015. (ADI-4333) ADI 4227/DF, rel. Min. Marco Aurélio, 21.10.2015. (ADI-4227).

Assim, na ADI 4.333 foi declarada a constitucionalidade do artigo 1.361, § 1º, segunda parte, do Código Civil, e do artigo 14, § 7º, da Lei 11.795/08, de forma que a competência do registro de alienação ou oneração de veículo automotor é do Departamento de Trânsito.

2. JURISPRUDÊNCIA COMPLEMENTAR

SUPERIOR TRIBUNAL DE JUSTIÇA

JURISPRUDÊNCIA EM TESES – REGISTROS PÚBLICOS

TESE 8) A exigência de registro do contrato de alienação fiduciária em garantia no cartório de título e documentos e a respectiva anotação do gravame no órgão de trânsito não constituem requisitos de validade do negócio, tendo apenas o condão de torná-lo eficaz perante terceiros.

Precedentes: REsp 1190372/DF, Rel. Ministro LUIS FELIPE SALOMÃO, QUARTA TURMA, julgado em 15/10/2015, DJe 27/10/2015; REsp 1072905/DF, Rel. Ministro HERMAN BENJAMIN, SEGUNDA TURMA, julgado em 10/03/2015, DJe 06/04/2015; AgRg no REsp 977998/RS, Rel. Ministra MARIA ISABEL GALLOTTI, QUARTA TURMA, julgado em 02/12/2014, DJe 19/02/2015; EREsp 278993/SP, Rel. Ministro TEORI ALBINO ZAVASCKI, PRIMEIRA SEÇÃO, julgado em 09/06/2010, DJe 30/06/2010; AgRg nos EREsp 875634/PB, Rel. Ministro LUIZ FUX, PRIMEIRA SEÇÃO, julgado em 10/02/2010, DJe 01/03/2010; REsp 875634/PB, Rel. Ministra ELIANA CALMON, SEGUNDA TURMA, julgado em 03/02/2009, DJe 04/03/2009. (VIDE INFORMATIVO DE JURISPRUDÊNCIA N. 350) (VIDE REPERCUSSÃO GERAL – TEMA 349)

EMENTA: RECURSO ESPECIAL. Administrativo, Civil. Veículo Automotor. Alienação Fiduciária. Registro em Títulos e Documentos. Anotação no Certificado de Propriedade. Lei 4.728165 (art. 66, § 11). Lei 6.015173 (art. 129, incs. 5º e 7º). Decreto-Lei 911/73. Súmulas 92/STJ e 489/STF. 1. A boa-fé do adquirente reclama a proteção surgente de indispensável registro da alienação fiduciária no Oficio de Títulos e Documentos. 2. À palma de necessário resguardo, igualmente, é indispensável o registro da alienação fiduciária no Certificado de Propriedade de Veículo automotor. 3. Precedentes jurisprudenciais. 4. Recurso provido (STJ – RESP nº 226.856 – PB – 1ª Turma – Rel. Min. Milton Luiz Pereira – DJ 16.11.1999).

EMENTA: RECURSO ESPECIAL. ALIENAÇÃO FIDUCIÁRIA. BUSCA E APREENSÃO. VALIDADE DO CONTRATO. DISCUSSÃO ENTRE CONTRATANTES. DESNECESSIDADE DE REGISTRO. 1. O sistema jurídico pátrio impõe o registro do contrato de alienação fiduciária como fator de eficácia para proteger os interesses de terceiros de boa-fé. 2. Exigência dispensada quando discutido contrato entre os próprios contratantes, pois plenamente eficaz entre eles. 3. Precedente específico desta Corte. 4. RECURSO ESPECIAL PROVIDO. (STJ – REsp nº 1.226.260 – RS – 3ª Turma – Rel. Min. Paulo de Tarso Sanseverino – DJ 12.06.2012)

TRIBUNAL DE JUSTIÇA DO ESTADO DO PARANÁ

EMENTA: AGRAVO DE INSTRUMENTO – AÇÃO DE BUSCA E APREENSÃO – CONTRATO DE FINANCIAMENTO COM ALIENAÇÃO FIDUCIÁRIA – AUSÊNCIA DO PAGAMENTO DAS PRESTAÇÕES – MORA *EX RE* – COMPROVAÇÃO – NOTIFICAÇÃO FORMALIZADA POR OFICIAL DE REGISTRO DE TÍTULOS E DOCUMENTOS UTILIZANDO-SE DOS SERVIÇOS DOS CORREIOS – NOTIFICAÇÃO ENCAMINHADA PARA O ENDEREÇO DO MUTUÁRIO – VALIDADE DO ATO – DESNECESSÁRIA A APRESENTAÇÃO DE FOTOCÓPIA DO AVISO DE RECEBIMENTO – CERTIDÃO EMITIDA POR OFICIAL DO CARTÓRIO DE TÍTULOS E DOCUMENTOS QUE GOZA DE FÉ PÚBLICA – DECISÃO QUE DETERMINA A JUNTADA DO AVISO DE RECEBIMENTO (A. R.) EMITIDO PELOS CORREIOS EM DISSONÂNCIA COM A JURISPRUDÊNCIA DOMINANTE DO STJ – ART. 557, § 1º-A DO CPC – RECURSO AO QUAL SE DÁ PROVIMENTO, DE PLANO, POR DECISÃO MONOCRÁTICA DO RELATOR. (TJPR – Agravo de Instrumento nº 1182992-8 – Curitiba – 18ª Câmara Cível – Juiz de Direito Substituto em 2º Grau Antonio Domingos Ramina Junior – DJ 21.02.2014)

EMENTA: BUSCA E APREENSÃO. ALIENAÇÃO FIDUCIÁRIA. EXTINÇÃO. AUSÊNCIA DE CONSTITUIÇÃO EM MORA DO DEVEDOR. INSURGÊNCIA DO AUTOR. A CERTIDÃO DO TABELIÃO NO SENTIDO DE QUE O DEVEDOR SE MUDOU HA MAIS ANO DO ENDEREÇO FORNECIDO É PROVA SUFICIENTE DA VALIDADE DA INTIMAÇÃO DAQUELE POR EDITAL DO PROTESTO DO TÍTULO, RESTANDO, ASSIM, COMPROVADA A CONSTITUIÇÃO EM MORA. RECURSO PROVIDO. (TJPR – Apelação Cível nº 1.116.257-9 – Curitiba – 18ª Câmara Cível – Rel. Des. Luiz Cezar Nicolau – DJ 13.10.2014)

3. QUESTÃO DE CONCURSO

01. (Cespe – Cartório – TJ-DFT/2014) Para gerar efeitos em relação a terceiros, deve-se registrar no ofício de registro de títulos e documentos

a) o contrato de compra e venda em prestações, com reserva de domínio ou não, qualquer que seja a forma de que se revista.
b) o contrato de parceria agrícola ou pecuária.
c) a anticrese, bem como o penhor comum, sobre coisas móveis.
d) o contrato de locação de prédios em que seja consignada cláusula de vigência na hipótese de alienação da coisa locada.
e) o contrato de compromisso de compra e venda, com ou sem cláusula de arrependimento, de imóveis não loteados cujo preço possa ser pago, de uma só vez, no ato da celebração contratual ou em prestações.

GAB	1	A

6º) todos os documentos de procedência estrangeira, acompanhados das respectivas traduções, para produzirem efeitos em repartições da União, dos Estados, do Distrito Federal, dos Territórios e dos Municípios ou em qualquer instância, juízo ou tribunal;

1. COMENTÁRIOS

Para Walter Ceneviva, documentos de procedência estrangeira "são todos os vindos do exterior e não lançados em língua portuguesa: tanto se referem a escrituras e certidões quanto a discos, filmes, recortes de jornais ou de revistas, cartas, etc. Tais documentos devem vir acompanhados da respectiva tradução para poder ser registrados. A tradução é obrigatória, mesmo que o documento seja feito no Brasil, mas em língua alienígena. A expressão "procedência" não se aplica apenas aos documentos feitos fora do País, como evidenciado pelo art. 148. Estende-se aos escritos em língua estrangeira cuja exequibilidade, no Brasil, depende de tradução. Pode mesmo não ser escrito em língua viva; nem em idioma correspondente a certa nacionalidade, como por exemplo, o esperanto" (Op. cit., p, 299).

Convém transcrever a **Súmula 259 do Supremo Tribunal Federal**: "Para produzir efeito em juízo não é necessária a inscrição, no registro público, de documentos de procedência estrangeira, autenticados por via consular." Vale dizer, o enunciado eliminou a necessidade de inscrição do documento de procedência estrangeira, quando autenticado pelo consulado brasileiro no exterior. No entanto, a tradução e a inscrição persistem como pré-requisitos da eficácia do documento.

Se no país de origem do documento não houver consulado brasileiro, obviamente bastará a tradução e sua inscrição no Registro de Títulos e Documentos para apresentação em juízo.

Sobre o apostilamento, já estudado nesta obra nos comentários do art. 1º, oportuno trazer a consulta formulada ao Instituto de Registro de Títulos e Documentos e Pessoas Jurídicas do Brasil (IRTDPJBrasil*)* sobre o assunto (*http://www.irtdpjbrasil.com.br*). Veja-se:

Pergunta: Há obrigatoriedade da exigência do Apostilamento do documento estrangeiro apresentado, uma vez que tanto a Lei de Registros Públicos bem como as Normas de Serviço do estado da associada, recentemente atualizada, não determinam essa obrigatoriedade para os fins de registro (art. 129, § 6º)?

Resposta: Antes da adesão do Brasil à Convenção sobre a Eliminação da Exigência de Legalização dos Documentos Públicos Estrangeiros, conhecida como "Convenção da Apostila", celebrada em Haia em 5 de outubro de 1961, os documentos emitidos em países estrangeiros deveriam ser legalizados junto às Repartições Consulares do Brasil no Exterior.

Ocorre que, a Convenção aplica-se tão somente aos países signatários. Dessa forma, para surtir efeitos contra terceiros no Brasil, documentos oriundos de países estrangeiros, que não são parte da referida Convenção devem ser legalizados unicamente junto às Repartições Consulares, como mencionado no parágrafo anterior.

Quando recepcionado o documento estrangeiro para registro, a primeira análise a ser feita deve ser quanto ao país de origem, se signatário ou não da Convenção da Apostila. Na hipótese de o país não ser signatário, deve-se exigir a legalização Consular. Caso o país faça parte da Convenção, entendemos que deve ser exigido o apostilamento do documento, inclusive porque o art. 9º do Decreto n. 8.660 de 2016, que promulga a Convenção, dispõe que:

Art. 9º Cada Estado Contratante tomará as providências necessárias para evitar que seus agentes diplomáticos ou consulares realizem legalizações nos casos em que esse procedimento seja dispensado pela presente Convenção.

É da competência do Congresso Nacional resolver definitivamente sobre tratados, acordos ou atos internacionais (Art. 49, CF) celebrados pelo Brasil. Analisada a pertinência do tratado, acordo ou convenção, o congresso emite um Decreto Legislativo recepcionando o texto da convenção como norma inserida, válida e eficaz no ordenamento jurídico pátrio.

A convenção de Haia seguiu os seguintes trâmites na linha do tempo:

- Convenção de Haia de 5 de Outubro de 1961 – Relativa à Supressão da Exigência da Legalização dos Atos Públicos Estrangeiros – com 112 países signatários (inclusive o Brasil). A Convenção foi assinada no âmbito da Conferência da Haia de Direito Internacional Privado (denominada "HCCH")
- Decreto Legislativo n. 148, de 12 de junho de 2015 – Onde o Congresso Nacional aprova o texto da Convenção sobre a Eliminação da Exigência de Legalização de Documentos Públicos Estrangeiros, celebrada na Haia, em 5 de outubro de 1961.
- Decreto n. 8.660, de 29 de janeiro de 2016 – Promulga a Convenção sobre a Eliminação da Exigência de Legalização de Documentos Públicos Estrangeiros.
- Resolução n. 228, de 22 de junho de 2016 – Regulamenta a aplicação, no âmbito do Poder Judiciário, da Convenção de Haia, em 5 de outubro de 1961 (Convenção da Apostila).

Portanto, após a edição do Decreto Legislativo nº 148, a convenção foi recepcionada no ordenamento jurídico pátrio com o status de Lei Federal.

Daí a obrigatoriedade do cumprimento de suas disposições.

Por fim, a Consultoria do IRTDPJBrasil recomenda que sempre sejam consultadas as normas de serviço da Corregedoria-Geral da Justiça de seu Estado, resguardando-se de que não exista entendimento contrário ao nosso. Havendo divergência, é indicado que sejam obedecidas as referidas normas, bem como a orientação jurisprudencial local.

2. JURISPRUDÊNCIA COMPLEMENTAR

SUPERIOR TRIBUNAL DE JUSTIÇA

EMENTA: RETIFICAÇÃO GRÁFICA DE REGISTRO CIVIL – OBTENÇÃO DE DUPLA CIDADANIA – PRETENSÃO EMBASADA EM FOTOCÓPIA DE CERTIDÃO DE NASCIMENTO REDIGIDA EM LÍNGUA ESTRANGEIRA – AUSÊNCIA DE TRADUÇÃO E REGISTRO NO OFÍCIO DE TITULOS E DOCUMENTOS – AFRONTA AO ART. 157 DO CÓDIGO DE PROCESSO CIVIL E ART. 129, 6º, DA LEI DE REGISTROS PÚBLICOS – FALTA DE DOCUMENTOS ESSENCIAIS – INDEFERIMENTO DA INICIAL – EXTINÇÃO PROCESSUAL – PROCEDIMENTO EX OFFICIO – RECURSO PREJUDICADO. O documento redigido em língua estrangeira somente poderá ser anexado ao processo quando acompanhado da tradução feita por tradutor juramentado. Para fazerem prova no Brasil, os documentos oficiais, passados por agentes públicos de países estrangeiros, dependem de tradução, autenticação consular brasileira e registro no ofício de títulos e documentos (L. 6015/73, Art. 129, 6º). (STJ, REsp. nº 606393/RJ, rel. Min. Humberto Gomes de Barros, j. em 19-5-2005). [TJSC – Ap. Cív. nº 2008.078540-1, Des. Relator: Fernando Carioni, 3ª Câmara de Direito Civil, Data: 19/05/2009).

TRIBUNAL DE JUSTIÇA DO ESTADO DO PARANÁ

EMENTA: REGISTRO PÚBLICO – ESTRANGEIROS CASADOS NO EXTERIOR – NATURALIZADO BRASILEIRO UM DOS CÔNJUGES – PEDIDO DE AVERBAÇÃO DO CASAMENTO – IMPROCEDÊNCIA – INTELIGÊNCIA DA LEI Nº 6015/73, ART. 129 – RECURSO DE APELAÇÃO CONHECIDO E PROVIDO. Casamento realizado no exterior terá seus efeitos produzidos no Brasil mediante o registro do original e sua tradução, devidamente legalizada no Consulado brasileiro sediado no país onde efetuou o casamento, junto ao Cartório de Registro de Títulos e Documentos. (TJPR – Ap. Civ. 436319-5, Relator: D. artagnan Serpa Sa, 12ª Câmara Cível, Publicação: 11/07/2008)

3. QUESTÕES DE CONCURSOS

01. (IESES – Cartório – TJ – RO/2012) Assinale a afirmação INCORRETA:

a) O Cartório de Títulos e Documentos deve fazer o registro de documento de procedência estrangeira, com o que produzirão efeitos em repartições da União, dos Estados, do Distrito Federal, dos Territórios e dos Municípios ou em qualquer instância, juízo ou tribunal.

b) O Cartório de Títulos e Documentos deve fazer o registro dos contratos de locação de prédios, sem prejuízo do disposto do artigo 167, I, nº 3 da LRP, para que produzam efeitos em relação a terceiros.

c) O Cartório de Títulos e Documentos deve fazer o registro dos contratos de locação de serviços não atribuídos a outras repartições, para que produzam efeitos em relação a terceiros.

d) O Cartório de Títulos e Documentos deve fazer o registro dos contratos de compra e venda em prestações, com reserva de domínio ou não, qualquer que seja a forma de que se revistam, para que produzam efeitos em relação a terceiros.

02. (Cespe – Notário-ES/2013) Considere que, no Cartório de Registro Civil de Títulos e Documentos da comarca de Vitória/ES, tenha sido apresentado instrumento de cessão de direitos redigido em língua estrangeira, em caracteres não comuns. Diante dessa situação, assinale a opção correta.

a) Os documentos poderão ser registrados de forma resumida, mesmo que não haja tradução do referido documento.

b) O oficial de registro de títulos e documentos da comarca de Vitória/ES deverá negar o registro do documento, uma vez que a competência de registro de cessão de direitos é do registro de imóveis.

c) Havendo tradução juramentada, será possível realizar o registro no original, para efeito de sua conservação, produzindo-se efeitos legais no país, bem como em relação a terceiros.

d) O referido documento poderá ser registrado para fins de conservação ou perpetuidade, mas não surtirá efeitos perante terceiros, ainda que haja tradução juramentada.

e) Os documentos originais não poderão ser registrados, ainda que para conservação ou perpetuidade.

GAB	1	A	2	E

7º) as quitações, recibos e contratos de compra e venda de automóveis, bem como o penhor destes, qualquer que seja a forma que revistam;

1. COMENTÁRIOS

O item 7º preceitua que para surtir efeitos perante terceiros, e consequentemente conferir eficácia constitutiva, necessário se faz o registro na Serventia de Títulos e Documentos das quitações, recibos e contratos de compra e venda de automóveis, bem como o penhor destes, qualquer que seja a forma que revistam.

Em primeiro lugar, é relevante aclarar que a expressão *automóveis* usada nesse item, tem significado amplo, no sentido de veículos, de quaisquer categorias e espécies (como por exemplo, caminhões, ônibus, motocicletas ou ciclomotores, utilitários, etc).

Walter Ceneviva ilustra que "o registro de veículos automotores, previsto no Código de Trânsito não se confunde com o registro do contrato de alienação fiduciária, sendo feito no órgão executivo de trânsito do Estado ou do Distrito Federal, no Município de domicílio ou residência do proprietário, expedido o correspondente certificado na primeira venda ou nas transferências de propriedade, entre outras alternativas previstas na lei especial" (*Lei dos Registros Públicos Comentada*. 16. ed. São Paulo: Saraiva, 2005, p. 300).

Assim, o contrato de compra e venda garantido por alienação fiduciária, conforme parágrafo 1º do art. 1.361 do Código Civil dispensa o registro do item 7º deste dispositivo, valendo para tanto a anotação no certificado de registro do veículo perante a repartição de trânsito competente.

2. QUESTÃO DE CONCURSO

01. (Cespe – Cartório – TJ – DF/2014) Constituem documentos que devem ser registrados no ofício de registro de títulos e documentos para que gerem efeitos em relação a terceiros:

a) contratos de penhor rural.

b) convenções antenupciais.

c) contratos de promessa de cessão, com ou sem cláusula de arrependimento, que tenham por objeto imóveis não loteados e cujo preço tenha sido pago no ato de sua celebração.

d) cauções de títulos de crédito.

e) os contratos de locação de serviços não atribuídos a outras repartições.

GAB	1	E

8º) os atos administrativos expedidos para cumprimento de decisões judiciais, sem trânsito em julgado, pelas quais for determinada a entrega, pelas alfândegas e mesas de renda, de bens e mercadorias procedentes do exterior.

1. COMENTÁRIOS

Ato administrativo é a manifestação unilateral da vontade da administração pública, ou de quem a represente, com a finalidade de criar, modificar, extinguir ou declarar direitos, deveres ou situações jurídicas no âmbito do direito público. Suas principais características são:

1. **Unilateralidade**: É praticado por um único sujeito (a administração pública), sem necessidade de acordo prévio com o destinatário.
2. **Finalidade pública**: Busca sempre o interesse público, em conformidade com os princípios da administração pública.
3. **Presunção de legitimidade e veracidade**: Supõe-se que o ato é legal e verdadeiro até prova em contrário.
4. **Imperatividade**: Impõe obrigações aos administrados independentemente de sua concordância.
5. **Autoexecutoriedade**: Possibilidade de a administração pública executar diretamente o ato, sem necessidade de autorização judicial prévia, salvo exceções previstas em lei.

É sempre relevante trazer os ensinamentos de Maria Sylvia Zanella Di Pietro, que conceitua o ato administrativo como "a declaração do Estado ou de quem o represente, que produz efeitos jurídicos imediatos, com observância da lei, sob regime jurídico de direito público e sujeita a controle pelo Poder Judiciário" (*Direito administrativo*. 15. ed. São Paulo: Atlas, 2003).

Os atos administrativos aludidos no item 8º "são geralmente aqueles editados por autoridades alfandegárias em relação, especialmente, às questões de incidência e exigibilidade do imposto de importação ou do imposto de circulação de mercadorias sobre produtos estrangeiros, quando estabelecida divergência de entendimento entre as autoridades e os contribuintes, sendo obtida, por estes últimos, decisão judicial não transitada em julgado (caracteristicamente, são liminares concedidas em sede de mandados de segurança), determinando a liberação ou desembaraço das mercadorias. Ocorrida a hipótese, tem aplicação o registro especificado pelo referido inciso 8º, relativamente ao ato administrativo liberatório dos bens, de modo a dar-lhe a adequada publicidade e oponibilidade a terceiros adquirentes dessas mercadorias acerca de sua situação pendente de decisão judicial definitiva e que, como tais, podem vir a constituir objeto de negócios temerários, cujo risco deve ser previamente avaliado (PAIVA, João Pedro Lamana, e ALVARES, Persio Brasil. *Registro de Títulos e Documento*. São Paulo, Saraiva, 2013, p. 40).

Nesse sentido é a explanação de Walter Ceneviva: "Muitas vezes divergem o contribuinte e a autoridade alfandegária ou de mesa-de-rendas, quanto à exigibilidade de tributos. Tem interesse atual na aplicação no inciso 8º o imposto sobre a importação de produtos estrangeiros e o imposto estadual sobre operações relativas à circulação de mercadorias e sobre prestações de serviços. Em milhares de mandados de segurança se discutiu o entendimento a ser dado às expressões *mercadorias e bens*, empregada aquela pelo legislador no sentido de coisa objeto do comércio, inconfundível com bem de capital, que só é mercadoria quando o importador o adquire para revenda. Examinando a questão sob esse aspecto, discrepam os juristas quanto à melhor interpretação, terminando por reconhecer que o bem de capital não é mercadoria e, portanto, não é sujeito ao imposto de circulação de mercadorias. A liberação da importação era sustada, até que decisão judicial de liminar em mandado de segurança, sem trânsito em julgado, alterasse a ordem administrativa, aplicando-se o inciso 8º do art. 129" (*Lei dos Registros Públicos Comentada*. 16. ed. São Paulo: Saraiva, 2005, p. 300).

9º) os instrumentos de sub-rogação e de dação em pagamento

1. COMENTÁRIOS

Este item possui redação dada pela Medida Provisória nº 1.085, de 27/12/2021, convertida na Lei nº 14.382, de 27/6/2022.

A sua antiga dicção falava também em "instrumentos de cessão de direitos e de créditos". O legislador eliminou a expressão "instrumentos" e assim, como no item 5 do art. 129, deslocou a previsão deste registro para o item 10.

A finalidade é a mesma já exposta: deixar claro que o registro poderá ser feito por extrato. Nesta hipótese, trata-se do extrato da cessão de direitos e de crédito.

A **sub-rogação**, de acordo com o Código Civil, pode ser legal ou convencional. Prescreve o art. 346 que a sub-rogação opera-se, de pleno direito, em favor:

I) do credor que paga a dívida do devedor comum;

II) do adquirente do imóvel hipotecado, que paga a credor hipotecário, bem como do terceiro que efetiva o pagamento para não ser privado de direito sobre imóvel;

III) do terceiro interessado, que paga a dívida pela qual era ou podia ser obrigado, no todo ou em parte.

A sub-rogação é convencional, por sua vez, quando:

I) quando o credor recebe o pagamento de terceiro e expressamente lhe transfere todos os seus direitos;

II) quando terceira pessoa empresta ao devedor a quantia precisa para solver a dívida, sob a condição expressa de ficar o mutuante sub-rogado nos direitos do credor satisfeito (art. 347).

No tocante à **dação em pagamento**, trata-se do acordo de vontades entre credor e devedor, por meio do qual o primeiro concorda em receber do segundo, para exonerá-lo da dívida, prestação diversa da que lhe é devida.

A dação em pagamento é regulada pelo Código Civil, nos arts. 356 a 359.

10º) a cessão de direitos e de créditos, a reserva de domínio e a alienação fiduciária de bens móveis;

1. COMENTÁRIOS

O item 10 foi acrescido pela Medida Provisória nº 1.085, de 27/12/2021, convertida na Lei nº 14.382, de 27/6/2022.

A cessão de direitos e de créditos foi deslocada do item 9, enquanto a reserva de domínio e a alienação fiduciária de bens imóveis foram transferidas do item 5.

Inicialmente, cumpre anotar que o instrumento de **cessão de direitos e de créditos** pode ser confeccionado tanto pela forma pública como pela privada.

A cessão de direitos está prevista nos arts. 286 ao 298 do Código Civil e, por seu instrumento o credor cede seu crédito, se a isso não se opuser a natureza da obrigação, a lei ou a convenção com o devedor, abrangendo, salvo disposição em contrário, todos os seus acessórios.

Sobre a alienação fiduciária, seus comentários já foram analisados no item 5 deste art. 129.

A finalidade do item 10 é deixar cristalina a possibilidade do registro do **extrato (e não apenas o título *stricto sensu*)** da cessão de direitos e de crédito, da alienação fiduciária, bem como da reserva de domínio.

Quanto à reserva de domínio, relevante trazer as sempre ótimas observações de Carlos Elias e Flávio Tartuce: "Nesse ponto, entendemos que a mudança legislativa gera confusão, especialmente por ter mantido a previsão da reserva de domínio no item 5 do art. 129 da IRP. Isso, porque a reserva de domínio é uma cláusula especial ou pacto adjeto do contrato de compra e venda, conforme reconhece o Código Civil. Consiste em uma condição suspensiva que vincula a transferência do bem móvel vendido ao pagamento do preço. Precisa ser registrada no RTD do domicílio do comprador para produzir efeitos *erga omnes*, como se retira do art. 522 do Código Civil. O item "10" do art. 129 da IRP está em consonância com essa previsão. No entanto, o item 5 do art. 129 da LRP segue prevendo que, para produzir efeitos contra terceiros, é necessário o registro, no RTD, dos "contratos de compra e venda em prestações, com reserva de domínio ou não, qualquer que seja a forma de que se revistam". Daí surgem duas dúvidas: a) seria ou não necessário haver um duplo registro do contrato de compra e venda com cláusula especial de retrovenda?; e b) a compra e venda a preço parcelado sem cláusula de retrovenda também precisa ser registrada no RTD para produzir efeitos contra terceiros? Importante lembrar que estamos tratando aqui apenas de venda de bens móveis, porque os de imóveis são registráveis no RI. Entendemos que tudo não passa de um lapso legislativo. O item 5 deveria ter sido revogado, mas não o foi. Afinal, o que se registra é a Cláusula de retrovenda, e não o contrato de compra e venda de móvel, sendo descabido interpretar que o registro do contrato de compra e venda sobre móvel é essencial. Na compra e venda de móvel, a transferência da propriedade dá-se com a tradição, e não com o registro, pelo que se extrai do art. 1.226 do Código Civil: "Os direitos reais sobre coisas móveis, quando constituídos, ou transmitidos por atos entre vivos, só se adquirem com a tradição."

Desse modo, destacamos duas conclusões a respeito do tema. A primeira delas é que basta o registro da cláusula de retrovenda no RTD com fundamento no item 10 do art. 29 da LIP, dispensada a realização cumulativa e burocrática do contrato de compra e venda, ou seja, não há necessidade de duplo registro no RTD. A segunda conclusão é a de que, no caso de compra e venda de móvel sem retrovenda a preço parcelado, o item 5 do art. 129 da LRP deve ser submetido à técnica do diálogo das fontes com o Código Civil, a fim de estabelecer que: a) na compra e venda de móvel, a eficácia *erga omnes* é alcançada com as hipóteses legais de transmissão do direito real mobiliário, ou seja, a tradição (art. 1.226 do CC); b) o contrato de compra e venda de móvel sem retrovenda não goza de eficácia *erga omnes*, ainda que registrado no RTD; e c) o registro no RTD desse contrato é previsto no item 5 do art. 129 da LRP apenas para, se futuramente o legislador passar a dar eficácia *erga omnes* a esse contrato, haver fundamento legal para seu registro. (Op. cit. p. 125).

11º) as constrições judiciais ou administrativas sobre bens móveis corpóreos e sobre direitos de crédito.

§ 1º A inscrição em dívida ativa da Fazenda Pública não se sujeita ao registro de que trata o *caput* deste artigo para efeito da presunção de fraude de que trata o art. 185 da Lei nº 5.172, de 25 de outubro de 1966 (Código Tributário Nacional).

§ 2º O disposto no *caput* deste artigo não se aplica ao registro e à constituição de ônus e de gravames previstos em legislação específica, inclusive o estabelecido:

I – na Lei nº 9.503, de 23 de setembro de 1997 (Código de Trânsito Brasileiro); e

II – no art. 26 da Lei nº 12.810, de 15 de maio de 2013.

1. COMENTÁRIOS

O item 11 e seus parágrafos foram acrescidos pela Medida Provisória nº 1.085, de 27/12/2021, convertida na Lei nº 14.382, de 27/6/2022.

Serão registradas no Registro de Títulos e Documentos todas as **constrições judiciais ou administrativas** incidentes sobre a pessoa e seus bens móveis, incluindo os direitos de crédito.

Bem observa Robson Alvarenga que a falta de publicidade real das constrições judiciais e a enorme dificuldade de acesso a tais informações sempre foram motivos de graves preocupações, gerando elevada instabilidade e aumentando drasticamente o Custo Brasil, o que atrapalha o desenvolvimento do país, afastando investidores nacionais ou estrangeiros. A inovação trazida pela Lei 14.382/2022, resultante da conversão da Medida Provisória 1.085/2021, permitirá a concentração de todas as informações sobre constrições judiciais e administrativas (incluindo penhoras judiciais, indisponibilidades etc.) numa única plataforma eletrônica nacional, garantindo, ao mesmo tempo, maior eficácia às constrições e maior segurança jurídica a todos os terceiros.

Bastará uma consulta prévia ao SERP para que se tenha certeza da inexistência de constrição judicial ou administrativa que possa interferir em um determinado negócio. Isso equivale a dizer que ninguém mais será surpreendido com o surgimento de uma penhora judicial prévia ao negócio por ele entabulado com o devedor, mas até então desconhecida. Pois, caso exista uma penhora judicial prévia sem registro, ela não terá prioridade sobre um negócio efetivado com base em certidão negativa emitida por meio do SERP, desde que devidamente registrado no RTD antes da penhora judicial. Por outra colocação, o registro de um determinado contrato ou garantia assegurará prioridade jurídica a essa operação, que não será afetada por atos não registrados, ainda que se trate de penhora judicial. A lei atribuiu ao credor beneficiário de uma penhora judicial o importante ônus de requerer o registro dessa penhora no RTD para fazer valer o seu interesse e ampliar a eficácia da decisão judicial de modo a atingir todos os terceiros. Com essa sistemática, a sociedade ganha com a significativa redução do risco negocial, sem que o beneficiário da penhora judicial sofra qualquer prejuízo, exceto se portar de forma desidiosa. Pois, como se sabe, terá ele fácil acesso para requerer ao SERP, de forma eletrónica pela internet, o registro da penhora judicial que o favorece. Cumpre destacar que a decisão judicial tem eficácia imediata em relação as partes do processo, sendo o registro no RTD necessário apenas para que essa eficácia seja ampliada para atingir terceiros. Por fim, no tocante à dívida ativa da Fazenda Pública, a nova lei optou por manter o sistema de publicidade atual, que já se mostra adequado e suficientemente acessível para evitar qualquer assimetria de informação, como consta no § 1º do art. 129 da LRP.

2. QUESTÕES DE CONCURSOS

01. (TJ/AM – 2023 – TJ/AM - Titular de Notas e Serviços de Registros) Estão sujeitos a registro, no Registro de Títulos e Documentos, para surtir efeitos em relação a terceiros **EXCETO**:

a) Os contratos de locação de prédios.

b) A inscrição em dívida ativa da Fazenda Pública para efeito da presunção de fraude de que trata o art. 185 da Lei nº 5.172, de 25 de outubro de 1966 (Código Tributário Nacional).

c) Os contratos de compra e venda em prestações, com reserva de domínio ou não, qualquer que seja a forma de que se revistam, e os contratos de alienação ou de promessas de venda referentes a bens móveis.

d) Todos os documentos de procedência estrangeira, acompanhados das respectivas traduções, para produzirem efeitos em repartições da União, dos Estados, do Distrito Federal, dos Territórios e dos Municípios ou em qualquer instância, juízo ou tribunal.

GAB	1	B

Art. 130. Os atos enumerados nos arts. 127 e 129 desta Lei serão registrados no domicílio:

I - das partes, quando residirem na mesma circunscrição territorial;

II - de um dos devedores ou garantidores, quando as partes residirem em circunscrições territoriais diversas; ou

III - de uma das partes, quando não houver devedor ou garantidor.

§ 1º Os atos de que trata este artigo produzirão efeitos a partir da data do registro.

§ 2º O registro de títulos e documentos não exigirá reconhecimento de firma, e caberá exclusivamente ao apresentante a responsabilidade pela autenticidade das assinaturas constantes de documento particular.

§ 3º O documento de quitação ou de exoneração da obrigação constante do título registrado, quando apresentado em meio físico, deverá conter o reconhecimento de firma do credor.

1. COMENTÁRIOS

O art. 30 da Lei 6.015/1973 sofreu alteração, porém a vigência dele iniciou em janeiro de 2024.

Vamos iniciar trazendo comentários sobre o texto atual (vigência até 2024) e depois passemos a estudar as alterações. Para isso, faz-se necessário invocar o artigo revogado:

Art. 130. Dentro do prazo de vinte dias da data da sua assinatura pelas partes, todos os atos enumerados nos arts. 127 e 129, serão registrados no domicílio das partes contratantes e, quando residam estas em circunscrições territoriais diversas, far-se-á o registro em todas elas.

Parágrafo único. Os registros de documentos apresentados, depois de findo o prazo, produzirão efeitos a partir da data da apresentação

Os registros dos títulos e documentos elencados nos arts. 127 a 129, reputados obrigatórios pelo legislador deveriam ser registrados dentro do prazo de **vinte dias** da data da assinatura das partes.

Em outras palavras, a lei definiu o prazo de vinte dias, contados da data da assinatura do respectivo documento, para que o registro produzisse efeitos e, respeitadas as formalidades legais, efeitos retroativos à data da assinatura do negócio jurídico contra terceiros. Não respeitado esse prazo, tais efeitos operavam a partir da data do registro.

Walter Ceneviva ponderava que "o prenome indefinido *todos* é mitigado pela facultatividade excepcional do art. 127, VII" (Op. cit., p. 300).

A respeito do prazo de vinte dias para o registro, era oportuno frisar que não deveria ser levado com rigidez formal, não acarretando nenhuma sanção direta em caso de descumprimento. A sanção indireta consistia na delonga da produção de efeitos. Observava-se que não existia uma sanção similar à do art. 124 (multa) desta Lei, que tratava do registro de jornais, oficinas impressoras, empresas de radiodifusão e agências de notícias.

Dito isso, passemos a desdobrar todas as alterações que, enfatiza-se, iniciaram no dia 1º de janeiro de 2024.

Pela nova redação do art. 130, haverá somente um RTD competente para o registro, ou seja, um **único registro no RTD** será suficiente para gerar plena publicidade e eficácia *erga omnes* em todo o território nacional. Isso difere do que vigorava na sistemática anterior, que preconizava que, se as partes residissem em domicílios diversos, o registro deveria ser feito em ambas as circunscrições. Exigia-se ainda um duplo registro na hipótese de as partes de um contrato terem domicílios em circunscrições diferentes: era necessário registrar o mesmo título nos RTDs de cada uma das duas partes.

Em outras palavras, **ocorreu o fim dos múltiplos registros no RTD**, dando preferência para a competência registral com base no domicílio do devedor ou do garantidor. Segundo Carlos Elias e Flávio Tartuce, essa preferência pelo RTD do domicílio do devedor ou do garantidor é pelo fato de que a publicidade do registro geralmente destina-se a cientificar terceiros que venham a negociar com o devedor. Pense, por exemplo, no registro de um penhor no RTD (art. 127, III, da LRP). A principal finalidade do registro é evitar que terceiros, desconhecendo esse ônus, acabem sofrendo prejuízos adquirindo a coisa empenhada ou celebrando outro negócio envolvendo essa coisa. Esses terceiros poderiam tomar ciência do penhor se consultassem o RTD do domicílio do dono da coisa empenhada (Op. cit. 134).

Nos ensinamentos de Robson Alvarenga, quando as partes residirem em circunscrições territoriais diversas, a lei permite que o interessado escolha o local para que seja feito um único registro, devendo prevalecer o domicílio de um dos devedores ou garantidores, em vez do domicílio do credor. Essa inteligente opção legislativa tem por finalidade manter o equilíbrio entre as partes e evitar as distorções negativas que poderiam resultar da concentração de todos os documentos das grandes instituições financeiras, na qualidade de credoras, em um determinado cartório, longe do domicílio dos devedores e garantidores, que são os consumidores dos serviços bancários e evidentemente as partes mais fracas da relação negocial. A proximidade entre o registro e o consumidor facilita o acesso a eventual atendimento presencial no cartório, bem como se mostra mais compatível com os procedimentos inerentes à execução extrajudicial de garantias sobre os bens móveis, além de evitar qualquer risco de comprometimento da imparcialidade do registrador (Op. cit. 269).

Segundo a regra do art. 130, III, inexistindo garantidor ou devedor ou garantidor, a competência territorial deve incidir em qualquer um dos Registros de Títulos e Documentos dos domicílios das partes, pois estas escolhem em qual RTD fará o registro.

Observam Carlos Elias e Flávio Tartuce que a regra não é clara para aplicação aos casos concretos. O legislador acabou incorrendo em atecnia ao misturar direito das obrigações com direito contratual. Esqueceu-se, por exemplo, de que, nos contratos bilaterais, ambas as partes são reciprocamente credoras e devedoras entre si, porque há, no mínimo, duas obrigações contrapostas. Como exemplo, em um contrato de locação, o locador é devedor da obrigação de garantir o uso da coisa pelo locatário e é credor da obrigação de que o locatário tem de pagar o aluguel, e vice-versa. Diante disso, é preciso definir, para efeito do art. 130, II e III, da LRP, quem é devedor ou garantidor. Entendemos que o correto é considerar como devedor ou garantidor a parte que tenha uma obrigação de pagar dinheiro ou que seja titular de bem objeto de garantia ou objeto do contrato, decorrendo dessas afirmações a regra do domicílio. No caso de o contrato dizer respeito a um imóvel, deve-se preferir o lugar da situação do bem, considerando-o abrangido teleologicamente pela expressão “domicílio” do dono. Na hipótese de “empate” – como no caso de obrigações pecuniárias de ambas as partes –, entendemos que qualquer dos domicílios poderia ser escolhido pelas partes para definir o registro no RTD, sendo certo que bastará o registro em um dos RTDs. Não faz sentido exigir a repetição de registro em diferentes RTDs, sob pena de se contrariarem a finalidade desburocratizante e a vocação desterritorializada e digitalizada da Lei do SERP. Será preciso olhar o caso concreto, sempre voltado ao fato de que a preferência é para o RTD de mais fácil acesso a terceiros que possam ser atingidos pelos direitos envolvidos no título registrado. Cabe um alerta para a hipótese do registro facultativo para fins de conservação do inc. VII do art. 127 da IRP. Para esse caso, entendemos que o RTD competente é o domicílio do apresentante, não importando o teor do documento, se envolve um contrato com devedores ou não. A finalidade desse registro é apenas a conservação e o atesto de data e de existência do documento. Não se objetiva dar publicidade a terceiros e também não se envolvem direitos oponíveis *erga omnes* (Op. cit. 134).

No que diz respeito à eficácia dos documentos, constata-se que o marco temporal é o registro no RTD. É o que se extrai do § 1º do art. 130 da LRP: os atos de que trata este artigo produzirão efeitos a **partir da data do registro**. Trata-se de eficaz remédio para impedir a fraude da ordem de prioridade de direitos.

Desse modo, acaba-se com a retroação dos efeitos do prazo de vinte dias a partir da data da assinatura das partes, o que é louvável, pois, nesse prazo, poderia ocorrer alguma alteração no objeto do contrato ou manipulações fraudulentas, afetando a segurança jurídica.

O parágrafo 2º do art. 130 preceitua que o registro de títulos e documentos não exigirá reconhecimento de firma, e caberá exclusivamente ao apresentante a responsabilidade pela autenticidade das assinaturas constantes de documento particular.

Por sua vez, o parágrafo 3º excepciona esta regra ao dispor que o documento de quitação ou de exoneração da obrigação constante do título registrado, quando apresentado em meio físico, deverá conter o reconhecimento de firma do credor.

Aqui vale, uma vez mais, transcrever as excelentes observações de Carlos Elias e Flávio Tartuce:

> “Antes de tudo, dois alertas precisam ser feitos, pois relevantes para a teoria e a prática sobre tema.
>
> Primeiro alerta: o que será comentado a seguir não vale para a exigência, pelo RTD, de reconhecimento de firmas em procurações. Para estas, a proibição dessa exigência decorre da revogação do art. 148 da LRP e já está em vigor desde a entrada em vigor da Lei do SERP (Lei n. 14.382/2022), que promoveu essa revogação.
>
> Segundo alerta: o que exporemos a seguir só entrará em vigor em 1.º de janeiro de 2024, tendo em vista a vacatio legis contida no inc. I do art. 21 da Lei do SERP. Passamos, pois, a tratar do § 2.º do art. 130 da LRP.
>
> O § 2º do art. 130 da LRP proíbe, de modo geral, a exigência, pelo RTD, de reconhecimento de firma nos títulos que lhe forem apresentados a registro. Cabe ao próprio apresentante a responsabilidade pela autenticidade das assinaturas lançadas no instrumento particular. A única exceção é para o documento em meio físico de quitação ou de exoneração da obrigação constante do título registrado. Para esse caso, o § 3º do art. 130 da IRP impõe o reconhecimento de firma diante da alta sensibilidade do documento e da preocupação do legislador em evitar fraudes. Suponha-se, por exemplo, que um penhor tenha sido registrado. O cancelamento desse penhor pode dar-se com um documento de quitação da dívida expedido pelo credor autorizando a “baixa” do gravame (documento conhecido, na praxe, como “carta de anuência”). Para reduzir o risco de cartas de anuências falsas, o § 3º do art. 130 da LRP preferiu manter a exigência de reconhecimento de firma pelo RTD.
>
> Seja como for, os dispositivos em estudo seguem a tendência de desburocratização dos últimos anos e espelha-se na valorização da autorresponsabilidade do particular e na presunção de boa-fé do particular extraída do inc. II do art. 2.º da Lei da Liberdade Econômica (Lei n. 13.874/201916). O Código de Processo Civil em vigor segue essa tendência, dispensando reconhecimentos de firma em documentos apresentados pelas partes e presumindo a autenticidade de documentos particulares não impugnados (arts. 425, IV, 411, III, e 412 do CPC).

Aliás, em alguns Estados, já vigorava essa tendência. Em São Paulo, por exemplo, o item 34 do Capítulo XIX das NSCGJ-SP já dispensava o reconhecimento de firma em títulos apresentados a registro no RTD, salvo determinação legal expressa e específica a algum título.

Entendemos que essa é a melhor interpretação da legislação mesmo antes da entrada em vigor do § 2° ao art. 130 da LRP. É que inexiste fundamento legal para os RTDs exigirem reconhecimento de firma nos títulos particulares que lhe forem levados a registro, salvo eventual lei específica em sentido contrário. Parece-nos equivocado invocar a parte inicial do inc.II do art. 221 da LRP, pois este, na verdade, impõe o reconhecimento de firma em instrumentos particulares apenas perante o Registro de Imóveis. Referido preceito não pode ser estendido, por analogia, a outras especialidades, porque esta não deve ser evitada para restringir direitos, burocratizar e contrariar princípios do ordenamento, como o da presunção de boa-fé do administrado.

Enfim, com a entrada em vigor do § 2° do art. 130 da LRP, cessa, de vez, qualquer controvérsia jurídica. O RTD não poderá condicionar o registro de títulos ao reconhecimento de firma, salvo se houver alguma norma especial com essa exigência para determinados títulos. Uma dessas normas especiais é o § 3° do art. 130 da LRP, que requer o reconhecimento de firma para o documento de quitação ou de exoneração de obrigação constante de título registrado no RTD (Op. cit. 138).

Art. 131. Os registros referidos nos artigos anteriores serão feitos independentemente de prévia distribuição.

1. COMENTÁRIOS

Há quem defenda que o art. 12 da Lei 8.935/1994 revogou tacitamente o art. 131. Veja-se a redação do aludido dispositivo:

> **Art. 12.** Aos oficiais de registro de imóveis, de títulos e documentos e civis das pessoas jurídicas, civis das pessoas naturais e de interdições e tutelas compete a prática dos atos relacionados na legislação pertinente aos registros públicos, de que são incumbidos, independentemente de prévia distribuição, mas sujeitos os oficiais de registro de imóveis e civis das pessoas naturais às normas que definirem as circunscrições geográficas.

Entende-se que a prévia distribuição foi dispensada, sendo assim desnecessária. Porém, a mesma Lei 8.935/1994 criou ofícios do registro de distribuição, como mostra o art. 13:

> **Art. 13.** Aos oficiais de registro de distribuição compete privativamente:
>
> I – quando previamente exigida, proceder à distribuição equitativa pelos serviços da mesma natureza, registrando os atos praticados; em caso contrário, registrar as comunicações recebidas dos órgãos e serviços competentes;
>
> II – efetuar as averbações e os cancelamentos de sua competência;
>
> III – expedir certidões de atos e documentos que constem de seus registros e papéis.

Alguns autores defendem a inconstitucionalidade dessas normas fixadas por meio de lei federal em matéria de distribuição (art. 12 da Lei 8.935/1994 e art. 131 da Lei 6.015/1973), argumentando que essa matéria é de competência reservada aos Estados, e não à União.

Existe outra parte da doutrina que advoga pela não revogação tácita do art. 131, e assim, nas localidades onde existe mais de um RTD, os interessados poderiam fazer a livre escolha da serventia de sua preferência, e obviamente, quando for o caso, respeitando a regra da competência decorrente do domicílio das partes.

O Estado de São Paulo, no Provimento CG 05/2014, havia dado interpretação ampliativa ao art. 131, estabelecendo no item 7 e 7.2, do Capítulo XIX, das Normas de Serviço da Corregedoria-Geral da Justiça do Estado de São Paulo que:

> **7.** Os registros de títulos e documentos previstos nesta Seção serão feitos independentemente de prévia distribuição, salvo quando os titulares de delegação, por consenso unânime e mediante autorização do Corregedor Permanente, estabelecerem central de atendimento e distribuição, mantida direta e pessoalmente pelos registradores da comarca, sendo vedada a compensação de títulos ou de emolumentos.
>
> **7.2.** É facultado ao usuário escolher o registrador quando apresentar o título na central de atendimento e distribuição.

Todavia, foi editado provimento alterando referidas normativas. Atualmente, se permite a distribuição de títulos a partir da central de atendimento – Central de Serviços Eletrônicos Compartilhados de Registro de Títulos e Documentos – que deverá ser integrada por todos os Oficiais de Registro de Títulos e Documentos do Estado de São Paulo, observadas as determinações legais e normativas quanto à sua competência, à privacidade, à proteção dos dados pessoais e ao sigilo das comunicações privadas e dos registros, quando for o caso, compreendendo os seguintes serviços:

> a) a recepção e envio de títulos em formato eletrônico;
>
> b) a formatação de repositórios registrais eletrônicos para o acolhimento de dados e o armazenamento de documentos eletrônicos;
>
> c) a expedição de certidões e a prestação de informações em formato eletrônico;
>
> d) a recepção de títulos em formato físico (papel), para seu lançamento no Livro Protocolo, digitalização e inserção no sistema, e envio e prática do ato em outra serventia, por meio magnético e utilização de assinatura eletrônica.

Havendo mais de um Oficial de Registro de Títulos e Documentos na localidade, e desde que haja unânime consenso entre eles, com aprovação do Juiz Corregedor Permanente, **poderá haver distribuição**

prévia de todos os títulos e documentos, tanto em meio eletrônico, quanto em papel ou quaisquer outros meios tecnológicos, observados os critérios quantitativo e qualitativo (item 67.10.6, Cap. XIX, NCGJSP). Aprovada pelo Corregedor Permanente a instalação da distribuição em determinada Comarca, a sua desconstituição dependerá de nova decisão do respectivo Corregedor, mediante pedido formulado pela maioria dos Oficiais de Registro daquela localidade, salvo se outro quórum tiver sido estabelecido no momento da aprovação da sua instalação. Se houver apenas dois Oficiais na localidade, a desconstituição do distribuidor dependerá da manifestação de pelo menos um deles (item 67.10.7, Cap. XIX, NCGJSP).

CAPÍTULO II – DA ESCRITURAÇÃO

Art. 132. No registro de títulos e documentos, haverá os seguintes livros:

I – Livro A – protocolo para apontamentos de todos os títulos, documentos e papéis apresentados, diariamente, para serem registrados, ou averbados;

II – Livro B – para trasladação integral de títulos e documentos, sua conservação e validade contra terceiros, ainda que registrados por extratos em outros livros;

III – Livro C – para inscrição, por extração, de títulos e documentos, a fim de surtirem efeitos em relação a terceiros e autenticação de data;

IV – Livro D – indicador pessoal, substituível pelo sistema de fichas, a critério e sob a responsabilidade do oficial, o qual é obrigado a fornecer com presteza as certidões pedidas pelos nomes das partes que figurarem, por qualquer modo, nos livros de registros;

V – Livro E – indicador real, para matrícula de todos os bens móveis que figurarem nos demais livros, devendo conter sua identificação, referência aos números de ordem dos outros livros e anotações necessárias, inclusive direitos e ônus incidentes sobre eles;

VI – Livro F – para registro facultativo de documentos ou conjunto de documentos para conservação de que tratam o inciso VII do *caput* do art. 127 e o art. 127-A desta Lei; e

VII – Livro G – indicador pessoal específico para repositório dos nomes dos apresentantes que figurarem no Livro F, do qual deverá constar o respectivo número do registro, o nome do apresentante e o seu número de inscrição no Cadastro de Pessoas Físicas da Secretaria Especial da Receita Federal do Brasil do Ministério da Economia ou, no caso de pessoa jurídica, a denominação do apresentante e o seu número de inscrição no Cadastro Nacional da Pessoa Jurídica da Secretaria Especial da Receita Federal do Brasil do Ministério da Economia.

Art. 133. Na parte superior de cada página do livro se escreverá o título, a letra com o número e o ano em que começar.

Art. 134. O Juiz, em caso de afluência de serviço, poderá autorizar o desdobramento dos livros de registro para escrituração das várias espécies de atos, sem prejuízo da unidade do protocolo e de sua numeração em ordem rigorosa.

Parágrafo único. Esses livros desdobrados terão as indicações de E, F, G, H, etc.

1. COMENTÁRIOS

O art. 132 da LRP foi alterado pela Medida Provisória nº 1.085, de 27/12/2021, convertida na Lei nº 14.382, de 27/6/2022. Modificou-se a redação do *caput* e do inciso IV e foram introduzidos os incisos V, VI e VII.

O artigo em comento trata da escrituração, e uma das novidades trazidas foi a eliminação do limite exato de folhas para cada livro, tal qual o art. 33 da LRP. Agora essa determinação fica a critério de cada oficial registrador.

Até então, esses livros deveriam conter 300. No entanto, já era se entendia que não se tratava de uma regra que deveria ser fielmente cumprida, permitindo ao Oficial Registrador adotar livros com menor quantidade de folhas, de acordo com a conveniência do serviço.

Nesse sentido, invocava-se o art. 5º da Lei de Registros Públicos, que permite, de acordo com a necessidade do serviço, que os livros de registro sejam desdobrados, por autorização do juiz, para a escrituração das várias espécies de atos, sem prejuízo da unidade do protocolo e de sua numeração em ordem rigorosa.

Oportuno lembrar que, desde o advento da Lei dos Notários e dos Registradores (Lei 8.935/1994), que assegurou a **autonomia gerencial e administrativa dos**

tabeliães e registradores nos artigos 28 e 41, não é mais necessário submeter à aprovação do juiz competente a utilização das melhores técnicas no desempenho de suas atividades.

Ademais, a abertura e encerramento dos livros de escrituração do serviço registral e notarial, fica a cargo do delegado do serviço. Dessa forma, para a **prestação de serviço mais adequada e eficiente (art. 4º e 30, II da Lei 8.935/1994),** as dimensões dos livros, bem como a quantidade de folhas, também serão estabelecidas a critério dos titulares.

Vale a transcrição dos aludidos artigos:

> **Art. 28.** Os notários e oficiais de registro gozam de independência no exercício de suas atribuições, têm direito à percepção dos emolumentos integrais pelos atos praticados na serventia e só perderão a delegação nas hipóteses previstas em lei.
>
> **Art. 41.** Incumbe aos notários e aos oficiais de registro praticar, independentemente de autorização, todos os atos previstos em lei necessários à organização e execução dos serviços, podendo, ainda, adotar sistemas de computação, microfilmagem, disco ótico e outros meios de reprodução.

Assim, entende-se que foram tacitamente revogados todos os dispositivos da Lei 6.015/1973 que dizem respeito à necessidade de autorização judicial competente para medidas relacionadas com a **organização dos serviços e sua execução.**

Com efeito, fica claro que a autorização judicial prevista no art. 134 desta Lei não se faz mais necessária.

Contudo, já foi estudada neste livro a divergência acerca do assunto, motivo pelo qual remetemos o leitor aos comentários dos arts. 3º a 7º desta obra.

A Lei federal, no antigo art. 132, classificou e apontou os fins dos quatro livros na Serventia de Registro de Títulos e Documentos. Entretanto, as normas peculiares de cada Estado já dispunham de outros.

No Registro de Títulos e Documentos, conforme previsto no art. 132, I ao VII, existem os seguintes livros:

- **Livro A – protocolo** para apontamentos de todos os títulos, documentos e papéis apresentados, diariamente, para serem registrados, ou averbados. Note-se que tal Livro não diz respeito diretamente ao registro do documento exibido. A função é de comprovação de sua apresentação ao RTD;
- **Livro B** – para **trasladação integral** de títulos e documentos, sua conservação e validade contra terceiros, ainda que registrados por extratos em outros livros. Neste Livro ocorre a transcrição fiel do documento e o registro tem a finalidade de conservação e validade contra terceiros;
- **Livro C** – para inscrição, por **extração**, de títulos e documentos, a fim de surtirem efeitos em relação a terceiros e autenticação de data. Os lançamentos neste Livro são resumidos, e tem por escopo a validade dele em relação a terceiros e não a conservação, como no caso acima. Registre-se que atualmente, diante das novas tecnologias, o Livro C é muito pouco utilizado, visto que por meio da microfilmagem ou digitalização, o conteúdo é registrado e arquivado em sua integralidade.
- **Livro D – indicador pessoal**, substituível pelo sistema de fichas, a critério e sob a responsabilidade do oficial, o qual é obrigado a fornecer com presteza as certidões pedidas pelos nomes das partes que figurarem, por qualquer modo, nos livros de registros. Trata-se de um sistema de buscas.

A Lei 14.382/2022 trouxe três novos livros, veja-se:

- **Livro E – indicador real** para matrícula de todos os bens móveis que figurarem nos demais livros, devendo conter sua identificação, referência aos números de ordem dos outros livros e anotações necessárias, inclusive direitos e ônus incidentes sobre eles. Em outras palavras, o Livro E **inaugura a matrícula de bens móveis** a fim de possibilitar a verificação de sua disponibilidade e titularidade. Trata-se de relevantíssimo instrumento.

Para ilustrar, Robson Alvarenga explicita que por meio de um número de série específico, placa de identificação, código NCM ou código HS (Sistema Harmonizado de Descrição e Codificação de Mercadorias) e outras formas de identificação específica, os bens móveis poderão ser controlados e rastreados em nível nacional, por meio da centralização de todos os atos registrais através do SERP. Trata-se de uma norma embrionária que pode vir a se tornar um novo método de controle da propriedade mobiliária, com foco em bens móveis duráveis e/ou de alto valor, que possuam identificação específica, como é o caso de diversas máquinas ou equipamentos, tratores, veículos, bicicletas etc (Op. cit. 271).

Por sua vez, Carlos Elias e Flávio Tartuce entendem que a abertura de matrícula de móveis no Livro "E" só deve ocorrer com relação a bens móveis individualizáveis, assim compreendidos aqueles que detenham elementos de identificação capazes de singularizá-lo. Citem-se os casos de produtos eletrônicos com números de série – como celulares e notebooks –, e de veículos, que contêm número de chassi. No caso de grãos de soja ou de outros bens fungíveis ou perecíveis, consideramos inviável a abertura de matrícula pela imprecisão da especialidade objetiva. Criar a matrícula com uma descrição imprecisa é gerar insegurança jurídica, causando confusão.

A localização dos registros que envolvem esses bens deve ser feita com base no indicador pessoal (Livro D), a partir do nome das pessoas mencionadas no registro. O segundo problema é definir os efeitos jurídicos da matrícula de bens móveis. Nesse ponto, consideramos que houve atecnia do legislador em ter lançado mão do termo "matrícula" para se referir ao indicador real Matrícula é expressão utilizada no Registro de Imóveis com diversos efeitos jurídicos próprios, como os decorrentes do princípio da concentração e do princípio da inscrição. Nada tem a ver com a "matrícula" mencionada no Livro "E" do RTD. A matrícula desse livro deve ser reputada uma mera identificação do bem móvel envolvidos nos atos de registros praticados nos demais livros do RTD, com indicação dos dados necessários à busca desses registros. Em suma, a "matrícula" de bens móveis do Livro "E" não é uma matrícula do ponto de vista jurídico, e sim um mero cadastro típico de indicador real. Trata-se de uma simples organização de informações para viabilizar a busca dos atos de registros nos demais livros a partir dos dados do imóvel. Se, a título de ilustração, um usuário quiser saber se há algum registro de penhor de um computador com número de série X, o registrador poderá localizar a existência ou não desse registro consultando o livro "E" a partir desse número de série. Ao encontrar a "matrícula" no Livro "E", o registrador terá acesso a todos os registros praticados nos demais livros relativamente a esse imóvel. Por fim, realce-se que, na prática, o Indicador Pessoal (Livro "D") e o Indicador Real (Livro "E») do RTD serão instrumentalizados eletronicamente, em software próprio, que permite fazer buscas com base em "nomes de pessoas" (indicador pessoal) ou em dados identificadores de bens (indicador real). É isso o que ocorre na prática (Op. cit. 143).

- **Livro F** – para **registro facultativo** de documentos ou conjunto de documentos para conservação de que tratam o inciso VII do *caput* do art. 127 e o art. 127-A desta Lei. Já tratamos destes dois dispositivos. Conclui-se que o **registro facultativo possui agora livro próprio**, podendo ser confeccionado apenas no Livro "F" e deve ser feito em livro eletrônico. Desse modo, diferencia-se o registro facultativo dos outros registros para fins de publicidade. Ademais, acrescente-se às regras sobre o Livro "G".
- **Livro G** – **indicador pessoal específico** para repositório dos nomes dos apresentantes que figurarem no Livro F, do qual deverá constar o respectivo número do registro, o nome do apresentante e o seu número de inscrição no Cadastro de Pessoas Físicas da Secretaria Especial da Receita Federal do Brasil do Ministério da Economia ou, no caso de pessoa jurídica, a denominação do apresentante e o seu número de inscrição no Cadastro Nacional da Pessoa Jurídica da Secretaria Especial da Receita Federal do Brasil do Ministério da Economia. Explica Robson Alvarenga que os registros para conservação não deverão ser lançados no índice convencional, havendo agora um índice específico para os registros para conservação (Livro G), em que serão inseridas apenas algumas informações restritas, como o nome do apresentante e seu CPF ou CPNJ, não devendo ser lançados nesse índice específico dados sobre o conteúdo do documento registrado para conservação.

Desse modo, as buscas requeridas por terceiros de registros para fins de publicidade não deverão apontar eventuais registros para conservação, que estarão separados em índice próprio (Op. cit. 273).

2. QUESTÕES DE CONCURSOS

01. (TJ/AM – 2023 – TJ/AM - Titular de Notas e Serviços de Registros). Em relação aos livros do registro de Títulos e Documentos, assinale a alternativa **INCORRETA**:

a) Livro A - protocolo para apontamentos de todos os títulos, documentos e papéis apresentados, diariamente, para serem registrados, ou averbados.

b) Livro D - indicador real, para matrícula de todos os bens móveis que figurarem nos demais livros, devendo conter sua identificação, referência aos números de ordem dos outros livros e anotações necessárias, inclusive direitos e ônus incidentes sobre eles.

c) Livro G - indicador pessoal específico para repositório dos nomes dos apresentantes que figurarem no Livro F, do qual deverá constar o respectivo número do registro, o nome do apresentante e o seu número de inscrição no Cadastro de Pessoas Físicas da Secretaria Especial da Receita Federal do Brasil do Ministério da Economia ou, no caso de pessoa jurídica, a denominação do apresentante e o seu número de inscrição no Cadastro Nacional da Pessoa Jurídica da Secretaria Especial da Receita Federal do Brasil do Ministério da Economia.

d) Livro B - para trasladação integral de títulos e documentos, sua conservação e validade contra terceiros, ainda que registrados por extratos em outros livros.

02. (FGV - 2023 - TJ-SE - Atividade Notarial e de Registro - Provimento) Pedro, que atua no âmbito do Registro de Títulos e Documentos (RTD) da circunscrição territorial X, foi orientado, por um colega, a proceder à matrícula de determinado bem móvel que figurava no Livro B.

Ao analisar a Lei nº 6.015/1973, Pedro concluiu, corretamente, que:

a) o oficial tem a faculdade de efetuar o registro por meio de microfilmagem, sendo o microfilme considerado parte integrante do respectivo livro;

b) a matrícula deve ser promovida no Livro D, afeto aos bens móveis e semoventes, o que pressupõe que o interessado solicite o seu registro de maneira apartada;

c) a referida matrícula deveria ser realizada no indicador real, a exemplo do que se verifica em relação à generalidade dos bens móveis que figurem nos demais livros;

d) o referido bem móvel, em verdade, deve ser averbado à margem do negócio jurídico trasladado no Livro B, o mesmo ocorrendo com os ônus incidentes sobre ele;

e) a solicitação era descabida, pois o RTD somente deve promover o registro de negócios jurídicos subjacentes aos bens móveis, não o registro dos bens móveis.

03. (TJ/AM – 2023 – TJ/AM - Titular de Notas e Serviços de Registros) Assinale a alternativa correta em relação aos livros do registro de títulos e documentos:

a) Livro B - para inscrição, por extração, de títulos e documentos, a fim de surtirem efeitos em relação a terceiros e autenticação de data.

b) Livro C - para trasladação integral de títulos e documentos, sua conservação e validade contra terceiros, ainda que registrados por extratos em outros livros
c) Livro E - para registro facultativo de documentos ou conjunto de documentos para conservação de que tratam o inciso VII do caput do art. 127 e o art. 127-A da Lei 6.
d) Livro G - indicador pessoal específico para repositório dos nomes dos apresentantes que figurarem no Livro F, do qual deverá constar o respectivo número do registro, o nome do apresentante e o seu número de inscrição no CPF ou CNPJ.

04. (EJEF – Notário-MG/2011) Analise as seguintes informações sobre a escrituração de livros do Cartório de Registro de Títulos e Documentos e assinale com V as verdadeiras e com F as falsas.

( ) Livro A – protocolo para apontamentos de todos os títulos, documentos e papéis apresentados, diariamente, para serem registrados, ou averbados, com 300 fls.
( ) Livro B – para trasladação integral de títulos e documentos, sua conservação e validade contra terceiros, ainda que registrados por extratos em outros livros, com 200 fls.
( ) Livro C – para inscrição, por extração, de títulos e documentos, a fim de surtirem efeitos em relação a terceiros e autenticação de data, com 300 fls.
( ) Livro D, indicador pessoal, quando não substituível pelo sistema de fichas, a critério e sob a responsabilidade do oficial, o qual é obrigado a fornecer as certidões pedidas pelos nomes das partes que figurarem, por qualquer modo, nos livros de registros, com 200 fls.

Assinale a alternativa que apresenta a sequência de letras CORRETA.
a) (V) (F) (V) (F)
b) (F) (V) (F) (V)
c) (V) (F) (F) (V)
d) (F) (V) (V) (F)

05. (Cespe – Notário-ES/2013) Assinale a opção correta em relação a escrituração, transcrição e averbação dos títulos e documentos.
a) Se no mesmo registro ou averbação figurar mais de uma pessoa, ativa ou passivamente, será lavrado um único indicador em nome do primeiro beneficiário, fazendo-se referência, na coluna das anotações, aos demais interessados.
b) Feita e conferida a trasladação, na última linha, de maneira a não ficar espaço em branco, deve-se realizar seu encerramento. Depois disso, o oficial, seu substituto legal ou escrevente designado pelo oficial e autorizado pelo juiz competente, na hipótese de afastamento do primeiro, a rubricará.
c) O oficial de registro de títulos e documentos deve manter um livro com indicador pessoal, o qual será dividido alfabeticamente para a indicação do nome de todas as pessoas que, ativa ou passivamente, individual ou coletivamente, figurarem nos livros de registros e deverá conter, além dos nomes das pessoas, referências aos números de ordem e páginas dos outros livros e anotações.
d) Os livros de registro para escrituração das várias espécies de atos contêm trezentas folhas e, em caso de afluência de serviços, o oficial de registro poderá realizar seu desdobramento sem prejuízo da unidade do protocolo e de sua numeração em ordem rigorosa.
e) Quando da realização do registro integral de documentos, o oficial de registro deve reparar erros de ortografia e de pontuação do texto original, a fim de dar maior clareza e correção ao registro efetivado.

06. (Vunesp – Cartório – TJ – SP/2012) Sobre os livros obrigatórios do Registro de Títulos e Documentos, de acordo com as Normas de Serviço do Extrajudicial, pode-se concluir que
a) o livro de registro por extrato é dispensado para as serventias que utilizarem sistema de microfilmagem.
b) no livro de trasladação integral de títulos e documentos, quando em folhas soltas, pode ser reservada uma folha para cada registro.
c) os livros terão no máximo trezentas folhas, devendo ter-se o cuidado para que o início de ato que ultrapasse esse limite fique para o livro posterior.
d) é facultado o desdobramento desses livros, mediante autorização do Juiz Corregedor Permanente, adotando-se numeração de protocolo própria para cada um deles.

07. (IESES – Cartório – TJ – RO/2012) Assinale a assertiva INCORRETA, quanto aos livros dos Cartórios de Títulos e Documentos:
a) O Livro D é o livro indicador pessoal, sendo substituível pelo sistema de fichas a critério e sob a responsabilidade do oficial.
b) A Lei 6015/73 determina que os livros A, B e C, tenham 300 folhas, cada.
c) O Livro B destina-se a inscrição, por extração, de títulos e documentos, a fim de surtirem efeitos em relação a terceiros e autenticação de data.
d) O Livro A destina-se ao protocolo para apontamentos de todos os títulos, documentos e papéis apresentados, diariamente, para serem registrados, ou averbados.

GAB	1	B	2	C	3	D	4	A
	5	C	6	A	7	C		–

Art. 135. O protocolo deverá conter colunas para as seguintes anotações:
1º) número de ordem, continuando, indefinidamente, nos seguintes;
2º) dia e mês;
3º) natureza do título e qualidade do lançamento (integral, resumido, penhor, etc.);
4º) o nome do apresentante;
5º) anotações e averbações.
Parágrafo único. Em seguida ao registro, far-se-á, no protocolo, remissão ao número da página do livro em que foi ele lançado, mencionando-se, também, o número e a página de outros livros em que houver qualquer nota ou declaração concernente ao mesmo ato.

1. COMENTÁRIOS

O Protocolo pode ser feito em **Livro** ou em **folhas soltas**, estabelecendo características e informações necessárias e definidas por este art. 135.

Entretanto, **independem de apontamento no protocolo**, os títulos apresentados apenas para exame e cálculo dos respectivos emolumentos, nos termos do art. 12, parágrafo único. Tal artigo preceitua ainda que nenhuma exigência ou dúvida, obstará a apresentação de um título e o seu lançamento no protocolo com o respectivo número de ordem, nos casos em que da precedência decorra prioridade de direitos para o apresentante.

Apresentado o título ou documento para registro ou averbação, serão anotados, no protocolo, a data de sua apresentação, sob o número de ordem que se seguir imediatamente, a natureza do instrumento, a espécie de lançamento a fazer (registro integral ou resumido, ou averbação), o nome do apresentante, reproduzindo-se as declarações relativas ao número de ordem, à data, e à espécie de lançamento a fazer no corpo do título, do documento ou do papel.

O apontamento do título, documento ou papel no protocolo será feito, seguida e imediatamente um depois do outro. Sem prejuízo da numeração individual de cada documento, se a mesma pessoa apresentar simultaneamente diversos documentos de idêntica natureza, para lançamentos da mesma espécie, serão eles lançados no protocolo englobadamente. Onde terminar cada apontamento, será traçada uma linha horizontal, separando-o do seguinte, sendo lavrado, no fim do expediente diário, o termo de encerramento do próprio punho do oficial por este datado e assinado

Nos termos de encerramento diário do protocolo, lavrados ao findar a hora regulamentar, deverão ser mencionados, pelos respectivos números, os títulos apresentados cujos registros ficarem adiados, com a declaração dos motivos do adiamento. Ainda que o expediente continue para ultimação do serviço, nenhuma nova apresentação será admitida depois da hora regulamentar

O artigo 135 consagra ainda o **princípio da concentração** no Registro de Títulos e Documentos. Ensina João Pedro Lamana Paiva e Pércio Brasil Alvares que "o princípio da concentração diz respeito à regularidade com que devem ser realizadas remissões ou anotações que façam referência aos registros de atos originários ou relativos à mesma pessoa física ou jurídica, constantes do mesmo órgão registral, de modo a concentrar todas as referências que lhes sejam pertinentes. O princípio da concentração é consectário do princípio da publicidade, que procura ampliar a eficácia do quantum de informação de interesse comum que esteja agregado a um mesmo acervo registral de amplo interesse" (*Registro de Títulos e Documentos.* São Paulo: Saraiva, 2013, p. 30)

O parágrafo único do art. 135 tem por finalidade a **segurança e a presteza** para a busca de informações.

2. QUESTÃO DE CONCURSO

01. (EJEF – Notário-MG/2011) Em relação ao Cartório do Registro de Títulos e Documentos, é INCORRETO afirmar que

a) o desdobramento de livros por afluência de serviços deverá ser autorizado pelo juiz.

b) os desdobramentos autorizados terão as indicações E, F, G, H etc.

c) o livro de protocolo deverá conter seis colunas.

d) o livro de registro integral terá quatro colunas.

GAB	1	C

Art. 136. O livro de registro integral de títulos será escriturado nos termos do artigo 142, lançado-se, antes de cada registro, o número de ordem, a data do protocolo e o nome do apresentante, e conterá colunas para as seguintes declarações:

1º) número de ordem;

2º) dia e mês;

3º) transcrição;

4º) anotações e averbações.

1. COMENTÁRIOS

O art. 136 faz alusão ao Livro B, destinado ao registro integral de títulos e à conservação e oponibilidade perante terceiros, devendo conter colunas para lançamento do número de ordem, dia e mês, transcrição, anotações e averbações.

Transcrição nada mais é senão copiar no livro o inteiro teor do título ou documento apresentado, vale dizer, a reprodução integral do original.

Conforme o art. 142 desta Lei, o registro integral dos documentos consistirá na trasladação dos mesmos, com a mesma ortografia e pontuação, com referência às entrelinhas ou quaisquer acréscimos, alterações, defeitos ou vícios que tiver o original apresentado, e, bem assim, com menção precisa aos seus característicos exteriores e às formalidades legais, podendo a transcrição dos documentos mercantis, quando levados a registro, ser feita na mesma disposição gráfica em que estiverem escritos, se o interessado assim o desejar.

Feita a trasladação, na última linha, de maneira a não ficar espaço em branco, será conferida e realizado o seu encerramento, depois do que o oficial, seu substituto legal ou escrevente designado pelo oficial e autorizado pelo Juiz competente, ainda que o primeiro não esteja afastado, assinará o seu nome por inteiro (art. 142, § 1º, LRP).

Tratando-se de documento impresso, idêntico a outro já anteriormente registrado na íntegra, no mesmo livro, poderá o registro limitar-se a consignar o nome das partes contratantes, as características do objeto e demais dados constantes dos claros preenchidos, fazendo-se remissão, quanto ao mais, àquele já registrado (art. 142, § 2º, LRP).

Protocolado o título ou documento, far-se-á, em seguida, no livro respectivo, o lançamento, (registro integral ou resumido, ou averbação), e, concluído este, declarar-se-á no corpo do título, documento ou papel, o número de ordem e a data do procedimento no livro competente, rubricando o oficial ou os servidores referidos no art. 142, § 1º, esta declaração e as demais folhas do título, do documento ou do papel (art. 147, LRP).

Os títulos, documentos e papéis escritos em língua estrangeira, uma vez adotados os caracteres comuns, poderão ser registrados no original, para o efeito da sua conservação ou perpetuidade. Para produzirem efeitos legais no País e para valerem contra terceiros, deverão, entretanto, ser vertidos em vernáculo e registrada a tradução, o que, também, se observará em relação às procurações lavradas em língua estrangeira (art. 148, LRP).

O lançamento dos registros e das averbações nos livros respectivos será feito, também seguidamente, na ordem de prioridade do seu apontamento no protocolo, quando não for obstado por ordem de autoridade judiciária competente, ou por dúvida superveniente; neste caso, seguir-se-ão os registros ou averbações dos imediatos, sem prejuízo da data autenticada pelo competente apontamento (art. 151, LRP).

Cada registro ou averbação será datado e assinado por inteiro, pelo oficial ou pelos servidores referidos no artigo 142, § 1º, separados, um do outro, por uma linha horizontal (art. 152, LRP).

Os títulos terão sempre um número diferente, segundo a ordem de apresentação, ainda que se refiram à mesma pessoa. O registro e a averbação deverão ser imediatos e, quando não o puderem ser, por acúmulo de serviço, o lançamento será feito no prazo estritamente necessário, e sem prejuízo da ordem da prenotação. Em qualquer desses casos, o oficial, depois de haver dado entrada no protocolo e lançado no corpo do título as declarações prescritas, fornecerá um recibo contendo a declaração da data da apresentação, o número de ordem desta no protocolo e a indicação do dia em que deverá ser entregue, devidamente legalizado; o recibo será restituído pelo apresentante contra a devolução do documento (art. 153, LRP).

Depois de concluídos os lançamentos nos livros respectivos, será feita, nas anotações do protocolo, referência ao número de ordem sob o qual tiver sido feito o registro, ou a averbação, no livro respectivo, datando e rubricando, em seguida, o oficial ou os servidores referidos no art. 142, § 1º (art. 149, LRP).

Por derradeiro, as certidões do registro de títulos e documentos terão a mesma eficácia e o mesmo valor probante dos documentos originais registrados, físicos ou nato-digitais, ressalvado o incidente de falsidade destes, oportunamente levantado em juízo (art. 161, LRP).

2. QUESTÕES DE CONCURSOS

01. (Vunesp – Titular de Serviços de Notas e Registros – TJ – SP – Provimento/2022) Sobre o Serviço de Registro de Títulos e Documentos é verdadeiro afirmar que

a) o registro integral de documentos consiste na sua trasladação, com a mesma ortografia e pontuação, com referências às entrelinhas ou eventuais acréscimos, alterações, defeitos e vícios que tiver o original apresentado e, bem assim, com menção precisa aos seus característicos exteriores e às formalidades legais.

b) salvo dispensa legal expressa, em relação a documento específico, são necessários o reconhecimento de firma e a assinatura de testemunhas instrumentárias no âmbito do Registro de Título e Documentos.

c) ainda que o documento a ser registrado no livro "B" seja impresso idêntico a outro já anteriormente registrado na íntegra, o novo registro deverá ser integral, não podendo se limitar à consignação dos dados constantes de claros preenchidos no documento, nem que seja feita remissão àquele outro já registrado.

d) o registro facultativo, para fins de mera conservação, do contrato de constituição de sociedade simples, no livro "F", independe da comprovação da regularidade de sua constituição.

02. (EJEF Tabelionato e Registro-MG/2007) Acerca da modalidade do registro de documentos, o livro de registro integral de títulos será escriturado nos termos do art. 142 da Lei nº 6.015, de 1973, lançando-se, antes de cada registro, o número de ordem, a data do protocolo e o nome do apresentante, e conterá colunas para as seguintes declarações, EXCETO:

a) Número de ordem.

b) Mês e ano.

c) Transcrição.

d) Anotações e averbações.

GAB	1	A	2	B

Art. 137. O livro de registro, por extrato, conterá colunas para as seguintes declarações:

1º) número de ordem;

2º) dia e mês;

3º) espécie e resumo do título;

4º) anotações e averbações.

1. COMENTÁRIOS

O **Livro C** é destinado ao registro resumido ou registro por extrato, devendo conter colunas para as seguintes declarações: o número de ordem, dia e mês, espécie e resumo do título, anotações e averbações. O registro resumido, mesmo sendo diferente da transcrição, torna o título ou documento eficaz perante terceiros.

Segundo o art. 143 da Lei 6.015/1973, o registro resumido consistirá na declaração da natureza do título, do documento ou papel, valor, prazo, lugar em que tenha sido feito, nome e condição jurídica das partes, nomes das testemunhas, data da assinatura e do reconhecimento de firma por tabelião, se houver, o nome deste, o do apresentante, o número de ordem e a data do protocolo, e da averbação, a importância e a qualidade do imposto pago, depois do que será datado e rubricado pelo oficial ou servidores referidos no artigo 142, § 1º.

Protocolado o título ou documento, far-se-á, em seguida, no livro respectivo, o lançamento, (registro integral ou resumido, ou averbação), e, concluído este, declarar-se-á no corpo do título, documento ou papel, o número de ordem e a data do procedimento no livro competente, rubricando o oficial ou os servidores referidos no art. 142, § 1º, esta declaração e as demais folhas do título, do documento ou do papel (art. 147, LRP).

Importante também lembrar a regra do parágrafo único do art. 148, segundo a qual para o registro resumido, os títulos, documentos ou papéis em língua estrangeira, deverão ser sempre traduzidos.

O lançamento dos registros e das averbações nos livros respectivos será feito, também seguidamente, na ordem de prioridade do seu apontamento no protocolo, quando não for obstado por ordem de autoridade judiciária competente, ou por dúvida superveniente; neste caso, seguir-se-ão os registros ou averbações dos imediatos, sem prejuízo da data autenticada pelo competente apontamento (art. 151, LRP).

O registro e a averbação deverão ser imediatos e, quando não o puderem ser, por acúmulo de serviço, o lançamento será feito no prazo estritamente necessário, e sem prejuízo da ordem da prenotação. Em qualquer desses casos, o oficial, depois de haver dado entrada no protocolo e lançado no corpo do título as declarações prescritas, fornecerá um recibo contendo a declaração da data da apresentação, o número de ordem desta no protocolo e a indicação do dia em que deverá ser entregue, devidamente legalizado; o recibo será restituído pelo apresentante contra a devolução do documento (art. 153, LRP).

Depois de concluídos os lançamentos nos livros respectivos, será feita, nas anotações do protocolo, referência ao número de ordem sob o qual tiver sido feito o registro, ou a averbação, no livro respectivo, datando e rubricando, em seguida, o oficial ou os servidores referidos no art. 142, § 1º (art. 149, LRP).

Saliente-se que atualmente, diante das novas tecnologias, o Livro C é muito pouco utilizado. É que por meio da microfilmagem ou digitalização, o conteúdo é registrado e arquivado em sua integralidade.

2. QUESTÕES DE CONCURSOS

01. (FMP – Cartório – TJ – MT/2014) Acerca da escrituração no Registro de Títulos e Documentos, com base na Lei 6.015/73, assinale a afirmativa correta.

a) O Livro A é o protocolo no qual serão apontados os títulos, os documentos e os papéis apresentados, diariamente, para serem registrados, ou averbados, e o Livro C destina-se a inscrição, por extração, de títulos e documentos, salvo se já registrados no Livro B.

b) O Livro B, destina-se à trasladação integral de títulos e documentos, sua conservação e validade contra terceiros, desde que não registrados por extratos em outros livros, e o Livro D, que pode ser substituído pelo sistema de fichas, é o indicador pessoal.

c) O Livro B destina-se à trasladação integral de títulos e documentos, e, tratando-se de documento impresso, idêntico a outro já registrado na íntegra, no Livro C, poderá o registro limitar-se a consignar o nome das partes contratantes, as características do objeto e demais dados constantes dos claros preenchidos, fazendo-se remissão, quanto ao mais, àquele já registrado.

d) O Livro A é o protocolo, no qual se fará, em seguida ao registro, a remissão ao número da página do livro em que foi ele lançado, e o Livro C destina-se à inscrição, por extração, e os títulos, os documentos e os papéis escritos em língua estrangeira, uma vez adotados os caracteres comuns, poderão ser registrados no original, na forma resumida.

e) O Livro C destina-se à inscrição por extração, de títulos e documentos, e o Livro D é o indicador pessoal, e, se, no mesmo registro ou averbação, figurar mais de uma pessoa, ativa ou passivamente, o nome de cada uma será lançado distintamente, no indicador, com referência recíproca na coluna das anotações.

02. (FCC – Cartório – TJ – PE/2013) Sobre os títulos, documentos e papéis escritos em língua estrangeira, analise as afirmações abaixo.

I. Uma vez adotados os caracteres comuns, poderão ser registrados no original, para o efeito da sua conservação ou perpetuidade.

II. Para produzirem efeitos legais no país e para valerem contra terceiros, deverão ser vertidos em vernáculo e registrada a tradução, o que, também, se observará em relação às procurações lavradas em língua estrangeira.

III. Para o registro resumido, não há necessidade de tradução.

Está correto o que se afirma APENAS em

a) I.

b) II e III.

c) III.
d) I e II.
e) II.

GAB	1	E	2	D

Art. 138. O indicador pessoal será dividido alfabeticamente para a indicação do nome de todas as pessoas que, ativa ou passivamente, individual ou coletivamente, figurarem nos livros de registro e deverá conter, além dos nomes das pessoas, referências aos números de ordem e páginas dos outros livros e anotações.

Art. 139. Se a mesma pessoa já estiver mencionada no indicador, somente se fará, na coluna das anotações, uma referência ao número de ordem, página e número do livro em que estiver lançado o novo registro ou averbação.

Art. 140. Se no mesmo registro ou averbação, figurar mais de uma pessoa, ativa ou passivamente, o nome de cada uma será lançado distintamente, no indicador, com referência recíproca na coluna das anotações.

1. COMENTÁRIOS

O art. 138 refere-se ao **Livro D**, chamado **Indicador Pessoal**, podendo ser substituível pelo sistema de fichas, a critério e sob a responsabilidade do oficial, o qual é obrigado a fornecer, com presteza, as certidões pedidas pelos nomes das partes que figurarem, por qualquer modo, nos livros de registros.

A finalidade do Livro D é a facilitação da busca e rápida localização de todos aqueles que, de alguma maneira, ativa ou passivamente, individual ou coletivamente, figurarem nos livros de registro da Serventia de Títulos e Documentos. O aludido Livro conterá o nome das pessoas que figurem no registro, bem como a referência aos números de ordem e páginas dos outros livros e anotações.

O art. 139 direciona para que o oficial registrador, com o fito de evitar transtornos, como por exemplo, o de inserções de nomes repetidos, lance apenas uma vez, de forma completa, o prenome, o sobrenome, e após, uma referência ao número de ordem, página e número de livro em que esteja lançado o devido ato jurídico.

Por fim, importante registrar que o Livro **Indicador Pessoal** pode ser substituído por fichas, a critério e sob a responsabilidade do oficial registrador. É que, nos termos dos arts. 1º e 3º da Lei 8.935/1994, a organização técnica dos registros lhe é atribuída com exclusividade.

Art. 141. *(Revogado pela Medida Provisória nº 1.085, de 27/12/2021, convertida na Lei nº 14.382, de 27/6/2022)*

1. COMENTÁRIOS

O art. 141 da LRP foi revogado pela Medida Provisória nº 1.085, de 27/12/2021, convertida na Lei nº 14.382, de 27/6/2022.

Referido dispositivo prescrevia a **facultatividade** do registro por meio de microfilmagem, desde que, por lançamentos remissivos, com menção ao protocolo, ao nome dos contratantes, à data e à natureza dos documentos apresentados, sejam os microfilmes havidos como partes integrantes dos livros de registro, nos seus termos de abertura e encerramento, nestes termos:

> **Art. 141.** Sem prejuízo do disposto no art. 161, ao oficial é facultado efetuar o registro por meio de microfilmagem, desde que, por lançamentos remissivos, com menção ao protocolo, ao nome dos contratantes, à data e à natureza dos documentos apresentados, sejam os microfilmes havidos como partes integrantes dos livros de registro, nos seus termos de abertura e encerramento.

Em que pese o art. 141 ter sido revogado, isso não significa que a microfilmagem não poderá mais ser usada, permanecendo intacta a regra do art. 41 da Lei 8.935/1994, que permite sua utilização.

Essa facultatividade, entretanto, não dispensa o oficial registrador de observância das imposições do art. 161 da Lei de Registros Públicos, que estabelece o mesmo valor probante dos originais às certidões do registro integral, a possibilidade de que o documento em via original ou fotocopiada e autenticada encontre arquivado em serventia.

A Lei 5.433/1968, juntamente com seu decreto 1.799/1996, regulam a microfilmagem de documentos oficiais.

Nas palavras de José Maria Siviero, "o microfilme é um sistema de arquivamento por cópia reduzida. Pode ser apresentado em vários formatos, todos eles caracterizados pela gravação de imagem através de processo de redução fotográfica. A imagem é a reprodução fiel do documento que lhe deu origem, e o microfilme permite leitura e reprodução". E conclui: "sendo uma reprodução de imagem que corresponde exatamente ao original – diferindo dele apenas no tamanho físico – o microfilme representa um tipo de cópia que oferece segurança para efeito de perpetuidade, de prova e de arquivamento. A imagem do microfilme é inadulterável, uma vez que é impossível que receba acréscimos pelo mesmo processo como que foi conseguida. O único meio de falsificação seria o corte e emenda do filme que, no entanto, são perfeitamente visíveis (*Títulos e documentos e pessoa jurídica:* seus registros na prática, p. 45. Editora: do Autor, 1983, p. 45).

As normativas dos Estados disciplinam o uso do microfilme, recomendando-se a consulta para complementação dos estudos.

Frise-se que atualmente, o caminho indica para a certificação digital, a desmaterialização dos documentos e o registro eletrônico, já analisados nos comentários do art. 3º desta Lei.

CAPÍTULO III – DA TRANSCRIÇÃO E DA AVERBAÇÃO

Art. 142. O registro integral dos documentos consistirá na trasladação dos mesmos, com a mesma ortografia e pontuação, com referência às entrelinhas ou quaisquer acréscimos, alterações, defeitos ou vícios que tiver o original apresentado, e, bem assim, com menção precisa aos seus característicos exteriores e às formalidades legais, podendo a transcrição dos documentos mercantis, quando levados a registro, ser feita na mesma disposição gráfica em que estiverem escritos, se o interessado assim o desejar.

§ 1º Feita a trasladação, na última linha, de maneira a não ficar espaço em branco, será conferida e realizado o seu encerramento, depois do que o oficial, seu substituto legal ou escrevente designado pelo oficial e autorizado pelo Juiz competente, ainda que o primeiro não esteja afastado, assinará o seu nome por inteiro.

§ 2º Tratando-se de documento impresso, idêntico a outro já anteriormente registrado na íntegra, no mesmo livro, poderá o registro limitar-se a consignar o nome das partes contratantes, as características do objeto e demais dados constantes dos claros preenchidos, fazendo-se remissão, quanto ao mais, àquele já registrado.

1. COMENTÁRIOS

Como já foi dito, o registro no RTD poderá se dar na **forma integral**, por meio da transcrição de seu conteúdo (todo o texto do documento será reproduzido no livro) ou **em resumo** (apenas alguns itens do documento serão reproduzidos).

A apresentação do documento para o registro deve ser o original, não se admitindo o registro integral ou resumido de mera cópia do documento, ainda que autenticada.

O livro de registro integral de títulos será escriturado nos termos do artigo 142, lançando-se, antes de cada registro, o número de ordem, a data do protocolo e o nome do apresentante, e conterá colunas para as seguintes declarações:

1º) número de ordem;
2º) dia e mês;
3º) transcrição;
4º) anotações e averbações.

O legislador ambicionou neste dispositivo, aclarar que para o registro integral de documentos, a trasladação deveria ser fidedigna ao original apresentado, inclusive com a mesma ortografia, pontuação, imperfeições daquele.

Frise-se que, com a natural evolução da sociedade e a nova era digital, o Direito está acompanhando a esses fatos sociais, e com o fito de concretizar a eterna busca do ideal de segurança jurídica, também se informatizou.

O sistema digital de arquivos, transmissão de informações e documentos, busca de dados, consultas e processos eletrônicos, que ignoram o uso do papel, já é assíduo em nossos dias. Assim, tornou-se parte da rotina, os documentos eletrônicos digitalizados.

Sobre o § 2º do art. 142, explica Valdomiro Montes Junior que "o texto-base comum, já registrado integralmente uma vez, por simples medida de economia, não precisa ser repetido nos registros posteriores dos demais documentos da mesma natureza, fazendo-se menção apenas aos elementos variáveis, como nome e qualificação das partes, características do objeto, ou alguma condição especial eventualmente estipulada, sempre adotando-se as competentes anotações com referência cruzadas. Ainda assim, o registro deve ser efetuado no livro "B", de registros integrais, e como tal deve ser considerado, e não resumido, eis que o inteiro teor do mesmo pode ser apurado e certificado. E observa que "na verdade, os documentos não são, portanto, exatamente idênticos entre si, e sim semelhantes. Admite-se que o documento, objeto de registro por extrato, a partir de requerimento expresso do interessado, seja registrado também, de forma integral, e vice-versa, nos termos do art. 155 da LRP, mas, excluídas tais hipóteses, o Oficial deve recusar o registro de documento já registrado, informando tal circunstância ao interessado. O mesmo documento não será objeto da mesma modalidade de registro, integral ou resumido, mais de uma vez" (Op. cit., p. 432).

2. QUESTÃO DE CONCURSO

01. (IESES – Cartório – TJ – RO/2012) Assinale a assertiva INCORRETA quanto ao que a Lei 6.015/73 determina seja observado a respeito de transcrição e averbação, pelos Cartórios de Títulos e Documentos:

a) O registro integral dos documentos consistirá na trasladação dos mesmos, com a mesma ortografia e pontuação, com referência às entrelinhas ou quaisquer acréscimos, alterações, defeitos ou vícios que tiver o original apresentado, e, bem assim, com menção precisa aos seus característicos exteriores e às formalidades legais, podendo a transcrição dos documentos mercantis, quando levados a registro, ser feita na mesma disposição gráfica em que estiverem escritos, se o interessado assim o desejar.

b) O registro de contratos de penhor, caução e parceria será feito com declaração do nome, profissão e domicílio do credor e do devedor, valor da dívida, juros, penas, vencimento e especificações dos objetos apenhados, pessoa em poder de quem ficam, espécie do título, condições do contrato, data e número de ordem.

c) Feita a trasladação, na última linha, de maneira a não ficar espaço em branco, será conferida e realizado o seu encerramento, depois do que o oficial, seu substituto legal ou escrevente designado pelo oficial e autorizado pelo Juiz competente, ainda que o primeiro não esteja afastado, rubricará.

d) Tratando-se de documento impresso, idêntico a outro já anteriormente registrado na íntegra, no mesmo livro, poderá o registro limitar-se a consignar o nome das partes contratantes, as características do objeto e demais dados constantes dos claros preenchidos, fazendo-se remissão, quanto ao mais, àquele já registrado.

GAB	1	C

Art. 143. O registro resumido consistirá na declaração da natureza do título, do documento ou papel, valor, prazo, lugar em que tenha sido feito, nome e condição jurídica das partes, nomes das testemunhas, data da assinatura e do reconhecimento de firma por tabelião, se houver, o nome deste, o do apresentante, o número de ordem e a data do protocolo, e da averbação, a importância e a qualidade do imposto pago, depois do que será datado e rubricado pelo oficial ou servidores referidos no artigo 142, § 1º.

1. COMENTÁRIOS

No artigo em comento, o legislador indicou com transparência os elementos do registro resumido, devendo o Oficial Registrador, no desempenho de suas funções fazer uma criteriosa fiscalização desses requisitos exigidos pelo art. 143.

Convém lembrar a regra do parágrafo único do art. 148, segundo a qual "para o registro resumido, os títulos, documentos ou papéis em língua estrangeira, deverão ser sempre traduzidos".

Art. 144. *Revogado pela Medida Provisória nº 1.085, de 27/12/2021, convertida na Lei nº 14.382, de 27/6/2022*

1. COMENTÁRIOS

O art. 144 foi revogado pela Medida Provisória nº 1.085, de 27/12/2021, convertida na Lei nº 14.382, de 27/6/2022.

Na dicção de sua antiga redação, "o registro de contratos de penhor, caução e parceria será feito com declaração do nome, profissão e domicílio do credor e do devedor, valor da dívida, juros, penas, vencimento e especificações dos objetos apenhados, pessoa em poder de quem ficam, espécie do título, condições do contrato, data e número de ordem".

No que diz respeito ao penhor, este item foi revogado em razão da prescindibilidade de sua norma, à medida que o penhor comum de bem móvel, qualquer que seja ele, já estaria abarcado pela hipótese do inciso II deste art. 127. E como sabemos, o penhor rural possui regra específica, pois seu registro é feito no Ofício de Registro de Imóveis.

Quanto à caução, tendo em vista a revogação do item 2º do art. 129 da Lei 6.015/1973, sabe-se que seu registro no RTD deixou de ser imprescindível para produzir efeitos contra terceiros. Em razão disso, para harmonizar com outros artigos que tratavam do registro da caução, notadamente o dispositivo em comento e o art. 145 da LRP, o item foi revogado.

Constata Carlos Elias e Flávio Tartuce que esses preceitos legais também tratavam de outros fatos jurídicos inscritíveis no RTD. O art. 144 da LRP cuidava do conteúdo mínimo do registro do penhor e da parceria agrícola. O art. 145 da LRP lidava com a legitimidade subjetiva para apresentar o título do penhor a registro.

Com a revogação, indaga-se: houve ou não alguma mudança com relação ao registro do penhor e da parceria agrícola? Entendemos que nada mudou. A obrigatoriedade do registro desses títulos segue respaldada pelo art. 127, II e V, da LRP. O conteúdo mínimo do registro do contrato de parceria e do penhor continua implícito a partir do princípio da especialidade objetiva, subjetiva e do fato jurídico, além das normas específicas, como o art. 1.424 do CC para o penhor. A legitimidade de qualquer das partes em apresentar o título a registro é inerente ao próprio negócio jurídico. Enfim, os arts. 144 e 145 da LRP eram dispensáveis; tinham função mais didática do que de inovação legislativa (Op. cit. 133).

Art. 145. *Revogado pela Medida Provisória nº 1.085, de 27/12/2021, convertida na Lei nº 14.382, de 27/6/2022*

1. COMENTÁRIOS

O art. 145 foi revogado pela Medida Provisória nº 1.085, de 27/12/2021, convertida na Lei nº 14.382, de 27/6/2022.

Na dicção do antigo art. 145 "qualquer dos interessados poderá levar a registro os contratos de penhor ou caução".

Tratava-se de regra desnecessária, porque todos aqueles (e não apenas as partes), como por exemplo, o credor, devedor, garantidor, que tinham interesse jurídico amparado num certo registro poderia, sempre, requerê-lo ao Registro competente.

CAPÍTULO IV – DA ORDEM DO SERVIÇO

Art. 146. Apresentado o título ou documento para registro ou averbação, serão anotados, no protocolo, a data de sua apresentação, sob o número de ordem que se seguir imediatamente, a natureza do instrumento, a espécie de lançamento a fazer (registro integral ou resumido, ou averbação), o nome do apresentante, reproduzindo-se as declarações relativas ao número de ordem, à data, e à espécie de lançamento a fazer no corpo do título, do documento ou do papel.

Art. 147. Protocolado o título ou documento, far-se-á, em seguida, no livro respectivo, o lançamento, (registro integral ou resumido, ou averbação), e, concluído este, declarar-se-á no corpo do título, documento ou papel, o número de ordem e a data do procedimento no livro competente, rubricando o oficial ou os servidores referidos no art. 142, § 1º, esta declaração e as demais folhas do título, do documento ou do papel.

1. COMENTÁRIOS

A tarefa inaugural e necessária do oficial, quando apresentado um título, papel ou documento de qualquer natureza pelo apresentante é a protocolização, que é o apontamento no protocolo – Livro A.

A importância de se apontar um título, documento ou papel tem por finalidade, além da comprovação de sua apresentação ao RTD, fazer prova do ato e a oponibilidade perante terceiros. Ademais, junto ao requisito do número de ordem e a fé pública que reveste a função registral, apresentam um conjunto probatório bastante eficaz, principalmente no caso de uma eventual demanda judicial.

Protocolado o título, documento ou papel, faz-se por imediato o seu lançamento, que a requerimento do interessado, pode ser feito em registro integral ou resumido, e também em duplicidade, nos termos do art. 155 desta Lei.

✪ **Art. 148.** Os títulos, documentos e papéis escritos em língua estrangeira, uma vez adotados os caracteres comuns, poderão ser registrados no original, para o efeito da sua conservação ou perpetuidade. Para produzirem efeitos legais no País e para valerem contra terceiros, deverão, entretanto, ser vertidos em vernáculo e registrada a tradução, o que, também, se observará em relação às procurações lavradas em língua estrangeira.

Parágrafo único. Para o registro resumido, os títulos, documentos ou papéis em língua estrangeira, deverão ser sempre traduzidos.

1. COMENTÁRIOS

Ao comentar esse dispositivo, Walter Ceneviva elucida que a apreciação do traslado ou do registro resumido de documento estrangeiro requer interpretação sistemática deste dispositivo em conjunção com o art. 129, 6º, o qual alude a *todos* os documentos de *procedência* exterior. O art. 148, segunda parte, cuida de mandatos *lavrados,* em idioma estrangeiro; na primeira, de títulos, documentos e papéis *escritos* em língua alienígena, *uma vez adotados caracteres comuns* em defeito técnico adiante criticado. O art. 129 impõe registro "para surtir efeitos em relação a terceiros". O art. 148 se refere a documentos e papéis escritos em língua estrangeira, sem considerar se formados no Brasil ou vindos do exterior. O português é idioma nacional, assim definido na CF (art. 13). Para fins de conservação ou perpetuidade não precisam ser traduzidos antes do acesso ao registro, se grafados em caracteres comuns e se objeto de registro civil. (*Leis dos Registros Públicos Comentada.* 16. ed. São Paulo: Saraiva, 2005, p. 320).

Os caracteres comuns são aqueles de escrita ocidental, que utilizam como parâmetro as letras de "a" a "z". Se os documentos forem em outros caracteres, é imprescindível a prévia tradução, ainda que para o registro integral, como, por exemplo, documentos em língua árabe ou japonesa.

No que tocante as procurações ressalvadas na parte final do dispositivo, assevera a lei que nenhuma procuração em língua estrangeira pode produzir efeito no Brasil se não estiver regularmente traduzida e registrada. Uma vez mais, Ceneviva adverte que quanto às procurações "deve ser lida em conjunto com o art. 162: nos atos notariais e de todas as escrivanias haverá referência ao livro e à folha do livro de títulos e documentos no qual se trasladou o mandato estrangeiro (Op. cit., p. 321)

É objeto da qualificação registral, assim como requisito do registro, a consularização, que consiste no reconhecimento de firma realizado no consulado brasileiro de origem do documento. Todavia, muitas normativas estaduais já dispensavam tal ato, em razão do art. 2º, § 2º, do Decreto 84.451/1980, (revogado pelo Decreto 8.742/2016 e que também mantém as dispensas nos arts. 4º e 5º).

A consularização é dispensada para alguns países e Mercosul, conforme estabelecidos em tratados internacionais.

Por derradeiro, anote-se também que a Súmula 259 do Supremo Tribunal Federal estabelece que "para produzir efeito em juízo não é necessária a inscrição no Registro Público, de documentos de procedência estrangeira, autenticados por via consular".

2. QUESTÕES DE CONCURSOS

01. (VUNESP - 2023 - TJ-AL - Titular de Serviços de Notas e de Registros – Provimento) Os atos autênticos de países estrangeiros, com força de instrumento público, legalizados e traduzidos na forma da lei, devem ser registrados em qual especialidade? As sentenças proferidas por tribunais estrangeiros, por qual órgão devem ser homologadas?

a) Registro de Imóveis, quando envolver imóveis e Supremo Tribunal Federal.

b) Registro de Títulos e Documentos e Tribunal Internacional de Haia.

c) Registro de Títulos e Documentos e Supremo Tribunal Federal.

d) Registro de Títulos e Documentos e Superior Tribunal de Justiça.

02. (Vunesp – Titular de Serviços de Notas e Registros – TJ – SP - Provimento/2022) Para produzirem efeitos em repartições da União, dos Estados, do Distrito Federal, dos Territórios e dos Municípios, ou em qualquer juízo ou tribunal, os documentos de procedência estrangeira, acompanhados das respectivas traduções, devem ser registrados por Oficial de Registro de Títulos e Documentos. Nesse contexto, assinale a alternativa correta.

a) Os documentos escritos em duas línguas, sendo uma delas o português e outra língua estrangeira com caracteres comuns, poderão ser registrados sem a necessidade de tradução juramentada sempre que o Registrador reconhecer a idêntica correspondência entre o português e a língua estrangeira.

b) Em todas as situações será necessária a tradução do conteúdo da apostila aposta em documento de origem estrangeira.

c) Os documentos escritos em duas línguas estrangeiras somente poderão ser registrados se acompanhados das traduções juramentadas de ambas as línguas estrangeiras.

d) Do registro constará advertência de que, havendo divergência na interpretação de expressão traduzida, prevalecerá, para efeito de eficácia, o conteúdo do texto original, na língua em que foi produzido.

03. (Vunesp – Outorga de Delegação de Notas e Registros – TJ – GO/2021) Um atleta olímpico brasileiro que competiu nos Jogos Olímpicos de Tóquio 2020 recebeu um certificado de participação emitido pelo Governo do Japão, escrito na língua japonesa. Retornando ao Brasil e no intuito exclusivo de conservar o documento, o referido atleta apresenta o documento para registro, na via original e sem tradução, ao Registro de Títulos e Documentos.

Diante dessa situação, assinale a alternativa correta.

a) O registro poderá ser feito, já que não é necessária a tradução para registros feitos exclusivamente para fins de conservação.

b) O registro não poderá ser feito sem que seja apresentada a tradução, já que na escrita do documento não foram adotados os caracteres comuns.

c) O registro não poderá ser feito porque documentos estrangeiros só podem ser registrados desde que a finalidade seja produzir efeito em repartições da União, dos Estados, do Distrito Federal, dos Territórios e dos Municípios, ou em qualquer juízo ou tribunal.

d) O registro poderá ser feito, não sendo necessária a tradução em virtude de tratado internacional, nesse sentido, celebrado entre Brasil e Japão.

04. (IESES – Notário-MA/2011) Segundo a doutrina:

a) Mesmo os documentos advindos de países que adotam a língua portuguesa devem ser traduzidos para que seja viável seu registro no registro de Títulos e Documentos.

b) Os títulos, documentos e papéis escritos em língua estrangeira, ainda que não adotados os caracteres comuns, poderão ser registrados no original, para o efeito da sua conservação ou perpetuidade, uma vez que os meios de expedição de certidões atualmente disponíveis viabilizam a perfeita reprodução do original.

c) Todos os documentos estrangeiros deverão, para produzirem efeitos legais no País e para valerem contra terceiros, ser vertidos em vernáculo e registrada a tradução.

d) O comando legal que determina que se tiver o oficial suspeita de falsificação, poderá este sobrestar no registro, depois de protocolado o documento, até notificar o apresentante dessa circunstância; sendo feito o registro no caso de insistência do apresentante, com essa nota, podendo o oficial, entretanto, submeter a dúvida ao Juiz competente, ou notificar o signatário para assistir ao registro, mencionando também as alegações pelo último aduzidas, deve ser inteiramente observado pelo registrador.

05. (EJEF – Notário-MG/2011) São particularidades relacionadas ao registro de documentos e papéis escritos em língua estrangeira, para sua conservação ou perpetuidade, EXCETO

a) traslado de documentos em caracteres comuns.

b) exigência de intervenção do tradutor juramentado.

c) dispensa do tradutor juramentado, caso o oficial tenha conhecimento básico da língua estrangeira.

d) normas especiais para as procurações em língua estrangeira.

06. (Cespe – Cartório-PI/2013) Acerca do ingresso de documentos escritos em língua estrangeira no cartório de títulos e documentos, assinale a opção correta.

a) Os documentos escritos em língua estrangeira e dotados de caracteres comuns produzem efeitos legais no Brasil e valem contra terceiros, independentemente de serem vertidos no vernáculo e de sua tradução ser registrada.

b) Todos os documentos de procedência estrangeira, acompanhados das respectivas traduções, sujeitam-se a registro no registro de títulos e documentos para os devidos efeitos em relação a terceiros, não sendo obrigatória a realização desse registro para fins de produção de efeitos em repartições da União, dos estados, do DF, dos territórios e dos municípios, situação em que será suficiente a tradução por tradutor juramentado.

c) Não é obrigatória a tradução, por tradutor juramentado, dos papéis, títulos e documentos de procedência estrangeira a serem inscritos no Livro C.

d) Os documentos expedidos por autoridades de outros países, ainda que encaminhados por via diplomática, por governo estrangeiro ao governo brasileiro, sujeitam-se à legalização consular para terem efeito no Brasil.

e) Os títulos, documentos e papéis escritos em árabe não poderão ser registrados no original, ainda que para sua mera conservação ou perpetuidade.

GAB	1	D	2	A	3	B	4	B	5	C	6	E

Art. 149. Depois de concluídos os lançamentos nos livros respectivos, será feita, nas anotações do protocolo, referência ao número de ordem sob o qual tiver sido feito o registro, ou a averbação, no livro respectivo, datando e rubricando, em seguida, o oficial ou os servidores referidos no art. 142, § 1º.

1. COMENTÁRIOS

O Livro Protocolo é dividido em colunas e deverá conter as seguintes anotações:

a) número de ordem, continuando, indefinidamente, nos seguintes;

b) dia e mês;

c) natureza do título e qualidade do lançamento (integral, resumido, penhor, etc.; o nome do apresentante;

d) anotações e averbações.

A anotação consiste no ato praticado pelo oficial registrador ou seu preposto autorizado, *ex officio*, ou seja, prescinde de qualquer forma de determinação de fazer a devida ocorrência no Protocolo, assegurando, consequentemente eficaz informação aos interessados. Aliás, o art. 21 desta Lei de Registros Públicos, preceitua que "sempre que houver qualquer alteração posterior ao ato cuja certidão é pedida, deve o Oficial mencioná-la, obrigatoriamente, não obstante as especificações do pedido, sob pena de responsabilidade civil e penal, ressalvado o disposto nos artigos 45 e 95".

Com efeito, para que o art. 21 produza os efeitos almejados pelo legislador, deve o oficial observar a conduta do art. 149.

Art. 150. O apontamento do título, documento ou papel no protocolo será feito, seguida e imediatamente um depois do outro. Sem prejuízo da numeração individual de cada documento, se a mesma pessoa apresentar simultaneamente diversos documentos de idêntica natureza, para lançamentos da mesma espécie, serão eles lançados no protocolo englobadamente.

Parágrafo único. Onde terminar cada apontamento, será traçada uma linha horizontal, separando-o do seguinte, sendo lavrado, no fim do expediente diário, o termo de encerramento do próprio punho do oficial por este datado e assinado.

1. COMENTÁRIOS

Esse dispositivo, para ser bem compreendido, deve ser lido juntamente com os comentários dos artigos que se referem ao protocolo no RTD. São eles: arts. 132, I, 134, 135, 146, 147 e 151 desta Lei de Registros Públicos.

Elucida-se que os registros são sucessivos e sequenciais, ou seja, não podem conter intermediações. O art. 153 também possui norma sobre a imediatidade ao dispor que os títulos terão sempre um número diferente, segundo a ordem de apresentação, ainda que se refiram à mesma pessoa. O registro e a averbação deverão ser imediatos e, quando não o puderem ser, por acúmulo de serviço, o lançamento será feito no prazo estritamente necessário, e sem prejuízo da ordem da prenotação. Em qualquer desses casos, o oficial, depois de haver dado entrada no protocolo e lançado no corpo do título as declarações prescritas, fornecerá um recibo contendo a declaração da data da apresentação, o número de ordem desta no protocolo e a indicação do dia em que deverá ser entregue, devidamente legalizado; o recibo será restituído pelo apresentante contra a devolução do documento.

A regra do parágrafo único tem por finalidade coibir emendas ou qualquer outra inserção subsequente que vise burlar a ordem de prioridade determinada pelo Protocolo.

2. QUESTÃO DE CONCURSO

01. (IESES – Notário-MA/2011) Com relação ao registro de títulos e documentos, assinale a alternativa correta:

a) O oficial poderá proceder ao registro de título e documento que não se revistam das formalidades legais, sob responsabilidade do apresentante.

b) Sem prejuízo da numeração individual de cada documento, se a mesma pessoa apresentar simultaneamente diversos documentos de idêntica natureza, para lançamentos da mesma espécie, serão eles lançados no protocolo englobadamente.

c) Os atos expedidos para cumprimento de decisões administrativas, pelas quais for determinada a entrega, pelas alfândegas e mesas de renda, de bens e mercadorias procedentes do exterior, estão sujeitos a registro no registro de títulos e documentos para surtir efeitos em relação a terceiros.

d) O registro integral dos documentos consistirá na trasladação dos mesmos, com a mesma ortografia e pontuação, com referência às entrelinhas ou quaisquer acréscimos, alterações, defeitos ou vícios que tiver o original apresentado, e, bem assim, com menção precisa aos seus característicos exteriores e às formalidades legais, podendo a transcrição de quaisquer documentos, quando levados a registro, ser feita na mesma disposição gráfica em que estiverem escritos, se o interessado assim o desejar.

GAB	1	B

Art. 151. O lançamento dos registros e das averbações nos livros respectivos será feito, também seguidamente, na ordem de prioridade do seu apontamento no protocolo, quando não for obstado por ordem de autoridade judiciária competente, ou por dúvida superveniente; neste caso, seguir-se-ão os registros ou averbações dos imediatos, sem prejuízo da data autenticada pelo competente apontamento.

1. COMENTÁRIOS

Walter Ceneviva elucida que a "ordem de prioridade do apontamento no protocolo resguarda o interesse da parte e assegura, após realizado o registro, a oponibilidade a todos os terceiros". Na sequência, esclarece que "a prioridade, no art. 151, tem dois sentidos: a) garante a precedência de atendimento do pedido de registro, segundo a ordem de chegada ao serviço registral; b) assegura os efeitos objetivados pelo registro, com preferência sobre documentos apresentados posteriormente. A prioridade não se aplica se o documento for objeto de exigência aceita pelo apresentante" (Op. cit.16. ed. São Paulo: Saraiva, 2005, p. 322).

Note-se que, em se tratando de dúvida que venha a ser suscitada e julgada improcedente, isto não provocará nenhum prejuízo ao interessado, porque, conforme a regra do art. 203 desta Lei, a ordem de prioridade seguirá o oportuno apontamento, retroagindo seus efeitos àquele momento.

Art. 152. Cada registro ou averbação será datado e assinado por inteiro, pelo oficial ou pelos servidores referidos no artigo 142, § 1º, separados, um do outro, por uma linha horizontal.

1. COMENTÁRIOS

O desrespeito à norma do art. 152 poderá acarretar a **nulidade** do ato de registro ou de averbação, fundamentado em vício insanável.

Em sentido contrário, defende Valdomiro Montes Junior: "Mesmo imaginando a hipótese de um ato que, além de não ostentar assinatura, revele-se irregular causando prejuízos, a falta de identificação específica do Oficial ou funcionário que praticou diretamente o ato não inibe o ressarcimento devido a eventuais prejudicados. Segundo a sistemática estabelecida pela Lei 8.935/1994, a responsabilidade administrativa, ou perante terceiros, a responsabilidade civil decorrente dos atos praticados, são do Oficial. O interesse na identificação específica do responsável pela prática do ato irregular ficaria circunscrito aos casos de responsabilidade penal, que se afigura de ordem pessoal; na esfera civil, como fundamento de um eventual direito de regresso do Oficial contra o funcionário contratado ou, ainda, na órbita administrativa, a punição dos chamados funcionários estatutários, remanescentes do regime jurídico anterior à Lei 8.935/1994" (Op. cit., p. 455).

Neste dispositivo também, o legislador consagra a relevância da **continuidade dos atos**, bem como a segurança jurídica desses sucessivos assentamentos. Dessarte, é exigido que a assinatura e a data não sejam lançadas em resumo, e sim anotadas por inteiro, com o fito de intrincar qualquer tentativa de fraude, burla ou embuste.

Neste dispositivo, o legislador também consagra a relevância da **continuidade dos atos**, bem como a segurança jurídica desses sucessivos assentamentos. Dessa forma, é exigido que a assinatura e a data não sejam lançadas em resumo, mas anotadas por inteiro, com o intuito de prevenir qualquer tentativa de fraude, burla ou embuste.

Art. 153. Os títulos terão sempre um número diferente, segundo a ordem de apresentação, ainda que se refiram à mesma pessoa. O registro e a averbação deverão ser imediatos e, quando não o puderem ser, por acúmulo de serviço, o lançamento será feito no prazo estritamente necessário, e sem prejuízo da ordem da prenotação. Em qualquer desses casos, o oficial, depois de haver dado entrada no protocolo e lançado no corpo do título as declarações prescritas, fornecerá um recibo contendo a declaração da data da apresentação, o número de ordem desta no protocolo e a indicação do dia em que deverá ser entregue, devidamente legalizado; o recibo será restituído pelo apresentante contra a devolução do documento.

1. COMENTÁRIOS

O dispositivo anunciado apresenta íntima correlação com a regra expressa no artigo 162 da Lei de Registros Públicos, a saber:

Art. 162. O fato da apresentação de um título, documento ou papel, para registro ou averbação, não constituirá, para o apresentante, direito sobre o mesmo, desde que não seja o próprio interessado.

Art. 154. Nos termos de encerramento diário do protocolo, lavrados ao findar a hora regulamentar, deverão ser mencionados, pelos respectivos números, os títulos apresentados cujos registros ficarem adiados, com a declaração dos motivos do adiamento.

Parágrafo único. Ainda que o expediente continue para ultimação do serviço, nenhuma nova apresentação será admitida depois da hora regulamentar.

1. COMENTÁRIOS

O art. 4º da Lei 8.935/1994 estabelece que os serviços notariais e de registro serão prestados, de modo eficiente e adequado, em dias e horários estabelecidos pelo juízo competente, atendidas as peculiaridades locais, em local de fácil acesso ao público e que ofereça segurança para o arquivamento de livros e documentos. O atendimento ao público será, no mínimo, de seis horas diárias.

Note-se que, ao contrário do que ocorre no Registro Civil de Pessoas Naturais, em que o expediente não pode sofrer interrupção de continuidade devido ao horário de funcionamento, no Registro de Títulos e Documentos, deve ser cumprido nos termos de encerramento diário do protocolo o horário de atendimento à população, sob pena de nulidade do registro, além da responsabilidade civil e disciplinar do delegatário.

O parágrafo único estabelece que, mesmo que o expediente continue quando iniciado antes do término do horário, é obstado que se aceitem documentos para registros após o horário de atendimento.

Por derradeiro, a regra do art. 186 desta Lei, direcionada ao Registro de Imóveis, segundo a qual "o número de ordem determinará a prioridade do título, e esta a preferência dos direitos reais, ainda que apresentados pela mesma pessoa mais de um título simultaneamente", seria mais conveniente e oportuna do que a do art. 154, pois é na data da protocolização do documento que os efeitos do registro se constituirão.

Art. 155. Quando o título, já registrado por extrato, for levado a registro integral, ou for exigido simultaneamente pelo apresentante o duplo registro, mencionar-se-á essa circunstância no lançamento posterior e, nas anotações do protocolo, far-se-ão referências recíprocas para verificação das diversas espécies de lançamento do mesmo título.

1. COMENTÁRIOS

Como se sabe, a lei possibilita o duplo registro. É o que se extrai do já analisado art. 132, II:

> **Art. 132.** No registro de títulos e documentos, haverá os seguintes livros:
>
> II – Livro B – para trasladação integral de títulos e documentos, sua conservação e validade contra terceiros, ainda que registrados por extratos em outros livros.

É essencial para a célere e precisa localização dos atos de registro e de averbação que ocorram anotações recíprocas em cada registro, tanto integral quanto por extrato.

Art. 156. O oficial deverá recusar registro a título e a documento que não se revistam das formalidades legais.

Parágrafo único. Se tiver suspeita de falsificação, poderá o oficial sobrestar no registro, depois de protocolado o documento, até notificar o apresentante dessa circunstância; se este insistir, o registro será feito com essa nota, podendo o oficial, entretanto, submeter a dúvida ao Juiz competente, ou notificar o signatário para assistir ao registro, mencionando também as alegações pelo último aduzidas.

1. COMENTÁRIOS

O art. 156 consagra o **princípio da qualificação registral**. Nas palavras de Ricardo Henry Marques Dip, qualificação registral "é um juízo prudencial, positivo ou negativo da potência do título em ordem à sua inscrição predial importando no império de seu registro" (*Sobre a qualificação no registro de imóveis In* Revista de Direito Imobiliário, 29. São Paulo: RT, 1992, p. 39).

Ao realizar a qualificação registral, o oficial de registro deve fazer um exame formal e zeloso do ato constitutivo e dos documentos apresentados, utilizando-se de princípios registrários e da legislação. Ressalte-se que os títulos judiciais não estão imunes à qualificação registrária.

Não estando o título apto a registro, o registrador devolve-o ao apresentante ou interessado, fundamentando seus motivos por escrito. Não se conformando com as exigências, caberá o procedimento de dúvida do art. 198 desta Lei.

Nos termos da Apelação Cível 12.428-0/6, do Conselho Superior da Magistratura Paulista, "a qualificação afeta ao registrador abrange, como se sabe, o controle da legalidade formal dos atos jurídicos que lhe são submetidos a registro. Esse controle, nada obstante amplo, circunscreve-se à detecção daqueles vícios susceptíveis de inquinar de nulidade o ato jurídico que se instrumenta no título apresentado; não se faculta ao Oficial obstar o registro em razão de eiva que configure mera anulabilidade do ato ou do negócio jurídico. Compete ao registrador, assim, vedar acesso, por vício da legalidade, apenas àquelas mutações jurídico-reais que a lei veda com a cominação de nulidade".

A atividade exercida pelo oficial competente para o registro é de grande destaque para a sociedade. As principais funções do registro no Registro de Títulos e Documentos são a autenticação de data, a fim de evitar o perigo da antedata, fixando-se assim a data do documento; a validade contra terceiros, que decorre da publicidade *erga omnes* em razão do registro; e a conservação, na qual destina-se a conservar ou perpetuar o documento, sendo sua transcrição facultativa (art. 127, VII, da Lei 6.015/1973).

Assim, todo documento registrado na Serventia de Títulos e Documentos, **prova o texto, a data e garante a publicidade,** posto que ninguém poderá alegar desconhecimento.

Dessa maneira, tratando-se de uma atividade cujo dever é propiciar autenticidade, segurança, eficácia e segurança dos atos jurídicos, o legislador impôs o máximo de diligência, não devendo ser levado a registro qualquer documento que esteja em contrariedade às exigências legais. Ademais, o art. 166 do Código Civil prescreve que é nulo o ato ou o negócio jurídico que não revista a forma prevista em Lei.

No caso de suspeita de falsidade, o oficial registrador não pode declinar da anotação do documento no protocolo, uma vez que, é vedado pela lei tal conduta. Todavia, o registro integral ou por extrato, não será realizado. Deve assim, notificar o apresentante dessa circunstância; se este insistir, o registro será feito com essa nota de suspeita, podendo o oficial, submeter a dúvida ao Juiz competente, nos termos dos arts. 198 a 204 desta Lei, ou notificar o signatário para assistir ao registro, mencionando também as alegações pelo último aduzidas.

Frise-se que a aferição da suspeita é subjetiva, devendo o oficial agir com a máxima cautela.

2. QUESTÕES DE CONCURSOS

01. (FGV - 2023 - TJ-SE - Atividade Notarial e de Registro - Provimento) O oficial do Registro de Títulos e Documentos da circunscrição territorial X recebeu para registro determinado contrato. Ao analisá-lo, promoveu o cotejo das assinaturas dos pactuantes com aquelas constantes dos documentos de identidade, ocasião em que percebeu a existência de consideráveis divergências em relação à assinatura de um dos pactuantes. Por tal razão, o oficial suspeitou de uma falsificação. Em situações dessa natureza, é correto afirmar, consoante a Lei nº 6.015/1973, que:

a) o oficial deve submeter a dúvida ao juiz competente, que decidirá sobre a realização, ou não, do registro;
b) após as providências preliminares, caso o apresentante insista no registro, é possível que o oficial o realize com essa nota;
c) deve ser dada baixa no protocolo do documento, registrando-se o ocorrido em livro próprio, com o correlato encaminhamento ao Ministério Público;
d) é imperativo que o oficial notifique o signatário cuja assinatura está divergente para assistir ao registro, também mencionando as alegações que venha a aduzir;
e) o oficial deve solicitar a presença dos signatários do contrato, de modo que as assinaturas sejam renovadas e, em caso de negativa, submeter a dúvida ao juiz competente.

02. (EJEF – Tabelionato e Registro-MG/2007) Em sede de nulidades, é INCORRETO afirmar que o negócio jurídico é nulo quando:

a) for celebrado por pessoa enferma sem o necessário discernimento para a prática do ato.
b) não for revestido da forma prescrita em lei.
c) praticado em simulação.
d) praticado em fraude contra credores.

GAB	1	B	2	D

Art. 157. O oficial, salvo quando agir de má-fé, devidamente comprovada, não será responsável pelos danos decorrentes da anulação do registro, ou da averbação, por vício intrínseco ou extrínseco do documento, título ou papel, mas, tão-somente, pelos erros ou vícios no processo de registro.

1. COMENTÁRIOS

Um registro pode ser anulado ou por defeito no procedimento adotado para a realização do ato registrário ou porque o documento que lhe serviu de fundamento era imperfeito e ineficaz.

Ao contrário da boa-fé, introduzida no art. 422 do Código Civil e idealizada pelo Direito, a má-fé consiste na ideia de causar prejuízo, dano ou transtorno de ordem patrimonial ou extrapatrimonial. É necessário fazer a prova para que a pessoa que agiu dessa maneira seja apenada.

De forma geral, a responsabilidade dos oficiais, envolve os danos que causarem por culpa ou dolo aos interessados no registro. A responsabilidade civil dos notários e registradores está estabelecida nos art. 22 e seguintes da Lei 8.935/1994, bem como no art. 28 desta Lei, cujo tema já foi abordado, aos quais se remete o leitor.

Walter Ceneviva defende que "o registrador de títulos e documentos não será responsabilizado pelo dano ao interessado ou a terceiros, mesmo no caso de anulação do registro ou da averbação, quando o vício intrínseco seja imperceptível para ele". E define que "*intrínseco* é o defeito do título inerente a sua substância ou a seu conteúdo. *Extrínseco* é o defeito externo, aparente, não essencial. São duas as condições excludentes de punibilidade: a) boa-fé do registrador, somente elidida por prova cabal em contrário; b) a imperceptibilidade do defeito, quando submetido a exame visual, com os dados de experiência próprios de um profissional do direito, como o delegado do Poder Público. O titular do serviço de títulos e documentos responderá, porém, quando o defeito surja no processo do registro. A falta disciplinar será apurada pelo juiz corregedor. A responsabilidade penal será de quem deu origem ao defeito" (Op. Cit., p. 330).

De outro giro, observa Valdomiro Montes Junior que "a palavra intrínseco, constante no art. 157, constitui excrescência, pois, de outra forma, entrará em choque com o art. 156, ambos da LRP". O segundo dispositivo diz que o Oficial deverá recusar o título com vício de forma (extrínseco, portanto) e o primeiro isenta de responsabilidade o Oficial que registre o título com vícios extrínsecos (Op. cit., p. 460).

2. QUESTÕES DE CONCURSOS

01. (Vunesp – Cartório – Remoção – TJ – SP/2018) No Registro de Títulos e Documentos, salvo má-fé, devidamente comprovada, o Oficial

a) não será responsável pelos danos decorrentes da anulação do registro, ou da averbação, por vício intrínseco ou extrínseco, documento ou papel, mas, tão somente, pelos erros ou vícios no processo do registro.

b) não será responsável pelos danos decorrentes da anulação do registro, ou da averbação, nem pelos erros ou vícios no processo do registro.

c) será responsável pelos danos decorrentes da anulação do registro, ou da averbação, por vício intrínseco ou extrínseco, documento ou papel, bem como pelos erros ou vícios no processo do registro.

d) não será responsável pelos danos decorrentes da anulação do registro, ou da averbação, por vício intrínseco, documento ou papel, mas, tão somente, por vícios extrínsecos ou pelos erros ou vícios no processo do registro.

02. (EJEF – Notário-MG/2011) Em relação à atuação do Oficial do Cartório de Registro de Títulos e Documentos, analise as seguintes afirmativas e assinale com V as verdadeiras e com F as falsas.

( ) Será responsável pelos danos causados decorrentes de anulação de registro, ou averbação, por vício intrínseco ou extrínseco do documento.

( ) Será responsável pelos danos decorrentes de erros e vícios no processo de registro.

( ) Poderá recusar registro a título e a documento que não se revistam das formalidades legais.

( ) Não poderá suscitar dúvidas junto ao Juiz Corregedor.

Assinale a alternativa que represente a sequência de letras CORRETA.

a) (F)(V)(V)(F)
b) (F)(V)(F)(V)
c) (V)(F)(F)(V)
d) (V)(F)(V)(F)

GAB	1	A	2	A

Art. 158. *Revogado pela Medida Provisória nº 1.085, de 27/12/2021, convertida na Lei nº 14.382, de 27/6/2022*

1. COMENTÁRIOS

O art. 158 foi revogado pela Medida Provisória nº 1.085, de 27/12/2021, convertida na Lei nº 14.382, de 27/6/2022.

A antiga redação do artigo preceituava que "as procurações deverão trazer reconhecidas as firmas dos outorgantes."

A procuração, seja por instrumento público ou particular, é o instrumento do mandato e é o ato pelo qual o interessado (outorgante) nomeia alguém de sua plena confiança (procurador), para praticar determinados atos em seu nome. Pode ter prazo de validade ou não, conforme a vontade do outorgante. Como é um ato baseado na confiança, pode ser revogado a qualquer tempo.

A norma do art. 158 era especial, própria dos instrumentos de mandato, pois não é regra geral exigir o reconhecimento de firma do outorgante na procuração com cláusula *ad judicia* e nos casos de representação estabelecidos pela legislação civil. Porém, o ingresso deste documento (procuração) no RTD expressava finalidade e efeitos diversos, devendo ser exigido o reconhecimento das assinaturas, de todos os instrumentos particulares, salvo se houver determinação específica na lei.

Art. 159. As folhas do título, documento ou papel que tiver sido registrado e as das certidões serão rubricadas pelo oficial, antes de entregues aos apresentantes. As declarações no protocolo, bem como as dos registros e das averbações lançadas no título, documento ou papel e as respectivas datas poderão ser apostas por carimbo, sendo, porém, para autenticação, de próprio punho do oficial, ou de quem suas vezes fizer, a assinatura ou a rubrica.

1. COMENTÁRIOS

Trata-se de mais uma norma de segurança jurídica decorrente da própria atividade do oficial competente. No entanto, nos dias de hoje, são diversos os meios confiáveis para se alcançar esse fim, o que não dispensa a exigência legal.

Art. 160. O oficial será obrigado, quando o apresentante o requerer, a notificar do registro ou da averbação os demais interessados que figurarem no título, documento, o papel apresentado, e a quaisquer terceiros que lhes sejam indicados, podendo requisitar dos oficiais de registro em outros Municípios, as notificações necessárias. Por esse processo, também, poderão ser feitos avisos, denúncias e notificações, quando não for exigida a intervenção judicial.

§ 1º Os certificados de notificação ou da entrega de registros serão lavrados nas colunas das anotações, no livro competente, à margem dos respectivos registros.

§ 2º O serviço das notificações e demais diligências poderá ser realizado por escreventes designados pelo oficial e autorizados pelo Juiz competente.

1. COMENTÁRIOS

As notificações realizadas pelo Registro de Títulos e Documentos constituem meio de prova e são constituídas dos seguintes atos: protocolo, registro, intimação, certidão, diligência e arquivamento. São praticadas pelo oficial registrador ou auxiliar por ele indicados, contendo menção da data e da hora em que for realizada.

Notificação extrajudicial é o ato oficial pelo qual o cartório dá conhecimento de uma carta ou documento a uma pessoa, de forma legal.

São duas as espécies de notificações. A primeira delas é a comunicação a determinada pessoa, para lhe dar conhecimento oficial e legal de uma carta ou documento. A outra é comunicação de qualquer fato a determinada pessoa, para ciência, para que faça ou deixe de fazer alguma coisa, ou ainda, para conhecimento de qualquer texto determinado ao destinatário da carta. O mais usual é a notificação para constituição em mora. Muitos acordos são realizados graças à notificação extrajudicial, o que evita o processo judicial. Portanto, notifica-se alguém para se **fazer prova do recebimento e de ter sido dado conhecimento do conteúdo de qualquer ato jurídico**. Essa é uma maneira inequívoca de se fazer a constatação de que o notificado recebeu o documento e ficou ciente de seu conteúdo. O oficial que procede à notificação possui fé pública, entregando-a na forma da lei em vigor. A Serventia que entrega a sua notificação possui fé pública, o que significa que, caso o destinatário se negue a receber ou assinar o recebimento, será registrada essa ocorrência e certificada a recusa, valendo como prova da entrega.

A notificação extrajudicial é usada em várias situações para **responsabilizar, provar, provocar provas, prevenir responsabilidades**, precaver-se contra danos, constituir mora, solicitar cumprimento de obrigações e muitas outras, se for importante comprovar o conhecimento do destinatário sobre determinado fato. Usando a notificação para colher a prova da entrega oficial é possível exigir, contestar, defender interesses, prevenir responsabilidades, fixar prazos e propor acordos. Enfim, a notificação pode ser usada como eficiente aliada para a rápida solução de muitos problemas.

1.1 AS NOTIFICAÇÕES EXTRAJUDICIAIS E O PRINCÍPIO DA TERRITORIALIDADE

No que tange às notificações no Registro de Títulos e Documentos, havia bastante polêmica a respeito da aplicação do **Princípio da Territorialidade**. São várias as opiniões respeitáveis defendendo a obrigatoriedade de tal princípio nestes casos, porém, a orientação mais recente do Superior Tribunal de Justiça, inclusive em julgamento sob a sistemática de recursos repetitivos, e a maioria das normativas estaduais vão em direção oposta.

Antes de aprofundarmos a temática, faz-se necessário entender o conceito deste princípio e sua fundamentação legal.

Segundo o art. 130 da Lei 6.015/1973, os atos enumerados nos arts. 127 e 129 devem ser registrados no domicílio das partes, quando residirem na mesma circunscrição territorial; de um dos devedores ou garantidores, quando as partes residirem em circunscrições territoriais diversas; de uma das partes, quando não houver devedor ou garantidor. É assim porque o objetivo principal do Registro de Títulos e Documentos é dar publicidade e efeito, em relação a terceiros, de determinados atos realizados pelas partes contratantes.

Extrai-se que este dispositivo, situado no capítulo "Das Atribuições", consagra o Princípio da Territorialidade no RTD. Note-se que **o art. 130 menciona expressamente os arts. 127 e 129**, sem nada falar sobre o art. 160 (notificações extrajudiciais). Ocorre que o Conselho Nacional de Justiça começou a declarar nulas as notificações via postal expedidas pelo RTD para Municípios de Estados diversos de suas respectivas Serventias.

Assim afirmou o CNJ em um primeiro momento: "o princípio da territorialidade, vetor axiológico subjacente à sistemática adotada pela Lei 6.015/1973, a ser observado por todas as serventias e não apenas pelas de registro de imóveis e de pessoas (art. 12), fora explicitado como diretriz dos Cartórios de Registro de

Títulos e Documentos nos dispositivos supracitados (artigos 128, 129 e 130). A *mens legis* é clara e visa garantir a segurança e a eficácia dos atos jurídicos aos quais confere publicidade (art. 1º, Lei 6.015/73). A não incidência do princípio da territorialidade constitui exceção e deve vir expressamente mencionada pela legislação". Vê-se que o Conselho Nacional de Justiça, afirmou a imaleabilidade do princípio da territorialidade para os atos de notificações praticados pelos Registros de Títulos e Documentos, o que à evidencia, como decisão administrativa que interpretou a aplicação da Lei de Registros Públicos nesse particular, deve refletir seus efeitos para todo o território sendo ilegal nacional notificação extrajudicial praticada pelo registrador quando o interessado residir fora do município de sua sede, salvo se utilizada a regra posta no art. 160, *caput*, da Lei 6.015/1973.

A ANOREG-DF resolveu se pronunciar, alegando que o CNJ extrapolou seu poder regulamentar ao criar, para registradores de Títulos e Documentos de todo o país, uma norma de competência geográfica/territorial inexistente na legislação.

Para tanto, a ANOREG-DF se pautou nos seguintes argumentos:

a) A decisão do CNJ é ilegal, porque ofensiva da LRP, que em seu artigo 130 afirma serem registrados nos domicílios das partes contratantes apenas os atos indicados em seus artigos 127 e 129, o que exclui o ato de notificação extrajudicial;

b) O artigo 160, da LRP, não estabelece a obrigatoriedade da adoção do critério da territorialidade: "O comando legal é no sentido de que o Oficial pode requisitar a atuação de oficiais de registro em outros municípios, patente assim o caráter de faculdade e não obrigação conferida ao Oficial."

c) A Lei 8.935/1994, em seu artigo 12, limita o princípio da territorialidade apenas aos oficiais de Registro de Imóveis e Civis das Pessoas Naturais;

d) A medida do CNJ praticamente estabelece um regime de "cartas precatórias extrajudiciais", o que é contrário à filosofia do órgão, orientada pela busca da celeridade na prestação da Justiça;

Ao apreciar agravo de instrumento contra decisão que declarou a nulidade de notificação extrajudicial expedida por cartório de comarca diversa do domicílio do réu, a Turma deu provimento ao recurso. Segundo a Relatoria, a notificação extrajudicial foi expedida pelo Ofício de Registro de Títulos e Documentos de Maceió, com a finalidade de constituir o réu em mora no contrato de arrendamento mercantil. Foi relatado, ainda, que o magistrado entendeu ser nula a notificação, porquanto lavrada por serventia incompetente. Nesse contexto, o Desembargador esclareceu que, como a notificação extrajudicial foi realizada por oficial de registros, é inaplicável a hipótese do art. 9º da Lei 8.935/1994 que proíbe o tabelião de notas de praticar atos de ofício fora do Município para o qual recebeu a delegação. Com efeito, o Julgador afirmou que a Lei dos Cartórios, em seu art. 12, restringe a aplicação do princípio da territorialidade aos oficiais de registro de imóveis e civis das pessoas naturais, não havendo qualquer restrição no tocante aos agentes delegados dos serviços de registro de títulos e documentos. Assim, os Desembargadores reconheceram a validade da notificação extrajudicial, haja vista ter alcançado a finalidade de cientificar o devedor (*Acórdão n.513488, 20110020056966AGI, Relator: FLAVIO ROSTIROLA, 1ª Turma Cível, Data de Julgamento: 15/06/2011, Publicado no DJE: 21/06/2011. Pág.: 61).*

Com estes argumentos, o Ministro Toffoli suspendeu, liminarmente, os efeitos da decisão monocrática exarada nos autos do Pedido de Providências CNJ nº 0001261-78.2010.2.00.0000.

Posteriormente, o CNJ reafirmou, no Pedido de Providências 000126178.2010.2.00.0000, que o princípio da territorialidade para fins de notificação se estende a todos os serviços de registros de títulos e documentos do país.

Esse conflito jurisprudencial também foi pacificado no Superior Tribunal de Justiça, prevalecendo a interpretação da **inexistência de limites territoriais para as notificações extrajudiciais**. Trata-se de tese de recurso repetitivo, a saber:

Recurso Repetitivo

Tema 530/STJ: *A notificação extrajudicial realizada e entregue no endereço do devedor, por via postal e com aviso de recebimento, é válida quando realizada por Cartório de Títulos e Documentos de outra Comarca, mesmo que não seja aquele do domicílio do devedor.*

Nesse sentido, também é o Enunciado 427 da V Jornada de Direito Civil, que tem a seguinte redação:

Enunciado 427: Art. 397, parágrafo único. É válida a notificação extrajudicial promovida em serviço de registro de títulos e documentos de circunscrição judiciária diversa da do domicílio do devedor.

Importante deixar registrado que a jurisprudência dos Tribunais do país tem evidenciado, como prova da constituição do devedor em mora, a sua notificação pelo Cartório de Títulos e Documentos, equivale dizer, a notificação tornou-se pressuposto processual a ser atestado quando do exercício do direito de ação, sob pena de extinção do processo sem resolução do mérito.

1.2 O RTD E A PROTEÇÃO DE DADOS

A atividade notarial e registral e a proteção de dados foi detalhada nos comentários do tópico 1.10 no art. 1º da Lei n. 6.015/1973, nesta obra. A temática está regulamentada pela Lei n. 13.709/2018 e pelo Provimento CNJ n 134/2022. Anote-se que referido ato normativo não foi revogado pelo Provimento CNJ n. 149/2023 (CNN), mas teve a maioria dos artigos incorporados nos artigos 79 a 135. São medidas a serem adotadas pelas serventias extrajudiciais em âmbito nacional para o processo de adequação à Lei Geral de Proteção de Dados Pessoais (Lei 13.709/2018). Tais regras vão desde a governança de dados pessoais, passando por temas como revisão de contratos, transparência das atividades de tratamento, elaboração de relatório de impacto, e proteção tanto para os próprios cartórios quanto para os usuários.

O Código Nacional de Normas traz norma específica para o Registro de Títulos e Documentos, a saber:

> Art. 112. As notificações que contenham dados pessoais tratados devem ser feitas preferencialmente pelo Registro de Títulos e Documentos da circunscrição do destinatário. Quando assim não ocorrer, a notificação deverá ser enviada juntamente com folha adicional informativa com os dados tratados do notificado.

1.3 ATA DE NOTIFICAÇÃO

Apesar do art. 160 da Lei n. 6.015/1973 tratar especificamente de uma atribuição do registrador de títulos e documentos, é oportuno trazer à discussão conhecimentos sobre **a ata de notificação**. Embora a elaboração de ata notarial seja uma competência exclusiva do notário, a compreensão das nuances e aplicações desse instrumento pode proporcionar uma visão mais ampla e integrada das práticas notariais e registrais. A ata de notificação, em particular, desempenha um papel importante em diversos procedimentos legais e administrativos, destacando a importância de um conhecimento abrangente e atualizado sobre o tema.

A ata de notificação é um documento emitido por um notário para confirmar que uma pessoa (o solicitante) comunicou uma notícia a um terceiro (o destinatário). Essa atividade notarial cria uma relação jurídica entre o solicitante e o notário, e o objetivo da ata é apenas informar, sem confirmar a veracidade do conteúdo comunicado.

Há uma controvérsia sobre a classificação da ata de notificação: alguns consideram que ela é distinta da ata de presença, pois na ata de presença o notário verifica a notificação feita por terceiros, enquanto na ata de notificação, o notário é quem comunica diretamente ao destinatário. Outros veem a ata de notificação como uma parte da ata de presença, onde o notário atua como um simples mensageiro.

No Brasil, segundo Leonardo Brandelli, a ata de notificação e a ata de requerimento não são aceitas devido à falta de autorização legislativa específica e porque a notificação extrajudicial é função do Registro de Títulos e Documentos, conforme o art. 160 da Lei 6.015/73. Outros especialistas, como Paulo Roberto Gaiger Ferreira e Felipe Leonardo Rodrigues, defendem a distinção entre a notificação registral e a notarial, alegando que seus efeitos são diferentes. Para eles, o registro de títulos e documentos visa à presunção de conhecimento *erga omnes*, enquanto a ata notarial confere autenticidade aos fatos ou negócios.

Sobre o tema, convém trazer os ensinamentos aprofundados de Ricardo Dip. Veja-se:

> Ata de notificação: dando-se o caso de alguém ter a necessidade de confirmar a recepção cognoscitiva de uma notícia por terceiro, pode valer-se da atuação do notário, que, consumando-a, expedirá um documento correspondente: uma *ata de notificação*.
>
> Assim, essa peculiar atividade notarial põe à mostra uma relação originária entre o solicitante (cliente) e o notário, para que este proceda, instaurando novo relacionamento jurídico, a uma atuação receptícia por terceiro (destinatário). O que se pretende, com a ata de notificação, estritamente, **é informar.**
>
> O caráter *público* dessa atuação emerge da fé notarial exatamente cifrada à recepção da notícia (fato, ato ou negócio), sem estender-se a confirmar a veracidade –*i.e.*, à adequação à realidade das coisas– do conteúdo do noticiado.
>
> Controverso é que essa ata de notificação seja uma das espécies da ata de presença. **Negam essa participação os que nessas atas distinguem a função passiva do notário, nas de presença, e sua função ativa, nas de notificação** (cf. Gomá Salcedo). Pedro Ávila Alvarez discrimina-as em que, na ata de presença, o notário verifica –capta por seus sentidos externos– a notificação realizada por terceiro, ao passo em que, na ata de notificação, ele próprio, notário, procede à comunicação ao destinatário. Diversamente, Rodríguez Adrados, vendo na atuação tabelioa de notificar a conduta de simples mensageiro transmissor de notícia, considera a ata de notificação parte subjetiva das atas de presença.
>
> Especializada entre as atas de notificação, uma há que se denomina ata de *requerimento*, cuja finalidade não se limita a noticiar a um destinatário um fato, ato ou negócio, senão que o exorta ou mesmo intima a fazer ou não fazer algo.
>
> É da doutrina de Leonardo Brandelli que não se admitam entre nós as atas de notificação e de requerimento, já por falta, diz ele, de «autorização legislativa específica, existente nos países onde ela é utilizada», já «por haver no direito pátrio atribuição específica para o Registro de Títulos e Documentos, no que concerne à notificação extrajudicial, conforme dispõe o **art. 160, da Lei 6.015/73**»; lê-se no *caput* desse art. 160 da Lei brasileira de registros públicos: «O oficial será obrigado, quando o apresentante o requerer, a notificar do registro ou da averbação os demais interessados que figurarem no título, documento, o papel apresentado, e a quaisquer terceiros que lhes sejam indicados, podendo requisitar dos oficiais de registro em outros Municípios, as notificações necessárias. Por esse processo, também, poderão ser feitos avisos, denúncias e notificações, quando não for exigida a intervenção judicial».
>
> De maneira diversa, Paulo Roberto Gaiger Ferreira e Felipe Leonardo Rodrigues sustentam discriminarem-se a **notificação registral e a notarial**, porque seus

efeitos, dizem, são distintos: «resumidamente, aos registros compete a conservação e a produção da presunção de conhecimento *erga omnes*. Aos notários compete atribuir fé pública a fatos ou negócios aos quais as partes desejem os efeitos de autenticidade. (...) Aos oficiais de registro de títulos e documentos foi atribuída competência residual *apenas* para os registros não atribuídos expressamente a outro ofício (de registros)». E prosseguem: «Quando a parte não desejar registrar o conteúdo, poderá optar pela ata notarial de notificação. Nesse caso, estará perdida a presunção de conhecimento *erga omnes*, mas o conteúdo e a data da notificação terão idêntica proteção» (*in Ata notarial*, p. 159-60).

É essa também a posição abonada por Bianca Schaedler: «**a ata de notificação poderá ser feita pelo tabelião desde que não colida com as atribuições dos oficiais de títulos e documentos, previstas no artigo 160 da Lei 6.015/73**», e continua, **distinguindo a hipótese em que a notificação deva integrar o registro público – o que atrai a regra do art. 160 da Lei 6.015 – e a ausência de intenção de registro, quando se poderá escolher a ata notarial de notificação, rematando assim a jurista gaúcha: «(...) o conteúdo e a data da notificação terão a mesma proteção»** (que a conferida pelo registro seguido da notificação pelo ofício de títulos e documentos; *in Ata notarial*, p. 79-80).

Parecerá que, na verdade, atribuiu-se ao registrador de títulos e documentos, com a regra do art. 160 da Lei 6.015, de 1973, uma função *notarial*, ainda que, neste passo, de maneira limitada; isso pode levar a concluir que o certificado da notificação registral corresponde exatamente à ideia e à realidade de uma ata de notificação, por mais que atribuída, de modo anômalo, à atividade de um registrador.

Sobre a ata notarial, recomenda-se a leitura dos comentários do art. 7º, III, da Lei n. 8.935/1994.

2. JURISPRUDÊNCIA COMPLEMENTAR

SUPERIOR TRIBUNAL DE JUSTIÇA

EMENTA: RECURSO ESPECIAL. AÇÃO DE BUSCA E APREENSÃO. NOTIFICAÇÃO. CARTÓRIO DE TÍTULOS E DOCUMENTOS DE COMARCA DIVERSA DA DO DOMICÍLIO DO DEVEDOR. POSSIBILIDADE. 1. É válida a notificação expedida por cartório de títulos e documentos situado em comarca diferente da do domicílio do devedor (Recurso Especial repetitivo nº 1.184.570/MG). 2. Recurso especial conhecido e provido. (STJ – REsp nº 1.384.965 – Santa Catarina – 3ª Turma – Rel. Min. João Otávio de Noronha – DJ 27.08.2015)

EMENTA: RECURSO ESPECIAL. AÇÃO DE BUSCA E APREENSÃO. CONTRATO DE FINANCIAMENTO COM GARANTIA DE ALIENAÇÃO FIDUCIÁRIA. NOTIFICAÇÃO EXTRAJUDICIAL REALIZADA POR CARTÓRIO DE TÍTULOS E DOCUMENTOS LOCALIZADO EM COMARCA DIVERSA DO DOMICÍLIO DO DEVEDOR. 1. A notificação extrajudicial realizada e entregue no endereço do devedor, por via postal e com aviso de recebimento, é válida quando realizada por Cartório de Títulos e Documentos de outra Comarca, mesmo que não seja aquele do domicílio do devedor. 2. De fato, inexiste norma no âmbito federal relativa ao limite territorial para a prática de atos registrais, especialmente no tocante aos Ofícios de Títulos e Documentos, razão pela qual é possível a realização de notificações, como a efetivada no caso em apreço, mediante o requerimento do apresentante do título, a quem é dada liberdade de escolha nesses casos. 3. A notificação extrajudicial, seja porque não está incluída nos atos enumerados no art. 129, seja porque não se trata de ato tendente a dar conhecimento a terceiros acerca de sua existência, não está submetido ao disposto no art. 130 da Lei 6.015/73. 4. Recurso especial provido. (STJ – REsp nº 1.411.088 – Minas Gerais – 4ª Turma – Rel. Min. Luis Felipe Salomão – DJ 11.11.2014)

EMENTA: RECURSO ESPECIAL. AÇÃO DE BUSCA E APREENSÃO. NOTIFICAÇÃO. CARTÓRIO DE TÍTULOS E DOCUMENTOS DE COMARCA DIVERSA DA DO DOMICÍLIO DO DEVEDOR. POSSIBILIDADE. SÚMULA nº 83/STJ. 1. É válida a notificação expedida por cartório de títulos e documentos situado em comarca diferente da do domicílio do devedor (Recurso Especial repetitivo nº 1.184.570/MG). 2. Recurso especial conhecido e provido. (STJ – REsp nº 1.435.743 – Bahia – 3ª Turma – Rel. Min. João Otávio de Noronha – DJ 15.04.2014)

EMENTA: PROCESSO CIVIL. RECURSO ESPECIAL. BUSCA E APREENSÃO. ALIENAÇÃO FIDUCIÁRIA. CONSTITUIÇÃO DO DEVEDOR EM MORA. NOTIFICAÇÃO REALIZADA POR CARTÓRIO DE COMARCA DIVERSA. POSSIBILIDADE. PROTESTO DO TITULO LEVADO A EFEITO MEDIANTE EDITAL. VIABILIDADE. 1. "A notificação extrajudicial realizada e entregue no endereço do devedor, por via postal e com aviso de recebimento, é válida quando realizada por Cartório de Títulos e Documentos de outra Comarca, mesmo que não seja aquele do domicílio do devedor". (REsp 1.184.570/MG, Rel. Ministra Maria Isabel Gallotti, Segunda Seção, julgado em 9/5/2012, DJe de 15/5/2012 – julgado sob o rito do art. 543-C do CPC). 2. Permite-se, para a comprovação da mora do devedor, a notificação extrajudicial ou o protesto do título, ainda que levado a efeito mediante edital. Precedentes. 3. Recurso especial provido. (STJ – REsp nº 1.470.874 – Rio Grande do Sul – 4ª Turma – Rel. Min. Luis Felipe Salomão – DJ 19.08.2014)

EMENTA: PROCESSO CIVIL. ALIENAÇÃO FIDUCIÁRIA. BUSCA E APREENSÃO. NOTIFICAÇÃO EXTRAJUDICIAL. AVISO DE RECEBIMENTO SUPRIDO POR CERTIDÃO DO OFICIAL DO CARTÓRIO. FÉ PÚBLICA. 1. A concessão de medida liminar em ação de busca e apreensão decorrente do inadimplemento de contrato com garantia de alienação fiduciária está condicionada, exclusivamente, à mora do devedor, que, nos termos do art. 2º, § 2º, do Decreto-Lei nº 911/69, poderá ser comprovada por carta registrada expedida por intermédio de Cartório de Títulos e Documentos ou pelo protesto do título, a critério do credor. 2. No caso, o Tribunal de origem consignou que há certidão do oficial do cartório nos autos atestando o efetivo recebimento da notificação no endereço do devedor, inclusive nominando quem a recebeu, razão pela qual atestou a configuração da mora no caso concreto; sendo certo que as certidões e documentos públicos gozam de fé pública. Precedentes. 3. Recurso especial a que se nega seguimento. (STJ – REsp nº 1.431.046 – Paraná – 4ª Turma – Rel. Min. Luis Felipe Salomão – DJ 04.08.2014)

EMENTA: RECURSO ESPECIAL. AÇÃO DE BUSCA E APREENSÃO. CONTRATO DE FINANCIAMENTO DE AUTOMÓVEL COM GARANTIA DE ALIENAÇÃO FIDUCIÁRIA. NOTIFICAÇÃO EXTRAJUDICIAL REALIZADA POR CARTÓRIO DE TÍTULOS E DOCUMENTOS SITUADO EM COMARCA DIVERSA DA DO DOMICÍLIO DO DEVEDOR. VALIDADE (Resp nº 1.184.570 – MG (2010/0040271-5).1. A notificação extrajudicial realizada e entregue no endereço do devedor, por via postal e com aviso de recebimento, é válida quando realizada por Cartório de Títulos e Documentos de outra Comarca, mesmo que não seja aquele do domicílio do devedor. Precedentes. 2. Julgamento afetado à Segunda Seção com base no procedimento estabelecido pela Lei nº 11.672/2008 (Lei dos Recursos Repetitivos) e pela Resolução STJ nº 8/2008. 3. Recurso especial conhecido e parcialmente provido. ACÓRDÃO. A Seção, por unanimidade, conheceu do recurso especial e deu-lhe parcial provimento, nos termos do voto do Sra. Ministra Relatora. Para os efeitos do artigo 543-C, do CPC, foi fixada a tese de que é válida a notificação extrajudicial realizada por via postal, com aviso de recebimento, no endereço do devedor, ainda que o título tenha sido apresentado em Cartório de Títulos e Documentos situado em comarca diversa do domicílio daquele. Os Srs. Ministros Antonio Carlos Ferreira, Ricardo Villas Bôas Cueva, Marco Buzzi, Nancy Andrighi, Massami Uyeda, Luis

Felipe Salomão, Raul Araújo e Paulo de Tarso Sanseverino votaram com a Sra. Ministra Relatora. Brasília/DF, 09 de maio de 2012(Data do Julgamento) MINISTRA MARIA ISABEL GALLOTTI Relatora. RELATÓRIO. MINISTRA MARIA ISABEL GALLOTTI: Trata-se de recurso especial interposto por Aymoré Crédito, Financiamento e Investimento S/A, com fundamento nas alíneas "a" e "c" do art. 105, III, da Constituição Federal, contra acórdão que manteve sentença indeferitória da inicial de ação de busca e apreensão proferida pelo Juízo de Direito da 5ª Vara Cível de Belo Horizonte – MG. O acórdão recorrido recebeu a seguinte ementa (e-STJ fl. 69): AÇÃO DE BUSCA E APREENSÃO – ALIENAÇÃO FIDUCIÁRIA – NOTIFICAÇÃO – CARTÓRIO DE TÍTULOS E DOCUMENTOS – CIRCUNSCRIÇÃO DISTINTA DA DO ENDEREÇO DO DEVEDOR – MORA NÃO COMPROVADA. Em que pese seja a carta com "AR" entregue no endereço do devedor suficiente para comprovar a notificação, presumindo-se que o recebimento naquele lugar, por outra pessoa, tenha sido autorizado pelo notificando, no caso dos autos, a notificação extrajudicial foi enviada por cartório de circunscrição diversa da do endereço do devedor, sendo, pois, imprestável para constituí-lo em mora, pois o ato do tabelião praticado fora do âmbito de sua delegação é inválido, segundo os artigos 8º e 9º da Lei nº 8.935/94. Sustenta a recorrente ofensa aos arts. 2º, § 2º e 3º do Decreto-Lei nº 911/69 e aos arts. 8º e 9º da Lei nº 8.935/04, ao argumento de que a referida legislação não exige que a notificação deva ser expedida pelo cartório do domicílio do devedor. Ressalta que a notificação atingiu sua finalidade, pois foi recebida no endereço fornecido pelo devedor no ato da celebração do contrato de alienação fiduciária. A recorrente assevera que a legislação que regula a matéria não faz alusão alguma a que o Cartório de Títulos e Documentos deva estar localizado no mesmo domicílio do devedor fiduciário para expedir as notificações extrajudiciais por carta registrada, a fim de constituir em mora o devedor. Aponta divergência jurisprudencial salientando que, enquanto o tribunal de origem entende que a mora não foi comprovada porque a notificação extrajudicial foi enviada por cartório de circunscrição diversa do endereço do devedor, o Tribunal de Justiça de São Paulo, diversamente, entende que o fato de a notificação extrajudicial ter sido enviada por meio de cartório de títulos e documentos de comarca diversa da do domicílio do devedor é irrelevante, principalmente porque atingiu sua finalidade. Requer o provimento do recurso para que seja reformado o acórdão de origem e deferida a liminar de busca e apreensão com o prosseguimento do feito nos termos do Decreto-Lei nº 911/69. Não foram apresentadas contrarrazões ao recurso especial (cf. e-STJ fl. 102). O recurso foi admitido na origem como representativo da controvérsia, nos moldes do art. 543-C, § 1º, do Código de Processo Civil (e-STJ fl.103). No parecer de fls. 117/119, o Ministério Público Federal opina pelo provimento do recurso especial. É o relatório. VOTO MINISTRA MARIA ISABEL ALLOTTI (Relatora): Como visto do relatório, a questão discutida nos presentes autos atém-se à validade, ou não, de notificação extrajudicial realizada por Cartório de comarca diversa do domicílio do devedor. Prequestionada a matéria e demonstrada a divergência jurisprudencial, conheço do recurso e passo ao seu exame. No que interessa, constou do voto condutor do acórdão recorrido (e-STJ fl.72): "Como é curial em questões dessa natureza, nas dívidas garantidas por alienação fiduciária, reafirme-se, a mora constitui-se 'ex re', segundo o disposto no § 2º, do Decreto-lei 911/69, com a notificação servindo apenas para sua comprovação, não sendo exigir-se, para esse efeito, mais do que a referência ao contrato inadimplido e que seja entregue no endereço do devedor. Lado outro, observo que a hipótese em julgamento guarda uma particularidade eis que, conforme análise dos documentos encartados aos autos, o réu/apelado reside numa casa situada na R. Gomes Ferraz, nº 125, bairro Santa Lúcia, nesta Capital – fl. 05 – e a notificação extrajudicial foi enviada por intermédio do Cartório de Títulos e Documentos de Raul Soares/MG, fls. 06/08. Ora, a notificação extrajudicial enviada por cartório distinto da comarca do devedor é imprestável para constituí-lo em mora, pois o ato do tabelião praticado fora do âmbito de sua circunscrição é inválido, segundo os artigos 8º e 9º da Lei nº 8.935/94... "A jurisprudência desta Corte, quanto à questão da mora, pacificou-se no sentido de que, na ação de busca e apreensão, cujo objeto é contrato de financiamento com garantia fiduciária, a mora constitui-se ex re nas hipóteses do art. 2º, § 2º, do Decreto-Lei nº 911/69, ou seja, uma vez não paga a prestação no vencimento, já se configura a mora do devedor que deverá ser comprovada por carta registrada expedida por intermédio de Cartório de Títulos e Documentos ou pelo protesto do título, a critério do credor (art. 2º, § 2º, do Decreto-Lei nº 911/69). Ainda no que diz respeito à constituição em mora por meio de notificação extrajudicial, foi consolidado o entendimento de que para a sua caracterização, é suficiente a entrega da correspondência no endereço do devedor, ainda que não pessoalmente. A propósito: "PROCESSUAL CIVIL. ALIENAÇÃO FIDUCIÁRIA. AÇÃO DE BUSCA E APREENSÃO. CONVERSÃO EM DEPÓSITO. CONSTITUIÇÃO EM MORA. NOTIFICAÇÃO ENTREGUE NO ENDEREÇO DO DEVEDOR. VALIDADE. DECRETO-LEI nº 911, ART. 2º, § 2º. EXEGESE. I. Válida a notificação para constituição em mora do devedor efetuada em seu domicílio, ainda que não lhe entregue pessoalmente. Precedentes do STJ. II. Recurso especial conhecido e provido, para afastar a extinção do processo, determinando ao Tribunal de Alçada a apreciação das demais questões postas no agravo de instrumento." (REsp 692.237/MG, Rel. Ministro Aldir Passarinho Junior, DJ de 11/4/2005). "DIREITO CIVIL E PROCESSUAL CIVIL. RECURSO ESPECIAL. BUSCA E APREENSÃO. ALIENAÇÃO FIDUCIÁRIA. CARACTERIZAÇÃO DA MORA. PRECEDENTES. COMPROVAÇÃO DA MORA. VALIDADE DA NOTIFICAÇÃO. REQUISITO PARA CONCESSÃO DE LIMINAR. – Ainda que haja possibilidade de o réu alegar, na ação de busca e apreensão, a nulidade das cláusulas do contrato garantido com a alienação fiduciária, ou mesmo seja possível rever, de ofício, cláusulas contratuais consideradas abusivas, para anulá-las, com base no art. 51, IV do CDC, a jurisprudência da 2ª Seção do STJ é pacífica no sentido de que na alienação fiduciária a mora constitui-se ex re, isto é, decorre automaticamente do vencimento do prazo para pagamento, por isso não cabe qualquer inquirição a respeito do montante ou origem da dívida para a aferição da configuração da mora. – Na alienação fiduciária, comprova-se a mora do devedor pelo protesto do título, se houver, ou pela notificação extrajudicial feita por intermédio do Cartório de Títulos e Documentos, que é considerada válida se entregue no endereço do domicílio do devedor, ainda que não seja entregue pessoalmente a ele. – A busca e apreensão deve ser concedida liminarmente se comprovada a mora do devedor fiduciante. Recurso especial provido." (REsp 810717/RS, Terceira Turma, Rel. Min. Nancy Andrighi, DJ de 4.9.2006). Nestes pontos o acórdão recorrido não destoa da jurisprudência desta Corte. A divergência, entretanto, se faz presente no tocante à possibilidade de a notificação extrajudicial, exigida para a comprovação da mora do devedor nos contratos de financiamento com garantia de alienação fiduciária, ser realizada por Cartório de Títulos e Documentos de Comarca diversa do domicílio do devedor. A Quarta Turma desta Corte, quando do julgamento do Recurso Especial nº 1.237.699-SC, de relatoria do Min. Luis Felipe Salomão, DJe de 18.5.2011, decidiu que a notificação extrajudicial pode ser realizada por Cartório de Títulos e Documentos de Comarca diversa do domicílio do devedor. Confira-se a ementa: RECURSO ESPECIAL. AÇÃO DE BUSCA E APREENSÃO. CONTRATO DE FINANCIAMENTO DE AUTOMÓVEL COM GARANTIA DE ALIENAÇÃO FIDUCIÁRIA. NOTIFICAÇÃO EXTRAJUDICIAL REALIZADA POR CARTÓRIO DE TÍTULOS E DOCUMENTOS LOCALIZADO EM COMARCA DIVERSA DA DO DOMICÍLIO DO DEVEDOR. 1. A notificação extrajudicial realizada e entregue no endereço do devedor, por via postal e com aviso de recebimento, é válida quando realizada por Cartório de Títulos e Documentos de outra Comarca, mesmo que não seja aquele do domicílio do devedor. 2. De fato, inexiste norma no âmbito federal relativa ao limite territorial para a prática de atos registrais, especialmente no tocante aos Ofícios de Títulos e Documentos, razão pela qual é possível a realização de notificações, como a efetivada no caso em apreço, mediante o requerimento do apresentante do título, a quem é dada liberdade de escolha nesses casos. 3. A notificação extrajudicial, seja porque não está incluída nos atos enumerados no art. 129, seja porque não se trata de ato tendente a dar conhecimento a terceiros acerca de sua existência, não está submetido ao disposto no art. 130 da Lei 6.015/73. 4. Recurso especial conhecido em parte e, nesta parte, provido. (REsp 1237699/SC, Rel. Ministro LUIS FELIPE SALOMÃO, QUARTA TURMA, julgado em 22/03/2011, DJe 18/05/2011, sublinhei) Por ocasião do referido julgamento foi ressaltado que não existe norma no âmbito federal relativa ao limite territorial para a prática de atos registrais, especialmente no tocante aos Ofícios de Títulos e Documentos, razão pela qual é possível a realização de notificações mediante o requerimento do apresentante do título, a quem é dada liberdade de escolha nesses casos. Constou do voto condutor do acórdão citado: "É bem verdade que a E. Terceira Turma desta Corte, em precedente de 2007, entendeu que, em virtude do disposto nos art. 8º e 9º da Lei nº 8.935/94, o tabelião não pode praticar atos fora do município para o qual recebeu delegação, conforme a seguinte ementa: Notificação extrajudicial. Artigos 8º e 9º da Lei nº 8.935/94. 1. O ato do tabelião praticado fora do âmbito de sua delegação não tem validade, inoperante, assim, a constituição em mora. 2. Recurso especial conhecido e provido. (REsp 682399/CE, Rel. Ministro CARLOS ALBERTO MENEZES DIREITO, TERCEIRA TURMA, julgado em 07/05/2007, DJ 24/09/2007, p. 287). Contudo, penso que não se deve aplicar o mesmo entendimento para a hipótese ora em julgamento. 3. Com efeito, os arts. 8º, 9º e 12 da Lei 8.935/94 dispõem que: Art. 8º É livre a escolha do tabelião de notas, qualquer que seja o domicílio das partes ou o lugar de situação dos bens objeto do ato ou negócio. Art. 9º O tabelião de notas não poderá praticar atos de seu ofício fora do Município para o qual recebeu delegação. Art. 12. Aos oficiais de registro de imóveis, de títulos e documentos e civis das pessoas jurídicas, civis das pessoas naturais e de interdições e tutelas compete a prática dos atos relacionados na legislação pertinente aos registros públicos, de que são incumbidos, independentemente de prévia distribuição, mas sujeitos os oficiais de registro de imóveis e civis das pessoas naturais às normas que definirem as circunscrições geográficas. Verifica-se que os dispositivos referem-se, especificamente, aos tabelionatos de notas e aos registros de imóveis e civis das pessoas naturais, limitando a prática dos atos notariais realizados por estes oficiais de registro às circunscrições geográficas para as quais receberam delegação. Nesse passo, a contrario senso, se a norma não restringiu a atuação dos Cartórios de Títulos e Documentos ao município para o qual recebeu delegação, não cabe a esta Corte interpretar a norma de forma mais ampla, limitando a atuação destes cartórios. Máxime porque, no tocante às notificações extrajudiciais realizadas por via postal, não há qualquer deslocamento do oficial do cartório a outra comarca. De fato, inexiste norma no âmbito federal relativa ao limite territorial para a prática de atos registrais, especialmente no tocante aos Ofícios de Títulos e Documentos, razão pela qual é possível a realização de notificações, como a efetivada no caso em apreço, mediante o requerimento do apresentante do título, a quem é dada liberdade de escolha nesses casos. 4. Por outro lado, cumpre destacar, ainda, que o art. 130 da Lei 6.015/73, quando prevê o princípio da territorialidade, a ser observado pelas serventias de registro de títulos e documentos, não alcançou os atos de notificação extrajudicial, verbis: Art. 130. Dentro do prazo de vinte dias da data da sua assinatura pelas partes, todos os atos enumerados nos arts. 128 e 129, serão registrados no domicílio das partes contratantes e, quando residam estas em circunscrições territoriais diversas, far-se-á o registro em todas elas. (Renumerado do art. 131 pela Lei nº 6.216, de 1975). Parágrafo único. Os registros de documentos apresentados, depois de findo o prazo, produzirão efeitos a partir da data da apresentação. O art. 129, por sua vez, enumera os atos que deverão ser registrados no domicílio das partes contratantes: Art. 129. Estão sujeitos a registro, no Registro de Títulos e Documentos, para surtir efeitos em relação a terceiros: (Renumerado do art. 130 pela Lei nº 6.216, de 1975).1º) os contratos de locação de prédios, sem prejuízo do disposto do artigo 167, I, nº 3;2º) os documentos decorrentes de depósitos, ou de cauções feitos em garantia de cumprimento de obrigações contratuais, ainda que em separado dos respectivos instrumentos;3º) as cartas de fiança, em geral, feitas por instrumento particular, seja qual for a natureza do compromisso por elas abonado;4º) os contratos de locação de serviços não atribuídos a outras repartições;5º) os contratos de compra e venda em prestações, com reserva de domínio ou não, qualquer que seja a forma de que se revistam, os de alienação ou de promessas de venda referentes a bens móveis e os de alienação fiduciária;6º) todos os documentos de procedência estrangeira, acompanhados das respectivas traduções, para produzirem efeitos em repartições da União, dos Estados, do Distrito Federal, dos Territórios e dos Municípios ou em qualquer instância, juízo ou tribunal; 7º) as quitações, recibos e contratos de compra e venda de automóveis, bem como o penhor destes, qualquer que seja a forma que revistam;8º) os atos administrativos expedidos para cumprimento de decisões judiciais, sem trânsito em julgado, pelas quais for determinada a entrega, pelas alfândegas e mesas de renda, de bens e mercadorias procedentes do exterior; 9º) os instrumentos de cessão de direitos e de créditos, de sub-rogação e de dação em pagamento. Walter Ceneviva, ao tratar do art. 130 da Lei 6.015/73, afirma: "O domicílio determina a atribuição ao serviço de certa comarca, para que se assegure a cognoscibilidade por todos os terceiros. O assentamento fora do domicílio das partes, dos apresentados e interessados, dificultaria o conhecimento do ato por terceiros. Havendo mais de um registro na comarca, a transcrição poderá ser feita em qualquer deles, vedada que é a distribuição (art. 131)." 5. Assim, a notificação extrajudicial, seja porque não está incluída nos atos enumerados no art. 129, seja porque não se trata de ato tendente a dar conhecimento a terceiros acerca de sua existência, não está submetido ao disposto no art. 130 da Lei 6.015/73. Observe-se que a limitação descrita no art. 9º da Lei nº 8.935/94 é dirigida ao tabelião na prática de serviços notariais e de registro, dentro das atribuições do cartório de notas. Já a realização de notificação extrajudicial está a cargo do cartório de títulos e documentos, cujo titular denomina-se oficial de registro, para o qual não vinga a específica restrição. Em resumo, o art. 9º da Lei nº 8.935/94, inserido na Seção II "Das Atribuições e Competências dos Notários", traz restrição à prática de atos fora do Município para o qual recebeu delegação, mas diz respeito expressamente ao tabelião de notas, não se aplicando ao cartório de títulos e documentos. Observe-se que, para este último, há seção específica na referida lei: "Atribuições e Competências dos Oficiais de Registros". Assim, por ausência de norma dispondo em contrário e tendo em vista o pleno alcance de sua finalidade (dar conhecimento da mora ao próprio devedor a quem é endereçada a notificação), tenho como válida a notificação extrajudicial realizada por via postal, no endereço do devedor, ainda que o título tenha sido apresentado em Cartório de Títulos e Documentos situado em comarca diversa do domicílio daquele. Recentemente, a 2ª Seção, no julgamento do REsp nº 1283.834-BA, de minha relatoria, colocou uma pá de cal sobre a questão quando acordou, à unanimidade, ter como válida a notificação extrajudicial realizada por via postal, no endereço do devedor, ainda que o título tenha sido apresentado em Cartório de Títulos e Documentos situado em comarca diversa do domicílio daquele. O citado acórdão recebeu a seguinte ementa: RECURSO ESPECIAL. AÇÃO DE BUSCA E APREENSÃO. CONTRATO DE FINANCIAMENTO DE AUTOMÓVEL COM GARANTIA DE ALIENTAÇÃO FIDUCIÁRIA. NOTIFICAÇÃO EXTRAJUDICIAL REALIZADA POR CARTÓRIO DE TÍTULOS E DOCUMENTOS SITUADO EM COMARCA DIVERSA DA DO DOMICÍLIO DO DEVEDOR. VALIDADE. 1. "A notificação extrajudicial realizada e entregue no endereço do devedor, por via postal e com aviso de recebimento, é válida quando realizada por Cartório de Títulos e Documentos de outra Comarca, mesmo que não seja aquele do domicílio do devedor" (REsp nº 1237699/SC, Rel. Ministro Luiz Felipe Salomão, Quarta Turma, julgado em 22/03/2011, DJe 18/05/2011). 2. Recurso especial conhecido em parte e, nesta parte, provido. REsp 1283834/BA, Rel. Ministra MARIA ISABEL GALLOTTI, SEGUNDA SEÇÃO, julgado em 29/02/2012, DJe 09/03/2012). No caso ora em exame, o devedor reside na Comarca de Belo Horizonte /MG e a recorrente, Aymoré Crédito Financiamento e Investimento S/A, com o objetivo de constituí-lo em mora, realizou a notificação extrajudicial por intermédio do Cartório de Títulos e Documentos da Comarca de

Raul Soares /MG. A tese assentada para os efeitos previstos no art. 543-C do CPC é, pois, a de que é válida a notificação extrajudicial realizada por via postal, com aviso de recebimento, no endereço do devedor, ainda que o título tenha sido apresentado em Cartório de Títulos e Documentos situado em comarca diversa do domicílio daquele. Em face do exposto, conheço e dou parcial provimento ao recurso especial para cassar o acórdão e a sentença, determinando o retorno dos autos à primeira instância para prosseguimento da demanda, analisando-se os demais aspectos da lide. Após a publicação do acórdão, comunique-se ao Presidente e aos Ministros integrantes das Turmas da 2ª Seção desta Corte, bem como aos Presidentes dos Tribunais de Justiça dos Estados e dos Tribunais Regionais Federais, para os procedimentos previstos no art. 543-C, parágrafo 7º, incisos I e II, do Código de Processo Civil, na redação dada pela Lei nº 11.672/2008, e no art. 5º, incisos I, II, e III da Resolução/ STJ nº 8/2008. É como voto. CERTIDÃO DE JULGAMENTO. Certifico que a egrégia SEGUNDA SEÇÃO, ao apreciar o processo em epígrafe na sessão realizada nesta data, proferiu a seguinte decisão: A Seção, por unanimidade, conheceu do recurso especial e deu-lhe parcial provimento, nos termos do voto do Sra. Ministra Relatora. Para os efeitos do artigo 543-C, do CPC, foi fixada a tese de que é válida a notificação extrajudicial realizada por via postal, com aviso de recebimento, no endereço do devedor, ainda que o título tenha sido apresentado em Cartório de Títulos e Documentos situado em comarca diversa do domicílio daquele. Os Srs. Ministros Antonio Carlos Ferreira, Ricardo Villas Bôas Cueva, Marco Buzzi, Nancy Andrighi, Massami Uyeda, Luis Felipe Salomão, Raul Araújo e Paulo de Tarso Sanseverino votaram com a Sra. Ministra Relatora"

▶ **EMENTA**: DIREITO PROCESSUAL CIVIL. RECURSO ESPECIAL. AÇÃO DE BUSCA E APREENSÃO. NOTIFICAÇÃO EXTRAJUDICIAL. CARTÓRIO LOCALIZADO EM COMARCA DIVERSA. VALIDADE. PACIFICAÇÃO DA QUESTÃO EM SEDE DE RECURSOS REPETITIVOS (ART. 543-C DO CPC). 1. Pacificada a questão, em sede de julgamento de recurso especial sob o rito do art. 543-C, do CPC, no mesmo sentido do acórdão recorrido acerca da validade da entrega da notificação extrajudicial expedida por meio de Cartório de Títulos e Documentos situado em comarca diversa da que o devedor possui domicílio. 2. Recurso especial provido. (STJ – REsp nº 1.391.755 – Rio Grande do Sul – 3ª Turma – Rel. Min. Nancy Andrighi – DJ 03.09.2013). DECISÃO MONOCRÁTICA. Cuida-se de recurso especial interposto por BV FINANCEIRA S/A CRÉDITO FINANCIAMENTO E INVESTIMENTO, fundamentado nas alíneas "a" e "c" do permissivo constitucional. **Ação:** de busca e apreensão, ajuizada pelo recorrente, em face de RAQUEL DA CRUZ RANGEL, na qual requer a apreensão de veículo, objeto de contrato de financiamento com o agravante. **Decisão interlocutória:** indeferiu a liminar postulada. **Acórdão:** julgou extinto o processo sem resolução do mérito, diante da ausência de notificação regular do devedor em mora (protesto). **Recurso especial:** alega violação dos arts. 394 e 397 do Código Civil; dos arts. 1º, III, 2º, II, da Lei 6015/73; arts. 5º e 12 da Lei 8935/2004; dos arts. 267, IV e 295, III, do CPC, bem como dissídio jurisprudencial. Aduz que é válido o ato de notificação praticado por oficial de cartório fora do âmbito de sua competência. Relatado o processo, decide-se. **Da validade de notificação extrajudicial expedida por Cartório de Títulos e Documentos de comarca diversa da qual o devedor tem domicílio**. O TJ/RS, ao decidir que o credor deverá efetuar o protesto do título em tabelionato de Protestos localizado na mesma comarca de residência do devedor, sob pena de ineficácia da notificação, contrariou o entendimento do STJ no sentido de que é válida a entrega da notificação extrajudicial expedida por meio de Cartório de Títulos e Documentos situado em comarca diversa da qual o devedor tem domicílio (AgRg nos EREsp 1287930/SP, 2ª Seção, Rel. Min. Paulo de Tarso Sanseverino, DJe 01/10/12). Logo o acórdão recorrido merece reforma. Forte nessas razões, CONHEÇO do recurso especial e DOU-LHE PROVIMENTO, nos termos do art. 557, § 1º-A, do CPC, para afastar a extinção do processo e determinar o retorno dos autos ao Tribunal de origem para que prossiga no julgamento do agravo de instrumento como entender de direito. Publique-se. Intimem-se. Brasília (DF), 26 de agosto de 2013. MINISTRA NANCY ANDRIGHI – Relatora.

▶ **EMENTA**: RECURSO ESPECIAL – AÇÃO DE BUSCA E APREENSÃO – CONSTITUIÇÃO EM MORA – NOTIFICAÇÃO EXTRAJUDICIAL – ATO DE TABELIÃO PRATICADO FORA DO ÂMBITO DE SUA DELEGAÇÃO – VALIDADE – RECURSO ESPECIAL PROVIDO. (STJ – REsp nº 1.304.791 – RS – 3ª Turma – Rel. Min. Massami Uyeda – DJ 14.06.2012). DECISÃO MONOCRÁTICA. Cuida-se de recurso especial interposto pelo BANCO PANAMERICANO S/A fundamentado no artigo 105, inciso III, alíneas "a" e "c", da Constituição Federal. O acórdão recorrido está assim ementado: *"APELAÇÃO CÍVEL. AÇÃO DE BUSCA E APREENSÃO (DECRETO-LEI Nº 911/69). NOTIFICAÇÃO EXTRAJUDICIAL EXPEDIDA POR TABELIÃO FORA DO ESTADO PARA QUAL RECEBEU DELEGAÇÃO. AUSÊNCIA DA VALIDADE DO ATO, NOS TERMOS DO ART. 9º DA LEI Nº 8.935/2004. AUSÊNCIA DE PRESSUPOSTO PROCESSUAL PARA O MANEJO DA AÇÃO DE BUSCA E APREENSÃO, QUAL SEJA, A COMPROVAÇÃO DA MORA NOS TERMOS DO § 2º DO ART. 2º DO DECRETO-LEI Nº 911/69. EXTINÇÃO DA AÇÃO POR AUSÊNCIA DA NOTIFICAÇÃO REGULAR DO DEVEDOR EM MORA. ART. 267, IV, DO CPC. APELO IMPROVIDO.* "Sustenta o recorrente, em síntese, a validade da notificação extrajudicial enviada por Cartório situado em comarca diversa da que reside o réu. É o relatório. O recurso merece prosperar. Com efeito. De saída, registra-se que após divergência entre as Turmas que compõem a eg. Segunda Seção, entendendo de um lado, a eg. Terceira Turma, ser inválida a notificação realizada por Cartório de Títulos e Documentos localizado em comarca diversa da do domicílio do devedor (*ut* AgRg no Ag 1405716/RS, Rel. Min. Paulo de Tarso Sanseverino, Terceira Turma, DJe 01/03/2012), por outro lado, a eg. Quarta Turma entendia ser válida tal notificação (*ut* REsp 1237699/SC, Rel. Min. Luis Felipe Salomão, Quarta Turma, DJe 18/05/2011). Contudo, a questão restou dirimida pela eg. Segunda Seção que, por unanimidade, no Resp 1283834/BA, Relatora Ministra Isabel Gallotti, publicado no DJe de 09/03/2012, decidiu ser válida a notificação extrajudicial realizada e entregue no endereço do devedor, por via postal e com aviso de recebimento, ainda que realizada por Cartório de Títulos e Documentos de Comarca diversa do domicílio do devedor. *"Observe-se que a limitação descrita no art. 9º da Lei nº 8.935/94 é dirigida ao tabelião na prática de serviços notariais e de registro, dentro das atribuições do cartório de notas. Já a realização de notificação extrajudicial está a cargo do cartório de títulos e documentos, cujo titular denomina-se oficial de registro, para o qual não vinga a específica restrição. Em resumo, o art. 9º da Lei nº 8.935/94, inserido na Seção II 'Das Atribuições e Competências dos Notários', traz restrição à prática de atos fora do Município para o qual recebeu delegação, mas diz respeito expressamente ao tabelião de notas, não se aplicando ao cartório de títulos e documentos. Observe-se que, para este último, há seção específica na referida lei: 'Atribuições e Competências dos Oficiais de Registros'. Assim, por ausência de norma dispondo em contrário e tendo em vista o pleno alcance de sua finalidade (dar conhecimento da mora ao próprio devedor a quem é endereçada a notificação), tenho como válida a notificação extrajudicial realizada por via postal, no endereço do devedor, ainda que o título tenha sido apresentado em Cartório de Títulos e Documentos situado em comarca diversa do domicílio daquele.* "Nesse contexto, o v. acórdão recorrido, ao entender que a notificação extrajudicial não tem validade por ter sido realizada por cartório diverso da circunscrição da devedora, está em desacordo com o entendimento acima exposto, merecendo sua reforma quanto ao ponto. Diante do exposto, nos termos do art. 557, § 1º-A, do Código de Processo Civil, dá-se provimento ao recurso especial para, afastando a extinção do feito pela falta de comprovação da mora do recorrido, determinar o retorno dos autos ao juízo de origem para prosseguimento do feito, como entender de direito. Publique-se. Intimem-se. Brasília (DF), 24 de maio de 2012. MINISTRO MASSAMI UYEDA – Relator.

▶ **EMENTA:** RECURSO ESPECIAL. AÇÃO DE REINTEGRAÇÃO DE POSSE. CONTRATO DE ARRENDAMENTO MERCANTIL. NOTIFICAÇÃO EXTRAJUDICIAL REALIZADA POR CARTÓRIO DE TÍTULOS E DOCUMENTOS LOCALIZADO EM COMARCA DIVERSA DO DOMICÍLIO DO DEVEDOR. 1. A notificação extrajudicial realizada e entregue no endereço do devedor, por via postal e com aviso de recebimento, é válida quando realizada por Cartório de Títulos e Documentos de outra Comarca, mesmo que não seja aquele do domicílio do devedor. 2. De fato, inexiste norma no âmbito federal relativa ao limite territorial para a prática de atos registrais, especialmente no tocante aos Ofícios de Títulos e Documentos, razão pela qual é possível a realização de notificações, como a efetivada no caso em apreço, mediante o requerimento do apresentante do título, a quem é dada liberdade de escolha nesses casos. 3. A notificação extrajudicial, seja porque não está incluída nos atos enumerados no art. 129, seja porque não se trata de ato tendente a dar conhecimento a terceiros acerca de sua existência, não está submetido ao disposto no art. 130 da Lei 6.015/73. 4. Recurso especial provido.(STJ – REsp nº 1272795 – GO – 4ª Turma – Rel. Min. Luis Felipe Salomão – DJ 29.05.2012).

EMENTA: AGRAVO DE INSTRUMENTO. CONTRATO BANCÁRIO. COMPROVAÇÃO DA MORA. BUSCA E APREENSÃO. NOTIFICAÇÃO EXTRAJUDICIAL. REALIZADA POR CARTÓRIO DE TÍTULOS E DOCUMENTOS LOCALIZADO EM COMARCA DIVERSA DA DO DOMICÍLIO DO DEVEDOR. INVALIDADE. 1. Não é válida a entrega da notificação extrajudicial expedida por meio de Cartório de Títulos e Documentos situado em comarca diversa da qual o devedor tem domicílio. (AgRg no REsp 1190827/AM, Rel. Min. RAUL ARAÚJO, QUARTA TURMA, DJe 21/03/2011). 2. AGRAVO DE INSTRUMENTO CONHECIDO PARA, DESDE LOGO, NEGAR SEGUIMENTO AO RECURSO ESPECIAL. (STJ – Ag nº 1.411.617 – RS – 3ª Turma – Rel. Min. Paulo de Tarso Sanseverino – DJ 10.10.2011)

EMENTA: RECURSO ESPECIAL. CONTRATO BANCÁRIO. COMPROVAÇÃO DA MORA. BUSCA E APREENSÃO. NOTIFICAÇÃO EXTRAJUDICIAL. VALIDADE. REALIZADA POR CARTÓRIO DE TÍTULOS E DOCUMENTOS LOCALIZADO EM COMARCA DIVERSA DA DO DOMICÍLIO DO DEVEDOR. INVALIDADE. 1. Não é válida a entrega da notificação extrajudicial expedida por meio de Cartório de Títulos e Documentos situado em comarca diversa da qual o devedor tem domicílio. (AgRg no REsp 1190827/AM, Rel. Min. RAUL ARAÚJO, QUARTA TURMA, DJe 21/03/2011). 2. RECURSO ESPECIAL A QUE SE NEGA SEGUIMENTO. (STJ – REsp nº 1.168.480 – MG – 3ª Turma – Rel. Min. Paulo de Tarso Sanseverino – DJ 12.09.2011). Nesse sentido, os seguintes julgados: "AGRAVO REGIMENTAL NO RECURSO ESPECIAL. DECISÃO AGRAVADA. FUNDAMENTO INATACADO. SÚMULA 182/STJ. ALIENAÇÃO FIDUCIÁRIA. BUSCA E APREENSÃO. NOTIFICAÇÃO EXTRAJUDICIAL. CONSTITUIÇÃO DO DEVEDOR EM MORA. CARTÓRIO LOCALIZADO EM COMARCA DIVERSA. INVALIDADE. 1. A ausência de impugnação específica aos fundamentos da decisão agravada atrai a incidência do óbice previsto na Súmula 182 do Superior Tribunal de Justiça. 2. A jurisprudência desta Corte firmou-se no sentido de que, em caso de alienação fiduciária, a mora deve ser comprovada por meio de notificação extrajudicial realizada por intermédio do Cartório de Títulos e Documentos a ser entregue no domicílio do devedor, sendo dispensada a notificação pessoal. 3. Não é válida, todavia, a entrega da notificação extrajudicial expedida por meio no Cartório de Títulos e Documentos situado em comarca diversa da qual o devedor tem domicílio. 4. Agravo regimental a que se nega provimento". (AgRg no REsp 1190827/AM, Rel. Min. RAUL ARAÚJO, QUARTA TURMA, DJe 21/03/2011). AGRAVO REGIMENTAL. AGRAVO EM RECURSO ESPECIAL. AÇÃO DE BUSCA E APREENSÃO. NOTIFICAÇÃO. CARTÓRIO DE TÍTULOS E DOCUMENTOS. COMARCA.1. – "O ato do tabelião praticado fora do âmbito de sua delegação não tem validade, inoperante, assim, a constituição em mora" (REsp 682.399/CE, Rel. Ministro CARLOS ALBERTO MENEZES DIREITO, DJ 24.9.2007).2. – Agravo Regimental improvido.(AgRg no AREsp 7.377/MS, Rel. Ministro SIDNEI BENETI, TERCEIRA TURMA, julgado em 14/06/2011, DJe 22/06/2011).

TRIBUNAL DE JUSTIÇA DO ESTADO DO PARANÁ

EMENTA: DIREITO PROCESSUAL CIVIL. AÇÃO DE BUSCA E APREENSÃO. NOTIFICAÇÃO EXTRAJUDICIAL ENVIADA POR CARTÓRIO DE REGISTRO DE TÍTULOS E DOCUMENTOS. ENDEREÇO CONSTANTE DO CONTRATO. CERTIDÃO QUE ATESTA A ENTREGA NO ENDEREÇO DO DEVEDOR. FÉ PÚBLICA DO AGENTE DELEGADO. CONSTITUIÇÃO EM MORA COMPROVADA. a) Segundo o artigo 3º do Decreto-lei nº 911/1969, que estabelece normas de processo sobre alienação fiduciária, é garantido ao credor requerer a busca e apreensão do bem, objeto de alienação fiduciária, em caso de comprovação do inadimplemento da obrigação ou da mora. b) O próprio Decreto-lei nº 911/1969 estabelece que a constituição em mora do devedor pode ser efetivada por carta registrada com aviso de recebimento, não se exigindo que a assinatura constante do referido aviso seja a do próprio destinatário, conforme se infere do parágrafo 2º do artigo 2º. c) Desse modo, considerando a fé pública conferida por lei ao oficial registrador, é de se considerar verdadeira a informação de que a notificação foi entregue no endereço do devedor, somente podendo ser afastada a presunção de veracidade dela emanada mediante prova em contrário. 2) AGRAVO INTERNO A QUE SE NEGA PROVIMENTO. (TJPR – Agravo Interno em Agravo de Instrumento nº 1454756-7/01 – São José dos Pinhais – 5ª Câmara Cível – Rel. Des. Leonel Cunha – DJ 11.12.2015.

EMENTA: APELAÇÃO CÍVEL. AÇÃO DE BUSCA E APREENSÃO. CONTRATO GARANTIDO POR ALIENAÇÃO FIDUCIÁRIA. 1. NOTIFICAÇÃO. CONSTITUIÇÃO DA MORA. VALIDADE. COMPROVAÇÃO ATRAVÉS DE NOTIFICAÇÃO EXTRAJUDICIAL REALIZADA POR SERVIÇO NOTARIAL E REGISTRAL DIVERSO DO DOMICÍLIO DO DEVEDOR. VALIDADE. PRECEDENTES DO STJ. 2. JUROS REMUNERATÓRIOS. TARIFAS. IOF. COISA JULGADA. MATÉRIAS DISCUTIDAS EM AÇÃO REVISIONAL TRANSITADA EM JULGADO. 1. A notificação extrajudicial realizada e entregue no endereço do devedor, por via postal e com aviso de recebimento, é válida quando realizada por cartório de títulos e documentos de outra comarca, mesmo que não seja aquele do domicílio do devedor. 2. Os efeitos da coisa julgada da decisão proferida na revisional estendem-se à busca e apreensão relativamente às questões que foram objeto das duas ações, de modo a impedir a reanálise destas matérias. DECISÃO MONOCRÁTICA QUE NEGA SEGUIMENTO AO RECURSO DE APELAÇÃO CÍVEL. (TJPR – Apelação Cível nº 1.373.449-7 – Marmeleiro – 13ª Câmara Cível – Rel. Des. Coimbra de Moura – DJ 25.08.2015)

3. QUESTÕES DE CONCURSOS

01. (FGV - 2023 - TJ-SE - Atividade Notarial e de Registro – Remoção). João, que, juntamente com outras pessoas, figurava em um dos polos de determinada relação jurídica, solicitou, junto ao Registro de Títulos e Documentos, o registro do contrato que lhe dá embasamento. João, ademais, solicitou que, promovido o registro, o oficial notificasse a sua realização aos demais interessados que figuram no título e aos terceiros que foram indicados, sendo que alguns deles residem em outros Municípios, que contam com Registros de Títulos e Documentos.

À luz da sistemática estabelecida na Lei nº 6.015/1973, é correto afirmar que:

a) João deve formular tal requerimento aos oficiais do Registro de Títulos e Documentos de cada circunscrição territorial, que devem averbá-lo no livro de registro;
b) o oficial ao qual o requerimento foi direcionado está obrigado a atendê-lo, podendo requisitar dos oficiais do Registro em outros Municípios as notificações necessárias;
c) o oficial que recebeu o requerimento deve encaminhá-lo à central nacional de registros, que o remeterá aos oficiais de Registro de Títulos e Documentos de cada circunscrição territorial;
d) o oficial que recebeu o requerimento somente deve notificar os demais interessados que figurem no título, inclusive requisitando dos oficiais do Registro em outros Municípios as notificações necessárias, não dos terceiros;
e) a atuação do oficial do Registro de Títulos e Documentos se exaure com o registro, de modo que a notificação almejada,

de caráter extrajudicial, não deve ser feita da forma requerida por João, mas, sim, em expediente autônomo.

02. (FGV - 2023 - TJ-SE - Atividade Notarial e de Registro – Remoção). Ana, valendo-se de permissivo previsto na Lei nº 6.015/1973, usou da faculdade de requerer a transcrição de determinado documento, no Registro de Títulos e Documentos (RTD), para fins de conservação. O requerimento foi feito e a transcrição, realizada. Em momento posterior, Joana, ao ter conhecimento da existência desse documento, pretendeu ter acesso ao conteúdo do registro para subsidiar uma notificação extrajudicial.

À luz da sistemática estabelecida na Lei nº 6.015/1973, é correto afirmar que a referida transcrição:

a) pode ter o seu conteúdo acessado por Ana, mas não por Joana;
b) gerará efeitos em relação a terceiros que mantenham relações jurídicas com Ana;
c) somente poderia subsidiar uma notificação extrajudicial realizada por Ana, não por terceiros, como Joana;
d) em razão do caráter público do RTD, pode ter o seu conteúdo acessado por qualquer interessado, bem como subsidiar uma notificação extrajudicial;
e) pode ser acessado por Joana, se demonstrar o seu efetivo interesse, mas só pode subsidiar uma notificação extrajudicial que não esteja associada à cobrança de dívida.

03. (Vunesp – Titular de Serviços de Notas e Registros – TJ – SP – Provimento/2022) Com relação ao princípio da territorialidade aplicado ao Serviço de Registro de Títulos e Documentos, assinale a alternativa correta.

a) O registro de títulos e documentos que tenham por finalidade surtir efeitos em relação a terceiros pode ser praticado por qualquer dos oficiais das comarcas das partes envolvidas, sendo vedado, entretanto, ao oficial que recebeu o título em primeiro lugar enviar o título a outro Oficial para que o registro seja realizado em todas as praças.
b) Os registros de títulos e documentos que tenham por finalidade surtir efeitos em relação a terceiros estão sujeitos ao princípio da territorialidade, devendo o ato ser praticado pelos registradores localizados no domicílio das partes e, se as partes estiverem domiciliadas em circunscrições territoriais diversas, far-se-á o registro em cada uma delas.
c) Os registros de títulos e documentos exclusivamente para fins de conservação estão sujeitos ao princípio da territorialidade, devendo o ato ser praticado por qualquer um dos registradores localizados no domicílio das partes.
d) Os registros de títulos e documentos que tenham por finalidade surtir efeitos em relação a terceiros não estão sujeitos ao princípio da territorialidade, bastando que o ato seja praticado pelo registrador localizado no domicílio de qualquer dos devedores.

04. (Vunesp – Outorga de Delegação de Notas e Registros – TJ – GO/2021) Atendendo a requerimento do apresentante, o oficial do Registro de Títulos e Documentos se dirige ao local designado para cumprimento da notificação extrajudicial, às 19 h de uma segunda-feira e, para sua surpresa, constata se tratar de uma igreja católica e ainda o fato de estar sendo realizada, no mesmo instante, uma missa, cuja celebração está sendo feita pelo próprio interessado que figura no título (destinatário da notificação), na qualidade de padre.

Diante do caso, assinale a alternativa correta.

a) A notificação poderá ser feita apenas mediante prévia autorização judicial.
b) A notificação não poderá ser feita porque diligências de notificação devem ocorrer diariamente entre 6 h e 18 h, exceto aos domingos e feriados.
c) A notificação poderá ser feita, cabendo ao oficial registrador se identificar como tal e cuidar para que seu ato não cause nenhum constrangimento ao interessado que figura no título.
d) A notificação não poderá ser feita, salvo para evitar o perecimento do direito.

05. (Vunesp – Outorga de Delegação de Notas e Registros – TJ – GO/2021) Em se tratando de notificação extrajudicial, a primeira diligência realizar-se-á no prazo máximo de....dias, contados da data da apresentação do documento para registro ou da carta de notificação, observando-se que, decorridos..... dias da notificação, será averbado o seu resultado, positivo ou negativo. Esta sentença deve ser preenchida, respectivamente, com os seguintes prazos:

a) 10 ... 15
b) 15 ... 15
c) 15 ... 30
d) 10 ... 30

06. (Vunesp – Outorga de Delegação de Notas e Registros – TJ – GO/2021) O princípio da territorialidade, no Registro de Títulos e Documentos, não se aplica:

a) à notificação e aos documentos que são registrados para surtir efeitos em relação a terceiros.
b) aos instrumentos particulares declaratórios de união estável e da respectiva dissolução que poderão ser registrados para fazer prova das obrigações convencionais e para validade contra terceiros.
c) à notificação e aos registros que são feitos facultativamente, para fins exclusivos de guarda e conservação.
d) aos registros reputados obrigatórios pela legislação vigente.

07. (Cespe – Notários e Oficiais de Registro – Provimento – TJ – DFT/2019) Em ação de busca e apreensão, notificação extrajudicial foi enviada e entregue no domicílio do devedor por intermédio de cartório de títulos e documentos.

À luz do entendimento jurisprudencial firmado pelo STJ, essa notificação

a) não é válida para fins de comprovação da mora.
b) não é válida, pois seria necessária a comunicação pessoal do devedor para surtir efeitos jurídicos.
c) é válida para fins de comprovação da mora.
d) não é válida, pois configura omissão de prestação jurisdicional.
e) é válida, desde que seja recebida pessoalmente pelo devedor.

08. (Consulplan – Outorga das Delegações de Notas e de Registros – TJ – MG/2018) Assinale a alternativa correta acerca de jurisprudência envolvendo serviço de notas e registros públicos.

a) A convenção de condomínio aprovada, desde que lavrado e assinado o documento correspondente, tem eficácia erga omnes antes do registro no cartório devido.
b) O registro em cartório de imóveis do compromisso de compra e venda de imóvel, em relação ao qual não foi lavrada escritura pública "definitiva", é condição para ajuizamento de ação de adjudicação compulsória em face do promitente-vendedor.
c) A impugnação fundamentada e a dúvida sobre área de imóvel que requeiram produção de prova não impedirão retificação administrativa do registro, se o registrador de imóveis intimar o engenheiro que elaborou a planta e o memorial descritivo para esclarecer as objeções indicadas.

d) Segundo decisão do Superior Tribunal de Justiça – STJ, em julgamento sob a sistemática de recursos repetitivos, é válida a notificação realizada por cartório de registro de títulos e documentos, mediante remessa do documento de notificação, pelos Correios, a endereço localizado em município diverso da sede do cartório.

09. (EJEF – Notário-MG/2011) Em relação aos serviços de notificações realizados em Cartório de Registro de Títulos e Documentos, assinale a alternativa CORRETA.

a) A notificação somente poderá ser realizada pelo Oficial.
b) O Oficial, desde que solicitado pela parte, poderá realizar diligências fora de sua base territorial.
c) O certificado de notificação deverá ser anotado na via que será entregue ao apresentante.
d) No processo de notificação poderão ser feitos avisos, denúncias, quando não for exigida a intervenção judicial.

10. (IESES – Cartório – TJ – PB/2014) Sobre o Registro de Títulos e Documentos, examine as seguintes proposições:

I. O oficial deverá recusar o registro quando o título ou o documento não estiverem revestidos das formalidades legais.
II. Se houver suspeita de falsificação, o oficial poderá sobrestar o registro, depois de protocolado o documento, até a notificação do apresentante de tal circunstância. Se houver insistência, o registro será realizado com a nota, podendo o oficial, entretanto, submeter a dúvida ao juiz competente, ou notificar o signatário para assistir ao registro, mencionando também as alegações pelo último aduzidas.
III. O oficial será responsável pelos danos causados a terceiros decorrentes de anulação de registro ou averbação, por vício intrínseco ou extrínseco do documento, título ou papel.
IV. O oficial não será obrigado a notificar a respeito do registro ou averbação os interessados que figurarem no título, documento ou papel apresentado, bem como terceiros eventualmente, indicados, sendo vedada a requisição de notificações por outros oficiais de registro situados em municípios diversos.

a) As alternativas I, III e IV estão incorretas.
b) As alternativas I e III estão incorretas.
c) As alternativas II e III estão incorretas.
d) As alternativas III e IV estão incorretas.

11. (Vunesp – Cartório – TJ – SP/2014) Dispõe o art. 160 da Lei nº 6.015/73: "O oficial será obrigado, quando o apresentante o requerer, a notificar do registro ou da averbação os demais interessados que figurarem no título, documento, o papel apresentado, e a quaisquer terceiros que lhes sejam indicados, podendo requisitar dos oficiais de registro em outros Municípios as notificações necessárias. Por esse processo, também poderão ser feitos avisos, denúncias e notificações, quando não for exigida a intervenção judicial". Diante da disposição desse artigo, quando é considerado perfeito o registro deste documento?

a) Considera-se perfeito o registro do documento que dá origem a uma notificação após a averbação lavrada na coluna de anotações, à margem do respectivo registro do resultado da notificação.
b) Considera-se perfeito o registro do documento que dá origem a uma notificação independentemente da averbação do cumprimento da diligência, ou da impossibilidade de sua realização.
c) Considera-se perfeito o registro do documento que dá origem a uma notificação, quando esta for cumprida independentemente do seu resultado.
d) Considera-se perfeito o registro do documento que dá origem a uma notificação após certificado o seu cumprimento.

12. (Vunesp – Cartório – SP – Provimento/2016) Sobre a notificação extrajudicial, assinale a alternativa correta.

a) Será efetuada apenas com documentos e anexos registrados, não se admitindo a anexação de objetos corpóreos ou outro tipo de documento que não possa ser impresso.
b) Sendo o registro público, pode-se expedir certidão das notificações antes do perfazimento do registro.
c) A notificação, sendo pessoal, não pode ser recebida por procurador.
d) O requerente deve apresentar vias suficientes para todas as notificações requeridas, não sendo possível ao Oficial expedir certidões do registro efetuado, ainda que a pedido do usuário.

GAB	1	B	2	A	3	B	4	D	5	D	6	C
	7	C	8	D	9	D	10	D	11	B	12	A

Art. 161. As certidões do registro de títulos e documentos terão a mesma eficácia e o mesmo valor probante dos documentos originais registrados, físicos ou nato-digitais, ressalvado o incidente de falsidade destes, oportunamente levantado em juízo.

§ 1º Revogado pela Medida Provisória nº 1.085, de 27/12/2021, convertida na Lei nº 14.382, de 27/6/2022

§ 2º Revogado pela Medida Provisória nº 1.085, de 27/12/2021, convertida na Lei nº 14.382, de 27/6/2022

1. COMENTÁRIOS

O art. 161 da LRP foi alterado pela Medida Provisória nº 1.085, de 27/12/2021, convertida na Lei nº 14.382, de 27/6/2022.

Trata-se de dispositivo que traz a força probante das certidões do Registro de Títulos e Documentos.

O valor probante das certidões do registro integral de títulos, de que trata o art. 161, é corolário do **princípio da fé pública**, tão relevante na área notarial e registral que se confunde com a própria função do oficial. Nos ensinamentos de Vicente de Abreu Amadei, a fé pública é:

> "**1)** Fé pública é qualidade atribuída, juridicamente, a determinados entes sociais ou pessoas naturais, pela qual se afirma o testemunho de autoridade, socialmente confiável e portador de veracidade (esse, por exemplo, é o sentido de fé pública quando se diz *fé pública do notário ou o Tabelião de Notas tem fé pública*);
>
> **2)** Fé pública é o objeto ou conteúdo indutor de veracidade, inerente ao testificado por determinadas autoridades,

na forma jurídica adequada (esse, por exemplo, é o sentido de fé pública quando se diz *fé pública do declarado pelo notário ou a escritura pública tem fé pública;*
3) Fé pública é a crença garantida, confiança coletiva assegurada, confiabilidade tutelada pelo direito, estado jurídico de convicção universal na testificação de determinadas autoridades (esse, por exemplo, é o sentido de fé pública quando se diz *fé pública ou notário ou povo, os usuários, as autoridades públicas e até os juízes depositam fé pública nos atos notariais e nas certidões de registros públicos."*

Ademais, o art. 3º da Lei 8.935/1994 confirma o princípio da fé pública, prescrevendo que "notário, ou tabelião, e oficial de registro, ou registrador, são profissionais do direito, dotados de fé pública, a quem é delegado o exercício da atividade notarial e de registro".

As alterações do artigo 161 refletem a revolução tecnológica em curso, ao reconhecer a **viabilidade do registro de documentos nato-digitais.** Isso representa um avanço significativo na modernização dos processos de registro, alinhando-se às necessidades e possibilidades proporcionadas pela era digital. A inclusão dos documentos nato-digitais no âmbito legal não só facilita a celeridade e eficiência dos serviços notariais e de registro, mas também contribui para a sustentabilidade ao reduzir a dependência de documentos físicos. Dessa forma, o artigo 161 adapta-se ao contexto tecnológico atual, promovendo maior segurança, acessibilidade e inovação nos registros públicos.

Nas palavras de Robson Alvarenga, o papel foi uma ferramenta magnífica, que permitiu à humanidade colecionar, transferir, acumular e desenvolver conhecimentos, além de intensificar sua comunicação a distância e tantos outros reflexos nos mais variados aspectos da nossa existência em sociedade. O RTD vem acompanhando a migração do papel para o meio eletrônico e era preciso atualizar a redação do art. 161 da LRP para ajustá-lo a essa realidade inarredável. Por meio do registro no RTD, qualquer documento, seja em papel ou em meio eletrônico, será preservado, com segurança jurídica e plena eficácia. A certidão emitida pelo RTD substitui o documento original para todos os efeitos, tendo não só o mesmo valor probante, mas também a mesma eficácia do documento original, que pode ser então descartado. Estão superadas as antigas discussões sobre títulos, cártulas, corporificação de direitos em papel. E o RTD é o caminho juridicamente mais seguro para migrar os papéis ainda existentes para o meio digital (Op. cit. 272).

Carlos Elias e Flávio Tartuce destacam, como exemplo, os casos de uma escritura pública eletrônica, dos autos eletrônicos de um processo, de uma certidão emitida eletronicamente por um órgão público, de um contrato eletrônico firmado com uma empresa, de um e-mail, de uma mensagem de WhatsApp, de cartão de embarque emitido eletronicamente pela companhia aérea etc. Nesses casos, é viável o usuário registrar esse documento que já nasceu em formato eletrônico (documento nato-digital) no RTD, encaminhando o arquivo à serventia para registro. Pensamos haver uma grande tendência de popularização desse registro. De um lado, os títulos que veiculam negócios jurídicos registráveis no RTD – como um contrato de penhor – costumam ser emitidos eletronicamente, com a aposição da assinatura eletrônica das partes. Esses títulos podem ingressar no RTD nesse seu formato eletrônico.

Aliás, essa receptividade não é apenas aos documentos nato-digitais, mas também aos **demais documentos eletrônicos**, como os frutos de digitalização de um documento físico (desmaterialização). A controvérsia é como essa desmaterialização deve acontecer para a versão eletrônica ser recepcionada pelo RTD. Há duas formas principais: a) o próprio particular digitaliza o documento e declara, sob sua própria responsabilidade, a autenticidade do arquivo digital apresentado a registro no RTD; e b) o particular requer ao tabelião de notas a desmaterialização do documento, entregando-lhe a versão física para ele digitalizá-la e assinar eletronicamente o arquivo eletrônico, ato esse que pode ser designado como "desmaterialização" ou de "autenticação eletrônica de documentos". Aliás, os notários também podem promover a "materialização" de documentos eletrônicos, imprimindo um arquivo eletrônico e autenticando o fato na versão física, o que também representa uma espécie de "autenticação eletrônica de documentos". Esses serviços dos notários já estavam em curso desde meados do ano de 2020, com suporte no Provimento n. 100/2020-CNJ (vide arts. 22 e 23, 1). Entendemos que, em regra, devem ser admitidas as duas formas mencionadas. Aliás, a primeira forma – digitalização, pelo particular, do título a ser protocolado – passou a ser utilizada no contexto das restrições de circulação de pessoas pelas cidades por conta da pandemia da Covid-19. Disso dão conta o Decreto n. 10.278/2020 – que tratou da matéria perante os órgãos públicos – e os atos infralegais do CNJ, como o art. 6.º do Provimento n. 95/2020-CNJ e o art. 4º do Provimento n. 94/2020-CNJ para o Registro de Imóveis. O importante é deixar claro que o art. 161 da LRP reforça o reconhecimento aos documentos eletrônicos perante o RTD (Op. cit. 143).

No que se refere ao **incidente de falsidade**, seu procedimento está previsto nos artigos 430 a 433, do novo Código de Processo Civil.

O incidente de falsidade tem regra inserta no art. 427 do Código aludido, a saber:

> **Art. 427.** Cessa a fé do documento, público ou particular, sendo-lhe declarada judicialmente a falsidade. Parágrafo único – A falsidade consiste: I – em formar documento não verdadeiro; II – em alterar documento verdadeiro.

O incidente de falsidade deve ser suscitado na **contestação, na réplica ou no prazo de 15 (quinze) dias**, contado a partir da intimação da juntada do documento aos autos.

Uma vez arguida, será resolvida como questão incidental, salvo se a parte requerer que o juiz a decida como questão principal. A parte arguirá a falsidade expondo os motivos em que funda a sua pretensão e os meios com que provará o alegado. Depois de ouvida a outra parte no prazo de 15 (quinze) dias, será realizado o exame pericial.

Frise-se que não se procederá ao exame pericial se a parte que produziu o documento concordar em retirá-lo.

A declaração sobre a falsidade do documento, quando suscitada como questão principal, constará da parte dispositiva da sentença e sobre ela incidirá também a autoridade da coisa julgada.

Há quem diga que, para impugnar assinatura em documento particular, sem reconhecimento de firma, não há necessidade do incidente de falsidade, pois somente com a impugnação se transfere para a parte contrária o ônus de provar a autenticidade da assinatura.

2. JURISPRUDÊNCIA COMPLEMENTAR

⊙ TRIBUNAL DE JUSTIÇA DO ESTADO DO RIO DE JANEIRO

▸ **EMENTA:** Substituição de título executivo extrajudicial pela respectiva certidão emitida pelo Cartório de Títulos e Documentos. Aplicação do artigo 161 da Lei 6.015/ 73, que atribui às certidões emitidas pelos Oficiais de Registro de Títulos e Documentos o mesmo valor probante dos originais. O artigo 365, inciso II do CPC também estabelece a mesma força probante dos originais para as certidões emitidas por oficial público de instrumentos ou documentos lançados em suas notas. Recurso provido de plano. (TJRJ – Ag. Inst. 0036015-17. 2010.8. 19.0000, DES. CELSO PERES – Julgamento: 13/09/2010)

Art. 162. O fato da apresentação de um título, documento ou papel, para registro ou averbação, não constituirá, para o apresentante, direito sobre o mesmo, desde que não seja o próprio interessado.

1. COMENTÁRIOS

Na dicção do dispositivo em comento, o simples ato de apresentar o documento para registro ou averbação não garante ao apresentante (a pessoa que entregou o documento) qualquer direito sobre o conteúdo do documento. Em outras palavras, só porque alguém leva um documento ao cartório, isso não significa que essa pessoa tem algum direito ou propriedade sobre o que está sendo registrado.

O artigo traz uma exceção à regra. Qual seja, se a pessoa já tiver um interesse legal reconhecido sobre o documento, como ser o proprietário ou a parte envolvida no contrato.

Nas palavras de Miguel Maria de Serpa Lopes "aquele que apresenta ao Oficial de Registro um título ou documento para registro ou averbação tem, tão somente, o desempenho de um mandato, comumente verbal, como permite o nosso Código Civil, limitado, assim, a entrega do mesmo título e ao seu recebimento, após efetuado o registro. Essa a posição que assume. Nenhum outro ato poderá ele praticar, nenhuma diligência requerer, nem considerar-se com outro caráter, que não o de um simples mandatário verbal, com poderes restritos" (*Tratado dos Registros Públicos*. 3. ed. Rio de Janeiro: Freitas Bastos, 1955. Vol. II, p. 115).

Art. 163. Os tabeliães e escrivão, nos atos que praticarem, farão sempre referência ao livro e à folha do registro de títulos e documentos em que tenham sido trasladados os mandatos de origem estrangeira, a que tenham de reportar-se.

1. COMENTÁRIOS

O artigo em questão possui uma redação inadequada, pois quis dizer "registrador" ao invés de "escrivão" e "documentos de origem estrangeira" ao mencionar "mandatos de origem estrangeira".

A regra tem como destinatários os tabeliães e registradores, profissionais do direito, dotados de fé pública, a quem é delegado o exercício da atividade notarial e de registro.

A procuração em língua estrangeira, que é o instrumento do mandato, deve estar regularmente traduzida e registrada para produzir efeitos legais no país e para valerem contra terceiros, conforme o art. 148 desta Lei.

Walter Ceneviva observou que o "legislador quis reforçar a garantia impondo a referência obrigatória de livro e folha do assentamento no registro de títulos. A exigência se aplica, por extensão, ao documento particular que se reporte ao mandato, se tiver de produzir efeito no Brasil, sendo ajustada à norma constitucional que declara a língua portuguesa o idioma oficial da República" (Op. cit., p. 339).

CAPÍTULO V – DO CANCELAMENTO

Art. 164. O cancelamento poderá ser feito em virtude de sentença ou de documento autêntico de quitação ou de exoneração do título registrado.

Art. 165. Apresentado qualquer dos documentos referidos no artigo anterior, o oficial certificará, na coluna das averbações do livro respectivo, o cancelamento e a razão dele, mencionando-se o documento que o autorizou, datando e assinando a certidão, de tudo fazendo referência nas anotações do protocolo.

Parágrafo único. Quando não for suficiente o espaço da coluna das averbações, será feito novo registro, com referências recíprocas, na coluna própria.

Art. 166. Os requerimentos de cancelamento serão arquivados com os documentos que os instruírem.

1. COMENTÁRIOS

Cancelamento para Miguel Maria de Serpa Lopes significa, no sentido material, a ação material de lançar um traço sobre o que está escrito. Contudo, do ponto de vista jurídico e em relação ao registro, o significado da palavra cancelamento é todo simbólico, porquanto, longe de ser aquele ato material a que acabamos de aludir, muito ao contrário, consiste tão somente na declaração, pelo respectivo oficial, à margem do registro, de como este extinto em todo ou em parte (literal). (*Tratado dos registros públicos*. 5. ed. São Paulo: Freitas Bastos, 1962. Vol. II, p. 120).

O cancelamento do registro será feito por **averbação** à margem do registro que lhe deu origem, cessando todos os efeitos jurídicos do documento, em **virtude de sentença** (cancelamento judicial) ou de **documento autêntico de quitação ou de exoneração do título registrado** (cancelamento voluntário).

Uma vez mais, Serpa Lopes preleciona que "a consideração do que seja autêntico é variável de acordo com as circunstâncias exigidas em cada caso, de acordo com as normas de direito inerentes à prova dos atos jurídicos, por isso, que a autenticidade não fiz respeito somente à origem do documento em relação à pessoa que o firma, mas também em relação à forma extrínseca do ato" (Op. cit., p. 121).

Quitação é considerada a prova do pagamento e consiste em um documento em que o credor ou seu representante, reconhecendo ter recebido o pagamento de seu crédito, exonera o devedor da obrigação. Segundo o artigo 319 do Código Civil brasileiro, o devedor que paga tem direito à quitação regular.

Observa Valdomiro Montes Junior que "ocorrendo uma das hipóteses de presunção de pagamento previstas nos arts. 321 e 322 do CC, não será possível ao Oficial Registrador proceder ao cancelamento voluntário do registro, haja vista que – consoante o sistema adotado pela Lei 6.015/1973 – há necessidade de apresentação de título hábil para tanto e o que seja título é algo definido pela própria LRP, *in casu*, o documento autêntico de quitação (que não se equipara com a devolução do título da obrigação ou a afirmação de ter sido quitada a prestação mais recente, com pressuposto de quitação da mais antiga)" (Op. cit., p. 478).

2. QUESTÕES DE CONCURSOS

01. (IESES – Cartório – Provimento – TJ – AM/2018) Leia atentamente as proposições abaixo e assinale a que se apresentar INCORRETA:

a) No que concerne ao documento eletrônico, deve-se ter em mente o 'equivalente funcional', que por sua vez orienta no sentido de que, para ser considerado prova literal, o documento eletrônico deve exercer funções equivalentes ao escrito sobre suporte papel.

b) Para fins de conservação, podem ser registrados nos Títulos de Documentos contratos sociais de sociedades, atas societárias ou estatutos, desde que já exista registro no Serviço de Registro Civil de Pessoas Jurídicas.

c) Os livros de registro de Títulos e Documentos podem ser desmembrados, mediante autorização do Juiz Corregedor Permanente, para a escrituração das várias espécies de atos, sem prejuízo, porém, da unidade de protocolo e de sua numeração, com referências recíprocas.

d) O cancelamento do registro encetado perante o Registro de Títulos e Documentos exige exclusivamente um documento autêntico de quitação ou de exoneração do título registrado, emitido pelo credor.

02. (Cespe – Notários e Oficiais de Registro – Remoção – TJ – DFT/2019) No âmbito da serventia de registro de títulos e documentos, o cancelamento de registro de instrumento particular que comprove obrigação convencional

a) será realizado exclusivamente em decorrência de sentença.
b) será realizado apenas mediante a entrega de documento autêntico de quitação ou de exoneração do título registrado.
c) será realizado em decorrência de sentença ou mediante entrega de documento autêntico de quitação ou de exoneração do título registrado.
d) será realizado mediante simples requerimento, dispensada a instrução com outros documentos.
e) não poderá ser realizado, tendo em vista que o registro é ato irrevogável e irretratável.

03. (IESES – Notário-MA/2011) Assinale a alternativa INCORRETA:

a) No procedimento de cancelamento no registro de títulos e documentos, quando não for suficiente o espaço da coluna das averbações, será feito novo registro, com referências recíprocas, na coluna própria.
b) No Registro de Títulos e Documentos será feita a transcrição do contrato de parceria agrícola ou pecuária.
c) As procurações deverão trazer reconhecidas as firmas dos outorgantes.
d) O oficial será obrigado, quando o apresentante o requerer, a notificar do registro ou da averbação os demais interessados que figurarem no título, documento, o papel apresentado, e a quaisquer terceiros que lhes sejam indicados, podendo requisitar dos oficiais de registro em outros Municípios, as notificações necessárias. Por esse processo, também, poderão ser feitos avisos, denúncias e notificações, ainda quando for exigida a intervenção judicial.

04. (EJEF – Tabelionato e Registro-MG/2007) Sobre o registro de títulos, documentos e papéis no Registro de Títulos e Documentos, é INCORRETO afirmar:

a) o cancelamento do registro só pode se dar em virtude de sentença.
b) as certidões de registro integral do título têm o mesmo valor probante do original.
c) é obrigatória a notificação de terceiros ou de quem for indicado pelo apresentante, quanto ao registro ou averbação do título efetivados, se este último assim o requerer.
d) a apresentação de um título, documento ou papel para registro ou averbação não representa para o apresentante direito sobre o mesmo, desde que não seja o próprio interessado.

05. (EJEF – Notário-MG/2011) Com relação ao cancelamento de Registro de Títulos e Documentos, assinale a alternativa INCORRETA.

a) Pode ser feito por sentença judicial.
b) Documento com assinatura da parte interessada.
c) Certificação pelo Oficial na coluna de averbação do livro respectivo.
d) Quando não houver espaço para cancelamento na coluna das averbações, será feito novo registro, na coluna própria.

06. (Consulplan – Cartório – MG – Remoção/2016) O art. 164, da Lei nº 6.015/1973, estabelece que o cancelamento de registro poderá ser feito em determinadas espécies de documentos, os quais serão apresentados ao serviço registral, em virtude de

I. sentença.
II. documento autêntico de quitação.
III. ter completado a idade de 21 anos.
IV. exoneração do título registrado.

Está correto apenas o que se afirma em:

a) I e III.
b) III.
c) I, II e IV.
d) I e II.

GAB	1	D	2	C	3	D	4	A	5	B	6	C

TÍTULO V – DO REGISTRO DE IMÓVEIS

CAPÍTULO I – DAS ATRIBUIÇÕES

1. COMENTÁRIOS

1.1 INTRODUÇÃO

O Registro de Imóveis consiste no cadastro da propriedade imobiliária, demonstrando seu estado atual e por meio dele se realizam todas as mudanças, alterações e extinção dos direitos referentes ao imóvel.

É o **repositório** de todas as informações da propriedade imobiliária, caracterizado pela publicidade, autenticidade, segurança e eficácia jurídica.

O Registro de Imóveis, além de estabelecer o direito de propriedade, arquiva o histórico completo do imóvel, dando conhecimento a toda coletividade sobre a quem pertence, quais as modificações da titularidade e os ônus que possam pesar sobre os imóveis. Dessa forma, todos os atos jurídicos relativos a imóveis devem ser trasladados para os livros do Serviço Registral.

Para José Manuel de Arruda Alvim Neto, "o papel representado pelo Registro Imobiliário é essencial nas sociedades mais evoluídas e se constitui em condição para a organização da propriedade imobiliária no país. O Registro Imobiliário proporciona ambiente de segurança jurídica, em cuja noção se contém o valor da transparência da situação imobiliária, como, ainda, expressa documentalmente a titularidade de bens imóveis, espelha a sua descrição e a evolução a que possam estar submetidos. Viabiliza segurança ao tráfego de bens, pela confiança e fé pública que deflui do registro imobiliário, e, nessa medida, contribui para a conservação da riqueza imobiliária. Essa noção de segurança é *bifronte*, porquanto ela existe em relação ao tráfego de bens e em relação a todos os que negociem, porquanto confiam no registro; de outra parte, ela contribui decisivamente para a segurança que deve guarnecer a situação do proprietário (*Lei de Registros Públicos comentada*. Rio de Janeiro: Forense, 2019, p. 479).

Por sua vez, Walter Ceneviva preleciona que "a função básica do registro de imóveis é constituir o repositório fiel da propriedade imóvel e dos negócios jurídicos a ela referentes, no País, segundo regiões certas e determinadas, ajustadas à sua divisão judiciária por Estado e comarcas, sendo a atribuição genérica do delegado definida no art. 12 da Lei dos Notários e Registradores, a prática dos atos relacionados na legislação pertinente aos registros públicos, de que são incumbidos, independentemente de prévia distribuição, mas sujeitos às normas que definirem as circunscrições geográficas" (*Lei dos Registros Públicos comentada*. 16ª ed. São Paulo: Saraiva, 2005, p. 350).

Aos Oficiais de Registro de Imóveis compete a prática dos atos relacionados na Lei 6.015/1973, **independentemente de prévia distribuição**, sujeitos, porém, às normas que definem as **circunscrições geográficas.** É o que se depreende do art. 12 da Lei 8.935/1994:

> **Art. 12.** Aos oficiais de registro de imóveis, de títulos e documentos e civis das pessoas jurídicas, civis das pessoas naturais e de interdições e tutelas compete a prática dos atos relacionados na legislação pertinente aos registros públicos, de que são incumbidos, independentemente de prévia distribuição, mas sujeitos os oficiais de registro de imóveis e civis das pessoas naturais às normas que definirem as circunscrições geográficas.

1.2. FORMAS DE AQUISIÇÃO DA PROPRIEDADE IMÓVEL

Quanto às **formas de aquisição** da propriedade imóvel, tem-se a usucapião, a acessão, o registro do título e os direitos hereditários.

O art. 1.227 do Código Civil consiste em um dos pilares jurídicos do Registro de Imóveis, cuja redação é a seguinte: "os direitos reais sobre imóveis constituídos, ou transmitidos por atos entre vivos, só se adquirem com o registro no Cartório de Registro de Imóveis dos referidos títulos (arts. 1.245 a 1.247), salvo os casos expressos neste Código". Note-se que o aludido artigo distingue o modo de aquisição dos bens imóveis dos bens móveis, que se dá pela simples tradição, equivale dizer, entrega do bem.

No caso dos bens imóveis, a aquisição só ocorre após o **registro**. O Código Civil arrola, no art. 1.225, os direitos reais, quais sejam, a propriedade, a superfície, as servidões, o usufruto, o uso, a habitação, o direito do promitente comprador do imóvel, o penhor, a hipoteca, a anticrese, a concessão de uso especial para fins de moradia, a concessão de direito real de uso, a laje, incluída recentemente pela Lei nº 13.465, de 2017 e os direitos oriundos da imissão provisória na posse, quando concedida à União, aos Estados, ao Distrito Federal, aos Municípios ou às suas entidades delegadas e a respectiva cessão e promessa de cessão. Estes últimos acrescidos pela Lei n. 14.620/2023.

Prevalece o entendimento de que este rol não é taxativo, não exaurindo a existência de outros direitos, desde que positivados, como, por exemplo, a alienação fiduciária.

Nos **atos *inter vivos***, a constituição, transferência, modificação ou extinção da propriedade, ou outro direito real relativo a imóvel, apenas se constitui com o registro do título respectivo. Nesse sentido, o art. 172 da Lei 6.015/1073: "No Registro de Imóveis serão feitos, o registro e a averbação dos títulos ou **atos constitutivos, declaratórios, translativos e extintivos** de direitos reais sobre imóveis reconhecidos em lei, *inter vivos* ou *mortis causa* quer para sua constituição, transferência e extinção, quer para sua validade em relação a terceiros, quer para a sua disponibilidade".

Da mesma forma, o Código Civil, em seu art. 1.245, preceitua que "transfere-se entre vivos a propriedade mediante o registro do título translativo no Registro de Imóveis", consagrando assim, o **princípio da inscrição**, equivale dizer, enquanto não se proceder ao registro, o alienante continua a ser considerado como dono do imóvel.

Importante consignar que a **transmissão *causa mortis*** não se constitui pelo registro. No Brasil, adotou-se o princípio de *saisine*, que prevê que a transmissão se dá no exato instante da morte do autor da herança. Prescinde-se de qualquer procedimento. Porém, essas transmissões, não ficam alheias ao registro de imóveis porque elas devem ser atraídas para a inscrição valer perante terceiros e para efeitos de disponibilidade conforme consignado no aludido art. 172. Ou, em outros termos, se esses sucessores são proprietários de imóveis, não poderão dispor do imóvel, sem promover o registro. Isso tudo é necessário para que se mantenha a cadeia filiatória e seja consagrado o **princípio da continuidade**, que será visto adiante.

1.3 ATRIBUIÇÕES DO REGISTRO DE IMÓVEIS

No que se refere às **atribuições** do Registro de Imóveis, estas estão previstas no art. 167 da Lei de Registros Públicos. Além da **matrícula**, no registro imobiliário são feitos o **registro em sentido estrito** e a **averbação.**

Nos termos do art. 168, "na designação genérica de registro, consideram-se englobadas a inscrição e a transcrição a que se referem as leis civis". Pela leitura deste dispositivo, a expressão *registro* engloba tanto a *inscrição* como a *transcrição*. É também aceito e consagrado, como regra, o ***sistema da Inscrição***, que significa extrair dos títulos a serem registrados, os dados relevantes e essenciais. Em raras circunstâncias, todavia, adota-se o ***sistema da Transcrição***, ou seja, o registro impõe o depósito em interior teor de todos os documentos. Encontramos exemplos nos casos de loteamentos e incorporações de condomínio edilício, bem como quando o interessado, pautado pelo art. 178, VII, desta Lei, solicita a integral transcrição do título.

A doutrina é unânime no sentido de que o legislador foi infeliz na escolha dos termos do art. 168. Segundo alguns entendimentos doutrinários, isso gera ambiguidades e dificuldades na interpretação e aplicação do dispositivo.

Marcelo Rodrigues explicita que o "termo registro encerra expressão genérica e bivalente; pode referir-se ao ofício público em que se dá a publicidade dos direitos, como também a ato ou assento praticado em livro desse ofício para realização do objetivo primeiramente referido. A terminologia empregada para a denominação dos assentos foi imprecisa e confusa. Para ele, "a Lei 6.015/1973, rompendo com a tradição e pouco de útil acrescentando nesse movimento, alerta que na designação genérica de registro, consideram-se englobadas a inscrição e a transcrição a que se referem as leis. A transcrição, no sistema jurídico anterior, tinha sentido semelhante ao de inscrição, como modo de aquisição da propriedade (transmissão ou aquisição). Atualmente, possui unicamente o significado de cópia integral do documento, *verbo ad verbum*, tal como permanece empregado nos arts. 127, 142, 177 e 178 da Lei de Registros Públicos (*Tratado de Registros Públicos e Direito Notarial*. São Paulo: Editora Atlas, 2014, p. 128).

Walter Ceneviva, por sua vez, leciona que "no regime do Decreto 4.857/39, muito se discutiu sobre o uso de "transcrição" e de "inscrição". Os títulos não eram nem são *transcritos*, no sentido de serem transpostos, em sua inteireza, para os assentamentos do registro imobiliário. Daí a crítica aceita de que o CC/16 teria andado melhor se houvesse preferido apenas *inscrição*, em vez de *transcrição*, problema solucionado em 2002 (arts. 1.245 a 1.247). Não foi fiel, todavia, ao seu modelo. O englobamento é desprezado pela própria lei. *Englobar* é compreender, reunir ou juntar em um todo. Corresponde, no artigo, à unificação de nomenclatura atinente ao processo registrário e não à substância do direito envolvido. *Registro*, portanto, envolve direito real, sem necessariamente constituir, declarar, transferir ou extinguir domínio, sendo que no regime legal anterior a transcrição dizia sempre com a propriedade. Quando, por deficiência técnica da LRP ou por quebra de sistema, em leis posteriores, houver referência a *inscrição*, deve o oficial indicar, na matrícula, apenas a letra "R", seguindo-se o número de ordem do lançamento e o da matrícula" (*Lei de Registros Públicos comentada*. 16. ed. São Paulo: Saraiva, 2005, p. 368-369).

Ainda sobre o tema, Alexandre Laizo Clápis argumenta que "o legislador não foi feliz na solução adotada. Substituiu as expressões *inscrição* e *transcrição* por *registro*, porém no sentido genérico da palavra. Isso porque no art. 167, que trata das atribuições do Registro de Imóveis, há, no inciso I, a indicação de todos os atos que devem ser praticados por registro, mas na acepção restrita do termo. Ou seja, o legislador utilizou o mesmo termo (registro) para sentidos diversos. A matrícula também é uma inscrição registrária específica a ser realizada no Livro 2 – Registro Geral com a finalidade de individualizar o imóvel e congregar todas as demais inscrições (registro e averbação). Nesse dispositivo legal, a matrícula ficou de fora da regra geral relativa à nomenclatura. E sugere que "melhor seria utilizar a expressão *inscrição*, que representa todo e qualquer lançamento a ser feito pelo registrador. Na sistemática adotada pela lei, os atos de *registros* e *averbações* listados no art. 167 são espécies de *inscrição*." (*Lei de Registros Públicos comentada*. Rio de Janeiro: Forense, 2019, p. 921).

Feitas essas importantes observações, prosseguiremos com a análise dos conceitos de registro em sentido estrito, averbação e matrícula.

O ***registro em sentido estrito*** é o ato que constitui ou transfere direito real sobre bens imóveis. Prevalece que o rol dos atos de registro é elencado de forma taxativa, ou seja, só pode ser registrado aquilo que a lei determina como sendo ato de registro.

Averbação consiste no ato que não cria ou transfere direito real, porém, altera seu conteúdo. Embora não haja transferência de direito real, uma vez que a propriedade é inalterada, é inegável que o torna diferente. Na expressão de Afrânio de Carvalho a averbação "não subverte o assento original, tão somente o subentende". (*Registro de Imóveis*. Rio de Janeiro: Forense, 1976, p. 117). O rol dos atos sujeitos a averbação é exemplificativo, vale dizer, além daqueles elencados no art. 167, II, da Lei 6.015/1973, outras averbações poderão ocorrer, nos termos do art. 246 da aludida lei.

Sobre o tema, convém transcrever o Enunciado 23 da I Jornada de Direito Notarial e Registral:

> **Enunciado 23.** É lícito ao oficial de Registro de Imóveis promover de ofício a chamada averbação saneadora, com o escopo de aclarar os direitos vigentes em determinada matrícula.
>
> ⊙ Justificativa: É consagrado o entendimento doutrinário e jurisprudencial no sentido de que o rol das averbações previsto na Lei 6.015/1973 (art. 167, II) é meramente exemplificativo (*numerus apertus*). O art. 246 da Lei

Registral, como verdadeira cláusula geral de abertura, autoriza referida intelecção. Nada obstante, relevante práxis adotada por Oficiais de Registro de Imóveis consiste em promover a denominada averbação saneadora. Cuida-se, em realidade, de um costume registral, que, embora não encontre previsão legal expressa e imediata, é medida relevante que atende ao interesse público. Ocorre que muitas matrículas se sujeitam a inúmeras vicissitudes registrais com a prática de atos numerosos e sucessivos (averbamentos e registros stricto sensu), de constituição, transmissão (parcial ou integral) e cancelamento de direitos reais sobre imóveis, dificultando seu exame pelos consulentes do fólio. Com efeito, ao promover a averbação saneadora o Oficial de Registro de Imóveis promove verdadeira filtragem do conteúdo tabular e enuncia para a comunidade apenas aqueles direitos em vigor e sua respectiva titularidade. Tal proceder, por garantir melhor visual gráfico à matrícula imobiliária, facilita sobremaneira o acesso às informações que emanam do registro, inclusive para qualquer cidadão que pretenda solicitar certidão daquele registro. Conduz-se, assim, a uma publicidade registral qualificada, atendendo com mais eficiência os fins legítimos do Registro de Imóveis. Por se tratar de averbamento facultativo, feito no interesse do serviço, não deve ser objeto de cobrança emolumentar. Em resumo, depura-se a informação a ser publicizada sem qualquer ônus aos interessados.

Por sua vez, a ***matrícula*** constitui o ato inaugural do fólio real, isto é, o documento onde são registrados todos os direitos reais imobiliários ou averbados atos de modificação desses direitos.

A matrícula registra os atos de movimentação de direitos reais, destacando-se a aquisição da propriedade como o mais relevante, cujos efeitos só se concretizam com a inscrição no livro adequado. A matrícula foi a grande novidade trazida pela Lei dos Registros Públicos, em substituição ao arcaico sistema das Transcrições, que era muito falho e cheio de inconsistências. Esse sistema antigo tinha um alcance limitado: somente as transmissões eram transcritas, enquanto compromissos e onerações dos imóveis não eram objeto de transcrição, sendo inscritos em outros livros.

1.4 PRINCÍPIOS REGISTRAIS IMOBILIÁRIOS

No entendimento de Miguel Reale (*Lições preliminares de direito.* 24ª ed., São Paulo: Saraiva, 1998), princípio significa verdades fundantes de um sistema de conhecimento, como tais admitidas, por serem evidentes ou por terem sido comprovadas, mas também por motivos de ordem pratica de caráter operacional, isto é, como pressupostos exigidos pelas necessidades da pesquisa e da práxis.

Assim, é o ordenamento jurídico que cria os princípios de forma expressa ou implícita, por via direta ou indireta.

Nas palavras de Luiz Guilherme Loureiro, "os princípios registrais decorrem de construções doutrinárias, de ideias abstratas formuladas por juristas, e serviram de inspiração aos legisladores de diversos países, para a edição das primeiras leis sobre registro de imóveis no final do século XIX. Destarte, além de servirem de parâmetro para a interpretação e integração das normas relativas à publicidade registral, os princípios, ainda hoje, orientam os legisladores e evitam a edição de normas que quebrem a harmonia e a unidade do direito registral (...). Outrossim, os princípios registrais facilitam a compreensão do direito hipotecário ou registral, ao condensar regras e orientações que decorrem da inteligência de um ou mais dispositivos legais que integram o marco regulatório do sistema de registro de imóveis (ou de registros públicos em geral). Essa função economiza preceitos e permite uma maior abertura das normas, possibilitando sua adaptação aos novos casos concretos que podem surgir das mudanças na sociedade (tecnológicas, econômicas, culturais etc.) e do dinamismo da vida social e das práticas negociais." (Op. cit., p. 527)

Para que o Registro de Imóveis alcance seus objetivos e garanta a segurança jurídica efetiva no serviço prestado, atendendo às expectativas do Direito, ele deve cumprir princípios norteadores indispensáveis a sua compreensão como um sistema e sua correta e justa aplicação prática.

Além disso, importante consignar que os princípios registrais se aplicam às várias fases do procedimento registral, ou seja, alguns são adotados antes da inscrição, outros simultaneamente e outros posteriores ao ato de inscrição.

A partir dos próximos tópicos, procederemos a uma análise aprofundada dos princípios fundamentais que orientam o Registro de Imóveis, explorando cada um deles detalhadamente para compreender sua aplicação prática e sua importância no contexto jurídico.

1.4.1 PRINCÍPIO DA PUBLICIDADE

A **publicidade** tem por finalidade outorgar segurança às relações jurídicas, assegurando a qualquer interessado o conhecimento do teor do acervo das serventias notariais e registrais e garantir sua oponibilidade contra terceiros. No direito brasileiro se dá por meio de expedição de **certidão**, a chamada **publicidade formal ou indireta**.

Os registradores e notários, via de regra, **não podem permitir o acesso direto do interessado aos livros**, pois haveria **riscos à conservação desses arquivos**, afetando, assim, a segurança jurídica almejada pela publicidade. No entanto, há exceções legais, como no Decreto-Lei nº 58/37, art. 1º, § 5º (*O memorial, o plano de loteamento e os documentos depositados serão franqueados, pelo oficial do registro, ao exame de* *qualquer interessado, independentemente do pagamento de emolumentos, ainda que a título de busca)* e na Lei Federal nº 6.766/79, art. 24 (*O processo de loteamento e os contratos depositados em Cartório poderão ser examinados por qualquer pessoa, a qualquer tempo, independentemente do pagamento de custas ou emolumentos, ainda que a título de busca*).

A realização de um ato registral (matrícula, registro, averbação) gera publicidade e consequentemente, a ideia do conhecimento por todos, garantindo a oponibilidade *erga omnes*.

O princípio da publicidade é um dos fundamentos para que os imóveis sejam registrados nos Registros de Imóveis de sua circunscrição imobiliária, a fim de que todas as pessoas saibam onde encontrar informações sobre determinado imóvel.

A sociedade tem o direito, **direito difuso** este, de estar mantida informada, por meio da publicidade do registro de imóvel. Acesso a informações seguras, confiáveis, que lhe dê segurança para contratar ou deixar de contratar aquele determinado imóvel.

Além disso, é dever do proprietário dar publicidade à sua propriedade para fazer valer a função social.

Eduardo Pacheco Ribeiro de Souza leciona que o princípio da publicidade engloba os **princípios da legitimidade e da fé pública,** referindo-se à presunção de que o conteúdo do registro é exato e verdadeiro, como consequência da publicidade por ele gerada (*Noções Fundamentais de Direito Registral e Notarial*. São Paulo: Saraiva, 2011, p. 71).

Relevante é a observação de Alexandro Laizo Clápis: "É uma *publicidade específica*, ou seja, no órgão indicado na lei para essa finalidade e não outra publicidade. De fato, a adoção deste princípio é precipuamente condição de operatividade do princípio do absolutismo: os direitos reais só podem ser exercidos contra todos, se forem ostentados publicamente. No que diz respeito especificamente às coisas móveis, se forem ostentados publicamente esta "publicidade" por meio da posse (significativa especialmente em relação aos móveis) – ainda que possa haver, quando prevista em lei, publicidade decorrente de registros, casos em que essa publicidade revela um *direito* e não a *posse*, que possa estar subjacente a esse direito –, indicativa da titularidade do possuidor. Nos direitos reais sobre móveis, é melhor falarmos em *visibilidade* do que, propriamente, em publicidade – se tivermos em conta a posse –, pois é a posse que se constitui, no caso, por excelência, na manifestação visível de uma titularidade (possível). E essa situação com a qual se apresentam os *móveis* em relação àquele que se ostenta como seu *possuidor* é uma situação empírica. No que tange aos imóveis, avulta a função do Registro, como concretizador de tal princípio, pois é onde ele se realiza e é por intermédio do registro que encontra expressão prática. Pode-se dizer, como já se aflorou, que o direito civil (imobiliário, *especialmente*) projeta-se sobre o Registro de Imóveis. E conclui: "o que se há de observar é que a *legalidade* e a *tipicidade* defluem do CC, como também, o *princípio da publicidade*. Mas a concretização e realização da publicidade é obra do registro de imóveis, e, ela é praticamente sempre, constitutiva *propriamente* dos direitos reais, ainda que haja exceções, v.g. usucapião, direito sucessório, acessão, mas que são expressa e taxativamente previstas (Op. cit., p. 493).

1.4.2 PRINCÍPIO DA PRIORIDADE

O princípio da prioridade está expresso nos **artigos 12, 186** e **191 da Lei dos Registros Públicos,** bem como no **art. 1.246 do Código Civil.** Veja-se:

> **Art. 12.** Nenhuma exigência fiscal, ou dívida, obstará a apresentação de um título e o seu lançamento do Protocolo com o respectivo número de ordem, nos casos em que da precedência decorra prioridade de direitos para o apresentante.
>
> Parágrafo único. Independem de apontamento no Protocolo os títulos apresentados apenas para exame e cálculo dos respectivos emolumentos.
>
> **Art. 186** – O número de ordem determinará a prioridade do título, e esta a preferência dos direitos reais, ainda que apresentados pela mesma pessoa mais de um título simultaneamente.
>
> **Art. 191** – Prevalecerão, para efeito de prioridade de registro, quando apresentados no mesmo dia, os títulos prenotados no Protocolo sob número de ordem mais baixo, protelando-se o registro dos apresentados posteriormente, pelo prazo correspondente a, pelo menos, um dia útil.
>
> **Art. 1.246.** O registro é eficaz desde o momento em que se apresentar o título ao oficial do registro, e este o prenotar no protocolo.

Note-se que, o princípio da prioridade assegura àquele que primeiro apresentar o título, mediante número de ordem no protocolo, a prevalência de seu direito sobre o do apresentante seguinte, quando referentes ao mesmo imóvel e contraditórios.

O princípio da prioridade comporta exceções legais. É o que se extrai dos arts. 189 e 192 da Lei 6.015/1973, e 1.495 do Código Civil. Vejamos:

> **Art. 189** – Apresentado título de segunda hipoteca, com referência expressa à existência de outra anterior, o oficial, depois de prenotá-lo, aguardará durante 30 (trinta) dias que os interessados na primeira promovam a inscrição. Esgotado esse prazo, que correrá da data da prenotação, sem que seja apresentado o título anterior, o segundo será inscrito e obterá preferência sobre aquele.
>
> **Art. 192** – O disposto nos arts. 190 e 191 não se aplica às escrituras públicas, da mesma data e apresentadas no mesmo dia, que determinem, taxativamente, a hora da sua lavratura, prevalecendo, para efeito de prioridade, a que foi lavrada em primeiro lugar.

Art. 1.495. Quando se apresentar ao oficial do registro título de hipoteca que mencione a constituição de anterior, não registrada, sobrestará ele na inscrição da nova, depois de a prenotar, até trinta dias, aguardando que o interessado inscreva a precedente; esgotado o prazo, sem que se requeira a inscrição desta, a hipoteca ulterior será registrada e obterá preferência.

Questionou-se se a referida prioridade abarcaria o **atendimento à pessoa idosa** nas Serventias Extrajudiciais. De fato, é garantido o seu atendimento prioritário. No entanto, de acordo com a doutrina majoritária e as normativas estaduais, essa prioridade não deve ser confundida com a prioridade dos atos de prenotação ou de registro. Para reforçar, trago o posicionamento de Luiz Guilherme Loureiro: "tem-se considerado que o Estatuto do Idoso não contém exceção ao princípio da prioridade ou preferência registral: o idoso tem preferência no atendimento dos serviços em geral, devendo ser atendido prioritariamente nos balcões ou guichês de pedido e recebimento de certidões e outros documentos, mas não no protocolo de título, que deve observar estritamente a ordem de chegada, isto é, da apresentação do título para prenotação" (Op. cit., p. 618).

Nessa direção, o item 80, "b", Cap. XIII das Normas de Serviço da Corregedoria-Geral da Justiça do Estado de São Paulo:

> **80.** Na prestação dos serviços, os notários e registradores devem:
>
> [...]
>
> b) atender por ordem de chegada, assegurada prioridade às pessoas com deficiência, aos idosos com idade igual ou superior a 60 (sessenta) anos, com prioridade especial aos **maiores de 80 (oitenta)** anos, às gestantes, às lactantes, às pessoas com crianças de colo e aos obesos, **exceto no que se refere à prioridade de registro prevista em lei.**

No mesmo sentido, o Código de Normas e Procedimento do Foro Extrajudicial do Estado de Goiás, que distingue os dois tipos de atendimento, veja-se:

> **Art. 95, CNPFE/GO.** Os notários e oficiais de registros atenderão as partes com respeito, eficiência e presteza, observando o atendimento prioritário as pessoas com deficiência, aos idosos com **idade igual ou superior a 60 (sessenta) anos**, as gestantes, as lactantes, as pessoas com crianças de colo e aos obesos, mediante garantia de lugar privilegiado em filas, distribuição de senhas com numeração adequada ao atendimento preferencial ou implantação de serviço de atendimento personalizado e alocação de espaço com acessibilidade, **ressalvados os casos que ensejarem prioridade registral prevista em lei.**
>
> §1º. O disposto no *caput* deste artigo aplica-se ao serviço de Registro de Imóveis nos casos em que **não houver repercussão em direitos contraditórios,** a exemplo de recepção de título para mero exame e cálculo de emolumentos, solicitação e entrega de certidões e outros documentos, prestação de informações, e pedidos de averbações.

O art. 26 do Provimento n. 2/2013 das normativas extrajudiciais do Estado de Tocantins (CGJUS/TO) também regulamenta o assunto, conforme segue:

> Os delegados e seus prepostos farão atendimento prioritário às pessoas portadoras de deficiência física ou com mobilidade reduzida, **pessoas com idade igual ou superior a sessenta anos**, gestantes e pessoas com criança no colo, mediante garantia de adequada ao atendimento preferencial, alocação de espaço para atendimento exclusivo no balcão ou implantação de outro serviço para atendimento personalizado.
>
> Parágrafo único. No caso de prenotação de título, para cumprimento do **princípio da prioridade**, contido no art. 186 da Lei de Registros Públicos (Lei nº 6.015, de 1973), o atendimento será efetuado rigorosamente pela ordem de chegada, **independentemente do estado ou condição do apresentante.**

Para Afrânio de Carvalho, o princípio da prioridade significa que, em um concurso de direitos reais sobre um imóvel, estes não ocupam todo o mesmo posto, mas se graduam ou se classificam por uma relação de precedência fundada na ordem cronológica do seu aparecimento (CARVALHO, Afrânio de. *Registro de Imóveis.* Rio de Janeiro, Forense, 1976).

Márcio Guerra Serra e Monete Hipólito Serra, dividem a prioridade em dois tipos, conforme o direito que vise assegurar. "O primeiro deles é a chamada **prioridade exclusiva.** Nesta modalidade, os direitos conflitantes, ao se invocar o princípio da prioridade, são exclusivos, o que quer dizer que, caso se registre um deles, o outro ou os outros não encontrarão ingresso no fólio real. Exemplo clássico desta situação ocorre quando são apresentadas duas escrituras de venda em que o mesmo vendedor aparece vendendo o mesmo imóvel para duas pessoas diferentes. Nesta hipótese, caso se registre a primeira escritura, o vendedor deixará de ser o proprietário, de forma que a segunda escritura não poderá ser registrada. Contudo, encontramos a **prioridade gradual.** Nesta, os direitos em conflito podem coexistir no fólio real, todavia sua ordem de inscrição influencia a efetividade do direito. Trata-se, em regra, dos direitos reais de garantia, nos quais a precedência de inscrição, em regra, implica também, na precedência para a execução do crédito. Podemos citar como exemplo o caso das hipotecas, nestas a primeira inscrita tem prioridade para levar o bem à praça e ter seus créditos ressarcidos" (*Registros de Imóveis I.* São Paulo: Saraiva, 2013, p. 144).

1.4.3 PRINCÍPIO DA ROGAÇÃO OU INSTÂNCIA

Segundo o princípio da instância ou rogação, a atividade registral depende de provocação. Os registros e averbações somente serão praticados por ordem judicial; a requerimento do Ministério Público, quando a lei o autorizar e a requerimento verbal ou escrito do interessado. Assim, o Oficial Registrador não age de ofício, atuando pela provocação do apresentante.

Para Walter Ceneviva, "o registro e a averbação distinguem-se da matrícula, no que toca à iniciativa. Enquanto o registro e a averbação incumbem às partes (princípio da rogação ou da instância), a matrícula é obrigação do Oficial, ao ensejo do primeiro registro, sob novo regime legal e, a seguir, sempre que haja cancelamento da anterior". (*Lei dos Registros Públicos comentada*. 16ª ed. São Paulo: Saraiva, 2005, p. 480).

A Lei de Registros Públicos **excepciona o princípio da instância** em alguns casos, como, por exemplo, para averbações de mudança de nomes de logradouros, decretada pelo Poder Público (artigo 167, II, 13) e as retificações que o registrador pode proceder de ofício, nos casos do art. 213, I. Podemos incluir ainda, como exemplo recente, o inciso IV do art. 169, da LRP, incluído pela Lei n. 14.382/2022 que estabelece que aberta matrícula na serventia da situação do imóvel, o oficial deverá comunicar o fato à serventia de origem, para o encerramento da matrícula anterior. Trata-se de ato de **ofício** e dever do registrador, dentre outros exemplos vistos ao longo desta obra.

A maior parte da doutrina também entende que a atuação do registrador pode se dar de ofício para **cancelar as hipotecas convencionais peremptas**, equivale dizer, aquelas que foram registradas há mais de 30 anos (art. 1.485 do Código Civil). Sem discrepância, Narciso Orlandi Neto assevera que a perempção pode ser reconhecida, "ex officio", pelo próprio registrador (Retificação do Registro de Imóveis, Del Rey, 1997, pág. 270). E, no mesmo diapasão, o Corregedor Geral da Justiça, Des. Luiz Tâmbara, em decisão proferida aos 06 de fevereiro de 2002, aprovando parecer do MM. Juiz Auxiliar Dr. Marcelo Fortes Barbosa Filho, ordenou, de ofício, a averbação da perempção de hipoteca (Apelação Cível nº 256.993 – S. Paulo, apte.: Espólio de Abel Ferreira dos Santos, rel.: Des. Acácio Rebouças, j. 13/01/77, pub. D. J. 02/02/77, fls. 07).

Na Ap. Civ. 256.993, São Paulo, (j. 13.1.1977, rel. des. Acácio Rebouças) encontramos uma excelente fundamentação para este caso. "Não se deve confundir a **extinção da hipoteca**, de que trata o art. 849 do CC, com a **perempção**, do art. 817, restrita às convencionais. A **extinção,** que só começa a ter efeitos contra terceiros depois de averbada no Registro de Imóveis (art. 850), **exige prova, quando não seja requerida por ambas as partes** (art. 851). A **perempção**, ao contrário, opera *ipso facto*, pelo **simples decurso do lapso temporal** que, por ser evidente, **não reclama prova**; e, sendo o prazo fatal, insuscetível de interrupção ou suspensão, como doutrina Barros Monteiro (Direito das Coisas, p. 367), a hipoteca cessa de pleno direito, sem necessidade de reconhecimento pelo credor ou de julgamento. Como adverte Pontes de Miranda (Tratado de Direito Privado, 20/47), se a permanência do direito real de garantia depende de renovação da inscrição (e assim, dispõe a segunda parte do art. 817), 'a extinção opera-se automaticamente, uma vez que os terceiros – todo o público – conhecem a cessação do direito real de garantia'. Consoante o preceito citado, após o decurso do prazo de perempção, 'só poderá subsistir, o contrato de hipoteca, reconstituindo-se por nova inscrição'. O interesse do credor resguarda-se por essa forma; e, quando a lei impõe determinada forma, outra não vale (CC, art. 82). Ou o credor renovou a inscrição, ou não. A anterior pereceu, e não pode permanecer aberta. Nada há que decidir no caso, nem se oferece questão de nenhuma indagação maior. Circunscrita a dúvida à necessidade de ordem judicial para a averbação da perempção, a solução é negativa. Dão provimento, pois, para declarar a desnecessidade de manifestação judicial nas averbações de perempção, como no caso."

Observe-se também que este princípio impõe ao registrador uma posição passiva frente ao ingresso de títulos em sua serventia, visando garantir a imparcialidade no exercício de suas funções.

1.4.4 PRINCÍPIO DA LEGALIDADE OU TIPICIDADE

Afrânio de Carvalho ensina que "o princípio da legalidade significa que a validade da inscrição depende da validade do negócio jurídico que lhe dá origem e da faculdade de disposição do alienante" (*Registro de Imóveis.* Rio de Janeiro, Forense, 1976).

Assim, para que o título seja válido e perfeito, e dê ensejo ao registro, não basta a inscrição. É necessário que o documento passe por um exame de qualificação por parte do registrador.

Dessa forma, o princípio da legalidade está intrinsecamente ligado à **qualificação registral** porque é o grande filtro que vai garantir a higidez dos direitos reais incidentes sobre o imóvel. Nas palavras de Ricardo Henry Marques Dip qualificação registral "é um juízo prudencial, positivo ou negativo da potência do título em ordem à sua inscrição predial importando no império de seu registro".

Claro é que a qualificação registral não impede a notarial, já que ocorrem em momentos distintos e com propósitos diversos.

Frise-se que a legalidade em matéria de registros deve ser adotada **em todo o procedimento registral,** principalmente, no exame de qualificação. Para Luiz Guilherme Loureiro, "no que tange ao exame do documento, o fundamento do princípio da legalidade se funda na necessidade de que os assentos registrais concordem com a realidade externa ao registro, evitando que ingressem documentos carentes de validade ou de autenticidade. O exame ou análise que o registrador realiza para tornar efetivo o princípio da legalidade é denominado "qualificação" e a função do registrador que examina o documento apresentado a registro é chamada de função qualificadora" (Op. cit., p. 595).

Saliente-se que os **títulos judiciais** também devem passar pela qualificação registral. Trata-se de posição unânime na doutrina e questão já enfrentada pela jurisprudência.

O Conselho Superior da Magistratura do Estado de São Paulo possui entendimento consolidado neste sentido, elucidando que "a circunstância de exibir-se a inscrição título de origem judicial não implica isenção dos requisitos registrários, incumbindo ao registrador: a) verificar a competência (absoluta) da autoridade judiciária; b) aferir a congruência do que se ordena ao registro com o processo respectivo; c) apurar a presença das formalidades documentais; d) examinar se o título esbarra em obstáculos propriamente registrários (por exemplo: legalidade, prioridade, especialidade, consecutividade". (Apelação Cível 30.657-0/2). Todavia, é vedado ao Oficial adentrar no mérito da decisão.

O CSM/SP também já decidiu que o registrador não pode, em sede de controle da legalidade, deixar de aplicar a norma jurídica alegando ser ela inconstitucional. Trata-se de jurisprudência unânime:

> "Definitivamente, em sede administrativa, nem o Juízo Corregedor Permanente, nem a Corregedoria-Geral da Justiça ou o Conselho Superior da Magistratura podem modificar critérios expressos em lei ou dá-la por inconstitucional (...). Pacificou-se o entendimento de que a inconstitucionalidade não se reconhece nesta esfera administrativa, fora das formas jurisdicionais de controle" (Apelação Cível 97.021-0/0, da Comarca de Jundiaí).

Desdobra-se do princípio da legalidade, a **taxatividade** dos direitos inscritíveis no registro de imóveis, ou seja, o oficial não pode registrar atos não conferidos pela lei como de sua competência. O art. 169 da Lei 6.015/1973, por sua vez, trata da competência registral, em breve estudada nesta obra.

Cumpre ainda ressaltar que o princípio da legalidade não está expressamente disposto na Lei 6.015/1973, mas podemos extraí-lo das normas sobre as exigências do registrador e procedimento de dúvida. Há quem entenda que este princípio encontra-se previsto no art. 172 da aludida lei. Fato é que, no Código Civil, o princípio da legalidade está expresso no art. 1.225 do Código Civil. Convém transcrevê-los aqui:

> **Art. 172.** No Registro de Imóveis serão feitos, nos termos desta Lei, o registro e a averbação dos títulos ou atos constitutivos, declaratórios, translativos e extintos de direitos reais sobre imóveis reconhecidos em lei, "*intervivos*" ou "*mortis* causa" quer para sua constituição, transferência e extinção, quer para sua validade em relação a terceiros, quer para a sua disponibilidade.
>
> **Art. 1.225.** São direitos reais:
>
> I – a propriedade;
>
> II – a superfície;
>
> III – as servidões;
>
> IV – o usufruto;
>
> V – o uso;
>
> VI – a habitação;
>
> VII – o direito do promitente comprador do imóvel;
>
> VIII – o penhor;
>
> IX – a hipoteca;
>
> X – a anticrese.
>
> XI – a concessão de uso especial para fins de moradia;
>
> XII – a concessão de direito real de uso;
>
> XIII – a laje.
>
> XIV - os direitos oriundos da imissão provisória na posse, quando concedida à União, aos Estados, ao Distrito Federal, aos Municípios ou às suas entidades delegadas e a respectiva cessão e promessa de cessão.

Por derradeiro, consigne-se que o registrador deve fiscalizar o recolhimento do tributo cabível e também a quitação das despesas de condomínio (quando for o caso, salvo se houver dispensa do comprador).

Sobre a responsabilidade tributária do oficial registrador e tabelião, remetemos o leitor aos comentários do art. 289 desta lei de registros e do art. 22 da Lei 8.935/1994.

1.4.4.1 O ESTATUTO DA PESSOA COM DEFICIÊNCIA E A QUALIFICAÇÃO REGISTRAL

A Lei 13.146/2015 irradiou muitos reflexos na atividade notarial e registral e notadamente na qualificação registral e notarial.

Luiz Guilherme Loureiro explica que "o Estatuto estabelece o direito à acessibilidade, assim compreendido o interesse legítimo da pessoa com deficiência ou com mobilidade reduzida, de viver de forma independente e exercer seus direitos de cidadania e de participação social (art. 53, Lei nº 13.146/2015). A lei tutela, assim, não apenas a pessoa com restrição à locomoção em virtude de incapacidade física, mental, intelectual ou sensorial, mas também as pessoas que, por qualquer motivo, apresentam dificuldade de movimentação, permanente ou temporária, gerando redução efetiva da mobilidade, aí incluídos os idosos, as gestantes, as pessoas com criança de colo e o obeso ("pessoa com mobilidade reduzida" – art. 3, IX, Lei 13.145/2015). A contrapartida ao direito de livre mobilidade, a administração tem o dever de garantir a acessibilidade por ocasião da edição de leis e atos administrativos referentes ao urbanismo, uso e ocupação do solo, sistema viário, expedição de autorizações, habite-se, etc. (art. 60, I). Daí decorre que o registrador tem o dever de velar por tal direito no exercício de sua atividade de fiscalização da regularidade dos empreendimentos que devem aceder à publicidade registral. Este dever está previsto expressamente no art. 60, IV, do Estatuto da Pessoa com Deficiência e também é reflexo do princípio da legalidade. Com efeito, a lei supracitada estabelece uma série de definições legais que repercutem no direito de construir e, por isso mesmo, na função do registrador imobiliário que, a nosso ver, deve tê-las em mente por ocasião do exercício de sua atividade de qualificação de títulos envolvendo loteamentos, condomínios edilícios e programas habitacionais públicos ou privados. Um desses conceitos é definição de "barreiras", considerado como "qualquer entrave, obstáculo, atitude ou comportamento que limite ou impeça a participação social da pessoa, bem como o gozo, a fruição e o exercício de seus direitos à acessibilidade, à liberdade de movimento e de expressão, à comunicação, ao acesso à informação, à compreensão, à circulação com segurança, entre outros". (art. 3º, IV, da Lei nº 13.146/2015). Dentre estas se encontram as barreiras urbanísticas, que são aquelas as existentes nas vias e nos espaços públicos e privados abertos ao público ou de uso coletivo (art. 3º, IV, "a"); e as barreiras arquitetônicas existentes nos edifícios públicos e privados (letra "b" do mesmo dispositivo legal) (...). Outra obrigação funcional refere-se à fiscalização da observância do direito de preferência da pessoa com deficiência na aquisição de imóvel em programas habitacionais subsidiados com recursos públicos. Por ocasião da qualificação de títulos referentes a programas habitacionais, públicos ou subsidiados com recursos públicos, cabe ao registrador examinar se o projeto reserva no mínimo, 3% das unidades habitacionais para pessoa com deficiência (aqui não se inclui as pessoas com mobilidade reduzida), uma vez que lei lhe assegura prioridade na aquisição de imóvel para moradia própria em tais empreendimentos (art. 32). Este direito de prioridade é reconhecido apenas uma vez, vale dizer, apenas é reconhecido à pessoa com deficiência de locomoção que ainda não seja proprietária de imóvel habitacional (§ 1º, art. 32)" (Op. cit., p. 600).

1.4.5 PRINCÍPIO DA ESPECIALIDADE

O princípio da especialidade é de origem doutrinária e foi concedido dos direitos reais de garantia na referência à especialização da hipoteca. Tal princípio determina a necessidade de **descrição completa do imóvel e do direito (especialidade objetiva)**, bem como a **qualificação dos sujeitos (especialidade subjetiva)** que fazem parte deste direito. Assim, todo imóvel e todos os sujeitos devem estar perfeitamente individuados.

Afrânio de Carvalho ensina, com a maestria que lhe é peculiar, que "o princípio de especialidade significa que toda inscrição deve recair sobre um objeto precisamente individuado. Assim, o requisito registral da especialidade do imóvel, vertido no fraseado clássico do direito, significa a sua descrição como corpo certo, a sua representação escrita como individualidade autônoma, como o seu modo de ser físico, que o torna inconfundível e, portanto heterogêneo em relação a qualquer outro. O corpo certo imobiliário ocupa um lugar determinado no espaço, que é o abrangido por seu contorno, dentro do qual se pode encontrar maior ou menor área, contanto que não sejam ultrapassadas as raias definidoras da entidade territorial" (*Registro de Imóveis*. Rio de Janeiro, Forense, 1976).

O princípio da especialidade está expresso nos **arts. 176, II, III e parágrafos, e 224 a 226 da Lei 6.015/73**, a saber:

Art. 176. O Livro nº 2 – Registro Geral – será destinado, à matrícula dos imóveis e ao registro ou averbação dos atos relacionados no art. 167 e não atribuídos ao Livro nº 3.

II – são requisitos da matrícula:

1) o número de ordem, que seguirá ao infinito;

2) a data;

3) a identificação do imóvel, que será feita com indicação:

a – se rural, do código do imóvel, dos dados constantes do CCIR, da denominação e de suas características, confrontações, localizaçao e área;

b – se urbano, de suas características e confrontações, localização, área, logradouro, número e de sua designação cadastral, se houver.

4) o nome, domicílio e nacionalidade do proprietário, bem como:

a) tratando-se de pessoa física, o estado civil, a profissão, o número de inscrição no Cadastro de Pessoas Físicas do Ministério da Fazenda ou do Registro Geral da cédula de identidade, ou à falta deste, sua filiação;

b) tratando-se de pessoa jurídica, a sede social e o número de inscrição no Cadastro Geral de Contribuintes do Ministério da Fazenda;

5) o número do registro anterior;

6) tratando-se de imóvel em regime de multipropriedade, a indicação da existência de matrículas, nos termos do § 10 deste artigo;

III – são requisitos do registro no Livro nº 2:

1) a data;

2) o nome, domicílio e nacionalidade do transmitente, ou do devedor, e do adquirente, ou credor, bem como:

a) tratando-se de pessoa física, o estado civil, a profissão e o número de inscrição no Cadastro de Pessoas Físicas do Ministério da Fazenda ou do Registro Geral da cédula de identidade, ou, à falta deste, sua filiação;

b) tratando-se de pessoa jurídica, a sede social e o número de inscrição no Cadastro Geral de Contribuintes do Ministério da Fazenda;

3) o título da transmissão ou do ônus;

4) a forma do título, sua procedência e caracterização;

5) o valor do contrato, da coisa ou da dívida, prazo desta, condições e mais especificações, inclusive os juros, se houver.

§ 2º Para a matrícula e registro das escrituras e partilhas, lavradas ou homologadas na vigência do Decreto nº

4.857, de 9 de novembro de 1939, não serão observadas as exigências deste artigo, devendo tais atos obedecer ao disposto na legislação anterior.

§ 3º Nos casos de desmembramento, parcelamento ou remembramento de imóveis rurais, a identificação prevista na alínea *a* do item 3 do inciso II do § 1º será obtida a partir de memorial descritivo, assinado por profissional habilitado e com a devida Anotação de Responsabilidade Técnica – ART, contendo as coordenadas dos vértices definidores dos limites dos imóveis rurais, georreferenciadas ao Sistema Geodésico Brasileiro e com precisão posicional a ser fixada pelo INCRA, garantida a isenção de custos financeiros aos proprietários de imóveis rurais cuja somatória da área não exceda a quatro módulos fiscais.

Art. 224. Nas escrituras, lavradas em decorrência de autorização judicial, serão mencionadas por certidão, em breve relatório com todas as minúcias que permitam identificá-los, os respectivos alvarás.

Art. 225. Os tabeliães, escrivães e juízes farão com que, nas escrituras e nos autos judiciais, as partes indiquem, com precisão, os característicos, as confrontações e as localizações dos imóveis, mencionando os nomes dos confrontantes e, ainda, quando se tratar só de terreno, se esse fica do lado par ou do lado ímpar do logradouro, em que quadra e a que distância métrica da edificação ou da esquina mais próxima, exigindo dos interessados certidão do registro imobiliário.

§ 1º As mesmas minúcias, com relação à caracterização do imóvel, devem constar dos instrumentos particulares apresentados em cartório para registro.

§ 2º Consideram-se irregulares, para efeito de matrícula, os títulos nos quais a caracterização do imóvel não coincida com a que consta do registro anterior.

§ 3º Nos autos judiciais que versem sobre imóveis rurais, a localização, os limites e as confrontações serão obtidos a partir de memorial descritivo assinado por profissional habilitado e com a devida Anotação de Responsabilidade Técnica – ART, contendo as coordenadas dos vértices definidores dos limites dos imóveis rurais, georreferenciadas ao Sistema Geodésico Brasileiro e com precisão posicional a ser fixada pelo INCRA, garantida a isenção de custos financeiros aos proprietários de imóveis rurais cuja somatória da área não exceda a quatro módulos fiscais.

Art. 226 – Tratando-se de usucapião, os requisitos da matrícula devem constar do mandado judicial.

De acordo com a doutrina, o princípio da especialidade é dividido em três categorias:

a) **Especialidade objetiva**, essencial para o Registro de Imóveis, se define pela completa e correta descrição e determinação de um imóvel, seu corpo físico, unitário e atual. De uma forma geral, todo registro só pode existir se seu imóvel estiver precisamente individualizado de tal forma que não se confunda com qualquer outro;

b) **Especialidade subjetiva** se refere à individualização, a caracterização das pessoas compreendidas no ato de registro; e

c) **Especialidade do fato jurídico** revelando-se sua natureza, extensão às condições que houver, seu valor. Tal especialidade, entretanto, não é admitida pelo ordenamento jurídico brasileiro, somente as duas primeiras foram aceitas devido a sua maior utilidade ou relevância registrária.

Marcelo Augusto Santana de Melo, elucida que "com o advento da Lei nº 10.267/2001, foi criada uma forma tecnicamente mais precisa de descrição de imóveis rurais, trata-se do **georreferenciamento**. A referida lei alterou a Lei 6.015/1973, exigindo a identificação dos imóveis rurais por meio desse sistema que será obtido a partir de memorial descritivo, assinado por profissional habilitado e com a devida Anotação de Responsabilidade Técnica – ART, contendo as coordenadas dos vértices definidores dos limites dos imóveis rurais, georreferenciadas ao Sistema Geodésico Brasileiro e com precisão posicional a ser fixada pelo INCRA (§ 3º do artigo 176). Assim, deu-se início a uma interconexão entre cadastro e registro, inédita no cenário mundial. O registro além de tecnicamente descrito, corresponderá exatamente à figura geométrica fática" (*Breves anotações sobre o Registro de Imóveis*. Jus Navigandi, Teresina, ano 8, nº 429, 9 set. 2004. Disponível em: http://jus2.uol.com.br/doutrina/texto.asp?id=5669).

A Lei do SERP **flexibilizou o princípio da especialidade subjetiva e da especialidade objetiva**. É o que se extrai do § 2º do art. 6º da Lei n. 14.382/2022, que estabelece que, no caso de extratos eletrônicos (vide item 1.7) para registro ou averbação de atos e negócios jurídicos relativos a bens imóveis, **ficará dispensada a atualização prévia da matrícula quanto aos dados objetivos ou subjetivos** previstos no art. 176 da Lei nº 6.015, de 31 de dezembro de 1973 (Lei de Registros Públicos), **exceto** dos dados imprescindíveis para comprovar a subsunção do objeto e das partes aos dados constantes do título apresentado, ressalvado o seguinte: I – não poderá ser criada nova unidade imobiliária por fusão ou desmembramento sem observância da especialidade; e II – subordinar-se-á a dispensa de atualização à correspondência dos dados descritivos do imóvel e dos titulares entre o título e a matrícula.

Sobre a flexibilização do princípio da especialidade, remetemos o leitor aos comentários do item 1.7 para complementação dos estudos.

1.4.6 PRINCÍPIO DA CONTINUIDADE OU TRATO SUCESSIVO

O art. 195 consagra o princípio da continuidade ou também chamado de trato sucessivo. Segundo este princípio, **nenhum título pode ingressar no registro de imóveis sem que o título anterior esteja registrado**, ou seja, deve haver uma ligação, um encadeamento entre o que será objeto de registro e aquilo que antecedeu a esse registro, de forma que não configure lacunas ou interrupções na seara registrária. Logo, a sequência entre um registro e outro não pode ser quebrada, vale dizer, para que uma pessoa possa transmitir a propriedade, o título de aquisição desta propriedade deve estar registrado.

Na lição de Afrânio de Carvalho "o princípio da continuidade, que se apóia no de especialidade, quer dizer que, em relação a cada imóvel, adequadamente individuado, deve existir uma cadeia de titularidades à vista da qual só se fará a inscrição de um direito se o outorgante dele aparecer no registro como seu titular. Assim, as sucessivas transmissões, que derivam umas das outras, asseguram sempre a preexistência de imóvel no patrimônio de transferente (*Registro de Imóveis*. Rio de Janeiro, Forense, 1976).

Marcelo Augusto Santana de Melo defende que "o princípio da continuidade ou do trato sucessivo tem alcance puramente formal, ou seja, visa a conseguir que o histórico registral de cada imóvel seja autêntico e completo, tomando-se necessária uma continuidade entre os lançamentos inerentes a esse mesmo imóvel. A análise a ser realizada é subjetiva, ou seja, deve observar o encadeamento dos titulares dos respectivos direitos reais" (*Breves anotações sobre o Registro de Imóveis*. Jus Navigandi, Teresina, ano 8, nº 429, 9 set. 2004. Disponível em: http://jus2.uol.com.br/doutrina/texto.asp?id=5669).

Serpa Lopes ensina que o princípio da continuidade é o "corolário lógico do sistema do Registro Imobiliário vigente" e o defende "como uma das principais peças de segurança do Registro Imobiliário, um dispositivo moralizador, um anteparo contra possíveis fraudes à função do Registro Imobiliário, como meio de prova do domínio" (Op. cit., p. 409).

São dois os principais artigos da Lei 6.015/73 que tratam do referido princípio:

> **Art. 195.** Se o imóvel não estiver matriculado ou registrado em nome do outorgante, o oficial exigirá a prévia matrícula e o registro do título anterior, qualquer que seja a sua natureza, para manter a continuidade do registro.
>
> **Art. 237.** Ainda que o imóvel esteja matriculado, não se fará registro que dependa da apresentação de título anterior, a fim de que se preserve a continuidade do registro.

O princípio da continuidade também é encontrado nos artigos 196, 197, 222, 223, 225, § 2º, 227, 228, 229, 230, 236 e 237 da Lei 6.015/1973.

Aludido princípio incide tanto nos **aspectos subjetivos** (nome do titular com sua qualificação) como nos **objetivos** (descrição do imóvel).

Frise-se que, em se tratando de **aquisições originárias**, como a desapropriação judicial e amigável, a arrematação (recentemente o Conselho Superior da Magistratura Paulista mudou de posicionamento alegando se tratar de forma derivada de aquisição de propriedade – há discussão) a usucapião e acessão, que são títulos que não derivam de qualquer outro, há controvérsia tanto na doutrina quanto na jurisprudência sobre a incidência do princípio da continuidade. No entanto, prevalece a dispensa da observância do aludido princípio, uma vez que não existe a relação jurídica entre o adquirente e o precedente titular do direito real, além da ausência de nexo causal entre o passado e a situação jurídica atual. Cabe observar que a maioria da doutrina entende que isso não se trata de exceção ao princípio da continuidade, mas que ele não deve ser observado nesses casos apenas em virtude da natureza jurídica da aquisição, qual seja, originária.

Luiz Guilherme Loureiro preconiza que "nem mesmo o desmembramento do cartório quebra a continuidade do registro. O desmembramento territorial do cartório, em virtude do qual o imóvel passou à jurisdição de nova serventia, não prejudica a continuidade dos assentos que lhe dizem respeito, uma vez que estes são transportados para o livro do novo cartório, mediante certidão atualizada (art. 229 da Lei 6.015/1973). A lei não diz o que se entende por "certidão atualizada", mas normas das Corregedorias de Justiça de vários Estados estipulam que é aquela expedida a menos de trinta dias. O princípio da continuidade nao exige, ainda, o registro anterior de promessa de venda que anteceder a escritura definitiva de compra e venda. O registro do contrato preliminar é optativo, não cabendo ao registrador impor sua inscrição prévia para o ingresso da escritura definitiva. O promitente comprador do imóvel, quando no contrato não tiver sido estipulada cláusula de arrependimento, pode registrar seu título para obter um direito real oponível *erga omnes* (direito real de aquisição). Entretanto, se não optar pelo registro, será titular de um direito obrigacional que o vincula unicamente ao compromissário vendedor. A ausência do registro da promessa de venda não ofende o princípio da continuidade, uma vez que na matrícula constará como proprietário do imóvel o outorgante da escritura definitiva de compra e venda. Não haverá lapso na cadeia de domínios" (Op. cit., p. 623).

A jurisprudência do Conselho Superior da Magistratura Paulista também entende assim:

> "Nesse caso, o registro da escritura pública de compra e venda é possível sem o prévio registro do compromisso de compra e venda e de sua cessão pelos compromissários adquirentes. Não há aí qualquer afronta ao princípio registrário da continuidade, entendimento, aliás, já acolhido por este Conselho Superior da Magistratura no julgamento da Ap. Cív. nº 43.481-0/9, da Comarca de São Vicente, relatada pelo eminente Des. Nigro Conceição."

Sobre a **continuidade e sucessão hereditária**, Francisco Eduardo Loureiro esclarece que "embora possam os herdeiros ceder a terceiros seus direitos hereditários, em razão da *saisine*, mediante escritura pública, ou termo nos autos, de acordo com o art. 1.793 do novo CC, o negócio de cessão não se mostra apto a ingressar no registro, em razão dos princípios da continuidade e da especialidade. Deve o cessionário habilitar-se nos autos do inventário ou arrolamento, ou pedir a sua abertura perante o juiz ou tabelião, para somente então obter o formal, ou a carta de adjudicação, ou o correspondente traslado, e, conhecendo os bens que lhe serão atribuídos, levar os títulos ao registro. Respeitada posição contrária, é o entendimento atualmente prevalecente em nossos tribunais, que afirmam, de modo seguro, que a 'cessão de direitos hereditários não tem efeito de transferir o domínio dos bens do espólio, mas, tão somente, o de transferir os direitos de sucessores, a serem apurados em inventário'. Evidente que desaparece a ofensa à continuidade, se a alienação de determinado bem ou conjunto de bens é feita pelo espólio, representado pelo inventariante e autorizado por alvará judicial" (Op. cit., p. 1221).

No que se refere à **continuidade e a aquisição de direitos reais** pelo casamento, ou outros modos previstos em lei, independentemente do registro, o entendimento é unânime no sentido de que deve ser feita a prévia averbação do casamento, se do registro ou do título de alienação consta o alienante como casado. Dessa maneira, o princípio da continuidade fica resguardado.

Não é demais dizer que também tem relação com o princípio em questão o **princípio da disponibilidade**, que nada mais é senão um corolário do princípio da continuidade. É que somente pode transferir a propriedade a pessoa que tem o imóvel registrado em seu próprio nome. Além disso, o imóvel somente estará disponível se não existir sobre ele qualquer gravame ou ônus; caso contrário, sua disponibilidade estará comprometida.

Francisco Eduardo Loureiro, citando Afrânio de Carvalho, enumera algumas situações que são corolário do princípio da continuidade. Veja-se:

> "1 – Não se pode inscrever nenhum direito real, sem que conste previamente inscrito o titular do domínio do imóvel sobre o qual aquele incida.
>
> 2 – Se o titular do domínio contrair casamento no regime da comunhão de bens, não poderá vender, nem hipotecar o imóvel, ainda que com o consentimento do cônjuge, sem conste do registro a copropriedade deste (averbação do casamento).
>
> 3 – Em geral, posto o imóvel em condomínio, não pode um só dos condôminos vendê-lo, ou dá-lo em hipoteca em sua totalidade, por não estar inscrito como titular único.
>
> 4 – Distratada uma sociedade, o sócio que ficar com o imóvel de propriedade dela não poderá vendê-lo, sem que o primeiro registre sua escritura de aquisição, lavrada conjuntamente com o distrato, ou em separado.
>
> 5 – Falecido o titular do domínio do imóvel, o herdeiro não pode vende-lo, nem dá-lo em hipoteca, sem que primeiro registre a sua carta de adjudicação do imóvel
>
> 6 – Se, registrada a carta de adjudicação do herdeiro único, este vender o imóvel, seu adquirente levará a melhor sobre o eventual adquirente do *de cujus*, que haja omitido o registro tempestivo de sua aquisição" (Op. cit., p. 1227).

1.4.7 PRINCÍPIO DA UNITARIEDADE MATRICIAL

Cada imóvel será objeto de uma matrícula e cada matrícula descreverá apenas um imóvel. Tal princípio encontra-se expresso no art. 176, § 1º, nestes termos:

> **Art. 176** – O Livro nº 2 – Registro Geral – será destinado, à matrícula dos imóveis e ao registro ou averbação dos atos relacionados no art. 167 e não atribuídos ao Livro nº 3.
>
> § 1º A escrituração do Livro nº 2 obedecerá às seguintes normas:
>
> I – cada imóvel terá **matrícula própria**, que será aberta por ocasião do primeiro ato de registro ou de averbação caso a transcrição possua todos os requisitos elencados para a abertura de matrícula;

Nas palavras de Ricardo Henry Marques Dip, a unitariedade exige que "a matriz abranja a integralidade do imóvel, e que a cada imóvel corresponda única matrícula. A agregação de prédios contíguos supõe a unidade social ou econômica do todo, formado com a anexação dos imóveis antes autônomos, de sorte que não se vislumbra exceção à rígida concepção de unitariedade perfilhada pelo direito brasileiro. A expressão "cada imóvel" contida no referido artigo 176 da Lei 6.015/73 significa unidade territorial com continuidade de área, contornos definidos e individualizada de outras glebas" (*Da Unitariedade Matricial*, Revista de Direito Imobiliário nº 17/18 – Jan/Dez. de 1986).

A matrícula deve compreender o imóvel em sua integralidade. Em razão disso, é irregular a abertura de matrícula para parte ideal. Será, igualmente, irregular a abertura de matrícula de parte do imóvel, sobre a qual tenha sido instituída servidão, que, corretamente, deverá ser registrada na matrícula do imóvel todo. A fração ideal é a parte do todo, caso em que se fosse matriculada, duas matrículas surgiriam ao mesmo tempo, a matrícula da fração ideal e a matrícula do todo, o que é expressamente vedado pelo novo sistema registral.

Nas palavras de Marcelo Augusto Santana de Melo, "é expressamente vedada a abertura de matrícula envolvendo parte ideal de imóvel, o que era possível no sistema das transcrições, onde se era transcrito o título que muitas vezes envolvia parte ideal de imóvel, devendo ser recomposto o imóvel todo para se abrir a matrícula" (*Breves anotações sobre o Registro de Imóveis*. Jus Navigandi, Teresina, ano 8, nº 429, 9 set. 2004. Disponível em: http://jus2.uol.com.br/doutrina/texto.asp?id=5669).

O Conselho Superior da Magistratura Paulista também vem decidindo pela inviabilidade da abertura da matrícula sem que se compreenda todas as partes do imóvel, ou seja, sua totalidade.

A matrícula de imóveis é considerada a principal inovação da Lei 6.015/1973. O sistema registral imobiliário brasileiro adotou o **fólio real** em substituição ao fólio pessoal.

O sistema de fólio real estabelece que todos os lançamentos de direitos reais são organizados em função do imóvel em relação ao qual estes direitos se refiram, enquanto o sistema de fólio pessoal preconiza que a organização se dá em razão das pessoas envolvidas na relação obrigacional independentemente do imóvel que esteja envolvido na transação.

Com a instauração do novo sistema registral imobiliário, qual seja, o fólio real, cada imóvel deve corresponder uma matrícula, que via de regra será aberta no momento da efetivação do primeiro registro na vigência da Lei 6.015/1973 ou de averbação caso a transcrição possua todos os requisitos elencados para a abertura de matrícula. Alterou-se a lógica do sistema registral imobiliário ao optar pela matrícula, privilegiando o fólio real em detrimento do fólio pessoal (transcrição). Assim, a matrícula passou a ser o núcleo do Registro de Imóveis não atingindo, entretanto, a essência do ato registral, pois é a partir desta que agora ocorre a constituição, desconstituição e declaração dos direitos.

No dizer de Sérgio Jacomino, a matrícula no sentido lato de registro, é a primeira inscrição no fólio real, subentendendo-se:

a) que se trata de um registro jurídico – para afastar a ideia de que a matrícula seria tão-só um ato cadastral;
b) que estamos diante de um ato jurídico cuja consequência imediata é fixar o atributo de dominialidade, enunciando a situação jurídica do imóvel e;
c) que a matrícula, entendida como ato jurídico de inscrição, pode apresentar nítida distinção em relação ao fólio real, que é o suporte da inscrição.

A matrícula é ato obrigatório do oficial registrador e antecedente de qualquer registro.

Convém apresentar ainda a norma prevista no art. 337 do Código Nacional de Normas, a relativa à unicidade da matrícula. Para maior clareza, detalharei cada parte do artigo:

Artigo 337

Caput: Art. 337. Cada imóvel deverá corresponder a uma única matrícula (o imóvel não pode ser matriculado mais de uma vez), e cada matrícula a um único imóvel (não é possível que a matrícula se refira a mais de um imóvel), na forma do inciso I do § 1.º do art. 176 da Lei n. 6.015, de 31 de dezembro de 1973.

- **Regra da Unicidade:** Isso significa que um imóvel não pode ser matriculado mais de uma vez, e uma matrícula não pode se referir a mais de um imóvel. Esta regra está de acordo com o inciso I do § 1.º do art. 176 da Lei n. 6.015.

§ 1.º: Se o mesmo imóvel for objeto de mais de uma matrícula, o oficial de registro de imóveis representará ao juiz competente com proposta de bloqueio administrativo de todas (§ 3.º e § 4.º do art. 214 da Lei n. 6.015, de 31 de dezembro de 1973), e a abertura de nova matrícula dependerá de retificação.

- **Multiplicidade de Matrículas:** Se o mesmo imóvel tiver mais de uma matrícula, o oficial de registro de imóveis deve comunicar ao juiz competente, propondo o bloqueio administrativo de todas as matrículas existentes. Para abrir uma nova matrícula, será necessário realizar uma retificação.

§ 2.º: Se o imóvel estiver descrito por partes, em matrículas ou transcrições diversas, nova descrição unificada deverá ser obtida, se necessário, por meio de retificação, ressalvadas as hipóteses em que há regulamentação de tais situações pelas corregedorias-gerais de Justiça.

- **Imóveis Descritos por Partes:** Se um imóvel estiver descrito por partes em matrículas ou transcrições diversas, será necessária uma descrição unificada, obtida, se necessário, por meio de retificação. Exceções existem quando há regulamentação específica das corregedorias-gerais de Justiça para tais situações.

§ 3.º: Se houver mais de um imóvel na mesma matrícula, serão abertas matrículas próprias para cada um deles, ainda que a relativa descrição, de um ou de todos, não atenda por inteiro aos requisitos de especialidade objetiva ou subjetiva, caso em que o oficial de registro de imóveis também representará ao juízo competente com proposta de bloqueio administrativo daquelas que estiverem deficientes.

- **Mais de um Imóvel na Mesma Matrícula:** Se houver mais de um imóvel registrado na mesma matrícula, matrículas próprias serão abertas para cada imóvel. Mesmo que a descrição de um ou todos os imóveis não atenda completamente aos requisitos de especialidade objetiva ou subjetiva, o oficial de registro de imóveis deve comunicar ao juiz competente, propondo o bloqueio administrativo das matrículas deficientes.

Interpretação:

1. **Unicidade e Exclusividade:** A principal diretriz do artigo é que cada imóvel deve ter sua própria matrícula exclusiva, **evitando duplicidade de registros.**
2. **Correção de Anomalias:** Caso existam erros, como a duplicidade de matrículas ou a inclusão de mais de um imóvel em uma única matrícula, o artigo estabelece procedimentos para corrigir essas situações através de retificação e bloqueio administrativo.
3. **Participação Judicial:** Sempre que houver necessidade de correção ou bloqueio administrativo, a

intervenção judicial é requerida para assegurar a legalidade e a correta manutenção dos registros imobiliários.

Este artigo tem a finalidade de manter a integridade e a clareza dos registros de imóveis, prevenindo fraudes e erros que possam comprometer a segurança jurídica das transações imobiliárias.

1.4.8 PRINCÍPIO DA INSCRIÇÃO

Pelo princípio da inscrição, entende-se que a transmissão de direito real por ato *inter vivos* somente se opera mediante o registro do título translativo no Registro de Imóveis. Assim, a **constituição, transmissão, modificação ou extinção dos direitos reais sobre imóveis só se operam entre vivos**, mediante sua **inscrição no registro**. Nesse sentido, o art. 172 da Lei 6.015/1973:

> **Art. 172.** No Registro de Imóveis serão feitos, nos termos desta Lei, o registro e a averbação dos títulos ou atos constitutivos, declaratórios, translativos e extintos de direitos reais sobre imóveis reconhecidos em lei, " *intervivos*" ou " *mortis* causa" quer para sua constituição, transferência e extinção, quer para sua validade em relação a terceiros, quer para a sua disponibilidade.

O art. 1.227 do Código Civil também possui norma nessa direção, veja-se:

> **Art. 1.227.** Os direitos reais sobre imóveis constituídos, ou transmitidos por atos entre vivos, só se adquirem com o registro no Cartório de Registro de Imóveis dos referidos títulos (arts. 1.245 a 1.247), salvo os casos expressos neste Código.

Afrânio de Carvalho considera dois enfoques oriundos do princípio da inscrição: o primeiro, **constitutivo**, uma vez que se relaciona com o surgimento do direito real; e o segundo, **declarativo**, que visa publicar os atos jurídicos produzindo seus efeitos, tutelando o patrimônio alcançado pelo registro (*Registro de Imóveis*. Rio de Janeiro, Forense, 1976).

Convém apresentar ainda a posição do Conselho Superior da Magistratura forma acerca desse princípio: como é elementar, em nosso direito positivo a aquisição da propriedade imóvel não se adquire *solu consensu*. Gera o contrato tão somente um direito de crédito, também denominado de direito pessoal. Tem o registro, no caso, efeito constitutivo, criador do direito real de propriedade. Em termos diversos, a criação, extinção ou transmissão de direitos reais sobre bens imóveis só se operam por ato *inter vivos*, mediante inscrição no registro (princípio da inscrição). Inviável, diante do acima exposto, sustentar, em nosso sistema jurídico, que a ultimação do contrato gera direito adquirido à transmissão da propriedade imobiliária no registro. Isso porque a mutação jurídico-real é um ato complexo (título somado a registro), que somente gerará direito adquirido se decorrido por inteiro, com todos os seus elementos constitutivos, na pendência da lei a que é contemporânea.

Frise-se que **atos *causa mortis*** também devem ser levados a registro, assim como os **atos declaratórios da propriedade** (ex.: usucapião). O fato desses atos declaratórios não constituírem o registro, levou Afrânio de Carvalho a designá-los de **declarativos-integrativos** porque eles visam integrar a cadeia filiatória (evitar lacunas), devendo assim, ser levados a registro para a manutenção do princípio da continuidade.

1.4.9 PRINCÍPIO DA DISPONIBILIDADE

O princípio da disponibilidade nada mais é senão um corolário do princípio da continuidade, uma vez que, somente pode transferir a propriedade, a pessoa que tem o imóvel registrado em seu próprio nome, sendo que o imóvel somente estará disponível se não existir sobre ele qualquer gravame ou ônus; caso contrário sua disponibilidade estará comprometida.

Dessa forma, ninguém pode transferir mais direitos do que os constituídos no Registro Imobiliário. A disponibilidade pode ser **física ou material**, ou seja, em relação a área disponível do imóvel, ou pode ser **jurídica**, quanto aos contratantes, projetando-se sobre estes o direito de propriedade.

No dizer de Marcelo Augusto Santana de Melo "alicerça-se o princípio da disponibilidade em uma primeira análise, na máxima de que ninguém poderá transmitir o que não possui. Assim, na transferência de domínio deve-se sempre respeitar a exata propriedade do alienante, principalmente em seus aspectos quantitativos. Mas não é só, o princípio da disponibilidade é aplicado também nos parcelamentos e apurações de remanescente de imóveis, isto quer dizer que, nessas hipóteses é preciso respeitar sempre a área total do imóvel primitivo a fim de que a transcrição ou matrícula possa ser esgotada e, por conseguinte, encerrada, afastando-se eventuais sobreposições. Essa análise, outrora, era feita somente nos aspectos quantitativos, ou seja, mero cálculo aritmético da área total do imóvel até proceder-se seu esgotamento, todavia, após o advento da Lei 6.015/73, passou-se à uma análise qualitativa ou geodésica, observando-se todas as características do imóvel, tais como medidas lineares, área total, confrontações e distância da próxima esquina" (*Breves anotações sobre o Registro de Imóveis*. Jus Navigandi, Teresina, ano 8, nº 429, 9 set. 2004. Disponível em: http://jus2.uol.com.br/ doutrina/ texto.asp?id=5669).

Na apelação Cível nº 023.792-0/1 do Conselho Superior da Magistratura Paulista, da lavra de Antônio Carlos Alves Braga, ficou esclarecido que "o sistema registrário submete-se a princípios específicos e, dentre eles, se destaca o denominado princípio da disponibilidade, que se vincula ao enunciado de que ninguém pode transferir mais direito do que tem ou, no dizer dos latinos, *Nemo dat quot non habet*. E a ideia de disponibilidade não pode ser dissociada da titularidade do direito real e da necessidade do registro, mesmo porque decorrente do artigo 859 do Código Civil, presume-se pertencer o direito real à pessoa em cujo nome se inscreveu ou transcreveu".

Ressalte-se que a disponibilidade deve ser analisada tanto no aspecto **quantitativo,** ou seja, se o proprietário detém a metragem quadrada alienada, como também no aspecto **qualitativo**, vale dizer, se o imóvel corresponde fisicamente ao alienado.

Nesse sentido, a apelação cível nº 000188-6/9 do Conselho Superior da Magistratura Paulista, da lavra de José Mário Antônio Cardinale:

> "O controle da disponibilidade registrária, que a especialidade impõe, significa de um lado, a segurança sobre a extensão aritmética do imóvel. Significa, de outro, a segurança sobre sua localização geodésica. É a disponibilidade quantitativa e a disponibilidade qualitativa."

1.4.10 PRINCÍPIO DA PARCELARIDADE OU CINDIBILIDADE DO TÍTULO

A cindibilidade é a possibilidade do oficial registrador fazer apenas o registro de parte dos objetos constantes do título. Ou seja, pode aproveitar ou extrair certos elementos nele constantes que poderão ingressar de imediato no fólio real, desconsiderando outros que ainda precisariam de outras providências. Assim, tal princípio possibilita que o interessado solicite o registro de apenas parte dos direitos apresentados no título, desde que exista possibilidade de separação dos referidos direitos.

O título formal pode cindir-se em dois casos: quando um único título referir-se a mais de um imóvel; ou quando um único título contiver dois ou mais fatos jurídicos relativos a um mesmo e único imóvel, contanto que esses fatos jurídicos não constituam negócio indissolúvel.

O princípio da cindibilidade resulta de construção jurisprudencial, sendo legítimo apenas a partir da entrada em vigor da Lei 6.015/1973, que trouxe o sistema de matrículas. A cindibilidade não era possível anteriormente à Lei de Registros Públicos devido ao sistema de transcrição.

Sobre este relevante princípio, a **I Jornada de Direito Notarial e Registral**, em seu Enunciado 28, prescreveu que:

> **Enunciado 28.** Poderá o oficial de Registro de Imóveis cindir o título apresentado a requerimento do interessado, com a prática do ato ou atos solicitados, salvo vedação legal ou interdependência entre os fatos inscritíveis a serem cindidos.

> ⊙ Justificativa: O princípio da cindibilidade consiste na separação do título em partes que lhe compõe. Ou seja, trata-se do registro de parcelas ou elementos de um mesmo documento, respeitada a rogação expressa.
>
> Antes da Lei de Registros Públicos e do sistema matricial, registrava-se o título em si e realizava-se a transcrição literal do título. Desse modo, não havia possibilidade para a cisão de seu conteúdo. Atualmente, os títulos são a causa do registro, ou seja, registram-se os fatos e direitos constantes dos títulos em sentido impróprio.
>
> Sendo assim, há que se reconhecer a possibilidade de cisão do título FORMAL (do instrumento), e não do título causal (do fato jurídico que, levado ao registro de imóveis, da causa jurídica à mutação jurídico-real). Ou seja, é possível cindir quando o mesmo título contiver dois ou mais fatos jurídicos relativos a um mesmo e único imóvel que não guardem relação de interdependência entre si.
>
> A possibilidade de cindibilidade é excepcional: deve ter rogação expressa; não é admitida em todas as hipóteses; não pode ser utilizada como burla ao sistema registral e seus princípios.
>
> Fundamenta-se a aplicação do princípio da cindibilidade na eficiência, na segurança jurídica do registro imobiliário e na produção de efeitos jurídicos reais para títulos próprios ou em sentido material que estejam aptos a registro.
>
> Importante ressaltar que é imprescindível deixar claro, na prática do ato registral do título cindido, quais fatos jurídicos foram inscritos.
>
> A situação de irregistrabilidade é situação provisória ou permanente de inviabilidade de registro lato sensu (= registro stricto sensu ou averbação) dos atos jurídicos, ou por não constarem legalmente como passíveis de serem inscritos no fólio real (= registráveis, segundo art. 167, I e II, LRP) ou por haver pendência a ser sanada pelo interessado. Ocorre que, como enunciado na norma-princípio da parcelaridade, há revestimentos documentais que ostentam duas ou mais situações jurídicas, o que permite que o Oficial de Registro recorte do teor documental aquilo que pode ser aproveitado e, por conseguinte, transporte para a matrícula (MIRANDA, F. C. Pontes de. Tratado de Direito Privado: tomo XI. São Paulo: Revista dos Tribunais, 2012, pp. 321-322).
>
> Colaciona-se abaixo jurisprudência envolvendo o princípio da cindibilidade:
>
> Dúvida inversa – Recurso – Doação – Prova do pagamento de tributo – Usufruto – Morte dos usufrutuários – Cindibilidade do título.
>
> 1. A dúvida inversa ou avessa é praxis que malfere o devido processo legal previsto no Código político brasileiro de 1988. Voto vencido do Relator designado que julgava extinto o processo, sem resolução de mérito.
>
> 2. A prova do recolhimento do tributo incidente no negócio jurídico objeto do título levado a registro é indispensável, mas na impossibilidade de exibir-se a guia de sua recolha do tributo ou certidão acerca do pagamento ainda que impossibilidade somente relativa (ou seja, mera *difficultas præstandi*) –, é suficiente a asserção tabelioa sobre a exibição da guia no plano probatório ad tabulam (vale dizer, sem excluir via própria contenciosa de eventual interesse do Fisco).
>
> 3. Neste quadro, todavia, o fato desse pagamento não está acomodado à fé pública notarial porque, enquanto fato, o pagamento não foi captado sensivelmente, *visu et auditu*, pelo tabelião. Se não se pode, com efeito, admitir

a convocação *fidei publicæ* sobre este capítulo da escritura, não por isto, contudo, o título deixa de estimar-se suficiente nesta parte, cabendo considerá-lo à conta da veracidade da assertiva do tabelião (presunção *hominis*), veracidade que, tanto quanto a fé pública, consiste num princípio de direito notarial. A distinção, entretanto, resguarda eventual direito de impugnação administrativa pela Fazenda credora, o que se recusaria se o ponto atraísse a fides pública.

4. O registro *stricto sensu* do usufruto também mencionado no título notarial é de todo desnecessário, quando, tal o caso, já a esta altura falecidos os usufrutuários. Seria uma inscrição contraeconômica, em todos os aspectos (economia de esforços, de tempo e de custos), incluído o do maltrato da economia de espaço na matrícula, afligindo a graficidade de sua visualização.

5. Mais agudamente, o princípio da legalidade impõe que apenas se efetuem inscrições eficazes in actu, de modo que o registro não se converta em local de acesso para não importa quais títulos ou mesmo se confunda com um mero arquivo de informações: *inutilitates in tabula illicita sunt*. De modo que não é só desnecessário, é ilegal o registro desse versado usufruto.

6. O título notarial divide-se em capítulos, com correspondente eficácia analítica, admitindo-se sua cindibilidade se não houver, com isto, ruptura da conexão dos capítulos que venha a interferir com a integral validade dos fatos, atos ou negócios jurídicos objeto da escritura.

7. Vencido, em questão preliminar, o Relator designado, deram provimento ao recurso, em votação unânime, para registrar a doação, dispensados, contudo, o registro do usufruto (constante do título) e a averbação de cancelamento deste mesmo usufruto.

(TJSP – Apelação 1058111-29.2015.8.26.0100).

Registro de Imóveis - Carta de arrematação expedida em processo judicial, com descrição de edificação de prédio sobre o terreno não constante do fólio real - Registro da transmissão do terreno pela aplicação do princípio da cindibilidade do título, com dispensa da apresentação da CND do INSS -Aplicação do subitem 106.1 do Cap. XX das NSCGJ e OS INSS/DAF n. 207/99 - Averbação posterior da construção possível, condicionada, porém, à apresentação pelo interessado da CND do INSS relativa à obra - Situações diversas com tratamento normativo igualmente diverso - Precedentes do Conselho Superior da Magistratura - Recurso não provido.

(CGJSP - PROCESSO: 3.274/2008).

1.4.10.1 ANÁLISE DE CASO PRÁTICO SOBRE O PRINCÍPIO DA CINDIBILIDADE

No dia 11 de outubro de 2023, o Conselho Superior da Magistratura do Tribunal de Justiça de São Paulo (TJ-SP) julgou procedente uma dúvida registral levantada pelo Oficial do Registro de Imóveis. O caso envolvia a inscrição de um pacto antenupcial no Registro de Imóveis.

O casal havia celebrado uma escritura pública de pacto antenupcial, optando pelo regime de separação total de bens. No entanto, o Oficial do Registro de Imóveis identificou uma disposição no pacto que considerou ilegal. A referida disposição envolvia a renúncia ao direito sucessório, algo expressamente vedado pelo artigo 426 do Código Civil. Este artigo proíbe pactos sucessórios, ou seja, a renúncia antecipada de direitos hereditários por parte dos futuros herdeiros antes do falecimento do titular dos bens.

A decisão do tribunal destacou a importância do princípio da legalidade estrita no sistema de registros públicos. Esse princípio exige que todos os atos registrados estejam em total conformidade com a legislação vigente. Diante disso, o tribunal concluiu que o pacto antenupcial, contendo a disposição ilegal, não poderia ser registrado no Registro de Imóveis.

Além disso, o tribunal também analisou um pedido subsidiário de cindibilidade do título, no qual se solicitava o registro apenas das partes legais do pacto antenupcial, excluindo a disposição ilegal. No entanto, o pedido foi negado, pois o tribunal entendeu que o título, em sua totalidade, não comportava registro devido à disposição vedada pelo artigo 426 do Código Civil.

Dessa forma, a apelação interposta foi negada, mantendo a decisão original de que o pacto antenupcial, tal como apresentado, não poderia ser registrado no Registro de Imóveis.

A decisão foi publicada em 17 de outubro de 2023, com a seguinte ementa:

> Registro de Imóveis – Dúvida julgada procedente – Escritura pública de pacto antenupcial – Regime convencional de separação total de bens – Existência de disposição no pacto estabelecido que, segundo o Oficial, não comporta ingresso no Registro de Imóveis porque ilegal – Renúncia ao direito sucessório – Artigo 426 do Código Civil que veda o pacto sucessório – Sistema dos registros públicos em que impera o princípio da legalidade estrita – Pedido subsidiário de cindibilidade do título que não comporta acolhimento – Título que, tal como se apresenta, não comporta registro – Apelação a que se nega provimento.

1.4.11 PRINCÍPIO DA PRESUNÇÃO E FÉ PÚBLICA

A fé pública inerente ao registro e a presunção de domínio estão intrinsecamente ligadas à validade do negócio jurídico. O título só será registrado se obedecer aos requisitos legais, presumindo-se que é perfeitamente válido o negócio jurídico que originou o título registrado, outorgando a seu titular uma presunção *juris tantum* de domínio, ou seja, **presunção relativa** que pode ser contestada por terceiros em ação própria, cabendo ao contestante o ônus da prova. Frise-se que a presunção é relativa, vale dizer, admite-se prova em contrário.

No Brasil, existe uma única forma de registro que goza de **presunção absoluta**, que é o chamado Registro *Torrens*. Trata-se de forma de registro diferenciada, pois uma vez efetivado, fornece ao proprietário um título com força absoluta, contra o qual não se admite prova em contrário.. Esse registro somente é permitido para imóveis rurais, após um processo muito rigoroso especificado em lei (artigos 277 a 288 da Lei 6.015/1973).

Afrânio de Carvalho esclarece que estes dois princípios têm cada qual seu significado próprio, mas foram amalgamados durante certo tempo no nosso país por uma corrente da doutrina que pretendeu dar ao primeiro, previsto na lei, a eficácia do segundo, omitido nela. Ao passo que o primeiro reforça a eficácia da inscrição, sem a tornar, contudo, saneadora, pois mantém o primado final do direito subjetivo, o segundo abre uma brecha nesse primado ao admitir que a inscrição se torne saneadora relativamente ao terceiro de boa-fé que, confiando nela, adquire o direito. A regra é a tutela do direito subjetivo, ou a segurança jurídica, a exceção é a tutela do terceiro de boa-fé, ou a segurança do comércio." O referido autor ainda comenta que: "Embora o princípio de fé pública se circunscreva à transmissão negocial, a diferença de segurança que disso resulta entre os atos negociais e os atos judiciais de aquisição tende, entre nós, a dissipar-se na prática graças às cautelas tomadas para o processamento dos segundos. Para que os atos judiciais de aquisição não discrepem dos atos negociais na menção dos requisitos de inscrição, o Código de Processo Civil exige a especialização dos imóveis e a indicação do número de inscrição do título anterior tanto na descrição dos bens em inventário, como no edital de praça (CPC, artigo 993) (*Registro de Imóveis*. Rio de Janeiro: Forense, 1976, p. 167).

A presunção tem previsão no parágrafo 2º do art. 1.245 do Código Civil, que assim estabelece: "O registro, enquanto não cancelado, produz todos os efeitos legais ainda que, por outra maneira, se prove que o título está desfeito, anulado, extinto ou rescindido". Com regra idêntica, o art. 252 desta Lei dos Registros Públicos preceitua que "o registro, enquanto não cancelado, produz todos os efeitos legais ainda que, por outra maneira, se prove que o título está desfeito, anulado, extinto ou rescindido".

Há uma parte da doutrina que observa que a inscrição gera a presunção do direito, enquanto o cancelamento gera a presunção da inexistência do direito. Por isso, eles chamam essas duas situações de presunção em sentido positivo e presunção em sentido negativo.

No tocante à fé pública, ela é atestada no art. 3º da Lei dos Notários e dos Registradores (Lei 8.935/1994), que assim dispõe: "Notário, ou tabelião, e oficial de registro, ou registrador, são profissionais do direito, dotados de fé pública, a quem é delegado o exercício da atividade notarial e de registro". A fé pública é a credibilidade especial que se confere a determinadas pessoas em função do cargo que ocupam.

Walter Ceneviva, ao discorrer sobre as características da fé pública, ensina que esta "corresponde à especial confiança atribuída por lei ao que o oficial declare ou faça, no exercício da função, com presunção de verdade" (*Lei dos notários e registradores comentada*. 4. ed. São Paulo: Saraiva, 2002).

1.4.12 PRINCÍPIO DA TERRITORIALIDADE

A circunscrição territorial é definida em lei e ao oficial registrador compete respeitar os limites da sua competência.

O princípio da territorialidade encontra-se previsto nos art. 12 da Lei 8.935/1994 e no art. 169 da Lei 6.015/1973, estabelecendo exceções nos incisos I e II, nos seguintes termos:

> **Art. 12** – Aos oficiais de registro de imóveis, de títulos e documentos e civis das pessoas jurídicas, civis das pessoas naturais e de interdições e tutelas compete a prática dos atos relacionados na legislação pertinente aos registros públicos, de que são incumbidos, independentemente de prévia distribuição, mas sujeitos os oficiais de registro de imóveis e civis das pessoas naturais às normas que definirem as circunscrições geográficas.
>
> **Art. 169.** Todos os atos enumerados no art. 167 desta Lei são obrigatórios e serão efetuados na serventia da situação do imóvel, observado o seguinte:
>
> I – as averbações serão efetuadas na matrícula ou à margem do registro a que se referirem, ainda que o imóvel tenha passado a pertencer a outra circunscrição, observado o disposto no inciso I do § 1º e no § 18 do art. 176 desta Lei;
>
> II – para o imóvel situado em duas ou mais circunscrições, serão abertas matrículas em ambas as serventias dos registros públicos; e
>
> III – (revogado);
>
> IV – aberta matrícula na serventia da situação do imóvel, o oficial comunicará o fato à serventia de origem, para o encerramento, de ofício, da matrícula anterior.
>
> § 1º O registro do loteamento e do desmembramento que abranger imóvel localizado em mais de uma circunscrição imobiliária observará o disposto no inciso II do *caput* deste artigo, e as matrículas das unidades imobiliárias deverão ser abertas na serventia do registro de imóveis da circunscrição em que estiver situada a unidade imobiliária, procedendo-se às averbações remissivas.
>
> § 2º As informações relativas às alterações de denominação de logradouro e de numeração predial serão enviadas pelo Município à serventia do registro de imóveis da circunscrição onde estiver situado o imóvel, por meio do Serp, e as informações de alteração de numeração predial poderão ser arquivadas para uso oportuno e a pedido do interessado.
>
> § 3º Na hipótese prevista no inciso II do *caput* deste artigo, as matrículas serão abertas:
>
> I – com remissões recíprocas;
>
> II – com a prática dos atos de registro e de averbação apenas no registro de imóveis da circunscrição em que estiver situada a maior área, averbando-se, sem conteúdo financeiro, a circunstância na outra serventia; e

III – se a área for idêntica em ambas as circunscrições, adotar-se-á o mesmo procedimento e proceder-se-á aos registros e às averbações na serventia de escolha do interessado, averbada a circunstância na outra serventia, sem conteúdo financeiro.

O princípio da territorialidade concede a qualquer interessado o **conhecimento da situação física e jurídica do imóvel**, afinal basta a ele saber a qual circunscrição pertence o imóvel para dirigir-se ao ofício imobiliário competente ou por meio eletrônico e solicitar uma certidão

1.4.13 PRINCÍPIO DO *TEMPUS REGIT ACTUM*

Segundo o princípio do *tempus regit actum*, a qualificação registral é feita pelo que se encontra estampado na matrícula no **momento da apresentação do título**, sendo irrelevante os negócios jurídicos extratabulares. Em outras palavras, não interessa a data da confecção do título causal, seja ele judicial, administrativo ou extrajudicial, e sim a **data em que este título ingressou no registro imobiliário.**

No momento em que o oficial registrador for fazer a análise de um título prenotado no Registro de Imóveis, prevalece o entendimento de que devem ser aplicados os apontamentos legais **atuais** do registro e não os vigentes na da lavratura da escritura. Em outras palavras, para fins de registro, não importa o momento da celebração do contrato, uma vez que, é na data da sua apresentação ao registro que o título é analisado.

É entendimento consolidado na doutrina e na jurisprudência que **todos os títulos, judiciais ou extrajudiciais**, submetem-se à qualificação registrária, aplicando-se os princípios e normas formais da legislação específica vigentes à época e no momento do seu ingresso no Registro. E, por força do princípio do *tempus regit actum*, os requisitos do registro devem estar preenchidos na data da prenotação. É atribuição e dever do oficial registrador proceder à qualificação registrária do título no instante da sua apresentação, independentemente da época em que foi lavrado.

O princípio do *tempus regit* é corolário do **princípio da prioridade**. Ademais, o princípio da prioridade e o *tempus regit actum* atuam como sanções àqueles que não publicizam suas aquisições. Quem compra e não registra assume o risco de ocorrer superveniência de lei nova que venha a inviabilizar o registro de seu título.

Estes dois princípios também encontram respaldo no art. 1.246 do Código Civil, cuja redação é a seguinte: "Art. 1.246. O registro é eficaz desde o momento em que se apresentar o título ao oficial do registro, e este o prenotar no protocolo".

1.4.14 PRINCÍPIO DA CONCENTRAÇÃO

Por este princípio entende-se que todos os direitos reais que incidem sobre determinado imóvel devem estar **reunidos na matrícula** dele, equivale dizer, quaisquer fatos que possam produzir efeitos no imóvel devem ser lançados na matrícula do imóvel, sob pena de não serem considerados pelo mundo jurídico.

Em outras palavras, o princípio da concentração preconiza que todas as informações e direitos que reflitam no registro imobiliário ou nas pessoas devem ser concentrados na matrícula, por aumentar a segurança da transação e diminuir o tempo e as despesas necessárias para que o comprador tenha conhecimento de qualquer tipo de alienação sobre o imóvel aniquilando os riscos com relação à situação jurídica deste.

João Pedro Lamana Paiva, um dos maiores defensores do princípio da concentração expõe que 'nenhum fato jurígeno ou ato jurídico que diga respeito à situação jurídica do imóvel ou às mutações subjetivas, pode ficar indiferente à inscrição na matrícula. Além dos atos traslativos de propriedade, das instituições de direitos reais, a ela devem acorrer os atos judiciais, os atos que restringem a propriedade, os atos constritivos (penhoras, arrestos, sequestros, embargos), mesmo de caráter acautelatório, as declarações de indisponibilidade, as ações pessoais reipersecutórias e as reais, os decretos de utilidade pública, as imissões nas expropriações, os decretos de quebra, os tombamentos, comodatos, as servidões administrativas, os protestos contra a alienação de bem, os arrendamentos, as parcerias, enfim, todos os atos e fatos que possam implicar na alteração jurídica da coisa, mesmo em caráter secundário, mas que possa ser oponível, sem a necessidade de se buscar alhures informações outras, o que conspiraria contra a dinâmica da vida" (*Revista de direito imobiliário nº 49*. Julho a dezembro, 2000).

Sobre a concentração dos direitos na matrícula, Afrânio de Carvalho salienta que "como a matrícula é o assento de propriedade do imóvel, todos os direitos reais incidentes sobre este devem ser inscritos na folha da matrícula: a folha se destina à concentração desses direitos. Dada a sua destinação específica a determinado imóvel, nela não devem ser inscritos direitos relativos a outro imóvel, ainda que resultante do mesmo instrumento" (Op. cit., p. 339).

Parte da doutrina entende que a regra que autoriza o princípio da concentração já estava introduzida no **art. 246 da Lei 6.015/1973**, quando expõe que "serão averbadas na matrícula as sub-rogações e outras ocorrências que por qualquer modo alterem o registro".

Em 7 de outubro de 2014, foi editada a Medida Provisória 656, convertida na Lei 13.097, de 19 de janeiro de 2015, que veio positivar e reforçar o **princípio da**

concentração na matrícula. Tal medida trouxe relevantes modificações no que se refere à segurança jurídica dos negócios imobiliários, reduzindo os riscos da evicção. O tema relacionado ao Registro de Imóveis está previsto **nos arts. 54 ao 62 da aludida lei.** Segundo o artigo 54, os negócios jurídicos que tenham por fim constituir, transferir ou modificar direitos reais sobre imóveis são eficazes em relação a atos jurídicos precedentes, nas hipóteses em que não tenham sido registradas ou averbadas na matrícula do imóvel as seguintes informações:

> I – registro de citação de ações reais ou pessoais reipersecutórias;
>
> II – averbação, por solicitação do interessado, de constrição judicial, de que a execução foi admitida pelo juiz ou de fase de cumprimento de sentença, procedendo-se nos termos previstos no art. 828 da Lei nº 13.105, de 16 de março de 2015 (Código de Processo Civil);III – averbação de restrição administrativa ou convencional ao gozo de direitos registrados, de indisponibilidade ou de outros ônus quando previstos em lei; e
>
> IV – averbação, mediante decisão judicial, da existência de outro tipo de ação cujos resultados ou responsabilidade patrimonial possam reduzir seu proprietário à insolvência, nos termos do inciso IV do *caput* do art. 792 da Lei nº 13.105, de 16 de março de 2015 (Código de Processo Civil).
>
> § 1º Não poderão ser opostas situações jurídicas não constantes da matrícula no registro de imóveis, inclusive para fins de evicção, ao terceiro de boa-fé que adquirir ou receber em garantia direitos reais sobre o imóvel, ressalvados o disposto nos arts. 129 e 130 da Lei nº 11.101, de 9 de fevereiro de 2005, e as hipóteses de aquisição e extinção da propriedade que independam de registro de título de imóvel.
>
> V - averbação, mediante decisão judicial, de qualquer tipo de constrição judicial incidente sobre o imóvel ou sobre o patrimônio do titular do imóvel, inclusive a proveniente de ação de improbidade administrativa ou a oriunda de hipoteca judiciária.
>
> § 2º Para a validade ou eficácia dos negócios jurídicos a que se refere o *caput* deste artigo ou para a caracterização da boa-fé do terceiro adquirente de imóvel ou beneficiário de direito real, não serão exigidas:
>
> I – a obtenção prévia de quaisquer documentos ou certidões além daqueles requeridos nos termos do § 2º do art. 1º da Lei nº 7.433, de 18 de dezembro de 1985; e
>
> II – a apresentação de certidões forenses ou de distribuidores judiciais.

Em outras palavras, o que se estabelece é que todo ato, seja ele **judicial, administrativo ou voluntário,** que diga respeito ao bem ou a seu titular deve estar inscrito na matrícula do imóvel, com a finalidade de conhecimento de terceiros.

Assim, com a vigência da Lei 13.097/2015, ao examinar a certidão da matrícula na Serventia Imobiliária, o comprador estará ciente se existem ou não existem, atos que possam atingir o imóvel que ele está adquirindo. O que não estiver constando na matrícula do imóvel, não atinge o imóvel. É certo o entendimento de Marcelo de Rezende Campos Marinho Couto "que embora pareça que a norma diga respeito apenas a ações judiciais e restrições administrativas, uma leitura atenta nos mostra que qualquer titular de direito real não registrado correrá grande risco ao não providenciar o imediato registro de seu título" (*Princípio da Concentração da Matrícula – MP 656/2014.* [s. l. s. n]).

A Lei 14.825 acrescentou o inciso V ao Art. 54 da Lei 13.097, ampliando o escopo das averbações obrigatórias, incluindo especificamente constrições judiciais de diversas naturezas. O objetivo dessa medida é assegurar que todas as constrições judiciais incidentes sobre um imóvel ou sobre o patrimônio do titular sejam devidamente averbadas no registro imobiliário. Isso inclui constrições decorrentes de ações de improbidade administrativa e constrições oriundas de hipoteca judiciária. Essa medida visa a aumentar a transparência e a segurança jurídica no mercado imobiliário, garantindo que todas as informações relevantes sobre o imóvel e seu titular estejam registradas.

A inclusão deste inciso facilita o processo de *due diligence* para advogados e compradores. Com todas as constrições judiciais averbadas, fica mais fácil verificar a situação legal do imóvel antes de qualquer transação. Além disso, a medida aumenta a segurança jurídica das transações imobiliárias, pois compradores potenciais terão acesso a todas as informações relevantes sobre o imóvel, evitando surpresas desagradáveis após a aquisição.

Proprietários de imóveis e interessados em transações imobiliárias devem estar cientes da necessidade de conformidade com a nova exigência de averbação, prevenindo litígios futuros. A inclusão de ações de improbidade administrativa como objeto de averbação enfatiza a importância de transparência e integridade, especialmente no uso de bens públicos e na atuação de agentes públicos.

A inclusão do inciso V ao art. 54 da Lei 13.097 pela Lei 14.825 representa um avanço significativo na regulamentação do registro de imóveis no Brasil. A medida não só facilita a *due diligence* para advogados e compradores, mas também reforça a segurança jurídica das transações imobiliárias, promovendo um ambiente mais transparente e confiável no mercado imobiliário.

No que tange às exceções do **art. 54 da Lei 13.097,** Luiz Guilherme Loureiro ensina que a norma em exame apenas afirma que as situações jurídicas pretéritas não são oponíveis ao adquirente do imóvel ou novo titular de direitos reais imobiliárias, quando não estiverem averbadas ou registradas na matrícula do imóvel em questão. Daí decorre que as situações jurídicas nascidas da situação proprietária ou do direito real imobiliário do novo titular obviamente produzem consequências ativas e passivas, como vimos acima, na sua posição jurídica. As outras exceções previstas no seu parágrafo primeiro do art. 54, referem-se às hipóteses de aquisição e extinção da propriedade que independam de registro de título de imóvel e os fatos previstos nos artigos 129 e 130 da Lei 11.101, de 2005. Logo, as situações jurídicas como a aquisição originária da propriedade ou outro direito real imobiliário podem ser opostas contra o novo adquirente do imóvel, ainda que não exista informação de ação de usucapião ou de outra medida na matrícula do imóvel. Em tais hipóteses o direito é adquirido ex novo, como se não existisse qualquer outro direito ou situação jurídica sobre o imóvel. Destarte, tal norma não pode ser oposta aos imóveis de domínio público, como os adquiridos por desapropriação direta ou indireta e os terrenos de marinha, por exemplo. Também são eficazes em relação ao novo adquirente, ainda que não publicados no RI, as situações jurídicas nascidas com o fato da insolvência do empresário ou sociedade empresaria, tais como a fraude à execução ou a fraude ao credor caracterizada pela alienação ou oneração de imóvel da massa falida, ainda que não tenha existido a intenção de fraudar credores (art. 129, Lei 11.101). Em outras palavras, não produzem efeitos em relação à massa falida os registros de direitos reais e de transferência de propriedade entre vivos, por título oneroso ou gratuito, ou a averbação relativa a imóveis realizados após a decretação da falência, salvo se tiver havido prenotação anterior. Mesmo antes da quebra, são revogáveis os atos praticados com a intenção de prejudicar credores, provando-se o conluio fraudulento entre o devedor e o terceiro que com ele contratar e o efetivo prejuízo sofrido pela massa falida (art. 130, LF) (Op. cit., 585).

A principal função do sistema registral é a de dar segurança jurídica ao tráfego imobiliário. Em razão disso, Marcelo Rodrigues doutrina que o princípio da concentração "tem por objetivo reduzir a opacidade do registro, combatendo os gravames ocultos – voluntário, legais, administrativos e judiciais – desestimulando a praxe viciosa dos denominados "contratos de gaveta" (Op. cit., p. 211).

Note-se que a nova lei tem por finalidade facilitar as transações imobiliárias prescindindo de lavratura da escritura pública, certidão de feitos ajuizados, minimizando os riscos do adquirente, do credor, ampliando a segurança no sistema do fólio real e, consequentemente, na economia e no país, o que assegurará investimento interno e diminuição dos juros bancários.

Oportuno expor ainda que a Lei n. 14.382/2022 também evidenciou o princípio da concentração dos atos na matrícula, ao ampliar os atos e negócios jurídicos passíveis de registro. Foi incluído no art. 167, I, além da **promessa de permuta**, seja em incorporação imobiliária, seja de forma autônoma (respectivamente itens 18 e 30), bem como ato do tombamento definitivo (item 46).

Dessa maneira, ampliou a transparência e assegurou maior publicidade, segurança e eficiência aos negócios jurídicos imobiliários.

1.5. TAXATIVIDADE DO ROL DO ART. 167

Cumpre observar que a maioria esmagadora da doutrina entende que o rol de atos registráveis previstos no artigo 167, I, da Lei de Registros Públicos é taxativo *(números clausus)*, **porém não exauriente**, ou seja, existem outros atos de registro em leis diversas, e não apenas na Lei de Registros Públicos.

Para uma compreensão mais aprofundada do tema, recomenda-se a leitura complementar da análise do art. 167, inciso I, item 48, introduzido pela Lei n. 14.711/2023.

Por sua vez, o art. 167, II do referido diploma legal, não exaure os casos de averbação, sendo apenas exemplificativo *(numerus apertus)*, pois o art. 246 desta lei admite outras hipóteses de averbações.

1.6 REGISTRO ELETRÔNICO DE IMÓVEIS – SREI

Em 19 de Junho de 2015, a Corregedoria Nacional de Justiça do CNJ editou o **Provimento 47,** que estabeleceu **diretrizes gerais para o sistema de registro eletrônico de imóveis, o SREI**.

Todavia, antes mesmo da edição deste Provimento, o CNJ disponibilizou o modelo para criação e implantação, nas serventias extrajudiciais, do Sistema de Registro Eletrônico Imobiliário. Com o objetivo de replicar a plataforma em todo o país, a Corregedoria Nacional de Justiça editou, no dia 2 de julho de 2014, a **Recomendação 14** para que as corregedorias dos tribunais dos estados pudessem seguir os parâmetros e requisitos constantes do modelo caso regulamentassem ou autorizassem a adoção do sistema de registro eletrônico. Recentemente esta recomendação foi revogada pelo Provimento CNJ n. 180/2024.

O Provimento CNJ 47/2015 foi revogado pelo **Provimento 89/2019** que passa a regulamentar o Sistema de Registro Eletrônico de Imóveis -SREI, o Serviço de Atendimento Eletrônico Compartilhado – SAEC, o acesso da Administração Pública Federal às informações do SREI e estabelece diretrizes para o estatuto do Operador Nacional do Sistema de Registro Eletrônico de Imóveis – ONR.

Dentre as **justificativas** para a edição do provimento, considerou-se:

I) A necessidade constante de aperfeiçoamento dos serviços extrajudiciais nos Estados e no Distrito Federal para proporcionar a melhor prestação de serviço ao cidadão;

II) Os princípios da supremacia do interesse público, da eficiência, da continuidade do serviço público e da segurança jurídica;

III) A necessidade de facilitar o intercâmbio de informações entre os ofícios de registro de imóveis, o Poder Judiciário, a administração pública e o público em geral, para maior eficácia e celeridade da prestação jurisdicional e do serviço público;

IV) Que compete ao Poder Judiciário regulamentar o registro público eletrônico previsto nos arts. 37 a 41 da Lei n. 11.977/2009;

V) Que compete à Corregedoria Nacional de Justiça estabelecer diretrizes para a implantação do registro eletrônico de imóveis em todo o território nacional, expedindo atos normativos e recomendações destinados ao aperfeiçoamento das atividades dos serviços de registro;

VI) As normas previstas no art. 76 da Lei n. 13.465/2017 que instituiu o Sistema de Registro Eletrônico de Imóveis;

IX) Que os estudos desenvolvidos pelo Conselho Nacional de Justiça para especificação da arquitetura geral do Sistema de Registro de Imóveis Eletrônico – SREI foram divulgados pela Recomendação CNJ n. 14/2014;

X) Que nos estudos divulgados pela Recomendação CNJ nº 14/2014 já havia previsão de identificação de cada imóvel por um código nacional de matrícula, que funcionará como chave primária, sendo referência única para acesso às matrículas que permanecem sediadas, mantidas e custodiadas em cada uma das unidades de registro de imóveis do país (arts. 22 a 26 da Lei n. 6.015/1973 c/c art.46 da Lei nº 8.935/1994);

XI) Que cabe à Corregedoria Nacional de Justiça exercer a função de agente regulador do Operador Nacional do Sistema de Registro Eletrônico de Imóveis – ONR e zelar pelo cumprimento de seu estatuto (art.76, § 4º da Lei n. 13.465/2017);

XII) As normas do Provimento n. 47, de 19 de junho de 2015 que determinou a criação de centrais de serviços eletrônicos compartilhados de registros de imóveis mediante ato normativo da Corregedoria-Geral de Justiça local;

XIII) Que compete às Corregedorias Gerais da Justiça dos Estados e do Distrito Federal e dos Territórios, no âmbito de suas atribuições, estabelecer normas técnicas específicas para a concreta prestação dos serviços registrais em meios eletrônicos;

XIV) Que o acesso da Administração Pública Federal às informações do Sistema de Registro Eletrônico de Imóveis – SREI, como previsto pelo art. 76, § 7º da Lei n. 13.465/2017, se operacionaliza através do Sistema Nacional de Gestão de Informações Territoriais – SINTER;

XV) Que o art. 76, § 4º da Lei n. 13.465/2017 estabeleceu que a Corregedoria Nacional de Justiça exercerá a função de agente regulador do Operador Nacional do Sistema de Registro Eletrônico de Imóveis – ONR e que zelará pelo cumprimento de seu estatuto.

O Sistema de Registro Eletrônico de Imóveis (SREI), previsto no art. 76 da Lei n. 13.465/2017, o Serviço de Atendimento Eletrônico Compartilhado (SAEC), o acesso da Administração Pública Federal às informações do Sistema de Registro Eletrônico de Imóveis (SREI), o estatuto do Operador Nacional do Sistema de Registro Eletrônico (ONR), a atuação da Corregedoria Nacional de Justiça como agente regulador do ONR, o custeio do SREI observará o disposto no Provimento n. 89/20219 e no Provimento n. 115/2021, sem prejuízo do disposto no Código Nacional de Normas, inclusive os arts. 220-A e seguintes.

Trataremos de forma individualizada cada um dos temas referidos.

1.6.1 DO CÓDIGO NACIONAL DE MATRÍCULAS

Sobre o Código Nacional de Matrículas (CNM), remeto o leitor aos comentários do art. 235-A, onde a matéria foi analisada e detalhada.

1.6.2 DO SISTEMA DE REGISTRO ELETRÔNICO DE IMÓVEIS – SREI

O Sistema de Registro Eletrônico de Imóveis (SREI) tem como objetivo a universalização das atividades de registro público imobiliário, a adoção de governança corporativa nas serventias de registros de imóveis e a instituição do sistema de registro eletrônico de imóveis, conforme previsto no art. 37 da Lei n. 11.977/2009. O SREI deve garantir a segurança da informação e a continuidade da prestação do serviço público de registro de imóveis, observando os padrões técnicos, critérios legais e regulamentares, e promovendo a interconexão das serventias.

Na interconexão de todas as unidades do serviço de registro de imóveis, o SREI promove a **interoperabilidade das bases de dados**, permanecendo tais dados nas serventias de registro de imóveis sob a guarda e conservação dos respectivos oficiais.

O art. 8º, § 3º do Provimento CNJ 89/2010 elenca os **elementos** do Sistema de Registro Eletrônico de Imóveis, a saber:

1. O registro imobiliário eletrônico;
2. Os repositórios registrais eletrônicos formados nos ofícios de registro de imóveis para o acolhimento

de dados e para o armazenamento de documentos eletrônicos;

3. Os serviços destinados à recepção e envio de documentos e títulos em formato eletrônico para o usuário que fez a opção pelo atendimento remoto, prestados pelo SAEC e pelas centrais de serviços eletrônicos compartilhados nos estados e no Distrito Federal;
4. Os serviços de expedição de certidões e de informações, em formato eletrônico, prestados aos usuários presenciais e remotos;
5. O intercâmbio de documentos eletrônicos e de informações entre os ofícios de registro de imóveis, o Poder Judiciário e a administração pública.

Frise-se que o SREI deve ser implementado e operado pelo Operador Nacional do sistema de Registro Eletrônico de Imóveis – ONR.

Por sua vez, são **integrantes** do SREI, sob coordenação do ONR:

1. Os oficiais de registro de imóveis de cada estado e do Distrito Federal;
2. O Serviço de Atendimento Eletrônico Compartilhado – SAEC, de âmbito nacional;
3. As centrais de serviços eletrônicos compartilhados criadas pelos respectivos oficiais de registro de imóveis em cada Estado e no Distrito Federal, mediante ato normativo da Corregedoria-Geral de Justiça local.

A viabilidade da implantação do registro imobiliário eletrônico depende de os ofícios de registro de imóveis adotarem os seguintes **parâmetros e rotinas operacionais:**

1. Numeração única de identificação do pedido, para o atendimento presencial e remoto, que identifica a serventia, o tipo de pedido e o número do pedido na própria serventia, sem prejuízo às regras de prioridade e precedência existentes na legislação;
2. O processamento do pedido apresentado presencialmente também deve ser realizado em meio eletrônico, devendo os documentos apresentados serem digitalizados e assinados no início do processo;
3. Estabelecimento da "primeira qualificação eletrônica" com o objetivo de permitir a migração de um registro de imóvel existente efetuado no livro em papel, seja transcrição ou matrícula, para o formato de registro eletrônico denominado matrícula eletrônica;
4. Anotação, na matrícula eletrônica, da situação jurídica atualizada do imóvel (descrição do imóvel, direitos reais sobre o imóvel e restrições existentes) após cada registro e averbação;
5. Utilização de objetos que representam a pessoa física ou jurídica e o imóvel envolvido na transação imobiliária como alternativa aos indicadores pessoal e real;
6. Registrar os eventos relevantes da operação interna do cartório, considerando como evento cada interação realizada em decorrência de um pedido, tais como, a entrada do pedido, entrada do título de suporte, recebimento e devolução de valores, comunicação de exigências, entrega da certidão, dentre outros;
7. A matrícula eletrônica deve conter dados estruturados que podem ser extraídos de forma automatizadas contendo seções relativas aos controles, atos e situação jurídica do imóvel, se constituindo em um documento natodigital de conteúdo estruturado.

É atribuição do Operador Nacional do Sistema de Registro de Imóveis Eletrônico – ONR disponibilizar aos oficiais de registro de imóveis, mecanismos de geração da numeração única de identificação do pedido.

Importante ressaltar que os oficiais de registro de imóveis continuam com a obrigação de manter, em segurança e sob seu exclusivo controle, indefinida e permanentemente, os livros, classificadores, documentos e dados eletrônicos, respondendo por sua guarda e conservação, inclusive após a implementação do registro imobiliário eletrônico.

Nos termos do Provimento n. 89/2019, os **documentos eletrônicos** apresentados aos ofícios de registro de imóveis, ou por eles expedidos, devem ser assinados com uso de certificado digital, segundo a Infraestrutura de Chaves Públicas Brasileira – ICP, e observarão a arquitetura dos Padrões de Interoperabilidade de Governo Eletrônico (e-Ping).

Ocorre que a Lei n. 14382/2022 **flexibilizou a assinatura eletrônica** para interação com as serventias extrajudiciais. Agora, o art. 17 da Lei n. 6.0151973, passa a vigorar com a seguinte redação:

> Art. 17, LRP.
>
> [...]
>
> § 1º O acesso ou o envio de informações aos registros públicos, quando realizados por meio da internet, deverão ser assinados com o **uso de assinatura avançada ou qualificada** de que trata o art. 4º da Lei nº 14.063, de 23 de setembro de 2020, nos termos estabelecidos pela Corregedoria Nacional de Justiça do Conselho Nacional de Justiça.
>
> § 2º Ato da Corregedoria Nacional de Justiça do Conselho Nacional de Justiça poderá estabelecer hipóteses de uso de assinatura avançada em atos que envolvam imóveis.

De acordo com o grau de segurança das assinaturas eletrônicas, classificam-se em:

1) assinatura eletrônica simples:

a) a que permite identificar o seu signatário;
b) a que anexa ou associa dados a outros dados em formato eletrônico do signatário;

2) **assinatura eletrônica avançada:** a que utiliza certificados não emitidos pela ICP-Brasil ou outro meio de comprovação da autoria e da integridade de documentos em forma eletrônica, desde que admitido pelas partes como válido ou aceito pela pessoa a quem for oposto o documento, com as seguintes características:
   a) está associada ao signatário de maneira unívoca;
   b) utiliza dados para a criação de assinatura eletrônica cujo signatário pode, com elevado nível de confiança, operar sob o seu controle exclusivo;
   c) está relacionada aos dados a ela associados de tal modo que qualquer modificação posterior é detectável;
3) **assinatura eletrônica qualificada:** a que utiliza certificado digital, nos termos do § 1º do art. 10 da Medida Provisória nº 2.200-2, de 24 de agosto de 2001.

No que tange à **a criação, atualização, manutenção e guarda permanente dos repositórios registrais eletrônicos,** é imperioso observar:

1. a especificação técnica do modelo de sistema digital para implantação de sistemas de registro de imóveis eletrônico, segundo a Recomendação n. 14, de 2 de julho de 2014, da Corregedoria Nacional de Justiça;
2. as Recomendações para Digitalização de Documentos Arquivísticos Permanentes de 2010, baixadas pelo Conselho Nacional de Arquivos – Conarq, ou outras que a sucederem; e
3. os atos normativos editados pela Corregedoria Nacional de Justiça e pelas corregedorias gerais de justiça dos estados e do Distrito Federal.

É obrigação do SREI viabilizar a utilização de novas tecnologias de informação e de comunicação, possibilitando a maior eficiência na prestação dos serviços com base em tecnologia aplicada e redução de prazos e custos, aumentando a segurança e celeridade do serviço público prestado ao cidadão usuário.

Convém ainda mencionar que, no dia 24 de março de 2021, o Conselho Nacional de Justiça editou o Provimento n. 115, que institui a receita do fundo para implementação e custeio do SREI e estabelece a forma do seu recolhimento pelas serventias do serviço de registro de imóveis.

1.6.3 DO SERVIÇO DE ATENDIMENTO ELETRÔNICO COMPARTILHADO – SAEC

O Serviço de Atendimento Eletrônico Compartilhado – SAEC é implementado e gerido pelo Operador Nacional do Sistema de Registro Eletrônico de Imóveis – ONR.

Trata-se de serviço destinado ao atendimento remoto dos usuários de todas as serventias de registro de imóveis do país por meio da internet, à consolidação de dados estatísticos sobre dados e operação das serventias de registro de imóveis, bem como ao desenvolvimento de sistemas de apoio e interoperabilidade com outros sistemas.

O SAEC constitui-se em uma **plataforma eletrônica centralizada** que recepciona as solicitações de serviços apresentadas pelos usuários remotos e as distribui às serventias competentes.

Nos termos do art. 17 do Provimento CNJ 89/2019, compete, ainda, ao SAEC:

1. Desenvolver indicadores de eficiência e implementar sistemas em apoio às atividades das Corregedorias Gerais de Justiça e da Corregedoria Nacional de Justiça, que permitam inspeções remotas das serventias;
2. Estruturar a interconexão do SREI com o SINTER – Sistema Nacional de Gestão de Informações Territoriais e com outros sistemas públicos nacionais e estrangeiros;
3. Promover a interoperabilidade de seus sistemas com as Centrais de Serviços Eletrônicos Compartilhados dos Estados e do Distrito Federal.

Além disso, o SAEC deve oferece ao usuário remoto os seguintes serviços eletrônicos imobiliários a partir de um ponto único de contato na internet:

1. Consulta de Informações Públicas como a relação de cartórios, circunscrição, tabela de custas e outras informações que podem ser disponibilizadas com acesso público e irrestrito;
2. Solicitação de Pedido que será protocolado e processado pela serventia competente, que compreende: informação de registro; emissão de certidão; exame e cálculo e registro.
3. Acompanhamento do Estado do Pedido já solicitado;
4. Cancelamento do Pedido já solicitado, desde que não tenha sido efetivado;
5. Regularização do Pedido quando há necessidade de alteração ou complementação de títulos ou pagamentos referentes a pedido solicitado quando permitido pela legislação;
6. Obtenção dos Resultados do Pedido, que compreende dentre outros: certidão, nota de exigência; nota de exame e cálculo.

O art. 19 estabelece quais são as classes de pedidos eletrônicos no âmbito do SAEC, a saber:

1. **Classe Tradicional,** compreendendo os seguintes tipos de pedido

a) Informação de Registro que será utilizada para o serviço de informação sobre situação da matrícula, pacto antenupcial ou outra;
b) Emissão de Certidão que será utilizada para o serviço de emissão de certidão;
c) Exame e Cálculo que será utilizada para o serviço de exame e cálculo;
d) Registro que será utilizada para o serviço de registro.

2. **Classe Ofício**, com o tipo de pedido Ofício Eletrônico que será utilizada para o serviço de tratamento de ofício eletrônico
3. **Classe Penhora,** compreendendo os seguintes tipos de pedido eletrônico, todos para serem utilizados no serviço de penhora de imóvel:
   a) Consulta de Penhora.
   b) Inclusão de Penhora.
   c) Exclusão de Penhora.
4. **Classe Indisponibilidade**, compreendendo os seguintes tipos de pedido eletrônico, todos para serem utilizados no serviço de indisponibilidade de bens imóveis:
   a) Consulta de Indisponibilidade.
   b) Inclusão de Indisponibilidade.
   c) Exclusão de Indisponibilidade.
5. **Consulta de Inexistência de Propriedade**, com o tipo de pedido Consulta de Inexistência de Propriedade, para ser utilizado no serviço de consulta de inexistência de propriedade a partir do CPF, notadamente pelos agentes financeiros imobiliários.

Importante frisar que não é faculdade, mas obrigação que todos os ofícios de registro de imóveis possuam um sistema eletrônico que possibilite realizar interações com o SAEC e com as centrais de serviços eletrônicos compartilhados para suportar o atendimento aos serviços eletrônicos, bem como o encaminhamento de estatísticas de operação.

Demais disso, não é menos relevante alertar que em todas as operações do SAEC devem ser obrigatoriamente respeitados os direitos à privacidade, à proteção dos dados pessoais e ao sigilo das comunicações privadas e, se houver, dos registros.

Por fim, é dever do SAEC observar os padrões e requisitos de documentos, de conexão e de funcionamento, da Infraestrutura de Chaves Públicas Brasileira – ICP e da arquitetura dos Padrões de Interoperabilidade de Governo Eletrônico (e-Ping).

1.6.4 DAS CENTRAIS DE SERVIÇOS ELETRÔNICOS COMPARTILHADOS DOS ESTADOS E DO DISTRITO FEDERAL

As centrais de serviços eletrônicos compartilhados são criadas pelos respectivos oficiais de registro de imóveis, mediante ato normativo da Corregedoria-Geral de Justiça local.

Essa norma já existia na maioria dos Estados.

É possível haver apenas uma **única** central de serviços eletrônicos compartilhados em cada um dos Estados e no Distrito Federal. Todavia, onde não seja possível ou conveniente a criação e manutenção de serviços próprios, o tráfego eletrônico far-se-á mediante central de serviço eletrônico compartilhado que funcione em outro Estado ou no Distrito Federal ou exclusivamente pelo SAEC.

O SAEC exerce a coordenação e o monitoramento das centrais de serviços eletrônicos compartilhados com a finalidade de universalização do acesso ao tráfego eletrônico e para que se prestem os mesmos serviços em todo o País, velando pela interoperabilidade do sistema.

Compete às centrais de serviços eletrônicos compartilhados, em conjunto com o SAEC, e na forma do regulamento do SREI:

1. O intercâmbio de documentos eletrônicos e de informações entre os ofícios de registro de imóveis, o Poder Judiciário, a administração pública e o público em geral;
2. A recepção e o envio de títulos em formato eletrônico;
3. A expedição de certidões e a prestação de informações em formato eletrônico;

É imprescindível que todas as solicitações sejam feitas por meio das centrais de serviços eletrônicos compartilhados, sendo enviadas ao ofício de registro de imóveis competente, que é o único responsável pelo processamento e atendimento.

Frise-se que, assim como no SAEC em todas as operações é imperioso o respeito aos direitos à privacidade, à proteção dos dados pessoais e ao sigilo das comunicações privadas e, se houver, dos registros.

Por derradeiro, vale mencionar que o Provimento CNJ n. 180/2024, analisado ao longo desta obra, proíbe a criação, implantação e manutenção de centrais de serviços eletrônicos de registros públicos descentralizados (estaduais ou regionais), exigindo que todas as unidades de serviço registral integrem seus sistemas à plataforma Serp. As centrais estaduais ou regionais ainda em funcionamento deverão ser desativadas até 30 de junho de 2025.

1.6.5 DO ACESSO ÀS INFORMAÇÕES DO SREI PELA ADMINISTRAÇÃO PÚBLICA FEDERAL

O acesso da Administração Pública Federal às informações do Sistema de Registro Eletrônico de Imóveis – SREI se operacionaliza através do **Sistema Nacional de Gestão de Informações Territoriais – SINTER**, estudado com mais detalhes nas próximas páginas desta obra.

O Operador Nacional do Sistema de Registro Eletrônico de Imóveis – ONR deve estruturar, através do SAEC, a interconexão do SREI com o Sistema Nacional de Gestão de Informações Territoriais (SINTER).

O Manual Operacional do Sistema Nacional de Gestão de Informações Territoriais – SINTER, submetido ao Conselho Nacional de Justiça para a sua eficácia em face dos registradores de imóveis e notários, deve ser pautado na harmonia e operacionalidade do SINTER com o Sistema de Registro Eletrônico de Imóveis – SREI.

Ademais, deverá ser prevista, no Manual Operacional, a forma de disponibilização, aos registradores de imóveis e aos notários, do acesso à ferramenta gráfica de visualização dos polígonos limítrofes de imóveis sobrepostos às imagens georreferenciadas, para permitir-lhes obter informações cadastrais e geoespaciais de interesse para os atos praticados em suas serventias.

1.6.5.1 O SISTEMA NACIONAL DE GESTÃO DE INFORMAÇÕES TERRITORIAIS – SINTER

Inicialmente, importante anotar que o Decreto n. 8.764/2016, que instituiu o SINTER, foi recentemente revogado pelo **Decreto n. 11.208, de setembro de 2022**, que **dispõe sobre o Sistema Nacional de Gestão de Informações Territoriais e sobre o Cadastro Imobiliário Brasileiro e regula o compartilhamento de dados relativos a bens imóveis.**

O Sinter é um sistema de gestão pública que integra os dados **cadastrais, geoespaciais, fiscais** e **jurídicos** relativos a bens imóveis e aos assim considerados para efeitos legais, gerados pelos entes federativos; **pelos serviços registrais e notariais;** e por órgãos, entidades, concessionários e permissionários de serviços que gerem dados relativos a bens imóveis.

Conforme o art. 3º, considera-se para efeitos neste Decreto:

> I – acordo de cooperação técnica – instrumento jurídico formalizado entre órgãos e entidades da administração pública ou entre estes e entidades privadas sem fins lucrativos, com o objetivo de firmar interesse de mútua cooperação técnica para a execução de programas de trabalho, projetos, atividades ou eventos de interesse recíproco;
>
> II – cadastro de origem – cadastro de imóveis urbanos e rurais, públicos e privados, localizados no território nacional, com dados georreferenciados ao Sistema Geodésico Brasileiro, os quais alimentam os bancos de dados do Sinter para fins de inscrição no CIB ou de formação de camada temática. Sobre o CIB, trata-se de um banco de dados integrante do Sinter, no qual serão inscritas as unidades imobiliárias e os BICE (vide item XII) encaminhados pelos cadastros de origem que atenderem aos critérios de atribuição do código de inscrição no CIB, definidos em ato do Secretário Especial da Receita Federal do Brasil do Ministério da Economia, a quem compete a sua regulamentação.
>
> III – camada temática – conjunto de informações sobre tema específico relacionado com as informações territoriais, como ambiental, fiscal, agrário, de infraestrutura, socioeconômico, entre outros;
>
> IV – compartilhamento de dados – disponibilização de dados pelo gestor para determinado recebedor de dados;
>
> V – convênio – instrumento de ajuste firmado entre o Poder Público e entidades públicas ou privadas, sem fins lucrativos, para a consecução de objetivos de interesse comum, por meio de colaboração recíproca;
>
> VI – dado – valor ou expressão resultante de processo de mensuração de fonte submetida à análise ou à observação;
>
> VII – informação – resultado do processamento, da manipulação e da interpretação de dados organizados ou obtidos com base em documentos, de modo a constituir significado para os destinatários;
>
> VIII – mar territorial – faixa de doze milhas marítimas de largura, medida a partir da linha de baixa-mar do litoral continental e insular brasileiro, tal como indicada nas cartas náuticas de grande escala, reconhecidas oficialmente pelo País;
>
> IX – zona econômica exclusiva – faixa que se estende das doze às duzentas milhas marítimas, contadas a partir das linhas de base que servem para medir a largura do mar territorial;
>
> X – plataforma continental – leito e subsolo das áreas submarinas que se estendem além do mar territorial, em toda a extensão do prolongamento natural do território terrestre, até o bordo exterior da margem continental, ou até uma distância de duzentas milhas marítimas das linhas de base, a partir das quais se mede a largura do mar territorial, nos casos em que o bordo exterior da margem continental não atinja essa distância;
>
> XI – unidade imobiliária – imóvel situado na área urbana ou rural, inscrito em cadastro de imóveis urbanos, rurais ou públicos, associado a um ou mais objetos geográficos; e
>
> XII – Bens Imóveis de Características Especiais – **BICE** – bens públicos ou privados de uso especial e os bens do patrimônio cultural integrantes do domínio da União, dos Estados, do Distrito Federal e dos Municípios, incluído o espaço aéreo sobre esses bens, o subsolo e as áreas do mar territorial, da zona econômica exclusiva e da plataforma continental.

O art. 5º estabelece que serão **usuários** do Sinter:

> I – os geradores de dados e de informações:
>
> a) a Secretaria Especial da Receita Federal do Brasil do Ministério da Economia;

b) os órgãos e as entidades da administração pública, direta e indireta, da União, dos Estados, do Distrito Federal e dos Municípios, do Ministério Público e dos demais Poderes;

c) os serviços registrais e notariais; e

d) outros órgãos, entidades, concessionários e permissionários de serviços públicos que gerem dados relativos a bens imóveis; e

II – os consulentes de dados e de informações:

a) os órgãos e entidades previstos no inciso I do *caput*; e

b) as pessoas naturais e as pessoas jurídicas de direito público ou privado.

Parágrafo único. Os usuários previstos no inciso I do *caput* que compartilharem dados e informações por meio do Sinter ficarão responsáveis por assegurar a interoperabilidade dos bancos de dados, dos cadastros e dos sistemas sob a sua gestão.

Frise-se que os órgãos especificados no inciso I, tem a faculdade de desenvolver camadas temáticas de seu interesse no Sinter.

No art. 6º, é previsto que o Sinter será administrado pela Secretaria da Receita Federal do Brasil, a qual compete:

I – adotar as medidas necessárias para viabilizar a sua implementação e o seu funcionamento;

II – compatibilizar as necessidades de seus usuários;

III – compartilhar dados e informações com os órgãos e as entidades da administração pública federal direta e indireta;

IV – firmar convênios, acordos de cooperação técnica ou instrumentos congêneres, nos termos da legislação vigente, para compartilhamento de dados e de informações com:

a) órgãos e entidades da administração pública estadual, distrital e municipal, direta e indireta;

b) conselhos de fiscalização de profissões regulamentadas;

c) Ministério Público;

d) demais Poderes da União, dos Estados, do Distrito Federal e dos Municípios; e

e) entidades sem fins lucrativos;

V – disponibilizar os dados geoespaciais do Sinter e do CIB para o Diretório Brasileiro de Dados Geoespaciais, rede integrante da Infraestrutura Nacional de Dados Espaciais;

VI – estabelecer os perfis de acesso a dados e a informações nos termos da legislação e dos convênios ou dos acordos de cooperação técnica firmados;

VII – definir o padrão de conexão com os usuários, os parâmetros de intercâmbio de dados, as políticas de segurança da informação e as tecnologias a serem empregadas;

VIII – coordenar as atividades relacionadas ao Sinter, facultada a participação de especialistas e representantes de entes públicos e privados na emissão de pareceres e na elaboração de estudos técnicos;

IX – administrar o CIB;

X – disponibilizar o código de inscrição no CIB aos cadastros de origem, exclusivamente por meio do Sinter; e

XI – editar normas complementares para o cumprimento do disposto neste Decreto.

O art. 7º apregoa que o compartilhamento de dados e de informações por meio do Sinter, será realizado de forma eletrônica e deve atender às finalidades específicas de execução de políticas públicas e de atribuição legal dos órgãos e das entidades públicas, respeitados:

I – o direito de acesso à informação previsto no inciso XXXIII do *caput* do art. 5º da Constituição;

II – o disposto na Lei nº 13.709, de 14 de agosto de 2018;

III – as regras de sigilo fiscal; e

IV – as demais hipóteses legais de sigilo e de restrição de acesso a dados e a informações.

§ 1º Para fins do disposto no *caput*, serão observadas:

I – as orientações e as diretrizes para o compartilhamento de dados estabelecidas no Decreto nº 10.046, de 9 de outubro de 2019, ou em norma superveniente; e

II – as regras e os procedimentos sobre o uso de assinaturas eletrônicas estabelecidas na Lei nº 14.063, de 23 de setembro de 2020, e no Decreto nº 10.543, de 13 de novembro de 2020, ou em norma superveniente.

§ 2º O Sinter poderá, em caráter temporário, prover infraestrutura de hospedagem de dados geoespaciais de entes públicos que não dispuserem dos recursos tecnológicos, financeiros ou administrativos para disponibilizá-los, atendidos, em qualquer hipótese, os requisitos de segurança, de privacidade e de prevenção de vazamentos de dados pessoais do Sistema de Administração dos Recursos de Tecnologia da Informação.

Anote-se que é dever do SINTER disponibilizar aos cidadãos gratuitamente, atendidos os critérios técnicos e normativos de sigilo; a segurança da informação; a privacidade e a proteção de dados pessoais, o acesso a aplicativos gráficos para visualização de dados cadastrais e geoespaciais.

Quanto às informações relativas à valoração de imóveis urbanos e rurais provenientes dos cadastros de origem, estas podem ser consolidadas no Sinter de forma agregada, asseguradas a anonimização de dados pessoais e financeiros individuais e a restrição de acesso ao sistema contra terceiros não autorizados. O Decreto 11.208/2022 estabelece que tais informações podem ser utilizadas como base para o cálculo do índice de preços de imóveis de que trata o Decreto n. 7.565/2011.

O Manual Operacional do SINTER foi publicado por meio da **Portaria RFB n. 1.091, de 20 de julho de 2018**, que assim define esse conjunto:

"Ferramenta de gestão pública que integrará, em um banco de dados espaciais, o fluxo dinâmico de dados jurídicos produzidos pelos serviços de registros públicos ao fluxo de dados fiscais, cadastrais e geoespaciais de imóveis urbanos e rurais produzidos pela União, pelos Estados, pelo Distrito Federal e pelos Municípios.

O Sinter se organiza em segmentos de bancos de dados denominados de Camadas, para que todos os usuários (entes públicos, notários e registradores) possam interagir sobre o mesmo mapa, criando sinergias que não seriam possíveis cada um tendo o seu cadastro isolado."

Referidas informações já vêm sendo enviadas à Receita Federal desde a década de 1980. Com a edição da Lei n. 10.426/2002, surgiu a obrigação acessória de envio da DOI, já nessa época em meio magnético. Com a obrigatoriedade de envio das informações em forma estruturada (extrato do registro em forma resumida), pleiteou-se à Receita o fim da obrigatoriedade de envio da DOI.

Por derradeiro, o investimento e o custeio relativos ao desenvolvimento, à manutenção, à operação, ao intercâmbio e ao acesso a bancos de dados e às demais atividades de tecnologia da informação inerentes ao Sinter correrão à conta das dotações orçamentárias consignadas à Secretaria Especial da Receita Federal do Brasil do Ministério da Economia.

1.6.6 DO ESTATUTO DO ONR

O Operador Nacional do Sistema de Registro Eletrônico de Imóveis (ONR) é uma entidade privada, sem fins lucrativos, designada pelo CNJ para implementar e gerenciar o Sistema de Registro de Imóveis Eletrônico (SREI). Sua missão é promover a integração e a padronização dos serviços de registro de imóveis em todo o território nacional, utilizando tecnologias avançadas para garantir segurança jurídica, redução de custos e maior celeridade nos processos.

O **Estatuto** do Operador Nacional do Sistema de Registro Eletrônico de Imóveis foi recentemente aprovado pelos oficiais de registros de imóveis de todo o território nacional, reunidos em assembleia geral.

O art. 31 do Provimento CNJ n. 89/2019apresenta as diretrizes que o Estatuto do ONR deve seguir. São elas:

1. A pessoa jurídica, constituída exclusivamente pelos oficiais de registros de imóveis, na forma prevista no **art. 44 do Código Civil** na modalidade de entidade civil sem fins lucrativos, deverá ser mantida e administrada conforme deliberação da assembleia geral dos oficiais de registro de imóveis, somente podendo fazer parte de seu quadro diretivo os delegatários que estejam em pleno exercício da atividade;
2. Deverá constar dentre as **atribuições do ONR**:
   a) implantação e coordenação do SREI, visando o seu funcionamento uniforme, apoiando os oficiais de registro de imóveis e atuando em cooperação com a Corregedoria Nacional de Justiça e as corregedorias gerais de justiça.
   b) implantação e operação do Serviço de Atendimento Eletrônico Compartilhado – SAEC, como previsto em Recomendação da Corregedoria Nacional de Justiça, com a finalidade de prestar serviços e criar opção de acesso remoto aos serviços prestados pelas unidades registrais de todo país em um único ponto na Internet.
   c) coordenação e monitoramento das operações das centrais de serviços eletrônicos compartilhados, através do SAEC, para garantir a interoperabilidade dos sistemas e a universalização do acesso às informações e aos serviços eletrônicos.
   d) apresentação de sugestões à Corregedoria Nacional de Justiça para edição de instruções técnicas de normalização aplicáveis ao SREI para propiciar a operação segura do sistema, a interoperabilidade de dados e documentos e a longevidade de arquivos eletrônicos, como também a adaptação eletrônica dos requisitos jurídico-formais implicados nos serviços, visando garantir a autenticidade e segurança das operações realizadas com documentos informáticos.
   e) fornecimento de elementos, aos órgãos públicos competentes, para auxiliar a instrução de processos que visam o combate ao crime organizado, à lavagem de dinheiro, à identificação e à indisponibilidade de ativos de origem ilícita.
   f) viabilização de consulta unificada das informações relativas ao crédito imobiliário, ao acesso às informações referentes às garantias constituídas sobre imóveis.
   g) formulação de indicadores de eficiência e implementação de sistemas em apoio às atividades das corregedorias gerais de justiça e da Corregedoria Nacional de Justiça, que permitam inspeções remotas das serventias;
3. Deverá constar previsão de **observância**:
   a) dos princípios da legalidade, integridade, impessoalidade, moralidade, publicidade, representatividade, eficiência, razoabilidade, finalidade, motivação e interesse público, realizando e apoiando o Conselho Nacional de Justiça nas ações necessárias ao desenvolvimento jurídico e tecnológico da atividade registral.
   b) das normas que regem o segredo de justiça, os sigilos profissional, bancário e fiscal, bem como a proteção de dados pessoais e do conteúdo de comunicações privadas, além das disposições legais e regulamentares.
   c) do cumprimento das leis, regulamentos, normas externas e internas, convênios e contratos, notadamente as normas editadas pela Corregedoria Nacional de Justiça, seu agente regulador, como previsto no art. 76, § 4º da Lei nº 13.465/2017.
   d) da proibição de obtenção de quaisquer benefícios ou vantagens individuais por seus

gestores em decorrência da participação em processos decisórios.

O Provimento CNJ n. 148 disciplinava a atuação da Corregedoria Nacional de Justiça como **Agente Regulador** dos Operadores Nacionais dos Registros Públicos. No entanto, este provimento foi posteriormente revogado pelo Provimento n. 150/2023, que detalham as funções e responsabilidades não apenas do ONR, mas também dos ONSERP, ON-RCPN e ON-RTDPJ. Essas diretrizes e regulamentações inicialmente foram incorporadas ao Provimento n.º 149/2023, especialmente nos arts. 220-A a 220-K. Vamos às análises.

Os arts. 220-A e 220-B estabelecem **disposições gerais** sobre o Agente Regulador:

> Art. 220-A. O Agente Regulador dos Operadores Nacionais dos Registros Públicos (ONSERP, ONR, ON-RCPN e ON-RTDPJ), é o órgão da Corregedoria Nacional de Justiça encarregado de exercer a competência reguladora, conforme se extrai dos seguintes dispositivos da Lei n. 14.382/2002: inciso XI do art. 3º; § 3º, I, do art. 3º; parte final do § 4º do art. 3º; parte final do *caput* do art. 4º; § 2º, do art. 4º; §§ 1º e 2º do art. 5º; art. 7º e art. 8º.
>
> Art. 220-B. O Agente Regulador funcionará por meio dos seguintes órgãos internos:
>
> I – Secretaria Executiva;
>
> II – Câmara de Regulação; e
>
> III – Conselho Consultivo.

Por sua vez, o art. 220-C elenca as **atividades de regulação do agente regulador**, nestes termos:

> Art. 220-C. Competem ao Agente Regulador, observados os princípios regentes do Sistema Eletrônico dos Registros Públicos, as seguintes atribuições de regulação:
>
> I – regular as atividades relacionadas à implementação e à operação do Serp por meio de diretrizes direcionadas ao ONSERP;
>
> II – propor diretrizes para o funcionamento do ONSERP;
>
> III – formular propostas ao planejamento estratégico do ONSERP, ONR, ON-RCPN e ON-RTDPJ, sempre visando atingir os seus fins estatutários;
>
> IV – aprovar as diretrizes nacionais e monitorar a execução do planejamento estratégico do ONSERP, ONR, ON-RCPN e ON-RTDPJ;
>
> V – zelar pelo cumprimento do estatuto do ONSERP, ONR, ON-RCPN e ON-RTDPJ, e pelo alcance de suas finalidades para as quais foram instituídos;
>
> VI - suspender, cautelarmente, e cassar, a qualquer tempo, de ofício ou por solicitação, as Instruções Técnicas de Normalização (ITN) editadas pelo ONSERP, ONR, ON-RCPN e ON-RTDPJ;
>
> VII – participar da elaboração dos indicadores estatísticos pertinentes à atividade registral, zelando sempre pela aplicação da Lei Geral de Proteção de Dados Pessoais e regras do Título VI do Livro I do presente Código de Normas.
>
> VIII – regular as atividades do ONSERP, ONR, ON-RCPN e ON-RTDPJ, quando necessário, por meio de diretrizes propostas pela Câmara de Regulação, após audiência com os representantes do Operadores, sempre com o objetivo de zelar pelo cumprimento dos seus fins estatutários e para o estrito cumprimento das finalidades legais dos referidos Operadores Nacionais dos Registros Públicos;
>
> IX – zelar pela implantação do Serp e pelo contínuo aperfeiçoamento de seu funcionamento;
>
> X – aprovar as alterações estatutárias do ONSERP, ONR, ON-RCPN e ON-RTDPJ;
>
> XI – elaborar e aprovar o Regimento Interno do Agente Regulador; e
>
> XII – responder consultas concernentes à adequada interpretação do Estatuto do ONSERP, ONR, ON-RCPN e ON-RTDPJ.
>
> § 1º Das decisões do Agente Regulador, não caberá recurso administrativo.
>
> § 2º Os órgãos internos do Agente Regulador poderão, a qualquer tempo, solicitar informes aos operadores nacionais ou convidar seus dirigentes a participar de reuniões ordinárias ou extraordinárias.

Em relação à **fiscalização do ONSERP, ONR, ON-RCPN E ON-RTDPJ,** o art. 220-D dita as regras:

> Art. 220-D. A fiscalização do ONSERP, ONR, ON-RCPN e ON-RTDPJ será exercida diretamente pela Corregedoria Nacional de Justiça, Agente Regulador dos referidos Operadores Nacionais dos Registros Públicos, a qual caberá:
>
> I – fiscalizar a gestão administrativa e financeira, buscando sempre assegurar a sua sustentabilidade e o cumprimento de seus fins estatutários;
>
> II – exercer a atividade correcional, por meio de visitas, inspeções, correições ordinárias e extraordinárias, inclusive intervenções previstas na Lei Federal n. 8.935/1994, com vistas a assegurar o estrito respeito às finalidades do ONSERP, ONR, ON-RCPN e ON-RTDPJ.
>
> Art. 220-E. No exercício de funções de planejamento, fiscalização e controle, o Agente Regulador poderá atuar de ofício.

Os arts. 220-F ao 200-J estabelecem as funções dos **órgãos internos do agente regulador,** em especial, da **Secretaria Executiva**, da **Câmara de Regulação** e do **Conselho Consultivo. Convém a transcrição dos dispositivos:**

> **Da Secretaria Executiva**
>
> Art. 220-F. São atribuições da Secretaria Executiva do Agente Regulador do ONSERP, ONR, ON-RCPN e ON-RTDPJ:
>
> I – receber e processar os procedimentos administrativos de competência do Agente Regulador;
>
> II – elaborar a pauta das reuniões e secretariar os trabalhos de competência da Câmara de Regulação e do Conselho Consultivo, formalizando a convocação, a pedido dos respectivos coordenadores desses órgãos internos, e lavrando as atas das reuniões;
>
> III – secretariar os trabalhos de fiscalização do Agente Regulador do ONSERP, ONR, ON-RCPN e ON-RTDPJ, de competência da Corregedoria Nacional de Justiça, quando for o caso, lavrando as respectivas atas;
>
> IV – outras atividades que lhe sejam atribuídas pela Câmara de Regulação, pelo Conselho Consultivo, ou pelo Regimento Interno do Agente Regulador.

Parágrafo único. A Coordenadoria de Gestão de Serviços Notariais e de Registro da Corregedoria Nacional de Justiça – CONR funcionará como Secretaria Executiva do Agente Regulador.

Da Câmara de Regulação

Art. 220-G. A Câmara de Regulação do Agente Regulador será integrada por 7 (sete) membros, designados pelo Corregedor Nacional de Justiça.

§ 1º A coordenação da Câmara de Regulação competirá a um Juiz Auxiliar da Corregedoria designado pelo Corregedor Nacional de Justiça.

§ 2º Serão designados dois suplentes que se revezarão, quando possível, para atuar nos impedimentos dos membros titulares, inclusive naqueles ocasionados por necessidade de serviço.

Art. 220-H. Compete à Câmara de Regulação deliberar sobre todas as atividades do Agente Regulador, especialmente aquelas do elenco dos artigos 220-D e 220-E deste Código, assim como propor soluções e ações para promover os objetivos do Serp, ONSERP, ONR, ON-RCPN e ON-RTDPJ.

§ 1º As deliberações, propostas de portarias, ordens de serviço, ofícios circulares e decisões administrativas com caráter normativo da Câmara de Regulação serão submetidas ao Corregedor Nacional de Justiça para homologação.

§ 2º O Corregedor Nacional de Justiça poderá delegar a Juiz Auxiliar da Corregedoria Nacional a homologação dos atos deliberativos e a assinatura dos atos correspondentes, no todo ou em parte.

Art. 220-I. Os atos e decisões propostos pela Câmara de Regulação, uma vez homologados, serão publicados no Diário da Justiça Eletrônico – DJe para que se dê publicidade e tenham vigência.

Do Conselho Consultivo

Art. 220-J. O Conselho Consultivo do Agente Regulador será integrado por 11 (onze) membros designados pelo Corregedor Nacional de Justiça.

§ 1º A coordenação do Conselho Consultivo competirá a um Juiz Auxiliar da Corregedoria designado pelo Corregedor Nacional de Justiça.

§ 2º As designações recairão, preferencialmente, sobre nomes com notório saber nas áreas do direito registral imobiliário, civil das pessoas naturais, de título e documentos e civil das pessoas jurídicas, notas e protestos, da administração pública, da gestão estratégica, da tecnologia da informação e da proteção de dados.

§ 3º Na forma do Regimento Interno do Agente Regulador, a função do Conselho será planejar e propor diretrizes para o funcionamento do SERP, ONSERP, ONR, ON-RCPN e ON-RTDPJ, além de promover estudos, sugerir estratégias e formular propostas em geral, a fim de que sejam apreciadas pela Câmara de Regulação, sempre visando aos fins estatutários.

Por fim, o provimento estabelece, em suas disposições finais, que **não são remunerados** quaisquer dos serviços prestados pelos integrantes da Câmara de Regulação e do Conselho Consultivo do Agente Regulador, constituindo suas atividades **serviço público voluntário** e de **relevante interesse público**.

1.6.6.1 PROVIMENTO CNJ N. 115 DE 24/03/2021

No dia 24 de março de 2021, foi editado o Provimento n. 119, que institui a receita do fundo para implementação e custeio do SREI, estabelece a forma do seu recolhimento pelas serventias do serviço de registro de imóveis, e dá outras providências.

Dentre as justificativas utilizadas para a confecção do referido provimento, destacam-se:

1) O disposto no art. 76, § 4º, da Lei n. 13.465/2017, que impõe à Corregedoria Nacional de Justiça a função de agente regulador do Operador Nacional do Sistema de Registro Eletrônico de Imóveis – ONR;
2) O art. 23 da Lei n. 14.118/2021, que acrescentou o § 9º ao art. 76 da Lei 13.465/2017, criando o fundo para a implementação e o custeio do Sistema de Registro Eletrônico de Imóveis – SREI, a ser gerido pelo ONR e subvencionado pelas serventias do serviço de registro de imóveis dos Estados e do Distrito Federal;
3) Que o parágrafo § 10 do art. 76 da Lei 13.465/2017, acrescentado pelo art. 23 da Lei 14.118/2021, estabelece ao Agente Regulador do ONR as atribuições de disciplinar a instituição da receita do fundo para a implementação e o custeio do SREI, estabelecer as cotas de participação das serventias de registro de imóveis do país, e fiscalizar o recolhimento dos recursos, sem prejuízo da fiscalização ordinária prevista nos estatutos do ONR;
7) As Metas 11.1 e 16.6 dos Objetivos de Desenvolvimento Sustentável (ODS), da Agenda 2030, das Nações Unidas e o disposto no art. 2º do Provimento CN 85/2019, do Conselho Nacional de Justiça,

A receita do FIC/SREI consiste na **cota de participação das serventias de registro de imóveis**, correspondente a 0,8% dos emolumentos brutos percebidos pelos atos praticados. Esta cota é devida mensalmente por todas as serventias em operação, incidindo apenas sobre os atos do serviço de registro de imóveis, excluindo outras especialidades.

Para garantir a transparência, o valor mensal recolhido ao FIC/SREI deve ser registrado separadamente, com a memória de cálculo identificando os valores dos atos praticados e a parte dos emolumentos destinada ao Oficial de Registro. Além disso, este valor é lançado como despesa obrigatória no Livro Diário Auxiliar da Receita e Despesa, conforme o Provimento n. 45/2015.

O ONR possui a atribuição de implantar um sistema informatizado para gerenciar o recolhimento das cotas, que deve ser realizado pelo Sistema Financeiro Nacional até o último dia útil de cada mês. Em casos de não recolhimento no prazo, são aplicadas multas, atualização monetária e juros de mora.

A **fiscalização do recolhimento** cabe à Corregedoria Nacional de Justiça e às Corregedorias-Gerais dos Estados e do Distrito Federal. O ONR tem a responsabilidade de informar essas corregedorias sobre as serventias que não efetuaram o recolhimento, e estas devem adotar providências administrativas disciplinares. A fiscalização ordinária ocorre durante inspeções e correições realizadas pelos órgãos competentes do Poder Judiciário.

Em relação às **infrações**, o não recolhimento da cota de participação configura infração disciplinar, conforme a Lei n. 8.935/1994. Adicionalmente, a falta de apuração em separado do valor devido ao FIC/SREI também configura infração disciplinar, podendo resultar na substituição do interino que cometer tais infrações, além de possíveis responsabilizações civis e criminais.

Feito esse breve resumo, convém apresentar a íntegra do Provimento CNJ n. 115/2021.:

Capítulo I
Da Disposição Geral

Art. 1º A composição e o recolhimento da receita do Fundo para Implementação e Custeio do Serviço de Registro Eletrônico de Imóveis – FIC/SREI, ficam estabelecidos por este Provimento.

Art. 2º O FIC/SREI será gerido pelo Operador Nacional do Serviço de Registro Eletrônico de Imóveis – ONR e subvencionado pelas serventias do serviço de registro de imóveis dos Estados e do Distrito Federal.

Capítulo II
Da Receita

Art. 3º Constitui-se receita do FIC/SREI a cota de participação das serventias do serviço de registro de imóveis dos Estados e do Distrito Federal que integram o Sistema de Registro Eletrônico de Imóveis e são vinculadas ao ONR.

§ 1º A cota de participação é devida, mensalmente, por todas as serventias do serviço público de registro de imóveis, sob o regime de delegação ou oficializadas, providas ou vagas, instaladas e em funcionamento nos Estados e no Distrito Federal.

§ 2º A cota de participação corresponde a 0,8% (oito décimos por cento) dos emolumentos brutos percebidos pelos atos praticados no serviço do registro de imóveis da respectiva serventia.

§ 3º Na hipótese de aserventia acumular mais de uma especialidade, a cota de participação do FIC/SREI é devida apenas sobre os atos do serviço de registro de imóveis, excluídos os demais atos praticados na respectiva serventia que sejam relacionados com as competências das outras especialidades.

§ 4º Na apuração do valor da cota de participação do FIC/SREI, deverão ser tomados por base exclusivamente os emolumentos brutos destinados ao Oficial de Registro, desconsiderando-se outras parcelas, de qualquer natureza, mesmo que cobradas por dentro, nas respectivas tabelas de emolumentos da unidade federativa.

§ 5º Não devem ser consideradas na apuração dos emolumentos brutos as parcelas incluídas na tabela de emolumentos destinadas obrigatoriamente a repasses previstos em lei e não destinadas ao Oficial de Registro.

Capítulo III
Da Escrituração

Art. 4º O valor mensal recolhido ao FIC/SREI será apurado em separado, contendo a respectiva memória de cálculo em que necessariamente devem ser identificados:

I – os valores correspondentes a todos os atos praticados no serviço de registro de imóveis; e

II – o valor correspondente à parte dos emolumentos brutos reservada ao Oficial de Registro, na forma estabelecida nos §§ 4º e 5º do art. 3º deste Provimento.

§ 1º O valor da cota de participação deve ser destacado no relatório detalhado de apuração do respectivo mês de referência.

§ 2º O relatório detalhado da apuração deve ser mantido, preferencialmente em meio eletrônico, por 5 (cinco) anos, para fins de fiscalização.

Art. 5º O valor apurado e recolhido ao FIC/SREI será lançado como despesa obrigatória, tal como está prevista em lei, no Livro Diário Auxiliar da Receita e Despesa de que trata o Provimento n. 45/2015, da Corregedoria Nacional de Justiça.

Capítulo IV
Do Recolhimento

Art. 6º O ONR implantará sistema informatizado para o gerenciamento do recolhimento das cotas de participação das serventias do serviço de registro de imóveis a ele vinculadas.

§ 1º O recolhimento ocorrerá obrigatoriamente por meio do Sistema Financeiro Nacional, em conta própria do ONR mantida para essa finalidade.

§ 2º O recolhimento da cota de participação será efetuado até o último dia útil de cada mês, sendo o valor apurado com base nos emolumentos percebidos no mês imediatamente anterior.

Art. 6º-A. Quando não recolhido no prazo, o débito relativo à cota de participação fica sujeito à incidência de multa, atualização monetária e juros de mora calculados em conformidade com as disposições contidas em portaria regulamentar após proposta do ONSERP, homologada pelo Agente Regulador. (incluído pelo Provimento n. 159, de 18.12.2023)

§ 1º O ONR informará às Corregedorias-Gerais das Justiças dos Estados e do Distrito Federal, até o último dia do mês subsequente ao do recolhimento, a listagem, organizada por unidade da federação, das serventias que não efetuaram o recolhimento no mês de referência imediatamente anterior. (incluído pelo Provimento n. 159, de 18.12.2023)

§ 2º As Corregedorias-Gerais das Justiças dos Estados e do Distrito Federal deverão adotar providências administrativas disciplinares junto às serventias que não tenham cumprido a obrigação de recolher a cota de participação devida ao FIC/SREI, sem prejuízo das ações de cobrança pelo ONR. (incluído pelo Provimento n. 159, de 18.12.2023)

Capítulo V
Da Fiscalização

Art. 7º O ONR manterá sistema informatizado para o gerenciamento do recolhimento das cotas de participação das serventias do serviço de registro a eles vinculadas. (redação dada pelo Provimento n. 159, de 18.12.2023)

§ 1º O recolhimento ocorrerá obrigatoriamente por meio do sistema bancário, em contas próprias do ONR mantidas para essa finalidade. (incluído pelo Provimento n. 159, de 18.12.2023)

§ 2º O recolhimento da cota de participação será efetuado até o último dia útil de cada mês, no valor apurado com base nos valores percebidos no mês imediatamente anterior. (incluído pelo Provimento n. 159, de 18.12.2023)

Art. 8º A fiscalização do recolhimento da cota de participação do FIC/SREI caberá às Corregedorias-Gerais das Justiças dos Estados e do Distrito Federal e aos Juízos que detenham competência correcional junto aos serviços de registro de imóveis, sem prejuízo da fiscalização concorrente do respectivo Operador Nacional, cabendo a atuação subsidiária da Corregedoria Nacional de Justiça. (redação dada pelo Provimento n. 159, de 18.12.2023)

§ 1º O recolhimento da cota de participação do FIC/SREI será, necessariamente, objeto de fiscalização ordinária por ocasião de inspeções ou correições, presenciais ou no módulo on-line, realizadas por órgãos competentes do Poder Judiciário nas serventias de serviços de registro. (redação dada pelo Provimento n. 159, de 18.12.2023)

§ 2º Nas atas lavradas durante as atividades de fiscalização, deverão constar os seguintes registros:

I – a verificação da regularidade dos recolhimentos da cota de participação, mediante anotações sobre a análise dos relatórios mensais de apuração do valor devido, da escrituração da despesa no Livro Diário Auxiliar da Receita e da Despesa, bem como dos comprovantes de recolhimento; e

II – a ocorrência de eventuais irregularidades, especificando-as e indicando as medidas saneadoras que forem determinadas e/ou, se for o caso, a infração cometida.

Capítulo VI
Das Infrações

Art. 9º O não recolhimento da cotaparticipação do FIC/SREI pelos titulares de delegação do serviço de registro de imóveis, ou das serventias oficializadas, configura, em tese, a infração disciplinar prevista no art. 31, I, da Lei n. 8.935/1994.

Art. 10.A falta de apuração em separado do valor devido ao FIC/SREI pelos titulares de delegação do serviço de registro de imóveis, ou pelas serventias oficializadas, configura, em tese, a infração disciplinar prevista no art. 31, V, combinado com o art. 30, XIV, da Lei 8.935/1994.

Art. 11. Será substituído o interino que praticar qualquer das infrações a que se referem os art. 9º e 10 deste Provimento, caso seja constatada a quebra de confiança apurada com a observância do devido processo legal, sem prejuízo da responsabilização civil e criminal, quando for o caso.

Capítulo VII
Das Disposições Finais e Transitórias

Art. 12. Ficam revogados os §§ 2º, 3º e 4º do art. 13 e os §§ 1º e 2º do art. 19 do Provimento CN n. 109/2020.

Art. 13. A primeira cota de participação do FIC/SREI será devida no último dia útil do mês de abril de 2021,e tomará por base os emolumentos percebidos no período de 1º a 31 de março de 2021, prosseguindo-se os recolhimentos seguintes em consonância com o § 2º do art. 6º deste Provimento.

Art. 14. Este Provimento entra em vigor na data de sua publicação.

Ministra **MARIA THEREZA DE ASSIS MOURA**

1.6.6.2 PROVIMENTO CNJ N. 124 DE 21/12/2021

No dia 21 de dezembro de 2021, foi editado o Provimento n. 124, que estabelece prazo para a universalização do acesso por todas as unidades do serviço de registro de imóveis do Brasil, ao Sistema de Registro Eletrônico de Imóveis (SREI), operado pelo Operador Nacional do Registro Eletrônico de Imóveis – ONR, sob regulação da Corregedoria Nacional de Justiça.

Dentre as justificativas utilizadas para a confecção do referido provimento, destaco:

1) O Provimento n. 74/2018, que dispõe sobre padrões mínimos de tecnologia da informação para a segurança, a integridade e disponibilidade de dados para a continuidade da atividade pelos serviços notariais e de registro do Brasil;

2) O disposto no artigo 21 do Provimento n. 89/2019, segundo o qual, todos os ofícios de registro de imóveis devem possuir um sistema eletrônico que possibilite realizar interações com o SAEC e com as centrais de serviços eletrônicos compartilhados para suportar o atendimento aos serviços eletrônicos, bem como o encaminhamento de estatísticas de operação;

3) Que compete ao Operador Nacional do Sistema de Registro de Imóveis – ONR, pessoa jurídica de direito privado sem fins lucrativos, previsto no artigo 76 da Lei n. 13.465/2017, implementar e operar, em âmbito nacional, o Sistema de Registro Eletrônico de Imóveis – SREI;

4) A economia e os benefícios gerados pelo SREI em favor do mercado em geral, fator relevantíssimo para aumentar a segurança jurídica sobre operações imobiliárias, facilitar o crédito imobiliário e, consequentemente, incrementar a circulação de riquezas e o desenvolvimento econômico;

6) Que as unidades do serviço de registro de imóveis dos Estados e do Distrito Federal integram o SREI e estão vinculadas ao ONR, nos termos do § 5º do artigo 76 da Lei Federal n. 13.465/2017, e

7) O enunciado 5 da Carta de São Luís do Maranhão, aprovada ao ensejo do 87º Encontro do Colégio Permanente de Corregedores-Gerais dos Tribunais de Justiça do Brasil – ENCOGE, bem como a diretriz estratégica n. 2, relativa à Estratégia Nacional do Poder Judiciário para o ano de 2022, aprovada no 15º Encontro Nacional do Poder Judiciário, realizado nos dias 2 e 3 de dezembro de 2021

O Provimento 124 do CNJ estabelece a integração das unidades de registro de imóveis dos Estados e do Distrito Federal ao Sistema de Registro Eletrônico de Imóveis (SREI), por meio do Serviço de Atendimento Eletrônico Compartilhado (SAEC), operado pelo ONR.

Transcrevo:

Art. 1º As unidades de registro de imóveis dos Estados e do Distrito Federal serão integradas ao Sistema de Registro Eletrônico de Imóveis – SREI, diretamente por meio do SAEC – Serviço de Atendimento Eletrônico Compartilhado, operado pelo ONR – Operador Nacional de Registro Eletrônico de Imóveis, impreterivelmente até o dia 15 de fevereiro de 2022.

Parágrafo único. Os oficiais de registro de imóveis ou os responsáveis pelos expedientes das unidades vagas atenderão ao disposto no *caput* independentemente de já estarem integrados a uma central de serviços eletrônicos compartilhados, prevista no art. 24, *caput* e § 1º, do Provimento n. 89, de 2019.

Art. 2º Sem prejuízo do disposto no artigo 1º, fica facultado aos responsáveis pelas centrais eletrônicas previstas no art. 24, *caput* e §1º, do Provimento n. 89, de 2019, igual prazo para que promovam a sua integração ou a interoperabilidade com o SAEC – Serviço de Atendimento Eletrônico Compartilhado.

Art. 3º Os registradores, ou responsáveis pelos expedientes vagos das unidades do serviço de registro de imóveis referidas no artigo 1º, ou os responsáveis pelas centrais de serviços eletrônicos compartilhados tratadas no artigo 2º, adotarão as medidas necessárias para a integração, diretamente com o representante legal do ONR – Operador Nacional de Registro Eletrônico de Imóveis.

Parágrafo único. Quando se tratar das centrais de serviços eletrônicos compartilhados previstas no *caput*, a integração darse-á por meio da celebração de acordo de cooperação técnica entre os responsáveis e o representante legal do ONR, que deverá ser submetido à homologação da Corregedoria Nacional de Justiça.

Art. 4º Determinar que as Corregedorias-Gerais dos Estados e do Distrito Federal, nos âmbitos de suas respectivas competências, promovam e acompanhem a execução da integração das unidades de registro de imóveis ou das centrais de serviços eletrônicos compartilhados ao SAEC, nos termos dos artigos 1º e 2º, sem prejuízo do monitoramento, pela Corregedoria Nacional de Justiça, no âmbito da respectiva competência.

Parágrafo único. O descumprimento das disposições deste Provimento, pelas unidades de registro de imóveis, poderá configurar infração disciplinar, na forma da Lei n. 8.935, de 18 de novembro de 1994.

Art. 5º A certidão de inteiro teor da matrícula, e a certidão da transcrição com menção a ônus, ações e alienações, quando for o caso, obtidas por meio do SAEC e expedidas na forma da lei, são suficientes para a lavratura de atos notariais, abertura de matrículas e a realização de registros e averbações nas unidades do serviço de notas e registro, independentemente de quaisquer disposições normativas locais em sentido diverso.

Art. 6º As Corregedorias-Gerais de Justiça dos Estados e do Distrito Federal fiscalizarão a efetiva integração de todas as unidades de registro de imóveis ao SREI, por meio do SAEC, e a observância das normas previstas neste provimento, expedindo as normas complementares que se fizerem necessárias, bem como deverão promover a revogação das normas locais que contrariarem as regras e diretrizes constantes do presente provimento.

Art. 7º Este Provimento entra em vigor na data de sua publicação.

Ministra **MARIA THEREZA DE ASSIS MOURA**

1.6.7 PROIBIÇÕES E REGULAMENTAÇÕES PARA OS OFÍCIOS DE REGISTRO DE IMÓVEIS

Na mesma direção do antigo Provimento CNJ n. 47/2015, revogado pelo 89/2019, aos ofícios de registro de imóveis é **vedado**:

1. recepcionar ou expedir documentos eletrônicos por e-mail ou serviços postais ou de entrega;
2. postar ou baixar (download) documentos eletrônicos e informações em sites que não sejam os das respectivas centrais de serviços eletrônicos compartilhados ou do SAEC;
3. prestar os serviços eletrônicos referidos neste provimento, diretamente ou por terceiros, fora do Sistema de Registro Eletrônico de Imóveis SREI.

As corregedorias gerais de Justiça dos estados e do Distrito Federal fiscalizarão a efetiva vinculação dos oficiais de registro de imóveis ao SREI e a observância das normas previstas no Provimento CNJ 89/2019, expedindo as normas complementares que se fizerem necessárias, bem como promover a revogação das normas locais que contrariarem as regras e diretrizes constantes do presente provimento.

1.7. DOS EXTRATOS ELETRÔNICOS PARA REGISTRO OU AVERBAÇÃO

A Lei n. 14.382/2022 modificou parcialmente o procedimento de entrega do título no competente Registro de Imóveis. Antes da Lei do SERP, o utente do serviço, deveria, quando da protocolização do título, apresentá-lo no seu **inteiro teor**, perante o Registro de Imóveis competente para o serviço.

Pode-se dizer que uma das maiores inovações da Lei n. 14.382/2022 foi a introdução do **registro por extrato**. Os oficiais de registro devem acatar extratos eletrônicos para registro e também averbação de fatos, atos e negócios jurídicos por meio da SERP. **O documento a ser apresentado para registro não será mais, via de regra, o título, e sim o extrato.** Indubitavelmente, significa uma mudança significativa no procedimento registral.

Nos ensinamentos de Rocha Pinto, sua inclusão decorre da combinação de dois fatores: (i) de um lado, a experiência internacional com extratos para registro de garantias imobiliárias, consagrados na Lei Modelo da ONU sobre Garantias Mobiliárias; (ii) de outro, a experiência brasileira, notadamente no Estado de São Paulo, quanto ao uso de extratos para registro de garantias imobiliárias, no âmbito do Sistema Financeiro Nacional (Op. cit. p. 36).

Carlos Elias e Flávio Tartuce trazem, a título de ilustração, a escritura pública de compra e venda que deveria ser prenotada para registro no RI. O registrador, no seu procedimento de qualificação registral, avaliava juridicamente a adequação de todas as cláusulas do título, a fim de admitir ou não o seu acesso ao registro público. Com a Lei n. 14.382/2022, muda-se parcialmente o procedimento, **pois o usuário já não mais prenotará o título integralmente, e sim o seu extrato,** ao menos com relação aos casos em que tal seja permitido. Anote-se que o extrato é uma espécie de formulário com as informações essenciais do título. No lugar, por exemplo, de o usuário prenotar, perante o RI, uma escritura pública de compra e venda de 30 páginas – como aquelas escrituras que envolvem financiamentos bancários e que se tornam volumosas com as meticulosas cláusulas relativas aos encargos bancários –, o usuário prenotará apenas um formulário com os dados essenciais ao registro da transmissão imobiliária.

Percebe-se claramente que o trabalho da qualificação registral será mais simplificado, pois o registrador não despenderá mais tanto tempo para buscar, nas várias páginas dos títulos, as informações relevantes. Essa agilização da qualificação registral dialoga com a redução, feita pela própria Lei n. 14.382/2022, dos prazos de qualificação registral (vide arts. 188 e 205 da LRP). Nesse exemplo, haverá informações como os dados das partes, do preço, do tipo de negócio jurídico – na ilustração, uma compra e venda – da eventual existência de condição suspensiva ou resolutiva, entre outras previsões. As informações essenciais que comporão o extrato serão explicitadas pelo CNJ (arts. 7.°, VII, e 8.° da Lei n. 14.382/2022).

Essa transformação acarretará, por consequência, um **atrofiamento da atividade de qualificação registral. Isso porque o registrador já não mais terá acesso ao inteiro teor do título nesses casos em que se admite o extrato**. Sua qualificação registral ater-se-á às informações constantes do extrato.

Por uma perspectiva, esse atrofiamento da qualificação registral reduzirá os exageros de alguns registradores que, por vezes, negam o registro por entenderem nulas as cláusulas que nada têm a ver com o fato jurídico-real inscritível. A título de exemplo, são conhecidos casos de registradores que já negaram o registro da cláusula de vigência do contrato de locação de imóvel urbano, porque supostamente outra cláusula – relativa à cobrança do aluguel – seria supostamente abusiva. Nessa concreção, o oficial, além de ter excedido os limites de sua atividade de qualificação registral – que, a nosso sentir, deve circunscrever-se ao fato jurídico inscritível –, ingressou na análise de uma questão controversa, a abusividade ou não de uma cláusula contratual. Esse tipo de extravagância na qualificação registral, que era perpetrada por alguns registradores, deixará de existir com os extratos, pois, afinal, o registrador não terá acesso a cláusulas desconexas com fato jurídico-real inscritível.

Todavia, sob outra ótica, o atrofiamento da qualificação registral aumenta o risco do ingresso indevido de fatos jurídicos no registro público. Entendemos, porém, que, entre os prós e contras, a admissão do extrato no lugar do título integral é salutar e veio em bora hora (Op. cit. p. 18).

Atente-se que **não são todos** os títulos que poderão ser apresentados por extratos. São permitidos apenas aqueles autorizados pelo Conselho Nacional de Justiça. Esse é a conclusão da leitura dos arts. 6°, *caput*, 7°, VIII, e 8° da Lei n. 14.382/2022.

A doutrina tem questionado de quem é a **legitimidade para emitir extrato**, à medida que a Lei do SERP não foi cristalina e não disciplinou esta questão.

Carlos Elias e Flávio Tartuce lembram que, com o veto ao inc. III do parágrafo 1° do art. 6° da Lei n. 14.382/2022, há uma inclinação da proposição de abrir para qualquer um a aptidão de emitir o extrato. O aludido dispositivo estabelecia que, necessariamente, o usuário deveria encaminhar o título stricto sensu ao lado do extrato, salvo se o emitente do extrato fosse um tabelião. Entretanto, o Presidente da República vetou esse preceito por entender que a exigência do envio do título *stricto sensu* era uma burocracia desnecessária, visto que todas as informações relevantes ao registro já estariam no extrato.

Qual será então a melhor interpretação: a de ampla legitimidade para emissão do extrato ou a da legitimidade restrita? Entendemos que caberá ao Conselho Nacional de Justiça disciplinar esse ponto, atribuição regulamentar implícita nos arts. 7°, VIII, e 8° da Lei n. 14.382/2022. Temos que o adequado é que, nessa regulamentação, seja adotada uma solução intermediária, levando em conta três preocupações. A primeira diz respeito à necessidade de o título stricto sensu ser acessível a qualquer interessado por meio de alguma serventia notarial ou registral. A segunda preocupação é afeita ao grau de risco de o emitente emitir extratos com dados fraudulentamente adulterados. Por fim, há a preocupação acerca da aptidão técnica do emitente para interpretar juridicamente o título stricto sensu e de extrair as informações essenciais. De um lado, consideramos que qualquer cidadão deve poder emitir o extrato, desde que encaminhe o título *stricto sensu* conjuntamente. O motivo disso é que caberá ao registrador conferir se o preenchimento do extrato foi ou não correto. Essa conferência é necessária para reduzir os riscos de preenchimentos fraudulentos por parte do cidadão. De outro lado, deve-se conferir um tratamento diferenciado para o que designamos de legitimados especiais. É preciso entender como legitimados especiais as entidades com fé pública – como o Poder Público ou os tabeliães de notas –, ou sujeitas a níveis mais expressivos de fiscalização estatal – como as instituições financeiras –, além de advogados que têm aptidão técnica para interpretar juridicamente o título e gozam de fidedignidade pelo ordenamento, a exemplo do seu poder de atestar a autenticidade de documentos em juízo – vide art. 425, IV e VI, do CPC/2015. Nessas situações, devem-se distinguir duas hipóteses fáticas que interessam diretamente para a prática. A primeira é a que envolve, como títulos stricto sensu, escrituras públicas.

Nessa situação, a publicidade erga omnes do conteúdo da escritura pública já é assegurada pelo tabelionato de notas que a lavrou. Não há necessidade de repetição dessa publicidade mediante o arquivamento na serventia registral de destino. Por isso, nessa hipótese, poderão as entidades com fé pública ou sujeitas a nível expressivo de fiscalização estatal emitir o extrato e apresentá-lo a registro, sem necessidade de juntada do título stricto sensu (Op. cit. p. 21).

Outro ponto relevante a ser tratado no que tange aos extratos eletrônicos e que tem sido vista ao longo desta obra, é a **flexibilização do princípio da especialidade subjetiva e da especialidade objetiva**. É o que se extrai do § 2º do art. 6º da Lei n. 14.382/2022, que estabelece que no caso de extratos eletrônicos para registro ou averbação de atos e negócios jurídicos relativos a bens imóveis, **ficará dispensada a atualização prévia da matrícula quanto aos dados objetivos ou subjetivos** previstos no art. 176 da Lei nº 6.015, de 31 de dezembro de 1973 (Lei de Registros Públicos), exceto dos dados imprescindíveis para comprovar a subsunção do objeto e das partes aos dados constantes do título apresentado, ressalvado o seguinte: I – não poderá ser criada nova unidade imobiliária por fusão ou desmembramento sem observância da especialidade; e II – subordinar-se-á a dispensa de atualização à correspondência dos dados descritivos do imóvel e dos titulares entre o título e a matrícula.

De uma forma resumida, a **Especialidade Objetiva** exige a plena e perfeita identificação do imóvel nos documentos, apresentados para registro. De outra sorte, a **Especialidade Subjetiva** impõe a perfeita identificação e qualificação das pessoas nomeadas nos títulos levados a registro.

Atente-se que na prática, esta flexibilização não será tão efetiva assim. Exemplificam Carlos Elias e Flávio Tartuce: se o nome do outorgante no extrato divergir do constante da matrícula, haverá violação ao princípio da especialidade subjetiva, o que ensejará a recusa do registrador ao registro. Existirá, assim, a necessidade de atualizar a matrícula, seja atualizando o nome do outorgante na matrícula por meio de averbação, seja corrigindo o extrato eletrônico. Se, igualmente, a identificação do imóvel constante do extrato divergir do consignado na matrícula, haverá violação ao princípio da especialidade objetiva, a inviabilizar o acesso ao fólio real. Seria perigoso juridicamente admitir o contrário, uma vez que haveria o risco de um imóvel diferente daquele que foi objeto do negócio jurídico ser atingido com o registro. Por ora, não enxergamos que tipo de flexibilização o § 2.º do art. 6.º da Lei n. 14.382/2022 haverá de promover. Assim, há necessidade de aguardar o amadurecimento da doutrina à medida que o SERP for implementado e se consolidar na prática (Op. cit. p. 21).

O art. 6º, § 3º, da Lei do SERP, estabelece a **dispensa da apresentação da escritura de pacto antenupcial**, com ressalvas, nestes termos: *"será dispensada, no âmbito do registro de imóveis, a apresentação da escritura de pacto antenupcial, desde que os dados de seu registro e o regime de bens sejam indicados no extrato eletrônico de que trata o caput deste artigo, com a informação sobre a existência ou não de cláusulas especiais.*

Este registro é escriturado no Livro 3 – Registro Auxiliar, do domicílio dos cônjuges, nos termos do art. 178, V e 244 da LRP.

Em outras palavras, o que a lei quer dizer é que o oficial registrador não estará apto a requerer a apresentação do pacto antenupcial com o objetivo de registrar a transmissão ou oneração do imóvel, se nessa escritura pública (de transmissão ou oneração de um imóvel) já houver menção ao registro do pacto antenupcial das partes.

Este tema "registro e averbação de extratos eletrônicos" será explorado ao longo de toda a obra, nos dispositivos correlatos.

Para melhor compreensão do tema, trago a transcrição do art. 6º da Lei n. 14.382/2022:

> **Art. 6º** Os oficiais dos registros públicos, quando cabível, receberão dos interessados, por meio do Serp, os extratos eletrônicos para registro ou averbação de fatos, de atos e de negócios jurídicos, nos termos do inciso VIII do *caput* do art. 7º desta Lei.
>
> § 1º Na hipótese de que trata o *caput* deste artigo:
>
> I – o oficial:
>
> a) qualificará o título pelos elementos, pelas cláusulas e pelas condições constantes do extrato eletrônico; e
>
> b) disponibilizará ao requerente as informações relativas à certificação do registro em formato eletrônico;
>
> II – o requerente poderá, a seu critério, solicitar o arquivamento da íntegra do instrumento contratual que deu origem ao extrato eletrônico relativo a bens móveis;
>
> III - os extratos eletrônicos relativos a bens imóveis deverão, obrigatoriamente, ser acompanhados do arquivamento da íntegra do instrumento contratual, em cópia simples, exceto se apresentados por tabelião de notas, hipótese em que este arquivará o instrumento contratual em pasta própria. (Promulgação partes vetadas)
>
> IV - os extratos eletrônicos relativos a bens imóveis produzidos pelas instituições financeiras que atuem com crédito imobiliário autorizadas a celebrar instrumentos particulares com caráter de escritura pública poderão ser apresentados ao registro eletrônico de imóveis e as referidas instituições financeiras arquivarão o instrumento contratual em pasta própria..
>
> § 2º No caso de extratos eletrônicos para registro ou averbação de atos e negócios jurídicos relativos a bens imóveis, ficará dispensada a atualização prévia da matrícula quanto aos dados objetivos ou subjetivos previstos no art. 176 da Lei nº 6.015, de 31 de dezembro de 1973 (Lei de Registros Públicos), exceto dos dados imprescindíveis

para comprovar a subsunção do objeto e das partes aos dados constantes do título apresentado, ressalvado o seguinte:

I – não poderá ser criada nova unidade imobiliária por fusão ou desmembramento sem observância da especialidade; e

II – subordinar-se-á a dispensa de atualização à correspondência dos dados descritivos do imóvel e dos titulares entre o título e a matrícula.

§ 3º Será dispensada, no âmbito do registro de imóveis, a apresentação da escritura de pacto antenupcial, desde que os dados de seu registro e o regime de bens sejam indicados no extrato eletrônico de que trata o *caput* deste artigo, com a informação sobre a existência ou não de cláusulas especiais.

§ 4º O instrumento contratual a que se referem os incisos II e III do § 1º deste artigo será apresentado por meio de documento eletrônico ou digitalizado, nos termos do inciso VIII do *caput* do art. 3º desta Lei, acompanhado de declaração, assinada eletronicamente, de que seu conteúdo corresponde ao original firmado pelas partes.

2. JURISPRUDÊNCIA COMPLEMENTAR

TRIBUNAL DE JUSTIÇA DO ESTADO DO MATO GROSSO

EMENTA: Recurso Administrativo – Alegação de abertura irregular de matriculas e em duplicidade – Descabimento – Negócios imobiliários realizados na década de 1960, época em que vigia o sistema de transcrição regulamentado pelo Decreto nº 4.857/1939 – Transposição das transcrições para o sistema matricular que se deu de forma correta, uma vez que a abertura das matrículas ocorreu com base nos elementos constantes do título apresentado – Ausência de conduta irregular dos registradores – Improcedência (TJMT – Recurso Administrativo nº 1/2021 – Rel. Des. José Zuquim Nogueira – Data de Julgamento 18.02.2021)

TRIBUNAL DE JUSTIÇA DO ESTADO DE SÃO PAULO

EMENTA: Registro de imóveis – pedido de providências – prioridade de atendimento ao idoso (Lei 10.048, de 8 de novembro de 2000, art. 1º, e Lei 10.741, de 1º de outubro de 2003, art. 3º, I) e prioridade dos direitos reais, decorrente de prenotação (LRP73, art. 186) – conflito de normas – a prioridade no atendimento não se aplica aos casos de prenotação de título; os âmbitos de aplicação de uma e outra regra são distintos – pedido improcedente (TJSP. 0033013-30.2013.8.26.0100. J. em 06/08/2013).

CONSELHO SUPERIOR DA MAGISTRATURA DO ESTADO DE SÃO PAULO

EMENTA: Registro de Imóveis – Escritura de mandato em causa própria – Especialidade subjetiva – Segurança jurídica não atingida – Mitigação – Escritura antiga – Regra de transição prevista no art. 176, § 2º, da Lei n.º 6.015/73 – Registro deferido – Recurso não provido (Apelação nº 0002419-40.2014.8.26.0248). Trata-se de apelação interposta por Ministério Público do Estado de São Paulo contra a r. decisão de fls. 99/100, que determinou o registro da escritura pública de mandato em causa própria, lavrada em 7/6/63, por meio da qual Manoela dos Santos Pereira e sua mulher Lúcia de Jesus Bernardes Pereira, e Syllas de Barros e sua mulher Maria Joanna Nancy Barros constituíram o procurador Elias Halim Moufarrej, autorizando-lhe vender ou alienar 50% dos 79 lotes de terreno localizados no loteamento "Jardim Imperial". Aduz, em síntese, que a exigência feita pelo registrador decorre do fato de os dados da qualificação dos adquirentes do imóvel estarem incompletos, ferindo, assim, o princípio da especialidade subjetiva. A Procuradoria Geral de Justiça opinou pelo não provimento do recurso (fls. 133/137). ***É o relatório.*** A recusa do registrador funda-se no princípio da especialidade subjetiva, cuja finalidade é identificar, individualizar, aquele que está transmitindo ou adquirindo algum tipo de direito no registro de imóveis, tornando-o inconfundível com qualquer outra pessoa. Contudo, referido princípio, assim como o registro em si, não pode ser considerado um fim em si mesmo, sob pena de negar o que pretende proteger, que é a segurança jurídica. Por essas razões, o C. Conselho Superior da Magistratura tem admitido, em hipóteses excepcionais, a mitigação da especialidade subjetiva: *REGISTRO DE IMÓVEIS – Carta de adjudicação – Promitente vendedor falecido – CPF/MF inexistente – Exigência afastada – Impossibilidade de cumprimento pela apresentante – Princípio da segurança jurídica – Princípio da razoabilidade – Dúvida improcedente – Recurso provido. (Apelação nº 0039080-79.2011.8.26.0100, CSM, rel. Des. José Renato Nalini,20/09/2012). "(...) Assim, para não sacrificar a segurança jurídica e a publicidade, é de rigor flexibilizar, in concreto, a severidade do princípio da especialidade subjetiva, dispensado a informação sobre o número do CPF/MF de Henri Marie Octave Sannejouand, cujo número de inscrição do Registro Geral é, de mais a mais, conhecido e consta da matrícula do imóvel (RG n.º 75.149 – mod. 19 – fls. 07), em sintonia com a carta de arrematação (fls. 23). A especialidade subjetiva, se, na hipótese, valorada com excessivo rigor, levará, em desprestígio da razoabilidade, até porque a exigência não pode ser satisfeita pela interessada, ao enfraquecimento do princípio da segurança jurídica, o que é um contrassenso. Com a exigência, o que se perde, confrontado com o ganho, tem maior importância, de sorte a justificar a reforma da sentença a garantia registrária é instrumento, não finalidade em si, preordenando-se a abrigar valores cuja consistência jurídica supera o formalismo (...) ".* Assim, embora as qualificações das partes no título não estejam perfeitas, há elementos suficientes a eliminar qualquer dúvida quanto às pessoas que figuram como outorgantes e outorgado. Tanto assim é, que o registrador justifica a exigência para complementar as qualificações nos arquivos da Serventia, e não porque tem dúvidas em relação às partes do negócio (fl. 3). É preciso observar, ainda, que a escritura foi lavrada em 1963, época em que não havia o rigor legal de hoje quanto à precisão da qualificação das partes, o que explica o motivo das omissões levantadas pelo registrador. Ciente desta circunstância, o legislador, ao editar a Lei n.º 6.015/73, previu a regra de transição disposta no § 2º do art. 176: *§ 2º Para a matrícula e registro das escrituras e partilhas, lavradas ou homologadas na vigência do Decreto nº 4.857, de 9de novembro de 1939, não serão observadas as exigências deste artigo, devendo tais atos obedecer ao disposto na legislação anterior.* Diante deste cenário, especialmente a ausência de dúvidas quanto à identidade das pessoas, o registro deve ser admitido, como bem decidiu o MM. Juiz Corregedor Permanente. Nesse sentido, ainda, o bem lançado parecer da ilustrada Procuradoria Geral de Justiça. Ante o exposto, nego provimento ao recurso. MANOEL DE QUEIROZ PEREIRA CALÇAS. Corregedor Geral da Justiça e Relator. TRIBUNAL DE JUSTIÇA DO ESTADO DE SÃO PAULO. Conselho Superior da Magistratura. Apelação 0002419-40.2014.8.26.0248. Procedência: Indaiatuba. Apelante: Ministério Público. Apelado: Christianne Moufarrej Abdalla. VISTO. (Voto nº 37.351): 1. Adoto o relatório lançado no voto do eminente Relator, o Corregedor Geral da Justiça de São Paulo, Des. MANOEL DE QUEIROZ PEREIRA CALÇAS. 2. O título cujo registro se pretende tem de ser apresentado por certidão ou traslado, o que a interessada há de suprir tanto que os autos voltem ao Ofício de registro de imóveis para a lavratura da inscrição que rogou (inc. II do art. 203 da Lei nº 6.015, de 31 de dezembro de 1973). 3. A escritura pública em exame, é verdade, não está perfeita quanto à qualificação dos figurantes, pois lá não constam nem o regime de casamento de nenhum deles, nem os números de suas inscrições no registro geral de segurança pública (RG) e no cadastro de contribuintes do Ministério da Fazenda (CPF). *In concreto*, porém, a negativa de registro não se justifica. Malgrado o princípio consagrado na parêmia *tempus regit actum* – isto é: os requisitos para o registro têm de avaliar-se segundo a lei que vigorar ao tempo em que a inscrição foi rogada –, e não obstante a vigente regra da especialidade subjetiva (Lei nº 6.015/1973, art. 176, inc. II, 4, *a* e *b*, e inc. III, 2, *a* e *b*), há considerar que a escritura pública (fls. 6-20) e as numerosas transcrições que ela atinge (fls. 21-60) datam de 1963 ou antes, o que, somado à manifesta dificuldade de providenciar informações sobre outorgantes que não possuem parentesco com a ora apelada, justifica, excepcionalmente, dispensa das exigências levantadas na nota devolutiva, como permitem não só o *caput* do art. 198 da Lei de Registros Públicos, como ainda precedentes deste Conselho (AC 0039080-79.2011.8.26.0100-NALINI, j. 20.9.2012, e AC 0022011 – 63.2013.8.26.0100-AKEL, j. 18.3.2014). DO EXPOSTO, meu voto nega provimento à apelação do Ministério Público. Des. RICARDO DIP. Presidente da Seção de Direito Público (DJe de 30.05.2016 – SP).

▶ **EMENTA:** Registro de imóveis – Dúvida – Pretensão de registro de contrato de locação firmado em 2007 – Locador que não é mais o proprietário – "Tempus regit actum" – Princípio da continuidade – Sentença de procedência – Recurso não provido. (Apelação nº 1001387-05.2015.8.26.0100). Cuida-se de apelação interposta contra a decisão de fls. 57/60 que manteve a recusa do Oficial de registrar contrato de locação firmado em novembro de 2007 referente a imóvel matriculado sob o nº 35.753, no qual figurou como locadora a empresa "Dansk Sudamérica Real Estate Administração e Locação de Bens" porque esta não seria mais a proprietária do imóvel. Alega, o recorrente, em suma, que os adquirentes do imóvel seriam a representante da empresa "Dansk" e dois menores de idade de sua família; além disso, a compra e venda teria ocorrido na vigência da locação e nenhum dos adquirentes se opôs (fls. 67/76). A Procuradoria Geral de Justiça opina pelo não provimento do recurso (fls. 90/91). ***É o relatório.*** No contrato de locação figurou como locadora, em 2007, a então proprietária Dansk. Em 2009, foi registrada na matrícula do imóvel a sua venda pela empresa a três pessoas físicas, conforme R. 16 (fl. 28/29). Não importa a relação que essas pessoas físicas tinham ou têm com a empresa "Dansk Sudamérica Real Estate Administração e Locação de Bens". Tratam-se de pessoas diferentes, que não se confundem com a empresa, que tem personalidade jurídica própria. O que se tem é que no momento em que o título – contrato de locação – foi levado a registro, a pessoa que consta como locadora não era mais proprietária do imóvel locado. E, no caso, conforme torrencial jurisprudência deste Conselho, vigora o princípio *"tempus regit actum"*. Importa, portanto, o momento em que o título é levado a registro, não a data em que foi lavrado o contrato. Em homenagem ao princípio da continuidade registral, há que se manter um encadeamento lógico e subjetivo nos registros, o que impede o registro da locação na qual figura como locador quem não é mais o proprietário. *"Segundo o princípio da continuidade, os registros devem ser perfeitamente encadeados, de forma que não haja vazios ou interrupções na corrente registrária. Em relação a cada imóvel deve existir uma cadeia de titularidade à vista da qual só se fará o registro ou averbação de um direito se o outorgante dele figurar no registro como seu titular. Destarte, nenhum registro pode ser feito sem que se tenha previamente registrado o título anterior, do qual dependa (art. 237 da Lei 6.015/1973). Da mesma forma, dispõe o art. 195 do mesmo diploma legal que, Dse o imóvel não estiver matriculado ou registrado em nome do outorgante, o oficial exigirá a prévia matrícula e o registro do título anterior, qualquer que seja a sua natureza, para manter a continuidade do registros"* (LOUREIRO, Luiz Guilherme. Registros Públicos – Teoria e Prática. São Paulo: Saraiva, 2014, p. 325). Ante o exposto, nego provimento ao recurso. HAMILTON ELLIOT AKEL CORREGEDOR GERAL DA JUSTIÇA E RELATOR (DJe de 13.10.2015 – SP)

▶ **EMENTA:** Registro de imóveis – Pretensão de registro de escritura pública de venda e compra – Ausência do título original – Dúvida prejudicada – Impossibilidade, ademais, de registro, por quebra do princípio da especialidade objetiva – Recurso não conhecido. (Apelação nº 4023469-63.2013.8.26.0224). Walter Pacheco e Aparecida Rodrigues dos Santos Pacheco interpuseram recurso administrativo contra a r. sentença que manteve a recusa de registro de Escritura Pública de Venda e Compra. A recusa ocorreu em razão da quebra do princípio da especialidade objetiva, uma vez que da transcrição nº 11.037, de onde tirada a área menor alienada ao recorrente, consta um prédio de nº 216-fundos, da Avenida Papa Pio XII. Essa construção, porém, não conta da Escritura. O recorrente, com base em diligências determinadas no curso do procedimento, inovando em relação ao pedido inicial, afirma que a averbação da construção é nula e que, por isso, a nulidade haveria de ser declarada. A Procuradoria de Justiça, após observar que a dúvida está prejudicada, manifestou-se, no mérito, pelo desprovimento do recurso. *É o relatório.* O recurso não deve ser conhecido e, caso o fosse, no mérito, não comportaria provimento. A ausência de juntada do original do título torna prejudicada a dúvida. Essa a reiterada jurisprudência do E. Conselho Superior da Magistratura: *"Acerca de hipóteses quejandas este conselho tem posição firmada, da qual é representativo o V. Acórdão proferido na Apelação Cível nº 43.728-0/7, da Comarca de Batatais, publicado D.O.E., Poder Judiciário, Caderno I, Parte I, de 13 de outubro de 1998, página 04, e relatado pelo eminente Des. Sérgio Augusto Nigro Conceição. Eis a ementa: "REGISTRO DE IMÓVEIS – Dúvida inversamente suscitada – Falta do título original e de prenotação – inadmissibilidade – prejudicialidade – Recurso não conhecido". O texto do julgado, no qual há referência a outro precedente, é esclarecedor: "Pacífica a jurisprudência deste Colendo Conselho Superior da Magistratura no sentido da necessidade de apresentação do título original, como decidido na Apelação Cível n.º 30.728-0/7. da Comarca de Ribeirão Preto, Relator o Desembargador Márcio Martins Bonilha, nos seguintes termos: Ora, sem a apresentação do título original, não admite a discussão do quando mais se venha a deduzir nos autos, porque o registro, em hipótese alguma, poderá ser autorizado, nos termos do artigo 203, II, da Lei 6.015/73. Não é demasiado observar que no tocante à exigência de autenticidade, o requisito da exibição imediata do original diz respeito ao direito obtido com a prenotação do titulo, direito que não enseja prazo reflexo de saneamento extrajudicial de deficiências da documentação apresentada". Conclui-se: "Não tendo sido mantido nos autos, no original, nem oportunamente prenotado, o título cujo registro pretende a recorrente, não é de ser conhecido o recurso, prejudicadas as demais questões suscitadas pelas partes". Imprescindível, deveras, em situações como a presente, o exame material do próprio título original, não apenas para que se venha a ter certeza de sua autenticidade e regularidade, mas, ainda, para que, caso autorizado o registro, este possa efetivamente se concretizar. Do contrário, tal concretização dependeria de evento futuro e incerto, consistente na apresentação, ao registrador, daquele original faltante. Ou seja, este Conselho estaria a proferir decisão condicionada. " (Ap. Civ. 1.085-6/6).* Ainda que o recurso fosse conhecido, a ele seria negado provimento, uma vez que induvidosamente o registro feriria o princípio da especialidade objetiva. Para Afrânio de Carvalho, o princípio da especialidade do imóvel significa a sua descrição como corpo certo, a sua representação escrita como individualidade autônoma, com o seu modo de ser físico, que o torna inconfundível e, portanto, heterogêneo em relação a qualquer outro (Reg de Imóveis: comentários ao sistema de registro em face da Lei 6015/73, 2ª ed., Rio de Janeiro, 1977, p. 219). Por isso, o imóvel deve estar perfeitamente descrito no título objeto de registro de modo a permitir sua exata localização e individualização, não se confundindo com nenhum outro. Narciso Orlandi Neto, ao citar Jorge de Seabra Magalhães lembra que "as regras reunidas no princípio da especialidade impedem que sejam registrados títulos cujo objeto não seja exatamente aquele que consta do registro anterior. É preciso que a caracterização do objeto do negócio repita os elementos de descrição constantes do registro" (Narciso Orlandi Neto, Retificação do Registro de Imóveis, Juarez de Oliveira, pág. 68). Por esta razão, não se permite o registro de escritura pública que descreva o imóvel de forma diferente da que consta no registro de imóveis (CSM Ap. Cível nº 10.897/2010). No presente caso, não consta, da escritura, o prédio de nº 216, da Avenida Papa Pio XII, que, porém, consta da transcrição 11.037, do 1º Registro de Imóveis, de onde tirada a área menor alienada. A transcrição 11.037 refere-se a um terreno de 255 metros quadrados, de onde extraída a metade adquirira pelos recorrentes. Essa transcrição, por sua vez, advém da transcrição anterior, de nº 9.302, também do 1º Registro de Imóveis, referente à área total de 510 metros quadrados. Ao que parece da narrativa dos autos, essa área maior foi desmembrada em quatro áreas menores de 127,5 metros quadrados, uma delas alienada aos recorrentes. No entanto, averbada a construção do prédio na transcrição 11.037, não é possível saber onde ele se localiza, dado que sequer a área inteira foi alienada, mas metade dela. O registro, dessa forma, quebraria o princípio da especialidade objetiva. Por fim, deve-se ressaltar que o pedido dos interessados foi de registro da escritura, ou seja, registro em sentido estrito. Daí porque processado o recurso como apelação em processo de dúvida. A alteração da pretensão, na fase de recurso – os recorrentes pediram a 'anulação da averbação' da construção – é inadmissível. Nesses termos, pelo meu voto, à vista do exposto, e com as considerações supra, não conheço do recurso. JOSÉ CARLOS GONÇALVES XAVIER DE AQUINO. CORREGEDOR GERAL DA JUSTIÇA E RELATOR. DECLARAÇÃO DE VOTO PARCIALMENTE DIVERGENTE. Apelação Cível nº 4023469-63.2013.8.26.0224. Apelante: Walter Pacheco e outro. Apelado: Oficial do 2º Cartório de Registros de Imóveis e Anexos da Comarca de Guarulhos. VOTO Nº 21.750Contra a sentença que rejeitou pedido de providências, apelaram WALTER PACHECO e APARECIDA RODRIGUES DOS SANTOS PACHECO, insistindo para que seja reconhecida a nulidade da averbação da Transcrição 9.302 do 1º Cartório de Registro de Imóveis de Guarulhos. No requerimento inicial apresentado ao juízo, os apelantes insistiam em levar a registro escritura de compra e venda de imóvel urbano, descrito na transcrição 11.037 do 1º Registro de Imóveis de Guarulhos, desconsiderando a averbação de uma construção. A intenção dos interessados em registrar o título foi frustrada pela recusa do oficial, que apontou o descompasso entre a escritura do tabelionato e a descrição do registro. Objeta o Ministério Público que nem mesmo a apelação poderia ser conhecida, já que o título original não foi apresentado e, se superado esse óbice, o pedido do recurso – anulação de averbação – não pode ser atendido pela via escolhida. É o breve relatório. De acordo com a posição do douto Corregedor, relator do feito, não é caso de se conhecer do recurso por falta de juntada do título original. Desse entendimento ouso divergir em parte. Isso porque a falta do documento até poderia ser superada, se a própria pretensão do recurso não fosse completamente inviável. Assim já o apontara o Ministério Público: o procedimento inicial não se presta a anular averbação. Pelo que se intuiu da leitura dos autos, os recorrentes adquiriram um imóvel sobre o qual fora edificada uma construção que, agora, não mais existe. O descompasso entre o título aquisitivo e o registro é decorrência de uma situação de fato – demolição – não averbada. O descompasso não se sana anulando-se a anotação anterior, porque de defeito no ato não se trata. E, por outro lado, o procedimento não se presta a desconstituir a averbação. Assim, o caso é de não conhecimento do recurso. Não fora isso, a própria pretensão de registro tem por fundamento a admissão, por parte dos recorrentes, da diferença de descrição entre a transcrição original e o título apresentado. Vale dizer: o exato fundamento do pedido é a admissão do argumento do registrador. Essa admissão afasta a possibilidade de apreciação do recurso. Ante o exposto, pelo meu voto, DEIXO DE CONHECER DO RECURSO, mantendo inalterada a sentença. JOSÉ RENATO NALINI. Presidente do Tribunal de Justiça. Apelação Cível nº 4023469-63.2013.8.26.0224. Apelante: Walter Pacheco e Aparecida Rodrigues dos Santos Pacheco. Apelado: 2º Oficial de Registro de Imóveis da comarca de Guarulhos. DECLARAÇÃO DE VOTO CONVERGENTE. VOTO nº 34.8251. Walter Pacheco e Aparecida Rodrigues dos Santos Pacheco interpuseram apelação contra sentença que julgou procedente dúvida suscitada pelo 2º Oficial de Registro de Imóveis da comarca de Guarulhos e, assim, obstou ao registro *stricto sensu* de uma compra e venda. Segundo a sentença, o registro, se fosse feito, ofenderia o princípio da continuidade, pois na transcrição de onde foi tirada a área menor está averbada a existência de uma edificação, a qual, entretanto, não foi mencionada na escritura pública. Os apelantes alegam que, conforme apurado ao longo do processo, essa averbação é nula, de modo que o registro é possível. **2**. Respeitável é o entendimento do eminente Desembargador Relator ao dar por prejudicada a dúvida. Isto porque, os interessados só apresentaram cópia de título formal, o que a LRP/1973, art. 221, não admite. Segundo constante jurisprudência deste Conselho, se a via original do título formal não veio aos autos, é impossível a análise do mérito, pois cópias não são objeto de qualificação registral. No entanto, diverge-se quanto à apresentação de solução que, em tese, deveria dar-se ao caso, na hipótese de conhecimento do recurso. A orientação superior das notas e dos registros e a propositura de medidas convenientes ao aprimoramento dos serviços extrajudiciais é tarefa exclusiva e indelegável do Corregedor Geral da Justiça (Regimento Interno, art. 28, XVIII e XXXI). Por sua vez, o Conselho Superior da Magistratura, em matéria notarial e registral, é chamado a decidir processos (Regimento Interno, art. 16, IV), e não a emitir orientações hipotéticas. Portanto, constatando a necessidade de proferir instruções, orientações ou recomendações, cabe ao Corregedor Geral da Justiça fazê-lo, sem que precise ou deva valer-se de dúvida registral, expediente que, ademais, desatende o sistema pela heterodoxia. Com efeito, este Conselho deve conhecer do mérito, se antes não conhecer de preliminar que com ele seja incompatível (CPC/1973, art. 560, *caput*). Disso se conclui que, se houver (como *in casu* houve) preliminar que impeça o exame do mérito, sobre ele não cabe pronunciamento. Há de ser entregue a prestação jurisdicional, e não mais que isso. Como diz Pontes de Miranda *(Comentários ao Código de Processo Civil*, Rio de Janeiro: Forense, 1975, tomo VIII, p. 266): Se a decisão na preliminar processual ou na questão prejudicial elimina o julgamento do mérito, claro que não mais se prossegue; julgado está o feito; a decisão, por si só, é terminativa. As decisões deste Conselho gozam de inegável prestígio e (como salienta o Desembargador Relator), servem de orientação para registradores, tabeliães, juízes e partes. Justamente por isso, os acórdãos devem contar o que a lei efetivamente permite que seja objeto do julgamento de todos os integrantes do Conselho. No caso de dúvida prejudicada, esse objeto, como se disse, restringe-se à matéria preliminar. Logo, é preferível não inserir nem fazer prevalecer posições jurídicas sobre a matéria de fundo, sem que esta, contudo, pudesse ter sido legalmente examinada, discutida e votada. Afinal, ou este Conselho de fato orienta e disciplina (caso em que a orientação ou a regra necessariamente há de ser produto da deliberação deste órgão), ou então não resolve, e não convém expender nem se estender em tema, não objeto de pronunciamento pelo colegiado. Ademais, como havia sido exposto em 27.1.2015, no julgamento da Apelação Cível 3000543-41.2013.8.26.0601, deste E. Conselho, o princípio da cindibilidade implica o seguinte: *a)* a cisão possível é a do título formal (= do instrumento), e não do título causal (= do fato jurídico que, levado ao registro de imóveis, dá causa à mutação jurídico-real);*b)* a possibilidade de cisão decorre do princípio da unitariedade (ou unicidade) da matrícula (LRP/1973, art. 176, I); e *c)* o título formal pode cindir-se em dois casos: ou quando um mesmo e único título formal disser respeito a mais de um imóvel; ou quando um mesmo e único título formal contiver dois ou mais fatos jurídicos relativos a um mesmo e único imóvel, contanto que esses fatos jurídicos não constituam uma unidade indissolúvel. Portanto, não está abrangida pelo princípio da cindibilidade (ao menos como o tem entendido a jurisprudência deste E. Conselho) a permissão para que se separem, nos negócios jurídicos, as partes eficazes, e se desprezem as restantes. Essa "cisão" supõe que o oficial de registro de imóveis possa invocar e aplicar o Cód. Civil, art. 170 *(verbis* "Se, porém, o negócio jurídico nulo contiver os requisitos de outro, subsistirá este quando o fim a que visavam as partes permitir supor que o teriam querido, se houvessem previsto a nulidade. "). Ora, essa invocação e aplicação não são possíveis, porque dependem de uma ilação (= supor o que as partes haveriam querido, se tivessem previsto a nulidade ou a ineficácia) que extrapola os limites da qualificação registral, circunscrita ao que consta no título e no próprio registro. Portanto, no caso destes autos, não cabe ao ofício de registro de imóveis nem à corregedoria permanente extirpar uma parte ineficaz da doação (= a fração ideal afetada por indisponibilidade) para fazer com que o restante do negócio jurídico seja passível de registro *stricto sensu*, mesmo que se invoque o princípio da cindibilidade, que não se aplica. Em suma: a pretensão da apelante de registro stricto sensu não é viável. Essa impossibilidade não pode ser contornada sequer pela regra da cindibilidade (em seu sentido mais amplo), a qual, por falta de amparo legal, em verdade não pode ser aplicada para desprezar, nos negócios jurídicos, as partes que sejam inválidas ou ineficazes, somente para permitir uma inscrição *lato sensu*. Finalmente, é entendimento consolidado que o Poder Judiciário – mesmo no exercício de função administrativa, como seja a corregedoria dos serviços extrajudiciais – não é órgão consultivo. Assim, eventuais consultas só devem ser admitidas em hipóteses de excepcionais e extrema relevância: Ora, por tudo isso se evidencia a completa carência de interesse e legitimação para o reclamo assim tão singularmente agitado, por quem, não dispondo, ainda, da titularidade do domínio (condomínio), não poderia alegar lesão ou ameaça de lesão, por parte da administração, a um direito seu, que sequer existe. **O pedido, na verdade, traduziria inconcebível e descabida consulta dirigida ao Judiciário, ainda que na sua função atípica de agente administrativo, sobre interpretação e aplicação, em tese, das leis e regulamentos.** Nesse sentido, é da melhor doutrina que a "reclamação administrativa é a oposição expressa a atos da Administração, que afetem direitos ou interesses legítimos dos administrados. O direito de reclamar é amplo, e se estende a toda pessoa física ou jurídica que se sentir lesada ou ameaçada de lesão pessoal ou patrimonial por atos ou fatos administrativos" (Hely Lopes Meirelles, Direito Administrativo Brasileiro, 3ª ed., Revista dos Tribunais, p. 617 e Caio Tácito, Direito Administrativo, 1975, Saraiva, p. 29), pressupostos esses que, absolutamente ausentes na hipótese, inviabilizam, por completo, a postulação inicial. (Corregedoria Geral da Justiça de São Paulo, Proc. 53/1982, parecer do juiz José Roberto Bedran, 22.7.1982, g. n.). **A E. Corregedoria Geral da Justiça,** *em regra,* e conforme pacífica orientação, **não conhece de** *consultas,* **cujo exame, portanto, excepcional, fica condicionado à peculiaridade do assunto, sua relevância e o interesse de âmbito geral da matéria questionada.** (Corregedoria Geral da Justiça, Proc. CG 10.715/2012, Des. José Renato Nalini, j. 18.12.2013). Como é sabido, **não cabe a este Juízo responder a consultas formuladas pelo interessado, pois a sua função primordial é solucionar conflitos e não figurar como consultor jurídico.** Além disso, como bem observou a Douta Promotora: "Conforme já decidiu a E. Corregedoria Geral da Justiça, em parecer exarado pelo então Juiz Auxiliar da Corregedoria, Dr. Hélio Lobo Júnior, no procedimento nº 27.435/88 (02/89): "... é inconcebível e descabida consulta dirigida ao Judiciário, ainda que na sua função atípica de agente administrativo, sobre interpretação e aplicação, em tese, das leis e regulamentos (cf. ementa 10.2, das Decisões Administrativas da Corregedoria Geral da Justiça – Ed. RT, 1981/1982, p. 24). Neste mesmo sentido, manifestou-se o Dr. Aroldo Mendes Viotti, D. Juiz Auxiliar da Corregedoria, em parecer proferido nos autos do procedimento nº 113/90 (567/90), onde consta: "O comando emergente do dispositivo da r. sentença não pode – por isso – prevalecer, porquanto não é dado ao Juízo Corregedor Permanente emitir declaração positiva ou negativa de registro de título no Ofício Predial sem regular instauração de procedimento de dúvida, e sem que, consoante o devido procedimento de lei, se materialize o dissenso entre particular e registrador acerca daquele ato de registro. A atuação do Juízo da dúvida dirige-se tão-somente à revisão da atividade do registrador, devolvendo-se-lhe a tarefa de qualificação a este cabente em primeiro momento: não pode o Juízo administrativo, porém, substituir-se ao Oficial nessa primeira atividade, isto é, apreciar a registrabilidade de título sem que o responsável pelo Cartório Predial, em momento anterior, o faça. Por incômodo ou intrincado que se revele o ônus de qualificação dos títulos, dele deverá se desincumbir o Serventuário, nada justificando busque transferi-lo a terceiros. Também se presume detenha o titular da Serventia Imobiliária capacitação técnica não apenas para operacionalizar os comandos legais que disciplinam a questão da preferência a registro de títulos constitutivos de direitos reais reciprocamente contraditórios, como, igualmente, para conhecer os efeitos jurídicos que possam advir das medidas previstas nos arts. 867 e ss. (Seção X, Livro III) do CPC. Por isso, não cabia ao Juízo Corregedor fornecer resposta à consulta do Serventuário. Também não lhe era dado determinar registro de títulos à margem do procedimento legal, e sem que o registrador se houvesse previamente desincumbido de seu ônus de emitir juízo conclusivo a respeito de sua registrabilidade". (Primeira Vara de Registros Públicos de São Paulo, autos 1023331-97.2014.8.26.0100, Juíza Tânia Mara Ahualli, j. 16.05.2014)**3.** Ante o exposto, **não conheço do recurso de apelação, com observação.** ARTUR MARQUES DÀ SILVA FILHO. Presidente da Seção de Direito Privado. Apelação Cível nº 4023469-63.2013.8.26.0224. Apelante: Walter Pacheco e Aparecida Rodrigues dos Santos. Apelado: 2º Oficial de Registro de Imóveis da Comarca de Guarulhos. TJSP-VOTO Nº 26.534. DECLARAÇÃO DE VOTO. **Registro de Imóveis. Ausência da via original do título – Dúvida prejudicada – Impossibilidade de se pronunciar sobre o mérito da questão. Recurso não conhecido.1.** Cuida-se de apelação contra decisão proferida pelo Juízo Corregedor Permanente do 2º Oficial de Registro de Imóveis da Comarca de Guarulhos, que julgou procedente a dúvida e negou registro de escritura pública de venda e compra porque, em suma, a descrição constante do título é distinta da constante da transcrição. É o relatório.**2.** Respeitado o entendimento diverso do Excelentíssimo Desembargador Relator Corregedor Geral da Justiça, prejudicada a dúvida, não seria o caso de ingressar na análise do mérito. Apenas no tocante a esse tópico, ousamos discordar, *data venia.* De antemão, cumpre conceituar o que vem a ser dúvida. O processo de dúvida é definido como um procedimento de natureza administrativa destinado a solucionar controvérsia existente entre o apresentante do título e o Oficial Predial, a respeito da registrabilidade do título, ou nas palavras de Ricardo Henry Marques Dip e Benedito Silvério Ribeiro: "... em acepção material: o juízo emitido pelo administrador no exercício de suas funções, obstando a pretensão de registro; em acepção formal: o procedimento de revisão hierárquica do juízo administrativo de objeção a uma pretensão de registro" *(in Algumas linhas sobre a Dúvida no Registro de Imóveis,* pág. 2). Indubitavelmente, para que surja o processo de dúvida é necessário que um título seja apresentado e que ele seja recusado à primeira vista, ofertando o Oficial determinadas exigências para complementação formal daquele título, a fim de que seja viabilizado o registro. Assim, caso o apresentante discorde das exigências, ele instará o Oficial a suscitar dúvida, em face do dissenso. *In casu,* formuladas as exigências, os próprios interessados suscitaram a dúvida. Porém, **não apresentaram o original do título cujo registro pretende (fl. 06/09).** Como bem observou o Excelentíssimo Desembargador Relator, é pacífica a jurisprudência do Colendo Conselho Superior da Magistratura a exigir, nos procedimentos de dúvida, a via original do título cujo registro se pretende. Isso porque o inciso II do artigo 221 da Lei de Registros Públicos, Lei nº 6.015 de 31 de dezembro de 1973, expressamente prevê que "somente são admitidos registro escritos particulares autorizados em lei, assinados pelas partes e testemunhas, com as firmas reconhecidas, dispensado o reconhecimento quando se tratar de atos praticados por entidades vinculadas ao Sistema Financeiro da Habitação". Caberá aos próprios interessados, se o caso, havendo recusa do Oficial, apresentando a via original do título, **seguindo os trâmites legais,** suscitar a dúvida adequadamente. Em arremate, prejudicada a dúvida, não há como se prosseguir com o julgamento do mérito, porque o Colendo Conselho Superior da Magistratura não é, *data máxima venia,* órgão de consulta. Como suso anotado, o procedimento de dúvida deve atender a um trâmite específico diante dos efeitos da prenotação, que não podem se estender além do prazo legal. Demais, as decisões do Conselho têm caráter normativo, não fazendo sentido elaborar decisões condicionais. A pressuposição de algo que não se sabe tenha realmente ocorrido ou venha a ocorrer torna a análise condicional: se "A" ocorreu ou vier a ocorrer, então "B" é verdade; se "A" não ocorreu ou não vier a ocorrer, então "B" é falso. Explico: *in casu,* para que se possa realizar um juízo positivo ou negativo a respeito da registrabilidade do título, há de se pressupor que o interessado cumprirá corretamente a exigência feita pelo Oficial com a qual concordou e que novas exigências não serão feitas. Então, se se cumprirem aquelas exigências, comportará ou não registro. Trata-se de uma análise condicional. E se, antes mesmo de cumpridas as exigências, o título sofrer alterações? Se tiver havido a prenotação de outro título? A dinamicidade do mundo negociai faz com que as premissas tomadas pela Egrégia Corregedoria em data presente sejam incertas. Dess'arte, *data venia,* a análise do mérito, prejudicada a dúvida, seria, no meu entendimento, condicional. Nem se perca de vista que o procedimento de dúvida é judicialiforme, isto é, em parte administrativo, em parte judicial. A fase judicial inicia-se com o recurso de apelação. A partir de então, hão de se observar as regras e os princípios processuais, dentre eles a necessidade de se proferir decisão certa (artigo 460, parágrafo único, do Código de Processo Civil). Como já se decidiu, **"nula é a sentença que julga** a ação **procedente, condicionada** esta **procedência** ao **preenchimento de determinados requisitos legais pelo autor** "(RT 472/150). Nesse sentido, ainda, farta jurisprudência do Egrégio Conselho Superior da Magistratura, por vários biênios, consoante venerandos acórdãos a seguir transcritos (grifos meus): *"Registro de Imóveis – Dúvida – Suscitação inversa e apenas com relação a um dos óbices opostos contra o registro, sem menção aos demais, que também constaram da nota de devolução – Inviabilidade – o* ***procedimento não se presta ao exame isolado de uma das exigências formuladas, mas à registrabilidade do título, considerado na oportunidade de sua apresentação – Dúvida prejudicada.*** *Vistos, relatados e discutidos estes autos de APELAÇÃO CÍVEL Nº 30.751-0/1, da Comarca de TAUBATÉ, em que é apelante SEBASTIANA PIRES DE SOUZA e apelado o OFICIAL DO CARTÓRIO DE REGISTRO DE IMÓVEIS E ANEXOS. ACORDAM os Desembargadores do Conselho Superior da Magistratura, por votação unânime, em julgar prejudicada a dúvida. Tratam os autos de apelação, tempestivamente interposta contra a respeitável sentença que manteve a recusa posta contra o registro de ambos os títulos objeto desta, porque, além de não ter sido manejada a irresignação contra todos os motivos apresentados pelo registrador, pretendeu o suscitante fossem os títulos registrados independentemente do suprimento das omissões verificadas no registro de origem. O Ministério Público opina pelo não provimento do recurso. É o relatório. Ao suscitar a dúvida inversamente, a recorrente manifestou seu inconformismo apenas com relação a um dos motivos da recusa, omitindo-se quanto às demais exigências que também foram formuladas pelo registrador.* ***O procedimento de dúvida não se presta à solução de dissensão que versa apenas acerca de um dos óbices opostos contra o registro, porque, ainda que afastado fosse este motivo da recusa, aquele não se viabilizaria. Para o deslinde da dúvida importa o exame da registrabilidade do título e, ainda assim, tomando-a em consideração no momento da devolução. Tem-se por prejudicada a dúvida quando várias são as exigências e apenas uma delas é questionada na suscitação inversa, como ocorreu no caso.*** *Isto posto,* ***julgam a dúvida prejudicada.*** *Custas na forma da lei. Participaram do julgamento, com votos vencedores, os Desembargadores YUSSEF SAID CAHALI, Presidente do Tribunal de Justiça e DIRCEUDE MELLO, Vice-Presidente do Tribunal de Justiça. São Paulo, 15 de março de 1996. MÁRCIO MARTINS BONILHA, Corregedor Geral da Justiça e relator. Vistos, relatados e discutidos estes autos de APELAÇÃO CÍVEL Nº 54.319-0/6, da Comarca de SÃO SEBASTIÃO, em que são apelantes DANIEL OHANNES AVAKIAN e OUTROS e apelado o 1º TABELIÃO DE NOTAS E OFICIAL DO REGISTRO DE IMÓVEIS, TÍTULOS E DOCUMENTOS E CIVIL DE PESSOA JURÍDICA da mesma Comarca. ACORDAM os Desembargadores do Conselho Superior da Magistratura, por votação unânime, em não conhecer do recurso. Trata-se de recurso interposto, tempestivamente, por Daniel Ohannes Avakian e outros, contra a r. decisão de primeiro grau, que julgou prejudicada a dúvida inversamente suscitada pelo 1º tabelião de notas e oficial do registro de imóveis, títulos e documentos e civil de pessoa jurídica da Comarca de São Sebastião, relativamente ao registro de escritura de venda e compra outorgada pelo Espólio de Domenico Ricciardi Maricondi e outros. Sustentaram os recorrentes o provimento do recurso e a reforma da r. decisão recorrida, porquanto a apresentação das exigências em nada modificará o registro. Ademais, aduziram que o cumprimento das exigências foi feito no decorrer do pedido, em atendimento às determinações do oficial de registro. Por fim, alegaram que os documentos juntados provam claramente que a transcrição está devidamente dentro da lei, pois o detentor do domínio fora quem transmitiu a propriedade ao apelante. E mais, a sequência das transmissões com seus devidos impostos juntados aos autos, provam as cessões do compromisso registrado. Contrarrazões e parecer da Douta Procuradoria Geral da Justiça, pelo não conhecimento do recurso. É o relatório. O recurso não é de ser conhecido. Constata-se, no presente caso, o fato de que os recorrentes, no decorrer do procedimento de dúvida, se conformaram com alguns dos óbices opostos ao registro pretendido. Ante a concordância dos recorrentes com algumas das exigências formuladas pelo oficial registrador torna-se imperativa a manutenção da r. decisão que decidiu pela prejudicialidade da dúvida, já que para o deslinde do procedimento importa o exame da registrabilidade do título, considerado o momento da sua devolução. Inviável, ainda, o cumprimento de eventuais exigências no curso do procedimento, circunstância que poderia implicar em injusta prorrogação do prazo de prenotação. Neste sentido decisão deste Colendo Conselho Superior da Magistratura, proferida nos autos da apelação cível nº 31.719-0/3, da Comarca de Guarulhos, Relator o Desembargador Márcio Martins Bonilha: "Como é sabido o procedimento de dúvida não admite sejam atendidas exigências no curso do procedimento. Ao ser suscitada a dúvida, a requerimento do interessado, o título recusado deve ser prenotado para que esteja assegurado o direito de prioridade do apresentante. Se fosse admitido cumprir exigência durante o procedimento, estaria aberto caminho para uma injusta prorrogação do prazo da prenotação, que, muita vez, viria em prejuízo dos eventuais detentores de títulos contraditórios.* ***Tem-se, pois, que o provimento judicial, em procedimento de dúvida, deverá ser sempre positivo ou negativo, a fim de que o registro seja ou não autorizado diante da dissensão que existia ao tempo da suscitação.*** *O cumprimento de exigências depois daquele momento, como sucedeu no caso, ou mesmo a aceitação da procedência do outro óbice que tinha sido posto contra o registro, com a afirmação de que este deverá ser atendido depois, tal como se verifica das razões de recurso, prejudicam a dúvida, pelo que falece interesse recursal à recorrente.* ***Não há como se levar em conta, por estes motivos, o atendimento das exigências depois da suscitação,*** *nem como considerar a promessa de que o alvará de desdobro deverá ser mais tarde providenciado. É tranquila a jurisprudência deste Colendo Conselho Superior da Magistratura, há muito orientada nessa direção (Ap. Cíveis n.ºs 30.763-0/6, da Comarca de Itapecerica da Serra e 31.007-0/4, da Comarca de São Caetano do Sul). Isto posto, prejudicada a dúvida, não conhecem do recurso. "Desta forma, aquiescendo os recorrentes com alguns dos óbices postos pelo registrador, não é de ser conhecido o recurso, prejudicadas as demais questões suscitadas pelas partes. Ante o exposto, prejudicada a dúvida, não conhecem do recurso. Participaram do julgamento, com votos vencedores, os Desembargadores DIRCEU DE MELLO, Presidente do Tribunal de Justiça, e AMADOR DA CUNHA BUENO NETTO, Vice-Presidente do Tribunal de Justiça. São Paulo, 12 de fevereiro de 1999. SÉRGIO AUGUSTO NIGRO CONCEIÇÃO, Corregedor Geral da Justiça e Relator. Vistos, relatados e discutidos estes autos de APELAÇÃO CÍVEL Nº 76.810-0/8, da Comarca da CAPITAL, em que é apelante MARIA FÁTIMA DA SILVA e apelado o 14º OFICIAL DE REGISTRO DE IMÓVEIS da mesma Comarca. ACORDAM os Desembargadores do Conselho Superior da Magistratura, por votação unânime, em não conhecer do recurso, de conformidade com o voto do relator que fica fazendo parte integrante do presente julgado. Participaram do julgamento, com votos vencedores, os Desembargadores MÁRCIO MARTINS BONILHA, Presidente do Tribunal de Justiça, e ÁLVARO LAZZARINI, Vice-Presidente do Tribunal de Justiça. São Paulo. REGISTRO DE IMÓVEIS – Processo de dúvida. Recusa no registro de formal de partilha em razão de várias exigências formuladas pelo registrador. Concordância expressa da interessada com duas delas. Dúvida prejudicada. Impossibilidade de julgamento do mérito a ponto de comprometer o princípio da prioridade. Apelação não conhecida. Trata-se de apelação interposta por Maria Fátima da Silva (f. 58/60) contra a sentença do MM, Juiz Corregedor Permanente do 14º Oficial de Registro de Imóveis da Comarca da Capital (f. 50/51), que julgou procedente dúvida inversamente suscitada, recusando o registro de formal de partilha extraído da ação de arrolamento de bens que teve curso perante a 9ª Vara da Família e Sucessões, uma vez que a recorrente conformou-se com as exigências (apresentação de guia de recolhimento do ITBI e de certidão de quitação de tributos fiscais da Prefeitura Municipal de São Paulo), daí a inviabilidade do registro. O título foi prenotado em 24 de março de 2000 sob nº 339.083. Sustenta, em síntese, a recorrente que: a) sejam afastadas por completo as exigências do registrador, consistentes em discutir o percentual que lhe cabe na partilha homologada em juízo, a exibição de certidões negativas de débito e apresentação de requerimento com firma reconhecida, constando a qualificação completa dos separandos e b) que as exigências com as quais aquiesceu são por demais simples. Pede o provimento para, reformada a decisão, ser o título registrado. É o relatório. A recorrente desde o início do procedimento (f. 3) e também na fase recursal (f. 59) concordou expressamente com duas das várias exigências formuladas pelo Oficial de Registro (f. 5 e 41/43), ou seja, está de acordo em providenciar o comprovante de recolhimento do ITBI e a certidão negativa de tributos junto à Municipalidade de São Paulo. Tal circunstância, por si só, retira o dissenso que existiria entre o interessado no registro e o registrador, prejudicando a análise da dúvida em seu mérito. Como já entendi na Ap. Cív. nº 72.513.0/3-00: "Este E. Conselho Superior da Magistratura, (Ap. Cív. nº 60.460.0/8-00, j. 6/12/99, v. u., Des.*

Márcio Bonilha, Presidente, Álvaro Lazzarini, Vice-Presidente, e Nigro Conceição, Corregedor Geral) decidiu: "O cumprimento de exigências depois daquele momento, como sucedeu no caso, ou mesmo a aceitação da procedência do outro óbice que tinha sido posto contra o registro, com a afirmação de que este deverá ser atendido depois, tal como se verifica das razões de recurso, prejudicam a dúvida, pelo que falece interesse recursal à recorrente." "Com a aceitação da exigência nas razões de apelação desapareceu o dissenso entre o Oficial e a apelante, ***não possibilitando a análise do mérito*** *e a determinação do registro nestes autos a ponto de comprometer o princípio da prioridade com eventual aproveitamento da prenotação existente." Noutra oportunidade, na Ap. Cív. nº 31.719-0/3, da Comarca de Guarulhos, sendo relator o Des. Márcio Bonilha: "Como é sabido o procedimento da dúvida não admite sejam atendidas exigências no curso do procedimento. "Ao ser suscitada a dúvida, a requerimento do interessado, o título recusado deve ser prenotado para que esteja assegurado o direito de prioridade do apresentante. "Se fosse admitido cumprir exigência durante o procedimento, estaria aberto caminho para uma injusta prorrogação do prazo da prenotação, que, muita vez, viria em prejuízo dos eventuais detentores de títulos contraditórios. "Tem-se, pois, que o provimento judicial, em procedimento de dúvida, deverá ser sempre positivo ou negativo, a fim de que o registro seja ou não autorizado diante da dissensão que existia ao tempo da suscitação". Ante o exposto, prejudicada a dúvida, não conheço da apelação. LUÍS DE MACEDO, Relator e Corregedor Geral da Justiça Vistos, relatados e discutidos estes autos de APELAÇÃO CÍVEL Nº 495-6/0, da Comarca da CAPITAL, em que são apelantes JOSÉ LANZA e SUA ESPOSA e apelado o 6º OFICIAL DE REGISTRO DE IMÓVEIS da mesma Comarca. ACORDAM os Desembargadores do Conselho Superior da Magistratura, por votação unânime, em não conhecer do recurso, de conformidade como voto do relator que fica fazendo parte integrante do presente julgado. Participaram do julgamento, com votos vencedores, os Desembargadores CELSO LUIZ LIMONGI, Presidente do Tribunal de Justiça e CAIO EDUARDO CANGUÇU DE ALMEIDA, Vice-Presidente do Tribunal de Justiça. REGISTRO DE IMÓVEIS – Dúvida procedente – Irresignação parcial, sem prova de cumprimento de outra exigência não impugnada – Dúvida prejudicada – Recurso não conhecido.* ***1****. Trata-se de apelação interposta por José Lanza e Maria Olinda Lanza, tempestivamente, contra r. sentença que julgou procedente dúvida suscitada e manteve a recusa do Oficial do 6º Registro de Imóveis da Capital oposta ao registro de mandado de usucapião, por falta de pagamento dos emolumentos devidos, observando-se que a isenção concedida alcança apenas a parte dos emolumentos que corresponde à receita do Estado de São Paulo. Sustenta o apelante, em suma, que o benefício da assistência judiciária abrange a totalidade dos emolumentos devidos ao cartório extrajudicial, diante de expressa ordem judicial que consta, neste sentido, no mandado apresentado para registro, reportando-se, ainda, a legislação que entende lhe beneficiar. A Procuradoria Geral de Justiça opina pelo provimento do recurso (fls. 78/82). É o relatório.* ***2****. Pretende-se o registro de sentença declaratória de usucapião, observando-se que, para isso, foi apresentado mandado judicial, instruído com documentos, prenotado sob nº 369.458 no 6º Registro de Imóveis da Capital. Por ocasião da devolução do título levado a registro, formulou o oficial registrador duas exigências, a saber: a) depósito prévio de R$ 546,34, com observação de que a gratuidade refere-se somente a parte tocante ao Estado, não isentando quanto aos demais emolumentos; b) complemento dos documentos que instruíram o mandado, especialmente folhas do laudo pericial que não vieram, esclarecedoras se houve alteração da área construída de 157,91 m² da edificação residencial. Todavia, os apelantes se insurgiram apenas no tocante à exigência de pagamento dos emolumentos, deixando de impugnar a outra exigência do registrador. Ademais, não há notícia nem prova de que, após a devolução, o título tenha sido reapresentado com o cumprimento da exigência referente ao esclarecimento da área construída, com apresentação das folhas do laudo pericial correspondentes. Assim, atento às reiteradas decisões do Colendo Conselho Superior da Magistratura, impõe-se concluir que este procedimento de dúvida está prejudicado, pois não se presta à solução de dissenso relativo a apenas um dos óbices opostos ao registro, pois, eventualmente afastado o óbice questionado, restaria o outro, que, não atendido, impediria, de todo modo, o registro.* ***Entendimento diverso importaria em decisão condicional, que é inadmissível. Ademais, a discussão parcial dos óbices, sem atendimento à exigência tida como correta, levaria à prorrogação do prazo de prenotação do título sem amparo legal.*** *Neste sentido, confira o v. acórdão relativo à Apelação Cível nº 93.875-0/8, j. 06.09.2002, relator Desembargador Luiz Tâmbara: "A posição do Egrégio Conselho Superior da Magistratura, como bem ressaltado pelo digno Procurador de Justiça, é tranquila no sentido de se ter como prejudicada a dúvida, em casos como o que se examina, em que admitida como correta uma das exigências, não sendo a outra cumprida, posto que permanece a impossibilidade de acesso do título ao fólio. Nesse sentido os julgados das Apelações Cíveis números 54.073-0/3, 60.046-0/9, 61.845-0/2 e 35.020-0/2. Posicionar-se de maneira diversa importaria admitir uma decisão condicional pois, somente se atendida efetivamente a exigência tida como correta é que a decisão proferida na dúvida, eventualmente afastando o óbice discutido, é que seria possível o registro do título. A discussão parcial dos óbices, por outro lado, sem cumprimento daqueles admitidos como corretos, possibilitaria a prorrogação indevida do prazo de prenotação, com consequências nos efeitos jurídicos desta decorrentes, tal como alteração do prazo para cumprimento das exigências ou a prorrogação da prioridade do título em relação a outro a ele contraditório. "Confira, ainda, do Conselho Superior da Magistratura: Apelação Cível nº 71.127-0/4, j. 12.09.2000, rel. Des. Luís de Macedo; Apelação Cível nº 241-6/1, j. 03.03.2005, rel. Des. José Mário Antônio Cardinale. Logo, configurada a irresignação parcial, deve-se ter como prejudicada a dúvida, não sendo o caso de conhecimento do recurso interposto, pela ausência de interesse recursal, pois inútil à finalidade prática pretendida. Por último, limitada a discórdia à cobrança de emolumentos, fica anotada a célere via da reclamação (artigo 30 da Lei Estadual nº 11.331/2002), que, talvez, melhor atenderá ao fim pretendido pelos interessados. Pelo exposto, dou por prejudicada a dúvida e não conheço do recurso. GILBERTO PASSOS DE FREITAS, Corregedor Geral da Justiça e Relator.* Por epítome, ausente a via original do título, estando prejudicado o julgamento da dúvida, não seria adequada a análise do mérito de forma condicional.3. Ante o exposto, pelo arrimo esposado, pelo meu voto, não conheço do recurso. Ricardo Mair Anafe. Presidente da Seção de Direito Público (DJe de 16.03.2016 – SP)

▶ **EMENTA:** Registro de imóveis – Dúvida – Imóvel rural – Não identificação como corpo certo – Descrição precária – Quebra do princípio da especialidade objetiva – Impossibilidade de registro de escritura pública de venda e compra – Recurso desprovido. (Apelação nº 0005085-94.2014.8.26.0189). Trata-se de dúvida suscitada em face da negativa de registro de escritura pública de venda e compra em razão da quebra do princípio da especialidade objetiva, já que a fração ideal de terreno adquirida não se identifica como corpo certo, dada a precariedade da descrição da área maior. Acolheu-a à sentença de fls. 48/50. O recorrente alega que, malgrado a precariedade da descrição da área maior, deveria ser permitido o registro, para que depois se possibilitasse o ajuizamento de usucapião em condomínio. Afirma que não é viável a retificação da área maior nem a extinção do condomínio, visto que já não se sabe quem seriam os condôminos, não se podendo, a essa altura, refazer a comunhão. A Douta Procuradoria opinou pelo desprovimento do recurso. É o relatório. O recurso não merece provimento. Inobstante a negativa de registro empurre o recorrente à usucapião, não se vislumbra, na esfera administrativa, no presente caso, outra solução. É incontroverso que a descrição da área maior de onde tirada a fração adquirida pelo recorrente – é precária e não permite a definição do imóvel, rural, como um corpo certo. Os itens 12.1 e 12.1.1, do Capítulo XX, das NSCGJ prescrevem:*12.1. O acesso ao fólio real de atos de transferência, desmembramento, parcelamento ou remembramento de imóveis rurais dependerá de apresentação de memorial descritivo elaborado, executado e assinado por profissional habilitado e com a devida Anotação de Responsabilidade Técnica (ART) no Conselho Regional de Engenharia e Agronomia (CREA) ou Registro de Responsabilidade Técnica (RRT) no Conselho de Arquitetura e Urbanismo (CAU), contendo as coordenadas dos vértices definidores dos limites dos imóveis rurais, georreferenciadas ao Sistema Geodésico Brasileiro e com precisão posicional estabelecida pelo INCRA, observados os prazos regulamentares. 12.1.1. A descrição precária do imóvel rural, desde que identificável como corpo certo, não impede o registro de sua alienação ou oneração, salvo quando sujeito ao georreferenciamento ou, ainda,* *quando a transmissão implique atos de parcelamento ou unificação, hipóteses em que será exigida sua prévia retificação.* A leitura *a contrario sensu* do item 12.1.1 não deixa dúvidas. Uma vez que o imóvel rural em questão – fração ideal de área maior descrita precariamente – não pode ser identificado como corpo certo, o registro resta impedido. Ademais, segundo o artigo 176, parágrafos 3º e 5º, da Lei de Registros Públicos, o imóvel, desmembrado de área maior, teria que passar por georreferenciamento. O registro da escritura, aqui, feriria o princípio da especialidade objetiva. Para Afrânio de Carvalho, o princípio da especialidade do imóvel significa a sua descrição como corpo certo, a sua representação escrita como individualidade autônoma, com o seu modo de ser físico, que o torna inconfundível e, portanto, heterogêneo em relação a qualquer outro (Reg de Imóveis: comentários ao sistema de registro em face da Lei 6015/73, 2ª ed., Rio de Janeiro, 1977, p. 219). Por isso, o imóvel deve estar perfeitamente descrito no título objeto de registro de modo a permitir sua exata localização e individualização, não se confundindo com nenhum outro. A mitigação do princípio não é possível, pois o registro da escritura – que não se refere ao todo, mas a parte ideal – não permitiria identificar o imóvel e isso criaria enorme insegurança jurídica, além de significar afronta ao mencionado artigo 176, da Lei de Registros Públicos e às Normas de Serviço. Por fim, não se compreende exatamente o que o recorrente entende por "usucapião em condomínio" (fls. 60/63). Ao que parece, pretende a usucapião sobre a fração de que seria proprietário em condomínio com os detentores das demais partes ideais do todo. Ora, desse raciocínio não se depreende por que motivo considera possível o registro. Ao contrário, no caso do recorrente, a usucapião seria justamente a forma de aquisição da propriedade, que, por ser originária, não encontraria os óbices acima mencionados. Nesses termos, pelo meu voto, nego provimento ao recurso. HAMILTON ELLIOT AKEL. CORREGEDOR GERAL DA JUSTIÇA E RELATOR (DJe de 26.01.2016 – SP)

▶ **EMENTA:** Registro de imóveis – Carta de adjudicação tirada de inventário – Limites da qualificação do oficial registrador – Ausência de ferimento de qualquer princípio registral – Recurso provido. (Apelação nº 0000434-11.2015.8.26.0439). Trata-se de recurso de apelação interposto contra sentença de procedência de dúvida, suscitada pelo Oficial do Cartório de Registro de Imóveis de Pereira Barreto, que se negou a registrar carta de adjudicação, por meio da qual, em processo de inventário, se adjudicou imóvel ao recorrente. O recorrente alega que, no ano de 1995, adquiriu o imóvel da matrícula 1.153, de Iraci da Silva Amaral. Porém, o bem estava em nome de seu marido, falecido no ano de 1994. Após escritura pública de inventário, o imóvel foi adjudicado para Iraci, que, então, passou a ter possibilidade de transmiti-lo ao recorrente. No entanto, Iraci também faleceu no ano de 2008, antes da lavratura de escritura pública de venda e compra. O recorrente, então, providenciou a abertura de seu inventário, com o intuito de ver adjudicado o imóvel que havia adquirido. Conforme a sentença de fl. 57, obteve a adjudicação, levando a carta, em seguida, para registro. A recusa deveu-se ao fato de que não constaram do título esboço de partilha e cessão de direitos hereditários. É que havia a menção, no inventário, da existência de companheiro da falecida, que, à falta de outros herdeiros, receberia o bem por sucessão. Por consequência, segundo o Oficial, a adjudicação não poderia prescindir de cessão dos direitos hereditários do companheiro ao recorrente. O recorrente alega que o Registrador ultrapassou os limites da qualificação registrária, adentrando no mérito da decisão do inventário. A Procuradoria de Justiça manifestou-se pelo desprovimento do recurso. ***É o relatório.*** O recurso comporta provimento. Não obstante os títulos judiciais também possam ser objeto de qualificação, inclusive, negativa, o Oficial não pode ultrapassar a análise dos elementos extrínsecos a eles. Aqui, embora se louve o zelo do Oficial, ele ultrapassou os limites da qualificação, na medida em que adentrou em seara jurisdicional. Vejamos. As peças da carta de adjudicação deixam entrever que, no curso do inventário de Iraci da Silva Amaral, sobreveio a notícia de apenas um herdeiro, em tese: seu companheiro. Não há notícia de outros herdeiros, tanto que o próprio recorrente teve que abrir o inventário. Ao que parece, é praxe do Juízo da 2ª Vara de Pereira Barreto abrir vista ao Oficial do Registro de Imóveis, no curso dos processos de inventário, justamente para evitar futuros problemas registrários. Foi o que fez à fl. 54. E o Oficial, na manifestação de fls. 55/56, já observava que o eventual único herdeiro de Iraci era Luiz Carlos Martins, seu companheiro, que, intimado, concordou com a adjudicação do imóvel. Na mesma manifestação, o Oficial ainda fez constar a inexistência de prova de união estável e observou que, caso se considerasse a sua existência, haveria a necessidade de cessão dos direitos hereditários (fl. 55vº). Na sequência do título levado a registro, está a sentença de fl. 57, pela qual se homologa a adjudicação do imóvel ao recorrente. Ora, se a adjudicação foi homologada, por sentença, transitada em julgado (caso contrário não se expediria a carta), subentende-se que o Juízo analisou a questão sobre a existência de outros herdeiros e, inclusive, a inexistência de pretenso direito do companheiro. Aliás, de acordo com a manifestação do próprio Oficial, o pretenso companheiro concordou com a adjudicação, o que, para todos os fins, caso se considerasse a união estável realmente existente, poderia ser equiparado à cessão de direitos hereditários, por termo, nos autos. Seja como for, se o Juiz do inventário, no exercício de função jurisdicional, entendeu suficientes os elementos dos autos para a adjudicação – notadamente à falta de herdeiros –, não pode o Oficial acrescer novos requisitos. Essa foi a posição externada por esse Conselho Superior da Magistratura, por exemplo, na apelação nº 0006128-03.2012.8.26.0362 (Rel. Des. Hamilton Elliot Akel): *"Louvável embora o zelo do registrador, verifica-se que, no caso, desbordou ele de seu poder-dever de qualificação, na medida em que, na esfera administrativa, tentou reabrir discussão acerca do que já fora objeto de decisão judicial transitada em julgado. Com efeito, se o Juízo da Família e das Sucessões adjudicou ao herdeiro Robson a totalidade dos bens, dentre eles, os dois imóveis objeto deste procedimento de dúvida, e se posteriormente, homologou a sobrepartilha, em conformidade com os termos da petição de fls. 115/119 destes autos, correspondente a de fls. 398/402 dos autos do arrolamento, pela qual o herdeiro Luiz Eduardo foi incluído e os bens adjudicados foram dela excluídos, conforme decisão de fls. 127 destes autos e que transitou em julgado (fls. 128), não cabe ao registrador, sobrepondo-se ao entendimento judicial, recusar o ingresso do título sob o fundamento de que há outro herdeiro a ser incluído na partilha dos bens adjudicados ao outro herdeiro, ou de que eventual renúncia deste deve ser comprovada. O mínimo que se deve presumir é que, se o juiz assim decidiu, é porque entendeu de forma contrária ao Oficial de Registro, contudo, esta questão é de natureza jurisdicional e alheia ao exame formal que deve nortear a qualificação do título. Assim, cabia ao registrador realizar o exame extrínseco do título e confrontá-lo aos princípios registrais e verificar se algum deles foi rompido. Ao questionar o fato de existir herdeiro não incluído na partilha de bens considerando a universalidade, ingressou no mérito e no acerto da sentença proferida no âmbito jurisdicional, o que se situa fora do alcance da qualificação registral por se tratar de elemento intrínseco do título. Assim não fosse, estar-se-ia permitindo que a via administrativa reformasse o mérito da jurisdicional. Afrânio de Carvalho ensina: "Assim como a inscrição pode ter por base atos negociais e atos judiciais, o exame da legalidade aplica-se a uns e a outros. Está visto, porém, que, quando tiver por objeto atos judiciais, será muito mais limitado, cingindo-se à conexão dos respectivos dados com o registro e à formalização instrumental. Não compete ao registrador averiguar senão esses aspectos externos dos atos judiciais, sem entrar no mérito do assunto neles envolvido, pois, do contrário, sobreporia a sua autoridade à do Juiz" (Registro de Imóveis, Forense, 3ª ed., pág. 300). No mesmo sentido, decisão da 1ª Vara de Registros Públicos, de lavra do MM. Juiz Narciso Orlandi Neto, quando se anotou: "Não compete ao Oficial* ***discutir as questões decididas no processo de inventário,*** *incluindo a obediência ou não às disposições do Código Civil, relativas à ordem da vocação hereditária (art. 1.603). No processo de dúvida, de natureza administrativa, tais questões também não podem ser discutidas. Apresentado o título, incumbe ao Oficial verificar a satisfação dos requisitos do registro, examinando os aspectos extrínsecos do título e a observância das regras existentes na Lei de Registros Públicos. Para usar as palavras do eminente Desembargador Adriano Marrey, ao relatar a Apelação Cível 87-0, de São Bernardo do Campo, "Não cabe ao*

*Serventuário questionar ponto decidido pelo Juiz, mas lhe compete o exame do título à luz dos princípios normativos do Registro de Imóveis, um dos quais o da continuidade mencionada no art. 195 da Lei de Registros Públicos. Assim, não cabe ao Oficial exigir que este ou aquele seja excluído da partilha, assim como não pode exigir que outro seja nela incluído. Tais questões, presume-se, foram já examinadas no processo judicial de inventário. " (Processo nº 973/81) Precedente antigo deste Conselho Superior da Magistratura já apontava neste sentido: "O estado de indivisão aberto com a morte de um dos cônjuges somente será solucionado com a decisão do juízo competente relativa à partilha, na qual se possa verificar quais os bens que a integraram e quais aqueles dela excluídos, questões de ordem fática e jurídica que somente podem ser resolvidas na via judicial, vedada qualquer análise probatória no campo administrativo. Essa decisão deverá, por fim, ingressar regularmente no fólio real, para que então sejam disponibilizados os imóveis, cabendo ao registrador apenas a regular qualificação do título para verificação do atendimento aos princípios registrários, sob o estrito ângulo da regularidade formal. Isso significa, em face da inviabilidade de que se venha a questionar, na via administrativa, matéria que envolve questão de mérito da decisão judicial precedente, que nos casos em que o bem objeto do ato de registro tenha sido excluído da partilha ou partilhado como próprio do autor da herança, deverá o registrador, quanto a este aspecto, apenas verificar se houve expressa referência ao imóvel e se no processo judicial houve a ciência ou participação do outro cônjuge ou de seus herdeiros, eventuais interessados no reconhecimento da comunhão de aquestos. " (Ap. Civ. nº51.124.0/4-00, rel. Des. Nigro Conceição, j. 29.11.99)Mais recentemente, em julgamento do qual participei, este Conselho, sob a relatoria do ilustre Desembargador que me antecedeu na Corregedoria, ratificou a impossibilidade de o registrador examinar o mérito da decisão judicial: "No caso em exame, o Oficial recusou o ingresso do formal de partilha, pois da análise do formal de partilha percebe-se que quando do óbito de Basílio Ferreira o interessado Basílio Ferreira Filho era casado pelo regime da comunhão universal de bens com Eliane Fernandes Ferreira. Por outro lado, quando do óbito de Antonia Madureira Ferreira, Basilio Ferreira Filho já era separado judicialmente. Portanto, o auto de partilha deve refletir as consequências patrimoniais decorrentes da Saisini relativamente ao estado civil do herdeiro (fls. 09). A qualificação do Oficial de Registro de Imóveis, ao questionar o título judicial, ingressou no mérito e no acerto da r. sentença proferida no âmbito jurisdicional, o que se situa fora do alcance da qualificação registral por se tratar de elemento intrínseco do título. Assim não fosse, estar-se-ia permitindo que a via administrativa reformasse o mérito da jurisdicional. " (Ap. Cível nº 0001717-77.2013.8.26.0071 Rel. José Renato Nalini). Neste mesmo sentido foi decidido na Apelação Cível nº 1025290-06.2014.8.26.0100 (Rel. Des. Hamilton Elliot Akel). Em caso de eventual desacerto da r. sentença proferida no âmbito jurisdicional, poderá o interessado valer-se dos recursos e ações previstos no ordenamento jurídico, inclusive, neste sentido se manifestou neste procedimento (fls. 137/138). O que não se permite é que a qualificação registrária reveja o mérito da sentença judicial que já transitou em julgado. "*Por fim, é de se ressaltar que nenhum princípio de direito registrário está sendo ferido. Quando da aquisição, o imóvel estava em nome do falecido cônjuge de Iraci da Silva Amaral. Conforme escritura pública de inventário e adjudicação, o imóvel foi adjudicado para ela. Com o seu falecimento, sem herdeiros comprovados, o bem foi adjudicado, no curso do inventário, para o recorrente, diante da comprovação da aquisição que havia sido levada a cabo por meio do contrato particular de fl. 22. Respeita-se, dessa maneira, o princípio da continuidade, não se vislumbrando óbice ao registro. Nesses termos, pelo meu voto, dou provimento ao recurso. JOSÉ CARLOS GONÇALVES XAVIER DE AQUINO. CORREGEDOR GERAL DA JUSTIÇA E RELATOR (DJe de 26.01.2016 – SP)

▶ **EMENTA:** Registro de imóveis – Dúvidas apensadas – Títulos contraditórios – Manutenção da prenotação que estava aguardando o julgamento definitivo de um outro processo de dúvida – Ausência de omissão do interessado – Art. 205 da Lei dos Registros Públicos – Demais exigências incabíveis – Pequena diferença do nome da outorgante vendedora no instrumento de procuração que não autoriza dúvida sobre sua real identidade ou qualquer risco à segurança jurídica em razão dos demais dados, como o CNPJ – Recurso da empresa Roka Marketing e Eventos Ltda. Desprovido, provido o da empresa Miramar Empreendimentos Imobiliários Ltda. para determinar o registro de sua escritura (Apelação nº 0000894-79.2014.8.26.0100) Apelações interpostas contra a sentença de fls 124/128, que julgou dois processos de dúvida, apensados para julgamentos simultâneos, e manteve as recusas do Oficial em proceder aos registros (a) de instrumento particular pelo qual o Fundo de Investimento Imobiliário BPN Imoreal prometeu a venda do imóvel matriculado sob o nº 17.146 à Roka Marketing e Eventos Ltda. e (b) de escritura de compra e venda do mesmo imóvel, figurando como vendedor o Fundo de Investimento Imobiliário BPN Imoreal e como comprador Miramar Empreendimentos Imobiliários Ltda. O instrumento particular firmado entre o Fundo de Investimento e Roka (a) foi apresentado a registro em 16.10.2013 e recebeu a prenotação nº 689.399 (fls. 02/06 do apenso). A nota de devolução exigiu (a) que se aguardasse a decisão definitiva do processo nº 0032745-73.2013.8.26.0100, em grau de recurso (prenotação nº 672.895), (b) que se apresentassem provas das representações atualizadas do promitente vendedor e do promitente comprador e (c) que se aguardasse também a qualificação de título prenotado anteriormente sob nº 687.941, pelo qual o promitente vendedor, Fundo de Investimento, alienava o imóvel para Miramar (fl. 20 do apenso). A escritura de venda e compra entre o Fundo de Investimento e Miramar foi apresentada a registro em 08.11.2013 e recebeu a prenotação nº 691.335 (fls. 02/08). A nota de devolução mencionou que se deveria aguardar a solução do processo nº 0032745-73.2013.8.26.0100 (prenotação nº 672.895) e da dúvida prenotada sob o nº 689.399 referente ao compromisso entre o Fundo e Roka, bem como ser apresentada cópia autenticada da procuração do outorgante vendedor, Fundo de Investimento (fl. 44). Antes disso, essa mesma escritura já havia sido recusada por conta da necessidade de se aguardar o desfecho da dúvida no processo nº 0032745-73.2013.8.26.0100, ocasião em que recebeu a prenotação nº 687.945 (fl. 43). Alega, a recorrente Roka, em suma, que seu título tem prioridade de registro sobre a escritura, pois prenotado Sob o nº 689.399, enquanto que a escritura recebeu prenotação nº 691.335; que a pretensão da Miramar no sentido de que seja mantida a prenotação nº 687.941, cujo trintídio foi vencido, não procede, visto que ao reapresentar a escritura ela aceitou a nova prenotação de nº 691.335 e implicitamente desistiu da anterior; que as pequenas diferenças de nomes do promitente vendedor, entre o que consta da matrícula e o que consta da procuração outorgada, e da promitente compradora, entre o que consta do título e o que consta da JUCESP, não afetam a segurança jurídica e a possibilidade de registro (fls. 173/183). Alega, a recorrente Miramar, que deve ser restabelecida e prorrogada sua prenotação nº 687.941, pois não se omitiu em atender qualquer exigência legal, a qual, segundo a nota de devolução, era apenas aguardar o trânsito em julgado do processo 0032745-73.2013.8.26.0100, de forma que a prenotação deveria ter ficado suspensa; que a pequena diferença entre o nome do promitente vendedor que consta da matrícula e da procuração outorgada não impede o registro, pois não há controvérsia de que se trata do mesmo ente, conforme se verifica pelo CNPJ (fls. 139/146). A Procuradoria Geral de Justiça opina pelo não provimento dos recursos (fls. 205/210). É o relatório. Cumpre inicialmente fincar a premissa sobre qual título tem prioridade para o registro: o compromisso apresentado pela Roka ou a escritura apresentada pela Miramar. A escritura foi inicialmente apresentada pela Miramar em 27.09.13, prenotada sob o nº 687.941. A nota de exigência determinou à parte apenas que aguardasse o trânsito em julgado da dúvida objeto do processo 0032745-73.2013.8.26.0100 (fl. 43). Logo, verifica-se de plano que não havia qualquer providência a ser tomada pela Miramar, a não ser aguardar a solução no processo mencionado, após o que seu título poderia adentrar ao fólio real. Nos termos do art. 205 da Lei dos Registros Públicos, cessam os efeitos da prenotação se "decorridos 30 dias do seu lançamento no Protocolo, o título não tiver sido registrado por omissão do interessado em atender às exigências legais". No caso, não se há de falar em qualquer omissão da interessada. Não havia qualquer providência a ser tomada por ela, a não ser aguardar. Assim, a manutenção da prenotação não dependia da ordem judicial mencionada na sentença (fl. 126). Nos termos do subitem 39.1 do Capítulo XX das NSCGJ:*39.1. O exame do segundo título subordina-se ao resultado do procedimento de registro do título que goza da prioridade. Somente se inaugurará novo procedimento registrário, ao cessarem os efeitos da prenotação do primeiro. Nesta hipótese, os prazos ficarão suspensos e se contarão a partir do dia em que o segundo título assumir sua posição de precedência na fila.* À medida em que o Oficial entendeu que a Miramar perdeu sua prenotação depois de 30 dias, legítima foi sua atitude de reapresentar o título, que antes de significar concordância implícita com a cessação da prenotação anterior, tinha a intenção de lutar pela prevalência de seu direito de registro, como restou claro de sua impugnação à segunda devolução. Portanto, a dúvida suscitada pela Miramar ante o recebimento de nova prenotação ao invés do restabelecimento pelo Oficial daquela perdida, mostra-se legítima para questionar a prioridade de seu título. Deve ser restabelecida a prenotação nº 687.941. A prioridade é da escritura. Com relação às demais exigências, tanto aquela que se refere à procuração do Fundo de Investimento cujo nome não coincide exatamente com o que consta da matrícula e dos títulos (a escritura e o compromisso de compra e venda), quanto aquela referente ao nome da promitente compradora conforme redigido no compromisso e o seu nome completo na JUCESP, ambas não procedem e devem ser afastadas. Nos títulos e na matrícula, o proprietário consta como Fundo de Investimento Imobiliário BPN Imoreal. Nas procurações outorgadas a quem representou o Fundo nas transações, consta Fundo de Investimento Imobiliário Fechado Imoreal. Não há qualquer dúvida, porém, de que se trata do mesmo ente. Na matrícula e em ambos os títulos verificam-se o endereço e o número do CNPJ/MF do Fundo, os quais coincidem com as informações de ambas as procurações. Nesse contexto, não se vislumbra qualquer risco à segurança ou aos princípios registrais. O mesmo se diga em relação ao fato de, no compromisso de compra e venda, ter constado o nome da promitente compradora ROKA sem o acréscimo «EPP», que integra a denominação da empresa na JUCESP. Não há a menor dúvida de que se trata da mesma pessoa jurídica. Considerando que a dúvida referente ao processo 0032745-73.2013.8.26.0100, cuja pendência ensejou o sobrestamento do acesso ao fólio da escritura da Miramar prenotada sob o nº 687.941, foi definitivamente julgada procedente no curso da presente demanda, tendo perdido efeito a prenotação nº 672.895, deve agora ser registrada a escritura. Ante o exposto, nego provimento ao recurso da Roka e dou provimento ao recurso da Miramar para determinar o registro da escritura. JOSÉ CARLOS GONÇALVES XAVIER DE AQUINO. CORREGEDOR GERAL DA JUSTIÇA E RELATOR (DJe de 20.01.2016 – SP)

EMENTA: Registro de imóveis – Dúvida – Compromisso de compra e venda – Preço do negócio e valor das parcelas fixados em moeda estrangeira – Pagamento em moeda nacional – Irrelevância – Exame formal e extrínseco do título pelo oficial registrador – Afronta à lei nº 10.192/01, art. 1º, parágrafo único, I, e art. 318 do Código Civil – Recusa do registro – Observância ao princípio da legalidade – Recurso não provido (Apelação nº 1108833-04.2014.8.26.0100). Trata-se de recurso de apelação interposto contra a sentença da MM. Juíza Corregedora Permanente do 10º Oficial de Registro de Imóveis da Comarca da Capital, que julgou procedente a dúvida suscitada e manteve o óbice descrito na nota devolutiva decorrente do exame do compromisso de compra e venda do imóvel matriculado sob número 79.441, em razão da fixação do preço do negócio e condições de pagamento em moeda estrangeira, sob o fundamento de violação ao artigo 318 do Código Civil, ao Decreto-lei nº 857/69 e Lei nº 10.192/2001. O apelante afirma que o propósito dos contratantes e que está explicitamente manifestado no documento, foi apenas de atualizar o valor das prestações avençadas com base na variação da cotação do dólar americano, efetivando-se o pagamento em moeda corrente nacional. A Procuradoria Geral de Justiça opinou pelo não provimento do recurso. ***É o relatório.*** O título apresentado assim estabelece quanto ao pagamento a ser feito pelo compromissário comprador aos vendedores: *"preço certo e ajustado, equivalente a US$ 23.000,00 (vinte e três mil dólares), e que deverá ser pago da seguinte forma: Em data de 1º de fevereiro p. f., o compromissário comprador pagará aos compromitentes vendedores a importância equivalente a US$ 5.250,00 (cinco mil, duzentos e cinquenta dólares), importância essa que deverá ser convertida para cruzeiros reais, ao câmbio do dia, cotação oficial para o dólar turismo, quando então receberá a respectiva quitação; Em data de 17 de fevereiro de 1.994, o compromissário comprador pagará aos compromitentes vendedores o equivalente a US$ 17.250,00 (dezessete mil, duzentos e cinquenta dólares), e que também deverão ser convertidos para a moeda circulante do País, ao câmbio do dia, adotada a cotação para o dólar turismo; O saldo restante, equivalente a US$ 500,00 (quinhentos dólares) deverão ser pagos ser pago em 45 (quarenta e cinco dias), a contar da segunda parcela e também convertida para a moeda corrente, ao preço do dólar turismo".* Não há dúvida que, apesar do efetivo pagamento em moeda nacional, o preço do negócio e o valor das respectivas parcelas foram fixados em moeda estrangeira (dólar norte-americano) o que é expressamente vedado pelo ordenamento jurídico, quer se considere a legislação vigente ao tempo da celebração do negócio (1994) quer se considere a legislação atual. Com efeito, ao tempo do negócio, vigoravam o Código Civil de 1916 e o Decreto-lei nº 857/69, os quais, a exemplo da legislação atualmente em vigor – art. 1º, parágrafo único e inciso I, da Lei 10.192/01, e art. 318 do Código Civil, vedam, ainda que o pagamento venha a ser feito em moeda nacional, a fixação do preço em moeda estrangeira, pois, assim dispõem, respectivamente: *"Art. 1º. As estipulações de pagamento de obrigações pecuniárias exequíveis no território nacional deverão ser feitas em Real, pelo seu valor nominal. Parágrafo único: São vedadas, sob pena de nulidade quaisquer estipulações de: I – pagamento expressas em, ou vinculadas a ouro ou moeda estrangeira, ressalvado o disposto nos arts. 2º e 3º do Decreto-lei nº 857, de 11 de setembro de 1969, e na parte final do art. 6º da Lei nº 8.880, de 27 de maio de 1994. ""Art. 381. São nulas as convenções de pagamento em ouro ou em moeda estrangeira, bem como para compensar a diferença entre o valor desta e o da moeda nacional, excetuados os casos previstos na legislação especial".* Incumbe ao registrador, no exercício do dever de qualificar o título que lhe é apresentado, examinar o aspecto formal, extrínseco, e observar os princípios que regem e norteiam os registros públicos, dentre eles, o da legalidade, que consiste na aceitação para registro somente do título que estiver de acordo com a lei. Conforme lição de Afrânio de Carvalho, o Oficial tem o dever de proceder ao exame da legalidade do título e apreciação das formalidades extrínsecas da ordem e à conexão de seus dados com o registro e sua formalização instrumental (Registro de Imóveis, editora Forense, 4ª edição). Neste sentido foi decidido por este Conselho Superior da Magistratura, na Apelação Cível nº 677-6/0, da Comarca de Barueri, julgado em de abril de 2007, relatada pelo Desembargador Gilberto Passos de Freitas, então Corregedor Geral da Justiça, cuja ementa e trecho de interesse assim dispõem: *"REGISTRO DE IMÓVEIS. Dúvida procedente. Registro de penhor industrial. Valor do crédito fixado em moeda estrangeira. Contrato não excepcionado em lei especial. Incidência do artigo 318 do Código Civil, que inibe o registro. Falta de CDN do INSS e da Receita Federal que obsta, igualmente, a inscrição. Inadmissibilidade, em sede de instrumento particular, de se valer, para o registro, de certidões de prazo de validade vencido ao tempo da prenotação atual e eficaz. Recurso conhecido e não provido". "Em relação ao óbice referente à não conversão do valor do crédito para a moeda nacional, ele decorre da inteligência do artigo 318 do Código Civil, que impõe não só a proibição de pagamento na moeda nacional (o que já estava em sintonia com as normas antecedentes ao novo Código Civil que estabeleciam o curso forçado da moeda nacional: Decreto nº 23.501/33, Decreto-lei 857/69 e Lei nº 10.192/2001), mas também a de convenção destinada ao uso da moeda estrangeira como critério de correção monetária, excetuadas as hipóteses previstas em lei especial. Observe-se, ademais, que o presente contrato de fornecimento com penhor industrial e valor do crédito fixado em seiscentos mil dólares americanos (cláusula 5ª, § 1º, I, do contrato: fls. 33) – firmado no Brasil, por pessoas jurídicas nacionais aqui domiciliadas, para cumprimento de obrigação neste território –, não se enquadra em nenhum dos casos excepcionados na legislação especial. Destaque-se, ainda, que a sanção legal prevista é a nulidade* *da convenção (art. 318 do Novo Código Civil)".* Isto posto, nego provimento ao recurso. HAMILTON ELLIOT AKEL. CORREGEDOR GERAL DA JUSTIÇA E RELATOR (DJe de 13.10.2015 – SP)

CORREGEDORIA-GERAL DA JUSTIÇA DO ESTADO DE SÃO PAULO

EMENTA: Recurso administrativo – Averbação de penhora decorrente de execução de título judicial – Imóvel que sofreu desfalques – Necessidade de apuração do remanescente mediante retificação da área, em observância aos princípios da especialidade objetiva e da continuidade – Recusa correta, mantida pela decisão do Juízo Corregedor Permanente – Recurso não provido.

TRIBUNAL DE JUSTIÇA DO ESTADO DO PARANÁ

EMENTA: JULGAMENTO CONJUNTO DAS APELAÇÕES INTERPOSTAS NO INTERDITO PROIBITÓRIO E NA OPOSIÇÃO DE TERCEIROS AJUIZADA EM RELAÇÃO AO MESMO IMÓVEL. NOMENCLATURA EQUIVOCADA DA AÇÃO PRINCIPAL. NATUREZA DA DEMANDA QUE É DADA PELOS ELEMENTOS DA AÇÃO. CAUSAS EM QUE A CAUSA DE PEDIR DA INICIAL, PEDIDO CONTRAPOSTO NA CONTESTAÇÃO E OPOSIÇÃO VERSAM SOBRE O DOMÍNIO (DIREITO DE PROPRIEDADE). IRRELEVÂNCIA DO *NOMEN IURIS* DADO PELAS PARTES. PRECEDENTES DO STJ. FEITOS EM ANÁLISE QUE TÊM VERDADEIRA NATUREZA PETITÓRIA/DOMINIAL COM PEDIDO INIBITÓRIO. INTERDITO PROIBITÓRIO. NATUREZA *AD CORPUS* OU *AD MENSURAM* DO CONTRATO DE COMPRA E VENDA DE BEM IMÓVEL (ART. 500 DO CC). RELEVÂNCIA DA DISTINÇÃO RESTRITA AO CAMPO OBRIGACIONAL. SITUAÇÕES JURÍDICAS DAÍ DECORRENTES OPONÍVEIS APENAS AO VENDEDOR. IMPERTINÊNCIA DA DISCUSSÃO PARA FINS DE AFERIÇÃO DO DIREITO DE PROPRIEDADE. **PRINCÍPIO DA ESPECIALIDADE OBJETIVA DA MATRÍCULA DOS BENS IMÓVEIS (ART. 176, § 1º, II, DA LEI Nº 6.015/73).** DOMÍNIO QUE SE ADQUIRE, DE MODO DERIVADO, COM O REGISTRO DO TÍTULO AQUISITIVO NA MATRÍCULA. DIREITO REAL QUE SE CONSTITUI SOBRE O TERRENO/IMÓVEL NOS EXATOS TERMOS EM QUE DESCRITO NO REGISTRO NOTARIAL, ISTO É, SEGUNDO OS LIMITES E PERÍMETRO NELA DESCRITOS. IMPOSSIBILIDADE DE TRANSMISSÃO DE PROPRIEDADE IMOBILIÁRIA PELO ANTIGO DONO PARA ALÉM DO PERÍMETRO DESCRITO NA MATRÍCULA. PROVA PERICIAL QUE DEMONSTRA SUFICIENTEMENTE QUE A ÁREA NA QUAL O RÉU TEORICAMENTE PRATICOU ATOS DE TURBAÇÃO NÃO ESTÁ INSERIDA NO IMÓVEL DE PROPRIEDADE DO AUTOR. TERRENO VIZINHO. DELIMITAÇÃO DO PERÍMETRO DO IMÓVEL MATRICULADO. IMPROCEDÊNCIA DO PEDIDO DA INICIAL. PEDIDO CONTRAPOSTO. IMPROCEDÊNCIA MANTIDA. RÉU QUE NÃO É PROPRIETÁRIO DO IMÓVEL EM LITÍGIO. NULIDADE DE DOAÇÃO VERBAL. DESOBEDIÊNCIA À FORMA PRESCRITA EM LEI (ARTS. 166, IV, C/C 541, AMBOS DO CC). CESSÃO DE DIREITOS POSSESSÓRIOS PELA VIÚVA DO PROPRIETÁRIO ORIGINÁRIO DA ÁREA. AUSÊNCIA DE TRANSFERÊNCIA DE QUALQUER DIREITO REAL. IMÓVEL QUE, AO QUE PARECE, CONTINUA A PERTENCER CONJUNTAMENTE À VIÚVA E AO ESPÓLIO DO AVÔ DO RÉU. VEDAÇÃO DE DEFESA DE DIREITO ALHEIO EM NOME PRÓPRIO (ART. 6º DO CPC). REDISTRIBUIÇÃO DOS ÔNUS SUCUMBENCIAIS. OPOSIÇÃO DE TERCEIRO. IMPROCEDÊNCIA MANTIDA. ÁREA EM LITÍGIO QUE NÃO INTEGRA A MATRÍCULA DO IMÓVEL SOBRE O QUAL A ESPOSA DO OPOENTE DETEVE O DOMÍNIO. AUSÊNCIA DE COMPROVAÇÃO DE DIREITO DE PROPRIEDADE SOBRE O BEM LITIGIOSO EM FAVOR DO OPOENTE. IMPROPRIEDADE DA DISTINÇÃO ENTRE VENDA *AD CORPUS* E *AD MENSURAM* PARA FINS DE VERIFICAÇÃO DO DIREITO DE PROPRIEDADE IMOBILIÁRIO. ÁREA CONSTANTE NA ESCRITURA PÚBLICA EM QUE A ESPOSA DO OPOENTE COMPROU O IMÓVEL QUE É IDÊNTICA À CONSTANTE NA ESCRITURA PÚBLICA EM QUE ELE FOI VENDIDO INTEGRALMENTE A UM DOS OPOSTOS. LITIGÂNCIA DE MÁ-FÉ (ARTS. 17, II E V, E 18 DO CPC). DISTORÇÃO DA REALIDADE DOS FATOS. MULTA DE 1% SOBRE O VALOR DA CAUSA. REDUÇÃO DOS HONORÁRIOS ADVOCATÍCIOS. ART. 20, § 4º, DO CPC. APELAÇÕES PARCIALMENTE PROVIDAS.

1. São os elementos da ação que identificam a natureza da demanda (no caso, possessória ou petitória), ou seja, as partes, causa de pedir e pedido, e não o *nomen iuris* dado a ela na petição inicial.

2. Para fins de aferição do domínio (direito de propriedade) sobre imóveis, o que importa são as confrontações e perímetro especificados na matrícula do imóvel, sendo imprópria a discussão a respeito da natureza *ad corpus* ou *ad mensuram* do contrato de compra e venda (art. 500 do CC), que só produz efeitos no campo obrigacional, limitados apenas às partes.

3. Por força do princípio da especialidade objetiva (art. 176, § 1º, II, da Lei nº 6.015/73), o direito real se constitui sobre o imóvel nos exatos termos em que ele está descrito na matrícula, isto é, adstrito às confrontações e perímetro do terreno expostos no registro notarial.

4. A forma do contrato de doação de bens imóveis é prescrita no art. 541 do CC como necessariamente escrita, razão pela qual é nula eventual doação verbal (art. 166, IV, do CC). (TJPR – Apelação Cível nº 1205914-4 – Teixeira Soares – 17ª Câmara Cível – Rel. Des. Fernando Paulino da Silva Wolff Filho – DJ 10.12.2015)

EMENTA: AGRAVO DE INSTRUMENTO – AÇÃO CAUTELAR PREPARATÓRIA – CONCESSÃO DE MEDIDA LIMINAR PARA IMPEDIR A REALIZAÇÃO DE ATOS DE EXPROPRIAÇÃO DE IMÓVEL – AVERBAÇÃO JUNTO AO REGISTRO DE IMÓVEIS – PRENOTAÇÃO QUE, ATÉ O CUMPRIMENTO DOS ATOS NECESSÁRIOS AO REGISTRO, GOZA DE PLENA EFICÁCIA – INTELIGÊNCIA DOS ARTIGOS 12, 182 E 182 DA LEI Nº 6.015/73 E ART. 1246 DO CÓDIGO CIVIL – CAUTELAR EFETIVADA NA DATA DA PRENOTAÇÃO DE INDISPONIBILIDADE – AÇÃO PRINCIPAL NÃO INTENTADA NO PRAZO DE 30 DIAS DO ART. 806 DO CPC – PERDA DA EFICÁCIA DA DECISÃO LIMINAR, NOS TERMOS DO ART. 808, I, DO CPC – PERDA DO OBJETO DO AGRAVO DE INSTRUMENTO – RECURSO PREJUDICADO. (TJPR – Agravo de Instrumento nº 1.411.759-4 – Matinhos – 9ª Câmara Cível – Rel. Des. Domingos José Perfetto – DJ 20.01.2016)

3. QUESTÕES DE CONCURSOS

01. (TJ/AM – 2023 – TJ/AM - Titular de Notas e Serviços de Registros) Miguel Reale afirma que "Princípios são, pois, verdades ou juízos fundamentais, que servem de alicerce ou de garantia de certeza a um conjunto de juízos ordenados em um sistema de conceitos relativos a dada porção da realidade" (Teoria Tridimencional do Direito - 1994, p. 54). No caso da atividade registral, existem princípios que a norteiam e podem ser identificados na Lei de Registros Públicos (Lei nº 6.015/73). Sobre tais princípios e as normas neles inspiradas é INCORRETO afirmar:

a) Cada imóvel terá matrícula própria, que somente será aberta para a realização de uma averbação, caso a transcrição não possua todos os requisitos elencados para a abertura de matrícula e não haja mais espaço na coluna de averbação da mesma.

b) O número de ordem determinará a prioridade do título, e esta a preferência dos direitos reais, ainda que apresentados pela mesma pessoa mais de um título simultaneamente.

c) Todos os títulos tomarão, no Protocolo, o número de ordem que lhes competir em razão da sequência rigorosa de sua apresentação, o que irá garantir sua prenotação e consequentemente, o direito de preferência.

d) Se o imóvel não estiver matriculado ou registrado em nome do outorgante, o oficial exigirá a prévia matrícula e o registro do título anterior, qualquer que seja a sua natureza, para manter a continuidade do registro.

02. (Vunesp – Titular de Serviços de Notas e Registros – TJ – SP – Provimento/2022) O princípio da continuidade é um dos mais importantes do sistema registral brasileiro. O ato que será praticado deve ter como uma das partes pessoa cujo nome já consta do registro. Todavia, existem negócios que excepcionam essa regra. São exceções ao princípio da continuidade:

a) a usucapião reconhecida extrajudicialmente. Ainda que a decisão administrativa do Oficial de Registro de Imóveis não faça coisa julgada material, a usucapião pode ser reconhecida extrajudicialmente ainda que inexista registro anterior ou este não seja localizado.

b) a arrematação em hasta pública no processo de execução judicial. Considerada maneira originária de aquisição, o registro da carta de arrematação pode ser feito ainda que o titular dominial não seja de qualquer forma parte na execução.

c) a desapropriação amigável, celebrada por meio de escritura pública. Ainda que as partes acordem com relação ao valor da indenização, a perda da propriedade é compulsória, revelando-se modo originário de aquisição, na qual inexiste nexo causal entre a situação jurídica dominial e a situação atual.

d) o sequestro de bens imóveis adquiridos pelo indiciado com os proventos de infração penal. O sequestro pode ser determinado em qualquer fase do processo penal, bastando a existência de indícios veementes da proveniência ilícita dos bens e ainda que estes já tenham sido transferidos a terceiros.

03. (Vunesp – Titular de Serviços de Notas e Registros – TJ – SP – Provimento/2022) A respeito da cindibilidade do registro de títulos constitutivos, modificativos ou extintivos de direitos reais sobre bens imóveis, é correto afirmar:

a) a cisão possível é a do título causal, ou seja, a do fato jurídico que dá causa à mutação jurídico-real, mas não do título formal, que é o instrumento levado ao registro de imóveis.

b) a controvérsia quanto à possibilidade de cindibilidade surge quando o título formal apresentado reúne atos relativos a imóveis distintos e independentes uns dos outros.

c) cindir títulos equivale a dividir, quando possível, fatos jurídicos inscritíveis, objetos de múltiplos instrumentos concernentes a mesmo imóvel, permitindo que a multiplicidade de causas sobreponha-se à unicidade negocial.

d) o título formal pode cindir-se em dois casos: quando um único título formal referir-se a mais de um imóvel; ou quando um único título formal contiver dois ou mais fatos jurídicos relativos a um mesmo e único imóvel, contanto que esses fatos jurídicos não constituam negócio indissolúvel.

04. (IESES – Titular de Serviços de Notas e Registros – TJ – TO – Provimento/2022) No registro de imóveis, o princípio que estabelece que todo imóvel deve possuir uma única matrícula e que cada matrícula deve conter um único imóvel é:

a) Segurança jurídica.

b) Inscrição.

c) Unitariedade da matrícula.

d) Continuidade.

05. (FGV – Titular de Serviço de Notas e Registros – TJ – SC/2021) José ofereceu a João, por um bom preço, um terreno inserido na faixa de 33 metros, medidos a partir da linha da preamar-média de 1831, em direção á terra, em área banhada por águas sujeita à influência das marés.

Precavido, João compareceu ao Registro de Imóveis da circunscrição e constatou que o terreno, em sua integralidade, possuía matrícula, e José figurava como seu proprietário. Caso João adquira o imóvel e promova o registro da respectiva escritura de compra e venda, a sua propriedade:

a) será oponível a todos, pessoas naturais ou jurídicas, públicas ou privadas, o que decorre do princípio da continuidade do registro;

b) será oponível a todos, pessoas naturais ou jurídicas, públicas ou privadas, salvo se constar, na matrícula do imóvel, averbação de que se trata de terreno de marinha;

c) será oponível a todos, pessoas naturais ou jurídicas, públicas ou privadas, até que a sua nulidade seja reconhecida pelo Poder Judiciário em sentença transitada em julgado;

d) não será oponível à União, considerando tratar-se de bem público, bem como pelo fato de o registro de imóveis indicar mera presunção relativa de propriedade do particular;

e) não será oponível ao Estado, considerando tratar-se de terra devoluta, bem como pelo fato de o registro de imóveis indicar mera presunção relativa de propriedade do particular.

06. (IESES – Cartório – Provimento – TJ – AM/2018) A respeito do tema "princípios aplicáveis" ao Registro de Imóveis, é correto afirmar:

a) O princípio da continuidade, também denominado por alguns juristas de princípio da individualização, corresponde à necessidade de determinar o imóvel como unidade registral do sistema em suas circunstâncias físicas e com os dados exigíveis para distingui-lo de qualquer outro.

b) O princípio da prioridade não mais vigora no direito registral brasileiro, sendo preferencial somente o registro dos direitos reais de bens imóveis pertencentes a cidadãos com mais de 80 (oitenta) anos de idade.

c) Pelo princípio da especialidade, nenhum registro pode ser efetuado sem a prévia menção ao título anterior, pois legalmente imprescindível mostra-se o encadeamento entre assentos pertinentes a um dado imóvel e às partes nele interessadas.

d) Ainda que o imóvel esteja matriculado, não se fará registro que dependa da apresentação de título anterior, a fim de que se preserve a continuidade do registro.

07. (IESES – Cartório – Provimento – TJ – AM/2018) A respeito do tema "princípios aplicáveis" ao Registro de Imóveis, é correto afirmar:

a) Via de regra, o ato registral é de iniciativa exclusiva do interessado, vedado o ato "ex officio". A isso se denomina princípio da legalidade.

b) O sistema registral brasileiro adota a regra da presunção absoluta ("juris et de jure") do registro imobiliário, isto é, não pode o registro regularmente efetuado ser impugnado por quem quer que seja, judicial ou extrajudicialmente.

c) Pelo princípio da instância, é exigida a plena e perfeita identificação do imóvel (urbano ou rural) e do titular do direito real nos documentos, através da indicação precisa das medidas, características e confrontações (requisito objetivo), bem como da qualificação completa dos interessados (requisito subjetivo).

d) Pelo princípio da prioridade, num concurso de direitos reais sobre um mesmo imóvel, estes não ocupam o mesmo posto, mas se graduam ou classificam por uma relação de precedência fundada na ordem cronológica do seu aparecimento.

08. (FMP – Cartório – TJ – MT/2014) Relativamente aos princípios aplicáveis ao Registro de Imóveis, assinale a alternativa correta.

a) Em atenção ao princípio da continuidade ou do trato sucessivo, na hipótese de instituição de usufruto, se o imóvel não estiver matriculado ou registrado em nome do usufrutuário, o registrador exigirá a prévia matrícula e o registro do título anterior.

b) Pelo princípio da instância, cabe ao oficial do registro, recorrer da decisão que julgou procedente a dúvida suscitada.

c) Na qualificação de uma escritura de doação, o registrador deverá observar, em razão da especialidade subjetiva, se o estado civil do doador coincide com o que consta na matrícula em que figura como proprietário.

d) Em atenção ao princípio da rogação, descabe ao registrador realizar qualquer espécie de averbação ou retificação de seus registros sem o prévio requerimento do interessado.

e) Por força do princípio da prioridade gradual, os mandados judiciais de penhoras prenotados no protocolo sob o número mais baixo, serão registrados com precedência, garantindo-se assim, a preferência de ordem material na execução do crédito.

09. (IESES – Cartório – TJ – PB/2014) No Registro de Imóveis, o princípio da inscrição significa que:

a) As despesas com o registro são de inteira responsabilidade do apresentante do título que postulou a sua inscrição no fólio real.

b) O Oficial Registrador poderá recusar o recebimento de título sem previsão legal, no Livro nº 1 da Serventia.

c) A constituição, transmissão e extinção de direitos reais sobre bens imóveis, por atos inter vivos, somente se aperfeiçoa com o registro do respectivo título no fólio real.

d) O Oficial Registrador não poderá recusar o recebimento de título, ainda que não tenha previsão legal, no Livro nº 1 da Serventia.

10. (IESES – Cartório – TJ – PB/2014) Na qualificação de escritura pública de compra e venda de bem imóvel, o Oficial Registrador devolveu o aludido título extrajudicial em razão da existência de divergência entre a área do objeto do negócio jurídico e a descrição constante da matrícula imobiliária. Qual é o princípio registrário incidente no caso hipotético:

a) Princípio da especialidade objetiva.

b) Princípio da rogação.

c) Princípio da continuidade.

d) Princípio da fé pública registral

11. (Vunesp – Cartório – TJ – SP/2014) Quanto ao registro de sentença declaratória de usucapião de um imóvel rural com área de 50 hectares, proferida em 20.05.2012, tendo a ação sido ajuizada em 02.11.2010, considerando o princípio da especialidade objetiva, é correto afirmar que, para o registro desta usucapião,

a) o Oficial deverá exigir que a descrição do imóvel contenha as coordenadas dos vértices definidores dos limites georreferenciadas e certificada pelo INCRA, tendo em vista a data da propositura da ação.

b) o Oficial deverá exigir que a descrição do imóvel contenha as coordenadas dos vértices definidores dos limites georreferenciadas e certificada pelo INCRA, tendo em vista a data da sentença.

c) o Oficial não necessitará exigir que a descrição do imóvel contenha as coordenadas dos vértices definidores dos limites georreferenciadas e certificada pelo INCRA, tendo em vista a prorrogação do prazo, para 20.11.2019, de obrigatoriedade do georreferenciamento e certificação no INCRA para imóveis com entre 25 e 100 hectares.

d) o Oficial não poderá exigir que a descrição do imóvel contenha as coordenadas dos vértices definidores dos limites georreferenciadas e certificada pelo INCRA, tendo em vista que usucapião trata-se de aquisição originária.

12. (Cespe – Cartório – TJ – DF/2014) No que se refere aos princípios aplicáveis ao registro de imóveis, assinale a opção correta.

a) De acordo com o princípio da legitimidade, deve haver a individuação de tudo o que se lança no registro.

b) O registro configura a presunção legal da validade do ato registrado, em consonância com o princípio da inscrição.

c) De acordo com o princípio da publicidade, presume-se que o conteúdo do registro é exato e verdadeiro em decorrência da publicidade que lhe é dada.

d) Segundo o princípio da especialidade, deve ser estabelecida uma efetiva conexão entre o registro e os diferentes negócios modificativos da situação jurídico-real por meio de assentamentos registrários.

e) O procedimento de registro inicia-se a pedido do interessado, conforme o princípio da prioridade.

13. (Cespe – Cartório – ES/2013) Assinale a opção correta, em relação aos atos de registros de imóveis.

a) Transcrição é definida como o registro de instrumento, por determinação legal, para tornar um documento como de conhecimento do público.

b) A averbação é ato constitutivo de domínio.

c) É possível a abertura de matrícula de parte ideal de imóvel possuído em condomínio.

d) Para o remembramento, é indispensável que as propriedades envolvidas sejam limítrofes.

e) Não é possível a retificação, pelo oficial de registro, de erro que conste no teor de registro imobiliário.

14. (Cespe – Cartório-PI/2013) Em caso de outorga de imóvel, se este não estiver matriculado ou registrado em nome do outorgante, o oficial exigirá a prévia matrícula e o registro do título anterior, qualquer que seja a sua natureza, para dar cumprimento ao princípio da

a) continuidade.

b) generalidade.

c) especialidade.

d) prioridade.

e) fé pública.

15. (Cespe – Cartório – TJ – DF/2014) Assinale a opção correta a respeito do registro de imóveis.

a) A dúvida registraria configura procedimento administrativo suscitado pelo registrador, na fase de qualificação, na hipótese de títulos contraditórios, para o estabelecimento da ordem de preferência do registro.

b) Por força dos princípios da unitariedade e do fólio real, o título não pode ser cindido, não sendo possível, portanto, averbar, a requerimento do interessado, mandado de penhora de imóvel em que conste a existência de construção não averbada na matrícula respectiva.

c) De acordo com o princípio da prioridade, o título apresentado em primeiro lugar no registro assegura a preferência na aquisição do direito real respectivo, desse modo, protocolada escritura de hipoteca em que seja mencionada a constituição de hipoteca anterior, não inscrita, será registrada a hipoteca posterior, que obterá preferência.

d) Consoante o princípio da especialidade, a descrição do imóvel rural deve ser obtida a partir de memorial descritivo assinado por profissional habilitado, e os eventuais erros ou discrepâncias entre os limites reais do imóvel e os constantes da matrícula somente poderão ser retificados em ação demarcatória.

e) A retificação do registro por inexatidão causada por falsidade ou nulidade do registro ou do título que o fundamenta deverá ser declarada pelo juiz corregedor, em âmbito administrativo, somente quando for manifesta e não importar dano potencial a terceiros, ou quando houver consentimento de todos os interessados.

16. (Vunesp – Cartório – SP – Remoção/2016) No que diz respeito aos princípios da especialidade e continuidade subjetivas, é correto afirmar que

a) a ausência no título da profissão e residência do adquirente e do nome e qualificação de seu cônjuge não obstará o registro, desde que esses dados sejam comprovados por documentos oficiais e declaração de profissão e residência.

b) a ausência no título do nome e qualificação do cônjuge do adquirente obstará o registro.

c) é permitido, e recomendável, na identificação das partes, utilizar, junto com o nome civil correto, eferências fáticas outras, ainda que não averbadas no Registro Civil de Pessoas Naturais e sem comprovação oficial, tais como, por exemplo, a expressão "que também assina e é conhecido".
d) é dispensável o número do CNPJ da pessoa jurídica, desde que o seu nome esteja correto.

17. (Vunesp – Cartório – SP – Remoção/2016) No que diz respeito aos princípios registrais imobiliários, é correto afirmar que

a) a data da escritura pública e seu conteúdo não têm relevância para a prioridade registral.
b) a desapropriação amigável deve submeter-se à continuidade registral.
c) as prenotações sucessivas de títulos contraditórios cria uma fila de precedência, de modo a não correr o prazo de validade da prenotação subsequente, o qual somente correrá a partir da cessação dos efeitos da prenotação anterior.
d) não é possível o ingresso no Registro de Imóveis de uma escritura pública de compra e venda celebrada antes da entrada em vigor do Código Civil de 1916 sem que já exista matrícula do imóvel no Registro Imobiliário, na qual conste como proprietário o vendedor.

18. (IESES – Cartório – Provimento – TJ – RO/2017) Assinale a alternativa correta:

a) Em obediência ao princípio da continuidade, revela-se impossível a abertura de matrícula autônoma de vaga de garagem se ausente registro antecedente descrevendo-a (a vaga de garagem).
b) É possível o registro de escritura pública de venda e compra de imóvel adquirido na constância de casamento no qual adotado o regime de separação obrigatória de bens, em qualquer caso, uma vez inexistente presunção de comunicação dos aquestos, sendo tal posição unânime na doutrina e tribunais.
c) A aplicação do princípio da legalidade registral só tem cabimento em se tratando da chamada dúvida inversa.
d) Quando a descrição do imóvel referida na escritura pública de venda e compra é diversa daquela constante da matrícula do bem, há evidente ofensa ao princípio da especialidade subjetiva.

19. (Cespe – Cartório – TJ – DF/2014) Em relação aos princípios aplicáveis ao Registro de Imóveis, assinale a opção correta.

a) Conforme o princípio da fé pública, aplicável sem restrições no ordenamento jurídico brasileiro, o conteúdo do registro possui presunção *iuris et de iure*, prevalecendo de forma absoluta em relação ao terceiro de boa-fé que, confiando nos assentos do Registro de Imóveis, celebrou o negócio jurídico com o titular aparente.
b) Em decorrência do princípio da continuidade, antes do registro da escritura pública, o promissário comprador deverá registrar o contrato de promessa de compra e venda celebrado com o alienante.
c) Dado o princípio da instância, os registros e averbações efetivados no Serviço de Registro de Imóveis serão realizados somente por provocação, não cabendo ao oficial a prática de ato de ofício.
d) Devido à aplicabilidade do princípio da publicidade condicionada ao Registro de Imóveis, para a emissão de certidões, deve-se exigir dos interessados informações acerca do motivo ou interesse do pedido.
*e) Dado o princípio da inscrição, é necessário o registro do título pelo qual se formaliza a vontade de transferir, por ato inter vivos, a propriedade de imóvel cujo valor é trinta vezes inferior ao maior salário-mínimo vigente no país.

GAB										
	1	A	2	C	3	D	4	C	5	D
	6	D	7	D	8	C	9	C	10	A
	11	A	12	C	13	D	14	A	15	E
	16	A	17	C	18	A	19	E		

Art. 167. No Registro de Imóveis, além da matrícula, serão feitos:

1. COMENTÁRIOS

Os **atos de registro em sentido amplo** englobam a matrícula do imóvel, os atos de registro em sentido estrito e as averbações.

Como principal inovação da Lei 6.015/1973 no que se refere ao Registro de Imóveis, temos a matrícula. A Lei de Registros Públicos alterou a sistemática do registro imobiliário, dispondo de um registro próprio para cada imóvel, criando a matrícula, diferenciando dos regulamentos anteriores que previam registro próprio para cada título, independentemente do número de imóveis, a desditosa transcrição. O registro era realizado pela transcrição do título, em ordem cronológica, podendo conter mais de um imóvel ou partes ideais. Com a sistemática do chamado fólio real, indubitável foi o progresso na organização cadastral. Sua eficácia plena fica assim condicionada à sujeição aos princípios registrais, que se interrelacionam entre si de maneira a conferir à Lei de Registros Públicos uma unicidade organizacional que assegure a segurança jurídica desejada.

A matrícula é ato obrigatório para todos os bens imóveis, e será criada quando for feito o primeiro registro de um determinado bem. Nela deverão constar todas as informações relativas ao imóvel, como os antigos proprietários, quando foi feita a primeira matrícula e a situação do bem, ou seja, se há sobre ele algum ônus real. Cada imóvel será objeto de uma matrícula e cada matrícula descreverá apenas um imóvel. Trata-se da consagração do princípio da Unitariedade Matricial, que já foi analisado neste trabalho.

2. QUESTÕES DE CONCURSOS

01. (TJ/SP – 2024 – VUNESP – Notário e Registrador/Provimento) Assinale a alternativa correta acerca do Sistema Eletrônico dos Registros Públicos (SERP), consoante os ditames do Provimento 149/23 do CNJ e da Lei nº 14.382/22.

a) Os oficiais dos registros públicos ficam dispensados da participação dos fundos para a implementação e custeio do sistema eletrônico dos registros públicos – FICs, quando desenvolverem e utilizarem sistemas e plataformas interoperáveis necessários para a integração plena dos serviços de suas delegações ao SERP, nos termos estabelecidos pela Corregedoria Nacional da Justiça do Conselho Nacional de Justiça.

b) Para promover a implantação, a manutenção e o funcionamento do SERP, será constituído o Operador Nacional do Sistema Eletrônico dos Registros Públicos (ONSERP), sob a forma de pessoa jurídica de direito privado, na modalidade de associação ou sociedade, sem fins lucrativos, para viabilizar e custear os objetivos previstos em lei.

c) O Operador Nacional do Sistema Eletrônico dos Registros Públicos (ONSERP) será integrado pelo Operador Nacional do Registro Civil das Pessoas Naturais (ON-RCPN) e pelo Operador Nacional do Registro de Títulos e Documentos e Civil das Pessoas Jurídicas (ON-RTDPJ).

d) O Agente Regulador dos Operadores Nacionais dos Registros Públicos é órgão da Corregedoria Nacional de Justiça e funcionará por meio dos seguintes órgãos internos: Secretaria Executiva, Câmara Consultiva e Conselho de Regulação.

GAB	1	A

I – o registro:

1. COMENTÁRIOS

Na definição genérica de **registro**, consideram-se abrangidos a inscrição e a transcrição a que se aludem às leis civis (art. 168 da Lei 6.015/1973).

Nas palavras de Afrânio de Carvalho, registro não é desaguadouro de todos e quaisquer títulos, senão daqueles que confiram uma posição jurídico-real e sejam previstos em lei como registráveis (...). Nesse particular, a regra dominante é a de que não é inscritível nenhum direito que mediante a inscrição não se torne mais eficaz do que sem ela" (Op. cit., p. 62).

Outra observação importante é que não apenas os **direitos reais imobiliários** são registráveis. Existe no rol taxativo do art. 167, I, desta Lei, os **direitos reais sobre bens móveis, direitos obrigacionais e atos de outra natureza**. Como exemplo, podemos citar o penhor de máquinas industriais, o contrato de locação de prédio no qual tenha sido prevista cláusula de vigência no caso de alienação do imóvel, as convenções antenupciais, cédulas de crédito rural, as convenções de condomínio, entre outros. Há que se lembrar, entretanto, que deve haver expressa previsão legal para o registro de determinado direito ou ato. O tema foi bastante discutido e aprofundado nos comentários do art. 167, I, 48 desta lei.

A averbação consiste em todo ato que não modifica os dados constantes da matrícula ou transcrição de um imóvel, mas que detém vínculo jurídico com o imóvel, de interesse registral.

O registro e a averbação poderão ser provocados por qualquer pessoa, incumbindo-lhe as despesas respectivas.

2. JURISPRUDÊNCIA COMPLEMENTAR

TRIBUNAL DE JUSTIÇA DO ESTADO DE SÃO PAULO

EMENTA: ITBI – Município de São Paulo – Concessão de segurança para que o Município-impetrado se abstenha de exigir o recolhimento do imposto antes do registro do título translativo – Hipótese de incidência fixada no art. 35 do CTN – Transferência de propriedade que somente ocorre com o registro do título no competente Cartório de Registro de Imóveis – Inteligência dos arts. 1.227 e 1.245 do CC – Entendimento jurisprudencial do STJ e desta Corte Estadual – Recursos oficial e voluntário não providos. (TJSP – Apelação / Reexame Necessário nº 0050620-37.2012.8.26.0053 – São Paulo – 15ª Câmara de Direito Público – Rel. Des. Erbetta Filho – DJ 14.04.2016)

EMENTA: AÇÃO DECLARATÓRIA DE INEXIGIBILIDADE DE DÉBITO – ITBI – Município de São Sebastião – Instrumento de cessão de direitos possessórios – O fato gerador do ITBI se dá com a transmissão da propriedade, que, por sua vez, somente ocorre quando do Registro no Cartório Imobiliário – Impossibilidade da cobrança – Sentença mantida – Recurso improvido. (TJSP – Apelação / Reexame Necessário nº 1001039-15.2014.8.26.0587 – São Sebastião – 15ª Câmara de Direito Público – Rel. Des. Rezende Silveira – DJ 12.04.2016)

CONSELHO SUPERIOR DA MAGISTRATURA

EMENTA: REGISTRO DE IMÓVEIS – Dúvida – Contrato atípico – Registro – Impossibilidade – Inobservância do Art. 167, I, da Lei nº 6.015/73 – Rol taxativo – Recurso não provido (Apelação nº 0038666-47.2012.8.26.0100). Trata-se de apelação interposta contra r. sentença que julgou procedente a dúvida e por consequência obstou o registro do contrato apresentado para registro por inobservância do rol taxativo do sistema registral. Sustenta o apelante, em apertada síntese, que a atipicidade do contrato apresentado para registro não afasta sua natureza de negócio jurídico de locação, circunstância autorizadora do ingresso do título particular no fólio real. A Douta Procuradoria Geral de Justiça opinou pelo provimento do recurso no tocante ao registro. É o relatório. O recurso não comporta provimento. A matéria em análise limita-se a possibilidade de registro em sentido estrito de contrato atípico, todo o mais ultrapassando o feito administrativo em julgamento, pois suprimida à apreciação do Registrador Imobiliário e do Juiz Corregedor Permanente quanto à viabilidade de simples averbação. É indispensável para o registro de um título expressa previsão no art. 167, I, da Lei de Registros Públicos, ou em outra Lei. (Walter Ceneviva, Lei de Registros Públicos Comentada, 18ª Ed., pág. 366). O instrumento particular de locação atípico, como nomeado às fls. 28 pelo apelante, não encontrou nenhuma autorização legal à franquiar o ingresso no sistema registral nos termos requeridos, como bem qualificado pelo Oficial do RI. Bem observou o Oficial do (...) RI no requerimento de dúvida que *"as partes não podem, a seu critério, excluir a aplicação de determinadas disposições da lei, que não servem ao propósito do negócio realizado. E as partes fizeram isso, excluindo, por exemplo, a possibilidade da ação revisional. No contrato em questão, realmente, não pode caber ação revisional, mas essa característica também mostra que não se trata de contrato de locação"* – fls.03. A decisão do MM. Juiz Corregedor Permanente Dr. Marcelo Berthe deve ser mantida. O negócio jurídico em análise para fim de registro ultrapassa e modifica a Lei Civil sobre Locação apesar da intitulação equivocada de contrato de locação atípico. Afinal, inúmeras são as obrigações e direitos estranhos ao sistema de locação – citando-se, por exemplo, às cláusulas 1.3, 1.4 e seguintes, 3.2, 3.4, 3.6, 5.3 e seguintes, 6 e seguintes, 16, 17 – além de outros tantos excluírem o conjunto de normas do sistema locatício – por exemplo, vedação a ação revisional, previsão de opção de compra ao invés de direito de preferência. Vale salientar em reforço ao todo exposto, como bem observou o Juiz Corregedor Permanente que "a validade do contrato com esse objeto decorre de lei e do exame de suas cláusulas, que se forem questionadas serão apreciadas por meio de arbitragem contratada, não se podendo falar na exigência de um registro não previsto em lei para que ele seja considerado válido. "Assim, pelo meu voto, nego provimento ao recurso. JOSÉ RENATO NALINI. Corregedor Geral da Justiça e Relator (D.J.E. de 10.07.2013 – SP)

▶ **EMENTA**: REGISTRO DE IMÓVEIS – Contrato de comodato – Acesso ao fólio real recusado – Desqualificação do título mantida – Embargos de declaração rejeitados (EMBARGOS DE DECLARAÇÃO Nº 0003481-41.2011.8.26.0242/50000). A recorrente, inconformada com o desprovimento do recurso de apelação, determinante da manutenção da desqualificação do título apresentado para registro, opôs embargos de declaração, em cujo corpo alegou: não há razão para, autorizada a averbação do contrato de locação, impedir o acesso do contrato de comodato ao fólio real; a lista de títulos suscetíveis de registro não é taxativa; e a recusa do registro traz prejuízos para ela, impedida de participar de licitações promovidas por órgão estatal (fls. 69/71). *É o relatório.* Conforme o v. acórdão proferido, ficou definido (fls. 60/65): O rol dos atos suscetíveis de registro é taxativo, quer dizer, a enumeração é *numerus clausus*, razão pela qual apenas os atos expressamente previstos em lei, ainda que fora da lista do artigo 167, I, da Lei nº 6.015/1973, são passíveis de registro. Destarte, ausente no elenco dos atos registráveis, o contrato de comodato não comporta registro *stricto sensu*. Mesmo que se flexibilize a taxatividade dos títulos registráveis, (...) a desconsideração episódica do *numerus clausus* dos títulos registráveis, pautada pela instrumentalidade do registro, prudência e pelo princípio fundamental da segurança jurídica, é, *in concreto*, injustificável, porquanto, malgrado a ordem jurídica pátria preveja direitos obrigacionais registráveis, o contrato de comodato, estranho ao rol aludido, não tem potencial para declarar, constituir, modificar, transferir ou extinguir um direito real. Também por isso, porque desprovidos de eficácia real e, particularmente, sem aptidão para alterar o registro, para modificar uma situação de direito real inscrito, limitando-se à esfera obrigacional, o contrato de comodato – não relacionado entre os atos averbáveis (artigo 167, II, da Lei nº 6.015/1973) –, é insuscetível de averbação, apesar do caráter enunciativo da lista positivada (artigo 246 da Lei nº 6.015/1973). Aliás, com a aprovação do parecer da lavra do Juiz Vicente de Abreu Amadei, por meio de decisão do Desembargador Gilberto Passos de Freitas, lançada, no dia 13 de julho de 2007, nos autos do processo CG nº 850/2006, assentou-se: a abertura extraída do artigo 246 da Lei nº 6.015/1973 *"é restrita às hipóteses de averbações enunciativas de ocorrências modificativas de registro."* E consoante a oportuna advertência de Afranio de Carvalho, *"o registro não é o desaguadouro comum de todos e quaisquer títulos, senão apenas daqueles que confiram uma posição jurídico-real"*, a par de outros, que sem tal vocação e potência, isto é, sem irradiar efeitos reais, são, por expressa disposição legal, suscetíveis de registro. Assim sendo, a conduta do registrador se revelou correta: a propósito, de acordo com o item 68.3. do capítulo XX das NSCGJ, *"o protesto contra alienação de bens, o arrendamento e o comodato são atos insuscetíveis de registro, admitindo-se a averbação do protesto contra alienação de bens diante de determinação judicial expressa do juiz do processo."* Inclusive, a exceção contemplada – para admitir, contra a jurisprudência administrativa que prevalecia no Conselho Superior da Magistratura e na Corregedoria Geral da Justiça deste Tribunal, a averbação do protesto contra alienação de bens, mas não do contrato de comodato –, objetivou harmonizar o regramento administrativo com o entendimento da Corte Especial do Superior Tribunal de Justiça, expresso no julgamento dos Embargos de Divergência no Recurso Especial nº 440.837/RS, ocorrido em 16 de agosto de 2006. Vale dizer: não serve de parâmetro para, fora da compreensão da regra do artigo 246 da Lei nº 6.015/1973, acima enfrentada, alargar os títulos passíveis de averbação e, especialmente, assegurar o acesso do contrato de comodato – marcado pela temporariedade, que lhe é ínsita, e situado no universo do direito obrigacional –, ao álbum imobiliário. Por fim, o Conselho Superior da Magistratura, na apelação cível nº 1.396-0, julgada no dia 22 de junho de 1982, relator Desembargador Bruno Affonso de André, concluiu, ao confirmar a sentença proferida pelo magistrado Narciso Orlandi Neto, que o contrato de comodato é insuscetível de registro e de averbação. (...) (fls. 63/65). Assim sendo, os fundamentos expostos bastam para justificar a desqualificação do título, embora o contrato de locação comporte averbação e a lista de títulos suscetíveis de assento registral seja enunciativa. O v. acórdão, de fato, não se ressente de quaisquer contradições, obscuridades ou omissões relevantes: as questões centrais foram apreciadas e o desate da apelação se harmoniza com os fundamentos expostos. Por fim, exigência imposta por órgão estatal, então como condição para participação em licitação, é insuficiente para determinar o assento pretendido, corretamente brecado, à luz das considerações aduzidas. Pelo exposto, rejeito os embargos de declaração. (a) JOSÉ RENATO NALINI, Corregedor Geral da Justiça e Relator (D.J.E. de 11.01.2013 – SP)

3. QUESTÕES DE CONCURSOS

01. (IESES – Titular de Serviços de Notas e Registros – TJ – TO – Remoção/2022) No Registro de Imóveis, além da matrícula, serão feitos, entre outros, o registro:

I. Do penhor de máquinas e de aparelhos utilizados na indústria, instalados e em funcionamento, com os respectivos pertences ou sem eles.
II. Das servidões em geral.
III. Do dote.
IV. Da enfiteuse.

A sequência correta é:

a) Apenas as assertivas I e II estão corretas.
b) Apenas as assertivas I e IV estão corretas.
c) As assertivas I, II, III e IV estão corretas.
d) Apenas a assertiva III está Incorreta.

02. (IESES – Notário-MA/2008) Assinale a alternativa INCORRETA de acordo com a Lei nº 6.015/73, em relação ao Registro de Imóveis:

a) No Registro de Imóveis, além da matrícula, será feito o registro por cancelamento, da extinção dos ônus e direitos reais.
b) No Registro de Imóveis, além da matrícula, será feito o registro dos contratos de penhor rural.
c) No Registro de Imóveis, além da matrícula, será feito o registro das rendas constituídas sobre imóveis ou a eles vinculadas por disposição de última vontade.
d) No Registro de Imóveis, além da matrícula, será feito o registro das penhoras, arrestos e sequestros de imóveis.

03. (EJEF – Notário-MG/2011) A Lei nº 6.015/73, em seu artigo 167, define as atribuições do Registro de Imóveis e estabelece um rol taxativo de procedimentos a serem praticados nas Serventias.

Considerando os procedimentos relativos a atos de Registro elencados nesse artigo, analise as seguintes alternativas e assinale a que apresenta INCORREÇÃO.

a) As servidões em geral, a enfiteuse, a permuta, a doação, a arrematação e a adjudicação em hasta pública, os loteamentos urbanos e rurais, as convenções antenupciais, os contratos de penhor rural, as incorporações, instituições e convenções de condomínio.
b) Os loteamentos urbanos e rurais, as servidões em geral, a enfiteuse, a permuta, a doação, o contrato de locação para os fins de exercício do direito de preferência, as convenções antenupciais, os contratos de penhor rural, as incorporações, instituições e convenções de condomínio.
c) As servidões em geral, a enfiteuse, a permuta, a doação, a arrematação e a adjudicação em hasta pública, os loteamentos urbanos e rurais, as sentenças declaratórias de usucapião, a compra e venda pura e a condicional, as convenções antenupciais, os contratos de penhor rural, as incorporações, instituições e convenções de condomínio.
d) As incorporações, instituições e convenções de condomínio, as servidões em geral, a enfiteuse, a permuta, a doação, a

arrematação e a adjudicação em hasta pública, os loteamentos urbanos e rurais, as citações de ações reais ou pessoais reipersecutórias, relativas a imóveis, as penhoras de imóveis.

1) da instituição de bem de família;

1. COMENTÁRIOS

O Código Civil de 2002 estabeleceu, nos artigos 1.711 a 1.722, o **bem de família voluntário**, retirando essa matéria da parte geral do Código Civil de 1916. Esse tema não deve ser confundido com a proteção processual civil de impenhorabilidade prevista pela Lei 8.009/1990, conhecida como **bem de família legal**, que independe de iniciativa para sua constituição. De acordo com a referida lei, o imóvel residencial próprio do casal ou da entidade familiar é impenhorável e não responderá por qualquer tipo de dívida civil, comercial, fiscal, previdenciária ou de outra natureza, contraída pelos cônjuges ou pelos pais ou filhos que sejam seus proprietários e nele residam, salvo nas hipóteses previstas na própria lei.

Claramente, a Lei de Registros Públicos se interessa pelo bem de família voluntário. Ademar Fioranelli preleciona que os artigos 1.711 a 1.722 do novo estatuto preveem, de forma expressa e peremptória, a constituição voluntária do bem de família, com o registro obrigatório no ofício imobiliário da situação do bem, destinado que é ao abrigo ou proteção familiar. Afasta-se, de vez, a dúvida de que, com o advento da lei 8.009/90, o regime único do bem de família seria o da citada lei, em face da revogação das disposições legais até então vigentes. Subsistem, lado a lado, o voluntário e o involuntário – ou legal –, com objetivos idênticos. O instituidor, como regra, poderá assegurar à família a impenhorabilidade de qualquer dos bens próprios, ainda que não seja o de mais baixo valor, sempre prevalecendo a escolha voluntária sobre a determinação legal, com a ressalva do contido no *caput* do mesmo artigo 1.711, como veremos neste estudo. (*Bem de família no novo Código Civil e o registro de imóveis*. Disponível em: http://www.irib.org.br/html/biblioteca/biblioteca-detalhe. php?obr=69).

Sobre a vigência do **Decreto-lei 3.200/1941**, que regula o bem de família voluntário, paira controvérsia. Ademar Fioranelli e outros entendem que o referido decreto não foi revogado pelo estatuto civil e defendem a utilização dos dois diplomas em conjunto, caso não haja incompatibilidade, uma vez que as normas do aludido decreto vigoraram juntamente com o Código Civil de 1916. Outra parte da doutrina, como Regnoberto M. de Melo Jr., considera que o decreto encontra-se revogado, pois é posterior ao Código Civil de 1916, mas anterior ao Diploma Civil de 2002. Ademais, para eles, o art. 19 não condiz com a sistemática constitucional de entidade familiar.

A importância prática desta discussão consiste no fato de que o art. 19 do Decreto-lei 3.200/1941 estipula que somente se pode instituir bem de família sobre imóvel, que, na data da instituição, já fosse residência da família há pelo menos 2 anos. Com efeito, para a corrente que advoga pela utilização conjunta do referido decreto e do Código Civil, este requisito temporal deve ser respeitado.

O bem de família, nos moldes como previsto no Código Civil, exige para sua instituição, **escritura pública ou testamento**, inclusive por iniciativa de terceiros, de modo que parte do patrimônio, **até um terço do líquido**, receba esta qualificação legal e fique isento de responder por dívidas contraídas posteriormente a este ato. Nesse sentido, o art. 1.711 do Código Civil:

> **Art. 1.711.** Podem os cônjuges, ou a entidade familiar, mediante escritura pública ou testamento, destinar parte de seu patrimônio para instituir bem de família, desde que não ultrapasse um terço do patrimônio líquido existente ao tempo da instituição, mantidas as regras sobre a impenhorabilidade do imóvel residencial estabelecida em lei especial.
>
> Parágrafo único. O terceiro poderá igualmente instituir bem de família por testamento ou doação, dependendo a eficácia do ato da aceitação expressa de ambos os cônjuges beneficiados ou da entidade familiar beneficiada.

Esclarecedora é a decisão do Supremo Tribunal Federal, no agravo de instrumento 240.297-SP-DJU, de 24/10/2000: "As expressões 'casal' e 'entidade familiar' constantes do art. 1º da Lei 8.009/90, devem ser interpretadas consoante o sentido social da norma, devendo a família ser caracterizada como instituição social de pessoas que se agrupam por laços de casamento, união estável ou descendência. Considerando que a lei não se dirige a um grupo de pessoas, mas permite que se proteja cada indivíduo como membro da instituição em apreço, mister se faz estender seus benefícios a qualquer pessoa integrante da entidade familiar, seja ela casada, solteira, viúva, desquitada ou divorciada, uma vez que o amparo legal é dado para que seja a esses assegurado um lugar para morar. Precedentes desta Corte."

O **objeto** do bem de família consiste em **prédio residencial urbano ou rural**, com suas pertenças e acessórios, destinando-se em ambos os casos a domicílio familiar, e poderá abranger **valores**

mobiliários, cuja renda será aplicada na conservação do imóvel e no sustento da família. No que se refere aos valores imobiliários, não poderão exceder o valor do prédio instituído em bem de família, à época de sua instituição. O prédio e os valores mobiliários, constituídos como bem da família, não podem ter destino diverso do previsto no art. 1.712 do Código Civil ou serem alienados sem o consentimento dos interessados e seus representantes legais, ouvido o Ministério Público.

Quanto à **administração**, dispõe o art. 1.720 que *"salvo disposição em contrário do ato de instituição, a administração do bem de família compete a ambos os cônjuges, resolvendo o juiz em caso de divergência. Parágrafo único. Com o falecimento de ambos os cônjuges, a administração passará ao filho mais velho, se for maior, e, do contrário, a seu tutor"*.

Sobre **a isenção de execução por dívida** do bem de família que põe a salvo o imóvel de penhora para garantia de dívidas, a matéria é regida pelos arts. 1.715 e 1.716 do Código Civil, bem como pelo art. 3º da Lei 8.009/1990, em rol taxativo. Vejamos:

> **Art. 1.715 CC.** O bem de família é isento de execução por dívidas posteriores à sua instituição, salvo as que provierem de tributos relativos ao prédio, ou de despesas de condomínio.
>
> Parágrafo único. No caso de execução pelas dívidas referidas neste artigo, o saldo existente será aplicado em outro prédio, como bem de família, ou em títulos da dívida pública, para sustento familiar, salvo se motivos relevantes aconselharem outra solução, a critério do juiz.
>
> **Art. 1.716 CC.** A isenção de que trata o artigo antecedente durará enquanto viver um dos cônjuges, ou, na falta destes, até que os filhos completem a maioridade.
>
> **Art. 3º Lei 8.009/1990.** A impenhorabilidade é oponível em qualquer processo de execução civil, fiscal, previdenciária, trabalhista ou de outra natureza, salvo se movido:
>
> I – (*Revogado pela Lei Complementar nº 150, de 2015*)
>
> II – pelo titular do crédito decorrente do financiamento destinado à construção ou à aquisição do imóvel, no limite dos créditos e acréscimos constituídos em função do respectivo contrato;
>
> III – pelo credor da pensão alimentícia, resguardados os direitos, sobre o bem, do seu coproprietário que, com o devedor, integre união estável ou conjugal, observadas as hipóteses em que ambos responderão pela dívida;
>
> IV – para cobrança de impostos, predial ou territorial, taxas e contribuições devidas em função do imóvel familiar;
>
> V – para execução de hipoteca sobre o imóvel oferecido como garantia real pelo casal ou pela entidade familiar;
>
> VI – por ter sido adquirido com produto de crime ou para execução de sentença penal condenatória a ressarcimento, indenização ou perdimento de bens.
>
> VII – por obrigação decorrente de fiança concedida em contrato de locação.

O rol enunciado no art. 3º da Lei 8.009/1990 também se aplica ao bem de família voluntário.

Já a inalienabilidade, prevista no art. 1.717 do Código Civil, aplica-se **somente ao bem de família voluntário**, nestes termos:

> **Art. 1.717.** O prédio e os valores mobiliários, constituídos como bem da família, não podem ter destino diverso do previsto no art. 1.712 ou serem alienados sem o consentimento dos interessados e seus representantes legais, ouvido o Ministério Público.

Todavia, é possível que o bem de família seja hipotecado. Trata-se de jurisprudência pacífica nesse sentido: "A lei é clara, permitindo ser alienado e, portanto, hipotecado o bem de família, com o assentimento dos interessados e dos seus representantes legais" (RT 82/276).

Apresentado o título no Registro Imobiliário competente, será imediatamente prenotado e receberá o número de ordem no Livro 1 – Protocolo, nos termos do art. 182 da Lei n. 6.015/1973. Logo após, o título e demais documentos apresentados serão autuados, certificando-se o recebimento da documentação e numerando-a no processo formalizado na Serventia. O registrador deverá fazer a qualificação registral, analisando os aspectos formais do título.

A exemplo do que ocorre no procedimento de dúvida, nos registros de loteamento ou desmembramento, na hipoteca de segundo grau, retificações de registro, entre outros, abre-se, no caso de bem de família, **exceção ao prazo de validade da prenotação**, que é, nos termos do art. 188 da referida lei, de 10 dias. A prenotação vigorará até a efetuação do registro, após o decurso do prazo para impugnação.

O bem de família, quer instituído pelos cônjuges ou por terceiro, **constitui-se pelo registro** de seu título no Registro de Imóveis. A necessidade de registro resulta da existência de se presumir e possibilitar conhecimento por parte de terceiros, eventuais credores, do obstáculo jurídico de se obter a constrição do bem, declarado como de família.

Após realizados os editais nos termos do art. 262 desta Lei 6.015, não ocorrendo reclamação e findo o prazo de trinta dias estabelecido no inciso II do aludido artigo, o Registrador transcreverá o instrumento público, registrando-o **integralmente no Livro 3 – Registro Auxiliar** e também no **Livro 2** – Registro Geral na competente matrícula do imóvel objeto da instituição, com remissões recíprocas nos registros de um para outro livro.

Saliente-se que a dissolução da sociedade conjugal **não extingue o bem de família**. Dissolvida esta pela morte de um dos cônjuges, o sobrevivente poderá pedir a extinção do bem de família, se for o único bem do casal (art. 1.721, CC).

A **extinção do bem de família** se dá com a morte de ambos os cônjuges e a maioridade dos filhos, desde que não sujeitos a curatela (art. 1.722, CC).

Além disso, comprovada a impossibilidade da manutenção do bem de família nas condições em que foi instituído, poderá o juiz, a requerimento dos interessados, extingui-lo ou autorizar a sub-rogação dos bens que o constituem em outros, ouvidos o instituidor e o Ministério Público (art. 1.719, CC).

Na lição de Ademar Fioranelli, "perceptível, na análise dos aludidos dispositivos, a preocupação do legislador em deslocar para a esfera judicial os pedidos de extinção do bem de família e seu cancelamento no assento imobiliário, sempre ouvido o Ministério Público. Se o prédio deixou de ser o domicílio familiar; se há ou não filhos menores ou incapazes ou outro motivo relevante plenamente comprovado, são provas que dificilmente poderiam ser produzidas e aceitas na área extrajudicial pelo oficial registrador, que estaria adstrito à veracidade das declarações do requerente, entendimento esse produzido até pela nova doutrina, a partir da edição do atual estatuto civil. A circunstância de estarem em jogo interesses de menores deslocaria a competência do registrador em apreciar o pedido" (*Bem de família no novo Código Civil e o registro de imóveis*. Disponível em: http://www.irib.org.br/html/biblioteca/biblioteca-detalhe. php?obr=69).

O autor ainda cita como argumento o artigo 21 do decreto-lei 3.200/41, que no entendimento dele, não foi revogado pela nova legislação: "A cláusula do bem de família somente será eliminada, por mandado do juiz e a requerimento do instituidor, ou no caso do artigo 20, de qualquer interessado, se o prédio deixar de ser domicílio da família, ou por motivo plenamente comprovado".

Nesse sentido, Marcione Pereira dos Santos defende que por todas as formas que se pretenda a extinção do bem de família, torna-se imprescindível o pronunciamento judicial determinando o cancelamento do registro (...) Essa desconstituição do registro do bem de família, seja por modificação do domicílio desta, seja por qualquer outro motivo relevante devidamente comprovado, não fica ao bel-prazer da vontade do interessado; ao revés, torna imprescindível a aquiescência do cônjuge ou convivente, dos filhos menores e do próprio instituidor e deverá ser solicitado ao magistrado que, analisando o caso concreto e com a prudência necessária, determinará o seu cancelamento, após manifestação do Ministério Público (*Bem de Família*. São Paulo: Saraiva, 2003, p. 144).

Todavia, parte da jurisprudência possui entendimento em sentido contrário. A Egrégia Corregedoria-Geral da Justiça do Estado de São Paulo, no Proc. CG 1.095/03, decidiu que a escritura pública consensual é apta para desconstituir o bem de família. Vale a transcrição:

> "O Ministério Público do Estado de São Paulo interpôs recurso contra a decisão de cancelamento de registro de bem de família constante da matrícula nº 7513 do 1º Cartório de Registro de Imóveis de São Paulo – ao argumento de ser vetada a descrição por escritura pública. O inconformismo não comporta acolhida, haja vista não advir vantagem alguma à situação fática sub exame, quer no plano pessoal quer no social, com a manutenção desse instituto Com efeito, a separação dos cônjuges e a transferência, por ambos, das respectivas residências para imóveis distintos do clausulado, estando a mulher e os filhos habitando casa própria em outra localidade, inclusive, revelam a inutilidade social da persistência da natureza de bem de família daquele imóvel situado na capital. No que respeita à tese do escopo dos ex-cônjuges só se alcançável por via diversa, mais burocrática, a despeito do zelo do recorrente não se a tem por acertada. A informalização das relações jurídicas é marca da sociedade contemporânea e só deve ser abandonada quando há sério risco à segurança dessas mesmas relações. Esse perigo não ocorre na espécie, em que os envolvidos, maiores e capazes, manifestaram o desinteresse na manutenção do bem de família por escritura pública, em situação fática de separados que residem casas distintas, tudo a apontar para a razoabilidade da redução do rigor no formalismo para a desconstituição do bem de família. Não se identifica como óbice à pretensão resistida via recursal, o disposto nos artigos 1.721 e 1.722 do Código Civil vigente, haja vista ter havido, na espécie, pronunciamento judicial que não necessariamente haverá de ser obtido no âmbito jurisdicional contencioso. Caracterizada está, portanto, a hipótese do artigo 1.719 do estatuto civil. Ademais, esta Corregedoria Geral de Justiça já se posicionou quanto ao estatuto civil atual, ao exigir pronunciamento judicial, nem sempre comportar interpretação literal. Assentou-se, sim, que essa imposição serve, em certas hipóteses, apenas para as situações em que há controvérsia. Na mesma linha pode ser compreendido o referido artigo 1.719. Ante ao exposto, o parecer é no sentido de negar-se provimento ao recurso."

O procedimento para o registro do bem de família deverá observar o disposto nos arts. 260 a 265 desta Lei 6.015/1973, que será objeto de análise mais adiante.

1.1 CONSIDERA-SE FRAUDE À EXECUÇÃO FISCAL DOAÇÃO DO BEM DE FAMÍLIA PARA FILHO?

Reafirmou a Primeira Turma do Superior Tribunal de Justiça, no AREsp 2.174.427, que a alienação do imóvel que sirva de residência para o devedor e sua família **não** afasta a impenhorabilidade do bem de família, motivo pelo qual **não está caracterizada a fraude à execução fiscal.**

Foi alegado pela Fazenda Nacional no agravo interno manejado contra decisão que deu provimento ao recurso especial do executado, que o reconhecimento da fraude à execução fiscal afastaria a proteção do bem de família.

Nos termos dos autos, após ter sido citado na execução fiscal, o devedor transferiu o imóvel para o seu filho.

Segundo a decisão do juízo de primeiro grau, não foi admitida a penhora do bem. De outro giro, o Tribunal Regional Federal da 2ª Região reformou a decisão por entender que a proteção da impenhorabilidade prevista na Lei 8.009/1990 não se justificaria quando o doador procura blindar seu patrimônio dentro da própria família, mediante a doação de seus bens para um descendente.

O ministro Gurgel de Faria, relator no STJ, enfatizou que as duas turmas de direito público do tribunal possuem entendimento de que **a impenhorabilidade é mantida ainda que o devedor transfira o imóvel que lhe serve de moradia, porque esse imóvel seria imune, de toda forma, aos efeitos da execução.**

Em conclusão do julgado, o jurista preconizou que "no caso dos autos, o tribunal *a quo*, em desconformidade com a orientação desta corte superior, afastou a proteção ao bem de família em razão de sua alienação após a citação do ora recorrente na ação executiva fiscal, motivo por que o recurso deve ser provido para restabelecer a sentença".

1.2 BEM DE FAMÍLIA PODE FICAR INDISPONÍVEL EM AÇÃO DE IMPROBIDADE ADMINISTRATIVA?

A Primeira Turma do Superior Tribunal de Justiça manteve decisão que admitiu a decretação da indisponibilidade de bem de família em **ação de improbidade administrativa**.

O ministro Benedito Gonçalves, relator, em decisão monocrática, desferiu a jurisprudência do tribunal, firmada sob a sistemática dos recursos **repetitivos (Tema 701)**, segundo a qual **"o decreto de indisponibilidade de bens em ação civil pública por ato de improbidade administrativa constitui tutela de evidência e dispensa a comprovação de dilapidação iminente ou efetiva do patrimônio do legitimado passivo, uma vez que o *periculum in mora* está implícito no artigo 7º da Lei nº 8.429/92 (LIA)".**

Sob o fundamento de que o ordenamento jurídico veda que o imóvel destinado à moradia responda por qualquer dívida, a parte interpôs **agravo interno sustentando** também, com base no artigo 1º da Lei 8.009/90 e no artigo 648 do Código Civil, que tal imóvel não estaria sujeito à execução.

Todavia, o colegiado confirmou a decisão monocrática do relator, para quem a decretação de indisponibilidade pode recair sobre bem de família. Em outras palavras, para o STJ, nas demandas por improbidade administrativa, a decretação de indisponibilidade prevista no **artigo 7º**, parágrafo único, da LIA não depende da individualização dos bens pelo Ministério Público, podendo recair sobre aqueles adquiridos antes ou depois dos fatos descritos na **petição inicial**, inclusive sobre bens de família.

1.3 INSTITUIÇÃO DE BEM DE FAMÍLIA VOLUNTÁRIO E ALIENAÇÃO FIDUCIÁRIA: ANÁLISE DE CASO

O Conselho Superior da Magistratura julgou um caso envolvendo o registro de imóveis, especificamente sobre a instituição de bem de família voluntário pelos proprietários após uma alienação fiduciária do bem em garantia de confissão de dívida. Os proprietários YYY e ZZZ confessaram uma dívida de R$ 1.200.000,00 e ajustaram o pagamento em 120 parcelas mensais, transferindo como garantia a propriedade resolúvel do imóvel. Entretanto, antes disso, haviam instituído o bem de família por escritura pública.

O oficial de registro recusou o registro do instrumento particular de confissão de dívida com garantia de alienação fiduciária, gerando dúvida procedente. A sentença foi mantida em apelação, sob o argumento de que, à época da apresentação da alienação fiduciária a registro, o bem já estava instituído como bem de família, exigindo desfazimento judicial da instituição para prosseguir com o registro. O Ministério Público manifestou-se pelo desprovimento do recurso.

No voto vencedor, destacou-se que o bem de família voluntário visa proteger a base econômica mínima da família, enquanto o legal protege a moradia. A constituição de propriedade fiduciária só produz efeitos a partir de sua inscrição no registro imobiliário, o que não ocorreu antes da instituição do bem de família. O artigo 1715 do Código Civil, que trata da impenhorabilidade, não se aplica ao registro.

Por fim, concluiu-se que a alienação fiduciária, por transferir a propriedade do imóvel, exige o consentimento dos interessados e seus representantes legais, ouvido o Ministério Público, para o registro. Com base nesses fundamentos, negou-se provimento ao recurso.

Para maior aprofundamento, recomenda-se a leitura do julgado no tópico "Jurisprudência Complementar".

1.4 PENHORA E VAGA DE GARAGEM

A Súmula 449 do Superior Tribunal de Justiça (STJ) estabelece que a vaga de garagem que **possui matrícula própria no Registro de Imóveis** não constitui bem de família para efeito de penhora. Vamos analisar essa súmula em detalhes:

Quando uma vaga de garagem possui matrícula própria, ela é registrada de forma independente do imóvel residencial principal. Esse registro separado significa que a vaga de garagem é tratada como um bem distinto e autônomo.

A súmula clarifica que, devido à matrícula própria, a vaga de garagem não está abrangida pela proteção legal do bem de família. Em outras palavras, essa vaga de garagem pode ser penhorada para satisfazer dívidas, independentemente da proteção que o imóvel principal possa ter como bem de família.

A Súmula 449 do STJ foi fundamentada em diversas decisões que entenderam que a proteção do bem de família deve ser restrita ao imóvel residencial principal, e não se estende a bens registrados separadamente. A separação registral indica uma intenção de tratar a vaga de garagem como uma propriedade distinta.

A súmula é relevante para credores, pois permite a penhora de vagas de garagem com matrícula própria, proporcionando mais meios para a satisfação de créditos.

Em resumo, a Súmula 449 do STJ visa delimitar claramente o alcance da proteção do bem de família, excluindo da proteção legal as vagas de garagem com matrícula própria no Registro de Imóveis.

1.5 É POSSÍVEL PENHORAR IMÓVEL BEM DE FAMÍLIA NOS CASOS EM QUE ELE FOR DADO EM GARANTIA HIPOTECÁRIA DE DÍVIDA CONTRAÍDA EM FAVOR DE PESSOA JURÍDICA QUANDO OS ÚNICOS SÓCIOS DA EMPRESA DEVEDORA SÃO PROPRIETÁRIOS DO BEM HIPOTECADO?

Sim, é possível. O bem de família é penhorável quando únicos sócios da empresa devedora são donos do imóvel hipotecado, segundo recente decisão (EAREsp 848498) da Segunda Seção do Superior Tribunal de Justiça, em virtude da presunção do benefício gerado aos integrantes da família.

O entendimento foi firmado em decisão unânime ao negar recurso de um casal – únicos sócios da empresa executada e proprietários de um imóvel hipotecado – que pretendia o reconhecimento da impenhorabilidade do bem dado em garantia, sem ter sido apresentada prova de que os integrantes da família não foram beneficiados.

O colegiado também sedimentou o entendimento de que, nas hipóteses em que o bem de família for dado em garantia real de dívida por um dos sócios da pessoa jurídica, o imóvel se mantém impenhorável, cabendo ao credor o ônus da prova de que o proveito se reverteu à entidade familiar.

O relator, ministro Luis Felipe Salomão, explicou que a impenhorabilidade do bem de família é instituída pela Lei 8.009/90, que dispõe sobre o direito fundamental à moradia. Todavia, segundo o ministro, o artigo 3º da lei trata das exceções à regra geral, estabelecendo ser possível a penhora do imóvel que tiver sido oferecido como garantia real pelo casal ou pela entidade familiar.

Para Salomão, o cuidado com a preservação do bem de família não deve afastar valores como a boa-fé objetiva. Ele citou julgados do STJ que entendem que a oneração do bem familiar, mediante seu oferecimento como garantia hipotecária, faz parte da liberdade do proprietário do imóvel.

De acordo com o relator, o STJ entende que, ainda que a titularidade do imóvel pertença a um dos sócios da pessoa jurídica, em favor da qual tenha sido instituída a hipoteca, a exceção legal não estaria automaticamente configurada, demandando, da mesma forma, prova de que os proprietários do imóvel dado em garantia teriam se favorecido com o montante auferido. Nas palavras dele "em prestígio e atenção à boa-fé (vedação de *venire contra factum proprium*), à autonomia privada e ao regramento legal positivado no tocante à proteção ao bem de família, concluiu-se que, à vista da jurisprudência do STJ – e também em atenção ao disposto na Lei 8.009/90 –, o proveito à família é presumido quando, em razão da atividade exercida por empresa familiar, o imóvel onde reside o casal (únicos sócios daquela) é onerado com garantia real hipotecária para o bem do negócio empresarial".

1.6 BEM DE FAMÍLIA PODE SER PENHORADO POR DÍVIDA DE CONTRATO DE EMPREITADA GLOBAL PARA CONSTRUÇÃO DO IMÓVEL?

No REsp 1.976.743, a Terceira Turma do Superior Tribunal de Justiça definiu que se **admite a penhora do bem de família para saldar o débito originado de contrato de empreitada global celebrado para a construção do próprio imóvel.**

Para o STJ, a proteção especial do bem de família não é absoluta.

O conflito manifestou-se na cobrança de dívida originada de contrato firmado para a construção do imóvel de residência dos devedores. O tribunal de segunda instância autorizou a penhora, entendendo que o caso se enquadra na exceção à impenhorabilidade do bem de família prevista no artigo 3º, II, da Lei 8.009/1990 (dívida relacionada ao financiamento).

Argumentaram os devedores que, sendo exceção à proteção legal da moradia, o dispositivo deveria ser interpretado restritivamente, alcançando apenas o titular do crédito decorrente do financiamento, ou seja, o agente financeiro. Isso excluiria o empreiteiro que fez a obra e ficou de receber diretamente do proprietário.

A ministra relatora Nancy Andrighi rememorou que "o bem de família recebe especial proteção do ordenamento jurídico". Enfatizou que "a impenhorabilidade não é absoluta, de forma que a própria lei estabeleceu diversas exceções a essa proteção – entre elas, a hipótese em que a ação é movida para cobrança de dívida decorrente de financiamento para construção ou compra de imóvel". Apontou ainda que "as hipóteses de exceção, por restringirem a ampla proteção conferida ao imóvel familiar, devem ser interpretadas de forma restritiva, conforme entendimento já firmado pela Terceira e pela Quarta Turma do STJ".

Nas palavras da magistrada "não significa, todavia, que o julgador, no exercício de interpretação do texto, fica restrito à letra da lei. Ao interpretar a norma, incumbe ao intérprete identificar a *mens legis*, isto é, o que o legislador desejaria se estivesse vivenciando a situação analisada."

No evento em questão, a ministra explicitou que "há a peculiaridade de ser a dívida relativa a contrato de empreitada global, segundo o qual o empreiteiro se obriga a construir a obra e a fornecer os materiais".

O STJ já havia se manifestado no sentido de que a exceção do artigo 3º, II, da Lei 8.009/1990 se aplica à dívida oriunda do contrato de compra e venda do imóvel e à contraída para aquisição do terreno onde o devedor edificou, com recursos próprios, a casa que serve de residência da família.

A ministra ainda apontou precedente em que a Quarta Turma, ao enfrentar questão semelhante no REsp 1.221.372, entendeu que a palavra "financiamento", inserida no inciso II do artigo 3º da Lei 8.009/1990, não restringiu a impenhorabilidade às situações de compra ou construção com recursos de agentes financiadores.

E concluiu que "é nítida a preocupação do legislador no sentido de impedir a deturpação do benefício legal, vindo a ser utilizado como artifício para viabilizar aquisição, melhoramento, uso, gozo e/ou disposição do bem de família sem nenhuma contrapartida, à custa de terceiros. Portanto, a dívida relativa a contrato de empreitada global, porque viabiliza a construção do imóvel, está abrangida pela exceção prevista no artigo 3º, II, da Lei nº 8.009/1990."

1.7 IMPENHORABILIDADE PODE SER AFASTADA EM RAZÃO DE IMÓVEL FAMILIAR DADO EM GARANTIA A OUTRO CREDOR?

No REsp 1604422, o Superior Tribunal de Justiça, em razão da interpretação restritiva das exceções à regra que protege a moradia da família, reformou acórdão do Tribunal de Justiça de Minas Gerais que, com base no artigo 3º, inciso V, da Lei 8.009/1990, havia afastado a impenhorabilidade de imóvel dado como garantia hipotecária em favor de outro credor.

Para o STJ, em razão da garantia real ter sido constituída em favor de outro banco credor, a regra da impenhorabilidade não poderia ter sido afastada, sob pena de violação do artigo 1º da mesma lei.

Originou-se o recurso em ação de execução na qual uma instituição bancária pediu a penhora do único imóvel pertencente aos devedores, utilizado como residência da família.

Na primeira instância, o juízo julgou procedentes os embargos à execução e determinou a desconstituição da penhora. Quando da examinação da apelação, contudo, o TJMG entendeu que a impenhorabilidade decorrente da Lei 8.009/1990 não pode ser invocada se o imóvel foi oferecido como garantia em hipoteca, a medida que ao dar o bem em garantia de cédula de crédito bancário, o devedor renunciou à impenhorabilidade, decisão que não encontraria impedimento na legislação.

O relator do processo, ministro Paulo de Tarso Sanseverino elucidou que, "diferentemente do que foi considerado pela corte de origem, não se trata de execução hipotecária, já que o imóvel dos devedores não foi dado em hipoteca em favor do credor para a celebração do negócio cujo inadimplemento deu origem ao processo de execução.

Na verdade, houve a constituição de garantia hipotecária em favor de outra instituição financeira, no âmbito de outro contrato. Dessa forma, não se tratando de execução da hipoteca, não há que se falar na incidência da regra excepcional do artigo 3º, inciso V, da Lei 8.009/1990.

Ao desconstituir a penhora, o relator explicou que "a impenhorabilidade do bem de família decorre dos direitos fundamentais à dignidade da pessoa humana e à moradia, de forma que as exceções que admitem a penhora não comportam interpretação extensiva. Ademais, não se sustenta o fundamento de que os recorrentes abriram mão da impenhorabilidade quando ofereceram o imóvel em garantia a terceiro, pois se trata de benefício irrenunciável".

1.8 IMÓVEL CEDIDO PELO DEVEDOR A SUA FAMÍLIA PODE SER CONSIDERADO IMPENHORÁVEL?

A resposta é afirmativa. A Terceira Turma do Superior Tribunal de Justiça entendeu que, para efeitos da proteção da Lei 8.009/1990, é suficiente que o imóvel sirva de residência para a família do devedor – ainda que ele não more no mesmo local –, apenas podendo ser afastada a regra da impenhorabilidade do bem de família quando verificada alguma das hipóteses do da lei.

O STF reformou acórdão do Tribunal de Justiça de Minas Gerais, que em processo de cumprimento de sentença promovido por cooperativa de crédito, deixou de reconhecer a impenhorabilidade do imóvel por considerar não se tratar de bem de família.

Argumentou a devedora neste recurso especial, que o imóvel objeto da constrição é o único de sua propriedade e foi cedido aos seus sogros, devendo ser reconhecida a sua impenhorabilidade como bem de família. Ela acrescentou que reside de aluguel em outro imóvel.

Marco Aurélio Bellizze, relator dos autos, esclareceu "que a Lei 8.009/1990 foi editada com a finalidade de proteção da família e, sob o espectro do princípio do patrimônio mínimo, proteger a dignidade da pessoa humana. A legislação determina que, para os efeitos da impenhorabilidade, considera-se residência o único imóvel utilizado pelo casal ou pela entidade familiar para moradia permanente, sendo que, na hipótese de o casal ou a entidade familiar possuir mais de um imóvel utilizado como residência, a impenhorabilidade recairá sobre o de menor valor".

O magistrado completou que, "para a jurisprudência do STJ, o fato de o único imóvel não servir para residência da entidade familiar não descaracteriza, por si só, o instituto do bem de família, tanto é que se admite a locação do imóvel para que ele gere frutos e possibilite à família constituir moradia em outro bem alugado, ou, até mesmo, que utilize os valores obtidos com a locação desse bem para complemento da renda familiar. Vê-se que a interpretação dada pelo Superior Tribunal de Justiça sobre a extensão do bem de família legal segue o movimento da despatrimonialização do direito civil, em observância aos princípios constitucionais da dignidade da pessoa humana e da solidariedade social, buscando sempre verificar a finalidade verdadeiramente dada ao imóvel".

Em conclusão, o magistrado relembrou que "o conceito de família foi ampliado e fundamenta-se, principalmente, no afeto, de modo que não apenas o imóvel habitado pela família nuclear é passível de proteção como bem família, mas também aquele em que reside a família extensa, notadamente em virtude do princípio da solidariedade social e familiar, que impõe um cuidado mútuo entre os seus integrantes."

2. JURISPRUDÊNCIA COMPLEMENTAR

SUPERIOR TRIBUNAL DE JUSTIÇA
JURISPRUDÊNCIA EM TESE – BEM DE FAMÍLIA

1. A impenhorabilidade do bem de família prevista no art. 3º, iii, da lei n. 8.009/90 não pode ser oposta ao credor de pensão alimentícia decorrente de vínculo familiar ou de ato ilícito.

2. Os integrantes da entidade familiar residentes no imóvel protegido pela lei n. 8.009/90 possuem legitimidade para se insurgirem contra a penhora do bem de família.

3. A proteção contida na lei n. 8.009/1990 alcança não apenas o imóvel da família, mas também os bens móveis indispensáveis à habitabilidade de uma residência e os usualmente mantidos em um lar comum.

4. É impenhorável o único imóvel residencial do devedor que esteja locado a terceiros, desde que a renda obtida com a locação seja revertida para a subsistência ou a moradia da sua família (súmula 486/stj).

5. A vaga de garagem que possui matrícula própria no registro de imóveis não constitui bem de família para efeito de penhora. (súmula 449/stj)

6. O conceito de impenhorabilidade de bem de família abrange também o imóvel pertencente a pessoas solteiras, separadas e viúvas. (súmula 364/stj).

7. A impenhorabilidade do bem de família é oponível às execuções de sentenças cíveis decorrentes de atos ilícitos, exceto nas hipóteses em houve o prévio reconhecimento do ato na esfera penal.

8. A exceção à impenhorabilidade prevista no artigo 3º, ii, da lei n. 8.009/90 abrange o imóvel objeto do contrato de promessa de compra e venda inadimplido.

9. É possível a penhora do bem de família para assegurar o pagamento de dívidas oriundas de despesas condominiais do próprio bem.

10. O fato do terreno encontrar-se desocupado ou não edificado são circunstâncias que sozinhas não obstam a qualificação do imóvel como bem de família, devendo ser perquirida, caso a caso, a finalidade a este atribuída.

11. Afasta-se a proteção conferida pela lei n. 8.009/90 ao bem de família, quando caracterizado abuso do direito de propriedade, violação da boa-fé objetiva e fraude à execução.

12. A impenhorabilidade do bem de família hipotecado não pode ser oposta nos casos em que a dívida garantida se reverteu em proveito da entidade familiar.

13. A impenhorabilidade do bem de família não impede seu arrolamento fiscal.

14. A preclusão consumativa atinge a alegação de impenhorabilidade do bem de família quando houver decisão anterior acerca do tema.

15. É legítima a penhora de apontado bem de família pertencente a fiador de contrato de locação, ante o que dispõe o art. 3º, inciso vii, da lei n. 8.009/1990 (tese julgada sob o rito do art. 543-c do cpc – tema 708)(súmula 549/stj).

16. É possível a penhora do bem de família de fiador de contrato de locação, mesmo quando pactuado antes da vigência da lei n. 8.245/91, que acrescentou o inciso vii ao art. 3º da lei n. 8.009/90.

17. A impenhorabilidade do bem de família é questão de ordem pública, razão pela qual não admite renúncia pelo titular.

18. A impenhorabilidade do bem de família pode ser alegada em qualquer momento processual até a sua arrematação, ainda que por meio de simples petição nos autos.

19. A lei 8.009/90 aplica-se à penhora realizada antes de sua vigência. (súmula 205/ stj).

SÚMULAS

Súmula 205. A Lei nº 8.009/1990 aplica-se à penhora realizada antes de sua vigência.

Súmula 364. O conceito de impenhorabilidade de bem de família abrange também o imóvel pertencente a pessoas solteiras, separadas ou viúvas.

Súmula 449. A vaga de garagem que possui matrícula própria no registro de imóveis não constitui bem de família para efeito de penhora.

Súmula 486. É impenhorável o único imóvel residencial do devedor que esteja locado a terceiros, desde que a renda obtida com a locação seja revertida para a subsistência ou a moradia da sua família.

JULGADOS

EMENTA: PROCESSUAL CIVIL. AGRAVO REGIMENTAL EM AGRAVO EM RECURSO ESPECIAL. BEM DE FAMÍLIA. IMÓVEIS CONTÍGUOS. MATRÍCULAS DISTINTAS. DESMEMBRAMENTO. SÚMULA 7 DO STJ. AGRAVO REGIMENTAL IMPROVIDO.

I. Nos termos da Súmula 7 do STJ, "a pretensão de simples reexame de prova não enseja recurso especial".

II. In casu, o Tribunal de origem, em face do contexto fático-probatório dos autos, registrou que, conquanto os imóveis contíguos possuíssem matrículas diferentes, no Cartório de Registro de Imóveis, eles constituíam, na realidade, uma única residência, visto que, ante os termos da Lei 8.009/90, deve ser considerado como bem de família aquele necessário à habitabilidade condigna da família.

III. Assim, a averiguação da possibilidade, ou não, de desmembramento do imóvel, para fins de afastamento do seu enquadramento como bem de família, demanda o exame da matéria fática, sobretudo porque registrado, pela Corte a quo, que, com o desmembramento pretendido pela Fazenda Pública, não haveria a habitabilidade condigna da família. Correta, portanto, a aplicação da Súmula 7 do STJ, como óbice ao processamento do Recurso Especial.

IV. Ademais, como esclarecido pela agravante, em suas razões recursais, no imóvel, no qual se pretende afastar a garantia do bem de família, estaria localizada a cozinha da residência familiar, o que, por si só, seria suficiente para inviabilizar a descaracterização do bem de família.

V. Agravo Regimental improvido. (STJ - AgRg no AREsp nº 711.530 - São Paulo - 2ª Turma - Rel. Min. Assusete Magalhães - DJ 16.09.2015)

▶ **EMENTA**: RECURSO ESPECIAL. EXECUÇÃO DE TÍTULO EXTRAJUDICIAL. IMPENHORABILIDADE DO BEM DE FAMÍLIA. PROTEÇÃO AO ÚNICO IMÓVEL DOS DEVEDORES. ABUSO DE DIREITO. AFASTAMENTO DA PROTEÇÃO. NECESSIDADE. RECURSO ESPECIAL PROVIDO. (STJ - REsp nº 1.494.394 - São Paulo - 3ª Turma - Rel. Min. Marco Aurélio Bellizze - DJ 28.08.2015)

⊙ TRIBUNAL REGIONAL DO TRABALHO DA 2ª REGIÃO

▶ **EMENTA**: IMPENHORABILIDADE DO BEM DE FAMÍLIA. Pela desconsideração da personalidade jurídica, além da natureza privilegiada do crédito trabalhista, os sócios respondem pela execução trabalhista, podendo e devendo o Judiciário Trabalhista imputar os seus patrimônios particulares. Pelo exame do agravo de petição, o Agravante pretende tão-somente o afastamento da impenhorabilidade do bem penhorado, sob o fundamento de que não se trata de bem de família. O que comprova a existência do único imóvel, como residência, como regra básica, para fins de incidência da Lei nº 8.009/90 é a juntada de certidões de outros cartórios de registro de imóveis, onde se denota a inexistência de outros imóveis em nome do executado, além da declaração anula de bens de Imposto de Renda. Ainda como regra, de acordo com a inteligência da Lei nº 8.009/90, no caso do casal tiver vários imóveis, como residência, a impenhorabilidade recairá sobre o imóvel de menor valor, salvo se outro já tiver sido registrado como tal (art. 5º, parágrafo único). Ocorre, todavia, que o agravado não trouxe aos autos certidões dos Cartórios de Registros de Imóveis da região, inclusive de cidades vizinhas, de forma a comprovar a inexistência de outros bens em seu nome. Ademais, não apresentou a declaração anula de bens de Imposto de Renda. Sendo assim, não há como referendar o levantamento da penhora sobre o bem objeto da controvérsia, eis que podem haver outros imóveis de titularidade do Agravante, como alega o Agravado, em contraminuta, às fls. 547/548. O fato de constar dos autos contas de energia, IPTU, etc, informando que o Agravante reside no local não é documento hábil a infirmar a existência de um único imóvel de sua propriedade. Diante dessas assertivas, não está configurado o bem de família, tal como previsto na Lei nº 8.009/90. Por tais fundamentos, rejeita-se o apelo. (TRT 2ª Região - Agravo de Petição nº0135900-82.2008.5.02.0069 - São Paulo - 12ª Turma - Rel. Des. Francisco Ferreira Jorge Neto - DJ 06.09.2012)

▶ **EMENTA**: BEM DE FAMÍLIA. IMPENHORABILIDADE. A garantia de impenhorabilidade de imóvel residência do executado estatuída pela Lei nº 8.009/90, em seu artigo 1º, prescinde de qualquer outra formalidade e independe de registro na forma preconizada pelo artigo 1711 do CC. A norma também não exige que o executado comprove possuir apenas um imóvel, mas estabelece que a garantia alcança apenas um imóvel, ainda que possua outros. (TRT 2ª Região - Agravo de Petição nº 0228500-63.1996.5.02.0063 - São Paulo - 14ª Turma - Rel. Des. Davi Furtado Meirelles - DJ 29.04.2013)

▶ **EMENTA**: ÚNICO IMÓVEL UTILIZADO COMO RESIDÊNCIA PELA SÓCIA, QUE MORA SOZINHA. CONCEITO DE FAMÍLIA. BEM DE FAMÍLIA IMPENHORÁVEL. CONSTRIÇÃO INDEFERIDA. A impenhorabilidade do bem de família decorre da garantia constitucional à dignidade humana, que inclui o direito à moradia. Há que se salientar, por fim, que a propriedade tem que atender ao seu fim social, consoante constitucionalmente previsto, ressaltando a impenhorabilidade do bem de família, com vistas ao atendimento à sua função social. Assim, *in casu*, não afasta a garantia legal de impenhorabilidade o fato de a sócia residir no imóvel sozinha, posto que o princípio constitucional, que se encontra abrangido pelo protetivo legal, é o de garantia à moradia digna. Logo, ainda que a lei faça referência à família, a garantia legal não se restringe a seu conceito *stricto sensu*, instituído pelo agrupamento de pessoas unidas pelo matrimônio ou decorrentes da união estável com ou sem ascendentes e descendentes, mas estende seu manto protetor de exclusão de penhorabilidade do único imóvel utilizado como residência por qualquer pessoa, ainda que sozinha, no intuito de garantir o princípio constitucional de moradia digna, sem tolher o direito ao abrigo residencial único. Constrição indeferida. (TRT 2ª Região - Agravo de Petição nº 0156900-45.2009.5.02.0024 - São Paulo - 4ª Turma - Rel. Des. Ricardo Artur Costa e Trigueiros - DJ 13.06.2014)

▶ **EMENTA**: ÚNICO IMÓVEL DO FALECIDO SÓCIO-EXECUTADO DEIXADO PARA A VIÚVA E FILHAS, LOCAL ONDE JÁ RESIDIAM ANTES DE FALECER. BEM DE FAMÍLIA CONFIGURADO. A garantia constitucional visa a moradia digna ao devedor e sua família, quando se trata do único imóvel, utilizado como residência, sendo exatamente esta a hipótese no caso concreto. Resvala no absurdo a pretensão do agravante de enquadrar a transmissão do imóvel, na ação de inventário, para a viúva e filhas do falecido sócio em fraude à execução, sob o argumento de que com ela se casou após a propositura da demanda, eis que certamente inconcebível que o *de cujus* tenha se casado, gerado duas filhas e até mesmo falecido apenas furtar-se ao pagamento da dívida do processo. A fraude pressupõe má-fé e o que ocorreu no caso concreto foi a regular transmissão do único imóvel, que já era utilizado como residência pelo falecido e sua família, para sua viúva e duas filhas menores, através de ação de inventário, o que em hipótese alguma configura fraude à execução, já que a garantia de impenhorabilidade é, exatamente, para garantir ao devedor a moradia, apesar dos débitos existentes. Algumas elucubrações acerca da possibilidade de fraude exorbitam qualquer limite de razoabilidade. Agravo de petição ao qual se nega provimento. (TRT 2ª Região - Agravo de Petição nº 00015096820135020441 - Santos - 4ª Turma - Rel. Des. Marco Bruno Miranda Clementino - DJ 27.06.2014)

⊙ TRIBUNAL DE JUSTIÇA DO ESTADO DE SÃO PAULO

▶ EMENTA: PROCESSUAL CIVIL. CUMPRIMENTO DE SENTENÇA. PENHORA SOBRE DUAS VAGAS DE GARAGEM COM MATRÍCULAS PRÓPRIAS. ALEGAÇÃO DE BEM DE FAMÍLIA. IMPOSSIBILIDADE. APLICAÇÃO DA SÚMULA 449 DO STJ. Vaga de garagem com matrícula própria no registro de imóveis não constitui bem de família e pode ser penhorada. Recurso improvido.

P. C. ajuíza o presente Agravo de Instrumento contra C. A. L. C. e outros, pleiteando a reforma da decisão de primeiro grau que, em sede de cumprimento de sentença, deferiu penhora das vagas de garagem do bem de família.

Sustenta o recorrente que os exequentes não se satisfizeram com a penhora de um imóvel avaliado em R$ 1.500.000,00 e penhoraram duas vagas de garagem, matrículas números 111.491 e 111.492, referentes ao respectivo imóvel. Afirma haver apresentado inúmeros documentos de cobrança de impostos e fornecimento de serviços referentes a tais imóveis. Argumenta que, comprovado que o apartamento é bem de família, as respectivas garagens deveriam seguir a mesma sorte. Acrescenta que já havia penhora de um imóvel, de modo que a constrição das garagens constitui excesso. Assim, pede a reforma da decisão de primeiro grau.

A decisão de fls. 17/19 indeferiu o pedido de atribuição de efeito suspensivo ao recurso.

Contraminuta às fls. 22/27. O agravado argumenta que o tema já foi examinado em outro agravo de instrumento n.º 2238294-40.2022.8.26.0000.

Este é o relatório.

Cuida-se de cumprimento de sentença proferida em ação de despejo por falta de pagamento c.c. cobrança.

Conquanto o tema seja o mesmo, o julgamento do agravo de instrumento interposto em outro processo não gera necessário vínculo no presente caso. Assim, passa-se desde logo ao exame do mérito.

A questão relacionada à possibilidade de penhora de vagas de garagem com matrículas autônomas já foi assentada na Súmula n.º 449 do STJ, com o seguinte teor:

"A vaga de garagem que possui matrícula própria no registro de imóveis não constitui bem de família para efeito de penhora."

Nesse sentido, a jurisprudência desta Colenda Câmara:

EMBARGOS DE TERCEIRO - CUMPRIMENTO DE SENTENÇA – Procedência da ação - Constrição de bem imóvel pertencente à embargante - Penhora - Bem de família - Demonstrado que o bem penhorado é o único de propriedade da apelada em proveito familiar - Imóvel impenhorável - ***Penhora incidente sobre duas vagas de garagem, com matrículas próprias - Orientação da Súmula 449 do STJ*** *- Sentença mantida - Recurso desprovido. (TJSP; Apelação Cível 1001262-42.2017.8.26.0011; Relator (a): Claudio Hamilton; Órgão Julgador: 25ª Câmara de Direito Privado; Foro Regional XI - Pinheiros - 1ª Vara Cível; Data do Julgamento: 08/06/2018; Data de Registro: 08/06/2018)*

Impugnação à execução. Penhora de único imóvel do devedor. Prova dos autos que denotam a sua utilização em proveito familiar. Bem de família reconhecido. Exegese do artigo 1º da Lei 8.009/90. Levantamento da penhora que recaiu sobre o apartamento do agravante. Necessidade. ***Penhora incidente sobre duas vagas de garagem, com matrículas próprias. Possibilidade. Súmula 449 do STJ.*** *Recurso parcialmente provido. (TJSP; Agravo de Instrumento 2005453-88.2013.8.26.0000; Relator (a): Walter Exner; Órgão Julgador: 25ª Câmara de Direito Privado; Foro Regional XI - Pinheiros - 1ª Vara Cível; Data do Julgamento: 06/02/2014; Data de Registro: 07/02/2014)*

Em suma, os argumentos não são acolhidos. Isto posto, pelo meu voto, nego provimento ao agravo.

ALMEIDA SAMPAIO. Relator - - /(TJSP – Agravo de Instrumento nº 2022980-04.2023.8.26.0000 – São Paulo – 25ª Câmara de Direito Privado – Rel. Des. Almeida Sampaio – DJ 11.04.2023)

EMENTA: AGRAVO DE INSTRUMENTO – CUMPRIMENTO DE SENTENÇA – Bem de família – Transferência da nua propriedade do único bem à filha dos devedores. Alegação de renúncia da proteção legal – Descabimento – Imóvel que, conforme certificado nos autos é utilizado para moradia da família. Proteção à família que se sobrepõe aos fins patrimoniais. Precedentes. Agravo a que se nega seguimento, nos termos do artigo 557, *caput*, do Código de Processo Civil. (TJSP – Agravo de Instrumento nº 2042943-42.2016.8.26.0000 – Bragança Paulista – 5ª Câmara de Direito Privado – Rel. Des. Fábio Podestá – DJ 21.03.2016)

CONSELHO SUPERIOR DA MAGISTRATURA

EMENTA: REGISTRO DE IMÓVEIS. Instituição de bem de família voluntário pelos proprietários – Registro da escritura pública depois da alienação fiduciária do bem imóvel dado em garantia de confissão de dívida. Negócio jurídico fiduciário. Registro do título recusado. Dúvida Procedente. Recurso improvido. (Apelação cível nº 0039081-64.2011.8.26.0100). Diante da recusa do Oficial em registrar um Instrumento Particular de Confissão de Dívida com Garantia de Alienação Fiduciária, XXXX suscitou dúvida que veio a ser julgada procedente. Apela a interessada e sustenta que a sentença está alicerçada em premissa equivocada, eis que o R7 à matrícula, foi efetuado mais de dois meses após a alienação fiduciária. Quando firmado o pacto, inexistia a instituição de bem de família sobre o imóvel, o que afasta a incidência do artigo 1717 do Código Civil. Aduz ainda que o contrato de alienação fiduciária de bem imóvel da Lei 9.514, de 20.11.1997, é negócio jurídico equiparado à hipoteca e constitui exceção à impenhorabilidade do bem de família. Por isso, invocável o preceito do inciso V do artigo 3º da Lei 8.009/90, pois, em relação ao contrato avençado, os devedores renunciaram à instituição e impenhorabilidade do bem de família, no momento em que ofertaram o imóvel em garantia. Insistem no provimento do apelo. Manifesta-se o Ministério Público pelo desprovimento do recurso. É uma síntese do necessário. YYY e ZZZ, ao confessarem o débito de R$ 1.200.000,00 e ajustarem o pagamento em 120 parcelas mensais, comprometeram-se, pelo mesmo instrumento particular de 10.10.2006, a transferir como garantia à credora, a propriedade resolúvel do imóvel objeto da matrícula 21.065 do 13º RI da Capital. Antes disso, por escritura pública lavrada em 21.9.2006, registrada em 14.12.2006 sob número 7 da matrícula 21.065, destinaram o mesmo imóvel para instituir bem de família, com base no artigo 1711, *caput*, do Código Civil. Verdade que o bem de família **voluntário** não se confunde com o bem de família **legal**. Preciso, neste ponto, o magistério de Paulo Lôbo: *"o bem de família legal tem por finalidade a proteção da moradia da família, enquanto o bem de família voluntário visa à proteção da base econômica mínima da família"*. Todavia, a distinção desservirá para liberar a empresa interessada de cumprir o disposto no artigo 1717 do Código Civil. É que, à época em que apresentada a alienação fiduciária a registro, preexistia o registro do bem de família. Em sede administrativa, descabido ao oficial e mesmo ao Corregedor isentar a parte de obter desfazimento judicial da instituição. Aplica-se à hipótese o teor do artigo 252 da Lei de Registros Públicos: *"o registro, enquanto não cancelado, produz todos os efeitos legais, ainda que, por outra maneira, se prove que o título está desfeito, anulado, extinto ou rescindido"*. A jurisdição poderá considerar ineficaz ou desconstituir o registro do bem de família. Inservível a tanto esta via administrativa, por sedutores possam parecer os argumentos em contrário. Por estes fundamentos, nega-se provimento ao apelo. (a) JOSÉ RENATO NALINI, Corregedor Geral da Justiça e Relator. DECLARAÇÃO DE VOTO VENCEDOR. 1. Trata-se de dúvida registrária, suscitada pelo 13º Oficial de Registro de Imóveis desta Capital, a recair sobre a devolução de título (escritura particular de alienação fiduciária) tendo por objeto o imóvel da matrícula nº 21065, porque esse imóvel já fora instituído como bem de família, nos termos dos artigos 1711 do Código Civil, de forma que impedida sua alienação sem observância dos requisitos e procedimentos previstos no artigo 1717 do mesmo Código. A dúvida foi julgada procedente pelo MM. Juiz Corregedor Permanente, sobrevindo apelação, fundada no fato da instituição do bem de família ter ocorrido dois meses depois de celebrado o termo de confissão de dívida com alienação fiduciária. É o relatório. 2. Cuida-se de instituição de *bem de família voluntário*, com fundamento no artigo 1711 do Código Civil, de modo que não se aplicam, no caso, as disposições relativas ao bem de família legal que excepcionam a inalienabilidade no caso de ter sido o imóvel oferecido em garantia. O instrumento particular de confissão de dívida com garantia de alienação fiduciária de bem imóvel foi celebrado em 10 de outubro de 2006 (fls. 25), data efetivamente anterior ao do registro da instituição do imóvel como bem de família voluntário, ocorrido em 14 de dezembro de 2006, com fundamento em escritura lavrada em 21 de setembro de 2006 e prenotada em 05 de outubro de 2006 (fls. 160). Essa data, portanto, não é anterior à da lavratura do instrumento – público – de instituição de bem de família e nem mesmo anterior à respectiva prenotação, como visto. Ademais, embora perfeitamente possível a constituição de propriedade fiduciária por instrumento particular com efeitos de escritura pública (artigo 30 da Lei 9532/97), sua eficácia é produzida apenas a partir da respectiva inscrição no fólio imobiliário (artigo 23 da Lei 9532/97), o que, reprise-se, não ocorreu antes de aperfeiçoada a instituição do bem de família voluntário. Aliás, é de se notar que a data inscrita no instrumento particular não corresponde àquela em que efetuados os reconhecimentos das firmas nele apostas (dezembro de 2010 – fls. 25 verso). Verifica-se, desta forma, que o tanto *titulus adquirendi* como o *modo de adquirir* da instituição do bem de família (respectivamente, 21/09/2006 e 14/12/2006) são anteriores ao *titulus adquirendi* e também ao modo de aquisição da propriedade fiduciária (10 de outubro de 2006, apenas apresentado a registro em 27 de junho de 2011). Desta feita, não se pode concluir que a confissão de dívida e a garantia fiduciária sejam anteriores à instituição do imóvel como bem de família voluntário, quer considerando o título, quer considerando o modo de aquisição. Última questão a considerar é aquela concernente à interpretação do artigo 1715 do Código Civil, assim redigido: *"o bem de família é isento de execução por dívidas posteriores à sua instituição, salvo as que provierem de tributos relativos ao prédio, ou de despesas de condomínio"*. Este dispositivo não se aplica à questão do registro, versando apenas sobre a impenhorabilidade do bem, sendo, portanto, inaplicável a este caso, dês que, nesta sede, a questão é apenas registrária, relativa à possibilidade de registro do contrato de alienação fiduciária apesar da anterior instituição do imóvel como bem de família. Realmente, saber se a confissão de dívida, por instrumento particular, possibilita que em eventual processo de execução seja imóvel instituído como bem de família penhorado e alienado, é questão que só pode ser solucionada nesse processo executivo, não tendo relevância neste processo de dúvida. Por fim, atente-se que *"o prédio e os valores mobiliários, constituídos como bem de família, não podem ter destino diverso do previsto no art. 1712 ou serem alienados sem o consentimento dos interessados e seus representantes legais, ouvido o Ministério Público"* (art. 1717 do Código Civil), e é fato que a alienação fiduciária transfere a propriedade do imóvel, consistindo em alienação. Daí, ser indispensável o consentimento dos interessados e seus representantes legais, ouvido o Ministério Público, como condição para o almejado registro. Do exposto, nega-se provimento ao recurso. (a) IVAN RICARDO GARÍSIO SARTORI, 3º JUIZ (D.J.E. de 29.01.2013 – SP)

⊙ CORREGEDORIA-GERAL DA JUSTIÇA DO ESTADO DE SÃO PAULO

EMENTA: Registro de imóveis – Averbação de bem de família legal – Ausência de previsão na Lei de Registros Públicos – Previsão, apenas, de registro de bem de família voluntário, por meio de escritura pública – Recurso desprovido.

⊙ TRIBUNAL DE JUSTIÇA DO DISTRITO FEDERAL

EMENTA: PROCESSO CIVIL. AGRAVO DE INSTRUMENTO. VAGA DE GARAGEM. MATRÍCULA INDEPENDENTE DO IMÓVEL. CONSTRIÇÃO. POSSIBILIDADE. DIREITO DE PREFERÊNCIA DOS CONDÔMINOS. AGRAVO INTERNO. PREJUDICADO. Nos termos do enunciado 449, da súmula do colendo Superior Tribunal de Justiça, a vaga de garagem que possui matrícula própria no registro de imóveis não constitui bem de família para efeito de penhora. O artigo 1.331, § 1º, do Código Civil, excetua da livre disposição dos proprietários os abrigos de veículos, prevendo que não poderão ser alienados a pessoas estranhas ao condomínio, salvo autorização expressa na convenção de condomínio, mas não impede a expropriação ordenada pelo Estado. No caso, a decisão que manteve a penhora reconheceu a preferência para que a arrematação ocorra entre os condôminos, compatibilizando o interesse do credor com as normas condominiais. (TJDFT. **Agravo de Instrumento n. 0724669-12.2020.8.07.0000**, Relator Des. Esdras Neves, julgado em 02/12/2020 e publicado no DJe em 21/01/2021).

3. QUESTÕES DE CONCURSOS

01. (IESES – Titular de Serviços de Notas e Registros – TJ – TO – Remoção/2022) A instituição do bem de família far-se-á por:
a) Ata.
b) Escritura Particular.
c) Escritura Pública.
d) Declaração.

02. (IESES – Cartório – Remoção – TJ – AM/2018) O ato realizado através escritura pública, onde declara o instituidor que determinado prédio se destina a domicílio de sua família e ficará isento de execução por dívida é denominado:
a) Instituição do bem de família.
b) Instituição de cláusula de inalienabilidade.
c) Instituição de condição resolutiva.
d) Instituição de condição suspensiva.

03. (Cespe – Notário-ES/2013) A respeito do bem de família convencional, assinale a opção correta.
a) O bem de família convencional não poderá ser instituído por terceiro por ato inter vivos.
b) Se o patrimônio do casal for um único imóvel, o bem não poderá ser instituído.
c) O referido bem poderá ser instituído por pessoa solteira sem prole.
d) O bem de família convencional, após registrado e não impugnado, alcança dívidas anteriores inadimplidas.
e) A instituição desse bem poderá ser efetuada por escritura particular se o bem já estiver registrado.

04. (Cespe – Cartório-PI/2013) Assinale a opção correta a respeito do bem de família.
a) Por ostentar natureza protetiva da entidade familiar, a legislação atinente ao bem de família é suscetível de interpretação extensiva.
b) O STJ admite a constrição sobre bem de família dado em hipoteca como garantia de dívida contraída por terceiro.
c) O bem de família no qual resida a entidade familiar pode ter sua indisponibilidade decretada em ação de improbidade administrativa.
d) O fato de a entidade familiar não utilizar o único imóvel como residência o descaracteriza automaticamente como bem de família.
e) A impenhorabilidade do bem de família será oponível ainda que o empréstimo que tenha dado origem à penhora tenha sido revertido em proveito da entidade familiar.

05. (IESES – Cartório – TJ – PA/2016) O bem de família convencional:
a) Não é requisito essencial para a instituição a condição de titular de domínio, com título aquisitivo devidamente registrado.
b) Não se exige que o bem esteja a salvo de ônus e gravames.
c) Diante da nova dimensão do conceito de entidade familiar, pode ser instituído pelos cônjuges, pelo separado judicialmente ou de fato, pelo viúvo ou por solteiro.
d) É possível a constituição por condômino, qualquer que seja a modalidade de condomínio.

GAB	1	C	2	A	3	B	4	C	5	C

2) das hipotecas legais, judiciais e convencionais;

1. COMENTÁRIOS

Na lição de Orlando Gomes, "a hipoteca é um direito real de garantia, em que virtude do qual um bem imóvel, que continua em poder do devedor, assegura ao credor, precipuamente, o pagamento de uma dívida" (*Direitos Reais*. 19ª ed. São Paulo: Forense, 2007, p. 350).

Há quem diga que a hipoteca tem **natureza bifronte**, visto que a previsão de seu conteúdo substancial é dada pelo Código Civil, ao passo que seus aspectos procedimentais são encontrados na Lei 6.015/1973.

São três as modalidades de hipoteca, a **convencional**, a **legal** e a **judicial**. Toda hipoteca, seja convencional, legal ou judicial, só se constitui como direito real, oponível *erga omnes*, após a inscrição no Registro de Imóveis do lugar do bem.

A **hipoteca convencional** é aquela que deriva do contrato, sendo bilateral, pois é necessária a aceitação do credor para a sua formação.

Anote-se que a **hipoteca cedular** é um subtipo de hipoteca convencional tratada em lei especial, que tem por escopo a garantia de dívidas incorporadas em títulos de créditos especiais, as chamadas cédulas crédito. O imóvel gravado por hipoteca cedular é **inalienável e impenhorável**. Assim, para que o proprietário do imóvel gravado com hipoteca cedular possa efetuar qualquer ato de disposição, é imprescindível a anuência do credor hipotecário. Assim, já decidiu o STJ e os tribunais locais.

A **hipoteca Judiciária** decorre de sentença e está prevista no art. 495 do Novo Código de Processo Civil. Na lição de Washington de Barros Monteiro "é a que a lei atribui à sentença condenatória e consiste no direito real conferido ao exequente sobre os bens do executado, em garantia da execução do julgado" (*Curso de Direito Civil, Direito das Coisas*, 24ª ed. São Paulo: Saraiva, 1985).

Sobre o tema, invoca-se o Enunciado 149 da II Jornada de Processual Civil:

> **149.** A falta de averbação da pendência de processo ou da existência de hipoteca judiciária ou de constrição judicial sobre bem no registro de imóveis não impede que o exequente comprove a má-fé do terceiro que tenha adquirido a propriedade ou qualquer outro direito real sobre o bem.

A **hipoteca legal**, por sua vez, dá-se com a simples existência do fato previsto na lei, especificamente no art. 1.489 do Código Civil. Vejamos:

> **Art. 1.489.** A lei confere hipoteca:
>
> I – às pessoas de direito público interno (art. 41) sobre os imóveis pertencentes aos encarregados da cobrança, guarda ou administração dos respectivos fundos e rendas;
>
> II – aos filhos, sobre os imóveis do pai ou da mãe que passar a outras núpcias, antes de fazer o inventário do casal anterior;
>
> III – ao ofendido, ou aos seus herdeiros, sobre os imóveis do delinquente, para satisfação do dano causado pelo delito e pagamento das despesas judiciais;
>
> IV – ao co-herdeiro, para garantia do seu quinhão ou torna da partilha, sobre o imóvel adjudicado ao herdeiro reponente;
>
> V – ao credor sobre o imóvel arrematado, para garantia do pagamento do restante do preço da arrematação.

O **objeto** da hipoteca está previsto no art. 1.473 do Diploma Civil, a saber:

> **Art. 1.473.** Podem ser objeto de hipoteca:
>
> I – os imóveis e os acessórios dos imóveis conjuntamente com eles;
>
> II – o domínio direto;
>
> III – o domínio útil;
>
> IV – as estradas de ferro;
>
> V – os recursos naturais a que se refere o art. 1.230, independentemente do solo onde se acham;
>
> VI – os navios;
>
> VII – as aeronaves.
>
> VIII – o direito de uso especial para fins de moradia;
>
> IX – o direito real de uso;
>
> X – a propriedade superficiária;
>
> XI – os direitos oriundos da imissão provisória na posse, quando concedida à União, aos Estados, ao Distrito Federal, aos Municípios ou às suas entidades delegadas e a respectiva cessão e promessa de cessão.

Este último foi incluído pela Lei n. 14.620, de 2023.

> § 1º A hipoteca dos navios e das aeronaves reger-se-á pelo disposto em lei especial.
>
> § 2º Os direitos de garantia instituídos nas hipóteses dos incisos IX e X do *caput* deste artigo ficam limitados à duração da concessão ou direito de superfície, caso tenham sido transferidos por período determinado.

As hipotecas de **quaisquer natureza** deverão ser registradas e especializadas. Devem ser regidas pelos **princípios da especialização** e da **publicidade**. O **princípio da especialidade**, que é de origem doutrinária, foi concedido dos direitos reais de garantia na referência à especialização da hipoteca e significa a individualização dos bens dados em garantia, bem como o montante da dívida, termo de vencimento, taxa de juros, se houver. **A falta de especialização impede que a hipoteca se constitua como direito real, não produzindo efeitos em relação a terceiros.**

Em razão do princípio da publicidade, torna-se necessário o registro da hipoteca no Registro de Imóveis competente, ocasionando a ciência a todos da sua existência. Logo, a inscrição da hipoteca no Registro de Imóveis é obrigatória e tem por finalidade proteger terceiros, adquirente ou não, ressaltando que é nula a cláusula que proíbe ao proprietário alienar imóvel hipotecado (art. 1.485 do Código Civil).

O registro e a especialização das hipotecas legais incumbem a quem está obrigado a prestar a garantia, mas os interessados podem promover a inscrição delas, ou solicitar ao Ministério Público que o faça.

Para a constituição da hipoteca, faz-se necessária a escritura pública. Porém, é possível instituir uma hipoteca por instrumento particular, quando, por exemplo:

a) o valor do imóvel da dívida for inferior a 30 salários mínimos;

b) quando a garantia for constituída no bojo de cédula de crédito e;

c) quando a garantia for constituída dentro do âmbito do Sistema Financeiro de Habitação.

A matéria acerca do registro da hipoteca ficou estabelecida no Código Civil de 2002, nos artigos 1.492 a 1.498, ao lado do disposto na Lei de Registros Públicos. Os arts. 1.482 e 1.483 foram revogados pelo Novo Código de Processo Civil.

As hipotecas serão registradas no cartório do lugar do imóvel, ou no de cada um deles, se o título se referir a mais de um. Na lição de Afrânio de Carvalho, "a hipoteca sobre mais de um imóvel, como todo gravame comum a vários imóveis, seja ele qual for – anticrese, usufruto etc. –, implica tantas inscrições quantos forem os imóveis gravados, cada qual lançada na respectiva folha" (*Registro de Imóveis*. 2. ed. Rio de Janeiro: Forense, 1977. p. 88).

Competem aos **interessados**, e não apenas credor e devedor, exibido o título, requerer o registro da hipoteca.

Seu registro é feito no **Livro nº 2 (Registro Geral)** do Registro de Imóveis do local do imóvel e tem como requisitos indispensáveis:

a) a data do título;
b) o nome e o domicílio do devedor e do credor, bem como suas qualificações completas;
c) a natureza e a forma do título do ônus, sua procedência e caracterização;
d) o valor da dívida;
e) o prazo desta, se houver;
f) os juros pactuados, se houver;
g) demais condições e especificações, se houver.

Nos exatos termos do art. 238 da Lei 6.015/1973, o registro de hipoteca convencional valerá pelo prazo de **30 (trinta) anos**, findo o qual só será mantido o número anterior se reconstituída por novo título e novo registro.

Regra semelhante, encontramos no art. 1.485 do Código Civil. Veja-se:

> **Art. 1.485.** Mediante simples averbação, requerida por ambas as partes, poderá prorrogar-se a hipoteca, até 30 (trinta) anos da data do contrato. Desde que perfaça esse prazo, só poderá subsistir o contrato de hipoteca reconstituindo-se por novo título e novo registro; e, nesse caso, lhe será mantida a precedência, que então lhe competir.

A Lei 10.931/2004 alterou a regra civil, cujo texto original estabelecia prazo de perempção de vinte anos. Em razão disso, Francisco Eduardo Loureiro explica que "da alteração surge questão de direito material, com futuros reflexos no registro. As hipotecas contratadas no período em que a norma cogente limitava seu prazo a 20 anos (entre 2003 e 2004) não foram afetadas pela superveniente extensão do prazo para 30 anos. Não se aplicam as regras de direito intertemporal do art. 2.028 do novo CC, pois o prazo tem natureza decadencial, a integrar o exercício do direito, e não prescricional, que afeta somente a pretensão. Disso decorre a existência de ato jurídico perfeito e consequente direito adquirido ao prazo de perempção vigente no momento em que foi contratada a hipoteca" (Op. cit., p. 1237).

O art. 238 tratou da **perempção da hipoteca**. Explica-se: o prazo de vencimento da hipoteca é livremente estipulado pelas partes (desde que não supere o limite de trinta anos) no momento do ato constitutivo, podendo ser prorrogado. Após 30 anos, ocorre a perempção da hipoteca, ou seja, encerra-se o prazo para a execução da hipoteca. Findo o prazo cogente, a garantia real somente perdura mediante novo contrato de hipoteca e novo registro. Tupinambá Miguel Castro do Nascimento assevera que somente será mantido o *número anterior* (expressão a que o art. 238 faz alusão), "se a reconstituição por novo título e novo registro for tempestiva, ou seja, antes de decorridos os trinta anos da data do contrato hipotecário que antecedeu a reinscrição" (*Hipoteca*. Rio de Janeiro: Aide, 1996, p. 113).

Frise-se que, nos termos da lei civil, o prazo trintenário se **conta da data do contrato e não do registro**, como parece exibir o texto do art. 238. Ocorre que a regra do Código Civil é posterior, sendo que é ela que prevalece.

A hipoteca pode ser prorrogada, desde que não ultrapasse o limite de trinta anos. Para Francisco Eduardo Loureiro, a prorrogação se faz por **simples requerimento escrito das partes**, tal como diz a lei, devidamente averbado no registro imobiliário, sem necessidade de escritura pública ou de novo título de hipoteca, constituindo exceção à regra geral do art. 108 do CC. Deve ser convencionada antes do prazo trintenário fatal, pois após o seu decurso exige-se a constituição de nova garantia" (Código Civil comentado. Barueri: Manole, 2014, p. 1460).

Por outro lado, vale o registro da hipoteca, enquanto a obrigação perdurar; mas a **especialização,** em completando **vinte anos**, deve ser renovada.

Regra relevante é a do art. 1.501 do Código Civil, que prevê que não extinguirá a hipoteca, devidamente registrada, a arrematação ou adjudicação, sem que tenham sido notificados judicialmente os respectivos credores hipotecários, que não forem de qualquer modo partes na execução. Assim, caso exista o registro de várias hipotecas sobre o mesmo imóvel, a arrematação decorrente da venda judicial de uma delas não cancelará automaticamente as demais, devendo a parte notificar o ocorrido aos demais credores, que deverão conceder por escrito a liberação de suas respectivas hipotecas.

A hipoteca, nos dias de hoje, é um instituto pouco utilizado em razão do surgimento da figura da alienação fiduciária. Uma característica da hipoteca que a diferencia da alienação fiduciária é o fato de ser temporária, sujeita à extinção por perempção, com o cancelamento do registro após o prazo decadencial de 30 anos (art. 1.485 do Código Civil).

As **hipóteses de extinção da hipoteca** estão previstas no art. 1.499 do Diploma Civil, a saber:

> **Art. 1.499.** A hipoteca extingue-se:
> I – pela extinção da obrigação principal;

II – pelo perecimento da coisa;

III – pela resolução da propriedade;

IV – pela renúncia do credor;

V – pela remição;

VI – pela arrematação ou adjudicação.

Ressalta-se que deve haver a comunicação da extinção da hipoteca ao Registro de Imóveis, que fará a devida averbação no referido registro. Após a averbação, o ato será publicizado, liberando o bem do respectivo ônus.

1.1 A EXTENSÃO DA HIPOTECA - NOVIDADES TRAZIDAS PELO MARCO LEGAL DAS GARANTIAS

A Lei n. 14.711/2023, conhecida como Marco Legal das Garantias, ou Lei das Garantias, resultante do Projeto de Lei nº 4.188/2021, teve como objetivo, entre outras ações, reduzir os impactos da pandemia da covid-19 por meio de um melhor aproveitamento dos bens patrimoniais. Nesse contexto, aprimorou diversos institutos jurídicos existentes, incluindo a extensão do crédito utilizando a mesma garantia, agora aplicada também à hipoteca.

O capítulo da hipoteca no Código Civil ganhou o art. 1.487-A, que dispõe sobre a possibilidade de **extensão de hipoteca** para garantir novas obrigações em favor do mesmo credor, mediante solicitação do proprietário. Essa **extensão mantém o registro e a publicidade originais da hipoteca**, mas deve respeitar a **prioridade de direitos conflitantes** que tenham sido registrados na matrícula do imóvel.

Anote-se que a extensão da hipoteca **não pode exceder** o prazo e o valor máximo garantido pela especialização da garantia original.

A **extensão da hipoteca** deve ser **objeto de averbação** subsequente na matrícula do imóvel. Esta averbação assegura a preferência creditória em favor da obrigação inicial em relação às novas obrigações garantidas pela extensão da hipoteca e em favor da obrigação mais antiga, levando em conta o tempo da averbação, no caso de múltiplas extensões da hipoteca.

Importante registrar que, no caso de haver **vários credores garantidos pela mesma hipoteca estendida**, apenas o credor titular do crédito mais prioritário pode promover a execução judicial ou extrajudicial da garantia, a menos que haja um acordo diferente entre todos os credores.

A extensão da hipoteca trata da definição clara dos sujeitos e objetos envolvidos nos direitos reais, seguindo o Princípio da Especialidade Objetiva e Subjetiva. A lei permite que garantias reais variadas sejam pactuadas para alcançar patrimônios específicos, necessitando a especialização do direito contratado e das partes envolvidas. A dinâmica contratual permite ajustes e alterações, promovendo uma relação saudável entre os envolvidos, mercado, sociedade e Estado. A extensão de garantias constituídas é um aspecto abordado pela Lei n. 14.711/2023, permitindo que novos financiamentos aproveitem garantias já contratadas.

Essa extensão já existia no ordenamento jurídico, como no artigo 58 do Decreto-lei nº 167/1967 para o penhor cedular, onde novos financiamentos podem usar a garantia original, desde que a extensão seja mencionada e registrada adequadamente. A inclusão de novos bens também pode ocorrer, necessitando registros próprios.

Para hipotecas civis e cedulares, a mesma lógica de extensão se aplica, conforme o artigo 1.487-A do Código Civil, permitindo novos financiamentos ou a ampliação dos existentes, com a devida averbação no registro do imóvel hipotecado. A extensão não prejudica interesses já publicizados por terceiros. A prioridade do crédito é determinada pela anterioridade do registro.

1.2 A HIPOTECA JUDICIÁRIA NO NOVO CÓDIGO DE PROCESSO CIVIL

A hipoteca judicial é aquela que ocorre nos casos em que é originada de decisão judicial. Esta é a opinião de Fredie Didier, Paula Sarno Braga, Rafael Oliveira e outros. Por outro lado, Cristiano Chaves de Farias e Nelson Rosenvald defendem a não concessão da natureza de direito real à hipoteca judicial (Direitos Reais, 6. Ed. Rio de Janeiro: Lumen juris, 2009, p. 630).

Atualmente, o tema é regulado pelo art. 495 do Novo Código de Processo Civil. Este dispositivo alterou o anterior e solucionou algumas discussões doutrinárias e também do art. 167, I, 2, ora em comento. Nesse sentido:

> **Art. 495.** A decisão que condenar o réu ao pagamento de prestação consistente em dinheiro e a que determinar a conversão de prestação de fazer, de não fazer ou de dar coisa em prestação pecuniária valerão como título constitutivo de hipoteca judiciária.
>
> § 1º A decisão produz a hipoteca judiciária:
>
> I – embora a condenação seja genérica;
>
> II – ainda que o credor possa promover o cumprimento provisório da sentença ou esteja pendente arresto sobre bem do devedor;
>
> III – mesmo que impugnada por recurso dotado de efeito suspensivo.
>
> § 2º A hipoteca judiciária poderá ser realizada mediante apresentação de cópia da sentença perante o cartório de registro imobiliário, independentemente de ordem judicial, de declaração expressa do juiz ou de demonstração de urgência.
>
> § 3º No prazo de até 15 (quinze) dias da data de realização da hipoteca, a parte informá-la-á ao juízo da causa, que determinará a intimação da outra parte para que tome ciência do ato.
>
> § 4º A hipoteca judiciária, uma vez constituída, implicará, para o credor hipotecário, o direito de preferência,

quanto ao pagamento, em relação a outros credores, **observada a prioridade no registro.**

§ 5º Sobrevindo a reforma ou a invalidação da decisão que impôs o pagamento de quantia, a parte responderá, independentemente de culpa, pelos danos que a outra parte tiver sofrido em razão da constituição da garantia, devendo o valor da indenização ser liquidado e executado nos próprios autos.

Nas palavras de Ravi Peixoto, a hipoteca judiciária é um efeito anexo produzido pelas decisões condenatórias. Para a sua produção, é irrelevante que haja qualquer menção do magistrado à sua constituição. O CPC/2015, inclusive, foi bastante eloquente no ponto, ao ressaltar que, para o seu registro, basta que a parte se utilize de cópia da referida decisão para o registro no cartório, não havendo, a princípio, nenhuma participação prévia do magistrado. (*Repercussões no Novo CPC. Direito Notarial e Registral*. Salvador: Juspodivm, 2016, p. 126).

Inovou também o CPC ao estabelecer algumas situações que não impedem a produção da hipoteca judiciária. É o que se depreende do inciso I, § 1º do art. 495, que estabelece que ela será produzida, ainda que a condenação seja genérica, leia-se ilíquida e ser possível a execução provisória ou estar o devedor pendente de arresto.

O inciso III inseriu o que a doutrina e a jurisprudência já haviam defendido, permitindo a inscrição da hipoteca judiciária, mesmo que a decisão seja impugnada por recurso com efeito suspensivo.

Outra questão que era polêmica e foi resolvida pelo NCPC foi o da **desnecessidade do contraditório para a expedição do mandado de registro** (§ 3º). Na verdade, explica Ravi Peixoto que houve grande simplificação do procedimento para a realização da hipoteca judiciária, sendo desnecessário qualquer requerimento para que seja expedido mandado de registro pelo magistrado. De acordo com o § 2º a hipoteca judiciária poderá ser realizada mediante apresentação de cópia da sentença perante o cartório de registro imobiliário, independentemente de ordem judicial, de declaração expressa do juiz ou de demonstração de urgência. Ou seja, para que haja a especialização dos bens sujeitos à hipoteca, basta que a parte beneficiada apresente cópia da sentença perante o cartório e indique quais bens devem ser hipotecados. Não haverá necessidade de determinação judicial prévia, de demonstração de urgência e, inclusive, de que haja menção à hipoteca na sentença. Permite o texto normativo uma avaliação prévia e unilateral dos bens hipotecados por parte do seu beneficiário (Op. cit., p. 134).

Por derradeiro, diferentemente do CPC/1973, o novo CPC estabeleceu expressamente a **responsabilidade civil objetiva** por danos decorrentes da hipoteca judiciária, ou seja, independente da demonstração de dolo ou culpa. É o que se extrai do § 5º.

1.3 HIPOTECA REVERSA

A hipoteca reversa é um instrumento financeiro que permite que proprietários de imóveis, geralmente pessoas idosas, transformem o valor de suas propriedades em uma fonte de renda sem precisar vender o imóvel ou sair dele. Esta modalidade de crédito é bastante utilizada em países como os Estados Unidos e Canadá e tem ganhado atenção crescente no Brasil.

Na hipoteca reversa, o proprietário do imóvel contrata um empréstimo utilizando o próprio imóvel como garantia. Diferentemente da hipoteca tradicional, onde o proprietário paga prestações mensais ao banco, na hipoteca reversa é o banco que faz pagamentos mensais ao proprietário. Esses pagamentos podem ser feitos de diversas formas:

1. **Parcelas Mensais:** O proprietário recebe um valor mensal definido.
2. **Pagamento Único:** O proprietário recebe um valor total de uma só vez.
3. **Linha de Crédito:** O proprietário pode sacar valores conforme a necessidade, até um limite estipulado.

Os juros e os valores recebidos pelo proprietário vão se acumulando ao saldo devedor, que só precisa ser quitado ao final do contrato, geralmente com a morte do proprietário ou a venda do imóvel. O herdeiro do imóvel pode optar por pagar a dívida e manter o imóvel ou vender o imóvel para quitar o débito.

Nos ensinamentos de Fernando Mady, a hipoteca reversa ou inversa é um instituto que está sendo discutido no interior do Congresso Nacional, projeto de autoria do Senador Paulo Bauer. Por meio deste, o mutuário forneceria como garantia um imóvel, recebendo em contraprestação recursos pecuniários, seja montante integral e único ou renda mensal, sem perder a propriedade. O negócio jurídico principal seria o empréstimo, voltados a idosos, em geral, com mais de 65 anos, que têm patrimônio constituído, embora sem liquidez. Distingue da tradicional por nesta o proprietário realizar pagamentos regulares visando quitar a dívida contraída, enquanto, na primeira, o pagamento do empréstimo, que aumenta à medida que o proprietário recebe recursos de instituições financeiras, ocorre normalmente como óbito do mutuário, quando a dívida, se não quitada ou sucedida pelos herdeiros, é executada com imóvel sendo levado à hasta pública. Diferentemente da positivada, a invertida a dívida majora com o tempo, enquanto o capital se reduz. A determinação do montante a ser pago ao dominus-hipotecante dependerá da avaliação do imóvel, a expectativa de vida do proprietário e a taxa de juros. É uma realidade em países como Estados Unidos, Canadá, Reino Unido, Austrália, Espanha e Peru. Para autor peruano, em específico, Gilberto Mendoza Del Maestro e Javier Quinteros Flores, pode-se definir hipoteca inversa um crédito outorgado por uma instituição financeira com garantia de hipoteca constituída sobre imóvel do beneficiário, sendo o pagamento exigível após o falecimento deste, ou então, o que se obterá com a venda do imóvel (EL DEBS, Martha. FERRO, Izaías. Registro de Imóveis. Temas Aprofundado. São Paulo: Juspodivm, 2022).

Em maio de 2023, o Projeto de Lei do Senado n. 52/2018 (PLS), que acresceria o **Capítulo II-B à Lei n. 9.514/1997**, de autoria do ex-Senador Paulo Bauer (PSDB/SC), que acrescenta o Capítulo II-B à Lei n. 9.514/1997, alterando o Sistema de Financiamento Imobiliário (SFI) para instituir a hipoteca reversa de coisa imóvel, foi automaticamente arquivado pelo Senado Federal em decorrência do fim da última legislatura, conforme art. 332, § 1º do Regimento Interno do Senado Federal (RISF).

Conforme a Comissão de Constituição, Justiça e Cidadania do Senado Federal, o Relatório Legislativo apresentado à época pelo Senador Veneziano Vital do Rêgo esclarece que, "*apesar de a proposição mencionar a expressão 'hipoteca reversa', ela, na verdade, disciplina a alienação fiduciária em garantia do imóvel como garantia de uma operação de crédito.*" De acordo com o relatório, "*a proposição promove uma transcrição adaptada dos artigos 22 a 32 da Lei nº 9.514, de 1997, que tratam do modo de constituição, de execução e de extinção da alienação fiduciária em garantia de bens imóveis, com o intento de tratar da 'hipoteca reversa' apenas para pessoas com idade superior a 60 anos. Veda também que o valor da dívida exceda ao do imóvel, além de estabelecer a futura morte do mutuário como o marco de vencimento da dívida. Proíbe que o imóvel objeto da garantia seja locado e condiciona a sua alienação ao consentimento do credor.*"

Também foi destacado pelo relator, que o autor do PL, na justificativa apresentada, pondera que "*a situação precária dos aposentados no Brasil melhorará com a disciplina da hipoteca reversa, pois isso permitirá que eles complementem sua renda com uma quantia vitalícia obtida perante um banco sem perderem o direito de continuar morando no imóvel residencial. O imóvel ficará como garantia do empréstimo, mas a cobrança do empréstimo só poderá ocorrer após o falecimento do mutuário.*"

1.4 HIPOTECA GUARDA-CHUVA

A Lei n. 13.476/2017 previu a modalidade de contrato conhecido como "hipoteca guarda-chuva" ou "contrato umbrela" ou "garantia guarda-chuva", celebrado por instrumento público ou particular, com pessoa física ou jurídica, trazendo as disposições para as operações derivadas. Com o registro da garantia-mãe do instrumento de abertura de limite de crédito, será dispensado o registro e ou averbação das operações financeiras derivadas (PINHATE, PAGLIARINI, PAGLIUSI, ROCHA, LISSNER E MEIRA. EL DEBS. Martha. Questões de Provas Orais. São Paulo: Juspodivm, 2022).

Com a maestria que lhe é peculiar, Melhim Chalhub explica que, ao regular a operação bancária de abertura de crédito com limite de valor, conhecida pelas expressões "contrato umbrella" ou "garantia guarda-chuva", a Lei 13.476/2017 instituiu um regime jurídico especial e preencheu uma importante lacuna na legislação, especialmente no que diz respeito à formalização de garantia real na contratação de empréstimos e sua eventual execução em caso de inadimplência.

A nova lei tem aplicação restrita a operações do sistema financeiro, pelas quais o banco abre crédito em favor do creditado, a ser sacado até um certo limite de valor e durante determinado período [...] A nova lei se alinha ao regime jurídico das garantias reais, que admitem a indicação do "valor do crédito, sua estimação, ou valor máximo" nos contratos de penhor, e a contratação de hipoteca "em garantia de dívida futura ou condicionada" (conforme os artigos 1.424 e 1.487 do Código Civil). Além disso, põe fim a controvérsias suscitadas ao ser requerido assentamento de novos desembolsos em operações de abertura de crédito, quando, ocasionalmente, se questionava se seria necessário o cancelamento do registro da garantia fiduciária originalmente constituída no contrato-mãe e a efetivação de novos registros ou averbações para as operações subsequentes.

A Lei 13.476 afasta esse questionamento ao prever que, uma vez registradas as garantias constituídas no "instrumento de abertura de limite de crédito", tal registro produzirá efeitos em relação a todos os futuros contratos de mútuo derivados do instrumento original, de modo que "as garantias constituídas no instrumento de abertura do limite de crédito servirão para assegurar todas as operações financeiras derivadas, independentemente de qualquer novo registro ou averbação adicional" (artigo 6º).

Assim, basta o registro do instrumento original para que as garantias nele constituídas tenham eficácia sobre todas as operações dele derivadas, independentemente de registro ou averbação dos instrumentos de contratação desses futuros mútuos no registro de imóveis. A nova lei ainda prevê o vencimento antecipado de todas as operações derivadas, em caso de inadimplemento da obrigação do devedor em qualquer uma delas (cláusula de "cross default"), ocasião em que a dívida se tornará exigível em sua totalidade.

A Lei 13.476/2017 ainda aperfeiçoa o procedimento de realização das garantias, sobretudo quanto à consolidação e ao leilão de imóveis alienados fiduciariamente, ao tornar inaplicável – apenas às operações de abertura de limite de crédito sujeitas ao seu regime especial –, a regra do "perdão da dívida" prevista nos parágrafos 5º e 6º, do artigo 27 da Lei 9.514/1997, segundo os quais o devedor se exonera do pagamento do saldo remanescente se o valor obtido em leilão for insuficiente para a quitação da dívida[14].

Art. 4º A abertura de limite de crédito, no âmbito desta Lei, será celebrada por instrumento público ou particular, com pessoa física ou pessoa jurídica, e tratará das condições para celebração das operações financeiras derivadas, pelas quais o credor fará os desembolsos do crédito ao tomador, observados o valor máximo previsto no contrato principal e seu prazo de vigência.

Parágrafo único. O instrumento de abertura de limite de crédito referido neste artigo deverá conter os seguintes requisitos essenciais:

I – o valor total do limite de crédito aberto;

II – o prazo de vigência;

III – a forma de celebração das operações financeiras derivadas;

IV – as taxas mínima e máxima de juros que incidirão nas operações financeiras derivadas, cobradas de forma capitalizada ou não, e os demais encargos passíveis de cobrança por ocasião da realização das referidas operações financeiras derivadas;

V- a descrição das garantias, reais e pessoais, com a previsão expressa de que as garantias constituídas abrangerão todas as operações financeiras derivadas nos termos da abertura de limite de crédito, inclusive as dívidas futuras;

VI – a previsão de que o inadimplemento de qualquer uma das operações faculta ao credor, independentemente de aviso ou interpelação judicial, considerar vencida antecipadamente as demais operações derivadas, tornando-se exigível a totalidade da dívida para todos os efeitos legais.

Art. 5º As operações financeiras derivadas serão celebradas mediante a manifestação de vontade do tomador do crédito, pelas formas admitidas na legislação em vigor.

Art. 6º As garantias constituídas no instrumento de abertura do limite de crédito servirão para assegurar todas as operações financeiras derivadas, independentemente de qualquer novo registro e/ou averbação adicional.

Art. 7º O registro das garantias constituídas no instrumento de abertura de limite de crédito deverá ser efetuado na forma prevista na legislação que trata de cada modalidade da garantia, real ou pessoal, e serão inaplicáveis os requisitos legais indicados nos seguintes dispositivos legais:

I – incisos I, II e III do *caput* do art. 18 e incisos I, II e III do *caput* do art. 24 da Lei nº 9.514, de 20 de novembro de 1997 ;

II – incisos I, II e III do art. 1.362 e incisos I, II e III do art. 1.424 da Lei nº 10.406, de 10 de janeiro de 2002 ; e

III – *caput do art. 66-B da Lei nº 4.728, de 14 de julho de 1965*.

Art. 8º A exoneração das garantias constituídas em instrumento de abertura de limite de crédito ocorrerá mediante sua rescisão ou após seu vencimento e desde que as operações financeiras derivadas tenham sido devidamente quitadas.

Art. 9º Se, após a excussão das garantias constituídas no instrumento de abertura de limite de crédito, o produto resultante não bastar para a quitação da dívida decorrente das operações financeiras derivadas, acrescida das despesas de cobrança, judicial e extrajudicial, o tomador e os prestadores de garantia pessoal continuarão obrigados pelo saldo devedor remanescente, exceto se houver disposição em sentido contrário na legislação especial aplicável. .

2. JURISPRUDÊNCIA COMPLEMENTAR

SUPERIOR TRIBUNAL DE JUSTIÇA

Súmula 308. A hipoteca firmada entre a construtora e o agente financeiro, anterior ou posterior à celebração da promessa de compra e venda, não tem eficácia perante os adquirentes do imóvel.

EMENTA: DIREITO CIVIL. EXTINÇÃO DA GARANTIA HIPOTECÁRIA E PRESCRIÇÃO DA OBRIGAÇÃO PRINCIPAL. A prescrição da pretensão de cobrança da dívida extingue o direito real de hipoteca estipulado para garanti-la. O credor de uma obrigação tem o direito ao crédito desde o momento da pactuação do negócio jurídico, ainda que não implementado o prazo de vencimento. Após o vencimento da dívida, nasce para o credor a pretensão de recebimento dela. Recusado o cumprimento da obrigação, inflama-se a pretensão, nascendo a ação de direito material. Esse desdobramento da obrigação tem interesse prático exatamente no caso da prescrição, pois, após o vencimento da dívida sem a sua exigência coativa, o transcurso do lapso temporal previsto em lei encobre a pretensão e a ação de direito material, mas não extingue o direito do credor. A par disso, é possível visualizar que, efetivamente, o reconhecimento da prescrição não extingue o direito do credor, mas, apenas, encobre a pretensão ou a ação correspondente. De outro lado, registre-se que o art. 1.499 do CC elenca as causas de extinção da hipoteca, sendo a primeira delas a "extinção da obrigação principal". Nessa ordem de ideias, não há dúvida de que a declaração de prescrição de dívida garantida por hipoteca inclui-se no conceito de "extinção da obrigação principal". Isso porque o rol de causas de extinção da hipoteca, elencadas pelo art. 1.499, não é *numerus clausus*. Ademais, a hipoteca, no sistema brasileiro, é uma garantia acessória em relação a uma obrigação principal, seguindo, naturalmente, as vicissitudes sofridas por esta. Além do mais, segundo entendimento doutrinário, o prazo prescricional "diz respeito à pretensão de receber o valor da dívida a que se vincula a garantia real. [...] extinta a pretensão à cobrança judicial do referido crédito, extinta também estará a pretensão de excutir a hipoteca dada a sua natureza acessória" (REsp 1.408.861-RJ, Rel. Min. Paulo de Tarso Sanseverino, julgado em 20/10/2015, DJe 6/11/2015).

EMENTA: CIVIL. PROCESSUAL CIVIL. AÇÃO DE NULIDADE DE GARANTIA HIPOTECÁRIA. NECESSIDADE DE AUTORIZAÇÃO CONJUGAL. CASAMENTO REALIZADO SOB O REGIME DA SEPARAÇÃO ABSOLUTA E CONVENCIONAL DE BENS NA VIGÊNCIA DO CC/1916. IMOVEL DADO EM GARANTIA HIPOTECÁRIA NA VIGÊNCIA DO CC/2002. REGRA DE TRANSIÇÃO DO ART. 2.039 DO CC/2002. ÂMBITO DE INCIDÊNCIA LIMITADO AOS ASPECTOS PATRIMONIAIS DAS RELAÇÕES FAMILIARES, COMO A PARTILHA DE BENS E A ALTERAÇÃO POSTERIOR DO REGIME DE BENS. DEFINIÇÃO DA LEGISLAÇÃO APLICÁVEL QUANTO À AUTORIZAÇÃO CONJUGAL FORA DO ESCOPO DA REGRA. AUTORIZAÇÃO CONJUGAL QUE É CONDIÇÃO DE EFICÁCIA DO NEGÓCIO JURÍDICO HIPOTECÁRIO. CASAMENTO CELEBRADO NA VIGÊNCIA DO CC/1916 E GARANTIA HIPOTECÁRIA DADA NA VIGÊNCIA DO MESMO CÓDIGO. APLICAÇÃO DA REGRA DO ART. 235, I, DO CC/1916, EXIGINDO-SE A AUTORIZAÇÃO CONJUGAL INDEPENDENTEMENTE DO REGIME DE BENS. CASAMENTO CELEBRADO NA VIGÊNCIA DO CC/1916, MAS GARANTIA HIPOTECÁRIA DADA NA VIGÊNCIA DO CC/2002. APLICAÇÃO DA REGRA DO ART. 1.647, I, DO CC/2002, QUE DISPENSA A AUTORIZAÇÃO CONJUGAL QUANDO O REGIME DE BENS DO CASAMENTO FOR O DE SEPARAÇÃO ABSOLUTA, AINDA QUE SE TRATE DE MATRIMÔNIO

14. https://www.irib.org.br/noticias/detalhes/lei-13-476-2017-preencheu-importante-lacuna-ao-regular-garantia-guarda-chuva.

OCORRIDO NA VIGÊNCIA DA LEGISLAÇÃO REVOGADA. DISSÍDIO JURISPRUDENCIAL PREJUDICADO.

1– Ação ajuizada em 31/08/2011. Recurso especial interposto em 27/09/2018 e atribuído à Relatora em 22/02/2019.

2– O propósito recursal consiste em definir se a hipoteca firmada na vigência do CC/2002, exclusivamente por cônjuge casado sob o regime da separação total de bens na vigência do CC/1916, é nula pela ausência da respectiva obtenção da autorização conjugal.

3– Conceitualmente, o art. 2.039 do CC/2002, ao estabelecer uma regra de transição quanto ao regime de bens, teve por finalidade específica disciplinar as relações familiares entre os cônjuges na perspectiva patrimonial, ditando o modo pelo qual se dará, por exemplo, a partilha de seus bens por ocasião da dissolução do vínculo conjugal, bem como a possibilidade de alteração motivada e judicial do regime de bens posteriormente consagrada pela jurisprudência desta Corte.

4– Dessa forma, a referida regra de direito transitório não deve influenciar, na perspectiva da definição da legislação aplicável, as hipóteses em que deveria ser dada a autorização conjugal, pois esse instituto, a despeito de se relacionar com o regime de bens, é, na realidade, uma condição de eficácia do negócio jurídico cuja validade se examina.

5– Assim, em se tratando de casamento celebrado na vigência do CC/1916 sob o regime da separação convencional de bens, somente aos negócios jurídicos celebrados na vigência da legislação revogada é que se poderá aplicar a regra do art. 235, I, do CC/1916, que previa a necessidade de autorização conjugal como condição de eficácia da hipoteca, independentemente do regime de bens.

6– Contudo, aos negócios jurídicos celebrados após a entrada em vigor do CC/2002, deverá ser aplicada a regra do art. 1.647, I, do CC/2002, que prevê a dispensa de autorização conjugal como condição de eficácia da hipoteca quando o regime de bens for o da separação absoluta, ainda que se trate de casamento celebrado na vigência da legislação civil revogada.

7– O provimento do recurso especial por um dos fundamentos torna despiciendo o exame dos demais suscitados pela parte (na hipótese, divergência jurisprudencial). Precedentes.

8– Recurso especial conhecido e provido, a fim de julgar improcedente o pedido de nulidade de garantia hipotecária, invertendo-se a sucumbência (STJ – REsp nº 1.797.027 – Paraíba – 3ª Turma – Rel. Min. Nancy Andrighi – DJ 18.09.2020)

▶ **EMENTA**: RECURSO ESPECIAL. CIVIL E PROCESSUAL CIVIL. AÇÃO ANULATÓRIA. NEGATIVA DE PRESTAÇÃO JURISDICIONAL. NÃO OCORRÊNCIA. IMÓVEL HIPOTECADO. GRAVAME FIRMADO ENTRE A CONSTRUTORA E O AGENTE FINANCEIRO. INEFICÁCIA EM RELAÇÃO AO ADQUIRENTE. SÚMULA 308/STJ. 1. Inocorrência de maltrato ao art. 535 do CPC quando o acórdão recorrido, ainda que de forma sucinta, aprecia com clareza as questões essenciais ao julgamento da lide, não estando magistrado obrigado a rebater, um a um, os argumentos deduzidos pelas partes. 2. "A hipoteca firmada entre a construtora e o agente financeiro, anterior ou posterior à celebração da promessa de compra e venda, não tem eficácia perante os adquirentes do imóvel" (Súmula 308/STJ). 3. RECURSO ESPECIAL A QUE SE NEGA SEGUIMENTO. (STJ – REsp nº 540.342 – DF – 3ª Turma – Rel. Min. Paulo de Tarso Sanseverino – DJ 06.12.2012).

▶ **EMENTA**: CIVIL. DIREITO REAL DE GARANTIA. HIPOTECA. VALIDADE. AVERBAÇÃO NO CARTÓRIO DE REGISTRO DE IMÓVEIS. NÃO OCORRÊNCIA. BEM DE FAMÍLIA. EXCEÇÃO À IMPENHORABILIDADE. HIPÓTESE NÃO CONFIGURADA. ACÓRDÃO RECORRIDO EM CONSONÂNCIA COM A JURISPRUDÊNCIA DO STJ. SÚMULA nº 83/STJ. 1. É impenhorável o bem de família de propriedade de sócio dado em garantia de contrato celebrado por pessoa jurídica se o imóvel foi oferecido como garantia real em benefício da entidade familiar, sendo inaplicável a exceção consignada no art. 3º, V, da Lei nº 8.009/90. 2. Hipótese em que o acolhimento da irresignação especial, no sentido de que o bem foi dado em garantia de dívida de terceiro, demandaria a incursão no acervo fático-probatório dos autos para concluir pela não incidência da exceção prevista no inciso V do art. 3º da Lei nº 8.009/90, o que é inviável em sede de recurso especial, ante o óbice da Súmula nº 7 do STJ. 3. Recurso especial não conhecido. (STJ – REsp nº 1.449.423 – São Paulo – 3ª Turma – Rel. Min. João Otávio de Noronha – DJ 06.08.2014)

⊙ TRIBUNAL REGIONAL DO TRABALHO DA 2ª REGIÃO

▶ **EMENTA**: Hipoteca judiciária. Inexistência de irregularidade. A hipoteca judiciária é providência que encontra supedâneo no artigo 466 do CPC, *in verbis*: Art. 466. A sentença que condenar o réu no pagamento de uma prestação, consistente em dinheiro ou em coisa, valerá como título constitutivo de hipoteca judiciária, cuja inscrição será ordenada pelo juiz na forma prescrita na Lei de Registros Públicos. Parágrafo único. A sentença condenatória produz a hipoteca judiciária: I – embora a condenação seja genérica; II – pendente arresto de bens do devedor; III – ainda quando o credor possa promover a execução provisória da sentença. Não existe qualquer irregularidade ou afronta a princípios constitucionais na providência adotada, a qual zela pela celeridade e efetividade da prestação jurisdicional. Note-se que não há que se falar em expropriação de bens na fase de conhecimento, mas apenas em garantia da futura execução do crédito obreiro, de natureza eminentemente alimentar. (TRT 2ª Região – Recurso Ordinário nº 0000840-51.2013.5.02.0041 – São Paulo – 4ª Turma – Rel. Des. Sérgio Winnik – DJ 27.06.2014)

⊙ TRIBUNAL DE JUSTIÇA DO ESTADO DE SÃO PAULO

▶ **EMENTA**: PROTESTO. Pretensão à sua averbação, no Registro Imobiliário, para dar conta da existência de hipoteca ainda não registrada Formulação do pedido pelos próprios proprietários Descabimento, forma indireta de registro do gravame, à vista dos óbices existentes para o registro próprio, mencionados pelo Oficial da Circunscrição Imobiliária Extinção bem decretada, apelo improvido. (TJSP – Apelação Cível nº 0005435-24.2011.8.26.0404 – Orlândia – 8ª Câmara de Direito Privado – Rel. Des. Luiz Ambra – DJ 29.01.2013)

⊙ TRIBUNAL DE JUSTIÇA DO ESTADO DE MINAS GERAIS

▶ **EMENTA**: APELAÇÃO CÍVEL – PROCEDIMENTO DE SUSCITAÇÃO DE DÚVIDA – LIBERAÇÃO DE HIPOTECA – CONCORDÂNCIA EXPRESSA DO CREDOR NÃO CONSTATADA – MANUTENÇÃO DA GARANTIA QUE SE IMPÕE – LEGALIDADE DA EXIGÊNCIA – DECISÃO ADMINISTRATIVA QUE NÃO IMPEDE A REDISCUSSÃO JUDICIAL DA CONTROVÉRSIA – ARTIGO 204 DA LEI 6.015/73 – RECURSO DESPROVIDO. A ausência de expressa aquiescência da credora com o pedido de cancelamento de hipoteca formulado pela apelante torna legítimo o indeferimento da pretensão de extinção da garantia real, pelo Oficial Registrador, assegurado ao interessado a reapreciação judicial da controvérsia nos termos do artigo 204, da Lei nº 6.015/73. (TJMG – Apelação Cível nº 1.0074.12.000758-3/001 – Bom Despacho – 4ª Câmara Cível – Rel. Des. Edilson Fernandes – DJ 01.04.2014)

⊙ TRIBUNAL DE JUSTIÇA DO ESTADO DO RIO GRANDE DO SUL

▶ **EMENTA:** APELAÇÃO CÍVEL. REGISTRO DE IMÓVEIS. SUSCITAÇÃO DE DÚVIDA. PENHORA SOBRE IMÓVEL GRAVADO COM HIPOTECA DECORRENTE DE CÉDULA DE CRÉDITO RURAL VENCIDA. POSSIBILIDADE. MITIGAÇÃO DO ARTIGO 69 DO DECRETO-LEI 167/67. PRECEDENTES DO STJ (PROCESSO Nº 70049720824). Em que pese o artigo 69 do Decreto-Lei 167/67 prever a impenhorabilidade do bem objeto de hipoteca constituída por cédula de crédito rural, o Superior Tribunal de Justiça firmou entendimento que "O bem objeto de gravame em cédula de crédito rural – hipoteca – só é impenhorável até o vencimento da dívida, podendo posteriormente ser constrito por outros débitos, mantido o direito de prelação do credor hipotecário". À UNANIMIDADE, DERAM PROVIMENTO AO APELO. Determina o artigo 69 do Decreto-Lei nº 167/67, que os bens objeto de hipoteca constituída por cédula de crédito rural são impenhoráveis: *Art. 69.* ***Os bens objeto*** *de penhor ou* ***de hipoteca constituídos pela cédula de crédito rural não serão penhorados****, arrestados ou sequestrados por outras dívidas do emitente ou do terceiro empenhador ou hipotecante, cumprindo ao emitente ou ao terceiro empenhador ou hipotecante denunciar a existência da cédula* *às autoridades incumbidas da diligência ou a quem a determinou, sob pena de responderem pelos prejuízos resultantes de sua omissão.* Entretanto, a jurisprudência do Superior Tribunal de Justiça firmou entendimento no sentido de permitir a penhorabilidade dos bens vinculados às cédulas de crédito rural: a) nos casos de créditos de natureza alimentar; b) nos casos de créditos de natureza trabalhista; c) nos casos de créditos sujeitos à cobrança via execução fiscal; d) nos casos de créditos do mesmo credor; **e) depois de vencido o financiamento, resguardado o direito de prelação do credor rural hipotecário**; e f) nos casos de anuência do credor hipotecário. Nesse viés, na hipótese que interessa ao caso dos autos, a impenhorabilidade de bem hipotecado por cédula de crédito rural prevalece apenas durante a vigência do contrato de financiamento. Conforme jurisprudência do Superior Tribunal de Justiça: *PROCESSO CIVIL. PENHORA DE IMÓVEL GRAVADO EM CÉDULA DE CRÉDITO RURAL VENCIDA. ADMISSIBILIDADE.* ***O bem objeto de gravame em cédula de crédito rural só é impenhorável até o vencimento da dívida, podendo posteriormente ser constrito por outros débitos, mantido o direito de prelação do credor hipotecário.*** *Recurso conhecido e provido. (REsp 539.977/PR, 4ª Turma, Rel. Min. Cesar Asfor Rocha, DJ de 28.10.2003, p. 294)PROCESSUAL CIVIL. IMÓVEL GRAVADO COM HIPOTECA. CÉDULA DE CRÉDITO RURAL. ART. 69, DO DECRETO-LEI nº 167/67. IMPENHORABILIDADE RELATIVA.1. O art. 69, do Decreto-lei nº 167/67, preceitua que. "Os bens objeto de penhor ou de hipoteca constituídos pela cédula de crédito rural não serão penhorados, arrestados ou sequestrados por outras dívidas do emitente ou do terceiro empenhador ou hipotecante, cumprindo ao emitente ou ao terceiro empenhador ou hipotecante denunciar a existência da cédula às autoridades incumbidas da diligência ou a quem a determinou, sob pena de responderem pelos prejuízos resultantes de sua omissão. "2.* ***A impenhorabilidade dos bens entregues em garantia hipotecária tanto em cédula de crédito rural como em cédula de crédito industrial é relativa, sendo admitida nos seguintes casos:*** *a) em sede de execução fiscal, haja vista a preferência dos créditos tributários (RESP 471899 / SP; Rel. Ministro FRANCIULLI NETTO, DJ de 06.09.2004; RESP 563033 / SP; deste relator, DJ de 22.03.2004; REsp 318.883/SP, Rel. Ministra Eliana Calmon, DJ de 31/03/02; RESP 268.641/SP, Rel. Min. Francisco Peçanha Martins, DJ de 11/11/2002; RESP 309853 / SP; Rel. Ministro JOSÉ DELGADO, DJ de 27.08.2001); b)* ***após o período de vigência do contrato de financiamento*** *(RESP 131699 / MG; Rel. Ministro BARROS MONTEIRO, DJ de 24.11.2003; RESP 539977/ PR; Rel. Ministro CESAR ASFOR ROCHA, DJ de 28.10.2003; RESP 451199 / SP; Rel. Ministro RUY ROSADO DE AGUIAR, DJ de 26.05.2003); e c) quando houver a anuência do credor.(RESP 532946 / PR; Rel. Ministro CESAR ASFOR ROCHA, DJ de 13.10.2003).3. In casu, a regra da impenhorabilidade prevista no art. 69, do Decreto nº 167/67 foi relativizada tendo em vista que o valor do bem excede a dívida garantida pela hipoteca.****4. A ratio essendi do art. 69, do Decreto-lei nº 167/67 é a de proteger o satisfação do crédito e o direito de preferência do credor, (RE nº 140437/SP, Rel. Ministro Ilmar Galvão, DJ de 03.02.1995),5. A exegese do referido preceito explicita a preferência do detentor da garantia real sobre os demais credores na arrematação do bem vinculado à hipoteca.*** *6. Concluindo as instâncias ordinárias, que possuem irrestrito acesso às provas dos autos, concluíram que a penhora não comprometerá a possível execução da garantia hipotecária, revela-se insindicável a esta Corte Superior, por força da incidência da Súmula nº 07/STJ, rever tal posicionamento. 7. Recurso especial improvido. "(REsp nº 633.463 - BA, 1ª Turma, rel. Min. LUIZ FUX, j. em 22.03.2005, DJ 25.04.2005 p. 235). EXECUÇÃO. Penhora.* ***Bem hipotecado em garantia de crédito rural. Impenhorabilidade. A impenhorabilidade prevista no DL 167/67, para os bens dados em garantia de crédito rural, tem vigência até o vencimento da dívida.*** *Precedentes. Recurso não conhecido. (REsp 442550/SP RECURSO ESPECIAL 2002/0071223-5 Ministro RUY ROSADO DE AGUIAR, T4 – QUARTA TURMA). Processual Civil. Recurso Especial. Embargos de terceiro à execução.* ***Cédula de crédito rural. Vencimento. Terceiro. Penhora de bem hipotecado. Legalidade. – O escopo da regra que prevê a impenhorabilidade de bem oferecido em garantia de empréstimo rural é o de resguardar a garantia ofertada ao credor durante a execução do contrato. – Após o vencimento da cédula de crédito, faculta-se a outro credor obter a penhora do bem, pelo que não será ferido o direito de prelação do credor rural hipotecário, o qual receberá prioritariamente o seu crédito, outorgando-se ao credor quirografário o saldo porventura existente.*** *– Recurso especial a que não se conhece. (Resp 303689/SP RECURSO ESPECIAL 2001/0016171-5 Ministra NANCY ANDRIGHI T3 – TERCEIRA TURMA). CÉDULA RURAL. Hipoteca.* ***Execução de terceiro. Penhora dos bens hipotecados. Imunidade. Os bens hipotecados em garantia de cédula rural estão imunes à penhora por outras dívidas do devedor. Inocorrência, no caso dos autos, das circunstâncias que poderiam ser consideradas para o abrandamento do privilégio (vencimento da dívida hipotecária;*** *anuência do credor). Precedentes. Recurso conhecido e provido" (REsp 401496 /GO, rel. Min. Ruy Rosado de Aguiar).* No caso dos autos, as hipotecas existentes na matrícula 27.664, em nome do Banco do Brasil e Banco Bradesco, encontram-se há tempo vencidas (fls. 34-39), razão pela qual deve ser permitida a penhora do bem, nos termos da jurisprudência transcrita alhures, ressalvada o direito de prelação do credor hipotecário. Dessa forma, outra solução não pode dada ao recurso, senão o seu provimento.

3. QUESTÕES DE CONCURSOS

01. (IESES – Cartório – Provimento – TJ – AM/2018) A respeito do tema "atribuições" no Registro de Imóveis, é correto afirmar:

a) No Registro de Imóveis, além da matrícula, serão feitas várias averbações, como a averbação da legitimação fundiária.
b) No Registro de Imóveis, além da matrícula, serão feitos vários registros, como o registro das hipotecas legais, judiciais e convencionais.
c) No Registro de Imóveis, além da matrícula, serão feitos vários registros, como o registro das servidões ambientais.
d) No Registro de Imóveis, além da matrícula, serão feitas várias averbações, como a averbação das servidões em geral.

02. (IESES – Cartório – Provimento – TJ – CE/2018) Sobre a hipoteca judiciária assinale a alternativa correta:

a) A decisão que condenar o réu ao pagamento de prestação consistente em dinheiro deve ser específica para valer como título constitutivo de hipoteca judiciária.
b) No prazo de até 15 (quinze) dias da data de realização da hipoteca, o Registrador informá-la-á ao juízo da causa, que determinará a intimação da outra parte para que tome ciência do ato.
c) O registro da hipoteca judiciária é possível mesmo havendo impugnação da sentença por recurso dotado de efeito suspensivo.
d) A hipoteca judiciária não implicará, para o credor hipotecário, em direito de preferência ao pagamento, em relação aos outros credores.

03. (Vunesp – Cartório – Provimento – TJ – SP/2018) O registro da hipoteca judiciária na matrícula do imóvel poderá ser feito

a) por meio de carta de sentença extraída de processo, contendo condenação do réu a pagar quantia certa e com a comprovação do seu trânsito em julgado.
b) somente por meio de mandado judicial, em procedimento de cumprimento de sentença condenatória de pagamento de quantia certa transitada em julgado.
c) mediante apresentação da cópia da sentença que condenar o réu a pagar quantia em dinheiro, mesmo que genérica, ou ainda de conversão em pecúnia, de prestação de fazer, de não fazer ou de dar coisa, independentemente de mandado judicial, de comprovação de trânsito em julgado ou de outra declaração expressa do juiz.

d) somente por meio de mandado judicial, em decorrência da concessão de tutela de urgência.

04. (CETRO – Notário-RJ/2012) Sobre hipoteca, analise as assertivas abaixo.

I. Pode ser objeto de hipoteca o domínio direto, mas não o domínio útil.

II. O dono do imóvel hipotecado pode constituir outra hipoteca sobre ele, mediante novo título, desde que em favor de outro credor.

III. O adquirente do imóvel hipotecado, desde que não se tenha obrigado pessoalmente a pagar as dívidas aos credores hipotecários, poderá exonerar-se da hipoteca, abandonando-lhes o imóvel.

É correto o que se afirma em

a) I, apenas.

b) II, apenas.

c) III, apenas.

d) I e III, apenas.

e) II e III, apenas.

05. (IESES – Cartório – TJ – RS/2013) Em relação ao direito das coisas:

I. É nula a cláusula que autoriza o proprietário fiduciário a ficar com a coisa alienada em garantia, se a dívida não for paga no vencimento.

II. É nula a cláusula que autoriza o credor pignoratício ou hipotecário a ficar com o objeto da garantia, se a dívida não for paga no vencimento; mas após o vencimento, poderá o devedor dar a coisa em pagamento da dívida.

III. Constitui-se o penhor industrial, ou o mercantil, mediante instrumento público ou particular, registrado no Cartório de Registro de Imóveis da circunscrição onde estiverem situadas as coisas empenhadas.

IV. É nula a cláusula que proíbe ao proprietário alienar imóvel hipotecado, mas é possível convencionar-se que vencerá o crédito hipotecário, se o imóvel for alienado.

V. A hipoteca firmada entre a construtora e o agente financeiro, anterior ou posterior à celebração da promessa de compra e venda, tem plena eficácia perante os adquirentes do imóvel.

São INCORRETAS as afirmativas:

a) III e IV, apenas.

b) V, apenas.

c) IV e V, somente.

d) I e II, somente.

GAB	1	B	2	C	3	C	4	C	5	B

3) dos contratos de locação de prédios, nos quais tenha sido consignada cláusula de vigência no caso de alienação da coisa locada;

1. COMENTÁRIOS

A locação de bens **imóveis urbanos residenciais** é regulamentada pela **Lei n. 8.245/1991.** Por sua vez, a locação dos **bens móveis** é regulada pelo **Código de Defesa do Consumidor** e **pelo Código Civil.**

Via de regra, são passíveis de contrato de locação todos os bens imóveis ou móveis, permanecendo apenas no campo dos direitos obrigacionais. Todavia, se o contrato de locação contiver **cláusula de vigência** na hipótese de alienação o contrato deverá ser obrigatoriamente, objeto de **registro.** Nesse sentido, dispõe o art. 8º da Lei de Locações:

> **Art. 8º** Se o imóvel for alienado durante a locação, o adquirente poderá denunciar o contrato, com o prazo de noventa dias para a desocupação, salvo se a locação for por tempo determinado e o contrato contiver cláusula de vigência em caso de alienação e estiver averbado junto à matrícula do imóvel.
>
> § 1º Idêntico direito terá o promissário comprador e o promissário cessionário, em caráter irrevogável, com imissão na posse do imóvel e título registrado junto à matrícula do mesmo.
>
> § 2º A denúncia deverá ser exercitada no prazo de noventa dias contados do registro da venda ou do compromisso, presumindo-se, após esse prazo, a concordância na manutenção da locação.

O contrato de locação com **cláusula de vigência** é registrado no **Livro 2 – Registro Geral** (art. 173, II, da Lei 6.015/1973). O registro da cláusula de vigência garante ao locatário o respeito ao prazo de locação pactuado no caso de alienação do imóvel, porém é necessário que o contrato contenha cláusula expressa de vigência, sem a qual este não tem ingresso no registro. É o que se extrai do art. 576 do Código Civil:

> **Art. 576.** Se a coisa for alienada durante a locação, o adquirente não ficará obrigado a respeitar o contrato, se nele não for consignada a cláusula da sua vigência no caso de alienação, e não constar de registro.
>
> § 1º O registro a que se refere este artigo será o de Títulos e Documentos do domicílio do locador, quando a coisa for móvel; e será o Registro de Imóveis da respectiva circunscrição, quando imóvel.
>
> § 2º Em se tratando de imóvel, e ainda no caso em que o locador não esteja obrigado a respeitar o contrato, não poderá ele despedir o locatário, senão observado o prazo de noventa dias após a notificação.

No que diz respeito à **competência territorial** do registro e da averbação do contrato de locação, a Lei 14.382/2022 transportou o inciso III do art. 169 da LRP para o parágrafo único do art. 167 do mesmo diploma. Em outras palavras, manteve-se o RI do **local do imóvel como o competente** para tais atos, conforme segue:

> **Antiga redação do art. 169, LRP.** Todos os atos enumerados no art. 167 são obrigatórios e efetuar-se-ão no Cartório da situação do imóvel, salvo:
>
> [...]
>
> III – o registro previsto no nº 3 do inciso I do art. 167, e a averbação prevista no nº 16 do inciso II do art. 167 serão efetuados no cartório onde o imóvel esteja matriculado mediante apresentação de qualquer das vias do contrato, assinado pelas partes e subscrito por duas testemunhas,

bastando a coincidência entre o nome de um dos proprietários e o locador.

Atual redação do art. 167, parágrafo único, LRP.

Parágrafo único. O registro previsto no item 3 do inciso I do *caput* e a averbação prevista no item 16 do inciso II do *caput* deste artigo serão efetuados no registro de imóveis da circunscrição onde o imóvel estiver matriculado, mediante apresentação de uma via do contrato assinado pelas partes, admitida a forma eletrônica e bastando a coincidência entre o nome de um dos proprietários e o do locador.

A Lei do SERP vai ao encontro da revolução tecnológica e digitalização dos serviços notariais e registrais, autorizando como título inscritível no RI, a **forma eletrônica** do contrato de locação. Assim, o título que ingressa o álbum imobiliário para fins de registro (art. 167, I, 3, LRP) ou averbação (art. 167, II, 16, LRP) é o contrato de locação, assinado pelas partes, permitida a forma eletrônica, dispensada a existência de testemunhas instrumentárias e bastando a coincidência entre o nome de um dos proprietários e o do locador.

Ocorre que o legislador não alterou o parágrafo único do art. 33 da Lei n. 8.245/1991, que apregoa que a averbação far-se-á à vista de qualquer das vias do contrato de locação desde que subscrito também por duas testemunhas.

Entendo que, em razão da nova lei, este parágrafo único está revogado (onde diz "subscrito por duas testemunhas") de forma tácita nesta parte, pois tornou-se incompatível com o art. 167, parágrafo único, da LRP. Sobre os contratos eletrônicos, nos comentários do art. 1º da Lei 9.492/1997 (Lei de Protestos), mencionei a recente decisão do Superior Tribunal de Justiça no que tange à executividade do contrato eletrônico ausente as assinaturas de duas testemunhas. Fica o convite ao leitor para complementação do tema.

De outra sorte, quando o contrato estipular **cláusula de preferência**, este deve ser **averbado,** nos termos do art. 167, II, 16 desta Lei de Registros. Vejamos:

No Registro de Imóveis, além da matrícula, serão feitos:

(...)

II – a averbação:

(...)

16) do contrato de locação, para fins de exercício de direito de preferência.

O **direito de preferência, ou preempção,** é estabelecido no art. 27 da Lei 8.245/1991. Trata-se de direito decorrente de lei, **que independe de cláusula expressa.** No entanto, para que possa ser oposto contra o adquirente, deve haver publicidade da locação, por **meio da averbação.**

Art. 27. No caso de venda, promessa de venda, cessão ou promessa de cessão de direitos ou dação em pagamento, o locatário tem preferência para adquirir o imóvel locado, em igualdade de condições com terceiros, devendo o locador dar – lhe conhecimento do negócio mediante notificação judicial, extrajudicial ou outro meio de ciência inequívoca.

Parágrafo único. A comunicação deverá conter todas as condições do negócio e, em especial, o preço, a forma de pagamento, a existência de ônus reais, bem como o local e horário em que pode ser examinada a documentação pertinente.

Sobre o tema, vale destacar parte de duas importantes decisões prolatadas pelo Superior Tribunal de Justiça:

"A falta de averbação de contrato de locação não impede o pleito de indenização por perdas e danos eventualmente configurados pela não oportunização do direito de preferência" (STJ, Rel. Min. Luis Felipe Salomão. REsp 1.680.638/RS, 4.ª Turma, Min. Luis Felipe Salomão, j. 24.09.2018, DJe 04.10.2018, p. 6653).

"A não averbação do contrato de locação no competente cartório de registro de imóveis impede o exercício do direito de preferência pelo locatário, consistente na anulação da compra e venda do imóvel loca-do, bem como sua adjudicação, nos termos do art. 33 da Lei 8.245/91, restando a ele a indenização por perdas e danos" (STJ, Ag. Rg. na MC 18.158/MG, Rel. Min. Nancy Andrighi, 3. a Turma, j. 09.08.2011, DJe 17.08.2011).

Ainda sobre a cláusula de preferência, Afrânio de Carvalho defende o posicionamento de que também é registrável a locação com cláusula de preferência de compra em favor do locatário, cujo descumprimento antigamente se resolvia em perdas e danos, mas agora enseja o desfazimento da venda. Para o exercício desse direito exige-se a inscrição do contrato locatício, conforme parágrafo acrescentado ao artigo original (Lei 6.649, de 1979, art. 25, *caput*, § 1º, acrescentado pela Lei 6.698, de 1979). Trata-se de inscrição preventiva, já que o locatário pode usar ou deixar de usar da preferência no trintídio (Op. cit.). Ressalte-se que a Lei 8.245 veio substituir a aludida Lei 6.649/1979.

É possível o mesmo contrato de locação (título) ingressar no álbum imobiliário como registro e como averbação na mesma matrícula. Assim já decidiu a Corregedoria-Geral da Justiça do Estado de São Paulo, no Processo 1.109/95, da lavra de Marcio Martins Bonilha Filho:

"Consta, ainda, do contrato de locação que as partes avençam pelo respeito do prazo contratual em caso de venda do imóvel durante sua vigência. Tal situação, por si só, é fundamento para o pedido de registro nos termos do art. 167, I, 3, da Lei 6.015/1973. Independente desse registro para fins de continuidade locatícia em caso de venda do imóvel, o pedido inicial do recorrente também objetivou a averbação, nos termos do art. 167, II, 16, da Lei 6.015/1973. Independente desse registro para fins de continuidade locatícia em caso de venda do imóvel, o pedido inicial do recorrente também objetivou a averbação, nos termos do art. 167, II, 16, da lei registraria, para fins de exercício do direito de preferência aquisitiva. Tal procedimento não necessita estar descrito em cláusula contratutal, posto ser decorrente de lei, nos termos dos arts. 27 a 34 da Lei 8.245/1991. Entretanto, não há óbice ao locatário solicitar a averbação do contrato de locação para esse fim, como forma de garantia de seu direito. Não há também qualquer óbice para o contrato de locação ser registrado para fins de continuidade da locação e averbado para fins de preferência, considerando-se que a previsão de duplicidade de atos constantes na lei registraria objetiva fins diversos a cada um e o recorrente busca dar publicidade à locação existente".

Recentemente, foi editado o Enunciado 29 da I Jornada de Direito Notarial e Registral sobre a temática exposta:

Enunciado 29. A locação *built to suit* pode ser registrada ou averbada nas hipóteses previstas no art. 167, I, 3 (cláusula de vigência) e II, 16 (direito de preferência), da Lei n. 6.015/1973.

⊙ Justificativa: No âmbito do contrato *built to suit* é imprescindível à economia desta modalidade contratual permitir ao ocupante resguardar alguns direitos perante terceiros, sobretudo a possibilidade de (i) haver para si o imóvel em caso de ter sido preterido no seu direito de preferência (art. 33, da Lei 8.245/1991) e (ii) permanecer na posse do imóvel enquanto não transcorrido o prazo determinado do contrato, em caso de aquisição por terceiro (art. 8º da Lei 8.245/1991). Ocorre que alguns cartórios, inadvertidamente, têm interpretado que esse contrato não está apto ao registro ou averbação, uma vez que não elencado no rol (*numerus clausus*) do art. 167, da Lei de Registros Públicos. Embora o contrato seja intitulado *built to suit* e, portanto, não expressamente elencado no referido rol, não há como negar que possui como principal prestação contratual a própria cessão do uso remunerada (locação) e, portanto, título apto para o registro ou averbação.

O contrato de locação de prédios é ainda previsto no art. 129 desta Lei. Desse modo, que para surtir efeitos em relação a terceiros os contratos de locação de prédios, devem ser registrados no **Registro de Títulos e Documentos, sem prejuízo do disposto do artigo 167, I, nº 3.**

Por derradeiro, oportuno anotar a jurisprudência recente do Conselho Superior da Magistratura Paulista, que recentemente alterou seu entendimento sobre a **sublocação**. Antigamente, o Conselho entendia que a sublocação somente podia ser objeto de averbação, mas não de registro. O atual entendimento é no sentido da possibilidade de registro. Explica Luiz Guilherme Loureiro que "nada impede que, respeitadas as normas legais e o contrato, o locatário transfira a outrem o uso e gozo da coisa locada, visto que não se trata de negócio *intuitu personae*. A sublocação nada mais é do que uma nova locação, em que o senhorio é o locatário, diante do sublocatário. É, portanto, novo ajuste locatício, mediante o qual o locatário cede a terceiros, no todo ou em parte, o uso e o gozo da coisa locada. Logo, a expressão "contratos de locação de prédios", contida no inc. I, nº 3, do art. 167 da Lei 6.015/1973, abrange também a sublocação, desde que haja a concordância do locador quanto à sublocação do imóvel e desde que haja prévio registro do contrato de locação, em face do princípio da continuidade (Op. cit., p. 1054).

2. JURISPRUDÊNCIA COMPLEMENTAR

⊙ SUPERIOR TRIBUNAL DE JUSTIÇA

Súmula 214. O fiador na locação não responde por obrigações resultantes de aditamento ao qual não anuiu.

Súmula 335. Nos contratos de locação, é válida a cláusula de renúncia à indenização das benfeitorias e ao direito de retenção.

EMENTA: Recurso Especial – Locação – Autos de agravo de instrumento na origem – Pretensão de reconhecimento de impenhorabilidade de bem de família oferecido em caução – Instâncias ordinárias que rejeitaram o pedido – Insurgência recursal da parte agravante – Hipótese: possibilidade de penhora de bem de família oferecido como caução, pelos recorrentes, em contrato de locação comercial firmado entre o recorrido e terceiro – 1. O escopo da Lei nº 8.009/90 não é proteger o devedor contra suas dívidas, mas sim a entidade familiar no seu conceito mais amplo, razão pela qual as hipóteses permissivas da penhora do bem de família, em virtude do seu caráter excepcional, devem receber interpretação restritiva. Precedentes – 2. O benefício conferido pela mencionada lei é norma cogente, que contém princípio de ordem pública, motivo pelo qual o oferecimento do bem em garantia, como regra, não implica renúncia à proteção legal, não sendo circunstância suficiente para afastar o direito fundamental à moradia, corolário do princípio da dignidade da pessoa humana. Precedentes – 3. A caução levada a registro, embora constitua garantia real, não encontra previsão em qualquer das exceções contidas no artigo 3º da Lei nº 8.009/1990, devendo, em regra, prevalecer a impenhorabilidade do imóvel, quando se tratar de bem de família – 4. Na hipótese, contudo, verifica-se inviável reconhecer, de plano, a alegada impenhorabilidade, pois os requisitos para que o imóvel seja considerado bem de família não foram objeto de averiguação na instância de origem, sendo inviável proceder-se à aplicação do direito à espécie no âmbito desta Corte Superior por demandar o exame de fatos e provas, cuja análise compete ao Tribunal de origem – 5. Recurso especial parcialmente provido a fim de determinar o retorno dos autos à Corte *a quo* para que, à luz da proteção conferida ao bem de família pela Lei nº 8.009/1990 e afastada a exceção invocada no acórdão recorrido, proceda ao reexame do agravo de instrumento, analisando-se se o imóvel penhorado no caso concreto preenche os requisitos para se caracterizar como tal (STJ – REsp nº 1.789.505 – São Paulo – 4ª Turma – Rel. Min. Marco Buzzi – DJ 07.04.2022)

EMENTA: RECURSO ESPECIAL. AQUISIÇÃO. SHOPPING CENTER. LOJAS. LOCAÇÃO. AÇÃO DE DESPEJO. CLÁUSULA DE VIGÊNCIA. REGISTRO. AUSÊNCIA. OPOSIÇÃO. ADQUIRENTE. IMPOSSIBILIDADE.

1. Recurso especial interposto contra acórdão publicado na vigência do Código de Processo Civil de 2015 (Enunciados Administrativos nºs 2 e 3/STJ).

2. A controvérsia gira em torno de definir se o contrato de locação com cláusula de vigência em caso de alienação precisa estar averbado na matrícula do imóvel para ter validade ou se é suficiente o conhecimento do adquirente acerca da cláusula para proteger o locatário.

3. A lei de locações exige, para que a alienação do imóvel não interrompa a locação, que o contrato seja por prazo determinado, haja cláusula de vigência e que o ajuste esteja averbado na matrícula do imóvel.

4. Na hipótese dos autos, não há como opor a cláusula de vigência à adquirente do shopping center. Apesar de no contrato de compra e venda haver cláusula dispondo que a adquirente se sub-rogaria nas obrigações do locador nos inúmeros contratos de locação, não há referência à existência de cláusula de vigência, muito mesmo ao fato de que o comprador respeitaria a locação até o termo final.

5. Ausente o registro, não é possível impor restrição ao direito de propriedade, afastando disposição expressa de lei, quando o adquirente não se obrigou a respeitar a cláusula de vigência da locação.

6. Recurso especial provido.

RELATÓRIO

O EXMO. SR. MINISTRO RICARDO VILLAS BÔAS CUEVA (Relator): Trata-se de recurso especial interposto por REC SAPHYR FASHION MALL

EMPREENDIMENTOS S.A., com fundamento na alínea "a" do permissivo constitucional, impugnando acórdão do Tribunal de Justiça do Estado do Rio de Janeiro assim ementado:

"Apelação Cível. Ação de Despejo proposta pelo adquirente de shopping center como empreendimento, composto de grande número de lojas. Contrato de locação por termo certo dotado de cláusula de vigência não levada a registro. 1 – Concebida para disciplinar o confronto dos interesses de adquirente de imóvel locado e do locatário, não serve o artigo 8º, caput, da Lei 8.245, para instrumento de rompimento do contrato de locação quando, mais que uma loja, houver sido adquirido o próprio empreendimento, com expressa previsão no contrato de compra e venda de sub-rogação do alienante pelo adquirente nos diversos contratos de locação. 2 – Registro que tem a finalidade de dar publicidade ao adquirente da cláusula de vigência e que pode ser substituído por qualquer outro instrumento de ciência inequívoca, como o próprio instrumento do contrato de compra e venda. 3 – Recurso provido por maioria e pedido julgado improcedente" (fl. 495, e-STJ).

No recurso especial, a recorrente alega, além de dissídio jurisprudencial, violação dos seguintes dispositivos, com as respectivas teses:

(i) Artigo 8º da Lei nº 8.245/1991 – a manutenção do contrato de locação de imóvel que foi alienado a terceiro depende da prévia averbação do contrato de aluguel na matrícula do imóvel, não sendo suficiente que o comprador tenha ciência da locação por outros meios, já que o registro tem natureza constitutiva.

Ressalta que a Lei do Inquilinato garante ao adquirente o direito de denunciar a locação firmada pelo antigo proprietário, exceto nas hipóteses em que o contrato locatício tenha cláusula de vigência no caso de alienação, estando devidamente averbado na matrícula do imóvel, condição não respeitada na presente hipótese. Cita em amparo a sua tese o REsp nº 605.521/SP, da relatoria do Ministro Felix Fischer.

Enfatiza que *"(...) em momento algum, a lei federal fala da necessidade de constar do instrumento de compra e venda a informação de que o imóvel adquirido está locado, mas sim que é imprescindível, para evitar a rescisão do contrato e a decretação do despejo, que o contrato de locação e sua cláusula de vigência estejam averbados na matrícula do imóvel"* (fl. 515, e-STJ).

Sustenta, ainda, que mesmo constando da escritura definitiva de compra e venda a informação de que o imóvel objeto do contrato estava locado, não há como supor que o comprador tivesse conhecimento da cláusula de vigência em caso de alienação, especialmente por não fazer parte desse ajuste.

Acrescenta que o empreendimento abriga 157 lojistas, não tendo como conhecer algumas regras mais benéficas outorgadas a apenas um deles. Faz menção ao princípio da relatividade dos contratos obrigacionais.

(ii) artigo 10 do Código de Processo Civil de 2015 – não pode o julgador acolher tese que jamais foi suscitada pelas partes sem antes lhes garantir a oportunidade de se manifestar a respeito da questão levantada de ofício.

Afirma que as partes em nenhum momento sugeriram a possibilidade de mitigação da exigência legal de averbação do contrato de locação nas hipóteses em que o adquirente do imóvel provavelmente já teria ciência do vínculo locatício formado entre o antigo proprietário e a locatária.

Sustenta que não supre a determinação do artigo 10 do CPC/2015 a possibilidade de proferir sustentação oral por quando da aplicação da técnica de julgamento do artigo 942 do mesmo Código.

Requer o conhecimento e provimento do recurso especial para que seja mantido o entendimento acolhido na sentença que julgou os pedidos iniciais improcedentes.

Contrarrazões às fls. 537/546 (e-STJ).

A recorrida afirma que locou duas lojas no Shopping São Conrado pelo prazo de 10 (dez) anos. Diante do longo prazo da locação e da existência de cláusula de vigência em caso de alienação das lojas, decidiu edificar dois teatros, com capacidade para 300 (trezentas) e 480 (quatrocentos e oitenta pessoas), respectivamente.

Narra que o empreendimento foi adquirido pela recorrente que se sub-rogou nos direitos e deveres da antiga locadora, sendo certo que conhecia as avenças locatícias, como se pode constatar pela cláusula 5.2-c, VIII, do contrato de compra e venda.

Afirma que, tendo a recorrente ciência da existência de cláusula de respeito, mostra-se desnecessária sua averbação na matrícula do imóvel cujo objetivo é simplesmente dar publicidade à restrição.

Aduz que o recurso especial não pode ser conhecido por incidência das Súmulas nºs 5 e 7/STJ, já que é obrigatória a interpretação de cláusula contratual e o exame da prova dos autos para se adentrar no mérito.

Sustenta não ter havido surpresa para as partes, pois foi permitida nova sustentação oral quando do julgamento ampliado, na forma do artigo 942 do Código de Processo Civil de 2015.

Ao final, requer que o recurso especial seja inadmitido.

É o relatório.

VOTO

O EXMO. SR. MINISTRO RICARDO VILLAS BÔAS CUEVA (Relator): O acórdão impugnado pelo recurso especial foi publicado na vigência do Código de Processo Civil de 2015 (Enunciados Administrativos nºs 2 e 3/STJ).

A irresignação merece acolhida.

A controvérsia gira em torno de (i) definir se o contrato de locação com cláusula de vigência em caso de alienação precisa estar averbado na matrícula do imóvel para ter validade ou se é suficiente o conhecimento do adquirente acerca da cláusula para proteger o locatário, e (ii) estabelecer se a sustentação oral quando da aplicação da técnica de julgamento do artigo 942 do Código de Processo Civil de 2015 supre a oportunidade de manifestação de que trata o artigo 10 do mesmo Código. Em relação a esse último ponto, a matéria está prejudicada.

1. Breve histórico

Colhe-se dos autos que a sociedade REC SAPHYR FASHION MALL EMPREENDIMENTOS S.A. foi constituída para adquirir o empreendimento São Conrado Fashion Mall, composto de diversos espaços comerciais, alugados pelo antigo proprietário aos lojistas.

Com a aquisição do empreendimento, a compradora ajuizou a presente ação de despejo contra um dos lojistas, BELA VISTA PRODUÇÕES CULTURAIS LTDA. – EPP., julgada procedente em primeiro grau para declarar a rescisão do contrato de locação, destacando-se da sentença o seguinte trecho:

"(...)

Por sua vez, apesar de a locação ser por tempo determinado e conter cláusula de vigência no caso de alienação (cláusula 13.13, fl. 34), a ré não comprova o registro do contrato no RGI ao tempo da alienação" (fl. 229, e-STJ).

O Tribunal estadual reformou a sentença por maioria, aplicando a técnica de julgamento prevista no artigo 942 do Código de Processo Civil de 2015, concluindo que a locação deveria ser respeitada pelo adquirente em razão de que *"não só sabia do contrato como obrigou-se a cumpri-lo pela cláusula de sub-rogação"* (fl. 498, e-STJ).

Sobreveio, então, o presente recurso especial.

2. Da violação do artigo 8º da Lei nº 8.245/1991 – cláusula de vigência

A recorrente sustenta que a Lei do Inquilinato garante ao adquirente o direito de denunciar a locação firmada pelo antigo proprietário, exceto nas hipóteses em que o contrato locatício tenha cláusula de vigência, estando devidamente averbado na matrícula do imóvel, o que não ocorreu na presente hipótese. Ressalta que a averbação do contrato de locação no Registro de Imóveis tem natureza constitutiva, enfatizando que não tinha ciência da existência da cláusula de vigência.

Cumpre assinalar, inicialmente, que às locações em shopping center são aplicáveis as disposições da Lei nº 8.245/1991.

A propósito:

"AGRAVO REGIMENTAL EM AGRAVO (ART. 544 DO CPC) – AÇÃO DE INDENIZAÇÃO CUMULADA COM REVISÃO DE CONTRATO LOCATÍCIO

– DECISÃO MONOCRÁTICA NEGANDO PROVIMENTO AO RECURSO. IRRESIGNAÇÃO DO AUTOR/EMBARGANTE.

1. Violação do artigo 535 do CPC não configurada. Acórdão hostilizado que enfrentou, de modo fundamentado, todos os aspectos essenciais à resolução da lide.

2. À exceção do art. 54 da Lei n.º 8.245/91, os demais dispositivos de lei tidos por violados não foram prequestionados explícita ou implicitamente, haja vista que a Corte local adotou como fundamentação, questões fáticas relacionadas ao contrato de locação firmado pelos representantes da ora agravada em shopping center, sendo tais dispositivos desinfluentes à resolução da lide. Dessa sorte, à míngua de prequestionamento, o caso atrai a aplicação da Súmula n. 211 do STJ e, por analogia, da Súmula n. 282 do STF.

3. Quanto à alegada negativa de vigência do art. 54 da Lei n.º 8.245/91, verifica-se que ***a conclusão do acórdão recorrido está em consonância com a jurisprudência desta Corte Superior, no sentido de que a Lei do Inquilinato aplica-se aos contratos de locação de espaço em shopping center*** *(inteligência dos arts. 1º, 52 § 2º, e 54 da Lei 8245/91) (EDCl no REsp 331.365, Min. HAMILTON CARVALHIDO, Terceira Seção, DJ 6.8.08).*

4. Existindo no acórdão fundamento inatacado, suficiente por si só para manutenção do decisum, é de rigor a aplicação da Súmula 283/STF.

5. No que tange à questão central do feito – redução do valor do aluguel e dos encargos condominiais, bem como do pedido de reparação de danos – a Corte local firmou sua convicção a partir dos elementos fáticos probatórios. A reforma de tal entendimento demanda, necessariamente, rever o contexto fático dos autos, o que é defeso, nesta instância especial, a teor da Súmula 7/STJ.

6. Inviável a admissão do recurso especial pelo dissídio por não ter a recorrente demonstrado a divergência jurisprudencial nos moldes exigidos pelos artigos 541, parágrafo único, do CPC e 255, §§ 1º e 2º, do RISTJ.

7. Agravo regimental desprovido."

(AgRg no AREsp 12.044/SP, Rel. Ministro MARCO BUZZI, QUARTA TURMA, julgado em 21/08/2012, DJe 27/08/2012 – grifou-se)

O artigo 8º da Lei nº 8.245/1991 prevê uma hipótese de exceção ao princípio da relatividade dos contratos, segundo o qual o ajuste somente gera efeitos entre as partes, não obrigando terceiros. Para que a avença possa atingir terceiros, no caso o adquirente do imóvel locado, a lei exige que o contrato seja por prazo determinado, haja cláusula de vigência em caso de alienação e que esteja averbado na matrícula do imóvel.

Segundo Silvio de Salvo Venosa, o registro confere uma eficácia real ao vínculo obrigacional:

"(...)

Quando o legislador resolve proteger certas relações oriundas de contratos da interferência de terceiros, confere à obrigação uma eficácia real que é alcançada pelo registro *(sempre o imobiliário e não o de títulos e documentos). Nessa hipótese, assim como naquela do art. 31,* ***registrado o contrato, terceiros que venham a adquirir o imóvel devem respeitar a obrigação, durante o decurso de prazo*** *(...). De qualquer modo, o registro confere uma eficácia limitada erga omnes que só é possível porque a lei delineia um direito real a um vínculo obrigacional. Por esse registro, autorizado pela lei, contraria-se o princípio da relatividade das convenções, segundo o qual só vincula as partes contratantes. O novo titular do domínio deve respeitar o prazo do contrato de locação, do qual não fez parte. No dizer de Antunes Varela (1977, v. 1:51), as obrigações gozam de eficácia real quando, sem perderem o caráter essencial de direitos a uma prestação, se transmitem, ou são oponíveis a terceiros, que adquiram direito sobre determinada coisa".* (Lei do inquilinato comentada: doutrina e prática. Lei nº 8.245, de 18-10-1991. 14ª ed. São Paulo: Atlas, 2015, págs. 70/71 – grifou-se)

Observa-se, ademais, que **a cláusula de vigência, ou cláusula de respeito, implica restrição ao direito de propriedade, que se impõe ao adquirente por força do registro**.

Confira-se, a propósito, a lição de Maria Helena Diniz, citando Carvalho Santos:

"(...)

Com o assentamento do contrato, o locatário poderá opô-lo a terceiros, gerando um direito real e obrigando o possível adquirente a respeitá-lo. *Essa averbação, que poderá ser requerida a qualquer tempo pelo interessado, desde que o contrato esteja em vigor, emprestará ao direito pessoal os atributos do direito real, dentre eles a oponibilidade erga omnes. Daí as acertadas palavras de Carvalho Santos de que "fácil é explicar a razão de ficar o adquirente obrigado a respeitar o contrato de locação, no caso de cláusula expressa nesse sentido, devidamente registrada.* ***É que, tendo sido a locação contratada com tal cláusula, esta vale por uma restrição convencional da propriedade, transmitindo-se com a coisa alugada: nemo plus juris in alium tranferre potest, quam ipse habet. O alienante transferiu a coisa com o encargo que a acompanhava e o adquirente não a pode ter em melhores condições do que tinha o alienante"***. (Lei de locações de imóveis urbanos comentada. 12ª ed. São Paulo: Saraiva, 2012, pág. 95 – grifou-se)

Nesse contexto, **a averbação do contrato de locação no registro de imóveis é imprescindível para que a locação possa ser oposta ao adquirente.**

Não se desconhece recente julgado desta Corte no qual foi afastada a necessidade de registro do contrato de locação. Eis a ementa do recurso:

"RECURSO ESPECIAL. AÇÃO DE DESPEJO. DENÚNCIA VAZIA. COMPRA E VENDA. MANUTENÇÃO CONTRATO DE LOCAÇÃO. AUSÊNCIA DE AVERBAÇÃO NA MATRÍCULA DO IMÓVEL. CIÊNCIA INEQUÍVOCA DO COMPRADOR. VALOR DA CAUSA. IMPUGNAÇÃO. FALTA DE INTERESSE. HONORÁRIOS ADVOCATÍCIOS. SÚMULA 7/STJ.

1. Inexiste ofensa ao art. 535 do CPC, quando o tribunal de origem pronuncia-se de forma clara e precisa sobre a questão posta nos autos.

2. A ausência de decisão sobre os dispositivos legais supostamente violados, não obstante a interposição de embargos de declaração, impede o conhecimento do recurso especial. Incidência da Súmula 211/STJ.

3. Na hipótese, trata-se de ação de despejo proposta por comprador de imóvel em face de locatário. Discute-se a possibilidade do comprador de imóvel locado proceder à denúncia do contrato de locação ainda vigente, com fundamento na inexistência de averbação da referida avença na matrícula do respectivo imóvel.

4. O Tribunal de origem, após analisar a documentação apresentada pelas partes, que retratava toda a negociação de compra e venda do bem, até a lavratura da respectiva escritura, entendeu que, não obstante ausente a averbação do contrato na matrícula do imóvel, o adquirente tinha a obrigação de respeitar a locação até o seu termo final.

5. ***Afastada a possibilidade da recorrente denunciar o contrato de locação com base na ausência da sua averbação na matrícula do imóvel porque ela tinha inequívoco conhecimento da locação e concordara em respeitar seus termos em instrumentos firmados com o locador e proprietário anterior.***

6. Ausência de interesse recursal no que tange à alegação de violação dos arts. 259, V; e 261 do CPC; e do art. 58, III, da Lei 8.245/91 porque o valor atribuído à causa, pela sentença, na ação declaratória, foi de doze locativos mensais.

7. É imprescindível, para que se possa aferir o trabalho desenvolvido pelo advogado e verificar-se a adequação ou não do percentual da verba honorária no caso em tela, que se proceda a exame de matéria de fato. Assim, incide, na espécie, a Súmula 7 desta Corte.

8. Negado provimento ao recurso especial."

(REsp 1.269.476/SP, Rel. Ministra NANCY ANDRIGHI, TERCEIRA TURMA, julgado em 05/02/2013, DJe 19/02/2013 – grifou-se)

Veja-se, porém, que no mencionado julgado o adquirente, por convenção firmada com o vendedor, se obrigou a respeitar o contrato de locação em todos seus termos. Assim, não se trata propriamente de afastar a necessidade de registro, ou mesmo de ter conhecimento inequívoco da existência da cláusula de respeito, mas sim de **o adquirente, por convenção, se obrigar a respeitar o contrato locatício.**

Nesse linha, a doutrina de Sylvio Capanema de Souza:

"(...)

Ora, se o adquirente toma inequívoca ciência do contrato, que está vigendo por prazo determinado, e, ***na própria escritura de compra e***

venda**, dela se **fazendo ainda constar a obrigação de respeitá-lo, até o termo final, não vemos como poderá ele denunciar a locação, a não ser após expirar-se o prazo.

Se, entretanto, não constar da escritura que o adquirente aceita o contrato, prevalecerá a primeira solução (possibilidade de denúncia – acréscimo nosso)". (Da locação do imóvel urbano: direito e processo. Rio de Janeiro: Revista Forense, 2002, pág. 86 – grifou-se)

Não é por outra razão que a ilustre Relatora, Ministra Nancy Andrighi, destacou, em seu bem lançado voto, o caráter excepcional da situação retratada naqueles autos:

"(...)

Importante destacar que não se está admitindo como regra a prescindibilidade do registro público para que o contrato de locação tenha eficácia em relação ao adquirente do imóvel. Afinal, tal requisito consta da lei e tem fundamental importância nas relações entre locador/locatário e adquirente/locatário do imóvel.

Tanto assim que, nas hipóteses de exercício do direito de preferência do locatário, por exemplo, conforme jurisprudência pacífica desta Corte, a averbação do contrato de locação é indispensável para que ele se revista-se de eficácia real e permita ao inquilino haver para si o imóvel locado e vendido. Nas palavras de Silvio de Salvo Venosa, o registro público confere eficácia real a um vínculo estritamente obrigacional (Silvio de Salvo Venosa, Lei do Inquilinato Comentada, 11ª ed., São Paulo, Atlas, p. 64).

Apenas, se está, diante das peculiaridades da hipótese, afastando a possibilidade da recorrente denunciar o contrato com base na ausência dessa formalidade: o registro, porque a recorrente teve inequívoco conhecimento da locação e concordara em respeitar seus termos em instrumentos firmados com o locador e proprietário anterior, conforme reconhecido na sentença e acórdãos recorridos" (grifou-se).

No caso em apreço, é incontroverso que o contrato de locação por prazo determinado, contendo cláusula de vigência não foi levado a registro.

Apesar de não ter havido a averbação do contrato locatício, a maioria do Tribunal de origem concluiu, com base na existência de previsão de sub-rogação do adquirente na posição do locador no contrato de compra e venda, que não poderia haver a denúncia da locação, como se verifica do seguinte trecho do voto condutor do acórdão:

"(...)

*O que se tem no caso em comento, todavia, não é a mera aquisição de um imóvel. Na verdade, um fundo de investimentos constituiu empresa para adquirir o empreendimento São Conrado Fashin Mall, aí incluída a integralidade ou quase integralidade das lojas, **mas também sub-rogando-se em todos os contratos de locação, consoante a letra da cláusula 3.2 do contrato: A outorgada compradora se sub-roga automaticamente, nesta data e por meio desta escritura, em todos os direitos e obrigações da outorgante vendedora nos contratos de locação indicados no Anexo 1.6 abaixo**, na convenção de condomínio do empreendimento registrada sob nº 3/143..."* (fl. 497, e-STJ).

Esse entendimento não se coaduna com a determinação da Lei de Locações.

É certo que no contrato de compra e venda há cláusula dispondo que o adquirente se sub-rogou nas obrigações do locador nas diversas locações ali mencionadas, mas é somente isso (fl. 146, e-STJ). Não há referência à existência de cláusula de vigência, muito menos ao fato de que o comprador respeitaria a locação até o termo final, como destaca o voto vencido:

"(...)

*O fato de ter constado do contrato de aquisição do imóvel pela apelada de que a mesma ficava sub-rogada automaticamente em todos os direitos e obrigações da outorgante vendedora nos contratos de locação indicados, data venia, por si só, não é oponível ao pleito de retomado do imóvel na hipótese dos autos, **pois a referida cláusula não informa sobre a existência de cláusula de vigência nos contratos de locação indicados, apenas que tais imóveis estavam alugados. Não se olvide que, como cediço, a venda rompe a locação.***

*Assim, **para a validade de referida cláusula de vigência, incumbia à apelante/locatária o registro do contrato no RGI, mormente porque, conforme acima exposto, constou expressamente da referida cláusula que a sua validade estava condicionada ao registro no contrato no RGI**"* (fl. 501, e-STJ – grifou-se).

Nesse contexto, não tendo a adquirente se obrigado a respeitar as locações até o termo final, não é possível lhe impor restrição ao direito de propriedade, afastando disposição expressa de lei.

3. Do dispositivo

Ante o exposto, dou provimento ao recurso para julgar procedente o pedido para declarar rescindido o contrato de locação e decretar o despejo da parte ré, fixando o prazo de 15 (quinze) dias para desocupação voluntária do imóvel.

Custas e honorários advocatícios na forma da sentença.

Prejudicada a análise das demais questões.

É o voto.

STJ – REsp nº 1.669.612 – Rio de Janeiro – 3ª Turma – Rel. Min. Ricardo Villas Bôas Cueva – DJ 14.08.2018

TRIBUNAL DE JUSTIÇA DO ESTADO DO RIO DE JANEIRO

EMENTA: AÇÃO DE DESPEJO. LOCAÇÃO RESIDENCIAL. Nulidade da sentença por ausência de fundamentação, que se afasta, dado que o juiz não está obrigado a responder a todas as alegações das partes, quando já tenha encontrado motivo suficiente para fundamentar a decisão. Cerceio de defesa não configurado. Contrato de locação celebrado entre a recorrente e a falecida locatária, por intermédio de seu mandatário. Presunção de legalidade do ato não desconstituída, certo que os negócios jurídicos celebrados por intermédio do mandatário permaneceram hígidos. Ilegitimidade da locatária para discutir tais questões. A alienação do imóvel locado rompe o contrato, salvo se a locação for por tempo determinado e o contrato contiver cláusula de vigência em caso de alienação, averbada no registro de imóveis (LL, art. 8º), o que não se verifica no caso. Manutenção da sentença que se impõe, presentes todos os requisitos legais da ação de despejo. Recurso a que se nega seguimento. (TJRJ – Ap. Civ. Des. JESSE TORRES, 2ª. C. Cível – Julgamento: 03/07/2012)

TRIBUNAL DE JUSTIÇA DO ESTADO DE SÃO PAULO

EMENTA: Oficial do registro de imóveis – Pretensão de averbação de contrato de locação que prevê dupla garantia, fiança e caução – Impossibilidade, à vista do art. 37, parágrafo único, da Lei de Locações – Precedentes – Sentença mantida, impedindo-se a averbação.

EMENTA: REGISTRO DE IMÓVEIS – Contrato de locação – Apresentação ao registro de imóveis após a consolidação da propriedade em nome do credor fiduciário – Aplicação dos princípios *tempus regit actum* e da continuidade – Recurso não provido (Processo CG nº 2012/65262 (368/12-E). Excelentíssimo Senhor Corregedor Geral da Justiça: Cuida-se de recurso administrativo, intitulado apelação, interposto por R (...) contra r decisão de fls. 22/23, que manteve a recusa do ingresso do contrato de locação na matrícula nº (...), do Registro de Imóveis de (...). Aduz que o contrato de locação é anterior à consolidação da propriedade do imóvel em nome do credor fiduciário I (...), de modo que a inscrição perseguida não pode ser impedida. Afirma, também, que a atual locadora não foi despojada da posse, o que comprova ter legitimidade para a locação (fls. 25/29). Depois de apresentadas as contrarrazões ao recurso (fls. 36/37), a Douta Procuradoria opinou pelo não provimento do recurso (fls. 42/45). Os autos foram inicialmente encaminhados ao C. Conselho Superior da Magistratura e, posteriormente, remetidos a esta Corregedoria-Geral em razão da matéria (fls. 46/47). É o relatório. Passo a opinar. De início, pelo princípio da fungibilidade, a apelação deve ser recebida como recurso administrativo, na forma do art. 246, do Código Judiciário. Busca-se o ingresso do contrato de locação acostado às fls. 07/09 firmado entre M (...), na qualidade de locadora, e R (...), como locatária, no imóvel objeto da matrícula nº (...), do Registro de Imóveis de (...). Para os fins de registro ora pretendido, a data da elaboração do contrato de locação deve ser considerada como aquela aposta no reconhecimento da firma dos contratantes, uma vez que é a única quanto a qual se tem certeza. Assim, como as firmas foram reconhecidas apenas nos dias 20 e 21.12.10, deve-se entender que a locação foi firmada nesta última data (21.12.10), e não em 16.02.09, data que se encontra ao final do documento. A esse tempo, já tinha ocorrido a consolidação da propriedade em nome do credor fiduciário, consoante se colhe da averbação nº (...), da matrícula, inserida em 06.12.10 (fl. 12). Portanto, à época da celebração do contrato, a locadora já não detinha mais direito algum sobre referido imóvel, de modo que o contrato de locação não poderia ingressar no registro de imóveis, por contrariar o princípio da continuidade registral que, segundo Afrânio de Carvalho: *"quer dizer que, em relação a cada imóvel, adequadamente individuado, deve existir um cadeira de titularidade à vista da qual só se fará a inscrição de um direito se o outorgante dele aparecer no registro como seu titular. Assim, as sucessivas transmissões, que derivam umas das outras, asseguram a preexistência do imóvel no patrimônio do transferente"* (Registro de Imóveis, Editora Forense, 4ª Ed., p.254). Mas, ainda que se considere a data do contrato como a que consta ao seu final, isto é, 16.02.09, idêntica seria a solução. É que, ainda que o contrato de locação tenha sido celebrado anteriormente à consolidação da propriedade em nome do credor fiduciário, quando apresentado ao registro de imóveis, quase dois anos depois, na matrícula já se encontrava averbada a consolidação da propriedade em nome do credor fiduciário. O Conselho Superior da Magistratura tem considerado que, para fins de registro, não importa o momento da celebração do contrato, pois é na data da sua apresentação ao registro que será analisado, em atenção ao princípio "tempus regit actum", sujeitando-se o título à lei vigente ao tempo da apresentação do título, pouco importando a data do contrato (Apelação Cível nº 115-6/7, rel. José Mário António Cardinale, nº 777-6/7, rel. Ruy Camilo, nº 530 – 6/0, rel. Gilberto Passos de Freitas, e, mais recentemente, nº 0004535 – 52.2011.8.26.0562, relatada por V. Exa.). No caso em exame, quando o contrato de locação foi protocolado no registro de imóveis, a locadora M (...) não mais figurava como titular de direito sobre o imóvel, porque já averbada a consolidação da propriedade em nome do credor fiduciário, de onde se extrai que a recusa do Oficial, mantida pela r. decisão recorrida, encontra-se correta. Por fim, ainda que a locatária eventualmente se encontre na posse do imóvel, tal fato em nada altera a qualificação registral negativa, por se tratar de situação fática estranha ao registro de imóveis, devendo ser resolvida entre os interessados nas vias ordinárias. No sentido do não provimento do recurso, o parecer da ilustrada Procuradoria Geral da Justiça. Posto isso, o parecer que, respeitosamente, submeto à elevada apreciação de Vossa Excelência é no sentido de que a apelação seja recebida como recurso administrativo, na forma do art. 246, do Código Judiciário, e a ele seja negado provimento. *Sub censura*. São Paulo, 03 de outubro de 2012. Gustavo Henrique Bretas Marzagão Juiz Assessor da Corregedoria. DECISÃO: Aprovo o parecer do MM. Juiz Assessor da Corregedoria e, por seus fundamentos, que adoto, conheço da apelação como recurso administrativo, na forma do art. 246, do Código Judiciário, e a ele nego provimento. Publique-se. São Paulo, 09.10.2012. – (a) – JOSÉ RENATO NALINI – Corregedor Geral da Justiça.

EMENTA: REGISTRO DE IMÓVEIS – Dúvida – Contrato de Locação – Cláusulas de vigência e exercício do direito de preferência – Suficiência do registro em sentido estrito para atribuir eficácia real tanto à cláusula de vigência como ao pacto de preferência – Desnecessidade da prática de dois atos notariais (averbação e registro) – Competência do Conselho Superior da Magistratura por se tratar de registro em sentido estrito – Indisponibilidade decorrente de penhora da Fazenda Nacional nos termos do artigo 53, § 1º, da Lei nº 8.212/91 não é óbice ao registro do contrato de locação para consignar a cláusula de vigência e o exercício do direito de preferência – Precedente deste Conselho Superior da Magistratura – Recurso provido(Apelação nº 0027416-80.2013.8.26.0100). Por consequência, reconheço a competência deste Conselho Superior da Magistratura, por se tratar de registro em sentido estrito, na forma do artigo 64, VI, do Decreto-lei Complementar Estadual nº 3/69, e do artigo 16, V, do Regimento Interno do Tribunal de Justiça do Estado de São Paulo. O registro do contrato de locação foi negado diante da indisponibilidade do imóvel, nos termos do artigo 53, § 1º, da Lei nº 8.212/91, por força de penhoras da Fazenda Nacional. A questão é saber se a indisponibilidade impede o registro do contrato de locação para consignar a cláusula de vigência e o exercício do direito de preferência. Em que pese o precedente deste Conselho Superior da Magistratura (Apelação Cível nº 100.237-0/0), da lavra do Desembargador Luiz Tâmbara, inclusive citado pelo magistrado prolator da sentença recorrida, recentemente houve alteração do posicionamento deste Egrégio Conselho, na Apelação Cível nº 0018645-08.2012.8.26.0114 (D.J.E. 14.11/2013), que entendeu que a indisponibilidade prevista no artigo 53, § 1º, da Lei nº 8.212/91 não obstaculiza o registro do pacto locatício. Nesse sentido, constou do referido precedente: De todo modo, sequer têm força para embaraçar os registros do contrato de locação nas matrículas nos 17.368 e 17.369, não obstruídos pela indisponibilidade legal: ora, com a publicidade resultante da inscrição se objetiva unicamente expandira eficácia subjetiva de cláusulas do contrato de locação, que, por si, todavia, escudadas no princípio da função social do contrato, já vinculam terceiros que de seu teor tenham ou devam ter conhecimento. Se a indisponibilidade não impede a celebração da locação, e tampouco repercute sobre a validade da cláusula de vigência e do pacto de preempção, não faz sentido estorvar fenômeno de reforço eficacial, consequência do registro, e direcionado a resguardar, com mais rigor, a função social do contrato, "nesse seu conteúdo ultra partes", cunhado por Cláudio Luiz Bueno de Godoy ao enfocar a face externa de tal princípio, mitigando o da relatividade de seus efeitos e robustecendo o da força obrigatória. O resultado associado à publicidade registral, com atribuição de eficácia real a obrigações comuns, de poderes diretos sobre os imóveis locados e, particularmente, de direitos reais de gozo e aquisição ao locatário, não é de ser indistintamente vedado em função da indisponibilidade legal, especialmente porque não implica voluntário deslocamento patrimonial subjetivo. Com mais razão se considerado que não impede, em outra execução, nova penhora sobre o bem indisponível, de acordo com a pacífica jurisprudência do Superior Tribunal de Justiça, que, iterativamente, tem afirmado: a indisponibilidade versada no § 1.º do artigo 53 da Lei nº 8.212/1991 apenas impossibilita a alienação do bem penhorado pelo devedor-executado. Os recentes precedentes deste Conselho Superior da Magistratura que, na esteira do entendimento do STJ, acentuaram que a indisponibilidade focalizada não frustra a arrematação judicial nem o registro da carta que lhe corresponda também conduzem à inscrição objetada. Sob a influência da visão de contrato como fato social, instituto jurídico funcionalizado, e a inspiração de novos paradigmas jurisprudenciais, impõe, portanto, rever a orientação deste Conselho expressa no acórdão proferido nos autos da Apelação Cível nº 100.237-0/0, rel. Des. Luiz Tâmbara, j. em 04.09.2003, quando admitida a incompatibilidade entre a indisponibilidade do artigo 53, § 1.º, da Lei nº 8.212/1991, e o registro de contrato de locação com cláusula de vigência. No tocante à concessão de eficácia real ao direito de preferência, é oportuno, ainda, em desabono da desqualificação registral, sublinhar, pautado pelo artigo 32 da Lei nº 8.245/1991, que a preempção não alcança os casos de venda por decisão. Portanto, o caso é de afastamento do óbice apresentado para o registro do contrato de locação para consignar a cláusula de vigência e o exercício do direito de preferência, o que não significa desconsiderar a indisponibilidade prevista no artigo 53, § 1º, da Lei nº 8.212/91. Posto isso, dou provimento ao recurso, para julgar improcedente a dúvida apresentada pelo 15º Oficial de Registro de Imóveis da Comarca da Capital. HAMILTON ELLIOT AKEL. Corregedor Geral da Justiça e Relator.

3. QUESTÕES DE CONCURSOS

01. (FGV - 2023 - TJ-SE - Atividade Notarial e de Registro - Provimento) A sociedade XWY é proprietária de um imenso empreendimento imobiliário em Aracaju, no qual instalou um shopping center mediante locação das lojas. De todos esses contratos de aluguel, consta cláusula de vigência, as quais, contudo, não foram averbadas no Registro de Imóveis. Em 2021, resolve alienar o imóvel à sociedade VRTJ, fazendo constar, do instrumento de compra e venda, a seguinte cláusula: "o adquirente se sub-roga nos direitos do locador em todos os contratos de locação existentes".

Finalizada a transmissão da propriedade, a sociedade VRTJ pretende a retomada das lojas.

Nesse caso, é correto afirmar que os locatários:

a) não poderão invocar a proteção da Lei de Locação de Imóveis Urbanos, diante do caráter especial da locação em shopping center;

b) não poderão exigir o cumprimento da cláusula de vigência, diante de sua invalidade neste tipo de ajuste especial, sob pena de desnaturar a própria essência do shopping center;

c) poderão exigir o cumprimento da cláusula de vigência, cuja averbação na matrícula do imóvel no RGI não é imprescindível;

d) poderão exigir o cumprimento da cláusula de vigência, ainda que não haja a imprescindível averbação na matrícula do imóvel no RGI, na medida em que o adquirente tomou ciência das locações por força da cláusula de sub-rogação existente no contrato de compra e venda;

e) não poderão exigir o cumprimento da cláusula de vigência, ausente a imprescindível averbação na matrícula do imóvel no RGI, mesmo que o adquirente tenha tomado ciência das locações por força da cláusula de sub-rogação existente no contrato de compra e venda.

02. (Cespe – Notário-ES/2013) Determinado imóvel urbano está alugado e o locador deseja vendê-lo antes do prazo final do contrato de locação. Nesse caso,

a) a preferência do locatário sobrepõe-se à do condômino, nos casos em que houver condomínio no imóvel.

b) o direito de preferência incidirá sobre a totalidade dos bens que sejam objeto da alienação, no caso de haver alienação de mais de uma unidade imobiliária.

c) o locador não tem legitimidade para o registro do contrato de locação com cláusula de vigência, em caso de alienação.

d) o locatário deverá exercer seu direito de preempção no prazo de sessenta dias.

e) o locatário preterido no seu direito de preferência poderá reclamar do alienante perdas e danos, independentemente de o contrato de locação ter sido averbado no cartório de imóveis antes da alienação.

03. (Vunesp – Cartório – TJ – SP/2012) Sobre locação de prédios urbanos, pode-se afirmar que

I. os contratos de locação são registrados no Registro de Títulos e Documentos, para surtir efeitos em relação a terceiros, sem prejuízo de serem também levados ao registro imobiliário, quando consignada cláusula de vigência no caso de alienação da coisa locada;

II. os contratos de locação nos quais tenha sido consignada cláusula de vigência no caso de alienação da coisa locada serão registrados na matrícula do imóvel, mediante apresentação de qualquer das vias do contrato, assinado pelas partes e subscrito por duas testemunhas, bastando a coincidência entre o nome de um dos proprietários e o do locador;

III. a base de cálculo dos emolumentos do Registro de Imóveis em relação aos contratos de locação com prazo determinado será o valor da soma dos alugueres mensais. Se o prazo for indeterminado, tomar-se-á o valor de 12 alugueres mensais.

a) Todas as afirmativas estão corretas.

b) Apenas a afirmativa I está correta.

c) Apenas a afirmativa II está correta.

d) Apenas a afirmativa III está incorreta.

GAB	1	E	2	B	3	A

4) do penhor de máquinas e de aparelhos utilizados na indústria, instalados e em funcionamento, com os respectivos pertences ou sem eles;

1. COMENTÁRIOS

O penhor é o direito real pelo qual o devedor ou terceiro transfere ao credor, como garantia do crédito, a posse de uma coisa móvel.

O penhor de máquinas e de aparelhos utilizados na indústria, instalados e em funcionamento, com os respectivos pertences ou sem eles, é conhecido como **penhor industrial.** Neste caso, os bens empenhados continuam nas mãos do devedor, sendo imprescindível o registro para fins de publicidade perante terceiros.

O art. 1.448 do Código Civil estabelece que se constitui o penhor industrial, ou o mercantil, mediante instrumento público ou particular, registrado no Cartório de **Registro de Imóveis da circunscrição onde estiverem situadas as coisas empenhadas.**

O penhor industrial é registrado no Registro de Imóveis, no **Livro nº 3 (Registro Auxiliar)**, consoante a regra inserta no art. 178, IV, da Lei de Registros Públicos. Todavia, a lei registral não dispôs acerca do conteúdo do registro do penhor no Livro nº 3.

Sugerimos a utilização dos requisitos do art. 1.424 do Código Civil. Assim, o valor do crédito, sua estimação, ou valor máximo; o prazo fixado para pagamento; a taxa dos juros, se houver; e o bem dado em garantia com as suas consequências são os elementos mínimos de validade dos contratos do penhor.

Ademais, devem ainda constar do registro os elementos gerais dos contratos, como por exemplo, nome e qualificação das partes; data do documento; imóvel da localização dos bens apenhados; as assinaturas das partes ou dos representantes legais.

2. QUESTÕES DE CONCURSOS

01. (EJEF – Registro de Imóveis-MG/2005) É CORRETO afirmar que, entre os seguintes títulos, o que se considera apto a ingresso registral imobiliário é

a) a cessão de direitos hereditários.

b) o penhor mercantil.

c) o protesto contra alienação de bens.

d) o usufruto sucessivo.

02. (Vunesp – Notário – SP/2008) O penhor industrial, para valer contra terceiros, constitui-se

a) só mediante instrumento público, registrado no Registro de Imóveis da sede do devedor.

b) mediante instrumento público ou particular, registrado no Registro Público de Empresas Mercantis da sede do devedor, a cargo das Juntas Comerciais.

c) mediante instrumento público ou particular, registrado no Registro de Imóveis da circunscrição onde estiverem situadas as coisas empenhadas.

d) mediante instrumento particular, registrado no Registro de Títulos e Documentos em que tiverem sede tanto o devedor quanto o credor, emitida pelo primeiro, a favor do último, uma cédula de crédito industrial, se houver o compromisso do devedor de saldar em dinheiro o débito pignoratício.

GAB	1	B	2	C

5) das penhoras, arrestos e sequestros de imóveis;

1. COMENTÁRIOS

Consistem as penhoras, os arrestos e sequestros em **constrições judiciais.** O acesso se dará pela inscrição destes direitos na matrícula (Livro nº 2 – Registro Geral) do imóvel objeto da constrição.

1.1 PENHORA

A penhora é um ato judicial de constrição de bens do devedor, visando garantir a execução de uma dívida. O procedimento consiste na apreensão e, se necessário, na venda de bens do executado para satisfazer o crédito do exequente. A penhora recai sobre bens móveis ou imóveis, direitos e ações, respeitando a ordem estabelecida em lei, e deve ser formalizada por meio de auto ou termo nos autos do processo executivo.

Na prática, a penhora assegura que o credor tenha uma garantia real de que poderá receber o pagamento do seu crédito. Para tanto, o oficial de justiça realiza a apreensão do bem e, posteriormente, este pode ser levado a leilão ou adjudicado, de acordo com o procedimento judicial. A penhora pode incidir sobre uma ampla gama de bens, incluindo saldos bancários, salários, imóveis, veículos, entre outros, observando-se as limitações legais de impenhorabilidade.

O **auto de penhora** consiste no documento que é lavrado **fora** do processo pelo oficial de justiça em cumprimento ao mandado judicial.

Frise-se que a **penhora por meio eletrônico** não depende da participação do oficial de justiça, sendo realizada **diretamente pelo cartório judicial**, o mesmo ocorrendo com a penhora de imóvel quando a parte interessada junta aos autos cópia atualizada da matrícula do imóvel.

Consoante o art. 838 do novo Código de Processo Civil, o auto de penhora conterá:

> I – a indicação do dia, mês, ano e lugar em que foi feita;
>
> II – os nomes do exequente e do executado;
>
> III – a descrição dos bens penhorados, com as suas características;
>
> IV – a nomeação do depositário dos bens.

Na lição de Amilcar de Castro, em relação à falta de algum desses elementos não ocorre à nulidade, "pois, em certas ocasiões, podem ser simples irregularidades sanáveis. Sem a demonstração de prejuízo de qualquer das partes e, podendo suprir-se, sem qualquer inconveniente, a falta verificada, não se deve declarar nulo um auto de penhora (Do Procedimento de execução. Rio de Janeiro: Forense, 1999, p. 184).

O **termo de penhora**, previsto no art. 851 do Código de Processo Civil de 2015, é aquele lavrado pelo escrivão da vara quando ocorre a aceitação da oferta de bens à penhora pelo executado. Em outras palavras, ao escrivão cabe redigir o termo de penhora após o acolhimento da nomeação válida.

Destarte, o Superior Tribunal de Justiça tem se posicionado no sentido de que a assinatura do executado é requisito indispensável à assinatura do termo de penhora, como se vê:

> "Processo de execução. Execução. Termo de penhora. Assinatura. Requisito indispensável. Penhora de bens incorpóreos. Irrelevância. Art. 665, CPC. Recurso desacolhido. I – Nos termos do art. 665-IV, CPC, é requisito indispensável do auto de penhora a nomeação do depositário do bem, assim como a assinatura no termo, independentemente da natureza do bem penhorado. II – A regular penhora antecede à intimação para apresentação dos embargos. III – Segundo antigo brocardo latino, *ubi lex non distinguit nec interpres distinguere debet*. (STJ, Resp 420393/sp, 4º Turma, rel. Min. Sálvio de Figueiredo Teixeira, j.6.6.2002, DJ 12.8.2002, p.223)".

Pode-se concluir que enquanto o **auto de penhora** é realizado **fora do processo**, o **termo de penhora** é lavrado nos **autos do processo**.

Resumo das Diferenças

Aspecto	Auto de Penhora	Termo de Penhora
Elaboração	Oficial de justiça no local dos bens	Escrivão ou chefe de secretaria nos autos
Conteúdo	Descrição detalhada dos bens, valor, data, etc.	Informações sobre os bens/valores penhorados
Formalidade	Documento mais detalhado e formal	Registro formal nos autos
Uso Comum	Penhora presencial (ex: bens móveis, imóveis)	Penhora não presencial (ex: dinheiro em conta)

Daniel Amorim Assumpção Neves explica que "apesar de em regra a penhora exigir a lavratura de um termo ou de um auto, há situações excepcionais de dispensa. O Superior Tribunal de Justiça entende que resultando a penhora em conversão do arresto executivo, há ciência inequívoca do executado do ato de constrição judicial e dessa forma se torna despicienda, diante de sua inutilidade, a lavratura do auto de penhora (STJ, 3 Turma, REsp 1.162.144/MG, rel. Min. Vasco Della Giustina, j. 06/05/2010, DJe 24/05/20100. Também já entendeu dispensável tal lavratura na penhora realizada pelo sistema BacenJud porque nesse caso o próprio ato processual praticado pelo meio eletrônico permite ao executado a identificação, com exatidão, de seus detalhes, como o valor penhorado, a conta corrente e instituição financeira (STJ 3 Turma, REsp 1.195.976/RN, rel. Min. João Otávio de Noronha, j. 20/02/2014, DJe 05/03/2014). Entendimento diferente tem o Superior Tribunal de Justiça quanto à garantia do juízo por meio de fiança bancária, quando exige a lavratura do termo de penhora" (STJ, 1 Turma, AgRg no REsp 1.043.521/MT, rel. Min. Sergio Kukina, j. 12/11/2013, DJe 21/11/2013). (Op. cit., p. 1335).

Nos termos do art. 844, para **presunção absoluta de conhecimento por terceiros**, cabe ao exequente providenciar a **averbação do arresto ou da penhora no registro competente,** mediante apresentação de cópia do auto ou do termo, independentemente de mandado judicial.

É certo pela expressão do artigo que a penhora deve ser **"averbada"**, expressão em conformidade com o que já era previsto no CPC/73, art. 659, parágrafo 4º, com redação dada pela Lei 11.382/2006. No entanto, nem a referida lei, nem o novo CPC, alteraram o artigo 167, I, 5, da Lei de Registros Públicos, assim como os artigos 239 e 240 do mesmo diploma legal. Esses artigos continuam prevendo que o arresto, o sequestro e a penhora são objeto de **registro.**

Alguns Estados ainda continuam prevento o registro da penhora, como é o caso do Distrito Federal. Veja-se:

> Art. 184, Provimento-Geral da Corregedoria de Justiça do Distrito Federal aplicado aos serviços notariais e de registros. Registrar-se-á a penhora de imóvel mediante apresentação de certidão de inteiro teor do ato e independentemente de mandado judicial.

Em outras unidades da federação, por exemplo, no Estado de São Paulo, a penhora é objeto de **averbação.**

Relevante destacar também a inovação trazida pela Lei 11.382/2006, a chamada **averbação premonitória**, que introduziu o art. 615-A no Código de Processo Civil de 1973. Esta lei estabelecia que o exequente poderia, no **ato de distribuição**, obter **certidão comprobatória do ajuizamento da execução**, com identificação das partes e valor da causa, para fins de averbação no registro de imóveis, registro de veículo ou registro de outros bens sujeitos à penhora ou arresto.

O aludido dispositivo atualmente está normatizado no **art. 828** do CPC/2015. Ele prevê que o exequente pode obter **certidão** de que **a execução foi admitida pelo juiz,** com identificação das partes e do valor da causa, para fins de averbação no registro de imóveis, de veículos ou de outros bens sujeitos a penhora, arresto ou indisponibilidade.

Assim, enquanto no sistema do CPC/1973 a mera propositura da execução já permitia ao exequente a obtenção da certidão para fins de averbação, na sistemática do novo CPC a execução deve ser previamente admitida pelo juiz, nos termos do *caput* do art. 828.

Daniel Amorim Assumpção Neves defende que "apesar de a previsão se referir somente ao processo de execução, a melhor doutrina acertadamente entende que também no cumprimento de sentença caberá o pedido pelo exequente da expedição de certidão contemporânea da execução junto ao cartório no qual tramita a demanda judicial" (Op. cit., p. 1307). Para outra parte da doutrina essas averbações somente são possíveis durante a fase de execução, não sendo admitida na ação de conhecimento, salvo expressa determinação do juiz deste processo.

Presume-se em **fraude à execução a alienação ou oneração de bens** efetuada **após a averbação.** A finalidade deste dispositivo é dar ciência a terceiros e ao próprio executado, antes mesmo de sua citação configurando fraude à execução a alienação ou oneração de bens efetuada após a averbação. É o que se depreende do § 4º do art. 828.

No prazo de 10 (dez) dias de sua concretização, o exequente deverá comunicar ao juízo as averbações efetivadas.

Formalizada penhora sobre bens suficientes para cobrir o valor da dívida, o exequente providenciará, no prazo de 10 (dez) dias, o **cancelamento das averbações relativas àqueles não penhorados.**

O juiz determinará o cancelamento das averbações, **de ofício ou a requerimento**, caso o exequente não o faça no prazo.

Note-se que o **cancelamento da averbação não é automático com o registro da penhora** e isso ficou ainda mais evidente no NCPC.

Outra forma de cancelamento da penhora é a **arrematação**, com exceção do art. 1.501 do Código Civil, que prescreve que a hipoteca, devidamente registrada, não será extinta pela arrematação ou adjudicação sem que os respectivos credores hipotecários, que não foram de qualquer modo partes na execução, tenham sido notificados judicialmente.

No que se refere ao cancelamento da penhora pela arrematação, este não é automático quando existirem na matrícula do imóvel outras penhoras ou arrestos, somente sendo possível mediante apresentação de ordem específica do juiz que ordenou tais penhoras ou arrestos, podendo ser requeridos pelo arrematante.

Quanto às **hipotecas**, seu cancelamento por ser solicitado pelo credor hipotecário ou por ordem judicial específica.

Assevera o art. § 5º do art. 828 que o exequente que promover **averbação manifestamente indevida** ou não cancelar as averbações nos termos acima citados, indenizará a parte contrária, processando-se o incidente em autos apartados.

A averbação é **ato extrínseco à penhora**, não constitui forma estabelecida *ad solemnitatem* ou *ad substantiam*, equivale dizer, **não constitui requisito de validade nem fase integrante da penhora.** Trata-se de uma faculdade do credor e não obrigatoriedade. Visa dar conhecimento da constrição a terceiros. Torna-se eficaz para impedir a venda a terceiros em fraude à execução. Esse também é o entendimento de grande parte da doutrina e da jurisprudência.

Maria Helena Diniz, ao comentar a *ratio iuris* do registro da penhora, preleciona: "O registro da penhora, do arresto e do sequestro de imóveis, no Livro nº 2 (Lei nº 6.015/73), art. 167, I, nº 5), visa à proteção ao terceiro de boa-fé e à segurança dos negócios jurídicos, pois, ao gerar a publicidade, traz a presunção júris et de jure da ciência a terceiros. "(*Sistema de Registro de Imóveis.* 2ª ed., São Paulo: Saraiva, 1997, p. 193/194).

Por sua vez, Carreira Alvim nos ensina que "a reforma imposta pelo § 4º do art. 659 não recomenda que nos apartemos da nossa tradição, sendo aconselhável uma interpretação que, sem fazer tábula rasa do preceito inovador, não o conduza além dos seus naturais limites, sob pena de retardar desnecessariamente a execução, contrariando o espírito da própria reforma. Assim, a penhora de imóvel considera-se perfeita e acabada e, portanto, eficaz entre as partes, com a lavratura do auto ou termo de penhora (art. 659, § 4º, parte inicial) – independentemente da sua inscrição no registro imobiliário (...)" (in Ação Monitória e Temas Polêmicos da Reforma Processual, 1995, p. 259). O dispositivo que o autor menciona na época da vigência do CPC/1973 tem correspondência no art. 845, § 1º, do CPC/2015.

Adicionalmente, convém apresentar o recente Enunciado 212, da III Jornada de Direito Processual Civil do Conselho da Justiça Federal.

> Enunciado 212: É cabível a averbação de penhora no rosto dos autos de **processo arbitral.**
>
> Justificativa: Nada impede que um juiz estatal, no âmbito de um processo executivo, determine ao árbitro a realização de penhora no rosto dos autos de um processo arbitral, hipótese já referendada pelo Superior Tribunal de Justiça (REsp n. 1.678.224/SP). Na ocasião, decidiu-se pela possibilidade de realização de penhora no rosto dos autos de arbitragem por se entender que o ato "não implica propriamente a individualização, tampouco a apreensão efetiva e o depósito de bens à ordem judicial, mas a mera afetação à futura expropriação". A penhora no rosto dos autos é ato essencialmente cognitivo, prévio à expropriação, que não pressupõe a incursão em bens e direitos do executado. Há tão somente a afetação do direito em perspectiva essencialmente jurídica. Não há ingresso patrimonial forçado na esfera de bens do devedor, mas tão somente ato cognitivo, cabível ao árbitro. Por consequência, cabe ao árbitro promover tal penhora. Efetivada a penhora no rosto dos autos, o futuro devedor na arbitragem está vinculado àquela determinação, de modo que, no momento da quitação do débito ao qual for eventualmente condenado, deverá pagar ao exequente que requereu a penhora, sob pena de responsabilização direta, nos termos do art. 312 do Código Civil. Aquele que promove a penhora tem direito a ser intimado da sentença arbitral não na condição de parte, mas para que tenha ciência do término do processo a fim de efetivar os seus direitos decorrentes da penhora na forma que entender cabíveis, com a ocultação das informações sensíveis, a teor do art. 189, §2º, do CPC.

1.1.1 PENHORA DE BEM ALIENADO FIDUCIARIAMENTE

A alienação fiduciária ocorre quando um comprador adquire um bem a crédito e mantém, no registro do mesmo, uma cláusula de alienação desse bem ao credor como garantia da dívida. Por esse instrumento, muito comum nas compras de veículos financiados, o devedor fica impedido de negociar o bem, podendo apenas usufruir dele.

A jurisprudência se manifestou sobre a não possibilidade de penhora sobre imóvel gravado com a cláusula de alienação fiduciária. Em um caso julgado pela 9ª Turma do TRT mineiro (0001361-21.2014.5.03.0174 AP), os julgadores concluíram que essa possibilidade não existe, uma vez que o bem não integra o patrimônio do devedor, que detém apenas a posse direta sobre ele.

O processo pertence à 2ª Vara do Trabalho de Araguari, que processou a penhora de dois imóveis que estavam na posse da empresa reclamada. O ato gerou protestos de uma cooperativa de crédito que, em embargos de terceiro, alegou que os dois imóveis matriculados no Cartório de Registro de Imóveis da Comarca de Araguari estão alienados fiduciariamente em garantia, em seu favor. Por isso não poderiam ser penhorados, já que não pertencem à executada, mas sim à cooperativa. Mas o juiz de 1º Grau negou o pedido de desconstituição da penhora e determinou o prosseguimento da execução.

Ao analisar o recurso da cooperativa, o juiz concluiu que **o fato de os imóveis estarem alienados fiduciariamente em favor da cooperativa de crédito impede a penhora promovida no processo de execução,** no qual se pretende a garantia do crédito dos autores de várias reclamações contra a empresa executada. Ele frisou que esse entendimento encontra-se pacificado pela Súmula nº 31 do Tribunal Regional do Trabalho da 3ª Região, no sentido de não se admitir no processo do trabalho a penhora de bem gravado com ônus de alienação fiduciária. Segundo esclareceu, embora a Súmula faça referência à penhora de veículo gravado com esse ônus, a situação é a mesma, alterando-se apenas o tipo de bem.

O magistrado destacou que a penhora sobre os imóveis em questão é inadmissível, pois afeta o direito de propriedade daquele que não está obrigado a responder por dívida que não contraiu, no caso, a cooperativa de crédito.

Diante dos fatos, a 9ª Turma do TRT-MG deu provimento ao agravo de petição e determinou a desconstituição da penhora dos imóveis matriculados sob os números 5.018 e 21.999 no Cartório de Registro de Imóveis da Comarca de Araguari, efetuada nos autos do processo de execução.

A jurisprudência dos outros Estados segue na mesma direção, ou seja, não é possível a penhora de bens garantidos por alienação fiduciária, pois estão fora da esfera patrimonial do devedor. No entanto, **a penhora sobre os direitos do devedor fiduciante é permitida.**

Nesse sentido, a 8ª Turma do Tribunal Regional Federal da 1ª Região, por ocasião do julgamento do Agravo Regimental nº 0017118-33.2014.4.01.0000, assentou que:

> *TRIBUTÁRIO E PROCESSUAL CIVIL. AGRAVO REGIMENTAL EM AGRAVO DE INSTRUMENTO. EXECUÇÃO FISCAL.* ***PENHORA DE BENS GARANTIDOS POR ALIENAÇÃO FIDUCIÁRIA. IMPOSSIBILIDADE. CABÍVEL, NO ENTANTO, A PENHORA SOBRE OS DIREITOS DO DEVEDOR FIDUCIÁRIO, COM PRÉVIA ANUÊNCIA DA INSTITUIÇÃO FINANCEIRA.*** *PRECEDENTES DESTE TRIBUNAL E DO STJ. PENHORA DE VALORES PROVENIENTES DE OPERAÇÕES COM CARTÃO DE CRÉDITO. INEFICÁCIA DA MEDIDA. AGRAVO REGIMENTAL NÃO PROVIDO.*
>
> *1. Não é cabível a penhora sobre bens garantidos por alienação fiduciária, pois estão fora da esfera patrimonial do devedor. Precedentes do STJ.*
>
> *2. Contudo, é possível que a constrição recaia sobre os direitos do devedor fiduciário, decorrentes do contrato entabulado com a instituição financeira, mediante anuência prévia do credor fiduciário. Precedentes do TRF 1ª Região e do STJ.*
>
> *3. A penhora de eventuais valores provenientes de operações com cartões de crédito mostra-se ineficaz, haja vista que a sociedade executada encontra-se desativada desde fevereiro de 2009. 4. Agravo regimental não provido.*

Demais disso, oportuno ilustrar o entendimento do Superior Tribunal de Justiça:

> *PROCESSUAL CIVIL E TRIBUTÁRIO. EXECUÇÃO FISCAL. CONTRATO DE ALIENAÇÃO FIDUCIÁRIA. DIREITOS DO DEVEDOR FIDUCIANTE. PENHORA. POSSIBILIDADE.*
>
> *1. Não é viável a penhora sobre bens garantidos por alienação fiduciária, já que não pertencem ao devedor-executado, que é apenas possuidor, com responsabilidade de depositário, mas à instituição financeira que realizou a operação de financiamento. Entretanto é possível recair a constrição executiva sobre os direitos detidos pelo executado no respectivo contrato. Precedentes.*
>
> *2.* ***O devedor fiduciante possui expectativa do direito à futura reversão do bem alienado, em caso de pagamento da totalidade da dívida, ou à parte do valor já quitado, em caso de mora e excussão por parte do credor, que é passível de penhora, nos termos do art. 11, VIII, da Lei das Execuções Fiscais (Lei nº 6.830/80), que permite a constrição de 'direitos e ações'.*** *(REsp 795.635/PB, de minha relatoria, DJU de 07/08/2006).*
>
> *3. Recurso especial provido. (STJ. 2ª Turma. REsp 910.207/MG, Rel. Ministro Castro Meira. Publicado no DJ 25/10/2007)*

1.1.2 É POSSÍVEL QUE O IMÓVEL SEJA PENHORADO SEM QUE PROPRIETÁRIO TENHA FIGURADO NA AÇÃO?

A Terceira Turma do Superior Tribunal de Justiça, no REsp 1829663, reformou acórdão do Tribunal de Justiça de São Paulo (que havia entendido que a medida afrontava o artigo 472 do CPC de 1973), decidindo que o proprietário do imóvel gerador de débitos condominiais pode ter o seu bem penhorado na fase de cumprimento de sentença, mesmo não tendo figurado no polo passivo da ação de cobrança.

O caso analisado é resultado de embargos de terceiro opostos pela proprietária do imóvel contra o condomínio, com os quais ela buscava evitar a penhora do bem – decorrente de condenação em ação de cobrança de cotas condominiais. A proprietária argumentou que o fato de a obrigação ser *propter rem* não a transforma em sujeito passivo da execução, pois não participou da formação do título executivo.

Em primeiro grau, o pedido da proprietária foi rejeitado. Porém, o tribunal paulista reconheceu a impossibilidade da penhora, sob o argumento de que seria inviável redirecionar a execução a pessoa que não figurou na relação jurídica originária.

No recurso ao STJ, o condomínio sustentou que, diante da característica *propter rem* da obrigação condominial, cada unidade imobiliária responde pelas suas despesas, independentemente de quem as originou ou da própria vontade do proprietário.

O recorrente argumentou também que, esgotados todos os meios para recebimento dos débitos e impedida a penhora, os demais condôminos ficariam claramente prejudicados, à medida que os encargos seriam rateados entre eles, enquanto a devedora continuaria usufruindo de todos os serviços do condomínio.

A relatora do recurso, ministra Nancy Andrighi, explicou que a obrigação de pagamento das despesas condominiais é de natureza *propter rem*, ou seja, é obrigação "própria da coisa", caracterizada pela particularidade de o devedor se individualizar única e exclusivamente pela titularidade do direito real, desvinculada de qualquer manifestação de vontade.

De acordo com a relatora, essa característica também incide sobre determinada pessoa por força de determinado direito real, isto é, só existe em razão da situação jurídica do obrigado, de titular do domínio ou de detentor de determinada coisa.

Para a ministra, a obrigação *propter rem* é equivalente ao compromisso imposto aos proprietários e inquilinos das unidades de um prédio de não prejudicarem a segurança, o sossego e a saúde dos vizinhos.

A relatora lembrou que, no julgamento do REsp 1.345.331, a Segunda Seção firmou a tese na qual "o que define a responsabilidade pelo pagamento das obrigações condominiais não é o registro do compromisso de compra e venda, mas a relação jurídica material com o imóvel, representada pela imissão na posse pelo promissário comprador, dependendo das circunstâncias de cada caso concreto".

Nancy Andrighi também citou que, no REsp 1.704.498, a Terceira Turma decidiu pela possibilidade de a arrendatária do imóvel figurar no polo passivo de ação de cobrança de despesas condominiais, pois é ela quem exerce a posse direta sobre o bem e quem, em realidade, usufrui dos serviços prestados pelo condomínio.

Desse modo, a ministra apontou que "a ação de cobrança de débitos condominiais pode ser proposta em face de qualquer um daqueles que tenha uma relação jurídica vinculada ao imóvel, o que mais prontamente possa cumprir com a obrigação".

O caso analisado – observou a relatora – ocorreu na vigência do CPC/1973, cujo artigo 472 define que os efeitos da coisa julgada são restritos àqueles que participam da ação judicial, não beneficiando nem prejudicando estranhos à relação processual. No entanto, ela destaca que essa regra não é absoluta e comporta exceções. Em determinadas hipóteses, a coisa julgada pode atingir, além das partes, terceiros que não participaram de sua formação. A partir da premissa de que o próprio imóvel gerador das despesas constitui garantia do pagamento da dívida, dada a natureza *propter rem* da obrigação, pode-se admitir a inclusão do proprietário no cumprimento de sentença em curso.

Uma vez mais, nas palavras da ministra "a solução da controvérsia perpassa pelo princípio da instrumentalidade das formas, aliado ao princípio da efetividade do processo, no sentido de se utilizar a técnica processual não como um entrave, mas como um instrumento para a realização do direito material. Afinal, se o débito condominial possui caráter ambulatório, não faz sentido impedir que, no âmbito processual, o proprietário possa figurar no polo passivo do cumprimento de sentença".

1.1.3 É POSSÍVEL PENHORA DE BEM DE FAMÍLIA EM CONDOMÍNIO NA EXECUÇÃO DE ALUGUÉIS ENTRE CONDÔMINOS?

No REsp 1.888.863, o Superior Tribunal de Justiça respondeu positivamente. Desse modo, a penhora de bem de família mantido em condomínio é possível, **caso um dos condôminos exerça seu direito de executar os aluguéis fixados em juízo pelo uso exclusivo do imóvel pelos demais condôminos.**

A Terceira Turma do STJ negou provimento ao recurso em que dois condôminos alegaram que o imóvel no qual residiam não poderia ser penhorado, por se tratar de bem de família. A adjudicação do imóvel foi determinada como consequência da falta de pagamento, pelos condôminos moradores, dos aluguéis cobrados judicialmente pela outra condômina.

A ministra Nancy Andrighi, relatora do processo entendeu que a obrigação de indenizar os demais condôminos pelo uso exclusivo gera débito oriundo de direito real, configurando-se como obrigação *propter rem*, diante da qual se admite a penhora do bem de família, conforme previsto no artigo 3º, IV, da Lei 8.009/1990.

O condomínio designa comunhão da fração de um objeto. Nas explicações da magistrada, "o ordenamento jurídico brasileiro, dispõe que todos os condôminos possuem o direito de usar, gozar e dispor de sua unidade (artigo 1.314 do Código Civil); bem como são responsáveis pelas despesas do condomínio, na proporção de suas partes (artigo 1.315), e respondem aos outros pelos frutos que receberam da coisa e pelos danos que lhe causaram (artigo 1.319)".

Nos autos, a ministra Nancy averiguou que os moradores fazem uso exclusivo do imóvel condominial, o que lhes impõe a obrigação de remunerar os demais pelos frutos obtidos individualmente. "Na sua avaliação, não pode um dos condôminos se valer da proteção do bem de família para prejudicar os outros, os quais têm os mesmos direitos reais sobre o imóvel, na medida de suas frações ideais. O condomínio, sob o prisma de direitos subjetivos, consiste em concorrência de pretensões e poderes sobre a mesma coisa. É reunião de direitos reais de propriedade que se exercem sobre um único bem. Adquire-se e perde-se pelos modos de aquisição e perda da propriedade em geral para cada sujeito, embora se forme por meios especiais. O artigo 3º da Lei 8.009/1990 é taxativo ao relacionar as hipóteses em que não se aplica a proteção do bem de família. No inciso IV, o dispositivo admite a penhora na cobrança de impostos, predial ou territorial; e de taxas e contribuições devidas em função do imóvel familiar."

É entendimento predominante no STJ, o entendimento de que a natureza *propter rem* da dívida fundamenta o afastamento da impenhorabilidade do bem de família. A relatora salientou que "há três determinantes para a obrigação *propter rem* recair sobre alguém: a ligação da dívida com um determinado direito real, a situação jurídica do obrigado e a tipicidade que estabelece a conexão da obrigação com o direito real".

Ademais, foi destacada a vedação do enriquecimento ilícito. Nos ensinamentos da ministra, "se apenas um dos condôminos utiliza o bem de forma exclusiva, impedindo o usufruto comum do imóvel pelos demais condôminos, surge o direito do outro de ser ressarcido, sob pena de enriquecimento ilícito, em ofensa ao artigo 884 do Código Civil. Logo, a posse exclusiva (uso e fruição), por um dos coproprietários, é fonte de obrigação indenizatória aos demais coproprietários, porque fundada no direito real de propriedade. Se o condômino não tem como cumprir suas obrigações, ele pode renunciar à sua cota em favor dos demais, desvinculando-se da condição de detentor de direito real, com o que se encerra sua obrigação *propter rem*. O aluguel por uso exclusivo do bem configura-se como obrigação *propter rem* e, por essa razão, enquadra-se nas exceções previstas no artigo 3º, IV, da Lei 8.009/1990, que afastam a impenhorabilidade do bem de família".

1.1.4 VALIDADE DE PENHORA DO BEM DE FAMÍLIA DADO POR FIADOR EM GARANTIA DE LOCAÇÃO COMERCIAL OU RESIDENCIAL

Nos REsp 1822033 e 1822040, a Segunda Seção do Superior Tribunal de Justiça estabeleceu a tese de que **é válida** a penhora do bem de família de fiador dado em garantia em contrato de locação de imóvel – seja residencial ou comercial –, nos termos do artigo 3º, inciso VII, Lei 8.009/1990.

Anote-se que o julgamento teve como base o entendimento firmado pelo Supremo Tribunal Federal no Tema 1.127. Desse modo, os juízes e tribunais de todo país tem a possibilidade de adotar o precedente qualificado em processos semelhantes.

O ministro relator de um dos processos citados, Luis Felipe Salomão elucida que "o fiador, no pleno exercício de seu direito de propriedade de usar, gozar e dispor da coisa (Código Civil, artigo 1.228), pode afiançar, por escrito (CC, artigo 819), o contrato de locação (residencial ou comercial), abrindo mão da impenhorabilidade do seu bem de família, por sua livre e espontânea vontade, no âmbito de sua autonomia privada, de sua autodeterminação.

Acrescenta o magistrado que a afetação do tema como repetitivo se deu pela necessidade de reanálise do precedente fixado no REsp 1.363.368 e do enunciado 549 da Súmula do STJ, segundo os quais é válida a penhora do bem de família de propriedade de fiador em contrato de locação.

Ademais, rememorou que a Lei 8.009/1990 previu um rol de exceções à regra da impenhorabilidade do bem de família, entre as quais está a obrigação decorrente de fiança concedida em contrato de locação (artigo 3º, inciso VII, incluído pela Lei 8.245/1991).

Tendo em vista este contexto legislativo, as cortes superiores passaram a discutir se o fato de a locação ser residencial ou comercial teria impacto na regra de penhorabilidade do bem de família do fiador. Após vários julgamentos, em maio de 2022, o STF decidiu pela constitucionalidade da penhora do bem de família do fiador de contrato de locação – seja residencial, seja comercial (Tema 1.127). Essas são as claras explicações do ministro.

Na mesma direção, o relator evidenciou que, "de fato, a lei não distinguiu os contratos de locação para fins de afastamento de regra de impenhorabilidade do bem de família. O ministro observou, como também entendeu o STF, que não seria possível criar distinções onde a lei não o fez – sob pena de violar o princípio da isonomia no instituto da fiança, pois o fiador de locação comercial teria protegido o seu bem de família, ao passo que o fiador de locação residencial poderia ter o seu imóvel penhorado. Reconhecer a impenhorabilidade do imóvel do fiador, além de violar o princípio da autonomia da vontade negocial, geraria impacto na liberdade de empreender do locatário e no direito de propriedade do fiador, especialmente porque a fiança é a garantia menos custosa e mais aceita pelos locadores. Afastar a proteção do bem de família foi o instrumento jurídico de políticas públicas de que o Estado se valeu para enfrentar o problema público da ausência de moradia e de fomento da atividade empresarial, decorrente das dificuldades impostas aos contratos de locação".

1.1.5. A TRANSFERÊNCIA DE IMÓVEL A FILHO MENOR PELO DEVEDOR SEM PENHORA REGISTRADA CARACTERIZA FRAUDE À EXECUÇÃO?

No REsp 1.981.646, a Terceira Turma do Superior Tribunal de Justiça, ao dar parcial provimento ao recurso especial de uma empresa, por unanimidade, entendeu que **a transferência de imóvel pelo devedor à filha menor de idade – tornando-se insolvente – caracteriza fraude à execução, independentemente de haver execução pendente ou penhora averbada na matrícula imobiliária, ou mesmo prova de má-fé.**

O conflito julgado pelo colegiado teve origem em ação ajuizada pela empresa para cobrar por serviços prestados. Com a finalidade de garantir a execução, o juízo determinou a penhora de um imóvel registrado no nome do devedor.

A filha menor do executado opôs embargos de terceiro contra a referida decisão, alegando que ela recebeu o imóvel como pagamento de pensão alimentícia, a partir de um acordo entre sua mãe e o devedor, homologado judicialmente.

Sob o argumento de que a transferência do imóvel pelo devedor à filha caracterizou fraude à execução, os embargos foram rejeitados.

Por sua vez, o Tribunal de Justiça de São Paulo reformou a sentença por considerar que não teria havido fraude nem má-fé da embargante, tendo em vista a ausência de averbação da penhora ou da execução na matrícula do imóvel.

A ministra Nancy Andrighi, relatora do processo alegou que, **para a jurisprudência, a inscrição da penhora no registro do bem não constitui elemento integrativo do ato, mas requisito de eficácia perante terceiros.** Por essa razão, o prévio registro da penhora gera presunção absoluta (juris et de jure) de conhecimento para terceiros e, portanto, de fraude à execução caso o bem seja alienado ou onerado após a averbação. Ainda observou que, por outro lado, de acordo com a jurisprudência do STJ, **se o bem se sujeitar a registro, e a penhora ou a execução não tiver sido averbada, tal circunstância não impedirá o reconhecimento da fraude à execução, cabendo ao credor comprovar que o terceiro adquirente tinha conhecimento de demanda capaz de levar o alienante à insolvência.**

A despeito disso, a ministra apontou que, no caso dos autos, não caberia à empresa comprovar a má-fé da embargante, pois o devedor transferiu seu patrimônio em favor de descendente menor, como maneira de fugir de sua responsabilidade perante os credores. Nas palavras dela "não há importância em indagar se o descendente conhecia ou não a penhora sobre o imóvel ou se estava ou não de má-fé. Isso porque o destaque é a má-fé do devedor que procura blindar seu patrimônio dentro da própria família mediante a transferência de seus bens para seu descendente, com objetivo de fraudar a execução". E conclui que "não reconhecer que a execução foi fraudada porque não houve registro de penhora ou da pendência de ação de execução, já que não se cogitou de má-fé da filha, oportunizaria transferências a filhos menores, reduzindo o devedor à insolvência e impossibilitando a satisfação do crédito do exequente, que também age de boa-fé".

1.2 ARRESTO

O arresto possuía regulamentação nos artigos 813 ao 821, do Código de Processo Civil e consistia numa medida processual de natureza cautelar. Este ato de constrição era cabível quando:

1) O devedor sem domicilio certo intenta ausentar-se, ou alienar os bens que possui, ou deixa de pagar a obrigação no prazo estipulado;
2) O devedor com domicilio se ausentar ou tentar se ausentar furtivamente;
3) Caindo em insolvência aliena ou tenta alienar bens que possui, contrai ou intenta contrair dívidas extraordinárias, põe ou tenta por seus bens em nome de terceiros, comete qualquer outro artifício fraudulento, com a finalidade de frustrar a execução;
4) O devedor que possui bens de raiz, intenta aliená-los hipotecá-los ou dá-los em anticrese.

Anote-se que os dispositivos que regulamentavam o arresto no CPC/1973 não possuem correspondentes no CPC/2015, resultando na extinção do referido **processo cautelar.** Atualmente, existe uma **tutela de urgência cautelar**.

Em outras palavras, o novo CPC acabou com o processo cautelar autônomo e com os procedimentos cautelares específicos (arresto, sequestro, busca e apreensão, etc.). Todavia, o pedido continua a ser de arresto, sequestro, protesto de alienação, entre outros, mas não há um procedimento específico nem requisitos próprios.

A partir do novo CPC, há o poder geral de cautela, lastreado no art. 301. Nessa direção, o Enunciado 31 do Fórum Permanente de Processualistas Civis (FPPC): *O Poder Geral de cautela está mantido no CPC.*

Quanto ao ato correto, se registro ou averbação, o entendimento predominante é de que, assim como a penhora, o arresto deve ser averbado.

O cancelamento do arresto ocorre com a sua conversão em penhora ou por meio de ordem específica que determine a liberação do bem.

Adicionalmente, vale mencionar o Enunciado 217 da III Jornada de Direito Processual Civil do Conselho da Justiça Federal.

> Enunciado: Cabe arresto executivo on-line no caso de o executado não ser encontrado, independentemente da modalidade de citação.
>
> ⊙ Justificativa: Ainda que não seja inovação do CPC/2015, o arresto executivo ainda é relativamente pouco utilizado no cotidiano forense – seja pelo desconhecimento dos advogados ou pela resistência por parte da magistratura. O enunciado proposto pode ter o condão de mudar o cenário. Para isso, leva-se em conta dois pilares: 1) a expressa previsão de que o arresto pode ser realizado por meio online (sem qualquer dúvida, a forma mais efetiva de arresto executivo), sendo que isso já é admitido pelo STJ desde o Código anterior (a partir do leading case REsp 1370687/MG, Rel. Ministro Antonio Carlos Ferreira, Quarta Turma, J. 4/4/2013), mas muitas vezes negado por juízes e tribunais pátrios; 2) a menção à possibilidade de que o arresto executivo se dê tanto quando a tentativa de citação por oficial de justiça (prevista expressamente no art. 830) ou por correio – o que não consta expressamente da legislação, mas é admitido pela jurisprudência de tribunais intermediários – mas que, até este momento, salvo falha na pesquisa, não foi apreciado pelo STJ.

1.3 SEQUESTRO

O sequestro também era um positivado no CPC/1973, no capítulo do processo cautelar, cujo objetivo consiste na retirada da coisa litigiosa do patrimônio do demandado para fins de sua conservação até que a lide se finde.

Estabelecia o art. 822 do diploma processual, que o juiz, a requerimento da parte, pode decretar o sequestro:

> I – de bens móveis, semoventes ou imóveis, quando lhes for disputada a propriedade ou a posse, havendo fundado receio de rixas ou danificações;
>
> II – dos frutos e rendimentos do imóvel reivindicando, se o réu, depois de condenado por sentença ainda sujeita a recurso, os dissipar;
>
> III – dos bens do casal, nas ações de separação judicial e de anulação de casamento, se o cônjuge os estiver dilapidando;
>
> IV – nos demais casos expressos em lei.

Tal como o arresto, o sequestro também não foi prestigiado no NCPC como medida cautelar, de modo que não existem correspondentes para os dispositivos do CPC/1973.

O novo Código estabelece que a **tutela de urgência cautelar** pode ser efetivada mediante arresto, sequestro, arrolamento de bens, registro de protesto contra alienação de bem e qualquer outra medida idônea (art. 301).

O cancelamento do sequestro ocorre quando houver ordem específica que determine a liberação do bem.

1.4 IMPENHORABILIDADE E INDISPONIBILIDADE POR FORÇA DE LEI

Via de regra, **a averbação da penhora, do arresto e do sequestro não tornam os bens indisponíveis, sendo possível a alienação e oneração**. Ocorre que tal alienação ou oneração será **ineficaz** em relação à aludida inscrição.

Todavia, o **art. 53, § 1º da Lei 8.212/1991**, estabelece que os bens penhorados na execução judicial da dívida ativa da União, suas autarquias e fundações públicas ficam desde logo indisponíveis. Vem sendo interpretado que a indisponibilidade derivada deste tipo de **penhora fiscal não é oponível aos créditos trabalhistas**. Logo, referida indisponibilidade pode dar ensejo às penhoras, arrestos ou sequestros, e consequentemente poderão ser **registrados na matrícula do imóvel**.

Entretanto, a atual corrente jurisprudencial sustenta que tal indisponibilidade abrange somente os casos de **alienação voluntária**, e **não os casos de alienação involuntária**, como por exemplo, arrematações judiciais.

No Estado de São Paulo houve recentemente uma mudança de posicionamento na jurisprudência do Conselho Superior da Magistratura Paulista. Antes, a indisponibilidade não impedia o registro da arrematação. Agora, também não impede a alienação posterior à aquisição por arrematação. Veja a íntegra da decisão no item "jurisprudência complementar".

Frise-se que a indisponibilidade de que trata o art. 53, § 1º da Lei 8.212/1991, não impede que recaia **nova penhora** sobre o mesmo bem. Logo, admite-se a averbação da penhora, mas não o registro das cartas de arrematação ou adjudicação, salvo expressa determinação judicial.

Já o imóvel gravado com **hipoteca cedular,** é considerado impenhorável pela legislação que disciplina as cédulas de crédito rural (art. 69 do Dec. Lei 167/69), as cédulas de produto rural (art. 18 da Lei 8.929/94) e as cédulas de crédito industrial (art. 57 do Dec. Lei 413/69). Para a jurisprudência, trata-se de impenhorabilidade relativa. Veja-se:

> É pacífico o entendimento no Superior Tribunal de Justiça segundo o qual, a impenhorabilidade prevista no art. 69 do Decreto-lei nº 167/67, em favor dos bens dados em garantia em operações com cédulas de crédito rural, é relativa, não prevalecendo diante de penhora realizada em executivo fiscal. II – O recurso especial, interposto pela alínea a e/ou pela alínea c, do inciso III, do art. 105, da Constituição da República, não merece prosperar quando o acórdão recorrido encontra-se em sintonia com a jurisprudência dessa Corte, a teor da Súmula 83/STJ. III – A Agravante não apresenta, no regimental, argumentos suficientes para desconstituir a decisão agravada. IV – Agravo Regimental improvido. (STJ, 1ª T., AgRg no REsp 1403662 / CE, Dje 06.11.2015).

No dia 30 de novembro de 2014, o Superior Tribunal de Justiça **definiu requisitos para decretação de indisponibilidade de bens em execução fiscal**.

Assim, para obter a decretação de indisponibilidade de bens em execuções fiscais, a Fazenda Pública terá de comprovar ao juiz o esgotamento de diligências em busca de bens penhoráveis.

A Primeira Seção do Superior Tribunal de Justiça (STJ) definiu, em julgamento de recurso repetitivo, que entre as diligências da Fazenda devem estar o acionamento do Bacen-Jud (penhora on-line) e a expedição de ofícios aos registros públicos do domicílio executado e ao Departamento de Trânsito Nacional ou Estadual (Denatran ou Detran), para que informem se há patrimônio em nome do devedor. A tese passa a orientar as demais instâncias do Judiciário que tratarem do tema e sinalizam que, havendo decisão em acordo com o que foi definido pelo STJ, recurso contra ela não será mais admitido na corte superior.

O centro da controvérsia foi a interpretação do artigo 185-A do Código Tributário Nacional (CTN), segundo o qual, na hipótese de o devedor tributário, devidamente citado, não pagar nem apresentar bens à penhora no prazo legal e não forem encontrados bens penhoráveis, o juiz determinará a indisponibilidade de seus bens e direitos.

O ministro Og Fernandes, relator do recurso repetitivo, destacou que a ordem judicial para decretação da indisponibilidade é, portanto: citação do executado; inexistência de pagamento ou de oferecimento de bens à penhora no prazo legal; e, por fim, não localização de bens penhoráveis após esgotamento das diligências realizadas pela Fazenda, caracterizado quando houver nos autos (a) pedido de acionamento do Bacen Jud e consequente determinação pelo magistrado e (b) a expedição de ofícios aos registros públicos do domicílio do executado e ao Departamento Nacional ou Estadual de Trânsito – DENATRAN ou DETRAN.

Quanto ao último requisito, o ministro relator observou que a decisão define as diligências que podem ser consideradas suficientes para permitir que se afirme, com segurança, que não foram encontrados bens penhoráveis.

1.5 AVERBAÇÃO DA PENHORA, ARRESTO E SEQUESTRO

O art. 239 da Lei 6.015/1973 ordena que as penhoras, arrestos e sequestros de imóveis sejam registrados (sobre a polêmica em relação à penhora ser ato de registro e averbação, recomenda-se a leitura do item 1.1 deste artigo). Estes atos serão registrados após o pagamento das custas do registro pela parte interessada, em cumprimento de mandado ou à vista de certidão do escrivão, que deve conter, além dos requisitos exigidos para o registro, os nomes do juiz, do depositário, das partes e a natureza do processo. A certidão será lavrada pelo escrivão do feito, com a declaração do fim especial a que se destina, após a entrega, em cartório, do mandado devidamente cumprido. Diz o art. 844 do CPC/2015:

> **Art. 844.** Para presunção absoluta de conhecimento por terceiros, cabe ao exequente providenciar a **averbação** do arresto ou da penhora no registro competente, mediante apresentação de cópia do auto ou do termo, independentemente de mandado judicial.

O CPC/2015 também estabelece, no art. 837, que, se obedecidas as normas de segurança instituídas sob critérios uniformes pelo Conselho Nacional de Justiça, a penhora de dinheiro e as averbações de penhoras de bens imóveis e móveis podem ser realizadas por **meio eletrônico**. Luiz Guilherme Loureiro esclarece que para melhor compreensão, esta norma deve ser interpretada sistematicamente. Na verdade, são três fatos jurídicos distintos, inclusive na sua ordem cronológica. Uma coisa é a ordem de penhora, de competência do juiz e que deve constar do mandado de citação da execução (art. 829, CPC). Outra coisa é a realização material da penhora pelo oficial de justiça: a penhora se efetiva mediante a apreensão e o depósito dos bens, lavrando-se um auto para cada penhora realizada (art. 839, CPC). Um terceiro fato diverso é a averbação da penhora, de atribuição do oficial do Registro de Imóveis, quando a constrição recair sobre bem desta natureza. Além do mais, a averbação da penhora por meio eletrônico significa apenas uma mudança do suporte do título hábil para a realização do assento registral: do formato papel para o eletrônico. A averbação, portanto, não é feita de modo automático, por meio eletrônico pelo juiz, como a interpretação literal do art. 837 da lei processual pode indicar. (Op. cit., p. 1078)

O título da penhora (em formato papel ou eletrônico) é a **certidão de inteiro teor**, ou a **cópia autenticada pelo cartório judicial do termo ou auto da penhora**. Também constitui título hábil para a averbação da penhora, o **mandado judicial**, embora prescindível. Acrescenta Luiz Guilherme Loureiro que qualquer que seja o documento, deve conter a indicação da data e lugar da realização da penhora, os nomes do juiz; os nomes do exequente e do executado com suas qualificações completas; números do RG e CPF ou CNPJ; a descrição do imóvel (ou da propriedade superficiária) penhorado, com suas características e; o nome do depositário do bem; valor da dívida executada (art. 838, I a IV, CPC e art. 239 LRP); além dos demais requisitos de lavratura do assento (número de ordem, assinatura do oficial, data, e demais requisitos previstos no art. 173 LRP). Estes dados são imprescindíveis pois devem ser mencionados no assento registral a fim de assegurar a publicidade formal. Além dos mais, tais informações, somadas às que constam da matrícula e documentos arquivados no serviço registral, são relevantes para o controle da legalidade da averbação pretendida. Como foi adiantado, o título da penhora, como os demais títulos judiciais, estão sujeitos à qualificação registral (art. 198, LRP). Além dos requisitos formais supracitados, cabe ao registrador examinar se a inscrição pretendida não viola os princípios da disponibilidade, continuidade e especialidade subjetiva e objetiva. Assim, por exemplo, não pode ser averbada a penhora quando o imóvel em questão for de propriedade de terceiro, salvo se constar do título judicial menção de que o juiz que ordenou a constrição reconheceu, antes, a existência de fraude à execução na alienação do bem feita pelo executado ao titular registral. Do contrário, estaria se violando o princípio da continuidade e também da disponibilidade, porque como a arrematação (ou a adjudicação) constituem modos derivados de aquisição da propriedade (conforme a nova jurisprudência do CSM-SP), é evidente que só pode alienar quem é dono ou se a venda do imóvel celebrada pelo executado for considerada ineficaz face ao exequente (Op. 1079).

Quando se tratar de título judicial, convém lembrar que estes também passam pela qualificação registral. O oficial deve observar a legislação pertinente e os princípios registrais, especialmente, no caso em questão, os princípios da legalidade, prioridade e especialidade. Quanto à continuidade, há divergências que serão agora analisadas.

A Lei 10.444/2002 possibilitou que a penhora no rosto dos autos com base na certidão da matrícula do imóvel seja constituída independentemente do local onde se verifique o imóvel, equivale dizer, dispensável tornou-se a carta precatória. Para muitos doutrinadores é perfeitamente possível a averbação de penhora no rosto dos autos. Outra parte da doutrina entende que não ingressam no álbum imobiliário as penhoras no rosto dos autos, haja vista se tratar de uma universalidade, e não de um imóvel individualizado. Complementa Francisco Eduardo Loureiro: "ainda em relação a imóvel determinado, não se admite o ingresso de penhora que tenha por objeto remanescente incerto, sem prévia apuração, ou destaque de parte certa, imóveis sem prévio desmembramento, ou de dois imóveis unificados, sem prévia fusão. Caso o auto ou termo de penhora descrevam o imóvel, a descrição deve coincidir com o que consta do registro imobiliário, sem inovações. De igual modo, se do registro não constam acessões, o título não deverá contê-las, sem prévia averbação. O inverso, porém, não obsta o registro. Se do mandado ou da certidão não consta existência de acessões, em perfeita simetria com o registro, irrelevante é a menção de sua existência por oficial de justiça ou laudo de avaliação. Como a inscrição do arresto, sequestro e penhora não importam mutação jurídico-real, inexigível a apresentação de negativas fiscais e previdenciárias" (*Lei de Registros Públicos comentada*. Rio de Janeiro: Forense, 2019, p. 1242).

Importante observar que o princípio da continuidade não é afrontado pelo registro de penhora efetivada em execução movida pelo credor hipotecário, ainda que o imóvel não se encontre em nome do devedor hipotecário, desde que a hipoteca esteja registrada e especializada.

Nesse sentido Regnoberto M. de Melo Junior: "relevantíssimo que se pontue que o registro imobiliário da penhora não deve ser prejudicado pela falta de registro do imóvel no nome do executado. A penhora não depende do registro imobiliário. Este, que é ato causal, e não atributivo, é que depende daquele. Quem decide a penhora é o Juiz da Execução. E somente ele. O registrador só extrata e reproduz o ato judicante para a tábula registral. E mesmo assim, apenas se provocado. O que pode restringir o registro imobiliário da penhora não é a aplicação de suposto princípio da continuidade, mas a substância do direito que emerge da tábua registral" (*Lei de Registros Públicos comentada*. Rio de Janeiro: Freitas Bastos, p. 333).

Venício Antonio de Paula Salles também possui entendimento pautado nessa direção: "entende-se que as ordens judiciais de penhora, arresto e sequestro, por serem determinadas no curso do processo de execução ou cautelar, e por não corresponderem a um comando definitivo, na medida em que apenas instauram uma situação provisória, tendente a viabilizar a decisão final do processo, não se submetem ao rigor formal do segmento registral" (*Lei de Registros Públicos comentada*. Rio de Janeiro: Forense, 2019, p. 539).

Todavia, não é unânime o entendimento de que o registro da penhora não infringe o princípio da continuidade. O Conselho Superior da Magistratura tem atuado de forma firme com relação à observância do princípio da continuidade, como observa-se na Apelação Cível Nº 248-6/3, da lavra de José Mario Antonio Cardinale. Nesse sentido:

> Registro de Imóveis – Dúvida – Penhora de direitos decorrentes de contrato de compromisso de compra e venda que não se encontra registrado – Princípio da continuidade – Registro inviável – Recurso não provido.

1.6 É POSSÍVEL PENHORA DE BITCOIN?

Segundo o recente julgado do Tribunal de Justiça do Estado de São Paulo, "por se tratar de bem imaterial com conteúdo patrimonial, em tese, não há óbice para que a moeda virtual possa ser penhorada para garantir a execução".

O entendimento acima consta em acórdão da 36ª câmara de Direito Privado do TJ/SP (Processo: 2202157-35.2017.8.26.0000) ao analisar agravo de instrumento interposto contra decisão que, em ação de execução, indeferiu pedido de penhora de moeda virtual (bitcoin).

Neste caso específico, o relator negou provimento ao agravo. Explicou que o pedido formulado foi genérico, na medida em que "não apresentou sequer indícios de que os agravados tenham investimentos em bitcoins ou, de qualquer outra forma, sejam titulares de bens dessa natureza, tampouco evidenciado que os executados utilizam moedas virtuais em suas atividades e que enfatizou que "competia à agravante comprovar a existência dos bens que pretende penhorar, uma vez que não se pode admitir o envio indiscriminado de ofícios sem a presença de indícios mínimos de que os executados sejam titulares dos bens."

Conforme o relator, caberia ao exequente comprovar a eficácia da medida pretendida e indícios da existência dos bens, o que não ficou demonstrado no caso.

O tema é novo e tem gerado bastante polêmica.

O advogado Marcelo Lauar Leite, ao discorrer sobre o assunto assim expôs:

> A apreciação econômica do bem, cumulada com sua não categorização no rol do artigo 833 do CPC, mostram o acerto do TJ-SP em tratar o bitcoin como bem abstratamente penhorável. À parte da discussão sobre a natureza

das criptomoedas para fins executivos – equivaleriam a dinheiro, valores mobiliários, bens móveis ou outros direitos? – o grande debate a ser travado sobre esse tema diz respeito à efetividade de uma ordem de penhora sobre BTCs, tamanha a complexidade de seus processos de organização, validação e circulação. Em outras palavras, penhorar criptomoeda é, hoje, um ato jurídico exequível?

Se a prudência recomenda a ressalva do "depende" na formulação de respostas jurídicas em geral, aqui, estamos diante de um caso potencializado. Vivo fosse, Guimarães Rosa talvez o chamasse de *grandepende*. Por quê?

Diferente do que ocorre com a circulação de moedas e valores mobiliários, as criptomoedas padecem de controle de autoridades financeiras ou do mercado de capitais (como o Banco Central e a CVM). Para penhorar BTCs, o magistrado precisaria saber onde eles estão depositados, informação obscura quando (i) inexiste um poder ou intermediador centralizado e (ii) as criptomoedas podem estar custodiadas rigorosamente em qualquer lugar: corretoras nacionais ou estrangeiras; *softwares* (aplicativos); *hardwares* (por exemplo, *pen drives* ou HDs externos); e até em *paper wallets*, isto é, carteiras físicas (sequências de caracteres impressas em papel) mantidas sem qualquer acesso à internet.

Nesse cenário, a exequibilidade de medidas constritivas em face de BTCs é improvável. Qualquer advogado com pouca experiência já deve ter se sentido paralisado diante de autos de penhora negligentes que, deixando de arrolar bens de fácil visualização e/ou aferição, limitam-se a veicular uma conhecida mensagem: "não foram encontrados bens penhoráveis no local da diligência". Em uma praxe de pouco esmero, é fantasioso acreditar que residências ou sedes mercantis serão vasculhadas à procura de *pen drives* ou *paper wallets* com códigos aleatórios. Sendo assim, as (pequenas) chances dos credores estão no âmbito das *exchanges* nacionais.

Embora não sejam essenciais para a concretização de transações envolvendo criptomoedas, as corretoras são muito utilizadas pela praticidade de suas plataformas, facilitando as operações envolvendo criptomoedas e moedas nacionais. A venda de BTCs por uma *exchangerequer*, primeiramente, a transferência daqueles para sua custódia, viabilizando-se, por meio desta, a negociação com terceiros. Paralelamente, os BTCs comprados por essa intermediação também são custodiados, ato contínuo, na própria corretora.

De fato, nada garante a permanência da criptomoeda sob a custódia da corretora por mais que alguns instantes. Tão logo o aporte-vendedor ou recebimento-comprador de BTCs chegue ao sistema da *exchange*, sua transferência para meios de difícil descoberta passa a ser possível (por exemplo, as *paper wallets*, entre outros mecanismos de armazenagem já citados). Todavia, a existência dessa curta janela pode conferir ao Estado-juiz a oportunidade de concretizar eventual ordem de penhora de bitcoins, bloqueando a circulação da criptomoeda em favor dos credores do negociante (https://www.conjur.com.br/2017-dez-07/marcelo-lauar-execucao-penhora-bitcoins-improvavel).

Recentemente foi publicado na III Jornada de Direito Processual Civil do Conselho da Justiça Federal o seguinte enunciado:

Enunciado 209: É **cabível pedido de penhora de criptoativos**, desde que indicadas pelo requerente as diligências pretendidas, ainda que ausentes indícios de que o executado os tenha.

São três justificativas:

Parte 1: criptoativos são bens, no sentido do termo empregado pelo art. 789 do CPC.

Parte 2: há várias diligências possíveis para a busca de criptoativos, cabendo ao requerente indicar as que pretende, em observância ao dever de cooperação (CPC, art. 6º).

Parte 3: não é ônus do requerente provar que o requerido possui patrimônio em criptoativos (CPC, art. 373), nem é requisito ao deferimento de diligências de investigação patrimonial a prova anterior quanto à existência de bens pelo alvo.

1.7 VEDAÇÃO DE INDISPONIBILIDADE DE BENS DOS DEVEDORES DA FAZENDA PÚBLICA E AVERBAÇÃO DE CERTIDÃO DE DÍVIDA ATIVA (CDA)

Por decisão majoritária, o Supremo Tribunal Federal vedou a possibilidade de a Fazenda Nacional tornar indisponíveis, administrativamente, bens dos contribuintes devedores para garantir o pagamento dos débitos fiscais a serem executados. No entanto, também por maioria dos votos, admitiu a averbação da certidão de dívida ativa nos órgãos de registro de bens e direitos sujeitos a arresto e penhora.

A previsão legal para bloqueio de bens e para averbação da CDA foi recentemente objeto de discussão pelo Supremo Tribunal Federal, que, ao julgar as Ações Diretas de Inconstitucionalidade (ADI) nsº 5.881, 5.886, 5.890, 5.925, 5.931 e 5.932, deliberou pela parcial inconstitucionalidade da previsão contida no inciso II do § 3 º do artigo 20-B da Lei nº 10.522/01.

Conforme o artigo supracitado, na hipótese de não pagamento do débito no prazo fixado pela lei, a Fazenda Pública poderá *"averbar, inclusive por meio eletrônico, a certidão de dívida ativa nos órgãos de registro de bens e direitos sujeitos a arresto ou penhora, tornando-os indisponíveis"*.

No julgamento das aludidas ADIs, o STF concluiu pela inconstitucionalidade apenas da expressão *"tornando-os indisponíveis"*, prevista no inciso II do § 3 º do artigo 20-B da Lei nº 10.522/01. Desta forma, somente a possibilidade de bloqueio de bens dos contribuintes devedores ficou afastada.

Assim, ao declarar a inconstitucionalidade parcial do aludido dispositivo, vale dizer, para afastar o bloqueio de bens, o STF manteve o ônus da averbação da CDA perante o registro *de bens e direitos* sujeitos a arresto ou penhora.

1.8 A PROVA DE PROPRIEDADE É SUFICIENTE PARA AFASTAR PENHORA DE IMÓVEL, MESMO SEM REGISTRO FORMAL?

No processo 0000451-78.2022.5.12.0039 *do processo: 0000451-78.2022.5.12.0039*, a 3ª Câmara do Tribunal Regional do Trabalho da 12ª Região (SC) reconheceu que, apesar da ausência de um registro formal no cartório de imóveis, os atuais donos comprovaram de forma convincente a posse da propriedade. Anteriormente, a Justiça do Trabalho de Santa Catarina havia decidido a favor de dois cidadãos que buscavam proteger seu imóvel de ser penhorado para cobrir dívidas trabalhistas do antigo proprietário.

Como a finalidade de receber uma dívida trabalhista, o credor da ação requereu a penhora de imóvel em Itapema, litoral norte do estado, que estava em nome do devedor no processo.

Os cidadãos que não possuíam relação com a dívida e sentindo-se prejudicados pelo pedido, entraram com um incidente processual conhecido como embargos de terceiro. Foi argumentado que, mesmo ainda registrado no nome do antigo dono, a transferência do imóvel ocorreu através de um contrato verbal de permuta, parte do qual quitado com o fornecimento de móveis sob medida.

Também foi comprovado pelos atuais donos, que a propriedade serve há dez anos como moradia deles.

O juiz Osmar Theisen, da 3ª Vara de Blumenau, acatou as justificativas apresentadas. Em sua decisão, ele ressaltou a "extensa documentação anexada ao processo" pelos embargantes, que incluía contas e contrato de energia elétrica do imóvel, comprovantes de pagamento, móveis trocados como parte do acordo e fotografias das reformas realizadas na propriedade. Esses documentos corroboraram a existência de um acordo verbal com o antigo proprietário.

Ademais, o magistrado citou Súmula 84 do Superior Tribunal de Justiça, segundo a qual a aquisição de imóvel por terceiro de boa-fé, ainda que desprovida de registro, constitui motivo suficiente para afastar a penhora.

Insatisfeito com a decisão de primeira instância, o credor apelou ao TRT-12, argumentando que não havia provas suficientes de boa-fé e propriedade por parte dos embargantes. No entanto, o relator do processo na 3ª Câmara, desembargador Amarildo Carlos de Lima, rejeitou o recurso.

O magistrado ressaltou no acórdão que os depoimentos das testemunhas confirmam a residência permanente dos embargantes no imóvel há cerca de dez anos. Acrescentou também que a boa-fé foi demonstrada pelas manutenções e melhorias realizadas na propriedade.

Segundo a fundamentação do relator, "em par com a sentença, verifico a presença de 'animus domini' por parte dos embargantes, que residem no local ininterruptamente há tempos e se comportam como se proprietários fossem. Indiscutível, assim, sua posse sobre o apartamento, ainda que assumidamente não o tenham quitado integralmente."

Além disso, o relator concluiu que não houve fraude à execução, uma vez que a negociação ocorreu antes do ajuizamento do processo.

1.9 ENUNCIADOS DA II JORNADA DE DIREITO PROCESSUAL CIVIL DO CONSELHO DA JUSTIÇA FEDERAL – CJF SOBRE A PENHORA

Enunciado 152. O pacto de impenhorabilidade (arts. 190, 200 e 833, I) produz efeitos entre as partes, não alcançando terceiros.

Enunciado 153. A penhorabilidade dos bens, observados os critérios do art. 190 do CPC, pode ser objeto de convenção processual das partes.

Enunciado 154. O exequente deve providenciar a intimação do coproprietário no caso da penhora de bem indivisível ou de direito real sobre bem indivisível.

Enunciado 155. A penhora a que alude o art. 860 do CPC poderá recair sobre direito litigioso ainda não reconhecido por decisão transitada em julgado.

Enunciado 156. O decurso de tempo entre a avaliação do bem penhorado e a sua alienação não importa, por si só, nova avaliação, a qual deve ser realizada se houver, nos autos, indícios de que houve majoração ou diminuição no valor.

1.10 ENUNCIADOS DA III JORNADA DE DIREITO PROCESSUAL CIVIL DO CONSELHO DA JUSTIÇA FEDERAL – CJF SOBRE A PENHORA

ENUNCIADO 164: É permitido ato concertado entre juízos para resolver questões referentes à validade de penhoras sobre o mesmo bem realizadas em execuções diversas, ainda que propostas em juízos de competências distintas.

ENUNCIADO 209: É cabível pedido de penhora de criptoativos, desde que indicadas pelo requerente as diligências pretendidas, ainda que ausentes indícios de que o executado os tenha.

ENUNCIADO 164: É permitido ato concertado entre juízos para resolver questões referentes à validade de penhoras sobre o mesmo bem realizadas em execuções diversas, ainda que propostas em juízos de competências distintas. Justificativa: O art. 69, §2º apresenta um rol exemplificativo de atos concertados, que permite uma interpretação sistemática para incluir outras possibilidades dos referidos atos, servindo de instrumento para a garantia da eficiência processual. Assim, sendo possível a realização de ato concertado entre juízos para a efetivação da penhora, via de consequência, torna-se viável a realização de ato concertado para concentrar a decisão de eventuais impugnações sobre as penhoras efetivadas no mesmo bem do devedor, em decorrência de execuções diversas propostas em juízos de competências distintas. A possibilidade de realização de ato concertado tendo como objeto o ato decisório encontra suporte na redação do art. 68 do CPC, quando o legislador autoriza a formulação de pedido de cooperação para qualquer ato do processo, sem ter feito qualquer ressalva. E como arremate à parte final da proposta do enunciado, está a permissão prevista no art. 69, §3º, de realização de cooperação entre órgãos jurisdicionais de diferentes ramos do Poder Judiciário.

ENUNCIADO 212: É cabível a averbação de penhora no rosto dos autos de processo arbitral.

ENUNCIADO 215: O requerimento de nova tentativa de penhora on-line de dinheiro do executado, via sistema SISBAJUD (Sistema de Busca de Ativos do Poder Judiciário), pode ser reiterado e independe de decurso mínimo de tempo da última tentativa.

2. JURISPRUDÊNCIA COMPLEMENTAR

CONSELHO NACIONAL DE JUSTIÇA

EMENTA: Extrajudicial – Pedido de Providências – Penhora e arrematação averbadas – Pretensão superveniente de cancelamento da baixa de hipoteca – Impossibilidade

1. A arrematação, averbada, no ano de 2017, por ordem judicial, é óbice à pretensão superveniente, veiculada pelo devedor executado em sede administrativa, de ter averbada, no ano de 2020, na matrícula do imóvel que não mais lhe está sob domínio, a escritura pública de instituição de bem de família.

2. Corresponde a procedimento previsto na Lei n. 6.015/1973, a dúvida suscitada pela registradora, pertinente à pretendida inscrição do bem de família, em momento quase três anos posterior ao de registro de carta de arrematação, expedida em favor de terceiro, nos autos de processo judicial.

3. A validade ou invalidade do título executado nos autos do processo n. 0016967-03.2005.4.05.8300, das decisões judiciais que ordenaram as averbações da penhora e da arrematação, da decisão judicial que determinou cancelamento da hipoteca, bem como acerto ou desacerto do ato do Juízo Estadual que declinou da competência (para decidir acerca da dúvida) ao Juízo Federal são questões que não podem ser dirimidas em seara administrativa, pelo Conselho Nacional de Justiça.

4. A forma como atos judiciais são cumpridos pelos respectivos destinatários é questão a ser solvida pelos Magistrados emissores daqueles atos e/ou pelo sistema recursal previsto na legislação processual civil, em tempo e modo.

5. Recurso a que se nega provimento (CNJ – Pedido de Providências nº 0005107-54.2020.2.00.0000 – Pernambuco – Rel. Min. Maria Thereza de Assis Moura – DJ 14.09.2021)

SUPREMO TRIBUNAL FEDERAL

Súmula 621. Não enseja embargos de terceiro à penhora a promessa de compra e venda não inscrita no registro de imóveis.

SUPERIOR TRIBUNAL DE JUSTIÇA

SÚMULAS

Súmula 560. A decretação da indisponibilidade de bens e direitos, na forma do art. 185-A do CTN, pressupõe o exaurimento das diligências na busca por bens penhoráveis, o qual fica caracterizado quando infrutíferos o pedido de constrição sobre ativos financeiros e a expedição de ofícios aos registros públicos do domicílio do executado, ao Denatran ou Detran.

Súmula 449. A vaga de garagem que possui matrícula própria no registro de imóveis não constitui bem de família para efeito de penhora.

Súmula 375. O reconhecimento da fraude à execução depende do registro da penhora do bem alienado ou da prova de má-fé do terceiro adquirente.

EMENTA: DIREITO CIVIL. RECURSO ESPECIAL. AÇÃO DE EXECUÇÃO DE TÍTULO EXECUTIVO EXTRAJUDICIAL. CONTRATO DE LOCAÇÃO. CAUÇÃO. BEM DE FAMÍLIA. IMPENHORABILIDADE.

1. Ação de execução de título executivo extrajudicial – contrato de locação.

2. Ação ajuizada em 05/08/2019. Recurso especial concluso ao gabinete em 16/07/2020. Julgamento: CPC/2015.

3. O propósito recursal é definir se imóvel – alegadamente bem de família – oferecido como caução imobiliária em contrato de locação pode ser objeto de penhora.

4. Em se tratando de caução, em contratos de locação, não há que se falar na possibilidade de penhora do imóvel residencial familiar.

5. Recurso especial conhecido e provido.

ACÓRDÃO

Vistos, relatados e discutidos estes autos, acordam os Ministros da Terceira Turma do Superior Tribunal de Justiça, na conformidade dos votos e das notas taquigráficas constantes dos autos, por unanimidade, conhecer e dar provimento ao recurso especial nos termos do voto do(a) Sr(a) Ministro(a) Relator(a). Os Srs. Ministros Paulo de Tarso Sanseverino, Ricardo Villas Bôas Cueva, Marco Aurélio Bellizze e Moura Ribeiro votaram com a Sra. Ministra Relatora.

Brasília (DF), 24 de novembro de 2020(Data do Julgamento)

MINISTRA NANCY ANDRIGHI

Relatora

RELATÓRIO

A EXMA. SRA. MINISTRA NANCY ANDRIGHI:

Cuida-se de recurso especial interposto por JOAO VICENTE FERREIRA, fundamentado nas alíneas "a" e "c" do permissivo constitucional, contra acórdão proferido pelo TJ/SP.

Recurso especial interposto em: 21/01/2020.

Concluso ao Gabinete em: 16/07/2020.

Ação: de execução de título executivo extrajudicial – contrato de locação –, ajuizada por LEVIAN-PARTICIPACOES E EMPREENDIMENTOS LTDA e PENTAR ADMINISTRADORA E INCORPORADORA LTDA, em desfavor do locatário e de JOAO VICENTE FERREIRA (ora recorrente), este último como caucionante da relação locatícia.

O recorrente, por sua vez, apresentou exceção de pré-executividade, sustentando, dentre outros pontos, a impenhorabilidade do bem de família oferecido em caução.

Decisão interlocutória: rejeitou a exceção de pré-executividade apresentada pelo recorrente (e-STJ fls. 20-21).

Acórdão: negou provimento ao agravo de instrumento interposto pelo recorrente, nos termos da seguinte ementa:

AGRAVO DE INSTRUMENTO – EXECUÇÃO DE TÍTULO EXTRAJUDICIAL – LOCAÇÃO – Executado João prestou garantia de caução de imóvel em contrato de locação – Caução do bem imóvel no contrato de locação (artigo 37, inciso I, da Lei número 8.245/91) configura hipoteca, que é hipótese de exceção à regra de impenhorabilidade, nos termos do artigo 3º, inciso V, da Lei número 8.009/90 – Eventuais atos expropriatórios contra o Executado João são restritos ao objeto da garantia – Cabível a manutenção do Executado João no polo passivo da execução originária (presente a legitimidade processual), para garantir a manifestação acerca dos atos praticados em relação ao imóvel caucionado – Decisão agravada rejeitou a exceção de pré--executividade – RECURSO DO EXECUTADO JOÃO IMPROVIDO (e-STJ fl. 47).

Embargos de declaração: opostos pelo recorrente, foram rejeitados (e-STJ fls. 67-69).

Recurso especial: alega violação dos arts. 1º e 3º da Lei 8.009/90, bem como dissídio jurisprudencial. Sustenta que:

i) tendo em vista que a garantia prestada foi a de caução imobiliária, o imóvel objeto desta garantia, por ser bem de família, não pode ser objeto de penhora;

ii) o imóvel penhorado serve de residência para o recorrente e sua família;

iii) o rol do art. 3º da Lei 8.009/90 – que prevê as exceções à regra geral da impenhorabilidade do bem de família – é taxativo e não prevê a hipótese da caução imobiliária; e

iv) a fiança locatícia – uma das exceções previstas à regra geral da impenhorabilidade do bem de família – difere-se da caução imobiliária, sendo vedada a interpretação extensiva do art. 3º, VII, da Lei 8.009/90 (e-STJ fls. 72-86).

Prévio juízo de admissibilidade: o TJ/SP admitiu o recurso especial interposto por JOAO VICENTE FERREIRA, determinando a remessa dos autos a esta Corte Superior (e-STJ fls. 173-176).

É o relatório.

VOTO

A EXMA. SRA. MINISTRA NANCY ANDRIGHI (RELATOR):

O propósito recursal é definir se imóvel – alegadamente bem de família – oferecido como caução imobiliária em contrato de locação pode ser objeto de penhora.

Aplicação do Código de Processo Civil de 2015 – Enunciado Administrativo n. 3/STJ.

1. DA PENHORA DE BEM DE FAMÍLIA OFERECIDO COMO CAUÇÃO IMOBILIÁRIA EM CONTRATO DE LOCAÇÃO (art. 3º da Lei 8.009/90; e dissídio jurisprudencial)

1. Nos termos do art. 37 da Lei 8.245/91, no contrato de locação de imóveis urbanos podem ser exigidos pelo locador certas modalidades de garantia, podendo-se citar, dentre elas, a caução (inciso I) e a fiança (inciso II).

2. Em paralelo, mister destacar, também, que a Lei 8.245/91 inseriu o inciso VII ao art. 3º da Lei 8.009/90, que dispõe acerca de exceções à regra geral da impenhorabilidade do bem de família, fazendo constar que a penhora do bem de família será autorizada quando se tratar de obrigação decorrente de fiança concedida em contrato de locação.

3. A referida exceção agregou-se às outras hipóteses previstas na lei (art. 3º), em que se admite – por exceção à regra geral – a penhora do bem de família, quais sejam: i) execução movida pelo titular do crédito decorrente do financiamento destinado à construção ou aquisição do imóvel; ii) pelo credor da pensão alimentícia; iii) para cobrança de impostos, taxas e contribuições devidas em função do imóvel familiar; iv) para a execução de hipoteca sobre o imóvel oferecido como garantia real pelo casal ou entidade familiar; e v) por ter sido adquirido com produto de crime ou para execução de sentença penal condenatória.

4. Como se sabe, as hipóteses de exceção à regra da impenhorabilidade do bem de família, previstas na Lei 8.009/90, são taxativas, não comportando interpretação extensiva.

5. Dentre elas, como se infere, não consta a hipótese da caução imobiliária oferecida em contrato de locação, razão pela qual inviável que se admita a penhora ao bem de família do recorrente.

6. De fato, considerando que a possibilidade de expropriação do imóvel residencial é exceção à garantia da impenhorabilidade, a interpretação às ressalvas legais deve ser restritiva, sobretudo na hipótese sob exame, em que o legislador optou, expressamente, pela espécie (fiança), e não pelo gênero (caução), não deixando, por conseguinte, margem a dúvidas (REsp 866.027/SP, **5ª Turma**, DJ 29/10/2007).

7. No mesmo sentido, citam-se:

AGRAVO REGIMENTAL NO RECURSO ESPECIAL. LOCAÇÃO. CAUÇÃO. BEM DE FAMÍLIA. IMPENHORABILIDADE. NORMA COGENTE. IMPROVIMENTO.

1. Esta Corte possui firme entendimento de que em se tratando de caução, em contratos de locação, não há que se falar na possibilidade de penhora do imóvel residencial familiar.

2. Agravo Regimental improvido (AgRg no REsp 1.334.693/SP, **3ª Turma**, DJe 01/08/2013).

AGRAVO REGIMENTAL NO RECURSO ESPECIAL. LOCAÇÃO. CAUÇÃO. BEM DE FAMÍLIA. IMPENHORABILIDADE. NORMA COGENTE.

1. Esta Corte possui firme entendimento de que em se tratando de caução, em contratos de locação, não há que se falar na possibilidade de penhora do imóvel residencial familiar.

2. Ressalta-se que a indicação do imóvel como garantia não implica em renúncia ao benefício da impenhorabilidade do bem de família, em razão da natureza de norma cogente, prevista na Lei n.º 8.009/90.

3. Agravo regimental improvido (AgRg no REsp 1.108.749/SP, **6ª Turma**, DJe 31/08/2009).

8. Por oportuno, convém salientar que o TJ/SP reconheceu a possibilidade de penhora do imóvel oferecido como caução pelo recorrente sob o argumento de que "descabida a alegação de impenhorabilidade do bem de família, pois a caução do bem imóvel no contrato de locação (artigo 37, inciso I, da Lei número 8.245/91) configura **hipoteca**, que é hipótese de exceção à regra de impenhorabilidade, nos termos do artigo 3º, inciso V, da Lei número 8.009/90" (e-STJ fl. 49) **(grifo acrescentado).**

9. Entretanto, sequer poder-se-ia entender que a caução imobiliária prestada configuraria hipoteca – hipótese em que o benefício da impenhorabilidade não seria oponível –, uma vez que, como mesmo perfilhado pela jurisprudência desta Corte Superior, a penhorabilidade excepcional do bem de família, de que cogita o art. 3º, V, da Lei 8.009/90, só incide em caso de hipoteca dada em garantia de dívida própria, e não de dívida de terceiro (AgInt no AREsp 1.551.138/SP, **4ª Turma,** DJe 13/03/2020; e AgRg no REsp 1.543.221/PR, **3ª Turma,** DJe 09/12/2015).

10. O acórdão recorrido, portanto, merece reforma.

Forte nessas razões, CONHEÇO do recurso especial interposto por JOAO VICENTE FERREIRA e, nessa extensão, DOU-LHE PROVIMENTO, a fim de reconhecer a impenhorabilidade de bem de família oferecido como caução em contrato de locação.

Dado o provimento do recurso especial, bem como a ausência de fixação de verba honorária na origem, não há que se falar na majoração dos honorários recursais estabelecida pelo art. 85, § 11, do CPC/2015.– /(STJ – REsp nº 1.873.203 – São Paulo – 3ª Turma – Rel. Min. Nancy Andrighi – DJ 01.12.2020).

EMENTA: PROCESSUAL CIVIL E TRIBUTÁRIO. AGRAVO REGIMENTAL NO RECURSO ESPECIAL. EXECUÇÃO FISCAL. BOX DE GARAGEM. MATRÍCULA PRÓPRIA. PENHORA. POSSIBILIDADE. SÚMULA 449/STJ. 1. A teor da Súmula 449/STJ "a vaga de garagem que possui matrícula própria no registro de imóveis não constitui bem de família para efeito de penhora". 2. Agravo regimental não provido. (STJ – AgRg no REsp nº 1.453.474 – Santa Catarina – 1ª Turma – Rel. Min. Benedito Gonçalves – DJ 09.11.2015)

EMENTA: ADMINISTRATIVO E PROCESSUAL CIVIL. IMPROBIDADE ADMINISTRATIVA. BEM DE FAMÍLIA. PENHORABILIDADE AFASTADA. PRETENSÃO DE REEXAME DE PROVAS. SÚMULA 7/STJ. AGRAVO CONHECIDO PARA NEGAR SEGUIMENTO AO RECURSO ESPECIAL. (STJ – AREsp nº 756.124 – Paraná – 2ª Turma – Rel. Min. Humberto Martins – DJ 10.11.2015

EMENTA: TRIBUTÁRIO. EXECUÇÃO FISCAL. EMBARGOS DE TERCEIRO. PENHORA SOBRE FRAÇÃO IDEAL. POSSIBILIDADE. PRECEDENTES. SÚMULA 83/STJ. RECURSO ESPECIAL NÃO CONHECIDO.(STJ – REsp nº 1.454.636 – Paraná – 2ª Turma – Rel. Min. Humberto Martins – DJ 02.06.2014)

EMENTA: PROCESSUAL CIVIL. PENHORA DE BEM INDIVISÍVEL. IMÓVEL DE PROPRIEDADE DE VÁRIOS IRMÃOS. BEM GRAVADO COM ÔNUS REAL DE USUFRUTO. VIOLAÇÃO AO ART. 535, II, DO CPC. NÃO OCORRÊNCIA. POSSIBILIDADE DE PENHORA DA FRAÇÃO IDEAL DE PROPRIEDADE DO EXECUTADO. PRECEDENTES. 1. O Tribunal de origem se manifestou de forma clara e fundamentada no sentido de obstar a penhora do imóvel nomeado pela exequente, haja vista que o bem está gravado com ônus real (usufruto) e possui diversos proprietários, fatos que dificultariam a execução e, ainda, não satisfariam o direito do credor. O cabimento dos embargos de declaração está limitado às hipóteses de omissão, contradição ou obscuridade do julgado, cabendo, ainda, quando for necessária a correção de erro material ou premissa fática equivocada sobre a qual se embase o julgamento. Tais hipóteses não ocorreram no caso dos autos, pelo que não há que se falar em violação ao art. 535, II, do CPC. 2. Em que pese a dificuldade na alienação do bem imóvel em questão, é certo que a execução é realizada em benefício do credor, nos termos do art. 612 do CPC. A indivisibilidade do bem e o fato de o imóvel estar gravado com ônus real, *in casu*, usufruto, não lhe retiram, por si sós, a possibilidade de penhora, eis que os arts. 184 do CTN e 30 da Lei nº 6.830/80 trazem previsão expressa de que os bens gravados com ônus real também respondem pelo pagamento do crédito tributário ou dívida ativa da Fazenda Pública. 3. Eventual arrematante deverá respeitar o ônus real que recai sobre o imóvel. Tal ônus, por óbvio, pode dificultar a alienação do bem, mas não pode justificar a recusa judicial da penhora, sobretudo porque a execução é feita no interesse do credor. Em casos tais quais o dos autos, pode interessar aos co-proprietários a arrematação da parcela da nua propriedade que não lhes pertence. 4. Nos termos da jurisprudência desta Corte, a alienação de bem indivisível não recairá sobre sua totalidade, mas apenas sobre a fração ideal de propriedade do executado, o que não se confunde com a alienação de bem de propriedade indivisível dos cônjuges, caso em que a meação do cônjuge alheio à execução, nos termos do art. 655-B, do CPC, recairá sobre o produto da alienação do bem. 5. Recurso especial parcialmente provido para reconhecer a possibilidade de penhora sobre a fração ideal do imóvel de propriedade do executado. (STJ – REsp nº 1.232.074 – RS – 2ª Turma – Rel. Min. Mauro Campbell Marques – DJ 04.03.2011)

EMENTA: RECURSO ESPECIAL. BEM IMÓVEL DADO EM GARANTIA HIPOTECÁRIA. IMPENHORABILIDADE AFASTADA. ARTIGO 3º, V, DA LEI 8099/90. RECURSO ESPECIAL PROVIDO. 1. Consoante disposição do artigo 3º, V, da Lei 8099/90, o bem imóvel dado como garantia hipotecária da dívida exequenda constitui-se em exceção à impenhorabilidade do bem de família. 2. Precedentes específicos desta Corte. 3. RECURSO ESPECIAL PROVIDO. (STJ – REsp nº 1.268.227 – SC – 3ª Turma – Rel. Min. Paulo de Tarso Sanseverino – DJ 07.12.2012)

EMENTA: AGRAVO EM RECURSO ESPECIAL. PROCESSO CIVIL. FRAUDE À EXECUÇÃO. SÚMULA 375/STJ. NECESSIDADE DE AUSÊNCIA DE REGISTRO DA PENHORA DO BEM ALIENADO OU DA COMPROVAÇÃO DE MÁ-FÉ DO ADQUIRENTE. 1. Jurisprudência consolidada desta Corte, nos termos do enunciado 375 do STJ, segundo o qual o reconhecimento da fraude à execução depende do registro da penhora do bem alienado ou da prova de má-fé do terceiro adquirente. 2. A orientação pacífica deste Tribunal é de que, em relação a terceiros, é necessário o registro da penhora para a comprovação do 'consilium fraudis', não bastando, para tanto, a constatação de que o negócio de compra e venda tenha sido realizado após a citação do executado (REsp. 417.075/SP, Rel. Min. LAURITA VAZ, DJe 09.02.2009). 3. AGRAVO EM RECURSO ESPECIAL CONHECIDO PARA, DESDE LOGO, DAR PROVIMENTO AO RECURSO ESPECIAL.(STJ – AREsp nº 120.565 – RS – 3ª Turma – Rel. Min. Paulo de Tarso Sanseverino – DJ 06.12.2012)

TRIBUNAL REGIONAL DO TRABALHO DA 2ª REGIÃO

EMENTA: PENHORA. ALIENAÇÃO FIDUCIÁRIA. Tratando-se de bem alienado fiduciariamente, a penhora se restringe aos direitos que o executado possui sobre o bem, dentre os quais o de reaver a propriedade com o implemento da condição resolutiva e o de receber o saldo apurado na venda de bem precedida pelo fiduciário para a satisfação do seu crédito, em caso de inadimplemento, assegurando-se o cumprimento das demais cláusulas do contrato de alienação fiduciária. (TRT 2ª Região – Recurso Ordinário nº 0001400-16.1997.5.02.0441 – Santos – 3ª Turma – Rel. Des. Paulo Eduardo Vieira de Oliveira – DJ 26.08.2015)

EMENTA: PENHORA DE VAGA DE GARAGEM SEM REGISTRO IMOBILIÁRIO INDEPENDENTE. As vagas de garagem de edifícios, quando demarcadas, podem ser alienadas para outros condôminos e, se houver autorização na convenção do edifício, também para estranhos (art. 1.331 do Código Civil). Ausentes esses dois requisitos: demarcação e autorização convencional, subsiste a impenhorabilidade das vagas por terceiros. (TRT 2ª Região – Agravo de Petição nº 100081844.2013.5.02.0471 – São Caetano do Sul – 5ª Turma – Rel. Des. José Ruffolo – DJ 08.06.2015)

EMENTA: AGRAVO DE PETIÇÃO. EMBARGOS DE TERCEIRO. PENHORA DE IMÓVEL. EX-CÔNJUGE DO SÓCIO DA EMPRESA EXECUTADA. A penhora sobre bem imóvel de ex-cônjuge de sócio da empresa executada é legítima, mormente porque se presume ter a cônjuge meeira auferido benefícios em razão da força de trabalho despendida pelo exequente. Agravo de Petição ao qual se nega provimento. (TRT 2ª Região – Agravo de Petição em Embargos de Terceiro nº 0001718-91.2014.5.02.0444 – Santos – 8ª Turma – Rel. Des. Moisés Bernardo da Silva – DJ 05.05.2015)

EMENTA: Terceiro Adquirente de Boa-fé. Comprovação de Domínio Sobre o Bem Penhorado. Compromisso Particular de Compra e Venda. Validade. Não obstante a propriedade formalmente só se consolide com o efetivo apontamento da venda pelo Cartório de Registro de Imóveis na respectiva matrícula (art. 1.245 do Código Civil), fato é que não se pode, em nome do formalismo, fechar os olhos para a realidade existente em nossa sociedade, na qual, por fatores os mais diversos (falta de conhecimento ou de numerário, por exemplo), as pessoas deixam de levar à registro a notícia da aquisição de seus imóveis. Desse modo, a ausência do nome da embargante na matrícula do bem, por si só, não é justificativa para se negar guarida à sua pretensão, mormente quando os elementos dos autos transparecem aquisição de boa fé, bem anterior ao contrato de trabalho e ao processo executivo respectivo. (TRT 2ª Região – Agravo de Petição em Embargos de Terceiro nº 0000290-40.2014.5.02.0035 – São Paulo – 5ª Turma – Rel. Des. Maria da Conceição Batista – DJ 07.04.2015)

EMENTA: EXECUÇÃO. IMÓVEL. IMPENHORABILIDADE. "CONTRATO DE GAVETA". Escritura definitiva levada à registro somente após a distribuição da ação trabalhista correspondente, por si só não acarreta a ineficácia da transmissão, face a inexistência de indícios de má-fé de modo a caracterizar a fraude à execução prevista no art. art. 593 do Código de Processo Civil. Neste sentido a Súmula nº 84 do C. STJ. Agravo de Petição a que se concede provimento. (TRT 2ª Região – Agravo de Petição em Embargos de Terceiro nº00027497820115020048 – São Paulo – 18ª Turma – Rel. Des. Regina Maria Vasconcelos Dubugras – DJ 20.08.2012)

EMENTA: RECURSO ESPECIAL. EMBARGOS DE TERCEIRO. FRAUDE À EXECUÇÃO. NÃO CONFIGURAÇÃO. ALIENAÇÕES SUCESSIVAS. INEXISTÊNCIA DE REGISTRO DA PENHORA. NÃO COMPROVAÇÃO DA MÁ-FÉ DO TERCEIRO ADQUIRENTE. 1. "O reconhecimento da fraude à execução depende do registro da penhora do bem alienado ou da prova de má-fé do terceiro adquirente" (Súmula nº 375/STJ). 2. Recurso especial a que se dá provimento. (STJ – REsp nº 1.140.981 – RJ – 4ª Turma – Rel. Min. Luis Felipe Salomão – DJ 26.03.2013)

TRIBUNAL DE JUSTIÇA DO ESTADO DE SÃO PAULO

EMENTA: PENHORA – Adjudicação ao exequente do imóvel penhorado – Negativa de registro da respectiva carta de adjudicação pelo Cartório de Registro de Imóveis – Admissibilidade – Existência de averbação anterior que consolidou a propriedade do imóvel à terceira, à credora fiduciária – Averbação anterior que não pode ser discutida no bojo desta execução – Manutenção da decisão que indeferiu o pedido de expedição de ofício para obrigar o Cartório de Registro de Imóveis a realizar o registro da carta de arrematação – Recurso desprovido.

1. Agravo de instrumento contra a decisão proferida em execução de título extrajudicial e que indeferiu o pedido de expedição de ofício ao Cartório de Registro de Imóveis para determinar a realização do registro da carta de adjudicação ao exequente-agravante, entendendo o juiz da causa não ter competência funcional para tanto.

Sustenta o recorrente não haver impedimento para o registro pretendido.

Recurso processado sem efeito suspensivo, sem resposta dos agravados, sendo dispensada a requisição de informações ao juiz da causa.

2. É ação de execução de título extrajudicial ajuizada pelo agravante Alfredo Cardoso Dalmau Miranda contra os agravados Leandro Rodrigues de Oliveira e Ângela Bibiana Pereira da Silva objetivando a recebimento de R$ 750.000,00.

Em 26-02-2018 foi requerida a penhora do imóvel da matrícula nº 47.163 (R. I. de Barueri), cujo registro foi negado pelo respectivo Cartório, pois constava na "Av. 23" a consolidação da propriedade fiduciária daquele bem à credora fiduciária EMPRESA GESTORA DE ATIVOS EMGEA, ocorrida em 05-01-2018.

O exequente-agravante insurgiu-se contra essa negativa de registro de penhora, mas o juiz da causa manteve o indeferimento do Cartório.

A execução prosseguiu com a intimação da credora fiduciária, que se manifestou nos autos, alegando ser inviável a penhora sobre o seu imóvel. Houve, contudo, decisão judicial que indeferiu o levantamento da constrição, por ter equiparado a alienação fiduciária à hipoteca, sem deferir, contudo, o registro da penhora na respectiva matrícula.

Tal decisão foi objeto de agravo de instrumento (processo nº 2133384-98.2018.8.26.0000) que não foi conhecido, por ilegitimidade de parte e por faltar interesse processual ao recorrente.

Pois bem.

O exequente pediu, então, que o imóvel penhorado fosse avaliado e requereu depois a sua adjudicação para abatimento de parte da dívida excutida.

Os executados foram intimados, mas não se manifestaram nos autos, sendo deferida a adjudicação do imóvel ao exequente.

Assinada a carta de adjudicação, o exequente levou-a ao Cartório competente para registrá-la, **o que foi negado em razão, novamente, da "Av. 23"**.

A negativa de registro está correta, pois o imóvel adjudicado ao exequente não pertencia mais ao executado Leandro. E tal questão foi inserida nos autos desde o pedido de registro da penhora em março de 2018, **operando-se a adjudicação unicamente por conta e risco do exequente-agravante**.

O imóvel adjudicado ao recorrente era gravado com cláusula de alienação fiduciária, o que o sujeitava à execução extrajudicial prevista na Lei nº 9.514/1997, que estabelece, nos contratos de financiamento imobiliário, que o bem garantidor da dívida fica na posse direta do devedor-fiduciante e na posse indireta do credorfiduciário, podendo este consolidar a propriedade em seu favor, caso se verifique o inadimplemento daquele.

O fato de existir prenotação de ação de execução de título extrajudicial contra o devedor-fiduciante não impedia, ademais, a consolidação da propriedade em favor da credora-fiduciária, cujo crédito gozava de garantia real.

Assim, **o indeferimento do registro da carta de adjudicação é mantido**, não sendo possível, no bojo desta execução, cancelar ou anular averbação anterior de procedimento extrajudicial que alcançou direitos de terceira (credora fiduciária e atual proprietária do bem dado em garantia).

A legalidade da consolidação da propriedade em favor da credora fiduciária terceira nesta execução é matéria própria de ação específica.

3. Posto isso, o meu voto nega provimento ao recurso.

ÁLVARO TORRES JÚNIOR Relator – – /(TJSP – Agravo de Instrumento nº 2233297-19.2019.8.26.0000 – São Paulo – 20ª Câmara de Direito Privado – Rel. Des. Álvaro Torres Júnior – DJ 06.11.2020).

▶ **EMENTA:** Execução – Penhora – Ação de apuração de responsabilidade – Decisão judicial que indeferiu o pedido de anotação de arresto na matrícula por meio do site da ARISp – Alegação pautada nos princípios de boa-fé, de vedação ao enriquecimento ilícito, da legalidade e da efetividade da tutela jurisdicional para entregar o bem da vida aos jurisdicionados, e que o princípio da continuidade previsto no art. 237 da Lei nº 6.015/73, que impõe uma cadeia de titularidade no fólio real para registro notarial deve ser permeado pela observância ao poder geral de cautela – Descabimento – Análise do acordo em que se funda a agravante para buscar o imóvel discutido – Inexistência de bens da empresa co-executada Dubuit Brasil Serigrafia Indústria e Comércio Ltda. – Sr. Philippe Jean François Ayala não participa desse acordo – Inexistência de reconhecimento da existência do grupo econômico na demanda executória – Hipótese em que não verifica prejuízo ou direito ao Sr. Philippe, nem prejuízo patrimonial à Dubuit Brasil Serigrafia Indústria e Comércio Ltda. – Discussão inócua acerca do arresto do imóvel – Dever de observar o princípio da continuidade registrária – Decisão mantida por fundamentos diversos – Agravo de instrumento não provido – Dispositivo: Negam provimento ao recurso

Dispositivo: Negam provimento ao recurso.

Agravo de instrumento interposto por Banco Safra S/A dirigido à r. decisão proferida pelo Dr. Márcio Teixeira Laranjo, MM Juiz de Direito da E. 21ª Vara Cível do Foro Central da Comarca de São Paulo, nos autos da denominada "execução por quantia certa contra devedor solvente" que promove contra Dubuit Brasil Serigrafia Indústria e Comércio Ltda., o Sr. Philippe Jean François Ayala e o Sr. Cedric Palma .

O nobre magistrado indeferiu a pretensão à anotação de arresto na matrícula n.. 114.450 por meio do site da ARISp, com a observação de que o devedor é o proprietário Ellington Eduardo Brito, sócio da Dubuit. Ponderou que a providência solicitada não é o bastante para superar a necessária observância do princípio da continuidade registrária, o que possibilitaria o registro da penhora realizada (fl. 14).

Inconformada, a instituição financeira recorrente interpôs o presente agravo de instrumento alegando que, em que pese o princípio da continuidade dos registros públicos, há de ser observado na sua aplicação outros de maior grau, como o da boa-fé, da vedação ao enriquecimento ilícito, da legalidade e da efetividade da tutela jurisdicional para entrgar o bem da vida aos jurisdicionados.

Diz que o princípio da continuidade previsto no art. 237 da Lei n. 6.015/73, que impõe uma cadeia de titularidade no fólio real para registro notarial, deve ser permeado pela observância ao poder geral de cautela. Aponta que na r. sentença de improcedência da ação de embargos de terceiro promovida pela empresa Encres Dubuit S/A foi expressamente reconhecida a fraude perpetrada contra a agravante, por meio de acordo que esvaziou o patrimônio dos executados, bem como determinada a manutenção do arresto em favor da suplicante sobre os direitos que Philippe Jean François Ayala tem sobre o imóvel.

Aduz que diante do princípio da efetividade da tutela jurisdicional e do poder geral de cautela é imperioso que seja dado provimento ao recurso, reformando a decisão combatida para que se proceda a averbação na matrícula n. 114.450 quanto a constrição judicial como reprimenda à fraude e assegurar o direito do agravante sobre o imóvel (fl. 1-10).

Preparo em fl. 11-12.

Ausente contraminuta (fl. 45-26 e 50), sobrevindo manifestação do advogado Mário Ricardo Branco, OAB/SP 206.159S, informando estar a seu cargo os interesses do Sr. Ellington Eduardo Britto, e não dos agravados (fl. 48-49).

É o relatório.

O recurso é tempestivo. A r. decisão combatida foi disponibilizada no Diário da Justiça eletrônico aos 22 de setembro de 2017 (sexta-feira, fl. 13), e considerada publicada no dia útil seguinte (25/9/2017). Por sua vez, conforme consulta ao sistema interno deste E. Tribunal, a via digital do agravo de instrumento foi recebida aos 18 de outubro de 2017, último dia inserido no prazo legal de quinze dias úteis.

Nenhuma razão cabe à casa bancária recorrente.

Conforme se depreende, a matrícula do imóvel (fl. 366-367 dos autos originais) refere-se à junção de outras três anteriores (nºs. 70.419 fl. 343-345 dos autos originais, 70.420 – fl. 347.349 dos autos originais e 43.757 – fl. 339-341 dos autos originais), de titularidade do Sr. Ellington Eduardo Britto.

Esta situação não passou desapercebida pelo Juízo que proferiu a seguinte decisão em 7 de abril de 2015 (fl. 369):

Vistos.

Petição retro: o imóvel de matrícula 114.450 do 1º Cartório de Registro de Imóveis de Guarulhos é de propriedade de Ellington Eduardo Britto, terceiro nesta execução.

Diante disto, esclareça o exequente qual o bem indicado ao arresto, comprovando, se for o caso, os direitos dos executados sobre o bem indicado.

Intimem-se.

A isto, o banco agravante apresentou as seguintes alegações (fl. 371-373 dos autos originais):

A fim de atender o indigitado despacho, o banco EXEQUENTE esclarece ausência de localização de bens do COEXECUTADO/ PHILIPPE e da empresa CO-EXECUTADA Dubuit do Brasil, haja vista, quanto a esta última, segundo documentos de fls. 179/331, o patrimônio de todo grupo Dubuit esta sendo transferido à empresa estrangeira Encress Dubuit mediante acordo judicial, não restando patrimônio nas empresas do Grupo Dubuit que o CO-EXECUTADO/PHILIPPE JEAN FRANÇOIS AYALA é sócio de todas as empresas e que a empresa CO--EXECUTADA/DUBUIT DO BRASIL integra o mesmo grupo econômico.

Nesse diapasão é que foi requerida a constrição judicial sobre os imóveis arrolados na petição de fls. 174/178, entre eles o de matrícula 114.450 uma vez que segundo acordo celebrado nos autos da ação ordinária 40317917220138260224, tal imóvel já foi integralizado no patrimônio da Dubuit Paint através da pessoa de seu sócio PHILIPPE JEAN FRANÇOIS AYALA ora COEXECUTADO.

Note-se que embora a transação celebrada em 28/08/2014 no bojo da ação ordinária que acarretou o esvaziamento do patrimônio do grupo DUBUIT integrado pela empresa CO-EXECUTADA DUBUIT DO BRASIL no qual o CO-EXECUTADO/ PHILIPPE JEAN FRANÇOIS AYALA ora CO-EXECUTADO é sócio de todas, a decisão judicial de sua homologação ainda não trnasitou em julgado, [..]

O que gerou a decisão proferida aos 17 de abril de 2015 (fl. 374 dos autos originais):

Vistos.

Tome-se por termo o arresto dos direitos dos executados sobre o imóvel de matrícula nº 114.450 do 1º Cartório de Registro de Imóveis de Guarulhos, S. P.

Comunique-se, após, o ofício imobiliário, para o registro da penhora, se possível.

Intimem-se.

O termo do arresto foi lavrado aos 22 de julho de 2015 (fl. 439 dos autos orginais). Após a casa bancária ter informado a devolução do pedido de registro da penhora, com dúvida suscitada ao MM. Juiz de Direito Corregedor dos Cartórios da Comarca de Guarulhos/Sp (fl. 479 dos autos originais) e indeferido o pleito de penhora no rosto dos autos n. 4031791-72.2013.8.26.224 (fl. 493-494 dos autos originais, fl. 495 dos autos originais), sobrevindo o pedido que deu origem à decisão combatida (fl. 516-517 dos autos originais).

No acordo em que se funda a casa bancária agravante para justificar a busca sobre o imóvel nada se verifica acerca de bens da empresa coexecutada Dubuit Brasil Serigrafia Indústria e Comércio Ltda. e, ainda, não consta que o Sr. Philippe Jean François Ayala tenha dele participado. Ali figuram as sociedades Encres Dubuit S.A, Dubuit Paint Tintas e Vernizes Ltda., Dubuit Digital Tintas e Vernizes Ltda. e os Srs. Ellington Eduardo Britto e Davis Carlos de Britto, tendo sido subscrito o documento tão somente por estas partes e seus advogados (fl. 25-43).

Não constando tenha sido atingido o patrimônio de quaisquer dos recorridos um dos dois imóveis transferidos pertencia ao Sr. Ellington e o outro à Dubuit Color Tintas e Vernizes Ltda. verifica-se, ainda, que no acordo foi indicado que o réu Philippe Ayala manifestara seu consentimento a respeito da celebração do acordo (fl. 28), e que a demanda continuará em face dele (fl. 41).

Esse é o entendimento do i. Juiz singular quanto ao imóvel pertencente à empresa Dubuit Color, proferida em 12 de março de 2015 (fl. 351 dos autos originais);

Vistos.

Indefiro a constrição do imóvel de matrícula 43757 do Ofício Imobiliário de Pindamonhangaba, SP, considerando ser de propriedade de terceiro, Dubuit Color Tintas e Vernizes Ltda. (fls. 335/337), sociedade que, apesar de aparentemente integrar o mesmo grupo econômico da executada Dubuit do Brasil Serigrafia Indústria e Comércio Ltda., não se sujeita à presente execução.

Quanto aos demais bens indicados, foram todos unificados sob nova matrícula, nº 114.450 do 1º Ofício Imobiliário de Guarullhos, SP (fls. 339/348). Providencie, pois, o exequente a mencionada matrícula.

Intimem-se.

Na ação de execução não houve o reconhecimento da existência do grupo econômico, tanto que afastado o imóvel pertencente a empresa Dubuit Color, sem que a casa bancária tenha se oposto a essa decisão. Nos embargos de terceiro houve o reconhecimento (fl. 18-24), não havendo, contudo, como se determinar seja alcançado imóvel pertencente a terceiro pessoa física e, isso porque, ao contrário do sustentado, não se verifica a integralização desse imóvel ora discutido.

Cumpre chamar a atenção da casa bancária agravante quanto à falsa alegação de que o imóvel discutido no presente recurso tenha sido integralizado pelo coexecutado, ora coagravado Sr. Philippe Jean (fl. 371 dos autos originais). Embora indicado como dação em pagamento da empresa Encres Dubuit S.A (fl. 29), teria sido realizado pelo Sr. Ellington, conforme indica a agravante na petição que gerou a r. decisão combatida (fl. 16-17).

No que se refere, portanto, à transferência do imóvel, não acarretando prejuízo ou direito para o Sr. Philippe e, nem mesmo, prejuízo patrimonial à Dubuit Brasil Serigrafia Indústria e Comércio Ltda., inócua a discussão a respeito do arresto desse imóvel. Correto, portanto, observar-se o princípio da continuidade registrária.

Ante todo o exposto, nega-se provimento ao recurso.

RICARDO NEGRÃO

RELATOR

TJSP – Agravo de Instrumento nº 2202605-08.2017.8.26.0000 – São Paulo – 2ª Câmara Reservada de Direito Empresarial – Rel. Des. Ricardo Negrão – DJ 17.09.2018

EMENTA: Embargos de terceiro – Penhora sobre imóvel – Vagas de garagem – Cônjuge do executado – Meação – Cerceamento de defesa. 1. Não há cerceamento de defesa quando o julgamento da lide independe de dilação probatória. 2. Nos termos da Súmula 499 do Superior Tribunal de Justiça, a vaga de garagem que possui matrícula própria no registro de imóveis não constitui bem de família para efeito de penhora. 3. A meação do cônjuge responde pela dívida do outro, quando esta é contraída em benefício da família, cabendo a ele e não ao credor, terceiro estranho à economia doméstica, a prova de que o proveito auferido não reverteu em benefício da entidade familiar. Ação improcedente. Preliminar rejeitada. Recurso não provido. (TJSP – Apelação Cível nº 1058945-32.2015.8.26.0100 – São Paulo – 21ª Câmara de Direito Privado – Rel. Des. Itamar Gaino – DJ 28.04.2016)

EMENTA: Execução – Pretensão de reforma da r. decisão que manteve penhora de bem imóvel – Cabimento – Hipótese em que o imóvel foi doado com reserva de usufruto e cláusulas de inalienabilidade, impenhorabilidade e incomunicabilidade na vigência do Código Civil de 1916 – Extinção do usufruto com a morte dos doadores que não implica, automaticamente, cancelamento das cláusulas – Finalidade protetiva conservada – Impenhorabilidade que deve ser reconhecida – RECURSO PROVIDO. (TJSP – Agravo de Instrumento nº 2008824-55.2016.8.26.0000 – Limeira – 13ª Câmara de Direito Privado – Rel. Des. Ana de Lourdes Coutinho Silva da Fonseca – Julgado em 16.04.2016)

EMENTA: AGRAVO DE INSTRUMENTO. Execução. Contrato de locação. Fiança. Penhora de bem de família de propriedade do fiador. Possibilidade. Hipótese em que a impenhorabilidade do bem de família não é oponível aos exequentes. Expressa disposição do art. 3º, VII, da Lei 8.009/90. Precedentes do Supremo Tribunal Federal e do Superior Tribunal de Justiça. Pretensão manifestamente improcedente. Recurso a que se nega seguimento (CPC, art. 557, "caput"). (TJSP – Agravo de Instrumento nº 2143447-90.2015.8.26.0000 – Americana – 36ª Câmara de Direito Privado – Rel. Des. Milton Carvalho – DJ 24.07.2015)

EMENTA: AGRAVO DE INSTRUMENTO – EXECUÇÃO DE HONORÁRIOS – PENHORA – VAGA AUTÔNOMA DE GARAGEM – insurgência em face da decisão pela qual o i. juiz reconheceu a impenhorabilidade do imóvel em que residem os devedores, por se tratar de bem de família, mas manteve a penhora da vaga autônoma de garagem vinculada ao referido imóvel – penhora admissível, ainda que a vaga se refira a apartamento considerado bem de família – Súmula nº 449 do STJ e precedentes deste Tribunal – acerto da decisão combatida – agravo manifestamente improcedente e em confronto com súmula de Tribunal Superior e com a jurisprudência dominante deste Tribunal – negativa de seguimento do recurso, com base no art. 527, I cc. o art. 557, *caput*, ambos do CPC.(TJSP – Agravo de Instrumento nº 2135399-79.2014.8.26.0000 – São Paulo – 15ª Câmara de Direito Privado – Rel. Des. Castro Figliolia – DJ 21.08.2014)

CONSELHO SUPERIOR DA MAGISTRATURA

Registro de Imóveis – Averbação de indisponibilidade que não impede a alienação forçada – Ocorrida a alienação, há cancelamento indireto das penhoras, que geraram a indisponibilidade – O cancelamento direto não é condição necessária à posterior alienação voluntária – Escritura de venda e compra que, portanto, pode ser registrada – Recurso provido.

Vistos.

Trata-se de apelação interposta em face de sentença que manteve a recusa do 2º Oficial do Registro de Imóveis de Jundiaí em registrar escritura pública de venda e compra, em face da existência de penhoras a favor da Fazenda Nacional, que traduzem indisponibilidade.

O recorrente sustenta, em síntese, que adquiriu o imóvel do arrematante. Sendo a arrematação modo originário de aquisição da propriedade, ela acarretou a extinção das penhoras e, consequentemente, nada impediria a alienação voluntária posterior. Aduz, também, entendimento sobre a possibilidade da alienação e aponta a quebra de princípios de direito registrário.

A Procuradoria Geral de Justiça manifestou-se no sentido de ser negado provimento ao recurso interposto.

É o relatório.

O recurso merece provimento.

Em primeiro lugar, o entendimento atual do Conselho Superior da Magistratura é de que a arrematação – que não é impedida pela indisponibilidade, porquanto essa obsta, somente, a alienação voluntária – não é modo originário, mas derivado, de aquisição da propriedade.

O fato de inexistir relação jurídica ou negocial entre o antigo proprietário (executado) e o adquirente (arrematante) não afasta o reconhecimento de que há aquisição derivada da propriedade.

A arrematação é negócio jurídico entre o Estado e o adquirente. O primeiro detém o poder de dispor e aceita a declaração de vontade do adquirente, não se podendo dizer, só por isso, que não houve relação causal entre a propriedade adquirida e a situação anterior da coisa.

Em outras palavras, nos casos de alienação forçada não deixa de haver vínculo entre a situação anterior da coisa e a propriedade adquirida, com a diferença que, nesses casos de transferência coativa, o ato figura mais complexo, justamente diante da participação do Estado. Veja-se que, no momento anterior à arrematação, o executado é ainda o proprietário do bem. O que se lhe exclui é o poder de dispor. Esse passa a ser do Estado, que, sub-rogando-se na vontade do executado, aliena o bem.

Embora, a partir da alienação e do registro da carta de arrematação, o executado perca a propriedade sobre o bem, é patente a existência de um vínculo anterior, ainda que residual, entre o executado e o adquirente. Apenas a vontade daquele é que deixa de ser levada em consideração, uma vez que substituída pela vontade do Estado, que realiza um negócio jurídico, público, de direito processual. Mas o vínculo residual pode ser enxergado, até mesmo, no fato de que, se houver sobra no valor do preço pago pela arrematação, será o executado quem a levantará.

Por isso, o fato de na arrematação não haver relação negocial direta entre o anterior proprietário – cuja vontade é substituída pela do Estado – e o adquirente não torna originária a aquisição da propriedade daí decorrente.

Contudo, ainda que derivado o modo de aquisição, o fato é que a arrematação, forma coativa de alienação do bem, opera o cancelamento indireto das penhoras.

A jurisprudência administrativa do C. CSM, forte na doutrina de Afrânio de Carvalho [1], sedimentou posição no sentido de que duas são as espécies de cancelamento dos registros (em sentido lato): o direto, dependente de assento negativo, efetuado mediante averbação, e o indireto, decorrente da repercussão de inscrições subsequentes (como, por exemplo, as da arrematação e adjudicação) sobre as anteriores. [2]

Oportuno, a respeito do tema, transcrever trechos do julgamento da Apelação Cível n.º 13.838-0/4, rel. Des. Dínio de Santis Garcia, ocorrido em 24.2.1992:

(...) o registro de arrematação não reclama o cancelamento direto e autônomo de registro das constrições precedentes, porque ele se afeta negativamente pela inscrição mais nova. Isso se dá porque a arrematação tem força extintiva das onerações pessoais e até mesmo das reais (cfr. Artigo 251 II, Lei n.º 6.015, de 31 de dezembro de 1973; Afrânio de Carvalho, op. cit., pág. 83), e de extinção do direito é que deriva a admissão de cancelamento do registro que lhe corresponda (RIFA SOLER, "La anotaction preventiva de embargo, 1983, págs. 510 ss.). O vínculo da penhora traslada-se para o preço da aquisição, sobre o qual concorrem os credores (LOPES DA COSTA, com apoio em DIDIMODA VEIGA e CARVALHO SANTOS, "Direito Processual Civil Brasileiro, 1947, IV, pág. 169). Observe-se, por fim, que, no cancelamento indireto, é despicienda, em regra, a elaboração de assento negativo, salvo quanto à hipoteca, em vista da necessidade de qualificar-se pelo registrador a ocorrência que não é automática – da causa extintiva segundo prescreve o artigo 251 II, Lei n.º 6.015, citada. (grifei)

A E. CGJ, nessa linha, subsidiada pelos precedentes do C. CSM, consolidou o entendimento de ser indireto o cancelamento de penhoras, arrestos e sequestros em função do registro de arrematação ou adjudicação, ou seja, o cancelamento direto não é automático, não deriva necessariamente da inscrição da arrematação, mas é prescindível, malgrado possível, se por ordem expressa do Juízo que determinou a constrição judicial. [3]

A resposta à consulta formulada no Protocolado CG n.º 11.394/2006, documentada no parecer n.º 238/06-E, de autoria do Juiz Assessor da Corregedoria Álvaro Luiz Valery Mirra e do hoje Des. Vicente de Abreu Amadei, aprovado, em 26.6.2006, pelo Des. Gilberto Passos de Freitas, é esclarecedora:

(...) no tocante ao registro da arrematação ou adjudicação o que se verifica é a sua 'ressonância' sobre o registro das constrições anteriores (penhoras, arrestos ou sequestros), para a retirada da eficácia destas em relação ao credor que arremata ou adjudica o imóvel, configurador do aludido 'cancelamento indireto'. Não há, nesses termos, 'cancelamento direto' das constrições anteriores, dependente de assento negativo, razão pela qual inviável se mostra falar em automático cancelamento do registro daquelas com base tão-só no registro da arrematação ou adjudicação, a partir de requerimento do interessado. É certo, porém, que tal cancelamento direto das penhoras antecedentes, embora despiciendo, como visto, pode, efetivamente, ser obtido pelo interessado, a fim de evitar dificuldade na leitura e no entendimento, por parte de leigos, da informação gerada pela matrícula, como mencionado pelo Meritíssimo Juiz Corregedor Permanente (fls. 77). Mas para tanto, dever-se-á obter ordem judicial, expedida pelo juízo da execução que determinou a penhora.

Anote-se que a ordem judicial em questão se mostra imprescindível para o cancelamento direto das penhoras, já que estas foram determinadas pelo juiz da execução, no exercício regular da jurisdição, não cabendo sequer ao Juiz Corregedor Permanente ou a esta Corregedoria-Geral da Justiça, no exercício de atividade meramente administrativa, deliberar a respeito. Como se sabe, no sistema jurídico-constitucional brasileiro, admite-se que os atos dos demais Poderes do Estado – legislativos e administrativos – sejam revistos pelos juízes no exercício da jurisdição, mas o contrário, ou seja, a revisão dos atos jurisdicionais dos juízes pelas autoridades legislativas ou administrativas, é absolutamente inadmissível (Cândido Rangel Dinamarco, Instituições de Direito Processual Civil. São Paulo: Malheiros, 2001, vo. I, p. 310).

(...)

Assim, sem expressa ordem judicial oriunda do juízo que determinou a constrição, não se pode admitir o cancelamento de penhoras, arrestos e sequestros antecedentes, como decorrência automática do registro da arrematação ou adjudicação dos bens constritos havida em execução judicial. (grifei)

Tal compreensão foi mantida pelo C. CSM e pela E. CGJ mesmo no período durante o qual subsistiu a intelecção no sentido de ser originária a natureza jurídica da aquisição de imóvel mediante arrematação judicial. [4]

Portanto, daí decorrem as seguintes conclusões: a) a arrematação, forma de alienação forçada do bem e de aquisição derivada da propriedade, pode ser levada a cabo e registrada não obstante a indisponibilidade (essa impede, apenas, a alienação voluntária); b) registrada a carta de arrematação, ocorre o cancelamento indireto das penhoras e, portanto, afasta-se a indisponibilidade; c) tornando-se o bem disponível, ele pode ser alienado pelo arrematante, razão pela qual a escritura de venda e compra posterior pode ser registrada; d) cabe ao proprietário, se assim o desejar, providenciar o cancelamento direto das penhoras, perante os Juízos de onde elas provieram.

Nesses termos, pelo meu voto, dá-se provimento ao recurso.

MANOEL DE QUEIROZ PEREIRA CALÇAS Corregedor Geral da Justiça e Relator

Conselho Superior da Magistratura

Apelação 0019371-42.2013.8.26.0309 SEMA

VOTO CONVERGENTE (Voto 46.023)

Adoto, à partida, o resumo processual bem lançado pelo eminente Relator, Des. MANOEL DE QUEIROZ PEREIRA CALÇAS.

Adiro à conclusão do voto de Relatoria, firme em recuperar boas e antigas lições da jurisprudência deste Conselho, em precedentes – que foram mencionados pelo Des. MANOEL CALÇAS (i. e., AC n. 13.838, j. 24-2-1992, e AC 15.296, j. 3-8-1992, ambos da relação do saudoso Des. DÍNIO DE SANTIS GARCIA).

Desses dois julgados extrai-se que o registro stricto sensu da arrematação (e, ex eadem decidendi ratione, da adjudicação) em via executória forçada propicia, de modo correntio, o cancelamento de inscrições de penhora concernentes ao imóvel arrematado ou adjudicado.

É que, consistindo a penhora na "expropriação de eficácia do poder de dispor" (PONTES DE MIRANDA. Comentários ao código de processo civil. Rio de Janeiro: Forense, 1976, tomo X, p. 160), o posterior e efetivo exercício do ius disponendi no ato de arrematação (ou de adjudicação) subtrai a possibilidade de reiterar o próprio Estado na alienação do bem objeto, salva ulterior penhora. Daí resulta que, senão todas, muitas das inscrições de constrangimentos processual--executórios antecedentes à arrematação (ou adjudicação) estejam supressas ipso facto dos registros, por meio de cancelamento indireto (é dizer, implícito, reflexo, mediante ricochete).

Ora, porque a arrematação leva, in pluribus, à substituição do objeto das outras penhoras, ela implica então cancelamento indireto de suas inscrições, e cai também, no caso (aqui versado) da norma do § 1º do art. 53 da Lei n. 8.212/1991 (de 24-7), a indisponibilidade correspondente. Com isto, depois da arrematação (ou adjudicação) em via executiva forçada, não pode mais vedar-se que se inscrevam alienações ou onerações voluntárias (a primeira, por suposto e evidentemente, a que é em prol do próprio arrematante), tal bem o concluiu o r. voto de relatoria.

Note-se que é nessa linha que se vieram solidando os julgados deste Conselho:

(i) entendeu-se, num dado tempo, que a indisponibilidade advinda de penhora (ou de arresto: AC n. 70.722, de 2000), nos termos da Lei n. 8.212, de 24-7-1991, no § 1º de seu art. 53, implicava impenhorabilidade (AC's 69.130, 71.126 e 73.757, de 2000; 80.611, de 2001; 5-6/5, de 2003; 119-6/5 e 208-6/1, de 2004), salvo o caso de a penhora ter sido inscrita depois da que adveio da arrematação ou adjudicação (AC's 72.716, de 2000, e 76.567, de 2001), ou se o crédito fosse mais graduado que o crédito de que proveniente a penhora causativa da indisponibilidade (AC's 60.175 e 72.716, de 2000);

(ii) depois, passou a julgar-se que a indisponibilidade resultante da constrição não importava em impenhorabilidade (AC's 362-6/3, 411-6/8 e 421-6/3, de 2005);

(iii) todavia, continuou a decidir-se que a indisponibilidade derivada da penhora não permitia que se inscrevesse a arrematação (ou adjudicação) do processo executivo (AC's 29.886, de 1996; 50.589, de 1999; 71.126, de 2000; 76.562, 78.127, 78.635 e 79.730, de 2001; 91.394, de 2002; 7-6/4, 96.485 e 100.023, de 2003; 195-6/0, de 2004; 386-6/2, 289-6/0, 386-6/2, 427-6/0 e 429-6/0, de 2005; 557-6/3 e 584-6/6, de 2006; 643-6/6, 646-6/0, 743-6/2, 746-6/6, 749-6/0, 805-6/6, de 2007; 777-6/7, 854-6/9, 911-6/6, 950-6/7, 979-6/9 e 991-6/3, de 2008; 1.194-6/3, de 2009; 1.223-6/7, 1.233-6/2, 990.10.034.303-3 e 990.10.004.965-8, de 2010; 0002812-30.2010, 0011783-24., 0020697-83.2010, 0011924-51.2009 e 0011644-48.2011, de 2011; 0007386-82.2011, de 2012);

(iv) mas, ainda esse entendimento superouse, e este Conselho Superior passou a entender que a indisponibilidade emanada de penhora permite que se inscreva a arrematação ou adjudicação da via executória (AC's 0004717-40.2010 e 0007969-54.2010, de 2012; 0013197-92 e 0018382-04.2011, de 2013; 3000029-33.2013, 3001116-49.2013 e 3003761-77.2013, de 2014; 0023897-25.2015 e 1077741-71.2015, de 2016);

(v) nada obstante, conquanto se houvesse, em algumas decisões, autorizado o registro stricto sensu da arrematação (ou adjudicação) em execução forçada, manteve-se o entendimento segundo o qual posteriores alienações voluntárias não poderiam ser inscritas sem o cancelamento direto (direto, nota bene!) da indisponibilidade (AC's 0054473-65.2012 e 0003288-37.2009, de 2012; 3003761-77.2013, de 2014; 0019371-42.2013 e 0004060-59.2014, de 2015). [Saliente-se que, num voto de vencido, ao julgar-se a AC 3001116-49, em 2013, o Des. JOSÉ RENATO NALINI retratou-se do que sustentara nas AC's 0054473-65.2012 e 0003288-37.2009].

Agora, finalmente, parece apontar-se uma solução para o problema, recobrando-se posição antecedente deste Conselho: a indisponibilidade derivada de penhora, no caso do § 1º do art. 53 da Lei n. 8.212/1991, não impede o registro stricto sensu da arrematação (ou adjudicação) em execução forçada, nem, a fortiori, de alienações ou onerações voluntárias posteriores.

A indisponibilidade amparada nessa normativa apenas visa a impedir, com efeito, a disposição voluntária antes de, no plexo de uma pendente execução civil, operar-se ato de disposição pelo Estado.

Ressalve-se, entretanto, que o caso destes autos está cifrado ao tema do § 1º do art. 53 da Lei n. 8.212, de 1991, em que a indisponibilidade cessa porque lhe cessou a causa, i. e., a penhora (cf. fl. 5).

Outras hipóteses há em que a indisponibilidade deriva diretamente da lei (e.g., art. 185 do Código Tributário Nacional) ou da inscrição de um título dotado de preferente transcendência real (ou seja, aqui já não trataria de mera providência constritiva oriunda de um processo: pense-se, por exemplo, na indisponibilidade derivada de hipoteca que garanta cédula de crédito rural, nos termos do Decreto-Lei n. 167, de 14-2-1967).

Em outros termos, a solução deste caso é uma resposta propícia ao quadro correspondente ao § 1º do art. 53 da Lei n. 8.212/1991. Pode estender-se, é verdade, a situações análogas, mas não elimina, de modo simplista, as hipóteses em que a indisponibilidade não derive de mera constrição processual.

Observe-se, em acréscimo, que não há motivo para manter-se uma inscrição de penhora, se (i) a execução que penda não aflija o arrematante, que não é nela parte passiva, e, bem por isto, (ii) a permanência da inscrição seja mostra de superveniente ofensa da consecutividade.

Por fim, parece recomendar-se que, em inscrição comprimida (é evidente!), caiba referir o cancelamento indireto no texto mesmo do registro da arrematação ou da adjudicação. Com isto, pensa-se clarificar o efeito desse registro em favor da dinâmica imobiliária.

É como voto, acompanhando a prudente conclusão do r. voto do digno Des. MANOEL CALÇAS.

Des. RICARDO DIP
Presidente da Seção de Direito Público

Notas:

[1] Registro de Imóveis. 3.ª ed. Rio de Janeiro: Forense, 1982, p. 184.

[2] Apelação Cível n.º 13.838-0/4, rel. Des. Dínio de Santis Garcia, j. 24.2.1992; e Apelação Cível n.º 15.296-0/4, rel. Des. Dínio de Santis Garcia, j. 3.8.1992.

[3] Parecer n.º 238/06-E, do Juiz Assessor da Corregedoria Álvaro Luiz Valery Mirra e do hoje Des. Vicente de Abreu Amadei, aprovado, pelo Des. Gilberto Passos de Freitas, em 26.6.2006; Parecer n.º 173/07-E, do Juiz Assessor da Corregedoria Álvaro Luiz Valery Mirra, aprovado, pelo Des. Gilberto Passos de Freitas, em 26.6.2007; e Parecer n.º 74/2010-E, do Juiz Assessor da Corregedoria Álvaro Luiz Valery Mirra, aprovado pelo Des. Antonio Carlos Munhoz Soares, em 30.3.2010.

[4] Apelação Cível n.º 0003288-37.2009.8.26.0358, rel. Des. Renato Nalini, j. 19.7.2012; e parecer n.º 529/2013-E, de autoria do Juiz Assessor da Corregedoria Luciano Gonçalves Paes Leme, aprovado, em 6.12.2013, pelo Des. Renato Nalini. (DJe de 26.05.2017 – SP)

⊙ CORREGEDORIA-GERAL DA JUSTIÇA

▶ **EMENTA:** Registro de Imóveis – Averbação da Certidão prevista no art. 615-A, do CPC – Inexistência do número da matrícula do imóvel na certidão – Irrelevância – Exigência não prevista em lei – Recurso provido. Excelentíssimo Senhor Corregedor Geral da Justiça: Inconformada com a r. decisão de fls. 36 que indeferiu a averbação da providência prevista no art. 615-A, do Código de Processo Civil, em todas as matrículas porventura existentes de titularidade do devedor, apela a União buscando sua reforma. Aduz, em suma, que a lei não exige a especificação da matrícula em que ocorrerá a averbação premonitória, que ao Oficial de Registro de Imóveis não cabe fazer juízo de valor sobre a pertinência da averbação e que o erro no ofício por meio do qual solicita a averbação não impede que o Oficial entenda que se trata da providência prevista no art. 615-A, do CPC. Contrarrazões do Ministério Público às fls. 60, no sentido da manutenção da decisão recorrida. A D. Procuradoria Geral de Justiça opinou pelo não provimento do recurso (fls. 64/65). É o relatório. Opino. Observe-se, de início, que não se trata de procedimento de dúvida relativo a registro em sentido estrito, razão pela qual incabível o recurso de apelação. Assim, o recurso ora interposto deve ser apreciado como administrativo, na forma do artigo 246, do Código Judiciário do Estado de São Paulo, com processamento e julgamento perante esta Egrégia Corregedoria Geral da Justiça. A averbação premonitória está prevista no art. 615-A, do Código de Processo Civil: Art. 615-A. O exequente poderá, no ato da distribuição, obter certidão comprobatória do ajuizamento da execução, com identificação das partes e valor da causa, para fins de averbação no registro de imóveis, registro de veículos ou registro de outros bens sujeitos à penhora ou arresto. (Incluído pela Lei nº 11.382, de 2006). § 1º O exequente deverá comunicar ao juízo as averbações efetivadas, no prazo de 10 (dez) dias de sua concretização. (Incluído pela Lei nº 11.382, de 2006). § 2º Formalizada penhora sobre bens suficientes para cobrir o valor da dívida, será determinado o cancelamento das averbações de que trata este artigo relativas àqueles que não tenham sido penhorados. (Incluído pela Lei nº 11.382, de 2006). § 3º Presume-se em fraude à execução a alienação ou oneração de bens efetuada após a averbação (art. 593). (Incluído pela Lei nº 11.382, de 2006). § 4º O exequente que promover averbação manifestamente indevida indenizará a parte contrária, nos termos do § 2º do art. 18 desta Lei, processando-se o incidente em autos apartados. (Incluído pela Lei nº 11.382, de 2006). § 5º Os tribunais poderão expedir instruções sobre o cumprimento deste artigo. (Incluído pela Lei nº 11.382, de 2006). A certidão expedida com base em referido dispositivo é expedida logo no início da execução, fase em que o credor não tem como conhecer o patrimônio do devedor. Por esta razão, a certidão – cujo escopo é apenas atestar o ajuizamento da execução – é expedida sem qualquer informação referente aos bens do devedor e serve para apresentação não só ao registro de imóveis, como ao de veículos ou ao responsável pelo registro de quaisquer outros bens sujeitos à constrição judicial. A certidão de fls. 13, ora questionada, foi expedida nos moldes do Comunicado CGJ nº 25/2009, publicado em 19.01.09, no DOE1, e atendeu aos requisitos legais: indicação das partes e do valor da causa. Esses dados são suficientes para que Oficial de Registro de Imóveis realize as buscas nos seus indicadores a fim de localizar imóveis e direitos registrados em nome do devedor e averbá-la na respectiva matrícula, inexistindo motivo justificável para a recusa. É certo que a responsabilidade pela averbação indevida é do credor, conforme o disposto no § 4º, do art. 615-A. Contudo, não cabe ao Oficial de Registro de Imóveis fazer esse controle, devendo apenas examinar se a certidão atende aos requisitos legais. Anote-se, por fim, que não há ofensa à especialidade porque o título foi expedido nos moldes previstos no art. 615-A, do CPC e na Comunicação nº 25/2009, desta Corregedoria-Geral. Diante do exposto, o parecer que respeitosamente submeto à elevada apreciação de V. Exa. é no sentido de que o recurso seja conhecido como administrativo, na forma do art. 246, do Código Judiciário do Estado de São Paulo, e que a ela seja dado provimento. Sub censura. São Paulo, 17 de julho de 2013. Gustavo Henrique Bretas Marzagão, Juiz Assessor da Corregedoria

▶ **EMENTA:** REGISTRO DE IMÓVEIS – Averbação – Penhora – Certidão de inteiro teor – Cópia – Irresignação parcial – Conhecimento do pedido prejudicado – Desmembramentos averbados – Remanescente não apurado – Princípio da especialidade objetiva – Descumprimento – Recurso não conhecido (Processo CG nº 2011/15618(77/12-E). Excelentíssimo Senhor Corregedor Geral da Justiça, o recorrente, (...), diante da penhora realizada nos autos do processo executivo nº (...), em curso perante a 1ª Vara da Comarca de (...), apresentou, para averbação na matrícula nº (...) do 1º Oficial de Registro de Imóveis e Anexos da Comarca de (...), certidão judicial de inteiro teor da constrição consumada, cujo ingresso no fólio real foi recusado, à vista das seguintes exigências formuladas: a) qualificação completa do exequente e do executado; b) nome e identificação do fiel depositário; c) descrição completa da área remanescente do imóvel, bem como das servidões existentes, para fins de abertura de nova matrícula; e d) apresentar planta da área do imóvel. Inconformado, o recorrente – apoiado na finalidade da providência requerida, afirmando que as duas últimas exigências ('c' e 'd') devem ser satisfeitas pelos proprietários, não representando óbice à averbação do título judicial, e alegando não fazer sentido oportunizar, de um lado, a averbação aludida no artigo 615-A do CPC e, de outro, negar, à luz da mesma situação, a averbação da penhora, também desprovida de efeito modificativo, constitutivo e extintivo de direitos –, requereu, ao MM Juiz Corregedor Permanente, fosse determinada a averbação da certidão de inteiro teor da penhora realizada (fls. 02/08). Provocado, o 1º Oficial de Registro de Imóveis e Anexos da Comarca de (...) ponderou: o conhecimento do pedido resta prejudicado, pois instruído com simples cópia da certidão judicial e impugnadas apenas duas das quatro exigências formuladas, mas, superados os obstáculos levantados, a averbação pleiteada, que não se confunde com a do artigo 615-A do CPC, resta desautorizada, porquanto a certidão menciona a área total do bem imóvel penhorado, sem os desmembramentos ocorridos, e porque, considerado o princípio da especialidade objetiva, revela-se necessário apurar, previamente, a área remanescente (fls. 81/82). Depois da manifestação favorável do Ministério Público, dando razão ao ora recorrente (fls. 89), o pedido não foi conhecido, já que não apresentada a via original do título a ser averbado (fls. 91/93). Ato contínuo, o requerente, visando à reforma da sentença, interpôs recurso de apelação, em cujo corpo, a par de reiterar as suas alegações pretéritas, argumentou – para superar o não conhecimento de seu pedido –, que não pleiteou a averbação de cópia do título, a via original foi juntada aos autos do processo executivo e, acolhida a sua tese, nova certidão será expedida, com satisfação das exigências 'a' e 'b' formuladas pelo Oficial Registrador (fls. 97/111). Recebido o recurso nos seus regulares efeitos (fls. 112), o Ministério Público, em primeira instância, opinou pelo provimento (fls. 115/117), enquanto a Procuradoria Geral da Justiça, após sustentar a necessidade da apelação ser conhecida como recurso administrativo, propôs, no mérito, o seu não provimento (fls. 122/126). Inexistente dissenso sobre registro *stricto sensu*, a desautorizar o procedimento de dúvida, a apelação foi conhecida como recurso administrativo, remetendo-se os autos à esta Corregedoria Geral da Justiça (fls. 127). *É o relatório. OPINO.* A origem judicial do título (certidão de inteiro teor da penhora consumada nos autos do processo executivo) apresentado para averbação não torna prescindível a qualificação: de fato, a prévia conferência, destinada ao exame do preenchimento das formalidades legais atreladas ao ato registral, é indispensável, inclusive nos termos do item 106 do Capítulo XX das Normas de Serviço da Corregedoria Geral da Justiça. Neste sentido, assinalo: Apelação Cível nº 39.487 – 0/1, relator Corregedor Geral da Justiça Márcio Martins

Bonilha, julgada em 31.07.1997; e Apelação Cível nº 404-6/6, relator Corregedor Geral da Justiça José Mário Antônio Cardinale, julgada em 08.09.2005. Por sua vez, sem o título original apresentado, ao Oficial Registrador, para averbação, o exame da recusa impugnada resta, tal como sentenciado, prejudicado, até porque inadmissível o acesso de mera cópia ao fólio real. A propósito, trata-se de entendimento sedimentado no Colendo Conselho Superior da Magistratura e nesta Egrégia Corregedoria Geral da Justiça (Apelação Cível nº 33.624-0/4, relator Corregedor Geral da Justiça Márcio Martins Bonilha. julgado em 12.09.1996; Apelação Cível nº 278-6/0, relator Corregedor Geral da Justiça José Mário Antônio Cardinale, julgado em 20.01.2005: Parecer nº 90/2009-E, da lavra do juiz José Marcelo Tossi Silva, lançado nos autos do processo CGnº 108.173/2008 e aprovado pelo Corregedor Geral da Justiça Ruy Pereira Camilo, em 30.03.2009). Sob outro prisma, o recorrente questionou apenas duas das quatro exigências formuladas pelo Oficial Registrador: na realidade, admitiu, à luz do conteúdo de suas manifestações, a pertinência das outras duas, ou seja, a necessidade de uma nova certidão judicial, com a qualificação completa do exequente e do executado e com a identificação do depositário. Porém, não providenciou a apresentação do título retificado, ao Oficial Registrador, para averbação. Logo, também por isso, porque inadmissível a prolação de uma decisão condicional, o conhecimento do pedido, caracterizada a irresignação parcial, está prejudicado (Apelação Cível nº 278-6/0, relator Corregedor Geral da Justiça José Mário Antônio Cardinale, julgado em 20.01.2005). De todo modo, ainda que superados fossem os obstáculos impeditivos do conhecimento do pedido, este não comportaria acolhimento, porquanto vulnerado o princípio da especialidade objetiva, a ser também observado, na qualificação registraria, quando enfrentado o cabimento de averbação de certidão de inteiro teor de penhora. Com efeito, a constrição judicial, recaindo sobre a parte ideal pertencente ao executado (...), faz menção ao bem imóvel objeto da matrícula nº (...) do 1º Oficial de Registro de Imóveis e Anexos da Comarca de (...) em sua configuração original, existente ao tempo da abertura da matrícula (fls. 18/21 e 25), quer dizer, ignora os desmembramentos operados, estampados nas averbações nºs 03 e 07, que deram origem a duas novas matrículas. Enfim, descaracterizada a área primitiva por força dos destaques acima noticiados, é indispensável, então antes da pretendida averbação, a prévia apuração da remanescente, com referência, inclusive, das servidões existentes, visando à exata indi vidualização do bem imóvel atingido pela constrição judicial, objeto da matrícula nº (...) do 1º Oficial de Registro de Imóveis e Anexos da Comarca de (...). Pelo todo exposto, o parecer que, respeitosamente, submeto à elevada apreciação de Vossa Excelência sugere o não conhecimento do recurso administrativo. *Sub censura*. São Paulo, 29 de março de 2012. Luciano Gonçalves Paes Leme. Juiz Assessor da Corregedoria.

▶ **EMENTA:** Incabível averbação de mandado de penhora de direitos relativos a compromisso de compra e venda não registrado – Natureza pessoal do direito penhorado – Inviabilidade de acesso do título judicial ao fólio real – Recurso não provido (Processo CG nº 2011/97228(273/2011-E). Excelentíssimo Senhor Corregedor Geral da Justiça: Trata-se de recurso administrativo interposto por Apta Larama Assessoria e Negócios Imobiliários Ltda contra decisão do MM. Juiz Corregedor Permanente do 2º Oficial de Registros de Imóveis, Títulos e Documentos e Civil de Pessoa Jurídica da Comarca de Guarulhos que decidiu pela impossibilidade da averbação de mandado de penhora relativamente a compromisso de compra e venda em razão da não existência de registro do contrato preliminar em questão, pugnando pela realização da averbação do mandado (a fls. 173/185). A Douta Procuradoria Geral da Justiça requereu a remessa do processo à Corregedoria Geral da Justiça e no mérito opinou pelo não provimento do recurso (a fls. 193/194). Houve determinação da remessa dos autos a esta Corregedoria Geral da Justiça (a fls. 195/196). É o relatório. Passo a opinar. Apesar do recurso haver sido denominado apelação, substancialmente cuida-se de recurso administrativo previsto no artigo 246 do Código Judiciário do Estado de São Paulo, cujo processamento e apreciação competem a esta Corregedoria Geral da Justiça; assim, por meio da aplicação dos princípios da instrumentalidade e fungibilidade ao processo administrativo, passamos a seu exame. Cabe também observar a ocorrência de erro material na r. sentença, pois, a dúvida, suscitada de forma inversa, foi julgada procedente e não improcedente como constou, porquanto a decisão teve pela correção da recusa do Sr. Oficial em efetuar a averbação. O título judicial submete-se à qualificação registrária (item 106 do Capítulo XX das Normas de Serviço da Corregedoria Geral da Justiça), não havendo qualquer exame de conteúdo da decisão judicial, tão só são apreciadas as formalidades extrínsecas da ordem e da conexão dos dados do título com o registro (Nesse sentido, Conselho Superior da Magistratura, Apelação Cível nº 681-6/9, Rel. Des. Gilberto Passos de Freitas, j. 26.4.07). Em ação judicial houve a penhora de direitos relativos a compromisso de compra e venda, seguido-se o reconhecimento de fraude à execução quanto a cessão dos direitos do compromisso de compra e venda em outro contrato preliminar. Finalmente, foi celebrada Escritura Pública de Compra e Venda em cumprimento ao último contrato preliminar, sem menção da cessão da posição contratual efetuada, cuja ineficácia foi reconhecida; por fim, houve o registro do mencionado instrumento público com a consequente transmissão à propriedade (a fls. 30/38, 50/59, 64 e 72/130). Expedido mandado de averbação da penhora dos direitos relativos ao imóvel, ocorreu recusa do ingresso do título no fólio real por ausência de registro anterior do direito objeto da penhora. Não consta, da matrícula do imóvel, registro do compromisso de compra e venda (a fls. 72/105). Portanto, não ocorreu a constituição de direito real na forma do art. 1225, inc. VII, c. c. o art. 1.227, ambos do Código Civil. Desse modo, a penhora atingiu direito de ordem pessoal não inscrito no registro imobiliário, daí a impossibilidade de sua averbação em obediência ao princípio da continuidade ou do trato sucessivo contido, principalmente, nos artigos 195 e 237da Lei nº6.015/73. Além de não constar no pedido inicial da dúvida inversa, não foram apresentados os originais dos contratos preliminares cujo registro se estendeu nas razões recursais. Portanto, absolutamente inviável o exame de pedido fora da averbação do mandado judicial. Mesmo que se tivesse por superado esse óbice, inviável o registro, agora, por violar o princípio da continuidade pelo fato da promitente vendedora, nos dois contratos, não mais ser a titular da propriedade em razão de sua transferência para a pessoa jurídica Casa Forte Imóveis, Administração e Incorporadora Ltda, atual proprietária. Ante o exposto, o parecer que respeitosamente submeto ao elevado critério de Vossa Excelência é no sentido de que a apelação interposta pelo recorrente seja recebida como recurso administrativo, na forma do artigo 246 do Código Judiciário do Estado de São Paulo, e que a ele seja negado provimento. *Sub censura*. São Paulo, 12 de agosto de 2.011. MARCELO BENACCHIO. Juiz Auxiliar da Corregedoria. DECISÃO: Aprovo o parecer do MM. Juiz Auxiliar da Corregedoria e, por seus fundamentos, que adoto, recebo a apelação interposta como recurso administrativo, na forma do art. 246 do Código Judiciário do Estado de São Paulo, e nego-lhe provimento. Publique-se. São Paulo, 23.08.2011. – (a) – MAURICIO VIDIGAL – Corregedor Geral da Justiça.

⊙ TRIBUNAL DE JUSTIÇA DO ESTADO DO PARANÁ

▶ **EMENTA**: AGRAVO DE INSTRUMENTO. AÇÃO DE COBRANÇA EM FASE DE CUMPRIMENTO DE SENTENÇA. PENHORA SOBRE OS DIREITOS DOS AGRAVADOS INCIDENTES NO IMÓVEL OBJETO DA COMPRA E VENDA – POSSIBILIDADE – CONTRATO QUE RESULTA EM REPERCUSSÃO ECONÔMICA NA ESFERA DE DIREITOS DOS COMPROMITENTES COMPRADORES/AGRAVADOS QUE SÃO PASSÍVEIS DE CONSTRIÇÃO JUDICIAL – INTELIGÊNCIA DO INCISO XI, DO ART. 655 DO CÓDIGO DE PROCESSO CIVIL – DESNECESSIDADE DE AVERBAÇÃO DO REFERIDO COMPROMISSO JUNTO À MATRÍCULA DO IMÓVEL. RECURSO CONHECIDO E PROVIDO. (TJPR – Agravo de Instrumento nº 1.432.638-0 – Curitiba – 6ª Câmara Cível – Rel. Des. Renato Lopes de Paiva – DJ 05.02.2016)

▶ **EMENTA**: AGRAVO DE INSTRUMENTO. EMBARGOS DE TERCEIRO EM EXECUÇÃO DE TÍTULO EXTRAJUDICIAL. EXEQUENTE QUE PROMOVEU A AVERBAÇÃO PREMONITÓRIA DO AJUIZAMENTO DA EXECUÇÃO NA MATRÍCULA DO IMÓVEL ENTÃO PERTENCENTE AO EXECUTADO. EMBARGANTE QUE ALEGA SER PROPRIETÁRIA E POSSUIDORA DO IMÓVEL. PRETENSÃO DE LEVANTAMENTO DA ANOTAÇÃO PREVISTA NO ART. 615-A DO CÓDIGO DE PROCESSO CIVIL. IMPOSSIBILIDADE.

AVERBAÇÃO PREMONITÓRIA REALIZADA ANTES DA ESCRITURA PÚBLICA DE COMPRA E VENDA SER LEVADA A REGISTRO. NEGÓCIO JURÍDICO QUE FOI ENTABULADO PELO EXECUTADO E A EMBARGANTE SEIS ANOS ANTES DE SER REGISTRADO. PREVALÊNCIA DOS DIREITOS DO CREDOR DILIGENTE EM DETRIMENTO DO ADQUIRENTE DESIDIOSO. REFORMA DA DECISÃO OBJURGADA. RECURSO CONHECIDO E NO MÉRITO PROVIDO. (TJPR – Agravo de Instrumento nº 1.463.322-0 – Tomazina – 14ª Câmara Cível – Rel. Des. J. S. Fagundes Cunha – DJ 12.04.2016)

3. QUESTÕES DE CONCURSOS

01. (FGV – Titular de Serviço de Notas e Registros – TJ – SC/2021) Joana ingressou com execução por quantia certa em face de Pedro. Ato contínuo à admissão da execução pelo juiz, Joana obteve certidão de inteiro teor do respectivo processo e requereu a sua averbação nos Registros de Imóveis de diversas circunscrições, nas quais se encontravam registrados imóveis de Pedro.

À luz da sistemática legal vigente, o obrar de Joana foi:

a) correto, mas deve ser comunicado ao juízo competente no prazo legal, e a averbação deve ser cancelada em relação aos bens não penhorados;

b) incorreto, pois a averbação, embora possa ser realizada pela exequente, somente pode ser efetivada após a decretação da penhora pelo juízo competente;

c) correto, sendo que a averbação apresenta eficácia idêntica à penhora, impedindo a alienação do imóvel sem a aquiescência do exequente ou do juízo competente;

d) incorreto, pois a averbação, determinada de ofício pelo juízo competente ou a partir de requerimento do exequente, somente pode ser realizada após a avaliação dos imóveis;

e) incorreto, pois a averbação deve ser determinada pelo juízo competente e deve guardar estrita correspondência com os bens penhorados, suficientes para cobrir o valor da dívida.

02. (EJEF – Notário-MG/2011) A penhora é registrada no Registro Imobiliário mediante apresentação de

a) Auto de Penhora.

b) Termo de Penhora.

c) Certidão Inteiro Teor do Ato.

d) Requerimento escrito acompanhado de cópia da petição inicial.

03. (Vunesp – Notário-SP/2012) Para a averbação de penhora decorrente de execuções fiscais, havendo exigências a cumprir, o Oficial do Registro de Imóveis as comunicará ao Juízo competente no prazo de

a) três dias.

b) cinco dias.

c) dez dias.

d) quinze dias.

GAB	1	A	2	C	3	B

6) das servidões em geral;

1. COMENTÁRIOS

Para Maria Helena Diniz, "as servidões prediais são direitos reais de fruição sobre imóveis que, em virtude de lei ou vontade das partes, se impõem sobre o prédio serviente em benefício do dominante" (*Sistemas de registros de imóveis*. São Paulo: Saraiva, 2000, p. 129).

O Código Civil em seu art. 1.378, estabelece que a servidão proporciona utilidade para o prédio dominante, e grava o prédio serviente, que pertence a **diverso dono**, e constitui-se **mediante declaração expressa dos proprietários**, ou por **testamento**, e subsequente registro no Cartório de Registro de Imóveis. A matéria é regulada pela Lei Civil nos artigos 1.278 a 1.389.

Ainda, o Código de Processo Civil, nos artigos 596, parágrafo único, e no parágrafo 4º do art. 598, prevê outra hipótese de constituição de servidões. Tais dispositivos tratam das ações de divisão e demarcação, determinando a possibilidade de criação de servidão quando necessária a utilização dos quinhões partilhados. Nesse caso, o próprio mandado da sentença de divisão determina a criação das servidões necessárias.

O **registro** da servidão é feito na matrícula **(Livro nº 2 – Registro Geral) do prédio serviente e averbadas na do prédio dominante**, quando estes existirem. No caso das **servidões administrativas**, não se terá prédio dominante. Neste caso, o registro só será feito no prédio serviente.

O art. 1.387 prevê que "salvo nas desapropriações, a servidão, uma vez registrada, só se extingue, com respeito a terceiros, quando cancelada. Se o prédio dominante estiver hipotecado, e a servidão se mencionar no título hipotecário, será também preciso, para a cancelar, o consentimento do credor".

Em seguida, reza o art. 1.388:

> **Art. 1.388.** O dono do prédio serviente tem direito, pelos meios judiciais, ao cancelamento do registro, embora o dono do prédio dominante lho impugne:
>
> I – quando o titular houver renunciado a sua servidão;
>
> II – quando tiver cessado, para o prédio dominante, a utilidade ou a comodidade, que determinou a constituição da servidão;
>
> III – quando o dono do prédio serviente resgatar a servidão.

Também se **extingue a servidão**, ficando ao dono do prédio serviente a faculdade de fazê-la cancelar, mediante a prova da extinção (art. 1.389):

> I – pela reunião dos dois prédios no domínio da mesma pessoa;
>
> II – pela supressão das respectivas obras por efeito de contrato, ou de outro título expresso;
>
> III – pelo não uso, durante dez anos contínuos.

O art. 256 desta Lei de Registros Públicos prevê que o **cancelamento da servidão**, quando o prédio dominante estiver hipotecado, só poderá ser feito com aquiescência do credor, expressamente manifestada.

2. JURISPRUDÊNCIA COMPLEMENTAR

SUPERIOR TRIBUNAL DE JUSTIÇA

EMENTA: APELAÇÃO – AÇÃO DE CONSTITUIÇÃO DE SERVIDÃO – PROVA PERICIAL QUE DEMONSTROU A AUSÊNCIA DE USO É NECESSIDADE DE USO DO IMÓVEL. O Apelante não demonstrou os requisitos necessários à constituição da servidão. Não adquiriu servidão por contrato ou por testamento, tampouco demonstrou aquisição pelo usucapião, por total ausência de prova do período exigido em lei para tanto (20 anos art. 1.379, parágrafo único, do Código Civil). A servidão jamais se presume. A parte do terreno dos Apelados sobre a qual seria instituída a servidão não conta com barreiras físicas (f. 203 e 212), tampouco árvores (f. 175, e.4), apenas gramínea aparada (f. 175, e.3, e f. 190, item e.4). A perita constatou que, embora o terreno já tenha passado por cortes do talude, há uma faixa de largura de aproximadamente 1,5m em aclive que deverá sofrer intervenções caso a passagem seja permitida (f. 212). Não há melhoramentos, portanto, que evidenciem a utilização desta parte do imóvel dos Apelados por parte do Apelante. Aliás, a parte dos fundos do imóvel do Apelado não conta com nenhum melhoramento que justifique a entrada pelo prolongamento da Travessa Ernesto Barón. As fotos do imóvel bem retratam este fato (f. 186 e 206). Com efeito, todo acesso lógico à área é feito pela Rua Gil de Siqueira (f. 179). A ausência de evidente interesse para o acesso rotineiro do imóvel pela parte não oficializada da Travessa Ernesto Baron refuta o uso da área como servidão, aparente ou não. Daí porque a defesa dos Apelados ganha todo sentido, porque o único interesse para garantir esta forma de ingresso no imóvel residiria na possibilidade de desdobro da área, possibilitando a venda da parte dos fundos do imóvel do Apelante a terceiro, como o próprio Apelante admite haver tentado fazer, consoante leitura da inicial. Ausente a prova de uso do imóvel de modo explícito, a rejeição do pedido inicial é medida que se impõe. – ART. 252, DO REGIMENTO INTERNO DO E. TRIBUNAL DE JUSTIÇA DE SÃO PAULO. Em consonância com o princípio constitucional da razoável duração do processo, previsto no art. 5º, inc. LXXVIII, da Carta da República, é de rigor a ratificação dos fundamentos da sentença recorrida. Precedentes deste Tribunal de Justiça e do Superior Tribunal de Justiça. – PRESCRIÇÃO – INOCORRÊNCIA. Não tendo o Apelante demonstrado o uso explícito do imóvel, não há que se falar em prescrição em relação ao direito dos Apelados de impugnar o presente pedido de constituição de direito de passagem. – SENTENÇA MANTIDA – RECURSO IMPROVIDO. (TJSP – Apelação Cível nº 0012183-65.2012.8.26.0007 – São Paulo – 38ª Câmara de Direito Privado – Rel. Des. Eduardo Siqueira – DJ Julgado em 13.04.2016)

EMENTA: RECURSO ESPECIAL – NEGATIVA DE PRESTAÇÃO JURISDICIONAL – INEXISTÊNCIA – SERVIDÃO DE PASSAGEM – VALIDADE DO NEGÓCIO JURÍDICO – REGISTRO POR MEIO DE ESCRITURA PÚBLICA – NECESSIDADE – ACÓRDÃO RECORRIDO EM DESACORDO COM O ENTENDIMENTO DESTA CORTE – RECURSO PROVIDO. (STJ – REsp nº 1226476 – RJ – 3ª Turma – Rel. Min. Massami Uyeda – DJ 08.06.2012)

TRIBUNAL DE JUSTIÇA DO ESTADO DE SÃO PAULO

EMENTA: Agravo de Instrumento – Servidão administrativa – Cumprimento de sentença – Oficial de registro de imóveis que recusou o registro da servidão, ante a impossibilidade de determinar que a faixa de servidão esteja localizada no imóvel e em que espaço dele – Juízo que rejeitou pedido posterior, no sentido de que fosse determinado ao Oficial o registro da citação, nos termos do artigo 167, inciso I, item 21, da Lei nº 6.015/1973 e do artigo 54 da Lei nº 13.097/2015 – Decisão escorreita – Título judicial que não está dispensado de atender aos requisitos formais e princípios registrais para ser levado a registro – Registro da citação, a pretexto de evidenciar a litigiosidade existente sobre o bem, para que terceiros não aleguem desconhecimento da servidão, que é absolutamente impróprio, dado o encerramento do processo há mais de dez anos – Pretensão do agravante que constitui evidente tentativa de atalhar a necessária retificação da matrícula – Agravante que é legitimada, na condição de interessada, para promover a retificação do registro, de maneira que a descrição do imóvel fique coerente com a descrição da faixa de servidão a ser futuramente registrada – Recurso desprovido. (TJSP – Agravo de Instrumento nº 2183980-81.2021.8.26.0000 – Itapetininga – 2ª Câmara de Direito Público – Rel. Des. Luciana Bresciani – DJ 07.10.2021)

CONSELHO SUPERIOR DA MAGISTRATURA

EMENTA: Registro de imóveis – Dúvida julgada procedente – Recusa de ingresso de carta de sentença – Instituição de servidão – Desmembramento do imóvel desmembrado, dando origem a quatro novas matrículas – Necessidade de descrição das áreas dominantes em cada uma das áreas servientes desmembradas – Ofensa aos princípios da especialidade objetiva e da continuidade – Recurso não provido. Apelação nº 9000003-56.2014.8.26.0082). Trata-se de recurso de apelação interposto contra a sentença da MM. Juíza Corregedora Permanente do Oficial de Registro de Imóveis da Comarca de Boituva, que julgou procedente a dúvida suscitada e manteve a exigência de que se identifique de forma certa e precisa, dentro do terreno, as faixas de servidão dos imóveis matriculados sob os números 7.809, 7.810 e 7.811, que além do mais apresentam metragens que sequer correspondem ao total objeto da desapropriação, em observância ao controle da continuidade e da especialidade. A apelante afirma, em síntese, que por não se tratar de servidão civil, instituída em favor do particular, mas de servidão administrativa pautada em Decreto de Utilidade Pública, deve prevalecer o interesse público. Acrescenta que a carta de sentença traz todos os elementos necessários, que a área servienda está perfeitamente descrita, não afeta o registro existente, porque não importa em destaque de parcela do imóvel, e que o obstáculo ao ingresso deixará de atender ao princípio da publicidade, além de não contribuir para a segurança que deve emanar do registro de imóveis. A Procuradoria Geral de Justiça opinou pelo provimento do recurso. É o relatório. As servidões objeto da carta de sentença apresentada incidem sobre o imóvel matriculado sob número 7.303, que foi desmembrado em quatro parcelas que deram origem às matrículas nºs. 7.809, 7.810, 7.811 e 7.812. Não há, contudo, descrição e individualização destas faixas de servidão em relação a cada um dos imóveis desmembrados, além do que a soma das áreas das servidões é inferior à área desapropriada, o que afeta a disponibilidade quantitativa. Estas imprecisões impossibilitam o registro das áreas dominantes, objeto da servidão, descritas nos memoriais descritivos apresentados, pois é impossível identificar onde estas se inserem nas áreas servientes, além de existir diferença observada pelo registrador em relação à soma das áreas das parcelas de servidão em relação ao total da área desapropriada. Na sistemática da Lei de Registros Públicos em vigor, a matrícula é o núcleo do assentamento imobiliário e reclama observância aos princípios da especialidade objetiva e da continuidade. Afrânio de Carvalho, na clássica obra "Registro de Imóveis", 4ª edição, Editora Forense, ao tratar do tema "Matrícula No Registro Geral", Capítulo 18, consigna que na relação dos cinco livros que possuem divisão completa em cinco espécies (Protocolo; Registro Geral; Registro Auxiliar; Indicador Real; Indicador Pessoal) e que têm por princípio único diretivo a função desempenhada, se sobressai, por sua importância, o "registro geral", que, como recipiente dos direitos reais, aos quais transmite os efeitos de publicidade e de constitutividade, aparece como verdadeiro sensório do registro, de onde emanam os reflexos que movimentam o tráfico jurídico imobiliário. Este livro tem função precípua de centro de convergência de atos jurídicos de aquisição, transmissão, oneração ou extinção de direitos reais, sem que essa especificidade seja turvada pela intromissão de atos de outra natureza. Nessa ordem de ideias, a presença da matrícula no registro geral já indica, por si só, que ela exprime um ato de movimentação de direito real e a posição eminente que aí lhe foi conferida atesta, por sua vez, que se trata do mais importante: a aquisição da propriedade. Os efeitos da propriedade só se integram com a inscrição no livro próprio, e, do mesmo modo, as restrições ao direito de propriedade, como é o caso da servidão, como ônus real que é. O inciso II do artigo 176 da Lei de Registros Públicos dispõe sobre os requisitos da matrícula, e, no número "3", alíneas "a" e "b", trata do princípio da especialidade objetiva, ao exigir a identificação do imóvel como um corpo certo, permitindo o encadeamento dos registros e averbações subsequentes, em conformidade ao princípio da continuidade. De acordo com o conceito de Afrânio de Carvalho, na mesma obra acima mencionada, *"O princípio da especialidade significa que toda inscrição dever recair sobre um objeto precisamente individuado"*, e, ao se referir ao mandamento da individuação do imóvel lançado no regulamento dos registros públicos, consigna que *"Além de abranger a generalidade dos atos, contratuais e judiciais, o mandamento compreende também a generalidade dos imóveis, urbanos e rurais, exigindo a cabal individuação de todos para a inscrição no registro"*, e que *"A sua descrição no título há de conduzir ao espírito do leitor essa imagem. Se a escritura de alteração falhar nesse sentido, por deficiência de especialização, terá de ser completada por outra de rerratificação, que aperfeiçoe a figura do imóvel deixada inacabada na primeira. Do contrário, não obterá registro.* "Destarte, exige-se a observância do princípio da especialidade objetiva e da continuidade não só do imóvel serviente, como do dominante, a fim de que seja possível caracterizar, delimitar e identificar onde cada faixa da servidão se insere na área de cada um dos imóveis desmembrado. São vários os precedentes deste Conselho Superior da Magistratura que, embora se refiram à precariedade da descrição do imóvel serviente, e que impossibilita identificar com precisão onde a área dominante está localizada, se aplicam por analogia ao caso em tela, que reclama a individualização das áreas da servidão nas áreas desmembradas: Apelações Cíveis números 745-6/1; 1.204-6/0; 943-6/5 e 0017110.60.2008.8.26.0348, além de outras por mim relatadas e que tiveram como apelante a ora recorrente, números 0001619-65.2014.8.26.0586, 9000002.71.2014.8.26.0082 e 0001243-53.2013.8.26.0315. Em suma, é a matrícula que define, em toda a sua extensão, modalidades e limitações, a situação jurídica do imóvel, razão pela qual, para fins de registro de instituição de servidão administrativa, que consiste em restrição (ônus) ao direito real, devem ser observados os princípios registrários, no caso, o da especialidade objetiva e o da continuidade, o que não se verifica no caso vertente. Isto posto, nego provimento ao recurso. HAMILTON ELLIOT AKEL, CORREGEDOR GERAL DA JUSTIÇA RELATOR (DJe de 20.01.2016 – SP

▶ **EMENTA:** Registro de imóveis – Dúvida julgada procedente – Recusa de ingresso de carta de sentença – Instituição de servidão – Descrição precária do imóvel serviente – Inexistência de elementos mínimos de identificação e localização – Necessidade de prévia retificação da área, em observância ao princípio da especialidade objetiva – Recurso não provido. (Apelação nº 0000491-27.2015.8.26.0472). Trata-se de recurso de apelação interposto contra a sentença do MM. Juiz Corregedor Permanente do Oficial de Registro de Imóveis da Comarca de Porto Ferreira, que julgou procedente a dúvida suscitada e manteve a exigência de necessidade de georreferenciamento do imóvel no qual foi instituída a servidão, em observância aos princípios da legalidade e da especialidade. A apelante afirma, em síntese, que é imprescindível, mais que a perfeita descrição do imóvel que suporta a servidão, o conhecimento geral sobre a instalação dos dutos no local para que ninguém alegue desconhecimento das restrições do uso do imóvel decorrente da servidão, razão pela qual a negativa de registro, além de violar o princípio da publicidade, não contribuirá para a segurança que deve emanar dos registros públicos. Diz que a área servienda está perfeitamente descrita e pormenorizada e que o registro da servidão não interfere na aplicação dos princípios da anterioridade e continuidade, além de não implicar em destaque de qualquer parcela do imóvel, como ocorre na desapropriação, de modo que não guarda relevância maior no controle da disponibilidade. Aduz que não há alteração de proprietários, mas apenas restrições de uso da área servienda, e que por não se tratar de servidão civil, a qual é instituída em favor do particular, e sim servidão administrativa pautada em Decreto de Utilidade Pública, deve prevalecer o interesse público. Acrescenta que a regularização da situação do imóvel no registro imobiliário para atender as exigências da nova lei é dever do proprietário. A Procuradoria Geral de Justiça opinou pelo não provimento do recurso. É o relatório. O recurso não comporta acolhida. A matrícula número 629 relativa ao imóvel serviente assim o descreve: *"O imóvel rural denominado "SITIO ITÁLIAS, situado neste município e comarca de Pôrto Ferreira, constituído de uma parte de um sítio, na Fazenda São Vicente, dividida judicialmente, com área de quinze (15) alqueires, equivalente a 36,30 hectares, em terras de cultura, capoeira, pasto, campo e brejo, com as benfeitorias e instalações aí existentes, confrontando em sua integridade e divisas gerais com o Córrego São Vicente, com o Sítio Princezinha (de Dimas de Santis e Ângelo Roque de Santis), com o Sítio São Vicente (de Manoel de Andrade e outro) e com a Estrada Municipal da Fazenda Rio Corrente";...* "Verifica-se que se trata de matrícula aberta com base em descrição antiga e precária, ou seja, na transcrição número 4.745 do livro 3-C, conforme indicado, e de imóvel de área extensa, a qual não apresenta nenhuma técnica, pois indica como pontos de referência de suas medidas e limites "parte de um sítio na Fazenda São Vicente", confrontando com "Córrego", com o "Sítio Princezinha", com o "Sítio São Vicente" e com a "Estrada Municipal", de modo que não há o mínimo de elementos que permita a sua identificação e localização. A imprecisão da descrição da área na matrícula impossibilita o registro da área dominante, objeto da servidão descrita no memorial descritivo apresentado, pois é impossível identificar onde esta se insere na área serviente. Na sistemática da Lei de Registros Públicos em vigor, a matrícula é o núcleo do assentamento imobiliário e reclama observância ao princípio da especialidade objetiva, porém, mesmo que assim não fosse, seria inviável o registro da carta de sentença, pela ausência de elementos mínimos identificadores do imóvel serviente. Afrânio De Carvalho, na clássica obra "Registro de Imóveis", 4ª edição, Editora Forense, ao tratar do tema "Matrícula No Registro Geral", Capítulo 18, consigna que na relação dos cinco livros que possuem divisão completa em cinco espécies (Protocolo; Registro Geral; Registro Auxiliar; Indicador Real; Indicador Pessoal) e que têm por princípio único diretivo a função desempenhada, se sobressai, por sua importância, o "registro geral", que, como recipiente dos direitos reais, aos quais transmite os efeitos de publicidade e de constitutividade, aparece como verdadeiro sensório do registro, de onde emanam os reflexos que movimentam o tráfico jurídico imobiliário. Este livro tem função precípua de centro de convergência de atos jurídicos de aquisição, transmissão, oneração ou extinção de direitos reais, sem que essa especificidade seja turvada pela intromissão de atos de outra natureza. Nessa linha de raciocínio, a presença da matricula no registro geral já indica, por si só, que ela exprime um ato de movimentação de direito real e a posição eminente que aí lhe foi conferida atesta, por sua vez, que se trata do mais importante: a aquisição da propriedade. É a matrícula que define, em toda a sua extensão, modalidades e limitações, a situação jurídica do imóvel. O inciso II do artigo 176 da Lei de Registros Públicos dispõe sobre os requisitos da matrícula, e, no número "3", alíneas "a" e "b", consagra o princípio da especialidade objetiva, ao exigir a identificação do imóvel como um corpo certo, permitindo o encadeamento dos registros **e** averbações subsequentes, em conformidade ao principio da continuidade. De acordo com o conceito de Afrânio de Carvalho, na mesma obra acima mencionada, *"O princípio da especialidade significa que toda inscrição dever recair sobre um objeto precisamente individuado"*, e, ao se referir ao mandamento da individuação do imóvel lançado no regulamento dos registros públicos, consigna que *"Além de abranger a generalidade dos atos, contratuais e judiciais, o mandamento compreende também a generalidade dos imóveis, urbanos e rurais, exigindo a cabal individuação de todos para a inscrição no registro"*, e que *"A sua descrição no título há de conduzir ao espírito do leitor essa imagem. Se a escritura de alteração falhar nesse sentido, por deficiência de especialização, terá de ser completada por outra de rerratificação, que aperfeiçoe a figura do imóvel deixada inacabada na primeira. Do contrário, não obterá registro.* "Neste sentido: Apelações Cíveis números 745-6/1; 1.204-6/0; 943-6/5; 0017110.60.2008.8.26.0348, 3003724-22.2013.8.26.0481, 3000623-74.2013.8.26.0481 e 0001620-50.2014.8.26.0586. Nas Apelações Cíveis números 0001243-53.2013.8.26.0315 e 0001619-65.2014.8.26.0586, do mesmo modo, foi decidido acerca da necessidade da prévia retificação da área serviente, para possibilitar o registro do título apresentado. As ementas assim dispõem, respectivamente: "REGISTRO DE IMÓVEIS – FALTA DE REPRESENTAÇÃO – ADVOGADO NÃO CONSTITUÍDO PELA APELANTE NOS AUTOS – PREJUDICIALIDADE – EXAME EM TESE DA PERTINÊNCIA DA RECUSA – ESCRITURA DE INSTITUIÇÃO DE SERVIDÃO DE PASSAGEM – DESCRIÇÃO PRECÁRIA DO IMÓVEL SERVIENTE – NECESSIDADE DE PRÉVIA RETIFICAÇÃO A FIM DE PERMITIR A CORRETA

LOCALIZAÇÃO DA SERVIDÃO DO IMÓVEL SERVIENTE – PRECEDENTES DO CONSELHO SUPERIOR DA MAGISTRATURA – RECURSO NÃO CONHECIDO. ""REGISTRO DE IMÓVEIS – Dúvida procedente – Recusa de ingresso de carta de sentença – Instituição de Servidão de Passagem – Descrição precária do imóvel serviente – Inexistência de elementos mínimos de identificação e localização – Necessidade de prévia retificação da área, em observância ao princípio da especialidade objetiva – Recurso não provido. "Ainda no mesmo sentido foi decidido na Apelação Cível n.º 1.204-6/0, j. 20/10/2009, relatada pelo Desembargador Reis Kuntz, então Corregedor Geral da Justiça, com a seguinte ementa: "REGISTRO DE IMÓVEIS – Dúvida julgada procedente – Negado registro de carta de adjudicação expedida em ação de instituição de servidão administrativa – Título que apresenta descrição precária dos imóveis em que recaiu a servidão – Ofensa ao princípio da especialidade objetiva – Recurso provido. "No mais, não há dúvida de que se aplica ao caso em tela o § 3º do artigo 225 da Lei de Registros Públicos, o qual, a exemplo do citado artigo 176, está previsto no artigo 9º do n.º 4.449/2002, e no artigo 2º do Decreto n.º 5.570/2005, que alterou o Decreto n.º 4.449/2002, pois ambos trazem previsão da necessidade de identificação do imóvel, nos termos do mesmo § 3º do artigo 225 da Lei de Registros Públicos, e que assim dispõe: *"Nos autos judiciais que versam sobre imóveis rurais, a localização, os limites e as confrontações serão obtidas a partir de memorial descritivo assinado por profissional habilitado e com a devida Anotação de Responsabilidade Técnica – ART, contendo as coordenadas dos vértices definidores dos limites dos imóveis rurais, geo-referenciadas ao Sistema Geodésico Brasileiro e com precisão posicional a ser fixada pelo INCRA, garantida a isenção de custos financeiros aos proprietários de imóveis rurais cuja somatória da área não exceda a 4 (quatro) módulos fiscais.* "Esta exigência legal visa atender e incrementar a especialização objetiva. Neste mesmo sentido foi decidido na Apelação Cível n.º 0000002-95.2011.8.26.0450, julgada em 13/12/2012, cujo relator foi o então Corregedor Geral da Justiça Desembargador José Renato Nalini, ao tratar do tema em caso diverso, referente à ação de usucapião, mas que por analogia se aplica ao ora examinado: *'(...) O georreferenciamento almeja a evolução do registro imobiliário, impondo a necessidade de certificação técnica antes do ingresso do título judicial. Jomar Juarez Amorin destaca essa importância nos seguintes termos:* No plano jurídico, o georreferenciamento pode ser conceituado como técnica descritiva aplicável aos imóveis rurais, para fins cadastrais. A consequência inegável é o incremento da especialização objetiva do registro imobiliário; ou seja: com a aplicação da descrição georreferenciada se alcança um novo nível de linguagem na especialização do bem matriculado. (...) Antes de ingressar na matrícula como linguagem técnico-descritiva, o georreferenciamento deve ser precedido de ato administrativo de certificação. Assim, o memorial descritivo acompanhado de Anotação de Responsabilidade Técnica é exibido ao INCRA pelo profissional previamente credenciado, para que o órgão federal certifique principalmente a inexistência de sobreposição na linha poligonal (A retificação de registro imobiliário e o georreferenciamento ao sistema geodésico brasileiro. *In:* Direito imobiliário brasileiro. *São Paulo: Quartier Latin, 2011, p. 1134). Nestes termos, o registro da sentença deve ser precedido do ato administrativo da alçada da autarquia federal. (...)* (DJ: 22/02/2013). Em suma, é a matrícula que define, em toda a sua extensão, modalidades e limitações, a situação jurídica do imóvel, razão pela qual o registro da carta de sentença apresentada, mesmo nos casos de instituição de servidões administrativas, deve ser feita em observância ao princípio da especialidade objetiva e às demais disposições legais e normativas, o que não se verifica no caso vertente. O argumento de que é ônus do proprietário do imóvel promover sua retificação não serve de justificativa para afastar a exigência prevista em lei. Além do mais, embora o titular do domínio tenha como regra legitimidade para pedir a retificação da área, nada obsta que tal pretensão seja apresentada por quem demonstre interesse, como é o caso da apelante, que necessita da retificação para possibilitar o registro do título apresentado, pois, não seria razoável que ficasse à mercê da inércia de terceira pessoa quanto a tal providência. É neste sentido que deve ser interpretada a expressão "interessado", trazida no artigo 213, inciso I, da Lei de Registros Públicos, e que confere à recorrente legitimidade para requerer a retificação. Isto posto, nego provimento ao recurso. JOSÉ CARLOS GONÇALVES XAVIER DE AQUINO. CORREGEDOR GERAL DA JUSTIÇA E RELATOR (DJe de 26.01.2016 – SP)

▸ **EMENTA:** Registro de imóveis – Dúvida julgada procedente – Recusa de ingresso de carta de sentença – Instituição de servidão de passagem – Descrição precária do imóvel serviente – Inexistência de elementos mínimos de identificação e localização – Necessidade de prévia retificação da área, em observância ao princípio da especialidade objetiva, e de inscrição no "CAR" (Cadastro Ambiental Rural) – Recurso não provido. (Apelação nº 9000001-52.2015.8.26.0082). Trata-se de recurso de apelação interposto contra a sentença da MM. Juíza Corregedora Permanente do Oficial de Registro de Imóveis da Comarca de Boituva, que julgou procedente a dúvida suscitada e manteve a exigência de prévia retificação da área objeto da matrícula número 42.001, para possibilitar o registro da carta de sentença referente à existência de servidões de passagem no imóvel, pois, conquanto as áreas da servidão estejam perfeitamente descritas e caracterizadas, a base onde ela se insere não está, o que impede o controle e viola o princípio da especialidade. Acrescentou-se, no julgado, que a retificação da área reclama a inscrição do imóvel rural no Cadastro Ambiental Rural – CAR, nos termos do subitem 125.2. do Capítulo XX das Normas de Serviço da Corregedoria Geral da Justiça. A apelante afirma, em síntese, que a pretensão é de apenas registrar a carta de sentença referente à instituição de servidão administrativa na matrícula do imóvel. Diz que por não se tratar de servidão civil, a qual é instituída em favor do particular, e por se tratar de servidão administrativa pautada em Decreto de Utilidade Pública, deve prevalecer o interesse público. Aduz que a carta de sentença traz todos os elementos necessários ao registro e acrescenta que a regularização da situação do imóvel é dever do proprietário, e, por fim, que o obstáculo ao ingresso deixará de atender o princípio da publicidade, além de não contribuir para a segurança que deve emanar do registro de imóveis. A Procuradoria Geral de Justiça opinou pelo não provimento do recurso. É o relatório. O recurso não comporta provimento, como bem destacou a ilustrada Procuradoria Geral de Justiça. O imóvel serviente tem área extensa (84.694,625 m²), descrição antiga e precária. Essa imprecisão na descrição impossibilita o registro da área dominante, objeto da servidão, descrita no memorial descritivo apresentado, pois o registrador não consegue identificar onde esta se insere na área serviente. Na sistemática da Lei de Registros Públicos em vigor, a matrícula é o núcleo do assentamento imobiliário e reclama observância ao princípio da especialidade objetiva, porém, mesmo que assim não fosse, seria inviável o registro da carta de sentença, pela ausência de elementos mínimos identificadores do imóvel serviente. O inciso II, do artigo 176, da Lei de Registros Públicos, dispõe sobre os requisitos da matrícula, e, no número "3", alíneas "a" e "b", consagra o princípio da especialidade objetiva, ao exigir a identificação do imóvel como um corpo certo, permitindo o encadeamento dos registros e averbações subsequentes, em conformidade ao princípio da continuidade. De acordo com o conceito de Afrânio de Carvalho, *in* "Registro de Imóveis", 4ª edição, Editora Forense, *"O princípio da especialidade significa que toda inscrição dever recair sobre um objeto precisamente individuado"*, e, ao se referir ao mandamento da individuação do imóvel lançado no regulamento dos registros públicos, consigna que *"Além de abranger a generalidade dos atos, contratuais e judiciais, o mandamento compreende também a generalidade dos imóveis, urbanos e rurais, exigindo a cabal individuação de todos para a inscrição no registro"*, e que *"A sua descrição no título há de conduzir ao espirito do leitor essa imagem. Se a escritura de alteração falhar nesse sentido, por deficiência de especialização, terá de ser completada por outra de rerratificação, que aperfeiçoe a figura do imóvel deixada inacabada na primeira. Do contrário, não obterá registro.* "Assim, sem a prévia retificação da área do imóvel serviente, não há como fazer a inscrição da servidão. Nas Apelações Cíveis nºs. 0001243-53.2013.8.26.0315 e 0001619-65.2014.8.26.0586, e que também tiveram como apelante a empresa Gás Natural São Paulo Sul, do mesmo modo, foi decidido acerca da necessidade da prévia retificação da área serviente para possibilitar o registro do título apresentado. As ementas assim dispõem, respectivamente: "REGISTRO DE IMÓVEIS – FALTA DE REPRESENTAÇÃO – ADVOGADO NÃO CONSTITUÍDO PELA APELANTE NOS AUTOS – PREJUDICIALIDADE – EXAME EM TESE DA PERTINÊNCIA DA RECUSA – ESCRITURA DE INSTITUIÇÃO DE SERVIDÃO DE PASSAGEM – DESCRIÇÃO PRECÁRIA DO IMÓVEL SERVIENTE – NECESSIDADE DE PRÉVIA RETIFICAÇÃO A FIM DE PERMITIR A CORRETA LOCALIZAÇÃO DA SERVIDÃO DO IMÓVEL SERVIENTE – PRECEDENTES DO CONSELHO SUPERIOR DA MAGISTRATURA – RECURSO NÃO CONHECIDO. ""REGISTRO DE IMÓVEIS – Dúvida procedente – Recusa de ingresso de carta de sentença – Instituição de Servidão de Passagem – Descrição precária do imóvel serviente – Inexistência de elementos mínimos de identificação e localização – Necessidade de prévia retificação da área, em observância ao princípio da especialidade objetiva – Recurso não provido. "Por fim, quanto à necessidade de inscrição no "CAR" (Cadastro Ambiental Rural) enquanto este não havia sido implantado, o entendimento sedimentado, pautado em julgamento do Superior Tribunal de Justiça, era no sentido de que era necessário averbar a reserva legal nas hipóteses de retificação de área, porém, a partir da implantação efetivada, a inscrição passou a ser obrigatória. Com efeito, nos Embargos de Divergência em Recurso Especial n.º 218.781 (2002/0146843-9), o voto do Ministro Herman Benjamin, julgado em 9/12/09, o qual está amparado em julgamento daquele mesmo Tribunal de relatoria da Ministra Nancy Andrighi no REsp 831.212/MG, Terceira Turma, DJ 22.9.09, assim dispõe: "(...) o proprietário e o possuidor estão obrigados a respeitar percentual, no mínimo que seja, do Código Florestal aplicável ao bioma em que se insere o imóvel. A especialização é de rigor, inclusive como condição para que o oficial do Registro de Imóveis pratique outros atos registrários. Nesse sentido a posição do STJ, em que foi precursora a eminente Ministra Nancy Andrighi, conforme o precedente abaixo: *Direito ambiental. Pedido de retificação de área de imóvel, formulado por proprietário rural. Oposição do MP, sob o fundamento de que seria necessário, antes, promover a averbação da área de reserva florestal disciplinada pela Lei 4.771/65. Dispensa, pelo Tribunal. Recurso especial interposto pelo MP. Provimento. – É possível extrair, do art. 16, § 8º, do Código Florestal, que a averbação da reserva florestal é condição para a prática de qualquer ato que implique transmissão, desmembramento ou retificação de área de imóvel sujeito à disciplina da Lei 4.771/65. Recurso especial provido.* "Outros precedentes no mesmo sentido seguiram-se aos acima mencionados: *"REGISTRO DE IMÓVEIS – Retificação de registro de imóveis – Averbação da reserva legal como condição da retificação – Necessidade – Recurso provido. "* (Processo CG 2012/49715, parecer do MM. Juiz Assessor da Corregedoria Gustavo Henrique Bretas Marzagão, datado de 28/9/12, aprovado pelo então DD. Corregedor Geral da Justiça, Desembargador José Renato Nalini). Conforme já mencionado, o "CAR" está agora implantado, razão pela qual a inscrição é obrigatória, como previsto no subitem 125.2, do Capítulo XX, das Normas de Serviço da Corregedoria-Geral da Justiça. Em suma, é a matricula que define, em toda a sua extensão, modalidades e limitações, a situação jurídica do imóvel, razão pela qual o registro da carta de sentença apresentada, mesmo nos casos de instituição de servidões administrativas, deve ser feita em observância ao princípio da especialidade objetiva e às demais disposições legais e normativas, o que não se verifica no caso vertente. O argumento de que é ônus do proprietário do imóvel promover sua retificação não serve de justificativa para afastar a exigência prevista em lei. Além do mais, embora o titular do domínio tenha como regra legitimidade para pedir a retificação da área, nada obsta que tal pretensão seja apresentada por quem demonstre interesse, como é o caso da apelante, que necessita da retificação para possibilitar o registro do título apresentado, pois, não seria razoável que ficasse à mercê da inércia de terceira pessoa quanto a tal providência. É neste sentido que deve ser interpretada a expressão "interessado" trazida no artigo 213, inciso I, da Lei de Registros Públicos, e que confere à recorrente legitimidade para requerer a retificação. Isto posto, nego provimento ao recurso. JOSÉ CARLOS GONÇALVES XAVIER DE AQUINO. CORREGEDOR GERAL DA JUSTIÇA E RELATOR (DJe de 26.01.2016 – SP)

▶ **EMENTA:** Trata-se de recurso de apelação interposto contra a sentença da MM. Juíza Corregedora Permanente do Oficial de Registro de Imóveis da Comarca de Boituva, que julgou procedente dúvida suscitada para manter a recusa do registro da Carta de Sentença extraída dos autos de desapropriação para fins de constituição de servidão administrativa, porque o imóvel serviente não se encontra devidamente descrito, o que impede o registrador de localizar a parcela ocupada pelo gravame (Apelação Cível nº 9000002-37.2015.8.26.0082). A apelante afirma, em síntese, que a pretensão é apenas de registrar a carta de sentença referente à instituição de servidão administrativa na matrícula do imóvel. Diz que, por não se tratar de servidão civil, instituída em favor do particular, mas de servidão administrativa pautada em Decreto de Utilidade Pública, deve prevalecer o interesse público. Aduz que a carta de sentença traz todos os elementos necessários ao registro e acrescenta que a regularização da situação do imóvel é dever do proprietário, e, por fim, que o obstáculo ao ingresso deixará de atender o princípio da publicidade, além de não contribuir para a segurança que deve emanar do registro de imóveis. A Procuradoria Geral de Justiça opinou pelo não provimento do recurso. É o relatório. O recurso não comporta provimento, como bem destacado no parecer da ilustrada Procuradoria Geral de Justiça. O imóvel serviente tem área extensa (84.694,625m^2) e descrição geodésica precária (fl. 53). Essa imprecisão impossibilita o registro da área dominante, objeto da servidão, descrita no memorial descritivo apresentado, pois o registrador não consegue identificar onde exatamente esta se insere na área serviente. O inciso II, do artigo 176, da Lei de Registros Públicos, dispõe sobre os requisitos da matrícula, e, no número "3", alíneas "a" e "b", consagra o princípio da especialidade objetiva, ao exigir a identificação do imóvel como um corpo certo, permitindo o encadeamento dos registros e averbaçoes subsequentes, em conformidade ao princípio da continuidade. Afrânio de Carvalho ("Registro de Imóveis", 4ª edição, Editora Forense) acentua que o princípio da especialidade *"significa que toda inscrição dever recair sobre um objeto precisamente individuado"* e, ao se referir ao mandamento da individuação do imóvel lançado no regulamento dos registros públicos, consigna que *"além de abranger a generalidade dos atos, contratuais e judiciais, o mandamento compreende também a generalidade dos imóveis, urbanos e rurais, exigindo a cabal individuação de todos para a inscrição no registro"*, e que *"sua descrição no título há de conduzir ao espírito do leitor essa imagem. Se a escritura de alteração falhar nesse sentido, por deficiência de especialização, terá de ser completada por outra de rerratificação, que aperfeiçoe a figura do imóvel deixada inacabada na primeira. Do contrário, não obterá registro.* "Assim, sem a prévia retificação da área do imóvel serviente, não há como fazer a inscrição da servidão pois, como dito, impossível localizar onde exatamente ela se encontra no imóvel serviente. Nas Apelações Cíveis nºs. 0001243-53.2013.8.26.0315 e 0001619-65.2014.8.26.0586, e que também tiveram como apelante a empresa Gás Natural São Paulo Sul, decidiu-se, do mesmo modo, no sentido da necessidade da prévia retificação da área serviente para possibilitar o registro do título apresentado. As ementas dos acórdãos assim dispõem, respectivamente: "REGISTRO DE IMÓVEIS – FALTA DE REPRESENTAÇÃO – ADVOGADO NÃO CONSTITUÍDO PELA APELANTE NOS AUTOS – PREJUDICIALIDADE – EXAME EM TESE DA PERTINÊNCIA DA RECUSA – ESCRITURA DE INSTITUIÇÃO DE SERVIDÃO DE PASSAGEM – DESCRIÇÃO PRECÁRIA DO IMÓVEL SERVIENTE – NECESSIDADE DE PRÉVIA RETIFICAÇÃO, A FIM DE PERMITIR A CORRETA LOCALIZAÇÃO DA SERVIDÃO DO IMÓVEL SERVIENTE – PRECEDENTES DO CONSELHO SUPERIOR DA MAGISTRATURA – RECURSO NÃO CONHECIDO. ""REGISTRO DE IMÓVEIS – DÚVIDA PROCEDENTE – RECUSA DE INGRESSO DE CARTA DE SENTENÇA – INSTITUIÇÃO DE SERVIDÃO DE PASSAGEM – DESCRIÇÃO PRECÁRIA DO IMÓVEL SERVIENTE – INEXISTÊNCIA DE ELEMENTOS MÍNIMOS DE IDENTIFICAÇÃO E LOCALIZAÇÃO – NECESSIDADE DE PRÉVIA RETIFICAÇÃO DA ÁREA, EM OBSERVÂNCIA AO PRINCÍPIO DA ESPECIALIDADE OBJETIVA – RECURSO NÃO PROVIDO. "Por fim, quanto à necessidade de inscrição no "CAR" (Cadastro Ambiental Rural) enquanto este não havia sido implantado, o entendimento sedimentado, pautado em julgamento do Superior Tribunal de Justiça, era no sentido desnecessidade de averbação da reserva legal nas hipóteses de retificação de área. A partir da implantação efetivada, a inscrição passou a ser obrigatória. Com efeito, nos Embargos de Divergência em Recurso Especial nº 218.781 (2002/0146843-9), o voto do Ministro Herman Benjamin, julgado em 9/12/09, o qual está amparado em julgamento daquele mesmo Tribunal de relatoria da Ministra Nancy Andrighi no REsp 831.212/MG, Terceira Turma, DJ 22.9.09, assim dispõe: "... o proprietário e o possuidor estão obrigados a respeitar percentual, no mínimo que seja, do Código Florestal aplicável ao bioma em que se insere o imóvel. A especialização é de rigor, inclusive como condição para que o oficial do Registro de Imóveis pratique outros atos registrários. Nesse sentido a posição do STJ, em que foi precursora a eminente Ministra Nancy Andrighi, conforme o precedente abaixo: *Direito ambiental. Pedido de retificação de área de imóvel, formulado por proprietário rural. Oposição do MP, sob o fundamento de que seria necessário, antes, promover a averbação da área de reserva florestal disciplinada pela Lei 4.771/65. Dispensa, pelo Tribunal. Recurso especial interposto pelo MP. Provimento. – É possível extrair, do art. 16, § 8º, do Código Florestal, que a averbação da reserva florestal é condição para a prática de qualquer ato que implique transmissão, desmembramento ou retificação de área de imóvel sujeito à disciplina da Lei 4.771/65. Recurso especial provido.* «Outros precedentes no mesmo sentido seguiram-se aos acima mencionados: "REGISTRO DE IMÓVEIS – Retificação de registro de imóveis – Averbação da reserva legal como condição da retificação – Necessidade – Recurso provido. " (Processo CG 2012/49715, parecer do MMº Juiz Assessor da Corregedoria Gustavo Henrique Bretas Marzagão, datado de 28/9/12, aprovado pelo então DD Corregedor Geral da Justiça, Desembargador José Renato Nalini). Conforme já mencionado, o "CAR" está agora implantado, razão pela qual a inscrição é obrigatória, como previsto no subitem 125.2, do Capítulo XX, das Normas de Serviço da Corregedoria-Geral da Justiça. Em suma, é a matrícula que define, em toda sua extensão, modalidades e limitações, a situação jurídica do imóvel, razão pela qual o registro da carta de sentença apresentada, mesmo nos casos de instituição de servidões administrativas, deve ser feita em observância ao princípio da especialidade objetiva e às demais disposições legais e normativas, o que não se verifica no caso vertente. O argumento de que é ônus do proprietário do imóvel promover sua retificação não serve de justificativa para afastar a exigência prevista em lei. Além do mais, embora o titular do domínio tenha como regra legitimidade para pedir a retificação da área, nada obsta que tal pretensão seja apresentada por quem demonstre interesse, como é o caso da apelante, que necessita da retificação para possibilitar o registro do título apresentado, pois, não seria razoável que ficasse à mercê da inércia de terceira pessoa quanto a tal providência. É neste sentido que deve ser interpretada a expressão "interessado" trazida no artigo 213, inciso I, da Lei de Registros Público, e que confere à recorrente legitimidade para requerer a retificação. Isto posto, nego provimento ao recurso. JOSÉ CARLOS GONÇALVES XAVIER DE AQUINO. CORREGEDOR GERAL DA JUSTIÇA E RELATOR (DJe de 26.01.2016 – SP)

⊙ CORREGEDORIA-GERAL DA JUSTIÇA

EMENTA: Registro de Imóveis – Pedido de cancelamento do registro de servidões – Direito real que teria sido constituído em desconformidade com o tipo legal – Inexistência de prédio dominante – Direito constituído em favor de pessoas, e não de um prédio em favor do outro – Necessidade de ouvida dos beneficiários do direito para apreciação do pedido – Obediência ao princípio do contraditório administrativo – Inteligência do art. 214, par. 1º., da Lei de Registros Públicos – Sentença anulada para a ouvida dos interessados – Recurso provido em parte (Processo CG nº 2010/00105502 (01/2011 – E)

3. QUESTÃO DE CONCURSO

01. (FCC – Cartório – TJ – PE/2013) Sobre a servidão é correto afirmar que

a) se de trânsito, não titulada, mas tornada permanente, sobretudo pela natureza das obras realizadas, considera-se aparente, conferindo direito à proteção possessória.

b) é constituída no prédio dominante, ao qual onera.

c) uma vez constituída, pode ser removida livremente, desde que por conta de quem pleitear a remoção.

d) pode ser ampliada para finalidade diversa da qual instituída, se houver justificativa idônea.

e) só fundamentadamente poderá o dono do prédio serviente embaraçar o legítimo exercício da servidão.

GAB	1	A

7) do usufruto e do uso sobre imóveis e da habitação, quando não resultarem do direito de família;

1. COMENTÁRIOS

1.1 USUFRUTO

O usufruto encontra-se previsão nos arts. 1.390 a 1.411 do Código Civil. Consiste o instituto no direito real de usar e fruir temporariamente de uma coisa alheia. O usufrutuário não se torna dono, mas tem sobre a coisa alheia os atributos do uso, fruição, administração e a posse direta do bem. Ao proprietário lhe é dado a "nua propriedade".

Em outras palavras, o usufruto é um direito real conferido a uma pessoa (usufrutuário) que lhe permite usar e fruir de um bem pertencente a outra pessoa (nua-proprietário), sem, no entanto, alterar a sua substância. O usufrutuário tem o direito de usar o bem e de perceber os seus frutos, sejam naturais, civis ou industriais, mas não pode vender ou destruir o bem. Esse direito pode incidir sobre bens móveis ou imóveis e pode ser constituído por meio de ato inter vivos (como um contrato) ou por ato *mortis causa* (como um testamento). Além disso, o usufruto pode ser vitalício ou temporário, dependendo da sua constituição.

O usufruto pode ser constituído por **lei (legal), contrato (convencional) ou testamento (testamentário).**

O usufruto legal decorre de uma situação previamente prevista em lei. O usufruto convencional pode surgir de vários modos, quais sejam:

a) pela instituição da nua-propriedade em favor de uma pessoa e o usufruto em favor de outra;

b) pela atribuição do uso e gozo em favor de uma pessoa e reserva da nua propriedade para si;

c) pela transmissão da propriedade e reserva do usufruto para o alienante (usufruto deducto).

O novo Código de Processo Civil, nos arts. 867 a 869, dispõe sobre o **usufruto de coisa móvel ou imóvel** no processo de execução, quando o juiz considerar que esse meio é menos gravoso para o devedor e eficiente para o recebimento do crédito.

Decretado o usufruto, perde o executado o gozo do móvel ou imóvel, até que o exequente seja pago do principal, juros, custas e honorários advocatícios. O usufruto tem eficácia, assim em relação ao executado como a terceiros, a partir da publicação da decisão que o conceda.

O art. 868, § 2º, trouxe expressamente o que a doutrina já defendia: que o exequente providenciará a **averbação** no ofício imobiliário mediante a apresentação de certidão de inteiro teor do ato, independentemente de mandado judicial. Observava José de Mello Junqueira, antes da entrada no NCPC que "o título a ser registrado será uma carta para averbação no Registro de Imóveis. O Código de Processo Civil é incisivo ao ordenar a averbação da carta, e não o seu registro, porque a constituição do usufruto se aperfeiçoa pela decisão judicial. Sou de opinião, no entanto, que se deva inscrever o ato pelo registro, por se tratar de um direito real". *(Lei de Registros Públicos comentada.* Rio de Janeiro: Forense, 2019, p. 561).

O registro do usufruto sobre bens imóveis é imprescindível, sob pena de impedir que o instituto se constitua como direito real, oponível *erga omnes,* valendo somente como relação contratual. Tratando-se, porém, de usufruto legal não há necessidade do registro.

O art. 1.391 do Código Civil trouxe uma inovação, estabelecendo que o usufruto de imóveis, **quando não resulte de usucapião**, constituir-se-á mediante registro no Cartório de Registro de Imóveis. Dessa forma, parte da doutrina concluiu que a única exceção à necessidade de registro é a usucapião, defendendo que, de acordo com este entendimento, tanto o usufruto instituído por contrato quanto o legal decorrente do direito de família devem ser registrados para que se dê publicidade perante terceiros.

Esta é a posição de Ademar Fioranelli, que doutrina: "Referido dispositivo, correspondente ao art. 715 do Código anterior, obriga, à exceção do de usucapião, o registro obrigatório não só do usufruto decorrente da vontade das partes como das demais espécies, como as que decorrem de direito sucessório e de família, que se constituem *ope legis,* os chamados usufruto legal ou vidual. Se antes não obrigatória, a publicidade registrária passa a ser necessária para prevenir terceiros. É a valorização do Registro Imobiliário, organismo que deve concentrar e dar ampla publicidade às mutações que a propriedade experimenta. Prestigia-se, em bom momento, os princípios da concentração e da publicidade, que o E. Conselho Superior da Magistratura paulista já vinha defendendo" (*v.g.* Ap. Cível nº 68.107-0/6 – DOJ de 26-5-2000) (*O usufruto e o novo código civil.* Disponível em: http://www.irib.org.br/html/biblioteca/biblioteca-detalhe. php?obr=17).

Outra questão importante é sobre a **locação de imóveis, pelo usufrutuário**, constando do contrato cláusula de vigência. Nesse sentido, afirma Afrânio de Carvalho: "Semelhantemente o usufrutário não pode clausular a locação do imóvel de modo a ensejar a ultrapassagem do prazo do usufruto. O usufruto vitalício não tem prazo certo, extinguindo-se com a morte do usufrutuário, que pode ocorrer antes ou depois do término da locação. Como o usufruto não sobrevive ao seu titular, daí decorre que este se acha tolhido de onerar o imóvel com cláusula ultrapassante obrigatória para terceiros, inclusive para quem, por alienação intercorrente do imóvel, tornar-se nu proprietário" (Op. cit., p. 278).

Diz o art. 1.393 do Código Civil que "não se pode transferir o usufruto por alienação, mas o seu exercício pode ceder-se por título gratuito ou oneroso". Obviamente, a alienação do usufruto **ao proprietário** do bem não está vedada, por ser esta a forma, juntamente com a renúncia, mais comum, em ato declaratório, da extinção do usufruto pela consolidação da plena propriedade na pessoa do nu-proprietário (art. 1.410, VI). Assim, o usufruto consiste num direito não transmissível, mas não totalmente, sob pena de inutilidade do instituto.

O ilustre registrador Ademar Fioranelli elenca vários exemplos amplamente conhecidos e aceitos pela doutrina e jurisprudência de transferência do usufruto que não afrontam referido dispositivo e que não representam a sucessividade desse direito (*O usufruto e o novo código civil.* Disponível em: http://www.irib.org.br/html/biblioteca/biblioteca-detalhe. php?obr=17), quais sejam:

1) O titular de domínio aliena a nua propriedade a A e o usufruto a B. O usufruto é aqui constituído, não podendo mais o usufrutuário dele dispor em favor de terceiros, o que caracterizaria o usufruto sucessivo, proibido pela lei. A alienação será possível tão-somente ao adquirente da nua propriedade (A), fato que consolida a propriedade (art. 1.410, VI);
2) De igual forma, por legado, o proprietário deixa a A a nua propriedade e a B o usufruto;
3) Outro exemplo, que passará a ser comum com a nova roupagem dada pelo fideicomisso no novo Código Civil, previsto no art. 1.572, parágrafo único. Se ao tempo da morte do testador (fideicomitente), já tiver nascido o fideicomissário, passará o fiduciário a ser usufrutuário do bem fideicometido. A propriedade é bipartida, exercendo o fideicomissário o domínio do imóvel gravado com o usufruto.

Nestes três exemplos a propriedade é **bipartida**, ou seja, são operações jurídicas que não afrontam a proibição contida no analisado artigo 1.393, sem qualquer impedimento ou restrição, não existindo qualquer outro dispositivo que direta ou indiretamente venha a impedir referidas transferências.

4) Não há proibição, também, que o nu-proprietário, conjuntamente com o usufrutuário, transfiram o pleno domínio a terceiro. O motivo é simples. Nesse caso, pela adjunção de todos os elementos da propriedade – uso, gozo e disponibilidade – consolida-se o domínio pleno da propriedade. Não há a figura do usufruto sucessivo – o que ocorreria se, diferentemente, a propriedade fosse novamente bipartida. Nessa operação, há o cancelamento indireto do usufruto, mantido o seu registro apenas como origem e base da alienação efetuada.

Não teria sentido, ou mesmo fundamento jurídico, exigir-se para alcançar o mesmo propósito, a prévia renúncia do usufruto pelo usufrutuário, para a posterior transferência do domínio pleno do imóvel pelo proprietário. Em qualquer dos exemplos não há a perpetuação proibida do direito real do usufruto, pela consolidação do domínio pleno na pessoa do adquirente. O que se deve prestigiar é a vontade das partes em ato menos oneroso e não proibido pelo legislador.

Cabe, sim, recusar atos que a lei impede em que o usufruto sucessivo se faz presente. Institui-se em favor de uma pessoa para, com sua morte, ser transmitida a outra. Exemplo clássico que deve ser coibido.

No tocante às **formas de extinção do usufruto**, estas encontram-se elencadas no art. 1.410 do Código Civil, nos seguintes termos:

> **Art. 1.410**. O usufruto extingue-se, cancelando-se o registro no Cartório de Registro de Imóveis:
>
> I – pela renúncia ou morte do usufrutuário;
>
> II – pelo termo de sua duração;
>
> III – pela extinção da pessoa jurídica, em favor de quem o usufruto foi constituído, ou, se ela perdurar, pelo decurso de trinta anos da data em que se começou a exercer;
>
> IV – pela cessação do motivo de que se origina;
>
> V – pela destruição da coisa, guardadas as disposições dos arts. 1.407, 1.408, 2ª parte, e 1.409;
>
> VI – pela consolidação;
>
> VII – por culpa do usufrutuário, quando aliena, deteriora, ou deixa arruinar os bens, não lhes acudindo com os reparos de conservação, ou quando, no usufruto de títulos de crédito, não dá às importâncias recebidas a aplicação prevista no parágrafo único do art. 1.395;
>
> VIII – Pelo não uso, ou não fruição, da coisa em que o usufruto recai (arts. 1.390 e 1.399).

O art. 725 do Código de Processo Civil prevê a extinção do usufruto por meio de procedimento especial, de jurisdição voluntária. Uma vez mais, expõe José de Mello Junqueira: "o fato de o CPC exigir via judicial para extinção do usufruto não se deve entender como aplicável a todos os casos extintivos. Hipóteses existem, no entanto, que exigem prévia decisão judicial para o cancelamento do registro do usufruto, por exemplo, a cessão do motivo que originou sua instituição, que depende de provas orais, destruição da coisa, culpa do usufrutuário quando aliena, deteriora ou deixa arruinar o bem, pelo não uso ou não fruição da coisa em que o usufruto recai. E outras tantas hipóteses contempladas no CC e que tenham sido estabelecidas na convenção usufrutuária (*Lei de Registros Públicos comentada.* Rio de Janeiro: Forense, 2019, p. 586).

Recentemente, a 14ª Câmara de Direito Privado do Tribunal de Justiça de São Paulo garantiu a um casal o direito de usufruto de imóvel doado por eles a seus filhos. Consta dos autos que os pais fizeram a doação do bem para os filhos, fazendo constar cláusula que reserva aos doadores o direito de usufruto. Porém, com a morte de uma das filhas, o direito a parte do imóvel foi transferido ao genro, que ajuizou ação pleiteando a posse direta do bem, sob o fundamento de que eles viveriam de forma ilegal na residência. Para o relator do recurso, desembargador Carlos Abrão, o direito de usufruto tem **caráter vitalício e sua revogação só seria possível se os usufrutuários, mediante ato solene, procedessem ao seu cancelamento, o que não ocorreu.** "Inaceitável o caminho trilhado pelo autor da ação de querer introduzir a figura do comodato para infirmar o usufruto, no propósito de reaver o bem imóvel. Resta assim inescondível que os doadores, ao atribuírem a nua propriedade em frações ideais comuns aos respectivos filhos, reservaram-se para si o direito de permanecer habitando na unidade em caráter permanente e, portanto, vitalício", afirmou. (Apelação nº 1085060-27.2014.8.26.0100).

Por derradeiro, importante frisar que a **promessa de doação de usufruto** não tem ingresso no fólio real, uma vez que o rol do art. 167 é taxativo. Ademais, trata-se de mera expectativa de uma liberalidade, sendo que ninguém pode ser compelido a fazer uma liberalidade.

1.1.1 USUFRUTO DE IMÓVEL INSTITUÍDO PARA PREJUDICAR UM DOS CÔNJUGES PODE SER OBJETO DE PARTILHA?

A partilha do direito real de usufruto de imóvel pode ser admitida, excepcionalmente, nos casos em que esse instituto é utilizado com o manifesto propósito de prejudicar a meação do cônjuge.

Desse modo, a Terceira Turma do Superior Tribunal de Justiça (*em número de processo não divulgado em razão de segredo judicial)*, negou provimento ao recurso de ex-cônjuge que buscava desconstituir decisão que permitiu a partilha do usufruto sobre imóvel.

No caso analisado pelos ministros, após o pedido de divórcio, a demandante requereu a partilha do direito real de usufruto. Em primeira instância, foi determinada a partilha do próprio bem na proporção de 50% para cada.

O tribunal estadual reformou a sentença para permitir a partilha do direito de usufruto, e não da propriedade do bem. Segundo o relator do caso no STJ, ministro Marco Aurélio Bellizze, a conclusão do tribunal de origem foi correta e explicou que: "Acertado o entendimento adotado pelo tribunal de origem ao reformar a sentença que, distanciando-se do pedido e da causa de pedir delimitados na inicial, decretou a partilha do próprio imóvel". A subjacente ação de reconhecimento e dissolução de união estável, de divórcio c/c partilha de bens, como se vê, não se presta a infirmar a licitude do correlato negócio jurídico!

De acordo com o tribunal de origem, ainda durante a união estável, houve uma manobra para prejudicar a mulher: o imóvel foi comprado pelo companheiro e colocado em nome de seus filhos menores (frutos de relacionamentos atual e anterior), constando ele próprio como usufrutuário vitalício do bem.

Para o ministro Bellizze, o uso desvirtuado do instituto do usufruto não pode prejudicar o direito da parte à meação do bem adquirido na constância da união estável: "Tem-se, portanto, que a intransmissibilidade do usufruto não pode se sobrepor ao desvirtuado uso do instituto, como se deu na hipótese, em que o recorrente, na vigência da união estável, utilizou-se de patrimônio integrante da comunhão de bens do casal para, por pessoas interpostas – no caso, seus filhos menores de idade (valendo-se do poder de representação) –, instituir em seu exclusivo benefício o direito real de usufruto."

O relator destacou que, "reconhecido que ambos são titulares do direito real de usufruto, e não sendo viável o exercício simultâneo do direito, absolutamente possível a cessão do bem imóvel, a título oneroso, a terceiro (v.g., contrato de aluguel), cuja remuneração há de ser repartida, em porções iguais, entre os ex-cônjuges. Alternativamente, no caso de apenas um dos usufrutuários exercer o uso do bem, abre-se a via da indenização àquele que se encontra privado da fruição da coisa, compensação essa que pode se dar mediante o pagamento de valor correspondente à metade do valor estimado do aluguel do imóvel. Em qualquer hipótese, as despesas do imóvel hão de ser arcadas pelos dois usufrutuários".

1.2 USO

O uso ou usufruto restrito, consiste no direito real, possuindo o usuário o *jus utente* (usar) e o *jus fruendi* (percepção dos frutos). Porém, o *jus fruendi* é restrito a certa porção de frutos, tantos quantos bastem para suas necessidades pessoais e das pessoas de sua família. Essas necessidades pessoais do usuário são aferidas conforme sua condição social e o lugar onde viver. Diferentemente do usufruto, que pode ter seu exercício cedido, o exercício do direito de uso é incessível e indivisível.

Maria Helena Diniz adverte que o uso não pode ser constituído por lei. Tal instituto deriva de ato jurídico e o título será levado a registro no Registro de Imóveis competente (Op. cit., p. 444). Assim, como o uso se constitui por testamento ou sentença judicial, estes são os títulos para o devido registro. É possível também a constituição do uso por meio da usucapião.

O uso encontra-se previsão nos arts. 1.412 e 1.413 do Código Civil. Tal diploma estabelece que aplica-se ao uso as demais regras do usufruto.

1.3 HABITAÇÃO

A habitação está prevista nos arts. 1.414 a 1.416 do Código Civil. Trata-se do direito real de residir ou abrigar-se, gratuitamente, sozinho ou com a família, em casa alheia. O direito real de habitação deve ser registrado no Registro de Imóveis da localização do bem.

Flavio Monteiro de Barros leciona que "é espécie de direito de uso restrito à casa de moradia. Só recai sobre bens imóveis, ao passo que o usufruto e o uso também podem recair sobre bens móveis. A casa alheia não pode servir para fins de comércio ou indústria. Deve ser utilizada como moradia própria e de sua família, sob pena de extinção do direito real" [s. l.: s. n].

Da mesma forma que o uso, o direito de habitação é indivisível e incessível (não se pode alugar e nem emprestar a casa).

O art. 1.831 do Código Civil também faz previsão do instituto ao prever que ao cônjuge sobrevivente, qualquer que seja o regime de bens, será assegurado, sem prejuízo da participação que lhe caiba na herança, o direito real de habitação relativamente ao imóvel destinado à residência da família, desde que seja o único daquela natureza a inventariar.

Carlos Roberto Gonçalves afirma que esse "benefício, em uma interpretação teleológica, perdurará enquanto o cônjuge sobrevivente permanecer viúvo e não viver em união estável (*Direito Civil brasileiro. VII, Direito das sucessões.* São Paulo: Saraiva, 2006, p. 166).

Prevalece que o direito real de habitação se estende ao companheiro, apesar de o Código Civil não ter contemplado tal direito.

Nesse sentido, o Enunciado 117 da I Jornada de Direito Civil do Conselho da Justiça Federal e a Tese 11 do Superior Tribunal de Justiça, respectivamente:

> **Enunciado 117.** O direito real de habitação deve ser estendido ao companheiro, seja por não ter sido revogada a previsão da Lei 9.278/1996, seja em razão da

interpretação analógica do artigo 1.831, informado pelo artigo 6º, *caput*, da CF/88".

TESE 11) O direito real de habitação pode ser exercido tanto pelo cônjuge como pelo companheiro supérstites.

Julgados: AgInt no REsp 1525456/SP, Rel. Ministro RAUL ARAÚJO, QUARTA TURMA, julgado em 28/05/2019, DJe 21/06/2019; AgInt no AREsp 1245144/SP, Rel. Ministro MARCO AURÉLIO BELLIZZE, TERCEIRA TURMA, julgado em 13/05/2019, DJe 16/05/2019; AgInt no REsp 1617532/DF, Rel. Ministro PAULO DE TARSO SANSEVERINO, TERCEIRA TURMA, julgado em 06/02/2018, DJe 09/02/2018; REsp 1203144/RS, Rel. Ministro LUIS FELIPE SALOMÃO, QUARTA TURMA, julgado em 27/05/2014, DJe 15/08/2014; REsp 1125901/RS, Rel. Ministro MARCO BUZZI, QUARTA TURMA, julgado em 20/06/2013, DJe 06/09/2013; REsp 1134387/SP, Rel. Ministra NANCY ANDRIGHI, Rel. p/ Acórdão Ministro SIDNEI BENETI, TERCEIRA TURMA, julgado em 16/04/2013, DJe 29/05/2013. (Vide Informativo de Jurisprudência N. 533) (Vide Jurisprudência em Teses N. 50–TESE 8)

São aplicáveis à habitação, no que não for contrário à sua natureza, as disposições relativas ao usufruto.

1.3.1 PERMITE-SE AO COMPANHEIRO SOBREVIVENTE DE UNIÃO ESTÁVEL, TITULAR DO DIREITO REAL DE HABITAÇÃO, CELEBRAR CONTRATO DE COMODATO OU LOCAÇÃO DO IMÓVEL COM TERCEIRO?

Assim como no casamento, tal conduta não é permitida. Em outras palavras, o **aluguel ou empréstimo no Direito real de habitação na união estável não é admitido no ordenamento jurídico brasileiro.**

Com esse entendimento, a Terceira Turma do Superior Tribunal de Justiça negou provimento ao recurso de uma pessoa que, alegando não dispor de meios para manter um imóvel de luxo localizado em área nobre, havia celebrado contrato de comodato com terceiro após o falecimento de seu companheiro.

Segundo a relatora do recurso, ministra Nancy Andrighi, não há nenhuma singularidade na união estável que justifique eventual tratamento diferenciado em relação ao casamento, especificamente quanto às condições de exercício do direito real de habitação.

A ministra destacou que a regra do artigo 7º da Lei 9.278/96 deve ser interpretada em conjunto com o artigo 746 do Código Civil de 1916, vigente à época, no sentido da impossibilidade de alugar ou emprestar o imóvel objeto do direito real de habitação. Nas palavras dela "interpretação em sentido diverso estabeleceria uma paradoxal situação em que, tendo como base o mesmo instituto jurídico – direito real de habitação – e que tem a mesma finalidade – proteção à moradia e à dignidade da pessoa humana –, ao cônjuge supérstite seria vedado alugar ou emprestar o imóvel, mas ao companheiro sobrevivente seria possível praticar as mesmas condutas, não havendo, repise-se, nenhuma justificativa teórica para que se realizasse distinção dessa índole".

1.3.2 É POSSÍVEL INSTITUIR DIREITO REAL DE HABITAÇÃO SOBRE IMÓVEL COMPRADO PELO FALECIDO EM COPROPRIEDADE COM TERCEIRO?

Não há este direito. A Segunda Seção do Superior Tribunal de Justiça, no **EREsp 1520294**, negou o pedido de uma viúva que pretendia ver reconhecido o direito real de habitação sobre o imóvel em que morava, comprado pelo seu falecido marido em copropriedade com um filho dele, antes do casamento.

A decisão foi proferida em embargos de divergência opostos pela viúva contra acórdão da Terceira Turma, segundo o qual, na hipótese de copropriedade anterior ao óbito – que difere daquela adquirida com a morte do proprietário –, não se pode falar em direito real de habitação do cônjuge sobrevivente.

Nos embargos, alegando divergência de entendimentos sobre a matéria entre órgãos julgadores do STJ, a viúva sustentou que o direito real de habitação limita o direito à propriedade dos herdeiros, a fim de que o cônjuge sobrevivente tenha garantido o seu direito à moradia.

Fundamentando o entendimento, a relatora, ministra Isabel Gallotti, afirmou que o direito real de habitação tem a finalidade de garantir moradia ao cônjuge ou companheiro sobrevivente, preservando o imóvel que servia de residência para a família, independentemente do regime de bens, como estabelece o artigo 1.831 do Código Civil. Nas palavras dela "trata-se de instituto intrinsecamente ligado à sucessão, razão pela qual os direitos de propriedade originados da transmissão da herança sofrem mitigação temporária em prol da manutenção da posse exercida pelos membros do casal".

Ainda, segundo a ministra, como o direito real de habitação já é uma exceção criada pelo legislador, não pode haver interpretação extensiva para incluir no mesmo tratamento situações não previstas em lei – por exemplo, a hipótese em que o imóvel seja objeto de copropriedade anterior com terceiros.

A relatora destacou em seu voto, entendimento do ministro Luis Felipe Salomão, que, em caso semelhante ao analisado, entendeu que "o direito real à habitação limita os direitos de propriedade, porém, quem deve suportar tal limitação são os herdeiros do *de cujus*, e não quem já era proprietário do imóvel antes do óbito".

Para a ministra, entendimento diverso possibilitaria, inclusive, a instituição de direito real de habitação sobre imóvel de propriedade de terceiros estranhos à sucessão, o que seria contrário à finalidade da lei. E finaliza ensinando que "no caso em debate, entendo que tal direito não subsiste em face do coproprietário embargado, cujo condomínio sobre a propriedade é preexistente à abertura da sucessão do falecido (2008), visto que objeto de compra e venda registrada em 1978, antes mesmo do início do relacionamento com a embargante (2002)".

2. JURISPRUDÊNCIA COMPLEMENTAR

SUPERIOR TRIBUNAL DE JUSTIÇA

JURISPRUDÊNCIA EM TESES – DIREITO IMOBILIÁRIO

TESE 10) A inexistência de outros bens imóveis no patrimônio de cônjuge/companheiro sobrevivente não é requisito para o reconhecimento do direito real de habitação.

Julgados: REsp 1582178/RJ, Rel. Ministro RICARDO VILLAS BÔAS CUEVA, TERCEIRA TURMA, julgado em 11/09/2018, DJe 14/09/2018; REsp 1249227/SC, Rel. Ministro LUIS FELIPE SALOMÃO, QUARTA TURMA, julgado em 17/12/2013, DJe 25/03/2014; AgRg no REsp 1401121/SC (decisão monocrática), Rel. Ministro ANTONIO CARLOS FERREIRA, julgado em 05/08/2019, publicado em 08/08/2019; REsp 1554976/RS (decisão monocrática), Rel. Ministro RAUL ARAÚJO, julgado em 10/06/2019, publicado em 27/06/2019; AREsp 763207/SP (decisão monocrática), Rel. Ministro LÁZARO GUIMARÃES (DESEMBARGADOR CONVOCADO DO TRF 5ª REGIÃO), QUARTA TURMA, julgado em 20/08/2018, publicado em 22/08/2018; REsp 1612222/MG (decisão monocrática), Rel. Ministro MARCO BUZZI, QUARTA TURMA, julgado em 23/02/2017, publicado em 02/03/2017. (Vide Informativo de Jurisprudência N. 633)

TESE 11) O direito real de habitação pode ser exercido tanto pelo cônjuge como pelo companheiro supérstites.

Julgados: AgInt no REsp 1525456/SP, Rel. Ministro RAUL ARAÚJO, QUARTA TURMA, julgado em 28/05/2019, DJe 21/06/2019; AgInt no AREsp 1245144/SP, Rel. Ministro MARCO AURÉLIO BELLIZZE, TERCEIRA TURMA, julgado em 13/05/2019, DJe 16/05/2019; AgInt no REsp 1617532/DF, Rel. Ministro PAULO DE TARSO SANSEVERINO, TERCEIRA TURMA, julgado em 06/02/2018, DJe 09/02/2018; REsp 1203144/RS, Rel. Ministro LUIS FELIPE SALOMÃO, QUARTA TURMA, julgado em 27/05/2014, DJe 15/08/2014; REsp 1125901/RS, Rel. Ministro MARCO BUZZI, QUARTA TURMA, julgado em 20/06/2013, DJe 06/09/2013; REsp 1134387/SP, Rel. Ministra NANCY ANDRIGHI, Rel. p/ Acórdão Ministro SIDNEI BENETI, TERCEIRA TURMA, julgado em 16/04/2013, DJe 29/05/2013. (Vide Informativo de Jurisprudência N. 533) (Vide Pesquisa Pronta) (Vide Jurisprudência em Teses N. 50–TESE 8)

JULGADOS

EMENTA: RECURSO ESPECIAL. USUFRUTO. RENÚNCIA. DIREITO REAL SOBRE IMÓVEL. AUSÊNCIA DE REGISTRO EM CARTÓRIO DE IMÓVEIS. PRESCINDIBILIDADE. NEGÓCIO JURÍDICO EXISTENTE, VÁLIDO E EFICAZ ENTRE AS PARTES. RECURSO ESPECIAL PROVIDO.

Cuida-se de recurso especial interposto por Gilmar Sertori, com fulcro no art. 105, III, *a* e *c*, da Constituição da República, contra acórdão proferido pelo Tribunal de Justiça do Estado de São Paulo, assim ementado (e-STJ, fl. 150):

AÇÃO DE FIXAÇÃO E COBRANÇA DE ALUGUÉIS. Lavratura de escritura pública de doação e reserva de usufruto de bem imóvel em favor dos três filhos do casal, por ocasião do divórcio, remanescendo as partes com o usufruto vitalício do bem. Réu estaria usufruindo com exclusividade do imóvel, a ensejar a propositura da ação. Apresentação de contestação acompanhada de instrumento particular de acordo de partilha de bens no divórcio, por intermédio do qual a autora cederia a totalidade do direito de usufruto do bem em favor do réu. Sentença de parcial procedência, para reconhecer o direito da autora ao usufruto do imóvel e condenar o réu no pagamento de 50% do valor do aluguel do bem, desde a citação.

Apela o réu, alegando nulidade da sentença, por ausência de fundamentação; extinção do usufruto pela renúncia da autora; prescrição e decadência; a manutenção da sentença implica na necessidade de responsabilização da autora pelos custos do imóvel.

Cabimento em parte.

Nulidade da sentença. Inocorrência. Sentença devidamente fundamentada no Código Civil.

Prescrição e decadência. Não caracterização. Pretensão de reconhecimento dos institutos a contar do instrumento particular de renúncia ao usufruto.

Invalidade da renúncia ao usufruto na medida em que não comprovado o cancelamento do registro junto ao CRI. Inteligência do art. 1410, I, CC. Reconhecimento, ademais, que em se tratando de imóvel com valor superior a 30 vezes o valor do salário-mínimo, a renúncia ao direito real de usufruto somente poderia ter se dado por escritura pública, nos termos do art. 108 do Código Civil.

Condomínio. Uso exclusivo de coisa comum gera aos remanescentes direito à indenização correspondente ao valor mensal assemelhado ao aluguel. Inteligência dos arts. 1.314 e 1.319, CC. Incidência a partir da citação, momento em que o réu teve ciência inequívoca da oposição da autora quanto à ocupação exclusiva. Reconhecimento de que os ônus incidentes sobre o imóvel (despesas com conservação e manutenção) também recaem sobre todos os condôminos, excetuando as despesas de consumo do ocupante do bem. Recurso parcialmente provido, apenas para destacar que à autora incumbirá arcar com a meação das despesas de conservação e manutenção do imóvel.

Nas razões do apelo especial, o recorrente aponta dissídio jurisprudencial e violação aos arts. 178, II, 206, § 3º e seu inciso I, e 1.410, I, do Código Civil.

Afirma que seria válido o ato jurídico por meio do qual a parte adversa renunciou ao seu direito de usufruto.

Sustenta a prescrição da pretensão de cobrança dos aluguéis, bem como a decadência para pleitear a anulação do negócio jurídico.

Contra-arrazoado o feito (e-STJ, fls. 181-189), o recurso especial foi admitido na origem (e-STJ, fls. 190-192), ascendendo os autos a esta Corte Superior.

Brevemente relatado, decido.

Embora seja pressuposto necessário à desconstituição do direito real de usufruto, é fato que o principal objetivo da determinação legal de registro em cartório é dar publicidade ao instituto, de modo a torná-lo oponível a terceiros.

Nesse contexto, na discussão envolvendo apenas os usufrutuários do imóvel, os quais controvertem acerca da validade de acordo entre eles firmado, não há óbice para que a parte diretamente afetada busque a proteção do seu direito em relação à outra.

No caso em apreço, vê-se que a ora insurgida renunciou ao seu direito de usufruto em acordo de divórcio extrajudicial firmado com o ora recorrente – também usufrutuário do bem –, de modo que o negócio jurídico é existente, válido e eficaz, ainda que não registrado no Cartório de Registro de Imóveis.

Em sentido similar:

RECURSO ESPECIAL. DIREITO CIVIL. NEGATIVA DE PRESTAÇÃO JURISDICIONAL. NÃO OCORRÊNCIA. USUFRUTO. USO EXCLUSIVO. ARBITRAMENTO DE ALUGUEL. DIREITO REAL SOBRE IMÓVEL. AUSÊNCIA DE REGISTRO EM CARTÓRIO DE IMÓVEIS. PRESCINDIBILIDADE. NEGÓCIO JURÍDICO EXISTENTE, VÁLIDO E EFICAZ ENTRE AS PARTES. RECURSO ESPECIAL DESPROVIDO.

1. Verifica-se que o Tribunal de origem analisou todas as questões relevantes para a solução da lide de forma fundamentada, não havendo falar em negativa de prestação jurisdicional.

2. O usufruto é direito real sobre coisa, direito ou patrimônio não próprios, limitado no tempo e adstrito à destinação econômica do objeto usufruído, ficando o proprietário com a nua-propriedade da coisa, pois não pode usar ou fruir, cabendo-lhe apenas dispor.

3. O art. 1.391 do CC determina que a constituição do usufruto sobre imóvel depende do registro em Cartório de Registro de Imóveis. A principal função dessa determinação legal é exatamente dar

publicidade ao instituto, de maneira que possa ser oponível a terceiros, pois o registro é requisito para eficácia erga omnes do direito real.

4. Contudo, na discussão envolvendo apenas a usufrutuária e a nua-proprietária, não há óbice para que a parte diretamente beneficiária do ato busque a proteção do seu direito em relação à outra, independentemente do registro.

5. No caso em apreço, vê-se que o usufruto sobre 2 (dois) imóveis foi instituído por testamento lavrado em escritura pública perante tabelião de notas, de modo que, em relação à usufrutuária e à nua-proprietária, o negócio jurídico era existente, válido e eficaz. Ademais, a nua-proprietária já vinha pagando parte dos valores dos aluguéis decorrentes do uso exclusivo dos bens, não podendo agora alegar a ausência do registro para se esquivar do pagamento, sob pena de enriquecimento sem causa e ofensa ao princípio do venire contra factum proprium.

6. Recurso especial desprovido.

(REsp n. 1.860.313/SP, relator Ministro Marco Aurélio Bellizze, Terceira Turma, julgado em 22/8/2023, DJe de 29/8/2023.)

Ante o exposto, dou provimento ao recurso especial a fim de, afastando a necessidade de registro da renúncia ao usufruto para que o negócio jurídico surta efeito entre as partes, julgar improcedentes os pedidos contidos na petição inicial.

Em consequência, condeno a ora recorrida ao pagamento integral dos ônus de sucumbência, arbitrando os honorários advocatícios no patamar de 10% (dez por cento) sobre o valor atualizado da causa, suspensa a exigibilidade em razão do deferimento do benefício da gratuidade de justiça.

Fiquem as partes cientificadas de que a insistência injustificada no prosseguimento do feito, caracterizada pela apresentação de recursos manifestamente inadmissíveis ou protelatórios contra esta decisão, ensejará a imposição, conforme o caso, das multas previstas nos arts. 1.021, § 4º, e 1.026, § 2º, do CPC/2015.

Publique-se. Brasília, 27 de setembro de 2023. MINISTRO MARCO AURÉLIO BELLIZZE, Relator - - /(STJ – REsp nº 2.097.394 – São Paulo – 3ª Turma – Rel. Min. Marco Aurélio Bellizze – DJ 29.09.2023)

▶ **EMENTA:** Recurso Especial – Direito Civil – Família e sucessões – Ação de arbitramento de alugueis – Direito real de habitação – Copropriedade preexistente da filha exclusiva do *'de cujus'* – Título aquisitivo estranho à atual relação hereditária –

1. Discute-se a oponibilidade do direito real de habitação da cônjuge supérstite à coproprietária do imóvel em que ela residia com o falecido.

2. Consoante decidido pela 2ª Seção desta Corte, *"a copropriedade anterior à abertura da sucessão impede o reconhecimento do direito real de habitação, visto que de titularidade comum a terceiros estranhos à relação sucessória que ampararia o pretendido direito"* (EREsp 1520294/SP, Rel. Ministra Maria Isabel Gallotti, Segunda Seção, julgado em 26/08/2020, DJe 02/09/2020) –

3. Aplicabilidade das razões de decidir do precedente da 2ª Seção do STJ ao caso concreto, tendo em vista que o *'de cujus'* já não era mais proprietário exclusivo do imóvel residencial, em razão da anterior partilha do bem decorrente da sucessão da genitora da autora .

4. Ausência de solidriedade familiar e de vínculo de parentalidade da autora em relação à cônjuge supérstite.

5. Recurso especial provido (REsp nº 1.830.080 – São Paulo – 3ª Turma – Rel. Min. Paulo de Tarso Sanseverino – DJ 29.04.2022).

▶ **EMENTA:** Agravo Interno – Recurso Especial – Ação declaratória de nulidade de negócios jurídicos, com pedido sucessivo de indenização – Aquisição de nua propriedade e usufruto de imóvel – Valor superior a trinta vezes o maior salário mínimo vigente no país – Posterior alienação a terceiros de boa-fé – Procuração em causa própria – Instrumento público – Código Civil, art. 657 – Nulidade do título formado de procuração que não atendeu aos requisitos da lei

1. Em atenção ao princípio da simetria da forma, a procuração para a transferência de imóvel com valor superior ao teto legal, ato para cuja validade é exigido instrumento público, deve ter necessariamente a mesma forma pública (Código Civil, art. 657)

2. Aplica-se à procuração em causa própria – a qual é irrevogável, não se extingue pela morte de qualquer das partes, isenta o mandatário de prestar contas e permite transferir para si os bens móveis ou imóveis objeto do mandato, obedecidas as formalidades legais – a regra de que o mandato deverá ser outorgado pela forma de instrumento público quando destinado à prática de negócio jurídico que vise à *"constituição, transferência, modificação ou renúncia de direitos reais sobre imóveis de valor superior a trinta vezes o maior salário mínimo vigente no País"* e, portanto, dependa da forma de escritura pública (Código Civil, art. 108)

3. Agravo interno provido (STJ – AgInt no REsp nº 1.894.758 – Distrito Federal – 4ª Turma – Rel. Min. Luis Felipe Salomão – DJ 15.12.2021)

▶ **EMENTA:** Recurso Especial – Civil – Ação de reintegração de posse cumulada com pedido de rescisão contratual e de cobrança – Usufruto e arrendamento rural – Morte da usufrutuária durante o contrato de arrendamento – Extinção do direito real – Indispensável a averbação do cancelamento do usufruto no cartório imobiliário – Efeito constitutivo – Precariedade da posse dos sucessores – Injustiça da posse – Vício que somente se verifica perante a vítima da agressão possessória – Diversidade de relações jurídicas – Legitimidade ativa do espólio da arrendadora/usufrutuária fundada no contrato de arrendamento – Reconhecimento – Recurso especial desprovido.

1. Convém destacar que o recurso especial foi interposto contra decisão publicada após a entrada em vigor do Código de Processo Civil de 2015, sendo analisados os pressupostos de admissibilidade recursais à luz do regramento nele previsto (Enunciado Administrativo n. 3/STJ).

2. O propósito recursal consiste em definir a legitimidade ativa do espólio da arrendadora/usufrutuária para a propositura, contra o arrendatário, de ação de reintegração de posse cumulada com pedido de rescisão do contrato de arrendamento rural e cobrança dos respectivos valores inadimplidos em período posterior à morte da usufrutuária.

3. O usufruto constitui espécie de direito real (art. 1.225, IV, do CC) que pode recair sobre "um ou mais bens, móveis ou imóveis, em um patrimônio inteiro, ou parte deste, abrangendo-lhe, no todo ou em parte, os frutos e utilidades" (art. 1.390 do CC), conferindo, temporariamente, a alguém – denominado usufrutuário – o "direito à posse, uso, administração e percepção dos frutos" (art. 1.394 do CC), em relação ao bem objeto do usufruto.

4. Por se tratar de direito real, a sua constituição bem como a desconstituição, recaindo sobre imóvel, pressupõem o registro e a averbação do cancelamento na respectiva matrícula no Cartório de Registro de Imóveis, medidas estas dotadas de efeito constitutivo, sobretudo em relação a terceiros, como na hipótese, segundo se extrai do teor dos arts. 1.227 e 1.410, *caput*, do CC; e 167, II, 2, e 252 da Lei n. 6.015/1973 (Lei de Registros Públicos).

5. Ademais, efetivado o usufruto, ocorre o desdobramento da posse, passando o proprietário à condição apenas de possuidor indireto, e o usufrutuário de possuidor direto. Havendo a cessão do exercício do usufruto, pelo usufrutuário, a terceiro, mediante contrato de arrendamento (art. 1.399 do CC), acarretará o desdobramento sucessivo da posse, sendo possuidores indiretos o proprietário e o usufrutuário/arrendador, e direto o arrendatário.

6. Sobrevindo a morte do usufrutuário (que é causa de extinção desse direito real), a posse, enquanto não devolvida ou reivindicada pelo proprietário, transmite-se aos sucessores daquele, mas com o caráter de injusta, dada a sua precariedade, excepcionando a regra do art. 1.206 do CC. Com isso, o possuidor não perde tal condição em decorrência da mácula que eventualmente recaia sobre sua posse.

7. Contudo, tal vício objetivo da posse repercute apenas na esfera jurídica da vítima do ato agressivo da posse e do agressor, em razão da sua relatividade, o que significa dizer que a justiça ou injustiça da posse não possui alcance *erga omnes*, revelando-se sempre justa em relação a terceiros.

8. O espólio, por se tratar de universalidade de direito, constitui-se pelo complexo de relações jurídicas titularizadas pelo autor da herança, nos moldes do art. 91 do CC, aí se incluindo, na espécie, a relação originária do arrendamento rural.

9. Portanto, a morte da arrendadora/usufrutuária (causa de extinção do usufruto, nos termos do art. 1.410, I, do CC) durante a vigência do contrato de arrendamento rural, sem a respectiva restituição ou reivindicação possessória pelo proprietário, tornando precária e injusta a posse exercida pelos sucessores daquela, não constitui óbice ao exercício dos direitos provenientes do contrato de arrendamento rural, no interregno da efetiva posse, pelo espólio da usufrutuária perante o terceiro arrendatário, porquanto diversas e autônomas as relações jurídicas de direito material de usufruto e de arrendamento.

10. Recurso especial desprovido (STJ – REsp nº 1.758.946 – São Paulo – 3ª Turma – Rel. Min. Marco Aurélio Bellizze – DJ 11.06.2021)

EMENTA: CIVIL E PROCESSUAL CIVIL. RECURSO ESPECIAL. AÇÃO DE EXTINÇÃO DE CONDOMÍNIO CUMULADA COM COBRANÇA DE ALUGUÉIS. DIREITO REAL DE HABITAÇÃO. COMPANHEIRA SUPÉRSTITE. NEGATIVA DE PRESTAÇÃO JURISDICIONAL. NÃO CONFIGURAÇÃO. EXTINÇÃO DE CONDOMÍNIO E ALIENAÇÃO DE IMÓVEL COMUM. INVIABILIDADE. ALUGUÉIS. DESCABIMENTO. JULGAMENTO: CPC/2015.

1. Ação proposta em 06/04/2018, da qual foi extraído o presente recurso especial interposto em 28/06/2019 e atribuído ao gabinete em 07/01/2020.

2. O propósito recursal é dizer se a) houve negativa de prestação jurisdiciona; b) o direito real de habitação assegurado à companheira supérstite constitui empecilho à extinção do condomínio do qual participa com os herdeiros do de cujus e c) é possível a fixação de aluguel a ser pago pela convivente e por sua filha, também herdeira do falecido, em prol dos demais herdeiros, em consequência do uso exclusivo do imóvel.

3. O capítulo da sentença não impugnado em sede de apelação e, assim, não decidido pelo Tribunal de origem, impede o exame da matéria por esta Corte, em razão da preclusão consumativa.

4. Se o Tribunal de origem, aplicando o direito que entende cabível à hipótese, soluciona integralmente a controvérsia submetida à sua apreciação, ainda que de forma diversa daquela pretendida pela parte, inexiste ofensa ao art. 1.022.

5. O direito real de habitação é ex lege (art. 1.831 do CC/2015 e art. 7º da Lei 9.272), vitalício e personalíssimo, o que significa que o cônjuge ou companheiro sobrevivente pode permanecer no imóvel até o momento do falecimento. Sua finalidade é assegurar que o viúvo ou viúva permaneça no local em que antes residia com sua família, garantindo-lhe uma moradia digna.

6. O advento do Código Civil de 2002 deu ensejo à discussão acerca da subsistência do direito real de habitação ao companheiro sobrevivente. Essa questão chegou a este Tribunal Superior, que firmou orientação no sentido da não revogação da Lei 9.278/96 pelo CC/02 e, consequentemente, pela manutenção do direito real de habitação ao companheiro supérstite.

7. Aos herdeiros não é autorizado exigir a extinção do condomínio e a alienação do bem imóvel comum enquanto perdurar o direito real de habitação (REsp 107.273/PR; REsp 234.276/RJ). A intromissão do Estado-legislador na livre capacidade das pessoas disporem dos respectivos patrimônios só se justifica pela igualmente relevante proteção constitucional outorgada à família (203, I, CF/88), que permite, em exercício de ponderação de valores, a mitigação de um deles – in casu – dos direitos inerentes à propriedade, para assegurar a máxima efetividade do interesse prevalente, que na espécie é a proteção ao grupo familiar.

8. O direito real de habitação tem caráter gratuito, razão pela qual os herdeiros não podem exigir remuneração do companheiro sobrevivente pelo uso do imóvel. Seria um contrassenso atribuir-lhe a prerrogativa de permanecer no imóvel em que residia antes do falecimento do seu companheiro, e, ao mesmo tempo, exigir dele uma contrapartida pelo uso exclusivo.

9. Em virtude do exame do mérito, por meio do qual foi acolhida a tese sustentada pelas recorrentes, fica prejudicada a análise do dissídio jurisprudencial.

10. Recurso especial parcialmente conhecido e, nessa extensão, provido (STJ – REsp nº 1.846.167 – São Paulo – 3ª Turma – Rel. Min. Nancy Andrighi – DJ 11.02.2021).

EMENTA: RECURSO ESPECIAL – AUTOS DE AGRAVO DE INSTRUMENTO NA ORIGEM – INVENTÁRIO – PRETENSÃO DE DEFERIMENTO DE USUFRUTO VIDUAL POR MEEIRA SEPARADA DE CORPOS DO *DE CUJUS* – PEDIDO NEGADO NAS INSTÂNCIAS ORDINÁRIAS. IRRESIGNAÇÃO DA CÔNJUGE SUPÉRSTITE.

A controvérsia reside em saber se ao cônjuge sobrevivente, mesmo com separação de corpos já decretada judicialmente há mais de dois anos antes do óbito do consorte, pode ser conferido o usufruto vidual de imóvel, consoante disposto no artigo 1611, § 1º, do Código Civil de 1916, em que pese já contemplado com a meação, em face de ajuste homologado em juízo.

1. Não enseja eventual perda de objeto ou prejudicialidade da pertinente postulação, o só fato de ter sido expressamente ressalvada, na sentença homologatória de transação havida entre as partes, temática atinente ao usufruto vidual, exatamente por encontrar-se a matéria em grau recursal.

2. O usufruto vidual do consorte sobrevivente tem como escopo a salvaguarda do mínimo necessário ao cônjuge ou companheiro que não possui, obrigatoriamente, quinhão na herança do falecido, em sucessões abertas na vigência do Código Civil de 1916, não reputado herdeiro necessário o supérstite.

2.1 Na interpretação teleológica do instituto, não faz jus ao usufruto legal a que alude o art. 1.611, § 1º, do Código Civil revogado, a viúva meeira em razão de já ter sido contemplada com parcela significativa do patrimônio, afastando a necessidade econômica autorizativa da benesse.

3. Incidência do óbice da súmula 283/STF no que concerne ao fundamento de que ao tempo do falecimento do *de cujus* o casal já estava separado (separação de corpos) há mais de dois anos.

4. Recurso especial conhecido em parte e, na extensão, desprovido. (STJ – REsp nº 1.280.102 – São Paulo – 4ª Turma – Rel. Min. Marco Buzzi – DJ 16.10.2020)

EMENTA: APELAÇÃO CÍVEL. AÇÃO DE ARBITRAMENTO DE ALUGUEL. USUFRUTO VITALÍCIO SIMULTÂNEO. MORTE DE UM DOS USUFRUTUÁRIOS. INDIVISIBILIDADE DO DIREITO REAL DE USUFRUTO NOS TERMOS DA ESCRITURA PÚBLICA. ART. 1.411 DO CC. SENTENÇA MANTIDA. RECURSO NÃO PROVIDO.

Se consta da escritura pública que a outorga é feita em comum em favor de duas pessoas, sem distinção de partes entre elas, o usufruto subsiste íntegro e irredutível na pessoa do usufrutuário sobrevivente, até que todos venham a falecer, sendo indevida a exigência de aluguel. Inteligência do art. 1.411 do CC. Sentença mantida.

Trata-se de Apelação interposta contra sentença judicial, cujo relatório adoto (págs. 68/71), por meio da qual o MM. Juiz da Vara única da Comarca de Nuporanga julgou improcedente a "ação de arbitramento de aluguel", condenando a autora ao pagamento das custas, despesas processuais e honorários advocatícios, fixados em 10% do valor da causa atualizado.

Apela a autora (págs. 74/78), sustentando que a sentença merece ser reformada, em síntese, porque não há que se falar em direito de acrescer pela ré. Aduz que, com a morte de seu avô, usufrutuário do imóvel descrito na inicial, extinguiu-se 50% do usufruto, remanescendo à requerida os 50% restantes. Aduz que não houve estipulação expressa concedendo o direito de acrescer do usufruto à ré, como obriga o artigo 1.411 do Código Civil. Assevera que, com a morte de um dos usufrutuários, possui o direito pleno a sua propriedade, na proporção de 50% do imóvel, inclusive cobrando aluguéis da usufrutuária sobrevivente, ora apelada, uma vez que esta continua na posse do imóvel. Pleiteia o provimento do recurso para julgar procedente a ação e fixar aluguéis a serem pagos pela ré, proporcionais à condição de propriedade já consolidada, bem como a inversão do ônus de sucumbência.

Recurso tempestivo e isento de preparo, por ser ela beneficiária de gratuidade processual (pág. 30).

Contrarrazões apresentadas (págs. 82/86).

Não houve oposição ao julgamento virtual.

É O RELATÓRIO.

VOTO.

A sentença judicial está suficientemente motivada e deve ser mantida por seus próprios e jurídicos fundamentos, que ora ratifico, conforme admite este Tribunal (artigo 252 do RITJSP) e o Colendo Superior Tribunal de Justiça (ED no AREsp nº 980.631, Rel. Min. Regina Helena Costa, DJE de 22.5.2017; RMS 50.400/MG, Rel. Min. Herman Benjamin, DJE de 10.5.2017; AgInt no AREsp 128.086/RS, Rel. Min. Maria Isabel Gallotti, DJE de 21.2.2017 e REsp nº 1.570.427/RN, Rel. Min. Herman Benjamin, DJE de 2.9.2016).

A tese recursal não conseguiu abalar a solidez dos fundamentos constantes da sentença proferida pelo MM. Juiz Iuri Sverzut Bellesini que, de maneira dialética, versou sobre a matéria objeto dos autos.

O recurso não comporta, pois, acolhimento.

Trata-se de usufruto vitalício simultâneo, instituído em favor de duas pessoas, nos termos do artigo 1.411 do Código Civil, que dispõe: "Constituído o usufruto em favor de duas ou mais pessoas, extinguir-se-á a parte em relação a cada uma das que falecerem, salvo se, por estipulação expressa, o quinhão desses couber ao sobrevivente".

Nos termos da escritura pública juntada aos autos (pág. 17), o falecido Jair Pedro e a ré Célia adquiriram o usufruto em comum, ou seja, em caráter unitário e indivisível, sem distinção de partes entre eles.

Desta forma, ausente a divisibilidade do direito real de usufruto, subsiste seu pleno exercício na pessoa do usufrutuário sobrevivente, sem que se extinga proporcionalmente em favor do nu-proprietário, no caso a autora, inexistindo direito à fixação de aluguéis em face da ré.

Nesse sentido é a orientação de Carlos Roberto Gonçalves**[1]**:

"(...) tendo caráter temporário e sendo intransmissível, como já referido, o usufruto cessa com o falecimento do seu titular. Esta causa extintiva se aplica ao usufruto vitalício, cujo término é condicionado à sua ocorrência, bem como ao usufruto temporário, extinguindo-se, neste caso, antes do termo final. **Pode, no entanto, sobreviver à morte de um dos usufrutuários quando se constituiu em favor de várias pessoas conjuntamente. Dispõe, com efeito, o art. 1.411, do Código Civil que, sendo dois ou mais usufrutuários, extingue-se o usufruto em relação aos que faleceram, subsistindo por parte em relação aos sobreviventes. Mas se o título estabelece a sua indivisibilidade**, ou expressamente estipula o direito de acrescer entre os usufrutuários, **subsiste íntegro e irredutível até que todos venham a falecer**" (destaques meu).

Nesse sentido já entendeu este E. Tribunal de Justiça:

"Possessória Reintegração de posse – Doação feita a um dos filhos dos doadores, com a anuência dos demais herdeiros – Constituição de usufruto vitalício em favor dos donatários Falecimento de um dos usufrutuários Bem doado utilizado como residência pelo donatário – Retomada pretendida pela usufrutuária sobrevivente, mediante prévia notificação extrajudicial feita para sua desocupação – Interpretação de cláusula contratual – Referência feita na escritura de doação ao art. 1.716 do Código Civil (de 1916), ao prever o usufruto vitalício do imóvel doado, aduzindo que, por esta razão, somente após a morte dos doadores é que consolidar-se-á na pessoa do donatário a propriedade plena e irrestrita do imóvel Direito de acrescer que deve ser reconhecido em favor da usufrutuária supérstite, atento ao que se pode inferir de seus termos. **Usufrutuária que, ademais, teria direito de preferência para utilização do imóvel, em face do donatário, por se cuidar de bem indiviso e por força do usufruto constituído em seu favor** – Ação que deve ser julgada procedente Recurso da autora provido". (TJSP; Apelação Cível 0011694-28.2011.8.26.0568; Relator (a): Thiago de Siqueira; Órgão Julgador: 14ª Câmara de Direito Privado; Foro de São João da Boa Vista – 3ª Vara Cível; Data do Julgamento: 27/06/2014; Data de Registro: 27/06/2014 destaques meu).

Ante o exposto, **NEGO PROVIMENTO** ao recurso.

Nos termos do artigo 85, §11, do CPC, levando em conta o trabalho adicional realizado em grau recursal exercido pelos advogados da parte vencedora, majoro os honorários advocatícios para 15% sobre o valor da causa atualizado, com a observação de que a apelante é beneficiária da gratuidade da justiça.

MARIA DO CARMO HONÓRIO

Relatora

Nota:

[1] GONÇALVES, Carlos Roberto. Direito Civil Brasileiro Direito das Coisas. vol. 5. 3ª Ed. Saraiva, 2008. São Paulo. pág. 472.

TJSP – Apelação Cível nº 1001390-34.2018.8.26.0397 – Nuporanga – 3ª Câmara de Direito Privado – Rel. Des. Maria do Carmo Honório – DJ 05.02.2020

EMENTA: RECURSO ESPECIAL. CIVIL. CÔNJUGE SOBREVIVENTE. IMÓVEL. DIREITO REAL DE HABITAÇÃO. EXTINÇÃO DE CONDOMÍNIO E ALIENAÇÃO DO BEM. IMPOSSIBILIDADE.

1. É assegurado ao cônjuge sobrevivente o direito real de habitação relativo ao único imóvel destinado à residência da família, de acordo com o art. 1.611, § 2º, do Código Civil de 1916.

2. O direito real de habitação concede ao consorte supérstite a utilização do imóvel que servia de residência ao casal com o fim de moradia, limitando os direitos de propriedade dos herdeiros do casal em favor do ascendente sobrevivo, em atenção à observância ao princípio da solidariedade familiar pretendida pela lei.

3. É descabida a extinção do condomínio para alienação do imóvel objeto do direito real de habitação requerida pelo filho do detentor do direito.

4. Recurso conhecido e provido. (STJ – REsp nº 1.336.117 – São Paulo – 3ª Turma – Rel. Min. João Otávio de Noronha – DJ 31.08.2015)

EMENTA: CIVIL E PROCESSUAL CIVIL. DOAÇÃO EM VIDA. ÚNICO FILHO E HERDEIRO. TRANSFERÊNCIA DA TOTALIDADE DOS BENS COM RESERVA DE USUFRUTO. POSTERIOR CONSTITUIÇÃO DE DÍVIDA PELA DOADORA. AUSÊNCIA DE FRAUDE. SUBSISTÊNCIA DO NEGÓCIO. INVENTÁRIO NEGATIVO. PRETENSÃO DE REDIRECIONAMENTO DA EXECUÇÃO PARA O HERDEIRO. VIOLAÇÃO DO ART. 535 DO CPC. NÃO OCORRÊNCIA. CONTRARIEDADE AO ART. 1.776 DO CC/1916 (ART. 1.792 DO CC/2002). SÚMULAS nº 283 E 284 DO STF. HONORÁRIOS ADVOCATÍCIOS. ARTS. 20, §§ 3º E 4º, DO CPC. SÚMULA nº 7 DO STJ.

1. Não viola o art. 535 do CPC acórdão que, integrado por julgado proferido em embargos de declaração, dirime, de forma expressa, congruente e motivada, as questões suscitadas nas razões recursais.

2. Não se conhece de recurso especial quando a parte não impugna fundamento suficiente por si só suficiente para embasar o julgado. Incidência, por analogia, da Súmula nº 283/STF.

3. É inadmissível o recurso especial quando a fundamentação que lhe dá suporte não guarda relação de pertinência com o conteúdo do acórdão recorrido. Aplicação da Súmula nº 284/STF.

4. O recurso especial não é sede própria para rever questão referente à fixação de honorários advocatícios se, para tanto, for necessário reexaminar elementos fáticos. Aplicação da Súmula nº 7/STJ. 5. Recurso especial parcialmente conhecido e desprovido. (STJ – REsp nº 1.295.199 – São Paulo – 3ª Turma – Rel. Min. João Otávio de Noronha – DJ 02.09.2015)

EMENTA: AGRAVO REGIMENTAL. BEM DE FAMÍLIA E IMÓVEL GRAVADO COM RESERVA DE USUFRUTO. IMPENHORABILIDADE. DECISÃO AGRAVADA MANTIDA. IMPROVIMENTO.

1. – O posicionamento desta Corte é no sentido de ser impenhorável o usufruto, somente sendo possível ser objeto de constrição o seu exercício, desde que os frutos advindos dessa cessão tenham expressão econômica imediata.

2. – O agravo não trouxe nenhum argumento novo capaz de modificar o decidido, que se mantém por seus próprios fundamentos.

3. – Agravo Regimental improvido. (STJ – AgRg no REsp nº 1.351.076 – SP – 3ª Turma – Rel. Min. Sidnei Beneti – DJ 18.06.2013)

EMENTA: COMERCIAL, CIVIL E PROCESSO CIVIL. USUFRUTO. CONSERVAÇÃO DA COISA. DEVER DO USUFRUTUÁRIO. NULIDADE. SIMULAÇÃO. LEGITIMIDADE. TERCEIRO INTERESSADO. REQUISITOS. OPERAÇÃO SOCIETÁRIA. ANULAÇÃO. LEGITIMIDADE. CONDIÇÕES DA AÇÃO. ANÁLISE. TEORIA DA ASSERÇÃO. APLICABILIDADE. DISPOSITIVOS LEGAIS ANALISADOS: ARTS. 168 DO CC/02; E 3º, 6º E 267, VI, DO CPC.

1. Ação ajuizada em 26.01.2012. Recurso especial concluso ao gabinete da Relatora em 10.12.2013.

2. Recurso especial que discute a legitimidade do nu-proprietário de quotas sociais de *holding* familiar para pleitear a anulação de ato societário praticado por empresa pertencente ao grupo econômico, sob a alegação de ter sido vítima de simulação tendente ao esvaziamento do seu patrimônio pessoal.

3. O usufruto – direito real transitório de fruir temporariamente de bem alheio como se proprietário fosse – pressupõe a obrigação de preservar a substância da coisa, sem qualquer influência modificativa na nua-propriedade, cabendo ao usufrutuário a conservação da coisa como *bonus pater famílias*, restituindo-a no mesmo estado em que a recebeu.

4. As nulidades decorrentes de simulação podem ser suscitadas por qualquer interessado, assim entendido como aquele que mantenha frente ao responsável pelo ato nulo uma relação jurídica ou uma situação jurídica que venha a sofrer uma lesão ou ameaça de lesão em virtude do ato questionado.

5. Ainda que, como regra, a legitimidade para contestar operações internas da sociedade seja dos sócios, hão de ser excepcionadas situações nas quais terceiros estejam sendo diretamente afetados, exatamente como ocorre na espécie, em que a administração da sócia majoritária, uma *holding* familiar, é exercida por usufrutuário, fazendo com que os nu-proprietários das quotas tenham interesse jurídico e econômico em contestar a prática de atos que estejam modificando a substância da coisa dada em usufruto, no caso pela diluição da participação da própria *holding* familiar em empresa por ela controlada.

6. As condições da ação, entre elas a legitimidade *ad causam*, devem ser avaliadas *in status assertionis*, limitando-se ao exame do que está descrito na petição inicial, não cabendo ao Juiz, nesse momento, aprofundar-se em sua análise, sob pena de exercer um juízo de mérito.

7. Recurso especial provido. (STJ – REsp nº 1.424.617 – Rio de Janeiro – 3ª Turma – Rel. Min. Nancy Andrighi – DJ 16.06.2014)

▶ **EMENTA**: RECURSO ESPECIAL. CIVIL E PROCESSUAL CIVIL. USUFRUTO VITALÍCIO. AUSÊNCIA DE PAGAMENTO DOS TRIBUTOS INCIDENTES SOBRE O IMÓVEL. CAUSA DE EXTINÇÃO DO USUFRUTO. PRECEDENTE ESPECÍFICO DESTA CORTE SUPERIOR. LEGITIMIDADE ATIVA DOS NU-PROPRIETÁRIOS. RECURSO ESPECIAL PROVIDO. (STJ – REsp nº 1.334.243 – Pará – 3ª Turma – Rel. Min. Paulo de Tarso Sanseverino – DJ 04.04.2014)

▶ **EMENTA**: PROCESSUAL CIVIL. EMBARGOS DE DECLARAÇÃO. OMISSÃO. OCORRÊNCIA. SANEAMENTO DO ACÓRDÃO.

1. "Os frutos são penhoráveis; o usufruto não" (REsp 242.031/SP, Rel. Ministro ARI PARGENDLER, TERCEIRA TURMA, julgado em 02/10/2003, DJ 29/03/2004).

2. Decorre da penhorabilidade do bem a possibilidade de fraude à execução.

3. Frauda a execução o usufrutuário que, titular de usufruto de onze imóveis, renuncia ao usufruto logo após a expedição de mandado de penhora dos rendimentos do usufruto (aluguéis).

4. Validade do ato de renúncia, mas ineficaz até a satisfação do crédito exequendo.

5. EMBARGOS DE DECLARAÇÃO ACOLHIDOS, SEM EFEITOS INFRINGENTES. (STJ – EDcl no AgRg no Ag nº 1.370.942 – SP – 3ª Turma – Rel. Min. Paulo de Tarso Sanseverino – DJ 04.02.2013)

▶ **EMENTA**: AGRAVO EM RECURSO ESPECIAL. DIREITO CIVIL E PROCESSO CIVIL. USUFRUTO. PENHORA. POSSIBILIDADE DE INCIDÊNCIA SOBRE O SEU EXERCÍCIO OU SOBRE OS SEUS FRUTOS. AGRAVO DESPROVIDO. (STJ – AREsp nº 86.620 – RS – 3ª Turma – Rel. Min. Paulo de Tarso Sanseverino – DJ 22.03.2013)

▶ **EMENTA**: DIREITO CIVIL. SUCESSÃO. DIREITO REAL DE HABITAÇÃO. COMPANHEIRO SOBREVIVENTE. POSSIBILIDADE. VIGÊNCIA DO ART. 7º DA LEI nº 9.278/96. RECURSO IMPROVIDO.

1. Direito real de habitação. Aplicação ao companheiro sobrevivente. Ausência de disciplina no Código Civil. Silêncio não eloquente. Princípio da especialidade. Vigência do art. 7º da Lei nº 9.278/96. Precedente: REsp nº 1.220.838/PR, Rel. Ministro SIDNEI BENETI, TERCEIRA TURMA, julgado em 19/06/2012, DJe 27/06/2012.

2. O instituto do direito real de habitação possui por escopo garantir o direito fundamental à moradia constitucionalmente protegido (art. 6º, *caput*, da CRFB). Observância, ademais, ao postulado da dignidade da pessoa humana (art. 1º, III, da CRFB).

3. A disciplina geral promovida pelo Código Civil acerca do regime sucessório dos companheiros não revogou as disposições constantes da Lei 9.278/96 nas questões em que verificada a compatibilidade. A legislação especial, ao conferir direito real de habitação ao companheiro sobrevivente, subsiste diante da omissão do Código Civil em disciplinar tal direito àqueles que convivem em união estável. Prevalência do princípio da especialidade.

4. Recurso improvido. (STJ – REsp nº 1.156.744 – MG – 4ª Turma – Rel. Min. Marco Buzzi – DJ 18.10.2012)

▶ **EMENTA**: CIVIL. USUFRUTO. Os frutos são penhoráveis; o usufruto não. Recurso especial conhecido, mas não provido. (STJ – REsp nº 242.031 – SP – 3ª Turma – Rel. Min. Ari Pargendler – DJ 29.03.2004)

▶ **EMENTA**: DIREITO DAS SUCESSÕES. RECURSO ESPECIAL. SUCESSÃO ABERTA NA VIGÊNCIA DO CÓDIGO CIVIL DE 1916. CÔNJUGE SOBREVIVENTE. DIREITO DE USUFRUTO PARCIAL. ART. 1.611, § 1º. DIREITO REAL DE HABITAÇÃO. ART. 1.831 DO CÓDIGO CIVIL DE 2002. INAPLICABILIDADE. VEDAÇÃO EXPRESSA DO ART. 2.041 DO NOVO DIPLOMA. ALUGUÉIS DEVIDOS PELA VIÚVA À HERDEIRA RELATIVAMENTE A 3/4 DO IMÓVEL.

1. Em sucessões abertas na vigência do Código Civil de 1916, a viúva que fora casada no regime de separação de bens com o *de cujus*, tem direito ao usufruto da quarta parte dos bens deixados, em havendo filhos (art. 1.611, § 1º, do CC/16). O direito real de habitação conferido pelo Código Civil de 2002 à viúva sobrevivente, qualquer que seja o regime de bens do casamento (art. 1.831 do CC/02), não alcança as sucessões abertas na vigência da legislação revogada (art. 2.041 do CC/02).

2. No caso, não sendo extensível à viúva o direito real de habitação previsto no art. 1.831 do atual Código Civil, os aluguéis fixados pela sentença até 10 de janeiro de 2003 – data em que entrou em vigor o Estatuto Civil –, devem ser ampliados a período posterior.

3. Recurso especial provido. (STJ – REsp nº 1.204.347 – DF – 4ª Turma – Rel. Min. Luis Felipe Salomão – DJ 02.05.2012)

▶ **EMENTA**: AGRAVO NO RECURSO ESPECIAL. DIREITO REAL DE HABITAÇÃO QUE SE ESTENDE AO COMPANHEIRO SOBREVIVENTE. ACÓRDÃO RECORRIDO DE ACORDO COM A JURISPRUDÊNCIA DESTA CORTE. INCIDÊNCIA DA SÚMULA Nº 83/STJ. AGRAVO CONHECIDO PARA, DESDE LOGO, NEGAR SEGUIMENTO AO RECURSO ESPECIAL. (STJ – AREsp nº 343.333 – Mato Grosso – 3ª Turma – Rel. Min. Paulo de Tarso Sanseverino – DJ 12.08.2014)

⊙ TRIBUNAL DE JUSTIÇA DO ESTADO DE SÃO PAULO

▶ **EMENTA:** Apelação Cível – Alvará judicial – Registro de aquisição de bem imóvel quitado em nome dos filhos menores, com reserva de usufruto à genitora – Extinção do processo, sem resolução de mérito, por indeferimento da inicial – Inadequação – A necessidade de autorização judicial para a aquisição de bens por menores incapazes, nos termos do Item 41, Alínea "e", do Capítulo XIV das NSCGJ e do Artigo 1.691 do Código Civil, configura o interesse de agir da parte autora – Inexistência de subsunção do caso às hipóteses de inépcia da inicial previstas no § 1º, do Art. 330, do CPC – Causa madura – Presença de petição apresentada pela genitora dos menores, indicando a concordância com o pedido – Citação dos interessados suprida – Ausência de prejuízo aos menores, visto que o imóvel foi adquirido com recursos próprios do genitor – Alvará concedido – Sentença reformada – Recurso provido (TJSP – Apelação Cível nº 1002565-82.2020.8.26.0659 – Vinhedo – 5ª Câmara de Direito Privado – Rel. Des. Rodolfo Pellizari – DJ 05.10.2021)

▶ **EMENTA:** Civil – Usufruto – Extinção pela morte do usufrutuário – União estável posterior à constituição do direito real – Companheira do falecido que passou ter a posse parcial do imóvel consentida pelos então nús-proprietários – Ação de manutenção de posse improcedente – Pedido contraposto – Procedente.

1. Não se ignora o entendimento expressado no enunciado nº 117, da 1ª Jornada de Direito Civil do Conselho de Justiça Federal, segundo o qual *"o direito real de habitação deve ser estendido ao companheiro, seja por não ter sido revogada a previsão da Lei n. 9.278/96, seja em razão da interpretação analógica do art. 1.831, informado pelo art. 6º, caput, da CF/88".*

2. Ocorre que o direito real de habitação pressupõe imóvel do cônjuge supérstite passível de inventariança, o que não ocorre na espécie.

3. Forçoso concluir que, em razão de sua natureza personalíssima (art. 1.393, CC), com a extinção do usufruto, a permanência da companheira do falecido usufrutuário passou a depender da aquiescência dos então nus-proprietários, filhos do primeiro casamento do usufrutuário, não lhe restando qualquer direito exercitável em nome próprio.

4. Recurso improvido (TJSP – Apelação Cível nº 1013223-26.2019.8.26.0361 – Mogi das Cruzes – 16ª Câmara de Direito Privado – Rel. Des. Ademir Modesto de Souza – DJ 02.08.2021)

EMENTA: REGISTRO IMOBILIÁRIO. USUFRUTO. RETIFICAÇÃO DE PROPRIETÁRIO PARA NU PROPRIETÁRIO. DESNECESSIDADE. SITUAÇÃO JURÍDICA QUE DECORRE DA LEI. RECURSO NÃO PROVIDO.

Registro imobiliário. Usufruto averbado. Pedido de retificação para constar que os proprietários são, na realidade, nus proprietários. Desnecessidade. Situação jurídica transitória que decorre da lei.

Recurso não provido.

A sentença de fls. 69/71, de relatório adotado, julgou improcedente o pedido e contra ela voltaram-se os autores, postulando sua reforma. Alegaram, em síntese, que devem constar como nus proprietários os titulares dos imóveis sobre os quais recai o usufruto averbado.

É o relatório.

Sobre os imóveis matriculados sob os números 85.759 (fls. 12/13), 85.760 (fls. 15/16) e 85.761 (fls. 17/19) do Cartório de Registro de Imóveis de Franco da Rocha/SP recai usufruto em benefício dos autores, averbados perante as respectivas matrículas.

Sucede que os autores reclamaram que, não obstante as averbações dos usufrutos, não foram alteradas as situações jurídicas dos proprietários, que devem constar, segundo sustentaram, como nus proprietários.

O pedido de retificação foi providenciado junto à Serventia Extrajudicial, que efetuou nota de devolução (fls. 31). Irresignados, os autores promoveram a presente demanda.

Entendo, contudo, que se mostra efetivamente desnecessária a retificação reclamada pelos autores, como deliberado pela sentença, e judiciosos parecer do Ministério Público oficiante, já que a transitória situação jurídica dos proprietários do bem sobre o qual recai o usufruto decorre da lei, constituindo, assim, redundância a anotação pretendida.

Além disso, a sentença também anotou:

"Deverá ser obrigatoriamente averbada na matrícula do imóvel no cartório de registro de imóveis, a cláusula de reserva de usufruto de propriedade de imóvel, para que possa recair sobre o imóvel seu efeito legal. Nos casos de extinção da cláusula de usufruto, deve ser cancelado registro de usufruto na matrícula do imóvel, por meio de averbação.

Vale lembrar que o direito de propriedade, embora possa ser cindido quanto ao seu exercício, é uno. Em virtude da própria natureza temporária do usufruto, o verdadeiro proprietário do bem, em última análise é o titular da nua-propriedade, já que a extinção do usufruto é inevitável.

Desta forma, conforme r. manifestação da representante do Ministério Público, não há 'a necessidade de constar JOÃO LUIZ e ANA CRISTINA como nu proprietários, pois tal condição já decorre da inscrição do usufruto em favor de JOÃO' (fl. 68)"

E a Douta Procuradoria de Justiça opinou no parecer de fls. 99/100: ***"A condição de nu-proprietários resta evidenciada pelo registro da instituição do usufruto nas referidas matrículas. Sabe-se que, instituído o usufruto, o proprietário permanece apenas com o poder de dispôr do bem gravado, enquanto que ao usufrutuário são reservados o uso e a fruição da coisa. Sendo assim, restando evidente nas matrículas dos imóveis pertencentes a João Luiz Magi Cleghin e Ana Cristina Magi Celeghin a instituição de usufruto em favor de João Celeghin, dúvidas não restam quanto ao desdobramento dos poderes inerentes às respectivas propriedades".***

A sentença, por conseguinte, é de ser mantida.

Pelo exposto, **NEGO PROVIMENTO** ao recurso.

J. B. PAULA LIMA. RELATOR – – /(TJSP – Apelação Cível nº 1001980-26.2018.8.26.0198 – Franco da Rocha – 10ª Câmara de Direito Privado – Rel. Des. J. B. Paula Lima – DJ 19.06.2020)

EMENTA: PENHORA – Imóvel (apartamento) – Constrição sobre metade ideal da nua-propriedade – Indeferimento do pedido de arbitramento da porção penhorada com ordem de alienação da totalidade do imóvel – Alegada inconveniência da alienação integral – Existência de condomínio com terceiro e de usufruto de outrem – Impossibilidade de aplicação do disposto no artigo 655-B do CPC – Ofensa ao direito de propriedade do terceiro – Possibilidade de alienação apenas da porção penhorada do imóvel – Precedentes do STJ – Decisão reformada – Agravo provido, com observação. (TJSP – Agravo de Instrumento nº 2024737-77.2016.8.26.0000 – Limeira – 20ª Câmara de Direito Privado – Rel. Des. Correia Lima – Julgado em 11.04.2016)

EMENTA: Alienação de coisa comum. Sentença de parcial procedência. Inconformismo das partes. Preliminares afastadas. Usufruto de metade do imóvel, concedido unilateralmente, não é oponível à proprietária da outra metade que deseja alienar o imóvel. Incabível, no caso, direito real de habitação. Custas pelas rés. Honorários advocatícios sucumbenciais mantidos em dois mil reais. Recurso das rés desprovido, parcialmente provido o da autora. (TJSP – Apelação Cível nº 0013218-15.2010.8.26.0562 – Santos – 9ª Câmara de Direito Privado – Rel. Des. Piva Rodrigues – DJ 14.04.2016)

EMENTA: APELAÇÃO – Ação declaratória de nulidade de cláusulas restritivas c/c reintegração de posse e indenização – Improcedência – Usufruto vitalício – Extinção do direito real sobre propriedade alheia com o falecimento do usufrutuário – Direito que não pode ser herdado – Cessão que apenas produziu efeitos durante a vida do usufrutuário – Direito não instituído pelos proprietários a favor da apelante – Condutas lícitas de retomada do usufruto que não geram direito à indenização – Aplicação do art. 252 do Regimento Interno do TJSP – Decisão Mantida – Recurso Improvido. (TJSP – Apelação Cível nº 0029771-03.2012.8.26.0196 – Franca – 3ª Câmara de Direito Privado – Rel. Des. Egidio Giacoia – DJ 15.04.2016)

EMENTA: EMBARGOS DE TERCEIRO – Prenotação em imóvel – Usufruto – Alegação de bem de família – A prenotação em questão não interfere no usufruto constituído em favor da apelante e em nada afetará o uso e gozo do imóvel constrito – Questões bem apreciadas em sentença de primeiro grau – Mantida a r. sentença nos termos do art. 252 do RITJ – Recurso desprovido. (TJSP – Apelação Cível nº 1011916-05.2014.8.26.0008 – São Paulo – 38ª Câmara de Direito Privado – Rel. Des. Achile Alesina – DJ 14.04.2016)

EMENTA: AGRAVO DE INSTRUMENTO – DECISÃO INTERLOCUTÓRIA QUE NÃO RECONHECE FRAUDE À EXECUÇÃO – IMÓVEL TRANSMITIDO AOS FILHOS, RESERVANDO AO VIÚVO MEEIRO, ORA AGRAVADO, EM PAGAMENTO DE SUA MEAÇÃO, O USUFRUTO VITALÍCIO SOBRE A TOTALIDADE DE 2,1/2 ALQUEIRES DE TERRAS – FRAUDE À EXECUÇÃO EVIDENTE – DADO PROVIMENTO AO RECURSO. (TJSP – Agravo de Instrumento nº 2213557-17.2015.8.26.0000 – Itapira – 9ª Câmara de Direito Privado – Rel. Des. Lucila Toledo – DJ 14.04.2016)

TRIBUNAL DE JUSTIÇA DO ESTADO DO RIO GRANDE DO SUL

EMENTA: APELAÇÃO CÍVEL. AÇÃO DE EXTINÇÃO DE USUFRUTO. IMPOSSIBILIDADE. A extinção do usufruto é possível somente quando demonstrada uma das hipóteses previstas no artigo 1410 do Código Civil, o que não se verifica no caso em liça, ônus que era da parte autora, nos termos do art. 333, II, do CPC. Assim, embora seja obrigação do usufrutuário efetivar o pagamento de tributos devidos pela posse ou rendimento da coisa usufruída (art. 1.403, inc. II, Código Civil), o mero atraso no pagamento não enseja a extinção do usufruto, conforme se extrai da leitura do art. 1410 e incisos, do Código Civil. Ademais, parte da dívida está sendo objeto de negociada. Sentença mantida. NEGARAM PROVIMENTO AO APELO (PROCESSO Nº 70058852427)

EMENTA: INVENTÁRIO. USO DE IMÓVEL PELA VIÚVA DO *DE CUJUS*. DIREITO REAL DE HABITAÇÃO. PEDIDO DE FIXAÇÃO DE LOCATIVOS PELA FILHA HERDEIRA. 1. Restando incontroverso nos autos o casamento pelo regime da comunhão universal de bens entre a falecida e o viúvo e sendo o imóvel destinado para a sua residência, há que se reconhecer a ele o direito real de habitação. 2. O art. 1.831, do Código Civil tem aplicação ao caso em tela e assegura ao cônjuge sobrevivente o direito real de habitação, isto é, de continuar morando, sem ônus em relação aos demais sucessores, no imóvel que era destinado à residência da família, ao menos enquanto não ficar cabalmente demonstrado que outro imóvel pode ser destinado para uso residencial. 3. Se o viúvo tem o direito real de habitação, então é manifestamente improcedente a pretensão do herdeiro de receber locativo pela ocupação do bem. Recurso desprovido (PROCESSO Nº 70058442906) (Nº CNJ: 0036853-13.2014.8.21.7000).

EMENTA: AGRAVO REGIMENTAL NO RECURSO ESPECIAL. EMBARGOS À EXECUÇÃO. ACORDO CELEBRADO EM SEPARAÇÃO CONSENSUAL. HOMOLOGAÇÃO JUDICIAL. DOAÇÃO. ÚNICA FILHA. AUSÊNCIA DE VÍCIOS DE VALIDADE. EXIGIBILIDADE DA OBRIGAÇÃO. PRECEDENTES. 1. A jurisprudência desta eg. Corte já se manifestou no sentido de considerar que não se caracteriza como ato de mera liberalidade ou simples promessa de doação, passível de revogação posterior, a doação feita pelos genitores aos seus filhos estabelecida como condição para a obtenção de acordo em separação judicial. 2. Agravo regimental a que se nega provimento. (STJ – AgRg no REsp nº 883.232 – MT – 4ª Turma – Rel. Min. Raul Araújo – DJ 26.02.2013)

EMENTA: INVENTÁRIO. DIREITO REAL DE HABITAÇÃO DA VIÚVA, QUE É PROPRIETÁRIA DE OUTRO IMÓVEL. 1. O direito real de habitação é instituto de natureza eminentemente protetiva do cônjuge ou do companheiro supérstite, para que não fique desamparado após a morte de seu par, situação que não se verifica no caso, onde restou cabalmente demonstrado que a autora é proprietária de outro imóvel próprio para moradia. 2. Havendo herdeiras necessárias, não pode o direito delas sobre o único imóvel inventariado ser obstado, pelo reconhecimento do direito real de habitação à viúva, que possui outro imóvel e pode nele residir. Recurso provido. (TJRS – Agravo de Instrumento nº 70060165313 – Porto Alegre – 7ª Câmara Cível – Rel. Des. Sérgio Fernando de Vasconcellos Chaves – DJ01.08.2014)

TRIBUNAL DE JUSTIÇA DO ESTADO DO PARANÁ

EMENTA: AGRAVO DE INSTRUMENTO – AÇÃO DE INVENTÁRIO E PARTILHA – DECISÃO AGRAVADA QUE RECONHECEU O DIREITO REAL DE HABITAÇÃO DA VIÚVA – ARTIGO 1.831 DO CÓDIGO CIVIL QUE ASSEGURA TAL DIREITO, INDEPENDENTEMENTE DO REGIME DE BENS DO CASAMENTO – QUESTÃO RELACIONADA À COMPRA DO IMÓVEL TER SE DADO EM OUTRO CASAMENTO, AUSÊNCIA DE DIREITO À HERANÇA E INEXISTÊNCIA DE FILHOS COM A AGRAVADA QUE NÃO AFASTAM TAL DIREITO – CESSÃO DE DIREITOS DE MEAÇÃO, A TÍTULO ONEROSO, QUE NÃO FOI ANALISADA PELO MAGISTRADO SINGULAR, NÃO SERVINDO COMO FUNDAMENTO EM SUA DECISÃO – IMPOSSIBILIDADE DE ANÁLISE DE TAL QUESTÃO, SOB PENA DE SUPRESSÃO DE INSTÂNCIA – RECURSO PARCIALMENTE CONHECIDO E, NA PARTE CONHECIDA, DESPROVIDO. (TJPR – Agravo de Instrumento nº 1396187-0 – União da Vitória – 12ª Câmara Cível – Rel. Des. Denise Krüger Pereira – DJ 23.11.2015)

3. QUESTÕES DE CONCURSOS

01. (Vunesp – Outorga de delegação de serviços notariais e registrais – Remoção – TJ – RS/2019) No que diz respeito ao registro do usufruto deducto no Registro de Imóveis, é correto afirmar que

a) deve ser registrado no Livro 2.
b) deve ser averbado.
c) não deve ser registrado nem averbado, por falta de previsão legal.
d) não deve ser registrado nem averbado por decorrer do direito de família.
e) deve ser registrado no Livro 3.

02. (Cespe – Notário-SE/2006) Acerca do registro de imóveis, julgue os itens a seguir.
A extinção do usufruto por morte do usufrutuário independe de sentença judicial para ser reconhecida, podendo ser averbada mediante simples requerimento instruído com a respectiva certidão de óbito e os demais documentos necessários.

03. (FCC – Cartório – TJ – PE/2013) Tendo-se em conta os atos notariais,

a) os procedimentos para a lavratura das escrituras de separação, divórcio, inventário e partilha extrajudicial, por via administrativa ou extrajudicial, conforme previsto na Lei nº 11.441/2007, deverão observar as normas da Resolução nº 35, de 24/04/2007 do Conselho Nacional de Justiça – CNJ e a opção pela via extrajudicial para a resolução consensual das matérias envolvidas admite a existência de interessados incapazes.
b) as escrituras públicas extrajudiciais de inventário e partilha, separação e divórcio consensuais dependem de homologação judicial e, depois de homologadas, constituem títulos hábeis para o registro civil e imobiliário, transferência de bens e direitos, bem como para promoção de todos os atos necessários para levantamento de valores e transferência de bens perante o Departamento Estadual de Trânsito – DETRAN, Junta Comercial, Registro Civil de Pessoas Jurídicas, instituições financeiras, empresas seguradoras e companhias telefônicas.
c) não se pode transferir o usufruto por alienação, mas o seu exercício, após instituído e registrado no cartório de imóveis competente, pode ceder-se, por meio de escritura pública, por título gratuito ou oneroso. Sendo o exercício do usufruto cedido gratuitamente, a escritura de cessão deve consignar o prévio recolhimento do Imposto de Transmissão Causa Mortis e Doação – ITCMD.
d) o valor dos emolumentos deverá corresponder ao efetivo custo e à adequada e suficiente remuneração dos serviços prestados, conforme estabelecido no parágrafo único, do artigo 1º, da Lei nº 10.169/2000, observando-se, quanto à sua fixação, as regras previstas no artigo 2º, da citada lei, permitida a fixação de emolumentos em percentual incidente sobre o valor do negócio jurídico objeto dos serviços notariais e de registro.
e) para fins de percepção das verbas previstas na Lei nº 6.858/80, que dispõe sobre o pagamento, aos dependentes ou sucessores, de valores devidos pelos empregadores aos empregados e os montantes das contas individuais do Fundo de Garantia do Tempo de Serviço – FGTS e do Fundo de Participação PIS-PASEP, não recebidos em vida pelos respectivos titulares, não é admissível a escritura pública de inventário e partilha extrajudiciais

04. (Vunesp – Cartório – TJ – SP/2014) Considerando o teor do artigo 1393 do CC "Não se pode transferir o usufruto por alienação; mas o seu exercício pode ceder-se por título gratuito ou oneroso".
Na qualificação registral de uma escritura de venda e compra, onde a propriedade plena de um imóvel pertencente a João foi alienada da seguinte forma a nua propriedade para Henrique e o usufruto para Leopoldo, o Oficial deve

a) registrar a escritura, tendo em vista que o artigo 1393 do Código Civil só é aplicável aos direitos reais de usufruto já constituídos por meio de seu registro.
b) elaborar nota de devolução fundamentada no artigo 1393 do Código Civil.
c) elaborar nota de devolução fundamentada no artigo 1393 do Código Civil, expondo que o usufruto não pode ser alienado e que a escritura pode ser retificada para que o exercício do usufruto seja transmitido a título gratuito.
d) registrar a escritura somente quanto à nua propriedade, aplicando o princípio da cindibilidade.

05. (IESES – Cartório – TJ – RO/2012) Assinale a alternativa correta:
a) O usufrutuário pode alugar o imóvel sob o qual detém o usufruto, e a renda deste obtida reverte em seu favor.
b) O bem gravado com usufruto não pode ser alienado.
c) O usufruto não pode ser estipulado por tempo determinado.
d) Direito a usufruto e direito real de habitação são o mesmo instituto.

06. (IESES – Cartório – TJ – RO/2012) Assinale a assertiva INCORRETA, segundo o que expressamente estabelece o Código Civil para as situações mencionadas:
a) O usufruto de imóveis, quando não resulte de usucapião, constituir-se-á mediante registro no Cartório de Registro de Imóveis.
b) O exercício do usufruto pode ser cedido por título gratuito ou oneroso.
c) Não se pode transferir o usufruto por alienação.
d) Se o usufruto recai sobre quota-parte de bens, o usufrutuário não tem direito ao preço pago pelo vizinho do prédio usufruído, para obter meação em muro.

07. (Cespe – Cartório-PI/2013) Acerca do usufruto, assinale a opção correta.
a) Pode-se penhorar o exercício do usufruto ainda que os frutos advindos dessa cessão não possuam expressão econômica imediata.
b) Ex-cônjuge que ocupa imóvel doado aos filhos pode ser compelido a pagar ao outro ex-cônjuge o equivalente a 50% do valor de locação do imóvel, pelo usufruto, em caráter exclusivo, do bem pertencente à prole.
c) O Código Civil não autoriza a extinção do usufruto pelo não uso ou pela não fruição do bem sobre o qual ele recai, em razão da função social.
d) O STJ reconhece que a renúncia do usufruto efetuada pelo executado constitui fraude à execução, por frustrar a penhora.
e) O fato de o viúvo ser beneficiário de testamento do cônjuge falecido elide o usufruto vidual, que depende da situação financeira do cônjuge sobrevivente.

08. (Cespe – Cartório – TJ – BA/2014) Em relação aos direitos reais de gozo, fruição e garantia, assinale a opção correta.
a) É defeso ao oficial do cartório de registro de imóveis o registro de venda de imóvel quando a hipoteca que recair sobre o bem instituir cláusula de inalienabilidade.
b) Bem imóvel dado em anticrese não pode ser objeto de hipoteca, exceto em favor do credor anticrético.
c) Por ser vinculada à propriedade do imóvel, a propriedade superficiária não pode ser autonomamente objeto de direitos reais de garantia, ao contrário da hipoteca.
d) Conforme entendimento do STJ, o usufruto é inalienável e impenhorável, admitindo-se, todavia, a penhora dos frutos decorrentes do instituto.
e) Definido o local destinado à passagem forçada (servidão legal), o dono do prédio dominante não poderá removê-la para outro local, salvo mediante autorização expressa do proprietário do prédio serviente.

09. (Cespe – Cartório – TJ – BA/2014) Assinale a opção correta acerca do usufruto e da perda da propriedade.
a) O Código Civil veda a transferência do usufruto por alienação e, consequentemente, impede que o usufrutuário ceda, a título oneroso, o exercício do direito ao usufruto.
b) Constatada a hipótese de abandono de imóvel urbano prevista no Código Civil, a perda da propriedade é automática.
c) É prevista no Código Civil a extinção do usufruto pelo não uso do bem por dez anos contínuos.
d) Segundo o entendimento sumulado do STJ, na desapropriação indireta, os juros compensatórios são devidos desde a ocupação e os moratórios, somente a partir do trânsito em julgado.
e) O bem gravado com usufruto é inalienável e impenhorável.

10. (IBFC – Cartório – TJ – PR/2014) Assinale a assertiva incorreta:
a) O usufrutuário tem direito à posse, uso, administração e percepção dos frutos.
b) Incumbem ao usufrutuário os tributos devidos pela posse ou rendimento da coisa usufruída.
c) O usufrutuário tem a posse indireta da coisa, enquanto o nu proprietário tem a posse direta.
d) Entre as hipóteses de extinção do usufruto estão a morte do usufrutuário e a renúncia.

11. (IESES – Cartório – TJ – PA/2016) Na instituição de usufruto:
a) O usufrutuário não está autorizado a dar o imóvel objeto do usufruto em locação, salvo se expressamente disposto no ato constitutivo.
b) Existe a possibilidade de ingresso do título de promessa de usufruto no fólio real.
c) O usufrutuário, que agindo culposamente, tenta alienar ou não presta manutenção adequada ao bem, dá causa à extinção do usufruto.
d) A causa extintiva produz efeito desde logo, mesmo antes do cancelamento no registro de imóveis.

GAB	1	A	2	CERTO	3	C	4	A
	5	A	6	D	7	B	8	D
	9	D	10	C	11	C	–	

8) das rendas constituídas sobre imóveis ou a eles vinculadas por disposição de última vontade;

1. COMENTÁRIOS

A renda constituída sobre imóveis é uma modalidade de contratual prevista nos artigos 803 ao 813 do Código Civil que pode se dar a título gratuito ou oneroso.

Na explicação de Claudio Luiz Bueno de Godoy, "as duas modalidades vinham previstas, juntas no art. 1.424 do CC/1916. Entendeu, porém, o legislador de 2002 de separar seu regramento em dois dispositivos diversos. Neste primeiro, ora em comento, cuida-se da constituição de renda a título gratuito. Por seu intermédio, uma pessoa, animada pelo espírito de liberalidade, assim sem receber capital, bens móveis ou imóveis, como contrapartida, obriga-se a pagar prestação periódica a outrem. Ou seja, alguém, chamado rendeiro ou censuário, faz-se devedor do pagamento de uma renda em favor de outrem, chamado rentista ou censuíta, por mera liberalidade, sem nada receber para isso. Quando assim instituída, a constituição de renda encerra contrato unilateral, porquanto gera obrigação apenas ao devedor da prestação. A constituição de renda, será a título oneroso quando quem a institui, o rentista ou censuísta, transfere o domínio de bem móvel ou imóvel ao rendeiro ou censuário, que então se obriga a satisfazer, em favor daquele ou de terceiro beneficiário, certa prestação periódica" (*Código Civil comentado*. 8. ed. Barueri: Manole, 2014, p. 780-781).

Com a entrada em vigor do Código Civil de 2002, abriu-se discussão acerca de sua registrabilidade no Registro de Imóveis, pois o novo diploma civil, deixou de elencar no art. 1.225 este tipo de direito como um direito real. Dessa forma, argumentando-se pela taxatividade dos direitos reais, a maioria da doutrina e da jurisprudência tem adotado o posicionamento da irregistrabilidade dessa modalidade contratual, uma vez que, na sistemática atual, o contrato de renda possui efeito meramente obrigacional.

Logo, o art. 167, I, 8 em comento está revogado. José de Mello Junqueira sugere que "caso o credor da renda queira se garantir de seu crédito, poderá exigir hipoteca sobre imóvel que transmitiu ao devedor da renda ou outro que seja indicado" (Op. cit., p. 591).

Para os que defendem a possibilidade do registro desse instituto, este deve ser registrado no Cartório de Imóveis, efetuando-se na matrícula **(Livro nº 2 – Registro Geral)** do imóvel sobre o qual foi constituída a renda ou sobre o qual foi vinculado a ela.

9) dos contratos de compromisso de compra e venda de cessão deste e de promessa de cessão, com ou sem cláusula de arrependimento, que tenham por objeto imóveis não loteados e cujo preço tenha sido pago no ato de sua celebração, ou deva sê-lo a prazo, de uma só vez ou em prestações;

1. COMENTÁRIOS

O art. 1.225, VII, do Código Civil, elenca, como direito real, o direito do promitente comprador do imóvel.

O compromisso de compra e venda é o **contrato preliminar** pelo qual o proprietário de um imóvel promete vendê-lo ao comprador mediante o pagamento de um preço. Sendo um contrato preliminar, deve obedecer a todos os requisitos legais do contrato definitivo, **exceto quanto à forma**. Por isso, o compromisso de compra e venda pode ser feito por contrato particular, independentemente do valor do bem.

O compromisso de compra e venda não é definitivo, ou seja, não transfere a propriedade. Após a quitação do preço deverá ser lavrada a escritura definitiva de compra e venda e registrada no Registro de Imóveis competente.

A temática acerca dos contratos de compromisso de compra e venda no Código Civil é disposta como contrato preliminar nos artigos 462 a 466.

O art. 463, parágrafo único, ao estabelecer que o contrato preliminar deverá ser levado ao registro competente, nos leva a conclusão de que é obrigatório o registro para que tenha validade perante terceiros.

No que se refere aos **imóveis rurais**, os contratos de compromisso de compra e venda de cessão deste ou de promessa de cessão são regulados pelo Decreto-lei 58/1937.

Quanto aos **imóveis urbanos**, a Lei 6.766/1979 tratou do assunto, derrogando em parte o decreto supracitado, no que se refere a estes imóveis (urbanos). Antes dela vigorava o Decreto-lei 58/37, que não continha nenhum dispositivo de **caráter urbanístico**, principalmente que pudessem ser aplicadas em áreas urbanas expandidas. A Lei 6.766/79 incorpora esses princípios urbanísticos, tornando-se inovadora. A partir de então o Município passou a ter a possibilidade de conduzir efetivamente o processo de organização espacial de seu território, podendo interferir nos projetos para que sejam adequados às particularidades locais.

Dispõe o art. 22 do Dec.-lei 58/1937:

> **Art. 22.** Os contratos, **sem cláusula de arrependimento**, de compromisso de compra e venda e cessão de direitos de imóveis não loteados, cujo preço tenha sido pago no ato de sua constituição ou deva sê-lo em uma, ou mais prestações, desde que, inscritos a qualquer tempo, atribuem aos compromissos direito real oponível a terceiros, e lhes conferem o direito de adjudicação compulsória nos termos dos artigos 16 desta lei, 640 e 641 do Código de Processo Civil.

Percebe-se que o aludido artigo não permite cláusula de arrependimento para compromisso de compra e venda e cessão de direitos de imóveis não loteados rurais. O compromisso de compra e venda estipulado com a **cláusula de irretratibilidade** significa que haverá uma dilação da transferência da propriedade do imóvel até o pagamento integral de seu preço, gerando somente o direito real à aquisição do imóvel, não transferindo a propriedade. Tal propriedade poderá ser transferida por escritura pública outorgada posteriormente, bem como por mandado judicial em ação de adjudicação compulsória.

O art. 23 do Decreto-lei 58/1937 estabelece que nenhuma ação ou defesa se admitirá, fundada nos dispositivos desta lei, sem apresentação de documento comprobatório do registro por ela instituído. Entretanto, este não é o entendimento atual dos nossos tribunais, que julgam pela desnecessidade do registro nas ações de adjudicação compulsória. É o que diz a **Súmula 239 do Superior Tribunal de Justiça**: "O direito à adjudicação compulsória não se condiciona ao registro do compromisso de compra e venda no cartório de imóveis".

Com a entrada em vigor do Código Civil de 2002, paira controvérsia, pois a súmula 239 do STJ veio conflitar com o seu art. 1.417, cuja redação é a seguinte:

> **Art. 1.417.** Mediante promessa de compra e venda, em que se não pactou arrependimento, celebrada por instrumento público ou particular registrada no Cartório de Registro de Imóveis, adquire o promitente comprador direito real à aquisição do imóvel.

O art. 1.418, com redação semelhante a do art. 22 do Decreto-lei 58/1937, complementa o art. 1.417 estabelecendo que o promitente comprador, titular de direito real, pode exigir do promitente vendedor, ou de terceiros, a quem os direitos deste forem cedidos, a outorga da escritura definitiva de compra e venda, conforme o disposto no instrumento preliminar; e, se houver recusa, requerer ao juiz a adjudicação do imóvel.

Assim, concluiu grande parte da doutrina que o direito real somente surgirá caso a promessa de compra e venda sem cláusula de arrependimento seja registrada na serventia imobiliária e somente o promitente comprador titular do direito real poderá requerer a adjudicação compulsória do imóvel.

Em outras palavras, desde que não haja cláusula de arrependimento no contrato e se proceda o devido registro, o promitente comprador será titular de direito real. Com efeito, para aqueles que assim entendem, a súmula 239 tornou-se ineficaz (Vide Informativo 570 STJ no tópico "Jurisprudência complementar").

Todavia, a maioria dos julgados sobre o tema vai ao encontro da referida súmula, ou seja, prevalece a desnecessidade do registro do compromisso de compra e venda. Esse entendimento foi ratificado pelo Enunciado 95 da I Jornada de Direito Civil, do Conselho da Justiça Federal. Vejamos:

> **Enunciado 95:** Art. 1.418: O direito à adjudicação compulsória (art. 1.418 do novo Código Civil), quando exercido em face do promitente vendedor, não se condiciona ao registro da promessa de compra e venda no cartório de registro imobiliário (Súmula nº 239 do STJ).

Note-se que o art. 167, I, 9, da LRP, estabelece o registro do compromisso de compra e venda **com ou sem cláusula de arrependimento**. Porém, o art. 25 da Lei 6.766/1979, que se refere aos loteamentos urbanos, prevê que são **irretratáveis** os compromissos de compra e venda, cessões e promessas de cessão, sendo vedado o pactuação de cláusula de arrependimento. Em relação aos loteamentos rurais, a **Súmula 166 do Supremo Tribunal Federal** preceitua que é inadmissível o arrependimento no compromisso de compra e venda sujeito ao regime do Dec-Lei 58, de 10.12.1937.

Ressalte-se que esta vedação somente se aplica quando da alienação do lote pelo loteador. Assim, é possível pactuar a aludida cláusula entre os particulares.

A discussão gira em torno da permissão da Lei 6.015/1973 em registrar os referidos compromissos com ou sem cláusula de arrependimento, pois o Código Civil, no art. 1.417 deixa evidente que somente surgirá o direito real à aquisição advindo do compromisso de compra e venda quando for irretratável. Assim, há quem entenda que o Código Civil de 2002 extirpou do rol dos direitos reais o compromisso de compra e venda com a cláusula de retratação, de modo que ele não tem mais ingresso no registro de imóveis. A celeuma, porém, está longe de ser pacificada.

Sobre o tema, vale transcrever o recente Enunciado 136 da **II Jornada de Prevenção e Solução Extrajudicial de Litígios:**

> **Enunciado 136.** É de se fomentar a criação de procedimento extrajudicial visando à materialização de título hábil a ensejar o registro imobiliário para o alcance da propriedade plena em decorrência de contrato preliminar de promessa de compra e venda, registrado ou não, dispensando, facultativamente, a via judicial.
>
> ⊙ Justificativa: Visa à adoção de política pública voltada a evitar a judicialização. Há milhares de ações de Adjudicação Compulsória tramitando, as quais seriam evitadas se aperfeiçoada a legislação. É este o mote. Há casos em que há promessas de compra e venda registradas (ou sem registro) onde não se consegue mais alcançar a vontade do promitente vendedor para a materialização do contrato definitivo. Demonstrada a existência do título e a sua regular quitação, uma vez intimados o proprietário tabular (promitente vendedor), ou seu representante (procurador ou inventariante), ou todos os seus sucessores (não havendo procurador ou inventariante), poderia o Tabelião lavrar a Escritura Pública de Adjudicação Compulsória quando não houver a apresentação de oposição no prazo razoável a ser fixado. Lavrada a Escritura e instruindo-a com a guia de reconhecimento do ITBI, seria possível registrar a aquisição da propriedade plena em nome do adjudicante. É possível pensar na aplicação do procedimento para a usucapião extrajudicial (Provimento

n. 65 do CNJ), cujo processamento ocorre no Registro de Imóveis, para se alcançar o reconhecimento do direito sem que seja necessário um processo.

Outro ponto importante a ser observado é que o item 3, inciso II, desta Lei de Registros Públicos determina que, por **averbação** se fará os contratos de promessa de compra e venda, das cessões e das promessas de cessão a que alude o Decreto-lei 58/1937, quando o loteamento se tiver formalizado anteriormente à vigência desta lei. Vimos que o item 9, inciso I da Lei 6.015/1973 fala em **registro**. Com efeito, conforme os dispositivos legais supracitados, os compromissos de venda e compra, cessões e promessas de cessão anterior à vigência da Lei 6.015/1973, deverão ser **averbados** no registro imobiliário, ao passo que os demais compromissos de venda e compra que cumprirem os requisitos para o ingresso na serventia imobiliária, após a LRP, deverão ser **registrados.**

1.1 TESES JURÍDICAS SOBRE COMPROMISSOS DE COMPRA E VENDA DE IMÓVEIS

1.1.1 TURMA ESPECIAL – PRIVADO 1 DO TRIBUNAL DE JUSTIÇA DO ESTADO DE SÃO PAULO

A Turma Especial – Privado 1 do Tribunal de Justiça do Estado de São Paulo no julgamento de IRDR – Incidente de Resolução de Demandas Repetitivas relativo a compromissos de compra e venda de imóveis (Processo: IRDR 0023203-35.2016.8.26.0000) fixou sete teses jurídicas. São elas:

1 – É válido o prazo de tolerância, não superior a 180 dias corridos estabelecido no compromisso de venda e compra para entrega de imóvel em construção, desde que previsto em cláusula contratual expressa, clara e inteligível.

2 – Na aquisição de unidades autônomas futuras, financiadas na forma associativa, o contrato deverá estabelecer de forma clara e inteligível o prazo certo para a formação do grupo de adquirentes e para a entrega do imóvel.

3 – O atraso da prestação de entrega de imóvel objeto de compromisso de compra e venda gera obrigação da alienante indenizar o adquirente pela privação injusta do uso do bem. O uso será obtido economicamente pela medida de um aluguel, que pode ser calculado em percentual sobre o valor atualizado do contrato, correspondente ao que deixou de receber, ou teve de pagar para fazer uso de imóvel semelhante, com termo final na data da disponibilização da posse direta ao adquirente da unidade autônoma já regularizada.

4 – É ilícito o repasse dos "juros de obra", ou "juros de evolução da obra", ou "taxa de evolução da obra", ou outros encargos equivalentes após o prazo ajustado no contrato para entrega das chaves da unidade autônoma, incluído período de tolerância.

5 – A restituição de valores pagos em excesso pelo promissário comprador em contratos de compromisso de compra e venda far-se-á de modo simples, salvo má-fé do promitente vendedor.

6 – O descumprimento do prazo de entrega de imóvel objeto de compromisso de venda e compra, computado o período de tolerância, não faz cessar a incidência de correção monetária, mas tão somente dos juros e multa contratual sobre o saldo devedor. Devem ser substituídos indexadores setoriais, que refletem a variação do custo da construção civil por outros indexadores gerais, salvo quando estes últimos forem mais gravosos ao consumidor.

7 – Não se aplica a multa prevista no artigo 35, parágrafo 5º, da lei 4.591/64 para os casos de atraso de entrega das unidades autônomas aos promissários compradores.

A tese jurídica referente ao tema 03 ficou prejudicada em razão de afetação pelo STJ e a tese jurídica referente ao tema 04 foi rejeitada por envolver necessariamente matéria fática ao exame de cada caso concreto.

1.1.2 JURISPRUDÊNCIA EM TESES DO SUPERIOR TRIBUNAL DE JUSTIÇA – DOS CONTRATOS DE PROMESSA DE COMPRA E VENDA E DE COMPRA E VENDA DE BENS IMÓVEIS – I

TESE 1) Na hipótese de descumprimento do prazo de entrega de imóvel objeto de contrato de compromisso de compra e venda ou de compra e venda, é possível cumular a cláusula penal decorrente da mora com a indenização por lucros cessantes pela não fruição do imóvel, pois aquela tem natureza moratória, enquanto esta tem natureza compensatória.

TESE 2) A inexecução do contrato de promessa de compra e venda ou de compra e venda, consubstanciada na ausência de entrega do imóvel na data acordada, acarreta, além da indenização correspondente à cláusula penal moratória, o pagamento de indenização por lucros cessantes.

TESE 3) É possível a inversão da cláusula penal moratória em favor do consumidor, na hipótese de inadimplemento do promitente vendedor, consubstanciado na ausência de entrega do imóvel no prazo pactuado.

TESE 4) Há presunção de prejuízo do promitente comprador a viabilizar a condenação por lucros cessantes pelo descumprimento do prazo para entrega de imóvel objeto de contrato de compromisso de compra e venda ou de compra e venda.

TESE 5) Em caso de rescisão de contrato de compra e venda de imóvel, a correção monetária do valor correspondente às parcelas pagas, para efeitos de restituição, incide a partir de cada desembolso.

TESE 6) Não é abusiva a cláusula de cobrança de juros compensatórios incidente em período anterior à entrega das chaves no contrato de promessa de compra e venda ou de compra e venda de imóveis em construção sob o regime de incorporação imobiliária.

TESE 7) Decretada a resolução do contrato de compra e venda de imóvel, com a restituição das parcelas pagas pelo comprador, o retorno das partes ao estado anterior implica o pagamento de indenização pelo tempo em que o comprador ocupou o bem, desde a data em que a posse lhe foi transferida.

TESE 8) O direito à adjudicação compulsória não se condiciona ao registro do compromisso de compra e venda no cartório de imóveis. (Súmula n. 239/STJ)

TESE 9) Havendo compromisso de compra e venda não levado a registro, a responsabilidade pelas despesas de condomínio pode recair tanto sobre o promitente vendedor quanto sobre o promissário comprador, dependendo das circunstâncias de cada caso concreto. (Tese julgada sob o rito do art. 543-C do CPC/73 – TEMA 886)

TESE 10) O promitente comprador do imóvel e o proprietário/promitente vendedor são contribuintes responsáveis pelo pagamento do IPTU. (Tese julgada sob o rito do art. 543-C do CPC/73 – TEMA 122)

1.1.3 JURISPRUDÊNCIA EM TESES DO SUPERIOR TRIBUNAL DE JUSTIÇA – DO DIREITOS DAS COISAS

Neste tópico, selecionei apenas as teses atinentes à temática do inciso em comento (art. 167, 9).

TESE 5) O promitente vendedor que readquire a titularidade do direito real sobre o bem imóvel anteriormente alienado pode ser responsabilizado pelos débitos condominiais posteriores à alienação e contemporâneos à posse do promissário comprador, sem prejuízo de ulterior direito de regresso.

TESE 6) O contrato de promessa de compra e venda constitui justo título apto a ensejar a aquisição da propriedade por usucapião.

TESE 12) O direito real de adjudicação somente será exercitável se o locatário efetuar o depósito do preço do bem e das demais despesas de transferência; formular o pedido de adjudicação no prazo de 6 (seis) meses do registro do contrato de compra e venda do imóvel; bem como promover a averbação do contrato de locação assinado por duas testemunhas na matrícula do bem no Cartório de Registro de Imóveis, 30 (trinta) dias antes da referida alienação.

2. JURISPRUDÊNCIA COMPLEMENTAR

SUPREMO TRIBUNAL FEDERAL

Súmula 166. É inadmissível o arrependimento no compromisso de compra e venda sujeito ao regime do Dec-Lei 58, de 10.12.1937.

Súmula 167. Não se aplica o regime do Decreto-lei 58, de 10.12.1937, ao compromisso de compra e venda não inscrito no Registro Imobiliário, salvo se o promitente vendedor se obrigou a efetuar o registro.

Súmula 168. Para os efeitos do Dl. 58, de 10.12.37, admite-se a inscrição imobiliária do compromisso de compra e venda no curso da ação.

SUPERIOR TRIBUNAL DE JUSTIÇA

SÚMULAS

Súmula 76. A falta de registro do compromisso de compra e venda de imóvel não dispensa a prévia interpretação para constituir em mora o devedor.

Súmula 84. É admissível a oposição de embargos de terceiro fundados em alegação de posse advinda do compromisso de compra e venda de imóvel, ainda que desprovido do registro.

Súmula 239. O direito à adjudicação compulsória não se condiciona ao registro do compromisso de compra e venda no cartório de imóveis.

JULGADOS

EMENTA: RECURSO ESPECIAL REPETITIVO. DIREITO CIVIL E DO CONSUMIDOR. PROMESSA DE COMPRA E VENDA DE IMÓVEL. PROGRAMA MINHA CASA, MINHA VIDA. COMISSÃO DE CORRETAGEM. TRANSFERÊNCIA DA OBRIGAÇÃO AO CONSUMIDOR. POSSIBILIDADE. DEVER DE INFORMAÇÃO. OBSERVÂNCIA. NECESSIDADE.

1. Para os fins do art. 1.040 do CPC/2015, fixa-se a seguinte tese: Ressalvada a denominada Faixa 1, em que não há intermediação imobiliária, é válida a cláusula contratual que transfere ao promitente-comprador a obrigação de pagar a comissão de corretagem nos contratos de promessa de compra e venda do Programa Minha Casa, Minha Vida, desde que previamente informado o preço total da aquisição da unidade autônoma, com o destaque do valor da comissão de corretagem.

2. Solução do caso concreto: Considerando que as partes convencionaram que o valor correspondente à comissão de corretagem seria pago diretamente pelo proponente ao corretor, impõe-se julgar improcedente o pedido de repetição dos valores pagos a esse título.

3. Recurso especial provido. (STJ – REsp nº 1.601.149 – Rio Grande do Sul – 2ª Seção – Rel. Min. Paulo de Tarso Sanseverino – DJ 15.08.2018)

EMENTA: DIREITO CIVIL. Ação de resolução de promessa de compra e venda de imóvel c/c pedido de revisão de cláusulas contratuais. Cláusula penal compensatória. Arras. Natureza indenizatória. Cumulação. Impossibilidade. Na hipótese de inexecução do contrato, revela-se inadmissível a cumulação das arras com a cláusula penal compensatória, sob pena de ofensa ao princípio do non bis in idem. Cinge-se a controvérsia acerca da impossibilidade de cumulação da cláusula penal compensatória com a retenção das arras. Inicialmente, cumpre salientar que a cláusula penal constitui pacto acessório, de natureza pessoal, por meio do qual as partes contratantes, com o objetivo de estimular o integral cumprimento da avença, determinam previamente uma penalidade a ser imposta ao devedor na hipótese de inexecução total ou parcial da obrigação, ou de cumprimento desta em tempo e modo diverso do pactuado. Nos termos do art. 409 do Código Civil de 2002, a cláusula penal, também chamada de pena convencional ou simplesmente multa contratual, pode ser classificada em duas espécies: (i) a cláusula penal compensatória, que se refere à inexecução da obrigação, no todo ou em parte; e (ii) a cláusula penal moratória, que se destina a evitar retardamento no cumprimento da obrigação, ou o seu cumprimento de forma diversa da convencionada, quando a obrigação ainda for possível e útil ao credor. Quando ajustada entre as partes, a cláusula penal compensatória incide na hipótese de inadimplemento da obrigação (total ou parcial), razão pela qual, além de servir como punição à parte que deu causa ao rompimento do contrato, funciona como fixação prévia de perdas e danos. Ou seja, representa um valor previamente estipulado pelas partes a título de indenização pela inexecução contratual. De outro turno, as arras se relacionam à quantia ou bem entregue por um dos contratantes ao outro, por ocasião da celebração do contrato, como sinal de garantia do negócio. De acordo com os arts. 417 a 420 do Código Civil de 2002, a função indenizatória das arras se faz presente não apenas quando há o lícito arrependimento do negócio (art. 420), mas principalmente quando ocorre a inexecução do contrato. Isso porque, de acordo com o disposto no art. 418, mesmo que as arras tenham sido entregues com vistas a reforçar o vínculo contratual, tornando-o irretratável, elas atuarão como indenização prefixada em favor da parte "inocente" pelo inadimplemento do contrato, a qual poderá reter a quantia ou bem, se os tiver recebido, ou, se for quem os deu, poderá exigir a respectiva devolução, mais o equivalente. Outrossim, de acordo com o que determina o art. 419 do CC/02, a parte prejudicada pelo inadimplemento culposo pode exigir indenização suplementar, provando maior prejuízo, "valendo as arras como taxa mínima", ou, ainda, pode requerer a execução do acordado com perdas e danos, se isso for possível, "valendo as arras como o mínimo da indenização". Nesse contexto, evidenciado que, na hipótese de inadimplemento do contrato, as arras apresentam natureza indenizatória, desempenhando papel semelhante ao da cláusula penal compensatória, é imperiosa a conclusão no sentido da impossibilidade de cumulação de ambos os institutos, em face do princípio geral da proibição do non bis in idem (proibição da dupla condenação a mesmo título) (REsp 1.617.652-DF, Rel. Min. Nancy Andrighi, por unanimidade, julgado em 26/09/2017, DJe 29/09/2017).

EMENTA: DIREITO CIVIL. AUSÊNCIA DE PRAZO PARA O EXERCÍCIO DO DIREITO DE ADJUDICAR COMPULSORIAMENTE IMÓVEL OBJETO DE COMPROMISSO DE COMPRA E VENDA. O promitente comprador, amparado em compromisso de compra e venda de imóvel cujo preço já tenha sido integralmente pago, tem o direito de requerer judicialmente, a qualquer tempo, a adjudicação compulsória do imóvel. O compromisso de compra e venda é espécie de contrato por meio do qual o promitente vendedor se obriga a outorgar a escritura pública do imóvel ao promissário comprador após o integral pagamento do preço. Realizado o cumprimento dos deveres por ambas as partes contratantes, o contrato definitivo de compra e venda será celebrado. Ressalte-se que o compromisso de compra e venda não pode ficar sujeito a eventuais situações atentatórias por parte dos contratantes, uma vez que se exige a boa-fé em todas as fases da negociação. Dessa maneira, garantiu-se ao promissário comprador a propositura da ação de adjudicação compulsória quando a demanda se fundar na inércia do promitente vendedor que recebeu a quantia pela alienação do imóvel e deixou de emitir a escritura pública de compra e venda. Cumpre esclarecer que direito subjetivo é o poder da vontade consubstanciado na faculdade de agir e de exigir de outrem determinado comportamento para a realização de um interesse, cujo pressuposto é a existência de uma relação jurídica. Por sua vez, encapsulados na fórmula poder-sujeição, estão os chamados direitos potestativos, a cuja faculdade de exercício não se vincula propriamente qualquer prestação contraposta (dever), mas uma submissão à manifestação unilateral do titular do direito, muito embora tal manifestação atinja diretamente a esfera jurídica de outrem. Os direitos potestativos, são insuscetíveis de violação, porque a eles não se relaciona nenhum dever, mas uma submissão involuntária, como salienta remansosa doutrina. De outro lado, somente os direitos subjetivos estão sujeitos a violações, e, quando ditas violações são verificadas, nasce, para o titular do direito subjetivo, a faculdade (poder) de exigir de outrem uma ação ou omissão (prestação positiva ou negativa), poder tradicionalmente nomeado de pretensão. Nessa ordem de ideias, pode-se afirmar que a prescrição é a perda da pretensão inerente ao direito subjetivo em razão da passagem do tempo, ao passo que a decadência se revela como o perecimento do próprio direito potestativo pelo seu não exercício no prazo determinado. Posta essa distinção, convém apontar que, por meio da propositura de ação de adjudicação, permite-se, cumpridos os requisitos legais para a efetivação do contrato definitivo, a substituição da vontade do promitente vendedor por sentença que valerá como título para registro no cartório de imóveis. Por tal razão, o art. 466-A do CPC assevera que o autor – no caso, o promissário comprador – poderá obter uma sentença que produza os mesmos efeitos do contrato a ser firmado. Ou seja, permite-se ao Poder Judiciário a ingerência na esfera jurídica do promitente vendedor, a qual o submeterá à exigência do titular do direito. No caso, é válido ponderar que não se profere sentença condenatória obrigando o promitente vendedor a celebrar contrato definitivo de compra e venda com a consequente determinação de outorga de escritura pública ao promissário comprador. Ao contrário disso, a própria decisão judicial gera a constituição de uma nova relação jurídica para garantir a definitividade da contratação, cuja sentença substituirá a vontade da parte renitente. Assim, verifica-se que a ação de adjudicação compulsória possui características de ação constitutiva, tendo em vista que a sentença judicial possui a mesma eficácia de escritura pública de compra e venda do imóvel, sendo que não houve exteriorização da vontade por resistência injustificada do promitente vendedor, aliada a um fundo declaratório quanto ao reconhecimento do direito de realização do negócio definitivo. Nesse passo, mostra-se oportuno assinalar que a doutrina compreende que as tutelas condenatórias se sujeitam a prazos prescricionais, enquanto as tutelas constitutivas (positivas ou negativas) obedecem a prazos decadenciais. De modo contrário, as tutelas meramente declaratórias (*v.g.*, de nulidade) e as constitutivas sem previsão de prazo em lei não se sujeitam a prazo prescricional ou decadencial. À primeira vista, a circunstância de o pedido de adjudicação compulsória consubstanciar-se em exercício de direito potestativo – e reclamar, por outro lado, uma tutela de natureza constitutiva – poderia conduzir à conclusão de que tal pedido estaria, em tese, sujeito a prazo decadencial. Entretanto, isso não ocorre, haja vista a inexistência de previsão legal. De fato, o Código Civil de 1916, malgrado tenha baralhado as hipóteses de prescrição e decadência, previu para a decadência a tipicidade das situações sujeitas a tal fenômeno. E mais, o Código Civil de 2002, assim como o Estatuto Civil de 1916, não tem um prazo geral e amplo de decadência, como tem em relação ao prazo de prescrição. Tanto o CC/1916 quanto o CC/2002 fizeram a opção de elencar de forma esparsa e sem excluir outros diplomas, os direitos potestativos cujo exercício está sujeito a prazo decadencial. Portanto, à míngua de previsão legal, o pedido de adjudicação compulsória, quando preenchidos os requisitos da medida, poderá ser realizado a qualquer momento. REsp 1.216.568-MG, Rel. Min. Luis Felipe Salomão, julgado em 3/9/2015, DJe 29/9/2015

▶ **EMENTA: DIREITO PROCESSUAL CIVIL. COBRANÇA DE COTA CONDOMINIAL E PENHORA SOBRE DIREITO AQUISITIVO DECORRENTE DE COMPROMISSO DE COMPRA E VENDA. Em ação de cobrança de cotas condominiais proposta somente contra o promissário comprador, não é possível a penhora do imóvel que gerou a dívida – de propriedade do promissário vendedor –, admitindo-se, no entanto, a constrição dos direitos aquisitivos decorrentes do compromisso de compra e venda.** É certo que o adquirente de unidade condominial, após a imissão na posse e a ciência inequívoca do condomínio acerca da alienação, deve responder pelas cotas que recaem sobre o bem, ainda que não tenha sido averbado junto ao competente registro de imóveis (REsp 1.345.331-RS, Segunda Seção, DJe 20/4/2015). Além disso, o promitente vendedor detém legitimidade passiva concorrente para responder por eventual ação de cobrança de débitos condominiais, mesmo que posteriores à imissão na posse (REsp 1.442.840-PR, Terceira Turma, DJe 21/8/2015). Convém esclarecer que a promessa de compra e venda de imóvel faz nascer para o promissário comprador o direito à aquisição do bem, embora a propriedade continue sendo do promitente vendedor. Ao promissário comprador cabe, após o cumprimento das obrigações previstas no pacto preliminar (em regra, o adimplemento do preço), exigir a outorga da escritura definitiva, por vontade do promitente vendedor ou por decisão judicial. Somente a partir de então, com o registro deste título, é que passará o até então promissário comprador a ser o proprietário do bem. Assim, a transferência da propriedade, nos termos do art. 1.245 do CC, opera-se mediante registro do título translativo no Registro de Imóveis, e, enquanto não registrado, o alienante continuará a ser dono do imóvel. Nesse contexto, não se pode autorizar a penhora de unidade condominial sobre o qual o executado possui apenas direito aquisitivo e, portanto, não ostenta a condição de proprietário. Concretamente, é possível apenas e tão somente a constrição do direito do promissário comprador do imóvel, e não da propriedade em si. Admitir entendimento contrário equivaleria a aceitar que bem de terceiro (proprietário) responda por dívida em processo no qual ele não figurou como parte, circunstância que, inclusive, desafia o disposto nos arts. 568, I, e 591 do CPC. Assim, aperfeiçoado o título executivo judicial, por sentença transitada em julgado, impossível a constrição de bem pertencente ao patrimônio de pessoa que não faz parte da demanda, restando possível apenas a penhora de bens e direitos que se encontrem dentro da esfera de disposição do executado, de modo que sejam respeitados os limites subjetivos da lide. Destaca-se, ainda, que a natureza *propter rem*, por si só, não autoriza a ampliação, sem título, dos bens do executado ou a penhora de bem de propriedade de terceiro. Isso porque, diferentemente dos ônus reais, em que a coisa responde pela dívida, na obrigação *propter rem*, o devedor é quem responde com todos os seus bens, pois, nessa espécie, é a pessoa que se encontra vinculada à coisa. Desse modo, não sendo o executado titular do domínio do imóvel que gerou o débito exequendo, afigura-se inviável a sua constrição. Todavia, tratando-se de meros detentores de direitos sobre o imóvel, é perfeitamente possível a incidência da penhora sobre eles, até porque possuem valor econômico, não havendo nenhum óbice à sua alienação judicial (art. 655, XI, do CPC). REsp 1.273.313-SP, Rel. Min. Ricardo Villas Bôas Cueva, julgado em 3/11/2015, DJe 12/11/2015.

▶ **EMENTA**: AGRAVO REGIMENTAL. BEM DE FAMÍLIA E IMÓVEL GRAVADO COM RESERVA DE USUFRUTO. IMPENHORABILIDADE. DECISÃO AGRAVADA MANTIDA. IMPROVIMENTO. 1. – O posicionamento desta Corte é no sentido de ser impenhorável o usufruto, somente sendo possível ser objeto de constrição o seu exercício, desde que os frutos advindos dessa cessão tenham expressão econômica imediata. 2. – O agravo não trouxe nenhum argumento novo capaz de modificar o decidido, que se mantém por seus próprios fundamentos. 3. – Agravo Regimental improvido. (STJ – AgRg no REsp nº 1.351.076 – SP – 3ª Turma – Rel. Min. Sidnei Beneti – DJ 18.06.2013)

TRIBUNAL DE JUSTIÇA DO ESTADO DE SÃO PAULO

EMENTA: Apelação – Adjudicação compulsória. Indeferimento da inicial sob fundamentação de que o imóvel não se encontra individualizado, inserto em área maior – Extinção do processo por falta de interesse de agir – Modificação – Certidão do registro de imóveis que indica o lote perfeitamente identificado na quadra e no loteamento onde se encontra – Loteamento antigo, constituído sob a égide do Decreto-lei 58/37, constando indicação do "loteamento nº 62 do livro auxiliar", com averbações de sucessivos negócios relativos ao loteamento e ao lote, tudo indicando se tratar de loteamento regularmente constituído antes do regime instituído pela Lei de Parcelamento do Solo e da Lei dos Registros Públicos – Indícios de que seria possível registro do título, com consequente abertura de matrícula quanto ao lote já indicado no fólio real – Não cabimento do indeferimento liminar da inicial – Diligências necessárias – Petição inicial que menciona adjudicação compulsória, mas formula pedidos compatíveis com obrigação de fazer, demandando esclarecimento e eventual emenda – Extinção afastada – Recurso provido. (TJSP – Apelação Cível nº 1003676-98.2019.8.26.0348 – Mauá – 6ª Câmara de Direito Privado – Rel. Des. Enéas Costa Garcia – DJ 28.05.2021)

EMENTA: APELAÇÃO. Ação de adjudicação compulsória. Sentença que extinguiu o processo sem resolução do mérito. Preliminar de cerceamento de defesa afastada. Ausência de indicação de todos os componentes da cadeia de relações jurídicas referentes ao bem a ser adjudicado. Vendedores do imóvel que se busca adjudicar que não constam como proprietários do bem no Registro de Imóveis. Requisito essencial à demanda adjudicatória em observância ao princípio da especialidade registraria, nos termos do artigo 195 e 225 da Lei 6.015/73. Sentença mantida. Recurso a que se nega provimento.

Trata-se de recurso de apelação interposto contra a r. sentença de fls. 40/41, que extinguiu ação de adjudicação compulsória sem resolução do mérito baseada em indeferimento da petição inicial, nos termos do artigo 485, I, do CPC.

Suscita o autor, preliminarmente, cerceamento de sua defesa e, no mérito, aduz que pretendia mostrar os fatos modificativos de seu direito, acrescentando que detém a posse do imóvel em tela há quase 15 anos e o apelado, dolosamente, não realizou a transferência do bem.

O recurso foi regularmente processado e sem contrarrazões.

Não houve oposição ao julgamento virtual.

É a síntese do necessário.

Preliminarmente, cerceamento de defesa não houve.

A pretendida instrução processual para produção de outras provas, sem especificar quais seriam, não medra. De qualquer forma, se fossem produzidas outras não teriam o condão de alterar o resultado da lide, apenas encareceria e retardaria a rápida solução da controvérsia em descompasso com o princípio da instrumentalidade e economia dos atos processuais.

"In casu", apenas as provas documentais já trazidas pelas partes foram suficientes para o deslinde da divergência.

No mérito, o recurso não comporta provimento.

No caso concreto, não se revela possível que o ora apelante promova a presente demanda, tendo em conta que os vendedores do imóvel não são os efetivos proprietários, dada a inexistência desta anotação na tábua registral respectiva.

As fls. 37/39 observa-se que o bem que se pretende adjudicar é parte de uma área maior que está registrado em nome de terceiros estranhos à lide, sem a devida regularidade registral, em violação ao princípio da continuidade.

Admitir o processamento desta demanda seria inobservar o "princípio da especialidade registraria" previsto nos artigos 195 e 225 da Lei nº. 6.015/73, que assim dispõem:

"Art. 195. Se o imóvel não estiver matriculado ou registrado em nome do outorgante, o oficial exigirá a prévia matrícula e o registro do título anterior, qualquer que seja a sua natureza, para manter a continuidade do registro."

"Art. 225. Os tabeliães, escrivães e juízes farão com que, nas escrituras e nos autos judiciais, as partes indiquem, com precisão, os característicos, as confrontações e as localizações dos imóveis, mencionando os nomes dos confrontantes e, ainda, quando se tratar só de terreno, se esse fica do lado par ou do lado ímpar do logradouro, em que quadra e a que distância métrica da edificação ou da esquina mais próxima, exigindo dos interessados certidão do registro imobiliário."

Assim, agiu acertadamente o douto Magistrado sentenciante ao extinguir o feito, pois o imóvel não está registrado em nome dos vendedores, requisito indispensável à procedência da ação de adjudicação compulsória, sem o qual a ordem judicial não poderá ser regularmente comprida pelo CRI.

Neste sentido:

"Adjudicação compulsória – Ação proposta em face de quem não é titular do domínio – Autores que não têm interesse de agir e ré que é parte ilegítima – Carência da ação – Pretensão dos autores que fere o princípio da continuidade registrária previsto no art. 195 da Lei 6.015/73 – Recurso provido para julgar extinto o processo, sem o exame do mérito, nos termos do art. 485, VI, do Código de Processo Civil (Apelação Cível 0004698-65.2015.8.26.0441; Relator Fábio Quadros; Data do julgamento: 11/04/2019).

Assim, por não ter o recorrente cumprido integralmente a determinação de fls. 32, ausente indicação de todos os componentes da cadeia de relações jurídicas referentes ao bem a ser adjudicado, é que se mantém a r. sentença extintiva.

Posto isto, nega-se provimento ao recurso.

Alerto às partes que, em caso de interposição de embargos de declaração, poderá ser observado o disposto no artigo 1.026, §§ 2º a 4º, do Código de Processo Civil, inclusive nas hipóteses em que se pretenda o mero prequestionamento, uma vez que este está implícito na solução dada pelo Tribunal de origem.

JOSÉ RUBENS QUEIROZ GOMES

Relator

TJSP – Apelação Cível nº 1004610-73.2017.8.26.0462 – Poá – 7ª Câmara de Direito Privado – Rel. Des. José Rubens Queiroz Gomes – DJ 07.08.2019

EMENTA: IMPOSTO – ITBI – São Paulo – Imóvel adquirido mediante contrato particular de cessão de direitos e obrigações de compromisso de compra e venda – Fato gerador do imposto só se aperfeiçoa com o registro da transmissão do bem imóvel no respectivo Cartório de Registro de Imóveis – Exegese dos artigos 156, inciso II, da Constituição Federal, 35 e 110 do Código Tributário Nacional e 1245 do Código Civil – Repetição do indébito devida – Sentença mantida. RECURSO NÃO PROVIDO. (TJSP – Apelação Cível nº 1012049-09.2014.8.26.0053 – São Paulo – 15ª Câmara de Direito Público – Rel. Des. Fortes Muniz – DJ 18.04.2016)

EMENTA: AÇÃO CONDENATÓRIA – Obrigação de fazer – Pretensão do autor de compelir os réus a registrarem o compromisso de compra e venda dos imóveis penhorados nos autos de ação de execução que move em face de dois corréus – Alegação de que a ausência do registro do contrato inviabiliza a averbação da penhora junto às matrículas dos bens – Perda superveniente do interesse de agir do autor – Hipótese em que, nos autos da ação executiva, foi deferida a adjudicação dos imóveis constritos em favor dos credores, bastando que estes registrem as cartas de adjudicação já expedidas perante os competentes cartórios de registro de imóveis – RECURSO NÃO CONHECIDO. (TJSP – Apelação Cível nº 0062611-90.2012.8.26.0576 – São José do Rio Preto – 11ª Câmara de Direito Privado – Rel. Des. Renato Rangel Desinano – DJ 13.04.2016)

EMENTA: APELAÇÃO. EXECUÇÃO FISCAL. IPTU. Compromisso de compra e venda. Sujeito passivo tributário. Respondem solidariamente pela dívida tanto o promitente vendedor quanto o promitente comprador. Entendimento consolidado pelo STJ, no REsp 1.111.202/SP, julgado nos moldes do art. 543-C do CPC. RECURSO PROVIDO. (TJSP – Apelação Cível nº0001100-18.2011.8.26.0450 – Piracaia – 14ª Câmara de Direito Público – Rel. Des. José Luiz Germano – DJ 28.05.2014)

EMENTA: ADJUDICAÇÃO COMPULSÓRIA – Ausência de registro do contrato no Cartório de Registro de Imóveis – SENTENÇA DE IMPROCEDÊNCIA – Desnecessário o anterior registro do contrato – RECURSO DO AUTOR PROVIDO, para julgar procedente a ação, com a adjudicação do imóvel ao Autor.(TJSP – Apelação Cível nº 0016945-21.2007.8.26.0292 – Jacareí – 2ª Câmara de Direito Privado – Rel. Des. Flavio Abramovici – DJ 27.05.2014)

EMENTA: Agravo de instrumento – Compromisso de compra de bem imóvel – Adjudicação compulsória – Preliminares de ilegitimidade ad causam e impossibilidade jurídica afastadas – Assistência judiciária – Pessoas físicas – Basta a declaração de próprio punho para que a parte obtenha o benefício da gratuidade, não sendo caso de anormalidade que justificasse o indeferimento do pedido – Presunção não elidida – Precedentes – Recurso provido, em parte (art. 557, § 1º-A, do CPC). (TJSP – Agravo de Instrumento nº 0250264-23.2012.8.26.0000 – São Paulo – 3ª Câmara de Direito Privado – Rel. Des. Beretta da Silveira – DJ 06.12.2012)

CONSELHO SUPERIOR DA MAGISTRATURA

EMENTA: Registro de imóveis – Loteamento irregular – Necessidade de regularização do parcelamento do solo – Inexistência de direito adquirido ao registro da escritura de compra e venda – Recusa correta do oficial, em observância ao princípio da legalidade – Recurso não provido (Apelação nº 0005832-88.2010.8.26.0543, da Comarca de Santa Isabel). Trata-se de recurso de apelação interposto contra a respeitável sentença da MMª Juíza Corregedora Permanente do Oficial de Registro de Imóveis da Comarca de Arujá, que em procedimento de dúvida inversa manteve a negativa de registro de escritura pública de compra e venda e escritura de retificação e ratificação da primeira lavrada, referentes aos lotes números 03 e 05 da quadra 28, e 11, 12 e 13 da quadra 45, do loteamento denominado "Arujazinho III", objeto das transcrições números 33.243, 34.059 e 35.045 do Oficial do Registro de Imóveis da Comarca de Mogi das Cruzes, e 6.057, 7.172, 7.509 e 7.512 do Oficial do Registro de Imóveis da Comarca de Santa Isabel, sob o fundamento de que a situação do loteamento é irregular e em desacordo com a legislação específica acerca da matéria, consoante vários precedentes neste sentido, além de a loteadora vendedora ter se comprometido com o Ministério Público a não alienar lotes até a regularização do loteamento. A apelante diz que o "Termo de Compromisso e Ajustamento" foi firmado pela loteadora com o Ministério Público 21 (vinte e um) anos após a lavratura de escritura de compra e venda dos imóveis, o que lhe gerou direito adquirido ao registro do título. A Procuradoria Geral de Justiça opinou pelo não provimento do recurso. É o relatório. Consoante lição de Afrânio de Carvalho, o Oficial tem o dever de proceder ao exame da legalidade do título e apreciar as formalidades extrínsecas da ordem e a conexão de seus dados com o registro e sua formalização instrumental (*Registro de Imóveis*, editora Forense, 4ª edição). O exame da legalidade consiste na aceitação para registro somente do título que estiver de acordo com a lei. É incontroverso o fato de se tratar de loteamento irregular, o qual, ainda que anterior à Lei nº 6.766/79, exigia a inscrição imobiliária adequada, mediante observância e na forma estabelecida pelo Decreto-lei nº 58/37. Neste sentido, dentre vários outros precedentes: "É verdade que os denominados empreendimentos Arujazinho I, II e III são anteriores à Lei Federal 6.766, de 19 de dezembro de 1979, mas isso, por si só, não os torna regulares. Ao contrário, ao tempo vigorava o Decreto-Lei 58/37, que tinha aplicação para os loteamentos em geral, como o que se verifica no caso dos autos, que foi realizado nos imóveis das transcrições aquisitivas 6.057, 7.172 e 7.509 todas do Registro de Imóveis de Santa Isabel" (Apelação Cível nº 57.227.0/8-00, Santa Isabel, j. 10.09.99, rel. Des. Sérgio Augusto Nigro Conceição);Não há, pois, de se falar em "direito adquirido ao registro" porque a irregularidade do loteamento decorre do fato de as exigências legais pertinentes não terem sido observadas pela loteadora desde a sua implantação, situação que permanece e que, por tal razão, gerou o denominado "Termo de Compromisso e Ajustamento" firmado entre a loteadora e o Ministério Público. Em suma, a ilegalidade existente impossibilita o acesso do título decorrente da compra e venda dos lotes até a regularização do parcelamento do solo. À vista do exposto, nego provimento ao recurso. HAMILTON ELLIOT AKEL. CORREGEDOR GERAL DA JUSTIÇA E RELATOR (D.J.E. de 17.11.2014 – SP)

3. QUESTÕES DE CONCURSOS

01. (IESES – Cartório – TJ – RO/2012) Sobre os imóveis públicos de parcelamento do solo urbano:

a) Não será exigido, para transferência de domínio, formalização da doação de áreas públicas pelo loteador nos casos de parcelamentos urbanos realizados na vigência do Decreto-Lei 58, de 10 de dezembro de 1937.
b) O município poderá solicitar ao registro de imóveis competente a abertura de matrícula de parte ou da totalidade de imóveis públicos oriundos de parcelamento do solo urbano, ainda que não inscrito ou registrado, bastando a planta, o memorial descritivo e a comprovação de intimação dos confrontantes.
c) Será exigido, para transferência de domínio, formalização da doação de áreas públicas pelo loteador nos casos de parcelamentos urbanos realizados na vigência do Decreto-Lei nº 58, de 10 de dezembro de 1937.
d) Recebido o requerimento e verificado o atendimento aos requisitos previstos neste artigo, o oficial do registro de imóveis abrirá a matrícula em nome do Município, devendo-se verificar o regime jurídico do bem público.

02. (IESES – Cartório – TJ – RS/2013) Sobre a promessa de compra e venda:

I. Nos contratos de compra e venda de móveis ou imóveis, mediante pagamento em prestações, bem como nas alienações fiduciárias em garantia, consideram-se nulas de pleno direito as cláusulas que estabeleçam a perda total das prestações pagas em benefício do credor que, em razão do inadimplemento, pleitear a resolução do contrato e a retomada do produto alienado.
II. No compromisso de compra e venda subentende-se a condição resolutiva da legitimidade e validade do título de domínio.
III. O direito à adjudicação compulsória, quando exercido em face do promitente vendedor, não se condiciona ao registro da promessa de compra no cartório de registro imobiliário.

São afirmativas corretas:

a) I e II, somente.
b) I e II e III.
c) III, somente.
d) II e III, somente.

03. (Vunesp – Cartório – TJ – SP/2014) Duas sendo as promessas de compra e venda sobre o mesmo imóvel,

a) produz efeitos aquela que foi registrada no Ofício Imobiliário, mas pode o outro promitente comprador averbar, na matrícula do imóvel, a pretensão que passa a ter contra o vendedor.
b) é de se observar, à validade e prevalência delas, a respectiva ordem cronológica, em homenagem ao princípio prior in tempore, potior in jure.
c) produz efeitos, simplesmente, a que foi registrada no Ofício Imobiliário, devendo o outro promitente comprador exercer sua pretensão diretamente contra o promitente vendedor, pois nenhuma pretensão lhe assiste contra o Ofício Imobiliário.
d) ao Oficial registrador compete cancelar, de venda mais moderna, e registrar a mais antiga, em atenção ao princípio da boa-fé objetiva.

GAB	1	A	2	B	3	C

10) da enfiteuse;

1. COMENTÁRIOS

O instituto da enfiteuse era previsto nos artigos 678 a 694 do Código Civil de 1916. O novo Código Civil de 2002 não reproduziu esse direito real, proibindo, em seu art. 2.038, a constituição de novas enfiteuses e subenfiteuses. Todavia, as já existentes continuam regidas pelas disposições do diploma civil de 1916 e leis posteriores.

Destaca-se, ainda, que a enfiteuse dos terrenos de marinha e acrescidos é regulada por lei especial, o Decreto-lei 9.760/1946. Essas leis também sofreram modificações com a recente Lei 13.813, de 9 de abril de 2019, e em 2022, com a Lei n. 14.474, que altera a Lei n. 9.636/1998 para modificar a forma de reajuste das receitas patrimoniais da União decorrentes da atualização da planta de valores e desburocratizar procedimentos de alienação e registro de imóveis da União.

Com efeito, não se pode falar que o inciso 10 está derrogado, devendo o oficial registrador observar tais normas para a prática de todo e qualquer ato registrário.

A enfiteuse é conhecida por ser o mais amplo dos direitos reais sobre coisas alheias. O **proprietário (senhorio direto)** transfere ao **enfiteuta (foreiro)** todos os poderes inerentes ao domínio **(usar, gozar, dispor e reivindicar).**

Nas palavras de Francisco Eduardo Loureiro, "enfiteuse, emprazamento ou aforamento é o direito real pelo qual o proprietário, por ato entre vivos ou de última vontade, atribui a terceiro o domínio útil do imóvel, mediante pagamento de uma pensão anual. O termo domínio útil engloba os direitos de usar e fruir o bem, de modo perpétuo, além da faculdade de ceder o direito real a terceiros. Disso decorre a possibilidade de o enfiteuta constituir direitos reais sobre coisas alheias sobre o domínio útil, por exemplo, a hipoteca, o usufruto e mesmo a propriedade fiduciária" (*Lei de Registros Públicos comentada*. Rio de Janeiro: Forense, 2019, p. 1259).

Por derradeiro, convém transcrever dois artigos da Lei 6.015/1973 que tem relação com a enfiteuse. S são eles:

> **Art. 243.** A matrícula do imóvel promovida pelo titular do domínio direto aproveita ao titular do domínio útil, e vice-versa.
>
> **Art. 258.** O foreiro poderá, nos termos da lei, averbar a renúncia de seu direito, sem dependência do consentimento do senhorio direto.

1.1 A LEI 13.465/2017 E A LEI 9.636/1998. A FACILITAÇÃO DA EXTINÇÃO DA ENFITEUSE SOBRE TERRAS DE MARINHA, POR MEIO DA REMIÇÃO

A Lei 13.465/2017 trouxe diversas inovações e alterações ao mundo jurídico, não deixando de fora o direito notarial e registral.

Veremos ao longo desta obra, todas as modificações pertinentes às notas e aos registros públicos.

Neste campo, a Lei 13.465/2017 alterou a Lei 9.636/1998, que dispõe sobre a regularização, administração, aforamento e alienação de bens imóveis de domínio da União, a fim de facilitar a extinção da enfiteuse sobre terrenos da marinha, vejamos:

> **Art. 93.** A Lei nº 9.636, de 15 de maio de 1998, passa a vigorar com as seguintes alterações:
>
> "**Art. 16-A.** Para os terrenos submetidos ao regime enfitêutico, ficam autorizadas a remição do foro e a consolidação do domínio pleno com o foreiro mediante o pagamento do valor correspondente ao domínio direto do terreno, segundo os critérios de avaliação previstos no art. 11-C desta Lei, cujo prazo de validade da avaliação será de, no máximo, doze meses, e das obrigações pendentes na Secretaria do Patrimônio da União (SPU), inclusive aquelas objeto de parcelamento, excluídas as benfeitorias realizadas pelo foreiro.
>
> § 1º Ficam dispensadas do pagamento pela remição as pessoas consideradas carentes ou de baixa renda, nos termos previstos no art. 1º do Decreto-Lei nº 1.876, de 15 de julho de 1981.
>
> § 2º A remição do foro e a consolidação do domínio pleno com o foreiro a que se refere este artigo poderão ser efetuadas à vista ou de forma parcelada, permitida a utilização dos recursos do FGTS para pagamento total, parcial ou em amortização de parcelas e liquidação do saldo devedor, observadas as demais regras e condições estabelecidas para uso do FGTS.
>
> § 3º As demais condições para a remição do foro dos imóveis submetidos ao regime enfitêutico a que se refere este artigo serão estabelecidas em ato da Secretaria do Patrimônio da União (SPU).
>
> § 4º O foreiro que não optar pela aquisição dos imóveis de que trata este artigo continuará submetido ao regime enfitêutico, na forma da legislação vigente.
>
> § 5º A Secretaria do Patrimônio da União (SPU) verificará a regularidade cadastral dos imóveis a serem alienados e procederá aos ajustes eventualmente necessários durante o processo de alienação.
>
> § 6º Não se aplica o disposto neste artigo aos imóveis da União:
>
> I – administrados pelo Ministério das Relações Exteriores, pelo Ministério da Defesa ou pelos Comandos da Marinha, do Exército ou da Aeronáutica;
>
> II – situados na faixa de fronteira de que trata a Lei nº 6.634, de 2 de maio de 1979, ou na faixa de segurança de que trata o § 3º do art. 49 do Ato das Disposições Constitucionais Transitórias.

§ 7º Para os fins desta Lei, considera-se faixa de segurança a extensão de trinta metros a partir do final da praia, nos termos do § 3º do art. 10 da Lei nº 7.661, de 16 de maio de 1988.

Art. 16-B. Fica o Poder Executivo Federal autorizado, por intermédio da Secretaria do Patrimônio da União (SPU), a contratar a Caixa Econômica Federal, independentemente de processo licitatório, para a prestação de serviços relacionados à administração dos contratos, à arrecadação e à cobrança administrativa decorrentes da remição do foro dos imóveis a que se refere o art. 16-A desta Lei.

Parágrafo único. A Caixa Econômica Federal representará a União na celebração dos contratos de que trata o *caput* deste artigo.

Art. 16-C. O Ministro de Estado do Planejamento, Desenvolvimento e Gestão, permitida a delegação, editará portaria com a lista de áreas ou imóveis sujeitos à alienação nos termos do art. 16-A desta Lei.

§ 1º Os terrenos de marinha e acrescidos alienados na forma desta Lei: (Incluído pela Lei nº 13.465, de 2017)

I – não incluirão:

a) áreas de preservação permanente, na forma do inciso II do *caput* do art. 3º da Lei nº 12.651, de 25 de maio de 2012; ou

b) áreas em que seja vedado o parcelamento do solo, na forma do art. 3º e do inciso I do *caput* do art. 13 da Lei nº 6.766, de 19 de dezembro de 1979;

II – deverão estar situados em área urbana consolidada.

§ 2º Para os fins desta Lei, considera-se área urbana consolidada aquela:

I – incluída no perímetro urbano ou em zona urbana pelo plano diretor ou por lei municipal específica;

II – com sistema viário implantado e vias de circulação pavimentadas;

III – organizada em quadras e lotes predominantemente edificados;

IV – de uso predominantemente urbano, caracterizado pela existência de edificações residenciais, comerciais, industriais, institucionais, mistas ou voltadas à prestação de serviços; e V – com a presença de, no mínimo, três dos seguintes equipamentos de infraestrutura urbana implantados:

a) drenagem de águas pluviais;

b) esgotamento sanitário;

c) abastecimento de água potável;

d) distribuição de energia elétrica; e

e) limpeza urbana, coleta e manejo de resíduos sólidos.

§ 3º A alienação dos imóveis de que trata o § 1º deste artigo não implica supressão das restrições administrativas de uso ou edificação que possam prejudicar a segurança da navegação, conforme estabelecido em ato do Ministro de Estado da Defesa.

§ 4º Não há necessidade de autorização legislativa específica para alienação dos imóveis arrolados na portaria a que se refere o *caput* deste artigo.

Art. 16-D. O adquirente receberá desconto de 25% (vinte e cinco por cento) na aquisição à vista, com fundamento no art. 16-A desta Lei, desde que atendidas as seguintes condições, cumulativamente: I – tenha sido apresentada manifestação de interesse para a aquisição à vista com o desconto de que trata o *caput* deste artigo no prazo de 30 (trinta) dias, contado a partir da data do recebimento da notificação da inclusão do imóvel na portaria de que trata o art. 16-C desta Lei; e

II – tenha sido efetuado o pagamento à vista do valor da alienação no prazo de 60 (sessenta) dias, contado a partir da data da manifestação de interesse do adquirente.

Parágrafo único. Para as alienações efetuadas de forma parcelada não será concedido desconto.

Art. 16-E. O pagamento das alienações realizadas nos termos do art. 16-A desta Lei observará critérios fixados em regulamento e poderá ser realizado:

I – à vista;

II – a prazo, mediante as condições de parcelamento estabelecidas em ato da Secretaria do Patrimônio da União (SPU).

Art. 16-F. Para os imóveis divididos em frações ideais em que já tenha havido aforamento de, no mínimo, uma das unidades autônomas, na forma do item 1º do art. 105 do Decreto-Lei nº 9.760, de 5 de setembro de 1946, combinado com o inciso I do *caput* do art. 5º do Decreto-Lei nº 2.398, de 21 de dezembro 1987, será aplicado o mesmo critério de outorga de aforamento para as demais unidades do imóvel.

Art. 16-G. A União repassará 20% (vinte por cento) da receita patrimonial decorrente da remição do foro dos imóveis a que se refere o art. 16-A desta Lei aos Municípios e ao Distrito Federal onde estão localizados.

Art. 16-H. Fica a Secretaria do Patrimônio da União (SPU) autorizada a receber Proposta de Manifestação de Aquisição, por foreiro de imóvel da União, que esteja regularmente inscrito e adimplente com suas obrigações com aquela Secretaria.

§ 1º O foreiro deverá apresentar à SPU carta formalizando o interesse na aquisição juntamente com a identificação do imóvel e do foreiro, comprovação do período de foro e de estar em dia com as respectivas taxas, avaliação do imóvel e das benfeitorias, proposta de pagamento e, para imóveis rurais, georreferenciamento e CAR individualizado.

§ 2º Para a análise da Proposta de Manifestação de Aquisição de que trata este artigo deverão ser cumpridos todos os requisitos e condicionantes estabelecidos na legislação que normatiza a alienação de imóveis da União, mediante a edição da portaria do Ministério do Planejamento, Desenvolvimento e Gestão de que trata o art. 16-C, bem como os critérios de avaliação previstos no art. 11-C, ambos desta Lei.

§ 3º O protocolo da Proposta de Manifestação de Aquisição de imóvel da União pela Secretaria do Patrimônio da União (SPU) não constituirá nenhum direito ao foreiro perante a União.

§ 4º A Secretaria do Patrimônio da União (SPU) fica autorizada a regulamentar a Proposta de Manifestação de Aquisição de que trata este artigo, mediante edição de portaria específica.

Art. 16-I. Os imóveis submetidos ao regime enfitêutico com valor de remição do domínio direto do terreno até o limite estabelecido em ato do Ministro de Estado da Economia terão, mediante procedimento simplificado, a remição do foro autorizada, e o domínio pleno será consolidado em nome dos atuais foreiros que estejam regularmente cadastrados na Secretaria de Coordenação e Governança do Patrimônio da União e que estejam em dia com suas obrigações.

§ 1º O valor para remição do foro dos imóveis enquadrados no *caput* deste artigo será definido de acordo com a planta de valores da Secretaria de Coordenação e Governança do Patrimônio da União, observado, no que couber, o disposto no art. 11-C desta Lei.

§ 2º Os imóveis sujeitos à alienação nos termos deste artigo serão remidos mediante venda direta ao atual foreiro, dispensada a edição de portaria específica.

§ 3º Os imóveis com valor do domínio direto do terreno superior ao estabelecido em ato do Ministro de Estado da Economia poderão ser alienados nos termos do art. 16-A desta Lei. § 4º A hipótese de que trata este artigo está condicionada à edição de ato do Secretário de Coordenação e Governança do Patrimônio da União que discipline os procedimentos e o cronograma dos imóveis abrangidos.

Adicionalmente, dialoga com a temática, o disposto no art. 2º da Lei n. 9.636/1998:

Art. 2º Concluído, na forma da legislação vigente, o processo de identificação e demarcação das terras de domínio da União, a SPU lavrará, em livro próprio, **com força de escritura pública**, o termo competente, incorporando a área ao patrimônio da União.

§ 1º O termo a que se refere o *caput* deste artigo será registrado no **Cartório de Registro de Imóveis competente, com certidão de inteiro teor,** acompanhado de plantas e de outros documentos técnicos que permitam a correta caracterização do imóvel.

§ 2º Nos registros relativos a direitos reais de titularidade da União, deverão ser utilizados o número de inscrição no Cadastro Nacional da Pessoa Jurídica (CNPJ) do órgão central da Secretaria de Coordenação e Governança do Patrimônio da União e o nome "UNIÃO", independentemente do órgão gestor do imóvel, retificados para esse fim os registros anteriores à vigência deste dispositivo.

1.2 TESES DO SUPERIOR TRIBUNAL DE JUSTIÇA SOBRE A CARACTERIZAÇÃO DO FATO GERADOR DO LAUDÊMIO

Ao analisar o Tema 1.142, a Primeira Seção do Superior Tribunal de Justiça fixou, por unanimidade, sob o rito dos recursos repetitivos, três teses sobre a cobrança do laudêmio nas transações onerosas de terrenos de marinha, as quais disciplinam o fato gerador do pagamento da aludida obrigação, o termo inicial do prazo decadencial para a constituição desse crédito e a aplicação do artigo 47, parágrafo 1º, da Lei 9.636/1998 às receitas esporádicas da União.

Na **primeira tese**, a seção definiu que a inexistência de registro imobiliário da transação (contratos de gaveta) não impede a caracterização do fato gerador do laudêmio, sob pena de incentivar a realização de negócios jurídicos à margem da lei somente para evitar o pagamento dessa obrigação pecuniária.

A **segunda tese** estabelece que o termo inicial do prazo para a constituição dos créditos relativos ao laudêmio tem como data-base o momento em que a União toma conhecimento, por iniciativa própria ou por solicitação do interessado, do fato gerador, consoante exegese do parágrafo 1º do artigo 47 da Lei 9.636/1998, com a redação dada pela Lei 9.821/1999, não sendo, portanto, a data em que foi consolidado o negócio jurídico entre os particulares o marco para a contagem do prazo decadencial, tampouco a data do registro da transação no cartório de imóvel.

Por **último**, ficou estabelecida a tese segundo a qual o artigo 47 da Lei 9.636/1998 rege toda a matéria relativa a decadência e prescrição das receitas patrimoniais não tributárias da União, não havendo razão jurídica para negar vigência à parte final do parágrafo 1º do aludido diploma legal quanto à inexigibilidade do laudêmio devido em casos de cessões particulares, referente ao período anterior ao conhecimento do fato gerador, visto que o legislador não diferenciou receitas patrimoniais periódicas (como foro e taxa) das esporádicas (como o laudêmio).

O ministro Gurgel de Faria, relator do recurso repetitivo, constatou que o artigo 3º do Decreto-Lei 2.398/1987, alterado pela Lei 13.465/2017, determina que a transferência onerosa, entre vivos, do domínio útil e da inscrição de ocupação de terrenos da União, bem como da cessão de direitos a eles vinculados, requer o pagamento prévio do laudêmio pelo vendedor, equivalente a 5% do valor atualizado do domínio pleno do imóvel, excluindo-se as benfeitorias.

Com esse entendimento, o magistrado concluiu que **a celebração do contrato de compra e venda é suficiente como fato gerador do laudêmio**. Fundamentou ainda que o legislador estabeleceu como uma das hipóteses de incidência a mera cessão de direitos, a qual ocorre tão logo o negócio jurídico particular produza os seus efeitos, prescindindo, para fins de cobrança do laudêmio, do registro do respectivo título no cartório de registro de imóveis.

Foi ainda destacado pelo ministro que, com frequência, a alienação de imóveis sujeitos ao aforamento ou ao regime de ocupação ocorre informalmente entre particulares, por meio de contratos de compromisso de compra e venda ou promessa de cessão de direitos. Essas transações perpetuam-se em sucessivas transferências, sem a observância das normas de direito privado e das de direito público, que exigem, entre outras obrigações, o pagamento do laudêmio. Segundo suas afirmativas, "nesses casos, embora possa ter ocorrido o fato gerador do laudêmio no momento do contrato particular, a parte credora (União) não tem como, na ocasião, ter conhecimento do negócio jurídico, pelo que não pode constituir e exigir o valor devido".

Desse modo, o artigo 47, parágrafo 1º, da Lei 9.636/1998 estabelece que o prazo decadencial para o lançamento do laudêmio começa a fluir somente a partir do momento em que a União toma conhecimento, por qualquer meio, das circunstâncias e fatos que caracterizam o fato gerador daquele (laudêmio).

Para concluir, o relator observou que não há razão jurídica para negar vigência à parte final do parágrafo 1º do artigo 47 da Lei 9.636/1998, já que não cabe ao intérprete estabelecer divisões entre institutos quando o legislador, por opção política, não o fez. E ponderou: "Em atenção à separação de poderes e ao princípio da legalidade, não me parece possível que prevaleça a regra criada pelo próprio credor, a quem competia apenas aplicar ou no máximo regulamentar as normas já criadas. Se a parte final do § 1º do art. 47 da Lei n. 9.636/1998 poderia gerar alguma restrição ao alcance da possibilidade de cobrança do laudêmio, competia à lei modificá-la, e não ao executor ou ao intérprete da norma".

Referências: REsp 1951346; REsp 1952093; REsp 1954050; REsp 1956006; REsp 1957161.

2. JURISPRUDÊNCIA COMPLEMENTAR

SUPERIOR TRIBUNAL DE JUSTIÇA

JURISPRUDÊNCIA EM TESES

TESE 11) Os registros de propriedade particular de imóveis situados em terrenos de marinha não são oponíveis à União. (Súmula n. 496/ STJ) (Tese julgada sob o rito do art. 543-C do CPC/73 – TEMA 419)

SÚMULAS

Súmula 496. Os registros de propriedade particular de imóveis situados em terrenos de marinha não são oponíveis à União.

JULGADOS

EMENTA: PROCESSUAL CIVIL E ADMINISTRATIVO. AGRAVO EM RECURSO ESPECIAL. AFORAMENTO. ART. 535, II, DO CPC. INEXISTÊNCIA DE VÍCIO. NÃO OCORRÊNCIA DE JULGAMENTO *ULTRA-PETITA*. REGISTRO IMOBILIÁRIO. PRESUNÇÃO DE VERACIDADE RELATIVA. *INOPONIBILIDADE* EM FACE DA UNIÃO. REPETITIVO: RESP 1.183.546/ES. NÃO APRESENTAÇÃO DE DOCUMENTO QUE COMPROVE A CONSTITUIÇÃO DA ENFITEUSE. IMÓVEL CADASTRADO SOB O REGIME DE OCUPAÇÃO. SÚMULA 7/STJ. AGRAVO NÃO PROVIDO. (STJ – AREsp nº 732.324 – Rio de Janeiro – 1ª Turma – Rel. Min. Benedito Gonçalves – DJ 17.12.2015)

TRIBUNAL DE JUSTIÇA DO ESTADO DE SÃO PAULO

EMENTA: MANDADO DE SEGURANÇA PREVENTIVO – Transferência de domínio útil de imóvel – Pretensão da impetrante no sentido de afastar a exigência de certidões negativas de débitos do INSS, Receita Federal e Fazenda Nacional e Municipal – Inadmissibilidade – Direito líquido e certo não vislumbrado – Sentença que denegou a segurança mantida – Recurso não provido.(TJSP – Apelação Cível nº 0020863-84.2011.8.26.0068 – Barueri – 1ª Câmara de Direito Público – Rel. Des. Luís Francisco Aguilar Cortez – DJ 18.11.2015)

3. QUESTÕES DE CONCURSOS

01. (FGV – Titular de Serviço de Notas e Registros – TJ – SC/2021) Maria recebeu a cobrança de uma taxa de ocupação devida à União com base na alegação de que sua casa fora construída em um terreno de marinha, o que era faticamente verdadeiro, já que demonstrado em procedimento próprio. Em razão do ocorrido, solicitou certidão de inteiro teor do Registro de Imóveis, no qual figurava como proprietária do imóvel e se constatava inexistir qualquer averbação que vinculasse o imóvel à União. Com base nessa certidão, formulou requerimento administrativo de anulação da referida cobrança.

À luz dessa narrativa, o requerimento administrativo de Maria deve ser:

a) indeferido, pois o terreno de marinha se sobrepõe à praia, com ela se identificando; logo, trata-se de bem de uso comum do povo;
b) indeferido, pois o terreno de marinha referido na narrativa consubstancia bem dominial da União, não lhe sendo oponível o registro de imóvel;
c) indeferido, desde que a União tenha ingressado com ação judicial para a anulação do registro de imóveis e obtido provimento cautelar para suspender a sua eficácia;
d) deferido, já que o registro de imóveis faz prova absoluta da propriedade, sendo oponível à União enquanto não determinado o seu cancelamento por decisão judicial;
e) deferido, pois, apesar de o registro de imóveis fazer prova relativa da propriedade, preponderá a sua presunção de veracidade enquanto não for anulado por decisão judicial.

02. (IESES – Cartório – Remoção – TJ – RO/2017) No Registro de Imóveis, além da matrícula, serão feitos os registros de:

a) Enfiteuse, anticrese, convenções antenupciais e as cédulas hipotecárias.
b) Máquinas e equipamentos agrícolas, cédulas hipotecárias e anticrese.
c) Enfiteuse, anticrese, convenções antenupciais e as cédulas de crédito rural.
d) Enfiteuse, anticrese, convenções antenupciais e as baixas de pessoa jurídica enquadrada como EIRELI.

GAB	1	B	2	C

11) da anticrese;

1. COMENTÁRIOS

O instituto da anticrese está regulamentado nos artigos 1.506 ao 1.510 do Código Civil.

É o direito real de garantia em que se transfere a posse de um bem imóvel ao credor para que o administre e o desfrute, até que a dívida seja integralmente paga.

O credor anticrético tem direito a reter o imóvel dado em garantia, até ser pago.

Vê-se que a anticrese incide apenas sobre os frutos produzidos pelo bem. Sendo assim, nada obsta que seu proprietário constitua sobre o imóvel a hipoteca. Da mesma forma, também lhe é lícito constituir a anticrese sobre o bem imóvel hipotecado.

Para a constituição da anticrese, será necessária a escritura pública como regra geral, de acordo com as regras estabelecidas no art. 108 do Código Civil.

O registro deve ser feito na matrícula (Livro nº 2 – Registro Geral) do imóvel que garantirá a dívida. O registro da anticrese no livro nº 2 declarará, também, o prazo, a época do pagamento e a forma de administração (art. 241 da Lei 6.015/1973).

Frise-se que é apenas com o registro que a anticrese passa a ser um direito real. Serpa Lopes, preleciona que "é pela transcrição que a anticrese recebe a força de direito real de garantia. E é ainda pela transcrição que se estabelece a eficácia da anticrese, em relação aos créditos anteriores e posteriores à sua constituição" (*Tratado dos registros públicos*. Rio de Janeiro: Freitas Bastos, 1962. Vol. III, p. 287).

Debatia-se na doutrina, durante a vigência do Código Civil de 1916 (art. 805, § 2º CC/1916), acerca da possibilidade de o bem dado em anticrese ser hipotecado e, ao contrário de a coisa hipotecada ser objeto de anticrese. Ralpho Valdo de Barros Monteiro Filho explica que "diante da literalidade do dispositivo, não restava qualquer dúvida em responder afirmativamente nos casos em que as figuras do credor hipotecário e do credor anticrético se concentrassem na mesma pessoa. Bastaria para tanto, como bem apontado por Serpa Lopes, além de registrar a anticrese, inscrever também a hipoteca e vice-versa. Questão mais complexa era a de saber se o objeto da anticrese também prestaria para garantir dívida por meio de hipoteca como diferente credor, que não o anticrético e, igualmente, se a coisa hipotecada poderia garantir por meio de anticrese superveniente o crédito de terceiro. O debate, outrora acalorado, certamente perde a razão de ser com a atual redação do § 2º do art. 1.506 do Código Civil: "Quando a anticrese recair sobre bem imóvel, este poderá ser hipotecado pelo devedor ao credor anticrético, ou a terceiros, assim como o imóvel hipotecado poderá ser dado em anticrese". Refere a lei, como se vê, tanto ao credor anticrético ou hipotecário como a *terceiros* credores. Nessas hipóteses, como é evidente, indispensável o registro da garantia posterior, i. e., além de transcrever a anticrese, registrar-se-á também a hipoteca, e vice-versa (Op. cit. 611).

A extinção se dará com o pagamento integral da dívida, com o perecimento do imóvel gravado, com a renúncia do credor ou com a confusão. É feita por meio de averbação de cancelamento no devido Registro de Imóveis.

2. QUESTÕES DE CONCURSOS

01. (FCC – Cartório – TJ – PE/2013) No tocante aos direitos reais de garantia, analise as afirmações abaixo.

I. O credor anticrético tem direito a reter em seu poder o bem, enquanto a dívida não for paga. Extingue-se esse direito decorridos quinze anos da data de sua constituição.

II. A coisa comum a dois ou mais proprietários não pode ser dada em garantia real, na sua totalidade, sem o consentimento de todos, mas cada um pode individualmente dar em garantia real a parte que tiver nessa coisa comum.

III. Nos casos de perecimento da coisa dada em garantia, esta se sub-rogará na indenização do seguro, ou no ressarcimento do dano, conforme o caso, em benefício do credor, a quem assistirá sobre ela preferência até seu completo reembolso.

Está correto o que se afirma em

a) I e II, apenas.
b) III, apenas.
c) I, II e III.
d) II e III, apenas.
e) I e III, apenas.

02. (IESES – Cartório – TJ – PA/2016) Sobre penhor, anticrese e hipoteca, responda:

I. É nula cláusula que proíbe ao proprietário alienar imóvel hipotecado.

II. Como regra, no penhor pignoratício a coisa empenhada fica na posse do credor.

III. Se a dívida garantida não for paga no vencimento, o credor está autorizado a ficar com o objeto de garantia.

IV. Somente os bens hipotecados ou penhorados garantem o pagamento da dívida e despesas judiciais, não remanescendo responsabilidade pessoal do devedor caso não sejam suficientes para tanto.

a) Apenas a assertiva III é verdadeira.
b) Apenas as assertivas I e II são verdadeiras.
c) Todas as assertivas são verdadeiras.
d) Apenas as assertivas I, III e IV são verdadeiras.

GAB	1	C	2	B

12) das convenções antenupciais;

1. COMENTÁRIOS

Nas palavras de Pontes de Miranda regime de bens é o conjunto de regras, mais ou menos orgânico, que estabelece para certos bens, ou para os bens subjetivamente caracterizados, sistema de destinação e de efeitos (*Tratado de Direito de Família* – vol. 2. São Paulo: Max Limonad, 1947).

O pacto ou convenção antenupcial, por sua vez, é um acordo, feito mediante escritura pública, em Tabelião de Notas, que visa regular o regime de bens do futuro casamento, no caso de opção por regime distinto do regime legal. Tanto o Notário quanto o Oficial de Registro Civil devem orientar os nubentes sobre os diferentes regimes de bens, suas disposições, seus efeitos, advertindo-os sobre a incidência do regime legal se não for escolhido disposição diversa.

Atualmente, o regime legal é o regime de comunhão parcial de bens. Se este regime legal for o escolhido, bastará que se reduza a termo tal opção, sendo neste caso, facultativo o pacto antenupcial.

A liberdade de escolha é plena, podendo optar pelo regime de bens que melhor atende aos seus interesses, contudo, deverá formalizar essa opção durante o procedimento de habilitação do casamento, sob pena de se submeter ao regime legal e supletivo, a comunhão parcial de bens.

A legislação civil brasileira prevê quatro diferentes regimes matrimoniais de bens. O rol é taxativo. Estão tipificados no Código Civil e apresentam-se em quatro espécies:

a) **comunhão universal de bens** (art. 1.667 ao art. 1.671, do CC);
b) **separação de bens** (arts. 1.687 e 1.688, do CC);
c) **participação final nos aquestos** (art. 1.672 ao art. 1.686, do CC); e
d) **comunhão parcial de bens** (art. 1.658 ao art. 1.666, do CC).

Há também a possibilidade de se pactuar um regime atípico, mesclando as regras dos regimes legais existentes, conforme a conveniência dos cônjuges, desde que não contrarie a ordem pública ou fraude lei imperativa, pois é **nula** a convenção ou cláusula dela que contravenha disposição absoluta de lei.

Será puro quando eleger um regime de bens tipificado no Código Civil e híbrido ou misto, quando mesclar regras dos regimes previstos. Neste caso é importante ressaltar que **não se trata de um quinto regime de bens.**

O regime de bens pode ser modificado após o casamento, mediante alvará judicial e concordando ambos os cônjuges.

1.1 COMUNHÃO PARCIAL DE BENS

Todos os bens adquiridos após a data do casamento serão comuns ao casal.

Todos os bens adquiridos por cada um individualmente antes da data do casamento permanecem de propriedade individual de cada um, inclusive bens cuja aquisição tiver por título uma causa anterior, como por exemplo, uma herança.

Assim, excluem-se da comunhão:

a) os bens que cada cônjuge possuir ao casar, e os que lhe sobrevierem, na constância do casamento, por doação ou sucessão, e os sub-rogados em seu lugar;
b) os bens adquiridos com valores exclusivamente pertencentes a um dos cônjuges em sub-rogação dos bens particulares;
c) as obrigações anteriores ao casamento;
d) as obrigações provenientes de atos ilícitos, salvo reversão em proveito do casal;
e) os bens de uso pessoal, os livros e instrumentos de profissão;
f) os proventos do trabalho pessoal de cada cônjuge;
g) as pensões, meios-soldos, montepios e outras rendas semelhantes.

Entram na comunhão:

a) os bens adquiridos na constância do casamento por título oneroso, ainda que só em nome de um dos cônjuges;
b) os bens adquiridos por fato eventual, com ou sem o concurso de trabalho ou despesa anterior; os bens adquiridos por doação, herança ou legado, em favor de ambos os cônjuges;
c) as benfeitorias em bens particulares de cada cônjuge;
d) os frutos dos bens comuns, ou dos particulares de cada cônjuge, percebidos na constância do casamento, ou pendentes ao tempo de cessar a comunhão.

São incomunicáveis os bens cuja aquisição tiver por título uma causa anterior ao casamento.

É relevante que o tabelião de notas esteja atento e averigue a respeito da forma de aquisição do bem, para que não gere dúvidas futuras sobre o título notarial, bem como não haja enriquecimento sem causa por parte do outro cônjuge.

1.2 COMUNHÃO UNIVERSAL DE BENS

Todos os bens atuais e futuros de ambos os cônjuges serão comuns ao casal.

Somente excluem-se da comunhão:

a) os bens doados ou herdados com a cláusula de incomunicabilidade e os sub-rogados em seu lugar;
b) os bens gravados de fideicomisso e o direito do herdeiro fideicomissário, antes de realizada a condição suspensiva;
c) as dívidas anteriores ao casamento, salvo se provierem de despesas com seus aprestos, ou reverterem em proveito comum;
d) as doações antenupciais feitas por um dos cônjuges ao outro com a cláusula de incomunicabilidade;
e) Os bens referidos nos incisos V a VII do art. 1.659.

No tocante à subrrogação na comunhão universal de bens, os bens advindos de doação ou de herança com cláusula de incomunicabilidade poderão ser objeto de sub-rogação, cujo bem não se comunicará com o outro cônjuge.

É oportuno recordar o art. 1.911 do Código Civil e a Súmula 49 do Supremo Tribunal Federal, que dispõem que, havendo cláusula de inalienabilidade nas doações ou testamentos, esta implica impenhorabilidade e incomunicabilidade.

Para dar entrada ao processo de habilitação de casamento civil com este regime, é necessário que o casal compareça a um tabelionato de notas e faça uma escritura de pacto antenupcial.

1.3 SEPARAÇÃO DE BENS

Em breves palavras, no regime de separação de bens todos os bens atuais e futuros de ambos os cônjuges permanecerão sempre de propriedade individual de cada um.

Para dar entrada ao processo de habilitação de casamento civil com este regime, é necessário que o casal compareça a um tabelionato de notas e faça uma escritura de pacto antenupcial. O pacto antenupcial por cláusula expressa deve mencionar que a separação é **absoluta**, não se comunicando os bens e dívidas adquiridos anterior ou posteriormente a realização do casamento.

É também o regime que a lei impõe a determinadas pessoas. São elas:

a) pessoas que o contraírem com inobservância das causas suspensivas da celebração do casamento;
b) pessoa maior de 70 (setenta) anos; e,
c) todos os que dependerem, para casar, de suprimento judicial.

Nos casos das letras "a" e "c" a mutabilidade do regime de bens é possível, mas não para a letra "b".

Destarte, se um dos nubentes tiver 70 anos ou mais, o casamento só poderá ser realizado pelo regime da **separação obrigatória** de bens. Todavia, o casamento é convertido em parcial de bens, em razão da **Súmula 377 do Supremo Tribunal Federal**, que diz: *"No regime de separação legal de bens, comunicam-se os adquiridos na constância do casamento"*.

Tal entendimento aplica-se também as **uniões estáveis**, em decorrência da jurisprudência do Superior Tribunal de Justiça, conquanto a lei ser silente neste caso.

Também existe a possibilidade de os nubentes fazerem prova da convivência anterior, antes dos 70 anos, e assim, poderão requerer ao juízo a escolha de regime diverso do imposto.

Desde a vigência do Código Civil de 2002, existe na doutrina a polêmica acerca da validade da Súmula 377. Aqueles que entendem que ela está em vigor argumentam que o art. 259 do Código Civil anterior não foi recepcionado pelo atual, desaparecendo a incidência de seu comando no novo regramento civil. Explicando melhor, nos casamentos celebrados na vigência do Código Civil de 2002, sob o regime de separação **obrigatória** de bens, tal súmula não se aplica – ela se aplica apenas aos casamentos realizados sob a égide do Código Civil revogado.

Na jurisprudência dos tribunais, inclusive do STJ, o entendimento é o de que a referida súmula está em pleno vigor no que tange ao regime da separação **legal (obrigatória)** de bens.

Milton Paulo de Carvalho Filho ensina que "o STJ amenizou o entendimento sumulado, exigindo a prova do esforço comum na aquisição do patrimônio havido na constância do matrimônio. Contudo, à luz dos princípios constitucionais da igualdade, da solidariedade social, do enriquecimento sem causa e da liberdade e da dignidade da pessoa humana, o entendimento sumulado permanece em vigor, devendo ser levado em consideração para os casos de separação obrigatória de bens, ou seja, aqueles previstos no artigo comentado (art. 1.641). Enquanto se verificarem as causas estabelecidas pela lei para a aplicação do regime de separação total, aplica-se a Súmula nº 377(...) Assim, embora a questão seja controversa, entende-se que os bens adquiridos na constância do casamento, independentemente de que tenham sido provenientes do esforço comum, comunicar-se-ão, evitando-se que sobrevenha injustiça a qualquer um dos cônjuges, quando, após alguns anos de vida conjugal, houver incremento no patrimônio de um deles" (*Código Civil comentado.* 8. ed. Barueri: Manole, 2014, p. 1692).

O Conselho Superior da Magistratura Paulista também tem entendimento no sentido de que a Súmula 377 continua a ser aplicada: "O novo Código Civil, ao que tudo indica, veio trazer o regime da efetiva separação de bens, mas como manda a boa hermenêutica, não pode retroagir e atingir situação pretérita, de sorte que deve ser preservado o regime jurídico da época do falecimento do varão".

Anote-se que o Supremo Tribunal Federal definiu que o **regime obrigatório de separação de bens nos casamentos e uniões estáveis envolvendo pessoas com mais de 70 anos pode ser alterado pela vontade das partes.** Por unanimidade, o Plenário entendeu que manter a obrigatoriedade da separação de bens, prevista no Código Civil, desrespeita o direito de autodeterminação das pessoas idosas. A matéria foi objeto do Recurso Extraordinário com Agravo (ARE) 1309642, que teve a repercussão geral reconhecida pelo Plenário (Tema 1.236).

A tese de repercussão geral fixada para Tema 1.236 da repercussão geral, é a seguinte:

> "Nos casamentos e uniões estáveis envolvendo pessoa maior de 70 anos, o regime de separação de bens previsto no artigo 1.641, II, do Código Civil, pode ser afastado

por expressa manifestação de vontade das partes mediante escritura pública".

Segundo a decisão, para afastar a obrigatoriedade, é necessário manifestar esse desejo por meio de escritura pública, firmada no Tabelionato de Notas. Também ficou definido que pessoas acima dessa idade que já estejam casadas ou em união estável podem alterar o regime de bens, mas para isso é necessário autorização judicial (no caso do casamento) ou manifestação em escritura pública (no caso da união estável). Nesses casos, a alteração produzirá efeitos patrimoniais apenas para o futuro.

O Relator do Recurso Extraordinário com Agravo (ARE) 1309642, com repercussão geral, o ministro Luís Roberto Barroso afirmou que a obrigatoriedade da separação de bens impede, apenas em função da idade, que pessoas capazes para praticar atos da vida civil, ou seja, em pleno gozo de suas faculdades mentais, definam qual o regime de casamento ou união estável mais adequado. Ele destacou que a **discriminação por idade**, entre outras, é expressamente proibida pela Constituição Federal (artigo 4º).

No caso concreto, o STF negou o recurso e manteve decisão do TJ-SP. O ministro Barroso explicou que, como não houve manifestação prévia sobre o regime de bens, deve ser ao caso concreto aplicada a regra do Código Civil. O ministro salientou que a solução dada pelo STF à controvérsia só pode ser aplicada para **casos futuros**, ou haveria o risco de reabertura de processos de sucessão já ocorridos, produzindo insegurança jurídica.

No tocante aos casamentos ou uniões estáveis firmadas **antes do julgamento do STF**, o casal pode manifestar a partir de agora ao juiz ou ao cartório o desejo de mudança no atual modelo de união, para comunhão parcial ou total, por exemplo. Nesses casos, no entanto, só haverá impacto na divisão do patrimônio a partir da mudança, não afetando o período anterior do relacionamento, quando havia separação de bens. Dessa forma, o ministro Barroso, então, incluiu em seu voto que "a presente decisão tem **efeitos prospectivos**, não afetando as situações jurídicas já definitivamente constituídas".

O novo entendimento valoriza o princípio da autonomia privada, fundamental no direito civil, que confere às partes a liberdade de ajustar suas relações patrimoniais de acordo com seus interesses pessoais. Ao permitir essa flexibilização, busca-se respeitar a dignidade e a capacidade decisória das pessoas idosas, enquanto se assegura a formalidade e a segurança jurídica necessária para evitar fraudes e abusos.

Para maiores detalhamentos, recomendo a leitura do julgado no tópico "Jurisprudência Complementar" e os comentários do item 1.1 no art. 94-A desta lei.

1.4 PARTICIPAÇÃO FINAL NOS AQUESTOS

Os bens que os cônjuges possuíam antes do casamento e aqueles que adquiriram após, permanecem próprios de cada um, como se fosse uma separação total de bens. No entanto, se houver a dissolução do casamento (divórcio ou óbito), os bens que foram adquiridos na constância do casamento serão partilhados em comum.

Os **bens móveis** podem **livremente** ser alienados pelo cônjuge titular sem a anuência do outro, ao passo que os **bens imóveis**, serão de **propriedade do cônjuge cujo nome estiver inscrito no Registro Imobiliário**, salvo prova em contrário (art. 1.681, CC).

Se no pacto antenupcial estiver convencionado a livre disposição dos bens imóveis, desde que particulares, **não haverá necessidade de vênia conjugal**.

No caso de bens adquiridos pelo trabalho conjunto, terá cada um dos cônjuges uma quota igual no condomínio ou no crédito por aquele modo estabelecido.

O direito à meação **não é renunciável, cessível ou penhorável na vigência do regime matrimonial**.

Sobrevindo a dissolução da sociedade conjugal, apurar-se-á o montante dos aquestos, excluindo-se da soma dos patrimônios próprios:

a) os bens anteriores ao casamento e os que em seu lugar se sub-rogaram;
b) os que sobrevieram a cada cônjuge por sucessão ou liberalidade;
c) as dívidas relativas a esses bens.

Ao determinar-se o montante dos aquestos, computar-se-á o valor das doações feitas por um dos cônjuges, **sem a necessária autorização do outro**. Nesse caso, o bem poderá ser reivindicado pelo cônjuge prejudicado ou por seus herdeiros, ou declarado no monte partilhável, por valor equivalente ao da época da dissolução.

Se não houver preferência do cônjuge lesado, incorpora-se ao monte o valor dos bens alienados em detrimento da meação, ou de seus herdeiros, de os reivindicar.

Se um dos cônjuges solveu uma dívida do outro com bens do seu patrimônio, o valor do pagamento deve ser atualizado e imputado, na data da dissolução, à meação do outro cônjuge.

Na dissolução do regime de bens por **separação judicial ou por divórcio**, deve ser verificado o montante dos aquestos à data em que cessou a convivência.

Se não for possível nem conveniente a divisão de todos os bens em natureza, calcular-se-á o valor de alguns ou de todos para reposição em dinheiro ao cônjuge não-proprietário. Não se podendo realizar a reposição em dinheiro, serão avaliados e, mediante autorização judicial, alienados tantos bens quantos bastarem.

No que tange à dissolução da sociedade conjugal por **morte**, verificar-se-á a meação do cônjuge sobrevivente nos mesmos moldes do que foi dito acima, deferindo-se a herança aos herdeiros na forma estabelecida neste Código.

As dívidas de um dos cônjuges, quando superiores à sua meação, não obrigam ao outro, ou a seus herdeiros.

1.5 REGISTRO E AVERBAÇÃO

É **nula** a convenção antenupcial, se não for feito por **escritura**, e **ineficaz**, se **não lhe seguir o casamento** (art. 1.653, CC). Desse modo, a escritura pública é da **substância** do ato, conforme dispõe o diploma civil. Todavia, a **eficácia** do pacto está sujeita à efetiva celebração do casamento e o seu registro no Oficial de Registro de Imóveis (arts. 1.653 e 1.657, CC).

O Código Civil, no artigo 1.657, estipula que as convenções antenupciais não terão efeito perante terceiros senão depois de registradas, em livro especial, pelo oficial do registro de imóveis do domicílio dos cônjuges. Antes do registro, a convenção tem validade apenas entre os pactuantes, e prevalece que obriga também os seus herdeiros.

Segundo o art. 244 da Lei 6.015/1973, "as escrituras antenupciais serão registradas no **Livro nº 3** do cartório do **domicílio conjugal**, sem prejuízo de sua **averbação** obrigatória no lugar da **situação dos imóveis de propriedade do casal**, ou dos que forem sendo adquiridos e sujeitos a regime de bens diverso do comum, com a declaração das respectivas cláusulas, para ciência de terceiros".

A averbação obrigatória de que cuida o art. 244, supõe o **prévio registro da convenção antenupcial** no Livro 3, do Cartório do primeiro domicílio conjugal.

Observa-se que a lei menciona "domicílio conjugal", mas deixa obscuro se haveria necessidade de novo registro sempre que este for alterado para uma circunscrição diversa. **Pacificou-se o entendimento de que bastaria o registro no primeiro domicílio conjugal**, já que o pacto deve ser registrado logo após o casamento. Entretanto, caso as partes queiram realizar novamente o registro na nova circunscrição, quando da alteração do domicílio conjugal, não há vedação.

Observe como algumas normativas estaduais preveem o ato de registro e o de averbação. Ilustro com as Normas da Corregedoria-Geral da Justiça do Estado de São Paulo, a saber:

> **Item 83, Cap. XX.** As escrituras antenupciais e as escrituras públicas que regulem regime de bens na união estável serão registradas no Registro de Imóveis da comarca em que os cônjuges ou companheiros têm ou tiverem seu último domicílio sem prejuízo de sua averbação obrigatória no lugar da situação dos imóveis de propriedade ou dos que forem sendo adquiridos.

Ressalte-se que o **registro** da convenção antenupcial não se confunde com sua **averbação** obrigatória no lugar da situação dos imóveis de propriedade do casal, ou dos que foram adquiridos e sujeitos a regime de bens diversos do comum. Esta averbação é realizada com fulcro no art. 167, inciso II, 1, da Lei de Registros Públicos.

Ralpho Valdo de Barros Monteiro Filho adverte que "o registro ora em análise diz respeito exclusivamente ao conteúdo jurídico da convenção antenupcial, i.e., tem por objeto a situação patrimonial dos cônjuges e objetiva dar esse conhecimento aos terceiros que se possam interessar por essa peculiaridade. É, assim, ato principal e autônomo, realizado em livro específico para tanto. É diferente da averbação tratada adiante, cujo objeto é fazer vincular às matrículas de bens imóveis essa situação patrimonial dos cônjuges. Nesse sentido, o pacto antenupcial é visto em cotejo com o imóvel a ele ligado, e a situação jurídica que importa não é apenas a dos cônjuges autonomamente, mas a deles em relação direta com a coisa imóvel" (*Lei de Registros Públicos comentada.* Rio de Janeiro: Forense, 2019, p. 615).

O registro no Livro 3 – Registro Auxiliar deve ser feito à vista de certidão de casamento e de traslado ou certidão da escritura de pacto antenupcial, ao passo que, para as averbações nas matrículas dos imóveis já existentes, bem como nos que vierem a ser adquiridos pelo casal (Livro 2), o interessado pode apresentar a simples certidão de casamento, da qual conste o regime de bens. Para que seja observado o princípio da continuidade, as averbações só podem ser feitas após o registro no Livro 3 – Registro Auxiliar.

Em resumo, algumas considerações podem ser feitas:

a) Se a escolha não for pelo regime legal, que é a comunhão parcial de bens, imprescindível a lavratura de Escritura Pública de Pacto Antenupcial;

b) Quando a lei não impuser o regime de separação obrigatória de bens, é livre a estipulação quanto ao regime de bens que vigorará durante a sociedade conjugal;

c) O Código Civil de 2002 admite a alteração do regime de bens durante o casamento, por sentença judicial, incluindo a possibilidade de afastamento do regime de separação obrigatória de bens para maiores de setenta anos de idade, desde que haja manifestação expressa de vontade das partes, formalizada por escritura pública (art. 1.641, II, do CC, com interpretação conforme a tese que permite essa flexibilização).

d) A alteração do regime de bens pode ser requerida judicialmente, inclusive por aqueles que se casaram pelo Código Civil de 1916;

e) Concedida a alteração para algum dos regimes que exige o pacto antenupcial, imperativo é o registro no Livro 3 – Registro Auxiliar no Registro Imobiliário do domicílio dos cônjuges, para validade perante terceiros.

1.6 É POSSÍVEL RENÚNCIA DE HERANÇA EM PACTO ANTENUPCIAL?

Em decisão recente (apelação: 1022765-36.2023.8.26.0100), o Conselho Superior da Magistratura do Tribunal de Justiça de São Paulo – TJSP proibiu a renúncia de herança em pacto antenupcial. Não foi provido o recurso contra a sentença proferida do 10º Oficial de Registro de Imóveis da Comarca da Capital, que manteve a negativa do registro da escritura pública.

Vamos às análises do julgado:

A) O CASO

Nos autos, foi apresentado um pacto antenupcial lavrado por um tabelião da capital paulista, que incluía uma cláusula de renúncia sucessória entre os cônjuges. O documento registrava a plena consciência do casal sobre a controvérsia do tema na doutrina e na jurisprudência. O casal manifestou a intenção de, se permitido por lei nº momento da morte de um dos cônjuges, não receberem nada um do outro. Contudo, ao tentar registrar o pacto no cartório de imóveis, o registrador recusou o registro.

B) A DECISÃO JUDICIAL

Ao ser levada à Corregedoria permanente, por meio de dúvida registral, a juíza deu razão ao registrador. A sentença foi confirmada pelo Conselho Superior da Magistratura, que determinou a retificação completa da escritura, **sem a possibilidade de cindir o título** para registrar o pacto sem a cláusula de renúncia. Nas palavras do magistrado "essa impossibilidade não pode ser contornada sequer pela regra da cindibilidade (em seu sentido mais amplo), a qual, por falta de amparo legal, em verdade não pode ser aplicada para desprezar, nos negócios jurídicos, as partes que sejam inválidas ou ineficazes, somente para permitir uma inscrição lato sensu." A decisão se baseou no artigo 426 do Código Civil, que proíbe contratos sobre herança de pessoas vivas. O Ministério Público também foi favorável ao não provimento do recurso.

C) CONTROVÉRSIA DOUTRINÁRIA

A decisão foi fundamentada na doutrina de Pontes de Miranda, que afirma que o Direito brasileiro não admite qualquer contrato sucessório ou renúncia de herança. Embora exista controvérsia doutrinária e alguns julgados em sentido contrário, prevalece o princípio da legalidade estrita nos registros públicos, o que impossibilita o registro do título.

D) OPINIÕES DIVERGENTES

A tabeliã Priscila de Castro Teixeira Pinto Lopes Agapito, presidente da Comissão Nacional de Notários do Instituto Brasileiro de Direito de Família (IBDFAM), defende que não haveria impedimento para declarar a intenção de renúncia, desde que com todos os cuidados de orientação expressos pelo tabelião. Ela cita a tese do professor Mário Delgado, que argumenta que renunciar ao direito concorrencial não é, *stricto sensu*, uma renúncia de herança, mas uma declaração moral de intenções.

Priscila entende que os notários devem se abster de incluir esse tipo de declaração nos pactos enquanto a questão não for resolvida por meio da reforma do Novo Código Civil, pois o registro será obstado tanto pelo registrador civil quanto pelo registrador imobiliário.

Atente-se que as normativas estaduais do Rio de Janeiro possuem norma expressa permissiva nesse sentido.

E) SISTEMA JURÍDICO

A discussão e a solução encontrada pelos advogados começaram após a entrada em vigor do Código Civil de 2002, que incluiu o cônjuge no rol dos herdeiros necessários. Segundo Priscila, a sociedade não deseja essa inclusão, e a resistência a essa regra é patente nos atendimentos diários nos tabelionatos.

F) PACTA CORVINA

O advogado e professor Rolf Madaleno, diretor nacional do IBDFAM, critica a decisão, argumentando que se baseia em uma opinião de Pontes de Miranda desenvolvida em um contexto legal diferente. Ele afirma que a proibição de contratos sobre herança de pessoa viva deve ser analisada quanto à motivação, e que renunciar à herança não fere o pacto corvina, pois não traz benefício da morte de ninguém. Nas palavras dele "toda a decisão está fundamentada em uma opinião de Pontes de Miranda, desenvolvida quando o cônjuge sobrevivente não era herdeiro concorrente, mas sim herdeiro natural. A situação era completamente diferente, o Código Civil ainda era o de 1916, e não o de 2002. O que se evita com a proibição é que alguém torça pela morte do outro. Quando eu renuncio uma herança, não estou torcendo pela morte de ninguém, porque não vai me trazer nenhum benefício.

Era proibido o pacta corvina, para que a pessoa não 'ficasse como um corvo', sobrevoando o cadáver de alguém para tirar algum proveito daquela morte. Contudo, não há proveito da morte de ninguém sobre a renúncia. Trata-se de uma questão de interpretação, e não de obediência cega ao artigo 426, que, genericamente, proíbe contrato de herança de pessoa viva. Atualmente, um estudo mais aprofundado mostra que a renúncia não fere este pacta corvina, esse desejo pela morte de alguém. A decisão, portanto, cria um problema enorme: inviabiliza uma preocupação que surgiu na vida de quem adota regimes de separação de bens e são surpreendidos que em razão da morte os bens que não queriam que se comunicasse acabam se comunicando, por ordem deste dispositivo."

Segundo a tabeliã de notas Jenifer Castellan, membro do IBDFAM, a matéria é pouco abordada nos tribunais. Um estudo aponta que no Tribunal de Justiça do Rio Grande do Sul, poucos recursos de apelação tratam da renúncia antecipada da herança, e no Superior Tribunal de Justiça, há ausência de análise pormenorizada sobre o tema. No Conselho Superior de Magistratura de São Paulo, há poucas decisões conhecidas nesse sentido.

G) JURISPRUDÊNCIA

A temática ainda é muito pouco abordada nos tribunais. Segundo a tabeliã de notas Jenifer Castellan, membro do IBDFAM, um estudo aponta que no Tribunal de Justiça do Rio Grande do Sul, poucos recursos de apelação tratam da renúncia antecipada da herança, e no Superior Tribunal de Justiça, há ausência de análise pormenorizada sobre o tema. No Conselho Superior de Magistratura de São Paulo, há poucas decisões conhecidas nesse sentido.

Uma vez mais, nas palavras de Rolf Madaleno, "o que existe são essas decisões de caráter administrativo, como o Conselho Superior de Magistratura, em um ato de administração, proibir ou autorizar a escritura de renúncia de contrato de herança concorrente."

H) BENS PARTICULARES

De acordo com Rolf Madaleno, a decisão cria um problema ao impedir a renúncia de herança concorrente, afetando casais que adotam regimes de separação de bens e não desejam que seus bens particulares se comuniquem em razão da morte de um dos cônjuges. Segundo suas ponderações, "não é para prejudicar a mulher ou o homem, mas para que os bens continuem na família de origem. Estamos falando de divisão de bens particulares, ou seja, não foram bens adquiridos com o esforço dos dois.

I) CONCLUSÃO

A decisão do Conselho Superior da Magistratura do TJSP reflete a interpretação atual da legalidade estrita na estrutura jurídica dos registros públicos, mas também destaca a necessidade de uma reforma legislativa urgente no Código Civil. Até que essa reforma ocorra, os cônjuges devem recorrer ao testamento para proteger a parte disponível da herança de um possível cônjuge sobrevivente.

2. JURISPRUDÊNCIA COMPLEMENTAR

SUPREMO TRIBUNAL FEDERAL

EMENTA: AGRAVO EM RECURSO ESPECIAL. ALEGADA INCONSTITUCIONALIDADE DO ART. 1.641, II, DO CÓDIGO CIVIL. COMPETÊNCIA DO STF. REGIME DE SEPARAÇÃO OBRIGATÓRIA DE BENS EM RAZÃO DA IDADE. ALTERAÇÃO PARA COMUNHÃO UNIVERSAL. IMPOSSIBILIDADE. PEDIDO *CONTRA LEGEM*. OFENSA AOS ARTIGOS DO ESTATUTO DO IDOSO. AUSÊNCIA DE PREQUESTIONAMENTO. SÚMULAS 282 E 356/STF. AGRAVO CONHECIDO PARA NEGAR PROVIMENTO AO RECURSO ESPECIAL.

DECISÃO

Trata-se de agravo interposto por I. D. e S. G. D. contra decisão que não admitiu o recurso especial, fundado na alínea *a* do inciso III do art. 105 da Constituição Federal, que desafiou acórdão prolatado pelo Tribunal de Justiça do Estado de São Paulo assim ementado (e-STJ, fl.53):

REGIME DE BENS – Modificação Impossibilidade - As partes se casaram sob o regime da separação de bens, em razão da idade, não cabendo a alteração Sentença mantida por seus próprios e bem deduzidos fundamentos – Ratificação dos fundamentos do "decisum" - Aplicação do art. 252 do RITJSP/2009 - Recurso improvido.

Nas razões do recurso especial (e-STJ, fls. 61-71), os recorrentes apontaram violação aos arts. 1.639, § 2º, do Código Civil; 734 do Código de Processo Civil de 2015; e 2º, 3º e 4º da Lei n.º 10.741/2003 (Estatuto do Idoso).

Sustentaram, em síntese, "que a obrigatoriedade do regime da separação de bens para as pessoas maiores de setenta anos pode ser considerada inconstitucional" (e-STJ, fl. 65), por violar a autonomia da vontade do idoso, ainda que plenamente capaz para os atos da vida civil.

Defenderam a possibilidade de alteração do regime da separação total de bens para comunhão universal.

O Ministério Público Federal opinou pelo desprovimento do recurso (e-STJ, fls. 99-104).

O recurso especial não foi admitido na origem, o que ensejou a interposição do presente agravo.

Brevemente relatado, decido.

De início, convém destacar que compete ao Supremo Tribunal Federal a análise da alegada inconstitucionalidade do art. 1.641, II, do Código Civil.

Nesse sentido:

CIVIL. PROCESSUAL CIVIL. AÇÃO DE INVENTÁRIO. OMISSÃO SOBRE QUESTÃO CONSTITUCIONAL. COMPETÊNCIA DO SUPREMO TRIBUNAL FEDERAL. OMISSÃO E CONTRADIÇÃO SOBRE A INCIDÊNCIA DA SÚMULA 377/STF. INOCORRÊNCIA. QUESTÃO DECIDIDA DE FORMA EXPRESSA E CLARA. OMISSÃO SOBRE PRECLUSÃO. OCORRÊNCIA. NULIDADE DO JULGADO. DESNECESSIDADE. PRIMAZIA DA RESOLUÇÃO DO MÉRITO. EXISTÊNCIA DE PRECEDENTE CONTRÁRIO À TESE RECURSAL. DECISÃO INTERLOCUTÓRIA PROFERIDA COM BASE NO ART. 1.790 DO CC/2002. SUPERVENIÊNCIA DA DECLARAÇÃO DE INCONSTITUCIONALIDADE DA REGRA PELO SUPREMO TRIBUNAL FEDERAL. ADEQUAÇÃO À NOVA REALIDADE NORMATIVA. POSSIBILIDADE. MODULAÇÃO DE EFEITOS. APLICABILIDADE DA TESE ÀS AÇÕES DE INVENTÁRIO EM CURSO. REGIME DA SEPARAÇÃO DE BENS ENTRE OS SEPTUAGENÁRIOS. APLICABILIDADE À UNIÃO ESTÁVEL. COMUNICAÇÃO DE BENS ADMITIDA, DESDE QUE COMPROVADO O ESFORÇO COMUM. INOCORRÊNCIA NA HIPÓTESE. DISSÍDIO JURISPRUDENCIAL PREJUDICADO. ACÓRDÃO RECORRIDO CONFORME JURISPRUDÊNCIA DESTA CORTE. SÚMULA 83/STJ.

(...)

3- Cabe ao Supremo Tribunal Federal, e não ao Superior Tribunal de Justiça, examinar a suposta ocorrência de omissão sobre a alegada inconstitucionalidade do art. 1.641, II, do CC/2002, uma vez que compete exclusivamente àquela Corte examinar a pertinência e a relevância da questão constitucional suscitada pela parte para o desfecho da controvérsia.

(...)

7- A regra do art. 1.641, II, do CC/2002, que estabelece o regime da separação de bens para os septuagenários, embora expressamente prevista apenas para a hipótese de casamento, aplica-se também às uniões estáveis. Precedentes.

(...)

11- Recurso especial conhecido e não-provido.

(REsp n. 2.017.064/SP, relatora Ministra Nancy Andrighi, Terceira Turma, julgado em 11/4/2023, DJe de 14/4/2023.)

O Tribunal de origem, manteve a sentença de improcedência do pedido de alteração do regime de bens, sob os seguintes fundamentos (e-STJ, fls. 55-56):

Trata-se de pedido de modificação do regime matrimonial de bens que fora julgado improcedente pelo magistrado na r. sentença.

Em que pese seja possível a alteração no regime de bens, não o é quando as partes se casaram sob o regime da separação legal em razão da idade quando da constituição do casamento. Assim, se à época do casamento não podiam livremente escolher o regime de bens, isso se perpetua para o momento atual.

Ainda que aleguem em recurso de apelação que tal disposição é eivada de duvidosa constitucionalidade, tem-se que não fora declarada inconstitucional, não havendo como deixar de ser aplicada, porquanto integrante do ordenamento jurídico pátrio.

Nesse sentido, bem asseverou o juízo na r. sentença, que não comporta reparos: "Os requerentes, à época da celebração do casamento, em 1995, já contavam com 65 e 58 anos de idade. Com a entrada em vigor do Código Civil de 2002, em 11.01.2003, o limite etário para livre estipulação sobre o regime matrimonial de bens passou a ser de 60 anos, circunstância que também implicaria aos requerentes a fixação de regime de separação obrigatória de bens. Mesmo a partir da entrada em vigor da Lei nº 12.344/2010, em 10/12/2010, os requerentes já se enquadravam no limite legal de 70 anos de idade, sendo igualmente obrigatória a adoção da separação total de bens. Com efeito, a jurisprudência é assente no sentido de que o pedido de alteração só pode ser formulado quando os noivos, na data do casamento, tinham liberdade de escolher o regime de bens, ou seja, não podem modificar o regime de bens os cônjuges casados pelo regime da separação obrigatória prevista do art. 1641, II do CC. No caso dos incisos I e III, é possível alterar o regime da separação obrigatória de bens para outro, conforme Enunciado 262 do Conselho da Justiça Federal da III Jornada de Direito Civil: "A obrigatoriedade da separação de bens nas hipóteses previstas nos incisos I e III do artigo 1.641 do Código Civil não impede a alteração do regime, desde que superada a causa que o impôs". Desta feita, **por existência de expressa disposição legal a respeito (CC, art. 1.641, II), a qual impõe o regime da separação total de bens no casamento de pessoas acima de 70 anos, por se tratar de pedido *contra legem*, a sua improcedência é medida que se impõe.**"

Na hipótese dos autos, os recorrentes celebraram casamento, em 1995, sob o regime da separação obrigatória de bens, em razão da idade, nos termos do art. 258, parágrafo único, II, do Código Civil de 2016, vigente à época.

A propósito (sem grifo no original):

DIREITO DE FAMÍLIA. UNIÃO ESTÁVEL. COMPANHEIRO SEXAGENÁRIO. SEPARAÇÃO OBRIGATÓRIA DE BENS. ART. 258, § ÚNICO, INCISO II, DO CÓDIGO CIVIL DE 1916.

1. **Por força do art. 258, § único, inciso II, do Código Civil de 1916 (equivalente, em parte, ao art. 1.641, inciso II, do Código Civil de 2002), ao casamento de sexagenário, se homem, ou cinquentenária, se mulher, é imposto o regime de separação obrigatória de bens.** Por esse motivo, às uniões estáveis é aplicável a mesma regra, impondo-se seja observado o regime de separação obrigatória, sendo o homem maior de sessenta anos ou mulher maior de cinquenta.

2. Nesse passo, apenas os bens adquiridos na constância da união estável, e desde que comprovado o esforço comum, devem ser amealhados pela companheira, nos termos da Súmula n.º 377 do STF.

3. Recurso especial provido.

(REsp n. 646.259/RS, relator Ministro Luis Felipe Salomão, Quarta Turma, julgado em 22/6/2010, DJe de 24/8/2010)

AGRAVO INTERNO NO RECURSO ESPECIAL - AÇÃO DE DISSOLUÇÃO DE UNIÃO ESTÁVEL - DECISÃO MONOCRÁTICA QUE NEGOU PROVIMENTO AO RECLAMO. INSURGÊNCIA DA PARTE AUTORA.

1. Esta Corte assentou seu entendimento de que aplica-se à união estável a mesma regra de obrigatoriedade do regime de separação de bens incidente ao casamento. Precedentes.

2. **O STJ tem orientação consolidada de que é obrigatório o regime da separação de bens no casamento do maior de setenta (70) anos de idade, nos termos do artigo 1.641, II, do Código Civil.** Precedentes.

3. "A ratio legis foi a de proteger o idoso e seus herdeiros necessários dos casamentos realizados por interesse estritamente econômico, evitando que este seja o principal fator a mover o consorte para o enlace" (REsp 1.689.152/SC, Rel. Ministro Luis Felipe Salomão, Quarta Turma, julgado em 24/10/2017, DJe 22/11/2017).

4. Agravo interno desprovido.

(AgInt no REsp n. 1.946.313/SP, relator Ministro Marco Buzzi, Quarta Turma, julgado em 23/5/2022, DJe de 30/5/2022.)

Ademais, conforme jurisprudência desta Corte "o Código Civil, em exceção à autonomia privada, também restringe a liberdade de escolha do regime patrimonial aos nubentes em certas circunstâncias, reputadas pelo legislador como essenciais à proteção de determinadas pessoas ou situações e que foram dispostas no art. 1.641 do Código Civil, como sói ser o regime da separação obrigatória da pessoa maior de setenta anos (inciso II)" - (REsp n. 1.922.347/PR, relator Ministro Luis Felipe Salomão, Quarta Turma, julgado em 7/12/2021, DJe de 1/2/2022.)

Confira-se a ementa do referido julgado:

RECURSO ESPECIAL. UNIÃO ESTÁVEL SOB O REGIME DA SEPARAÇÃO OBRIGATÓRIA DE BENS. COMPANHEIRO MAIOR DE 70 ANOS NA OCASIÃO EM QUE FIRMOU ESCRITURA PÚBLICA. PACTO ANTENUPCIAL AFASTANDO A INCIDÊNCIA DA SÚMULA N. 377 DO STF, IMPEDINDO A COMUNHÃO DOS AQUESTOS ADQUIRIDOS ONEROSAMENTE NA CONSTÂNCIA DA CONVIVÊNCIA. POSSIBILIDADE. MEAÇÃO DE BENS DA COMPANHEIRA. INOCORRÊNCIA. SUCESSÃO DE BENS. COMPANHEIRA NA CONDIÇÃO DE HERDEIRA. IMPOSSIBILIDADE. NECESSIDADE DE REMOÇÃO DELA DA INVENTARIANÇA.

1. O pacto antenupcial e o contrato de convivência definem as regras econômicas que irão reger o patrimônio daquela unidade familiar, formando o estatuto patrimonial - regime de bens - do casamento ou da união estável, cuja regência se iniciará, sucessivamente, na data da celebração do matrimônio ou no momento da demonstração empírica do preenchimento dos requisitos da união estável (CC, art. 1.723).

2. **O Código Civil, em exceção à autonomia privada, também restringe a liberdade de escolha do regime patrimonial aos nubentes em certas circunstâncias, reputadas pelo legislador como essenciais à proteção de determinadas pessoas ou situações e que foram dispostas no art. 1.641 do Código Civil, como sói ser o regime da separação obrigatória da pessoa maior de setenta antos (inciso II).**

3. "A ratio legis foi a de proteger o idoso e seus herdeiros necessários dos casamentos realizados por interesse estritamente econômico, evitando que este seja o principal fator a mover o consorte para o enlace" (REsp 1689152/SC, Rel. Ministro Luis Felipe Salomão, Quarta Turma, julgado em 24/10/2017, DJe 22/11/2017).

4. **Firmou o STJ o entendimento de que, "por força do art. 258, § único, inciso II, do Código Civil de 1916 (equivalente, em parte, ao art. 1.641, inciso II, do Código Civil de 2002), ao casamento de sexagenário, se homem, ou cinquentenária, se mulher, é imposto o regime de separação obrigatória de bens.** Por esse motivo, às uniões estáveis é aplicável a mesma regra, impondo-se seja observado o regime de separação obrigatória, sendo o homem maior de sessenta anos ou mulher maior de cinquenta" (REsp 646.259/RS, Rel. Ministro Luis Felipe Salomão, Quarta Turma, julgado em 22/06/2010, DJe 24/08/2010).

(...)

7. A *mens legis* do art. 1.641, II, do Código Civil é justamente conferir proteção ao patrimônio do idoso que está casando-se e aos interesses de sua prole, impedindo a comunicação dos aquestos. Por uma interpretação teleológica da norma, é possível que o pacto antenupcial venha a estabelecer cláusula ainda mais protetiva aos bens do nubente septuagenário, preservando o espírito do Código Civil de impedir a comunhão dos bens do ancião. O que não se mostra possível é a vulneração dos ditames do regime restritivo e protetivo,

seja afastando a incidência do regime da separação obrigatória, seja adotando pacto que o torne regime mais ampliativo e comunitário em relação aos bens.

8. Na hipótese, o *de cujus* e a sua companheira celebraram escritura pública de união estável quando o primeiro contava com 77 anos de idade – com observância, portanto, do regime da separação obrigatória de bens -, oportunidade em que as partes, de livre e espontânea vontade, realizaram pacto antenupcial estipulando termos ainda mais protetivos ao enlace, demonstrando o claro intento de não terem os seus bens comunicados, com o afastamento da incidência da Súmula n. 377 do STF. Portanto, não há falar em meação de bens nem em sucessão da companheira (CC, art. 1.829, I).

9. Recurso especial da filha do *de cujus* a que se dá provimento. Recurso da ex-companheira desprovido.

(REsp n. 1.922.347/PR, relator Ministro Luis Felipe Salomão, Quarta Turma, julgado em 7/12/2021, DJe de 1/2/2022.)

Destarte, o acórdão recorrido encontra-se em consonância com a jurisprudência desta Corte no sentido de que não há como alterar o regime da separação obrigatória de bens no casamento de pessoas acima de 70 anos.

No tocante aos arts. 2º, 3º e 4º da Lei n.º 10.741/200, verifica-se que seus conteúdos normativos não foram objeto de apreciação pelo Tribunal *a quo*. Portanto, ausente o prequestionamento, entendido como a necessidade de ter o tema objeto do recurso sido examinado na decisão atacada.

O prequestionamento é exigência inafastável contida na própria previsão constitucional, impondo-se como um dos principais pressupostos ao conhecimento do recurso especial. Incidem, ao caso, as Súmulas 282 e 356 do STF.

Ante o exposto, conheço do agravo para negar provimento ao recurso especial.

Fiquem as partes cientificadas de que a insistência injustificada no prosseguimento do feito, caracterizada pela apresentação de recursos manifestamente inadmissíveis ou protelatórios contra esta decisão, ensejará a imposição, conforme o caso, das multas previstas nos arts. 1.021, § 4º, e 1.026, § 2º, do CPC/2015.

Publique-se.

Brasília, 16 de agosto de 2023.

MINISTRO MARCO AURÉLIO BELLIZZE, Relator - - /(STJ – AREsp nº 2.312.541 – São Paulo – 3ª Turma – Rel. Min. Marco Aurélio Bellizze – DJ 18.08.2023)

ENUNCIADOS DO IBDFAM APROVADOS NO X CONGRESSO BRASILEIRO DE DIREITO DE FAMÍLIA, EM NOVEMBRO 2017.

Enunciado 24. Em pacto antenupcial ou contrato de convivência podem ser celebrados negócios jurídicos processuais.

ENUNCIADOS APROVADOS NO 1º ENCONTRO ESTADUAL DE MAGISTRADOS DE VARAS DA FAMÍLIA E DAS SUCESSÕES DO TRIBUNAL DE JUSTIÇA DO ESTADO DE SÃO PAULO

Enunciado 14. No regime da comunhão parcial de bens constitui bem comum a indenização trabalhista correspondente a créditos formados na constância do casamento.

Enunciado 15. No regime da comunhão parcial de bens o saldo do FGTS formado na constância do casamento constitui bem comum.

Enunciado 16. No regime da comunhão parcial de bens o saldo de fundos de previdência privada formado na constância do casamento constitui bem comum.

Enunciado 17. No regime da comunhão parcial de bens não se comunicam indenizações por acidente de trabalho e por dano moral postuladas somente por um dos cônjuges ou companheiros, em razão da natureza personalíssima da reparação.

Ementa: Ação de retificação de registro de casamento – Regime de bens – Pretensão à retificação para constar regime de comunhão parcial – Insurgência contra improcedência do pedido – Manutenção – Adoção das regras de *"common law"* quanto ao regime de bens quando do casamento dos autores nos Estados Unidos – Regime de bens estrangeiro que não se compatibiliza com a comunhão parcial de bens, nos termos do art. 1.658 do CC – Transcrição que, portanto, está correta – Recurso não provido. (TJSP – Apelação Cível nº 1032982-57.2023.8.26.0224 – Guarulhos – 3ª Câmara de Direito Privado – Rel. Des. Carlos Alberto de Salles – DJ 15.12.2023)

TRIBUNAL DE JUSTIÇA DO ESTADO DE GOIÁS

EMENTA: PACTO ANTENUPCIAL. AUSÊNCIA DE REGISTRO. REGIME DE BENS. COMUNHÃO PARCIAL. PROTEÇÃO DE TERCEIROS. 2 – SIGILO BANCÁRIO. QUEBRA. EXCEPCIONALIDADE DA MEDIDA. DIREITO A INTIMIDADE. RELATIVIZAÇÃO. NECESSIDADE NO CASO CONCRETO. 2 – NÃO LEVADO A REGISTRO O PACTO ANTENUPCIAL CONSIDERA-SE COMO REGIME DE BENS AQUELE LEGALMENTE IMPOSTO, QUAL SEJA, O DA COMUNHÃO PARCIAL DE BENS, EM RAZÃO DA PROTEÇÃO DA BOA-FÉ DE TERCEIROS. 3 – A QUEBRA DO SIGILO BANCÁRIO SOMENTE E COMPORTÁVEL EM SITUAÇÕES EXCEPCIONAIS, HAJA VISTA A RELATIVIZAÇÃAO DO DIREITO A INTIMIDADE, CONSTITUCIONALMENTE ASSEGURADO. IN CASU., VISUALIZO COMO CONDIÇÃO IMPRESCINDÍVEL AO DESFECHO DOS AUTOS DO INVENTARIO DOS BENS DEIXADOS PELO DE CUJUS. (...) A QUEBRA DO SIGILO BANCÁRIO DA AGRAVADA, RAZÃO PELA QUAL MANTENHO A DECISÃO FUSTIGADA. AGRAVO CONHECIDO E DESPROVIDO, A UNANIMIDADE DE VOTOS. (TJGO – Ag. Inst. 56408-0/180, Des. Alfredo Abinagem, 2ª C. Civel, DJ 233 de 10/12/2008)

3. QUESTÕES DE CONCURSOS

01. (IESES – Titular de Serviços de Notas e Registros – TJ – TO – Remoção/2022) As convenções antenupciais deverão ser levadas para registro no:

a) Diário Oficial da União- D.O.U.
b) Registro de imóveis.
c) Registro de títulos e documentos.
d) Registro civil de pessoas jurídicas.

02. (IESES – Cartório – TJ – RO/2012) O casamento e a união estável são regidos por regime de bens, previstos no Código Civil. Com base nisso, analise as assertivas abaixo:

I. Para que seja válido, o contrato de união estável deve ser feito sob a forma de escritura pública.
II. No contrato de união estável, o regime de bens deve ser obrigatoriamente o de comunhão parcial.
III. Para que seja válido, pacto antenupcial do casamento deve ser feito sob a forma de escritura pública.
IV. O pacto antenupcial é sempre necessário, ainda que o regime de bens seja o da comunhão parcial.

Assinale a alternativa correta:

a) São verdadeiras apenas as assertivas I, III e IV.
b) São verdadeiras apenas as assertivas III e IV.
c) São verdadeiras apenas as assertivas II e III.
d) É verdadeira apenas a assertiva III.

03. (Cespe – Cartório – ES/2013) A respeito da sociedade conjugal, assinale a opção correta.

a) O pacto antenupcial não terá validade entre as partes nem perante terceiros se não for registrado em cartório imobiliário.
b) Os salários percebidos pelos cônjuges em contraprestação ao trabalho não se comunicam no regime de comunhão parcial.
c) O cartório imobiliário perante o qual deve ser registrado o pacto antenupcial é o do domicílio dos nubentes, e não o do lugar em que estejam registrados seus bens.
d) A autorização do cônjuge é indispensável para a alienação ou gravação de ônus real dos bens imóveis, independentemente do regime de bens do casamento.
e) Para a locação de imóvel urbano por mais de cinco anos, impõe-se a concordância de ambos os cônjuges.

04. (Cespe – Cartório – TJ – BA/2014) Em relação ao direito de família, assinale a opção correta.

a) O adultério da mulher, se confessado, ilide a presunção de paternidade decorrente do casamento.

b) A dissolução do casamento por morte de um dos cônjuges faz cessar o direito do cônjuge sobrevivo de ajuizar ação declaratória de nulidade do vínculo matrimonial.

c) Ainda que transcrito no registro civil, é anulável o casamento celebrado por juiz de paz fora de sua competência territorial.

d) É nulo o pacto antenupcial formalizado mediante contrato com firma reconhecida, ainda que na presença de testemunhas.

e) A validade da união estável está condicionada à sua inscrição no registro civil de pessoas naturais.

GAB	1	B	2	D	3	B	4	D

13) das cédulas de crédito rural; *(revogado pela Lei 13.986/2020)*

14) das cédulas de crédito industrial;

1. COMENTÁRIOS

No ordenamento jurídico pátrio, existem várias espécies de cédulas, regidas por normas diversas, e que tem relevância para a área registral, exigindo do leitor conhecimento da matéria. São elas:

1) **Cédula Rural Pignoratícia** – Decreto-lei 167/1967
2) **Cédula Rural Hipotecária** – Decreto-lei 167/1967
3) **Cédula Rural Pignoratícia e Hipotecária** – Decreto-lei 167/1967
4) **Cédula de Crédito Industrial** – Decreto-lei 413/1969
5) **Cédula de Crédito à Exportação** – Lei 6.313/1975 e Decreto-lei 413/1969
6) **Cédula de Crédito Comercial** – Lei 6.840/1980 e Decreto-lei 413/1969
7) **Cédula de Produto Rural (CPR)** – Lei 8.929/1994
8) **Cédula de Crédito Imobiliário (CCI)** – Lei 10.931/2004
9) **Cédula de Crédito Bancário** – Lei 10.931/2004.
10) **Cédula Imobiliária Rural (CIR)** – Lei 13.986/2020

As cédulas de crédito e a cédula de produto rural têm por finalidade estimular o financiamento dos principais setores que movimentam a nossa economia como a agropecuária, a indústria, o comércio, a prestação de serviços e o mercado imobiliário, mediante a concessão de crédito àqueles que pretendem empreender e, ao mesmo tempo, garantir o capital investido.

As cédulas de **crédito rural, industrial, à exportação, comercial e bancário** representam **promessa de pagamento em dinheiro**, com ou sem garantia real cedularmente constituída, vale dizer, dispensando documento à parte, com ou sem garantia composto no próprio título.

De outro lado, a **cédula de produto rural** consagra uma **promessa de entrega de produtos rurais**, cabendo ação de execução por quantia certa se se tratar de cédula de produto rural com liquidação financeira (art. 4º-A, § 2º, da Lei 8.929/1994), ou ação de execução para entrega de coisa incerta se se tratar de cédula de produto rural que não preveja a liquidação financeira (art. 15, da Lei 8.929/1994).

A **cédula de crédito imobiliário representa créditos imobiliários** (art. 18 e § 1º, da Lei nº 10.931/2004), isto é, uma contratação de um financiamento de bem imóvel.

Os requisitos da cédula de crédito imobiliário estão elencados no art. 19 da Lei 10.931/2004. Sua emissão será tão-somente **averbada no Livro nº 2** – Registro Geral do Registro de Imóveis. Para a averbação da emissão, previamente deverá ter sido registrada a garantia real.

Constata-se, portanto, que **não será realizado o registro no Livro nº 3 – Registro Auxiliar.** A sistemática de registros é distinta, pois, neste caso, se averba a emissão da cédula para representar e colocar em circulação a garantia constituída (alienação fiduciária de bem imóvel ou hipoteca). Tal procedimento deve ser feito em todas as matrículas dos imóveis dados em garantia.

Novidade trazida pela Lei 13.986/2020 (conversão da MP 897/2019), a **cédula imobiliária rural** é título de crédito nominativo, transferível e de livre negociação, representativa de promessa de pagamento em dinheiro, decorrente de operação de crédito de qualquer modalidade e obrigação de entregar, em favor do credor, bem imóvel rural, ou fração deste, vinculado ao patrimônio rural em afetação, e que seja garantia da operação de crédito, nas hipóteses em que não houver o pagamento da operação até a data do vencimento.

1.1 CÉDULA DE CRÉDITO RURAL

A **cédula de crédito rural** é promessa de pagamento em dinheiro, sem ou com garantia real cedularmente constituída, sob as seguintes denominações e modalidades:

a) Cédula Rural Pignoratícia;
b) Cédula Rural Hipotecária;
c) Cédula Rural Pignoratícia e Hipotecária; e
d) Nota de Crédito Rural.

O Decreto-lei 167/1967 desenreda os requisitos para as cédulas. Observa-se que **não há nenhuma referência à obrigatoriedade de se reconhecer as firmas nelas apostas.** Essas cédulas são assinadas apenas pelo emitente devedor e pelos eventuais prestadores de garantias, não sendo necessária a assinatura do credor.

Isso é decorrência da natureza cambial das cédulas de crédito e a regra vale também para a cédula de crédito industrial.

O art. 10 do Decreto-lei 167/1967, com nova redação dada pela Lei 13.986/2020, enuncia que cédula de crédito rural é título civil, líquido e certo, transferível e de livre negociação, exigível pelo seu valor ou pelo de seu endosso, além dos juros, da comissão de fiscalização, se houver, e das demais despesas feitas pelo credor para a segurança, a regularidade e a realização de seu direito creditório.

Aqui, o endosso parcial é permitido, conforme se extrai do § 2º do referido artigo: "não constando do endosso o valor pelo qual se transfere a cédula, prevalecerá o da soma declarada no título acrescido dos acessórios, na forma deste artigo, deduzido o valor das quitações parciais passadas no próprio título". Diferentemente do que dispõe o Código Civil, no parágrafo único do art. 912, sobre os títulos de crédito propriamente ditos, os quais o endosso parcial é vedado.

Ademais, a Lei 13.986/2020 trouxe outros dispositivos, alguns inclusive que vão ao encontro da nova realidade virtual e merecem a transcrição:

> **Art. 10-A** A cédula de crédito rural poderá ser emitida sob a forma escritural em sistema eletrônico de escrituração.
>
> § 1º O sistema eletrônico de escrituração de que trata o *caput* deste artigo será mantido em entidade autorizada pelo Banco Central do Brasil a exercer a atividade de escrituração.
>
> § 2º Compete ao Banco Central do Brasil:
>
> I – estabelecer as condições para o exercício da atividade de escrituração de que trata o § 1º deste artigo; e
>
> II – autorizar e supervisionar o exercício da atividade prevista no inciso I deste parágrafo.
>
> § 3º A autorização de que trata o inciso II do § 2º deste artigo poderá, a critério do Banco Central do Brasil, ser concedida por segmento, por espécie ou por grupos de entidades que atendam a critérios específicos, dispensada a autorização individualizada.
>
> § 4º As infrações às normas legais e regulamentares que regem a atividade de escrituração eletrônica sujeitam a entidade responsável pelo sistema eletrônico de escrituração, os seus administradores e os membros de seus órgãos estatutários ou contratuais ao disposto na Lei nº 13.506, de 13 de novembro de 2017.
>
> **Art. 10-B**. A entidade responsável pelo sistema eletrônico de escrituração de que trata o art. 10-A deste Decreto-Lei expedirá, mediante solicitação, **certidão de inteiro teor do título, inclusive para fins de protesto e de execução judicial.**
>
> Parágrafo único. A certidão de que trata o *caput* deste artigo poderá ser emitida na forma eletrônica, observados os requisitos de segurança que garantam a autenticidade e a integridade do documento.
>
> **Art. 10-C.** O Banco Central do Brasil poderá regulamentar aspectos relativos à emissão, à negociação e à liquidação da cédula de crédito rural emitida sob a forma escritural.
>
> **Art. 10-D**. O sistema eletrônico de escrituração de que trata o *caput* do art. 10-A deste Decreto-Lei fará constar:
>
> I – os requisitos essenciais do título;
>
> II – o endosso e a respectiva cadeia de endossos, se houver;
>
> III – a forma de pagamento ajustada no título;
>
> IV – os aditamentos, as ratificações e as retificações de que trata o art. 12 deste Decreto-Lei;
>
> V – a inclusão de notificações, de cláusulas contratuais, de informações ou de outras declarações referentes à cédula de crédito rural; e
>
> VI – as ocorrências de pagamento, se houver.
>
> Parágrafo único. Na hipótese de serem constituídos garantias e quaisquer outros gravames e ônus, tais ocorrências serão informadas no sistema de que trata o art. 10-A deste Decreto-Lei.

É importante destacar a regra do art. 69 do referido decreto, que estabelece que os bens objeto de penhor ou de hipoteca constituídos pela cédula de crédito rural **não serão penhorados, arrestados ou sequestrados por outras dívidas do emitente ou do terceiro empenhador ou hipotecante**. Cabe ao emitente ou ao terceiro empenhador ou hipotecante denunciar a existência da cédula às autoridades incumbidas da diligência ou a quem a determinou, sob pena de responder pelos prejuízos resultantes de sua omissão.

Conforme o art. 14 do Decreto-lei 167/1967, são requisitos da **cédula rural pignoratícia**:

> I – Denominação "Cédula Rural Pignoratícia".
>
> II – Data e condições de pagamento; havendo prestações periódicas ou prorrogações de vencimento, acrescentar: "nos termos da cláusula Forma de Pagamento abaixo" ou "nos termos da cláusula Ajuste de Prorrogação abaixo".
>
> III – Nome do credor e a cláusula à ordem.
>
> IV – Valor do crédito deferido, lançado em algarismos e por extenso, com indicação da finalidade ruralista a que se destina o financiamento concedido e a forma de sua utilização.
>
> V – Descrição dos bens vinculados em penhor, que se indicarão pela espécie, qualidade, quantidade, marca ou período de produção, se for o caso, além do local ou depósito em que os mesmos bens se encontrarem.
>
> VI – Taxa dos juros a pagar, e da comissão de fiscalização, se houver, e o tempo de seu pagamento.
>
> VII – Praça do pagamento.
>
> VIII – Data e lugar da emissão.
>
> IX – assinatura do emitente ou de representante com poderes especiais, admitida a assinatura sob a forma eletrônica, desde que garantida a identificação inequívoca de seu signatário.

Este último inciso teve sua redação dada pela Lei 13.986/2020. A antiga redação previa como requisito a assinatura do próprio punho do emitente ou de representante com poderes especiais.

No que se refere à **cédula rural hipotecária,** reza o art. 20 do Decreto 167/1967, que tal cédula conterá os seguintes requisitos, lançados no contexto:

> I – Denominação "Cédula Rural Hipotecária".
>
> II – Data e condições de pagamento; havendo prestações periódicas ou prorrogações de vencimento, acrescentar: "nos termos da cláusula Forma de Pagamento abaixo" ou "nos termos da cláusula Ajuste de Prorrogação abaixo".
>
> III – Nome do credor e a cláusula à ordem.
>
> IV – Valor do crédito deferido, lançado em algarismos e por extenso, com indicação da finalidade ruralista a que se destina o financiamento concedido e a forma de sua utilização.
>
> V – Descrição do imóvel hipotecado com indicação do nome, se houver, dimensões, confrontações, benfeitorias, título e data de aquisição e anotações (número, livro e folha) do registro imobiliário.
>
> VI – Taxa dos juros a pagar e a da comissão de fiscalização, se houver, e tempo de seu pagamento.
>
> VII – Praça do pagamento.
>
> VIII – Data e lugar da emissão.
>
> IX – assinatura do emitente ou de representante com poderes especiais, admitida a assinatura sob a forma eletrônica, desde que garantida a identificação inequívoca de seu signatário.

Este último inciso teve sua redação dada pela Lei 13.986/2020. A antiga redação previa como requisito a assinatura do próprio punho do emitente ou de representante com poderes especiais.

O art. 25, por sua vez, estabelece que a **cédula rural pignoratícia e hipotecária** conterá os seguintes requisitos, lançados no contexto:

> I – Denominação "Cédula Rural Pignoratícia e Hipotecária".
>
> II – Data e condições de pagamento havendo prestações periódicas ou prorrogações de vencimento, acrescentar: "nos termos da cláusula Forma de Pagamento abaixo" ou "nos termos da cláusula Ajuste de Prorrogação abaixo".
>
> III – Nome do credor e a cláusula à ordem.
>
> IV – Valor do crédito deferido, lançado em algarismos e por extenso, com indicação da finalidade ruralista a que se destina o financiamento concedido e a forma de sua utilização.
>
> V – Descrição dos bens vinculados em penhor, os quais se indicarão pela espécie, qualidade, quantidade, marca ou período de produção se for o caso, além do local ou depósito dos mesmos bens.
>
> VI – Descrição do imóvel hipotecado com indicação do nome, se houver, dimensões, confrontações, benfeitorias, título e data de aquisição e anotações (número, livro e folha) do registro imobiliário.
>
> VII – Taxa dos juros a pagar e da comissão de fiscalização, se houver, e tempo de seu pagamento.
>
> VIII – Praça do pagamento.
>
> IX – Data e lugar da emissão.
>
> X – assinatura do emitente ou de representante com poderes especiais, admitida a assinatura sob a forma eletrônica, desde que garantida a identificação inequívoca de seu signatário.

Este último inciso teve sua redação dada pela Lei 13.986/2020. A antiga redação previa como requisito a assinatura do próprio punho do emitente ou de representante com poderes especiais.

Para a **nota de crédito rural**, o art. 27 do referido decreto, estipula como requisitos:

> I – Denominação "Nota de Crédito Rural".
>
> II – Data e condições de pagamento; havendo prestações periódicas ou prorrogações de vencimento, acrescentar: "nos termos da cláusula Forma de Pagamento abaixo" ou "nos termos da cláusula Ajuste de Prorrogação abaixo".
>
> III – Nome do credor e a cláusula à ordem.
>
> IV – Valor do crédito deferido, lançado em algarismos e por extenso, com indicação da finalidade ruralista a que se destina o financiamento concedido e a forma de sua utilização.
>
> V – Taxa dos juros a pagar e da comissão de fiscalização se houver, e tempo de seu pagamento.
>
> VI – Praça do pagamento.
>
> VII – Data e lugar da emissão.
>
> VIII – assinatura do emitente ou de representante com poderes especiais, admitida a assinatura sob a forma eletrônica, desde que garantida a identificação inequívoca de seu signatário.

Este último inciso teve sua redação dada pela Lei 13.986/2020. A antiga redação previa como requisito a assinatura do próprio punho do emitente ou de representante com poderes especiais.

Até a Lei 13.986/2020, para terem eficácia contra terceiros, as cédulas de crédito rural deveriam ser inscritas no Cartório do Registro de Imóveis, sendo o registro das cédulas feito no **Livro n. 3 (Registro Auxiliar).** No caso de existência de hipoteca ou outro direito real imobiliário de garantia, deveria ser feito também o registro na matrícula (Livro n. 2 – Registro Geral) do imóvel que era dado em hipoteca, com **remissões recíprocas** nos registros do Livro n. 3 e do Livro n. 2.

Esta regra vigorou inclusive, durante a Medida Provisória 897/2019, que é a conversão da Lei 13.986/2020, que por sua vez, revogou os artigos 30 a 40 do Decreto-lei 167/1967, que dispunha sobre o procedimento do registro e da averbação no Registro de Imóveis competente, bem como revogou o item 13, inciso I, do art. 167 da Lei 6.015/2973, que tratava do referido registro.

É importante destacar que o registro da cédula não é mais da competência do Registro Imobiliário. No entanto, o registro do penhor rural continua sendo imperativo e está previsto na legislação.

1.2 CÉDULA DE CRÉDITO INDUSTRIAL

A **cédula de crédito industrial** consiste no título de crédito líquido e certo, constituída por uma promessa de pagamento em dinheiro, com garantia real, cedularmente constituída, destinada ao financiamento a pessoa física ou jurídica que se dedique à atividade industrial. Somente pode ser concedida por instituições financeiras, diferentemente do que ocorre com a cédula de crédito rural.

A concessão dos financiamentos previstos no Decreto-lei 413/1969, bem como a constituição de suas garantias, pelas instituições de crédito, públicas e privadas, independe da exibição de comprovante de cumprimento de obrigações fiscais, da previdência social, ou de declaração de bens e certidão negativa de multas.

O art. 14 do Decreto-lei 413/1969 indica quais requisitos devem constar na CCI:

> I – Denominação "Cédula de Crédito Industrial".
>
> II – Data do pagamento, se a cédula for emitida para pagamento parcelado, acrescentar-se-á cláusula discriminando valor e data de pagamento das prestações.
>
> III – Nome do credor e cláusula à ordem.
>
> IV – Valor do crédito deferido, lançado em algarismos por extenso, e a forma de sua utilização.
>
> V – Descrição dos bens objeto do penhor, ou da alienação fiduciária, que se indicarão pela espécie, qualidade, quantidade e marca, se houver, além do local ou do depósito de sua situação, indicando-se, no caso de hipoteca, situação, dimensões, confrontações, benfeitorias, título e data de aquisição do imóvel e anotações (número, livro e fôlha) do registro imobiliário.
>
> VI – Taxa de juros a pagar e comissão de fiscalização, se houver, e épocas em que serão exigíveis, podendo ser capitalizadas.
>
> VII – Obrigatoriedade de seguro dos bens objeto da garantia.
>
> VIII – Praça do pagamento.
>
> IX – Data e lugar da emissão.
>
> X – Assinatura do próprio punho do emitente ou de representante com poderes especiais.

O registro da cédula de crédito industrial também se faz na Serventia de Imóveis, devendo conter, conforme art. 32 do Decreto-lei 413/1969, os seguintes requisitos:

a) Data e forma do pagamento.
b) Nome do emitente, do financiador e, quando houver, do terceiro prestante da garantia real e do endossatário.
c) Valor do crédito deferido e forma de sua utilização.
d) Praça do pagamento.
e) Data e lugar da emissão.

1.3 CÉDULAS DE CRÉDITO À EXPORTAÇÃO

As **cédulas de crédito à exportação**, previstas na Lei 6.313/1975, são títulos de crédito emitidos, por pessoas físicas ou jurídicas, pertinentes ao financiamento da produção de bens para a exportação, da própria exportação e de atividades complementares.

Serão aplicáveis à Cédula de Crédito à Exportação, respectivamente, os dispositivos do Decreto-lei 413/1969, referente à Cédula de Crédito Industrial e à Nota de Crédito Industrial.

O registro da Cédula de Crédito à Exportação será feito no mesmo livro e observados os requisitos aplicáveis à Cédula Industrial. A Cédula de Crédito à Exportação e a Nota de Crédito à Exportação obedecerão aos modelos anexos ao referido Decreto-Lei, respeitada, porém, em cada caso, a respectiva denominação.

1.4 CÉDULAS DE CRÉDITO COMERCIAL

A Lei 6.840/1980 prevê as **cédulas de crédito comercial,** estabelecendo que as operações de empréstimo concedidas por instituições financeiras a pessoa física ou jurídica que se dedique a atividade comercial ou de prestação de serviços poderão ser representadas por Cédula de Crédito Comercial e por nota de Crédito Comercial.

Aplicam-se à Cédula de Crédito Comercial e à Nota de Crédito Comercial as normas do Decreto-lei 413/1969, inclusive quanto aos modelos anexos àquele diploma, respeitadas, em cada caso, a respectiva denominação e as disposições desta Lei. Porém, o art. 3º da referida lei, prevê uma exceção, qual seja, a dispensa da descrição a que se refere o inciso V do artigo 14 do Decreto-lei 413/1969, quando a garantia se constituir através de penhor de títulos de crédito, hipótese em que se estabelecerá apenas o valor global.

1.5 CÉDULA DE PRODUTO RURAL

Inicialmente cumpre definir produto rural. Definem-se como produtos rurais aqueles obtidos nas atividades:

a) Agrícola, pecuária, florestal, de extrativismo vegetal e de pesca e aquicultura, seus derivados, subprodutos e resíduos de valor econômico, inclusive quando submetidos a beneficiamento ou a primeira industrialização;
b) Relacionadas à conservação, à recuperação e ao manejo sustentável de florestas nativas e dos respectivos biomas, à recuperação de áreas degradadas, à prestação de serviços ambientais na propriedade rural ou que vierem a ser definidas pelo Poder Executivo como ambientalmente sustentáveis;
c) De industrialização dos produtos resultantes das atividades relacionadas na letra "a".
d) De produção ou de comercialização de insumos agrícolas, de máquinas e implementos agrícolas e de equipamentos de armazenagem.

Por sua vez, a **cédula de produto rural** é um título de crédito, previsto na Lei 8.929/1994, representativo de promessa de entrega de produtos rurais, com ou sem garantia cedularmente constituída. Trata-se de título líquido e certo, exigível pela quantidade e qualidade de produto nela previsto, cujos **legitimados** a emiti-la são:

> a) O produtor rural, pessoa natural ou jurídica, inclusive com objeto social que compreenda em caráter não exclusivo a produção rural, a cooperativa agropecuária e

a associação de produtores rurais que tenha por objeto a produção, a comercialização e a industrialização dos produtos rurais.

b) as pessoas naturais ou jurídicas que beneficiam ou promovem a primeira industrialização dos produtos rurais ou que empreendem as atividades constantes citadas nas letras "b" a "d"

A cédula de produto rural conterá os seguintes **requisitos,** lançados em seu contexto:

I) denominação "Cédula de Produto Rural" ou "Cédula de Produto Rural com Liquidação Financeira", conforme o caso;

II) data da entrega ou vencimento e, se for o caso, cronograma de liquidação;

III) nome e qualificação do credor e cláusula à ordem;

IV) promessa pura e simples de entrega do produto, sua indicação e as especificações de qualidade, de quantidade e do local onde será desenvolvido o produto rural;

V) local e condições da entrega;

VI) descrição dos bens cedularmente vinculados em garantia, com nome e qualificação dos seus proprietários e nome e qualificação dos garantidores fidejussórios;

VII) data e lugar da emissão;

VIII) nome, qualificação e assinatura do emitente e dos garantidores, que poderá ser feita de forma eletrônica;

IX) forma e condição de liquidação; e

X) critérios adotados para obtenção do valor de liquidação da cédula.

Sem caráter de requisito essencial, a CPR, emitida sob a forma cartular ou escritural, poderá conter outras cláusulas lançadas em seu contexto. A descrição dos bens vinculados em garantia pode ser feita em documento à parte, assinado pelo emitente, fazendo-se, na cédula, menção a essa circunstância.

A Lei 13.986/2020 acrescentou dispositivos que merecem transcrição para complementar os estudos:

Art. 3º-A. A CPR poderá ser emitida sob a forma cartular ou escritural

§ 1º A emissão na forma escritural, que poderá valer-se de processos eletrônicos ou digitais, será objeto de lançamento em sistema eletrônico de escrituração gerido por entidade autorizada pelo Banco Central do Brasil a exercer a atividade de escrituração.

§ 2º A CPR emitida sob a forma cartular assumirá a forma escritural enquanto permanecer depositada em entidade autorizada pelo Banco Central do Brasil a exercer a atividade de depósito centralizado de ativos financeiros ou de valores mobiliários.

§ 3º Os negócios ocorridos durante o período em que a CPR emitida sob a forma cartular estiver depositada não serão transcritos no verso do título, cabendo ao sistema referido no § 1º deste artigo o controle da titularidade.

§ 4º A CPR será considerada ativo financeiro, para os fins de registro e de depósito em entidades autorizadas pelo Banco Central do Brasil a exercer tais atividades.

Art. 3º-B. Compete ao Banco Central do Brasil:

I – estabelecer as condições para o exercício da atividade de escrituração de que trata o § 1º do art. 3º-A desta Lei; e

II – autorizar e supervisionar o exercício da atividade prevista no inciso I do *caput* deste artigo.

§ 1º A autorização de que trata o inciso II do *caput* deste artigo poderá, a critério do Banco Central do Brasil, ser concedida por segmento, por espécie ou por grupos de entidades que atendam a critérios específicos, dispensada a autorização individualizada.

§ 2º A entidade de que trata o § 1º do art. 3º-A desta Lei deverá expedir, mediante solicitação:

I – certidão de inteiro teor do título, **inclusive para fins de protesto, de procedimento extrajudicial ou de medida judicial, mesmo contra garantidores;**

II – certidão de registro de cédulas escrituradas em nome do emitente e garantidor, quando aplicável.

§ 3º As certidões previstas no § 2º deste artigo podem ser emitidas de forma eletrônica, observados requisitos de segurança que garantam a autenticidade e a integridade do documento, que lhe conferem liquidez, certeza e exigibilidade.

Art. 3º-C. O sistema eletrônico de escrituração de que trata o § 1º do art. 3º-A desta Lei fará constar:

I – os requisitos essenciais do título;

II – as transferências de titularidade realizadas;

III – os aditamentos, as ratificações e as retificações;

IV – a inclusão de notificações, de cláusulas contratuais e de outras informações;

V – a forma de liquidação de entrega ajustada no título;

VI – a entrega ou pagamento em até 30 (trinta) dias após suas ocorrências; e

VII – as garantias do título.

Parágrafo único. As garantias dadas na CPR, ou, ainda, a constituição de ônus e gravames sobre o título, deverão ser informadas no sistema ao qual se refere o § 1º do art. 3º-A desta Lei.

Art. 3º-D. A CPR poderá ser negociada, desde que registrada ou depositada em entidade autorizada pelo Banco Central do Brasil a exercer a atividade de registro ou depósito centralizado de ativos financeiros.

Parágrafo único. A CPR será considerada ativo financeiro e a operação ficará isenta do imposto sobre operações de crédito, câmbio e seguro, ou relativas a títulos ou valores mobiliários, na hipótese de ocorrência da negociação de que trata o *caput* deste artigo.

Art. 3º-E As infrações às normas legais regulamentares que regem a atividade de escrituração eletrônica sujeitam a entidade responsável pelo sistema eletrônico de escrituração, os seus administradores e os membros de seus órgãos estatutários ou contratuais ao disposto na Lei nº 13.506, de 13 de novembro de 2017.

A antiga redação do artigo 12 da Lei 8.929/1994 dispunha que a cédula de produto rural, para ter eficácia contra terceiros, deveria ser inscrita no Registro de Imóveis do domicílio do emitente. Em caso de hipoteca e penhor, a lei mencionava averbação. No entanto, era pacífico na doutrina e na jurisprudência que se tratava de registro e não de averbação, devido a um erro legislativo. Portanto, o registro deveria ser feito na matrícula do imóvel hipotecado e no Registro de Imóveis de localização dos bens penhorados.

Com a edição da Lei 13.986/2020, o art. 12 passa a estabelecer que a CPR emitida a partir de 1º de janeiro de 2021, bem como seus aditamentos, para ter validade e eficácia, deveria ser registrada ou depositada, em até 10 (dez) dias úteis da data de emissão ou aditamento, em entidade autorizada pelo Banco Central do Brasil a exercer a atividade de registro ou de depósito centralizado de ativos financeiros ou de valores mobiliários.

Ocorre que este artigo foi novamente alterado em 2022, pela Lei n. 14.421. Desse modo, a nova redação do dispositivo estabelece que:

> **Art. 12. A CPR**, bem como seus aditamentos, para não perder validade e eficácia, deverá:
> I – se emitida até 10 de agosto de 2022, ser registrada ou depositada em até 10 (dez) dias úteis da data de emissão ou aditamento, em entidade autorizada pelo Banco Central do Brasil a exercer a atividade de registro ou de depósito centralizado de ativos financeiros ou de valores mobiliários;
> II – se emitida a partir de 11 de agosto de 2022, ser registrada ou depositada em até 30 (trinta) dias úteis da data de emissão ou aditamento, em entidade autorizada pelo Banco Central do Brasil a exercer a atividade de registro ou de depósito centralizado de ativos financeiros ou de valores mobiliários.

Todavia, **a hipoteca, o penhor rural e a alienação fiduciária (ou seja, as suas garantias) sobre bem imóvel garantidores da CPR serão levados a registro no cartório de registro de imóveis em que estiverem localizados os bens dados em garantia.**

Note-se: a Lei 13.986/2020 preceitua que a validade e eficácia da **CPR não dependem de registro em cartório, mas as garantias reais a ela vinculadas ficam sujeitas, para valer contra terceiros, ao registro no cartório de registro de imóveis em que estiverem localizados os bens dados em garantia, devendo ser efetuado no prazo de 3 (três) dias úteis,** contado da apresentação do título ou certidão de inteiro teor, sob pena de responsabilidade funcional do oficial encarregado de promover os atos necessários.

A cobrança de emolumentos e custas cartorárias relacionada ao registro de garantias vinculadas à CPR será regida pelas normas aplicáveis ao registro de garantias vinculadas à Cédula de Crédito Rural, de que trata o Decreto-Lei n.167/1967.

A Lei n. 14.421/2022 também trouxe novo entendimento no que tange à alienação fiduciária em garantia de produtos agropecuários e de seus subprodutos. Neste caso, o registro deve ser feito no cartório de registro de imóveis em que estiverem localizados os bens dados em garantia, aplicando-se ao registro o disposto no § 2º do art. 2º da Lei n. 10.169/2000 (Lei de Emolumentos), analisada em capítulo próprio nesta obra.

Os bens vinculados à cédula de produto rural não serão penhorados ou sequestrados por outras dívidas do emitente ou do terceiro prestador da garantia real, cumprindo a qualquer deles denunciar a existência da cédula às autoridades incumbidas da diligência, ou a quem a determinou, sob pena de responderem pelos prejuízos resultantes de sua omissão.

Em diálogo com o Direito Penal, convém apresentar o art. 17 da Lei n. 8.929/1994, que estabelece que:

> Art. 17. Pratica **crime de estelionato** aquele que fizer declarações falsas ou inexatas acerca de sua natureza jurídica ou qualificação, bem como dos bens oferecidos em garantia da CPR, inclusive omitir declaração de já estarem eles sujeitos a outros ônus ou responsabilidade de qualquer espécie, até mesmo de natureza fiscal.

Por fim, é oportuno mencionar o recente Decreto n. 10.828, de 1º de outubro de 2021, que regulamenta a emissão de Cédula de Produto Rural relacionada às atividades de **conservação e recuperação de florestas nativas e de seus biomas**, conforme disposto no inciso II do § 2º do art. 1º da Lei nº 8.929, de 22 de agosto de 1994.

Desse modo, fica autorizada a emissão de CPR para os produtos rurais obtidos por meio das atividades relacionadas à conservação e à recuperação de florestas nativa e de seus biomas que resultem em:

I – redução de emissões de gases de efeito estufa;

II – manutenção ou aumento do estoque de carbono florestal;

III – redução do desmatamento e da degradação de vegetação nativa;

IV – conservação da biodiversidade;

V – conservação dos recursos hídricos;

VI – conservação do solo; ou

VII – outros benefícios ecossistêmicos.

1.6 CÉDULA DE CRÉDITO BANCÁRIO

A **cédula de crédito bancário (CCB)**, prevista na Lei 10.931/2004, é título de crédito emitido, por pessoa física ou jurídica, em favor de instituição financeira ou de entidade a esta equiparada, representando promessa de pagamento em dinheiro, decorrente de operação de crédito, de qualquer modalidade.

A instituição credora deve integrar o Sistema Financeiro Nacional, sendo admitida a emissão da cédula de crédito bancário em favor de instituição domiciliada no exterior, desde que a obrigação esteja sujeita exclusivamente à lei e ao foro brasileiros.

A cédula de crédito bancário é também título executivo extrajudicial e representa dívida em dinheiro, certa, líquida e exigível, seja pela soma nela indicada, seja pelo saldo devedor demonstrado em planilha de cálculo, ou nos extratos da conta corrente, elaborados conforme previsto no § 2º do art. 28 da Lei 10.931/2004, nestes termos:

> **Art. 28**
>
> (...)
>
> § 2º Sempre que necessário, a apuração do valor exato da obrigação, ou de seu saldo devedor, representado pela Cédula de Crédito Bancário, será feita pelo credor, por meio de planilha de cálculo e, quando for o caso, de extrato emitido pela instituição financeira, em favor da qual a Cédula de Crédito Bancário foi originalmente emitida, documentos esses que integrarão a Cédula, observado que:
>
> I – os cálculos realizados deverão evidenciar de modo claro, preciso e de fácil entendimento e compreensão, o valor principal da dívida, seus encargos e despesas contratuais devidos, a parcela de juros e os critérios de sua incidência, a parcela de atualização monetária ou cambial, a parcela correspondente a multas e demais penalidades contratuais, as despesas de cobrança e de honorários advocatícios devidos até a data do cálculo e, por fim, o valor total da dívida; e
>
> II – a Cédula de Crédito Bancário representativa de dívida oriunda de contrato de abertura de crédito bancário em conta corrente será emitida pelo valor total do crédito posto à disposição do emitente, competindo ao credor, nos termos deste parágrafo, discriminar nos extratos da conta corrente ou nas planilhas de cálculo, que serão anexados à Cédula, as parcelas utilizadas do crédito aberto, os aumentos do limite do crédito inicialmente concedido, as eventuais amortizações da dívida e a incidência dos encargos nos vários períodos de utilização do crédito aberto.
>
> § 3º O credor que, em ação judicial, cobrar o valor do crédito exequendo em desacordo com o expresso na Cédula de Crédito Bancário, fica obrigado a pagar ao devedor o dobro do cobrado a maior, que poderá ser compensado na própria ação, sem prejuízo da responsabilidade por perdas e danos.

Por sua vez, poderão ser pactuados na CCB:

> I – os juros sobre a dívida, capitalizados ou não, os critérios de sua incidência e, se for o caso, a periodicidade de sua capitalização, bem como as despesas e os demais encargos decorrentes da obrigação;
>
> II – os critérios de atualização monetária ou de variação cambial como permitido em lei;
>
> III – os casos de ocorrência de mora e de incidência das multas e penalidades contratuais, bem como as hipóteses de vencimento antecipado da dívida;
>
> IV – os critérios de apuração e de ressarcimento, pelo emitente ou por terceiro garantidor, das despesas de cobrança da dívida e dos honorários advocatícios, judiciais ou extrajudiciais, sendo que os honorários advocatícios extrajudiciais não poderão superar o limite de dez por cento do valor total devido;
>
> V – quando for o caso, a modalidade de garantia da dívida, sua extensão e as hipóteses de substituição de tal garantia;
>
> VI – as obrigações a serem cumpridas pelo credor;
>
> VII – a obrigação do credor de emitir extratos da conta corrente ou planilhas de cálculo da dívida, ou de seu saldo devedor, de acordo com os critérios estabelecidos na própria Cédula de Crédito Bancário, observado o disposto no § 2º do art. 28 da Lei 10.931/2004 exposto acima ; e
>
> VIII – outras condições de concessão do crédito, suas garantias ou liquidação, obrigações adicionais do emitente ou do terceiro garantidor da obrigação, desde que não contrariem as disposições da Lei 10.931/2004.

Demais disso, faz-se necessário trazer os **requisitos essenciais** que devem estar contidos na CCB. São eles:

I) a denominação "Cédula de Crédito Bancário";

II) a promessa do emitente de pagar a dívida em dinheiro, certa, líquida e exigível no seu vencimento ou, no caso de dívida oriunda de contrato de abertura de crédito bancário, a promessa do emitente de pagar a dívida em dinheiro, certa, líquida e exigível, correspondente ao crédito utilizado;

III) a data e o lugar do pagamento da dívida e, no caso de pagamento parcelado, as datas e os valores de cada prestação, ou os critérios para essa determinação;

IV) o nome da instituição credora, podendo conter cláusula à ordem;

V) a data e o lugar de sua emissão; e

VI) a assinatura do emitente e, se for o caso, do terceiro garantidor da obrigação, ou de seus respectivos mandatários.

A Cédula de Crédito Bancário será transferível mediante endosso em preto, ao qual se aplicarão, no que couberem, as normas do direito cambiário, caso em que o endossatário, mesmo não sendo instituição financeira ou entidade a ela equiparada, poderá exercer todos os direitos por ela conferidos, inclusive cobrar os juros e demais encargos na forma pactuada na Cédula.

Na hipótese de emissão por escrito, a Cédula de Crédito Bancário será emitida em tantas vias quantas forem as partes que nela intervierem, assinadas pelo emitente e pelo terceiro garantidor, se houver, ou por seus respectivos mandatários, e cada parte receberá uma via.

A cédula de crédito bancário **não será nem registrada, nem averbada**. O que será objeto de registro é apenas a **garantia dada**, a qual, dependendo da sua natureza, será procedida ou no Registro de Imóveis, ou no Registro de Títulos e Documentos.

1.7 CÉDULA IMOBILIÁRIA RURAL – CIR

Criada pela Medida Provisória 897/2019, que foi convertida na Lei 13.986/2020, a CIR consiste no título de crédito nominativo, transferível e de livre negociação, **representativa de promessa de pagamento em dinheiro**, decorrente de operação de crédito, de qualquer modalidade, contratada com instituição financeira e obrigação de entregar, em favor do credor, bem imóvel rural ou fração deste vinculado ao patrimônio de afetação, e que seja garantia da operação de crédito, nas hipóteses em que não houver o pagamento da operação de crédito.

O proprietário de imóvel rural, pessoa natural ou jurídica, que houver constituído patrimônio de afetação na forma prevista na Lei 13.986/2020, o chamado **"Patrimônio Rural em Afetação"** (arts. 7º ao 16) é o legitimado para emitir a Cédula Imobiliária Rural, nos limites da garantia representada pelo imóvel afetado ou fração deste.

A Cédula Imobiliária Rural será levada a registro ou a depósito em entidade autorizada pelo Banco Central do Brasil ou pela Comissão de Valores Mobiliários a exercer a atividade de registro ou depósito centralizado de ativos financeiros e de valores mobiliários, nos termos do disposto na Lei n. 12.810/2013, no prazo de cinco dias úteis, contado da data de sua emissão. O registro ou o depósito realizado neste prazo é condição necessária para que a CIR tenha eficácia executiva sobre o patrimônio rural em afetação a ela vinculado.

A CIR será título passível de registro no **Ofício de Imóveis competente, quando houver garantia objeto de registro.**

Trata-se de cédula cartular, antes do seu depósito e após a sua baixa, escritural enquanto permanecer depositada.

Anote-se que no período em que a Cédula Imobiliária Rural estiver depositada, o histórico dos negócios ocorridos não será transcrito no verso dos títulos e será anotado nos registros do sistema.

A CRI poderá ser garantida por terceiros, inclusive por instituição financeira ou seguradora.

Demais disso, a Cédula Imobiliária Rural é título executivo extrajudicial e representa dívida em dinheiro, certa, líquida e exigível correspondente ao valor nela indicado ou ao saldo devedor da operação de crédito que representa.

Dessa maneira, é possível receber aval, que deverá constar do registro ou do depósito acima explicitados.

O **protesto** para assegurar o direito de regresso contra **endossantes e avalistas** é dispensado, caminhando a norma ao encontro das outras legislações sobre cédulas.

Nos termos do art. 22 da Lei 13.986/2020, a Cédula Imobiliária Rural conterá os seguintes requisitos lançados em seu contexto:

I) a denominação "Cédula Imobiliária Rural";

II) a assinatura do emitente;

III) o nome do credor, permitida a cláusula à ordem;

IV) a data e o local da emissão;

V) a promessa do emitente de pagar o valor da CIR em dinheiro, certo, líquido e exigível no seu vencimento;

VI) a data e o local do pagamento da dívida e, na hipótese de pagamento parcelado, as datas e os valores de cada prestação;

VII) a data de vencimento;

VIII) a identificação do patrimônio rural em afetação, ou de sua parte, correspondente à garantia oferecida na CIR; e

IX) a autorização irretratável para que o oficial de registro de imóveis processe, em favor do credor, o registro de transmissão da propriedade do imóvel rural, ou da fração, constituinte do patrimônio rural em afetação vinculado à CIR, de acordo com o disposto no art. 28 desta Lei.

Aqui, cabe uma observação. Esta identificação deve conter os **números de registro e de matrícula do imóvel no registro oficial competente** e as **coordenadas dos vértices definidores dos limites da área rural ou da fração constitutiva do patrimônio de afetação ou de sua parte vinculado à Cédula Imobiliária Rural, georreferenciadas ao Sistema Geodésico Brasileiro,** respeitadas as exigências estabelecidas pela legislação ambiental e observadas as vedações para a constituição de patrimônio de afetação, quais sejam:

a) o imóvel já gravado por hipoteca, por alienação fiduciária de coisa imóvel ou outro ônus real, ou, ainda, que tenha registrado ou averbado em sua matrícula qualquer uma das informações de que trata o art. 54 da Lei 13.097/2015;

b) a pequena propriedade rural de que trata o inciso XXVI do *caput* do art. 5º da Constituição;

c) a área de tamanho inferior ao módulo rural ou à fração mínima de parcelamento, o que for menor, nos termos do disposto no art. 8º da Lei nº 5.868/1972; ou

d) o bem de família.

Importante anotar que, sem que configure requisito essencial, a CIR não será invalidada se contiver outras cláusulas não financeiras lançadas em seu registro, depósito ou cártula, as quais poderão constar de documento à parte, com a assinatura do emitente, incluída a menção a essa circunstância no registro, no depósito ou na cártula.

A Lei 13.986/2020 dá a opção de a CIR ser negociada somente nos mercados regulamentados de valores mobiliários quando registrada ou depositada em entidade autorizada pelo Banco Central do Brasil ou pela Comissão de Valores Mobiliários a exercer a atividade de registro ou depósito centralizado de ativos financeiros e de valores mobiliários.

O emitente usará, até a efetiva liquidação da obrigação garantida pela Cédula Imobiliária Rural, a suas expensas e risco, o imóvel rural objeto do patrimônio de afetação, conforme a sua destinação, e deverá empregar, na sua guarda, a diligência exigida por sua natureza.

Na hipótese de o bem constitutivo da garantia ser desapropriado ou danificado por fato imputável a terceiro, o credor será sub-rogado no direito à indenização devida pelo expropriante ou pelo terceiro causador do dano, até o montante necessário para liquidar ou amortizar a obrigação garantida.

Nos termos do art. 26 da Lei 13.986/2020, o vencimento da CIR será antecipado, independentemente de aviso ou interpelação judicial ou extrajudicial, nas hipóteses de:

I) descumprimento das obrigações de que trata o inciso I do *caput do* art. 14 desta Lei;

II) insolvência civil, falência ou recuperação judicial do emitente; ou

III) existência de prática comprovada de desvio de bens e administração ruinosa do imóvel rural que constitui o patrimônio rural em afetação a ela vinculado.

Vencida a CIR e não liquidado o crédito por ela representado, o credor poderá exercer de imediato o direito à transferência, para sua titularidade, do **registro da propriedade da área rural que constitui o patrimônio de afetação ou de sua parte vinculado a Cédula Imobiliária Rural no cartório de registro de imóveis correspondente.**

Neste caso, é possível, de acordo com a Lei 13.986/2020, aplicar, no que couber, o disposto nos art. 26 e art. 27 da Lei 9.514,/1997 (Alienação Fiduciária), respeitado o disposto no § 3º do art. 28 (*Se, no segundo leilão de que trata o art. 27 da Lei nº 9.514, de 20 de novembro de 1997, o maior lance oferecido não for igual ou superior ao valor da dívida, somado ao das despesas, dos prêmios de seguro e dos encargos legais, incluídos os tributos, o credor poderá cobrar do devedor, por via executiva, o valor remanescente de seu crédito, sem nenhum direito de retenção ou indenização sobre o imóvel alienado*).

A Lei 13.986/2020 permite que o Oficial de Registro de Imóveis **atue de ofício quando a área rural constitutiva do patrimônio de afetação vinculado à Cédula Imobiliária Rural estiver contida em imóvel rural de maior área**, ou **quando apenas parte do patrimônio de afetação estiver vinculada à Cédula Imobiliária Rural** efetuando assim, o desmembramento e estabelecendo a matrícula própria correspondente. Este procedimento é feito à custa do beneficiário final,

Por derradeiro, estabelece o art. 29 que aplicam-se à Cédula Imobiliária Rural, no que couber, as normas de direito cambial, com as seguintes modificações:

I) os endossos deverão ser completos; e

II) os endossantes responderão somente pela existência da obrigação.

1.8. PATRIMÔNIO RURAL EM AFETAÇÃO E O REGISTRO DE IMÓVEIS

A Medida Provisória 897/2019, convertida na Lei 13.986/2020, criou o instituto do Patrimônio Rural em Afetação.

Ocorre aqui a afetação do imóvel rural (fração ou todo), pelo proprietário de imóvel rural, pessoa natural ou jurídica, à prestação de garantias por meio da emissão de Cédula de Produto Rural (CPR) de que trata a Lei 8.929/1994 ou em operações financeiras contratadas pelo proprietário por meio de Cédula Imobiliária Rural (CIR), esta também novidade recente trazida pela referida MP e já exposta nesta obra.

No regime de afetação, o terreno, as acessões e as benfeitorias nele fixadas, exceto as lavouras, os bens móveis e os semoventes, constituirão patrimônio rural em afetação, destinado a prestar garantias por meio da emissão de Cédula de Produto Rural (CPR), de que trata a Lei n. 8.929/1994, ou em operações financeiras contratadas pelo proprietário por meio de Cédula Imobiliária Rural (CIR).

Todavia, o art. 8º da Lei 13.986/2020 **veda** a constituição de patrimônio rural em afetação incidente sobre:

> I – o imóvel já gravado por hipoteca, por alienação fiduciária de coisa imóvel ou por outro ônus real, ou, ainda, que tenha registrada ou averbada em sua matrícula qualquer uma das informações de que trata o art. 54 da Lei nº 13.097, de 19 de janeiro de 2015;
>
> II – a pequena propriedade rural de que trata a alínea "a" do inciso II do *caput* do art. 4º da Lei nº 8.629, de 25 de fevereiro de 1993;
>
> III – a área de tamanho inferior ao módulo rural ou à fração mínima de parcelamento, o que for menor, nos termos do art. 8º da Lei nº 5.868, de 12 de dezembro de 1972; ou
>
> IV – o bem de família de que trata a Lei nº 10.406, de 10 de janeiro de 2002 (Código Civil), exceto na situação prevista no § 2º do art. 4º da Lei nº 8.009, de 29 de março de 1990.

A constituição do patrimônio rural em afetação ocorre por solicitação do proprietário por meio de **registro na matrícula do imóvel no cartório competente.** Para isso, deve o oficial certificar-se de que a descrição do imóvel matriculado atenda ao disposto no § 3º do art. 176 da LRP.

Por sua vez, quando o patrimônio rural em afetação for constituído por parcela determinada de uma área maior, serão registradas na respectiva matrícula as descrições da parcela objeto de afetação e da parcela remanescente.

Na ocorrência de excussão de parcela determinada de imóvel objeto do patrimônio rural em afetação, o credor poderá requerer seu parcelamento definitivo previamente ao registro do título aquisitivo para fins de pagamento. Nesta situação, que deverá ocorrer em consonância com o que fora anteriormente registrado na matrícula do imóvel, o oficial exigirá a apresentação da certificação do georreferenciamento da área excutida perante o Sistema de Gestão Fundiária (Sigef) do Instituto Nacional de Colonização e Reforma Agrária (Incra).

A Lei 14.421, de 2022, também incluiu o item 47 no inciso I do art. 167, prevendo o registro do patrimônio rural em afetação em garantia no competente ofício imobiliário.

Na dicção do art. 10 da Lei n. 13.986/2020, os bens e os direitos integrantes do patrimônio rural em afetação não se comunicam com os demais bens, direitos e obrigações do patrimônio geral do proprietário ou de outros patrimônios rurais em afetação por ele constituídos, nas seguintes condições:

> I – desde que vinculado o patrimônio rural em afetação a CIR ou a CPR;
>
> II – na medida das garantias expressas na CIR ou na CPR a ele vinculadas.
>
> § 1º Nenhuma garantia real, exceto por emissão de CIR ou de CPR, poderá ser constituída sobre o patrimônio rural em afetação.
>
> § 2º O imóvel rural, enquanto estiver sujeito ao regime de afetação de que trata esta Lei, ainda que de modo parcial, não poderá ser objeto de compra e venda, doação, parcelamento ou qualquer outro ato translativo de propriedade por iniciativa do proprietário.
>
> § 3º O patrimônio rural em afetação, ou parte dele, na medida da garantia vinculada a CIR ou a CPR:
>
> I – não poderá ser utilizado para realizar ou garantir o cumprimento de qualquer outra obrigação assumida pelo proprietário estranha àquela a qual esteja vinculado; e
>
> II – é impenhorável e não poderá ser objeto de constrição judicial.
>
> § 4º O patrimônio rural em afetação ou a fração destes vinculados a CIR ou a CPR, incluídos o terreno, as acessões e as benfeitorias fixadas no terreno, exceto as lavouras, os bens móveis e os semoventes:
>
> I – não são atingidos pelos efeitos da decretação de falência, insolvência civil ou recuperação judicial do proprietário de imóvel rural; e
>
> II – não integram a massa concursal.
>
> § 5º O disposto neste artigo não se aplica às obrigações trabalhistas, previdenciárias e fiscais do proprietário rural.

O oficial de registro de imóveis protocolará e autuará a solicitação de registro do patrimônio rural em afetação e os documentos a ela vinculados, atendendo a regra do art. 12 da Lei 13.986/2020, que dispõe que a referida solicitação será instruída com:

> **I** – os documentos comprobatórios:
>
> a) da inscrição do imóvel no Cadastro Nacional de Imóveis Rurais (CNIR), do domínio do requerente e da inexistência de ônus de qualquer espécie sobre o patrimônio do requerente e o imóvel rural;
>
> b) da inscrição do imóvel no Cadastro Ambiental Rural (CAR), nos termos da Lei nº 12.651, de 25 de maio de 2012;
>
> c) da regularidade fiscal, trabalhista e previdenciária do requerente; e
>
> d) da certificação, perante o Sistema de Gestão Fundiária (Sigef) do Instituto Nacional de Colonização e Reforma Agrária (Incra), do georreferenciamento do imóvel do qual a totalidade ou a fração está sendo constituída como patrimônio rural em afetação;
>
> **II** – a prova de atos que modifiquem ou limitem a propriedade do imóvel;
>
> **III** – o memorial de que constem os nomes dos ocupantes e confrontantes com a indicação das respectivas residências;
>
> **IV** – a planta do imóvel, obtida a partir de memorial descritivo assinado por profissional habilitado e com a Anotação de Responsabilidade Técnica, que deverá conter as coordenadas dos vértices definidores dos limites dos imóveis rurais, georreferenciadas ao Sistema Geodésico Brasileiro e com precisão posicional adotada pelo Incra para a certificação do imóvel perante o Sigef/Incra; e
>
> **V** – as coordenadas dos vértices definidores dos limites do patrimônio afetado, georreferenciadas ao Sistema Geodésico Brasileiro e com precisão posicional adotada pelo Incra para certificação do imóvel perante o Sigef/Incra.
>
> § 1º Os documentos de que tratam a alínea "c" do inciso I do *caput* deste artigo compreendem as certidões negativas de débitos fiscais perante as Fazendas Públicas, bem como de distribuição forense e de protestos do proprietário do imóvel, tanto no local de seu domicílio quanto no local do imóvel.
>
> § 2º No caso de constituição de patrimônio rural em afetação sobre parte do imóvel rural, a fração não afetada deverá atender a todas as obrigações ambientais previstas em lei, inclusive em relação à área afetada.

Ao fazer a **qualificação registral,** o oficial de registro de imóveis pode entender que a solicitação de constituição de patrimônio rural em afetação de imóvel rural ou a instrução de que trata o art. 12 está em desacordo com o disposto na lei, e nestes casos, concederá o prazo de 30 (trinta) dias, contado da data da decisão, para que o interessado faça as correções necessárias, sob pena de indeferimento da solicitação.

Contudo, é possível que o interessado solicite a reconsideração da decisão do oficial de registro de imóveis.

Por sua vez, o art. 14 da Lei 13.986/2020, elenca as incumbências do proprietário que constituir o patrimônio rural em afetação. São elas:

> I – promover os atos necessários à administração e à preservação do patrimônio rural em afetação, inclusive por meio da adoção de medidas judiciais; e

II – manter-se adimplente com as obrigações tributárias e os encargos fiscais, previdenciários e trabalhistas de sua responsabilidade, incluída a remuneração dos trabalhadores rurais.

Para que ocorra o **cancelamento** da afetação do imóvel rural, ou de sua fração, deve-se fazer a devida **averbação** no cartório de registro de imóveis. Para tanto, instrui-se o cancelamento com requerimento do proprietário, que deverá comprovar a não existência de Cédula Imobiliária Rural (CIR) e de Cédula de Produto Rural (CPR) sobre o patrimônio a ser desafetado.

Esta comprovação pode ocorrer por meio de certidão emitida por entidade autorizada pelo Banco Central do Brasil, no caso de CIR, ou por meio de certidão emitida pelo cartório de registro de imóveis competente, no caso de CPR.

Contudo, sobre o imóvel rural, ou sua fração, para o qual haja requerimento de cancelamento do patrimônio rural em afetação não poderá ser emitida CIR ou CPR até a conclusão do pedido.

1.9 DO RECONHECIMENTO DE FIRMA

Algumas normativas dos Estados, como, por exemplo, a doo Estado de São Paulo (NSCGJ, Cap. XX, item 85), estipulam que para o registro das cédulas, bem como de seus aditivos, é **dispensável o reconhecimento de firmas**.

Também será dispensável o reconhecimento de firma das cédulas bancárias para o registro das garantias reais ali versadas. No entanto, tal providência deve ser exigida, para **fins de averbação**, em relação aos respectivos **instrumentos de quitação**, comprovando-se, por documento autêntico, os poderes do signatário para dar quitação, caso não seja o próprio credor ou este esteja representado.

Para complementar os estudos sobre cédulas, letras e notas de crédito, recomenda-se ao leitor a consulta à seguinte legislação. Este tema é abordado em um capítulo específico no "Vade Mecum Notarial e Registral – Coletânea de Leis para Cartório" (São Paulo: Editora Juspodivm, 2024):

Decreto-lei nº 70, de 21 de novembro de 1966	*Autoriza o funcionamento de associações de poupança e empréstimo, institui a cédula hipotecária e dá outras providências.*
Decreto-lei nº 167, de 14 de fevereiro de 1967	*Dispõe sobre títulos de crédito rural e dá outras providências.*
Decreto-lei nº 413, de 09 de janeiro de 1969	*Dispõe sobre títulos de crédito industrial e dá outras providências.*
Decreto nº 58.380, de 10 de maio de 1966	*Aprova o Regulamento da Lei que Institucionaliza o Crédito Rural.*
Lei nº 492, de 30 de agosto de 1937	*Regula o penhor rural e a cédula pignoratícia.*
Lei nº 4.829, de 5 de novembro de 1965	*Institucionaliza o crédito rural.*
Lei nº 6.313, de 16 de dezembro de 1975	*Dispõe sobre títulos de crédito à exportação e dá outras providências.*
Lei nº 6.840, de 03 novembro de 1980	*Dispõe sobre títulos de crédito comercial e dá outras providências.*
Lei nº 7.684, de 02 dezembro de 1988	*Estabelece as condições para emissão de Letras Hipotecárias.*
Lei nº 8.929, de 22 de agosto de 1994	*Institui a Cédula de Produto Rural, e dá outras providências.*
Lei nº 9.138, de 29 de novembro de 1995	*Dispõe sobre o crédito rural, e dá outras providências.*
Lei nº 10.931, de 02 de agosto de 2004	*Dispõe sobre o patrimônio de afetação de incorporações imobiliárias, Letra de Crédito Imobiliário, Cédula de Crédito Imobiliário, Cédula de Crédito Bancário, altera o Decreto-Lei nº 911, de 1º de outubro de 1969, as Leis nº 4.591, de 16 de dezembro de 1964, nº 4.728, de 14 de julho de 1965, e nº 10.406, de 10 de janeiro de 2002, e dá outras providências.*
Lei nº 11.076, de 30 de dezembro de 2004	*Dispõe sobre o Certificado de Depósito Agropecuário – CDA, o Warrant Agropecuário – WA, o Certificado de Direitos Creditórios do Agronegócio – CDCA, a Letra de Crédito do Agronegócio – LCA e o Certificado de Recebíveis do Agronegócio – CRA, dá nova redação a dispositivos das Leis nos 9.973, de 29 de maio de 2000, que dispõe sobre o sistema de armazenagem dos produtos agropecuários, 8.427, de 27 de maio de 1992, que dispõe sobre a concessão de subvenção econômica nas operações de crédito rural, 8.929, de 22 de agosto de 1994, que institui a Cédula de Produto Rural – CPR, 9.514, de 20 de novembro de 1997, que dispõe sobre o Sistema de Financiamento Imobiliário e institui a alienação fiduciária de coisa imóvel, e altera a Taxa de Fiscalização de que trata a Lei nº 7.940, de 20 de dezembro de 1989, e dá outras providências.*

Lei nº 11.775, de 17 de setembro de 2008	*Institui medidas de estímulo à liquidação ou regularização de dívidas originárias de operações de crédito rural e de crédito fundiário; altera as Leis nos 11.322, de 13 de julho de 2006, 8.171, de 17 de janeiro de 1991, 11.524, de 24 de setembro de 2007, 10.186, de 12 de fevereiro de 2001, 7.827, de 27 de setembro de 1989, 10.177, de 12 de janeiro de 2001, 11.718, de 20 de junho de 2008, 8.427, de 27 de maio de 1992, 10.420, de 10 de abril de 2002, o Decreto-Lei nº 79, de 19 de dezembro de 1966, e a Lei nº 10.978, de 7 de dezembro de 2004; e dá outras providências.*
Lei nº 11.882, de 23 de dezembro de 2008	*Dispõe sobre as operações de redesconto pelo Banco Central do Brasil, autoriza a emissão da Letra de Arrendamento Mercantil – LAM, altera a Lei nº 6.099, de 12 de setembro de 1974, e dá outras providências.*
Lei nº 13.986, de de 7 de abril de 2020	*Cédula Imobiliária Rural (CIR) e Patrimônio de Afetação Rural.*

2. JURISPRUDÊNCIA COMPLEMENTAR

SUPERIOR TRIBUNAL DE JUSTIÇA

SÚMULAS

Súmula 16: A legislação ordinária sobre crédito rural não veda a incidência da correção monetária.

Súmula 30: A comissão de permanência e a correção monetária são inacumuláveis.

Súmula 93: A legislação sobre cédulas de crédito rural, comercial e industrial admite o pacto de capitalização de juros.

Súmula 295: A Taxa Referencial (TR) é indexador válido para contratos posteriores à Lei 8.177/1991, desde que pactuada.

JULGADOS

EMENTA: Apelação cível. Busca e apreensão. Cédula de crédito bancário marcada por constituição de alienação fiduciária em garantia. Inadimplemento incontroverso. Purgação da mora não levada a efeito. Consolidação da propriedade do veículo em mãos do credor fiduciário. Notificação extrajudicial visando a constituição em mora. Entrega de carta registrada no endereço informado em contrato certificada por oficial de serviço notarial e registral. Validade. Exegese do parágrafo 2º, do artigo 2º, do Decreto-Lei nº 911/69. Precedentes. Instrumento contratual a bem preencher os requisitos elencados pelo artigo 29, incisos I a VI, da Lei nº 10.931/2004. Regularidade. Sentença preservada. Recurso improvido. (TJSP – Apelação Cível nº 1006959-45.2014.8.26.0077 – Birigui – 27ª Câmara de Direito Privado – Rel. Des. Tercio Pires – Julgado em 12.04.2016)

EMENTA: RECURSOS ESPECIAIS. CIVIL E BANCÁRIO. CÉDULA DE CRÉDITO RURAL HIPOTECÁRIA. MANDATO. AUSÊNCIA DE PODERES ESPECIAIS PARA HIPOTECAR. INEXISTÊNCIA DE OUTORGA UXÓRIA. INEFICÁCIA TOTAL DA GARANTIA. PRECEDENTE ESPECÍFICO DESTA CORTE. 1. Necessidade de poderes específicos para a constituição de hipoteca sobre imóveis dos cônjuges, na constância da sociedade conjugal. Precedentes. 2. Ineficácia total da hipoteca constituída sem outorga uxória. 3. Precedente específico desta Corte. 4. RECURSO ESPECIAL DO BANCO DO BRASIL A QUE SE NEGA SEGUIMENTO E RECURSO ESPECIAL DE IVONI TEREZINHA SCHUTZ PROVIDO.(STJ – REsp nº1.425.605 – Mato Grosso do Sul – 3ª Turma – Rel. Min. Paulo de Tarso Sanseverino – DJ 13.05.2014).

EMENTA: COMERCIAL E PROCESSUAL CIVIL. EXECUÇAO. CÉDULA RURAL PIGNORATÍCIA E HIPOTECÁRIA. PENHORA. TOTALIDADE DOS BENS DADOS EM GARANTIA. ART. 655, 2º, NECESSIDADE. I. Necessárias as penhoras dos bens hipotecados em diversas cédulas de crédito rural sob execução, ainda que já apresentados os embargos do devedor, se não foram ultimados todos os atos constritivos asseguradores da garantia do juízo (art. 655, 2º, do CPC) (REsp 471761 DF 2002/0128914-8).

EMENTA: CEDULA DE CREDITO INDUSTRIAL. AUSÊNCIA DE REGISTRO. PREFERENCIA OU PRIVILEGIO DO CREDITO. 1. A CEDULA DE CREDITO INDUSTRIAL TEM EFICÁCIA CONTRA TERCEIROS APENAS SE INSCRITA NO CARTORIO COMPETENTE, NA FORMA DO ART. 29 DO DEL. 413 /1969. 2. O PRIVILEGIO ESPECIAL ESTABELECIDO NO ART. 17 DO DEL. 413 /1969 DIZ RESPEITO A NOTA DE CREDITO INDUSTRIAL. 3. AGRAVO REGIMENTAL IMPROVIDO (AGRAVO REGIMENTAL NO AGRAVO DE INSTRUMENTO AgRg no Ag 139870 SP 1997/0012539-4)

EMENTA: AGRAVO INTERNO. RECURSO ESPECIAL. CÉDULA DE CRÉDITO INDUSTRIAL. CONFISSÃO DE DÍVIDA. NOVAÇÃO. NÃO OCORRÊNCIA. JUROS REMUNERATÓRIOS. LIMITAÇÃO. MANUTENÇÃO. I – Esta Corte firmou entendimento no sentido não ocorrendo a novação, a escritura de confissão de dívida originada de cédula de crédito industrial, não se desvincula deste título. Precedentes. II – O artigo 5º do Decreto-lei nº 413 /69, posterior à Lei nº 4.595 /64 e específico para as cédulas de crédito comercial, confere ao Conselho Monetário Nacional a atribuição de fixar os juros a serem praticados. Diante da omissão desse órgão governamental, incide a limitação de 12 % ao ano, prevista no Decreto nº 22.626 /33 (Lei da Usura). Agravo improvido (AgRg nos EDcl no REsp 549484 RS 2003/0087047-1)

TRIBUNAL DE JUSTIÇA DO ESTADO DE MINAS GERAIS

EMENTA: CAUTELAR DE ARRESTO. BENS IMÓVEIS OBJETO DE GARANTIA HIPOTECÁRIA DE CÉDULA DE CRÉDITO RURAL. IMPENHORABILIDADE. INTELIGÊNCIA DO ARTIGO 69 DO DECRETO-LEI Nº 167. Nos termos do artigo 69 do Decreto-lei 167/67, não são passíveis de arresto, sequestro ou penhora, por outras dívidas do emitente ou do hipotecante, os imóveis, objeto de hipoteca havida por cédula de crédito rural.

TRIBUNAL DE JUSTIÇA DO ESTADO DE SÃO PAULO

CONSELHO SUPERIOR DA MAGISTRATURA

EMENTA: Registro de imóveis – Dúvida – Pretensão de registro de cédula de crédito bancário e instrumento particular de constituição de hipoteca cedular vinculado a outra cédula de crédito bancário – Existência de título prenotado anteriormente, em relação ao qual houve suscitação de dúvida – Necessidade de se aguardar o julgamento definitivo, em observância ao princípio da prioridade – Recurso não provido. (Apelação nº 3006271-83.2013.8.26.0562). Trata-se de recurso de apelação interposto contra a sentença do MM. Juiz Corregedor Permanente do 2º Oficial de Registro de Imóveis da Comarca de Santos, que julgou procedente a dúvida suscitada e recusou o registro na matrícula n.º 45.666 da cédula de crédito bancário n.º 02.03.0205.12, emitida em 19/12/12, e instrumento particular de constituição de hipoteca cedular vinculado à cédula de crédito bancário n.º 04.03.0387.10, emitido em 26/07/10 por Estrasburgo Incorporação SPE Ltda, tendo como credor BANIF – Banco Internacional do Funchal (Brasil) S.A., e como hipotecante garantidor Riviera Santos Empreendimentos Imobiliários Ltda., sob o fundamento de que independentemente da natureza dos títulos a registrar, é necessário aguardar o julgamento definitivo da dúvida anteriormente suscitada, porque os efeitos da prenotação permanecem, e, em consequência, nenhum título pode ter acesso à tábua registral enquanto não cessados os efeitos da prenotação anterior. No curso do procedimento houve impugnação apresentada por Aline Perrone Sznifer, na condição de terceira interessada, sob o fundamento de que apresentou anteriormente a registro título, que é objeto de dúvida suscitada, sendo necessário aguardar o julgamento definitivo. O apelante afirma (a) que o registro do título apresentado não ofende o princípio da continuidade, (b) que a dúvida suscitada anteriormente em razão do título apresentado pela senhora Aline foi julgada procedente, sob o fundamento de que há ofensa ao princípio da continuidade, e (3) que as prenotações anteriores, tanto do título apresentado e objeto da dúvida n.º 0049846-32.2012.8.26.0562, quanto dos demais títulos que apresentou, não têm relação entre si que impeça o registro de qualquer uma delas, pois, o registro de uma das prenotações não é condição *sine qua non* para o registro da outra, mesmo porque não indicam a continuidade de um mesmo negócio, e sim de registros distintos, com objetos diferentes, que não irão interferir um no outro. A Procuradoria Geral de Justiça opinou pelo não provimento do recurso. É o relatório. O apelo não procede. É cediço que a análise do título pelo Oficial deve estar norteada pelos princípios que regem os registros públicos. Consoante lições da Afrânio de Carvalho, o Oficial tem o dever de proceder o exame da legalidade do título e apreciação das formalidades extrínsecas da ordem e à conexão de seus dados com o registro e sua formalização instrumental (Registro de Imóveis, editora Forense, 4ª edição). O exame da legalidade consiste na aceitação para registro somente do título que estiver de acordo com a lei. O princípio da prioridade tem a principal finalidade de evitar conflitos de títulos contraditórios, que são aqueles incompatíveis entre si ou reciprocamente excludentes, referentes ao mesmo imóvel. A prioridade se apura no protocolo do Registro de Imóveis, de acordo com a ordem de seu ingresso. A Lei de Registros Públicos disciplina a matéria e estabelece regras que devem ser observadas pelos Oficiais. Afrânio de Carvalho, na mesma obra mencionada ensina que "O princípio da prioridade significa que, num concurso de direitos reais sobre um imóvel, estes não ocupam todos o mesmo posto, mas se graduam ou classificam por uma relação de precedência fundada na ordem cronológica do seu aparecimento: *prior tempore potior jure*. Conforme o tempo em que surgirem, os direitos tomam posição no registro, prevalecendo os anteriormente estabelecidos sobre os que vierem depois. " (4ª ed., Editora Forense, 1998, p.181). Os artigos 182, 183 e 174 da Lei de Registros Públicos dispõem, respectivamente, que *"Todos os títulos tomarão, no Protocolo, o número de ordem que lhes competir em razão da sequência rigorosa de sua apresentação"*, que *"Reproduzir-se-á, em cada título, o número de ordem respectivo e a data de sua prenotação"*, e que *"O Livro nº 1 – Protocolo – servirá para apontamento de todos os títulos apresentados diariamente, ressalvado o disposto no parágrafo único do art. 12 desta Lei. "*. Extrai-se da leitura e interpretação destes dispositivos legais a regra de que todos os títulos apresentados são obrigatoriamente lançados no Livro de Protocolo e que a ordem de apresentação mediante atribuição de um número deve ser rigorosamente respeitada. A finalidade é de dar publicidade à situação jurídica que possibilita a atribuição dos efeitos que o ordenamento jurídico lhes concede e que gera direitos que terão repercussões na transmissão ou na oneração dos imóveis. Diz, ainda, o citado doutrinador, na mesma obra, que "A sua caracterização é originariamente registral, pois se funda na ordem cronológica de apresentação e prenotação dos títulos no protocolo, sendo irrelevante a ordem cronológica de sua feitura ou instrumentalização, vale dizer, a sequência da data dos títulos. A ordem de *apresentação*, comprovada pela numeração sucessiva do protocolo, firma, pois, a posição registral do título relativamente a qualquer outro que já esteja ou venha a apresentar-se no registro. Se essa posição lhe assegurar prioridade, correlatamente lhe assegurará a inscrição, contanto que o resultado final do exame da legalidade lhe seja favorável. " (p. 182 e 183). O artigo 188 da Lei de Registros Públicos estabelece que protocolizado o título, este deve ser registrado no prazo de trinta dias, salvo nos casos previstos nos artigos seguintes. A prioridade persiste pelo prazo de trinta dias contados do lançamento no protocolo, conforme previsto no artigo 205 da Lei de Registros Públicos – *"Cessarão automaticamente os efeitos da prenotação se, decorridos trinta dias do seu lançamento no Protocolo, o título não tiver sido registrado por omissão do interessado em atender às exigências legais. "* Este dispositivo compreende também os atos de averbação. A prenotação subsiste também, na hipótese de suscitação de dúvida, prevista no artigo 198 da Lei de Registros Públicos, pois, se julgada improcedente, a prioridade fará com que os efeitos da prenotação retroajam à data da protocolização do título. Na hipótese de ser julgada procedente, a prenotação será cancelada (artigo 203 da Lei de Registros Públicos). As Normas de Serviço da Corregedoria-Geral da Justiça, do mesmo modo, traz regras acerca deste princípio, no Capítulo XX, nos seguintes termos: "39. No caso de prenotações sucessivas de títulos contraditórios ou excludentes, criar-se-á uma fila de precedência. Cessados os efeitos da prenotação, poderá retornar à fila, mas após os outros, que nelas já se encontravam no momento da cessação". "39.1. O exame do segundo título subordina-se ao resultado do procedimento de registro do título que goza da prioridade. Somente se inaugurará novo procedimento registrário, ao cessarem os efeitos da prenotação do primeiro. Nesta hipótese, os prazos ficarão suspensos e se contarão a partir do dia em que o segundo título assumir sua posição de precedência na fila". "42. Transitada em julgado a decisão da dúvida, o oficial procederá do seguinte modo: a) se for julgada procedente, assim que tomar ciência da decisão, consignará no Protocolo e cancelará a prenotação; b) se for julgada improcedente, procederá ao registro quando o título for reapresentado e declarará o fato na coluna de anotações do Protocolo, arquivando o respectivo mandado ou certidão da sentença. "Em suma, a prioridade favorece aquele que apresenta primeiro o título para registro, e não a preeminência do direito, e, em decorrência deste princípio, aquele que apresentou o título posteriormente deve obrigatoriamente aguardar o deslinde, pois, não é possível, como pretende o apelante, discutir acerca da existência ou não de contrariedade e direitos excludentes, nem tampouco presumir o resultado da dúvida suscitada em relação ao título apresentado e prenotado anteriormente, com o fim de obter o registro do título antes daquele apresentado em primeiro lugar. Todos os títulos ingressados no Serviço de Registro de Imóveis devem ser examinados de acordo com a precedência, em observância ao princípio da igualdade dos usuários perante o serviço público. Isto posto, nego provimento recurso. HAMILTON ELLIOT AKEL CORREGEDOR GERAL DA JUSTIÇA E RELATOR (DJe de 21.07.2015 – SP)

EMENTA: REGISTRO DE IMÓVEIS – CÉDULA DE CRÉDITO BANCÁRIO – GARANTIA PIGNORATÍCIA CUJO PRAZO É INDISSOCIÁVEL DO PRAZO DA PRÓPRIA CÉDULA – SUJEIÇÃO À DISCIPLINA DO CÓDIGO CIVIL ACERCA DE PENHOR PECUÁRIO – PRAZO MÁXIMO DE QUATRO ANOS – IMPOSSIBILIDADE DE REGISTRO – RECURSO NÃO PROVIDO (Apelação nº 9000002-51.2011.8.26.0252). Trata-se de apelação interposta contra a sentença de fl. 112 que reconheceu impossibilidade do registro de cédula de crédito bancário com garantia pignoratícia de animais, pois a cédula tem prazo superior ao previsto no art. 1.439 do Código Civil, embora a garantia em si obedeça ao prazo legal, visto que a cédula e a garantia deveriam ter o mesmo prazo. Sustenta, o apelante, (a) que os prazos da cédula e da garantia podem ser diversos; (b) que a medida provisória nº 619 de 06.06.2013 alterou a redação do art. 61 do Decreto-lei 167/67 e do art. 1.439 do Código Civil, suprimindo os prazos; (c) que a garantia é acessória ao empréstimo, principal; (d) que o registro não causaria prejuízo às partes ou terceiros; que a Lei nº 10.931/2004 não prevê prazos de vencimento na cédula de crédito bancário e (e) que o financiado obrigou-se a prorrogar o penhor, uma vez vencido o prazo. A Douta Procuradoria Geral de Justiça opinou pelo não provimento do recurso. É o relatório. A cédula de crédito foi emitida em 04.11.2011 com vencimento em 15.07.2016, contendo garantia consistente em penhor de porcos e gado, com prazo de quatro anos, prorrogável por mais quatro (fls. 10/13). De início, cumpre apontar que o prazo da garantia não pode ser tratado de forma autônoma ao prazo da cédula em si. Nessa espécie de título, a garantia e a obrigação estão vinculadas de tal forma que não cabe a separação pretendida quanto aos prazos. Assim, o prazo do penhor é o da cédula. A jurisprudência deste Colendo Conselho Superior é firme nesse sentido. Vale trazer à colação trecho de voto do Desembargador Gilberto Passos de Freitas, na apelação cível 598-6/0, da Comarca de Pacaembu: *"(...) não se diga que o prazo do penhor seja distinto do prazo da obrigação (ou de vencimento da cédula), por ser aquele legal (cinco anos) e este contratual (oito anos): a) a uma, porque o título em foco não autoriza essa leitura dicotômica de prazos, mas, ao contrário, indica a unidade do prazo de oito anos também referido no campo clausulado denominado 'obrigação especial – garantia', com subsequente previsão de prorrogação para* *a hipótese de 'vencimento do penhor' (fls. 69); b) a duas, porque vinculada a cédula de crédito rural à garantia pignoratícia, o prazo de referência expresso na cédula é também o do penhor".* No mesmo diapasão, as apelações cíveis nºs. 1.169-6/0, de relatoria do Des. Reis Kuntz (cópia às fls. 06/09), 1.143-6/1 (relatoria do Des. Munhoz Soares), 529-6/6 e 709-6/8 (Des. Gilberto Passos de Freitas), 9000001-88.2012.8.26.0201 (Des. José Renato Nalini). A cédula de crédito bancário com garantia consistente em penhor pecuário, no caso, não respeitou o prazo de quatro anos previsto no art. 1.439 do Código Civil, pois emitida em novembro de 2011 com vencimento em julho de 2016. Aplica-se à espécie o Código Civil, por força do art. 30 da Lei 10.931/2004, s teor do qual às garantias da Cédula de Crédito Bancário são aplicáveis as disposições da legislação comum ou especial que não forem com ela conflitantes. Confira-se: *"A Cédula de Crédito Bancária emitida com garantia real consistente em penhor pecuário cujo registro é pretendido foi firmada em 05.09.2011 com vencimento para 10.09.2017, portanto, não foi respeitado o prazo máximo de quatro anos previsto no art. 1.439 do Código Civil; não sendo possível a somatória do prazo de prorrogação ante a impossibilidade de prorrogação prévia do prazo"* (CSMSP, apelação cível 9000001-88.2012.8.26.0201, Rel. Des. José Renato Nalini, julg. 13.12.2012). E ainda: *"(...) a cédula rural pignoratícia e hipotecária apresentada para registro, de nº 20/25011-8, foi emitida em 14 de novembro de 2005 e tem vencimento em 08 de junho de 2013, ou seja, fixa em mais de sete anos o termo final para o cumprimento da obrigação garantida pelo penhor pecuário (fls.17/21). Ocorre que o artigo 1.439 do Código Civil prevê para o penhor pecuário prazo máximo de quatro anos, prorrogável, uma só vez, por igual período, norma que prevalece porque ao introduzir nova regulamentação para a matéria derrogou, quanto ao referido prazo, o artigo 61 do Decreto-lei nº 167/67 (cf. Conselho Superior da Magistratura, Apelação Cível nº 000.850.6/0-00, da Comarca de Tanabi)"* (CSMSP, apelação cível nº 935-6/9, Rel. Des. Ruy Camilo, julg. 11.11.2008). Anote-se que a Medida Provisória invocada pela apelante foi convertida na Lei nº 12.873/2013, que alterou a redação do art. 1.439 do Código Civil, não mencionando mais os prazos que antes mencionava. Deve ser considerada, contudo, a legislação em vigor à época da exigência feita pelo Oficial Registrador, pois o procedimento de dúvida visa a estabelecer, afinal, se ele estava certo ou errado na ocasião, isto é, se a dúvida então suscitada é ou não procedente. Com relação à prorrogação do prazo da garantia, podendo atingir um total de até oito anos, tal possibilidade não significa que se pode estabelecer, logo de início, prazo superior a quatro anos. A prorrogação há de ser feita no momento oportuno. A previsão na própria cédula de uma cláusula pela qual o devedor se obriga a prorrogar o penhor não altera o entendimento acima, pois a lei é clara em dispor no sentido contrário. Logo, a "cláusula antecipatória de prorrogação automática é nula de pleno direito, por fraude à norma cogente proibitiva" (Francisco Eduardo Loureiro, "Código Civil Comentado", Barueri, SP: Ed. Manole, 2007, 1ª Edição, p. 1362). Por fim, a alegação de que o registro não causaria prejuízo a ninguém não pode ser aceita, uma vez que tal argumento não pode ser usado para o descumprimento da lei. A atividade registral é pautada pelo princípio da legalidade, o qual se sobressai em importância no momento da qualificação do título, impondo ao registrador o controle dos requisitos do documento que dará entrada no fólio real. Assim, cabe ao registrador fazer o exame da legalidade do título e não se pode na qualificação desconsiderar critério expresso em lei. Oportuno colacionar trecho de voto do Des. Ruy Camilo, na Apelação Cível nº 1.126-6/4 do Conselho Superior da Magistratura: *"Considerando, então, que o juízo de qualificação registraria não se pode apartar da lei – o que impõe o exame da legalidade, pelo registrador, dos aspectos formais do título –, forçoso negar registro ao título cuja apresentação extrínseca esteja em desajuste com os seus requisitos legais."* Em síntese, inviável mesmo o registro. Tendo em vista, porém, as alterações trazidas pela Lei nº 12.873/13, nada impede que, mantidas as demais condições, seja o título novamente apresentado. Por todo o exposto, nego provimento ao recurso. HAMILTON ELLIOT AKEL. Corregedor Geral da Justiça e Relator.(D.J.E. de 05.05.2014 – SP)

▶ **EMENTA:** Registro de Imóveis – cédula rural pignoratícia e aditivo – garantia prestada por terceiro – ofensa ao § 3º, do art. 60, do Decreto-Lei 167/67 – precedentes do Conselho Superior da Magistratura – Recurso não provido (Apelação Cível nº 0000803-45.2011.8.26.0568). Trata-se de recurso interposto pelo Banco do Brasil S.A. contra r decisão do MM Juiz Corregedor Permanente do 2º Oficial de Registro de Imóveis da Comarca de Mogi das Cruzes, que julgou procedente a dúvida e manteve a recusa do registro das cédulas rurais pignoratícias e respectivos aditivos por reputar violado o art. 60, § 3º, do Decreto-Lei nº 167/67 (fls. 217/222). Sustenta o Recorrente, em síntese, que o § 3º, do art. 60, do Decreto-Lei nº 167/67, não se refere ao *caput* do artigo, mas sim ao seu § 2º, no qual são citadas apenas a nota promissória e a duplicata rural sem menção alguma à cédula de crédito rural (230/239). A Douta Procuradoria Geral de Justiça opinou no sentido do não provimento do recurso (fls. 247/251). É o relatório. A apelante busca o registro das cédulas rurais pignoratícias e respectivos aditivos mencionados às fls. 03. O registro foi negado pelo oficial de registro de imóveis de Mogi das Cruzes por reputar violado o disposto no § 3º, do art. 60, do Decreto-Lei nº 167/67: *"Aplicam-se à cédula de crédito rural, à nota promissória rural e à duplicata rural, no que forem cabíveis, as normas de direito cambial, inclusive quanto a aval, dispensado porém o protesto para assegurar o direito de regresso contra endossantes e seus avalistas. § 1º O endossatário ou o portador de Nota Promissória Rural ou Duplicata Rural não tem direito de regresso contra o primeiro endossante e seus avalistas. (Incluído pela Lei nº 6.754, de 17.12.1979). § 2º É nulo o aval dado em Nota Promissória Rural ou Duplicata Rural, salvo quando dado pelas pessoas físicas participantes da empresa emitente ou por outras pessoas jurídicas. (Incluído pela Lei nº 6.754, de 17.12.1979). § 3º Também são nulas quaisquer outras garantias, reais ou pessoais, salvo quando prestadas pelas pessoas físicas participantes da empresa emitente, por esta ou por outras pessoas jurídicas. (Incluído pela Lei nº 6.754, de 17.12.1979). § 4º Às transações realizadas entre produtores rurais e entre estes e suas cooperativas não se aplicam as disposições dos parágrafos anteriores. (Incluído pela Lei nº 6.754, de 17.12.1979)"* A despeito do r entendimento da apelante, a vedação constante do § 3º não se aplica apenas à nota promissória e à duplicata mercantil, mas também à cédula rural, nos termos do que se decidiu no Resp nº 599.545/SP, relatado pela Min. Nancy Andrighi: *"PROCESSO CIVIL – AUSÊNCIA DE OFENSA AO ART. 535 DO CPC – PREQUESTIONAMENTO – INOCORRÊNCIA – CÉDULA RURAL HIPOTECÁRIA – EMITENTE PESSOA FÍSICA – NULIDADE DA GARANTIA DE TERCEIRO. – Não há ofensa ao Art. 535 do CPC se, embora rejeitando os embargos de declaração, o acórdão recorrido examinou todas as questões pertinentes. – Falta prequestionamento quando o dispositivo legal supostamente violado não foi discutido na formação do acórdão recorrido. – **São nulas as garantias, reais ou pessoais, prestadas por terceiros em cédula rural hipotecária sacada por pessoa física (DL 167/67; Art. 60, § 3º).** " (destacou-se).* A jurisprudência do Conselho Superior da Magistratura também vem afirmando reiteradamente a nulidade da garantia prestada por terceiro em cédula rural emitida por pessoa física, como no caso em exame: *"REGISTRO DE IMÓVEIS. Dúvida. Cédula de crédito rural emitida por pessoa natural. Garantias hipotecária e pignoratícia prestadas por terceiros. Nulidade. Inteligência do parágrafo 3º do art. 60 do Dec.-lei nº 167/67. Precedentes do Colendo Superior Tribunal de Justiça. Ingresso obstado. Recurso a que negado provimento. " (Apelação Cível nº 1.028-6/7).* Destacou o eminente relator que: *"Como oportunamente lembrado pela E. Min. Nancy Andrighi em voto-vista vencedor no julgamento acima invocado, é da técnica interpretativa concluir-se que os parágrafos de um artigo de lei sempre se referem ao caput do dispositivo ao qual pertencem, sendo dele normas dependentes, complementares ou excepcionantes, verdadeiras subordens em relação à ordem principal emanada pela cabeça do artigo. Esclarece que, consoante o entendimento já manifestado no STF, por ocasião do julgamento da ADIn nº 4/DF, Rel. Min. Sydney Sanches (DJ 25.06.1993), o parágrafo de [um] artigo [de lei] é, tecnicamente, o desdobramento do enunciado principal, com a finalidade de ordená-lo inteligentemente ou de excepcionar a disposição principal. Ordenando ou excepcionando, sempre se refere ao caput. Assim, conclui a Ministra: Portanto, em observação a essa regra básica de hermenêutica, cumpre interpretar o mencionado § 3º levando em consideração o caput do art. 60, do Decreto-Lei nº 167/1967 e não o § 2º desse artigo. Deveras, pela análise dos respectivos textos, percebe-se que não há nenhuma incompatibilidade entre o parágrafo 3º e o caput do art. 60 do diploma legal em tela: Art. 60. Aplicam-se à cédula de crédito rural, à nota promissória rural e à duplicata rural, no que forem cabíveis, as normas de direito cambial,* *inclusive quanto a aval, dispensado, porém, o protesto para assegurar o direito de regresso contra endossantes e seus avalistas. [...] § 3º. Também são nulas quaisquer outras garantias, reais ou pessoais, salvo quando prestadas pelas pessoas físicas participantes da empresa emitente, por esta ou por outras pessoas jurídicas. O emprego do vocábulo também em nada altera a conclusão enunciada. Pois, se o parágrafo 2º contempla hipótese de nulidade de garantia dada, especificamente, em nota promissória rural ou duplicata rural, o parágrafo 3º prevê a nulidade, também, de quaisquer outras garantias, reais ou pessoais; ou seja, inclusive das concernentes a cédula de crédito rural. Com efeito, à palavra quaisquer só pode ser atribuído sentido ampliativo e não, por óbvio, restritivo. Ademais, por serem mencionadas, no parágrafo 3º, garantias reais, dessume-se que a regra é, mesmo, aplicável à cédula de crédito rural, pois, no regime do enfocado Dec.-lei nº 167/67, é em relação a esta (e não quanto à nota promissória rural e à duplicata rural) que existe previsão de garantias de natureza real: penhor e hipoteca. Daí a concepção de modalidades como, v.g., a cédula rural pignoratícia (art. 14), a cédula rural hipotecária (art. 20) e a cédula rural pignoratícia e hipotecária (art. 25). Confirma-o precedente da lavra do E. Min. Ruy Rosado, trazido à colação, em seu voto, pelo E. Min. Humberto Gomes de Barros, relator do supra aludido Aresto, prolatado no Recurso Especial nº 599.545-SP: Portanto, são nulas as garantias, reais ou pessoais, prestadas por terceiros em cédula rural hipotecária sacada por pessoa física (DL 167/67; Art. 60, § 3º). É nesse sentido o REsp 232.723/SP, onde o E. Relator, Ministro Ruy Rosado, afirmou: A ideia que extraio do parágrafo 3º do art. 60, lido no seu contexto, é a de que a cédula de crédito rural hipotecária ou pignoratícia, isto é, essas que têm uma garantia real, não podem ter outra garantia senão aquelas oferecidas pelo seu emitente. Fica ressalvada a hipótese de a cédula ter sido emitida por empresa, quando se admite a garantia dos seus sócios, ou por outra pessoa jurídica. "*O mesmo entendimento foi aplicado posteriormente nas apelações cíveis nºs 1.023-6/4, 1.026-6/8, 1.032-6/5, 1.038-6/2, 1.039-6/7, 1.040-6/1, 1.047-6/3, 1.056-6/4 e 1.087-6/5, não havendo razão para revisão. O caso em exame, por retratar a mesma situação dos precedentes citadas, prescinde de outras considerações. Isto posto, nego provimento ao recurso.(a) JOSÉ RENATO NALINI, Corregedor Geral da Justiça e Relator (D.J.E. de 17.10.2012).

▶ **EMENTA:** REGISTRO DE IMÓVEIS – Cédula Rural Hipotecária – nulidade da garantia prestada por terceiro – prazo máximo de três anos – impossibilidade do registro – Recurso não provido (APELAÇÃO CÍVEL Nº 0000553-75.2011.8.26.0062)**.** Trata-se de apelação interposta contra r. sentença que reconheceu impossibilidade do registro de Aditivo de Retificação e Ratificação à Cédula Real Pignoratícia e Hipotecária em virtude do reconhecimento de sua nulidade nos termos do art. 60, parágrafo 3º, do Decreto-lei nº 167/67. Sustenta o apelante a validade do negócio jurídico representado pelo título, competindo seu registro. A Douta Procuradoria Geral de Justiça opinou pelo não provimento do recurso. É o relatório. Por meio de termo aditivo ocorreu conversão de Cédula Rural Pignoratícia e Hipotecária em Cédula Rural Hipotecária emitida por pessoa física, bem como houve gravame por meio de hipoteca de imóvel da propriedade de terceiros. O art. 60, parágrafo 3º, do Decreto-lei nº 167/67, dispõe: *Também são nulas quaisquer outras garantias, reais ou pessoais, salvo quando prestadas pelas pessoas físicas participantes da empresa emitente, por esta ou por outras pessoas jurídicas.* Portanto, por expressa disposição legal há nulidade da garantia prestada, obstando a realização do registro pretendido. A Ministra Nancy Andrighi, do Superior Tribunal de Justiça, em seu voto-vista no RE nº 599.545 – SP (2003/0185048-4) fixou a aplicação do referido dispositivo legal à Cédula Rural Hipotecária, como se observa do seguinte extrato: *Nessa linha de entendimento, quando o § 3.º, do art. 60, do Decreto-Lei nº 167/1967, dispõe que "Também são nulas quaisquer outras garantias, reais ou pessoais, salvo quando prestadas pelas pessoas físicas participantes da empresa emitente, por esta ou por outras pessoas jurídicas.", essas disposições igualmente são aplicáveis às cédulas de crédito rural, tratadas genericamente no caput do artigo. Por consequência, também para as cédulas de crédito rural emitidas por pessoas físicas e que já têm garantia real cedularmente constituída (v. art. 9º, do Decreto-Lei nº 167/1967), são nulas quaisquer outras garantias, reais ou pessoais prestadas por pessoas físicas, porquanto essa é a regra geral prevista na primeira parte do 3.º do referido Decreto-Lei. Em conclusão, nas cédulas de crédito rural emitidas por pessoas físicas e que já têm garantia real cedularmente constituída sob a forma de penhor (Cédula Rural Pignoratícia), hipoteca (Cédula Rural Hipotecária) ou ambos (Cédula Rural Pignoratícia e Hipotecária), são nulas quaisquer outras garantias, reais ou pessoais prestadas por pessoas físicas.* A norma legal em comento ao referir *"quaisquer outras garantias"* tem sentido amplo e não restritivo, abarcando a hipoteca. Diante disso, inviável a interpretação pretendida nas razões recursais (aplicação apenas as Notas Promissórias Rurais e Duplicatas Rurais), compete aplicação também às Cédulas Rurais Hipotecárias. A referência aos terceiros nos artigos 68 e 69 do Decreto-lei nº 167/67 deve ser interpretada em consonância ao permissivo legal constante do art. 60, parágrafo 3º, do mesmo diploma legal, ou seja, as *pessoas físicas participantes da empresa emitente, por esta ou por outras pessoas jurídicas.* Portanto, a interpretação/aplicação dessa norma legal não encerra quaisquer terceiros, apenas os referidos em suas disposições. Há precedente do Conselho Superior da Magistratura nesse sentido, como se infere da seguinte ementa: *Registro de Imóveis. Dúvida. Cédula rural pignoratícia e hipotecária emitida por pessoa natural. Garantia real prestada por terceiro. Nulidade. Inteligência do parágrafo 3º., do art. 60 do Decreto-lei 167/67. Precedentes do Colendo Superior Tribunal de Justiça e do Conselho Superior da Magistratura. Ingresso obstado. Recurso não provido* (Ap. Civ. 990.10.256.408-8, 24/08/2010, Rel. Munhoz Soares). Vale trazer à colação voto do Des. Ruy Camilo, Corregedor Geral da Justiça à época, na ap. civ. nº 1.126-6/4, 30/06/2009 no Conselho Superior da Magistratura, conforme segue: *A jurisprudência deste Colendo Conselho Superior da Magistratura, entretanto, se consolidou no sentido de que não é possível o registro de cédula rural pignoratícia, com penhor agrícola, que tenha prazo superior a três anos, que é o máximo previsto em lei.(...)Considerando, então, que o juízo de qualificação registrária não se pode apartar da lei – o que impõe o exame da legalidade, pelo registrador, dos aspectos formais do título –, forçoso negar registro ao título cuja apresentação extrínseca esteja em desajuste com os seus requisitos legais. Outrossim, afirmação de prazo não excedente porque cinco anos é inferior à soma do triênio prorrogável por mais três anos, não se pode colher, sob pena de intelecção deturpada da norma legal que conduz a inutilidade das expressões "prazo" e "prorrogável" que a norma jurídica aponta, violando-se preceito básico de hermenêutica segundo o qual "a lei não contém palavras inúteis". Prazo é termo, limite temporal, intervalo temporal de curso linear "para que algum fato se dê dentro do trato de tempo, ou expirado o último momento" (Pontes de Miranda, Tratado de Direito Privado, T. 5, § 554.1, Ed. Bookseller, atualização de Vilson Rodrigues Alves, 1ª ed., 2000, p. 239). Confira, ainda, entre outras, as lições de Henri Capitant (Introduction a L"Étude du Droit Civil – Notions Générales, Edª Pedone, 1929, 50ª ed., p. 369) e de Camille Soufflier, Vocabulaire de Droit ou Définition des termes usités dans l"étude du droit (Ed. Marcel Giard, 1926, 2ª ed., p. 334). Prorrogação de prazo é dilação, aumento ou ampliação de espaço temporal, e, por isso, "pressupõe prazo ou espaço de tempo, que não se extinguiu nem se findou... " (De Plácido e Silva, Vocabulário Jurídico, volumes III e IV, 2ª ed., Ed. Forense, 1990, p. 482). Logo, o prazo define o trato de tempo; a prorrogação o estende. Assim, prazo subsiste por si, mas prorrogação – que o supõe – não. Fixado, pois, na lei, prazo máximo (embora prorrogável) para o penhor agrícola (três anos), não há como confundir essa definição de trato temporal com aquela decorrente da soma desse prazo com o lapso de sua possível e eventual dilação temporal".* Por todo o exposto, nego provimento ao recurso. (a) JOSÉ RENATO NALINI, Corregedor Geral da Justiça e Relator (D.J.E. de 22.02.2013 – SP)

⊙ CORREGEDORIA GERAL DA JUSTIÇA

▶ **EMENTA:** Recurso administrativo – Averbação de aditivo de cédula de crédito bancário – Recusa do Oficial em razão de posterior averbação da indisponibilidade de bens decretada em ação cautelar incidental ajuizada por terceiro particular – Registro anterior da cédula de crédito bancário pela qual o imóvel foi dado em garantia ao credor fiduciário – Negócio jurídico que transferiu a propriedade fiduciária ao banco credor – Averbação da indisponibilidade realizada posteriormente e que não observou o princípio da continuidade – Aditivo que, ademais, se limitou a atualizar o débito e a alterar as condições do pagamento, o que não configura novo ônus nem nova obrigação – Recusa indevida – Recurso provido para determinar a averbação do título.

3. QUESTÕES DE CONCURSOS

01. (TJ/AM – 2023 – TJ/AM - Titular de Notas e Serviços de Registros) De acordo com a Lei nº 6.015/1973, são exemplos de atos objeto de averbação no registro de imóveis, **EXCETO**:

a) O patrimônio rural em afetação em garantia.

b) Cédulas hipotecárias; do contrato de locação para os fins do exercício do direito de preferência.

c) Convenções antenupciais e regime de bens diversos do legal, nos registros referentes a imóveis ou a direitos reais pertencentes a qualquer dos cônjuges.

d) Contratos de promessa de compra e venda, das cessões e promessas de cessão a que alude o Decreto-lei nº 58/1937, quando o loteamento se tiver formalizado anteriormente à vigência da Lei 6.015/1973.

02. (FGV - 2023 - TJ-SE - Atividade Notarial e de Registro – Remoção). Ana, pessoa natural e microempreendedora, que exportava, para vários países, alguns bens artesanais que produzia, almejava obter financiamento para a realização dessa atividade. Essa operação de financiamento, segundo informações que obteve junto a amigos, seria representada por Cédula de Crédito à Exportação (CCE).

Ao obter maiores informações junto a uma instituição financeira, foi corretamente informado a Ana que:

a) serão aplicadas à CCE normas referentes à Cédula de Crédito Industrial;

b) após a emissão, a CCE deve ser levada a registro no Registro de Títulos e Documentos;

c) a CCE somente pode ser emitida por pessoas jurídicas, logo, não poderia ser aplicada à situação de Ana;

d) pelas circunstâncias da operação, deve emitir a CCE simplificada, o que dispensa o seu registro na serventia extrajudicial com atribuição;

e) a CCE só deve ser emitida se o financiamento a ser obtido por Ana ultrapassar 100 OTNs, o que exigirá a apresentação de garantia, sujeita a registro na serventia própria.

03. (FGV - 2023 - TJ-SE - Atividade Notarial e de Registro – Remoção). João, pessoa natural que promove a primeira industrialização de certos produtos rurais, almeja se capitalizar com o objetivo de melhor desenvolver a sua atividade, assegurando a celeridade necessária para evitar o perecimento dos produtos que recebia regularmente.

Ao consultar o seu advogado em relação à funcionalidade da Cédula de Produto Rural (CPR), aos requisitos e à possibilidade de emiti-la, foi corretamente informado a João que:

a) a validade e a eficácia da CPR dependem de registro no Registro de Imóveis;

b) a descrição dos bens dados em garantia deve estar integrada à cédula, em respeito à cartularidade;

c) em razão de sua atividade, de caráter secundário, não primário, não é possível a emissão de CPR;

d) a emissão somente pode ser realizada pela instituição financeira que realizar um empréstimo a João;

e) a CPR representa a promessa de entrega de produtos rurais e não necessita ter garantia cedularmente constituída.

04. (TJ/AM – 2023 – TJ/AM - Titular de Notas e Serviços de Registros) Sobre a lei 10931/04(cédula de crédito imobiliário), assinale a alternativa correta:

a) A CCI não poderá ser emitida com ou sem garantia, real ou fidejussória, sob a forma escritural ou cartular.

b) O Ministério da Fazenda poderá estabelecer as condições para o registro e o depósito centralizado de CCI e a obrigatoriedade de depósito da CCI em entidade autorizada pelo Banco Central do Brasil a exercer a atividade de depósito centralizado de ativos financeiros.

c) O credor da CCI não deverá ser intimado de constrição judicial que recaia sobre a garantia real do crédito imobiliário representado por aquele título.

d) A CCI será emitida pelo credor do crédito imobiliário e poderá ser integral, quando representar a totalidade do crédito, ou fracionária, quando representar parte dele, não podendo a soma das CCI fracionárias emitidas em relação a cada crédito exceder o valor total do crédito que elas representam.

05. (Vunesp – Titular de Serviços de Notas e Registros – TJ – SP – Provimento/2022) A Cédula de Crédito Imobiliário – CCI – foi instituída para representar créditos imobiliários. À sua emissão e inscrição no cartório de registro de imóveis aplicam-se, respectivamente, as seguintes regras:

a) a CCI será emitida pelo devedor do crédito imobiliário e, caso seja garantida por direito real, será averbada no Registro de Imóveis da situação do imóvel, na respectiva matrícula, devendo dela constar, exclusivamente, o número, a série e a instituição custodiante.

b) a cessão de crédito garantido por direito real, quando representado por CCI emitida sob a forma escritural, deve ser obrigatoriamente averbada no Registro de Imóveis, sob pena de ineficácia perante terceiros.

c) a CCI será emitida pelo credor do crédito imobiliário e, caso seja garantida por direito real, será averbada no Registro de Imóveis da situação do imóvel, na respectiva matrícula, devendo dela constar, exclusivamente, o número, a série e a instituição custodiante.

d) a CCI será emitida pelo devedor do crédito imobiliário e, caso seja garantida por direito real, será averbada no Registro de Imóveis da situação do imóvel, na respectiva matrícula, devendo dela constar o número, a série, a instituição custodiante, e a expressa autorização do devedor do crédito que ela representa.

06. (IESES – Titular de Serviços de Notas e Registros – TJ – TO – Remoção/2022) A cédula de crédito rural é promessa de pagamento em dinheiro, sem ou com garantia real cedularmente constituída, sob as seguintes denominações e modalidades:

I. Cédula Rural Pignoratícia.

II. Cédula Rural Hipotecária.

III. Cédula Rural Pignoratícia e Hipotecária.

IV. Nota de Crédito Rural.

A sequência correta é:

a) Apenas as assertivas I e IV estão corretas.

b) Apenas a assertiva III está incorreta.

c) As assertivas I, II, III e IV estão corretas.

d) Apenas as assertivas I e II estão corretas.

07. (IESES – Titular de Serviços de Notas e Registros – TJ – TO – Provimento/2022) Com base no previsto no Decreto nº 413/69 assinale a alternativa INCORRETA:

a) O financiador abrirá, com o valor do financiamento conta vinculada à operação, que o financiado movimentará por meio de cheques, saques, recibos, ordens, cartas ou quaisquer outros documentos, na forma e no tempo previstos na cédula ou no orçamento.

b) A cédula de crédito industrial é título executivo judicial, exigível pela soma dela constante ou do endosso, além dos juros, da comissão de fiscalização, se houver, e demais despesas que o credor fizer para segurança, regularidade e realização de seu direito creditório.

c) Importa em vencimento antecipado da dívida resultante da cédula, independentemente de aviso ou de interpelação judicial, a inadimplência de qualquer obrigação do eminente do título ou, sendo o caso, do terceiro prestante da garantia real.

d) A cédula de crédito industrial é promessa de pagamento em dinheiro, com garantia real, cedularmente constituída.

08. (IESES – Titular de Serviços de Notas e Registros – TJ – TO – Provimento/2022) Sobre a cédula de crédito rural, assinale a alternativa correta:

a) A cédula de crédito rural é título civil, líquido e certo, transferível e de livre negociação, exigível pelo seu valor ou pelo valor de seu endosso, além dos juros, da comissão de fiscalização, se houver, e das demais despesas feitas pelo credor para a segurança, a regularidade e a realização de seu direito creditório.

b) A cédula de crédito rural não poderá ser aditada, ratificada e retificada por meio de menções adicionais e de aditivos, datados e assinados pelo emitente e pelo credor.

c) Uma das denominações e modalidades da cédula de crédito rural é a cédula comercial.

d) A cédula de crédito rural não poderá ser emitida sob a forma escritural em sistema eletrônico de escrituração.

09. (IESES – Titular de Serviços de Notas e Registros – TJ – TO – Provimento/2022) Com base no previsto na Lei nº 10.931/04 (cédula de crédito bancário) assinale a alternativa INCORRETA:

a) A averbação da emissão da Cédula de Crédito Imobiliário e o registro da garantia do crédito respectivo, quando solicitados simultaneamente, serão considerados como atos distintos para efeito de cobrança de emolumentos.

b) O credor da Cédula de Crédito Imobiliário deverá ser imediatamente intimado de constrição judicial que recaia sobre a garantia real do crédito imobiliário representado por aquele título.

c) O Conselho Monetário Nacional poderá estabelecer as condições para o registro e o depósito centralizado de Cédula de Crédito Imobiliário e a obrigatoriedade de depósito da Cédula de Crédito Imobiliário em entidade autorizada pelo Banco Central do Brasil a exercer a atividade de depósito centralizado de ativos financeiros.

d) A emissão da Cédula de Crédito Imobiliário sob a forma escritural ocorrerá por meio de escritura pública ou instrumento particular, que permanecerá custodiado em instituição financeira.

10. (IESES – Titular de Serviços de Notas e Registros – TJ – TO – Provimento/2022) Com base na Lei nº 8.929/94 assinale a alternativa INCORRETA:

a) O produtor rural pode emitir Cédula de produto rural.

b) Um dos requisitos da cédula de produto rural é data da entrega ou vencimento e, se for o caso, cronograma de liquidação.

c) Os bens vinculados em garantia serão descritos de modo detalhado e, quando for o caso, serão identificados pela sua numeração própria e pelo número de registro ou matrícula no registro oficial competente, exigida, no caso de imóveis, a indicação das respectivas confrontações.

d) A Cédula de Produto Rural será considerada ativo financeiro, para os fins de registro e de depósito em entidades autorizadas pelo Banco Central do Brasil a exercer tais atividades.

11. (FGV – Titular de Serviço de Notas e Registros – TJ – SC/2021) Maria, pessoa natural que explorava o ramo de produtos rurais obtidos a partir da atividade de floresta plantada, os quais eram submetidos à primeira industrialização, consultou seu advogado sobre a possibilidade de emitir a Cédula de Produto Rural (CPR), que representaria a promessa de entrega dos seus produtos, bem como sobre a oferta de garantia real. O advogado respondeu, corretamente, que a Cédula:

a) não pode ser emitida, já que Maria é pessoa natural, além de somente se compatibilizar com a garantia fidejussória;

b) pode ser emitida por Maria, o que exige escritura pública e a averbação no Registro de Imóveis para que a garantia real possa adquirir validade;

c) pode ser emitida por Maria, com registro no Registro de Títulos e Documentos e, para que a garantia real adquira validade, também no Registro de Imóveis;

d) pode ser emitida por Maria, o que não exige escritura pública, mas deve ser feita a averbação no Registro de Imóveis para que a garantia real valha contra terceiros;

e) pode ser emitida somente pela instituição financeira responsável pelo financiamento, com averbação no Registro de Imóveis para que a garantia real possa adquirir validade.

12. (Cespe – Notários e Oficiais de Registro – Provimento – TJ – DFT/2019) A cédula de crédito rural

a) somente será considerada um título líquido e certo se contiver uma garantia real cedularmente constituída.

b) é um título civil, líquido e certo, sendo considerada uma promessa de pagamento em dinheiro mesmo que não contenha uma garantia real cedularmente constituída.

c) é uma promessa de pagamento em dinheiro, a qual deve conter uma garantia real cedularmente constituída, embora não seja um título líquido e certo.

d) somente será considerada líquida e certa se feita na modalidade de nota de crédito rural.

e) é um título civil, líquido e certo, sendo considerada uma promessa de pagamento em dinheiro apenas quando feita na modalidade de nota de crédito rural sem garantia real cedularmente constituída.

13. (Vunesp – Cartório – Provimento – TJ – SP/2018) Com referência ao crédito imobiliário, tendo como garantia a alienação fiduciária de um determinado imóvel, assinale a alternativa correta.

a) Sendo o credor fiduciário uma instituição financeira autorizada pelo Banco Central do Brasil, poderá optar pela emissão de Letra de Crédito Imobiliário ou de Cédula de Crédito Imobiliário representativa desse crédito, implicando a transferência de qualquer um deles na automática transmissão da respectiva garantia ao cessionário, que ficará sub-rogado em todos os direitos decorrentes do referido crédito.

b) O credor fidúciario, mesmo não sendo instituição financeira, poderá emitir Cédula de Crédito Imobiliário (CCI) representativa desse crédito.

c) Na hipótese de emissão de Cédula de Crédito Imobiliário, quando em forma escritural, todas as transferências deverão ser averbadas na matrícula, com a finalidade de se manter a continuidade nas sucessões dos direitos.

d) A Cédula de Crédito Imobiliário, quando não escritural, deverá ser emitida concomitantemente ao contrato de alienação fiduciária, devendo ainda ser subscrita pelo devedor fiduciante.

14. (Cespe – Notários e Oficiais de Registro – Remoção – TJ – DFT/2019) A cédula de crédito imobiliário pode ser

a) integral ou fracionária, devendo ser emitida com garantia real ou fidejussória e somente sob a forma de cártula.

b) integral ou fracionária, podendo ser emitida com ou sem garantia real ou fidejussória, sob a forma escritural ou cartular.

c) emitida com ou sem garantia real ou fidejussória, devendo a forma escritural ser utilizada apenas nos casos em que exista garantia real, vedada a sua emissão de forma fracionária.

d) emitida com ou sem garantia real ou fidejussória, sendo obrigatório que a cédula fracionária tenha a forma escritural.

e) escritural ou cartular, vedada a emissão de forma fracionária, devendo a forma escritural ser utilizada apenas nos casos em que exista garantia real ou fidejussória.

15. (TJ-SC – Notário-SC/2012) Segundo a Lei nº 10.931/2004:

I. A validade e eficácia da Cédula de Crédito Bancário dependem de registro, mas as garantias reais, por ela constituídas, ficam sujeitas, para valer contra terceiros, aos registros ou averbações previstos na legislação aplicável.
II. A Cédula de Crédito Bancário é título de crédito emitido, por pessoa física ou jurídica, em favor de instituição financeira ou de entidade a esta equiparada, representando promessa de pagamento em dinheiro, decorrente de operação de crédito, de qualquer modalidade.
III. O bem constitutivo da garantia deverá ser descrito e individualizado de modo que permita sua fácil identificação.
IV. Cédula de Crédito Bancário poderá ser protestada por indicação, desde que o credor apresente declaração de posse da sua única via negociável, inclusive no caso de protesto parcial.

a) Somente as proposições II e III estão corretas.
b) Somente as proposições II, III e IV estão corretas.
c) Somente as proposições I, II e IV estão corretas.
d) Somente as proposições I, III e IV estão corretas.
e) Todas as proposições estão corretas.

16. (EJEF – Notário-MG/2011) A Cédula de Crédito Imobiliário, criada pela Lei nº 10.931/04, deverá ser averbada na matrícula do imóvel, contendo os seguintes dados:

a) o valor, o prazo e os juros.
b) o credor e o devedor.
c) o credor, o devedor e a garantia.
d) o número, a série e a instituição custodiante.

17. (IESES – Cartório – TJ – RO/2012) A letra imobiliária:

a) Emitida por sociedade de crédito imobiliário terá preferência sobre os bens do ativo da sociedade emitente em relação a quaisquer outros créditos contra a sociedade, exceto os de natureza fiscal ou parafiscal.
b) Pode ser emitida pela sociedade de crédito imobiliário juntamente com debêntures ou obrigações ao portador.
c) Não possui a natureza de título executivo para a cobrança do respectivo principal e juros.
d) Emitida por sociedade de crédito imobiliário poderá ser garantida com a obrigação de outras empresas privadas.

18. (IESES – Cartório – TJ – RO/2012) Sobre a cédula de produto rural:

I. Representa a promessa de entrega de produtos rurais, com ou sem garantia cedularmente constituída, podendo ser emitida pelo produtor rural e suas associações, mas não por cooperativas.
II. É título líquido e certo, exigível pela quantidade e qualidade de produto nela previsto.
III. A cédula de produto rural com liquidação financeira é título líquido e certo, exigível, na data do seu vencimento, pelo resultado da multiplicação do preço, apurado segundo os critérios previstos neste artigo, pela quantidade do produto especificado.
IV. A não identificação dos bens objeto de alienação fiduciária não retira a eficácia da garantia, que poderá incidir sobre outros do mesmo gênero, qualidade e quantidade, de propriedade do garante.

a) Apenas I e II estão corretas.
b) Apenas I, II e III estão corretas.
c) Apenas II, III e IV estão corretas.
d) Apenas I e III estão corretas.

19. (IESES – Cartório – TJ – RS/2013) A respeito da Cédula de Crédito Bancário, é correto afirmar:

a) Na Cédula de Crédito Bancário, pode ser dado imóvel em garantia real, hipoteca ou alienação fiduciária, cuja competência para a realização dos atos é da Serventia de Registro de Imóveis, devendo o Oficial proceder ao registro apenas da garantia na matrícula do imóvel, sem qualquer assentamento no Registro Auxiliar.
b) A garantia da Cédula de Crédito Bancário poderá ser real ou fidejussória, pesar sobre bem imóvel ou móvel, e seu registro, em todos os casos, deverá ser realizado no Registro de Imóveis.
c) A Cédula de Crédito Bancário, disciplinada pela Lei 10.931/2004, é título de crédito hábil a gerar mutações jurídico-reais sobre imóveis e, uma vez recepcionada no livro de protocolo da serventia imobiliária, após exame positivo de qualificação, deverá ser registrada também no Livro 3.
d) Quando a garantia da Cédula de Crédito Bancário for de alienação fiduciária de automóvel, além do registro obrigatório no Livro 3 do Registro de Imóveis, para constituição da garantia será também necessário o registro na Serventia de Registro de Títulos e Documentos, segundo dispõe o art. 1.361 do Código Civil.

20. (CETRO – Notário-RJ/2012) Sobre os certificados de recebíveis imobiliários, é correto afirmar que

a) são títulos de crédito ao portador.
b) constituem promessa de pagamento em dinheiro.
c) são títulos de negociação vinculada.
d) não poderão ter garantia flutuante.
e) não podem ser emitidos por companhias securitizadoras.

21. (Consulplan – Cartório – MG – Remoção/2016) No que diz respeito ao Decreto-Lei nº 167, de 14/02/1967 (Cédula Rural) e Decreto-Lei nº 413 de 09/01/1969 (Cédula de Crédito Industrial), avalie as seguintes afirmações:

I. A cédula de crédito industrial pode ser garantida por penhor cedular, hipoteca cedular e alienação fiduciária.
II. A cédula de crédito industrial é promessa de pagamento em dinheiro, com garantia real, cedularmente constituída e a cédula de crédito rural é promessa de pagamento em dinheiro, sem ou com garantia real cedularmente constituída.
III. A nota de crédito industrial é promessa de pagamento em dinheiro, sem garantia real.
IV. A venda dos bens apenhados ou hipotecados pela cédula de crédito rural depende de prévia anuência do credor, por escrito.

Está correto o que se afirma em:

a) II, III e IV, apenas.
b) III e IV, apenas.
c) I, II, III e IV.
d) II e IV, apenas.

22. (Consulplan – Cartório – MG – Remoção/2016) Marque a assertiva correta, levando-se em consideração a Lei nº 8.929, de 22/08/1994, que institui a Cédula de Produto Rural.

a) A entrega do produto antes da data prevista na Cédula de Produto Rural independe da anuência do credor.
b) Para cobrança da Cédula de Produto Rural, cabe a ação de execução para entrega de coisa certa.
c) A Cédula de Produto Rural é título líquido e certo, exigível pela quantidade e qualidade de produto nela previsto.
d) Tem legitimidade para emitir a Cédula de Produto Rural o produtor rural e suas associações, sendo vedadas as cooperativas.

GAB										
	1	A	2	A	3	E	4	D	5	C
	6	C	7	B	8	A	9	A	10	C
	11	D	12	B	13	B	14	B	15	B
	16	D	17	D	18	C	19	A	20	B
	21	C	22	C	–					

15) dos contratos de penhor rural;

1. COMENTÁRIOS

O Código Civil de 2002 regulamentou o penhor nos artigos 1.438 ao 1.472, tendo sido revogados pelo novo Código de Processo Civil, os arts. 1.482 e 1.483.

Penhor é o direito real pelo qual o devedor ou terceiro transfere ao credor, como garantia do crédito, a posse de uma coisa móvel. O penhor, via de regra, só pode recair sobre **bens móveis.** Incide sobre **bens imóveis**, excepcionalmente, quando se tratar de **penhor agrícola sobre as plantações.**

O art. 1.442 do Diploma Civil estabelece o objeto do penhor:

> I – máquinas e instrumentos de agricultura;
>
> II – colheitas pendentes, ou em via de formação;
>
> III – frutos acondicionados ou armazenados;
>
> IV – lenha cortada e carvão vegetal;
>
> V – animais do serviço ordinário de estabelecimento agrícola.

O seu modo de constituição, em qualquer de suas modalidades, é sempre por **escrito público ou particular**, não importando o seu valor. Nicolau Balbino Filho ensina que o penhor "constitui-se por instrumento público ou particular devendo este ser lavrado em três vias subscritas pelas partes ou por duas testemunhas, devendo uma das vias ter as firmas reconhecidas, a qual será registrada e arquivada no Registro de Imóveis da comarca onde os bens se encontram. Se o instrumento do contrato for público e lavrado por tabelião da mesma comarca do registro de imóveis, será dispensável o arquivamento de uma via do traslado" (*Registro de imóveis:* doutrina, prática e jurisprudência. 12. ed. São Paulo: Saraiva, 2007, p. 184).

Para valer perante terceiros, o penhor deve ser levado a registro por qualquer dos contratantes no **Registro de Títulos e Documentos.**

Todavia, em se tratando de **penhor rural, industrial e o mercantil, estes devem ser registrados no Registro de Imóveis, onde estiverem situados os bens.**

O penhor rural, por sua vez, divide-se em **penhor pecuário** e **penhor agrícola**, conforme a natureza das coisas dada em garantia. O penhor agrícola é disciplinado nos artigos 1.442 ao 1.443, ao passo que o penhor pecuário encontra-se regulamentado nos arts. 1.444 ao 1.446. A Lei 492/1937 também regulou o penhor rural, e sua normativa é utilizada no que não conflitar com o Código Civil.

Nos termos do art. 1.438, constitui-se o penhor rural mediante instrumento público ou particular, registrado no Cartório de Registro de Imóveis da circunscrição em que estiverem situadas as coisas empenhadas. Esta regra é corroborada pelo disposto no art. 2º da Lei 492/1937. Tanto no penhor agrícola quanto no pecuário, os bens permanecem nas mãos do devedor, diferentemente do penhor comum, no qual os bens ficam na posse do credor.

Uma inovação importante introduzida pelo Código Civil e modificada pela Lei 12.873/2013 foi a regra do art. 1.439, que estabeleceu que o penhor agrícola e o penhor pecuário **não podem ser convencionados por prazos superiores aos das obrigações garantidas.** Anteriormente, o penhor agrícola e o penhor pecuário poderiam ser convencionados, respectivamente, pelos prazos máximos de três e quatro anos, prorrogáveis uma única vez por igual período. Essa mudança já havia revogado os arts. 1º e 2º do Decreto-lei 4.360/1942, que estabeleciam, respectivamente, prazo de dois anos prorrogável por mais dois anos no caso de penhor agrícola, e de três anos prorrogável por igual período no caso de penhor pecuário.

Ressalte-se que o penhor pecuário, que deve ser registrado no Registro de Imóveis, é aquele direito real de garantia sobre coisa alheia e recai sobre os animais que integram a atividade pastoril, agrícola ou de laticínios.

Desse modo, o registro do penhor agrícola ou pecuário é feito no **Livro nº 3 (Registro Auxiliar)** do Registro de Imóveis do local dos bens apenhados.

A Lei 6.015/1973 nada prevê sobre o conteúdo do registro no Livro 3 Auxiliar. No entanto, o art. 2º, § 2º da Lei 492/1937, dispõe que sejam consignados no registro do penhor rural tais requisitos:

> I – os nomes, prenomes, estado, nacionalidade, profissão e domicílio dos contratantes;
>
> II – o total da dívida ou sua estimação;
>
> III – o prazo fixado para o pagamento;
>
> IV – a taxa dos juros, se houver;
>
> V – as cousas ou animais dados em garantia, com as suas especificações, de molde a individualizá-las;
>
> VI – a denominação, confrontação e situação da propriedade agrícola onde se encontrem as coisas ou animais empenhados, bem assim a data da escritura de sua aquisição, ou arrendamento, e número de sua transcrição imobiliária;
>
> VII – as demais estipulações usuais no contrato mútuo.

Por fim, o registro do penhor rural **independe** do consentimento do credor hipotecário. É o que se extrai do art. 219 da Lei 6.015/1973. Nesse sentido também, o art. 1.440 do Código Civil, que dispõe: "*Se o prédio estiver hipotecado, o penhor rural poderá constituir-se independentemente da anuência do credor hipotecário, mas não lhe prejudica o direito de preferência, nem restringe a extensão da hipoteca, ao ser executada.*"

2. JURISPRUDÊNCIA COMPLEMENTAR

SUPERIOR TRIBUNAL DE JUSTIÇA

EMENTA: CIVIL. PENHOR AGRÍCOLA. REGISTRO. NÃO CONTRARIA O ART. 69 DO DL 167/67 O ACORDÃO QUE TEM POR IMPROCEDENTE AÇÃO RESCISORIA, PELO INCISO V DO ART. 485, TENDO EM VISTA A FALTA DE REGISTRO DO CONTRATO DE PENHOR AGRÍCOLA NO LOCAL DE SITUAÇÃO DO IMOVEL ONDE SE ENCONTRA A LAVOURA APENHADA. (STJ – AgRg no Ag: 37388 RS 1993/0012510-9, Relator: Ministro DIAS TRINDADE, Data de Julgamento: 14/07/1993, T3 – TERCEIRA TURMA, Data de Publicação: DJ 23.08.1993 p. 16581)

EMENTA: CIVIL E PROCESSUAL CIVIL – EXECUÇÃO – DIVIDA COM GARANTIA PIGNORATICIA – PENHOR RURAL. I – NA EXECUÇÃO DE CREDITO PIGNORATICIO, A PENHORA, INDEPENDENTEMENTE, DA NOMEAÇÃO, RECAIRA SOBRE A COISA DADA EM GARANTIA (ART. 655, PARÁGRAFO 2., DO CPC). II – CONSOANTE A MELHOR DOUTRINA, O PENHOR RURAL TEM POR OBJETO COISA MOVEL POR DESTINAÇÃO FISICA OU INTELECTUAL, E SE APERFEIÇOA, INDEPENDENTEMENTE, DA TRADIÇÃO DOS BENS APENHORADOS, OS QUAIS CONTINUAM EM PODER DOS PROPRIETARIOS DEVEDORES. III – RECURSO CONHECIDO E PROVIDO. (STJ – REsp: 28808 ES 1992/0027383-1, Relator: Ministro WALDEMAR ZVEITER, Data de Julgamento: 24/11/1992, T3 – TERCEIRA TURMA, Data de Publicação: DJ 17.12.1992 p. 24246)

16) dos empréstimos por obrigações ao portador ou debêntures, inclusive as conversíveis em ações;

1. COMENTÁRIOS

No tocante à inscrição da escritura de emissão de debêntures no Registro de Imóveis, a esmagadora maioria da doutrina entende que não é mais possível.

A Lei das Sociedades Anônimas (Lei nº 6.404/1976), que previa o registro em seu artigo 62, II, foi alterada pela Lei nº 10.303/2001, que deu nova redação ao dispositivo, atribuindo a inscrição da escritura de emissão de debêntures ao **Registro do Comércio**.

Além disso, foi acrescentado o parágrafo 4º, que criou um livro especial para inscrição das emissões de debêntures, no qual serão anotadas as condições essenciais de cada emissão.

Com efeito, pode-se afirmar que estão revogados tacitamente, os dispositivos da Lei 6.015/1973 no que se refere ao registro da escritura de emissão das debêntures.

Todavia, Ralpho Valdo de Barros Monteiro Filho assegura que "está em pleno vigor o seu regime no que diz respeito ao registro específico das eventuais ***garantias reais*** instituídas com a emissão das debêntures. O registro da hipoteca ou da anticrese será feito no Registro de Imóveis do lugar dos bens gravados com garantia (arts. 167, I, 2 e 11, c/c 178, I, todos da Lei 6.015/1973). O da garantia do penhor será efetivado no Registro de Títulos e Documentos, nos termos do art. 127, II, da Lei 6.015/1973, produzindo efeitos perante terceiros apenas com tal providência" (Op. cit., p. 69).

17) das incorporações, instituições e convenções de condomínio;

18) dos contratos de promessa de venda, cessão ou promessa de cessão de unidades autônomas condominiais e de promessa de permuta, a que se refere a Lei nº 4.591, de 16 de dezembro de 1964, quando a incorporação ou a instituição de condomínio se formalizar na vigência desta Lei;

1. COMENTÁRIOS

1.1 CONDOMÍNIO EDILÍCIO

No dizer de Carlos Roberto Gonçalves, o condomínio edilício caracteriza-se pela apresentação de uma propriedade comum ao lado de uma propriedade privativa. Cada condômino é titular, em exclusividade, de uma unidade autônoma e titular apenas de partes ideais das áreas comuns. (*Direito Civil Brasileiro*, 8ª ed. V. V São Paulo: Saraiva, 2013, p. 448).

O condomínio edilício nada tem a ver com a existência de uma copropriedade. Ele diz respeito à existência individualizada de diversas unidades construídas sobre um mesmo terreno. As diversas unidades podem pertencer a um só dono, ou a vários. O condomínio edilício, portanto, prescinde de uma copropriedade, mas exige sempre a existência de mais de uma unidade construída sobre o mesmo solo.

São formas de **constituição do condomínio**, dentre outras:

a) destinação do proprietário do edifício;
b) incorporação imobiliária;
c) testamento.

Em outras palavras, pode ser celebrado por ato entre vivos ou por testamento; ou em ambos os casos, a instituição pode ser formalizada via instrumento público ou particular.

O condomínio edilício é **instituído pelo registro**, no Registro de Imóveis, do **instrumento de instituição do condomínio**, que é ato autônomo, e tem por finalidade a individualização e discriminação das unidades, tornando-as emancipadas do solo e das demais unidades entre si, de sorte a ter cada unidade tratamento independente.

Com o advento do Código Civil de 2002, discutiu-se se a Lei 4.591/1964 havia sido revogada pela Lei 10.406/2002 (Código Civil). Flauzilino Araújo dos Santos explana que "é fundamental observar que embora o Código seja lei geral, e lei posterior, e tenha tratado da mesma matéria, não revogou por completo os artigos 1º a 27 da Lei de Condomínios e Incorporações, porém, apenas derrogou tacitamente todos os preceitos que lhe sejam claramente contrários ou se oponham aos nele estabelecidos, excluídos, por óbvio, todos os dispositivos relativos à incorporação imobiliária, previstos nos artigos 28 e seguintes da Lei 4.591/1964, visto que desse tipo não se ocupou o Código Civil de 2002" (*Condomínios e Incorporações Imobiliárias no Registro de Imóveis*. São Paulo: Editora Mirante, 2012, p. 31). A maioria da doutrina também segue este entendimento.

Sobre a **convenção de condomínio**, Flauzilino Araújo dos Santos explica que ela "representa o padrão jurídico-administrativo que determina as regras básicas da administração e o relacionamento dos condôminos e das demais pessoas que acessarem o prédio, tanto entre si, no que tange às relações condominiais, como também no relacionamento institucional destes com o condomínio" (Op. cit., p. 126).

A convenção de condomínio poderá ser redigida em **instrumento autônomo** ou **conjuntamente com o de instituição e especificação de condomínio.**

O ato escritural de registro da Convenção de Condomínio deve ser feito por **extrato** de dados no **Livro 3** de **Registro Auxiliar** da Serventia de Imóveis da circunscrição do empreendimento imobiliário. Tal registro revela **caráter constitutivo** e constitui elemento essencial para instituição do condomínio edilício (art. 1.333 do Código Civil).

Em razão da natureza constitutiva do registro da convenção condominial, o registro da instituição e especificação de condomínio deve ser **prévio** ou **simultâneo** ao registro da Convenção. O oficial registrador, ao lavrar tais atos, deve fazer **remissões recíprocas**, mencionando o número e data do registro da Convenção no teor do registro da instituição ou em averbação autônoma subsequente (Livro nº 2 – Registro Geral) e vice-versa.

A natureza jurídica da convenção de condomínio é polêmica, porém prevalece que ela tem **caráter estatutário ou institucional**, configurando assim um ato-norma e superando a ideia de ser classificada como contrato. Por tal razão, alcança além dos seus signatários, todos os que ingressarem nos limites do condomínio, consoante art. 1.333, *caput*, do Código Civil. Ademais, ainda que não registrada, a convenção obriga os condôminos.

Assim, o registro da convenção no Ofício Imobiliário é necessário apenas para torná-la válida perante terceiros, já que "a convenção de condomínio aprovada, ainda que sem registro, é eficaz para regular as relações entre os seus condôminos", nos termos da Súmula nº 260 do Superior Tribunal de Justiça.

Oportuno invocar o Enunciado 30 da I Jornada de Direito Notarial e Registral:

> **Enunciado 30.** A instituição de condomínio, sem prévia incorporação, em prédio consideravelmente antigo ou anterior à Lei n. 4.591/1964, cuja construção já se encontra concluída e averbada no Registro de Imóveis, não depende da apresentação de novo projeto de construção aprovado pela municipalidade.
>
> ⊙ Justificativa: As regiões centrais das grandes cidades costumam abrigar edifícios de apartamentos ou escritórios construídos ao longo do século XX que nunca foram submetidos ao regime condominial. Não é incomum que tenham permanecido no patrimônio de uma mesma família, que pretendia explorá-los mediante pagamento de aluguéis. Contudo, as circunstâncias mudam, e por vezes surge a necessidade de transformá-los em condomínios, como ocorre, por exemplo, ao se tentar requalificar seu uso (*"Retrofit"*). Nestas situações, a exigência de nova aprovação de plantas e projetos de construção pode inviabilizar (por exemplo, quando as regras de construção atuais são incompatíveis com o modo pelo qual o edifício foi construído) não apenas sua requalificação, como seu uso, em grave prejuízo de sua função social. Assim, nas situações em que o edifício já se encontra construído, e em que esta informação já consta do registro, a instituição de condomínio consiste em medida que tão somente altera seu regime jurídico no âmbito do direito privado, não demandando nova aprovação das autoridades municipais.

Valer ressaltar, por fim, textos ensinamentos de Francisco José Rezende dos Santos: "não há nenhuma exigência fiscal ou tributária a ser observada pelo registrador não menos pelo fato de não se tratar de título translativo de direitos reais sobre imóveis. Observa-se apenas a cobrança dos emolumentos legais. Os títulos devem ter as assinaturas reconhecidas em Cartório" (*Lei de Registros Públicos comentada*. Rio de Janeiro: Forense, 2019, p. 966).

1.2 A LEI 13.465/2017, O CONDOMÍNIO URBANO SIMPLES E AS HABITAÇÕES COLETIVAS

A Lei 13.465/2017 trouxe diversas inovações e alterações ao mundo jurídico, não deixando de fora o direito notarial e registral.

Veremos ao longo desta obra, todas as modificações pertinentes às notas e aos registros públicos.

Nos casos de terrenos que possuem construções de casas ou cômodos, a atual legislação possibilitou a instituição de um Condomínio Urbano Simples, de **modo a possibilitar a divisão das construções**

em unidades imobiliárias autônomas, cada qual contendo matrículas próprias no Registro de Imóveis, possibilitando, desta forma, sua livre alienação pelos seus titulares. Vejamos:

CAPÍTULO VIII
DO CONDOMÍNIO URBANO SIMPLES

Art. 61. Quando um mesmo imóvel contiver construções de casas ou cômodos, poderá ser instituído, inclusive para fins de Reurb, **condomínio urbano simples**, respeitados os parâmetros urbanísticos locais, e serão discriminadas, na **matrícula**, a parte do terreno ocupada pelas edificações, as partes de utilização exclusiva e as áreas que constituem passagem para as vias públicas ou para as unidades entre si.

Parágrafo único. O condomínio urbano simples será regido por esta Lei, aplicando-se, no que couber, o disposto na legislação civil, tal como os arts. 1.331 a 1.358 da Lei nº 10.406, de 10 de janeiro de 2002 (Código Civil).

Art. 62. A instituição do condomínio urbano simples será **registrada na matrícula do respectivo** imóvel, na qual deverão ser identificadas as partes comuns ao nível do solo, as partes comuns internas à edificação, se houver, e as respectivas unidades autônomas, dispensada a apresentação de convenção de condomínio.

§ 1º **Após o registro da instituição do condomínio urbano simples**, deverá ser a**berta uma matrícula para cada unidade autônoma**, à qual caberá, como parte inseparável, uma fração ideal do solo e das outras partes comuns, se houver, representada na forma de percentual.

§ 2º As unidades autônomas constituídas em matrícula própria poderão ser alienadas e gravadas livremente por seus titulares.

§ 3º Nenhuma unidade autônoma poderá ser privada de acesso ao logradouro público.

§ 4º A gestão das partes comuns será feita de comum acordo entre os condôminos, podendo ser formalizada por meio de instrumento particular.

Art. 63. No caso da Reurb-S, a averbação das edificações poderá ser efetivada a partir de mera notícia, a requerimento do interessado, da qual constem a área construída e o número da unidade imobiliária, dispensada a apresentação de habite-se e de certidões negativas de tributos e contribuições previdenciárias.

Imprescindível anotar que o condomínio urbano simples **não se limita a imóveis residenciais.** Aliás, corroborando o entendimento majoritário da doutrina, este tornou-se o **Enunciado 26 da I Jornada de Direito Notarial e Registral**, sob a seguinte justificativa: embora o art. 61 da Lei 13.465/2017 utilize a expressão construções de casas ou cômodos – que pode, em um primeiro momento, induzir o intérprete a limitar a aplicação do instituto do condomínio urbano simples a construções residenciais – por uma análise sistemática da lei, entende-se que a regularização de imóveis comerciais por meio do citado instituto foi agasalhada pela norma. A finalidade regularizadora de imóveis comerciais é um dos vetores interpretativos da Lei 13.465/2017, como pode se extrair da alteração promovida no instituto da usucapião coletiva urbana, que retirou como requisito desse tipo de aquisição da propriedade a finalidade exclusivamente residencial. Também nesse sentido, o Superior Tribunal de Justiça tem reconhecido a necessidade de regularizar as áreas de comércio da cidade, para que seja efetivamente possível assegurar o direito à cidade, que inclui não apenas o direito à moradia, mas o direito de trabalhar e produzir economicamente. A exemplo, o julgamento do REsp 1.360.017/RJ, em que Superior Tribunal de Justiça reconheceu que o exercício simultâneo de pequena atividade comercial em propriedade que também é utilizada como residência não impede o reconhecimento de usucapião especial urbana.

Também vale dialogar o tema com o art. 69 do Decreto n. 9.310, de 15 de março de 2018:

> "Quando um mesmo imóvel contiver construções de casas ou cômodos, poderá ser instituído, **inclusive para fins de Reurb, condomínio urbano simples,** respeitados os parâmetros urbanísticos locais, e serão discriminadas, na matrícula, a parte do terreno ocupada pelas edificações, as partes de utilização exclusiva e as áreas que constituem passagem para as vias públicas ou para as unidades entre si".

Dessa maneira, após o registro da instituição do condomínio urbano simples, será aberta uma matrícula para cada unidade autônoma, à qual caberá, como parte inseparável, uma fração ideal do solo e das outras partes comuns, se houver, representada na forma de percentual.

1.3 INCORPORAÇÃO IMOBILIÁRIA

O art. 28 da Lei 4.591/1964 traz o conceito legal de incorporação imobiliária. Trata-se da atividade exercida com o intuito de promover e realizar a construção, para alienação total ou parcial, de edificações ou conjunto de edificações compostas de unidades autônomas.

Na incorporação, a figura do incorporador é fundamental, pois é ele que deve clamar pelo registro. No entanto, a lei não exige que o incorporador seja o proprietário do terreno.

Considera-se incorporador a pessoa física ou jurídica, comerciante ou não, que embora não efetuando a construção, compromisse ou efetive a venda de frações ideais de terreno objetivando a vinculação de tais frações a unidades autônomas, em edificações a serem construídas ou em construção sob regime condominial, ou que meramente aceite propostas para efetivação de tais transações, coordenando e levando a termo a incorporação e responsabilizando-se, conforme o caso, pela entrega, a certo prazo, preço e determinadas condições, das obras concluídas.

Dessa forma, a **iniciativa** e a **responsabilidade** das incorporações imobiliárias caberão ao incorporador, que somente poderá ser:

a) O proprietário do terreno, o promitente comprador, o cessionário deste ou promitente cessionário com título que satisfaça os requisitos da alínea *a* do art. 32;

b) O construtor ou corretor de imóveis;

c) O ente da Federação imitido na posse a partir de decisão proferida em processo judicial de desapropriação em curso ou o cessionário deste, conforme comprovado mediante registro no registro de imóveis competente.

O incorporador somente poderá alienar ou onerar as frações ideais de terrenos e acessões que corresponderão às futuras unidades autônomas após o registro, no registro de imóveis competente, do memorial de incorporação composto pelos seguintes documentos:

a) Título de propriedade de terreno, ou de promessa, irrevogável e irretratável, de compra e venda ou de cessão de direitos ou de permuta do qual conste cláusula de imissão na posse do imóvel, não haja estipulações impeditivas de sua alienação em frações ideais e inclua consentimento para demolição e construção, devidamente registrado;

b) Certidões negativas de impostos federais, estaduais e municipais, de protesto de títulos de ações cíveis e criminais e de ônus reais relativamente ao imóvel, aos alienantes do terreno e ao incorporador.

A Lei 14.382/2022 incluiu o § 14 no art. 32 da Lei n. 4.591/1964, dispondo que quando demonstrar de modo suficiente o estado do processo e a repercussão econômica do litígio, a certidão esclarecedora de ação cível ou penal **poderá ser substituída por impressão do andamento do processo digital.** Nos ensinamentos de Carlos Elias e Flávio Tartuce, no procedimento de registro de incorporação imobiliária, caso existam ações cíveis ou penais, será admitida a apresentação da impressão do andamento do processo digital no lugar de uma certidão, desde que sejam demonstrados o estado do processo e a repercussão econômica do litígio. Desse modo, o incorporador não precisará buscar certidões específicas de determinados feitos judiciais. A regra guarda paralelismo com o procedimento de registro do loteamento (art. 18, § 7º, da Lei n. 6.766/1979) (Op. cit. 245).

c) Histórico dos títulos de propriedade do imóvel, abrangendo os últimos 20 anos, acompanhado de certidão dos respectivos registros;

d) Projeto de construção devidamente aprovado pelas autoridades competentes;

e) Cálculo das áreas das edificações, discriminando, além da global, a das partes comuns, e indicando, para cada tipo de unidade a respectiva metragem de área construída;

f) Certidão negativa de débito para com a Previdência Social, quando o titular de direitos sobre o terreno for responsável pela arrecadação das respectivas contribuições;

g) Memorial descritivo das especificações da obra projetada, segundo modelo a que se refere o inciso IV, do art. 53, desta Lei 4.591/1964.

Aqui, vale a menção do recente Enunciado 665 da IX Jornada de Direito Civil:

> **Enunciado 665.** Art. 1.351: A reconstrução de edifício realizada com o propósito de comercialização das unidades durante a obra sujeita-se ao regime da incorporação imobiliária e torna exigível o registro do Memorial de Incorporação.
>
> ⊙ Justificativa: A requalificação urbanística de certas regiões da cidade tem sido objeto de políticas públicas de incentivo à execução de projetos de retrofit, como são os casos da Lei Complementar 229/2021 do Rio de Janeiro e da Lei n. 17.577/2021, de São Paulo. Em regra, essa intervenção construtiva não se confunde com a incorporação imobiliária, a despeito de envolver reconfiguração do edifício e alteração das frações e das unidades. Contudo, se o empreendedor pretender vender as unidades durante a reconstrução, estará caracterizada a incorporação imobiliária, pois a comercialização dos imóveis a construir constitui um dos elementos essenciais de caracterização dessa atividade empresarial e sujeita o incorporador a deveres legais, entre os quais avultam mecanismos de prevenção e alocação de riscos, vinculação de receitas, proteção patrimonial dos credores vinculados ao negócio, notadamente os adquirentes, entre outras normas prudenciais e de administração financeira previstas nos arts. 28 e seguintes da Lei n. 4.591/1964. Nesse caso é exigível o registro do Memorial de Incorporação, porque esse é o ato registral hábil para qualificar o direito de propriedade resultante da reconfiguração das frações ideais, unidades e partes comuns do futuro edifício. Além disso, é o meio legal de identificação do responsável pelo empreendimento, e exibição do projeto e dos documentos que comprovem sua aptidão legal e empresarial para transmitir a propriedade das unidades, celebrar contratos, promover a construção, por si ou por terceiros, e entregar as futuras unidades.

h) Avaliação do custo global da obra, atualizada à data do arquivamento, calculada de acordo com a norma do inciso III, do art. 53 com base nos custos unitários referidos no art. 54, discriminando-se, também, o custo de construção de cada unidade, devidamente autenticada pelo profissional responsável pela obra;

i) Instrumento de divisão do terreno em frações ideais autônomas que contenham a sua discriminação e a descrição, a caracterização e a destinação das futuras unidades e partes comuns que a elas acederão;

j) Minuta de convenção de condomínio que disciplinará o uso das futuras unidades e partes comuns do conjunto imobiliário;

l) Declaração em que se defina a parcela do preço de que trata o inciso II, do art. 39;

m) Certidão do instrumento público de mandato, referido no § 1º do artigo 31;

n) Declaração expressa em que se fixe, se houver, o prazo de carência (art. 34);

o) A Lei 14.382/2022 revogou a alínea "o" do *caput* do art. 32 da Lei da Incorporação Imobiliária. Desse modo, deixa de exigir, **para fins de registro**, o atestado de idoneidade financeira, fornecido por estabelecimento de crédito que opere no País há mais de cinco anos.

p) Declaração, acompanhada de plantas elucidativas, sobre o número de veículos que a garagem comporta e os locais destinados à guarda dos mesmos.

Toda essa documentação supra citada, após o exame do oficial registrador, será arquivada em cartório, fazendo-se o competente registro.

Por sua vez, o número do registro deve constar, obrigatoriamente, dos anúncios, impressos, publicações, propostas, contratos, preliminares ou definitivos, referentes à incorporação, salvo dos anúncios "classificados".

O Oficial de Registro de Imóveis **responde, civil e criminalmente**, se efetuar o arquivamento de documentação contraveniente à lei ou der certidão sem o arquivamento de todos os documentos exigidos.

De outro modo, o Registrador **não responde** pela exatidão dos documentos que lhe forem apresentados para arquivamento em obediência ao disposto nas alíneas e, g, h, l, e p, desde que assinados pelo profissional responsável pela obra.

A Lei do SERP acrescentou o § 1º-A ao art. 32 para dispor que o registro do memorial de incorporação sujeita as frações do terreno e as respectivas acessões a regime condominial especial, investe o incorporador e os futuros adquirentes na faculdade de sua livre disposição ou oneração e **independe de anuência dos demais condôminos.**

Carlos Elias e Flávio Tartuce esclarecem que com o registro da incorporação imobiliária, nasce o "regime condominial especial", por força do qual é viável a alienação ou a oneração individualizada das futuras unidades autônomas, independentemente da anuência dos demais (art. 32, $ 1.°-A, da Lei n. 4.591/1964). Essa situação é batizada de "condomínio por frações autônomas" pelo inc. II do $ 10 do art. 213 da LRP. Parece-nos mais adequado considerá-lo um **condomínio protoedilício**, pois ele é um"nascituro" do futuro condomínio edilício.

O § 1.°-A do art. 32 da Lei n. 4.591/1964 é importante para deixar claro que regras do condomínio tradicional, como o direito de preferência dos condôminos no caso de venda da fração ideal (art. 504 do CC), não são aplicáveis ao condomínio protoedilício (Op. cit, p. 243).

Anote-se que até a MP n. 1.085/2021, os contratos de compra e venda, promessa de venda, cessão ou promessa de cessão de unidades autônomas eram **irretratáveis** e, uma vez registrados, conferiam direito real oponível a terceiros, atribuindo direito a adjudicação compulsória perante o incorporador ou a quem o suceder, inclusive na hipótese de insolvência posterior ao término da obra.

Ocorre que a Lei n. 14.382/2022 revogou o § 2º do art. 32, ou em outras palavras, é o **fim da irretratabiidade compulsória dos contratos de alienação das unidades autônomas.** Uma vez mais, Carlos Elias e Flávio Tartuce elucidam que com essa revogação, fica aberto o debate para a retratação do contrato, seja por parte do adquirente, seja pelo incorporador. As condições negociais para a retratação poderão ser ajustadas pelas partes, com estipulação de multas. Além disso, o Poder Judiciário tenderá a coibir resilições unilaterais meramente oportunistas das incorporadoras – como as destinadas a revender o imóvel por um preço maior –, pois o abuso de direito é um obstáculo à resilição unilateral, por interpretação conjunta dos arts. 187 e 473 do Código Civil. De mais a mais, com a revogação em pauta, o adquirente fica livre para resilir o contrato por motivos pessoais, como por eventual emergência ou grave dificuldade financeira, sem necessidade de justificativas. Antes da revogação, o cabimento da resilição unilateral era objeto de controvérsia. Apesar da liberdade contratual, entendemos que a resilição unilateral por parte do incorporador só é cabível nas hipóteses de denúncia da incorporação dentro do prazo de carência na forma dos arts. 34, 35 e 36 da Lei n. 4.591/1964. Isso, porque, após esse prazo de carência, há dever legal de o incorporador ultimar o empreendimento em favor dos adquirentes das unidades autônomas futuras. Daí se intui o descabimento de ele, por mera vontade imotivada, resilir unilateralmente o contrato de alienação. Em acréscimo, podemos também condenar a resilição unilateral por parte do incorporador com base na vedação ao comportamento contraditório: o incorporador cria a legítima expectativa no adquirente de que só abortará do empreendimento no caso de denúncia da incorporação dentro do prazo de carência, razão por que ele não pode frustrar essa legítima expectativa por meio de resilição unilateral. Essa proibição de resilição unilateral pelo incorporador fora dos casos de denúncia da incorporação dentro do prazo de carência só pode ser flexibilizada em casos excepcionais, como aqueles em que o adquirente não é consumidor e em que, pelo contexto do caso concreto, a resilição unilateral não seja abusiva à luz do art. 187 do CC. Pense, por exemplo, em um caso em que o adquirente é, na verdade, a empresa controladora da própria incorporadora (Op. cit. p. 244).

Importante clarificar que a **existência de ônus fiscais ou reais**, **salvo os impeditivos de alienação, não impedem o registro**, que será feito com as devidas ressalvas, mencionando-se, em todos os documentos, extraídos do registro, a existência e a extensão dos ônus.

A Lei 14.382/2022 também modificou o prazo para apresentação das exigências para o registro. Atualmente, os oficiais do registro de imóveis terão **10 (dez) dias úteis** para apresentar, por escrito, todas as exigências que julgarem necessárias ao registro e, satisfeitas as referidas exigências, terão o prazo de 10 (dez) dias úteis para fornecer certidão e devolver a segunda via autenticada da documentação, quando apresentada por meio físico, com exceção dos documentos públicos, e caberá ao oficial, em caso de divergência, suscitar a dúvida, segundo as normas processuais aplicáveis. O prazo até a MP n. 1.085/2021 era de 15 dias.

O Oficial do Registro de Imóveis, que não observar o aludido prazo de dez dias, ficará sujeito a penalidade imposta pela autoridade judiciária competente em montante igual ao dos emolumentos devidos pelo registro.

Frise-se que, conforme o dispositivo em comento, os contratos de promessa de venda, cessão ou promessa de cessão de unidades autônomas condominiais a que alude a Lei nº 4.591, de 16 de dezembro de 1964, não são averbados e sim **registrados** quando a incorporação ou a instituição de condomínio se formalizar na **vigência** desta Lei (art. 167, I, 18). Porém, o art. 167, II, 6, da Lei 6.015/1973 prevê que será feita a **averbação** para "os atos pertinentes a unidades autônomas condominiais a que alude a Lei 4.591, de 16 de dezembro de 1964, quando a incorporação tiver sido formalizada anteriormente à vigência desta Lei".

O registro do memorial de incorporação e da instituição do condomínio sobre as frações ideais constitui ato registral único. Este é o disposto no parágrafo 15 do art. 32 da Lei n. 4.591/1964, incluído pela Lei do SERP.

Em outras palavras, o registro da incorporação abrange a instituição do condomínio. Defendem Carlos Elias e Flávio Tartuce que o registro do memorial de incorporação já acarreta a instituição do condomínio = protoedilício (condomínio de frações ideais autônomas). Um ato único de registro gera dois efeitos jurídicos: surgimento da incorporação imobiliária e nascimento do condomínio protoedilício. Trata-se de efeitos jurídicos inseparáveis e congênitos. Na matrícula do imóvel, o registrador deverá lançar apenas um ato de registro, que gerará os dois efeitos acima. Em termos de técnica registral, convém que o ato de registro seja intitulado como "Incorporação e instituição de condomínio de frações ideais autônomas", com expressa menção ao § 15 do art. 32 da Lei n. 4.591/1964. Não é adequado que o registrador pratique dois atos de registro: um para a incorporação e outro para a instituição do condomínio protoedilício. Isso, porque os dois efeitos jurídicos são siameses, inseparáveis (Op. cit. p. 246)

No dia 27 de maio de 2024, a Corregedoria Nacional de Justiça do CNJ editou o Provimento n. 169, alterando o Código Nacional de Normas para dispor sobre o registro único da incorporação e da instituição do condomínio especial sobre frações ideais.

Destacam-se algumas justificativas para a edição do referido ato normativo:

a) Divergências na interpretação do § 15 do art. 32 da Lei nº 4.591/1964 sobre a necessidade do registro futuro da instituição do condomínio edilício;

b) O registro da instituição da incorporação imobiliária cria um condomínio de frações ideais, ou condomínio protoedilício, com regime jurídico próprio distinto do condomínio edilício;

c) O registro da instituição do condomínio edilício não foi afastado por lei.

Assim, o art. 440-AN estabelece que o registro único da incorporação e da instituição do condomínio especial sobre frações ideais **não se confunde** com o registro da instituição e da especificação do condomínio edilício.

Na incorporação sobre **imóvel objeto de imissão na posse registrada** conforme item 36, inciso I, art. 167 da Lei nº 6.015/1973, fica **dispensada a apresentação**, relativamente ao **ente público**, dos documentos mencionados nas alíneas *a, b, c, f* supracitadas, devendo o incorporador celebrar contrato de cessão de posse com os adquirentes das unidades autônomas, aplicando-se a regra prevista nos §§ 4º, 5º e 6º do art. 26 da Lei n. 6.766, de 19 de dezembro de 1979.

Também é regra importante que se relaciona com a temática ora em análise, o disposto no art. 255 desta Lei de Registros Públicos, que estabelece que a inscrição de incorporação ou loteamento só será cancelada a requerimento do incorporador ou loteador, enquanto nenhuma unidade ou lote for objeto de transação averbada, ou mediante o consentimento de todos os compromissários ou cessionários.

Por fim, consigna-se regra importante e recente estabelecida no art. 55 da Lei 13.097/2015 (conversão da MP 656/2014): A alienação ou oneração de unidades autônomas integrantes de incorporação imobiliária, parcelamento do solo ou condomínio edilício, devidamente registrada, não poderá ser objeto de evicção ou de decretação de ineficácia, mas eventuais credores do alienante ficam sub-rogados no preço ou no eventual crédito imobiliário, sem prejuízo das perdas e danos imputáveis ao incorporador ou empreendedor, decorrentes de seu dolo ou culpa, bem como da aplicação das disposições constantes da Lei nº 8.078, de 11 de setembro de 1990.

1.4 PATRIMÔNIO DE AFETAÇÃO

O patrimônio de afetação foi introduzido pela Lei 10.931/2004 (artigos 31-A ao 31-E), no âmbito da incorporação imobiliária, e tem por finalidade proteger a incorporação objeto da afetação dos riscos patrimoniais das demais atividades da incorporadora, inclusive outras incorporações, possibilitando que fracassos financeiros em outros negócios não desestabilizem a incorporação afetada. Assim, o patrimônio de afetação permite que esta determinada incorporação, responda unicamente por suas próprias obrigações.

Em suma, **o patrimônio de afetação constitui um patrimônio especial, vinculado exclusivamente à satisfação dos direitos dos adquirentes e dos credores específicos de uma determinada incorporação imobiliária.** Por meio dele, cada grupo de adquirentes de unidades autônomas fica amparado contra eventuais resultados negativos de outros empreendimentos do incorporador.

O patrimônio de afetação extinguir-se-á pela:

I. Averbação da construção, registro dos títulos de domínio ou de direito de aquisição em nome dos respectivos adquirentes e, quando for o caso, extinção das obrigações do incorporador perante a instituição financiadora do empreendimento;

II. Revogação em razão de denúncia da incorporação, depois de restituídas aos adquirentes as quantias por eles pagas (art. 36), ou de outras hipóteses previstas em lei; e

III. Liquidação deliberada pela assembléia geral nos termos do art. 31-F, § 1º.

Por ocasião da **extinção integral das obrigações do incorporador** perante a instituição financiadora do empreendimento e **após a averbação da construção**, a afetação das unidades não negociadas será cancelada mediante averbação, sem conteúdo financeiro, do respectivo termo de quitação na matrícula matriz do empreendimento ou nas respectivas matrículas das unidades imobiliárias eventualmente abertas.

Após a denúncia da incorporação, proceder-se-á ao **cancelamento do patrimônio de afetação,** mediante o cumprimento das obrigações previstas neste artigo, no art. 34 da Lei n. 4.591/1965 e nas demais disposições legais.

2. JURISPRUDÊNCIA COMPLEMENTAR

SUPERIOR TRIBUNAL DE JUSTIÇA

Teses Repetitivas sobre atraso na entrega de imóvel

1) Na aquisição de unidades autônomas em construção, o contrato deverá estabelecer, de forma clara, expressa e inteligível, o prazo certo para a entrega do imóvel, o qual não poderá estar vinculado à concessão do financiamento, ou a nenhum outro negócio jurídico, exceto o acréscimo do prazo de tolerância.

2) No caso de descumprimento do prazo para a entrega do imóvel, incluído o período de tolerância, o prejuízo do comprador é presumido, consistente na injusta privação do uso do bem, a ensejar o pagamento de indenização, na forma de aluguel mensal, com base no valor locatício de imóvel assemelhado, com termo final na data da disponibilização da posse direta ao adquirente da unidade autônoma.

3) É ilícito cobrar do adquirente juros de obra, ou outro encargo equivalente, após o prazo ajustado no contrato para a entrega das chaves da unidade autônoma, incluído o período de tolerância.

4) O descumprimento do prazo de entrega do imóvel, computado o período de tolerância, faz cessar a incidência de correção monetária sobre o saldo devedor com base em indexador setorial, que reflete o custo da construção civil, o qual deverá ser substituído pelo IPCA, salvo quando este último for mais gravoso ao consumidor.

SÚMULA

Súmula 260: A convenção de condomínio aprovada, ainda que sem registro, é eficaz para regular as relações entre os condôminos.

EMENTA: Recurso Especial – Direito Civil – Consumidor – Incorporação imobiliária – Compra e venda – Imóvel – Entrega – Atraso – Alteração – Cronograma – Resolução judicial – Contrato – Opção – Adquirente – *Status quo ante* – Retorno – Restituição – Valorização – Perdas e danos – Não integração – Violação – Lei federal – Afastamento – Dissídio jurisprudencial – Similitude fática – Ausência.

1. Recurso especial interposto contra acórdão publicado na vigência do Código de Processo Civil de 2015 (Enunciados Administrativos nºs 2 e 3/STJ).

2. Não se conhece do recurso especial interposto pela alínea "c" do permissivo constitucional quando ausente a similitude fática entre os casos confrontados.

3. De acordo com o artigo 43, inciso II, da Lei nº 4.591/1964, o incorporador deve responder civilmente pela execução da incorporação, devendo indenizar os adquirentes dos prejuízos que a estes advierem do fato de não se concluir a edificação ou de se retardar injustificadamente a conclusão das obras.

4. Eventual valorização do imóvel não se enquadra no conceito de perdas e danos. Não representa uma diminuição do patrimônio do adquirente, nem significa a perda de um ganho que se devesse legitimamente esperar.

5. O suposto incremento do valor venal do imóvel não decorre, de forma direta e imediata, da inexecução do contrato, mas de fatores extrínsecos, de ordem eminentemente econômica.

6. A frustração da expectativa de lucro ventilada na hipótese não decorre de ato compulsório imposto pelo vendedor, mas da opção pela resolução antecipada do contrato livremente exercida pelo adquirente.

7. Recurso especial conhecido e não provido (STJ – REsp nº 1.750.585 – Rio de Janeiro – 3ª Turma – Rel. Min. Ricardo Villas Bôas Cueva – DJ 08.06.2021)

EMENTA: DIREITO CIVIL. DESNECESSIDADE DE NOTIFICAÇÃO PESSOAL DO DEVEDOR ACERCA DO LEILÃO PREVISTO NO ART. 63, § 1º, DA LEI DE INCORPORAÇÕES. Nas execuções disciplinadas pela lei que regula as incorporações imobiliárias (Lei nº 4.591/1964), não há necessidade de notificação da parte inadimplente da data e hora do leilão extrajudicial (art. 63, § 1º), quando existir autorização contratual para sua utilização e prévia interpelação do devedor com intuito de possibilitar a purgação da mora. A revogação parcial da Lei nº 4.591/1964 (Lei de Incorporações) pelo Código Civil de 2002 não atingiu a previsão constante do art. 63 daquela, consistente na execução extrajudicial do contratante faltoso em sua obrigação de pagamento das prestações do preço da construção. Dessarte, a Lei nº 4.591/1964, diante da inexecução culposa do adquirente, além da rescisão do contrato, permite ao incorporador fazer com que os direitos à respectiva fração ideal do terreno e à parte construída adicionada respondam pelo débito, sempre conforme contratualmente previsto e mediante prévia notificação do inadimplente, para que em 10 dias purgue a mora. Assim, o compromissário comprador, já no momento de assinatura do contrato com o incorporador, toma ciência da possibilidade de ocorrência do leilão extrajudicial. Portanto, passado o prazo sem a purgação da mora, os editais para publicidade do leilão serão providenciados, e, assim como quaisquer outros terceiros, o devedor poderá tomar ciência da data e hora de sua ocorrência. Dessa forma, diante da necessidade de previsão contratual da medida expropriatória extrajudicial somada à prévia interpelação do devedor para que seja constituído em mora, parte respeitável da doutrina e da jurisprudência consideram que essa espécie de execução possui elementos de contraditório satisfatórios, uma vez que a interpelação será absolutamente capaz de informar o devedor da inauguração do procedimento, possibilitando, concomitantemente, sua reação. A jurisprudência do STF (AI 678.256 AGR, Segunda Turma, DJe 25/3/2010; AI 663.578 AGR, Segunda Turma, DJe 27/8/2009; AI 709.499 AGR, Primeira Turma, DJe 20/8/2009; RE 223.075, Primeira Turma, DJ 6/11/1998; e RE 408.224 AGR, Primeira Turma, DJe 30/8/2007) se posiciona, hoje, pela constitucionalidade das execuções extrajudiciais, comum aos procedimentos especiais previstos na Lei nº 4.591/1964, no DL nº 70/1966 e na Lei nº 9.514/1997, e, na linha desse entendimento, outrora o STF se manifestou especificamente acerca do art. 63 da Lei de Incorporações, decidindo por sua regularidade (RE 83.382, Segunda Turma, DJ 6/10/1976). Muito além do respeito aos princípios constitucionais, o STF reconhece o valor social dessa forma especial, célere e efetiva de expropriação, e entende que as execuções extrajudiciais imobiliárias têm por fundamento a pronta recuperação dos créditos com garantia imobiliária, havendo sido instituídas como um instrumento indispensável a um funcionamento razoável do sistema imobiliário. REsp 1.399.024-RJ, Rel. Min. Luis Felipe Salomão, julgado em 3/11/2015, DJe 11/12/2015.

▸ **EMENTA:** Recurso Especial – Direito civil – Incorporação imobiliária – Descumprimento às normas dos arts. 32 e 35 da Lei 4.591/64 – Incidência da multa do art. 35, §5º, da referida lei – Omissão na outorga do contrato de aquisição da unidade imobiliária – Multa de 50% dos valores até então adimplidos – Exigibilidade – Via executiva – Cabimento – Precedentes – Recurso especial provido. (STJ – REsp nº 1.677.726 – Rio Grande do Sul – 3ª Turma – Rel. Min. Paulo de Tarso Sanseverino – DJ 18.08.2017)

▸ **EMENTA:** PROCESSO CIVIL. DIREITOS REAIS. RECURSO ESPECIAL. AÇÃO REINVINDICATÓRIA. CONDOMÍNIO EDILÍCIO. VAGA NA GARAGEM. COISA REIVINDICANDA NÃO INDIVIDUALIZADA. IMPOSSIBILIDADE. 1. A ação reivindicatória (art. 1.228 do CC), fundada no direito de sequela, outorga ao proprietário o direito de pleitear a retomada da coisa que se encontra indevidamente nas mãos de terceiro, tendo como requisitos específicos: (i) a prova do domínio da coisa reivindicanda; (ii) a individualização do bem; e (iii) a comprovação da posse injusta. 2. Em condomínio edilício, a vaga de garagem pode ser enquadrada como: (i) unidade autônoma (art. 1.331, § 1º, do CC), desde que lhe caiba matrícula independente no Registro de Imóveis, sendo, então, de uso exclusivo do titular; (ii) direito acessório, quando vinculado a um apartamento, sendo, assim, de uso particular; ou (iii) área comum, quando sua fruição couber a todos os condôminos indistintamente. 3. A via da ação reivindicatória não é franqueada àquele que pretende obter direito exclusivo de vaga no estacionamento, quando este, na verdade, configura direito acessório da unidade autônoma ou área de uso comum, uma vez que, nessas hipóteses, inexiste requisito essencial ao seu ajuizamento, qual seja, a individualização do bem reivindicando. 4. No caso em exame, as vagas na garagem encontram-se na área comum do edifício ou são acessórias aos apartamentos, a depender do que regula a convenção do condomínio, o que se torna ainda mais evidente ante a ausência de matrícula autônoma no Registro de Imóveis, descabendo, por isso, o manejo da ação reivindicatória. 5. Recurso especial provido. (STJ – REsp nº 1.152.148 – Sergipe – 4ª Turma – Rel. Min. Luis Felipe Salomão – DJ 02.09.2013).

⊙ TRIBUNAL DE JUSTIÇA DO ESTADO DE MINAS GERAIS

▸ **EMENTA:** INCORPORAÇÃO – AUSÊNCIA DE REGISTRO – OMISSÃO DA INCORPORADORA – RESCISÃO DO CONTRATO – DEVOLUÇÃO DAS PARCELAS PAGAS – RETENÇÃO DE 10% – INCIDÊNCIA DA MULTA PREVISTA PELO § 5º DO ART. 35 DA LEI 4.591/64 – DANOS MORAIS – REDUÇÃO DO QUANTUM INDENIZATÓRIO. O registro posterior da incorporação não supre o fato de que quando do ajuizamento da ação este ainda não havia acontecido. Havendo a construtora descumprido sua obrigação de registrar a incorporação, imperiosa se torna a rescisão do contrato com a devida restituição dos valores pagos, devendo ser retido o percentual de 10% à título de despesas despendidas com a administração, devendo incidir, no caso dos autos, a multa estabelecida no § 5º do artigo 35, da lei 4591/64. Embora a avaliação dos danos morais para fins indenizatórios seja das tarefas mais difíceis impostas ao magistrado, cumpre-lhe atentar, em cada caso, para as condições da vítima e do ofensor, o grau de dolo ou culpa presente na espécie, bem como para a extensão dos prejuízos morais sofridos pela ofendida, tendo em conta a finalidade da condenação, que é pedagógica, de forma a desestimular o causador do dano de praticar futuramente atos semelhantes, e propiciar ao ofendido meios para minorar seu sofrimento, evitando, sempre, que o ressarcimento se transforme numa fonte de enriquecimento injustificado ou que seja inexpressivo ao ponto de não retribuir o mal causado pela ofensa. (TJMG – APC 1.0223.09.270886-4/ 002, Relator: Des. Sebastião Pereira de Souza, 16ª C. Civel Julgamento: 21/03/2012)

▸ **EMENTA:** DIREITO CIVIL. CONTRATO DE PROMESSA DE COMPRA E VENDA. APARTAMENTOS EM CONDOMÍNIO DE EDIFÍCIO. FALTA DE REGISTRO DO MEMORIAL DE INCORPORAÇÃO NO CARTÓRIO DE IMÓVEIS. ART. 32, LEI 4.591/64. INEXISTÊNCIA DE NULIDADE OU ANULABILIDADE DO CONTRATO. IRREGULARIDADE SANÁVEL. CPC, ART. 462. INOCORRÊNCIA NO CASO. PRECEDENTES. RECURSO DESACOLHIDO. I – A jurisprudência desta Corte afasta a nulidade ou a anulabilidade (nulidade relativa) do contrato de promessa de compra e venda por descumprimento do art. 32 da Lei nº 4.591/64, que exige o registro do memorial da Incorporação no Cartório de Imóveis. II – Todavia, se não sanada a irregularidade, pode o promissário comprador postular a resolução do contrato de promessa de compra e venda, em face do inadimplemento da obrigação por parte da incorporadora. (STJ – REsp: 192315 MG 1998/0077281-2, Relator: Ministro SÁLVIO DE FIGUEIREDO TEIXEIRA, Data de Julgamento: 13/11/2001, T4 – QUARTA TURMA, Data de Publicação: DJ 18/02/2002 p. 448 RSTJ vol. 170 p. 386).

▸ **EMENTA:** INCORPORAÇÃO – ALIENAÇÃO DE UNIDADES – FALTA DO ARQUIVAMENTO DETERMINADO PELO ARTIGO 32 DA LEI 4.591/64. O DESATENDIMENTO, PELO INCORPORADOR, DAQUELA IMPOSIÇÃO LEGAL NÃO CONDUZ A NULIDADE NEM ANULABILIDADE DO COMPROMISSO DE VENDA. O PROMITENTE COMPRADOR PODERA PLEITEAR A RESCISÃO, ASSIM COMO SE ABSTER DE PAGAR AS PRESTAÇÕES ENQUANTO NÃO SANADA A FALTA. SUPRIDA ESSA, DESAPARECEM AS RAZÕES QUE JUSTIFICAVAM TAIS CONSEQUENCIAS. (STJ – REsp: 53559 SP 1994/0027157-3, Relator: Ministro EDUARDO RIBEIRO, Data de Julgamento: 07/11/1995, T3 – TERCEIRA TURMA, Data de Publicação: DJ 18.12.1995 p. 44559 LEXSTJ vol. 82 p. 219 DJ 18.12.1995 p. 44559 LEXSTJ vol. 82 p. 219)

▸ **EMENTA:** PROCESSO CIVIL – RECURSO ESPECIAL – EMBARGOS À EXECUÇÃO – OBJETO DA PENHORA – ELEVADOR DE EDIFÍCIO DE APARTAMENTOS EM CONDOMÍNIO – IMPOSSIBILIDADE – BEM DE USO COMUM DOS CONDÔMINOS – ART. 3º DA LEI Nº 4.591/64 – DISSÍDIO PRETORIANO COMPROVADO. 1 – Esta Corte de Uniformização Infraconstitucional tem decidido que, a teor do art. 255 e parágrafos do RISTJ, para comprovação e apreciação do dissídio jurisprudencial, devem ser mencionadas e expostas as circunstâncias que identificam ou assemelham os casos confrontados, bem como juntadas cópias integrais de tais julgados ou, ainda, citado repositório oficial de jurisprudência. In casu, foi realizado o devido cotejo analítico, tendo sido, também, juntado o inteiro teor do acórdão paradigma, motivo pelo qual deve-se conhecer da divergência aventada. 2 – É inadmissível a penhora de elevador de edifício de apartamentos, porquanto se encontra incorporado à estrutura do prédio, constituindo condomínio de todos e sendo insuscetível de divisão, de alienação em separado ou de utilização exclusiva por qualquer condômino. Incidência do art. 3º da Lei nº 4.591/64. 3 – Precedente (REsp nº 89.721/RJ). 4 – Recurso conhecido e provido para, reformando o v. acórdão recorrido, desconstituir a penhora efetuada sobre os elevadores do edifício de apartamentos em condomínio ora recorrente (STJ – REsp: 259994

SP 2000/0049907-2, Relator: Ministro JORGE SCARTEZZINI, Data de Julgamento: 21/09/2004, T4 – QUARTA TURMA, Data de Publicação: DJ 22.11.2004 p. 345 RSTJ vol. 192 p. 414).

EMENTA: "CONDOMÍNIO HORIZONTAL". VILA DE CASAS, SERVIDAS POR "RUA PARTICULAR". O CONJUNTO DE CASAS DE "VILA", COM ACESSO POR RUA PARTICULAR, EMBORA EXISTENTE DESDE MUITOS ANOS ANTERIORMENTE A LEI 4591/64, PODE REGULARIZAR SUA SITUAÇÃO E ORGANIZAR-SE EM "CONDOMÍNIO HORIZONTAL", COM APLICAÇÃO DO ART. 8 DA ALUDIDA LEI. VALIDADE DA CONVENÇÃO DE CONDOMÍNIO E DE SEU REGISTRO IMOBILIARIO. RECURSO ESPECIAL NÃO CONHECIDO. (STJ – REsp: 1902 RJ 1990/0000075-0, Relator: Ministro ATHOS CARNEIRO, Data de Julgamento: 21/08/1990, T4 – QUARTA TURMA, Data de Publicação: DJ 17.09.1990 p. 9512)

TRIBUNAL DE JUSTIÇA DO ESTADO DE SÃO PAULO

EMENTA: Coisa comum – Ação de extinção de condomínio.

1. Extinção de condomínio. Ausência de registro da propriedade no Cartório de Registro de Imóveis. Circunstância que, por si, não impede o acolhimento da pretensão da autora. Possibilidade, na espécie, de alienação judicial dos direitos sobre o bem imóvel em tela, com subrogação dos arrematantes na posição jurídica das partes alienantes. Entendimento adotado pela Câmara (Apelação Cível n. 994.09.275508-4, desta Relatoria).

2.– Arbitramento de aluguel. Presumida ocupação do imóvel, sem contraprestação à autora, decorrente da revelia. Valor mensal sugerido em R$ 800,00, outrossim, que não se apresenta excessivo. Verba, porém, devida a contar da citação. Precedentes (TJSP – Apelação Cível nº 1007996-03.2019.8.26.0152 – Cotia – 3ª Câmara de Direito Privado – Rel. Des. Donegá Morandini – DJ 27.07.2021)

EMENTA: APELAÇÃO CÍVEL – AÇÃO DECLARATÓRIA – ISS – INCORPORAÇÃO IMOBILIÁRIA – Construção de empreendimento com recursos próprios e em terreno de propriedade da incorporadora – Alegação de não incidência do ISS – Incorporação imobiliária direta – Para que a relação jurídica apta a gerar o ISS se aperfeiçoe é necessário que tenha um contratado e um contratante, ou seja, um tomador e um prestador de serviços, numa relação sinalagmática que caracterize uma obrigação de fazer – Inexistência da hipótese de incidência tributária configurada. Precedente do STJ – Sentença mantida – Recursos não providos. (TJSP – Apelação/Reexame Necessário nº 0016461-82.2011.8.26.0577 – São José dos Campos – 14ª Câmara de Direito Público – Rel. Des. José Luiz Germano – DJ 24.02.2014).

CONSELHO SUPERIOR DA MAGISTRATURA

EMENTA: Registro de Imóveis – Alienação de unidades autônomas de condomínio edilício antes da incorporação – Impossibilidade – Precedentes do Conselho Superior da Magistratura – Recurso desprovido (Apelação nº 9000003-14.2015.8.26.0602). Trata-se de dúvida suscitada pelo Oficial do 2º Cartório de Registro de Imóveis de Sorocaba, afirmando ser inviável o registro de "Instrumento Particular de Compromisso de Venda e Compra de Unidade Autônoma com entrega futura e avenças relativas". A recusa baseou-se em cinco exigências: a equivocada referência, no instrumento, às matrículas anteriores, quando já aberta a matrícula atual; a ausência de menção à fração ideal das futuras unidades autônomas; a ausência, no compromisso, na condição de interveniente, de um dos credores hipotecários; a existência de cláusula versando sobre a alienação fiduciária do imóvel, incompatível com a figura do compromisso; a não apresentação das certidões negativas de débito. A sentença circundou o entendimento do Oficial. Os recorrentes alegam que as exigências são descabidas, revelando, somente, apego ao formalismo. Quanto à primeira, dizem que a menção às matrículas anteriores não impede a correta identificação do imóvel. Da mesma forma, no que toca à segunda exigência, é plenamente possível caracterizar as unidades autônomas, não havendo dúvida sobre sua individualização. Sobre a terceira exigência, lembram que a existência de hipoteca não impede a alienação do bem, a teor do art. 1.475, do Código Civil. A quarta exigência também não se sustenta, já que absolutamente ineficaz a cláusula que dispõe sobre alienação fiduciária, dada sua incompatibilidade com a natureza do contrato. Por fim, a respeito da última exigência, apontam que o Conselho Superior da Magistratura tem sedimentado o entendimento de que desnecessária a apresentação de certidões negativas. A Douta Procuradoria Geral de Justiça manifestou-se pelo desprovimento do recurso. *É o relatório.* O recurso não comporta provimento. A terceira, a quarta e a quinta exigências podem ser afastadas. O art. 1.475, do Código Civil, dispõe que é nula a cláusula que proíbe ao proprietário alienar imóvel hipotecado. Logo, era mesmo irrelevante a ausência, no compromisso, como anuente, de um dos credores hipotecários. A cláusula 6ª do compromisso, que versa sobre a alienação fiduciária do imóvel, pode ser considerada como não escrita, dada a sua absoluta incompatibilidade com a natureza do negócio. Só poderia haver alienação com propriedade plena. Na verdade, cuida-se de contrato-padrão, sem que tenha havido o cuidado de verificar a ineficácia da cláusula. Nada impediria, porém, o registro do título, desconsiderando-a. A apresentação de certidões negativas tem sido considerada, reiteradamente, desnecessária pelo Conselho Superior da Magistratura. Isso em consonância com o item 119.1, do Capítulo XX, das NSCGJ: *119.1. Com exceção do recolhimento do imposto de transmissão e prova de recolhimento do laudêmio, quando devidos, nenhuma exigência relativa à quitação de débitos para com a Fazenda Pública, inclusive quitação de débitos previdenciários, fará o oficial, para o registro de títulos particulares, notariais ou judiciais.* Melhor sorte não têm os apelantes, porém, no que respeita às duas primeiras exigências. É que as unidades autônomas – futuras – foram compromissadas à venda antes do registro da incorporação, o que não se permite. Com efeito, o contrato é datado de 24 de dezembro de 2012, ao passo que a incorporação só foi registrada em 28 de janeiro de 2013. Pior, embora a matricula 93.525 já houvesse sido aberta em 03 de dezembro de 2012, o contrato, posterior à abertura, não fez menção a essa matrícula, mas às anteriores, que deram origem à atual. A alienação de unidades autônomas, antes da incorporação, é vedada. Aliás, justamente porque ainda não estava registrada a incorporação, o instrumento fez referência, apenas, às unidades autônomas de nº 71 e 72, com quatro vagas de garagem, sem nenhuma descrição das frações correspondentes no terreno, afastando-se do que determina o art. 32, alínea *i*, da Lei nº 4.591/64. Como lembra José Marcelo Tossi Silva, *"deve o contrato permitir, outrossim, a correta identificação do imóvel alienado, para o que conterá não somente a identificação do terreno, com sua localização e o número do registro da incorporação no Registro Imobiliário (art. 32, § 3º, da Lei nº 4.591/64), com a especificação da futura unidade autônoma e das frações que lhe serão correspondentes no terreno e nas coisas comuns do edifício, conforme o cálculo e a discriminação prevista no art. 32, alíneas e e i, da mesma Lei." (Incorporação Imobiliária, Atlas, 2010, p. 59)* Não havia como fazer constar esses dados no contrato, pois ele é anterior ao registro da incorporação. E o Conselho Superior da Magistratura, em mais de uma oportunidade, já se posicionou contrariamente à alienação de unidades autônomas antes do registro da incorporação. É o que se vê, dentre outros, do julgamento da apelação nº 0046210-49.2009.8.26.0114, de relatoria do eminente Corregedor Geral da Justiça, Desembargador Maurício Vidigal: *REGISTRO DE IMÓVEIS – Dúvida – Escritura de venda e compra de fração ideal de terreno – Incorporação imobiliária não registrada (Lei nº 4.591/64, art. 32) – Qualificação negativa do título – Recurso não provido. "O título foi qualificado negativamente porque não registrada previamente a incorporação imobiliária, nos termos do art. 32 da Lei nº 4.591/64 ... Portanto, houve alienação de unidade autônoma antes de registrada a incorporação imobiliária. O Conselho Superior da Magistratura já decidiu, em mais de uma oportunidade, que não há falar em unidade autônoma futura sem o prévio cumprimento do art. 32 da Lei nº 4.591/64 (Apelações Cíveis 59.953-0/5 e 59.954-0/0, relatadas pelo então Corregedor Geral da Justiça Des. Sérgio Augusto Nigro Conceição, julgadas em 6.12.99).* "Nesses termos, pelo meu voto, nega-se provimento ao recurso. MANOEL DE QUEIROZ PEREIRA CALÇAS. Corregedor Geral da Justiça e Relator (DJe de 23.05.2016 – SP)

EMENTA: Registro de imóveis – Aditamento de instrumento particular de instituição, especificação e convenção de condomínio – Atribuição das unidades autônomas que deve ocorrer no momento da instituição do condomínio – Regra não absoluta – Caso peculiar e excepcional – Recurso provido (Apelação nº 3001656-72.2013.8.26.0296). Trata-se de apelação interposta por Wagner Lima objetivando a reforma da r. decisão de fl. 148, que manteve a recusa do registro de "Aditamento ao Instrumento Particular de Instituição, Especificação e Convenção de Condomínio do Edifício Residencial Universidades, para atribuição de unidades autônomas". Alega o recorrente, em suma, que os condôminos, ao formalizarem o instrumento de instituição, especificação e convenção de condomínio registrado sob o R.02 da matrícula nº 6.584, deixaram, por erro, de fazer constar do instrumento a atribuição individual de cada unidade específica ao seu respectivo proprietário, razão pela qual pretendem, por meio de aditamento, proceder à regularização das unidades autônomas. É o relatório. Os titulares de domínio, dentre eles o recorrente, instituíram e especificaram o condomínio edilício "Residencial Universidades" no imóvel descrito na matrícula nº 6.584, do registro de imóveis de Jaguariúna, mas deixaram de fazer a atribuição das unidades autônomas, o que deu ensejo à distribuição delas entre todos os titulares de domínio, formando condomínio ordinário entre eles (CC 1314). Com isso, todos os proprietários do imóvel tornaram-se condôminos de todas as unidades. Apresentaram, em seguida, aditamento à instituição com atribuição dos imóveis. O registrador recusou o título à consideração de que: a) o momento da atribuição das unidades autônomas é o da instituição, especificação e convenção do condomínio, de modo que, agora, somente por meio da permuta seria possível extinguir a copropriedade de cada unidade autônoma e b) não há equiparação dos quinhões, isto é, igualdade entre o que os proprietários possuíam no registro e o que passarão a ter com a atribuição no título. É certo que a atribuição das unidades autônomas do condomínio edilício deve ocorrer concomitantemente ao registro da instituição, especificação e convenção do condomínio, conforme previsão na Lei nº 4.591/64 e no Código Civil: *L. 4.591/65 – Art. 7º O condomínio por unidades autônomas instituir-se-á por ato entre vivos ou por testamento, com inscrição obrigatória no Registro de Imóvel, dele constando a individualização de cada unidade, sua identificação e discriminação, bem como atração ideal sobre o terreno e partes comuns, atribuída a cada unidade, dispensando-se a descrição interna da unidade. CC – Art. 1.332. Institui-se o condomínio edilício por ato entre vivos ou testamento, registrado no Cartório de Registro de Imóveis, devendo constar daquele ato, além do disposto em lei especial: I – a discriminação e individualização das unidades de propriedade exclusiva, estremadas uma das outras e das partes comuns; II – a determinação da fração ideal atribuída a cada unidade, relativamente ao terreno e partes comuns; III – o fim a que as unidades se destinam.* Os precedentes juntados pelo registrador são nesse sentido (fls. 108/113). O caso em exame demonstra, contudo, situação peculiar, que autoriza solução diversa. Flauzilino Araújo dos Santos, na obra, ao tratar da atribuição das unidades autônomas, lembra que a atribuição deve ocorrer no mesmo momento em que a instituição e especificação é apresentada ao registrador, sob pena de ser necessário outro ato formal – como a permuta – para extinguir o condomínio ordinário existente sobre as unidades autônomas. Destaca, porém, que, havendo erro na emissão do título, deve-se admitir a correção por meio de retificação e aditamento do instrumento e especificação do condomínio, que será averbado na matrícula mãe e registrado em cada uma das novas matrículas para o fim de atribuir domínio exclusivo sobre a unidade autônoma respectiva ("Condomínios e Incorporações no Registro de Imóveis: teoria e prática", ed. Mirante, São Paulo, p. 149). Parece ser exatamente essa a hipótese dos autos. A instituição de condomínio foi registrada na matrícula nº 6.584, do Registro de Imóveis de Jaguariúna, em 13.02.13 (R.02, fl. 30), mas os proprietários deixaram de fazer a atribuição das unidades autônomas. Logo em seguida, verificada a falta, os proprietários elaboraram o aditamento à instituição, que foi apresentado a registro em menos de dois meses (fls. 04/14). O curto espaço de tempo decorrido entre o registro da instituição do condomínio e a apresentação do aditamento permite a afirmação de que a vontade do legislador restou atendida, na medida em que, conquanto a atribuição das unidades não tenha ocorrido no mesmo momento da instituição, ela veio logo em seguida e diante de situação registral inalterada, haja vista que, após a instituição, nenhum outro ato foi praticado em todas as matrículas (mãe e das unidades autônomas). Outro fato relevante a ser considerado é que o aditamento que ora se persegue visa apenas a suprir omissão existente no primeiro título e não modificar atribuição voluntária anterior, o que evidencia a ocorrência de erro. Diante deste quadro, que não apresenta potencial lesivo a terceiros e conta com a anuência de todos os envolvidos, a manutenção da recusa representaria demasiado apego ao formalismo, cuja consequência seria a imposição de pesado e burocrático ônus aos proprietários, que teriam de lavrar escritura pública de permuta para cada uma das unidades (07 lojas e 36 apartamentos) e arcar com os custos das escrituras, do ITBI e dos registros, para alcançar o mesmo resultado ora perseguido por meio do recurso. Assim, respeitado o entendimento do MM. Juiz Corregedor Permanente, não há motivo para impedir que, por aditamento, os instituidores do condomínio aperfeiçoem e complementem a instituição de condomínio. Em relação ao segundo item da nota devolutiva, afirma o registrador que o título não assegura a equiparação dos quinhões, isto é, não mantém igualdade entre o que o proprietário possui no registro de imóveis e o que ele irá receber. Ocorre que o registrador se limita a dizer que há necessidade da equiparação, "o que não ocorre pelo título devolvido. ". Trata-se de exigência genérica que, além de contrariar o disposto no item 40.1, do Capítulo XX, das NSCGJ (transcrito abaixo), impede os recorrentes de apresentar esclarecimentos específicos ou mesmo de atender a exigência: *40.1. A nota de exigência deve conter a exposição das razões e dos fundamentos em que o Registrador se apoiou para qualificação negativa do título, vedadas justificativas de devolução com expressões genéricas, tais como "para os devidos fins", "para fins de direito" e outras congêneres.* O exame dessa questão estava a pleno alcance do registrador, bastando cotejar as informações da matrícula e as do instrumento de aditamento e apontar onde, exatamente, a equiparação dos quinhões deixou de ser atendida. Assim, também esta exigência deve ser afastada. Por fim, o precedente citado pela douta Procuradoria Geral de Justiça [1] não se aplica ao caso em exame, pois não trata de atribuição de unidades autônomas, mas de extinção de condomínio ordinário em imóvel em que sequer houvera instituição e especificação de condomínio. Aqui, diferentemente, discute-se se é possível retificar a instituição de condomínio a ela acrescentando a atribuição de unidades autônomas, o que, por consequência, modificaria a propriedade de cada uma delas; no precedente citado, se a certidão judicial emitida em ação de divisão e extinção de condomínio era título hábil a extinguir condomínio comum. As hipóteses, regimes jurídicos e premissas de cada caso são diversos, de modo que as conclusões, por conseguinte, não podem ser iguais. Ante o exposto, dou provimento ao recurso para julgar a dúvida improcedente e determinar no registro do título. HAMILTON ELLIOT AKEL. CORREGEDOR GERAL DA JUSTIÇA E RELATOR. Nota: [1] CSM, Apelação Cível nº 990.10.249.808-5, rel. Munhoz Soares (DJe de 20.01.2016 – SP)

▶ **EMENTA:** REGISTRO DE SERVIDÃO DE PASSAGEM – CONDOMÍNIO EDILÍCIO – CONDIÇÃO ESTABELECIDA PELA ELETROPAULO EM RAZÃO DE FALHA DO PROJETO ORIGINAL, QUE NÃO CONFIGURA EXIGÊNCIA LEGAL PARA EFEITO DA EXCEÇÃO DO INCISO IV DO ART. 43 DA LEI 4.591/64 – NECESSIDADE DE ANUÊNCIA DOS INTERESSADOS – DÚVIDA PREJUDICADA – AUSÊNCIA DO TÍTULO ORIGINAL – RECURSO NÃO CONHECIDO (Apelação Cível nº 0017251-67.2013.8.26.0554, HAMILTON ELLIOT AKEL, Corregedor Geral da Justiça e Relator. (D.J.E. de 05.05.2014 – SP)

CORREGEDORIA-GERAL DA JUSTIÇA

▶ **EMENTA:** Registro de Imóveis – Carta de Adjudicação – Aquisição por condomínio edilício – Irresignação parcial, restrita à comprovação de autorização em assembleia geral em virtude de não possuir o condomínio personalidade jurídica – Demais exigências não impugnadas – Autorização em assembleia que deve ser dada, porém, pela unanimidade dos condôminos que dela participam e não por todos os condôminos, como decidido em primeiro grau – Dúvida Prejudicada – Recurso não conhecido (Apelação Cível 273-6/7, Comarca da Capital, rel. Desembargador José Mario Antonio Cardinale, j. 13.01.2005).

▶ **EMENTA:** Registro de imóveis – Dúvida inversa – Averbação de construção e instituição de condomínio edilício – Recusa do registro – Exigência de apresentação de Certidão Negativa de Débitos do INSS e constatação de que o condomínio edilício disfarça desdobro feito sem observação dos requisitos legais – Irresignação parcial – Não conhecimento (APELAÇÃO CÍVEL Nº 155-6/9, da Comarca de AMERICANA, rel. JOSÉ MÁRIO ANTONIO CARDINALE, Corregedor Geral da Justiça e Relator)

EMENTA: REGISTRO DE IMÓVEIS – Incorporação – Construção – Escrituras públicas de venda e compra – Condôminos inadimplentes como outorgantes vendedores representados pela Comissão de Representantes – Recusa fundada na ausência de estipulação, nos títulos aquisitivos dos vendedores, da aplicação do art. 63, e seus parágrafos, da Lei nº 4.591/64 – Existência, porém, de expressa previsão na ata da assembléia geral extraordinária que aprovou a minuta do contrato de construção, especificamente para efeito de incidência das normas mencionadas – Contrato celebrado com base nessa premissa – Registro possível – Recurso provido (APELAÇÃO CÍVEL Nº 317-6/9, rel. JOSÉ MÁRIO ANTONIO CARDINALE, Corregedor Geral da Justiça e Relator)

EMENTA: REGISTRO DE IMÓVEIS – Dúvida inversa – Prenotação – Necessidade – Título – Cópia – Inadmissibilidade – Condomínio – Aquisição de unidade autônoma como meio de solução de dívida condominial – Possibilidade em tese – Recurso não provido (APELAÇÃO CÍVEL Nº 0004264-56.2011.8.26.0590, da Comarca de SÃO VICENTE). Da decisão exarada pelo Corregedor Permanente do Oficial de Registro de Imóveis, Títulos e Documentos e Civil de Pessoa Jurídica da Comarca de São Vicente, julgando procedente dúvida inversa (fls. 41-45), interpôs apelação CONDOMÍNIO EDIFÍCIO MARTINICA insistindo no registro de carta de adjudicação, ressaltando que houve aprovação unânime em assembleia geral extraordinária, em conformidade com decisões do Conselho Superior da Magistratura (fls. 47-55). A Procuradoria de Justiça se manifestou pelo desprovimento (fls. 77-81). Esse o relatório. Inicialmente, observa-se que a dúvida registrária é considerada sob a perspectiva de ingresso do título no serviço delegado e não como pretensão da parte. Logo, negado o registro, a dúvida é procedente. Dois títulos foram apresentados para registro. A carta de adjudicação expedida em 22 de março de 2006 pelo 3º Ofício Cível da Comarca de São Vicente em execução movida pelo apelante contra Waldomiro Bottesini e Cleide de Almeida Bottesini (autos 654/00) não é original (fls. 9 30). E, ainda que autenticadas, cópias não são hábeis à efetivação de registro imobiliário. O exame de legalidade inerente à qualificação pressupõe exibição do título em si. Sobre o tema é remansoso o entendimento da Corregedoria Geral da Justiça (Processos CG 2009/24761, 2008/108173, 2008/100534, 2008/87737) e do Conselho Superior da Magistratura (Apelação Cível nº 17-6/0, Rel. Des. Luiz Tâmbara, j. 7.11.03; Apelação Cível nº 7.120-0/9, Rel. Des. Sylvio do Amaral, j. 1º.6.87). E não cabe a substituição ou complementação probatória no curso do procedimento, pois implicaria indevida prorrogação do prazo da prenotação, em detrimento de eventuais posteriores apresentantes de títulos representativos de direitos contraditórios (Apelação Cível nº 220.6/6-00, Rel. Des. José Mario Antonio Cardinale, j. 16.9.04). Aliás, não se efetivou a prenotação, obrigatória mesmo para a dúvida inversa (NSCGJ, Cap. XX, subitem 31.1), como já reiterou este Colendo Conselho Superior da Magistratura (Apelação Cível nº 1.096-6/6, Rel. Des. Ruy Camilo, j. 14.4.09; Apelação Cível nº 754-6/2, Rel. Des. Gilberto Passos de Freitas, j. 9.10.07). De qualquer forma, o registro da carta de adjudicação violaria o princípio da continuidade, pois os executados não figuram como proprietários da unidade autônoma. Conforme a matrícula 75183, o apartamento nº 1006 está registrado em nome de Maria Bruzarosco Senna e Dulce Maria Senna (fl. 30). É oportuno lembrar que a carta de adjudicação, como todo título judicial, é suscetível de qualificação registrária (NSCGJ, Cap. XX, item 106). Não há nenhuma revisão do mérito decisório, mas apenas aferição das formalidades extrínsecas da ordem e da conexão de seus dados com o registro público, nos termos da jurisprudência do Conselho Superior da Magistratura (Apelação Cível nº 801-6/8, Rel. Des. Gilberto Passos de Freitas, j. 14.12.07; Apelação Cível nº 22.417-0/4, Rel. Des. Antonio Carlos Alves Braga, j. 31.8.95). Portanto, à luz do princípio da continuidade subjetiva, positivado nos arts. 195 e 237 da Lei nº 6.015/73, inviável o ingresso do título. A fim de superar esse problema da continuidade, o apelante recebeu o imóvel de Maria Bruzarosco Senna e Dulce Maria Senna em compra e venda, mediante escritura pública lavrada em 24 de janeiro de 2011 pelo 2º Tabelião de Notas e de Protesto de Letras e Títulos da Comarca de São Vicente (fls. 31-32). O título é original, mas subsistem óbices registrários. Reitere-se a inexistência de prenotação. Sem o lançamento no livro protocolo para conferir a prioridade legal (*prior in tempore, potior in jure*: arts. 182 e 186 da Lei nº 6.015/73) procede a dúvida, cujo potencial é o registro imediato do título. No mais, o condomínio não é dotado de personalidade jurídica e não pode adquirir propriedade imóvel, salvo no caso de inadimplência no pagamento do preço da construção (Lei nº 4.591/64, art. 63, § 3º) ou de adjudicação para solver dívidas condominiais, desde que aprovada em assembleia pela unanimidade dos demais condôminos, conforme precedentes do Conselho Superior da Magistratura (Apelação Cível nº 829-6/5, Rel. Des. Ruy Camilo, j. 27.5.08; Apelação Cível nº 795-6/9, Rel. Des. Gilberto Passos de Freitas, j. 6.2.07; Apelação Cível nº 363-6/8, Rel. Des. José Mário Antonio Cardinale, j. 18.8.05). No caso, como a compra e venda concretizou-se em satisfação à obrigação *propter rem*, em princípio poder-se-ia estender-lhe a sobredita exceção. Porém, o compromisso não foi previamente registrado e não se apresentou a aprovação unânime do negócio em assembleia. Em face do exposto, nega-se provimento ao recurso.(a) Desembargador MAURÍCIO VIDIGAL, Corregedor Geral da Justiça (D.J.E. de 29.02.2012)

EMENTA: REGISTRO DE IMÓVEIS – Instrumento particular de compromisso de compra e venda de unidade condominial – Desqualificação para registro – Comprovação de quitação dos débitos condominiais – Exigência não mais justificável diante da revogação tácita do parágrafo único do artigo 4º da Lei nº 4.591/1964 pelo artigo 1.345 do Código Civil de 2002 – Concordância tácita – Dúvida Prejudicada – Recurso não provido (Apelação Cível nº 0019751-81.2011.8.26.0100). O apelante, inconformado com a desqualificação para registro do instrumento particular de compromisso de compra e venda de imóvel urbano (fls. 24/28), no qual aparece como promitente comprador do imóvel objeto da matrícula nº 94.392 do 10º Oficial de Imóveis (fls. 05/06), requereu a suscitação da dúvida pelo Registrador, que a providenciou, mas mantendo a qualificação negativa, pois, alega, as exigências questionadas têm respaldo na regra do parágrafo único do artigo 4º da Lei nº 4.591/1964 (fls. 02/03). Com a impugnação, o apelante afirmou que, em razão de uma das exigências feitas, realizou o pagamento das contribuições condominiais vencidas, mas o síndico do Condomínio Edifício Forest Hills se recusa, orientado pela proprietária, promitente vendedora, a entregar certidão de quitação dos débitos condominiais (fls. 54). Depois da manifestação do Ministério Público (fls. 76/77), o ilustre juiz sentenciante deu por prejudicada a dúvida, porquanto o interessado não discorda das exigências feitas pelo registrador, mas assinalou que seria julgada procedente, se superado fosse o obstáculo processual, porquanto, destacando o seu posicionamento em outro sentido, o Colendo Conselho Superior da Magistratura "firmou entendimento no sentido de que a norma prevista no parágrafo único, do art. 4º, da Lei nº 4.591/64, não foi revogada pelo atual art. 1.345, do Código Civil" (fls. 79/80). Inconformado com o resultado em primeiro grau, o recorrente interpôs apelação pretendendo julgamento improcedente da dúvida, com determinação para o registro do instrumento particular de compromisso de compra e venda de imóvel urbano, sustentando, inclusive, que o parágrafo único do artigo 4º da Lei nº 4.591/1964 foi revogado pelo artigo 1.345 do Código Civil (fls. 83/86). Recebido o recurso em seus regulares efeitos (fls. 89), a Douta Procuradoria Geral da Justiça propôs o não provimento do recurso (fls. 97/99). É o relatório. O apelante, na impugnação, não se pronunciou sobre a prescindibilidade da certidão negativa de débitos condominiais, mas apenas abordou os esforços empreendidos para a sua obtenção (fls. 54), a revelar a concordância tácita com as exigências feitas pelo registrador. Logo, descaracterizado o dissenso, o exame da dúvida resta prejudicado, na linha da convicção esposada pelo ilustre magistrado sentenciante (fls. 79/80), até porque, diante do efeito preclusivo, não é admissível inovar em sede recursal, como pretendeu o apelante, que, tardiamente, cogitou da revogação tácita do parágrafo único do artigo 4º da Lei nº 4.591/1964 pelo artigo 1.345 do Código Civil de 2002. Por outro lado, se superado fosse o obstáculo processual, a

Lei 6.015/1973

desqualificação, para registro, do instrumento particular de compromisso de compra e venda de imóvel urbano (fls. 24/28), respaldada pela respeitável decisão impugnada (fls. 79/80), não mereceria prevalecer, de acordo, inclusive, com o entendimento pessoal do juiz sentenciante (cf. sentença proferida nos autos do processo nº 100.09.165632-6, em 21.08.2009), que, ressalvando-o, acedeu ao atual posicionamento do Colendo Conselho Superior da Magistratura. A compreensão atualmente vigente – expressa, por exemplo, na Apelação Cível nº 158-6/2, julgada em 25.03.2004, relator Desembargador José Mário Antonio Cardinale; na Apelação Cível nº 769-6/0, julgada em 14.12.2007, relator Desembargador Gilberto Passos de Freitas; e na Apelação Cível nº 990.10.278.563-7, julgada em 05.10.2010, relator Desembargador Munhoz Soares –, comporta revisão, apesar dos substanciosos fundamentos em que lastreada. Com a entrada em vigor do novo Código Civil e, mormente, do seu artigo 1.345[1], a regra do parágrafo único do artigo 4º da Lei nº 4.591/1964[2] foi revogada. Para chegar à referida conclusão, contudo, é necessário enfocar as características das obrigações reais e a sua eventual ambulatoriedade. As obrigações reais, conforme Fernando Noronha, "impõem a quem seja proprietário de uma coisa, ou titular de outro direito real de gozo sobre ela (ou às vezes até de uma mera situação possessória) o dever de realizar uma prestação, necessária para harmonização do exercício do seu direito real com o de outro direito real, de pessoa diversa, incidente sobre a mesma coisa, ou sobre uma coisa vizinha. "[3]. Também chamadas obrigações *propter rem* (por causa da coisa), caracterizam-se, segundo Luciano de Camargo Penteado, pela sua causa aquisitiva, assentada na "titularidade de uma situação jurídica de direito das coisas", e não, assim, na manifestação de vontade, na lei ou no enriquecimento sem causa .[4]. Elas, consoante Manuel Henrique Mesquita, têm origem no estatuto de um direito real, ao qual subordinada a relação jurídica de soberania estabelecida entre o titular e a coisa e que, por conseguinte, "compreende ou engloba não só os *poderes* que são conferidos ao sujeito de um *ius in re* e as *restrições* ou *limites* a que a sua actuação deve obedecer, mas também as vinculações de conteúdo positivo a que se encontre adstrito e que tanto podem consistir em deveres decorrentes de normas de direito público, como em *obrigações stricto sensu*, " obrigações reais, derivadas de normas de direito privado que impõem uma prestação de *dare* ou de *facere*.[5]. Portanto, a obrigação de pagar as contribuições condominiais, impostas aos condôminos – proprietários, a quem equiparados, para os fins do artigo 1.334 do Código Civil, e por força do § 2º desta disposição legal, os promitentes compradores e os cessionários de direitos relativos às unidades autônomas –, qualifica-se como *propter rem*: deve-se por causa da coisa (artigo 1.336, I, do Código Civil[6]); "a situação de direito real é causa eficiente próxima do surgimento da obrigação".[7]. Para Caio Mário da Silva Pereira, trata-se de uma obrigação acessória mista, em cujo plano está situada a *obligatio propter rem*, "pelo fato de ter como a *obligatio in personam* objeto consistente em uma prestação específica; e como a *obligatio in re* estar sempre incrustada no direito real": em outras palavras, porque "a um direito real acede uma faculdade de reclamar prestações certas de uma pessoa determinada. "[8]. Agora, com o advento do Código Civil de 2002, a obrigação dos condôminos foi, no plano do direito positivo, ampliada – em prestígio de jurisprudência consolidada –, pois, nos termos do seu artigo 1.345, "o adquirente de unidade responde pelos débitos do alienante, em relação ao condomínio, inclusive multa e juros moratórios. " A positivação de tal regra, porém, confirma – pois, caso contrário, seria despicienda –, a intransmissibilidade da obrigação *propter rem* de *dare*, que, na realidade, ontologicamente, à vista de sua natureza, não contempla, por si, os débitos nascidos antes da assunção de direitos sobre a coisa: quer dizer, o novo titular de direitos sobre a coisa não responde por tais débitos pretéritos. As obrigações reais de *dare* não importam, em regra, responsabilidade pelas dívidas constituídas previamente à aquisição de direitos sobre a coisa, ao contrário das obrigações reais de *facere*, que, então, acompanham a coisa, transmitindo-se ao sucessor, inclusive a título singular, independentemente de manifestação de vontade e do conhecimento de sua existência. No elucidativo magistério de Manuel Henrique Mesquita, *"devem considerar-se ambulatórias todas as obrigações reais de `faceref que imponham ao devedor a prática de actos materiais na coisa que constitui o objecto do direito real"*, isto é, transmitem-se aos adquirentes, porque resultam imediatamente da aplicação do estatuto do direito real, porque o seu cumprimento representa interferência direta na coisa submetida a tal estatuto e porque, cessada a soberania do alienante sobre a coisa, a realização da prestação por ele fica impossibilitada.[9]. Sob outro prisma, para o mesmo autor português, as demais obrigações *propter rem* (em regra, obrigações de *dare*) "devem considerar-se, em princípio, não ambulatórias", seja, entre outras razões que desautorizam a transmissão da dívida para o adquirente, porque a alienação do direito real não impossibilita a satisfação da prestação pelo alienante, seja, principalmente, em justificativa pertinente e oportuna para a situação sob exame, porque "se autonomizam no preciso momento em que se verificam ou concretizam os pressupostos de quem dependem. Trata-se de obrigações que, mal se constituem, imediatamente se separam ou desprendem da sua matriz, adquirindo total independência. "[10]. João de Matos Antunes Varela, ao enfrentar a diferença prática entre os ônus reais e as obrigações reais, alinha-se com esta concepção doutrinária, esclarecendo: o titular da coisa, nestas, que adquirem autonomia com o seu vencimento, "fica vinculado às obrigações constituídas na vigência de seu direito", enquanto, naqueles, "fica obrigado mesmo em relação às prestações anteriores, por suceder na titularidade de uma coisa a que está visceralmente unida a obrigação", mas pelos débitos pretéritos, realça, sua obrigação é limitada ao valor da coisa.[11]. Na mesma linha, Alberto Trabucchi[12]. Não é outra, ademais, a posição de Fernando Noronha – para quem, "nas obrigações reais quem deve é ainda o titular da coisa, não é a própria coisa; por isso, cada pessoa será responsável apenas pelos débitos constituídos ao tempo em que tenha sido titular do direito real"[13] –, da qual também não divergem Maria Helena Diniz[14] e Eduardo Sócrates Castanheira Sarmento Filho.[15]. De todo modo, não se ignoram autorizadas vozes destoantes da delimitação desenvolvida, que, porém, em sintonia, inclusive, com a construção jurisprudencial[16], acabam por identificar, especialmente quando o assunto versa sobre obrigação de pagamento de contribuições condominiais, ônus reais e obrigações *propter rem*, atribuindo a estas – de forma indiscriminada e, portanto, ainda que caracterizadas, *in concreto*, como obrigações de *dare* –, ambulatoriedade. A propósito, convém lembrar Orlando Gomes[17], Silvio Rodrigues[18] e, mais recentemente, Luiz Edson Fachin[19]. Contudo, se a obrigação de pagar as contribuições condominiais – típica obrigação *propter rem* de *dare* que se autonomiza no momento em que se vence, desatando-se da relação jurídica de natureza real, sua matriz –, tivesse toda essa largueza, contemplando, por si e em particular, a responsabilidade pelo pagamento das contribuições condominiais constituídas antes da titularização de direitos sobre a unidade condominial, a positivação da regra insculpida no artigo 1.345 do Código Civil de 2002 seria prescindível: cuidar-se-ia de disposição legal inócua, à vista do artigo 1.336, I, do mesmo diploma legal. Sob outra perspectiva, a regra do parágrafo único do artigo 4º da Lei nº 4.591/1964 não faria sentido, uma vez valorado o comando emergente do artigo 12 da Lei nº 4.591/1964[20], que, antes do Código Civil de 2002, já revelava a natureza *propter rem* da obrigação de pagamento das contribuições condominiais. De fato, não seria razoável condicionar a alienação da unidade condominial e a transferência de direitos a ela relacionados à prévia comprovação da quitação das obrigações do alienante para com o condomínio, se a obrigação *propter rem* de *dare*, por sua natureza, abrangesse os débitos constituídos anteriormente à aquisição de direitos sobre a coisa. Ora, se o novo titular de direitos sobre a unidade condominial respondesse, a par dos débitos atuais, também pelos passados, estes também exigíveis do alienante, qual seria, então, a lógica razoável do condicionamento, ainda mais à vista da garantia representada pelo imóvel, passível de penhora em futura execução? Na realidade, nenhuma. Ademais, a atual redação do parágrafo único do artigo 4º da Lei nº 4.591/1964, dada pela Lei nº 7.182/1984, veio substituir a sua versão original[21], reproduzida, porém, pelo texto do artigo 1.345 do novo Código Civil, ressalvada a referência, agora feita, aos juros moratórios. Quer dizer: as modificações legislativas reforçam, em primeiro lugar, a intransmissibilidade da obrigação *propter rem* de *dare* e, por fim, porque incompatível com a regra do artigo 1.345 do Código Civil, a revogação tácita do parágrafo único do artigo 4º da Lei nº 4.591/1964. Com efeito, o restabelecimento, pelo artigo 1.345 do Código Civil de 2002 – com o acréscimo relativo aos juros moratórios –, do texto original do parágrafo único do artigo 4º da Lei nº 4.591/1964, antes suprimido pela sua redação atual, oriunda da Lei nº 7.182/1984, é sintomático da revogação assinalada. Enfim, as características da obrigação *propter rem* de *dare*, especialmente no tocante à amplitude da responsabilidade do titular de direitos sobre a coisa pelos débitos a ela atrelados – extraídos da melhor doutrina a respeito do tema e da interpretação sistemática, primeiro, do artigo 12 com o parágrafo único do artigo 4º (em suas duas versões), ambos da Lei nº 4.591/1964, e, depois, do artigo 1.336, I, com o artigo 1.345, do Código Civil de 2002 –, e a evolução histórica das modificações legislativas confortam a revogação afirmada. A *ratio* do parágrafo único do artigo 4º da Lei nº 4.591/1964, direcionada à tutela da saúde financeira e do equilíbrio econômico do condomínio, fica esvaziada, diante da norma retirada do texto do artigo 1.345 do Código Civil de 2002, igualmente voltada, em substituição à norma anterior, à proteção, sob nova e mais consistente capa, da propriedade comum. Tal regra, é certo, perdeu a sua instrumentalidade, não podendo subsistir – não apenas em razão da revogação tácita aludida –, mas também porque, sem finalidade que a justifique razoavelmente, entrava o tráfego econômico, a circulação dos bens imóveis e a correspondência entre a realidade registrária e a factual. Nessa toada, Marco Aurelio S. Viana, ao comentar o artigo 1.345 do Código Civil, ponderou: "a solução legal é mais adequada do que a que estava presente no parágrafo único do art. 4º da Lei nº 4.591/64. O condomínio tem seus interesses tutelados de forma mais efetiva, porque pode cobrar do adquirente dívida que o alienante tiver para com ele. "[22] Por sua vez, Francisco Loureiro, tal como Arnaldo Rizzardo[23], é taxativo: à luz do artigo 1.345 do Código Civil, "está revogada a regra do art. 4º, parágrafo único, da Lei nº 4.591/64. Se a própria lei explicita que o adquirente responde pelos débitos anteriores, perde o sentido a prova da quitação de débito existente no momento da alienação. "[24]Em suma: revogada a regra do parágrafo único do artigo 4º da Lei nº 4.591/1964, a prévia comprovação de quitação dos débitos condominiais não é mais condição para transferência de direitos relativos à unidade condominial. Pelo exposto, nego provimento ao recurso, de modo a confirmar a respeitável sentença que deu por prejudicada a dúvida. JOSÉ RENATO NALINI. Corregedor Geral da Justiça e Relator

[1] Artigo 1.345. O adquirente de unidade responde pelos débitos do alienante, em relação ao condomínio, inclusive multa e juros moratórios.[2] Art. 4º. (...). Parágrafo único – A alienação ou transferência de direitos de que trata este artigo dependerá de prova de quitação das obrigações do alienante para com o respectivo condomínio.[3] Direito das obrigações. 2ª ed. São Paulo: Saraiva, 2007, p. 295.[4] Direito das coisas. São Paulo: Revista dos Tribunais, 2008, p. 116.[5] Obrigações reais e ónus reais. Coimbra: Almedina, 2003, p. 99-104.[6] Art. 1.336. São deveres do condômino: I – contribuir para as despesas do condomínio, na proporção das suas frações ideais, salvo disposição em contrário na convenção; (...).[7] Luciano de Camargo Penteado, op. cit., p. 116.[8] Instituições de Direito Civil: teoria geral das obrigações. Atualizada por Guilherme Calmon Nogueira da Gama. 22ª ed. Rio de Janeiro: Forense, 2009, p. 40-41. v. II. [9] Op. cit., p. 330-336.[10] Op. cit., p. 336-343 e 345-347. [11] Das obrigações em geral. 10ª ed. Coimbra: Almedina, 2003, p. 195-196. v. I.[12] Istituzioni di Diritto Civile. 13ª ed. Padova: Cedam, 1962, p. 454-455 e 503-505. [13] Op. cit., p. 297.[14] Curso de Direito Civil Brasileiro. 22ª ed. São Paulo: Saraiva, 2007, p. 16.[15] A responsabilidade pelo pagamento de cotas condominiais no regime de propriedade horizontal. In: Revista Forense. Rio de Janeiro: Forense. v. 346, p. 63-68, abril-maio-junho 1999.[16] Recurso Especial nº 345.372/PR, relator Ministro Ruy Rosado de Aguiar, julgado em 19.03.2002; Recurso Especial nº 506.183/RJ, relator Ministro Fernando Gonçalves, julgado em 02.12.2003; Recurso Especial nº 469.915/RJ, relatora Ministra Nancy Andrighi, julgado em 28.09.2004; Recurso Especial nº 572.767/SC, relator Ministro Jorge Scartezzini, julgado em 19.04.2005. Para um panorama da jurisprudência paulista, conferir artigo de Celso José Pimentel, *Anotações sobre a ação de cobrança de despesas de condomínio*. In: Francisco Antonio Casconi; José Roberto Neves Amorim (coord.). Condomínio Edilício: aspectos relevantes; aplicação do novo Código Civil. 2ª ed. São Paulo: Método, 2006. p. 249-271. [17] Obrigações. Atualizada por Humberto Theodoro Júnior. 13ª ed. Rio de Janeiro: Forense, 2000, p. 21-22. Direitos reais. Atualizada por Humberto Theodoro Júnior. 18ª ed. Rio de Janeiro: Forense, 2001, p. 229[18] Direito Civil: parte geral das obrigações. 23ª ed. São Paulo: Saraiva, 1995, p. 99-105. v. 2[19] Comentários ao Código Civil: parte especial: direito das coisas. Antônio Junqueira de Azevedo (Coord.). São Paulo: Saraiva, 2003, p. 283-285. v. 15. [20] Art. 12. Cada condômino concorrerá nas despesas do condomínio, recolhendo, nos prazos previstos na Convenção, a quota-parte que lhe couber em rateio.[21] Art. 4º. (...). Parágrafo único – O adquirente de uma unidade responde pelos débitos do alienante, em relação ao condomínio, inclusive multas.[22] Comentários ao novo Código Civil: dos Direitos Reais. Sálvio de Figueiredo Teixeira (Coord.). Rio de Janeiro: Forense, 2003. p. 478. v. XVI.[23] Condomínio edilício e incorporação imobiliária. Rio de Janeiro: Forense, 2011, p. 151. [24] Código Civil comentado: doutrina e jurisprudência. Ministro Cezar Peluso (Coord.). 2ª ed. Barueri/SP: Manole, 2008, p. 1.334.

TRIBUNAL DE JUSTIÇA DO ESTADO DO RIO GRANDE DO SUL

EMENTA: REGISTRO DE IMÓVEIS. SUSCITAÇÃO DE DÚVIDA. REGISTRO DE ESCRITURA PÚBLICA DE INSTITUIÇÃO, ESPECIFICAÇÃO, DIVISÃO E CONVENÇÃO DE CONDOMÍNIO, COM ATRIBUIÇÃO DE UNIDADES AUTÔNOMAS. REDUÇÃO DOS EMOLUMENTOS, NOS TERMOS DO ART. 290, § 4º, DA LEI 6.015/73, CONSIDERANDO A PRESENÇA DOS REQUISITOS NECESSÁRIOS, BEM COMO A AUSÊNCIA DE NOVA AQUISIÇÃO DE PROPRIEDADE. APELOS PROVIDOS (PROCESSO Nº 70052017753).

TRIBUNAL DE JUSTIÇA DO ESTADO DO PARANÁ

EMENTA: APELAÇÃO CÍVEL. EMBARGOS À EXECUÇÃO. INCORPORAÇÃO IMOBILIÁRIA. INÉRCIA DO CONSTRUTOR EM PROMOVER NO REGISTRO IMOBILIÁRIO, PREVIAMENTE À ALIENAÇÃO DAS RESPECTIVAS UNIDADES, A AVERBAÇÃO DO CONTRATO RELATIVO À FRAÇÃO IDEAL DE TERRENO, E, BEM ASSIM, DO CONTRATO DE CONSTRUÇÃO E DA CONVENÇÃO DO CONDOMÍNIO, NA FORMA DA LEI Nº 4591/1964. INCIDÊNCIA, *"IN CASU"*, DA MULTA PREVISTA NO ART. 35, PAR. 5º, DA REFERIDA LEI DO CONDOMÍNIO EM EDIFICAÇÕES E INCORPORAÇÕES IMOBILIÁRIAS. PRELIMINARES DE CERCEAMENTO DE DEFESA E PRESCRIÇÃO REJEITADAS. VIA EXECUTIVA ADEQUADA PARA COBRANÇA DA MULTA LEGAL, SENDO, ADEMAIS, DESINFLUENTE A ALEGAÇÃO DE QUE A OBRA NÃO SE FINDOU. EMBARGOS REJEITADOS. *"Por se tratar de norma cogente e de alto interesse social, a omissão do incorporador de registrar o memorial de incorporação ou de fazer constar nos contratos incorporativos a fração ideal do terreno, a construção e os respectivos preços, enseja a conclusão pela inexistência de contrato de incorporação regularmente celebrado, sendo perfeitamente aplicável, à hipótese, a regra contida no art. 35, § 5º"* (CABRAL DE LIMA, Eduardo Sérgio, Hermenêutica do art. 35 da Lei dos Condomínios e Incorporações, BDI nº 20 – jul/99). RECURSO CONHECIDO E NÃO PROVIDO. (TJPR – Apelação Cível nº 987.338-9 – Pato Branco – 6ª Câmara Cível – Rel. Juíza de Direito Substituta em 2º Grau Ana Lúcia Lourenço – DJ 16.07.2013)

EMENTA: APELAÇÃO CÍVEL – MANDADO DE SEGURANÇA – ITBI – INCORPORAÇÃO IMOBILIÁRIA AO PATRIMÔNIO DE PESSOA JURÍDICA. IMUNIDADE. – INCIDÊNCIA DO ARTIGO 156, § 2º, I da CF). EXCEÇÃO NA PREPONDERÂNCIA DE ATIVIDADE IMOBILIÁRIA. PESSOA JURÍDICA RECÉM-FORMADA. DEMONSTRAÇÃO FUTURA DA PREPONDERÂNCIA ECONÔMICA. IMUNIDADE SOB CONDIÇÃO RESOLUTIVA. ART. 37, §§ 2º E 3º DO CTN. *A transferência imobiliária na incorporação ao patrimônio de pessoa jurídica é alcançada pela imunidade prevista na Constituição Federal (art. 156, § 2º, I). Para o caso, tratando-se de pessoa jurídica recém-formada, a configuração da exceção prevista na regra constitucional (atividade preponderante na venda ou locação imobiliária) depende da demonstração futura da preponderância da atividade, nos termos do art. 37, §§ 2º e 3º do CTN. Recurso provido. Segurança concedida.* (TJPR – Apelação Cível nº 1.125.387-1 – Curitiba – 3ª Câmara Cível – Rel. Des. Péricles Bellusci de Batista Pereira – DJ 04.08.2014)

3. QUESTÕES DE CONCURSOS

01. (TJ/MA – 2023 – Consulplan – Notário e Registrador/Provimento) Considerando que a Lei nº 10.931/2004 dispõe sobre o Patrimônio de Afetação de Incorporações Imobiliárias, Letra de Crédito Imobiliário, Cédula de Crédito Imobiliário, Cédula de Crédito Bancário, analise as afirmativas a seguir.

I. É prescindível a averbação da emissão de CCI com garantia real quando houver prenotação ou registro de qualquer outro ônus real sobre os direitos imobiliários respectivos, inclusive penhora ou averbação de qualquer mandado ou ação judicial.

II. A garantia da cédula de crédito bancário poderá ser fidejussória ou real, neste último caso constituída por bem patrimonial de qualquer espécie, disponível e alienável, móvel ou imóvel, material ou imaterial, presente ou futuro, fungível ou infungível, consumível ou não, cuja titularidade pertença ao próprio emitente ou a terceiro garantidor da obrigação principal.

III. O resgate da dívida representada pela CCI prova-se com a declaração de quitação, emitida pelo credor, ou, na falta desta, por outros meios admitidos em direito.

IV. A validade e a eficácia da cédula de crédito bancário não dependem de registro, mas as garantias reais, por ela constituídas, ficam sujeitas, para valer contra terceiros, aos registros ou averbações previstas na legislação aplicável, com as alterações introduzidas pela Lei nº 10.931/2004.

Está correto o que se afirma em

a) I, II, III e IV

b) I e III, apenas.

c) I, II e IV, apenas.

d) II, III e IV, apenas.

02. (TJ/MA – 2023 – Consulplan – Notário e Registrador/Provimento) No que se refere a Lei nº 4.591/1964, que dispõe sobre o condomínio em edificações e as incorporações, pode-se afirmar corretamente que:

a) O condomínio por meação de parede, soalhos e tetos das unidades isoladas regular-se-á pelo disposto na Lei nº 6.766/1979, no que lhe for aplicável.

b) Considera-se constituído o patrimônio de afetação mediante registro, a qualquer tempo, no Registro de Imóveis, de termo firmado pelo incorporador e, quando for o caso, também, pelos titulares de direitos reais de aquisição sobre o terreno.

c) Os efeitos da decretação da falência ou da insolvência civil do incorporador não atingem os patrimônios de afetação constituídos, não integrando a massa concursal o terreno, as acessões e demais bens, direitos creditórios, obrigações e encargos objeto da incorporação.

d) O direito à guarda de veículos nas garagens ou locais a isso destinados nas edificações ou conjuntos de edificações será tratado como objeto de propriedade exclusiva, com ressalva das restrições que ao mesmo sejam impostas por instrumentos contratuais adequados, e sempre serão vinculadas à unidade habitacional a que corresponder.

03. (IESES – Titular de Serviços de Notas e Registros – TJ – TO – Provimento/2022) Com base na Lei nº 4.591/64 assinale a alternativa correta:

a) A renúncia de qualquer condômino aos seus direitos é válida como escusa para exonerá-lo de seus encargos.

b) O registro da Convenção de condomínio deve ser feito no Registro de Títulos e documentos, bem como a averbação das suas eventuais alterações.

c) Considera-se aprovada, e obrigatória para os proprietários de unidades, promitentes compradores, cessionários e promitentes cessionários, atuais e futuros, como para qualquer ocupante, a Convenção que reúna as assinaturas de titulares de direitos que representem, no mínimo, 2/3 das frações ideais que compõem o condomínio.

d) O condomínio por unidades autônomas instituir-se-á por ato entre vivos ou por testamento, com inscrição obrigatória no Registro de Títulos e documentos, dele constando: a individualização de cada unidade, sua identificação e discriminação, bem como a fração ideal sobre o terreno e partes comuns, atribuída a cada unidade, dispensando-se a descrição interna da unidade.

04. (Vunesp – Titular de Serviços de Notas e Registros – TJ – SP – Provimento/2022) A incorporação imobiliária é a atividade exercida com o intuito de promover e realizar a construção, para alienação total ou parcial, de edificações ou conjunto de edificações compostas de unidades autônomas. O incorporador somente poderá negociar as frações ideais de terrenos e as acessões que corresponderão às futuras unidades autônomas após o registro do memorial de incorporação no registro de imóveis competente. Assinale a alternativa que contenha exemplos de documentos que devem ser apresentados junto com o memorial de incorporação.

a) Título de propriedade do terreno, ou de promessa, ainda que revogável ou retratável, de compra e venda ou de cessão de direitos do qual conste cláusula de imissão na posse do imóvel e não haja estipulações impeditivas de sua alienação em frações ideais.

b) Certidões negativas de impostos federais, estaduais e municipais, de protesto de títulos de ações cíveis e criminais e de ônus reais relativas ao imóvel, ao incorporador e aos alienantes do terreno e seus antecessores pelo prazo de 10 anos.

c) Histórico dos títulos de propriedade do imóvel, abrangendo os últimos 20 anos, acompanhado de certidão dos respectivos registros e o projeto de construção protocolado para análise da autoridade competente;

d) Declaração, acompanhada de plantas elucidativas, sobre o número de veículos que a garagem comporta e os locais destinados à guarda dos mesmos; certidão negativa de débito para com a Previdência Social, quando o titular de direitos sobre o terreno for responsável pela arrecadação das respectivas contribuições.

05. (FGV – Titular de Serviço de Notas e Registros – TJ – SC/2021) A sociedade empresária XX almejava promover a construção de um conjunto de edificações compostas de unidades autônomas, para fins de alienação parcial, em um terreno de sua propriedade, que estava gravado com ônus reais em favor de terceiro, mas que não impedia a alienação. Antes de proceder à negociação dessas unidades, consultou o seu departamento jurídico a respeito dos requisitos legais a serem preenchidos e sobre a possibilidade de continuação do empreendimento. O departamento jurídico respondeu, corretamente, que a realização do empreendimento:

a) seria vedada enquanto não fosse averbada, na matrícula do imóvel, a baixa dos ônus reais que o gravavam, salvo se oferecidas garantias idôneas, assim consideradas por decisão do juízo competente;

b) deveria ser antecedida de arquivamento, no Registro de Imóveis, dos documentos exigidos pela legislação, em momento anterior à construção, o que não seria afetado pela existência do gravame;

c) exige o arquivamento, no Registro de Imóveis, dos documentos previstos na legislação, em momento anterior à negociação das unidades, o que não seria afetado pela existência do gravame;

d) exige o arquivamento, no Registro de Imóveis, dos documentos previstos na legislação, em momento anterior à construção, o que seria feito sob condição, em razão da existência do gravame;

e) em razão do gravame existente, deveria ser previamente autorizada pelo juízo competente, mediante a apresentação de garantias idôneas, com posterior arquivamento dos documentos exigidos no Registro de Imóveis.

06. (FGV – Titular de Serviço de Notas e Registros – TJ – SC/2021) A sociedade empresária XX decidiu desenvolver as atividades necessárias à promoção e à construção de uma edificação composta por unidades autônomas, com o objetivo de realizar a sua alienação total. O terreno a ser utilizado lhe pertencia e não era objeto de nenhum direito real por parte de terceiros. A partir dessa decisão, questionou seu advogado sobre a possibilidade de o terreno e as acessões objeto dessas atividades manterem-se apartados do patrimônio da sociedade XX, constituindo um patrimônio específico, de modo a tornar possível a consecução do fim último almejado, a entrega das unidades imobiliárias aos adquirentes, o que seria objeto de averbação no Registro de Imóveis.

Em resposta, o advogado informou, corretamente, que:

a) o referido patrimônio pode ser constituído a qualquer tempo, mediante averbação, no Registro de Imóveis, de termo firmado pela sociedade XX;
b) o referido patrimônio só pode ser constituído antes da oferta pública das unidades, mediante averbação, no Registro de Imóveis, de termo firmado pela sociedade XX;
c) enquanto a sociedade XX for proprietária do terreno, sem a correlata alienação de suas frações ideais, não será possível a constituição do referido patrimônio e a sua averbação;
d) o referido patrimônio só pode ser constituído antes da oferta pública das unidades, mediante averbação, no Registro de Imóveis, de escritura pública firmada pela sociedade XX;
e) a constituição do referido patrimônio pode ser realizada com a abertura de matrícula própria, dissociada das unidades autônomas, que não serão acompanhadas de fração ideal.

07. (Consulplan – Outorga e Delegação de Serviços Notariais e Registrais – TJ – MS/2019) De acordo com o Art. 69 do Decreto nº 9.310, de 15 de março de 2018, "Quando um mesmo imóvel contiver construções de casas ou cômodos, poderá ser instituído, inclusive para fins de Reurb, condomínio urbano simples, respeitados os parâmetros urbanísticos locais, e serão discriminadas, na matrícula, a parte do terreno ocupada pelas edificações, as partes de utilização exclusiva e as áreas que constituem passagem para as vias públicas ou para as unidades entre si". Assinale a alternativa correta sobre o condomínio urbano simples.

a) A gestão das partes comuns será feita de acordo com as normas estabelecidas na convenção de condomínio registrada no Livro nº 3.
b)Após o registro da instituição do condomínio urbano simples, será aberta uma matrícula para cada unidade autônoma, à qual caberá, como parte inseparável, uma fração ideal do solo e das outras partes comuns, se houver, representada na forma de percentual.
c) A instituição do condomínio urbano simples será registrada na matrícula do imóvel, na qual serão identificadas as partes comuns no nível do solo, as partes comuns internas à edificação, se houver, e as unidades autônomas, bem como a apresentação de convenção de condomínio.
d) Em caso de alienação de qualquer das unidades, terão direito de preferência, em igualdade de condições com terceiros, os titulares das demais unidades integrantes do condomínio urbano simples, que serão cientificados por escrito para que se manifestem no prazo de 30 (trinta) dias, salvo se a convenção dispuser de modo diverso.

08. (Vunesp – Cartório – Provimento – TJ – SP/2018) Em relação à incorporação imobiliária, é correto afirmar que

a) o prazo de carência, dentro do qual é permitido ao incorporador desistir do empreendimento, é de 180 (cento e oitenta) dias, prorrogável uma só vez por igual período.
b) havendo o registro de escritura definitiva de compra e venda de fração ideal de terreno vinculada à futura unidade autônoma, o incorporador não mais poderá desistir do empreendimento, mesmo estando ainda no período de carência.
c) o registro da hipoteca do terreno vinculada ao financiamento das obras é fato que caracteriza a concretização da incorporação.
d) uma vez averbada a desistência da incorporação no registro de imóveis, diante de sua publicidade, é facultativo ao incorporador comunicar o fato aos eventuais adquirentes.

09. (IESES – Titular de Serviços de Notas e de Registro – Provimento – TJ – SC/2019) Patrimônio de Afetação (Lei nº 10.931/2004). Podemos afirmar que é o regime jurídico segundo o qual, a critério do incorporador, a incorporação poderá, a qualquer tempo, ser submetida ao regime da afetação, pelo qual o terreno e as acessões objeto de incorporação imobiliária, bem como os demais bens e direitos a ela vinculados, do patrimônio do incorporador. Neste sentido podemos ter como verdadeira a assertiva:

a) Não é uma faculdade do incorporador, depende de autorização expressa do(s) promitente(s) comprador(es) e da Prefeitura Municipal Local.
b) Mesmo com a averbação do "patrimônio de afetação" com relação ao empreendimento objeto da incorporação, sua contabilidade se evidencia por ser única, juntamente com outras construções do mesmo incorporador, por ser a mesma pessoa jurídica detentora da propriedade imobiliária.
c) O patrimônio de afetação é incomunicável em relação ao patrimônio geral do incorporador e às demais incorporações, mantendo-se, portanto, apartados do patrimônio do incorporador, e só responde pelas suas próprias dívidas e obrigações.
d) A falência do incorporador interfere diretamente nas incorporações-patrimônios-de-afetação e, assim, os acervos das diversas incorporações são passíveis de arrecadação à massa.

10. (Consulplan – Outorga das Delegações de Notas e de Registros – Provimento – TJ – MG/2018) A Lei nº 4.591/64 dispõe sobre o condomínio em edificações e as incorporações imobiliárias. Conforme o exposto, analise as proposições a seguir.

I. A critério do incorporador, a incorporação poderá ser submetida ao regime da afetação, pelo qual o terreno e as acessões objeto de incorporação imobiliária, bem como os demais bens e direitos a ela vinculados, manter-se-ão apartados do patrimônio do incorporador e constituirão patrimônio de afetação, destinado à consecução da incorporação correspondente e à entrega das unidades imobiliárias aos respectivos adquirentes.
II. Considera-se constituído o patrimônio de afetação mediante averbação, a qualquer tempo, no Registro de Imóveis, de termo firmado pelo incorporador e, quando for o caso, também pelos titulares de direitos reais de aquisição sobre o terreno e esta averbação não será obstada pela existência de ônus reais que tenham sido constituídos sobre o imóvel objeto da incorporação para garantia do pagamento do preço de sua aquisição ou do cumprimento de obrigação de construir o empreendimento.
III. Os proprietários, promitentes compradores, cessionários ou promitentes cessionários dos direitos pertinentes à aquisição de unidades autônomas, em edificações a serem construídas, em construção ou já construídas, elaborarão, por escrito, a Convenção de condomínio, e deverão, também, por contrato ou por deliberação em assembleia, aprovar o Regimento

interno da edificação ou conjunto de edificações. Far-se-á o registro da Convenção no Registro de Imóveis, bem como a averbação das suas eventuais alterações.

IV. Considera-se incorporação imobiliária a atividade exercida com o intuito de promover e realizar a construção, para alienação total ou parcial, de edificações ou conjunto de edificações compostas de unidades autônomas.

Estão corretas as proposições

a) I, II, III e IV.
b) I e II, apenas.
c) II e III, apenas.
d) I, II e III, apenas.

11. (CETRO – Notário-RJ/2012) Sobre incorporação imobiliária, é incorreto afirmar que

a) o incorporador não poderá fixar, para efetivação da incorporação, prazo de carência, dentro do qual lhe é lícito desistir do empreendimento.
b) o oficial do registro de imóveis responde civil e criminalmente caso efetue o arquivamento de documentação contraveniente à lei ou der certidão sem o arquivamento de todos os documentos exigidos.
c) a existência de ônus fiscais ou reais, salvo os impeditivos de alienação, não impedem o registro, que será feito com as devidas ressalvas, mencionando-se, em todos os documentos extraídos do registro, a existência e a extensão dos ônus.
d) o registro da incorporação será válido pelo prazo de 120 (cento e vinte) dias, findo o qual, se ela ainda não se houver concretizado, o incorporador só poderá negociar unidades depois de atualizar a documentação legal, revalidando o registro por igual prazo.
e) após a concessão do "habite-se" pela autoridade administrativa, o incorporador deverá requerer a averbação da construção das edificações, para efeito de individualização e discriminação das unidades, respondendo perante os adquirentes pelas perdas e danos que resultem da demora no cumprimento dessa obrigação. anulada

12. (EJEF – Tabelionato e Registro-MG/2007) A Lei nº 4.591, de 1964:

a) foi revogada pela Constituição de 1988.
b) foi revogada pelo novo Código Civil, de 2002.
c) rege as incorporações imobiliárias em todo o território nacional.
d) disciplina as incorporações de imóveis na formação do capital das sociedades civis e comerciais.

13. (EJEF Tabelionato e Registro-MG/2007) A vigente Lei nº 4.591, de 11 de dezembro de 1964, a qual dispõe sobre o condomínio em edificações e as incorporações, estabelece:

I. A alienação de cada unidade, a transferência de direitos pertinentes à sua aquisição e a constituição de direitos reais sobre ela independerão do consentimento dos condôminos.

II. O condomínio por unidades autônomas instituir-se-á por ato entre vivos ou por testamento, com inscrição obrigatória no registro de imóveis, dele constando; a individualização de cada unidade, sua identificação e discriminação, bem como a fração ideal sobre o terreno e partes comuns, atribuída a cada unidade, dispensando-se a descrição interna da unidade.

III. Considera-se aprovada, e obrigatória para os proprietários, promitentes compradores, cessionários e promitentes cessionários, atuais e futuros, como para qualquer ocupante, a Convenção que reúna as assinaturas de titulares de direitos que representem, no mínimo, 2/3 das frações ideais que compõem o condomínio.

A partir dessas afirmações, pode-se concluir que

a) apenas uma é falsa.
b) apenas duas são falsas.
c) todas são falsas.
d) todas são verdadeiras.

14. (TJ-SC – Notário-SC/2008) A respeito dos condomínios e incorporações, observadas as proposições abaixo, assinale a alternativa correta:

I. Far-se-á o registro da Convenção de Condomínio no Registro de Títulos e Documentos, bem como a averbação das suas eventuais alterações.

II. Os Oficiais de Registro de Imóveis terão 15 dias para apresentar, por escrito, todas as exigências que julgarem necessárias ao arquivamento da documentação indispensável a incorporação; satisfeitas as referidas exigências, terão o prazo de 15 dias para fornecer certidão relacionando os documentos apresentados e para devolver, autenticadas, as segundas vias, com exceção dos documentos públicos.

III. O Oficial de Registro de Imóveis responde civil e criminalmente se efetuar o arquivamento de documentação contraveniente a lei ou der certidão sem o arquivamento de todos os documentos exigidos para o registro da incorporação.

IV. O registro da incorporação será válido pelo prazo de 90 dias, findo o qual, se ela ainda não se houver concretizado, o incorporador só poderá negociar unidades depois de atualizar a documentação a que se refere o artigo 32 da Lei nº 4.591/64, revalidando o registro por igual prazo.

a) Somente as proposições II e III estão corretas.
b) Somente as proposições I e IV estão corretas.
c) Todas as proposições estão corretas.
d) Somente as proposições II e IV estão corretas.
e) Somente as proposições I e II estão corretas.

15. (Cespe – Cartório-PI/2013) Acerca da incorporação imobiliária, assinale a opção correta.

a) É vedada a possibilidade de pessoa jurídica estrangeira realizar incorporação imobiliária no Brasil.
b) Para fins de incorporação imobiliária, o proprietário do terreno é legalmente equiparado ao incorporador, razão por que sua responsabilidade é solidária em relação ao empreendimento imobiliário.
c) É inviável o registro de incorporação imobiliária de imóvel tombado.
d) O incorporador poderá fixar, para a efetivação da incorporação, prazo de carência de cento e oitenta dias, dentro do qual lhe será lícito desistir do empreendimento, desde que o faça mediante denúncia, por escrito, ao registro de imóveis e comunicação, também por escrito, a cada um dos adquirentes ou candidatos à aquisição, sob pena de não poder realizar novos empreendimentos sob incorporação imobiliária pelo prazo fixado em lei.
e) Considera-se constituído o patrimônio de afetação mediante averbação no registro de imóveis, a qualquer tempo, de termo firmado pelo incorporador e, quando for o caso, também pelos titulares de direitos reais de aquisição sobre o terreno.

16. (FMP – Cartório – TJ – MT/2014) Sobre o patrimônio de afetação nas incorporações imobiliárias, assinale a afirmativa correta.

a) Considera-se constituído mediante averbação, a qualquer tempo, no Registro de Imóveis, de termo firmado pelo incorporador e, quando for o caso, também pelos titulares de direitos reais de aquisição sobre o terreno.
b) A sua averbação será obstada pela existência de ônus reais que tenham sido constituídos sobre o imóvel objeto da incorporação para garantia do pagamento do preço de sua aquisição.
c) Os efeitos da decretação da falência ou da insolvência civil do incorporador atingem o patrimônio de afetação constituído, e o terreno, as acessões e demais bens, direitos creditórios,

obrigações e encargos objeto da incorporação passarão a integrar automaticamente a massa concursal.

d) O incorporador somente poderá negociar as unidades autônomas após ter averbado, no Registro de Imóveis competente, o patrimônio de afetação que se distinguirá de seu patrimônio pessoal.

e) Será extinto, de pleno direito, pela revogação, em razão do esgotamento do prazo de validade do registro de incorporação, que será de 120 dias e não poderá ser prorrogado.

17. (IESES – Cartório – TJ – RO/2012) A critério do incorporador, a incorporação poderá ser submetida ao regime da afetação, pelo qual o terreno e as acessões objeto de incorporação imobiliária, bem como os demais bens e direitos a ela vinculados, manter-se-ão apartados do patrimônio do incorporador e constituirão patrimônio de afetação, destinado à consecução da incorporação correspondente e à entrega das unidades imobiliárias aos respectivos adquirentes. Assinale a assertiva INCORRETA a respeito do Patrimônio de Afetação:

a) No caso de cessão, plena ou fiduciária, de direitos creditórios oriundos da comercialização das unidades imobiliárias componentes da incorporação, o produto da cessão também passará a integrar o patrimônio de afetação, observando-se que os recursos financeiros integrantes do patrimônio de afetação serão utilizados para pagamento ou reembolso das despesas inerentes à incorporação.

b) Os bens que o constituem somente poderão ser objeto de garantia real em operação de crédito cujo produto seja integralmente destinado à consecução da edificação correspondente e à entrega das unidades imobiliárias aos respectivos adquirentes.

c) Não se comunica com os demais bens, direitos e obrigações do patrimônio geral do incorporador ou de outros patrimônios de afetação por ele constituídos e só responde por dívidas e obrigações vinculadas à incorporação respectiva.

d) Considera-se constituído o patrimônio de afetação mediante averbação, a qualquer tempo, no Registro de Imóveis, de termo firmado pelo incorporador e, quando for o caso, também pelos titulares de direitos reais de aquisição sobre o terreno, não se fazendo a averbação sem suprimento judicial, se existir ônus real que tenha sido constituído sobre o imóvel objeto da incorporação, para fins de garantia do pagamento do preço de sua aquisição ou do cumprimento de obrigação de construir o empreendimento.

18. (Vunesp – Cartório – TJ – SP/2014) Assinale a alternativa correta.

a) Por não se tratar de obrigação propter rem, o adquirente de unidade autônoma do condomínio edilício não responde pelos débitos do alienante, devidos ao condomínio, inclusive multas e juros moratórios.

b) No condomínio edilício, as partes suscetíveis de utilização independente, tais como apartamentos, escritórios, salas, lojas e sobrelojas, com as respectivas frações ideais no solo e nas outras partes comuns, sujeitam-se à propriedade exclusiva, podendo ser alienadas e gravadas livremente por seus proprietários, inclusive os abrigos para veículos, que sempre poderão ser alienados ou alugados a pessoas estranhas ao condomínio, tendo em vista o caráter absoluto do direito de propriedade.

c) É obrigatório o seguro de toda a edificação contra o risco de incêndio ou destruição, total ou parcial, bem como sobre os prejuízos causados pelo furto de veículos ou de objetos no interior do condomínio, pois a responsabilidade civil se aproxima das regras previstas no Código de Defesa do Consumidor e o condômino, ao alocar o veículo, transfere a sua guarda à administração, aplicando-se as regras do contrato de depósito.

d) Institui-se o condomínio edilício por ato entre vivos ou testamento, registrado no Cartório de Registro de Imóveis, devendo constar daquele ato, além do disposto em lei especial, a discriminação e individualização das unidades de propriedade exclusiva, estremadas uma das outras e das partes comuns, a determinação da fração ideal atribuída a cada unidade, relativamente ao terreno e partes comuns e o fim a que as unidades se destinam.

19. (EJEF – Tabelionato e Registro-MG/2007) A Lei nº 4.591, de 1964:

a) foi revogada pela Constituição de 1988.

b) foi revogada pelo novo Código Civil, de 2002.

c) rege as incorporações imobiliárias em todo o território nacional.

d) disciplina as incorporações de imóveis na formação do capital das sociedades civis e comerciais.

20. (EJEF Tabelionato e Registro-MG/2007) A vigente Lei nº 4.591, de 11 de dezembro de 1964, a qual dispõe sobre o condomínio em edificações e as incorporações, estabelece:

I. A alienação de cada unidade, a transferência de direitos pertinentes à sua aquisição e a constituição de direitos reais sobre ela independerão do consentimento dos condôminos.

II. O condomínio por unidades autônomas instituir-se-á por ato entre vivos ou por testamento, com inscrição obrigatória no registro de imóveis, dele constando; a individualização de cada unidade, sua identificação e discriminação, bem como a fração ideal sobre o terreno e partes comuns, atribuída a cada unidade, dispensando-se a descrição interna da unidade.

III. Considera-se aprovada, e obrigatória para os proprietários, promitentes compradores, cessionários e promitentes cessionários, atuais e futuros, como para qualquer ocupante, a Convenção que reúna as assinaturas de titulares de direitos que representem, no mínimo, 2/3 das frações ideais que compõem o condomínio.

A partir dessas afirmações, pode-se concluir que

a) apenas uma é falsa.

b) apenas duas são falsas.

c) todas são falsas.

d) todas são verdadeiras.

GAB												
	1	D	2	C	3	C	4	D	5	C	6	A
	7	B	8	C	9	C	10	A	11	ANULADA		
	12	C	13	D	14	A	15	E	16	A	17	D
	18	D	19	C	20	D	–					

19) dos loteamentos urbanos e rurais;

20) dos contratos de promessa de compra e venda de terrenos loteados em conformidade com o Decreto-lei nº 58, de 10 de dezembro de 1937, e respectiva cessão e promessa de cessão, quando o loteamento se formalizar na vigência desta Lei;

1. COMENTÁRIOS

A Lei 6.766/1979 é a legislação específica que dispõe sobre o parcelamento do solo urbano. Antes dela, vigorava o Decreto-lei 58/37, que não continha nenhum dispositivo de caráter urbanístico, especialmente aplicável em áreas urbanas expandidas.. A Lei 6.766/1979 incorpora esses princípios urbanísticos, tornando-se inovadora. A partir de então, o Município passou a ter a possibilidade de conduzir efetivamente o processo de organização espacial de seu território, podendo interferir nos projetos para que sejam adequados às particularidades locais.

Anote-se que somente será admitido o parcelamento do solo para fins urbanos em **zonas urbanas, de expansão urbana ou de urbanização específica**, assim definidas pelo plano diretor ou aprovadas por lei municipal.

De outra sorte, não será permitido o parcelamento do solo:

a) em terrenos alagadiços e sujeitos a inundações, antes de tomadas as providências para assegurar o escoamento das águas;

b) em terrenos que tenham sido aterrados com material nocivo à saúde pública, sem que sejam previamente saneados;

c) em terrenos com declividade igual ou superior a 30% (trinta por cento), salvo se atendidas exigências específicas das autoridades competentes;

d) em terrenos onde as condições geológicas não aconselham a edificação;

e) em áreas de preservação ecológica ou naquelas onde a poluição impeça condições sanitárias suportáveis, até a sua correção.

1.1 DOS REQUISITOS URBANÍSTICOS PARA O LOTEAMENTO

Antes de adentrarmos na parte registral do parcelamento do solo urbano, é imprescindível analisar os requisitos urbanísticos para o loteamento.

Desse modo, nos termos do 4º da Lei n. 6.766/1979, os loteamentos deverão atender, pelo menos, aos seguintes requisitos:

a) as áreas destinadas a sistemas de circulação, a implantação de equipamento urbano e comunitário, bem como a espaços livres de uso público, serão proporcionais à densidade de ocupação prevista pelo plano diretor ou aprovada por lei municipal para a zona em que se situem.

b) os lotes terão área mínima de 125m^2 (cento e vinte e cinco metros quadrados) e frente mínima de 5 (cinco) metros, salvo quando o loteamento se destinar a urbanização específica ou edificação de conjuntos habitacionais de interesse social, previamente aprovados pelos órgãos públicos competentes;

c) ao longo das faixas de domínio público das rodovias, a reserva de faixa não edificável de, no mínimo, 15 (quinze) metros de cada lado poderá ser reduzida por lei municipal ou distrital que aprovar o instrumento do planejamento territorial, até o limite mínimo de 5 (cinco) metros de cada lado.

d) ao longo da faixa de domínio das ferrovias, será obrigatória a reserva de uma faixa não edificável de, no mínimo, 15 (quinze) metros de cada lado;

e) ao longo das águas correntes e dormentes, as áreas de faixas não edificáveis deverão respeitar a lei municipal ou distrital que aprovar o instrumento de planejamento territorial e que definir e regulamentar a largura das faixas marginais de cursos d´água naturais em área urbana consolidada, nos termos da Lei nº 12.651, de 25 de maio de 2012, com obrigatoriedade de reserva de uma faixa não edificável para cada trecho de margem, indicada em diagnóstico socioambiental elaborado pelo Município;

d) as vias de loteamento deverão articular-se com as vias adjacentes oficiais, existentes ou projetadas, e harmonizar-se com a topografia local.

Compete à legislação municipal definir para cada zona em que se divida o território do Município, os usos permitidos e os índices urbanísticos de parcelamento e ocupação do solo, que incluirão, obrigatoriamente, as áreas mínimas e máximas de lotes e os coeficientes máximos de aproveitamento.

Registre-se que se necessária, a **reserva de faixa não-edificável vinculada a dutovias** será exigida no âmbito do respectivo licenciamento ambiental, observados critérios e parâmetros que garantam a segurança da população e a proteção do meio ambiente, conforme estabelecido nas normas técnicas pertinentes.

Por outro lado, no caso de **lotes integrantes de condomínio de lotes**, poderão ser instituídas limitações administrativas e direitos reais sobre coisa alheia em benefício do poder público, da população em geral e da proteção da paisagem urbana, tais como servidões de passagem, usufrutos e restrições à construção de muros.

Ademais, vale ressaltar que o Poder Público competente poderá complementarmente exigir, em cada loteamento, a **reserva de faixa *non aedificandi* destinada a equipamentos urbanos.**

A Lei 6.766/1979 considera-se urbano o equipamento público de abastecimento de água, serviços de esgotos, energia elétrica, coletas de águas pluviais, rede telefônica e gás canalizado.

Recentemente, em Recurso Especial Repetitivo, o Superior Tribunal de Justiça analisou questão ambiental entrelaçada à Lei do Parcelamento do Solo Urbano. Apresento aqui um resumo da decisão para melhor compreensão do tema:

> **Ementa:** Recurso Especial Repetitivo – Ambiental – Controvérsia a respeito da incidência do art. 4º, I, da Lei nº 12.651/2012 (Novo Código Florestal) ou do art. 4º, *caput*, III, da Lei nº 6.766/1979 (Lei de Parcelamento do Solo Urbano) – Delimitação da extensão da faixa não edificável a partir das margens de cursos d'água naturais em trechos caracterizados como área urbana consolidada.
>
> **1.** Nos termos em que decidido pelo Plenário do STJ na sessão de 9/3/2016, aos recursos interpostos com fundamento no CPC/2015 (relativos a decisões publicadas a partir de 18 de março de 2016) serão exigidos os requisitos de admissibilidade recursal na forma nele prevista (Enunciado Administrativo n. 3).
>
> **2. Discussão dos autos:** Trata-se de mandado de segurança impetrado contra ato de Secretário Municipal questionando o indeferimento de pedido de reforma de imóvel derrubada de casa para construção de outra) que dista menos de 30 (trinta) metros do Rio Itajaí-Açu, encontrando-se em Área de Preservação Permanente urbana. O acórdão recorrido negou provimento ao reexame necessário e manteve a concessão da ordem a fim de que seja observado no pedido administrativo a Lei de Parcelamento do Solo Urbano (Lei n. 6.766/1979), que prevê o recuo de 15 (quinze) metros da margem do curso d´água.
>
> **3. Delimitação da controvérsia:** Extensão da faixa não edificável a partir das margens de cursos d'água naturais em trechos caracterizados como área urbana consolidada: se corresponde à área de preservação permanente prevista no art. 4°, I, da Lei n. 12.651/2012 (equivalente ao art. 2°, alínea "a", da revogada Lei n. 4.771/1965), cuja largura varia de 30 (trinta) a 500 (quinhentos) metros, ou ao recuo de 15 (quinze) metros determinado no art. 4°, *caput*, III, da Lei n. 6.766/1979.
>
> **4.** A definição da norma a incidir sobre o caso deve garantir a melhor e mais eficaz proteção ao meio ambiente natural e ao meio ambiente artificial, em cumprimento ao disposto no art. 225 da CF/1988, sempre com os olhos também voltados ao princípio do desenvolvimento sustentável (art. 170, VI,) e às funções social e ecológica da propriedade.
>
> **5.** O art. 4º, *caput*, inciso I, da Lei n. 12.651/2012 mantém-se hígido no sistema normativo federal, após os julgamentos da ADC n. 42 e das ADIs ns. 4.901, 4.902, 4.903 e 4.937.
>
> **6.** A disciplina da extensão das faixas marginais a cursos d'água no meio urbano foi apreciada inicialmente nesta Corte Superior no julgamento do REsp 1.518.490/SC, Relator Ministro Og Fernandes, Segunda Turma, DJe de 15/10/2019, precedente esse que solucionou, especificamente, a antinomia entre a norma do antigo Código Florestal (art. 2º da Lei n. 4.771/1965) e a norma da Lei de Parcelamento do Solo Urbano (art. 4º, III, da Lei n. 6.766/1976), com a afirmação de que o normativo do antigo Código Florestal é o que deve disciplinar a largura mínima das faixas marginais ao longo dos cursos d'água no meio urbano. Nesse sentido: Resp 1.505.083/SC, Rel. Min. Napoleão Nunes Maia Filho, Primeira Turma, Dje 10/12/2018; AgInt no REsp 1.484.153/SC, Rel. Min. Gurgel de Faria, Primeira Turma, DJe 19/12/2018; REsp 1.546.415/SC, Rel. Min. Og Fernandes, Segunda Turma, DJe 28/2/2019; e AgInt no REsp 1.542.756/SC, Rel. Min. Mauro Campbell Marques, DJe 2/4/2019.
>
> **7.** Exsurge inarredável que a norma inserta no novo Código Florestal (art. 4º, *caput*, inciso I), ao prever medidas mínimas superiores para as faixas marginais de qualquer curso d'água natural perene e intermitente, sendo especial e específica para o caso em face do previsto no art. 4º, III, da Lei n. 6.766/1976, é a que deve reger a proteção das APPs ciliares ou ripárias em áreas urbanas consolidadas, espaços territoriais especialmente protegidos (art. 225, III, da CF/1988), que não se condicionam a fronteiras entre o meio rural e o urbano.
>
> **8.** A superveniência da Lei n. 13.913, de 25 de novembro de 2019, que suprimiu a expressão "[...] salvo maiores exigências da legislação específica." do inciso III do art. 4º da Lei n. 6.766/1976, não afasta a aplicação do art. 4º, *caput*, e I, da Lei n. 12.651/2012 às áreas urbanas de ocupação consolidada, pois, pelo critério da especialidade, esse normativo do novo Código Florestal é o que garante a mais ampla proteção ao meio ambiente, em áreas urbana e rural, e à coletividade.
>
> **9. Tese fixada – Tema 1010/STJ:** Na vigência do novo Código Florestal (Lei n. 12.651/2012), a extensão não edificável nas Áreas de Preservação Permanente de qualquer curso d'água, perene ou intermitente, em trechos caracterizados como área urbana consolidada, deve respeitar o que disciplinado pelo seu art. 4º, *caput*, inciso I, alíneas a, b, c, d e e, a fim de assegurar a mais ampla garantia ambiental a esses espaços territoriais especialmente protegidos e, por conseguinte, à coletividade.
>
> **10.** Recurso especial conhecido e provido.
>
> **11.** Acórdão sujeito ao regime previsto no art. 1.036 e seguintes do CPC/2015 (STJ – REsp nº 1.770.760 – Santa Catarina – 1ª Turma – Rel. Min. Benedito Gonçalves – DJ 10.05.2021)

1.2. ASPECTOS REGISTRAIS DA LEI DO PARCELAMENTO DO SOLO

Inicialmente, é oportuno trazer a inclusão do art. 2º-A na Lei 6.766/1979 pela Lei 14.118/2021 (Programa Casa Verde e Amarela) para um estudo didático:

> **Art. 2º-A.** Considera-se **empreendedor, para fins de parcelamento do solo urbano**, o responsável pela implantação do parcelamento, o qual, além daqueles indicados em regulamento, poderá ser: a) o proprietário do imóvel a ser parcelado;
>
> b) o compromissário comprador, cessionário ou promitente cessionário, ou o foreiro, desde que o proprietário expresse sua anuência em relação ao empreendimento e sub-rogue-se nas obrigações do compromissário comprador, cessionário ou promitente cessionário, ou do foreiro, em caso de extinção do contrato;
>
> c) o ente da administração pública direta ou indireta habilitado a promover a desapropriação com a finalidade de implantação de parcelamento habitacional ou de realização de regularização fundiária de interesse social, desde que tenha ocorrido a regular imissão na posse;
>
> d) a pessoa física ou jurídica contratada pelo proprietário do imóvel a ser parcelado ou pelo poder público para executar o parcelamento ou a regularização fundiária, em forma de parceria, sob regime de obrigação solidária, devendo o contrato ser averbado na matrícula do imóvel no competente registro de imóveis;

e) a cooperativa habitacional ou associação de moradores, quando autorizada pelo titular do domínio, ou associação de proprietários ou compradores que assuma a responsabilidade pela implantação do parcelamento.

Considera-se **loteamento** a subdivisão de gleba em lotes destinados a edificação, com abertura de **novas vias de circulação**, de logradouros públicos ou prolongamento, modificação ou ampliação das vias existentes.

Por sua vez, o **desmembramento** é a subdivisão de gleba em lotes destinados a edificação, com **aproveitamento do sistema viário existente**, desde que não implique na abertura de novas vias e logradouros públicos, nem no prolongamento, modificação ou ampliação dos já existentes.

De outra sorte, o **lote** consiste no terreno servido de infraestrutura básica cujas dimensões atendam aos índices urbanísticos definidos pelo plano diretor ou lei municipal para a zona em que se situe. Poderá ser constituído sob a forma de imóvel autônomo ou de unidade imobiliária integrante de condomínio de lotes.

Frise-se que o loteamento e o desmembramento **não são as únicas formas de parcelamento do solo** urbano, embora as mais usuais.

Existe **o desdobro**, que é a **divisão da área do lote** para formação de novo ou de novos lotes e devem atender às exigências mínimas de dimensionamento e índices urbanísticos para sua edificação. Já o condomínio urbanístico compreende o **fracionamento do solo em lotes**, sem abertura de vias públicas, mas apenas **vias de circulação interna**.

Por sua vez, constitui **loteamento de acesso controlado** a modalidade de loteamento (subdivisão de gleba em lotes destinados a edificação, com abertura de novas vias de circulação, de logradouros públicos ou prolongamento, modificação ou ampliação das vias existentes) cujo controle de acesso é regulamentado por ato do poder público Municipal, sendo vedado o impedimento de acesso a pedestres ou a condutores de veículos, não residentes, devidamente identificados ou cadastrados.

Em conexão com a Lei 13.465/2017, é relevante destacar o disposto no art. 45, que trata do condomínio de lotes:

> **Art. 45.** Quando se tratar de imóvel sujeito a regime de **condomínio geral a ser dividido em lotes com indicação,** na matrícula, da área deferida a cada condômino, o Município poderá indicar, de forma individual ou coletiva, as unidades imobiliárias correspondentes às frações ideais registradas, sob sua exclusiva responsabilidade, para a especialização das áreas registradas em comum.
>
> Parágrafo único. Na hipótese de a informação prevista no *caput* deste artigo não constar do projeto de regularização fundiária aprovado pelo Município, as novas matrículas das unidades imobiliárias serão abertas mediante requerimento de especialização formulado pelos legitimados de que trata esta Lei, dispensada a outorga de escritura pública para indicação da quadra e do lote.

Venício Antonio de Paula Salles ensina, com propriedade, que "as cidades se formam por loteamentos e serão suas virtudes que determinarão um melhor funcionamento do todo, e seus defeitos e vícios, ao reverso, que comprometerão ou atravancarão o progresso, prejudicam a população, gerando o caos urbano, com o sacrifício da qualidade de vida dos habitantes. Portanto, a questão dos loteamentos urbanos e rurais deve ser contextualizada, não devendo permanecer confinada a seguimentos particularizados, como o urbanístico, ambiental, registral ou imobiliário, nem se submeter integralmente às respectivas estruturas principiológicas". (*Lei de Registros Públicos comentada*. Rio de Janeiro: Forense, 2019, p. 692).

Com a Constituição Federal de 1988, o legislador deu maior importância ao parcelamento do solo, ao dispor em um capítulo específico sobre a política urbana e rural, enfatizando a função social da propriedade.

O Município exerce papel primordial e complexo, visto que terá que condicionar à aprovação de novos empreendimentos ao propósito da função social da propriedade, de forma a impedir os empreendimentos que se oponham às diretrizes nacionais e ao Plano Diretor. Convém transcrever os artigos da Lei 6.766/1979, no que diz respeito a este papel do Município:

> **Capítulo III – Do Projeto de Loteamento**
>
> **Art. 6º.** Antes da elaboração do projeto de loteamento, o interessado deverá solicitar à Prefeitura Municipal, ou ao Distrito Federal quando for o caso, que defina as diretrizes para o uso do solo, traçado dos lotes, do sistema viário, dos espaços livres e das áreas reservadas para equipamento urbano e comunitário, apresentando, para este fim, requerimento e planta do imóvel contendo, pelo menos:
>
> I – as divisas da gleba a ser loteada;
>
> II – as curvas de nível à distância adequada, quando exigidas por lei estadual ou municipal;
>
> III – a localização dos cursos d'água, bosques e construções existentes;
>
> IV – a indicação dos arruamentos contíguos a todo o perímetro, a localização das vias de comunicação, das áreas livres, dos equipamentos urbanos e comunitários existentes no local ou em suas adjacências, com as respectivas distâncias da área a ser loteada;
>
> V – o tipo de uso predominante a que o loteamento se destina;
>
> VI – as características, dimensões e localização das zonas de uso contíguas.
>
> **Art. 7º.** A Prefeitura Municipal, ou o Distrito Federal quando for o caso, indicará, nas plantas apresentadas junto com o requerimento, de acordo com as diretrizes de planejamento estadual e municipal:
>
> I – as ruas ou estradas existentes ou projetada, que compõem o sistema viário da cidade e do município, relacionadas com o loteamento pretendido e a serem respeitadas;

II – o traçado básico do sistema viário principal;

III – a localização aproximada dos terrenos destinados a equipamento urbano e comunitário e das áreas livres de uso público;

IV – as faixas sanitárias do terreno necessárias ao escoamento das águas pluviais e as faixas não edificáveis;

V – a zona ou zonas de uso predominante da área, com indicação dos usos compatíveis.

Parágrafo único. As diretrizes expedidas vigorarão pelo prazo máximo de quatro anos.

Art. 8º Os Municípios com menos de cinquenta mil habitantes e aqueles cujo plano diretor contiver diretrizes de urbanização para a zona em que se situe o parcelamento poderão dispensar, por lei, a fase de fixação de diretrizes previstas nos arts. 6º e 7º desta Lei.

Art. 9º Orientado pelo traçado e diretrizes oficiais, quando houver, o projeto, contendo desenhos, memorial descritivo e cronograma de execução das obras com duração máxima de quatro anos, será apresentado à Prefeitura Municipal, ou ao Distrito Federal, quando for o caso, acompanhado de certidão atualizada da matrícula da gleba, expedida pelo Cartório de Registro de Imóveis competente, de certidão negativa de tributos municipais e do competente instrumento de garantia, ressalvado o disposto no § 4º do art. 18.

§ 1º – Os desenhos conterão pelo menos:

I – a subdivisão das quadras em lotes, com as respectivas dimensões e numeração;

II – o sistema de vias com a respectiva hierarquia;

III – as dimensões lineares e angulares do projeto, com raios, cordas, arcos, pontos de tangência e ângulos centrais das vias;

IV – os perfis longitudinais e transversais de todas as vias de circulação e praças;

V – a indicação dos marcos de alinhamento e nivelamento localizados nos ângulos de curvas e vias projetadas;

VI – a indicação em planta e perfis de todas as linhas de escoamento das águas pluviais.

§ 2º – O memorial descritivo deverá conter, obrigatoriamente, pelo menos:

I – a descrição sucinta do loteamento, com as suas características e a fixação da zona ou zonas de uso predominante;

II – as condições urbanísticas do loteamento e as limitações que incidem sobre os lotes e suas construções, além daquelas constantes das diretrizes fixadas;

III – a indicação das áreas públicas que passarão ao domínio do município no ato de registro do loteamento;

IV – a enumeração dos equipamentos urbanos, comunitários e dos serviços públicos ou de utilidade pública, já existentes no loteamento e adjacências.

§ 3º Caso se constate, a qualquer tempo, que a certidão da matrícula apresentada como atual não tem mais correspondência com os registros e averbações cartorárias do tempo da sua apresentação, além das consequências penais cabíveis, serão consideradas insubsistentes tanto as diretrizes expedidas anteriormente, quanto as aprovações consequentes.

Capítulo IV – Do Projeto de Desmembramento

Art. 10. Para a aprovação de projeto de desmembramento, o interessado apresentará requerimento à Prefeitura Municipal, ou ao Distrito Federal quando for o caso, acompanhado de certidão atualizada da matrícula da gleba, expedida pelo Cartório de Registro de Imóveis competente, ressalvado o disposto no § 4º do art. 18, e de planta do imóvel a ser desmembrado contendo:

I – a indicação das vias existentes e dos loteamentos próximos;

II – a indicação do tipo de uso predominante no local;

III – a indicação da divisão de lotes pretendida na área.

Art. 11. Aplicam-se ao desmembramento, no que couber, as disposições urbanísticas vigentes para as regiões em que se situem ou, na ausência destas, as disposições urbanísticas para os loteamentos.

Parágrafo único – O Município, ou o Distrito Federal quando for o caso, fixará os requisitos exigíveis para a aprovação de desmembramento de lotes decorrentes de loteamento cuja destinação da área pública tenha sido inferior à mínima prevista no § 1º do art. 4º desta Lei.

Capítulo V – Da Aprovação do Projeto de Loteamento e Desmembramento

Art. 12. O projeto de loteamento e desmembramento deverá ser aprovado pela Prefeitura Municipal, ou pelo Distrito Federal quando for o caso, a quem compete também a fixação das diretrizes a que aludem os arts. 6º e 7º desta Lei, salvo a exceção prevista no artigo seguinte.

§ 1º O projeto aprovado deverá ser executado no prazo constante do cronograma de execução, sob pena de caducidade da aprovação.

§ 2º § 2º Nos Municípios inseridos no cadastro nacional de municípios com áreas suscetíveis à ocorrência de deslizamentos de grande impacto, inundações bruscas ou processos geológicos ou hidrológicos correlatos, a aprovação do projeto de que trata o *caput* ficará vinculada ao atendimento dos requisitos constantes da carta geotécnica de aptidão à urbanização.

§ 3º É vedada a aprovação de projeto de loteamento e desmembramento em áreas de risco definidas como não edificáveis, no plano diretor ou em legislação dele derivada.

Art. 13. Aos Estados caberá disciplinar a aprovação pelos Municípios de loteamentos e desmembramentos nas seguintes condições:

I – quando localizados em áreas de interesse especial, tais como as de proteção aos mananciais ou ao patrimônio cultural, histórico, paisagístico e arqueológico, assim definidas por legislação estadual ou federal;

II – quando o loteamento ou desmembramento localizar-se em área limítrofe do município, ou que pertença a mais de um município, nas regiões metropolitanas ou em aglomerações urbanas, definidas em lei estadual ou federal;

III – quando o loteamento abranger área superior a 1.000.000 m^2.

Parágrafo único – No caso de loteamento ou desmembramento localizado em área de município integrante de região metropolitana, o exame e a anuência prévia à aprovação do projeto caberão à autoridade metropolitana.

Art. 14. Os Estados definirão, por decreto, as áreas de proteção especial, previstas no inciso I do artigo anterior.

Art. 15. Os Estados estabelecerão, por decreto, as normas a que deverão submeter-se os projetos de loteamento e desmembramento nas áreas previstas no art. 13, observadas as disposições desta Lei.

Parágrafo único – Na regulamentação das normas previstas neste artigo, o Estado procurará atender às exigências urbanísticas do planejamento municipal.

Art. 16. A lei municipal definirá os prazos para que um projeto de parcelamento apresentado seja aprovado ou rejeitado e para que as obras executadas sejam aceitas ou recusadas.

§ 1º Transcorridos os prazos sem a manifestação do Poder Público, o projeto será considerado rejeitado ou as obras recusadas, assegurada a indenização por eventuais danos derivados da omissão.

§ 2º Nos Municípios cuja legislação for omissa, os prazos serão de noventa dias para a aprovação ou rejeição e de sessenta dias para a aceitação ou recusa fundamentada das obras de urbanização.

Art. 17. Os espaços livres de uso comum, as vias e praças, as áreas destinadas a edifícios públicos e outros equipamentos urbanos, constantes do projeto e do memorial descritivo, não poderão ter sua destinação alterada pelo loteador, desde a aprovação do loteamento, salvo as hipóteses de caducidade da licença ou desistência do loteador, sendo, neste caso, observadas as exigências do art. 23 desta Lei.

Uma vez mais, leciona Venício Antonio de Paula Salles, que o registro imobiliário corresponde à etapa subsequente à aprovação municipal, e, mesmo influenciado pelo foco da função social da propriedade, recebe tratamento jurídico diferenciado, na medida em que a ***qualificação registral***, entendida como a análise para a recepção e registro dos títulos registrais, deve cumprir os designios próprios do segmento registral, marcada por uma preocupação voltada à publicação do empreendimento e a solidez financeira do empreendedor. Nessa etapa, o parcelamento urbano ou rural deve propiciar uma dupla garantia nos interessados na aquisição de lotes. Em primeiro lugar, deve envolver informações precisas sobre o domínio do imóvel, ou seja, deve atribuir certeza da titularidade do empreendedor ou certeza de que este poderá se fazer titular da área, não carregando contestações ou lides de qualquer espécie sobre a área, e, em segundo plano, franquear uma perfeita visualização da situação econômico-financeira do empreendedor e do empreendimento, sempre no intuito de propiciar aos interessados na aquisição dos novos lotes a obtenção de informações suficientes sobre seus direitos e eventuais riscos. Por fim, o registro predial também deve cumprir o primeiro de seus misteres, ligado aos próprios princípios registrais estruturais, que exigem uma perfeita individualização do todo (gleba), e dos novos lotes ou frações, sendo de rigor a perfeita localização da área fracionada, a perimetria do todo e das novas partes e suas confrontações. A descrição deve vir acompanhada da indicação de pontos de "amarração" ao solo da descrição grafada ou gráfica, necessária para espancar dúvidas sobre eventual flutuação do lote ou sobreposição (Op. cit., p. 694).

O registro de loteamento deve obedecer aos trâmites do art. 18 da Lei 6.766/1979. Trata-se de um **registro especial**.

Este dispositivo foi recentemente alterado pela Lei 14.382/2022. A Lei do SERP, apesar de ter como objetivo principal a digitalização da atividade notarial e registral, proporcionou algumas modificações em outras leis que dialogam direta ou indiretamente com os serviços delegatários, notadamente as do mercado imobiliário. Desse modo, simplificou a documentação do art. 18 da Lei 6.766/1979:

Aprovado o projeto de loteamento ou de desmembramento, o loteador deverá submetê-lo ao registro imobiliário dentro de **180 (cento e oitenta) dias**, sob pena de **caducidade da aprovação**, acompanhado dos seguintes documentos:

I. título de propriedade do imóvel ou certidão da matrícula, ressalvado o disposto nos §§ 4º e 5º;

II. histórico dos títulos de propriedade do imóvel, abrangendo os últimos 20 (vintes anos), acompanhados dos respectivos comprovantes;

III. certidões negativas:

a) de tributos federais, estaduais e municipais incidentes sobre o imóvel;

b) de ações reais referentes ao imóvel, pelo período de 10 (dez) anos;

c) de ações penais com respeito ao crime contra o patrimônio e contra a Administração Pública;

Anote-se que a existência de protestos, de ações pessoais ou de ações penais, exceto as referentes a crime contra o patrimônio e contra a administração, **não impedirá** o registro do loteamento se o requerente comprovar que esses protestos ou ações não poderão prejudicar os adquirentes dos lotes. Se o Oficial do Registro de Imóveis julgar insuficiente a comprovação feita, suscitará a dúvida perante o juiz competente.

Sobre este inciso, tempestivo dialogar com o recente enunciado 19 da I Jornada de Direito Notarial e Registral, a saber:

Enunciado 19. A certidão forense exigida pelo art. 18, III, b, da Lei n. 6.766/1979, para o registro especial de loteamentos, é aquela emitida em nome do loteador, sendo desnecessária certidão específica sobre imóvel determinado dada a inexistência de banco de dados judicial correspondente a indicador real.

⊙ **Justificativa:** O Poder Judiciário nunca esteve e continua não estando estruturado para atender ao que prevê o art. 18, III, b da Lei nº 6.766/79. Não há um lançamento de dado referente a imóvel em disputa num processo judicial em banco de dados do Poder Judiciário. O cadastramento ocorre em nome dos litigantes, não havendo um indicador real em sede da aplicação da Justiça. E não teria condições, em inúmeras situações, de implementar o quanto idealizado, pois há ações judiciais propostas em que não se conhece, com precisão, a informação registral relativa à coisa.

> Não há condições para o indeferimento de uma petição inicial, ou para que se determine sua emenda, de modo a exigir a inclusão de informação sobre a realidade registral de um imóvel, de modo a procurar abastecer um banco de dados próprio. Desse modo, compreendendo a realidade estabelecida, é imperioso que se oferte a forma adequada de leitura do dispositivo legal em referência, no sentido de indicar a todos que o alcance de informações processuais sobre as pessoas atende ao esperado pela norma. Inclusive porque a informação sobre a pessoa é mais abrangente. Havendo disputa de qualquer natureza, não só de direito real, mas inclusive decorrente de direito obrigacional, permitirá a esperada investigação sobre a real situação do proprietário empreendedor, fim buscado pelo contexto das certidões discriminadas no bojo do art. 18 da Lei do Parcelamento do Solo Urbano. Como o propósito da investigação sobre a condição do loteador interessa a todos, para que não lance empreendimento imobiliário tendente a gerar danos à sociedade, a busca de informações processuais mais abrangente, envolvendo ainda outras situações que não apenas as decorrentes de disputa sobre a coisa, vai ao encontro do fim esperado pela norma. Na hipótese de haver ação judicial contra o proprietário (loteador), abrir-se-á a oportunidade para o aprofundamento da análise sobre a sua condição com o fornecimento de outros meios de prova admitidos, inclusive certidões de objeto e pé dos processos para que daí sim se possa compreender se há algum vínculo, ou não, com o imóvel objeto do parcelamento do solo pretendido. Desse modo, o controle efetivo ocorrerá através do alcance de informações relativas à pessoa, e não a coisa, não devendo ser condicionado, portanto, o registro de um loteamento, à apresentação de certidão judicial com menor abrangência (dizendo respeito apenas à coisa) e para a qual o Poder Judiciário não está habilitado a fornecer. Com efeito, visando a conformar a norma à realidade, a leitura que deve ser feita do dispositivo em análise é a que consta da sugestão deste enunciado, mantendo-se, assim, o *modus operandi* que vem sendo implementado há décadas, não servindo a literalidade da norma como meio de burocratizar e dificultar a vida do proprietário empreendedor.

Os períodos referidos nos incisos III, alínea *b* e IV, alíneas *a*, e *d*, tomarão por base a data do pedido de registro do loteamento, devendo todas elas serem extraídas em nome daqueles que, nos mencionados períodos, tenham sido titulares de direitos reais sobre o imóvel (Art. 18 § 1º, Lei 6.766/1979).

Dando continuidade aos elementos do registro de loteamento, tem-se a modificação do inciso IV do art. 18, pela Lei 14.382/2022, a saber:

IV. certidões:

a) dos cartórios de protestos de títulos, em nome do loteador, pelo período de 5 (cinco) anos;

Note-se que a antiga redação prescrevia o período de 10 (dez) anos. Em outras palavras, ocorreu a diminuição do prazo de 10 para 5 anos.

b) de ações cíveis relativas ao loteador, pelo período de 10 (dez) anos;

c) da situação jurídica atualizada do imóvel; e

Nestes dois casos, a antiga redação possuía terminologia antiquada e imprecisa como "ações pessoais" (b) ou certidão de "ônus reais" (c).

d) de ações penais contra o loteador, pelo período de 10 (dez) anos;

Aqui vale trazer o questionamento de Carlos Elias e Flávio Tartuce: "questão curiosa é saber se o empreendedor poderia apresentar a certidão de inteiro teor da matrícula no lugar da certidão da situação jurídica atualizada do imóvel. Entendemos pela viabilidade. Afinal, a certidão de inteiro teor da matrícula é mais completa do que esta última certidão. O fato de a interpretação da certidão de inteiro teor da matrícula exigir maior domínio técnico de quem a analisa não é impeditivo, pois o destinatário dessa certidão é, na verdade, o registrador de imóveis perante o qual será feito o registro do loteamento. Além disso, terceiros que tenham interesse em consultar os dados encontrarão informações mais completas acerca da situação jurídico-real do imóvel (Op. cit. 259).

A Lei 14.382/2022 adicionou o § 6º ao art. 18, com a seguinte redação: "Na hipótese de o loteador ser companhia aberta, as certidões referidas na alínea c do inciso III e nas alíneas *a*, *b* e *d* do inciso IV do *caput* deste artigo poderão ser substituídas por exibição das informações trimestrais e demonstrações financeiras anuais constantes do sítio eletrônico da Comissão de Valores Mobiliários".

O § 7º do art. 18 da Lei do Parcelamento do Solo simplificou a forma de apresentaçao das certidões de ação cível ou penal. Quando estas demonstrarem de modo suficiente o estado do processo e a repercussão econômica do litígio, poderão ser substituídas por uma impressão do andamento do processo digital.

Na prática, não há necessidade, nesses casos, de o loteador buscar uma "certidão esclarecedora de ação civil ou penal", para usar as palavras desse retrocitado dispositivo. Afinal de contas, a fidedignidade dessas informações disponíveis no site do Tribunal é suficiente para o procedimento, ainda mais levando-se em conta que o próprio registrador (Op. cit. 259).

V. cópia do ato de aprovação do loteamento e comprovante do termo de verificação, pelo Município ou pelo Distrito Federal, da execução das obras exigidas pela legislação municipal, que incluirão, no mínimo, a execução das vias de circulação do loteamento, demarcação dos lotes, quadras e logradouros e das obras de escoamento das águas pluviais ou da aprovação de um cronograma, com a duração máxima de 4 (quatro) anos, prorrogáveis por mais 4 (quatro) anos, acompanhado de competente instrumento de garantia para a execução das obras.

Dialoga com o este inciso, o Enunciado 35 da I Jornada de Direito Notarial e Registral:

> **Enunciado 35**. A garantia para realização das obras de infraestrutura de loteamentos prevista no art. 18, V, da Lei n. 6.766/1979, quando cumprida com bens imóveis, deverá se revestir sob a forma de hipoteca ou alienação fiduciária.
>
> ⊙ Justificativa: A caução é gênero de garantia. No Registro de Imóveis, vigoram os princípios da tipicidade e da legalidade. Por tal razão, só há o ingresso no fólio real de hipóteses de registro que possuam previsão legal. Tal exigência é necessária em nosso ordenamento para que haja segurança jurídica, visto que os negócios jurídicos que acessam o registro gozam de transcendência real. Dessa forma, a caução por si só não é prevista em nosso ordenamento como forma de garantia real imobiliária. Eventual garantia a ser prestada em favor da municipalidade deve ser formalizada por meio de alguma das espécies de garantias reais existentes na legislação, a saber: hipoteca e alienação fiduciária.

VI. exemplar do contrato padrão de promessa de venda, ou de cessão ou de promessa de cessão, do qual constarão obrigatoriamente as indicações previstas no art. 26 desta Lei;

VII. declaração do cônjuge do requerente de que consente no registro do loteamento.

A declaração a que se refere o inciso VII deste artigo **não dispensará** o consentimento do declarante para os atos de alienação ou promessa de alienação de lotes, ou de direitos a eles relativos, que venham a ser praticados pelo seu cônjuge.

O art. 18 também trouxe hipótese de **dispensa do título de propriedade** quando se tratar de parcelamento popular, destinado às classes de menor renda, em imóvel declarado de utilidade pública, com processo de desapropriação judicial em curso e imissão provisória na posse, desde que promovido pela União, Estados, Distrito Federal, Municípios ou suas entidades delegadas, autorizadas por lei a implantar projetos de habitação.

Neste caso, o pedido de registro do parcelamento, além dos documentos mencionados nos incisos V e VI do art. 18, será instruído com cópias autênticas da decisão que tenha concedido a imissão provisória na posse, do decreto de desapropriação, do comprovante de sua publicação na imprensa oficial e, quando formulado por entidades delegadas, da lei de criação e de seus atos constitutivos.

No final de 2023, outra lei incluiu um parágrafo no art. 18. O Marco Legal das Garantias (Lei n. 14.711/2023) adicionou o § 8º, que dispõe que o mesmo imóvel poderá servir como garantia ao Município ou ao Distrito Federal na execução das obras de infraestrutura, bem como a créditos constituídos em favor de credor em operações de financiamento para a produção do lote urbanizado.

Em outras palavras, isso significa que o imóvel pode ser oferecido como garantia para assegurar a realização de projetos de infraestrutura, como pavimentação de ruas, instalação de redes de esgoto, iluminação pública, entre outros serviços essenciais para a urbanização e desenvolvimento local. Ademais, o imóvel pode ainda ser utilizado como garantia para obter financiamentos destinados à produção de lotes urbanizados. Esse tipo de operação é comum em projetos de loteamentos, onde o financiamento é necessário para preparar os terrenos com a infraestrutura básica antes de serem comercializados.

Note-se que a intenção do legislador ao prever o **registro especial do art. 18** da referida lei, é salvaguardar os direitos dos adquirentes de lotes oferecidos ao público e evitar o surgimento de loteamentos clandestinos ou irregulares.

Afrânio de Carvalho observa que "um dos alvos da documentação é a certeza da titularidade da gleba, outro é a segurança da titularidade de cada um dos lotes em que a gleba se decompõe" (*Revista de Direito Imobiliário,* nº 08, jul.-dez. 1981).

Examinada a documentação e estando em ordem, o oficial do registro de imóveis encaminhará comunicação à Prefeitura e fará publicar, em resumo e com pequeno desenho de localização da área, edital do pedido de registro em 3 (três) dias consecutivos, podendo este ser impugnado no prazo de 15 (quinze) dias contados da data da última publicação.

Findo o prazo sem impugnação, será feito imediatamente o registro. Se houver impugnação de terceiros, o Oficial do Registro de Imóveis intimará o requerente e a Prefeitura Municipal, ou o Distrito Federal quando for o caso, para que sobre ela se manifestem no prazo de 5 (cinco) dias, sob pena de arquivamento do processo. Com tais manifestações o processo será enviado ao juiz competente para decisão. Ouvido o Ministério Público no prazo de 5 (cinco) dias, o juiz decidirá de plano ou após instrução sumária, devendo remeter ao interessado as vias ordinárias caso a matéria exija maior indagação. Nas capitais, a publicação do edital se fará no Diário Oficial do Estado e num dos jornais de circulação diária. Nos demais municípios, a publicação se fará apenas num dos jornais locais, se houver, ou, não havendo, em jornal da região.

A lei faz a ressalva de que se o oficial do registro de Imóveis efetuar o registro em desacordo com as exigências da Lei 6.766/1979, ficará sujeito a multa equivalente a 10 (dez) vezes os emolumentos fixados para o registro, na época em que for aplicada a penalidade pelo juiz corregedor da serventia, sem prejuízo das sanções penais e administrativas cabíveis.

Estando tudo em ordem, registra-se o loteamento, devendo o oficial de registro comunicar, por certidão, o seu registro à Prefeitura.

Sobre o registro, dispõe o art. 20 da Lei 6.766/1979:

> **Art. 20.** O registro do loteamento será feito, por extrato, no livro próprio.
>
> Parágrafo único. No Registro de Imóveis far-se-á o registro do loteamento, com uma indicação para cada lote, a averbação das alterações, a abertura de ruas e praças e as áreas destinadas a espaços livres ou a equipamentos urbanos.

Se a área loteada estiver situada em mais de uma circunscrição imobiliária, o registro será requerido primeiramente perante aquela em que estiver localizada a **maior parte da área loteada**.

Procedido o registro nessa circunscrição, o interessado requererá, **sucessivamente**, o registro do loteamento em cada uma das demais, comprovando perante cada qual o registro efetuado na anterior, até que o loteamento seja **registrado em todas**.

Denegado registro em qualquer das circunscrições, essa decisão será comunicada, pelo oficial do registro de imóveis, às demais para efeito de cancelamento dos registros feitos, salvo se ocorrer a hipótese prevista no § 4º do art. 21 (*O indeferimento do registro do loteamento em uma circunscrição não determinará o cancelamento do registro procedido em outra, se o motivo do indeferimento naquela não se estender à área situada sob a competência desta, e desde que o interessado requeira a manutenção do registro obtido, submetido o remanescente do loteamento a uma aprovação prévia perante a Prefeitura Municipal, ou o Distrito Federal quando for o caso*).

É vedado que o **lote** se situe em mais de uma circunscrição. Da mesma forma, é defeso ao interessado processar simultaneamente, perante diferentes circunscrições, pedidos de registro do mesmo loteamento, sendo nulos os atos praticados com infração a esta norma.

As vias e praças, os espaços livres e as áreas destinadas a edifícios públicos e outros equipamentos urbanos, constantes do projeto e do memorial descritivo, passam a integrar o **domínio do Município desde a data de registro do loteamento**.

Frise-se que na hipótese de parcelamento do solo implantado e não registrado, o Município poderá requerer, por meio da apresentação de planta de parcelamento elaborada pelo loteador ou aprovada pelo Município e de declaração de que o parcelamento se encontra implantado, o registro das áreas destinadas a uso público, que passarão dessa forma a integrar o seu domínio.

Atente-se que somente a partir da emissão do **Termo de Verificação e Execução de Obras (TVEO)**, o Município promoverá a individualização dos lotes no cadastro imobiliário municipal em nome do adquirente ou compromissário comprador no caso dos lotes comercializados e, em nome do proprietário da gleba, no caso dos lotes não comercializados.

O processo de loteamento e os contratos de depositados em Cartório poderão ser examinados por qualquer pessoa, a qualquer tempo, independentemente do pagamento de custas ou emolumentos, ainda que a título de busca.

Os contratos de compromissos de compra e venda, as cessões ou promessas de cessão poderão ser feitos por **escritura pública ou por instrumento particular**, e conterão, pelo menos, as seguintes indicações:

I. nome, registro civil, cadastro fiscal no Ministério da Fazenda, nacionalidade, estado civil e residência dos contratantes;

II. denominação e situação do loteamento, número e data da inscrição;

III. descrição do lote ou dos lotes que forem objeto de compromissos, confrontações, área e outras características;

IV. preço, prazo, forma e local de pagamento bem como a importância do sinal;

V. taxa de juros incidentes sobre o débito em aberto e sobre as prestações vencidas e não pagas, bem como a cláusula penal, nunca excedente a 10% (dez por cento) do débito e só exigível nos casos de intervenção judicial ou de mora superior a 3 (três) meses;

VI. indicação sobre a quem incumbe o pagamento dos impostos e taxas incidentes sobre o lote compromissado;

VII. declaração das restrições urbanísticas convencionais do loteamento, supletivas da legislação pertinente.

Os compromissos de compra e venda, as cessões e as promessas de cessão valerão como título para o registro da propriedade do lote adquirido, quando acompanhados da respectiva prova de quitação.

Já os **contratos de compra e venda, cessão ou promessa de cessão de loteamento** devem ser iniciados por quadro-resumo, que deverá conter, além das indicações constantes acima:

> I – o preço total a ser pago pelo imóvel;
>
> II – o valor referente à corretagem, suas condições de pagamento e a identificação precisa de seu beneficiário;
>
> III – a forma de pagamento do preço, com indicação clara dos valores e vencimentos das parcelas;
>
> IV – os índices de correção monetária aplicáveis ao contrato e, quando houver pluralidade de índices, o período de aplicação de cada um;
>
> V – as consequências do desfazimento do contrato, seja mediante distrato, seja por meio de resolução contratual motivada por inadimplemento de obrigação do adquirente ou do loteador, com destaque negritado para as penalidades aplicáveis e para os prazos para devolução de valores ao adquirente;

VI – as taxas de juros eventualmente aplicadas, se mensais ou anuais, se nominais ou efetivas, o seu período de incidência e o sistema de amortização;

VII – as informações acerca da possibilidade do exercício, por parte do adquirente do imóvel, do direito de arrependimento previsto no art. 49 da Lei nº 8.078, de 11 de setembro de 1990 (Código de Defesa do Consumidor), em todos os contratos firmados em estandes de vendas e fora da sede do loteador ou do estabelecimento comercial;

VIII – o prazo para quitação das obrigações pelo adquirente após a obtenção do termo de vistoria de obras;

IX – informações acerca dos ônus que recaiam sobre o imóvel;

X – o número do registro do loteamento ou do desmembramento, a matrícula do imóvel e a identificação do cartório de registro de imóveis competente;

XI – o termo final para a execução do projeto referido no § 1º do art. 12 da Lei 6.766/1979 e a data do protocolo do pedido de emissão do termo de vistoria de obras.

1.2.1 CANCELAMENTO

O registro do loteamento só pode ser **cancelado** nas hipóteses do art. 23 da Lei 6.766/1979, conforme segue:

Art. 23. O registro do loteamento só poderá ser cancelado:

I – por decisão judicial;

II – a requerimento do loteador, com anuência da Prefeitura, ou do Distrito Federal quando for o caso, enquanto nenhum lote houver sido objeto de contrato;

III – a requerimento conjunto do loteador e de todos os adquirentes de lotes, com anuência da Prefeitura, ou do Distrito Federal quando for o caso, e do Estado.

§ 1º – A Prefeitura e o Estado só poderão se opor ao cancelamento se disto resultar inconveniente comprovado para o desenvolvimento urbano ou se já se tiver realizado qualquer melhoramento na área loteada ou adjacências.

§ 2º – Nas hipóteses dos incisos II e III, o Oficial do Registro de Imóveis fará publicar, em resumo, edital do pedido de cancelamento, podendo este ser impugnado no prazo de 30 (trinta) dias contados da data da última publicação. Findo esse prazo, com ou sem impugnação, o processo será remetido ao juiz competente para homologação do pedido de cancelamento, ouvido o Ministério Público.

§ 3º – A homologação de que trata o parágrafo anterior será precedida de vistoria judicial destinada a comprovar a inexistência de adquirentes instalados na área loteada.

Qualquer alteração ou cancelamento parcial do loteamento registrado dependerá de acordo entre o loteador e os adquirentes de lotes atingidos pela alteração, bem como da aprovação pela Prefeitura Municipal, ou do Distrito Federal quando for o caso, devendo ser depositada no Registro de Imóveis, em complemento ao projeto original com a devida averbação (art. 28 da Lei 6.766/1979).

Sobre o cancelamento, também é norma do **art. 255 da Lei 6.015/1973** que a inscrição de incorporação ou loteamento só será cancelada a requerimento do incorporador ou loteador, enquanto nenhuma unidade ou lote for objeto de transação averbada, ou mediante o consentimento de todos os compromissários ou cessionários.

1.2.2 O PATRIMÔNIO DE AFETAÇÃO DE LOTEAMENTOS E A LEI N. 14.620/2023

A Lei n, 14.620, de 13 de julho de 2023, trouxe significativas alterações à Lei nº 6.766, de 19 de dezembro de 1979, que regulamenta o parcelamento do solo urbano no Brasil. Uma das principais inovações introduzidas é o conceito de patrimônio de afetação, que visa aumentar a segurança jurídica e a transparência na gestão dos loteamentos. Este tópico explora as mudanças legislativas e suas implicações práticas, destacando a importância do novo regime para o desenvolvimento urbano sustentável e organizado.

A nova legislação inclui os Arts. 18-A a 18-F, que regulamenta a possibilidade de o loteamento ser submetido ao regime de afetação. Nesse regime, o terreno, a infraestrutura e demais bens vinculados ao loteamento são separados do patrimônio do loteador, constituindo um patrimônio de afetação destinado exclusivamente à execução do loteamento e à entrega dos lotes urbanizados aos adquirentes.

O art. 18-A define que o patrimônio de afetação não se comunica com os demais bens do loteador, respondendo apenas por dívidas e obrigações do respectivo loteamento. O loteador é responsabilizado por qualquer prejuízo causado ao patrimônio de afetação. Os bens do loteamento podem ser utilizados como garantia real em operações de crédito, desde que o produto seja integralmente destinado à infraestrutura e entrega dos lotes. Além disso, direitos creditórios oriundos da comercialização dos lotes também passam a integrar o patrimônio de afetação.

A constituição do patrimônio de afetação é formalizada mediante **averbação no Registro de Imóveis de termo firmado pelo loteador** e, quando aplicável, pelos titulares de direitos reais de aquisição dos lotes. A existência de **ônus reais sobre o imóvel não impede a averbação,** desde que esses ônus garantam o pagamento do preço de aquisição ou a implementação do empreendimento.

Para assegurar a correta administração do patrimônio de afetação, o art. 18-C permite que a Comissão de Representantes, a Prefeitura e a instituição financiadora nomeiem uma pessoa física ou jurídica para fiscalizar o patrimônio, sem que isso transfira responsabilidades do loteador. O fiscalizador nomeado deve manter sigilo sobre as informações obtidas e pode fornecer relatórios à Comissão de Representantes quando solicitado.

O art. 18-D detalha as responsabilidades do loteador, que incluem a administração e preservação do patrimônio de afetação, a captação de recursos, a separação dos bens de cada loteamento, e a entrega de demonstrativos financeiros periódicos à Comissão de Representantes. O loteador deve movimentar os recursos financeiros do patrimônio de afetação em conta específica e assegurar acesso à obra e documentos para fiscalização.

A **extinção do patrimônio de afetação** ocorre com a averbação do termo de verificação emitido pelo órgão público competente, o registro dos títulos de domínio em nome dos adquirentes, e a extinção das obrigações do loteador perante a instituição financiadora.

Em caso de **falência ou insolvência do loteador**, os patrimônios de afetação não integram a massa concursal, protegendo o terreno, a obra realizada e demais bens e direitos do loteamento de qualquer execução judicial que envolva o patrimônio geral do loteador.

A introdução do regime de afetação pela Lei n. 14.620/2023 representa um avanço significativo na legislação de parcelamento do solo urbano. Ao separar o patrimônio do loteamento do patrimônio do loteador, a lei oferece maior segurança jurídica aos adquirentes e investidores, garantindo que os recursos destinados à implementação da infraestrutura sejam utilizados de forma transparente e eficiente. Além disso, a possibilidade de fiscalização por representantes da comunidade e instituições financiadoras reforça a responsabilidade e a boa gestão dos empreendimentos. Com essas mudanças, espera-se um desenvolvimento urbano mais sustentável e organizado, beneficiando tanto os empreendedores quanto a sociedade como um todo.

1.2.3 CONTRATO-PADRÃO

Acerca da polêmica envolvendo a possibilidade de alteração de contrato-padrão de loteamento, Vicente Celeste Amadei e Vicente de Abreu Amadei, na obra "Como Lotear Uma Gleba – O Parcelamento do Solo Urbano em todos os seus aspectos (Loteamento e Desmembramento)", 3ª Edição revista e ampliada, Campinas (SP), Millennium Editora, 2012, p. 307 e 375, ao abordarem o assunto, assim esclarecem:

> "É preciso, ainda, lembrar que é possível a alteração do contrato-padrão, mas o novo modelo só terá efeito vinculante para os contratos celebrados após seu depósito e arquivamento no Registro Imobiliário, uma vez que os contratos anteriores devem estar necessariamente vinculados ao contrato-tipo antigo. O que não se admite, pois, é que a alteração do contrato-padrão interfira nos contratos já celebrados ao tempo anterior dessa alteração: 'uma vez arquivado, o modelo do contrato-padrão não pode vir modificado porque se constituem documento que encerra direitos e obrigações assumidas pelas partes contratantes, quando muito e por exceção a alteração, se ocorrente, poderá vir procedida se do próprio instrumento registrado constar a possibilidade dessa modificação, mas por simples cancelamento de cláusulas' (TJSP, 3ª Câm. Civ. Férias, Ap. Civ. 254.687-2 – Jundiaí, rel. Des. Octávio Helene, v. u., j. 30.01.95). Alterado, por qualquer razão, o novo contrato-padrão deve ser arquivado no Registro de Imóveis competente e, assim, também, será arquivado no processo de registro do loteamento, a requerimento do proprietário/loteador. Note-se que o novo contrato-padrão só terá validade para as vendas efetuadas a partir da data em que for arquivado na Serventia de Registro de Imóveis. Os contratos com data anterior deverão ser idênticos ao contrato-padrão arquivado à sua época."

1.3 PARCELAMENTO DO SOLO RURAL

Convém destacar que também existe no ordenamento jurídico, o **parcelamento do solo rural**, regulamentado pelo **Decreto-lei 58/1937**. Ademais, a **Instrução 17-B/1980 do INCRA**, estipulava em seu item 3, as regras para o parcelamento de imóvel rural. Veja-se:

> 3. PARCELAMENTO, PARA FINS URBANOS, DE IMÓVEL RURAL LOCALIZADO FORA DA ZONA URBANA OU DE EXPANSÃO URBANA
>
> 3.1 O parcelamento, para fins urbanos, de imóvel rural localizado fora de zona urbana ou de expansão urbana, assim definidas por lei municipal, rege-se pelas disposições do art. 96, do Decreto nº 59.428, de 27/10/66, e do art. 53, da Lei nº 6.766, de 19/12/79.
>
> 3.2 Em tal hipótese de parcelamento, caberá, quanto ao INCRA, unicamente sua prévia audiência.
>
> 3.3 Os parcelamentos com vistas à formação de núcleos urbanos, ou à formação de sítios de recreio, ou à industrialização, somente poderão ser executados em área que:
>
> a) por suas características e situação, seja própria para a localização de serviços. comunitários das áreas rurais circunvizinhas;
>
> b) seja oficialmente declarada zona de turismo ou caracterizada como de estância hidromineral ou balneária;
>
> c) comprovadamente tenha perdido suas características produtivas, tornando antieconômico o seu aproveitamento.
>
> 3.4 A comprovação será feita pelo proprietário, através de declaração da Municipalidade e/ou através de circunstanciado laudo assinado por técnico habilitado.
>
> 3.5 Verificada uma das condições especificadas no item 33, o INCRA, em atendimento a requerimento do interessado, declarará nada ter a opor ao parcelamento.
>
> 3.6 Aprovado o projeto de parcelamento, pela Prefeitura Municipal ou pelo Governo do Distrito Federal, e registrado no Registro de Imóveis, o INCRA, a requerimento do interessado, procederá à atualização cadastral, conforme o disposto no item 2.3.

Assim, durante 35 anos, o tema foi regulamentado pela referida Instrução, que previa a obrigatória e prévia manifestação do Instituto em diversos casos de parcelamento do solo rural.

Ocorre que a Instrução 17-B foi integralmente revogada pela Instrução Normativa n. 82/2015, que por sua vez, não regulamenta os procedimentos do INCRA para aprovação de parcelamentos rurais, tendo como objeto a atualização do Sistema Nacional de Cadastro Rural.

Em palestra realizada no XLIV Encontro dos Oficiais de Registro de Imóveis do Brasil, sob o tema "Participação do INCRA no Parcelamento de Imóveis Rurais à vista das Instruções Normativas 17-B/1980 e 82/2015", Christian Beurlen expôs que:

(...)

c) **DA INSTRUÇÃO NORMATIVA INCRA n. 82 / 2015**

• Apesar de ostentar objeto diverso da IN-17B, o artigo 35 da nova Instrução revogou aquela integralmente, pondo em seu lugar apenas regras para alteração do SNCR em momento posterior ao registro de eventual fracionamento do solo.

• À vista da IN-82/2015, diversas Superintendências passaram a não mais emitir certidões para quaisquer parcelamentos rurais independente de sua localização ou finalidade.

• O caráter sintético da revogação, desacompanhada de qualquer justificativa teórica, ensejou inúmeras dúvidas sobre a atuação do INCRA nos parcelamentos rurais, resultando na Nota Técnica INCRA/ DF/DFC n.º02/2016

d) **DA NOTA TÉCNICA INCRA/DF/DFC 02/2016:**

A Nota Técnica INCRA/DF/DFC n.º02/2016 alega, em síntese, que nenhum parcelamento rural deveria ser aprovado pelo INCRA, vez que:

i. a CF/88 elevou a hierarquia dos Municípios, outorgando-lhes competência exclusiva para o ordenamento da totalidade de seu território (art. 30, VIII, CF/ 88), inexistindo, pois, competência da União para intervir nos parcelamentos de imóveis rurais em áreas rurais ou urbanas.

CONTRA-ARGUMENTOS:

• o art. 30 da CF/88 não outorga competência privativa ao município para ordenar todo seu território; além de mencionar apenas os espaços urbanos, é precedido de outros artigos que outorgam competências urbanas executiva e legislativa também para União e Estados (art. 21, IX e XX, art. 23, VIII, IX e XI, art. 24, I, VI...);

• a CF/88 seguiu a tradição constitucional brasileira, outorgando à União a primazia quanto ao ordenamento das zonas rurais e competência comum/concorrente para as questões urbanas, justificando, pois, participação federal;

• como reconhece a própria Nota, não há hierarquia entre entes federados, mas a doutrina e a jurisprudência asseguram prevalência das questões de alcance nacional e regional (de competência federal e estadual) frente a questões municipais de âmbito local – ao contrário, portanto, do que se sugere na Nota.

ii. as Leis n.º6.513/77 (criação de áreas turísticas), n.º 6.766/79 (parcelamento do solo urbano) e n.º 6.803/80 (áreas industriais poluidoras) teriam revogado tacitamente as Leis n.º 4.504/64 e 4.947/66, o Decreto n.º 59.428/66 e a IN-17B quanto à urbanização de áreas rurais, não se exigindo naquelas a oitiva do INCRA – à exceção do art. 53 da Lei 6.766/79, que seria controverso.

CONTRA-ARGUMENTOS:

• a controvérsia de uma norma não lhe retira a cogência – sua inconstitucionalidade precisa ser declarada pelo órgão judicial para tanto competente não o podendo fazer, em regra, a Administração Pública.

• nenhuma das 3 leis (6.513/77, 6.766/79 e 6.803/80), dispôs sobre parcelamentos rurais, políticas fundiárias, colonização, etc., limitando-se a regular zonas industriais, zonas de interesse turístico e parcelamento do solo urbano. Nos termos do art. 2º, § 2º, da LINDB, *a lei nova que estabelece disposições gerais ou especiais a par das existentes, não revoga nem modifica a lei anterior.* O Estatuto da Terra e seus regulamentos não foram, portanto, por elas revogados.

• por fim, as 3 referidas leis já estavam em vigor quando se editou a IN-17B, não se podendo alegar que teriam revogado tacitamente um regulamento a elas posterior. Por impossibilidade lógica, normas anteriores não revogam normas posteriores.

iii. os parcelamentos rurais para fins urbanos em zona rural (item 3 da IN-17B) estariam integralmente proibidos pelo ordenamento, razão pela qual não haveria participação lícita do INCRA em tais procedimentos, justificando, em tese, a revogação deste tópico da IN-17B.

CONTRA-ARGUMENTOS:

• o ordenamento jurídico não veda o parcelamento para fins urbanos em zona rural; o que a jurisprudência tem coibido é o parcelamento de imóveis rurais para fins de urbanização sem que haja expressa e prévia aprovação de todos os órgãos competentes – inclusive o INCRA, em consonância com o disposto no artigo 53, da Lei n.º6.766/1979.

• a Nota Técnica se omite integralmente quanto ao Decreto 62.504/68, que regulamenta os desmembramentos para fins urbanos em zona rural, voltados ao desenvolvimento do campo por meio da instalação de escolas, teatros, silos, postos de combustíveis etc. Mesmo que em lotes menores que a FMP; tais parcelamentos para fins urbanos carecem da prévia aprovação do INCRA e não foram proibidos pela Carta Magna nem pela legislação em vigor.

iv. os parcelamentos para fins rurais fora da zona urbana previstos no item 4 da IN-17B seriam apenas os planos particulares de colonização e somente estes dependeriam de prévia aprovação do INCRA; os demais parcelamentos do gênero deveriam obedecer somente à FMP, cabendo às serventias extrajudiciais a verificação da fração e de indícios de parcelamento irregular do solo rural pra fins urbanos.

CONTRA-ARGUMENTOS:

• a IN-17B não regulamentava apenas planos particulares de colonização. As Leis n.º 4.504/64, 4.947/66, 5.868/72 e o Decreto 59.428/66 – todos referidos como fundamento legal do item 4 da Instrução, disciplinam diversos institutos relacionados ao campo, tais como reforma agrária, estrutura fundiária, fracionamento do solo, contratos agrários, bem como desmembramentos e loteamentos sem vínculos com projetos particulares de colonização.

• o Capítulo II da Lei 4.947/66 trata de forma ampla sobre 'A Terra e os Imóveis Rurais' e não apenas de colonização; diz o artigo 10: *"fica vedada a inscrição de loteamentos rurais no registro de imóveis, sem prova de prévia aprovação pela autoridade pública competente a que se refere o art. 61 da Lei n.º 4.504..."*.

A referida autoridade é atualmente... o próprio INCRA (sucessor do extinto IBRA mencionado na lei).

• o Decreto 59.428/66, por sua vez, regulamenta, além dos planos de colonização, inúmeras outras políticas de acesso à propriedade rural, tais como o loteamento, o desmembramento, a desapropriação, a legitimação da posse, etc.;

• outrossim, a definição de colonização dada pelo art. 5 do Decreto 59.428/66 é ampla: *"toda atividade oficial ou particular destinada a dar acesso à propriedade da terra e a promover seu aproveitamento econômico, mediante o exercício de atividades agrícolas, pecuárias e agro-industriais, através da divisão em lotes ou parcelas, dimensionados de acôrdo com as regiões definidas na regulamentação do Estatuto da Terra, ou através das cooperativas de produção nela previstas"*;

• segundo o Decreto, a aprovação e a fiscalização de tais projetos, seus índices de aproveitamento, a dimensão das parcelas e lotes, a viabilidade das culturas, a manutenção da finalidade rural, etc. são atribuições outorgadas não às serventias extrajudiciais, mas, ao INCRA.

v. alega-se, ademais, que a IN-82/2015 foi elaborada pela Coordenação-Geral de Cadastro Rural, cuja competência não abarca a aprovação, fiscalização e regulamentação dos projetos de colonização e de parcelamento rural – tarefa de alegada competência da Divisão de Obtenção de Terras; assim, ainda que se reconhecesse lacuna normativa advinda da revogação da IN-17B, não poderia ela regrar matéria de outro órgão da Administração.

CONTRA-ARGUMENTOS:

• com plena razão se advoga a impossibilidade de um órgão administrativo regrar assuntos de outro sobre o qual não tenha ascendência hierárquica. Questiona-se, contudo: se não há competência normativa positiva, haveria competência negativa? Ou seja, se a Coordenação-Geral de Cadastro Rural que editou a IN 82/2015 não teria competência para regulamentar sobre os temas outrora contidos na IN-17B, teria competência para revogá-la?

vi. por fim, a Nota conclui pela incompetência do INCRA para aprovar projetos de parcelamentos de imóveis rurais, exceção feita aos planos de colonização particular, cuja regulamentação entende não ser competência da Coordenação de Cadastro; sugere, ademais, que a prévia audiência do Instituto prevista no artigo 53, da Lei 6.766/79, seja interpretada como atualização de cadastro posterior ao ato de registro.

1.4 COBRANÇA DE TAXA DE LOTEAMENTO: LEGALIDADE OU ILEGALIDADE?

A Terceira Turma do Superior Tribunal de Justiça negou recurso especial ao proprietário de um lote que não queria pagar taxas de manutenção e conservação cobradas pela empresa que administra o loteamento. A empresa entrou na Justiça para que o dono do terreno pagasse essas taxas.

No recurso especial que chegou ao STJ, o homem alegou que a cobrança é indevida porque o loteamento não pode ser comparado a um condomínio e nem a empresa administradora do loteamento a uma associação de moradores. O proprietário acrescentou no recurso que apenas o contrato de compra e venda do loteamento não seria suficiente para criar uma relação jurídica com a administradora do terreno. Desta forma, ele não poderia ser cobrado por serviços que não contratou.

O relator, ministro Villas Bôas Cueva, no entanto, negou o recurso, explicando que a relação jurídica entre quem compra um terreno e quem administra é estabelecida no cartório que registra a transação. Nas palavras do ministro a cobrança das taxas de manutenção está fundamentada em cláusulas contratuais estabelecidas quando da formação do loteamento em contrato padrão registrado no Cartório de Registro de Imóveis; em escritura pública de compra e venda firmada pelos primeiros compradores registrada no mesmo Cartório e em escritura pública de compra e venda assinada pelos réus.

Villas Bôas Cueva citou ainda o artigo 29 da Lei de loteamento (Lei 6.766). Segundo o dispositivo, aquele que adquirir a propriedade loteada mediante ato *inter vivos*, ou por sucessão causa mortis, sucederá o transmitente em todos os seus direitos e obrigações, ficando obrigado a respeitar os compromissos de compra e venda ou as promessas de cessão, em todas as suas cláusulas, sendo nula qualquer disposição em contrário ressalvado o direito do herdeiro ou legatário de renunciar à herança ou ao legado.

1.5 APROVAÇÃO DE LOTEAMENTO IMPLICA AUTOMATICAMENTE EM LICENÇA PARA CONSTRUIR?

Ao julgar recurso especial (REsp nº 1.374.109 – RS (2013/0071711-8) que discutia o indeferimento de licença para construção no loteamento em município do Rio Grande (RS), a Segunda Turma do Superior Tribunal de Justiça (STJ) **afirmou que a aprovação de loteamento não implica necessariamente licença para construção.**

A autorização para o projeto de construção foi negada porque o lote fica a menos de 50 metros da margem do arroio Bolaxa, em área de preservação permanente, conforme os limites estabelecidos pela Lei Municipal 6.585/08, artigo 93, parágrafo 1º.

No recurso especial, o proprietário do lote sustentava a ilegalidade do ato que rejeitou seu pedido ao fundamento de que, como o loteamento já estava aprovado e devidamente registrado desde 1953, muito tempo antes da edição da norma municipal, deveria ser exigido o limite mínimo de 15 metros estabelecido pela Lei 6.766/79, que trata do parcelamento do solo urbano em nível federal.

O relator, ministro Humberto Martins, não acolheu os argumentos do recurso. Ele reconheceu os limites definidos pela Lei 6.766, mas destacou que essa mesma norma, em seu artigo 1º, parágrafo único, estabelece que estados e municípios poderão adotar normas complementares, adequadas à realidade local.

Quanto à alegação de que o loteamento já estava aprovado e registrado desde 1953, o ministro apontou que a aprovação de loteamento não significa autorização para construir. Nas palavras dele a lei reguladora da ocupação do solo no loteamento em questão deve ser aquela vigente no momento da solicitação da licença para construção, devendo o recorrente se ater aos limites impostos.

1.6 CONDOMÍNIO DE LOTES

A Lei 13.465/2017 trouxe diversas inovações e alterações ao mundo jurídico, não deixando de fora o direito notarial e registral.

Veremos ao longo desta obra, todas as alterações pertinentes às notas e aos registros públicos.

Novidade de grande importância trazida pela Lei 13.465/2017 foi a inclusão de uma nova seção na Parte Especial do Código Civil Brasileiro, que passa a regulamentar os **Condomínios de Lotes.**

Até a publicação da Lei 13.465/2017, havia uma certa insegurança jurídica no que se referia aos condomínios de lotes, pois a sua existência se respaldava apenas em construções doutrinárias acerca da matéria, bem como em leis municipais, sendo que muitos defendiam a sua invalidade.

Em outras palavras, havia grande celeuma sobre a possibilidade de se criar lotes em condomínio, uma vez que a legislação federal tratava apenas de lotes decorrentes de loteamentos ou de unidades privativas edificadas em condomínios edilícios.

Se o empreendedor quisesse vender lotes sem edificação, estaria sujeito aos termos da Lei 6.766/1979, o que resultaria na destinação de parte da gleba às áreas destinadas a novas vias de circulação, áreas verdes e outros equipamentos que se tornariam bens públicos submissos ao controle municipal. Ademais, se almejasse realizar um loteamento fechado, deveria se submeter à prévia permissão da prefeitura local e possivelmente enfrentaria diversos questionamentos a respeito da legalidade do fechamento no que tange aos acessos às vias públicas.

Com a Lei 13.465, a implantação dos aludidos condomínios deixa de ser controversa, passando a ser reconhecido em todo o território nacional e aos Condomínios de Lotes, aplicar-se-ão, no que couber, as regras estipuladas pela legislação civil aos condomínios edilícios, obedecendo sempre a legislação urbanística de cada município.

Com efeito, (i) as glebas de terreno podem ter lotes, que são propriedade exclusiva, e partes que são propriedade comum dos condôminos; (ii) a fração ideal de cada condômino poderá ser proporcional à área do solo de cada unidade autônoma, ao respectivo potencial construtivo ou a outros critérios indicados no ato de instituição; (iii) para fins de incorporação imobiliária, a implantação de toda a infraestrutura ficará a cargo do empreendedor.

É de grande valia a transcrição das inovações:

> **Art. 58.** A Lei nº 10.406, de 10 de janeiro de 2002 (Código Civil), passa a vigorar acrescida da Seção IV no Capítulo VII do Título III do Livro III da Parte Especial:
>
> Do Condomínio de Lotes
> Art. 1.358-A. Pode haver, em terrenos, partes designadas de lotes que são propriedade exclusiva e partes que são propriedade comum dos condôminos.
>
> § 1º A fração ideal de cada condômino poderá ser proporcional à área do solo de cada unidade autônoma, ao respectivo potencial construtivo ou a outros critérios indicados no ato de instituição
>
> .§ 2º Aplica-se, no que couber, ao condomínio de lotes:
> I – o disposto sobre condomínio edilício neste Capítulo, respeitada a legislação urbanística; e
> II – o regime jurídico das incorporações imobiliárias de que trata o Capítulo I do Título II da Lei nº 4.591, de 16 de dezembro de 1964, equiparando-se o empreendedor ao incorporador quanto aos aspectos civis e registrários.
>
> § 3º Para fins de incorporação imobiliária, a implantação de toda a infraestrutura ficará a cargo do empreendedor.'

Aqui é importante anotar que o § 2º do art. 1.358-A do Código Civil teve sua redação alterada e recebeu dois incisos, possibilitando a aplicação das **regras gerais da incorporação imobiliária**, aquelas dispostas nos arts. 28 ao 31 da Lei n. 4.591/1964 (e não outras) aos condomínios de lotes. O empreendedor é equiparado ao incorporador nos aspectos civis e registrais.

Nessa direção, o Enunciado 625 da VIII Jornada de Direito Civil:

> **Enunciado 625.** Art. 1.358: A incorporação imobiliária que tenha por objeto o condomínio de lotes poderá ser submetida ao regime do patrimônio de afetação, na forma da lei especial.
>
> ⊙ Justificativa: Referência: art. 1.358A - Considerando que a realização do condomínio de lotes cabe ao incorporador imobiliário, conforme disposto no §3º, do art. 1.358A, do Código Civil; e, levando- se em conta que se aplica à espécie a lei de incorporação imobiliária, que permite a constituição de patrimônio de afetação; a critério do incorporador, a incorporação imobiliária do condomínio de lotes poderá ser submetida ao regime da afetação, pelo qual o terreno e as acessões objeto de incorporação imobiliária do condomínio de lotes, bem como os demais bens e direitos a ela vinculados, manter-se-ão apartados do patrimônio do incorporador e constituirão patrimônio de afetação, destinado à realização das obras e à entrega das unidades imobiliárias aos respectivos adquirentes. A possibilidade de constituição de patrimônio de afetação na incorporação imobiliária é fator de maior segurança jurídica para os consumidores e para as instituições financiadoras dos empreendimentos, alavancando a economia, de modo que, não havendo lei proibindo e, ao contrário, havendo regra expressa no Código Civil que determina que cabe ao incorporador imobiliário a realização do empreendimento do condomínio de lotes, então é possível que a incorporação do condomínio de lotes seja submetida ao regime da afetação.

1.7. DIÁLOGO COM O DIREITO PENAL

A Lei n. 6.766/1979 prevê um tipo penal que se conecta à atividade registral imobiliária. Trata-se de crime contra a Administração Pública.

Não cabe neste espaço aprofundar sobre o tema, mas recomenda-se a leitura de livros específicos para a complementação dos estudos.

Permito-me iniciar pela transcrição dos tipos penais e seguir com a jurisprudência pertinente.

Art. 50. Constitui crime contra a Administração Pública.

I – dar início, de qualquer modo, ou efetuar loteamento ou desmembramento do solo para fins urbanos, sem autorização do órgão público competente, ou em desacordo com as disposições desta Lei ou das normas pertinentes do Distrito Federal, Estados e Municípios;

II – dar início, de qualquer modo, ou efetuar loteamento ou desmembramento do solo para fins urbanos sem observância das determinações constantes do ato administrativo de licença;

III – fazer ou veicular em proposta, contrato, prospecto ou comunicação ao público ou a interessados, afirmação falsa sobre a legalidade de loteamento ou desmembramento do solo para fins urbanos, ou ocultar fraudulentamente fato a ele relativo.

Pena: Reclusão, de 1(um) a 4 (quatro) anos, e multa de 5 (cinco) a 50 (cinqüenta) vezes o maior salário mínimo vigente no País.

Parágrafo único – O crime definido neste artigo é qualificado, se cometido.

I – por meio de venda, promessa de venda, reserva de lote ou quaisquer outros instrumentos que manifestem a intenção de vender lote em loteamento ou desmembramento não registrado no Registro de Imóveis competente.

II – com inexistência de título legítimo de propriedade do imóvel loteado ou desmembrado, ressalvado o disposto no art. 18, §§ 4º e 5º, desta Lei, ou com omissão fraudulenta de fato a ele relativo, se o fato não constituir crime mais grave.

Pena: Reclusão, de 1 (um) a 5 (cinco) anos, e multa de 10 (dez) a 100 (cem) vezes o maior salário mínimo vigente no País.

Art. 51. Quem, de qualquer modo, concorra para a prática dos crimes previstos no artigo anterior desta Lei incide nas penas a estes cominadas, considerados em especial os atos praticados na qualidade de mandatário de loteador, diretor ou gerente de sociedade.

Parágrafo único. *(VETADO)*

Art. 52. Registrar loteamento ou desmembramento não aprovado pelos órgãos competentes, registrar o compromisso de compra e venda, a cessão ou promessa de cessão de direitos, ou efetuar registro de contrato de venda de loteamento ou desmembramento não registrado.

Pena: Detenção, de 1 (um) a 2 (dois) anos, e multa de 5 (cinco) a 50 (cinqüenta) vezes o maior salário mínimo vigente no País, sem prejuízo das sanções administrativas cabíveis.

[...]*"as figuras penais descritas no parágrafo único do art. 50 nada mais são de que formas qualificadas em relação ao 'caput' do mesmo artigo. Por isso, não há como apenar o réu na forma simples e na forma qualificada em face do princípio da consunção"* (TJ/RS, 3ª Câmara Criminal, Apelação Crime nº 70.001.085.133, rel. Des. Saulo Brum Leal, j. em 28/09/00).

"PENAL. RECURSO ESPECIAL. CRIME CONTRA O PARCELAMENTO DO SOLO URBANO (LEI Nº 6766/79), CRIME INSTANTÂNEO COM EFEITOS PERMANENTES. PRESCRIÇÃO RETROATIVA. O delito previsto no art. 50 da Lei nº 6.766/79 é instantâneo de efeitos permanentes. O prazo prescricional, portanto, tem início na data em que se consumiu e não da cessação dos seus desdobramentos. Recurso provido." *(STJ, 5ª Turma, REsp. nº 566076/DF, j. em 04/12/2003, rel. Ministro Felix Fischer).*

[...]*"em se tratando* ***de delito de mera conduta****, é irrelevante para o deslinde da causa a circunstância de não ter havido ocultação fraudulenta da ausência do registro ou de que a área é legalmente passível de ser loteada. Tanto isso é verdade que a jurisprudência entende que o registro posterior do loteamento não tem o condão de excluir a configuração do delito. Nesse sentido: RT 660/271; RT 662/269"* (grifou-se – TJ/RS, 4ª Câmara Criminal, Apelação Crime nº 70.007.103.302, rel. Des. Constantino Lisbôa de Azevedo, j. em 23/10/03).

[...] "LOTEAMENTO IRREGULAR. CRIME PREVISTO NO ART. 50, inciso I, DA LEI Nº 6.766/79. *Comete o crime previsto no art. 50, inciso I, da Lei Federal nº 6.766/79, o agente que fraciona terreno originário de loteamento anterior, abrindo rua e contrariando lei ambiental municipal, mesmo que tenha tentado dar aparência de condomínio fechado. Inaceitável alegação de desconhecimento da lei municipal, quando o agente é corretor de imóveis e adquiriu o terreno de consciência da impossibilidade de parcelar.*

APELAÇÃO IMPROVIDA. UNÂNIME." (TJ/RS, 4ª Câmara Criminal, Apelação Crime nº 70.002.295.145, rel. Des. Gaspar Marques Batista, j. em 15/05/01).

A doutrina e a jurisprudência explicam que o artigo 52 da Lei Federal n. 6.766/79 tem como sujeito ativo, o Oficial do Registro, ou *"quem exerça, permanente ou interinamente, suas funções"* (TJ/RS, 3ª Câmara Criminal, Apelação Crime nº 70.001.085.133, rel. Des. Saulo Brum Leal, j. em 28/09/00). Note-se que claramente, a devida aprovação da autoridade municipal, isenta o registrador imobiliário da responsabilidade pelo crime de registro irregular, à medida que só se configura a conduta criminosa definida no artigo 52 da Lei n. 6.766/79, se houver registro de loteamento ou desmembramento não aprovado pelas autoridades competentes, como elemento objetivo, caracterizador da ação proibida ao oficial.

O oficial registrador poderá suscitar dúvida ao Juiz Corregedor ou ao Juiz Diretor do Foro se a aprovação feita pelo Município contrariar a lei federal. No entanto, se registrar o parcelamento, não terá responsabilidade penal.

Vale observar que o crime de parcelamento do solo para fins urbanos é um crime contra a administração pública e é especial em relação ao crime de estelionato previsto no artigo 171 do Código Penal. Dessa maneira, aquele deve prevalecer.

2. JURISPRUDÊNCIA COMPLEMENTAR

SUPREMO TRIBUNAL FEDERAL

INFORMATIVO 805 – Ocupação e parcelamento do solo urbano: loteamentos fechados e plano diretor. Os Municípios com mais de 20 mil habitantes e o Distrito Federal podem legislar sobre programas e projetos específicos de ordenamento do espaço urbano por meio de leis que sejam compatíveis com as diretrizes fixadas no plano diretor. Com base nessa orientação, o Plenário, por maioria, negou provimento a recurso extraordinário em que se discutia a constitucionalidade – em face dos artigos 182, §§ 1º e 2º, da CF – da LC 710/2005 do Distrito Federal, que dispõe sobre a disciplina de projetos urbanísticos em lotes integrados por unidades autônomas e áreas comuns condominiais – v. Informativos 755 e 783. O Tribunal reputou legítima a LC 710/2005, tanto sob o aspecto formal e quanto material. Destacou que a norma impugnada estabeleceria uma forma diferenciada de ocupação e parcelamento do solo urbano em loteamentos fechados, a tratar da disciplina interna desses espaços e dos requisitos urbanísticos mínimos a serem neles observados. Mencionou que a Constituição prevê competência concorrente aos entes federativos para fixar normas gerais de urbanismo (art. 24, I e § 1º, e 30, II) e que, a par dessa competência, aos Municípios fora atribuída posição de preponderância a respeito de matérias urbanísticas. Sublinhou que a atuação municipal no planejamento da política de desenvolvimento e expansão urbana deveria ser conduzida com a aprovação, pela Câmara Municipal, de um plano diretor – obrigatório para as cidades com mais de 20.000 habitantes –, cujo conteúdo deveria sistematizar a existência física, econômica e social da cidade, de modo a servir de parâmetro para a verificação do cumprimento da função social das propriedades inseridas em perímetro urbano. Destacou que a lei geral de urbanismo vigente seria o Estatuto das Cidades (Lei 10.257/2001), que também positivara normas gerais a serem observadas na elaboração de planos diretores. No tocante à lei impugnada, aduziu que ela se diferenciaria da Lei 6.766/1979, notadamente, pela: a) possibilidade de fechamento físico e da limitação de acesso da área a ser loteada; e b) transferência, aos condôminos, dos encargos decorrentes da instalação da infraestrutura básica do projeto e dos gastos envolvidos na administração do loteamento, a exemplo do consumo de água, energia elétrica, limpeza e conservação. Consignou que a lei distrital disporia sobre padrão normativo mínimo a ser aplicado a projetos de futuros loteamentos fechados, com o objetivo de evitar situações de ocupação irregular do solo, à margem de controle pela Administração. Asseverou, ainda, que nem toda matéria urbanística relativa às formas de parcelamento, ao uso ou à ocupação do solo deveria estar inteiramente regrada no plano diretor. Enfatizou que determinados modos de aproveitamento do solo urbano, pelas suas singularidades, poderiam receber disciplina jurídica autônoma, desde que compatível com o plano diretor. Vencidos os Ministros Marco Aurélio, Edson Fachin e Ricardo Lewandowski (presidente), que davam provimento ao recurso e declaravam a inconstitucionalidade da mencionada lei distrital. Pontuavam que essa lei esparsa, ao disciplinar a figura do condomínio fechado por meio de um regulamento genérico e de diretrizes gerais, teria ofendido o plano diretor.

INFORMATIVO 783 – OCUPAÇÃO E PARCELAMENTO DO SOLO URBANO: LOTEAMENTOS FECHADOS E PLANO DIRETOR. O Plenário retomou julgamento de recurso extraordinário em que se discute a obrigatoriedade de previsão no plano diretor para fins de regramento da ocupação e do parcelamento do solo urbano em loteamentos fechados, também denominados condomínios horizontais ou condomínios urbanísticos. Na espécie, discute-se a constitucionalidade – em face dos artigos 182, §§ 1º e 2º, da CF – da LC 710/2005 do Distrito Federal, que dispõe sobre a disciplina de projetos urbanísticos em lotes integrados por unidades autônomas e áreas comuns condominiais – v. Informativo 755. Em voto-vista, o Ministro Luiz Fux acompanhou o Ministro Teori Zavascki (relator) para conhecer e negar provimento ao recurso. Nesse mesmo sentido, votou a Ministra Rosa Weber. O Ministro Luiz Fux destacou que caberia indagar se o art. 182, § 1º, da CF, ao erigir o Plano Diretor a "instrumento básico da política de desenvolvimento e expansão urbana" abarcaria interpretação que permitiria ao legislador infraconstitucional produzir atos legislativos específicos para cada espaço urbano ou se deveria ele se ater à alteração do Plano Diretor. Apontou a necessidade de se buscar a solução que melhor preservasse a harmonia e a homogeneidade da legislação urbanística, sem desconsiderar as peculiaridades de cada contexto urbano. Nesse ponto, a questão posta em causa não se resolveria no âmbito infraconstitucional. Frisou que o "caput" do art. 182 da CF determinaria que a política de desenvolvimento urbano estabeleceria suas diretrizes gerais em lei, qual seja, o Plano Diretor. Ademais, o § 2º do art. 182 da CF disporia que o Plano Diretor expressaria exigências fundamentais para que a propriedade urbana cumprisse a sua função social. Assim, caberia ao Plano Diretor apenas estabelecer as diretrizes e exigências básicas, fundamentais e gerais para o ordenamento urbano. Nada impediria, portanto, que o Município ou o Distrito Federal, com base no art. 30, I e VIII, da CF, legislasse mediante normas esparsas sobre projetos e programas específicos de ordenamento do espaço urbano, desde que fossem observadas as diretrizes gerais traçadas pelo Plano Diretor. Dessa forma, o Plano Diretor seria o instrumento legal a ditar a atuação do Município ou do Distrito Federal quanto ao ordenamento urbano, a traçar suas linhas gerais, porém a sua execução poderia se dar mediante a expedição de outras leis e decretos, desde que guardassem conformidade com o Plano Diretor. No caso em exame, aduziu que a lei impugnada, ao dispor de forma específica sobre projetos urbanísticos com diretrizes especiais para unidades autônomas, apenas teria dado execução às determinações gerais do Plano Diretor, sem alterá-lo. Nesse ponto, não haveria qualquer afronta ao art. 182, §§ 1º e 2º, da CF. Por outro lado, se as disposições da lei objeto de impugnação pelo recurso extraordinário contrariassem as diretrizes do Plano Diretor, tratar-se-ia de matéria infraconstitucional, cujo enfrentamento seria vedado pelo Enunciado 280 da Súmula do STF ("por ofensa a direito local não cabe recurso extraordinário"). Em seguida, pediu vista o Ministro Dias Toffoli. RE 607940/DF, Min. Teori Zavascki, 29.4.2015. (RE-607940)

INFORMATIVO 783 – USUCAPIÃO DE IMÓVEL URBANO E NORMA MUNICIPAL DE PARCELAMENTO DO SOLO. Preenchidos os requisitos do art. 183 da CF ("Aquele que possuir como sua área urbana de até duzentos e cinquenta metros quadrados, por cinco anos, ininterruptamente e sem oposição, utilizando-a para sua moradia ou de sua família, adquirir-lhe-á o domínio, desde que não seja proprietário de outro imóvel urbano ou rural"), o reconhecimento do direito à usucapião especial urbana não pode ser obstado por legislação infraconstitucional que estabeleça módulos urbanos na respectiva área em que situado o imóvel (dimensão do lote). Esse o entendimento do Plenário que, em conclusão de julgamento e por maioria, proveu recurso extraordinário, afetado pela 1ª Turma – em que discutida a possibilidade de usucapião de imóvel urbano em município que estabelece lote mínimo de 360 m² para o parcelamento do solo – para reconhecer aos recorrentes o domínio sobre o imóvel, dada a implementação da usucapião urbana prevista no art. 183 da CF. No caso, os recorrentes exercem, desde 1991, a posse mansa e pacífica de imóvel urbano onde edificaram casa, na qual residem. Contudo, o pedido declaratório, com fundamento no referido preceito constitucional, para que lhes fosse reconhecido o domínio, fora rejeitado pelo tribunal de origem. A Corte local entendera que o aludido imóvel teria área inferior ao módulo mínimo definido pelo Plano Diretor do respectivo município para os lotes urbanos. Consignara, não obstante, que os recorrentes preencheriam os requisitos legais impostos pela norma constitucional instituidora da denominada "usucapião especial urbana" – v. Informativos 772 e 782. O Colegiado afirmou que, para o acolhimento da pretensão, bastaria o preenchimento dos requisitos exigidos pelo texto constitucional, de modo que não se poderia erigir obstáculo, de índole infraconstitucional, para impedir que se aperfeiçoasse, em favor de parte interessada, o modo originário de aquisição de propriedade. Consignou que os recorrentes efetivamente preencheriam os requisitos constitucionais formais. Desse modo, não seria possível rejeitar, pela interpretação de normas hierarquicamente inferiores à Constituição, a pretensão deduzida com base em norma constitucional. RE 422349/RS, rel. Min. Dias Toffoli, 29.4.2015. (RE-422349)

INFORMATIVO 783 – USUCAPIÃO DE IMÓVEL URBANO E NORMA MUNICIPAL DE PARCELAMENTO DO SOLO. O Tribunal ressaltou, ademais, que o imóvel estaria perfeitamente localizado dentro da área urbana do município. Além disso, o poder público cobraria sobre a propriedade os tributos competentes. Ademais, não se poderia descurar da circunstância de que a presente modalidade de aquisição da propriedade imobiliária fora incluída pela Constituição como forma de permitir o acesso dos mais humildes a melhores condições de moradia, bem como para fazer valer o respeito à dignidade da pessoa humana, elevado a um dos fundamentos da República (CF, art. 1º, III), fato que, inegavelmente, conduziria ao pleno desenvolvimento das funções sociais da cidade, além de garantir o bem-estar de seus habitantes (CF, art. 182, "caput"). Assim, a eventual irregularidade do loteamento em que localizado o imóvel objeto da usucapião ou a desconformidade de sua metragem com normas e posturas municipais que disciplinariam os módulos urbanos em sua respectiva área territorial não poderiam obstar a implementação de direito constitucionalmente assegurado a quem preenchesse os requisitos exigidos pela Constituição, especialmente por se tratar de modo originário de aquisição da propriedade. Afastou, outrossim, a necessidade de se declarar a inconstitucionalidade da norma municipal. Vencidos os Ministros Roberto Barroso, Marco Aurélio e Celso de Mello. Os Ministros Roberto Barroso e Celso de Mello proviam o recurso em parte e determinavam o retorno dos autos à origem para que fossem verificados os demais requisitos do art. 183 da CF, tendo em vista que a sentença teria se limitado a aferir a área do imóvel. O Ministro Marco Aurélio também provia parcialmente o recurso, para reformar o acórdão recorrido, de modo a reconhecer a usucapião e vedar a criação de unidade imobiliária autônoma, inferior ao módulo territorial mínimo previsto na legislação local. Por fim, o Tribunal deliberou, por decisão majoritária, reconhecer a existência de repercussão geral da questão constitucional suscitada. Vencido, no ponto, o Ministro Marco Aurélio, que rejeitava a existência de repercussão geral e não subscrevia a tese firmada. RE 422349/RS, rel. Min. Dias Toffoli, 29.4.2015. (RE-422349)

⊙ SUPERIOR TRIBUNAL DE JUSTIÇA

JURISPRUDÊNCIA EM TESES

▶ **TESE 10)** As restrições e obrigações constantes no contrato-padrão de loteamentos imobiliários se incorporam ao registro e vinculam os posteriores adquirentes, porquanto dotadas da publicidade inerente aos registros públicos.

Precedentes: AgInt no REsp 1614045/SP, Rel. Ministro MARCO AURÉLIO BELLIZZE, TERCEIRA TURMA, julgado em 14/03/2017, DJe 27/03/2017; AgRg no REsp 1288702/SP, Rel. Ministro JOÃO OTÁVIO DE NORONHA, TERCEIRA TURMA, julgado em 10/03/2016, DJe 28/03/2016; REsp 1422859/SP, Rel. Ministro RICARDO VILLAS BÔAS CUEVA, TERCEIRA TURMA, julgado em 03/11/2015, DJe 26/11/2015; REsp 1280789/SP (decisão monocrática), Rel. Ministro LUIS FELIPE SALOMÃO, julgado em 30/05/2016, DJe 07/06/2016; AgRg no REsp 1371056/SP (decisão monocrática), Rel. Ministro PAULO DE TARSO SANSEVERINO, julgado em 05/11/2015, DJe 24/11/2015. (VIDE INFORMATIVO DE JURISPRUDÊNCIA N. 444)

▶ **INFORMATIVO 572** – DIREITO ADMINISTRATIVO. COMPETÊNCIA PARA JULGAR RECURSO EM IMPUGNAÇÃO A REGISTRO DE LOTEAMENTO URBANO. Compete à Corregedoria do Tribunal de Justiça ou ao Conselho Superior da Magistratura – e não a órgão jurisdicional de segunda instância do Tribunal de Justiça – julgar recurso intentado contra decisão de juízo que julga impugnação ao registro de loteamento urbano. De fato, o caráter eminentemente administrativo do pedido de registro de loteamento urbano, iniciado perante o Oficial de Registros Públicos, não se transmuda pelo fato de a impugnação intentada por terceiros ser decidida no âmbito do Judiciário, que, ao fazê-lo, não exerce, a toda evidência, atividade típica jurisdicional. De acordo com o § 1º do art. 236 da CF, incumbe ao Poder Judiciário, de modo atípico, exercer função correcional e regulatória sobre a atividade registral e notarial, a ser exercida, nos termos da Lei de Organização Judiciária e Regimento Interno de cada Estado, pelo Juiz Corregedor, Corregedorias dos Tribunais e Conselho Superior da Magistratura. É justamente no desempenho desta função correcional que o Estado-juiz exerce, dentre outras atividades (como a de direção e a de disciplina), o controle de legalidade dos atos registrais e notariais, de modo a sanear eventuais irregularidades constatadas ou suscitadas, o que se dará por meio de processo administrativo. A atuação do Judiciário, ao solver a impugnação ao registro de loteamento urbano apresentada por terceiros, não exara provimento destinado a pôr fim a um suposto conflito de interesses (hipótese em que se estaria diante do exercício da jurisdição propriamente dita), ou mesmo a possibilitar a consecução de determinado ato ou à produção válida dos efeitos jurídicos perseguidos (caso em que se estaria no âmbito da jurisdição voluntária). Como enfatizado, o Estado-juiz restringe-se a verificar a presença de requisitos exigidos em lei para a realização do registro, tão-somente. A própria lei de regência preconiza que, em havendo controvérsia de alta indagação, deve-se remeter o caso às vias ordinárias (art. 19, § 2º, Lei 6.766/1979), depreendendo-se, por consectário lógico, que o "juiz competente" referido na lei, ao solver a impugnação ao registro de loteamento, de modo algum exerce jurisdição, mas sim, atividade puramente administrativa de controle de legalidade do ato registral. Devidamente delimitada a natureza da atividade estatal desempenhada pelo Poder Judiciário ao julgar o incidente sob comento, a via recursal deve, igualmente, observar os comandos legais pertinentes ao correlato procedimento administrativo. Nessa linha de raciocínio, cabe recurso administrativo, e não apelação, da decisão que julga a impugnação ao registro de loteamento. Em se tratando de questão essencialmente administrativa, o conhecimento e julgamento do recurso administrativo acima referenciado integra, inarredavelmente, a competência das Corregedorias dos Tribunais ou do Conselho Superior da Magistratura (a depender do que dispõe o Regimento Interno e a Lei de Organização Judiciária do Estado), quando do desempenho, igualmente, da função fiscalizadora e correcional sobre as serventias e órgãos prestadores de serviços notariais e de registro. REsp 1.370.524-DF, Rel. Min. Marco Buzzi, julgado em 28/4/2015, DJe 27/10/2015.

▶ **EMENTA:** ADMINISTRATIVO E PROCESSUAL CIVIL. RECURSO ORDINÁRIO EM MANDADO DE SEGURANÇA. IMPETRAÇÃO CONTRA ATO ADMINISTRATIVO DO PRESIDENTE DO CONSELHO SUPERIOR DA MAGISTRATURA DO ESTADO DE SÃO PAULO QUE DECIDIU DÚVIDA REGISTRAL SUSCITADA POR TABELIÃO. HIPÓTESE EM QUE O ACÓRDÃO RECORRIDO ENTENDEU APLICÁVEL AO CASO AS VEDAÇÕES DO ART. 18 DA LEI 6.766/1979, QUE IMPEDEM O REGISTRO DE LOTEAMENTO NA MATRÍCULA DO IMÓVEL QUANDO O LOTEADOR ESTEJA RESPONDENDO POR CRIME CONTRA A ADMINISTRAÇÃO PÚBLICA. NESTE CASO, OS SÓCIOS ACUSADOS CRIMINALMENTE SE RETIRARAM DA SOCIEDADE EM PERÍODO TEMPORAL ANTERIOR AO IMPLEMENTO E PEDIDO DE REGISTRO DO LOTEAMENTO. ADEMAIS, O LOTEADOR AQUI É A PESSOA JURÍDICA COM PERSONALIDADE E PATRIMÔNIO DISTINTOS DE SEUS SÓCIOS E, PORTANTO, NÃO PODE SOFRER QUALQUER EFEITO DE EVENTUAL FUTURA CONDENAÇÃO CRIMINAL. EXISTÊNCIA AINDA DE APLICAÇÃO DOS ARTS. 54 E 55 DA LEI 13.079/2015, QUE IMPEDE A APLICAÇÃO DE QUALQUER EFEITO AO ADQUIRENTE DE ATOS QUE NÃO ESTÃO AVERBADOS NA MATRÍCULA DO IMÓVEL. RECURSO ORDINÁRIO DA EMPRESA LOTEADORA PROVIDO, PARA CONCEDER A SEGURANÇA, CONSOANTE AS PECULIARIDADES DO CASO CONCRETO.

1. Não se pode admitir que os eventuais efeitos da sentença penal em demanda criminal em trâmite contra ex-sócios da empresa loteadora possa impedir o registro do loteamento, a teor do art. 18 da Lei 6.766/1979, porquanto a pessoa jurídica possui personalidade e patrimônio próprios.

2. Além disso, neste caso, as pessoas que estão a responder criminalmente são ex-sócios, porquanto se retiraram da sociedade em data anterior à instituição do loteamento pela empresa e seu pedido de registro público, situação não amparada na vedação do art. 18 da Lei 6.766/1979.

3. Além disso, nos termos dos arts. 54 e 55 da Lei 13.079/2015, o adquirente de imóvel somente pode sofrer os efeitos de atos que estejam averbados na matrícula deste, o que não ocorreu no caso dos autos.

4. Recurso Ordinário em Mandado de Segurança da Empresa loteadora a que se dá provimento, para conceder a segurança, conforme a particularidades deste caso concreto.

ACÓRDÃO

Vistos, relatados e discutidos estes autos, acordam os Ministros da Primeira Turma do Superior Tribunal de Justiça, na conformidade dos votos e das notas taquigráficas a seguir, prosseguindo o julgamento, após o voto-vista do Ministro Benedito Gonçalves, por maioria, vencidos os Srs. Ministros Sérgio Kukina(Relator) e Regina Helena Costa, dar provimento ao recurso ordinário, concedendo a segurança, nos termos do voto do Sr. Ministro Napoleão Nunes Maia Filho, que lavrará o ACÓRDÃO. Votaram com o Sr. Ministro Napoleão Nunes Maia Filho o Sr. Ministro Gurgel de Faria(voto-vista) e Benedito Gonçalves(voto-vista).

Brasília/DF, 13 de outubro de 2020 (Data do Julgamento).

MINISTRO NAPOLEÃO NUNES MAIA FILHO

Relator

RELATÓRIO

O EXMO. SR. MINISTRO SÉRGIO KUKINA (Relator): Trata-se de recurso ordinário em mandado de segurança interposto por JARDIM EUROPA CONDOMÍNIOS RESIDENCIAIS LTDA. e OUTRO, com fundamento no art. 105, II, *b*, da Constituição Federal, contra acórdão do Tribunal de Justiça do Estado de São Paulo.

Tira-se dos autos que a parte recorrente impetrou o subjacente mandado de segurança contra afirmado ato ilegal do PRESIDENTE DO CONSELHO SUPERIOR DA MAGISTRATURA DO TRIBUNAL DE JUSTIÇA DO ESTADO DE SÃO PAULO, consubstanciado no acórdão que, em grau de recurso (apelação interposta pelo *Parquet*), julgou procedente a dúvida suscitada pelo Oficial de Registro de Imóveis da Comarca de Ibitinga/SP, confirmando a anterior decisão proferida por este último no sentido de negar o registro do loteamento *"Residencial Jardim Europa"* na Matrícula n. 7.148 do Livro 2 de Registro Geral.

Referido acórdão recebeu a seguinte ementa (fl. 674):

REGISTRO DE IMÓVEIS – Dúvida registral – Loteamento – Processo penal em curso contra ex-proprietários e ex-sócios recentes da loteadora, acusados de prática de inúmeros crimes contra a Administração Pública (art. 333 c/c o art. 69 do CP) – Acusados que cederam suas quotas sociais às suas mulheres – Incidência do art. 18, § 2°, da Lei n. 6.766/1976 – Inviabilidade do registro – Insuficiência da presunção constitucional de não culpabilidade para, neste procedimento, excluir o obstáculo levantado à inscrição – Descabimento da invocação da Lei n. 13.097/2015 para fins do registro requerido – Dúvida julgada procedente – Recurso provido.

À sua vez, a segurança foi denegada pelo Órgão Especial do TJ/SP, nos termos do acórdão assim ementado (fl. 777):

MANDADO DE SEGURANÇA – DÚVIDA REGISTRAL – Hipótese em que pendem processos criminais contra ex-sócios, para apuração de crimes contra a Administração Pública –

I. LEGITIMIDADE PASSIVA – Ainda que a decisão tenha sido tomada, à unanimidade, por integrantes do Conselho Superior da Magistratura, é certo que cabe ao Presidente do Órgão Colegiado a sua representação judicial e o processamento do pedido Ilegitimidade passiva não reconhecida –

II. REGISTRO DO LOTEAMENTO Impossibilidade, pela simples exegese do artigo 18, § 2º, da Lei n. 6.766/79 – Princípios da presunção da inocência e da instranscendência da responsabilidade criminal que não afastam a aplicação do comando legal ao caso – Regra de natureza civil que visa à proteção dos futuros adquirentes de lotes – Ausência de direito líquido e certo a ser tutelado.

Segurança denegada.

Sustenta a parte recorrente que o Tribunal de origem deu ao art. 18, § 2º, da Lei 6.766/1979 *"uma interpretação não apenas incompatível com outras regras de mesmo patamar e com os fatos concretamente submetidos a exame, mas também em desarmonia com a Constituição Federal"* (fl. 795).

Nesse sentido, argumenta que a aquisição do imóvel pelos sócios-cotistas da primeira recorrente assim como sua constituição e a posterior incorporação ocorreram no período compreendido entre 17/11/2011 e julho de 2012 – antes, portanto, da instauração do processo penal ajuizado contra ANTÔNIO CARLOS CHAPELA NORES e PEDRO AUGUSTO DO NASCIMENTO JÚNIOR, motivo pelo qual não seria (fl. 796):

24. [...] juridicamente possível que, de forma retroativa, referida entidade viesse a ser prejudicada por fato superveniente que representou restrição exclusivamente a dois de seus ex-sócios, ex-proprietários do imóvel.

Alega, ainda, que, nos termos dos arts. 54 e 55 da Lei 13.097/2015, as *"situações não registradas na matrícula do imóvel não podem ser opostas aos adquirentes dos lotes do empreendimento, que estão protegidos contra eventual declaração de ineficácia do negócio jurídico, inclusive aquela relacionada aos efeitos patrimoniais de uma condenação penal (art. 91, CP)"* (fl. 797).

Adiante, diz que, mesmo se desconsideradas as alegações acima expendidas, certo é que *"não haveria qualquer risco aos adquirentes dos lotes* [uma vez que] *o patrimônio dos envolvidos é suficiente para fazer frente a eventual condenação, conforme se constata da análise dos documentos de fls. 536/553 e 554/567, em comparação com o capital social da Recorrente e o valore do terreno sobre o qual será erigido o loteamento (fls. 37 e 104/105)"* (fl. 798).

Segue afirmando que *"tanto o ato coator quanto o v. Acórdão recorrido acabaram por estender à pessoa jurídica uma restrição que poderia representar, no máximo, impedimento à atividade empresarial de dois de seus ex-sócios"* (fl. 799), o que importaria em ofensa ao art. 5º, XLV, da Constituição da República.

À luz dessas premissas, também assere a necessidade de se reconhecer a existência de direito adquirido ao registro imobiliário requerido ou, ao menos, que *"seja tutelada a posição jurídica fundada na confiança legítima e no princípio da segurança jurídica"*, pois, *"quando constituída a sociedade comercial, seu escopo era plenamente viável"* (fl. 802).

A parte recorrente defende, ainda, que (fl. 804):

54. Diante das normas dos arts. 54 e 55 da Lei nº 13.097/15, acima tratados, a negativa de registro com fundamento na aplicação isolada do art. 18, § 2º, da Lei nº 6.766/79 há de ser reputada desnecessária e excessivamente onerosa, pois, para atingir a finalidade do interesse público, agrava sobremaneira o direito titularizado pelos Recorrentes.

55. Com efeito, o interesse público em tela pode ser igualmente resguardado, e de forma muito menos gravosa, com o deferimento do registro nos termos solicitados, tendo em vista a inexistência de averbação ou registro, na matrícula do imóvel, de situações jurídicas aptas a invalidar os negócios de venda e compra dos lotes do empreendimento, como exige a Lei nº 13.097/15.

56. Demais disso, e na mesma linha dos itens precedentes, a falta de razoabilidade e proporcionalidade da medida materializada no ato coator – e perpetuada no v. Acórdão recorrido – resta evidenciada, em igual proporção, porque: (i) não se presta a preservar a ordem pública, nem a tutelar os interesses dos potenciais consumidores dos lotes; (ii) não encerra qualquer garantia de ordem patrimonial para o Erário ou para futuros compradores dos lotes; (iii) cerceia a atividade empresarial da Recorrente sem uma justificativa coerente com os limites da restrição imposta; e (iv) estende para terceiros as consequências que a lei prevê apenas para os implicados criminalmente.

Especificamente no que tange aos eventuais pedidos formulados na impetração, assevera que (fls. 805/806):

61. Tendo-se negado o registro sob a premissa de que há pendências criminais contra ex-sócios da Recorrente e constatado o fato de que as esposas destes atualmente figuram como sócias da Recorrente, há de ser reconhecido que, com a retirada destas, nada obstará o registro do loteamento, tendo em vista a completa dissociação entre a figura dos ex-sócios e a sociedade, bem como à atividade por ela desenvolvida.

62. Não é demais repisar que não se cogita, no caso, de mau uso da personalidade jurídica ou qualquer espécie de fraude na operação societária. Tendo o encargo que pesa sobre os sujeitos criminalmente processados natureza estritamente pessoal, era perfeitamente lícito e possível que eles se retirassem do quadro societário, sendo irrelevante que em seu lugar ingressassem suas esposas.

63. De mais a mais, esta via se mostra adequada para o requerimento porque não bastaria que se alterasse o contrato social e que se renovasse o requerimento de registro junto ao Oficial do Registro de Imóveis; é necessário que haja provimento específico para reconhecer-se o direito líquido e certo ora exposto, explicitando-se as condições em que o registro deve ocorrer, consideradas as circunstâncias do caso concreto.

64. Assim, mesmo na remota hipótese de serem mantidas as bases do raciocínio exarado no decisum, é de rigor o acolhimento do pedido eventual, autorizando-se o registro do loteamento mediante a condição de que referidas pessoas se retirem da sociedade, nela permanecendo o Recorrente VLADIMIR COLEONE, com o ingresso de eventual outro sócio, em relação ao qual não haja qualquer tipo de impedimento.

Por fim, requer o provimento do recurso ordinário a fim de reformar o acórdão recorrido e conceder a segurança, *"deferindo-se o registro do loteamento, apesar da pendência dos processos penais contra os ex-sócios"* (fl. 806). Em caráter eventual (fl 807):

66. [...] aguarda-se a reforma do v. Acórdão para que se defira o registro mediante a condição de que dos quadros societários se retirem as esposas dos ex-sócios da Recorrente.

Sem contrarrazões (fl. 823/824).

O Ministério Público Federal, em parecer da Subprocuradora-Geral da República DENISE VINCI TULIO, opinou pelo não provimento da demanda (fls. 860/864).

Em 21/3/2018, este relator declinou da competência para processar e julgar o presente recurso ordinário em favor de um dos em. Ministros integrantes da Segunda Seção (fls. 866/867).

Os autos foram então redistribuídos, no âmbito da Terceira Turma, à em. Ministra NANCY ANDRIGHI (fl. 873).

Na sessão de julgamento de 4/12/2018, por maioria, a Terceira Turma acolheu a questão de ordem deduzida pela em. Ministra NANCY ANDRIGHI, a fim de suscitar Conflito de Competência negativo perante a Corte Especial (fl. 883), autuado sob o n. 162.932/DF (fl.887), que dele conheceu para declarar competente a Primeira Turma, nos termos do acórdão assim ementado (fls. 890/891):

PROCESSUAL CIVIL E ADMINISTRATIVO. CONFLITO NEGATIVO DE COMPETÊNCIA ENTRE A PRIMEIRA E A TERCEIRA TURMAS DO SUPERIOR TRIBUNAL DE JUSTIÇA. LITÍGIO ENTRE PARTICULAR E DESEMBARGADOR PRESIDENTE DO CONSELHO SUPERIOR DA MAGISTRATURA DO ESTADO DE SÃO PAULO. COMPETÊNCIA CORREICIONAL DE CARÁTER ADMINISTRATIVO REALIZADA PELO PODER JUDICIÁRIO SOBRE OS ATOS DOS CARTÓRIOS EXTRAJUDICIAIS. ART. 9º DO REGIMENTO INTERNO DO STJ. RELAÇÃO LITIGIOSA COM NATUREZA JURÍDICA DE DIREITO PÚBLICO. COMPETÊNCIA DA PRIMEIRA TURMA (JUÍZO SUSCITADO), INTEGRANTE DA PRIMEIRA SEÇÃO DO STJ (DIREITO PÚBLICO). CONFLITO CONHECIDO E JULGADO PROCEDENTE.

1. No caso de debate relativo à competência, o art. 9º do Regimento Interno do Superior Tribunal de Justiça estabelece como critério geral a "natureza da relação jurídica litigiosa" (CC 130.084/DF, Rel. Min. Herman Benjamin, Corte Especial, julgado em 15/2/2017, DJe 19/4/2017).

2. A relação litigiosa tem natureza jurídica de Direito Público, por estar relacionada com a competência correicional de caráter administrativo realizada pelo Poder Judiciário sobre os atos dos cartórios extrajudiciais.

3. A situação em exame resolve-se pela aplicação do entendimento da Corte Especial em casos idênticos ao presente, a exemplo do Conflito de Competência n. 130.084/DF, Corte Especial, Rel. Min. Herman Benjamin, j. em 15/2/2017, e do Conflito de Competência n. 89.913/SP, Corte Especial, Rel. Min. Gilson Dipp, j. em 7/11/2007.

4. Como bem manifestou-se o Ministério Público Federal: "a autoridade coatora é servidor público vinculado a ente estatal e atua administrativamente representando órgão público. Assim, tem-se que a pretensão dos impetrantes é dirigida contra órgão público, com vistas a obter autorização para registro de loteamento.

Como se vê, há um ente público na lide e a controvérsia tem como causa de pedir matéria de direito público, qual seja, a concessão da ordem para que se defira o registro imobiliário do loteamento."

5. Conflito conhecido e julgado procedente para declarar competente a Primeira Turma do STJ.

Foram os autos então redistribuídos a este Relator, por prevenção, e conclusos em 18/11/2019 (fl. 922).

É O RELATÓRIO.

EMENTA: ADMINISTRATIVO. RECURSO ORDINÁRIO EM MANDADO DE SEGURANÇA. LOTEAMENTO IMOBILIÁRIO. REGISTRO. IMPOSSIBILIDADE. EXISTÊNCIA DE AÇÕES PENAIS EM DESFAVOR DE EX-PROPRIETÁRIOS DO IMÓVEL. SUPOSTA PRÁTICA DE CRIME CONTRA A ADMINISTRAÇÃO PÚBLICA. INTELIGÊNCIA DO ART. 18, §§ 1º E 2º, DA LEI 6.766/1979. ARTS. 54 E 55 DA LEI 13.097/2015. INAPLICABILIDADE.

1. Cuida-se, na origem, de mandado de segurança impetrado pela recorrente contra afirmado ato ilegal do Presidente do Conselho Superior da Magistratura do Tribunal de Justiça do Estado de São Paulo, consubstanciado em acórdão que, em grau de recurso (apelação interposta pelo *Parquet*), julgou procedente a dúvida suscitada pelo Oficial de Registro de Imóveis da Comarca de Ibitinga/SP, confirmando anterior decisão deste último no sentido de negar o registro do loteamento *"Residencial Jardim Europa"* na Matrícula n. 7.148 do Livro 2 de Registro Geral.

2. Nos termos do art. 18, §§ 1º e 2º, da Lei 6.766/1979, a existência de ação penal referente a crime contra o patrimônio ou a administração pública em desfavor do loteador, ou dos ex-proprietários do imóvel, no período anterior a 10 (dez) anos do pedido de inscrição, tem o condão de impedir o registro do loteamento.

3. Caso concreto em que é incontroversa a existência de ações penais em desfavor dos referidos ex-sócios da requerente, ora impetrante, também ex-proprietários do imóvel em tela, pela suposta prática de crime contra a administração pública. Logo, é irrelevante perquirir se tais demandas penais poderiam, ou não, prejudicar os eventuais adquirentes dos lotes ou a situação de solvabilidade da loteadora, de seus sócios e ex-sócios – questão esta que, por demandar dilação probatória, nem mesmo poderia ser apreciada em sede mandamental.

4. Os arts. 54 e 55 da Lei 13.097/2015 disciplinam o chamado princípio da concentração dos atos na matrícula, segundo o qual não poderão ser opostas ao terceiro de boa-fé as situações jurídicas que não constarem da matrícula do imóvel, inclusive para fins de evicção.

5. A Lei 13.097/2015 tem por escopo aumentar a segurança jurídica das transações imobiliárias, instituindo a matrícula como o principal documento a ser analisado para apurar a contemporânea situação jurídica de determinado imóvel, visando a dispensar, inclusive, diligências complementares.

6. O advento da Lei 13.097/2015 não importou na revogação tácita do art. 18, §§ 1º e 2º, da Lei 6.766/1979, uma vez que este disciplina justamente os requisitos para que determinado projeto de loteamento ou de desmembramento possa ser levado a registro, ou seja, cuida de fase que antecede a venda de lotes a terceiros.

7. Recurso ordinário conhecido e não provido.

VOTO

O EXMO. SR. MINISTRO SÉRGIO KUKINA (Relator): Como relatado, cuida-se de recurso ordinário interposto contra acórdão do Tribunal de Justiça do Estado de São Paulo, que denegou mandado de segurança impetrado contra afirmado ato ilegal do PRESIDENTE DO CONSELHO SUPERIOR DA MAGISTRATURA DO TRIBUNAL DE JUSTIÇA DO MESMO ENTE FEDERADO, consubstanciado em acórdão que julgou procedente a dúvida suscitada pelo Oficial de Registro de Imóveis da Comarca de Ibitinga/SP, de modo a negar o registro do loteamento *"Residencial Jardim Europa"* na Matrícula n. 7.148 do Livro 2 de Registro Geral.

Da documentação contida nos autos extrai-se o seguinte:

a) em 26/7/2012: ANTÔNIO CARLOS CHAPELA NORES, PEDRO AUGUSTO DO NASCIMENTO JÚNIOR e OUTROS outorgam o bem imóvel objeto da Matrícula 7.148 do Livro 2 de Registro Geral do Registro de Imóveis da Comarca de Ibitinga/SP à sociedade JARDIM EUROPA CONDOMÍNIOS RESIDENCIAIS LTDA., como forma de integralização de seu capital social (Escritura Pública de fls. 82/89);

b) a escritura foi registrada na matrícula do imóvel em 1/8/2012 (fls. 102/105);

c) a partir da alteração contratual de 22/8/2014 (fls. 90/100), ANTÔNIO CARLOS CHAPELA NORES e PEDRO AUGUSTO DO NASCIMENTO JÚNIOR deixaram de integrar o quadro societário da impetrante JARDIM EUROPA CONDOMÍNIOS RESIDENCIAIS LTDA., ora recorrente;

d) em 9/4/2015, a recorrente requereu o registro do loteamento *"Residencial Jardim Europa"* junto ao imóvel em tela (fl. 452);

(e) em 13/4/2015, o Oficial de Registro de Imóveis procedeu à devolução da referida petição, ante a existência de ações judiciais contra ANTÔNIO CARLOS CHAPELA NORES e PEDRO AUGUSTO DO NASCIMENTO JÚNIOR, ex-sócios da requente, a saber:

(i) Ação Penal n. 005895-74.2012.8.26.0050, em tramitação na 6ª Vara Criminal do Foro Central Criminal Barra Funda, São Paulo/SP e (ii) ação Civil Pública por Ato de Improbidade Administrativa n. 005218-93.2013.8.26.0053, em tramitação na 4ª Vara de Fazenda Pública/Acidentes do Foro Central de São Paulo/SP (fl. 452);

f) a ora recorrente suscitou dúvida, em 15/4/2015 (fl. 456);

g) O Juízo de Direito da 1ª Vara Cível da Comarca de Ibitinga/SP julgou improcedente a dúvida, determinando o registro do loteamento em tela (fls. 595/599);

h) a sentença foi reformada, em grau de apelação, pelo Conselho de Magistratura do Tribunal de Justiça do Estado de São Paulo, nos termos da ementa que segue (fl. 674):

REGISTRO DE IMÓVEIS – Dúvida registral – Loteamento – Processo penal em curso contra ex-proprietários e ex-sócios recentes da loteadora, acusados da prática de inúmeros crimes contra a Administração Pública (art. 333 c/c o art. 69 do CP) – Acusados que cederam as quotas sociais às suas mulheres – Incidência do art. 18, § 2º, da Lei n. 6.766/1979 – Inviabilidade do registro – Insuficiência da presunção constitucional de não culpabilidade para, neste procedimento, excluir o obstáculo levantado à inscrição – Descabimento da invocação da Lei nº 13.097/2015 para fins do registro requerido – Dúvida julgada procedente. Recurso provido.

O Tribunal de origem denegou a segurança ao entendimento de que seria aplicável ao caso a restrição contida no art. 18, § 2º, da Lei 6.766/1979, nos seguintes termos (fls.779/ 782):

Pretendem os impetrantes, por meio deste mandado de segurança, obter provimento apto a "cassar, para todos os fms e efeitos de direito, o ato coator, deferindo-se o registro do loteamento referido, apesar da pendência dos processos penais contra os ex-sócios. Em caráter eventual,aguarda-se a concessão da ordem para que se defira o registro, mediante a condição de que dos quadros societários se retirem as esposas dos ex– sócios" (fls. 31).

Desponta dos autos que os impetrantes são a sociedade empresarial responsável pelo loteamento denominado "Residencial Jardim Europa" e um dos seus sócios, que tiveram o registro do loteamento negado em razão da decisão contra a qual ora se voltam, que está assim ementada:

[...]

*Verifica-se do citado acórdão que o registro do loteamento havia sido negado em razão de **existirem processos criminais contra dois ex--sócios da Jardim Europa Condomínios Residenciais Ltda., Antonio Carlos Chapela Nores e Pedro Augusto do Nascimento, em razão da suposta prática de crimes contra a Administração Pública, em concurso material por dez vezes.***

Saliente-se, neste ponto, que os documentos juntados pelos impetrantes (fls. 740/742) dão conta da absolvição dos referidos ex-sócios quanto a alguns dos crimes por eles praticados, permanecendo, contudo, a restrição quanto aos demais.

Dispõe a Lei de Parcelamento do Solo Urbano:

[...]

*Assim, por expressa previsão legal, **estando em curso ações penais por crimes contra a administração pública contra ex-sócios da sociedade empresarial, era mesmo o caso de se indeferir o registro do loteamento.** A eventual capacidade financeira da pessoa jurídica, potencialmente garantidora dos direitos dos futuros adquirentes dos lotes, não afasta a aplicação do cristalino comando legal.*

[...]

*Como bem salientou a douta Procuradoria Geral de Justiça, "o impedimento foi estabelecido pela legislação civil, e tem por escopo a preservação patrimonial dos adquirentes dos lotes. A responsabilidade exclusivamente penal é, por claro, personalíssima, mas os seus efeitos civis podem se estender ao patrimônio comum do casal e até sucessores, por efeito da condenação. **De outro lado, é sabido que a constituição de empresa, dando assim nascimento a outra pessoa (jurídica) não é suficiente para a invocação da disposição constitucional em favor dos impetrantes, dado que este fato por si só não exclui a intercomunicação de responsabilidades, sabido que da mesma forma pode a sociedade sofrer consequências patrimoniais por ato de seus sócios ou mesmo ex-sócios.** A substituição dos sócios Antonio Carlos e Pedro Augusto, por suas respectivas esposas, não deixa de denotar – ainda que assim não o admitam os impetrantes – uma forma de se esquivarem, os sócios originários, da restrição imposta pela legislação." (fls. 731/732).*

Tal compreensão se apresenta correta, como passo a demonstrar.

Dispõe a Lei 6.766/1979 o seguinte:

*Art. 18. Aprovado o projeto de loteamento ou de desmembramento, **o loteador** deverá submetê-lo ao registro imobiliário dentro de 180 (cento e oitenta) dias, sob pena de caducidade da aprovação, acompanhado dos seguintes documentos:*

[...]

IV – certidões:

*a) dos cartórios de protestos de títulos, **em nome do loteador, pelo período de 10 (dez) anos;***

*b) de **ações pessoais relativas ao loteador**, pelo período de 10 (dez) anos;*

c) de ônus reais relativos ao imóvel;

*d) de **ações penais contra o loteador**, pelo período de 10 (dez) anos.*

[...]

*§ 1º. – Os períodos referidos nos incisos III, alínea b e IV, alíneas a, e d, tomarão por base a data do pedido de registro do loteamento, devendo todas elas serem extraídas **em nome daqueles que, nos mencionados períodos, tenham sido titulares de direitos reais sobre o imóvel.***

*§ 2º – **A existência** de protestos, de ações pessoais ou **de ações penais, exceto as referentes a crime contra o patrimônio e contra a administração, não impedirá o registro do loteamento se o requerente comprovar que esses protestos ou ações não poderão prejudicar os adquirentes dos lotes.** Se o Oficial do Registro de Imóveis julgar insuficiente a comprovação feita, suscitará a dúvida perante o juiz competente.*

Ora, não se olvida de que a parte impetrante, ora recorrente – proprietária do imóvel supramencionado e requerente do registro imobiliário em tela –, possui personalidade jurídica diversa de seus respectivos sócios-cotistas, não se podendo confundir a pessoa jurídica JARDIM EUROPA CONDOMÍNIOS RESIDENCIAIS LTDA. com ANTÔNIO CARLOS CHAPELA NORES e PEDRO AUGUSTO DO NASCIMENTO JÚNIOR, ex-integrantes de seu quadro societário. Nesse sentido, *mutatis mutandis*:

PROCESSUAL CIVIL. ADMINISTRATIVO. IMPROBIDADE ADMINISTRATIVA. AGRAVO REGIMENTAL NO AGRAVO EM RECURSO ESPECIAL. ACÓRDÃO RECORRIDO PUBLICADO NA VIGÊNCIA DO CPC/73. ENUNCIADO ADMINISTRATIVO N. 2/STJ. INAPLICABILIDADE DAS DISPOSIÇÕES DO CPC/2015. ADVOGADO SEM PROCURAÇÃO NOS AUTOS. INCIDÊNCIA DA SÚMULA 115/STJ.

1. Registre-se, de logo, que o acórdão recorrido foi publicado na vigência do CPC/73; por isso, no exame dos pressupostos de admissibilidade do recurso, será observada a diretriz contida no Enunciado Administrativo n. 2/STJ, aprovado pelo Plenário do STJ na Sessão de 9 de março de 2016.

2. "O Superior Tribunal de Justiça considera inexistente o recurso no qual o advogado subscritor não possui procuração ou substabelecimento nos autos, conforme pacífica jurisprudência (Súmula 115/STJ)" (EDcl no ARE no RE nos EDcl no AgInt nos EDcl no AREsp 804.142/MT, Rel. Ministro HUMBERTO MARTINS, CORTE ESPECIAL, DJe 09/04/2018).

3. "Segundo entendimento desta Corte, 'A sociedade de advogados, pessoa jurídica de direito privado, e, portanto, com personalidade jurídica distinta dos sócios que a integram, deve ser representada em juízo por advogado, devidamente constituído por procuração nos autos, não se tratando, pois, de hipótese de postulação em causa própria' (EDcl no AgRg no REsp 1.455.063/GO, Rel. Ministro MARCO AURÉLIO BELLIZZE, TERCEIRA TURMA, julgado em 20/11/2014, DJe de 28/11/2014)" (AgInt no AREsp 995.252/SP, Rel. Ministro RAUL ARAÚJO, QUARTA TURMA, DJe 03/04/2017).

4. "A prática de atos na instância de origem não supre o defeito de representação processual, uma vez que o Superior Tribunal de Justiça não admite mandato tácito" (AgRg no REsp 1.540.779/DF, Rel. Ministro NAPOLEÃO NUNES MAIA FILHO, PRIMEIRA TURMA, DJe 13/03/2018). Nesse mesmo sentido: AgRg no REsp 1.479.601/SP, Rel. Ministra ASSUSETE MAGALHÃES, SEGUNDA TURMA, DJe 25/06/2015; AgInt no AREsp 932.340/SP, Rel. Ministro MARCO AURÉLIO BELLIZZE, TERCEIRA TURMA,

DJe 28/11/2016; AgRg no AREsp 808.808/MG, Rel. Ministro LUIS FELIPE SALOMÃO, QUARTA TURMA, DJe 13/04/2016.

5. Agravo interno não conhecido.

(**AgRg no AREsp 795.168/SP,** Rel. Ministro SÉRGIO KUKINA, PRIMEIRA TURMA, DJe 08/06/2018)

PROCESSUAL CIVIL. EMBARGOS DE DIVERGÊNCIA. PESSOA JURÍDICA. DESCONSIDERAÇÃO. PEDIDO DEFERIDO. IMPUGNAÇÃO. LEGITIMIDADE RECURSAL. EMBARGOS DE DIVERGÊNCIA NÃO PROVIDOS.

1. Trata-se de embargos de divergência interpostos contra acórdão que decide legitimidade da pessoa jurídica para interpor recurso de pronunciamento judicial que desconsidera a personalidade jurídica.

2. No caso, entendeu-se que, diante do rol de legitimados à interposição de recursos (arts. 499 do Código de Processo Civil de 1973 e 996 do Código de Processo Civil de 2015), do qual emerge a noção de sucumbência fundada no binômio necessidade/utilidade, a pessoa jurídica detém a mencionada legitimidade quando tiver potencial bastante para atingir o patrimônio moral da sociedade. Fundamenta-se tal entendimento no fato de que à pessoa jurídica interessa a preservação de sua boa fama, assim como a punição de condutas ilícitas que venham a deslustrá-la.

3. Os fundamentos trazidos no acórdão recorrido estão mais condizentes com a própria noção de distinção de personalidades no ordenamento jurídico pátrio. ***A pessoa jurídica, como ente com personalidade distinta dos sócios que a compõem,*** *também possui direitos a serem preservados, dentre eles o patrimônio moral, a honra objetiva, o bom nome. De fato, o argumento da falta de interesse na reforma da decisão, tendo em vista o fato de que apenas os sócios seriam prejudicados com a resolução (já que é sobre os seus bens particulares que recairia a responsabilidade pelas obrigações societárias), mostra-se frágil.*

4. "O interesse na desconsideração ou, como na espécie, na manutenção do véu protetor, pode partir da própria pessoa jurídica, desde que, à luz dos requisitos autorizadores da medida excepcional, esta seja capaz de demonstrar a pertinência de seu intuito, o qual deve sempre estar relacionado à afirmação de sua autonomia, vale dizer, à proteção de sua personalidade. Assim, é possível, pelo menos em tese, que a pessoa jurídica se valha dos meios próprios de impugnação existentes para defender sua autonomia e regular administração, desde que o faça sem se imiscuir indevidamente na esfera de direitos dos sócios/administradores incluídos no polo passivo por força da desconsideração" (REsp 1.421.464/SP, Rel. Ministra Nancy Andrighi, Terceira Turma, julgado em 24/4/2014, DJe 12/5/2014) 5. Embargos de divergência conhecidos, aos quais se nega provimento.

(**EREsp 1.208.852/SP,** Rel. Ministro OG FERNANDES, CORTE ESPECIAL, DJe 20/05/2016)

Sucede que, na forma dos dispositivos legais acima elencados, a existência de de ações penais contra **os ex-proprietários do imóvel**, no período anterior a 10 (dez) anos do pedido de inscrição, **também tem o condão de impedir o registro do loteamento.**

Nesse contexto, **sendo incontroversa a existência de demandas penais em desfavor dos referidos ex-sócios da impetrante**, ora recorrente, pela suposta prática de crime contra a administração pública, é irrelevante perquirir se aqueles poderiam, ou não, prejudicar os eventuais adquirentes dos lotes ou a situação de solvabilidade da loteadora, de seus sócios e ex-sócios – questão esta que, por demandar dilação probatória, nem mesmo poderia ser apreciada em sede mandamental.

Resta avaliar, portanto, se a referida restrição contida na Lei 6.766/1979 é, ou não, compatível com as disposições dos arts. 54 e 55 da Lei 13.097/2015, *in verbis:*

Art. 54. Os negócios jurídicos que tenham por fim constituir, transferir ou modificar direitos reais sobre imóveis são eficazes em relação a ***atos jurídicos precedentes, nas hipóteses em que não tenham sido registradas ou averbadas na matrícula do imóvel as seguintes informações:***

I – registro de citação de ações reais ou pessoais reipersecutórias;

II – averbação, por solicitação do interessado, de constrição judicial, do ajuizamento de ação de execução ou de fase de cumprimento de sentença, procedendo-se nos termos previstos do art. 615-A da Lei nº 5.869, de 11 de janeiro de 1973 – Código de Processo Civil ;

III – averbação de restrição administrativa ou convencional ao gozo de direitos registrados, de indisponibilidade ou de outros ônus quando previstos em lei; e

IV – averbação, mediante decisão judicial, da existência de outro tipo de ação cujos resultados ou responsabilidade patrimonial possam reduzir seu proprietário à insolvência, nos termos do i nciso II do art. 593 da Lei nº 5.869, de 11 de janeiro de 1973 – Código de Processo Civil.

Parágrafo único. ***Não poderão ser opostas situações jurídicas não constantes da matrícula no Registro de Imóveis,*** *inclusive para fins de evicção, ao terceiro de boa-fé que adquirir ou receber em garantia direitos reais sobre o imóvel, ressalvados o disposto nos arts. 129 e 130 da Lei nº 11.101, de 9 de fevereiro de 2005, e as hipóteses de aquisição e extinção da propriedade que independam de registro de título de imóvel.*

Art. 55. A alienação ou oneração de unidades autônomas integrantes de incorporação imobiliária, parcelamento do solo ou condomínio edilício, devidamente registrada, não poderá ser objeto de evicção ou de decretação de ineficácia, mas eventuais credores do alienante ficam sub-rogados no preço ou no eventual crédito imobiliário, sem prejuízo das perdas e danos imputáveis ao incorporador ou empreendedor, decorrentes de seu dolo ou culpa, bem como da aplicação das disposições constantes da Lei nº 8.078, de 11 de setembro de 1990.

Como se vê, a Lei 13.097/2015 disciplina o chamado princípio da concentração dos atos na matrícula, segundo o qual não poderão ser opostas ao terceiro de boa-fé as situações jurídicas que não constarem da matrícula do imóvel, inclusive para fins de evicção.

De fato, referido diploma legal tem por escopo aumentar a segurança jurídica das transações imobiliárias, instituindo a matrícula como o principal documento a ser analisado para apurar a contemporânea situação jurídica de determinado imóvel, visando a dispensar, inclusive, diligências complementares.

Tem-se, assim, que o advento da Lei 13.097/2015 não importou na revogação tácita do art. 18, §§ 1º e 2º, da Lei 6.766/1979, uma vez que este disciplina justamente os requisitos para que determinado projeto de loteamento ou de desmembramento possa ser levado a registro, ou seja, cuida de fase que antecede a venda de lotes a terceiros.

ANTE O EXPOSTO, nego provimento ao recurso ordinário.

É como voto.

VOTO-VENCEDOR

ADMINISTRATIVO E PROCESSUAL CIVIL. RECURSO ORDINÁRIO EM MANDADO DE SEGURANÇA. IMPETRAÇÃO CONTRA ATO ADMINISTRATIVO DO PRESIDENTE DO CONSELHO SUPERIOR DA MAGISTRATURA DO ESTADO DE SÃO PAULO QUE DECIDIU DÚVIDA REGISTRAL SUSCITADA POR TABELIÃO. HIPÓTESE EM QUE O ACÓRDÃO RECORRIDO ENTENDEU APLICÁVEL AO CASO AS VEDAÇÕES DO ART. 18 DA LEI 6.766/1979, QUE IMPEDEM O REGISTRO DE LOTEAMENTO NA MATRÍCULA DO IMÓVEL QUANDO O LOTEADOR ESTEJA RESPONDENDO POR CRIME CONTRA A ADMINISTRAÇÃO PÚBLICA. NESTE CASO, OS SÓCIOS ACUSADOS CRIMINALMENTE SE RETIRARAM DA SOCIEDADE EM PERÍODO TEMPORAL ANTERIOR AO IMPLEMENTO E PEDIDO DE REGISTRO DO LOTEAMENTO. ADEMAIS, O LOTEADOR AQUI É A PESSOA JURÍDICA COM PERSONALIDADE E PATRIMÔNIO DISTINTOS DE SEUS SÓCIOS E, PORTANTO, NÃO PODE SOFRER QUALQUER EFEITO DE EVENTUAL FUTURA CONDENAÇÃO CRIMINAL. EXISTÊNCIA AINDA DE APLICAÇÃO DOS ARTS. 54 E 55 DA LEI 13.079/2015, QUE IMPEDE A APLICAÇÃO DE QUALQUER EFEITO AO ADQUIRENTE DE ATOS QUE NÃO ESTÃO AVERBADOS NA MATRÍCULA DO IMÓVEL. RECURSO ORDINÁRIO DA EMPRESA LOTEADORA PROVIDO, PARA CONCEDER A SEGURANÇA, CONSOANTE AS PECULIARIDADES DO CASO CONCRETO.

1. Não se pode admitir que os eventuais efeitos da sentença penal em demanda criminal em trâmite contra ex-sócios da empresa loteadora possa impedir o registro do loteamento, a teor do art. 18 da Lei 6.766/1979, porquanto a pessoa jurídica possui personalidade e patrimônio próprios.

2. Além disso, neste caso, as pessoas que estão a responder criminalmente são ex-sócios, porquanto se retiraram da sociedade em data anterior à instituição do loteamento pela empresa e seu pedido de registro público, situação não amparada na vedação do art. 18 da Lei 6.766/1979.

3. Além disso, nos termos dos arts. 54 e 55 da Lei 13.079/2015, o adquirente de imóvel somente pode sofrer os efeitos de atos que estejam averbados na matrícula deste, o que não ocorreu no caso dos autos.

4. Recurso Ordinário em Mandado de Segurança da Empresa loteadora a que se dá provimento, para conceder a segurança, conforme a particularidades deste caso concreto.

1. Trata-se de Recurso Ordinário em Mandado de Segurança interposto por JARDIM EUROPA CONDOMÍNIOS RESIDENCIAIS LTDA, contra acórdão prolatado pelo egrégio TJSP, assim ementado:

MANDADO DE SEGURANÇA DÚVIDA REGISTRAL – Hipótese em que pendem processos criminais contra ex-sócios, para apuração de crimes contra a Administração Pública I. LEGITIMIDADE PASSIVA – Ainda que a decisão tenha sido tomada, à unanimidade, por integrantes do Conselho Superior da Magistratura, é certo que cabe ao Presidente do órgão Colegiado a sua representação judicial e o processamento do pedido – Ilegitimidade passiva não reconhecida II. REGISTRO DO LOTEAMENTO Impossibilidade, pela simples exegese do artigo 18, § 2º., da Lei n. 6.766/79 – Princípios da presunção da inocência e da instranscendência da responsabilidade criminal que não afastam a aplicação do comando legal ao caso – Regra de natureza civil que visa à proteção dos futuros adquirentes de lotes Ausência de direito líquido e certo a ser tutelado. Segurança denegada (fls. 777).

2. Consoante o bem elaborado relatório apresentado pelo eminente Ministro SÉRGIO KUKINA, Relator, por ocasião da apresentação de seu brilhante voto, a pessoa jurídica recorrente aduz, em suma, que não pode ser atingida pelo art. 18 da Lei de Parcelamento de Solo Urbano, porquanto a restrição existente, se refere às pessoas de ex-sócios, os quais não mais a integravam por ocasião do pedido de loteamento, levado ao Registro Público, que ensejou, por parte do Tabelião, a suscitação de dúvida perante o Juízo de primeiro grau competente da Comarca de Ibitinga/SP.

3. Apesar de o Juízo monocrático haver liberado o parcelamento da gleba, houve recurso apresentado pelo douto Órgão Ministerial, que foi acolhido pelo egrégio Tribunal Bandeirante, o qual houve por bem acolher a dúvida para indeferir o pedido de parcelamento pela aplicação da vedação contida no art. 18, §§ 1º. e 2º da Lei 6.766/1979, haja vista que ex-sócios da empresa, que cederam a ela o referido imóvel para fins de integralizar sua cota no capital social e estão a responder perante Juízo Criminal a ação penal por delito contra a Administração Pública.

4. Sua Excelência, o eminente Ministro Relator, SÉRGIO KUKINA, na sessão de julgamentos da 1ª. Turma deste STJ, do dia 23.6.2020, após a realização de judiciosa sustentação oral pela parte recorrente, entendeu por bem negar provimento ao presente Recurso Ordinário, sob fundamento de que tal determinação legal visa a proteger os potenciais adquirentes dos lotes criados em função do desmembramento dos efeitos da evicção, inclusive que possa ser causada pelos efeitos de eventual condenação na ação penal ainda em tramitação.

5. Na mesma sessão de julgamentos, apresentei respeitosa divergência ao voto de sua Excelência, o Ministro Relator, amparando minhas conclusões, basicamente, em três aspectos centrais: (a) os adquirentes já estão legalmente protegidos ante a redação dos arts. 54 e 55 da Lei 13.097/2015, porquanto não podem sofrer consequências de atos que não estejam registrados na matrícula do imóvel; e nas demandas criminais em curso contra as pessoas físicas que já não mais integravam a sociedade não houve a determinação de indisponibilidade de bens; (b) no presente caso, o loteador é a pessoa jurídica que possui personalidade e patrimônio distintos das dos seus sócios, não podendo, portanto, qualquer eventual e futura penalidade aplicável àquelas pessoas físicas ultrapassarem as suas esferas para atingir a pessoa jurídica loteadora, e; (c) além disso, não se pode olvidar que o comando do art. 18 da Lei 6.766/1979 não pode atingir ainda a figura de ex-sócios da pessoa jurídica loteadora, os quais se retiraram da sociedade em período anterior à instituição do parcelamento do solo.

6. Importante, porém, trazer a fundamentação oral que desenvolvi naquela oportunidade:

Observo, em primeiro lugar, Sr. Presidente, o art. 18 e §§ 1º. e 2º. da Lei nº. 6.766/1979, invocados como supedâneo – palavra que o Ministro Benedito emprega com muita frequência –, é uma lei que tem mais de quarenta anos. É uma lei de 1979, tem mais de quarenta anos, portanto o dispositivo de uma época em que as incorporações imobiliárias, as construções de condomínios, de parques residenciais, etc., não tinham o dinamismo que têm hoje.

Por isso, em 2015, portanto, apenas há cinco anos, uma lei nova, Lei nº. 13.097, alterou completamente esse mecanismo de proteção dos futuros adquirentes de unidades habitacionais, exigindo que a restrição estivesse registrada na matrícula, senão ninguém sabe.

Esse empreendimento foi liberado pela prefeitura. Se houvesse o registro na matrícula, certamente a empresa não tinha liberado a construção do empreendimento nem teria havido os investimentos e a divulgação e, talvez, até quem sabe, as promessas e os compromissos de compra e venda de futuras unidades sobre reincidências ou o que for lá.

Ministro BENEDITO, isto foi o que primeiro me chamou a atenção, o dispositivo do art.18 tem mais de quarenta anos. Isso por si só já revela, não vou dizer que está obsoleto ou que está revogado, mas tem de ser interpretado sobre o clima da atualidade, sob pena de esse originalismo acarretar umas consequências muito danosas e agressivas da justiça.

Averbei aqui alguns apontamentos, Presidente, sobre isso para dizer o seguinte: em primeiro lugar, Ministro KUKINA, com todo o respeito a Vossa Excelência, a responsabilidade pela prática de qualquer ilícito não ultrapassa a pessoa do delinquente. Essa é uma frase "antiguíssima", e é intransferível, além de não poder ultrapassar, não pode ser transferível.

Depois, há outra coisa, Ministro KUKINA, que observei: se a existência de uma ação penal acarretar essas restrições ao patrimônio imobiliário do eventual réu, ele poderá vender? Também não. Alugar? Talvez não. Ele poderá doar? Também não. Quer dizer, haverá uma paralisação verticalizada desse comércio, que é tão necessário, tão dinâmico e tão valioso, a meu ver.

Depois, observo, Ministro GURGEL, que essa alegada restrição não está registrada na matrícula.

Outra coisa que observei, a loteadora ou a empreendedora ou a proprietária é uma pessoa jurídica, quer dizer, a própria pessoa jurídica estaria sofrendo restrições de direito patrimonial pela prática de atos alegadamente ilícitos dos seus sócios, cotistas ou acionistas, seja lá o que for.

Em primeiro lugar, penso que o fato de existir a ação penal não pode acarretar antecipadamente uma restrição do direito nem mesmo a prisão, o que seria a consequência mais natural. "Isso é uma ação; prenda logo esse sujeito". Nem isso se pode fazer, quanto mais bloquear o patrimônio do sujeito, de este não poder fazer transações com ele.

Penso que isso deve ser visto com mais cuidado, tendo em vista que o patrimônio das sociedades não se confunde com o patrimônio dos sócios e vice-versa, salvo naqueles casos tributários que conhecemos muito bem da conduta ultra vires, etc.

Essa cláusula legal de 1979, Ministro KUKINA, além do mais, parece-me claramente antieconômica, porque paralisa um comércio importante nas atividades econômicas do País. É antieconômica, é discriminatória, porque, no caso, as mulheres dos sócios ficariam também atingidas por uns ilícitos que seus maridos alegadamente cometeram, e nem houve condenação ainda, quanto mais de segundo grau. Dá direito até a pressão. Além de ser também ofensiva da presunção de inocência, já se estabelece uma restrição de direito antes de terminar o processo.

(...)

O que me parece, Senhor Presidente, Ministro GURGEL, é que esse órgão administrativo do Tribunal de São Paulo teria cometido uma clamorosa injustiça nesse caso, a meu ver, por essas razões que acabei de mencionar: primeiro, considerar o sujeito culpado antes de terminar o processo; segundo, estender para terceiros, inclusive uma pessoa jurídica, umas restrições patrimoniais que são, a meu ver, como falei agora, antieconômicas, discriminatórias, descabidas e ofensivas da presunção de inocência.

Ministro GURGEL, penso que isso deve ser esclarecido, deve ser analisado à luz da chamada justiça do caso concreto. É justo fazer isso? Será que é justo fazer isso, aplicar, dessa maneira, uma lei de mais de quarenta anos em detrimento de uma lei mais nova, que exige o registro na matrícula, coisa que não foi feita? Penso que a justiça, neste caso, a meu ver, não é apenas narrar o cenário das regras e dizer qual é a consequência que a lei prevê. Penso que, no caso, é uma sanção temporária.

Senhor Presidente, penso que, no caso, a justiça também seria tentar alcançar o resultado certo, procurar acertar mais o resultado justo do que simplesmente alegar violações de regras numa situação absolutamente estranhável.

Senhor Presidente, veja bem, as pessoas não estão condenadas, ainda que permanecesse no nome deles, ainda que estivesse no nome deles o imóvel, não estão condenadas. Assim, toda ação penal que se promover pode bloquear o patrimônio do sujeito: "Você não pode fazer incorporação, não pode também vender, nem doar, nem hipotecar, porque pode haver no futuro uma condenação contra você e ser necessário arrecadar o seu patrimônio para solver uma eventual obrigação pecuniária em decorrência do seu ilícito".

Estamos caminhando aqui, a meu ver, Presidente GURGEL, para uma situação "deverasmente" perigosa, qualquer ação penal vai dar razão a isso. Por que só incorporação imobiliária? Por que só loteamento? E vender não é muito pior do que lotear? E dar em pagamento? E doar?

Acho que não pode nem desapropriar na marcha que a coisa vai. Sem ter uma ação penal contra o sujeito, não pode nem desapropriar o imóvel dele. Então, ele ficará praticamente numa situação de proscrito da vida econômica do País.

Penso que a interpretação mais compatível com a realidade deve flexibilizar isso, inclusive, Ministro KUKINA, a meu ver, dar uma melhor eficácia aos arts. 54 e 55 da Lei nº. 13.097, de 2015, que exige a matrícula, exige o registro da matrícula, porque ninguém sabia disso, quem comprou; se alguém tiver comprado, não está sabendo que existe isso, quer dizer, o sujeito é pego de surpresa mesmo.

Presidente GURGEL, penso que a melhor solução seria permitir a edificação desse empreendimento, desse loteamento, sem prejuízo de ações penais, evidentemente. E, se houver condenação que tenha efeitos patrimoniais, eventualmente, na altura da condenação transitada em julgado, as reparações que forem de justiça serão efetivadas.

Entendi perfeitamente o que o Ministro KUKINA anotou, que é proteger os futuros adquirentes, mas a Lei n. 13.097/2015 já protege, dizendo que, não estando na matrícula, eles não poderão ser alcançados. Então, já estão protegidos.

E os consumidores futuros já estão protegidos, Ministro Gurgel, pode ver os arts. 54 e 55 da Lei n. 13.097/2015, que diz: Não poderão ser opostas ao terceiro de boa-fé as situações jurídicas que não constarem da matrícula do imóvel.

É logico, comprei uma coisa e não sabia que estava hipotecada, não sabia que estava arrestada ou que estava penhorada e vou responder por isso? Uma coisa que não está na matrícula?

Quando for comprar um imóvel, a primeira coisa é pedir uma certidão recente da matrícula para ver o que está registrado lá. Então, o que não está lá não está no mundo, a meu ver.

Ministro KUKINA, essas pessoas que vinham sendo processadas eram antigos sócios da proprietária. Eles não eram os proprietários. Ou a propriedade das ações de uma empresa significa a propriedade do imóvel da empresa para fins penais? Penso que não. Penso que a interpretação tem de ser feita de maneira que se preserve o interesse público, principalmente, do adquirente e de todos geral, tributários, fiscais, administrativos, etc, que se preserve tudo isso, mas que não se paralisem as atividades de construção, loteamentos, parques, etc, pelo menos por essa razão, Ministro GURGEL.

(...).

Penso que deva ser concedida a segurança sem prejuízo da ação penal e das responsabilidades patrimoniais futuras que se apurarem depois de transitada em julgada a condenação, e assim por diante.

Penso que se deve dar prioridade à Lei n. 13.097/2015 não só porque aquela tem mais de quarenta anos, mas porque cria uma situação antieconômica, discriminatória e, sobretudo, ofensiva da presunção de inocência.

Bloquear o patrimônio da pessoa, se a pessoa é profissional dessa atividade, Ministro GURGEL? O que ele vai fazer durante o processo? Ele vai ficar absolutamente paralisado.

Além de tudo, termino agora com a última frase, quem requer loteamento é uma pessoa jurídica, cujo patrimônio não se confunde com o patrimônio dos seus sócios.

Por isso, Ministro KUKINA, peço vênia à Vossa Excelência para dar provimento ao presente Recurso Ordinário e, conceder a segurança, tendo em vista – como dizia o saudoso Ministro SÁLVIO DE FIGUEIREDO TEIXEIRA – as peculiaridades do caso concreto.

Tendo em vista a situação concreta deste caso, penso que é melhor destravar esse empreendimento, como disse e repito, sem prejuízo das consequências penais que lhe advierem em uma eventual condenação.

(...).

É assim que me manifesto, Senhor Presidente, pedindo vênia ao Ministro KUKINA, a quem homenageio pelo brilhantismo do voto.

7. Por ocasião da continuação do julgamento, verificou-se que esta egrégia 1ª. Turma formou maioria aderindo ao voto que proferi oralmente naquela sessão de 23.6.2020, tendo sido pronunciado, portanto, o provimento do presente Recurso Ordinário da empresa loteadora, para conceder a segurança pleiteada, afastando, neste caso, as vedações do art. 18, §§ 1º. e 2º. da Lei 6.766/1979 e autorizando a realização do registro público do loteamento na matrícula do imóvel.

8. É como penso, é como voto.

VOTO-VISTA

EXMO. SR. MINISTRO GURGEL DE FARIA:

Esclarecimentos

O SR. MINISTRO GURGEL DE FARIA (PRESIDENTE): Vamos agora para o Recurso em Mandado de Segurança n. 55.425/SP. O processo é da relatoria do Ministro Sérgio Kukina, que negou seguimento ao recurso em mandado de segurança. Na sequência, a Ministra Regina Helena Costa acompanhou o Relator, o Ministro Napoleão votou antecipadamente dando provimento ao recurso em mandado de segurança e eu, na sequência, porque votaria logo depois da Ministra Regina, resolvi pedir vista deste processo.

Voto-Vista

O SR. MINISTRO GURGEL DE FARIA (PRESIDENTE): V. Exas. podem até ver que eu havia preparado um voto, mas não o disponibilizei, porque foi uma matéria que efetivamente fiquei, digamos assim, a meditar muito, de maneira que tenho até aqui umas anotações, não o voto especificamente, que está no sistema. Como eu disse, não o liberei, porque estava analisando a questão.

Qual é a grande matéria, digamos assim, qual é a questão de fundo? Na realidade, este é um mandado de segurança contra uma decisão, aqui chegou via recurso, mas, na origem, é um mandado de segurança contra uma decisão do Órgão Especial do Tribunal de Justiça de São Paulo, que, numa suscitação de dúvida, entendeu que haveria ali o impedimento para o registro de loteamento no âmbito de um município do interior de São Paulo. Essa dúvida foi suscitada lá perante o cartório de imóveis, e o Órgão Especial entendeu que realmente não era possível.

Qual é o dispositivo que dá margem a toda essa questão? É o art. 18. Não vou fazer a leitura de voto. Vou procurar, no caso, fazer uma leitura mais abreviada com base, como eu disse, em algumas anotações que fiz.

A lei é a 6.766/1979, e o artigo que deu ensejo a toda essa polêmica é o art. 18, que prevê que o loteador tem de apresentar certidões. Vou fazer a leitura do art. 18, inciso IV, que diz:

"[...]

a) dos cartórios de protestos de títulos, em nome do loteador, pelo período de 10 (dez) anos [e aí, especificamente o que interessa, que é a parte penal];

b) de ações pessoais relativas ao loteador, pelo período de 10 (dez) anos [e aí fala];

[...]

d) de ações penais contra o loteador, pelo período de 10 (dez) anos."

Isso está no art. 18, inciso IV, alínea *d*.

Como estamos no âmbito de recurso em mandado de segurança, em que nossa jurisdição não é uma jurisdição de instância especial, é uma jurisdição de instância ordinária, podemos nos debruçar, digamos assim, com mais largueza pelos fatos e pelas provas que foram produzidas.

O que pude, no caso, observar – isso consta inclusive do voto do Ministro Kukina: Em julho de 2012, Antonio Carlos Chapela Nores, Pedro Augusto do Nascimento Júnior e outros outorgaram o imóvel objeto da matrícula n. tal à sociedade Jardim Europa Condomínios Residenciais como forma de integralização de seu capital social. A escritura foi registrada na matrícula do imóvel ainda no ano de 2012, no dia 1º de agosto.

A partir da alteração contratual de 22 de agosto de 2014, Antonio Chapela e Pedro Augusto deixam de integrar o quadro societário dessa empresa, no caso, a Jardim Europa Condomínios Residenciais. No lugar desses senhores, passam a integrar a sociedade as respectivas esposas.

Em 9 de abril de 2015, a recorrente requer o registro do loteamento Residencial Jardim Europa. No caso, Jardim Europa Condomínios é que faz isso – já tudo em nome da pessoa jurídica.

Em 13 de abril de 2015, o oficial de registro de imóveis procedeu à devolução da referida documentação ante a existência de ações judiciais contra Antonio Carlos Chapela e Pedro Augusto do Nascimento, ex-sócios da requerente.

Aí lista essas ações que existiriam.

Houve, então, a suscitação de dúvida. Na 1ª Vara, foi julgada improcedente a dúvida. Ou seja, determinou-se o registro do loteamento, mas o Ministério Público recorreu e, no tribunal de justiça, pelo Conselho da Magistratura – eu até tinha dito que seria o Órgão Especial, mas aqui o órgão específico que examinou isso foi o Conselho da Magistratura –, reformou-se a decisão do Juízo de primeiro grau.

Em seu voto, o Ministro Kukina faz a interpretação de que, como se exige que essas certidões digam respeito ao prazo de 10 anos, há também a necessidade de que esse período envolva não só a própria pessoa jurídica e os seus sócios, mas também eventualmente ex-sócios. Ele até diz aqui:

"Não se olvida que a parte impetrante, ora recorrente, proprietária do imóvel e requerente do registro, possui personalidade jurídica diversa de seus respectivos sócios-cotistas, não se podendo confundir a pessoa jurídica com os ex-integrantes do seu quadro societário."

Ele traz uma jurisprudência a respeito disso e diz:

"Sucede que, na forma dos dispositivos legais acima elencados, a existência de ações penais contra os ex-proprietários no período anterior a 10 anos do período de inscrição também tem o condão de impedir o registro do loteamento. Nesse contexto, sendo incontroversa a existência de demandas penais em desfavor dos referidos ex-sócios da impetrante pela suposta prática de crime contra a administração pública, é irrelevante perquirir se eles poderiam ou não prejudicar os eventuais adquirentes dos lotes."

Nessa toada é o voto do Ministro Kukina, inclusive fazendo também uma análise sobre os arts. 55 e 54 de uma lei mais recente, que é a Lei n. 13.555/2015, entendendo que esses dispositivos não teriam revogado, ainda que implicitamente, os dispositivos da lei de 1979.

Já adianto e antecipo, pedindo todas as vênias ao Ministro Relator e à Ministra Regina, que se manifestaram no sentido contrário ao provimento deste recurso, que vou me aliar ao posicionamento trazido pelo Ministro Napoleão. Assim fiz, como eu disse, após muita meditação.

Primeiro, quero observar que, quando, na realidade, a lei fala "ações penais contra o loteador, pelo período de 10 anos", o loteador é uma pessoa jurídica, não é sequer aquelas pessoas físicas que não fazem mais parte da sociedade.

Na hora que fala de ação penal, é compreensivo que, por óbvio, se olhe não só com relação à pessoa jurídica – eventualmente poderia ter, no caso, alguma ação penal no que diz respeito à parte ambiental –, mas também, por óbvio, seus sócios. Aí entendo. Porém, a lei não fala de ex-sócios, fala loteador, pelo período de 10 anos.

Então, acho razoável a interpretação que fala da pessoa jurídica e dos seus sócios, mas não dos seus ex-sócios. Recordo-me de que chegou a ser aventada a possibilidade de que aquela substituição dos então sócios por suas respectivas esposas fosse fruto de uma fraude, mas só que observo – vou fazer a leitura de algumas passagens, no caso, das notas que foram degravadas naquela assentada – que não houve consideração de fraude. Vou aqui ler *ipsis litteris* o que foi mencionado. Pedi, no caso, essa degravação e a assessoria assim nos proporcionou.

O Ministro Kukina disse:

"Adianto, claro, que não estou de modo nenhum incursionando por esse viés de ter havido fraude ou não. Enfim, não é o ponto que explorarei [quer dizer, ele não considerou fraude]."

Se não houve consideração de fraude, na minha modesta interpretação, não se pode chegar à pessoa dos ex-sócios, porque, volto a dizer: as ações penais são do loteador, nos termos da lei, e não, eventualmente, de ex-sócios.

O Ministro Kukina, em outra passagem, disse:

"Há uma perspectiva também – como eu disse, longe de aqui perquirir sobre eventual intento de fraude, não palmilho esse caminho –, no que transcrevo tópico, excerto da decisão recorrida, lá está dito, e, parece-me, com uma boa dose de razão, que uma eventual condenação dos ex-sócios e maridos das atuais sócias poderá gerar uma ação civil, seja ela uma ação *ex delicto*, por uma ação autônoma, fundada, que tenha, por causa de pedir, a questão criminal. Poderá gerar uma ação dessa ordem e talvez, em momento futuro, uma condenação, uma procedência, que poderia trazer reflexos para os eventuais compradores desse loteamento."

Como disse, na interpretação que faço, a lei não trata de ex-sócios, trata de loteador. Portanto, só poderíamos chegar a essa análise dos ex-sócios se estivéssemos vislumbrando uma fraude, o que o próprio Relator disse que não estava a examinar.

Observo – adentrando no voto do Ministro Napoleão que foi proferido oralmente, mas que também, Ministro Napoleão, fui, no caso, pedir a degravação – que, na lei de 2015, V. Exa. bem registrou que houve um mecanismo de proteção dos futuros adquirentes de unidades habitacionais, exigindo que a restrição estivesse na matrícula, porque, se não estiver na matrícula, isso não pode, depois, vir a prejudicá-los. Essa lei, a Lei n. 13.097, arts. 54 e 55, é de 2015. Há cinco anos.

V. Exa. também registrou que a loteadora ou a empreendedora ou a proprietária é uma pessoa jurídica, quer dizer, a própria pessoa jurídica estaria sofrendo restrições de direito patrimonial pela prática de atos alegadamente ilícitos dos seus ex-sócios, e não especificamente de sócios que façam parte, no caso, daquela determinada sociedade.

O Ministro Napoleão foi mais além e disse:

"Penso que a interpretação mais compatível com a realidade deve flexibilizar isso, inclusive, Ministro Kukina, a meu ver, dar uma melhor eficácia aos arts. 54 e 55 da Lei n. 13.097, de 2015, que exige a matrícula, exige o registro da matrícula, porque ninguém sabia disso, quem comprou; se alguém tiver comprado, não está sabendo que existe isso [quer dizer que, no caso, eventualmente, poderia aquela propriedade vir a garantir uma eventual condenação]."

Os consumidores futuros já estão protegidos, no caso, pelos arts. 54 e 55: "Não poderão ser opostos ao terceiro de boa-fé as situações jurídicas que não constarem na matrícula do imóvel."

Volto a dizer: não há, na matrícula do imóvel, qualquer registro, qualquer anotação. Por quê? Nessas ações penais não houve qualquer determinação no sentido de indisponibilidade de bens, onde que esse bem viesse a garantir. Não há nenhuma outra ação judicial também com essa mesma medida judicial.

De maneira que o que existiu foi uma prevenção por parte do tabelião, cuidadoso, em ter feito aquela nota devolutiva e ter suscitado aquela dúvida, mas que, na minha modesta interpretação, mais uma vez rogando todas as vênias ao Ministro Kukina e à Ministra Regina, não vejo, no caso, com base na interpretação que fiz dessas normas, como obstar o registro desse loteamento.

Menciono, mais uma vez: se por acaso, nessa ação penal que esse ex-sócio está respondendo ou em qualquer outra medida judicial, houvesse a determinação de indisponibilidade de bens e de que ali houvesse uma determinação de que aquele bem ficasse indisponível para garantia de eventual dívida, eu não teria qualquer dúvida em acompanhar.

Porém, com base na interpretação do art. 18, que fala em loteador, sendo esse uma pessoa jurídica, e não tendo também, no caso, sido reconhecida a fraude, afasto-me da interpretação que foi dada pelo Ministro Relator e pela Ministra Regina e acompanho o voto do Ministro Napoleão.

EMENTA: DIREITO ADMINISTRATIVO. RECURSO EM MANDADO DE SEGURANÇA. LOTEAMENTO IMOBILIÁRIO. REGISTRO. VIABILIDADE. INTERPRETAÇÃO DO ARTIGO 18 DA LEI 6.766/1979. RECURSO PROVIDO, ACOMPANHANDO A DIVERGÊNCIA INAUGURADA PELO E. MIN. NAPOLEÃO NUNES MAIA FILHO.

VOTO-VISTA

O SENHOR MINISTRO BENEDITO GONÇALVES: Trata-se de recurso em mandado de segurança interposto por Jardim Europa Condomínios Residenciais Ltda. contra acórdão proferido pelo Tribunal de Justiça do Estado de Minas Gerais, assim ementado (fl. 341):

MANDADO DE SEGURANÇA – DÚVIDA REGISTRAL – Hipótese em que pendem processos criminais contra ex-sócios, para apuração de crimes contra a Administração Pública.

I. LEGITIMIDADE PASSIVA – Ainda que a decisão tenha sido tomada, à unanimidade, por integrantes do Conselho Superior da Magistratura, é certo que cabe ao Presidente do órgão Colegiado a sua representação judicial e o processamento do pedido – Ilegitimidade passiva não reconhecida.

II. REGISTRO DO LOTEAMENTO – Impossibilidade, pela simples exegese do artigo 18, § 2°, da Lei n. 6.766/79 – Princípios da presunção da inocência e da instranscendência da responsabilidade criminal que não afastam a aplicação do comando legal ao caso – Regra de natureza civil que visa à proteção dos futuros adquirentes de lotes. Ausência de direito líquido e certo a ser tutelado. Segurança denegada.

Em suas razões, os recorrentes sustentam, em suma, a necessidade de harmonização entre o artigo 18, §2º, da Lei 6.766/1979 e os artigos 54 e 55 Lei 13.097/2015, bem como de respeito aos princípios da intranscendência da responsabilidade penal, presunção de inocência, confiança, segurança jurídica, preservação da empresa, proporcionalidade e razoabilidade.

O e. Relator, Min. Sérgio Kukina, acompanhado pela e. Min. Regina Helena Costa, negou provimento ao recurso, ao fundamento de que, "nos termos do art. 18, §§ 1º e 2º, da Lei 6.766/1979, a existência de ação penal referente a crime contra o patrimônio ou a administração pública em desfavor do loteador, ou dos ex-proprietários do imóvel, no período anterior a 10 (dez) anos do pedido de inscrição, tem o condão de impedir o registro do loteamento".

Em seguida, o e. Min. Napoleão Nunes Maia Filho, votou de forma divergente, dando provimento ao recurso, para conceder a ordem, principalmente em razão dos princípios da inocência e da intranscendência da pena, além da necessidade da Lei 6.766/79 ser interpretada em harmonia com a legislação mais atual, Lei 13.097/2015, de forma que, não havendo restrição registrada na matrícula no imóvel, não há impedimento para o deferimento do loteamento pretendido.

Por sua vez, o e. Min. Gurgel de Farias proferiu voto acompanhando a divergência, asseverando que as ações penais em desfavor dos ex-sócios não tem o condão de, no caso dos autos, impedir o registro do loteamento do imóvel em questão, na medida em que: i) a Lei 6.766/79 não faz referência aos ex-sócios da loteadora, de forma que esta, na condição de pessoa jurídica, somente poderia ser atingida se caracterizada a fraude na substituição dos então sócios pelas suas esposas, o que não é caso; e ii) não há qualquer registro da matrícula do imóvel relativo à indisponibilidade para garantir eventual e futura condenação.

Pedi vista dos autos.

Os autos são oriundos de ação mandamental impetrada por Jardim Europa Condomínios Residenciais Ltda. e um de seus sócios (Vladimir Coleone), contra ato atribuído ao Presidente do Conselho Superior da Magistratura do TJSP, que, nos autos do procedimento de suscitação de dúvida, deu provimento à apelação do Ministério Público, impedindo o registro de loteamento na matrícula do imóvel dos impetrantes, em razão de seus ex-sócios responderem a ações penais por crimes contra a Administração Pública, enquadrando-se no óbice previsto no artigo 18, III, "c" e §2º da Lei 6.766/79.

A ementa do ato apontado como coator possui o seguinte teor (fls. 62):

REGISTRO DE IMÓVEIS – Dúvida registral – Loteamento – Processo penal em curso contra ex-proprietários e ex-sócios recentes da loteadora, acusados de prática de inúmeros crimes contra a Administração Pública (art. 333 c/c o art. 69 do CP) – Acusados que cederam suas quotas sociais às suas mulheres – Incidência do art. 18, § 2°, da Lei n. 6.766/1976 – Inviabilidade do registro – Insuficiência da presunção constitucional de não culpabilidade para, neste procedimento, excluir o obstáculo levantado à inscrição – Descabimento da invocação da Lei n. 13.097/2015 para fins do registro requerido – Dúvida julgada procedente – Recurso provido.

Consta dos autos que, em novembro de 2011, o imóvel foi adquirido pelos então sócios da empresa recorrente (Antônio Carlos Chapela Nores e Pedro Augusto do Nascimento Júnior), a qual foi constituída em abril de 2012 e o bem a ela incorporado em julho do mesmo ano (fls. 82/89). Em novembro de 2012, foi instaurado processo penal em relação a esses dois sócios, os quais deixaram a sociedade em 2014, ingressando em seus lugares as suas esposas (fls. 90/100). O registro do loteamento foi solicitado em 9 de abril de 2015, mas devolvido pelo Oficial em 13.4.2015, ante a existência de ações judiciais contra esse dois ex-proprietários da área e também ex-sócios da empresa requerente (fls. 452). Foi, então, suscitado pela empresa recorrente o procedimento de dúvida, em 15.4.2015 (fls. 456), no bojo do qual foi proferido o ato ora apontado como coator.

O juiz de primeira instância julgou improcedente a dúvida, determinando o registro do loteamento (fls. 595/599), o que foi reformado pelo Conselho de Magistratura do TJSP, dando ensejo ao presente *mandamus*, que, como já relatado, foi denegado pelo Tribunal de origem, ao fundamento de que o registro do loteamento mostra-se impossibilitado em razão das disposições expressas do artigo 18, § 2°, da Lei n. 6.766/79, não havendo o que se falar em ofensa aos princípios da presunção da inocência e da instranscendência da responsabilidade criminal, por se tratar de regra de natureza civil que visa à proteção dos futuros adquirentes de lotes.

Com efeito, examinando a norma cuja aplicação é discutida nos autos, qual seja, o artigo 18, IV, d, §§ 1º e 2°, da Lei n. 6.766/79, constata-se que a mesma veda o registro do loteamento do imóvel se houver contra o loteador processo penal referente a crime contra a Administração Pública, no período de dez anos anteriores ao pedido de registro, senão vejamos:

Art. 18. Aprovado o projeto de loteamento ou de desmembramento, o loteador deverá submetê-lo ao registro imobiliário dentro de 180 (cento e oitenta) dias, sob pena de caducidade da aprovação, acompanhado dos seguintes documentos:

(...)

III – certidões negativas:

(...)

c) de ações penais com respeito ao crime contra o patrimônio e contra a Administração Pública.

IV – certidões:

a) dos cartórios de protestos de títulos, em nome do loteador, pelo período de 10 (dez) anos;

b) de ações pessoais relativas ao loteador, pelo período de 10 (dez) anos;

c) de ônus reais relativos ao imóvel;

d) de ações penais contra o loteador, pelo período de 10 (dez) anos.

§ 1º. – Os períodos referidos nos incisos III, alínea b e IV, alíneas a, e d, tomarão por base a data do pedido de registro do loteamento, devendo todas elas serem extraídas em nome daqueles que, nos mencionados períodos, tenham sido titulares de direitos reais sobre o imóvel.

§ 2º – A existência de protestos, de ações pessoais ou de ações penais, exceto as referentes a crime contra o patrimônio e contra a administração, não impedirá o registro do loteamento se o requerente comprovar que esses protestos ou ações não poderão prejudicar os adquirentes dos lotes. Se o Oficial do Registro de Imóveis julgar insuficiente a comprovação feita, suscitará a dúvida perante o juiz competente.

Ocorre que, na hipótese, o loteador é uma pessoa jurídica, além de que os sócios processados criminalmente não mais fazem parte da empresa, pois cederam suas quotas às respectivas esposas.

Assim, penso que a empresa ora recorrente não pode ser prejudicada pelas condutas supostamente ilícitas atribuídas a seus sócios e muito menos aos seus ex-sócios, a quem a legislação sequer se referiu, mormente em caso como o dos autos em que não houve consideração de fraude na substituição da titularidade das cotas da sociedade.

Soma-se a isso o fato de que os futuros adquirentes dos lotes já estão suficientemente protegidos pelas disposições constantes na Lei 13.097/2015, que exigiram que qualquer restrição, judicial ou extrajudicial, para ser oposta aos compradores, deve estar devidamente registrada na matrícula do imóvel, o que, importante frisar, inexiste no presente feito.

Diante de tais fundamentos, não vislumbro razões para se impedir o pretendido registro do loteamento do imóvel em questão.

Ante o exposto, pedindo vênia ao e. Min. Relator, Sérgio Kukina, e a Min. Regina Helena que o acompanhou, dou provimento ao recurso, para conceder a segurança, acompanhando a divergência inaugurada pelo e. Min. Napoleão Nunes Maia Filho.

É como voto. – /(STJ – RMS nº 55.425 – São Paulo – 1ª Turma – Rel. Min. Sérgio Kukina – DJ 30.11.2020)

▶ **EMENTA**: ADMINISTRATIVO E PROCESSUAL CIVIL. RECURSO ORDINÁRIO EM MANDADO DE SEGURANÇA. LOTEAMENTO IRREGULAR. MANDADO DE SEGURANÇA IMPETRADO CONTRA ATO JUDICIAL QUE INDEFERIU REQUISIÇÃO MINISTERIAL DE AVERBAÇÃO DE INQUÉRITO CIVIL NO REGISTRO IMOBILIÁRIO E CONTRA CONSULTA FEITA AO JUÍZO, PELO OFICIAL REGISTRADOR, SOBRE A REQUISIÇÃO. INDEFERIMENTO JUDICIAL DA AVERBAÇÃO REQUISITADA PELO MINISTÉRIO PÚBLICO ESTADUAL. NECESSIDADE DE REQUERIMENTO, A SER FORMULADO PELO **PARQUET.** ARTS. 13, III, E 246, § 1º, DA LEI 6.015/73. DEVIDO PROCESSO LEGAL. NECESSIDADE DE OBSERVÂNCIA. RECURSO ORDINÁRIO IMPROVIDO.

I. Recurso Ordinário interposto contra acórdão que denegou a segurança, publicado na vigência do CPC/2015.

II. Na origem, trata-se de Mandado de Segurança, impetrado pelo Ministério Público do Estado do Rio de Janeiro contra atos do Juízo de Direito da Comarca de Itaocara/RJ e do Oficial Registrador do Cartório do 2º Ofício de Itaocara/RJ, consubstanciados, respectivamente, no indeferimento de requisição de averbação de inquérito civil na matrícula de imóvel que seria objeto de loteamento irregular, formulada pelo *parquet* estadual, com fixação de prazo para o seu cumprimento, e na consulta realizada, pelo Oficial Registrador, à autoridade judiciária, sobre a aludida requisição ministerial. O Mandado de Segurança postula que se determine, ao Oficial Registrador, que proceda à averbação do inquérito civil na matrícula imobiliária pertinente, independentemente de requerimento e de autorização do Juízo local, ou, subsidiariamente, que se anule o ato judicial de indeferimento da averbação, por inobservância do procedimento legal de dúvida, com renovação de todos os atos. O Tribunal de origem denegou a segurança.

III. Consoante o art. 1º da Lei 12.016/2009, o Mandado de Segurança busca proteger direito líquido e certo, não amparado ***por*** *habeas corpus* ***ou*** *habeas data*, sempre que, ilegalmente ou com abuso de poder, qualquer pessoa física ou jurídica, sofrer violação ou houver justo receio de sofrê-la por ato de autoridade pública. Por direito líquido e certo entende-se aquilo que resulta de fato certo, que pode ser comprovado de plano, por documentação inequívoca, em que demonstrada a ilegalidade do ato apontado coator.

IV. Nos termos do art. 13, I, II e III, da Lei 6.015/73, os atos do registro serão praticados por ordem judicial, a requerimento verbal ou escrito dos interessados e a requerimento do Ministério Público, quando a lei autorizar, excetuadas as anotações e averbações obrigatórias.

V. O impetrante sustenta, na inicial, que a requisição de averbação de inquérito civil no Registro Imobiliário, independentemente de determinação judicial e de requerimento, tem fundamento no art. 167, II, 5, parte final, bem como no art. 246, § 1º, da Lei 6.015/73. O aludido art. 167, II, 5, parte final, da Lei 6.015/73 dispõe que no Registro de Imóveis, além da matrícula, será feita a averbação "da alteração do nome por casamento ou por desquite, ou, ainda, de outras circunstâncias que, de qualquer modo, tenham influência no registro ou nas pessoas nele interessadas". Entretanto, nos termos do art. 246, § 1º, da referida Lei 6.015/73, "as averbações a que se referem os itens 4 e 5 do inciso II do art. 167 serão as feitas a **requerimento** dos interessados, com firma reconhecida, instruído com documento dos interessados, com firma reconhecida, instruído com documento comprobatório fornecido pela autoridade competente".

VI. Como destacou o acórdão recorrido, a **requisição** ministerial de averbação, com fixação de prazo para seu cumprimento, inviabilizou eventual procedimento de dúvida, previsto nos arts. 198 a 207 da Lei 6.015/73, procedimento que pressupõe requerimento do interessado, e não ordem de averbação, tal como ocorreu. Também o parecer do Ministério Público Federal, opinando pelo improvimento do presente recurso, destacou que, "na hipótese, o recorrente deixou de observar o rito previsto na legislação para fins de averbação do inquérito civil no registro do imóvel sob investigação, não restando configurado ato ilegal a ser sanado na presente via".

VII. Nesse contexto, caberia ao Ministério Público estadual requerer a averbação do inquérito civil no Registro Imobiliário e o Oficial Registrador, conforme seu entendimento, poderia suscitar dúvida ao Juízo competente, em consonância com o procedimento disciplinado nos arts. 198 a 207 da Lei 6.015/73.

VIII. Todavia, conforme ressaltado no acórdão recorrido, o *parquet* estadual, ao invés de requerer a aludida averbação, **requisitou** a sua realização, fixando prazo para o seu cumprimento, o que não encontra amparo na legislação de regência.

IX. O art. 26, VI, da Lei 8.625/93 – ao prever que, "no exercício de suas funções, o Ministério Público poderá (...) dar publicidade dos procedimentos administrativos não disciplinares que instaurar e das medidas adotadas" – não autoriza, independentemente de requerimento e de determinação judicial, a **requisição** ministerial, com fixação de prazo para cumprimento, de averbação do inquérito civil no Registro Imobiliário, para o que existe procedimento específico, previsto na Lei de Registros Públicos. Tampouco os arts. 34, XXI, e 35, IX, da Lei Complementar estadual 106/2003, que institui a Lei Orgânica do Ministério Público do Rio de Janeiro – ao preverem, respectivamente, que incumbe ao Ministério Público "exercer a fiscalização de todos os atos referentes ao Registro Público, podendo expedir requisições e adotar as medidas necessárias à sua regularidade, sendo previamente cientificado de todas as inspeções e correições realizadas pelo poder competente, devendo, ainda, receber, imediatamente após o encerramento, cópia do respectivo relatório final", e que cabe ao *parquet* "dar publicidade dos procedimentos administrativos não disciplinares de sua exclusiva atribuição e das medidas neles adotadas, onde quer que se instaurem" – teriam o condão de afastar o procedimento específico, previsto na Lei 6.015/73, iniciado com o requerimento ministerial, na forma dos arts. 13, III, e 246, § 1º, da Lei 6.015/73.

X. Registre-se, ainda, que, conforme ressaltado pelo recorrente, na inicial, a Lei estadual 6.956/2015, que dispõe sobre a organização e divisão judiciárias do Estado do Rio de Janeiro, estabelece, em seu art. 48, VIII, que "aos juízes de direito em matéria de registro público, salvo o de registro civil das pessoas naturais, incumbe (...) VIII – determinar averbações, cancelamentos, retificações, anotações e demais atos de jurisdição voluntária, relativos a registros públicos", de forma a reforçar a competência da autoridade judiciária para determinação da averbação pretendida.

XI. Em que pese a importância de se dar publicidade à população acerca de eventuais irregularidades em parcelamentos, a fim de proteger terceiros de boa-fé, adquirentes de suas frações, e contribuir para a ordenada ocupação do solo, há que se observar o devido processo legal, assegurado no art. 5º, LIV, da CF/88, tal como previsto na Lei 6.015/73.

XII. A denegação do presente **mandamus** não impede, por óbvio, que o *parquet* estadual requeira, nos termos exigidos pelo art. 13, III, da Lei 6.015/73, a pretendida averbação no Registro Imobiliário, podendo o Oficial Registrador, se for o caso, suscitar dúvida ao Juízo competente, observando-se, então, o procedimento legal, previsto nos arts. 198 a 207 da Lei 6.015/73, procedimento que, no caso, restou inviabilizado, pelo Órgão ministerial, ao formular requisição da averbação, com fixação de prazo para o seu cumprimento.

XIII. Assim, demonstrada a inexistência de direito líquido e certo do *parquet*, o acórdão do Tribunal de origem não merece reforma.

XIV. Recurso Ordinário improvido.(STJ – RMS nº 58.769 – Rio de Janeiro – 2ª Turma – Rel. Min. Assusete Magalhães – DJ 23.09.2020)

EMENTA: CIVIL E PROCESSUAL CIVIL. AÇÃO DE DIVÓRCIO CUMULADA COM PARTILHA DE BENS. IMPROCEDÊNCIA. PARTILHA DE BEM IMÓVEL SITUADO EM LOTEAMENTO IRREGULAR. AUTONOMIA ENTRE O DIREITO DE PROPRIEDADE E O DIREITO POSSESSÓRIO. EXPRESSÃO ECONÔMICA DO DIREITO POSSESSÓRIO. AUSÊNCIA DE MÁ-FÉ DOS POSSUIDORES QUANTO À NÃO REGULARIZAÇÃO DO IMÓVEL. POSSIBILIDADE DE PARTILHA DO DIREITO POSSESSÓRIO.

1– Ação distribuída em 30/07/2015. Recurso especial interposto em 30/05/2017 e atribuído à Relatora em 16/04/2018.

2– O propósito do presente recurso especial é definir se é admissível, em ação de divórcio, a partilha de bem imóvel situado em loteamento irregular.

3– A imposição de determinadas restrições ao exercício do direito fundamental de acesso à justiça pelo jurisdicionado e ao acolhimento da pretensão de mérito por ele deduzida são admissíveis, desde que os elementos condicionantes sejam razoáveis.

4– Não apenas as propriedades formalmente constituídas compõem o rol de bens adquiridos pelos cônjuges na constância do vínculo conjugal, mas, ao revés, existem bens e direitos com indiscutível expressão econômica que, por vícios de diferentes naturezas, não se encontram legalmente regularizados ou formalmente constituídos sob a titularidade do casal, como, por exemplo, as edificações realizadas em lotes irregulares sobre os quais os cônjuges adquiriram direitos possessórios.

5– Dada a autonomia existente entre o direito de propriedade e o direito possessório, a existência de expressão econômica do direito possessório como objeto de partilha e a existência de parcela significativa de bens que se encontram em situação de irregularidade por motivo distinto da má-fé dos possuidores, é possível a partilha de direitos possessórios sobre bem edificado em loteamento irregular, quando ausente a má-fé, resolvendo, em caráter particular, a questão que decorre da dissolução do vínculo conjugal, e relegando a segundo momento a discussão acerca da regularidade e formalização da propriedade sobre o bem imóvel.

6– Recurso especial conhecido e provido *(STJ – REsp nº 1.739.042 – São Paulo – 3ª Turma – Rel. Min. Nancy Andrighi – DJ 16.09.2020)*.

EMENTA: RECURSO ESPECIAL – IMPUGNAÇÕES AO PEDIDO DE REGISTRO DE LOTEAMENTO – DECISÃO QUE AS REJEITA – MANEJO DE RECURSO DE APELAÇÃO PELOS IMPUGNANTES – APELO CONHECIDO, PELAS INSTÂNCIAS ORDINÁRIAS, COMO RECURSO ADMINISTRATIVO, REMETENDO-SE O FEITO À CORREGEDORIA DO TRIBUNAL DE JUSTIÇA – O JULGAMENTO DA IMPUGNAÇÃO APRESENTADA POR TERCEIROS, RESTRITO À ANÁLISE DA PRESENÇA DE REQUISITOS EXIGIDOS EM LEI PARA A CONSECUÇÃO DO REGISTRO (A SER PROFERIDO NO ÂMBITO DO JUDICIÁRIO), NÃO TEM O CONDÃO DE MODIFICAR A ESSÊNCIA ADMINISTRATIVA DO CORRELATO PROCEDIMENTO, NOTADAMENTE PORQUE SE INSERE NAS ATRIBUIÇÕES DESTINADAS AO CONTROLE DA REGULARIDADE E CONTINUIDADE DOS SERVIÇOS DELEGADOS, A CARGO DOS JUÍZES CORREGEDORES E PELAS CORREGEDORIAS DOS TRIBUNAIS, LASTRADAS NO § 1º DO ARTIGO 236 DA CONSTITUIÇÃO FEDERAL. RECURSO ESPECIAL DESPROVIDO. INSURGÊNCIA DO MINISTÉRIO PÚBLICO DO DISTRITO FEDERAL E TERRITÓRIOS. Hipótese em que as instâncias precedentes, por reconhecer a natureza administrativa da impugnação ao registro de loteamento, receberam o recurso de apelação como recurso administrativo, a ser julgado pela Corregedoria do Tribunal de Justiça. 1. De acordo com o parágrafo primeiro do artigo 236 da Constituição Federal, incumbe ao Poder Judiciário, de modo atípico, exercer função correcional e regulatória sobre a atividade registral e notarial, a ser exercida, nos termos da Lei de Organização Judiciária e Regimento Interno de cada Estado, pelo Juiz Corregedor, Corregedorias dos Tribunais e Conselho Superior da Magistratura. 1.1. É justamente no desempenho desta função correcional que o Estado-juiz exerce, dentre outras atividades (como a de direção e a de disciplina), o controle de legalidade dos atos registrais e notariais, de modo a sanear eventuais irregularidades constatadas ou suscitadas, o que se dará por meio de processo administrativo. 2. No âmbito do procedimento administrativo de registro de loteamento urbano, o Estado-juiz cinge-se, justamente, a analisar a regularidade e a consonância do pretendido registro com a lei, tão-somente. Nessa extensão, e, como decorrência da função correcional/fiscalizatória, o Poder Judiciário desempenha atividade puramente administrativa, consistente, portanto, no controle de legalidade do ato registral. 3. A atuação do Judiciário, ao solver a impugnação ao registro de loteamento urbano apresentada por terceiros, não exara provimento destinado a pôr fim a um suposto conflito de interesses (hipótese em que se estaria diante do exercício da jurisdição propriamente dita), ou mesmo, a possibilitar a consecução de determinado ato ou à produção válida dos efeitos jurídicos perseguidos (caso em que se estaria no âmbito da jurisdição voluntária). Como enfatizado, o Estado-juiz restringe-se a verificar a presença de requisitos exigidos em lei, para a realização do registro, tão-somente. 4. A própria lei de regência preconiza que, em havendo controvérsia de alta indagação, deve-se remeter o caso à via jurisdicional, depreendendo-se, por consectário lógico, que o 'juiz competente' referido na lei, ao solver a impugnação ao registro de loteamento, de modo algum exerce jurisdição, mas sim, atividade puramente administrativa de controle de legalidade do ato registral. 5. O julgamento da impugnação apresentada por terceiros, restrito à análise da presença de requisitos exigidos em lei para a realização do registro (a ser proferido no âmbito do Judiciário), não tem o condão de modificar a essência administrativa do procedimento, notadamente porque se insere nas atribuições destinadas ao controle da regularidade e continuidade dos serviços delegados, a cargo dos juízes corregedores e pelas corregedorias dos Tribunais, lastradas no § 1º do artigo 236 da Constituição Federal. 6. Devidamente delimitada a natureza da atividade estatal desempenhada pelo Poder Judiciário ao julgar o incidente sob comento, a via recursal deve, igualmente, observar os comandos legais pertinentes ao correlato procedimento administrativo. 6.1. Em se tratando de questão essencialmente administrativa, o conhecimento e julgamento do recurso administrativo acima referenciado integra, inarredavelmente, a competência das Corregedorias dos Tribunais ou do Conselho Superior da Magistratura (a depender do que dispõe o Regimento Interno e a Lei de Organização Judiciária do Estado), quando do desempenho, igualmente, da função fiscalizadora e correicional sobre as serventias e órgãos prestadores de serviços notariais e de registro. 7. Recurso Especial desprovido. (STJ – REsp nº 1.370.524 – Distrito Federal – 4ª Turma – Rel. Min. Marco Buzzi – DJ 27.10.2015)

EMENTA: O MUNICIPIO NÃO PODE ALIENAR LIVREMENTE OS LOGRADOUROS INCORPORADOS A SEU PATRIMONIO, POR EFEITO DE LOTEAMENTO (LEI NUM. 6.766/1979 – ART. 22). TAL ALIENAÇÃO PRESSUPÕE CONSENTIMENTO FAVORAVEL DOS ADQUIRENTES DOS LOTES ATINGIDOS (ART. 28). A MINGUA DE CONCORDANCIA, O MUNICIPIO SO PODE CONSUMAR A ALTERAÇÃO, INDENIZANDO OS ADQUIRENTES PREJUDICADOS (REsp 95300 / SP, rel. Min. Humberto Gomes de Barros, DJ 18.11.1996 p. 44849)

TRIBUNAL DE JUSTIÇA DO ESTADO DE MINAS GERAIS

EMENTA: SUSCITAÇÃO DE DÚVIDA – PARCELAMENTO DE SOLO URBANO – LOTEAMENTO – SUBMISSÃO AO REGISTRO IMOBILIÁRIO – DOCUMENTAÇÃO EXIGIDA PELA LEI Nº 6.766/1979 – FUNÇÃO FISCALIZADORA DO OFICIAL REGISTRAL – PROCEDÊNCIA. Aprovado o parcelamento do solo, tanto o Ente Público, quanto o Oficial Registrador, estão adstritos aos comandos legais insertos na Lei nº 6.766/1979, sobretudo no tocante ao Registro, cabendo ao Oficial exigir, por força do artigo 18 da aludida lei federal, que dispõe sobre o parcelamento ao solo urbano, a apresentação do rol de documentos nele elencados, sob pena de responsabilidade pessoal, nos termos do artigo 19, § 4º, do mesmo diploma legal.(TJMG – Apelação Cível nº 1.0474.11.002817-9/001 – Paraopeba – 3ª Câmara Cível – Rel. Des. Elias Camilo Sobrinho – DJ 10.05.2013)

EMENTA: APELAÇÃO CÍVEL – IMPUGNAÇÃO AO PEDIDO DE REGISTRO DE LOTEAMENTO – ÁREA DE PRESERVAÇÃO PERMANENTE – PROVA PERICIAL – DESNECESSIDADE. 1 – O Juiz é destinatário das provas, cabendo a ele verificar a necessidade de produção de outras provas além das constantes dos autos. 2 – De acordo com o art. 3º da Lei 6.766/79, incisos III e V, só será admitido o parcelamento do solo para fins urbanos em zonas urbanas ou de expansão urbana quando atendidas as exigências específicas das autoridades competentes sendo vedado o parcelamento em área de preservação ecológica. (TJMG – Apelação Cível nº 1.0351.11.005603-0/001 – Janaúba – 3ª Câmara Cível – Rel. Des. Jair Varão – DJ 14.10.2014)

TRIBUNAL DE JUSTIÇA DO ESTADO DO PARANÁ

EMENTA: APELAÇÕES. ADJUDICAÇÃO COMPULSÓRIA. COMPROMISSO PARTICULAR DE COMPRA E VENDA E OUTRAS AVENÇAS, PARA REFORMA DO PRÉDIO, INSTITUIÇÃO DE NOVO CONDOMÍNIO DE APART-HOTEL E FUTURA PARTICIPAÇÃO NOS LUCROS DO EMPREENDIMENTO. PROMITENTES COMPRADORAS QUE REQUERERAM A ADJUDICAÇÃO COMPULSÓRIA DO IMÓVEL, SEM QUE TENHA SIDO PAGO O PREÇO INTEGRAL PACTUADO. IMPOSSIBILIDADE. ADJUDICAÇÃO COMPULSÓRIA IMPROCEDENTE. APELO DA PROMITENTE VENDEDORA PROVIDO. PREJUDICADO O APELO DAS PROMITENTES COMPRADORAS. AÇÃO DE RESCISÃO CONTRATUAL. COMPROMISSO PARTICULAR PARA VENDA DE IMÓVEL DE VALOR SUPERIOR A 30 (TRINTA) SALÁRIOS MÍNIMOS. ARTIGO 108 DO CÓDIGO CIVIL. COMPROMISSO COM CLÁUSULA DE IRREVOGABILIDADE. INSTRUMENTO QUE GERA DIREITOS DE NATUREZA OBRIGACIONAL ENTRE AS PARTES, NÃO SE INSERINDO NO ROL DE DIREITOS REAIS, ESPECIALMENTE DIANTE DA FALTA DE REGISTRO NA MATRÍCULA DO IMÓVEL. DIVERGÊNCIAS ENTRE A PROMITENTE VENDEDORA E AS PROMITENTES COMPRADORAS, INVIABILIZANDO O PAGAMENTO DE PARCELA FINAL DO PREÇO, BEM COMO A OUTORGA DA ESCRITURA PÚBLICA DE COMPRA E VENDA. PROMITENTE VENDEDORA QUE SE COMPROMETEU NO INSTRUMENTO PARTICULAR A REGULARIZAR A TITULARIDADE DO IMÓVEL, COM O PAGAMENTO DO ITBI. ALTERAÇÕES NO INSTRUMENTO PARTICULAR NA MINUTA DA ESCRITURA PÚBLICA DE COMPRA E VENDA, COM NOVAS GARANTIAS REAIS E FIDEJUSSÓRIAS. PROMITENTES COMPRADORAS QUE SE RECUSARAM A PAGAR A PARCELA FINAL DO PREÇO, SEM A PRÉVIA REGULARIZAÇÃO DA TITULARIDADE DO IMÓVEL, REJEITANDO AS ALTERAÇÕES REALIZADAS NA VERSÃO FINAL DA ESCRITURA PÚBLICA DE COMPRA E VENDA. RESCISÃO CONTRATUAL. PRÉVIA CONSTITUIÇÃO EM MORA. SÚMULA 76 DO SUPERIOR TRIBUNAL DE JUSTIÇA. OBRIGAÇÃO CONTRATUAL DA PROMITENTE VENDEDORA EM REGISTRAR NA MATRÍCULA DO IMÓVEL SUA TITULARIDADE, ANTES DA LAVRATURA DA ESCRITURA PÚBLICA DE COMPRA E VENDA TRANSMITINDO PARTE DO IMÓVEL ÀS COMPROMITENTES. PRINCÍPIO DA CONTINUIDADE REGISTRAL (ARTS. 236 E 237 DA LEI DE REGISTROS PÚBLICOS). INTERPRETAÇÃO DE CLÁUSULA CONTRATUAL QUE TORNA DESNECESSÁRIA A OITIVA DE PROVA TESTEMUNHAL, INEXISTINDO CERCEAMENTO DE DEFESA. PREVISÃO CONTRATUAL DE POSSÍVEL ATRASO NA DATA INICIALMENTE FIXADA, PARA REGULARIZAR A MATRÍCULA DO IMÓVEL. PROVA QUE DEMONSTRA QUE O PAGAMENTO DO ITBI APENAS SERIA POSSÍVEL A PARTIR DE 08.04.2009. CLÁUSULA CONTRATUAL QUE ESTIPULOU O PAGAMENTO DA ÚLTIMA PARCELA DO PREÇO CONCOMITANTEMENTE À LAVRATURA DA ESCRITURA PÚBLICA. COMPROMITENTES QUE SE RECUSARAM A ELABORAR MINUTA DE FUTURA ADMINISTRAÇÃO DA REDE DE APART-HOTEL. COMPROMISSO COM CLÁUSULA DE IRREVOGABILIDADE, SEM ESTIPULAÇÃO DE PRAZO PARA O CUMPRIMENTO DESSA AVENÇA. MORA QUE SE DÁ APÓS PRÉVIA INTERPELAÇÃO. PREVISÃO DE OBRIGAÇÕES FUTURAS E CONDICIONAIS QUANTO ÀS OUTRAS AVENÇAS PACTUADAS. NEGATIVA DAS PROMITENTES COMPRADORAS EM FORNECER MAIORES GARANTIAS À PROMITENTE VENDEDORA QUANTO À PROMETIDA PARTICIPAÇÃO NOS LUCROS DO EMPREENDIMENTO APART-HOTELEIRO QUE SUJEITARIA A PROMITENTE VENDEDORA A CONDIÇÃO ARBITRÁRIA. PERCENTUAL DE FUTURA PARTICIPAÇÃO QUE FICARIA AO ARBÍTRIO DAS PROMITENTES COMPRADORAS. ÓBICE LEGAL. ARTIGO 122 DO CÓDIGO CIVIL. PRINCÍPIOS DA PROBIDADE E BOA-FÉ CONTRATUAL NA EXECUÇÃO DO CONTRATO. ARTIGO 422 DO CÓDIGO CIVIL. INAPLICABILIDADE DA TEORIA DO ADIMPLEMENTO SUBSTANCIAL DO PREÇO, DEVIDO À NATUREZA COMPLEXA DO PACTO FIRMADO. CULPA CONCORRENTE CARACTERIZADA. APLICAÇÃO DA CLÁUSULA RESOLUTIVA EXPRESSA, COM PREVISÃO DE MULTA CONTRATUAL. CLÁUSULA PENAL COMPENSATÓRIA. INDENIZAÇÃO POR PERDAS E DANOS INDEVIDA. APELO DA PROMITENTE VENDEDORA PARCIALMENTE PROVIDO PARA JULGAR PARCIALMENTE PROCEDENTE O PEDIDO INICIAL E DECLARAR A RESCISÃO DO COMPROMISSO PARTICULAR DE COMPRA E VENDA POR CULPA RECÍPROCA DAS PARTES, COM A DEVOLUÇÃO DO PREÇO RECEBIDO, ACRESCIDA DE MULTA DE 5%, INDEFERINDO A PRETENSÃO DE INDENIZAÇÃO POR PERDAS E DANOS. (TJPR – Apelação Cível nº 991.268-1 – Curitiba – 6ª Câmara Cível – Rel. Des. Ângela Khury – DJ 11.02.2016)

EMENTA: AÇÃO DE RESCISÃO CONTRATUAL CUMULADA COM REINTEGRAÇÃO DE POSSE E PERDAS E DANOS. COMPROMISSO DE COMPRA E VENDA – LOTE URBANO. INTERPELAÇÃO DA PROMITENTE-COMPRADORA – REQUISITO ESSENCIAL AO AJUIZAMENTO DA AÇÃO – TRÊS TENTATIVAS DE NOTIFICAR EXTRAJUDICIALMENTE POR OFICIAL DE REGISTRO DE IMÓVEIS – EDITAL PUBLICADO APENAS UMA VEZ – INOBSERVÂNCIA DO QUE DISPÕE A LEI 6.766/79 – INVALIDADE – MORA NÃO CONFIGURADA – CARÊNCIA DE AÇÃO – SENTENÇA ANULADA. 1. *"A Lei nº 6.766, em caso de inadimplemento, exige que o devedor-adquirente seja intimado pessoalmente, arequerimento do credor, pelo oficial do registro de imóveis (par. 1º, do art. 32, c/c o art. 49). Não sendo localizado, mediante informação do funcionário incumbido da diligência, dar-se-á a intimação por edital, a ser publicado por três dias consecutivos, no Diário Oficial ou em jornal de circulação local (art. 49, §§ 1º e 2º, c/c o art. 19 "caput" e seu § 3º, todos da Lei nº 6.766). A infringência de tais normas constitui vício grave e irreparável a nulificar todo o procedimento administrativo."* (TJPR – 1ª C. Cível – AC – 63354-3 – Londrina – Rel.: Munir Karam – Unânime – J. 16.06.1998). 2. Recursos conhecidos; acolhida preliminar do recuso adesivo, com extinção do processo sem resolução de mérito; exame da apelação prejudicado. (TJPR – Apelação Cível nº 1.077.650-0 – Londrina – 11ª Câmara Cível – Rel. Des. Ruy Muggiati – DJ 12.11.2014)

TRIBUNAL DE JUSTIÇA DO ESTADO DE SANTA CATARINA

EMENTA: PROCESSUAL CIVIL – ADJUDICAÇÃO COMPULSÓRIA – COMPROMISSO DE COMPRA E VENDA DE TERRENO – LOTEAMENTO NÃO LEVADO A REGISTRO – IRREGULARIDADE – LOTE NÃO INDIVIDUALIZADO COM A RESPECTIVA MATRÍCULA IMOBILIÁRIA – EXTINÇÃO DO PROCESSO SEM RESOLUÇÃO DO MÉRITO POR CARÊNCIA DE AÇÃO EM 1º GRAU – INCONFORMISMO – PAGAMENTO INTEGRAL DO PREÇO E PACTO SEM CLÁUSULA DE ARREPENDIMENTO – IRRELEVÂNCIA – AUSÊNCIA DE PRÉVIA INDIVIDUALIZAÇÃO DO LOTE – APLICAÇÃO DO PRINCÍPIO DA CONTINUIDADE REGISTRAL – CONDIÇÃO ESPECÍFICA DA AÇÃO ADJUDICATÓRIA – CARÊNCIA DE AÇÃO CONFIGURADA – SENTENÇA TERMINATIVA MANTIDA – APELO IMPROVIDO. Ausente a individualização do lote com a respectiva matrícula imobiliária, em observância ao princípio da continuidade registral extingue-se a ação de adjudicação compulsória por falta de condição específica para a propositura da demanda. (TJSC – Apelação Cível nº 2011.038135-1 – Indaial – 2ª Câmara de Direito Civil – Rel. Des. Monteiro Rocha – DJ 18.11.2013)

TRIBUNAL DE JUSTIÇA DO ESTADO DE SÃO PAULO CONSELHO SUPERIOR DA MAGISTRATURA

EMENTA: Registro de Imóveis – Loteamento – Negativa de registro – Artigo 18, III, "c", e § 2º, da Lei nº 6.766/1979 – Existência de ação penal em curso contra um dos sócios da loteadora por crime contra a administração – Fato que, por si só, obsta o registro – Impossibilidade de controle de constitucionalidade em sede administrativa – Dúvida procedente – Recurso não provido. RIO LENÇÓIS EMPREENDIMENTOS IMOBILIÁRIOS LTDA. interpôs recurso de apelação contra a sentença de fls. 22/24, que julgou procedente a dúvida suscitada pelo Oficial de Registro de Imóveis e Anexos da Comarca de Barra Bonita e manteve a recusa do registro do loteamento Vista Alegre na matrícula nº 25.960, por força da existência de ação penal em curso, por crime contra a Administração Pública, contra um dos sócios da loteadora. Sustenta a apelante a ausência de risco para os futuros adquirentes; que a existência da ação penal não é causa que obsta o registro do loteamento; a aplicabilidade do princípio da presunção de inocência; e que é inconstitucional o tratamento mais severo dos réus em processos por crime contra o patrimônio ou contra a administração (fls. 29/51). A Procuradoria Geral de Justiça opinou pelo provimento da apelação para afastamento do óbice (fls. 68/70). ***É o relatório.*** Respeitado o parecer da Procuradoria Geral de Justiça, o caso é não provimento do recurso. Guilherme Fernandes, um dos sócios da empresa loteadora denominada Rio Lençóis Empreendimentos Imobiliários Ltda. (fls. 22/24), responde a processo na Justiça Federal por coação no curso do processo (fls. 163/166 do pedido de registro de loteamento). Sobre o tema, dispõe a Lei nº 6.766/79: ***Art. 18. Aprovado o projeto de loteamento ou de desmembramento, o loteador deverá submetê-lo ao registro imobiliário dentro de 180 (cento e oitenta) dias, sob pena de caducidade da aprovação, acompanhado dos seguintes documentos: (...) III – certidões negativas: (...) c) de ações penais com respeito ao crime contra o patrimônio e contra a Administração Pública. (...) § 2º – A existência de protestos, de ações pessoais ou de ações penais, exceto as referentes a crime contra o patrimônio e contra a administração, não impedirá o registro do loteamento se o requerente comprovar que esses protestos ou ações não poderão prejudicar os adquirentes dos lotes. Se o Oficial do Registro de Imóveis julgar insuficiente a comprovação feita, suscitará a dúvida perante o juiz competente"*** (grifei). A certidão de objeto e pé acostada a fls. 166 do pedido de registro de loteamento dá conta de que o processo criminal contra o sócio Guilherme Fernandes tramita perante a 1ª Vara Federal de Jaú e está na fase de oitiva de testemunhas. Não há dúvida de que o delito de coação no curso do processo, previsto no artigo 344 do Código Penal, é um crime contra a administração. Isso porque referido delito está inserido no capítulo do Código Penal que trata dos crimes contra a administração da justiça, o qual, por sua vez, encontra-se no título denominado "Dos Crimes Contra a Administração Pública". E a redação do § 2º do artigo 18 da Lei nº 6.766/76 é clara a respeito da impossibilidade de se registrar loteamento na hipótese de um dos sócios da loteadora estar sendo processado por crime contra a administração. O legislador separa duas hipóteses em relação às ações penais contra o loteador: a) crimes contra a administração e contra o patrimônio impedem o registro do loteamento; b) processos por outros delitos, em regra, não obstam o registro, desde que o requerente comprove que tais demandas não prejudicarão os adquirentes dos lotes. Desse modo, em se tratando de processo por crime contra a administração, não há espaço para que o requerente comprove a ausência de prejuízo. No caso, o prejuízo aos adquirentes é presumido até que o loteador processado seja absolvido ou reabilitado. Note-se que o fato de o registro ser obstado por processo criminal em curso não infringe o princípio da presunção de inocência, uma vez que a lei, inspirada em interesse maior, apenas condiciona o registro do loteamento à absolvição do loteador. Sobre o tema, recente julgado do Conselho Superior da Magistratura: ***"Registro de Imóveis – Loteamento urbano – Negativa de registro – Artigo 18, III, "a" e "c", e §§ 1º e 2º, da lei nº 6.766/1979 – Existência de ação penal em curso contra um dos sócios da loteadora que, por si só, obsta o registro – Presunção constitucional de não culpabilidade que é insuficiente para afastar o óbice – desqualificação mantida – Dúvida procedente – Recurso não provido"*** (Ap. nº 000556-37.2013.8.26.0408, Rel. Des. Elliot Akel, j. em 28/4/2015, v. u.). Nesse mesmo sentido: Apelação Cível n.º 439-6/5, relator Desembargador José Mário Antônio Cardinale, julgado em 06.12.2005; e Apelação Cível n.º 856-6/8, relator Desembargador Ruy Camilo, julgado em 11.11.2008. No mesmo sentido, há outros precedentes do Conselho Superior da Magistratura, abordando a questão da existência de ações penais, podendo-se citar os seguintes: Apelação Cível nº 0008191-43.2012.8.26.0445 (Relator e Corregedor Desembargador José Renato Nalini), Apelação Cível nº 0078848-38.2009.8.26.0114 (Relator e Corregedor Desembargador Maurício Vidigal) e Apelação Cível nº 1.114-6/0 (Relator e Corregedor Desembargador Ruy Camilo). Consigne-se, por fim, que a inconstitucionalidade ou eventual não recepção de dispositivo legal não pode ser reconhecida nesta via administrativa. Esse é o posicionamento sedimentado da Corregedoria de São Paulo. Nesse sentido, parecer elaborado pela Juíza Assessora Ana Luiza Villa Nova aprovado pelo Corregedor-Geral da Justiça Hamilton Elliot Akel: ***A recorrente defende a inconstitucionalidade desta Lei Federal, pelo fato de a União não ter competência para conceder isenção em relação a tributo que não é de sua competência instituir, porém, não é possível neste âmbito administrativo adentrar nesta questão (...)*** (Processo CG 127.850/2014). Posto isso, nego provimento ao recurso. MANOEL DE QUEIROZ PEREIRA CALÇAS. Corregedor Geral da Justiça e Relator (DJe de 05.05.2016 – SP)

▶ **EMENTA:** REGISTRO DE IMÓVEIS – Alteração do plano de loteamento – Doação de área ao Município sem anuência de todos os adquirentes de lotes – Impossibilidade – Recurso não provido (Apelação 0001077-80.2011.8.26.0415, da Comarca de Palmital). Trata-se de apelação interposta contra r. sentença que julgou procedente a dúvida e por consequência obstou o registro da doação da área descrita às fls. 14 do loteamento (...), sem a anuência dos demais adquirentes de lotes. Sustenta o apelante, em apertada síntese, que a área objeto da doação do loteador ao Município não causa qualquer prejuízo aos 201 adquirentes de lotes. A Douta Procuradoria Geral de Justiça opinou pelo provimento do recurso. É uma síntese do necessário. O recurso não comporta provimento. O tema em debate resume-se a possibilidade de registro da escritura de doação de fls. 14 – *"uma viela de forma irregular, com frente para a rua 1 e mede 3,0m, a direita divisa com o remanescente-a e mede 17,88m., aos fundos divisa com a área de Aparecida Vieira Santos e mede 3,00m, a esquerda divisa com o remanescente-b e mede 17,82m, totalizando a área de 53,55m²"* – área que já foi objeto de constituição do direito real de servidão em favor do imóvel pertencente a (...). A exigência solicitada pelo Oficial de RI e acolhida pelo Juiz Corregedor Permanente quanto à indispensabilidade de anuência de todos os adquirentes de lotes do loteamento Golden Park para concretização da doação de área ao Município de (...) deve ser temperada. É o que se extrai de adequada leitura do artigo 28 da Lei 6.766/79 – *qualquer alteração ou cancelamento parcial do loteamento registrado **dependerá de acordo entre o loteador e os adquirentes de lotes atingidos pela alteração,** bem como da aprovação pela Prefeitura Municipal, ou do Distrito Federal quando for o caso, devendo ser depositada no Registro de Imóveis, em complemento ao projeto original com a devida averbação.* Com isso, reduz-se a exigência apenas aos confrontantes atingidos. A constituição do direito real de servidão *(da área descrita na nota devolutiva do Oficial do RI de Palmital)* pela Apelante em favor do imóvel pertencente à Aparecida Vieira dos Santos Cruz na ação de interdito proibitório outrora em curso – processo 998/00, fls. 12/13 – não transfere a propriedade da coisa, criando apenas um ônus ao prédio dominante em benefício do prédio serviente. Na hipótese de alteração ou cancelamento parcial do loteamento registrado é indispensável o acordo entre loteador e adquirentes de lotes atingidos, o que, de fato, não foi observado pela Apelante, loteadora e proprietária de um dos imóveis confrontantes a área loteada (lote nº 17/18/A – conforme memorial de fls. 16). Ainda que à época da aquisição do lote 17/18/B o Sr. (...) já tivesse conhecimento da servidão de passagem instituída na área – conforme documento de fls. 112/114 –, nada libera o loteador de tomar seu aceite para doação da viela particular a Municipalidade. Desta forma, tendo o Apelante inobservado o art. 28 da Lei 6.766/79, ao ignorar a anuência do adquirente do lote atingido, é de rigor a rejeição do recurso. Assim, pelo meu voto, nego provimento ao recurso. JOSÉ RENATO NALINI. Corregedor Geral da Justiça e Relator (D.J.E. de 19.08.2013 – SP)

▶ **EMENTA:** REGISTRO DE IMÓVEIS: Desmembramento – Ações pessoais em curso contra o anterior proprietário – Necessidade da prova de solvência do loteador em consideração às ações em curso – Recurso não provido (Apelação nº 0012846-27.2012.8.26.0132). Trata-se de apelação interposta contra r. sentença que reconheceu impossibilidade da inscrição do desmembramento do imóvel matriculado sob o número 33.708, diante da existência de certidão expedida pelo distribuidor cível da Comarca de (...) demonstrando a existência de várias ações pessoais movidas contra o anterior proprietário do imóvel. Sustenta a apelante a realização da inscrição em virtude da presença dos pressupostos legais, não se aplicando as restrições existentes contra a pessoa do anterior proprietário. A Douta Procuradoria Geral de Justiça opinou pelo não provimento do recurso. É uma síntese do necessário. Incide na espécie a Lei 6.766/79, ainda que o lote cujo desmembramento se pretende, insira-se no loteamento. E isso porque desmembramento é espécie do gênero parcelamento. É o que se extrai da redação do art. 2º, *caput*, e parágrafo 2º, da Lei nº 6.766/79: *Art. 2º. O parcelamento do solo urbano poderá ser feito mediante loteamento ou desmembramento, observadas as disposições desta Lei e as das legislações estaduais e municipais pertinentes. § 2º – considera-se desmembramento a subdivisão de gleba em lotes destinados a edificação, com aproveitamento do sistema viário existente, desde que não implique na abertura de novas vias e logradouros públicos, nem no prolongamento, modificação ou ampliação dos já existentes.* Assim, o desmembramento do lote, tal como ocorreu com o loteamento no qual inserido, deverá observar o disposto na Lei nº 6.766/79. Não é possível a utilização dos documentos relativos ao registro do loteamento ante a diversidade de situações jurídicas. A circunstância de estar registrado o loteamento não autoriza posterior registro do desmembramento por simples requerimento. A pretensão não é desdobre ou destaque, mas fracionamento do solo urbano para fins de vendas sucessivas voltadas à implantação de aglomerado urbano. A situação impeditiva do registro não guarda pertinência com as ações pessoais em curso contra a atual proprietária, ora apelante, mas diz respeito ao anterior proprietário. Sua responsabilidade é de ser apreciada pelo período de dez anos e (...) é réu em várias ações pessoais, tudo comprovado por Certidão de Distribuições Cíveis de fls. 217/304. Descabe outra interpretação do artigo 18, inciso IV, alínea "b", da Lei nº 6.766/79. Interessa é apurar a situação do titular da propriedade no período de dez anos. Se o loteador é proprietário por tempo inferior a dez anos, como ocorre na espécie, a certidão deve contemplar o anterior proprietário para completar o decênio. O objetivo é a demonstração de garantir aos novos titulares dominiais, não sejam responsáveis por dívidas do proprietário anterior. Não foram apresentadas as certidões de objeto e pé das ações em curso contra o anterior proprietário. Impossível avaliar se a garantia patrimonial fornecida pela atual proprietária é suficiente para cobrir eventuais dívidas do titular que a antecedeu. Enfatize-se: ausente essa prova, há possibilidade de risco econômico dos futuros adquirentes ante eventual reconhecimento da ineficácia da alienação perante o anterior proprietário. O imóvel foi objeto de compromisso de compra e venda celebrado por instrumento particular em 15.07.1999 com o preço quitado integralmente no ato no importe de R$ 25.931,91. A Escritura Pública de Compra e Venda realizada em 17.05.2007 não mencionou a existência do compromisso de compra e venda anterior e constou o preço da ordem de R$ 1.00,00 cada lote, totalizando R$ 3.000,00, sendo registrada em 20.05.2007. Duas as possíveis conclusões: (i) a propriedade foi transferida em 2007 quando já havia ações em curso contra o vendedor e, (ii) por regra de boa-fé objetiva não é possível à apelante trazer a publicidade contrato particular não registrado que não havia mencionado quando da realização da escritura pública de compra e venda, pena de *venire contra factum proprium*. Seja como for, no âmbito administrativo deve ser considerada a data da transferência da propriedade: 20.05.2007. Diante disso, inviável a aprovação do parcelamento à falta da prova da solvabilidade da loteadora, o que somente poderá ser feito por meio da apresentação das certidões de objeto e pé das ações pessoais em curso contra o anterior proprietário no decênio anterior ao requerimento. Por fim, ressalte-se a presença de precedente administrativo deste E. Conselho Superior da Magistratura negando desmembramento no caso do não atendimento do disposto no art. 18, da lei nº 6.766/79: *REGISTRO DE IMÓVEIS. Desmembramento negado. Existência de ações penais por crime contra a ordem tributária e contra o patrimônio contra quem foi proprietário do imóvel dentro do decênio anterior ao pedido de registro configurando impedimento ao ato registrário. Existência também de ações pessoais contra os titulares primitivos do imóvel, sem que haja prova segura de que tais ações não prejudicarão os adquirentes dos lotes. Dúvida procedente. Recurso não provido* (Rel. Des. Ruy Camilo, j 16/06/2009, ap. nº 1.114-6/0). Ante o exposto, nego provimento ao recurso. JOSÉ RENATO NALINI. Corregedor Geral da Justiça e Relator

▶ **EMENTA:** REGISTRO DE IMÓVEIS – Loteamento clandestino – ocupação irregular do solo com mais de quarenta anos – situação consolidada – aplicação da Lei nº 11.977/09 editada no curso do processo administrativo – questões urbanísticas e de meio ambiente adaptadas à especificidade do caso – regularização deferida – Recurso não provido (APELAÇÃO CÍVEL Nº 0000034-17.2002.8.26.0224, da Comarca de GUARULHOS). Trata-se de apelação interposta contra r. sentença que determinou a regularização de loteamento clandestino por meio da realização de seu registro. Sustenta o apelante a impossibilidade da regularização em virtude da não observação das normas cogentes incidentes de cunho urbanístico e ambiental (a fls. 494/577). A douta Procuradoria Geral de Justiça opina pelo provimento do recurso (a fls. 590/596). É o relatório. O presente processo administrativo foi iniciado em setembro de 2002, objetivando a regularização de loteamento clandestino cuja implantação remonta ao ano de 1971 conforme informação do Município de Guarulhos, o qual iniciou este processo de regularização. Após a realização do laudo pericial houve decisão do MM Juiz Corregedor Permanente (novembro de 2011) determinando o registro do loteamento, ocorrendo recurso do Ministério Público fundado na inviabilidade da regularização fundiária em virtude da permanência da ofensa à norma cogente relativamente a disposições urbanísticas e ambientais. A questão posta em julgamento é permeada por fortes contornos sociais, pois, há pessoas no local há cerca de quarenta anos sem a possibilidade de obtenção do direito fundamental de propriedade e, noutro quadrante, ocorre a impossibilidade do atendimento dos direitos difusos urbanísticos e do meio ambiente na forma compreendida pelo Ministério Público. A situação do ponto de vista social e econômico está consolidada desde há muito sem possibilidade de retorno, ponto fulcral deste recurso é a possibilidade da regularização fundiária (integrando o aspecto jurídico) ou não do parcelamento denominado Chácaras Cerejeiras, composto por 175.256,26 m^2 lotes e 18.904,83 m^2 de vias, totalizando 194.161,09 m^2. Nesse caminho, compete-nos definir qual a norma jurídica incidente, especialmente a possibilidade da aplicação da Lei nº 11.977/09 editada após o início deste processo administrativo. A Lei nº 11.977/09 somente tem aplicação em área urbana, a qual, por seus termos (art. 47, inc. I) é aquela definida como tal pelo plano diretor ou lei municipal específica. O art. 26, *caput*, da Lei Municipal de Guarulhos tem a seguinte redação: *Considera-se urbano todo o território municipal resguardada áreas de tipificação rural, que deverão ser cadastradas pela Prefeitura de Guarulhos, na forma como dispuser o Decreto do Executivo, sendo que até o cadastramento não será lançado Imposto Territorial Urbano – IPTU para as áreas inscritas no INCRA.* Consta do laudo pericial a inserção do loteamento Chácaras Cerejeiras em zona de proteção e desenvolvimento sustentável (ZPDS-3) e a presença de vários prédios comerciais e residenciais (a fls. 246 e 248), além disso, nas razões recursais houve a juntada de vários cadastros de IPTU de lotes situados na área (a fls. 540/545), assim está caracterizada a natureza urbana da área objeto de regularização e, portanto, a aplicação das disposições da Lei nº 11.977/09. Diante disso, não tem lugar a aplicação do disposto no art. 40 da Lei nº 6766/79 e tampouco do disposto no item 152 e seguintes do Capítulo XX das NSCGJ (cuja atualização está em andamento), porquanto a Lei nº 11.977/09 deu nova disciplina à regularização fundiária. Apesar do início deste processo administrativo antes da eficácia da mencionada lei, é possível sua aplicação em decorrência de seu caráter cogente e finalidade de regularização fundiária. O loteamento foi implantado sem qualquer aprovação da municipalidade no início da década de setenta, posteriormente, em 29.11.1982 houve regularização administrativa no âmbito do município como se observa do documento de fls. 10. Não obstante, não se logrou êxito no registro em razão de irregularidades atinentes ao memorial e planta apresentados (vide manifestação do Oficial do Registro Imobiliário de fls. 29). No laudo pericial, o experto constatou as seguintes irregularidades: (i) consolidação do loteamento ante a presença de vias públicas, lotes com edificações, serviço de luz pública e domiciliar, cabo telefônico e cascalhamento de ruas, (ii) violação das disposições do art. 4º, incisos I, III e IV, da Lei nº 6.766/79, (iii) os lotes projetados ao longo do córrego não estão gravados com a faixa "non edificandi" de 15 metros, bem como o referido local é área de preservação permanente, (iv) o percentual de áreas públicas de 10,79% ser inferior aos 35% previstos na Lei nº 6.766/79, (vi) a infraestrutura existente no loteamento não atinge o "básico", estão ausentes equipamentos de escoamento de águas pluviais, rede de esgoto sanitário e de abastecimento de água e, (vii) o parcelamento não atende a largura mínima das ruas e outras disposições do Decreto Estadual nº 12.342/78 (a fls. 263/264). Para fins da regularização deve ser considerada a implantação clandestina do loteamento em 1971, a aprovação da municipalidade em 1982 e, principalmente, o fato da situação estar consolidada há muitos anos, notadamente, antes da edição da Lei nº 6.799/79. O órgão ambiental municipal aprovou a regularização do projeto consoante despacho exarado pelo Secretario de Meio Ambiente em 15.10.2009 (a fls. 425). Apesar da regularização fundiária ora em curso não haver seguido exatamente o rito da Lei nº 11.977/09, considerado o início deste processo administrativo pelo Município de Guarulhos em 2002, é possível a aplicação dos mandamentos daquela. Desse modo, os óbices apontados pelo Ministério Público não tem o condão de impedir a regularização fundiária por força da consolidação havida no plano fático e da incidência, no plano normativo, das prescrições da Lei nº 11.977/09, como se infere dos seguintes artigos: *Art. 52 – Na regularização fundiária de assentamentos consolidados anteriormente à publicação desta Lei, o Município poderá autorizar a redução do percentual de áreas destinadas ao uso público e da área mínima dos lotes definidos na legislação de parcelamento do solo urbano.*[15] *Art. 65, Parágrafo único – O registro do parcelamento decorrente de projeto de regularização fundiária de interesse social independe do atendimento aos requisitos constantes da Lei nº 6.766, de 19 de dezembro de 1979. Art. 54, § 1º – O Município poderá, por decisão motivada, admitir a regularização fundiária de interesse social em Áreas de Preservação Permanente, ocupadas até 31 de dezembro de 2007 e inseridas em área urbana consolidada, desde que estudo técnico comprove que esta intervenção implica a melhoria das condições ambientais em relação à situação de ocupação irregular anterior.* Desse modo, a luz dos contornos fáticos compete afastar a não observação de novas relativas ao direito urbanístico e ambiental; não sendo o caso do reinício do processo por questões formais atinentes à Lei nº 11.977/09, pois, substancialmente, ocorreu seu cumprimento. Acrescente-se também o fato da CETESB haver expedido autorização para regularização do loteamento em 30.06.1986, conforme documento de fls. 04/05. Por fim, a regularização jurídica da situação consolidada há muitos anos por trazer para o Registro Imobiliário o estado de fato, definindo e qualificando os proprietários, facilita a proteção do aspecto urbanístico e de meio ambiente, cuja defesa compete aos Doutos Membros do Ministério Público. Pelo exposto, nego provimento ao recurso, com observação. (a) JOSÉ RENATO NALINI, Corregedor Geral da Justiça e Relator. DECLARAÇÃO DE VOTO. *Dúvida registraria – Recurso ministerial requerendo a reforma do decisum por afronta a legislação urbanística – Loteamento cuja ocupação irregular data de mais de quarenta anos evidenciando a consolidação de situação fática – Direito fundamental de propriedade cujo caráter social deve prevalecer sobre outros de cunho ambiental e urbanístico – inteligência da Lei nº 11.977/09 – Recurso não provido.* Cuida-se de apelação interposta contra r. sentença que determinou o registro de loteamento clandestino como forma de sua regularização, em vista de consolidação irreversível da ocupação há aproximadamente quarenta anos. Recorre o Ministério Público alegando, em síntese, a inviabilidade do pretendido registro e consequente regularização do loteamento por afronta à legislação urbanística e ambiental. A Douta Procuradoria Geral de Justiça manifestou-se pelo provimento do recurso. No presente caso, no entanto, a peculiar situação constatada, a dar conta que a ocupação irregular, em alguns casos, data de quatro décadas, inelutavelmente conduz ao reconhecimento de situação fática irreversível. Diante disso, a alegada antinomia existente, onde de um lado se posiciona o direito fundamental à propriedade e de outro direitos de natureza ambiental e urbanística, deve ser debelada com amparo de critérios sociais em que o primeiro deve prevalecer sobre os segundos. Esse o sentimento inspirador da Lei 11.977, de 07 de julho de 2009, e que já vinha expresso no art. 182, da Constituição Federal, carta essa que também inseriu, entre os direitos fundamentais, o direito à moradia, introduzido pela EC 26, de 14.2.2000. Vale dizer, que referido direito, levado à sua plenitude, jamais poderia prescindir de sua regularização formal, através do registro, que "*... não exerce somente a função de guardião do direito de propriedade, mas também a novel missão de guardião da função social da propriedade.*" (Papel do Registro de Imóveis na Regularização Fundiária, pág. 712 – Marcelo Santana de Melo). Por outro lado, o laudo pericial, corroborado por outros elementos, em especial, o cadastro de alguns lotes como contribuintes do IPTU, revelam a natureza urbana do loteamento a sujeita-lo a incidência da Lei nº 11.977/09, inovadora na espécie e, segundo o citado autor, "*dotada de ferramentas jurídicas jamais vistas no direito brasileiro*". A respeito e dimensionando a relevância da inovação normativa, dispõe ainda Marcelo Augusto que ela "*.... apresentou elementos indicativos de que o conteúdo do direito de moradia no Brasil está atrelado ao direito de propriedade. O Registro de Imóveis foi o destinatário final da regularização fundiária com o dever jurídico de presidir o procedimento e verificação dos requisitos estabelecidos na lei...* "Do ponto de vista legal, o loteamento respeitou as disposições elementares da legislação fundiária viabilizando, deste modo, seu registro e consequente regularização como forma, em última análise, de regulamentar situação fática consolidada pelo dilatado lapso temporal em que estabelecida, sem expectativa de ser revertida. Pelo exposto, NEGO PROVIMENTO ao recurso, mantendo-se íntegro o "*decisum*". GONZAGA FRANCESCHINI, Vice-Presidente do Tribunal de Justiça (D.J.E. de 27.09.2012)

⊙ TRIBUNAL DE JUSTIÇA DO ESTADO DE SÃO PAULO CORREGEDORIA-GERAL DE JUSTIÇA

▶ **EMENTA:** Registro de imóveis – Desmembramento e averbações de construções requeridos por promitente comprador titular de direito real de aquisição – Ausência de anuência do proprietário tabular não constitui óbice ao pedido – Desdobro de pequeno porte – Parcelamento pretérito anterior à vigência da Lei nº 6.766/1979 – Descartado o propósito comercial – Falta de aprovação urbanística pelo ente municipal não remediada pelas *certidões de emplacamento e confrontações* – Não exibição do projeto e memorial descritivo – *Carta de habitação* sem referência à área construída e desacompanhada da planta aprovada – Averbações vedadas – Aprovação da Municipalidade não suprível pelos lançamentos fiscais apresentados – Recurso desprovido. Processo CG nº 2013/69557(211/2013 – E). Excelentíssimo Senhor Corregedor Geral da Justiça, *(...)*, inconformada com a ratificação da desqualificação registral e, por conseguinte, a admissão do descabimento das averbações do desdobro do imóvel descrito na matrícula nº (...) do Registro de Imóveis de São Vicente e das construções erguidas sobre o terreno (fls. 98/101), interpôs recurso, pois, alicerçada no seu direito real sobre a coisa e na aprovação da Municipalidade, sustenta a pertinência dos atos registrais, não representativos de prejuízos a terceiros, burla à lei de parcelamento do solo urbano e comprometimento da organização urbana (fls. 103/108). Com o recebimento do recurso (fls. 109), e após nova manifestação do Ministério Público (fls. 110), os autos foram remetidos ao Conselho Superior da Magistratura (fls. 111/112) e, ato contínuo, abriu-se vista à Procuradoria Geral de Justiça, que propôs o encaminhamento dos autos à Corregedoria-Geral da Justiça e o provimento do recurso (fls. 115/117). Em seguida, porque os atos perseguidos são suscetíveis de averbação, os autos foram enviados à Corregedoria-Geral da Justiça (fls. 118/119 e 121). *É o relatório. OPINO.* A interessada pretende o desdobro do bem imóvel descrito na matrícula nº 140.990 e a averbação das duas edificações erguidas sobre o terreno. O fracionamento intencionado não se equipara ao desmembramento de gleba; é resultante de remoto loteamento, anterior à Lei nº 6.766/1979; revela a inexistência de propósito comercial de exploração do solo urbano; enfim, não se insere na Lei de Parcelamento do Solo Urbano e, portanto, independe de registro especial (artigo 18 da Lei nº 6.766/1979). O histórico da matrícula nº 140.990 e a singeleza da segregação, com efeito, indicam que o parcelamento não é direcionado à implantação de um novo aglomerado habitacional. A interessada, realmente, não se conduz como loteadora. Por sua vez, a fragmentação requerida não importa deslocamento patrimonial subjetivo; não leva à modificação da titularidade do direito real de propriedade e, por isso, a propriedade meramente tabular dos loteadores, esvaziada, não é

15. O art. 52 da Lei 11.977/09 foi revogado pela Lei nº 13.465/2017.

obstativa do destacamento. O direito real de aquisição integrado ao patrimônio da interessada – decorrente da *averbação* do compromisso de venda e compra (artigo 4º, *b*, do Decreto – lei nº 58/1937), cuja irretratabilidade é extraída do texto do Decreto – lei nº 58/1937 (artigos 5º, 15 e 16 – cf. Súmula 166 do STF) e, nos dias atuais, foi expressamente consagrada na Lei nº 6.766/1979 (artigo 25), em vigor depois da inscrição do loteamento e da averbação acima referida –, oportuniza o desdobro objetivado. Diante da substância do direito real pertencente à interessada (artigos 5º do Decreto – lei nº 58/1937, 25 da Lei nº 6.766/1979, 1.225, VII, 1.227 e 1.417 do Código Civil), a propriedade do bem imóvel sob titularidade dos loteadores, subsistente "como mera garantia do pagamento do preço"[1], não estorva o fracionamento idealizado, tampouco as averbações das construções. Com relação a estas, aliás, qualquer pessoa pode provocá-las (artigo 217 da Lei nº 6.015/1973), visando resguardar a máxima correspondência entre a realidade *extratabular* e a situação registral e, desse modo, a realização do princípio da segurança jurídica. Nada obstante, as *certidões de emplacamento e confrontações* e as *cartas de habitação* exibidas (fls. 65/66 e 71/72), por si, desacompanhadas do projeto aprovado e do memorial descritivo, não bastam para permitir as averbações; não demonstram, particularmente, a aprovação urbanística do desdobro pela Municipalidade (cf. subitens 109.2., 150.4. e 150.5. do Cap. XX das NSCGJ[2]) nem possibilitam o assento registral relativo às acessões. As *certidões de emplacamento e confrontações* não suprem a falta da chancela do ente municipal voltada à tutela dos interesses urbanísticos; é insuficiente para descartar os riscos ao meio ambiente e o impacto urbanístico. Ao lado disso, as *cartas de habitação*, desprovidas de menção à área construída e, principalmente, porque não instruídas com as plantas aprovadas – cujas faltas não são remediadas pelas *fichas de imóveis* exibidas (fls. 68/69 e 73/74) –, também não servem para as averbações das edificações, que, de mais a mais, pressupõem o desdobro, já desautorizado. Por fim, os lançamentos fiscais não equivalem à aprovação urbanística, não preenchem a sua ausência [3]: de fato, conforme a jurisprudência do Conselho Superior da Magistratura, o interesse tributário não se confunde com o de natureza urbanística, tanto que o lançamento fiscal não implica aprovação do destaque [4]. Pelo todo exposto, o parecer que, respeitosamente, submeto à elevada apreciação de Vossa Excelência sugere o desprovimento do recurso administrativo. *Sub censura*. São Paulo, 25 de junho de 2013. Luciano Gonçalves Paes Leme. Juiz Assessor da Corregedoria. DECISÃO: Aprovo o parecer do MM. Juiz Assessor da Corregedoria e, por seus fundamentos, ora adotados, nego provimento ao recurso administrativo. Publique – se. São Paulo, 28.06.2013. – (a) – JOSÉ RENATO NALINI – Corregedor Geral da Justiça. Notas: [1] Francisco Eduardo Loureiro. In: Código Civil comentado: doutrina e jurisprudência. 2ª ed. Ministro Cezar Peluso (coord.). São Paulo: Manole, 2008. p. 1.450. [2] Subitem 109.2. Os desmembramentos de imóveis urbanos não subordinados ao registro especial da Lei nº 6.766, de 19 de dezembro de 1979, dependerão de prévia aprovação da Prefeitura Municipal. Nos rurais, atender-se-á a legislação especial do INCRA. Subitem 150.4. Nos desmembramentos, o oficial, sempre com o propósito de obstar expedientes ou artifícios que visem a afastar a aplicação da lei nº 6.766, de 19 de dezembro de 1979, cuidará de examinar, com seu prudente critério e baseado em elementos de ordem objetiva, especialmente na quantidade de lotes parcelados, se se trata ou não de hipótese de incidência do registro especial. Na dúvida, submeterá o caso à apreciação do Juiz Corregedor Permanente. Subitem 150.5. Em qualquer das hipóteses de desmembramentos não subordinados ao registro especial do art. 18, da Lei nº 6.766, de 19 de dezembro de 1979, sempre se exigirá a prévia aprovação da Prefeitura Municipal.[3] CSM – Apelação Cível nº 12.006-0/0, relator Desembargador Onei Raphael, julgada em 06.05.1991.[4] Apelação Cível nº 36.642-0/8, relator Desembargador Márcio Martins Bonilha, julgada em 10.03.1997.

⊙ CORREGEDORIA-GERAL DA JUSTIÇA

EMENTA: REGISTRO DE IMÓVEIS – Unificação e Desdobro – Restrição convencional ou urbanística – Circunstância não impeditiva do ato registral pretendido – Desnecessidade de atendimento do art. 18, da Lei nº 6.766/79 – Recurso não provido (Processo CG nº 2012/133109 (401/12-E). Excelentíssimo Senhor Corregedor Geral da Justiça: Cuida-se de recurso administrativo interposto pelo Ministério Público contra r decisão de fls. 61/68, que permitiu a unificação de 07 lotes e o subsequente desdobro em 12 novos, constantes da matrícula nº 25.203, do 2º Registro de Imóveis de (...). Aduz o apelante que a restrição urbanística deve prevalecer sobre a aprovação municipal e que a questão já se encontra pacificada em sentido contrário no C. Conselho Superior da Magistratura e nesta Corregedoria-Geral de Justiça. Afirma, ainda, que não estão presentes os requisitos do item 153, das NSCGJ, para que se possa dispensar o loteador do registro previsto no art. 18 da Lei nº 6.766/79 (fls.73/81). Apresentadas as contrarrazões ao recurso (fls. 96/101), a douta Procuradoria de Justiça opinou pelo provimento do recurso (fls. 106/115 e 179). Às fls. 113/115, os recorridos requereram a extinção da ação por perda de objeto. Os autos foram inicialmente encaminhados ao C. Conselho Superior da Magistratura e, posteriormente, remetidos a esta Corregedoria-Geral em razão da matéria (fls. 190). É o relatório. Passo a opinar. Anote – se, em preliminar, a impossibilidade de os interessados recorridos (...) e (...) desistirem da ação, como requerido, na atual fase do feito. É que, ainda que se pudesse falar em ação no âmbito administrativo, a desistência do pedido só teria cabimento até a prolação da decisão definitiva em primeira instância. Poderia o interessado, caso fosse o recorrente, requerer a desistência do recurso, o que, contudo, não ocorre no caso em exame, haja vista que o recorrente é o Ministério Público. No mérito, o recurso do Ministério Público, salvo melhor juízo de V. Exa., não comporta acolhimento. Os recorridos buscam a unificação de 07 lotes do Loteamento (...) e o subsequente desmembramento em 12. O pedido foi inicialmente obstado pelo Oficial de Registro de Imóveis ao argumento de que o contrato padrão do loteamento traz restrição convencional exigindo que os lotes tenham área igual ou superior a 250m² e frente nunca inferior a 10 m². O MM. Juiz Corregedor Permanente, com respaldo na aprovação do desdobro pela Municipalidade, afastou o óbice e deferiu os pedidos. O Ministério Público, inconformado, recorreu pedindo a reforma da decisão, no que foi acompanhado pela ilustrada Procuradoria Geral de Justiça, ambos sustentando a inviabilidade do pedido em virtude da restrição convencional constante do loteamento. V. Exa., enquanto juiz da 1ª Vara de Registros Públicos, já teve a oportunidade de examinar a questão relativa à fiscalização das restrições urbanísticas ou convencionais pelo Oficial de Registro de Imóveis (Processo 07/82). Após longo estudo sobre a natureza de referido instituto, V. Exa. acentuou que: *"Ao Oficial de Registro de Imóveis, todavia, não incumbe zelar, com essa amplitude, pelos interesses dos próprios beneficiários das restrições de vizinhança. Somente a estes próprios é que compete evitar o desvirtuamento da estipulação obrigada no plano de loteamento. Tanto assim que o art. 24 da Lei 6.766 coloca à disposição dos interessados, independentemente de custas, o exame do processo de loteamento, disposição análoga à do par. 6º do art. 1º do Dec. 3.079/38. Transferir-se ao serventuário a tutela dos interesses privados, ainda que de alcance genérico, e resultantes das restrições de vizinhança, não se coaduna com os princípios gerais do Direito, com os quais o sistema registrário não pode conflitar"*. Para, ao final, concluir *"não competir ao Serventuário recusar o registro de incorporação ou de especificação, em lotes originários de loteamentos cujos registros contenham restrições de vizinhança. O que lhe não impede, considerada a peculiaridade de cada caso em particular e quando anteveja lesão a interesse alheios, provoque a decisão judicial, suscitando dúvida"*. No caso em exame, a recusa do Oficial funda – se, em primeiro plano, no teor da restrição convencional constante do contrato padrão registrado, sem fazer qualquer menção a eventual prejuízo de terceiros. Pondera, ainda, a impossibilidade de se invocar o precedente CG 2009/79569 por desconhecer a promulgação da lei que tenha revogado as restrições convencionais. Sucede que a revogação da restrição convencional por lei não é *conditio sine qua non* para o registro do ato que a conteste. Quando há lei superveniente em sentido contrário à restrição, ocorre a sua revogação, a sua desconstituição do mundo jurídico, de modo que a ninguém mais é permitido reclamar, nas vias próprias, seu cumprimento. Inexistente a lei, a restrição urbanística, embora continue a existir juridicamente, não pode servir de justificativa para o Oficial de Registro de Imóveis recusar o registro com ela colídente, cabendo a eventual prejudicado fazer uso da ação prevista no art. 45, da Lei 6.766/79. Essa a regra exposta nos autos do processo 01/82, da 1º Vara de Registros Públicos, decidido por V. Exa., e também nos autos do processo nº 287/82, do mesmo juízo, cuja decisão, subscrita por Narciso Orlandi Neto, destacou ser despiciendo ao Oficial de Registro de Imóveis o exame da existência ou não de restrições convencionais para a prática de qualquer ato de registro, uma vez que a inobservância delas deve ser coibida pelos titulares de direito nas vias ordinárias. Não se desconhece a orientação anterior vigente nesta Corregedoria Geral. É que, desde o julgamento, com votação unânime, da apelação nº 0038476 – 21.2011.8.26.0100, pelo C. Conselho Superior da Magistratura, relatada por V. Exa., surgiu nova orientação relativa à qualificação registral no caso de loteamento gravado com restrições urbanísticas, tendo V. Exa., ao interpretar o item 174, do Capítulo XX, das NSCGJ, destacado que: *"O registrador pode mencionar as restrições, mas isso não obstará o registro de contratos como o da espécie. Aliás, essa a melhor leitura do item 174 do Capítulo XX, cuja dicção é clara: Todas as restrições presentes no loteamento, impostas pelo loteador ou pelo Poder Público, deverão ser, obrigatoriamente, mencionadas no registro. Não caberá ao oficial, porém, fiscalizar sua observância."* O segundo óbice questionado no recurso do Ministério Público – necessidade do registro especial previsto no art. 18, da Lei 6.766/79 – também não comporta acolhimento. No local já se encontra implementado o loteamento denominado (...) e a área total dos lotes (01 a 07) envolvidos no pedido dos recorridos é relativamente pequena, totalizando 1.715,24m^2 (fl.46). Efetivada a unificação dos 07 lotes, quer – se, ato contínuo, o desdobro em 12 novos lotes, com área média de 132 m^2 cada um. Admitido o pedido dos recorridos, o local passará a ter apenas 05 novos lotes o que não terá aptidão para causar impacto urbanístico significativo na região. O desdobro, se aprovado, não ensejará abertura, modificação ou ampliação das vias e logradouros públicos já existentes no local nem causará abalo à infraestrutura local (água encanada, luz elétrica, esgoto, asfalto, arborização, guias e sarjetas), notadamente em virtude do pequeno número de lotes a mais que passará a existir. Nesse sentido, a certidão Municipal de fls. 32. Considere – se, também, que a metragem dos novos lotes impossibilita que outros desdobros venham a ocorrer. No que diz respeito à aprovação do desdobro pelo Município, conquanto resulte de ato administrativo e não de lei, nesta tem seu alicerce haja vista que, pelo princípio da legalidade administrativa, ao administrador só é permitido fazer o que estiver permitido por lei. Assim, se o Município, por sua exclusiva responsabilidade, aprovou o desdobro, deve-se presumir que observou os requisitos legais, não sendo esta esfera administrativa a seara adequada para discuti-los. Não se tem notícia, ainda, de que os lotes se encontram inseridos em área de proteção ambiental (APA) ou em área de proteção de Mananciais (APM). Em relação ao número de lotes envolvidos, Vossa Excelência, quando juiz da 1ª Vara de Registros Públicos, já teve a oportunidade de consignar que, embora a questão do número de lotes constitua critério especialíssimo para o exame de eventual liberação, não parte de qualquer quantidade predeterminada, de sorte que não existe argumento intransponível a que o número de unidades edificadas chegue a 11, ou a 13 ou a 18, devendo o registrador agir com bom arbítrio na apuração do contexto global da hipótese que se lhe submete a registro, sem perder a noção da realidade social. Vossa Excelência ainda lembra a orientação de Serpa Lopes no sentido de que, em tema de registros públicos, a interpretação deve sempre facilitar e não dificultar a acesso dos títulos (GALHARDO, João Baptista. O registro do parcelamento do solo para fins urbanos. Porto Alegre: IRIB: S.A. Fabris, 2004. p. 31/32). À vista de todas essas considerações e da nova perspectiva que se anuncia no campo da qualificação registral das restrições convencionais, não há como se dar provimento ao recurso do Ministério Público, a despeito de seus respeitosos e jurídicos fundamentos. Posto isso, o parecer que, respeitosamente, submeto à elevada apreciação de Vossa Excelência é no sentido de que seja negado provimento ao recurso, mantendo-se a r. decisão que autorizou o desdobro. *Sub censura*. São Paulo, 18 de outubro de 2012. Gustavo Henrique Bretas Marzagão. Juiz Assessor da Corregedoria. DECISÃO: Aprovo o parecer do MM. Juiz Assessor da Corregedoria e, por seus fundamentos, que adoto, nego provimento ao recurso. São Paulo, 18.10.2012. – (a) – JOSÉ RENATO NALINI – Corregedor Geral da Justiça.

▶ **EMENTA:** Recurso – Averbação – Desmembramento de lote – Cláusula impeditiva prevista em memorial descritivo do empreendimento – Inserção pelo Loteador – Afastamento da limitação convencional para análise das condições e peculiaridades do caso em concreto – Efeitos urbanísticos – Observância da função social da propriedade – Decisão mantida – Recurso não provido(Processo CG nº 2012/108697 (290/12-E). Excelentíssimo Senhor Corregedor Geral da Justiça. Trata-se de recurso interposto pelo Ministério Público contra decisão que julgou improcedente a dúvida administrativa e permitiu o desdobro de matrícula nº (...), afastando a proibição convencional estabelecida por loteador – metragem mínima dos lotes: frente mínima de 12 m e área mínima de 300 m^2. O MM Juiz Corregedor Permanente do (...)º Cartório de Registro de Imóveis, em sua decisão de fls. 42/49, salienta que o desdobramento já foi autorizado pela Municipalidade, inexistindo, ademais, óbice na matrícula original. Sustenta o recorrente que a decisão do Juiz Corregedor Permanente deve ser reformada, pelos seguintes argumentos: afronta a limitação imposta pelo loteador, inobservância dos precedentes do Conselho Superior da Magistratura, além de incalculáveis prejuízos à coletividade em decorrência da saturação dos sistemas de rede elétrica, de água e esgoto, sistema viário e desvalorização dos imóveis vizinhos. A Procuradoria Geral de Justiça opinou pelo provimento do recurso – fls. 90/95. *É o relatório. OPINO.* Salvo melhor juízo de Vossa Excelência, Senhor Corregedor, o recurso deve ser rejeitado, ante as peculiaridades do caso concreto. A matéria não é nova no âmbito desta Corregedoria-Geral de Justiça. O entendimento consolidado é pela impossibilidade de averbação do desdobro de lote em afronta à restrição convencional. Nesse sentido: *"Loteamento. Desdobro. Contrato padrão – restrição urbanística convencional. Municipalidade – aprovação. Registro de Imóveis – Loteamento – Requerimento de averbação de desdobro de lote – Existência de restrição em contrato – padrão arquivado no registro predial que veda a subdivisão de lotes – Prevalência da restrição convencional – Aprovação do desdobro pela Prefeitura Municipal – Irrelevância – Averbação indeferida – Recurso não provido. (Processo CGJ nº (...), Indaiatuba, julgado em 29/04/2006, com aprovação em 08/05/2006, publicada no D.O.E. de 13/06/2006)".*(...) apresentou pedido de desdobramento do lote (...), da quadra (...), do Jardim (...), matrícula nº (...), conforme projeto de desdobro aprovado pela Prefeitura Municipal de (...) – fls. 29/32 – dois lotes (177,91 m^2 e 194,71 m^2). A recusa do Oficial de Registro de Imóveis de (...) está fundada na existência de memorial descritivo do empreendimento que impõe como dimensões mínimas do lote 12 metros de frente e área mínima de 300 m^2, bem como em precedente desta Corregedoria-Geral de Justiça. Atento as particularidades do caso em análise, excepcionalmente, entendo que a perpetuação das restrições convencionais previstas em dezembro de 1975 (fls. 10) sobre o lote (...) da quadra (...) do Jardim (...), matrícula nº (...), não se justifica, pois desconexa com a realidade posta na localidade. A imposição de restrição convencional objetiva *"resguardar a qualidade urbanística do loteamento e garantir ao adquirente e aos demais proprietários de lotes o padrão do local e as características do empreendimento"* (Proc. CG nº 29/2006). Conforme narrativa do próprio Oficial de Imóvel de (...) no processo de dúvida nº *2012/00100271* que também trata de desdobro de lote no Jardim (...) – a fisionomia do loteamento não é mais àquela idealizada pelo loteador. Em novembro de 2011 a situação registral do loteamento já era a seguinte: *"232 lotes no total, distribuídos por 14 quadras; 15 matrículas ainda não abertas, não sabendo se os respectivos lotes foram alienados pela loteadora ou não; 22 desdobros averbados, dos quais 4 referentes a lotes situados na quadra 6, que contém 20 lotes e onde se encontra o lote do interessado ".* É evidente, pelo conjunto probatório acostado aos autos, que o tempo, acrescido à omissão do loteador e também do Poder Público – na fiscalização dos planos de urbanização moldados para cada loteamento – e mais a ação do indivíduo – na busca de melhor atender seus anseios e objetivos – corroeram as características de urbanização originariamente previstas. A perpetuação das exigências convencionais primárias não se justifica, ainda mais quando o único a defendê-las é o Oficial de Registro Imobiliário. Nesse sentido, Vossa Excelência, então Juiz da 1ª Vara de Registros Públicos, no feito nº 07/82, decidiu: "O *artigo 45 da Lei 6.766/79 é bastante explícito, quando atribui ao loteador – ainda que já tenha vendido todos os lotes – e aos vizinhos, legitimidade de parte para promover ação destinada a impedir construção em desacordo com restrições legais ou contratuais. (...) Ao Oficial do Registro de Imóveis,* *todavia, não incumbe zelar, com essa amplitude, pelos interesses dos beneficiários das restrições de vizinhança. Somente a estes próprios é que compete evitar o desvirtuamento da estipulação abrigada no plano de loteamento (...) Transferir-se ao Serventuário a tutela dos interesses privados, ainda que de alcance genérico, e resultantes das restrições de vizinhança, não se coaduna com os princípios gerais de direito, com os quais o sistema registraria não pode conflitar.* "Ademais, vale mencionar, em acréscimo a todo o exposto, que nos termos do item 174, Capítulo XX, das Normas da Corregedoria-Geral de Justiça não cabe ao Oficial de Registro fiscalizar a observância quanto ao cumprimento de todas as restrições presentes no loteamento, impostas pelo loteador ou pelo poder público. Assim sendo, o parecer que, respeitosamente, submeto à elevada apreciação de Vossa Excelência é no sentido de negar provimento ao recurso administrativo. *Sub censura.* São Paulo, 22 de agosto de 2012. Alberto Gentil de Almeida Pedroso. Juiz Assessor da Corregedoria. DECISÃO: Aprovo o parecer do MM. Juiz Assessor da Corregedoria e, por seus fundamentos, que adoto, nego provimento ao recurso interposto pelo Ministério Público. Publique-se. São Paulo, 01.10.2012. – (a) – JOSÉ RENATO NALINI – Corregedor Geral da Justiça.

3. QUESTÕES DE CONCURSOS

01. (TJ/SP – 2024 – VUNESP – Notário e Registrador/Remoção) De acordo com a Lei nº 6.766/79, assinale a alternativa correta.

a) Somente a partir da emissão do Termo de Verificação e Execução de Obras (TVEO), passam a integrar o domínio do Município as vias e praças, os espaços livres e as áreas destinadas a edifícios públicos e outros equipamentos urbanos, constantes do projeto e do memorial descritivo.

b) Somente a partir da emissão do Termo de Verificação e Execução de Obras (TVEO), o município promoverá a individualização dos lotes no cadastro imobiliário em nome do adquirente ou compromissário comprador no caso dos lotes já comercializados.

c) O Oficial de Registro de Imóveis, após a qualificação registraria, não aceitará que um mesmo imóvel sirva como garantia ao Município na execução das obras de infraestrutura e a créditos constituídos em favor do credor em operações de financiamento a produção de lote urbanizado.

d) Ao interessado é facultado processar simultaneamente, perante diferentes circunscrições, pedidos de registro do mesmo loteamento, devendo a decisão de cada Oficial de Registro de Imóveis ser comunicada em cada uma das demais circunscrições.

02. (TJ/MA – 2023 – Consulplan – Notário e Registrador/Remoção) De acordo com a Lei nº 6.766/1979, que dispõe sobre Parcelamento do Solo Urbano, é possível afirmar que

a) constitui loteamento de acesso controlado a modalidade de loteamento, cujo controle de acesso será regulamentado por ato do Poder Público Municipal, sendo permitido o impedimento de acesso aos pedestres ou aos condutores de veículos, não residentes, devidamente identificados ou cadastrados.

b) na hipótese de parcelamento do solo implantado e não registrado, o município poderá requerer, por meio da apresentação de planta de parcelamento elaborada pelo loteador ou aprovada pelo município e de declaração de que o parcelamento se encontra implantado, o registro das áreas destinadas a uso público, que passarão dessa forma a integrar o seu domínio.

c) o oficial do registro de imóveis, após examinar a documentação e se encontrá-la em ordem, deverá encaminhar comunicação à Prefeitura e fará publicar, em resumo e com pequeno desenho de localização da área, edital do pedido de registro em três dias consecutivos, o qual poderá ser impugnado em até dez dias corridos, contado da data da última publicação.

d) qualquer alteração ou cancelamento parcial do loteamento registrado dependerá de acordo entre o loteador e os adquirentes de lotes atingidos pela alteração, bem como da aprovação pela Prefeitura Municipal, ou do Distrito Federal quando for o caso, devendo ser depositada no Registro de Imóveis, em complemento ao projeto original com o devido registro da alteração proposta.

03. (IESES – Titular de Serviços de Notas e Registros – TJ – TO – Provimento/2022) Com base na Lei nº 6.766/79 assinale a alternativa INCORRETA:

a) Desmembramento é a subdivisão de gleba em lotes destinados à edificação, com aproveitamento do sistema viário existente, desde que não implique na abertura de novas vias e logradouros públicos, nem no prolongamento, modificação ou ampliação dos já existentes.

b) Loteamento é a subdivisão de gleba em lotes destinados à edificação, com abertura de novas vias de circulação, de logradouros públicos ou prolongamento, modificação ou ampliação das vias existentes.

c) Lote é o terreno servido de infraestrutura básica cujas dimensões atendam aos índices urbanísticos definidos pelo plano diretor ou lei municipal para a zona em que se situe.

d) Não é permitido o parcelamento do solo em terrenos alagadiços e sujeitos a inundações, antes de tomadas as providências para assegurar o escoamento das águas.

04. (IESES – Titular de Serviços de Notas e Registros – TJ – TO – Remoção/2022) Somente será admitido o parcelamento do solo para fins urbanos em zonas urbanas, de expansão urbana ou de urbanização específica, assim definidas pelo plano diretor ou aprovadas por lei municipal, contudo, não será permitido o parcelamento do solo:

I. Em terrenos com declividade igual ou superior a 20% (vinte por cento), salvo se atendidas exigências específicas das autoridades competentes.

II. Em terrenos onde as condições geológicas não aconselham a edificação.

III. Em áreas de preservação ecológica ou naquelas onde a poluição impeça condições sanitárias suportáveis, até a sua correção.

IV. Em terrenos que tenham sido aterrados com material nocivo à saúde pública, mesmo que sejam previamente saneados.

A sequência correta é:

a) Apenas as assertivas I e IV estão incorretas.

b) Apenas as assertivas I e II estão corretas.

c) As assertivas I, II, III e IV estão corretas.

d) Apenas a assertiva III está incorreta.

05. (IESES – Titular de Serviços de Notas e Registros – TJ – TO – Remoção/2022) Acerca do registro de imóveis, é correto afirmar:

a) Após o registro do parcelamento do solo, na modalidade loteamento ou na modalidade desmembramento, e da incorporação imobiliária, de condomínio edilício ou de condomínio de lotes, até que tenha sido averbada a conclusão das obras de infraestrutura ou da construção, as averbações e os registros relativos à pessoa do loteador ou do incorporador ou referentes a quaisquer direitos reais, inclusive de garantias, cessões ou demais negócios jurídicos que envolvam o empreendimento e suas unidades, bem como a própria averbação da conclusão do empreendimento, serão realizados na matrícula de origem do imóvel a ele destinado e replicados, com custo adicional, em cada uma das matrículas recipiendárias dos lotes ou das unidades autônomas eventualmente abertas.

b) O registro da instituição de condomínio ou da especificação do empreendimento constituirá ato separado para fins de cobrança de custas e emolumentos.

c) Nos registros decorrentes de processo de parcelamento do solo ou de incorporação imobiliária, o registrador deverá observar o prazo máximo de 15 (quinze) dias para o fornecimento do número do registro ao interessado ou a indicação das pendências a serem satisfeitas para sua efetivação.

d) É vedada a abertura de matrícula para cada lote ou fração ideal que corresponderá à determinada unidade autônoma, após o registro do loteamento ou da incorporação imobiliária.

06. (Vunesp – Titular de Serviços de Notas e Registros – TJ – SP – Provimento/2022) Segundo a Lei Federal nº 6.766/79, o parcelamento do solo urbano poderá ser feito mediante loteamento ou desmembramento, observadas as disposições da Lei e as das legislações estaduais e municipais pertinentes. Assim, é correto afirmar:

a) considera-se lote o terreno servido de infraestrutura básica cujas dimensões estão dispensadas de atender aos índices urbanísticos definidos pelo plano diretor ou lei municipal para a zona em que se situe.
b) considera-se loteamento a subdivisão de gleba em lotes destinados a edificação, com aproveitamento do sistema viário existente, desde que não implique na abertura de novas vias e logradouros públicos nem no prolongamento, modificação ou ampliação dos já existentes.
c) a infraestrutura básica dos parcelamentos é constituída apenas pelos equipamentos urbanos de escoamento das águas pluviais, esgotamento sanitário, abastecimento de água potável, e vias de circulação.
d) considera-se loteamento a subdivisão de gleba em lotes destinados a edificação, com abertura de novas vias de circulação, de logradouros públicos ou prolongamento, modificação ou ampliação das vias existentes.

07. (Vunesp – Outorga de Delegação de Notas e Registros – TJ – GO/2021) Em matéria de loteamento, em conformidade com a Lei nº 6.766/79 e normatização correlata, é correto afirmar que

a) a existência de ações pessoais impedirá o registro do loteamento, assim como as ações penais referentes a crime contra o patrimônio.
b) os compromissos de compra e venda, as cessões e as promessas de cessão valerão como título para o registro da propriedade do lote adquirido, quando acompanhados da respectiva prova de quitação e desde que tenham relação com imóveis de valor que não ultrapasse 30 vezes o maior salário mínimo vigente.
c) o registro de loteamento depende da apresentação de cópia do ato de aprovação do loteamento e comprovante do termo de verificação, pelo Município ou pelo Distrito Federal, da execução das obras exigidas pela legislação municipal, ou da aprovação de um cronograma, com a duração máxima de 4 anos, prorrogáveis por mais 4 anos, acompanhado de competente instrumento de garantia para a execução das obras.
d) aprovado o projeto de loteamento, o loteador deverá submetê-lo ao registro imobiliário dentro de 120 dias, sob pena de caducidade da aprovação.

08. (FGV – Titular de Serviço de Notas e Registros – TJ – SC/2021) A sociedade empresária XX pretendia promover o parcelamento de uma grande gleba urbana de sua propriedade, com a criação de um loteamento, sendo que a gleba está localizada em três circunscrições imobiliárias distintas. Após a aprovação do projeto de loteamento pelo órgão municipal competente, a sociedade empresária XX processou, simultaneamente, perante os três ofícios do Registro de Imóveis, o pedido de registro do loteamento, o qual, para sua surpresa, veio a ser indeferido de plano no primeiro deles.

À luz dessa narrativa, a sociedade empresária XX deve:

a) requerer o encaminhamento dos autos ao juízo competente, para que aprecie apenas o pedido que fora indeferido de plano;
b) refazer os pedidos de registro, pois é vedado o seu processamento simultâneo perante diferentes circunscrições imobiliárias;
c) refazer os pedidos de registro, centralizando-os no juízo competente, que o remeterá a cada Registro de Imóveis, de modo a centralizar as avaliações realizadas;
d) requerer o encaminhamento dos autos ao juízo competente, para que aprecie, em conjunto, a integralidade dos pedidos de registro, considerando a sua influência recíproca;
e) aguardar a apreciação dos pedidos de registro nas demais circunscrições imobiliárias e, após a sua conclusão, requerer a remessa, ao juízo competente, dos que forem indeferidos.

09. (FGV – Titular de Serviço de Notas e Registros – TJ – SC/2021) O plano diretor do Município Delta dispôs sobre a utilização do solo urbano na Zona Residencial YY, ressaltando que isso deveria ocorrer no percentual máximo de 70% e no percentual mínimo de 30%. Em momento posterior, a Lei Municipal XX, especificamente direcionada à área incluída na referida Zona Residencial, determinou a utilização compulsória do solo urbano subutilizado, conforme as condições e os prazos ali estabelecidos. Nesse caso, a notificação do proprietário para cumprimento da obrigação deve ser:

a) pessoal ou, caso atendidos os requisitos exigidos, editalícia, realizada pelo Poder Executivo Municipal, com averbação no Registro de Imóveis;
b) sempre pessoal, realizada pelo Registro de Títulos e Documentos, a partir de provocação do Poder Executivo Municipal ou de qualquer interessado;
c) pessoal ou, caso atendidos os requisitos exigidos, editalícia, realizada pelo Registro de Títulos e Documentos, a partir de provocação do Poder Executivo Municipal;
d) pessoal ou, caso atendidos os requisitos exigidos, editalícia, realizada pelo Registro de Imóveis, a partir de provocação do Poder Executivo Municipal ou de qualquer interessado;
e) sempre pessoal, realizada pelo Registro de Títulos e Documentos, com a possibilidade de averbação no Registro de Imóveis por requerimento do Poder Executivo Municipal.

10. (FGV – Titular de Serviço de Notas e Registros – TJ – SC/2021) Pouco mais de cento e oitenta dias após o registro do loteamento urbano "Canto das Andorinhas", promovido pela sociedade empresária ZZ, o oficial do Registro de Imóveis recebeu do loteador um pedido de cancelamento do registro. Em resposta, o oficial informou que (I) o registro do loteamento somente poderia ser cancelado por decisão judicial, em processo contencioso, não mediante requerimento do loteador, ainda que houvesse a concordância do Município em que está localizado o loteamento; (II) deveria ser publicado edital do pedido de cancelamento; (III) o Ministério Público deveria ser ouvido antes da manifestação pelo juízo competente; e (IV) no caso de cancelamento, os adquirentes dos lotes que já estavam instalados no local deveriam ser indenizados, pois a sua discordância não impediria o fim do loteamento. Em relação às informações fornecidas pelo oficial, está(ão) correta(s):

a) somente IV;
b) somente II e III;
c) somente I, II e III;
d) somente I, II e IV;
e) I, II, III e IV.

11. (FGV – Titular de Serviço de Notas e Registros – TJ – SC/2021) João, brasileiro nato, domiciliado no território brasileiro, proprietário de terras próprias para a lavoura, tinha interesse em loteá-las para a formação de sítios de recreio. Ao procurar orientação do seu advogado, foi informado, corretamente, de que:

a) deve ser requerido o registro do loteamento diretamente ao Registro de Imóveis, que publicará os editais necessários e, caso haja impugnação, submeterá a questão ao juízo competente;
b) o projeto, considerado de colonização particular, deve ser submetido à consulta pública e, uma vez apreciadas as

impugnações pelo órgão federal competente, será nele registrado em livro próprio;

c) deve ser requerido o registro do loteamento diretamente no Registro de Imóveis, independentemente de autorização prévia, cabendo à serventia comunicar o pedido ao órgão federal competente, que pode impugná-lo, ou não;

d) o projeto deve ser previamente submetido à aprovação e fiscalização do órgão federal competente, com posterior registro no Registro de Imóveis, cabendo à serventia comunicar a sua realização ao referido órgão;

e) o loteamento pretendido é ilícito, tendo o oficial do Registro de Imóveis o dever funcional, sob pena de responsabilidade pessoal, de não registrá-lo, encaminhando os autos ao juízo competente caso requerido pelo interessado.

12. (FGV – Titular de Serviço de Notas e Registros – TJ – SC/2021) A sociedade empresária Alfa dividiu em lotes um terreno rural, com o objetivo de realizar a oferta pública para a venda em prestações, e depositou, no cartório do Registro de Imóveis da respectiva circunscrição, memorial, planta e demais documentos exigidos.

Após serem observados os procedimentos previstos em lei, o oficial constatou que não houve impugnação e que os documentos estavam em ordem; logo, deve:

a) proceder ao registro do loteamento, dependendo de decisão judicial a autorização para oferta pública dos respectivos lotes;

b) proceder ao registro do loteamento, sendo que a inscrição torna inalienáveis as vias de comunicação e os espaços livres constantes da planta;

c) devolver o expediente ao requerente para que promova o registro do loteamento, com a publicação dos editais correlatos, junto ao juízo competente;

d) encaminhar os autos ao Ministério Público, com posterior decisão do juízo competente, autorizando a continuação do processo de registro no âmbito do Registro de Imóveis;

e) encaminhar os autos ao juízo competente para decidir sobre o pedido de registro do loteamento, o qual, sendo acolhido, permitirá a averbação dos instrumentos de compra e venda.

13. (Consulplan – Outorga e Delegação de Serviços Notariais e Registrais – TJ – MS/2019) A Lei nº 6.766, de 19 de dezembro de 1979, que dispõe sobre o Parcelamento do Solo Urbano, elenca, em seu Art. 18, uma série de documentos que devem ser apresentados para registro do loteamento e desmembramento. O Art. 1.418 do Provimento 240 de 2020 (Código de Normas da Corregedoria-Geral de Justiça de MS) dispensa a observância do preceito do Art. 18 da Lei nº 6.766, de 19 de dezembro de 1979, quando o parcelamento preencher as seguintes condições:

I. Não implique em abertura de novas vias de circulação de logradouros públicos, prolongamento, modificação ou ampliação de vias existentes, ou, de modo geral, transferência de áreas para o domínio público.

II. Conter a averbação de alteração de destinação do imóvel, de rural para urbano, com apresentação de certidão expedida pelo INCRA.

III. Não importe em fragmentação superior a 12 (doze) lotes, salvo quando a legislação municipal permitir o desdobro em número superior.

IV. Ser precedido de lei municipal que inclua o imóvel na zona urbana ou de expansão do município.

Está correto o que se afirma em

a) I, II, III e IV.
b) III e IV, apenas.
c) I, II e III, apenas.
d) I, II e IV, apenas.

14. (IESES – Titular de Serviços de Notas e de Registro – Provimento – TJ – SC/2019) O parcelamento do solo urbano poderá ser feito mediante loteamento ou desmembramento, nos termos da Lei nº 6766/79. Sobre o assunto, assinale a alternativa INCORRETA:

a) Constitui loteamento de acesso controlado a modalidade de loteamento, cujo controle de acesso será regulamentado por ato do poder público Municipal, sendo vedado o impedimento de acesso a pedestres ou a condutores de veículos, não residentes, devidamente identificados ou cadastrados.

b) O lote não poderá ser constituído sob a forma de imóvel autônomo ou de unidade imobiliária integrante de condomínio de lotes.

c) A infraestrutura básica dos parcelamentos situados nas zonas habitacionais declaradas por lei como de interesse social (ZHIS) consistirá, no mínimo, de vias de circulação; escoamento das águas pluviais; rede para o abastecimento de água potável; e soluções para o esgotamento sanitário e para a energia elétrica domiciliar.

d) A infraestrutura básica dos parcelamentos é constituída pelos equipamentos urbanos de escoamento das águas pluviais, iluminação pública, esgotamento sanitário, abastecimento de água potável, energia elétrica pública e domiciliar e vias de circulação.

15. (Vunesp – Cartório – Provimento – TJ – SP/2018) A respeito do registro do loteamento em que a área a ser loteada estiver situada em duas circunscrições imobiliárias, é correto afirmar:

a) deverá ser requerido simultaneamente em ambas as circunscrições.

b) poderá ser requerido simultaneamente ou sequencialmente, mas, somente após o registro em ambas as circunscrições, será o loteamento considerado registrado.

c) deverá ser requerido, primeiro, naquela em que estiver situada a maior parte da área, e, enquanto não realizado o registro, não poderá ser prenotado o mesmo pedido na outra circunscrição.

d) quando já estiver realizado em uma das circunscrições, mas vier a ser indeferido na outra, o registro já efetuado deverá ser cancelado, mesmo que o motivo se limite à área situada sob competência sua.

16. (Consulplan – Cartório – MG – Provimento/2016) Considerando o que está estatuído na Lei nº 6.766, de 19/12/1979, que dispõe sobre o parcelamento do solo urbano, avalie as alternativas que seguem:

I. Examinada a documentação e encontrada em ordem, o oficial do registro de imóveis encaminhará comunicação à Prefeitura e fará publicar, em resumo e com pequeno desenho de localização da área, edital do pedido de registro em 3 (três) dias consecutivos, podendo este ser impugnado no prazo de 20 (vinte) dias contados da data da última publicação.

II. Considera-se desmembramento a subdivisão de gleba em lotes destinados a edificação, com aproveitamento do sistema viário existente, desde que não implique a abertura de novas vias e logradouros, nem prolongamento, modificação ou ampliação dos já existentes.

III. O Poder Público competente poderá complementarmente exigir, em cada loteamento, a reserva de faixa *non aedificandi* destinada a equipamentos urbanos.

IV. Desde a data de registro do loteamento, passam a integrar o domínio do Município as vias e praças, os espaços livres e as áreas destinadas a edifícios públicos e outros equipamentos urbanos, constantes do projeto e do memorial descritivo.

Está correto o que se afirma em:

a) I, II, III e IV.
b) III e IV, apenas.
c) II, III e IV, apenas.
d) II e IV, apenas.

17. (FCC – Cartório – TJ – PE/2013) O registro de compromisso de compra e venda, cessão e promessa de cessão é admitido

a) apenas em contratos vinculados ao Sistema Financeiro de Habitação, como título aquisitivo do direito real de propriedade.
b) apenas na hipótese de adjudicação judicial do imóvel quando o promitente vendedor ou cedente se recusa a formalizar o negócio definitivo por instrumento público.
c) diante da vinculação à cédula de crédito imobiliário ou quando existe pacto adjeto de alienação fiduciária de bem imóvel.
d) em contratos de aquisição de lote em loteamento, valendo como título para o registro da propriedade quando acompanhado da respectiva quitação.
e) em contratos que tenham por objeto imóveis com valor venal de até trinta salários mínimos, valendo como título aquisitivo do direito real de propriedade.

18. (CETRO – Notário-RJ/2012) Em relação ao parcelamento de solo urbano, assinale a alternativa correta.
a) Poderá ser feito exclusivamente por loteamento.
b) Somente será admitido o parcelamento do solo para fins urbanos em zonas urbanas, de expansão ou de urbanização específica, assim definidas pelo Plano Diretor ou aprovadas por lei municipal.
c) O loteador poderá fundamentar qualquer ação ou defesa, com base na lei de regência do parcelamento do solo urbano, sem apresentação dos registros a que ela se refere.
d) Os loteadores que já tenham vendido todos os lotes não são partes legítimas para promover ação destinada a impedir construção em desacordo com restrições legais ou contratuais.
e) Não caracteriza irregularidade vender ou prometer vender parcela de loteamento não registrado.

19. (FUMARC – Notário-MG/2012) Com base na Lei 6.766, de 19 de dezembro de 1979, aprovado o loteamento ou o desmembramento, o processo deverá conter os seguintes documentos, EXCETO
a) título de propriedade do imóvel ou certidão da matricula.
b) vintenária acompanhada dos respectivos comprovantes.
c) certidões vintenárias dos cartórios de protesto de títulos em nome do loteador.
d) certidões negativas de tributos federais, estaduais e municipais sobre o imóvel.

20. (FUMARC – Notário-MG/2012) Considerando a Lei 6.766, de 19 de dezembro de 1979, sobre parcelamento de solo urbano, para aprovação do projeto de desmembramento, o interessado apresentará à Prefeitura Municipal, acompanhando certidão atualizada da matrícula da gleba e planta do imóvel a ser desmembrado:
I. indicação das vias a serem abertas e dos loteamentos próximos;
II. indicação do tipo de uso predominante no local;
III. indicação da divisão de lotes pretendida na área;
IV. memoriais descritivos dos lotes a serem criados.
Analisando os itens, é correto afirmar que
a) apenas um é falso.
b) apenas dois são verdadeiros.
c) todos são verdadeiros.
d) todos são falsos.

21. (IESES – Cartório – TJ – RO/2012) Os compromissos de compra e venda, as cessões e as promessas de cessão valerão como título para o registro da propriedade do lote adquirido, quando acompanhados da respectiva prova de quitação. Assim:
a) A sentença declaratória de falência ou da insolvência de qualquer das partes rescindirá os contratos de compromisso de compra e venda ou de promessa de cessão que tenham por objeto a área loteada ou lotes da mesma.
b) Qualquer alteração ou cancelamento parcial do loteamento registrado dependerá de acordo entre o loteador e os adquirentes de lotes atingidos pela alteração, bem como da aprovação pela prefeitura municipal, ou do distrito federal quando for o caso, sendo facultativo o depósito no registro de imóveis, em complemento ao projeto original com a devida averbação.
c) Aquele que adquirir a propriedade loteada mediante ato inter vivos, ou por sucessão causa mortis, sucederá o transmitente em todos os seus direitos e obrigações, ficando obrigado a respeitar os compromissos de compra e venda ou as promessas de cessão, em todas as suas cláusulas, sendo nula qualquer disposição em contrário, independentemente do direito do herdeiro ou legatário de renunciar à herança ou ao legado.
d) Quem se obrigou a concluir contrato de promessa de venda ou de cessão e não cumpriu a obrigação, se sujeitará à notificação para outorga do contrato ou oferecimento de impugnação no prazo de 15 dias, sob pena de proceder-se ao registro de pré-contrato, passando as relações entre as partes a serem regidas pelo contrato-padrão.

22. (FUMARC – Notário-MG/2012) Considerando a Lei 6.766, de 19 de dezembro de 1979, sobre parcelamento de solo urbano, para aprovação do projeto de desmembramento, o interessado apresentará à Prefeitura Municipal, acompanhando certidão atualizada da matrícula da gleba e planta do imóvel a ser desmembrado:
I. indicação das vias a serem abertas e dos loteamentos próximos;
II. indicação do tipo de uso predominante no local;
III. indicação da divisão de lotes pretendida na área;
IV. memoriais descritivos dos lotes a serem criados.
Analisando os itens, é correto afirmar que
a) apenas um é falso.
b) apenas dois são verdadeiros.
c) todos são verdadeiros.
d) todos são falsos.

23. (IESES – Cartório – TJ – RO/2012) Considerando o que consta da Lei 6.766/79, que trata do Parcelamento do Solo Urbano, assinale a assertiva verdadeira:
a) Aprovado o projeto de loteamento ou de desmembramento, ao submetê-lo o loteador ao registro imobiliário, deverá apresentar, além de outros documentos, certidões negativas de ações reais referentes ao imóvel, abrangendo os últimos vinte anos.
b) Aprovado o projeto de loteamento ou de desmembramento, ao submetê-lo o loteador ao registro imobiliário, deverá apresentar, além de outros documentos, certidões dos cartórios de protestos de títulos, em nome do loteador, abrangendo os últimos vinte anos.
c) Aprovado o projeto de loteamento ou de desmembramento, ao submetê-lo o loteador ao registro imobiliário, deverá apresentar, além de outros documentos, certidões negativas de ações penais com respeito ao crime contra o patrimônio e contra a Administração Pública.
d) Aprovado o projeto de loteamento ou de desmembramento, ao submetê-lo o loteador ao registro imobiliário, deverá apresentar, além de outros documentos, histórico dos títulos de propriedade do imóvel, abrangendo os últimos trinta anos, acompanhados dos respectivos comprovantes.

24. (IESES – Cartório – TJ – RO/2012) Assinale a assertiva INCORRETA, a respeito do que consta da Lei 6.766/79, que trata do Parcelamento do Solo Urbano:
a) Desde a data de registro do loteamento, passam a integrar o domínio do Município as vias e praças constantes do projeto e do memorial descritivo.
b) Quando a área loteada estiver situada em mais de uma circunscrição imobiliária, o registro deverá ser requerido primeiramente, indistintamente, em qualquer delas.

c) É possível o cancelamento do registro do loteamento a pedido do loteador, para o que será necessário que os adquirentes de lotes subscrevam também tal requerimento e que exista anuência do Poder Público afetado.

d) Determina a lei em questão quanto aos contratos nela previstos, que são irretratáveis os compromissos de compra e venda, cessões e promessas de cessão, os que atribuam direito a adjudicação compulsória e, estando registrados, confiram direito real oponível a terceiros.

25. (EJEF – Tabelionato e Registro-MG/2007) Na forma da Lei nº 6.766, de 1979, o parcelamento do solo urbano:

a) após o registro, será submetido à aprovação municipal, ou do Distrito Federal, no prazo de 180 dias, sob pena de caducidade do registro.

b) após a aprovação do projeto, pelos órgãos competentes, o loteador deverá submetê-lo ao Registro Imobiliário, no prazo de 180 dias, sob pena de caducidade da aprovação.

c) poderá ser feito por escritura pública, que deverá ser apresentada a registro no prazo de 30 dias após sua lavratura, sob pena de caducidade; comunicando-se o registro à Prefeitura Municipal, ou do Distrito Federal, conforme o caso.

d) deverá ser aprovado em 180 dias, pela Prefeitura do Município ou do Distrito Federal, conforme o caso, apresentando-se a registro em 30 dias, sob pena de caducidade.

26. (EJEF Tabelionato e Registro-MG/2007) Considerando-se a Lei nº 6.766, de 19 de dezembro de 1979, a qual dispõe sobre o parcelamento do solo urbano, marque a opção CORRETA.

a) Os loteamentos deverão atender, pelo menos, aos seguintes requisitos:

I. as áreas destinadas a sistemas de circulação, a implantação de equipamento urbano e comunitário, bem como a espaços livres de uso público, serão proporcionais à densidade de ocupação prevista pelo plano diretor ou aprovada por lei municipal para a zona em que se situem.

II. os lotes terão área mínima de 125 m² (cento e vinte e cinco metros quadrados) e frente mínima de 5 (cinco) metros, salvo quando a legislação estadual ou municipal determinar maiores exigências, ou quando o loteamento se destinar à urbanização específica ou edificação de conjuntos habitacionais de interesse social, previamente aprovados pelos órgãos públicos competentes;

III. ao longo das águas correntes e dormentes e das faixas de domínio público das rodovias e ferrovias, será obrigatória a reserva de uma faixa não-edificável de 15 (quinze) metros de cada lado, salvo maiores exigências da legislação específica;

IV. as vias de loteamento deverão articular-se com as vias adjacentes oficiais, existentes ou projetadas, e harmonizar-se com a topografia local.

b) Aprovado o projeto de loteamento ou de desmembramento, o loteador deverá submetê-lo ao Registro Imobiliário dentro de 280 (duzentos e oitenta) dias, sob pena de caducidade da aprovação, acompanhado de documentos.

c) Antes da elaboração do projeto de loteamento, o interessado deverá solicitar à Prefeitura Municipal, ou ao Distrito Federal quando for o caso, que defina as diretrizes para o uso do solo, traçado dos lotes, do sistema viário, dos espaços livres e das áreas reservadas para equipamento urbano e comunitário, apresentando, para este fim, prévio estudo de viabilidade dos órgão ambientais.

d) Aos Estados caberá disciplinar a aprovação pelos Municípios de loteamentos e desmembramentos os quais deverão ser aprovados pela Prefeitura Municipal, a quem compete também a fixação das diretrizes que melhor atenda aos interesses públicos.

27. (IESES – Cartório – TJ – RO/2012) Considerando o que consta da Lei 6.766/79, que trata do Parcelamento do Solo Urbano, assinale a assertiva verdadeira:

a) Aprovado o projeto de loteamento ou de desmembramento, ao submetê-lo o loteador ao registro imobiliário, deverá apresentar, além de outros documentos, certidões negativas de ações reais referentes ao imóvel, abrangendo os últimos vinte anos.

b) Aprovado o projeto de loteamento ou de desmembramento, ao submetê-lo o loteador ao registro imobiliário, deverá apresentar, além de outros documentos, certidões dos cartórios de protestos de títulos, em nome do loteador, abrangendo os últimos vinte anos.

c) Aprovado o projeto de loteamento ou de desmembramento, ao submetê-lo o loteador ao registro imobiliário, deverá apresentar, além de outros documentos, certidões negativas de ações penais com respeito ao crime contra o patrimônio e contra a Administração Pública.

d) Aprovado o projeto de loteamento ou de desmembramento, ao submetê-lo o loteador ao registro imobiliário, deverá apresentar, além de outros documentos, histórico dos títulos de propriedade do imóvel, abrangendo os últimos trinta anos, acompanhados dos respectivos comprovantes.

28. (IESES – Cartório – TJ – RO/2012) Assinale a assertiva INCORRETA, a respeito do que consta da Lei 6.766/79, que trata do Parcelamento do Solo Urbano:

a) Desde a data de registro do loteamento, passam a integrar o domínio do Município as vias e praças constantes do projeto e do memorial descritivo.

b) Quando a área loteada estiver situada em mais de uma circunscrição imobiliária, o registro deverá ser requerido primeiramente, indistintamente, em qualquer delas.

c) É possível o cancelamento do registro do loteamento a pedido do loteador, para o que será necessário que os adquirentes de lotes subscrevam também tal requerimento e que exista anuência do Poder Público afetado.

d) Determina a lei em questão quanto aos contratos nela previstos, que são irretratáveis os compromissos de compra e venda, cessões e promessas de cessão, os que atribuam direito a adjudicação compulsória e, estando registrados, confiram direito real oponível a terceiros.

29. (Cespe – Cartório-PI/2013) Acerca do registro de loteamento, assinale a opção correta à luz da Lei nº 6.766/1979.

a) Por ser o registro de loteamento direito do loteador após obter a aprovação, não é lícita a exigência de certidão de ações penais contra o loteador.

b) Para ser dado início ao processo de registro do loteamento, o loteador deverá apresentar o documento original do ato de aprovação pela administração.

c) O cartório somente poderá exigir exemplar do contrato padrão de promessa de venda após o transcurso do prazo de impugnação do pedido de registro.

d) Considerando que é exigida a aprovação prévia do loteamento pela administração, não poderá ser exigido histórico dos títulos de propriedade do imóvel.

e) Será necessário que o loteador casado apresente declaração do cônjuge de que este consente com o registro do loteamento.

GAB										
	1	B	2	B	3	B	4	A	5	C
	6	D	7	C	8	B	9	A	10	B
	11	D	12	B	13	D	14	B	15	C
	16	C	17	D	18	B	19	C	20	A
	21	D	22	A	23	C	14	B	25	B
	26	A	27	C	28	B	29	E	–	

21) das citações de ações reais ou pessoais reipersecutórias, relativas a imóveis

1. COMENTÁRIOS

Nos termos do art. 1º, IV, do Decreto 93.240/1986, que regulamenta a Lei nº 7.433/1985, para a lavratura de atos notariais relativos a imóveis, será apresentada a **certidão de ações reais e pessoais reipersecutórias** e a de ônus reais, expedidas pelo Registro de Imóveis competente, cujo prazo de validade, para este fim, é de 30 (trinta) dias.

As certidões de ações reais ou pessoais reipersecutórias são habitualmente exigidas para a concretização de negócios jurídicos imobiliários por instrumento público.

1.1 AÇÃO REAL

O objeto do pedido feito pelo autor na ação real é a tutela de direito real. A expressão *direito real* tem origem no latim *jus in re*, que significa *direito sobre a coisa*. Com efeito, aquele que possui direito sobre uma coisa, móvel ou imóvel, é o legitimado para a propositura da ação real. Nas palavras de Maria Helena Diniz, "compete sua promoção àquele que é o titular do direito real contra quem não o quer reconhecer, detendo injustamente a coisa sobre a qual recai aquele direito" (*Sistemas de Registros de Imóveis*. 8ª ed. São Paulo: Saraiva, 2009). Como exemplo de ações reais, temos a ação real de reconhecimento de hipoteca, usufruto, uso ou habitação, a ação de usucapião, a ação reivindicatória, e outras.

Tratando-se de ação real, e sendo o réu casado (salvo quando casados sob o regime de separação absoluta de bens), é imprescindível que a certidão seja expedida após a citação do cônjuge. Configura-se litisconsórcio necessário (art. 73, inciso I, § 1º, CPC).

Nas ações fundadas em direito real sobre imóveis é competente o foro da situação da coisa. Pode o autor, entretanto, optar pelo foro do domicílio ou de eleição, não recaindo o litígio sobre direito de propriedade, vizinhança, servidão, posse, divisão e demarcação de terras e nunciação de obra nova.

Os direitos reais estão elencados no artigo 1.225 do Código Civil. Veja-se:

I – a propriedade;
II – a superfície;
III – as servidões;
IV – o usufruto;
V – o uso;
VI – a habitação;
VII – o direito do promitente comprador do imóvel;
VIII – o penhor;
IX – a hipoteca;
X – a anticrese;
XI – a concessão de uso especial para fins de moradia;
XII – a concessão de direito real de uso;
XIII – a laje;
XIV - os direitos oriundos da imissão provisória na posse, quando concedida à União, aos Estados, ao Distrito Federal, aos Municípios ou às suas entidades delegadas e a respectiva cessão e promessa de cessão.

1.2 AÇÃO REIPERSECUTÓRIA

A **ação reipersecutória** objetiva que o autor retome ao seu patrimônio o que lhe pertence, mas se encontra em poder de terceiro ou na esfera patrimonial do réu que não cumpriu uma obrigação contratual. Em linguagem simples, é a ação que persegue uma coisa em decorrência de relação obrigacional não cumprida pelo devedor.

Podemos assim dizer que ações pessoais reipersecutórias são aquelas que, apesar de serem classificadas como pessoais, têm por objeto a recuperação de uma coisa específica. Em outras palavras, são ações judiciais em que o autor busca a devolução ou a posse de um bem específico que lhe pertence, mas que está em poder de outra pessoa. Esse tipo de ação é comum em situações em que, por exemplo, alguém emprestou ou alugou um bem e deseja recuperá-lo.

Importante observação faz Regnoberto M. de Melo Jr. ao demonstrar que "o efeito do registro imobiliário da citação de ações relativas a imóveis é declaratório. Como documento público que é, fazendo "*prova não só da sua formação, mas também dos fatos que o escrivão, o tabelião, ou o funcionário declarar que ocorreram em sua presença*", a teor do artigo 425 do CPC, o registro imobiliário da citação é poderoso instrumento probatório de fraudes na transmissão e, ou, constituição de direitos sobre coisa imóvel" (*Lei de Registros Públicos comentada*. Rio de Janeiro: Freitas Bastos Editora, 2003.)

2. JURISPRUDÊNCIA COMPLEMENTAR

TRIBUNAL DE JUSTIÇA DO ESTADO DE SÃO PAULO
CONSELHO SUPERIOR DA MAGISTRATURA

EMENTA: Registro de imóveis – Dúvida inversa – Escritura pública de compra e venda – Existência de ações pessoais sem natureza reipersecutória – Desnecessidade de menção na escritura pública – Ademais, dispensa pelo adquirente e declaração do alienante, sob pena de responsabilidade civil e penal, de que o imóvel encontra-se livre e desembaraçado de quaisquer ônus reais, judiciais ou extrajudiciais, e sobre a existência de outras ações reais e pessoais reipersecutórias, relativas ao imóvel, e de outros ônus reais sobre ele incidentes – Recurso provido (Apelação nº 0005833-73.2010.8.26.0543, da Comarca de Santa Isabel). (...) interpôs apelação contra a sentença das fls.41/44, que julgou procedente dúvida inversa, mantendo a recusa do registro pelo Oficial de Registro de Imóveis da Comarca de Santa Isabel, por entender que permanece imperativa a exigência, pelos tabeliães de notas, da apresentação das certidões dos distribuidores cíveis para a lavratura de atos notariais, nos termos do Comunicado CG nº 465/07. O apelante alega que o óbice apresentado pelo Oficial não se sustenta, porque as partes expressamente dispensaram a apresentação das certidões de que trata a Lei nº 7.433/85, pelo que assumiram inteira responsabilidade. Além disso, as ações que fundamentaram a recusa já estão arquivadas (fls. 47/50). A Procuradoria Geral de Justiça opinou pelo não provimento do recurso (fls. 60/62). É o relatório. O Oficial apresentou óbice ao registro da escritura de compra e venda por ter constatado a existência de duas ações ajuizadas contra a transmitente do imóvel, o que tornaria necessária a retificação da escritura pública de compra e venda para constar a existência de tais ações, nos termos do § 3º do artigo 1º do Decreto nº 93.240/86. Pese embora a prudência do Oficial, o certo é que, no caso, não se trata de ação real ou pessoal reipersecutória, nos moldes do disposto no artigo 1º, IV, do Decreto nº 93.240/86, que regulamentou a Lei nº 7.433/85, a impor a retificação da escritura pública, mas sim de execuções fundadas em títulos extrajudiciais arquivadas (conforme noticiado nas fls. 13/14). O conceito de ação pessoal reipersecutória já foi objeto de análise por este Conselho Superior da Magistratura, na Apelação Cível nº 722-6/7, data do julgamento 30/10/2007, Relator: Desembargador Gilberto Passos de Freitas, ocasião em que ficou assentado: "De acordo com Valmir Pontes, as ações pessoais 'são chamadas reipersecutórias porque perseguem uma coisa; ou visam à aquisição de um direito real, ou ao aclaramento de dúvida acerca de uma coisa ou direito real, embora se originem de relação de direito meramente pessoal ou obrigacional' Registro de Imóveis, Registro de Imóveis, Editora Saraiva, 1982, p. 28.) Neste mesmo sentido a lição ministrada por Maria Helena Diniz: *"As ações pessoais reipersecutórias derivam de uma relação obrigacional decorrente de negócio jurídico, de declaração unilateral de vontade ou de ato ilícito, mas o registro da citação deverá ser feito porque a demanda se refere a imóvel, por ter por objeto a obtenção de um bem de raiz em consequência de obrigação assumida pelo réu. Por exemplo, é o que se dá com ação anulatória de compra e venda de um prédio, não cumulada com a reivindicatória do imóvel vendido ou com a ação que pretende compelir o réu a cumprir compromisso de compra e venda de imóvel por não poder reclamar a adjudicação compulsória. Essas ações pessoais são designadas reipersecutórias', porque, embora oriundas de relação de direito pessoal, têm por finalidade a aquisição de um direito real ou o esclarecimento de dúvidas sobre uma coisa" (Sistemas de Registro de Imóveis, p. 181, 1992, editora Saraiva)".* As ações de execução de título extrajudicial podem ser consideradas de natureza pessoal, pura e simplesmente, porque não estão relacionadas a nenhum imóvel, destacando-se que o fato de poderem importar na penhora de bens imóveis não lhes atribui natureza reipersecutória. A exigência formulada pelo Oficial não se justificava, portanto, mesmo porque na escritura de compra e venda constou a expressa declaração de que os contratantes "dispensaram a apresentação das demais certidões de que trata a Lei nº 7.433/85, pelo que assumem inteira responsabilidade, dispensando inclusive a certidão relativa a débitos fiscais do descrito imóvel, conforme faculta o Decreto 93.240, respondendo, o outorgado comprador, pelo pagamento de eventuais débitos fiscais existentes" (fl. 09). A propósito, o item 59 do Capítulo XIV das NSCGJ dispõe que "as escrituras relativas a bens imóveis e direitos reais a eles relativos devem conter, ainda: (...) e) apresentação das certidões dos distribuidores do foro das Justiças Estadual, Federal e Trabalhista, **ou a expressa dispensa pelo adquirente e declaração do alienante, sob pena de responsabilidade civil e penal, de que o imóvel encontra-se livre e desembaraçado de quaisquer ônus reais, judiciais ou extrajudiciais, e sobre a existência de outras ações reais e pessoais reipersecutórias, relativas ao imóvel, e de outros ônus reais incidentes sobre o mesmo** (...)" (grifo meu). Do mesmo modo, antes das alterações recentes das Normas de Serviço dos Cartórios Extrajudiciais da Corregedoria-Geral da Justiça, o item 16 do Capítulo XIV dispunha que "as escrituras relativas a imóveis e direitos a eles relativos devem conter, ainda: (...) d) declaração de que o imóvel encontra-se livre e desembaraçado de quaisquer ônus reais, judiciais ou extrajudiciais, e sob pena de responsabilidade civil e penal sobre a existência de outras ações reais e pessoais reipersecutórias, relativas ao imóvel, e de outros ônus reais incidentes sobre o mesmo". Finalmente, o óbice relacionado à necessidade de descrição da área edificada não mais persiste, diante da apresentação da escritura de retificação, como reconhecido pelo Oficial de Registro de Imóveis na fl. 35. Posto isso, dou provimento ao recurso. HAMILTON ELLIOT AKEL. CORREGEDOR GERAL DA JUSTIÇA E RELATOR (D.J.E. de 22.10.2014 – SP)

22) Revogado pela Lei nº 6.850, de 1980.

1. COMENTÁRIOS

Este inciso tinha a seguinte redação: "*das sentenças de desquite e de nulidade ou anulação de casamento, quando, nas respectivas partilhas, existirem imóveis ou direitos reais sujeitos a registro*". Todavia, foi revogado pela Lei 6.850/1980, a fim de compatibilizá-lo com o vigente Código de Processo Civil à época (CPC/1973).

23) dos julgados e atos jurídicos entre vivos que dividirem imóveis ou os demarcarem inclusive nos casos de incorporação que resultarem em constituição de condomínio e atribuírem uma ou mais unidades aos incorporadores;

1. COMENTÁRIOS

Este inciso tem como referência legislativa os arts. 1.297, 1.298 e 1.320 a 1.322 do Código Civil, bem como arts. 946 a 981 do Código de Processo Civil.

1.1 DOS LIMITES ENTRE PRÉDIOS E O DO DIREITO DE TAPAGEM

O proprietário tem direito a cercar, murar, valar ou tapar de qualquer modo o seu prédio, urbano ou rural, e pode constranger o seu confinante a proceder com ele à demarcação entre os dois prédios, a aviventar rumos apagados e a renovar marcos destruídos ou arruinados, repartindo-se proporcionalmente entre os interessados as respectivas despesas.

Os intervalos, muros, cercas e os tapumes divisórios, tais como sebes vivas, cercas de arame ou de madeira, valas ou banquetas, presumem-se, até prova em contrário, pertencer a ambos os proprietários confinantes, sendo estes obrigados, de conformidade com os costumes da localidade, a concorrer, em partes iguais, para as despesas de sua construção e conservação.

As sebes vivas, as árvores, ou plantas quaisquer, que servem de marco divisório, só podem ser cortadas, ou arrancadas, de comum acordo entre proprietários.

A construção de tapumes especiais para impedir a passagem de animais de pequeno porte, ou para outro fim, pode ser exigida de quem provocou a necessidade deles, pelo proprietário, que não está obrigado a concorrer para as despesas.

Sendo confusos, os limites, em falta de outro meio, se determinarão de conformidade com a posse justa; e, não se achando ela provada, o terreno contestado se dividirá por partes iguais entre os prédios, ou, não sendo possível a divisão cômoda, se adjudicará a um deles, mediante indenização ao outro.

1.2 DOS CONDOMÍNIOS

No que se refere ao condomínio, ele se divide em **comum ou geral**, e **especial ou edilício**.

O primeiro é aquele que corresponde a existência de multiproprietários onde todos detêm a propriedade em comum, sem individualizações.

São duas as espécies de condomínio comum ou geral: o **condomínio voluntário** e o **condomínio necessário ou legal**.

A outra espécie de condomínio é o **especial**, ou chamado de condomínio edilício, consistente no conjunto de edificações caracterizado pela existência de partes exclusivas e partes comuns, englobando tanto os condomínios verticais (de prédios), quanto os horizontais (de casas).

O condomínio edilício (arts. 1.331 ao 1.358) se diferencia do condomínio comum (arts. 1.314 ao 1.330), pois naqueles há **partes comuns** e **partes exclusivas**. Dessa forma, o condomínio edilício caracteriza-se pela coexistência de áreas de propriedade particular autônomas e áreas comuns titularizadas por mais de um coproprietário.

Francisco Eduardo Loureiro preleciona que "todo condômino está obrigado a se sujeitar à divisão, arcando com as despesas proporcionais ao seu quinhão. Pode a divisão, ou a alienação judicial da coisa comum, ser requerida por qualquer condômino, ainda que minoritário, não se aplicando, portanto, a regra que rege a administração da coisa comum, por deliberação da maioria. Ressalva a lei que a faculdade (ou melhor, o direito potestativo) pode ser exercido a qualquer tempo, de modo que não está sujeita à prescrição ou decadência, nem está sujeita à renúncia por tempo indeterminado, por se tratar de norma de ordem pública. É claro, porém, que se a coisa é adquirida por usucapião (prescrição aquisitiva), por terceiro ou por um dos condôminos em detrimento dos demais, termina a copropriedade e a prerrogativa de pleitear a divisão" (*Código Civil Comentado*. 8. ed. Barueri: Editora Manole, 2014, p. 1233).

O consagrado autor ainda adverte que "a tendência dos tribunais é facilitar a extinção do condomínio. A jurisprudência afirma que mesmo quando o condomínio ocorre entre particular e o Poder Público cabe sua extinção, independentemente de autorização legislativa. Também quando a parte ideal se encontra gravada por cláusula de inalienabilidade se admite a extinção, hipótese em que a restrição se sub-rogará sobre o quinhão atribuído ao condômino, ou sobre o respectivo preço, se houver alienação judicial. De igual modo, quando parte ideal é gravada por usufruto, a extinção é possível, e apenas acarretará a sub-rogação do gravame da parte ideal de coisa maior, para parte certa de coisa menor. De outro lado, porém, nega o STJ a possibilidade de extinção do condomínio, se a coisa comum é gravada por direito real de habitação decorrente da lei, em favor do viúvo. Tal limitação criada pela jurisprudência, todavia, não se justifica, pois para garantia do viúvo basta que se preserve o direito real sobre a coisa, que continuará a onerar cada um dos quinhões, no caso de divisão, ou o próprio imóvel se houver alienação judicial da coisa comum indivisível" (Op. cit., p. 1233).

A todo tempo será lícito ao condômino exigir a divisão da coisa comum, respondendo o quinhão de cada um pela sua parte nas despesas da divisão. Os condôminos podem acordar que fique indivisa a coisa comum por prazo não maior de cinco anos, suscetível de prorrogação ulterior. Não poderá exceder de cinco anos a indivisão estabelecida pelo doador ou pelo testador. A requerimento de qualquer interessado e se graves razões o aconselharem, pode o juiz determinar a divisão da coisa comum antes do prazo.

Quando a coisa for indivisível, e os consortes não quiserem adjudicá-la a um só, indenizando os outros, será vendida e repartido o apurado, preferindo-se, na venda, em condições iguais de oferta, o condômino ao estranho, e entre os condôminos aquele que tiver na coisa benfeitorias mais valiosas, e, não as havendo, o de quinhão maior.

Se nenhum dos condôminos tem benfeitorias na coisa comum e participam todos do condomínio em partes iguais, realizar-se-á licitação entre estranhos e, antes de adjudicada a coisa àquele que ofereceu maior lanço, proceder-se-á à licitação entre os condôminos, a fim de que a coisa seja adjudicada a quem afinal oferecer melhor lanço, preferindo, em condições iguais, o condômino ao estranho.

O título para registro será a **escritura pública de divisão**, quando for amigável, ou a **sentença**, no caso da divisão ser obtida por meio judicial.

De grande valia é o Enunciado aprovado na I Jornada de Direito Notarial e Registral:

> **Enunciado 49.** A divisão amigável tem como critério de avaliação dos imóveis resultantes o valor de cada área individualizada, especialmente quanto a localização, benfeitorias e tipo de solo. O tamanho da área a ser atribuída a cada condômino não é o critério determinante para aferir a equivalência dos pagamentos às frações ideais nem a eventual necessidade de recolhimento de imposto de transmissão (ITCD ou ITBI).
>
> ⊙ Justificativa: A celeuma quanto à igualdade ou não da metragem da área atribuída a cada condômino na divisão amigável (art. 571, do CPC) não possui razão de ser, devendo-se observar o valor econômico do bem para aferir os direitos inerentes à cada fração ideal. Neste sentido, Monete Hipólito Serra e Márcio Guerra Serra: "Qualquer que seja o meio usado, a extinção do condomínio de bem imóvel requer que seja obedecida, nos pagamentos a cada condômino, a proporção em que cada um destes o e no imóvel condominial total. Tal critério não se vincula ao tamanho da área pois a metragem não e tão importante quanto as benfeitorias existentes, o tipo de solo, a localização etc., mas tem, sim, como parâmetro fundamental o valor de cada área a ser atribuída, comparada ao valor da totalidade da coisa". (REGISTRO DE IMÓVEIS, Editora Foco, pag. 311). E, ainda, importante a lição de Eduardo Augusto: "A fração ideal (parte ideal, cota ou cota-parte; todos sinônimos) não pode ser valorada em tamanho de área. Essa prática, já bem antiga, apenas desconfigura o instituto do condomínio e cria expectativas não protegidas pela lei. A fração ideal refere-se sempre ao valor econômico do bem, da mesma forma que uma determinada quantidade de ações garante ao acionista direitos proporcionais em uma S.A. Quanto mais ações detém, maiores poderes lhe serão conferidos e maiores serão seus dividendos." (Registro de Imóveis, Retificação de Registro e Georreferenciamento: Fundamento e Prática. AUGUSTO, Eduardo Agostinho Arruda. Coord. João Pedro Lamana Paiva, Série Direito Registral e Notarial, p. 389).

1.3 DA DEMARCAÇÃO

A ação de demarcação e divisão está prevista nos **arts. 569 a 598 do CPC** e tem **natureza dúplice**, ou seja, independentemente do pedido do réu nesse sentido, o resultado do processo será favorável no caso de sua defesa na contestação forem acolhidas pelo juiz.

Inicialmente cumpre observar que o procedimento especial do Código de Processo Civil abrange a ação de divisão e/ou demarcação tão somente de **terras particulares**.

No que tange às **terras públicas**, especialmente as devolutas, para a chamada **ação discriminatória**, a normativa que se impõe é a da **Lei 6.383/1976.**

Anna Cecília Guedes e Wladimir Alcebíades Marinho (*Repercussões no Novo CPC. Direito Notarial e Registral*. Salvador: Juspodivm, 2016, p. 20) elencam as diferenciações quanto ao objeto de cada uma delas:

a) a fixação de novos limites exógenos de um imóvel em relação às divisas extremas para com os imóveis confrontantes, ou

b) o reavivamento de limites já esmaecidos, ação de divisão visa a fixação de limites endógenos em relação aos quinhões ou frações ideais pertencente aos condôminos dentro de um só imóvel havido em regime de condomínio, promovendo-se, em suma, a requerimento de quaisquer daqueles, a partilha do bem comum e permitindo-se assim o exercício individualizado do domínio sobre a sua gleba agora individual, numa divisão que será não necessariamente apenas quantitativa, mas também qualitativa-valorativa, conforme se infere dos arts. 590, § único, 593 e 597, § 3º.

A ação de demarcação cabe ao proprietário para obrigar o seu confinante a estremar os respectivos prédios, fixando novos limites entre eles ou aviventando os já apagados. Por outro lado, ao condômino cabe a ação de divisão, para obrigar os demais consortes a estremar os quinhões.

É lícita a cumulação dessas ações, caso em que deverá processar-se primeiramente a demarcação total ou parcial da coisa comum, citando-se os confinantes e os condôminos.

Importante ressaltar a grande inovação que o novo CPC trouxe para a matéria. A demarcação e a divisão poderão ser realizadas por **escritura pública,** desde que **maiores, capazes e concordes todos os interessados,** observando-se no que couber, os dispositivos procedimentais referentes à matéria previstos no diploma processual. Assim, nem sempre será necessária a propositura de ação judicial.

Vale transcrever os ensinamentos de Anna Cecília Guedes e Wladimir Alcebíades Marinho sobre a inovação:

> Em conexão plena com uma salutar onda social de desjudicialização dos litígios, com à tentativa de implementação de uma cultura mais fraterna de resolução de conflitos por métodos consensuais ou negociados e ainda com o resguardo da autonomia da vontade das partes, a que se deve outorgar atenção especial quando diante de um direito disponível de caráter tão único como a definição de limites entre confrontantes e frações entre condôminos, relativamente a bens imóveis próprios, o novo CPC trouxe, em seu artigo 571, o mais importante impacto em direção ao direito notarial e também registral, qual seja a possibilidade da realização de demarcação e divisão de terras particulares por meio de Escritura Pública em Tabelionatos de Notas, desde que os interessados sejam maiores, capazes e concordes entre si. Essa novel passagem, em verdade, repete esforço de desjudicialização já anteriormente realizado na Lei de Registros Públicos, em seu art. 213, § 9º, em redação dada pela Lei nº 10.931/2004, mas em previsão legislativa esparsa e não destacada que, quiçá, não tenha sido objeto de atenção pelos operadores do direito, realidade bem diversa do impacto que se espera quando previsão similar se dá em

meio a um tão aguardado e decantado novo Código de Processo Civil brasileiro, promulgado com uma esperadíssima eficácia social depois de mais de quatro décadas do código anterior" (Op. cit., p. 25).

Fixados os marcos da linha de demarcação, os confinantes considerar-se-ão terceiros quanto ao processo divisório, ficando-lhes, porém, ressalvado o direito de vindicar os terrenos de que se julguem despojados por invasão das linhas limítrofes constitutivas do perímetro ou de reclamar indenização correspondente ao seu valor. Neste caso, serão citados para a ação todos os condôminos, se a sentença homologatória da divisão ainda não houver transitado em julgado, e todos os quinhoeiros dos terrenos vindicados, se a ação for proposta posteriormente.

Frise-se que neste último caso, a sentença que julga procedente a ação, condenando a restituir os terrenos ou a pagar a indenização, valerá como título executivo em favor dos quinhoeiros para haverem dos outros condôminos que forem parte na divisão ou de seus sucessores a título universal, na proporção que lhes tocar, a composição pecuniária do desfalque sofrido.

Tratando-se de **imóvel georreferenciado**, com **averbação** no registro de imóveis, o juiz pode dispensar a realização de prova pericial. A Lei 10.267/2001 alterou a Lei 6.015/1973 e tornou obrigatório o georreferenciamento de imóveis rurais para a efetivação de desmembramentos, parcelamentos, remembramentos e transferências dessa espécie de imóvel (art. 176, §§ 3º e 4º da LRP). Nesta obra, ainda trataremos da matéria.

Também é possível que o autor requeira a demarcação com queixa de esbulho ou turbação, formulando também o pedido de restituição do terreno invadido com os rendimentos que deu, ou a indenização dos danos pela usurpação verificada.

Qualquer condômino é parte legítima para promover a demarcação do imóvel comum, requerendo a intimação dos demais para, querendo, intervir no processo.

Pelo Código de Processo Civil de 1973, a citação dos réus que fossem residentes na comarca na qual tramitava o processo era feita da forma pessoal, ao passo que os réus residentes nas demais comarcas eram citados por edital. Este artigo era de constitucionalidade duvidosa porque não existe fundamento para se proceder à citação por edital de réu com endereço conhecido só porque reside em comarca diversa daquela em que tramita o processo. Acertou o novo CPC, que dispôs que a citação deve ser feita pelos correios, observando o disposto no art. 247, cabendo a citação por edital apenas nas hipóteses gerais previstas em lei para tal forma de citação.

O prazo para contestar será de quinze dias e depois do prazo de resposta do réu, deve ser observado o procedimento comum.

Antes de proferir a sentença, o juiz nomeará **um ou mais peritos** para levantar o traçado da linha demarcanda. No CPC/1973, o art. 956 dizia que a indicação eram dois arbitradores e um agrimensor para levantarem o traçado da linha demarcanda.

Concluídos os estudos, os peritos apresentarão minucioso laudo sobre o traçado da linha demarcanda, considerando os títulos, os marcos, os rumos, a fama da vizinhança, as informações de antigos moradores do lugar e outros elementos que coligirem.

A sentença que julgar procedente o pedido determinará o traçado da linha demarcanda. A sentença proferida na ação demarcatória determinará a restituição da área invadida, se houver, declarando o domínio ou a posse do prejudicado, ou ambos.

Transitada em julgado a sentença, o perito efetuará a demarcação e colocará os marcos necessários. Todas as operações serão consignadas em planta e memorial descritivo com as referências convenientes para a identificação, em qualquer tempo, dos pontos assinalados, observada a legislação especial que dispõe sobre a identificação do imóvel rural.

O art. 583 estabelece que as plantas serão acompanhadas das cadernetas de operações de campo e do memorial descritivo. Convém transcrever seus requisitos:

> I – o ponto de partida, os rumos seguidos e a aviventação dos antigos com os respectivos cálculos;
>
> II – os acidentes encontrados, as cercas, os valos, os marcos antigos, os córregos, os rios, as lagoas e outros;
>
> III – a indicação minuciosa dos novos marcos cravados, dos antigos aproveitados, das culturas existentes e da sua produção anual;
>
> IV – a composição geológica dos terrenos, bem como a qualidade e a extensão dos campos, das matas e das capoeiras;
>
> V – as vias de comunicação;
>
> VI – as distâncias a pontos de referência, tais como rodovias federais e estaduais, ferrovias, portos, aglomerações urbanas e polos comerciais;
>
> VII – a indicação de tudo o mais que for útil para o levantamento da linha ou para a identificação da linha já levantada.

Frise-se que é obrigatória a colocação de marcos tanto na estação inicial, chamada de marco primordial, quanto nos vértices dos ângulos, salvo se algum desses últimos pontos for assinalado por acidentes naturais de difícil remoção ou destruição.

A linha será percorrida pelos peritos, que examinarão os marcos e os rumos, consignando em relatório escrito a exatidão do memorial e da planta apresentados pelo agrimensor ou as divergências porventura encontradas.

Juntado aos autos o relatório dos peritos, o juiz determinará que as partes se manifestem sobre ele no prazo comum de 15 (quinze) dias.

Assinado o auto pelo juiz e pelos peritos, será proferida a sentença **homologatória** da demarcação.

Oportuno mencionar que existe divergência doutrinária a respeito da natureza jurídica, se é meramente homologatória ou constitutiva.

O procedimento especial da ação de demarcação de terras possui duas sentenças. A primeira sentença encerra a fase de conhecimento, fixando os marcos divisórios, ao passo que a segunda encerra a fase de execução, homologando o trabalho pericial que efetiva a primeira sentença.

2. JURISPRUDÊNCIA COMPLEMENTAR

TRIBUNAL DE JUSTIÇA DO ESTADO DO PARANÁ

EMENTA: APELAÇÃO CÍVEL. SUSCITAÇÃO DE DÚVIDA. PRETENSÃO DE REGISTRO DE DIVISÃO AMIGÁVEL. FISCALIZAÇÃO DO PAGAMENTO DOS IMPOSTOS. DEVER DO TITULAR DE REGISTRO DE IMÓVEL, POR FORÇA DOS ATOS QUE LHE FOREM APRESENTADOS. *Conforme dispõe o art. 289 da Lei de Registros Públicos, é dever do titular de registro de imóvel, no exercício de suas atribuições, fiscalizar o "pagamento dos impostos devidos por força dos atos que lhe forem apresentados em razão do ofício".* INCIDÊNCIA DO ITBI. COMPROVAÇÃO DE IMUNIDADE, ISENÇÃO OU PAGAMENTO. NÃO OCORRÊNCIA. CERTIDÃO MUNICIPAL DE NÃO INCIDÊNCIA. INEXISTÊNCIA. AQUISIÇÃO DE QUINHÃO HEREDITÁRIO. ONEROSIDADE. LEI COMPLEMENTAR MUNICIPAL QUE PREVÊ O FATO GERADOR. OBSERVÂNCIA DO PRINCÍPIO DA LEGALIDADE. IMPOSTO DEVIDO. COMPROVAÇÃO DE RECOLHIMENTO OU DE DISPENSA. *Havendo acréscimo à quota-parte deum dos condôminos, perfaz-se a hipótese de incidência prevista na Lei Complementar nº 01/2010, que instituiu o ITBI no âmbito do Município de Nova Fátima, sendo este concretamente devido, desde que recaia somente sobre a parcela que ensejou o aumento patrimonial.* RECURSO DESPROVIDO. (TJPR – Apelação Cível nº 1.134.887-5 – Nova Fátima – 11ª Câmara Cível – Rel. Des. Vilma Régia Ramos de Rezende – DJ 11.11.2014)

24) das sentenças que nos inventários, arrolamentos e partilhas, adjudicarem bens de raiz em pagamento das dívidas da herança;

1. COMENTÁRIOS

Este inciso tem como referência legislativa os arts. 79, 1.227, 1.229, 1.792, 1.821, 1.997 do Código Civil, bem como os arts. 203, 485, 487, 500, 537, 498, 538, 515, 612; 642 do Código de Processo Civil e a Resolução CNJ n. 35/2007. O inventário e a partilha estão previstos nos arts. 610 ao 673 do novo Código de Processo Civil.

Embora o Diploma Civil trate do inventário, a afinidade com o direito processual é maior, "em razão de sua função instrumental liquidatória" (Tratado de direito privado. Tomo LIX, 3. ed. Rio de Janeiro: Borsoi, 1973, p. 193).

Ocorre que o legislador brasileiro, optando por aderir à extrajudicialização de alguns atos do direito de família e das sucessões, editou a Lei 11.441/2007, que alterou o antigo texto do art. 982 do CPC/1973.

Com a publicação da aludida Lei, em janeiro de 2007, tornou-se possível a realização de inventário, partilha, separação consensual e divórcio consensual por via administrativa, quando haja consensualidade e não existam filhos incapazes do casal. Assim, o traslado destas escrituras públicas também ingressa no registro de imóveis, gerando os mesmos efeitos que a partilha ou adjudicação promovida judicialmente.

O Conselho Nacional de Justiça, a fim de suprimir as divergências havidas em torno da aplicação da Lei 11.441/2007, editou a Resolução 35, de 24 de abril de 2007. Trataremos dessa temática nos comentários da Lei dos Notários e Registradores (8.935/1994).

No que tange ao **arrolamento**, sua previsão é encontrada nos arts. 659 ao 667 do novo CPC, que o prevê como um procedimento alternativo ao do inventário ordinário. Em outras palavras, trata-se de uma forma simples e rápida de inventariar e partilhar os bens do falecido, levando em consideração o valor dos bens e o acordo entre partes dos sucessores capazes.

É cabível o **arrolamento sumário** quando todos os herdeiros forem capazes e existir acordo entre eles quanto à partilha. O tema também é tratado no art. 2.015 do CC, que dispõe que, sendo os herdeiros capazes, poderão fazer partilha amigável, por escritura pública, termo nos autos do inventário, ou escrito particular, homologado pelo juiz.

Frise-se que o art. 665 do novo CPC permite o arrolamento sumário mesmo quando houver interessado incapaz, desde que concordem todas as partes e o Ministério Público.

Bens de raiz é a designação dada aos bens imóveis, em vista da circunstância em que são eles encarados: ou são representados pelo próprio solo ou a este se fixaram perpetuamente.

Caso algum bem da herança seja adjudicado para pagamento de dívidas do de cujus, o título que ingressará no álbum imobiliário será a **sentença transitada em julgado determinando a adjudicação, acompanhada do comprovante de pagamento do imposto de transmissão devido.**

A adjudicação, seja por sentença em processo contencioso, seja proferida na própria partilha, ou homologatória, exige a inscrição no Registro de Imóveis competente, quando implica a transferência de domínio sobre imóveis. A sentença deverá constar a qualificação do devedor e do credor, a descrição do imóvel com menção ao seu número de inscrição e serventia, bem como a ordem de transferência com indicação de sua causa.

Sobre o tema, invoca-se o recente Enunciado da I Jornada de Direito Notarial e Registral:

> **Enunciado 34.** Em atenção aos princípios da disponibilidade e da continuidade registral, a alienação de bens individualizados a terceiros, na ocasião da partilha, deve ser objeto de registro imobiliário autônomo, não se confundindo com a cessão de direitos hereditários.
>
> ⊙ Justificativa: É comum que nos processos de inventário e nas escrituras aconteça a adjudicação de bens diretamente à terceiros, sem a definição adequada dos respectivos pagamentos dos quinhões hereditários. Essa prática, além de vulnerar os princípios da disponibilidade e continuidade, também frustra os sistemas de controles das mutações patrimoniais: indisponibilidade e COAF. Nestes casos, quando não for adjudicada a universalidade da herança, deverá o título discriminar o pagamento do respectivo quinhão hereditário para que este inicialmente seja registrado em nome dos respectivos herdeiros para que após seja efetivada a transferência da propriedade para terceiros com a cobrança dos respectivos tributos incidentes. Os atos registrais a serem praticados devem individualizar claramente o que está sendo atribuído a título de meação, como pagamento de herança e, por fim, o que é objeto de cessão/adjudicação/alienação para terceiros. A grande confusão que acontece em relação ao instituto da cessão de direitos hereditários diz respeito à falta de precisão terminológica quanto a sua caracterização, especialmente no que diz respeito ao aspecto temporal. A cessão de direitos hereditários é a possibilidade negocial que possui como objeto a transferência de direitos que ainda não foram partilhados, ou seja, trata-se de transmissão de uma posição jurídica, ainda que relacionada com um bem específico. Só há que se falar em cessão de direitos, no seu sentido técnico e preciso, até a partilha. Esse negócio jurídico bilateral, embora possa ser objeto de escritura pública, não ingressa no registro imobiliário por falta de previsão legal e pela ausência de apuração em regular inventário. Por essa razão, permite-se ao cessionário requerer o inventário (art. 16 da Resolução 35/2017 CNJ). Quando a cessão de direitos é realizada na partilha ou após a partilha, tecnicamente não se trata de cessão de direitos e sim alienação de bens a título singular (onerosa ou gratuita) que atrai exatamente o regime jurídico próprio, inclusive com a possibilidade de ingresso do registro imobiliário mediante ato específico de registro.

O oficial registrador tem a obrigação de fiscalizar rigorosamente o recolhimento dos impostos incidentes sobre os atos praticados pela serventia. O artigo 289 da Lei Federal 6.015/73 estabelece que "no exercício de suas funções, cumpre aos oficiais de registro fazer rigorosa fiscalização do pagamento dos impostos devidos por força dos atos que lhe forem apresentados em razão do ofício". Esta disposição legal é reforçada pelo art. 30, XI, da Lei dos Notários e Registradores (Lei n. 8.935/1994), que prevê que compete aos notários e registradores fiscalizar o recolhimento dos impostos incidentes sobre os atos que devem praticar.

Adicionalmente, o artigo 134, inciso VI, do Código Tributário Nacional, dispõe que "nos casos de impossibilidade de exigência do cumprimento da obrigação principal pelo contribuinte, respondem solidariamente com este nos atos em que intervierem ou pelas omissões de que forem responsáveis: VI – os tabeliães, escrivães e demais serventuários de ofício, pelos tributos devidos sobre os atos praticados por eles, ou perante eles, em razão do seu ofício".

É essencial destacar que, embora o código mencione responsabilidade solidária, a posição majoritária na doutrina e na jurisprudência aponta para uma **responsabilidade subsidiária.** Isso significa que o oficial registrador só responderá pelo tributo devido se for comprovada a impossibilidade de cobrança do devedor principal, reforçando a necessidade de uma fiscalização meticulosa e o cumprimento estrito das obrigações fiscais pelos registradores.

1.1. É ADMISSÍVEL A PARTILHA DE DIREITOS POSSESSÓRIOS SOBRE IMÓVEIS QUE NÃO ESTÃO DEVIDAMENTE ESCRITURADOS?

No REsp 1.984.847, a Terceira Turma do Superior Tribunal de Justiça, por unanimidade, consolidou o entendimento de que é admissível, em ação de inventário, a partilha de direitos possessórios sobre bens imóveis alegadamente pertencentes à pessoa falecida e que não se encontram devidamente escriturados.

Segundo o colegiado, o acervo partilhável em razão do falecimento do autor da herança não é composto somente de propriedades formalmente constituídas. Atestam os magistrados que "existem bens e direitos com indiscutível expressão econômica que, por vícios de diferentes naturezas, não se encontram legalmente regularizados ou formalmente constituídos sob a titularidade do falecido".

Nancy Andrighi, ministra relatora do processo, enfatizou que a questão em debate no caso não diz respeito à partilha dos direitos de propriedade dos bens do falecido, mas à possibilidade de serem partilhados apenas os direitos possessórios que supostamente eram de titularidade do autor da herança. Em outras palavras, **existe autonomia entre o direito de posse e o direito de propriedade.**

Segundo Nancy, "o rol de bens adquiridos pelo autor da herança em vida era composto por propriedades formalmente constituídas e por bens que não estavam devidamente regularizados Se a ausência de escrituração e de regularização do imóvel que se pretende partilhar não decorre de má-fé dos possuidores – como sonegação de tributos e ocultação de bens –, mas, sim, de causas distintas – como a hipossuficiência econômica ou jurídica das partes para dar continuidade aos trâmites legais –, os titulares dos direitos possessórios devem receber a tutela jurisdicional. Reconhece-se, pois, a autonomia existente entre o direito de propriedade e o direito de posse, bem como a expressão econômica do direito possessório como objeto lícito de possível partilha pelos herdeiros, sem que haja reflexo direto nas eventuais discussões relacionadas à propriedade formal do bem".

Ainda segundo as declaração da magistrada, "ao admitir apenas a partilha de bens escriturados, e não de direitos possessórios sobre imóveis, o acórdão do TJMG violou o artigo 1.206 do Código Civil e o artigo 620, inciso IV, alínea "g", do Código de Processo Civil – dispositivos que reconhecem a existência de direitos possessórios e, consequentemente, a possibilidade de eles serem objeto de partilha no inventário. O tribunal de origem não examinou aspectos como a existência efetiva dos direitos possessórios e a qualidade da posse alegadamente exercida pelo autor da herança, indispensáveis para a configuração de um direito possessório suscetível de partilha".

Por fim, a magistrada concluiu que deve ser resolvida, em caráter particular e imediato, a questão que diz respeito somente à sucessão, adiando a um segundo e oportuno momento as eventuais discussões acerca da regularidade e da formalização da propriedade sobre o imóvel.

1.2 REGULARIZAÇÃO DE BENS IMÓVEIS É REQUISITO PARA PROSSEGUIMENTO DO INVENTÁRIO?

Em virtude da obrigação legal de averbação das alterações realizadas em imóveis, é legítima a decisão judicial que condiciona o prosseguimento da ação de inventário à regularização, perante o cartório competente, dos bens que compõem o acervo submetido à partilha. A condição não representa obstáculo ao direito de exercício da ação, mas principalmente o cumprimento de condicionantes estabelecidas pelo próprio sistema legal.

O entendimento da Terceira Turma do Superior Tribunal de Justiça, em processo de número não divulgado em razão de segredo judicial, foi aplicado para manter decisão judicial que concluiu ser indispensável a regularização dos bens imóveis que compõem o acervo de espólio.

No caso analisado, foram realizadas modificações em bens submetidos à partilha, como a edificação de apartamentos em um terreno, sem que houvesse a averbação perante o registro de imóveis.

A relatora do recurso especial, ministra Nancy Andrighi, apontou que "a imposição judicial para que sejam regularizados os bens imóveis que pertenciam ao falecido, para que apenas a partir deste ato seja dado adequado desfecho à ação de inventário, é, como diz a doutrina, uma 'condicionante razoável', especialmente por razões de ordem prática – a partilha de bens imóveis em situação irregular, com acessões não averbadas, dificultaria sobremaneira, senão inviabilizaria, a avaliação, a precificação, a divisão ou, até mesmo, a eventual alienação dos referidos bens imóveis".

A ministra destacou que a averbação de alterações realizadas em imóveis é ato de natureza obrigatória, conforme estipulam os artigos 167 e 169 da Lei de Registros Públicos. De acordo com os dispositivos, devem ser averbadas modificações como edificações, reconstruções e demolições, além de desmembramento e loteamento de imóveis.

Em relação às condições de acesso à Justiça, a relatora também ressaltou que a doutrina admite "com naturalidade" que se imponham condições ao adequado exercício desse direito fundamental. Para a doutrina, o acesso à Justiça não pode sofrer obstáculos, mas aceita "condicionantes razoáveis". E conclui: "Em síntese, sem prejuízo das consequências ou das penalidades de natureza tributária ou daquelas oriundas do poder de polícia do Estado (embargo da obra, interdição ou demolição dos prédios edificados irregularmente ou imposição de sanções pecuniárias), nada obsta que, como condição de procedibilidade da ação de inventário, seja realizada a regularização dos bens imóveis que serão partilhados entre os herdeiros, como consequência lógica da obrigatoriedade contida nos artigos 167, II, 4, e 169 da Lei de Registros Públicos".

2. JURISPRUDÊNCIA COMPLEMENTAR

⊙ SUPERIOR TRIBUNAL DE JUSTIÇA

▶ **EMENTA:** Recurso Especial – Direito Civil – Sucessões – *Droit saisine* – Interpretação no caso concreto – Imóvel adquirido na constância da união estável – Inclusão de metade (50%) do bem no inventário – Meação do *de cujus* – Manutenção do acórdão atacado que negou a pretensão do filho do morto de concorrer à integralidade do bem (100%) juntamente com a viúva – Temas 498 e 809 do STF – Entendimento pacificado no âmbito da Segunda Seção – Não pode haver distinção de regimes sucessórios entre cônjuges e companheiros – Recurso Especial desprovido nos termos da Súmula 568/STJ. (STJ – REsp nº 1.693.277 – Minas Gerais – 3ª Turma – Rel. Min. Marco Aurélio Bellizze – DJ 04.11.2021)

▶ **EMENTA**: RECURSO ESPECIAL. DIREITO DAS SUCESSÕES. PARTILHA EM VIDA FEITA PELOS ASCENDENTES AOS DESCENDENTES DE TODOS OS BENS DE QUE DISPUNHAM POR MEIO DE ESCRITURAS PÚBLICAS DE DOAÇÃO, COM CONSENTIMENTO DOS HERDEIROS E CONSIGNAÇÃO DE DISPENSA DE COLAÇÃO FUTURA. 1. OMISSÃO DO ACÓRDÃO RECORRIDO. INEXISTÊNCIA. 2. AUSÊNCIA DE BENS A COLACIONAR. INVENTÁRIO. PROCESSO EXTINTO POR CARÊNCIA DA AÇÃO. 3. RECURSO DESPROVIDO. 1. Embora rejeitados os embargos de declaração, a matéria controvertida foi devidamente enfrentada pelo Colegiado de origem, que sobre ela emitiu pronunciamento de forma fundamentada, com enfoque suficiente a autorizar o conhecimento do recurso especial, não havendo que se falar em ofensa ao art. 535, II, do CPC. 2. Consoante dispõe o art. 2.002 do CC, os descendentes que concorrerem à sucessão do ascendente comum são obrigados, para igualar as legítimas, a conferir o valor das doações que dele em vida receberam, sob pena de sonegação. 3. Todavia, o dever de colacionar os bens admite exceções, sendo de ressaltar, entre elas, as doações que o doador determinar saiam da parte disponível, contanto que não a excedam, computado o seu valor ao tempo da doação (CC, art. 2005), ou, como no caso, em que os pais doaram aos filhos todos os bens de que dispunham, com o consentimento destes, fazendo constar, expressamente, dos atos constitutivos de partilha em vida, a dispensa de colação futura, carecendo o ora recorrente, portanto, de interesse processual para ingressar com processo de inventário, que foi corretamente extinto (CPC, art. 267, VI). 4. Eventual prejuízo à legítima do herdeiro necessário, em decorrência da partilha em vida dos bens, deve ser buscada pela via anulatória apropriada e não por meio de ação de inventário. Afinal, se não há bens a serem partilhados, não há a necessidade de inventário. 5. Recurso especial a que se nega provimento. (STJ – REsp nº 1.523.552 – Paraná – 3ª Turma – Rel. Min. Marco Aurélio Bellizze – DJ 13.11.2015)

EMENTA: ADMINISTRATIVO E TRIBUTÁRIO. RECURSO ESPECIAL. AÇÃO ANULATÓRIA. ARROLAMENTO DE BENS E DIREITOS. ARTIGO 64 DA LEI nº 9.532/1997. ALIENAÇÃO DE BEM IMÓVEL ARROLADO. ANULAÇÃO DOS EFEITOS DO ATO DE ARROLAMENTO. 1. Recurso especial no qual se discute a permanência da averbação do ato de arrolamento de bem imóvel no registro de imóveis após a alienação pelo devedor tributário. 2. O bem imóvel regularmente adquirido do devedor tributário não mais pode constar de arrolamento administrativo, razão pela qual devem ser anulados seus efeitos, pois não mais poderá servir de garantia à satisfação do crédito tributário. 3. Recurso especial não provido. (STJ – REsp nº 1.532.348 – Santa Catarina – 1ª Turma – Rel. Min. Benedito Gonçalves – DJ 10.11.2015)

EMENTA: EMBARGOS DE DECLARAÇÃO EM EMBARGOS DE DECLARAÇÃO NO RECURSO ESPECIAL – INVENTÁRIO – PARTILHA DE BENS – MEAÇÃO DO CÔNJUGE SUPÉRSTITE – CESSÃO AOS DEMAIS HERDEIROS – POSSIBILIDADE – INCLUSÃO NO ACERVO A SER PARTILHADO – EMBARGOS ACOLHIDOS. 1. Omissão sobre a exclusão dos bens do cônjuge meeiro do acervo a ser partilhado, em razão do falecimento de sua consorte. 2. Segundo o art. 1.023, II, do Código de Processo Civil, a meação do cônjuge supérstite deverá ser observada na partilha dos bens a serem inventariados. 3. Em sede de inventário é dado aos herdeiros, bem como ao cônjuge sobrevivente, a possibilidade de cederem os seus direitos hereditários ou a meação cabível, até o momento da partilha. 4. Embargos de declaração acolhidos, a fim de sanar a omissão apontada e determinar que o Juízo de Direito de primeiro grau prossiga no julgamento da causa, observando a meação do cônjuge supérstite, bem como o ato de doação realizado em favor dos herdeiros. (STJ – EDcl nos EDcl no REsp nº 977.958 – SC – 4ª Turma – Rel. Min. Marco Buzzi – DJ 30.08.2013)

EMENTA: INVENTÁRIO. ADJUDICAÇÃO. NULIDADE. HERDEIRO PRETERIDO. PRESCRIÇÃO. NOMEAÇÃO DE CURADOR ESPECIAL. – Somente se justifica a nomeação de Curador Especial quando colidentes os interesses dos incapazes e os de seu representante legal. Precedentes do STJ. – "É de vinte anos o prazo da prescrição da ação de nulidade do herdeiro que não foi parte no ato de partilha" (REsp nº 45.693-2/SP). Recurso especial não conhecido. (STJ – REsp: 114310 SP 1996/0074087-9, Relator: Ministro BARROS MONTEIRO, Data de Julgamento: 17/10/2002, T4 – QUARTA TURMA, Data de Publicação: DJ 17/02/2003 p. 280)

TRIBUNAL DE JUSTIÇA DO ESTADO DE SÃO PAULO

EMENTA: Arrolamento – Viúva – Venda de meação aos herdeiros – Compra de usufruto vitalício sobre quinhões hereditários – Aquisição de nua propriedade – Considerando que a meação decorre do regime de bens e é preexistente ao óbito do outro cônjuge, sendo apurada sempre que dissolvida a sociedade conjugal, e que a herança é parte do patrimônio que pertencia ao cônjuge falecido, descabe acolher pedido de disposição patrimonial formulado para obter autorização de venda de meação aos herdeiros com a subsequente aquisição de direito a usufruto vitalício – Recurso improvido (TJSP – Agravo de Instrumento nº 2104060-24.2022.8.26.0000 – Bauru – 2ª Câmara de Direito Privado – Rel. Des. Fernando Marcondes – DJ 18.05.2023)

EMENTA: Agravo de instrumento. Arrolamento de bens. Viúvo casado em regime de comunhão universal. Duas filhas maiores e capazes. Acervo hereditário consistente em dois bens imóveis, um automóvel e saldo bancário. Proposta de partilha com especialização da meação sobre a forma de usufruto sobre a integralidade dos bens imóveis, e atribuição de 50% da nua-propriedade para cada uma das filhas herdeiras. Decisão que designou audiência para confirmação da doação e constituição do usufruto. Inconformismo do viúvo inventariante e herdeiras. Questão controvertida que envolve apreciação acerca da meação. Meação é direito inespecífico, havendo sua especialização quando há ruptura do vínculo do casal, em caso de divórcio, separação ou morte. É possível a especialização ao cônjuge supérstite da totalidade do usufruto de todos os imóveis, com atribuição aos herdeiros da nua-propriedade dos mesmos imóveis. Proposta de partilha igualitária, com respeito do valor da nua propriedade e usufruto. Inexistência de valores superiores que demonstrem cessão de direito ou doação. Precedentes. Art. 662 do CPC. Recurso provido para autorizar a atribuição aos herdeiros, maiores e capazes, da nua propriedade e do usufruto ao viúvo, conforme proposta de partilha apresentada, a ser homologada pelo Juízo de origem, sem recolhimento do imposto por suposta doação, inexistente, Desnecessidade da audiência com esta finalidade. Recurso provido (TJSP – Agravo de Instrumento nº 2139093-75.2022.8.26.0000 – Pitangueiras – 8ª Câmara de Direito Privado – Rel. Des. Silvério da Silva – DJ 03.08.2022).

EMENTA: Inventário – Partilha homologada que não contemplou o companheiro da autora da herança como herdeira dos bens particulares por esta deixados – Nulidade evidenciada – União estável reconhecida por sentença – Inexistência de contrato disciplinando o regime de bens da convivência – Aplicação do regime de comunhão parcial – Art. 1.725 do Código Civil – Companheiro supérstite que tem direito hereditário sobre os bens particulares, em concorrência com os descendentes – Art. 1829, inciso I, do Código Civil – Sentença homologatória anulada – Nova partilha que deve obedecer a regra do art. 1832 do Código Civil – Recurso provido (TJSP – Apelação Cível nº 0007104-49.2005.8.26.0590 – São Vicente – 1ª Câmara de Direito Privado – Rel. Des. Rui Cascaldi – DJ 20.06.2022).

EMENTA. Inventário. Insurgência contra decisão que reconheceu a qualidade de herdeira da viúva sobrevivente. Não houve pedido de efeito. Viúva e falecido que se casaram em 07/12/2002, sob a égide do CC/1916. À época, contavam com 52 e 60 anos, respectivamente. Aplicabilidade do art. 258, II, daquele Código, então vigente. Escritura de pacto nupcial que previu expressamente o regime de separação obrigatória. Descabida a interpretação de que ao convencionarem o regime de bens, o casal na verdade optou pela separação convencional. Agravada que não ostenta a condição de herdeira legítima do falecido marido. Jurisprudência. Decisão reformada nesse sentido. Recurso provido (TJSP – Agravo de Instrumento nº 2287852-15.2021.8.26.0000 – Araçatuba – 10ª Câmara de Direito Privado – Rel. Des. J. B. Paula Lima – DJ 30.03.2022)

EMENTA: Inventário – Autora da herança que não deixa descendentes e sim apenas cônjuge e dois ascendentes (genitores), ambos vivos no momento de abertura da sucessão – Incidência da regra do art. 1.829, II, do Código Civil – Concorrência que não possui restrição em relação ao regime de bens do relacionamento, tornando irrelevante existir ou não bem particular da *"de cujus"*, não se confundindo com a hipótese do inciso I do art. 1.829 do CC, que versa sobre cônjuge/companheiro e descendentes – Cônjuge supérstite que faz jus à meação e à parte do acervo hereditário – Recurso provido. (TJSP – Agravo de Instrumento nº 2157918-04.2021.8.26.0000 – Jundiaí – 2ª Câmara de Direito Privado – Rel. Des. Alvaro Passos – DJ 05.10.2021)

EMENTA: ARROLAMENTO. Partilha dos saldos do FGTS e do PIS. Deferimento do pedido de expedição de alvará de levantamento condicionado à demonstração da regularidade do recolhimento do ITCMD. Reforma. Levantamento de tais valores prescinde do inventário ou do arrolamento de bens, sendo desnecessária a demonstração da regularidade do recolhimento do ITCMD para o deferimento da expedição de alvará de levantamento. RECURSO PROVIDO.

A presente Apelação foi interposta pelos autores em oposição à r. sentença de fls. 130, aclarada às fls. 135, proferida em *Ação de Arrolamento*, a qual homologou o acordo para partilha entre os herdeiros dos saldos do FGTS e do PIS, com determinação do recolhimento do imposto devido ou a juntada do reconhecimento de isenção.

Segundo o alegado, nos termos do artigo 1º da Lei 6.858/80, os valores relativos ao PIS e ao FGTS poderiam ser levantados independentemente de inventário ou arrolamento e não seriam passíveis de tributação do ITCMD.

O recurso foi regularmente processado, isento de preparo.

É O RELATÓRIO.

O recurso comporta provimento.

Cuida-se de arrolamento dos bens deixados por José Rocha, sendo avençada a partilha dos saldos do FGTS e do PIS, os quais totalizavam o montante de R$ 8.223,44, cabendo a cada um dos três filhos a quantia de R$ 2.741,14 (fls. 86).

Neste diapasão, a r. sentença homologou a partilha, mas condicionou o deferimento do pedido de expedição de alvará de levantamento dos saldos de PIS e FGTS à demonstração da regularidade do recolhimento do ITCMD.

Todavia, respeitado o entendimento do MM. Juízo *a quo* pondera-se que o artigo 1º da Lei 6.858/80 e os artigos 662 e 666 do CPC autorizam a expedição de alvará judicial para levantamento de valores das contas individuais do FGTS e do PIS não recebidos em vida pelos respectivos titulares, independentemente de inventário ou arrolamento.

Por conseguinte, observado que o levantamento de tais valores prescinde do inventário ou do arrolamento de bens, desnecessária a demonstração da regularidade do recolhimento do ITCMD para o deferimento da expedição de alvará de levantamento.

Ante o exposto, pelo meu voto, dou provimento ao recurso, para determinar a expedição do alvará judicial independentemente da demonstração da regularidade do ITCMD, nos termos da fundamentação. SILVIA Maria Facchina ESPÓSITO MARTINEZ. Relatora - - / (TJSP – Apelação Cível nº 0012184-14.2002.8.26.0003 – São Paulo – 10ª Câmara de Direito Privado – Rel. Des. Silvia Maria Facchina Espósito Martinez – DJ 21.01.2020)

▶ **EMENTA**: AGRAVO DE INSTRUMENTO – Ação de Arrolamento de bens – Decisão que não deferiu a isenção para o recolhimento do imposto de transmissão causa mortis, determinado que a declaração de ITCMD seja devidamente submetida ao crivo do Posto Fiscal para análise do recolhimento ou não do tributo – Inconformismo – Pedido de Reconsideração – Recurso não conhecido. (TJSP – Agravo de Instrumento nº 2017610-88.2016.8.26.0000 – Ituverava – 9ª Câmara de Direito Privado – Rel. Des. José Aparício Coelho Prado Neto – DJ 14.04.2016)

▶ **EMENTA**: AGRAVO DE INSTRUMENTO. INVENTÁRIO. Partilha amigável em sede de inventário. Determinação judicial de que a doação da meação da viúva e reserva de usufruto sejam realizadas por termo nos autos. Afastamento. Inexistência de óbice para que a cessão de direitos da meação, com constituição de usufruto, seja realizada diretamente em partilha consensual pelos sucessores capazes. Aplicação analógica do artigo 1.804 do Código de Processo Civil. Precedentes. Observação, contudo, de que a facilitação do procedimento não implica na dispensa do recolhimento do tributo para transmissão *inter vivos* dos direitos integrantes da meação. DECISÃO REFORMADA. AGRAVO PROVIDO, COM OBSERVAÇÃO. (TJSP – Agravo de Instrumento nº 2249127-64.2015.8.26.0000 – São Caetano do Sul – 3ª Câmara de Direito Privado – Rel. Des. Donegá Morandini – DJ 07.12.2015)

▶ **EMENTA**: Apelação Cível. Ação declaratória de nulidade de escritura pública de inventário e partilha – Sentença que extinguiu o processo, sem resolução de mérito, com fundamento no artigo 267, inciso VIII, do Código de Processo Civil, em razão da desistência da coautora – Recurso interposto pelo coautor, que não manifestou desistência da ação – Cabimento – Ação que deve prosseguir quanto ao coautor não desistente – Pretensão inicial de declaração de nulidade da escritura de inventário e partilha que se funda na alegação de que o autor seria titular de crédito a ser recebido do espólio em questão – Hipótese em que a petição inicial deveria ter sido indeferida de plano, já que da narrativa dos fatos não decorre logicamente a conclusão – Eventual existência de dívida não leva à nulidade da escritura – Ainda que os bens deixados pela falecida sejam partilhados, os credores continuam titulares de eventuais créditos, podendo exigi-los contra os sucessores – Indeferimento da petição inicial e extinção do processo, sem resolução do mérito, com fundamento no artigo 267, inciso I, do Código de Processo Civil. Dá-se provimento ao recurso para que o feito prossiga quanto ao coautor não desistente e, de ofício, indefere-se a petição inicial e declara-se extinto o processo, sem resolução do mérito. (TJSP – Apelação Cível nº 0003633-87.2013.8.26.0220 – Guaratinguetá – 1ª Câmara de Direito Privado – Rel. Des. Christine Santini – DJ 10.12.2015)

▶ **EMENTA**: INVENTÁRIO – O autor da herança era casado com a agravante pelo regime da comunhão universal de bens, no qual se comunicam todos os bens e todas as dívidas dos cônjuges – Art. 1667 do CC – O imóvel do casal fora adjudicado em ação de despejo, fundada em contrato de locação no qual a agravante e o *de cujus* figuravam como fiadores – Saldo credor depositado nos autos do inventário – Pedido de levantamento de metade do saldo credor resultante da adjudicação do imóvel do casal, a título de meação da agravante – Rejeição – As dívidas do *de cujus* excedem o valor dos bens por ele deixados e, uma vez que o *de cujus* e a agravante eram casados pelo regime da comunhão universal de bens, este é co-responsável por tais dívidas – Dívidas do casal, decorrentes de créditos trabalhistas e quirografários – Decisão mantida – Recurso improvido, revogado o efeito suspensivo. (TJSP – Agravo de Instrumento nº 0073488-37.2013.8.26.0000 – São Paulo – 1ª Câmara de Direito Privado – Rel. Des. Paulo Eduardo Razuk – DJ 02.07.2013)

▶ **EMENTA**: Ação Anulatória de Débito Fiscal – Imposto de Transmissão Causa Mortis e Doação (ITCMD) – Pagamento prévio do ITCMD para viabilizar o inventário extrajudicial – Óbice em razão de débito de IPTU – Necessidade de ajuizamento de inventário judicial – Multa indevida – Art. 21, I, da Lei 10.705/00 – Verba honorária mantida – Recurso desprovido.(TJSP – Apelação Cível nº0006746 – 12.2009.8.26.0019 – Americana – 13ª Câmara de Direito Privado – Rel. Des. Designada Luciana Almeida Prado Bresciani – DJ 27.09.2012)

⊙ CONSELHO SUPERIOR DA MAGISTRATURA

▶ **EMENTA:** Registro de imóveis – Divórcio – Formal de partilha – Título apresentado após a averbação da indisponibilidade – *Tempus regit actum* – Jurisprudência do CSM – Registro indeferido – Dúvida procedente – Recurso não provido. Trata-se de recurso de apelação interposto por Siomara Regina Dragoni da Costa contra a r. decisão de fls. 83/83v., que manteve a recusa ao registro do formal de partilha extraído dos autos do divórcio dela com Mário Sérgio Nunes da Costa, por meio do qual lhe foram atribuídos os imóveis descritos nas matrículas nºs 7.689, 7.690 e 8.422, daquela Serventia de Imóveis. Aduz, em suma, que a homologação do divórcio é anterior à decretação da indisponibilidade dos bens de seu ex-marido Mário Sérgio Nunes da Costa. Ainda, que ele não abriu mão da meação dele em seu favor, motivo por que não há que se falar em imposto estadual. Por fim, salientou que eventual excesso de meação seria de competência fiscal dos respectivos municípios em que os imóveis se encontram (fls. 87/92). A Procuradoria Geral de Justiça opinou pelo não provimento do recurso (fls. 98/101). É o relatório. O recurso, a despeito de seus jurídicos fundamentos, não comporta provimento. Necessário ressaltar, inicialmente, que a origem judicial do título não o torna imune à qualificação registral, ainda que limitada aos requisitos formais do título e sua adequação aos princípios registrais, conforme o disposto no item 119, do Cap. XX das NSCGJ **[1]**. O Egrégio Conselho Superior da Magistratura tem decidido, inclusive, que a qualificação negativa não caracteriza desobediência ou descumprimento de decisão judicial **[2]**. Busca a recorrente o registro do formal de partilha extraído dos autos do divórcio dela com Mário Sérgio Nunes da Costa, por meio do qual lhe foram atribuídos os imóveis descritos nas matrículas nºs 7.689, 7.690 e 8.422, daquela Serventia de Imóveis. A recusa do registrador tem dois fundamentos: a) pendência de indisponibilidade dos bens do ex-marido da recorrente, Mário Sérgio Nunes da Costa; e b) omissão dos valores atribuídos a cada um dos cônjuges por ocasião da partilha dos bens. A indisponibilidade dos bens de Mário Sérgio Nunes da Costa foi decretada pelo Banco Central com base na Lei nº 6.024/74, cujo art. 38 diz que: *Art. 38. Decretada a intervenção, a liquidação extrajudicial ou a falência, o interventor, o liquidante, ou o escrivão da falência comunicará ao registro público competente e às Bolsas de Valores a indisponibilidade de bens imposta no artigo 36. Parágrafo único. Recebida a comunicação, a autoridade competente ficará relativamente a esses bens impedida de: a) fazer transcrições, inscrições, ou averbações de documentos públicos ou particulares; b) arquivar atos ou contratos que importem em transferência de cotas sociais, ações ou partes beneficiárias; c) realizar ou registrar operações e títulos de qualquer natureza; d) processar a transferência de propriedade de veículos automotores.* A Lei é clara quanto à impossibilidade de se realizar ou registrar operações de título de qualquer natureza. E o Conselho Superior da Magistratura, em caso semelhante, decidiu recentemente que: *REGISTRO DE IMÓVEIS – DÚVIDA – ESCRITURA PÚBLICA DE SEPARAÇÃO CONSENSUAL LAVRADA ANTES DA A VERBAÇÃO DA INDISPONIBILIDADE DE BENS, PORÉM, APRESENTADA PARA REGISTRO POSTERIORMENTE – IMPOSSIBILIDADE DO REGISTRO, EM OBSERVÂNCIA AO PRINCÍPIO "TEMPUS REGIT ACTUM" – NECESSIDADE DE PRÉVIO CANCELAMENTO DA AVERBAÇÃO, AUTORIZADO POR QUEM A DECRETOU – RECUSA CORRETA DA OFICIAL – DÚVIDA PROCEDENTE – RECURSO NÃO PROVIDO. (CSM-Ap. nº 0001748-75.2013.8.26.0337).* No que diz respeito à alegação de que a indisponibilidade foi decretada após a homologação da partilha do divórcio, note-se que a jurisprudência do Conselho Superior da Magistratura está pacificada no sentido de que a qualificação do título se sujeita à lei vigente ao tempo de sua apresentação (*tempus regit actum*), pouco importando a data da celebração do contrato (Apelação Cível nº 115-6/7, rel. José Mário Antônio Cardinale, nº 777-6/7, rel. Ruy Camilo, nº 530-6/0, rel. Gilberto Passos de Freitas, e, mais recentemente, nº 0004535-52.2011.8.26.0562, rel. Sérgio Jacintho Guerrieri Rezende). Francisco Eduardo Loureiro, ao comentar o art. 247 da Lei nº 6.015/73, lembra, com base na jurisprudência deste CSM **[3]**, que não cabe ao registrador levantar a indisponibilidade para permitir acesso dos títulos judiciais – como as partilhas em separações e divórcios – constituídos em data precedente à da averbação da indisponibilidade, haja vista que o que importa é a situação jurídica existente ao tempo do registro (Lei de Registros Públicos Comentada, Forense, p. 1291/1292). Não há, portanto, como registrar o formal de partilha extraído dos autos do divórcio da recorrente sem que, antes, seja levantada a indisponibilidade. No que diz respeito à exigência de recolhimento do imposto, a r. sentença que homologou a partilha não o dispensou e, nos autos do divórcio, não consta anuência da Fazenda do Estado ou do Município com a divisão efetivada. Trata-se, assim, de questão "aberta" ao registrador que, atento: a) à divisão desigual da partilha – a recorrente ficou com três imóveis que, juntos, somam R$ 127.400,00 (fls. 58, 64 e 70), e o ex-marido, com o veículo Honda Fit, cujo valor de mercado é R$ 28.000,00, conforme Tabela FIPE consultada nesta data –; e b) ao disposto no art. 289 da Lei nº 6.015/73, solicitou a comprovação do pagamento do ITCMD, em caso de doação, ou de ITBI, em caso de alienação onerosa. Ante o exposto, nego provimento ao recurso. MANOEL DE QUEIROZ PEREIRA CALÇAS Corregedor Geral da Justiça e Relator. Notas: **[1]** 119. Incumbe ao oficial impedir o registro de título que não satisfaça os requisitos exigidos pela lei, quer sejam consubstanciados em instrumento público ou particular, quer em atos judiciais. **[2]** Apelação Cível nº 413-6/7 **[3]** Apelação Cível nº 29.886-0/4, Rel. Des. Márcio Bonilha. (DJe de 06.05.2016 – SP)

EMENTA: Registro de imóveis – Arrolamento de bens – Formal de partilha – Qualificação registral que ingressa no mérito do inventário judicial – Impossibilidade de a via administrativa rever a judicial – Precedentes – Especialidade objetiva observada – Dúvida improcedente – Recurso provido. (Apelação nº 9000001-43.2014.8.26.0646). Trata-se de apelação interposta por Vanda Aparecida Conejo objetivando a reforma da r. decisão de fls. 165/170, que manteve a recusa ao registro de formal de partilha. Alega a recorrente que, embora tenha sido contemplada com um imóvel no formal de partilha corroborado por escritura pública de cessão de direitos hereditários, não pode registrar o título porque o formal de partilha contém erros e o Judiciário nega-se a corrigi-los por meio de aditamento, recusando-se, ainda, a determinar que o registrador proceda ao registro. A D. Procuradoria Geral da Justiça opinou pelo não provimento do recurso (fls. 185/188). É o relatório. Comporta acolhido o reclamo recursal. De acordo com a jurisprudência do Conselho Superior da Magistratura, embora os títulos judiciais também se submetam à qualificação registral, esta não pode discutir o mérito da decisão que deu lastro ao título, sob pena de a via administrativa rever a jurisdicional. Nos autos da Apelação Cível n.º 51.124.0/4-00, relatada pelo então Corregedor Geral da Justiça, Desembargador Nigro Conceição, julgada em 29.11.99, consignou-se: *O estado de indivisão aberto com a morte de um dos cônjuges somente será solucionado com a decisão do juízo competente relativa à partilha, na qual se possa verificar quais os bens que a integraram e quais aqueles dela excluídos, questões de ordem fática e jurídica que somente podem ser resolvidas na via judicial, vedada qualquer análise probatória no campo administrativo. Essa decisão deverá, por fim, ingressar regularmente no fólio real para que então sejam disponibilizados os imóveis, cabendo ao registrador apenas a regular qualificação do título para verificação do atendimento aos princípios registrários, sob o estrito ângulo da regularidade formal. Isso significa, em face da inviabilidade de que se venha a questionar, na via administrativa, matéria que envolve questão de mérito da decisão judicial precedente, que nos casos em que o bem objeto do ato de registro tenha sido excluído da partilha ou partilhado como próprio do autor da herança, deverá o registrador, quanto a este aspecto, apenas verificar se houve expressa referência ao imóvel e se no processo judicial houve a ciência ou participação do outro cônjuge ou de seus herdeiros, eventuais interessados no reconhecimento da comunhão de aquestos.* A jurisprudência atual também caminha pela mesma trilha. Cito, por todas, a Apelação Cível n.º 1025290-06.2014.8.26.0100, assim ementada: *REGISTRO DE IMÓVEIS – ARROLAMENTO DE BENS – FORMAL DE PARTILHA – QUALIFICAÇÃO REGISTRAL QUE QUESTIONA A QUE TÍTULO A VIÚVA DO DE CUJUS DEVERIA RECEBER SEU QUINHÃO – INDAGAÇÃO QUE DESBORDA DOS LIMITES DA QUALIFICAÇÃO REGISTRAL – IMPOSSIBILIDADE DE A VIA ADMINISTRATIVA DISCUTIR O MÉRITO DA DECISÃO JUDICIAL TRANSITADA EM JULGADO – RECURSO PROVIDO (APELAÇÃO CÍVEL Nº 1025290-06.2014.8.26.0100, REL. ELLIOT AKEL, DJE 17/03/2015)* [1]. Afrânio de Carvalho, ao tratar dos limites da qualificação registral de títulos judiciais, observa que: *Assim como a inscrição pode ter por base atos negociais e atos judiciais, o exame da legalidade aplica-se a uns e a outros. Está visto, porém, que, quando tiver por objeto atos judiciais, será muito mais limitado, cingindo-se à conexão dos respectivos dados com o registro e à formalização instrumental. Não compete ao registrador averiguar senão esses aspectos externos dos atos judiciais, sem entrar no mérito do assunto neles envolvido, pois, do contrário, sobreporia a sua autoridade à do Juiz"* (Registro de Imóveis, Forense, 3ª ed., pág. 300). Há precedente antigo da 1ª Vara de Registros Públicos, da lavra do MM. Juiz Narciso Orlandi Neto, em que se vedou ao Oficial discutir as questões já examinadas pelo Juiz nos autos do inventário: *Não compete ao Oficial* ***discutir as questões decididas no processo de inventário,*** *incluindo a obediência ou não às disposições do Código Civil, relativas à ordem da vocação hereditária (art. 1.603). No processo de dúvida, de natureza administrativa, tais questões também não podem ser discutidas. Apresentado o título, incumbe ao Oficial verificar a satisfação dos requisitos do registro, examinando os aspectos extrínsecos do título e a observância das regras existentes na Lei de Registros Públicos. Para usar as palavras do eminente Desembargador Adriano Marrey, ao relatar a Apelação Cível 87-0, de São Bernardo do Campo, "não cabe ao Serventuário questionar ponto decidido pelo Juiz, mas lhe compete o exame do título à luz dos princípios normativos do Registro de Imóveis, um dos quais o da continuidade mencionada no art. 195 da Lei de Registros Públicos. Assim, não cabe ao Oficial exigir que este ou aquele seja excluído da partilha, assim como não pode exigir que outro seja nela incluído. Tais questões, presume-se, foram já examinadas no processo judicial de inventário. "* (Processo n.º 973/81). Na hipótese em exame, o registrador qualificou negativamente o formal de partilha extraído dos autos do arrolamento dos bens deixados por Ana Conejo Veiga (Proc. n.º 238/2002), do Juízo do Foro Distrital de Urânia, ao argumento de que a partilha estava errada porque não observou o princípio da *saisine*. A nota devolutiva afirma que, como a autora da herança não havia deixado valores em moeda corrente, os imóveis não poderiam ter sido atribuídos somente a Francisco Veiga Galego, Valdeci Conejo Galego e Vanda Aparecida Conejo, mas também Odair,

Clarie e Neide. A despeito do zelo do registrador, tem-se que, no caso, desbordou do seu poder-dever de qualificação, na medida em que, na esfera administrativa, tentou reabrir a discussão já liquidada, com trânsito em julgado, na esfera judicial. Se o Juízo atribuiu a Vanda o imóvel descrito na matrícula n.º 2.291 (antiga 4.641, do RI de Jales), e se essa decisão transitou em julgado, não cabe ao registrador, sobrepondo-se ao entendimento judicial, recusar o título sob alegação de inobservância da ordem da vocação hereditária. Avançou, assim, no mérito e no acerto da sentença proferida no âmbito jurisdicional, o que se situa fora do alcance da sua qualificação por se tratar de elemento intrínseco do título. Assim não fosse, estar-se-ia permitindo que a via administrativa reformasse o mérito da jurisdicional. Assim, em caso de eventual desacerto da sentença proferida no âmbito jurisdicional, poderá o interessado – se houver – se valer dos recursos e ações previstos no ordenamento jurídico para buscar a reforma da decisão. O que não se permite é que a qualificação registrária reveja o mérito da sentença judicial que já transitou em julgado, como a sentença que homologou o plano de partilha constante dos autos. Não precede, portanto, o item "**I**", da nota devolutiva, cujo teor foi reproduzido na petição de suscitação de dúvida. O afastamento do item "I", da nota devolutiva, implica o do item "II", haja vista que, somente no caso de acolhimento da primeira exigência, é que se poderia falar em cessão de direitos e, por conseguinte, em recolhimento de ITBI. Por fim, a terceira exigência, item "III", da nota de devolução, também não procede. Embora o imóvel atribuído à recorrente tenha, no plano de partilha, sido descrito de forma diversa da constante na matrícula n.º 2.291 (antiga 4.641, do RI de Jales), sobreveio o termo de aditamento (fl. 130), que ajustou as imperfeições. Como esse termo de aditamento consta do formal de partilha, verifica-se inexistir incongruência entre a descrição do título e a do registro de imóveis, de modo que o princípio da especialidade encontra-se preservado, como reconheceu a ilustrada Procuradoria Geral de Justiça. Assim, respeitado o entendimento do MM. Juízo, a dúvida é improcedente. O título, por conseguinte, deve ser registrado. Para tal fim dou provimento ao recurso. JOSÉ CARLOS GONÇALVES XAVIER DE AQUINO. CORREGEDOR GERAL DA JUSTIÇA E RELATOR. Apelação Cível nº 9000001-43.2014.8.26.0646. Apelante: Vanda Aparecida Conejo. Apelado: Oficial do Registro de Imóveis da Comarca de Urânia. **TJSP-VOTO Nº 26.535. DECLARAÇÃO DE VOTO. Registro de Imóveis. Formal de partilha – Ausência de atribuição de quinhão hereditário a três filhos – Dinheiro pago a tais herdeiros que não fazia parte do monte mor – Inexistência de renúncia expressa ou cessão de direitos dos herdeiros quanto à sua parte no imóvel cujo registro se pretende – Escritura pública de cessão de direitos lavrada posteriormente à homologação da partilha – Formal que comporta registro porque sanado o erro material por meio da respectiva escritura pública e recolhido o ITBI – Herdeiros maiores e capazes que poderiam, atualmente, realizar partilha e aditamento extrajudicialmente (Lei nº 11.441/2007) – Princípios da legalidade, disponibilidade e continuidade (artigos 1.784 e 1.793 do Código Civil, artigos 195 e 237 da Lei 6.015/1976 e artigos 982 e 1.028 do Código de Processo Civil) – Dúvida improcedente.** Dá-se provimento. **1.** Cuida-se de apelação contra decisão proferida pelo Juízo Corregedor Permanente do Oficial de Registro de Imóveis de Urânia, que julgou procedente a dúvida suscitada. A dúvida, em apertada síntese, consiste na possibilidade ou não de se registrar formal de partilha expedido nos autos do arrolamento de Ana Conejo Veiga. É o relatório. **2.** Com razão o Excelentíssimo Desembargador Relator Corregedor Geral da Justiça ao dar provimento ao recurso. Como bem salientou o Ilustre Relator, a exigência ligada a incorreção na descrição do imóvel não procede. O erro material então existente (metragem constante do formal – 396 m^2 – era maior do que a da matrícula – 288 m^2) foi sanado com o aditamento de fl. 130. Todavia, ousamos divergir do Excelentíssimo Corregedor apenas no tocante aos **fundamentos** da decisão em relação às outras duas exigências feitas pelo Oficial de Registro de Imóveis. Com efeito, o imóvel de matrícula nº 2.291 (matrícula de origem nº 4.641 do RI de Jales) figura no Registro de Imóveis como sendo de propriedade de Francisco Veiga Galego e sua falecida esposa Ana Conejo Veiga (fl. 146). Pelo princípio de *saisine*, desde o falecimento da proprietária **os direitos** sobre o imóvel foram transferidos aos herdeiros (artigo 1.784 do Código Civil: "aberta a sucessão, a herança transmite-se, desde logo, aos herdeiros legítimos e testamentários"). A *de cujus* deixou viúvo e cinco filhos. De acordo com o plano de partilha, o imóvel suso mencionado foi atribuído a apenas uma herdeira, Vanda Aparecida Conejo, ora apelante. Porém, da partilha em questão, homologada judicialmente (fl. 114), nada constou sobre o quinhão hereditário de três dos herdeiros (vide fl. 10/14), Odair, Clarice e Neide, nem tampouco houve renúncia expressa ou cessão de direitos. Com efeito, **na descrição do monte mor constou apenas a existência de imóveis e os três herdeiros receberam dinheiro.** Ora, neste cenário, *ex vi* do disposto no artigo 1.784 do Código Civil, lícito concluir que a quota parte dos herdeiros Odair, Clarice e Neide **não foi objeto de partilha,** de modo que Vanda **não** poderia transferir o imóvel integralmente para o seu nome como pretendido. Há necessariamente de ser resguardada a quota parte dos três herdeiros, enquanto não sanada a omissão constante do formal de partilha. Essa cautela decorre dos princípios da legalidade, da disponibilidade e da continuidade. O que se busca com os Registros Públicos desde os seus primórdios é a maior fidelidade possível à realidade existente no mundo jurídico. Isso para evitar que alguém possa dispor de algo que não é seu, sempre como norte as máximas romanas do*suum cuique tribuere* e *neminem laedere*. Consoante ensinamento de Afrânio de Carvalho: "o princípio de continuidade, que se apoia no de especialidade, quer dizer que, em relação a cada imóvel, adequadamente individuado, deve existir uma cadeia de titularidade à vista da qual só se fará a inscrição de um direito se o outorgante dele aparecer no registro como seu titular. Assim, as sucessivas transmissões, que derivam umas das outras, asseguram sempre a preexistência do imóvel no patrimônio do transferente. Ao exigir que cada inscrição encontre sua procedência em outra anterior, que assegure a legitimidade da transmissão ou da oneração do direito, acaba por transforma-la no elo de uma corrente ininterrupta de assentos, cada um dos quais se liga ao seu antecedente, como o seu subsequente a ele se ligará posteriormente. Graças a isso o Registro de Imóveis inspira confiança ao público. (...) **A sua essência repousa na necessidade de fazer com que o registro reflita com a maior fidelidade possível a realidade jurídica.** Ao exigir-se que todo aquele que dispõe de um direito esteja inscrito como seu titular no registro, impede-se que o não titular dele disponha". (grifei). Pois bem. Se o formal de partilha for registrado sem que se esclareça o destino da quota parte dos herdeiros, plantar-se-á, indubitavelmente, uma **lacuna** no registro do imóvel em questão, ferindo o princípio de continuidade. De fato, **na descrição do monte mor, frise-se, constou apenas a existência de imóveis, não se fazendo qualquer referência à quantia de R$ 45.000,00 em dinheiro.** Em outras palavras, houve **omissão** sobre a real origem dessa quantia: deveria ela constar do monte mor e ser então recolhido o imposto *causa mortis*? Se houve cessão de direitos hereditários deveria ser corrigido o plano de partilha para expressar tal negócio jurídico que não pode ser simplesmente presumido. Importante salientar que a sentença que homologou a partilha ressalvou a **possibilidade de correção de erros materiais e omissões,** justamente a hipótese em questão: houve omissão a respeito do dinheiro que constou do plano de partilha; não tendo a *de cujus* deixado quantia em dinheiro a partilhar, o quinhão hereditário dos filhos não foi partilhado, de modo que inviável o registro da integralidade do imóvel em nome de apenas uma herdeira. Todavia, há uma peculiaridade no caso concreto: os herdeiros, todos maiores e capazes, reconheceram o erro constante do formal de partilha e pleitearam o respectivo aditamento ao Juízo do arrolamento; este, porém, indeferiu o pedido. A decisão da Excelentíssima Juíza, nos autos do arrolamento (fl. 143), não observou, *data máxima venia*, a peculiaridade do caso concreto: **não** houve cessão de direitos hereditários **após** a partilha judicial (o quinhão de cada um dos três herdeiros sequer foi partilhado judicialmente), houve cessão de direitos hereditários **para corrigir** a partilha judicial, sanando a omissão relativamente à origem do dinheiro constante do plano de partilha. Aplicável, pois, o disposto no artigo 1.028 do Código de Processo Civil. Somente assim, com o necessário aditamento do formal de partilha, este comportaria registro. Nem se diga que

Lei 6.015/1973

a recusa não seria possível por ingressar no "mérito da decisão judicial". Em verdade, o aspecto em questão diz respeito exclusivamente à **forma** como se deu a partilha e a cessão de direitos (formalidade extrínseca). **Não** se está questionando a ordem de vocação hereditária, nem se um herdeiro poderia ou não ceder seus direitos hereditários. E os títulos judiciais não estão livres do juízo de legalidade formal. Mas consoante suso mencionado, a situação é peculiar, pois o juízo do arrolamento indeferiu o aditamento do formal de partilha. Resta, então, permitir que a escritura pública de cessão de direitos lavrada **para corrigir o plano de partilha** seja admitida como aditamento ao formal, considerando-se que as partes são maiores e capazes, e seria desnecessário o pronunciamento judicial (artigo 982 do Código de Processo Civil, com a redação da Lei nº 11.441, de 04 de janeiro de 2007), com a possibilidade de inventário extrajudicial. Por epítome, a recusa da Digna Oficial do Registro de Imóveis deve ser afastada, lançando-se o registro do formal de partilha à vista da escritura pública de cessão de direitos hereditários, e da prova do recolhimento do ITBI (fl. 134/139).**3.** Ante o exposto, pelo arrimo esposado, pelo meu voto, dou provimento ao recurso. Ricardo Mair Anafe. Presidente da Seção de Direito Público. Nota:[1] Registro de Imóveis, 3ª edição, Rio de Janeiro: Forense, 1.982, p.304/305. (DJe de 16.03.2016 – SP)

3. QUESTÃO DE CONCURSO

01. (UFMT – Notário-MT/2003) Sobre o arrolamento fiscal de bens e direitos do sujeito passivo, previsto no artigo 64 da Lei nº 9.532/97, assinale a afirmativa correta.

a) Uma vez inscrito no registro de imóveis competente torna, ipso facto, os bens inalienáveis e indisponíveis.

b) Quando apresentado o termo respectivo, obriga o Oficial Registrador a proceder ao bloqueio da matrícula, podendo o bloqueio ser cancelado somente em virtude de decisão judicial (transitada em julgada) tirada em ação cautelar fiscal.

c) Não tem expressa previsão legal para acesso no registro imobiliário (teoria do *numerus clausus* dos fatos inscritíveis).

d) Depende, para ingresso no Registro, de decisão fundamentada do juiz da ação cautelar fiscal.

e) Tem expressa previsão legal para ingresso no registro imobiliário competente quando versar sobre bens e direitos inscritos.

GAB	1	E

25) dos atos de entrega de legados de imóveis, dos formais de partilha e das sentenças de adjudicação em inventário ou arrolamento quando não houver partilha;

1. COMENTÁRIOS

Ao contrário do inciso anterior, que versa sobre o **pagamento das dívidas da herança com adjudicação ao credor, por meio de sentença de bens de raiz**, aqui, os atos direcionam-se à **entrega de legados de imóveis, dos formais de partilha e das sentenças de adjudicação em inventário ou arrolamento, quando dispensável ou prescindível a realização da partilha.** Todavia, para que haja o registro obrigatório, tais atos devem representar a transferência de um determinado bem imóvel.

1.1 LEGADO

As prescrições sobre o legado encontram-se previstas nos arts. 1.923 e 1.937 do Código Civil. Legado é uma coisa, fungível ou infungível, que, por meio de testamento, é deixada para alguém. Distingue-se da herança porque esta é composta pela universalidade, ou seja, a totalidade da massa hereditária, ou parte dela. Enquanto na herança o herdeiro sucede a título universal, no legado, o legatário sucede a título singular.

Marcus Andrade sugere que sendo imóvel a coisa a ser conferida ao legatário, a questão é saber qual ou quais os instrumentos próprios a essa entrega que **formarão títulos hábeis ao registro imobiliário**. A resposta está em certificar o que possibilita a matrícula de cada imóvel por ocasião do primeiro registro e dos subsequentes. Essencialmente se fazem necessários o título de transmissão, sua forma, procedência e caracterização. Consoante o art. 221 da LRP, somente são admitidos a registro as escrituras públicas, os escritos particulares autorizados em lei, assinados pelas partes e testemunhas, os atos autênticos de países estrangeiros, com força de instrumento público, como também sentenças proferidas por tribunais estrangeiros, após homologação pelo Superior Tribunal de Justiça (art. 475 – letra "N", inciso VI, do CPC), as cartas de sentença, formais de partilha, certidões e mandados extraídos de autos de processo. Ainda, a hipótese prevista no inc. V do art. 221, inserido pela Lei 12.424/2011, com o seguinte teor: "V – contratos ou termos administrativos, assinados com a União, Estados, Municípios ou o Distrito Federal, no âmbito de programas de regularização fundiária e de programas habitacionais de interesse social, dispensado o reconhecimento de firma. A entrega do legado, nessa perspectiva, ao legatário poderá ser outorgada por escritura pública ou, então determinada em cartas de sentença, formais de partilha, no corpo de certidões e de mandados expedidos por ordem do juiz. Tão apenas com a observância dessas variantes haverá título registrável. De tudo resulta que a coisa legada poderá ser entregue pela vontade dimanada do consenso dos interessados, por meio de instrumento público ou por força de sentença proferida no curso de inventário ou de arrolamento, ou, ainda, em formal de partilha. Assim, ter-se-á um instrumento hábil à transferência do bem imóvel ao legatário (se se tratar de móvel, a passagem se fará mediante simples tradição, documentada nos autos). Na sentença, título executivo judicial, está reconhecida a obrigação daquele a quem incumbe a entrega da coisa legada, observando o art. 461-A, do CPC. Em caso de resistência, os atos de execução consistirão em busca e apreensão se móvel o bem ou imissão na posse, se imóvel, sem prejuízo de multa e eventuais perdas e danos" (*Lei de Registros Públicos* *comentada*. Rio de Janeiro: Forense, 2014, p. 692-693). Lembrando que o art. 461-A citado pelo autor, atualmente corresponde aos arts. 498 e 538.

1.2 FORMAL DE PARTILHA

O formal de partilha consiste no título judicial que autoriza herdeiros e legatários a registrarem os imóveis em seus respectivos nomes. É expedido após o trânsito em julgado da sentença de partilha, mediante a comprovação do pagamento de todos os tributos. Referido título é admitido a registro no fólio real por força do artigo 221, inciso IV, da Lei 6.015/1973.

O formal de partilha é título suficiente para a transcrição no Registro Imobiliário, valendo também como título executivo judicial entre os herdeiros, sucessores e inventariante (art. 515, IV, do CPC).

Sobre o tema, Maria Helena Diniz leciona que "transitando em julgado a sentença, o herdeiro receberá os bens que lhe couberem e um formal de partilha, que terá força executiva contra o inventariante, os demais herdeiros e seus sucessores, a título singular ou universal" (*Sistemas de Registros de Imóveis*. 8ª ed. São Paulo: Saraiva, 2009).

Quando, ao final da partilha, os bens e direitos que compõem o monte-mor forem atribuídos **exclusivamente a um herdeiro**, depois de deduzidas eventuais despesas e encargos, o título a ser expedido será a **carta de adjudicação** e não o formal de partilha.

O art. 655 do novo Código de Processo Civil traz os requisitos do formal de partilha nas ações de inventário. Vejamos:

> **Art. 655.** Transitada em julgado a sentença mencionada no art. 654, receberá o herdeiro os bens que lhe tocarem e um formal de partilha, do qual constarão as seguintes peças:
>
> I – termo de inventariante e título de herdeiros;
>
> II – avaliação dos bens que constituíram o quinhão do herdeiro;
>
> III – pagamento do quinhão hereditário;
>
> IV – quitação dos impostos;
>
> V – sentença.
>
> Parágrafo único. O formal de partilha poderá ser substituído por certidão de pagamento do quinhão hereditário quando esse não exceder a 5 (cinco) vezes o salário-mínimo, caso em que se transcreverá nela a sentença de partilha transitada em julgado.

Antes de feita a partilha dos bens, ou proferida a carta de adjudicação (no caso de um único herdeiro), ou emitido o formal de partilha, somente poderão ser alienados os bens por meio de alvará judicial, que deverá ser mencionado no título, como estabelece o art. 224 da Lei 6.015/1973:

> **Art. 224.** Nas escrituras, lavradas em decorrência de autorização judicial, serão mencionadas por certidão, em breve relatório com todas as minúcias que permitam identificá-los, os respectivos alvarás.

Ressalte-se que os títulos judiciais não estão imunes à qualificação registrária. Ao realizar a qualificação registral, o oficial de registro deve fazer um exame formal e zeloso do ato constitutivo e dos documentos apresentados, utilizando-se de princípios registrários e da legislação.

Márcio Guerra Serra e Monete Hipólito Serra observam, todavia, que "as decisões meramente homologatórias são consideradas atos administrativos de jurisdição voluntária, de forma que se entende que nestes casos não houve lide, não sendo a referida decisão uma decisão de mérito, o que abre o leque de análise do registrador, que deverá conferir a exatidão da partilha nos termos da lei (*Registro de Imóveis*, II. São Paulo: Saraiva, 2013, p. 137).

Anote-se que a Lei 11.441/2007 possibilitou a realização de inventário, partilha, separação consensual e divórcio consensual por via administrativa, quando haja consenso e outros requisitos legais. Assim, o traslado destas escrituras públicas também poderá ingressar no registro de imóveis, gerando os mesmos efeitos que a partilha ou adjudicação promovida judicialmente. A matéria atualmente é regida pela Resolução n. 35/2007 e pelos arts. 611 a 658 do novo CPC.

1.3 SENTENÇA DE ADJUDICAÇÃO EM INVENTÁRIO OU ARROLAMENTO, QUANDO NÃO HOUVER PARTILHA

É necessário o processo de inventário dos bens deixados pelo autor da herança quando houver testamento ou interessado incapaz. Se todas os herdeiros forem capazes, o processo abraça a forma de arrolamento sumário.

O tema também é tratado no art. 2.015 do CC, que dispõe que, sendo os herdeiros capazes, poderão fazer partilha amigável, por escritura pública, termo nos autos do inventário, ou escrito particular, homologado pelo juiz.

Frise-se que o art. 665 do novo CPC permite o arrolamento sumário mesmo quando houver interessado incapaz, desde que concordem todas as partes e o Ministério Público.

A adjudicação de bens aos herdeiros sem que haja partilha, pode ocorrer no curso do inventário ou do arrolamento. Quando há um **único herdeiro**, por óbvio não ocorre a partilha e então a totalidade dos bens da herança lhe serão adjudicados por meio de sentença. É o que se extrai do art. 659, § 1º do Código de Processo Civil.

Da mesma forma, se houver vários herdeiros e cônjuge supérstite, a adjudicação dos bens a todos é permitida. O art. 2.019 do Código Civil dá a solução no caso de os bens forem insuscetíveis de divisão cômoda e não couberem na meação ou no quinhão de um só herdeiro. Vejamos:

> **Art. 2.019.** Os bens insuscetíveis de divisão cômoda, que não couberem na meação do cônjuge sobrevivente ou no quinhão de um só herdeiro, serão vendidos judicialmente, partilhando-se o valor apurado, a não ser que haja acordo para serem adjudicados a todos.
>
> § 1º Não se fará a venda judicial se o cônjuge sobrevivente ou um ou mais herdeiros requererem lhes seja adjudicado o bem, repondo aos outros, em dinheiro, a diferença, após avaliação atualizada.
>
> § 2º Se a adjudicação for requerida por mais de um herdeiro, observar-se-á o processo da licitação.

De qualquer forma, o título hábil ao registro de imóveis a fim de demonstrar a transferência do bem é a **sentença de adjudicação.**

2. JURISPRUDÊNCIA COMPLEMENTAR

SUPREMO TRIBUNAL FEDERAL

EMENTA: AÇÃO DE NULIDADE DE PARTILHA, CUMULADA COM PETIÇÃO DE HERANÇA. IMÓVEL MATRICULADO NO REGISTRO TORRENS. RECURSO EXTRAORDINÁRIO NÃO CONHECIDO, POR HAVER O ACÓRDÃO RECORRIDO MANTIDO A INTANGIBILIDADE DAQUELE REGISTRO. (STF – RE: 69305 GO, Relator: BARROS MONTEIRO, Data de Julgamento: 02/04/1970, PRIMEIRA TURMA, Data de Publicação: DJ 04-05-1970 PP).

EMENTA: DA DESNECESSIDADE DA TRANSCRIÇÃO NO REGISTRO IMOBILIÁRIO DOS FORMAIS DE PARTILHA PARA AUTORIZAR A DISPONIBILIDADE DA PROPRIEDADE IMÓVEL. CÓDIGO CIVIL. ARTIGOS 532, N I, E 1.572; INTELIGENCIA E APLICAÇÃO. (STF – RE: 27485, Relator: EDGARD COSTA, Data de Julgamento: 31/12/1969, SEGUNDA TURMA, Data de Publicação: ADJ DATA 22-04-1957 PP-01164 EMENT VOL-00290 PP-00743 EMENT VOL-00290-02 PP-00743)

EMENTA: SENTENÇA DE PARTILHA PASSADA EM JULGADO – DUVIDA DO OFICIAL DO REGISTRO DE IMÓVEIS JULGADA PROCEDENTE. TITULOS IMPROPRIOS PARA A TRANSCRIÇÃO CONTINUADORA DO REGISTRO, COMO EXIGE, O ARTIGO 214, DO DECRETO N 4.857, DE 9.11.39, POR VÍCIOS EXTERNOS E SEM CORRESPONDENCIA COM A PARTILHA EFETUADA. RECURSO EXTRAORDINÁRIO NÃO CONHECIDO. (STF – RE: 55840 Relator: Min. EVANDRO LINS, Data de Julgamento: 01/01/1970, PRIMEIRA TURMA, Data de Publicação: DJ 08-10-1964 PP-03654 EMENT VOL-00597 PP-00410)

TRIBUNAL DE JUSTIÇA DO ESTADO DE SÃO PAULO

MANDADO DE SEGURANÇA – ITCMD – SOBREPARTILHA – Legitimidade passiva – Teoria da encampação – Desconto de 5% sobre o valor do imposto recolhido no prazo de 90 dias da abertura da sucessão – Inteligência do art. 31 do Decreto Estadual nº 46.655/02 – Posterior sobrepartilha -Revogação do desconto concedido – Falta de amparo legal e ofensa ao princípio da razoabilidade – Declaração retificadora que não afasta o direito ao desconto incidente sobre o imposto recolhido tempestivamente – Ausência de prova de má-fé dos herdeiros – Lesão a direito líquido e certo caracterizada – Precedentes deste Egrégio Tribunal – Sentença concessiva da segurança mantida. (TJSP – Apelação / Remessa Necessária nº 1069683-16.2021.8.26.0053 – São Paulo – 11ª Câmara de Direito Público – Rel. Des. Oscild de Lima Júnior – DJ 27.06.2022)

EMENTA: Agravo de Instrumento – Inventário – Partilha homologada por sentença transitada em julgado – Expedição do formal de partilha – Nota devolutiva do Cartório de Registro de Imóveis competente determinando o recolhimento da diferença de valores relacionados ao ITCMD – Trânsito em julgado não impede a expedição formal de partilha à prévia comprovação de recolhimento dos impostos (art. 659, §2, CPC), mas seu registro na matrícula do imóvel no Cartório competente, só será realizado mediante comprovação do pagamento do ITCMD – Inteligência dos arts. 143 e 289 da Lei 6025/73 e art. 30, XI, Lei 8935/95 – Não provimento. (TJSP – Agravo de Instrumento nº 2224534-58.2021.8.26.0000 – São José dos Campos – 4ª Câmara de Direito Privado – Rel. Des. Enio Zuliani – DJ 08.10.2021)

EMENTA: AÇÃO DE OBRIGAÇÃO DE FAZER CUMULADA COM INDENIZAÇÃO – PRETENSÃO DA AUTORA DE COMPELIR O RÉU A EFETUAR O REGISTRO DO FORMAL DE SOBREPARTILHA – NECESSIDADE DE OBSERVÂNCIA DAS FORMALIDADES CONTIDAS NA LEI Nº 6.015/73 – INEXISTÊNCIA DE ILEGALIDADE NA CONDUTA DO RÉU – INDENIZAÇÃO INDEVIDA – SENTENÇA MANTIDA – APELO DESPROVIDO. (TJSP – Apelação Cível nº 0048429-20.2007.8.26.0562 – Santos – 8ª Câmara de Direito Privado – Rel. Des. Theodureto Camargo – DJ 23.01.2013

CONSELHO SUPERIOR DA MAGISTRATURA

EMENTA: Registro de imóveis – Escritura de inventário extrajudicial – Adjudicação de imóvel à única ascendente – Existência, porém, de cônjuge sobrevivente, que, nos termos dos artigos 1845, 1829, II, 1836, 1837, do Código Civil, concorre com a ascendente – Recurso desprovido (Apelação nº 0002567-61.2014.8.26.0083). Trata-se de recurso de apelação interposto contra sentença de procedência de dúvida, suscitada pelo Oficial do Cartório de Registro de Imóveis de Aguaí, que se negou a registrar escritura de inventário extrajudicial, por meio da qual se adjudicou imóvel à única ascendente. A recusa deveu-se ao fato de que a falecida era casada e, portanto, o cônjuge sobrevivente concorre com a ascendente, independentemente do regime de bens adotados e de o bem ser comum ou particular. A recorrente alega que o regime de bens adotado era o da comunhão parcial e que o bem foi adquirido, pela falecida, antes do casamento. Tratando-se de bem particular, a recorrente defende que não se comunicou ao cônjuge sobrevivente e ele, portanto, não é meeiro nem herdeiro. Traz, em arrimo à sua posição, precedente do Superior Tribunal de Justiça. A Procuradoria de Justiça manifestou-se pelo desprovimento do recurso. *É o relatório*. O recurso não comporta provimento. O precedente trazido pela recorrente, no qual ela baseia seu raciocínio, não diz respeito à hipótese dos autos. O voto de fls. 35/37 traça considerações a respeito do inciso I, do art. 1829, do Código Civil. Vale dizer, concorrência entre descendente e cônjuge sobrevivente. Aí, de fato, é relevante estabelecer o regime de bens adotado no casamento. No entanto, a hipótese dos autos é de concorrência entre ascendente e cônjuge sobrevivente. Ou seja, a questão é de aplicação do inciso II, do art. 1829. Nesse caso, é irrelevante examinar o regime de bens do casamento ou a natureza do bem, se comum ou particular. Como lembra Mauro Antonini, *"na concorrência dos ascendentes e cônjuge, o inciso II não faz nenhuma ressalva quanto ao regime de bens, ao contrário do que ocorre no inciso I, levando a concluir que o cônjuge concorre com os ascendentes em qualquer regime de bens, sobre todos os bens, comuns ou particulares. (Código Civil Comentado, Coord. Min. Cezar Peluso, 2ª ed., São Paulo: Manole, 2007, p. 1991)*. Logo, tomando-se, ainda, em consideração o que preceituam os artigos 1836 e 1837, notadamente sua segunda parte, a escritura não podia mesmo ser registrada. Nesses termos, pelo meu voto, nego provimento ao recurso. HAMILTON ELLIOT AKEL. CORREGEDOR GERAL DA JUSTIÇA E RELATOR (DJe de 08.09.2015 – SP)

EMENTA: Registro de imóveis – Dúvida julgada promitente vendedor adquirente do imóvel durante a constância do casamento sob o regime da separação de bens previsto no artigo 258, parágrafo único, IV, do Código Civil de 1916 – Comunicabilidade estabelecida pela Súmula 377 do STF – Cônjuge falecida – Necessidade de prévio registro do formal de partilha com atribuição da totalidade do bem ao viúvo promitente vendedor, em observância ao princípio da continuidade – Recurso não provido (Apelação nº 0002335-32.2013.8.26.0100, da Comarca de São Paulo). Trata-se de recurso de apelação interposto contra a sentença do MM. Juiz Corregedor Permanente do 15º Oficial de Registro de Imóveis da Comarca da Capital, que julgou procedente a dúvida suscitada e manteve as exigências decorrentes do exame do instrumento particular de promessa de venda e compra datado de 16 de novembro de 2011, pelo qual o interessado XXXX, viúvo, prometeu vender a sua filha YYYY e seu marido ZZZZZ, com a anuência dos demais filhos, o imóvel matriculado sob nº (...) do registro imobiliário. O apelante afirma que a exigência de prévio registro do formal de partilha, pelo fato de o bem haver sido adquirido pelo promitente vendedor na constância de casamento sob o regime da separação obrigatória de bens é indevida, porque o Oficial pretende decidir sobre a comunicabilidade ou não do bem imóvel em questão, o que não é sua função. Diz que o formal de partilha instruído com a impugnação apresentada demonstra que os aquestos foram inventariados, sem que tenha havido qualquer impugnação dos herdeiros, e que a sentença, ao afirmar que a demonstração de incomunicabilidade não foi feita no momento oportuno, faz pressupor que embora tardia, foi feita, e deixou de se pronunciar sobre o ponto fulcral da dúvida. A Procuradoria Geral de Justiça opinou pelo não provimento do recurso. É o relatório. A exigência de prévio registro do formal de partilha dos bens deixados pela falecida esposa do interessado é devida, e, mesmo que, apenas a título de argumentação, fosse caso de considerar a juntada do formal de partilha ocorrida com a apresentação da impugnação, o ingresso do título ao fólio real continuaria inviável. Não se trata, como afirma o apelante, de discussão acerca da ocorrência ou não da comunicabilidade do bem imóvel em questão, porque esta foi estabelecida por força da norma legal e respectiva súmula que disciplinam a matéria (artigo 258, parágrafo único, IV, do Código Civil de 1916 e Súmula 377 do Supremo Tribunal Federal, nos termos da qual *"No regime de separação legal de bens, comunicam-se os adquiridos na constância do casamento")*. Uma vez estabelecida a comunicabilidade pela lei, o bem imóvel em questão deveria ter sido inventariado e partilhado, no caso, mediante atribuição da parte ideal de propriedade da cônjuge falecida integralmente ao viúvo, que passaria a ter a titularidade do domínio sobre a totalidade do imóvel, de modo a possibilitar, com o registro do formal de partilha nestes termos, o registro do título sob exame. Tal providência não foi tomada, o que torna inviável o registro, pois a situação, tal como se apresenta, configura quebra do princípio da continuidade. Consoante lições de Afrânio de Carvalho, o Oficial tem o dever de proceder o exame da legalidade do título e apreciação das formalidades extrínsecas da ordem e à conexão de seus dados com o registro e sua formalização instrumental ("Registro de Imóveis", editora Forense, 4ª edição). O exame da legalidade consiste na aceitação para registro somente do título que estiver de acordo com a lei. O registro perseguido comprometeria o exato encadeamento subjetivo das sucessivas transmissões e aquisições de direitos reais imobiliários, porque de acordo com o "R.4" da matrícula 163.097 (fls. 18/20) o imóvel foi adquirido pelo interessado, casado com Lucy Marque Stella, cuja comunicabilidade do bem é inconteste, nos termos acima expostos, e, de acordo com o título apresentado, a transmissão da totalidade do imóvel foi feita somente pelo interessado, o qual não é o único titular do domínio. Indispensável, pois, observar o artigo 225, § 2º, da Lei de Registros Públicos, que consagra o princípio da continuidade, que é corolário do princípio da especialidade. Afrânio de Carvalho, ao tratar do tema, assim dispõe: *"... importa lembrar que o título atual só é admissível no registro quando aí encontre outro pretérito a que possa ligar-se: o encadeamento há de ser ininterrupto. Essa afirmação não é senão um corolário de preceito latente do sistema, por mim realçado no anteprojeto atrás aludido, segundo o qual a pré-inscrição de titular antigo é indispensável à inscrição de novo titular."* (Revista dos Tribunais 643/20 – *"Títulos Admissíveis no Registro")*. O mesmo doutrinador preleciona: *"(O princípio da continuidade, que se apoia no de especialidade, quer dizer que, em relação a cada imóvel, adequadamente individuado, deve existir uma cadeia de titularidade à vista da qual só se fará a inscrição de um direito se o outorgante dele aparecer no registro como seu titular. Assim, as sucessivas transmissões, que derivam umas das outras, asseguram a preexistência do imóvel no patrimônio do transferente."* e acrescenta: *"Ao exigir-se que todo aquele que dispõe de um direito esteja inscrito como seu titular no registro, impede-se que o não-titular dele disponha. A pré-inscrição do disponente do direito, da parte passivamente interessada, constitui, pois, sua necessidade indeclinável em todas as mutações jurídicos-reais."* (Registro de Imóveis, 4ª ed., Ed. Forense, 1998, p. 254). À vista do exposto, nego provimento ao recurso. HAMILTON ELLIOT AKEL. Corregedor Geral da Justiça e Relator. (D.J.E. de 21.03.2014 – SP).

▶ **EMENTA:** REGISTRO DE IMÓVEIS – Formal de partilha – questionamento sobre o mérito da decisão que ensejou o título – regra de direito civil com interpretação controvertida – restrição ao exame da regularidade formal do título pelo Registrador – Recurso improvido (APELAÇÃO CÍVEL Nº 0003261-25.2011.8.26.0248, da Comarca de INDAIATUBA). Trata-se de apelação interposta em face da sentença (fls. 94/95) que reconheceu a possibilidade do registro de Formal de Partilha, afastando os óbices apresentados pelo Oficial de Registro de Imóveis, Títulos e Documentos e Civil de Pessoa Jurídica de (...). Sustenta o recorrente a impossibilidade do ato, diante da irregularidade da partilha, na qual não se atentou para a diferença entre os institutos da meação e da herança, em se tratando de união estável (fls. 100/120). A douta Procuradoria Geral de Justiça opina pelo provimento do recurso (a fls. 151/154). É o relatório. A hipótese em julgamento cuida do registro de formal de partilha expedido em favor de (...), relativamente ao imóvel matriculado sob o número 47.295 perante o Registro de Imóveis de (...). Conforme já pacificado por este Tribunal, o título judicial submete-se à qualificação registrária (item 106 do Capítulo XX das Normas de Serviço da Corregedoria Geral da Justiça), não havendo, todavia, qualquer exame de conteúdo da decisão judicial, sendo apenas apreciadas as formalidades extrínsecas da ordem e da conexão dos dados do título com o registro (Apelação Cível nº 681-6/9, Rel. Des. Gilberto Passos de Freitas, j. 26.4.07). Na hipótese destes autos, o Registrador impugna a partilha realizada, que envolveu questionamento da união estável mantida pelo falecido titular de domínio, apreciada no juízo do inventário. A falha apontada pelo Oficial envolve questão de alto questionamento no âmbito do direito material, sendo objeto de controvertida jurisprudência em nossos Tribunais. Existindo decisão judicial a respeito, não há como modificá-la na esfera administrativa. As decisões judiciais devem ser revistas na via própria. Não foi questionada a regularidade formal do título. Ao contrário, a exigência envolve exame substancial da decisão jurisdicional e, por esse motivo, deve ser desconsiderada, afastando-se o óbice impeditivo do registro pretendido. Com o cumprimento da ordem, não há que se cogitar em desrespeito ao princípio da continuidade registral, que estará preservado. Pelo exposto nego provimento ao recurso.(a) JOSÉ RENATO NALINI, Corregedor Geral da Justiça e Relator (D.J.E. de 30.01.2013 – SP.

▶ **EMENTA:** REGISTRO DE IMÓVEIS – Dúvida – Carta de adjudicação – Reexame da ordem de vocação hereditária – Exigência relativa ao falecimento dos pais do autor da herança – Reexame do mérito da decisão jurisdicional – Desautorizado – Ofensa ao princípio da continuidade registral – Inocorrência – Dúvida improcedente – Recurso provido (Apelação Cível nº 9000001-39.2012.8.26.0185, da Comarca de Estrela D'oeste).

26) da arrematação e da adjudicação em hasta pública;

1. COMENTÁRIOS

O Novo Código de Processo Civil elenca três mecanismos de satisfação do direito do exequente. São eles:

a) adjudicação;

b) arrematação; e

c) alienação por iniciativa particular.

Enquanto na **adjudicação** o bem penhorado é **entregue ao credor**, nos dois últimos o bem é transformado em **dinheiro** para gerar a satisfação do direito do exequente.

Para Luiz Guilherme Loureiro, a "a arrematação e a adjudicação constituem formas de expropriação judicial por meio das quais o bem penhorado (móvel ou imóvel) é retirado forçosamente do patrimônio do devedor (executado) e transferido para o credor exequente, como forma de pagamento da obrigação inadimplida (art. 825, CPC). Na adjudicação, o bem penhorado é entregue ao exequente, mas não se confunde com a dação em pagamento porque, enquanto este é um instituto de direito civil caracterizado pela voluntariedade, a adjudicação constitui instituto de direito processual civil, marcado pelo signo da compulsoriedade, isto é, independe do consentimento do devedor e proprietário do bem. Por sua vez, na arrematação, o bem penhorado é vendido e o numerário obtido é utilizado para pagamento da dívida (principal e acessórios)" (Op. cit., p. 870).

Maria Helena Diniz entende que "a arrematação em hasta pública pertence ao gênero dos atos executórios processuais pelo qual se realiza venda judicial de bens penhorados em praça, se os lances forem acima da avaliação previamente feita, ou em leilão público, quando não houver lance mínimo. Com a arrematação, haverá transferência coativa dos bens penhorados ao terceiro interveniente ou arrematante, que oferecer o maior lance, para posterior satisfação do exequente e dos demais credores do executado, que tenham participado na execução por quantia certa" (*Sistema de registro de imóveis*. 6. ed. São Paulo: Saraiva, 2006, p. 218).

A adjudicação e a arrematação são formas de **alienação forçada**, que pode ser móvel ou imóvel. É removido forçosamente do patrimônio do devedor, ora executado e transferido ao credor, ora exequente, como forma de pagamento da obrigação inadimplida.

Nas palavras de Daniel Martins Boulos, "a adjudicação e a arrematação consistem em *formas* ou *técnicas* de alienação coativa do domínio do bem penhorado do devedor, redundando, no plano do direito material, na *aquisição derivada do domínio* do bem para o adquirente (adjudicante, adquirente ou arrematante, conforme as hipóteses contidas nos incisos II e III do art. 647 do CPC pátrio). Trata-se em suma, de *técnicas* ou *instrumentos* de que se vale o Estado, sem a participação do devedor executado – e mesmo diante da resistência deste-, satisfazer o crédito do credor mediante a transformação do bem penhorado em dinheiro, que servirá ao pagamento do exequente (arrematação) ou, ainda, por meio de atribuição da propriedade do próprio bem objeto da penhora (adjudicação) ao credor exequente, extinguindo-se, assim, o crédito até então insatisfeito" (*Lei de Registros Públicos comentada*. Rio de Janeiro: Forense, 2014, p. 698). O art. 647 do CPC/1973 citado pelo autor equivale ao art. 825 do CPC/2015.

A **arrematação judicial**, igualmente entendida como leilão ou praça, é, segundo Moacyr Amaral Santos, "o ato de transferência coacta dos bens penhorados, mediante o recebimento do respectivo preço em dinheiro, para satisfação do direito do credor" (*Primeiras linhas de direito processual civil*. Volume 3. 4ª edição. São Paulo: Saraiva, 1980-1981). Trata-se de uma forma de expropriação judicial forçada, posto que substitui a vontade do devedor executado na alienação dos seus bens para, com o produto da alienação pagar o credor.

Frise-se que se houver penhora de dinheiro, a fase da expropriação se torna prescindível, à medida que o levantamento do valor penhorado valerá como forma de satisfação do direito do exequente. Assim, não é desnecessário que o juiz pratique qualquer ato material de execução.

Sobre o tema, vale conhecer dois Enunciados da Jornada de Direito Processual civil:

> **Enunciado 106, I Jornada de Direito Processual Civil.** Na expropriação, a apropriação de frutos e rendimentos poderá ser priorizada em relação à adjudicação, se não prejudicar o exequente e for mais favorável ao executado.
>
> **Enunciado 151, II Jornada de Direito Processual Civil.** O executado pode remir a execução até a lavratura do auto de adjudicação ou de alienação (CPC, art. 826).

1.1 A ARREMATAÇÃO, A ADJUDICAÇÃO E O TÍTULO LEVADO A REGISTRO

Luiz Guilherme Loureiro explica que a alienação do imóvel, qualquer que seja a sua espécie (adjudicação, venda por corretor, arrematação), é formalizada por **termo nos autos**, com a assinatura do juiz, do exequente, do adquirente e, se estiver presente, do executado. Este ato é denominado **auto de adjudicação, alienação ou arrematação** e tem por finalidade o aperfeiçoamento e finalização do mecanismo de adjudicação ou arrematação. Em seguida, deve ser expedida a **carta de adjudicação, alienação ou arrematação**, que é o título judicial que, uma vez registrado no Registro de Imóveis competente, opera a **transferência da propriedade** (ou outro direito real como a superfície ou o direito real de aquisição) do imóvel do executado para o adquirente. Enquanto não registrado o título judicial, o exequente ou qualquer outro legitimado acima indicado não adquire a propriedade do imóvel (Op. cit., p. 871) (grifo nosso).

A carta de arrematação e a carta de adjudicação devem conter (CPC, art. 901, § 2º):

a) a descrição do imóvel, com remissão à sua matrícula ou individuação e aos seus registros;

b) a cópia do auto de adjudicação;

c) a prova de pagamento do imposto de transmissão;

d) indicação da existência de eventual ônus real ou gravame.

Para Luiz Guilherme Loureiro, "embora o disposto legal seja silente, é evidente que o título judicial deve ser assinado pelo juiz ou escrivão diretor, a fim de comprovar sua autenticidade (firma escrita ou eletrônica). Por outro lado, a lei **não exige menção de trânsito em julgado da decisão que homologa a adjudicação**, até porque tem natureza de decisão interlocutória (cabe agravo que, em geral, não tem efeito suspensivo) ou qualquer outro requisito. Caso não opte pela adjudicação, o exequente poderá requerer a alienação do bem por sua própria iniciativa ou por intermédio de corretor credenciado perante a autoridade judiciária. O juiz então fixará o prazo para efetivação da alienação, a forma de publicidade, o preço mínimo e as condições de pagamento e garantias (ex. hipoteca). A alienação será formalizada por meio de termo nos autos, assinado pelo juiz, pelo exequente, pelo adquirente e, se presente, pelo executado. Feito o termo de alienação, deve ser expedida a **carta de alienação** quando se tratar de imóvel, para inscrição no Registro de Imóveis e consequente transmissão de propriedade (art. 880 do CPC). Portanto, ainda que se trate de alienação por iniciativa do exequente, **o título respectivo será judicial, e não a escritura pública**. Finalmente, não se verificando nenhuma das opções anteriores, a alienação do bem penhorado se dará em hasta pública (leilão no caso de bem móvel ou praça, quando se tratar de imóvel). A hasta pública deve ser precedida de edital, que tem por objetivo divulgar a sua realização e atrair maior número de interessados e informar terceiros sobre as condições e eventuais gravames que recaem sobre o bem ofertado. No caso de imóvel, deverá constar do edital a sua descrição completa e o número de matrícula, o valor da avaliação e sua condição jurídica, vale dizer, existência de gravames, ônus ou recursos pendentes. Também constará o dia e hora da segunda praça, caso não seja oferecido lanço igual ou superior ao valor da avaliação (art. 886, CPC). Segundo o Enunciado nº 193 do Fórum Permanente dos Processualistas Civis, a falta de previsão do preço mínimo no edital não é causa de nulidade da arrematação ocorrida na segunda praça, desde que o preço ofertado não seja vil. (Op. cit., p. 872) (grifo nosso).

Nos termos do art. 889 do CPC/2015, serão cientificados da alienação judicial, com pelo menos 5 (cinco) dias de antecedência:

> I – o executado, por meio de seu advogado ou, se não tiver procurador constituído nos autos, por carta registrada, mandado, edital ou outro meio idôneo;
>
> II – o coproprietário de bem indivisível do qual tenha sido penhorada fração ideal;
>
> III – o titular de usufruto, uso, habitação, enfiteuse, direito de superfície, concessão de uso especial para fins de moradia ou concessão de direito real de uso, quando a penhora recair sobre bem gravado com tais direitos reais;
>
> IV – o proprietário do terreno submetido ao regime de direito de superfície, enfiteuse, concessão de uso especial para fins de moradia ou concessão de direito real de uso, quando a penhora recair sobre tais direitos reais;
>
> V – o credor pignoratício, hipotecário, anticrético, fiduciário ou com penhora anteriormente averbada, quando a penhora recair sobre bens com tais gravames, caso não seja o credor, de qualquer modo, parte na execução;
>
> VI – o promitente comprador, quando a penhora recair sobre bem em relação ao qual haja promessa de compra e venda registrada;
>
> VII – o promitente vendedor, quando a penhora recair sobre direito aquisitivo derivado de promessa de compra e venda registrada;
>
> VIII – a União, o Estado e o Município, no caso de alienação de bem tombado.

Uma vez mais, Luiz Guilherme Loureiro elucida que, além do executado, deverão ser intimados da hasta pública o **executado e seu cônjuge, os coproprietários, o credor com garantia real e os credores com penhora anteriormente averbada sobre o mesmo imóvel.** A intimação deverá ser realizada antes do prazo de cinco dias da hasta pública (art. 889, CPC). No caso de alienação forçada de imóvel pertencente ao casal, deve ser alienado o imóvel na sua totalidade e a meação do cônjuge se sub-rogará no montante em dinheiro equivalente a 50% do valor pago pelo arrematante. Assim, o legislador evita que este arremate apenas a fração ideal de 50% e, consequentemente, se torne condômino do cônjuge do devedor. Mas quando se tratar de imóvel divisível, o juiz pode ordenar a alienação de fração deste bem, quando seu valor for suficiente para garantir a execução. Concretizada a arrematação, será elaborado incontinente o competente auto que, como foi visto, é o ato judicial apto a documentar os atos praticados oralmente na hasta pública, que mencionará as condições da arrematação e conterá as assinaturas das pessoas acima mencionadas. Feito o depósito do preço pelo arrematante ou apresentadas as garantias eventualmente determinadas, será expedida a carta de arrematação, que deverá observar os seguintes requisitos formais: a) descrição do imóvel, com remissão à sua matrícula e registros; b) cópia do auto de arrematação e; c) prova de quitação dos impostos de transmissão (art. 901, par. 2, CPC) (Op. cit., p. 873).

A arrematação em hasta pública, tem como pressupostos fundamentais a **inexistência de relação entre o adquirente e o precedente titular do direito real** e a **inocorrência de transmissão voluntária do direito de propriedade**. Logo, em prol da segurança e da natureza jurídica da aquisição de um bem por esta modalidade a doutrina e a jurisprudência passaram a considerá-la **modo originário de aquisição da propriedade**, tal e qual a usucapião.

Todavia, há recente entendimento do Conselho Superior da Magistratura Paulista, no sentido da carta de arrematação ser considerada modo derivado de aquisição de propriedade, devendo assim, observar os princípios da continuidade e da especialidade (vide no tópico 'Jurisprudência Complementar', a íntegra da decisão). Frise-se que o Egrégio Conselho já decidia dessa forma antigamente, depois passou a entender a arrematação como modo originário de aquisição de propriedade e agora, em decisão recente, voltou ao posicionamento inicial.

Caio Mário da Silva Pereira elucida que é considerada originária a propriedade daquele que se torna dono de um bem que jamais esteve sob o senhorio de alguém; ou seja, é uma propriedade que se adquire sem que ocorra a sua transmissão por outrem, seja voluntária ou involuntária, direta ou indireta; sem que tenha havido, pois, qualquer relação com o estado jurídico anterior daquele bem (*Instituições do Direito Civil.* Vol. IV, 12ª edição, Ed. Forense). Além do mais, sendo modo originário de aquisição de propriedade da propriedade, são prescindíveis os princípios da continuidade, da disponibilidade e da especialidade subjetiva para registro do título.

A recente I Jornada de Direito Notarial e Registral aprovou dois enunciados sobre o registro da carta de arrematação, a saber:

Enunciado 14. Para registro de imóveis, a carta de arrematação dispensa a certidão de trânsito em julgado.

⊙ Justificativa: Em razão da omissão do art. 903 da Lei n. 13.105/2015 (Código de Processo Civil de 2015), complementada pelos Códigos de Normas das Corregedorias Estaduais de Justiça, exigindo a certidão de trânsito em julgado para registro de imóveis de carta de arrematação, a exemplo do *caput* do art. 533 do Código de Normas do TJMA[1] e o art. 913, §1º, do Código de Normas de TJMT[2], é uma exigência injustificável, pois implica uma condição suspensiva à eficácia da carta de arrematação, a despeito da falta de previsão expressa no art. 880, §2º, inciso I, c/c o art. 903, §3º, ambos do CPC/2015, ainda que a arrematação seja posteriormente declarada nula em sede de embargos à execução ou em ação autônoma (art. 903, §1º, inciso I, do CPC/2015).

Por outro lado, há estados brasileiros que exigem o trânsito em julgado aos títulos judiciais, mas não expressamente à carta de arrematação. No Código de Normas do Foro Extrajudicial do Paraná, atualizado pelo Prov. 311, de 14 de março de 2022, determina-se que os títulos judiciais, bem como as cartas de sentenças admitidos para registro, deverão conter, no mínimo, cópia das seguintes peças, entre as quais, certidão de transcurso de prazo sem interposição de recurso (trânsito em julgado), ou certidão de interposição de recurso recebido sem efeito suspensivo (art. 515, inciso I, alínea "b"). Também tem regulamentação para carta de arrematação decorrente de execução extrajudicial (art. 639 a 640). Por fim, para elaboração de carta de sentença notarial, a parte interessada deverá juntar um mínimo de cópias de peças processuais, entre as quais, a certidão de transcurso de prazo sem interposição de recurso (trânsito em julgado), ou certidão de interposição de recurso recebido sem efeito suspensivo (inciso II do art. 743-G).

No Código de Normas de Serviços Extrajudiciais de São Paulo, também se exige o trânsito em julgado no art. 215, inciso I, qual seja, *Todas as cartas de sentença deverão conter, no mínimo, cópias das seguintes peças: (...); II certidão de transcurso de prazo sem interposição de recurso (trânsito em julgado), ou certidão de interposição de recurso recebido sem efeito suspensivo* (...).

No Código de Normas e Procedimentos do Foro Extrajudicial de Goiás, há a regulamentação expressa sobre o registro da carta de arrematação judicial no seu art. 832, mas não se exige o trânsito em julgado.

Não obstante essa divergência das Cortes Estaduais, verifica-se que, em regra, o registro de imóveis de títulos judiciais está condicionado ao seu trânsito em julgado. No caso de carta de arrematação, ao revés, é uma exceção, pois, ao ser expedida pela autoridade judicial, ela já transfere o imóvel ao arrematante, devendo apenas registrá-lo para fins de disponibilidade. Ademais, havendo vício procedimental na arrematação, deverá ser apreciado em ação autônoma ou em embargos à execução, cuja reparação dar-se-á pelos prejuízos sofridos pela parte, e não por evicção do imóvel. Noutros termos, a inalterabilidade inerente à coisa julgada é a essência da segurança de títulos judiciais. Contudo, não é uma ideia absoluta no direito brasileiro: seja pela ação rescisória, seja pelo direito potestativo ao divórcio, o qual não pressupõe coisa julgada para seu cumprimento imediato.

Nesse passo, é despicienda a apresentação de trânsito em julgado, a fim de conferir eficácia à carta de arrematação, em razão do *caput* do art. 903 do CPC/2015, *assinado o auto [de arrematação] pelo juiz, pelo arrematante e pelo leiloeiro, a arrematação será considerada perfeita, acabada e irretratável, ainda que venham a ser julgados procedentes os embargos do executado ou a ação autônoma (...), assegurada a possibilidade de reparação pelos prejuízos sofridos;*. Assim, fica evidente que, embora desconstituída a arrematação pelos motivos do §1º do art. 903 do CPC (invalidade, ineficácia e resolvida pela ausência de pagamento ou prestação de caução), a parte prejudicada resolver-se-á apenas pela reparação dos prejuízos sofridos, sem possibilidade de evicção do imóvel. Note-se que o §1º do art. 903 do CPC de 2015 afastou a aplicação da última parte do art. 447 do Código Civil de 2002, a fim de evitar a fragilização da segurança e previsibilidade das sentenças. Por conseguinte, a higidez do fólio real, assegurada pelo §1º do art. 903 do CPC de 2015, revela uma natureza do princípio da abstração alemã no direito registral brasileiro, positivado no art. 252 da Lei n. 6.015/1973, já que o registo de imóveis brasileiros são causais, ou seja, dependem de um título judicial ou extrajudicial para mutação subjetiva dominial. Assim, a garantia da arrematação judicial decorre da reparação dos prejuízos sofridos pela parte, e não pela inalterabilidade inerente à coisa julgada. Logo, parece despiciendo condicionar a eficácia de carta de arrematação à apresentação de certidão de trânsito em julgado.

Por fim, ainda que se alegue eventual vício intrínseco da arrematação (AgRg no REsp 1328153/SP, Rel. Min. Luis Felipe Salomão, 4ª Turma, DJe 2/12/2014), não parece justo o arrematante ficar esperando novamente outro trânsito em julgado de sentença declaratória de nulidade dessa arrematação, uma vez que o arrematante, terceiro de boa-fé não deu causa a tal invalidade. [1] Art. 533. No registro de formal de partilha, carta de arrematação, carta de adjudicação, além dos dados obrigatórios, constará o juízo que emitiu o documento, o número e a natureza do processo, o nome do juiz e a data do trânsito em julgado. [2] A carta de adjudicação e de arrematação, além de conter os requisitos do art. 225 da Lei n. 6.015/1973 e a data do trânsito em julgado, deverá conter a determinação expressa acerca do cancelamento da penhora que originou aquela execução.

Enunciado 36. Compete ao arrematante o pagamento dos emolumentos relativos aos cancelamentos dos ônus gravados na matrícula do imóvel quando do registro da carta de arrematação.

⊙ Justificativa: O enunciado proposto tem o objetivo de esclarecer a questão da responsabilidade pelo pagamento dos emolumentos relativo ao cancelamento de ônus gravados na matrícula do imóvel. Na prática, ainda é muito comum a reclamação da cobrança por parte dos arrematantes, alegando que a aquisição é livre de ônus. Diante da negativa da serventia, os interessados acabam judicializando a questão com objetivo de constranger o Oficial a observar o art. 130 do Código Tributário Nacional que não tem qualquer aplicabilidade à hipótese. Os emolumentos decorrentes do cancelamento de ônus não se confundem com as obrigações ou dívidas pretéritas do executado, tais como IPTU, aluguel, contribuição condominial etc. E vale lembrar que o STJ já se decidiu pela legalidade da cobrança: RECURSO ESPECIAL. PROCESSUAL CIVIL E IMOBILIÁRIO. MATÉRIA DE ORDEM PÚBLICA. AUSÊNCIA DE PREQUESTIONAMENTO. INCIDÊNCIA DA SÚMULA 282/STF. INEXISTÊNCIA DE VIOLAÇÃO A DISPOSITIVOS DE LEI FEDERAL. SÚMULA 328/STJ. RECURSO ESPECIAL PARCIALMENTE CONHECIDO E, NESSA PARTE, DESPROVIDO. 1. ... 4. A Lei 6.015/73 prestigia o princípio da continuidade do registro como basilar para os serviços notariais e de registros imobiliários, delegados pelo Poder Público a particulares (CF, art. 236). Assim, a carta de arrematação do recorrente somente pode ser registrada após os cancelamentos dos anteriores registros de penhoras sobre o imóvel. Logo, o recorrente tem interesse não somente pelo registro da carta de arrematação, mas, também, pelos cancelamentos dos registros das penhoras. Prestado o serviço pelo cartório de imóveis, o ora recorrente deverá arcar com todos os custos inerentes. Dessa forma, fica rejeitada a apontada violação aos arts. 580, 581, 794, I, 890, §§ 1º e 2º, do CPC, porque o recorrente não está liberado do pagamento dos emolumentos referentes aos cancelamentos das anteriores penhoras que recaíram sobre o bem. 5.. (REsp n. 907.463/RN, relator Ministro Raul Araújo, Quarta Turma, julgado em 5/11/2013, DJe de 18/9/2014.)

1.1.1 A BASE DE CÁLCULO DO ITBI EM ARREMATAÇÕES EXTRAJUDICIAIS – ANÁLISE DE CASO

O Imposto de Transmissão de Bens Imóveis (ITBI) é um tributo municipal que incide sobre a transmissão inter vivos de bens imóveis. A base de cálculo do ITBI tem sido objeto de intensos debates e divergências, especialmente no contexto das arrematações extrajudiciais. A decisão do Superior Tribunal de Justiça (STJ) no REsp nº 1.996.625/PR traz clareza sobre a definição do valor venal aplicável nesse tipo de transação, reforçando a jurisprudência existente.

O caso em análise envolve a Capri Investimentos Ltda., que recorreu contra decisão do Tribunal de Justiça do Estado do Paraná. A controvérsia residia na definição da base de cálculo do ITBI para um imóvel arrematado em leilão extrajudicial decorrente de inadimplemento de alienação fiduciária. O Tribunal de Justiça havia determinado que a base de cálculo deveria ser o valor venal atribuído pelo fisco municipal, enquanto a recorrente defendia que deveria ser o valor da arrematação.

O STJ possui jurisprudência consolidada de que, em se tratando de alienação judicial, o valor venal para fins de ITBI é o valor obtido na arrematação em hasta pública. Este entendimento foi reafirmado em diversos precedentes, como no AgRg no AREsp n. 348.597/MG e no REsp n. 2.525/PR. A principal razão é que o valor da arrematação reflete melhor a realidade econômica da transação, conforme previsto no art. 38 do Código Tributário Nacional (CTN).

No caso específico, o STJ decidiu que a mesma lógica se aplica às arrematações extrajudiciais, uma vez que essas transações, apesar de não requererem processo judicial, também resultam em um valor de mercado obtido em leilão. O relator, Ministro Francisco Falcão, argumentou que o valor venal deve ser aquele do direito transmitido, ou seja, o valor obtido no leilão, independentemente da avaliação municipal. Segundo ele, essa interpretação está alinhada com a necessidade de que a base de cálculo do tributo reflita as proporções reais do fato sob sua faceta econômica.

Para maior detalhamento do tema, recomenda-se a leitura deste julgado, no tópico 'Jurisprudência Complementar'.

1.1.2 CARTA DE ADJUDICAÇÃO, EM PROCEDIMENTO JUDICIAL DE DESAPROPRIAÇÃO

O art. 176-A da Lei de Registros Públicos foi incluído pela Lei 14.273/2021 (e alterado sensivelmente pela Lei 14.620/2023) e dialoga diretamente com o tema em comento, pois o seu § 5º estabelece que:

> Art. 176-A
>
> [...]
>
> § 5º O disposto neste artigo aplica-se, sem prejuízo de outros, ao registro de:
>
> II – carta de adjudicação, em procedimento judicial de desapropriação;

Desse modo, permito-me transcrever o procedimento do registro em caso de carta de adjudicação, em procedimento de desapropriação.

O registro de aquisição originária ensejará a **abertura de matrícula** relativa ao imóvel adquirido, se não houver, ou quando atingir parte de imóvel objeto de registro anterior; ou atingir, total ou parcialmente, mais de um imóvel objeto de registro anterior.

Anote-se que a matrícula será aberta com **base em planta e memorial descritivo do imóvel utilizados na instrução do procedimento administrativo ou judicial** que ensejou a aquisição, os quais assegurarão a descrição e a caracterização objetiva do imóvel, nos termos do art. 176 desta Lei.

No que tange às **matrículas atingidas,** estas deverão, conforme o caso, ser **encerradas** ou **receber averbação dos respectivos desfalques, dispensada,** para esse fim, a **retificação do memorial descritivo da área remanescente.**

Pode ocorrer de a área adquirida em caráter originário ser maior do que a área constante do registro existente. Neste caso, a informação sobre a diferença apurada será averbada na matrícula aberta.

É importante ressaltar que, eventuais **divergências** entre a descrição do imóvel constante do registro e aquela apresentada pelo requerente **não obstarão o registro.**

No mais, remetemos o leitor aos comentários do art. 176-A.

1.2 É POSSÍVEL A ADJUDICAÇÃO PELO CÔNJUGE NOS CASOS DE BENS INDIVISÍVEIS?

A 3ª turma do Superior Tribunal de Justiça, no REsp 1.677.889, entendeu que o cônjuge possui o direito de adjudicar bens móveis, penhorados no curso de execução contra outro cônjuge, **somente quando os bens em questão são divisíveis.**

Em 1º grau, foi determinada a manutenção dos bens móveis em posse do casal. No entanto, o TJ reformou a sentença, restabelecendo a penhora e determinando o prosseguimento da execução até a alienação dos bens.

Ao analisar o recurso, a relatora, ministra Nancy Andrighi considerou que a regra do parágrafo 2º do artigo 685-A do CPC/73 permite ao cônjuge requerer a adjudicação de bens penhorados, desde que ofereça preço igual ou superior ao da respectiva avaliação. Entretanto, tal premissa é válida apenas para bens considerados divisíveis. Nas palavras dela: *"Ao contrário do que entendeu o Tribunal de origem, o ordenamento jurídico processual não impede que o cônjuge, por ser casado com o executado pelo regime da comunhão universal de bens, como na hipótese, possa exercer o direito de adjudicar."*

De acordo com a relatora, no Tribunal de origem, os bens foram considerados indivisíveis, conclusão que não pode ser alterada pelo STJ em razão da súmula 7, que impede a revisão de provas em recurso especial, fundamentando que *"muito embora seja facultado ao cônjuge do executado requerer a adjudicação de bens penhorados, quando se trata de patrimônio indivisível, como no particular, a meação do cônjuge alheio à execução deve recair sobre o produto de sua alienação, conforme decidido pelo tribunal de origem."*

2. JURISPRUDÊNCIA COMPLEMENTAR

SUPERIOR TRIBUNAL DE JUSTIÇA

EMENTA: PROCESSUAL CIVIL E TRIBUTÁRIO. IMÓVEL ALIENADO POR ARREMATAÇÃO EXTRAJUDICIAL. ITBI. BASE DE CÁLCULO. VALOR DA ARREMATAÇÃO.

I - O STJ tem jurisprudência pacífica no sentido de que, em se tratando de alienação judicial, o valor venal, para os fins da incidência de ITBI, é aquele obtido na arrematação em hasta pública. Precedentes: AgRg no AREsp n. 348.597/MG, relator Ministro Og Fernandes, Segunda Turma, julgado em 10/3/2015, DJe de 16/3/2015 e REsp n. 2.525/PR, relator Ministro Armando Rolemberg, Primeira Turma, julgado em 21/5/1990, DJ de 25/6/1990, p. 6027.

II - Na arrematação extrajudicial, *in casu*, que se origina do inadimplemento relacionado à alienação fiduciária, não é necessário o ajuizamento de processo de execução, todavia isso não desnatura o conceito de valor venal, para os fins do art. 38 do CTN, ou seja, o valor deve ser aquele do direito transmitido, aquele obtido no leilão, independentemente do valor da avaliação do imóvel pela municipalidade, isso porque a base de cálculo do tributo deve necessariamente medir as proporções reais do fato sob sua faceta econômica. Precedente: REsp n. 1.803.169/SP, relator Ministro Herman Benjamin, Segunda Turma, julgado em 23/4/2019, DJe de 29/5/2019.

III - Recurso especial provido.

ACÓRDÃO

Vistos, relatados e discutidos os autos em que são partes as acima indicadas, acordam os Ministros da Segunda Turma do Superior Tribunal de Justiça, por unanimidade, dar provimento ao recurso, nos termos do voto do Sr. Ministro-Relator." Os Srs. Ministros Herman Benjamin, Mauro Campbell Marques e Assusete Magalhães votaram com o Sr. Ministro Relator. Brasília (DF), 13 de junho de 2023(Data do Julgamento)

MINISTRO FRANCISCO FALCÃO

Relator

RELATÓRIO

O EXMO. SR. MINISTRO FRANCISCO FALCÃO (Relator):

Trata-se de recurso especial interposto por Capri Investimentos Ltda., com fundamento no art. 105, III, *a* e *c*, da Constituição Federal, contra acórdão proferido pelo Tribunal de Justiça do Estado do Paraná, assim ementado, *in verbis:*

APELAÇÃO CÍVEL E REEXAME NECESSÁRIO. TRIBUTÁRIO. MANDADO DE SEGURANÇA. ITBI. PROPRIEDADE ARREMATADA EM LEILÃO EXTRAJUDICIAL DECORRENTE DE ALIENAÇÃO FIDUCIÁRIA. BASE DE CÁLCULO DO IMPOSTO. SEGURANÇA CONCEDIDA PARA APLICAR O VALOR DA ARREMATAÇÃO DO BEM. PRETENSÃO MUNICIPAL DE ADOÇÃO DO VALOR VENAL DO IMÓVEL. PERTINÊNCIA. ART. 38 DO CÓDIGO TRIBUTÁRIO NACIONAL E ART. 8º, § 1º, DA LEI COMPLEMENTAR MUNICIPAL Nº 108/2017. ARREMATAÇÃO EXTRAJUDICIAL QUE POSSUI NATUREZA DISTINTA DA HASTA PÚBLICA. POSSIBILIDADE DE LIVRE NEGOCIAÇÃO DO PREÇO DA AQUISIÇÃO. ENTENDIMENTO DO SUPERIOR TRIBUNAL DE JUSTIÇA SOBRE PROCEDIMENTO LICITATÓRIO QUE NÃO SE AMOLDA AO CASO. SENTENÇA REFORMADA. SEGURANÇA DENEGADA. RECURSO CONHECIDO E PROVIDO. REEXAME NECESSÁRIO PREJUDICADO.

a) Segundo o entendimento do Superior Tribunal de Justiça, "(...) a arrematação corresponde à aquisição do bem alienado judicialmente, razão pela qual a base de cálculo do ITBI é o valor alcançado na hasta pública. Incidência das Súmulas 83 e 568 do" (STJ. AgInt no AREsp 881.107/SP,STJ. Agravo interno improvido Rel. Ministro HUMBERTO MARTINS, SEGUNDA TURMA, julgado em 05/05/2016, DJe 12/05/2016).

b) Tendo em vista que a natureza da arrematação extrajudicial é negocial e difere da hasta pública, a base de cálculo do ITBI deve ser o valor venal do imóvel atribuído pelo Fisco, nos termos do art. 38 do Código Tributário Nacional e do art. 8º, § 1º, da Lei Complementar Municipal nº 108/2017.

Os embargos de declaração opostos foram rejeitados.

No presente recurso especial, o recorrente aponta como violado o art. 38, do CTN, bem como suscita dissídio jurisprudencial.

Entende que a base de cálculo do imposto de transmissão inter vivos, quando se tratar de arrematação extrajudicial de bem objeto de alienação fiduciária, deve ser o valor da arrematação e não o valor venal atribuído pelo fisco.

Apresentadas contrarrazões pela manutenção do acórdão recorrido.

Parecer do MPF pelo provimento do recurso especial.

É o relatório.

VOTO

O EXMO. SR. MINISTRO FRANCISCO FALCÃO (Relator):

Assiste razão ao recorrente.

O art. 38 do CTN, assim está plasmado, *in verbis:*

Art. 38. A base de cálculo do imposto é o valor venal dos bens ou direitos transmitidos.

O STJ tem jurisprudência pacífica no sentido de que, em se tratando de alienação judicial, o valor venal para os fins da incidência de ITBI, é aquele obtido da arrematação em hasta pública.

Sobre o assunto, confiram-se:

PROCESSUAL CIVIL E TRIBUTÁRIO. AGRAVO REGIMENTAL NO AGRAVO EM RECURSO ESPECIAL. IMÓVEL ALIENADO JUDICIALMENTE. ITBI. BASE DE CÁLCULO. VALOR DA ARREMATAÇÃO APURADO EM HASTA PÚBLICA. REEXAME DE FATOS. SÚMULA 7/STJ.

1. A suposta ofensa do art. 1º da Lei n. 1.533/51, atual art. 1º da Lei n. 12.016/09, com a consequente verificação da existência ou não de direito líquido e certo amparado por mandado de segurança, não tem sido admitida em recurso especial, pois é exigido o reexame de matéria fático-probatória, o que é vedado em razão da Súmula 7/STJ.

2. Consoante a pacífica jurisprudência deste Tribunal Superior, nas hipóteses de alienação judicial do imóvel, seu valor venal corresponde ao valor pelo qual foi arrematado em hasta pública, inclusive para fins de cálculo do ITBI. Precedentes: RMS 36.293/RS, Rel. Ministro Mauro Campbell Marques, Segunda Turma, julgado em 4/10/2012, DJe 11/10/2012; AgRg no REsp 1.308.814/MG, Rel. Ministro Herman Benjamin, Segunda Turma, julgado em 16/8/2012, DJe 24/8/2012; AgRg no AREsp 22.274/MG, Rel. Ministro Benedito Gonçalves, Primeira Turma, julgado em 27/3/2012, DJe 3/4/2012; e AgRg nos EDcl no Ag 1.391.821/MG, Rel. Ministro Humberto Martins, Segunda Turma, julgado em 28/6/2011, DJe 1º/7/2011.

3. Agravo regimental a que se nega provimento.

(AgRg no AREsp n. 348.597/MG, relator Ministro Og Fernandes, Segunda Turma, julgado em 10/3/2015, DJe de 16/3/2015.)

TRIBUTARIO - IMPOSTO DE TRANSMISSÃO - ARREMATAÇÃO. O CALCULO PARA O IMPOSTO REFERIDO HA DE SER FEITO COM BASE NO VALOR ALCANÇADO PELOS BENS NA ARREMATAÇÃO, E NÃO PELO VALOR DA AVALIAÇÃO JUDICIAL. RECURSO CONHECIDO E PROVIDO.

(REsp n. 2.525/PR, relator Ministro Armando Rolemberg, Primeira Turma, julgado em 21/5/1990, DJ de 25/6/1990, p. 6027.)

No julgado acima referido, adotou-se o seguinte fundamento, *in verbis:*

Dispõe o art. 38 do CTN que o imposto de transmissão deve ser calculado sobre o valor venal dos direitos transmitidos.

Que significa a expressão valor venal ? Esclarece-nos de Plácido e Sival, in vocabulário jurídico, Ed. Forense, vol. IV, p. 1626, Rio de Janeiro, 1967, verbis:

É o valor de venda..., isto é, o preço por que as coisas foram, são ou possam ser vendidas.

Ora, a arrematação é uma forma de venda que se processa judicial, e permite se adquiram os bens por preço inferior ao da avaliação. Valor atribuído não é valor alcançado na venda.

(...)

Em observância ao dispositivo legal federal, a base de cálculo deve ser o preço alcançado na arrematação, sem o que configurada está a negativa de vigência desta norma.

Na arrematação extrajudicial, *in casu*, que se origina do inadimplemento relacionado à alienação fiduciária, não é necessário o ajuizamento de processo de execução, todavia isso não desnatura o conceito de valor venal para os fins do art. 38 do CTN, ou seja, o valor deve ser aquele do direito transmitido, aquele obtido no leilão, independentemente do valor da avaliação, isso porque a base de cálculo do tributo deve necessariamente medir as proporções reais do fato sob sua faceta econômica.

Tal entendimento foi sufragado no seguinte precedente, *in verbis:*

PROCESSUAL CIVIL E TRIBUTÁRIO. RECURSO ESPECIAL. ITBI. LEILÃO EXTRAJUDICIAL. BASE DE CÁLCULO. VALOR DA ARREMATAÇÃO. FATO GERADOR. REGISTRO DA TRANSMISSÃO DO BEM IMÓVEL. SÚMULA 83/STJ. NÃO CONHECIMENTO DO RECURSO.

1. A irresignação não merece conhecimento.

2. O entendimento aplicado pela Corte paulista está de acordo com o do STJ, o qual afirma que, nas hipóteses de alienação judicial do imóvel, seu valor venal corresponde àquele pelo qual foi arrematado em hasta pública, inclusive para fins de cálculo do ITBI.

3. Ademais, em virtude da similaridade do leilão extrajudicial com a arrematação judicial, aplica-se, mutatis mutandis, o entendimento pacífico na Primeira Seção do STJ de que aquele corresponde a esta.

4. Ademais, o fato gerador do imposto de transmissão é a transferência da propriedade imobiliária, que somente se opera mediante registro do negócio jurídico. Incide, portanto, a regra da Súmula 83/STJ.

5. Recurso Especial não conhecido.

(REsp n. 1.803.169/SP, relator Ministro Herman Benjamin, Segunda Turma, julgado em 23/4/2019, DJe de 29/5/2019.)

Ante o exposto, dou provimento ao recurso especial para determinar que a base de cálculo do ITBI seja procedida de acordo com o valor obtido na arrematação extrajudicial.

É o voto. - - /(STJ – REsp nº 1.996.625 – Paraná – 2ª Turma – Rel. Min. Francisco Falcão – DJ 16.06.2023)

▶ **EMENTA**: TRIBUTÁRIO. EXECUÇÃO FISCAL. IPTU. ARREMATAÇÃO DE BEM IMÓVEL. AQUISIÇÃO ORIGINÁRIA. INEXISTÊNCIA DE RESPONSABILIDADE TRIBUTÁRIA DO ARREMATANTE. APLICAÇÃO DO ART. 130, PARÁGRAFO ÚNICO, DO CTN. AGRAVO CONHECIDO PARA NEGAR SEGUIMENTO AO RECURSO ESPECIAL. (STJ – Ag no REsp nº510.139 – Paraná – 2ª Turma – Rel. Min. Humberto Martins – DJ 15.05.2014)

▶ **EMENTA**: RECURSO ESPECIAL. PROCESSUAL CIVIL. CIVIL. EXECUÇÃO. ARREMATAÇÃO DE BEM IMÓVEL LOCADO. DIREITO À PERCEPÇÃO DOS ALUGUÉIS. CONSIGNAÇÃO EM PAGAMENTO.

FORMALIZAÇÃO DO AUTO DE ARREMATAÇÃO. AUSÊNCIA DO REGISTRO IMOBILIÁRIO DA CARTA DE ARREMATAÇÃO. FRUTOS DO BEM ARREMATADO. DIREITO DO ARREMATANTE. (CPC, ART. 694; CC/1916, ARTS. 530, I, e 533). RECURSO ESPECIAL DESPROVIDO. 1. Assim como sucede nas operações de venda e compra de imóvel, desde a celebração do respectivo contrato, normalmente por escritura pública, a transferência do domínio e posse sobre o bem já se opera entre transmitente e adquirente. O registro posterior do contrato no registro imobiliário, com a transferência da propriedade sobre o imóvel, é requisito de validade perante terceiros (efeito *erga omnes)*, mas não entre os próprios contratantes, já obrigados desde a celebração do negócio. Ante terceiros é que somente com o registro imobiliário se tem como transmitida a propriedade do imóvel, aperfeiçoando-se, em face de pessoas estranhas à relação contratual originária, a transferência de domínio de imóvel. 2. O mesmo ocorre na arrematação de bem penhorado em execução, quando o devedor executado, após devidamente lavrado e formalizado o respectivo auto, já não pode desconhecer sua condição de expropriado do bem imóvel que antes lhe pertencia. No momento em que a alienação judicial se torna perfeita e acabada, o bem deixa de integrar o patrimônio do devedor, independentemente de formalização do registro imobiliário da Carta de Arrematação. 3. No caso, a relação jurídica em exame é aquela travada entre a própria executada expropriada, como locadora, e o arrematante, sócio da sociedade empresária locatária, não tendo os referidos artigos do anterior Código Civil, que tratam do registro do bem imóvel, o alcance pretendido pela ora recorrente. 4. Em julgado recente, proferido em caso análogo, esta Corte Superior entendeu prevalente a antecedente arrematação, perfeita e acabada, até mesmo em face de outro credor, noutra execução (REsp 866.191/SC, Rel. Ministro TEORI ALBINO ZAVASCKI, PRIMEIRA TURMA, julgado em 22/2/2011, DJe de 28/2/2011). 5. Recurso especial desprovido. (STJ – REsp nº698.234 – Mato Grosso – 4ª Turma – Rel. Min. Raul Araújo – DJ 30.04.2014)

EMENTA: EXECUÇÃO. ARREMATAÇÃO. EXISTÊNCIA DE PENHORA ANTERIOR, REALIZADA EM OUTRO PROCESSO E REGISTRADA ANTERIORMENTE À PENHORA DE QUE SE ORIGINOU A ARREMATAÇÃO. CANCELAMENTO DA PENHORA ANTERIOR, INDEFERIMENTO, DADA A INEFICÁCIA RELATIVAMENTE AO CREDOR – PENHORANTE, QUE NÃO INTIMADO PARA A HASTA PÚBLICA EM QUE OCORREU A ARREMATAÇÃO. RECURSO ESPECIAL IMPROVIDO. 1. A averbação da penhora registrada com anterioridade não se cancela no caso de arrematação cuja hasta pública tenha se realizado sem intimação do anterior credor – penhorante; 2. Ineficácia da arrematação relativamente ao credor – penhorante com penhora anteriormente inscrita não intimado para a hasta pública em que adquirida a propriedade pelo arrematante. 3. Possibilidade de opção, pelo credor – penhorante não intimado, pela preferência no recebimento do crédito, em concurso de preferências, ou pelo novo praceamento do bem em hasta pública que providencie, conquanto transcrito o bem em nome do arrematante, dada a ineficácia da aquisição relativamente ao aludido credor – penhorante, com penhora anterior averbada no Registro de Imóveis. 4. Recurso Especial, que visou ao cancelamento da averbação da penhora, improvido. (STJ – REsp nº 1122533 – PR – 3ª Turma – Rel. Min. Sidnei Beneti – DJ 11.06.2012)

EMENTA: APELAÇÃO – Mandado de Segurança – Imóvel arrematado em hasta pública é considerado como aquisição originária, inexistindo relação jurídica entre o arrematante e o anterior proprietário do bem, de maneira que os débitos tributários anteriores à arrematação sub-rogam-se no preço da hasta – Precedentes do STJ – Direito líquido e certo do impetrante obter certidão negativa de débitos – ITBI – Momento de incidência – Registro da carta de arrematação no Cartório de Registro de Imóveis – Impossibilidade de incidência de juros e multa antes de efetivado o registro – Sentença mantida – Recursos oficial e voluntário não providos.(TJSP – Apelação Cível/Reexame Necessário nº 0035737-51.2013.8.26.0053 – São Paulo – 18ª Câmara de Direito Público – Rel. Des. Osvaldo Capraro – DJ 25.06.2014)

TRIBUNAL REGIONAL DO TRABALHO DA 2ª REGIÃO

EMENTA: EXECUÇÃO. ARREMATAÇÃO JUDICIAL. SUCESSÃO. A arrematação judicial é ato de aquisição originária e, por isso, não pode estar sujeita a qualquer ônus ou gravame que não se relacionam com o arrematante. Não se pode equiparar o ato de arrematação judicial a uma simples operação de compra e venda, mas sim a ato de império, em que o Estado transfere a propriedade de um bem, de forma coercitiva, em processo formal e público. Logo, o agravado, na condição de arrematante, não é sucessor. Agravo de Petição a que se nega provimento. (TRT 2ª Região – Agravo de Petição em Rito Sumaríssimo nº 0152200-80.2009.5.02.0006 – São Paulo – 11ª Turma – Rel. Des. Odette Silveira Moraes – DJ 11.06.2013

TRIBUNAL DE JUSTIÇA DO ESTADO DE SÃO PAULO

Ementa: Reexame necessário – Mandado de segurança – Art. 14, §1º da Lei 12.016/09 – Concessão da ordem – Reconhecimento do direito líquido e certo do impetrante em recolher o ITBI tendo-se como base de cálculo o valor da arrematação do imóvel (hasta pública), nos termos do entendimento consolidado do STJ e jurisprudência deste Tribunal de Justiça – De igual modo, a sentença consignou que a data do fato gerador, consoante jurisprudência unânime, é a data da transmissão da propriedade, que se materializa com o registro do título (artigo 1245 do Código Civil) e não com a arrematação, adjudicação ou remissão do bem – Por fim, ressaltou que não há se falar em encargos moratórios, sendo devida apenas a correção monetária – Mantém-se a sentença reexaminada.

Trata-se de reexame necessário da sentença concessiva da ordem pleiteada por Aradam Construtora e Incorporadora Ltda contra ato praticado pelo Secretário da Fazenda do Município de São Paulo (fls. 69/78).

A decisão em referência concedeu a segurança para que o impetrante recolha o valor do ITBI sobre o valor da arrematação e considerou a data do registro do título como o momento do fato gerador, afastando, por conseguinte, a incidência dos encargos moratórios (multa e juros); entretanto, determinou a aplicação da devida atualização monetária.

Não houve condenação em honorários, visto tratar-se de ação mandamental (Lei 12.016/06, artigo 25).

Os autos foram remetidos para o reexame necessário, conforme disposição do artigo 14, §1ª da Lei nº 12.016/09.

É o relatório.

A sentença corretamente considerou como base de cálculo do ITBI o valor da arrematação do imóvel em hasta pública e não o aplicado unilateralmente pela Municipalidade.

Com efeito, a base de cálculo do ITBI e do IPTU, segundo o Código Tributário Nacional, é o valor venal do imóvel (art. 33 e 38), ou seja, a importância pela qual este seria negociado no mercado em condições normais. Dessarte, nos casos de arrematação, considera-se como base de cálculo o valor pago na arrematação.

A jurisprudência do Superior Tribunal de Justiça e deste Tribunal:

Tributário. Imposto sobre transmissão de bens imóveis. Incidência sobre bem arrematado em hasta pública. Base de cálculo. O entendimento de ambas as Turmas da Primeira Seção do Superior Tribunal de Justiça é no sentido de que a base de cálculo do Imposto de Transmissão de Bens Imóveis - ITBI incidente sobre bens arrematados em hasta pública é o valor da arrematação. Agravo regimental desprovido. (STJ, Primeira Turma, AgRg no AREsp 155.019/MG, Rel. Ministro Ari Pargendler, J. 27/03/2014, DJe 08/04/2014).

MANDADO DE SEGURANÇA - ITBI - Imóvel adquirido em hasta pública - Base de cálculo do tributo que deve corresponder ao valor da arrematação judicial do bem (real valor de aquisição) - Vastos precedentes jurisprudenciais a respeito - Interesse de agir da impetrante constatado - Concessão da segurança que se impõe - Sentença reformada Recurso provido. (TJSP, Ap. 1002945-85.2016.8.26.0032, 18ª Câmara de Direito Público, Rel. Des. Wanderley José Federighi, DJ 24/01/2019).

De igual modo, a data do fato gerador, consoante jurisprudência unânime, é a data da transmissão da propriedade, que se materializa com o registro do título (artigo 1245 do Código Civil) e não com a arrematação, adjudicação ou remissão do bem. Nesta senda, não há se falar em encargos moratórios.

Assim, não pode ser cobrado o ITBI antes da efetiva transmissão do direito real sobre o bem imóvel, sendo indevidos os encargos moratórios, passível a incidência, tão somente, de atualização monetária a partir da data da carta de arrematação até o seu registro, pela Tabela Prática do TJ/SP, lembrando que a atualização monetária não é encargo, mas mera manutenção do valor econômico.

Sobre o tema já se pronunciou o STJ em caso análogo:

"Tributário. ITBI. Fato gerador. Ocorrência. Registro de transmissão do bem imóvel. 1. O fato gerador do imposto de transmissão é a transferência da propriedade imobiliária, que somente se opera mediante registro do negócio jurídico no ofício competente. 2. Agravo Regimental não provido."(AgRg nos EDcl no AREsp 784.819/SP, Rel. Ministro Herman Benjamin, Segunda Turma, julgado em 17/03/2016, DJe 01/06/2016).

"Tributário. ITBI. Fato gerador. Ocorrência. Registro de transmissão do bem imóvel. 1. O Tribunal a quo foi claro ao dispor que o fato gerador do ITBI é o registro imobiliário da transmissão da propriedade do bem imóvel. A partir daí, portanto, é que incide o tributo em comento. 2. O fato gerador do imposto de transmissão (art. 35, I, do CTN) é a transferência da propriedade imobiliária, que somente se opera mediante registro do negócio jurídico no ofício competente. 3. Recurso Especial não provido."(REsp 1504055/PB, Rel. Ministro Herman Benjamin, Segunda Turma, julgado em 17/03/2015, DJe 06/04/2015).

O caso demanda, portanto, seja ratificado o julgado recorrido, nos termos facultados pelo artigo 252 do Regimento Interno deste Tribunal de Justiça. O dispositivo faculta às relatorias recursais da segunda instância a manutenção integral das decisões recorridas quando suficientemente motivadas aquiescerem com estas e seus respectivos fundamentos.

Ante o exposto, mantém-se a sentença reexaminada.

BEATRIZ BRAGA, Relatora - - /(TJSP – Remessa Necessária Cível nº 1004190-24.2023.8.26.0053 – São Paulo – 18ª Câmara de Direito Público – Rel. Des. Beatriz Braga – DJ 07.07.2023)

▶ **EMENTA:** AGRAVO DE INSTRUMENTO - Carta de Arrematação – Registro – Pendência de indisponibilidades sobre os imóveis - Com base na parte final do art. 413 do Capítulo XX das Normas de Serviço dos Cartórios Extrajudiciais da CGJ o agravante pretende que se determine que se cumpra o aditamento da carta de arrematação para constar a prevalência da arrematação deste processo, sobre as indisponibilidades e penhoras registradas nas matriculas dos imóveis por outros juízos, o que todavia não é possível no caso, por não caber ao Juízo de origem mandar levantar as indisponibilidades, inexistindo prevalência legal e dever ser apreciado o requerimento do interessado nos respectivos processos em que determinadas as indisponibilidade pelos juízes competentes – Recurso desprovido.

Trata-se de agravo de instrumento, com pedido de antecipação de tutela, nos autos da ação de execução de título extrajudicial, da decisão de fls. 197 que, no que tange ao requerimento de fls. 1.008/1012, reiterou o que foi decidido às fls. 965 dos autos de origem, notadamente o que, consta no item 3, afastando a competência do juízo com relação à análise de prevalência, de modo que deve o interessado apresentar carta de arrematação ao registrador para tomada das providências cabíveis.

Sustenta o agravante que, após a arrematação dos bens descritos, o título de arrematação foi expedido de forma eletrônica e apresentado ao Cartório de Registro competente na cidade de São Pedro, o qual determinou, em Nota de Devolução, a regularização de determinadas questões, dentre elas a informação de prevalência para afastamento das indisponibilidades emitidas por outros juízos, o que foi negado pelo Juízo, que determinou que o próprio Cartório avaliasse tais prevalências, e, havendo recusa, que fosse remetido para apreciação do juiz corregedor. Valendo-se da referida decisão (fls. 965 dos autos de origem), solicitou novamente o registro da arrematação, porém, novamente, o Registrador se recusou a formalizá-lo, remetendo ao juiz corregedor para apreciação, o qual proferiu sentença dando razão ao Registrador em razão da ausência de menções descritas no próprio título objeto de prenotação, o que foi informado ao Magistrado de origem, o qual não observou a determinação do juiz corregedor, não havendo a possibilidade de promover o registro nos moldes já apresentados ao cartório. Ressalta que o Juízo da execução de onde partiu a arrematação se pronunciou na decisão de fls. 886 dos autos de origem, sobre a questão da prevalência da arrematação no que se refere às indisponibilidades emitidas por outros juízos, porém não constou da carta de arrematação, bastando que reiterasse tais informações e viabilizasse a conclusão do registro.

Pleiteia a concessão da antecipação de tutela determinando que se cumpra o aditamento da carta de arrematação para constar a prevalência da arrematação sobre as indisponibilidades registradas nas matrículas por outros juízos, o que deverá ser confirmado ao final.

Foi indeferida a tutela de urgência.

É o Relatório.

O agravante arrematou partes ideais (50%) de dois imóveis descritos na Carta de Arrematação, e dada a entrada no Cartório de Registro de Imóveis competente, o Oficial apresentou Nota de Devolução, consignando no ITEM-05:-"Aditamento da Carta de arrematação para constar a prevalência da alienação judicial sobre as indisponibilidades de bens emitidas por outro juízo, devendo constar a prevalência para afastar de forma absoluta para fins registrais da arrematação".

Requerido às fls. 949/951 o aditamento da Carta de Arrematação, o Juízo de origem especificamente em relação a esse Item-05 decidiu às fls. 965 que:

3. Em suma, o exigido no item 05 não é da competência deste Juízo Cível, que não fará análise de prevalência, a qual é atribuição (remunerada) do responsável pelo fólio real de São Pedro.

4. Em eventual recusa de registro do título judicial aditado, caberá ao apresentante buscar a intervenção do MM. Juiz Corregedor daquela serventia extrajudicial, autoridade legalmente encarregada para correção de eventuais atos ilegais nela perpetrados.

Instaurado procedimento de Dúvida pelo Oficial de Registro de Imóveis questionando a possibilidade de registro de carta de arrematação sobre imóvel no qual pende ordem de indisponibilidade do bem, o Juiz Corregedor Permanente, conforme a decisão de fls. 1.056/1.060 dos autos principais, julgou improcedente a dúvida, consignando que "inexistindo qualquer das menções acima descritas do próprio título objeto de prenotação, de rigor que o adquirente busque junto ao D. Juízo de Direito de onde partiu a arrematação do bem ou o Juízo de onde partiu a ordem de indisponibilidade, não cabendo à Corregedoria Permanente extrapolar seu poder correcional".

Submetida a questão novamente ao Juízo *a quo*, adveio a decisão agravada na parte em que dispôs: "sem prejuízo, no que tange ao requerimento de fls. 1.008/1.012, reitero o que já fora decidido às fls. 965, notadamente o que consta no item 3, razão pela qual deve o interessado apresentar a carta de arrematação ao Registrador, para a tomada das providências cabíveis."

Conforme o art. 413 do Capítulo XX das Normas de Serviço dos Cartórios Extrajudiciais da CGJ: "as indisponibilidades averbadas nos termos do Provimento CG. 13/2012 e CNJ nº 39/2014 e na forma do § 1º, do art. 53, da Lei nº 8.212, de 24 de julho de 1991, não impedem a inscrição de constrições judiciais, assim como não impedem o registro da alienação judicial do imóvel desde que a alienação seja oriunda do juízo que determinou a indisponibilidade, ou a que distribuído o inquérito civil público e a posterior ação desse decorrente, **ou que consignado no título judicial a prevalência da alienação judicial em relação à restrição oriunda de outro juízo ou autoridade administrativa a que foi dada ciência da execução**."

Com base nesta parte final o agravante pretende que se determine que se cumpra o aditamento da carta de arrematação para constar a prevalência da arrematação deste processo, sobre as indisponibilidades e penhoras registradas nas matriculas dos imóveis por outros juízos, o que todavia não é possível no caso, por não caber ao Juízo de origem mandar levantar as indisponibilidades, inexistindo prevalência legal e dever ser apreciado o requerimento do interessado nos respectivos processos em que determinadas, pelos juízes competentes, isto porque, consoante o entendimento do STJ: "decretada por diversos juízos a indisponibilidade do bem imóvel levado à praça, fato do conhecimento da arrematante, a carta não poderá ser registrada enquanto perdurar a indisponibilidade judicial existente" (REsp n. 286.082/RJ, relator Ministro Ruy Rosado de Aguiar, Quarta Turma, julgado em 29/5/2001, DJ de 20/8/2001, p. 474.).

Assim, deve ser nantida a r. decisão agravada.

Inexistiu violação ao art. 5º, XXII, da Constituição Federal.

Pelo exposto, **NEGA-SE PROVIMENTO** ao agravo de instrumento.

ALCIDES LEOPOLDO. Relator - - /(TJSP – Agravo de Instrumento nº 2048450-37.2023.8.26.0000 – Mogi-Guaçu – 4ª Câmara de Direito Privado – Rel. Des. Alcides Leopoldo – DJ 10.03.2023)

EMENTA: Carta de ajudicação – Exigência registrária – Agravo de Instrumento – Despacho que indeferiu pedido do exequente para retificação da carta de adjudicação, a fim de adequá-la às exigências do Registrador – Descabimento – Não cabe ao Juízo da execução retificar o documento, em função da exigência do CRI, devendo o interessado, se não concordar com a exigência, ou não a puder cumprir, agir na forma do art. 198 da Lei nº 6.015/73 – Decisão mantida – Recurso não provido. (TJSP – Agravo de Instrumento nº 2137798-37.2021.8.26.0000 – Piracicaba – 11ª Câmara de Direito Privado – Rel. Des. Marino Neto – DJ 11.08.2021).

EMENTA: Registro de Imóveis – Carta de arrematação de direitos sobre bem imóvel não registrada – Devolução pelo cartório imobiliário porque os direitos foram adquiridos de quem não é proprietário registral – Pretensão do autor de impor a este a lavratura de escritura pública de compra e venda transferindo-lhe diretamente a propriedade – Negócio não realizado – Obrigação ilegal – Pedido inadequado – Hipótese, ademais, em que o autor possui a documentação exigida em lei para o registro da arrematação realizada – Existência de escritura de compra e venda transferindo o imóvel do titular registral à executada antes da arrematação – Título conhecido pelo autor, que exibiu nos autos uma cópia – Inexistência de impedimento para que se proceda a transferência da propriedade – Falta de interesse processual do autor – Extinção do processo sem resolução do mérito – Sentença mantida – Recurso provido. TJSP – Apelação Cível nº 1002378-70.2017.8.26.0565 – São Caetano do Sul – 1ª Câmara de Direito Privado – Rel. Des. Rui Cascaldi).

EMENTA: Agravo de Instrumento – ITBI – Imóvel arrematado em hasta pública – Base de cálculo – Valor da Arrematação – Precedentes do STJ. Recurso provido. (TJSP – Agravo de Instrumento nº 2221466-13.2015.8.26.0000 – Campos do Jordão – 14ª Câmara de Direito Público – Rel. Des. Cláudio Marques – DJ 11.04.2016)

EMENTA: MANDADO DE SEGURANÇA – Registro de carta de adjudicação – Exigência pelo oficial de registro de imóveis de apresentação de certidão negativa de débitos perante o INSS e a Receita Federal – Ausência de demonstração de direito líquido e certo violado – Recurso desprovido. (TJSP – Apelação Cível nº 0002920-02.2011.8.26.0441 – Peruíbe – 13ª Câmara de Direito Público – Rel. Des. Luciana Almeida Prado Bresciani – DJ 21.01.2013)

EMENTA: AGRAVO DE INSTRUMENTO. Arrematação. Decisão impugnada que indefere o levantamento de valores referentes a despesas condominiais, não previstas no edital. Pedido do arrematante, objetivando o levantamento de quantia depositada nos autos pela arrematação, para pagamento das despesas condominiais existentes à época da arrematação, até a efetiva imissão na posse do imóvel. Débitos de condomínio. As despesas apontadas sobre o bem praceado tem natureza *propter rem*, recaindo sobre a coisa, independentemente de qualquer alerta no edital. Com a satisfação, opera-se a subrogação subjetiva ativa, mas não a automática retenção para a satisfação dos valores adimplidos. As dívidas condominiais anteriores à alienação judicial, mesmo não havendo ressalvas no edital, são de responsabilidade do adquirente, que poderia ter diligenciado diretamente para obter tais informações. Recurso improvido. (TJSP – Agravo de Instrumento nº 0145969-32.2012.8.26.0000 – Santos – 5ª Câmara de Direito Privado – Rel. Des. James Siano – DJ 28.08.2012)

CONSELHO SUPERIOR DA MAGISTRATURA

EMENTA: Registro de imóveis – Carta de adjudicação – Forma derivada de aquisição da propriedade – Ré, da ação de cobrança condominial, que sequer consta da matrícula do imóvel – Cessionário cuja esposa não está qualificada – Ferimento dos princípios da continuidade e da especialidade subjetiva – Recurso desprovido. Condomínio Edifício Universo Palace interpôs recurso contra a r. sentença que manteve a recusa de registro de carta de adjudicação. O recorrente adjudicou o imóvel, em ação onde se cobraram cotas condominiais. A ação foi ajuizada em face de Leide dos Santos Almeida, que não consta da matrícula do bem. Seja por essa razão, seja porque o último cessionário, Emilio Mordenti, era casado, mas não consta a qualificação de sua esposa, o Oficial recusou o registro da carta de adjudicação, em face do ferimento dos princípios da especialidade subjetiva e da continuidade. O recorrente alega que arrematação é forma originária de aquisição da propriedade, que a dívida é *propter rem* e que, ademais, não há como conseguir a qualificação da esposa do cessionário. A Procuradoria de Justiça manifestou-se pelo desprovimento do recurso. *É o relatório.* O recurso não comporta provimento. Em primeiro lugar, ressalte-se que a origem judicial do título não torna prescindível a qualificação registrária, conforme pacífico entendimento do Colendo Conselho Superior da Magistratura: *Apesar de se tratar de título judicial, está ele sujeito à qualificação registrária. O fato de tratar-se o título de mandado judicial não o torna imune à qualificação registrária, sob o estrito ângulo da regularidade formal. O exame da legalidade não promove incursão sobre o mérito da decisão judicial, mas à apreciação das formalidades extrínsecas da ordem e à conexão de seus dados com o registro e a sua formalização instrumental (Ap. Cível nº 31881-0/1).* Em segundo lugar, a discussão sobre ser a arrematação forma originária ou derivada de aquisição da propriedade, aqui, é ociosa (valendo ressaltar, porém, que a atual posição desse Conselho é de que se trata de forma derivada). Isso porque não se trata de arrematação, mas de adjudicação. E não poderia mesmo ser registrada a carta de adjudicação, que, quando muito, teria por objeto direito, de caráter pessoal, não o imóvel. Isso fica evidente quando se percebe, pela notícia dos autos, que a ré da ação de cobrança de cotas condominiais sequer figura na matrícula do imóvel. Vale dizer, nem mesmo se sabe quais direitos ela, eventualmente, teria sobre o bem. O direito real – propriedade – não poderia ser transferido para o adjudicante. É princípio básico que não se pode transferir mais do que se tem – *nemo plus iuris in alios transfere potest quam ipse haberet*. Nem mesmo o Estado pode fazê-lo, substituindo-se a outrem. Há, por certo, além disso, o problema da falta de qualificação da esposa do último cessionário inscrito na matricula. Caso se registrasse algum instrumento que revelasse o direito que possui a ré – da ação de cobrança – sobre o imóvel, também a qualificação da esposa do cessionário seria necessária, a fim de se preservar a especialidade subjetiva e a continuidade. Sobre o significado do princípio da continuidade, ensina Afrânio de Carvalho: *"O princípio da continuidade, que se apoia no de especialidade, quer dizer que, em relação a cada imóvel, adequadamente individuado, deve existir uma cadeia de titularidade à vista da qual só se fará a inscrição de um direito se o outorgante dele aparecer no registro como seu titular. Assim, as sucessivas transmissões, que derivam umas das outras, asseguram sempre a preexistência do imóvel no patrimônio do transferente. Ao exigir que cada inscrição encontre sua procedência em outra anterior, que assegure a legitimidade da transmissão ou da oneração do direito, acaba por transformá-la no elo de uma corrente ininterrupta de assentos, cada um dos quais se liga ao seu antecedente, como o seu subsequente a ele se ligará posteriormente. Graças a isso o Registro de Imóveis inspira confiança ao público"* (Registro de Imóveis, 4ª edição, Ed. Forense, 1998, pág. 253). Desta noção não se afasta Narciso Orlandi Neto, para quem: *"Existe uma interação dos princípios da especialidade e da continuidade na formação da corrente filiatória. Quando se exige a observância da continuidade dos registros, exige-se que ela diga respeito a um determinado imóvel. O titular inscrito, e só ele, transmite um direito sobre um bem específico, perfeitamente individualizado, inconfundível, sobre o qual, de acordo com o registro, exerce o direto transmitido. É por este corolário dos princípios da continuidade e da especialidade, reunidos, que o § 2º do art. 225 da Lei nº 6.015/73 dispõe: 'Consideram-se irregulares, para efeito de* *matrícula, os títulos nos quais a caracterização do imóvel não coincida com a que consta do registro anterior. "* (Retificação do registro de imóveis, Ed. Juarez de Oliveira, 2ª ed., 1999, p. 67/68). Pelo exposto, seja pela falta da qualificação da esposa do último cessionário, seja porque a adjudicação foi procedida em face de pessoa que sequer consta da matrícula, não há como se proceder ao registro da carta. Nesses termos, pelo meu voto, nego provimento ao recurso. MANOEL DE QUEIROZ PEREIRA CALÇAS. Corregedor Geral da Justiça e Relator (DJe de 05.05.2016 – SP).

▶ **EMENTA:** Registro de imóveis – Dúvida – Carta de adjudicação – Recusa de registro – Titularidade do bem modificada em razão de registro anterior de carta de arrematação – Irrelevância, em razão do princípio da prioridade, do fato de a adjudicação ter ocorrido antes da arrematação – Necessidade de prévio cancelamento do registro, o que é admitido pelos apelantes – Irresignação parcial configurada – Dúvida prejudicada – Recurso não conhecido(Apelação nº 1013804-24.2014.8.26.0100) Trata-se de recurso de apelação interposto contra a sentença da MM. Juíza Corregedora Permanente do 14º Oficial de Registro de Imóveis da Comarca da Capital, que julgou procedente a dúvida por este suscitada e manteve o óbice descrito na nota devolutiva decorrente do exame da carta de adjudicação expedida pela 3ª Vara Cível do Foro Regional do Jabaquara, Comarca da Capital, referente ao imóvel matriculado sob número 122.995, em razão do registro número 10 da carta de arrematação expedida pela 32ª Vara do Trabalho da Capital, pelo qual a propriedade do imóvel foi transmitida à empresa Comercial e Serviços JVB LTDA. Os apelantes invocam o artigo 685-B do Código de Processo Civil, sob o fundamento de que o auto de adjudicação expedido pela 3ª Vara Cível do Foro Regional do Jabaquara, ato jurídico perfeito e acabado, incorpora-se ao patrimônio jurídico de quem dele se beneficia, adquirindo o beneficiário um direito definitivo. Dizem que o mesmo imóvel foi penhorado e arrematado perante a Justiça do Trabalho posteriormente, e que noticiaram os fatos ao magistrado trabalhista, que tornou sem efeito a arrematação por outro fundamento, ou seja, em razão do gravame de indisponibilidade do bem e que, em razão desta decisão o imóvel ficou livre para ser registrado. O Oficial, contudo, ignorou a ordem judicial, sob o fundamento de que era necessário aguardar o trânsito em julgado do agravo interposto perante a justiça especializada. Informam que posteriormente o juízo trabalhista manteve a arrematação, e que interpuseram agravo de petição contra tal decisão, o qual está pendente de julgamento, e que o pedido formulado à MM. Juíza Corregedora Permanente, no sentido de que aguardasse o julgamento desse recurso, não foi atendido. Pedem o cancelamento do registro do título emanado da Justiça Trabalhista e o registro de sua carta de adjudicação, ou ao menos que se aguarde o julgamento definitivo do agravo de petição. A Procuradoria Geral de Justiça opinou pelo não provimento do recurso. É o relatório. Cumpre observar, desde logo, que os apelantes pediram o cancelamento do registro da carta de arrematação que transferiu o domínio do imóvel à empresa arrematante ou ao menos que se aguarde o julgamento do agravo de petição interposto perante a Justiça do Trabalho contra a decisão que manteve a arrematação, para possibilitar o ingresso do título apresentado no fólio real. Tais requerimentos mostram que os apelantes admitem a impossibilidade do ingresso do título apresentado sem o prévio cancelamento do registro anterior da carta de arrematação, o que configura irresignação parcial. O inconformismo parcial prejudica a dúvida, pois, não há possibilidade de sanar a falta no curso do procedimento, porque se assim fosse haveria ilegal prorrogação do prazo da prenotação e permissão de dilações e complementações em detrimento de direitos posicionais que acaso pudessem existir em contraposição ao dos suscitados. Além do mais, no procedimento de dúvida, ou as exigências são indevidas e o título ingressa no fólio real, ou são devidas e devem ser cumpridas para possibilitar o registro. Entendimento diverso importaria em decisão condicional, o que é inadmissível. Neste sentido foi decidido na Apelação Cível nº 93.875-0/8, j. 06.09.2002, relator Desembargador Luiz Tâmbara: *"A posição do Egrégio Conselho Superior da Magistratura, como bem ressaltado pelo digno Procurador de Justiça, é tranquila no sentido de se ter como prejudicada a dúvida, em casos como o que se examina, em que admitida como correta uma das exigências, não sendo a outra cumprida, posto que permanece a impossibilidade de acesso do título ao fólio. Nesse sentido os julgados das Apelações Cíveis números 54.073-0/3, 60.046-0/9, 61.845-0/2 e 35.020-0/2. Posicionar-se de maneira diversa importaria admitir uma decisão condicional pois, somente se atendida efetivamente a exigência tida como correta é que a decisão proferida na dúvida, eventualmente afastando o óbice discutido, é que seria possível o registro do título. A discussão parcial dos óbices, por outro lado, sem cumprimento daqueles admitidos como corretos, possibilitaria a prorrogação Indevida do prazo de prenotação, com consequências nos efeitos jurídicos desta decorrentes, tal como alteração do prazo para cumprimento das exigências ou a prorrogação da prioridade do título em relação a outro a ele contraditório. "*O Conselho Superior da Magistratura assim decidiu, dentre vários outros julgados, nas Apelações Cíveis nºs. 71.127-0/4, 241-6/1, 15.351-0/6, 30.736-0/6, 31.007-0/4 e 59.191-0/7. Logo, configurada a irresignação parcial e a pretensão de ser proferida decisão condicional, deve-se ter como prejudicada a dúvida, e, uma vez prejudicada, o recurso não é conhecido pela ausência de interesse, porque não será possível alcançar a finalidade prática pretendida, que é o registro do título. Isto posto, não conheço do recurso. HAMILTON ELLIOT AKEL. CORREGEDOR GERAL DA JUSTIÇA E RELATOR (DJe de 20.01.2016 – SP)

▶ **EMENTA:** Registro de imóveis – Carta de adjudicação expedida nos autos de ação de inventário – Título não imune à qualificação registral – Impossibilidade, porém, de a qualificação invadir o mérito da decisão judicial – Cessão de direitos hereditários homologada nos autos do inventário – Falta de recolhimento de ITBI reconhecida de ofício – Recurso provido para reconhecer a improcedência das exigências feitas pelo registrador, mantida, porém, a recusa do registro por motivo diverso (Apelação nº 0000418-72.2015.8.26.0531). Trata-se de apelação interposta por Ridney Roger Lanza e outro objetivando a reforma da r. decisão de fls. 34/37, que julgou "procedente em parte" a dúvida registral, mantendo a recusa ao registro de carta de adjudicação extraída dos autos do arrolamento sumário, processo n.ºs 0000504-77.2014.8.26.0531. Alegam os recorrentes, em suma, que não compete ao Oficial discutir as questões decididas no processo de inventário, incluindo a obediência ou não às disposições do Código Civil relativas à ordem de vocação hereditária. Entendem que cabe ao registrador apenas a verificação dos aspectos extrínsecos do título, descabendo a revisão do mérito da sentença judicial transitada em julgado. A D. Procuradoria Geral da Justiça opinou pelo não conhecimento do recurso ou, no mérito, o seu não provimento (fls. 57/59). ***É o relatório.*** Necessário ressaltar, inicialmente, que a origem judicial do título não o torna imune à qualificação registral, ainda que limitada aos requisitos formais do título e sua adequação aos princípios registrais **[1]**, conforme o disposto no item 119 do Cap. XX das NSCGJ **[2]**. O Egrégio Conselho Superior da Magistratura tem decidido, inclusive, que a qualificação negativa não caracteriza desobediência ou descumprimento de decisão judicial **[3]**. Ao contrário, se o título esbarra em obstáculos registrários, deve o registrador comunicá-los ao Juízo que o expediu. Se o Juízo examinar e afastar as exigências, deve o Oficial registrar o título e comunicar ao respectivo Juízo Corregedor Permanente que assim procedeu porque os óbices foram rechaçados na via jurisdicional **[4]**. Os recorrentes pretendem registrar carta de adjudicação expedida nos autos de Inventário de nº 000504-77.2014.8.26.0531, da Vara Única da Comarca de Santa Adélia (em apenso), requerido pela inventariante Aparecida Danizete Ascencio Vila. De acordo com o plano de partilha apresentado, o único bem dos autores da herança (Laurinda, Vanda e José Roberto), qual seja, o imóvel descrito na matrícula n.º 3.656, do Registro de Imóveis de Santa Adélia, seria partilhado entre os herdeiros Aparecida Vila, Gustavo Barboza e Gabriela Barboza, nas proporções de 50%, 25% e 25%, respectivamente. A Fazenda do Estado de São Paulo reconheceu a isenção do ITCMD para esta divisão (fl. 31 – do apenso). Em seguida, a inventariante peticionou ao juízo do inventário informando que, por meio de instrumento particular de compra e venda, alienaram o imóvel para Ridney Lanza e Regiane Tomazi, e solicitou que o bem lhes fosse adjudicado. A r. sentença acolheu o pedido e adjudicou o imóvel a Ridney Lanza e Regiane Tomazi (fl. 36). As exigências do registrador relativas à ocorrência de partilha *"per saltum"* e, de quebra, da continuidade devem ser afastadas porque discutem pontos já decididos – com trânsito em julgado – na esfera judicial. Com efeito, o Juízo do Inventário homologou o plano de partilha e acolheu o pedido de adjudicação da inventariante para que o imóvel fosse adjudicado em nome dos compradores Ridney Lanza e Regiane Tomazi. Embora a tese do registrador se mostre plausível, não se pode, a pretexto de qualificar o título, rediscutir o que já foi – certo ou errado – decidido em definitivo na esfera judicial. Do contrário, estar-se-ia admitindo que a via administrativa revisse o que se decidiu na judicial, o que é defeso. A jurisprudência deste C. Conselho Superior da Magistratura é tranquila neste sentido: *É certo que os títulos judiciais submetem-se à qualificação registrária, conforme pacífico entendimento do E. Conselho Superior da Magistratura: «Apesar de se tratar de título judicial, está ele sujeito à qualificação registrária. O fato de tratar-se o título de mandado judicial não o torna imune à qualificação registrária, sob o estrito ângulo da regularidade formal. O exame da legalidade não promove incursão sobre o mérito da decisão judicial, mas à apreciação das formalidades extrínsecas da ordem e à conexão de seus dados com o registro e a sua formalização instrumental» (Ap. Cível nº 031881-0/1). Contudo, a qualificação que recai sobre os títulos judiciais não é irrestrita, de modo que deve se restringir ao exame dos elementos extrínsecos, sem promover incursão sobre o mérito da decisão que o embasa. No caso em exame, o Oficial o ingresso do formal de partilha, pois da análise do formal de partilha percebe-se que quando do óbito de Basílio Ferreira o interessado Basílio Ferreira Filho era casado pelo regime da comunhão universal de bens com Eliane Fernandes Ferreira. Por outro lado, quando do óbito de Antonia Madureira Ferreira, Basílio Ferreira Filho já era separado judicialmente. Portanto, o auto de partilha deve refletir as consequências patrimoniais decorrentes da Saisini relativamente ao estado civil do herdeiro (fls. 09). A qualificação do Oficial de Registro de Imóveis, ao questionar o título judicial, ingressou no mérito e no acerto da r. sentença proferida no âmbito jurisdicional, o que se situa fora do alcance da qualificação registral por se tratar de elemento intrínseco do título. Assim não fosse, estar-se-ia permitindo que a via administrativa reformasse o mérito da jurisdicional. É nesse sentido a doutrina de Afrânio de Carvalho: "Assim como a inscrição pode ter por base atos negociais e atos judiciais, o exame da legalidade aplica-se a uns e a outros. Está visto, porém, que, quando tiver por objeto atos judiciais, será muito mais limitado, cingindo-se à conexão dos respectivos dados com o registro e à formalização instrumental. Nao compete ao registrador averiguar senão esses aspectos externos dos atos judiciais, sem entrar no mérito do assunto neles envolvido, pois, do contrário, sobreporia a sua autoridade à do Juiz" (Registro de Imóveis, Forense, 3ª ed., pág. 300). Na mesma direção, a r. decisão da E. 1ª Vara de Registros Públicos, da lavra do então MM. juiz Narciso Orlandi Neto: "Não compete ao Oficial discutir as questões decididas no processo de inventário, incluindo a obediência ou não às disposições do Código Civil, relativas à ordem da vocação hereditária (art. 1.603). No processo de dúvida, de natureza administrativa, tais questões também não podem ser discutidas. Apresentado o título, incumbe ao Oficial verificar a satisfação dos requisitos do registro, examinando os aspectos extrínsecos do título e a observância das regras existentes na Lei de Registros Públicos. Para usar as palavras do eminente Desembargador Adriano Marrey, ao relatar a Apelação Cível 87-0, de São Bernardo do Campo, "Não cabe ao Serventuário questionar ponto decidido pelo Juiz, mas lhe compete o exame do título à luz dos princípios normativos do Registro de Imóveis, um dos quais o da continuidade mencionada no art. 195 da Lei de Registros Públicos. Assim, não cabe ao Oficial exigir que este ou aquele seja excluído da partilha assim como não pode exigir que outro seja nela incluído. Tais questões, presume-se, foram já examinadas no processo judicial de inventário. " (Processo nº 973/81). Portanto, em caso de eventual desacerto da r. sentença proferida no âmbito jurisdicional, caberá o interessado se valer dos recursos e ações previstos no ordenamento jurídico. O que não se permite é que a qualificação registrária reveja o mérito da sentença judicial que já transitou em julgado.* (Ap. Cível nº 0001717-77.2013.8.26.0071). No mesmo sentido as apelações cíveis n.ºs 0006128-03.2012.8.26.0362, 0069588-29.2012.8.26.0114, 0048614-03.2012.8.26.0071 e 1025290-06.2014.8.26.0100. A especialidade objetiva também não restou atingida porque a descrição do imóvel a ser levada em conta, para o exame desse princípio, é a do título, em cotejo com a do Registro de Imóveis, e não a constante de outros documentos, como as certidões de valor venal. A exigência relativa ao princípio da especialidade subjetiva – falta de indicação da profissão de Ridney Roger Lanza e Regiane Cristina Tomazi, pessoas a quem o imóvel foi adjudicado – também não procede porque: a) a ausência da informação relativa à profissão não coloca em risco a identificação das pessoas envolvidas; e b) os demais dados deles encontram-se no título. Em relação ao CPF de José Roberto Ascêncio, trata-se de informação que em nada interferirá no registro, por não ser ele destinatário final de qualquer direito ora transmitido. Não fosse isso, constam dos autos documentos oficiais (CPF e certidão de óbito) indicando o número correto, de modo que a retificação pode ser feita pelo registrador de ofício, nos termos do art. 213, I, "g", da Lei n.º 6.015/73. Verifica-se, assim, que são improcedentes os óbices levantados pelo registrador. Contudo, como a dúvida registral devolve – na integralidade – a qualificação do título ao Judiciário, é possível, ainda que de ofício, obstar o registro do título quando verificar a existência de óbice intransponível. Como visto, o Juízo do Inventário deferiu a adjudicação do imóvel diretamente a Ridney Roger Lanza e Regiane Cristina, em verdadeira cessão de direitos hereditários. A cessão de direitos hereditários pode ocorrer dentro dos autos do inventário, com dispensa da escritura pública, conforme recentemente decidiu este Conselho Superior da Magistratura, nos AUTOS DA APELAÇÃO nº 9000001-20.2013.8.26.0180. Contudo, isso não isenta os adquirentes de recolherem o ITBI incidente sobre o negócio jurídico. Assim, para o registro do título será necessário comprovar o recolhimento do ITBI ou eventual isenção, pois esse tópico não foi abrangido pela sentença judicial prolatada no inventário. Ante o exposto, dou provimento ao recurso, mas deixo de determinar o registro do título em razão do óbice registral ora reconhecido. JOSÉ CARLOS GONÇALVES XAVIER DE AQUINO. CORREGEDOR GERAL DA JUSTIÇA E RELATOR. Notas: **[1]** Loureiro, Luiz Guilherme. *Registros públicos: teoria e prática.* Rio de Janeiro: Forense: São Paulo: MÉTODO, 2010. p. 220.**[2]** 119. Incumbe ao oficial impedir o registro de título que não satisfaça os requisitos exigidos pela lei, quer sejam consubstanciados em instrumento público ou particular, quer em atos judiciais.**[3]** Apelação Cível n.º 413-6/7. **[4]** Parecer nº 52/2013-E. (DJe de 20.01.2016 – SP)

▶ **EMENTA:** Registro de imóveis – Carta de adjudicação – Título não imune à qualificação registral – Ausência de menção expressa a um dos imóveis objeto da ação de adjudicação – Omissão que não permite a conclusão de que a procedência da ação abrangeu o referido imóvel – Prévia retificação da sentença necessária para o registro – Recurso não provido (Apelação nº 0023198-62.2014.8.26.0071). Trata-se de apelação interposta por Argemiro Bormio Júnior objetivando a reforma da r. decisão de fls. 116/118, que manteve a recusa ao registro de carta de adjudicação. Alega o recorrente, em suma, que o pedido de adjudicação compulsória referente aos imóveis das matrículas n.ºs 38.546 e 38.547 e da transcrição n.º 21.046 do Primeiro Registro de Imóveis de Bauru, foi julgado totalmente procedente, mas que, por mero erro material, não constou da sentença a expressa menção à transcrição n.º 21.046, da qual as matrículas n.ºs 38.546 e 38.547, inclusive, passaram a fazer parte integrante, razão pela qual deve ser autorizado o registro do título. A D. Procuradoria Geral da Justiça opinou pelo não provimento do recurso (fls. 147/150). ***É o relatório.*** Necessário ressaltar, inicialmente, que a origem judicial do título não o torna imune à qualificação registral, ainda que limitada aos requisitos formais do título e sua adequação aos princípios registrais **[1]**, conforme o disposto no item 119 do Cap. XX das NSCGJ **[2]**. O Egrégio Conselho Superior da Magistratura tem decidido, inclusive, que a qualificação negativa não caracteriza desobediência ou descumprimento de decisão judicial **[3]**. Ao contrário, se o título esbarra em obstáculos propriamente registrários, deve o registrador comunicar tal fato ao Juízo que expediu a ordem e, apenas no caso de o Juízo desconsiderar as exigências formuladas, a ordem judicial deve ser cumprida, comunicando-se o fato ao Juiz Corregedor Permanente, de sorte a justificar a prática do ato em afronta aos princípios e às regras registrais **[4]**. No presente caso, o recorrente pretende registrar carta de adjudicação extraída dos autos de Ação de Adjudicação Compulsória que teve por objeto os imóveis das matrículas n.ºs 38.546 e 38.547 e da transcrição n.º 21.046 do Primeiro Registro de Imóveis de Bauru.

A recusa ao registro, de acordo com a nota devolutiva de fls. 08 e a manifestação de fls. 03/04, decorreu do fato de que a sentença de adjudicação não mencionou o imóvel da transcrição n.º 21.046. E, de fato, a r. sentença, embora tenha julgado procedente o pedido, mencionou a adjudicação apenas dos imóveis das matrículas n.ºs 38.546 e 38.547, silenciando com relação ao da transcrição n.º 21.046. Ora, como bem ponderou a douta Procuradoria Geral de Justiça, não constando expressamente da r. sentença de adjudicação o imóvel da transcrição n.º 21.046, não é possível considerar que o decreto de procedência o abrangeu. É que, conforme manifestação do registrador, duas são as hipóteses decorrentes da referida omissão: a ocorrência de erro material ou a improcedência do pedido com relação ao supracitado imóvel. Assim, caso a r. sentença tenha incorrido em mero erro material, como sustenta o recorrente, necessário, para o registro do título, que referido erro seja previamente sanado perante o juízo, retificando-se a sentença para constar a procedência também em relação ao imóvel da transcrição n.º 21.046. Afinal, o registrador não pode fazer qualificação por presunção, sendo-lhe defeso incluir o imóvel objeto da transcrição n.º 21.046 por dedução. Ante o exposto, nego provimento ao recurso. JOSÉ CARLOS GONÇALVES XAVIER DE AQUINO CORREGEDOR GERAL DA JUSTIÇA E RELATOR. Notas: **[1]** Loureiro, Luiz Guilherme. *Registros públicos: teoria e prática*. Rio de Janeiro: Forense: São Paulo: MÉTODO, 2010. p. 220. **[2]** 119. Incumbe ao oficial impedir o registro de título que não satisfaça os requisitos exigidos pela lei, quer sejam consubstanciados em instrumento público ou particular, quer em atos judiciais.**[3]** Apelação Cível nº 413-6/7. **[4]** Parecer nº 52/2013-E (DJe de 26.01.2016 – SP)

EMENTA: Registro de imóveis – Dúvida – Irresignação parcial – Inadmissibilidade – Possibilidade, contudo, do exame em tese das exigências impugnadas a fim de orientar eventuais novas qualificações – Carta de adjudicação – Título não imune à qualificação registral – Desnecessidade da inclusão dos cedentes no pólo passivo da ação de adjudicação compulsória, bastando a daquele que consta da matrícula como proprietário – Precedente do Superior Tribunal de Justiça – Inteligência do art. 1.418 do Código Civil – Quebra do princípio da continuidade inocorrente – Dúvida prejudicada – Recurso não conhecido (Apelação nº 1010491-71.2014.8.26.0224) Trata-se de apelação interposta por Guarubel Imóveis Ltda., objetivando a reforma da r. decisão de fls. 161/163, que manteve a recusa ao registro de carta de adjudicação. Alega a recorrente, em suma, que, na qualidade de cessionária de todos os direitos e obrigações de cessionários anteriores, assumiu o direito de exigir dos titulares do domínio a outorga do competente título definitivo de compra e venda, tendo o Juízo de Direito da 6ª Vara Cível de Guarulhos reconhecido judicialmente a cadeia possessória e o direito da recorrente à adjudicação, sem necessidade de os cedentes figurarem no polo passivo da demanda. **É o relatório.** A recorrente pretende registrar Carta de Adjudicação expedida nos autos de Ação de Adjudicação Compulsória ajuizada em face do Espólio de Armando Victorio Bei, Fábio Salvador Bei, D. Ede Mazzei Bei, Espólio de Guilherme Cimieri, Catharina Mafalda Bei e herdeiros Maria Helena Giorgina Bei Cimieri, Maria Elisa Giorgina Bei Cimieri Monteiro de Souza, Antônio Fabiano Monteiro de Souza e Maria Liliana Bruna Cimieri, referente ao imóvel matriculado sob o nº 112.009 do 1º Registro de Imóveis da Comarca de Guarulhos, cujos titulares do domínio, conforme Av. 5 da matrícula, são Alexandra Kusik e Konstantin Kusik (fls. 125 vº). A recusa ao registro, conforme nota devolutiva de fls. 62, ocorreu por dois motivos: a) ausência dos titulares do direito real, Alexandra Kusik e Konstantin Kusik, no polo passivo da ação de adjudicação e b) não apresentação da guia de recolhimento do ITBI. Ocorre que a recorrente impugnou apenas a primeira exigência e concordou com a segunda, pois requereu, às fls. 14, o registro da carta de adjudicação "mediante a apresentação da guia comprobatória do pagamento do ITBI" (fls. 401, item 32). A jurisprudência deste Conselho Superior é tranquila, porém, no sentido de que a concordância com qualquer das exigências feitas pelo registrador ou o atendimento delas no curso da dúvida, ou do recurso contra a decisão nela proferida, prejudica-a: *A dúvida registrária não se presta para o exame parcial das exigências formuladas e não comporta o atendimento de exigência depois de sua suscitação,* ***pois a qualificação do título é feita, integralmente, no momento em que é apresentado para registro.*** *Admitir o atendimento de exigência* ***no curso*** *do procedimento da dúvida teria como efeito a indevida prorrogação do prazo de validade da prenotação e, em consequência, impossibilitaria o registro de eventuais outros títulos representativos de direitos reais contraditórios que forem apresentados no mesmo período. Em razão disso, a aquiescência do apelante com uma das exigências formuladas prejudica a apreciação das demais matérias que se tornaram controvertidas. Neste sentido decidiu este Colendo Conselho Superior da Magistratura na Apelação Cível nº 60.460-0/8, da Comarca de Santos, em que foi relator o Desembargador Sérgio Augusto Nigro Conceição, e na Apelação Cível nº 81.685-0/8, da Comarca de Batatais, em que foi relator o Desembargador Luís de Macedo* (Apelação Cível nº 220.6/6-00). (grifei) Assim, prejudicada a dúvida, o recurso não pode ser conhecido, o que não impede o exame – em tese – das exigências impugnadas a fim de orientar futura prenotação. Neste ponto, vale destacar que esse exame em nada se confunde com "consulta" na exata medida em que há situação concreta em discussão nos autos, qual seja, os motivos pelos quais ao título foi negado o registro. O fato de o título haver sido apresentado em cópia ou o de o interessado ter impugnado apenas parte das exigências, concordado com algumas delas ou, ainda, juntado documentos para cumpri-las durante o trâmite da dúvida, não faz desaparecer a questão concreta existente e debatida nos autos, transformando-a em consulta. Em outras palavras, a ausência de um dos requisitos que permitem o exame do mérito da dúvida não a converte em consulta. A hipótese é, portanto, de exame em tese de caso concreto e não caso em tese, o que é diferente. A análise das exigências desde logo representa, ainda, importante instrumento de pacificação social e de contenção de distribuição de ações desnecessárias ao Judiciário. É que o exame das exigências na dúvida prejudicada já serve de guia, de norte, tanto para o registrador quanto para o interessado no registro. Pode-se citar o caso do título apresentado em cópia. Suponha-se que a qualificação do registrador seja flagrantemente contrária à jurisprudência do Conselho Superior da Magistratura. Por que não esclarecer, desde logo, que, apresentada a via original do título – cuja autenticidade ficará a cargo do registrador quando da reapresentação para nova qualificação –, o registro deverá ser efetivado (isso, claro, desde que não ocorra superveniência de fato impeditivo)? Por que submeter o interessado a novo processo de dúvida? Não há razão jurídica – nem prática – para se furtar à realidade e simplesmente "não conhecer do recurso" sem examinar o caso concreto posto, obrigando o interessado a ajuizar nova dúvida registral, cujo desfecho será o mesmo. Há ainda outro aspecto a ser mencionado. Em virtude de suas peculiaridades e da não obrigatoriedade da participação de advogado, diversas são as dúvidas registrais que terminam sendo julgadas prejudicadas. Se este C. Conselho Superior da Magistratura deixar de examinar as questões concretas existentes nos autos das dúvidas prejudicadas, dará causa, ainda, a uma injustificada estagnação registral, haja vista que diversas questões registrais importantes e novas foram e têm sido resolvidas em dúvidas prejudicadas, podendo-se citar, recentemente, o caso paradigma de regularização fundiária, cujo acórdão, embora não conhecendo do recurso, fez exaustivo exame do novo panorama da regularização fundiária trazido pela Lei nº 11.977/09, servindo de base para a subsequente edição do Provimento CG nº 18/2012, que já possibilitou a regularização de milhares de imóveis no Estado de São Paulo. Por todos esses motivos é que, sempre respeitado o entendimento diverso, a prejudicialidade da dúvida não impede, a meu ver, o exame em tese das exigências, como se passa a fazer. Necessário ressaltar, inicialmente, que a origem judicial do título não o torna imune à qualificação registral, ainda que limitada aos requisitos formais do título e sua adequação aos princípios registrais **[1]**, conforme o disposto no item 119 do Cap. XX das NSCGJ **[2]**. O Egrégio Conselho Superior da Magistratura tem decidido, inclusive, que a qualificação negativa não caracteriza desobediência ou descumprimento de decisão judicial **[3]**. Assim, a possibilidade do registro da carta de adjudicação no presente caso, não obstante se tratar de título judicial, deve ser analisada à luz do conteúdo da matrícula nº 112.009 do 1º Registro de Imóveis da Comarca de Guarulhos. Conforme se verifica da matrícula do imóvel em questão (fls. 125/126), as pessoas que constaram do polo passivo da ação de adjudicação, titulares do domínio no Registro de Imóveis, prometeram vendê-lo, por escritura datada aos 9/3/1955, à pessoa jurídica de razão social Comércio e Representações Latina Ltda, que teve sua razão social posteriormente alterada para Bei S.A. – Comércio, Indústria e Representações (fl. 125 vº – Av.1 e Av.4) e, posteriormente, prometeu ceder e transferir os direitos decorrentes do compromisso de compra e venda mencionado na Av.1 para Alexandra Kusik e Konstantin Kusik (Av.5). Consta dos autos, ainda, que Alexandra Kusik e Konstantin Kusik cederam e transferiram o imóvel a Geraldo Duarte Viana e Irmã Galeti Duarte Viana (fls. 94/95), que cederam e transferiram o imóvel a Darcy Marcondes e Cleide Teresinha de Oliveira Marcondes (fls. 97/99) que, por sua vez, cederam e transferiram o imóvel a ora recorrente (fls. 87/89). A recusa do Oficial, alicerçada nos princípios da especialidade subjetiva, disponibilidade e legalidade, fundou-se no fato de a ação de adjudicação ter sido direcionada a algumas pessoas totalmente estranhas ao registro e aos titulares do domínio constantes do Registro de Imóveis, muito embora estes não detenham a disponibilidade do imóvel, conforme cadeia de cessões acima descrita. Sucede que, a despeito do direito real de aquisição que os compromissários compradores detêm, a aquisição do imóvel feita diretamente pelos titulares de domínio não ofende a continuidade, a disponibilidade nem a legalidade. A ação de adjudicação compulsória, de natureza pessoal, tem por fim suprir a declaração de vontade do vendedor que se recusa a outorgar a escritura pública definitiva. Assim, a sentença, de caráter constitutivo, que supre essa vontade, é título hábil ao registro. Sabe-se que o direito material condiciona o direito processual. Assim, o processo não é um fim em si mesmo, mas meio para a obtenção do bem da vida perseguido. O promitente-comprador ou cessionário, uma vez adimplida sua prestação no negócio jurídico, tem em vista a obtenção do domínio. Esse, em última instância, é o bem da vida perseguido por meio da ação. Ora, titular do domínio é aquele que, na matrícula do imóvel, consta como proprietário. Os cedentes, ainda que seus compromissos de compra e venda estejam registrados, possuem, tão somente, direito real de aquisição. A princípio, a ação de adjudicação compulsória, espécie de tutela que visa ao cumprimento de uma obrigação de fazer – portanto, ação de natureza pessoal –, deve ser dirigida contra aquele que realizou o negócio. Vale dizer: contra quem celebrou o contrato com o autor da ação, ou seja, o cedente. Ocorre que o cedente possui, apenas, o direito real de aquisição, uma vez que seu compromisso está devidamente registrado. Ele não é detentor do domínio, que, na matrícula, continua sendo do primeiro promitente vendedor. É intuitiva a ideia de que ninguém pode transmitir mais do que detém. Logo, o cedente não pode dispor de mais do que o direito real de aquisição, que é aquilo que titulariza. A propriedade só pode ser transmitida por aquele que, na matrícula, figura como proprietário. De nada adiantaria, dessa maneira, o manejo de ação de adjudicação compulsória apenas contra o cedente. Ainda que outorgada a escritura ou suprida a vontade do contratante por meio da sentença, o título não seria passível de registro, por quebra do princípio da continuidade. É por isso que o STJ, no julgamento do Resp. 648.468, decidiu: ***Adjudicação compulsória.*** *Litisconsórcio. Cedentes. 1. Na ação de adjudicação compulsória é desnecessária a presença dos cedentes como litisconsortes, sendo corretamente ajuizada a ação contra o promitente vendedor. 2. Recurso especial conhecido e provido.* Do corpo do voto do Relator Ministro Menezes Direito, destaca-se a seguinte passagem: *Não vejo mesmo razão para que sejam chamados os cedentes como litisconsortes. A obrigação decorrente da adjudicação compulsória é do promitente vendedor, pouco relevando o papel dos cedentes, considerando que o direito que se pretende somente pode ser cumprido pelo titular do domínio.* Na verdade, a obrigação, de natureza pessoal – obrigação de fazer – é do contratante, vale dizer, do cedente. Porém, como dito, o bem da vida que se busca por intermédio da adjudicação compulsória apenas pode ser satisfeito pelo proprietário, o titular do domínio. Ninguém ajuíza uma ação de adjudicação compulsória por desejar, tão somente, a outorga da escritura. O que se pretende é registrar essa escritura, a fim de que o domínio sobre o bem passe ao autor da ação. Assim, admitindo-se, como dito acima, que o processo deve servir ao direito material, permite-se, por um exercício de abstração, que a ação, uma vez delineada a cadeia de negócios que levaram à aquisição pelo autor, possa ser ajuizada diretamente contra o proprietário. Nesse sentido, aliás, ressalte-se outro trecho do Resp. acima mencionado, dessa vez o voto-vista do Ministro Castro Filho: *Definida a ação de adjudicação compulsória como pessoal, que pertine ao compromissário comprador, deve ser ajuizada em face de quem seja o titular do domínio do imóvel.* Assim, mesmo que caracterizada a cadeia de cessão de direito aquisitivos, exigível pela parte que integra o último elo da cadeia de cessões o registro da concretização da aquisição imobiliária contra aquele que possui o real domínio do bem, assim que ele reconhecer que o preço foi pago. Na hipótese dos autos, ajuizada a ação contra os proprietários, não houve nenhuma resistência acerca do pagamento do preço. A cadeia de cessões registradas na matrícula, por sua vez, retrata negócios realizados ao longo dos últimos sessenta anos, circunstância a indicar a quitação dos preços pagos. Há mais. Suponha-se que o interessado houvesse adquirido o imóvel não de algum dos cedentes, mas do proprietário. Imagine-se que, inobstante a cadeia de sucessivas cessões, o interessado tivesse ido à fonte, ao proprietário, e efetuado pagamento do preço, adquirindo o domínio do bem. Outorgada a escritura, ela seria registrada? A resposta é positiva, dada a validade do negócio, e não se cogitaria de quebra de continuidade. Ora, se aquilo que poderia ter sido obtido, em tese, no plano do direito material, o foi no plano do direito processual – por meio da propositura de adjudicação compulsória diretamente contra o proprietário –, parece evidente que não se pode dar respostas diferentes a situações semelhantes. Da mesma maneira que aquela escritura poderia ser registrada, malgrado a existência da cadeia de cedentes, também pode ser registrada a sentença. O raciocínio encontra guarida, ainda, no art. 1.418 do Código Civil: ***Art. 1.418. O promitente comprador, titular de direito real, pode exigir do promitente vendedor, ou de terceiros, a quem os direitos deste foram cedidos, a outorga da escritura definitiva de compra e venda, conforme o disposto no instrumento particular; e, se houver recusa, requerer ao juiz a adjudicação do imóvel.*** Ao permitir que o promitente comprador, titular de direito real – ou seja, os cedentes que constam da matrícula do imóvel – possa exigir de terceiros, a quem os direitos foram cedidos, a outorga da escritura definitiva, o legislador deixou claro que o negócio que deu margem ao ajuizamento da ação de adjudicação compulsória, embora válido, pode ser declarado ineficaz em relação àquele comprador. Francisco Eduardo Loureiro acentua, com propriedade, que, doravante, os *"novos atos de disposição ou de oneração praticados pelo promitente vendedor em benefício de terceiros, ainda que de boa-fé, são ineficazes frente ao promitente comprador."* [Código Civil Comentado: doutrina e jurisprudência. Ministro Cezar Peluso (Coord.). 2ª ed. São Paulo: Manole, 2008, p. 1.453]. A validade dos atos de disposição permanece. Haverá ineficácia apenas se os cedentes, antes promitentes compradores, se insurgirem contra eles, o que, no caso concreto – alienações ocorridas ao longo dos últimos sessenta anos – é absolutamente improvável. Em resumo, obtida sentença substitutiva da vontade, em ação ajuizada contra o titular do domínio e garantida a possibilidade de declaração de ineficácia do negócio, caso se comprove fraude, não se vulnera o direito de nenhum dos envolvidos nas alienações nem o princípio da continuidade. Destaco, ainda, que a compreensão, ora externada, era a que vigia até pouco tempo neste E. Conselho: ***REGISTRO DE IMÓVEIS – Ação judicial de adjudicação compulsória promovida em face dos que constam como proprietários do imóvel – Desnecessidade do registro dos documentos que instrumentalizam os sucessivos compromissos de venda e compra – Irrelevância do registro de um deles – Desqualificação registral afastada – Carta de sentença passível de registro – Dúvida improcedente – Recurso não provido. (Apelação Cível nº 0020761-10.2011.8.26.0344)***. Constou do voto do eminente relator que:*(...) o* ***princípio da continuidade****, com a transmissão da propriedade aos adjudicatários mediante registro do título judicial constituído em processo instaurado em face dos espólios daqueles que, na tábua registral, figuram como proprietários, não será vulnerado. A documentação apresentada, que aparelha a carta de adjudicação, evidencia as cessões de direitos, insuscetíveis de retratação, e o direito dos adjudicatários à escritura definitiva de venda e compra: aliás, particularmente, revela a eficácia dos sucessivos* *negócios jurídicos em relação ao promitente comprador com instrumento particular registrado na matrícula do bem imóvel. De todo modo, a possível insciência dele, a sua ocasional oposição à transmissão da propriedade do imóvel aos adjudicatários e a eventual inoponibilidade das cessões de direito, com afastamento de sua repercussão sobre a situação jurídica dele, são circunstâncias despidas de força para comprometer a validade da adjudicação compulsória, para frear o acesso do título ao álbum imobiliário: quando muito, terão potência para relativizar a eficácia, não para atestar a invalidade da transferência coativa da propriedade. Marco Aurélio S. Viana, ao frisar, com acerto, que o direito à adjudicação compulsória, pago o preço, deriva da impossibilidade de arrependimento, e não do registro do instrumento contratual, pontua: "não se justifica a exigência de registro prévio do contrato senão como forma de tutelar o promitente comprador contra a alienação por parte do promitente vendedor, limitando ou reduzindo o poder de disposição deste, ao mesmo tempo que arma o adquirente de sequela, admitindo que obtenha a escritura até mesmo contra terceiro, na forma indicada no art. 1.418. "[iii]Assim sendo, uma vez constituído o direito real de aquisição, Francisco Eduardo Loureiro acentua, com propriedade: doravante, os "novos atos de disposição ou de oneração praticados pelo promitente vendedor em benefício de terceiros, ainda que de boa-fé, são ineficazes frente ao promitente comprador", [iv] Realço: ineficazes, não inválidos. Quero dizer: se o registro do instrumento particular de compromisso de venda e compra, desnecessário para obtenção da sentença substitutiva do contrato definitivo, não impede o promitente vendedor de transferir a propriedade a terceiros – embora seja idôneo para comprometer a eficácia deste negócio jurídico –, impõe, na mesma linha de entendimento, admitir que o registro da carta de sentença extraída de processo instaurado em face dos que constam como titulares do domínio prescinde dos registros das cessões de direitos subsequentes ao compromisso de venda e compra, ainda que o promitente comprador não tenha participado do processo de adjudicação compulsória. No futuro, se eventualmente declarada a ineficácia da transferência da propriedade em favor dos adjudicatários – o que se afigura improvável, diante do contexto probatório exposto –, o registro da carta de adjudicação não representará estorvo à pretensão do promitente comprador Álvaro dos Santos – em cujos direitos, ressalto, os adjudicatários, tudo indica, sub-rogaram-se –, à outorga da escritura definitiva de venda e compra, passível de substituição, também em tese, por sentença que assegure o resultado prático equivalente (artigo 1.418 do CC/2002).* Em outro julgado, seguiu-se a mesma orientação: ***REGISTRO DE IMÓVEIS – Cessão da posição contratual de compromissos de compra e venda seguidos da celebração de contratos de compra e venda – Possibilidade de alienação da propriedade mesmo diante do compromisso de compra e venda registrado – Diversidade dos direitos reais a par do respeito ao direito real de aquisição pelo novo proprietário – Recurso provido.* (Apelação Cível nº 0000294-57.2010.8.26.0372,** Relator Des. Renato Nalini). O voto do eminente relator nesta decisão colegiada por último colacionada esclarece o alcance do art. 1.418 do Código Civil, acima mencionado: *Ora, o compromisso de compra e venda registrado, afora a exceção contida no art. 27, parágrafo 6º, da Lei nº 6.766/79 e que não foi referida neste processo administrativo, não é título translativo da propriedade, se o fosse, não seria necessário seu cumprimento de forma voluntária por meio da celebração do contrato de compra e venda ou por meio de sentença de adjudicação compulsória. Nestes termos, o promitente-vendedor permanece titular da situação jurídica de proprietário, a qual coexiste com o direito real decorrente do registro do compromisso, podendo transferi-la. Conforme Paulo Nader, o registro da promessa autoriza o promitente comprador a opor o seu direito contra quem adquiriu o imóvel posteriormente, mas não impede a efetivação de venda superveniente, nem o seu registro (Curso de direito civil: direito das coisas. Rio de Janeiro: Forense, 2010, p. 412). Nessa ordem de ideias, o compromisso de compra e venda não resulta na transmissão da propriedade, sendo necessário celebrar o contrato de compra e venda, a par do esvaziamento deste em virtude do fato de todos os seus efeitos, normalmente, são antecipados pelo compromisso de compra e venda. Havendo registro do compromisso de compra e venda surge o direito real de aquisição oponível ao promitente-vendedor ou seu sucessor, ou seja, o titular da propriedade, porquanto, seguindo a estrutura dos direitos reais, o direito real do promitente comprador adere à coisa, no caso o bem imóvel. O art. 1.418 do Código Civil tem a seguinte redação: Art. 1.418. O promitente comprador, titular de direito real, pode exigir do promitente vendedor, ou de terceiros, a quem os direitos deste forem cedidos, a outorga da escritura definitiva de compra e venda, conforme o disposto no instrumento preliminar; e, se houver recusa, requerer ao juiz a adjudicação do imóvel. Ora, os terceiros, a quem os direitos deste forem cedidos são os que, após o registro do compromisso de compra e venda, adquiriram a propriedade do bem gravada com o direito real de aquisição decorrente do registro do compromisso de compra e venda. Desse modo, há distinção entre os direitos reais decorrentes do compromisso de compra e venda e da propriedade. Enfim, respeitados os entendimentos em contrário, é possível ao proprietário, mesmo com compromisso de compra e venda registrado, alienar a propriedade – não há que se falar em nulidade da transferência da propriedade. Assim, é viável a transmissão da propriedade, todavia, o adquirente da propriedade deverá respeitar o direito real de aquisição do promitente comprador que tenha anterior registro do compromisso de compra e venda, ou seja, deverá transferir a propriedade a este (titular do direito real de aquisição).* Por todas estas razões, revejo meu anterior entendimento expressado nas apelações nºs 0016778-82.2012.8.26.0565 e 0060889-91.2012.8.26.0100, deste Conselho Superior da Magistratura, porque o princípio da continuidade restou observado. Por fim, como consequência de tudo o que foi exposto, apenas o ITBI referente à transferência da propriedade do titular do domínio à ora requerente deverá ser recolhido. Com as considerações supra, não conheço do recurso. HAMILTON HELLIOT AKEL. Corregedor Geral da Justiça e Relator Apelação Cível nº 1010491-71.2014.8.26.0224. Apelante: Guarubel Imóveis Ltda. Apelado: 1º Oficial de Registro de Imóveis da comarca de Guarulhos. DECLARAÇÃO DE VOTO CONVERGENTE. VOTO nº 32.5641. Guarubel Imóveis Ltda. interpôs apelação contra sentença que julgou procedente dúvida inversa suscitada perante o 1º Oficial de Registro de Imóveis da comarca de Guarulhos e, assim, obstou ao registro *stricto sensu* de adjudicação compulsória fundada em compromisso de compra e venda e decidida por sentença. A apelante alega (fls. 168-169) que, ao contrário do afirmado nas informações do registro de imóveis (fls. 115-124) e na sentença (fls. 161-163), não era necessário que a ação de adjudicação compulsória houvesse sido proposta contra os donos e todos os cedentes da posição de compromissário comprador. Segundo a jurisprudência mais recente, é suficiente que a ação seja proposta contra os proprietários, e isso se fez. A par isso, foi demonstrada nos autos da ação judicial e reconhecida por sentença a cadeia de cessões que faz o direito da apelante remontar aos primeiros compromissários compradores (e, por eles, aos proprietários). Por tudo isso, o título foi constituído corretamente, não existe violação ao princípio da continuidade, e a sentença tem de ser reformada, para que se proceda ao registro *stricto sensu*, como foi rogado. **2.** Respeitável é o entendimento do eminente Desembargador Relator ao dar por prejudicada a dúvida. Isto porque, o interessado resignou-se a uma das exigências formuladas pelo ofício de registro de imóveis. Assim, houve irresignação parcial, e isso, segundo constante jurisprudência deste Conselho, impede a análise do mérito, uma vez que o interessado, ao satisfazer parte das exigências, deixou claro que, na data da prenotação, o título realmente não era suscetível de registro. No entanto, diverge-se quanto à apresentação de solução que, em tese, deveria dar-se ao caso, na hipótese de conhecimento do recurso. A orientação superior das notas e dos registros e a propositura de medidas convenientes ao aprimoramento dos serviços extrajudiciais é tarefa exclusiva e indelegável do Corregedor Geral da Justiça (Regimento Interno, art. 28, XVIII e XXXI). Por sua vez, o Conselho Superior da Magistratura, em matéria notarial e registral, é chamado a decidir processos (Regimento Interno, art. 16, IV), e não a emitir orientações hipotéticas. Portanto, constatando a necessidade de proferir instruções, orientações ou recomendações, cabe ao Corregedor Geral da Justiça fazê-lo, sem que precise ou deva valer-se de dúvida registral, expediente que, ademais, desatende o sistema pela heterodoxia. Com efeito, este Conselho só deve conhecer do mérito, se antes não conhecer de preliminar que com ele seja incompatível (CPC/1973, art. 560, *caput*). Disso se conclui que, se houver (como *in casu* houve) preliminar que impeça o exame do mérito, sobre ele não cabe pronunciamento. Há de ser entregue a prestação jurisdicional, e não mais que isso. Como diz Pontes de Miranda (*Comentários ao Código de Processo Civil*, Rio de Janeiro: Forense, 1975, tomo VIII, p. 266): Se a decisão na preliminar processual ou na questão prejudicial elimina o julgamento do mérito, claro que não mais se prossegue; julgado está o feito; a decisão, por si só, é terminativa. As decisões deste Conselho gozam de inegável prestígio e (como salienta o Desembargador Relator), servem de orientação para registradores, tabeliães, juízes e partes. Justamente por isso, os acórdãos devem contar o que a lei efetivamente permite que seja objeto do julgamento de todos os integrantes do Conselho. No caso de dúvida prejudicada, esse objeto, como se disse, restringe-se à matéria preliminar. Logo, é preferível não inserir nem fazer prevalecer posições jurídicas sobre a matéria de fundo, sem que esta, contudo, pudesse ter sido legalmente examinada, discutida e votada. Afinal, ou este Conselho de fato orienta e disciplina (caso em que a orientação ou a regra necessariamente há de ser produto da deliberação deste órgão), ou então não resolve, e não convém expender nem se estender em tema, não objeto de pronunciamento pelo colegiado. A manifestação deste Conselho sobre matéria que não foi objeto de julgamento deve ser evitada especialmente quando o tema é por demais controverso. E isso ocorre com a questão posta nestes autos. Saber até que ponto vai a qualificação dos títulos de adjudicação compulsória, e se é necessário ou não incluir os cedentes de compromisso de compra e venda no polo passivo da respectiva ação são pontos de grande polêmica e extrema dificuldade na doutrina e na jurisprudência registral. A propósito, a própria jurisprudência deste Conselho oscila entre uma solução ou outra, como se vê nos acórdãos 0020761-10.2011.8.26.0344, j. 25.10.2012, e 0000294-57.2010.8.26.0372, j. 13.12.2012 (em que se considerou prescindível a inclusão dos cedentes no polo passivo da ação de adjudicação compulsória), de um lado, e 0016778-82.2012.8.26.0565, j. 11.2.2014, e 0060889-91.2012.8.26.0100, j. 18.3.2014 (que exigiram a citação deles como condição de validade do título), de outro. Além disso, a hipótese *sub examine* é particularmente inadequado para a formulação de uma solução geral sobre o problema. A apelante Guarubel (= autora da ação de adjudicação compulsória) não pode ser considerada sequer *cessionária* do direito à aquisição do imóvel. Como se vê na matrícula do imóvel adjudicando (fls. 125, Av. 5) e no título subjacente (cópia a fls. 93-94), Alexandra e Konstantin Kusik eram titulares somente de *promessa de cessão* de direitos de compromissário comprador. Dessa forma, Guarubel (que terminou por receber os direitos que de início competiam a Alexandra e a Konstantin – cf. fls. 97-99 e 87-89) não podia ser considerada, efetivamente, *cessionária* de compromisso de compra e venda, mas mera detentora de uma promessa de cessão, que ainda precisava ser cumprida para que, só então, a apelante tivesse direito à aquisição do imóvel. Finalmente, é entendimento consolidado que o Poder Judiciário – mesmo no exercício de função administrativa, como seja a corregedoria dos serviços extrajudiciais – não é órgão consultivo. Dessa maneira, eventuais consultas só devem ser admitidas em hipóteses de excepcionais e extrema relevância: Ora, por tudo isso se evidencia a completa carência de interesse e legitimação para o reclamo assim tão singularmente agitado, por quem, não dispondo, ainda, da titularidade do domínio (condomínio), não poderia alegar lesão ou ameaça de lesão, por parte da administração, a um direito seu, que sequer existe. **O pedido, na verdade, traduziria inconcebível e descabida consulta dirigida ao Judiciário, ainda que na sua função atípica de agente administrativo, sobre interpretação e aplicação, em tese, das leis e regulamentos.** Nesse sentido, é da melhor doutrina que a "reclamação administrativa é a oposição expressa a atos da Administração, que afetem direitos ou interesses legítimos dos administrados. O direito de reclamar é amplo, e se estende a toda pessoa física ou jurídica que se sentir lesada ou ameaçada de lesão pessoal ou patrimonial por atos ou fatos administrativos" (Hely Lopes Meirelles, Direito Administrativo Brasileiro, 3ª ed., Revista dos Tribunais, p. 617 e Caio Tácito, Direito Administrativo, 1975, Saraiva, p. 29), pressupostos esses que, absolutamente ausentes na hipótese, inviabilizam, por completo, a postulação inicial. (Corregedoria-Geral da Justiça de São Paulo, Proc. 53/1982, parecer do juiz José Roberto Bedran, 22.7.1982, g.n.) **A E. Corregedoria-Geral da Justiça,** *em regra,* e conforme pacífica orientação, **não conhece de** *consultas,* **cujo exame, portanto, excepcional, fica condicionado à peculiaridade do assunto, sua relevância e o interesse de âmbito geral da matéria questionada.** (Corregedoria-Geral da Justiça, Proc. CG 10.715/2012, Des. José Renato Nalini, j. 18.12.2013). Como é sabido, **não cabe a este Juízo responder a consultas formuladas pelo interessado, pois a sua função primordial é solucionar conflitos e não figurar como consultor jurídico.** Além disso, como bem observou a Douta Promotora: "Conforme já decidiu a E. Corregedoria-Geral da Justiça, em parecer exarado pelo então Juiz Auxiliar da Corregedoria, Dr. Hélio Lobo Júnior, no procedimento nº 27.435/88 (02/89): "... é inconcebível e descabida consulta dirigida ao Judiciário, ainda que na sua função atípica de agente administrativo, sobre interpretação e aplicação, em tese, das leis e regulamentos (cf. ementa 10.2, das Decisões Administrativas da Corregedoria-Geral da Justiça – Ed. RT, 1981/1982, p. 24). Neste mesmo sentido, manifestou-se o Dr. Aroldo Mendes Viotti, D. Juiz Auxiliar da Corregedoria, em parecer proferido nos autos do procedimento nº 113/90 (567/90), onde consta: "O comando emergente do dispositivo da r. sentença não pode – por isso – prevalecer, porquanto não é dado ao Juízo Corregedor Permanente emitir declaração positiva ou negativa de registro de título no Ofício Predial sem regular instauração de procedimento de dúvida, e sem que, consoante o devido procedimento de lei, se materialize o dissenso entre particular e registrador acerca daquele ato de registro. A atuação do Juízo da dúvida dirige-se tão-somente à revisão da atividade do registrador, devolvendo-se-lhe a tarefa de qualificação a este cabente em primeiro momento: não pode o Juízo administrativo, porém, substituir-se ao Oficial nessa primeira atividade, isto é, apreciar a registrabilidade de título sem que o responsável pelo Cartório Predial, em momento anterior, o faça. Por incômodo ou intrincado que se revele o ônus de qualificação dos títulos, dele deverá se desincumbir o Serventuário, nada justificando busque transferi-lo a terceiros. Também se presume detenha o titular da Serventia Imobiliária capacitação técnica não apenas para operacionalizar os comandos legais que disciplinam a questão da preferência a registro de títulos constitutivos de direitos reais reciprocamente contraditórios, como, igualmente, para conhecer os efeitos jurídicos que possam advir das medidas previstas nos arts. 867 e ss. (Seção X, Livro III) do CPC. Por isso, não cabia ao Juízo Corregedor fornecer resposta à consulta do Serventuário. Também não lhe era dado determinar registro de títulos à margem do procedimento legal, e sem que o registrador se houvesse previamente desincumbido de seu ônus de emitir juízo conclusivo a respeito de sua registrabilidade". (Primeira Vara de Registros Públicos de São Paulo, autos 1023331-97.2014.8.26.0100, Juíza Tânia Mara Ahualli, j. 16.05.2014)**3.** Ante o exposto, não conheço do recurso de apelação, com observação. ARTUR MARQUES DA SILVA FILHO. Presidente da Seção de Direito Privado. Apelação Cível nº 1010491-71.2014.8.26.0224. Apelante: Guarubel Imóveis Ltda. Apelado: 1º Oficial de Registro de Imóveis da Comarca de Guarulhos. TJSP--Voto nº 25.216, DECLARAÇÃO DE VOTO. **Registro de Imóveis. Irresignação parcial – Dúvida prejudicada – Impossibilidade de se pronunciar sobre o mérito da questão. Recurso não conhecido. 1.** Cuida-se de apelação contra decisão proferida pelo Juízo Corregedor Permanente do 1º Oficial de Registro de Imóveis da Comarca de Guarulhos, que julgou procedente a dúvida e negou registro de carta de adjudicação expedida em autos de ação de adjudicação compulsória. É o relatório. **2.** Respeitado o entendimento diverso do Excelentíssimo Desembargador Relator Corregedor Geral da Justiça, prejudicada a dúvida, não seria o caso de ingressar na análise do mérito. Apenas no tocante a esse tópico, ousamos discordar, *data venia.* De antemão, cumpre conceituar o que vem a ser dúvida. O processo de dúvida é definido como um procedimento de natureza administrativa destinado a solucionar controvérsia existente entre o apresentante do título e o Oficial Predial, a respeito da registrabilidade do título, ou nas palavras de Ricardo Henry Marques Dip e Benedito Silvério Ribeiro: "... em acepção material: o juízo emitido pelo administrador no exercício de suas funções, obstando a pretensão de registro; em acepção formal: o procedimento de revisão hierárquica do juízo administrativo de objeção a uma pretensão de registro" *(in Algumas linhas sobre a Dúvida no Registro de Imóveis,* pág. 2).

Indubitavelmente, para que surja o processo de dúvida é necessário que um título seja apresentado e que ele seja recusado à primeira vista, ofertando o Oficial determinadas exigências para complementação formal daquele título, a fim de que seja viabilizado o registro. Assim, caso o apresentante discorde das exigências, ele instará o Oficial a suscitar dúvida, em face do dissenso. *In casu*, apresentado o título, formularam-se duas exigências (fl. 110/111), tendo o próprio interessado suscitado a dúvida, **concordando, porém, com uma delas, qual seja, a necessidade de recolhimento do ITBI.** Assim, há irresignação parcial, sendo o que basta para o afastamento do juízo de admissibilidade da dúvida, pois esta sempre se funda em irresignação integral ou, necessariamente, será ela prejudicada, sob o aspecto lógico – formal, na medida em que não se admite, mesmo na esfera administrativa, decisão condicional (cf. A. C. 285.416, Piracicaba, 28.12.79; A. C. 3.779-0, Diadema, 27.01.86; A. C. 5.374-0, Capital, 04.04.86; A. C. 5.479-0, São Roque, 10.06.86). Se por hipótese fosse concebível a satisfação de exigência no curso da dúvida, estar-se-ia acolhendo artifício para a prorrogação da prioridade para títulos originariamente irregistráveis, em detrimento de outros que se posicionassem em concorrência tabular (*in exemplis:* títulos contraditórios, o que é defeso (Cf. A. C. 279.265, Campinas, 08.01.79; A. C. 276.278, Campinas, 08.01.79; A. C. 279.264, Campinas, 12.03.79; A. C. 5.221-0, Ourinhos, 30.05.86; A. C. 5.841-0, Guararapos, 30.05.86). Desta feita, o único juízo que pode ser emitido é o da prejudicialidade da dúvida em face, repito, da irresignação parcial. Nesse sentido, tem sido a firme orientação do Colendo Conselho Superior da Magistratura, consoante já se demonstrou, valendo recordar, apenas e tão-somente, parte do Aresto nº 8.876-0/5, o qual permito-me transcrever, pois elucidativo: "Bem observou o MM. Juiz Auxiliar da Corregedoria que os efeitos da prenotação têm prazo de eficácia (para o caso de omissão da parte) e com igual acerto afirma a decisão recorrida que a concordância do apresentante com algumas das exigências feitas pelo Oficial do Registro prejudica o julgamento da dúvida (que acabaria se transformando em procedimento de consulta ao Juiz, no que concerne à falta não atendida). " (Relator Desembargador Álvaro Martiniano de Azevedo; parecer da lavra do Juiz Aroldo Mendes Viotti, hoje Desembargador). Em arremate, prejudicada a dúvida, não há como se prosseguir com o julgamento do mérito, porque o Colendo Conselho Superior da Magistratura não é, *data máxima venia*, órgão de consulta. Demais, as decisões do Conselho têm caráter normativo, não fazendo sentido elaborar decisões condicionais. A pressuposição de algo que não se sabe tenha realmente ocorrido ou venha a ocorrer torna a análise condicional: se «A» ocorreu ou vier a ocorrer, então «B» é verdade; se «A» não ocorreu ou não vier a ocorrer, então «B» é falso. Explico: *in casu*, para que se possa realizar um juízo positivo ou negativo a respeito da registrabilidade do título, há de se pressupor que o interessado cumprirá corretamente a exigência feita pelo Oficial **com a qual concordou** e que novas exigências não serão feitas. Então, se se cumprirem aquelas exigências, comportará ou não registro. Trata-se de uma análise condicional. E se, antes mesmo de cumpridas as exigências, o título sofrer alterações? Se tiver havido a prenotação de outro título? A dinamicidade do mundo negocial faz com que as premissas tomadas pela Egrégia Corregedoria em data presente sejam incertas. Dess'arte, *data venia*, a análise do mérito, prejudicada a dúvida, seria, no meu entendimento, condicional. Nem se perca de vista que o procedimento de dúvida é judicialiforme, isto é, em parte administrativo, em parte judicial. A fase judicial inicia-se com o recurso de apelação. A partir de então, hão de se observar as regras e os princípios processuais, dentre eles a necessidade de se proferir decisão certa (artigo 460, parágrafo único, do Código de Processo Civil). Como já se decidiu, "**nula é a sentença que julga a ação procedente, condicionada esta procedência ao preenchimento de determinados requisitos legais pelo autor**" (RT 472/150). Nesse sentido, ainda, farta jurisprudência do Egrégio Conselho Superior da Magistratura, por vários biênios, consoante venerandos acórdãos a seguir transcritos (grifos meus): *"Registro de Imóveis – Dúvida – Suscitação inversa e apenas com relação a um dos óbices opostos contra o registro, sem menção aos demais, que também constaram da nota de devolução – Inviabilidade – o* ***procedimento não se presta ao exame isolado de uma das exigências formuladas, mas à registrabilidade do título, considerado na oportunidade de sua apresentação – Dúvida prejudicada.*** *Vistos, relatados e discutidos estes autos de APELAÇÃO CÍVEL Nº 30.751-0/1, da Comarca de TAUBATÉ, em que é apelante SEBASTIANA PIRES DE SOUZA e apelado o OFICIAL DO CARTÓRIO DE REGISTRO DE IMÓVEIS E ANEXOS. ACORDAM os Desembargadores do Conselho Superior da Magistratura, por votação unânime, em julgar prejudicada a dúvida. Tratam os autos de apelação, tempestivamente interposta contra a respeitável sentença que manteve a recusa posta contra o registro de ambos os títulos objeto desta, porque, além de não ter sido manejada a irresignação contra todos os motivos apresentados pelo registrador, pretendeu o suscitante fossem os títulos registrados independentemente do suprimento das omissões verificadas no registro de origem. O Ministério Público opina pelo não provimento do recurso. É o relatório. Ao suscitar a dúvida inversamente, a recorrente manifestou seu inconformismo apenas em relação a um dos motivos da recusa, omitindo-se quanto às demais exigências que também foram formuladas pelo registrador.* ***O procedimento de dúvida não se presta à solução de dissensão que versa apenas acerca de um dos óbices opostos contra o registro, porque, ainda que afastado fosse este motivo da recusa, aquele não se viabilizaria, Para o deslinde da dúvida importa o exame da registrabilidade do título e, ainda assim, tomando-a em consideração no momento da devolução. Tem-se por prejudicada a dúvida quando várias são as exigências e apenas uma delas é questionada na suscitação inversa, como ocorreu no caso.*** *Isto posto,* ***julgam a dúvida prejudicada.*** *Custas na forma da lei. Participaram do julgamento, com votos vencedores, os Desembargadores* ***YUSSEF SAID CAHALI,*** *Presidente do Tribunal de Justiça e* ***DIRCEU DE MELLO,*** *Vice-Presidente do Tribunal de Justiça. São Paulo, 15 de março de 1996.* ***MÁRCIO MARTINS BONILHA,*** *Corregedor Geral da Justiça e relator. Vistos, relatados e discutidos estes autos de APELAÇÃO CÍVEL Nº 54.319-0/6, da Comarca de SÃO SEBASTIÃO, em que são apelantes DANIEL OHANNES AVAKIAN e OUTROS e apelado o 1º TABELIÃO DE NOTAS E OFICIAL DO REGISTRO DE IMÓVEIS, TÍTULOS E DOCUMENTOS E CIVIL DE PESSOA JURÍDICA da mesma Comarca. ACORDAM os Desembargadores do Conselho Superior da Magistratura, por votação unânime, em não conhecer do recurso. Trata-se de recurso interposto, tempestivamente, por Daniel Ohannes Avakian e outros, contra a r. decisão de primeiro grau, que julgou prejudicada a dúvida inversamente suscitada pelo 1º tabelião de notas e oficial do registro de imóveis, títulos e documentos e civil de pessoa jurídica da Comarca de São Sebastião, relativamente ao registro de escritura de venda e compra outorgada pelo Espólio de Domenico Ricciardi Maricondi e outros. Sustentaram os recorrentes o provimento do recurso e a reforma da r. decisão recorrida, porquanto a apresentação das exigências em nada modificará o registro. Ademais, aduziram que o cumprimento das exigências foi feito no decorrer do pedido, em atendimento às determinações do oficial de registro. Por fim, alegaram que os documentos juntados provam claramente que a transcrição está devidamente dentro da lei, pois o detentor do domínio fora quem transmitiu a propriedade ao apelante. E mais, a sequência das transmissões com seus devidos impostos juntados aos autos, provam as cessões do compromisso registrado. Contrarrazões e parecer da Douta Procuradoria Geral da Justiça, pelo não conhecimento do recurso. É o relatório. O recurso não é de ser conhecido. Constata-se, no presente caso, o fato de que os recorrentes, no decorrer do procedimento de dúvida, se conformaram com alguns dos óbices opostos ao registro pretendido. Ante a concordância dos recorrentes com algumas das exigências formuladas pelo oficial registrador torna-se imperativa a manutenção da r. decisão que decidiu pela prejudicialidade da dúvida, já que para o deslinde do procedimento importa o exame da registrabilidade do título, considerado o momento da sua devolução. Inviável, ainda, o cumprimento de eventuais exigências no curso do procedimento, circunstância que poderia implicar em injusta prorrogação do prazo de prenotação. Neste sentido decisão deste Colendo Conselho Superior da Magistratura, proferida nos autos da apelação cível nº 31.719-0/3, da Comarca de Guarulhos, Relator o Desembargador Márcio Martins Bonilha: "Como é sabido o procedimento de dúvida não admite sejam atendidas exigências no curso do procedimento. Ao ser suscitada a dúvida, a requerimento do interessado, o título recusado deve ser prenotado para que esteja assegurado o direito de prioridade do apresentante. Se fosse admitido cumprir exigência* *durante o procedimento, estaria aberto caminho para uma injusta prorrogação do prazo da prenotação, que, muita vez, viria em prejuízo dos eventuais detentores de títulos contraditórios.* ***Tem-se, pois, que o provimento judicial, em procedimento de dúvida, deverá ser sempre positivo ou negativo, a fim de que o registro seja ou não autorizado diante da dissensão que existia ao tempo da suscitação.*** *O cumprimento de exigências depois daquele momento, como sucedeu no caso, ou mesmo a aceitação da procedência do outro óbice que tinha sido posto contra o registro, com a afirmação de que este deverá ser atendido depois, tal como se verifica das razões de recurso, prejudicam a dúvida, pelo que falece interesse recursal à recorrente.* ***Não há como se levar em conta, por estes motivos, o atendimento das exigências depois da suscitação,*** *nem como considerar a promessa de que o alvará de desdobro deverá ser mais tarde providenciado. É tranquila a jurisprudência deste Colendo Conselho Superior da Magistratura, há muito orientada nessa direção (Ap. Cíveis n.ºs 30.763-0/6, da Comarca de Itapecerica da Serra e 31.007-0/4, da Comarca de São Caetano do Sul). Isto posto, prejudicada a dúvida, não conhecem do recurso. "Desta forma, aquiescendo os recorrentes com alguns dos óbices postos pelo registrador, não ê de ser conhecido o recurso, prejudicadas as demais questões suscitadas pelas partes. Ante o exposto, prejudicada a dúvida, não conhecem do recurso. Participaram do julgamento, com votos vencedores, os Desembargadores* ***DIRCEU DE MELLO,*** *Presidente do Tribunal de Justiça, e* ***AMADOR DA CUNHA BUENO NETTO,*** *Vice-Presidente do Tribunal de Justiça. São Paulo, 12 de fevereiro de 1999.* ***SÉRGIO AUGUSTO NIGRO CONCEIÇÃO,*** *Corregedor Geral da Justiça e Relator. Vistos, relatados e discutidos estes autos de APELAÇÃO CÍVEL Nº 76.810-0/8, da Comarca da CAPITAL, em que é apelante MARIA FÁTIMA DA SILVA e apelado o 14º OFICIAL DE REGISTRO DE IMÓVEIS da mesma Comarca. ACORDAM os Desembargadores do Conselho Superior da Magistratura, por votação unânime, em não conhecer do recurso, de conformidade com o voto do relator que fica fazendo parte integrante do presente julgado. Participaram do julgamento, com votos vencedores, os Desembargadores* ***MÁRCIO MARTINS BONILHA,*** *Presidente do Tribunal de Justiça, e* ***ÁLVARO LAZZARINI,*** *Vice-Presidente do Tribunal de Justiça. São Paulo. REGISTRO DE IMÓVEIS – Processo de dúvida. Recusa no registro de formal de partilha em razão de várias exigências formuladas pelo registrador. Concordância expressa da interessada com duas delas. Dúvida prejudicada. Impossibilidade de julgamento do mérito a ponto de comprometer o princípio da prioridade. Apelação não conhecida. Trata-se de apelação interposta por Maria Fátima da Silva (f. 58/60) contra a sentença do MM, Juiz Corregedor Permanente do 14º Oficial de Registro de Imóveis da Comarca da Capital (f. 50/51), que julgou procedente dúvida inversamente suscitada, recusando o registro deformai de partilha extraído da ação de arrolamento de bens que teve curso perante a 9ª Vara da Família e Sucessões, uma vez que a recorrente conformou-se com as exigências (apresentação de guia de recolhimento do ITBI e de certidão de quitação de tributos fiscais da Prefeitura Municipal de São Paulo), daí a inviabilidade do registro. O título foi prenotado em 24 de março de 2000 sob nº 339.083. Sustenta, em síntese, a recorrente que: a) sejam afastadas por completo as exigências do registrador, consistentes em discutir o percentual que lhe cabe na partilha homologada em juízo, a exibição de certidões negativas de débito e apresentação de requerimento com firma reconhecida, constando a qualificação completa dos separandos e b) que as exigências com as quais aquiesceu são por demais simples. Pede o provimento para, reformada a decisão, ser o título registado. É o relatório. A recorrente desde o início do procedimento (f. 3) e também na fase recursal (f. 59) concordou expressamente com duas das várias exigências formuladas pelo Oficial de Registro (f. 5 e 41/43), ou seja, está de acordo em providenciar o comprovante de recolhimento do ITBI e a certidão negativa de tributos junto à Municipalidade de São Paulo. Tal circunstância, por si só, retira o dissenso que existiria entre o interessado no registro e o registrador, prejudicando a análise da dúvida em seu mérito. Como já entendi na Ap. Cív. nº 72.513.0/3-00: "Este E. Conselho Superior da Magistratura, (Ap. Cív. nº 60.460.0/8-00, j. 6/12/99, v. u., Des. Márcio Bonilha, Presidente, Álvaro Lazzarini, Vice-Presidente, e Nigro Conceição, Corregedor Geral) decidiu: "O cumprimento de exigências depois daquele momento, como sucedeu no caso, ou mesmo a aceitação da procedência do outro óbice que tinha sido posto contra o registro, com a afirmação de que este deverá ser atendido depois, tal como se verifica das razões de recurso, prejudicam a dúvida, pelo que falece interesse recursal à recorrente. " Com a aceitação da exigência nas razões de apelação desapareceu o dissenso entre o Oficial e a apelante,* ***não possibilitando a análise do mérito*** *e a determinação do registro nestes autos a ponto de comprometer o princípio da prioridade com eventual aproveitamento da prenotação existente. " Noutra oportunidade, na Ap. Cív. nº 31.719-0/3, da Comarca de Guarulhos, sendo relator o Des. Márcio Bonilha: "Como é sabido o procedimento da dúvida não admite sejam atendidas exigências no curso do procedimento. "Ao ser suscitada a dúvida, a requerimento do interessado, o título recusado deve ser prenotado para que esteja assegurado o direito de prioridade do apresentante. "Se fosse admitido cumprir exigência durante o procedimento, estaria aberto caminho para uma injusta prorrogação do prazo da prenotação, que, muita vez, viria em prejuízo dos eventuais detentores de títulos contraditórios. "Tem-se, pois, que o provimento judicial, em procedimento de dúvida, deverá ser sempre positivo ou negativo, a fim de que o registro seja ou não autorizado diante da dissensão que existia ao tempo da suscitação". Ante o exposto, prejudicada a dúvida, não conheço da apelação. LUÍS DE MACEDO, Relator e Corregedor Geral da Justiça Vistos, relatados e discutidos estes autos de APELAÇÃO CÍVEL Nº 495-6/0, da Comarca da CAPITAL, em que são apelantes JOSÉ LANZA e SUA ESPOSA e apelado o 6º OFICIAL DE REGISTRO DE IMÓVEIS da mesma Comarca. ACORDAM os Desembargadores do Conselho Superior da Magistratura, por votação unânime, em não conhecer do recurso, de conformidade como voto do relator que fica fazendo parte integrante do presente julgado. Participaram do julgamento, com votos vencedores, os Desembargadores CELSO LUIZ LIMONGI, Presidente do Tribunal de Justiça e CAIO EDUARDO CANGUÇU DE ALMEIDA, Vice-Presidente do Tribunal de Justiça. REGISTRO DE IMÓVEIS – Dúvida procedente – Irresignação parcial, sem prova de cumprimento de outra exigência não impugnada – Dúvida prejudicada – Recurso não conhecido.**1.** Trata-se de apelação interposta por José Lanza e Maria Olinda Lanza, tempestivamente, contra r. sentença que julgou procedente dúvida suscitada e manteve a recusa do Oficial do 6º Registro de Imóveis da Capital oposta ao registro de mandado de usucapião, por falta de pagamento dos emolumentos devidos, observando-se que a isenção concedida alcança apenas a parte dos emolumentos que corresponde à receita do Estado de São Paulo. Sustenta o apelante, em suma, que o benefício da assistência judiciária abrange a totalidade dos emolumentos devidos ao cartório extrajudicial, diante de expressa ordem judicial que consta, neste sentido, no mandado apresentado para registro, reportando-se, ainda, a legislação que entende lhe beneficiar. A Procuradoria Geral de Justiça opina pelo provimento do recurso (fls. 78/82). É o relatório.***2.** *Pretende-se o registro de sentença declaratória de usucapião, observando-se que, para isso, foi apresentado mandado judicial, instruído com documentos, prenotado sob nº 369.458 no 6º Registro de Imóveis da Capital. Por ocasião da devolução do título levado a registro, formulou o oficial registrador duas exigências, a saber: a) depósito prévio de R$ 546,34, com observação de que a gratuidade refere-se somente a parte tocante ao Estado, não isentando quanto aos demais emolumentos; b) complemento dos documentos que instruíram o mandado, especialmente folhas do laudo pericial que não vieram, esclarecedoras se houve alteração da área construída de 157,91 m² da edificação residencial. Todavia, os apelantes se insurgiram apenas no tocante à exigência de pagamento dos emolumentos, deixando de impugnar a outra exigência do registrador. Ademais, não há notícia nem prova de que, após a devolução, o título tenha sido reapresentado com o cumprimento da exigência referente ao esclarecimento da área construída, com apresentação das folhas do laudo pericial correspondentes. Assim, atento às reiteradas decisões do Colendo Conselho Superior da Magistratura, impõe-se concluir que este procedimento de dúvida está prejudicado, pois não se presta à solução de dissenso relativo a apenas um dos óbices opostos ao registro, pois, eventualmente afastado o óbice questionado, restaria o outro, que, não atendido, impediria, de todo modo, o registro.* ***Entendimento diverso importaria em decisão condicional, que é inadmissível. Ademais, a discussão parcial dos óbices, sem atendimento à exigência tida como correta, levaria à prorrogação do prazo de prenotação do título sem amparo legal.*** *Neste sentido, confira o v. acórdão relativo à Apelação Cível nº 93.875-0/8, j. 06.09.2002, relator Desembargador Luiz Tâmbara: "A posição do Egrégio Conselho*

Superior da Magistratura, como bem ressaltado pelo digno Procurador de Justiça, é tranquila no sentido de se ter como prejudicada a dúvida, em casos como o que se examina, em que admitida como correta uma das exigências, não sendo a outra cumprida, posto que permanece a impossibilidade de acesso do título ao fólio. Nesse sentido os julgados das Apelações Cíveis números 54.073-0/3, 60.046-0/9, 61.845-0/2 e 35.020-0/2. Posicionar-se de maneira diversa importaria admitir uma decisão condicional pois, somente se atendida efetivamente a exigência tida como correta é que a decisão proferida na dúvida, eventualmente afastando o óbice discutido, é que seria possível o registro do título. A discussão parcial dos óbices, por outro lado, sem cumprimento daqueles admitidos como corretos, possibilitaria a prorrogação indevida do prazo de prenotação, com consequências nos efeitos jurídicos desta decorrentes, tal como alteração do prazo para cumprimento das exigências ou a prorrogação da prioridade do título em relação a outro a ele contraditório. "Confira, ainda, do Conselho Superior da Magistratura: Apelação Cível nº 71.127-0/4, j. 12.09.2000, rei. Des. Luís de Macedo; Apelação Cível nº 241-6/1, j. 03.03.2005, rei. Des. José Mário Antônio Cardinale. Logo, configurada a irresignação parcial, deve-se ter como prejudicada a dúvida, não sendo o caso de conhecimento do recurso interposto, pela ausência de interesse recursal, pois inútil à finalidade prática pretendida. Por último, limitada a discórdia à cobrança de emolumentos, fica anotada a célere via da reclamação (artigo 30 da Lei Estadual nº 11.331/2002), que, talvez, melhor atenderá ao fim pretendido pelos interessados. Pelo exposto, dou por prejudicada a dúvida e não conheço do recurso. ***GILBERTO PASSOS DE FREITAS,*** *Corregedor Geral da Justiça e Relator.* Por epítome, havendo irresignação parcial, estando prejudicado o julgamento da dúvida, não seria adequada a análise do mérito de forma condicional, "se cumpridas as exigências com as quais concordou o apelado". Por epítome, havendo irresignação parcial, estando prejudicado o julgamento da dúvida, não seria adequada a análise do mérito de forma condicional. **3.** Ante o exposto, pelo arrimo esposado, pelo meu voto, não conheço do recurso. Ricardo Mair Anafe. Presidente da Seção de Direito Público. **Notas: [1]** Loureiro, Luiz Guilherme. *Registros públicos: teoria e prática.* Rio de Janeiro: Forense: São Paulo: MÉTODO, 2010, p. 220.**[2]**119. Incumbe ao oficial impedir o registro de título que não satisfaça os requisitos exigidos pela lei, quer sejam consubstanciados em instrumento público ou particular, quer em atos judiciais.**[3]** Apelação Cível n.º 413-6/7**[4]** Peço licença para transcrever a íntegra dos respectivos acórdãos justamente para se observar que, em biênios de Conselhos Superiores da Magistratura anteriores, prejudicada a dúvida, nem em tese se analisava o mérito. Citar grandes nomes da história da Magistratura Paulista parece-me fundamental, porque ensinamentos de tão ilustres pensadores do direito não podem permanecer ocultos às novas gerações, mormente diante da inexistência de alterações substanciais na Lei 6.015 de 1973. (DJe de 26.01.2016 – SP)

▶ **EMENTA:** Registro de imóveis – Dúvida – Arrematação de imóvel em hasta pública – Forma originária de aquisição de propriedade – Inexistência de relação jurídica entre o arrematante e o anterior proprietário do bem – Recurso Provido (APELAÇÃO CÍVEL Nº 0000005-21.2011.8.26.0201, da Comarca de GARÇA). Trata-se de apelação interposta por (...), objetivando a reforma da r. sentença de fls. 66/69, que julgou procedente a dúvida suscitada pelo Oficial de Registro de Imóveis e Anexos da Comarca de Garça, e manteve a recusa do registro da carta de arrematação extraída dos autos da execução nº 201.01.1998.002760-2, da 2ª Vara Judicial de Sumaré,6.925 na matrícula nº 65295, daquela Serventia de Imóveis, referente à metade ideal do imóvel pertencente ao executado Ulisses Daun. Alega o apelante, em síntese, que, dos documentos exigidos pelo oficial de registro de imóveis, conseguiu a prova de quitação do certificado de cadastro de imóvel rural (CCIR) de 2006/2007/2008/2009, faltando apenas a declaração do ITR/2010 contendo DIAT e DIAC, a qual lhe foi negada pela Receita Federal porque não consta no banco de dados daquele órgão como titular de domínio do imóvel. Afirma, ainda, que, na qualidade de arrematante, não é responsável por qualquer dívida anterior, havendo sucessão tributária nos termos do art. 130, do CTN. A Procuradoria Geral de Justiça opinou pelo não provimento do recurso (fls. 86/89). É o relatório. De início, observe-se que também os títulos judiciais submetem-se à qualificação registrária, conforme pacífico entendimento do E. Conselho Superior da Magistratura: *"Apesar de se tratar de título judicial, está ele sujeito à qualificação registrária. O fato de tratar-se o título de mandado judicial não o torna imune à qualificação registrária, sob o estrito ângulo da regularidade formal, O exame da legalidade não promove incursão sobre o mérito da decisão judicial, mas à apreciação das formalidades extrínsecas da ordem e à conexão de seus dados com o registro e a sua formalização instrumental" (Ap. Cível nº 31881-0/1).* De acordo com a carta de arrematação de fls. 19/47, a recorrente arrematou a fração ideal correspondente a ½ ideal do imóvel objeto da matrícula nº 6.925, do Registro de Imóveis de Garça. O E. Superior Tribunal de Justiça, intérprete maior da legislação federal, tem entendido que a arrematação judicial de imóvel em hasta pública configura forma originária de aquisição da propriedade, sendo oportuno citar, por todos, o Agravo Regimental no Agravo de Instrumento nº AgRg no Ag 1225813, relatado pela Ministra Eliana Calmon, assim ementado: *"EXECUÇÃO FISCAL – IPTU – ARREMATAÇÃO DE BEM IMÓVEL – AQUISIÇÃO ORIGINÁRIA – INEXISTÊNCIA DE RESPONSABILIDADE TRIBUTÁRIA DO ARREMATANTE – APLICAÇÃO DO ART. 130, PARÁGRAFO ÚNICO, DO CTN. 1. A arrematação de bem móvel ou imóvel em hasta pública* ***é considerada como aquisição originária****, inexistindo relação jurídica entre o arrematante e o anterior proprietário do bem, de maneira que os débitos tributários anteriores à arrematação sub-rogam-se no preço da hasta. 2. Agravo regimental não provido. "* (grifou-se). No mesmo sentido: REsp nº 1179056/MG, AgRg no Ag nº 1225813/SP, REsp nº 1038800/RJ, REsp nº 807455/RS e REsp nº 40191/SP. Carlos Roberto Gonçalves aduz que a aquisição é derivada quando resulta de uma relação negocial entre o anterior proprietário e o adquirente, havendo, pois, uma transmissão do domínio em razão da manifestação de vontade. Assim, sempre que não houver relação causal entre a propriedade adquirida e a situação anterior da coisa, está-se diante da aquisição originária (*Direito civil brasileiro*, v. V. São Paulo: Saraiva, 2006, p. 231). Francisco Eduardo Loureiro, *in* Código Civil Comentado, ao definir a natureza jurídica da aquisição da propriedade pela usucapião, acentua que se trata de modo originário porque não há relação pessoal entre um precedente e um subsequente sujeito de direito (2 ed., São Paulo: Manole, 2008, p. 1161). Para Arnaldo Rizzardo, na aquisição derivada está sempre presente um vínculo entre duas pessoas, estabelecido em uma relação *inter vivos* ou *causa mortis*, ao passo que na originária não se constata uma relação jurídica entre o adquirente e o antigo proprietário (*Direito das coisas*. 3 ed. São Paulo: Forense, 2007, p. 244). Gustavo Tepedino, Heloisa Helena Barbosa e Maria Celina Bodin de Moraes observam que a aquisição originária se verifica quando o modo aquisitivo não guarda relação de causalidade com o estado jurídico anterior de domínio, e que não decorre de relação jurídica estabelecida com o proprietário anterior como ocorre no contrato de compra e venda (*Código civil interpretado conforme a constituição da república*, v. III. Rio de Janeiro: Renovar, 2011, p. 519). Quando o bem é arrematado judicialmente, não há relação negocial entre o anterior proprietário e o adquirente, e a transmissão de domínio não decorre de manifestação de vontade. É nesse sentido a lição de Cândido Rangel Dinamarco: *"A transferência do bem na execução forçada é um ato imperativo do Estado-juiz, realizado independentemente da vontade do dono, que é o executado, ou mesmo contra ela. Essa é a sanção representada pela execução forçada (Liebman – supra, nº1.326) e esse ato imperativo constitui autêntica expropriação, uma vez que tem o efeito de cancelar o direito que o executado tinha o bem, inclusive o de propriedade; e subtrair um bem ao patrimônio do titular é, em tudo e por tudo, expropriá-lo. Houve no passado uma série de tentativas de enquadramento desse ato judicial em categorias de direito privado, falando-se em uma estranhíssima compra-e-venda realizada pelo juiz a condição de mandatário do executado (Carnelutti); mas que mandatário seria esse, constituído com o encargo de realizar um ato de tão grande inconveniência para o suposto "mandante"? A raiz desse erro, que hoje consideramos grosseiro, consiste na colocação da questão no plano do direito privado, como se o juiz tivesse a necessidade de ser municiado de poderes contratuais, para poder impor-se sobre os bens do executado; na realidade, o poder do juiz vem do Estado, que ele corporifica no processo como agente da jurisdição, sendo ele autorizado a realizar todos os atos processuais destinados a cumprir os objetivos desta, inclusive lançando mão sobre o patrimônio do devedor inadimplente. A execução envolve* *uma relação de direito público e pelo direito público é regida, não pelo direito privado (Liebman – supra, nº 8). ... Como as alienações judiciais não se enquadram no conceito de um contrato de compra-e-venda e de contrato algum, é inadequado referir-se ao valor pago pelo arrematante como preço, porque o preço é um dos elementos desse contrato (res, pretium, consensus);" (Instituições de Direito Processual Civil, Vol. IV, 2ª e., Malheiros, p.552/554).* Portanto, diante da inexistência de relação jurídica entre o arrematante e o anterior proprietário do bem, tem-se que a arrematação do imóvel em hasta pública, conforme vem entendendo este Conselho Superior da Magistratura desde o julgamento da apelação nº 0007969-54.2010.8.26.0604, constitui forma originária da aquisição da propriedade. Em sendo assim, não há que se exigir do recorrente a comprovação da prova de quitação dos tributos passados, como visto na ementa do Superior Tribunal de Justiça acima. Os CCIRs, exigidos pelo Oficial de Registro de Imóveis, encontram-se às fls. 06. Isto posto, dou provimento ao recurso. JOSÉ RENATO NALINI, Corregedor Geral da Justiça e Relator (D.J.E. de 04.02.2013 – SP).

▸ **EMENTA:** Registro de imóveis – Carta de arrematação – Modo derivado de aquisição da propriedade – Ferimento dos princípios da continuidade e da especialidade objetiva – Recurso desprovido (Apelação nº 9000002-19.2013.8.26.0531, da Comarca de Santa Adélia). Cuida-se de apelação interposta contra a sentença de fls. 15/16, de lavra do MM. Juiz de Direito Corregedor Permanente do Registro de Imóveis, Títulos e Documentos e Civil de Pessoa Jurídica da Comarca de Santa Adélia, que manteve a recusa de registro de carta de arrematação. Tal recusa decorreu de três circunstâncias apontadas pela Oficial Registradora: (a) o executado detinha, tão somente, um oitavo da nua-propriedade, já que o bem era gravado por usufruto; (b) há cláusula de inalienabilidade registrada na matrícula e (c) há necessidade de averbação de retificação de área. O recorrente alega que a arrematação é forma originária de aquisição da propriedade, o que teria o condão de sanar todos os vícios. A Procuradoria de Justiça manifestou-se pelo desprovimento do recurso. É o relatório. O recurso não comporta provimento. Em primeiro lugar, ressalte-se que a origem judicial do título não torna prescindível a qualificação registrária, conforme pacífico entendimento do Colendo Conselho Superior da Magistratura: *Apesar de se tratar de título judicial, está ele sujeito à qualificação registrária. O fato de tratar-se o título de mandado judicial não o torna imune à qualificação registrária, sob o estrito ângulo da regularidade formal. O exame da legalidade não promove incursão sobre o mérito da decisão judicial, mas à apreciação das formalidades extrínsecas da ordem e à conexão de seus dados com o registro e a sua formalização instrumental (Ap. Cível nº 31881-0/1).* Dito isso, verifica-se que a Oficial tem razão em seus três motivos de recusa. Nem mesmo o recorrente refuta tal fato. Basta analisar a matrícula do imóvel para se verificar que da matrícula constam cláusula de inalienabilidade (AV.7) e de instituição de usufruto vitalício (R.6). De acordo com o art. 1911, do Código Civil, a cláusula de inalienabilidade implica a impenhorabilidade e a incomunicabilidade. Logo, o bem não poderia ter sido penhorado, muito menos alienado, nem mesmo em hasta pública. Por outro lado, o executado não era detentor de fração ideal da propriedade plena, mas, tão somente, de um oitavo da nua-propriedade. Portanto, penhorou-se e alienou-se, em hasta pública, mais do que detinha o executado. O problema, aí, é que a usufrutuária não era parte na execução. O usufruto não poderia ser extinto nem ser objeto de alienação. Da forma como feita a arrematação, quebrou-se, de forma absolutamente irregular, a continuidade. Bem observou a Oficial do Registro de Imóveis: *"Porém, no caso em tela, verifica-se que foi alienada parte ideal do imóvel da matrícula 2169, sem, todavia, constar menção ao usufruto que grava o bem, assim como disposição de vontade da doadora do imóvel que gravou a referida doação com cláusula de inalienabilidade. Assim, foram transmitidos ao arrematante mais direitos que o executado tinha, já que o bem está duplamente onerado: usufruto e inalienabilidade. Alienando-se o usufruto e a nua-propriedade retira-se o direito real de usufruto de Therezinha Conchetta Zavatti Zanqueta, ferindo, assim, o princípio da continuidade registral, já que não foi parte na execução. Quanto à cláusula de inalienabilidade, é manifestação de vontade que impediria a alienação do bem, a qualquer título, por manifestação de vontade expressa do doador. Tais exigências se fazem em nome da segurança jurídica das relações patrimoniais, que deve nortear toda e qualquer relação jurídica, já que não consta da presente carta de arrematação que tenha havido manifestação jurisdicional a respeito dos temas aqui levantados.* "No que toca à quebra da especialidade objetiva, o recorrente sequer abordou o tópico especificamente. Ao que parece, acredita que a tese sobre ser a arrematação forma originária da aquisição da propriedade tem a força de afastar, inclusive, a necessidade de retificação da área. Cuida-se de evidente equívoco. Como apontou a Oficial, a leitura da matrícula deixa entrever que o imóvel tem descrição absolutamente precária: *"... não há sequer elementos mínimos de localização do imóvel rural, razão pela qual não há certeza sobre o que realmente está sendo alienado, ferindo o princípio registral da especialidade objetiva. Deverá haver amarração geográfica, com indicação das coordenadas dos vértices definidores do imóvel rural, para que o imóvel não seja atingido pelo vício da ablaqueação (não permitir, com segurança, a real localização do imóvel."*. Resta examinar o argumento de que a arrematação é forma originária de aquisição da propriedade e, por isso, os vícios estariam superados. A arrematação constitui forma de alienação forçada, e que, segundo ARAKEN DE ASSIS, revela negócio jurídico entre o Estado, que detém o poder de dispor e aceita a declaração de vontade do adquirente (Manual da Execução. 14ª edição. São Paulo, Editora Revista dos Tribunais, 2012, p. 819). É ato expropriatório por meio do qual "o órgão judiciário transfere coativamente os bens penhorados do patrimônio do executado para o credor ou para outra pessoa". Em relação ao título da aquisição, por se tratar de alienação forçada, há acordo de transmissão e, no caso, o Estado transmite ao adquirente os direitos do executado na coisa penhorada, desde a assinatura do auto, destacando-se o duplo papel desse último, pois constitui a forma e a ultimação do negócio jurídico de adjudicação, e a partir dele é que será originado o título formal, que é a carta de adjudicação. Diante desse quadro, e respeitadas as opiniões que veem a arrematação e a adjudicação como modos originários de aquisição da propriedade, justamente por entender que o Estado substituiria o proprietário, cindindo a cadeia de transmissões, não vejo como afastar a relação existente entre dívida e responsabilidade em matéria de execução para reconhecer que se trata de modo originário de aquisição. Vale, nesse sentido, a observação do processualista gaúcho supra mencionado, no sentido de que "respeitando a correlação entre dívida e responsabilidade (art. 591), ao Estado descabe expungir dos bens do executado alguns ônus (v.g., servidão de passagem que grava o imóvel penhorado), que beneficiam a terceiros, ou assegurar, *tout court*, o domínio apenas aparente do devedor em face do *verus dominus*. Também aqui calha o velho brocardo: não se transfere mais do que se tem *(nemo plus iuris inalios transfere potest quam ipse haberet)"* (idem, ib., p. 820). Não desconheço que, em data relativamente recente, no julgamento da Apelação Cível nº 0007969-54.2010.8.26.0604 (Relator o então Corregedor Geral da Justiça, Desembargador Renato Nalini), este Conselho Superior da Magistratura, alterando posicionamento anterior, reconheceu que a arrematação constituía modo originário de aquisição da propriedade, e isso com fundamento em decisões do Superior Tribunal de Justiça, especialmente o Agravo Regimental no Agravo de Instrumento nº AgRg no Ag 1225813, relatado pela Ministra Eliana Calmon, assim ementado: EXECUÇÃO FISCAL – IPTU – ARREMATAÇÃO DE BEM IMÓVEL – AQUISIÇÃO ORIGINÁRIA – INEXISTÊNCIA DE RESPONSABILIDADE TRIBUTÁRIA DO ARREMATANTE – APLICAÇÃO DO ART. 130, PARÁGRAFO ÚNICO, DO CTN. 1. A arrematação de bem móvel ou imóvel em hasta pública é considerada como aquisição originária, inexistindo relação jurídica entre o arrematante e o anterior proprietário do bem, de maneira que os débitos tributários anteriores à arrematação sub-rogam-se no preço da hasta. 2. Agravo regimental não provido. No mesmo sentido, mencionaram-se na ocasião os seguintes precedentes: AgRg no Ag 1225813/SP, de 23/03/2010 (Relatora Ministra Eliana Calmon); REsp 1059102/RS, de 03/09/2009 (Relator Ministro Luiz Fux); REsp 1038800/RJ, de 20/08/2009 (Relator Ministro Herman Benjamin); REsp nº 807455/RS, de 28/10/2008 (Relatora Ministra Eliana Calmon); REsp nº 40191/SP, de 14/12/1993 (Relator Ministro Dias Trindade); e REsp nº 1179056/MG, de 07/10/2010 (Relator e Ministro Humberto Martins). Em todos esses precedentes, a solução dada, a meu sentir, foi muito peculiar e relacionada, na quase totalidade dos casos, à responsabilidade tributária, especialmente à vista do disposto no parágrafo único do artigo 130 do Código Tributário Nacional, no sentido de que, no caso de arrematação em hasta pública, a sub-rogação do crédito tributário ocorre sobre o respectivo preço. O fato de inexistir relação jurídica ou negocial entre o antigo proprietário (executado) e o adquirente (arrematante ou adjudicante) não afasta, contudo, o reconhecimento de que há aquisição derivada da propriedade. Como destaca Josué Modesto Passos, "diz-se originária a aquisição que, em seu suporte fático, é independente da existência de um outro direito; derivada, a que pressupõe, em seu suporte fático, a existência do direito por adquirir. A inexistência de relação entre titulares, a distinção entre o conteúdo do direito anterior e o do direito adquirido originariamente, a extinção de restrições e limitações, tudo isso pode se passar, **mas nada disso é da essência da aquisição originária**"(PASSOS, Josué Modesto. **A arrematação no registro de imóveis: continuidade do registro e natureza da aquisição.** São Paulo: Editora Revista dos Tribunais, 2014, pp. 111-112). Como anotado acima, arrematação e adjudicação são negócios jurídicos entre o Estado e os adquirentes. O primeiro detém o poder de dispor e aceita a declaração de vontade dos adquirentes, não se podendo dizer, só por isso, que não houve relação causal entre a propriedade adquirida e a situação anterior da coisa. Em outras palavras: nos casos de alienação forçada não deixa de haver vínculo entre a situação anterior da coisa e a propriedade adquirida, com a diferença que, nesses casos de transferência coativa, o ato figura mais complexo, justamente diante da participação do Estado. Por isso, entendo que o fato de na arrematação não haver relação negocial direta entre o anterior proprietário e o adquirente não torna originária a aquisição da propriedade daí decorrente. É certo que o precedente deste Conselho Superior da Magistratura, acima mencionado, buscou confortar situação bastante delicada, relacionada à indisponibilidade a que se refere o § 1º, do artigo 53, da Lei 8.212/91, ao reconhecer que referida indisponibilidade não impede que haja a alienação forçada do bem em decorrência da segunda penhora, realizada nos autos de execução proposta por particular, desde que resguardados, dentro do montante auferido, os valores referentes ao crédito fazendário relativo ao primeiro gravame imposto. De qualquer modo, entendo que tal situação pode e deve ser contornada sem que para isso seja preciso reconhecer como modo originário de aquisição da propriedade a arrematação ou a adjudicação. Nesse sentido, destaca-se a observação feita por Josué Modesto Passos, no sentido de que *"a arrematação não pode ser considerada um fundamento autônomo do direito que o arrematante adquire. A arrematação é ato que se dá entre o Estado (o juízo) e o maior lançador (arrematante), e não entre o mais lançador (arrematante) e o executado; isso, porém, não exclui que se exija – como de fato se exige –, no suporte fático da arrematação (e, logo, no suporte fático da aquisição imobiliária fundada na arrematação), a existência do direito que, perdido para o executado, é então objeto de disposição em favor do arrematante. Ora, se essa existência do direito anterior está pressuposta e é exigida, então – quod erat demonstrandum – a aquisição é derivada (e não originária)"* (Op. cit., p. 118). A propósito, não há como simplesmente apagar as ocorrências registrárias anteriores ao ato de transmissão coativa, quando é da essência do registro público justamente resguardar as situações anteriores, situação que não se confunde com mecanismos de modulação dos efeitos da transmissão coativa, para atingir ou mesmo resguardar direitos de terceiros. Parece-me até mesmo desnecessária qualquer tentativa de flexibilização das regras de continuidade e especialidade, no intuito de desatrelar a alienação forçada dos títulos dominiais pretéritos, porque não há óbice para que convivam harmonicamente, a partir de critérios de modulação de seus efeitos. Nesse sentido é que o Superior Tribunal de Justiça, nos precedentes que serviram de paradigma para a decisão deste Conselho Superior da Magistratura, reconheceu a inexistência de responsabilidade tributária do arrematante por débitos tributários anteriores, sem que com isso se possa estender o raciocínio para abarcar a prescindibilidade da observância dos princípios da continuidade e da especialidade subjetiva, mesmo porque responsabilidade não se confunde com débito, embora normalmente correlatos (AgRg no Ag 1225813/SP, de 23/03/2010 (Relatora Ministra Eliana Calmon); REsp 1059102/RS, de 03/09/2009 (Relator Ministro Luiz Fux); REsp 1038800/RJ, de 20/08/2009 (Relator Ministro Herman Benjamin); REsp nº 807455/RS, de 28/10/2008 (Relatora Ministra Eliana Calmon). Do mesmo modo, no REsp nº 40191/SP, de 14/12/1993 (Relator Ministro Dias Trindade), que tratou da arrematação nos casos de existência de hipoteca; e no REsp 1179056/MG, de 07/10/2010 (Relator e Ministro Humberto Martins), que ressalvou os casos de obrigação *propter rem*. Destaca-se, além disso, que a aventada modulação dos efeitos da transmissão coativa não é novidade, bastando lembrar do direito de sequela, típica hipótese em que não há propriamente o afastamento dos princípios registrários mencionados, mas uma adequação da cadeia registral. Em suma: a arrematação não constitui modo originário de aquisição da propriedade, caindo por terra as alegações formuladas pelo recorrente. Ante o exposto, nega-se provimento ao recurso. HAMILTON ELLIOT AKEL. CORREGEDOR GERAL DA JUSTIÇA E RELATOR. DECLARAÇÃO DE VOTO DIVERGENTE. VOTO N.º 21.567. CONSELHO SUPERIOR DA MAGISTRATURA. APELAÇÃO CÍVEL N.º 9000002-19.2013.8.26.0531. Apelante: JOSÉ FERNANDO ZANQUETA. Réu: OFICIAL DE REGISTRO DE IMÓVEIS E ANEXOS DA COMARCA DE SANTA ADÉLIA. Vistos etc... Ouso divergir em parte da posição esposada pela d. maioria, sem porém alterar o resultado do julgamento, porque concluo pela procedência da dúvida e, assim, pelo desprovimento do recurso. A discordância se restringe à fundamentação e, particularmente, ao reconhecimento da ofensa ao princípio da especialidade objetiva e à compreensão da arrematação como modo derivado de aquisição da propriedade imobiliária. A carta de arrematação tendo por objeto parte ideal correspondente a 1/8 do bem imóvel identificado na mat. nº 2.169 do RI de Santa Adélia, de propriedade do executado JOSÉ ROBERTO ZANQUETA, foi desqualificada para fins de registro em atenção, primeiro, à cláusula de inalienabilidade, instituída por meio da av. 7 [1], e também porque ofensiva aos princípios da continuidade e da especialidade objetiva. [2]. Quanto ao princípio da continuidade, afirmou-se que JOSÉ ROBERTO ZANQUETA é proprietário apenas da nua-propriedade, de modo que a penhora e a alienação judicial desconsideraram o direito real de usufruto sob titularidade de THEREZINHA CONCHETTA ZAVATTI. [3]. A respeito do princípio da especialidade objetiva, invocou-se a precariedade da descrição tabular, a exigir a prévia retificação, com averbação da reserva legal, condição para o registro pretendido. O r. voto preponderante da lavra do Corregedor Geral da Justiça, o e. Des. HAMILTON ELLIOT AKEL ao desprover o recurso, assentou a pertinência das exigências e, alterando orientação administrativa que prevalecia nesse C. Conselho, acrescentou: a arrematação é modo derivado de aquisição da propriedade. Em relação à cláusula de inalienabilidade, é realmente impeditiva do registro. Estabelecida em favor do donatário/executado JOSÉ ROBERTO ZANQUETA [4], não há como quebrá-la em prejuízo dele, salvo nas hipóteses de desapropriação, como prevê o parágrafo único do art. 1911 do CC [5]. E porque, consoante o *caput* desse dispositivo [6], importa impenhorabilidade do bem imóvel, o registro representaria ofensa ao princípio da legalidade. O usufruto pertencente a terceira pessoa estranha à execução judicial [7], desprezado pela constrição judicial e pela arrematação [8], obsta igualmente o registro do título, **mas não sob o palio do princípio da continuidade.** Porque a impenhorabilidade e a inalienabilidade são ínsitas ao usufruto, que, nos expressos termos do art. 1.393 do CC [9], admite apenas a cessão de seu exercício, **o registro da carta de arrematação** – e aqui desimportante a discussão sobre eventual ciência dos usufrutuários – **feriria o princípio da legalidade e o da inscrição,** compreendido em sua dimensão negativa. Em contrapartida, **a precariedade da descrição não justifica a desqualificação.** Há exata identidade entre a descrição tabular e a do título. O registro não importaria desmembramento, tampouco fusão. Não criaria nova unidade imobiliária. A base geodésica permaneceria inalterada. Por isso, **a prévia retificação é desnecessária,** na linha da atual jurisprudência desse Conselho e, em especial, das **Apelações Cíveis nº 0009480-97.2013.8.26.0114** e **nº 0015003-54.2011.8.26.0278,** sob a relatoria do e. Des. HAMILTON ELLIOT AKEL, julgadas, aliás, na mesma sessão do presente recurso [10], em 2 de setembro de 2014. Por sua vez, a afirmação de que **a arrematação é modo derivado de aquisição da propriedade – a par de prescindível** para fins de desqualificação e desprovimento do recurso – **contraria a recente e firme jurisprudência desse C. Conselho** [11], construída no último biênio sob a inspiração do C. Superior Tribunal de Justiça [12], que procurou, com seus poderosos precedentes, atribuir a essa espécie de aquisição a máxima segurança, inclusive em prestígio do Poder Judiciário **e da efetividade das decisões judiciais.** Ao pontuar a inexistência de relação jurídica entre o adquirente e o anterior titular do direito real, a irrelevância da ausência de nexo causal entre o passado e a situação jurídica atual e a inocorrência de transmissão voluntária do direito de propriedade, esse Conselho, **ao rever seu pretérito entendimento,** identificou a arrematação judicial como modo **originário** de aquisição da propriedade, de sorte a alinhar-se com a pacífica orientação do C. STJ e **prestigiar o princípio da segurança jurídica.** Concluiu que a arrematação é **causa autônoma suficiente** que liberta a propriedade de seus vínculos e dos títulos dominiais anteriores, dos quais não deriva e com os quais não mantém ligação, embora sujeita, **por expressa disposição legal,** aos riscos da evicção. **A ressalva textual,** positivada no art. 447 do CC [13], **somente reforça o caráter originário** da aquisição da propriedade via arrematação, pois, se derivado fosse, prescindível seria o acautelamento. Desse modo, **nova alteração de posicionamento em tão curto espaço temporal,** em desconformidade com a jurisprudência predominante no Superior Tribunal de Justiça **e logo após, insisto, a consolidação do entendimento que se revê,** sem fatos novos e antes de permitir a reflexão sobreo impacto e as consequências da modificação que se supera, **gera insegurança jurídica,** em afronta a princípio cardeal do sistema registral, revela-se prematura **e fragiliza o princípio da colegialidade.** De mais a mais, com a devida vênia, sequer era necessário debater e, principalmente, deliberar a mudança de orientação administrativa. Para a procedência da dúvida e a rejeição do apelo **bastava,** conforme assinalado, **a invocação do princípio da legalidade.** A qualificação registral, iluminada pelo princípio da legalidade, não se restringe aos aspectos extrínsecos; abarca os intrínsecos, o conteúdo do título. **A integralidade é um de seus traços.** A propósito, lembro acurado escólio do e. Des. **RICARDO DIP:** *No Brasil, a qualificação registral dos títulos exibidos diz respeito não apenas a seu aspecto exterior (título em sentido formal), mas igualmente à causa de aquisição ou de oneração (título em sentido material). Tampouco se restringe o juízo qualificador ao título ordinário (ou principal), estendendo-se aos acessórios (ou complementares) ..., nem se limita, sob o color da origem pública dos títulos, a apreciar os instrumentos privados. [14].* Por estes fundamentos, **malgrado desproveja o recurso** em atenção à cláusula de inalienabilidade, ao direito real de usufruto e, especialmente, ao princípio da legalidade, **meu voto,** quanto à fundamentação, **diverge parcialmente do proferido pelo Relator,** o **e.** Des. HAMILTON ELLIOT AKEL, que, ao final, foi acolhido pela maioria. JOSÉ RENATO NALINI. Presidente do Tribunal de Justiça. Notas: [1] Fls. 27 dos autos em apenso. [2] Fls. 2-6.[3] R.6 e Av. 22 da mat. 2.169 – fls. 26v, 27 e 30 dos autos em apenso.[4] Fls. 27 dos autos em apenso.[5] Art. 1.911. (...)Parágrafo único**.** No caso de desapropriação de bens clausulados, ou de sua alienação, por conveniência econômica do donatário ou do herdeiro, mediante autorização judicial, o produto da venda converter-se-á em outros bens, sobre os quais incidirão as restrições apostas aos primeiros.[6] Art. 1.911**.** A cláusula de inalienabilidade, imposta aos bens por ato de liberalidade, implica impenhorabilidade e incomunicabilidade.[7] R.6 e Av. 22 da mat. 2.169 – fls. 26v, 27 e 30 dos autos em apenso.[8] Fls. 10, 11 e 33 dos autos em apenso.[9] Art. 1.393**.** Não se pode transferir o usufruto por alienação; mas o seu exercício pode ceder-se por título gratuito ou oneroso.[10] Itens 25 e 27 da pauta. [11]A título de exemplo, Apelações nos 0007969-54.2010.8.26.0604, j. 10.5.2012, 0018138-36.2011.8.26.0032, j. 20.9.2012, 0021311-24.2012.8.26.0100, j. 17.1.2013, 0013197-92.2012.8.26.0554, j. 18.4.2013, e nº 0038265-20.2012.8.26.0562, j. 9.5.2013, todas de minha relatoria. [12]REsp nº 40.191/SP, rel. Min. Dias Trindade, j. 14.12.1993; REsp nº 807.455/RS, rel. Min. Eliana Calmon, j. 28.10.2008; REsp nº 1.038.800/RJ, rel. Min. Herman Benjamin, j. 20.08.2009; AgRg no Ag nº 1.225.813/SP, rel. Min. Eliana Calmon, j. 23.3.2010; REsp nº 1.179.056/MG, rel. Min. Humberto Martins, j. 7.10.2010.[13] Art. 447**.** Nos contratos onerosos, o alienante responde pela evicção. Subsiste esta garantia ainda que a aquisição se tenha realizado em hasta pública. (grifei) [14] *Sobre a qualificação no registro de imóveis*. In: *Revista de Direito Imobiliário*, nº 29, p. 33-72, janeiro-junho 1992. p. 54. (D.J.E. de 17.11.2014 – SP)

▶ **EMENTA:** REGISTRO DE IMÓVEIS – Ação judicial de adjudicação compulsória promovida em face dos que constam como proprietários do imóvel – Desnecessidade do registro dos documentos que instrumentalizam os sucessivos compromissos de venda e compra – Irrelevância do registro de um deles – Desqualificação registral afastada – Carta de sentença passível de registro – Dúvida improcedente – Recurso não provido (APELAÇÃO CÍVEL Nº 0020761-10.2011.8.26.0344, da Comarca de MARÍLIA). O apelado requereu a suscitação da dúvida porque inconformado com a desqualificação da carta de adjudicação (fls. 10/11), cujo registro restou condicionado ao registro de dois instrumentos particulares de compromisso de compra e venda (fls. 31 e 33/34) e, assim, ao reconhecimento das firmas neles lançadas, à comprovação do recolhimento do ITBI incidentes sobre tais negócios jurídicos e à declaração dos promitentes vendedores no sentido de que não são empregadores (fls. 02/06). Notificado (fls. 02), o suscitado não apresentou impugnação (fls. 53 verso), o Ministério Público opinou pela procedência da dúvida (fls. 54/58), julgada, no entanto, improcedente (fls. 60/67), o que, por sua vez, determinou a interposição de *recurso administrativo* pelo Ministério Público, onde se sustentou o acerto das exigências formuladas pelo Oficial de Registro (fls. 73/78). *Recebido o recurso como apelação,* o apelado não ofereceu resposta (fls. 84) e, com a subida dos autos, a Douta Procuradoria Geral da Justiça propôs o provimento do recurso (fls. 90/94). É o relatório. O bem imóvel objeto da matrícula nº 11.972 do 2º Registro de Imóveis de Marília/SP foi prometido à venda, originalmente, a (...), que, em 12 de janeiro de 1981, providenciou o registro do instrumento particular relativo ao contrato aperfeiçoado com os proprietários (...) (fls. 20/24). Após dois novos negócios jurídicos envolvendo o bem imóvel acima identificado (fls. 29/30 e 31/32), ambos não registrados (fls. 20/23), os direitos sobre a coisa, advindos do primeiro compromisso de venda e compra, o único registrado, foram transferidos ao suscitado (...), ora apelado, e a sua esposa, (...) (fls. 33/34). Quitado o preço ajustado, e porque não outorgada a escritura definitiva de venda e compra, (...) ingressaram com ação de adjudicação compulsória em face dos espólios dos proprietários acima referldos (fls. Fls. 14/20) e o pedido deles foi julgado procedente (fls. 14/20), determinando, depois do trânsito em julgado (fls. 44), a expedição da carta de sentença (fls. 13/45). Recusado o registro do título, com declinação das exigências a serem satisfeitas (fls. 50), a carta de adjudicação foi aditada (fls. 46/52) e, conforme os documentos exibidos, reapresentada, sem sucesso, em duas oportunidades, em maio e julho de 2011 (fls. 52). Ao suscitar a dúvida, o Registrador, inicialmente, ponderou: o registro da carta de adjudicação – porque (...) (aquele que figura como promitente comprador no compromisso de venda e compra registrado) não participou do processo de adjudicação compulsória –, está condicionado aos registros dos instrumentos particulares referentes aos contratos celebrados entre ele e a esposa, ambos representados por (...) (fls. 29), e (...) (fls. 31) e entre este e esposa e os adjudicatários (fls. 33/34). E, depois, acrescentou: o registro dos instrumentos particulares, por outro lado, depende do reconhecimento das firmas neles lançadas, da comprovação do recolhimento do tributo incidente sobre as cessões de direito aperfeiçoadas (ITBI) e de declaração dos cedentes de que não são empregadores (fls. 02/06). Malgrado o suscitado/interessado, notificado (fls. 02), não tenha apresentado impugnação (fls. 53 verso) – o que não impede o conhecimento da dúvida (artigo 199 da Lei nº 6.015/1973) –, ficou claro o seu inconformismo: para ele, a carta de adjudicação, título judicial, comporta registro, independentemente dos assentos relativos às cessões de direitos e, portanto, dos reconhecimentos de firma, da comprovação do pagamento do tributo incidente sobre tais operações econômicas e da declaração exigida (fls. 10/11). E, de fato, ele tem razão, embora a origem judicial do título não torne prescindível a qualificação: com efeito – e respeitados os precedentes da 1ª Vara de Registros Públicos desta Capital, em sintonia com a posição do Registrador –, o princípio da continuidade, com a transmissão da propriedade aos adjudicatários mediante registro do título judicial constituído em processo instaurado em face dos espólios daqueles que, na tábua registral, figuram como proprietários, não será vulnerado. A documentação apresentada, que aparelha a carta de adjudicação, evidencia as cessões de direitos, insuscetíveis de retratação, e o direito dos adjudicatários à escritura definitiva de venda e compra: aliás, particularmente, revela a eficácia dos sucessivos negócios jurídicos em relação ao promitente comprador com instrumento particular registrado na matrícula do bem imóvel. De todo modo, a possível insciência dele, a sua ocasional oposição à transmissão da propriedade do imóvel aos adjudicatários e a eventual inoponibilidade das cessões de direito, com afastamento de sua repercussão sobre a situação jurídica dele, são circunstâncias despidas de força para comprometer a validade da adjudicação compulsória, para frear o acesso do título ao álbum imobiliário: quando muito, terão potência para relativizar a eficácia, não para atestar a invalidade da transferência coativa da propriedade. Marco Aurelio S. Viana, ao frisar, com acerto, que o direito à adjudicação compulsória, pago o preço, deriva da impossibilidade de arrependimento, e não do registro do instrumento contratual, pontua: "não se justifica a exigência de registro prévio do contrato senão como forma de tutelar o promitente comprador contra a alienação por parte do promitente vendedor, limitando ou reduzindo o poder de disposição deste, ao mesmo tempo que arma o adquirente de sequela, admitindo que obtenha a escritura até mesmo contra terceiro, na forma indicada no art. 1.418. "Assim sendo, uma vez constituído o direito real de aquisição, Francisco Eduardo Loureiro acentua, com propriedade: doravante, os "novos atos de disposição ou de oneração praticados pelo promitente vendedor em benefício de terceiros, ainda que de boa-fé, são ineficazes frente ao promitente comprador". Realço: ineficazes, não inválidos. Quero dizer: se o registro do instrumento particular de compromisso de venda e compra, desnecessário para obtenção da sentença substitutiva do contrato definitivo, não impede o promitente vendedor de transferir a propriedade a terceiros – embora seja idôneo para comprometer a eficácia deste negócio jurídico –, impõe, na mesma linha de entendimento, admitir que o registro da carta de sentença extraída de processo instaurado em face dos que constam como titulares do domínio prescinde dos registros das cessões de direitos subsequentes ao compromisso de venda e compra, ainda que o promitente comprador não tenha participado do processo de adjudicação compulsória. No futuro, se eventualmente declarada a ineficácia da transferência da propriedade em favor dos adjudicatários – o que se afigura improvável, diante do contexto probatório exposto –, o registro da carta de adjudicação não representará estorvo à pretensão do promitente comprador Álvaro dos Santos – em cujos direitos, ressalto, os adjudicatários, tudo indica, sub-rogaram-se –, à outorga da escritura definitiva de venda e compra, passível de substituição, também em tese, por sentença que assegure o resultado prático equivalente (artigo 1.418 do CC/2002). Logo, convém, desprovendo o recurso, confirmar a respeitável sentença impugnada. De mais a mais, com a determinação do registro da carta de adjudicação, prestigia-se a jurisprudência a respeito da legitimidade passiva *ad causam* nas ações de adjudicação compulsória, a ser proposta em face de quem, na tábua registral, aparece como proprietário do bem imóvel adjudicando, independentemente de eventuais cessões de direito operadas após a promessa de venda e compra. Pelo todo exposto, nego provimento à apelação e, assim, determino o registro da carta de adjudicação. JOSÉ RENATO NALINI, Corregedor Geral da Justiça e Relator (D.J.E. de 04.02.2013 – SP).

▶ **EMENTA:** Registro de imóveis – Dúvida – Carta de adjudicação – Dispensa de CND – Posicionamento modificado e consolidado pelo Conselho Superior da Magistratura, baseado em precedentes do Supremo Tribunal Federal e do órgão especial do TJSP, de que a exigência é indevida – Certidão dispensada – Recurso provido (Apelação nº 0002289-35.2013.8.26.0426, da Comarca de Patrocínio Paulista). Cuida-se de recurso de apelação interposto contra a sentença do MM Juiz Corregedor Permanente do Oficial de Registro de Imóveis da Comarca de Patrocínio Paulista, que julgou procedente a dúvida suscitada e manteve a recusa de registro da carta de adjudicação compulsória extraída dos autos da ação de adjudicação compulsória, em razão da não apresentação da Certidão Negativa de Débitos da Receita Federal em nome da empresa titular do domínio e alienante do imóvel, com fundamento no artigo 47, I, da Lei nº 8.212/91. Sustenta o apelante que recentes julgados de tribunais superiores decidiram pela inexigibilidade das certidões (fls. 78/79). A Procuradoria Geral de Justiça opinou pelo provimento do recurso (fls. 93/96). É o relatório. O Colendo Conselho Superior da Magistratura modificou posicionamento anterior, que há muito se havia consolidado, e passou a considerar inexigível a certidão negativa de débito por parte da empresa alienante do imóvel para fins de registro do título, prevista no artigo 47, I, "b", da Lei nº 8.212/91, baseado em julgados do Supremo Tribunal Federal (ADIs nºs 173-6 e 394-1, rel. Ministro Joaquim Barbosa, j. 25.09.2008) nos quais foi declarada a inconstitucionalidade de leis e atos normativos do Poder Público que tragam em si sanções políticas, com o fim de compelir o contribuinte ao recolhimento do crédito por via oblíqua, porque se trata de exigência que não guarda nenhuma relação com o ato de registro do título. Nesse sentido: RMS 9.698, RE 413.782, RE 424.061, RE 409.956, RE 414.714 e RE 409.958. O voto proferido na Adi 173-6, inobstante haver tratado de caso referente à interdição de estabelecimento e proibição total do exercício da atividade profissional, traz entendimento que se aplica a todas as demais hipóteses que objetivam coagir ao pagamento do crédito e que configuram forma de sanção política, tanto que assim dispõe: "*Como se depreende do perfil apresentado e da jurisprudência da Corte, as sanções políticas podem assumir uma série de formatos. A interdição de estabelecimento e a proibição total do exercício de atividade profissional são apenas exemplos mais comuns.* "O caso ora examinado, no qual a norma legal exige, para possibilitar o registro decorrente de alienação de imóvel, a exibição de certidão negativa de débito da previdência social e de certidão negativa de débito de tributos e contribuições federais em nome da proprietária alienante, a exemplo do acima mencionado, tem por fim compelir o contribuinte a pagar o débito e configura forma de sanção política. O Colendo Órgão Especial deste Tribunal, no julgamento da Arguição de Inconstitucionalidade nº 139256-75.2011.8.26.0000, reconheceu a inconstitucionalidade do art. 47, I, "d", da Lei nº 8.212/91. A ementa é do seguinte teor: *"ARGUIÇÃO DE INCONSTITUCIONALIDADE. LEI 8.212/91, Art. 47, ALÍNEA "D". EXIGÊNCIA DE CERTIDÃO NEGATIVA DE DÉBITO DA EMPRESA NO REGISTRO OU ARQUIVAMENTO, NO ÓRGÃO PRÓPRIO, DE ATO RELATIVO A EXTINÇÃO DE SOCIEDADE COMERCIAL. OFENSA AO DIREITO AO EXERCÍCIO DE ATIVIDADES ECONÔMICAS E PROFISSIONAIS LÍCITAS (CF, ART. 170, PARÁGRAFO ÚNICO), SUBSTANTIVE PROCESS OF LAW E AO DEVIDO PROCESSO LEGAL. ARGUIÇÃO PROCEDENTE. Exigência descabida, em se cuidando de verdadeira forma de coação à quitação de tributos. Caracterização da exigência como sanção política. Precedentes do STF.* "Neste mesmo sentido este Conselho Superior da Magistratura vem reiteradamente decidindo, a exemplo das Apelações Cíveis nºs. 0018870-06.2011.8.26.0068; 0013479-23.2011.8.26.0019; 9000003-22.2009.8.26.0441; 0013693-47.2012.8.26.0320 e 0006907-12.2012.8.26.0344. Tenho para mim, em suma, respeitado o entendimento esposado na sentença do douto magistrado, que é caso de dispensa da exigência da CND. Ante o exposto, dou provimento ao recurso para julgar improcedente a dúvida e determinar o registro do título. HAMILTON ELLIOT AKEL. CORREGEDOR GERAL DA JUSTIÇA E RELATOR (D.J.E. de 17.11.2014 – SP).

▶ **EMENTA**: Registro de imóveis – Carta de arrematação – Modo derivado de aquisição da propriedade – Ferimento dos princípios da continuidade e da especialidade objetiva – Recurso desprovido (Apelação nº 0005832-88.2010.8.26.0543, da Comarca de Santa Isabel). Cuida-se de apelação interposta contra a sentença de fls. 15/16, de lavra do MM. Juiz de Direito Corregedor Permanente do Registro de Imóveis, Títulos e Documentos e Civil de Pessoa Jurídica da Comarca de Santa Adélia, que manteve a recusa de registro de carta de arrematação. Tal recusa decorreu de três circunstâncias apontadas pela Oficial Registradora: (a) o executado detinha, tão somente, um oitavo da nua-propriedade, já que o bem era gravado por usufruto; (b) há cláusula de inalienabilidade registrada na matrícula e (c) há necessidade de averbação de retificação de área. O recorrente alega que a arrematação é forma originária de aquisição da propriedade, o que teria o condão de sanar todos os vícios. A Procuradoria de Justiça manifestou-se pelo desprovimento do recurso. É o relatório.

O recurso não comporta provimento. Em primeiro lugar, ressalte-se que a origem judicial do título não torna prescindível a qualificação registrária, conforme pacífico entendimento do Colendo Conselho Superior da Magistratura: *Apesar de se tratar de título judicial, está ele sujeito à qualificação registrária. O fato de tratar-se o título de mandado judicial não o torna imune à qualificação registrária, sob o estrito ângulo da regularidade formal. O exame da legalidade não promove incursão sobre o mérito da decisão judicial, mas à apreciação das formalidades extrínsecas da ordem e à conexão de seus dados com o registro e a sua formalização instrumental (Ap. Cível nº 31881-0/1).* Dito isso, verifica-se que a Oficial tem razão em seus três motivos de recusa. Nem mesmo o recorrente refuta tal fato. Basta analisar a matrícula do imóvel para se verificar que da matrícula constam cláusula de inalienabilidade (AV.7) e de instituição de usufruto vitalício (R.6). De acordo com o art. 1911, do Código Civil, a cláusula de inalienabilidade implica a impenhorabilidade e a incomunicabilidade. Logo, o bem não poderia ter sido penhorado, muito menos alienado, nem mesmo em hasta pública. Por outro lado, o executado não era detentor de fração ideal da propriedade plena, mas, tão somente, de um oitavo da nua-propriedade. Portanto, penhorou-se e alienou-se, em hasta pública, mais do que detinha o executado. O problema, aí, é que a usufrutuária não era parte na execução. O usufruto não poderia ser extinto nem ser objeto de alienação. Da forma como feita a arrematação, quebrou-se, de forma absolutamente irregular, a continuidade. Bem observou a Oficial do Registro de Imóveis: "*Porém, no caso em tela, verifica-se que foi alienada parte ideal do imóvel da matrícula 2169, sem, todavia, constar menção ao usufruto que grava o bem, assim como disposição de vontade da doadora do imóvel que gravou a referida doação com cláusula de inalienabilidade. Assim, foram transmitidos ao arrematante mais direitos que o executado tinha, já que o bem está duplamente onerado: usufruto e inalienabilidade. Alienando-se o usufruto e a nua-propriedade retira-se o direito real de usufruto de Therezinha Conchetta Zavatti Zanqueta, ferindo, assim, o princípio da continuidade registral, já que não foi parte na execução. Quanto à cláusula de inalienabilidade, é manifestação de vontade que impediria a alienação do bem, a qualquer título, por manifestação de vontade expressa do doador. Tais exigências se fazem em nome da segurança jurídica das relações patrimoniais, que deve nortear toda e qualquer relação jurídica, já que não consta da presente carta de arrematação que tenha havido manifestação jurisdicional a respeito dos temas aqui levantados.* "No que toca à quebra da especialidade objetiva, o recorrente sequer abordou o tópico especificamente. Ao que parece, acredita que a tese sobre ser a arrematação forma originária da aquisição da propriedade tem a força de afastar, inclusive, a necessidade de retificação da área. Cuida-se de evidente equívoco. Como apontou a Oficial, a leitura da matrícula deixa entrever que o imóvel tem descrição absolutamente precária: "*... não há sequer elementos mínimos de localização do imóvel rural, razão pela qual não há certeza sobre o que realmente está sendo alienado, ferindo o princípio registral da especialidade objetiva. Deverá haver amarração geográfica, com indicação das coordenadas dos vértices definidores do imóvel rural, para que o imóvel não seja atingido pelo vício da ablaqueação (não permitir, com segurança, a real localização do imóvel.* " Resta examinar o argumento de que a arrematação é forma originária de aquisição da propriedade e, por isso, os vícios estariam superados. A arrematação constitui forma de alienação forçada, e que, segundo ARAKEN DE ASSIS, revela negócio jurídico entre o Estado, que detém o poder de dispor e aceita a declaração de vontade do adquirente (Manual da Execução. 14ª edição. São Paulo, Editora Revista dos Tribunais, 2012, p. 819). É ato expropriatório por meio do qual "o órgão judiciário transfere coativamente os bens penhorados do patrimônio do executado para o credor ou para outra pessoa". Em relação ao título da aquisição, por se tratar de alienação forçada, há acordo de transmissão e, no caso, o Estado transmite ao adquirente os direitos do executado na coisa penhorada, desde a assinatura do auto, destacando-se o duplo papel desse último, pois constitui a forma e a ultimação do negócio jurídico de adjudicação, e a partir dele é que será originado o título formal, que é a carta de adjudicação. Diante desse quadro, e respeitadas as opiniões que veem a arrematação e a adjudicação como modos originários de aquisição da propriedade, justamente por entender que o Estado substituiria o proprietário, cindindo a cadeia de transmissões, não vejo como afastar a relação existente entre dívida e responsabilidade em matéria de execução para reconhecer que se trata de modo originário de aquisição. Vale, nesse sentido, a observação do processualista gaúcho supra mencionado, no sentido de que "respeitando a correlação entre dívida e responsabilidade (art. 591), ao Estado descabe expungir dos bens do executado alguns ônus (v.g., servidão de passagem que grava o imóvel penhorado), que beneficiam a terceiros, ou assegurar, *tout court*, o domínio apenas aparente do devedor em face do *verus dominus*. Também aqui calha o velho brocardo: não se transfere mais do que se tem *(nemo plus iuris inalios transfere potest quam ipse haberet)*" (idem, ib., p. 820). Não desconheço que, em data relativamente recente, no julgamento da Apelação Cível nº 0007969-54.2010.8.26.0604 (Relator o então Corregedor Geral da Justiça, Desembargador Renato Nalini), este Conselho Superior da Magistratura, alterando posicionamento anterior, reconheceu que a arrematação constituía modo originário de aquisição da propriedade, e isso com fundamento em decisões do Superior Tribunal de Justiça, especialmente o Agravo Regimental no Agravo de Instrumento nº AgRg no Ag 1225813, relatado pela Ministra Eliana Calmon, assim ementado: EXECUÇÃO FISCAL – IPTU – ARREMATAÇÃO DE BEM IMÓVEL – AQUISIÇÃO ORIGINÁRIA – INEXISTÊNCIA DE RESPONSABILIDADE TRIBUTÁRIA DO ARREMATANTE – APLICAÇÃO DO ART. 130, PARÁGRAFO ÚNICO, DO CTN. 1. A arrematação de bem móvel ou imóvel em hasta pública é considerada como aquisição originária, inexistindo relação jurídica entre o arrematante e o anterior proprietário do bem, de maneira que os débitos tributários anteriores à arrematação sub-rogam-se no preço da hasta. 2. Agravo regimental não provido. No mesmo sentido, mencionaram-se na ocasião os seguintes precedentes: AgRg no Ag 1225813/SP, de 23/03/2010 (Relatora Ministra Eliana Calmon); REsp 1059102/RS, de 03/09/2009 (Relator Ministro Luiz Fux); REsp 1038800/RJ, de 20/08/2009 (Relator Ministro Herman Benjamin); REsp nº 807455/RS, de 28/10/2008 (Relatora Ministra Eliana Calmon); REsp nº 40191/SP, de 14/12/1993 (Relator Ministro Dias Trindade); e REsp nº 1179056/MG, de 07/10/2010 (Relator e Ministro Humberto Martins). Em todos esses precedentes, a solução dada, a meu sentir, foi muito peculiar e relacionada, na quase totalidade dos casos, à responsabilidade tributária, especialmente à vista do disposto no parágrafo único do artigo 130 do Código Tributário Nacional, no sentido de que, no caso de arrematação em hasta pública, a sub-rogação do crédito tributário ocorre sobre o respectivo preço. O fato de inexistir relação jurídica ou negocial entre o antigo proprietário (executado) e o adquirente (arrematante ou adjudicante) não afasta, contudo, o reconhecimento de que há aquisição derivada da propriedade. Como destaca Josué Modesto Passos, "diz-se originária a aquisição que, em seu suporte fático, é independente da existência de um outro direito; derivada, a que pressupõe, em seu suporte fático, a existência do direito por adquirir. A inexistência de relação entre titulares, a distinção entre o conteúdo do direito anterior e o do direito adquirido originariamente, a extinção de restrições e limitações, tudo isso pode se passar, **mas nada disso é da essência da aquisição originária**"(PASSOS, Josué Modesto. **A arrematação no registro de imóveis: continuidade do registro e natureza da aquisição.** São Paulo: Editora Revista dos Tribunais, 2014, pp. 111-112). Como anotado acima, arrematação e adjudicação são negócios jurídicos entre o Estado e os adquirentes. O primeiro detém o poder de dispor e aceita a declaração de vontade dos adquirentes, não se podendo dizer, só por isso, que não houve relação causal entre a propriedade adquirida e a situação anterior da coisa. Em outras palavras: nos casos de alienação forçada não deixa de haver vínculo entre a situação anterior da coisa e a propriedade adquirida, com a diferença que, nesses casos de transferência coativa, o ato figura mais complexo, justamente diante da participação do Estado. Por isso, entendo que o fato de na arrematação não haver relação negocial direta entre o anterior proprietário e o adquirente não torna originária a aquisição da propriedade daí decorrente. É certo que o precedente deste Conselho Superior da Magistratura, acima mencionado, buscou confortar situação bastante delicada, relacionada à indisponibilidade a que se refere o § 1º, do artigo 53, da Lei 8.212/91, ao reconhecer que referida indisponibilidade não impede que haja a alienação forçada do bem em decorrência da segunda penhora, realizada nos autos de execução proposta por particular, desde que resguardados, dentro do montante auferido, os valores referentes ao crédito fazendário relativo ao primeiro gravame imposto. De qualquer modo, entendo que tal situação pode e deve ser contornada sem que para isso seja preciso reconhecer como modo originário de aquisição da propriedade a arrematação ou a adjudicação. Nesse sentido, destaca-se a observação feita por Josué Modesto Passos, no sentido de que *"a arrematação não pode ser considerada um fundamento autônomo do direito que o arrematante adquire. A arrematação é ato que se dá entre o Estado (o juízo) e o maior lançador (arrematante), e não entre o mais lançador (arrematante) e o executado; isso, porém, não exclui que se exija – como de fato se exige –, no suporte fático da arrematação (e, logo, no suporte fático da aquisição imobiliária fundada na arrematação), a existência do direito que, perdido para o executado, é então objeto de disposição em favor do arrematante. Ora, se essa existência do direito anterior está pressuposta e é exigida, então – quod erat demonstrandum – a aquisição é derivada (e não originária)"* (Op. cit., p. 118). A propósito, não há como simplesmente apagar as ocorrências registrárias anteriores ao ato de transmissão coativa, quando é da essência do registro público justamente resguardar as situações anteriores, situação que não se confunde com mecanismos de modulação dos efeitos da transmissão coativa, para atingir ou mesmo resguardar direitos de terceiros. Parece-me até mesmo desnecessária qualquer tentativa de flexibilização das regras de continuidade e especialidade, no intuito de desatrelar a alienação forçada dos títulos dominiais pretéritos, porque não há óbice para que convivam harmonicamente, a partir de critérios de modulação de seus efeitos. Nesse sentido é que o Superior Tribunal de Justiça, nos precedentes que serviram de paradigma para a decisão deste Conselho Superior da Magistratura, reconheceu a inexistência de responsabilidade tributária do arrematante por débitos tributários anteriores, sem que com isso se possa estender o raciocínio para abarcar a prescindibilidade da observância dos princípios da continuidade e da especialidade subjetiva, mesmo porque responsabilidade não se confunde com débito, embora normalmente correlatos (AgRg no Ag 1225813/SP, de 23/03/2010 (Relatora Ministra Eliana Calmon); REsp 1059102/RS, de 03/09/2009 (Relator Ministro Luiz Fux); REsp 1038800/RJ, de 20/08/2009 (Relator Ministro Herman Benjamin); REsp nº 807455/RS, de 28/10/2008 (Relatora Ministra Eliana Calmon). Do mesmo modo, no REsp nº 40191/SP, de 14/12/1993 (Relator Ministro Dias Trindade), que tratou da arrematação nos casos de existência de hipoteca; e no REsp 1179056/MG, de 07/10/2010 (Relator e Ministro Humberto Martins), que ressalvou os casos de obrigação *propter rem*. Destaca-se, além disso, que a aventada modulação dos efeitos da transmissão coativa não é novidade, bastando lembrar do direito de sequela, típica hipótese em que não há propriamente o afastamento dos princípios registrários mencionados, mas uma adequação da cadeia registral. Em suma: a arrematação não constitui modo originário de aquisição da propriedade, caindo por terra as alegações formuladas pelo recorrente. Ante o exposto, nega-se provimento ao recurso. HAMILTON ELLIOT AKEL. CORREGEDOR GERAL DA JUSTIÇA E RELATOR. DECLARAÇÃO DE VOTO DIVERGENTE. VOTO N.º 21.567. CONSELHO SUPERIOR DA MAGISTRATURA. APELAÇÃO CÍVEL N.º 9000002-19.2013.8.26.0531. Apelante: JOSÉ FERNANDO ZANQUETA, Réu: OFICIAL DE REGISTRO DE IMÓVEIS E ANEXOS DA COMARCA DE SANTA ADÉLIA. Vistos etc. Ouso divergir em parte da posição esposada pela d. maioria, sem porém alterar o resultado do julgamento, porque concluo pela procedência da dúvida e, assim, pelo desprovimento do recurso. A discordância se restringe à fundamentação e, particularmente, ao reconhecimento da ofensa ao princípio da especialidade objetiva e à compreensão da arrematação como **modo derivado** de aquisição da propriedade imobiliária. A carta de arrematação tendo por objeto parte ideal correspondente a 1/8 do bem imóvel identificado na mat. nº 2.169 do RI de Santa Adélia, de propriedade do executado JOSÉ ROBERTO ZANQUETA, foi desqualificada para fins de registro em atenção, primeiro, à cláusula de inalienabilidade, instituída por meio da av. 7 [1], e também porque ofensiva aos princípios da continuidade e da especialidade objetiva. [2]Quanto ao princípio da continuidade, afirmou-se que JOSÉ ROBERTO ZANQUETA é proprietário apenas da nua-propriedade, de modo que a penhora e a alienação judicial desconsideraram o direito real de usufruto sob titularidade de THEREZINHA CONCHETTA ZAVATTI. [3]A respeito do princípio da especialidade objetiva, invocou-se a precariedade da descrição tabular, a exigir a prévia retificação, com averbação da reserva legal, condição para o registro pretendido. O r. voto preponderante da lavra do Corregedor Geral da Justiça, o e. Des. HAMILTON ELLIOT AKEL ao desprover o recurso, assentou a pertinência das exigências e, alterando orientação administrativa que prevalecia nesse C. Conselho, acrescentou: a arrematação é modo derivado de aquisição da propriedade. Em relação à cláusula de inalienabilidade, é realmente impeditiva do registro. Estabelecida em favor do donatário/executado JOSÉ ROBERTO ZANQUETA [4], não há como quebrá-la em prejuízo dele, salvo nas hipóteses de desapropriação, como prevê o parágrafo único do art. 1911 do CC [5]. E porque, consoante o *caput* desse dispositivo [6], importa impenhorabilidade do bem imóvel, o registro representaria ofensa ao princípio da legalidade. O usufruto pertencente a terceira pessoa estranha à execução judicial [7], desprezado pela constrição judicial e pela arrematação [8], obsta igualmente o registro do título, mas não sob o palio do princípio da continuidade. Porque a impenhorabilidade e a inalienabilidade são ínsitas ao usufruto, que, nos expressos termos do art. 1.393 do CC [9], admite apenas a cessão de seu exercício, o registro da carta de arrematação – e aqui desimportante a discussão sobre eventual ciência dos usufrutuários – feriria o princípio da legalidade e o da inscrição, compreendido em sua dimensão negativa. Em contrapartida, a precariedade da descrição não justifica a desqualificação. Há exata identidade entre a descrição tabular e a do título. O registro não importaria desmembramento, tampouco fusão. Não criaria nova unidade imobiliária. A base geodésica permaneceria inalterada. Por isso, a prévia retificação é desnecessária, na linha da atual jurisprudência desse Conselho e, em especial, das Apelações Cíveis nº 0009480-97.2013.8.26.0114 e nº 0015003-54.2011.8.26.0278, sob a relatoria do e. Des. HAMILTON ELLIOT AKEL, julgadas, aliás, na mesma sessão do presente recurso [10], em 2 de setembro de 2014. Por sua vez, a afirmação de que a arrematação é modo derivado de aquisição da propriedade – a par de prescindível para fins de desqualificação e desprovimento do recurso – contraria a recente e firme jurisprudência desse C. Conselho [11], construída no último biênio sob a inspiração do C. Superior Tribunal de Justiça [12], que procurou, com seus poderosos precedentes, atribuir a essa espécie de aquisição a máxima segurança, inclusive em prestígio do Poder Judiciário e da efetividade das decisões judiciais. Ao pontuar a inexistência de relação jurídica entre o adquirente e o anterior titular do direito real, a irrelevância da ausência de nexo causal entre o passado e a situação jurídica atual e a inocorrência de transmissão voluntária do direito de propriedade, esse Conselho, ao rever seu pretérito entendimento, identificou a arrematação judicial como modo originário de aquisição da propriedade, de sorte a alinhar-se com a pacífica orientação do C. STJ e prestigiar o princípio da segurança jurídica. Concluiu que a arrematação é causa autônoma suficiente que liberta a propriedade de seus vínculos e dos títulos dominiais anteriores, dos quais não deriva e com os quais não mantém ligação, embora sujeita, por expressa disposição legal, aos riscos da evicção. A ressalva textual, positivada no art. 447 do CC [13], somente reforça o caráter originário da aquisição da propriedade via arrematação, pois, se derivado fosse, prescindível seria o acautelamento. Desse modo, nova alteração de posicionamento em tão curto espaço temporal, em desconformidade com a jurisprudência predominante no Superior Tribunal de Justiça e logo após, insisto, a consolidação do entendimento que se revê, sem fatos novos e antes de permitir a reflexão sobre o impacto e as consequências da modificação que se supera, gera insegurança **jurídica,** em afronta a princípio cardeal do sistema registral, revela-se prematura **e fragiliza o princípio da colegialidade.** De mais a mais, com a devida vênia, sequer era necessário debater e, principalmente, deliberar a mudança de orientação administrativa. Para a procedência da dúvida e a rejeição do apelo **bastava,** conforme assinalado, **a invocação do princípio da legalidade.** A qualificação registral, iluminada pelo princípio da legalidade, não se restringe aos aspectos extrínsecos; abarca os intrínsecos, o conteúdo do título. **A**

integralidade é um de seus traços. A propósito, lembro acurado escólio do e. Des. RICARDO DIP: *No Brasil, a qualificação registral dos títulos exibidos diz respeito não apenas a seu aspecto exterior (título em sentido formal), mas igualmente à causa de aquisição ou de oneração (título em sentido material). Tampouco se restringe o juízo qualificador ao título ordinário (ou principal), estendendo-se aos acessórios (ou complementares)..., nem se limita, sob o color da origem pública dos títulos, a apreciar os instrumentos privados. [14].* Por estes fundamentos, malgrado desproveja o recurso em atenção à cláusula de inalienabilidade, ao direito real de usufruto e, especialmente, ao princípio da legalidade, meu voto, quanto à fundamentação, diverge parcialmente do proferido pelo Relator, o e. Des. HAMILTON ELLIOT AKEL, que, ao final, foi acolhido pela maioria. JOSÉ RENATO NALINI. Presidente do Tribunal de Justiça. Notas: [1] Fls. 27 dos autos em apenso.[2] Fls. 2-6.[3] R.6 e Av. 22 da mat. 2.169 – fls. 26v, 27 e 30 dos autos em apenso.[4] Fls. 27 dos autos em apenso.[5] Art. 1.911. (...). Parágrafo único. No caso de desapropriação de bens clausulados, ou de sua alienação, por conveniência econômica do donatário ou do herdeiro, mediante autorização judicial, o produto da venda converter-se-á em outros bens, sobre os quais incidirão as restrições apostas aos primeiros. [6] Art. 1.911. A cláusula de inalienabilidade, imposta aos bens por ato de liberalidade, implica impenhorabilidade e incomunicabilidade.[7] R.6 e Av. 22 da mat. 2.169 – fls. 26v, 27 e 30 dos autos em apenso.[8] Fls. 10, 11 e 33 dos autos em apenso.[9] Art. 1.393. Não se pode transferir o usufruto por alienação; mas o seu exercício pode ceder-se por título gratuito ou oneroso.[10] Itens 25 e 27 da pauta.[11]A título de exemplo, Apelações nº 0007969-54.2010.8.26.0604, j. 10.5.2012, 0018138-36.2011.8.26.0032, j. 20.9.2012, 0021311-24.2012.8.26.0100, j.17.1.2013, 0013197-92.2012.8.26.0554, j. 18.4.2013, e nº 0038265-20.2012.8.26.0562, j. 9.5.2013, todas de minha relatoria.[12]REsp nº 40.191/SP, rel. Min. Dias Trindade, j. 14.12.1993; REsp nº 807.455/RS, rel. Min. Eliana Calmon, j. 28.10.2008; REsp nº 1.038.800/RJ, rel. Min. Herman Benjamin, j. 20.08.2009; AgRg no Ag nº º1.225.813/SP, rel. Min. Eliana Calmon, j. 23.3.2010; REsp nº 1.179.056/MG, rel. Min. Humberto Martins, j. 7.10.2010.13] Art. 447. Nos contratos onerosos, o alienante responde pela evicção. Subsiste esta garantia ainda que a aquisição se tenha realizado em hasta pública. (grifei) [14] *Sobre a qualificação no registro de imóveis.* In: *Revista de Direito Imobiliário*, nº 29, p. 33-72, janeiro-junho 1992. p. 54. (D.J.E. de 17.11.2014 – SP)

⊙ 1ª VARA DE REGISTROS PÚBLICOS

▶ **EMENTA:** Processo 0217532-53.2007.8.26.0100 (100.07.217532-1) – Pedido de Providências – O. R. I. C. – T. L. A. – Vistos. Cumpra-se o V. Acórdão de fls. 197/202 proferido pelo Colendo Superior Tribunal de Justiça, que em razão da "vis attractiva" entendeu pela competência do juízo da falência, considerando nulas as arrematações, inclusive quanto ao objeto do presente procedimento. Logo, não há nada mais a ser decidido nestes autos em virtude da perda do objeto. Ao par disso, também verifico que não houve qualquer ato irregular praticado pelo Oficial do 4º Registro de Imóveis da Capital, passível de apuração ou sanção disciplinar. Diante do exposto, declaro extinto o processo e determino o arquivamento dos autos. Desde já defiro o desentranhamento dos documentos originais juntados aos autos, mediante substituição por cópias simples. Por fim, junte cópia desta decisão aos autos em apenso. Oportunamente arquivem-se os autos. P.R.I.C. São Paulo. Tania Mara Ahualli Juíza de Direito (CP 545) – ADV: MARCELO COSTA MASCARO NASCIMENTO (OAB 116776/SP), FABIO LUIS PAPAROTTI BARBOZA (OAB 244065/SP) (D.J.E. de 17.10.2014 – SP)

⊙ TRIBUNAL DE JUSTIÇA DO MATO GROSSO DO SUL

▶ **EMENTA**: APELAÇÃO CÍVEL – SUSCITAÇÃO DE DÚVIDA – CARTA DE ARREMATAÇÃO – REGISTRO INDEFERIDO PELO TABELIÃO – EXIGÊNCIA DE GEORREFERENCIAMENTO – FORMALIDADE NECESSÁRIA – RECURSO IMPROVIDO. 1 – A Lei Federal nº 10.267/2001, define como obrigatório o georreferencimento, e o Decreto Federal nº 4.449/2002, define o prazo para que essa providência seja tomada, especificamente quanto a proprietários de imóveis de área de 1.000 (um mil) a 5.000 (cinco mil) hectares. 2 – Os §§ 3º. e 4º. do artigo 176, da Lei Federal nº 6.015/1973, com redação determinada pela Lei Federal nº 10.261/01, passou a exigir descrição georreferencial, para qualquer registro do imóvel rural. (TJMT – Apelação Cível nº 43051/2012 – Marcelândia – 3ª Câmara Cível – Rel. Des. Maria Erotides Kneip Baranjak – DJ 28.11.2012

⊙ TRIBUNAL DE JUSTIÇA DO ESTADO DO PARANÁ

▶ **EMENTA**: APELAÇÃO CÍVEL. MANDADO DE SEGURANÇA. AQUISIÇÃO DE DUAS FAZENDAS EM LEILÃO JUDICIAL. INSURGÊNCIA RECURSAL PARA INCIDÊNCIA DO ITBI SOMENTE SOBRE O VALOR DA TERRA NUA (SEM PLANTAÇÃO DE PINUS) E NÃO TAMBÉM SOBRE OS HECTARES ONDE HÁ ÁRVORES DE PINUS QUE FORAM PLANTADAS PARA CORTE. FAZENDAS ADQUIRIDAS EM LEILÃO JUDICIAL ONDE CONSTA O VALOR DA ALIENAÇÃO DOS HECTARES DA TERRA NUA E DOS HECTARES COM PLANTAÇÃO DE ÁRVORES, FORMANDO UM TODO QUE FOI OBJETO DE ALIENAÇÃO JUDICIAL. IMPOSSIBILIDADE DE REDUZIR A BASE DE CÁLCULO DO TRIBUTO SOMENTE SOBRE A TERRA NUA. IMPOSTO INCIDENTE SOBRE O VALOR TOTAL DA ARREMATAÇÃO JUDICIAL. LEGISLAÇÃO MUNICIPAL QUE DEFINE ÁRVORES COMO BENS IMÓVEIS ESTÁ DE ACORDO COM O ART.79 DO CÓDIGO CIVIL (IMÓVEIS POR NATUREZA). A LEGISLAÇÃO CIVIL NÃO ESTABELECE O CONCEITO DE IMÓVEIS QUE PASSA A TER NATUREZA DE MÓVEL EM RAZÃO DE FUTURA DESTINAÇÃO ECONÔMICA (BENS MÓVEIS POR ANTECIPAÇÃO). APLICAÇÃO DO ART. 110 DO CTN. SENTENÇA MANTIDA. RECURSO NÃO PROVIDO.(TJPR – Apelação Cível nº 1090633-7 – São João do Triunfo – 3ª Câmara Cível – Rel. Des. Sigurd Roberto Bengtsson – DJ 22.03.2016)

▶ **EMENTA**: AÇÃO DE ANULAÇÃO DE ARREMATAÇÃO. PRETENSÃO DE ANULAÇÃO DE ARREMATAÇÃO REALIZADA PELO RÉU NA JUSTIÇA ESTADUAL. ATO REALIZADO ANTERIOMENTE NA JUSTIÇA FEDERAL PELO AUTOR, MAS QUE FOI EMBARGADO PELO PROPRIETÁRIO DO BEM. CARTA DE ARREMATAÇÃO EXPEDIDA E REGISTRADA PELO RÉU ANTES DE SER PROFERIDA DECISÃO NOS EMBARGOS INTERPOSTOS EM FACE DA PRIMEIRA ALIENAÇÃO EM LEILÃO JUDICIAL. TRANSMISSÃO DA PROPRIEDADE DE BENS IMÓVEIS SE OPERA COM O DEVIDO REGISTRO DA AQUISIÇÃO NO CARTÓRIO DE REGISTRO DE IMÓVEIS E NÃO COM O AUTO DE ARREMATAÇÃO "PERFEITO, ACABADO E IRRETRATÁVEL" (ART. 694, DO CPC). PRECEDENTE DO STJ. "6. A arrematação, como dito no art. 694, *caput*, do Código de Processo Civil, após a assinatura do auto, será considerada "perfeita, acabada e irretratável", contudo a eficácia destinada pelo referido dispositivo não pode se sobrepor a lógica posta pelo sistema registral brasileiro. Ou seja, pela matrícula do bem é que se toma conhecimento de eventuais gravames incidentes sobre ele e pelo registro do título é que se opera a transmissão da propriedade. Dar eficácia erga omnes a primeira arrematação não registrada desprestígia a confiança no registro e a boa-fé daqueles que nele confiam. 6.1. A estabilidade outorgada ao auto de arrematação pela fórmula "perfeita, acabada e irretratável" não é infensa ao tratamento ordinário dado aos negócios jurídicos, pois "aperfeiçoada a arrematação, com a lavratura do auto, resta materializada causa de transferência da propriedade com todos os direitos que lhe são inerentes, ressalvados aqueles que dependem, por lei, de forma especial para aquisição. " (REsp 833036/SP, Rel. Ministra LAURITA VAZ, QUINTA TURMA, julgado em 18/11/2010, DJe 28/03/2011)" (REsp 1045258/MA, 4ª T., Rel. Min. Marco Buzzi, j. 26/11/2013, DJe 10/12/2013) Recurso parcialmente conhecido e, nesta parte, não provido.(TJPR – Apelação Cível nº 1.100.543-3 – Cascavel – 1ª Câmara Cível – Rel. Des. Ruy Cunha Sobrinho – DJ 19.05.2014)

⊙ TRIBUNAL DE JUSTIÇA DO ESTADO DO RIO GRANDE DO SUL

▶ **EMENTA:** PROCESSO Nº 70067298653. APELAÇÃO CÍVEL. SUSCITAÇÃO DE DÚVIDA. REGISTRO DE IMÓVEIS. CARTA DE ADJUDICAÇÃO. INVIABILIDADE DE REGISTRO. Correta a negativa de registro da carta de adjudicação extraída de ação de arrolamento de bens em nome da recorrente. No acordo homologado em juízo, os sócios da empresa titular de domínio dos bens objeto de adjudicação, acordaram a retirada do espólio da sociedade e a transferência para ele de bens imóveis pertencentes à empresa. Inicialmente os bens devem ser transferidos da pessoa jurídica para o espólio e, posteriormente será possível registrar a carta expedida em nome da cônjuge sobrevivente. Princípio da continuidade registral. Pertinentes as observações da registradora. NEGARAM PROVIMENTO À APELAÇÃO. UNANIME.

27) do dote;

1. COMENTÁRIOS

Pontes de Miranda define regime dotal como "aquele em que os patrimônios de ambos os cônjuges se conservam sob o regime da separação ou da comunhão, salvo uma porção trazida pela mulher, que será administrada pelo marido a fim de concorrer com seus frutos e rendimentos para a sustentação da família".

O dote era previsto nos arts. 278 ao 309 do Código Civil de 1916 e não foi contemplado pelo Código Civil de 2002. O legislador introduziu um novo regime de bens, chamado de *participação final nos aquestos* (arts. 1.672 a 1.686 do CC), que de uma forma geral, assemelha-se ao regime da comunhão parcial. No entanto, garante aos cônjuges mais liberdade e autonomia na administração de seus bens, assim como, individualmente quanto à responsabilidade pelas obrigações contraídas durante o casamento.

Assim, o regime dotal foi extinto do ordenamento jurídico, motivo pelo qual o inciso 27 está revogado.

O dote era **registrado** nas matrículas (Livro nº 2 – Registro Geral) de todos os bens dotais. Todavia, o dote só perdurava enquanto durava o casamento, ou seja, seu caráter era temporário. Assim, deveria ser restituído à administração da mulher ou aos seus herdeiros imediatamente ou até 30 dias após a dissolução da sociedade conjugal, sendo vedada a alienação, devido à sua destinação para cobrir encargos decorrentes do casamento.

Nos termos do art. 167, II, 9, desta Lei, o dote devia ser **averbado no registro da convenção antenupcial** em que foi estabelecido, além de ser **averbado na matrícula de cada um dos bens dotais**, com a finalidade de produzir efeitos perante terceiros.

28) das sentenças declaratórias de usucapião;

1. COMENTÁRIOS

1.1 CONSIDERAÇÕES GERAIS

A usucapião está prevista nos arts. 1.238 a 1.244 do Código Civil e nos arts. 183 e 191 da Constituição Federal. Além disso, encontramos disposições em várias leis esparsas, como nos arts. 9º a 14 do Estatuto da Cidade (Lei 10.257/2001) e na Lei n. 6.969/1981, que trata da usucapião de imóveis rurais.

Usucapião é o **modo originário** de aquisição da propriedade e de outros direitos reais, tais como usufruto, uso, habitação, enfiteuse, servidão e laje. É denominada também de **prescrição aquisitiva**, segundo a qual o decurso do tempo cria o direito em favor do novo titular, ao contrário da prescrição extintiva, pela qual o decurso do tempo extermina o direito de ação. Trata-se do modo de aquisição de propriedade em virtude de posse ininterrupta e prolongada. Ou seja, de um modo geral, aquele que possuir imóvel como seu, sem interrupção nem oposição, por determinado número de anos, variando o tempo de posse de cinco até quinze anos, dependendo da situação do imóvel e do modo como se dá posse, poderá adquirir-lhe a propriedade, através de ação judicial, requerendo ao juiz que assim o declare por sentença, a qual servirá de título para o registro na Serventia de Registro de Imóveis.

Em todas as suas espécies, a usucapião exige posse justa, exercida com ânimo de dono, prolongada durante certo lapso de tempo, de maneira mansa, pacífica e ininterrupta.

Posse **justa** é a que não apresenta os vícios da violência, clandestinidade ou precariedade.

Posse ***ad usucapionem*** é a exercida com ânimo de dono, equivale dizer, a posse em nome alheio não acarreta a usucapião. É o caso do locatário ou arrendatário, que não possuem *animus domini*.

A posse deve ser também **mansa, pacífica e ininterrupta**. Posse mansa e pacífica é aquela exercida sem oposição por parte do proprietário do bem ou por outrem, estabelecida sem o exercício da violência. Flavio Monteiro de Barros ensina que "a posse *ad usucapionem* é interrompida da mesma forma como se interrompe a prescrição, basicamente a notificação judicial e a citação. Enquanto a posse mansa e pacífica é a que se estabelece e se exerce sem uma interrupção fática, a posse ininterrupta é ausência de interrupção civil ou jurídica. A interrupção civil da posse do prescribente é relativa, pois só aproveita ao que a promoveu. A interrupção feita por terceiro não beneficia o proprietário. Com efeito, a prescrição interrompida por uma pessoa não beneficia a outra, salvo quando se tratar de direitos e obrigações indivisíveis (art. 204 do CC). Assim, se a usucapião for interrompida por condômino ou compossuidor *pro indiviso* todos os demais condôminos ou compossuidores se beneficiarão diante da indivisibilidade" (*Manual de Direito Civil. Direito das coisas*. São Paulo: Método, 2006, vol. 3).

O Superior Tribunal de Justiça decidiu, em julgado recente, que **o tempo para ter direito à propriedade de um imóvel em uma ação de usucapião começa a contar a partir da primeira posse.** Assim o atual posseiro pode somar ao seu tempo de posse o período anterior em que outros posseiros permaneceram no imóvel.

No julgamento da causa no STJ, o ministro João Otávio de Noronha salientou que, caso a propriedade de determinada área rural troque de mãos, ao longo do tempo, sem que haja contestação, o atual posseiro pode acrescentar todo esse período a seu favor numa ação judicial. Nas palavras do ministro, se, por uma cadeia de contratos, foram sendo cedidos os direitos hereditários sobre determinada área de terra rural e, ao longo do tempo, foi sobre ela exercida a posse ininterrupta, mansa e pacífica, sem nenhuma oposição, é possível acrescer esse tempo ao do atual posseiro para fins de aferição do decurso do lapso prescricional aquisitivo. Ainda, ressaltou o ministro que a usucapião é um direito à propriedade de um imóvel que não depende da relação jurídica, como um contrato, acerto verbal ou acordo, com o anterior proprietário. Preenchido os requisitos que a lei determina, o atual posseiro passa a ter direito à propriedade do imóvel mediante a usucapião.

No julgamento no STJ, a Terceira Turma manteve a decisão do juiz de primeira instância, que havia sido revista pelo Tribunal de Justiça de Minas Gerais (TJMG), confirmando o direito do autor da causa à propriedade de uma fazenda de cerca de 34 hectares no município de Belo Oriente, na região do Vale do Aço, a cerca de 250 quilômetros de Belo Horizonte.

Os ministros do STJ entenderam que, embora o atual posseiro tenha sido notificado da arrematação (expropriação forçada de bens penhorados, mediante pagamento) de parte da fazenda, em 1998, no documento de notificação não constava advertência expressa de que se destinava a interrupção do prazo da usucapião. Os ministros acrescentaram ainda que, quando houve a notificação, o posseiro estava no local há 18 anos.

1.2 É POSSÍVEL USUCAPIÃO CONTRA PARENTES?

Em decorrência do falecimento dos pais, é comum a casa passar a pertencer, por exemplo, a vários irmãos em virtude da herança, havendo casos em que a posse fica com apenas um deles.

Por serem parentes, deixam de formalizar juridicamente o empréstimo do imóvel. Há ainda outros casos em que amigos ou parentes deixam o seu imóvel ser ocupado por determinada pessoa, de forma que esta passa a agir como única proprietária, pois paga o IPTU e promove todos os reparos por sua conta.

Ocorre que essa situação, passados cinco ou dez anos, dependendo do tamanho do imóvel, pode gerar a perda da propriedade a favor do possuidor. O Tribunal de Justiça de Minas Gerais, ao julgar no dia 31/3/2015 a apelação 1.0325.14.000488-9/001, tendo como relator o desembargador Luiz Artur Hilário, assim decidiu: "A doutrina e a jurisprudência deste tribunal têm admitido a possibilidade de que, aberta a sucessão e estabelecido um condomínio, o condômino adquira a propriedade do imóvel comum através do usucapião, desde que prove que vem exercendo a posse com exclusividade".

A questão está consolidada inclusive perante o Superior Tribunal de Justiça, que no Resp 668131/PR afirmou: "Com efeito, embora haja dissenso na doutrina, a jurisprudência já se pacificou no sentido de que o condômino tem legitimidade para usucapir em nome próprio, desde que exerça a posse por si mesmo, ou seja, desde que comprovados os requisitos legais atinentes ao usucapião, e tenha sido exercida a posse exclusiva, com efeito de *animus domini*, pelo prazo determinado em lei e sem qualquer oposição dos demais proprietários".

1.3 BENS OBJETOS DA USUCAPIÃO

Todos os bens podem ser objeto de usucapião, **exceto os bens públicos e as coisas fora do comércio.** É o que prevê o parágrafo 3º do art. 183 e o parágrafo único do artigo 191 da Carta Magna, bem como o art. 102 do Código Civil. Nesse sentido também, a Súmula 340 do Supremo Tribunal Federal:

> "Desde a vigência do Código Civil, os bens dominicais, como os demais bens públicos, não podem ser adquiridos por usucapião."

Trata-se de posição unânime na doutrina. Todavia, interessante decisão foi a do juiz titular da Vara da Fazenda Pública de Coronel Fabriciano – MG, Marcelo Pereira da Silva, que indeferiu o pedido do Departamento de Estradas de Rodagem de Minas Gerais (DER-MG), que pleiteava a desocupação de uma área pública estadual de 36 mil metros quadrados. Na área objeto da disputa residem aproximadamente dez famílias, constituídas majoritariamente por servidores e ex-servidores do próprio DER-MG, que estão morando na área há 53 anos, desde a construção da rodovia.

Dessa forma, o entendimento de que os imóveis públicos não podem ser adquiridos por usucapião foi flexionado na jurisprudência. A fundamentação dessa flexibilização é o princípio constitucional da **função social da propriedade**. O Ministério Público, no papel de curador argumentou que "não se pode permitir, num país como o Brasil, em que, infelizmente, milhões de pessoas ainda vivem à margem da sociedade, que o Estado, por desídia ou omissão, possa manter-se proprietário de bens desafetados e sem qualquer perspectiva de utilização para o interesse público, se desobrigando ao cumprimento da função social da propriedade", afirmou o Promotor em seu parecer.

Todavia, o Tribunal Regional da 1ª Região, no Processo n. 2008.38.00.034533-8/MG (e jurisprudência majoritária) entendeu que bens **públicos não podem ser adquiridos por meio de usucapião.**

A 6ª Turma do TRF, por unanimidade, negou provimento ao recurso dos autores que objetivava a declaração da prescrição aquisitiva do imóvel em que residem, alegando que preenchem os requisitos necessários para exercerem a propriedade plena do referido bem, por meio do instituto da usucapião urbana especial.

Insatisfeitos com a sentença do juízo da Comarca de Nova Lima/MG, os réus recorreram ao Tribunal. A União manifestou-se nos autos relatando que o referido imóvel confronta com a Rede Ferroviária Federal S.A (RFFSA), pertencendo ao sistema viário federal, cuja atuação, de acordo com o art. 81 da Lei nº 10.233/2001 é do Departamento Nacional de Infraestrutura de Transportes (DNIT) que sucedeu a extinta RFFSA.

Ao analisar o caso, a relatora, juíza federal convocada Hind Ghassan Kayath, afirmou que de fato, conforme se verifica dos autos, parte do imóvel objeto da ação encontra-se na faixa de domínio da rede ferroviária e que o acesso a ele se dá pelo seu leito.

Segundo explicou a magistrada, "na forma dos artigos 183, § 3º e 191, parágrafo único, da Constituição Federal, os imóveis públicos não serão adquiridos por usucapião". Diante disso, a Turma negou provimento ao recurso dos apelantes por entender ser plenamente aplicável, ao caso, a Súmula n. 340 do Supremo Tribunal Federal (STF), segundo os bens públicos não podem ser contraídos da forma que os autores pleitearam.

É importante anotar que o Superior Tribunal de Justiça, ao selecionar o tema "Direitos das Coisas" no "Jurisprudência em Teses", editou a "Tese n. 7", que prescreve que a inexistência de registro imobiliário do imóvel objeto de ação de usucapião não induz a presunção de que o bem seja público (terras devolutas), cabendo ao Estado provar a titularidade do terreno como óbice ao reconhecimento da prescrição aquisitiva.

No que se refere ao **bem gravado com cláusula de inalienabilidade**, parte da doutrina, como Carvalho de Mendonça, sustenta que tal bem não pode ser objeto de usucapião, visto que a simples inalienabilidade acarreta a imprescritibilidade. Por outro lado, autores consagrados, acertadamente, defendem que não se deve confundir inalienabilidade com imprescritibilidade e, assim, seria possível a usucapião. O argumento baseia-se no entendimento de que a inalienabilidade consiste em uma proibição prescrita ao proprietário, e não uma qualidade inerente ao bem. Ademais, a usucapião é um modo originário de aquisição da propriedade que se dá inclusive contra a vontade do dono.

É unânime que o bem pertencente a **absolutamente incapaz** não pode ser objeto de usucapião. Por outro lado, se o bem pertence a **relativamente incapaz**, há controvérsia. O bem imóvel pertencente a relativamente incapaz é legalmente inalienável, salvo por ordem judicial, e por essa razão alguns autores entendem que a usucapião é inadmissível. No entanto, há quem defenda a possibilidade de usucapião nesses casos.

1.4 USUCAPIÃO EXTRAORDINÁRIA

A usucapião extraordinária está prevista no art. 1.238 do Código Civil. Aquele que, por quinze anos, sem interrupção nem oposição, possuir como seu um imóvel, adquire-lhe a propriedade, independentemente de título e boa-fé, podendo requerer ao juiz que assim o declare por sentença, a qual servirá de título para o registro no Cartório de Registro de Imóveis.

O prazo de quinze anos pode ser reduzido para dez anos se o possuidor houver estabelecido no imóvel a sua moradia habitual, ou nele realizado obras ou serviços de caráter produtivo. Essa é a chamada **posse-trabalho** ou **posse-social**.

Note-se que na usucapião extraordinária não se exige justo título e nem boa-fé.

Questiona-se frequentemente se a existência de averbação de indisponibilidade de bens, por si só, obstaria a usucapião extraordinária.

O recente Enunciado 25 da I Jornada de Direito Notarial e Registral, corroborando o entendimento doutrinária majoritário, fornece uma resposta a essa questão:

> **Enunciado 25.** A existência de averbação de indisponibilidade de bens, por si só, não obsta a usucapião extraordinária processada extrajudicialmente.
>
> ⊙ Justificativa: Tendo em vista que a usucapião extrajudicial é forma de aquisição originária da propriedade – conforme, inclusive, expresso no § 10 do art. 10 do provimento 65 do Conselho Nacional de Justiça – a existência de indisponibilidade não impede o reconhecimento extrajudicial nos casos de usucapião extraordinária. **Nos demais tipos de usucapião, em que a boa-fé seja requisito para a aquisição, caberá ao Oficial analisar, no caso concreto, se há óbice ao reconhecimento da aquisição originária.**

1.4.1 HERDEIRO PODE PLEITEAR USUCAPIÃO EXTRAORDINÁRIA DE IMÓVEL OBJETO DE HERANÇA?

Sim, é possível a um dos herdeiros pleitear a declaração da prescrição aquisitiva do bem (usucapião), desde que observados os requisitos para a configuração extraordinária previstos no artigo 1.238 do Código Civil de 2002 – o prazo de 15 anos cumulado com a posse exclusiva, ininterrupta e sem oposição dos demais proprietários ou de terceiros.

O entendimento foi reafirmado pela Terceira Turma do Superior Tribunal de Justiça (STJ), no REsp 1631859, ao reformar acórdão do Tribunal de Justiça de São Paulo e determinar o retorno dos autos à origem para o prosseguimento da ação de usucapião, anteriormente julgada extinta sem resolução de mérito.

A ação de usucapião extraordinária, proposta por um dos herdeiros, buscava o reconhecimento, em seu favor, do domínio do imóvel objeto de herança.

Em primeira instância – a sentença foi posteriormente confirmada pelo TJSP –, o juiz julgou extinto o processo, sem resolução do mérito, por entender que o fato de a herdeira afirmar que é possuidora do bem de forma exclusiva não permite que ela adquira a propriedade individualmente, pois a tolerância dos demais herdeiros gera a detenção do bem, mas não sua posse.

A relatora, ministra Nancy Andrighi, destacou que, com o falecimento, ocorre a transmissão do imóvel aos seus herdeiros, conforme regra do artigo 1.784 do Código Civil de 2002, nestes termos: "A partir dessa transmissão, cria-se um condomínio *pro indiviso* sobre o acervo hereditário, regendo-se o direito dos coerdeiros, quanto à propriedade e posse da herança, pelas normas relativas ao condomínio, como mesmo disposto no artigo 1.791, parágrafo único, do CC/02".

Todavia, a relatora enfatizou que o STJ possui jurisprudência no sentido de que é possível o condômino usucapir, em nome próprio, desde que atendidos os requisitos legais da usucapião e que tenha sido exercida a posse exclusiva pelo herdeiro/condômino como se dono fosse (*animus domini*): "Conclui-se, portanto, que a presente ação de usucapião ajuizada pela recorrente não deveria ter sido extinta, sem resolução do mérito, devendo os autos retornar à origem a fim de que a esta seja conferida a necessária dilação probatória para a comprovação da exclusividade de sua posse, bem como dos demais requisitos da usucapião extraordinária".

1.4.2 HIPOTECA DE IMÓVEL INVALIDA OBTENÇÃO DE USUCAPIÃO EXTRAORDINÁRIO FEITO POR TERCEIRO?

Recentemente, o Superior Tribunal de Justiça entendeu que a **hipoteca de imóvel** não invalida obtenção de usucapião extraordinário feito por terceiro. Por unanimidade, a Terceira Turma do Superior Tribunal de Justiça (STJ) aceitou o REsp 1.253.767 e restabeleceu a sentença de primeiro grau, que reconheceu o direito de um cidadão registrar em seu nome imóvel onde ele residiu por mais de 20 anos ininterruptos.

No caso citado, a discussão era sobre a validade dos pré-requisitos para a declaração de usucapião do imóvel. Nesse meio tempo, os herdeiros financiaram o imóvel e pleiteavam que esse fator interrompesse o prazo de 20 anos de posse ininterrupta sem contestação necessário para o pleito de usucapião.

Os ministros entenderam também que a promessa feita ao morador pelo pai dos atuais herdeiros de que o imóvel seria doado ao morador caracteriza a condição de posse mansa (quando não há contestação) e de "ânimo de dono" (quando o morador ocupa o imóvel tendo expectativa real de ser proprietário) e que nesse caso estão presentes os requisitos necessários para que o recorrente pudesse pleitear a usucapião do imóvel.

O caso envolve dois tipos de contestação, de acordo com os ministros: se era possível comprovar que o imóvel tinha sido prometido para o recorrente e, independentemente disso, se haviam fatores para legitimar o pedido de usucapião.

Em 1963, um cidadão do interior do Paraná fez proposta ao recorrente de que este cuidasse dos sogros do primeiro, enquanto residindo no imóvel objeto do pedido. Em troca, o imóvel seria doado. Posteriormente, o autor da proposta faleceu sem ter completado a doação. Durante todo o período, o recorrente residiu no local sem qualquer tipo de contestação, inclusive pagando tributos como IPTU e energia elétrica.

O fato de os donos terem hipotecado o imóvel em questão não constitui óbice ao pleito da usucapião, na avaliação dos ministros, poiso perito pode ter ido avaliar o imóvel e ter tirado fotos sem o conhecimento do morador, argumentou o ministro João Otávio de Noronha ao defender que esse fato não gerou interrupção no período de ocupação sem contestação do imóvel.

O pedido inicial é de 1997, e em primeira instância o pleito foi atendido. Já o acórdão redigido pelo Tribunal de Justiça do Paraná (TJPR) reformou a sentença, sob a alegação de que não estavam comprovados os requisitos para pleitear a usucapião (posse por 20 anos sem contestação ou interrupção).

O entendimento do TJ é o de que a hipoteca do imóvel constituiu interrupção na posse, já que o imóvel foi avaliado e vistoriado. Com a decisão do STJ, a sentença de primeira instância foi restabelecida.

1.5 USUCAPIÃO ORDINÁRIA

Na usucapião ordinária, o justo título e a boa-fé são imprescindíveis, mas o tempo de posse é reduzido para 10 anos para os bens imóveis e a três anos para os bens móveis. É o que se extrai do art. 1.242 do Código Civil.

Justo título é o documento hábil a transferir o domínio, mas que possui algum defeito ou vício no caso concreto que impossibilita a transmissão. Nas palavras de Flavio Monteiro de Barros "é, pois, o documento formalmente adequado para transferir o domínio, mas que deixa de produzir tal efeito em virtude de não ser o transmitente o dono da coisa ou lhe faltar o poder de alienar". Exemplos: aquisição a *non domino;* cônjuge que aliena imóvel sem autorização do outro; procurador com procuração falsa; alienante relativamente incapaz, etc.

Em princípio, o justo título compreende os atos anuláveis. Modernamente está superada a corrente que só considerava justo título aquele que estivesse registrado. Todavia, para a usucapião ordinária, com o prazo reduzido a cinco anos, como foi visto, o Código Civil exige um documento que tenha sido efetivamente registrado, embora cancelado depois o registro, e decorrente de uma aquisição onerosa. O título inexistente ou que contém nulidade absoluta impede a usucapião ordinária, pois não se trata de justo título, devendo o usucapiente optar pela via extraordinária (*Manual de Direito Civil. Direito das coisas.* São Paulo: Método, 2006, vol. 3.).

A **boa-fé** consiste na ignorância do possuidor em relação à existência de vícios ou obstáculos à sua posse (art. 1.201, CC).

O Código Civil inovou no parágrafo único do art. 1.242,ao prescrever que será de cinco anos o prazo previsto neste artigo se o imóvel houver sido adquirido, **onerosamente**, com base no registro constante do respectivo cartório, **cancelada posteriormente**, desde que os possuidores nele tiverem estabelecido a sua moradia, ou realizado investimentos de interesse social e econômico.

Quem explica é Luis Paulo Cotrim Guimarães: "com o *cancelamento* do registro, volta o proprietário à condição de *possuidor direto*, sem título de domínio. Nesse caso, o prazo quinquenal se conta do início efetivo dos atos possessórios até o ajuizamento da ação de usucapião. Destarte, uma vez vencido o prazo especial acima, o possuidor faz jus à prescrição aquisitiva, ainda que pendente a demanda anulatória do registro público prevista no parágrafo único desse art. 1.242 do Código. Pretende-se proteger, nesse caso, a boa-fé daquele que adquiriu onerosamente um bem imóvel, mas teve o registro cancelado pela existência de vícios em sua natureza, por exemplo, no caso de alguém adquirir o bem de quem não era, efetivamente, o verdadeiro titular" (*Lei de Registros Públicos comentada.* Rio de Janeiro: Forense, 2014, p. 712).

1.5.1. A USUCAPIÃO DE FRAÇÃO IDEAL DE IMÓVEL: ANÁLISE DE CASO

Já sabemos que a usucapião é um instituto jurídico que permite a aquisição da propriedade através da posse prolongada e ininterrupta de um bem. Entretanto, a aplicação desse instituto encontra certas **limitações**, especialmente quando se trata de frações ideais de imóveis. Este tópico explora a decisão recente do Tribunal de Justiça de São Paulo (TJSP) no caso de Renato Alvarez, destacando os argumentos legais e a jurisprudência relacionada à usucapião de fração ideal.

Renato Alvarez, apelante no processo nº 1019499-10.2019.8.26.0576, ingressou com uma ação de usucapião ordinária para adquirir a **propriedade de 70% de um imóvel, alegando estar na posse da fração ideal por mais de dez anos**, conforme estipulado pelo artigo 1.242 do Código Civil. O imóvel em questão estava devidamente matriculado no Primeiro Oficial de Registro de Imóveis de São José do Rio Preto.

A sentença de primeira instância julgou improcedente a ação de usucapião, levando o autor a interpor recurso. Hernandes argumentou que, mesmo não sendo coproprietário do imóvel, preenchia os requisitos legais para a usucapião da fração ideal que havia adquirido mediante contrato particular de compra e venda.

O TJSP, ao julgar o recurso, manteve a improcedência da ação. A decisão, relatada pelo Desembargador Erickson Gavazza Marques, ressaltou a **impossibilidade de se reconhecer a prescrição aquisitiva de fração ideal de terreno a quem não é coproprietário**. O compromisso particular de compra e venda, embora demonstre a posse, não transfere direitos reais sobre o imóvel.

O tribunal destacou que a usucapião de fração ideal é viável somente quando o imóvel é subdividido em frações certas e individualizadas e o possuidor é coproprietário. Neste caso, o apelante não detinha o título de propriedade da fração ideal do imóvel, não podendo, portanto, postular pela usucapião. O entendimento foi corroborado pela jurisprudência e doutrina, que exigem a comprovação de posse sobre a totalidade da área e a observância dos requisitos legais, especialmente o "animus domini".

A decisão faz referência à obra de Benedito Silvério Ribeiro, que afirma ser possível o titular de fração certa e demarcada utilizar a usucapião para reconhecimento do domínio de sua quota-parte. No entanto, quando o imóvel não é subdividido em frações certas, apenas o coproprietário pode postular pela usucapião da cota remanescente.

Ademais, o tribunal citou precedentes que reforçam a impossibilidade de usucapir frações ideais sem copropriedade, como no caso julgado pela mesma câmara (Apelação 0007715-96.2014.8.26.0586), onde se decidiu pela improcedência da ação de usucapião em situações semelhantes.

A decisão do TJSP no caso de Renato Alvarez estabelece um importante precedente sobre a usucapião de frações ideais de imóveis. A impossibilidade de reconhecer a prescrição aquisitiva de fração ideal a quem não é coproprietário reforça a necessidade de observância dos requisitos legais e da copropriedade para tais ações. Este entendimento traz maior clareza e segurança jurídica, orientando futuras demandas semelhantes e contribuindo para a uniformidade na aplicação do instituto da usucapião.

Para maior detalhamento do tema, recomenda-se a leitura deste julgado, na íntegra, no tópico 'Jurisprudência Complementar'.

1.6 USUCAPIÃO ESPECIAL URBANA E RURAL

A usucapião urbana ou *pro moradia* está disposta no art. 183 da Constituição Federal:

> **Art. 183.** Aquele que possuir como sua área urbana de até duzentos e cinquenta metros quadrados, por cinco anos, ininterruptamente e sem oposição, utilizando-a para sua moradia ou de sua família, adquirir-lhe-á o domínio, desde que não seja proprietário de outro imóvel urbano ou rural.

Além disso, no art. 1.240, encontramos previsão da usucapião especial urbana, que reproduziu as disposições constitucionais para esta espécie de usucapião. Veja-se:

> **Art. 1.240.** Aquele que possuir, como sua, área urbana de até duzentos e cinquenta metros quadrados, por cinco anos ininterruptamente e sem oposição, utilizando-a para sua moradia ou de sua família, adquirir-lhe-á o domínio, desde que não seja proprietário de outro imóvel urbano ou rural.

Note-se que neste tipo de usucapião também não se exige justo título e nem boa-fé.

Ademais, o Estatuto da Cidade (Lei 10.257/2001) também regulou a usucapião urbana especial no art. 9º, exigindo os mesmos requisitos. Acrescentou, ainda, a possibilidade de o **herdeiro legítimo continuar, de pleno direito, a posse de seu antecessor,** desde que já resida no imóvel por ocasião da abertura da sucessão.

Por sua vez, a usucapião especial rural está regulamentada no art. 191 da Constituição Federal e em nível infraconstitucional, no art. 1.239 do Código Civil, conforme segue:

> **Art. 191.** Aquele que, não sendo proprietário de imóvel rural ou urbano, possua como seu, por cinco anos ininterruptos, sem oposição, área de terra, em zona rural, não superior a cinquenta hectares, tornando-a produtiva por seu trabalho ou de sua família, tendo nela sua moradia, adquirir-lhe-á a propriedade.
>
> Parágrafo único. Os imóveis públicos não serão adquiridos por usucapião.

> **Art. 1.239.** Aquele que, não sendo proprietário de imóvel rural ou urbano, possua como sua, por cinco anos ininterruptos, sem oposição, área de terra em zona rural não superior a cinquenta hectares, tornando-a produtiva por seu trabalho ou de sua família, tendo nela sua moradia, adquirir-lhe-á a propriedade.

Oportuno lembrar que a **Lei n. 6.969/1981** dispõe sobre a aquisição, por Usucapião Especial, de Imóveis Rurais.

Vale ainda ressaltar que, no julgamento do **REsp 1.818.564**, o ministro do Superior Tribunal de Justiça Moura Ribeiro explicou que "a usucapião está claramente vinculada à função social da propriedade, pois reconhece a prevalência da posse adequadamente exercida sobre a propriedade desprovida de utilidade social, permitindo, assim, a redistribuição de riquezas com base no interesse público".

1.6.1 USUCAPIÃO DE IMÓVEL URBANO. ANALISE DE CASOS

O instituto da usucapião é frequentemente discutido em diversos aspectos. Neste espaço, selecionei as questões que são frequentemente abordadas na jurisprudência do STJ sobre o tema.

1.6.1.1 PRAZO PARA A USUCAPIÃO PODE SER RECONHECIDO NO CURSO DO PROCESSO JUDICIAL

A Terceira Turma, ao analisar o **REsp 1.361.226**, entendeu ser possível o reconhecimento da usucapião de bem imóvel se o requisito do prazo for alcançado durante a tramitação do processo judicial.

No começo do processo, os recorrentes buscavam o reconhecimento da usucapião extraordinária, alegando a posse mansa, pacífica e ininterrupta do imóvel por mais de 17 anos, mas a sentença e o acórdão do Tribunal de Justiça de Minas Gerais negaram o pedido, ao fundamento de que o requisito temporal não tinha sido atingido quando do ajuizamento da ação. Ambos avaliaram que a situação estava sujeita ao **artigo 550 do Código Civil de 1916**, impondo-se o prazo de 20 anos para a usucapião extraordinária. Na data da sentença, entretanto, o juiz de primeiro grau destacou que a posse do imóvel já tinha mais de 20 anos.

O magistrado deve considerar fato constitutivo ou extintivo de direito ocorrido após a propositura da ação, independentemente de provocação das partes, segundo o entendimento do ministro Ricardo Villas Bôas Cueva, relator do processo.. Nessa mesma direção, o ministro citou o Enunciado 497 da *V Jornada de Direito Civil* (STJ/CJF), segundo o qual "o prazo, na ação de usucapião, pode ser completado no curso do processo, ressalvadas as hipóteses de má-fé processual do autor".

Ademais, a contestação apresentada pelo réu não impede o transcurso do prazo. É que, para ele, a peça defensiva não é capaz de exprimir a resistência do demandado à posse exercida pelo autor, mas apenas a sua discordância com a aquisição do imóvel pela usucapião.

1.6.1.2 AQUISIÇÃO DE METADE DO IMÓVEL NÃO IMPEDE USUCAPIÃO ESPECIAL URBANA

No REsp 1.909.276, a Terceira Turma do Superior Tribunal de Justiça, por unanimidade, decidiu que a aquisição de metade do imóvel não impede o reconhecimento da usucapião especial urbana. Segundo o colegiado, o fato de os moradores, autores do pedido, já terem a metade da propriedade não atrai a vedação do artigo 1.240 do Código Civil (CC), que impõe como condição não possuir outro imóvel urbano ou rural.

Em razão desta justificativa, a turma deu provimento ao recurso especial de um casal que ajuizou ação de usucapião urbana, alegando estar há mais de cinco anos na posse mansa e pacífica de um apartamento situado no Rio de Janeiro, além de preencher todos os outros requisitos do artigo 1.240 do CC.

O Tribunal de Justiça do Rio de Janeiro (TJRJ) negou provimento à apelação do casal, sob o entendimento de que os recorrentes não cumpriram um dos requisitos para a aquisição da propriedade com fundamento na usucapião constitucional, qual seja, não possuir outro imóvel urbano, uma vez que eles seriam proprietários da outra metade do imóvel que pretendiam usucapir.

Nos autos recursais ao STJ, o casal alegou que reside no apartamento, como se fosse dono, desde 1984, após a falência da imobiliária responsável pelo aluguel. Os recorrentes sustentaram, ainda, que arremataram a metade do imóvel há mais de 35 anos e, desde então, exercem com exclusividade a posse para fins de moradia.

O ministro Ricardo Villas Bôas Cueva, relator do recurso, observou que, "de acordo com a doutrina, os constituintes instituíram a usucapião especial urbana para contemplar as pessoas sem moradia própria, daí a exigência de que o autor do pedido não seja proprietário de outro imóvel. Sob essa perspectiva, o fato de os recorrentes serem proprietários da metade ideal do imóvel que pretendem usucapir não parece constituir o impedimento de que trata o artigo 1.240 do Código Civil, pois não possuem moradia própria, já que, eventualmente, teriam que remunerar o coproprietário para usufruir com exclusividade do bem".

Foi destaque nas justificativas do magistrado que a jurisprudência do STJ admite a usucapião de bem em condomínio, desde que o condômino exerça a posse com exclusividade. Esse entendimento pode ser aplicado ao caso dos autos, pois os recorrentes agiram como donos exclusivos: adquiriram metade do imóvel e pagaram todas as taxas e tributos incidentes sobre ele, além de realizarem benfeitorias. Assim "tendo os recorrentes (i) permanecido no imóvel durante ao menos 30 anos, de 1984 até 2003, data da propositura da ação, sem contrato de locação regular, (ii) sem ter pagado alugueres, (iii) tendo realizado benfeitorias, (iv) tendo se tornado proprietários da metade do apartamento, (v) adimplido com todas as taxas e tributos, inclusive taxas extraordinárias de condomínio, não há como afastar a hipótese de transmudação da posse, que passou a ser exercida com *animus domini*".

1.6.1.3 AÇÃO DE USUCAPIÃO É VIÁVEL SE A ENFITEUSE NÃO FOR REGISTRADA

Foi fixado pela Quarta Turma que é possível a ação de usucapião de imóvel urbano na hipótese em que, mesmo convencionada a constituição de enfiteuse entre o possuidor e o proprietário, o título respectivo não tenha sido levado ao registro imobiliário.

Como o registro é um pressuposto de existência para a maioria dos direitos reais, a sua falta impede a configuração da enfiteuse, ainda que, durante anos, tenha havido o pagamento do foro e tenha sido exercido o direito de resgate. Inexistindo uma efetiva relação jurídica de direito real entre o senhorio direto e o foreiro – avaliou a turma –, não há impedimento à aquisição originária da propriedade pelo possuidor. Esse foi o fundamento dado pelo Colegiado.

Originou-se o caso teve em ação proposta por um casal que alegava ter a posse mansa e pacífica de terreno foreiro por 20 anos, tendo sido realizado o resgate da enfiteuse. A sentença considerou o pedido improcedente, e o Tribunal de Justiça de São Paulo manteve a decisão, sob o fundamento de que o prazo para a prescrição aquisitiva não flui enquanto perdura a enfiteuse, pois faltaria o chamado *animus domini* ao enfiteuta.

Ao julgar o **REsp 1.228.615**, o relator do voto que prevaleceu no julgamento, ministro Luis Felipe Salomão, explicou que o **artigo 1.227 do CC**, combinado com o **artigo 172 da Lei 6.015/1973**, indica o efeito constitutivo do registro em relação a direitos reais sobre imóveis, estabelecendo o princípio da inscrição, segundo o qual a constituição, a transmissão e a extinção de direitos reais sobre imóveis só ocorrem por meio da inscrição no cartório de registro imobiliário.

Nas conclusões finais do ministro, "a mera convenção entre as partes não é condição suficiente a ensejar a constituição da enfiteuse, fazendo-se mister a efetivação de um ato formal de ingresso do título no registro imobiliário, o qual poderia ensejar o verdadeiro óbice à aquisição originária da propriedade pelo enfiteuta – o qual inexiste na situação vertente".

1.6.1.4 CABE USUCAPIÃO EXTRAORDINÁRIA EM ÁREA INFERIOR AO MÓDULO URBANO

A Segunda Seção, sob o rito dos recursos repetitivos (**Tema 985**), a Segunda Seção definiu que **o reconhecimento da usucapião extraordinária, mediante o preenchimento de seus requisitos específicos, não pode ser impedido em razão de a área discutida ser inferior ao módulo estabelecido em lei municipal**.

O ministro Luis Felipe Salomão, o relator dos recursos especiais (**REsp 1.667.843** e **REsp 1.667.842**), ponderou que, se o legislador quisesse definir parâmetros mínimos para a usucapião de área urbana, ele o teria feito de forma expressa, a exemplo da definição de limites territoriais máximos para a usucapião especial rural, prevista no **artigo 1.239 do Código Civil**.

Luis Felipe Salomão citou decisão do Supremo Tribunal Federal (STF) no RE 422.349, que não verificou inconstitucionalidade na lei municipal que fixa o módulo urbano em área superior a 250 metros quadrados, desde que isso não impeça ao particular a aquisição do direito de propriedade de área menor, no caso de o órgão de controle não questionar a aquisição no prazo legal.

Ademais, o magistrado enfatizou que o parcelamento do solo e as normas de edificação são providências relativas à função social da cidade. E adicionou que a usucapião tem por objetivo a regularização da posse e, uma vez reconhecida judicialmente, assegura o cumprimento da função social da propriedade.

1.6.1.5 AÇÃO DE USUCAPIÃO INDEPENDE DE PRÉVIO PEDIDO NA VIA EXTRAJUDICIAL

A Terceira Turma entendeu que **o ajuizamento da ação de usucapião não está condicionado à negativa do pedido em cartório**, mesmo após as alterações feitas na **Lei 6.015/1973** (Lei de Registros Públicos) pelo Código de Processo Civil de 2015.

Com essa interpretação, o colegiado determinou o retorno de um processo que discutia a usucapião de imóvel ao juízo de origem, para prosseguimento da ação.

Foi citado, na sentença desfavorável à autora, o **Enunciado 108** do Centro de Estudos e Debates (Cedes-RJ), segundo o qual a ação de usucapião é cabível somente quando houver óbice ao pedido na esfera extrajudicial. O Tribunal de Justiça do Rio de Janeiro manteve a decisão.

Por sua vez, a Defensoria Pública, no **REsp 1.824.133**, alegou que o CPC/2015 faculta ao interessado pedir a usucapião em cartório, porém sem prejuízo de optar pela via judicial.

O ministro Paulo de Tarso Sanseverino, relator (falecido), deu razão à Defensoria Pública, destacando que o **artigo 216-A da Lei de Registros Públicos** é cristalino: "Como se verifica já na abertura do *caput* desse enunciado normativo, o procedimento extrajudicial de usucapião foi disciplinado 'sem prejuízo da via jurisdicional'".

1.6.1.6 GRATUIDADE EM AÇÃO DE USUCAPIÃO ESPECIAL URBANA NÃO TEM NATUREZA OBJETIVA

A Terceira Turma, no **REsp 1.517.822**, fixou entendimento segundo o qual é **inadmissível conferir isenções pecuniárias àquele que tem condições de arcar com as despesas da ação de usucapião especial urbana, mesmo que o parágrafo 2º do artigo 12 da Lei 10.257/2001 o permita**. Para o colegiado, tal dispositivo deve ser interpretado conciliando-se com a norma especial que regula a matéria, a **Lei 1.060/1950**, e, a partir de 18 de março de 2016, com o CPC vigente.

No entendimento do relator, ministro Ricardo Villas Bôas Cueva, a Lei 10.257/2001 concede ao autor da ação uma presunção relativa de hipossuficiência, ou seja, de que aquele que pleiteia seja uma pessoa de baixa renda. Em razão disso, o benefício somente não será concedido se houver prova de que ele não é necessitado. No caso em julgamento, conforme apontou o relator, o próprio autor reconheceu que não preenchia os requisitos da Lei 1.060/1950 para obtenção da gratuidade.

1.6.1.7 IMÓVEL ABANDONADO DO SISTEMA FINANCEIRO DE HABITAÇÃO NÃO ADMITE USUCAPIÃO

A Terceira Turma, ao julgar o **REsp 1.874.632** definiu que não é possível usucapião de imóvel vinculado ao Sistema Financeiro de Habitação (SFH), ainda que em situação de abandono. O colegiado avaliou que esse tipo de habitação está vinculado à prestação de serviço público, devendo ser tratado como bem público insuscetível à aquisição do direito de propriedade.

Assim, negou-se recurso especial a um grupo de pessoas que buscava seguir na posse de um imóvel localizado em um conjunto residencial de Maceió.

A ministra Nancy Andrighi, relatora do processo, elucidou que "na eventual colisão de direitos fundamentais, como o de moradia e o da supremacia do interesse público, deve prevalecer, em regra, este último, norteador do sistema jurídico brasileiro, porquanto a prevalência dos direitos da coletividade sobre os interesses particulares é pressuposto lógico de qualquer ordem social estável."

Por fim, a magistrada rememorou que o imóvel foi adquirido integralmente com recursos públicos e destinado à resolução do problema habitacional no país, não sendo admitida, portanto, a prescrição aquisitiva. Para ela, a inércia dos gestores públicos não pode justificar a ocupação ilícita de área pública, sob pena de serem chanceladas situações ilegais de invasão de terras.

1.6.1.8 LOTEAMENTO EM PLANALTINA (DF) FOI ALVO DE CONTROVÉRSIA ENVOLVENDO USUCAPIÃO

A Segunda Seção, em julgamento de recurso repetitivo (**Tema 1.025**), a Segunda Seção entendeu que **é cabível, por usucapião, a aquisição de imóveis particulares desprovidos de registro no Setor Tradicional de Planaltina (DF)**.

Os imóveis em questão estavam localizados em um loteamento que, apesar de estar consolidado há décadas, não foi autorizado nem regularizado pela administração do Distrito Federal.

O ministro Moura Ribeiro, relator do **REsp 1.818.564**, enfatizou que a possibilidade de registro da sentença declaratória da usucapião não é indispensável para o reconhecimento do direito material de propriedade, fundado na posse *ad usucapionem* e no decurso do tempo. Para ele, o registro seria um efeito da sentença declaratória de usucapião, e não uma condição para o reconhecimento do direito material de propriedade ou para o exercício do direito de ação.

Em suas conclusões, declarou que "não há, portanto, como negar o direito à usucapião sob o pretexto de que o imóvel está inserido em loteamento irregular, porque o direito de propriedade declarado pela sentença (dimensão jurídica) não se confunde com a certificação e a publicidade que emergem do registro (dimensão registrária) ou com a regularidade urbanística da ocupação levada a efeito (dimensão urbanística)".

1.6.1.9 USO DE IMÓVEL PARA MORADIA E COMÉRCIO NÃO IMPEDE USUCAPIÃO ESPECIAL URBANA

Segundo a Terceira Turma do Superior Tribunal de Justiça (STJ), no REsp 1777404, o exercício simultâneo de pequena atividade comercial em propriedade que também é utilizada como residência não impede o reconhecimento de usucapião especial urbana. Com esse entendimento, deu provimento ao recurso de dois irmãos e reconheceu a usucapião de um imóvel utilizado por eles de forma mista.

O recurso teve origem em ação de usucapião na qual os irmãos alegaram que, por mais de cinco anos, possuíram de boa-fé um imóvel localizado em Palmas. Em primeiro grau, o pedido foi julgado parcialmente procedente para reconhecer a usucapião urbana somente da área destinada à moradia, correspondente a 68,63m^2 – decisão mantida pelo Tribunal de Justiça do Tocantins.

Segundo os irmãos, a propriedade tem 159,95m^2, sendo que em 91,32m^2 funciona uma bicicletaria na qual trabalham com a família. Eles alegaram que, mesmo com a parte maior do imóvel sendo utilizada para fins comerciais, não haveria óbice para o reconhecimento da usucapião de toda a propriedade quando ela também se destina à residência da família.

A relatora do recurso no STJ, ministra Nancy Andrighi, explicou que a modalidade de usucapião especial urbana é regulada na Constituição Federal de 1988, em seu artigo 183, parágrafos 1º ao 3º, e pelo Código Civil, em seu artigo 1.240, parágrafos 1º e 2º, bem como, de forma mais específica, pelo Estatuto da Cidade.

Segundo a ministra, essa modalidade de usucapião tem como requisitos a posse ininterrupta e pacífica, exercida como dono; o decurso do prazo de cinco anos; a dimensão máxima da área (250m^2 para a modalidade individual e área superior a esta, na forma coletiva); a moradia e o fato de não ser proprietário de outro imóvel urbano ou rural.

Em seu voto, a relatora lembrou que a Terceira Turma já se manifestou pela possibilidade de se declarar a usucapião de área com metragem inferior à estabelecida na legislação infraconstitucional que regula o parcelamento do solo urbano (REsp 1.360.017).

Nancy Andrighi ressaltou que a exclusividade de uso residencial não é requisito expressamente previsto em nenhum dos dispositivos legais e constitucionais que tratam da usucapião especial urbana. Em seus ensinamentos, "o uso misto da área a ser adquirida por meio de usucapião especial urbana não impede seu reconhecimento judicial, se a porção utilizada comercialmente é destinada à obtenção do sustento do usucapiente e de sua família".

De acordo com a relatora, há a necessidade de que a área reivindicada seja utilizada para a moradia do requerente ou de sua família, mas não se exige que essa área não seja produtiva, especialmente quando é utilizada para o sustento do próprio recorrente, como na hipótese em julgamento. Em conclusão, asseverou que "nesse sentido, o artigo 1.240 do Código Civil não parece se direcionar para a necessidade de destinação exclusiva residencial do bem a ser usucapido. Assim, o exercício simultâneo de pequena atividade comercial pela família domiciliada no imóvel objeto do pleito não inviabiliza a prescrição aquisitiva buscada".

1.6.1.10 NÃO CABE INTERVENÇÃO DE TERCEIROS NA MODALIDADE DE OPOSIÇÃO EM AÇÃO DE USUCAPIÃO

Foi fixado entendimento segundo o qual **não cabe intervenção de terceiros na modalidade de oposição em ações de usucapião**. Com isso, a Terceira Turma confirmou acórdão do Tribunal de Justiça do Ceará que não permitiu a participação de um terceiro interessado em ação judicial.

Ricardo Villas Bôas Cueva, ministro relator do **REsp 1.726.292**, ponderou que a intervenção pretendida era desnecessária, pois a tutela buscada por meio da oposição poderia ser alcançada pela simples contestação à ação de usucapião.

Por fim, entendeu que "o opoente carece de interesse processual para o oferecimento de oposição na ação de usucapião porque, estando tal ação incluída nos chamados juízos universais (em que é convocada a integrar o polo passivo por meio de edital toda a universalidade de eventuais interessados), sua pretensão poderia ser deduzida por meio de contestação."

1.7 USUCAPIÃO URBANA COLETIVA

A usucapião urbana coletiva está prevista no art. 10 do Estatuto da Cidade (Lei 10.257/2001), com nova redação dada pela Lei 13.465/2017, vejamos:

> **Art. 10.** Os núcleos urbanos informais existentes sem oposição há mais de cinco anos e cuja área total dividida pelo número de possuidores seja inferior a duzentos e cinquenta metros quadrados por possuidor são suscetíveis de serem usucapidos coletivamente, desde que os possuidores não sejam proprietários de outro imóvel urbano ou rural. *(Redação dada pela lei nº 13.465, de 2017)*
>
> § 1º O possuidor pode, para o fim de contar o prazo exigido por este artigo, acrescentar sua posse à de seu antecessor, contanto que ambas sejam contínuas.
>
> § 2º A usucapião especial coletiva de imóvel urbano será declarada pelo juiz, mediante sentença, a qual servirá de título para registro no cartório de registro de imóveis.
>
> § 3º Na sentença, o juiz atribuirá igual fração ideal de terreno a cada possuidor, independentemente da dimensão do terreno que cada um ocupe, salvo hipótese de acordo escrito entre os condôminos, estabelecendo frações ideais diferenciadas.
>
> § 4º O condomínio especial constituído é indivisível, não sendo passível de extinção, salvo deliberação favorável tomada por, no mínimo, dois terços dos condôminos, no caso de execução de urbanização posterior à constituição do condomínio.
>
> § 5º As deliberações relativas à administração do condomínio especial serão tomadas por maioria de votos dos condôminos presentes, obrigando também os demais, discordantes ou ausentes.

Na pendência da ação de usucapião especial urbana, ficarão sobrestadas quaisquer outras ações, petitórias ou possessórias, que venham a ser propostas relativamente ao imóvel usucapiendo.

As partes legítimas para a propositura da ação de usucapião especial urbana estão elencadas no art. 12 e são as seguintes:

I) o possuidor, isoladamente ou em litisconsórcio originário ou superveniente;

II) os possuidores, em estado de composse;

III) como substituto processual, a associação de moradores da comunidade, regularmente constituída, com personalidade jurídica, desde que explicitamente autorizada pelos representados.

Destaque-se que na ação de usucapião especial urbana, é obrigatória a intervenção do Ministério Público, sendo o rito processual a ser observado, o sumário. Ademais, o autor terá os benefícios da justiça e da assistência judiciária gratuita, inclusive perante o cartório de registro de imóveis.

A usucapião especial de imóvel urbano poderá ser invocada como matéria de defesa, valendo a sentença que a reconhecer como título para registro no cartório de registro de imóveis.

1.8 USUCAPIÃO FAMILIAR

A usucapião familiar é uma nova modalidade de prescrição aquisitiva prevista no art. 1.240-A do Código Civil, inserida por força da Lei 12.424/2011.

Aquele que exercer, por 2 (dois) anos ininterruptamente e sem oposição, posse direta, com exclusividade, sobre imóvel urbano de até 250m² (duzentos e cinquenta metros quadrados) cuja propriedade divida com ex-cônjuge ou ex-companheiro que **abandonou o lar**, utilizando-o para sua moradia ou de sua família, adquirir-lhe-á o domínio integral, desde que não seja proprietário de outro imóvel urbano ou rural.

A usucapião familiar não será reconhecida ao mesmo possuidor mais de uma vez.

Quanto ao início do prazo estipulado no art. 1.240-A, a recente IX Jornada de Direito Civil do Conselho da Justiça Federal entende, no Enunciado 664 que:

> **Enunciado 664** – Art. 1.240-A: O prazo da usucapião contemplada no art. 1.240-A só iniciará seu curso caso a composse tenha cessado de forma efetiva, não sendo suficiente, para tanto, apenas o fim do contato físico com o imóvel.
>
> ⊙ Justificativa: Em que pese o referido dispositivo legal refira-se ao abandono do lar pelo ex-cônjuge ou ex-companheiro, por tratar-se de hipótese de composse (art. 1.199, CC/2002), somente quando esta efetivamente cessar, a usucapião familiar poderá consumar-se. Assim, ainda que não mais exerça a posse direta sobre o imóvel, o ex-cônjuge ou ex-companheiro não deixará de ser compossuidor caso siga arcando com despesas do imóvel, tais como cobranças de cota condominial ou IPTU. Em tal caso, haveria, na verdade, um desdobramento da posse entre direta e indireta, e não o fim da composse, passível de dar ensejo ao decurso do prazo de prescrição

aquisitiva em favor do ex-cônjuge ou companheiro que segue residindo no imóvel.

Sobre o tema, a V Jornada de Direito Civil também aprovou outros enunciados. Veja-se:

> **Enunciado 498:** A fluência do prazo de 2 (dois) anos previsto pelo art. 1.240-A para a nova modalidade de usucapião nele contemplada tem início com a entrada em vigor da Lei nº 12.424/2011.
>
> **Enunciado 500:** A modalidade de usucapião prevista no art. 1.240-A do Código Civil pressupõe a propriedade comum do casal e compreende todas as formas de família ou entidades familiares, inclusive homoafetivas.

O requisito do 'abandono do lar' deve ser interpretado na ótica do instituto da usucapião familiar **como abandono voluntário da posse do imóvel, somando à ausência da tutela da família,** não importando em averiguação da culpa pelo fim do casamento ou união estável. Este foi o enunciado aprovado durante a *VII Jornada de Direito Civil*, em Brasília-DF. Assim, fica revogado o Enunciado 499, que preconizava que a aquisição da propriedade na modalidade de usucapião prevista no art. 1.240-A do Código Civil só pode ocorrer em virtude de implemento de seus pressupostos anteriormente ao divórcio.

O requisito "abandono do lar" deve ser interpretado de maneira cautelosa, mediante a verificação de que o afastamento do lar conjugal representa descumprimento simultâneo de outros deveres conjugais, tais como assistência material e sustento do lar, onerando desigualmente aquele que se manteve na residência familiar e que se responsabiliza unilateralmente pelas despesas oriundas da manutenção da família e do próprio imóvel, o que justifica a perda da propriedade e a alteração do regime de bens quanto ao imóvel objeto de usucapião.

O novo enunciado é bem-vindo, visto que pode contribuir na perfeita interpretação da usucapião familiar, o que certamente auxiliará na busca pela pacificação de tais.

1.9 USUCAPIÃO ADMINISTRATIVA OU EXTRAJUDICIAL

A usucapião administrativa ou extrajudicial é abordada no art. 216-A, dispositivo incluído pelo Novo Código de Processo Civil e modificado pela Lei 13.465/2017.

1.10 DO REGISTRO PÚBLICO DAS SENTENÇAS DECLARATÓRIAS DE USUCAPIÃO

Julgada procedente a ação de usucapião e transitada em julgado a sentença, será expedido o mandado destinado ao Registro de Imóveis, para que seja efetuado o registro na matrícula do imóvel. A sentença de usucapião é de natureza declaratória. Portanto, seu registro não tem efeito constitutivo, mas sim publicitário processual ou formal. Em outras palavras, o registro não constitui o direito à propriedade, que decorre da prescrição aquisitiva. Ou seja, uma vez preenchidos os requisitos legais para a usucapião, o domínio é adquirido independentemente do registro, e seus efeitos são *ex tunc*. Trata-se de um registro cujo efeito constitutivo é meramente declaratório da propriedade ou de outro direito real.

A Lei de Registros Públicos, em seu art. 226, estabelece que, em casos de usucapião, os requisitos da matrícula devem constar no mandado judicial. Assim, é necessário que o mandado inclua os requisitos da matrícula previstos no art. 176, § 1º, II, dessa Lei. Esse mandado deve observar o princípio da especialidade, ou seja, o imóvel e o proprietário devem ser precisamente identificados na matrícula, que será aberta com a apresentação do mandado. Dessa forma, o princípio da especialidade, tanto objetiva quanto subjetiva, é respeitado.

Por ser a usucapião um modo de aquisição originária de propriedade, não é exigível a indicação do número do registro anterior (art. 176, § 1º, II, 5), visto que não há necessidade de respeitar o princípio da continuidade. Dessa forma, a usucapião resultará na criação de uma nova matrícula, dando início a uma nova cadeia filiatória e eliminando possíveis vícios e restrições anteriores.

1.11 O REGISTRO DA SENTENÇA DE USUCAPIÃO ESTÁ CONDICIONADO A AVERBAÇÃO DA RESERVA LEGAL?

O registro de imóvel rural sem matrícula adquirido por sentença de usucapião **está condicionado à averbação da reserva legal ambiental**, que é a área que deve ter sua vegetação nativa preservada. A decisão é da Terceira Turma do Superior Tribunal de Justiça (REsp nº 1.356.207 – SP (2012/0251709-6).

A questão chegou ao STJ em recurso do estado de São Paulo contra decisão do Tribunal de Justiça local, que não determinou a averbação da reserva legal por falta de exigência em lei no caso de aquisição originária.

O ministro Paulo de Tarso Sanseverino, relator do recurso, destacou que a jurisprudência respaldada em precedentes do STJ considera que **a averbação da reserva legal é condição para o registro de qualquer ato de transmissão, desmembramento ou retificação de área de imóvel rural. Contudo, a situação no caso é de aquisição originária por usucapião de imóvel sem matrícula.**

Nessa hipótese, o relator aplicou o princípio hermenêutico *in dúbio pro natura*. Isso significa que, na impossibilidade de aplicação literal de lei, a interpretação do conjunto normativo deve ser a mais favorável ao meio ambiente.

Sanseverino afirmou que esse princípio, já adotado pelo STJ, constitui uma exceção à regra hermenêutica de que as normas limitadoras de direitos, como são as normas ambientais, devem ter interpretação estrita. Ele explicou, citando o artigo 1º, inciso III, combinado com o artigo 225 da Constituição Federal que a exceção é justificada pela magnitude da importância do direito fundamental ao meio ambiente ecologicamente equilibrado. O ministro ressaltou que no meio rural é muito comum a transmissão apenas do domínio, desacompanhada de transmissão da propriedade. Por isso, ele entende que a interpretação estrita da lei, dispensando prévia averbação da reserva legal no caso de aquisição por usucapião, reduziria demasiadamente a eficácia da norma ambiental e, assim, conduziria a um resultado indesejável, contrário à sua finalidade protetiva.

Para o relator, é possível extrair outro entendimento do texto legal, tomando a palavra "transmissão" em sentido amplo, como ato de passar algo a alguém, de modo a abranger também a usucapião, que pode ser considerada uma transmissão da propriedade por força de sentença. Concluiu ele que esse sentido mais amplo está em sintonia com o princípio *in dubio pro natura*, pois, havendo diversos sentidos de um dispositivo legal, deve-se privilegiar aquele que confere maior proteção ao meio ambiente.

O **novo Código Florestal modificou a forma de publicidade da reserva legal ambiental ao instituir o Cadastro Ambiental Rural (CAR), onde passou a ser registrada a reserva legal, dispensada a averbação no cartório de registro de imóveis.**

O relator entendeu que a nova legislação florestal é aplicável ao caso, sendo necessário, portanto, condicionar o registro da sentença de usucapião ao prévio registro da reserva legal no CAR.

Essa interpretação foi acompanhada pelos demais ministros da Terceira Turma, que deu provimento ao recurso para condicionar o registro da sentença de usucapião ao prévio registro da reserva legal no Cadastro Ambiental Rural.

1.12 A FALÊNCIA INTERROMPE PRAZO PARA AQUISIÇÃO DE PROPRIEDADE POR USUCAPIÃO?

O Superior Tribunal de Justiça, no REsp 1680357, decidiu que a decretação de falência interrompe o curso da prescrição aquisitiva de propriedade de massa falida, visto que o possuidor, seja o falido ou terceiros, perde a posse pela incursão do Estado na sua esfera jurídica.

O STJ negou recurso especial interposto por ocupantes de imóvel da massa falida de uma companhia siderúrgica. Eles contestaram a suspensão do prazo, alegando que cumpriram o período de 20 anos exigido no artigo 550 do Código Civil de 1916, vigente à época, para a aquisição do bem.

A relatora do recurso, ministra Nancy Andrighi, no entanto, ressaltou que os ocupantes, que vivem na propriedade desde 1971, não completaram o prazo previsto, pois, com a decretação de falência em 1987, o curso da prescrição aquisitiva foi interrompido no 16º ano de ocupação. Nas palavras dela, "considerando que os fatos ocorreram sob a égide do Código Civil de 1916, que exigia período equivalente a 20 anos de posse mansa e pacífica para a usucapião (artigo 550), é de se concluir que, efetivamente, não houve aquisição da propriedade pelos recorrentes".

De outro giro, os ocupantes alegaram que a suspensão não deve prejudicar a usucapião, pois a decretação de falência impossibilita o falido de dispor de seus bens, mas não afeta os terceiros que adquiriram o direito por meio da prescrição aquisitiva.

A ministra Nancy Andrighi, porém, alegou que a sentença declaratória da falência produz efeitos imediatos e, devido à formação da massa falida objetiva, a prescrição aquisitiva da propriedade por usucapião é interrompida no momento em que houver o decreto falimentar.

1.13 USUCAPIÃO E TERRENO DE MARINHA

Não é novidade que terrenos de marinha são classificados como bens públicos. Tanto a doutrina quanto a jurisprudência concordam quanto à impossibilidade de declaração de usucapião, dado que a União pode alegar que, em um futuro e incerto procedimento de demarcação, poderá ser constatado que a área usucapienda abrange a faixa de marinha.

Sobre este recorrente e sempre relevante tema, recomenda-se a leitura da recente jurisprudência no tópico "Jurisprudência Complementar".

1.14 ITBI E USUCAPIÃO: ANÁLISE DE CASO

A incidência do Imposto sobre a Transmissão de Bens Imóveis (ITBI) em casos de aquisição de propriedade por usucapião é um tema relevante e complexo no direito tributário. Este tópico examina o entendimento recente do Tribunal de Justiça de São Paulo sobre a **não incidência do ITBI em um caso de usucapião**, destacando os argumentos apresentados, a fundamentação jurídica e a jurisprudência aplicável.

José Edimas, impetrante do mandado de segurança no processo nº 1019928-56.2022.8.26.0451, buscou autorização judicial para o registro de usucapião de dois imóveis sem o pagamento do ITBI. A sentença de primeira instância concedeu a segurança pleiteada, autorizando o registro sem a exigência do tributo.

O Município de Piracicaba, inconformado com a decisão, interpôs recurso voluntário de apelação, alegando a legalidade da tributação e a inadequação do mandado de segurança como via processual para questionar a exigência do ITBI. Além disso, argumentou a ausência de prova inequívoca do direito líquido e certo do impetrante e a possibilidade de recurso administrativo com efeito suspensivo.

O TJSP, ao julgar o recurso, manteve a sentença de primeira instância. A decisão, relatada pelo Desembargador Ricardo Chimenti, ressaltou a inadmissibilidade do recurso voluntário devido à falta de impugnação específica dos fundamentos da sentença recorrida, violando o princípio da dialeticidade. Esse princípio exige que o recorrente apresente argumentos claros e específicos que demonstrem o erro da decisão impugnada.

O tribunal reafirmou que a usucapião é uma forma originária de aquisição de propriedade, não configurando transmissão de bens imóveis por ato oneroso, como exigido pelo artigo 156, II, da Constituição Federal e pelo artigo 35 do Código Tributário Nacional. Portanto, não há fato gerador para a incidência do ITBI.

A decisão também se baseou em jurisprudência consolidada que corrobora a não incidência do ITBI em casos de usucapião. A usucapião transforma o possuidor em proprietário sem que haja transmissão de propriedade por ato entre vivos ou por morte, caracterizando-se como uma aquisição originária. Doutrinadores como Leandro Paulsen e José Eduardo Soares de Melo explicam que, devido à ausência de onerosidade e reciprocidade de prestações econômicas, o ITBI não é exigível na usucapião.

Diversos precedentes do TJSP sustentam esse entendimento, destacando que a usucapião não gera fato gerador do ITBI, visto que não há transmissão onerosa de bens.

Ademais, a decisão do TJSP no caso de José Edimas reafirma a ideia de que a usucapião é uma forma originária de aquisição de propriedade, sem transmissão onerosa.

1.15 JURISPRUDÊNCIA EM TESES DO SUPERIOR TRIBUNAL DE JUSTIÇA – DO DIREITOS DAS COISAS

Neste tópico, selecionei apenas as teses atinentes à temática do inciso em comento.

TESE 7) A inexistência de registro imobiliário de imóvel objeto de ação de usucapião não induz presunção de que o bem seja público (terras devolutas), cabendo ao Estado provar a titularidade do terreno como óbice ao reconhecimento da prescrição aquisitiva.

TESE 8) A usucapião é forma de aquisição originária da propriedade, de modo que não permanecem os ônus reais que gravavam o imóvel antes da sua declaração.

TESE 9) A citação na ação possessória julgada improcedente não interrompe o prazo para aquisição da propriedade por usucapião.

2. JURISPRUDÊNCIA COMPLEMENTAR

SUPREMO TRIBUNAL FEDERAL

Súmula 391. O confinante certo deve ser citado, pessoalmente, para a ação de usucapião.

Súmula 340. Desde a vigência do Código Civil, os bens dominicais, como os demais bens públicos, não podem ser adquiridos por usucapião.

Súmula 263. O possuidor deve ser citado pessoalmente para a ação de usucapião.

Súmula 237. O usucapião pode ser arguído em defesa.

Súmula 11. a presença da união ou de qualquer de seus entes, na ação de usucapião especial, não afasta a competência do foro da situação do imovel.

SUPERIOR TRIBUNAL DE JUSTIÇA

EMENTA: CIVIL. PROCESSUAL CIVIL. USUCAPIÃO ESPECIAL URBANA. PRESCRIÇÃO EXTINTIVA. ESCOAMENTO DO PRAZO PARA DEDUÇÃO DE PRETENSÃO. PRESCRIÇÃO AQUISITIVA. FORMA DE AQUISIÇÃO DA PROPRIEDADE. DISTINÇÕES. CAUSA IMPEDITIVA DE FLUÊNCIA DA PRESCRIÇÃO. APLICABILIDADE ÀS PRESCRIÇÕES EXTINTIVAS E AQUISITIVAS. CONSTÂNCIA DA SOCIEDADE CONJUGAL E FLUÊNCIA DO PRAZO PRESCRICIONAL. CAUSA IMPEDITIVA DA PRESCRIÇÃO QUE CESSA COM A SEPARAÇÃO JUDICIAL, COM O DIVÓRCIO E TAMBÉM COM A SEPARAÇÃO DE FATO POR LONGO PERÍODO. TRATAMENTO ISONÔMICO PARA SITUAÇÕES DEMASIADAMENTE SEMELHANTES. PRESCRIÇÃO AQUISITIVA CONFIGURADA. APURAÇÃO DOS DEMAIS REQUISITOS CONFIGURADORES DA USUCAPIÃO ESPECIAL URBANA. NECESSIDADE DE REJULGAMENTO DA APELAÇÃO.

1 – Ação distribuída em 31/07/2014. Recurso especial interposto em 31/03/2017 e atribuído à Relatora em 15/09/2017.

2 – O propósito recursal consiste em definir se a separação de fato do casal é suficiente para cessar a causa impeditiva da fluência do prazo prescricional prevista no art. 197, I, do CC/2002, e, assim, para deflagrar o cômputo do prazo para a prescrição aquisitiva do imóvel previsto no art. 1.240 do CC/2002.

3 – Duas espécies distintas de prescrição são reguladas pelo CC/2002: a extintiva, relacionada ao escoamento do lapso temporal para que se deduza judicialmente pretensão decorrente de violação de direito (arts. 189 a 206) e a aquisitiva, relacionada a forma de aquisição da propriedade pela usucapião (arts. 1.238 a 1.244). Precedente.

4 – A causa impeditiva de fluência do prazo prescricional prevista no art. 197, I, do CC/2002, conquanto topologicamente inserida no capítulo da prescrição extintiva, também se aplica às prescrições aquisitivas, na forma do art. 1.244 do CC/2002.

5 – A constância da sociedade conjugal, exigida para a incidência da causa impeditiva da prescrição extintiva ou aquisitiva (art. 197, I, do CC/2002), cessará não apenas nas hipóteses de divórcio ou de separação judicial, mas também na hipótese de separação de fato por longo período, tendo em vista que igualmente não subsistem, nessa hipótese, as razões de ordem moral que justificam a existência da referida norma. Precedente.

6 – Sendo incontroverso o transcurso do lapso temporal quinquenal entre a separação de fato e o ajuizamento da ação de usucapião, mas não tendo havido a apuração, pelas instâncias ordinárias, acerca da presença dos demais pressupostos configuradores da usucapião, impõe-se a devolução do processo para rejulgamento da apelação, afastada a discussão acerca da prescrição aquisitiva.

7 – Recurso especial conhecido e provido, para determinar que seja rejulgada a apelação e examinada a eventual presença dos demais requisitos da usucapião especial urbana (STJ – REsp nº 1.693.732 – Minas Gerais – 3ª Turma – Rel. Min. Nancy Andrighi – DJ 11.05.2020)

EMENTA: RECURSO ESPECIAL. CIVIL. USUCAPIÃO ESPECIAL URBANA. REQUISITOS PREENCHIDOS. UTILIZAÇÃO MISTA, RESIDENCIAL E COMERCIAL. OBJEÇÃO NÃO EXISTENTE NA LEGISLAÇÃO DE

REGÊNCIA. ANÁLISE PROBATÓRIA. DESNECESSIDADE. RECURSO ESPECIAL PROVIDO.

1. Ação ajuizada em 20/01/2003, recurso especial interposto em 28/06/2018, atribuído a este gabinete em 27/11/2018.

2. O propósito recursal consiste em determinar se, a área de imóvel objeto de usucapião extraordinária, nos termos do art. 1.240 do CC/2002 e art. 183 da CF/1988, deve ser usada somente para fins residenciais ou, ao contrário, se é possível usucapir imóvel que, apenas em parte, é destinado para fins comerciais.

3. A usucapião especial urbana apresenta como requisitos a posse ininterrupta e pacífica, exercida como dono, o decurso do prazo de cinco anos, a dimensão da área (250 m^2 para a modalidade individual e área superior a esta, na forma coletiva), a moradia e o fato de não ser proprietário de outro imóvel urbano ou rural.

4. O art. 1.240 do CC/2002 não direciona para a necessidade de destinação exclusiva residencial do bem a ser usucapido. Assim, o exercício simultâneo de pequena atividade comercial pela família domiciliada no imóvel objeto do pleito não inviabiliza a prescrição aquisitiva buscada.

5. Recurso especial provido. (STJ – REsp nº 1.777.404 – Tocantins – 3ª Turma – Rel. Min. Nancy Andrighi – DJ 11.05.2020)

EMENTA: Recurso Especial – Direito civil e processual civil – Usucapião extraordinária – Prescrição aquisitiva – Prazo – Implementação – Curso da demanda – Possibilidade – Fato superveniente – Art. 462 do CPC/1973 – Contestação – Interrupção da posse – Inexistência – Assistente simples – Art. 50 do CPC/1973 –

1. Recurso especial interposto contra acórdão publicado na vigência do Código de Processo Civil de 1973 (Enunciados Administrativos nºs 2 e 3/STJ).

2. Cinge-se a controvérsia a definir se é possível o reconhecimento da usucapião de bem imóvel na hipótese em que o requisito temporal (prazo para usucapir) previsto em lei é implementado no curso da demanda.

3. A decisão deve refletir o estado de fato e de direito no momento de julgar a demanda, desde que guarde pertinência com a causa de pedir e com o pedido. Precedentes.

4. O prazo, na ação de usucapião, pode ser completado no curso do processo, em conformidade com o disposto no art. 462 do CPC/1973 (correspondente ao art. 493 do CPC/2015).

5. A contestação não tem a capacidade de exprimir a resistência do demandado à posse exercida pelo autor, mas apenas a sua discordância com a aquisição do imóvel pela usucapião.

6. A interrupção do prazo da prescrição aquisitiva somente poderia ocorrer na hipótese em que o proprietário do imóvel usucapiendo conseguisse reaver a posse para si. Precedentes – 7. Na hipótese, havendo o transcurso do lapso vintenário na data da prolação da sentença e sendo reconhecido pelo tribunal de origem que estão presentes todos os demais requisitos da usucapião, deve ser julgado procedente o pedido autoral – 8. O assistente simples recebe o processo no estado em que se encontra, não podendo requerer a produção de provas e a reabertura da fase instrutória nesta via recursal (art. 50 do CPC/1973). Precedente – 9. Recurso especial provido. (STJ – REsp nº 1.361.226 – Minas Gerais – 3ª Turma – Rel. Min. Ricardo Villas Bôas Cueva – DJ 09.08.2018)

EMENTA: DIREITO FALIMENTAR. Ação de usucapião. Efeitos da decretação da falência. Patrimônio afetado como um todo. Usucapião. Interrupção da prescrição aquisitiva. Massa falida objetiva. Art. 47 do DL n. 7.661/45. Inaplicabilidade. O curso da prescrição aquisitiva da propriedade de bem que compõe a massa falida é interrompido com a decretação da falência. O debate se limita a verificar a existência de usucapião de imóvel ocupado por terceiros em momento anterior à decretação da falência da companhia siderúrgica proprietária do bem, ocorrida à luz do DL n. 7.661/45. Inicialmente, ressalta-se que a sentença declaratória de falência inaugura a massa falida subjetiva, com a formação da massa de credores (corpus creditorum) que, no decurso do processo falimentar, concorrerá na realização do ativo para satisfação de seus créditos. Simultaneamente, forma-se a massa objetiva, ou seja, a afetação do patrimônio do falido como um todo, e não os bens singulares separadamente. Nessa linha de compreensão, é absolutamente relevante compreender que a sentença declaratória da falência produz efeitos imediatos, tão logo prolatada pelo juízo concursal. A propósito, a doutrina menciona a constrição geral do patrimônio do falido como um ato de penhoramento abstrato decorrente da decretação da falência. Isso quer dizer que o Estado, sem necessidade do ato material, retira a posse e preestabelece outros efeitos jurídicos no tocante à extensão objetiva do concurso de credores. Nesse contexto, o bem imóvel, ocupado por quem tem expectativa de adquiri-lo por meio da usucapião, passa a compor um só patrimônio afetado na decretação da falência, correspondente à massa falida objetiva. Assim, o curso da prescrição aquisitiva da propriedade de bem que compõe a massa falida é interrompido com a decretação da falência, pois o possuidor (seja ele o falido ou terceiros) perde a posse pela incursão do Estado na sua esfera jurídica. Note-se que a suspensão do curso da prescrição a que alude o art. 47, do DL n. 7.661/45 cinge-se às obrigações de responsabilidade do falido para com seus credores, e não interfere na prescrição aquisitiva da propriedade por usucapião, a qual é interrompida na hora em que decretada a falência devido à formação da massa falida objetiva (REsp 1.680.357-RJ, Rel. Min. Nancy Andrighi, por unanimidade, julgado em 10/10/2017, DJe 16/10/2017).

EMENTA: Direito Processual Penal, Direito Processual Civil. Aquisição de imóvel com proventos de crime. Ocupação posterior por terceiros. Alegação de usucapião. Sequestro e posterior confisco do bem pelo juízo criminal. Prevalência sobre o juízo cível. Extinção da ação de usucapião. Perda de objeto. Há perda de objeto da ação de usucapião proposta em juízo cível na hipótese em que juízo criminal decreta a perda do imóvel usucapiendo em razão de ter sido adquirido com proventos de crime. Discute-se acerca da possibilidade de o juízo cível julgar ação de usucapião sobre bem sequestrado e, posteriormente, confiscado pelo juízo criminal, em razão de o imóvel ter sido adquirido com proventos de crime. No direito pátrio, a coordenação entre o juízo cível e criminal se dá pelo sistema da separação relativa, em que se admite, embora sem caráter absoluto, processos paralelos, com a possibilidade de julgamentos discrepantes. Apesar de a independência das instâncias ser regra, os sistemas processuais civil e penal admitem exceções, em que se adota o sistema da adesão, por meio do qual uma instância simplesmente adere ao julgamento da outra. É o caso do disposto no art. 935, in fine, do Código Civil, que exclui da cognição do juízo cível a controvérsia acerca da materialidade e da autoria do ato ilícito, "quando estas questões se acharem decididas no juízo criminal ". Exemplo da hipótese inversa é a regra que exclui da cognição do juízo criminal a controvérsia acerca do estado civil de pessoa, conforme previsto no art. 92 do Código de Processo Penal. Nessa linha de entendimento, o discrimen que permite excepcionar a regra da independência das instâncias, na hipótese analisada, é o interesse público de que se reveste o confisco. Efetivamente, a par do interesse do lesado em obter reparação civil, existe o interesse público de subtrair do autor do ilícito penal o produto do crime ou os bens adquiridos com os proventos da infração. Deveras, observa-se que o confisco foi previsto como efeito automático da condenação criminal (art. 91, inciso II, do CP), não dependendo de requerimento do lesado, podendo ser decretado de ofício ou a requerimento do Ministério Público (art. 127 do CPP). Observa-se também, sob outro ângulo, que o CPP previu os embargos de terceiro como instrumento de defesa do acusado e de terceiros contra essa medida constritiva real (art. 130). Essas previsões normativas evidenciam que a finalidade da norma foi excluir da competência do juízo cível qualquer decisão sobre o destino do bem constrito. Nessa ordem de ideias, pode-se concluir que, após decretado o confisco do bem por meio de sentença penal condenatória transitada em julgado, nada resta ao juízo cível senão curvar-se ao provimento exarado pelo juízo criminal, cabendo à parte interessada insurgir-se perante aquele juízo, por meio dos referidos embargos. Assim, considerando-se que, no caso analisado, o juízo cível está subordinado aos comandos da sentença proferida pelo juízo criminal, impõe-se reconhecer que a ação de usucapião deve ser julgada extinta, sem resolução do mérito, por perda do objeto (REsp

1.471.563-AL, Rel. Min. Paulo de Tarso Sanseverino, por unanimidade, julgado em 26/09/2017, DJe 10/10/2017).

▶ **EMENTA: DIREITO CIVIL E CONSTITUCIONAL. POSSIBILIDADE DE USUCAPIÃO DE IMÓVEL RURAL DE ÁREA INFERIOR AO MÓDULO RURAL. Presentes os requisitos exigidos no art. 191 da CF, o imóvel rural cuja área seja inferior ao "módulo rural" estabelecido para a região (art. 4º, III, da Lei 4.504/1964) poderá ser adquirido por meio de usucapião especial rural.** De fato, o art. 65 da Lei 4.504/1964 (Estatuto da Terra) estabelece que "O imóvel rural não é divisível em áreas de dimensão inferior à constitutiva do módulo de propriedade rural". A Lei 4.504/1964 (Estatuto da Terra) – mais especificamente, o seu art. 4º, III (que prevê a regra do módulo rural), bem como o art. 65 (que trata da indivisibilidade do imóvel rural em área inferior àquele módulo) –, ainda que anterior à Constituição Federal de 1988, buscou inspiração, sem dúvida alguma, no princípio da função social da propriedade. Nesse contexto, cabe afirmar que a propriedade privada e a função social da propriedade estão previstas na Constituição Federal de 1988 dentre os direitos e garantias individuais (art. 5º, XXIII), sendo pressupostos indispensáveis à promoção da política de desenvolvimento urbano (art. 182, § 2º) e rural (art. 186, I a IV). No caso da propriedade rural, sua função social é cumprida, nos termos do art. 186 da CF, quando seu aproveitamento for racional e apropriado; quando a utilização dos recursos naturais disponíveis for adequada e o meio ambiente preservado, assim como quando as disposições que regulam as relações de trabalho forem observadas. Realmente, o Estatuto da Terra foi pensado a partir da delimitação da área mínima necessária ao aproveitamento econômico do imóvel rural para o sustento familiar, na perspectiva de implementação do princípio constitucional da função social da propriedade, importando sempre e principalmente, que o imóvel sobre o qual se exerce a posse trabalhada possua área capaz de gerar subsistência e progresso social e econômico do agricultor e sua família, mediante exploração direta e pessoal – com a absorção de toda a força de trabalho, eventualmente com a ajuda de terceiros. A Constituição Federal de 1988, em seu art. 191, cujo texto se faz idêntico no art. 1.239 do CC, disciplinou a usucapião especial rural, nos seguintes termos: "Aquele que, não sendo proprietário de imóvel rural ou urbano, possua como seu, por cinco anos ininterruptos, sem oposição, área de terra, em zona rural, não superior a cinquenta hectares, tornando-a produtiva por seu trabalho ou de sua família, tendo nela sua moradia, adquirir-lhe-á a propriedade". Como se verifica neste artigo transcrito, há demarcação de área máxima passível de ser usucapida, não de área mínima, o que leva os doutrinadores a concluírem que mais relevante que a área do imóvel é o requisito que precede a ele, ou seja, o trabalho realizado pelo possuidor e sua família, que torna a terra produtiva e lhe confere função social. A usucapião especial rural é caracterizada pelo elemento *posse-trabalho*. Serve a essa espécie tão somente a posse marcada pela exploração econômica e racional da terra, que é pressuposto à aquisição do domínio do imóvel rural, tendo em vista a intenção clara do legislador em prestigiar o possuidor que confere função social ao imóvel rural. Assim, a partir de uma interpretação teleológica da norma, que assegure a tutela do interesse para a qual foi criada, conclui-se que, assentando o legislador, no ordenamento jurídico, o instituto da usucapião rural, prescrevendo um limite máximo de área a ser usucapida, sem ressalva de um tamanho mínimo, estando presentes todos os requisitos exigidos pela legislação de regência, não há impedimento à aquisição usucapicional de imóvel que guarde medida inferior ao módulo previsto para a região em que se localize. Ressalte-se que esse entendimento vai ao encontro do que foi decidido pelo Plenário do STF, que, por ocasião do julgamento do RE 422.349-RS (DJe 29/4/2015), fixou a seguinte tese: "Preenchidos os requisitos do art. 183 da CF, o reconhecimento do direito à usucapião especial urbana não pode ser obstado por legislação infraconstitucional que estabeleça módulos urbanos na respectiva área onde situado o imóvel (dimensão do lote)". REsp 1.040.296-ES, Rel. originário Min. Marco Buzzi, Rel. para acórdão Min. Luis Felipe Salomão, julgado em 2/6/2015, DJe 14/8/2015.

▶ **EMENTA:** Direito Civil e Processual Civil – Recurso Especial – Omissão – Inexistência – Usucapião – Modo de aquisição originária da propriedade – Terreno de marinha – Bem público – Demarcação por meio de procedimento administrativo disciplinado pelo Decreto-Lei nº 9.760/1946 – Impossibilidade de declaração da usucapião, por alegação por parte da união de que, em futuro e incerto procedimento de demarcação poderá ser constatado que a área usucapienda abrange a faixa de marinha – Súmula 7/STJ – Descabimento.

1. Os vícios a que se refere o artigo 1.022 do CPC são aqueles que recaem sobre ponto que deveria ter sido decidido e não o foi, e não sobre os argumentos utilizados pelas partes, sendo certo que não há falar em omissão simplesmente pelo fato de as alegações deduzidas não terem sido acolhidas pelo órgão julgador.

2. A usucapião é modo de aquisição originária da propriedade, portanto é descabido cogitar em violação ao artigo 237 da Lei 6.015/1973, pois o dispositivo limita-se a prescrever que não se fará registro que dependa de apresentação de título anterior, a fim de que se preserve a continuidade do registro. Ademais, a sentença anota que o imóvel usucapiendo não tem matrícula no registro de imóveis.

3. Os terrenos de marinha, conforme disposto nos artigos 1º, alínea a, do Decreto-lei 9.760/46 e 20, VII, da Constituição Federal, são bens imóveis da União, necessários à defesa e à segurança nacional, que se estendem à distância de 33 metros para a área terrestre, contados da linha do preamar médio de 1831. Sua origem remonta aos tempos coloniais, incluem-se entre os bens públicos dominicais de propriedade da União, tendo o Código Civil adotado presunção relativa no que se refere ao registro de propriedade imobiliária, por isso, em regra, o registro de propriedade não é oponível à União.

4. A Súmula 340/STF orienta que, desde a vigência do Código Civil de 1916, os bens dominicais, como os demais bens públicos, não podem ser adquiridos por usucapião, e a Súmula 496/STJ esclarece que *"os registros de propriedade particular de imóveis situados em terrenos de marinha não são oponíveis à União"*.

5. No caso, não é possível afirmar que a área usucapienda abrange a faixa de marinha, visto que a apuração demanda complexo procedimento administrativo, realizado no âmbito do Poder Executivo, com notificação pessoal de todos os interessados, sempre que identificados pela União e certo o domicílio, com observância à garantia do contraditório e da ampla defesa. Por um lado, em vista dos inúmeros procedimentos exigidos pela Lei, a exigir juízo de oportunidade e conveniência por parte da Administração Pública para a realização da demarcação da faixa de marinha, e em vista da tripartição dos poderes, não é cabível a imposição, pelo Judiciário, de sua realização; por outro lado, não é também razoável que os jurisdicionados fiquem à mercê de fato futuro, mas, como incontroverso, sem qualquer previsibilidade de sua materialização, para que possam usucapir terreno que já ocupam com ânimo de dono há quase três décadas.

6. Ademais, a eficácia preclusiva da coisa julgada alcança apenas as questões passíveis de alegação e efetivamente decididas pelo Juízo constantes do mérito da causa, e nem sequer se pode considerar deduzível a matéria acerca de tratar-se de terreno de marinha a área usucapienda.

7. Verifica-se que o tribunal de origem considerou ter restado comprovado que o terreno que se pretende usucapir não é um terreno de marinha. Para alterar tal conclusão e passar a adotar as alegações da parte recorrente no sentido de haver dúvidas sobre a natureza pública da propriedade, seria necessária incursão na seara fático-probatória, atividade não realizável nesta via especial. Incidência da súmula 7/STJ, por qualquer das alíneas do permissivo constitucional – 8. Recurso especial a que se nega provimento.

▶ **EMENTA: Recurso Especial – Civil – Usucapião de bem público – Sistema Financeiro de Habitação – SFH – Colisão de princípios fundamentais – Direito à moradia e supremacia do interesse público sobre o particular – Imóvel abandonado – Prescrição aquisitiva – Impossibilidade.**

1– Recurso especial interposto em 12/7/2019 e concluso ao gabinete em 19/8/2020.

2– Na origem, cuida-se de embargos de terceiro, opostos pelos ora recorrentes, por meio do qual pretendem a manutenção na posse do imóvel público objeto da lide, ao argumento de ocorrência de usucapião.

3– O propósito recursal consiste em dizer se seria possível reconhecer a prescrição aquisitiva de imóveis financiados pelo SFH, quando ocorre o abandono da construção pela CEF.

4– Regra geral, doutrina e jurisprudência, seguindo o disposto no parágrafo 3º do art. 183 e no parágrafo único do art. 191 da Constituição Federal de 1988, bem como no art. 102 do Código Civil e no enunciado da Súmula nº 340 do Supremo Tribunal Federal, entendem pela absoluta impossibilidade de usucapião de bens públicos.

5– O imóvel vinculado ao Sistema Financeiro de Habitação, porque afetado à prestação de serviço público, deve ser tratado como bem público, sendo, pois, imprescritível. Precedentes.

6– Na eventual colisão de direitos fundamentais, como o de moradia e o da supremacia do interesse público, deve prevalecer, em regra, este último, norteador do sistema jurídico brasileiro, porquanto a prevalência dos direitos da coletividade sobre os interesses particulares é pressuposto lógico de qualquer ordem social estável.

7– Mesmo o eventual abandono de imóvel público não possui o condão de alterar a natureza jurídica que o permeia, pois não é possível confundir a usucapião de bem público com a responsabilidade da Administração pelo abandono de bem público. Com efeito, regra geral, o bem público é indisponível.

8– Na hipótese dos autos, é possível depreender que o imóvel foi adquirido com recursos públicos pertencentes ao Sistema Financeiro Habitacional, com capital 100% (cem por cento) público, destinado à resolução do problema habitacional no país, não sendo admitida, portanto, a prescrição aquisitiva.

9– Eventual inércia dos gestores públicos, ao longo do tempo, não pode servir de justificativa para perpetuar a ocupação ilícita de área pública, sob pena de se chancelar ilegais situações de invasão de terras.

10– Não se pode olvidar, ainda, que os imóveis públicos, mesmo desocupados, possuem finalidade específica (atender a eventuais necessidades da Administração Pública) ou genérica (realizar o planejamento urbano ou a reforma agrária). Significa dizer que, aceitar a usucapião de imóveis públicos, com fundamento na dignidade humana do usucapiente, é esquecer-se da dignidade dos destinatários da reforma agrária, do planejamento urbano ou de eventuais beneficiários da utilização do imóvel, segundo as necessidades da Administração Pública.

11– Recurso especial não provido

TRIBUNAL DE JUSTIÇA DO ESTADO DE SÃO PAULO

EMENTA: Usucapião ordinário – Pedido formulado em relação a 70% de imóvel devidamente individualizado junto ao cartório de registro de imóveis – Impossibilidade de se reconhecer a prescrição aquisitiva de fração ideal de terreno a quem não é coproprietário – Compromisso particular de compra e venda não transfere direitos reais – Improcedência mantida – Recurso não provido.

Vistos,

Trata-se de ação de usucapião movida por Renato Alvarez Hernandes contra Cláudio Ricardo Navarro, que a respeitável sentença de fls. 64/66, cujo relatório ora adotado passa a fazer parte integrante do presente *decisum*, julgou improcedente.

Recorre a parte autora sustentando que, em 08.03.2002, através de contrato de compra e venda, adquiriu, de Ivete Antônia Silva (através de seu procurador Nivaldo Della Rovere), 70% da fração ideal do imóvel matriculado sob o n.º 4.234, perante o Primeiro Oficial de Registro de Imóveis de São José do Rio Preto, pelo preço de R$ 15.000,00. Afirma que que preenche os requisitos do artigo 1.242 do Código Civil, estando na posse do bem há mais de 10 anos. Aduz ser possível usucapir frações ideais de imóveis, colacionando aos autos jurisprudências nesse sentido. Pugna pelo provimento do recurso, com a anulação da sentença e o retorno dos autos à origem para prosseguimento do processo.

Por sua vez, a parte-apelada, em resposta, pretende a manutenção do que consta da decisão *sub censura*, com a fixação dos honorários advocatícios.

É o relatório.

no mérito, o inconformismo não prospera.

Segundo se infere, o apelante adquiriu os direitos possessórios sobre 70% da fração ideal do imóvel matriculado sob o n.º 4.234, perante o Primeiro Oficial de Registro de Imóveis de São José do Rio Preto, nunca tendo exercido a posse sobre a totalidade da área.

Sobre a prescrição aquisitiva de parte ideal de um imóvel, diz Benedito Silvério Ribeiro que: *"Entrementes, mostra-se plenamente possível que o titular de fração certa, localizada e demarcada no condomínio se valha do processo de usucapião para o reconhecimento do domínio de sua quota-parte. [...] Poderá, também, o condômino intentar a ação de usucapião para o reconhecimento da propriedade sobre todas as partes, excluindo os demais comunheiros. A posse sobre o todo precisa restar provada, sendo indispensável a observância dos demais requisitos legais, especialmente o animus domini"* (Tratado de Usucapião, Benedito Silvério Ribeiro, Ed. Saraiva, 2012, p. 336).

Aliás, nesse sentido, assim decidiu esta Egrégia Câmara, vejamos:

"APELAÇÃO. Usucapião extraordinária. Ação julgada extinta sem resolução do mérito por suposta falta de interesse processual. Descabimento. extinta sem resolução do mérito por suposta falta de interesse processual. Descabimento. ***Possibilidade do manejo da ação de usucapião para reconhecimento da propriedade de fração ideal inserida em área maior, objeto de condomínio pro diviso.*** *Precedentes. Decreto de extinção que se afasta. Retorno dos autos à origem para retomada da marcha processual que se impõe. Sentença anulada. RECURSO PROVIDO. (Apelação 0007715- 96.2014.8.26.0586, Rel. Jair de Souza, j. 19/02/2020) grifado*

Como se vê, quando o imóvel não é subdividido em frações certas e individualizadas, como no caso dos autos, apenas o coproprietário, ou seja, aquele que detém o título de propriedade de uma quota ideal do imóvel é quem pode postular pela prescrição aquisitiva por usucapião da cota remanescente, o que acarretará na expedição de um novo registro extinguindo o condomínio.

Destarte, não sendo possível individualizar a fração do imóvel que o autor pretende usucapir e a partir daí analisar o preenchimento dos requisitos legais, e não sendo ele o coproprietário do imóvel, a improcedência da pretensão era medida de rigor.

Nesse sentido, mantenho a sentença, deixando de condenar o autor em custas e despesas processuais ante a gratuidade concedida na sentença;.

Em decorrência do exposto, NEGO PROVIMENTO ao recurso, nos termos supra.

Erickson Gavazza Marques**.** Relator (TJSP – Apelação Cível nº 1019499-10.2019.8.26.0576 – São José do Rio Preto – 5ª Câmara de Direito Privado – Rel. Des. Erickson Gavazza Marques – DJ 05.12.2023)

EMENTA: Mandado de Segurança. ITBI. Transmissão do imóvel decorrente de Ação de Usucapião. Alegação de não incidência do tributo. Sentença que concedeu a segurança pleiteada nos autos do "mandamus", para autorizar o registro da usucapião sem o recolhimento do ITBI. Pretensão à reforma. Impossibilidade. Razões recursais que não impugnam os fundamentos da r. sentença recorrida. Violação ao princípio da dialeticidade. Reexame Necessário. Usucapião. Modo de aquisição originária da propriedade. Ausência de fato gerador. Sentença mantida. Recurso voluntário de apelação não conhecido, nada havendo a ser provido em sede de reexame necessário (TJSP – Apelação Cível nº 1019928-56.2022.8.26.0451 – Piracicaba – 18ª Câmara de Direito Público – Rel. Des. Ricardo Chimenti – DJ 27.07.2023)

EMENTA: Ação de usucapião – Sentença de improcedência – Pretensão de usucapião de vaga indeterminada de garagem – Impossibilidade – Área de uso comum – Necessidade, na espécie, de individualização da área no registro de imóveis e sua averbação – Coisa inábil à aquisição por usucapião – Alegação de deliberação assemblear no sentido da demarcação e distribuição das vagas de garagem – Insuficiência, vez que a referida deliberação não supre a necessidade de individualização no registro imobiliário, tampouco exibe potencial para alteração da especificação de condomínio – Recurso desprovido (TJSP – Apelação Cível nº 1047286-89.2016.8.26.0100 – São Paulo – 10ª Câmara de Direito Privado – Rel. Des. Gilberto Ferreira da Cruz – DJ 23.05.2023)

EMENTA: Apelação – Mandado de Segurança – ITBI – Usucapião – Ação de usucapião julgada procedente – Imposição de cobrança do Imposto de Transmissão de Bens Imóveis (ITBI) para fazer o registro no Cartório de Registro de Imóveis – Cobrança indevida – Não ocorrência de fato gerador, tendo em vista que o usucapião é modo de aquisição originária da propriedade – Precedentes deste C. Tribunal de Justiça – Tributo incidente em caso de transmissão por ato oneroso não configurado – Recurso voluntário e reexame necessário improvidos. (TJSP – Apelação Cível nº 1004666-49.2021.8.26.0565 – São Caetano do Sul – 18ª Câmara de Direito Público – Rel. Des. Luiz Burza Neto – DJ 11.04.2022)

EMENTA: Usucapião de vaga indeterminada de garagem – Edifício, segundo o Registro de Imóveis, formado por vagas indeterminadas – Necessidade, na espécie, de individualização da área no Registro de Imóveis e sua averbação – Coisa inábil à aquisição por usucapião – Alegação de deliberação assemblear no sentido da demarcação e distribuição das vagas de garagem – Insuficiência, vez que a referida deliberação não supre a necessidade de individualização no Registro Imobiliário, tampouco exibe potencial para alteração da especificação de condomínio – Sentença preservada – Apelo desprovido. (TJSP – Apelação Cível nº 1037316-60.2019.8.26.0100 – São Paulo – 3ª Câmara de Direito Privado – Rel. Des. Donegá Morandini – DJ 18.03.2022)

EMENTA: Agravo de Instrumento – Usucapião – Imóvel rural – Recomendação do Oficial do Registro de Imóveis para a certificação do memorial descritivo junto ao INCRA – Decisão que determinou o cumprimento da medida – Recurso do requerente – Alegação de que a medida somente seria necessária após o trânsito em julgado da demanda – Cabimento – Certificação das peças técnicas pelo INCRA que somente deverá ocorrer após o trânsito em julgado da ação – Inteligência do Capítulo VI, item 1, da Norma de Execução do INCRA nº 96/2010 – Precedente desta Câmara – Decisão reformada – Agravo provido. (TJSP – Agravo de Instrumento nº 2253331-44.2021.8.26.0000 – São José dos Campos – 7ª Câmara de Direito Privado – Rel. Des. Miguel Brandi – DJ 15.02.2022).

EMENTA: Reexame Necessário – Mandado de Segurança – ITBI incidente em registro de imóvel adquirido mediante usucapião – Prolação de sentença concessiva que afastou referida exigência tributária – Manutenção de rigor – Na usucapião não há transmissão imobiliária, pois referido instituto trata de forma originária de aquisição de propriedade – Assim, ante a ausência de transmissão imobiliária, inexiste fato gerador do ITBI – A concessão da segurança era a medida de rigor, não havendo reparo a ser feito em sede de reexame necessário – Mantém-se a sentença reexaminada. (TJSP – Remessa Necessária Cível nº 1003629-84.2021.8.26.0565 – São Caetano do Sul – 18ª Câmara de Direito Público – Rel. Des. Beatriz Braga – DJ 24.09.2021).

EMENTA: Propriedade – Usucapião extraordinária – Área comum de condomínio edilício – Fato comprovado nos autos através de informação do Oficial Registrador, Convenção de Condomínio e perícia – Impossibilidade – *Decisum* mantido por seus próprios e jurídicos fundamentos, nos termos do art. 252 do Regimento Interno do TJSP – Honorários advocatícios sucumbenciais – Valor fixado com base no valor da causa – Caso em que este seria desarrazoado e desproporcional com o trabalho desenvolvido pelos patronos da parte vencedora – Arbitramento por equidade autorizado – Redução, já considerada a fase recursal – Apelo provido em parte, apenas para esse fim. (TJSP – Apelação Cível nº 0019530-64.2012.8.26.0100 – São Paulo – 1ª Câmara de Direito Privado – Rel. Des. Rui Cascaldi – DJ 23.08.2021)

EMENTA: Usucapião – Decisão que determinou a emenda da petição inicial para que os autores apresentassem os documentos indicados pelo Oficial do Cartório de Registro de Imóveis, sob pena de indeferimento da petição inicial – Irresignação – Desnecessidade de apresentação de memorial descritivo da Área de Preservação Permanente, de cadastro do bem junto ao CAR ou do número de inscrição imóvel no INCRA, através do CCIR – Documentos que são necessários apenas para a realização do registro – Imprescindível, contudo, a exata delimitação do imóvel, sendo necessária a apresentação de descrição georreferenciada – Inteligência do art. 225, § 3º, da Lei de Registros Públicos – Recurso provido em parte (TJSP – Agravo de Instrumento nº 2134003-57.2020.8.26.0000 – Mogi-Guaçu – 1ª Câmara de Direito Privado – Rel. Des. Luiz Antonio de Godoy – DJ 27.07.2021).

EMENTA: APELAÇÃO CÍVEL. Usucapião de servidão de passagem. Procedência. Irresignação dos confrontantes. Descabimento. Imóvel dos autores que, pela simples análise das fotos juntadas aos autos, permite concluir que somente têm acesso por meio da servidão de passagem instituída desde 1976. Irrelevância de existência de via pública na lateral do imóvel que, em decorrência da condição geográfica, passa quase no nível do telhado do imóvel dos requerentes, o que obstaria o acesso por tal rua, seja a pé ou de carro. Servidão de passagem que não tem como requisito o encravamento do imóvel, que se limita ao instituto da passagem forçada prevista no Art. 1.285 do CC. Preenchimento dos requisitos legais para a declaração do usucapião. Artigo 698 do Código Civil de 1916, previsão mantida no Artigo 1.379 do Código Civil de 2002, com redução do prazo da modalidade extraordinária, de 30 para 20 anos. Exercício incontestado e contínuo da servidão aparente, por mais de 30 anos, de acordo com a regra de transição do Art. 2.028, CC/2002, que autoriza o interessado a registrá-la em seu nome no Registro de Imóveis, valendo-lhe como título a sentença que julgar consumado o usucapião. Contestantes que, ao adquirir o imóvel confrontante, já detinham ciência inequívoca da servidão, havendo inclusive muro delimitando-a. Conduta que representa má-fé, pretensão de locupletamento ilícito e *venire contra factum proprium*. Sentença mantida. **APELO DESPROVIDO** (TJSP – Apelação Cível nº 1000806-84.2015.8.26.0198 – Franco da Rocha – 5ª Câmara de Direito Privado – Rel. Des. Rodolfo Pellizari – DJ 24.11.2020)

EMENTA: APELAÇÃO. USUCAPIÃO EXTRAORDINÁRIO. Sentença de improcedência. Insurgência pelos autores. Descabimento. Autor que na condição de filho, obteve autorização da genitora, titular de fração ideal e usufrutuária do imóvel, por força de acordo em separação judicial, para fixação de residência. Possibilidade de a usufrutuária ceder a posse direta, mas sem alteração de sua natureza precária, a afastar a invocação da posse "ad usucapionem" pelo cessionário, na forma do art. 1208 do CC. Ausência de oposição pelo nu-proprietário (genitor do autor) que decorria da própria existência de usufruto sobre o imóvel em favor de sua ex-esposa, que poderia ceder o uso e fruição do bem independentemente de seu consentimento. Discussão quanto à doação do imóvel que é estranha ao objeto da demanda. Ausência dos requisitos do artigo 1238 do CC. Sentença mantida. RECURSO IMPROVIDO (TJSP – Apelação Cível nº 1011045-82.2014.8.26.0037 – Araraquara – 9ª Câmara de Direito Privado – Rel. Des. Mariella Ferraz De Arruda Pollice Nogueira – DJ 13.08.2020)

EMENTA: Usucapião – Imóvel localizado dentro do 2º Perímetro da Comarca de São Sebastião – Sentença de improcedência, fundamentada na natureza pública da área usucapienda – Necessidade de reforma – Acervo documental que comprova a posse longeva dos autores, somada à dos antecessores – Ação discriminatória ajuizada pela fazenda Pública Estadual envolvendo toda a área, com sentença transitada em julgado – Irrelevância – Ausência de registro da Carta de Sentença no Oficial de Registro de Imóveis – Nota de Devolução que aponta a sobreposição do registro pretendido pelo Poder Público, com outros já existentes, oriundos de ações de usucapião – Ademais, o Poder Público nunca deu qualquer destinação social ao imóvel – Ao contrário, a Prefeitura Municipal realizou o cadastro, lançando número de contribuinte e recebeu ao longo de décadas o IPTU, sem qualquer ressalva – Circunstâncias que sinalizam comportamento contraditório inadmissível do Poder Público Municipal (*venire contra factum proprio*) e revelam, inequivocamente, a natureza particular do bem – Imóvel passível de usucapião – Inúmeros precedentes deste Tribunal no mesmo sentido, envolvendo a mesma área – Sentença reformada – Recurso provido (TJSP – Apelação Cível nº 1001221-64.2015.8.26.0587 – São Sebastião – 9ª Câmara de Direito Privado – Rel. Des. Angela Lopes – DJ 02.09.2019).

EMENTA: Agravo de Instrumento. Usucapião especial urbana. Determinada complementação de memorial descritivo e planta georreferenciada, com a indicação da matrícula dos imóveis confinantes. Exigência descabida. Observância dos requisitos previstos no art. 942 do CPC. Decisão reformada. Recurso provido. (TJSP – Agravo de Instrumento nº 2150061-14.2015.8.26.0000 – Guarulhos – 9ª Câmara de Direito Privado – Rel. Des. Mauro Conti Machado – DJ 14.08.2015)

EMENTA: USUCAPIÃO EXTRAORDINÁRIA – INTERESSE DA FAZENDA PÚBLICA ESTADUAL – Imóvel usucapiendo está situado em área de terras devolutas – SENTENÇA DE IMPROCEDÊNCIA – Não comprovada a natureza de terras devolutas do imóvel usucapiendo – Demonstrados os requisitos para a usucapião do imóvel – RECURSO DA AUTORA PROVIDO, para julgar procedente a ação, declarando a aquisição originária do imóvel.(TJSP – Apelação Cível nº 0121072-52.2003.8.26.0000 – São Paulo – 2ª Câmara de Direito Privado – Rel. Des. Flavio Abramovici – DJ 05.11.2014)

EMENTA: USUCAPIÃO – Imóvel que se pretende usucapir inserido dentro de área de Tombamento do Parque Estadual da Serra do Mar – Pareceres de órgãos competentes a proceder a referida constatação – Bem público insuscetível de ser usucapido – Ausência de oposição da Municipalidade que não impede o reconhecimento do impedimento, matéria de ordem pública – Imprescritibilidade imposta pelo ordenamento legal (art. 102 do CC. arts. 183, § 3º e 191, par. único, da CF) – Súmula 340 do STF – Limitação administrativa que impede o acolhimento da pretensão, independentemente dos requisitos previstos nos arts. 941 e ss. do CPC – Sentença de improcedência mantida – Recurso desprovido. (TJSP – Apelação Cível nº 0001609-62.2007.8.26.0587 – São Sebastião – 6ª Câmara de Direito Privado – Rel. Des. José Percival Albano Nogueira Júnior – DJ 10.02.2012)

EMENTA: AGRAVO DE INSTRUMENTO – Usucapião especial rural – Decisão que indeferiu pedido de dispensa de apresentação de documentos solicitados pelo Oficial do Cartório de Registro de Imóveis – Documentos que não são essenciais à propositura da ação de usucapião, e sim à regularidade registral – Jurisprudência pacífica do Superior Tribunal de Justiça e desta Corte no sentido de bastarem, por ora, os já colacionados, desde que permitam identificação rigorosa do imóvel litigioso, sua dimensão, localização, confrontações e a respectiva planta descritiva – Inteligência do art. 942, do Código de Processo Civil – Requisitos para o registro que poderão ser posteriormente supridos, caso os autores sejam vitoriosos na demanda – Exigência que, no momento, impediria o seu acesso à prestação jurisdicional – Acolhimento monocrático, nos termos do artigo 557, § 1º-A, do Código de Processo Civil – Recurso provido.(TJSP – Agravo de Instrumento nº 2160208-36.2014.8.26.0000 – Itapecerica da Serra – 5ª Câmara de Direito Privado – Rel. Des. Fábio Podestá – DJ 24.09.2014)

CONSELHO SUPERIOR DA MAGISTRATURA

EMENTA: Registro de Imóveis – Dúvida – Sentença declaratória de usucapião – Título hábil – Mandado judicial – Viabilidade, no entanto, embora não represente a melhor técnica, de ingresso de carta de sentença que contenha todos os requisitos da matrícula – Dúvida improcedente – Recurso provido (APELAÇÃO CÍVEL Nº 61.875-0/9, da Comarca de SÃO JOSÉ DO RIO PRETO).

EMENTA: REGISTRO DE IMÓVEIS – Usucapião. Unitariedade. Imóvel usucapido composto de duas glebas separadas por estrada municipal. Descrição do imóvel como se fosse um. Necessidade de descrição das glebas para abertura de matrículas distintas. Princípios registrários da especialidade e da unitariedade (Apelação Cível 69.063-0/1, da Comarca de Piedade).

EMENTA: REGISTRO DE IMÓVEIS – Dúvida – Mandado de usucapião – Imóvel rural – Concordância com algumas das exigências – Irrelevância, dada a impertinência das exigências não impugnadas – Recurso que devolve a qualificação por inteiro do título – Cônjuge estrangeiro – Necessidade de autorização do INCRA – Inteligência do artigo 1º, da Lei 5.709/71 – Recurso não provido, com observação (Apelação Cível 01-6/7, da Comarca de Atibaia).

1ª VARA DE REGISTROS PÚBLICOS

EMENTA: Processo 0349216-33.2009.8.26.0100 (100.09.349216-1) – Procedimento Ordinário – Usucapião Extraordinária – (...) e outro – Prefeitura do municipio de São Paulo – Vistos. (...) e (...), ambos qualificados nos autos, ajuizaram a presente ação de usucapião extraordinária referente a 2/8 do imóvel localizado na Rua (...). Afirmam possuir, por si, o imóvel desde 15 de novembro de 2005, data em que celebraram escritura de venda e compra de 6/8 do imóvel usucapiendo com os antigos proprietários e possuidores de tal fração, quais sejam, (...) e (...). Informam que, desde a aquisição, reformaram as antigas instalações existentes, tornando-as produtivas. Embora tenham realizado diversas diligências, não conseguiram localizar sucessores dos demais titulares de domínio, sendo que a posse de 2/8 do imóvel nunca foi reivindicada judicial ou extrajudicialmente por qualquer pessoa. Alegam que sua posse mansa, pacífica e contínua, somada com a de seus antecessores, totaliza mais de 20 anos. Pleiteiam, assim, a procedência do seu pedido, com fundamento no art. 1.238 do Código Civil. Com a inicial (fls. 2/7) vieram documentos (fls. 8/26). Informes cartorários às fls. 28/45. O Ministério Público declinou de atuar no feito à fl. 57. Foram determinadas as citações e notificações necessárias (fls. 98). A União manifestou desinteresse na demanda (fls. 159). A Municipalidade de São Paulo ofertou contestação, alegando não ter elementos para aferir a existência de interferência da área usucapienda em bem público (fl. 142). A Fazenda Pública Estadual não se manifestou nos autos (fl. 247). (...) e (...) manifestaram-se nos autos, informando não se oporem ao pedido inicial, desde que respeitados os limites de seu imóvel confinante (fls. 161/165). Os requerentes informaram, às fls. 208/209, que 6/8 do imóvel foi adjudicado por (...), sendo que os requerentes e o novo adquirente entraram em acordo quanto aos limites da área usucapienda, tendo providenciado a elaboração de planta referente a tal área. Foi publicado edital para citação dos réus em local incerto e dos terceiros interessados (fls. 237/239). Foi oferecida contestação por meio de curador especial às fls. 242/244. Foi certificado o encerramento do ciclo citatório (fl. 247). Vieram-me os autos conclusos. É o relatório. Fundamento e decido. É cabível, no caso, o julgamento imediato do feito, tendo em vista que os elementos colhidos nos autos são suficientes à formação da convicção deste juízo, conforme preceitua o art. 400, incisos I e II, do Código de Processo Civil. O pedido inicial é improcedente. Conforme se extrai da inicial, datada de 2009, os requerentes buscam a aquisição originária, por meio de usucapião extraordinária, de 2/8 de imóvel, uma vez já serem titulares do restante do imóvel. Para embasar o seu pedido, os requerentes informam que adquiriram 6/8 do imóvel usucapiendo, por meio da celebração, em dezembro de 2005, de escritura pública de compra e venda com os antigos proprietários de tal fração ideal, quais sejam, (...) e (...) (fls. 20/21). Dessa forma, os requerentes pretendem somar sua posse à dos antecessores, de modo a atingir o lapso legal de 20 anos, previsto no art. 1.238, cumulado com o art. 2.028, ambos do Código Civil. Entretanto, conforme se extrai da averbação nº 11 da matrícula atualizada de fls. 210/213, a aquisição dos requerentes foi declarada ineficaz, em virtude de fraude à execução, conforme decisão da 39ª Vara Cível Central, nos autos nº 583.00.1998.9172237-8, no ano de 2010. Após tal declaração, a parcela de 6/8 que havia sido adquirida pelos requerentes foi alienada judicialmente, tendo sido adjudicada por (...). Tem-se, portanto, que a partir da averbação da penhora (registro nº 8 fl. 211), ocorrida em 19.01.2005, a qual produz efeitos erga omnes, não há que se falar em boa-fé por parte dos requerentes, que adquiriram 6/8 do bem posteriormente, em 15.12.2005 (fl. 20). Ainda, quando da aquisição do bem, os requerentes declararam expressamente na escritura terem recebido as certidões previstas na Lei 7.433/85, regulamentada pelo Decreto nº 93.240/86, o que indica que eles tinham conhecimento da penhora que recaia sobre o bem. Embora não se ignore que a figura da usucapião extraordinária não exige o preenchimento do requisito da boa-fé, o fato é que os requerentes pretendem somar a sua posse, de cerca de apenas 4 anos quando do ajuizamento da ação (em 2009), à dos seus antecessores, de modo a preencherem o lapso legal. Sabe-se, entretanto, que a soma de posses somente pode ser admitida quando forem atendidos três requisitos: continuidade, homogeneidade e vínculo jurídico. Especificamente por homogeneidade, entenda-se a existência de posse com as mesmas qualidades, entre elas o ânimo (boa ou má-fé) e a pacificidade. Analisando-se o caso em tela, entretanto, não há elementos a se concluir pela homogeneidade entre a posse dos requerentes e a de seus antecessores. Extrai-se que a posse dos requerentes carece de boa-fé e de pacificidade, uma vez declarada a ineficácia de sua aquisição por fraude à execução, não havendo elementos, no entanto, para se aferir a qualidade da posse seus antecessores durante todo o período em que eles foram proprietários de 6/8 do bem, de 1989 (vide registro nº 5 de fl. 210-verso) a 2005. Assim, não restou evidenciado o preenchimento do lapso temporal de 20 anos pelos requerentes. Como se não bastasse, a jurisprudência do E. Tribunal de Justiça do Estado de São Paulo já se manifestou no sentido de que é: "Forçoso reconhecer a impossibilidade da pretensão em razão de figurarem os autores como titulares do domínio no registro de imóveis. Vale dizer: àquele que adquiriu o imóvel por força de alienação realizada em fraude de execução não é lícito reclamar a usucapião porque incompatível com a propriedade por ele exercida. " (TJ/SP, Apelação n º 994.03.029620-5, 7ª Câmara de Direito Privado, Relator Pedro Baccarat, julgado em 18.05.2011). Observe-se que, ainda que assim não fosse, e se admitisse a soma da posse dos requerentes com a de seus antecessores, ou, ainda, o reconhecimento da usucapião no âmbito da fraude à execução, não há nenhum elemento nos autos a comprovar a posse exclusiva dos requerentes e dos seus antecessores sobre a fração de 2/8 do imóvel, a qual é de titularidade dominial de terceiros (...). Embora se saiba que é possível a usucapião entre condôminos, o fato é que tal situação somente é possível caso haja posse exclusiva de um dos condôminos sobre a totalidade da coisa comum. Conforme preleciona o Des. Francisco Eduardo Loureiro, "exige-se, em tal caso, que a posse seja inequívoca, manifestada claramente aos demais condôminos, durante todo o lapso temporal exigido por lei. Deve estar evidenciado aos demais comunheiros que o usucapiente não reconhece a soberania alheia ou a concorrência de direitos sobre a coisa comum" (in Código Civil Comentado Doutrina e Jurisprudência, 6ª edição, Editora Manole, página 1.219). Entretanto, não há nada nos autos que indique que os requerentes, durante o período em que foram proprietários do bem, e seus antecessores rechaçaram expressamente os direitos dos demais condôminos ou seus sucessores, impedindo-os de usufruir do bem. Muito pelo contrário, a análise dos autos indica que tais terceiros eram desconhecidos dos requerentes que, apesar de terem efetuado diversas divergências, não conseguiram localizar os sucessores dos titulares de domínio (vide item 5 de fl. 4). Dessa forma, não evidenciada a posse exclusiva, com animus domini, e com oposição aos demais titulares de domínio, por parte dos requerentes e dos seus antecessores, não há que se falar em usucapião da parcela de 2/8 do imóvel. Por fim, saliente-se que, mesmo se superados todos os óbices elencados acima, tratando-se de usucapião, seria inviável aos requerentes escolherem, como se extrai de fls. 208/209, sobre qual parcela do imóvel recairia a fração usucapienda por eles pretendida. Isso porque a usucapião busca atribuir a propriedade de bem sobre o qual há posse efetiva do requerente, e não sobre parcela do bem que parecer mais conveniente ao requerente. Ante o exposto, julgo improcedente o pedido formulado na inicial, extinguindo o processo com resolução do mérito, nos termos do art. 269, inciso I do Código de Processo Civil. Em face da sucumbência, os requerentes arcarão com as custas e despesas processuais. Oportunamente, ao arquivo. P.R.I.U-1478 Certifico e dou fé que, nos termos do art. 162, § 4º, do CPC, preparei para remessa ao Diário da Justiça Eletrônico o(s) seguinte(s) ato(s) ordinatório(s): em cumprimento ao Provimento nº 577/97, o valor do preparo, para o caso de eventual interposição de recurso foi calculado em 2% sobre o valor da causa atualizado pela Tabela Prática do TJ/SP e importa em R$265,55. Certifico ainda que em cumprimento ao determinado na Lei 011.608 de 29/12/2003, deve ser recolhido na guia GARE, como preparo, o valor mínimo de 05 (cinco) UFESPs referente ao 1º dia útil do mês do recolhimento, se o valor calculado acima informado for menor do que 05 UFESPs. Certifico ainda que de acordo com o Provimento nº 833/2004, há necessidade do pagamento do valor do porte de remessa de R$32,70 (por volume de autos), a ser pago em guia própria do Banco do Brasil – código 110-4, tendo este processo 02 volume(s). (U-1478). Nada mais. – ADV: WELESSON JOSE REUTERS DE FREITAS (OAB 160641/SP), HILDA ERTHMANN PIERALINI (OAB 157873/SP), OSVALDO FIGUEIREDO MAUGERI (OAB 65994/SP), EVILENE FONSECA GONZAGA (OAB 192035/SP), CAMILA SANTOS CURY (OAB 276969/SP), ROSA MARIA EIRAS (OAB 221772/SP) (D.J.E. de 17.10.2014 – NP)

TRIBUNAL DE JUSTIÇA DO ESTADO DO PARANÁ

EMENTA: PROCESSUAL CIVIL. AÇÃO DE USUCAPIÃO ESPECIAL URBANO. COMPOSSE DA AUTORA COM SEU COMPANHEIRO. LITISCONSÓRCIO ATIVO NECESSÁRIO. ART. 10, § 2º DO CPC. NECESSIDADE DE JUNTADA DE CERTIDÃO NEGATIVA IMOBILIÁRIA DO MUNICÍPIO EM QUE RESIDE A AUTORA EM SEU NOME E DE SEU COMPANHEIRO EM RAZÃO DO REGIME DE BENS DA UNIÃO ESTÁVEL. NULIDADE ABSOLUTA. RECONHECIMENTO DE OFÍCIO. SENTENÇA CASSADA. APELOS PREJUDICADOS. (TJPR – Apelação Cível nº 1291063-3 – São José dos Pinhais – 18ª Câmara Cível – Rel. Des. Vitor Roberto Silva – DJ 18.08.2015)

TRIBUNAL DO ESTADO DO RIO GRANDE DO SUL

EMENTA: PROCESSO Nº 70058387614. APELAÇÃO CÍVEL. POSSE (BENS IMÓVEIS). AÇÃO REIVINDICATÓRIA. EXCEÇÃO DE USUCAPIÃO ARGUIDA COMO TESE DEFENSIVA. REQUISITOS PREENCHIDOS. IMPROCEDÊNCIA DO PEDIDO INICIAL. Preliminar. Nulidade de sentença por ausência de citação do litisconsorte necessário. Havendo união estável não há necessidade de autorização do companheiro para o ajuizamento de ação real. Preliminar rejeitada. Mérito. Ficou provado que a posse exercida pelo réu é justa. Ainda, o réu preencheu os requisitos previstos no parágrafo único do art. 1238 do Código Civil, sendo impositivo o acolhimento da exceção de usucapião arguida como tese de defesa. PRELIMINAR REJEITADA. APELO PROVIDO.

EMENTA: PROCESSO Nº 70046637849 E 70046637641: APELAÇÕES CÍVEIS E RECURSO ADESIVO. AÇÕES DE USUCAPIÃO E REIVINDICATÓRIA. PROVA. HONORÁRIOS DE SUCUMBÊNCIA. Preenchidos os requisitos legais à consumação da prescrição aquisitiva em favor dos apelados, é de ser mantida a sentença hostilizada. Caso concreto em que um dos apelados comprova documentalmente o exercício da posse *ad usucapionem* desde a primeira metade da década de 70 sobre a área usucapienda. Expressão usada pelo usucapiente apelado em depoimento pessoal ao dizer que não efetuava o pagamento de IPTU incidente sobre o imóvel, "porque não lhe pertence", não significa confissão quanto ao fato de não se sentir o proprietário da coisa. Exame da referida expressão no contexto em que declarada. Honorários advocatícios sucumbenciais que comportam majoração para remunerar adequada e condignamente o serviço prestado pelo advogado da parte. NEGARAM PROVIMENTO À APELAÇÃO, DERAM PROVIMENTO AO RECURSO ADESIVO PARA MAJORAR OS HONORÁRIOS SUCUMBENCIAIS, E JULGARAM PREJUDICADA A APELAÇÃO NA AÇÃO REIVINDICATÓRIA, UNÂNIME.

EMENTA: PROCESSO Nº 70065803850. AGRAVO DE INSTRUMENTO. USUCAPIÃO. INICIAL. MATRÍCULA DOS IMÓVEIS LINDEIROS. PARTE AUTORA BENEFICIÁRIA DA GRATUIDADE DE JUSTIÇA. EXPEDIÇÃO DE OFICIO AO REGISTRO DE IMÓVEIS. POSSIBILIDADE. Mostrando-se excessivamente oneroso aos autores, que litigam ao abrigo da gratuidade de justiça, juntar a matrícula dos imóveis lindeiros com a inicial da ação de usucapião, é de ser deferida a expedição de ofício ao Registro de Imóveis, para que forneça cópia dessas matrículas, em obediência ao disposto no art. 5º, XXXIV, "a" e "b" e XXXV, da Constituição Federal. Outrossim, cuidando-se de parte que litiga ao abrigo da gratuidade de justiça, é isenta do pagamento de emolumentos, como dispõe o art. 3º, II, da Lei nº 1.060/50. Não se cuidado de hipótese de litisconsórcio ativo unitário, não se faz necessária a emenda da inicial para incluir, no pólo ativo da demanda, os cedentes a título singular, da posse exercida pelos autores. Eventual sentença de procedência que não declarará o domínio em prol do anterior possuidor do imóvel, mas apenas em favor daquele que efetivamente se encontra na posse do bem. Exegese do art. 47 do CPC. AGRAVO DE INSTRUMENTO PROVIDO, EM MONOCRÁTICA.

EMENTA: AÇÃO DE USUCAPIÃO. CONDICIONAMENTO DO REGISTRO DA SENTENÇA DE PROCEDÊNCIA JUNTO AO CARTÓRIO DE REGISTRO DE IMÓVEIS AO ADIMPLEMENTO DE DÉBITOS TRIBUTÁRIOS ANTERIORES, INCIDENTES SOBRE A COISA USUCAPIDA. INEXISTENTE. ART. 945 DO CPC. EXPRESSÃO "SATISFEITAS AS OBRIGAÇÕES FISCAIS" QUE DEVE SER INTERPRETADA COMO ATINENTE ÀS TAXAS DEVIDAS EM RAZÃO DO PRÓPRIO ATO NOTARIAL DE REGISTRO. DO CONTRÁRIO, HAVERIA UMA INDEVIDA AMPLIAÇÃO DO OBJETO DISCUTIDO NOS FEITOS DE USUCAPIÃO, A FIM DE ENGLOBAR QUESTÕES ATINENTES AOS DÉBITOS TRIBUTÁRIOS E SUA EXIGIBILIDADE. RECURSO DESPROVIDO. O que o art. 945 do CPC dispõe é que a sentença de usucapião, a fim de que tenha eficácia *erga omnes*, será registrada pelo cartório de registro de imóveis competente, desde que o agora proprietário pague as taxas decorrentes do ato do registro. Dito de outro modo, quer dizer que a expressão *"satisfeitas as obrigações fiscais"* se refere tão-somente ao pagamento dos tributos incidentes em razão do próprio ato notarial de registro da sentença, o qual, efetivamente, é condição para a prática do ato. (TJPR – Apelação Cível nº 1174950-5 – Londrina – 17ª Câmara Cível – Rel. Des. Fernando Paulino da Silva Wolff Filho – DJ 24.09.2014)

3. QUESTÕES DE CONCURSOS

01. (IESES – Cartório – TJ – PB/2014) A respeito da Lei Federal nº 10.257/2001, assinale a alternativa INCORRETA:

a) Na ação de usucapião especial urbana é obrigatória a intervenção do Ministério Público.

b) O autor terá os benefícios da justiça e de assistência judiciária gratuita, exceto perante o oficial de registro de imóveis.

c) Na ação judicial de usucapião especial de imóvel urbano, o rito processual a ser observado é o sumário.

d) São partes legítimas para a propositura da ação de usucapião especial urbana, o possuidor, isoladamente ou em litisconsórcio originário ou superveniente e os possuidores, em estado de composse.

02. (Cespe – Cartório – RR/2013) A respeito do direito das coisas, assinale a opção correta.

a) A venda realizada por quem não seja dono não transfere a propriedade, exceto se o adquirente estiver de boa-fé.

b) Em condomínio edilício, as partes suscetíveis de utilização independente, tais como apartamentos, escritórios, salas, lojas e sobrelojas, com as respectivas frações ideais no solo e nas outras partes comuns, sujeitam-se à propriedade exclusiva, podendo ser alienadas e gravadas livremente por seus proprietários, exceto os abrigos para veículos, que não poderão ser alienados ou alugados a pessoas estranhas ao condomínio, salvo autorização expressa na convenção de condomínio.

c) O penhor rural constitui instrumento público ou particular, devendo ser registrado em cartório de títulos e documentos.

d) Em relação ao fundamento jurídico da propriedade, prevalece a teoria da lei, defendida por Montesquieu, segundo a qual a propriedade é instituição do direito positivo, ou seja, existe porque a lei a criou e a garante.

e) A usucapião é modo de aquisição da propriedade e de outros direitos reais pela posse prolongada da coisa, desde que respeitados os requisitos legais, bastando, para a configuração da usucapião tabular, basta o registro do título e o decurso do prazo de cinco anos antes de o registro ser cancelado.

03. (Cespe – Cartório – TJ – BA/2014) Em relação à usucapião, assinale a opção correta.

a) Aquele que conservar a posse em nome do proprietário poderá, após quinze anos sem interrupção, adquirir a propriedade do bem, e, inclusive, realizar requerimento ao juiz que assim o declare por sentença, a qual servirá de título para o registro no cartório de registro de imóveis.

b) Aquele que possuir coisa móvel como sua, durante três anos, contínua e ininterruptamente e sem oposição, com justo título e boa-fé, adquirir-lhe-á a propriedade.

c) Em se tratando de usucapião ordinária, o justo título pode ser substituído pela boa-fé, sendo ambos requisitos alternativos dessa modalidade derivada de aquisição da propriedade.

d) Adquirida a propriedade por meio de usucapião especial e existindo direito real de garantia sobre o imóvel, o gravame subsistirá em razão de a natureza da obrigação ser *propter rem*.

e) O imóvel cujo proprietário seja menor de dezesseis anos de idade é passível de aquisição por usucapião, modo originário de aquisição, adquirindo o possuidor a coisa sem qualquer limitação imposta ao antigo proprietário.

04. (FMP – Cartório – TJ – MT/2014) Quanto ao usucapião, assinale a afirmativa correta.

a) O usucapião rural (artigo 1.239, *caput*, do Código Civil) é personalíssimo, pois exige que o possuidor, por seu exclusivo trabalho, torne a gleba produtiva.

b) Para fins de *accessio possessionis* a título singular, a escritura pública não é da substância do ato.

c) O usucapião familiar (artigo 1.240-A do Código Civil) pode ser manejado por qualquer um dos cônjuges, desde que tenha posse exclusiva, e a área não seja superior a 500,00m² (quinhentos metros quadrados).

d) O usucapião ordinário geral (artigo 1.242, *caput*, do Código Civil), por exigir justo título, dispensa o requisito da pacificidade.

e) A redução do prazo para o usucapião extraordinário privilegiado no tempo (artigo 1.238, parágrafo único, do Código Civil) opera-se quando o imóvel houver sido adquirido onerosamente, com base no registro constante do respectivo cartório, cancelado posteriormente.

05. (IESES – Cartório – TJ – PB/2014) Será considerado usucapião urbano quando o agente interessado possuir, como sua uma área urbana, por cinco anos ininterruptamente e sem oposição, utilizando-a para sua moradia ou de sua família, desde que não seja proprietário de outro imóvel urbano ou rural, e condicionado o tamanho máximo da área urbana usucapível de:

a) Duzentos e cinquenta metros quadrados.

b) Duzentos e vinte e cinco metros quadrados.

c) Trezentos metros quadrados.

d) Duzentos metros quadrados.

06. (Vunesp – Cartório – TJ – SP/2014) Assinale a alternativa correta.

a) Denomina-se usucapião tabular a forma de aquisição da propriedade imobiliária pelo exercício da posse qualificada, contínua e incontestadamente, com ânimo de dono, justo título e boa-fé, por cinco anos, se o imóvel houver sido adquirido, onerosamente, com base no registro constante do respectivo cartório, cancelado posteriormente, desde que os possuidores nele tiverem estabelecido a sua moradia, ou realizado investimentos de interesse social e econômico.

b) O devedor considerado inadimplente e constituído formalmente em mora poderá adquirir o domínio do imóvel objeto do contrato descumprido, se possuir área urbana de até duzentos e cinquenta metros quadrados, por cinco anos ininterruptamente, utilizando-a para sua moradia ou de sua família, mesmo durante o curso do processo judicial ou extrajudicial movido pelo credor.

c) Nas ações de usucapião extraordinária, especial e ordinária, o possuidor pode, para o fim de contar o tempo exigido pela prescrição aquisitiva, acrescentar à sua posse aquela exercida pelos antecessores e herdeiros do titular tabular, contanto que todas sejam contínuas e pacíficas.

d) O artigo 1.240-A do Código Civil, aplicável retroativamente à sua vigência, prevê modalidade especial de usucapião em favor daquele que exercer, por 3 (três) anos ininterruptamente e sem oposição, posse direta, com exclusividade, sobre imóvel urbano de até 250 m² (duzentos e cinquenta metros quadrados) cuja propriedade divida com ex-cônjuge ou ex-companheiro que abandonou o lar, utilizando-o para sua moradia ou de sua família, desde que não seja proprietário de outro imóvel urbano ou rural.

07. (Cespe – Cartório – TJ-DFT/2014) Considere que Sílvio e Adriana, proprietários de pequeno imóvel rural de quarenta hectares no estado X, tenham-se mudado para o DF, onde ocupam, há dez anos, um imóvel urbano de duzentos metros quadrados, para moradia. Nessa situação hipotética, de acordo com a Lei nº 10.257/2001, Sílvio e Adriana

a) poderão adquirir o imóvel urbano por usucapião, e seu herdeiro legítimo poderá continuar na posse, em caso de sucessão.

b) poderão adquirir o domínio do imóvel urbano por usucapião, desde que sejam casados.

c) estarão impedidos de adquirir o domínio do imóvel urbano por usucapião.

d) poderão adquirir o imóvel urbano por usucapião, desde que a ocupação tenha sido ininterrupta.

e) poderão adquirir o imóvel urbano por usucapião, independentemente de oposição no referido período.

GAB	1	B	2	B	3	B	4	B
	5	A	6	A	7	C		

29) da compra e venda pura e da condicional;

1. COMENTÁRIOS

Contrato de compra e venda consiste no acordo de vontades entre comprador e vendedor pelo qual, mediante pagamento de certo preço, transfere-se o domínio de determinada coisa objeto do contrato.

Trata-se de contrato **bilateral,** pois os contraentes assumem direitos e obrigações recíprocos; **consensual,** pois o contrato resulta do aperfeiçoamento das partes; **oneroso,** já que ambos os contratantes obtêm vantagem com o negócio, mas suportam um ônus; **pessoal,** porque a simples celebração de contrato de compra e venda não transfere a propriedade.

O vendedor se obriga a transferir a propriedade, que se efetiva com a **tradição (no caso de bens móveis)** ou com o **registro do título (no caso de bens imóveis).**

Os requisitos ou elementos do contrato de compra e venda são a **coisa,** o **preço** e o **consentimento.**

No que se refere à **forma,** o contrato impõe uma solenidade, qual seja, a escritura pública, quando tratar de **imóvel** com valor **acima de 30 (trinta) salários mínimos.**

O contrato de compra e venda está disciplinado nos artigos 481 a 532 do Código Civil.

1.1 COMPRA E VENDA DE BENS IMÓVEIS ENTRE CÔNJUGES

A venda de imóveis entre cônjuges é perfeitamente possível, desde que se refira a **bens excluídos da comunhão.**

Dessa forma, será livre a aquisição onerosa por qualquer dos cônjuges dos bens excluídos do patrimônio comum. Por conseguinte, se o casal estiver sob o regime da comunhão universal de bens, não há se falar em compra e venda, pois o patrimônio do casal, neste caso, é inteiramente comum.

A compra e venda entre pessoas conviventes em união estável também se mostra realizável por não se tratar de norma restritiva de direitos. E, claro, aqui vale a mesma regra do casamento, ou seja, desde que tais bens não integrem o acervo comum do casal, sendo bens particulares.

Em se tratando de casamento realizado no regime de separação legal de bens, sob a égide do Código Civil de 1916, incide a **Súmula 377 do Supremo Tribunal Federal**, que estabelece que no regime de separação legal de bens, comunicam-se os adquiridos na constância do casamento.

A jurisprudência do Conselho Superior da Magistratura Paulista está firmada no sentido da inadmissibilidade do registro de atos negociais praticados por pessoas casadas pelo regime da separação de bens antes do Código Civil de 2002, sem prévia resolução a respeito dos aquestos.

Ainda, caso esteja **averbada a dissolução ou extinção da sociedade conjugal**, deve ser admitido o ingresso no fólio real de escritura de compra e venda de imóvel pertencente a ex-cônjuges, para resguardar os princípios da continuidade e da especialidade subjetiva. Extinta a sociedade conjugal, a comunhão de bens também é dissolvida. Porém, os antigos comunheiros tornam-se condôminos e podem livremente vender o imóvel sob condomínio, independentemente de prévia partilha dos bens. Assim também já decidiu o Conselho Superior da Magistratura do Estado de São Paulo.

Destacam-se algumas regras do Código Civil pertinentes ao tema ora exposto. Vejamos:

> **Art. 1.649.** A falta de autorização, não suprida pelo juiz, quando necessária (art. 1.647), tornará anulável o ato praticado, podendo o outro cônjuge pleitear-lhe a anulação, até dois anos depois de terminada a sociedade conjugal.

Parágrafo único. A aprovação torna válido o ato, desde que feita por instrumento público, ou particular, autenticado.

Art. 1.650. A decretação de invalidade dos atos praticados sem outorga, sem consentimento, ou sem suprimento do juiz, só poderá ser demandada pelo cônjuge a quem cabia concedê-la, ou por seus herdeiros.

Art. 173. O ato de confirmação deve conter a substância do negócio celebrado e a vontade expressa de mantê-lo.

Art. 176. Quando a anulabilidade do ato resultar da falta de autorização de terceiro, será validado se este a der posteriormente.

Art. 177. A anulabilidade não tem efeito antes de julgada por sentença, nem se pronuncia de ofício; só os interessados a podem alegar, e aproveita exclusivamente aos que a alegarem, salvo o caso de solidariedade ou indivisibilidade.

Note-se que para a **anulação** de compra e venda de imóvel entre cônjuges, sem a autorização do outro, depende da propositura de ação judicial, não sendo a via administrativa adequada para tanto. Isto porque o Código Civil reputa anulável – e não nula – a compra e venda realizada entre ascendente e descendente.

Carlos Roberto Gonçalves, ao sublinhar as diferenças entre o negócio jurídico nulo e anulável, explica que o negócio anulável produz efeitos até o momento em que é decretada a sua invalidade. O efeito dessa decretação é, pois, *ex nunc* (natureza desconstitutiva). *(Direito Civil Brasileiro*, Ed. Saraiva, Vol. I, pág. 433).

1.2 VENDA DE BENS IMÓVEIS DE ASCENDENTES PARA DESCENDENTES

Conforme o art. 496 do Código Civil, a venda de ascendentes para descendentes é **anulável, salvo** se os outros descendentes e o cônjuge do alienante expressamente houverem consentido. É regra de caráter protetivo do núcleo familiar.

Entretanto, a anulabilidade permite a possibilidade de **ratificação posterior** do ato, bem como ocasiona a decadência do direito de pleiteá-la em um prazo de dois anos a partir da constituição do contrato (art. 179 do Código Civil).

Cristiano Chaves de Farias, Nelson Rosenvald e Felipe Braga Netto explicam que a compra e venda de ascendente para descendente não está submetida à colação. E, por conta disso, se faz necessária a autorização dos demais interessados (titulares de direitos sucessórios), justamente para que possam controlar eventuais artifícios e simulacros capazes de mascarar doações a um descendente em detrimento de outros. Note-se que o consentimento é exigido não apenas dos demais descendentes, mas, por igual, do cônjuge vendedor. A explicação é singela: na medida em que o cônjuge é tratado como um herdeiro necessário (CC, art. 1.845), também não poderá ser privado da legítima, exceto por deserdação (CC, art. 1.961). Como esclarece o parágrafo único do multicitado dispositivo legal, é dispensável a anuência do cônjuge se o casamento está sob o regime de separação obrigatória, visto que não haverá concorrência com os descendentes, na ordem de vocação hereditária (Op. Cit, p. 1014).

No que se refere aos casos de união estável, parte da doutrina entende que, por ser norma de interpretação restritiva, é de que não se aplica a referido instituto. Além disso, não se exige consentimento do companheiro para alienar ou onerar bens imóveis, diferentemente do casamento. Dessa forma, não se impõe a anuência do companheiro quando o ascendente estiver em união estável.

De outra sorte, a Terceira Turma do Superior Tribunal de Justiça, no REsp 1592072 confirmou o acórdão do Tribunal de Justiça do Paraná, que manteve alienações de imóveis realizadas pelo ex-companheiro como forma de proteção ao terceiro comprador, já que o ex-companheiro se apresentava como único proprietário do bem, não havia registro cartorário sobre a união estável e os imóveis foram vendidos antes do reconhecimento judicial da convivência.

Para o STJ, nos regimes de união estável, assim como nas hipóteses de casamento, **há a necessidade de consentimento do convivente para alienação de imóvel adquirido durante a constância da relação.** Todavia, as peculiaridades que envolvem as uniões estáveis – como a dispensa de contrato registrado em cartório como requisito para a validade da união – tornam necessária a proteção do terceiro de boa-fé que adquire imóvel de um dos conviventes, especialmente nos casos em que o vendedor se apresenta como solteiro perante a sociedade e não há notícia da averbação de contrato de convivência.

Nas palavras do ministro Marco Aurélio Bellizze *"não havendo registro imobiliário em que inscritos os imóveis objetos de alienação em relação à copropriedade ou à existência de união estável, tampouco qualquer prova de má-fé dos adquirentes dos bens, impõe-se o reconhecimento da validade dos negócios jurídicos celebrados, a fim de proteger o terceiro de boa-fé, assegurando-se à recorrente o direito de buscar as perdas e danos na ação de dissolução de união estável c.c partilha, a qual já foi, inclusive, ajuizada"*.

A autora reiterou, na ação de nulidade de escritura pública que originou o recurso, que seu ex-companheiro alienou imóveis adquiridos na constância da união estável sem o seu consentimento, porém, para ela, os bens deveriam ter sido submetidos à partilha após a dissolução da união.

Julgou-se improcedente o pedido de nulidade, tanto em primeira, quanto na segunda instância. Para o TJPR, não havia o reconhecimento da união estável no momento da aquisição dos imóveis e de sua alienação, o que, para o tribunal, confirmou a validade do negócio jurídico e a boa-fé do terceiro comprador.

Argumentou a autora, via recurso especial, que a união estável e a aquisição dos imóveis durante o período de convivência ficaram comprovadas nos autos e, por consequência, não havia dúvidas de que os bens pertenciam a ambos os conviventes. Por isso, para a recorrente, o companheiro não poderia outorgar a escritura de compra e venda sem o consentimento dela.

O magistrado lembrou inicialmente que, "de acordo com o artigo 1.647 do Código Civil, nenhum dos cônjuges pode, sem autorização do outro, alienar bens imóveis, exceto nos casos de regime de separação absoluta".

E que, apesar da existência de divergência jurisprudencial sobre o tema, o ministro apontou que, "embora o texto legal cite apenas cônjuges, a proteção patrimonial se aplica também às famílias oriundas de uniões estáveis, já que ambas as entidades são reconhecidas pelo ordenamento jurídico". Ressaltou ainda "que, diferentemente do que ocorre no casamento, em que há ato formal cartorário, na união estável há preponderância de um nível de informalidade no vínculo entre os conviventes, pois se trata de situação que não exige documento. Nessas situações, o comprador de boa-fé não poderia ser prejudicado, já que o imóvel foi adquirido daquele que aparentava ser o único proprietário do imóvel. Assim, nos casos em que o bem imóvel esteja registrado apenas no nome de um dos conviventes, o qual se apresenta como solteiro perante a sociedade, pois o estado civil não se altera na união estável, e em que não há contrato de convivência registrado em cartório, o comprador do imóvel, terceiro de boa-fé, não tem como ter ciência da existência da união estável".

1.3 VENDA POR CONDÔMINO DE COISA INDIVISÍVEL

Estabelece o art. 504 do Código Civil que não pode um condômino em coisa indivisível vender a sua parte a estranhos, se outro consorte a quiser, tanto para tanto.

Dessa forma, o condômino tem direito de preferência sobre o bem.

O condômino, a quem não se der conhecimento da venda, poderá, depositando o preço, haver para si a parte vendida a estranhos, se o requerer no prazo de **cento e oitenta dias**, sob pena de decadência.

1.4 COMPRA POR PESSOA ENCARREGADA DE ZELAR PELO INTERESSE DO VENDEDOR

A nulidade se refere à venda realizada por determinadas pessoas que administram bens alheios. A nulidade ocorre em razão da ausência de legitimação.

Assim, nos termos do art. 497 do Código Civil, sob pena de nulidade, não podem ser comprados, ainda que em hasta pública:

> I – pelos tutores, curadores, testamenteiros e administradores, os bens confiados à sua guarda ou administração;
>
> II – pelos servidores públicos, em geral, os bens ou direitos da pessoa jurídica a que servirem, ou que estejam sob sua administração direta ou indireta;
>
> III – pelos juízes, secretários de tribunais, arbitradores, peritos e outros serventuários ou auxiliares da justiça, os bens ou direitos sobre que se litigar em tribunal, juízo ou conselho, no lugar onde servirem, ou a que se estender a sua autoridade;
>
> IV – pelos leiloeiros e seus prepostos, os bens de cuja venda estejam encarregados.

Frise-se que tais proibições estendem-se à cessão de crédito.

1.5 VENDA "AD CORPUS" E "AD MENSURAM"

A venda "ad corpus" é aquela que compreende uma coisa certa e determinada, de modo que o preço **não possui relação direta com extensão exata do imóvel**. Logo, a dimensão exata da área não é requisito essencial do contrato.

Dispõe o art. 500, § 3º do Código Civil que não haverá complemento de área, nem devolução de excesso, se o imóvel for vendido como coisa certa e discriminada, tendo sido apenas enunciativa a referência às suas dimensões, ainda que não conste, de modo expresso, ter sido a venda *ad corpus*. Com efeito, não caberá complementação no preço, caso a área seja maior, nem complementação da área, se esta for menor.

A venda por medida ou "ad mensuram", ao contrário da venda "ad corpus" é aquela em que o **preço é fixado em razão da dimensão da área.**

Se, na venda de um imóvel, se estipular o preço por medida de extensão, ou se determinar a respectiva área, e esta não corresponder, em qualquer dos casos, às dimensões dadas, o comprador terá o direito de exigir o complemento da área, e, não sendo isso possível, o de reclamar a resolução do contrato ou abatimento proporcional ao preço (art. 500, CC). Presume-se que a referência às dimensões foi simplesmente enunciativa, quando a diferença encontrada não exceder de um vigésimo da área total enunciada, ressalvado ao comprador o direito de provar que, em tais circunstâncias, não teria realizado o negócio. Se em vez de falta houver excesso, e o vendedor provar que tinha motivos para ignorar a medida exata da área vendida, caberá ao comprador, à sua escolha, completar o valor correspondente ao preço ou devolver o excesso.

1.6 TRANSFERÊNCIA DE IMÓVEL REGISTRADA DURANTE O TERMO LEGAL DA FALÊNCIA

Segundo a Terceira Turma do Superior Tribunal de Justiça (STJ), no REsp 1597084 e em julgamento que uniformiza a jurisprudência da corte, **a transferência de imóvel registrada durante o termo legal da falência, mas antes da decretação da quebra, só pode ser declarada ineficaz mediante comprovação de fraude.** Para o colegiado, essa situação não se enquadra na hipótese do artigo 129, VII, da Lei 11.101/2005, em que se dispensa a prova de fraude para a decretação da ineficácia do negócio registrado "após a decretação da falência".

O recurso foi interposto pelo comprador de dois imóveis em ação ajuizada pela massa falida da empresa vendedora para anular o negócio, ao argumento de que a alienação teve o objetivo de fraudar seus credores.

Segundo alegou a massa, a venda seria ineficaz, pois se deu dentro do termo legal da falência, uma vez que a escritura pública foi lavrada em 26 de abril de 2012, e a autofalência foi proposta em 6 de julho de 2012, tendo sido o termo legal fixado em 90 dias antes disso – ou seja, em 6 de abril.

O juízo de primeiro grau considerou nula a alienação dos imóveis – decisão mantida pelo Tribunal de Justiça de Santa Catarina.

O relator do recurso no STJ, ministro Villas Bôas Cueva, explicou que o artigo 129 da Lei 11.101/2005 estabelece as hipóteses em que os **atos do falido serão considerados ineficazes perante a massa, ainda que praticados de boa-fé.**

Para o ministro, a situação retratada nos autos, porém, não se encaixa em nenhuma das mencionadas no dispositivo legal. Segundo ele, o ato do falido considerado ineficaz pelo artigo 129, VII, da Lei de Falência é o registro de transferência de propriedade após a decretação da quebra.

No caso em julgamento, o ministro verificou que, embora o registro da transferência tenha ocorrido dentro do termo legal da falência, isso aconteceu antes da decretação da quebra. De acordo com o relator, não sendo o caso de aplicar o artigo 129, VII, "fica afastada a possibilidade de se declarar a ineficácia do registro sem a comprovação do conluio fraudulento".

Villas Bôas Cueva mencionou dois precedentes da Quarta Turma nos quais o colegiado decidiu no mesmo sentido, concluindo que "a alienação de bem pertencente à falida, realizada dentro do termo legal, mas antes da decretação da quebra, depende da prova da ocorrência de fraude". Assim, as duas turmas de direito privado do tribunal passam a ter um entendimento pacífico sobre o tema.

O relator ressaltou que a Lei 11.101/2005 prevê em seu **artigo 130** a possibilidade de revogação dos atos praticados pela falida com a intenção de lesar credores, mas, para tanto, é imprescindível a comprovação da fraude e da ocorrência de prejuízo.

O ministro destacou que a massa falida, ao propor a ação com fundamento no artigo 130 da Lei 11.101/2005, afirmou que investigações realizadas pela administração judicial demonstraram a intenção de fraudar credores por parte do falido.

Diante disso, Villas Bôas Cueva considerou indispensável o retorno dos autos à instância de origem para o exame das alegações da massa, uma vez que o juízo de primeiro grau, por entender que a situação se enquadraria nas hipóteses do artigo 129, não adentrou no exame dessas questões.

1.7 VENDA DE IMÓVEL PÚBLICO

O imóvel público pode ser vendido ou mesmo doado ao particular, desde que exista **prévia autorização legislativa** e sejam observadas as legislações aplicáveis como, por exemplo, a Lei de Licitações.

Além da lei geral autorizando a venda ou doação do imóvel municipal, estadual ou federal, deve haver prévia **lei específica sobre a desafetação do imóvel.**

A alienação de bem público deve ser precedida da desafetação, consoante art. 101 do Código Civil. A lei que autoriza o executivo a alienar o bem público não opera desafetação implícita. Esta requer lei expressa.

1.8. CLÁUSULAS ESPECIAIS DO CONTRATO DE COMPRA E VENDA

1.8.1 RETROVENDA

A retrovenda vem prevista nos arts. 505 a 508 do Código Civil. Trata-se da cláusula segundo a qual o vendedor de coisa imóvel pode reservar-se o direito de recobrá-la no **prazo máximo de decadência de três anos**, restituindo o preço recebido e reembolsando as despesas do comprador, inclusive as que, durante o período de resgate, se efetuaram com a sua autorização escrita, ou para a realização de benfeitorias necessárias.

O direito de retrato, que é cessível e transmissível a herdeiros e legatários, poderá ser exercido contra o terceiro adquirente.

A polêmica gira em torno da necessidade ou não da retrovenda ser instrumentada por outra escritura, a qual deve ser registrada. Existe posição no sentido de que o distrato ou direito de reaver o imóvel, não se registra, sendo apenas averbável.

Nos ensinamentos de Cristiano Chaves de Farias, Nelson Rosenvald e Felipe Braga Netto, a retrovenda não pode servir como um acordo simulatório no qual a compra e venda sirva de fachada para encobrir a real causa da contratação: a garantia ilícita de um empréstimo. Carlos Alberto Ghersi explica ser comum o uso da retrovenda por quem empresta dinheiro e exige que seja simulada a venda de uma coisa, com cláusula de retrovenda, como forma de garantia, evitando ter de ir ao Judiciário para execução do crédito. A sanção para essa simulação será a nulidade do negócio (CC, art. 167) (Op. cit. p 1030).

Nossos tribunais já pronunciaram algumas vezes, conforme segue:

> Por decisão transitada em julgado, tem-se a nulidade de escritura pública de compra e venda com cláusula de retrovenda. Por haver apenas prestado a garantia do suposto empréstimo, não assume a ré a posição de vero devedor da quantia eventualmente mutuada. Ausência de prova que autoriza concluir não ser a ré devedora do autor (TJ/RS, Ac. 19ª Cam. Cív., Ap.Cív 70021860606 – comarca de Pelotas, Rel. Des. Guinther Spode, j. 11.12.2007, DJRS 8.1.2008).

O Superior Tribunal de Justiça tem decidido pela inexistência de incompatibilidade entre a cláusula de retrovenda e o contrato de compra e venda de bens móveis, não obstante a omissão legislativa.

1.8.2 PREEMPÇÃO

Os arts. 513 a 520 do Código Civil regulamentam a preempção ou preferência. Tal cláusula especial impõe ao comprador a obrigação de oferecer ao vendedor a coisa que aquele vai vender, ou dar em pagamento, para que este use de seu direito de prelação na compra, tanto por tanto.

O prazo para exercer o direito de preferência não poderá exceder a **cento e oitenta dias**, se a coisa for **móvel,** ou a **dois anos**, se **imóvel.**

O direito de preferência **não é cessível nem passa aos herdeiros**. A doutrina entende que no caso do exercício do direito de preferência, haverá uma nova compra e venda que deve ser formalizada por nova escritura pública ou particular e levada a registro, ocorrendo, assim, a incidência do Imposto de Transmissão de Bens Imóveis (ITBI).

Recentemente, o **Informativo 577 do STJ** trouxe o entendimento de que **não há aplicabilidade do direito de preferência em contrato de compra e venda celebrado entre condôminos.** Transcrevo:

> O direito de preferência previsto no art. 504 do CC aplica-se ao contrato de compra e venda celebrado entre condômino e terceiro, e não àquele ajustado entre condôminos. O art. 504 do CC enuncia que: "Não pode um condômino em coisa indivisível vender a sua parte a estranhos, se outro consorte a quiser, tanto por tanto. O condômino, a quem não se der conhecimento da venda, poderá, depositando o preço, haver para si a parte vendida a estranhos, se o requerer no prazo de cento e oitenta dias, sob pena de decadência. Parágrafo único. Sendo muitos os condôminos, preferirá o que tiver benfeitorias de maior valor e, na falta de benfeitorias, o de quinhão maior. Se as partes forem iguais, haverão a parte vendida os comproprietários, que a quiserem, depositando previamente o preço". Partindo-se da literalidade do previsto nesse artigo, infere-se que o direito de preferência deve ser observado apenas nos casos em que a alienação se pactue entre consorte e estranho, e não entre consortes. Efetivamente, o *caput* do aludido dispositivo é bastante claro quanto à incidência da preempção apenas nas hipóteses de negócio jurídico envolvendo terceiro/estranho ao condomínio. Aliás, necessário destacar que a *ratio* da positivação da referida norma sobre o direito de prelação se cinge justamente à conciliação dos objetivos particulares daquele que pretende alienar sua fração com a (possível) manutenção da comunidade de coproprietários, até porque, conforme entendimento doutrinário, "[...] a função social recomenda ser mais cômodo manter a propriedade entre os titulares originários, evitando desentendimento com a entrada de um estranho no grupo". A referida preocupação está inserida, outrossim, no parágrafo único do art. 1.314 do CC, segundo o qual: "Nenhum dos condôminos pode alterar a destinação da coisa comum, nem dar posse, uso ou gozo dela a estranhos, sem o consenso dos outros". Com efeito, a alienação de frações ideais entre condôminos refoge à finalidade intrínseca ao direito de preferência, uma vez que não se tratará de hipótese de ingresso de terceiro/estranho à comunhão. Pelo contrário, serão mantidos os consortes, apenas com alterações no percentual da parte ideal daquele que adquiriu a parcela de outrem. Esse entendimento, aliás, já foi adotado por esta Corte, em antigo precedente da Terceira Turma (REsp 19.538-SP, DJ 17/5/1993), no qual analisado o art. 1.139 do CC/1916 – norma correspondente ao atual art. 504 do CC. Além disso, não é cabível o argumento de que o parágrafo único do art. 504 do CC, ao enunciar que: "Sendo muitos os condôminos, preferirá o que tiver benfeitorias de maior valor e, na falta de benfeitorias, o de quinhão maior. Se as partes forem iguais, haverão a parte vendida os comproprietários, que a quiserem, depositando previamente o preço", teria estendido o direito de preempção às hipóteses de alienação entre consortes. Em verdade, o referido parágrafo único apenas complementa a norma enunciada no *caput*, estabelecendo o procedimento a ser adotado caso mais de um condômino venha manifestar o seu direito de preferência, por ocasião da alienação de fração ideal à terceiro alheio à comunhão. Ademais, tratando-se de restrição à liberdade de contratar, o instituto em comento – direito de preferência – deve ser interpretado de forma restritiva. Assim, se a lei de regência (art. 504 do CC) apenas o institui em relação às alienações a estranhos, não cabe ao intérprete, extensivamente, aplicar essa norma aos casos de compra e venda entre consortes. REsp 1.137.176-PR, Rel. Min. Marco Buzzi, julgado em 16/2/2016, DJe 24/2/2016.

1.8.3 VENDA A CONTENTO E SUJEITA A PROVA

Estas cláusulas encontram-se previstas nos arts. 509 ao 512 do Código Civil.

A venda a contento é aquela que só se aperfeiçoa se a coisa agradar ao comprador. Abrange **bem móvel ou imóvel.**

A venda feita a contento do comprador entende-se realizada sob **condição suspensiva**, ainda que a coisa lhe tenha sido entregue; e não se reputará perfeita, enquanto o adquirente não manifestar seu agrado.

Também a venda sujeita a prova presume-se feita sob a condição suspensiva de que a coisa tenha as qualidades asseguradas pelo vendedor e seja idônea para o fim a que se destina.

Em ambos os casos, as obrigações do comprador, que recebeu a coisa comprada sob condição suspensiva, são as de mero comodatário, enquanto não manifestar sua aceitação.

Não havendo prazo estipulado para a declaração do comprador, o vendedor terá direito de intimá-lo, judicial ou extrajudicialmente, para que o faça em prazo improrrogável.

1.8.4 VENDA COM RESERVA DE DOMÍNIO

Trata-se de cláusula prevista nos arts. 521 a 528 do Código Civil.

A compra e venda com reserva de domínio é aquela em que o vendedor transmite, desde logo, a posse ao comprador, de uma **coisa móvel infungível**, assumindo a obrigação de também transmitir-lhe automaticamente o domínio após o pagamento do preço. Nesse sentido, o art. 521:

> **Art. 521** Na venda de coisa móvel, pode o vendedor reservar para si a propriedade, até que o preço esteja integralmente pago.

A cláusula de reserva de domínio será estipulada por escrito e depende de registro no **Cartório de Registro de Títulos e Documentos** para valer contra terceiros, sendo que a transferência de propriedade ao comprador dá-se no momento em que o preço esteja integralmente pago.

Todavia, pelos riscos da coisa responde o comprador, a partir de quando lhe foi entregue.

Adverte-se que o vendedor somente poderá executar a cláusula de reserva de domínio após constituir o comprador em mora, mediante protesto do título ou interpelação judicial.

Cancela-se o registro no Cartório de Títulos e Documentos ou no órgão de trânsito, à vista do instrumento de quitação.

1.8.4.1 VENDA COM RESERVA DE DOMÍNIO SE SUJEITA À RECUPERAÇÃO JUDICIAL?

O Superior Tribunal de Justiça decidiu, no REsp 1725609, que os créditos referentes a contrato de venda com reserva de domínio **não estão sujeitos aos efeitos da recuperação judicial, independentemente de seu registro em cartório ter sido feito ou não.**

A controvérsia envolveu empresa austríaca que pediu a reforma de decisão do Tribunal de Justiça do Rio Grande do Sul (TJRS) para reconhecer sua condição de credora proprietária de um equipamento – objeto de contrato de venda com reserva de domínio – e a exclusão do seu crédito do concurso de credores no processo de recuperação de uma indústria de móveis.

O TJRS negou provimento a agravo apresentado pela empresa sob o argumento de que o artigo 522 do Código Civil preceitua que os contratos de venda com reserva de domínio devem estar devidamente registrados em cartório em data anterior ao pedido de recuperação judicial – o que não aconteceu no caso.

No recurso apresentado ao STJ, a recorrente alegou que, em contrato de venda com reserva de domínio, o crédito detido pelo alienante do bem não se sujeita aos efeitos da recuperação da compradora, devendo prevalecer o direito de propriedade sobre a coisa, independentemente de seu registro ter sido efetivado ou não. Afirmou que, na hipótese dos autos, o registro possui mera função declaratória, e não constitutiva do negócio jurídico.

A relatora, ministra Nancy Andrighi, explicou que o artigo 49, parágrafo 3º, da Lei 11.101/2005 determina que o crédito titularizado por proprietário em contrato de venda com reserva de domínio não se submeta aos efeitos da recuperação judicial do comprador, prevalecendo os direitos de propriedade sobre a coisa e as condições contratuais, como na hipótese dos autos.

Segundo a ministra, a intenção do legislador foi garantir que o credor de empresa em recuperação que tenha com ela firmado contrato com reserva de domínio não se sujeite aos efeitos do processo de soerguimento, o que também coincide com a jurisprudência do STJ. Nas palavras dela "A manutenção da propriedade do bem objeto do contrato com o vendedor até o implemento da condição pactuada (pagamento integral do preço) não á afetada pela ausência de registro perante a serventia extrajudicial". E completa enunciando que a legislação exige, para a não sujeição dos créditos detidos pelo proprietário em contrato com reserva de domínio, apenas e tão somente que ele ostente tal condição (de proprietário), o que decorre da própria natureza do negócio jurídico.

De acordo com a relatora, tanto no que concerne à cessão fiduciária de créditos como quanto à venda de equipamentos com reserva de domínio, o registro do contrato não é requisito constitutivo do negócio jurídico respectivo: "O registro se impõe como requisito tão somente para fins de publicidade, ou seja, para que a reserva de domínio seja oponível a terceiros que possam ser prejudicados diretamente pela ausência de conhecimento da existência de tal cláusula". A ministra destacou ainda que a relação estabelecida entre o comprador – em recuperação judicial – e seus credores trata de situação distinta, pois nada foi estipulado entre eles acerca dos bens objeto do contrato em questão: "A manutenção da titularidade do bem na pessoa do alienante é decorrência natural da natureza jurídica do contrato de venda com reserva de domínio. Este continua a figurar, perante todos, como proprietário da coisa. Apenas essa titularidade não se perfaz de maneira absoluta, dada a condição suspensiva inerente ao objetivo do negócio entabulado".

Ao reformar o acórdão do TJRS, Nancy Andrighi destacou que o equipamento comprado pela recorrente, apenas por estar na posse direta de empresa em recuperação judicial, deve ficar indisponível e submetido aos efeitos do processo de soerguimento equivaleria a subverter o direito de propriedade constitucionalmente assegurado a qualquer pessoa.

Sobre o tema do tópico, vale ainda lembrar que a 4ª turma do STJ estabeleceu que a cessão fiduciária de título de crédito, nos termos da disciplina específica da lei 4.728/1995, não depende de registro em cartório de títulos e documentos para ser constituída, não se aplicando a regra do § 1º do art. 1.361 do Código Civil, que rege a cessão fiduciária de coisa móvel infungível. Em outras palavras, a eficácia da cessão fiduciária independe de registro em cartório.

1.8.5 PACTO DE MELHOR COMPRADOR E PACTO COMISSÓRIO

O pacto de melhor comprador era previsto no Código Civil de 1916, sem correspondência no Código Civil de 2002. No entanto há quem defenda seu uso, uma vez que não foi vedado.

Da mesma forma, o Diploma Civil não contemplou o pacto comissório, ou seja, a cláusula inserida no contrato pela qual os contraentes anuem que a venda se desfaça, caso o comprador deixe de cumprir suas obrigações no prazo estipulado.

Atualmente, não é mais admitido que a parte fique com o bem em caso de inadimplemento sem ser obrigada a restituir ao devedor as parcelas pagas do preço, acrescidas das correções legais.

Entende-se que o pacto comissório veio recepcionado como cláusula resolutiva expressa típica da compra e venda, atualmente prevista no art. 474 do Código Civil.

A cláusula resolutiva é uma condição que pode ser estabelecida nos negócios jurídicos pela qual esse negócio será desfeito se o preço não for integralmente pago.

A falta de pagamento das prestações do preço gera para o vendedor o direito de escolha entre cobrar o valor devido ou resolver o contrato. A opção é do vendedor.

Estipulada a cláusula resolutiva na venda em prestações fracionadas do preço, a falta de pagamento de uma delas envolve o descumprimento do contrato e, portanto, implicará a sua resolução.

A cláusula resolutiva deve estar expressa na escritura para possibilitar o desfazimento do negócio. Sem menção a esta cláusula, o vendedor não poderá desfazer o negócio, restando-lhe apenas a opção de cobrar a prestação atrasada.

Para que seja cancelada a cláusula, o interessado deverá apresentar requerimento ao Oficial de Registro de Imóveis, acompanhado do termo de quitação assinado pelo vendedor com firma reconhecida.

O pacto comissório não deve ser objeto de averbação, pois é da essência da compra e venda condicional, prevista como ato registrável, no art. 167, I, item 29, desta Lei 6.015. Todavia, o seu posterior cumprimento poderá, a requerimento do interessado, ser averbado. É necessária a comprovação do cumprimento da obrigação para o cancelamento de averbação de pacto comissório.

Sobre o tema, convém trazer o entendimento do Tribunal de Justiça do Estado de São Paulo:

> **EMENTA:** Compra e venda de imóvel – Cláusula de pacto comissório – Cancelamento da averbação contida no registro de imóveis – Devedor que reconhece haver pendência judicial sobre o pagamento do preço, ainda que por discussão travada em outro processo (embargos à execução) – Impossibilidade do devedor (comprador) solicitar e obter o cancelamento da averbação do Registro de Imóveis sobre a dívida reconhecida em favor do credor (vendedor) – Não se cuida de decidir sobre ineficácia (futura) ou renúncia ao pacto comissório em favor do credor – A solução do recurso passa pela aplicação do princípio da boa-fé também em relação ao devedor (comprador) – Não pode ele obter uma providência que, em tese, exige pagamento do preço – A averbaçao implementada no registro público tinha como objetos o reconhecimento da dívida e o pacto comissório – Se não houve demonstração de fato extintivo (quitação) do crédito, ou mesmo qualquer outro fato impeditivo, modificativo e suspensivo, não se pode admitir, no campo dos registros públicos, cancelamento da averbação – Ela (averbação do contrato) também se destina ao conhecimento por terceiros da existência da dívida – Ação improcedente – Sentença reformada – Recurso provido. (TJSP – Apelação Cível nº 1009846-22.2018.8.26.0510 – Rio Claro – 12ª Câmara de Direito Privado – Rel. Des. Alexandre David Malfatti – ART. 98).

1.9 COMPRA E VENDA CONDICIONAL

O Código Civil considera condição a cláusula que subordina o ato jurídico a evento futuro e incerto.

A condição pode ser **suspensiva ou resolutiva**. A primeira é a condição que suspende os efeitos do ato jurídico durante o período de tempo em que determinado evento não ocorre.

Prevê o artigo 125, do Código Civil, que "subordinando-se a eficácia do negócio jurídico à condição suspensiva, enquanto esta se não verificar, não se terá adquirido o direito, a que ele visa".

A lei não veda a registrabilidade da compra e venda sob condição suspensiva, de modo que parte da doutrina defende seu ingresso no registro de imóveis. Nesse sentido, destaca-se o Parecer 103/2008-E – Processo CG 2007/21247 da Corregedoria-Geral de Justiça do Estado de São Paulo:

> "Não há que se falar em nulidade do registro, a pretexto de que o compromisso de venda e compra em exame não poderia ter sido registrado, visto que o artigo 167, I, nº 29, da Lei de Registros Públicos, prevê expressamente

o registro da compra e venda pura e da condicional, sendo certo que, se a legislação de regência admite o registro da venda e compra sujeita a condição, resta claro que também autoriza o registro do compromisso de venda e compra nessas mesmas condições, como ocorre 'in casu', já que referido compromisso constitui-se em um 'minus' em relação àquela e, como se sabe, quem pode o mais, pode o menos".

Se a condição for resolutiva, enquanto esta não se realizar, vigorará o negócio jurídico, podendo exercer-se desde a sua conclusão o direito por ele estabelecido. No entanto, assim que a condição ocorrer, extinguirá o direito a que ela se opõe.

Caso a condição resolutiva seja aposta em um negócio jurídico cuja execução seja periódica, ocorrida a condição os negócios anteriores somente serão válidos se compatíveis com a condição e se as partes agiram com boa-fé.

Quanto à registrabilidade do contrato de compra e venda sob condição resolutiva, não há discussão, pois, desde seu registro, já ocorrerá a transferência do direito real da propriedade para o comprador, causando o efeito constitutivo do registro. Nesse caso, o adquirente, com esse título levado a registro, já será proprietário, porém sua propriedade será resolúvel.

Na compra e venda condicional, a escritura pública deverá mencionar a condição resolutiva expressa, competindo ao Oficial Registrador apontá-la no corpo do registro para dar publicidade à mesma e ter efeito contra terceiros.

Dessa forma, se no título levado a registro encontra-se um pacto adjeto, a condição deve constar no corpo do registro e não em ato separado. É unânime e pacífico que a averbação da condição não é cabível.

2. JURISPRUDÊNCIA COMPLEMENTAR

SUPERIOR TRIBUNAL DE JUSTIÇA

EMENTA: RECURSO ESPECIAL. CIVIL. VENDA DE QUINHÃO DE COISA COMUM INDIVISA. DIREITO DE PREFERÊNCIA. NEGATIVA DE PRESTAÇÃO JURISDICIONAL. NÃO OCORRÊNCIA. INOBSERVÂNCIA AO DIREITO DE PREEMPÇÃO DOS DEMAIS CONDÔMINOS. AUSÊNCIA DE NOTIFICAÇÃO PRÉVIA. CIÊNCIA INEQUÍVOCA QUE SE DEU APENAS COM O REGISTRO DA ESCRITURA PÚBLICA DE COMPRA E VENDA. DISSONÂNCIA ENTRE O PREÇO DO NEGÓCIO E AQUELE ESTAMPADO NO TÍTULO TRANSLATIVO REGISTRADO EM CARTÓRIO. PRÁTICA DE PREÇO SIMULADO. ABUSO DO DIREITO. OFENSA À BOA-FÉ OBJETIVA. PREVALÊNCIA DO DOCUMENTO LAVRADO PELO TABELIÃO E LEVADO A REGISTRO. RECURSO ESPECIAL CONHECIDO E DESPROVIDO.

1. O propósito recursal consiste em definir, além da negativa de prestação jurisdicional: **i)** a forma pela qual deve se dar a notificação que viabilize o direito de preferência do condômino na aquisição de parte ideal de coisa comum indivisa; e **ii)** o parâmetro do valor do negócio a ser considerado para tal fim.

2. Verifica-se que o Tribunal de origem analisou todas as questões relevantes para a solução da lide, de forma fundamentada, não havendo falar em negativa de prestação jurisdicional.

3. Nos termos do art. 504 do CC/2002, é garantido ao condômino o direito de preferência na aquisição de fração ideal de coisa comum indivisa, em iguais condições ofertadas ao terceiro estranho à relação condominial, desde que o exerça no prazo de 180 (cento e oitenta) dias a contar da ciência. Tal conhecimento deve ser possibilitado pelo coproprietário alienante, em decorrência de imposição legal, através de prévia notificação, judicial, extrajudicial ou outro meio que confira aos demais comunheiros ciência inequívoca da venda e dos termos do negócio, consoante o previsto nos arts. 107 do CC/2002 e 27, *in fine*, da Lei n. 8.245/1991, este último aplicado por analogia.

4. Aperfeiçoada a venda (no caso imobiliária) ao terceiro, com a lavratura de escritura pública e o respectivo registro no Cartório de Registro de Imóveis, sem a devida observância ao direito de preempção, surge para os coproprietários preteridos o direito de ajuizamento de ação anulatória ou de direito de preferência c/c adjudicação compulsória, desde que o faça dentro do prazo decadencial de 180 (cento e oitenta) dias, contados do registro da escritura, cuja publicidade implica a presunção de ciência acerca da venda e das condições do negócio estampadas no título.

5. Praticado preço simulado pelas partes, fazendo constar da escritura pública preço a menor, que não reflita o valor real do negócio, deve prevalecer aquele exarado na escritura devidamente registrada para fins do direito de preferência, sendo que o registro do título (que tem como atributo dar publicidade da alienação imobiliária a toda a sociedade, conferindo efeito *erga omnes*) é o ato substitutivo da notificação, que deveria ter sido anteriormente remetida ao coproprietário, mas não foi, não podendo o condômino alienante valer-se da própria torpeza, a qual denota o abuso do direito infringente da boa-fé objetiva.

6. Recurso especial conhecido e desprovido.

Vistos e relatados estes autos em que são partes as acima indicadas, acordam os Ministros da Terceira Turma do Superior Tribunal de Justiça, por unanimidade, conhecer do recurso especial, mas lhe negar provimento, nos termos do voto do Sr. Ministro Relator.

Os Srs. Ministros Moura Ribeiro, Paulo de Tarso Sanseverino (Presidente) e Ricardo Villas Bôas Cueva votaram com o Sr. Ministro Relator. Ausente, justificadamente, a Sra. Ministra Nancy Andrighi.

Brasília, 03 de novembro de 2020 (data do julgamento).

MINISTRO MARCO AURÉLIO BELLIZZE, Relator

RELATÓRIO

O SENHOR MINISTRO MARCO AURÉLIO BELLIZZE:

Trata-se de recurso especial interposto por SERSA – PARTICIPAÇÕES E EMPREENDIMENTOS AGROPECUÁRIOS S.A. e OUTROS contra acórdão prolatado pelo Tribunal de Justiça do Estado de Minas Gerais.

Compulsando os autos, verifica-se que JOSÉ ROBERTO BARBOSA e ARILMA APARECIDA GONÇALVES BARBOSA ajuizaram ação anulatória de negócio jurídico cumulada com declaratória de direito de preferência em desfavor de SERSA – PARTICIPAÇÕES E EMPREENDIMENTOS AGROPECUÁRIOS S.A., MÁRCIO ANTUNES FILGUEIRA, MARIA DE FÁTIMA FILGUEIRA PEREIRA, CILSON NOGUEIRA DE LIMA, CLÊNIO ANTÔNIO GONÇALVES e REJANE MARQUES OLIVEIRA GONÇALVES, visando a desconstituição da venda, realizada pela primeira corré para os dois últimos corréus, de fração de imóvel indiviso de que são coproprietários os autores, exercendo, ademais, o seu direito de preferência.

O Juízo de primeiro grau proferiu sentença de improcedência dos pedidos, sobrevindo reforma pelo Tribunal de Justiça do Estado de Minas Gerais, mediante recurso de apelação, para julgar procedente o pedido de anulação da alienação, determinando, com isso, a expedição de mandado de registro de aquisição da cota-parte indivisa em prol dos autores.

O acórdão está assim ementado (e-STJ, fl. 506):

APELAÇÃO CÍVEL – AÇÃO ANULATÓRIA – ATO JURÍDICO – COMPRA E VENDA – DIREITO DE PREFERÊNCIA – CONDÔMINO – ALIENAÇÃO DE PARTE DO IMÓVEL PARA TERCEIRO – AUSÊNCIA DE NOTIFICAÇÃO – EXERCÍCIO DO DIREITO DE PREFERÊNCIA – DEPÓSITO DO VALOR DA COMPRA E VENDA – ANULAÇÃO DO NEGÓCIO – TRANSMISSÃO COMPULSÓRIA – SENTENÇA REFORMADA.

– Evidenciado ser o imóvel em condomínio indivisível, o condômino que desejar alienar sua fração ideal deve obrigatoriamente notificar os demais condôminos para que possam exercer o direito de preferência na aquisição, nos termos do art. 504 do Código Civil.

– O condômino que não teve a oportunidade de exercer o direito de preferência poderá fazê-lo após a alienação do imóvel, depositando o preço e havendo para si a parte vendida sem seu prévio conhecimento.

– Havendo dúvidas sobre o valor do imóvel deverá ser tomado como aquele utilizado da Escritura Pública de Compra e Venda, tendo em vista ser o que dá ciência aos terceiros em relação ao montante da negociação.

Os embargos de declaração opostos pelos réus foram rejeitados.

Nas razões do recurso especial (e-STJ, fls. 551-566), interposto com fundamento na alínea *a* do permissivo constitucional, os recorrentes apontam a existência de afronta aos arts. 489, § 1º, IV, e 1.022, II, do Código de Processo Civil de 2015; e 504, 884 e 1.322 do Código Civil. Sustentam, em caráter preliminar, haver negativa de prestação jurisdicional e, no mérito, ter sido devidamente realizada a notificação aos demais condôminos (recorridos) necessária ao exercício do direito de preferência da cota-parte da coisa indivisa, sendo prescindível a sua efetivação através de notificação formal, visto que a lei não exige forma específica para a consecução do ato. Aduzem, além disso, que o preço a ser pago pelo coproprietário deve corresponder ao valor de avaliação do imóvel ou o montante pelo qual foi realizada a venda.

Contrarrazões às fls. 572-594 (e-STJ), nas quais os recorridos, além de refutarem as mencionadas teses recursais, asserem que o contrato particular de compra e venda juntado aos autos na contestação é simulado.

Admitido o recurso especial na origem, os autos ascenderam a esta Corte Superior.

É o relatório.

VOTO

O SENHOR MINISTRO MARCO AURÉLIO BELLIZZE (RELATOR):

O propósito recursal consiste em definir, além da negativa de prestação jurisdicional: **i)** a forma pela qual deve se dar a notificação que viabilize o direito de preferência do condômino na aquisição de parte ideal de coisa comum indivisa; e **ii)** o parâmetro do valor do negócio a ser considerado para tal fim.

Relativamente à suscitada preliminar, fundada em nulidade do aresto hostilizado por deficiência na prestação jurisdicional, verifica-se que o Tribunal estadual manifestou-se clara e devidamente acerca de todas as questões precípuas alegadas pelas partes, inexistindo, com isso, negativa de prestação jurisdicional.

Adentrando a análise do mérito, registra-se que a controvérsia precípua recai sobre o direito de preferência do coproprietário na aquisição do quinhão de coisa comum indivisível previsto no art. 504 do CC/2002, que assim dispõe:

Art. 504. Não pode um condômino em coisa indivisível vender a sua parte a estranhos, se outro consorte a quiser, tanto por tanto. O condômino, a quem não se der conhecimento da venda, poderá, depositando o preço, haver para si a parte vendida a estranhos, se o requerer no prazo de cento e oitenta dias, sob pena de decadência.

Parágrafo único. Sendo muitos os condôminos, preferirá o que tiver benfeitorias de maior valor e, na falta de benfeitorias, o de quinhão maior. Se as partes forem iguais, haverão a parte vendida os coproprietários, que a quiserem, depositando previamente o preço.

Na mesma diretriz, estabelece o art. 1.322 do CC/2002, *in verbis*:

Art. 1.322. Quando a coisa for indivisível, e os consortes não quiserem adjudicá-la a um só, indenizando os outros, será vendida e repartido o apurado, preferindo-se, na venda, em condições iguais de oferta, o condômino ao estranho, e entre os condôminos aquele que tiver na coisa benfeitorias mais valiosas, e, não as havendo, o de quinhão maior.

Parágrafo único. Se nenhum dos condôminos tem benfeitorias na coisa comum e participam todos do condomínio em partes iguais, realizar-se- á licitação entre estranhos e, antes de adjudicada a coisa àquele que ofereceu maior lanço, proceder-se- á à licitação entre os condôminos, a fim de que a coisa seja adjudicada a quem afinal oferecer melhor lanço, preferindo, em condições iguais, o condômino ao estranho.

Da leitura do dispositivo legal primevo (art. 504), denota-se que o comunheiro que pretende alienar o seu quinhão a terceiro estranho ao condomínio deve, antes de efetivada a venda, dar ciência aos demais condôminos, os quais terão preferência na aquisição da quota, desde que assim requeiram, no prazo decadencial de 180 (cento e oitenta) dias, depositando o preço equivalente àquele ofertado ao terceiro.

Nessa óptica, leciona Carlos Roberto Gonçalves (*Direito civil brasileiro: contratos e atos unilaterais*, volume 3, 17ª edição, São Paulo: Saraiva Educação, 2020, livro digital):

A venda de parte indivisa a estranho somente se viabiliza, portanto, quando: a) for comunicada previamente aos demais condôminos; b) for dada preferência aos demais condôminos para aquisição da parte ideal, pelo mesmo valor que o estranho ofereceu; c) os demais condôminos não exercerem o direito de preferência dentro do prazo legal. O direito de preferência é de natureza real, pois não se resolve em perdas e danos. O condômino que depositar o preço haverá para si a parte vendida. Tal não ocorrerá se este fizer contraproposta diferente da que ofereceu o estranho.

Como se vê, é vedado ao coproprietário em coisa comum indivisa vender o seu quinhão a estranhos, caso outro condômino tenha interesse, tanto por tanto. O alienante somente se desonera dessa obrigação legal, se notificar, devida e previamente, os demais consortes e não houver manifestação no prazo legal ou houver desinteresse na aquisição.

No caso dos autos, ressai incontroversa a condição de indivisão do imóvel, bem como o ajuizamento da ação anulatória consubstanciada no aludido direito de preferência dentro do prazo decadencial de 180 (cento e oitenta) dias.

Em relação à notificação, saliente-se que esta deve ser, em regra, judicial ou extrajudicial, de modo expresso e com comprovante de recebimento, a fim de demonstrar a inequívoca ciência, por parte dos outros condôminos, da intenção de venda. Nesse sentido, assenta-se a doutrina:

Para que um condômino venda sua parte ideal a estranhos sobre coisa indivisível, deve oferecê-la aos demais condôminos para que possam livremente exercer seu direito de preferência a essa compra.

Por tal razão, deve ser dado conhecimento dessa venda por instrumento que liberará o condômino vendedor de responsabilidade.

Esse instrumento pode ser uma interpelação judicial ou extrajudicial, por Cartório de Títulos e Documentos ou por carta protocolada, ou com ciência de recebimento em sua cópia, sempre provando que esse conhecimento foi dado.

(AZEVEDO, Álvaro Villaça. *Curso de direito civil: contratos típicos e atípicos*, volume 4, São Paulo: Saraiva Educação, 2019, livro digital)

Nada impede, contudo, que, nos termos do art. 107 do CC/2002, o conhecimento aos outros consortes se dê por meios informais, uma vez que a lei não prevê forma específica para tal ato, muito embora se entreveja certa dificuldade de se comprovar a ciência inequívoca mediante outra prova que não seja a documental.

Aliás, tal cognição já se encontra positivada no art. 27, *in fine*, da Lei n. 8.245/1991, que regulamenta o direito de preferência na relação locatícia, aplicando-se à hipótese dos autos (art. 504 do CC/2002) por analogia.

Confira-se, a propósito, a redação do dispositivo legal:

Art. 27. No caso de venda, promessa de venda, cessão ou promessa de cessão de direitos ou dação em pagamento, o locatário tem preferência para adquirir o imóvel locado, em igualdade de condições com terceiros, devendo o locador dar-lhe conhecimento do negócio mediante notificação judicial, extrajudicial ou outro meio de ciência inequívoca. (Sem grifo no original)

Importa ponderar, outrossim, que a validade da notificação pressupõe a informação expressa não só da intenção de venda da fração ideal de titularidade do coproprietário alienante, mas também das condições do negócio ofertadas ao terceiro, a exemplo do preço, do tempo e do modo de pagamento.

Nessa linha de intelecção, assenta-se a seguinte lição doutrinária:

A comunicação aos demais consortes, pelo interessado em vender sua parte ideal, pode ser feita por meios judiciais e extrajudiciais, como carta, telegrama, notificação pelo oficial de títulos e documentos etc., de modo expresso e com comprovante de recebimento, devendo mencionar as condições de preço e pagamento para a venda, negociadas com o estranho.

(GONÇALVES, Carlos Roberto. *Direito civil brasileiro: contratos e atos unilaterais* – volume 3, 17ª edição, São Paulo: Saraiva Educação, 2020, livro digital)

No presente caso, bem concluiu o TJMG, ao asseverar que a notificação deve ser expressa e incontestável, via de regra através de documento, e, mesmo que admitida a sua realização de forma verbal, como defendem os recorrentes, não é possível extrair dos depoimentos constantes do feito que foi dada ciência aos autores da real intenção de venda, bem como do respectivo preço.

Corrobora essa ilação o seguinte excerto do aresto hostilizado (e-STJ, fl. 510, sem grifo no original):

Após análise detida dos elementos probatórios, tem-se que os réus não cuidaram de demonstrar a ciência dada aos autores da sua intenção de venda de seu quinhão no imóvel, pois, repita-se, tal ciência há de ser expressa e incontestável, via de regra por meio de notificação, portanto, documento que lhes competia juntar aos autos.

Neste sentido, é de se reconhecer que por mais que tenham demonstrado por meio de testemunhas a ciência dos autores quanto a intenção, não restou apurado que tenham sido formalmente cientificados, com preço do imóvel e real intenção de venda, de forma que pudessem analisar o interesse da aquisição.

Ainda que se admitisse a forma verbal de comunicação, a verdade é que os depoimentos indicados pelo magistrado primevo para formação do seu conhecimento são frágeis, tendo em vista dos depoimentos não é possível verificar que foi cientificado a parte autora do valor da intenção de venda, que pelo que se observa dos autos e será analisado em momento oportuno, discrepa entre o valor apresentado como devido e aquele declarado ao fisco.

Por outro lado, a inexistência (ou ausência de comprovação) da prévia comunicação não acarreta a nulidade da venda que se efetivou sem a observância ao direito de preferência, sujeitando-se a eficácia da alienação à condição resolutiva, caso os demais condôminos exerçam a opção de compra do quinhão alheado, dentro do prazo decadencial de 180 (cento e oitenta) dias.

Conflui com esse raciocínio a doutrina subsecutiva:

A falta de comunicação não importa em nulidade da venda. O direito do estranho adquirente, no entanto, fica sob o regime de uma condição resolutiva. Enquanto não ocorrer a manifestação da preferência, o terceiro é tido como adquirente do bem e poderá exercer plenamente o domínio.

O prazo de seis meses com a finalidade de ser ajuizada a ação anulatória da venda considera-se decadencial, como está expresso no atual regime, iniciando a fluir a partir do momento da publicidade decorrente do registro imobiliário, o que já vinha apregoado pela antiga doutrina. "O prazo de seis meses é prazo preclusivo", diz Pontes de Miranda. "Dentro dele há de ser exercido o direito de preferência, depositando o preço (não basta a oferta de depósito).

(RIZZARDO, Arnaldo. *Contratos*, 18ª edição, Rio de Janeiro: Forense, 2019, pp. 342-343)

A propósito, já decidiu esta Terceira Turma que, "uma vez ultimado o negócio sem observância da notificação prévia do condômino, a solução da questão somente pode se dar na via judicial, pela ação de preferência c.c. adjudicação compulsória" (REsp 1.324.482/SP, Rel. Ministro Moura Ribeiro, Terceira Turma, julgado em 5/4/2016, DJe 8/4/2016).

Por derradeiro, cumpre perquirir acerca do preço a ser considerado para os condôminos (autores) exercerem seu direito à aquisição do quinhão cuja titularidade pertencia a outra comunheira e ora recorrente SERSA SERSA – PARTICIPAÇÕES E EMPREENDIMENTOS AGROPECUÁRIOS S.A.

Oportuno relembrar que o art. 504 do CC/2002 expressamente prevê que a preferência na aquisição se dê "tanto por tanto", ou seja, nos mesmos moldes em que realizada a oferta ou a venda ao estranho, através de interpretação sistemática desse artigo legal com os arts. 1.322 do CC/2002 e 27 da Lei de Locações (Lei n. 8.245/1991), ambos já citados alhures, referindo-se, clara e respectivamente, a "condições iguais de oferta" e "igualdade de condições com terceiros".

Da mesma forma, preconiza Arnaldo Rizzardo que, "para o condômino fazer valer o princípio da preferência, cumpre que o mesmo se iguale ao estranho no oferecimento não só do preço, mas também das condições, o que importa se leve em conta o prazo e se considerem os juros e outras vantagens" (*Contratos*, 18ª edição, Rio de Janeiro: Forense, 2019, p. 345).

A interpretação que os recorrentes pretendem dar à expressão legal "tanto por tanto", ademais, de que o seu significado caracteriza o valor real do bem (citando, inclusive, lição doutrinária nesse sentido), não se mostra a mais acertada, a meu juízo, pois nada obsta que as partes pactuem o preço do negócio jurídico diverso daquele obtido mediante avaliação, da forma que melhor lhes aprouver, em decorrência do princípio da autonomia da vontade que rege as relações privadas. Se assim deliberaram coproprietário e terceiro, a mesma tratativa deve ser estendida aos demais condôminos.

Na hipótese, a discussão vai além. Alegam os autores (ora recorridos) que o preço válido é aquele constante da escritura pública de compra e venda levada a registro (R$ 15.000,00 – quinze mil reais), sendo esse o instrumento pelo qual tomaram conhecimento da venda, ao passo que os réus (ora recorrentes) defendem seja considerado o valor de avaliação do imóvel por perícia (R$ 450.698,40 – quatrocentos e cinquenta mil, seiscentos e noventa e oito reais e quarenta centavos) ou o efetivo montante pactuado da venda (R$ 360.000,00 – trezentos e sessenta mil reais), conquanto confessem os requeridos a existência de divergência substancial desta quantia com aquela prevista na escritura pública.

Amparado em tais premissas, concluir-se-ia que, em princípio, a importância a ser utilizada como parâmetro para o exercício do direito de preferência deveria ser aquela efetivamente convencionada entre as partes (R$ 360.000,00 – trezentos e sessenta mil reais).

Não obstante, a celeuma que se instaurou, no caso em voga, merece um olhar diferente, em consonância com a vontade exteriorizada e as condutas perpetradas pelas partes alienante e adquirentes, sobretudo sob a óptica da boa-fé objetiva.

Como ressaltado, o direito de preferência ora em comento só foi oportunamente exercido pelos recorridos após o aperfeiçoamento da venda da fração ideal do imóvel comum indiviso por SERSA – PARTICIPAÇÕES E EMPREENDIMENTOS AGROPECUÁRIOS S.A. para CLÊNIO ANTÔNIO GONÇALVES e REJANE MARQUES OLIVEIRA GONÇALVES, com a celebração da escritura pública de compra e venda e o registro no Cartório de Registro de Imóveis.

Entretanto, os recorrentes confessadamente afirmam terem lançado o preço do negócio jurídico a menor na escritura pública, não refletindo o real valor da compra e venda realizada.

Tal afirmativa se infere dos excertos subsecutivos retirados das razões do apelo especial (e-STJ, fls. 563-564):

O TJMG desconsiderou o texto expresso do referido dispositivo que expressamente condiciona o exercício do direito de preferência ao pagamento "condições iguais de oferta" sem qualquer vinculação a eventual valor lançado menor na escritura pública.

[...]

A contrariedade do acórdão recorrido ao art. 884 do Código Civil é ainda mais evidente.

O acórdão recorrido expressamente informa que "não há que se falar em outro valor como o de opção de compra pelos autores, na forma como procederam o depósito" – fls. 403.

A referida passagem, além de confirmar a contrariedade ao art. 504 do CC, como já explicitado no tópico anterior, demonstra a própria ofensa ao referido art. 884 do CC uma vez que autoriza que o autor se enriqueça de maneira surreal. Em um depósito de R$ 15.000,00, o autor adquire um imóvel avaliado pela perícia em R$ 450.698,40.

Com isso, evidencia-se a contrariedade à exegese do art. 884 do CC dada pelo acórdão recorrido uma vez que tal artigo expressamente proíbe que alguém obtenha tamanho proveito econômico sem lhe fazer jus.

[...]

Se existiu ou não fraude fiscal, essa é uma questão que foge ao objeto dessa ação. Mas, não pode o Poder Judiciário validar o enriquecimento sem causa dos recorridos o que acontecerá se confirmado o acórdão recorrido em verdadeira ofensa ao art. 884 do Código Civil.

A escritura pública, aliás, lavrada em notas de tabelião, é documento dotado de fé pública, fazendo prova plena das informações que nela contiverem, nos termos do art. 215, *caput*, do CC/2002, sobretudo com a manifestação clara de vontade das partes e dos intervenientes (art. 215, § 1º, IV, do CC/2002). Essa formalidade, enfatiza-se, deve ser observada na compra e venda de imóveis, em regra, segundo estabelece o art. 108 do diploma substantivo.

Além disso, pontua-se que a perfectibilização do negócio, com a transferência da propriedade imobiliária, pressupõe o registro do título translativo no Cartório de Registro de Imóveis (art. 1.245 do CC/2002, c/c o art. 172 da Lei n. 6.015/1973), ocasião em que produzirá efeitos *erga omnes*, alcançando terceiros, notadamente em virtude do atributo da publicidade.

Desta feita, surgem dois desdobramentos: enquanto não registrado o título, a avença produz efeitos apenas em relação àqueles que dela participaram; ao passo que, realizado o registro, tais efeitos atingem toda a sociedade.

Compartilham desse entendimento Nelson Rosenvald e outros:

Sendo os direitos reais oponíveis em caráter *erga omnes*, há a necessidade de cientificar a sociedade sobre a situação jurídica dos bens imóveis, tornando conhecidas por quem tenha interesse toda e qualquer mutação no cadastro imobiliário. A gênese da publicidade se dá pelo ato de registro ou averbação, em que surge em potência a função qualificadora dos títulos apresentados ao oficial. A ausência de registro produz duas ordens de consequências: (a) entre as partes o título se resume a gerar eficácia obrigacional; (b) perante terceiros: não se pode exigir o conhecimento daquilo que não se publica.

(FARIAS, Cristiano Chaves de; NETTO, Felipe Braga; ROSENVALD, Nelson. *Manual de Direito Civil* – volume único, Salvador: *JusPodivm*, 2017)

Diante disso, outra não pode ser a conclusão, a meu sentir, senão aquela em que a ausência de comunicação prévia aos demais coproprietários, pelo condômino alienante, acerca da venda do seu quinhão do imóvel comum indiviso ao terceiro estranho à relação condominial, é suprida pelo registro da escritura pública de compra e venda, iniciando-se, a partir daí, o transcurso do prazo decadencial do direito de preferência, porquanto presumida a ciência do negócio, nos limites das informações constantes do título levado a registro.

Ainda que se cogite de eventual enriquecimento dos autores – em virtude da substancial diferença entre o valor real do bem, ou efetivo do negócio, e aquele constante da escritura pública –, não se evidencia ilicitude ou ausência de causa subjacente, porquanto proveniente de conduta das próprias partes (alienante e adquirentes), que adotaram preço simulado, substancialmente destoante da realidade, não podendo agora tirar proveito da própria torpeza, se atuaram à margem da lei, com abuso do direito, notadamente porque desprovidos de boa-fé objetiva (art. 187 do CC/2002).

Em situação semelhante, que diz respeito ao direito de preferência do arrendatário de imóvel rural, assim decidiu a Quarta Turma desta Casa (sem grifo no original):

CIVIL E PROCESSUAL CIVIL. ARRENDAMENTO RURAL. VENDA E COMPRA DO IMÓVEL POR TERCEIROS. FALTA DE NOTIFICAÇÃO AO ARRENDATÁRIO. DIREITO DE PREFERÊNCIA. LEI N. 4.504/1964, ART. 92, § 4º. DIVERGÊNCIA ENTRE O VALOR CONSTANTE EM CONTRATO PARTICULAR DE COMPRA E VENDA E NA ESCRITURA PÚBLICA REGISTRADA EM CARTÓRIO DE IMÓVEIS. PRESUNÇÃO DE VERACIDADE DESTA. PRESERVAÇÃO DA LEGÍTIMA EXPECTATIVA. BOA-FÉ OBJETIVA.

1. Apesar de sua natureza privada, o contrato de arrendamento rural sofre repercussões de direito público em razão de sua importância para o Estado, do protecionismo que se quer dar ao homem do campo e à função social da propriedade e ao meio ambiente, sendo o direito de preferência um dos instrumentos legais que visam conferir tal perspectiva, mantendo o arrendatário na exploração da terra, garantindo seu uso econômico.

2. O Estatuto da Terra prevê que: "O arrendatário a quem não se notificar a venda poderá, depositando o preço, haver para si o imóvel arrendado, se o requerer no prazo de seis meses, a contar da transcrição do ato de alienação no Registro de Imóveis" (art. 92, § 4º da Lei 4.504/1964).

3. A interpretação sistemática e teleológica do comando legal permite concluir que o melhor norte para definição do preço a ser depositado pelo arrendatário é aquele consignado na escritura pública de compra e venda registrada no cartório de registro de imóveis.

4. Não se pode olvidar que a escritura pública é ato realizado perante o notário e que revela a vontade das partes na realização de negócio jurídico, revestida de todas as solenidades prescritas em lei, isto é, demonstra de forma pública e solene a substância do ato, gozando seu conteúdo de presunção de veracidade, trazendo maior segurança jurídica e garantia para a regularidade da compra.

5. Outrossim, não podem os réus, ora recorridos, se valerem da própria torpeza para impedir a adjudicação compulsória, haja vista que simularam determinado valor no negócio jurídico publicamente escriturado, mediante declaração de preço que não refletia a realidade, com o fito de burlar a lei, pagando menos tributo, conforme salientado pelo acórdão recorrido.

6. Na hipótese, os valores constantes na escritura pública foram inseridos livremente pelas partes e registrados em cartório imobiliário, dando-se publicidade ao ato, operando efeitos erga omnes, devendo-se preservar a legítima expectativa e confiança geradas, bem como o dever de lealdade, todos decorrentes da boa-fé objetiva.

7. Recurso especial provido.

(REsp 1175438/PR, Rel. Ministro LUIS FELIPE SALOMÃO, QUARTA TURMA, julgado em 25/03/2014, DJe 05/05/2014)

Constata-se, desse modo, que o alegado enriquecimento dos autores provém de conduta única e exclusiva dos próprios recorrentes, sobretudo da então titular da parte ideal do imóvel indiviso, SERSA – PARTICIPAÇÕES E EMPREENDIMENTOS AGROPECUÁRIOS S.A., que deixou de notificar os autores e adotou preço simulado na escritura pública de compra e venda, revelando-se, portanto, impositiva a manutenção do acórdão recorrido, que, reconhecendo a prática de ilícito autorizante ao exercício de um direito, julgou procedente o pedido de adjudicação compulsória, visto que presentes os pressupostos legais do direito de preferência disposto no art. 504 do CC/2002.

Em arremate, considerando-se ineficaz a compra e venda realizada, reputo desnecessário dar ciência às respectivas instituições competentes para a apuração de eventual crime de sonegação fiscal, segundo levantado nas contrarrazões.

Por todo o exposto, conheço do recurso especial e nego-lhe provimento. É como voto. – – / (STJ – REsp nº 1.628.478 – Minas Gerais – 3ª Turma – Rel. Min. Marco Aurélio Bellizze – DJ 17.11.2020)

EMENTA: DIREITO CIVIL. RECURSO ESPECIAL. AÇÃO DECLARATÓRIA DE NULIDADE DE ATOS JURÍDICOS CUMULADA COM CANCELAMENTO DE REGISTRO PÚBLICO. VENDA DE BEM. ASCENDENTE A DESCENDENTE. INTERPOSTA PESSOA. NEGÓCIO JURÍDICO ANULÁVEL. PRAZO DECADENCIAL DE 2 (DOIS) ANOS PARA ANULAR O ATO.

1. Ação declaratória de nulidade de atos jurídicos cumulada com cancelamento de registro público, por meio da qual se objetiva a desconstituição de venda realizada entre ascendente e descendente, sem o consentimento dos demais descendentes, em nítida inobservância ao art. 496 do CC/02.

2. Ação ajuizada em 09/02/2006. Recurso especial concluso ao gabinete em 03/04/2017. Julgamento: CPC/73.

3. O propósito recursal é definir se a venda de ascendente a descendente, por meio de interposta pessoa, é ato jurídico nulo ou anulável, bem como se está fulminada pela decadência a pretensão dos recorridos de desconstituição do referido ato.

4. Nos termos do art. 496 do CC/02, é anulável a venda de ascendente a descendente, salvo se os outros descendentes e o cônjuge do alienante expressamente houverem consentido.

5. O STJ, ao interpretar a norma inserta no artigo 496 do CC/02, perfilhou o entendimento de que a alienação de bens de ascendente a descendente, sem o consentimento dos demais, é ato jurídico anulável, cujo reconhecimento reclama: (i) a iniciativa da parte interessada; (ii) a ocorrência do fato jurídico, qual seja, a venda inquinada de inválida; (iii) a existência de relação de ascendência e descendência entre vendedor e comprador; (iv) a falta de consentimento de outros descendentes; e (v) a comprovação de simulação com o objetivo de dissimular doação ou pagamento de preço inferior ao valor de mercado. Precedentes.

6. Quando ocorrida a venda direta, não pairam dúvidas acerca do prazo para pleitear a desconstituição do ato, pois o CC/02 declara expressamente a natureza do vício da venda – qual seja, o de anulabilidade (art. 496) –, bem como o prazo decadencial para providenciar a sua anulação – 2 (dois) anos, a contar da data da conclusão do ato (art. 179).

7. Nas hipóteses de venda direta de ascendente a descendente, a comprovação da simulação é exigida, de forma que, acaso comprovada que a venda tenha sido real, e não simulada para mascarar doação

– isto é, evidenciado que o preço foi realmente pago pelo descendente, consentâneo com o valor de mercado do bem objeto da venda, ou que não tenha havido prejuízo à legítima dos demais herdeiros –, a mesma poderá ser mantida.

8. Considerando que a venda por interposta pessoa não é outra coisa que não a tentativa reprovável de contornar-se a exigência da concordância dos demais descendentes e também do cônjuge, para que seja hígida a venda de ascendente a descendente, deverá ela receber o mesmo tratamento conferido à venda direta que se faça sem esta aquiescência. Assim, considerando anulável a venda, será igualmente aplicável o art. 179 do CC/02, que prevê o prazo decadencial de 2 (dois) anos para a anulação do negócio. Inaplicabilidade dos arts. 167, § 1º, I, e 169 do CC/02.

10. Na espécie, é incontroverso nos autos que a venda foi efetivada em 27/02/2003, ao passo que a presente ação somente foi protocolizada em 09/02/2006. Imperioso mostra-se, desta feita, o reconhecimento da ocorrência de decadência, uma vez que, à data de ajuizamento da ação, já decorridos mais de 2 (dois) anos da data da conclusão do negócio.

11. Recurso especial conhecido e provido.

Vistos, relatados e discutidos estes autos, acordam os Ministros da Terceira Turma do Superior Tribunal de Justiça, na conformidade dos votos e das notas taquigráficas constantes dos autos, por unanimidade, conhecer e dar provimento ao recurso especial nos termos do voto da Sra. Ministra Relatora. Os Srs. Ministros Paulo de Tarso Sanseverino, Ricardo Villas Bôas Cueva, Marco Aurélio Bellizze e Moura Ribeiro votaram com a Sra. Ministra Relatora.

Brasília (DF), 10 de março de 2020 (Data do Julgamento)

MINISTRA NANCY ANDRIGHI

Relatora

RELATÓRIO

A EXMA. SRA. MINISTRA NANCY ANDRIGHI:

Cuida-se de recurso especial interposto por MARIA ANTUNES DA SILVA e JOSE ANTUNES CINTRA, fundamentado exclusivamente na alínea "c" do permissivo constitucional, contra acórdão proferido pelo TJ/GO.

Recurso especial interposto em: 19/02/2014.

Concluso ao gabinete em: 03/04/2017.

Ação: declaratória de nulidade de atos jurídicos cumulada com cancelamento de registro público, ajuizada por SEBASTIAO VITOR DA SILVA, ILDA DA SILVA CINTRA, ALBERTINO VAZ DE ANDRADE e APARECIDA ANTUNES DE ANDRADE, em desfavor de MARIA ANTUNES DA SILVA, JOSE ANTUNES CINTRA e ADAONILI MARCOLINO DA SILVA.

Os autores objetivam com a ação desconstituir a venda de 65,49 hectares de terras feita pela primeira recorrente (MARIA ANTUNES DA SILVA) a um de seus filhos – e ora segundo recorrente – (JOSE ANTUNES CINTRA), por meio de interposta pessoa, o ora interessado ADAONILI MARCOLINO DA SILVA, em suposto prejuízo dos demais filhos e em clara inobservância ao art. 496 do CC/02 (e-STJ fls. 3-11).

Sentença: julgou procedente o pedido, para declarar nula a compra e venda do imóvel descrito na inicial, realizada entre MARIA ANTUNES DA SILVA e ADAONILI MARCOLINO DA SILVA, bem como a respectiva escritura pública então lavrada e os atos dela decorrentes (e-STJ fls. 285-292).

Acórdão: negou provimento à apelação interposta pelos recorrentes, nos termos da seguinte ementa:

APELAÇÃO CÍVEL. AÇÃO DECLARATÓRIA DE NULIDADE DE ATOS JURÍDICOS, CUMULADA COM PEDIDO DE CANCELAMENTO DE REGISTROS PÚBLICOS. DOAÇÃO INOFICIOSA. MOMENTO PARA SUA IMPUGNAÇÃO. NULIDADE DO NEGÓCIO JURÍDICO. AÇÃO DE NATUREZA DECLARATÓRIA. DECADÊNCIA AFASTADA. SIMULAÇÃO CONFIRMADA. 1 – Quando a doação se mostra inoficiosa, o herdeiro prejudicado possui legitimidade para ajuizar ação anulatória, mesmo que o doador esteja vivo. 2 – A nulidade constitui um defeito insanável. Não é suscetível de confirmação, nem convalesce pelo decurso do tempo. Isto significa que não está sujeita a prazo extintivo o direito de nulificar, nunca produzindo o negócio jurídico nulo os efeitos desejados pelas partes ao contratar, nos termos do artigo 169 do Código Civil. 3 – Verificada a simulação da compra e venda de imóvel levada a efeito, impõe-se a confirmação da sentença que anulou o respectivo ato. APELO CONHECIDO E DESPROVIDO. SENTENÇA CONFIRMADA (e-STJ fls. 354-355).

Recurso especial: com base em dissídio jurisprudencial, sustentam que:

a) é anulável – e não nula – a venda de ascendente a descendente por meio de interposta pessoa;

b) quando a lei dispuser que determinado ato é anulável, sem estabelecer prazo para pleitear-se a anulação, será este de 2 (dois) anos, a contar da data de conclusão do negócio; e

c) na espécie, há de se reconhecer a implementação da decadência, uma vez que a venda foi efetivada em 27/02/2003, ao passo que a ação somente foi protocolizada em 09/02/2006 (e-STJ fls. 372-382).

Prévio juízo de admissibilidade: o TJ/GO inadmitiu o recurso especial interposto por MARIA ANTUNES DA SILVA e JOSE ANTUNES CINTRA (e-STJ fls. 418-420), ensejando a interposição de agravo em recurso especial (e-STJ fls. 427-434), que foi provido e reautuado como recurso especial para melhor exame da matéria (e-STJ fl. 454).

É o relatório.

VOTO

A EXMA. SRA. MINISTRA NANCY ANDRIGHI (RELATOR):

O propósito recursal é definir se a venda de ascendente a descendente, por meio de interposta pessoa, é ato jurídico nulo ou anulável, bem como se está fulminada pela decadência a pretensão dos recorridos de desconstituição do referido ato.

Aplicação do Código de Processo Civil de 1973, pelo Enunciado administrativo n. 2/STJ.

1. A VENDA DE ASCENDENTE A DESCENDENTE À LUZ DO CC/16

1. Já previa o antigo Código Civil, nos termos de seu art. 1.132, que "Os ascendentes não podem vender aos descendentes, sem que os outros descendentes expressamente consintam".

2. A preocupação em evitar prejuízo à legítima dos demais descendentes era, desde à época, inegável, diante da possibilidade de a referida venda, em verdade, ocultar uma real intenção de doação, prejudicando claramente a legítima dos demais herdeiros.

3. Como mesmo destacado por Nelson Rosenvald:

A boa compreensão da norma exige a lembrança de que a doação realizada de ascendente para descendente (v.g., de pai para filho) dispensa o consentimento dos demais descendentes, porque o controle da liberalidade ocorrerá após a morte do doador, por meio da colação (...), restaurando-se a igualdade das legítimas dos herdeiros necessários. Ou seja, a doação de ascendente para descendente implica adiantamento da herança que lhe cabe (...). **Diferentemente, porém, a compra e venda de ascendente para descendente não está submetida à colação. E, por conta disso, faz-se necessária a autorização dos demais interessados, justamente para que possam controlar eventuais artifícios e simulacros capazes de mascarar doações a um descendente em detrimento de outros** (Código Civil comentado: doutrina e jurisprudência: Lei 10.406, de 10.01.2002. Coord. Cezar Peluso. 8 ed. rev. e atual. São Paulo: Manole, 2014, p. 522).

4. A vedação da venda de ascendente a descendente, prevista no CC/16, não era expressa ao definir se a respectiva infringência ao preceito importaria em nulidade do ato ou apenas na sua respectiva anulabilidade.

5. Certo é que tal omissão contribuiu para a dicotomia de posicionamentos doutrinários, havendo quem afirmasse ser o ato nulo de pleno direito e quem defendesse a mera anulabilidade do ato.

6. Quanto ao ponto, anota Arnaldo Rizzardo:

Os defensores da nulidade argumentavam que, por conter o então art. 1.132 a ordem imperativa "não pode", considerava-se a venda plenamente nula. A operação infringia disposição legal, sendo irrelevante se a intenção tinha sido boa, ou se a compra e venda realmente se efetivara com o pagamento de preço justo. Assim pensava Pontes de Miranda, junto com a maioria da doutrina: "A compra e venda ou a troca é nula, e não anulável, como erradamente escreve alguns comentadores. Nem se precisa alegar e provar que, se de doação se tratasse, feriria o direito às legítimas".

Encontravam, ainda, apoio no art. 145, incisos IV e V do Código Civil de 1916 (...) os propugnadores da nulidade, preceito que dava como nulo o ato jurídico "quando for preteria alguma solenidade que a lei considere essencial para a sua validade" e "quando a lei taxativamente o declarar nulo ou lhe negar efeito", o que ainda perdura como caráter geral. Pelo fato de a lei anterior usar a expressão "não pode", sustentava-se que colimava a nulidade do ato ou negócio, sob pena de ocorrer o aniquilamento de uma norma legal, fenômeno que repercutiria na ordem social. Argumentava-se que a lei nem sempre se utiliza de uma forma proibitiva, sendo comum a imperativa que, do mesmo modo, envolve nulidade, "porque as disposições imperativas são, no fundo, disposições proibitivas", arrematava Adahil Lourenço Dias. De outra parte, continuava Sebastião de Souza, "a falta de consentimento dos outros descendentes á a ausência de uma solenidade exigida para a substância do ato e não para sua forma. Esta a razão por que entendemos que a falta desse consentimento constitui uma nulidade absoluta".

Refutando tal corrente, doutrinava Washington de Barros Monteiro que era apenas anulável o ato pelas seguintes razões: "a) Porque a anulação depende da iniciativa dos interessados, não podendo ser alegada pelo Ministério Público, nem decretada ex officio pelo juiz; b) porque o ato é suscetível de ratificação, característica que, como a anterior, só é peculiar à nulidade relativa; c) porque a alienação prevalecerá se se provar que é real, que o preço é justo e que, de fato, foi pago pelo descendente comprador" (Contratos. 17 ed. rev. e atual. Rio de Janeiro: Forense, 2018, pp. 358-359).

7. O debate em torno da natureza do vício da venda de ascendente a descendente, quando realizada sem o consentimento dos demais descendentes, – se nulidade de pleno direito ou simples anulabilidade – acabou por trazer reflexos também no terreno da definição do prazo para a propositura da ação destinada a anular o negócio (se caso de anulabilidade) ou a declarar a sua nulidade (se reconhecida ser hipótese de nulidade de pleno direito).

8. Em um primeiro momento, a controvérsia foi solvida com a edição da Súmula 152/STF, que preceituava que a ação para anular a venda de ascendente a descendente, sem consentimento dos demais, prescreveria em 4 (quatro) anos a contar da abertura da sucessão.

9. Além de definir o prazo prescricional para a propositura da ação, a referência do enunciado sumular à ação anulatória apontava no sentido da conclusão de que a venda seria mesmo anulável, e não nula de pleno direito, como acreditava certa parte da doutrina.

10. Ressalte-se que o prazo prescricional de 4 (quatro) anos tinha por base o disposto no art. 178, § 9º, V, "b", do CC/16, que estipulava a prescrição para anular contratos quando eivados de erro, dolo, simulação ou fraude (art. 147, II, do CC/16).

11. Contudo, posteriormente, foi editada a Súmula 494/STF, que expressamente revogou a retrocitada Súmula 152/STF. Por meio do novo enunciado sumular, a conclusão que se passou a extrair acerca do tema era a de que a venda de ascendente a descendente, sem concordância dos demais descendentes, quer realizada diretamente quer por interposta pessoa, deveria ser havida por nula, sendo de 20 (anos) o prazo prescricional para declarar-se a nulidade, contados da data da conclusão do negócio.

12. Nesse sentido, inclusive, já decidiu este Superior Tribunal de Justiça:

CIVIL. VENDA DE ASCENDENTE A DESCENDENTE. NULIDADE. USUCAPIÃO COMO DEFESA.

1. A VENDA DE ASCENDENTE A DESCENDENTE, SEM O CONSENTIMENTO EXPRESSO DOS DEMAIS DESCENDENTES, E NULA E PRESCREVE EM VINTE ANOS A AÇÃO PARA DECLARAR ESSA NULIDADE.

2. A POSSE DO IMOVEL EM VIRTUDE DE ALIENAÇÃO EM FRAUDE DA LEI NÃO SE APRESENTA APTA A AQUISIÇÃO DO DOMINIO, POR USUCAPIÃO ORDINARIO, POR LHE FALTAR O REQUISITO DO JUSTO TITULO E DA BOA-FE (REsp 10.038/MS, **3ª Turma**, DJ 17/06/1991) (grifos acrescentados).

13. Ressalte-se que, em momento posterior, e evoluindo o entendimento sobre a matéria, a 4ª Turma deste STJ, ressalvando posições doutrinárias e jurisprudenciais diversas, passou a proferir julgados em que reconhecia a anulabilidade – e não nulidade – do ato jurídico, senão veja-se:

DIREITO CIVIL. VENDA A DESCENDENTE SEM O CONSENTIMENTO DOS DEMAIS. CODIGO CIVIL, ART. 1.132. DIVERGENCIA DOUTRINARIO-JURISPRUDENCIAL. CORRENTES. ANULABILIDADE DO ATO.

– SEM EMBARGO DAS RESPEITABILISSIMAS OPINIOES EM CONTRARIO, NA EXEGESE DO ART. 1.132 DO CODIGO CIVIL, TEM-SE POR ANULAVEL O ATO DA VENDA DE BEM A DESCENDENTE SEM O CONSENTIMENTO DOS DEMAIS, UMA VEZ: A) QUE A DECLARAÇÃO DE INVALIDADE DEPENDE DA INICIATIVA DOS INTERESSADOS; B) PORQUE VIAVEL A SUA CONFIRMAÇÃO; C) PORQUE NÃO SE INVALIDARA O ATO SE PROVADO QUE JUSTO E REAL O PREÇO PELO DESCENDENTE (REsp 977/PB, 4ª Turma, DJ 27/03/1995) **(grifos acrescentados)**.

CIVIL. SUCESSÃO HEREDITÁRIA. ALIENAÇÃO DE ASCENDENTE A DESCENDENTES. VENDA POSTERIOR A TERCEIROS. AÇÃO DE DECLARAÇÃO DE NULIDADE DAS ESCRITURAS. CC, ART. 1.132. AQUISIÇÃO DE BOA-FÉ. ATO ANULÁVEL. PROVA DE VENDA EFETUADA POR VALOR INFERIOR AO DOS BENS. AUSÊNCIA.

I. A venda por ascedente aos filhos depende do consentimento de todos os descendentes, nos termos do art. 1.132 do Código Civil, sendo desinfluente o fato de o reconhecimento e registro daqueles concebidos fora da relação matrimonial, mas em sua constância, ter ocorrido após a alienação dos imóveis, porquanto se a existência de irmãos era desconhecida dos filhos legítimos, o mesmo não acontecia em relação ao genitor, na hipótese.

II. Inobstante farta discussão doutrinária e jurisprudencial, adota-se a corrente que entende cuidar-se de ato anulável, de sorte que o seu desfazimento depende da prova de que a venda se fez por preço inferior ao valor real dos bens, para fins de caracterização da simulação, circunstância sequer aventada no caso dos autos, pelo que é de se ter como hígida a avença.

III. Impossibilidade, de outro lado, e independentemente disso, de se atingir as alienações ulteriores a terceiros de boa-fé, mormente quando concluído nos autos que os descendentes que lhes venderam parte dos imóveis não sabiam, à época, da existência de irmãos concebidos de vínculo extraconjugal.

IV. Recurso especial não conhecido (REsp 74.135/RS, 4ª Turma, DJ 11/12/2000) (grifos acrescentados).

VENDA DE ASCENDENTE A DESCENDENTE. Falta de consentimento dos demais.

– É ato anulável. Art. 1132, CCivil.

Recurso não conhecido (REsp 436.010/SP, 4ª Turma, DJ 18/11/2002) (grifos acrescentados).

14. Nota-se que, ainda sob a vigência da Súmula 494/STF, a jurisprudência começou a pender para o entendimento de que a natureza do vício era o de anulabilidade, sendo este o cenário que se descortinava no momento da entrada em vigor do novo Código Civil.

2. A VENDA DE ASCENDENTE A DESCENDENTE À LUZ DO CC/2002

15. O CC/02 persistiu na exigência, quando da venda de ascendente a descendente, do consenso dos demais descendentes, passando a impor, também, a concordância do cônjuge do alienante, exceto quando o casamento der-se pelo regime da separação obrigatória de bens. Eis a redação do dispositivo legal que rege a questão:

Art. 496. É **anulável** a venda de ascendente a descendente, salvo se os outros descendentes e o cônjuge do alienante expressamente houverem consentido.

Parágrafo único. Em ambos os casos, dispensa-se o consentimento do cônjuge se o regime de bens for o da separação obrigatória **(grifo acrescentado)**.

16. Diversamente do que se constatava do CC/16 – que era omisso quanto à natureza do vício da venda de ascendente a descendente sem o consentimento dos demais descendentes –, o CC/02 passou a definir, expressamente, que a hipótese seria de anulabilidade do ato jurídico, e não de nulidade de pleno direito, encerrando divergências doutrinárias e jurisprudenciais sobre sua específica natureza.

17. Vale lembrar que a anulabilidade do ato jurídico reclama, como já definiu esta Corte Superior, interpretando o art. 496 do CC/02, i) a iniciativa da parte interessada; ii) a ocorrência do fato jurídico, qual seja, a venda inquinada de inválida; iii) a existência de relação de ascendência e descendência entre vendedor e comprador; iv) a falta de consentimento de outros descendentes; e v) a comprovação de simulação com o objetivo de dissimular doação ou pagamento de preço inferior ao valor de mercado, ou, alternativamente, a demonstração do prejuízo à legítima (REsp 1.356.431/DF, 4ª Turma, DJe 21/09/2017).

18. Oportuno salientar, entretanto, que a definição expressa de que é anulável a venda feita por ascendente a descendente sem a

concordância dos demais descendentes e, agora, também do cônjuge do alienante, fez ressurgir o tema do prazo para a propositura da ação anulatória.

19. Isso porque o CC/02 passou a prever, em seu art. 179, que, quando a lei dispuser que determinado ato é anulável, sem estabelecer prazo para pleitear-se a anulação, será este de 2 (dois) anos, a contar da data da conclusão do ato – redação, inclusive, completamente incompatível com a Súmula 494/STF, até o momento não revogada.

20. A controvérsia acerca do prazo para a desconstituição do ato, contudo, deve ser analisada sob o enfoque de duas situações diversas: i) quando há a venda de ascendente a descendente realizada diretamente; e ii) quando há a venda de ascendente a descendente por intermédio de interposta pessoa.

2.1 A venda direta de ascendente a descendente sem o consentimento dos demais descendentes ou cônjuge do alienante

21. A venda de ascendente a descendente sem a aquiescência dos demais descendentes ou cônjuge do alienante pode ser realizada diretamente, figurando do ato o primeiro como vendedor e o segundo como comprador.

22. Na venda efetuada diretamente pelo pai ao filho, por exemplo, a falta de consentimento é visível a olhos nus, bastando observar a escritura (RIZZARDO, Arnaldo. Op. Cit. p. 360).

23. De fato, quando ocorrida a venda direta, não pairam dúvidas acerca do prazo para pleitear a desconstituição do ato, pois o CC/02 declara expressamente a natureza do vício da venda – qual seja, o de anulabilidade (art. 496) –, bem como o prazo decadencial para providenciar a sua anulação – 2 (dois) anos, a contar da data da conclusão do ato (art. 179).

24. A propósito, cita-se precedente desta Corte que analisou controvérsia acerca do prazo aplicável para anular a venda direta realizada por ascendente a descendente, sem a anuência do outro herdeiro:

AGRAVO INTERNO NO RECURSO ESPECIAL. ANULAÇÃO DE ATO JURÍDICO. VENDA DIRETA ENTRE ASCENDENTE E DESCENDENTE SEM ANUÊNCIA DE HERDEIRO. PRAZO PRESCRICIONAL DE 20 (VINTE) ANOS CONFORME ART. 177 DO CÓDIGO CIVIL DE 1916 E DE 2 (DOIS) ANOS CONFORME ART. 179 DO ATUAL CÓDIGO CIVIL. APLICÁVEL A REGRA DE TRANSIÇÃO PREVISTA NO ART. 2.028 DO CÓDIGO CIVIL/2002. AGRAVO DESPROVIDO.

1. **O prazo prescricional da ação que visa anular venda direta entre ascendente e descendente** na vigência do Código Civil de 1916 é de 20 (vinte) anos**, tendo sido reduzido no atual Código Civil para 2 (dois) anos**, devendo ser aplicada a regra de transição prevista no art. 2.028 do Código Civil de 2002.

2. Agravo interno desprovido (AgInt no REsp 1.481.596/SP, 3ª Turma, DJe 15/09/2017) (grifos acrescentados).

25. Importante reiterar que, mesmo nas hipóteses de venda direta de ascendente a descendente, a comprovação da simulação é exigida, de forma que, acaso comprovada que a venda tenha sido real, e não simulada para mascarar doação – isto é, evidenciado que o preço foi realmente pago pelo descendente, consentâneo com o valor de mercado do bem objeto da venda, ou que não tenha havido prejuízo à legítima dos demais herdeiros –, a mesma poderá ser mantida.

26. Tal raciocínio encontra consonância, inclusive, com precedentes desta Corte Superior. Nesse sentido: AgRg no AREsp 159.537/PA, 4ª Turma, DJe 21/10/2014; REsp 953.461/SC, 3ª Turma, DJe 17/06/2011; REsp 752.149/AL, 4ª Turma, DJe 02/12/2010; EREsp 661.858/PR, 2ª Seção, DJe 19/12/2008; e REsp 476.557/PR, 3ª Turma, DJ 22/03/2004.

2.2 A venda de ascendente a descendente sem o consentimento dos demais descendentes ou cônjuge do alienante, por intermédio de interposta pessoa

27. Situação diversa ocorre quando a venda é realizada por via oblíqua, com a utilização de interposta pessoa para a concretização do negócio, o que requer sejam tecidas algumas considerações adicionais.

28. Nesta hipótese, o ascendente simula vender a coisa a um terceiro que, por sua vez, simula posteriormente a venda ao descendente do alienante primitivo. Em regra, utiliza-se deste artifício porque é sabido, de antemão, que não haverá o consentimento dos demais descendentes ou do cônjuge.

29. Aqui, não se pretende transferir o domínio da coisa ao terceiro, mas sim ao descendente, circunstância que, por si só, já demonstra o caráter simulado do ato.

30. É inegável que, também neste caso, a prova da simulação deverá restar patente dos autos, afinal:

Não se trata de um ato nulo de pleno direito, como queria impor certa corrente da jurisprudência, da época do Código anterior e segundo se verifica do exemplo acima. Muitos casos sucedem nos quais se vê apenas uma reaquisição por herdeiros diretos. A venda é somente anulável. A ocorrência de fraude não passa de uma presunção juris tantum. A anulação está na dependência da prova da simulação, embora esta figura tenha passado a ser causa de nulidade. (...)

Desde que se exija a prova da simulação, está evidente a anulabilidade. A venda em si não é nula. Torna-se anulável caso revele o vício da simulação.

Em verdade, alguma presunção de fraude, de liberalidade disfarçada, há de ficar rastreada na transação. Se, pelo contrário, o vendedor recebeu justo preço, e o terceiro, mais tarde, transfere ao filho daquele a coisa, não se reconhece a anulabilidade.

(...)

Colhe-se da prática situações que importam na simulação como: pequeno intervalo entre a compra e a revenda; o parentesco das partes num e noutro contrato; não haver o adquirente entrado na posse da coisa; a perfeita identidade da coisa e até dos termos das respectivas escrituras de venda; igualdade de preço, excludente de lucro; não ter sido pago o preço no ato da escritura; o desinteresse dos ascendentes na ação de anulação; dificuldade em se obter o seu depoimento na causa; a interposição de parente no negócio.

(...)

Na prática forense, é reconhecida a simulação quando o comprador não dispõe de recursos; na hipótese de inexistência de lucro na transação; na verificação de curto espaço de tempo em que o vendedor foi proprietário; em ocorrendo a declaração de pagamento anterior; também se há concessão de vantagens excessivas ao vendedor (RIZZARDO, Arnaldo. Op. Cit. pp. 361-361) (grifos acrescentados).

31. Destarte, considerando que a venda por interposta pessoa não é outra coisa que não a tentativa reprovável de contornar-se a exigência da concordância dos demais descendentes e também do cônjuge, para que seja hígida a venda de ascendente a descendente, deverá ela receber o mesmo tratamento conferido à venda direta que se faça sem esta aquiescência.

32. Assim, considerando igualmente anulável a venda, será aplicável o art. 179 do CC/02, que prevê o prazo decadencial de 2 (dois) anos para a anulação do negócio.

2.3 Considerações acerca do art. 167, § 1º, I, do CC/02 – negócio simulado

33. Nos termos do art. 167, § 1º, I, do CC/02:

Art. 167. É nulo o negócio jurídico simulado, mas subsistirá o que se dissimulou, se válido for na substância e na forma.

§ 1º Haverá simulação nos negócios jurídicos quando:

I – aparentarem conferir ou transmitir direitos a pessoas diversas daquelas às quais realmente se conferem, ou transmitem.

34. Ainda, dispõe o art. 169 do CC/02 que o negócio jurídico nulo não é suscetível de confirmação, nem convalesce pelo decurso do tempo.

35. A dúvida que aqui se descortina diz respeito à previsão expressa, pelo CC/02, de nulidade – e não anulabilidade – de negócio jurídico simulado.

36. É que tal previsão legal, com efeito, pode levar à conclusão de que, como se exige a prova da simulação para que se possa desconstituir venda de ascendente a descendente sem consentimento dos demais descendentes ou do cônjuge, o negócio seria nulo – posto que simulado – e, consequentemente, não se convalesceria com o tempo.

37. Este foi, inclusive, o fundamento utilizado pelo TJ/GO para rejeitar a prejudicial de decadência levantada pelos recorrentes, senão veja-se:

Em relação à prejudicial de mérito relativa à decadência, merece transcrição excerto do parecer laborado pela douta Procuradora de Justiça, Drª Márcia de Oliveira Santos (fl. 269), segundo a qual "... Conforme visto, o caso retratado nos autos é de venda de ascendente a descendente por interposta pessoa, o que caracteriza negócio simulado, o qual, nos termos do art. 167 do novo Código Civil é negócio nulo e não anulável, não sendo suscetível de confirmação e nem se convalesce pelo decurso do tempo (art. 169 do NCC). Logo não se aplica no caso dos autos a previsão contida no art. 179 do NCC" (e-STJ fl. 361) (grifos acrescentados).

38. Constata-se do acórdão recorrido que o Tribunal de origem reconheceu que não há que se falar em aplicação do prazo decadencial de 2 (dois) anos previsto no art. 179 do CC/02 porque a venda de ascendente a descendente por meio de interposta pessoa seria negócio jurídico simulado e, portanto, nulo, não se convalescendo com o tempo.
39. Ocorre que tal conclusão contrasta com o raciocínio de que, tanto a venda direta de ascendente a descendente, como a realizada por intermédia de interposta pessoa, são atos jurídicos anuláveis, desde que comprovada a real intenção de macular uma doação ao descendente adquirente, em prejuízo à legítima dos demais herdeiros, razão pela qual se aplicaria o prazo decadencial previsto na legislação.
40. O que se deve ter em mente é que a causa real de anulabilidade do negócio jurídico não é propriamente a simulação em si, mas sim infringência taxativa ao preceito legal contido no art. 496 do CC/02. Por esta razão, não há que se falar na aplicabilidade dos arts. 167, § 1º, I, e 169 do CC/02.
41. Ademais, razão não há para que a venda de ascendente a descendente por meio de interposta pessoa receba tratamento diferenciado do reservado às situações de venda direta, pois o que se objetiva com o preceito legal é, indubitavelmente, preservar a futura legítima dos herdeiros necessários, diante do possível mascaramento de uma doação sob a enganosa roupagem de venda, obstando a vinda do bem recebido pelo descendente à colação, quando do óbito do descendente vendedor.

3. DA HIPÓTESE DOS AUTOS

42. Na espécie, é incontroverso nos autos que a venda fora efetivada em 27/02/2003, ao passo que a presente ação somente foi protocolizada em 09/02/2006 (e-STJ fl. 346).
43. Imperioso mostra-se, desta feita, o reconhecimento da decadência, uma vez que, à data de ajuizamento da ação, já havia decorrido mais de 2 (dois) anos da data da conclusão do negócio.
44. O acórdão recorrido, portanto, há de ser reformado, para que seja acolhida a prejudicial de decadência suscitada pelos recorrentes, nos termos dos arts. 179 e 496 do CC/02.
Forte nessas razões, CONHEÇO do recurso especial interposto por MARIA ANTUNES DA SILVA e JOSE ANTUNES CINTRA e DOU-LHE PROVIMENTO, para acolher a prejudicial de decadência suscitada pelos recorrentes. – – /
STJ – REsp nº 1.679.501 – Goiás – 3ª Seção – Rel. Min. Nancy Andrighi – DJ 13.03.2020

▶ **EMENTA: DIREITO CIVIL E PROCESSUAL CIVIL. CONTRATO DE COMPRA E VENDA COM RESERVA DE DOMÍNIO E PROTEÇÃO POSSESSÓRIA REQUERIDA POR VENDEDOR. Ainda que sem prévia ou concomitante rescisão do contrato de compra e venda com reserva de domínio, o vendedor pode, ante o inadimplemento do comprador, pleitear a proteção possessória sobre o bem móvel objeto da avença.** A cláusula de reserva de domínio ou *pactum reservati dominii* é uma disposição inserida nos contratos de compra e venda que permite ao vendedor conservar para si a propriedade e a posse indireta da coisa alienada até o pagamento integral do preço pelo comprador, o qual terá apenas a posse direta do bem, enquanto não solvida a obrigação. Neste contexto, segundo doutrina, «o domínio não se transmite com o contrato e entrega da coisa, mas automaticamente com o pleno pagamento». Desde que formulado o pacto com reserva de domínio, o comprador tem conhecimento que recebe a mera posse direta do bem e o vendedor, por pressuposto, sabe que a sua propriedade é resolúvel, uma vez que o primeiro poderá adquirir a propriedade do bem com o pagamento integral do preço, sendo franqueado à parte vendedora/credora optar pelo procedimento que melhor lhe convier a fim de ressarcir-se dos prejuízos havidos com o ajuste inadimplido. Saliente-se que nem a lei nem a doutrina impõem, textual ou implicitamente, a necessidade de ajuizamento preliminar de demanda rescisória do contrato de compra e venda com reserva de domínio, para a obtenção da retomada do bem. Isso porque não se trata, aqui, da análise do *ius possessionis* (direito de posse decorrente do simples fato da posse), mas sim do *ius possidendi*, ou seja, do direito à posse decorrente do inadimplemento contratual, onde a discussão acerca da titularidade da coisa é inviabilizada, haja vista se tratar de contrato de compra e venda com reserva de domínio onde a transferência da propriedade só se perfectibiliza com o pagamento integral do preço, o que não ocorreu em razão da inadimplência do devedor. A fim de melhor elucidar a questão, o *ius possessionis* é o direito de posse, ou seja, é o poder sobre a coisa e a possibilidade de sua defesa por intermédio dos interditos (interdito proibitório, de manutenção da posse ou de reintegração de posse). Trata-se de conceito que se relaciona diretamente com a posse direta e indireta. Já o *ius possidendi* é o direito à posse, decorrente do direito de propriedade, ou seja, é o próprio domínio. Em outras palavras, é o direito conferido ao titular de possuir o que é seu, independentemente de prévio ajuizamento de demanda objetivando rescindir o contrato de compra e venda, uma vez que, nos ajustes cravados com cláusula de reserva de domínio, a propriedade do bem, até o pagamento integral do preço, pertence ao vendedor, ou seja, não se consolida a transferência da propriedade ao comprador. Destaque-se que não se trata das hipóteses em que o STJ assevera que o deferimento da proteção possessória está condicionado à prévia conclusão do contrato (AgRg no REsp 1.337.902-BA, Quarta Turma, DJe 14/3/2013; e AgRg no REsp 1.292.370-MS, Terceira Turma, DJe 20/11/2012). Isso porque, nas ações em que se discute o *ius possessionis*, ainda que fundada em contrato de compra e venda inadimplido, no qual não consta cláusula de reserva de domínio, a propriedade já se transfere de plano, razão pela qual, por não comportar a tutela possessória dilação processual necessária à discussão da ocorrência, ou não, do inadimplemento contratual, essa não pode ser requerida sem que seja oportunizado ao comprador/devedor questionar o descumprimento da obrigação, em face da abusividade das cláusulas contratuais ou purgar a mora quando se verificar a ocorrência de pagamento substancial do preço. Desta feita, a discussão do contrato e, por conseguinte, a sua rescisão deve se dar em momento anterior ao ajuizamento da ação possessória ou, ao menos de forma concomitante, em cumulação de ações, sendo o pleito possessório pedido subsidiário em relação à pretensão rescisória do contrato, pelo inadimplemento obrigacional, uma vez que somente após a resolução contratual é que poderá haver posse injusta a aclamar a retomada do bem. REsp 1.056.837-RN, Rel. Min. Marco Buzzi, julgado em 3/11/2015, DJe 10/11/2015.

▶ **EMENTA**: RECURSO ESPECIAL. DIREITO PATRIMONIAL DE FAMÍLIA. UNIÃO ESTÁVEL. ALIENAÇÃO DE BEM IMÓVEL ADQUIRIDO NA CONSTÂNCIA DA UNIÃO. NECESSIDADE DE CONSENTIMENTO DO COMPANHEIRO. EFEITOS SOBRE O NEGÓCIO CELEBRADO COM TERCEIRO DE BOA-FÉ. 1. A necessidade de autorização de ambos os companheiros para a validade da alienação de bens imóveis adquiridos no curso da união estável é consectário do regime da comunhão parcial de bens, estendido à união estável pelo art. 1.725 do CCB, além do reconhecimento da existência de condomínio natural entre os conviventes sobre os bens adquiridos na constância da união, na forma do art. 5º da Lei 9.278/96, Precedente. 2. Reconhecimento da incidência da regra do art. 1.647, I, do CCB sobre as uniões estáveis, adequando-se, todavia, os efeitos do seu desrespeito às nuanças próprias da ausência de exigências formais para a constituição dessa entidade familiar. 3. Necessidade de preservação dos efeitos, em nome da segurança jurídica, dos atos jurídicos praticados de boa-fé, que é presumida em nosso sistema jurídico. 4. A invalidação da alienação de imóvel comum, realizada sem o consentimento do companheiro, dependerá da publicidade conferida a união estável mediante a averbação de contrato de convivência ou da decisão declaratória da existência união estável no Ofício do Registro de Imóveis em que cadastrados os bens comuns, ou pela demonstração de má-fé do adquirente. 5. Hipótese dos autos em que não há qualquer registro no álbum imobiliário em que inscrito o imóvel objeto de alienação em relação a co-propriedade ou mesmo à existência de união estável, devendo-se preservar os interesses do adquirente de boa-fé, conforme reconhecido *pelas instâncias de origem. 6. RECURSO ESPECIAL A QUE SE NEGA PROVIMENTO.* (STJ – REsp nº 1.424.275 – Mato Grosso – 3ª Turma – Rel. Min. Paulo de Tarso Sanseverino – DJ 16.12.2014)

▶ **EMENTA**: AGRAVO REGIMENTAL. AGRAVO DE INSTRUMENTO. RECURSO ESPECIAL. COMPRA E VENDA DE IMÓVEL. DEMARCAÇÃO. ARREMATAÇÃO POR TERCEIRO. RESCISÃO. PRESCRIÇÃO. TERMO INICIAL. 1. Não havendo, na escritura pública de compra e venda, prazo para o cumprimento, pelos vendedores, de sua obrigação de efetuar a demarcação do imóvel, a lesão de direito somente se consumou quando da arrematação judicial da totalidade do imóvel onde inserida a fração vendida por terceiro, impossibilitando a individualização do imóvel pelos ex-proprietários/vendedores. 2. Agravo regimental não provido. (STJ – AgRg no Ag nº 617.134 – RS – 4ª Turma – Rel. Min. Maria Isabel Gallotti – DJ 04.02.2013)

EMENTA: RECURSO ESPECIAL. CIVIL. SUSCITAÇÃO DE DÚVIDA. REGISTRO DE IMÓVEIS. PROMESSA DE COMPRA E VENDA. BEM GRAVADO COM HIPOTECA CEDULAR. CÉDULA DE CRÉDITO RURAL. NECESSIDADE DE PRÉVIA ANUÊNCIA DO CREDOR. DL 167/67, ART. 59. LEI ESPECIAL. PREVALÊNCIA. 1. É necessária a prévia anuência do credor hipotecário, por escrito, para a venda de bens gravados por hipoteca cedular, nos termos do art. 59 do DL 167/67. 2. A regra geral do Código Civil não prevalece sobre a norma especial do art. 59 do DL 167/67, que disciplina o financiamento concedido para o implemento de atividade rural. 3. Recurso especial desprovido.(STJ – REsp nº 908.752 – MG – 4ª Turma – Rel. Min. Raul Araújo – DJ 26.10.2012)

EMENTA: Direito civil. Recurso especial. Contrato de compra e venda de imóvel com pacto adjeto de retrovenda. Ações anulatória de escritura pública e de imissão de posse. Entrega do título. Presunção do pagamento. – A entrega do título ao devedor faz surgir a presunção do pagamento da dívida, que somente pode ser ilidida no prazo previsto no art. 324, § 1º, do CC/02. Recurso especial parcialmente conhecido e, nessa parte, provido. (STJ – REsp: 798003 PB 2005/0189543-2, Relator: Ministra NANCY ANDRIGHI, Data de Julgamento: 25/09/2006, T3 – TERCEIRA TURMA, Data de Publicação: DJ 09.10.2006 p. 299)

EMENTA: Civil e processo civil. Recurso especial. Alegação de ofensa ao disposto no art. 535, II, do CPC. Omissão suprida em sede de embargos de declaração. Alegação de ocorrência de julgamento fora do pedido. Devida narração dos fatos. Correlato pedido julgado procedente na origem. Venda direta de ascendente a descendente sem o consentimento dos demais herdeiros. Ato jurídico anulável. Simulação. – Inexiste ofensa ao disposto no art. 535, II, do CPC, se sanada, no julgamento dos embargos de declaração, a questão tida por omissa. – A correta narração dos fatos na petição inicial com o correlato pedido julgado procedente na origem afastam a alegação de existência de julgamento fora do pedido na espécie. – A anulação de venda direta de ascendente a descendente sem o consentimento dos demais descendentes necessita da comprovação de que houve, no ato, simulação com o objetivo de dissimular doação ou pagamento de preço abaixo do preço de mercado. Recurso especial parcialmente conhecido e provido. (STJ – REsp: 476557 PR 2002/0148167-5, Relator: Ministra NANCY ANDRIGHI, Data de Julgamento: 18/12/2003, T3 – TERCEIRA TURMA, Data de Publicação: DJ 22.03.2004 p. 294)

TRIBUNAL DE JUSTIÇA DO ESTADO DE SÃO PAULO

EMENTA: APELAÇÃO – PEDIDO DE ALVARÁ – IMÓVEL PERTENCENTE AO CASAL – MANCOMUNHÃO – PRETENSÃO DE O MARIDO DOAR SUA PARTE IDEAL DE 50% À FILHA, COM RESERVA DE USUFRUTO VITALÍCIO – INADMISSIBILIDADE – Alienação de bem imóvel que integra o patrimônio comum do casal, em plena sociedade conjugal – Bem imóvel que se encontra em estado de mancomunhão e não de condomínio – Licitude do negócio se houver outorga conjugal – Caso em que tal outorga inexiste e, pior, é vedada por lei, por se tratar o cônjuge de pessoa incapaz colocada sob curatela da filha donatária do imóvel – Artigos 1.647, I, e 1.749, I, ambos do Código Civil – Sentença mantida – NEGARAM PROVIMENTO AO RECURSO.

Trata-se de respeitável sentença em que julgado improcedente o pedido de alvará para doação de metade de determinado imóvel, com reserva de usufruto.

Inconformados, os requerentes apelam e pedem a reforma da sentença.

Alegam, em síntese, que o imóvel que se pretende negociar não integra o patrimônio de incapaz. Trata-se da metade ideal cabente ao marido de incapaz, a ser objeto de doação à filha do casal, com reserva de usufruto vitalício, ao passo que a incapaz continuaria com a propriedade plena de sua parte ideal (nua-propriedade e usufruto).

A Douta Procuradoria Geral de Justiça deu parecer pelo provimento do recurso.

É o relatório do essencial.

O recurso é recebido com efeito suspensivo, por ser a regra legal artigo 1.012, *caput*, do Código de Processo Civil.

Como se vê, trata-se de pedido de alvará para alienação de parte ideal 50% – do imóvel descrito na inicial, o qual integra o patrimônio do casal, em conformidade com o regime da comunhão universal de bens. Pretende o marido doar a uma de suas filhas sua metade ideal do bem, reservando para si o usufruto vitalício, respeitada a outra metade ideal, pertencente a sua mulher.

Ocorre que sua esposa é **incapaz** e a filha donatária exerce a função de **curadora** da genitora.

Entendeu o Douto Juízo que o negócio pretendido pelos requerentes não é lícito, por envolver patrimônio de incapaz, razão pela qual, com fundamento no artigo 1.749, I, do Código Civil [1], indeferiu a pretensão.

Pese embora o respeito devido aos argumentos trazidos na minuta recursal, aos quais se acrescem aqueles expendidos em seu parecer pela Douta Procuradoria Geral de Justiça, nenhum reparo comporta a respeitável sentença.

É que a premissa fático-jurídica da qual partiu o raciocínio dos apelantes e da Douta Procuradoria existência de condomínio –, não corresponde, *data venia*, àquela que emerge do sistema legal atinente à formação do patrimônio comum entre os cônjuges e a sua situação jurídica durante a sociedade conjugal.

Com efeito, não se tratando de bem particular de um dos cônjuges, o imóvel aqui discutido integra o **patrimônio comum** dos cônjuges, o que significa dizer que referido bem, bem como todos os demais na mesma situação de *comunicação* revista em lei para o regime da comunhão universal de bens encontra-se em situação jurídica denominada *mancomunhão*, que difere do condomínio comum na medida em que não estão divididos em partes ideais entre os cônjuges 50% –, como afirmado em recurso, nem são divisíveis ao menos por ora, ao menos até a extinção da sociedade conjugal –, a partir do que aí sim passa ser possível a divisão e eventual instituição de condomínio entre os ex-cônjuges.

Segundo preleciona RAFAEL CALMON RANGEL [2], *"quando a comunhão de direitos se refere especificamente ao patrimônio amealhado pelo casal sob o abrigo dos regimes comunitários de bens, mostra-se tecnicamente adequado considerá-la como uma mancomunhão, que jamais pode ser confundida com o condomínio ou com a comunhão ordinária. Nesse sentido, inclusive, já se decidiu que 'a comunhão resultante do matrimônio difere do condomínio propriamente dito, porque nela os bens formam a propriedade de mão comum, cujos titulares são ambos os cônjuges. Cessada a comunhão universal pela separação judicial, o patrimônio comum subsiste enquanto não operada a partilha'. (STJ, REsp nº 3.170/RS, rel. Min. Antonio Torreão Braz, DJ de 28-8-95). Isso porque a influência das normas provenientes do Direito das Famílias dá forma a uma categoria jurídica específica, cujas características e campo de abrangência são muito mais extensas do que as daquelas figuras, na medida em que sua incidência se dá não só sobre o direito de propriedade em si, mas sobre o complexo de todas as situações jurídicas de índole patrimonial contraídas pelos comunheiros. Em outras palavras, sua projeção se dá sobre o patrimônio em sua acepção jurídica, e não em seu sentido econômico ou existencial mínimo, impedindo que sejam abrangidos os bens isoladamente considerados e os direitos não aferíveis em pecúnia, como a fidelidade recíproca ou a mútua assistência, por exemplo."*

Prossegue o referido doutrinador: *"Bem vistas as coisas, poder-seia afirmar que a mancomunhão dá ensejo à formação de uma universalidade de direito, e não a uma comunhão jurídica ordinária, pois ela implica, por assim dizer, no verdadeiro encapsulamento do patrimônio jurídico conjuntamente construído, por meio de invólucro invisível responsável por tornar comuns todas as situações jurídicas que o compõem, assim em seus aspectos ativo e passivo."*

E arremata: *"Esta afirmação parece ganhar força na aguda percepção de Rodrigo da Cunha Pereira* [3]*, para quem:*

Mancomunhão é expressão que define o estado dos bens conjugais antes de sua efetiva partilha. Difere do estado condominial em que o casal detém o bem ou coisa simultaneamente, com direito a uma fração ideal, podendo alienar ou gravar seus direitos, observando a preferência do outro. Na mancomunhão, o bem não pode ser alienado nem gravado por apenas um dos ex-cônjuges, permanecendo indivisível até a partilha. Enquanto não for feita a partilha dos bens comuns, eles pertencem a ambos os cônjuges em estado de mancomunhão.

[...]

"*Como resultado*" prossegue RANGEL "*ocorre a comunicação do todo, de forma simultânea e indistinta, instaurando-se uma absoluta identidade de interesses sobre a massa comum, que se funde em uma única expressão patrimonial, dotada das notas de unitariedade e incindibilidade, típicas das universalidades de direito. Essa particularidade, inclusive, é responsável por proporcionar duas enormes diferenças para com o condomínio: a indivisibilidade e a impossibilidade de a mancomunhão ser considerada um direito real ou um objeto de direito real, haja vista esta espécie de direito exigir bem jurídico definido como objeto, e não com complexo de situações jurídicas.*"

PONTES DE MIRANDA [4] também é citado por RANGEL: "a comunhão de direitos aparece, nítida, na comunhão de bens entre cônjuges, na comunhão hereditária e nos patrimônios: só entra na comunidade o que é de titularidade múltipla; o que não o é fica de fora. [...] Tratando-se de direitos, ou deveres, não há qualquer dificuldade em se falar de pluralidade subjetiva a respeito de cada um deles; mas os sistemas jurídicos obstam a que se disponha desses efeitos sem se dispor da coisa: nem o cônjuge pode alienar o bem comum, ou a metade que lhe toca em algum dos bens comuns, sem que o outro cônjuge também aliene."

Há precedente desta Colenda Câmara (Apelação nº 0015531-53.2011.8.26.0322, desta relatoria, j. 19/08/2015) em que já assentada a tese aqui esposada: "*o imóvel adquirido durante a sociedade conjugal, pelo regime da comunhão parcial, comunica-se a ambos os cônjuges, que passam a ser **comunheiros**, mas não **condôminos**, pois condomínio entre cônjuges surge apenas e eventualmente após a partilha dos bens comuns.*" (grifos originais)

No entanto, o ordenamento não veda que os comunheiros façam a alienação de imóvel comum nem a título gratuito durante o casamento, desde que ambos os cônjuges estejam de acordo e tenham manifestado validamente sua vontade, conforme, aliás, se extrai a *contrario senso* da norma do artigo 1.647, I, do Código Civil.[5]

Nesse sentido, MARIAN GONÇALVES MAIA JUNIOR[6] observa que "*os bens imóveis, como já destacado, por sua tradicional importância e relevo para a subsistência da família, exigem quando não titularizados por ambos, a aquiescência do cônjuge ou convivente não proprietário para sua alienação ou oneração, independentemente da forma de alienação do bem: compra e venda, doação, permuta ou troca, dação em pagamento.*

O problema que se coloca no caso em apreço é que a mulher do doador é pessoa incapaz, cujo patrimônio é administrado por sua curadora, que é **filha do casal e donatária do imóvel**, o que atrai a incidência da norma do artigo 1.749, I, do Código Civil, mais acima referida, que veda o negócio entre a incapaz e sua curadora.

Para escapar deste óbice legal, engendraram os requerentes o negócio jurídico de doação apenas da parte ideal do marido, com reserva de usufruto vitalício, como se entre o marido e a mulher existisse um condomínio comum, regido pelos artigos 1.314 e seguintes, do Código Civil, quando, na verdade, a hipótese é de mancomunhão, como se viu, situação na qual a **totalidade** do imóvel é de propriedade comum dos cônjuges tratados como comunheiros –, vedada sua divisão enquanto não desfeita a comunhão, via extinção da sociedade conjugal.

E ainda que se pudesse instituir uma *antecipação da legítima*, com relação à posterior abertura a sucessão do doador, é certo que não cabe fazer *antecipação de partilha dos bens comuns*, porquanto, não bastassem as regras impeditivas já alinhadas e relacionadas à mancomunhão, a partilha se dá apenas com relação ao patrimônio existente à época da ruptura do casamento, ressalvadas as hipóteses de modificação do regime de bens durante o matrimônio, situação na qual, para alguns, é lícito fazer a partilha dos bens comuns pelo regime anterior e a partir de então dar-se início ao novo regime, sem desfazimento do matrimônio e mesmo da sociedade conjugal.

Por outro lado, cabe também considerar que, inadmitindo-se a antecipação da partilha de bens comuns, a doação pretendida reduziria o patrimônio comum, em **prejuízo da incapaz** diante ou de futuro divórcio do casal ou da pré-morte do doador, uma vez que em ambas as hipóteses as quais, convenha-se, não podem ser desconsideradas o patrimônio comum a ser objeto de partilha por meação ou *mortis causa* já não seria o mesmo.

Daí porque não merece reforma a respeitável sentença, que não autorizou a realização do negócio jurídico pretendido.

Ante o exposto, pelo presente voto, NEGARAM PROVIMENTO à apelação, nos termos supraexpostos.

ALEXANDRE COELHO

Relator. (*assinatura eletrônica*)

Notas:

[1] Art. 1.749. Ainda com autorização judicial, não pode o tutor, sob pena de nulidade: I adquirir por si, ou por interposta pessoa, mediante contrato particular, bens móveis ou imóveis pertencentes ao menor; [...]"

[2] *PARTILHA DE BENS*. Saraiva; 2016; p. 105-106

[3] *Dicionário de Direito de Família e Sucessões*. Saraiva; 2015; p. 447.

[4] *Tratado de Direito Privado*. Bookseller; 2001; t. 5, § 594.2

[5] Art. 1.647. Ressalvado o disposto no artigo 1.648, nenhum dos cônjuges pode, sem autorização do outro, exceto no regime da separação absoluta: I alienar ou gravar de ônus real os bens imóveis.

[6] *O Regime da Comunhão Parcial de Bens no Casamento e na União Estável*. RT; 2ª ed;, p. 251 – – /(TJSP – Apelação Cível nº 1001491-27.2019.8.26.0368 – Monte Alto – 8ª Câmara de Direito Privado – Rel. Des. Alexandre Coelho – DJ 15.05.2020)

▸ **EMENTA**: AÇÃO DECLARATÓRIA DE NULIDADE DE ATOS JURÍDICOS – IMÓVEIS – COMPRA E VENDA E DOAÇÃO COM RESERVA DE USUFRUTO – Alegação pela autora de existência de dolo no momento da consolidação dos atos e da impossibilidade de seu entendimento no momento da assinatura dos documentos – Sentença de improcedência – Irresignação da autora – Não cabimento – O contrato de compra e venda dos imóveis urbanos e a doação da chácara da autora foram oficializados mediante lavratura de instrumento público, observados os requisitos legais sob orientações e cautela do tabelião da comarca – Documentos que gozam de fé pública, aplicando-se a presunção de veracidade dos atos jurídicos – Autora não apresento prova cabal do dolo dos corréus ou de terceiros ou de alegada sonolência em razão de tratamento médico que estaria submetida – Tabelião oficial da comarca foi ouvido como testemunha, compromissado, e afirmou que no momento da assinatura do contrato de compra e venda e da doação a autora não apresentava qualquer sinal de incapacidade, sonolência ou situação que pudesse intervir em sua vontade – Sentença mantida – Aplicação do disposto no art. 252 do Regimento Interno deste Tribunal – Recurso não provido. (TJSP – Apelação Cível nº 0005759-88.2011.8.26.0541 – Santa Fé do Sul – 7ª Câmara de Direito Privado – Rel. Des. Walter Barone – Data do julgamento por extenso não informado)

▸ **EMENTA**: APELAÇÃO. COMPROMISSO DE COMPRA E VENDA DE BEM IMÓVEL. Ação declaratória de nulidade de cláusula contratual c. c. repetição de indébito e indenização por danos materiais e morais. Sentença de improcedência. Inconformismo dos autores. PRAZO DE TOLERÂNCIA DE 180 DIAS PARA ENTREGA DA OBRA. Legalidade da cláusula que prevê o prazo de tolerância de 180 dias para entrega da obra. Aplicação da Súmula nº 164 deste Tribunal. COBRANÇA DE SALDO RESIUAL. Cobrança que diz respeito à correção monetária incidente sobre os valores repassados parceladamente pelo agente financeiro à construtora. Mera recomposição do valor da moeda, que não comporta afastamento. DANOS MATERIAIS. Taxa de averbação que é devida, uma vez que os adquirentes são responsáveis pelas despesas de transmissão do imóvel. Autores que não solicitaram a concessão do desconto de 50% sobre os emolumentos, previsto, no inc. II do art. 43 da Lei nº 11.977/2009 no momento oportuno, não fazendo jus a reembolso posterior. Emolumentos, ademais, que foram pagos ao registro de imóveis. Valores gastos com a instalação de vidraça e esquadria de alumínio na janela da lavanderia que não comportam devolução, uma vez que não demonstrada a previsão de tal item no memorial descritivo do imóvel. MULTA CONTRATUAL. Descabimento, ante à ausência de descumprimento contratual. Impossibilidade, ademais, de aplicação ao vendedor de multas previstas no contrato para o inadimplemento do comprador. Aplicação da Súmula nº 159 deste Tribunal. DANO MORAL. Ausência, no caso concreto, dos pressupostos de reparabilidade do dano moral. Sucumbência dos autores, que deverão arcar com as custas, despesas processuais e honorários advocatícios contratuais de seus patronos e sucumbenciais da parte contrária, mantidos em R$ 1.000,00, ressalvada a gratuidade processual. Sentença mantida. NEGADO PROVIMENTO AO RECURSO". (TJSP – Apelação Cível nº 0030054-13.2013.8.26.0577 – São José dos Campos – 3ª Câmara de Direito Privado – Rel. Des. Viviani Nicolau – DJ 12.04.2016)

EMENTA: EMBARGOS DE DECLARAÇÃO – Compra e venda de imóvel – Ação declaratória – Pedido de averbação do compromisso de compra e venda e da ação junto ao registro de imóveis – Parte contrária que ainda não tinha sido citada quando da interposição do agravo de instrumento – Intimação – Desnecessidade – Pedido deferido com fundamento no art. 167 da Lei de Registros Públicos – Inexistência de vícios a serem remediados – Prequestionamento – Embargos Rejeitados. (TJSP – Embargos de Declaração nº 2196329-29.2015.8.26.0000/50000 – São Paulo – 3ª Câmara de Direito Privado – Rel. Des. Egidio Giacoia – DJ 13.04.2016)

CONSELHO SUPERIOR DA MAGISTRATURA DO ESTADO DE SÃO PAULO

EMENTA: Registro de Imóveis – Escritura de compra e venda – Desqualificação – Imóvel inserido em área maior, objeto de transcrição – Falta de controle da disponibilidade qualitativa na transcrição – Necessidade de prévia retificação do registro de origem para adequação da descrição do imóvel e apuração da área remanescente – Óbice mantido – Nega-se provimento à apelação.

1. Trata-se de recurso de apelação interposto por Soraia Lopes e José Carlos Rocha contra a sentença proferida pela MM.ª Juíza Corregedora Permanente do 16º Oficial de Registro de Imóveis da Capital, que manteve a recusa ao registro de escritura de compra e venda lavrada pelo Tabelião de Notas de Torre de Pedra, Comarca de Porangaba/SP, em 20 de dezembro de 2019, tendo por objeto imóvel com origem na transcrição nº 3.797 do 12º Oficial de Registro de Imóveis da Capital (fl. 72/74).

Sustentam os apelantes, em síntese, que há disponibilidade qualitativa e quantitativa a lastrear o pretendido registro.

Nesse sentido, afirmam que o perímetro do imóvel está claramente delimitado pela planta da quadra fiscal juntada aos autos, em que há menção a seus confrontantes pelos lados (matrículas nos 97.925 e 137.639) e pelos fundos (matrícula nº 56.577). Aduzem que a escritura de compra e venda foi lavrada a partir do alvará judicial expedido nos autos do Processo nº 100.07.198884-8, que tramitou perante a 9ª Vara da Família e das Sucessões do Foro Central da Capital, bem como no compromisso de compra e venda datado de 10 de junho de 1946, celebrado entre o titular de domínio, Henrique Fraccaroli, e Orlando Lopes, e posterior cessão de direitos celebrada em 08 de março de 2001, de maneira que não há dúvidas sobre o bem negociado. Ressaltam que o imóvel está devidamente individualizado e descrito, razão pela qual não merece subsistir o óbice apresentado pela registradora (fl. 80/86).

Os apelantes regularizaram sua representação processual nos autos (fl. 102/103).

A douta Procuradoria de Justiça opinou pelo não provimento do recurso (fl. 108/110).

É o relatório.

2. O dissenso versa sobre a registrabilidade da escritura de compra e venda lavrada pelo Tabelião de Notas de Torre de Pedra, Comarca de Porangaba/SP, em 20 de dezembro de 2019 (fl. 13/16). Seu ingresso no fólio real foi recusado pela Oficial porque: "Da transcrição nº 3.797 do 12º Oficial de Registro de Imóveis constam dois lotes de terreno que totalizam uma área de 11.080m² e desta área já foram feitas diversas alienações, não sendo possível auferir, com segurança, a disponibilidade de área. (...)" (nota de devolução a fl. 08/09).

A despeito das razões recursais, a escritura de compra e venda não pode ser registrada por falta de controle de disponibilidade qualitativa na transcrição de origem.

Consoante esclarecido pela Oficial em suas manifestações no presente procedimento de dúvida registral, a transcrição nº 3.797 do 12º Oficial de Registro de Imóveis da Capital tem por objeto dois terrenos, um com 10.094m² e outro com 986m² (fl. 30/33), tendo servido de origem para outros imóveis matriculados junto ao 16º Registro de Imóveis da Capital e ao 9º Registro de Imóveis da Capital (fl. 37/55). E ainda que tenham sido indicados os confrontantes do imóvel objeto da escritura de compra e venda na ação de usucapião anteriormente ajuizada pelos apelantes (fl. 27/28), o que permitiria o controle da disponibilidade quantitativa da transcrição de origem, afirma a registradora que o controle da disponibilidade qualitativa é impossível de ser realizado sem a prévia apuração de remanescente da área, certo que os destaques das áreas já registradas foram realizados sem o devido controle do que restou na referida transcrição (fl. 01/02 e 63/65).

De fato, em razão de anteriores alienações e destaques ao longo do tempo, a transcrição nº 3.797 do 12º Oficial de Registro de Imóveis da Capital perdeu suas características de especialização objetiva, não havendo sequer planta da referida transcrição para o mínimo controle de disponibilidade. Não seria possível o ingresso do título, portanto, à míngua de descrição suficiente da área e dos limites do imóvel remanescente, sem a indicação de marcos seguros que permitam levantar de onde será destacado o terreno em questão, sob pena de ofensa ao princípio da especialidade objetiva.

Não basta, por certo, a indicação das medidas perimetrais e da área do imóvel referido na escritura de compra e venda, tampouco a especificação de seus confrontantes. É que sem apuração do remanescente não é possível assegurar que a área disponível coincide com o imóvel descrito no título, em todas as suas características

A questão não é nova, havendo diversos precedentes sobre a matéria:

REGISTRO DE IMÓVEIS – Escritura pública de venda e compra – Acesso negado – Lote destacado de área transcrita – Ausência de perfeita identificação tabular – Princípios da especialidade e da disponibilidade – Dúvida procedente – Recurso não provido. (Apelação nº 188-6/9, da Comarca de Barueri, Rel. Des. JOSÉ MÁRIO ANTONIO CARDINALE).

REGISTRO DE IMÓVEIS – Dúvida julgada procedente – Transcrição imprecisa que compromete a segurança do sistema – Venda e compra celebrada com herdeiros dos titulares tabulares – Sujeição do registro ao princípio da continuidade – Desmembramento irregular de lote, a exigir retificação (apuração do remanescente) – Irrelevância dos erros praticados no âmbito do serviço extrajudicial (notarial e registral) – Sentença mantida – Recursos improvidos. (Apelação nº 0005615-39.2015.8.26.0068, Comarca de Barueri, Rel. Des. MANOEL DE QUEIROZ PEREIRA CALÇAS).

REGISTRO DE IMÓVEIS. Escritura de compra e venda. Área maior transcrita, com marcos imprecisos e contendo diversos desfalques, perdendo suas características de especialização objetiva. Necessidade de retificação. Apuração de remanescente. Dúvida procedente. Recurso desprovido. (Apelação nº 1000035-06.2018.8.26.0068, da Comarca de Barueri, Rel. Des. GERALDO FRANCISCO PINHEIRO FRANCO).

Por fim, quanto aos descerramentos passados de matrículas de outros imóveis oriundos da área maior em que também inserido o terreno objeto do título recusado, é oportuno frisar que, ao que se pode depreender, os anteriores registros foram realizados porque não havia outros desfalques que impedissem os desmembramentos.

Contudo, em razão desses destaques é que novos registros dependem da apuração do remanescente.

3. Diante do exposto, pelo meu voto, **nego provimento** à apelação.

RICARDO ANAFE

Corregedor Geral da Justiça e Relator (DJe de 22.02.2022 – SP) **Apelação Cível nº 1081016-52.2020.8.26.0100**

EMENTA: Registro de Imóveis – Dúvida – Compra e Venda e Cessão de Compromisso de Compra e Venda – Escritura Pública – Impossibilidade de aferir se os anuentes-cedentes que constam da escritura pública são os compromissários compradores que constam da transcrição – Ofensa à especialidade subjetiva e ao trato consecutivo – Rogação que abrange os dois atos (o registro da compra e venda e a averbação da cessão de compromisso) – Impossibilidade de cisão, considerada a rogação dos interessados, ora recorrentes – Apelação a que se nega provimento, mantidos o óbice registral e a r. Sentença.

1. Trata-se de apelação (fl. 101/107) interposta por José Felix Figueiredo e Rita de Cássia Tronquini Figueiredo contra a r. sentença (fl. 95/96) proferida pelo MM. Juiz Corregedor Permanente do 2º Oficial de Registro de Imóveis, Títulos e Documentos e Civil de Pessoas Jurídicas da Comarca de Mogi das Cruzes, que julgou procedente a dúvida (fl. 1/7) e manteve óbice (fl. 61/74) ao registro stricto sensu de uma compra e venda e à averbação de uma cessão de compromisso de compra e venda, negócios jurídicos esses trazidos por escritura pública (fl. 5/9) e referentes a um imóvel (Lote 1 da Quadra 294-B) ainda inscrito numa área maior, objeto da transcrição n. 31.780, do Livro 3-AU, do 1º Oficial de Registro de Imóveis e Anexos daquela mesma comarca (fl. 11/14). Segundo a r. sentença (fl. 95/96), o imóvel em questão estava sob o domínio de Enéas de Arruda Santos e de sua mulher Armanda Muller Arruda (fl. 11/14, 19, 21/22, 31 e 33). Enéas e Armanda, como promitentes, celebraram compromisso de compra e venda com Eros Zucchini, casado com Caterina Lasalvia Zucchini (fl. 35 e 37). A escritura pública apresentada a registro tem como figurantes os interessados José Felix Figueiredo e Rita de Cássia Franquini Figueiredo, como compradores, e o espólio de Enéas Arruda Santos, como vendedor, e também comparecem, como anuentes, Eros Zuschini e sua mulher Helena Zuschini. A descrição desses anuentes, assim no título como no assento (i. e., na transcrição) é, contudo, deficiente, e os documentos apresentados pelos interessados José e Rita de Cássia não comprovam que os cessionários presentes na escritura pública efetivamente eram os compromissários compradores apontados pela transcrição. Assim, não é possível proceder à inscrição da cessão do compromisso de compra e venda e, por via de consequência, tampouco é lícito deferir-se o registro da compra e venda, pois se trata de negócios jurídicos interligados e, além disso, o compromisso continuaria a constar dos assentos, com prejuízo à segurança jurídica. Portanto, resta aos interessados (que admitiram não poder obter a complementação faltante) a via da usucapião, e as inscrições rogadas têm de ser indeferidas, a bem da continuidade e da especialidade subjetiva.

Os apelantes alegam (fl. 101/107), em síntese, que a existência do compromisso não impede o registro da compra e venda, inscrição essa que deverá ser feita sem nenhum gravame na matrícula a ser aberta em favor dos recorrentes.

A ilustre Procuradoria Geral de Justiça ofertou parecer pelo não provimento do recurso (fl. 130/132).

É o relatório.

2. A r. sentença tem de ser mantida como lançada, em que pese aos fundamentos do recurso.

A escritura pública apresentada pelos apelantes (fl. 5/9) traz em si dois negócios jurídicos: (a) uma compra e venda celebrada entre o Espólio de Enéas de Arruda Santos e Armanda Muller Arruda, vendedores, e José Felix Figueiredo e sua mulher Rita de Cássia Franquini Figueiredo (fl. 6/7); e (b) uma cessão da posição de compromissário comprador, feita por Eros Zuschini e sua mulher Helena Zuschini aos ditos José Felix e Rita de Cássia (fl. 6 e 8).

Como se vê nas razões de dúvida (fl. 61/67) e na r. sentença (fl. 95/96), as inscrições foram adiadas, porque os interessados pediram tanto o registro stricto sensu da compra e venda, quanto a averbação da cessão (Lei n. 6.015, de 31 de dezembro de 1973, art. 167, II, 3), mas este último não se pôde praticar, em atenção aos princípios do trato consecutivo (ou continuidade) e da especialidade subjetiva. É que, como fez notar o ofício de registro de imóveis (fl. 67/68, especialmente), na transcrição consta que o compromissário comprador é "Eros Zucchini, casado, tapeceiro, domiciliado na Rua Treze de Maio, 966", e no título figuram, como anuentes e cedentes, "Eros Zuschini, tapeceiro, portador da cédula de identidade RG n. 3.715.819-SSP/SP, e sua mulher Helena Zuschini, do lar, portadora da cédula de identidade RG n. 7.812.019- SSP/SP, ambos brasileiros, casados sob o regime da comunhão parcial de bens, anteriormente à vigência da Lei n. 6.515/77, inscritos no CPF/MF sob o n. 305.732.429/00, residentes e domiciliados à Rua Albuquerque Lins nº 66, São Paulo, Capital.", de modo que não é possível estabelecer, entre aquele e estes, identidade subjetiva que permita concluir que o disponente, na cessão, é o legitimado, no assento imobiliário (perceba-se, em especial, a discrepância quanto ao nome do cônjuge).

Como se sabe, por força do princípio do trato consecutivo (ou da continuidade), como regra geral só se admite a inscrição (registro stricto sensu ou averbação Lei n. 6.015, art. 167, I e II) "daqueles actos de disposição em que o disponente coincide com o titular do direito segundo o registo" (Carlos Ferreira de Almeida, apud Ricardo Dip, Registros sobre Registros, n. 208).

É o que diz a Lei n. 6.015/1973:

"Art. 195. Se o imóvel não estiver matriculado ou registrado em nome do outorgante, o oficial exigirá a prévia matrícula e o registro do título anterior, qualquer que seja a sua natureza, para manter a continuidade do registro.

Art. 237. Ainda que o imóvel esteja matriculado, não se fará registro que dependa da apresentação de título anterior, a fim de que se preserve a continuidade do registro".

Nas palavras de Afrânio de Carvalho (Registro de Imóveis, 3ª ed., Rio de Janeiro: Forense, 1982, p. 304):

"O princípio de continuidade, que se apoia no de especialidade, quer dizer que, em relação a cada imóvel, adequadamente individuado, deve existir uma cadeia de titularidades à vista da qual só se fará a inscrição de um direito se o outorgante dele aparecer no registro como seu titular. Assim, as sucessivas transmissões que derivam umas da outras, asseguram sempre a preexistência do imóvel no patrimônio do transferente".

Logo, realmente não era dado ao oficial de registro de imóveis, nessas condições, proceder às inscrições pretendidas. Note-se que os apelantes não tiveram interesse em cindir o título, para obter a entrada apenas do negócio jurídico de compra e venda (fl. 70, 83/84 e 106/107), e não se pode deixar de atender exatamente ao que rogaram, pois o oficial (Lei n. 6.015/1973, art. 13) e, muito menos, o juiz dos registros não atuam de ofício ou por cima da vontade do interessado. Pelo contrário: sempre que ouvidos (fl. 83/84 e 106/107), insistiram na pretensão de ver registrada a compra e venda, sem que se mantivesse a averbação do compromisso, o que, como visto, é inviável, porque não se sabe se a cessão operara pelas mãos de quem de direito.

Em suma, é necessário que os apelantes realmente corrijam o título ou a transcrição, sem o que, como disseram corretamente o Oficial e a r. sentença recorrida, não se pode deferir o que pediram nem, é claro, dar provimento ao apelo.

3. À vista do exposto, pelo meu voto, **nego provimento à apelação.**

RICARDO ANAFE

Corregedor Geral da Justiça e Relator **(DJe de 22.02.2022 – SP)** (Apelação Cível n.º 1011206-80.2020.8.26.0361)

EMENTA: Registro de imóveis – <u>Escritura pública de venda e compra de fração ideal</u> – Elementos indicativos de parcelamento ilegal do solo – Vendas sucessivas de frações ideais do mesmo bem imóvel – Ausência de vínculo entre os coproprietários – Desqualificação registral confirmada – Registro obstado – Recurso não provido. Trata-se de recurso de apelação interposto contra a r. sentença que julgou a dúvida procedente porque, configurada a venda de fração ideal, vedada nos termos do item 171 do Cap. XX das NSCGJ, e presentes indícios de parcelamento ilegal do solo, resta desautorizado o registro da escritura pública de venda e compra. A apelante diz que a fração mínima de parcelamento para a propriedade é de 2 hectares e que a área adquirida é de 3,599992 hectares. Acrescenta que caso admitido o ingresso do título, o imóvel remataria condomínio geral *pro indiviso* com condôminos titulares de frações ideais, o que na falta de outros elementos, não permite a conclusão da utilização da estrutura jurídica do condomínio geral com finalidade ilícita. Aduz que a finalidade lícita do condomínio traduz-se pela existência da utilização do imóvel para o cultivo de mandioca em comum com toda área remanescente, demonstrando o bom convívio entre vendedores e compradores. A Procuradoria Geral de Justiça opinou pelo não provimento do recurso. ***É o relatório.*** A venda e compra formalizada pela escritura pública tem por objeto alienação de fração ideal de 6,53299% do imóvel rural matriculado sob número 20.994, equivalente a 3,599992 hectares (35.999,90 metros quadrados). Os coproprietários Takeo e Cazue adquiriram 301.055,944 metros quadrados do imóvel, conforme "R5" e já alienaram três partes ideais conforme registros números 08, 15 e 16, equivalentes a 24,05%. Há notícia da existência de outro título de compra e venda prenotado sob número 85.065 referente à alienação de fração ideal de 5,4417% do imóvel e equivalente a 30.000,00 metros quadrados a Valdomiro Inigo Mansano Júnior e sua mulher. As transmissões registradas, com sucessivas alienações de frações ideais da parte ideal identificada na referida matrícula são indicativas de parcelamento ilegal do solo, prestigiado pela ausência inquestionada de vínculos entre os condôminos (exceto quanto ao mencionado título prenotado pela registradora, sem, contudo, ter a recorrente comprovado o parentesco alegado) a impedir a inscrição perseguida. A desqualificação registrária, assim, revelou-se acertada; encontra amparo na regra do item 171 do Cap. XX das NSCGJ, de acordo com o qual *é vedado proceder a registro de venda de frações ideais, com localização, numeração e metragem certa,* ***ou de qualquer outra forma de instituição de condomínio ordinário que desatenda aos princípios da legislação civil, caracterizadores, de modo oblíquo e irregular, de loteamentos ou desmembramentos.*** E nessa trilha, é oportuno lembrar precedente do C. CSM, rel. Des. Maurício Vidigal, no qual acentuado que *a ausência de atrelamento da fração ideal ao solo, por si só, não legitima o registro, porquanto a simples expansão de condomínio supostamente pro indiviso no tempo, sem nenhuma relação de parentesco entre os sujeitos de direito, é indicativa, segundo o que normalmente acontece, de divisão informal, sem o controle registrário.* (Apelação Cível n.º 990.10.512.895-5, J. 5.5.2011). Outro, e com referência a elucidativo parecer do então Juiz Auxiliar da Corregedoria Cláudio Luiz Bueno de Godoy, lavrado nos autos do processo CG n.º 21/2003, seguiu o mesmo caminho, ao enfrentar a questão da aquisição e do registro de frações ideais com indícios de parcelamento ilegal do solo, vedando o assento do título correspondente. (Apelação Cível n.º 0000182-09.2012.8.26.0408, j. 23.8.2013). No parecer aludido, inclusive, em apontamento aplicável ao caso vertente, que igualmente abrange bem imóvel rural, constou:*... também irrelevante o fato de se tratar de imóvel rural. Isto porquanto, se não aplicável a Lei 6.766/79, o Dec. Lei 58/37 (art. 1º), e também o Estatuto da Terra (art. 61), complementado pelo art. 10 da Lei 4.947, ao regrar o parcelamento do imóvel rural, igualmente exigem uma série de providências acautelatórias dos adquirentes e do meio ambiente, no caso contornadas pelo expediente de aparente instauração de condomínio civil, com vendas de partes ideais, todavia em burla à lei.* Isto posto, nego provimento ao recurso. MANOEL DE QUEIROZ PEREIRA CALÇAS. Corregedor Geral da Justiça e Relator (DJe de 05.05.2016 – SP)

▶ **EMENTA: Registro de imóveis – Escritura de compra e venda – Aquisição de bem por menor incapaz – Origem desconhecida dos recursos – Necessidade de alvará judicial – Verificação, pelo ministério público e pelo órgão jurisdicional, da efetiva proteção do interesse do menor – Impossibilidade de registro – Precedente do Egrégio Conselho Superior da Magistratura – Recurso desprovido (Apelação nº 9000002-71.2014.8.26.0470).** Vistos. Trata-se de recurso de apelação interposto em face de sentença que julgou procedente dúvida suscitada pelo Oficial do Registro de Imóveis de Porangaba, que negou registro de escritura de venda e compra, relativa à aquisição de bem imóvel por menor relativamente capaz. No recurso, argumenta-se que o bem foi adquirido com recursos do próprio interessado e que só há de se exigir alvará para a venda de bens de menor, não para a compra. Colaciona precedente da 1º Vara de Registros Públicos da Capital. A D. Procuradoria de Justiça opinou pelo desprovimento do recurso. É o relatório. Passo a decidir. O recurso não comporta provimento. Há precedente recente do Egrégio Conselho Superior da Magistratura (Apelação nº 0072005-60.2013) citado pelo Oficial, similar ao caso dos autos. Aliás, a sentença mencionada nas razões de recurso foi reformada justamente no julgamento da mencionada apelação. As razões de desprovimento do recurso, portanto, são as mesmas. O item 41, 'e', do Cap. XIV, das NSCGJ, diz que o Tabelião de Notas, antes da lavratura de qualquer ato, deve: *"exigir os respectivos alvarás, para os atos que envolvam espólio, massa falida, herança jacente ou vacante, empresário ou sociedade empresária em recuperação judicial,* ***incapazes,*** *sub-rogação de gravames e outros que dependam de autorização judicial para dispor ou adquirir bens imóveis ou direitos a eles relativos, sendo que, para a venda de bens de menores incapazes, o seu prazo deverá estar estabelecido pela autoridade judiciária.* "O item é composto de duas partes distintas. A primeira parte diz que o Tabelião deve *"exigir os respectivos alvarás, para os atos que envolvam espólio, massa falida, herança jacente ou vacante, empresário ou sociedade empresária em recuperação judicial,* ***incapazes,*** *sub-rogação de gravames e outros que dependam de autorização judicial para dispor ou adquirir bens imóveis ou direitos a eles relativos".* A segunda parte afirma que *"para a venda de bens de menores incapazes, o seu prazo deverá estar estabelecido pela autoridade judiciária.* "Em nenhum momento o item dispõe que não é necessário alvará para a aquisição de imóvel por menor incapaz. Ao contrário. Ele é claro ao afirmar a exigência de alvará para atos que envolvam incapazes e outros que dependam de autorização judicial para dispor **ou adquirir** bens imóveis ou direitos a ele relativos. A ressalva da segunda parte do item em nada infirma o que foi dito. Aliás, o dispositivo apenas repete o art. 220, parágrafo único, das NSCGJ – Cartórios Judiciais. Trata-se, tão somente, de uma precaução a mais, dada a relevância, perante o ordenamento, da alienação de bem de menor incapaz. Exigem as Normas que, no caso específico de alvará para alienação, o prazo deverá estar estabelecido pela autoridade judiciária. De onde se conclui que, nos demais casos, embora necessário o alvará, não se exige a indicação de prazo. Visto que as Normas não dispensam a apresentação de alvará, resta verificar se o Código Civil o faz. E a resposta também é negativa. O art. 1.691 dispõe que os pais não podem alienar, ou gravar de ônus real, os imóveis dos filhos, nem contrair, em nome deles, obrigações que ultrapassem os limites da simples administração, salvo por necessidade ou evidente interesse da prole, mediante prévia autorização do juiz. O interessado aduz que não se tratou de alienar nem de gravar de ônus real imóvel de menor. Ao contrário, cuidou-se de adquirir patrimônio em seu favor, o que vai ao encontro de seu melhor interesse. Nada se perdeu, mas se acresceu ao patrimônio do incapaz. Daí porque seria desnecessária autorização judicial. O argumento não convence. O negócio de compra e venda do imóvel implicou a contração de obrigação – pagamento do preço de R$ 45.000,00 – que ultrapassa, absolutamente, os limites da mera administração. E não há qualquer comprovação de necessidade ou evidente interesse do incapaz, o que, justamente, deveria ter sido feito mediante pedido de alvará, quando o Juiz verificaria a presença de tais requisitos. Não se indicou, na escritura, de onde vieram os recursos para a compra do imóvel. Há de se presumir, portanto, que se tratou de recursos próprios do menor. É a única conclusão que permite a leitura do título e, também, das razões do recurso. Ora, se são recursos do incapaz e se, como visto, o ato implicou a contração de obrigação que ultrapassa os limites da simples administração, é evidente que o alvará era necessário. Há uma série de circunstâncias que o Juiz Togado deve verificar para concluir que negócio de tal monta interessa mesmo ao incapaz ou se é necessário. Isso porque, na verdade, há possibilidade de que ele esteja sendo usado para encobrir fraude contra credores ou ao fisco, dado que o vendedor é seu pai. Mesmo os aspectos relativos ao negócio em si deveriam ter sido apreciados pelo Ministério Público e pelo Juiz, no melhor interesse do menor. Cite-se, ainda que na esfera jurisdicional, trecho do Acórdão do Agravo de Instrumento nº 152.031.4-0 – Rel. Des. Zéiia Maria Antunes Alves, onde se esclarecem as razões pelas quais a intervenção é pertinente: ***Agravo de Instrumento – Alvará – Aquisição de imóvel, com numerário de menor absolutamente incapaz – Avaliações elaboradas por imobiliárias – Inadmissibilidade – Necessidade de proteção do patrimônio do menor – Determinação de avaliação judicial, para aferição do real valor do bem – Recurso provido. "Em se tratando de operação de venda e compra, por menor, absolutamente incapaz, com numerário próprio, representada por sua mãe, de rigor, para prevenir possível prejuízo, seja o bem imóvel, a ser adquirido, avaliado, por perito nomeado pelo Juízo. Não basta, ao contrário do entendimento pela MM. Juíza Aa quoa, embora louvável sua preocupação com os gastos com a perícia, a serem suportados pela própria menor, ora agravada, a juntada de avaliações, simples e sucintas, elaboradas por 03 (três) imobiliárias distintas, apresentadas por sua representante. Tais avaliações, ainda que não se discuta a idoneidade das empresas que as realizaram, em razão de solicitadas por pessoa diretamente interessada na transação, não substituem, para o fim a que se destinam – compra de imóvel com numerário pertencente a menor, cujos interesses devem ser acima de tudo protegidos, a avaliação por perito judicial. Impõe-se, na espécie, para a proteção e segurança do patrimônio da menor, ora agravada, total controle e pleno conhecimento, pelo Juízo e pelo Ministério Público, órgãos incumbidos pelo Estado de zelar pelos interesses dos incapazes, de todas as circunstâncias e pormenores do negócio, principalmente, o valor de mercado do imóvel.*** *Em assim sendo, imprescindível a avaliação judicial, por perito especializado, com descrição pormenorizada do imóvel e do local onde se situa, e, com indicação fundamentada de seu real valor de mercado.* "Dessa maneira, por qualquer ângulo que se analise a questão, a conclusão é pela necessidade do alvará, razão pela qual andou bem o Oficial ao negar o registro da escritura pública. Ante o exposto, pelo meu voto, NEGO PROVIMENTO ao recurso. HAMILTON ELLIOT AKEL CORREGEDOR GERAL DA JUSTIÇA E RELATOR (DJe de 20.01.2016 – SP)

EMENTA: Registro de imóveis – Escritura de compra e venda – Aquisição de bem por menor relativamente incapaz – Omissão quanto à origem dos recursos – Presunção de que o numerário destinado ao pagamento do preço pertencia ao menor – Necessidade de alvará judicial – Previsão legal (código civil, art. 1.691) e normativa (capítulo XIV, item 41, "e", das NSCGJ) destinadas a assegurar a verificação do interesse do menor – Recurso não provido.: Apelação Cível n.º 9000001-86.2014.8.26.0470.). Trata-se de recurso de apelação interposto contra a sentença da MM. Juíza Corregedora Permanente do oficial de Registro de Imóveis da Comarca de Porangaba, que julgou procedente a dúvida suscitada e recusou o registro da escritura de compra e venda na qual um dos adquirentes é menor de idade, sob o fundamento de que em razão da aquisição do imóvel em nome do menor, há necessidade de indicar a origem do recurso empregado, se próprio ou decorrente de doação, e apresentar alvará judicial ou recolher o ITCMD, conforme o caso, nos termos do item 41, "e", do Capítulo XIV das Normas de Serviço da Corregedoria-Geral da Justiça e artigo 1.691 do Código Civil. A apelante afirma que na data da aquisição do bem faltavam poucos dias para o comprador André Arruda Navarro completar 18 (dezoito) anos, além de estar assistido por sua mãe. Diz que o bem foi comprado com recurso próprio do menor, que é sócio de uma empresa comercial e tem capacidade econômica para tanto, e que o alvará é necessário na hipótese de venda de bem do menor e não no caso de compra.

A Procuradoria Geral de Justiça opinou pelo não provimento do recurso. É o relatório. O apelo não comporta acolhida. Verifica-se, da análise da escritura de compra e venda, que o imóvel foi vendido ao menor e à apelante em igual proporção, pelo preço de R$ 155.000,00 (cento e cinquenta e cinco mil reais) e mediante pagamento integral do preço em moeda corrente, sem menção alguma quanto à origem do numerário. À mingua de expressa menção da origem da quantia paga aos vendedores, presume-se que o pagamento ocorreu mediante uso de numerário pertencente aos compradores, no caso, do menor impúbere, o que foi confirmado nas razões do recurso interposto. Dispõe o artigo 1.691, "caput", do Código Civil: *"Não podem os pais alienar, ou gravar de ônus real, os imóveis dos filhos, nem contrair, em nome deles, obrigações que ultrapassem os limites da simples administração, salvo por necessidade ou evidente interesse da prole, mediante prévia autorização do juiz. "*Não há dúvida de que a compra de um imóvel mediante uso de numerário pertencente ao menor de idade configura obrigação contraída que ultrapassa o limite da simples administração, o que reclama autorização judicial. Além disso, a aquisição de um bem não é sinônimo de benefício, pois, é preciso verificar a lisura do negócio, se o preço corresponde ao real valor de mercado, se não recai nenhum ônus sobre o imóvel, e outros aspectos que visam atender a finalidade da norma legal ora analisada, qual seja, de impedir que eventual má administração pelos pais, dos bens de seus filhos, impliquem na assunção de obrigações que possam causar prejuízos a estes, de maneira que há necessidade de comprovar o interesse do incapaz na aquisição do bem, para que o alvará seja expedido. As Normas de Serviço da Corregedoria-Geral da Justiça, no Capítulo XIV, item 41, alínea "e", do mesmo modo e em consonância com o dispositivo legal mencionado, exige a expedição de alvará para a lavratura de escritura pública na qual menor de idade figure como comprador ou vendedor: *"41. O Tabelião de Notas, antes da lavratura de quaisquer atos, deve: e) exigir os respectivos alvarás, para os atos que envolvam espólio, massa falida, herança jacente ou vacante, empresário ou sociedade empresária em recuperação judicial, incapazes, sub-rogação de gravames e outros que dependem de autorização judicial para dispor ou adquirir bens imóveis ou direitos a eles relativos, sendo que, para a venda de bens de menores incapazes, o seu prazo deverá estar estabelecido pela autoridade judiciária".* Em caso análogo e que bem se aplica ao ora analisado – Apelação Cível nº 0072005-60.2013.8.26.0100 – julgada em 07/10/2014 pelo Conselho Superior da Magistratura, foi decidido no mesmo sentido. A ementa é a seguinte: "REGISTRO DE IMÓVEIS – ESCRITURA DE COMPRA E VENDA – AQUISIÇÃO DE BEM POR MENOR INCAPAZ – ORIGEM DESCONHECIDA DOS RECURSOS – NECESSIDADE DE ALVARÁ JUDICIAL – VERIFICAÇÃO, PELO MINISTÉRIO PÚBLICO E PELO ÓRGÃO JURISDICIONAL, DA EFETIVA PROTEÇÃO DO INTERESSE DO MENOR – MENOR REPRESENTADO APENAS PELO PAI, SEM JUSTIFICATIVA PARA AUSÊNCIA DA MÃE NA ESCRITURA – IMPOSSIBILIDADE DE REGISTRO – RECURSO PROVIDO. "Nesse julgado fiz menção ao seguinte precedente jurisdicional (Agravo de Instrumento nº 152.031.4-0 – Rel. Des. Zélia Maria Antunes Alves) que bem demonstra as razões pelas quais é pertinente exigir alvará judicial nestes casos: *"Em se tratando de operação de venda e compra, por menor, absolutamente incapaz, com numerário próprio, representado por sua mãe, de rigor, para prevenir possível prejuízo, seja o bem imóvel, a ser adquirido, avaliado, por perito nomeado pelo Juízo. Não basta, ao contrário do entendimento da MM. juíza 'a quo', embora louvável sua preocupação com os gastos com a perícia, a serem suportado pela própria menor, ora agravada, a juntada de avaliações, simples e sucintas, elaboradas por 03 (três) imobiliárias distintas, apresentadas por sua representante. Tais avaliações, ainda que não se discuta a idoneidade das empresas que as realizaram, em razão de solicitadas por pessoa diretamente interessada na transação não substituem, para o fim, a que se destinam – compra de imóvel com numerário pertencente a menor, cujos interesses devem ser acima de tudo protegidos, a avaliação por perito judicial.* ***Impõe-se, na espécie, para a proteção e segurança do patrimônio da menor, ora agravada, total controle e pleno conhecimento, pelo Juízo e pelo Ministério Público, órgãos incumbidos pelo Estado de zelar pelos interesses dos incapazes, de todas as circunstâncias e pormenores do negócio, principalmente, o valor de mercado do imóvel.*** *Em assim sendo, imprescindível a avaliação judicial, por perito especializado, com descrição pormenorizada do imóvel e do local onde se situa, e, com indicação fundamentada de seu real valor de mercado.* "Correta, portanto, a recusa do Oficial, que, ao qualificar o título, tem o dever de *"proceder o exame da legalidade do título e apreciação das formalidades extrínsecas da ordem e à conexão de seus dados com o registro e sua formalização instrumental* (Afrânio de Carvalho, Registro de Imóveis, editora Forense, 4ª edição). O exame da legalidade consiste na aceitação para registro somente do título que estiver de acordo com a lei. Observo, por fim, que André, na data da celebração do negócio e da lavratura da escritura pública de compra e venda, não havia completado 18 (dezoito) anos, portanto, ainda que poucos dias faltassem para tanto, ele era menor de idade. Isto posto, nego provimento ao recurso. JOSÉ CARLOS GONÇALVES XAVIER DE AQUINO. CORREGEDOR GERAL DA JUSTIÇA E RELATOR (DJe de 16.03.2016 – SP)

EMENTA: Registro de imóveis – Escritura de venda e compra – Empresário individual – Falta de personalidade jurídica – Impossibilidade de ingresso no fólio real – Precedente do Egrégio Conselho Superior da Magistratura – Recurso desprovido (Apelação nº 0001274-92.2014.8.26.0362). Vistos. Trata-se de recurso de apelação interposto em face de sentença que julgou procedente dúvida suscitada pelo Oficial do Registro de Imóveis de Mogi Guaçu, que negou registro de escritura de venda e compra, relativa à aquisição de bem imóvel por EPP. O recurso bate-se no argumento de que nada obsta a aquisição por empresa de pequeno porte, pois, se o empresário individual se confunde com a própria empresa, ela é titular de legitimidade para adquirir bem imóvel. Diz, ademais, que, após a Lei nº 12.441, a "firma individual passou a ser pessoa jurídica. " (fl. 61) A D. Procuradoria de Justiça opinou pelo desprovimento do recurso. É o relatório. Passo a decidir. O recurso não comporta provimento. A firma individual não possui personalidade jurídica, senão para fins fiscais, e, por isso, não pode adquirir bem imóvel. Há precedentes do Egrégio Conselho Superior da Magistratura nesse sentido, inclusive aquele trazido nas razões de apelação (na apelação nº 961/6/7, colacionada pelo apelante, esclareceu-se que apenas a pessoa natural do empresário poderia adquirir bem imóvel; mas não é isso o que deseja o apelante). Vejamos: *"... a firma individual não tem personalidade jurídica, não podendo, por tal razão, figurar no fólio real como proprietária de imóvel. Como tem decidido este Colendo Conselho Superior da Magistratura: "Registro de Imóveis – Dúvida inversa – ingresso de escritura pública de venda e compra outorgada por espólio – Objeto matriculado em nome de firma individual – Impossibilidade – Ato desacompanhado, ainda, das certidões negativas de débito do INSS e da Receita Federal – Inadmissibilidade – Inteligência do artigo 47, inciso I, letra "b", da Lei Federal nº 8.212/91 – Recurso improvido – Decisão mantida – Remessa, por fim, de cópias das principais peças dos autos à Corregedoria Geral da Justiça para acompanhamento da regularização do registro. (...) É induvidoso que o empresário comercial pode exercitar a afinidade empresarial individualmente, praticando de modo profissional atos de intermediação,* *com intuito de lucro. Será, na lição de Rubens Requião, in Curso de Direito Comercial, Editora Saraiva, 16ª edição, 1.985, 1º volume, página 74, nº 40, um empresário comercial individual, como a própria pessoa física ou natural, respondendo os seus bens pelas obrigações que assumiu, quer sejam civis, quer comerciais. Porém, há irregularidade registrária, na medida em que o imóvel está matriculado em nome da firma individual. Ora, é incabível a manutenção desse registro, na consideração de que Espólios, Massas Falidas, Condomínios e outras universalidades* (universitas júris), *também não podem figurar como titulares de domínio na tábua registrária. " (Ap. Cív. nº 53.339-0/0 – j. 10.09.1999 – rel. Des. Sérgio Augusto Nigro Conceição). "Registro de Imóveis – Espólio – Partilha – Carta de adjudicação – Firma individual – Registro – Inadmissibilidade – Ausência de personalidade jurídica – Necessidade de recolhimento do ITBI – Concordância – Dúvida prejudicada – Recurso não conhecido. (...) (...) a impossibilidade de aquisição de imóvel por firma individual já foi afirmada, com razão, por este Egrégio Conselho, no julgamento da apelação cível 53.339-0/0, cuja ementa está copiada a fls. A firma individual não tem personalidade jurídica e não pode figurar no fólio real como proprietária. " (Ap. Cív. nº 93.875-0/8 – j. 06.09.2002 – rel. Des. Luiz Tâmbara). Nesses termos, imperativo que se proceda à regularização do registro R. 1 da matrícula nº 86.247 do Primeiro Cartório de Registro de Imóveis de Jundiaí, a fim de que conste, como proprietária do imóvel Maria Valdete Muniz Vilar Matheus, procedendo-se, em seguida, à emissão da Cédula de Crédito Comercial por esta última, para que o título possa regularmente ingressar no registro, tal como pretendido pelo Apelante. " (Ap. Cív. 523-6/9).* No precedente lembrado pelo apelante – apelação nº 961/6/7, Relator o Corregedor Geral da Justiça, Desembargador Ruy Camilo – decidiu-se: *"O assunto já ficou esclarecido pelo V. Acórdão proferido na Apelação Cível nº 821-6/9, também da Comarca de Piracicaba, publicado no D.J.E. de 08/08/08, págs. 21/23, em que figurei como relator, constando daquele julgado o seguinte: A orientação deste C. Conselho Superior da Magistratura consolidou-se no sentido de que a firma individual não pode figurar como proprietária de imóvel, nem constituir garantia real em cédula de crédito, porque não tem personalidade jurídica. Dessa forma, entre outros, foi decidido na Apelação Cível nº 523-6/9, da Comarca de São Paulo, em que foi relator o Desembargador Gilberto Passos de Freitas. Todavia, diversamente do entendimento contido na suscitação da dúvida, que foi encampado pela sentença apelada, isso não significa que o empresário em nome individual não pode desenvolver a sua atividade econômica organizada para a produção ou a circulação de bens ou de serviços (artigo 966 do Código Civil) utilizando o nome que adotou como firma, ou o CNPJ que lhe foi atribuído para efeitos fiscais, ou que desse uso decorra nulidade do negócio jurídico que celebrar. Ao contrário, no exercício da atividade pelo empresário individual é natural o uso da firma, que é o nome empresarial, o que ocorre tanto na celebração de contratos como no cumprimento das obrigações fiscais. Permanece o empresário individual, contudo, com uma só personalidade perante o direito, que é a da pessoa natural, porque o artigo 44 do Código Civil não atribui personalidade jurídica para a atividade de empresa que desenvolve. Por esse motivo, a jurisprudência deste C. Conselho Superior da Magistratura considera irregular a abertura de matrícula em que utilizada a firma, e o respectivo CNPJ, para qualificar o titular do direito real inscrito. O titular do direito real, conforme o mesmo entendimento, é a pessoa natural que exerce a atividade empresarial, pois a esta pertence o patrimônio, seja ou não utilizado na mesma atividade. Assim, consoante a orientação supra referida, no registro de imóveis deve figurar a pessoa natural como titular do direito real inscrito, com a qualificação que lhe é peculiar. "*Logo, tendo em vista que a escritura foi lavrada em nome de JÚNIOR CÉSAR TORATI – EPP, não há como ingressar no fólio real. É verdade, por fim, que a Lei nº 12.441/11 inclui o art. 980-A no Código Civil, criando a empresa individual de responsabilidade limitada, ou EIRELI. Porém, se o recorrente pretende constituir uma EIRELI, deve seguir o que determina referido artigo. O que não é possível é considerar EIRELI uma EPP. Ante o exposto, pelo meu voto, NEGO PROVIMENTO ao recurso. HAMILTON ELLIOT AKEL. CORREGEDOR GERAL DA JUSTIÇA E RELATOR (DJe de 17.11.2015 – SP)

EMENTA: Registro de imóveis – Compromisso de compra e venda e posterior cessão dos direitos celebrados por escritura pública – Necessidade de nova escritura pública, definitiva, de compra e venda, após pago o preço – Inteligência dos artigos 108, 1.245, 1.417 e 1.418 do código civil – Recurso desprovido (Apelação nº 1066059-56.2014.8.26.0100). Trata-se de recurso de apelação interposto contra sentença que julgou procedente dúvida suscitada pelo 1º Oficial do Cartório de Registro de Imóveis da Capital, que negou o registro de escritura pública de promessa de cessão – antecedida de compromisso de compra e venda, também lavrado por escritura pública (conforme se pode ver de fl. 12) –, acompanhado de certidões dos Distribuidores Cíveis da Capital e outros documentos, entendendo que o título hábil para a transmissão do domínio só poderia ser a escritura pública definitiva. Os apelantes são herdeiros dos cessionários e obtiveram, perante a 10ª Vara da Família e Sucessões da Capital, alvará para outorga de escritura definitiva. No entanto, baseados em ponto de vista externado pelo próprio Registrador, em trabalho doutrinário, sustentam que, se o compromisso de compra e venda e a cessão foram feitos por escritura pública, uma vez quitado o preço, não haveria necessidade de nova escritura pública para transmissão da propriedade. A Procuradoria de Justiça manifestou-se pelo desprovimento do recurso. É o relatório. O recurso não comporta provimento. O ponto central da discussão gira em torno de se estabelecer se, celebrado o compromisso de compra e venda por meio de escritura pública, seria necessário, após o pagamento do preço, lavrar nova escritura pública definitiva, nos termos do art. 108 do Código Civil. É certo que prestigiada doutrina, destacando-se Orlando Gomes e José Osório de Azevedo Júnior como seus defensores, vislumbra no compromisso de compra e venda, sem cláusula de arrependimento, um contrato preliminar impróprio. Diz José Osório, a respeito do compromisso de compra e venda: *"Neste, as partes não se obrigam a uma nova manifestação de vontade e sim a reiterar, a reproduzir, a manifestação anterior, pois foi neste momento anterior que o consentimento foi dado de forma cabal e irreversível – motivo por que deste momento anterior devem ser considerados produzidos todos os efeitos concretos do ato.... Assim é que a 'escritura' não se constitui em outro negócio jurídico, caracterizando-se – isto, sim – como um 'ato devido' que expressa o cumprimento da obrigação assumida no primeiro contrato (Compromisso de compra e venda, 6º ed., São Paulo: Malheiros, 2013, p. 22/23).* Como observa Narciso Orlandi Neto, a doutrina foi acatada parcialmente pelo legislador, no art. 26, § 6º, da Lei nº 6.766/79, que dispôs, *in verbis: "Os compromissos de compra e venda, as cessões e as promessas de cessão valerão como título para o registro da propriedade do lote adquirido, quando acompanhados da respectiva prova de quitação. "*Porém, ainda conforme o autor, o Código Civil de 2002 representou um duro golpe à tentativa de ver no compromisso de compra e venda o próprio contrato a ser levado a registro, como forma de transmissão da propriedade (Revista *Opinião Jurídica*, nº 2, coord. Jaques Bushatsky *et. al*, p. 81). E isso é verdade, na medida em que os artigos 1.417 e 1.418, constantes do título sobre os direitos do promitente comprador, são claros em apontar qual o papel do compromisso de compra e venda. Eis suas redações: *Art. 1.417. Mediante promessa de compra e venda, em que se não pactuou arrependimento, celebrada por instrumento público ou particular, e registrada no Cartório de Registro de Imóveis, adquire o promitente comprador direito real à aquisição do imóvel. Art. 1.418. O promitente comprador, titular de direito real, pode exigir do promitente vendedor, ou de terceiros, a quem os direitos deste forem cedidos, a outorga da escritura definitiva de compra e venda, conforme o disposto no instrumento preliminar; e, se houver recusa, requerer ao juiz a adjudicação do imóvel.* A leitura não dá margem a equívocos. A promessa de compra e venda – ou seja, o compromisso –, em que não conste cláusula de arrependimento, celebrada por instrumento público ou particular, desde que registrada, não confere ao promitente comprador o direito de propriedade, mas direito real à aquisição do imóvel. E como se dá essa aquisição? O art. 1.418 o diz. Por meio de escritura definitiva – após o pagamento do preço. Se ela não for outorgada, cabe ao promitente comprador requerer ao juiz a adjudicação compulsória. Logo, são duas as formas de o promitente comprador, que pagou o preço, adquirir a propriedade: por meio da outorga de escritura definitiva, ou por intermédio da adjudicação compulsória. O compromisso de compra e venda, ainda que lavrado por instrumento público e registrado, não dá ao promitente comprador senão o direito real de aquisição. A regra do art. 108 – *Não dispondo a lei em contrário, a escritura pública é essencial à validade dos negócios jurídicos que visem à constituição, transferência, modificação ou renúncia de direitos reais sobre imóveis de valor superior a trinta vezes o maior salário mínimo vigente no País* – só se considera observada, dessa forma, com a lavratura de escritura pública definitiva, uma vez que apenas ela transfere a propriedade. E a conclusão, também, de Francisco Eduardo Loureiro, que aponta: *"Apesar de o contrato preliminar concentrar a maioria da carga negocial, o seu objeto é a outorga da escritura definitiva, condição indispensável à transferência do domínio, segundo os arts. 108 e 1.245 do Código Civil, salvo hipóteses excepcionadas em legislação especial, ou se referirem a imóveis de valor inferior a trinta vezes o valor do salário mínimo, caso em que se admite o contrato escrito particular. Embora defenda José Osório de Azevedo Júnior a tese da possibilidade da dispensa da escritura definitiva, substituída pelo compromisso acompanhado de prova de quitação, tal conclusão implica violação ao disposto no art. 108 do Código Civil ("O compromisso de compra e venda. In: O novo Código Civil – estudos em homenagem ao prof. Miguel Reale, coord. Domingos Franciuli Neto, Gilmar Ferreira Mendes e Ives Gandra da Silva Martins Filho. São Paulo, LTr, 2003, p. 450)Não pode prevalecer, portanto, o Enunciado nº 87 do Centro de Estudos Judiciários do Conselho da Justiça Federal, por ocasião da Jornada de Direito Civil realizada entre 11 e 13 de setembro de 2002, cujo teor é o seguinte: "Considera-se também título translativo, para fins do art. 1.245 do Código Civil, a promessa de compra e venda devidamente quitada (arts. 1.417 e 1.418 do CC e § 6ºdo art. 26 da Lei nº 6.766/79)" (Código Civil Comentado, Coord. Min. Cezar Peluso, 2ª ed., São Paulo: Manole, 2007, p. 1.451).* O título apresentado a registro, portanto, não é apto a transferir o domínio aos recorrentes. Nesses termos, pelo meu voto, nego provimento ao recurso. HAMILTON ELLIOT AKEL CORREGEDOR GERAL DA JUSTIÇA E RELATOR (DJe de 19.08.2015 – SP)

▶ **EMENTA:** Registro de imóveis – Dúvida – Escritura pública de venda e compra de imóvel – Aquisição do imóvel na constância do casamento – Regime de separação obrigatória de bens – Presunção da comunicação dos aquestos nos termos da súmula 377 do supremo tribunal federal – Necessidade de prévia retificação do registro – Princípio da continuidade – Recusa do registro mantida – Recurso não provido (Apelação nº 0023763-70.2013.8.26.0100, da Comarca de São Paulo)

▶ **EMENTA: Registro de Imóveis – Dúvida julgada procedente – Negativa de registro de escritura pública – Necessidade de prévia averbação de obra de construção ou reforma do prédio e apresentação da documentação pertinente (habite-se ou certificado de regularidade da obra e CND do INSS) – Questão não afeta ao princípio da cindibilidade dos títulos – Exigências acertadas do Oficial – Registro inviável – Recurso não provido (APELAÇÃO CÍVEL Nº 0012955-74.2011.8.26.0100, da Comarca da CAPITAL).** Trata-se de apelação interposta por (...) contra a sentença do MM. Juiz Corregedor Permanente do Décimo Quarto Oficial de Registro de Imóveis da Capital, que julgou procedente a dúvida por ele suscitada, negando registro à escritura pública de venda e compra, lavrada em 23 de dezembro de 2010, pela qual (...) vendeu à apelante o imóvel situado na Av. (...), matriculado sob o no. (...)A sentença acolheu as ponderações do Oficial, e manteve a recusa, porque a construção descrita na escritura e na matrícula não coincide com a mencionada nos cadastros da Municipalidade, o que demonstra que houve reforma, ou demolição seguida de nova construção. Por isso, era indispensável certidão comprobatória de recolhimento de tributos e autorização da Municipalidade. A apelante alega que o princípio da cindibilidade autoriza o registro, permitindo que se faça, oportunamente, a averbação da reforma ou da nova construção. A Douta Procuradoria Geral de Justiça manifestou-se pelo desprovimento do recurso (fls. 43/45). *É O RELATÓRIO.* Apesar de intimada, a apelante não impugnou a dúvida; mas manifestou a sua contrariedade às exigências do Oficial, na petição em que requereu a suscitação (fls. 04/05). Não há como acolher o recurso. A descrição do imóvel e do prédio, na escritura pública, coincide "in totum" com a da matrícula. Diverge, porém, dos dados cadastrais da Prefeitura Municipal de São Paulo, que aludem a uma construção de 2001, e não de 1963. Inafastável, portanto, a conclusão do Oficial, acolhida pela sentença: ou houve reforma do prédio original; ou demolição, seguida de nova construção o que justificaria a exigência de certidão negativa do INSS, com fulcro no art. 47, II, da Lei 8.212/91. A apelante invoca a cindibilidade do título. Inequívoco que a exigência de prévia averbação da nova edificação, como condição para o registro, pode ser superada mediante aplicação do princípio da cindibilidade, com registro da alienação do terreno, ficando para momento posterior a averbação da construção que depende, por seu turno, do atendimento de requisitos específicos, em especial a apresentação, pelo interessado, do certificado de regularidade expedido pela Prefeitura Municipal e da Certidão Negativa de Débitos do INSS relativa à obra (Ap. Civ. 339-6/9, de 23/06/2005, Relator: José Mário Antonio Cardinale; Ap. Civ. 990.10.247.068-7, de 14/09/2010 Localidade: Teodoro Sampaio, Relator: Munhoz Soares). Mas isso só é aplicável quando o título pode obter ingresso apenas parcial no fólio real. Se ele menciona uma construção que não figura na matrícula, é possível registrar-se a alienação do terreno para, oportunamente, averbar-se a construção. No caso presente, há perfeita coincidência entre o que consta da escritura de compra e venda e da matrícula. Inexiste, pois, descompasso parcial entre elas; mas há divergência entre o que consta de ambas, e o que existe de fato no imóvel, conforme atestado pela certidão emitida pela Municipalidade. A pretensão da apelante não é, portanto, registrar em parte um título; mas registrá-lo integralmente, apesar de conter uma descrição irreal do imóvel, o que não é viável, por força do princípio da especialidade objetiva. O V. Acórdão juntado com a apelação, datado de 11 de outubro de 1996, autorizou o registro de escritura, afastando a exigência de prévia averbação de área construída maior que a constante da matrícula. Mas as decisões mais recentes deste Egrégio Conselho Superior alteraram o entendimento anterior, como se vê da Ap. Civ. 1.136-6/0, de 08/09/2009, Relator Luiz Tâmbara: *"Com efeito, os elementos de convicção constantes dos autos evidenciam que o Apelante pretende o registro de escritura de venda e compra de imóvel consistente no prédio e respectivo terreno, situados na rua Teresina, nºs 314 e 318, antigo nº 324, com área total de 500,00 m² (fls. 20 e 21). Ocorre que, de acordo com os dados fornecidos pela Prefeitura Municipal de São Paulo, o imóvel em questão sofreu sucessivas alterações na área construída, inicialmente com 160,00 m², depois com 560,00, m² e, finalmente, com 450,00 m² (área atual) – fls. 15 a 17. Assim, imperativa, no caso, a averbação da última construção ou reforma na área edificada, nos termos do disposto no art. 167, II, nº 4, da Lei nº 6.015/1973, que, para ser realizada, deve ser pleiteada pelo interessado por meio de requerimento formalizado em conformidade com as prescrições do parágrafo único do art. 246 do mesmo diploma legal, incluindo a exibição de documento hábil a ser fornecido pela Municipalidade, ou seja, como exigido pelo Senhor Oficial Registrador, habite-se ou certificado de regularidade da obra".* Sem a prévia regularização da averbação da nova construção ou reforma, inviável o registro. Nesses termos, pelo meu voto, nego provimento ao recurso. Desembargador MAURÍCIO VIDIGAL, Corregedor Geral da Justiça (D.J.E. de 29.02.2012)

▶ **EMENTA: REGISTRO DE IMÓVEIS – Escritura Pública de Compra e Venda – fração ideal de 1/3 – três condôminos – ausência de indícios de parcelamento irregular do solo em fraude à norma cogente – cabimento do registro – Recurso provido (APELAÇÃO CÍVEL Nº 0001050-28.2012.8.26.0071, da Comarca de BAURU).** Trata-se de apelação interposta contra r. sentença que reconheceu impossibilidade do registro de escritura pública de compra e venda de fração ideal de imóvel em virtude de irregularidade decorrente da não observância das normas cogentes relativas ao parcelamento do solo. Sustenta a apelante a realização do registro conforme aos mandamentos legais incidentes (a fls. 58/79). A douta Procuradoria Geral de Justiça opina pelo não provimento do recurso (a fls. 87/91). É o relatório. A hipótese em julgamento não é de irresignação parcial, mas de cumprimento de duas exigências relativamente à apresentação de certidões negativas e impugnação da impossibilidade decorrente de parcelamento irregular do solo. Desse modo, foram apresentadas as certidões negativas exigidas (a fls. 15/16 e 32/37), as quais não foram objeto de questionamento pelo Sr. Oficial Interino do Registro Imobiliário. Nestes termos, o óbice ao ingresso do título na tábua registral envolve apenas o exame da ocorrência de parcelamento irregular. Como é cediço, as Normas de Serviço da Corregedoria-Geral da Justiça vedam o registro de título em violação à legislação cogente de parcelamento do solo, assim o item 151 do Capítulo XX das NSCGJ, dispõe: *151. É vedado proceder a registro de venda de frações ideais, com localização, numeração e metragem certa, ou de qualquer outra forma de instituição de condomínio ordinário que desatenda aos princípios da legislação civil, caracterizadores, de modo oblíquo e irregular, de loteamentos ou desmembramentos.* Na situação concreta em julgamento atualmente o imóvel é da propriedade de dois condôminos na proporção de um terço e dois terços (v. matrícula nº 5.515, a fls. 23/25), objetivando a presente dúvida o registro da Escritura Pública de Compra e Venda da fração ideal de um terço, alienada pelos condôminos titulares de dois terços do imóvel (a fls. 32/33). Diante disso, caso admitido o ingresso do título, o imóvel encerraria condomínio geral *pro indiviso* com três condôminos titulares de frações ideais de um terço. A simples existência de três coproprietários, a falta de outros elementos, não permite a conclusão da utilização da estrutura jurídica do condomínio geral com finalidade ilícita; especialmente ao se considerar a juntada da declaração dos vendedores referentemente ao bom convívio com os compradores (a fls. 24). Desse modo, caracterizada a finalidade lícita do condomínio existente e a utilização do imóvel para atividade de caprinocultura, consoante declaração da Secretaria de Agricultura e Abastecimento (a fls. 21), compete o registro do título; porquanto não há elementos para se inferir a ocorrência de parcelamento irregular objetivando a formação de lotes com metragem inferior ao módulo rural mínimo. Pelo exposto, dou provimento ao recurso para julgar a dúvida improcedente e determinar o registro da Escritura Pública de Compra e Venda.(a) JOSÉ RENATO NALINI, Corregedor Geral da Justiça e Relator (D.J.E. de 30.01.2013 – SP)

EMENTA: REGISTRO DE IMÓVEIS – Alienação fiduciária e emissão de cédula de crédito imobiliário – Inexistência e nulidade declaradas judicialmente mediante decisões interlocutórias – Cancelamentos indevidos – Escritura de venda e compra – Registro recusado – Princípio da continuidade e princípio da disponibilidade – Ofensa – Desqualificação registraria dos títulos confirmada – Dúvida procedente – Recurso desprovido. (APELAÇÃO CÍVEL Nº 0041649-53.2011.8.26.0100, da Comarca da CAPITAL). A interessada, ora apelante, adquirente de parte ideal do imóvel objeto da matrícula nº 141.814 do 18º Oficial de Registro de Imóveis desta Capital, escorada, primeiro, nas decisões interlocutórias que declararam a inexistência da alienação fiduciária em garantia e a nulidade da cédula de crédito imobiliário e, depois, fundada na escritura pública de venda e compra, persegue os cancelamentos do registro nº 4 e da averbação nº 5, então lançados na matrícula acima referida, e o registro da escritura pública. O 18º Oficial de Registro de Imóveis desta Capital, provocado pela interessada, suscitou dúvida, aparelhada com documentos (fs. 05/38), e, ao justificar a desqualificação dos títulos, ponderou: as decisões judiciais não determinaram os cancelamentos pleiteados, não há comprovação do trânsito em julgado e, antes dos cancelamentos, o registro da escritura pública de venda e compra é inviável, à luz do princípio da continuidade (fls. 02/04). Notificada, a interessada apresentou impugnação, com documentos (fls. 46/53), e argumentou: as decisões que declararam a inexistência da alienação fiduciária em garantia e a nulidade da cédula de crédito imobiliário, tendo natureza interlocutória, não foram questionadas mediante recurso de agravo; as decisões devem ser cumpridas pelo Oficial de Registro; é inadequado cogitar de trânsito em julgado; a falta do cancelamento pode aumentar os seus prejuízos; revela-se desnecessária uma ordem judicial expressa determinando os cancelamentos; promovidos os cancelamentos, não haverá óbice ao registro da escritura de venda e compra, consoante reconheceu o Registrador, revendo seu posicionamento anterior; enfim, a dúvida suscitada é improcedente (fls. 40/45). Após o parecer do Ministério Público (fls. 55/56), o MM Juiz Corregedor Permanente julgou procedente a dúvida (fls. 58/60), o interessado interpôs apelação, reiterando as suas ponderações pretéritas (fls. 63/71), o recurso foi recebido nos seus regulares efeitos (fls. 72) e, depois da manifestação do Ministério Público (fls. 74), os autos foram remetidos ao Conselho Superior da Magistratura (fls. 76), abrindo-se vista, em seguida, à Procuradoria Geral de Justiça, que se pronunciou pelo desprovimento do recurso (fls. 79/81). É o relatório. O Registrador, pelas razões abaixo aduzidas, agiu corretamente, ao recusar o acesso dos títulos ao fólio real: a propósito, a origem judicial dos títulos não dispensa a qualificação, a conferência destinada ao exame do preenchimento das formalidades legais atreladas ao ato registral.(...) adquiriu, por meio de contrato de compra e venda, documentado em escritura pública lavrada no dia 03 de abril de 2007 e registrada no dia 29 de outubro de 2009, o bem imóvel descrito na matrícula nº 141.814 do 18º Oficial de Registro de Imóveis desta Capital (fls. 16 verso). A adquirente, em 29 de setembro de 2009, alienou fiduciariamente tal imóvel à (...) Companhia Hipotecária, de acordo com o instrumento particular registrado no dia 03 de novembro de 2009 (fls. 17): ato contínuo, a credora-fiduciária promoveu a averbação da emissão da cédula de crédito imobiliário (fls. 17 verso). Por sua vez, a interessada, ora apelante, adquiriu – conjuntamente com (...) –, o bem imóvel acima aludido, por meio de compromisso de venda e compra avençado com (...), e, posteriormente, quitado o preço e diante da resistência oposta pela alienante, ajuizou ação de obrigação de fazer visando à outorga da escritura definitiva de venda e compra. À luz dos documentos apresentados, a escritura pública de venda e compra, lavrada em 26 de novembro de 2010 (fls. 30/31), foi obtida após a concessão da tutela antecipada: de mais a mais, em primeira instância, o pedido da interessada e das outras promitentes compradoras foi julgado procedente, exclusivamente para condenar (...) a outorgar a escritura definitiva de venda e compra (fls. 52/53). No caso, o direito à adjudicação compulsória do imóvel decorreu da quitação do preço e da impossibilidade de arrependimento, como é curial, e não do registro do instrumento contratual, inexistente. No entanto, é o registro que protege os promitentes compradores contra as futuras alienações. É, com efeito, condição para a constituição do direito real, com o atributo da sequela (artigos 1.417 e 1.418 do CC/2002). Destarte, inocorrente o registro do compromisso de venda e compra, não há, mormente na esfera administrativa, como atribuir-lhe eficácia em relação à credora fiduciária: porque não constituído o direito real, os efeitos dos novos atos de disposição e oneração realizados pela promitente vendedora (devedora fiduciante), favorecendo terceira de boa-fé, a proprietária fiduciária, não restaram limitados. Na realidade, a outorga da escritura pública de venda e compra, centrada, repita-se, na quitação do preço e na irretratabilidade do compromisso de venda e compra, não repercute na existência, na validade nem na eficácia da alienação fiduciária e da cédula de crédito imobiliário. Neste momento, na seara administrativa, é possível cogitar apenas da ineficácia da venda e compra perante a credora fiduciária, emitente da cédula de crédito imobiliário, especialmente à vista dos parcos documentos apresentados: ora, quando lavrada, a alienante, (...), estava privada de legitimidade, do poder de disposição da coisa. Além disso, os cancelamentos, quando fincados, tal como na hipótese vertente, em decisões judiciais, pressupõem sentenças ou acórdãos – apenas aqueles que extinguem o processo, desprovidos, assim, de natureza interlocutória –, transitados em julgado: de fato, a regra do inciso I do artigo 250 da Lei nº 6.015/1973, ao referir-se expressamente ao trânsito em julgado, não contemplou, é lógico, as decisões interlocutórias. Tais provimentos jurisdicionais não geram coisa julgada. Particularmente, as antecipações de tutela jurisdicional, medidas de urgência expressas em decisões interlocutórias, não a desencadeiam. Aliás, conforme o § 4º do artigo 273 do CPC, podem ser revogadas ou modificadas a qualquer tempo. Portanto, estão despidas de potência para, nos termos do artigo 250, I, provocar os cancelamentos pretendidos. Ocorre que as declarações de inexistência e de nulidade da alienação fiduciária e da cédula de crédito imobiliário, que sequer integraram o pedido formulado pela interessada no processo contencioso, não foram pronunciadas por meio da sentença proferida em primeiro grau de jurisdição (fls. 52/53). Constam somente de decisões interlocutórias (fls. 46 e 47), exaradas em processo no qual a proprietária fiduciária não participou. Ou seja, não estão sujeitas à coisa julgada, cuja consumação, de resto, tampouco foi provada, nem repercutem sobre a situação jurídica da credora fiduciária. Portanto, a desqualificação dos títulos judiciais se mostrou pertinente: os cancelamentos visados, desacompanhados do termo de quitação fornecido pelo credor fiduciário e da declaração de quitação emitida pelo credor da cédula de crédito imobiliário, são inadmissíveis. Por fim, antes deles, já desautorizados, descabe, no mais, garantir o registro da escritura pública de venda e compra: ora, ofenderia o princípio da continuidade, comprometendo o exato encadeamento subjetivo das transmissões e aquisições de direitos reais imobiliários, e o princípio da disponibilidade, pois a ninguém é dado transmitir mais direitos do que tem. Pelo todo exposto, nego provimento à apelação. JOSÉ RENATO NALINI, Corregedor Geral da Justiça e Relator (D.J.E. de 10.01.2013 – SP).

TRIBUNAL DE JUSTIÇA DO DISTRITO FEDERAL

EMENTA: DIREITO CIVIL. DÚVIDA REGISTRÁRIA. COMPRA E VENDA DE VAGA DE GARAGEM. AUTORIZAÇÃO EM CONVENÇÃO DE CONDOMÍNIO. I. A teor do § 1º do art. 1.331 do Código Civil em vigor, *"As* *partes suscetíveis de utilização independente, tais como apartamentos, escritórios, salas, lojas e sobrelojas, com as respectivas frações ideais no solo e nas outras partes comuns, sujeitam-se a propriedade exclusiva, podendo ser alienadas e gravadas livremente por seus proprietários, exceto os abrigos para veículos, que não poderão ser alienados ou alugados a pessoas estranhas ao condomínio, salvo autorização expressa na convenção de condomínio.* " II. A Lei nº 12.607/12 não excluiu a exigência de autorização expressa na convenção de condomínio para a alienação de vagas de garagem situadas em prédios comerciais. Isso porque o seu objetivo é tutelar a vulnerabilidade dos condôminos, que não se restringem aos condôminos de imóveis residenciais, mas também de condôminos comerciais. III. Para os atos registrais importam as normas vigentes ao tempo de sua prática (princípio do *tempus regit actum*). IV. Negou-se provimento ao recurso. (TJDFT – Apelação Cível nº 20130111630476 – 6ª Turma Cível – Rel. Des. José Divino – DJ 06.10.2015)

TRIBUNAL DE JUSTIÇA DO ESTADO DO MATO GROSSO

EMENTA: APELAÇÃO CÍVEL – AÇÃO ANULATÓRIA DE ATO JURÍDICO – COMPRA E VENDA DE IMÓVEIS – UNIÃO ESTÁVEL – DESNECESSIDADE DE OUTORGA UXÓRIA – ESCRITURA PÚBLICA FIRMADA ANTES DA VIGÊNCIA DAS LEIS Nº 8.971/1994 E 9.278/1996 – IMPOSSIBILIDADE JURÍDICA DO PEDIDO QUANTO A ESTE PARTICULAR – ALEGAÇÃO DE NEGÓCIO JURÍDICO REALIZADO DE FORMA MALICIOSA – NÃO COMPROVAÇÃO – SENTENÇA DE IMPROCEDÊNCIA MANTIDA – RECURSO DESPROVIDO. 1. Se a escritura de compra e venda é anterior a vigência das Leis nº 8.971, de 29 de dezembro de 1994, e nº 9.278, de 10 de maio de 1996, vale dizer que é desnecessária a outorga uxória da companheira para a alienação do bem que constava exclusivamente em nome do *de cujus* junto ao registro de imóvel, em face da ausência de previsão legal para tanto quando da celebração do negócio. Desta feita, revela-se juridicamente impossível o pedido da autora (*CPC, art. 267, VI*) neste particular. 2. Inexistente, nos autos, comprovação acerca da alegada malícia na qual se trajaram adquirente e alienante dos bens imóveis, de rigor a manutenção da sentença de improcedência do pedido anulatório. 3. Recurso apelatório desprovido. (TJMT – Apelação Cível nº 43043/2011 – Jaciara – 6ª Câmara Cível – Rel. Des. José Ferreira Leite – DJ 12.03.2012)

TRIBUNAL DE JUSTIÇA DO RIO GRANDE DO SUL

EMENTA: PROCESSO Nº 70067776989. APELAÇÃO CÍVEL. AÇÃO ANULATÓRIA. COMPRA E VENDA ENTRE ASCENDENTE E DESCENDENTE. DECADÊNCIA. É anulável a venda de ascendente a descendente, salvo se os outros descendentes e o cônjuge do alienante expressamente houverem consentido. Inteligência do art. 496 do Código Civil. O prazo para a manifestação da irresignação, por meio de ação própria, é de dois anos a contar da conclusão da compra e venda, por força do disposto no art. 179 do CC. Escritura pública de cessão de direitos possessórios lavrada em 2007. Ação ajuizada em 2014. Reconhecida a decadência. Quanto à alegação de que esta área faria parte do quinhão hereditário dos autores a que teriam direito pela morte do seu genitor, nenhuma prova nos autos. Instados a produzir provas, silenciaram. Sentença confirmada. NEGARAM PROVIMENTO AO RECURSO. UNANIME.

EMENTA: APELAÇÃO. COMPRA E VENDA. IMÓVEL ADQUIRIDO DE FORMA FRACIONADA E DE DIFERENTES PROPRIETÁRIOS. AÇÃO DE OBRIGAÇÃO DE FAZER. OUTORGA DE ESCRITURA PÚBLICA. OMISSÃO NA SENTENÇA. AUSÊNCIA DE MANIFESTAÇÃO QUANTO AS MEDIDAS QUE ASSEGUREM O RESULTADO PRÁTICO. ART. 461, *CAPUT* E ART. 466-A, DO CPC. AUSÊNCIA DE INTERESSE PROCESSUAL (PROCESSO Nº 70056133655). No caso, cuida-se de imóvel foi adquirido de vários demandados, dos quais parte não outorgou a escritura pública de compra e venda. OMISSÃO. OBRIGAÇÃO DE FAZER. ART. 466-A DO CPC. Não cumprindo os demandados a obrigação de fazer para outorga de escritura pública, transitada em julgado a decisão, é possível nos termos do art. 466-A do CPC, a sentença suprir a inércia das partes. Omissão suprida. Precedentes jurisprudenciais. AUSÊNCIA DE INTERESSE. Existência de escritura pública dos promitentes vendedores, sem ter o autor demonstrado que o documento está maculado por vícios legais, ônus que lhe impõe a regra geral da prova. Art. 333, I, do CPC. Ausência de interesse recursal. APELAÇÃO PROVIDA EM PARTE.

TRIBUNAL DE JUSTIÇA DO ESTADO DO PARANÁ

EMENTA: APELAÇÃO CÍVEL – AÇÃO DE ANULATÓRIA DE ATO JURÍDICO – COMPRA E VENDA DE BEM IMÓVEL – REGISTRO – ANULAÇÃO – PROCEDÊNCIA – VIOLAÇÃO DO PRINCÍPIO DA CONTINUIDADE REGISTRAL – INTELIGÊNCIA DO ART. 195 DA LEI DE REGISTROS PÚBLICOS – ACERVO PROBATÓRIO INSUFICIENTE PARA COMPROVAR A FRAUDE ALEGADA – NECESSIDADE DE REFAZIMENTO DOS ATOS INSTRUTÓRIOS PARA PROPICIAR A ANÁLISE DA REGULARIDADE DOS ATOS E EVENTUALMENTE ORDENAR A PRÁTICA DE ATOS NECESSÁRIOS À APURAÇÃO DE EVENTUAIS ILÍCITOS QUE TENHAM SIDO PRATICADOS PELO OFICIAL REGISTRADOR. SENTENÇA CASSADA DE OFÍCIO. RECURSO DE APELAÇÃO PREJUDICADO. (TJPR – Apelação Cível nº 1.388.761-1 – Curitiba – 12ª Câmara Cível – Rel. Des. Joeci Machado Camargo – DJ 20.01.2016)

EMENTA: APELAÇÃO CÍVEL. EMBARGOS DE TERCEIRO. AVERBAÇÃO RELATIVA À AÇÃO ANULATÓRIA DE ATO JURÍDICO C/C COM PERDAS E DANOS. SENTENÇA DE IMPROCEDÊNCIA. PEDIDO DE RECONHECIMENTO DE NULIDADE NA COMPRA E VENDA DO IMÓVEL OBJETO DA DEMANDA. IMPOSSIBILIDADE DE DISCUSSÃO. VIA PROCESSUAL INADEQUADA. LIMITES DE COGNIÇÃO NOS EMBARGOS DE TERCEIRO. SENTENÇA MANTIDA. RECURSO CONHECIDO E NÃO PROVIDO. (TJPR – Apelação Cível nº 1.344.424-5 – Cascavel – 11ª Câmara Cível – Rel. Juíza Subst. 2º G. Luciane R. C. Ludovico – DJ 26.01.2016)

EMENTA: DIREITO CIVIL. SIMULAÇÃO. AÇÃO ANULATÓRIA DE NEGÓCIO JURÍDICO. APELAÇÃO 1 (DA RÉ). SIMULAÇÃO DO CONTRATO DE COMPRA E VENDA DE IMÓVEL, POR ESCRITURA PÚBLICA, CELEBRADO ENTRE A RÉ E SEU FALECIDO COMPANHEIRO (PAI DA AUTORA). AUSÊNCIA DE PAGAMENTO DO PREÇO. CONCEITO DE SIMULAÇÃO. ART. 167 DO CCB. DECLARAÇÃO DO VENDEDOR DE RECEBIMENTO INTEGRAL DO PREÇO NA ESCRITURA PÚBLICA. VALOR PROBATÓRIO REDUZIDO. ELEMENTO NÃO ACOBERTADO PELA FÉ PÚBLICA (ART. 364 DO CPC). RECIBO DE QUITAÇÃO EMITIDO PELO PRÓPRIO VENDEDOR. VALOR INDICIÁRIO. DEMAIS PROVAS DOS AUTOS QUE DEMONSTRAM A AUSÊNCIA DE PAGAMENTO. CIRCUNSTÂNCIAS EM QUE FOI CELEBRADO O NEGÓCIO. VENDEDOR QUE ESTAVA ACOMETIDO POR DOENÇA GRAVE E QUE HAVIA SE AGRAVADO. COMPRADORA QUE ERA COMPANHEIRA DO *DE CUJUS*. CUSTEIO DE DESPESAS MÉDICAS DO FALECIDO PELA RÉ (SUA COMPANHEIRA À ÉPOCA) E SEUS FAMILIARES, AO LONGO DA CONVALESCENÇA. VENDEDOR QUE SE SENTIU NA OBRIGAÇÃO MORAL DE RESTITUIR E RECOMPENSAR SUA COMPANHEIRA PELO SUPORTE PRESTADO NO MOMENTO DE DIFICULDADE. TRANSMISSÃO COMO FORMA DE RESSARCIR OS CUSTOS ARCADOS. DEPOIMENTOS TESTEMUNHAIS COESOS NESSE SENTIDO. CONFISSÃO DA RÉ A RESPEITO DA AUSÊNCIA DE PAGAMENTO DE PREÇO PELO IMÓVEL NA DATA DA CELEBRAÇÃO DO CONTRATO, FAZENDO MENÇÃO APENAS ÀS DESPESAS MÉDICAS CUSTEADAS EM FAVOR DO *DE CUJUS*. DOCUMENTOS BANCÁRIOS RELATIVOS ÀS CONTAS DO *DE CUJUS* QUE NÃO DEMONSTRAM A OCORRÊNCIA DE MOVIMENTAÇÃO FINANCEIRA DE VULTO EM DATA PRÓXIMA DA CONTRATAÇÃO. DECLARAÇÃO DE IMPOSTO DE RENDA DA RÉ QUE DEMONSTRA QUE A MOVIMENTAÇÃO FINANCEIRA RELATIVA AO PREÇO SÓ OCORREU FORMALMENTE. PREÇO QUE É ELEMENTO ESSENCIAL DO CONTRATO DE COMPRA E VENDA (ART. 481 DO CCB). IMPOSSIBILIDADE DE ENQUADRAMENTO COMO DAÇÃO EM PAGAMENTO (ART. 357 DO CCB). AUSÊNCIA DE OBRIGAÇÃO JURÍDICA ANTERIOR. INEXISTÊNCIA DE INTUITO NEGOCIAL NO AUXÍLIO MATERIAL AO OUTRO CÔNJUGE/COMPANHEIRO PRESTADO DURANTE A NECESSIDADE. DEVER DE MÚTUA ASSISTÊNCIA (ART. 1.724 DO CCB). RESTITUIÇÃO COMO OBRIGAÇÃO DE CUNHO ESTRITAMENTE MORAL. CONTRATO DE COMPRA E VENDA SIMULADO. NULIDADE. SIMULAÇÃO RELATIVA. ATO DISSIMULADO QUE CORRESPONDE A UMA DOAÇÃO REMUNERATÓRIA À COMPANHEIRA (ART. 538 DO CCB). MOTIVAÇÃO NO DEVER MORAL DE RETRIBUIR O AUXÍLIO DA CONSORTE PRESTADO DURANTE O TRATAMENTO DA DOENÇA. NEGÓCIO JURÍDICO DISSIMULADO QUE REÚNE TODOS OS REQUISITOS DO CONTRATO DE DOAÇÃO, SENDO VÁLIDO EM SEU CONTEÚDO E FORMA EM SUA MAIOR PARTE. CELEBRAÇÃO POR ESCRITURA PÚBLICA. EXISTÊNCIA DE HERDEIRA NECESSÁRIA. DOAÇÃO EM PARTE INOFICIOSA E 1.789 DO CCB). PRESERVAÇÃO DO ATO DISSIMULADO EM SUA MAIOR PARTE (ART. 167 DO CCB). DECLARAÇÃO DE NULIDADE DA DOAÇÃO DISSIMULADA APENAS EM

RELAÇÃO À PARTE IDEAL DO IMÓVEL QUE NÃO RESPEITOU A LEGÍTIMA. MANUTENÇÃO DA TRANSMISSÃO GRATUITA DA PARTE IDEAL DE 88,12% DO IMÓVEL EM FAVOR DA RÉ, COM RETORNO DA PARTE IDEAL DE 11,88% PARA A TITULARIDADE DO ESPÓLIO DO DOADOR. REFORMULAÇÃO DA CONDENAÇÃO À INDENIZAÇÃO DOS DANOS MATERIAIS OCORRIDOS APÓS 13.06.2009. RECURSO PARCIALMENTE PROVIDO. AGRAVO RETIDO INTERPOSTO PELA AUTORA. PRESCRIÇÃO DOS DANOS MORAIS E MATERIAIS VENCIDOS ANTES DE TRÊS ANOS DO AJUIZAMENTO DA PRESENTE AÇÃO. RESPONSABILIDADE CIVIL EXTRACONTRATUAL. TEORIA DA *ACTIO NATA*. PRECEDENTES DO STJ. SURGIMENTO DA PRETENSÃO APENAS NO MOMENTO EM QUE A VÍTIMA OBTÉM CIÊNCIA DA EXISTÊNCIA DO DANO, SUA EXTENSÃO E DO RESPONSÁVEL PELA LESÃO. TERMO INICIAL DO PRAZO PRESCRICIONAL QUE COINCIDE COM ESSA CIÊNCIA. CONHECIMENTO DA VÍTIMA DESSES ELEMENTOS NO INÍCIO DE 2012. INOCORRÊNCIA DA PRESCRIÇÃO NO CASO CONCRETO (ART. 206, § 3º, V, DO CCB). RECURSO PROVIDO. PROSSEGUIMENTO NO JULGAMENTO DESSES PEDIDOS. EFEITO DEVOLUTIVO EM PROFUNDIDADE (ART. 515, § 1º, DO CPC). DANOS MATERIAIS OCORRIDOS ENTRE O REGISTRO DO NEGÓCIO SIMULADO NA MATRÍCULA DO IMÓVEL (MARÇO/2004) E 13.06.2009. AUSÊNCIA DE PERCEPÇÃO DE ALUGUÉIS PELA AUTORA, PROPORCIONALMENTE À PARTE IDEAL DO IMÓVEL DE TITULARIDADE DO ESPÓLIO. ELEMENTOS DA RESPONSABILIDADE CIVIL PRESENTES. PEDIDO PARCIALMENTE PROCEDENTE. VALOR A SER APURADO EM LIQUIDAÇÃO. DANOS MORAIS DECORRENTES DO ATO SIMULADO. INOCORRENTES. AUSÊNCIA DE LESÃO EXTRAPATRIMONIAL À AUTORA. ABALO PSÍQUICO E REVOLTA MORAL NÃO VERIFICADOS. AUSÊNCIA DE RELACIONAMENTO PRÓXIMO COM O *DE CUJUS* (SEU PAI). INEXISTÊNCIA DE SITUAÇÃO VEXATÓRIA. ALEGAÇÃO DE QUE O ATO SIMULADO GEROU A SITUAÇÃO DE POBREZA DA AUTORA. AUSÊNCIA DE CAUSALIDADE DIRETA ENTRE UMA COISA E OUTRA. TEORIA DO DANO DIRETO E IMEDIATO, ADOTADA PELO CÓDIGO CIVIL. PEDIDO IMPROCEDENTE. REDISTRIBUIÇÃO DOS ÔNUS SUCUMBENCIAIS. APELAÇÃO 2 (DA AUTORA). NÃO CONHECIDA. IMPOSSIBILIDADE DE COMPLEMENTAÇÃO DAS RAZÕES RECURSAIS DO AGRAVO RETIDO. PRECLUSÃO CONSUMATIVA. MAJORAÇÃO DOS HONORÁRIOS SUCUMBENCIAIS. QUESTÃO PREJUDICADA. EXPEDIÇÃO DE OFÍCIO AO REGISTRO DE IMÓVEIS APÓS O TRÂNSITO EM JULGADO. APELAÇÃO 1 (DA RÉ) PARCIALMENTE PROVIDA, AGRAVO RETIDO PROVIDO, PROSSEGUINDO-SE NO JULGAMENTO DO MÉRITO NA PARTE ENVOLVIDA, E APELAÇÃO 2 (DA AUTORA) NÃO CONHECIDA.

1. A simulação – causa de nulidade do negócio jurídico (art. 167 do CCB) – é a disparidade proposital e consciente existente entre o ato jurídico que foi instrumentalizado pelas partes e aquele efetivamente praticado por elas.

2. Nenhum cônjuge ou companheiro presta auxílio material ao outro durante o casamento ou a união estável, custeando despesas médicas ou decorrentes de doença grave, com o intuito de futuramente reaver o montante emprestado. Nesse caso, não há o intuito negocial/ patrimonial e, consequentemente, não pode haver contrato de mútuo, nem obrigação jurídica de restituição.

3. Em hipóteses de transmissão imobiliária em favor de cônjuge, companheiro ou parentes próximos, em que não haja pagamento do preço em espécie à época da contração e seja motivada pelo sentimento de retribuição ao suporte material prestado em tempos difíceis – como no caso –, o que se tem é um contrato de doação remuneratória (art. 538 do CCB).

4. Segundo a jurisprudência assentada do Superior Tribunal de Justiça, em sede de responsabilidade civil extracontratual, o prazo prescricional somente tem início a partir do momento em que o titular do direito subjetivo efetivamente pode exercer a pretensão, ou seja, no momento em que a vítima reúne o conhecimento sobre a existência e extensão do dano e sobre quem praticou o ato ilícito.

5. A produção de danos morais em virtude da prática de um negócio simulado, na perspectiva do terceiro enganado/ prejudicado, não é automática. É necessária a análise do caso concreto, a fim de pesquisar a existência de peculiaridades no ato simulado ou em suas consequências que hajam exposto o terceiro a situações vexatórias ou a sofrimento interno extremo, sejam esses elementos ligados ao próprio ato ou às pessoas envolvidas.

6. No que diz respeito à responsabilidade civil, o nosso ordenamento jurídico adotou a teoria do dano direto e imediato para verificação do liame causal entre o fato (ação ou omissão) e o dano. (TJPR – Apelação Cível nº 1331365-6 – Londrina – 17ª Câmara Cível – Rel. Des. Fernando Paulino da Silva Wolff Filho – DJ 16.11.2015)

EMENTA: DIREITO CIVIL – AÇÃO INDENIZATÓRIA – COMPRA E VENDA DE IMÓVEL ATRAVÉS DE PROCURAÇÃO LAVRADA EM TABELIONATO – OUTORGANTES QUE UTILIZARAM DOCUMENTOS FALSOS – PROCEDÊNCIA PARCIAL DO PEDIDO – INCONFORMISMO – INDEFERIMENTO DA PROVA ORAL – JUIZ DESTINATÁRIO DAS PROVAS – SUFICIÊNCIA DE ELEMENTOS PARA PROFERIR O JULGAMENTO – CERCEAMENTO DE DEFESA INOCORRENTE – RESPONSABILIDADE SUBJETIVA DO TABELIÃO – FALSIDADE MATERIAL DOS DOCUMENTOS DE IDENTIDADE – CONHECIMENTO EXIGIDO PELO *MUNUS* EXERCIDO – CULPA RECONHECIDA – INDENIZAÇÃO DEVIDA – JUROS DE MORA – TERMO INICIAL – OBRIGAÇÃO PROVENIENTE DE ATO ILÍCITO – ART. 398 DO CC/2002 – CORREÇÃO MONETÁRIA A PARTIR DO DESEMBOLSO – SENTENÇA MANTIDA. AGRAVO RETIDO E APELO CONHECIDOS E DESPROVIDOS. (TJPR – Apelação Cível nº 1.311.998-9 – Curitiba – 11ª Câmara Cível – Rel. Des. Ruy Muggiati – DJ 09.11.2015)

TRIBUNAL DE JUSTIÇA DO ESTADO DO RIO GRANDE DO SUL

EMENTA: PROCESSO Nº 70064483654: AGRAVO DE INSTRUMENTO. AÇÃO REVOCATÓRIA. CONTRATO DE COMPRA E VENDA DE BENS IMÓVEIS. CLÁUSULA RESOLUTIVA. Diante do cumprimento substancial da avença pela promitente compradora e por não se verificar prejuízo aos promitentes vendedores, é de ser autorizada a baixa das restrições existentes nas matrículas dos imóveis objetos do contrato de compra e venda. Possibilita-se, assim, a regularização da compra e venda realizada pelos adquirentes RECURSO PROVIDO, EM PARTE.

3. QUESTÕES DE CONCURSOS

01. (Cespe – Notário-MT/2005) João e Alfredo são proprietários de uma fazenda situada no município de Cáceres, conforme consta regularmente registrado na matrícula do imóvel no serviço registral competente. No dia 20/12/2004, João e Alfredo, por escritura pública de compra e venda, alienaram o referido imóvel a José. Em seguida, José apresentou o instrumento para registro.

Considerando essa situação hipotética, acerca de registro imobiliário, julgue os itens seguintes.

I. A compra e venda será registrada no Livro 2 – registro geral. No entanto, poderá o instrumento vir a ser registrado no Livro 3 – registro auxiliar –, a requerimento do interessado, dispensando-se, assim, o ato de transcrição completa do título no registro geral.

II. Na hipótese de ter sido apenas João o outorgante da escritura, o título deve ser qualificado negativamente, por força do princípio da continuidade, mesmo que, em vez de compra e venda, João outorgasse uma escritura locando o imóvel a José.

III. Caso se tratasse de doação a título gratuito de João e Alfredo a José, aqueles somente poderiam promover o registro da escritura respectiva fazendo prova da aceitação do donatário.

IV. Após registrada a escritura pública de compra e venda, caso José perceba omissão ou erro cometido na transposição de qualquer elemento do título, ou, ainda, almeje indicar ou atualizar a confrontação do imóvel, ou mesmo pretenda alterar ou inserir elementos que resultem de mero cálculo matemático feito a partir das medidas perimetrais constantes do registro, poderá requerê-lo ao oficial do registro imobiliário, que, se assim o entender, procederá às retificações referidas.

Estão certos apenas os itens

a) I e II.

b) I e III.

c) II e IV.
d) III e IV.

02. (TJ-SC – Notário-SC/2008) Na Escritura Pública de Venda e Compra de imóvel urbano em que caso poderá o Notário fazer constar somente o número da matrícula do Registro Imobiliário, a completa localização do bem imóvel, logradouro, número, bairro, cidade e Estado?
a) Quando houver concordância das partes contratantes.
b) Somente com autorização judicial.
c) Quando o traslado da escritura de venda e compra for entregue a parte adquirente acompanhado do traslado da escritura relativa a aquisição anterior feita pelo vendedor.
d) Em nenhuma hipótese, uma vez que é compulsória a descrição e caracterização do imóvel transacionado.
e) Quando sua descrição e caracterização constam de certidão expedida pelo Serviço Registral Imobiliário competente.

03. (TJ-SC – Notário-SC/2008) Para lavratura de Escritura Pública de Venda e Compra de bem imóvel em que são partes contratantes pessoas físicas residentes no local da situação do bem objeto da transação, quais os documentos que podem ter sua apresentação dispensada, a critério do outorgado?
a) As Certidões Negativas de Ações Reais e Pessoais Reipersecutórias.
b) A Certidão de Ônus Reais.
c) O Comprovante do Pagamento do Imposto de Transmissão de Bens Imóveis.
d) As Certidões Negativas Fiscais referentes aos tributos que incidam sobre o imóvel transacionado.
e) O boleto bancário relativo ao pagamento do Fundo de Reaparelhamento da Justiça.

04. (IESES – Cartório – TJ – RS/2013) Com relação ao contrato de compra e venda:
I. A retrovenda é cláusula especial para a compra e venda, que consiste na faculdade que o vendedor de coisa imóvel tem, de poder se reservar quanto ao direito de recobrar a coisa no prazo decadencial máximo de três anos, desde que restitua o preço recebido e reembolse as despesas do comprador.
II. A venda feita a contento do comprador entende-se realizada sob condição resolutiva, ainda que a coisa lhe tenha sido entregue, não se aperfeiçoando enquanto o vendedor não manifestar seu agrado.
III. A preempção impõe ao comprador a obrigação de oferecer ao vendedor a coisa que aquele vai vender, ou dar em pagamento, para que este use de seu direito de prelação na compra, tanto por tanto.
IV. Na venda de coisa móvel, por meio da cláusula especial de retrovenda, pode o vendedor reservar para si a propriedade, até que o preço esteja integralmente pago.
São INCORRETAS as afirmativas:
a) II e IV, somente.
b) III e IV, apenas.
c) I, III e IV.
d) I, II e III, somente.

05. (IESES – Cartório – TJ – PB/2014) O vendedor de coisa imóvel pode reservar-se o direito de recobrá-la no prazo máximo de decadência de três anos, restituindo o preço recebido e reembolsando as despesas do comprador, inclusive as que, durante o período de resgate, se efetuaram com a sua autorização escrita, ou para a realização de benfeitorias necessárias. O dispositivo transcrito a cima refere-se a qual instituto do direito civil?
a) Retrovenda.
b) Venda a contento.
c) Venda com reserva de domínio.
d) Venda sobre documentos.

06. (IBFC – Cartório – TJ – PR/2014) Assinale a assertiva incorreta:
a) O direito brasileiro admite a compra e venda com reserva de domínio para os bens móveis e imóveis.
b) A alienação fiduciária em garantia pode recair sobre bens móveis e imóveis.
c) A compra e venda de ascendente para descendente é anulável, salvo se houver concordância dos demais descendentes e do cônjuge do vendedor.
d) É nula a aquisição, pelo tutor, dos bens confiados à sua guarda e administração.

07. (Vunesp – Cartório – TJ – SP/2014) Sobre o contrato de compra e venda, assinale a alternativa correta.
a) Se, na venda de um imóvel, se estipular o preço por medida de extensão, ou se determinar a respectiva área, e esta não corresponder, em qualquer dos casos, às dimensões dadas, o comprador terá o direito de exigir o complemento da área, e, não sendo isso possível, o de reclamar a resolução do contrato ou abatimento proporcional ao preço.
b) Não obstante o prazo ajustado para o pagamento, se antes da tradição o comprador cair em insolvência ou for condenado ao pagamento de quantia em dinheiro, poderá o vendedor sobrestar na entrega da coisa, até que o comprador lhe dê caução de pagar no tempo ajustado.
c) Salvo cláusula em contrário, ficarão as despesas de escritura e registro a cargo do vendedor, e, a cargo do comprador, as da tradição.
d) É lícito às partes fixar o preço em função de índices ou parâmetros suscetíveis de objetiva determinação, assim como ao arbítrio exclusivo de uma das partes.

08. (IESES – Cartório – TJ – PA/2016) No tocante as cláusulas especiais da compra e venda é correto afirmar:
I. O vendedor de coisa imóvel pode reservar-se o direito de recobrá-la no prazo máximo de decadência de dois anos, restituindo o preço recebido e reembolsando as despesas do comprador, inclusive as que, durante o período de resgate, se efetuaram com a sua autorização escrita, ou para a realização de benfeitorias necessárias.
II. O direito de retrato, que é cessível e transmissível a herdeiros e legatários, poderá ser exercido contra o terceiro adquirente.
III. Na venda de coisa móvel, pode o vendedor reservar para si a propriedade, até que o preço esteja integralmente pago.
IV. Estipulado o pagamento por intermédio de estabelecimento bancário, caberá a este efetuá-lo contra a entrega dos documentos, sem obrigação de verificar a coisa vendida, pela qual não responde.
A sequência correta é:
a) Apenas as assertivas II, III e IV estão corretas.
b) As assertivas I, II, III e IV estão corretas.
c) Apenas as assertivas I e III estão corretas.
d) Apenas a assertiva IV está correta.

GAB	1	D	2	E	3	D	4	A
	5	A	6	A	7	A	8	A

30) da permuta e da promessa de permuta;

1. COMENTÁRIOS

O contrato de permuta ou troca ou escambo está positivado no art. 533 do Código Civil. Clóvis Beviláqua preleciona que troca é o contrato em que uma das partes é obrigada a dar algo em troca de alguma coisa, que não seja em dinheiro (*Código Civil dos Estados Unidos do Brasil comentado*. Edição histórica. Rio de Janeiro: Ed. Rio, 1984, vol. II, p. 267).

Aplica-se a este contrato as mesmas disposições da compra e venda, com algumas modificações.

No contrato de permuta, salvo disposição em contrário, cada um dos contratantes pagará por metade as despesas com o instrumento da troca.

Se os imóveis permutados forem de valores muito desiguais, a doutrina entende que configurará a doação da diferença entre eles e, neste caso, incide o imposto de doação (ITCMD) sobre a diferença, além da incidência do Imposto de Transmissão de Bens Imóveis (ITBI) sobre cada uma das transferências.

Cumpre registrar que a escritura de divisão não é fato gerador do ITBI, ao contrário da permuta. A divisão ocorre quando há um único imóvel que possui mais de um condômino e a finalidade é a subdivisão destes, extinguindo-se total ou parcialmente a comunhão.

Quando envolver bens imóveis cujo valor seja superior a 30 (trinta) salários mínimos, a escritura pública é essencial para a validade do negócio.

Em caso de permuta, e pertencendo os imóveis à mesma circunscrição, serão feitos os registros nas matrículas correspondentes, sob um único número de ordem no Protocolo (art. 187 Lei 6.015/1973).

Com efeito, no caso de permuta, não é possível valer-se da cindibilidade do título, já que na permuta deverão ser registrados todos os imóveis pertencentes à circunscrição num único número de protocolo.

Vale alertar que a permuta, tal como a compra e venda, também é anulável se houver a troca de valores desiguais entre ascendentes e descendentes, sem consentimento dos outros descendentes e do cônjuge do alienante.

Destaca-se que, até a MP nº 1.085/2021, a **promessa de permuta** não era um ato registrável devido à falta de previsão legal, pois o art. 167, I, consiste, para a maioria da doutrina, em um rol taxativo. Pela mesma justificativa, também não são registráveis as promessas de doação, promessas de dação em pagamento, contratos de comodato, entre outros.

Ocorre que o item 30, inciso I, do art. 167 da Lei n. 6.015/1973, foi alterado pela referida MP e convertida na Lei n. 14.382/2022, **possibilitando o registro da promessa de permuta.** Em outras palavras, pode-se afirmar que atualmente é inscritível o contrato preliminar ou definitivo da permuta.

Ricardo Dip faz uma importante análise histórica sobre o tema. Peço licença para transcrever seus ensinamentos:

> "A Lei 14.382/2022 (de 27-6) alterou o disposto no item 30 do inciso I do art. 167 da Lei de registros públicos, passando a prever-se, **de modo explícito**, a suscetibilidade de registrar-se (em sentido estrito) a promessa de permuta.
>
> Diz-se «de modo explícito», porque, questão que se fez bastante controversa, não faltou que, na doutrina (p.ex., Gilberto Valente da Silva, Carlos Mário da Silva Pereira, Niske Gondo e Nascimento Franco, Ademar Fioranelli, Marcelo Terra, Frederico Henrique Viegas de Lima, Mario Pazutti Mezzari, Ulisses da Silva, José Osório de Azevedo Júnior), já antes se afirmasse, com plausíveis fundamentos, a admissibilidade desse registro da promessa de permuta.
>
> Verdade é que essa doutrina se reportava, sobretudo, incluso por seu mais eminente interesse prático, à promessa de permuta imobiliária no quadro das incorporações imobiliárias, invocando-se previsão da Lei 4.591/1964 (de 16-12), que condiciona a alienação de futuras unidades autônomas condominiais ao registro, no ofício imobiliário competente, do «*título de propriedade de terreno, ou de promessa, irrevogável e irretratável, de compra e venda ou de cessão de direitos ou de permuta do qual conste cláusula de imissão na posse do imóvel, não haja estipulações impeditivas de sua alienação em frações ideais e inclua consentimento para demolição e construção, devidamente registrado*» (alínea a do art. 32).
>
> Todavia, não faltava à referida orientação doutrinal o amparo de um julgado do STF, no RE 89.501 (Rel. Min. Rafael Mayer, j. 13-11-1979), que amplificava a admissão do registro da promessa de permuta imobiliária, sem reduzi-la –esta saliente observação é de Mário Mezzari– ao escambo de coisas presentes. É dizer que nada impedia fosse registrado, no ofício predial, a promessa de permuta de imóvel presente por imóvel futuro.
>
> A clave da discussão, na perspectiva registral, estava no persistente confronto entre, de um lado, a afirmação, no direito brasileiro, do caráter taxativo dos títulos suscetíveis de registro imobiliário, e, de outro lado, a tese propícia a ser exemplificativo o rol legal desses títulos. Sabe-se, a propósito, que, depois de um tempo favorável ao reconhecimento da taxatividade da lista dos títulos materiais registráveis (em sentido estrito), veio a prevalecer o entendimento oposto, solidado em teoria de todo convincente.
>
> A matéria foi retomada em meditação recente por Josué Modesto Passos, autorizado magistrado paulista que chefiou, no biênio 2022-2023, a equipe de correições do extrajudicial na gestão do Des. Fernando Torres Garcia, então Corregedor Geral da Justiça de São Paulo e, hoje, Presidente do Tribunal de Justiça paulista.
>
> Ao princípio de seu estudo –por enquanto apenas publicado na rede informática–, Josué Passos observou que o Conselho Superior da Magistratura de São Paulo, em julgado de 2016, entendeu não se admitir o registro

stricto sensu da promessa de permuta imobiliária, «*porque – assim o acórdão – é taxativo o rol da Lei 6.015/1973, art. 167, I, e nele não estava previsto esse negócio jurídico*». E, com efeito, o voto condutor do julgado –da lavra do Des. Manoel Pereira Calças (AC 1099413-38.2015)– enuncia: «*O rol de atos passíveis de registro perante o Cartório de Registro de Imóveis é taxativamente previsto no artigo 167, I, da lei 6.015/73. Negócio jurídico cuja natureza não se amolde a qualquer das alíneas do inciso em pauta não pode ser registrado*»; e ainda: «(...) *à míngua de norma legal autorizadora, o registro almejado haveria mesmo de ser declinado*».

Pergunta-se então (ao que parece, retoricamente) Josué Passos: «(...) *estava realmente correta a mencionada decisão que, em São Paulo, não admitira o registro stricto sensu da promessa de permuta, porque – assim se fundamentou – o rol do art. 167, I, é taxativo, e não exemplificativo?*».

Antes de analisar-lhe a resposta a essa indagação, é preciso sublinhar que, a despeito da unanimidade do entendimento nesse referido julgado do Conselho Superior da Magistratura de São Paulo, era já conhecida a posição doutrinária diversa adotada por ao menos um dos magistrados partícipes do julgamento. Isso leva a pensar que o fundamento central do acórdão não necessariamente implicava uma deposição de entendimento discrepante quanto ao motivo capital que rematou na conclusão do julgado: não é demais referir que a matéria posta ali em discussão tocava, diretamente, o disposto no art. 32 da Lei 4.591/1964, e um dos fundamentos alinhados pelo voto de relação acentuou a propósito: «(...) *o artigo 32, a, da Lei 4591/64 permite promessa de permuta apenas entre incorporador e proprietário, situação distinta da ora versada*».

Mas, prossigamos. Aprofunda Josué Passos sua pergunta inaugural: «(...) *a inovação trazida é a demonstração legal de que essa lista é mesmo taxativa (e por isso foi preciso acrescentar as novas hipóteses às alíneas 18 e 30) ou, pelo contrário, a novidade só fez explicitar situações de registro stricto sensu que antes já se poderiam fazer, por estarem implícita no elenco (caso em que, horresco referens, a mencionada decisão não teria seguido a melhor senda)?*». E continua:

«*Essa primeira dificuldade torna-se tanto mais aguda, quanto é certo que a Lei 14.711/2023, art. 5º, parece ter reconhecido, no caso da (a) transmissão do domínio e (b) da constituição de direitos reais limitados, que o rol do art. 167, I, é exemplificativo (ou, pelo menos, típico), ao inserir a alínea 48 (= registro stricto sensu de <outros negócios jurídicos de transmissão do direito real de propriedade sobre imóveis ou de instituição de direitos reais sobre imóveis>). Deve-se ter em conta, ainda, o Cód. Civil, art. 463, par. único: essa regra prescreve uma inscrição (<registro>) do contrato preliminar no registro competente, o que, se era argumento em favor da admissão do registro stricto sensu da promessa de permuta, também o era para aceitar a inscrição de outras promessas. Ora, se a alteração da alínea 30 vai ao encontro do disposto nesse art. 463, a nova alínea 48, por outro lado, vai em sentido contrário, porque só admite a tipicidade (ou, quem sabe, a exemplaridade) para a transmissão do domínio e a constituição de direitos reais limitados, e a promessa de permuta, se evidentemente não transfere o domínio, tampouco parece constituir um direito real limitado –com o que se chega à dificuldade segunda.*»

Essas observações são agudas, com efeito.

Noutra parte, já se indicara também a dúvida sobre a pertinência até mesmo de preservar-se na Lei 6.015/1973 uma lista de títulos –ao menos, de negócios jurídico-reais, ainda que não, literalmente, de fatos e atos, e, não menos, de eventualíssimas causas de direito pessoal –, repita-se: uma lista de títulos passíveis de registrarem-se, quando o novo item 48 do inciso I de seu art. 167 consagra o registro stricto sensu de «(outros) *negócios jurídicos de transmissão do direito real de propriedade sobre imóveis ou de instituição de direitos reais sobre imóveis*».

Se são registráveis os negócios previstos na lei expressa e especificamente e mais os outros... são todos, pois; é dizer: os negócios aí referidos são todos os jurídico-reais, não se avistando a necessidade de uma enunciação singularizada.

Com efeito, **se são todos,** bastaria dizer que se registram estritamente os negócios jurídicos de transmissão do direito real de propriedade sobre imóveis ou de instituição de direitos reais sobre imóveis... mais as raríssimas hipóteses de títulos próprios de direitos obrigacionais.

Essas indagações –mormente quando os conceitos mostram o conflito, de um lado, de suas correspondentes funções no plano do direito real, e, de outro lado, aquilo que lhes cabe na esfera do direito registral imobiliário–, insiste-se: essas questões participam de fato, como o disse Josué Passos, conjunto das volumosas, cruas e indigestas (*rudis indigestaque moles*) questões dos registro de imóveis, e muito por isso mesmo, não as quis ele responder – embora qualificado para a investida –, preferindo invocar, a propósito, uma passagem do *Orlando Furioso*, de Ariosto, protelando para outro lugar e hora a solução dos problemas: «*problemi superbi, vo' che per l'altro canto si riserbi*».

Há uma primeira e aguda distinção que Josué Passos salientou acerca dos direitos reais, de uma parte, e do registro imobiliário, de outra parte. Trata-se de um *discrimen* evidente, mas que não deixa de interessar se apreciamos a história, entre nós, do relacionamento entre os direitos reais e o registro de imóveis, dando-nos conta de que a discussão sobre o tema da taxatividade do registro *stricto sensu* (vale dizer, rol do inc. I do art. 167 da Lei 6.015) levou a solução errônea exatamente porque se trasladou, sem mais, para o plano do registro, a taxatividade dos direitos reais. Em outras palavras, entendeu-se em erro que à taxatividade dos direitos reais equivalia uma correspondente taxatividade dos registros.

Ora, essa afirmação (insista-se: errônea) parecia implicar, de modo essencial, que o registro imobiliário inscreveria apenas direitos reais. Mas, se esse juízo pode ser verdadeiro para algum sistema registral – é, de fato, ao menos tendencialmente, para sistemas em que os direitos reais imobiliários se constituem à margem do registro, ou seja, em que o registro somente possui função declarativa –, não é, entretanto, um juízo verdadeiro quanto ao registro de imóveis no Brasil. Com efeito, é cediço que entre nós prevalece, em muito, a natureza constitutiva dos direitos reais sobre imóveis. É bem por isso que deve afirmar-se que nosso registro é registro de títulos e não de direitos.

Ocorre que, acompanhando a americanização da linguagem, alguns de nossos doutrinadores – incluídos alguns dos melhores – têm feito referência a que nosso sistema imobiliário é um sistema de registro de direitos, valendo-se da expressão «registro de direitos» com o modo de falar americano, que distingue esse registro do mero depósito de documentos. Todavia, o registro imobiliário brasileiro é tipicamente um registro de títulos, quer dizer, um registro de causas materiais aquisitivas dependentes, em geral, de um modo, de uma inscrição constitutiva dos direitos. Em outros termos, entre nós, ordinariamente, não se registram direitos, mas, isto sim, títulos que, com o registro, convertem-se em direitos reais.

Dessa maneira, a taxatividade dos direitos reais não equivale a uma hipotética taxatividade dos registros (*stricto sensu*), ou, por outras palavras: a só conjecturável taxatividade desses registros haveria de corresponder não ao *numerus clausus* dos direitos reais, mas a uma eventual taxatividade dos títulos. Mas os títulos – classificando-se eles no âmbito das obrigações– estão previstos em *numerus apertus*.

Façamos aqui uma paragem na história dessa discussão, para explicar o motivo pelo qual se afirmou, com alguma prevalência transitória, a taxatividade da lista do inciso I do art. 167 da Lei 6.015.

O problema prático estava no alargamento da pretensão, frequente nas décadas de 80 e 90, de amplitude receptiva no registro imobiliário. Entendeu-se – num novo erro – que a afirmação da exemplaridade do rol do inciso I do art. 167 da Lei de registros públicos levaria a admitirem-se todos os registros possíveis, o registro de não importa o quê, com a só condição de que dissesse respeito a imóveis.

Ora, diante desse fato (e isso era um fenômeno reiterado nas pretensões registrais nas últimas décadas do século passado), tinha-se logo uma resposta ao alcance das mãos, a de o registro de imóveis apenas concernir a direitos reais imobiliários. Mas essa solução era evidentemente falha diante da previsão legal de registro de citação, de arresto, de penhora, de sequestro. À deficiência dessa resposta seguiu a opção de afirmar a taxatividade da lista do aludido inciso I do art. 167, só suscetível de alargar-se em normativa extravagante.

A solução aparentava ser bem-sucedida, de fato. Com ela, evitou-se a avulsão de pretensões registrais inconvenientes. Todavia, era manifesto seu déficit doutrinário, e logo a realidade das coisas começou a revelar as rachaduras da tese. Dois problemas surgiram a incomodar a solução acolhida: o da alienação fiduciária de imóvel em garantia e o da multipropriedade.

Era preciso enfrentar novamente a questão, e isso se fez com uma simplicidade surpreendente. É curioso como a maior parte das verdades, uma vez descoberta, é algo claro e simples. Admitiu-se que a relação do inciso I do art. 167 da Lei 6.015 não é taxativa, nem responde apenas ao tema dos direitos reais. Mas, isto sim, é uma lista aberta para os registros referentes aos direitos reais imobiliários, embora uma lista fechada para os direitos obrigacionais, salvo quando, por exceção, haja preceito singular expresso para a inscrição correspondente.

Fórmula exitosa essa, porque resolveu tanto o excesso, quanto a deficiência do registro, porque, embora apartado do *numerus clausus*, o sistema registral não se convertia em um sistema integralmente aberto, que estaria fadado ao caos.

O critério que parece ajustar-se a instituir um sistema registral limitadamente aberto está em que apenas se admitam à inscrição

(*i*) **títulos idôneos à constituição de direitos reais;**

e, estes agora desde que previstos legalmente em *numerus clausus*,

(*ii*) **títulos que já se configuram como direitos obrigacionais.**

Para satisfazer a primeira dessas indicações – a dos títulos idôneos à constituição de direitos reais –, o item 48 do inciso I do art. 167 da Lei 6.015/1973 dispôs serem registráveis (*stricto sensu*) «*negócios jurídicos de transmissão do direito real de propriedade sobre imóveis ou de instituição de direitos reais sobre imóveis, ressalvadas as hipóteses de averbação previstas em lei e respeitada a forma exigida por lei para o negócio jurídico, a exemplo do art. 108 da Lei nº 10.406, de 10 de janeiro de 2002 (Código Civil)*».

Pode estranhar-se a redação pouco ortodoxa do dispositivo – esse «*a exemplo do art. 108 da Lei nº 10.406, de 10 de janeiro de 2002 (Código Civil)*» –, convenha-se, é uma raridade legística.

Pode estranhar-se, também, que esse item 48 torne, em rigor, supérfluos, quase todos os itens que o precedem no rol do inciso I do art. 167 da Lei de Registros Públicos. Mas não se pode negar o bom critério que aí norteou o legislador.

Resolveu-se o problema, com boa fundamentação doutrinária. Mas, vez por outra, além da reincidência em juízos errôneos, há também o concurso molesto da linguagem (assim, o do uso americanizado da expressão «registro de direitos»), ambos a desconsiderar o bom critério da Lei 6.015".

1.1 LAVRATURA DE ESCRITURA PÚBLICA E REGISTRO DE PERMUTA DE BENS IMÓVEIS COM TOKENS/CRIPTOATIVOS

No ano de 2021, o Provimento 38/2021 da Corregedoria-Geral da Justiça do Estado de Rio Grande do Sul (CGJRS), regulamentou a lavratura de escritura pública e registro de permuta de bens imóveis com tokens/criptoativos.

De acordo com os arts. 1º e 2º do Provimento 38/2021 da CGJRS, as escrituras públicas de permuta de bens imóveis com contrapartida de tokens/criptoativos somente poderão ser lavradas mediante condições cumulativas, que deverão ser observadas, também, pelos Registradores de Imóveis, quando da qualificação do título.

Por sua vez, o art. 3º determina que todos os atos notariais e registrais realizados na forma do Provimento deverão ser comunicados ao **Conselho de Controle de Atividades Financeiras** (COAF), conforme do **Provimento n. 88/2019** da Corregedoria Nacional de Justiça do **Conselho Nacional de Justiça**. Atente-se que o referido ato normativo foi incorporado ao Código Nacional de Normas e teve suas regras alteradas pelo Provimento CNJ n. 161/2024

Veja na íntegra o Provimento CGJRS n. 38/2021:

PROVIMENTO Nº 038/2021 – CGJ Expediente nº 8.2021.0010/001575-8 Matéria Notarial e Registral

Regulamenta a lavratura de escrituras públicas de permuta de bens imóveis com contrapartida de tokens/criptoativos e o respectivo registro imobiliário pelos Serviços Notariais e de Registro do Rio Grande do Sul.

A Excelentíssima Senhora Desembargadora VANDERLEI TERESINHA TREMEIA KUBIAK, Corregedora-Geral da Justiça, no uso de suas atribuições legais,

CONSIDERANDO a consulta da Associação dos Notários e Registradores do Estado do Rio Grande do Sul – ANOREG-RS e do Fórum de Presidentes das entidades extrajudiciais gaúchas, veiculada no Ofício nº 020/2021, a respeito do procedimento a ser adotado em caso de permuta de bens imóveis com contrapartida de tokens/criptoativos;

CONSIDERANDO o disposto no artigo 6º da Lei 8.935/94; e

CONSIDERANDO o dever da Corregedoria-Geral da Justiça de orientar, fiscalizar e adotar providências convenientes à melhoria dos Serviços Extrajudiciais,

PROVÊ:

Art. 1º Os Tabeliães de Notas apenas lavrarão escrituras públicas de permuta de bens imóveis com contrapartida de tokens/criptoativos mediante as seguintes condições cumulativas:

I – declaração das partes de que reconhecem o conteúdo econômico dos tokens/criptoativos objeto da permuta, especificando no título o seu valor;

II – declaração das partes de que o conteúdo dos tokens/criptoativos envolvidos na permuta não representa direitos sobre o próprio imóvel permutado, seja no momento da permuta ou logo após, como conclusão do negócio jurídico representado no ato;

III – que o valor declarado para os tokens/criptoativos guarde razoável equivalência econômica em relação à avaliação do imóvel permutado;

IV – que os tokens/criptoativos envolvidos na permuta não tenham denominação ou endereço (link) de registro em blockchain que deem a entender que seu conteúdo se refira aos direitos de propriedade sobre o imóvel permutado.

Art. 2º Os Registradores de Imóveis, na qualificação de títulos referentes a transações de imóveis por tokens/criptoativos, observarão a presença das exigências do art. 1º, e, caso atendidas, transcreverão expressamente no ato as cláusulas relativas aos incisos I e II.

Art. 3º Todas os atos notariais e registrais realizados na forma deste provimento deverão ser comunicados ao Conselho de Controle de Atividades Financeiras – COAF, na forma do Provimento nº 88/2019 do Conselho Nacional de Justiça.

Art. 4º Este provimento entrará em vigor no primeiro dia útil seguinte à data de sua disponibilização no Diário da Justiça Eletrônico.

Mais tarde, foi a vez do excelente Código de Normas da Corregedoria Geral do Estado do Rio de Janeiro – Parte do Extrajudicial – regulamentar a temática.

Assim, a lavratura de **escritura de permuta entre bem imóvel e criptoativos** deve observar seguinte:

I – declaração do titular do criptoativo quanto ao seu valor, em reais, tendo por base a cotação do dia da escritura segundo avaliação de mercado;

II – declaração das partes de que reconhecem o conteúdo econômico do criptoativo objeto da permuta, especificando no título o seu valor para fins da permuta;

III – declaração das partes de que o conteúdo dos criptoativos envolvidos na permuta não representa direitos sobre o próprio imóvel permutado, seja no momento da permuta ou logo após, como conclusão do negócio jurídico representado no ato; e

IV – a declaração do titular do criptoativo indicativa da "exchange" envolvida, a saber, a pessoa física ou jurídica que realiza a operação com o criptoativo, tanto de custódia, intermediação ou negociação, incluindo nome, nacionalidade, domicílio fiscal, endereço, número de inscrição no CPF ou CNPJ ou número de identificação fiscal (NIF) no exterior, se for situada fora do País.

É importante frisar que todos os atos notariais e registrais envolvendo negociação com criptoativos deverão ser comunicados ao Conselho de Controle de Atividades Financeiras – COAF, na forma do recente Provimento CNJ nº 161/2024, que alterou o Código Nacional de Normas.

1.2 PERMUTA DE IMÓVEIS DO INSS/FRGPS POR IMÓVEIS DE TERCEIROS

No dia 11 de novembro de 2022, foi publicada a Instrução Normativa do Instituto Nacional do Seguro Social n. 139, que dispõe sobre a permuta de imóveis do INSS/FRGPS por imóveis de terceiros em prol da racionalização de custos, da modernização e/ou do aperfeiçoamento das condições de prestação dos serviços previdenciários.

Aqui, dialoga com a atividade notarial e registral, o art. 11 da referida instrução. Veja-se:

Art. 11. Os imóveis de terceiros ofertados ao INSS em permuta deverão estar regularizados perante o respectivo Cartório de Registro de Imóveis, com matrícula individualizada e em nome do interessado que tenha se apresentado ao Chamamento Público ou em nome de terceiro mediante apresentação de Declaração de Compromisso de Aquisição de Imóvel, bem como estar regularizado junto aos órgãos públicos municipais e/ou estaduais competentes, além de estarem completamente livres e desembaraçados de quaisquer dívidas, impostos, taxas e ônus reais, inclusive foro e laudêmio, bem como quanto a ações reais e pessoais reipersecutórias.

2. JURISPRUDÊNCIA COMPLEMENTAR

SUPERIOR TRIBUNAL DE JUSTIÇA

EMENTA: RECURSO ESPECIAL. CONTRATO DE PERMUTA DE IMÓVEIS ENTRE AS PARTES. IMÓVEL CEDIDO PELO RECORRENTE COM DÉBITO DE IPTU, O QUAL FOI QUITADO PELOS RECORRIDOS JUNTO À MUNICIPALIDADE. AÇÃO DE COBRANÇA PLEITEANDO O REEMBOLSO DO VALOR PAGO, EM FASE DE CUMPRIMENTO DE SENTENÇA. NEGATIVA DE PRESTAÇÃO JURISDICIONAL. NÃO OCORRÊNCIA. PRETENDIDA PENHORA DO IMÓVEL QUE FORA CEDIDO PELOS RECORRIDOS AO RECORRENTE, O QUAL NÃO POSSUÍA QUALQUER DÉBITO TRIBUTÁRIO. IMPOSSIBILIDADE. BEM DE FAMÍLIA. HIPÓTESE QUE NÃO SE SUBSUME À EXCEÇÃO À IMPENHORABILIDADE PREVISTA NO ART. 3º, INCISO IV, DA LEI N. 8.009/1990, POR NÃO SE TRATAR DE OBRIGAÇÃO REFERENTE

A COBRANÇA DE TRIBUTO DEVIDO EM FUNÇÃO DO RESPECTIVO IMÓVEL FAMILIAR, MAS, SIM, DE REEMBOLSO DE VALORES PAGOS EM VIRTUDE DE DESCUMPRIMENTO CONTRATUAL. NORMA DE EXCEÇÃO À PROTEÇÃO LEGAL CONFERIDA AO BEM DE FAMÍLIA QUE DEMANDA INTERPRETAÇÃO RESTRITIVA. REFORMA DO ACÓRDÃO RECORRIDO. RECURSO PROVIDO.

1. Cinge-se a controvérsia a definir, a par da adequação da tutela jurisdicional prestada, se é possível a penhora do imóvel do recorrente, no bojo de ação de cobrança em fase de cumprimento de sentença, em razão da exceção à impenhorabilidade do bem de família prevista no art. 3º, IV, da Lei n. 8.009/1990.

2. Afasta-se a apontada negativa de prestação jurisdicional, pois o Tribunal de origem analisou todas as questões suficientes ao deslinde da controvérsia, não havendo que se falar em violação ao art. 535, inciso II, do CPC/1973.

3. Quanto à questão de fundo, depreende-se dos autos que o recorrente celebrou com os recorridos um contrato particular de permuta de imóveis urbanos, em que estes transmitiriam àquele uma casa residencial em troca de um lote de terreno. Por ocasião da celebração do referido contrato, pactuou-se que cada parte assumiria os tributos e taxas que viessem a incidir sobre os imóveis permutados, responsabilizando-se pela existência de débitos pendentes.

3.1. Após a concretização da permuta e transferência da posse, os recorridos constataram que o imóvel cedido pelo recorrente possuía débitos de IPTU relacionados a anos anteriores à celebração do contrato. Assim, os recorridos quitaram os débitos fiscais junto à Municipalidade e ajuizaram ação de cobrança contra o recorrente buscando o reembolso dos valores pagos, a qual foi julgada procedente pelas instâncias ordinárias.

3.2. Na fase de cumprimento de sentença, o imóvel transferido ao recorrente (casa residencial), que antes pertencia aos recorridos, e que não possuía débitos tributários, foi penhorado para garantia da dívida objeto da referida ação de cobrança, com base no art. 3º, IV, da Lei n. 8.009/1990, o qual dispõe que poderá ser penhorado o bem de família "para cobrança de impostos, predial ou territorial, taxas e contribuições devidas em função do imóvel familiar".

4. Não obstante, para a aplicação da exceção à impenhorabilidade do bem de família prevista no aludido dispositivo legal é preciso que o débito de natureza tributária seja proveniente do próprio imóvel que se pretende penhorar. Em outras palavras, era preciso que os débitos de IPTU, no caso em julgamento, fossem do próprio imóvel penhorado, agora pertencente ao recorrente. Na hipótese, contudo, o imóvel penhorado foi aquele repassado pelos recorridos ao recorrente, o qual não tinha qualquer débito tributário.

4.1. Ademais, o débito referente ao IPTU do imóvel repassado pelo recorrente foi integralmente quitado pelos recorridos (autores), razão pela qual não se está cobrando "impostos, predial ou territorial, taxas e contribuições devidas", mas, sim, o reembolso dos valores pagos pelos autores em função do não cumprimento de cláusula contratual pelo recorrente, a qual estabelecia que a permuta dos imóveis deveria ser efetivada sem qualquer pendência fiscal.

4.2. Dessa forma, constata-se que a exceção à impenhorabilidade do bem de família disposta no art. 3º, inciso IV, da Lei n. 8.009/1990 não se amolda ao caso em julgamento, razão pela qual o acórdão recorrido deve ser reformado para afastar a respectiva penhora do imóvel.

4.3. Com efeito, por se tratar de norma de exceção à ampla proteção legal conferida ao bem de família, a sua interpretação deve se dar de maneira restritiva, não podendo, na linha do que decidido pelas instâncias ordinárias, ser ampliada a ponto de alcançar outras situações não previstas pelo legislador.

5. Recurso especial provido.

Vistos e relatados estes autos em que são partes as acima indicadas, acordam os Ministros da Terceira Turma do Superior Tribunal de Justiça, por unanimidade, dar provimento ao recurso especial, nos termos do voto do Sr. Ministro Relator.

Os Srs. Ministros Moura Ribeiro (Presidente), Nancy Andrighi e Ricardo Villas Bôas Cueva votaram com o Sr. Ministro Relator.

Ausente, justificadamente, o Sr. Ministro Paulo de Tarso Sanseverino.

Brasília, 18 de fevereiro de 2020 (data do julgamento).

MINISTRO MARCO AURÉLIO BELLIZZE, Relator (STJ – REsp nº 1.332.071 – São Paulo – 3ª Turma – Rel. Min. Marco Aurélio Bellizze – DJ 20.02.2020).

EMENTA: RECURSO ORDINÁRIO EM MANDADO DE SEGURANÇA – IMPETRAÇÃO DE PROPRIETÁRIO DE IMÓVEL VISANDO CONCESSÃO DE ORDEM PARA ANULAR ATO DO CONSELHO SUPERIOR DA MAGISTRATURA DO ESTADO DE SÃO PAULO QUE AUTORIZOU O REGISTRO DA ESCRITURA PÚBLICA DE PERMUTA NA MATRÍCULA DO BEM – ALEGAÇÃO DE FATO NOVO – ART. 462 DO CPC/1973 – POSSIBILIDADE – DISSOLUÇÃO DE ASSOCIAÇÃO CIVIL – EXTINÇÃO DA PERSONALIDADE JURÍDICA – NÃO OCORRÊNCIA – SUBSISTÊNCIA PARA FINS DE LIQUIDAÇÃO – NULIDADE DO *HABITE-SE* E DO ALVARÁ DE DEMOLIÇÃO – IRRELEVÂNCIA – ANÁLISE DOS TERMOS DA ESCRITURA – INADEQUAÇÃO DA VIA ELEITA – NECESSIDADE DE DILAÇÃO PROBATÓRIA – COISA JULGADA – OCORRÊNCIA DE EFICÁCIA PRECLUSIVA – DÚVIDA SUSCITADA PELO OFICIAL DE REGISTRO – NATUREZA ADMINISTRATIVA – INTERVENÇÃO DE TERCEIROS PREVISTA NOS ARTS. 56 A 80 DO CPC/1973 – IMPOSSIBILIDADE – APELAÇÃO DO ART. 202 DA LEI 6.015/73 – RECOLHIMENTO DE PREPARO – DESNECESSIDADE – INEXISTÊNCIA DE PREVISÃO LEGAL NO ÂMBITO DO ESTADO DE SÃO PAULO. INSURGÊNCIA RECURSAL DO IMPETRANTE. Hipótese: mandado de segurança impetrado em face de ato do Conselho Superior da Magistratura do Estado de São Paulo que autorizou a transferência de domínio de imóvel objeto de Escritura de Permuta. Segurança denegada pelo Tribunal estadual.

1. O julgamento deve refletir o estado de fato da lide no momento da entrega da prestação jurisdicional, de modo que a ocorrência de fato/circunstância jurídica superveniente há de ser considerada quando da apreciação da controvérsia, inclusive no âmbito dos recursos extraordinários, a fim de evitar decisões contraditórias ou violação à coisa julgada posteriormente formada.

1.1. A dissolução da associação civil não acarreta, de pronto, a extinção de sua personalidade jurídica, que só ocorrerá com a averbação da Ata da Assembléia Geral que aprovar as contas finais apresentadas pelo liquidante, após o pagamento do passivo e regular destinação do patrimônio líquido, momento no qual é cancelado o registro da pessoa jurídica.

1.2. A declaração de nulidade do *Habite-se* e do Alvará de Demolição não acarretaram a impossibilidade de registro da Escritura Pública de Permuta deferida no ato impugnado.

2. Incabível – na estreita via de mandado de segurança – o julgamento de questões que demandem dilação probatória, porquanto a ação se presta a proteger direito líquido e certo. Precedentes.

2.1. Tendo transitado em julgado a matéria relativa a eficácia da Escritura Pública de Permuta, incide o disposto no art. 474 do CPC, reputando-se deduzidas e repelidas todas as alegações e defesas que a parte poderia opor tanto ao acolhimento como à rejeição do pedido. Precedentes.

3. A jurisprudência deste Superior Tribunal de Justiça é firme no sentido de que o procedimento de dúvida suscitado pelo Oficial do Registro reveste-se de caráter administrativo.

3.1. Revela-se, pois, descabida a intervenção de terceiros no âmbito da dúvida registrária, porquanto inexiste previsão normativa nesse sentido nos dispositivos legais que regulam o procedimento, quais sejam, os artigos 198 a 207 da Lei 6.015 de 1973, sendo inviável a aplicação subsidiária dos artigos 56 ao 80 do Código de Processo Civil de 1973.

3.2. Nos termos do artigo 1º da Lei 10.169/2000, compete ao Estado membro dispor sobre o valor dos emolumentos cobrados por seus respectivos serviços notarial e de registro. Desse modo a interposição da apelação prevista no art. 202 da Lei 6.015/73 no Estado de São Paulo é isenta de preparo, pois inexiste previsão de cobrança na Lei 11.331/2002-SP, que rege a matéria no âmbito desse ente federativo.

4. Inexistente indício de infração penal, disciplinar ou ética por qualquer uma das partes ou dos advogados que as defendem, descabe a condenação em litigância de má-fé. 5. Recurso ordinário desprovido.

(STJ – RMS nº 39.236 – São Paulo – 4ª Turma – Rel. Min. Marco Buzzi – DJ 03.05.2016)

TRIBUNAL DE JUSTIÇA DO ESTADO DE SÃO PAULO

EMENTA: INEXISTÊNCIA DE RELAÇÃO JURÍDICO-TRIBUTÁRIA – ITCMD – PERMUTA DE IMÓVEIS, SEM TORNA – Pretensão de afastar a cobrança do ITCMD sobre operação de permuta de imóveis, sem torna em dinheiro – Descabimento – **Diferença notável entre o valor dos imóveis permutados** – Acréscimo patrimonial que configura doação, sujeita a incidência do ITCMD – Fato gerador do imposto que decorre de lei e independe da manifestação de vontade das partes – Art. 155, I, CF/88 – Precedentes deste Tribunal – Sentença de improcedência mantida.

APELAÇÃO IMPROVIDA.

Vistos.

ACINCO EMPREENDIMENTOS LTDA. ajuizou em face do ESTADO DE SÃO PAULO ação com o objetivo de ver declarada a inexistência de relação jurídico-tributária quanto ao ITCMD cobrado pela permuta de imóveis sem torna.

A r. sentença de fls. 124 a 133, mantida às fls. 143 e 144, julgou improcedente o pedido, considerando que a permuta de imóveis de valores venais distintos sem torna, caracteriza acréscimo patrimonial de forma não onerosa, a atrair a incidência do ITCMD diante da configuração de doação. A autora foi condenada ao pagamento das custas e despesas processuais, além de honorários advocatícios fixados em 10% sobre o valor atualizado da causa.

Inconformada, apela a autora para reformar o julgado (fls. 147 a 170). Em preliminar, alega a apelante que a sentença é nula por falta de fundamentação (art. 489, §1º, IV, do CPC), considerando que o argumento da bitributação, em relação ao ITBI que já foi recolhido aos cofres municipais, não foi enfrentado. No mérito, aduz que as partes consideraram equivalentes os valores dos imóveis permutados e, por isso, não houve pagamento de diferenças em dinheiro. O procedimento tem respaldo em instrução normativa para que não se recolha o imposto de renda, no caso de permuta sem pagamento de torna. Aduz a apelante que as partes manifestação de vontade de trocar os bens imóveis, dando-se por satisfeitas sem o recebimento de torna. Segundo a apelante, não houve intenção das partes de doação de patrimônio. A exação, no caso, ofende o princípio da legalidade, sendo descabido presumir pela ocorrência da doação.

Apelo tempestivo, acompanhado do comprovante de recolhimento de preparo (fls. 171, 172, 199 e 200) e respondido (fls. 179 a 184).

Há oposição ao julgamento virtual (fls. 191).

É o relatório.

Não é caso de se acolher a preliminar de nulidade de sentença. Todas as questões foram suficientemente fundamentadas pelo d. Juízo *a quo*, tanto que possibilitou a ampla defesa da autora, interpondo o presente recurso de apelação, atendendo, assim, os pressupostos do art. 489, §1º, do CPC.

De se anotar, "o órgão judicial, para expressar sua convicção, não precisa aduzir comentários sobre todos os argumentos levantados pelas partes. Sua fundamentação pode ser sucinta, pronunciando-se acerca do motivo que, por si só, achar suficiente para a composição do litígio" (AgRg 169.073/SP, Min. José Delgado, Primeira Turma, DJU 17/08/1998).

No mérito, sem razão a apelante.

Busca a empresa desconstituir a relação jurídica-tributária quanto à incidência do ITCMD sobre o acréscimo patrimonial auferido com a permuta de imóveis, sem torna.

Depreende-se dos autos que a autora é empresa que atua no ramo de empreendimentos imobiliários e negociou com terceiros a permuta de 12 (doze) imóveis pertencentes à autora com 1 (um) imóvel em nome de Marcelo de Moraes Almeida, Cristina Rodrigues Tavares Almeida, Eduardo de Moraes Almeida e Maria do Rosário de Moraes Almeida.

Em 23 de junho de 2020, foi lavrada escritura pública da permuta dos imóveis matriculados sob os números 46.939, 5.787, 56.792, 56.793, 56.794, 56.813, 56.865, 57.651, 33.750, 33.750, 39.929 e 74.032, perante o 1º e 2º Cartório de Registro de Imóveis de Marília com o imóvel matriculado sob o número nº 72.779 do 1º Cartório de Registro de Imóveis de Marília.

Segundo a autora, o valor total dos doze imóveis somados equivale ao preço do outro imóvel pertencente a terceiros. Sustenta a empresa que nenhuma das partes recebeu diferenças pela transação.

Embora entabulada permuta sem torna, o Oficial de Registro informou que o valor venal, para fins de ITBI, atribuído pelo Município ao imóvel de terceiros é superior ao valor venal dos imóveis da autora, o que configura doação dos primeiros para a empresa, a atrair ocorrência do fato gerador de ITCMD.

A empresa, então, suscitou dúvida registral à Corregedora do 1º Cartório de Registro de Imóveis (0008370-08.2020.8.26.0344) que, contudo, ratificou o entendimento do Oficial de Registro.

Contra a exigência do ITCMD, insurge-se a autora, insistindo na não caracterização da doação.

Apesar dos esforços da interessada, a r. sentença deve ser mantida, pelos seus próprios fundamentos.

De acordo com a escritura pública de fls. 43 a 49, o valor atribuído pelas partes ao imóvel permutado de matrícula nº 72.779 é de R$ 597.452, com valor venal atribuído pelo Município de Marília é de R$ 9.393.341,60 (fls. 44) e, para fins de ITBI, R$ 9.751.566,13 (fls. 50).

Por outro lado, o somatório dos outros bens imóveis de matrículas nº 46.939, 5.787, 56.792, 56.793, 56.794, 56.813, 56.865, 57.651, 33.750, 33.750, 39.929 e 74.032 corresponde a R$ 2.164.765,44 (preço declarado para venda fls. 45 a 49), sendo valor venal atribuído pela municipalidade de R$ 2.753.576,20 (fls. 50).

A diferença entre os valores venais dos imóveis corresponde a R$ 6.639.765,40 (fls. 51).

Como visto, embora as partes tenham pactuado que nenhum repasse financeiro haveria, há diferença significativa entre o valor dos imóveis permutados.

Esse acréscimo patrimonial configura doação, nos termos do art. 538, do CC: "considera-se doação o contrato em que uma pessoa, por liberalidade, transfere do seu patrimônio bens ou vantagens para o de outra".

Sobre a transmissão de bens, por doação, incide o ITCMD (art. 155, I, CF/88 e art. 2º, II, da Lei Estadual nº 10.705/00 e art. 1º, II, Decreto Estadual nº 46.655/02).

A obrigação tributária decorre de lei e independe da manifestação de vontade das partes. Assim, o fato gerador ocorre quando a hipótese legal se manifesta no mundo real, por meio de situação definida como necessária e suficiente à sua ocorrência (art. 114 CTN).

Uma vez constatado o intuito de dissimular a ocorrência do fato gerador ou a natureza dos elementos constitutivos da obrigação tributária, está a autoridade administrativa autorizada a desconsiderar o negócio jurídico (art. 116, parágrafo único, CTN).

Portanto, não há ofensa ao princípio da legalidade quando o Tabelião exige o cumprimento da obrigação principal pelo contribuinte, sob pena de responder solidariamente pela omissão (art. 134, VI, CTN).

No mais, não há bitributação sobre o mesmo fato gerador. O ITBI devido em relação à transferência dos imóveis até o valor coincidente não se confunde com o ITCMD devido sobre a quantia excedente.

Para fins de ITCMD, o acréscimo patrimonial, que configura a doação, refere-se apenas ao montante que supera a equivalência dos imóveis, ou seja, a diferença apontada pelo Oficial de Registro (fls. 51).

Eventuais insurgências sobre a base de cálculo, ou recolhimento a maior do ITBI (fls. 61 e 62) devem ser discutidas em ação autônoma.

Nesse sentido, consolidou-se a jurisprudência deste Tribunal:

MANDADO DE SEGURANÇA – PROCEDÊNCIA – REEXAME NECESSÁRIO – Art. 14, § 1º, da Lei Federal nº 12.016/09 – Obrigatoriedade. TRIBUTÁRIO – **ITCMD – PERMUTA DE BENS – Diferença de valores dos imóveis envolvidos na permuta – Caracterização de doação – Incidência de ITCMD sobre a diferença – Inexistência de bitributação com o ITBI** – Inaplicabilidade do Decreto Estadual nº 55.002/09 – Precedentes deste E. Tribunal de Justiça – Sentença mantida. TRIBUTÁRIO – ITCMD – BASE DE CÁLCULO – Arbitramento pelo fisco – Art. 11 da Lei Estadual nº 10.705/00 – Inadmissibilidade, se já frustrada a primeira exação baseada no valor venal de referência do Decreto nº 55.002/09. NEGA-SE PROVIMENTO À REMESSA NECESSÁRIA E AOS APELOS.

(TJSP; Apelação / Remessa Necessária 1025508-34.2021.8.26.0053; Relator (a): Afonso Faro Jr.; Órgão Julgador: 11ª Câmara de Direito Público; Foro Central – Fazenda Pública/Acidentes – 8ª Vara de Fazenda Pública; Data do Julgamento: 17/05/2022; Data de Registro: 17/05/2022).

REGISTRO DE IMÓVEIS. **Escritura pública de permuta de bens imóveis de valores venais distintos, sem torna.** Acréscimo patrimonial de forma não onerosa a caracterizar doação. **Ausência de comprovação de recolhimento de Imposto de Transmissão causa mortis – ITCMD ou sua isenção. Dever do Oficial de velar pelo seu recolhimento, exigindo a apresentação das respectivas guias ou prova do reconhecimento administrativo da isenção.** Óbice mantido. Recurso desprovido.

(TJSP; Apelação Cível 1001733-55.2018.8.26.0615; Relator (a): Ricardo Anafe (Corregedor Geral); Órgão Julgador: Conselho Superior da Magistratura; Foro de Tanabi – 1ª Vara; Data do Julgamento: 22/11/2021; Data de Registro: 30/11/2021).

DECADÊNCIA – ITCMD – Não ocorrência – Inteligência do art. 173, inc. I do CTN – Créditos tributários constituídos antes de decorrido o prazo decadencial – Preliminar prejudicial de mérito afastada. APELAÇÃO CÍVEL – AÇÃO ANULATÓRIA DE AUTO DE INFRAÇÃO – ITCMD – **Alegação de que se firmou contrato de permuta sem torna** a título oneroso, de forma a não incidir o imposto estadual – Inadmissibilidade – Autuação baseada nas informações prestadas na Declaração do Imposto de Renda Pessoa Física onde foram informadas as transferências de valores a título de doação – Admissibilidade – Doação, todavia, que ocorreu em valor menor ao apurado pela fiscalização – **Doação relativa a diferença de valores (venais) entre os imóveis permutados – ITCMD que deve recair sobre esta diferença** – Minoração do valor autuado que se impõe – Multa confiscatória – Não observada – Conversão do depósito em renda em favor da Fazenda – Possibilidade após o trânsito em julgado – R. sentença parcialmente reformada – Recursos da autora e da ré parcialmente providos.

(TJSP; Apelação Cível 1003390-40.2016.8.26.0053; Relator (a): Silvia Meirelles; Órgão Julgador: 6ª Câmara de Direito Público; Foro Central – Fazenda Pública/Acidentes – 1ª Vara de Fazenda Pública; Data do Julgamento: 27/05/2019; Data de Registro: 31/05/2019).

Assim, é o caso de manutenção da r. sentença, com elevação da verba honorária em um ponto percentual, nos termos do art. 85, §11, do CPC.

Ante o exposto, nega-se provimento ao apelo.

Recursos interpostos contra este julgado, salvo oportuna oposição expressa, estarão sujeitos ao julgamento virtual.

MARIA FERNANDA DE TOLEDO RODOVALHO. RELATORA – - /(TJSP – Apelação Cível nº 1012791-87.2021.8.26.0344 – Marília – 2ª Câmara de Direito Público – Rel. Des. Maria Fernanda de Toledo Rodovalho – DJ 13.12.2022)

CONSELHO SUPERIOR DA MAGISTRATURA

EMENTA: Registro de Imóveis – Escritura pública de permuta de bens imóveis de valores venais distintos, sem torna – Acréscimo patrimonial de forma não onerosa a caracterizar doação – Ausência de comprovação de recolhimento de Imposto de Transmissão causa mortis **– ITCMD ou sua isenção – Dever do Oficial de velar pelo seu recolhimento, exigindo a apresentação das respectivas guias ou prova do reconhecimento administrativo da isenção – Óbice mantido – Recurso desprovido (Apelação Cível nº 1001733-55.2018.8.26.0615)**

1. Trata-se de apelação interposta por **NIVAN BATISTA DA SILVA** e **CASTORINA DE SOUZA SILVA** em face da r. sentença de fl. 134/136, que manteve a recusa levantada pelo Oficial de Registro de Imóveis da Comarca de Tanabi, negando registro de escritura pública de permuta de bens em razão da não apresentação de prova de quitação do ITCMD relativo à diferença de valores entre os imóveis permutados.

Em suas razões, os recorrentes sustentaram, em suma, que a permuta sem exigência de torna, com imóveis de valores díspares, deu-se em razão da conveniência e oportunidade dos permutantes; eventual renúncia deveria ser expressa, não havendo qualquer previsão legal de que ela constitua fato gerador de ITCMD; os valores venais expressam grandezas que foram consideradas para cálculo de ITBI e emolumentos e não se confundem com o ITCMD.

A D. Procuradoria Geral de Justiça opinou pelo desprovimento do recurso (fl. 172/177).

É o relatório.

2. O recurso não merece provimento.

Versa a questão sobre a possibilidade de se efetuar o registro de escritura pública de permuta de bens imóveis com valores diversos e sem torna, sem que haja prova de recolhimento do ITCMD.

Da nota devolutiva de fl. 32 constou o seguinte óbice:

"Considerando que na permuta houve uma significativa renúncia de valores entre os imóveis, no montante de R$ 193.454,31, fato que configura como uma doação, motivo pelo qual se exige o recolhimento do ITCMD, de conformidade com a decisão do processo de DÚVIDA nº 1095880-08.2014.8.26.0100, de 13 de novembro de 2014, da 1ª Vara de Registros Públicos de São Paulo."

Com efeito, a escritura pública de permuta lavrada em 04 de julho de 2018, no livro nº 162, fl. 388/396, perante o Tabelião de Notas da Comarca de Monte Azul Paulista/SP tem como partes Luiz Rodrigues e Olga Augusta Fávero, titulares dos imóveis matriculados no Oficial de Registro de Imóveis da Comarca de Tanabi, São Paulo, com área total de 134.45.52 hectares: 1) matrícula nº 8.725, com 62.92.00 hectares (com valor atribuído de R$ 90.531,92); 2) matrícula nº 10.790, com 21.78.00 hectares (com valor atribuído de R$ 31.337,97); 3) matrícula nº 13.223, com 18.29.52 hectares (com valor atribuído de R$ 26.316,42) ; 4) matrícula nº 10.986, com 14.52.00 hectares (parte ideal de 83.38% da propriedade rural com valor atribuído de R$ 17.409,99); 5) matrícula nº 8.160, com área de 9.68.00 hectares (com valor atribuído de R$ 13.927,99); 6) matrícula nº 12.170, com 7.26.00 hectares (com valor atribuído de R$ 10.445,99).

De outro lado constam como partes os recorrentes, Castorina de Souza Silva e Nivan Batista da Silva, titulares dos seguintes imóveis todos localizados no Município de Turmalina, Comarca de Estrela D'Oeste/SP, com área total de 84.09.50 hectares: 1) matrícula nº 5.632, com 62.31.50 hectares (com valor atribuído de R$ 308.424,59; 2) matrícula nº 7.420, com 7.26.00 hectares (com valor atribuído de R$ 25.000,00); 3) matrícula nº 7.421, com 7.26.00 hectares (com valor atribuído de R$ 25.000,00); 4) matrícula nº 7.422, com 7.26.00 hectares (com valor atribuído de R$ 25.000,00).

Em referido ato notarial foram atribuídos aos imóveis rurais de propriedade dos primeiros permutantes o valor global de R$ 189.970,28 e aos imóveis de propriedade dos segundos permutantes, situados na Comarca de Estrela D' Oeste, o valor total de R$ 383.424,59, havendo, assim, diferença de R$ 193.454,31.

Além disso, os seis imóveis rurais de Luiz Rodrigues e Olga Augusta Fávero, que foram permutados com os recorrentes, têm, somados, valores venais de R$ 2.501.143,12 (Declaração do Imposto Territorial Rural ITR), e valor venal total, atribuído pela Prefeitura de Tanabi, para fins de ITBI, de R$ 1.200.742,26 (fl. 70).

Já os quatro imóveis rurais dos apelantes, Nivan Batista e Castorina Silva, que foram permutados com Luiz Rodrigues e Olga Augusta Fávero, têm, somados, valores venais de R$ 1.170.538,90 (Declaração do Imposto Territorial Rural ITR), e valor venal total, atribuído pela Prefeitura de Turmalina, para fins de ITBI, de R$ 1.345.520,00 (fl. 71).

Assim, sob qualquer prisma que se analise, certo é que há diferença de valores entre os bens permutados, considerando-se o valor excedente como doação. Daí a pertinência da exigência para recolhimento do ITCMD ou a comprovação do reconhecimento de sua isenção pela autoridade tributária.

Não se ignora que, se tratando de ITCMD, este C. Conselho Superior da Magistratura tem seguido a linha de que, em regra, não cabe ao Oficial Registrador aferir a regularidade do valor apurado a título do referido imposto:

"REGISTRO DE IMÓVEIS – DÚVIDA – FORMAL DE PARTILHA – Registro negado, ao argumento de recolhimento a menor de ITCMD

– Impossibilidade – Não pode o Sr. Oficial obstar registro por entender que o valor recolhido a título de tributo é inferior ao devido – Dúvida improcedente – Recurso provido." (Apelação n.º 1066691-48.2015.8.26.0100, Rel. Des. PEREIRA CALÇAS).

Contudo, a hipótese não envolve a regular apuração de valor recolhido, mas sim de efetivo não recolhimento.

Com efeito, o art. 289 da Lei nº 6.015/73 é expresso ao indicar que é dever do registrador fiscalizar o pagamento dos tributos incidentes:

"Art. 289. No exercício de suas funções, cumpre aos oficiais de registro fazer rigorosa fiscalização do pagamento dos impostos devidos por força dos atos que lhes forem apresentados em razão do ofício."

A omissão do titular da delegação pode levar à sua responsabilidade solidária no pagamento do tributo, nos termos do art. 134, VI, do Código Tributário Nacional-CTN, não se olvidando, também, de seu dever de analisar a natureza dos negócios apresentados a registro, evitando-se simulações ou até omissões culposas que tragam prejuízos ao Fisco.

No caso, o negócio jurídico entabulado, permuta de bens imóveis de valores distintos sem haver torna ou reposição em dinheiro, gera acréscimo patrimonial de forma não onerosa àquele que recebe o bem de maior valor, a caracterizar doação, nos termos da legislação civil vigente.

"Art.538, CC: Considera-se doação o contrato em que uma pessoa, por liberalidade, transfere do seu patrimônio bens ou vantagens para o de outra".

Outro não é o entendimento jurisprudencial a respeito:

"DECADÊNCIA – ITCMD – Não ocorrência Inteligência do art. 173, inc. I do CTN Créditos tributários constituídos antes de decorrido o prazo decadencial Preliminar prejudicial de mérito afastada. APELAÇÃO CÍVEL AÇÃO ANULATÓRIA DE AUTO DE INFRAÇÃO ITCMD – Alegação de que se firmou contrato de permuta sem torna a título oneroso, de forma a não incidir o imposto estadual – Inadmissibilidade – Autuação baseada nas informações prestadas na Declaração do Imposto de Renda Pessoa Física onde foram informadas as transferências de valores a título de doação Admissibilidade – Doação, todavia, que ocorreu em valor menor ao apurado pela fiscalização – Doação relativa a diferença de valores (venais) entre os imóveis permutados – ITCMD que deve recair sobre esta diferença – Minoração do valor autuado que se impõe – Multa confiscatória Não observada – Conversão do depósito em renda em favor da Fazenda – Possibilidade após o trânsito em julgado R. sentença parcialmente reformada – Recursos da autora e da ré parcialmente providos." (Apelação Cível: 1003390-40.2016.8.26.0053, SILVIA MEIRELLES RELATORA).

Nestes termos, assiste razão ao I. Registrador ao exigir a apresentação de guia recolhida do ITCMD sobre a diferença do valor existente entre os imóveis, à luz do que dispõem os arts. 1º, II, 6º, II, a, 13 e 16, I, a, todos do Decreto Estadual nº 46.655/2002:

"Artigo 1.º – O imposto incide sobre a transmissão de qualquer bem ou direito havido:

II – por doação.

Artigo 6.º – Fica isenta do imposto

II – a transmissão por doação:

a – cujo valor não ultrapassar 2.500 (duas mil e quinhentas) UFESPs;

Artigo 13 – O valor da base de cálculo é considerado na data da abertura da sucessão, do contrato de doação ou da avaliação, devendo ser atualizado monetariamente, a partir do dia seguinte, segundo a variação da Unidade Fiscal do Estado de São Paulo – UFESP, até a data prevista na legislação tributária para o recolhimento do imposto.

Artigo 16 – O valor da base de cálculo, no caso de bem imóvel ou direito a ele relativo será (Lei 10.705/00, art.13):

I – em se tratando de:

a – urbano, não inferior ao fixado para o lançamento do Imposto sobre a Propriedade Predial e Territorial Urbana IPTU".

Ademais, eventual isenção está condicionada à apresentação pelo interessado de prova do reconhecimento administrativo da isenção, conforme art. 6º, §3º, do referido Decreto Estadual nº 46.655/2002:

"§3º. Na hipótese prevista na alínea "a" do inciso II, os tabeliães e serventuários responsáveis pela lavratura de atos que importem em doação de bens ficam obrigados a exigir do donatário declaração relativa a doações isentas recebidas do mesmo doador, conforme disposições estabelecidas pela Secretaria da Fazenda."

Não cabe, pois, ao registrador determinar se é caso de isenção ou não, do tributo, competindo ao órgão tributante emitir documento neste sentido para viabilizar o registro.

Tampouco colhe o argumento dos recorrentes no sentido de ser prerrogativa dos proprietários a atribuição de valores aos imóveis objeto da permuta.

Neste sentido decidiu este E. Conselho Superior da Magistratura em caso semelhante:

"REGISTRO DE IMÓVEIS. Escritura pública de permuta de bens imóveis de valores venais distintos, sem torna. Acréscimo patrimonial de forma não onerosa a caracterizar doação. Ausência de comprovação de recolhimento de Imposto de Transmissão causa mortis – ITCMD. Dever do Oficial de velar pelo seu recolhimento, exigindo a apresentação das respectivas guias. Óbice mantido. Recurso desprovido." (CSMSP – APELAÇÃO CÍVEL: 1007778- 97.2020.8.26.0100, RELATOR: Ricardo Mair Anafe, DATA DE JULGAMENTO: 05/06/2020 DATA DJ: 19/06/2020).

Nesse cenário, não há como se concluir pela superação do óbice apontado pelo registrador.

3. Ante o exposto, pelo meu voto, nego provimento ao recurso.

RICARDO ANAFE. Corregedor Geral da Justiça e Relator (DJe de 22.02.2022 – SP)

TRIBUNAL DE JUSTIÇA DO ESTADO DO PARANÁ

EMENTA: AGRAVO DE INSTRUMENTO – ACORDO DE PERMUTA DE IMÓVEIS – DESCUMPRIMENTO POR UMA DAS PARTES – AÇÃO DE CUMPRIMENTO DE OBRIGAÇÃO DE FAZER C/C MULTA PACTUADA – PROCEDÊNCIA – FIXAÇÃO DE PRAZO PARA A REQUERIDA (AGRAVADA) OUTORGAR ESCRITURA PÚBLICA AO REQUERENTE (AGRAVANTE) – SENTENÇA QUE PRODUZIRÁ OS MESMOS EFEITOS "DA ESCRITURA" NO CASO DE DESCUMPRIMENTO DA DECISÃO – TRÂNSITO EM JULGADO – DESCUMPRIMENTO – PEDIDO DE EXPEDIÇÃO DE OFÍCIO AO REGISTRO DE IMÓVEIS – DECISÃO PELA AUSÊNCIA DE DIREITO DA PARTE AUTORA AO REGISTRO IMOBILIÁRIO – AGRAVO – INDEFERIMENTO CORRETO – SENTENÇA QUE, A DESPEITO DA EXPRESSÃO UTILIZADA, PODERÁ NO MÁXIMO A SUPRIR A VONTADE DA PARTE RETICENTE – MANUTENÇÃO DA DECISÃO AGRAVADA. Não se discute o direito do recorrente à obtenção da outorga da *escritura pública* de permuta, nos termos da sentença de fls. 78/84-TJ, já transitada em julgado (fl. 85-TJ). Todavia, a dicção sentencial de que a sentença produziria os mesmos efeitos "da escritura" na hipótese de inércia da demandada no prazo fixado, deve ser interpretada corretamente, vale dizer, *suprindo judicialmente a outorga da parte reticente*. Em outras palavras, a escritura terá de ser lavrada por Tabelião, com *autorização judicial* (sentença já reconheceu tal direito) em lugar da parte que deveria fazer a outorga. Registrar direto não pode mesmo. RECURSO NÃO PROVIDO.(TJPR – Agravo de Instrumento nº 1078201-1 – Curitiba – 11ª Câmara Cível – Rel. Des. Gamaliel Seme Scaff – DJ 26.08.2014)

EMENTA: AGRAVO DE INSTRUMENTO. AÇÃO CIVIL PÚBLICA. PLEITO DE DECLARAÇÃO DE NULIDADE DO ATO DE PERMUTA DOS IMÓVEIS PERTENCENTES AO MUNICÍPIO DE MARINGÁ DECORRENTE DE DESAPROPRIAÇÃO AMIGÁVEL. AVERBAÇÃO NO REGISTRO IMOBILIÁRIO. PODER GERAL DE CAUTELA. PRESERVAÇÃO DOS INTERESSES DE TERCEIROS DE BOA-FÉ. RECURSO A QUE SE NEGA SEGUIMENTO ANTE A MANIFESTA IMPROCEDÊNCIA. A averbação da existência da ação civil pública nas matrículas dos imóveis objetos da mesma não configura qualquer ilegalidade ou arbitrariedade, sendo plenamente justificável como instrumento acautelatório de que dispõe o juiz para, na hipótese, dar publicidade a terceiros da litigiosidade do bem imóvel objeto dos autos. (TJPR – Agravo de Instrumento nº 1297066-8 – Maringá – Rel. Des. Luiz Mateus de Lima – DJ 03.11.2014)

TRIBUNAL DE JUSTIÇA DO ESTADO DO RIO GRANDE DO SUL

EMENTA: PROCESSO Nº 70061605101. APELAÇÃO CÍVEL. AÇÃO COMINATÓRIA. REGISTRO DE TRANSFERÊNCIA DE PROPRIEDADE DE BEM IMÓVEL. NEGÓCIO DE PERMUTA DE IMÓVEIS. OBRIGAÇÃO MÚTUA DE ESCRITURAÇÃO DA TRANSFERÊNCIA DOS IMÓVEIS PELOS PERMUTANTES. CONEXÃO COM AÇÃO DE DESCONSTITUIÇÃO DE PERMUTA INTERPOSTA PELA APELANTE, EM QUE FOI MANTIDA SENTENÇA DE MANUTENÇÃO DA NEGOCIAÇÃO DE PERMUTA. MANTIDA SENTENÇA. NEGARAM PROVIMENTO A APELAÇÃO DA REQUERIDA.

EMENTA: PROCESSO Nº 70061798344. APELAÇÃO CÍVEL. AÇÃO DE ANULAÇÃO DE CONTRATO DE PERMUTA DE IMÓVEIS. SENTENÇA DE PROCEDÊNCIA DO PEDIDO. RECURSO DOS RÉUS. Agravo retido. As condições pessoais e as circunstâncias em que realizado o negócio desimportam, porquanto a causa de anulabilidade deve partir de critérios objetivos previstos em lei, notadamente, a situação de negócio realizado entre ascendentes e descendentes. Contexto em que a prova testemunhal não tem influência no deslinde da causa. Mérito. Negócio firmado entre os pais e um dos filhos. Ação proposta pelos irmãos para invalidar a avença. Demonstrada por prova pericial a substancial diferença de valores entre as respectivas áreas permutadas. Indispensável o consentimento expresso dos demais herdeiros para a validade da permuta. Contexto em que se impõe a confirmação da sentença anulatória do contrato de permuta. Precedentes do STJ e desta Corte. AGRAVO RETIDO E APELAÇÃO DESPROVIDOS.

3. QUESTÕES DE CONCURSOS

01. (Cespe – Notário-ES/2013) Acerca do registro de imóveis estabelecido na Lei nº 6.015/1973, assinale a opção correta.

a) Nada obsta o registro, no mesmo dia, de títulos pelos quais se constituam direitos reais contraditórios sobre o mesmo imóvel, haja vista o princípio da prioridade.

b) A escrituração do protocolo incumbirá tanto ao oficial titular quanto ao seu substituto legal, podendo ser feita, ainda, por escrevente auxiliar, mediante autorização do oficial titular ou do seu substituto legal.

c) O número de ordem determinará a prioridade do título, a qual, por sua vez, determinará a preferência dos direitos reais, salvo se apresentados pela mesma pessoa mais de um título simultaneamente.

d) O título de natureza particular apresentado em uma só via será arquivado em cartório e o oficial fornecerá, a pedido, certidão do título.

e) Em caso de permuta, e encontrando-se os imóveis na mesma circunscrição, serão feitos os registros nas matrículas correspondentes, sob dois números de ordem no protocolo.

02. (IESES – Cartório – TJ – RS/2013) Sobre a Escritura Pública de Permuta, é correto afirmar:

a) É ineficaz a troca de valores desiguais entre ascendentes e descendentes, sem consentimento dos outros descendentes e do cônjuge do alienante.

b) Aplicam-se integralmente à troca as disposições relativas à Compra e venda.

c) É anulável a troca de valores desiguais entre ascendentes e descendentes, sem consentimento dos outros descendentes e do cônjuge do alienante.

d) Não se aplicam à troca as disposições referentes à Compra e Venda.

03. (Vunesp – Cartório – TJ – SP/2014) De acordo com o Código Civil, é correto afirmar que

a) no contrato de permuta, é nula de pleno direito a troca de imóveis com valores desiguais entre ascendentes e descendentes, sem consentimento dos outros descendentes e do cônjuge do alienante, ainda que casado sob o regime da separação obrigatória.

b) em caso de preempção, responderá por perdas e danos o comprador, se alienar a coisa sem ter dado ao vendedor ciência do preço e das vantagens que por ela lhe oferecem, assim como o adquirente, solidariamente, se tiver procedido de má-fé.

c) na venda de coisa móvel ou imóvel, com reserva de domínio, pode o vendedor reservar para si a propriedade, sob condição resolutiva, até que o preço esteja integralmente pago.

d) o vendedor de coisa imóvel ou móvel pode reservar-se o direito de recobrá-la no prazo máximo de decadência de cinco anos, restituindo o preço recebido e reembolsando as despesas do comprador, inclusive as que, durante o período de resgate, se efetuaram com a sua autorização escrita, ou para a realização de benfeitorias necessárias.

GAB	1	D	2	C	3	B

31) da dação em pagamento;

1. COMENTÁRIOS

A dação em pagamento encontra-se prevista nos arts. 356 ao 359 do Código Civil. Trata-se de um acordo de vontades entre credor e devedor, por meio do qual o primeiro concorda em receber do segundo, para exonerá-lo da dívida, **prestação diversa da que lhe é devida**.

A dação em pagamento é regulada pelas normas que disciplinam o contrato de compra e venda. Assim, além da necessidade da outorga uxória, o negócio jurídico deve observar a forma pública quando o bem tiver valor superior a 30 salários mínimos, conforme o art. 108 do Código Civil.

Ainda, se o credor for evicto da coisa recebida em pagamento, restabelecer-se-á a obrigação primitiva, ficando sem efeito a quitação dada, ressalvados os direitos de terceiros.

Destaca-se que a **promessa de dação em pagamento** não é ato registrável em virtude da falta de previsão legal, porque o art. 167, I, da LRP, consiste, para a maioria esmagadora da doutrina, num rol taxativo. Pela mesma justificativa, também não são inscritíveis as promessas de doação, os contratos de comodato, entre outros. Frise-se que a MP n. 1.085/2021, convertida na Lei n. 14.382/2022, alterou a redação do art. 167, I, 30, permitindo o registro da promessa de permuta no fólio real.

É tempestivo mencionar a recente decisão da Terceira Turma do Superior Tribunal de Justiça, no AgRg no Ag 198.099, que reafirmou o entendimento de que, para aferir a existência de fraude à execução, importa a data de alienação do bem, e não o seu registro. Desse modo, mesmo sem registro, dação em pagamento de imóvel antes da citação não configura fraude a execução.

Neste julgamento, o órgão colegiado deu provimento ao recurso especial em que um advogado, que recebeu 35% de um imóvel como pagamento por serviços advocatícios, e o proprietário do bem sustentaram não ter havido fraude à execução, pois esta só foi ajuizada depois da alienação – o que afastaria a má-fé. O credor alegou que essa dação em pagamento seria fraude à execução e pediu a declaração de ineficácia do negócio, o que foi acolhido pelo juiz, que determinou a penhora integral do imóvel nos autos.

Manteve essa decisão, a segunda instância, argumentando que, embora a entrega de parte do imóvel como pagamento tenha ocorrido antes da execução, a transferência do bem somente foi iniciada após o conhecimento do processo.

Por sua vez, os recorrentes ao STJ, alegaram que o instrumento particular válido (no caso, o contrato de honorários) firmado antes do ajuizamento da execução, mesmo que não transfira o domínio, é capaz de impedir o reconhecimento de fraude e a penhora do imóvel. Segundo eles, é indiferente, para a solução do caso, que a transferência e a outorga da escritura pública definitiva tenham se dado após a citação no processo executivo.

O relator do recurso, ministro Moura Ribeiro, ponderou que, "contrariamente ao entendimento do tribunal estadual, a jurisprudência do STJ considera que o compromisso de compra e venda de imóvel anterior à citação – ainda que sem o registro – é suficiente para impedir a caracterização da fraude à execução, impossibilitando a constrição do bem. E embora o caso sob análise não envolva compromisso de compra e venda, mas dação em pagamento, é possível aplicar o mesmo entendimento, com base no artigo 357 do Código Civil".

Ressaltou ainda "que a Súmula 375 do STJ dispõe que o reconhecimento da fraude à execução depende do registro da penhora do bem alienado ou da prova de má-fé do terceiro adquirente, o que não foi demonstrado nos autos".

Ademais, o magistrado também ponderou que "no REsp 956.943, julgado na sistemática dos recursos repetitivos, o tribunal firmou a tese de que é indispensável a citação válida para configurar fraude à execução, ressalvada a hipótese de presunção de fraude por alienação ou oneração do bem após a averbação da pendência no respectivo registro".

Em razão de todos esses precedentes, assegurou o ministro que "não houve fraude à execução no caso ora em exame. Enfatizou ainda que o contrato de honorários em que foi pactuada a dação em pagamento do imóvel penhorado foi celebrado em 2008, com aditamento em 2010, enquanto a ação de execução foi distribuída somente em 2011."

Desse modo, afastou-se o reconhecimento da fraude e ordenou-se a desconstituição da penhora, arrematando o magistrado que "não ficou configurada, nos autos, a fraude à execução, até porque o posterior registro dessa dação em pagamento não modifica a data em que o bem foi alienado."

1.1. DAÇÃO EM PAGAMENTO E EXTINÇÃO DE CRÉDITO TRIBUTÁRIO. NOVIDADES TRAZIDAS PELA LEI 13.313/2016

Foi publicada a Lei 13.313/2016 (conversão da MP 719/2016), que trouxe algumas alterações importantes na seara jurídica. Tal lei preceitua em seu art. 4º que o crédito tributário inscrito em dívida ativa da União poderá ser extinto, nos termos do inciso XI do *caput* do art. 156 do Código Tributário Nacional, mediante **dação em pagamento de bens imóveis**, a critério do credor, na forma da aludida lei, desde que atendidas as seguintes condições:

> I – a dação seja precedida de avaliação do bem ou dos bens ofertados, que devem estar livres e desembaraçados de quaisquer ônus, nos termos de ato do Ministério da Fazenda; e II – a dação abranja a totalidade do crédito ou créditos que se pretende liquidar com atualização, juros, multa e encargos legais, sem desconto de qualquer natureza, assegurando-se ao devedor a possibilidade de complementação em dinheiro de eventual diferença entre os valores da totalidade da dívida e o valor do bem ou dos bens ofertados em dação.

A Lei faz ressalvas prevendo que isso **não se aplica** aos créditos tributários referentes ao Regime Especial Unificado de Arrecadação de Tributos e Contribuições devidos pelas Microempresas e Empresas de Pequeno Porte – Simples Nacional.

> Caso o crédito que se pretenda extinguir seja objeto de discussão judicial, a dação em pagamento somente produzirá efeitos após a desistência da referida ação pelo devedor ou corresponsável e a renúncia do direito sobre o qual se funda a ação, devendo o devedor ou o corresponsável arcar com o pagamento das custas judiciais e honorários advocatícios.

Por fim, cumpre mencionar que a União deve observar a destinação específica dos créditos extintos por dação em pagamento, nos termos de ato do Ministério da Fazenda.

2. JURISPRUDÊNCIA COMPLEMENTAR

SUPERIOR TRIBUNAL DE JUSTIÇA

EMENTA: Recurso Especial – Ação condenatória – Cessão e transferência de direitos decorrentes de implantação de reflorestamento – **Dação em pagamento do imóvel sem cláusula que dispusesse acerca da propriedade da cobertura vegetal lenhosa** – Tribunal *a quo* que manteve a sentença de improcedência – Insurgência da autora – Reclamo desprovido – Cinge-se a controvérsia em definir: a) qual a natureza jurídica da cobertura vegetal lenhosa destinada ao corte, ou seja, se é ou não considerada acessório da terra nua e b) se, na dação em pagamento de imóvel sem cláusula que disponha sobre a propriedade das árvores de reflorestamento, a transferência do imóvel inclui a plantação.

1. Violação ao art. 535 do CPC/1973 não configurada. O Tribunal *a quo* dirimiu, fundamentadamente, as questões que lhe foram submetidas, apreciando integralmente a controvérsia posta nos autos, não se podendo, ademais, confundir julgamento desfavorável ao interesse da parte com negativa ou ausência de prestação jurisdicional.

2. Conforme consta dos artigos 79 e 92 do Código Civil, salvo expressa disposição em contrário, as árvores incorporadas ao solo mantêm a característica de bem imóvel, pois acessórios do principal, motivo pelo qual, em regra, a acessão artificial recebe a mesma classificação/natureza jurídica do terreno sobre o qual é plantada.

3.1 No entanto, essa classificação legal pode ser interpretada de acordo com a destinação econômica conferida ao bem, sendo viável transmudar a sua natureza jurídica para bem móvel por antecipação, cuja peculiaridade reside na vontade humana de mobilizar a coisa em função da finalidade econômica.

3.2 2.2 Desta forma, em que pese seja viável conceber a natureza jurídica da cobertura vegetal lenhosa destinada ao corte, a depender da vontade das partes, como bem móvel por antecipação, no caso, consoante estabelecido no artigo 287 do Código Civil, essa classificação não salvaguarda a pretensão da autora, pois é inviável a esta Corte Superior, ante os óbices das Súmulas 5 e 7/STJ, promover o reenfrentamento do acervo fático-probatório dos autos com vistas a concluir de maneira diversa das instâncias ordinárias acerca dos sucessivos negócios jurídicos entabulados relativamente ao imóvel rural e as cláusulas e condições de referidos ajustes. Ademais, diante da presunção legal de que o acessório segue o principal e em virtude da ausência de anotação/observação quando da dação em pagamento acerca das árvores plantadas sobre o terreno, há que se concluir que essas foram transferidas juntamente com a terra nua.

3. Transferido por escritura pública de dação em pagamento o imóvel e as plantações pela empresa cedente já em 1983, resta ineficaz a cessão de direitos realizada por essa ao autor em 2004, pois nessa ocasião não mais detinha os direitos objeto da transmissão, a revelar verdadeira venda *a non domino*, insuscetível de concretização.

4. Recurso especial desprovido.

RELATÓRIO

O SR. MINISTRO MARCO BUZZI (Relator):

Cuida-se de recurso especial interposto por IJK 15 ENGENHARIA FLORESTAL LTDA S/C, com fundamento no artigo 105, inciso III, alíneas "a" e "c" da Constituição federal, em desafio a acórdão proferido em apelação cível pelo Tribunal de Justiça do Estado do Paraná.

Na origem, a ora recorrente ajuizou ação condenatória em face de KLABIN S/A, aduzindo, em síntese, ser cessionária dos direitos de que trata a escritura pública que a cedente REFLORIL EMPREENDIMENTOS FLORESTAIS LTDA afirmava possuir, por ter implementado os projetos de reflorestamento denominados Refloril IV e V, no ano de 1970, no imóvel Areia Preta, matriculado no Cartório de Registro de Imóveis de Reserva sob o nº 2894.

A então demandante informou que o reflorestamento de árvores de *pinus ssp* fora realizado em 727,20 hectares na forma de condomínio florestal, o qual teve a subscrição física de moeda oriunda de incentivos fiscais por parte de inúmeros investidores representados por contrato de cessão de terras e execução florestal. Ressalta, ainda, ter ficado estabelecido no contrato para a execução dos trabalhos, que após o 4º desbaste estimativo, previsto para o 20º ano da assinatura do ajuste, haveria um remanescente de 500 árvores por hectare.

Depreende-se, também, da petição inicial, que em 24/03/1983 REFLORIL transferiu por dação em pagamento à sua então diretora CLEUZA GUILARDI ZONARI, exclusivamente o imóvel no qual foram implantados os projetos Refloril IV e V, restando mantidos os reflorestamentos e preservados os respectivos condomínios florestais de propriedade dos condôminos investidores originários.

Narra a autora, ainda, que na data de 14/02/1989, CLEUZA vendeu o imóvel juntamente com as florestas e projetos de reflorestamento implantados por sobre a área à empresa ré KLABIN DO PARANÁ AGRO FLORESTAL S/A, atual KLABIN S/A, a qual procedeu ao corte raso das árvores de propriedade da Refloril.

Pleiteia o ressarcimento contemporâneo, ou seja, o equivalente a 150.000 árvores de *pinus ssp* face a inexistência de árvores remanescentes do projeto de reflorestamento.

Em sede de contestação, a demandada sustentou a idoneidade da aquisição imobiliária ante o desaparecimento do condomínio face a consolidação da propriedade exclusiva com a ré, não tendo praticado qualquer ilícito ao promover o corte raso da floresta remanescente. Afirmou, por fim, que a autora é litigante de má-fé em virtude de não ser cessionária de qualquer direito descrito na referida escritura pública de cessão e transferência, pois a pessoa que a subscreveu em nome da Refloril não mais era seu representante legal.

Na sentença, o magistrado julgou improcedente o pedido sob a assertiva de que "a Escritura Pública de Cessão e Transferência de Direito, Vantagens e Obrigações (fls. 19/20) foi lavrada quando a cedente Refloril Empreedimentos Florestais Ltda. não mais detinha os direitos relativos aos 20% das árvores remanescentes de *pinus ssp*, de sorte que efeito algum produziu por se tratar de verdadeira venda *a non domino*".

Concluiu, ainda, o magistrado, que o imóvel rural no qual fora implementado o projeto de reflorestamento foi transferido à CLEUZA GUILARDI ZONARI em 24/03/1983, sem qualquer ressalva quanto às árvores ali existentes, a indicar que a dação em pagamento englobou o terreno e suas plantações, em razão do acessório seguir o principal.

Opostos aclaratórios, esses foram rejeitados (fl. 1245).

Interposto o recurso de apelação, o Tribunal *a quo* desproveu o reclamo nos termos da seguinte ementa:

APELAÇÃO CIVEL – AÇÃO ORDINÁRIA – CESSÃO E TRANSFERÊNCIA DE DIREITOS – IMPLANTAÇÃO DE REFLORESTAMENTO – DAÇÃO EM PAGAMENTO DO TERRENO – AUSÊNCIA DE CLÁUSULA QUE DISPUSESSE SOBRE A PROPRIEDADE DAS ÁRVORES QUE INTEGRAVAM O REFLORESTAMENTO – VENDA A NON DOMINI – RECURSO DESPROVIDO POR MAIORIA.

Alienado o imóvel e as plantações pela empresa Refloril já em 24/03/1983, ineficaz a cessão de direitos realizada por esta ao autor em 22/04/2004, quando não mais detinha os direitos objeto da cessão, a revelar verdadeira venda a non domino, insuscetível de concretização.

Opostos embargos de declaração, foram rejeitados pelo acórdão de fls. 1350-1353.

Nas razões do recurso especial (fls. 1357-1400), alega a insurgente, além de dissídio jurisprudencial, violação aos artigos 535 do CPC/73, 79, 82, 287, 1232 e 1369 do Código Civil/2002. Sustenta, em síntese:

a) negativa de prestação jurisdicional em razão de obscuridade existente no julgado, haja vista que é incontroverso dos autos que a demandada KLABIN S/A promoveu o corte raso das árvores em data posterior à transferência ocorrida em 24/03/1983, sendo falsa a premissa utilizada pelo Tribunal *a quo* ao asseverar que "não mais existiam as árvores objeto dos contratos";

b) era desnecessário que a REFLORIL tivesse ressalvado os direitos sobre as árvores para que não seguissem junto com a transferência da terra nua, pois os vegetais lenhosos destinados ao corte, ou seja, de destinação certa de comercialização em separado, constituem bens móveis por antecipação, não sendo aplicável a premissa de que o acessório segue o principal;

c) inocorrente a alegada venda a *non domino*, pois a transferência do imóvel da Refloril para a sua ex-sócia CLEUZA ZONARI não englobou as árvores de reflrorestamento;

d) a REFLORIL (cedente) não só autorizou o estabelecimento de condomínio florestal como o implantou, mantendo para si como remuneração, através dos contratos particulares de condomínio florestal, as árvores existentes após o 4° desbaste previsto para o 20° ano depois da assinatura dos ajustes;

e) embora a REFLORIL tenha dado em pagamento a terra nua, não transferiu as árvores, tanto que essas foram objeto da cessão de direitos operada por essa com a insurgente no ano de 2004, devidamente registrada em cartório.

Contrarrazões às fls. 1418-1430.

Inadmitido o reclamo na origem, adveio agravo (art. 544 do CPC/73) visando destrancar a insurgência, ao qual este signatário deu provimento (decisão de fls. 1477-1478) e determinou a sua conversão em recurso especial para melhor análise da controvérsia.

É o relatório.

VOTO

O SR. MINISTRO MARCO BUZZI (Relator):

O reclamo não merece acolhida.

Cinge-se a controvérsia em definir: **a)** frente às circunstâncias do caso concreto, qual a natureza jurídica da cobertura vegetal lenhosa destinada ao corte, ou seja, se há de ser considerada acessório da terra nua e **b)** se, na dação em pagamento de imóvel sem cláusula que disponha sobre a propriedade das árvores de reflorestamento, a transferência do imóvel inclui a plantação.

1. Inicialmente, no tocante à preliminar de negativa de prestação jurisdicional, não merece acolhida a irresignação, porquanto é cediço nesta Corte Superior que os embargos de declaração se destinam a suprir eventual vício existente na deliberação judicial, não necessitando o órgão julgador manifestar-se expressamente acerca de todas as disposições legais que as partes entendam aplicáveis, embora deva motivar suas decisões, expondo os fundamentos do seu livre convencimento.

Segundo a insurgente, a violação ao artigo 535 do CPC/73 teria ocorrido porquanto a Corte local deixou de corrigir erro de fato/premissa, afeto à informação de que a recorrida KLABIN S/A teria adquirido o imóvel quando não mais havia o número total de árvores implantadas pelo projeto de reflorestamento, uma vez que a REFLORIL (cedente) já teria procedido aos cortes nos anos de 1981, 1982 e 1987.

Relativamente ao ponto, o acórdão recorrido foi expresso ao asseverar, com vasta fundamentação, inclusive amparada no acervo fático-probatório dos autos que, quando da venda do imóvel operada por CLEUZA ZONARI à empresa KLABIN S/A o quantitativo de árvores referidas nos contratos originários da implantação do reflorestamento não mais existia, pois teria havido intercorrências no plantio que ensejaram a redução da área plantada, e a cobertura vegetal lenhosa efetivamente cultivada teria sido objeto de corte pela própria REFLORIL nos anos acima referidos.

Confira-se, por oportuno, o trecho do julgado:

Frise-se ainda que não mais existiam as árvores objeto dos contratos, quando houve a venda do imóvel. Isto porque antes de serem vendidas para a Klabin, a Refloril promoveu o corte; também porque ocorreram deficiências no plantio e houve a redução das árvores. O IBAMA, em informações técnicas apresentadas ao Juízo da Justiça Federal, atesta a redução da área plantada nos projetos Refloril IV e V. Com o esmo parecer técnico junta documentos que certifica ter o IBAMA autorizado a Refloril a proceder planos de corte em 1981, 1982 e 987, portanto, antes da venda para a Klabin.

Como se vê, o Tribunal de origem dirimiu, fundamentadamente, as questões que lhe foram submetidas, apreciando integralmente a controvérsia posta nos autos, não se podendo, ademais, confundir julgamento desfavorável ao interesse da parte com negativa ou ausência de prestação jurisdicional.

Nesse sentido: EDcl no Ag 749.349/DF, Rel. Ministro MAURO CAMPBELL MARQUES, SEGUNDA TURMA, julgado em 07/08/2018, DJe 14/08/2018; AgInt no REsp 1716263/RS, Rel. Ministro MARCO AURÉLIO BELLIZZE, TERCEIRA TURMA, julgado em 07/08/2018, DJe 14/08/2018; AgInt no AREsp 1241784/SP, Rel. Ministro LUIS FELIPE SALOMÃO, QUARTA TURMA, julgado em 21/06/2018, DJe 27/06/2018.

Ressalte-se, também, no pertinente ao assunto ora em debate, que ante o óbice da súmula 7/STJ é vedado a esta Corte Superior incursionar nas provas constantes dos autos para averiguar acerca da alegada ocorrência de erro de fato/premissa referido pela insurgente, motivo pelo qual eventual equívoco do acórdão, relativamente à matéria de fato, não pode ser corrigido pela via do recurso especial.

2. Quanto ao mérito, para o deslinde da questão controvertida, afigura-se impresdincível, de início, tecer breve comentário acerca do histórico pertinente ao reflorestamento no Brasil, bem como externar o concatenamento cronológico dos fatos reputados incontroversos atinentes à causa, para, *a posteriori*, estabelecer qual a natureza jurídica da cobertura vegetal lenhosa destinada ao corte e objeto dos projetos de implantação do reflorestamento.

2.1 O caso concreto tem seu nascedouro em **projetos de reflorestamento** (Refloril IV e V) implementados no imóvel Areia Preta (matrícula nº 2894), localizado no Município de Reserva – PR. O reflorestamento, em linhas gerais, constitui uma ação ambiental visando repovoar áreas que tiveram a vegetação removida pelas forças da natureza ou ações humanas, a denotar, em princípio, que a finalidade primordial é reimplantar ao solo, ainda que artificialmente, aquilo que foi dele removido. No entanto, a prática não se dá apenas com a finalidade precípua de minimização dos impactos ambientais via reintegração da vegetação nativa degradada (reflorestamento ecológico), podendo, também, a escolha da cobertura vegetal a ser implantada servir aos propósitos comerciais.

A prática de reflorestamento no Brasil não é nova. O primeiro Código Florestal (Decreto nº 23.793), foi lançado em 1934 no propósito de enfrentar os desmatamentos realizados em decorrência da extração de madeira. Com o advento do Código Florestal seguinte, Lei nº 4.771 de 15 de setembro de 1965, houve uma mudança significativa no manejo das florestas e demais formas de vegetação, em razão de terem sido reconhecidas de utilidade às terras que revestem e, portanto, bens de interesse comum a todos os habitantes do País. Nessa, as ações e omissões decorrentes da utilização e exploração das florestas realizada em contrariedade às disposições da referida legislação foi considerada como uso nocivo da propriedade. O mencionado regramento visou, em síntese, minimizar os impactos ao meio ambiente, tendo o poder público, inclusive, estimulado o reflorestamento via incentivos fiscais.

Segundo estudiosos da matéria, no período de 1967 a 1986, foram concedidos incentivos fiscais ao reflorestamento, que ensejaram o crescimento da área reflorestada de 1967 a 1979. Tais estímulos foram adquirindo volume, sem limitação regional para o plantio de florestas, até final da década de 70, a partir de quando se verifica diminuição do fomento e, consequentemente, decréscimo da área reflorestada. Não obstante, em 2000, o Brasil ainda se mantinha como o sexto maior país, no mundo, em termos de território reflorestado, a denotar que apesar das fraudes e plantações mal sucedidas, houve significativa expansão das superfícies recuperadas, em que pese os motivos para o reflorestamento perpassarem, quase que necessariamente, pelo fator econômico da conduta de minimização dos impactos ambientais. (SCIENTIA FORESTALIS, n. 66, p. 191-203, dez. 2004)

2.2 Feita essa breve digressão, segundo afirma a insurgente na exordial, os projetos de reflorestamento (Refloril IV e V) foram implementados na década de 1970, com árvores de *pinus ssp* e contaram com a faculdade de isenção tributária instituída na Lei 5.106/66, que dispunha sobre os incentivos fiscais concedidos a empreendimentos florestais. Por meio de "contrato de cessão de terras e execução florestal" firmado entre a empresa REFLORIL EMPREENDIMENTOS FLORESTAIS LTDA e os investidores, aquela fora contratada para promover o reflorestamento da área, tendo estipulado que, a título de pagamento, após o 4º desbaste estimativo previsto para o 20º ano da assinatura do contrato, teria o direito ao remanescente de 500 árvores por hectare.

Após a implantação dos projetos de reflorestamento, e antes de findo o prazo de vinte anos firmado nos "contratos de cessão de terras e execução florestal", a contratada REFLORIL adquiriu, por via não perquirida pelos julgadores ordinários nesta demanda, as participações dos investidores dos citados projetos relativamente ao imóvel objeto da matrícula nº 2894.

Em 1983, a empresa REFLORIL, mediante escritura pública de dação em pagamento, transferiu – sem ressalvar as árvores ou os projetos de reflorestamento – a propriedade do imóvel objeto da matrícula nº 2894 a CLEUZA GUILARDI ZONARI, essa que, em 1981, havia se retirado dos quadros da sociedade da empresa inicialmente formada por ela e o marido Sinésio Zonari.

No ano de 1989, CLEUZA GUILARDI ZONARI vendeu o referido imóvel à empresa KLABIN DO PARANÁ AGRO FLORESTAL S/A, atual KLABIN S/A.

Aos 22/04/2004, a empresa REFLORIL EMPREENDIMENTOS FLORESTAIS LTDA, no ato representada por Raul Fernandes da Silva, por meio de escritura pública de cessão de direitos e vantagens, transferiu à autora IJK 15 ENGENHARIA FLORESTAL LTDA S/C, *"todos os direitos e vantagens que possui sobre os 20% (vinte por cento) das árvores remanescentes de pinus ssp, implantadas na área de reflorestamento denominado REFLORIL – SECÇÃO IV, (...) implantada no imóvel localizado no lugar denominado Areia Preta, Município de Reserva no Estado do Paraná, matrícula nº 2894 da Serventia Registral da Comarca de Reserva – PR, no plano de corte raso e rotação final (...), o residual de 300,00 hectares, que deve ter 150.000 árvores de pinus ssp (500 árvores por hectare)".*

Ressalte-se que, desde a data de 25 de setembro de 2000, o referido representante Raul Fernandes da Silva teria se retirado dos quadros da sociedade, nos termos da alteração contratual de fls. 173-174.

Eis o quadro fático e cronológico pertinente ao feito.

2.3 Antes, porém, de adentrar na análise do tema propriamente dito, pontua-se que, apesar dos fatos originários da causa datarem de momento anterior à entrada em vigor do Código Civil de 2002, a denotar que a averiguação judicial poderia ter sido embasada nos ditames legislativos do diploma civilista revogado de 1916, certo é que a demanda foi examinada à luz das disposições normativas do Código Civil de 2002 em razão de a cessão de direitos alegadamente operada entre a REFLORIL e a autora datar de 2004.

Ainda, preliminarmente, é curial tecer breve comentário sobre o direito de propriedade, especificamente sobre uma das formas de aquisição da propriedade imobiliária, a acessão.

Pois bem, como sabido, à propriedade o sistema jurídico pátrio atribuiu o mais amplo dos direitos reais, que pode ser conceituado como um instituto complexo, ao qual se vinculam as faculdades de usar, gozar, dispor e reivindicar a coisa, sendo que as únicas limitações impostas ao titular relacionam-se à supremacia do interesse público e a coexistência do direito de outros titulares.

A acessão é um modo originário de adquisição da propriedade, em virtude do qual fica pertencendo ao titular tudo quanto se une ou se incorpora ao bem, o que pode ocorrer em duas modalidades: a natural, que se dá quando a união ou incorporação advém de acontecimento da natureza, como a formação de ilhas, o aluvião, a avulsão e o abandono de álveo; e a **artificial**, resultante do trabalho do homem, como no caso das construções e plantações, hipótese dos autos.

Ressalta-se que, nesse contexto, surgiu o direito de superfície, novidade jurídica implementada pelo legislador civil de 2002 visando contribuir para a formulação de uma nova política de uso racional e socialmente adequado do solo urbano e rural. Esse instituto, apesar de ter sido mencionado pelo Tribunal *a quo* para corroborar a fundamentação do julgado no tocante à necessidade de ressalva acerca da propriedade das árvores, não será abordado nessa oportunidade em razão dos projetos de implantação do reflorestamento Refloril IV e V datarem de 1970 e da dação em pagamento ter ocorrido em 1983, época, como cediço, em que o referido espeque do direito de superfície inexistia.

Nos termos da legislação em vigor (art. 1.253 do Código Civil), toda construção ou plantação existente em um terreno presume-se feita pelo proprietário e **às suas custas até prova em contrário.**

No caso, essa presunção foi elidida em razão de ser incontroverso dos autos que a empresa REFLORIL (cedente) **foi contratada para a prestação de serviços de reflorestamento**, mediante "contratos de cessão de terras e execução florestal", tendo implantado **na modalidade de condomínio florestal** os projetos Refloril IV e V, junto ao imóvel matriculado sob o nº 2894, perante o Registro de Imóveis de Reserva, para que os investidores obtivessem os benefícios da Lei nº 5.106/1966. Restou estabelecido, no ajuste entabulado, que a título de pagamento pelos serviços de reflorestamento, ficaria de propriedade da contratada o remanescente das árvores após o 4º desbaste estimativo, previsto para o 20º ano da assinatura do ajuste, fixado esse remanescente em 500 árvores por hectare. Assim, em princípio, a acessão artificial realizada não se perfectibilizou às expensas do proprietário, visto que, a título de pagamento, ante o condomínio florestal, os investidores promoveram o pagamento dos serviços, ainda que a REFLORIL adquirisse a propriedade única e exclusiva das árvores após o 4º desbaste estimativo.

Salienta-se, no ponto, mais uma vez que, após a implantação dos projetos de reflorestamento, e antes de ultimado o prazo vintenário previsto nos "contratos de cessão de terras e execução florestal", a contratada REFLORIL adquiriu, por via não perquirida pelos julgadores ordinários nesta demanda, **as participações dos investidores dos citados projetos relativamente ao imóvel objeto da matrícula nº 2894, ficando extinto o condomínio florestal.**

É irrefragável, também, que **em 24/03/1983, o imóvel rural (matrícula nº 2894) em que fora implementado o projeto de reflorestamento foi transferido via dação de pagamento a CLEUZA GUILARDI ZONARI, sem qualquer ressalva quanto as árvores ali existentes**, restando consignado na escritura pública que, juntamente com a transferência da propriedade, transmitia-se toda a posse, jus, domínio, direito e ação relativos ao referido imóvel.

Nesse ponto reside a controvérsia, pois as instâncias ordinárias compreenderam que, em razão da ausência de ressalva na dação em pagamento quanto à cobertura vegetal lenhosa plantada no imóvel, a transferência englobou, além da terra nua, as plantações, em razão da máxima jurídica de que o acessório segue o principal.

Acerca da questão, tem-se que, nos termos do artigo 79 do Código Civil/2002, **"são bens imóveis o solo e tudo quanto se lhe incorporar natural ou artificialmente"**. Em virtude disso, em regra, a acessão artificial operada no caso (plantação de árvores de *pinus ssp*) receberia a mesma classificação/natureza jurídica do terreno, sendo considerada, portanto, **bem imóvel**, ainda que acessório do principal, nos termos do artigo 92 do Código Civil, por se tratar de bem reciprocamente considerado.

Entretanto, muito embora o mencionado art. 79 do Código Civil considere a árvore, enquanto incorporada ao solo, **bem imóvel**, essa classificação legal pode ser interpretada de acordo com a destinação econômica conferida ao bem, pois a mesma vontade humana que tem o condão de imobilizar bens móveis, pondo-os a serviço da coisa imóvel, tem o poder de mobilizar bens imóveis, em função da finalidade econômica.

É importante consignar que o fato de um bem se enquadrar em uma categoria não necessariamente o exclui de outra, podendo pertencer ao mesmo tempo em mais de uma classificação.

No Código Civil de 2002, os bens jurídicos são tratados no Livro II, que, por sua vez, encontra-se dividido em três capítulos dispostos da seguinte forma: Capítulo I – os bens considerados em si mesmos; Capítulo II – os bens reciprocamente considerados e o Capítulo II – os bens públicos.

Os bens considerados em si mesmo encontram sua normatização legal entre os artigos 79 a 91, no Capítulo I do Título Único do Código Civil e se apresentam subdivididos da seguinte maneira: a) bens imóveis e móveis; b) bens fungíveis e infungíveis; c) bens consumíveis e inconsumíveis; d) bens singulares e coletivos; e) divisíveis e indivisíveis.

Nessa topologia, há particular interesse pela categoria de bens móveis: aqueles que, sem deterioração na substância ou na forma, podem ser transportados de um lugar para outro.

Seguindo a linha de intelecção verifica-se, doutrinariamente, a existência da subclasse **bens móveis por antecipação,** cuja peculiaridade decorre da circunstância segundo a qual **são verdadeiramente bens imóveis, embora acessórios do principal, que a vontade humana mobiliza em função da finalidade econômica.** Assim, por exemplo, árvores, frutos, pedras e metais, aderentes ao imóvel, são imóveis; quando separados, porém, para fins humanos, tornam-se móveis.

A ora insurgente pretende a aplicação, ao caso, da referida classificação doutrinária, pois, no seu entender, em razão do projeto de implantação de reflorestamento desde o seu nascedouro ter sido elaborado para a finalidade econômica de desbaste/corte das árvores plantadas, essas seriam, desde o início, consideradas bens móveis por antecipação, motivo pelo qual a alegada ausência de ressalva no instrumento de dação em pagamento não teria o condão de transferir a propriedade da cobertura lenhosa destinada ao corte, tendo ocorrido, segundo essa tese, a cessão apenas da terra nua registrada na matrícula 2894 do Registro de Imóveis em Reserva.

Em que pese seja viável classificar a cobertura vegetal em bens móveis por antecipação, não é possível descurar que, na hipótese, trata-se de **projeto de reflorestamento**, e que a participação dos investidores foi adquirida, extinguindo-se o condomínio florestal, consolidando-se a propriedade plena com a REFLORIL.

É irrefutável, para o deslinde do caso, que os bens móveis por antecipação somente recebem essa classificação por vontade humana e, na hipótese, pela análise categórica realizada pela Corte local relativamente às provas constantes dos autos, notadamente dos documentos atinentes à dação em pagamento, dos contratos de reflorestamento e das sucessivas averbações junto à matrícula do imóvel, face a ausência de ressalva no instrumento de dação em pagamento, **as árvores existentes sobre o terreno de matrícula 2894 foram inegavelmente transferidas.**

Confira-se, por oportuno, trechos elucidativos do acórdão recorrido:

O exame da documentação carreada aos autos evidencia não assistir razão à autora, na medida e que a Escritura Pública de Cessão e Transferência de Direitos, Vantagens e Obrigações (fls. 18/20) foi lavrada quando a cedente Reforil Empreendimentos Florestais Ltda., não mais detinha os direitos relativos ao 20% das árvores remanescentes de pinus SSP, de sorte que efeito nenhum produziu por se tratar de verdadeira venda *a non domino*.

De fato, o imóvel rural em que fora implementado o Projeto de Refloretamento (Refloril IV e V) foi transferido a Cleuza Guilardi Zonari em 24/03/1983, sem qualquer ressalva quanto às árvores ali existentes, restando consignada na escritura pública que, juntamente com a transferência da propriedade, transferiu-se toda a posse, jus, domínio, direito e ação que sobre o referido imóvel tinha, para que ele passasse a usar, gozar e livremente dispor (fls. 21-verso).

Consoante documentos acostados à inicial (fls. 563 e seguintes, denota-se que a aquisição quanto a terra e árvores, se deu da seguinte forma:

a – em 30/01/89, foi lavrada escritura pública de compromisso de compra e venda, tendo por objeto a aquisição de terras (600 alqueires) e florestas "ad mensuram" e 102.000m3 de madeira, sendo 65,29 alqueires de reflorestamento jovens;

b – em 30/06/89, foi lavrada a escritura pública de compra e venda tendo por objeto a área de 600 alqueires, ao preço certo de NCZ$ 265.518;39, correspondentes a 174.798,15 dólares americano;

c – em 28/07/89 foi lavrada escritura pública de re-ratificação e cessão e transferência de direitos de posse, perante o Tabelionato Euzébio Borba, para o ajuste "ad mensuram" das terras, descrevendo a gleba de 627,75 alqueires. Pela diferença da área, a Klabin pagou o preço certo de NczR$ 11.700,51, correspondente a 7.702,77 dólares norte-americanos;

d – em 02/08/89, nova escritura de compra e venda de madeiras foi lavrada, visando dar cumprimento à cláusula "ad mensuram" tendo por objeto 337.971 árvores com 174.400,10 m3 de madeiras, na área de 150,74 alqueires de reflorestamentos jovens.

e – Em 03/08/89, visando à retificação de algumas cláusulas contratuais, foi lavrada a escritura pública de re-ratificação.

Forçoso concluir que juntamente com a alienação do imóvel, a empresa Refloril Empreendimentos Florestais Ltda., transferiu os direitos relativos às árvores nele plantadas.

(...)

Antes de alienar a terra, reflorestamento e direitos a ele inerentes em favor da Klabin, CLEUZA ZONARI, teria se tornado legítima proprietária e possuidora de tais bens por força da escritura pública da dação em pagamento, cujo teor é transcrito no R-1, da matrícula n 2894 (fls. 23v).

Na oportunidade, a Refloril, através do seu titular SINEZIO ZONARI, lhe transferiu toda posse, dominio, direito e ação que tinha sobre o imóvel. Tal fato se deu em 1983, ou seja, treze anos após a implantação dos reflorestamentos no ano de 1970.

Dessa maneira, na escritura pública de Dação em pagamento (fls. 22/23) não ressalvou para si a propriedade das árvores plantadas no imóvel, o que indica que a ação em pagamento englobou o terreno e suas plantações, vez que o acessório segue a sorte do principal.

(...)

E a adquirente Cleuza Guilardi Zonari em 14/02/1989 vendeu mencionado imóvel e "toda a cobertura vegetal adulta existente no imóvel acima referido, originária de reflorestamentos implantados pela empresa REFLORIL, denominados Refloril IV e V (fls. 32 à demandada KLABIN, a qual passou, dessa forma, a se tornar proprietária plena do imóvel rural e de suas plantações.

Alienado o imóvel e as plantações pela empresa Refloril já em 24/03/1983, ineficaz a cessão e direitos realizada por esta ao autor em 22/04/2004, quando não mais detinha os direitos objeto da cessão, a revelar verdadeira venda a non domino, insuscetível de concretização.

(...)

À luz de tais documentos públicos, infere-se que as transações efetuadas pela Klabin, foram feitas de forma idônea e sem os vícios alegados pela apelante. Não houve por parte da Klabin, qualquer atividade incompatível, nem desrespeito a qualquer direito de terceiros.

Assim, não tem o autor como pleitear os pretensos direitos constantes de aludida cessão, vez que ineficaz o negócio jurídico. Deverá postular a anulação da cessão e a consequente reparação de danos em face do cedente, eis que o objeto da transação não mais lhe pertencia quando do pacto.

(fls. 1325-1329 – grifos nossos)

É inviável a esta Corte Superior, ante os óbices das Súmulas 5 e 7/STJ, com vistas a concluir de maneira diversa das instâncias ordinárias, promover o reenfrentamento do acervo fático-probatório dos autos e das cláusulas contratuais dos sucessivos negócios jurídicos entabulados relativamente ao imóvel matriculado sob o nº 2894.

Tendo isso em evidência, repisa-se, conforme artigo 79 do Código Civil, **as árvores incorporadas ao solo mantêm a característica de bem imóvel salvo expressa manifestação em contrário**, que não ocorreu na hipótese. Outrossim, não é por outra razão, também, que, consoante estabelecido no artigo 287 do Código Civil, "salvo disposição em contrário, na cessão de um crédito abrangem-se todos os seus acessórios".

Desta forma, em que pese seja viável conceber a natureza jurídica da cobertura vegetal lenhosa destinada ao corte, a depender da vontade das partes, também como bem móvel por antecipação, no caso, essa classificação não salvaguarda a pretensão da autora, pois, iniludivelmente, em virtude da ausência de anotação/observação acerca das árvores plantadas sobre o terreno, diante da presunção legal de que o acessório segue o principal, essas foram transferidas com a dação em pagamento realizada em favor de CLEUZA GUILARDI ZONARI.

Por essa razão, em virtude da empresa REFLORIL ter transferido, já em 1983, a propriedade e todos os direitos sobre o imóvel objeto da matrícula nº 2894, nos quais se incluem as acessões artificiais (plantações), não poderia ter cedido à autora, em 2004, quaisquer direitos, pois deles não dispunha.

É imprescindível mencionar, inclusive, ter a Corte local consignado que a cessão de direitos realizada entre a REFLORIL – **ou quem se dizia e se apresentava como seu representante legal** – e a ora insurgente, no ano de 2004, fora realizada quando aquela não mais era a titular dos direitos relativos às árvores plantadas sobre o terreno, razão por que as instâncias precedentes compreenderam se tratar de efetiva venda *a non domino*, realizada por quem não possuía a qualidade de proprietário do bem objeto do negócio jurídico. Esse ponto, aliás, afeto à ausência de representação legal adequada da empresa REFLORIL sequer foi objeto de impugnação no recurso especial, a atrair a incidência do óbice da súmula 283/STF.

Assim, por quaisquer ângulos que se analise a questão, apesar de ser viável classificar as árvores destinadas ao corte como bens móveis por antecipação, esse enquadramento não ampara o direito da autora de cobrar da empresa KLABIN S/A os seus alegados prejuízos, pois, se esses de fato existiram, decorreram da alienação de aparência celebrada com a REFLORIL (ou com seu pretenso representante) no ano de 2004.

Tal como referido pela Corte local, a autora, querendo, "deverá postular a anulação da cessão e a consequente reparação de danos em face do cedente, eis que o objeto da transação não mais lhe pertencia quando do pacto". (fls. 1328-1329)

3. Do exposto, nego provimento ao recurso especial.

É como voto.

STJ – REsp nº 1.567.479 – Paraná – 4ª Turma – Rel. Min. Marco Buzzi – DJ 18.06.2019

EMENTA: AGRAVO REGIMENTAL. RECURSO ESPECIAL. CIVIL E PROCESSUAL CIVIL. DAÇÃO DE IMÓVEL EM PAGAMENTO. NECESSIDADE DE ESCRITURA PÚBLICA. ART. 108 DO CÓDIGO CIVIL. CONFISSÃO FICTA. DESCABIMENTO.

1. "Não dispondo a lei em contrário, a escritura pública é essencial à validade dos negócios jurídicos que visem à constituição, transferência, modificação ou renúncia de direitos reais sobre imóveis de valor superior a trinta vezes o maior salário mínimo vigente no País" (art. 108 do Código Civil).

2. Alegação, na petição inicial, de que teria havido dação de um imóvel em pagamento da dívida.

3. Contestação padronizada e não condizente com a realidade dos autos, sendo inapta para impugnar especificamente os fatos alegados pela parte autora.

4. Impossibilidade de se presumir a ocorrência de dação de imóvel com base apenas na confissão ficta do réu, pois a escritura pública é requisito de validade de todo negócio jurídico que implique transferência de direito real sobre imóvel (cf. art. 108 do Código Civil).

5. Caso concreto em que o Tribunal de origem presumiu uma dação não celebrada por escritura pública.

6. AGRAVO REGIMENTAL DESPROVIDO. (STJ – AgRg nos EDcl no REsp nº 1.379.750 – Piauí – 3ª Turma – Rel. Min. Paulo de Tarso Sanseverino – DJ 23.09.2015).

EMENTA: DAÇÃO EM PAGAMENTO. Nulidade. Decretada a nulidade do ato de dação em pagamento, feito por terceiros em favor do devedor, permanece o crédito contra este. HIPOTECA. Cancelamento. Nova inscrição. A nova inscrição da hipoteca somente valerá depois da sua renovação, daí a necessidade de se comprovar a inexistência de outros registros porventura feitos entre o cancelamento e a restauração. Recursos não conhecidos. (STJ – REsp: 222815 SP 1999/0061895-5, Relator: Ministro RUY ROSADO DE AGUIAR, Data de Julgamento: 07/10/1999, T4 – QUARTA TURMA, Data de Publicação: DJ 16.11.1999 p. 216LEXSTJ vol. 127 p. 210RDR vol. 17 p. 345RSTJ vol. 132 p. 453)

TRIBUNAL DE JUSTIÇA DO ESTADO DE SÃO PAULO

EMENTA: RESPONSABILIDADE CIVIL – Dação em pagamento – Entrega de bem imóvel para pagamento de dívida – Pendência de execuções fiscais referentes ao inadimplemento de IPTU e de taxa de lixo incidentes sobre o imóvel negociado – Escritura de dação em pagamento registrada na matrícula do imóvel – Ação de indenização por danos materiais e morais proposta pela credora contra os devedores e contra o cartório imobiliário – Sentença de improcedência – Apelação da autora – Declaração expressa dos devedores na escritura dando a venda por boa, firme e valiosa – Vício oculto – Responsabilidade dos devedores – Afronta ao princípio da boa-fé objetiva e a dispositivo contratual mediante o qual os devedores se obrigaram a entregar imóvel livre e desembaraçado de ônus – Dano material verificado – Indenização pelos devedores devida – Danos morais não caracterizados – Verificação do recolhimento de IPTU e de taxa de lixo pelo registrador de imóveis – Obrigação inexistente – Responsabilidade não configurada – Apelação provida em parte. (TJSP – Apelação Cível nº 0031722-28.2005.8.26.0309 – Jundiaí – 4ª Câmara de Direito Privado – Rel. Des. Carlos Henrique Miguel Trevisan – DJ 01.02.2013)

CONSELHO SUPERIOR DA MAGISTRATURA

EMENTA: Registro de Imóveis – Dúvida julgada prejudicada pelo MM. Juiz Corregedor Permanente – Escritura pública de dação em pagamento abrangendo dois imóveis gravados com averbações de indisponibilidade dos bens do alienante – Cancelamento de parte das ordens de indisponibilidade antes da suscitação da dúvida – Permanência, contudo, de ordem de indisponibilidade decretada em ação judicial cujas partes somente celebraram transação, visando a solução do litígio, depois do decurso do prazo de trinta dias da prenotação e quando já suscitada a dúvida – Indisponibilidade que impedia os registros – Recurso não provido, alterado o dispositivo da sentença para julgar a dúvida procedente (Apelação Cível nº 1024936-84.2020.8.26.0224)

1. Trata-se de apelação interposta contra r. sentença que julgou prejudicada a dúvida e manteve a recusa dos registros de escritura pública de dação em pagamento nas matrículas nºs 139.198 e 139.199, ambas do 1º Registro de Imóveis da Comarca de Guarulhos, porque ao tempo da prenotação pendiam ordens de indisponibilidade dos bens do proprietário dos imóveis, fato reconhecido pela apresentante do título que somente demonstrou o levantamento de parte dessas ordens depois da suscitação da dúvida.

A apelante alegou, em suma, que a escritura pública de dação em pagamento foi lavrada em 04 de maio de 2017 e teve o registro recusado em razão de quatorze ordens de indisponibilidades que incidiam sobre os bens do alienante em 24 de julho de 2020, data da qualificação indicada na nota devolutiva. Porém, na referida data as ordens de indisponibilidade já estavam revogadas, existindo ordens para o cancelamento de treze averbações. Por sua vez, a indisponibilidade decretada na Ação Trabalhista nº 1001025-08.2018.05.02.0038 foi revogada em razão de transação celebrada em 07 de julho de 2020 e homologada em 12 de agosto de 2020. Asseverou que a sentença homologatória da transação tem natureza declaratória e produz efeito "ex tunc", razão pela qual essa indisponibilidade deixou de vigorar em data anterior à da recusa do registro. Aduziu que as revogações das ordens de indisponibilidades podiam ser verificadas mediante consulta direta aos processos, pelo Oficial de Registro de Imóveis, como permitido pelo item 8 do Capítulo XX das Normas de Serviço da Corregedoria Geral da Justiça. Esclareceu que não é responsável pela demora nas comunicações de levantamento das indisponibilidades e que a manutenção da recusa do registro terá como efeito a averbação de novas ordens dessa natureza que foram decretadas depois do protocolo da escritura pública. Requereu a reforma da r. sentença para que a dação em pagamento seja registrada (fl. 153/161).

A douta Procuradoria Geral de Justiça opinou pelo não provimento do recurso (fl. 181/183).

É o relatório.

2. A escritura pública de dação em pagamento foi prenotada em 03 de julho de 2020 (fl. 14), data em que incidiam sobre os imóveis das matrículas nºs 139.198 e 139.199 as ordens de indisponibilidades indicadas nas averbações de nºs 13 a 16, sendo essas averbações e as ordens que as originaram idênticas nas duas matrículas (fl. 18/33). No requerimento de suscitação da dúvida, formulado em 31 de julho de 2020, a apelante informou a existência de ordens para os levantamentos das averbações de indisponibilidade, com exceção das averbações feitas nas duas matrículas sob nº 15, decretada na Reclamação Trabalhista nº 1001025-08.2018.5.02.0038 da 38ª Vara do Trabalho de São Paulo, em que a transação que foi celebrada entre as partes em 07 de julho de 2020 ainda dependia de homologação judicial (fl. 36). Essa transação somente foi homologada em 11 de agosto, com determinação de cancelamento da indisponibilidade em 14 de agosto de 2020 (fl. 101/102), quando já decorrido o prazo de 30 dias de validade de prenotação que se venceu em 03 de agosto de 2020 (fl. 06).

Desse modo, as averbações de indisponibilidade promovidas, em cada matrícula, sob nº 15, permaneceram vigentes durante todo o prazo de validade da prenotação, do que decorre a procedência da dúvida.

Essa solução não é alterada pela natureza declaratória da sentença que homologou a transação, pois não prejudica os efeitos da averbação da indisponibilidade que permaneceram até o lançamento da ordem de cancelamento na Central de Serviços Eletrônicos Compartilhados, modo que foi utilizado para a comunicação da revogação dessa restrição.

Cabe anotar, ademais, que a admissão de efeitos retroativos para a ordem de cancelamento da indisponibilidade ainda vigente quando do vencimento do prazo de validade da prenotação implicaria em indevida prorrogação do prazo do protocolo, o que não é admitido conforme os precedentes deste Colendo Conselho Superior da Magistratura que, por igual razão, também não autorizam a realização de instrução probatória visando à comprovação de fato destinado a afastar exigência formulada pelo Oficial de Registro de Imóveis. Nesse sentido:

"Dúvida registrária é só para dirimir o dissenso, entre o registrador e o apresentante, sobre a prática de ato de registro, referente a título determinado que, para esse fim (registro) foi protocolado e prenotado. Logo, não se admite, no seu curso, diligências ou dilação de provas destinadas à complementação de título desqualificado, à apuração de fatos extratabulares demonstrativos de situação jurídica de loteamento ou à promoção de medidas de saneamento de vício que macula o parcelamento do solo.

A razão dessa restrição cognitiva, ademais, é evitar a indevida prorrogação do prazo da prenotação, consoante firme orientação deste Conselho Superior da Magistratura:

"A dilação probatória em procedimento desta natureza prorrogaria indevidamente o prazo da prenotação, potencializando prejuízo para o direito de prioridade de terceiros, que também tivessem prenotado outros títulos que refletissem direitos contraditórios" (Apelação Cível nº 027583-0/7, Santa Rosa do Viterbo, j. 30.10.1995, rel. Des. Alves Braga, in Revista de Direito Imobiliário 39/297-298). Confira, ainda, Apelação Cível nº 97.090-0/4, São José do Rio Preto, j. 12.12.2002, Rel. Des. Luiz Tâmbara; Apelação Cível nº 000.176.6/4-00, Socorro, j. 16.09.2004, Rel. Des. José Mário Antonio Cardinale". (CSM, Apelação Cível nº 482-6/0, da Comarca de Santa Isabel, Relator Desembargador Gilberto Passos de Freitas).

Por fim, a informação do cancelamento de parte das averbações e a notícia da celebração de transação para extinguir a Reclamação Trabalhista em que determinada a indisponibilidade ainda remanescente não equivaleram, neste caso concreto, à anuência da apelante com as exigências formuladas pelo Oficial de Registro de Imóveis, razão pela qual a dúvida não pode ser considerada prejudicada.

3. Ante o exposto, pelo meu voto nego provimento ao recurso, ficando, porém, alterado o dispositivo da r. sentença para julgar a dúvida procedente. RICARDO ANAFE. Corregedor Geral da Justiça e Relator.

▶ **EMENTA**: Registro de imóvel – Dúvida – Distrato de compromisso de capitalização – Dação em pagamento de imóvel – Impossibilidade de aplicação por analogia do artigo 98, §§ 2º e 3º e artigo 234 da lei 6.404/76 – Necessidade de escritura pública para a transferência da titularidade do domínio – Recurso não provido (Apelação Cível nº 1036696-87.2015.8.26.0100). Trata-se de recurso de apelação interposto contra a sentença da MM. Juíza Corregedora Permanente do 4º Oficial de Registro de Imóveis da Comarca da Capital, que julgou procedente a dúvida suscitada e manteve a recusa de registro dos documentos apresentados e destinados a transferir o domínio do imóvel matriculado sob número 21.192, sob o fundamento de que por se tratar de bem imóvel, é da substância do ato a forma pública, nos termos do artigo 134, II, § 6º, do Código Civil, e de que, por se tratar de dissolução de sociedade, a dação em pagamento decorrente deste ato só produzirá os efeitos de transferência de propriedade por meio de escritura pública, conforme o artigo 108 do Código Civil. O apelante afirma que a Companhia Paulista de Administração e Ativos (CPA) convencionou a transferência do imóvel ao Estado conforme o Distrato de Compromisso de Capitalização firmado entre as partes em 15 de março de 2000 e a Ata da 31ª Reunião do Conselho de Administração realizada em 29/02/2000. Diz que a CPA foi extinta e que foi constituída com o objetivo específico de promover a amortização de dívidas contratuais de responsabilidade de órgãos e entidades da Administração Direta e Indireta do Estado de São Paulo, tendo a Fazenda do Estado como acionista principal titular aproximadamente de 99,99% do capital social, e que não há meios de atender a exigência. Invoca o artigo 98, §§ 1º e 2º, e o artigo 234, da Lei 6.404/76. Pede o deferimento da juntada da "Ata Sumária das Assembleias Gerais Ordinária/Extraordinária" realizadas em 09 de fevereiro de 2011, e sustenta que a Fazenda do Estado se sub-rogou nos bens, direitos e obrigações que compõem o patrimônio líquido, sendo mais uma razão a justificar a dispensa da escritura pública. A Procuradoria Geral de Justiça opinou pelo não provimento do recurso. É o relatório. Inicialmente cumpre observar que não se admite no procedimento de dúvida dilações e complementações probatórias, de maneira que não há possibilidade de considerar os documentos instruídos com as razões do recurso nem tampouco o pedido formulado com base nestes documentos, porque se assim fosse haveria ilegal prorrogação do prazo da prenotação em detrimento de direitos posicionais que acaso pudessem existir em contraposição ao do suscitado. Não obstante e mesmo que fosse o caso de considerar os documentos juntados posteriormente, foi correta a recusa do registrador. Com efeito, os documentos apresentados demonstram que pelo "Instrumento de Distrato de Compromisso de Capitalização", a Companhia Paulista de Administração de Ativos (CPA) deu em pagamento ao crédito da Fazenda do Estado a propriedade de dois imóveis, um deles objeto deste procedimento de dúvida (fls.16/21). O próprio distrato prevê, corretamente, que a transferência da propriedade dos imóveis ocorrerá mediante outorga de escritura pública. É sabido que a escritura pública para a transmissão de bens imóveis de valor superior a trinta salários mínimos é da essência do ato e somente neste caso é suscetível de registro, salvo disposição legal em contrário, nos termos do artigo 108 do Código Civil e do artigo 221, I, da Lei de Registros Públicos. O recorrente, por não ter meios de atender a exigência do Oficial, em razão da extinção da empresa, tenta fazer crer que é possível a aplicação no caso vertente dos artigos 98, § 1º e § 2º, e artigo 234, da Lei 6.404/76, sob o fundamento de que a administração do imóvel foi transferida à Secretaria de Segurança Pública nos termos do Decreto nº 44.790/2000, e de que se sub-rogou nos direitos e obrigações que compõem o patrimônio líquido da empresa extinta, nos termos da ata cuja juntada foi feita com as razões do recurso. O exame do título pelo registrador é restrito aos aspectos formais e extrínsecos, à luz dos princípios que norteiam os registros públicos, dentre eles, o da legalidade. Consoante lições de Afrânio de Carvalho, o Oficial tem o dever de proceder o exame da legalidade do título e apreciação das formalidades extrínsecas da ordem e à conexão de seus dados com o registro e sua formalização instrumental (Registro de Imóveis, editora Forense, 4ª edição). O exame da legalidade consiste na aceitação para registro somente do título que estiver de acordo com a lei. Nestas condições, não há de se falar em aplicação analógica no âmbito administrativo. Além disso, o caso ora analisado trata de dação em pagamento envolvendo o imóvel, o que não se relaciona nem mesmo por analogia à formação do capital social e aos casos de incorporação, fusão ou cisão de empresa, como previsto no artigo 98, § 2º e § 3º, e no artigo 234, da Lei 6.404/76. É pacífica a jurisprudência do Conselho Superior da Magistratura no sentido de que as hipóteses de dação em pagamento reclamam escritura pública para a transmissão da titularidade do domínio do bem imóvel, a exemplo dos colacionados pela MM. Juíza Corregedora Permanente e pelo Oficial Registrador: *"Registro de Imóveis – Dúvida julgada procedente – Negativa de acesso ao registro de instrumento particular de distrato social de pessoa jurídica, com transferência de bens imóveis da sociedade para os sócios – Inviável o registro à luz do disposto no art. 134, II, § 6º, do Código Civil de 1916 e no art. 108 do novo Código Civil – Indispensabilidade da transferência dos bens por intermédio de escritura pública – Não incidência, no caso, da norma do art. 64 da Lei nº 8.934/1994 – Recurso não provido"*(Apelação Cível nº 491-6/1 – CSMSP, Rel. Gilberto Passos de Freitas). *"Registro de Imóveis – Dúvida julgada procedente – Distrato Social que transfere imóvel do patrimônio da empresa ao sócio – Necessidade de escritura pública (CC 108) – Inaplicabilidade do artigo 64, da Lei 8.935/94 e do artigo 234 da Lei 6.404/76 à hipótese – Recurso não provido. "* (Apelação Cível nº 0059075-78.2011.8.26.0100 – CSMSP, Rel. Renato Nalini). Isto posto, nego provimento ao recurso. MANOEL DE QUEIROZ PEREIRA CALÇAS. Corregedor Geral da Justiça e Relator (DJe de 05.05.2016 – SP)

▶ **EMENTA:** Registro de imóveis - Dúvida - Registro de escritura pública de dação em pagamento - Carta de arrematação anteriormente registrada - Manutenção das penhoras em favor da Fazenda Nacional e do INSS - Indisponibilidade, nos termos do art. 53, § 1º, da lei nº 8.212/91 - Negativa de registro da escritura, em face da indisponibilidade - Impossibilidade de alienação voluntária - Precedentes do Conselho Superior da Magistratura - Dúvida procedente - Recurso desprovido. (Apelação nº 0004060-59.2014.8.26.0120). Trata-se de dúvida suscitada em face da negativa de registro de escritura pública de dação em pagamento, tendo por objeto o imóvel de matrícula nº 623. A negativa decorreu do fato de que, embora o imóvel tenha sido arrematado em execução anterior, o registro da carta de arrematação não fez cancelar as penhoras averbadas em favor da Fazenda Nacional e do INSS. Como o art. 53, § 1º, da Lei nº 8.212/91 determina a indisponibilidade dos bens penhorados em favor da Fazenda, a escritura pública, que traduz ato de alienação voluntária, não poderia ser registrada. O registro só seria possível se levantadas as penhoras, o que, por sua vez, deve ser feito pelos Juízos de onde elas emanaram. Os recorrentes alegam que as penhoras a favor da Fazenda e do INSS são posteriores à penhora na execução de onde proveio a carta de arrematação e, uma vez arrematado o imóvel, nada impedia a alienação pelo arrematante, que não é devedor daqueles órgãos. Dizem também que a dação em pagamento não representa alienação voluntária do bem. A Douta Procuradoria opinou pelo desprovimento do recurso. *É o relatório.* O recurso não merece provimento. O mérito liga-se à pretensão de registrar a escritura, superando o óbice da indisponibilidade, que decorre das penhoras a favor da Fazenda Nacional e do INSS, subsistentes mesmo após a arrematação. O Oficial observa, e com razão, que o Conselho Superior da Magistratura tem entendimento pacífico de que, embora a indisponibilidade não impeça a alienação forçada, obsta a voluntária. E lembra que as penhoras devem ser canceladas pelos Juízos que as determinaram. Até lá, elas subsistem, inobstante o registro de carta de arrematação. Subsistentes as penhoras, a indisponibilidade, decorrente do art. 53, § 1º, da Lei nº 8.212/91, impede a alienação voluntária e, via de consequência, o registro da escritura de dação em pagamento. Há precedentes sobre as questões postas na apelação. É evidente que a dação em pagamento traduz negócio voluntário, defeso em face da indisponibilidade. Irrelevante que as penhoras a favor da Fazenda e do INSS sejam posteriores àquela que ocorreu na execução de onde proveio a arrematação, dado que o registro da escritura de dação em pagamento deve obedecer ao princípio do *tempus regit actum.* Ou seja, devem ser observadas as condições de registro no momento em que o título vier a ser prenotado. Sobre hipótese praticamente igual à dos autos, confira-se: *"REGISTRO DE IMÓVEIS – Dúvida – Escritura Pública de Confissão de Dívida com Pacto Adjeto de Constituição de Propriedade Fiduciária e Outras Avenças – Imóvel indisponível – Penhora em execução fiscal a favor da Fazenda Nacional e da União – Recusa do registro com base no artigo 53, § 1º, Lei 8.212/91 – Alienação voluntária – Irrelevância da aquisição anterior por alienação forçada – Registro inviável – Recurso não provido. " (Apelação Cível nº 3003761-77.2013.8.26.0019 – Relator Desembargador Elliot Akel).* Sobre a necessidade de que os Juízos das execuções determinem o levantamento das penhoras: *"Anote-se que a ordem judicial em questão se mostra imprescindível para o cancelamento direto das penhoras, já que estas foram determinadas pelo juiz da execução, no exercício regular da jurisdição, não cabendo sequer ao Juiz Corregedor Permanente ou a esta Corregedoria-Geral de Justiça, no exercício de atividade meramente administrativa, deliberar a respeito. Como se sabe, no sistema jurídico--constitucional brasileiro, admite-se que os atos dos demais Poderes do Estado – legislativos e administrativos – sejam revistos pelos juízes no exercício da jurisdição, mas o contrário, ou seja, a revisão dos atos jurisdicionais dos juízes pelas autoridades legislativas ou administrativas, é absolutamente inadmissível (Cândido Rangel Dinamarco, Instituições de Direito Processual Civil. São Paulo: Malheiros, 2001, vol. I, p. 310). "* (processo CG nº 11.394/2006 - 238/06-E). Nesses termos nego provimento ao recurso. HAMILTON ELLIOT AKEL. CORREGEDOR GERAL DA JUSTIÇA E RELATOR (DJe de 13.10.2015 - SP)

▶ **EMENTA:** REGISTRO DE IMÓVEIS - Escritura pública de dação em pagamento - Cópia de traslado da escritura - Apresentação tardia da via original - Inadmissibilidade - Dúvida inversa prejudicada - Dispensa de exibição da certidão conjunta negativa de débitos relativos aos tributos federais e à dívida ativa da União - Exibição de CND/INSS - Também prescindível, malgrado apresentada - Precedentes do Egrégio Supremo Tribunal Federal e do Colendo Órgão Especial do Tribunal de Justiça de São Paulo - Exigência descabida - Recurso não conhecido (APELAÇÃO CÍVEL Nº 0013479-23.2011.8.26.0019, da Comarca de AMERICANA). Ao suscitar *dúvida inversa*, a interessada expressou seu inconformismo com a exigência formulada pelo Oficial, que condicionou o registro da escritura pública de dação em pagamento à exibição de *certidão conjunta negativa de débitos relativos aos tributos federais e à dívida ativa da União* (fls. 56): argumentou que a imposição impugnada consagra expediente ilegal, mecanismo indireto e coercitivo de cobrança de tributos, enfim, sanção política inaceitável, contrária a precedentes do Supremo Tribunal Federal e do Tribunal de Justiça de São Paulo (fls. 157/169). O Oficial de Registro, além de realçar que a *dúvida inversa* está prejudicada, porquanto aparelhada com cópia do título, afirmou a pertinência da exigência questionada, respaldada pelo artigo 47, I, 'b', da Lei nº 8.212/1991, pelo artigo 257, I, 'b', do Decreto Federal nº 3.048/1999 e pelo artigo 1º do Decreto Federal nº 6.106/2007, bem como por precedentes do Conselho Superior da Magistratura do Tribunal de Justiça de São Paulo (fls. 174/178). Após o parecer do Ministério Público e a exibição da via original do traslado da escritura pública extraído pelo Tabelião (fls. 180/184 e 188/192), a *dúvida inversa* foi julgada improcedente (fls. 198/201), determinando, primeiro, a oposição de embargos de declaração (fls. 208/214), rejeitados (fls. 215), e, depois, com reiteração das ponderações antes expostas, a interposição de apelação (fls. 219/232), recebida em seus regulares efeitos (fls. 236). Com novo parecer do representante do Ministério Público em primeira instância (fls. 240/241), os autos foram encaminhados ao Conselho Superior da Magistratura e a Procuradoria Geral da Justiça propôs o provimento do recurso (fls. 242/243 e 246/251). É o relatório. A interessada, ao manifestar o seu inconformismo em relação à desqualificação do título apresentado para registro, suscitou *dúvida inversa*, criação pretoriana admitida por este Conselho Superior da Magistratura: ao invés de requerer a suscitação diretamente ao Oficial, dirigiu a sua irresignação à MM Juíza Corregedora Permanente (fls. 157/169). A MM Juíza Corregedora Permanente, embora, ao sentenciar, tenha utilizado o vocábulo *improcedente*, julgou a *dúvida inversa procedente*, pois reconheceu a pertinência da exigência questionada, enfim, prestigiou a recusa expressa pelo Oficial, que negou o acesso da escritura ao álbum imobiliário (fls. 198/201). A dúvida inversa está prejudicada, uma vez que o requerimento da interessada não foi instruído com a via original do traslado da escritura pública extraído pelo tabelião, mas com simples cópia (fls. 50/54): e sem a exibição do original, o reexame da desqualificação fica vedado. É inadmissível o acesso de cópia ao fólio real, de acordo com o Conselho Superior da Magistratura. Sequer a apresentação de cópia autenticada supre a falta da via original. Além disso, a exibição tardia do título, no curso do procedimento de dúvida, como ocorrido *in concreto* (fls. 188/192), resta desautorizada, pois levaria à injusta prorrogação do prazo da prenotação. Agora, se a dúvida não estivesse prejudicada, seria o caso de julgá-la improcedente, com afastamento da pertinência da exigência de apresentação de *certidão conjunta negativa de débitos relativos aos tributos federais e à dívida ativa da União* (fls. 56) e determinação voltada ao registro da escritura pública de dação em pagamento, pelas razões abaixo expostas. O Egrégio Supremo Tribunal Federal tem reiterada e sistematicamente reconhecido a inconstitucionalidade de leis e de atos normativos do Poder Público que tragam em si sanções políticas, vale dizer, normas enviesadas a forçar, a constranger o contribuinte, por vias oblíquas, ao recolhimento do crédito tributário. Nos autos das ADIs nºs 173-6 e 394-1, declarou a Suprema Corte, por unanimidade, a inconstitucionalidade do artigo 1º, I, III e IV, e §§ 1º a 3º, da Lei nº 7.711/88, a seguir transcritos: *Art. 1º Sem prejuízo do disposto em leis especiais, a quitação de créditos tributários* *exigíveis, que tenham por objeto tributos e penalidades pecuniárias, bem como contribuições federais e outras imposições pecuniárias compulsórias, será comprovada nas seguintes hipóteses: I – transferência de domicílio para o exterior; (...) III – registro ou arquivamento de contrato social, alteração contratual e distrato social perante o registro público competente, exceto quando praticado por microempresa, conforme definida na legislação de regência; IV – quando o valor da operação for igual ou superior ao equivalente a 5.000 (cinco mil) obrigações do Tesouro Nacional – OTNs: a) registro de contrato ou outros documentos em Cartórios de Registro de Títulos e Documentos; b) registro em Cartório de Registro de Imóveis; c) operação de empréstimo e de financiamento junto a instituição financeira, exceto quando destinada a saldar dívidas para com as Fazendas Nacional, Estaduais ou Municipais. § 1º Nos casos das alíneas a e b do inciso IV, a exigência deste artigo é aplicável às partes intervenientes. § 2º Para os fins de que trata este artigo, a Secretaria da Receita Federal, segundo normas a serem dispostas em Regulamento, remeterá periodicamente aos órgãos ou entidades sob a responsabilidade das quais se realizarem os atos mencionados nos incisos III e IV relação dos contribuintes com débitos que se tornarem definitivos na instância administrativa, procedendo às competentes exclusões, nos casos de quitação ou garantia da dívida. § 3º A prova de quitação prevista neste artigo será feita por meio de certidão ou outro documento hábil, emitido pelo órgão competente.* Interessa, para o caso vertente, a situação versada no inciso IV, alínea 'b', que cuida da necessidade de comprovação da quitação de créditos tributários, contribuições federais e outras imposições pecuniárias compulsórias quando do registro de títulos no Registro de Imóveis. O Egrégio Supremo Tribunal Federal, ao declarar a inconstitucionalidade de referido inciso, subtraiu-o do ordenamento jurídico porque incompatível com a ordem constitucional vigente. Assim, não há mais que se falar em comprovação da quitação de créditos tributários, contribuições federais e outras imposições pecuniárias compulsórias como condição para o ingresso de qualquer título no Registro de Imóveis, por representar forma oblíqua de cobrança do Estado. Em suma, a exigência questionada, sem qualquer relação com o ato registral, revela-se descabida: importa cobrança do Estado por via oblíqua (sanção política), reputada inconstitucional, como visto. Não se desconhece, é certo, o entendimento vigente neste Colendo Conselho Superior da Magistratura: *A exigência das certidões negativas vem expressa no art. 47, I, "b", da Lei 8.212/91. A invocação da Ação Direta de Inconstitucionalidade 173-6 – Distrito Federal, que reconheceu a inconstitucionalidade de dispositivos da Lei nº 7.711/88, afastando a exigência de quitação dos créditos tributários para a prática de atos da vida civil e empresarial não beneficia o apelante. É que a situação regulada nos dispositivos considerados inconstitucionais difere, por completo, da examinada neste procedimento de dúvida. Reconheceu-se a inconstitucionalidade das "restrições não-razoáveis ou desproporcionais ao exercício da atividade econômica ou profissional lícita, utilizadas como forma de indução ou coação ao pagamento de tributos". A orientação tomada pelo Supremo Tribunal Federal foi a de vedar a aplicação de sanções políticas tributárias, que pudessem, entre outras coisas, redundar na interdição de estabelecimentos e proibição total do exercício de atividade profissional.* Pede-se vênia, porém, para discordar da premissa adotada: o venerando acórdão da Suprema Corte, embora tenha levado em conta a interdição de estabelecimentos e a proibição do exercício de atividade profissional, em momento algum restringiu a inconstitucionalidade declarada a tais situações. Exatamente por esta razão, aliás, é que o eminente Ministro Joaquim Barbosa, relator da Adi 173, frisou em seu voto que: *Como se depreende do perfil apresentado e da jurisprudência da Corte, as sanções políticas podem assumir uma série de formatos. A interdição de estabelecimento e a proibição total do exercício de atividade profissional são apenas exemplos mais comuns.* Ao dizer que o que interdição de estabelecimento e a proibição total do exercício de atividade profissional são apenas exemplos mais comuns de sanções políticas, deixou claro o Supremo Tribunal Federal que a mesma lógica deve ser aplicada em outros casos em que se fizer presente a sanção política, por representar expediente de cobrança proscrito, uma vez incompatível com a ordem constitucional vigente. O paradigmático acórdão, aliás, realça que sanções políticas subtraem do contribuinte os direitos fundamentais de livre acesso ao Poder Judiciário e ao devido processo legal (art. 5º, XXXV e LIV, da Carta Magna). A propósito, conquanto extensa, mas para evidenciar o assinalado, reproduzo a ementa correspondente: *CONSTITUCIONAL. DIREITO FUNDAMENTAL DE ACESSO AO JUDICIÁRIO. DIREITO DE PETIÇÃO. TRIBUTÁRIO E POLÍTICA FISCAL. REGULARIDADE FISCAL. NORMAS QUE CONDICIONAM A PRÁTICA DE ATOS DA VIDA CIVIL E EMPRESARIAL À QUITAÇÃO DE CRÉDITOS TRIBUTÁRIOS. CARACTERIZAÇÃO ESPECÍFICA COMO SANÇÃO POLÍTICA. AÇÃO CONHECIDA QUANTO À LEI FEDERAL 7.711/1988, ART. 1º, I, III E IV, PAR. 1º A 3º, E ART. 2º. Ações diretas de inconstitucionalidade ajuizadas contra os arts. 1º, I, II, III e IV, par. 1º a 3º e 2º da Lei 7.711/1988, que vinculam a transferência de domicílio para o exterior (art. 1º, I), registro ou arquivamento de contrato social, alteração contratual e distrato social perante o registro público competente, exceto quando praticado por microempresa (art. 1º, III), registro de contrato ou outros documentos em Cartórios de Registro de Títulos e Documentos (art. 1º, IV, a), registro em Cartório de Registro de Imóveis (art. 1º, IV, b) e operação de empréstimo e de financiamento junto a instituição financeira, exceto quando destinada a saldar dívidas para com as Fazendas Nacional, Estaduais ou Municipais (art. 1º, IV, c) – estas três últimas nas hipóteses de o valor da operação ser igual ou superior a cinco mil Obrigações do Tesouro Nacional – à quitação de créditos tributários exigíveis, que tenham por objeto tributos e penalidades pecuniárias, bem como contribuições federais e outras imposições pecuniárias compulsórias. 2. Alegada violação do direito fundamental ao livre acesso ao Poder Judiciário (art. 5º, XXXV da Constituição), na medida em que as normas impedem o contribuinte de ir a juízo discutir a validade do crédito tributário. Caracterização de sanções políticas, isto é, de normas enviesadas a constranger o contribuinte, por vias oblíquas, ao recolhimento do crédito tributário. 3. Esta Corte tem historicamente confirmado e garantido a proibição constitucional às sanções políticas, invocando, para tanto, o direito ao exercício de atividades econômicas e profissionais lícitas (art. 170, par. ún., da Constituição), a violação do devido processo legal substantivo (falta de proporcionalidade e razoabilidade de medidas gravosas que se predispõem a substituir os mecanismos de cobrança de créditos tributários) e a violação do devido processo legal manifestado no direito de acesso aos órgãos do Executivo ou do Judiciário tanto para controle da validade dos créditos tributários, cuja inadimplência pretensamente justifica a nefasta penalidade, quanto para controle do próprio ato que culmina na restrição. É inequívoco, contudo, que a orientação firmada pelo Supremo Tribunal Federal não serve de escusa ao deliberado e temerário desrespeito à legislação tributária. Não há que se falar em sanção política se as restrições à prática de atividade econômica objetivam combater estruturas empresariais que têm na inadimplência tributária sistemática e consciente sua maior vantagem concorrencial. Para ser tida como inconstitucional, a restrição ao exercício de atividade econômica deve ser desproporcional e não-razoável. 4. Os incisos I, III e IV do art. 1º violam o art. 5º, XXXV da Constituição, na medida em que ignoram sumariamente o direito do contribuinte de rever em âmbito judicial ou administrativo a validade de créditos tributários. Violam, também o art. 170, par. ún. da Constituição, que garante o exercício de atividades profissionais ou econômicas lícitas. Declaração de inconstitucionalidade do art. 1º, I, III e IV da Lei 7.711/1988. Declaração de inconstitucionalidade, por arrastamento dos parágrafos 1º a 3º e do art. 2º do mesmo texto legal. CONSTITUCIONAL. TRIBUTÁRIO. SANÇÃO POLÍTICA. PROVA DA QUITAÇÃO DE CRÉDITOS TRIBUTÁRIOS NO ÂMBITO DE PROCESSO LICITATÓRIO. REVOGAÇÃO DO ART. 1º, II DA LEI 7.711/1988 PELA LEI 8.666/1993. EXPLICITAÇÃO DO ALCANCE DO DISPOSITIVO. AÇÃO DIRETA DE INCONSTITUCIONALIDADE NÃO CONHECIDA QUANTO AO PONTO. 5. Ação direta de inconstitucionalidade não conhecida, em relação ao art. 1º, II da Lei 7.711/1988, na medida em que revogado, por estar abrangido pelo dispositivo da Lei 8.666/1993 que trata da regularidade fiscal no âmbito de processo licitatório. 6. Explicitação da Corte, no sentido de que a regularidade fiscal aludida implica "exigibilidade da quitação quando o tributo não seja objeto de discussão judicial" ou "administrativa". Ações Diretas de Inconstitucionalidade parcialmente conhecidas e, na parte conhecida, julgadas procedentes. (grifei).* Destarte, se o Supremo Tribunal

Federal extirpou do ordenamento jurídico norma mais abrangente, que impõe a comprovação da quitação de qualquer espécie de débito tributário, contribuição federal e outras imposições pecuniárias compulsórias, não há sentido, é certo, tampouco em se fazer exigência com fundamento em regras de menor abrangência, como as estabelecidas no artigo 47, I, 'b', da Lei nº 8.212/1991, e na Instrução Normativa nº 93/2001, da Receita Federal. Não se deve interpretar a regra do artigo 47 da Lei nº 8.212/91 e a Instrução Normativa nº 93/2001, da Receita Federal, à revelia do venerando acórdão do Supremo Tribunal Federal (Adi 173) e de toda a sua sólida e antiga jurisprudência no sentido de afastar as sanções políticas (RMS 9.698, RE 413.782, RE 424.061, RE 409.956, RE 414.714 e RE 409.958). Também este Egrégio Tribunal de Justiça, fulcrado nos precedentes do Supremo Tribunal Federal, tem caminhado nesse sentido: nos autos da arguição de inconstitucionalidade nº 139256-75.2011.8.26.0000, da qual participei, o Colendo Órgão Especial declarou a inconstitucionalidade do artigo 47, I, 'd', da Lei nº 8.212/91. E o venerando acórdão restou assim ementado: *ARGUIÇÃO DE INCONSTITUCIONALIDADE. LEI 8.212/91, ART. 47, ALÍNEA "D". EXIGÊNCIA DE CERTIDÃO NEGATIVA DE DÉBITO DA EMPRESA NO REGISTRO OU ARQUIVAMENTO, NO ÓRGÃO PRÓPRIO, DE ATO RELATIVO A EXTINÇÃO DE SOCIEDADE COMERCIAL. OFENSA AO DIREITO AO EXERCÍCIO DE ATIVIDADES ECONÔMICAS E PROFISSIONAIS LÍCITAS (CF, ART. 170, PARÁGRAFO ÚNICO),* SUBSTANTIVE PROCESS OF LAW *E AO DEVIDO PROCESSO LEGAL. ARGUIÇÃO PROCEDENTE. Exigência descabida, em se cuidando de verdadeira forma de coação à quitação de tributos. Caracterização da exigência como sanção política. Precedentes do STF.* Ao proferir voto-vista, consignei: *De fato, normas que condicionam a prática de atos da vida civil e empresarial à quitação de débitos tributários devem ser proporcionais, razoáveis e necessárias, o que só se verifica quando a relação entre meios e fins – sendo estes os objetivos a que se destinam a coisa pública – não excedem os limites indispensáveis à legitimidade do fim que se almeja. Nessa ordem de ideias, é manifesta a inconstitucionalidade e ilegitimidade do artigo 47, inciso I, 'd', da Lei Federal nº 8.212/1991, quando exige, da empresa, certidão negativa de débito previdenciário "no registro ou arquivamento, no órgão próprio, de ato relativo a baixa ou redução de capital de firma individual, redução de capital social, cisão total ou parcial, transformação ou extinção de entidade ou sociedade comercial ou civil e transferência de controle de cotas de sociedades de responsabilidade limitada." Há abuso do poder legiferante estatal, porque o contribuinte é constrangido, por via indireta e enviesada, ao pagamento de débito tributário; tem dificultado o livre acesso ao Judiciário, pois desde logo considera-se perfeita e acabada a imposição fiscal; vê tolhido seu direito fundamental ao exercício de atividade econômica, à livre iniciativa, à prática empresarial lícita. Conforme bem observa HUGO DE BRITO MACHADO, "A ilicitude de não pagar tributos devidos não exclui o direito de exercer a atividade econômica, que é direito fundamental. Atividade econômica lícita, é certo, mas a ilicitude de não pagar o tributo, não faz ilícita a atividade geradora do dever tributário. Uma coisa é a ilicitude de certa atividade. Outra, bem diversa, a ilicitude consistente no descumprimento da obrigação tributária principal ou acessória. Mesmo incorrendo nesta última, quem exercita atividade econômica continua protegido pela garantia constitucional. Cabe ao Fisco a utilização dos caminhos que a ordem jurídica oferece para constituir o crédito tributário, e cobrá-lo, mediante ação de execução fiscal." O Poder Público já dispõe de enormes privilégios e prerrogativas quando contende em Juízo e, mais ainda, quando executa seus créditos tributários. Se entende que algum tributo lhe é devido, deve propor a competente execução fiscal, mas nunca eclipsar o princípio da livre iniciativa, princípio que, no âmbito econômico, consubstancia-se numa das facetas do postulado da dignidade da pessoa humana, que assegura a todos o direito ao pleno desenvolvimento das próprias potencialidades."* (grifei). É sabido que o caso posto não cuida de extinção de pessoa jurídica. Porém, a operação econômica expressa na escritura pública de dação em pagamento também é manifestação da livre iniciativa, do exercício da autonomia privada, da liberdade contratual e está associada à atividade empresarial da interessada, garantida constitucionalmente e que não pode ser estorvada, restringida, por sanções de natureza política, na compreensão do Supremo Tribunal Federal e do Órgão Especial deste Tribunal de Justiça. Insista-se, tanto na situação referente à extinção da pessoa jurídica quanto no presente, a exibição da certidão negativa de débito – CND tem o mesmo escopo: constranger o contribuinte, por via oblíqua, ao recolhimento do crédito tributário. Se assim é, idêntico, por conseguinte, tem de ser o desfecho, a solução da questão, com afastamento da exigência impugnada. Ora, lembrando famoso adágio romano, *ubi eadem legis ratio, ibi eadem dispositio*. Em resumo, convém, conforme sinalizado em voto elaborado para Apelação Cível nº 0018870-06.2011.8.26.0068 e na linha dos precedentes antes mencionados e, também, de outro, recente, da Corregedoria-Geral da Justiça, a modificação da posição vigorante neste Colendo Conselho Superior da Magistratura. De fato, razão alguma justifica a comprovação de inexistência de débito tributário como condição – desproporcional e despida de razoabilidade –, para o registro de títulos no Registro de Imóveis, mormente, em particular, para o da escritura pública de dação em pagamento, que apenas não se determina porque prejudicada a *dúvida inversa*. Pelo todo exposto, não conheço da apelação, pois prejudicada a dúvida. JOSÉ RENATO NALINI, Corregedor Geral da Justiça e Relator (D.J.E. de 30.01.2013 – SP).

EMENTA: Registro de imóveis – Dúvida – Escritura pública de dação em pagamento – Possibilidade de registro, inobstante a precariedade da descrição do imóvel, em face da identidade entre esta e a da matrícula originária – Inocorrência de quebra do princípio da especialidade objetiva – Falta de demonstração, ademais, de afronta ao princípio da unicidade da matrícula – Recolhimento do ITBI que não se mostra flagrantemente incorreto – Dúvida improcedente – Recurso provido (Apelação nº 0009480-97.2013.8.26.0114, da Comarca de Campinas)(...) interpôs recurso administrativo contra a r. sentença que manteve a recusa de registro de escritura pública de dação em pagamento. A recusa deveu-se à circunstância de que a descrição do imóvel, na matrícula originária e, portanto, no título que se pretende registrar, é vaga, imprecisa. Os dados, aliás, são dissonantes com o lançamento do IPTU, verificando-se profundas divergências. Não fosse apenas isso, ao indicar as confrontações a descrição tabular enuncia que o imóvel é cortado por uma linha férrea, o que faz supor que há segregação do terreno. Haveria necessidade, assim, da abertura de duas matrículas, sob risco de quebra do princípio da unicidade matricial. Tudo a indicar, portanto, a necessidade de prévia retificação, na forma do art. 213 da Lei de Registros Públicos. O recorrente alega que a escritura pública de dação em pagamento implica a transferência da propriedade por completo, não havendo qualquer risco ou prejuízo na abertura de nova matrícula, não cabendo ao Oficial pretender regularizar falhas de descrição da matrícula anterior. Entende que o princípio da continuidade registrária restará preservado e que os dados da matrícula originária são suficientes. Insiste no argumento de que não há, exatamente, abertura de nova matrícula, mas mera transposição dos dados da matrícula anterior para o 4º CRI, para adaptação à base territorial do imóvel, que passou do 2º CRI ao 4º CRI. A Procuradoria de Justiça manifestou-se pelo desprovimento do recurso. *É o relatório.* O recurso, respeitado o entendimento do MM. Juiz e do ilustre representante do Ministério Público, comporta provimento. Cabe esclarecer desde logo que, quando da abertura da matrícula originária, o imóvel objeto da dação em pagamento integrava a base territorial afeta ao 2º CRI. A matrícula originária é a de nº 59708 (fl. 16). O recorrente pretende o registro de escritura pública de dação em pagamento (fls. 17/18), através da qual, por força de acordo em dissolução de sociedade limitada, foi-lhe transferida a propriedade do imóvel objeto da matrícula. O registro do título far-se-ia, diante da adaptação da base territorial do imóvel, perante o 4º CRI. Foi então que, ao analisar a escritura, feita com base nos dados constantes da matrícula originária, o Oficial verificou que tais dados são precários. Veja-se a descrição da matrícula: *"Um prédio, seu respectivo terreno e quintal situado à margem da estrada de rodagem que liga o distrito de Sousas a Campinas, no bairro dos Pires, neste município e comarca, medindo 17 m de frente para a estrada mencionada; 15 metros de fundos, por 84* *metros de frente aos fundos até o leito do ramal férreo campineiro; daí desce uma faixa de terra medindo 4 metros de frente para o leito do ramal férreo campineiro, por 73 metros de frente aos fundos até encontrar um córrego d'agua, com o qual faz divisas com terras do Sanatório Dr. Cândido Ferreira, com área de 1.636 m², tudo mais ou menos, e cuja confrontação é a seguinte: pela frente com a referida estrada de rodagem; pelo lado direito com um beco de servidão de diversos, pelo lado esquerdo com herdeiros de Antônio Selmi e pelos fundos com parte do leito do ramal férreo campineiro, o qual corta o referido terreno, e parte do o córrego d'água que o separa da propriedade do Sanatório Dr. Cândido Ferreira".* Em que pese a precariedade dos dados, não há razão para impedir o registro, pois há coincidência entre a descrição do título e a da matrícula. Além de não haver quebra de continuidade, no que toca à especialidade objetiva, vale observar que, como anota Alyne Yumi Konno (Registro de Imóveis – Teoria e Prática, Memória Jurídica, p. 20/21), tem-se admitido a mitigação da especialidade a fim de não obstar o tráfego de transações envolvendo imóveis, permitindo-se a manutenção de descrições imprecisas, constantes de antigas transcrições, quando da abertura da matrícula, desde que haja elementos mínimos para se determinar a situação do imóvel, e que ele seja transmitido ou onerado por inteiro, ou seja, desde que a nova matriz a ser aberta o abranja por inteiro. Ao contrário, se o imóvel for objeto de desmembramento, fusão ou instituição de condomínio, sua descrição deverá submeter-se aos requisitos da LRP. Nos autos do processo CG nº 1241/96, o então Juiz Auxiliar da Corregedoria Francisco Eduardo Loureiro, hoje Desembargador, aprofundou o exame da mitigação da especialidade: *Não se nega, portanto, a possibilidade de ser descerrada matrícula com exata coincidência com o registro anterior, em que pese a ausência de medidas perimetrais e da área de superfície. O que não se admite é a criação de nova unidade imobiliária contendo descrição perfeita, por fusão de matrículas, quando um dos imóveis unificandos não dispõe de todas as medidas tabulares. Em termos diversos, imóvel com figura imprecisa não pode gerar, por fusão ou desmembramento, nova unidade com figura e descrição precisas ... Logo, quando do descerramento de matrícula que abranja a totalidade do imóvel, vale a descrição contida no registro anterior, ainda que imperfeita, desde que suficiente para a identificação do prédio. Quando, porém, criam-se novos imóveis decorrentes de desmembramentos ou de fusões, as unidades segregadas ou unificadas devem subordinar-se aos requisitos do artigo 176 da Lei nº 6.015/73. Não há razão, em tais casos, para tolerar a imprecisão, porque o novo prédio não mais tem identidade descritiva com o registro de origem.* Esse entendimento tem sido prestigiado e até ampliado pelo CSM e pela Corregedoria Geral da Justiça. No julgamento da Apelação Cível nº 9000002-16.2011.8.26.0296, o CSM admitiu o registro mesmo no caso em que a descrição deficiente constava da matrícula e não de transcrição. O que importa é que a descrição do título, ainda que precária, coincida com a do registro de imóveis. A divergência na área do imóvel, a existência ou inexistência de área construída, enfim, a dissonância com os dados para lançamento de IPTU não impedem o registro. Podem, eventualmente, gerar a necessidade de futura retificação. Mas não impedem o registro, que é o que se discute aqui. Por outro lado, não é possível falar em quebra da unicidade, pois o Oficial do Registro não pode afirmar, com certeza, se o terreno é seccionado pela linha férrea. Ele acredita que sim, com base na precária descrição. Mas a certeza sobre isso dependeria de exame por técnico habilitado. Por fim, uma vez que os elementos a serem considerados são os do título – e não aqueles que fundamentam o lançamento de IPTU pela Prefeitura –, o recolhimento do ITBI mostra-se, em princípio, correto, não cabendo ao Oficial, diante da inexistência de flagrante equívoco, a ele se opor, o mesmo podendo se dizer em relação aos emolumentos. Vale transcrever decisão que revela o entendimento pacífico deste Conselho: *"Este Egrégio Conselho Superior da Magistratura já fixou entendimento no sentido de que a qualificação feita pelo Oficial Registrador não vai além da aferição sobre a existência ou não de recolhimento do tributo, e não sobre a integralidade de seu valor. Tal é o que se verifica verbi gratia do V. Acórdão proferido na Apelação Cível nº 28.382-0/7, da Comarca da Capital, em que figurou como relator o E. Desembargador Antônio Carlos Alves Braga, cuja ementa é a seguinte: Registro de Imóveis – Dúvida – Formal de partilha extraído de autos de arrolamento – Verificação, pelo Oficial, de recolhimento de imposto, mas não de seu valor – Recurso provido. Outro não foi o entendimento adotado na Apelação Cível n º 22.679-0/9, da Comarca da Capital, em que também figurou como relator o E. Desembargador Antônio Carlos Alves Braga, cuja ementa é a que segue: Registro de Imóveis – Dúvida Imobiliária – Imposto de Transmissão mortis causa – Fiscalização do pagamento pelo registrador – Dever que se limita à averiguação do recolhimento, sem que possa indagar acerca do valor devido – Recurso provido. A dúvida imobiliária não é o procedimento adequado para discutir o quantum debeatur do tributo relativo à transmissão de bens por sucessão hereditária. O dever insculpido na norma contida no artigo 289 da Lei de Registros Públicos não compreende a fiscalização do cálculo do imposto, mas apenas o seu recolhimento. Cumpre à Fazenda Pública, pelo meio próprio, promover a cobrança de eventual diferença que entenda devida. O texto do julgado é categórico: Ao registrador, para atendimento do disposto no artigo 289 da Lei de Registros Públicos, cabe limitar-se à fiscalização do recolhimento do tributo, não lhe cabendo discutir o quantum. Do contrário, estaria sendo discutida matéria de interesse da Fazenda Pública, sem que ela do feito fosse parte integrante. Só no meio próprio, no qual se estabelecesse a lide, e onde estivesse formada regular relação jurídico-processual, com a indispensável participação da Fazenda Pública e credora do tributo, tal questão poderia ser objeto de pronunciamento jurisdicional. E conclui-se: Reconhecer-se ao registrador atribuição para verificar se escorreito o cálculo do imposto, quando da qualificação do título, sempre ofenderia o princípio do contraditório, já que a Fazenda Pública, como dito, não é parte na dúvida imobiliária. A questão avulta quando se tem em conta que, como no caso, o valor do imposto já foi objeto de apreciação nos autos do inventário. Naquele feito seria possível à Fazenda Pública impugnar o valor recolhido, sem prejuízo do meio legal para a cobrança de eventual diferença que entenda devida (cf. artigos 1.003 a 1.013 e 1.034, § 2º, todos do Código de Processo Civil). À evidência, se a lei reserva à Fazenda Pública os meios próprios para haver do contribuinte diferenças do imposto de transmissão causa mortis, que entenda exigíveis, não caberá ao Oficial do Cartório de Registro de Imóveis, quando da qualificação registrária, perquirir acerca dessa questão, cumprindo-lhe limitar a sua ação à verificação do recolhimento. "*Nesses termos, pelo meu voto, à vista do exposto, dou provimento ao recurso, determinando o registro do título. HAMILTON ELLIOT AKEL – CORREGEDOR GERAL DA JUSTIÇA E RELATOR.

32) da transferência, de imóvel a sociedade, quando integrar quota social;

1. COMENTÁRIOS

O registro da transferência de imóvel a **sociedade** quando este integrar quota social, prescinde de escritura pública, **independentemente do valor**. Trata-se de exceção à regra do art. 108 do Código Civil, cuja redação é a seguinte:

> "Não dispondo a lei em contrário, a escritura pública é essencial à validade dos negócios jurídicos que visem à constituição, transferência, modificação ou renúncia de direitos reais sobre imóveis de valor **superior** a trinta vezes o maior salário mínimo vigente no País".

Apesar do item 32 se referir à "quota social", a doutrina entende que nas **sociedades por ações também é possível a integralização de ações por meio de pagamento com imóvel**. Aliás, os arts. 89 e 98, § 2º da Lei 6.404/1976, estabelecem que na incorporação de imóveis para a formação do capital social das sociedades anônimas não exige escritura pública. Assim, os negócios praticados para a formação de capital social de pessoas jurídicas são realizados por atos de registro independentemente do tipo societário. Explica Luiz Guilherme Loureiro que "na hipótese de o sócio ser **promitente comprador do imóvel e o contrato preliminar não prever cláusula de arrependimento** e estiver registrado no cartório de registro de imóveis, pode ser transferido à sociedade o direito real de aquisição. Na hipótese de **existência de cláusula de arrependimento** somente pode ser cedido à sociedade o direito de promitente comprador quando houver quitação integral do preço convencionado. O valor do direito real será determinado pelo preço efetivamente pago no contrato de promessa de compra e venda. A incorporação do direito aquisitivo ao capital, expresso em moeda corrente, é equiparado à cessão do direito do promitente comprador, de forma que, paga a totalidade do preço estipulado, a sociedade, como cessionária do direito real, pode exigir do proprietário (promitente vendedor do imóvel), a lavratura da escritura de compra e venda. Tratando-se de negócio jurídico bilateral, a sociedade já deve estar registrada no Registro competente (Registro Civil das Pessoas Jurídicas ou Junta Comercial), uma vez que é preciso ter personalidade para adquirir direitos e contrair obrigações. Apenas a pessoa física ou jurídica pode exercer direitos e contrair obrigações, não sendo possível que um ente despersonificado seja proprietário de imóveis, salvo expressa previsão legal. Logo, a nosso ver, apenas a sociedade personificada, isto é, que já tenha adquirido a personalidade jurídica com o registro no órgão competente, pode figurar no Registro Imobiliário como proprietária de imóveis ou de outros direitos reais imobiliários. Na transferência de imóvel para sociedade, como forma de integralização de quotas ou ações subscritas, não há incidência de ITBI e laudêmio. Nesse sentido, por exemplo, o entendimento do STJ, segundo o qual tal esse negócio jurídico não tem natureza onerosa, representando uma simples troca de imóvel por quotas ou ações do capital, sem modificação quantitativa do patrimônio do sócio (STJ – 2ª Turma – REsp 1.104.363-PE – j. 01.10.2009) (Op. cit., p. 848).

Outra observação importante a ser anotada se refere à **imunidade** específica prevista na Constituição Federal de imposto municipal sobre transmissão *inter vivos* de bens imóveis – ITBI, na hipótese de incorporação do bem ao capital social da sociedade. Nesse sentido, transcrevo o disposto o art. 156, § 2º, inciso I, da Constitucional Federal:

> "Não incide sobre a transmissão de bens ou direitos incorporados ao patrimônio de pessoa jurídica em realização de capital, nem sobre a transmissão de bens ou direitos decorrentes de fusão, incorporação, cisão ou extinção de pessoa jurídica, salvo se, nesses casos, a atividade preponderante do adquirente for a compra e venda desses bens ou direitos, locação de bens imóveis ou arrendamento mercantil".

Além disso, o Código Tributário Nacional proíbe a cobrança de ITBI na transferência de imóvel do sócio à sociedade, como integralização das quotas ou ações por ele subscritas, salvo se a pessoa jurídica tiver por finalidade precípua a compra e venda ou locação de imóveis (arts. 36 e 37, § 4º, CTN).

Estabelece o art. 64 da Lei 8.934/1994 que: **A certidão dos atos de constituição e de alteração de empresários individuais e de sociedades mercantis, fornecida pelas juntas comerciais em que foram arquivados, será o documento hábil para a transferência, por transcrição no registro público competente, dos bens com que o subscritor tiver contribuído para a formação ou para o aumento do capital.**

Esta certidão deve abranger todos os requisitos da escritura pública para que possa ter ingresso na serventia imobiliária. Os requisitos da escritura pública estão contidos no art. 215 do Código Civil, na Lei 7.433/1985, no Decreto 93.240/1986, nas normas da Corregedoria-Geral de Justiça do Estado, e, subsidiariamente, nas leis específicas de cada negócio jurídico objeto das escrituras. Ademais, tanto o contrato social, como o estatuto deverão obedecer às regras e princípios do registro imobiliário.

A dispensa da escritura pública para a formação do capital social das empresas por quotas de responsabilidade limitada não é inovação da Lei 8.934/1994. O art. 18 do Decreto 3.708/1919 estipulava que, em casos de omissão do estatuto social e naquilo que não fosse contraditório, deveriam ser observadas as regras da Lei das Sociedades Anônimas.

Destaca-se que os documentos passados pela junta comercial **não precisam ser reconhecidos firmas**. É o que se extrai do art. 63 da Lei 8.934/1994:

> **Art. 63.** Os atos levados a arquivamento nas juntas comerciais são dispensados de reconhecimento de firma.

A operação de transferência de imóvel à sociedade para integralização ou aumento de capital social, bem como na fusão, cisão, incorporação ou extinção de pessoa jurídica, **não é fato gerador do Imposto de Transmissão de Bens Imóveis (ITBI)**, salvo se, nesses casos, a atividade preponderante do adquirente for a compra e venda desses bens ou direitos, locação de bens imóveis ou arredamento mercantil, conforme regra inserta no art. 156, § 2º da Constituição Federal.

Ressalte-se que não é indispensável que a atividade da empresa seja **exclusivamente** a de compra e venda de imóveis, direitos referentes a estes, locação ou arrendamento mercantil, mas é primordial que estas atividades sejam **preponderantes** da empresa.

É fundamental observar que apenas na **transferência** de imóvel para a sociedade, quando este integra o capital social, é dispensável a escritura pública. No caso de **dissolução** e **liquidação** da sociedade, em que o imóvel é transferido ao mesmo ou a outro sócio, deve-se seguir a regra do art. 108 do Código Civil.

Assim, a exceção do art. 64 da Lei 8.934/1994 se refere apenas às transmissões destinadas a **formação ou aumento** de capital, de maneira que a **diminuição ou extinção** de capital social, a escritura pública é imprescindível. O Conselho Superior da Magistratura Paulista já enfrentou a questão:

> "admite-se a utilização de instrumento particular com o fim de materializar conferência de bens pelos sócios para integralizar o capital social, mas tal exceção derivada do texto do art. 64 da Lei 8934 deve ser interpretada de modo restritivo. Tal dispositivo legal permite a utilização de certidão expedida pela junta comercial extraída dos atos constitutivos ou de sua alteração como título hábil para, perante o registrador possibilitar a alienação de direitos reais incidentes sobre imóvel, mas sempre, invariavelmente para composição ou aumento do capital social e nunca para a sua redução ou dissolução".

Relevante também é a **conferência da data do arquivamento** desse instrumento particular na Junta comercial, pois há entendimento de que, se ele for **anterior à Lei 8.934/1994**, a dispensa da escritura pública não poderá ocorrer, mesmo que seja apresentado agora ao registro imobiliário. Esta é a posição do Conselho Superior da Magistratura Paulista:

> "Consigno também que diante da data que o contrato social foi submetida à Junta Comercial constata-se de antemão a inaplicabilidade do art. 64 da Lei 8934 que confere "as certidões emitidas pela Junta comercial o caráter de título quando relativas a atos constitutivos ou alterações contratuais que resguardem a conferência de bens destinados à integralização de capital social".

O registro da transferência de imóvel a sociedade será inscritível na matrícula (Livro nº 2 – Registro Geral).

Vale destacar o recente Enunciado 42 da I Jornada de Direito Notarial e Registral, que estabelece:

> **Enunciado 42.** O art. 1.015 do Código Civil refere-se à venda ou oneração de imóvel da sociedade, não sendo necessária autorização para aquisição de imóvel pelo administrador em nome da sociedade, no silêncio do contrato.
>
> ⊙ Justificativa: O Código Civil seguiu a linha de seu antecessor e buscou garantir e restringir a venda e oneração de imóveis pelo administrador, considerando aquele bem como ativo mais importante para a sociedade. Assim, tendo essa perspectiva em mente, não faria sentido exigir da empresa a referida autorização quando se tratar de aquisição de imóveis, podendo para tanto o administrador representar a sociedade na aquisição independentemente da autorização da maioria do seu capital social.

1.1 IMUNIDADE TRIBUTÁRIA NA INTEGRALIZAÇÃO DE CAPITAL SOCIAL: ANÁLISE DE CASO

A imunidade tributária está prevista no artigo 156, § 2º, I da Constituição Federal. Este capítulo examina a decisão do Tribunal de Justiça de São Paulo (TJSP) sobre a não concessão da imunidade tributária pretendida por uma empresa imobiliária, destacando os argumentos apresentados, a fundamentação jurídica e a jurisprudência aplicável.

A empresa Rs Elian Intermediação de Imóveis Ltda., autora no processo nº 1066162-29.2022.8.26.0053, ingressou com uma ação anulatória **objetivando afastar a incidência do ITBI sobre a operação de integralização de capital social com bem imóvel**, alegando a imunidade tributária constitucional prevista no artigo 156, § 2º, I da CF.

Após a tramitação processual, a sentença de primeira instância julgou parcialmente procedente a ação, mantendo a tributação a partir do momento do registro da transação imobiliária, sob o argumento de que a atividade preponderante da autora afastava o direito à imunidade. A empresa recorreu, reiterando que suas receitas não provinham da compra e venda de imóveis ou do recebimento de aluguéis, e que a imunidade deveria ser incondicionada.

O TJSP, ao julgar o recurso, negou provimento ao apelo, mantendo a decisão de primeira instância. A relatora, Desembargadora Beatriz Braga, esclareceu que a **imunidade tributária do ITBI, conforme prevista no artigo 156, § 2º, I da CF, não se aplica a contribuintes cuja atividade preponderante seja a compra e venda ou locação de bens imóveis.**

No caso em questão, a atividade social da empresa consistia exatamente na compra e venda de imóveis e corretagem no aluguel de imóveis de terceiros, conforme a cláusula terceira do contrato social. Dessa forma, a empresa se enquadrava na exceção prevista pela norma constitucional, não tendo direito à imunidade tributária pretendida.

A decisão também mencionou que o argumento da empresa sobre o **Tema 796 do STF** não se sustentava, pois o precedente citado abordava a questão de passagem, sem vincular os tribunais inferiores. O TJSP reafirmou que a base de cálculo do ITBI é o valor venal dos bens transmitidos, conforme o artigo 38 do Código Tributário Nacional.

A jurisprudência do TJSP tem sido consistente em reafirmar que a imunidade do ITBI não se aplica a empresas cuja atividade preponderante seja imobiliária. A corte citou precedentes que sustentam essa interpretação, confirmando a necessidade de observância da preponderância da atividade econômica para a concessão da imunidade.

A doutrina tributária também corrobora essa visão, destacando que a imunidade é destinada a evitar a bitributação em operações que não visem ao lucro imediato pela transação de imóveis, mas sim à integralização de capital social. Quando a atividade da empresa é predominantemente a comercialização de imóveis, a imunidade não é aplicável.

A decisão do TJSP no caso de Rs Elian Intermediação de Imóveis Ltda. reforça a interpretação restritiva da imunidade tributária prevista no artigo 156, § 2º, I da Constituição Federal. A sentença reafirma que a preponderância da atividade econômica é crucial para a concessão da imunidade do ITBI, excluindo empresas cuja atividade principal seja a compra e venda ou locação de imóveis. Este entendimento traz clareza e segurança jurídica, alinhando-se com a doutrina e jurisprudência sobre o tema.

Recomenda-se a leitura do julgado (Dados do Processo: TJSP – Apelação Cível nº 1066162-29.2022.8.26.0053 – São Paulo – 18ª Câmara de Direito Público – Rel. Des. Beatriz Braga – DJ 27.07.2023) no tópico "Jurisprudência Complementar.

Dados do processo: TJSP – Apelação Cível nº 1066162-29.2022.8.26.0053 – São Paulo – 18ª Câmara de Direito Público – Rel. Des. Beatriz Braga – DJ 27.07.2023

2. JURISPRUDÊNCIA COMPLEMENTAR

SUPERIOR TRIBUNAL DE JUSTIÇA

EMENTA: Sociedade anônima. Capital. Incorporação de bens. A transferência do domínio de imóvel faz-se com o registro e não com a averbação. O disposto no artigo 234 da Lei das Sociedades por Ações aplica-se à incorporação de sociedades, em que há sucessão, e não à incorporação de bens ao capital. Recurso especial. Inviabilidade em relação a tema não prequestionado, tendo-se esse requisito como atendido quando a questão jurídica é examinada pelo acórdão. (STJ – REsp: 96713 MG 1996/0033496-0, Relator: Ministro EDUARDO RIBEIRO, Data de Julgamento: 15/06/1999, T3 – TERCEIRA TURMA, Data de Publicação: DJ 29.05.2000 p. 147).

EMENTA: SOCIEDADE ANÔNIMA. Capital. Incorporação de bem. Registro de Imóveis. Embargos de terceiro. O equívoco do registrador, ao denominar de averbação o que na verdade era o registro da incorporação de empresas, com a aquisição de patrimônio imóvel, não retira da sociedade a condição de proprietária, que assim pode promover embargos de terceiro. Preliminar de não conhecimento dos embargos de divergência rejeitada. Embargos acolhidos. Votos vencidos.(STJ – EREsp: 96713 MG 2000/0052047-0, Relator: Ministro RUY ROSADO DE AGUIAR, Data de Julgamento: 13/12/2000, S2 – SEGUNDA SEÇÃO, Data de Publicação: DJ 17.09.2001 p. 102RDR vol. 21 p. 263)

TRIBUNAL DE JUSTIÇA DO ESTADO DE SÃO PAULO

EMENTA: Apelação. Ação anulatória. Imunidade tributária (art. 156, § 2º, I da CF). Integralização de capital social mediante a incorporação de imóveis. Pretensão autoral relacionada ao afastamento da incidência de ITBI.

Sentença de parcial procedência na qual foi mantida a tributação, porém, a partir do momento do registro da transação imobiliária.

A benesse constitucional do art. 156, §2º, I da CF não é aplicável a contribuinte cuja atividade preponderante seja a compra e venda ou locação de bens imóveis.

No caso, o objeto social da autora consiste exatamente nas atividades retro mencionadas.

Destarte, como não está inserida nas exceções da regra imunizante do art. 156, §2º, I da CF, não há configuração da situação ensejadora da imunidade tributária pretendida.

Saliente-se não convencer o argumento da apelante no sentido de que o Tema 796 do STF viabilizou a concessão da imunidade sobre integralização de capital social de empresa independentemente da atividade por ela exercida. Para tanto, vê-se que tal assunto foi abordado no precedente citado de passagem ("obter dicta"), de modo a não vincular os Tribunais inferiores por não ser acobertada pela coisa julgada.

A manutenção da sentença que não reconheceu a imunidade é imperiosa.

A negativa de provimento do recurso enseja a majoração da verba honorária em 1% sobre o percentual fixado na sentença, nos termos do art.85, §11 do CPC.

Nega-se provimento ao recurso e majora-se a verba honorária, nos termos do acórdão.

Trata-se de apelação interposta por Rs Elian Intermediação de Imóveis Ltda contra sentença de parcial procedência prolatada nos autos da ação anulatória de lançamento fiscal ajuizada em face do Município de São Paulo (fls. 844/850).

Consta dos autos ter sido ajuizada a presente ação objetivando afastar a incidência de ITBI sobre operação de integralização do capital social de empresa com bem imóvel sob o argumento da imunidade tributária constitucional (art. 156, § 2º, I da CF).

Após regular tramitação processual, sobreveio sentença de parcial procedência. Consignou a juíza que a atividade preponderante da autora afastava o direito à imunidade pretendida. No entanto, determinou a incidência do imposto a partir da data da transação imobiliária.

Inconformada, a autora apela (fls.896/913). Reitera os termos de sua inicial; não há necessidade de contabilizar as despesas de manutenção do imóvel integralizado; suas receitas não advém da compra e venda de imóveis ou recebimento de aluguéis; a imunidade pretendida incondicionada; incorreta aplicação do Tema 796 do STF; pede a reforma da sentença e o provimento integral do recurso.

Contrarrazões a fls. 941/955.

É o relatório.

O recurso preenche os requisitos de admissibilidade e deve ser conhecido. Contudo, não merece prosperar.

Cinge-se a controvérsia ao reconhecimento da imunidade tributária da autora em relação à cobrança de ITBI lançado sobre integralização de seu capital social.

Acerca do instituto da imunidade tributária do ITBI sobre a integralização de capital social mediante bem imóvel, imperioso tecer os seguintes comentários.

Nos termos do art. 156, §2º, I da CF, o ITBI "não incide sobre a transmissão de bens ou direitos incorporados ao patrimônio de pessoa jurídica em realização de capital, nem sobre a transmissão de bens ou direitos decorrentes de fusão, incorporação, cisão ou extinção de pessoa jurídica, **salvo se, nesses casos, a atividade preponderante do adquirente for a compra e venda desses bens ou direitos, locação de bens imóveis ou arrendamento mercantil**".

Outrossim, segundo o art. 37, §1º do Código Tributário Nacional, a atividade de compra e venda, locação e arrendamento mercantil considerar-se-á preponderante quando mais de 50% da receita operacional da pessoa jurídica adquirente, nos dois anos anteriores e nos dois subsequentes à aquisição decorrer de mencionadas operações.

Depreende-se dos autos que a autora tem como objeto social a "compra e venda de imóveis e corretagem no aluguel de imóveis de terceiros" (cláusula terceira do contrato social - fls. 32), de modo que tal atividade se insere na hipótese de exceção da tributação prevista no art. 156, §2º, I da Constituição Federal, qual seja, a preponderância da atividade imobiliária.

Dessa forma, a autora não possui direito à imunidade pretendida no que se refere à incorporação de bens imóveis ao capital social da empresa descrita nos autos.

Logo, cabe o recolhimento do ITBI, tal como já assentado na sentença, pois ocorrido o fato gerador do ITBI.

E, quanto ao correto parâmetro de avaliação do bem, registre-se que o art. 38 do Código Tributário Nacional estabelece que a base de cálculo do ITBI é o valor venal dos bens ou direitos transmitidos.

Saliente-se não convencer o argumento no sentido de que o Tema 796 do STF viabilizou a concessão da imunidade sobre integralização de capital social de empresa independentemente da atividade por ela desempenhada. Para tanto, vê-se que tal assunto foi abordado no precedente citado *de passagem* ("obter dicta"), sem relação com o objeto da causa em análise, de modo a não vincular os Tribunais inferiores por não ser acobertado pela eficácia da coisa julgada.

Sobre o assunto, inclusive, já decidiu esta Câmara:

*"(...) **não há efeito vinculante na fundamentação adotada pelo Supremo Tribunal Federal no julgamento do RE 796.376/SC, sede em que fixado o Tema nº 796 de Repercussão Geral.***

*Isso porque, a menção de que o artigo 156, § 2º, I da Constituição Federal estabeleceria duas hipóteses de imunidade do ITBI, uma incondicionada (para os casos de mera integralização de quotas sociais através de bem imóvel), e outra condicionada (para as hipóteses de cisão, fusão, incorporação e extinção de pessoa jurídica, desde que sua atividade preponderante não recaísse sobre compra e venda dos bens ou direitos, locação de bens imóveis ou arrendamento mercantil), **se consubstanciou em mera questão obter dicta (argumento de passagem, em nada relacionado ao objeto da causa)**" (Apelação n. 2250422-29.2021.8.26.0000, Desembargador Ricardo Chimenti)*

Assim, não há qualquer reparo a ser feito na sentença. Em seguimento, a regra do art.85, §11 autoriza a majoração da verba honorária em 1% sobre os percentuais mínimos fixados na origem.

Para que não se alegue cerceamento do direito de recorrer, considera-se prequestionada toda matéria constitucional e infraconstitucional discutida, bastando que as questões tenham sido enfrentadas e solucionadas no acórdão, como de fato ocorreu, sendo "desnecessária a citação numérica dos dispositivos legais".

Por derradeiro, atentem-se as partes para o cabimento de embargos declaratórios nas estreitas hipóteses delineadas no artigo 1.022, sob pena de eventual aplicação das multas processuais previstas nos §§ 2º e 3º do artigo 1.026, ambos dispositivos do Código de Processo Civil. Assinale-se que esta medida está em consonância com a atual jurisprudência dos Tribunais Superiores sobre o tema.

Ante o exposto, nega-se provimento ao recurso, com majoração da verba honorária, nos termos do acórdão.

BEATRIZ BRAGA. Relatora - - /(TJSP – Apelação Cível nº 1066162-29.2022.8.26.0053 – São Paulo – 18ª Câmara de Direito Público – Rel. Des. Beatriz Braga – DJ 27.07.2023)

▶ **EMENTA**: AÇÃO DE REPETIÇÃO DE INDÉBITO – ITBI – Exercício de 2004 – Município de São Paulo – Aquisição de imóvel – Celebração de negócio voltada à aquisição de imóvel – Aquisição em realização de capital – Aumento de capital por meio de conferência de bens registrado apenas junto à JUCESP – Ano de 2004 – Ausência de fato gerador – Averbação na matrícula junto ao Cartório de Registro de Imóveis apenas em 2012 – Fato gerador ocorrido – Impossibilidade de acréscimo no valor do ITBI a título de multa e juros moratórios desde 2004 – Precedentes dos C. STF e STJ – Valor que deve ser cobrado a partir de 2012 quando da averbação no Cartório de Registro de Imóveis – Repetição de indébito corretamente determinada – Aplicabilidade da Lei nº 11.960/09 até 25/03/2015 – Nos termos da modulação de efeitos do C. STF – Após 25/03/2015 a correção monetária deve obedecer aos índices aplicados pelo Fisco Municipal – Sucumbência bem fixada, sem reparos – Apelo municipal provido em parte, apenas quanto à correção monetária. (TJSP – Apelação Cível nº 1016022-24.2014.8.26.0068 – São Paulo – 15ª Câmara de Direito Público – Rel. Des. Silva Russo – DJ 11.04.2016).

▶ **EMENTA:** PENHORA. QUOTAS DE SOCIEDADE LIMITADA. AVALIAÇÃO. BLOQUEIO DE REGISTRO DE IMÓVEL. 1. A deliberação societária aprovada pela Jucesp é documento hábil para registro de imóvel entregue à sociedade, para integralizar e aumentar seu capital. Porém, no agravo de instrumento que se processou junto à 37ª Câmara desta Corte, sobre mesmíssimo imóvel e matéria, houve determinação de bloqueio/indisponibilidade do imóvel, com autorização de eventual transferência apenas em nome da empresa da qual o exequente obteve penhora de cotas. Impossibilidade de decisões conflitantes. Preservação daquele resultado. 2. Possível a penhora sobre quotas de sociedade (art. 655, VI, CPC), converte-se tal direito em pecúnia mediante liquidação da participação societária do devedor, sem prejuízo de se facultar aos demais sócios remir a execução. 3. Diferente das ações das sociedades anônimas, as quotas da sociedade limitada são liquidadas com base na situação patrimonial da sociedade (art. 1.026 e 1.031, CC). 4. Recurso parcialmente provido. (TJ-SP – AI: 20556033920148260000 SP 2055603-39.2014.8.26.0000, Relator: Melo Colombi, Data de Julgamento: 29/05/2014, 14ª Câmara de Direito Privado, Data de Publicação: 29/05/2014)

⊙ CONSELHO SUPERIOR DA MAGISTRATURA

▶ **EMENTA: Registro de Imóveis – Instrumento particular de conferência de bens para integralização de capital social – Imóveis que foram avaliados pelo Município, para efeito de declaração de isenção do Imposto de Transmissão de Bens Imóveis (ITBI), com valores superiores aos atribuídos no instrumento de conferência de bens – Recusa fundada na ausência de comprovação da declaração e recolhimento do Imposto de Transmissão "Causa Mortis" e Doação (ITCMD) sobre a diferença entre a soma dos valores atribuídos aos imóveis e os da sua avaliação pelo Município – Exigência indevida – Recurso provido para julgar a dúvida improcedente (Apelação Cível nº 1002258-19.2020.8.26.0081)**

1. Trata-se de apelação interposta por AGROPECUÁRIA BOI FORTE LTDA. contra r. sentença que julgou a dúvida procedente e manteve a recusa do Sr. Oficial de Registro de Imóveis, Títulos e Documentos e Civil de Pessoa Jurídica da Comarca de Adamantina em promover os registros, nas matrículas nºs 3.544, 9.433 e 13.033, do contrato de conferência de bens para integralização do seu capital social porque não comprovada a isenção, ou o pagamento, do Imposto de Transmissão "Causa Mortis" e Doação – ITCMD incidente sobre a diferença entre as avaliações dos imóveis transmitidos e os valores que lhes foram atribuídos no contrato social.

A apelante alegou, em suma, que o sócio Arlindo de Barros promoveu a transmissão dos imóveis, no instrumento de constituição da sociedade, visando integralizar a sua participação no capital social. Disse que os valores atribuídos aos imóveis correspondem aos declarados pelo sócio para efeito de imposto de renda, como permitido pelo art. 23, alínea "a", da Lei nº 9.249/95.

Asseverou que a transmissão de bens para integralização de capital social é sempre onerosa porque enseja a transferência, ao alienante, de ações ou quotas sociais correspondentes aos bens adquiridos pela sociedade. Ademais, cada sócio recebeu quotas com valores proporcionais aos dos bens que integralizou, o que afasta a natureza gratuita da transmissão. Em razão disso, a integralização de capital social não caracteriza fato gerador do Imposto de Transmissão "Causa Mortes" e Doação – ITCMD que, portanto, é indevido. Aduziu que a exigência formulada teve como fundamento o resultado da Consulta Tributária nº 00022028/2020, formulada pelo Oficial de Registro de Imóveis que, porém, é conflitante com a resposta da Secretaria da Fazenda do Estado de São Paulo à Consulta Tributária nº 22070/2020 em que reconhecida a não incidência do ITCMD na integralização de capital social, ressalvada a possibilidade de desconsideração do ato, na esfera administrativa, quando destinado a ocultar negócio jurídico de natureza distinta. Requereu o provimento do recurso para que a dúvida seja julgada improcedente (fl. 113/124).

A douta Procuradoria Geral de Justiça opinou pelo não provimento do recurso (fl. 147/149).

É o relatório.

2. A recusa do registro, mediante exigência de comprovação da isenção, ou recolhimento, do Imposto de Transmissão "Causa Mortis"

e Doação – ITCMD decorreu da resposta da Consulta Tributária nº 00022028/2020, formulada pelo Oficial de Registro de Imóveis à Secretaria da Fazenda e Planejamento, em 19 de agosto de 2020 (fl. 5 e 57/62), em que afirmado:

"Nota-se, assim, que, sem o correspondente reflexo nas quotas do sócio integralizador, o valor do imóvel que ultrapassa o valor pelo qual ele é integralizado acaba por se configurar como uma transferência voluntária (doação) do patrimônio dos sócios integralizadores para o outro sócio, caracterizando-se, portanto, como hipótese de incidência do ITCMD" (fl. 61).

Nessa resposta foi adotado o decidido na Consulta Tributária nº 22.070, de 10 de agosto de 2020, que teve como um de seus fundamentos a possibilidade de transferência de patrimônio aos demais sócios mediante valorização das cotas que integralizaram. Conforme a referida Consulta:

"9. Nota-se, assim, que, sem o correspondente reflexo nas quotas do sócio integralizador, o valor do imóvel que ultrapassa o valor pelo qual ele é integralizado acaba por se configurar como uma transferência voluntária (doação) do patrimônio dos sócios integralizadores para o outro sócio, caracterizando-se, portanto, como hipótese de incidência do ITCMD".

In casu, no contrato social apresentado para registro foi prevista a integralização do quinhão do sócio Arlindo de Barros mediante transmissão, à apelante, dos imóveis que são objeto das matrículas nºs 3.544, 9.433 e 13.033, todas do Registro de Imóveis da Comarca de Adamantina, do imóvel objeto da matrícula nº 631 do Registro de Imóveis da Comarca de Nova Andradina, Mato Grosso do Sul, e dos imóveis que são objeto das matrículas nºs 8.898 e 11.261, ambas do Registro de Imóveis da Comarca de Brasilândia, Mato Grosso do Sul (fl. 13/15 e 27/28).

Além dos imóveis, o sócio Arlindo de Barros se obrigou a transmitir, para a apelante, três tratores, mil cento e três cabeças de gado bovino, e a quantia de R$ 1.122,19, totalizando o valor atribuído para os bens móveis e imóveis, no contrato social, R$ 2.872.600,00 (fl. 15/16).

Por sua vez, cada um dos demais três sócios se obrigou a transmitir para a apelante a quantia de R$ 200,00.

Em razão dos valores atribuídos aos bens que foram transmitidos para efeito de integralização da sua participação no capital da apelante, o sócio Arlindo de Barros recebeu 2.872.000 (dois milhões, oitocentos e setenta e duas mil) quotas, ao passo que os demais sócios receberam, cada um, 200 (duzentas) quotas sociais (fl. 17).

Desse modo, cada sócio recebeu número de quotas proporcional aos valores atribuídos aos bens que transmitiram para integralizar a sua participação no capital social.

Por outro lado, no contrato social foi atribuído o valor de R$ 55.517,82 para o imóvel objeto da matrícula nº 3.544, o valor de R$$ 69.397,27 para o imóvel objeto da matrícula nº 9.433, e o valor de R$ 90.810,23 para o imóvel objeto da matrícula nº 13.033 (fl. 13 e 27/28).

Contudo, para efeito de declaração da incidência de ITBI, o Município de Adamantina atribuiu ao primeiro imóvel o valor de R$ 300.000,00 (fl. 49), ao segundo o valor R$ 450.000,00 (fl. 50), e ao terceiro o valor de R$ 1.200.000,00 (fl. 51), com reconhecimento da isenção tributária mediante adoção de base de cálculo equivalente às avaliações promovidas (fl. 52).

Em que pese a correspondência entre os valores atribuídos aos bens e o número de quotas recebido por cada um dos sócios, a exigência mostrou-se adequada às respostas da Consulta Tributária nº 00022028, de 19 de agosto de 2020, e da Consulta Tributária nº 22.070, de 10 de agosto de 2020, porque a integralização promovida pelo sócio Arlindo terá repercussão no valor real do patrimônio da sociedade e, portanto, nos valores das quotas dos demais sócios.

Ocorre que a transmissão de bem para a integralização do quinhão no capital da sociedade constitui negócio jurídico oneroso porque importa na sua retirada do patrimônio do sócio e na transferência ao patrimônio da sociedade que tem personalidade jurídica própria, com a correspondente atribuição ao sócio de quotas proporcionais ao capital integralizado.

Essa transmissão é imune da incidência do imposto de transmissão "inter vivos", salvo se for promovida mediante transmissão de bens ou direitos decorrentes de fusão, incorporação, cisão ou extinção de pessoa jurídica e a atividade preponderante do adquirente for a compra e venda dos bens ou direitos transmitidos, a locação de bens imóveis ou o arrendamento mercantil, como previsto no art. 156, § 2º, inciso I, da Constituição Federal:

"Art. 156. Compete aos Municípios instituir impostos sobre:

(...)

II – transmissão "inter vivos", a qualquer título, por ato oneroso, de bens imóveis, por natureza ou acessão física, e de direitos reais sobre imóveis, exceto os de garantia, bem como cessão de direitos a sua aquisição;

(...)

§ 2º O imposto previsto no inciso II:

I – não incide sobre a transmissão de bens ou direitos incorporados ao patrimônio de pessoa jurídica em realização de capital, nem sobre a transmissão de bens ou direitos decorrente de fusão, incorporação, cisão ou extinção de pessoa jurídica, salvo se, nesses casos, a atividade preponderante do adquirente for a compra e venda desses bens ou direitos, locação de bens imóveis ou arrendamento mercantil;".

Atribuída a competência tributária ao Município, a Lei Estadual nº 10.750/2000 não dispõe sobre a integralização de capital social como causa de incidência ou de isenção do Imposto de Transmissão "Causa Mortis" e Doação ITCMD.

E o Egrégio Supremo Tribunal Federal, no julgamento do Recurso Extraordinário nº 796.376/SC, de 05 de agosto de 2020, de que foi relator o eminente Ministro Alexandre de Moraes, fixou para o Tema nº 796 da repercussão geral a seguinte tese:

"A imunidade em relação ao ITBI, prevista no inciso I do § 2º do art. 156 da Constituição Federal, não alcança o valor dos bens que exceder o limite do capital social a ser integralizado".

Conforme a ementa do v. acórdão, sobre o excedente entre o valor de mercado do bem imóvel integralizado e o valor atribuído no contrato social incide o ITBI, o que exclui a exigência de comprovação da declaração e recolhimento, ou isenção, do ITCMD:

"EMENTA. CONSTITUCIONAL E TRIBUTÁRIO. IMPOSTO DE TRANSMISSÃO DE BENS IMÓVEIS – ITBI. IMUNIDADE PREVISTA NO ART. 156, § 2º, I DA CONSTITUIÇÃO. APLICABILIDADE ATÉ O LIMITE DO CAPITAL SOCIAL A SER INTEGRALIZADO. RECURSO EXTRAORDINÁRIO IMPROVIDO.

1. A Constituição de 1988 imunizou a integralização do capital por meio de bens imóveis, não incidindo o ITBI sobre o valor do bem dado em pagamento do capital subscrito pelo sócio ou acionista da pessoa jurídica (art. 156, § 2º,).

2. A norma não imuniza qualquer incorporação de bens ou direitos ao patrimônio da pessoa jurídica, mas exclusivamente o pagamento, em bens ou direitos, que o sócio faz para integralização do capital social subscrito. Portanto, sobre a diferença do valor dos bens imóveis que superar o capital subscrito a ser integralizado, incidirá a tributação pelo ITBI.

3. Recurso Extraordinário a que se nega provimento. Tema 796, fixada a seguinte tese de repercussão geral: "A imunidade em relação ao ITBI, prevista no inciso I do § 2º do art. 156 da Constituição Federal, não alcança o valor dos bens que exceder o limite do capital social a ser integralizado" (RE 796376, Relator para o Acórdão Min. ALEXANDRE DE MORAES, Tribunal Pleno, julgado em 05/08/2020, Processo Eletrônico Repercussão Geral – Mérito DJe-201, Divulg. 24-08-2020, Public. 25-08.2020 – grifei).

Verifica-se no r. voto do Excelentíssimo Ministro Alexandre de Moraes, que foi o redator para o acórdão:

"Na questão com repercussão geral reconhecida, debate-se o alcance da imunidade tributária do Imposto de Transmissão de Bens Imóveis ITBI, prevista no art. 156, § 2º, I, da Constituição, sobre imóveis incorporados ao patrimônio de pessoa jurídica, quando o valor desses bens excede o limite do capital social a ser integralizado".

Ainda conforme o v. acórdão, nas hipóteses não abrangidas pela imunidade tributária incide a tributação pelo ITBI:

"Disso decorre, logicamente, que, sobre a diferença do valor dos bens imóveis que superar o valor do capital subscrito a ser integralizado, incidirá a tributação pelo ITBI, pois a imunidade está voltada ao valor destinado à integralização do capital social, que é feita quando os sócios quitam as quotas subscritas.

Por outro lado, nada impede que os sócios ou os acionistas contribuam com quantia superior ao montante por eles subscrito, e que o contrato social preveja que essa parcela será classificada como reserva de capital. Essa convenção se insere na autonomia de vontade dos subscritores.

O que não se admite é que, a pretexto de criar-se uma reserva de capital, pretenda-se imunizar o valor dos imóveis excedente às quotas subscritas, ao arrepio da norma constitucional e em prejuízo ao Fisco municipal. Ainda que o preceito constitucional em apreço tenha por finalidade incentivar a livre iniciativa, estimular o empreendedorismo, promover a capitalização e o desenvolvimento das empresas, não chega ao ponto de imunizar imóvel cuja destinação escapa da finalidade da norma".

Destarte, na interpretação da tese fixada para o Tema nº 796 da repercussão geral impõe-se a conclusão de que a integralização de bens imóveis com valor superior ao do capital subscrito constitui fato gerador do ITBI, o que, reitero, afasta a incidência do ITCMD.

Assim decidida a matéria em sede de repercussão geral, para efeito de julgamento do recurso de apelação prevalece a tese fixada pelo Egrégio Supremo Tribunal Federal, o que afasta a exigência de comprovação do recolhimento, ou isenção, do ITCMD como requisito para o registro de contrato de integralização do capital social.

Neste caso concreto, a Prefeitura do Município de Adamantina emitiu guias de isenção do ITBI pelos valores das avaliações fiscais dos imóveis integralizados (fl. 49/52), o que basta para os registros pretendidos.

Ressalvo, porém, que a decisão da dúvida não impede que a Fazenda do Estado adote as medidas que considerar cabíveis para o lançamento e cobrança de eventual Imposto de Transmissão "Causa Mortis" e Doação – ITCMD, mas em procedimento próprio.

3. Ante o exposto, pelo meu voto dou provimento ao recurso para julgar a dúvida improcedente.

RICARDO ANAFE. Corregedor Geral da Justiça e Relator (DJe de 09.06.2021 – SP)

EMENTA: REGISTRO DE IMÓVEIS – Transferência de bens imóveis de sociedade empresária a sócio – Inaplicabilidade da regra excepcional de forma contida no art. 64 da lei nº 8.934/94 – Necessidade de escritura pública – Imóvel alienado fiduciariamente – Transmissão de propriedade que retira a disponibilidade da pessoa jurídica para a pretendida alienação – Recurso não provido. (APELAÇÃO Nº 0005121-97.2011.8.26.0236, da Comarca de Ibitinga). Trata-se de apelação interposta contra r. sentença que reconheceu impossibilidade do registro da transmissão da propriedade de bens imóveis de sociedade empresarial a sócio. Sustenta o apelante a possibilidade da transmissão da propriedade de imóvel de sociedade empresarial para sócio por instrumento particular com fundamento no art. 64 da lei nº 8.934/94. O processo foi remetido pela Corregedoria-Geral de Justiça a este Colegiado. Houve manifestação do apelante reiterando os fundamentos das razões recursais. A Douta Procuradoria Geral de Justiça opinou pelo não provimento do recurso. Houve manifestação do Banco Indusval S/A encarecendo a urgência do julgamento. É o relatório. O recurso não merece provimento. Embora a nota de devolução de fls. 34 diga respeito a duas matrículas, as de números 30414 e 30416, o pedido se restringe ao imóvel objeto da matrícula (...), atribuído a (...). No tocante a este pedido de ingresso no fólio real, pertinentes os óbices apresentados pelo Registrador. O bem em questão foi alienado fiduciariamente, conforme registro 4, de 31 de março de 2010, pelo Frigorífico (...) em favor do Banco Indusval S/A, tendo se consolidado a propriedade no credor pelo não adimplemento das obrigações acordadas na Cédula de Crédito Bancário nº 32.585. Inviável a transmissão de propriedade, independentemente do meio escolhido, por aquele que deixou de ser o titular de domínio do bem. Mesmo que assim não fosse, a forma do contrato é o meio social através do qual as partes manifestam seu consentimento. No Brasil adota-se o princípio da liberdade de forma, nos termos do art. 107 do Código Civil. Ela pode ser livremente escolhida pelos contratantes, exceto no caso da lei impor forma específica, sob pena de nulidade. A transmissão de direitos reais sobre imóveis de valor superior a trinta salários mínimos somente pode ser realizada por meio de contratos com forma pública, conforme disposto no art. 108 do Código Civil, redigido como segue: *Art. 108. Não dispondo a lei em contrário, a escritura pública é essencial à validade dos negócios jurídicos que visem à constituição, transferência, modificação ou renúncia de direitos reais sobre imóveis de valor superior a trinta vezes o maior salário mínimo vigente no País.* A regra de exceção contida na parte inicial do artigo 108 do Código Civil permite dispensa da forma pública no caso da integralização de patrimônio de sociedade empresarial para transferência da propriedade de bens imóveis em razão do disposto no art. 64, da lei nº 8.934/94, cuja dicção é clara: *Art. 64. A certidão dos atos de constituição e de alteração de sociedades mercantis, passada pelas juntas comerciais em que foram arquivados, será o documento hábil para a transferência, por transcrição no registro publico competente, dos bens com que o subscritor tiver contribuído para a formação ou aumento do capital social.* Todavia, como regra de exceção, deve ser interpretada restritivamente. Descabe interpretação extensiva, conforme pretendem os interessados. Inviável a transferência de bens imóveis da sociedade ao sócio, por instrumento particular arquivado na junta comercial. Hipóteses diversas não se incluem na regra de exceção, motivo por que incide na espécie a regra geral da forma pública. Nessa linha, não faltam precedentes administrativos: *REGISTRO DE IMÓVEIS – Extinção de sociedade – impossibilidade de transferência de bens imóveis por instrumento particular ante a falta da prova de valor inferior a trinta salários mínimos – não aplicação do disposto no art. 64 da Lei nº 8.934/94 para além da hipótese de transferência de bens dos sócios à sociedade – Recurso não provido* (Ap. nº 0001644-10.2010.8.26.026, j. 28/07/2011, Rel. Des. Maurício Vidigal). *Registro de Imóveis – Dúvida julgada procedente – Negativa de acesso ao registro de instrumento particular de distrato social de pessoa jurídica, com transferência de bens imóveis da sociedade para os sócios – Inviável o registro à luz do disposto no art. 134, II, § 6º, do Código Civil de 1916 e no art. 108 do novo Código Civil – Indispensabilidade da transferência dos bens por intermédio de escritura pública – Não incidência, no caso, da norma do art. 64 da Lei nº 8.934/1994 – Recurso não provido* (Ap. Civ. nº 491-6/1, j. 11/05/2006, Rel. Des. Gilberto Passos de Freitas). Pelo exposto, nego provimento ao recurso. JOSÉ RENATO NALINI. Corregedor Geral da Justiça e Relator

TRIBUNAL DE JUSTIÇA DO ESTADO DO PARANÁ

EMENTA: AGRAVO DE INSTRUMENTO – IMPOSTO SOBRE A TRANSMISSÃO *INTER VIVOS* DE BENS IMÓVEIS – ITBI – TRANSFERÊNCIA DE IMÓVEIS PARA O PATRIMÔNIO DE PESSOA JURÍDICA, EM REALIZAÇÃO DE CAPITAL SOCIAL – AUSÊNCIA DE BENEFÍCIO, COM OS IMÓVEIS, EM FAVOR DA PESSOA JURÍDICA – IMUNIDADE AFASTADA – INTERPRETAÇÃO DO ART. 156, § 2º, I, COM O ART. 170, *CAPUT*, DA CONSTITUIÇÃO FEDERAL – DECISÃO ATACADA MANTIDA – AGRAVO DESPROVIDO. (TJPR – Agravo de Instrumento nº 1460661-0 – Curitiba – 3ª Câmara Cível – Rel. Des. Claudio de Andrade – DJ 22.03.2016).

EMENTA: APELAÇÃO CÍVEL. MANDADO DE SEGURANÇA. SENTENÇA QUE DENEGOU A SEGURANÇA PLEITEADA. INEXIGIBILIDADE DE ITBI SOBRE TRANSFERÊNCIA DE BEM IMÓVEL AO PATRIMÔNIO DE PESSOA JURÍDICA EM INTEGRALIZAÇÃO DO CAPITAL SOCIAL. IMUNIDADE PREVISTA NO ART. 156, 2º, I DA CF. ATIVIDADES DA EMPRESA INICIADAS HÁ MENOS DE DOIS ANOS DA INCORPORAÇÃO. APLICAÇÃO AO CASO DO ART. 37, § 2º E § 3º DO CTN. POSSIBILIDADE DE EXPEDIÇÃO DE CERTIDÃO DE IMUNIDADE DO ITBI. SEGURANÇA CONCEDIDA. RECURSO PROVIDO. (TJPR – Apelação Cível nº 1012045-1 – Curitiba – 1ª Câmara Cível – Rel. Des. Juiz de Direito Substituto em 2º Grau Everton Luiz Penter Correa – DJ 29.08.2013)

TRIBUNAL DE JUSTIÇA DO ESTADO DO MATO GROSSO DO SUL

EMENTA: APELAÇÃO CÍVEL – EMBARGOS DE TERCEIRO – IMÓVEL QUE INTEGRALIZOU CAPITAL DE SOCIEDADE ANÔNIMA – NECESSIDADE DE REGISTRO EM CARTÓRIO DE REGISTRO DE IMÓVEL – SENTENÇA MANTIDA – RECURSO CONHECIDO E IMPROVIDO. (TJ-MS, Relator: Des. Joenildo de Sousa Chaves, Data de Julgamento: 02/06/2009, 1ª Turma Cível)

3. QUESTÃO DE CONCURSO

01. (Vunesp – Cartório – TJ – SP/2012) Sobre atos societários envolvendo imóveis, pode-se afirmar o seguinte:

I. Os atos de transferência de imóveis para empresas comerciais, decorrentes de integralização de quota de capital social, serão objeto de registro.

II. Os atos de transferência de imóveis, decorrentes de fusão ou cisão de empresa, serão objeto de registro.

III. Os atos de transferência de imóveis, decorrentes de incorporação total de empresa, serão objeto de registro.

IV. A alteração do nome ou denominação social das pessoas jurídicas e a transformação do tipo societário serão objeto de averbação.

a) Todas as afirmativas estão corretas.

b) Somente as afirmativas I e IV estão corretas.

c) Somente as afirmativas II e III estão corretas.

d) Todas as afirmativas estão incorretas.

GAB	1	B

33) da doação entre vivos;

1. COMENTÁRIOS

A doação tem suas regras insertas nos arts. 538 ao 564 do Código Civil.

Considera-se doação o contrato em que uma pessoa, por liberalidade, transfere do seu patrimônio bens ou vantagens para o de outra. Essa liberalidade não é absoluta. Aliás, a própria lei estabelece que é **nula** a doação de todos os bens sem reserva de parte, ou renda suficiente para a subsistência do doador (art. 548). Assim, é imprescindível que conste expressamente no título que formalize a doação que o doador possua outros bens ou rendas suficientes para lhe manter a subsistência.

Nas palavras de Nelson Rosenvald, "a doação é uma relação jurídica (contrato) pela qual uma pessoa física ou jurídica (*doador* ou *benfeitor)* assume a obrigação de transferir um bem jurídico ou uma vantagem para o patrimônio de outra pessoa (*donatário* ou *beneficiário),* decorrente de sua própria vontade e sem qualquer contraprestação. Fixadas essas premissas conceituais, exsurgem, com clarividência, os demais elementos caracterizadores da doação, ao lado de sua *natureza negocial:* i) o *animus donandi* (intenção do doador de praticar liberalidade); ii) a transferência de bens ou vantagens em favor do donatário; iii) a aceitação de quem recebe (que não precisa, necessariamente, ser expressa)" (*Código Civil comentado.* 8. ed. Barueri, 2014, p. 554).

O contrato de doação é:

a) **Consensual**, pois se aperfeiçoa com a conjugação de vontades;

b) **Gratuito ou benéfico**, porque somente uma das partes tira proveito. No entanto, a doação com encargo é contrato oneroso, porque onera ambas as partes;

c) **Unilateral**, equivale dizer, apenas o doador se obriga para com o donatário, que, por sua vez, não assume nenhuma obrigação. Todavia, a doação com encargo é contrato bilateral, porque ambas as partes assumem obrigações recíprocas;

d) **Solene ou formal**: a lei exige a forma escrita quando se tratar de bens móveis (a transmissão de domínio opera-se pela tradição) e, para bens imóveis, a transferência deve ser feita por escritura pública ou instrumento particular. No entanto, o art. 541, parágrafo único, traz uma exceção à regra geral, dispondo que "a doação verbal será válida, se, versando sobre bens móveis e de pequeno valor, se lhe seguir incontinenti a tradição".

A doação de bens imóveis ingressará no registro imobiliário por meio de escritura pública quando o imóvel exceder o limite de 30 (trinta) vezes o salário mínimo, caso contrário, admitir-se-á o contrato particular (art. 108 do Código Civil).

Importante destacar que o Conselho Superior da Magistratura do Estado de São Paulo decidiu que é imprescindível a **escritura pública para consumar a doação de bem imóvel ao município**, não bastando a lei municipal. Os documentos apresentados ao Oficial de Registro de Imóveis – ata de assembleia na qual se deliberou a doação e uma lei municipal autorizando o município a receber o bem – não constituem título hábil para o registro da transferência (Ap. Civ. 0001587-62.2013.8.26.0629, Tietê, j. 19/8/2015, DJ 13/10/2015, rel. des. Elliot Akel. Legislação: CC2002 – Código Civil de 2002 | 10.406/2002, ART: 108).

A doação é ato realizado *inter vivos*, sob pena de ser considerada testamento se fosse *causa mortis.*

1.1. ACEITAÇÃO DA DOAÇÃO

A regra geral é pela necessidade de aceitação da doação, que é elemento essencial para o aperfeiçoamento do contrato. Pode ser **expressa, tácita** ou **presumida (legal ou ficta)**.

Expressa é a aceitação escrita, verbal ou então revelada por gestos. Tácita ou virtual é a deduzida de um comportamento do donatário, que indica a sua anuência. Presumida ou legal ou ficta ocorre quando o donatário permanecer silente, que só poderá ocorrer em duas hipóteses:

a) Doação pura feita com prazo de aceitação;

b) Doação pura feita em favor de absolutamente incapaz.

O doador pode fixar prazo ao donatário para declarar se aceita ou não a liberalidade. Desde que o donatário, ciente do prazo, não faça, dentro dele, a declaração, entender-se-á que aceitou, se a doação não for sujeita a encargo valerá, devendo ser aceita pelo seu representante legal.

Aliás, dispõe o art. 218 da Lei 6.015/1973:

> **Art. 218** – Nos atos a título gratuito, o registro pode também ser promovido pelo transferente, acompanhado da prova de aceitação do beneficiado.

Nesse sentido, Serpa Lopes preleciona: "do que fica exposto resulta que nenhuma escritura de doação pode ser objeto de transcrição, não constando previamente a prova do consentimento do donatário".

Uma exceção à regra da indispensabilidade da aceitação ocorre na hipótese de **doação efetivada em favor de entidade futura**. Nesse caso, a entidade ainda não foi fundada, logo, não há quem possa manifestar a aceitação. A outra exceção é encontrada no art. 543 do Código Civil, que preceitua que se o donatário for **absolutamente incapaz (por idade, aos 16 anos)**, dispensa-se a aceitação, desde que se trate de doação pura.

Além disso, a **doação feita em contemplação de casamento futuro com certa e determinada pessoa**, não pode ser impugnada por falta de aceitação, e só ficará sem efeito se o casamento não se realizar. A doação nesse caso é condicional, porque, apesar de ser existente e válida, somente será eficaz com a realização do casamento com a pessoa determinada. Se os donatários forem a prole futura, além do casamento com certa e determinada pessoa, a doação apenas surtirá efeitos com o nascimento destes.

Recentemente, o REsp 503.675-SP, no **Informativo 577 do STJ**, pacificou o entendimento de que **é inválida a doação realizada por meio de procurador se o instrumento procuratório concedido pelo proprietário do bem não mencionar o donatário, sendo insuficiente a declaração de poderes gerais na procuração.** É oportuno transcrever o informativo na íntegra:

> Nos termos legais (art. 538 do CC), **objetivamente**, "Considera-se doação o contrato em que uma pessoa, por liberalidade, transfere do seu patrimônio bens ou vantagens para o de outra". De forma **subjetiva**, a doação representa um gesto de generosidade ou filantropia que resulta da vontade desinteressada do doador de praticar uma liberalidade. É contrato festejado na sociedade em virtude da valorização que se dá às condutas animadas por solidariedade e caridade. A despeito do **caráter de liberalidade** *(animus donandi)*, segundo doutrina, existe no âmbito jurídico uma dupla preocupação relativamente a essa modalidade contratual: "de um lado, a permissão da prática da liberalidade como legítima e espontânea manifestação de vontade; de outra banda, o estabelecimento de uma proteção fundamental à pessoa do doador, evitando prejuízos a quem pratica um ato de generosidade". Assim, atento ao risco de o nobre propósito de doar ser desvirtuado ou forjado, inclusive por mascarar negócio jurídico distinto, existem institutos vocacionados a controlar a sua regularidade, sendo que sua caracterização depende da conjugação de elementos subjetivos e objetivos, quais sejam: a) o sujeito (doador e donatário); b) o objeto a ser doado; c) o *animus donandi* (intenção/vontade do doador de praticar a liberalidade visando enriquecer o donatário); d) a transferência de bens ou vantagens em favor do donatário; e) a aceitação de quem recebe, afinal é com o consentimento de quem se beneficia que passa o donatário a assumir deveres éticos, morais e jurídico para com o benfeitor; e f) a forma pela qual se opera a doação. Ressalte-se que o ordenamento jurídico permite a doação por procurador constituído pelo doador, desde que ostente instrumento de mandato com poderes especiais, nos termos do art. 661, § 1º, do CC: "Para alienar, hipotecar, transigir, ou praticar outros quaisquer atos que exorbitem da administração ordinária, depende a procuração de poderes especiais e expressos". Assim, diante da solenidade que a doação impõe, em razão da disposição de patrimônio que acarreta, somente o mandatário munido de poderes especiais para o ato é que pode representar o titular do bem a ser doado. Assinale-se que a doutrina e a jurisprudência brasileiras têm admitido a doação por procuração, desde que o doador cuide de especificar o objeto da doação e o beneficiário do ato (donatário). A propósito, o STJ já exarou o entendimento de que o *animus donandi* materializa-se pela indicação expressa do bem e do beneficiário da liberalidade, razão por que é insuficiente a cláusula que confere poderes genéricos para a doação (REsp 503.675-SP, Terceira Turma, DJ 27/6/2005). REsp 1.575.048-SP, Rel. Min. Marco Buzzi, julgado em 23/2/2016, DJe 26/2/2016.

1.2 DOAÇÃO PURA E DOAÇÃO COM ENCARGO

A doação pura, simples ou típica implica em mera liberalidade, visto que não há qualquer contraprestação ou restrição ao donatário, ao passo que a doação com encargo impõe uma contraprestação ao donatário e, por isso, é considerada onerosa.

O encargo pode ser a favor do doador, de terceiro ou do interesse social. Caso não seja cumprido, deverá o devedor ser constituído em mora. Não resolvendo, ocorrerá a revogação da liberalidade. Nesse sentido, a seguinte ementa:

> "Em se tratando de doação com encargo – *donatio sub modo* – com cláusula de reversão, ocorre a condição resolutiva com o descumprimento da obrigação consubstanciada no encargo, retornando o bem ao domínio do doador (CC, art. 1.180). A inexecução do encargo – *causa non secuta* – dá ensejo à reversão do bem em razão da condição resolutiva, o que não se confunde com a revogação da doação, não se aplicando, portanto, a regra de prescrição contida no art. 178, I, do CC" (*RJ* 202/71)".

Elvino Silva Filho adverte que a transmissão do objeto da doação é **ato de registro, enquanto o encargo deve ser averbado** (*Efeitos da doação no registro de imóveis. IRIB Revista de Direito Imobiliário*, São Paulo: RT, nº 19/20, p. 20, 1987)

1.3 DOAÇÃO REMUNERATÓRIA OU MERITÓRIA

É aquela feita em pagamento de serviço prestado, mas que não poderia mais ser cobrado.

Nas palavras de Armando Clápis, "é a feita em contemplação de merecimento do donatário por serviços prestados ou favores prestados ao doador gratuitamente, em que este diz claramente o porquê da liberalidade. Na verdade, trata-se de pagamento pelos préstimos no que corresponde ao valor do serviço ou favor oferecido, característica de um contrato oneroso" (Op. cit., p. 759).

1.4 DOAÇÃO DE ASCENDENTES PARA DESCENDENTES OU DE UM CÔNJUGE A OUTRO

A doação de ascendentes para descendentes, ou de um cônjuge a outro, por importar em **adiantamento da legítima**, ou seja, do que lhes cabe por herança, não se aplicam as limitações alusivas à venda de ascendentes a descendentes (art. 544, CC).

As doações feitas são averiguadas no momento da partilha dos bens do falecido. Dessa forma, se algum herdeiro sucessível recebeu em doação valores superiores à parte que a este caberia na herança, será obrigado a trazer à colação este excesso. Nesse sentido, prescreve o art. 2.002 do Código Civil que "os descendentes que concorrerem à sucessão do ascendente comum são obrigados, para igualar as legítimas, a conferir o valor das doações que dele em vida receberam, sob pena de sonegação".

A doação entre cônjuges é possível quando abrange **bens particulares excluídos da comunhão**. Sobre o tema, apresento dois importantes enunciados devido à mudança de entendimento do STJ, que anteriormente vedava a doação entre cônjuges com o fundamento de que isso burlava o regime de bens imposto por lei:

> **Enunciado 654 da IX Jornada Direito Civil:** Art. 544: Em regra, é válida a doação celebrada entre cônjuges que vivem sob o regime da separação obrigatória de bens.
>
> **Enunciado 82 da I Jornada de Direito Notarial e Registral.** Em regra, é válida a doação entre cônjuges que vivem sob o regime da separação obrigatória de bens.

A proposta segue a mesma linha de Enunciado aprovado na IX Jornada de Direito Civil, em maio de 2022, afastando-se eventuais decisões judiciais ou mesmo de Corregedorias Gerais de Justiça que não admitem a doação entre cônjuges casados pelo regime de separação obrigatória de bens, nos termos do art. 1.641 do Código Civil. Interpreta, de forma correta, o art. 544 do Código Civil, que tem a seguinte redação: "A doação de ascendentes a descendentes, ou de um cônjuge a outro, importa adiantamento do que lhes cabe por herança". A proposição também está na linha de julgado do Superior Tribunal de Justiça, que traz uma revisão da visão anterior, que entendia pela invalidade da doação entre os cônjuges no regime da separação obrigatória de bens, por suposta fraude ao regime legal. Conforme o *decisum*, são perfeitamente válidas tais doações entre os cônjuges por três razões fundamentais. A primeira delas é que tanto o CC/1916 quanto o CC2002 não as veda, fazendo-o apenas com relação a doações antenupciais. Por segundo, o fundamento que justificaria a restrição, presente à época em que promulgado o CC/1916, não mais se justificaria nos dias de hoje, de modo que a manutenção de tais restrições representa ofensa à liberdade individual. Como terceira razão, nenhuma restrição seria imposta pela lei às referidas doações caso o doador não tivesse se casado com a donatária (STJ, AgRg-REsp 194.325/MG, 3.ª Turma, Rel. Des. Conv. Vasco Della Giustina, j. 08.02.2011, DJe 01.04.2011). Acrescente-se que a jurisprudência do Superior Tribunal de Justiça tem aplicado ao regime da separação obrigatória a Súmula n. 377 do Supremo Tribunal Federal, reconhecendo a comunicação dos bens havidos durante o casamento. Em havendo comunicação de alguns bens, deve-se reconhecer uma abertura na autonomia privada para as doações entre os cônjuges, pelo menos em regra, não se podendo presumir a fraude.

Atente-se que a doação do cônjuge adúltero ao seu cúmplice é **anulável**. Esta doação pode ser anulada pelo outro cônjuge ou por seus herdeiros necessários, até dois anos depois de dissolvida a sociedade conjugal, por meio de ação declaratória de nulidade. Herdeiros necessários são o cônjuge, os descendentes e os ascendentes. Trata-se de prazo decadencial, que, se não exercido no seu biênio, o interessado perde o direito à anulação da doação.

1.5 DOAÇÃO INOFICIOSA

Registre-se que a doação é **nula** quanto à parte que exceder à de que o doador, no momento da liberalidade, poderia dispor em testamento. Trata-se de doação inoficiosa, prevista no art. 549 do Código Civil.

Nos ensinamentos de Nelson Rosenvald, a doação inoficiosa é caracterizada pela prática de uma liberalidade, ultrapassando a metade disponível do patrimônio líquido do doador, ao tempo da prática do ato. Isso porque toda e qualquer alienação gratuita que ultrapasse a metade disponível (invadindo a legítima, pertencente aos herdeiros necessários, que são os descendentes, os ascendentes e o cônjuge sobrevivente, a teor do art. 1.845 da lei civil) será passível de nulificação por esses interessados, eis que eles detêm, de pleno direito, a legítima (arts. 1.789 e 1.846). A caracterização da nulidade depende da concorrência de dois diferentes elementos: i) existência de herdeiros necessários; ii) doação que ultrapassa o limite disponível. É possível deduzir a intenção do legislador: proteger esta categoria de parentes (herdeiros necessários), garantindo um mínimo patrimonial, impedindo o autor da herança de dispor, a *título gratuito*, da integralidade de seus bens. A regra geral, contudo, é a livre disposição patrimonial pelo titular. Inclusive pode ele, a título *oneroso* dispor do seu patrimônio por inteireza (Op. cit., p. 563).

1.6 DOAÇÃO UNIVERSAL

Reza o art. 548 do Código Civilque é **nula** a doação de **todos os bens sem reserva de parte**, ou **renda suficiente para a subsistência do doador**.

Uma vez mais, Nelson Rosenvald atenta para o fato de que o fundamento da nulidade não diz respeito à proteção do núcleo familiar, mas sim do próprio titular, garantindo o seu direito ao *patrimônio mínimo* como exteriorização de sua intangível dignidade. O exercício da autonomia privada e do direito de livre disposição da propriedade, por conseguinte, não é ilimitado, encontrando limites na preservação da dignidade do titular. Dessa forma, é lícito verberar que o reconhecimento da fundamentalidade de *dignidade da pessoa humana* produz como consectário lógico a reapreciação (em outras palavras, uma revisita) dos velhos institutos (e dogmas) civilísticos, entre os quais, a autonomia da vontade, o patrimônio, o contrato e a propriedade (...) A nulidade da doação universal não decorre de uma análise *objetiva* da ótica da doação, mas sim de sua compreensão *subjetiva*, considerada da dignidade do doador. O ato será nulo quando o volume de patrimônio doado (mesmo que não se trate da integralidade do patrimônio do benfeitor) comprometer a subsistência do doador, periclitando a sua dignidade. Nessa mesma tocada, o ato será válido mesmo que a doação abranja integralmente o patrimônio do doador, quando há reserva de renda ou parte idônea para a sua subsistência (...) Sem dúvida, a norma possui um forte conteúdo ético, pois impede que o ser humano seja privado do *mínimo existencial*. Equivale dizer, fiquei desprovido de um mínimo patrimonial, de onde possa extrair rendas ou alimentos imprescindíveis à sua sobrevivência (Op. cit., p. 562)

Recentemente, o Superior Tribunal de Justiça entendeu ser possível a **doação total dos bens quando o doador tiver fonte de renda periódica para sua subsistência.** Uma mulher que possuía rendimentos próprios à época da separação não conseguiu ver reconhecida a nulidade da renúncia a toda sua meação feita em favor do ex-marido. A disputa era pela propriedade de um apartamento no bairro do Leblon, no Rio de Janeiro, único bem imóvel do casal na partilha.

A Quarta Turma do Superior Tribunal de Justiça (STJ), por maioria, entendeu que, como ela tinha rendimentos de dois empregos, suficientes para sua subsistência, ainda que tenha posteriormente voltado a residir no imóvel do ex-marido, a doação foi livre e consciente, portanto, válida e eficaz.

O casamento era em regime de comunhão universal de bens, e a separação foi consensual. O acordo em que houve a renúncia da mulher a toda sua meação na partilha foi homologado por sentença transitada em julgado. Aproximadamente 20 anos depois, houve o ajuizamento da ação. O Tribunal de Justiça fluminense entendeu que, como a doadora tinha renda suficiente para sua subsistência, o ato não seria nulo.

O relator do recurso, ministro Luis Felipe Salomão, destacou que o artigo 548 do Código Civil (artigo 1.175 do CC/16) prevê a nulidade de doação universal se não for garantido ao doador o direito a um patrimônio mínimo – por meio de reserva de parte deste ou renda suficiente para subsistência. A norma impede que se reduza sua situação financeira à miserabilidade, preservando um mínimo existencial à dignidade humana do benfeitor.

O ministro entende que o enunciado tem "forte conteúdo ético e de sociabilidade" para impedir que o doador "caia em penúria". Salomão ressaltou que se o doador preserva o usufruto de bens ou renda suficiente para sua subsistência, não há que se reconhecer alegação de nulidade de doação. No caso, a mulher trabalhava como professora estadual e tinha emprego em uma empresa de engenharia, o que justificou, inclusive, a falta de fixação de pensão alimentícia.

O ministro ainda salientou que a mulher não teria provado a razão por que voltou a residir no imóvel doado: se por necessidade financeira ou para conviver com os filhos. O relator lembrou também que, para a constatação da situação econômica do doador, deve ser considerado o momento em que abriu mão do patrimônio, não o seu empobrecimento posterior.

1.7 DOAÇÃO COM CLÁUSULA DE REVERSÃO

A doação com cláusula de reversão permite que o doador estipule que os bens doados voltem ao seu patrimônio, se sobreviver ao donatário (art. 547, CC).

Com efeito, a propriedade que transmite ao donatário é **resolúvel**. Nas palavras de Nelson Rosenvald:

> "Trata-se de típica condição resolutiva expressa, evidenciando a vontade do doador de beneficiar o donatário, mas não os seus sucessores. Por tratar-se de contrato benéfico e gratuito, traduzindo gesto de liberalidade, é possível ao benfeitor querer beneficiar somente o donatário, afastando os seus sucessores" (Op. cit., p. 561)

Tratando-se de bem imóvel, a cláusula de reversão deve constar **na escritura pública e do registro imobiliário**. Deve-se proceder à **averbação** da morte do donatário para que seja cancelado o registro da doação, e, consequentemente, o bem volte à propriedade do doador.

Registre-se que somente é válida a cláusula que estabeleça a reversão do bem ao próprio doador, sendo nula a cláusula de reversão em favor de terceiro. É o que se extrai do parágrafo único do art. 547 do CC.

1.8 DOAÇÃO EM FORMA DE SUBVENÇÃO PERIÓDICA

A doação em forma de subvenção periódica encontra-se previsão no art. 545, que assim estabelece:

> **Art. 545** A doação em forma de subvenção periódica ao beneficiado extingue-se morrendo o doador, salvo se este outra coisa dispuser, mas não poderá ultrapassar a vida do donatário.

Trata-se de doação feita por meio de um benefício periódico, que pode ser tanto mensal, semestral, anual, ou outra forma. A obrigação não se transmite aos herdeiros do donatário, salvo se o doador, em testamento, dispuser o contrário.

Atente-se para o fato de que o Código Civil, no art. 454, proíbe o fideicomisso "*inter vivos*" ao dispor que tal doação periódica não poderá ultrapassar a vida do donatário.

1.9 DOAÇÃO COM CLÁUSULA DE INALIENABILIDADE, IMPENHORABILIDADE E INCOMUNICABILIDADE

No contrato de doação, é possível a inserção das cláusulas de inalienabilidade, impenhorabilidade e incomunicabilidade. Referidas cláusulas **só podem ser instituídas em liberalidades**, equivale dizer, **doações e testamentos, e somente no momento da formalização da liberalidade**, sob pena de não poder mais clausular, por lhe faltar a disponibilidade.

Assim, há vedação da imposição destas cláusulas sobre a **legítima**, salvo motivo justificado. Trata-se de regra expressa no art. 1.848 do Código Civil. Ademais, o § 2º do citado artigo, estabelece que mediante autorização judicial e havendo justa causa, podem ser alienados os bens gravados, convertendo-se o produto em outros bens, que ficarão sub-rogados nos ônus dos primeiros.

O Enunciado número 2, do Colégio Notarial do Brasil, aprovado no XIX Congresso Notarial Brasileiro, realizado no mês de maio de 2014, preceitua que nas escrituras de doação não é necessário justificar a imposição de cláusulas restritivas sobre a legítima. A necessidade de indicação de justa causa (CC art. 1.848) limita-se ao testamento, não se estendendo às doações.

Não é essa a posição de Mauro Antonini e parte da doutrina: "na doação, o doador pode impor as cláusulas restritivas de inalienabilidade, impenhorabilidade e incomunicabilidade, mas o art. 1.848 não faz menção à necessidade de indicação de justa causa na doação. A despeito da falta de previsão legal expressa, a solução mais acertada parece ser considerar necessária a declaração de justa causa também na doação, quando represente adiantamento de legítima. A não se adotar tal entendimento, o doador, por meio de doação, conseguiria burlar a restrição do art. 1.848. Sendo a doação de ascendentes a descendentes, ou de um cônjuge a outro, adiantamento de legítima, por expressa previsão do art. 544, não há sentido em dar tratamento legal diferenciado à limitação da clausulação da legítima por testamento ou por doação. A coerência do sistema exige solução uniforme" (*Código Civil comentado.* Barueri: Manole, 2014, p. 2068).

A **cláusula de inalienabilidade** visa impedir a alienação do imóvel pelo donatário ou herdeiro que recebeu o bem. Dessa forma, o proprietário fica impedido também de hipotecar e dar o imóvel em anticrese.

O art. 1.911 do Código Civil preceitua que a cláusula de inalienabilidade implica a impenhorabilidade e incomunicabilidade do bem, em consonância com a Súmula 49 do Supremo Tribunal Federal. Essa orientação foi adotada no art. 1.911.

Alyne Yumi Konno explica que "em decorrência da inalienabilidade englobar a incomunicabilidade, em eventual separação ou divórcio, o imóvel doado a um dos cônjuges gravado com a cláusula de inalienabilidade não pode ser partilhado: não poderia, portanto, bem próprio do marido, gravado com cláusula de inalienabilidade, ter sido levado à partilha do patrimônio do casal, como se comum fosse. A operação levada a efeito significou transferência de bem inalienável, em manifesta afronta a cláusula restritiva. Isso porque a cláusula de incomunicabilidade consiste em impedir que o imóvel doado ou recebido em herança integre a comunhão estabelecida com o casamento.

Assim, mesmo que o donatário ou herdeiro seja casado pelo regime da comunhão universal de bens, o imóvel recebido com a cláusula de incomunicabilidade não se comunicará com seu cônjuge. É o que estabelece o art. 1.668, inciso I, do CC" (*Registro de Imóveis. Teoria e Prática*. São Paulo: Memória Jurídica, 2010, p. 230).

No que se refere à **cláusula de impenhorabilidade**, esta tem por função apenas impedir que o imóvel doado ou recebido por sucessão seja eventualmente apropriado por dívidas contraídas pelo donatário ou herdeiro. Tal cláusula, entretanto, não tem o condão de impedir que o imóvel seja alienado espontaneamente. Assim, se o imóvel foi gravado apenas com as cláusulas de incomunicabilidade e de impenhorabilidade, sua alienação é possível sem necessidade do cancelamento prévio de tais cláusulas que, no entanto, serão canceladas em seguida ao registro da transmissão, haja vista as cláusulas não poderem ser sucessivas (KONNO, Alyne Yumi, op. cit., p. 230).

O recente Enunciado 27 da I Jornada de Direito Notarial e Registral estabelece que a cláusula de impenhorabilidade, imposta em doação ou testamento, **não obsta a alienação do bem imóvel, nem a outorga de garantia real convencional** ou o **oferecimento voluntário à penhora, pelo beneficiário.**

Em sua justificativa afirma-se que a cláusula de impenhorabilidade é ocasionalmente evocada como motivo para a proibição de constituição de garantia real. Nesse aspecto, é relevante diferenciar a impenhorabilidade legal (art. 833 do CPC/2015 e Lei 8.009/1990), prevista com a finalidade de proteção do mínimo vital da pessoa física, quando executada em razão de créditos quirografários, das cláusulas impostas por ato de vontade, em doação ou testamento (Código Civil, arts. 979 e 1.848). Neste caso, as cláusulas não implicam a inalienabilidade do bem, salvo disposição expressa, nem tornam o bem fora do comércio. Em sendo o bem gravado alienável a título oneroso, pode ser naturalmente objeto de garantia real, que não é prejudicada pela cláusula de impenhorabilidade, cuja finalidade é a proteção contra a constrição involuntária. Desse modo, o proprietário de bem impenhorável não poderá involuntariamente sofrer penhora em processo de execução, mas não perde a faculdade de dispor de seu bem, a qualquer título, podendo constituir garantia real ou mesmo de oferecê-lo, voluntariamente, à penhora.

As cláusulas se classificam em absolutas ou relativas, vitalícias ou temporárias. Inalienabilidade absoluta ocorre quando o testador ou doador proíbe a alienação de todos os bens, a quem quer que seja. Nas palavras de Ademar Fioranelli "pode referir-se a um, alguns ou a todos os bens. Não havendo distinção, considera-se a restrição absoluta. No entanto, poderá ser levantada a restrição, mediante pedido fundamentado ao Juiz, com sub-rogação em outro bem, sobre o qual pesará o ônus (...). "(*Das cláusulas de inalienabilidade, impenhorabilidade e incomunicabilidade* – Série Direito Registral e Notarial", 1ª edição – 2ª tiragem, Saraiva, São Paulo, 2010, p. 21).

A **inalienabilidade relativa** consiste na cláusula que permite alienação a determinadas pessoas ou é restrita a certos bens da herança. Ensina Alyne Yumi que "é possível estabelecer a cláusula de inalienabilidade de forma relativa, desde que estabelecida de modo expresso, como por exemplo, quando é mantida dentro do grau estabelecido, mesmo que ocorrendo alienações entre os donatários ou herdeiros" (Op. cit., p. 236).

Ocorre a **inalienabilidade vitalícia** quando ela dura toda a vida do herdeiro, do legatário ou do donatário. Frise-se que a **inalienabilidade perpétua**, aquela transmitida sucessivamente por direito hereditário não é admitida em nosso direito pátrio. No dizer de Clóvis Beviláqua: "A inalienabilidade não pode ser perpétua. Há de ter uma duração limitada ou vitalícia. Os vínculos perpétuos, ou cuja duração se estende além da vida de uma pessoa, são condenados. A inalienabilidade imobiliza os bens, impede a circulação das riquezas; é, portanto antieconômica, do ponto de vista social. Por considerações especiais, para defender a inexperiência dos indivíduos, para assegurar o bem-estar da família, para impedir a dilapidação dos pródigos, o direito consente em que seja temporariamente entravada a circulação de determinados bens" (Op. cit., p. 345).

Por sua vez, é **temporária a inalienabilidade**, quando a restrição está ligada a um período certo e determinado de duração. A proibição desaparece com o cumprimento de determinada condição ou advento do termo estabelecido.

Não se discute na jurisprudência que o limite máximo para a duração da cláusula de inalienabilidade é a morte do donatário. Como se sabe, a perpetuidade da limitação é vedada, não se transferindo aos herdeiros.

Assim, para que haja o cancelamento destas cláusulas o próprio instituidor deve autorizar seu cancelamento. A outra hipótese cabível seria as partes recorrerem ao judiciário alegando justa causa a ser analisada pelo juiz, como por exemplo, a impossibilidade financeira de manter o bem.

Por fim, ressalte-se que as cláusulas devem ser averbadas para gravar o imóvel, nos termos do art. 167, II, 11, da Lei 6.015/1973. Ademar Fioranelli preleciona que tais cláusulas são **meramente declaratórias**. Para José de Oliveira Ascensão, "a averbação não é constitutiva, mas necessária para fim de publicidade, isto é, para conhecimento de terceiros" (*Direito Civil:* reais. 5ed. Coimbra: Coimbra ED., 1993, p. 333).

1.9.1 INALIENABILIDADE TEMPORÁRIA E PARTILHA QUANDO HÁ SEPARAÇÃO DE FATO DURANTE PRAZO RESTRITIVO

O Superior Tribunal de Justiça decidiu que **o imóvel com cláusula de inalienabilidade temporária não entra na partilha de bens do divórcio de um casal que se separou de fato durante o prazo restritivo,** sendo indiferente se a sentença de divórcio foi proferida após esse período.

A Terceira turma negou provimento ao recurso de uma mulher que pretendia incluir na partilha do divórcio o imóvel no qual residia com o ex-marido. O bem foi doado a ele em 2006, com registro em cartório em 2009, mas com expressa proibição de permuta, cessão, aluguel, venda ou qualquer outra forma de repasse pelo prazo de dez anos.

A recorrente argumentou ao STJ que, "quando a sentença de divórcio foi proferida, em setembro de 2016, o prazo de dez anos da cláusula de inalienabilidade já havia transcorrido, e o imóvel tinha passado a integrar o patrimônio comum do casal".

Marco Aurélio Bellizze, ministro relator do processo, elucidou que "o **artigo 1.668 do Código Civil** prevê os casos de bens que são considerados particulares mesmo no regime da comunhão universal; no inciso I, exclui da comunhão os *bens doados ou herdados com a cláusula de incomunicabilidade e os sub-rogados em seu lugar*".

Nas palavras do magistrado, "o donatário não pode praticar nenhum ato de disposição pelo qual o bem passe à titularidade de outra pessoa, e é exatamente em decorrência dessa mutilação ao direito de propriedade (perda do poder de dispor) que o bem doado gravado com cláusula de inalienabilidade configura um bem particular do donatário e não integra o patrimônio partilhável no regime da comunhão universal de bens".

Referido pensamento é explicitado na **Súmula 49 do Supremo Tribunal Federal**, segundo a qual "*a cláusula de inalienabilidade inclui a incomunicabilidade dos bens*".

Ademais, o magistrado apurou que o casamento ocorreu em 20 de maio de 2012, sob o regime de comunhão universal, e que o casal está separado desde março de 2013, sem possibilidade de reconciliação. E recordou que "a extinção do vínculo conjugal se dá pela invalidade do casamento, pela morte de um dos cônjuges ou pelo divórcio, de modo que, a partir desses marcos, não mais persistem os efeitos do matrimônio". Também asseverou que, "no caso de separação de fato – hipótese informal de dissolução da sociedade conjugal –, também incide, por analogia, a regra da separação judicial ou extrajudicial prevista no **artigo 1.576 do Código Civil** – que tem como um dos seus efeitos o fim da eficácia do regime de bens.

Vale ressaltar que o STJ entende que **os bens adquiridos durante a separação de fato não são partilháveis com a decretação do divórcio.**

Segundo os ensinamentos do relator "considerar como termo final do regime de bens a data da sentença de divórcio poderia gerar situações inusitadas e injustas, já que, durante o lapso temporal compreendido entre o fim da sociedade conjugal e a sentença de divórcio, um dos cônjuges poderia adquirir outros bens com recursos próprios ou até mesmo com o esforço comum de um novo companheiro (haja vista o fim do dever de fidelidade e a possibilidade de constituição de união estável), mas que seriam incluídos na partilha de bens do relacionamento extinto".

Por derradeira, Bellize assentou que "a separação de fato ocorreu quando ainda vigorava a cláusula de inalienabilidade e, consequentemente, o imóvel doado não integrava o patrimônio do casal, devendo, portanto, ser reconhecida a sua incomunicabilidade".

1.10 DOAÇÃO MODAL DE NUMERÁRIO ACOPLADA A COMPRA DE IMÓVEL

Tema bastante controvertido na seara do registro refere-se à doação modal de numerário acoplada a compra de imóvel.

Parte da doutrina defende que é possível o registro de escritura onde o doador do dinheiro para a aquisição do imóvel comparece como interveniente e impõe cláusula de inalienabilidade ou reserva de usufruto.

A corrente oposta entende que tal negócio jurídico não pode ter acesso no álbum imobiliário, uma vez que não é possível a imposição de cláusula de inalienabilidade em negócio "inter vivos" (venda e compra), sendo que apenas o proprietário do imóvel poderia impor tal cláusula ou reservar o usufruto, não podendo fazê-lo o doador do dinheiro.

Na jurisprudência também não encontramos uma posição unânime, ora admitindo-se o registro, ora vedando-o.

1.11 DOAÇÃO POR CÔNJUGE CASADO NO REGIME DA SEPARAÇÃO LEGAL DE BENS E A SÚMULA 377 DO SUPREMO TRIBUNAL FEDERAL

O art. 2.039 do Código Civil preceitua que o regime de bens dos casamentos celebrados na vigência do Código Civil de 1916 será o por esse estabelecido.

Assim, se o casamento foi anterior ao Código Civil de 2002, a polêmica sobre os bens adquiridos onerosamente durante o matrimônio somente se resolverá nos autos de inventário, ou comprovando-se que o pacto antenupcial excluiu expressamente a comunicação dos aquestos, como ordenava o art. 259 do Código Civil de 1916.

Neste sentido, a jurisprudência é consolidada, conforme segue:

"*DJ*-53.831-0/5 – Avaré – Registro de Imóveis – Dúvida – Escritura de venda e compra – Alienante viúva que adquiriu o imóvel na constância do casamento – Regime da separação obrigatória de bens – Comunhão dos aquestos mesmo no regime matrimonial de separação obrigatória de bens (Súmula 377 da Suprema Corte) – Necessidade de partilha do bem – Suposta incomunicabilidade do imóvel por não ter o cônjuge falecido contribuído para sua aquisição deve ser debatida e reconhecida em sede jurisdicional – Dúvida procedente – Apelação não provida". "*DJ*-67.161-0/4 – CAPITAL – CASAMENTO – Regime de separação legal de aquestos. Aplicação da Súmula 377 do STF e art. 259 do Código Civil.

Bens comunicáveis. Inexistência de pacto antenupcial de separação absoluta de bens. Incomunicabilidade a ser resolvida no juízo do inventário. Dúvida procedente. Recurso a que se nega provimento".

"Registro de Imóveis – Dúvida. Escritura pública de venda e compra de imóvel. Aquisição da nua propriedade pela mulher e do usufruto pelo marido. Regime de separação obrigatória de bens. Recusa do registro porque, em razão da comunicação dos aquestos, o marido seria também cotitular da nua propriedade, não podendo, assim, ser usufrutuário do imóvel todo. Prova, no curso da dúvida, de que a mulher obteve o numerário destinado à compra da nua propriedade contraindo mútuo pecuniário perante terceiro, satisfazendo sua obrigação perante o mutuante com dação em pagamento de imóvel próprio, adquirido quando solteira. Sub-rogação real. Prova majorada, porém, que não pode ser apreciada neste procedimento de dúvida. Necessidade de reapresentação do título ao registrador instruído com a mencionada prova documental. Recusa do registro mantida. Recurso não provido" (Ap. 077.870.0/8, rel. Des. Luis de Macedo).

Anote-se que, conforme jurisprudência pacífica do Conselho Superior da Magistratura, ainda que o casamento realizado no estrangeiro, submetido, portanto, à lei local que impõe o regime da separação legal de bens, submete-se aos efeitos da Súmula 377 do STF (Ap. Cív. 9.954-0. Comarca de Araraquara, Ap. Cív. 000.376.6/7, Capital; Ap. Cív. 000.376.6/7-00, Capital; etc.).

1.12 DOAÇÃO DE BENS PÚBLICOS

O contrato de doação de bens públicos é possível, desde que respeitadas as regras previstas no Código Civil e na Lei 14.133/2021, especificamente o art. 76.

Assim, a **escritura pública de doação de imóvel público a particular** deve ser precedida de avaliação prévia e autorização legislativa (lei específica que indique, individualize, discrimine o imóvel público a ser alienado), sob pena de ofensa ao princípio da legalidade, aquele segundo o qual a validade da inscrição depende da validade do negócio jurídico que lhe dá origem e da faculdade de disposição do alienante.

1.13 É POSSÍVEL PACTO VERBAL DE REVERSÃO DA DOAÇÃO DE COTAS EMPRESARIAIS?

Para o Superior Tribunal de Justiça, a resposta é negativa. O órgão julgou improcedente o pedido de reconhecimento de pacto verbal no qual um doador de cotas empresariais teria estabelecido, como condição resolutiva, que as cotas lhe fossem devolvidas caso ele viesse a se casar – o que efetivamente ocorreu.

Argumentou a Terceira Turma do órgão que, "além de o suposto pacto ter sido feito com apenas um dos sócios, filho do doador – não atingindo, portanto, os demais sócios –, seria necessário o registro da condição resolutiva no mesmo instrumento em que foi formalizada a doação, tendo em vista a formalidade exigida nesse tipo de negócio jurídico. O contrato faz lei entre as partes, mas não produz efeitos na esfera juridicamente protegida de terceiros que não tomaram parte na relação jurídica de direito material".

Villas Bôas, ministro relator alegou que "o contrato de doação é, por essência, solene, exigindo a lei, sob pena de nulidade, que ele seja celebrado por escritura pública ou instrumento particular, salvo quando tiver por objeto bens móveis e de pequeno valor. Portanto, ainda que considerada a validade da doação formalizada, no caso, por meio de um documento impróprio, porque atípico, não poderia ser ela igualmente reconhecida em relação à cláusula resolutiva, firmada à parte, sem a observância de nenhuma, ou de uma mesma, formalidade".

O magistrado afirma ainda que "como o doador tinha o objetivo de reaver, depois da doação, a sua posição societária, ele deveria ter manifestado a sua intenção no mesmo contrato. Optando por dividir o negócio jurídico em duas partes – sem manter, na segunda parte, a formalidade prevista em lei –, não seria possível validar a condição resolutiva. No documento que formalizou a doação, o doador, ao se retirar da sociedade, declarou que não tinha nada a receber da empresa ou dos sócios, dando a todos eles geral e irrevogável quitação. Logo, tendo dado quitação plena, geral e irrevogável em relação aos sócios, não lhe é dado o direito de recobrar, depois, a sua posição societária, que é a pretensão deduzida na inicial".

Por fim, o magistrado enfatizou ainda que, "se a vontade do doador era diferente daquela manifestada formalmente – tendo sido comprovado que a verdadeira intenção do doador era recuperar suas cotas –, é possível concluir pela existência de indício de simulação de negócio jurídico, pois os demais sócios não foram informados do verdadeiro propósito da transação reservadamente feita entre pai e filho".

1.14 REVOGAÇÃO DA DOAÇÃO

A doação pode ser revogada por **ingratidão do donatário**, ou por **inexecução do encargo.**

No primeiro caso, o ingresso da revogação na Serventia imobiliária será por meio de **mandado judicial**, porque os fatos que dão causa ao reconhecimento da ingratidão devem ser comprovados judicialmente.

A revogação por ingratidão não prejudica os direitos adquiridos por terceiros, nem obriga o donatário a restituir os frutos percebidos antes da citação válida; mas sujeita-o a pagar os posteriores, e, quando não possa restituir em espécie as coisas doadas, a indenizá-la pelo meio termo do seu valor (art. 563 do Código Civil).

1.15 IMUNIDADE TRIBUTÁRIA E ENTIDADES RELIGIOSAS. ANÁLISE DE CASO

Este tópico examina a decisão do Tribunal de Justiça de São Paulo, na apelação Apelação Cível nº 1010875-92.2022.8.26.0114, de 2023, sobre a não incidência do ITCMD (Imposto sobre Transmissão *Causa Mortis* e Doação) em doações recebidas por uma entidade religiosa, destacando os argumentos apresentados, a fundamentação jurídica e a jurisprudência aplicável.

A Arquidiocese de Campinas, autora no processo nº 1010875-92.2022.8.26.0114, ingressou com uma ação declaratória objetivando afastar a incidência do ITCMD sobre a doação de um imóvel, argumentando que goza de imunidade tributária prevista no artigo 150, VI, "b" da Constituição Federal. A administração pública estadual, no entanto, exigia o pagamento do imposto ao registrar a doação.

A sentença de primeira instância julgou procedente a ação, declarando inexigível o recolhimento do ITCMD pela autora ao receber imóveis em doação para a consecução de suas finalidades institucionais. A Fazenda do Estado de São Paulo apelou, reiterando que a imunidade só seria concedida mediante reconhecimento formal pela Secretaria da Fazenda.

O TJSP, ao julgar o recurso, manteve a sentença de primeira instância. A decisão, relatada pelo Desembargador Danilo Panizza, enfatizou que a imunidade tributária para entidades religiosas é garantida pelo artigo 150, VI, "b" da Constituição Federal, que veda a instituição de impostos sobre templos de qualquer culto. Essa imunidade compreende o patrimônio, a renda e os serviços relacionados com as finalidades essenciais das entidades religiosas.

O tribunal destacou que o benefício constitucional deve ser concedido independentemente de qualquer requerimento formal ao Fisco. Basta que a parte interessada comprove tratar-se de uma entidade beneficiada e a propriedade do bem sobre o qual incidiria o ITCMD. No caso em questão, a autora comprovou ser uma entidade religiosa e que o imóvel recebido em doação seria utilizado para atividades religiosas, preenchendo os requisitos legais para a imunidade tributária.

A decisão se baseou em precedentes do TJSP e do Superior Tribunal de Justiça (STJ), que reafirmam a imunidade tributária de entidades religiosas em relação ao ITCMD. A jurisprudência é clara ao estabelecer que a imunidade se aplica aos bens destinados às finalidades essenciais da entidade religiosa, independentemente de exigências adicionais por parte da administração pública.

A doutrina tributária também corrobora essa interpretação, destacando que a imunidade tributária tem caráter subjetivo e é condicionada apenas ao cumprimento dos requisitos legais previstos no Código Tributário Nacional. A imposição de requisitos adicionais por normas infraconstitucionais é considerada inconstitucional.

A Fazenda Estadual argumentou que a imunidade só poderia ser concedida mediante reconhecimento formal e que a autora não havia tomado as providências necessárias para isentar-se do pagamento do ITCMD. Contudo, o tribunal rejeitou esses argumentos, afirmando que a Constituição Federal e o Código Tributário Nacional já estabelecem os requisitos necessários para a concessão da imunidade, e que a exigência de reconhecimento formal é desnecessária e inconstitucional.

A decisão do TJSP no caso da Arquidiocese fictícia de Campinas reforça a interpretação de que a imunidade tributária para entidades religiosas deve ser concedida conforme previsto na Constituição Federal, sem a necessidade de requerimentos adicionais ao Fisco.

2. JURISPRUDÊNCIA COMPLEMENTAR

SUPERIOR TRIBUNAL DE JUSTIÇA

EMENTA: Recurso Especial – Direito de família – Negativa de prestação jurisdicional – Não ocorrência – Divórcio – Regime da comunhão universal de bens – Imóvel doado com cláusula temporária de inalienabilidade – Bem incomunicável – Separação de fato – Termo do regime de bens – Recurso especial conhecido e desprovido

1. Verifica-se que o Tribunal de origem analisou todas as questões relevantes para a solução da lide de forma fundamentada, não havendo falar em negativa de prestação jurisdicional.

2. No regime da comunhão universal de bens são considerados bens particulares aqueles doados ou herdados com a cláusula de incomunicabilidade e os sub-rogados em seu lugar (art. 1.668, I, do CC). Assim, nos termos do enunciado n. 49 da Súmula do Supremo

Tribunal Federal, "a cláusula de inalienabilidade inclui a incomunicabilidade dos bens."

3. Enquanto não transcorrido o lapso temporal estabelecido na cláusula de inalienabilidade temporária, o bem não integra o patrimônio partilhável.

4. Deve-se aplicar analogicamente a regra do art. 1.576 do CC à separação de fato, a fim de fazer cessar o regime de bens, o dever de fidelidade recíproca e o dever de coabitação. Em virtude disso, o raciocínio a ser empregado nas hipóteses em que encerrada a convivência *more uxorio*, mas ainda não decretado o divórcio, é o de que os bens adquiridos durante a separação de fato não são partilháveis com a decretação do divórcio.

5. Na hipótese dos autos, a separação de fato se deu ainda na vigência da cláusula de inalienabilidade, de modo que o imóvel estava excluído da comunhão, sendo indiferente ter a sentença de divórcio sido proferida quando verificado o prazo estabelecido na cláusula restritiva (STJ – REsp nº 1.760.281 – Tocantins – 3ª Turma – Rel. Min. Marco Aurélio Bellizze – DJ 31.05.2022)

EMENTA: Recurso Especial – Direito Civil – Estatuto da Pessoa Idosa – Doação – Imóvel rural – Cláusulas de inalienabilidade e impenhorabilidade – Cancelamento – Possibilidade – Art. 1.848 do Código Civil – Interpretação sistemática e teleológica – Critérios jurisprudenciais – Presença.

1. Recurso especial interposto contra acórdão publicado na vigência do Código de Processo Civil de 2015 (Enunciados Administrativos nºs 2 e 3).

2. Cinge-se a controvérsia a definir se o cancelamento das cláusulas de inalienabilidade e impenhorabilidade melhor promoveria os direitos fundamentais dos recorrentes, pessoas idosas, e se existente ou não justa causa para o levantamento dos gravames no imóvel rural dos recorrentes.

3. No caso, a alegação de afronta aos arts. 2º, 3º e 37 do Estatuto da Pessoa Idosa deve ser analisada em conjunto com a arguição de violação do art. 1.848 do CC/2002, por meio de interpretação sistemática e teleológica.

4. A possibilidade de cancelamento das cláusulas de inalienabilidade e impenhorabilidade instituída pelos doadores depende da observação de critérios jurisprudenciais: (i) inexistência de risco evidente de diminuição patrimonial dos proprietários ou de seus herdeiros (em especial, risco de prodigalidade ou de dilapidação do patrimônio); (ii) manutenção do patrimônio gravado que, por causa das circunstâncias, tenha se tornado origem de um ônus financeiro maior do que os benefícios trazidos; (iii) existência de real interesse das pessoas cuja própria cláusula visa a proteger, trazendo-lhes melhor aproveitamento de seu patrimônio e, consequentemente, um mais alto nível de bem-estar, como é de se presumir que os instituidores das cláusulas teriam querido nessas circunstâncias; (iv) ocorrência de longa passagem de tempo; e, por fim, nos casos de doação, (v) se já sejam falecidos os doadores.

5. Na hipótese, todos os critérios jurisprudenciais estão presentes.

6. Recurso especial provido. (STJ, **RECURSO ESPECIAL Nº 2022860 – MG (2022/0125080-7)**

EMENTA: Civil – Ação anulatória de ato jurídico – Doação de imóvel – Art. 134 do CC/1916 (correspondente aos arts. 108 e 215 do CC/2015) – Lei n. 6.952/1981 – Testemunhas – Ausência no momento da lavratura da escritura pública – Doadora analfabeta – Assinatura a rogo.

1. Os §§ 1º a 5º do art. 134 do CC/1916, que regularam os requisitos da escritura pública e foram incluídos pela Lei n. 6.952/1981, não exigem a presença de testemunhas instrumentárias. O presente caso não se insere na exceção do § 5º, em que se impõe a necessidade de duas testemunhas com o propósito de atestar que conhecem determinado "comparecente", o qual não seja conhecido pelo tabelião nem possa ser identificado por documento.

2. Na linha da jurisprudência da Segunda Seção do STJ, quando comprovadamente preservada e atendida a autonomia da vontade das partes celebrantes do negócio jurídico, deve ser minimizada a exigência legal de determinados requisitos formais e rejeitada a pretendida declaração de nulidade do ato.

3. O contexto fático-probatório constante da sentença, corroborado no acórdão recorrido, confirma que a livre vontade da doadora foi respeitada na escritura pública de doação.

4. O momento em que colhida a assinatura a rogo é irrelevante para a validade da escritura pública impugnada neste processo. Além de o art. 134 do CC/1916 não disciplinar tal aspecto, revela-se incontroverso que o comparecente que assinou a rogo esteve com a doadora, analfabeta, e tinha conhecimento de sua vontade em doar o bem em favor do filho, fato este confirmado também pelo Tribunal de origem.

5. Recurso especial conhecido e provido. ACÓRDÃO. A Quarta Turma, por unanimidade, deu provimento ao recurso especial, nos termos do voto do Sr. Ministro Relator. Os Srs. Ministros Marco Buzzi, Lázaro Guimarães (Desembargador convocado do TRF 5ª Região), Luis Felipe Salomão e Maria Isabel Gallotti votaram com o Sr. Ministro Relator. Brasília-DF, 21 de junho de 2018 (Data do Julgamento) Ministro ANTONIO CARLOS FERREIRA Relator (RECURSO ESPECIAL Nº 1.150.012 – MS (2009/0139893-4).

EMENTA: RECURSO ESPECIAL. CASAMENTO. REGIME DE COMUNHÃO PARCIAL DE BENS. DOAÇÃO FEITA A UM DOS CÔNJUGES. INCOMUNICABILIDADE. FGTS. NATUREZA JURÍDICA. PROVENTOS DO TRABALHO. VALORES RECEBIDOS NA CONSTÂNCIA DO CASAMENTO. COMPOSIÇÃO DA MEAÇÃO. SAQUE DIFERIDO. RESERVA EM CONTA VINCULADA ESPECÍFICA.

1. No regime de comunhão parcial, o bem adquirido pela mulher com o produto auferido mediante a alienação do patrimônio herdado de seu pai não se inclui na comunhão. Precedentes.

2. O Supremo Tribunal Federal, no julgamento do ARE 709.212/DF, debateu a natureza jurídica do FGTS, oportunidade em que afirmou se tratar de "direito dos trabalhadores brasileiros (não só dos empregados, portanto), consubstanciado na criação de um pecúlio permanente, que pode ser sacado pelos seus titulares em diversas circunstâncias legalmente definidas (cf. art. 20 da Lei 8.036/1995)". *(ARE 709212, Relator (a): Min. GILMAR MENDES, Tribunal Pleno, julgado em 13/11/2014, DJe-032 DIVULG 18-02-2015 PUBLIC 19-02-2015)*

3. No âmbito do Superior Tribunal de Justiça, a Egrégia Terceira Turma enfrentou a questão, estabelecendo que o FGTS é "direito social dos trabalhadores urbanos e rurais", constituindo, pois, fruto civil do trabalho. *(REsp 848.660/RS, Rel. Ministro PAULO DE TARSO SANSEVERINO, TERCEIRA TURMA, DJe 13/05/2011)*

4. O entendimento atual do Superior Tribunal de Justiça é o de que os proventos do trabalho recebidos, por um ou outro cônjuge, na vigência do casamento, compõem o patrimônio comum do casal, a ser partilhado na separação, tendo em vista a formação de sociedade de fato, configurada pelo esforço comum dos cônjuges, independentemente de ser financeira a contribuição de um dos consortes e do outro não.

5. Assim, deve ser reconhecido o direito à meação dos valores do FGTS auferidos durante a constância do casamento, ainda que o saque daqueles valores não seja realizado imediatamente à separação do casal.

6. A fim de viabilizar a realização daquele direito reconhecido, nos casos em que ocorrer, a CEF deverá ser comunicada para que providencie a reserva do montante referente à meação, para que num momento futuro, quando da realização de qualquer das hipóteses legais de saque, seja possível a retirada do numerário.

7. No caso sob exame, entretanto, no tocante aos valores sacados do FGTS, que compuseram o pagamento do imóvel, estes se referem a depósitos anteriores ao casamento, matéria sobre a qual não controvertem as partes.

8. Recurso especial a que se nega provimento. (STJ – REsp nº 1.399.199 – Rio Grande do Sul – 2ª Seção – Rel. Min. Maria Isabel Gallotti – DJ 22.04.2016)

EMENTA: TRIBUTÁRIO – APELAÇÃO – AÇÃO DE REPETIÇÃO DE INDÉBITO – ITBI – MUNICÍPIO DE TAUBATÉ. Separação consensual – Excesso de meação – Transmissão não onerosa de bens imóveis – Doação configurada – Inexistência do fato gerador do ITBI – Inteligência do art. 156, II, da Constituição Federal – Repetição devida – JUROS E CORREÇÃO MONETÁRIA – Juros moratórios devidos na forma prevista no art. 161, parágrafo único do Código Tributário Nacional, a partir do trânsito em julgado (art. 167, parágrafo único do CTN). No que diz respeito à correção monetária, esta é devida a partir do recolhimento indevido, conforme Súmula 162 do STJ e deve ser calculada de acordo com a Tabela Prática do TJSP – Sentença reformada – Recurso provido. (TJSP – Apelação Cível nº 0015744-86.2012.8.26.0625 – Taubaté – 15ª Câmara de Direito Público – Rel. Des. Eurípedes Faim – Julgado em 05.04.2016)

EMENTA: RECURSO ESPECIAL. AÇÃO DECLARATÓRIA DE NULIDADE DE NEGÓCIO JURÍDICO. ART. 548 DO CC. RENÚNCIA DO CÔNJUGE VIRAGO À INTEGRALIDADE DE SUA MEAÇÃO NA SEPARAÇÃO CONSENSUAL DO CASAL. ACORDO HOMOLOGADO POR SENTENÇA TRANSITADA EM JULGADO. CARACTERIZAÇÃO DE DOAÇÃO. NULIDADE DO NEGÓCIO JURÍDICO. INOCORRÊNCIA. DOADORA COM RENDA SUFICIENTE PARA PRESERVAR PATRIMÔNIO MÍNIMO À SUA SUBSISTÊNCIA.

1. O art. 548 do Código Civil estabelece ser nula a doação de todos os bens sem reserva de parte, ou renda suficiente para a subsistência do doador. A *ratio* da norma em comento, ao prever a nulidade da doação universal, foi a de garantir à pessoa o direito a um patrimônio mínimo, impedindo que se reduza sua situação financeira à miserabilidade. Nessa linha, acabou por mitigar, de alguma forma, a autonomia privada e o direito à livre disposição da propriedade, em exteriorização da preservação de um mínimo existencial à dignidade humana do benfeitor, um dos pilares da Carta da República e chave hermenêutica para leitura interpretativa de qualquer norma.

2. É possível a doação da totalidade do patrimônio pelo doador, desde que remanesça uma fonte de renda ou reserva de usufruto, ou mesmo bens a seu favor, que preserve um patrimônio mínimo à sua subsistência (CC, art. 548). Não se pode olvidar, ainda, que a aferição da situação econômica do doador deve ser considerada no momento da liberalidade, não sendo relevante, para esse efeito, o empobrecimento posterior do doador.

3. Assim, na situação em concreto é que se poderá aferir se a doação universal (*omnium bonorum*) deixou realmente o doador sem a mínima disponibilidade patrimonial para sua sobrevivência.

4. Na hipótese, a pretensão não merece prosperar, tomando-se em conta os limites do recurso especial e o somatório das seguintes circunstâncias do caso em concreto: i) reconhecimento da suficiência de fonte de renda à época apta a manter condições mínimas de sobrevivência digna; ii) não ter sido comprovado que a recorrente voltou a residir no imóvel objeto do litígio em razão de sua miserabilidade; iii) o lapso temporal do pedido de nulidade da doação – quase 20 anos após –, o que enfraquece o argumento de estar vivendo por tanto tempo em situação indigna; e iv) o fato de que a separação foi homologada em juízo, sob a fiscalização do representante do Ministério Público.

5. No tocante à doação inoficiosa, como sabido, há nulidade em relação ao *quantum* da deixa quando se exceder aquilo que poderia ser disposto em testamento (CC, art. 549). No presente caso, o Tribunal de origem chegou à conclusão de que a recorrente não trouxe provas de que o imóvel doado ao cônjuge varão excedia a parte a que a doadora, no momento da liberalidade, poderia dispor em testamento. Entender de forma diversa demandaria o revolvimento fático-probatório dos autos, o que encontra óbice na Súm. 7 do STJ.

6. Recurso especial não provido. (STJ – REsp nº 1.183.133 – Rio de Janeiro – 4ª Turma – Rel. Min. Luis Felipe Salomão – DJ 01.02.2016)

EMENTA: Direito Civil e Processual Civil – Ação declaratória de nulidade de doação e partilha – Bens doados pelo pai à irmã unilateral e à ex-cônjuge em partilha – Doação Inoficiosa – Prescrição – Prazo decenal, contado da prática de cada ato – Arts. analisados: 178, 205, 549 e 2.028 do CC/16 (STJ Resp 1321998 RS 2001/0199693-0. Terceira Turma. Relatora: Min Nancy Andrighi. DJe 20.08.2014)

EMENTA: PROCESSUAL CIVIL. CIVIL. RECURSO ESPECIAL. SUCESSÃO. DOAÇÃO. VALIDADE. DOAÇÃO DE PAIS A FILHOS. INOFICIOSIDADE. EXISTÊNCIA. ARTS.: 134, 1.176, 1.576, 1.721 E 1.722 DO CC-16.

1. Recurso especial, concluso ao Gabinete em 20/07/2010, no qual se discute a validade de doação tida como inoficiosa, efetuada pelo de cujus aos filhos do primeiro casamento. Inventário de O. L. p. aberto em 1.999.

2. A existência de sentença homologatória de acordo, em separação judicial, pela qual o antigo casal doa imóvel aos filhos, tem idêntica eficácia da escritura pública. Precedentes.

3. A caracterização de doação inoficiosa é vício que, se não invalida o negócio jurídico originário – doação –, impõe ao donatário-herdeiro, obrigação protraída no tempo: de, à época do óbito do doador, trazer o patrimônio à colação, para igualar as legítimas, caso não seja herdeiro necessário único, no grau em que figura.

4. A busca da invalidade da doação, ante o preterimento dos herdeiros nascidos do segundo relacionamento do de cujus, somente é cabível se, e na medida em que, seja constatado um indevido avanço da munificência sobre a legítima, fato aferido no momento do negócio jurídico.

5. O sobejo patrimonial do de cujus é o objeto da herança, apenas devendo a fração correspondente ao adiantamento da legítima, in casu, já embutido na doação aos dois primeiros descendentes, ser equalizado com o direito à legítima dos herdeiros não contemplados na doação, para assegurar a esses outros, a respectiva quota da legítima, e ainda, às respectivas participações em eventuais sobras patrimoniais. 6. Recurso não provido. (STJ – REsp nº 1.198.168 – Rio de Janeiro – 3ª Turma – Rel. Min. Nancy Andrighi – DJ 22.08.2013)

EMENTA: DIREITO CIVIL. DOAÇÃO INOFICIOSA. NULIDADE NO TOCANTE À PARTE QUE ULTRAPASSA A PARCELA PATRIMONIAL DE QUE O DOADOR PODERIA DISPOR EM TESTAMENTO NO MOMENTO DA LIBERALIDADE. CCB. ART. 1.790. PROCESSO CIVIL. HONORÁRIOS DA SUCUMBÊNCIA. MATÉRIA FÁTICA. SÚMULA/STJ. ENUNCIADO Nº 7. RECURSO DESACOLHIDO.

I – A doação a descendente, naquilo que ultrapassa a parte de que poderia o doador dispor em testamento, no momento da liberalidade, é de se qualificada inoficiosa e, portanto, nula. Circunstâncias do caso concreto que incrementam a violação da legítima dos autores, pela forma como concretizada a doação.

II – Não se tratando de impugnação ao critério legal adotado na fixação dos honorários advocatícios, mas de mera insurgência quanto ao montante arbitrado, incide, em princípio, a vedação do enunciado sumular nº 7, deste Corte. (STJ – REsp: 86518 MS 1996/0004820-7, Relator: Ministro SÁLVIO DE FIGUEIREDO TEIXEIRA, Data de Julgamento: 01/09/1998, T4 – QUARTA TURMA, Data de Publicação: DJ 03.11.1998 p. 140RT vol. 761 p. 191).

EMENTA: AGRAVO REGIMENTAL NO RECURSO ESPECIAL. CIVIL. DIREITO DE FAMÍLIA. ANULAÇÃO DE DOAÇÃO À IRMÃOS. MEAÇÃO. REGIME DA COMUNHÃO PARCIAL DE BENS. DIREITO ADQUIRIDO. NÃO OBSERVÂNCIA DA QUOTA-PARTE DA MEEIRA. PRESCRIÇÃO. INEXISTÊNCIA. TERMO INICIAL. DISSOLUÇÃO DA SOCIEDADE CONJUGAL. SEPARAÇÃO DE CORPOS. MEDIDA CAUTELAR. EFEITOS PROSPECTIVOS. JULGADO DE ACORDO COM A JURISPRUDÊNCIA DESTA CORTE. SÚMULA Nº 83/STJ. AUSÊNCIA DE NEGATIVA DE PRESTAÇÃO JURISDICIONAL. MANIFESTA RECALCITRÂNCIA.

1. Em caso de fraude, o prazo prescricional da ação anulatória de doação do art. 1.177 do CC/1916 inicia-se com a dissolução formal do casamento, fluindo a partir do momento em que ocorre a separação judicial, com a efetiva discussão acerca da partilha, e não da mera separação de corpos, termo inicial para discussão dos efeitos próprios desta medida cautelar, de caráter prospectivo.

2. A existência de fraude na partilha pode gerar a obrigação de alimentos transitórios, sob pena de enriquecimento sem causa (art. 884 do Código Civil).

3. A Lei nº 6.515/77, em seu art. 40, § 2º, admite que a partilha de bens não ocorra no mesmo momento do divórcio, o que é confirmado no art. 1.581 do Código Civil e na Súmula nº 197/STJ: *"O divórcio direto pode ser concedido sem que haja prévia partilha de bens"*.

4. Estando o acórdão recorrido em consonância com a jurisprudência pacífica desta Corte, tem incidência a Súmula nº 83/STJ, aplicável por ambas as alíneas autorizadoras.

5. Não há falar em negativa de prestação jurisdicional se o tribunal de origem motiva adequadamente sua decisão, solucionando a controvérsia com a aplicação do direito que entende cabível à hipótese, apenas não no sentido pretendido pela parte. 6. Agravo regimental não provido. (STJ – AgRg no REsp nº 1.327.644 – Rio Grande do Sul – 3ª Turma – Rel. Min. Ricardo Villas Bôas Cueva – DJ 22.05.2014)

▶ **EMENTA**: CIVIL. SUCESSÕES. SEPARAÇÃO. CESSÃO/RENÚNCIA DA MEAÇÃO PELO CÔNJUGE VARÃO EM FAVOR DA EX-MULHER. EQUIPARAÇÃO À DOAÇÃO, PARA EFEITOS DE SE CONSIDERAR INOFICIOSA A PARTE QUE EXCEDER A QUOTA DISPONÍVEL. POSSIBILIDADE. EXISTÊNCIA DE USUFRUTO SOBRE A TOTALIDADE DOS BENS PARTILHÁVEIS EM FAVOR DO CEDENTE/RENUNCIANTE. INDIFERENÇA. DISPOSITIVOS LEGAIS APRECIADOS: ARTS. 1.176, 1.576 E 1.721 DO CC/16; E 549, 1.789 E 1.846 DO CC/02.

1. Ação ajuizada em 14.09.2006. Recurso especial concluso ao gabinete da Relatora em 15.08.2011.

2. Recurso especial em que se discute se a renúncia/cessão da meação pelo cônjuge varão em benefício de sua ex-mulher, tendo por contrapartida o usufruto vitalício sobre a totalidade dos bens partilháveis, pode ser considerada uma doação inoficiosa.

3. Da interpretação conjugada dos arts. 1.176, 1.576 e 1.721 do CC/16 (arts. 549, 1.789 e 1.846 do CC/02), se o testador possuir herdeiros necessários, não poderá deliberar sobre a denominada porção ou quota disponível, correspondente a 50% da herança. Em se tratando de doação, autoriza-se a liberalidade no limite da quota disponível. À doação que exceder essa porção disponível considera-se inoficiosa, sendo absolutamente nula.

4. O ato de disposição patrimonial representado pela renúncia/cessão gratuita da meação em favor da sua ex-mulher equipara-se à doação, considerando-se inoficiosa a parte que exceder a quota disponível.

5. O fato de a renúncia/cessão ter por contrapartida o usufruto vitalício sobre a totalidade dos bens partilháveis não prejudica essa equiparação. Não se pode analisar o ato sob a ótica dos efeitos produzidos na esfera jurídica do renunciante/cedente, mas à luz dos resultados gerados na esfera jurídica dos herdeiros necessários, que são as pessoas efetivamente tuteladas pelos arts. 1.176, 1.576 e 1.721 do CC/16 (arts. 549, 1.789 e 1.846 do CC/02). Nesse aspecto, o fato de o renunciante/cedente permanecer com o usufruto vitalício sobre a totalidade dos bens partilhados em nada altera o prejuízo causado aos herdeiros necessários que, de qualquer forma, se verão privados dos bens que deveriam compor a parte indisponível da herança. 6. Recurso especial a que se nega provimento.(STJ – REsp nº 1.217.154 – Distrito Federal – 3ª Turma – Rel. Min. Nancy Andrighi – DJ 22.05.2014)

▶ **EMENTA**: CIVIL E PROCESSO CIVIL. IMÓVEIS DOADOS PELOS ASCENDENTES AOS DESCENDENTES COMUNS. HERDEIRA NECESSÁRIA PRETERIDA. LEGITIMIDADE PARA PLEITEAR A NULIDADE DO ATO DE LIBERALIDADE. DOAÇÃO UNIVERSAL NÃO DEMONSTRADA. PATRIMÔNIO TRANSFERIDO QUE ULTRAPASSA A METADE DISPONÍVEL MAIS A LEGÍTIMA DOS DONATÁRIOS. INOFICIOSIDADE. NULIDADE PARCIAL DO NEGÓCIO JURÍDICO. ARTS. ANALISADOS: 1.171, 1.175, 1.795, CC/16.

1. Ação declaratória de nulidade de negócio jurídico distribuída em 2000, da qual foi extraído o presente recurso especial, concluso ao Gabinete em 25/01/2013.

2. Discute-se a legitimidade de herdeiro, que cedeu seus direitos hereditários, para pleitear a declaração de nulidade da doação realizada pelo ascendente aos demais coerdeiros necessários, bem como a validade desse negócio jurídico.

3. A cessão de direitos hereditários não retira da cedente a qualidade de herdeira, que é personalíssima, e, portanto, não afasta a sua legitimidade para ajuizar a presente ação, porque apenas transferiu ao cessionário a titularidade de sua situação, de modo a permitir que ele exija a partilha judicial dos bens que compõem a herança.

4. A doação universal, como apregoa o art. 1.175 do CC/16, é caracterizada quando, doados todos os bens, o doador não faz a reserva de parte ou renda suficiente para a própria subsistência, razão pela qual o reconhecimento da nulidade absoluta não prescinde da demonstração de ter ele se reduzido à miséria, em decorrência do negócio jurídico realizado.

5. A melhor interpretação do art. 1.171 do CC/16 é a de que a doação feita de ascendente para descendente, por si só, não é considerada inválida ou ineficaz pelo ordenamento jurídico, mas impõe ao donatário obrigação protraída no tempo, de, à época do óbito do doador, trazer o patrimônio recebido à colação, para igualar as legítimas, caso não seja aquele o único herdeiro necessário (art. 1.785 do CC/16).

6. À luz do que dispõe o art. 1.795 do CC/16 (art. 2.012 do CC/02), se ambos os cônjuges doam bens aos filhos comuns, no inventário de cada um deles devem ser conferidos pela metade.

7. O ato de liberalidade do falecido de doar todos os seus bens aos filhos que possuía com a esposa, preterindo a filha, fruto de outro relacionamento, torna inoficiosa (nula) a doação no tocante ao que excede a parte disponível do patrimônio mais as respectivas frações da legítima, porque caracterizado o indevido avanço da munificência sobre a legítima da herdeira preterida.

8. Recurso especial conhecido e provido. (STJ – REsp nº 1.361.983 – Santa Catarina – 3ª Turma – Rel. Min. Nancy Andrighi – DJ 26.03.2014)

▶ **EMENTA**: SUCESSÕES. RECURSO ESPECIAL. MEAÇÃO. ATO DE DISPOSIÇÃO EM FAVOR DOS HERDEIROS. DOAÇÃO. ATO INTER VIVOS. FORMA. ESCRITURA PÚBLICA.

1. Discussão relativa à necessidade de lavratura de escritura pública para prática de ato de disposição da meação da viúva em favor dos herdeiros.

2. O ato para dispor da meação não se equipara à cessão de direitos hereditários, prevista no art. 1.793 do Código Civil, porque esta pressupõe a condição de herdeiro para que possa ser efetivada.

3. Embora o art. 1.806 do Código Civil admita que a renúncia à herança possa ser efetivada por instrumento público *ou termo judicial*, a meação não se confunde com a herança.

4. A renúncia da herança pressupõe a abertura da sucessão e só pode ser realizada por aqueles que ostentam a condição de herdeiro.

5. O ato de disposição patrimonial representado pela cessão gratuita da meação em favor dos herdeiros configura uma verdadeira doação, a qual, nos termos do art. 541 do Código Civil, far-se-á por Escritura Pública ou instrumento particular, sendo que, na hipótese, deve ser adotado o instrumento público, por conta do disposto no art. 108 do Código Civil. 6. Recurso especial desprovido. (STJ – REsp nº 1.196.992 – Mato Grosso do Sul – 3ª Turma – Rel. Min. Nancy Andrighi – DJ 22.08.2013)

▶ **EMENTA**: PROCESSUAL CIVIL. CIVIL. RECURSO ESPECIAL. SUCESSÃO. DOAÇÃO. VALIDADE. DOAÇÃO DE PAIS A FILHOS. INOFICIOSIDADE. EXISTÊNCIA. ARTS.: 134, 1.176, 1.576, 1.721 E 1.722 DO CC-16.

1. Recurso especial, concluso ao Gabinete em 20/07/2010, no qual se discute a validade de doação tida como inoficiosa, efetuada pelo de cujus aos filhos do primeiro casamento. Inventário de O. L. p. aberto em 1.999.

2. A existência de sentença homologatória de acordo, em separação judicial, pela qual o antigo casal doa imóvel aos filhos, tem idêntica eficácia da escritura pública. Precedentes.

3. A caracterização de doação inoficiosa é vício que, se não invalida o negócio jurídico originário – doação –, impõe ao donatário-herdeiro, obrigação protraída no tempo: de, à época do óbito do doador, trazer o patrimônio à colação, para igualar as legítimas, caso não seja herdeiro necessário único, no grau em que figura.

4. A busca da invalidade da doação, ante o preterimento dos herdeiros nascidos do segundo relacionamento do *de cujus*, somente é

cabível se, e na medida em que, seja constatado um indevido avanço da munificência sobre a legítima, fato aferido no momento do negócio jurídico.

5. O sobejo patrimonial do *de cujus* é o objeto da herança, apenas devendo a fração correspondente ao adiantamento da legítima, *in casu*, já embutido na doação aos dois primeiros descendentes, ser equalizado com o direito à legítima dos herdeiros não contemplados na doação, para assegurar a esses outros, a respectiva quota da legítima, e ainda, às respectivas participações em eventuais sobras patrimoniais.

6. Recurso não provido. (STJ – REsp nº 1.198.168 – Rio de Janeiro – 3ª Turma – Rel. Min. Nancy Andrighi – DJ 22.08.2013)

EMENTA: AGRAVO REGIMENTAL. RECURSO ESPECIAL. EXECUÇÃO. FRAUDE. DOAÇÃO DE IMÓVEL EM DATA ANTERIOR AO AJUIZAMENTO. SÚMULA 375/STJ.

1. – Não ocorre fraude à execução se já havia uma situação jurídica de aquisição de direito consolidada em favor da Embargante, anterior ao ajuizamento da execução e não houve prévio registro da penhora, e muito menos prova de má-fé da adquirente.

2. – O recurso não trouxe nenhum argumento capaz de modificar a conclusão do julgado, a qual se mantém por seus próprios fundamentos.

3. – Agravo regimental improvido. (STJ – AgRg nos EDcl no REsp nº 1.354.284 – MG – 3ª Turma – Rel. Min. Sidnei Beneti – DJ 24.06.2013)

EMENTA: RECURSO ESPECIAL. DIREITO CIVIL. DOAÇÃO. HERDEIROS NECESSÁRIOS. ANTECIPAÇÃO DE LEGÍTIMA. CLÁUSULA DE INALIENABILIDADE. INDISPONIBILIZAÇÃO DE BEM IMÓVEL POR TRINTA ANOS. INTERPRETAÇÃO DO ART. 1676 DO CC/16 A LUZ DO PRINCÍPIO DA FUNÇÃO SOCIAL DA PROPRIEDADE. INCIDÊNCIA DO ART. 2035 E 1848 DO CCB. POSSIBILIDADE DE CANCELAMENTO DA CLÁUSULA DE INALIENABILIDADE APÓS A MORTE DO DOADOR ANTE A AUSÊNCIA DE JUSTA CAUSA PARA A SUA MANUTENÇÃO. RECURSO ESPECIAL PROVIDO. (STJ – REsp nº 1.375.286 – São Paulo – 3ª Turma – Rel. Min. Paulo de Tarso Sanseverino – DJ 17.09.2014)

EMENTA: CIVIL E PROCESSUAL. AGRAVO REGIMENTAL NO AGRAVO EM RECURSO ESPECIAL. DOAÇÃO DE ASCENDENTE A DESCENDENTE. NULIDADE. PRESCRIÇÃO. MARCO INICIAL. DATA DA LIBERALIDADE.

1. Nos termos da jurisprudência desta Corte Superior de Justiça, no caso de ação em que se busca invalidar doação inoficiosa, o prazo prescricional é vintenário e conta-se a partir do registro do ato jurídico impugnado. Precedentes. 2. Agravo regimental a que se nega provimento.(STJ – AgRg no AREsp nº 332.566 – Paraná – 4ª Turma – Rel. Min. Maria Isabel Gallotti – DJ 24.09.2014)

EMENTA: DOAÇÃO. REVOGAÇÃO. INGRATIDÃO DO DONATÁRIO. – O Art. 1.183 do CC/1916 é taxativo ao relacionar as hipóteses de revogação da doação. – Desapego afetivo e atitudes desrespeitosas não bastam para deserdamento. É necessária a demonstração de uma das hipóteses previstas no Código Beviláqua. (STJ – REsp: 791154 SP 2005/0179085-2, Relator: Ministro HUMBERTO GOMES DE BARROS, Data de Julgamento: 21/02/2006, T3 – TERCEIRA TURMA, Data de Publicação: DJ 27/03/2006 p. 272REVJUR vol. 342 p. 119)

EMENTA: RECURSO ESPECIAL. CIVIL. PROCESSUAL CIVIL. DOAÇÃO. NULIDADE. FUNDAMENTAÇÃO *PER RELATIONEM*. POSSIBILIDADE. VIOLAÇÃO AO ART. 535 DO CPC. NÃO OCORRÊNCIA. PRESCRIÇÃO. INCIDÊNCIA DA SÚMULA 283/STF. INCAPACIDADE. PERQUIRIÇÃO ACERCA DA INTENÇÃO DO AGENTE. DESNECESSIDADE. DOCUMENTOS. FÉ PÚBLICA. PRESUNÇÃO RELATIVA DE VERACIDADE. SENTENÇA DE INTERDIÇÃO. NATUREZA DECLARATÓRIA E NÃO CONSTITUTIVA. NATUREZA DA INCAPACIDADE. AUSÊNCIA DE INTERESSE PRÁTICO. RECURSO DESPROVIDO.

1. A iterativa jurisprudência desta Corte admite a fundamentação *perrelationem*, pela qual o julgador se vale de motivação contida em ato judicial anterior e, especialmente, em parecer ministerial, como razões de decidir.

2. Afasta-se a ofensa ao art. 535, I e II, do Código de Processo Civil, pois a Corte de origem dirimiu, fundamentadamente e de forma coerente, as matérias que lhe foram submetidas, motivo pelo qual o acórdão recorrido não padece de omissão, contradição ou obscuridade.

3. No que respeita à prescrição, deixou a recorrente de impugnar um dos fundamentos apontados pelo acórdão para afastar seu reconhecimento, o que atrai a censura da Súmula 283/STF.

4. Com o reconhecimento da ausência de capacidade do doador para os atos da vida civil, pois constantemente dopado pelo uso de medicamentos para o sistema nervoso, além de ser portador de Mal de Parkinson, nem sequer é possível perquirir acerca de sua intenção, pois a incapacidade lhe é precedente, impedindo-o de manifestar sua vontade.

5. Os documentos que gozam de fé pública ostentam presunção relativa de veracidade, que pode ser afastada mediante a produção de provas em sentido contrário. Precedentes.

6. Quanto a inexistirem nos autos provas suficientes para elidir a presunção de veracidade dos documentos públicos, o acolhimento dessa tese demandaria incursão no conjunto fático-probatório dos autos, providência obstada pela incidência da Súmula 7/STJ.

7. A sentença de interdição tem caráter declaratório e não constitutivo. Assim, o decreto de interdição não cria a incapacidade, pois esta decorre da doença. Desse modo, a incapacidade, mesmo não declarada, pode ser apreciada caso a caso.

8. A discussão acerca de a incapacidade ser relativa ou absoluta no caso concreto não terá nenhum resultado prático, pois reconhecida a ausência de aptidão volitiva do doador.

9. Recurso especial conhecido em parte e não provido.(STJ – REsp nº 1.206.805 – Paraná – 4ª Turma – Rel. Min. Raul Araújo – DJ 07.11.2014)

TRIBUNAL DE JUSTIÇA DO ESTADO DE SÃO PAULO

EMENTA: APELAÇÃO – Ação declaratória – Tributário – Entidade religiosa – Doação – Bem imóvel recebido em doação para utilização na celebração de cultos e demais atividades relacionadas as suas finalidades – Entidade que goza de imunidade tributária, a teor do art. 150, VI, "b" e § 4º, da CF e art. 14 do Código Tributário Nacional – Não incidência do ITCMD, pois preenchimentos dos requisitos legais e constitucionais que garantem a imunidade tributária de impostos sobre o patrimônio de entidade religiosa (TJSP – Apelação Cível nº 1010875-92.2022.8.26.0114 – Campinas – 1ª Câmara de Direito Público – Rel. Des. Danilo Panizza – DJ 15.02.2023)

EMENTA: ITCMD – Base de cálculo para doação de imóvel rural – Emolumentos cartorários – Emolumentos cartorários – Pretensão de os emolumentos cartorários sejam cobrados sobre a base de cálculo do valor venal de ITR – Ilegitimidade passiva do Secretário da Fazenda do Estado de São Paulo quanto a esta pretensão, tendo em vista que os emolumentos são cobrados pelos Tabeliães de Notas ou Oficiais de Registro de Imóveis, conforme critérios previstos na Lei nº 11.331/02, restando esta denegada a segurança quanto a esse tema, a teor do art. 6º, § 5º da Lei 12.016/2009, c.c. art. 485, VI do Código de Processo Civil – Mandado de segurança embasado em ilegalidade do ato administrativo que exigiu o pagamento do ITCMD com base no valor venal de referência utilizado pelo Instituto de Economia Agrícola de São Paulo – Direito do contribuinte, a princípio, quanto ao recolhimento do ITCMD pautado na adoção da base de cálculo do ITR, mas sempre resguardado o direito do Fisco, se não concordar com o valor declarado ou atribuído a bem ou direito do espólio, instaurar o respectivo procedimento administrativo de arbitramento da base de cálculo, para fins de lançamento e notificação do contribuinte – Sentença parcialmente reformada – Recurso voluntário e oficial providos em parte. (TJSP – Apelação / Remessa Necessária nº 1064381-06.2021.8.26.0053 – São Paulo – 13ª Câmara de Direito Público – Rel. Des. Isabel Cogan – DJ 19.09.2022)

EMENTA: Apelação – Ação declaratória de nulidade de doação – Alegação de doação universal e inoficiosa – Dois imóveis adquiridos durante união estável – Doação de um imóvel, ainda durante a união estável, para a enteada e o marido, com reserva de usufruto aos doadores – Após a morte da primeira companheira, o autor ficou com 66,66% do segundo imóvel e doou 33,33% para nova companheira – Pedido de declaração de nulidade das duas doações

– Desacolhimento – Doações realizadas por escritura pública, na presença de tabelião, existindo menção de que os doadores possuíam outros bens e rendas suficientes para prover sua própria subsistência e que a doação era extraída da parte disponível de seus bens – Ausência de prova de incapacidade do doador – Não caracterização de doação universal – Caráter inoficioso das doações não demonstrado – Sentença mantida – Recurso desprovido. (TJSP – Apelação Cível nº 1001432-64.2018.8.26.0274 – Itápolis – 6ª Câmara de Direito Privado – Rel. Des. Enéas Costa Garcia – DJ 11.11.2021)

EMENTA: Apelação – Anulatória de débito fiscal – ITCMD – Doação de quotas de capital social – Base de cálculo – Discordância do fisco em relação aos valores atribuídos às quotas de capital social doadas – Integralização feita com imóveis – Cálculo que deve recair sobre o valor patrimonial das quotas e não sobre o valor de mercado – Exegese do art. 14, § 3º, da Lei 10.705/00 – Ilegalidade configurada – Honorários advocatícios – Pretensão à aplicação dos percentuais sobre o proveito econômico, conforme disposições do art. 85 do CPC – Possibilidade – Aplicação do princípio da causalidade – Inteligência do art. 85, § 3º do CPC – Precedentes – Recurso da FESP desprovido – Recurso do patrono da autora provido. (TJSP – Apelação Cível nº 1025501-50.2020.8.26.0482 – Presidente Prudente – 6ª Câmara de Direito Público – Rel. Des. Alves Braga Junior – DJ 05.11.2021)

EMENTA: APELAÇÃO CÍVEL. Ação de Anulação de Negócio Jurídico – Sentença de Improcedência – Insurgência que não prospera – Contrato de Doação realizado pelo genitor da Autora à sua esposa – Inexistência de direitos sucessórios da Donatária – Irrelevância, tendo em vista o teor contratual do ato de disposição – Doação integral do patrimônio sem reserva para o Doador – Inocorrência – Doador que possuía outro Imóvel no momento da disposição, bem como, reservou o usufruto do bem para si – Infração ao artigo 548 do CCB não configurada – Contrato firmado por Doador em estágio terminal – Irrelevância – Doença grave que, por si só, não indica a incapacidade da pessoa – Escritura lavrada por Tabelião em diligência à casa do Doador – Presunção "juris tantum" de legalidade – Autora que não logra êxito em comprovar a ausência de discernimento do Doador no ato – Requerente que não cumpre com seu ônus processual estabelecido no artigo 373, "I", do CPC – Sentença mantida – Ratificação, nos termos do artigo 252, do Regimento Interno. RECURSO NÃO PROVIDO.

Trata-se de Apelação interposta em face da r. Sentença de fls. 150/153, cujo relatório se adota, que julgou improcedente a "Ação Declaratória de Anulação de Doação de Imóvel", ajuizada por Edith, em face de Maria Francisca, condenando a Autora ao pagamento das custas, despesas processuais e honorários advocatícios fixados em 18% (dezoito por cento) do valor da causa, observada a concessão dos benefícios da Justiça Gratuita.

Inconformada, apela a Autora (fls. 158/166), alegando, em síntese, a existência de provas a comprovarem a incapacidade do Doador em razão da doença que o acometia, especificamente, câncer em estágio terminal.

Aponta que a doação foi realizada em desatenção aos termos do artigo 548 do Código Civil, tendo em vista que o Doador não teria reservado, para si, bens suficientes para sua subsistência; esclarece ainda que a Requerida somente teria direito em relação às benfeitorias realizadas no Imóvel, dado que a Requerente se casou com o doador em julho de 2.014, no regime de comunhão parcial de bens, e o bem teria sido adquirido no ano de 1.999.

Por fim, requer o provimento do Recurso, com a final procedência dos pedidos realizados.

Recurso processado regularmente, com apresentação das Contrarrazões (fls. 170/177).

É o breve Relatório.

Cuida-se de "Ação Declaratória de Anulação de Doação de Imóvel", ajuizada por Edith, em face de Maria Francisca, alegando, para tanto, que o Imóvel descrito às fl. 02, era de propriedade de Paulo, genitor da Autora e casado no regime da comunhão parcial de bens com a Requerida, adquirido nos idos de 1.999.

Contudo, aduz que nos idos de 2.017, o sr. Paulo foi acometido de grave doença, em estágio terminal, e teria realizado a doação do bem à Ré, sem qualquer reserva de bens para si; falecendo sequencialmente.

Assim, entendendo pela invalidade da doação, seja porque foi realizada por pessoa incapaz, seja porque realizada sem a reserva de bens em favor do doador, ou ainda, pela inexistência de direito sucessório da Requerida, pois o bem teria sido adquirido anteriormente ao matrimônio contraído pela Ré junto ao "de cujus", ajuizou a presente Ação, buscando a declaração da nulidade do Contrato de Doação firmado.

Respeitadas profundamente as razões recursais apresentadas, o Recurso interposto não deve ser acolhido.

Inicialmente, afasta-se de plano as questões relativas a eventual direito sucessório da Donatária, tendo em vista que o que se discute nestes Autos é o Contrato de Doação realizado, sendo irrelevante, ao menos para este fim, discutir sobre a ordem sucessória e incidência do regime de bens para tanto, dado o caráter eminentemente negocial do ato de disposição.

Não obstante, também se mostra despicienda a discussão acerca da doação integral dos bens integrantes do patrimônio do Doador, sem que esse estabelecesse reserva para a sua subsistência.

E tal se dá, pois, conforme restou incontroverso nos Autos, o Doador possuía outro Imóvel no momento da doação, fato o qual, por si só, já afasta o reconhecimento de tal assertiva.

Ainda que assim não fosse, as discussões referentes à aplicabilidade do artigo 528 do Código Civil só possuem pertinência enquanto vivo o doador, pois, justamente visam inibir comportamentos abusivos ou pródigos nas liberalidades, que possam levar o benfeitor à situação de miséria, sendo certo que tal discussão se mostra irrelevante após a morte do Doador.

Ademais, conforme consta na Escritura guerreada, a Doação foi efetivada com reserva de usufruto, e assim, assegurando ao doador patrimônio suficiente para a sua subsistência, já que o Imóvel doado não lhe rendia qualquer tipo de renda.

Por fim, resta apenas apurar se o Negócio Jurídico formulado foi efetuado por absolutamente incapaz.

Com efeito, e como é cediço, eventual doença de um dos contratantes, por mais grave que possa ser, por si só, não tem o condão de gerar a presunção absoluta de incapacidade de sua parte, sendo imprescindível a comprovação efetiva que este, por conta da moléstia que lhe acomete, tenha perdido o discernimento necessário para realizar os atos ordinários da vida civil.

Tal premissa resta ainda mais evidenciada com as inovações trazidas pela Lei 13.146/2015, o Estatuto da Pessoa com Deficiência, que, expressamente revogou os incisos "II" e "III" do artigo 3º, do Código Civil, que considerava absolutamente incapazes aqueles que: *"por enfermidade ou deficiência mental, não tiverem o necessário discernimento para a prática desses atos"*; e, *"os que, mesmo por causa transitória, não puderem exprimir sua vontade"*.

Entretanto, e do que se extrai dos Autos, a Autora não logrou êxito em comprovar nos Autos que o Doador teria sofrido debilidade de suas faculdades mentais em razão da grave doença que o acometeu.

Em verdade, o que se viu foi justamente o contrário, com o deslocamento do Tabelião até a residência do Doador, local aonde lavrou a Escritura, na presença do Cartorário, o qual, dada a sua função pública, possui a obrigação de zelar pela higidez do procedimento, com a análise da capacidade das Partes.

Isto posto, se houve a lavratura da Escritura sob estas condições, tal documento público goza da presunção "juris tantum" de legitimidade, veracidade e legalidade.

Consequentemente, caberia a Autora trazer aos Autos provas de que tal ato tenho sido praticado mesmo diante da incapacidade do Doador, o que não ocorreu, não cumprindo a Apelante com seu ônus processuais, na forma estabelecida nos termos do artigo 373, inciso "I", do Código de Processo Civil.

Logo, inexistindo qualquer elemento a evidenciar a invalidade do Contrato de Doação realizado, ao menos diante do quanto elencado nestes Autos, nada há a alterar no r. "decisum" questionado.

Sendo assim, não infirmadas as fundamentações de fato e de Direito expostas pela D. Juíza "a quo", infundadas as razões recursais, não há nada a reparar na r. Sentença de Primeiro Grau acertadamente proferida, ratificando-se seu teor, conforme os termos do artigo 252 do Regimento Interno deste Egrégio Tribunal de Justiça.

De qualquer modo, para viabilizar eventual acesso às vias extraordinária e especial, considero prequestionada toda matéria infraconstitucional e constitucional, observando o pacífico entendimento do Superior Tribunal de Justiça no sentido de que, tratando-se de prequestionamento, é desnecessária a citação numérica dos dispositivos legais, bastando que a questão posta tenha sido decidida (EDROMS 18205 / SP, Ministro FELIX FISCHER, DJ 08.05.2006 p. 240).

Pelo exposto, NEGA-SE PROVIMENTO AO RECURSO, mantida na totalidade a r. Sentença de Primeiro Grau proferida, majorando-se os honorários de sucumbência arbitrados exclusivamente em favor dos d. Patronos do Réu, para a proporção de 19% (dezenove por cento) do valor da causa, nos termos do artigo 85, parágrafo 11º do Código de Processo Civil. Penna Machado. Relatora – – / (TJSP – Apelação Cível nº 1015661-76.2019.8.26.0344 – Marília – 2ª Câmara de Direito Privado – Rel. Des. Penna Machado – DJ 20.01.2021)

▶ **EMENTA**: Doação – Cancelamento de cláusulas restritivas da propriedade – Insurgência dos autores em face da sentença de improcedência – Imóvel doado aos filhos em 1978, com reserva de usufruto aos doadores genitores – Existência de cláusulas de inalienabilidade, incomunicabilidade e impenhorabilidade – Falecimento dos doadores em 1997 e 2012 – Inexistência de justa causa para justificar a manutenção dessas restrições, contrárias à função social da propriedade – Imóvel, ainda, que gera despesas aos apelantes – Pedido inicial procedente – Recurso provido.

Trata-se de recurso de apelação interposto em face da sentença de ps. 95/96 que julgou improcedentes os pedidos da inicial.

Inconformados, os autores apelam a ps. 101/113 pretendendo, em síntese, o deferimento da gratuidade processual e a procedência do pedido inicial de exclusão das cláusulas restritivas existentes sobre o imóvel doado pelos genitores.

Autos em termos para julgamento virtual.

É o relatório.

De início, diante das declarações de ps. 114/117, defere-se o pedido de gratuidade processual dos autores apelantes.

No mérito, o recurso comporta provimento.

Com efeito, não há justa causa para a manutenção das cláusulas restritivas (de inalienabilidade, incomunicabilidade e impenhorabilidade) existentes sobre o imóvel doado pelos genitores em 1978, após o falecimento deles em 1997 e 2012 (cf. ps. 28/31).

A manutenção dessas cláusulas, além de ser contrária à função social da propriedade (por restringir sua circulação no comércio), causa ainda prejuízos aos herdeiros, por terem de continuar arcando com as despesas de IPTU do bem (ps. 34/37).

A cláusula de inalienabilidade representa, portanto, uma severa restrição ao direito de propriedade, pois impede os doadores de dispor livremente do bem.

Nessa situação, após a extinção do usufruto e o falecimento dos doadores do imóvel, é necessária a existência de justa causa para a manutenção dessas restrições, o que não é o caso. De rigor, portanto, o seu cancelamento, livrando os apelantes de tais ônus.

Nesse sentido:

"RECURSO ESPECIAL. DIREITO CIVIL. DOAÇÃO. HERDEIROS NECESSÁRIOS. ANTECIPAÇÃO DE LEGÍTIMA. CLÁUSULA DE INALIENABILIDADE E USUFRUTO. MORTE DOS DOADORES. 1. Controvérsia acerca da possibilidade de cancelamento de cláusula de inalienabilidade instituída pelos pais em relação ao imóvel doado aos filhos. 2. A doação do genitor para os filhos e a instituição de cláusula de inalienabilidade, por representar adiantamento de legítima, deve ser interpretada na linha do que prescreve o art. 1.848 do CCB, exigindo-se justa causa notadamente para a instituição da restrição ao direito de propriedade. ***3. Possibilidade de cancelamento da cláusula de inalienabilidade após a morte dos doadores, passadas quase duas décadas do ato de liberalidade, em face da ausência de justa causa para a sua manutenção. 4. Interpretação do art. 1.848 do Código Civil à luz do princípio da função social da propriedade.*** *5. RECURSO ESPECIAL PROVIDO."* (STJ, 3ª Turma, REsp 1.631.278/PR, Rel. Min. Paulo de Tarso Sanseverino, j. 19/03/2019 sem destaque no original).

Ante o exposto, **dá-se provimento** ao recurso de apelação, julgando procedentes os pedidos da inicial e determinando o cancelamento das cláusulas restritivas indicadas na averbação 03 da Matrícula nº 16.858 do 1° Cartório de Registro de Imóveis de Sorocaba (p. 29).

CARLOS ALBERTO DE SALLES

Relator

TJSP – Apelação Cível nº 1003837-93.2017.8.26.0602 – Sorocaba – 3ª Câmara de Direito Privado – Rel. Des. Carlos Alberto de Salles – DJ 09.10.2019

▶ **EMENTA:** Doação – Descumprimento de encargo – Terreno público doado pela Prefeitura de Votuporanga – Hipótese em que o não cumprimento do encargo pela beneficiada torna sem efeito a doação, revertendo-se, automaticamente, o imóvel doado para a Municipalidade, inclusive, com as benfeitorias eventualmente edificadas – Pedido de indenização pelo uso indevido da área afastado – Procedência da ação mantida – Recurso não provido (TJSP – Apelação Cível nº 1010130-24.2016.8.26.0664 – Votuporanga – 8ª Câmara de Direito Público – Rel. Des. Bandeira Lins – DJ 22.10.2019)

Trata-se de ação de revogação de doação c/c reversão de imóvel ajuizada pela PREFEITURA MUNICIPAL DE VOTUPORANGA em face de CONSTRUTORA JGO LTDA. alegando, em síntese, que a autora no intuito de incentivar a produção industrial, aumentar a quantidade de empresas e o número de empregos, lançou o Plano de Desenvolvimento Econômico de Votuporanga, nos termos da Lei 3.781/04, com redação dada pela Lei 4.637/2009, Decreto 8.042/2009 e Lei 5.003/2011. Sustenta que com base na referida legislação, em 14/05/2012, a Municipalidade doou à requerida, conforme escritura pública de doação e encargos, um terreno, objeto da matrícula n. 49.626. Contudo, passados quase cinco anos da doação, afirma que a requerida deixou de cumprir os encargos contidos nos itens "d" e "e" previstos naquele instrumento contratual, quais sejam: d) proibição de paralisação de suas atividades empresariais no período de cinco anos, salvo autorizado pela Prefeitura Municipal, a contar do início daquelas atividades, por prazo superior a 30 (trinta) dias, contínuos ou intermitentes; e) proibição de diminuição do número de empregos iniciais, nos cinco primeiros anos de atividade na área cuja doação ora é autorizada, em mais de 20% (vinte por cento), sem motivo de força maior, devidamente justificado junto à Prefeitura Municipal. Pugna pela procedência da ação, revogando-se a doação.

A r. sentença de fls. 251/252 julgou procedente a ação, para o fim de revogar a doação feita pela Prefeitura Municipal de Votuporanga em favor da empresa ré, referente ao terreno discriminado na escritura pública de doação, revertendo-se o bem ao patrimônio da autora, bem assim determinou o cancelamento do registro constante na matrícula 49.626. A ré ficou condenada ao pagamento das custas, despesas processuais e honorários advocatícios, fixados em 10% do valor da causa, nos termos do art. 85, § 4, inciso III, do CPC.

Inconformada, apela a ré aduzindo que sempre observou os encargos impostos na escritura de doação. Diz que até dezembro de 2013, gerou empregos e renda ao município, porém, de forma inevitável, no ano de 2014, ocorreu uma redução do número de funcionários, diante da grave crise econômica que assolou o país, assim como nunca agiu de forma clandestina ou ilegal. Subsidiariamente, entende que deve ser reconhecido o direito ao ressarcimento das benfeitorias realizadas (fls. 257/269).

Foram apresentadas as contrarrazões (fls. 275/282).

É o relatório.

A demanda versa sobre revogação de doação firmada pela Municipalidade de Votuporanga em favor da empresa ré, em razão de descumprimento de cláusulas contratuais.

Considera-se doação como o contrato em que uma pessoa, por liberalidade, transfere do seu patrimônio bens ou vantagens para o de outra, que os aceita, nos termos do art. 538, do CC. Dentre as espécies de doação, tem-se a doação com encargo ou modal, ou seja, aquela em que o doador exige do donatário o cumprimento de um gravame como condição de entrega.

Segundo lição de Sílvio de Salvo Venosa, doação modal, onerosa ou com encargo é "aquela na qual a liberalidade vem acompanhada de incumbência atribuída ao donatário, em favor do doador ou de terceiro, ou no interesse geral (art. 553; antigo, art. 1180). Será doação onerosa, por exemplo, aquela na qual se doa prédio para instalação de escola, nela colocando-se o nome do doador; doa-se terreno à Municipalidade, para construção de espaço esportivo ou área de lazer etc.".**[1]**

A aposição de encargo torna-se inerente ao negócio, de forma que seu descumprimento pode acarretar a resolução da liberalidade, nos termos do art. 555, do novo Código Civil.

No caso dos autos, a Lei Municipal 4.637/2009, com redação dada pela Lei 5.003/2011, autorizou ao Poder Executivo adquirir áreas destinadas à implantação de Distritos ou Polos Empresariais no Município e aliená-las no todo ou em partes por doação com os encargos a terceiros, cuja finalidade era o desenvolvimento industrial da área e o consequente aumento do número de empregos.

Assim, em 14/05/2014, a Municipalidade de Votuporanga doou à empresa ré, conforme escritura pública de doação com encargos, o terreno descrito na vestibular (fls. 9/17).

Consoante se depreende da escritura de doação com encargo, competia à Construtora JGO Ltda., sob pena de nulidade do ato e retrocessão do imóvel ao patrimônio público, inclusive com eventuais benfeitorias nele erigidas ou implantadas, dentre o cumprimento dos encargos: *"d) proibição de paralisação de suas atividades empresariais no período de cinco anos, salvo autorizado pelo Conselho Municipal de Desenvolvimento Econômico, a contar do início daquelas atividades, por prazo superior a 30 (trinta) dias, contínuos ou intermitentes; e) proibição de diminuição do número de empregos iniciais, nos cinco primeiros anos de atividade na área cuja doação ora é autorizada, em mais de 20% (vinte por cento), sem motivo de força maior, devidamente justificado junto à Prefeitura Municipal"*.

No caso dos autos, a doação se deu em 14/05/2012 e, pelos documentos juntados aos autos, não se verifica qualquer registro de atividade empresarial após julho de 2014 (fls. 226), o que demonstra que houve o descumprimento à clausula "d", que proíbe a paralisação das atividades.

Da mesma forma, não houve o devido cumprimento à cláusula "e", que proíbe a diminuição do número de empregos iniciais, nos cinco primeiros anos de atividade na área cuja doação fora autorizada. Os documentos de fls. 201/220 demonstram a redução de vinte por cento do número de funcionários incialmente contratados (5 para 4 funcionários no período de junho de 2012 a janeiro de 2014), sem, contudo, haver qualquer justificativa junto à Municipalidade nesse sentido.

Observa-se que, conforme consta da reunião do Conselho Municipal de Desenvolvimento Econômico COMDE, a parte apelante, entre outras empresas, foi notificada pela municipalidade acerca do não cumprimento da legislação vigente referente ao desenvolvimento econômico do município, tendo ela apenas requerido a realização de avaliação do imóvel para o caso de eventual reembolso da obra feita.

Desse modo, restou perfeitamente demonstrado que as condições impostas à apelante não foram devidamente por ela atendidas.

O imóvel doado não atendeu à finalidade da lei. O fato de o país atravessar recessão econômica não justifica a inversão do julgado postulada pela apelante. E isso porque houve desvio das diretrizes da doação, uma vez que não se concretizou o interesse público que motivou o ato liberatório em questão. Com a reversão do imóvel ao poder público municipal, este poderá doar a área a outra empresa para que ali instale unidade industrial, com vistas ao desenvolvimento da economia local e a geração de empregos na região.

Em se tratando de doação **com encargo**, destinada à construção e instalação de unidade industrial, em determinado prazo, o descumprimento por parte da ré, que aceitou o encargo sem quaisquer restrições, ensejava mesmo a revogação da doação em tela. Em outro dizer, o não cumprimento da obrigação pela empresa, torna sem efeito a doação, revertendo-se, automaticamente, o imóvel doado para a Prefeitura Municipal de Votuporanga.

Cumpre salientar, nesse exato diapasão, que o pedido referente à obtenção de indenização das benfeitorias realizadas na área não havia mesmo de prosperar, pois inexistente, quer na Lei Municipal 4.637/2009, quer da escritura de doação, cláusula agasalhando tal pretensão.

Há de se lembrar que a Administração é regida pelo princípio da legalidade; e que assim se encontra autorizada a fazer **apenas o que a lei permite** (cf. Hely Lopes Meirelles, *Direito Administrativo Brasileiro*, 42ª ed., São Paulo: Malheiros, 2016, p. 93; José dos Santos Carvalho Filho, *Manual de Direito Administrativo*, 30ª ed., São Paulo: Atlas, 2016, p. 20).

Sem que a lei haja previsto o pagamento de indenização por benfeitorias para o donatário que dá causa à revogação da doação, a leitura de seus termos autorizada pelo princípio da legalidade impõe concluir que o beneficiário da doação assume, ao aceitá-la, o risco de perder o que tenha agregado ao imóvel, em caso de descumprimento dos deveres que aceitou visando a obter vantagem.**[2]**

Logo, correta a r. sentença ao julgar procedente o pedido objeto do presente.

Consideram-se prequestionados, para fins de possibilitar a interposição de recurso especial e de recurso extraordinário, todos os dispositivos de lei federal e as normas da Constituição Federal mencionadas pelas partes.

Ante o exposto, **nego provimento ao recurso**. Por força da sucumbência recursal, majora-se a verba honorária para 11% do valor da causa, nos termos do art. 85, § 11, do CPC.

BANDEIRA LINS

Relator

Notas:

[1] Direito Civil: Contratos em espécie. 3ª ed. São Paulo: Atlas, 2003, p. 122.

[2] Art. 12. Após a doação da área, o beneficiado terá o prazo de 120 (cento e vinte) dias para a aprovação do projeto e o início às obras. O não cumprimento desta determinação implica na reversão do imóvel ao patrimônio público da municipalidade, sem direito a qualquer ressarcimento, independentemente de notificação.

Art. 13. As obras das empresas implantadas ou transferidas para a Zona ou Distrito Empresarial deverão estar concluídas no prazo máximo de 18 (dezoito) meses da data da doação da área, sob pena de perda dos incentivos concedidos por esta Lei.

EMENTA: Inventário – Doação da meação pelo viúvo em favor dos filhos, com cláusulas restritivas, reservando para si o usufruto – Desnecessidade de formalização por meio de escritura pública – Ato translativo que pode ser tomado por termo nos autos, diante do caráter público que ostenta – Inteligência do artigo 1.806 do Código Civil – Agravo provido.

1. Trata-se de agravo de instrumento interposto contra a r. decisão de pág. 67, dos autos de origem, que, em inventário, determinou que a doação visada pelo viúvo meeiro fosse realizada através de escritura pública.

Alegam os agravantes que o viúvo meeiro doou para os filhos, com cláusulas de incomunicabilidade, impenhorabilidade e reversão, a parte que lhe coube na meação, transferindo-lhes a nua propriedade e reservando para si o usufruto, enquanto viver. A seguir se reportam aos artigos 1.793 e 1.806 do Código Civil, tendo transcrito entendimentos doutrinários e jurisprudenciais sobre o tema. Requerem, afinal, o provimento do recurso, antecedido do efeito suspensivo, a fim de que nos autos do inventário o viúvo meeiro transmita, mediante termo, sua meação aos herdeiros com reserva de usufruto.

É o relatório.

2. A r. decisão agravada merece reforma.

O artigo 1.793, *caput*, do Código Civil, estabelece que o quinhão hereditário *pode* ser objeto de cessão por escritura pública.

De outra banda, o artigo 1.806 dispõe que: *"A renúncia da herança deve constar expressamente de instrumento público ou termo judicial"*.

Com efeito, inexiste impedimento para que a cessão se efetive por termo nos autos no próprio inventário, na forma de renúncia translativa de herança, tal qual se admite para a renúncia propriamente dita, nos termos do artigo 1.806 do Código Civil, diante do caráter público que ostenta o termo tomado nos autos e a partilha homologada.

Consoante o magistério de Euclides de Oliveira e Sebastião Amorim: *"Embora não seja tecnicamente uma renúncia, é tida por válida a renúncia translativa, também chamada de imprópria, e admitem-se os efeitos obrigacionais dela decorrentes, como forma de doação, se a título gratuito, ou de compra e venda, se a título oneroso.*

A renúncia à herança em tais condições, por favorecer determinada pessoa, é denominada de translativa, ou 'in favorem', configurando verdadeira cessão de direitos, seja de forma onerosa, ou gratuita. (...)

Efetiva-se a renúncia através de escritura pública, ou por termo judicial, conforme dispõem os artigos 1581 do Código Civil de 1916 e 1806 do novo Código Civil, aplicáveis por extensão à renúncia imprópria." (Inventários e Partilhas 20ª ed. São Paulo. LEUD. 2006. Págs. 63/64).

Sobre o tema, confiram-se os julgados deste Egrégio Tribunal:

"Agravo de instrumento. Inventário. Partilha. Cessão de meação e instituição de usufruto vitalício em favor da viúva. Admissibilidade. Desnecessário condicionar a efetivação da doação da meação à escritura pública. Possibilidade de formalização por termo nos autos do ato translativo. Interpretação conjunta dos arts. 1.806 e 2.015 do CC. Decisão reformada. Recurso a que se dá provimento." (Agravo de Instrumento n.º 2.109.075-13.2018.8.26.0000, Relator Desembargador Maurício Campos da Silva Velho, 4ª Câmara de Direito Privado, J.: 15-01.2019)

"Agravo de instrumento. Inventário. Inventário e partilha. Arrolamento sumário. Pretendida homologação de partilha amigável. Renúncia de meação e instituição de usufruto vitalício em favor da viúva meeira. Rejeição. Decisão determinando a juntada de escritura pública de cessão de direitos hereditários. Inadmissibilidade. Renúncia simples ou translativa que pode ser tomada por termo nos autos. Precedentes jurisprudenciais. Recurso provido." (Agravo de Instrumento n.º 2.014.214-98.2019.8.26.0000, Relator Desembargador José Carlos Ferreira Alves, 2ª Câmara de Direito Privado, J.: 28-05-2019)

Assim, o caráter público do termo judicial se equipara à escritura pública, por conseguinte, viável a doação nos termos pretendidos pelos agravantes, sendo irrelevante para tanto a imposição de cláusulas restritivas.

3. Com base em tais fundamentos, **dá-se provimento ao agravo de instrumento.**

NATAN ZELINSCHI DE ARRUDA

RELATOR

TJSP – Agravo de Instrumento nº 2139440-16.2019.8.26.0000 – Ribeirão Preto – 4ª Câmara de Direito Privado – Rel. Des. Natan Zelinschi de Arruda – DJ 07.08.2019

⊙ CONSELHO SUPERIOR DA MAGISTRATURA

EMENTA: Registro de Imóveis – Dúvida inversa – Escritura pública de doação com reserva de usufruto – Imóveis adquiridos pela doadora, a título oneroso e na vigência do Código Civil de 1916, quando era casada pelo regime da separação obrigatória de bens – Súmula nº 377 do Supremo Tribunal Federal – Presunção de comunicação dos aquestos – Falecimento do marido – Alegação da inexistência de comunicação, porque os imóveis foram adquiridos em sub-rogação de outros bens que eram de propriedade particular da doadora – Princípio da continuidade – Necessidade de averbação de que os imóveis são bens particulares, conforme reconhecido em ação judicial – Dúvida julgada procedente – Recurso desprovido (Apelação Cível nº 1000628-09.2019.8.26.0615)

1. Trata-se de apelação interposta por Jandira Cândido Lopes contra r. sentença que manteve a recusa do registro de escritura pública de doação dos imóveis que são objeto das matrículas nºs 8.622 e 13.539, ambas do Registro de Imóveis, Títulos e Documentos e Civil de Pessoa Jurídica da Comarca de Tanabi, porque foram adquiridos a título oneroso, durante casamento celebrado na vigência do Código Civil de 1916 pelo regime da separação legal de bens, o que fez presumir a comunicação entre os cônjuges, e porque não foi promovido o inventário dos bens deixados pelo falecimento do ex-marido da doadora (fl. 81/82).

A apelante alegou, em suma, que foi casada com Frederico Celestino pelo regime da separação legal de bens. Afirmou que a incomunicabilidade dos bens adquiridos durante o casamento foi declarada por sentença prolatada no Processo nº 0001084-15.2015.8.26.0615 da 2ª Vara Cível da Comarca de Tanabi. Afirmou que Frederico Celestino não deixou bens. Asseverou que para o registro da doação basta a averbação de que os imóveis são bens reservados, conforme foi reconhecido em ação própria, sendo desnecessária a realização de inventário negativo porque seu ex-marido não deixou bens passíveis de partilha. Requereu o provimento do recurso para que seja registrada a doação dos imóveis (fl. 90/97).

A douta Procuradoria Geral de Justiça opinou pelo não provimento do recurso (fl. 114/116).

É o relatório.

2. A apelante adquiriu os imóveis que são objeto das matrículas nºs 8.622 e 13.539, ambas do Registro de Imóveis, Títulos e Documentos e Civil de Pessoa Jurídica da Comarca de Tanabi, durante a vigência do Código Civil de 1916 e quando era casada com Frederico Celestino pelo regime da separação legal de bens (fl. 71/73).

Com o falecimento de Frederico Celestino, ocorrido em 06 de maio de 2012 (fl. 56), a apelante moveu ação judicial em que foi declarado que os referidos imóveis são de sua propriedade exclusiva porque foram adquiridos mediante sub-rogação de outros bens que recebeu pela dissolução do seu primeiro casamento (Processo nº 0001084-15.2015.8.26.0615 da 2ª Vara Cível da Comarca de Tanabi fl. 67/70).

Na forma da Súmula nº 377 do Supremo Tribunal Federal, é presumida a comunhão sobre os bens adquiridos a título oneroso, durante a vigência do Código Civil de 1916, na constância do casamento celebrado pelo regime da separação legal, por ser igualmente presumido o esforço comum para a aquisição. Nesse sentido:

"Em outras palavras, se entre cônjuges vigorava o regime da separação obrigatória de bens e se houve aquisição onerosa de bens durante a sociedade conjugal, o *aquesto* presume-se decorrente pelo esforço comum de ambos e, portanto, comunica-se, nos termos da Súmula n. 377 do Supremo Tribunal Federal. Em tal caso, se um dos cônjuges falecer, para que se possa saber, com relação ao aquesto, qual poder de disposição restou em mãos do cônjuge supérstite, é necessário que se demonstre que comunicação não houve ou que, por outra causa, na partilha ou adjudicação o *aquesto* coube todo ao supérstite, o que só poderia ser resolvido a partir da apresentação do formal de partilha" (CSM, Apelação Cível nº 0000376-81.2013.8.26.0114, Comarca de Campinas, Relator Desembargador Hamilton Elliot Akel, j.18.03.2014).

Diante disso, para que a apelante possa transmitir a nua propriedade dos imóveis, com reserva de usufruto, são necessárias as prévias averbações do falecimento de Frederico Celestino, uma vez que figurou na escritura pública de doação como sendo viúva (fl. 52), e de que os imóveis doados são bens particulares, ou seja, não se comunicaram com o seu ex-cônjuge.

Neste caso concreto, a apelante moveu ação contra os filhos e, portanto, herdeiros de Frederico Celestino em que foi reconhecido que os imóveis objeto da matrícula nº 8.622 e da transcrição nº 17.047, que é a origem tabular da matrícula nº 13.539, são bens particulares porque foram adquiridos mediante sub-rogação de outros bens de que a apelante era proprietária anteriormente ao casamento (fl. 67/70).

Por essa razão, no que se refere à incomunicabilidade dos bens doados, bastará a averbação da sentença em que foram declarados como sendo de propriedade particular da apelante, o que, porém, depende de mandado a ser expedido pelo juízo competente, na forma do art. 221, inciso IV, da Lei nº 6.015/73.

Portanto, subsistindo óbice ao registro, é a dúvida procedente.

3. Ante o exposto, pelo meu voto nego provimento ao recurso e mantenho a recusa do registro. **RICARDO ANAFE. Corregedor Geral da Justiça e Relator.** (DJe de 10.08.2020 – SP)

EMENTA: REGISTRO DE IMÓVEIS – Alteração do plano de loteamento – Doação de área ao Município sem anuência de todos os adquirentes de lotes – Impossibilidade – Recurso não provido. (CSM/SP, Apelação Cível nº 0001077-80.2011.8.26.0415, voto nº 21.277).

EMENTA: Dúvida registral – Doação – cláusula de reversão – averbação na matrícula do imóvel – dispensa de declaração de conhecimento dos interessados – publicidade registral – Recurso provido. (APELAÇÃO CÍVEL Nº 0000293-93.2012.8.26.0116, da Comarca de CAMPOS DO JORDÃO). Trata-se de recurso de apelação interposto por (...) contra a sentença de procedência da dúvida proferida pelo r. Juiz Corregedor Permanente do Registro de Imóveis da Comarca de Campos do Jordão, que manteve a negativa de registro de escritura pública, sob os seguintes argumentos: impossibilidade de cancelamento da cláusula de reversão e necessidade da indicação expressa na escritura pública do conhecimento da cláusula pelos interessados. O apelante, em suas razões de recurso, alega não ter interesse no cancelamento da cláusula de reversão, ciente dos óbices apontados, sustentando, ao final, que a condição resolúvel da propriedade imóvel não é embaraço ou ônus que mereça indicação na escritura pública de compra e venda, ainda mais quando averbada a cláusula na matrícula do imóvel. A Douta Procuradoria de Justiça opinou pelo provimento do recurso (fls. 92/95). É o relatório. Prejudicada a questão envolvendo o cancelamento da cláusula de reversão devidamente averbada na matrícula nº 17.479 do imóvel objeto deste procedimento administrativo, por consenso das partes quanto a sua dispensa para fins de registro, passo a análise do outro argumento obstativo do ato registral. A decisão do Juiz Corregedor Permanente merece reforma. A exigência de expressa advertência às partes na escritura pública da condição resolúvel da propriedade do bem imóvel adquirido mostra-se cautela exagerada no caso em tela para fim de impedir o registro. De fato, a propriedade tem como uma de suas características a perpetuidade. Todavia, como salienta Orlando Gomes *"a ordem jurídica admite situações nas quais a propriedade torna-se temporária. Quando sua duração se subordina a uma condição resolutiva, ou termo final, previsto no título constitutivo do direito, diz-se que há propriedade resolúvel. Quando não é adquirida para durar certo tempo, mas se apresenta potencialmente temporária, podendo seu titular perde-la por força de certos acontecimentos, diz-se que há propriedade ad tempus. "* (Direitos reais, 19ª ed., atualizada por Edson Luiz Fachin. Rio de Janeiro, Forense, 2004, p. 265). O donatário do bem imóvel graciosamente recebido pode dispor livremente da coisa, inexistindo óbice de inalienabilidade ou qualquer embaraço na Lei Civil. A ciência inequívoca da condição resolúvel da propriedade da coisa, ainda que não bastasse à confissão nos autos pelo apelante, decorre da regular averbação da cláusula de reversão na matrícula do imóvel – fls. 58, verso. *"Diante da publicidade do registro do instrumento, o eventual adquirente do bem será sujeito passivo de ação reivindicatória após o óbito do alienante, na medida em que a resolução da propriedade conduz à extinção dos direitos reais concedidos pelo proprietário, devolvendo ao doador isenta de ônus e restrições (art. 1359 do CC). "* (Coordenador Ministro Cezar Peluso, Código Civil Comentado, 4ª ed., São Paulo, Manole, p. 590). Portanto, merece guarida o recurso administrativo interposto, para o fim de julgar improcedente a dúvida. Pelo todo exposto, dou provimento ao recurso para o fim de determinar o registro da escritura. JOSÉ RENATO NALINI, Corregedor Geral da Justiça e Relator (D.J.E. de 29.01.2013 – SP).

EMENTA: REGISTRO DE IMÓVEIS – Escritura pública de doação de imóvel público a particular – Ofensa ao princípio da legalidade caracterizada – Falta de avaliação prévia e de autorização legislativa – Inexistência de direito adquirido a erro – Recurso não provido (APELAÇÃO CÍVEL Nº 0011879-16.2011.8.26.0132, da Comarca de CATANDUVA). Trata-se de apelação interposta por (...), objetivando a reforma da r sentença de fls. 80/81v, que julgou procedente a dúvida suscitada pelo 1º Oficial de Registro de Imóveis, Títulos e Documentos e Civil de Pessoa Jurídica da Comarca de Catanduva e manteve a recusa do registro da escritura pública de fls. 55/56 por meio da qual adquiriu do Município de Catanduva o imóvel objeto do lote (...), porque não atendidos os requisitos do art. 17, I, "b", e II, "a", da Lei nº 8.666/93. Aduz que a recusa deve ser superada porque o título atende a todos os requisitos registrários, não cabendo ao Oficial de Registro de Imóveis examinar a legalidade do ato nele contido. Afirma, ainda, que não houve desrespeito à Lei nº 8.666/93 porque os Municípios, de acordo com a ADI 927, do Supremo Tribunal Federal, não estão sujeitos ao cumprimento do art. 17, I, "b", de referida Lei e, por fim, que em outro caso idêntico ao presente o Oficial registrou o título sem qualquer questionamento (fls. 88/96). Depois de apresentadas as contrarrazões do Ministério Público (fls. 109/112), a Procuradoria Geral de Justiça opinou pelo não provimento do recurso (fls. 117/125). É o relatório. Busca-se o registro da escritura pública (traslado às fls. 55/56) por meio da qual o Município de Catanduva, alienou, por doação com encargos, à apelante (...) o Lote (...). Constou do título que a doação ocorreu de acordo com o Projeto para o Desenvolvimento Industrial de Catanduva (PRODEICA), e que restou onerada com os encargos previstos no Decreto Municipal nº 3.636, de 16.06.97, que regulamentou a Lei nº 3.268/97. O título foi recusado por violar o princípio da legalidade, segundo o qual a validade da inscrição depende da validade do negócio jurídico que lhe dá origem e da faculdade de disposição do alienante. E o negócio jurídico em questão deixou de observar os requisitos legais, conforme se passa a demonstrar. A Lei Orgânica do Município de Catanduva cuida, em seu art. 97, da alienação de bens imóveis públicos: *Art. 97. A alienação de um bem imóvel do Município mediante venda, doação com encargo, permuta ou investidura, depende de interesse público manifesto, prévia avaliação e autorização legislativa. (redação dada pela Emenda nº 04, de 10.12.1991) § 1 o – No caso de venda, haverá necessidade, também, de licitação. § 2 o – No caso de investidura, dependerá apenas de prévia avaliação.* No âmbito Federal, a matéria está disciplinada de forma mais rigorosa, como se verifica do art. 17, da nº 8.666/93: *Art. 17. A alienação de bens da Administração Pública, subordinada à existência de interesse público devidamente justificado, será precedida de avaliação e obedecerá às seguintes normas: I – quando imóveis, dependerá de autorização legislativa para órgãos da administração direta e entidades autárquicas e fundacionais, e, para todos, inclusive as entidades para estatais, dependerá de avaliação prévia e de licitação na modalidade de concorrência, dispensada esta nos seguintes casos: a) dação em pagamento; b) doação, permitida exclusivamente para outro órgão ou entidade da administração pública, de qualquer esfera de governo, ressalvado o disposto nas alíneas f, h e i; (Redação dada pela Lei nº 11.952, de 2009); c) permuta, por outro imóvel que atenda aos requisitos constantes do inciso X do art. 24 desta Lei; d) investidura; e) venda a outro órgão ou entidade da administração pública, de qualquer esfera de governo; (Incluída pela Lei nº 8.883, de 1994); f) alienação gratuita ou onerosa, aforamento, concessão de direito real de uso, locação ou permissão de uso de bens imóveis residenciais construídos, destinados ou efetivamente utilizados no âmbito de programas habitacionais ou de regularização fundiária de interesse social desenvolvidos por órgãos ou entidades da administração pública; (Redação dada pela Lei nº 11.481, de 2007); g) procedimentos de legitimação de posse de que trata o art. 29 da Lei nº 6.383, de 7 de dezembro de 1976, mediante iniciativa e deliberação dos órgãos da Administração Pública em cuja competência legal inclua-se tal atribuição; (Incluído pela Lei nº 11.196, de 2005); h) alienação gratuita ou onerosa, aforamento, concessão de direito real de uso, locação ou permissão de uso de bens imóveis de uso comercial de âmbito local com área de até 250 m² (duzentos e cinquenta metros quadrados) e inseridos no âmbito de programas de regularização fundiária de interesse social desenvolvidos por órgãos ou entidades da administração pública; (Incluído pela Lei nº 11.481, de 2007); i) alienação e concessão de direito real de uso, gratuita ou onerosa, de terras públicas rurais da União na Amazônia Legal onde incidam ocupações até o limite de 15 (quinze) módulos fiscais ou 1.500ha (mil e quinhentos hectares), para fins de regularização fundiária, atendidos os requisitos legais; (Incluído pela Lei nº 11.952, de 2009)...§ 4º A doação com encargo será licitada e de seu instrumento constarão, obrigatoriamente os encargos, o prazo de seu cumprimento e cláusula de reversão, sob pena de nulidade do ato, sendo dispensada a licitação no caso de interesse público devidamente justificado; (Redação dada pela Lei nº 8.883, de 1994).* Extrai-se de referidas normas que a alienação de bem imóvel público depende, em regra, do encontro dos seguintes requisitos: interesse público, prévia avaliação, autorização legislativa e licitação. Quanto à abrangência da liminar concedida nos autos da ADI 927, do Supremo Tribunal Federal, este Tribunal de Justiça, ao julgar a Ação Civil Pública nº 185.157-5/5-00, mencionada pela D. Procuradoria Geral de Justiça, entendeu que o Supremo Tribunal Federal não suspendeu o dispositivo legal que determina a prévia realização de licitação para alienação, na modalidade concorrência (art. 17, I, da Lei nº 8.666/93); a suspensão da alínea "b", do inciso I, do art. 17, apenas permitiu que, agora, haja doações tanto a órgãos públicos quanto a particulares, sem afastar as regras gerais do art. 17, I, que demandam autorização legislativa, avaliação prévia e licitação. Portanto, a liminar do Supremo Tribunal Federal não tem o alcance que a apelante pretende lhe dar. Em relação à aferição da presença do interesse público na doação do imóvel, de fato não cabe ao Oficial fazer qualquer tipo de questionamento, presumindo-se que a Municipalidade, sob sua responsabilidade, ao assim deliberar, estava agindo em prol do interesse público. Contudo, não pode o Oficial de Registro de Imóveis, em respeito ao princípio da legalidade, deixar de exigir a comprovação da prévia avaliação e da autorização legislativa para a doação em questão, por se tratar de requisitos extrínsecos do título expressamente previstos em Lei, logo passíveis de aferição pelo registrador. Em relação à autorização legislativa, razão assiste ao Oficial de Registro de Imóveis quando aduz que tanto a Lei Municipal nº 3.268/97 quanto o Decreto nº 3.636/97 são genéricos e não cuidam de forma específica da alienação do imóvel descrito na escritura pública de doação recusada, dizendo apenas que o Poder Executivo fica autorizado a alienar áreas de terras necessárias à implantação de empresas industriais, comerciais, prestadoras de serviço e de base tecnológica (fls. 27/40). Sabe-se, no entanto, que é preciso que a lei indique, individualize, discrimine o imóvel público a ser alienado, conforme constou do v. acórdão prolatado pelo C. Órgão Especial deste Tribunal de Justiça nos autos da ação direta de inconstitucionalidade nº 163.693-0/1-00, relatada pelo eminente Des. Mário Devienne Ferraz: *Impossibilidade de previsão de desafetação de bens públicos e sua consequente doação por meio de lei genérica. Necessidade de lei específica a respeito e atendimento de outros requisitos legais, inclusive para garantia de proteção ao meio ambiente equilibrado e do princípio da participação popular na defesa deste último.* No que diz respeito à prévia avaliação, outro requisito legal, não há qualquer indício nos autos de que tenha ocorrido. O princípio da legalidade registral impõe que o Oficial de Registro de Imóveis, ao qualificar o título que lhe é apresentado para registro, exija a comprovação do atendimento dos requisitos legais do ato ou negócio jurídico constante daquele título. Não pode, é verdade, ingressar na conveniência e oportunidade da celebração do negócio – no caso a doação do imóvel –, mas deve exigir a comprovação do atendimento dos requisitos legais porque integrantes dos elementos extrínsecos do título. No caso posto, o princípio da legalidade restou amplamente ofendido porque desrespeitados os requisitos estabelecidos desde a Constituição Federal até a Lei Orgânica Municipal. Por fim, no que diz respeito ao alegado registro passado de título em situação semelhante à presente, observe-se a firme orientação deste Conselho Superior da Magistratura no sentido de que "o erro pretérito não justifica nem legitima outros" (Apelações Cíveis nºs 0023997-50.2010.8.26.0361, 19.492-0/8, 5.252-0, 2.033-0, 2.597-0, 2.660-0, entre muitos). Assim, eventual erro pretérito não confere ao recorrente o direito de registrar seu título à margem dos princípios dos registros públicos. Correta, por conseguinte, a r. sentença que manteve a recusa do Oficial de Registro de Imóveis. Nesse sentido, a manifestação da D. Procuradoria de Justiça. Ante o exposto, pelo meu voto, nego provimento ao recurso. JOSÉ RENATO NALINI, Corregedor Geral da Justiça e Relator (D.J.E. de 17.01.2013 – SP).

▶ **EMENTA:** REGISTRO DE IMÓVEIS – Escritura de reversão de doação – Divergência entre a denominação do sindicato que consta como proprietário no registro e a do que figura como doador – Modificações apostiladas na carta sindical antes da Constituição de 1988 – Averbação obstativa do registro do título autorizada – Alteração também respaldada por título notarial – Ofensa ao princípio da continuidade – Inocorrência – Registro do título translativo da propriedade admitido – Recurso desprovido. (AC 0061025-88.2012.8.26.0100, São Paulo, Dje 14/03/2014, rel. des. José Renato Nalini).

▶ **EMENTA:** REGISTRO DE IMÓVEIS – Escritura pública relativa à doação de numerário para a compra da nua-propriedade de imóveis com imposição, pelos doadores, de cláusula de inalienabilidade, impenhorabilidade e incomunicabilidade e à compra, pelos donatários, da nua-propriedade e, pelos doadores, do usufruto vitalício. Possibilidade. (Apelação Cível 78.532-0/3, da Comarca de São José do Rio Preto). Negócios jurídicos que não afrontam a ordem pública e aos bons costumes. Dúvida procedente. Recurso a que se dá provimento. Trata-se de apelação (f. 54/5) interposta da sentença (f. 41/49) que julgou procedente dúvida imobiliária relativa a escritura pública de doação de valor pecuniário para aquisição da nua-propriedade imobiliária com imposição, pelos doadores, de cláusula de inalienabilidade, impenhorabilidade e incomunicabilidade, e de compra, pelos doadores, do usufruto vitalício e, pelos donatários, seus filhos, da nua-propriedade. Assentou-se o 'decisum' na impossibilidade de aquisição de usufruto não instituído previamente e por pessoa diversa do nu-proprietário e de imposição das cláusulas restritivas sobre a nua-propriedade em contrato de compra e venda e, ainda, por quem não figura como titular do direito de propriedade e, finalmente, na necessidade de nomeação de curador especial a uma das donatárias, menor púbere, adquirente da nua-propriedade. Sustenta o recorrente a possibilidade da alienação, em um mesmo título, pelo proprietário, do usufruto a uma pessoa e da nua-propriedade a outrem, vedada a alienação do usufruto a pessoa diversa do nu-proprietário apenas após sua constituição; da imposição de cláusula restritiva à nua-propriedade feita pelos doadores do numerário destinado especificamente aos donatários à compra da propriedade; e, finalmente, a desnecessidade de nomeação de curador especial a uma das donatárias, menor púbere, que está adquirindo a nua-propriedade com dinheiro que lhe foi doado pelos pais para tal fim. A Procuradoria-Geral de Justiça opinou pelo não provimento (f. 76/78). É o relatório. O recurso merece ser provido. A escritura pública retrata (a) doação de dinheiro, feita por (...) e a suas filhas (...), com destinação específica à aquisição da nua-propriedade dos imóveis e imposição, pelos doadores, das cláusulas de inalienabilidade, impenhorabilidade e incomunicabilidade; e b) venda e compra dos imóveis, em que figuram, na qualidade de alienante, (...), como adquirentes do usufruto vitalício os doadores e, da nua-propriedade, as donatárias. A propriedade plena pode ser alienada simultaneamente e de modo bipartido com transferência a uma pessoa do usufruto e a outra da nua-propriedade. Essa transmissão simultânea e bipartida da propriedade basta à constituição do usufruto, não incidindo, nesse caso, a impossibilidade de sua transferência a outra pessoa que não o nu – proprietário (Código Civil, art. 717), proibição a ser observada após sua constituição. Bem lembra, a propósito, Ademar Fioranelli que: 'Há de se ter muito cuidado na análise da proibição da alienação do usufruto, pois esta passa a vigorar com força legal a partir de sua constituição. Assim, nada impede que, na constituição, o titular de domínio aliene a nua-propriedade para A e o usufruto para B, por exemplo...' (in 'Direito Registral Imobiliário', IRIB e safE, 2001, pág. 403). Grassa ainda, não se desconhece, polêmica sobre a possibilidade de o doador, na doação de dinheiro com a finalidade de o donatário comprar determinado bem, clausular o bem a ser adquirido pelo beneficiário da doação com inalienabilidade, impenhorabilidade e incomunicabilidade. Admitem-na Afrânio de Carvalho ('Registro de Imóveis', Forense, 1998, pág. 91) e Ademar Fioranelli (Op. cit., pág. 161), que caracterizam a doação pecuniária com destinação específica à compra de imóvel e imposição das cláusulas restritivas como modal. Serpa Lopes ('Tratado dos Registros Públicos', vol. III, Ed. A Noite, 2ª edição, 1950, pág. 396) e Sérgio Jacomino ('Doação Modal e Imposição de Cláusulas Restritivas', in 'Estudos de Direito Registral Imobiliário – XXV e XXVI Encontros dos Oficiais de Registro de Imóveis do Brasil – São Paulo/1998 – Recife/1999', IRIB e safE, 2000, págs. 281 a 295) sustentam a impossibilidade de o doador, nesse caso, clausular o bem a ser adquirido pelo donatário, porque (a) o donatário adquire o bem a título oneroso, não gratuito; (b) o doador do dinheiro, por não ser o proprietário do bem adquirido pelo donatário, não pode impor as restrições de poder; (c) o donatário, comprador do bem, não pode, outrossim, onerá-lo com as cláusulas restritivas de poder; e (d) a imposição de tais cláusulas na doação pecuniária se configura mera recomendação, simples conselho ao donatário, não encargo. Tal divergência, não se olvida, se espraia também na jurisprudência. Sérgio Jacomino, em seu estudo supra mencionado, aponta dois julgados deste E. Tribunal de Justiça: um deles (AI nº 39.925-1, rel. Des. Sydeny Sanches) não considerou as cláusulas de inalienabilidade e de impenhorabilidade como encargo para fins de aceitação da doação e o outro (Ap. Civ. nº 135.598-1, rel. Des. Leite Cintra) não admitiu, em caso similar ao ora examinado, a imposição pelo doador do numerário das cláusulas restritivas de poder sobre o bem adquirido pelo donatário. 'Tal assunto – como bem observa Elvino Silva Filho ('Efeitos da Doação no Registro de Imóveis', in 'Revista de Direito Imobiliário', nº 19/20, janeiro/dezembro de 1987, IRIB e RT, pág. 19) –, mereceu decisões divergentes do E. Conselho Superior da Magistratura do Estado de São Paulo. Em uma primeira decisão, entendeu-se não ser possível a vinculação do imóvel com a cláusula de inalienabilidade em uma escritura de compra e venda, em que o dinheiro para a aquisição tivesse sido doado por terceiro, mesmo que comparecente na escritura de compra e venda. Posteriormente, o mesmo Conselho, integrado pelos mesmos membros, em decisão relativa ao mesmo assunto, apenas alterada a natureza da cláusula que passou a ser a de incomunicabilidade, modificou sua orientação, entendendo ser essa espécie de doação uma doação modal. A ementa desse acórdão é bastante expressiva e nela se lê: 'Doação modal – Não se confunde com o instituto de sub-rogação de vínculo – Doação de dinheiro destinado à aquisição de determinado bem imóvel, gravado com cláusula de incomunicabilidade, atos esses realizados simultaneamente e na mesma escritura – Validade e legitimidade do título – Registro deferido.' Posta, assim, a cizânia que ainda perdura sobre tal questão, entendo que a solução deve ser pela validade da imposição, pelo doador, das restrições de poder sobre o bem a ser adquirido pelo donatário com o dinheiro recebido em doação para adquiri-lo. E isso porque, ainda que, segundo os doutos, tais restrições, que não encerram nenhuma obrigação ao donatário, se distingam dos encargos, não vislumbro em sua imposição, pelo doador, no bem a ser adquirido pelo donatário com o dinheiro recebido em doação, nenhuma ofensa à ordem pública ou aos bons costumes, limites à autonomia da vontade dos contratantes. A origem de tal imposição repousa na doação do dinheiro, não na compra do bem pelo donatário e a doação do numerário acoplada à compra do bem legitima a imposição das restrições pelo doador, apesar de não ser ele o transmitente do bem onerado. Entender se que o doador deva primeiro adquirir a propriedade do imóvel para, em seguida, como titular do domínio, doar a nua-propriedade com as cláusulas restritivas aos donatários, reservando a si o usufruto, reflete exegese por demais formalista, apegada à letra fria da lei (Código Civil, art. 1.676), que onera em demasia os contratantes com duplicação dos atos notariais e registrários. Tal norma permite outra interpretação, mais consentânea com os princípios que regem o direito contratual, em que se destaca o da autonomia da vontade dos contratantes limitada, apenas pelos preceitos imperativos e pelos bons costumes, a possibilitar que, no caso ora em apreço, o doador, embora não seja o titular do direito real de propriedade, possa impor as cláusulas restritivas ao bem adquirido, pelos donatários, simultaneamente à doação pecuniária destinada a tal aquisição. Lembre-se com o saudoso Orlando Gomes que os contratantes têm o poder 'de suscitar os efeitos que pretendem, sem que a lei imponha seus preceitos indeclinavelmente... Prevalece, desse modo, a vontade dos contratantes. Permite-se que regulem seus interesses por forma diversa e até oposta à prevista na lei. Não estão adstritas, em suma, a aceitar as disposições peculiares a cada contrato, nem a obedecer às linhas de sua estrutura legal. São livres, em conclusão, de determinar o conteúdo do contrato, nos limites legais imperativos' ('Contratos', Forense, 12ª edição, 1990, pág. 26). Finalmente, dispensável a nomeação de curador especial à donatária e adquirente da nua-propriedade relativamente incapaz, assistida no negócio jurídico por seus pais. 'Porque contrato benéfico, o donatário não precisa ter capacidade de fato para aceitar a doação, embora se suponha necessário o consentimento do seu representante legal' (Orlando Gomes, op. cit., pág. 236). A imposição da cláusula restritiva não se traduz em obrigação a ser cumprida pela donatária, mas, sim, em proibição de alienação, penhora ou comunicação do bem que a beneficia. Ante o exposto, dou provimento ao recurso para que a escritura de doação de numerário, acoplada a compra e venda de usufruto e da nua-propriedade imobiliária, seja registrada. (a) LUÍS DE MACEDO, Relator e Corregedor Geral da Justiça

⊙ TRIBUNAL DE JUSTIÇA DO ESTADO DE MINAS GERAIS

▶ **EMENTA**: ADMINISTRATIVO – IMÓVEL PÚBLICO – DOAÇÃO COM ENCARGO – INOBSERVÂNCIA DA FINALIDADE DO USO DO BEM – REVOGAÇÃO E O CORRESPONDENTE CANCELAMENTO DE REGISTRO IMOBILIÁRIO – PEDIDOS JULGADOS PROCEDENTES – SENTENÇA MANTIDA. Se a donatária descumpre quaisquer das condições impostas quando da doação, desvirtuando a verdadeira finalidade na utilização do imóvel, impede à municipalidade de dar ao imóvel objeto da doação a destinação que o bem da coletividade exige, justificando, assim, a reversão do imóvel ao patrimônio público. (TJMG – Apelação Cível nº 1.0155.10.001139-6/001 – Caxambu – 3ª Câmara Cível – Rel. Des. Elias Camilo Sobrinho – DJ 18.05.2012)

▶ **EMENTA:** AÇÃO REVOCATÓRIA. DOAÇÃO. INEXECUÇÃO DO ENCARGO. MORA EX RE DO DONATÁRIO. PRESENÇA DE CLÁUSULA RESOLUTIVA EXPRESSA. MORA EX RE. PRESCRIÇÃO VINTENÁRIA. RECURSO PROVIDO. – Ocorrendo a mora ex re do donatário, ante a presença de cláusula resolutiva expressa na escritura pública de doação, lavrada sob a égide do Código Civil de 1.916, estipulando prazo para o cumprimento da obrigação, havendo o descumprimento do encargo, a prescrição vintenária se impõe, tendo início o prazo na data em que inobservada a obrigação imposta ao donatário. (TJ-MG – AC: 10216070485075001 MG, Relator: Cláudia Maia, Data de Julgamento: 25/04/2013, Câmaras Cíveis / 13ª CÂMARA CÍVEL, Data de Publicação: 03/05/2013)

⊙ TRIBUNAL DE JUSTIÇA DO ESTADO DA BAHIA

▶ **EMENTA:** APELAÇÃO CÍVEL. AÇÃO ORDINÁRIA DE ANULAÇÃO DE DOAÇÕES, CUMULADA COM RESTITUIÇÃO DE BENS. IMPROCEDÊNCIA DO PLEITO. AGRAVO RETIDO. RAZÕES NÃO REITERADAS NO BOJO DO APELO. NÃO CONHECIMENTO. MÉRITO. COMPRA E VENDA DE BEM IMÓVEL COM RECURSOS FINANCEIROS SABIDAMENTE FORNECIDOS PELO HOMEM CASADO, SEGUINDO-SE DE DOAÇÃO SIMULADA À CONCUBINA. CONJUNTO PROBATÓRIO HÁBIL E SUFICIENTE À DEMONSTRAÇÃO DOS FATOS E DO DIREITO, À LUZ DO 248, IV, DO CC DE 1916. RESSARCIMENTO DOS VALORES DESPENDIDOS, NO CORRESPONDENTE À MEAÇÃO DA ESPOSA. DECAIMENTO DO PLEITO ALUSIVO À PRETENDIDA COMPENSAÇÃO DOS VALORES DEPOSITADOS EM CADERNETA DE POUPANÇA, À FALTA DE PROVA CONCRETA DA CONTRIBUIÇÃO DO MARIDO. REFORMA DO DECISÓRIO. PROVIMENTO PARCIAL DO APELO. Descumprida a disciplina imposta pelo § 1º, art. 523 do CPC (Na modalidade de agravo retido o agravante requererá que o tribunal dele conheça, preliminarmente, por ocasião do julgamento da apelação"), não se conhece do agravo retido. AGRAVO RETIDO NÃO CONHECIDO. A prova coligida na ação principal demonstra inequivocamente a relação de concubinato mantida entre o esposo da autora e a primeira ré, o que vem flagrantemente estampado pelos testemunhos produzidos e inclusive confissão da demandada. Com a mesma veemência, o fato da doação do imóvel, sob a forma dissimulada – passando diretamente dos antigos proprietários para o domínio do genitor da ré – igualmente admitido pelos demandados. Devem ser os réus compelidos judicialmente a ressarcir a autora nos valores despendidos com a aquisição do imóvel, no percentual correspondente à meação da esposa, com os acréscimos de lei. O apelo é insubsistente no ponto relativo à doação de valores depositados em caderneta de poupança, à míngua de prova concreta de contribuição financeira de seu esposo nesse sentido. APELO PROVIDO EM PARTE. (TJ-BA – APL: 00000012919968050254 BA 0000001-29.1996.8.05.0254, Relator: José Olegário Monção Caldas, Data de Julgamento: 10/04/2012, Quarta Câmara Cível, Data de Publicação: 16/11/2012)

⊙ TRIBUNAL DE JUSTIÇA DO ESTADO DO PARANÁ

▶ **EMENTA**: AGRAVO DE INSTRUMENTO. AÇÃO DE REVOGAÇÃO DE DOAÇÃO. DOAÇÃO COM ENCARGO, MODAL OU ONEROSA. LITIGANTES FALECIDAS NO CURDO DA DEMANDA. PEDIDO DE AVERBAÇÃO NA MATRÍCULA IMOBILIÁRIA ACERCA DA EXISTÊNCIA DA AÇÃO JUDICIAL. POSSIBILIDADE. PRUDENTE CONFERIR PUBLICIDADE ACERCA DA EXISTÊNCIA DO LITÍGIO QUE ENVOLVE O BEM E A MEDIDA NÃO O TORNA INDISPONÍVEL. BUSCA-SE EVITAR EVENTUAIS PREJUÍZOS. PODER GERAL DE CAUTELA. RECURSO PROVIDO. (TJPR – Agravo de Instrumento nº 1420695-4 – Prudentópolis – 18ª Câmara Cível – Rel. Juíza de Direito Subst. Em Segundo Grau Denise Antunes – DJ 19.04.2016)

⊙ TRIBUNAL DE JUSTIÇA DO RIO GRANDE DO SUL

▶ **EMENTA:** PROCESSO Nº 70066803495. APELAÇÃO CÍVEL. PROPRIEDADE E DIREITOS REAIS SOBRE COISAS ALHEIAS. AÇÃO DE

REVOGAÇÃO DE DOAÇÃO COM PEDIDO DE ANULAÇÃO DE ESCRITURA PÚBLICA. INCAPACIDADE DA DOADORA E VÍCIO DE CONSENTIMENTO NÃO COMPROVADOS. ÔNUS DA PARTE AUTORA. Incumbe à parte autora, na esteira do que estabelece o art. 333, inciso I, do CPC/73 demonstrar, com a robustez necessária, vício capaz de inquinar a doação realizada em favor de seu irmão. Caso em que, não obstante ao tempo do ajuizamento desta ação se evidencie indícios de incapacidade civil, a requerente não logrou comprovar a incapacidade da doadora de compreender o ato realizado, seja pela dificuldade de compreensão da língua portuguesa, seja em razão da suposta existência de sintomas de demência à época da lavratura da escritura pública. Sentença de improcedência mantida. APELAÇÃO DESPROVIDA.

3. QUESTÕES DE CONCURSOS

01. (CETRO – Notário-RJ/2012) Quanto ao contrato de doação, é correto afirmar que

a) é anulável a doação de todos os bens sem reserva de parte, ou renda suficiente para a subsistência do doador.
b) é anulável a doação quanto à parte que exceder a de que o doador, no momento da liberalidade, poderia dispor em testamento.
c) a doação será realizada sempre por escritura pública ou particular, mas nunca verbalmente.
d) é possível a renúncia antecipada do direito de revogar a liberalidade por ingratidão do donatário.
e) não prevalece cláusula de reversão em favor de terceiro.

02. (Cespe – Cartório – TJ – DF/2014) Ao fazer uma doação de determinado bem, o doador estabeleceu cláusula em que o donatário deve declarar se aceita ou não a liberalidade. Nessa situação hipotética, de acordo com o Código Civil,

a) se a doação for sujeita a encargo, a aceitação deverá ser sempre expressa.
b) a aceitação deverá ser sempre expressa, a menos que se trate de bem condicionado.
c) se a doação for sujeita a termo, a aceitação deverá ser expressa.
d) caso a doação seja de bem imóvel, a aceitação deverá ser sempre expressa.
e) caso a doação seja de quantia em dinheiro, a aceitação deverá ser sempre tácita.

03. (IESES – Cartório – TJ – RO/2012) Em relação aos contratos, assinale a alternativa correta:

a) Na doação, é possível estipular que os bens doados voltem ao patrimônio do doador caso o donatário faleça antes.
b) No contrato de compra e venda é possível a inclusão de cláusula de retrovenda, que implica na possibilidade do vendedor em reaver o imóvel caso o comprador se torne inadimplente.
c) O ascendente pode realizar compra e venda a um descendente independentemente da concordância dos demais, porém na doação tal concordância é indispensável.
d) A doação independe de aceitação do donatário, por ser ato unilateral.

04. (IESES – Cartório – TJ – PB/2014) Assinale a alternativa correta:

I. A doação feita de ascendentes a descendentes é considerada adiantamento de legítima, e devem ser apresentadas à colação no momento da abertura da sucessão, sob pena de sonegação.
II. A colação pode ser dispensada se o doador determinar no próprio título da liberalidade tal dispensa, não sendo permitido a inclusão posterior da dispensa de colação em testamento.
III. Se houver a renúncia dos direitos hereditários, o renunciante não precisa conferir as doações recebidas em vida para o fim de repor o que exceder a parte disponível.

a) Apenas a assertiva I é verdadeira.
b) Apenas a assertiva II é verdadeira.
c) Apenas as assertivas I e III são verdadeiras.
d) Todas as assertivas são verdadeiras.

05. (IESES – Cartório – TJ – PA/2016) A doação de imóvel com cláusula de reversão significa:

a) Que o imóvel não se comunicará caso o donatário de casar.
b) Nenhuma das respostas está correta.
c) Que o bem não pode ser vendido.
d) Que o imóvel volta ao patrimônio do doador se o donatário falecer primeiro.

GAB	1	E	2	A	3	A	4	A	5	D

34) da desapropriação amigável e das sentenças que, em processo de desapropriação, fixarem o valor da indenização;

1. COMENTÁRIOS

Celso Antônio Bandeira de Mello define a desapropriação "como o procedimento através do qual o Poder Público, fundado em necessidade pública, utilidade pública ou interesse social, compulsoriamente despoja alguém de um bem certo, normalmente adquirindo-o para si, em caráter originário, mediante indenização prévia, justa e pagável em dinheiro, salvo no caso de certos imóveis urbanos ou rurais, em que, por estarem em desacordo com a função social legalmente caracterizada para eles, a indenização far-se-á em títulos da dívida pública, resgatáveis em parcelas anuais e sucessivas, preservado seu valor real. " (*Curso de Direito Administrativo. 13 ed.* – São Paulo: Malheiros Editores, 2001).

A desapropriação pelo Poder Público pode estar fundada em:

a) necessidade ou utilidade pública ou interesse social (artigo 5º, XXIV, da CF);
b) descumprimento do Plano Diretor do Município – quando dispensada a prévia indenização e admitido o pagamento mediante títulos da dívida pública (artigo 182, § 4º, III, da CF);
c) visar, à luz do descumprimento da função social do imóvel rural, à reforma agrária – hipótese em que autorizado o pagamento da indenização por meio de títulos da dívida agrária (artigo 184 da CF); ou
d) apoiar-se na utilização criminosa dos bens, situação que desobriga o pagamento de indenização ao expropriado (artigo 243 da CF).

A Lei 9.785/1999, que alterou o Decreto 3.365/1941 (desapropriação por utilidade pública) e as Leis 6.015/1973 (registros públicos) e 6.766/1979 (parcelamento do solo urbano), introduziu no art. 167, inciso I, o item 36, que prevê o registro da imissão provisória na posse, e respectiva cessão e promessa de cessão, quando concedido à União, Estados, Distrito Federal, Municípios ou suas entidades delegadas, para a execução de parcelamento popular, com finalidade urbana, destinado às classes de menor renda.

Por sua vez, o Estatuto da Cidade (Lei 10.257/2001) possui norma sobre desapropriação para fins de reforma urbana, como sanção pelo não cumprimento de obrigação de parcelamento, edificação ou utilização do imóvel. Neste caso, o pagamento é efetivado em títulos da dívida pública.

O título hábil para o registro na Serventia Imobiliária é a **sentença transitada em julgado**.

1.1 DESAPROPRIAÇÃO AMIGÁVEL

Nos termos do art. 10 do Decreto-lei n. 3.365/1941, a desapropriação deverá efetivar-se mediante acordo ou intentar-se judicialmente, dentro de cinco anos, contados da data da expedição do respectivo decreto e findos os quais este caducará. Neste caso, somente decorrido um ano, poderá ser o mesmo bem objeto de nova declaração. Extingue-se em cinco anos o direito de propor ação que vise a indenização por restrições decorrentes de atos do Poder Público.

A fim de complementar o art. 10 do Decreto-lei n. 3.365/1941, a Lei 13.867/2019 incluiu o art. 10-A no Decreto-lei n. 3.365/1941, estabelecendo que o poder público deverá notificar o proprietário e apresentar-lhe oferta de indenização e elencando os elementos desta notificação, a saber:

a) Cópia do ato de declaração de utilidade pública;
b) Planta ou descrição dos bens e suas confrontações;
c) Valor da oferta;
d) Informação de que o prazo para aceitar ou rejeitar a oferta é de 15 (quinze) dias e de que o silêncio será considerado rejeição;

Aceita a oferta e realizado o pagamento, será lavrado **acordo, o qual será título hábil para a transcrição no registro de imóveis.** Rejeitada a oferta, ou transcorrido o prazo sem manifestação, o poder público procederá na forma dos arts. 11 e seguintes do Decreto-Lei (processo judicial).

Assim, a desapropriação amigável ocorre quando a alienação do bem se tiver consumado por meio de **negócio jurídico bilateral, diferentemente daquela que resulta do processo judicial de desapropriação.** A diferença crucial é que no caso da desapropriação judicial, impõe-se a perda compulsória da propriedade do particular em favor do ente estatal, municipal, estadual ou da união, sempre observando os princípios do contraditório e ampla defesa. Nesta hipótese, cabe ao proprietário apenas a possibilidade de discutir o preço em Juízo, pois a propriedade tem como destino o ente desapropriante.

Em outras palavras, na desapropriação amigável, a transmissão da propriedade se dá pela via administrativa e a transferência do domínio se instrumentaliza por intermédio de **escritura pública de venda e compra**, em um negócio jurídico bilateral, consensual e oneroso.

Em direção oposta, o Enunciado 114 da **II Jornada de Prevenção e Solução Extrajudicial de Litígios** prescreve que o art. 10-A, § 2º, do Decreto-Lei n. 3.365/1941, com redação dada pela Lei n. 13.867/2019, permite o registro de acordo de desapropriação amigável sem necessidade de escritura pública, ainda que de valor superior a 30 salários mínimos.

Por sua vez, o Enunciado 51 da I Jornada de Direito Notarial e Registral estabelece que:

> **Enunciado 51.** O acordo feito entre o ente público expropriante e o expropriado, em desapropriação por utilidade pública, respeitadas as formalidades legais do art. 108 do Código Civil, é título hábil a ingresso no registro imobiliário, independentemente de homologação judicial.
>
> ⊙ Justificativa: Formalização da desapropriação amigável por utilidade pública. O §2º do art. 10-A do Decreto-lei n. 3.365/1941, com redação dada pelo art. 1º da Lei n. 13.867/2019, prevê que, na desapropriação por utilidade pública, quando houver acordo entre o proprietário do imóvel expropriado e o ente público expropriante, será realizado o pagamento e lavrado o acordo, que será o título hábil a ingressar no fólio real. De início, devemos ter em mente que atos de registros não são instrumentos de registros. Os atos de registro são os atos e negócios jurídicos que refletem declarações ou acordos de vontade destinados à produção de efeitos jurídicos queridos pela(s) parte(s), com previsão no art. 167, I, da Lei n. 6.015/1973, entre os quais estão: instituição de bem de família, penhoras, arrestos, sequestros de imóveis, servidões em geral, usufruto e do uso sobre imóveis e da habitação, enfiteuse, anticrese, convenções antenupciais, cédulas de crédito, industrial, e entre esses atos e negócios jurídicos passíveis de registro ainda consta no item 34 do citado art. 167 a desapropriação amigável. Por sua vez, os instrumentos de registro são os meios pelos quais se materializam os atos de registro e suas hipóteses estão, de forma taxativa e exclusiva, previstas no art. 221 da Lei n. 6.015/1973, que assim prevê:
>
> Art. 221. Somente são admitidos registro: I- escrituras públicas, inclusive as lavradas em consulados brasileiros; II- escritos particulares autorizados em lei, assinados pelas partes e testemunhas, com as firmas reconhecidas, dispensado o reconhecimento quando se tratar de atos praticados por entidades vinculadas ao Sistema Financeiro da Habitação; II- atos autênticos de países estrangeiros, com força de instrumento público, legalizados e traduzidos na forma da lei, e registrados no cartório do Registro de Títulos e Documentos, assim como sentenças proferidas por tribunais estrangeiros após homologação pelo Supremo Tribunal Federal; IV- cartas de sentença,

formais de partilha, certidões e mandados extraídos de autos de processo. V- contratos ou termos administrativos, assinados com a União, Estados, Municípios ou o Distrito Federal, no âmbito de programas de regularização fundiária e de programas habitacionais de interesse social, dispensado o reconhecimento de firma.

Nos moldes do art. 108 do Código Civil, geralmente o instrumento utilizado para validade dos negócios jurídicos que visem a constituição, transferência, modificação ou renúncia de direitos reais sobre imóveis é a escritura pública, podendo-se fazer uso de contrato particular quando o valor do imóvel for inferior a 30 salários-mínimos.

Outro instrumento previsto são os contratos ou termos administrativos exclusivamente para fins de programas de regularização fundiária e de programas habitacionais de interesse social. Aqui há um permissivo para contratos administrativos tão somente para fins de interesse social ingressarem no fólio real, o que não se confunde com desapropriação por utilidade pública. A utilidade pública se traduz na transferência conveniente da propriedade privada para a Administração e está regulamentada pelo Decreto-lei n. 3.365/1941, que prevê, em seu art. 5.º, as hipóteses de utilidade pública.

Art. 5. Consideram-se casos de utilidade pública: [...] i) a abertura, conservação e melhoramento de vias ou logradouros públicos; a execução de planos de urbanização; o parcelamento do solo, com ou sem edificação, para sua melhor utilização econômica, higiênica ou estética; a construção ou ampliação de distritos industriais.

Interesse social, por seu turno, é uma hipótese de transferência da propriedade que visa melhorar a vida em sociedade, na busca da redução das desigualdades. Esse interesse social justificativo de desapropriação é regulamentado pela Lei n. 4.132/1962. Portanto, para fins de utilidade pública, não é registrável termo ou contrato administrativo, por falta de expressa previsão legal. Desse modo, o §2º do art. 10-A do Decreto-lei n. 3.365/1941 em nada altera o art. 221 da Lei n. 6.015/1973 e o art. 108 do Código Civil. Assim sendo, o termo de acordo celebrado poderá ser instrumentalizado de duas formas: instrumento particular (quando o valor da indenização pela desapropriação for inferior a 30 salários-mínimos na data da desapropriação) ou escritura pública (quando o valor da indenização for superior a 30 salários-mínimos na data da desapropriação). Todavia, em caso de desapropriação por utilidade pública, o único instrumento possível para materializar o ato de desapropriação amigável (art. 167, I, "34", da Lei n. 6.015/1973) é a escritura pública, mesmo quando se referir a desapropriação de imóvel com valor venal inferior a 30 salários-mínimos, pois a desapropriação por utilidade pública não reflete a hipótese contida no art. 221, V, da Lei n. 6.015/1973, que é direcionada para hipóteses de interesse social. A referida Lei n. 13.867, de 26 de agosto de 2019, não trouxe qualquer alteração ou acrescentou um novo inciso ao art. 221 na Lei n. 6.015/1973. Logo, o rol taxativo dos títulos hábeis ao ingresso no registro imobiliário continua sendo o mesmo. Por outro lado, o rol contido no art. 221 da Lei n. 6.015/1973, por vezes, pode ser excepcionado pelo legislador ao prever a possibilidade de substituição da lavratura da escritura pública por um ato administrativo ou um contrato particular com força de escritura pública. Entretanto, nesses casos, o legislador expressamente dispõe que o contrato terá força de escritura pública. Vejamos os exemplos legislativos nesse sentido:

Art. 61, §5º, da Lei n. 4.860/1964: Os contratos de que forem parte o Banco Nacional de Habitação ou entidades que integrem o Sistema Financeiro da Habitação, bem como as operações efetuadas por determinação da presente Lei, poderão ser celebrados por instrumento particular, os quais poderão ser impressos, não se aplicando aos mesmos as disposições do art. 134, II, do Código Civil, atribuindo-se o caráter de escritura pública, para todos os fins de direito, aos contratos particulares firmados pelas entidades acima citados até a data da publicação desta Lei.

Art. 26 da Lei n. 6.766/1979, § 3º: Admite-se, nos parcelamentos populares, a cessão da posse em que estiverem provisoriamente imitidas a União, Estados, Distrito Federal, Municípios e suas entidades delegadas, o que poderá ocorrer por instrumento particular, ao qual se atribui, para todos os fins de direito, caráter de escritura pública, não se aplicando a disposição do inciso II do art. 134 do Código Civil.

Em toda essa legislação supratranscrita o legislador claramente prevê exceções ao art. 108 do Código Civil, conferindo ao instrumento particular força/efeito de escritura pública. Isso não está previsto no §2º do art. 10-A do Decreto-lei n. 3.365/1941. Ao cravar de forma categórica que a escritura pública é o instrumento hábil para registro do ato de desapropriação amigável, estamos seguindo o que está previsto no §2º do art. 10-A do Decreto-lei n. 3.365/1941. O próprio ente federativo (União), em regulamentação sobre desapropriação por utilidade pública publicada posteriormente à Lei n. 13.867/2019, prevê a necessidade de escritura pública. A Instrução Normativa n. 4, publicada no Diário Oficial da União, em 6 de abril de 2020 (que estabelece procedimentos técnicos e administrativos para a indenização de benfeitorias e a desapropriação de imóveis rurais), é clara e precisa:

Art. 33. Acatada a proposta de indenização, a transferência da propriedade dar-se-á, preferencialmente, pela via administrativa, devendo ser formalizada por escritura pública de desapropriação amigável, no caso de imóvel de domínio privado, e de escritura pública de compra e venda, em se tratando de indenização por benfeitorias realizadas em terras públicas. §1º Deverá constar na escritura que o interessado se responsabiliza, integralmente, pelas obrigações trabalhistas resultantes de eventuais vínculos empregatícios mantidos com os que trabalhem ou tenham trabalhado no imóvel ou na área ocupada e por quaisquer outras reclamações de terceiros, inclusive por aquelas relativas a indenizações por benfeitorias realizadas ou reivindicadas por outrem. §2º A escritura deverá ser assinada pelos proprietários do imóvel, ou por seus legítimos procuradores, e pelo Presidente do ICMBio, ressalvada a possibilidade de delegação a outro servidor da autarquia. §3.º Lavrada a escritura pública de desapropriação amigável, o ICMBio promoverá a sua apresentação ao Cartório de Registro de Imóveis para fins de transmissão da propriedade. §4º Excepcionalmente, a indenização das benfeitorias realizadas em terras públicas poderá efetivar-se por documento particular, quando o valor acordado não for superior a trinta vezes o maior salário-mínimo vigente no País, nos termos do art. 108 do Código Civil.

Essa Instrução Normativa nos mostra que a interpretação da Lei n. 13.867/2019, no sentido de suprimir a necessidade de escritura pública para desapropriação amigável por utilidade pública, é equivocada e, ademais, a aceitação de um contrato administrativo para ingresso no registro imobiliário com a dispensa da necessária escritura pública de desapropriação amigável pode ter por consequência a nulidade do registro por vício quanto à forma, nos moldes do Código Civil: *Art. 104. A validade do negócio jurídico requer: III- forma prescrita ou não defesa em lei. Art. 166. É nulo o negócio jurídico quando: IV- não revestir a forma prescrita em lei.* O sentido da lei, ao prever que o acordo será título hábil ao registro imobiliário, não é retirar a necessidade da escritura pública (que, por via de regra, é o instrumento pelo qual se materializa o acordo), e sim pôr fim a questionamentos judiciais sobre a necessidade ou não da judicialização para homologação das escrituras públicas de desapropriações amigáveis, deixando claro que não há necessidade. Vejamos alguns julgados do STJ que traziam esse questionamento acerca da necessidade da judicialização da desapropriação amigável.

Processo REsp 1801831/SC Recurso Especial 2019/0063611-0 Relator(a) Ministro Herman Benjamin (1132) Órgão Julgador T2 Segunda Turma Data do julgamento 14/5/2019 Data da publicação/fonte DJe 3/6/2019 EMENTA Administrativo. Desapropriação por utilidade pública. Acordo na fase declaratória. Ausência de interesse processual. Registro da propriedade por escritura pública. Desnecessidade de intervenção do Poder Judiciário. 1. Cuida-se de inconformismo contra acórdão do Tribunal de origem que, ratificando a sentença, entendeu que não havia interesse das partes na interposição da presente Ação Expropriatória, porquanto a eficácia da transferência do domínio independe da homologação judicial, haja vista que o ato causal do registro de propriedade em nome do Poder Público decorrente de desapropriação consensual é a escritura pública. 2. Os Recursos Especiais serão analisados conjuntamente, tendo em vista que ambos os recorrentes têm interesses compatíveis e não colidentes, visando o mesmo fim, qual seja, a reforma do Acórdão. 3. Em breve síntese, a demanda versa sobre Ação de Desapropriação proposta pela concessionária Autopista Litoral Sul S.A. (concessionária de serviço público) contra Iraci Garcia. Efetivamente, não se vislumbra no caso ora em exame o interesse processual do autor, pois a existência de litígio constitui *conditio sine qua non* do processo. 4. De início, mostra-se deficiente a fundamentação dos Recursos Especiais em que a alegação de ofensa aos dispositivos legais se faz de forma genérica, sem a demonstração exata dos pontos pelos quais o acórdão incidiu em erro. Aplica-se, na hipótese, o óbice da Súmula 284 do STF. Nesse mesmo sentido são os seguintes precedentes: AgRg no REsp 1.084.998/SC, Rel. Ministro Benedito Gonçalves, Primeira Turma, DJe 12/3/2010; AgRg no REsp 702.802/SP, Rel. Ministro Mauro Campbell Marques, Segunda Turma DJe 19/11/2009; e REsp 972.559/RS, Rel. Ministro Arnaldo Esteves Lima, Quinta Turma, DJe de 9/3/2009. 5. Não há, no caso, violação do art. 10 do Decreto-lei 3.365/1941, pois esse dispositivo consagra a possibilidade de desapropriação amigável, sem atuação do Poder Judiciário, a qual pode ser formalizada por acordo a ser registrado nos termos do art. 167, I, n. 34, da Lei de Registros Públicos (REsp 1.595.668/PR, Ministro Herman Benjamin, Segunda Turma, DJe 8/11/2016). 6. O Tribunal de origem reconheceu a ausência de interesse de agir quanto à homologação do acordo, pelos seguintes fundamentos: Com efeito, havendo composição sobre o preço da indenização ainda na fase administrativa, deverão as partes fazê-lo através de escritura pública, que constitui o título translativo da propriedade em favor do Poder Público. [...] De outro lado, não sendo possível a realização de acordo entre as partes, cabe ao Poder Público propor a ação desapropriatória, passando a controvérsia a ser dirimida pelo Poder Judiciário. [...] Por certo, através de tratativas no âmbito administrativo, sem qualquer intervenção judicial, as partes chegaram a um acordo sobre o valor da indenização, ressalte-se, superior à oferta contida na inicial e que já foi, em parte, pago pela expropriante à expropriada, como bem demonstram os recibos colacionados aos autos (evento36, OUT2). Ora, se já houve pagamento da indenização, a desapropriação já foi ultimada, vez que esse é o seu momento consumativo (evento 36, ACORDO1). Em outras palavras, na apuração da justa e prévia indenização, não houve intervenção judicial, não sendo necessária a manifestação do juízo para lhe conferir validade, tampouco eficácia porquanto se trata de disposição entabulada entre as partes envolvidas. [...] Ora, satisfeito o pagamento da indenização devida à expropriada, a propriedade se consolida em favor do Poder Público e esse direito real não depende do registro imobiliário, vez que se trata de forma originária de aquisição, prescindindo da transcrição para ser efetivado. Dito de outra forma, se a pretensão estatal foi satisfeita no âmbito extrajudicial, desaparece o interesse do expropriante na obtenção de qualquer provimento judicial, ante a sua manifesta desnecessidade. E nem se venha argumentar sobre a necessidade de homologação judicial para conferir eficácia ao acordo firmado entre as partes. Como dito, havendo composição, ainda que na fase judicial do procedimento expropriatório, deverão as partes fazê-lo por escritura pública se o valor do bem desapropriado ultrapassar o limite de 30 (trinta) vezes o maior salário-mínimo vigente no país sendo esse o título hábil a transcrição do domínio perante o Registro Imobiliário, não havendo a necessidade de qualquer intervenção do Poder Judiciário. Na verdade, a pretensão da expropriante se volta à obtenção de efeito adjudicatório do imóvel desapropriado sem dispor título hábil ao atingimento de tal finalidade. O ato causal do registro da propriedade em nome do Poder Público decorrente da desapropriação consensual - prévia ou posterior ao ajuizamento da ação expropriatória - é a escritura pública, não havendo qualquer interesse das partes em prosseguir com a presente ação expropriatória porquanto a eficácia da transferência independe da homologação judicial. Com efeito, valendo-se a expropriante da faculdade que lhe confere o próprio art. 10 do Decreto-lei n. 3.365/41, que permite a desapropriação através de acordo, deverá fazê-lo com observância da forma prescrita em lei, não bastando a realização de mero acordo extrajudicial, ainda que no curso da demanda, para caracterizar a necessidade da tutela judicial. 7. Havendo composição sobre o preço da indenização ainda na fase administrativa, deverão as partes fazê-lo através de escritura pública, que constitui o título translativo da propriedade em favor do Poder Público. 8. Recurso Especial parcialmente conhecido e, nessa extensão, não provido.

AgInt no REsp 1801391/PR Agravo Interno no Recurso Especial 2019/0062464-6 Relator(a) Ministra Assusete Magalhães (1151) Órgão Julgador T2 Segunda Turma Data do julgamento 27/8/2019 Data da publicação/fonte DJe 2/9/2019 EMENTA Administrativo e processual civil. Agravo interno no recurso especial. Desapropriação por utilidade pública, mediante acordo extrajudicial. Art. 10 do Decreto-lei 3.365/41. Pedido de homologação de acordo extrajudicial. Acórdão recorrido que concluiu pela ausência do interesse de agir. Falta de impugnação, no recurso especial, de fundamentos do acórdão combatido, suficientes para a sua manutenção. Incidência da Súmula 283/STF. Formalização da desapropriação amigável mediante escritura pública. Desnecessidade de intervenção do Poder Judiciário. Precedentes do STJ. Agravo interno

> improvido. I. Agravo interno aviado contra decisão que julgara Recurso Especial interposto contra acórdão publicado na vigência do CPC/2015. II. Na origem, trata-se de pedido de homologação de transação extrajudicial, decorrente de desapropriação de imóvel por utilidade pública, na forma do art. 10 do Decreto-lei n. 3.365/41, ajuizado pela concessionária Autopista Planalto Sul S.A., parte ora agravante. O Tribunal de origem manteve a sentença que indeferira a petição inicial e julgara extinto o feito, sem resolução do mérito, por ausência de interesse processual. III. Não merece prosperar o Recurso Especial, quando a peça recursal não refuta determinados fundamentos do acórdão recorrido, suficientes para a sua manutenção, em face da incidência da Súmula 283/STF (É inadmissível o recurso extraordinário, quando a decisão recorrida assenta em mais de um fundamento suficiente e o recurso não abrange todos eles). IV. Ademais, na forma da jurisprudência, não há, no caso, violação do art. 10 do Decreto-lei n. 3.365/1941, pois esse dispositivo consagra a possibilidade de desapropriação amigável, sem atuação do Poder Judiciário, a qual pode ser formalizada por acordo a ser registrado nos termos do art. 167, I, n. 34, da Lei de Registros Públicos (STJ, REsp 1.801.831/SC, Rel. Ministro Herman Benjamin, Segunda Turma, DJe de 3/6/2019). V. Agravo interno improvido.

Voltemos a tratar da distinção entre a desapropriação judicial e a desapropriação amigável. A primeira era considerada forma originária de aquisição de propriedade, enquanto a segunda, forma derivada. Atualmente, essa diferença não mais existe, sendo que ambas as formas de desapropriação são **originárias**. Isso significa que não há um nexo causal entre o passado, o estado jurídico anterior, e a situação atual. A propriedade adquirida, com o aperfeiçoamento da desapropriação, liberta-se de seus vínculos anteriores, desvincula-se dos títulos dominiais pretéritos, dos quais não deriva e com os quais não mantém ligação, tanto que não pode ser reivindicada por terceiros ou pelo expropriado (artigo 35 do Decreto-Lei nº 3.365/1941), salvo no caso de retrocessão (CSM/SP, Apelação nº 0004802-13.2008.8.26.0438). Dessa forma, prevalece que não é necessária também a observância do princípio da continuidade.

Sobre o caráter originário da desapropriação, Afrânio de Carvalho ensina que "a desapropriação oferece peculiaridade registral de dispensar o registro do título anterior, por se entender que é um modo originário de aquisição da propriedade, em virtude do qual o Estado chama si o imóvel diretamente, livre de qualquer ônus. Se o registro existir, a desapropriação será inscrita na folha do imóvel desapropriado para assinalar a perda da propriedade do titular ali nomeado. O título da desapropriação pode ser a sentença extraída do processo expropriatório ou a escritura de desapropriação amigável" (Op. cit., p. 93-94).

Nessa direção, já é entendimento pacificado na jurisprudência que a propriedade adquirida em decorrência da desapropriação desvincula-se dos títulos dominiais pretéritos, não mantendo nenhuma ligação com estes, o que impede a reivindicação do bem por quem quer que seja, nos termos do artigo 35 do Decreto-Lei nº 3.365/1941. Essas características do ato expropriatório autorizam o registrador a **dispensar a observância do princípio da continuidade ao qualificar o título. No entanto, em relação ao princípio da especialidade objetiva, a conclusão é diversa.**

Com efeito, o princípio da especialidade objetiva, previsto no art. 176 da Lei nº 6.015/73, exige a identificação do imóvel como um corpo certo, permitindo o encadeamento dos registros e averbações subsequentes, em conformidade ao princípio da continuidade.

Uma vez que a aquisição da propriedade imobiliária pelo expropriante ocorre de modo originário, não é necessário que o interessado apresente o **georreferenciamento, memorial descritivo, planilha** e outros documentos relativos a períodos pretéritos. Ocorrerá a abertura de uma nova matrícula, com novos dados inseridos na escritura de desapropriação ou da carta de sentença.

O art. 176-A da Lei de Registros Públicos foi incluído pela Lei 14.273/2021 e recentemente alterado pela Lei n. 14.620/2023. Trata-se de dispositivo que dialoga diretamente com o tema em comento, pois o seu § 5º estabelece que:

> Art. 176-A
>
> [...]
>
> § 5º O disposto neste artigo aplica-se, sem prejuízo de outros, ao registro de:
>
> III – escritura pública, termo ou contrato administrativo, em procedimento extrajudicial de desapropriação.

Desse modo, permito-me transcrever o procedimento do registro no caso de escritura pública, termo ou contrato administrativo, em procedimento extrajudicial de desapropriação.

O registro de aquisição originária ensejará a **abertura de matrícula** relativa ao imóvel adquirido, se não houver, ou quando atingir parte de imóvel objeto de registro anterior; ou atingir, total ou parcialmente, mais de um imóvel objeto de registro anterior.

Anote-se que a matrícula será aberta com **base em planta e memorial descritivo do imóvel utilizados na instrução do procedimento administrativo ou judicial** que ensejou a aquisição, os quais assegurarão a descrição e a caracterização objetiva do imóvel, nos termos do art. 176 desta Lei.

No que tange às **matrículas atingidas,** estas deverão, conforme o caso, ser **encerradas** ou **receber averbação dos respectivos desfalques, dispensada,** para esse fim, a **retificação do memorial descritivo da área remanescente.**

Pode ocorrer de a área adquirida em caráter originário ser maior do que a área constante do registro existente. Neste caso, a informação sobre a diferença apurada será averbada na matrícula aberta.

É importante ressaltar que, eventuais **divergências** entre a descrição do imóvel constante do registro e aquela apresentada pelo requerente **não obstarão o registro.**

No mais, remetemos o leitor aos comentários do art. 176-A.

1.2 DESAPROPRIAÇÃO INDIRETA

Melhim Namem Chalhub define que desapropriação indireta é "outra forma de aquisição forçada pela qual o poder público se apropria do imóvel do particular, no todo ou em parte, sem que tenha expedido qualquer ato expropriatório. Nesse caso, a ação é ajuizada pelo particular, em busca da indenização" (s.n.s.l).

A hipótese de desapropriação indireta pressupõe:

(i) Que o Estado tome posse do imóvel declarado de utilidade pública, independentemente do processo de desapropriação;

(ii) Que seja dada ao respectivo bem a utilidade pública indicada pelo poder público;

(iii) Que seja irreversível a situação fática resultante do apossamento do bem e sua afetação (REsp nº 191.656/SP. Relator: Ministro João Otávio De Noronha. Julgado em 19.06.2008. Publicado no DJe em 27.02.2009).

Em virtude disso, conclui-se que a desapropriação indireta não é modo de aquisição originária de propriedade, mas sim derivada.

1.2.1 REGISTROS IMOBILIÁRIOS DE TERRAS OCUPADAS DE FORMA IMEMORIAL POR INDÍGENAS

A 3ª Turma do Tribunal Regional Federal da 1ª Região decidiu que Terras tradicionalmente ocupadas por indígenas têm proteção especial. Desse modo, manteve a sentença que negou provimento ao pedido de pagamento de indenização pela desapropriação indireta da Fazenda "Queixada do Corriola", localizada no município de Minaçu/GO, abarcada pela demarcação da reserva indígena Avá-Canoeiro.

Na sentença, proferida pelo Juízo da Vara Federal da Subseção Judiciária de Uruaçu/GO, ficou consignado que os títulos de domínio das terras seriam inválidos por advirem de alienação de terras ocupadas de forma imemorial pelos indígenas Avá-Canoeiro, protegidas constitucionalmente desde 1934.

Os apelantes alegaram que adquiriram e registraram o título de propriedade, de boa-fé, do Instituto de Desenvolvimento Agrário de Goiás (Idago) muito antes de vir a ser transformada em território indígena, tendo ainda realizado benfeitorias, tais como casas, currais, formação de pastos etc. Requerem a indenização por desapropriação indireta e pelas benfeitorias.

O juiz federal relator do processo, enfatizou que "a proteção aos índios e às terras que tradicionalmente ocupam vem desde a Constituição de 1934, sendo protegidos no art. 231 da atual Constituição Federal de 1988. A posse imemorial é um tipo específico de posse, de natureza originária (ou seja, sempre existiu) e coletiva (isto é, não tem um único titular), que não se confunde com o conceito civilista de propriedade privada, vale dizer, não se aplicam as regras de direito privado. No caso concreto, a nulidade dos títulos dominiais, decorrente da aquisição ilegítima dos imóveis, afasta a incidência do instituto da desapropriação indireta (instituto do direito civil em que a União ocupa o imóvel antes de proceder à indenização)."

O magistrado conclui que, "na situação concreta, ainda que se possa alegar a boa-fé, há de se afastar qualquer direito a indenização, pois, além da inexistência de título de propriedade legítimo, os autores não fizeram prova das benfeitorias que teriam realizado dentro da demarcação da reserva indígena".

1.3 INCONSTITUCIONALIDADE DE PARÁGRAFO QUE TRATA DE DESAPROPRIAÇÕES POR UTILIDADE PÚBLICA

No Incidente de Arguição de Inconstitucionalidade Cível nº 0011064-07.2023.8.26.0000, o Órgão Especial de Tribunal de Justiça de São Paulo declarou a inconstitucionalidade do parágrafo 4º do artigo 34-A do Decreto-lei nº 3.365/41, incluído pela Lei nº 14.421/2022, que prevê a imediata transferência, a ente público, da propriedade de imóvel objeto de desapropriação por utilidade pública, independentemente de anuência expressa do expropriado e antes da definição de valor justo de indenização. A votação foi unânime.

A desembargadora relatora Silvia Rocha entendeu que houve abuso do poder de emenda parlamentar pela falta de pertinência temática entre a medida provisória, apresentada pelo presidente da República, que tratava de Cédula de Produto Rural, e a emenda realizada pelo Poder Legislativo no processo de conversão de lei.

No entendimento da magistrada, o trecho incluído no decreto, que dispõe sobre desapropriações por utilidade pública, contraria a Constituição Federal, que determina pagamento de indenização justa antes da transferência do domínio ao ente público. "O § 4º do artigo 34-A do Decreto-lei nº 3.365/1941, por outro lado, autoriza a transferência da propriedade do bem desapropriado para o ente público antes mesmo da definição do valor da indenização devida ao expropriado e sem que ele com isso consinta, o que não pode ser admitido, por traduzir forma transversa de confisco de bens fora das hipóteses constitucionalmente previstas".

2. JURISPRUDÊNCIA COMPLEMENTAR

SUPREMO TRIBUNAL FEDERAL

Súmula 652. Não contraria a Constituição o art. 15, § 1º, do Dl. 3.365/41 (Lei da Desapropriação por utilidade pública)

SUPERIOR TRIBUNAL DE JUSTIÇA

SÚMULAS

Súmula 354. A invasão do imóvel é causa de suspensão do processo expropriatório para fins de reforma agrária

Súmula 69. Na desapropriação direta, os juros compensatorios são devidos desde a antecipada imissão na posse e, na desapropriação indireta, a partir da efetiva ocupação do imovel.

JULGADOS

EMENTA: Administrativo – Civil – Processual Civil – Recurso Especial – Enunciado Administrativo 3/STJ – Intervenção do Estado na propriedade – Desapropriação indireta – Esbulho possessório praticado por terceiros – Inviabilidade de imputação ao estado – Inexistência de incorporação ao patrimônio estadual.

1. Não se imputa ao Poder Público a responsabilidade integral por alegada desapropriação indireta quando, em gleba cuja ocupação por terceiros apresenta situação consolidada e irreversível, limita-se a realizar serviços públicos de infraestrutura, sem que tenha concorrido para o esbulho ocasionado exclusivamente por particulares.

2. Assim, na medida em que o Poder Público não pratica o ato ilícito denominado "apossamento administrativo" nem, portanto, toma a propriedade do bem para si, não deve responder pela perda da propriedade em desfavor do particular, ainda que realize obras e serviços públicos essenciais para a comunidade instalada no local.

3. Recurso especial provido.

RELATÓRIO

O EXMO. SR. MINISTRO MAURO CAMPBELL MARQUES (Relator): O Estado do Amazonas interpõe recurso especial com fundamento no art. 105, inciso III, alínea "a", da Constituição da República, contra o acórdão prolatado pelo Eg. Tribunal de Justiça da mesma unidade federativa, assim ementado:

APELAÇÃO CÍVEL. GRATUIDADE DA JUSTIÇA. ESPÓLIO. AUSÊNCIA DE LIQUIDEZ. HIPOSSUFICIÊNCIA ECONÔMICA. DEFERIMENTO. AÇÃO DE INDENIZAÇÃO POR DESAPROPRIAÇÃO INDIRETA. ÁREA PARTICULAR REMANESCENTE DE DESAPROPRIAÇÕES. INVASÃO POR TERCEIROS. OBRAS DE INFRAESTRUTURA DO MUNICÍPIO DE MANAUS. AUSÊNCIA DE ESPECIFICAÇÃO DO MOMENTO DA CONSTRUÇÃO. MANUTENÇÃO DA IMPROCEDÊNCIA DA DEMANDA EM RELAÇÃO AO ENTE MUNICIPAL. COMPROVAÇÃO DE CONDUTA POSITIVA DO ESTADO DO AMAZONAS PRATICADA ANTES DA CONSOLIDAÇÃO DA INVASÃO. DIREITO À INDENIZAÇÃO CARACTERIZADO. PROVIMENTO PARCIAL DO RECURSO.

I – O espólio apelante é formado por 1 (um) bem imóvel, restando clara a sua ausência de liquidez e a impossibilidade de efetuar o recolhimento das custas processuais. Gratuidade da Justiça deferida.

II – Não há como precisar a data em que o MUNICÍPIO DE MANAUS implementou obras de infraestrutura na área – se antes ou após a consolidação da invasão – e a sua existência, por si só, não induz a responsabilização do referido ente público.

III – Além disso, Laudo Pericial concluiu que "a Prefeitura de Manaus pagou por todas as desapropriações por ela efetuadas". Manutenção da improcedência da demanda em relação ao MUNICÍPIO DE MANAUS.

IV – O ESTADO DO AMAZONAS, antes da consolidação da invasão, construiu uma escola em local de propriedade do apelante, contíguo à área oficialmente desapropriada, ocorrendo o efetivo esbulho de terra particular pelo Poder Público Estadual para a edificação de prédio público.

V – Além disso, a conclusão da construção da escola pelo ESTADO DO AMAZONAS em momento no qual ainda seria possível ao particular o exercício da defesa de sua propriedade constitui conduta positiva, que incentivou a ocupação irregular da área e inviabilizou da retomada do local.

VI – APELAÇÃO CÍVEL CONHECIDA E PARCIALMENTE PROVIDA.

(0023732-15.2006.8.04.0001 – Apelação Cível – Relator (a): Ari Jorge Moutinho da Costa; Comarca: Manaus/AM; Órgão julgador: Segunda Câmara Cível; Data do julgamento: 18/02/2018; Data de registro: 23/02/2018)

João Brandt Neto ajuizou em face do Estado do Amazonas e do Município de Manaus uma ação indenizatória por desapropriação indireta. Dizia ser proprietário de duas áreas de terras que eram remanescentes de um todo maior o qual havia sido objeto de anteriores desapropriações, uma promovida pelo Estado do Amazonas, com apoio no Decreto Estadual 5.814, de 18/07/1981, e a outra promovida por atuação do Município de Manaus, tudo com a finalidade de regularizar uma ocupação irregular que há muito havia se instalado na área.

Ocorreu, contudo, de as áreas remanescentes também terem sido ocupadas por terceiros, isso em razão da expectativa positiva criada pelas desapropriações anteriores e de o Poder Público, nas áreas desapropriadas, ter fornecido infraestrutura de serviços, como ruas asfaltadas, fornecimento de água, de luz, cabeamento de telefone, escolas, posto de saúde, centro social e maternidade, ou seja, como o Poder Público procedeu assim nas áreas desapropriadas, isso teria incutido em terceiros a ideia de que se ocupassem as áreas remanescentes – não abrangidas pelas desapropriações anteriores – também eles seriam beneficiadas com a atuação estatal.

Em vista disso o ora recorrido pediu fosse indenizado pela desapropriação cometida indiretamente pelo Estado do Amazonas e pelo Município de Manaus.

Apesar de o pleito ter sido indeferido em primeiro grau de jurisdição, face a ausência de ato ilícito praticado por qualquer dos entes públicos, o Tribunal "a quo" promoveu a reforma da sentença para o fim de condenar exclusivamente o Estado do Amazonas ao pagamento da indenização, levando em conta que teria praticado atos de incentivo ao esbulho possessório, assim como tendo em vista a edificação de diversos equipamentos públicos na propriedade particular.

A indenização foi então arbitrada em conformidade ao laudo pericial, que indicara o valor de R$ 21.025.435,73 (vinte e um milhões, vinte e cinco mil, quatrocentos e trinta e cinco reais e setenta e três centavos) para uma área de 83.583,88 m² (oitenta e três mil, quinhentos e oitenta e três metros quadrados e oitenta e oito decímetros quadrados), acrescida de honorários advocatícios sucumbenciais arbitrados em quatro por cento sobre o valor da condenação.

O recurso especial do Estado do Amazonas sustenta a violação aos arts. 186 e 927 do Código Civil de 2002 e ao art. 35 do Decreto-Lei 3.365/1941.

Diz essencialmente não poder ser responsabilizado pelo esbulho porque não foi ele propriamente quem praticou o ato ilícito, o esbulho possessório, nem tampouco violou o direito da parte recorrida, tanto que os terceiros lá residentes são particulares que tomaram a área para si, nela edificando suas moradias.

Afirma que a desapropriação caracteriza-se como forma de intervenção do estado na propriedade particular, que assim incorpora-se ao patrimônio público, o que todavia inexistiu no caso concreto na medida em que os terceiros particulares tomaram a área para si e não em benefício do Estado.

Por conta disso, formula em ordem subsidiária dois pedidos, a saber, a reforma integral do acórdão, com o fim de reconhecer que não é o responsável pela prática do ilícito nem pelo pagamento da indenização, ou a reforma parcial dele, para que a sua condenação se restrinja à área da Escola Estadual Eldah Bitton Telles da Rocha, identificada como inserta na propriedade dos recorrido.

Contrarrazões em e-STJ fls. 697/707.

É o relatório.

VOTO

O EXMO. SR. MINISTRO MAURO CAMPBELL MARQUES (Relator): Procedem as razões recursais.

Inicialmente é necessário consignar que o presente recurso atrai a incidência do Enunciado Administrativo n. 3/STJ: *"Aos recursos interpostos com fundamento no CPC/2015 (relativos a decisões publicadas a partir de 18 de março de 2016) serão exigidos os requisitos de admissibilidade recursal na forma do novo CPC".*

Os contornos fáticos da demanda são os seguintes: nos idos dos anos 1981 o Estado do Amazonas promoveu a desapropriação de duas parcelas de bem imóvel de propriedade do ora recorrido, com o fim de realizar a edificação de moradias populares em bairro que depois passou a ser conhecido como "Compensa".

Disse o ora recorrido que, antes da desapropriação, o imóvel havia sido parcialmente esbulhado por terceiros e que a intenção do Estado do Amazonas era promover a regularização do local, em que então havia uma comunidade devidamente assentada, e por isso, então, é que se teria realizado a desapropriação de parte do todo-maior.

O problema é que a partir disso o Estado do Amazonas e o Município de Manaus passaram a instalar diversos "equipamentos públicos" com o fim de dar à comunidade local um suporte mínimo de serviços públicos, como postos de saúde, escolas públicas, asfaltamento de vias, dentre outros, e isso teria servido como "atrativo" para que outras pessoas chegassem ao local e esbulhassem o restante da propriedade particular, aquele não inserida nos limites das desapropriações anteriores.

O recorrido, então, afirmou que isso constituía ato ilícito praticado pelo Estado do Amazonas e pelo Município de Manaus, porque a disponibilização desses serviços públicos na área desapropriada teria atraído novos "invasores", daí por que o esbulho possessório perpetrado por estes seria de responsabilidade do Estado e do Município.

Assim, propôs a ação indenizatória por desapropriação indireta em face desses dois entes públicos, esse pleito tendo merecido, em primeiro grau de jurisdição, a apreciação correta do magistrado da causa, que rejeitou a pretensão.

A questão, como se vê, é que a desapropriação configura-se como forma de intervenção do estado no direito de propriedade particular, de maneira que o proprietário é obrigado a desfazer-se de seu patrimônio, ainda que contra a sua vontade, mas mediante o recebimento de uma indenização.

O Poder Público recebe o imóvel para si, a fim de dar a respectiva destinação pública – isto é, atender ao interesse social ou à utilidade pública – e em troca dá a indenização ao seu proprietário.

A diferença essencial entre a desapropriação direta e a indireta está no "modus operandi", porque na primeira há todo o respeito ao devido processo legal, mas na segunda o Poder Público atua como esbulhador, praticando o ato ilícito, que eufemisticamente chama-se "apossamento administrativo", e tomando o imóvel para si sem pagar nenhuma indenização.

Por isso é que se propõe a ação de desapropriação indireta, que na verdade é uma ação indenizatória, é dizer, porque o Poder Público tomou ilicitamente um determinado bem sem pagar a respectiva indenização ("justo preço"), e o bem em questão não pode ser mais devolvido porque o Poder Público já lhe deu destinação pública.

Toda dessa descrição serve para justificar o porquê de o Estado do Amazonas não poder ser responsabilizado pelo esbulho cometido por terceiros.

Não se pode ter "prima facie" a consecução da atividade pública como um ato ilícito, é dizer, a oferta de saúde pública, de ensino público, constitui na verdade um mandamento constitucional, assim como a urbanização local.

Além disso, aqueles que pessoalmente esbulharam a posse do recorrido foram os terceiros particulares que passaram a residir no local e para tanto lhe cumpria, com o fim de defender a sua posse, o uso dos interditos previstos na legislação processual, o que notadamente não fez tanto que as ocupações aparentemente remontam aos anos de 1981 e 1982, mas a ação foi ajuizada apenas no ano de 2006.

Demais, se o Estado do Amazonas não obteve para si a propriedade do bem imóvel, não houve desapropriação propriamente dita, isto é, a inversão da titularidade do direito de propriedade não se implementou e por isso não há indenizar por algo que não lhe aproveitou.

O caso concreto mais parece ser aquele retratado no art. 1228, §§ 4.º e 5.º, do Código Civil, que a doutrina alcunha de "desapropriação judicial", que consiste numa espécie de venda obrigatória da propriedade de bem imóvel na hipótese de este consistir em extensa área, na posse ininterrupta e de boa-fé, por mais de cinco anos, de um número considerável de pessoas, caracterizando-se essa "desapropriação judicial" pelo pagamento do preço pelos próprios possuidores e a sua fixação pelo juiz da causa.

Assim, se o Estado do Amazonas não concorreu para a prática do ato ilícito – e a realização de serviços público assim não configura – tampouco deve responder pela respectiva indenização.

Nesse sentido:

DIREITO ADMINISTRATIVO. PROCESSUAL CIVIL. AÇÃO DE INDENIZAÇÃO. DESAPROPRIAÇÃO DIRETA OU INDIRETA. ORIGEM. NÃO CONFIGURAÇÃO. CONTEXTO PROBATÓRIO. RECURSO ESPECIAL. SÚMULA 07/STJ. OFENSA. ARTS. 458 E 535 DO CPC. JULGAMENTO CONTRÁRIO AOS INTERESSES DA PARTE. INEXISTÊNCIA. NEGATIVA DE PRESTAÇÃO JURISDICIONAL.

1. Não configura a negativa de prestação jurisdicional o julgamento fundamentado, mas em sentido oposto aos interesses da parte.

2. Não enseja indenização a desapropriação direta não implementada em razão da caducidade do decreto expropriatório, vez que o ente expropriante, no caso concreto, não ultimou nenhum ato que implicasse a perda do domínio do bem pelo particular.

3. Tampouco se imputa responsabilidade ao Estado quando, em gleba cuja invasão por terceiros apresenta situação consolidada e irreversível, limita-se a realizar serviços públicos de infraestrutura, não tendo concorrido para o desapossamento ocasionado exclusivamente por particulares e, portanto, não sendo o caso de desapropriação indireta.

4. Agravo regimental não provido.

(AgRg no AREsp 327.900/PA, Rel. Ministro MAURO CAMPBELL MARQUES, SEGUNDA TURMA, julgado em 07/11/2013, DJe 18/11/2013) – Grifamos

Assim, **dou provimento ao recurso especial** para reformar o acórdão e rejeitar a pretensão indenizatória por desapropriação indireta manejada em face do Estado do Amazonas.

Os honorários de sucumbência voltam a ser aqueles estipulados na sentença.

Demais, especificamente quanto aos honorários recursais, deve ser considerado o disposto no art. 85, § 11, do CPC/2015, e no Enunciado Administrativo n. 7/STJ (*"Somente nos recursos interpostos contra decisão publicada a partir de 18 de março de 2016 será possível o arbitramento de honorários sucumbenciais recursais, na forma do art. 85, § 11, do NCPC"*).

Desse modo, levando em conta que o tempo de tramitação do recurso, contado apenas entre a sua interposição na origem e a data do presente julgamento, não é demasiadamente longo – perfazendo pouco mais de dezesseis meses –, e tomando por premissa que a demanda aparenta grau de complexidade diminuto, bem como o valor fixado pela sucumbência na origem, condeno o recorrido ao pagamento de honorários recursais os quais arbitro no total de R$ 400,00 (quatrocentos reais).

É o voto.

STJ – REsp nº 1.770.001 – Amazonas – 2ª Turma – Rel. Min. Mauro Campbell Marques – DJ 07.11.2019

▶ **EMENTA**: PROCESSUAL CIVIL. DNOCS. ISENÇÃO DE PAGAMENTO DE CUSTAS E EMOLUMENTOS. REGISTRO DE TÍTULOS TRANSLATIVOS DE DOMÍNIO DE IMÓVEIS OBJETO DE EXPROPRIAÇÃO. PRECEDENTES. REEXAME DOS FATOS. SÚMULA 7/STJ. AGRAVO REGIMENTAL NÃO PROVIDO. 1. Cuida-se, na origem, de Mandado de Segurança impetrado por Maria do Socorro Leite Pinheiro, ora agravante, titular de Ofício de Notas e Registro, contra ato do MM. Juiz da 15ª Vara Federal do Ceará, que determinou que ela proceda à transcrição de sentença proferida em ação expropriatória movida pelo Dnocs, sem a cobrança dos emolumentos relativos ao serviço a ser prestado. 2. O Tribunal *a quo* concedeu parcialmente a segurança, para reconhecer à impetrante o direito ao recebimento dos emolumentos. 3. Adotado como razão de decidir o parecer do *Parquet* Federal exarado pelo Subprocurador-Geral da República Dr. José Bonifácio Borges de Andrada, que bem analisou a questão: *"4. o cerne da lide cinge-se a exigência ou não de isenção do DNOCS quanto ao pagamento de custas e emolumentos aos Ofícios e Cartórios para o registro de imóveis desapropriados.* 5. Com efeito, o art. 1º do Decreto-Lei nº 1.537/77 isenta a União do pagamento de custas e emolumentos aos Ofícios e Cartórios de Registro de Imóveis, com relação às transcrições, inscrições, averbações e fornecimento de certidões relativas a quaisquer imóveis de sua propriedade ou de seu interesse, ou que por ela venham a ser adquiridos. 6. *A jurisprudência do Superior Tribunal de Justiça entende que esta isenção é extensiva às autarquias, como se verifica no seguinte julgado"* (fls. 202-205, grifo acrescentado). 4. Enfim, a jurisprudência do STJ entende que o Dnocs, é isento de pagamento de custas e emolumentos para registro de títulos translativos de domínio de imóveis objeto de expropriação. 5. No mais, acolher a tese da recorrente, demandaria reexame do acervo fático-probatório dos autos, o que é inviável em Recurso Especial, sob pena de violação da Súmula 7 do STJ. 6. Agravo Regimental não provido. (STJ – AgRg no REsp nº 1.519.793 – Ceará – 2ª Turma – Rel. Min. Herman Benjamin – DJ 05.08.2015)

EMENTA: PROCESSUAL CIVIL E ADMINISTRATIVO. AGRAVO EM RECURSO ESPECIAL. DESAPROPRIAÇÃO. TRANSCRIÇÃO DO DOMÍNIO. ISENÇÃO DO PAGAMENTO DE CUSTAS E EMOLUMENTOS PELO DNOCS. DECRETO-LEI 1.537/77. PRECEDENTES DESTA CORTE: RESP. 1.406.940/CE, REL. MIN. SÉRGIO KUKINA, DJE 24.3.2015; RESP. 1.334.830/CE, REL. MIN. ELIANA CALMON, DJE 9.10.2013. AGRAVO CONHECIDO. RECURSO ESPECIAL PROVIDO. (STJ – AREsp nº 607.036 – Ceará – 1ª Turma – Rel. Min. Napoleão Nunes Maia Filho – DJ 18.04.2016)

EMENTA: ADMINISTRATIVO. DESAPROPRIAÇÃO. AÇÃO ORDINÁRIA. PRODUTIVIDADE. RESERVA LEGAL. EXCLUSÃO. AVERBAÇÃO NO REGISTRO. INEXISTÊNCIA. 1. Não há violação do art. 535 do CPC quando o Tribunal de origem resolve a controvérsia de maneira sólida e fundamentada, apenas não adotando a tese do recorrente. 2. A área estabelecida como reserva legal somente pode ser excluída do cálculo da produtividade do imóvel quando averbada no registro próprio, nos termos do artigo 16, § 8º, da Lei nº 4.771/65. Precedentes. 3. Recurso especial provido em parte. (STJ – REsp nº 1.295.189 – MG – 2ª Turma – Rel. Min. Castro Meira – DJ 05.12.2012)

TRIBUNAL REGIONAL FEDERAL DA 1ª REGIÃO

EMENTA: ADMINISTRATIVO. DESAPROPRIAÇÃO INDIRETA. PROPRIEDADE. INDENIZAÇÃO. CÓPIA SEM AUTENTICAÇÃO E ATUALIZADA. FALTA DE REGISTRO. ÔNUS DA PROVA. PROVIMENTO.

I. A ação de indenização por desapropriação indireta é proposta pelo proprietário de direito real do imóvel esbulhado pelo Estado sem observância do devido processo legal expropriatório. Para essa finalidade, é imprescindível a prova atual do domínio ou outro direito real.

II. A cópia simples, sem autenticação, de escritura de compra e venda, sobretudo desacompanhada da certidão de registro do imóvel, não é hábil para comprovar o domínio do imóvel (que não possuía benfeitorias) alegado pelo autor e contestado pela União. Também não se comprovou a existência de outro direito real sobre os terrenos.

III. Os direitos reais sobre imóveis constituídos ou transmitidos por atos entre vivos só se adquirem, em regra, com o registro no Cartório de Registro de Imóveis dos referidos títulos (Código Civil, art. 1227). Não apresentada a certidão comprobatória no respectivo registro, não há como considerar o autor proprietário do imóvel. Esse tem sido o entendimento desta Corte. (AC 0000596-77.2005.4.01.3901/PA, Rel. Desembargadora Federal Monica Sifuentes, 3ª TURMA, e-DJF1 21/03/2014; AC 0000973-73.2003.4.01.3301/BA, Rel. Desembargador Federal Mário César Ribeiro, 4ª Turma, e-DJF1 28/08/2009)

IV. Na ação indenizatória por desapropriação indireta, o autor é encarregado do ônus de demonstrar ser o titular do domínio do imóvel apossado pelo ente público, porém não se desincumbiu dele, impondo-se a improcedência do pedido.

V. Provimento da apelação da União para reformar a sentença e julgar improcedentes os pedidos. Invertido o ônus da sucumbência para condenar o autor nas custas processuais, nos honorários do perito e em honorários de 10% sobre o valor atualizado da causa. (TRF1 – Numeração Única: 0001595-95.2007.4.01.3307 – APELAÇÃO CÍVEL N. 2007.33.07.001595-1/BA – RELATOR(A): JUIZ FEDERAL JOSÉ ALEXANDRE FRANCO APELANTE: UNIAO FEDERAL PROCURADOR: MA00003699 – NIOMAR DE SOUSA NOGUEIRA APELADO: CARLOS HENRIQUE FARIAS AMORIM ADVOGADO: BA00017362 – SANDRO BRITO LOUREIRO ADVOGADO: BA00018246 – JOBSON LIMA BITTENCOURT. Data de julgamento: 14/03/2018)

TRIBUNAL DE JUSTIÇA DO ESTADO DE SÃO PAULO

EMENTA: AÇÃO DE DESAPROPRIAÇÃO – Levantamento de valor – Requisitos do art. 34, do Decreto-Lei nº 3.365/41, não cumpridos na íntegra – Certidão negativa de tributos em nome de terceiro e não do espólio e sem relação com o número do imóvel mencionado em ofício expedido pelo INCRA – Notícias, via certidões do Registro de Imóveis, de implantação de loteamento irregular em parte do imóvel – Matéria fática controvertida – Decisão mantida – Recurso não provido. (TJSP – Agravo de Instrumento nº 0042145-23.2013.8.26.0000 – São Paulo – 11ª Câmara de Direito Público – Rel. Des. Luis Ganzerla – DJ 21.03.2013)

CONSELHO SUPERIOR DA MAGISTRATURA DO ESTADO DE SÃO PAULO

EMENTA: Registro de Imóveis – Desapropriação Parcial de Área Rural – Aquisição Originária da Propriedade – Rodovia Em Área Rural – Prescindibilidade de georreferenciamento da área remanescente do imóvel objeto da desapropriação – Descrição da localização geodésica do imóvel desapropriado – Necessidade de certificação pelo INCRA – Cabimento do Registro no CAR – Recurso não provido (Apelação Cível nº 1001645-69.2017.8.26.0415)

1. Trata-se de recurso de apelação interposto pela **Concessionária Auto Raposo Tavares S/A** contra a r. sentença de fl. 150/153, que julgou procedente a dúvida suscitada pelo Oficial de Registros de Imóveis, Títulos e Documentos e Civil de Pessoa Jurídica da Comarca de Palmital, mantendo a recusa ao ingresso de carta de adjudicação em razão da ausência de georreferenciamento, cadastro ambiental rural e planta e memorial descritivo georreferenciados, acompanhados de certificação do INCRA.

Aduz o apelante, em suma, cuidar-se de desapropriação de imóvel para fins de instalação de trecho de rodovia, forma originária de aquisição da propriedade, não cabendo as exigências efetuadas. Além disso, sustenta que o imóvel em questão perdeu o status de rural e a obrigatoriedade de apresentação do cadastro ambiental rural encontra-se suspensa (fl. 156/163).

A D. Procuradoria Geral da Justiça opinou pelo desprovimento do recurso (fl. 197/201).

É o relatório.

2. A apelante, concessionária de serviço público, por sentença proferida em ação judicial, obteve a desapropriação, por utilidade pública, de parte ideal, correspondente a 2,93706595475%, do imóvel objeto da matrícula n.º 2.614 do Oficial de Registros de Imóveis, Títulos e Documentos e Civil das Pessoas Jurídicas da Comarca de Palmital.

Contudo, a carta de adjudicação expedida nos autos da ação de desapropriação (nº 0003081-85.2014.8.26.0415, da 1ª Vara da Comarca de Palmital/SP), apresentada a registro pela apelante, foi negativamente qualificada pela Sra. Oficial Registradora, que apresentou as seguintes exigências (fl. 08):

"I) CAR. Averbar o número do SICAR na matrícula, conforme disposto no Cap. XX, item 125.2 das NSCGJ – Prov 58/89 – Tomo II, mediante a apresentação do comprovante de inscrição no SICAR, mencionando a área total da matrícula.

II) PLANTA/MEMORIAL. Deverá ser apresentado, também, o memorial descritivo georreferenciado e a planta, contendo as coordenadas georreferenciadas, acompanhados da certificação do INCRA, de acordo como que estabelece o §3º do artigo 225 da Lei de Registros Públicos, c/c. §1º do artigo 9º, do Decreto n.º 4.449/02, que regulamentou a Lei n.º 10.267/01, documento pelo qual o INCRA certifica que este imovel não se sobrepõe a nenhum outro existente em seu cadastro, bem como a planta contendo as coordenadas georreferenciadas, devidamente certificada.

III) GEORREFERENCIAMENTO. Para o registro da desapropriação, por se tratar de aquisição originária, há necessidade de ser procedido o georreferenciamento do imóvel, nos termos do artigo 176, §§ 3º e 5º e 225 §3º, ambos da Lei n.º 6.015/73 (Lei de Registros Públicos); artigo

9º, §1º do Decreto n.º 4.449/02 e artigo 2º do Decreto n.º 5.570/05, que poderá ser feito judicial ou extrajudicialmente, por opção dos proprietários."

Desde logo, importa lembrar que a origem judicial do título não o torna imune à qualificação registral, ainda que limitada aos requisitos formais do título e sua adequação aos princípios registrais, conforme disposto no item 119 do Capítulo XX das Normas de Serviço da Corregedoria Geral da Justiça, vigente à época da qualificação (atual item 117).

Está pacificado, inclusive, que a qualificação negativa não caracteriza desobediência ou descumprimento de decisão judicial (Apelação Cível n.º 413-6/7; Apelação Cível n.º 0003968-52.2014.8.26.0453; Apelação Cível n.º 0005176-34.2019.8.26.0344; e Apelação Cível n.º 1001015-36.2019.8.26.0223).

Fixada, assim, esta premissa, indiscutível que a aquisição da propriedade imobiliária por meio da desapropriação judicial encerra forma originária.

E, a despeito de dito caráter originário, a partir da redação dos arts. 176, § 3º e 225, § 3º, da Lei n.º 6.015/73, infere-se que, na hipótese em que há destaque de parcela de imóvel rural, observados, por certo, os prazos constantes do art. 10 do Decreto nº 4.449/2002, existe a necessidade de regular apresentação da planta e do memorial descritivo georreferenciado, contendo as coordenadas georreferenciadas, notadamente pela repercussão no imóvel objeto da desapropriação parcial no aspecto da especialidade objetiva.

"Art. 176, § 3º – ***Nos casos de desmembramento, parcelamento ou remembramento de imóveis rurais***, a identificação prevista na alínea a do item 3 do inciso II do § 1º será obtida a partir de memorial descritivo, assinado por profissional habilitado e com a devida Anotação de Responsabilidade Técnica – ART, contendo as coordenadas dos vértices definidores dos limites dos imóveis rurais, geo-referenciadas ao Sistema Geodésico Brasileiro e com precisão posicional a ser fixada pelo INCRA, garantida a isenção de custos financeiros aos proprietários de imóveis rurais cuja somatória da área não exceda a quatro módulos fiscais." (g.n.). "Art. 225, § 3º – Nos autos judiciais que versem sobre imóveis rurais, a localização, os limites e as confrontações serão obtidos a partir de memorial descritivo assinado por profissional habilitado e com a devida Anotação de Responsabilidade Técnica – ART, contendo as coordenadas dos vértices definidores dos limites dos imóveis rurais, geo-referenciadas ao Sistema Geodésico Brasileiro e com precisão posicional a ser fixada pelo INCRA, garantida a isenção de custos financeiros aos proprietários de imóveis rurais cuja somatória da área não exceda a quatro módulos fiscais." Na expressão consagrada de Afrânio de Carvalho: "o requisito registral da especialidade do imóvel, vertido no fraseado clássico do direito, significa a sua descrição como corpo certo, a sua representação escrita como individualidade autônoma, com o seu modo de ser físico, que o torna inconfundível e, portanto heterogêneo em relação a qualquer outro". **[1]**

No caso em tela foi realizado o georreferenciamento do imóvel desmembrado, objeto da desapropriação, consoante se observa do memorial descritivo de fl. 26 e 120/126, em que consta a precisa localização do bem conforme as coordenadas de seus vértices, como previsto na Lei de Registros Públicos, de modo que prescindível a apresentação de memorial descritivo georreferenciado da área remanescente do imóvel objeto da matrícula n.º 2.614.

É, nesta linha, o precedente deste C. Conselho Superior da Magistratura:

"REGISTRO DE IMÓVEIS – Carta de adjudicação Desapropriação Modo originário de aquisição da propriedade Ausência de transmissão onerosa Comprovação de pagamento de ITBI injustificável Dispensa da exibição de CNDs e declaração de ITR (item 119.1. do Cap. XX das NSCGJ) Memorial descritivo lacunoso Laudo pericial incompleto Ofensa ao princípio da especialidade objetiva Desnecessidade da apuração da área rural remanescente e da prévia averbação da desapropriação nos registros anteriores Pertinência da exigência de certidões atualizadas das matrículas onde originalmente descrita a área rural desapropriada Recurso desprovido." **[2]**

No tema, relevante também destacar trecho do voto exarado nos autos da Apelação nº 1000413-22.2017.8.26.0415 pelo então Corregedor Geral da Justiça, Desembargador Geraldo Francisco Pinheiro Franco:

"Em razão da transmissão da propriedade por meio de desapropriação, da interpretação teleológica efetuada, bem como o destaque de área menor, faço observação da necessidade do georreferenciamento apenas da área desapropriada sem necessidade de sua efetivação para fins de apuração do remanescente da matrícula da qual será destacada."

Nesta ordem de ideias, no que tange à exigência de apresentação de planta e memorial descritivo georreferenciado, não há óbice ao pretendido registro.

De outra sorte, a necessidade de certificação pelo INCRA consta do art. 9º do Decreto nº 4.449/2002:

"Art.9º A identificação do imóvel rural, na forma do § 3º do art. 176 e do § 3º do art. 225 da Lei nº 6.015, de 1973, será obtida a partir de memorial descritivo elaborado, executado e assinado por profissional habilitado e com a devida Anotação de Responsabilidade Técnica – ART, contendo as coordenadas dos vértices definidores dos limites dos imóveis rurais, georreferenciadas ao Sistema Geodésico Brasileiro, e com precisão posicional a ser estabelecida em ato normativo, inclusive em manual técnico, expedido pelo INCRA.

§1º – Caberá ao INCRA certificar que a poligonal objeto do memorial descritivo não se sobrepõe a nenhuma outra constante de seu cadastro georreferenciado e que o memorial atende às exigências técnicas, conforme ato normativo próprio."

Não se olvida dos prazos de carência estabelecidos no já mencionado art. 10 de referido Decreto, que, na hipótese, ocorreria em vinte e dois anos.

"Art.10 – A identificação da área do imóvel rural, prevista nos §§ 3º e 4º do art. 176 da Lei nº 6.015, de 1973, será exigida nos casos de desmembramento, parcelamento, remembramento e em qualquer situação de transferência de imóvel rural, na forma do art. 9º, somente após transcorridos os seguintes prazo:

VII – vinte e dois anos, para os imóveis com área inferior a vinte e cinco hectares."

Contudo, uma vez georreferenciada a descrição perimétrica do imóvel, como ocorre in casu, conquanto ainda não expirado o prazo de carência, afigura-se imprescindível a apresentação, no Registro de Imóveis competente, da certificação expedida pelo INCRA de que não há sobreposição com outro imóvel rural, a fim de se evitar o ingresso de identificação incompleta no fólio real.

Nestes moldes foi o parecer de lavra do então Juiz Auxiliar da Corregedoria Dr. José Antônio de Paula Santos Neto, nos autos do processo nº. 24066/2005, aprovado pelo à época Corregedor Geral da Justiça, Desembargador José Mário Antonio Cardinale:

"Foi questionado, outrossim, se 'aqueles que optarem pelo georreferenciamento já, deverão atender de imediato a certificação de que trata o § 1º do artigo 9º do Decreto 4.449/02, ou poderão fazê-lo dentro do prazo que for entendido como aplicável'. Obviamente, a providência deverá ser imediata. A obtenção do certificado de não sobreposição emitido pelo INCRA é parte integrante e relevante do sistema de individualização imobiliária disciplinado no dito decreto. Logo, não é de se admitir o ingresso, no fólio real, de identificação truncada; incompleta.

Nem parceladamente, a prestações. Configura a certificação verdadeiro requisito a ser observado.

Aliás, sua exigência é um dos aspectos essenciais do mapeamento cadastral que se almeja erigir.

Destarte, a bem da própria higidez do Registro Imobiliário, deverá ser desqualificado o ingresso da nova descrição quando o memorial não vier devidamente certificado. Do contrário, ferir-se-ia a lógica da estrutura concebida e se correria o risco, até, de permitir a vulneração da tábua por modificação aventureira das características da área rural, uma vez que sem a chancela de segurança do órgão oficial responsável. Além disso, a certificação diferida para o futuro poderia nunca chegar, criando-se perplexidade acerca do destino a ser dado àquela descrição precipitadamente abrigada."

Não colhe, ademais, a alegação da apelante de que o imóvel telado perdeu o status de rural.

Com efeito, nos termos do artigo 53 da Lei nº 6.766/79, a alteração de uso do solo rural para fins urbanos depende de aprovação do

Município, bem como de prévia audiência do Instituto Nacional de Colonização e Reforma Agrária INCRA.

Não há, contudo, nos autos demonstração de manifestação do INCRA e tampouco comprovação de aprovação por parte do Município da mudança de destinação do imóvel, de modo que não há como ser afastada a exigência.

Neste sentido já se manifestou, também, este Conselho Superior da Magistratura:

"Registro de Imóveis. Dúvida julgada procedente. Escritura de venda e compra. Descrição sucinta do imóvel constante da matrícula e reproduzida no título que, porém, dadas as circunstâncias do caso concreto, não chega a ofender o princípio da especialidade objetiva. Alegada destinação urbana de imóvel originalmente rural. Necessária apresentação de certidão de descadastramento pelo INCRA. Recurso não provido" **[3]**

Finalmente, ainda que dispensada a reserva legal (§8º do art. 12 da Lei n.º 12.651/12), em virtude da área desapropriada encerrar imóvel rural para fins de registro imobiliário, compete exigir o Cadastro Ambiental Rural, nos termos do art. 29, da Lei n.º 12.651/12:

"Art. 29 – É criado o Cadastro Ambiental Rural – CAR, no âmbito do Sistema Nacional de Informação sobre Meio Ambiente – SINIMA, registro público eletrônico de âmbito nacional, obrigatório para todos os imóveis rurais, com a finalidade de integrar as informações ambientais das propriedades e posses rurais, compondo base de dados para controle, monitoramento, planejamento ambiental e econômico e combate ao desmatamento.

(...)

§ 3º – A inscrição no CAR é obrigatória e por prazo indeterminado para todas as propriedades e posses rurais".

Igualmente neste sentido é o entendimento deste Conselho Superior da Magistratura:

"Registro de Imóveis – Desapropriação – Parcial de Área Rural – Aquisição originária da propriedade – Rodovia em área rural – Modificação geodésica do imóvel – Cabimento do registro no CAR, nos termos do Código Florestal e das NSCGJ – Recurso não provido."4

Finalmente, relevante consignar que o prazo de prorrogação para inscrição no CAR Cadastro Ambiental Rural, promovido pela Lei nº 13.295/2016, estendendo-o até o final do ano de 2017, já expirou, diversamente do alegado pela apelante.

É, nesta linha, a redação do subitem 10.4. do Capítulo XX das NSCGJ: 1"A obrigatoriedade da averbação do número de inscrição do imóvel rural no CAR/SICAR, a ser realizada mediante provocação de qualquer pessoa, fica condicionada ao decurso do prazo estabelecido no § 3.º do art. 29 da Lei n.º 12.651, de 25 de maio de 2012".

3. Por todo o exposto, pelo meu voto, nego provimento à apelação.

RICARDO ANAFE

Corregedor Geral da Justiça e Relator

NOTAS: **[1]** Registro de Imóveis, pág. 206. **[2]** Apelação nº 0001857-17.2012.8.26.0146, Relator Pereira Calças, julgado em 20/05/2016. **[3]** Apelação nº 790-6/6, Rel. Des. Ruy Camilo, j. em 27/5/2008.

▶ EMENTA: Registro de imóveis – Dúvida – Recusa de ingresso de mandado translativo do domínio extraído dos autos da ação de desapropriação – Deficiente descrição do imóvel, em desconformidade com o registro anterior e que apresenta área maior – Imóvel integrante de loteamento irregular – Risco de sobreposição de área – Ofensa aos princípios da especialidade objetiva e da disponibilidade – Necessidade de prévia retificação da área – Recurso não provido (Apelação nº 3000623-74.2013.8.26.0481). Trata-se de recurso de apelação interposto contra a sentença do MM. Juiz Corregedor Permanente do Oficial de Registro de Imóveis da Comarca de Presidente Epitácio, que julgou procedente a dúvida suscitada e manteve a exigência de regularização do título apresentado – mandado translativo de domínio extraído dos autos da ação de desapropriação – por ser a área desapropriada maior do que a área descrita na matrícula do imóvel, sob o fundamento de que o registro pretendido ofende os princípios da especialidade e da continuidade, e que se faz necessária a prévia retificação da área. A apelante afirma, em síntese, que a sentença não considerou as particularidades da ação de desapropriação levada a efeito por decreto federal e que constitui forma originária de aquisição de propriedade, nos termos dos precedentes do Conselho Superior da Magistratura que menciona, além da doutrina colacionada no mesmo sentido. Diz que no curso da ação foi realizada perícia e que a área apurada foi indenizada ao titular do domínio do imóvel desapropriado, e que o bem foi incorporado ao patrimônio público e vinculado à concessão do serviço de produção de energia elétrica por sentença, razão pela qual ficou fora do comércio. Contrarrazões a fls. 112/115. A Procuradoria Geral de Justiça opinou pelo não provimento do recurso. É o relatório. O recurso de apelação interposto não é intempestivo, data vênia do entendimento manifestado pelo Dr. Promotor de Justiça em seu r. parecer de fls. 117/118, pois, de acordo com a certidão de fls. 87/88, a r. sentença foi disponibilizada no Diário da Justiça Eletrônico em 25/04/2014, sexta-feira, publicada no dia 28/04/2014, segunda-feira, o prazo de 15 (quinze) dias teve início no dia 29/04/2014 e decorreu no dia 13/05/2014, data na qual a petição do recurso foi protocolizada (fls.94). A apelante sustenta que, por se tratar de título extraído de ação de desapropriação, que é forma originária de aquisição de propriedade, não há de se falar em ofensa aos princípios da continuidade e da especialidade. A desapropriação, de acordo com Hely Lopes Meirelles, na clássica obra "Direito Administrativo Brasileiro", 16ª edição, RT, pág. 498, ***"... é forma originária de aquisição da propriedade*, porque não provém de nenhum título anterior, e, por isso, o bem expropriado torna-se insuscetível de reivindicação e libera-se de quaisquer ônus que sobre ele incidissem precedentemente, ficando os eventuais credores sub-rogados no preço."** Neste mesmo sentido são as lições de outros doutrinadores renomados, como Narciso Orlandi Neto (Retificação de Registro de Imóveis, Ed. Del Rey – Oliveira Mendes, São Paulo, 1997, pág. 57); Serpa Lopes (Tratado dos Registros Públicos, vol. IV, 6ª edição, Ed. Brasília Jurídica, Brasília, 1997, pág. 154) Afrânio de Carvalho (Registro de Imóveis, 4ª edição, Ed. Forense, Rio de Janeiro, 1998, págs. 93/94). Extrai-se, dessas lições doutrinárias, que a propriedade adquirida em decorrência da desapropriação desvincula-se dos títulos dominiais pretéritos, não mantendo nenhuma ligação com estes, o que impede a reivindicação do bem por quem quer que seja, nos termos do artigo 35 do Decreto-lei nº 3.365/41. Estas características do ato expropriatório autoriza o registrador a dispensar a observância do princípio da continuidade ao qualificar o título, mas em relação ao princípio da especialidade objetiva a conclusão é diversa. Com efeito, o princípio da especialidade objetiva, previsto no art. 176 da Lei nº 6.015/73, exige a identificação do imóvel como um corpo certo, permitindo o encadeamento dos registros e averbações subsequentes, em conformidade ao princípio da continuidade. De acordo com o conceito de Afrânio de Carvalho, na mesma obra acima mencionada, *"O princípio da especialidade significa que toda inscrição dever recair sobre um objeto precisamente individuado"*, e, ao se referir ao mandamento da individuação do imóvel lançado no regulamento dos registros públicos, consigna que *"Além de abranger a generalidade dos atos, contratuais e judiciais, o mandamento compreende também a generalidade dos imóveis, urbanos e rurais, exigindo a cabal individuação de todos para a inscrição no registro"*, e que *"A sua descrição no título há de conduzir ao espírito do leitor essa imagem. Se a escritura de alteração falhar nesse sentido, por deficiência de especialização, terá de ser completada por outra de rerratificação, que aperfeiçoe a figura do imóvel deixada inacabada na primeira. Do contrário, não obterá registro.* "Dispõe o artigo 228 da LRP que *"A matrícula será efetuada por ocasião do primeiro registro a ser lançado na vigência desta Lei, mediante os elementos constantes do título apresentado e do registro anterior nele mencionado"*. No caso em tela, a matrícula do imóvel, aberta no ano de 1997, em razão do registro do título pelo qual a Municipalidade de Presidente Epitácio vendeu o bem a terceira pessoa, traz a seguinte indicação no campo superior, denominado "Identificação do Imóvel": "RUA LINDEIRA À ESTRADA MARGINAL – (LOTE C-13)" e assim o descreve: "IMÓVEL: – UM LOTE DE TERRAS, medindo 85,00 (oitenta e cinco) metros de frente para a rua Lindeira à Estrada Marginal; 77,00 (setenta e sete) metros da frente até a margem do Rio Paraná, pelo lado que divide o com o lote C-14; 71,00 (setenta e um) metros da frente aos fundos até a margem esquerda da qual divide com o lote C-12; 88,00 (oitenta e oito) metros nos fundos, margeando o Rio Paraná; perfazendo um total de 6.290,00 m². "Não obstante constar que se trata do "LOTE C-13" no campo superior da matrícula, após a descrição do imóvel, na qual consta "UM LOTE DE TERRAS", no campo denominado "CONTRIBUINTE", consta "zona 06, setor 02, quadra 001, lote 08". O memorial descritivo e "croquis" que instruem o título, e que correspondem às peças integrantes dos autos da ação expropriatória, elaborados pela expropriante (apelante), no campo "DENOMINAÇÃO DO IMÓVEL" menciona "LOTEAMENTO PARQUE FIGUEIRAL – LOTE C13", e, quanto aos limites e confrontações, assim o descreve: "Começa no ponto 01, situado no encontro da divisa da propriedade de Edmar Pereira Campos com a Avenida Marginal; segue com o rumo de 87°35'59'NW, por uma distância de 85,04m, confrontando com a Avenida Marginal, propriedade da PREFEITURA MUNICIPAL DE PRESIDENTE EPITÁCIO, até o ponto 02; segue com o rumo de 03°14'45'NE, por uma distância de 76,00m, confrontando com o Loteamento Parque Figueiral, propriedade de BEIRA RIO EMPREENDIMENTOS IMOBILIÁRIOS LTDA., até a estaca E 7388/1ª; segue pelo limite de aquisição cota 260,0m, na ordem numérica crescente das estacas, por uma distância de 85,10m, confrontando com a PP-PE-Nº 23/1, propriedade de ANNA CONTI DEAK, até a estaca E 7390/1ª; segue com o rumo de 03°04'26'SW, por uma distância de 81,20m, confrontando com a propriedade de EDMAR PEREIRA CAMPOS, até o ponto 01 onde teve início esta descrição. " Por fim, indica a área total de 6.680,72 m². Basta confrontar as descrições acima mencionadas para observar as inúmeras divergências existentes e a precariedade de ambas e que o imóvel integra loteamento não regularizado. É a matrícula que define, em toda a sua extensão, modalidades e limitações, a situação jurídica do imóvel, razão pela qual sua abertura para modo de aquisição originária da propriedade como é o caso da desapropriação, deve ser feita em observância ao mencionado artigo 228 da Lei de Registros Públicos (o artigo 196 tem a mesma redação) desde que os elementos constantes do título e do registro anterior sejam suficientes, e preenchidos os requisitos registrários, no caso, o da especialidade, que reclama a perfeita identificação da área, mediante individualização e indicação das medidas perimetrais, delimitações e as confrontações, sem que haja sobreposição de área que comprometa o controle da disponibilidade. Neste sentido há inúmeros julgado do Conselho Superior da Magistratura: *"REGISTRO DE IMÓVEIS – Carta de adjudicação – Ação de desapropriação – Descrição deficiente do imóvel – Ofensa ao princípio da especialidade – Necessidade de retificação – Dúvida procedente – Recurso desprovido. "* (Apelação Cível nº 442-6/9 – Rel. Des. José Mário Antônio Cardinale, J. 15/12/2005). Este julgado menciona a Apelação Cível nº 6.084-0 na qual foi assentado o entendimento de que *"é preciso que, em primeiro lugar, o imóvel objeto da futura matrícula corresponda, por completo, àquele transcrito, persistindo, em segundo lugar, uma descrição tabular capaz de afastar os riscos de sobreposição, total ou parcial, com outros prédios e que contenha, em terceiro lugar, lastro geográfico possibilitador da efetiva identificação do bem"*. Ainda no mesmo sentido: Apelações Cíveis números 3.604-0, 496-6/4, 566-6/4, 79.933-0/3 e 75.444.0/0. Este posicionamento é o que prevalece, e que vem sendo mantido, conforme julgados mais recentes, a exemplo das Apelações Cíveis n.ºs. 0001437-80.2011.8.26.0458, 0001026-61.2011.8.26.0062, 0000023-06.2011.8.26.0213, e 0004802-13.2008.8.26.0438, todas relatadas pelo então Corregedor Geral da Justiça, Desembargador José Renato Nalini, cuja ementa da última mencionada assim dispõe: *"REGISTRO DE IMÓVEIS – Título judicial – Qualificação – Cabimento – Instrução deficiente da carta de adjudicação – Dúvida prejudicada – Desapropriação – Modo originário de aquisição da propriedade que não dispensa o respeito ao princípio da especialidade objetiva – Artigo 176, § 1º II, 3), a), da Lei n.º 6.015/1973 – Descumprimento – Amarração geográfica das áreas desapropriadas – Ausente – Exata localização comprometida – Dúvida prejudicada – Recurso não conhecido.* "Isto posto, nego provimento ao recurso. HAMILTON ELLIOT AKEL. CORREGEDOR GERAL DA JUSTIÇA E RELATOR. Apelação cível nº 3000623-74.2013.8.26.0481. Comarca: Presidente Epitácio – 1ª Vara Judicial. Apte: CESP – Companhia Energética de São Paulo. Apdo.: Oficial de Registro de Imóveis, Títulos e Documentos e Civil de Pessoa Jurídica da Comarca de Presidente Epitácio. Voto nº 31.669. Vistos. CESP – Companhia Energética de São Paulo apela da sentença da M. Juíza Thais Migliorança Munhoz Clausen, da 1ª vara de Presidente Epitácio, que acolheu a dúvida suscitada pelo oficial para não autorizar o registro no cartório de imóveis de mandado judicial expedido em ação de desapropriação. O caso concreto mostra que a matrícula 8.299 do Registro de Imóveis abrange imóvel com área de 6.290,00 metros quadrados. Como explicou o registrador, o título extraído da ação de desapropriação alcança área maior, com 6.680,72 metros quadrados e foi reapresentado dois anos e dez meses depois da primeira apresentação sob fundamento de que "a ação de desapropriação é uma forma originária de aquisição". A divergência lançada pelo Desembargador Ricardo Anafe se apega exatamente à afirmação da natureza jurídica da desapropriação como forma de aquisição originária e na não aplicação do princípio da continuidade na hipótese. E o voto do Sr. Corregedor, com todo o respeito à divergência, merece mesmo ser acompanhado, como este juiz já havia votado. É que o título emanado da ação de desapropriação não pode trazer descrição diversa do título transcrito ou registrado, sob pena de ofensa ao art. 176 § 1º II 3-a, da lei de registros públicos. Ou, em outras palavras, o registro de imóveis não pode permitir o ingresso de título que não admita o controle da disponibilidade do imóvel, porque falha a sua identificação. Os julgados mencionados no voto divergente são antigos e, comparados com os indicados no voto do relator, mostram que a jurisprudência evoluiu no sentido de que a desapropriação não se desvinculou da necessidade de identificação do imóvel. E, uma vez mais com todo o respeito, fica-se com a atual posição, ainda mais quando o caso concreto mostra a diferença da área desapropriada com a da transcrição. Do exposto, acompanhe-se o voto do relator para negar provimento ao recurso. Eros Piceli. Vice-Presidente. Apelação nº 3000623-74.2013.8.26.0481. Apelante: CESP Companhia Energética de São Paulo. Apelado: Oficial de Registro de Imóveis, de Títulos e Documentos, e Civil de Pessoa Jurídica de Presidente Epitácio. DECLARAÇÃO DE VOTO DIVERGENTE. VOTO nº 30525. **1.** A Companhia Energética de São Paulo (CESP) interpôs apelação contra sentença que, mantendo óbices levantados pelo Ofício de Registro de Imóveis, de Títulos e Documentos e Civil de Pessoa Jurídica de Presidente Epitácio, julgou procedente a dúvida e obstou a registro de mandado tirado de autos de desapropriação promovida pela apelante. Segundo a sentença, a área desapropriada é maior que a descrita na matrícula, de modo que há ofensa à especialidade e à continuidade e é necessária retificação do registro. **2.** Respeitado o entendimento do eminente Desembargador Relator, a apelação deve ser provida. A desapropriação judicial, como pacificamente declara a jurisprudência deste Conselho, conduz a uma aquisição originária do domínio. Se assim é, então não existe conexão entre os registros anteriores e aquele que será efetivado a partir da inscrição da desapropriação. Portanto, se o imóvel desapropriado estiver corretamente descrito em si mesmo, inexiste violação de especialidade objetiva ou de continuidade por força de incongruências ou deficiências dos registros que até então estavam ligados à área desapropriada. Confira-se (CSMSP, Apel. Cív. 789-6/1, Rel. Ruy Camilo, j. 27.5.2008): O tema não é novo e a questão ora em foco já se acha pacificada no âmbito deste Conselho Superior, mercê da reiteração de julgados. Nesse ritmo, eis o definido na Apelação Cível nº 58.456-0/0, da Comarca de Osasco, relatada pelo E. Des. Sérgio Augusto Nigro Conceição (D.O.E., Poder Judiciário, Caderno I, Parte I, 29 de novembro de 1999, pág. 05): EMENTA: Registro de Imóveis – Dúvida – Ingresso de carta de adjudicação – Ação de desapropriação que atingiu área a ser desmembrada de área maior, sem indicação dos lotes atingidos, além da apuração do remanescente – Óbices não prestigiados – Inexistência de ofensa aos princípios registrários – Recurso improvido – Decisão mantida.... Inconsistente o recurso, impondo-se a manutenção da r. decisão de primeiro grau. E isso porque é admissível o ingresso do título, consistente na carta de adjudicação extraída dos autos da ação de desapropriação ajuizada pela Telecomunicações de São Paulo S.A. – TELESP, que tramitou perante a 13ª Vara da Justiça Federal, da Seção Judiciária de São Paulo, sem a indicação dos lotes atingidos e a apuração do remanescente, na medida em que o registro, tal como pretendido, refere-se a uma aquisição originária, não ofendendo os princípios registrários.... Na verdade, a desapropriação ... tem sido considerada como forma originária de aquisição da propriedade, independendo, portanto, da relação de continuidade do registro, consoante pacífico entendimento deste Conselho Superior da Magistratura (Apelações Cíveis nºs 3.008-0, da Comarca de Palmeira D'Oeste; 3.397-0, da Comarca de Piracicaba; 7.849-0/5, 7.850-0/0, 7.851-0/4, 7.860-0/5, 7.871-0/5 e 8.293-0/4, da Comarca de Guarulhos; 9.641-0/9, da Comarca de Sorocaba, e 9.937-0/1, da Comarca de Capão Bonito). Imbuído do mesmo espírito o V. Acórdão proferido na Apelação Cível nº 67.912-0/2, da Comarca de São Paulo, em que figurou como relator o E. Des. Luís de Macedo (D.O.E., Poder Judiciário, Caderno I, Parte I, 01 de agosto de 2000, pág. 03): REGISTRO DE IMÓVEIS – Dúvida. Desapropriação. Modo originário de aquisição da propriedade. Inocorrência de ofensa aos princípios da especialidade e da continuidade. Registro possível. Recurso não provido.... A aquisição por desapropriação se dá de modo originário, sem vinculação com os registros anteriores, não se justificando, por tal razão, o óbice apresentado, fundado na necessidade de apuração do remanescente para atendimento dos princípios da especialidade e continuidade. No caso dos autos o imóvel desapropriado se encontra perfeitamente descrito e caracterizado, viabilizando a abertura de matrícula, cuja ausência de vinculação com os registros anteriores implica na inaplicabilidade dos referidos princípios registrários. Essa a pacífica orientação deste C. Conselho Superior da Magistratura, como se verifica, aliás, no julgamento da Ap. Cív. Nº 20.330-0/2, mencionado pelo oficial registrador e que foi objeto de eficiente análise na r. decisão recorrida. Merece, ainda, ser trazido à colação outro julgado, da lavra do mesmo relator, prolatado na Apelação Cível nº 75.444-0/0, da Comarca de São Paulo, (D.O.E., Poder Judiciário, Caderno I, Parte I, 10 de abril de 2001, pág. 03): REGISTRO DE IMÓVEIS – Carta de adjudicação extraída de ação de desapropriação. Modo originário de aquisição da propriedade. Inocorrência de ofensa aos princípios registrários da continuidade e da especialidade.... Sendo a desapropriação forma originária de aquisição da propriedade imobiliária, o registro da carta de adjudicação independe da prévia apuração de remanescentes, e de se saber se a área desapropriada equivale total ou parcialmente a esta ou àquela matrícula. Basta que a expropriante descreva os limites geodésicos da área que objetiva adquirir e depositar o preço a título de futura indenização, subrogando-se nos direitos que incidam sobre o imóvel desapropriado. Não há, pois, vinculação do adquirente a um titular anterior e não depende da existência deste. Não é importante o exame da continuidade entre as figuras dos antecessores e dos sucessores, uma vez que aqueles inexistem na aquisição originária. Independe, assim, para o registro do título, o fato de o imóvel ter sofrido desfalques (da transcrição nº 7.049, após alienações, vieram as matrículas nºs. 20.682 e 20.683). De que o norte enunciado se aplica, inclusive, na hipótese de ação ordinária de desapropriação indireta, faz indicação o decidido na Apelação Cível nº 20.330-0/2, da Comarca de Amparo, relatada pelo E. Des. Antônio Carlos Alves Braga (D.O.E., Poder Judiciário, Caderno 1, Parte 1, 25 de julho de 1994, pág. 44): O título – Carta de Sentença – ainda que expedido de ação ordinária decorrente de apossamento administrativo sujeita-se às mesmas regras daquele oriundo de ação expropriatória. Não se vincula, pois, aos princípios de especialidade e continuidade. A posição exposta, de resto, se acha em consonância com a melhor doutrina. Bem o exemplifica a autorizada lição de Narciso Orlandi Neto: A carta de adjudicação expedida no processo de desapropriação é registrada, mesmo que o imóvel não esteja em nome do réu naquela ação. Quer dizer, mesmo que o imóvel esteja registrado em nome de quem não foi parte na ação de desapropriação, ainda assim será registrado o título. Mas a explicação é simples. A aquisição pelo poder público a lei considera originária (Retificação do Registro de Imóveis, Ed. Del Rey Oliveira Mendes, São Paulo, 1997, pág. 57). Disso não discrepa o escólio de Serpa Lopes, o qual, invocando Otto Mayer e com ele concordando, salienta que a desapropriação é meio aquisitivo da propriedade da coisa diretamente, com força originária, afastada, por esse modo, a ideia de uma sucessão no direito do titular desapropriado (Tratado dos Registros Públicos, vol. IV, 6ª edição, Ed. Brasília Jurídica, Brasília, 1997, pág. 154). Também Afrânio de Carvalho segue o rumo traçado: A desapropriação oferece peculiaridade registral de dispensar o registro do título anterior, por se entender que é um modo originário de aquisição da propriedade, em virtude do qual o Estado chama a si o imóvel diretamente, livre de qualquer ônus. Se o registro existir, a desapropriação será inscrita na folha do imóvel desapropriado para assinalar a perda da propriedade do titular ali nomeado. O título da desapropriação pode ser a sentença extraída do processo expropriatório (Registro de Imóveis, 4ª edição, Ed. Forense, Rio de Janeiro, 1998, págs. 93/94). No caso destes autos, a área desapropriada foi corretamente apurada e descrita. Logo, como se disse, a imprecisão dos registros que a ela correspondiam em nada impede que o novo registro – aquele oriundo da desapropriação – seja inaugurado, e não se pode cogitar de ofensa aos princípios registrais da especialidade objetiva e da continuidade **3.** Ante o exposto, dou provimento ao recurso de apelação. ARTUR MARQUES DA SILVA FILHO. Presidente da Seção de Direito Privado. Apelação Cível nº 3000623-74.2013.8.26.0481. Apelante: CESP – Companhia Energética de São Paulo. Apelado: Oficial de Registro de Imóveis de Presidente Epitácio. TJSP – Voto nº 22.073. **DECLARAÇÃO DE VOTO DIVERGENTE. Registro de Imóveis. Recurso contra decisão que negou o registro de mandado judicial translativo de domínio expedido nos autos de ação de desapropriação movida pela CESP – Modo originário de aquisição da propriedade – Área perfeitamente descrita no memorial, que integrou o mandado judicial – Preservado o princípio da especialidade objetiva – Não aplicação do princípio de continuidade. Recurso provido. 1.** Cuida-se de apelação contra decisão proferida pelo Juízo Corregedor Permanente do Oficial de Registro de Imóveis de Presidente Epitácio, que negou pedido de registro de mandado judicial translativo de domínio expedido nos autos de ação de desapropriação movida pela CESP em face de Ana Conti Deak. É o relatório.**2.** Respeitado entendimento do Excelentíssimo Desembargador Relator Corregedor Geral da Justiça, ouso discordar, *datavenia.* Como bem leciona Celso Antônio Bandeira de Mello [1], **a desapropriação é modo originário de aquisição de propriedade:** Do ponto de vista teórico, pode-se dizer que desapropriação é o procedimento através do qual o Poder Público compulsoriamente despoja alguém de uma propriedade e a adquire, mediante indenização, fundado em um interesse público. Trata-se, portanto, de um sacrifício de direito imposto ao desapropriado. A luz do Direito Positivo brasileiro, desapropriação se define como o procedimento através do qual o Poder Público, fundado em necessidade pública, utilidade pública ou interesse social, compulsoriamente despoja alguém de um bem certo, normalmente adquirindo-o [2] para si, [3] em caráter originário, mediante indenização prévia, justa e pagável em dinheiro, salvo no caso de certos imóveis urbanos ou rurais, em que, por estarem em desacordo com a função social legalmente caracterizada para eles, a indenização far-se-á em títulos da dívida pública, resgatáveis em parcelas anuais e sucessivas, preservado seu valor real. Disso decorre o seguinte: a área desapropriada não necessariamente deve corresponder a uma área constante do registro de imóveis. De acordo com Afrânio de Carvalho [4], A desapropriação oferece a peculiaridade registral de dispensar o registro do título anterior, por se entender que é um modo originário de aquisição da propriedade, em virtude do qual o Estado chama a si o imóvel diretamente, livre de qualquer ônus. Se o registro existir, **a desapropriação será inscrita na folha do imóvel desapropriado para assinalar a perda da propriedade do titular ali nomeado.** (grifei). A contrário senso, inexistindo o registro anterior, será aberta a matrícula por ocasião do registro do título expropriatório e à vista dos elementos dele constantes. **Em outras palavras, não se aplica, na hipótese dos autos – desapropriação, o princípio de continuidade.** A continuidade, por sua vez, apresenta dois aspectos: um subjetivo (relativamente aos titulares do domínio – somente o titular constante do registro pode transferir a outrem o domínio) e outro objetivo (relativamente à área do imóvel – o encadeamento de títulos deve corresponder à área descrita na transcrição anterior). Consoante ensinamento de Afrânio de Carvalho: "o princípio de continuidade, **que se apoia no de especialidade,** quer dizer que, em relação a cada imóvel, **adequadamente individuado,** deve existir uma cadeia de titularidade à vista da qual só se fará a inscrição de um direito se o outorgante dele aparecer no registro como seu titular. Assim, as sucessivas transmissões, que derivam umas das outras, asseguram sempre a preexistência do imóvel no patrimônio do transferente. Ao exigir que cada inscrição encontre sua procedência em outra anterior, que assegure a legitimidade da transmissão ou da oneração do direito, acaba por transforma-la no elo de uma corrente ininterrupta de assentos, cada um dos quais se liga ao seu antecedente, como o seu subsequente a ele se ligará posteriormente. Graças a isso, o Registro de Imóveis inspira confiança ao público. (...) A sua essência repousa na necessidade de fazer com que o registro reflita com a maior fidelidade possível a realidade jurídica. Ao exigir-se que todo aquele que dispõe de um direito esteja inscrito como seu titular no registro, impede-se que o não titular dele disponha". (grifei) [5]. *In casu*, a área constante do Registro de Imóveis é de 6.290,00 m^2. O título judicial, do qual faz parte o memorial descritivo de fl. 33/36, descreve área de 6.680,72 m^2. Tomando-se como base as lições suso transcritas, não se vislumbra qualquer óbice ao registro do título judicial. Com efeito, o imóvel está perfeitamente descrito e individuado no memorial que fez parte integrante do mandado judicial (vide fl. 33/36). Será aberta uma nova matrícula com a perfeita descrição do bem, sem qualquer ofensa ao princípio da especialidade objetiva. Não se exige total equivalência da área desapropriada com a constante em registro anterior. Ora, se é possível desapropriar área que sequer existe no fólio real, quanto mais uma área que suplanta a descrita em determinada matrícula. Não se vislumbra o risco de eventual sobreposição de áreas pois a área sobreposta, por hipótese, também passaria ao domínio público, por se tratar, justamente, de modo originário de aquisição da propriedade. *Mutatis mutandis*, veja-se o seguinte acórdão do Egrégio Conselho Superior da Magistratura de dezembro de 1984: *DESAPROPRIAÇÃO – modo originário de aquisição. Modo originário de aquisição da propriedade – isso é o que é a desapropriação.* ***Vale dizer que o título gerado no ventre autônomo do processo expropriatório, não guarda relação causal com registros anteriores porventura existentes. Isso não prescinde da rigorosa individuação da coisa desapropriada.*** *Vistos, relatados e discutidos estes autos de APELAÇÃO CÍVEL, nº 3.604-0, da Comarca de AMPARO, em que DEPARTAMENTO DE ESTRADAS DE RODAGEM é apelante e o OFICIAL SUBSTITUTO DO CARTÓRIO DE REGISTRO DE IMÓVEIS, apelado, ACORDAM os Desembargadores do Conselho Superior da Magistratura, por votação unânime, dar provimento ao recurso.1. O apelante levou a registro carta de adjudicação extraída dos autos de ação de desapropriação. Entendeu o apelado de suscitar dúvida, por verificar inexistente "título anterior transcrito (...) com relação ao imóvel objeto da desapropriação" (fls. 02). Julgada procedente a dúvida (fls. 27/30), o D. E. R. pede nova decisão, sustentando, basicamente, que, em se tratando de expropriação, não há indagar sobre os registros anteriores, bastando que o imóvel esteja suficientemente especializado para que se considerem atendidos os pressupostos registrais.2. Modo originário de aquisição da propriedade – isso é o que é a desapropriação. Vale dizer que o título gerado no ventre autônomo do processo expropriatório (Decreto-lei n 3.365/41, art. 29) não guarda relação causal com registros anteriores porventura existentes. "A desapropriação – ensina AFRÂNIO DE CARVALHO – oferece a peculiaridade registral de dispensar o registro do título anterior (...). Se o registro existir, a desapropriação será inscrita na folha do imóvel desapropriado para assinalar* ***a*** *perda da propriedade do titular ali nomeado" ("in" Registro de Imóveis, Forense, 1982, pág. 115). Se, inversamente, ao imóvel não corresponder matrícula, será efetuada por ocasião do registro do título expropriatório e à vista dos elementos dele constantes. 3. Observa-se, na espécie, particularidade que impõe seja feita cautelosa ressalva. Atribuiu-se ao imóvel, inicialmente, "área total de 400 m^2 (fl. 06). Isso não obstante, o magistrado, pà vista de a perícia ter levado em conta a ocupação da totalidade da área pertencente aos expropriados à, declarou adjudicada ao recorrente, a área de 512 m^{2}a" (fl. 10 verso). Acontece – e o pormenor não escapou à cuidadosa atenção da Procuradoria Geral da Justiça (fl. 43) – que o D. E. R., o impugnar a dúvida (fl. 17), se sentiu autorizado a emprestar ao imóvel expropriado características não coincidentes com aquelas do memorial descritivo entranhado na carta de sentença (fl. 09). Em tais condições, e atendendo-se ao princípio da especialidade, bem se que está posto o recorrente diante do seguinte dilema: ou bem promove o aditamento da carta de sentença, de tal maneira que a peça de fl. 20 passe a integrar o título registrando, ou bem a matrícula será aberta com base nos elementos constantes do memorial de fl. 09.4. Em resumo: se é certo que o título expropriatório é registrável por força própria, dispensada, pois, vinculação a registro anterior, por igual é certo que essa peculiar situação não prescinde da rigorosa individuação da coisa desapropriada (nesse sentido, veja-se o acórdão na Apelação Cível n 286.297, da Comarca de São Caetano do Sul, reproduzido em "Registro de Imóveis – Dúvidas – Decisões do Conselho Superior da Magistratura de São Paulo, de janeiro de 1978 a fevereiro de 1981", (volume organizado por Narciso Orlandi Neto, Saraiva, 1982, pág. 371).5. Do exposto, acordam dar provimento ao recurso, para autorizar a abertura da matrícula, com a ressalva de que efetuará à vista dos elementos que, por ocasião da reapresentação, a carta de adjudicação contiver. BRUNO AFFONSO DE ANDRÉ, Presidente do Tribunal de Justiça – MARCOS NOGUEIRA GARCEZ, Corregedor Geral da Justiça e Relator – NELSON PINHEIRO FRANCO, Vice-Presidente do Tribunal de Justiça.* E, ainda, do Egrégio Conselho Superior da Magistratura de fevereiro de 2002: *Vistos, relatados e discutidos estes autos de APELAÇÃO CÍVEL Nº 83.417-0/0, da Comarca de ESPÍRITO SANTO DO PINHAL, em que é apelante a COMPANHIA DE SANEAMENTO BÁSICO DO ESTADO DE SÃO PAULO – SABESP e apelado o OFICIAL DE REGISTRO DE IMÓVEIS, TÍTULOS E DOCUMENTOS E CIVIL DE PESSOA JURÍDICA da mesma Comarca. ACORDAM os Desembargadores do Conselho Superior da Magistratura, por votação unânime, em dar provimento ao recurso, de conformidade com o voto do relator que fica fazendo parte integrante do presente julgado. Participaram do julgamento, com votos vencedores, os Desembargadores* ***MÁRCIO MARTINS BONILHA,*** *Presidente do Tribunal de Justiça, e* ***ÁLVARO LAZZARINI,*** *Vice-Presidente do Tribunal de Justiça. REGISTRO DE IMÓVEIS –* ***Carta de adjudicação extraída de ação de desapropriação. Modo originário de aquisição da propriedade. Inocorrência de ofensa aos princípios registrários da continuidade e da especialidade.*** *Desnecessidade de apresentação da prova do valor venal do imóvel. Base de cálculo dos emolumentos, na espécie, deve ser a do valor econômico do negócio jurídico, ou seja, o montante da indenização fixada pelo juiz. Desnecessidade de juntada do ITBI, do comprovante do ITR e da apresentação de dados do adquirente e de sua sede. Dúvida improcedente. Recurso a que se dá provimento. Trata-se de apelação interposta pela Companhia de Saneamento Básico do Estado de São Paulo – SABESP (f. 57/68) contra sentença proferida pelo MM. Juiz de Direito Corregedor Permanente do Oficial do Registro de Imóveis da Comarca de Espírito Santo do Pinhal, que julgou procedente dúvida inversamente suscitada (f. 50/55), mantendo a recusa no registro de carta de adjudicação extraída de ação de desapropriação e relativa ao imóvel da transcrição nº 6.373; ademais, mostra-se necessária a qualificação do proprietário e exibição das certidões de ITR e ITBI. O título foi prenotado em 19 de janeiro de 2001, sob nº 34.324 (f. 19). Sustenta a recorrente, em síntese, que: a) a desapropriação é modo originário de aquisição da propriedade, o que significa haver uma relação direta entre a pessoa e a coisa, e o registro deve ser feito independente do titular anterior e da área existente na transcrição ou matrícula; b) como o título em questão envolve propriedade pública não há incidência do princípio da continuidade. Postula o provimento da apelação. A Procuradoria-Geral de Justiça manifestou-se pelo improvimento do recurso (f. 75/77). É o relatório. A sentença merece ser reformada. O imóvel desapropriado objeto da transcrição nº 6.373 (com área total de 4 alqueires – f 43) foi destacado da matrícula nºs. 3.111.* ***Sendo a desapropriação forma originária de aquisição da propriedade imobiliária, o registro da carta de adjudicação independe da prévia apuração de remanescentes, e de se saber se a área desapropriada equivale, total ou parcialmente, a esta ou àquela matrícula. Basta que a expropriante descreva os limites geodésicos da área que objetiva adquirir e depositar o preço a título de futura indenização, sub-rogando-se nos direitos que incidam sobre o imóvel desapropriado.*** *Não há, pois, vinculação do adquirente a um titular anterior e não depende da existência deste.* ***Não é importante o exame da continuidade entre as figuras dos antecessores e dos sucessores, uma vez que aqueles inexistem na aquisição originária.*** *Além do mais, nada impede o registro do título, pois o imóvel não sofreu desfalques, conforme averbações na matrícula 6.373 de f 43. Posiciona-se a melhor doutrina: "A desapropriação oferece* *peculiaridade registral de dispensar o registro do título anterior, por se entender que é um modo originário de aquisição da propriedade, em virtude do qual o Estado chama a si o imóvel diretamente, livre de qualquer ônus. Se o registro existir, a desapropriação será inscrita na folha do imóvel desapropriado para assinalar a perda da propriedade do titular ali nomeado. O título da desapropriação pode ser a sentença extraída do processo expropriatório ou a escritura pública de desapropriação amigável" ("Registro de Imóveis", Afrânio de Carvalho, Forense, 4ª ed., págs. 93/94). Noutra passagem, na mesma obra, o autor, complementa: "Assim, ingressam imediatamente no registro os títulos de... aquisições do Estado mediante desapropriação (carta de sentença), uma vez que são havidas como originárias, sub-rogando-se no preço quaisquer direitos que recaiam sobre o bem desapropriado ("Lei de Desapropriações", art. 31, cit., pág. 267). Na Ap. Cív. nº 75.444.0/0-00, Comarca de São Sebastião, este Conselho Superior da Magistratura, em julgado de 22.02.2.001, assim se manifestou: "A desapropriação, como anota Clóvis Beviláqua, é um dos modos de perda da propriedade imóvel, diversa da alienação (p. 184, "Direito das Coisas", 1º vol., 4ª ed.). Ou no dizer de Pontes de Miranda, a desapropriação não é modo de adquirir, mas sim de perder a propriedade, posto que a entidade que exerce o direito de desapropriação exerce direito formativo, ainda que se dê composição amigável, não configura ela um negócio jurídico, e sim um ato jurídico em sentido estrito; o que adquire a propriedade não sucede aquele que foi desapropriado (págs. 146 e 151, Tratado de Direito Privado, tomo XIV – 1955). " Miguel Maria de Serpa Lopes anota que a transcrição na desapropriação e a do Direito Civil têm aspectos e consequências diferentes, porquanto a primeira não tem efeitos translativos, apenas indicando o término da propriedade individual. E acrescenta que se cuida de uma publicidade relativa a um ato de aquisição originária, não se podendo exigir o requisito da transcrição do título anterior ("Tratado de Registros Públicos" – vol. IV, 5ª ed., pág. 174). Celso Antônio Bandeira de Mello, por sua vez, registra que a desapropriação é forma originária de aquisição da propriedade porque ela é por si suficiente para instaurar a propriedade em favor do Poder Público, independente do título existente ("Elementos de Direito Administrativo", pág. 190). Também Hely Lopes Meirelles, ("Direito Administrativo Brasileiro", 11ª ed., pág. 501) leciona: "A desapropriação é forma originária de aquisição da propriedade, porque não provém de nenhum título anterior, e, por isso, o bem expropriado torna-se insuscetível de reivindicação e libera-se de quaisquer ônus que sobre ele incidissem precedentemente, ficando os eventuais credores subrogados no preço. " A jurisprudência, por mais de uma vez, prestigiou esse entendimento, como nos seguintes julgados: Na Ap. Cív. nº 67.912.0/2-00, da qual fui relator, entendi que: "A aquisição por desapropriação se dá de modo originário, sem vinculação com os registros anteriores, não se justificando, por tal razão, o óbice apresentado, fundado na necessidade de apuração do remanescente para atendimento dos princípios da especialidade e continuidade. "No caso dos autos o imóvel desapropriado se encontra perfeitamente descrito e caracterizado, viabilizando a abertura da matrícula, cuja ausência de vinculação com os registros anteriores implica na inaplicabilidade dos referidos princípios registrários. "Essa a pacifica orientação deste Conselho Superior da Magistratura, como se verifica, aliás, no julgamento da Apelação Cível nº 20.330-0/2... ". "A desapropriação oferece a peculiaridade de dispensar o registro do título anterior, por se entender que é modo originário de aquisição da propriedade, em virtude do qual o Estado chama a si o imóvel diretamente, livre de qualquer ônus" (RT 588/94). "A desapropriação é forma originária de aquisição da propriedade, significando que ela é, por si mesma, suficiente, independentemente de qualquer vinculação com o título jurídico do anterior proprietário. Assim, uma vez presente a correta e exaustiva identificação da área alcançada pela ação expropriatória, cumprindo o princípio da especialidade, pode ser praticado o ato registral da carta de adjudicação, não se havendo de cogitar da regra da continuidade, em vista da feição originária da aquisição do domínio pela expropriante" (RT 580/122). Não obstante a carta de adjudicação extraída da ação de desapropriação seja título hábil para ingressar no registro imobiliário (arts. 29, do dec.-lei nº 3.365/41 e 167, I, nº 34, da lei nº 6.015/73), "não se dispensa o requisito da individuação da coisa desapropriada, para que, por meio dela, possa a transcrição, com toda a segurança, operar todos os seus efeitos extintivos" (Serpa Lopes, cit., pág. 174). **É suficiente para se preservar a especialidade da matrícula a ser aberta em nome da expropriante que a carta de adjudicação possua elementos suficientes para permitir que o imóvel seja passível de identificação física, ou seja, possa ter sua localização geodésica identificada, como ocorre a f. 36/37.** O registrador deve se acautelar para que o desfalque decorrente da desapropriação seja anotado nos registros atingidos, com o fim de conservar o controle da disponibilidade do imóvel; porém, este encargo não pode ser transferido para a recorrente sob o argumento de ofensa à continuidade porquanto não incidente tal princípio à forma originária de aquisição de imóvel. Pelo mesmo raciocínio torna-se despicienda a exigência de qualificação da expropriante, seja pela forma originária que se apresenta a desapropriação, seja por ser ela pessoa jurídica criada por lei. Não há também óbice do título adentrar no fólio real para instituição de servidão administrativa, uma vez que não há transferência de propriedade, mas imposição de ônus de uso público ao particular, uma vez que a descrição da servidão no título (f. 36) possibilita o respeito aos princípios da especialidade e da continuidade.(...)Em suma, o título é passível de registro, ficando afastadas as exigências opostas pelo registrador, tornando, assim, viável o registro da carta de adjudicação. Ante o exposto, dou provimento ao recurso. LUÍS DE MACEDO, Relator e Corregedor Geral da Justiça.* Por epítome, porque a desapropriação é modo originário de aquisição da propriedade, afastada a necessidade de correspondência com título anterior, havendo rigorosa descrição do imóvel, é o caso de se deferir o registro do mandado judicial, nos moldes pleiteados.**3.** Ante o exposto, pelo arrimo esposado, pelo meu voto, dá-se provimento ao recurso. Ricardo Mair Anafe. Presidente da Seção de Direito Público. Notas:[1] *Curso de Direito Administrativo*, 31ª edição, São Paulo: Malheiros, 2014, p. 883/884.[2] TFR, *RDA* 44/288. [3] TFR, *RDA* 89/148, e STF, *RDP* 2/208. [4] Registro de Imóveis, 3ª edição, Rio de Janeiro: Forense, 1.982, p. 115.[5] Idem, ibidem, p. 304/305 (DJe de 21.07.2015 – SP)

▶ **EMENTA:** REGISTRO DE IMÓVEIS – Desapropriação amigável – Modo originário de aquisição da propriedade – Princípio da continuidade – Observação desnecessária – Princípio da especialidade – Obediência imprescindível – Carta de adjudicação – Desqualificação para registro – Não apresentação do título – Dúvida prejudicada – Recurso não conhecido (APELAÇÃO CÍVEL Nº 0000024-88.2011.8.26.0213, da Comarca de GUARÁ). A interessada, ora apelante, inconformada com a desqualificação para registro da carta de adjudicação relacionada com o bem imóvel descrito na matrícula nº (...) do Registro de Imóveis de Ituverava, objeto da desapropriação tratada no processo nº 828/2007, que correu pela Vara Única da Comarca de Guará, requereu a suscitação da dúvida pela agora apelada, Registradora de Imóveis e Anexos de Guará (fls. 13). A Registradora, suscitando a dúvida, manteve, no entanto, a qualificação negativa, invocando precedente do Conselho Superior da Magistratura, pois a exigência questionada, direcionada à prévia retificação da área do imóvel, com a descrição da parte desapropriada e da remanescente, mediante exibição de planta e apresentação de memorial descritivo, revela-se pertinente, porque amigável a desapropriação e, por conseguinte, derivada a aquisição da propriedade (fls. 02/05). Notificada (fls. 12), a interessada apresentou a sua impugnação e argumentou: o precedente jurisprudencial invocado pela Registradora não se aplica ao caso vertente, no qual, ao contrário daquele, houve processo judicial de desapropriação e produção de prova pericial; a composição, envolvendo o valor da indenização, foi aperfeiçoada depois da prolação da sentença, quando já interposto recurso de apelação; ainda que amigável e mesmo que concluída independentemente de um processo litigioso, a desapropriação é modo originário de aquisição da propriedade; não há, na hipótese, similitude com a compra e venda; enfim, as exigências apresentadas não têm cabimento (fls. 15/57). A dúvida, em primeira instância, foi julgada procedente (fls. 58/60). Rejeitados os embargos de declaração (fls. 61/63 e 64), a interessada interpôs recurso de apelação, reiterando suas manifestações anteriores e reforçando a ocorrência de despojamento compulsório, com a finalidade de obter o julgamento improcedente da dúvida, com determinação dirigida ao registro da carta de adjudicação (fls. 66/86). Recebido o recurso (fls. 87), a apelante exibiu cópia de acórdão recentemente proferido pelo Egrégio Conselho Superior da Magistratura, então, conforme ponderado, expressando entendimento em harmonia com sua tese (fls. 102/95). A Procuradoria Geral da Justiça, após requerer a remessa dos autos ao Colendo Conselho Superior da Magistratura, propôs o não conhecimento da apelação, pois prejudicada a dúvida, e, subsidiariamente, o provimento do recurso, já que, qualificada como originária a aquisição da propriedade imobiliária, não há que se cogitar de descumprimento do princípio da continuidade (fls. 108/109). Por fim, discutindo-se a pertinência de registro em sentido estrito, os autos foram remetidos ao Colendo Conselho Superior da Magistratura (fls. 112/113, 114 e 118/119). É o relatório. A desapropriação é o procedimento administrativo identificado pela prática de uma série encadeada de atos preordenados à perda da propriedade, pelo particular, mediante transferência forçada de seus bens para o Poder Público, precedida, em regra, do pagamento de prévia e justa indenização em dinheiro. O despojamento compulsório da propriedade pelo Poder Público pode estar fundado **a)** em necessidade ou utilidade pública ou interesse social (artigo 5º, XXIV, da CF), **b)** em descumprimento do Plano Diretor do Município – quando dispensada a prévia indenização e admitido o pagamento mediante títulos da dívida pública (artigo 182, § 4º, III, da CF) –, **c)** visar, à luz do descumprimento da função social do imóvel rural, à reforma agrária – hipótese em que autorizado o pagamento da indenização por meio de títulos da dívida agrária (artigo 184 da CF) –, ou **d)** apoiar-se na utilização criminosa dos bens, situação que desobriga o pagamento de indenização ao expropriado (artigo 243 da CF). A desapropriação, amigável ou judicial, concluída extrajudicialmente, na via administrativa, ou por meio de processo litigioso, com a intervenção do Poder Judiciário, revela-se, sempre, um modo originário de aquisição da propriedade: inexiste um nexo causal entre o passado, o estado jurídico anterior, e a situação atual. A propriedade adquirida, com o aperfeiçoamento da desapropriação, liberta-se de seus vínculos anteriores, desatrela-se dos títulos dominiais pretéritos, dos quais não deriva e com os quais não mantém ligação, tanto que não poderá ser reivindicada por terceiros e pelo expropriado (artigo 35 do Decreto-lei nº 3.365/1941), salvo no caso de retrocessão. Trata-se de entendimento compartilhado, além do mais, pela melhor doutrina: Miguel Maria de Serpa Lopes, Hely Lopes Meirelles, Celso Antonio Bandeira de Mello, Maria Sylvia Zanella di Pietro, Lucia Valle Figueiredo, Diogenes Gasparini, José Carlos de Moraes Salles e Marçal Justen Filho. A propósito da desapropriação amigável, Diogenes Gasparini acentua: mesmo ela, na qual, igualmente, a transferência do domínio é imposta pelo Poder Público, a aquisição da propriedade é originária, "dado que o expropriante e o expropriado ajustam seus interesses apenas em relação à indenização, às condições de pagamento e à transferência da posse. " Na mesma linha, Celso Antonio Bandeira de Mello destaca a natureza compulsória da aquisição da propriedade realizada por meio da desapropriação, causa autônoma suficiente, por si só, para incorporação do bem expropriado ao patrimônio do Poder Público, apoiada na sua vontade, no seu poder de império, e no pagamento da indenização, malgrado encerrado o procedimento extrajudicialmente, com acordo. Enfim, ainda que a segunda fase do procedimento expropriatório bifásico, a executiva (a primeira fase é a declaratória), termine no âmbito administrativo, com a lavratura da escritura pública amigável de desapropriação, a ser registrada no Registro de Imóveis, a desapropriação, a despeito do acordo extrajudicial, não se desnatura, ou seja, não se transmuda em modo derivado de aquisição da propriedade. Consoante Marçal Justen Filho, "a concordância do particular não atribui natureza consensual à desapropriação, " que, assim – implicando supressão da propriedade privada por iniciativa estatal, para a qual indiferente a anuência do expropriado –, "não se confunde com uma compra e venda", ainda que haja "aquiescência no tocante ao valor da indenização. " Por sua vez, o Colendo Conselho Superior da Magistratura, por anos, acompanhou o posicionamento doutrinário exposto, sem fazer distinção, com relação ao modo de aquisição da propriedade, entre as desapropriações amigável e judicial. Conforme se extrai dos julgamentos da Apelação Cível nº 9.461-0/9, no dia 30 de janeiro de 1989, relator Corregedor Geral da Justiça Milton Evaristo dos Santos, e da Apelação Cível nº 12.958-0/4, no dia 14 de outubro de 1991, relator Corregedor Geral da Justiça Onei Raphael, a desapropriação, mesmo a amigável, era compreendida, tal como a judicial, como modo originário de aquisição da propriedade. Todavia, com o julgamento da Apelação Cível nº 83.034-0/2, no dia 27 de dezembro de 2001, relator Corregedor Geral da Justiça Luís de Macedo, houve modificação da jurisprudência: passou-se a entender que a desapropriação amigável, consumada na fase administrativa, é meio derivado de aquisição da propriedade, retratando um negócio jurídico bilateral, oneroso e consensual, instrumentalizado mediante escritura pública. Doravante, tal concepção do assunto prevaleceu – segundo demonstra, a título de exemplo, o julgamento da Apelação Cível nº 39-6/0, em 18 de setembro de 2003, relator Corregedor Geral da Justiça Luiz Tâmbara –, até um novo reexame da questão, recentemente promovido, por ocasião do julgamento da Apelação Cível nº 990.10.415.058-2, no dia 07 de julho de 2011, relator Corregedor Geral da Justiça Maurício Vidigal, quando restabelecido o anterior entendimento, a ser prestigiado, porque afirmado, em harmonia com o acima aduzido, que a desapropriação amigável, inclusive, é modo originário de aquisição da propriedade. Não sem razão, porquanto o acordo extrajudicial, elemento identificador da desapropriação amigável – espécie de expropriação também contemplada no artigo 10 do Decreto-Lei 3.365/1941 –, versa, exclusivamente, convém insistir, sobre a indenização a ser desembolsada pelo expropriante: ou seja, a escritura pública amigável de desapropriação não é titulo translativo da propriedade. O despojamento da propriedade é coativo, mesmo na desapropriação amigável: inexiste, na desapropriação, em quaisquer de suas espécies, transferência consensual da propriedade para o Poder Público. A perda compulsória da propriedade, acompanhada de sua aquisição originária pelo expropriante, é resultante do procedimento administrativo desencadeado pelo Estado. O risco de fraude e a falta da garantia prevista para a desapropriação judicial, representada pela apuração da regularidade dominial como condição para o levantamento da indenização (artigo 34 do Decreto-Lei nº 3.365/1941), não justificam a desvirtuação da natureza da desapropriação, ainda que amigável. Ao terceiro prejudicado, restará a sub-rogação de seus supostos direitos na indenização desembolsada pelo ente expropriante (artigo 31 do Decreto-Lei nº 3.365/1941) ou, inviabilizada esta, perseguir, judicialmente, o reconhecimento de eventual responsabilidade do Estado. Dentro do contexto exposto – reconhecido o modo originário de aquisição da propriedade pelo Poder Público, precedida da perda compulsória do bem pelo particular –, a observação do princípio registral da continuidade é prescindível, ainda mais diante da regra emergente do artigo 35 do Decreto-Lei nº 3.365/1941. De todo modo, não se dispensa a obediência ao princípio da especialidade objetiva, na pacífica compreensão do Colendo Conselho Superior da Magistratura deste Tribunal de Justiça e no oportuno magistério de Serpa Lopes, de acordo com quem é exigível "o requisito da individuação da coisa desapropriada", inobstante a aquisição originária da propriedade. Destarte, a origem judicial do título apresentado para registro (carta de adjudicação) não torna prescindível a qualificação: a prévia conferência, destinada ao exame do preenchimento das formalidades legais atreladas ao ato registral, é indispensável, inclusive nos termos do item 106 do Capítulo XX das Normas de Serviço da Corregedoria Geral da Justiça. Contudo, os presentes autos não foram instruídos com a carta de adjudicação, razão pela qual o reexame da qualificação impugnada, que pressupõe a análise da via original do título, está prejudicada: aliás, prejudicada a dúvida, o conhecimento do recurso fica comprometido. Nem mesmo a exibição de cópia do título judicial, sequer apresentada, supriria a ausência da via original, porque inadmissível o acesso de mera reprodução do documento ao fólio real: trata-se de posição jurisprudencial sedimentada tanto no Conselho Superior da Magistratura como nesta Corregedoria Geral da Justiça. Ademais, a falta de apresentação da via original e mesmo de sua cópia impede que a observação do princípio da especialidade objetiva seja valorada: é impossível definir se as exigências questionadas são pertinentes e, portanto – considerando que a área desapropriada está situada em área maior, objeto da matrícula nº 7.643 do Registro de Imóveis de Ituverava (fls. 10/11 e 29/36) –, se a planta demonstrativa e o memorial descritivo, com delimitação da parte desapropriada e da remanescente, são necessários para o registro e a abertura de matrícula pretendidos (artigos 167, I, 34, e 196, da Lei nº 6.015/1973). Não há, nem à vista do laudo pericial produzido nos autos do processo expropriatório (fls. 29/36), como avaliar se o título a ser registrado potencialmente descreve os elementos individualizadores da área desapropriada, as medidas perimetrais e as delimitações da área ocupada pelo bem desapropriado, com as suas confrontações – ausentes no trabalho técnico –, em suma, se ostenta segura amarração geográfica, com identificação de suas posições espaciais (artigo 176, § 1º, II, 3, da Lei nº 6.015/1973). Pelo exposto, não conheço do recurso interposto, dando por prejudicada a dúvida. JOSÉ RENATO NALINI, Corregedor Geral da Justiça e Relator (D.J.E. de 24.09.2012)

35) da alienação fiduciária em garantia de coisa imóvel.

1. COMENTÁRIOS

A alienação fiduciária consiste na transferência feita pelo devedor ao credor da propriedade resolúvel e da posse indireta de um bem infungível (art. 1.361 do Código Civil) ou de um bem imóvel (arts. 22 a 33 da Lei n. 9.514/1997), como garantia de seu débito. O direito do adquirente se resolve com o adimplemento da obrigação, ou seja, com o pagamento da dívida garantida.

Destarte, a alienação fiduciária em garantia de bem imóvel traz o desdobramento da propriedade e da posse do imóvel. Ao **devedor fiduciante** fica reservada a **posse direta do bem**, enquanto o **credor fiduciário** tem a **posse indireta do bem**, enquanto existir a propriedade fiduciária que lhe garante o direito de consolidar a propriedade em suas mãos, caso não ocorra o adimplemento.

A Lei n. 14.711/2023 trouxe nova redação ao art. 22 da Lei n. 9.514, estabelecendo que a alienação fiduciária é o negócio jurídico pelo qual o fiduciante, com o escopo de garantia de **obrigação própria ou de terceiro**, contrata a transferência ao credor, ou fiduciário, da propriedade resolúvel de coisa imóvel. Note-se que o Marco Legal das Garantias, ao acrescentar a figura do terceiro, deixa claro que a execução da garantia pode recair sobre o terceiro fiduciante, que ofereceu um imóvel de sua propriedade para assegurar a obrigação do devedor.

Apesar da clareza do conceito legal acerca da natureza jurídica da alienação fiduciária como **direito real de garantia**, a doutrina não é pacífica quanto aos exatos limites do instituto. Alguns entendem-na como um **direito real de garantia sobre coisa própria**, quando o direito real de garantia é consubstanciado na propriedade do bem.

Explica Melhim Namem Chalhub: "diferentemente da hipoteca, do penhor e da anticrese, a propriedade fiduciária em garantia é direito real em coisa própria, pois, enquanto naquelas modalidades de garantia o devedor conserva o bem em seu patrimônio, na transmissão da propriedade fiduciária o devedor se demite da sua propriedade, que passa ao patrimônio do credor, embora em caráter fiduciário" (Op. cit., p. 776).

Outra parte da doutrina, contudo, considera a **alienação fiduciária como garantia sobre coisa alheia**, entendendo que, neste caso, a alienação fiduciária não ultrapassa, em sua constituição, o âmbito do direito real de garantia.

No que diz respeito à alienação fiduciária, Alyne Yumi Konno elucida que "o principal benefício ao credor fiduciário é a segurança que traz, haja vista que o imóvel é transferido em garantia ao credor, deixando de integrar o patrimônio do devedor e, por consequência, não pode ser penhorado para garantir outras dívidas do devedor fiduciante, devendo eventual penhora receber qualificação negativa do oficial. Também, à semelhança do que ocorre no SFH, o devedor está sujeito a restrições na transmissão de seus direitos, que só podem ser transmitidos com anuência expressa do credor. Outra vantagem da alienação fiduciária é a rapidez com que a dívida pode ser executada extrajudicialmente" (Op. cit., p. 113).

O art. 22, § 1º, da Lei n. 9.514/1997 estabelece o **objeto** da alienação fiduciária. Atente-se que este dispositivo foi alterado pela Lei n. 14.620/2023, que incluiu novos incisos. Vejamos:

> Art. 22, § 1º A alienação fiduciária poderá ser contratada por pessoa física ou jurídica, não sendo privativa das entidades que operam no SFI, podendo ter como objeto, além da **propriedade plena**:
>
> I - bens enfitêuticos, hipótese em que será exigível o pagamento do laudêmio, se houver a consolidação do domínio útil no fiduciário;
>
> II - o direito de uso especial para fins de moradia;
>
> III - o direito real de uso, desde que suscetível de alienação;
>
> IV - a propriedade superficiária.
>
> **V** - os direitos oriundos da imissão provisória na posse, quando concedida à União, aos Estados, ao Distrito Federal, aos Municípios ou às suas entidades delegadas, e a respectiva cessão e promessa de cessão; *(Incluído pela Lei nº 14.620, de 2023)*
>
> **VI** - os bens que, não constituindo partes integrantes do imóvel, destinam-se, de modo duradouro, ao uso ou ao serviço deste. *(Incluído pela Lei nº 14.620, de 2023)*
>
> § 2º Os direitos de garantia instituídos nas hipóteses dos incisos III e IV do § 1º deste artigo ficam limitados à duração da concessão ou direito de superfície, caso tenham sido transferidos por período determinado.

O Marco Legal das Garantias positivou, no art. 22, § 3º, da Lei nº 9.514/1997, a **alienação fiduciária da propriedade superveniente**. Nesse caso, se adquirida pelo fiduciante, é suscetível de registro no Registro de Imóveis desde a data de sua celebração, tornando-se eficaz a partir do cancelamento da propriedade fiduciária anteriormente constituída.

Sobre o tema, convém rememorar o Enunciado 506 da V Jornada de Direito Civil do Conselho Justiça Federal:

> **Enunciado 506.** Estando em curso contrato de alienação fiduciária, é possível a constituição concomitante de nova garantia fiduciária sobre o mesmo bem imóvel, que, entretanto, incidirá sobre a respectiva propriedade superveniente que o fiduciante vier a readquirir, quando do implemento da condição a que estiver subordinada a primeira garantia fiduciária; a nova garantia poderá ser registrada na data em que convencionada e será eficaz desde a data do registro, produzindo efeito ex tunc.

Outra inovação introduzida pela Lei nº 14.711/2023 foi a positivação de regras sobre **alienações fiduciárias sucessivas**. Assim, havendo alienações fiduciárias sucessivas da propriedade superveniente, as anteriores terão prioridade em relação às posteriores na excussão da garantia, observado que, no caso de excussão do imóvel pelo credor fiduciário anterior com alienação a terceiros, os direitos dos credores fiduciários posteriores sub-rogam-se no preço obtido, cancelando-se os registros das respectivas alienações fiduciárias.

Em relação à **constituição** da propriedade fiduciária de coisa imóvel, esta se dá mediante registro, no competente Registro de Imóveis, do contrato que lhe serve de título. E é exatamente com a constituição da propriedade fiduciária, que se dá o desdobramento da posse, tornando-se o fiduciante possuidor direto e o fiduciário possuidor indireto da coisa imóvel. É importante destacar que cabe ao fiduciante a obrigação de arcar com o custo do pagamento do Imposto sobre a Propriedade Predial e Territorial Urbana (IPTU) incidente sobre o bem e das taxas condominiais existentes.

Quanto ao título que ingressa no ofício imobiliário, o art. 38 da Lei n. 9.514/1997 estabelece que "os **atos e contratos** referidos nesta Lei ou resultantes da sua aplicação, mesmo aqueles que visem à constituição, transferência, modificação ou renúncia de direitos reais sobre imóveis, poderão ser celebrados por **escritura pública** ou por **instrumento particular com efeitos de escritura pública.**

Sobre o tema, é pertinente dialogar com o recentíssimo art. 440-AO do Provimento CNJ n. 149/2023, incluído pelo Provimento CNJ n. 175/2024. Veja-se:

> Art. 440-AO. A permissão de que trata o art. 38 da 9.514/1997 para a formalização, por instrumento particular, com efeitos de escritura pública, de alienação fiduciária em garantia sobre imóveis e de atos conexos, é **restrita a entidades autorizadas a operar no âmbito do Sistema de Financiamento Imobiliário - SFI** (art. 2º da Lei n. 9.514/1997), incluindo:
>
> I - as cooperativas de crédito;
>
> II – as companhias securitizadoras, os agentes fiduciários e outros entes sujeitos a regulamentação da Comissão de Valores Mobiliários ou do Banco Central do Brasil relativamente a atos de transmissão dos recebíveis imobiliários lastreados em operações de crédito no âmbito do SFI.
>
> § 1º O disposto neste artigo **não exclui outras exceções legais à exigência de escritura pública previstas no art. 108 do Código Civil**, como os atos envolvendo.
>
> § 2º São considerados regulares os instrumentos particulares envolvendo alienação fiduciária em garantia sobre imóveis e os atos conexos celebrados por sujeitos de direito não integrantes do Sistema de Financiamento Imobiliário – SFI, desde que tenham sido lavrados antes de 11 de junho de 2024.

O art. 24 da Lei 9.514/1997 elenca os **requisitos** que devem ser encontrados no título que formaliza o negócio fiduciário. Assim, conterá o contrato:

I) o valor da dívida, sua estimação ou seu valor máximo;

II) o prazo e as condições de reposição do empréstimo ou do crédito do fiduciário;

III) a taxa de juros e os encargos incidentes;

IV) a cláusula de constituição da propriedade fiduciária, com a descrição do imóvel objeto da alienação fiduciária e a indicação do título e modo de aquisição;

V) a cláusula que assegure ao fiduciante a livre utilização, por sua conta e risco, do imóvel objeto da alienação fiduciária, exceto a hipótese de inadimplência;

VI) a indicação, para efeito de venda em público leilão, do valor do imóvel e dos critérios para a respectiva revisão e;

A Lei 13.465/2017 trouxe uma inovação ao estabelecer que no caso, o valor do imóvel convencionado pelas partes seja inferior ao utilizado pelo órgão competente como base de cálculo para a apuração do imposto sobre transmissão *inter vivos*, exigível por força da consolidação da propriedade em nome do credor fiduciário, este último será o valor mínimo para efeito de venda do imóvel no primeiro leilão.

VII) a cláusula dispondo sobre os procedimentos de que tratam os arts. 26-A, 27 e 27-A da Lei n. 9.514/1997 (procedimentos de cobrança, consolidação da propriedade e operações de crédito garantidas por alienação fiduciária de 2 (dois) ou mais imóveis)

Com o **pagamento da dívida e seus encargos, resolve-se** a propriedade fiduciária do imóvel. No prazo de 30 (trinta) dias, contado da data de liquidação da dívida, o fiduciário fornecerá o **termo de quitação** ao devedor e, se for o caso, ao terceiro fiduciante, sob pena de multa ao fiduciário equivalente a 0,5% (meio por cento) ao mês, ou fração, sobre o valor do contrato, que se reverterá em favor daquele a quem o termo não tiver sido disponibilizado no referido prazo.

À vista desse **termo de quitação**, o oficial do competente registro de imóveis efetuará o **cancelamento** do registro da propriedade fiduciária. A jurisprudência entende que também é possível a quitação de débito decorrente de contrato de alienação fiduciária de bem imóvel **após** a consolidação da propriedade em nome do credor fiduciário.

Entretanto, poderá ocorrer o **inadimplemento** nos termos do fixado no contrato de alienação fiduciária. Neste caso, vencida e não paga a dívida, no todo ou em parte, e constituídos em mora o devedor e, se for o caso, o terceiro fiduciante, será **consolidada a propriedade do imóvel em nome do fiduciário**. Para tanto, deve-se recorrer ao novo procedimento estabelecido no art. 26, alterado pela Lei n. 14.711/2023.

Assim, o devedor e, se for o caso, o terceiro fiduciante serão **intimados,** a requerimento do fiduciário, pelo oficial do registro de imóveis competente, a satisfazer, no prazo de 15 (quinze) dias, a **prestação vencida e aquelas que vencerem até a data do pagamento**, os juros convencionais, as penalidades e os demais encargos contratuais, os encargos legais, inclusive os tributos, as contribuições condominiais imputáveis ao imóvel e as despesas de cobrança e de intimação.

Atente-se que, na hipótese de **haver imóveis localizados em mais de uma circunscrição imobiliária em garantia da mesma dívida**, a intimação para purgação da mora poderá ser requerida a qualquer um dos registradores competentes e, uma vez realizada, importa em cumprimento do requisito de intimação em todos os procedimentos de excussão, desde que informe a totalidade da dívida e dos imóveis passíveis de consolidação de propriedade.

Frise-se que o contrato pode estabelecer um **prazo de carência**, após o qual será expedida a intimação. Caso não haja este prazo, ele será de 15 (quinze) dias.

Em relação às **modalidades da intimação**, esta será feita pessoalmente ao devedor e, se for o caso, ao terceiro fiduciante, que serão cientificados de que, se a mora não for purgada no prazo legal, a propriedade será consolidada no patrimônio do credor e o imóvel será levado a leilão, conforme os arts. 26-A, 27 e 27-A da Lei nº 9.514/1997. A intimação pode ser promovida por solicitação do oficial do registro de imóveis, por oficial de registro de títulos e documentos da comarca da situação do imóvel ou do domicílio de quem deva recebê-la, ou pelo correio com aviso de recebimento, aplicando-se, no que couber, o disposto no art. 160 da Lei de Registros Públicos.

A Lei nº 13.465/2017 acrescentou o § 3º-A ao art. 26 da Lei nº 9.514/1997, dispondo que, quando, por **duas vezes**, o oficial de registro de imóveis, de títulos e documentos ou o serventuário por eles credenciado procurar o intimando em seu domicílio ou residência sem o encontrar, deverá, havendo suspeita motivada de ocultação, intimar qualquer pessoa da família ou, na falta desta, qualquer vizinho, informando que, no dia útil imediato, retornará ao imóvel para efetuar a intimação na hora designada, aplicando-se subsidiariamente os arts. 252, 253 e 254 do Código de Processo Civil.

No que se refere aos **condomínios edilícios ou outras espécies de conjuntos imobiliários com controle de acesso**, referida intimação poderá ser feita ao **funcionário da portaria** responsável pelo recebimento de correspondência.

Quando o devedor ou, se for o caso, o terceiro fiduciante, o cessionário, o representante legal ou o procurador regularmente constituído encontrar-se em **local ignorado, incerto ou inacessível,** o fato será certificado pelo serventuário encarregado da diligência e informado ao oficial de registro de imóveis, que, à vista da certidão, promoverá a intimação por edital publicado pelo período mínimo de 3 (três) dias em jornal de maior circulação local ou em jornal de comarca de fácil acesso, se o local não dispuser de imprensa diária, contado o prazo para purgação da mora da data da última publicação do edital.

Caso haja **alteração do domicílio** do devedor ou, se for o caso, do terceiro fiduciantes, ressalta-se que é responsabilidade deles informar esta alteração.

Presume-se que o devedor e, se for o caso, o terceiro fiduciante encontram-se em lugar ignorado quando não forem encontrados no local do imóvel dado em garantia nem no endereço que tenham fornecido por último, observado que, na hipótese de o devedor ter fornecido contato eletrônico no contrato, é imprescindível o envio da intimação por essa via com, no mínimo, 15 (quinze) dias de antecedência da realização de intimação edilícia.

Considera-se lugar inacessível aquele em que o funcionário responsável pelo recebimento de correspondência se recuse a atender a pessoa encarregada pela intimação; ou aquele em que não haja funcionário responsável pelo recebimento de correspondência para atender a pessoa encarregada pela intimação.

O contrato de alienação fiduciária **convalescerá** se for purgada a mora no Registro de Imóveis, devendo o oficial do registro de imóveis, nos três dias seguintes à purgação da mora, entregar ao fiduciário as importâncias recebidas, deduzidas as despesas de cobrança e de intimação.

Decorrido o prazo de 15 dias **sem a purgação da mora**, o oficial do competente Registro de Imóveis, certificando esse fato, promoverá a **averbação, na matrícula do imóvel, da consolidação da propriedade em nome do fiduciário**, à vista da prova do pagamento por este, do imposto de transmissão *inter vivos* e, se for o caso, do laudêmiom (art. 26, § 7º, Lei n. 9.514/1997).

É possível ainda que o fiduciante, com a anuência do fiduciário, dê seu direito eventual ao imóvel em pagamento da dívida, dispensados os procedimentos previstos no art. 27 (estabelece os procedimentos e prazos para a alienação de imóveis consolidados na propriedade do fiduciário)

No que diz respeito aos **procedimentos de cobrança, purgação de mora, consolidação da propriedade fiduciária e leilão decorrentes de financiamentos para aquisição ou construção de imóvel residencial do devedor**, exceto as operações do sistema de consórcio de que trata a Lei n. 11.795/2008, a Lei das Garantias trouxe novas regras.

Assim, a **consolidação da propriedade em nome do credor fiduciário** será **averbada** no registro de imóveis trinta dias após a expiração do prazo para purgação da mora, que e de 15 dias. Até a data da averbação da consolidação da propriedade fiduciária, é assegurado ao devedor e, se for o caso, ao terceiro fiduciante pagar as parcelas da dívida vencidas e as despesas de que trata o inciso II do § 3º do art. 27 desta Lei, hipótese em que convalescerá o contrato de alienação fiduciária.

Por sua vez, estipula o art. 27, § 3º, que entende-se por:

> I - **dívida:** o saldo devedor da operação de alienação fiduciária, na data do leilão, nele incluídos os juros convencionais, as penalidades e os demais encargos contratuais;
>
> II - **despesas:** a soma das importâncias correspondentes aos encargos e às custas de intimação e daquelas necessárias à realização do leilão público, compreendidas as relativas aos anúncios e à comissão do leiloeiro; e
>
> III - **encargos do imóvel:** os prêmios de seguro e os encargos legais, inclusive tributos e contribuições condominiais.

No segundo leilão, será aceito o maior lance oferecido desde que seja igual ou superior ao valor integral da dívida garantida pela alienação fiduciária mais antiga vigente sobre o bem, das despesas, inclusive emolumentos cartorários, dos prêmios de seguro, dos encargos legais, inclusive tributos, e das contribuições condominiais.

Se no segundo leilão não houver lance que atenda ao referencial mínimo para esta arrematação, a dívida será considerada extinta, com recíproca quitação, hipótese em que o credor ficará investido da livre disponibilidade.

A extinção da dívida no excedente ao referencial mínimo para arrematação configura **condição resolutiva** inerente à dívida e, por isso, estende-se às hipóteses em que o credor tenha preferido o uso da via judicial para executar a dívida.

O art. 27 da Lei n. 9.514/1997 foi bastante alterado pela Lei n. 14.711/2023. Ele estabelece os procedimentos e prazos para a alienação de imóveis consolidados na propriedade do fiduciário. Detalha o funcionamento dos leilões públicos e os direitos e deveres das partes envolvidas, bem como as condições específicas para a alienação fiduciária de imóveis. Noutro dizer, o artigo 27 moderniza e detalha o processo de alienação fiduciária, estabelecendo procedimentos claros para leilões públicos, garantindo direitos aos devedores e definindo responsabilidades dos credores. Estas alterações visam a equilibrar os interesses das partes envolvidas, promovendo a justiça e a eficiência no mercado imobiliário.

Passemos a analisá-lo.

Após a **consolidação da propriedade em nome do fiduciário**, este deve promover um **leilão público** para a alienação do imóvel no prazo de 60 dias, contados a partir da data do registro mencionado no § 7º do artigo 26. Esta medida visa garantir a transparência e a competitividade no processo de venda do bem.

No **primeiro leilão**, caso o maior lance oferecido seja inferior ao valor do imóvel, estipulado conforme o inciso VI e o parágrafo único do artigo 24, um segundo leilão deve ser realizado nos 15 dias subsequentes.

No **segundo leilão**, será aceito o maior lance oferecido desde que seja igual ou superior ao valor integral da dívida garantida pela alienação fiduciária, incluindo despesas, emolumentos cartorários, prêmios de seguro, encargos legais, tributos e contribuições condominiais. Se não houver lance que alcance este valor, o credor fiduciário poderá, a seu critério exclusivo, aceitar um lance que corresponda a pelo menos metade do valor de avaliação do bem.

Oportuno mencionar o entendimento do Enunciado 15 da I Jornada de Direito Notarial e Registral sobre leilão negativo.

> **Enunciado 15.** No procedimento de execução extrajudicial de bens alienados fiduciariamente, ocorrendo **dois leilões negativos**, deve-se averbar esse fato na matrícula do imóvel.
>
> ⊙ Justificativa: Embora a norma não seja expressa a respeito, é usual e recomendável que seja feita a averbação da realização dos leilões negativos (frustrados) na matrícula do imóvel, para deixar claro que foram seguidos todos os passos previstos na lei para a devida quitação da dívida e a consequente autorização de venda direta a terceiro pelo credor fiduciário (instituição financeira, em regra).

Para garantir a **ciência do devedor e do terceiro fiduciante**, se houver, as datas, horários e locais dos leilões devem ser comunicados por meio de correspondência dirigida aos endereços constantes do contrato, inclusive ao endereço eletrônico. Esta comunicação assegura que todas as partes interessadas estejam devidamente informadas sobre o processo.

Após a **averbação da consolidação da propriedade fiduciária no patrimônio do credor fiduciário** e **até a data da realização do segundo leilão**, é assegurado ao fiduciante **o direito de preferência** para adquirir o imóvel por preço correspondente ao valor da dívida, somado às despesas, aos prêmios de seguro, aos encargos legais, às contribuições condominiais, aos tributos, inclusive os valores correspondentes ao imposto sobre transmissão *inter vivos* e ao laudêmio, se for o caso, pagos para efeito de consolidação da propriedade fiduciária no patrimônio do credor fiduciário, e às despesas inerentes aos procedimentos de cobrança e leilão, hipótese em que incumbirá também ao fiduciante o pagamento dos encargos tributários e das despesas exigíveis para a nova aquisição do imóvel, inclusive das custas e dos emolumentos. Esta regra também deve ser aplicada à consolidação da propriedade fiduciária de imóveis do **Fundo de Arrendamento Residencial (FAR),** na forma prevista na Lei n. 11.977/2009 (Programa Minha Casa, Minha Vida).

O Enunciado 126 da II **Jornada de Prevenção e Solução de Litígios** apregoa que é possível averbar a consolidação da propriedade plena pelo credor fiduciário em decorrência de prévio registro de alienação fiduciária de imóvel (Lei n. 9.514/1997) ou registrar a dação em pagamento, mesmo tendo sido averbada, posteriormente ao registro citado, ordem de indisponibilidade judicial dos direitos de devedor fiduciante.

⊙ Justificativa: O atual estágio da utilização da arbitragem como método de solução de conflitos empresariais e a notória multiplicidade de negócios jurídicos faz com que, não raramente, sejam levantadas alegações que de uma convenção de arbitragem prevista em um instrumento engloba outros instrumentos e outras partes que não aqueles expressamente indicados. A possibilidade de extensão objetiva e subjetiva da convenção de arbitragem já foi confirmada por várias decisões judiciais, como, por exemplo: STJ, CE, SEC 1, j. 19/10/2011, TJAM, 2ª CC, Apel 0213018-02.2012.8.04.0001, j. 13/4/2015, TJSP, 19ª Cam Dir Priv, Apel 1126126-50.2015.8.26.0100,"j" 4/7/2018, TJSP, 7ª Cam Dir Priv, Apel 2674504600, j. 24/5/2006. Nos termos do art. 8º, parágrafo único, da Lei de Arbitragem, que consigna o princípio da competência-competência, cabe aos árbitros, antes do Poder Judiciário, manifestar-se sobre a existência, validade e eficácia da convenção de arbitragem. A apuração da existência, validade e eficácia também engloba a oponibilidade da convenção de arbitragem a terceiros e a outros instrumentos.

Para efeitos do artigo 27, a dívida inclui o saldo devedor da operação de alienação fiduciária na data do leilão, com juros, penalidades e encargos contratuais. As despesas compreendem os encargos e custas de intimação e aquelas necessárias para a realização do leilão público, incluindo anúncios e comissão do leiloeiro. Os encargos do imóvel englobam prêmios de seguro e encargos legais, tributos e contribuições condominiais.

Nos cinco dias subsequentes à venda do imóvel no leilão, o credor deve entregar ao fiduciante a importância que sobejar, incluindo a indenização de benfeitorias, após deduzir os valores da dívida, despesas e encargos. Esta medida assegura que o fiduciante receba qualquer valor excedente, promovendo a quitação recíproca entre as partes.

Se o imóvel estiver **locado,** a locação poderá ser denunciada com um prazo de trinta dias para desocupação, salvo se houver aquiescência por escrito do fiduciário. A denúncia deve ser realizada no prazo de noventa dias a contar da data da consolidação da propriedade no fiduciário, e essa condição deve constar expressamente em cláusula contratual específica, destacando-se das demais por sua apresentação gráfica.

O fiduciante é responsável pelo pagamento dos impostos, taxas, contribuições condominiais e quaisquer outros encargos que recaiam ou venham a recair sobre o imóvel, cuja posse tenha sido transferida para o fiduciário, até a data em que o fiduciário for imitido na posse.

Os leilões e a publicação dos respectivos editais podem ser realizados por **meio eletrônico,** ampliando o alcance e a eficiência do processo. Se o produto do leilão não for suficiente para quitar a dívida integralmente, o devedor continuará responsável pelo pagamento do saldo remanescente, que poderá ser cobrado por meio de ação de execução, ressalvada a hipótese de extinção do saldo devedor prevista no § 4º do artigo 26-A (Se no segundo leilão não houver lance que atenda ao referencial mínimo para arrematação, a dívida será considerada extinta, com recíproca quitação, hipótese em que o credor ficará investido da livre disponibilidade).

O artigo 27-A da Lei 9.514/1997, incluído pela Lei 14.711/2023, traz importantes inovações no âmbito das operações de crédito garantidas por **alienação fiduciária envolvendo dois ou mais imóveis.**

Noutro dizer, o dispositivo proporciona maior flexibilidade e clareza nas operações de crédito garantidas por alienação fiduciária de múltiplos imóveis. Ao permitir a **excussão simultânea ou sucessiva dos imóveis,** a legislação oferece opções estratégicas para a satisfação do crédito, respeitando os direitos dos credores e devedores.

Passemos, a seguir, a elucidar essas disposições, fornecendo uma visão abrangente dos procedimentos e das responsabilidades envolvidas.

Nas operações de crédito garantidas por alienação fiduciária de dois ou mais imóveis, quando não houver convenção específica vinculando cada imóvel a uma parcela da dívida, o credor tem a opção de promover **a excussão de todos os imóveis simultaneamente ou de forma sucessiva.** A excussão simultânea ocorre por meio da consolidação da propriedade e leilão conjunto de todos os imóveis. Já a excussão sucessiva permite a consolidação e leilão de cada imóvel individualmente, conforme necessário para a satisfação integral do crédito.

No caso de **excussão em atos sucessivos**, o credor fiduciário deve indicar a sequência dos imóveis a serem excutidos, salvo disposição contratual em sentido contrário. Nessa situação, a consolidação da propriedade dos demais imóveis fica suspensa até que o crédito seja integralmente satisfeito.

Após cada leilão, o credor fiduciário deve promover a **averbação** do demonstrativo do resultado nas matrículas dos imóveis não leiloados e encaminhar essa informação ao devedor e, se for o caso, aos terceiros fiduciantes. A comunicação deve ser feita por correspondência dirigida aos endereços físico e eletrônico informados no contrato, garantindo a transparência do processo.

Caso o valor obtido em cada leilão não seja suficiente para a satisfação integral do crédito, o credor deve recolher o **imposto sobre transmissão inter vivos** e, se aplicável, o **laudêmio**, relativo ao imóvel a ser excutido em seguida. Em seguida, requererá a averbação da consolidação da propriedade e, no prazo de 30 dias, realizará os procedimentos de leilão conforme já analisados neste tópico.

Uma vez satisfeito integralmente o crédito com o produto dos leilões realizados sucessivamente, o credor fiduciário deve entregar ao devedor e, se for o caso, aos terceiros fiduciantes, o termo de quitação e a autorização para **cancelamento do registro da propriedade fiduciária dos imóveis que restem a ser desonerados**. Este procedimento assegura que qualquer saldo remanescente seja devidamente quitado e que os imóveis restantes sejam liberados de quaisquer ônus.

No que se refere à **cessão do crédito** objeto da alienação fiduciária, esta implicará a transferência, ao cessionário, de todos os direitos e obrigações inerentes à propriedade fiduciária em garantia. Dessa forma, o fiduciante, com anuência expressa do fiduciário, poderá transmitir os direitos de que seja titular sobre o imóvel objeto da alienação fiduciária em garantia, assumindo o adquirente as respectivas obrigações.

É assegurada ao fiduciário, ao seu cessionário ou aos seus sucessores, inclusive ao adquirente do imóvel por força do leilão público de que tratam os arts. 26-A, 27 e 27-A, a **reintegração na posse do imóvel**, que será concedida liminarmente, para desocupação no prazo de 60 (sessenta) dias, desde que comprovada a consolidação da propriedade em seu nome.

Arrematado o imóvel ou consolidada definitivamente a propriedade no caso de frustração dos leilões, as ações judiciais que tenham por objeto controvérsias sobre as estipulações contratuais ou os requisitos procedimentais de cobrança e leilão, excetuada a exigência de notificação do devedor e, se for o caso, do terceiro fiduciante, não obstarão a reintegração de posse e serão resolvidas em perdas e danos.

Cumpre alertar que o **fiador ou terceiro interessado** que pagar a dívida ficará sub-rogado, de pleno direito, no crédito e na propriedade fiduciária. E nos casos de transferência de financiamento para outra instituição financeira, o pagamento da dívida à instituição credora original poderá ser feito, a favor do mutuário, pela nova instituição credora.

Na hipótese de **insolvência do fiduciante**, fica assegurada ao fiduciário a restituição do imóvel alienado fiduciariamente, na forma da legislação pertinente.

Por fim, aplicam-se à propriedade fiduciária, no que couber, as disposições dos arts. 647 e 648 do Código Civil.

1.1. PENHORA DOS DIREITOS NA ALIENAÇÃO FIDUCIÁRIA

O **bem alienado fiduciariamente**, por não integrar o patrimônio do devedor, **não** pode ser objeto de penhora. Nada impede, contudo, que os **direitos do devedor fiduciante oriundos do contrato** sejam constritos. Logo, é possível a penhora de direitos oriundos do contrato de alienação fiduciária, pois, apesar de o fiduciário-devedor não possuir a propriedade do bem, pode, mediante a aquiescência do fiduciante-credor, transmitir os direitos sobre a coisa.

Saliente-se, ainda, que o art. 835, XIII, do novo CPC prevê a **penhora de direitos**, o que autoriza a constrição do direito possessório, em especial nas situações em que o direito possui expressão econômica e integra o patrimônio do devedor.

Consigna-se que são penhoráveis tanto o **direito do credor-fiduciário** como o do **devedor-fiduciante**.

Nas palavras de Melhim Namem Chalhub "no primeiro caso, em processo de **execução contra o credor-fiduciário**, o objeto da penhora será o direito creditório de que ele seja titular, incidindo também, obviamente, sobre a propriedade fiduciária, que é direito acessório do crédito. Sendo levado a leilão seu crédito, acompanhado da garantia fiduciária, o arrematante adquirirá o crédito e ficará sub-rogado nos direitos e obrigações decorrentes do contrato de alienação fiduciária em garantia, substituindo o credor-fiduciário, de modo que, uma vez recebido o crédito, será obrigado a dar quitação ao devedor-fiduciante e fornecer-lhe o "termo de quitação", cuja averbação ensejará o cancelamento do registro da propriedade fiduciária. De outra parte, se a execução for dirigida contra o **devedor-fiduciante**, o objeto da penhora será seu direito real de aquisição do domínio, isto é, o direito que tem o devedor-fiduciante de ser investido na propriedade plena do bem ao concluir o pagamento da dívida que o onera. Assim, cogitando-se de penhorar os direitos do devedor-fiduciante, o objeto da penhora não será a propriedade, que ele ainda não tem, mas tão somente o direito aquisitivo (...) A penhora do direito do devedor-fiduciante não atinge o direito do credor-fiduciário, na medida em que não ocorre alteração objetiva da obrigação; o que se dá é apenas a substituição do devedor-fiduciante, que deixa de ser o devedor original e passa a ser o arrematante. Em qualquer dos casos – seja referindo-se ao direito do credor-fiduciário ou ao direito aquisitivo do devedor-fiduciante, a penhora é suscetível de registro na matrícula do imóvel (Op. cit., p. 783).

1.2 CONTRATO DE COMPRA DE IMÓVEL COM GARANTIA DE ALIENAÇÃO E O CÓDIGO DE DEFESA DO CONSUMIDOR

No RESP 1.891.498, a segunda seção do Superior Tribunal de Justiça, sob o rito dos recursos repetitivos (tema 1.095), estabeleceu que:

A resolução, por falta de pagamento, do contrato de compra de imóvel com garantia de alienação fiduciária - devidamente registrado em cartório e desde que o devedor tenha sido constituído em mora - deverá observar a forma prevista na lei 9.514/1997, por se tratar de legislação específica, afastando-se assim a aplicação do Código de Defesa do Consumidor (CDC).

Marco Buzzi, ministro relator do recurso repetitivo, explanou que "o CDC não estabeleceu um procedimento específico para a retomada do bem pelo credor fiduciário, tampouco inviabilizou que o adquirente (devedor fiduciante) pudesse desistir do ajuste ou promover a resilição do contrato. Já a lei 9.514/1997 delineou todo o procedimento que deve ser seguido, principalmente pelo credor fiduciário, para a resolução do contrato em caso de inadimplemento do devedor, ressalvando a este o direito de ser devidamente constituído em mora, realizar a purgação da mora, ser notificado dos leilões e, após a venda do bem, receber o valor que eventualmente tenha sobrado - no qual se inclui a indenização de benfeitorias –, depois de deduzidas a dívida e as despesas".

Desse modo, esse procedimento especial não colide com os princípios trazidos no artigo 53 do CDC, porquanto, além de se tratar de lei posterior e específica na regulamentação da matéria, o parágrafo 4º do artigo 27 da lei 9.514/1997, expressamente, prevê a transferência ao devedor dos valores que, advindos do leilão do bem imóvel, vierem a exceder o montante da dívida, não havendo se falar, portanto, em perda de todas as prestações adimplidas em favor do credor fiduciário.

O magistrado evidenciou que, "para se afastar a aplicação do CDC na hipótese de resolução do contrato de compra de imóvel com cláusula de alienação fiduciária, deve ser verificada a presença de requisitos próprios da lei especial (lei 9.514/1997): registro do contrato no cartório de imóveis, inadimplemento do devedor e sua constituição em mora".

Atente-se que a tese fixada no julgamento não abrange situações das quais estejam ausentes esses três requisitos.

Por derradeiro, o relator alerta que, "não havendo falta de pagamento – ou havendo, mas se o credor não tiver constituído o devedor em mora –, a solução do contrato não seguirá o rito especial da lei 9.514/1997, podendo ocorrer com base no Código Civil (artigo 472 e seguintes) ou no CDC (artigo 53), se aplicável, dependendo das características das partes por ocasião da contratação".

1.3 OBRIGATORIEDADE DA INTIMAÇÃO DO DEVEDOR FIDUCIANTE SOBRE A DATA DO LEILÃO SÓ PASSOU A EXISTIR APÓS 2017

No REsp 1.733.777, a Quarta Turma do STJ estabeleceu que a intimação do devedor fiduciante sobre a data de realização do leilão extrajudicial do imóvel objeto de alienação fiduciária só passou a ser obrigatória com a entrada em vigor da Lei 13.465/2017. A ministra relatora, Isabel Gallotti, explicou que, antes dessa lei, não havia exigência legal para tal intimação, pois, uma vez consolidada a propriedade em nome do credor fiduciário após a ausência de purgação da mora, o bem não mais pertencia ao devedor.

No caso analisado, o cartório expediu cinco cartas de intimação com aviso de recebimento ao endereço indicado no contrato, mas todas foram devolvidas, alegando que as empresas devedoras haviam se mudado. Após tentativas fracassadas de intimação dos sócios, o cartório procedeu à intimação por edital, conforme o artigo 26, §4º, da Lei 9.514/1997, que permite essa medida quando o devedor fiduciante está em local ignorado, incerto ou inacessível.

As devedoras buscaram judicialmente a anulação do leilão, argumentando que a intimação por edital só deveria ocorrer após o esgotamento de todos os meios de intimação pessoal. Alegaram ainda que, conforme a Lei 9.514/1997, seria necessária a intimação pessoal do devedor sobre a data do leilão, já que até a arrematação do bem ainda seria possível quitar o débito.

Contudo, a ministra Gallotti destacou que, antes da Lei 13.465/2017, a legislação não previa a obrigatoriedade de intimação do devedor sobre a data do leilão. Essa obrigatoriedade foi introduzida pela Lei 13.465/2017, que incluiu novos parágrafos ao artigo 27 da Lei 9.514/1997, assegurando ao devedor fiduciante o direito de preferência para adquirir o imóvel pelo valor da dívida até a data do segundo leilão.

Além disso, a ministra observou que as empresas devedoras se esquivaram repetidamente de receber as intimações, induzindo os correios a erro ao indicar uma mudança de domicílio que nunca ocorreu. Portanto, não havia impedimento para a intimação por edital.

Dessa forma, a Quarta Turma do STJ concluiu que a falta de intimação do devedor sobre a data do leilão, antes da vigência da Lei 13.465/2017, não gerava nulidade do procedimento, reafirmando que a exigência de tal intimação só passou a existir com a nova legislação.

1.4 A CONSTITUCIONALIDADE DA EXECUÇÃO EXTRAJUDICIAL DE IMÓVEIS FINANCIADOS PELO STF

No julgamento do Recurso Extraordinário (RE) 860631, o Supremo Tribunal Federal (STF) abordou a constitucionalidade da Lei 9.514/1997, permitindo a retomada de imóveis financiados sem a necessidade de decisão judicial em casos de inadimplência. Esse julgamento, com repercussão geral (Tema 982), consolidou um entendimento sobre a execução extrajudicial nos contratos de alienação fiduciária.

A Lei 9.514/1997 regula a alienação fiduciária de bens imóveis, permitindo que o imóvel financiado fique em nome da instituição financiadora como garantia até a quitação do contrato. Em caso de inadimplência, a lei autoriza a retomada do imóvel pela instituição financiadora sem necessidade de ação judicial.

O Plenário do STF, por maioria de votos, validou a constitucionalidade da execução extrajudicial prevista na Lei 9.514/1997, concluindo que não há violação dos princípios do devido processo legal e da ampla defesa. O julgamento foi concluído em 26 de julho de 2023.

O relator, ministro Luiz Fux, destacou que essa modalidade de execução não exclui o controle judicial. Segundo Fux, o devedor pode acionar a Justiça a qualquer momento para proteger seus direitos em caso de irregularidades no processo de execução. Ele enfatizou que os requisitos contratuais foram aceitos expressamente pelas partes envolvidas, o que legitima o procedimento.

Durante a sessão, o ministro Luís Roberto Barroso apontou que a previsão legal de execução extrajudicial diminui o custo do crédito e reduz a carga de processos no Poder Judiciário, que já enfrenta uma sobrecarga significativa. Este argumento reforça a eficiência e a viabilidade econômica da execução extrajudicial como um mecanismo legítimo e funcional.

No entanto, nem todos os ministros concordaram com a decisão. O ministro Edson Fachin e a ministra Cármen Lúcia apresentaram votos divergentes. Para Fachin, o procedimento de execução extrajudicial afronta os princípios do devido processo legal e da ampla defesa, além de ser incompatível com a proteção do direito à moradia, um direito fundamental assegurado pela Constituição Federal.

A tese de repercussão geral fixada pelo STF foi: "É constitucional o procedimento da Lei nº 9.514/1997 para a execução extrajudicial da cláusula de alienação fiduciária em garantia, haja vista sua compatibilidade com as garantias processuais previstas na Constituição Federal."

1.5 A VALIDADE DA PENHORA DE IMÓVEL FINANCIADO COM ALIENAÇÃO FIDUCIÁRIA EM EXECUÇÃO DE COTAS CONDOMINIAIS

No julgamento do Recurso Especial (REsp) 2.059.278, a Quarta Turma do Superior Tribunal de Justiça decidiu, por maioria de votos, pela validade da penhora de imóvel financiado com alienação fiduciária na execução de cotas condominiais. Essa decisão representa uma mudança significativa na jurisprudência até então adotada pelo STJ.

A execução de cotas condominiais de um prédio de apartamentos, ou qualquer outro condomínio edilício, envolve uma dívida de natureza *propter rem*, conforme previsto no artigo 1.345 do Código Civil. Isso significa que a dívida está vinculada ao imóvel, independentemente de quem seja o proprietário.

A Quarta Turma do STJ, ao julgar o REsp 2.059.278, deu provimento ao recurso especial para permitir a penhora do imóvel que originou a dívida condominial, mesmo que ele esteja financiado com alienação fiduciária. Contudo, a Turma considerou necessário que o condomínio exequente promova a citação do banco (credor fiduciário), além do devedor fiduciante.

O ministro Raul Araújo, cujo voto prevaleceu no julgamento, argumentou que o entendimento de que a penhora só poderia atingir os direitos relativos à posição do devedor fiduciante no contrato de alienação fiduciária é válido para qualquer outro credor do condômino, mas não para o condomínio na execução de cotas condominiais. A dívida condominial, devido à sua natureza *propter rem*, exige a citação do banco.

Para o ministro Araújo, as normas que regulam a alienação fiduciária não se sobrepõem aos direitos de terceiros que não fazem parte do contrato de financiamento, como é o caso do condomínio credor da dívida condominial. A natureza *propter rem* da dívida condominial se vincula diretamente ao direito de propriedade sobre o imóvel, prevalecendo sobre o direito do credor fiduciário, que possui um direito de propriedade sujeito a uma condição resolutiva.

A decisão da Quarta Turma também considera a possibilidade de a instituição financeira pagar a dívida para evitar o leilão do imóvel, podendo posteriormente ajuizar ação de regresso contra o condômino executado.

1.6 A PENHORA SOBRE DIREITOS AQUISITIVOS DE CONTRATO DE PROMESSA DE COMPRA E VENDA NÃO REGISTRADO

No julgamento do Recurso Especial (REsp) 2.015.453, a Terceira Turma do Superior Tribunal de Justiça decidiu que a penhora pode recair sobre direitos aquisitivos decorrentes de um contrato de promessa de compra e venda, mesmo na ausência do registro do contrato e quando o exequente é o proprietário e vendedor do imóvel objeto da penhora.

O caso envolveu um contrato de venda de imóvel em que a compradora não pagou duas promissórias oriundas do contrato. A vendedora, então, buscou judicialmente a penhora dos direitos da compradora sobre o imóvel. O juízo de primeiro grau negou o pedido, argumentando que o contrato não havia sido averbado na matrícula do imóvel, que ainda estava registrado em nome da vendedora. Essa decisão foi mantida pelo Tribunal de Justiça de Minas Gerais (TJMG).

No recurso especial, a vendedora defendeu que o registro do contrato de compra e venda não era necessário e que a penhora poderia ser efetuada independentemente do imóvel ainda estar em seu nome.

A ministra Nancy Andrighi, relatora do recurso no STJ, destacou que não há impedimento legal para a penhora dos direitos aquisitivos decorrentes de um contrato de promessa de compra e venda, mesmo quando o exequente é o promitente vendedor ou proprietário do imóvel e o contrato não está registrado. Ela apontou uma inovação do atual Código de Processo Civil (CPC), que no inciso XII do artigo 835, prevê a penhora dos direitos aquisitivos derivados de promessa de compra e venda e de alienação fiduciária em garantia.

A ministra explicou que a penhora recai sobre os direitos de caráter patrimonial decorrentes da relação obrigacional (promessa de compra e venda), e não sobre a propriedade do imóvel. Portanto, mesmo sem o registro do contrato, a penhora pode ser realizada sobre os direitos adquiridos pela compradora.

A relatora ressaltou que a ausência do registro do contrato não impede a penhora, pois o direito pessoal derivado da relação contratual pode ser exigido entre as partes. Ela citou a Súmula 239 do STJ, que consolida esse entendimento, afirmando que a ausência do registro do negócio jurídico não obstrui a penhora dos direitos aquisitivos.

Na penhora dos direitos aquisitivos do executado, o artigo 857 do CPC/15 estabelece que, se o executado não oferecer embargos ou se estes forem rejeitados, o exequente ficará sub-rogado nos direitos do executado até a concorrência de seu crédito. No caso em que o executado é o titular dos direitos de aquisição do imóvel e o exequente é o proprietário desse bem, pode ocorrer a sub-rogação ou a alienação judicial do título, conforme os artigos 879 e seguintes do CPC/15.

A ministra Nancy Andrighi enfatizou que não permitir a penhora sobre os direitos aquisitivos colocaria o exequente/promitente vendedor em desvantagem em relação aos demais credores. Isso porque é com o ato de constrição que nasce o direito de preferência na execução, nos termos do artigo 797 do CPC.

1.7 A ADJUDICAÇÃO DE BEM PENHORADO SEM LIMITES TEMPORAIS

No julgamento do Recurso Especial (REsp) 2.041.861, a Terceira Turma do Superior Tribunal de Justiça, por decisão unânime, determinou que o direito de requerer a adjudicação de um bem penhorado, conforme previsto no artigo 876 do Código de Processo Civil, não está sujeito à preclusão enquanto o bem não tiver sido alienado. Esse entendimento reforça a flexibilidade no processo de execução, permitindo que a adjudicação seja solicitada a qualquer momento antes da expropriação do bem.

O caso envolveu a execução de garantias hipotecárias propostas por uma fabricante de bebidas contra duas pessoas jurídicas. Já iniciados os trâmites para o leilão judicial, a exequente requereu a adjudicação de dois imóveis das devedoras, pedido que foi acolhido pelo juízo de primeira instância e mantido pelo Tribunal de Justiça de São Paulo (TJSP).

Em recurso especial ao STJ, as partes executadas argumentaram que o direito à adjudicação estaria precluso, uma vez que a fase do leilão já havia sido iniciada. Além disso, sustentaram que as locatárias dos imóveis, sociedades em recuperação judicial, não foram intimadas para exercer seu direito de preferência.

A relatora, ministra Nancy Andrighi, explicou que a adjudicação é uma técnica de execução preferencial que possibilita de forma mais rápida a satisfação do direito do exequente. Por essa razão, a adjudicação não está sujeita a um prazo preclusivo e pode ser requerida a qualquer momento até a alienação do bem. A ministra destacou que, mesmo que o artigo 878 do CPC preveja que a oportunidade para pedir adjudicação será "reaberta" se as tentativas de alienação forem frustradas, isso não significa que a alternativa se feche se não exercida imediatamente após a avaliação do bem penhorado.

Esse entendimento alinha-se com a prioridade que a lei confere à adjudicação e com a ideia de que a execução deve se processar no interesse do credor.

A ministra Nancy Andrighi também mencionou que, caso o interesse pela adjudicação seja manifestado tardiamente, quando já tiverem sido iniciados os atos preparatórios para a alienação, o adjudicante poderá ter que arcar com eventuais despesas realizadas até esse momento. Esse posicionamento foi corroborado pela Quarta Turma do STJ no julgamento do REsp 1.505.399.

No que diz respeito às locatárias dos imóveis adjudicados, a relatora afirmou que a preferência para aquisição prevista na Lei do Inquilinato não se aplica aos casos de perda da propriedade ou venda judicial. Além disso, o fato de as locatárias estarem em recuperação judicial não impede a adjudicação, não sendo necessária sua intimação.

2. JURISPRUDÊNCIA COMPLEMENTAR

SUPREMO TRIBUNAL FEDERAL

EMENTA: Recurso Extraordinário com Repercussão Geral – Tema 982 – Direito constitucional, civil e processual civil – Lei 9.514/1997 – Cláusula de alienação fiduciária em garantia nos contratos do sistema de financiamento imobiliário – Acórdão recorrido que confirma a validade da execução extrajudicial – Alegação de ofensa ao art. 5º, incisos XXIII, XXV, LIII, LIV e LV, da Constituição Federal – Inexistência de óbice ao exercício do direito de ação – Procedimento compatível com os princípios constitucionais – Recurso extraordinário conhecido e desprovido, com fixação de tese –

1. A Lei 9.514/1997 dispõe de medidas indutivas ao cumprimento das obrigações contratuais, sob a orientação de redução da complexidade procedimental e sua desjudicialização, cuja aplicação pressupõe o consentimento válido expresso das partes contratantes e a ausência de exclusão total de apreciação da situação pelo Poder Judiciário.

2. A jurisprudência desta Corte, em questão análoga, firmou-se no sentido da recepção do Decreto-Lei 70/1966, inclusive quanto à validade da execução extrajudicial da garantia hipotecária, fixando-se como tese do Tema 249 da Repercussão Geral: *"É constitucional, pois foi devidamente recepcionado pela Constituição Federal de 1988, o procedimento de execução extrajudicial previsto no Decreto-lei nº 70/66"* (RE 627.106, Rel. Min. Dias Toffoli).

3. A execução extrajudicial nos contratos de mútuo com alienação fiduciária de imóvel, prevista na Lei 9.514/1997, é compatível com as garantias constitucionais, destacando-se inexistir afronta ao princípio da inafastabilidade da jurisdição e do acesso à justiça (art. 5º, inciso XXXV, da CF/88) e do juiz natural (art. 5º, LIII, CF/88), posto que se assegura às partes, a qualquer momento, a possibilidade de controle de legalidade do procedimento executório na via judicial.

4. Inexiste, igualmente, violação aos princípios do devido processo legal, do contraditório e da ampla defesa (art. 5º, LIV e LV, da CF/88), tendo em vista que o procedimento extrajudicial que confere executoriedade ao contrato de financiamento imobiliário é devidamente regulamentado pela legislação de regência, não se tratando de procedimento aleatório ou autoconduzido pelo próprio credor.

5. A questão revela tema de complexa regulação econômica legislativa, com efeitos múltiplos na organização socioeconômica, que promove tratamento constitucionalmente adequado à questão, no equilíbrio entre a proteção pelos riscos assumidos pela instituição credora e a preservação dos direitos fundamentais do devedor, adequando-se aos influxos decorrentes do referencial teórico da Análise Econômica do Direito (*Law and Economics*), além de alinhar-se à tendência do direito moderno de desjudicialização.

6. Recurso extraordinário **CONHECIDO** e **DESPROVIDO**.

7. Proposta de Tese de Repercussão Geral: *"É constitucional o procedimento da Lei nº 9.514/1997 para a execução extrajudicial da cláusula de alienação fiduciária em garantia, haja vista sua compatibilidade com as garantias processuais previstas na Constituição Federal"*. (STF – Recurso Extraordinário nº 860.631 – São Paulo – Rel. Min. Luiz Fux – DJ 14.02.2024)

SUPERIOR TRIBUNAL DE JUSTIÇA

EMENTA: Recurso Especial – Processual civil – Exceção de pré-executividade – Cédula de Crédito Bancário – Alienação fiduciária de imóvel – Pacto adjeto – Execução judicial.

1. Recurso especial interposto contra acórdão publicado na vigência do Código de Processo Civil de 2015 (Enunciados Administrativos nºs 2 e 3/STJ).

2. Cinge-se a controvérsia a definir se o credor de dívida garantida por alienação fiduciária de imóvel está obrigado a promover a execução extrajudicial de seu crédito na forma determinada pela Lei nº 9.514/1997.

3. Hipótese em que a execução está lastreada em Cédula de Crédito Bancário.

4. A Cédula de Crédito Bancário, desde que satisfeitas as exigências do art. 28, § 2º, I e II, da Lei nº 10.931/2004, de modo a lhe conferir liquidez e exequibilidade, e desde que preenchidos os requisitos do art. 29 do mesmo diploma legal, é título executivo extrajudicial.

5. A constituição de garantia fiduciária como pacto adjeto ao financiamento instrumentalizado por meio de Cédula de Crédito Bancário em nada modifica o direito do credor de optar por executar o seu crédito de maneira diversa daquela estatuída na Lei nº 9.514/1997 (execução extrajudicial).

6. Ao credor fiduciário é dada a faculdade de executar a integralidade de seu crédito judicialmente, desde que o título que dá lastro à execução esteja dotado de todos os atributos necessários – liquidez, certeza e exigibilidade.

7. Recurso especial não provido.

Vistos e relatados estes autos, em que são partes as acima indicadas, decide a Terceira Turma, por unanimidade, negar provimento ao recurso especial, nos termos do voto do(a) Sr(a). Ministro(a) Relator(a). Os Srs. Ministros Marco Aurélio Bellizze, Moura Ribeiro, Nancy Andrighi e Paulo de Tarso Sanseverino (Presidente) votaram com o Sr. Ministro Relator.

Brasília (DF), 15 de fevereiro de 2022(Data do Julgamento)

Ministro RICARDO VILLAS BÔAS CUEVA

Relator

RELATÓRIO

O EXMO. SR. MINISTRO RICARDO VILLAS BÔAS CUEVA (Relator):

Trata-se de recurso especial interposto por SYLVIO CARDOSO ROLIM NETO e OUTRA, com fundamento no art. 105, III, "a" e "c", da Constituição Federal, contra o acórdão do Tribunal de Justiça do Estado de São Paulo assim ementado:

"Agravo de Instrumento – Exceção de pré-executividade – Rejeição – Execução por título extrajudicial – Cédula de crédito bancário – Dívida garantida por alienação fiduciária de imóvel – Executado que alega falta de interesse processual quanto ao ajuizamento de procedimento judicial, pois considera que o credor deve optar por procedimento expropriatório pela via extrajudicial – Descabimento – Exequente que tem a opção de escolher o procedimento que lhe parecer mais adequado na busca da satisfação do crédito – Decisão mantida – Recurso improvido" (e-STJ fl. 1.309).

Os embargos de declaração opostos na origem foram rejeitados.

No recurso especial (e-STJ fls. 1.318-1.333), os recorrentes apontam, além de divergência jurisprudencial no tocante à interpretação dada ao art. 1.368-A do Código Civil, violação dos seguintes dispositivos com as respectivas teses:

a) art. 1.022 do Código de Processo Civil de 2015 – houve negativa de prestação jurisdicional, haja vista a falta de pronunciamento da Corte local a respeito do valor do crédito à época do inadimplemento e do débito atualizado, bem como do valor da avaliação do imóvel objeto de alienação fiduciária, realizado pelo próprio recorrido, e, ainda, acerca da admissibilidade da exceção de pré-executividade para analisar matéria de ordem pública;

b) art. 803, parágrafo único, do Código de Processo Civil de 2015 – cabe exceção de pré-executividade para tratar de questões de ordem pública;

c) arts. 805 e 845, VI, do Código de Processo Civil de 2015; 113, 187, 422 e 1.368-A do Código Civil e 27 da Lei nº 9.514/1997 – c.1) o credor deve optar pelo meio menos gravoso para a parte executada; c.2) a venda do imóvel em leilão extrajudicial implica a quitação e a extinção da dívida; c.3) o credor deve utilizar os meios possíveis para minorar o prejuízo do devedor (*duty to mitigate the loss*) e c.4) havendo mecanismo mais célere e eficaz para a satisfação extrajudicial do débito, nada justifica a manutenção do feito executivo, a ensejar o reconhecimento da falta de interesse processual, com a consequente extinção do processo, sem resolução do mérito, nos termos do art. 485, VI, do CPC/2015.

Apresentadas as contrarrazões (e-STJ fls. 1.406-1.414), e inadmitido o recurso na origem, determinou-se a reautuação do agravo (AREsp nº 1.514.845/SP) como recurso especial para melhor exame da matéria.

É o relatório.

VOTO

O EXMO. SR. MINISTRO RICARDO VILLAS BÔAS CUEVA (Relator):

O acórdão impugnado pelo recurso especial foi publicado na vigência do Código de Processo Civil de 2015 (Enunciados Administrativos nºs 2 e 3/STJ).

A irresignação não merece prosperar.

1) Breve resumo da demanda

Trata-se, na origem, de agravo de instrumento interposto por SYLVIO CARDOSO ROLIM NETO e S. ROLIM RELÓGIOS EIRELI-EPP contra a decisão que, nos autos de execução de título executivo extrajudicial movida por BANCO BVA S.A., fundada em Cédula de Crédito Bancário, rejeitou liminarmente a exceção de pré-executividade apresentada pela parte executada, ora recorrente, por inadequação da via eleita.

Registra-se, por oportuno, que, após a propositura da execução, o crédito respectivo foi cedido em favor de NOVAPORTFOLIO PARTICIPAÇÕES S.A. (e-STJ fls. 224-225).

Na referida exceção de pré-executividade, alegou-se, essencialmente, a **ausência de interesse processual** por parte do exequente ao argumento de que o empréstimo estava garantido por alienação fiduciária de imóvel, cabendo ao credor, portanto, promover a execução extrajudicial de seu crédito na forma determinada pela Lei nº 9.514/1997.

Na origem, o órgão colegiado negou provimento ao referido agravo nos termos da seguinte fundamentação:

"(...) os agravantes arguiram a exceção em tela alegando que o exequente não poderia se valer da via judicial para executar o contrato celebrado entre as partes, uma vez que a dívida está garantida por alienação fiduciária do imóvel objeto da matrícula nº 145.019 do Cartório de Registro de Imóveis de Barueri-SP. Consideram que havendo norma específica, no caso a Lei nº 9.514/97, o banco deveria se valer dos procedimentos expropriatórios extrajudiciais.

*Não colhe, contudo, tal alegação, eis que **embora haja o procedimento específico de execução extrajudicial no caso de dívida garantida por alienação fiduciária, nos termos da a Lei nº 9.514/97, não existe qualquer óbice ao exequente de optar pela execução prevista no Código de Processo Civil**, uma vez que dispõe de título hábil para tanto, atrelado a esta garantia, tendo livre acesso ao judiciário, inexistindo em referida lei qualquer vedação expressa à utilização da via judiciária para cobrança da dívida que conta com esta garantia. Ao contrário, como mencionado pelo agravado, esta opção encontra amparo no artigo 39, inc. II, de referida Lei, ao assentar que às operações de crédito compreendidas no sistema de financiamento imobiliário, a que se refere esta lei, aplicam-se as disposições dos arts. 29 a 41 do Decreto-Lei 70, de 21 de novembro de 1966, exclusivamente aos procedimentos de execução de crédito garantidos por hipoteca. O art. 29 do Decreto-Lei n. 70/66, por sua vez, dispõe que às hipotecas a que se referem os artigos 9º e 10 e seus incisos, quando não pagas no vencimento, poderão, à escolha do credor, ser objeto de execução na forma do Código de Processo Civil (artigos 298 e 301) ou deste decreto-lei (artigos 31 a 38).*

Ademais, a opção pela via judicial afigura-se, até mesmo, mais vantajoso ao devedor, por permitir-lhe a apresentação de defesa por meio de embargos, podendo exercer amplamente seu direito de defesa em juízo, inclusive com a produção de provas, se necessário, o que não é possível no âmbito do procedimento extrajudicial. Não há, portanto, nenhum prejuízo ao devedor, não havendo de se falar, por isso, em ofensa ao art. 805 do CPC.

Por isso é descabida a alegação de falta de interesse processual, suscitada pelos agravantes" (e-STJ fls. 1.311-1.312 – grifou-se).

Após a rejeição dos aclaratórios opostos na origem, foi interposto o recurso especial que se passa a examinar.

2) Da negativa de prestação jurisdicional

No que tange ao art. 1.022 do CPC/2015, não há falar em negativa de prestação jurisdicional nos declaratórios, a qual somente se configura quando, na apreciação do recurso, o Tribunal de origem insiste em omitir pronunciamento acerca de questão que deveria ser decidida, e não foi.

Concretamente, verifica-se que o órgão julgador, a despeito de ter mantido a sentença que rejeitou liminarmente a exceção de pré-executividade, por inadequação da via eleita, acabou enfrentando a alegação de falta de interesse processual, matéria que, em tese, por se tratar de uma das condições da ação, poderia mesmo ser deduzida na estreita via processual escolhida pelos executados.

A alegada ausência de uma das condições da ação, no entanto, foi afastada ao fundamento de que o exequente, detentor de título executivo extrajudicial, tem a opção de escolher o procedimento que lhe parecer mais adequado na busca da satisfação de seu crédito, tendo sido analisadas, portanto, todas as matérias postas em debate na medida necessária para o deslinde da controvérsia.

Frisa-se que, mesmo à luz do art. 489 do Código de Processo Civil de 2015, o órgão julgador não está obrigado a se pronunciar acerca de todo e qualquer ponto suscitado pelas partes, mas apenas a respeito daqueles capazes de, em tese, de algum modo, infirmar a conclusão adotada pelo órgão julgador (inciso IV).

Não se pode confundir, portanto, negativa de prestação jurisdicional ou ausência de fundamentação com decisão contrária aos interesses da parte.

3) Da execução judicial

Anota-se, de início, que a execução contra a qual foi apresentada a exceção de pré-executividade está lastreada em Cédula de Crédito Bancário, garantida por alienação fiduciária de imóvel pertencente a um dos coobrigados (Sylvio Cardoso Rolim Neto).

A Cédula de Crédito Bancário, nos termos dos arts. 26 e 27 da Lei nº 10.931/2004, representa promessa de pagamento em dinheiro decorrente de operação de crédito, de qualquer modalidade, podendo ser emitida com ou sem garantia, real ou fidejussória.

Confira-se:

*"Art. 26. A Cédula de Crédito Bancário é **título de crédito** emitido, por pessoa física ou jurídica, em favor de instituição financeira ou de entidade a esta equiparada, representando **promessa de pagamento em dinheiro**, decorrente de operação de crédito, de qualquer modalidade.*

(...)

*Art. 27. **A Cédula de Crédito Bancário poderá ser emitida, com ou sem garantia, real ou fidejussória**, cedularmente constituída.*

Parágrafo único. A garantia constituída será especificada na Cédula de Crédito Bancário, observadas as disposições deste Capítulo e, no que não forem com elas conflitantes, as da legislação comum ou especial aplicável."

O art. 28 do mesmo diploma legal a qualifica como "(...) ***título executivo extrajudicial***", representativo de "(...) ***dívida em dinheiro, certa, líquida e exigível****, seja pela soma nela indicada, seja pelo saldo devedor demonstrado em planilha de cálculo, ou nos extratos da conta corrente*" (grifou-se).

A propósito, no julgamento de recurso especial representativo de controvérsia, esta Superior Corte de Justiça já decidiu que **a Cédula de Crédito Bancário**, desde que satisfeitas as exigências do art. 28, § 2º, I e II, da Lei nº 10.931/2004, de modo a lhe conferir liquidez e exequibilidade, e desde que preenchidos os requisitos do art. 29 do mesmo diploma legal, **é título executivo extrajudicial**, estando o respectivo acórdão assim ementado:

"DIREITO BANCÁRIO E PROCESSUAL CIVIL. RECURSO ESPECIAL REPRESENTATIVO DE CONTROVÉRSIA. ART. 543-C DO CPC. CÉDULA DE CRÉDITO BANCÁRIO VINCULADA A CONTRATO DE CRÉDITO ROTATIVO. EXEQUIBILIDADE. LEI N. 10.931/2004. POSSIBILIDADE DE QUESTIONAMENTO ACERCA DO PREENCHIMENTO DOS REQUISITOS LEGAIS RELATIVOS AOS DEMONSTRATIVOS DA DÍVIDA. INCISOS I E II DO § 2º DO ART. 28 DA LEI REGENTE.

1. Para fins do art. 543-C do CPC: A Cédula de Crédito Bancário é título executivo extrajudicial, representativo de operações de crédito de qualquer natureza, circunstância que autoriza sua emissão para documentar a abertura de crédito em conta-corrente, nas modalidades de crédito rotativo ou cheque especial. O título de crédito deve vir acompanhado de claro demonstrativo acerca dos valores utilizados pelo cliente, trazendo o diploma legal, de maneira taxativa, a relação de exigências que o credor deverá cumprir, de modo a conferir liquidez e exequibilidade à Cédula (art. 28, § 2º, incisos I e II, da Lei n. 10.931/2004).

3. No caso concreto, recurso especial não provido." (REsp 1.291.575/PR, Rel. Ministro LUIS FELIPE SALOMÃO, SEGUNDA SEÇÃO, julgado em 14/8/2013, DJe 2/9/2013)

No mesmo sentido:

"RECURSO ESPECIAL. AUSÊNCIA DE PREQUESTIONAMENTO. SÚM. 211/STJ. NEGATIVA DE PRESTAÇÃO JURISDICIONAL. AUSÊNCIA DE DEMONSTRAÇÃO. SÚM. 284/STF. EMBARGOS À EXECUÇÃO DE TÍTULO EXTRAJUDICIAL. CONTRATOS BANCÁRIOS. CÉDULAS DE CRÉDITO BANCÁRIO. NÃO PREENCHIMENTO DOS REQUISITOS ESSENCIAIS. TÍTULOS DE CRÉDITO NÃO CONFIGURADOS. INEXIGIBILIDADE DOS TÍTULOS RECONHECIDA. JULGAMENTO: CPC/15.

1. Ação de embargos à execução de título extrajudicial ajuizada em 2012, da qual foi extraído o presente recurso especial, interposto em 26/06/2017 e atribuído ao gabinete em 25/01/2018.

2. O propósito recursal é dizer se há negativa de prestação jurisdicional; se os documentos que lastrearam a execução se qualificam como títulos executivos extrajudiciais; bem como se são exorbitantes os honorários advocatícios arbitrados em 20% do valor da execução.

(...)

5. ***As cédulas de crédito bancário (CCBs) constituem títulos de crédito – dotados, pois, de força executiva – mas com características peculiares, tratando-se de uma promessa de pagamento vinculada a uma operação de crédito, de qualquer modalidade, realizada com instituição financeira, com ou sem garantia.***

6. Embora subjacente à CCB haja sempre um negócio jurídico celebrado com a instituição financeira, relativo a uma operação bancária ativa, que lhe dá causa, nem todo negócio jurídico celebrado com a instituição financeira, ainda que representante de uma operação bancária ativa, constitui, por si mesmo, uma CCB, porque se faz necessário, para tanto, o preenchimento de requisitos essenciais, elencados no art. 29 da Lei 10.931/04.

7. Hipótese em que os contratos de leasing, *CDC e Finame, que lastrearam a presente execução, não podem ser qualificados e tratados juridicamente como CCBs, porque não preenchem os requisitos essenciais para tanto, tampouco configuram títulos executivos extrajudiciais, porque não atendem as exigências do art. 585, II, do CPC/73.*

8. Extinto o processo de execução em virtude da procedência dos embargos, mostra-se excessiva a fixação da verba honorária em 20% sobre o valor executado, devido ao elevado montante deste (R$ 9.525.937,57), sendo razoável, portanto, sua redução para 10% sobre o valor da execução.

9. Recurso especial conhecido em parte e, nessa extensão, parcialmente provido." (REsp 1.722.631/MA, Rel. Ministra NANCY ANDRIGHI, TERCEIRA TURMA, julgado em 22/10/2019, DJe 28/10/2019 – grifou-se).

"PROCESSUAL CIVIL. AGRAVO INTERNO NO AGRAVO EM RECURSO ESPECIAL. SUPRESSÃO DE INSTÂNCIA. AUSÊNCIA DE PREQUESTIONAMENTO. CÉDULA DE CRÉDITO BANCÁRIO. LIQUIDEZ. TESE FIRMADA EM RECURSO REPETITIVO. DECISÃO MANTIDA.

(...)

2. Segundo tese firmada em recurso repetitivo, n. 576, ***a cédula de crédito bancário tem força executiva****, devendo ser acompanhada de claro demonstrativo acerca dos valores utilizados pelo cliente, o que se verificou.*

3. Agravo interno a que se nega provimento." (AgInt no AREsp 1.411.098/MG, Rel. Ministro ANTONIO CARLOS FERREIRA, QUARTA TURMA, julgado em 16/5/2019, DJe 29/5/2019 – grifou-se).

Assim, o só fato de estar a dívida lastreada em título executivo extrajudicial e não haver controvérsia quanto à sua liquidez, certeza e exigibilidade, ao menos no bojo da exceção de pré-executividade, é o quanto basta para a propositura da execução, seja ela fundada no art. 580 do Código de Processo Civil de 1973, seja no art. 786 do Código de Processo Civil de 2015.

A constituição de garantia fiduciária como pacto adjeto ao financiamento instrumentalizado por meio de Cédula de Crédito Bancário em nada modifica o direito do credor de optar por executar o seu crédito de maneira diversa daquela estatuída na Lei nº 9.514/1997 (execução extrajudicial), conforme destacado em abalizada doutrina:

"(...)

O credor-fiduciário pode optar pelo processo judicial de execução por quantia certa contra devedor solvente, caso considere esse meio mais adequado de acordo com as circunstâncias. *A referência à execução judicial na Lei 9.514/1997 é dispensável, não só porque* ***o título representativo desse crédito tem força executiva****, por ser constituído por instrumento público ou particular subscrito por duas testemunhas (CPC, art. 784), mas, sobretudo, porque* ***o contrato de crédito com garantia real é classificado como título executivo extrajudicial*** *pelo inciso V do mesmo art. 784 do CPC.*

Assim, ***a satisfação do crédito pode ser obtida mediante ação de execução caso o imóvel tenha sido destruído****, no todo ou em parte, e o devedor tiver outros bens penhoráveis suficientes para satisfação do crédito,* ***podendo essa faculdade também ser exercida pelo credor na hipótese de insuficiência da garantia por depreciação do imóvel ou outras circunstâncias que justifiquem a opção pela ação de execução judicial****.*

A existência, no ordenamento, de um procedimento extrajudicial de realização da garantia fiduciária imobiliária não obsta o exercício da faculdade do credor fiduciário de promover a execução judicial do seu crédito.

Na execução, a penhora recairá necessariamente sobre o direito aquisitivo do devedor fiduciante em relação ao imóvel objeto da garantia, como há muito reconhecido pela jurisprudência e previsto expressamente no CPC/2015, podendo incidir sobre outros bens do patrimônio do devedor fiduciante caso o valor do direito aquisitivo seja insuficiente para satisfação integral do crédito.

A opção opera apenas a substituição do procedimento extrajudicial pelo procedimento judicial de realização da garantia e não caracteriza renúncia à garantia.

Como se sabe, a renúncia deve ser expressa, como reconhece a jurisprudência do Superior Tribunal de Justiça, pois se trata de extinção de direito real de garantia, tal como dispõe o art. 1.499 do Código Civil em relação à hipoteca, e, sendo ato de disposição, 'há de ser expressa, porque não se poderia averbar renúncia tácita. Para que se dê a extinção da hipoteca, é preciso que concorram os seguintes pressupostos: declaração unilateral do credor hipotecário, assentimento de terceiros que tenham direito sobre a hipoteca e a averbação no registro de imóveis.

Para validade e eficácia da renúncia, é necessário que do instrumento conste a caracterização do imóvel e do direito real objeto da desconstituição, devendo o instrumento ser registrado no Registro de Imóveis competente." (CHALHUB, Melhim Namem. *Alienação fiduciária: negócio fiduciário*, 7ª ed., Rio de Janeiro: Forense, 2021, pág. 354 – grifou-se)

A propositura de execução de título extrajudicial, aliás, aparenta ser a solução mais eficaz em determinados casos, diante da existência de questão altamente controvertida, tanto da doutrina quanto na jurisprudência dos tribunais, referente à possibilidade de o credor fiduciário exigir o saldo remanescente se o produto obtido com a venda extrajudicial do bem imóvel dado em garantia não for suficiente para a quitação integral do seu crédito, ou se não houver interessados em arrematar o bem no segundo leilão, considerando o disposto nos §§ 5º e 6º do art. 27 da Lei nº 9.514/1997, que assim dispõem:

"§ 5º Se, no segundo leilão, o maior lance oferecido não for igual ou superior ao valor referido no § 2º [valor da dívida + despesas], ***considerar-se-á extinta a dívida*** *e exonerado o credor da obrigação de que trata o § 4º* [entrega da importância que sobejar ao devedor].

§ 6º Na hipótese de que trata o parágrafo anterior, ***o credor****, no prazo de cinco dias a contar da data do segundo leilão,* ***dará ao devedor quitação da dívida****, mediante termo próprio."* (sem acréscimos no original – grifou-se).

No entanto, na hipótese de alienação extrajudicial do bem dado em garantia, ao contrário do sustentado nas razões do recurso especial, o credor fiduciário não está impedido de exigir o saldo remanescente se o produto obtido com a venda extrajudicial não for suficiente para a quitação integral do seu crédito. O remanescente da dívida apenas não estará mais garantido ante o desaparecimento da propriedade fiduciária, o mesmo ocorrendo na hipótese de não haver interessados em arrematar o bem no segundo leilão.

Com efeito, a despeito da referida previsão legal, tem prevalecido no âmbito do Superior Tribunal de Justiça a interpretação segundo a qual a **extinção da dívida** – expressão utilizada pela lei – **opera-se apenas em relação à parcela da dívida garantida pela propriedade fiduciária**, tendo o credor a possibilidade de cobrar do devedor o valor remanescente de seu crédito.

Com a edição da Súmula nº 384/STJ, por exemplo, esta Corte Superior firmou o entendimento de que *"cabe ação monitória para haver* ***saldo remanescente*** *oriundo de venda extrajudicial de bem alienado fiduciariamente em garantia"* (grifou-se), justamente porque a venda extrajudicial do bem *"(...) retira ao eventual crédito remanescente a característica de liquidez, e ao título dele representativo, em consequência, a qualidade de título executivo"* (REsp nº 63.392/MG, Rel. Ministro Sálvio de Figueiredo Teixeira, Quarta Turma, julgado em 18/12/1997, DJ 16/3/1998).

A mesma orientação, *mutatis mutandis*, tem sido adotada por esta Corte quando se afirma que se o valor apurado com a venda do bem não for bastante para extinguir a obrigação, o **restante do crédito em aberto**, conquanto não possa ser exigido fora da recuperação judicial do devedor, pode ser habilitado pelo credor no processo de soerguimento.

A propósito:

"CONFLITO POSITIVO DE COMPETÊNCIA. JUÍZO DA RECUPERAÇÃO JUDICIAL. JUÍZO DA EXECUÇÃO DE CONTRATO DE ALIENAÇÃO FIDUCIÁRIA EM GARANTIA. DEVEDOR FIDUCIANTE EM RECUPERAÇÃO JUDICIAL. CONSOLIDAÇÃO DA PROPRIEDADE PELO FIDUCIÁRIO. VENDA DO BEM. EXTINÇÃO DA PROPRIEDADE FIDUCIÁRIA. VALOR ARRECADADO INSUFICIENTE PARA O PAGAMENTO DA DÍVIDA. SALDO DEVEDOR. NATUREZA QUIROGRAFÁRIA. SATISFAÇÃO DO REMANESCENTE DA DÍVIDA. COMPETÊNCIA DO JUÍZO DA RECUPERAÇÃO JUDICIAL.

1. A princípio, o credor titular da posição de proprietário fiduciário de bem móvel ou imóvel não se submete aos efeitos da recuperação judicial, consoante disciplina o art. 49, § 3º, da Lei 11.101/2005.

2. Porém, no caso dos autos, o bem alienado fiduciariamente em garantia já foi objeto de apreensão judicial e adjudicado ao exequente, com a consolidação da propriedade e sua posterior alienação.

3. Desse modo, o presente conflito de competência é circunscrito à definição do Juízo perante o qual devem prosseguir os atos tendentes à satisfação do remanescente do crédito derivado de contrato de alienação fiduciária em garantia, visto que a consolidação da propriedade do bem dado em garantia, e sua consequente e necessária alienação, não foi suficiente para a quitação integral da dívida.

4. Segundo a doutrina e os precedentes específicos desta Corte, ***no caso de alienação fiduciária em garantia, consolidada a propriedade e vendido o bem, o credor fiduciário ficará com o montante arrecadado, desaparecendo a propriedade fiduciária. Eventual saldo devedor apresenta natureza de dívida pessoal, devendo ser habilitado na recuperação judicial ou falência na classe dos credores quirografários.***

5. Conflito conhecido para declarar competente o Juízo da Recuperação Judicial." (CC 128.194/GO, Rel. Ministro RAUL ARAÚJO, SEGUNDA SEÇÃO, julgado em 28/6/2017, DJe 1º/8/2017 – grifou-se).

Seguindo o mesmo raciocínio, de que a dívida não se extingue por inteiro se o valor apurado com a venda do imóvel não for suficiente para a sua satisfação integral, cai por terra a alegação de que a alienação extrajudicial constitui forma de execução menos gravosa para o executado, podendo o credor, portanto, abrir mão do procedimento de alienação extrajudicial (sem implicar renúncia à garantia), preferindo executar todo o seu crédito judicialmente, desde que possua título executivo líquido, certo e exigível.

Além disso, como bem destacou o acórdão recorrido,

"(...) a opção pela via judicial afigura-se, até mesmo, mais vantajosa ao devedor, por permitir-lhe a apresentação de defesa por meio de embargos, podendo exercer amplamente seu direito de defesa em juízo, inclusive com a produção de provas, se necessário, o que não é possível no âmbito do procedimento extrajudicial" (e-STJ fl. 1.312).

Em uma interpretação mais voltada à literalidade da norma, Melhim Namem Chalhub, apesar de entender que a cobrança de eventuais valores remanescentes dependeria de mudanças na legislação, reconhece a necessidade de adequação legislativa do instituto da alienação fiduciária de imóvel, de modo a limitar a responsabilidade do devedor somente para operações merecedoras de tutela especial, a exemplo do financiamento habitacional.

Confira-se:

"(...) outro aspecto merecedor de reflexão é o ***critério de extinção da dívida e de exoneração das responsabilidades dos contratantes****, instituído pelos §§ 2º, 5º e 6º do art. 27 da Lei 9.514/1997.*

Esse critério é nota dissonante no conjunto normativo que adapta a propriedade resolúvel ao regime jurídico dos direitos reais de garantia*, a que nos referimos anteriormente.*

Para melhor compreensão das distorções provocadas por essa norma, recorde-se que ***a extinção da dívida independentemente de sua amortização integral tem como precedente a Lei 5.741/1971****, que institui procedimento especial de* ***execução judicial do crédito hipotecário habitacional vinculado ao SFH****. Trata-se de* ***norma excepcional*** *pela qual o imóvel é adjudicado compulsoriamente ao credor hipotecário caso não haja lance suficiente para amortizar integralmente o saldo devedor, ficando o devedor exonerado da sua obrigação.*

O tratamento diferenciado dado ao crédito habitacional foi justificado no início da década de 1970 pela necessidade de compensar a situação de desvantagem do adquirente ante os elevados índices de inflação registrados na ocasião. Naquele ambiente inflacionário, a correção monetária tornava o valor do saldo devedor superior ao do imóvel, de modo que, se houvesse arrematação por preço de mercado (inferior ao valor da dívida), remanesceria saldo devedor de responsabilidade do adquirente de moradia.

Ante o claro risco de superendividamento, sobreveio a regra excepcional da Lei 5.741/1971 para limitar a responsabilidade do devedor mediante entrega do imóvel ao credor em pagamento da dívida, exonerado o devedor da responsabilidade por eventual remanescente, observando Araken de Assis que, 'em tempos de crise econômica, o imóvel vale menos do que a dívida, beneficiando o devedor, que a solverá integralmente tão só pagando o respectivo valor.'

A Lei 9.514/1997 inspirou-se nessa norma ao regulamentar a propriedade fiduciária de bens imóveis em garantia*, mas,* ***em vez de restringir essa regra excepcional às dívidas decorrentes de financiamento habitacional, instituiu-a como regra geral****, subvertendo o regime jurídico dos direitos reais de garantia (Código Civil, arts. 586, 1.366 e 1.419) e podendo dar causa a* ***desequilíbrio da execução e enriquecimento sem causa****, seja do credor ou do devedor.*

Como se sabe, ***a alienação fiduciária pode ser contratada em garantia de quaisquer operações de crédito e vem sendo empregada em larga escala no mercado financeiro****, em garantia de empréstimos empresariais destinados a capital de giro, em geral formalizados mediante emissão de Cédula de Crédito Bancário (CCB).* ***Essas operações devem submeter-se às regras gerais de execução de créditos****, não sendo, obviamente, merecedoras de tutela especial que exonere a empresa devedora do pagamento do saldo devedor que remanescer, caso, no leilão, não se apure quantia suficiente para amortização integral da dívida.*

Há também inúmeros empréstimos sem finalidade específica, para pessoa física, conhecidos no jargão do mercado como home equity, que igualmente não são merecedores de tutela especial.

Para se aquilatar o risco de desproporção na execução desses créditos, observe-se que a razão entre o valor do empréstimo e o do imóvel é de, no máximo, 60% nos créditos destinados a lastrear a emissão de Letras Imobiliárias Garantidas (LIG), de que trata a Lei 13.097/2015.

Dada essa relação entre o valor do crédito e o do imóvel objeto de alienação fiduciária, é possível que, se o devedor tiver amortizado razoável parcela da dívida, o saldo devedor no momento da execução corresponda a menos de 50% do valor da avaliação do imóvel. Nesse caso, se o imóvel for arrematado no segundo leilão pelo valor do saldo devedor, como permitido pela Lei 9.514/1997, a arrematação pode ser invalidada por caracterização de preço vil (CPC, arts. 891 e 903, § 1º, I).

O mesmo pode ocorrer nos empréstimos garantidos por propriedade fiduciária de terreno no qual o devedor fiduciante venha a edificar com recursos próprios, pois nesse caso o valor da construção pode não estar compreendido no cálculo do saldo devedor e, portanto, seu montante poderá ser inferior a 50% do valor da avaliação no momento da execução.

Independentemente do risco de arrematação a preço vil, pode até ocorrer a esdrúxula situação de 'oferta a preço vil', pois a eventual redução do saldo devedor a valor inferior a 50% do valor da avaliação criará uma situação de difícil solução, ante a norma do § 2º do art. 27 da Lei 9.514/1997, que obriga a oferta pelo valor do saldo devedor, e a dos arts. 891 e 903, § 1º, do CPC, que considera vil o lance inferior a 50% do valor da avaliação.

***A situação anômala** caracterizada pela **exoneração de responsabilidade do devedor fiduciante independentemente de amortização integral da dívida**, instituída pelos §§ 2º, 5º e 6º do art. 27 da Lei 9.514/1997, evidencia que, apesar de o direito positivo brasileiro ter cuidado de adequar a propriedade resolúvel à função de garantia, essas **normas não se conformam plenamente ao regime jurídico dessa categoria de direito real**.*

*Essa anomalia, aliada ao fato de que não mais subsiste a conjuntura econômica que justificara a exoneração de responsabilidade do devedor na década de 1970 e, ainda, a importantes alterações introduzidas pelo Código de Processo Civil de 2015 no procedimento de execução, tornam necessária a adequação da Lei 9.514/1997 às normas desse Código relacionadas ao **princípio do equilíbrio da execução** e, ainda, recomendam a aplicação restritiva da limitação da responsabilidade do devedor às operações de financiamento habitacional.*

*Para esse fim, submetemos ao debate **sugestão de alteração da Lei 9.514/1997** pela qual a **realização da garantia fiduciária de bem imóvel seja submetida à regra geral do art. 1.366 do Código Civil**, segundo a qual, **se o produto do leilão não bastar para pagamento da dívida, encargos e despesas da execução, o devedor fiduciante responde pelo saldo remanescente, cobrável por ação de execução**.*

Para adequação ao art. 891 do CPC, deve ser exigido lance mínimo correspondente ao montante da dívida e encargos ou 50% do valor da avaliação, o que for maior. Nesses termos, seria explicitamente afastado o risco de arrematação por preço vil, que poderia ocorrer, já que a regra do § 2º do art. 27 da Lei 9.514/1997 autoriza a venda no segundo leilão pelo valor do saldo devedor, sem, contudo, fazer ressalva ao referencial que só veio a ser estabelecido pelo CPC em 2015.

Além disso, cria-se oportunidade de apuração de saldo a favor do devedor no segundo leilão, o que não ocorreria se vendido o imóvel pelo valor do saldo devedor, como permitido pelo § 2º do art. 27 da Lei 9.514/1997.

Nos 15 dias que se seguirem ao leilão, o credor fiduciário entregará ao devedor fiduciante a quantia que exceder ao montante da dívida, encargos e despesas da execução, depois de satisfeito seu crédito com os encargos e pagas as despesas da execução.

Caso sejam infrutíferos os dois leilões, o credor fiduciário entregará ao devedor fiduciante a quantia correspondente à diferença, se houver, entre o montante da dívida, encargos e despesas da execução e 50% do valor da avaliação.

Em caráter excepcional, na execução de créditos oriundos de financiamento habitacional, considerar-se-á extinta a dívida e exonerado o devedor fiduciante da responsabilidade pelo remanescente, caso no segundo leilão não haja lance igual ou superior ao valor do saldo devedor ou a 50% do valor da avaliação, o que for maior.

Essa regra excepcional integraria o art. 26-A e seus parágrafos da Lei 9.514/1997, que abarca as normas especiais aplicáveis especificamente aos financiamentos habitacionais." (ob. cit., págs. 222-223 – grifou-se)

Ressalta-se, a propósito, que essa notória impropriedade da lei tem sido paulatinamente corrigida, a exemplo das modificações perpetradas pelas Leis nºs 13.476/2017 e 13.986/2020, por meio das quais se passou a estabelecer, para o **contrato de abertura de limite de crédito** e para a **Cédula Imobiliária Rural (CIR)**, respectivamente, a **possibilidade de o credor cobrar do devedor, por via executiva, o valor remanescente de seu crédito** na hipótese em que o produto da alienação da garantia não for igual ou superior ao valor da dívida, somado ao das demais despesas.

De todo modo, a despeito das controvérsias doutrinárias e jurisprudenciais a respeito da possibilidade de cobrança do saldo remanescente da dívida após a execução extrajudicial, ao credor fiduciário é dada a faculdade de executar a integralidade de seu crédito judicialmente, desde que o título que dá lastro à execução seja dotado de todos os atributos necessários – liquidez, certeza e exigibilidade.

4) Dispositivo

Ante o exposto, nego provimento ao recurso especial (STJ – REsp nº 1.965.973 – São Paulo – 3ª Turma – Rel. Min. Ricardo Villas Bôas Cueva – DJ 22.02.2022)

EMENTA: DIREITO CIVIL. RECURSO ESPECIAL. AÇÃO DE RESCISÃO DE CONTRATO PARTICULAR DE COMPRA E VENDA DE IMÓVEL C/C PEDIDO DE DEVOLUÇÃO DAS QUANTIAS PAGAS. CLÁUSULA DE ALIENAÇÃO FIDUCIÁRIA EM GARANTIA. AUSÊNCIA DE REGISTRO. GARANTIA NÃO CONSTITUÍDA. VENDA EXTRAJUDICIAL DO BEM. DESNECESSIDADE.

1. Ação ajuizada em 01/08/2017. Recurso especial interposto em 27/05/2019 e concluso ao Gabinete em 03/09/2019. Julgamento: CPC/2015.

2. O propósito recursal consiste em dizer se a previsão de cláusula de alienação fiduciária em garantia em instrumento particular de compra e venda de imóvel impede a resolução do ajuste por iniciativa do adquirente, independentemente da ausência de registro.

3. No ordenamento jurídico brasileiro, coexiste um duplo regime jurídico da propriedade fiduciária: a) o regime jurídico geral do Código Civil, que disciplina a propriedade fiduciária sobre coisas móveis infungíveis, sendo o credor fiduciário qualquer pessoa natural ou jurídica; b) o regime jurídico especial, formado por um conjunto de normas extravagantes, dentre as quais a Lei 9.514/97, que trata da propriedade fiduciária sobre bens imóveis.

4. No regime especial da Lei 9.514/97, o registro do contrato tem natureza constitutiva, sem o qual a propriedade fiduciária e a garantia dela decorrente não se perfazem.

5. Na ausência de registro do contrato que serve de título à propriedade fiduciária no competente Registro de Imóveis, como determina o art. 23 da Lei 9.514/97, não é exigível do adquirente que se submeta ao procedimento de venda extrajudicial do bem para só então receber eventuais diferenças do vendedor.

6. Recurso especial conhecido e não provido (STJ – REsp nº 1.835.598 – São Paulo – 3ª Turma – Rel. Min. Nancy Andrighi – DJ 17.02.2021).

EMENTA: RECURSO ESPECIAL. CIVIL. ALIENAÇÃO FIDUCIÁRIA DE IMÓVEL. LEI N. 9.514/1997. NEGATIVA DE PRESTAÇÃO JURISDICIONAL. NÃO OCORRÊNCIA. APELAÇÃO. DESERÇÃO AFASTADA. EFETIVA COMPROVAÇÃO DO PREPARO NO ATO DE INTERPOSIÇÃO DO RECURSO. PURGAÇÃO DA MORA APÓS A CONSOLIDAÇÃO DA PROPRIEDADE EM NOME DO CREDOR FIDUCIÁRIO. POSSIBILIDADE ANTES DA ENTRADA EM VIGOR DA LEI N. 13.465/2017. APÓS, ASSEGURA-SE AO DEVEDOR FIDUCIANTE APENAS O DIREITO DE PREFERÊNCIA. PRAZO DO LEILÃO EXTRAJUDICIAL. ART. 27 DA LEI N. 9.514/1997. IMPOSIÇÃO LEGAL INERENTE AO RITO DA EXECUÇÃO EXTRAJUDICIAL. INOBSERVÂNCIA. MERA IRREGULARIDADE. RECURSO ESPECIAL PARCIALMENTE PROVIDO.

1. Convém destacar que o recurso especial foi interposto contra decisão publicada após a entrada em vigor do Código de Processo Civil de 2015, sendo analisados os pressupostos de admissibilidade recursais à luz do regramento nele previsto (Enunciado Administrativo n. 3/STJ).

2. O propósito recursal cinge-se a definir: **i)** a possibilidade de purgação da mora, nos contratos de mútuo imobiliário com pacto adjeto de alienação fiduciária, submetidos à Lei n. 9.514/1997, após a consolidação da propriedade em favor do credor fiduciário; e **ii)** se é decadencial o prazo estabelecido no art. 27 da Lei n. 9.514/1997 para a realização do leilão extrajudicial para a excussão da garantia.

3. Verifica-se que o Tribunal de origem analisou todas as questões relevantes para a solução da lide, de forma fundamentada, não havendo falar em negativa de prestação jurisdicional.

4. A jurisprudência pacífica desta Corte Superior, à luz do CPC/1973, dispõe que o preparo do recurso deve ser comprovado no ato de sua interposição, nos termos do art. 511, com a juntada da guia de recolhimento e do respectivo comprovante de pagamento.

5. Segundo o entendimento do STJ, a purgação da mora, nos contratos de mútuo imobiliário com garantia de alienação fiduciária, submetidos à disciplina da Lei n. 9.514/1997, é admitida no prazo de 15 (quinze) dias, conforme previsão do art. 26, § 1º, da lei de regência, ou a qualquer tempo, até a assinatura do auto de arrematação, com base no art. 34 do Decreto-Lei n. 70/1966, aplicado subsidiariamente às operações de financiamento imobiliário relativas à Lei n. 9.514/1997.

6. Sobrevindo a Lei n. 13.465, de 11/07/2017, que introduziu no art. 27 da Lei n. 9.514/1997 o § 2º-B, não se cogita mais da aplicação subsidiária do Decreto-Lei n. 70/1966, uma vez que, consolidada a propriedade fiduciária em nome do credor fiduciário, descabe ao devedor fiduciante a purgação da mora, sendo-lhe garantido apenas o exercício do direito de preferência na aquisição do bem imóvel objeto de propriedade fiduciária.

7. Desse modo: i) antes da entrada em vigor da Lei n. 13.465/2017, nas situações em que já consolidada a propriedade e purgada a mora nos termos do art. 34 do Decreto-Lei n. 70/1966 (ato jurídico perfeito), impõe-se o desfazimento do ato de consolidação, com a consequente retomada do contrato de financiamento imobiliário; ii) a partir da entrada em vigor da lei nova, nas situações em que consolidada a propriedade, mas não purgada a mora, é assegurado ao devedor fiduciante tão somente o exercício do direito de preferência previsto no § 2º-B do art. 27 da Lei n. 9.514/1997.

8. O prazo de 30 (trinta) dias para a promoção do leilão extrajudicial contido no art. 27 da Lei n. 9.514/1997, por não se referir ao exercício de um direito potestativo do credor fiduciário, mas à observância de uma imposição legal – inerente ao próprio rito de execução extrajudicial da garantia –, não é decadencial, de forma que a sua extrapolação não extingue a obrigação de alienar o bem imóvel nem restaura o *status quo ante* das partes, acarretando apenas mera irregularidade, a impedir tão somente o agravamento da situação do fiduciante decorrente da demora imputável exclusivamente ao fiduciário.

9. Recurso especial parcialmente provido (STJ – REsp nº 1.649.595 – Rio Grande do Sul – 3ª Turma – Rel. Min. Marco Aurélio Bellizze – DJ 16.10.2020)

▶ **EMENTA:** PROCESSO CIVIL E TRIBUTÁRIO. RECURSO ESPECIAL. ENUNCIADO ADMINISTRATIVO N. 3/STJ. ITBI. ALIENAÇÃO FIDUCIÁRIA DE BEM IMÓVEL. INADIMPLEMENTO POR PARTE DO DEVEDOR-FIDUCIANTE. CONSOLIDAÇÃO DA PROPRIEDADE PLENA EM NOME DO CREDOR-FIDUCIÁRIO. IMPOSTO SOBRE A TRANSMISSÃO "INTER VIVOS" DE BENS IMÓVEIS E DIREITOS A ELES RELATIVOS – ITBI. INCIDÊNCIA. RECURSO ESPECIAL NÃO PROVIDO.

1. A hipótese destes autos cinge-se em averiguar se é devido ou não o recolhimento do ITBI por ocasião da consolidação da propriedade do imóvel em nome do credor fiduciário nos casos de inadimplemento pelo devedor fiduciante.

2. Deveras, de acordo com o Código Tributário Nacional, o fato gerador do ITBI ocorre com a transmissão onerosa, a qualquer título, da propriedade ou do domínio útil de bens imóveis por natureza ou por acessão física, ou, ademais, em face da transmissão onerosa de direitos reais sobre imóveis, exceto os direitos reais de garantia, e, por fim, com a cessão de direitos relativos às transmissões anteriormente mencionadas.

3. A questão jurídica posta neste apelo especial busca examinar a incidência de ITBI na execução do contrato de alienação fiduciária em razão do inadimplemento do devedor-fiduciante e consolidação da garantia real a favor do credor-fiduciante.

4. Deveras, este contrato de direito real se materializa com o registro do contrato fiduciário no Registro de Imóveis competente, cujo teor confere ao credor-fiduciário a propriedade resolúvel do imóvel pactuado, com o exercício da posse indireta desse bem, cabendo ao devedor-fiduciante, por sua vez, a posse direta, exercendo-a através de uma condição negocial resolutória, condicionado ao regular adimplemento das prestações pactuadas com o credor-fiduciário, nos termos do artigo 23 da Lei n.º 9.514/1997.

5. O tratamento tributário quanto à incidência do ITBI no momento de resolução da garantia firmada – como no caso em tela –, merece ser enfrentado. Na hipótese de a dívida oriunda do contrato de alienação fiduciária vir a vencer sem o adimplemento integral ou parcialmente do débito, o devedor fiduciante será intimado a recolher o valor do débito e, caso não haja a regularização desta dívida, a propriedade do imóvel oferecido em garantia será consolidada em favor do credor fiduciário, nos termos do artigo 26, *caput*, da Lei nº 9.514/1997. Como a hipótese referida ocasiona a desconstituição do contrato real de garantia, de modo a consolidar a propriedade plena do imóvel pactuado ao credor-fiduciário, retornará para este o domínio integral de todos os poderes inerentes ao direito real sobre o bem imóvel (artigo 1.225, inciso I, do Código Civil), caracterizando-se neste ínterim um ato de transmissão, a qualquer título, de um domínio de propriedade, que por igual sentido, acarretará a deflagração da hipótese de incidência do artigo 35, inciso I, do CTN, validando-se outrossim, a determinação contida no artigo 26, § 7º, da Lei n.º 9.514/97.

6. Recurso Especial não provido. (STJ – REsp nº 1.844.279 – Distrito Federal – 2ª Turma – Rel. Min. Mauro Campbell Marques – DJ 14.05.2020)

▶ **EMENTA: DIREITO CIVIL. ALIENAÇÃO FIDUCIÁRIA DE IMÓVEL EM GARANTIA DE QUALQUER OPERAÇÃO DE CRÉDITO. É possível a constituição de alienação fiduciária de bem imóvel para garantia de operação de crédito não vinculada ao Sistema Financeiro Imobiliário (SFI).** O entendimento de que o instituto da alienação fiduciária de bens imóveis somente poderia ser utilizado em crédito destinado a aquisição, edificações ou reformas do imóvel oferecido em garantia – fundado no argumento de que a finalidade da Lei nº 9.514/1997 é proteger o sistema imobiliário e o de habitação como um todo, de modo que a constituição de garantia fiduciária sobre bem imóvel deve estar em sintonia com o objetivo da lei, consubstanciado no incentivo ao financiamento imobiliário – não se sustenta. Isso porque esse posicionamento não encontra respaldo nos arts. 22, § 1º, da Lei nº 9.514/1997 e 51 da Lei nº 10.931/2004 ("Art. 22. A alienação fiduciária regulada por esta Lei é o negócio jurídico pelo qual o devedor, ou fiduciante, com o escopo de garantia, contrata a transferência ao credor, ou fiduciário, da propriedade resolúvel de coisa imóvel. § 1º A alienação fiduciária poderá ser contratada por pessoa física ou jurídica, não sendo privativa das entidades que operam no SFI, podendo ter como objeto, além da propriedade plena: [...]"; e "Art. 51. Sem prejuízo das disposições do Código Civil, as obrigações em geral também poderão ser garantidas, inclusive por terceiros, por cessão fiduciária de direitos creditórios decorrentes de contratos de alienação de imóveis, por caução de direitos creditórios ou aquisitivos decorrentes de contratos de venda ou promessa de venda de imóveis e por alienação fiduciária de coisa imóvel"). Assim, sem maior esforço hermenêutico, verifica-se que é possível afirmar que a lei não exige que o contrato de alienação fiduciária se vincule ao financiamento do próprio imóvel. Ao contrário, é legítima a sua formalização como garantia de toda e qualquer obrigação pecuniária, podendo inclusive ser prestada por terceiros. Dessa forma, muito embora a alienação fiduciária de imóveis tenha sido introduzida em nosso ordenamento jurídico pela Lei nº 9.514/1997, que dispõe sobre o SFI, seu alcance ultrapassa os limites das transações relacionadas à aquisição de imóvel. Resta indubitável, portanto, que a finalidade do instituto é o de fomentar o sistema de garantias do direito brasileiro, dotando o ordenamento jurídico de instrumento que permite, nas situações de mora – tanto nos financiamentos imobiliários, como nas operações de créditos com garantia imobiliária – a recomposição em prazos compatíveis com as necessidades da economia moderna. REsp 1.542.275-MS, Rel. Min. Ricardo Villas Bôas Cueva, julgado em 24/11/2015, DJe 2/12/2015.

▶ **EMENTA**: RECURSO ESPECIAL. ALIENAÇÃO FIDUCIÁRIA DE COISA IMÓVEL. LEI nº 9.514/1997. QUITAÇÃO DO DÉBITO APÓS A CONSOLIDAÇÃO DA PROPRIEDADE EM NOME DO CREDOR FIDUCIÁRIO. POSSIBILIDADE. APLICAÇÃO SUBSIDIÁRIA DO DECRETO-LEI nº 70/1966. PROTEÇÃO DO DEVEDOR. ABUSO DE DIREITO. EXERCÍCIO EM MANIFESTO DESCOMPASSO COM A FINALIDADE. 1. É possível a quitação de débito decorrente de contrato de alienação fiduciária de bem imóvel (Lei nº 9.514/1997), após a consolidação da propriedade em nome do credor fiduciário. Precedentes. 2. No âmbito da alienação fiduciária de imóveis em garantia, o contrato não se extingue por força da consolidação da propriedade em nome do credor fiduciário, mas, sim, pela alienação em leilão público do bem objeto da alienação fiduciária, após a lavratura do auto de arrematação. 3. A garantia do direito de quitação do débito antes da assinatura do auto de arrematação protege o devedor da onerosidade do meio executivo e garante ao credor a realização de sua legítima expectativa – recebimento do débito contratado. 4. Todavia, caracterizada a utilização abusiva do direito, diante da utilização da inadimplência contratual de forma consciente para ao final cumprir o contrato por forma diversa daquela contratada, frustrando intencionalmente as expectativas do agente financeiro contratante e do terceiro de boa-fé, que arrematou o imóvel, afasta-se a incidência dos dispositivos legais mencionados. 5. A propositura de ação de consignação, sem prévia recusa do recebimento, inviabilizou o oportuno conhecimento da pretensão de pagamento pelo credor, ensejando o prosseguimento da alienação do imóvel ao arrematante de boa-fé. 6. Recurso especial não provido. (STJ – REsp nº 1.518.085 – Rio Grande do Sul – 3ª Turma – Rel. Min. Marco Aurélio Bellizze – DJ 20.05.2015)

EMENTA: TERMO INICIAL DA TAXA DE OCUPAÇÃO DE IMÓVEL ALIENADO FIDUCIARIAMENTE NO ÂMBITO DO SFH. Na hipótese em que frustrados os públicos leilões promovidos pelo fiduciário para a alienação do imóvel objeto de alienação fiduciária no âmbito do Sistema Financeiro da Habitação (SFH), a taxa de ocupação será exigível do fiduciante em mora a partir da data na qual se considera extinta a dívida (art. 27, § 5º, da Lei nº 9.514/1997), e não desde a data da consolidação da propriedade em nome do fiduciário (art. 27, *caput*, da Lei nº 9.514/1997). Nos termos da literalidade do art. 37-A da Lei nº 9.514/1997, "o "fiduciante pagará ao fiduciário, ou a quem vier a sucedê-lo, a título de taxa de ocupação do imóvel, por mês ou fração, valor correspondente a um por cento do valor a que se refere o inciso VI do art. 24, computado e exigível desde a data da alienação em leilão até a data em que o fiduciário, ou seus sucessores, vier a ser imitido na posse do imóvel". O fundamento para que essa taxa não incida no período anterior à alienação é que a propriedade fiduciária não se equipara à propriedade plena, por estar vinculada ao propósito de garantia da dívida, conforme expressamente dispõe o art. 1.367 do CC: "A propriedade fiduciária em garantia de bens móveis ou imóveis sujeita-se às disposições do Capítulo I do Título X do Livro III da Parte Especial deste Código e, no que for específico, à legislação especial pertinente, não se equiparando, para quaisquer efeitos, à propriedade plena de que trata o art. 1.231". Efetivamente, não se reconhece ao proprietário fiduciário os direitos de usar (*jus utendi*) e de fruir (*jus fruendi*) da coisa, restando-lhe apenas os direitos de dispor da coisa (*jus abutendi*) e de reavê-la de quem injustamente a possua (*rei vindicatio*). Essa limitação de poderes se mantém após a consolidação da propriedade em favor do credor fiduciário, pois essa consolidação se dá exclusivamente com o propósito de satisfazer a dívida. É o que dispõe o art. 1.364 do CC, *litteris*: "Vencida a dívida, e não paga, fica o credor obrigado a vender, judicial ou extrajudicialmente, a coisa a terceiros, a aplicar o preço no pagamento de seu crédito e das despesas de cobrança, e a entregar o saldo, se houver, ao devedor". No mesmo sentido, o art. 27, *caput*, da Lei nº 9.514/1997, *litteris*: "Uma vez consolidada a propriedade em seu nome, o fiduciário, no prazo de trinta dias, contados da data do registro de que trata o § 7º do artigo anterior, promoverá público leilão para a alienação do imóvel". Com efeito, o direito do credor se limita ao crédito, sendo a garantia (ainda que por meio de alienação fiduciária) um mero acessório, não podendo o credor se apropriar, simultaneamente, do crédito e da coisa dada em garantia, sob pena de *bis in idem* e enriquecimento sem causa. A taxa de ocupação do imóvel, pela sua própria definição, tem natureza de fruto do imóvel objeto da alienação fiduciária. Ora, se o credor fiduciário não dispõe do *jus fruendi*, não pode exigir do devedor o pagamento de taxa de ocupação. Efetivamente, os únicos frutos que podem ser exigidos pelo credor são os juros, frutos do capital mutuado. Entendimento diverso geraria *bis in idem* e enriquecimento sem causa do banco credor, pois, em razão do mútuo de certa quantia em dinheiro, o banco receberia dois frutos, os juros e a taxa de ocupação. Nessa esteira, observa-se que a redação do art. 37-A da Lei nº 9.514/1997 foi precisa ao dispor que a taxa de ocupação somente é devida após a "data da alienação em leilão", pois, antes da alienação, a propriedade não é plena, mas afetada à satisfação da dívida, não produzindo frutos em favor do credor fiduciário. Do mesmo modo, a redação do art. 38 da Lei nº 10.150/2000 também foi precisa ao instituir o arrendamento especial com opção de compra apenas para os imóveis que a instituição financeira tenha "arrematado, adjudicado ou recebido em dação em pagamento", não para os imóveis adquiridos por consolidação da propriedade fiduciária. Sob outro ângulo, cabe destacar que a Lei impõe um rito célere à alienação extrajudicial, de modo que o primeiro leilão deva ser realizado no prazo de trinta dias após o registro da consolidação da propriedade, conforme previsto no art. 27 da Lei nº 9.514/1997, independentemente da desocupação do imóvel. A fixação desse prazo exíguo tem o objetivo de evitar que a instituição financeira permaneça inerte após a consolidação da propriedade, deixando que a dívida se eleve aceleradamente, por força dos encargos da mora. Há, portanto, no referido art. 27, um fundamento de boa-fé objetiva, especificamente concretizada no preceito *duty to mitigate the loss*, explicado em precedente da Terceira Turma (REsp 758.518-PR, DJe 28/6/2010). Durante esse curto período de 30 dias, as perdas experimentadas pela instituição financeira já são adequadamente compensadas pela multa contratual. Aliás, a incidência de taxa de ocupação geraria o efeito deletério de estimular a inércia da instituição financeira, tendo em vista a incidência de mais um fator de incremento da dívida. Noutro norte, é certo que a boa-fé também impõe deveres ao mutuário, como o de desocupar o imóvel, caso não tenha purgado tempestivamente a mora. Porém, a violação desse dever impõe perdas potenciais ao próprio mutuário, não à instituição financeira, que já é remunerada pelos encargos contratuais, tendo em vista que o mutuário tem direito à restituição do saldo que restar das parcelas pagas após a quitação da dívida e dos encargos. Destaque-se, ainda, que a Lei nº 9.514/1997 confere ao mutuário o prazo de 60 dias para desocupar o imóvel (art. 30), mas prevê o prazo de apenas 30 dias para a realização do leilão, evidenciando que a lei deu mais relevância à liquidação da dívida do que à questão possessória. Mas, o que fazer na hipótese de leilão frustrado, em que não há alienação? Nessa hipótese, o art. 27 da Lei nº 9.514/1997 prevê a realização de um segundo leilão no prazo de 15 dias, após o qual a dívida será extinta compulsoriamente, exonerando-se ambas as partes de suas obrigações. Ora, havendo extinção da dívida, o imóvel deixa de estar afetado ao propósito de garantia, passando a integrar o patrimônio do credor de forma plena, o que se assemelha a uma adjudicação. A partir de então, o credor passa a titularizar todos os poderes inerentes ao domínio, fazendo jus aos frutos do imóvel, inclusive na forma da taxa de ocupação (REsp 1.328.656-GO, Quarta Turma, DJe 18/9/2012). Esclareça-se que, no âmbito da Terceira Turma do STJ, há um julgado em que se admitiu a cobrança de taxa de ocupação desde a consolidação da propriedade, antes, portanto, da data do leilão (REsp 1.155.716-DF, Terceira Turma, DJe 22/3/2012). Esse julgado, contudo, diz respeito a uma situação específica, em que o leilão foi adiado por muito tempo, em razão de decisões judiciais precárias obtidas pelo mutuário; a taxa de ocupação, portanto, foi deferida como forma de compensar as perdas e danos acrescidas em razão dessa demora não imputável ao credor fiduciário. REsp 1.401.233-RS, Rel. Min. Paulo de Tarso Sanseverino, julgado em 17/11/2015, DJe 26/11/2015.

EMENTA: SFI – SISTEMA FINANCEIRO IMOBILIÁRIO. LEI 9.514/97. ALIENAÇÃO FIDUCIÁRIA DE BEM IMÓVEL. INADIMPLEMENTO DO FIDUCIANTE. CONSOLIDAÇÃO DO IMÓVEL NA PROPRIEDADE DO FIDUCIÁRIO. LEILÃO EXTRAJUDICIAL. SUSPENSÃO. IRREGULARIDADE NA INTIMAÇÃO. PRETENSÃO, DO CREDOR, A OBTER A REINTEGRAÇÃO DA POSSE DO IMÓVEL ANTERIORMENTE AO LEILÃO DISCIPLINADO PELO ART. 27 DA LEI 9.514/97. POSSIBILIDADE. INTERPRETAÇÃO SISTEMÁTICA DA LEI. 1. Os dispositivos da Lei 9.514/97, notadamente seus arts. 26, 27, 30 e 37-A, comportam dupla interpretação: é possível dizer, por um lado, que o direito do credor fiduciário à reintegração da posse do imóvel alienado decorre automaticamente da consolidação de sua propriedade sobre o bem nas hipóteses de inadimplemento; ou é possível afirmar que referido direito possessório somente nasce a partir da realização dos leilões a que se refere o art. 27 da Lei 9.514/97. 2. A interpretação sistemática de uma Lei exige que se busque, não apenas em sua arquitetura interna, mas no sentido jurídico dos institutos que regula, o modelo adequado para sua aplicação. Se a posse do imóvel, pelo devedor fiduciário, é *derivada* de um contrato firmado com o credor fiduciante, a resolução do contrato no qual ela encontra fundamento torna-a ilegítima, sendo possível qualificar como esbulho sua permanência no imóvel. 3. A consolidação da propriedade do bem no nome do credor fiduciante confere-lhe o direito à posse do imóvel. Negá-lo implicaria autorizar que o devedor fiduciário permaneça em bem que não lhe pertence, sem pagamento de contraprestação, na medida em que a Lei 9.514/97 estabelece, em seu art. 37-A, o pagamento de taxa de ocupação apenas depois da realização dos leilões extrajudiciais. Se os leilões são suspensos, como ocorreu na hipótese dos autos, a lacuna legislativa não pode implicar a imposição, ao credor fiduciante, de um prejuízo a que não deu causa. 4. Recurso especial não provido. (STJ – REsp nº 1.155.716 – DF – 3ª Turma – Rel. Min. Nancy Andrighi – DJ 22.03.2012)

EMENTA: PROCESSUAL CIVIL. PENHORA. ALIENAÇÃO FIDUCIÁRIA. CONTRATO. DIREITOS. POSSIBILIDADE. INTELIGÊNCIA DO ARTIGO 655, XI, DO CPC. RECURSO ESPECIAL CONHECIDO E PROVIDO. 1. "O bem alienado fiduciariamente, por não integrar o patrimônio do devedor, não pode ser objeto de penhora. Nada impede, contudo, que os direitos do devedor fiduciante oriundos do contrato sejam constritos." (REsp 679821/DF, Rel. Min. Felix Fisher, Quinta Turma, unânime, DJ 17/12/2004 p. 594) 2. Recurso especial conhecido e provido. (STJ, Relator: Ministra MARIA ISABEL GALLOTTI, Data de Julgamento: 06/12/2011, T4 – QUARTA TURMA)

EMENTA: CIVIL E PROCESSUAL CIVIL. RECURSO ESPECIAL. ALIENAÇÃO FIDUCIÁRIA DE IMÓVEL. COTA DE CONSÓRCIO. REINTEGRAÇÃO DE POSSE. NOTIFICAÇÃO EXTRAJUDICIAL QUE CONSTITUI O DEVEDOR EM MORA NA QUAL CONSTOU QUALIFICAÇÃO DE PESSOA DIVERSA DAQUELA RELACIONADA AO REAL CREDOR FIDUCIANTE. NULIDADE RECONHECIDA. ART. 26 DA LEI nº 9.514/1997. 1. A Segunda Seção, no julgamento do REsp nº 1.184.570/MG, rel. Ministra Maria Isabel Gallotti, submetido ao regime dos recursos repetitivos, pacificou o entendimento de que "a notificação extrajudicial realizada e entregue no endereço do devedor, por via postal e com aviso de recebimento, é válida quando realizada por Cartório de Títulos e Documentos de outra Comarca, mesmo que não seja aquele do domicílio do devedor". 2. A alienação fiduciária de coisa imóvel veio definida pelo art. 22 da norma de regência, sendo "o negócio jurídico pelo qual o devedor, ou fiduciante, com o escopo de garantia, contrata a transferência ao credor, ou fiduciário, da propriedade resolúvel de coisa imóvel". Há, assim, a transmissão da propriedade do devedor fiduciante ao credor fiduciário como direito real de garantia de caráter resolúvel, mediante o registro, ocorrendo o desdobramento da posse, tornando-se o fiduciante possuidor direto e o fiduciário possuidor indireto da coisa imóvel (art. 23). De forma extrajudicial – em procedimento corrente apenas no cartório imobiliário –, o agente notarial notifica o devedor fiduciante, constituindo-o em mora e, em persistindo a inadimplência (período de 15 dias), consolida-se a propriedade do imóvel em nome do fiduciante, com a consequente e posterior venda do bem em leilão (Lei nº 9.514/1997). 3. A notificação em questão, para além das consequências naturais da constituição do devedor fiduciário em mora, permite, em não havendo a purgação e independente de processo judicial (opera-se formalmente pela via registrária cartorial), o surgimento do direito de averbar na matrícula do imóvel a consolidação da propriedade em nome do credor notificante, isto é, do fiduciário. Portanto, a repercussão da notificação é tamanha que qualquer vício em seu conteúdo é hábil a tornar nulos seus efeitos, principalmente quando se trata de erro crasso, como na troca da pessoa notificante. 4. É de assinalar que a lei de regência da alienação fiduciária (Lei nº 9.514/1997) exige que a formalidade de notificação (e diversos atos decorrentes) ocorra por oficial do Registro de Imóveis. Isso porque os agentes públicos de serventias extrajudiciais são dotados de fé pública – velam justamente pela autenticidade e segurança dos atos e negócios jurídicos, dando publicidade e eficácia a eles –, tendo atribuição de alta relevância efetuar notificações quando não exigida intervenção judicial. 5. Na hipótese, a notificação exarada, com respaldo da segurança e certeza do serviço registral, ao cientificar os recorridos, na qualidade de destinatários, que determinado lançamento da Caixa Econômica Federal teria sido efetuado na serventia daquele cartório imobiliário, estando cobrando determinado débito pelo qual estariam em mora (sob pena de consolidação da propriedade em nome da instituição financeira), acabou por ser ineficaz, retratando relação jurídica que não correspondia com a realidade. 6. Recurso especial não provido. (STJ – REsp nº 1.172.025 – Paraná – 4ª Turma – Rel. Min. Luis Felipe Salomão – DJ 29.10.2014)

TRIBUNAL DE JUSTIÇA DO ESTADO DE SÃO PAULO

EMENTA: Alienação fiduciária de imóvel – Ação anulatória – A autora e seu marido foram pessoalmente intimados pelo Cartório de Registro de Imóveis, nos termos do art. 26, § 1º, da Lei 9.514/97, bem assim acerca dos leilões extrajudiciais, a teor do que dispõe o art. 27, § 2º-A, do mesmo diploma – O recebimento desta última intimação por terceiro não invalida o ato, pois, para que atinja a sua finalidade, basta que a correspondência seja remetida ao endereço do devedor, sendo irrelevante quem a recebe no local – O E. Superior Tribunal de Justiça já expressou o entendimento de que a inobservância do prazo de trinta dias para promoção do leilão extrajudicial, previsto no art. 27, *caput*, da Lei 9.514/97, não implica sua nulidade – Conforme orientação sedimentada no âmbito do Col. STJ e desta E. Corte, nos contratos celebrados antes da vigência da Lei 13.495/17 a consolidação da propriedade pelo credor fiduciário não impede a purgação da mora pelo devedor fiduciante, providência que pode ser adotada até a data de assinatura do auto de arrematação do imóvel – Exegese do art. 39, II, da Lei 9.514/97 e art. 34 do Decreto-Lei 70/66 – À míngua de impugnação específica do réu a respeito do depósito judicial realizado pela autora, impõe-se reconhecer a suficiência do valor para quitação do débito e purgação da mora, com o consequente cancelamento do procedimento extrajudicial e manutenção do contrato de financiamento, até seus ulteriores termos – Recurso provido. (TJSP – Apelação Cível nº 1003105-07.2019.8.26.0097 – Buritama – 34ª Câmara de Direito Privado – Rel. Des. Gomes Varjão – DJ 10.09.2021)

EMENTA: Alienação fiducuária – Imóvel – Recurso de apelação interposto para impugnar a sentença que julgou improcedentes o pedido declaratório de nulidade de ato jurídico e o pedido consignatório – A propriedade do imóvel restou consolidada na Averbação nº 4, da Matrícula nº 145.314, do 8º Oficial de Registro de Imóveis de São Paulo – Não existe nenhuma ilegalidade no procedimento extrajudicial – Mora corretamente comprovada – Intimação para purgar a mora regular – A partir da entrada em vigor da Lei nº 13.465/2017, nas situações em que consolidada a propriedade, mas não purgada a mora, é assegurado ao devedor fiduciante tão somente o exercício do direito de preferência previsto no § 2º-B do art. 27 da Lei nº 9.514/1997 – Sentença correta – Recurso não provido. (TJSP – Apelação Cível nº 1004409-15.2018.8.26.0020 – São Paulo – 35ª Câmara de Direito Privado – Rel. Des. Gilson Delgado Miranda – DJ 20.08.2021)

EMENTA: Apelação – Ação declaratória de nulidade de consolidação de propriedade e leilão extrajudicial com pedido de tutela antecipada – Cédula de crédito bancário garantida por alienação fiduciária – Consolidação da propriedade ao credor fiduciário – Alegação de ausência de notificação pessoal da fiduciante para permitir a purgação da mora – Procedimento formal previsto no art. 26, §§ 1º e 3º, da Lei 9.514/97 – Certidão do Oficial de Registro de Títulos e Documentos que não foi assinada pela autora para o fim de comprovar a efetiva intimação pessoal – Procedência da ação que merece ser mantida – Reconhecimento da deserção do recurso interposto pela autora – Recurso da autora não conhecido e improvido o recurso do banco réu (TJSP – Apelação Cível nº 0002621-74.2015.8.26.0541 – Santa Fé do Sul – 14ª Câmara de Direito Privado – Rel. Des. Thiago de Siqueira – DJ 25.02.2021)

CONSELHO SUPERIOR DA MAGISTRATURA

EMENTA: Registro de Imóveis – Dúvida – Registro da alienação fiduciária em garantia proveniente de cédula de crédito bancário no Oficial de Registro de Títulos e Documentos – Inteligência dos arts. 42 da Lei n.º 10.931/2004 e 1.361, §1º, do Código Civil – Exigência, pelo registrador, de assinatura do credor para registro da alienação fiduciária em garantia – Manutenção

do óbice pelo MM. Juiz Corregedor Permanente – Apelação interposta pelo banco credor – Alienação fiduciária em garantia proveniente de Cédula de Crédito Bancário que se submete ao regime próprio da Lei n.º 10.931/2004 – Constituição da garantia na própria cédula de crédito bancário, ou em documento apartado, que se satisfaz com a assinatura do devedor e, eventualmente, do terceiro garantidor – Título de crédito que prescinde da manifestação do credor para sua constituição, incluindo a garantia – Dá-se provimento ao recurso para julgar improcedente a dúvida (Apelação Cível n.º 0001131-68.2019.8.26.0414)

1. Trata-se de recurso de apelação interposto por **BANCO DE LAGE LANDEN BRASIL S.A.** contra a r. sentença de fl. 118/120, que julgou procedente a dúvida suscitada pelo Oficial de Registro de Imóveis, Títulos e Documentos e Civil de Pessoa Jurídica da Comarca de Palmeira D'Oeste, mantendo a recusa ao registro da alienação fiduciária em garantia oriunda de Cédula de Crédito Bancário em razão da ausência de assinatura do credor.

Da nota devolutiva n.º 000021 constou o seguinte óbice (fl. 63):

"Para poder registrar a alienação fiduciária do bem móvel faz-se necessário que o Banco, credor, também assine o contrato de alienação fiduciária, pois há deveres e direitos a ambas as partes em se tratando de alienação fiduciária".

Em suma, aduz o apelante que os requisitos de validade do título de crédito estão preenchidos, não sendo necessária a assinatura do credor; que o título é regido pela Lei n.º 10.931/04; que não se trata de contrato bilateral típico.

A Douta Procuradoria de Justiça opinou pelo provimento do recurso (fl. 140/142).

É o relatório.

2. Anoto, de proêmio, que à luz do art. 167, I, da Lei n.º 6.015/73, reproduzido no Item 9 do Capítulo XX do Tomo II das Normas de Serviço da Corregedoria Geral da Justiça, afigura-se, no caso concreto, inexigível o registro da Cédula de Crédito Bancário nos Livros da Serventia Imobiliária como condição para o registro da alienação fiduciária em garantia no Oficial de Registro de Títulos e Documentos, necessário à vista do art. 42 da Lei n.º 10.931/2004 c.c. o art. 1.361, §1º, do Código Civil, in verbis:

"Art. 42 A validade e eficácia da Cédula de Crédito Bancário não dependem de registro, mas as garantias reais, por ela constituídas, ficam sujeitas, para valer contra terceiros, aos registros ou averbações previstos na legislação aplicável, com as alterações introduzidas por esta Lei."

"Art. 1.361: Considera-se fiduciária a propriedade resolúvel de coisa móvel infungível que o devedor, com escopo de garantia, transfere ao credor.

§ 1º Constitui-se a propriedade fiduciária com o registro do contrato, celebrado por instrumento público ou particular, que lhe serve de título, no Registro de Títulos e Documentos do domicílio do devedor, ou, em se tratando de veículos, na repartição competente para o licenciamento, fazendo-se a anotação no certificado de registro".

No caso telado, a alienação fiduciária proveniente da cédula de crédito bancário n.º 599020, emitida por Augusto Menegasso Neto em favor do apelante, tendo por objeto o próprio bem móvel financiado, qual seja, trator agrícola A750, foi submetida a registro, que foi negado em face da necessidade de assinatura do credor.

Sobre o tema, cumpre anotar que a cédula de crédito bancário é um título de crédito previsto na Lei n.º 10.931/2004 que, em seu art. 29, assim dispõe:

"Art. 29. A Cédula de Crédito Bancário deve conter os seguintes requisitos essenciais:

I – a denominação 'Cédula de Crédito Bancário';

II – a promessa do emitente de pagar a dívida em dinheiro, certa, líquida e exigível no seu vencimento ou, no caso de dívida oriunda de contrato de abertura de crédito bancário, a promessa do emitente de pagar a dívida em dinheiro, certa, líquida e exigível, correspondente ao crédito utilizado;

III – a data e o lugar do pagamento da dívida e, no caso de pagamento parcelado, as datas e os valores de cada prestação, ou os critérios para essa determinação;

IV – o nome da instituição credora, podendo conter cláusula à ordem;

V – a data e o lugar de sua emissão; e

VI – a assinatura do emitente e, se for o caso, do terceiro garantidor da obrigação, ou de seus respectivos mandatários.

§ 1º A Cédula de Crédito Bancário será transferível mediante endosso em preto, ao qual se aplicarão, no que couberem, as normas do direito cambiário, caso em que o endossatário, mesmo não sendo instituição financeira ou entidade a ela equiparada, poderá exercer todos os direitos por ela conferidos, inclusive cobrar os juros e demais encargos na forma pactuada na Cédula.

§ 2º A Cédula de Crédito Bancário será emitida por escrito, em tantas vias quantas forem as partes que nela intervierem, assinadas pelo emitente e pelo terceiro garantidor, se houver, ou por seus respectivos mandatários, devendo cada parte receber uma via.

§ 3º Somente a via do credor será negociável, devendo constar nas demais vias a expressão 'não negociável'.

§ 4º A Cédula de Crédito Bancário pode ser aditada, retificada e ratificada mediante documento escrito, datado, com os requisitos previstos no *caput*, passando esse documento a integrar a Cédula para todos os fins".

Nos termos dos arts. 31 e 32 da Lei n.º 10.931/2004, é prevista a constituição, na cédula de crédito bancário, de garantia fidejussória ou real, esta sobre bens móveis ou imóveis de titularidade do emitente ou de terceiro garantidor:

"Art. 31. A garantia da Cédula de Crédito Bancário poderá ser fidejussória ou real, neste último caso constituída por bem patrimonial de qualquer espécie, disponível e alienável, móvel ou imóvel, material ou imaterial, presente ou futuro, fungível ou infungível, consumível ou não, cuja titularidade pertença ao próprio emitente ou a terceiro garantidor da obrigação principal.

Art. 32. A constituição da garantia poderá ser feita na própria Cédula de Crédito Bancário ou em documento separado, neste caso fazendo-se, na Cédula, menção a tal circunstância".

E o art. 30 da Lei n.º 10.931/2004 ainda prevê que:

"Art. 30. A constituição de garantia da obrigação representada pela Cédula de Crédito Bancário é disciplinada por esta Lei, sendo aplicáveis as disposições da legislação comum ou especial que não forem com ela conflitantes".

Ou seja, a emissão e a constituição de garantia na cédula de crédito bancário são regidas pela Lei n.º 10.931/2004, com aplicação da legislação comum somente de forma supletiva.

Bem por isso, no que diz respeito à forma de constituição da garantia, é preciso ressaltar que não há lacuna a ser suprida mediante aplicação das normas contidas no Código Civil.

Com efeito, a cédula de crédito bancário constitui título de crédito que permite ao credor emitir certificado que a represente, para circulação do crédito (arts. 26 e 53, *caput*, e § 4º da Lei n.º 10.931/2004), não sendo adequada a cisão dos modos de constituição da obrigação e da respectiva garantia para efeito de fixação dos requisitos para sua emissão.

Nesta ordem de ideias, é possível afirmar que a constituição de garantia instrumentada em cédulas que, por sua natureza, origem e regramento próprio, satisfaz-se com a manifestação unilateral de vontade do sacado do título, como no caso em análise.

Em outras palavras, basta a assinatura do devedor na emissão da cédula de crédito bancário, ou de seus respectivos mandatários, com descrição do débito contraído e também do bem alienado e objeto da garantia, na própria cédula ou em documento separado, nos exatos termos previstos na Lei n.º 10.931/2004.

Ressalte-se, por oportuno, a existência de precedentes deste Conselho Superior da Magistratura sobre a questão aqui debatida, no sentido do afastamento do óbice apresentado pelo registrador: TJSP; Apelação Cível 1009982-57.2018.8.26.0077; Relator (a): Pinheiro Franco (Corregedor Geral); Órgão Julgador: Conselho Superior da Magistratura; Foro de Birigui – 3ª Vara Cível; Data do Julgamento: 23/8/2019; Data de Registro: 3/9/2019; TJSP; Apelação Cível 1010075-20.2018.8.26.0077; Relator (a): Pinheiro Franco (Corregedor Geral); Órgão Julgador: Conselho Superior da Magistratura; Foro de Birigui – 3ª Vara Cível; Data do Julgamento: 14/11/2019; Data de Registro: 27/11/2019.

3. À vista do exposto, pelo meu voto, dou provimento ao recurso para julgar improcedente a dúvida.

RICARDO ANAFE. Corregedor Geral da Justiça e Relator (DJe de 17.12.2021 – SP)

EMENTA: REGISTRO DE IMÓVEIS – Alienação fiduciária e emissão de cédula de crédito imobiliário – Inexistência e nulidade declaradas judicialmente mediante decisões interlocutórias – Cancelamentos indevidos – Escritura de venda e compra – Registro recusado – Princípio da continuidade e princípio da disponibilidade – Ofensa – Desqualificação registraria dos títulos confirmada – Dúvida procedente – Recurso desprovido. A interessada, ora apelante, adquirente de parte ideal do imóvel objeto da matrícula nº (...)do 18º Oficial de Registro de Imóveis desta Capital, escorada, primeiro, nas decisões interlocutórias que declararam a inexistência da alienação fiduciária em garantia e a nulidade da cédula de crédito imobiliário e, depois, fundada na escritura pública de venda e compra, persegue os cancelamentos do registro nº 4 e da averbação nº 5, então lançados na matrícula acima referida, e o registro da escritura pública. O 18º Oficial de Registro de Imóveis desta Capital, provocado pela interessada, suscitou dúvida, aparelhada com documentos (fs. 05/38), e, ao justificar a desqualificação dos títulos, ponderou: as decisões judiciais não determinaram os cancelamentos pleiteados, não há comprovação do trânsito em julgado e, antes dos cancelamentos, o registro da escritura pública de venda e compra é inviável, à luz do princípio da continuidade (fls. 02/04). Notificada, a interessada apresentou impugnação, com documentos (fls. 46/53), e argumentou: as decisões que declararam a inexistência da alienação fiduciária em garantia e a nulidade da cédula de crédito imobiliário, tendo natureza interlocutória, não foram questionadas mediante recurso de agravo; as decisões devem ser cumpridas pelo Oficial de Registro; é inadequado cogitar de trânsito em julgado; a falta do cancelamento pode aumentar os seus prejuízos; revela-se desnecessária uma ordem judicial expressa determinando os cancelamentos; promovidos os cancelamentos, não haverá óbice ao registro da escritura de venda e compra, consoante reconheceu o Registrador, revendo seu posicionamento anterior; enfim, a dúvida suscitada é improcedente (fls. 40/45). Após o parecer do Ministério Público (fls. 55/56), o MM Juiz Corregedor Permanente julgou procedente a dúvida (fls. 58/60), o interessado interpôs apelação, reiterando as suas ponderações pretéritas (fls. 63/71), o recurso foi recebido nos seus regulares efeitos (fls. 72) e, depois da manifestação do Ministério Público (fls. 74), os autos foram remetidos ao Conselho Superior da Magistratura (fls. 76), abrindo-se vista, em seguida, à Procuradoria Geral de Justiça, que se pronunciou pelo desprovimento do recurso (fls. 79/81). É o relatório. O Registrador, pelas razões abaixo aduzidas, agiu corretamente, ao recusar o acesso dos títulos ao fólio real: a propósito, a origem judicial dos títulos não dispensa a qualificação, a conferência destinada ao exame do preenchimento das formalidades legais atreladas ao ato registral.(...) adquiriu, por meio de contrato de compra e venda, documentado em escritura pública lavrada no dia 03 de abril de 2007 e registrada no dia 29 de outubro de 2009, o bem imóvel descrito na matrícula nº 141.814 do 18º Oficial de Registro de Imóveis desta Capital (fls. 16 verso). A adquirente, em 29 de setembro de 2009, alienou fiduciariamente tal imóvel à (...), de acordo com o instrumento particular registrado no dia 03 de novembro de 2009 (fls. 17): ato contínuo, a credora-fiduciária promoveu a averbação da emissão da cédula de crédito imobiliário (fls. 17 verso). Por sua vez, a interessada, ora apelante, adquiriu – conjuntamente com (...) e (...), o bem imóvel acima aludido, por meio de compromisso de venda e compra avençado com (...), e, posteriormente, quitado o preço e diante da resistência oposta pela alienante, ajuizou ação de obrigação de fazer visando à outorga da escritura definitiva de venda e compra. À luz dos documentos apresentados, a escritura pública de venda e compra, lavrada em 26 de novembro de 2010 (fls. 30/31), foi obtida após a concessão da tutela antecipada: de mais a mais, em primeira instância, o pedido da interessada e das outras promitentes compradoras foi julgado procedente, exclusivamente para condenar (...) a outorgar a escritura definitiva de venda e compra (fls. 52/53). No caso, o direito à adjudicação compulsória do imóvel decorreu da quitação do preço e da impossibilidade de arrependimento, como é curial, e não do registro do instrumento contratual, inexistente. No entanto, é o registro que protege os promitentes compradores contra as futuras alienações. É, com efeito, condição para a constituição do direito real, com o atributo da sequela (artigos 1.417 e 1.418 do CC/2002). Destarte, inocorrente o registro do compromisso de venda e compra, não há, mormente na esfera administrativa, como atribuir-lhe eficácia em relação à credora fiduciária: porque não constituído o direito real, os efeitos dos novos atos de disposição e oneração realizados pela promitente vendedora (devedora fiduciante), favorecendo terceira de boa-fé, a proprietária fiduciária, não restaram limitados. Na realidade, a outorga da escritura pública de venda e compra, centrada, repita-se, na quitação do preço e na irretratabilidade do compromisso de venda e compra, não repercute na existência, na validade nem na eficácia da alienação fiduciária e da cédula de crédito imobiliário. Neste momento, na seara administrativa, é possível cogitar apenas da ineficácia da venda e compra perante a credora fiduciária, emitente da cédula de crédito imobiliário, especialmente à vista dos parcos documentos apresentados: ora, quando lavrada, a alienante, (...), estava privada de legitimidade, do poder de disposição da coisa. Além disso, os cancelamentos, quando fincados, tal como na hipótese vertente, em decisões judiciais, pressupõem sentenças ou acórdãos – apenas aqueles que extinguem o processo, desprovidos, assim, de natureza interlocutória –, transitados em julgado: de fato, a regra do inciso I do artigo 250 da Lei nº 6.015/1973, ao referir-se expressamente ao trânsito em julgado, não contemplou, é lógico, as decisões interlocutórias. Tais provimentos jurisdicionais não geram coisa julgada. Particularmente, as antecipações de tutela jurisdicional, medidas de urgência expressas em decisões interlocutórias, não a desencadeiam. Aliás, conforme o § 4º do artigo 273 do CPC, podem ser revogadas ou modificadas a qualquer tempo. Portanto, estão despidas de potência para, nos termos do artigo 250, I, provocar os cancelamentos pretendidos. Ocorre que as declarações de inexistência e de nulidade da alienação fiduciária e da cédula de crédito imobiliário, que sequer integraram o pedido formulado pela interessada no processo contencioso, não foram pronunciadas por meio da sentença proferida em primeiro grau de jurisdição (fls. 52/53). Constam somente de decisões interlocutórias (fls. 46 e 47), exaradas em processo no qual a proprietária fiduciária não participou. Ou seja, não estão sujeitas à coisa julgada, cuja consumação, de resto, tampouco foi provada, nem repercutem sobre a situação jurídica da credora fiduciária. Portanto, a desqualificação dos títulos judiciais se mostrou pertinente: os cancelamentos visados, desacompanhados do termo de quitação fornecido pelo credor fiduciário e da declaração de quitação emitida pelo credor da cédula de crédito imobiliário, são inadmissíveis. Por fim, antes deles, já desautorizados, descabe, no mais, garantir o registro da escritura pública de venda e compra: ora, ofenderia o princípio da continuidade, comprometendo o exato encadeamento subjetivo das transmissões e aquisições de direitos reais imobiliários, e o princípio da disponibilidade, pois a ninguém é dado transmitir mais direitos do que tem. Pelo todo exposto, nego provimento à apelação. JOSÉ RENATO NALINI, Corregedor Geral da Justiça e Relator (D.J.E. de 10.01.2013 – SP)

CORREGEDORIA-GERAL DA JUSTIÇA

EMENTA: Registro de Imóveis – Alienação fiduciária de bem imóvel – Consolidação da propriedade em nome da credora fiduciária, em face da regular intimação e da mora dos devedores fiduciantes – Averbações de indisponibilidade contra os fiduciantes que impedem a consolidação – Necessidade de seus levantamentos pelos Juízes de onde emanaram – Penhora que, embora não obste a consolidação, também deve ser levantada pelo juízo de onde proveio – Recurso desprovido.

EMENTA: Registro de imóveis – Averbação de cessões de crédito garantido por alienação fiduciária, após a consolidação da propriedade em nome do fiduciário – Impossibilidade – Crédito extinto – Recurso desprovido.

▶ **EMENTA:** REGISTRO DE IMÓVEIS – Recusa de averbação do edital de leilão negativo em procedimento de consolidação da propriedade fiduciária – Divergência de dados entre os editais e os constantes nas matrículas dos imóveis – Erro material posteriormente corrigido e imprecisões insignificantes que não inviabilizaram a identificação dos imóveis – Recurso provido. (Processo CG 175.465/2013, Atibaia – CIRC.: 1, dec. 18/02/2014, Dje 07/03/2014, des. Elliot Akel).

⊙ TRIBUNAL DE JUSTIÇA DO DISTRITO FEDERAL

▶ **EMENTA:** RECLAMAÇÃO. EXECUÇÃO. PENHORA DE DIREITOS ORIUNDOS DE CONTRATO DE ALIENAÇÃO FIDUCIÁRIA. CRÉDITO MATERIALIZADO NAS PARCELAS JÁ PAGAS DO FINANCIAMENTO. VEÍCULO ALIENADO FIDUCIARIAMENTE. DIREITOS SOBRE AS PRESTAÇÕES PAGAS REFERENTES AO AUTOMÓVEL ALIENADO. CABIMENTO. ART. 655, X, DO CPC. 1. A PENHORA DE DIREITOS É PREVISTA NO ART. 655, X, DO CPC, E OS DIREITOS DO DEVEDOR FIDUCIANTE, SOBRE O BEM ALIENADO FIDUCIARIAMENTE, NÃO FOGEM À REGRA GERAL. 2. ASSIM, CONSOANTE TEM ENTENDIDO A JURISPRUDÊNCIA, NADA OBSTA A PENHORA DE TAIS DIREITOS, OS QUAIS POSSUEM VALOR ECONÔMICO. ATÉ PORQUE O CREDOR-EXEQUENTE PODE SUB-ROGAR-SE NOS DIREITOS DO DEVEDOR E PEDIR A ADJUDICAÇÃO DE TAIS DIREITOS, RESOLVENDO COM O CREDOR FIDUCIÁRIO EVENTUAL PENDÊNCIA CONTRATUAL RELATIVA À CLÁUSULA DE ALIENAÇÃO FIDUCIÁRIA. 3. RECLAMAÇÃO CONHECIDA E PROVIDA. UNÂNIME. (TJ-DF – DVJ: 1287215420078070001 DF 0128721-54.2007.807.0001, Relator: ALFEU MACHADO, Data de Julgamento: 21/11/2008, SEGUNDA TURMA RECURSAL DOS JUIZADOS ESPECIAIS CÍVEIS E CRIMINAIS DO DF, Data de Publicação: 27/01/2009, DJ-e Pág. 209).

⊙ TRIBUNAL DE JUSTIÇA DO ESPÍRITO SANTO

▶ **EMENTA:** AGRAVO INTERNO – JULGAMENTO MONOCRÁTICO – POSSIBILIDADE – MATÉRIA CONSOLIDADA NO STJ E NO TJ/ES – EXECUÇAO – PRESCRIÇAO INTERCORRENTE NAO CARACTERIZADA – PROCESSO SUSPENSO COM FULCRO NO ART. 791, III, DO CPC – CERCEAMENTO DE DEFESA AFASTADO – CARTULARIDADE, LITERALIDADE E AUTONOMIA DO TÍTULO DE CRÉDITO – CHEQUE ENDOSSADO – IMPOSSIBILIDADE DE ALEGAÇAO DE PAGAMENTO AO CREDOR ORIGINÁRIO – POSSIBILIDADE DE JULGAMENTO ANTECIPADO DA LIDE – PENHORA DOS DIREITOS ORIUNDOS DE CONTRATO DE ALIENAÇAO FIDUCIÁRIA – POSSIBILIDADE – IMPENHORABILIDADE AFASTADA – RECURSO IMPROVIDO – APLICAÇAO DA PENALIDADE PREVISTA NO ART. 557, 2º DO CPC. 1. Estando suspensa a execução por ausência de bens penhoráveis (art. 791, III, do CPC), não corre o prazo prescricional, ainda que se trate de prescrição intercorrente. Precedentes do STJ e do TJES. 2. A cartularidade, a literalidade e, especialmente, a autonomia do título de crédito que circulou por meio de endosso impedem que o devedor alegue (e pretenda comprovar) o pagamento efetuado ao credor originário, motivo pelo qual, nessas condições, é perfeitamente possível o julgamento antecipado da lide com fulcro no art. 330, I, do CPC. Precedente do TJES. 3. Os direitos oriundos de contrato de alienação fiduciária são penhoráveis com autorização do disposto no art. 655, XI, do CPC. Precedentes do STJ e do TJES. 4. Se a matéria se encontra consolidada, revela-se possível o julgamento monocrático do recurso na forma autorizada pelo art. 557 do CPC. 5. Manifestamente improcedente a interposição do recurso de agravo, necessária a aplicação da penalidade prevista no 2º do art. 557 do CPC. 6. Agravo interno conhecido e improvido. Vistos, relatados e discutidos estes autos de recurso Agravo Interno em que são partes JOSÉ JOMAR SOARES e WASHINGTON LUIZ DA SILVA BARROSO, ACORDA a Colenda Primeira Câmara Cível, na conformidade da ata e notas taquigráficas da sessão, à unanimidade, CONHECER do presente recurso, NEGAR-LHE PROVIMENTO e aplicar a multa prevista no art. 557, 2º do CPC, fixada em 10% (dez por cento) sobre o valor da causa. Vitória/ES, 20 de setembro 2011. PRESIDENTE RELATOR PROCURADOR DE JUSTIÇA (TJES, Classe: Agravo Inominado Ap Civel, 30080121327, Relator: CARLOS SIMÕES FONSECA, Órgão julgador: PRIMEIRA CÂMARA CÍVEL, Data de Julgamento: 20/09/2011, Data da Publicação no Diário: 11/10/2011) (TJ-ES – AGI: 30080121327 ES 30080121327, Relator: CARLOS SIMÕES FONSECA, Data de Julgamento: 20/09/2011, PRIMEIRA CÂMARA CÍVEL, Data de Publicação: 11/10/2011).

3. QUESTÕES DE CONCURSOS

01. (IESES – Titular de Serviços de Notas e Registros – TJ – TO – Provimento/2022) Em relação à alienação fiduciária, assinale a alternativa correta:

Nota da autora: A Lei n. 14.711/2023 alterou a redação do artigo que fundamenta a questão. Decidi manter a questão para que o leitor fique atento às mudanças.

a) A alienação fiduciária de coisa imóvel poderá ser contratada somente por pessoa física.
b) A alienação fiduciária de coisa imóvel é o negócio jurídico pelo qual o devedor, ou fiduciante, com o escopo de garantia, contrata a transferência ao credor, ou fiduciário, da propriedade resolúvel de coisa imóvel.
c) Constitui-se a propriedade fiduciária de coisa imóvel mediante registro, no competente Tabelionato de Notas, do contrato que lhe serve de título.
d) Se vencida e não paga a alienação a intimação far- se-á pessoalmente ao fiduciante, ou ao seu representante legal ou ao procurador regularmente constituído, podendo ser promovida, por solicitação do oficial do Registro de Imóveis, por oficial de Registro de Protesto da comarca da situação do imóvel ou do domicílio de quem deva recebê-la, ou pelo correio, com aviso de recebimento.

02. (Vunesp – Titular de Serviços de Notas e Registros – TJ – SP – Provimento/2022) Quanto à Lei Federal nº 9.514/1997, é correto afirmar:

a) A securitização de créditos imobiliários é a operação pela qual tais créditos são expressamente vinculados à emissão de uma série de títulos de crédito, mediante Termo de Securitização de Créditos, lavrado por uma companhia securitizadora, do qual constarão os seguintes elementos: I – a identificação do devedor e o valor nominal de cada crédito que lastreie a emissão, com a individuação do imóvel a que esteja vinculado e a indicação do Cartório de Registro de Imóveis em que esteja registrado e respectiva matrícula, bem como a indicação do ato pelo qual o crédito foi cedido; II – a identificação dos títulos emitidos; III – a constituição de outras garantias de resgate dos títulos da série emitida, se for o caso. Parágrafo único. Será permitida a securitização de créditos oriundos da alienação de unidades em edificação sob regime de incorporação nos moldes da Lei nº 4.591, de 16 de dezembro de 1964.
b) O Termo de Securitização, além de conter os elementos de que trata o art. 8°, submeter-se-á apenas às seguintes condições: I – a constituição do regime fiduciário sobre os créditos que lastreiem a emissão; II – a constituição de patrimônio separado, integrado pela totalidade dos créditos submetidos ao regime fiduciário que lastreiem a emissão; III – a afetação dos créditos como lastro da emissão da respectiva série de títulos.
c) O regime fiduciário será instituído mediante declaração bilateral da companhia securitizadora e do Banco Central, ambos assinando no contexto do Termo de Securitização de Créditos.
d) Os créditos objeto do regime fiduciário: I – não constituem obrigatoriamente patrimônio separado, podendo se confundir com o da companhia securitizadora.

03. (Vunesp – Titular de Serviços de Notas e Registros – TJ – SP – Provimento/2022) Foi apresentado ao Oficial de Registro de Imóveis o instrumento particular denominado Aditamento ao Instrumento de Contrato de Venda e Compra de Bem Imóvel com Pacto Adjeto de Alienação Fiduciária de Bem Imóvel em Garantia, por meio do qual a fiduciante, Empresa XXX Ltda., e o fiduciário, Empresa YYY Ltda., alteram os seguintes pontos do contrato originalmente registrado:

a) Valor das Obrigações Garantidas (de R$ 100.000,00 para R$ 180.000,00), a Data de Vencimento Final (de 26.12.2028 para 26.12.2033); a Forma de Pagamento de 120 parcelas mensais para 180 parcelas mensais; e os Encargos Remuneratórios de 5,30% para 6,50% ao ano. A análise formal do título revela o preenchimento dos requisitos formais de continuidade e especialidade. Quanto à qualificação do presente título, assinale a alternativa correta.

a) Deve resultar positiva, uma vez que a retificação é válida e estão presentes todos os requisitos formais de continuidade e especialidade; além disso, a averbação da re-ratificação do contrato de mútuo com pacto adjeto de hipoteca conta com expressa previsão no item 15 do inciso II do Art. 167 da Lei nº 6.015/73.
b) Deve resultar negativa, pois a modificação pretendida atinge elementos essenciais do contrato principal, configurando novação objetiva, o que depende do cancelamento da garantia primitiva e registro da nova.
c) Diz respeito apenas ao aspecto exterior do título em sentido formal, não se admitindo que a análise se estenda aos aspectos interiores do título causal, tornando obrigatória a qualificação positiva.
d) Deve resultar negativa, pois o contrato visa à modificação de direito real inscrito sobre imóvel de valor superior a trinta vezes o maior salário-mínimo vigente no País e, por isso, deve ser instrumentalizado por escritura pública, nos termos do Art. 108 do Código Civil.

04. (FGV – Titular de Serviço de Notas e Registros – TJ – SC/2021) João, com o objetivo de garantir certa operação que fizera com uma instituição financeira, contratou, nos termos do Art. 22 da Lei n5 9.514/1997, a transferência ao credor da propriedade resolúvel de um imóvel, o que foi objeto de registro no Registro de Imóveis. Como João não pagou o débito, foi necessário intimá-lo, a requerimento do credor.

À luz da sistemática vigente, essa intimação será feita:

a) exclusivamente pelo oficial do competente Registro de Imóveis;
b) exclusivamente pelo oficial do Registro de Títulos e Documentos;
c) diretamente pelo credor, com posterior averbação no Registro de Imóveis;
d) diretamente pelo credor, com posterior averbação, no Registro de Imóveis, da propriedade definitiva;
e) pelo oficial do Registro de Imóveis ou, por solicitação sua, pelo oficial do Registro de Títulos e Documentos.

05. (IESES – Titular de Serviços de Notas e de Registro – Provimento – TJ – SC/2019) A Lei Federal 9514/97 instituiu a alienação fiduciária em garantia de bem imóvel, dispondo que:

a) O fiduciante depende de autorização do credor fiduciário para dar o imóvel em locação.
b) É aplicável para a garantia das obrigações em geral e pode ser prestada pelo devedor ou por terceiro.
c) O contrato de alienação fiduciária que tiver por objeto imóvel de valor superior a 30 salários mínimos deverá ser formalizado por escritura pública.
d) O registro do contrato de alienação fiduciária desdobra a posse do imóvel, ficando o fiduciante com a posse indireta e o fiduciário com a posse direta.

06. (Vunesp – Outorga de delegação de serviços notariais e registrais – Remoção – TJ – RS/2019) A respeito da alienação fiduciária em garantia de bem imóvel, é correto asseverar que

a) não pode a nua-propriedade ser alienada fiduciariamente, devendo o seu registro ser negado.
b) não é possível alienar fiduciariamente imóvel locado com cláusula de vigência registrada.
c) o domínio útil pode ser alienado fiduciariamente, sendo possível o seu registro.
d) após consolidada a propriedade pelo credor fiduciário, em razão da constituição em mora do devedor, é possível o registro de qualquer negócio jurídico de alienação do imóvel, independentemente de ter sido ou não realizada em público leilão, uma vez que não há o estabelecimento legal de pena para o credor que não realiza os leilões estipulados na Lei nº 9.514/97.
e) a propriedade fiduciária constitui um direito real sobre coisa alheia, de modo que uma certidão que responda ao quesito sobre quem seja o proprietário do imóvel deverá informar o nome do devedor fiduciante.

07. (Vunesp – Cartório – Remoção – TJ – SP/2018) Em relação à alienação fiduciária de imóvel, é correto afirmar que

a) poderá ser contratada por qualquer pessoa, independentemente de estar esta autorizada a operar no Sistema Financeiro Imobiliário ou ser Instituição Financeira.
b) somente poderá ter como objeto a propriedade ou o domínio útil.
c) não poderá ter como objeto imóvel submetido ao Registro Torrens.
d) somente poderá ser contratada no momento da aquisição do imóvel.

08. (Consulplan – Outorga das Delegações de Notas e de Registros – Provimento – TJ – MG/2018) Segundo a Lei Federal nº 9.514/97, que dispõe sobre o Sistema de Financiamento Imobiliário, institui a alienação fiduciária de coisa imóvel e dá outras providências, vencida e não paga, no todo ou em parte, a dívida e constituído em mora o fiduciante, consolidar-se-á, nos termos da lei, a propriedade do imóvel em nome do fiduciário quando intimado pessoalmente o fiduciante ou seu representante legal ou procurador regularmente constituído, pelo Oficial do Registro de Títulos e Documentos,

a) não satisfizer, no prazo de 30 (trinta) dias, a prestação vencida e as que se vencerem até a data do pagamento, os juros convencionais, as penalidades e os demais encargos contratuais, os encargos legais, inclusive tributos, as contribuições condominiais imputáveis ao imóvel.
b) não satisfizer, no prazo de 20 (vinte) dias, a prestação vencida e as que se vencerem até a data do pagamento, os juros convencionais, os encargos legais, inclusive tributos, as contribuições condominiais imputáveis ao imóvel, além das despesas de cobrança e de intimação.
c) não satisfizer, no prazo de 10 (dez) dias, a prestação vencida e as que se vencerem até a data do pagamento, os juros convencionais, as penalidades e os demais encargos contratuais, os encargos legais, inclusive tributos, as contribuições condominiais imputáveis ao imóvel, além das despesas de cobrança e de intimação.
d) não satisfizer, no prazo de 15 (quinze) dias, a prestação vencida e as que se vencerem até a data do pagamento, os juros convencionais, as penalidades e os demais encargos contratuais, os encargos legais, inclusive tributos, as contribuições condominiais imputáveis ao imóvel, além das despesas de cobrança e de intimação.

09. (Cespe – Notário-ES/2013) A respeito de compromisso irretratável de compra e venda, alienação fiduciária, Sistema Financeiro da Habitação (SFH), tombamento e remição do imóvel hipotecado, assinale a opção correta.

a) O contrato, de que for parte a entidade integrante do SFH que promoverá o empreendimento, poderá ser celebrado por instrumento particular, que terá caráter de escritura pública, ainda que não tenha sido escrito e assinado por notário.

b) Após o registro no cartório de imóveis, os bens tombados em razão do interesse público, quer por sua vinculação a fatos memoráveis na história do Brasil, quer pelo seu excepcional valor arqueológico ou etnográfico, são inalienáveis.
c) A remição da hipoteca, que compete ao próprio devedor, ao credor da segunda hipoteca e ao adquirente do imóvel hipotecado, requer o pagamento integral da dívida cujo imóvel foi dado em garantia.
d) Em se tratando de bem imóvel, a alienação fiduciária em garantia só poderá ser celebrada se o bem estiver concluído.
e) Os compromissários-compradores possuem direito à adjudicação compulsória do imóvel, desde que registrado o contrato no ofício de imóveis.

10. (CETRO – Notário-RJ/2012) Sobre os certificados de recebíveis imobiliários, é correto afirmar que
a) são títulos de crédito ao portador.
b) constituem promessa de pagamento em dinheiro.
c) são títulos de negociação vinculada.
d) não poderão ter garantia flutuante.
e) não podem ser emitidos por companhias securitizadoras.

11. (CETRO – Notário-RJ/2012) Analise as assertivas abaixo sobre a alienação fiduciária de coisa imóvel.
I. A alienação fiduciária poderá ser contratada por pessoa física ou jurídica, podendo ter como objeto a propriedade plena.
II. A cessão do crédito objeto da alienação fiduciária implicará a transferência, ao cessionário, de todos os direitos e obrigações inerentes à propriedade fiduciária em garantia.
III. Nos contratos de venda de imóveis, inclusive alienação fiduciária, admitir-se-á, respeitada a legislação pertinente, a estipulação de cláusula de reajuste e das condições e critérios de sua aplicação.
É correto o que se afirma em
a) I, apenas.
b) II, apenas.
c) III, apenas.
d) I, II e III.
e) I e II, apenas.

12. (TJ-SC – Notário-SC/2012) Acerca da alienação fiduciária de bem imóvel assinale a alternativa correta:
a) A cessão do crédito objeto da alienação fiduciária implicará a transferência, ao cessionário, de todos os direitos e obrigações inerentes à propriedade fiduciária em garantia.
b) A alienação fiduciária poderá ser contratada por pessoa física ou jurídica, sendo privativa das entidades que operam no Sistema Financeiro Imobiliário – SFI.
c) Com a constituição da propriedade fiduciária, dá-se o desdobramento da posse, tornando-se o fiduciante possuidor indireto e o fiduciário possuidor direto da coisa imóvel.
d) Decorrido o prazo de 15 dias sem a purgação da mora, o oficial do competente Registro de Imóveis, certificando esse fato, promoverá o registro, na matrícula do imóvel, da consolidação da propriedade em nome do fiduciário, à vista da prova do pagamento, por este, do imposto de transmissão inter vivos e, se for o caso, do laudêmio.
e) A propriedade superficiária não pode ser objeto de alienação fiduciária em garantia.

13. (IESES – Cartório – TJ – RO/2012) Diante do disposto na Lei 9.514/97, que trata do Sistema de Financiamento Imobiliário, assinale a afirmação INCORRETA:
a) Nos contratos com alienação fiduciária de imóvel, vencida e não paga no todo ou em parte a dívida, o fiduciante será intimado pelo oficial do Registro de Imóveis competente, a satisfazê-la, na forma legalmente prevista, fixando a lei, regra geral, o prazo de quinze dias para o pagamento.
b) A alienação fiduciária de coisa imóvel pode ter como objeto além da propriedade plena, o direito real de uso, em situação autorizada por lei.
c) A alienação fiduciária de coisa imóvel poderá ser contratada por pessoa física ou jurídica, sendo privativa das entidades que operam no Sistema Financeiro Imobiliário.
d) Devem ser cobrados como ato único, os emolumentos devidos aos Cartórios de Registros de Imóveis para cancelamento do regime fiduciário e das garantias reais existentes.

14. (IESES – Cartório – TJ – PA/2016) Sobre a alienação fiduciária de bens imóveis:
a) A alienação fiduciária de bens imóveis constitui-se mediante registro do contrato na matrícula do imóvel que a tem por objeto, por se tratar de direito real.
b) O contrato que o estabelece deve adotar sempre a forma pública para ter ingresso no fólio registral.
c) O fiduciário poderá ceder o crédito objeto da alienação fiduciária, o que implicará a cessão da propriedade fiduciária, independentemente do registro no Cartório de Registro de Imóveis.
d) O registro de contrato de locação de imóvel alienado fiduciariamente independe, em qualquer que seja o prazo fixado, da anuência do credor fiduciário.

GAB										
	1	B	2	A	3	B	4	E	5	B
	6	C	7	A	8	D	9	A	10	B
	11	D	12	A	13	C	14	A		

36) da imissão provisória na posse, quando concedida à União, aos Estados, ao Distrito Federal, aos Municípios ou às suas entidades delegadas, e respectiva cessão e promessa de cessão;

1. COMENTÁRIOS

A Lei 9.785/1999, que alterou o Decreto 3.365/1941 (Desapropriação por Utilidade Pública) e as Leis 6.015/1973 (Registros Públicos) e 6.766/1979 (Parcelamento do Solo Urbano), introduziu no art. 167, inciso I, o item 36, que prevê o registro da imissão provisória na posse, e respectiva cessão e promessa de cessão, quando concedido à União, Estados, Distrito Federal, Municípios ou suas entidades delegadas, para a execução de parcelamento popular, com finalidade urbana, destinado às classes de menor renda.

Todavia, o item 36 teve sua redação modificada dada pela Lei 12.424/2011, que **ampliou** a possibilidade de tal registro a **todos** os casos (e não somente para a execução de parcelamento popular, com finalidade urbana, destinado às classes de menor renda), em que for concedida em favor da União, dos Estados, do Distrito Federal, dos Municípios ou das suas entidades delegadas, bem como da sua respectiva cessão e promessa de cessão.

Em regra, a posse não é registrada no cartório de imóveis, pois trata-se de uma situação fática. Portanto, conclui-se que essa situação configura uma exceção à regra.

Interessante é a colocação de Venício Antônio de Paula Salles: "o registro do auto de imissão provisória pode representar **aparente exceção à regra geral registral**, que prevê o ingresso tabular apenas dos títulos e documentos que representam mutações patrimoniais efetivas ou condicionadas ao pagamento do preço (*ou implemento de termo ou condição*). Entretanto, rigorosamente a hipótese de registro do auto de imissão na posse **não excepciona a regra registral, pelo contrário,** confirma, na medida em que a ordem de imissão determinada no bojo de ação expropriatória não possui o sentido *transitório* que marca sua denominação (provisória)" (...) a imissão provisória transfere definitivamente o domínio do bem ao poder público, mormente porque a hipótese não admite retrocessão, ou seja, não há reversão (*Lei de Registros Públicos comentada*. Rio de Janeiro: Forense, 2019, p. 813-814).

O art. 176-A da Lei de Registros Públicos foi incluído pela Lei 14.273/2021 e recentemente alterado pela Lei n. 14.620/2023. Trata-se de dispositivo que dialoga diretamente com o tema em comento, pois o seu § 5º estabelece que:

> Art. 176-A
>
> [...]
>
> § 5º O disposto neste artigo aplica-se, sem prejuízo de outros, ao registro de:
>
> **I – ato de imissão provisória na posse, em procedimento de desapropriação.**

Desse modo, permito-me transcrever o procedimento do registro em caso de ato de imissão provisória na posse, em procedimento de desapropriação.

O registro de aquisição originária ensejará a **abertura de matrícula** relativa ao imóvel adquirido, se não houver, ou quando atingir parte de imóvel objeto de registro anterior; ou atingir, total ou parcialmente, mais de um imóvel objeto de registro anterior.

Anote-se que a matrícula será aberta com **base em planta e memorial descritivo do imóvel utilizados na instrução do procedimento administrativo ou judicial** que ensejou a aquisição, os quais assegurarão a descrição e a caracterização objetiva do imóvel, nos termos do art. 176 desta Lei.

No que tange às **matrículas atingidas,** estas deverão, conforme o caso, ser **encerradas** ou **receber averbação dos respectivos desfalques, dispensada,** para esse fim, a **retificação do memorial descritivo da área remanescente.**

Pode ocorrer de a área adquirida em caráter originário ser maior do que a área constante do registro existente. Neste caso, a informação sobre a diferença apurada será averbada na matrícula aberta.

É importante ressaltar que, eventuais **divergências** entre a descrição do imóvel constante do registro e aquela apresentada pelo requerente **não obstarão o registro.**

No mais, remetemos o leitor aos comentários do art. 176-A.

2. JURISPRUDÊNCIA COMPLEMENTAR

TRIBUNAL DE JUSTIÇA DO ESTADO DE MINAS GERAIS

EMENTA: AÇÃO DE DESAPROPRIAÇÃO – REGISTRO DE IMISSÃO DE POSSE – ART. 15, § 4º, DO DECRETO nº 3.365/41 – NOVA REDAÇÃO DA LEI DE REGISTROS PÚBLICOS – ART. 167, INC. I, ITEM 36 – CABIMENTO. 1. A nova redação do § 4º do art. 15 do Decreto nº 3.365/41 e do art. 167, inc. I, item 36, da Lei de Registros Públicos prevê seja registrada a imissão provisória de posse no cartório competente. 2. Recurso provido.(TJMG – Ag. Inst. 1.0024.08.106505-4/002, Relator: Des. Edgard Penna Amorim, 8ª C. CÍVEL, Julgamento: 12/01/2012).

3. QUESTÕES DE CONCURSOS

01. (Vunesp – Cartório – Provimento – TJ – SP/2018) Em relação à imissão provisória de posse em processo de desapropriação judicial, assinale a alternativa correta.

a) Quando houver expressa concordância do expropriado, ela pode ser registrada na matrícula, como aquisição do domínio pelo expropriante, mesmo em caso de contestação do valor ofertado como indenização.

b) Por se tratar de ato de transmissão de posse e não de propriedade, a mesma não poderá ser objeto de registro, mas tão somente de averbação.

c) Somente quando se tratar de implementação de projetos habitacionais ou de regularização fundiária, em área urbana ou de expansão urbana, poderão ser unificados dois ou mais imóveis, mesmo quando imitidos em favor do expropriante em processos distintos; todavia, a unificação não poderá abranger imóvel contíguo, cuja propriedade já tenha sido adquirida pelo mesmo expropriante.

d) Por ser ato meramente processual, não há previsão de ingresso no registro.

02. (Vunesp – Cartório – SP – Remoção/2016) A imissão provisória na posse de bem imóvel, concedida em favor da União,

a) é registrável na matrícula do imóvel, mas a sua cessão ou promessa de cessão são averbáveis.

b) é averbável na matrícula do imóvel, da mesma forma que a sua cessão ou promessa de cessão.

c) é averbável na matrícula do imóvel, mas a sua cessão e promessa de cessão não têm previsão de registro ou averbação.

d) é registrável na matrícula do imóvel, da mesma forma que a sua cessão ou promessa de cessão.

GAB	1	A	2	D

37) dos termos administrativos ou das sentenças declaratórias da concessão de uso especial para fins de moradia;

1. COMENTÁRIOS

Este item 37 teve sua redação dada pela Medida Provisória 2.220/2001. Tal medida veio regular o § 1º do art. 183 da Constituição Federal, que estabelece que o título de domínio e a concessão de uso serão conferidos ao homem ou à mulher, ou a ambos, independentemente do estado civil.

No que se refere ao registro, este dispositivo idealiza duas modalidades de títulos para ingresso na Serventia de Imóveis, os **termos administrativos** (que advém de concessão direta do Poder Público) e as **sentenças declaratórias da concessão de uso especial para fins de moradia** (sentença judicial).

A MP 2.220/2001, alterada pela Lei 13.465/2017, prevê duas espécies de concessão de direito especial de uso para fins de moradia. Assim, enuncia o art. 1º da aludida MP:

> **Art. 1º** Aquele que, até 22 de dezembro de 2016, possuiu como seu, por cinco anos, ininterruptamente e sem oposição, **até duzentos e cinquenta metros quadrados de imóvel público** situado em área com **características e finalidade urbanas**, e que o utilize para sua moradia ou de sua família, tem o direito à concessão de uso especial para fins de moradia em relação ao bem objeto da posse, desde que não seja proprietário ou concessionário, a qualquer título, de outro imóvel urbano ou rural.
>
> § 1º A concessão de uso especial para fins de moradia será conferida de **forma gratuita** ao homem ou à mulher, ou a ambos, independentemente do estado civil.
>
> § 2º O direito de que trata este artigo **não** será reconhecido ao mesmo concessionário **mais de uma vez.**
>
> § 3º Para os efeitos deste artigo, o herdeiro legítimo **continua,** de pleno direito, na posse de seu antecessor, desde que já **resida no imóvel por ocasião da abertura da sucessão**".

Estes requisitos assemelham-se à **usucapião especial**, prevista no art. 183 da Constituição Federal, a qual já analisamos detalhadamente nos comentários do art. 167, I, 28 desta Lei.

O art. 2º, por sua vez, enuncia a concessão de uso especial para fins de moradia em sua **espécie coletiva.** Vejamos:

> **Art. 2º** Nos imóveis de que trata o art. 1º, com mais de duzentos e cinquenta metros quadrados, ocupados até 22 de dezembro de 2016, por população de baixa renda para sua moradia, por cinco anos, ininterruptamente e sem oposição, cuja **área total dividida pelo número de possuidores** seja inferior a duzentos e cinquenta metros quadrados por possuidor, a concessão de uso especial para fins de moradia será conferida de forma coletiva, desde que os possuidores não sejam proprietários ou concessionários, a qualquer título, de outro imóvel urbano ou rural.
>
> § 1º O possuidor pode, para o fim de contar o prazo exigido por este artigo, acrescentar sua posse à de seu antecessor, contanto que ambas sejam contínuas.
>
> § 2º Na concessão de uso especial de que trata este artigo, será atribuída igual fração ideal de terreno a cada possuidor, independentemente da dimensão do terreno que cada um ocupe, salvo hipótese de acordo escrito entre os ocupantes, estabelecendo frações ideais diferenciadas.
>
> § 3º A fração ideal atribuída a cada possuidor não poderá ser superior a duzentos e cinquenta metros quadrados".

Neste último caso, a semelhança é com a **usucapião especial coletiva**, prevista no art. 9º do Estatuto da Cidade (Lei 10.257/2001), que também já foi analisada nos comentários do art. 167, I, 28 desta Lei.

Será garantida a opção de exercer os direitos de que tratam os arts. 1º e 2º também aos ocupantes, regularmente inscritos, de imóveis públicos, com até duzentos e cinquenta metros quadrados, da União, dos Estados, do Distrito Federal e dos Municípios, que estejam situados em área urbana, na forma da MP 2.220/2201.

No caso de a ocupação acarretar risco à vida ou à saúde dos ocupantes, o Poder Público garantirá ao possuidor o exercício do direito de que tratam os arts. 1º e 2º em outro local.

O art. 5º, por sua vez, estabelece que é facultado ao Poder Público assegurar estes direitos em outro local na hipótese de ocupação de imóvel:

> I) de uso comum do povo;
>
> II) destinado a projeto de urbanização;
>
> III) de interesse da defesa nacional, da preservação ambiental e da proteção dos ecossistemas naturais;
>
> IV) reservado à construção de represas e obras congêneres; ou
>
> V) situado em via de comunicação.

Todavia, pondera Venício Antonio de Paula Salles que não se pode deixar de enfatizar que a concessão especial de uso tem raízes constitucionais no ideário da "função social da propriedade", de forma que somente pode ser conferida quando atenda aos interesses coletivos da cidade, de forma que não pode ser conferida quando contrariar ou aviltar esses mesmos interesses coletivos. Por exemplo, quando a posse ou a ocupação ocorrer sobre área destinada à malha viária, ou sobre em área de preservação permanente, a Administração Pública deverá necessariamente deslocar o ocupante para outro lugar ou para outra área. Não prestigia o individual desconsiderando o coletivo. Nessas hipóteses, não há sequer, campo discricionário para o Administrador Público, pois o único vetor que pode orientar o seu procedimento se encontra balizado pela *função social da propriedade* ou pelos interesses maiores da cidade (Op. cit., p. 817).

O art. 6º da MP 2.022/2001 estabelece que o título de concessão de uso especial para fins de moradia será obtido pela via administrativa perante o órgão competente da Administração Pública ou, em caso de recusa ou omissão deste, pela via judicial.

Assim, trata-se de direito subjetivo da parte, vale dizer, reunido os requisitos, o direito à concessão de uso especial para fins de moradia não pode ser negado pelo poder público.

A Administração Pública terá o prazo máximo de doze meses para decidir o pedido, contado da data de seu protocolo. Na hipótese de bem imóvel da União ou dos Estados, o interessado deverá instruir o requerimento de concessão de uso especial para fins de moradia com certidão expedida pelo Poder Público municipal, que ateste a localização do imóvel em área urbana e a sua destinação para moradia do ocupante ou de sua família. Em caso de ação judicial, a concessão de uso especial para fins de moradia será declarada pelo juiz, mediante sentença.

O direito de concessão de uso especial para fins de moradia é transferível por ato *inter vivos* ou *causa mortis*.

Por derradeiro, o art. 8º estabelece o fim da **concessão de uso especial**, que deve ser **averbada** no Registro de Imóveis competente, por meio de declaração do Poder Público concedente. Assim, tal direito extingue-se no caso de:

I) o concessionário dar ao imóvel destinação diversa da moradia para si ou para sua família e;

II) o concessionário adquirir a propriedade ou a concessão de uso de outro imóvel urbano ou rural.

2. JURISPRUDÊNCIA COMPLEMENTAR

⊙ TRIBUNAL DE JUSTIÇA DO ESTADO DE SÃO PAULO CONSELHO SUPERIOR DA MAGISTRATURA

EMENTA: REGISTRO DE IMÓVEIS – Termo de concessão de uso para fins de moradia coletiva – Ausência dos requisitos do art. 2º, da Medida Provisória nº 2.220/01 – Princípio da legalidade violado – Recurso não provido (APELAÇÃO CÍVEL Nº 0012395-60.2011.8.26.0609, da Comarca de TABOÃO DA SERRA). Trata-se de apelação interposta pelo Município de Taboão da Serra, objetivando a reforma da r. sentença de fls. 42/44, que julgou procedente a dúvida suscitada pelo Oficial de Registro de Imóveis, Títulos e Documentos e Civil de Pessoa Jurídica de Taboão da Serra, e manteve a recusa do registro, no imóvel objeto da matrícula nº (...), daquela Serventia de Imóveis, do termo de concessão de uso para fins de moradia coletiva e aditivo acostados às fls. 07/10 e 11/12. Alega, em síntese, que os termos da concessão cumprem os requisitos da Medida Provisória nº 2.220/01 porque: a) o concessionário ocupa o local há mais de cinco anos anteriores a 30.06.01; b) o imóvel é público e tem área inferior a 250m²; c) é utilizado para moradia própria; e d) o concessionário não é proprietário ou concessionário de outro imóvel. Afirma, assim, que o art. 3º, de referida norma, autoriza o registro pretendido. A douta Procuradoria Geral de Justiça opinou pelo não provimento do recurso (fls. 176/179). E o relatório. O recurso, a despeito dos r. argumentos da apelante, não comporta acolhimento. Discute-se o atendimento dos requisitos da Medida Provisória nº 2.220/01 para o registro do termo de concessão de uso para fins de moradia coletiva e aditivo acostados às fls. 07/10 e 11/12 no imóvel objeto da matrícula nº (...), no Registro de Imóveis de Taboão da Serra. O art. 2º, de referida norma, ao cuidar do termo de concessão coletiva, preceitua que: *Nos imóveis de que trata o art. 1º, com mais de duzentos e cinquenta metros quadrados, que, até 30 de junho de 2001, estavam ocupados por população de baixa renda para sua moradia, por cinco anos, ininterruptamente e sem oposição, onde não for possível identificar os terrenos ocupados por possuidor, a concessão de uso especial para fins de moradia será conferida de forma coletiva, desde que os possuidores não sejam proprietários ou concessionários, a qualquer título, de outro imóvel urbano ou rural.* Colhe-se de art. 2º que, dentre outros, são requisitos para a concessão de uso para fins de moradia coletiva: a) imóvel com área superior a 250m²; e b) impossibilidade de identificação dos terrenos ocupados pelos possuidores. No caso posto, a área do imóvel tem 77,69m², logo inferior ao mínimo legal, e o local ocupado pelos possuidores (duas famílias apenas) é conhecido conforme se verifica da certidão da matrícula de fls. 13. Também não se pode desconsiderar que a concessão coletiva tem em mira, como o próprio nome anuncia, beneficiar uma coletividade e não apenas duas famílias, como na hipótese em exame. Assim, ausentes os requisitos do art. 2º ora em exame, o registro, por violar o princípio da legalidade, não pode ser deferido. Anote-se, por derradeiro, que a afirmação da apelante de que o registro pretendido encontra suporte no art. 3º, de referida Medida Provisória, não procede haja vista que aludida norma exige a existência prévio regulamento e inscrição dos ocupantes – documentos de cuja existência não se tem qualquer notícia nos autos. É de se inferir, outrossim, que o regulamento citado no art. 3º, ainda que existente, deveria ser compatível com os requisitos do art. 2º – exceto o que cuida da área do imóvel porque excepcionado de forma expressa pelo art. 3º – sob pena de absoluto esvaziamento da norma e de sua finalidade. No sentido do não provimento do recurso, destaque-se o r. parecer da ilustrada Procuradoria Geral de Justiça. Ante o exposto, pelo meu voto, nego provimento ao recurso. JOSÉ RENATO NALINI. Corregedor Geral da Justiça e Relator. (D. J. E de 02.04.2013 – SP)

3. QUESTÕES DE CONCURSOS

01. (UFPR – Outorga das Delegações – Provimento – TJ – PR/2019) O planejamento urbano e as funções sociais da cidade foram preocupações explícitas do constituinte (Título VII – Da Ordem Econômica e Financeira). De modo a garantir o bem-estar dos habitantes da cidade, o Estatuto da Cidade disciplina a política urbana, para a qual o papel dos agentes delegados é essencial. Acerca dos temas apresentados no enunciado, assinale a alternativa correta.

a) Decorridos cinco anos de cobrança do IPTU progressivo sem que o proprietário tenha cumprido a obrigação de parcelamento, edificação ou utilização do solo urbano não edificado, subutilizado ou não utilizado, o Município poderá, mediante registro prévio do número sequencial dos títulos da dívida pública na matrícula do imóvel, proceder à desapropriação.

b) O direito de preempção do Poder Público municipal que garante preferência para aquisição de imóvel urbano objeto de alienação onerosa entre particulares deve ser exercido obrigatoriamente mediante notificação a ser expedida pelo cartório de registro de imóveis, que averbará o comunicado na matrícula.

c) O autor da ação de usucapião especial urbana terá os benefícios da justiça e da assistência judiciária gratuitas, salvo perante o cartório de registro de imóveis.

d) O direito de superfície, que abrange o direito de utilizar o solo, o subsolo ou o espaço aéreo relativo ao terreno, poderá ser concedido a outrem, por tempo determinado ou indeterminado, mediante instrumento particular cujas firmas sejam reconhecidas.

e) A sentença do processo de usucapião especial coletiva de imóvel urbano servirá de título para registro no cartório de registro de imóveis.

02. (IESES – Cartório – Provimento – TJ – RO/2017) Assinale a alternativa correta:

a) Conforme o estabelecido pela Lei n. 6.015/1973, no Registro de Imóveis, além da matrícula, será feito o registro das cédulas hipotecárias, bem como doutros atos ali elencados.

b) Conforme o estabelecido pela Lei n. 6.015/1973, no Registro de Imóveis, além da matrícula, será feita a averbação das incorporações, instituições e convenções de condomínio, bem como doutros atos ali elencados.

c) Conforme o estabelecido pela Lei n. 6.015/1973, no Registro de Imóveis, além da matrícula, será feita a averbação da alienação fiduciária em garantia de coisa imóvel, bem como doutros atos ali elencados.

d) Conforme o estabelecido pela Lei n. 6.015/1973, no Registro de Imóveis, além da matrícula, será feito o registro dos termos administrativos ou das sentenças declaratórias da concessão de uso especial para fins de moradia, bem como doutros atos ali elencados.

GAB	1	E	2	D

38) *(Vetado) (Incluído pela Lei nº 10.257, de 2001)*

39) da constituição do direito de superfície de imóvel urbano;

1. COMENTÁRIOS

O item 39 foi incluído pelo Estatuto da Cidade (Lei 10.257/2001).

O direito de superfície encontra-se positivado nos arts. 21 ao 24 do referido Estatuto, bem como nos arts. 1.369 a 1.377 do Código Civil.

O direito de superfície foi uma das grandes inovações do Código Civil de 2002. Orlando Gomes, o define-o como "direito real de ter uma construção ou plantação em solo alheio" (Orlando Gomes. *Apud* CHALHUB, Melhin Namem. Direito de Superfície. *Revista de Direito Civil – Imobiliário, Agrário e Empresarial.* São Paulo, v. 53, a. 19, 1995, p.76). Francisco Eduardo Loureiro, citando Oliveira Ascensão, preleciona que "superfície é o direito real de ter coisa própria incorporada em terreno alheio" e logo após, conceitua como "o direito real de ter construção ou plantação em solo alheio. Há, por assim dizer, um seccionamento da propriedade da construção ou plantação temporária da propriedade do solo" (*Código Civil comentado.* Barueri: Manole, 2014, p. 1319).

A superfície é um direito real, portanto, oponível *erga omnes.* O superficiário é proprietário da construção ou plantação e essa propriedade é **autônoma**, independente da propriedade do dono do terreno.

Assim, o direito de superfície necessariamente recai sobre um imóvel, que é um terreno alheio.

De acordo com o Código Civil, o proprietário pode conceder a outrem o direito de construir ou de plantar em seu terreno, por **tempo determinado**, mediante **escritura pública** devidamente registrada no Cartório de Registro de Imóveis.

Por outro lado, segundo o Estatuto da Cidade, esse tempo é **determinado ou indeterminado,** conforme prescreve o art. 21: "O proprietário urbano poderá conceder a outrem o direito de superfície do seu terreno, por tempo determinado ou indeterminado, mediante escritura pública registrada no cartório de registro de imóveis".

É regra inserta no Código Civil, que o direito de superfície não autoriza obra no subsolo, salvo se for inerente ao objeto da concessão, enquanto no Estatuto da Cidade, o direito de superfície abrange o direito de utilizar o solo, o subsolo ou o espaço aéreo relativo ao terreno, na forma estabelecida no contrato respectivo, atendida a legislação urbanística.

Registre-se que ambas as disposições legais **coexistem,** dadas determinadas características *sui generis* de cada uma. A doutrina majoritária defende que o Código Civil, editado posteriormente ao Estatuto da Cidade, não revogou este último diploma, pois sua aplicação se dá como instrumento de política de desenvolvimento urbano.

Nessa direção definiu a **I Jornada de Direito Civil**, no Enunciado 93:

> **Enunciado 93:** As normas previstas no Código Civil sobre direito de superfície não revogam as relativas a direito de superfície constantes do Estatuto da Cidade (Lei 10.257/2001) por ser instrumento de política de desenvolvimento urbano.

O direito de superfície pode ser constituído por atos *inter vivos* ou *mortis causa* e para alguns autores, também pela usucapião. Esclarece com clareza e objetividade, Francisco Eduardo Loureiro: "embora não preveja a lei, admite-se a constituição de superfície pelo negócio jurídico *causa mortis* testamento, instituindo um legatário ou herdeiro do solo e outro temporariamente das construções ou plantações já existentes ou a serem ainda feitas. A instituição da superfície, tal como ocorre no usufruto, dada sua amplitude, levando em conta sua extensão e o prazo de sua duração, pode invadir a legítima dos herdeiros necessários, devendo ser reduzida, em tal hipótese. Finalmente, cabe também aquisição do direito real de servidão por usucapião. A hipótese viável é da superfície adquirida a *non domino*, servindo, após consumação do prazo de dez ou cinco anos (art. 1.242 do CC), a escritura ou o registro como justo título. É possível, ainda, ao superficiário, usucapir o domínio pleno do imóvel, intervendo a qualidade de sua posse direta para posse *ad usucapionem*, explicitando ao concedente não mais reconhecer a supremacia de seu direito à restituição da coisa. Passa, então, o superficiário, a ser esbulhador, mas com soberania sobre a coisa, repelindo qualquer direito concorrente de terceiro, possuindo o imóvel como seu (*animus domini*), e fluindo, a partir de então, o termo inicial do prazo de usucapião" (Op. cit., 1321).

Oportuno registrar que o art. 22 da Lei 9.514/1997 (Alienação Fiduciária) prevê a possibilidade de constituição de hipoteca e de propriedade superficiária sobre propriedade fiduciária, nos seguintes termos:

> **Art. 22**. A alienação fiduciária regulada por esta Lei é o negócio jurídico pelo qual o fiduciante, com o escopo de garantia de obrigação própria ou de terceiro, contrata a transferência ao credor, ou fiduciário, da propriedade resolúvel de coisa imóvel. § 1º A alienação fiduciária poderá ser contratada por pessoa física ou jurídica, não sendo privativa das entidades que operam no SFI, podendo ter como objeto, além da propriedade plena:
>
> I – bens enfitêuticos, hipótese em que será exigível o pagamento do laudêmio, se houver a consolidação do domínio útil no fiduciário;
>
> II – o direito de uso especial para fins de moradia;
>
> III – o direito real de uso, desde que suscetível de alienação;
>
> IV – a propriedade superficiária.
>
> V - os direitos oriundos da imissão provisória na posse, quando concedida à União, aos Estados, ao Distrito Federal, aos Municípios ou às suas entidades delegadas, e a respectiva cessão e promessa de cessão;
>
> VI - os bens que, não constituindo partes integrantes do imóvel, destinam-se, de modo duradouro, ao uso ou ao serviço deste.
>
> § 2º Os direitos de garantia instituídos nas hipóteses dos incisos III e IV do § 1º deste artigo ficam limitados à duração da concessão ou direito de superfície, caso tenham sido transferidos por período determinado".

A concessão da superfície será **gratuita ou onerosa**; se onerosa, estipularão as partes se o pagamento será feito de uma só vez, ou parceladamente.

O **superficiário** responderá **integralmente** pelos encargos e tributos que incidirem sobre a propriedade superficiária, arcando, ainda, proporcionalmente à sua parcela de ocupação efetiva, com os encargos e tributos sobre a área objeto da concessão do direito de superfície, salvo disposição em contrário do contrato respectivo.

Em caso de alienação do terreno, ou do direito de superfície, o superficiário e o proprietário, respectivamente, terão direito de preferência, em igualdade de condições à oferta de terceiros.

Destarte, a venda do direito de superfície sem que seja dado o direito de preferência ao proprietário ou superficiário é considerada, por alguns, anulável, e por outros, nula. Aqueles que defendem a anulação entendem que o direito do terceiro adquirente fica sujeito a uma condição resolutiva, qual seja, a não anulação do contrato de transferência do direito real no prazo decadencial de dois anos (art. 179 do Código Civil).

O direito de superfície é também transmissível a terceiros e, por morte do superficiário, aos seus herdeiros, mas não poderá ser estipulado pelo concedente, a nenhum título, qualquer pagamento pela transferência.

1.1 DO TÍTULO, DO REGISTRO E DA AVERBAÇÃO

A superfície deve ser formalizada sempre por **escritura pública**, que é o título hábil levado ao registro imobiliário, sendo vedada a forma particular.

Na escritura, é essencial usar a nomenclatura correta. O concedente é o titular do terreno, enquanto o concessionário ou superficiário é aquele a quem é concedido o direito de construir ou plantar. Para que a superfície se torne um direito real, com validade e eficácia perante terceiros, deverá ser registrada no Registro de Imóveis competente.

O Enunciado 18 da I Jornada de Direito Notarial e Registral é elucidativo ao prescrever sobre o objeto do registro. Desse modo, é registrável a constituição do direito real de superfície na matrícula de **imóvel rural, independentemente do art. 167, I, 39 e II, 20, da Lei n. 6.015/1973, referirem-se a imóveis urbanos.**

> ⊙ Justificativa: O registro da constituição e a averbação de extinção do direito real de superfície passaram a integrar o art. 167 da LRP em 2001, por força da Lei 10.257 (Estatuto da Cidade), destinada a regular o uso das propriedades nas áreas urbanas do país. Tratava-se de pioneira e, até então, única manifestação do direito real de superfície no sistema legal brasileiro, voltada exclusivamente aos imóveis urbanos. Em 2002, o Código Civil dispôs sobre a superfície nos arts. 1.369 a 1.377, reservando-lhe assento no rol de direitos reais do art. 1.225, sem especificar a que tipo de imóveis se aplicaria o instituto. Dessa forma, tornou-se positivada a superfície não só nos espaços urbanos, mas também nos rurais. Inclusive, o art. 1.369 do CC, na parte final de seu *caput*, dispõe que a concessão da superfície dar-se-á mediante escritura pública devidamente registrada no Cartório de Registro de Imóveis. Todavia, nenhuma alteração foi feita na LRP, cujo texto ainda restringe formalmente a superfície aos imóveis urbanos. Logo, urge dar ao diploma interpretação que abarque também os imóveis rurais, haja vista:
>
> i o caráter exemplificativo do art. 167 da LRP;

ii a legalidade do sistema registral pátrio, que não se pode confundir com tipicidade (OLIVA, Milena Donato; RENTERÍA, Pablo. Autonomia privada e direitos reais...,2016); e

iii o atendimento aos fins previstos no art. 172 da LRP, que assim dispõe: no Registro de Imóveis serão feitos, nos termos desta Lei, o registro e a averbação dos títulos ou atos constitutivos, declaratórios, translativos e extintos de direitos reais sobre imóveis reconhecidos em lei, " inter vivos" ou " mortis causa" quer para sua constituição, transferência e extinção, quer para sua validade em relação a terceiros, quer para a sua disponibilidade. Afinal, não pode a lei instrumental conceder mais ou menos direitos que aqueles estabelecidos na norma de direito substantivo (MELLO, Henrique Ferraz Corrêa de. A tipicidade dos direitos reais).

Uma vez registrada a escritura, o concessionário se torna o titular do direito real sobre a edificação. O **registro é constitutivo e causal**, pois não se desliga do título que lhe deu origem.

O direito de superfície extingue-se pelo advento do termo, bem como pelo descumprimento das obrigações contratuais assumidas pelo superficiário.

O direito de superfície também é extinto antes do termo final, quando o superficiário der ao terreno destinação diversa daquela para que foi concedida.

Uma vez extinta a superfície, o proprietário recuperará o pleno domínio do terreno, bem como das acessões e benfeitorias introduzidas no imóvel, **independentemente de indenização**, salvo disposição em contrário no respectivo contrato.

No caso de extinção do direito de superfície em consequência de desapropriação, a indenização cabe ao proprietário e ao superficiário, no valor correspondente ao direito real de cada um.

A **extinção** da superfície será **averbada** no Registro de Imóveis competente para que produza efeitos.

1.2 POSSIBILIDADE DE REGISTRO DE HIPOTECA EM IMÓVEL GRAVADO COM DIREITO DE SUPERFÍCIE

Acerca deste assunto, já se pronunciou Eduardo Sócrates Castanheira Sarmento Filho, em publicação do IRIB intitulada "Coleção Cadernos IRIB – O Direito de Superfície", Vol. 2, p. 20:

"12) Onerações: é possível instituir hipoteca ou alienação fiduciária sobre a propriedade do fundeiro, independentemente da propriedade superficiária, assim como se admite a oneração da propriedade superficiária sem atingir a propriedade do fundeiro. A constituição da hipoteca sobre a propriedade do fundeiro não alcançará a construção ou a plantação objeto da superfície anteriormente constituída, derrogando, assim, o art. 1.474 do CC. A hipoteca não abrangerá todas as acessões e melhoramentos do imóvel, como indica a primeira parte do dispositivo mencionado, incidindo a parte final dessa norma, no sentido de que subsistem os ônus reais registrados anteriormente à hipoteca."

2. JURISPRUDÊNCIA COMPLEMENTAR

TRIBUNAL DE JUSTIÇA DO ESTADO DO RIO DE JANEIRO

EMENTA: AÇÃO DECLARATÓRIA DE RESOLUÇÃO DE RELAÇÃO CONTRATUAL CUMULADA COM COBRANÇA DE PENALIDADES. INADIMPLEMENTO CONTRATUAL. CLÁUSULA PENAL. REDUÇÃO. DESCABIMENTO. APLICAÇÃO CUMULATIVA. IMPOSSIBILIDADE. SUCUMBÊNCIA RECÍPROCA.

1. A hipótese é de ação pelo rito ordinário, na qual a parte autora pretende o cancelamento do registro do direito real de superfície gravado no imóvel de sua propriedade e o pagamento das penalidades contratuais decorrentes do descumprimento contratual, que imputa à parte ré.

2. A sentença afastou corretamente a aplicação da teoria da imprevisão alegada pela parte ré, concluindo pela inexistência de justo motivo para o inadimplemento contratual.

3. Ante a não apresentação da Carta de Fiança no prazo avençado, incide à hipótese tanto a multa prevista na supramencionada cláusula contratual, quanto o cancelamento do registro do direito de superfície, prestigiando-se o princípio do pacta sunt servanda.

4. Diante do montante do negócio jurídico realizado, bem como do tempo em que o autor permaneceu sem usufruir do imóvel, não merece qualquer redução a cláusula penal, por mostrar-se fiel ao princípio da razoabilidade, o que afasta o comando do art. 413 do Código Civil.

5. A multa compensatória correspondente a 5% do valor total das remunerações do contrato não deve ser aplicada à hipótese em comento, por não poder tal cláusula penal ser considerada cumulativa, mas sim sucessiva e pertinente a cada fase da realização do contrato.

6. Aplicação das regras da sucumbência recíproca. 7. Desprovimento do primeiro apelo e parcial provimento do segundo, (...). (TJRJ – APC 0149340-06.2006. 8.19.0001 Desª. LETICIA SARDAS, 20ª C. Cível, Julgamento:10/03/2010)

TRIBUNAL DE JUSTIÇA DO ESTADO DE SÃO PAULO

EMENTA: Apelação. Mandado de Segurança. Imposto Sobre Transmissão inter vivos de bens imóveis. Direito real de superfície. Alegação de não incidência do tributo. Improcedência. Exação fundada em lei municipal editada após a lavratura de escritura de concessão do direito real. Irrelevância. Fato gerador do imposto que se consubstancia título aquisitivo do direito. Base de cálculo. Valor da transação. Incorreção não configurada. Inteligência do estatuído no art. 38 do Código Tributário Nacional, bem como nos arts. 7º e 8º da Lei Municipal 11.154/91. Recurso denegado (TJSP Ac. 9193571-36.2007.8.26.0000/SP, 14 Cam. De Dir. Públ., rel. Geraldo Xavier, j. 28.07.2011).

TRIBUNAL DE JUSTIÇA DO ESTADO DO RIO GRANDE DO SUL

EMENTA: Não havendo direito real de superfície autônomo em relação à propriedade, descabida a penhora sobre construção feita em terreno alheio. Apelo improvido. Unânime. (TJRS, Ap. nº 70.001.271.428, 2 Cam., rel Luiz Roberto Imperatore de Assis Brasil, j. 06.06.2001).

3. QUESTÕES DE CONCURSOS

01. (IESES – Cartório – TJ – RO/2012) Sobre a outorga onerosa do direito de construir:

I. O plano diretor poderá fixar áreas nas quais o direito de construir poderá ser exercido acima do coeficiente de aproveitamento básico adotado, ou seja, a relação entre a área edificável e a área do terreno, mediante contrapartida a ser prestada pelo beneficiário.

II. Não poderá fixar áreas nas quais poderá ser permitida alteração de uso do solo, mediante contrapartida a ser prestada pelo beneficiário.

III. Os recursos auferidos com a adoção da outorga onerosa do direito de construir e de alteração de uso serão aplicados com as finalidades previstas no estatuto das cidades.

IV. Os limites máximos a serem atingidos pelos coeficientes de aproveitamento, considerarão a proporcionalidade entre a infraestrutura esperada e o aumento de densidade existente em cada área, nos últimos dez anos.

a) Apenas I, II e III estão corretas.
b) Apenas I e II estão corretas.
c) Apenas I e III estão corretas.
d) Apenas II e IV estão corretas.

02. (IESES – Cartório – TJ – RO/2012) Assinale a afirmação INCORRETA, quanto ao que expressamente consta do Estatuto das Cidades:

a) Aquele que possuir como sua área ou edificação urbana de até duzentos e cinquenta metros quadrados, por cinco anos, ininterruptamente e sem oposição, utilizando-a para sua moradia ou de sua família, adquirir-lhe-á o domínio, desde que não seja proprietário de outro imóvel urbano.
b) O proprietário urbano poderá conceder a outrem o direito de superfície do seu terreno, por tempo determinado ou indeterminado, mediante escritura pública registrada no cartório de registro de imóveis, o que abrange o direito de utilizar o solo, o subsolo ou o espaço aéreo relativo ao terreno, na forma estabelecida no contrato respectivo, atendida a legislação urbanística, podendo a concessão ser gratuita ou onerosa.
c) Os Municípios que pretendam ampliar o seu perímetro urbano deverão elaborar projeto específico, que atenda, no mínimo, ao que especificamente exige o Estatuto das Cidades, como a demarcação do novo perímetro urbano.
d) Decorridos cinco anos de cobrança do IPTU progressivo sem que o proprietário tenha cumprido a obrigação de parcelamento, edificação ou utilização, o Município poderá proceder à desapropriação do imóvel, com pagamento em títulos da dívida pública, que terão prévia aprovação pelo Senado Federal e serão resgatados no prazo de até dez anos, em prestações anuais, iguais e sucessivas, assegurados o valor real da indenização e os juros legais de seis por cento ao ano.

03. (FCC – Cartório – TJ – PE/2013) Sobre o direito de superfície, é correto afirmar que

a) não pode ser constituído por pessoa jurídica de direito público interno, por ser restrito a particulares.
b) constitui-se por ato formal, mediante escrito público ou particular que se registrará no Cartório Imobiliário.
c) é intransferível a terceiros.
d) impede a alienação do imóvel, pelo concedente, durante o prazo de sua vigência.
e) ao término da concessão, como regra geral, o concedente recebe o terreno, plantação ou construção, independentemente de indenização, passando a ter sobre eles a propriedade plena.

GAB	1	A	2	A	3	E

40) do contrato de concessão de direito real de uso de imóvel público.

1. COMENTÁRIOS

O Item 40 foi incluído pela Medida Provisória 2.220/2001. No entanto, a concessão de direito real de uso surgiu originalmente com a finalidade de cumprir a função social do bem imóvel, por meio do Decreto-Lei 271/1967, especificamente no art. 7º, nos seguintes termos:

> **Art. 7º** É instituída a concessão de uso de terrenos públicos ou particulares remunerada ou gratuita, por tempo certo ou indeterminado, como direito real resolúvel, para fins específicos de regularização fundiária de interesse social, urbanização, industrialização, edificação, cultivo da terra, aproveitamento sustentável das várzeas, preservação das comunidades tradicionais e seus meios de subsistência ou outras modalidades de interesse social em áreas urbanas.
>
> § 1º A **concessão de uso** poderá ser **contratada,** por **instrumento público ou particular**, ou por simples termo administrativo, e será inscrita e cancelada em livro especial.
>
> § 2º Desde a inscrição da concessão de uso, o concessionário fruirá plenamente do terreno para os fins estabelecidos no contrato e responderá por todos os encargos civis, administrativos e tributários que venham a incidir sobre o imóvel e suas rendas.
>
> § 3º Resolve-se a concessão antes de seu termo, desde que o concessionário dê ao imóvel destinação diversa da estabelecida no contrato ou termo, ou descumpra cláusula resolutória do ajuste, perdendo, neste caso, as benfeitorias de qualquer natureza.
>
> § 4º A concessão de uso, salvo disposição contratual em contrário, transfere-se por ato inter vivos, ou por sucessão legítima ou testamentária, como os demais direitos reais sobre coisas alheias, registrando-se a transferência.
>
> § 5º Para efeito de aplicação do disposto no *caput* deste artigo, deverá ser observada a anuência prévia:
>
> I – do Ministério da Defesa e dos Comandos da Marinha, do Exército ou da Aeronáutica, quando se tratar de imóveis que estejam sob sua administração; e
>
> II – do Gabinete de Segurança Institucional da Presidência de República, observados os termos do inciso III do § 1º do art. 91 da Constituição Federal".

Hely Lopes Meirelles conceitua alguns instrumentos utilizados pela Administração Pública para a transferência da posse direta, sem alterar a propriedade. Vejamos:

> **Autorização de uso** – é o ato unilateral, discricionário e precário pelo qual a Administração consente na prática de determinada atividade individual incidente sobre um bem público.
>
> **Permissão de uso** – é o ato negocial, unilateral, discricionário e precário através do qual a Administração faculta ao particular a utilização individual de determinado bem público.
>
> **Concessão de direito real de uso** – é o contrato pelo qual a Administração transfere o uso remunerado ou gratuito de terreno público a particular, como direito real resolúvel, para que dele se utilize em fins específicos de urbanização, industrialização, edificação, cultivo ou qualquer outra exploração de interesse social.

Observe-se que a **autorização de uso e a permissão de uso** são atos **precários**, o que significa que podem ser revogados a qualquer momento. Além disso, diferentemente da concessão de direito real de uso, **não**

constituem direitos reais, razão pela qual não são registrados no Ofício Imobiliário.

A concessão de **direito real de uso**, por outro lado, é formalizada por meio de contrato, ou seja, não tem caráter precário. Por constituir um **direito real**, é imprescindível seu registro na Serventia Imobiliária competente.

A Administração Pública pode, mediante a concessão de direito real de uso, ceder o uso de bens de seu domínio para o particular, de forma remunerada ou gratuita, por tempo certo ou indeterminado. Isto se dá sob a forma de direito real resolúvel, com a finalidade de que o desenvolvimento e implementação de atividades socioeconômicas sejam relevantes para o interesse público.

A Lei de Licitações (Lei n. 14.133/2021, que substituiu a Lei n. 8.666/1993) trata também das relações entre administrado e administrador no uso do bem público, considerando tanto móveis quanto imóveis. Essa lei também faz alusão à concessão de direito real de uso no art. 76, inciso I, letras "f", "g" e "h", e parágrafo 3º. Vale a transcrição:

> **Art. 76.** A alienação de bens da Administração Pública, subordinada à existência de interesse público devidamente justificado, será precedida de avaliação e obedecerá às seguintes normas:
>
> I - tratando-se de bens imóveis, inclusive os pertencentes às autarquias e às fundações, exigirá autorização legislativa e dependerá de licitação na modalidade leilão, dispensada a realização de licitação nos casos de:
>
> f) alienação gratuita ou onerosa, aforamento, concessão de direito real de uso, locação e permissão de uso de bens imóveis residenciais construídos, destinados ou efetivamente usados em programas de habitação ou de regularização fundiária de interesse social desenvolvidos por órgão ou entidade da Administração Pública;
>
> g) alienação gratuita ou onerosa, aforamento, concessão de direito real de uso, locação e permissão de uso de bens imóveis comerciais de âmbito local, com área de até 250 m² (duzentos e cinquenta metros quadrados) e destinados a programas de regularização fundiária de interesse social desenvolvidos por órgão ou entidade da Administração Pública;
>
> h) alienação e concessão de direito real de uso, gratuita ou onerosa, de terras públicas rurais da União e do Instituto Nacional de Colonização e Reforma Agrária (Incra) onde incidam ocupações até o limite de que trata o § 1º do art. 6º da Lei nº 11.952, de 25 de junho de 2009, para fins de regularização fundiária, atendidos os requisitos legais;§ 3º A Administração poderá conceder título de propriedade ou de direito real de uso de imóvel, admitida a dispensa de licitação, quando o uso destinar-se a:
>
> I - outro órgão ou entidade da Administração Pública, qualquer que seja a localização do imóvel;
>
> II - pessoa natural que, nos termos de lei, regulamento ou ato normativo do órgão competente, haja implementado os requisitos mínimos de cultura, de ocupação mansa e pacífica e de exploração direta sobre área rural, observado o limite de que trata o § 1º do art. 6º da Lei nº 11.952, de 25 de junho de 2009.

Para José dos Santos Carvalho Filho, "a concessão de direito real de uso salvaguarda o patrimônio da Administração e evita a alienação de bens públicos, autorizada às vezes sem qualquer vantagem para ela. Além do mais, o concessionário não fica livre para dar ao uso a destinação que lhe convier, mas, ao contrário, será obrigado a destiná-lo ao fim estabelecido em lei, o que mantém resguardado o interesse público que originou a concessão real de uso" (*Manual de Direito Administrativo*. 9 ed., Rio de Janeiro, Lumen Juris, 2002; p. 897).

Por fim, cumpre consignar que, conforme o art. 4º da Lei 11.952/2009, não serão passíveis de alienação ou concessão de direito real de uso, nos termos desta Lei, as ocupações que recaiam sobre áreas:

> I) reservadas à administração militar federal e a outras finalidades de utilidade pública ou de interesse social a cargo da União;
>
> II) tradicionalmente ocupadas por população indígena;
>
> III) de florestas públicas, nos termos da Lei nº 11.284, de 2 de março de 2006, de unidades de conservação ou que sejam objeto de processo administrativo voltado à criação de unidades de conservação, conforme regulamento; ou
>
> IV) que contenham acessões ou benfeitorias federais.
>
> § 1º As áreas ocupadas que abranjam parte ou a totalidade de terrenos de marinha, terrenos marginais ou reservados, seus acrescidos ou outras áreas insuscetíveis de alienação nos termos do art. 20 da Constituição Federal, poderão ser regularizadas mediante outorga de título de concessão de direito real de uso.
>
> § 2º As terras ocupadas por comunidades quilombolas ou tradicionais que façam uso coletivo da área serão regularizadas de acordo com as normas específicas, aplicando-se-lhes, no que couber, os dispositivos desta Lei. *(Vide ADIN nº 4.269 no tópico "Jurisprudência Complementar")*

2. JURISPRUDÊNCIA COMPLEMENTAR

SUPERIOR TRIBUNAL DE JUSTIÇA

EMENTA: RECURSO ESPECIAL – AÇÃO DE RESCISÃO CONTRATUAL CUMULADA COM REINTEGRAÇÃO DE POSSE – INEXISTÊNCIA DE VIOLAÇÃO DO ART. 535 DO CPC – INADIMPLÊNCIA DA TAXA DE CONCESSÃO DE USO – VALIDADE DA CLÁUSULA QUE AFASTA O DIREITO DE INDENIZAÇÃO OU REEMBOLSO DAS BENFEITORIAS E ACESSÕES INCORPORADAS AO IMÓVEL.

1. Não ocorre ofensa ao art. 535 do CPC, se o Tribunal de origem decide, fundamentadamente, as questões essenciais ao julgamento da lide.

2. Presença de interesse processual, consubstanciado na necessidade/utilidade do provimento jurisdicional, a despeito da proposta de composição administrativa do débito, que não se efetivou por inércia da parte interessada.

3. Não se indenizam benfeitorias realizadas em bem público se expressamente estabelecido, no contrato de concessão de direito real de uso, que seriam incorporadas ao imóvel, sem direito à indenização, em caso de rescisão por inadimplemento das prestações mensais. Validade da cláusula de não indenizar. 4. Inadimplência da taxa de concessão de uso quanto a quarenta e cinco (45) prestações

das quarenta e oito (48) previstas no contrato. 5. Recurso especial não provido. [STJ – REsp 200902350013, Min. ELIANA CALMON, 2ª T. DJE: 01/07/2010)

⊙ TRIBUNAL DE JUSTIÇA DO ESTADO DE MINAS GERAIS

▶ **EMENTA:** REINTEGRAÇÃO DE POSSE. LIMINAR INDEFERIDA. MANUTENÇÃO. CONCESSÃO DE DIREITO REAL DE USO. REVOGAÇÃO. INTERESSE PÚBLICO. INDENIZAÇÃO. AGRAVO DE INSTRUMENTO CONHECIDO E NÃO PROVIDO.

1. A concessão de direito real de uso de bem público por tempo indeterminado gera direito real ao particular e sua revogação por conveniência e oportunidade da Administração confere direito de indenização prévia das acessões artificiais existentes no imóvel, pois configura desapropriação.

2. A notificação que serve de fundamento para caracterizar o esbulho não é instrumento hábil para tanto, tendo em vista a natureza jurídica da concessão de direito real de uso de bem público, não havendo que se falar em liminar de reintegração de posse. [TJMG – Ag. Inst. 1.0301.12.002059-1/001, Des. Bitencourt Marcondes 8ª C. Cível, Julgamento: 17/07/2012]

3. QUESTÕES DE CONCURSOS

01. (FGV - 2023 - TJ-SE - Atividade Notarial e de Registro – Remoção) Maria almejava figurar como concessionária de uma concessão de uso de terreno público, remunerada, instituída como direito resolúvel, para fins de urbanização.

Para melhor compreender a sistemática legal afeta a essa temática, mais especificamente os comandos do Decreto-Lei nº 271/1967, consultou um advogado, o qual lhe informou, corretamente, que a referida concessão de uso descrita:

a) deve ser contratada por instrumento público e por tempo determinado;
b) pode ser contratada por termo administrativo e por tempo indeterminado;
c) pode ser contratada por instrumento público ou particular e será sempre gratuita;
d) salvo disposição contratual em contrário, não pode ser transferida por ato inter vivos;
e) pode ser contratada por termo administrativo ou escritura pública e não pode ser transferida por sucessão legítima.

02. (FMP – Cartório – TJ – MT/2014) São atribuições do Registro de Imóveis, nos termos da Lei 6.015/73, exceto:

a) o registro dos contratos de locação de prédios, nos quais tenha sido consignada cláusula de vigência no caso de alienação da coisa locada, e a averbação da reserva legal.
b) o registro da alienação fiduciária em garantia de coisa imóvel, e a averbação das convenções antenupciais nos registros referentes a imóveis pertencentes a qualquer dos cônjuges, inclusive os adquiridos posteriormente ao casamento.
c) o registro das sentenças declaratórias de usucapião, e a averbação de contrato de locação, para os fins de exercício de direito de preferência.
d) o registro do contrato de concessão de direito real de uso de imóvel público, e a averbação das convenções de condomínio para que seja oponível contra terceiros.
e) o registro das convenções antenupciais, e a averbação ex ofício dos nomes dos logradouros, decretados pelo poder público.

GAB	1	B	2	D

41) da legitimação de posse;

42) da conversão da legitimação de posse em propriedade, prevista no art. 60 da Lei nº 11.977, de 7 de julho de 2009;

1. COMENTÁRIOS

O item 41 foi incluído pela Lei 11.977/2009, e o item 42 foi incluído pela Lei 12.424/2011.

A legitimação de posse, em um primeiro momento, foi prevista no art. 99 do Estatuto da Terra (Lei 4.504/1964), cuja redação é a seguinte:

> **Art. 99.** A transferência do domínio ao posseiro de terras devolutas federais efetivar-se-á no competente processo administrativo de legitimação de posse, cujos atos e termos obedecerão às normas do Regulamento da presente Lei.

Atualmente, a Lei 6.383/1976, que dispõe sobre o processo discriminatório de terras devolutas da União, normatizou a legitimação de posse de imóveis rurais, especificamente no art. 29. Vejamos:

> **Art. 29.** O ocupante de terras públicas, que as tenha tornado produtivas com o seu trabalho e o de sua família, fará jus à legitimação da posse de área contínua até 100 (cem) hectares, desde que preencha os seguintes requisitos:
>
> I – não seja proprietário de imóvel rural;
>
> II – comprove a morada permanente e cultura efetiva, pelo prazo mínimo de 1 (um) ano.
>
> § 1º – A legitimação da posse de que trata o presente artigo consistirá no fornecimento de uma Licença de Ocupação, pelo prazo mínimo de mais 4 (quatro) anos, findo o qual o ocupante terá a preferência para aquisição do lote, pelo valor histórico da terra nua, satisfeitos os requisitos de morada permanente e cultura efetiva e comprovada a sua capacidade para desenvolver a área ocupada.
>
> § 2º – Aos portadores de Licenças de Ocupação, concedidas na forma da legislação anterior, será assegurada a preferência para aquisição de área até 100 (cem) hectares, nas condições do parágrafo anterior, e, o que exceder esse limite, pelo valor atual da terra nua.
>
> § 3º – A Licença de Ocupação será intransferível inter vivos e inegociável, não podendo ser objeto de penhora e arresto.

Marcelo Augusto Santana de Melo destaca que "a legitimação de posse ocorrerá após o **processo discriminatório** também previsto na Lei 6.383/1976 e que permite a abertura de matrícula inaugural de imóveis da União, sendo o procedimento administrativo ou judicial" (*Lei de Registros Públicos comentada*. Rio de Janeiro: Forense, 2019, p. 803).

Com o advento da Lei 11.977/2009, que previu o Programa Minha Casa Minha Vida – PMCMV, criou-se a **legitimação de posse especificamente para áreas urbanas**.

Todavia, o art. 60 mencionado item 42 do art. 167 em comento, foi revogado expressamente pela Lei 13.465/2017, que trata atualmente da regularização fundiária.

A aludida lei trouxe dispositivos referentes à legitimação de posse, conceituando-a em seu art. 25, conforme segue:

> **Art. 25.** A legitimação de posse, instrumento de uso exclusivo para fins de regularização fundiária, constitui ato do poder público destinado a conferir título, por meio do qual fica reconhecida a posse de imóvel objeto da Reurb, com a identificação de seus ocupantes, do tempo da ocupação e da natureza da posse, o qual é conversível em direito real de propriedade, na forma desta Lei.
>
> § 1º A legitimação de posse poderá ser transferida por *causa mortis* ou por ato *inter vivos*.
>
> § 2º A legitimação de posse não se aplica aos imóveis urbanos situados em área de titularidade do poder público.
>
> Sem prejuízo dos direitos decorrentes do exercício da posse mansa e pacífica no tempo, aquele em cujo favor for expedido título de legitimação de posse, decorrido o prazo de cinco anos de seu registro, terá a conversão automática dele em título de propriedade, desde que atendidos os termos e as condições do art. 183 da Constituição Federal, **independentemente de prévia provocação ou prática de ato registral.**

O título de legitimação de posse também pode ser convertido em título de propriedade, nos casos não contemplados pelo art. 183 da Constituição Federal, desde que satisfeitos os requisitos de usucapião estabelecidos na legislação em vigor, a requerimento do interessado, **perante o registro de imóveis competente.**

Ressalta-se que a **legitimação de posse, após convertida em propriedade, constitui forma originária de aquisição de direito real,** de modo que a unidade imobiliária com destinação urbana regularizada restará livre e desembaraçada de quaisquer ônus, direitos reais, gravames ou inscrições, eventualmente existentes em sua matrícula de origem, exceto quando disserem respeito ao próprio beneficiário.

Por derradeiro, no que tange ao cancelamento, o título de legitimação de posse poderá ser cancelado pelo poder público emitente quando constatado que as condições estipuladas na Lei 13.465/2017 deixaram de ser satisfeitas, sem que seja devida qualquer indenização àquele que irregularmente se beneficiou do instrumento.

2. JURISPRUDÊNCIA COMPLEMENTAR

SUPERIOR TRIBUNAL DE JUSTIÇA

EMENTA: AÇÃO DECLARATÓRIA DE DOMÍNIO PLENO. ILHA COSTEIRA. NÃO-DEMONSTRAÇÃO DO CUMPRIMENTO DAS CONDIÇÕES IMPOSTAS PELA LEI Nº 601 DE 1850 (LEI DE TERRAS). SÚMULA 07/STJ. REGISTRO PAROQUIAL. DOCUMENTO IMPRESTÁVEL À COMPROVAÇÃO DE PROPRIEDADE. JUNTADA DE DOCUMENTO NOVO. EM SEDE DE RECURSO ESPECIAL. IMPOSSIBILIDADE. RECURSO ESPECIAL NÃO CONHECIDO.

1. (...). 2. (...). 3. A origem da propriedade particular no Brasil ora advém das doações de sesmarias, ora é proveniente de ocupações primárias. Ambas, para se transformarem em domínio pleno, deveriam passar pelo crivo da revalidação. ou, quanto às posses de fato., da legitimação., procedimentos previstos, respectivamente, nos arts. 4º e 5º da Lei nº 601, de 18 de setembro de 1850 (Lei de Terras).

4. <u>A legitimação da posse, para caracterização do domínio pleno,</u> cujo procedimento foi regulamentado pelo Decreto nº 1.318 de 30 Janeiro de 1854, requeria como condições, além da medição a que faz referência o art. 7º da Lei nº 601/1850, o cultivo ou princípio de cultivo da terra, a moradia habitual do respectivo posseiro, bem como as demais condições explicitadas no art. 5º, *caput* e parágrafos, do Diploma em análise. Assim, a controvérsia não se limita simplesmente em saber se a medição das terras (art. 7º) poderia ser dispensada na hipótese. Em realidade, para que a posse mansa e pacífica fosse legitimada, nos termos do art. 5º da Lei de Terras, também era necessário o preenchimento das demais condições a que faz referência a Lei, e cuja comprovação não pode ser realizada na instância especial, por força do que dispõe a Súmula 07/STJ.

5. Ademais, mostra-se desarrazoada a interpretação que relativisa, 159 (cento e cinquenta e nove) anos depois, literal disposição da Lei de Terras (Lei nº 601 de 1850), a qual visava, expressamente, estabilizar as relações fundiárias existentes no Brasil, concedendo ao Estado a perseguida certeza jurídica em relação a terras, quer pertencentes a ele, quer pertencentes a particulares.

6. Não há direito de propriedade decorrente do Registro Paroquial. Com efeito, nos termos do art. 94 do Decreto nº 1.318, de 30 de janeiro de 1854, as declarações dos possuidores ou sesmeiros feitas ao Pároco não lhes conferiam nenhum direito. Por outro lado, sendo vedado ao possuidor ou sesmeiro hipotecar ou alienar o terreno antes de tirar título passado na respectiva Representação Provincial, infere-se que o direito de propriedade das glebas somente se aperfeiçoava com o registro do dito título, sendo irrelevante o cadastro realizado perante o Vigário Paroquial.

7. Recurso especial não conhecido. (STJ – RESP 200101525224, Min. Luiz Felipe Salomão, 4ª T. DJE. 15/06/2009)

3. QUESTÃO DE CONCURSO

01. (IESES – Cartório – Provimento – TJ – RO/2017) Assinale a alternativa correta:

a) Enfiteuse e anticrese não podem ser registrados no Registro de Imóveis, pois não constam do rol taxativo previsto no artigo 167 da Lei n. 6.015/1973.

b) O restabelecimento da sociedade conjugal pode ser registrado no Registro de Imóveis, pois consta do rol taxativo previsto no artigo 167 da Lei n. 6.015/1973.

c) A legitimação de posse pode ser registrada no Registro de Imóveis, pois consta do rol taxativo previsto no artigo 167 da Lei n. 6.015/1973.

d) Penhoras, arrestos e sequestros de imóveis não podem ser registrados no Registro de Imóveis, pois não constam do rol taxativo previsto no artigo 167 da Lei n. 6.015/1973.

GAB	1	C

43) da Certidão de Regularização Fundiária (CRF);

1. COMENTÁRIOS

O item 43 foi acrescido pela Lei 13.465/2017, conversão da MP 759/2016.

A Lei 13.465/2017 revogou todos os dispositivos anteriores que tratavam da regularização fundiária e normatizou o tema.

Regularização Fundiária consiste no conjunto de medidas jurídicas, urbanísticas, ambientais e sociais que visam à regularização de assentamentos irregulares e à titulação de seus ocupantes, de modo a garantir o direito social à moradia, o pleno desenvolvimento das funções sociais da propriedade urbana e o direito ao meio ambiente ecologicamente equilibrado.

A Certidão de Regularização Fundiária (CRF) é o documento expedido pelo Município ao final do procedimento da Reurb (Regularização Fundiária Urbana), constituído do projeto de regularização fundiária aprovado, do termo de compromisso relativo a sua execução e, no caso da legitimação fundiária e da legitimação de posse, da listagem dos ocupantes do núcleo urbano informal regularizado, da devida qualificação destes e dos direitos reais que lhes foram conferidos.

Em outras palavras, a Certidão de Regularização Fundiária (CRF) é o **ato administrativo de aprovação da regularização** que deverá acompanhar o projeto aprovado e deverá conter, no mínimo:

a) o nome do núcleo urbano regularizado;

b) a localização;

c) a modalidade da regularização;

d) as responsabilidades das obras e serviços constantes do cronograma;

e) a indicação numérica de cada unidade regularizada, quando houver;

f) a listagem com nomes dos ocupantes que houverem adquirido a respectiva unidade, por título de legitimação fundiária ou mediante ato único de registro, bem como o estado civil, a profissão, o número de inscrição no cadastro das pessoas físicas do Ministério da Fazenda e do registro geral da cédula de identidade e a filiação.

Ao abordar o novo panorama da regularização fundiária, Paola de Castro Ribeiro Macedo explica que a nova normativa divide o processo administrativo perante a municipalidade em diversas fases. Vejamos (http://iregistradores.org.br/o-novo-panorama-da-regularizacao-fundiaria-urbana-de-acordo-com-a-medida-provisoria-no-759-de-22-de-dezembro-de-2016/):

(i) **Requerimento dos legitimados:** União, Estados, Municípios, DF, entidades da administração pública indireta, beneficiários, individual ou coletivamente, cooperativas habitacionais, associação de moradores, fundações, organizações sociais, proprietários, loteadores, incorporadores, Defensoria Pública e Ministério Público.

(ii) **Elaboração do Projeto de Regularização Fundiária**: O projeto deverá indicar unidades imobiliárias a serem regularizadas, vias de circulação existentes ou projetadas, medidas para adequação de infraestrutura, por meio de desenhos, memoriais descritivos e cronograma físico de obras e serviços a serem realizados. Na REURB-S, o projeto será elaborado e custeado pela Municipalidade, enquanto que na REURB-E, os custos serão suportados pelos beneficiários.

(iii) **Saneamento do processo administrativo:** O ente público dará o processo por saneado após as providências de notificações, aprovações e devidas análises.

(iv) **Decisão da autoridade competente, mediante ato formal, que deverá:** a) indicar as intervenções a serem executadas; b) aprovar o projeto de regularização; c) identificar e declarar os ocupantes de cada unidade imobiliária e seus respectivos direitos reais.

(v) **Expedição da Certidão de Regularização Fundiária – CRF:** contendo aprovação do projeto de regularização e a lista de ocupantes, com respectiva qualificação, e seus direitos reais. Para as unidades desocupadas serão abertas matrículas em nome do proprietário original da área.

(vi) **Registro da CRF no Registro de Imóveis:** a CRF será retirada por um dos legitimados e encaminhada ao Registro de Imóveis.

Finalizado o processo administrativo perante a Municipalidade, será expedida a **Certidão de Regularização Fundiária**, que terá **dupla função**, sendo uma de aprovar o projeto de regularização e outra de identificar os ocupantes e seus direitos reais.

1.1 PROCESSO ADMINISTRATIVO NO ÂMBITO DO REGISTRO DE IMÓVEIS

Nos termos legais, a CRF que terá ingresso ao registro imobiliário, deverá ser expedido pelo Município, quando do término do procedimento de Reurb.

Everaldo Augusto Cambler alerta que esse procedimento, a princípio, restringiria a especialização aos imóveis localizados em áreas urbanas. "Como exceção, o § 6º do art. 11, da Lei 13.465/2017, determina aplicação da lei "aos imóveis localizados em área rural, desde que a unidade imobiliária tenha área inferior à fração mínima de parcelamento prevista na Lei nº 5.868, 12 de dezembro de 1972; bem como exclui os núcleos urbanos informais situados em áreas indispensáveis à segurança nacional ou de interesse da defesa, assim reconhecidas em decreto do Poder Executivo Federal" (Op. Cit., 840-841).

Ao receber a Certidão de Regularização Fundiária, o Oficial do Registro deverá autuá-la e prenotá-la, no Livro nº 1, Protocolo, prorrogando sua vigência até o final do processo administrativo na Serventia.

Juntamente com a CRF, deverá ser apresentado o projeto de regularização aprovado e o memorial descritivo, com a lista de ocupantes e respectivos direitos reais a eles atribuídos.

44. da legitimação fundiária;

1. COMENTÁRIOS

O item 44 foi incluído pela Lei 13.465/2017, com redação dada pela Medida Provisória nº 1.085, de 27/12/2021, convertida na Lei nº 14.382, de 27/6/2022.

A legitimação fundiária consiste no mecanismo de reconhecimento da **aquisição originária** do direito real de propriedade sobre unidade imobiliária objeto da Reurb.

Nos termos legais, legitimação fundiária é a **forma originária de aquisição do direito real de propriedade** conferido por ato do poder público, exclusivamente no âmbito da Reurb, àquele que detiver em área pública ou possuir em área privada, como sua, unidade imobiliária com destinação urbana, integrante de núcleo urbano informal consolidado existente em 22 de dezembro de 2016.

Percebe-se que, sendo a legitimação fundiária prescrita como forma de aquisição originária do direito real de propriedade, o diploma não subentende a justa e prévia indenização em dinheiro ao proprietário desapropriado, nos termos do art. 5º, XXIV da Constituição Federal.

Apenas na Reurb-S, a legitimação fundiária será concedida ao beneficiário, desde que atendidas as seguintes condições:

a) O beneficiário não seja concessionário, foreiro ou proprietário exclusivo de imóvel urbano ou rural;
b) O beneficiário não tenha sido contemplado com legitimação de posse ou fundiária de imóvel urbano com a mesma finalidade, ainda que situado em núcleo urbano distinto; e
c) Em caso de imóvel urbano com finalidade não residencial, seja reconhecido pelo poder público o interesse público de sua ocupação.

Por meio da legitimação fundiária, em qualquer das modalidades da Reurb, o ocupante adquire a unidade imobiliária **com destinação urbana livre e desembaraçada de quaisquer ônus, direitos reais, gravames ou inscrições, eventualmente existentes em sua matrícula de origem,** exceto quando disserem respeito ao próprio legitimado.

Deverão ser transportadas as **inscrições, as indisponibilidades ou os gravames** existentes no registro da área **maior originária para as matrículas** das unidades imobiliárias que não houverem sido adquiridas por legitimação fundiária.

Na Reurb-S de imóveis públicos, a União, os Estados, o Distrito Federal e os Municípios, e as suas entidades vinculadas, quando titulares do domínio, ficam autorizados a reconhecer o direito de propriedade aos ocupantes do núcleo urbano informal regularizado por meio da legitimação fundiária.

Nestes casos, o poder público encaminhará a **CRF para registro imediato** da aquisição de propriedade, dispensados a apresentação de título individualizado e as cópias da documentação referente à qualificação do beneficiário, o projeto de regularização fundiária aprovado, a listagem dos ocupantes e sua devida qualificação e a identificação das áreas que ocupam.

O poder público pode atribuir domínio adquirido por legitimação fundiária **aos ocupantes que não tenham constado da listagem inicial**, mediante cadastramento complementar, sem prejuízo dos direitos de quem haja constado na listagem inicial.

Por fim, importante ressaltar que nos casos de regularização fundiária urbana previstos na Lei 11.952, de 25 de junho de 2009, os Municípios poderão utilizar a legitimação fundiária e demais instrumentos previstos na Lei 13.465/2017 para conferir propriedade aos ocupantes.

45) do contrato de pagamento por serviços ambientais, quando este estipular obrigações de natureza propter rem; e

1. COMENTÁRIOS

Incluído pela Lei 14.119, de 13 de janeiro de 2021, com redação dada pela Medida Provisória nº 1.085, de 27/12/2021, convertida na Lei nº 14.382, de 27/6/2022, o contrato de pagamento por serviços ambientais, quando este estipular obrigações *propter rem*, passa a ser **ato de registro no Ofício Imobiliário competente.**

Para discorrer sobre a temática, faz-se necessário entender alguns conceitos.

No que tange às obrigações *propter rem*, esta já foi por diversas vezes analisadas nesta obra, motivo pelo qual peço licença para seguir em frente.

Serviços ambientais são as atividades individuais ou coletivas que favorecem a manutenção, a recuperação ou a melhoria dos serviços ecossistêmicos. Ou, nos ensinamentos de Andréa Queiroz e outros, são as atividades vinculadas ao direito de propriedade que trazem benefícios diretos ou indiretos ao ser humano em razão da manutenção ou preservação do ecossistema. A tutela do meio ambiente é fundamental à existência humana e é garantia de obtenção dos serviços por ele prestados. No entanto, economicamente, essas ações nem sempre se mostram viáveis o que, somado às limitações dos instrumentos protetivos da propriedade, podem intensificar ou aumentar o estado de degradação ambiental (FABRI, Andréa Queiroz. BARROS, Rodrigo Borges. REIS, Alexandre Magrineli. PEREIRA, Edilaine Aparecida Rodrigues. Pagamento Por Serviços Ambientais: contribuições para o debate sobre sua aplicação no contexto brasileiro Pós -Constituição Federal de 1988. Revista de Direito da Cidade. vol. 10, nº 4. 2018. ISSN 2317-7721. Disponível em DOI: https://doi.org/10.12957/rdc.2018.31885. Acesso em 02/03/2021)

Demais disso, dialoga o tema com o **princípio do protetor-recebedor** (artigo 6.º II, Lei 12.305/2010 – Política Nacional de Resíduos Sólidos), à medida que o pagamento dos serviços ambientais é, segundo Marcelo Augusto Santana de Melo, corolário deste princípio – aquele que, por meio de práticas de preservação ou conservação, protege um bem ambiental em favor da coletividade e assim, tem o direito de receber benefícios como forma de incentivo ao serviço ambiental proporcionado. Marcelo ainda assevera que "no Direito Ambiental brasileiro os serviços ambientais estavam previstos no Código Florestal de 2012 (Lei 12.651), como forma de programa de apoio e incentivo à conservação do meio ambiente e adoção de tecnologias e boas práticas que conciliem a produtividade agropecuária e florestal, com redução dos impactos ambientais, como forma de promoção do desenvolvimento ecologicamente sustentável (art. 41, *caput*). No entanto, com a promulgação da Lei nº 14.119, de 13 de janeiro de 2021, a Política Nacional de Pagamento por Serviços Ambientais foi instituída, introduzindo conceitos e princípios muito importante para o Direito Ambiental (https://marcelommmelo.com/2021/01/20/contrato-de-servicos-ambientais-e-o-registro-de-imoveis/).

No que tange ao **pagamento por serviços ambientais**, este consiste na transação de natureza voluntária, mediante a qual um pagador de serviços ambientais transfere a um provedor desses serviços, recursos financeiros ou outra forma de remuneração, nas condições acertadas, respeitadas as disposições legais e regulamentares pertinentes.

Por sua vez, o **pagador de serviços ambientais** é o poder público, organização da sociedade civil ou agente privado, pessoa física ou jurídica, de âmbito nacional ou internacional, que provê o pagamento dos referidos serviços, ao passo que o provedor de serviços ambientais consiste na pessoa física ou jurídica, de direito público ou privado, ou grupo familiar ou comunitário que, preenchidos os critérios de elegibilidade, mantém, recupera ou melhora as condições ambientais dos ecossistemas.

O art. 3º da Lei 14.119/2021 enumera, em um rol exemplificativo, as modalidades de pagamento por serviços ambientais. São elas:

> I – pagamento direto, monetário ou não monetário;
>
> II – prestação de melhorias sociais a comunidades rurais e urbanas;
>
> III – compensação vinculada a certificado de redução de emissões por desmatamento e degradação;
>
> IV – títulos verdes (green bonds);
>
> V – comodato;
>
> VI – Cota de Reserva Ambiental (CRA), instituída pela Lei nº 12.651, de 25 de maio de 2012.

Outras formas poderão ser estabelecidas por atos normativos do órgão gestor da Política Nacional de Pagamento por Serviços Ambientais – PNPSA, segundo o § 1º do referido dispositivo. Todavia, é importante revelar que quaisquer das modalidades de pagamento deverão ser **previamente pactuadas** entre pagadores e provedores de serviços ambientais.

No tocante ao **contrato por serviços ambientais**, o art. 12 da Lei 14.119/2021 estabelece que o regulamento definirá as cláusulas essenciais para cada tipo de contrato de pagamento por serviços ambientais, consideradas obrigatórias aquelas relativas:

> I – aos direitos e às obrigações do provedor, incluídas as ações de manutenção, de recuperação e de melhoria ambiental do ecossistema por ele assumidas e os critérios e os indicadores da qualidade dos serviços ambientais prestados;
>
> II – aos direitos e às obrigações do pagador, incluídos as formas, as condições e os prazos de realização da fiscalização e do monitoramento;
>
> III – às condições de acesso, pelo poder público, à área objeto do contrato e aos dados relativos às ações de manutenção, de recuperação e de melhoria ambiental assumidas pelo provedor, em condições previamente pactuadas e respeitados os limites do sigilo legal ou constitucionalmente previsto.
>
> Parágrafo único. No caso de propriedades rurais, o contrato pode ser vinculado ao imóvel por meio da instituição de servidão ambiental.

Note-se que, conforme previsto no art. 12, trata-se claramente de um contrato bilateral.

Marcelo Augusto Santana de Melo pondera que "não consta da lei que forma o contrato de pagamento de serviços ambientais deve ter, sendo que, até o regulamento esclarecer esse aspecto (§ 5º do art. 6º), aplica-se a regra constante do art. 108 do Código Civil, ou seja, se o valor do contrato for superior a trinta salários mínimos, a escritura pública será imprescindível". E conclui instruindo o procedimento registral:

> "O contrato deverá ser registrado no Cartório do Registro de Imóveis respectivo (art. 167, inciso I, 45), ou seja, do local do imóvel, o que exigirá uma prévia matrícula (Livro 2) contendo o perímetro da área, devendo obrigatoriamente figurar como proprietário o responsável pelos serviços ambientais (preservação ou restauração, por exemplo). Caso a área não seja da propriedade do prestador do serviço ambiental, será necessária a averbação da servidão ambiental (art. 12, parágrafo único). A servidão ambiental está prevista no art. 9º-A da Lei nº 6.938, de 31 de agosto de 1981, e poderá ser onerosa ou gratuita, temporária ou perpétua (Art. 9º-B) sendo que o prazo o prazo mínimo da servidão ambiental temporária será de quinze anos § 1º), podendo ser instituída também imóveis urbanos, a atual redação não restringe a imóveis rurais, criando a possibilidade de afetação de florestas urbanas particulares, uma impossibilidade até então no direito ambiental brasileiro. A servidão ambiental é instituída para o excedente florestal existente na propriedade imobiliária e deve, necessariamente, ser averbada na matrícula do imóvel cujas regras inerentes à descrição são idênticas às da reserva floresta legal. O ato a ser praticado no Cartório de Registro de Imóveis é o de averbação em razão de expressa determinação contida no art. 167, inciso II, 23), da Lei nº 6.015/73. Por fim, a inserção do contrato de pagamento por serviços ambientais, quando este estipular obrigações de natureza *propter rem* no rol taxativo constante do art. 167, inciso I, da Lei de Registros Públicos consagra a função ambiental do Registro de Imóveis que espelha a realidade jurídica das propriedades imobiliárias a teor do que dispõe o art. 1.228, §1º, do Código Civil que é decorrência dos imperativos constitucionais do inciso XXIII do artigo 5º, do inciso III do artigo 170, e do artigo 225". (*Meio ambiente e o Registro de Imóveis*. Coordenadores. Marcelo Augusto Santana de Melo, Francisco de Asis Palácios Criado e Sérgio Jacomino. São Paulo. Ed. Saraiva: 2010)

46. do ato de tombamento definitivo, sem conteúdo financeiro;

1. COMENTÁRIOS

O tombamento é considerado uma **limitação administrativa** imposta pelo Estado. Trata-se de ato administrativo realizado pelo Poder Público com o objetivo de preservar, por intermédio da aplicação de legislação específica, bens de valor histórico, cultural, arquitetônico, ambiental e também de valor afetivo para a população, impedindo que venham a ser destruídos ou descaracterizados.

O **Decreto-lei 25/1937** prevê o **registro do tombamento** na Serventia Imobiliária da localização do imóvel. Algumas normativas estaduais vão nesta direção, enquanto outras preveem como ato de averbação.

> **Art. 13.** O tombamento definitivo dos bens de propriedade particular será, por iniciativa do órgão competente do Serviço do Patrimônio Histórico e Artístico Nacional, transcrito para os devidos efeitos em livro a cargo dos oficiais do registro de imóveis e averbado ao lado da transcrição do domínio.

Vale lembrar que o novo Código de Processo Civil revogou o art. 22 do Decreto-Lei 25/1937, que estabelecia que, em caso de alienação onerosa de bens tombados pertencentes a pessoas naturais ou a pessoas jurídicas de direito privado, a União, os Estados e os Municípios teriam, nesta ordem, o direito de preferência.

Ocorre que, a Lei n. 14.382/2002, conversão da MP n. 1.085/2021, corroborou a maioria da doutrina e alguns códigos de normas estaduais, incluindo no art. 167, inciso I, o item 46, que estabelece que o ato de **tombamento definitivo, sem conteúdo financeiro** passa a ser **ato de registro**. Ademais, acrescentou o item 36 no inciso II do art. 167, prevendo que o processo de **tombamento de bens imóveis e de seu eventual cancelamento**, sem conteúdo financeiro é **ato de averbação.**

Em outras palavras, se o processo de tombamento for concluído com sucesso, o ato será registrado. Por outro lado, se o tombamento ainda estiver em fase de processo administrativo e for cancelado por não ter ocorrido êxito, o ato será então averbado.

A ideia do legislador foi assegurar a publicidade, dando conhecimento a terceiros e fazendo valer o princípio da concentração. Sem essa difusão, seria dificultoso ao usuário do serviço averiguar se existem processos administrativos e/ou atos normativos de tombamento.

Atente-se que tanto o ato de registro (art. 167, I, 46) quanto o ato de averbação (art. 167, II, 36) devem ser considerados atos sem conteúdo financeiro.

Carlos Elias e Flávio Tartuce expõem uma questão controversa: saber qual a consequência da falta do registro ou averbação do tombamento na matrícula. Esse registro e essa averbação são obrigatórios por força do art. 169 da LRP. Apesar disso, seu descumprimento não deve ser interpretado como perda da eficácia *erga omnes* do tombamento, pois esta não decorre do registro, e sim de seus atributos de Registros Públicos – direito administrativo. Ainda que não haja a notícia do tombamento na matrícula, terceiros adquirentes do imóvel terão de respeitá-lo. Dessas afirmações indaga-se: qual é a consequência do descumprimento desse dever? Entendemos que a consequência ficará no campo da responsabilidade civil ou administrativa de quem negligenciou o cumprimento desse dever de promover o ingresso da notícia do tombamento no álbum imobiliário. O terceiro prejudicado poderá reivindicar indenização contra o culpado, sem prejuízo de eventual responsabilidade administrativa de agente público que venha a ser considerado culpado pelo fato. Será preciso observar o caso concreto para apurar a responsabilidade (Op. cit. 153).

1.1 PATRIMÔNIO CULTURAL E O REGISTRO DE IMÓVEIS

Realizada pelo Superior Tribunal de Justiça (STJ), pelo Centro de Estudos Judiciários do Conselho da Justiça Federal (CEJ/CJF) e pela Organização das Nações Unidas para a Educação, a Ciência e a Cultura (UNESCO), a **I Jornada de Direito do Patrimônio Cultural e Natural** ocorreu em março de 2024. O evento teve como propósito celebrar os 50 anos da Convenção para a Proteção do Patrimônio Mundial, Cultural e Natural. No total, foram aprovados 46 Enunciados, dos quais quatro são voltados ao Registro Imobiliário.

Conforme a publicação do CEJ/CJF, os Enunciados que tratam do **patrimônio cultural e do registro imobiliário** são os Enunciados 31 a 34, listados a seguir:

Enunciado 31. O sistema registral imobiliário brasileiro admite, para além do registro do ato de tombamento definitivo (art. 13 do Decreto-Lei n. 25/1937), a possibilidade de averbação (art. 246 da LRP) de:

a) tombamento provisório de bens imóveis integrantes do patrimônio cultural oriundo de ato administrativo (art. 10, parágrafo único, do Decreto-Lei n. 25/1937; art. 167, II, n. 36, da LRP);

b) tombamento provisório e definitivo de bens imóveis resultantes de ato legislativo ou decisão judicial;

c) restrições incidentes sobre imóveis reconhecidos como integrantes do patrimônio cultural por forma diversa do tombamento, em decorrência de ato administrativo ou legislativo ou de decisão judicial;

d) restrições incidentes sobre os imóveis situados na vizinhança dos bens tombados ou reconhecidos como integrantes do patrimônio cultural (art. 18 do Decreto-Lei n. 25/1937).

Enunciado 32. Na falta de adequado registro imobiliário, a condição de patrimônio cultural do imóvel, em virtude de tombamento provisório ou definitivo ou de outra medida acautelatória, deverá constar no cadastro do imóvel na base de dados do Município.

Enunciado 33. A ausência de registro ou averbação do tombamento provisório ou definitivo ou de outras formas de acautelamento não impede o reconhecimento do valor cultural do imóvel e a adoção de medidas de proteção do bem.

Enunciado 34. As Corregedorias-Gerais das Justiças dos Estados estão habilitadas a expedir normas administrativas, destinadas às serventias extrajudiciais, sobre a averbação do tombamento provisório ou definitivo ou de restrições derivadas de formas diversas do tombamento ou, ainda, de restrições incidentes sobre imóveis situados na vizinhança dos bens tombados ou reconhecidos como integrantes do patrimônio cultural, provenientes, em qualquer caso, de ato administrativo ou legislativo ou de decisão judicial, incluindo o título passível de inscrição no fólio predial (certidão do ato administrativo ou legislativo ou mandado judicial) e seus elementos mínimos.

2. QUESTÕES DE CONCURSOS

01. (IESES – Titular de Serviços de Notas e Registros – TJ – TO – Provimento/2022) Sobre a previsão do Tombamento (decreto-lei 25/37), assinale a alternativa correta:

a) Após o tombamento de um imóvel deve ser feita nova matrícula, na serventia competente, e anulada a matrícula anterior.

b) Os imóveis tombados só podem ser alienados mediante sentença judicial transitada em julgado.

c) O tombamento de coisa pertencente à pessoa natural ou à pessoa jurídica de direito privado somente se fará voluntariamente.

d) As coisas tombadas não poderão, em caso nenhum ser destruídas, demolidas ou mutiladas, nem, sem prévia autorização especial do Serviço do Patrimônio Histórico e Artístico Nacional, ser reparadas, pintadas ou restauradas, sob pena de multa de cinquenta por cento do dano causado.

02. (Vunesp – Titular de Serviços de Notas e Registros – TJ – SP – Provimento/2022) Dos títulos a seguir, aquele que é objeto de registro em sentido estrito é:

a) o ato de tombamento definitivo de bem imóvel, requerido pelo órgão competente, federal, estadual ou municipal, do serviço de proteção ao patrimônio histórico e artístico.

b) o contrato de promessa de compra e venda de lote oriundo de loteamento regular, inscrito antes da vigência da Lei nº 6.015, de 31 de dezembro de 1973, decorrente de oferta pública e na qual tenha sido pactuado o pagamento do preço a prazo em prestações sucessivas e periódicas.

c) a escritura pública de separação, divórcio ou dissolução de união estável, quando não objetivar a partilha de bens dos cônjuges, ou apenas afirmar permanecerem estes, em sua totalidade, em comunhão.

d) a rerratificação do contrato de mútuo com pacto adjeto de hipoteca em favor de entidade integrante do Sistema Financeiro da Habitação, que importe elevação da dívida, mantidas as mesmas partes e que inexista outra hipoteca registrada em favor de terceiros.

GAB	1	B	2	A

47. do patrimônio rural em afetação em garantia;

Este item foi adicionado pela Lei nº 14.421, de 20 de julho de 2022, que modificou várias leis, incluindo a LRP e a Lei nº 13.986/2020, a qual alterou significativamente a sistemática de registros das cédulas de crédito.

A Medida Provisória 897/2019, convertida na Lei 13.986/2020, instituiu o Patrimônio Rural em Afetação. Nesse contexto, ocorre a afetação do imóvel rural (seja uma fração ou sua totalidade) pelo proprietário do imóvel rural, seja pessoa física ou jurídica, para fornecer garantias através da emissão de Cédula de Produto Rural (CPR) conforme previsto na Lei 8.929/1994, ou em operações financeiras contratadas pelo proprietário via Cédula Imobiliária Rural (CIR). Esta última, uma inovação recente introduzida pela mencionada MP, já foi abordada nesta obra.

No regime de afetação, o terreno, as acessões e as benfeitorias nele fixadas, exceto as lavouras, os bens móveis e os semoventes, constituirão patrimônio rural em afetação, destinado a prestar garantias por meio da emissão de Cédula de Produto Rural (CPR), de que trata a Lei n. 8.929/1994, ou em operações financeiras contratadas pelo proprietário por meio de Cédula Imobiliária Rural (CIR).

Todavia, o art. 8º da Lei 13.986/2020 veda a constituição de patrimônio rural em afetação incidente sobre:

> I – o imóvel já gravado por hipoteca, por alienação fiduciária de coisa imóvel ou por outro ônus real, ou, ainda, que tenha registrada ou averbada em sua matrícula qualquer uma das informações de que trata o art. 54 da Lei nº 13.097, de 19 de janeiro de 2015;
>
> II – a pequena propriedade rural de que trata a alínea "a" do inciso II do *caput* do art. 4º da Lei nº 8.629, de 25 de fevereiro de 1993;
>
> III – a área de tamanho inferior ao módulo rural ou à fração mínima de parcelamento, o que for menor, nos termos do art. 8º da Lei nº 5.868, de 12 de dezembro de 1972; ou
>
> IV – o bem de família de que trata a Lei nº 10.406, de 10 de janeiro de 2002 (Código Civil), exceto na situação prevista no § 2º do art. 4º da Lei nº 8.009, de 29 de março de 1990.

A constituição do patrimônio rural em afetação é realizada a pedido do proprietário, através do **registro na matrícula do imóvel no cartório competente**. Para efetivar o registro, o oficial deve verificar se a descrição do imóvel matriculado está de acordo com o disposto no § 3º do art. 176 da LRP.

Por sua vez, quando o patrimônio rural em afetação for constituído por **parcela determinada de uma área maior**, serão registradas na respectiva matrícula as descrições da parcela objeto de afetação e da parcela remanescente.

Na ocorrência de excussão de parcela determinada de imóvel objeto do patrimônio rural em afetação, o credor poderá requerer seu parcelamento definitivo previamente ao registro do título aquisitivo para fins de pagamento. Nesta situação, que deverá ocorrer em consonância com o que fora anteriormente registrado na matrícula do imóvel, o oficial exigirá a apresentação da certificação do georreferenciamento da área excutida perante o Sistema de Gestão Fundiária (Sigef) do Instituto Nacional de Colonização e Reforma Agrária (Incra).

Na dicção do art. 10 da Lei n. 13.986/2020, os bens e os direitos integrantes do patrimônio rural em afetação não se comunicam com os demais bens, direitos e obrigações do patrimônio geral do proprietário ou de outros patrimônios rurais em afetação por ele constituídos, nas seguintes condições:

> I – desde que vinculado o patrimônio rural em afetação a CIR ou a CPR;
>
> II – na medida das garantias expressas na CIR ou na CPR a ele vinculadas.
>
> § 1º Nenhuma garantia real, exceto por emissão de CIR ou de CPR, poderá ser constituída sobre o patrimônio rural em afetação.
>
> § 2º O imóvel rural, enquanto estiver sujeito ao regime de afetação de que trata esta Lei, ainda que de modo parcial, não poderá ser objeto de compra e venda, doação, parcelamento ou qualquer outro ato translativo de propriedade por iniciativa do proprietário.
>
> § 3º O patrimônio rural em afetação, ou parte dele, na medida da garantia vinculada a CIR ou a CPR:
>
> I – não poderá ser utilizado para realizar ou garantir o cumprimento de qualquer outra obrigação assumida pelo proprietário estranha àquela a qual esteja vinculado; e
>
> II – é impenhorável e não poderá ser objeto de constrição judicial.
>
> § 4º O patrimônio rural em afetação ou a fração destes vinculados a CIR ou a CPR, incluídos o terreno, as acessões e as benfeitorias fixadas no terreno, exceto as lavouras, os bens móveis e os semoventes:
>
> I – não são atingidos pelos efeitos da decretação de falência, insolvência civil ou recuperação judicial do proprietário de imóvel rural; e
>
> II – não integram a massa concursal.
>
> § 5º O disposto neste artigo não se aplica às obrigações trabalhistas, previdenciárias e fiscais do proprietário rural.

O oficial de registro de imóveis protocolará e autuará a solicitação de registro do patrimônio rural em afetação e os documentos a ela vinculados, atendendo a regra do art. 12 da Lei 13.986/2020 que dispõe que a referida solicitação será instruída com:

> **I** – os documentos comprobatórios:
>
> a) da inscrição do imóvel no Cadastro Nacional de Imóveis Rurais (CNIR), do domínio do requerente e da inexistência de ônus de qualquer espécie sobre o patrimônio do requerente e o imóvel rural;
>
> b) da inscrição do imóvel no Cadastro Ambiental Rural (CAR), nos termos da Lei nº 12.651, de 25 de maio de 2012;
>
> c) da regularidade fiscal, trabalhista e previdenciária do requerente; e
>
> d) da certificação, perante o Sistema de Gestão Fundiária (Sigef) do Instituto Nacional de Colonização e Reforma Agrária (Incra), do georreferenciamento do imóvel do qual a totalidade ou a fração está sendo constituída como patrimônio rural em afetação;
>
> **II** – a prova de atos que modifiquem ou limitem a propriedade do imóvel;
>
> **III** – o memorial de que constem os nomes dos ocupantes e confrontantes com a indicação das respectivas residências;
>
> **IV** – a planta do imóvel, obtida a partir de memorial descritivo assinado por profissional habilitado e com a

Anotação de Responsabilidade Técnica, que deverá conter as coordenadas dos vértices definidores dos limites dos imóveis rurais, georreferenciadas ao Sistema Geodésico Brasileiro e com precisão posicional adotada pelo Incra para a certificação do imóvel perante o Sigef/Incra; e

V – as coordenadas dos vértices definidores dos limites do patrimônio afetado, georreferenciadas ao Sistema Geodésico Brasileiro e com precisão posicional adotada pelo Incra para certificação do imóvel perante o Sigef/Incra.

§ 1º Os documentos de que tratam a alínea "c" do inciso I do *caput* deste artigo compreendem as certidões negativas de débitos fiscais perante as Fazendas Públicas, bem como de distribuição forense e de protestos do proprietário do imóvel, tanto no local de seu domicílio quanto no local do imóvel.

§ 2º No caso de constituição de patrimônio rural em afetação sobre parte do imóvel rural, a fração não afetada deverá atender a todas as obrigações ambientais previstas em lei, inclusive em relação à área afetada.

Ao fazer a **qualificação registral**, o oficial de registro de imóveis pode entender que a solicitação de constituição de patrimônio rural em afetação de imóvel rural ou a instrução de que trata o art. 12 está em desacordo com o disposto na lei, e nestes casos, concederá o prazo de 30 (trinta) dias, contado da data da decisão, para que o interessado faça as correções necessárias, sob pena de indeferimento da solicitação.

Contudo, é possível que o interessado solicite a reconsideração da decisão do oficial de registro de imóveis.

Por sua vez, o art. 14 da Lei 13.986/2020 enumera as responsabilidades do proprietário que constituir o patrimônio rural em afetação. Essas incumbências são:

I – promover os atos necessários à administração e à preservação do patrimônio rural em afetação, inclusive por meio da adoção de medidas judiciais; e

II – manter-se adimplente com as obrigações tributárias e os encargos fiscais, previdenciários e trabalhistas de sua responsabilidade, incluída a remuneração dos trabalhadores rurais.

Para que o **cancelamento** da afetação do imóvel rural, ou de sua fração, ocorra, é necessário realizar a devida **averbação** no cartório de registro de imóveis. Para isso, o proprietário deve apresentar um requerimento comprovando a inexistência de Cédula Imobiliária Rural (CIR) e de Cédula de Produto Rural (CPR) sobre o patrimônio a ser desafetado.

Esta comprovação pode ocorrer por meio de certidão emitida por entidade autorizada pelo Banco Central do Brasil, no caso de CIR, ou por meio de certidão emitida pelo cartório de registro de imóveis competente, no caso de CPR.

Contudo, sobre o imóvel rural, ou sua fração, para o qual haja requerimento de cancelamento do patrimônio rural em afetação, não poderá ser emitida CIR ou CPR até a conclusão do pedido.

48. de outros negócios jurídicos de transmissão do direito real de propriedade sobre imóveis ou de instituição de direitos reais sobre imóveis, ressalvadas as hipóteses de averbação previstas em lei e respeitada a forma exigida por lei para o negócio jurídico, a exemplo do art. 108 da Lei nº 10.406, de 10 de janeiro de 2002 (Código Civil).

1. COMENTÁRIOS

O item 48 foi incluído pela Lei n. 14.711/2023, conhecida como o Marco Legal das Garantias.

Como já dito alhures, o inciso I do art. 167 enumera os atos de registro, prevalecendo ser este um rol taxativo, ao passo que o inciso II elenca, de forma exemplificativa, os atos de averbação.

É importante destacar que a lista de atos registráveis prevista no art. 167, inciso I, da Lei n. 6.015/1973 é taxativa (*numerus clausus*), **porém não exaustiva**. Isso significa que existem outros atos de registro previstos em diferentes leis, além da Lei de Registros Públicos.

Essa ideia é perceptível, inclusive, no art. 172, que dispõe:

"Art. 172. No Registro de Imóveis serão feitos, nos termos desta Lei, o registro e a averbação dos títulos ou atos constitutivos, declaratórios, translativos e extintos de direitos reais sobre imóveis **reconhecidos em lei**, "inter vivos" ou "mortis causa", quer para sua constituição, transferência e extinção, quer para sua validade em relação a terceiros, quer para a sua disponibilidade."

De fato, existem atos de registro stricto sensu que não estão incluídos na lista mencionada da Lei 6.015/1973. Exemplos disso são a renúncia da propriedade e a promessa de permuta de terreno por unidades futuras. Esses atos são baseados em leis extravagantes que tratam, principalmente, de institutos e figuras de direito material.

Assegura-se, todavia, que não é permitido criar novas situações jurídicas pela vontade dos usuários do serviço extrajudicial.

Em uma leitura mais desatenta, pode-se indagar se o item 48 deixou de exigir a tipicidade do art. 167, inciso I. A resposta é negativa. Assegura-se enfaticamente que a Lei n. 6.015/1973 não deixou de exigir tipicidade para os fatos inscritíveis. O que ele fez foi corrigir falha que existia na prática registral, **flexibilizando** o rol dos atos passíveis de registro em sentido estrito.

Ao prescrever que, no Registro de Imóveis, será feito o registro de outros negócios jurídicos de transmissão do direito real de propriedade sobre imóveis ou de instituição de direitos reais sobre imóveis, ressalvadas as hipóteses de averbação previstas em lei e respeitada a forma exigida por lei para o negócio jurídico, a exemplo do Código Civil, o item 48 impõe uma **restrição** significativa para aceitar o registro de negócios jurídicos **que se refiram estritamente à transmissão do direito real de propriedade sobre imóveis** ou à **instituição de direitos reais sobre imóveis**. Assim, permite maior abertura para o registro de negócios jurídicos que envolvam a transmissão de direitos reais sobre imóveis, mesmo que sejam contratos atípicos, desde que cumpram os requisitos formais estabelecidos por lei.

Dito isto, passemos à analise algumas situações concretas que podem ser enquadradas no item 48 do inciso I do art. 167.

A primeira é a **transação,** prevista nos arts. 840 a 850 do Código Civil. Trata-se de uma modalidade contratual típica, um contrato bilateral pelo qual as partes, mediante concessões mútuas, resolvem um litígio ou evitam que ele se constitua. Tem como principal objetivo a resolução de conflitos de forma amigável e consensual, evitando assim o prolongamento de litígios e reduzindo os custos e o tempo envolvidos em processos judiciais.

Até a edição da Lei das Garantias, a maioria da doutrina entendia que não era possível o registro da transação. Argumentavam que não havia previsão no rol de atos jurídicos registráveis do art. 167, I, da Lei de Registros Públicos.

Agora, com a inclusão do item 48 e desde que observado o requisito formal previsto no art. 842 do Código Civil (*A transação far-se-á por escritura pública, nas obrigações em que a lei o exige, ou por instrumento particular, nas em que ela o admite; se recair sobre direitos contestados em juízo, será feita por escritura pública, ou por termo nos autos, assinado pelos transigentes e homologado pelo juiz*), é possível o seu registro na Serventia Imobiliária.

A **cessão de direitos hereditários** também poderá ser registrada no álbum imobiliário. Esse tema sempre foi objeto de muita discussão entre os doutrinadores, e a maioria defendia que não era possível fazer tal registro por falta de autorização legal. Muito bem alerta Moacyr Petrocelli em "O Novo Marco das Garantias" (coord. EL DEBS, Martha e CHEZZI, Bernardo) que deve-se partir da premissa que, cuidando-se de bem imóvel por força de lei (art. 80, II, CC), o direito à sucessão aberta, bem como o quinhão de que disponha o herdeiro, é passível de cessão por escritura pública. Nessa medida, por sua natureza imobiliária, a cessão de direitos hereditários reclama a observância de todo plexo de fatores e condicionantes dos negócios jurídicos imobiliários, tais como a exigência de vênia conjugal (art. 1.647, I, do Código Civil), a observância de direito de preferência dos coerdeiros (CC, art. 1.794) e a escrituração pública (CC, caput, art. 1.793). Dando continuidade, o autor elucida que:

> "No que interessa mais ao Registro de Imóveis, é notório que esse negócio jurídico por dizer respeito ao acervo hereditário, pendente a indivisibilidade, possui algumas peculiaridades. Note-se que o próprio Código Civil atribui pena de ineficácia à disposição de direito hereditário sobre bem da herança considerado singularmente (art. 1.793, § § 2º e 3º). Destarte, tal ineficácia perdurará enquanto o estado de indivisão persistir. Assim, ultimada a partilha (*rectius*: devidamente registrada na matrícula), exsurge a possibilidade do registro da transmissão do bem individualizado, com a transferência do imóvel ao(s) cessionário(s). É certo que, após, o registro da partilha não há mais falar em direitos hereditários, de modo que os negócios jurídicos ganharão vida no Registro de Imóveis, não mais como cessão de direitos, mas, tecnicamente, como compra e venda (se onerosa, com arrimo no art. 167, I, nº 29, da LRP); ou doação (se gratuita, lastreado no art. 167, I, nº 33, da LRP).
>
> Em palavras diversas, nessa linha de qualificação, o registro da sucessão *causa mortis* outorgará eficácia ao negócio jurídico envolvendo o direito hereditário, de modo a autorizar seu acesso ao registro como doação ou venda e compra, a depender da liberalidade ou onerosidade, respectivamente. Tal entendimento, além de tecnicamente correto respeita a essência de cada um dos atos, fatos e negócios jurídicos que ingressam no fólio real destacando sobremaneira o trato consecutivo, princípio fundamental para manter a higidez do sistema registral predial.
>
> De mais a mais, tal proceder garante eficácia real para negócios jurídicos sobre bens imóveis que em princípio tramitariam no ambiente extratabular e não estariam acobertados pela eficiente tutela do sistema registral. Ao se observar o trato consecutivo no álbum imobiliário, preserva-se a cadeia dominial, permite-se o controle de indisponibilidades e outras constrições judiciais relevantes para o mercado imobiliário.
>
> Seja como for, agora com a força iluminante da Lei 14.711/2023 e a norma contida no art. 167, I, nº 48 da LRP, independentemente do *nomen juris* atribuído ao negócio jurídico basal (CC, art. 112), havendo transmissão da propriedade imóvel, será, pois, título hábil a aceder ao fólio predial".

Sobre o item 48 em comento, pode-se concluir que negócios jurídicos, sejam eles típicos ou atípicos, que tratem da transferência de bens imóveis ou da instituição de **direitos reais sobre imóveis**, poderão ser registrados de forma específica no Registro de Imóveis. Noutro dizer, **direitos obrigacionais** que afetam imóveis só podem ser registrados no fólio real com autorização legislativa expressa. A norma do art. 167, I, n. 48 da LRP, que se aplica apenas a direitos reais imobiliários, não é aplicável a esses casos.

Também alerta-se que no direito brasileiro não podem ser criados novos direitos reais sobre imóveis a partir de acordo entre as partes.

No que tange à **taxatividade dos direitos reais**, vale mencionar os esclarecimentos de Moacyr Petrocelli em "O Novo Marco das Garantias" (coord. EL DEBS, Martha e CHEZZI, Bernardo):

> "Semelhantemente ao fato de que a ideia de *taxatividade registral* não torna exauriente o artigo 167, I, da Lei 6.015 de 1973, tampouco se pode afirmar que a *taxatividade presente no direito das coisas* esgote, no artigo 1.225 do Código Civil, todas as espécies de direitos reais. Basta, para comprovar tal assertiva, aduzir a existência da enfiteuse administrativa, instituto regulamentado fora do *Codex*.
>
> (...)
>
> Em suma, a tipicidade e a taxatividade são características que têm origem na sistemática do direito das coisas (direito imobiliário material), mas que encontram um reflexo necessário nas normas de direito imobiliário formal através da vinculação do registrador de imóveis a tais pressupostos por meio da *impossibilidade de criar hipóteses extralegais de registro em sentido estrito e de alterar o regime dos já existentes*. Nesse ponto é preciso trazer a lição de *Afrânio de Carvalho*, que ilustra, com precisão, a imperiosa comunhão das esferas formal e material do direito imobiliário:
>
> "A escrituração de Registro de Imóveis requer o adequado entrosamento de disposições de Direito Material, concernentes aos pressupostos e efeitos do ingresso dos direitos imobiliários no registro, e disposições de Direito Formal (...). Esse entrosamento precisa ser preparado com extremo cuidado, de modo que o corpo formado pelas disposições de Direito Material se superponha exatamente ao constituído pelas disposições de Direito Formal, compondo um todo orgânico, como se fossem uma peça inteiriça".
>
> Já a *tipicidade do direito negocial ou contratual* é fenômeno desvinculado das figuras sobre a qual acima se discorreu, pois, trata-se da verificação da adequação do negócio jurídico a um dos tipos de contratos descritos na Lei, investigação essencial para averiguar a disciplina normativa que incidirá sobre tal contratação, mas que não guarda qualquer identificação com a questão da tipicidade dos direitos reais.
>
> Observe-se, ademais, que os registros de imóveis não se destinam unicamente à inscrição dos direitos reais, mas também à inclusão, no fólio real, de alguns direitos pessoais – aqueles que, como nos casos relativos às locações com cláusula de vigência, são estruturados de modo a permitir um elastério de seus efeitos ordinário *inter partes*: obrigações com eficácia *erga omnes* – e de fatos e atos específicos – a exemplo do registro das citações de ações reais ou pessoais reipersecutórias relativas a imóveis –.
>
> Em tais situações também se manifestam, certamente, os fenômenos da tipicidade e da taxatividade registrais – segundo os termos já referidos, isto é, de que é necessária a previsão legal (não necessariamente na Lei 6.015 de 1973) para que adentrem o fólio –, mas os seus fundamentos não decorrem de uma simetria com os princípios de direito civil.
>
> Na realidade, a possibilidade de inserção de tais atos e fatos na tábula registral é vinculada ao mandamento ínsito à natureza parcialmente pública dos serviços extrajudiciais: o *princípio da legalidade*. Isso porque o Oficial não pode se esvair de admitir à registro ou averbação os atos ou fatos que tenham *sustentáculo legislativo*; tal atitude configuraria ultrapassagem do limite de sua atuação discricionária, já que representaria recusa à aplicação da Lei; em outras palavras, tratar-se-ia de ato arbitrário e injustificável.
>
> Em suma, em relação ao questionamento concernente à tipicidade e à taxatividade do fato ou do ato a ser inscrito, a análise da registrabilidade em sentido estrito do título que o contém deve ser pautada na averiguação de existência de *fundamentos legislativos* – internos ou externos à Lei de Registros Públicos – que designem determinada figura, de modo inequívoco, como uma *fattispecie* registral imobiliária.
>
> A *tutela administrativa de interesses privados* exercida pelo oficial, atividade permeada pelo princípio da legalidade, faz com que o profissional esteja adstrito à observância da *tipicidade dos fatos inscritíveis na matrícula*, isto é, há a obrigação de verificar se determinado título tem o condão de produzir efeitos jurirreais alçáveis à dimensão registrária, o que certamente dependerá da existência de pilares normativos que autorizem o acesso ao fólio da espécie que se pretende registrar.
>
> (...)
>
> Assim, é possível sedimentar que para definir os casos de registro no Cartório de Imóveis, tornou-se totalmente irrelevante qual o tipo de ato jurídico escolhido pelas partes para a transmissão da propriedade ou para a instituição do direito real. Por isso, não mais se conceberá devolução para qualquer negócio jurídico dessa natureza ao argumento de que inexiste previsão específica no rol do art. 167, I, da LRP. Buscou-se, pois, destravar o sistema registral para agasalhar todos os negócios jurídicos – típicos ou atípicos – que versem sobre transmissão de bens imóveis ou instituição de direitos reais imobiliários".

Para concluir, trago os ensinamentos de Carlos Elias, que apregoa que para definir os casos de registro no Cartório de Imóveis, tornou-se totalmente irrelevante qual o tipo de ato jurídico escolhido pelas partes para a transmissão da propriedade ou para a instituição do direito real. Afinal de contas, **não há taxatividade de contratos nem de negócios jurídicos** no Brasil. A **taxatividade é dos direitos reais, e não dos atos jurídicos que ensejam mutação jurídico-real.** Em nossa tese de doutorado, havíamos denunciado esse problema da legislação e havíamos recomendado a sua correção, o qual foi realizado pela Lei das Garantias. Transcrevemos o que havíamos defendido:

Também se deve refletir sobre eliminações de entraves internos na legislação doméstica em direitos reais e em direito notarial e registral. Um dos exemplos é a injustificável redação fechada dos itens do inciso I do art. 167 da Lei de Registros Públicos. O referido dispositivo lista os atos jurídicos que podem ser objeto de registro no Cartório de Registro de Imóveis. Esse dispositivo guarda uma profunda incongruência com o modelo brasileiro de atipicidade dos direitos obrigacionais e de tipicidade dos direitos reais. De fato, é livre a criação de contratos atípicos pelas partes, embora não haja essa ampla liberdade para a criação de direitos reais atípicos. Isso significa que as partes podem "inventar" diversos tipos de arranjos contratuais para a transmissão do direito real de propriedade ou para a instituição de algum dos direitos reais típicos. Por mais paradoxal que seja, o inciso I do art. 167 da Lei de Registros Públicos contraria esse figurino legal e só admite que a transmissão do direito real de propriedade ou a instituição de outros direitos reais típicos sejam feitos por meio de determinados contratos, listados taxativamente nos itens do inciso I. Assim, por exemplo, não seria registrável um contrato de transação por meio da qual um dos transatores transmite a propriedade de um imóvel a outrem. As partes teriam de promover essa transferência de propriedade por meio de um contrato de compra e venda, de doação ou de outro listado no inciso I do art. 167 da Lei de Registros Públicos. Essa é a interpretação que prevalece entre os registradores de imóveis e, inclusive, na jurisprudência administrativa do direito notarial e registral. Ilustramos com este precedente do Conselho Superior da Magistratura do Tribunal de Justiça de São Paulo: Processo nº 0011878-31.2011.8.26.0132 Tipo: Acórdão CSM/SP Data de Julgamento: 14/03/2013. No referido caso, foi vedado o registro de um contrato de compra e venda com encargo. O motivo foi o de que o art. 167, I, da Lei de Registros Públicos não prevê esse negócio jurídico como registrável, mas contempla, apenas, a compra e venda pura ou condicional. Eis a ementa do referido julgado:

> *REGISTRO DE IMÓVEIS - Dúvida - Compra e venda com doação - Negativa de acesso ao registro do instrumento - Art. 167, I, da Lei nº 6.015/73 - rol taxativo - Recurso não provido. (TJ-SP - APL: 00118783120118260132 SP 0011878-31.2011.8.26.0132, Relator: Renato Nalini, Data de Julgamento: 14/03/2013, Conselho Superior de Magistratura, Data de Publicação: 22/03/2013)*

Enfim, o princípio da harmonização internacional dos direitos reais respalda diversas reflexões que a comunidade jurídica brasileira deve fazer acerca de como tornar o ordenamento doméstico mais hospitaleiro a situações jurídico-reais transnacionais e como é viável reduzir os custos de transação causados por heterogeneidades normativas injustificadas. (OLIVEIRA, Carlos E. Elias de Oliveira. **O Princípio da Harmonização Internacional dos Direitos Reais: fundamento, adaptação de direitos reais estrangeiros, *lex rei sitae*, *numerus clausus* e outros desdobramentos**. Disponível em: https://repositorio.unb.br/bitstream/10482/44703/1/2022_CarlosEduardoEliasdeOliveira.pdf).

Pode-se concluir que o intuito da inclusão do item 48 no inciso I do art. 167 foi remover quaisquer obstáculos que dificultavam o registro de certos títulos no Cartório de Imóveis, permitindo ao Registrador Imobiliário fazer a interpretação essencial para o registro, sem violar o princípio da legalidade. O legislador reconheceu a importância do sistema de registro imobiliário brasileiro e seus benefícios para a sociedade e a economia do país.

II – a averbação:

1. COMENTÁRIOS

A maioria da doutrina entende que o rol de atos registráveis previstos no artigo 167, inciso I, da Lei de Registros Públicos é **taxativo** *(números clausus)*, porém não exauriente, ou seja, existem outros atos de registro estipulados em leis diversas.

No que se refere às averbações, não há que se falar em *numerus clausus,* equivale dizer, o rol do inciso II do art. 167 da Lei 6.015/1973 é meramente **exemplificativo**. Dessa forma, de acordo com a redação do art. 246 da Lei dos Registros Públicos, resta indubitável a possibilidade de outras averbações de situações não referidas neste dispositivo. Veja-se:

> **Art. 246.** Além dos casos expressamente indicados no inciso II do *caput* do art. 167 desta Lei, serão averbadas na matrícula as sub-rogações e outras ocorrências que, por qualquer modo, alterem o registro ou repercutam nos direitos relativos ao imóvel.

> Wilson de Souza Campos Batalha explica que se estabelece "a averbação, como anotação acessória, a fazer constar instrumentos, circunstâncias ou elementos que elucidem, modifiquem ou restrinjam os registros imobiliários, quer em relação à coisa, quer em relação aos titulares de direitos" (*Comentários à Lei de Registros Públicos*. Vol. II. 4. ed. Rio de Janeiro: Forense 1999, p. 667).

Logo, a averbação consiste em todo ato que não modifica os dados constantes da matrícula ou transcrição de um imóvel, mas que possui vínculo jurídico com o imóvel e é de interesse registral.

Tanto o registro quanto a averbação poderão ser provocados por **qualquer pessoa**, incumbindo-lhe as despesas respectivas.

2. JURISPRUDÊNCIA COMPLEMENTAR

SUPERIOR TRIBUNAL DE JUSTIÇA

EMENTA: RECURSO ESPECIAL. PROCESSUAL CIVIL. EMBARGOS DE TERCEIRO. PROTESTO CONTRA A ALIENAÇÃO DE BENS. INTERESSE PROCESSUAL. NECESSIDADE, UTILIDADE E ADEQUAÇÃO. AVERBAÇÃO DO PROTESTO NA MATRÍCULA DE IMÓVEL. MERA PUBLICIDADE DA MANIFESTAÇÃO DE VONTADE DO PROMOVENTE. EFEITOS SOBRE AS RELAÇÕES JURÍDICAS E DIREITOS. INEXISTÊNCIA. INDEVIDA APREENSÃO JUDICIAL. INOCORRÊNCIA. VANTAGEM, BENEFÍCIO OU UTILIDADE DOS EMBARGOS DE TERCEIRO. AUSÊNCIA.

1. Cuida-se de embargos de terceiro por meio dos quais se requer o cancelamento do protesto contra a alienação de bens que foi averbado na matrícula do imóvel e que foi apontado como impedimento para o registro da compra e venda.

2. O propósito recursal consiste em determinar se há interesse processual no ajuizamento de embargos de terceiro contra a decisão que defere o pedido de averbação do protesto contra a alienação de bens na matrícula do imóvel.
3. Recurso especial interposto em: 11/07/2019; conclusos ao gabinete em: 06/11/2019; aplicação do CPC/15.
4. Entre as condições da ação, que devem ser preenchidas para que exista o direito a um pronunciamento sobre o mérito da causa, o interesse processual se traduz na necessidade, utilidade e adequação da medida judicial para assegurar a seu promovente o fim jurídico por ele colimado.
5. Devem ser sumariamente indeferidos, por falta de legítimo interesse, os pedidos formulados nos processos que se mostrem desnecessários ou inadequados frente aos próprios fatos descritos na petição inicial.
6. O protesto judicial é medida destinada a comprovar ou documentar uma manifestação formal de vontade do promovente, o qual busca, por meio de referido procedimento, comunicar a terceiros interessados sua intenção de fazer atuar no mundo jurídico uma determinada pretensão, mas não acrescenta nem diminui direitos do promovente ou influencia diretamente as relações jurídicas que possua com terceiros.
7. A averbação do protesto contra a alienação de bens na matrícula do imóvel consiste em manifestação do princípio da publicidade, tendo por escopo apenas dar conhecimento a terceiros interessados sobre o direito que o promovente alega possuir sobre o imóvel.
8. É pressuposto dos embargos de terceiro a existência de um ato de constrição judicial sobre o bem que o terceiro alega ser possuidor ou proprietário.
9. Na hipótese dos autos, a recusa do registro do imóvel no nome da recorrente é efeito da atuação do oficial cartorário e não do deferimento do pedido de averbação do protesto na matrícula do imóvel, que é mero ato de publicidade do protesto e que não afeta a posse ou a propriedade de terceiro alheio ao procedimento, e que não configura apreensão judicial que possa, sequer em tese, ser reformada por meio de eventual julgamento de procedência dos embargos de terceiro. Inexistência de interesse processual por ausência do binômio utilidade-adequação.
10. Recurso especial desprovido (STJ – REsp nº 1.758.858 – São Paulo – 3ª Turma – Rel. Min. Nancy Andrighi – DJ 25.05.2020).

EMENTA: AGRAVO DE INSTRUMENTO – AÇÃO DE NUNCIAÇÃO DE OBRA NOVA – ANOTAÇÃO DA LIDE JUNTO AO REGISTRO DE IMÓVEIS – AÇÃO DE NATUREZA PESSOAL – POSSIBILIDADE DE AVERBAÇÃO – INTELIGÊNCIA DO ARTIGO 167, II, DA LEI DE REGISTROS PÚBLICOS – ROL EXEMPLIFICATIVO – ARTIGO 246, DA MESMA LEI – NATUREZA INSTRUMENTAL DO REGISTRO – OBSERVÂNCIA – NECESSIDADE DE PREVENIR TERCEIROS ACERCA DA EXISTÊNCIA DA LIDE – INCIDÊNCIA DO ARTIGO 42, DO CPC. 1. A Ação de Nunciação de Obra Nova é ação de natureza pessoal, pois "tem por objeto impedir a continuação de obra ou construção feita com infração aos regulamentos administrativos e aos direitos de vizinhança (Helita Barreira Custódio, Embargos de Obra Nova, RDCiv., 18: 66)". 2. É exemplificativo o rol do artigo 167, inciso II, da Lei de Registros Públicos, o que permite ao Julgador dar concretude ao poder geral de cautela que lhe é conferido pelo artigo 798, do Código de Processo Civil, para proceder à averbação da Ação de Nunciação de Obra Nova junto à matrícula do imóvel nunciado. RECURSO CONHECIDO E NÃO PROVIDO. (TJPR – Agravo de Instrumento nº 1.146.210-5 – Antonina – 17ª Câmara Cível – Rel. Des. Rosana Amara Girardi Fachin – DJ 07.11.2014)

TRIBUNAL DE JUSTIÇA DO ESTADO DE SÃO PAULO CORREGEDORIA-GERAL DA JUSTIÇA

EMENTA: REGISTRO DE IMÓVEIS – Hipóteses de averbação descritas no art. 167, II, da LRP são meramente exemplificativas, não constituindo *numerus clausus* – Possibilidade de aditamento e ratificação de escritura após ter ocorrido o seu registro – Também possível haja a cindibilidade do título, para seu ingresso parcial no fólio real – Dado provimento ao recurso (Processo CG nº 2011/68521 (255/11-E). Excelentíssimo Senhor Corregedor Geral da Justiça: Cuida-se de recurso administrativo interposto por (...) E (...) contra decisão da Meritíssima Juíza Corregedora Permanente do Décimo Terceiro Oficial de Registro de Imóveis da Comarca da Capital, que indeferiu requerimento de averbação da Escritura de Aditamento e Ratificação (fls. 41/42) à margem da matrícula nº 37.003 da referida serventia predial (fls. 52/53). Referida escritura tem o escopo de aditar e ratificar título congênere anteriormente lavrado, para fazer constar que o imóvel por ele alienado consistiria bem particular e exclusivo do patrimônio do varão-adquirente, em razão de ter sido comprado mediante emprego de capital doado por seus genitores, excluindo – se, assim, sua cônjuge – virago, com que, à época da transação, era casado mediante comunhão parcial de bens. Constou do aditamento, ainda, uma inclusão de cláusulas de incomunicabilidade e impenhorabilidade. Em suas decisões de fls. 69/71, 77/78 e 91, a MMª Juíza Corregedora Permanente acolheu os motivos da recusa expostos pelo registrador imobiliário (fls. 02/04), quais sejam, que as cláusulas de incomunicabilidade e impenhorabilidade só poderiam ter sido instituídas na transação original, não cabendo sua inserção *a posteriori* mediante emprego do título ratificador. O aditamento de um título, ademais, só seria possível até o momento do seu ingresso no fólio real. Finalmente, a justificativa acerca da origem do dinheiro empregado no pagamento do preço (no presente caso, a doação feita pelos pais do adquirente – varão) não seria matéria passível de averbação, ante a falta de previsão expressa no art. 167, II, da LRP. Na peça de inconformismo, sustenta-se (fls. 92/99) que, na constância do casamento, o recorrente (...) adquiriu o imóvel em discussão com numerário doado por seus pais, motivo pelo qual, por ocasião da sua separação judicial, foi tal bem arrolado como exclusivo do varão, o que contou com o reconhecimento e a concordância da cônjuge virago, a também recorrente (...). Ocorre que a carta de sentença, oriunda da referida dissolução da sociedade conjugal, não foi admitida a registro. Isto porque, na escritura de compra e venda original, levada ao fólio (fls. 53 e vº – R.5 – 37003), não constou ser tal bem exclusivo do varão, levando a crer, dada a comunhão parcial, tratar-se de patrimônio comum, adquirido durante o matrimônio com recursos financeiros de ambos. Assim, não poderia haver alteração desta realidade por ocasião da separação, onde constou se tratar de bem particular do separando. Houve recurso a esta Corregedoria-Geral da Justiça (Processo nº 2008/85100 – autos aqui apensados), o qual não foi provido e onde se reconheceu a necessidade de prévia – ratificação da escritura aquisitiva da propriedade (título causal) antes de qualquer inovação em sede registraria. Os recorrentes, então, elaboraram a escritura de re-ratificação cuja averbação ora pretendem. Esclarecem que, sem seu prévio ingresso no fólio predial inviável será o registro da carta de sentença extraída do processo de separação do casal. Pedem que sejam desconsideradas as cláusulas de incomunicabilidade e impenhorabilidade (que podem ser deixadas de lado ante o princípio da cindibilidade), só se averbando a referência à doação, pelos pais do recorrente-varão, exclusivamente a este, do numerário empregado na compra do bem. A Douta Procuradoria Geral de Justiça manifestou-se no sentido do improvimento do recurso (fls. 106/109). Os autos vieram remetidos do Egrégio Conselho Superior da Magistratura a esta Corregedoria Geral da Justiça (fls. 111). É o relatório. Passo a opinar. De início, observo que um dos argumentos adotados pela MMª Juíza Corregedora Permanente deve ser afastado. A informação acerca da origem do dinheiro empregado no pagamento do preço do imóvel (no presente caso, a doação feita pelos pais do adquirente – varão) pode ingressar no fólio real. A uma, considerando que as hipóteses de averbação, capituladas no art. 167, II, da LRP, são meramente exemplificativas, não constituindo *numerus clausus*, conforme reiterado entendimento desta Corregedoria Geral da Justiça. A duas, ante o interesse do cônjuge em caracterizar, no seu matrimonio mediante comunhão parcial, a hipótese da aquisição de bem particular, privativo e exclusivo, nos termos dos artigos 1658 e 1659 do Código Civil. Prosseguindo, observo que as cláusulas restritivas, impostas a fls. 41/42 (incomunicabilidade e impenhorabilidade), foram objeto de pedido de desconsideração pelos recorrentes (fls. 50/51). Assim o fizeram invocando o princípio da cindibilidade do título. Em se acolhendo tal postulação, só seria averbada a outra informação constante da escritura de re-ratificação, qual seja, a doação do numerário empregado na compra do bem pelos genitores do recorrente – varão. Cabe agora apreciar se seria possível tal cisão. Entendo ser positiva a resposta, admitindo tal cisão. Assim considero por força dos seguintes precedentes desta Corregedoria Geral da Justiça: *O atual sistema do registro imobiliário, fundado no ato básico de cadastramento físico, já não admite o princípio pretoriano da incinbilidade dos títulos. O sistema anterior, em que não existia transcrição do imóvel, é que justificava o princípio. Hoje, o ato básico do registro imobiliário não é a reprodução textual dos instrumentos. Estes passaram a ser meio e não mais objeto de um ato reflexivo ou transcritivo (Ap. Cív. n 2003 – 0, Itapecerica da Serra, 13.6.83; Ap. Cív. n 2.177 – 0, Ribeirão Preto, mesma data – Relator Des. Affonso de André; Embargos de Declaração nº 3.034 – 0, Poá, 6.8.84, Des. Nogueira Garcez; Ap. Cív. n 5.599 – 0, Franco da Rocha, 19.5.86, Des. Sylvio do Amaral). Ap. Civ. 21841 – 0/1 – Data: 31/03/95 – Localidade: Americana – Na atual sistemática de registro imobiliário, é possível joeirar os elementos válidos do título, desprezando-se o que não puder constar do registro. Ap. Civ. 440 – 6/0 – Data: 06/12/2005 – Localidade: Sorocaba – REGISTRO DE IMOVEIS – Escritura de compra e venda – Instrumentalização que representa a real vontade dos interessados – Ausência de ofensa aos princípios registrários e ao ordenamento jurídico – Manutenção dos atos praticados, cindindo-se o título quanto à cláusula de incomunicabilidade nele inserida, por infringência ao disposto no art. 1.848 do CC – Viabilidade do registro – Recusa afastada – Recurso provido. (...) Contudo, não se vislumbra a presença de impedimento algum para que o negócio, em que há doação de numerário acoplado ao pagamento do preço em compra e venda efetuada, seja instrumentalizado como efetivamente foi, não havendo, em consequência, óbice a que os títulos tenham ingresso no fólio real (...)Todavia, a nulidade ora apontada se restringe a apenas à cláusula inserida no título e não importa na invalidade deste, mas somente na sua cindibilidade, afim de que se torne viável o seu registro a seguir. O Conselho Superior da Magistratura tem admitido a cindibilidade do titulo, permitindo que dele sejam extraídos elementos que poderão ingressar de imediato no fólio real, desconsiderando outros que necessitem de outras providências.* Há, ainda, outra tese a ser aqui apreciada, consistente na possibilidade ou não de se aditar ou retificar determinado título após o seu registro. Neste tocante, observo que já decidiu de modo positivo esta Corregedoria Geral da Justiça: *CG Processo 138.458/2009. REGISTRO DE IMÓVEIS – Escritura pública de venda e compra – Adquirente supostamente identificado pelo nome de fantasia de firma individual – Retificação administrativa do registro imobiliário ou do título aquisitivo – Inviabilidade – Ofensa aos princípios da continuidade e da especialidade subjetiva – Necessária nova manifestação de vontade das partes, por meio de escritura de re-ratificação – Recurso não provido. CG Processo 26.445/2010. REGISTRO DE IMÓVEIS – Escritura pública de venda e compra e cessão – Cessionários indicados, no título, como compradores do imóvel assim como o eram os cedentes – Alegação de que, por se tratar de cessão gratuita, o negócio deveria ter sido identificado como doação – Pedido de retificação do registro para indicar os adquirentes como donatários – Inviabilidade – Inexistência de erro registrário – Necessária nova manifestação de vontade das partes, por meio de escritura de re-ratificação para correção do alegado erro do título – Recurso não provido. CG Processo 2008/85100. Registro de Imóveis – Bem imóvel adquirido pelo cônjuge varão na constância de casamento submetido ao regime da comunhão parcial de bens, sob a égide da Lei nº 6.515/1977 – Ausência de menção na escritura de que a aquisição se deu com numerário doado pelo genitor – Registro efetuado com base no título apresentado – Comunicação do bem nos termos do art. 1.660, I, do Código Civil – Impossibilidade de averbação quanto a ser o imóvel próprio do varão, com amparo em declaração de ambos os cônjuges por ocasião da separação judicial do casal – Elemento estranho ao título e deste omitido – Necessidade de prévia re-ratificação da escritura pública – Homologação judicial da partilha que não implica deliberação a respeito da retificação do registro ou do título que lhe deu origem – Recurso não provido.(...) o registro errado, resultante de uma escritura pública erradamente lavrada, por exemplo, só poderá ser retificado depois que as partes comparecendo novamente à presença do mesmo ou de outro notário, o façam lavrar, para ser por elas assinada, outra escritura, de retificação da primeira (Valmir Pontes, Registro de Imóveis, Saraiva, 1982, p. 124 – 125). Se o suposto engano está no título que deu origem ao registro cuja retificação é pretendida, é aquele que deve ser corrigidoR (CSM – AC 271.205 – Santo André, j. 5.10.78, em Registro de Imóveis, Narciso Orlandi Neto, jan./78 a fev./81, verbete 93, p. 103; pareceres desta Egrégia Corregedoria Geral da Justiça, relativo aos Procs. CG 216/86 e 14/87 (Decisões Administrativas da CGJ, 1987, Ed. RT, pp. 110/111 e 116/117); ao Proc. 23/86 (Decisões Administrativas da CGJ, 1986, Ed. RT, pp. 118/119) e ao Proc. 259/84 (Decisões Administrativas da CGJ, 1984/1985, Ed. RT, pp. 168 – 169), entre outros" (Proc. CG 38/92, grifos do original)"* É caso, pois, de se dar provimento ao recurso. Diante do exposto, o parecer que respeitosamente submeto à elevada apreciação de Vossa Excelência é no sentido de que seja dado provimento ao recurso, para permitir a averbação aqui pretendida. Publicada a vossa decisão e dela cientificada a douta Procuradoria de Justiça, que sejam, ao final, devolvidos os autos à origem. *Sub censura.* São Paulo, 08 de julho de 2011. ROBERTO MAIA FILHO. Juiz Auxiliar da Corregedoria. DECISÃO: Aprovo o parecer do MM. Juiz Auxiliar da Corregedoria e, por seus fundamentos, que adoto, dou provimento ao recurso nos termos propostos. Publique – se. Após, devolvam-se os autos à origem. São Paulo, 21.07.2011. – (a) – MAURÍCIO DA COSTA CARVALHO VIDIGAL – Corregedor Geral da Justiça.

3. QUESTÃO DE CONCURSO

01. (IESES – Cartório – Provimento – TJ – RO/2017) Assinale a alternativa correta:

a) Debate-se, ainda hoje, quanto à taxatividade ou não do elenco contido no artigo 167, inciso I, da Lei dos Registros Públicos (Lei n. 6.015/1973), mas a quase totalidade dos doutrinadores e dos Tribunais brasileiros entende que o rol ali contido é meramente exemplificativo, cabendo ao Registrador avaliar caso a caso se tal direito é ou não registrável. Em não havendo plena certeza, deverá o Registrador submeter a questão ao Poder Judiciário, pelo instrumento da dúvida.

b) As promessas de doação de bem imóvel, regra geral, não se submetem ao registro imobiliário, exceção feita exclusivamente à doação modal (ou com encargo), esta sim, registrável.

c) Os direitos registráveis, na lição de vários doutrinadores, são taxativamente fixados pela lei e, pois, constituem numerus clausus. Tal posição não é, entretanto, pacífica.

d) É unânime na doutrina e jurisprudência a não taxatividade legal dos direitos registráveis, ou seja, todo e qualquer direito (por exemplo o direito pessoal, real, coletivo, difuso, futuro) pode ser levado a registro junto ao CRI – Cartório de Registro de Imóveis, desde que obedecidos os princípios informadores e pagos os emolumentos respectivos.

GAB	1	C

1) das convenções antenupciais e do regime de bens diversos do legal, nos registros referentes a imóveis ou a direitos reais pertencentes a qualquer dos cônjuges, inclusive os adquiridos posteriormente ao casamento;

1. COMENTÁRIOS

Conforme analisado, o art. 167, inciso I, item 12, desta lei prevê que as convenções antenupciais são **registradas** no álbum imobiliário. Também já foi mencionado que os nubentes podem pactuar livremente o seu regime de bens, permitindo-lhes escolher o regime a que se submeterá o casamento.

Nas palavras de Pontes de Miranda, regime de bens é o conjunto de regras, mais ou menos orgânico, que estabelece para certos bens, ou para os bens subjetivamente caracterizados, sistema de destinação e de efeitos (*Tratado de Direito de Família* – vol. 2. São Paulo: Max Limonad, 1947).

O pacto ou convenção antenupcial, por sua vez, é um acordo, feito mediante escritura pública, em Tabelião de Notas, que visa regular o regime de bens do futuro casamento, no caso de opção por regime distinto do regime legal.

Tanto o Notário quanto o Oficial de Registro Civil devem orientar os nubentes sobre os diferentes regimes de bens, suas disposições, seus efeitos, advertindo-os sobre a incidência do regime legal se não for escolhido disposição diversa.

Atualmente, o regime legal é o regime de **comunhão parcial de bens**. Se este regime legal for o escolhido, bastará que se reduza a termo tal opção, sendo neste caso, facultativo o pacto antenupcial.

A liberdade de escolha é plena, podendo optar pelo regime de bens que melhor atende aos seus interesses, contudo, deverá formalizar essa opção durante o procedimento de habilitação do casamento, sob pena de se submeter ao regime legal e supletivo, a comunhão parcial de bens.

É **nula** a convenção antenupcial, se não for feito por **escritura**, e **ineficaz**, se não lhe seguir o casamento (art. 1.653, CC).

Em relação ao **registro**, o Código Civil, no artigo 1.657, estipula que as convenções antenupciais **não terão efeito perante terceiros senão depois de registradas**, em livro especial, pelo Oficial do Registro de Imóveis do domicílio dos cônjuges. Em outras palavras, antes do registro, a convenção tem validade apenas entre os pactuantes, e, segundo posição majoritária, obriga também os seus herdeiros.

No que se refere à **escrituração** e à **competência registral**, o art. 244 da Lei 6.015/1973, as escrituras antenupciais serão registradas no **Livro nº 3** do cartório do **domicílio conjugal**, sem prejuízo de sua **averbação** obrigatória no lugar da **situação dos imóveis de propriedade do casal**, ou dos que forem sendo adquiridos e sujeitos a regime de bens diverso do comum, com a declaração das respectivas cláusulas, para ciência de terceiros.

Note-se que a lei menciona "domicílio conjugal", mas deixa obscuro se há necessidade de um novo registro sempre que este for alterado para uma circunscrição diversa. A maioria da doutrina possui entendimento de que **bastaria o registro no primeiro domicílio conjugal**, já que o pacto deve ser registrado logo após o casamento. Entretanto, caso as partes queiram realizar novamente o registro na nova circunscrição, quando da alteração do domicílio conjugal, não há vedação.

Observe como algumas normativas estaduais preveem o ato de registro e o de averbação. Ilustro com as Normas da Corregedoria-Geral da Justiça do Estado de São Paulo, a saber:

> **Item 83, Cap. XX.** As escrituras antenupciais e as escrituras públicas que regulem regime de bens na união estável serão registradas no Registro de Imóveis da comarca em que os cônjuges ou companheiros têm ou tiverem seu último domicílio sem prejuízo de sua averbação obrigatória no lugar da situação dos imóveis de propriedade ou dos que forem sendo adquiridos.

Ressalte-se que o registro da convenção antenupcial não se confunde com sua **averbação** obrigatória no lugar da situação dos imóveis de propriedade do casal, ou dos que foram adquiridos e sujeitos a regime de bens diversos do comum. Referida averbação é realizada com fulcro neste dispositivo em comento.

Ralpho Valdo de Barros Monteiro Filho adverte que "o registro ora em análise diz respeito exclusivamente ao conteúdo jurídico da convenção antenupcial, i. e., tem por objeto a situação patrimonial dos cônjuges e objetiva dar esse conhecimento aos terceiros que se possam interessar por essa peculiaridade. É, assim, ato principal e autônomo, realizado em livro específico para tanto. É diferente da averbação, cujo objeto é fazer vincular às matrículas de bens imóveis essa situação patrimonial dos cônjuges. Nesse sentido, o pacto antenupcial é visto em cotejo com o imóvel a ele ligado, e a situação jurídica que importa não é apenas a dos cônjuges autonomamente, mas a deles em relação direta com a coisa imóvel" (*Lei de Registros Públicos comentada*. Rio de Janeiro: Forense, 2019, p. 591).

O registro no Livro 3 – Registro Auxiliar deve ser feito à **vista de certidão de casamento e de traslado ou certidão da escritura de pacto antenupcial,** não se admitindo registro de cópia, mesmo que autenticada, ao passo que para as averbações nas matrículas dos imóveis já existentes, bem como nos que vierem a ser adquiridos pelo casal (Livro 2), o interessado pode apresentar a simples certidão de casamento, da qual conste o regime de bens. Para que seja observado o princípio da continuidade, as averbações só podem ser feitas após o registro no Livro 3 – Registro Auxiliar.

2. JURISPRUDÊNCIA COMPLEMENTAR

SUPERIOR TRIBUNAL DE JUSTIÇA

EMENTA: DIREITO DE FAMÍLIA. CASAMENTO CELEBRADO NA VIGÊNCIA DO CÓDIGO CIVIL DE 1916. REGIME DE BENS. ALTERAÇÃO. POSSIBILIDADE. EXIGÊNCIAS PREVISTAS NO ART. 1.639, § 3º, DO CÓDIGO CIVIL. JUSTIFICATIVA DO PEDIDO. DIVERGÊNCIA QUANTO À CONSTITUIÇÃO DE SOCIEDADE EMPRESÁRIA POR UM DOS CÔNJUGES. RECEIO DE COMPROMETIMENTO DO PATRIMÔNIO DA ESPOSA. MOTIVO, EM PRINCÍPIO, HÁBIL A AUTORIZAR A MODIFICAÇÃO DO REGIME. RESSALVA DE DIREITOS DE TERCEIROS.

1. O casamento há de ser visto como uma manifestação vicejante da liberdade dos consortes na escolha do modo pelo qual será conduzida a vida em comum, liberdade essa que se harmoniza com o fato de que a intimidade e a vida privada são invioláveis e exercidas, na generalidade das vezes, em um recôndito espaço privado também erguido pelo ordenamento jurídico à condição de "asilo inviolável".

2. Assim, a melhor interpretação que se deve conferir ao art. 1.639, § 2º, do CC/02 é a que não exige dos cônjuges justificativas exageradas ou provas concretas do prejuízo na manutenção do regime de bens originário, sob pena de se esquadrinhar indevidamente a própria intimidade e a vida privada do consortes.

3. No caso em exame, foi pleiteada a alteração do regime de bens do casamento dos ora recorrentes, manifestando eles como justificativa a constituição de sociedade de responsabilidade limitada entre o cônjuge varão e terceiro, providência que é acauteladora de eventual comprometimento do patrimônio da esposa com a empreitada do marido. A divergência conjugal quanto à condução da vida financeira da família é justificativa, em tese, plausível à alteração do regime de bens, divergência essa que, em não raras vezes, se manifesta ou se intensifica quando um dos cônjuges ambiciona enveredar-se por uma nova carreira empresarial, fundando, como no caso em apreço, sociedade com terceiros na qual algum aporte patrimonial haverá de ser feito, e do qual pode resultar impacto ao patrimônio comum do casal. 4. Portanto, necessária se faz a aferição da situação financeira atual dos cônjuges, com a investigação acerca de eventuais dívidas e interesses de terceiros potencialmente atingidos, de tudo se dando publicidade (Enunciado nº 113 da I Jornada de Direito Civil CJF/STJ). 5. Recurso especial parcialmente provido. (STJ – REsp nº 1.119.462 – MG – 4ª Turma – Rel. Min. Luis Felipe Salomão – DJ 12.03.2013)

TRIBUNAL DE JUSTIÇA DO ESTADO DE SÃO PAULO CONSELHO SUPERIOR DA MAGISTRATURA

EMENTA: REGISTRO DE IMÓVEIS – Carta de adjudicação – Princípios da especialidade subjetiva e disponibilidade – Imóvel de propriedade do casal – Necessidade de averbação do nome do cônjuge e do regime de bens – Aquisição por condomínio – Inadmissibilidade – Não ocorrência da hipótese contemplada no artigo 63, § 3º, da Lei 4.591/64 – Dúvida procedente – Recurso do Ministério Público provido – Recurso do condomínio não provido (Apelação Cível 101.422-0/2, rel. Luiz Tâmbara – São Paulo – 29/05/03 – v. u).

CORREGEDORIA GERAL DA JUSTIÇA

EMENTA: REGISTRO DE IMÓVEIS – Averbação de ofício, noticiando acordo celebrado em separação judicial em que o ex-marido se comprometeu a adquirir imóvel em seu nome e, depois de quitado o financiamento, transferido para o nome de sua ex-mulher – Inviabilidade – Falta de previsão legal – Obrigação de natureza pessoal – Recurso não provido (Processo CG nº 2011/76793 (360/2011-E).

3. QUESTÕES DE CONCURSOS

01. (Vunesp – Cartório – Provimento – TJ – SP/2018) Assinale a alternativa correta relativa à escritura de pacto antenupcial, já registrada no livro nº 3 do registro de imóveis do primeiro domicílio do casal, em caso de mudança deste para outra comarca.

a) Somente poderá ser registrada novamente em caso de a mudança ser para outra unidade da federação.
b) Não poderá ser novamente registrada, por ser vedada a duplicidade de registros do mesmo título.
c) O novo registro é obrigatório em razão da necessária publicidade do regime de bens do casal em relação a terceiros, no caso de existirem imóveis registrados em nome de um dos cônjuges.
d) A requerimento das partes poderá ser registrada na circunscrição imobiliária do novo domicílio.

02. (IESES – Cartório – TJ – PB/2014) Quanto ao pacto antenupcial, observe as afirmativas abaixo:

I. Deve ser feito por escritura pública ou escrito particular e anteceder à celebração do casamento.
II. Optando os nubentes pelo regime legal – comunhão parcial de bens – não se mostra necessária a confecção de pacto antenupcial.
III. O regime de bens poderá ser alterado a qualquer tempo na vigência do casamento, mediante a confecção de nova escritura pública.
IV. O regime de bens determinado na escritura pública de pacto antenupcial somente se torna oponível a terceiros após registro, em livro especial, pelo oficial do Registro de Imóveis do domicílio dos cônjuges.

a) Estão corretas apenas as alternativas II, III e IV.
b) Estão corretas apenas as alternativas I, II e IV.
c) Estão corretas apenas as alternativas II e IV.
d) Estão corretas apenas as alternativas I e III.

GAB	1	D	2	C

2) por cancelamento, da extinção dos ônus e direitos reais;

1. COMENTÁRIOS

No Brasil, a aquisição de direitos reais sobre bens imóveis, constituídos ou transmitidos por atos inter vivos, deve ocorrer obrigatoriamente por meio do registro do título na Serventia Imobiliária.

Pelo princípio da inscrição, entende-se que a transmissão de direito real por ato *inter vivos* somente ocorre por meio do registro do título translativo no Registro de Imóveis. Equivale dizer, a **constituição, transmissão, modificação ou extinção dos direitos reais sobre imóveis só se operam entre vivos**, mediante sua **inscrição no registro**. Nesse sentido, o art. 172 da Lei 6.015/1973:

> **Art. 172.** No Registro de Imóveis serão feitos, nos termos desta Lei, o registro e a averbação dos títulos ou atos constitutivos, declaratórios, translativos e extintos de direitos reais sobre imóveis reconhecidos em lei, "*intervivos*" ou "*mortis* causa" quer para sua constituição, transferência e extinção, quer para sua validade em relação a terceiros, quer para a sua disponibilidade.

O art. 1.227 do Código Civil também possui norma nessa direção. Vejamos:

Art. 1.227. Os direitos reais sobre imóveis constituídos, ou transmitidos por atos entre vivos, só se adquirem com o registro no Cartório de Registro de Imóveis dos referidos títulos (arts. 1.245 a 1.247), salvo os casos expressos neste Código.

Afrânio de Carvalho considera dois enfoques oriundos do princípio da inscrição: o primeiro, **constitutivo** uma vez que se relaciona com o surgimento do direito real; e o segundo, **declarativo**, que visa publicar os atos jurídicos produzindo seus efeitos, tutelando o patrimônio alcançado pelo registro (*Registro de Imóveis*. Rio de Janeiro, Forense, 1976).

O Conselho Superior da Magistratura Paulista se posicionou da seguinte forma: "como é elementar, em nosso direito positivo a aquisição da propriedade imóvel não se adquire *solu consensu*. Gera o contrato tão somente um direito de crédito, também denominado de direito pessoal. Tem o registro, no caso, efeito constitutivo, criador do direito real de propriedade. Em termos diversos, a criação, extinção ou transmissão de direitos reais sobre bens imóveis só se operam por ato *inter vivos*, mediante inscrição no registro (princípio da inscrição). Inviável, diante do acima exposto, sustentar, em nosso sistema jurídico, que a ultimação do contrato gera direito adquirido à transmissão da propriedade imobiliária no registro. Isso porque a mutação jurídico-real é um ato complexo (título somado a registro), que somente gerará direito adquirido se decorrido por inteiro, com todos os seus elementos constitutivos, na pendência da lei a que é contemporânea."

Frise-se que **atos *causa mortis*** também devem ser levados a registro, assim como os **atos declaratórios da propriedade** (exemplo: usucapião). O fato desses atos declaratórios não constituírem o registro, levou Afrânio de Carvalho a designá-los de **declarativos-integrativos** porque eles visam integrar a cadeia filiatória (evitar lacunas), devendo assim, ser levados a registro para a manutenção do princípio da continuidade.

O título levado a registro, entretanto, pode ser **anulado por decisão judicial,** devendo tal anulação ser averbada na matrícula do imóvel, cancelando-se assim o registro. Isto se dará por meio de mandado extraído dos autos do respectivo processo.

O cancelamento do registro é feito por meio de averbação porque a sentença desconstitui o negócio jurídico e a partes retornam ao *statu quo ante*, isto é, ao estado em que se encontravam antes da realização do negócio jurídico.

Frise-se que a anulação pode ocorrer em razão de vícios, seja do consentimento, como erro, dolo, coação, lesão e estado de perigo, ou vícios sociais, como a simulação e fraude contra credores. Existem outras causas que podem invalidar o negócio jurídico registrado, resultando também na anulação do título. Além disso, outras causas podem ensejar o cancelamento do registro, conforme as hipóteses previstas no art. 250 da Lei 6.015/1973.

O tema 'cancelamento' será objeto de análise aprofundada nos comentários dos arts. 248 a 259 desta Lei.

2. JURISPRUDÊNCIA COMPLEMENTAR

⊙ TRIBUNAL REGIONAL FEDERAL 4ª REGIÃO

▶ **EMENTA:** AÇÃO DE ANULAÇÃO DE REGISTRO PÚBLICO. CANCELAMENTO DE HIPOTECA. FRAUDE. LEGITIMIDADE PASSIVA. DENUNCIAÇÃO DA LIDE. TITULAR DO REGISTRO DE IMÓVEIS. FALSIFICAÇÃO DE DOCUMENTO. ÔNUS DE SUCUMBÊNCIA.

1. Em ação que pretende anular cancelamento de hipoteca obtido mediante fraude, visando restaurar a garantia real do autor, o atual proprietário do imóvel é também legitimado passivamente para responder a ação.

2. Nesta ação não cabe, no entanto, denunciação da lide ao titular do registro de imóveis, pois da pretensão não decorre sua responsabilidade subjetiva.

3. A comparação de documentos com a assinatura original e do documento com a assinatura falsificada, bem como a fotocópia de inquérito na Polícia Federal que conclui pela falsidade do documento, são elementos suficientes para o juiz se convencer da ocorrência de fraude, mesmo sem a produção de prova pericial.

4. Se o denunciado chegou a contestar a ação, e mais tarde foi excluído da lide, o denunciante deve arcar com seus honorários.

5. Apelo improvido. (TRF 4ª Reg. AC 200004010639135, Rel. Des. Fed. JOÃO PEDRO GEBRAN NETO, 4ª T. DJ 15/05/2002)

3. QUESTÃO DE CONCURSO

01. (Cespe – Cartório-PI/2013) De acordo com a Lei de Registros Públicos, é objeto de averbação:

a) o contrato de locação de prédio com cláusula de vigência para o caso de alienação da coisa locada.

b) a servidão.

c) a extinção de direito real por cancelamento.

d) o usufruto sobre imóvel quando não resultar do direito de família.

e) a hipoteca convencional.

GAB	1	C

3) dos contratos de promessa de compra e venda, das cessões e das promessas de cessão a que alude o Decreto-lei nº 58, de 10 de dezembro de 1937, quando o loteamento se tiver formalizado anteriormente à vigência desta Lei;

1. COMENTÁRIOS

Conforme analisado nos comentários do art. 167, inciso I, item 9 desta Lei, quando se tratar de loteamento formalizado ou instituição de condomínio realizado **após a vigência da Lei 6.015/1973**, o ato será o de **registro**.

Por outro lado, os contratos de compromisso de compra e venda e das promessas de cessão, feita **com base no Decreto-lei 58/1937**, quando o loteamento tiver sido formalizado **anteriormente à vigência da lei registral**, o ato será o da **averbação**.

O fundamento para tal entendimento é que o loteamento já havia sido formado anteriormente à Lei de Registros Públicos. Sendo assim, não havia uma legislação que obrigasse tal registro. Em outras palavras, considerando que o negócio jurídico já existia, a simples averbação de tal ato no Registro de Imóveis seria suficiente para a constituição do direito real previsto no referido decreto.

4) da mudança de denominação e de numeração dos prédios, da edificação, da reconstrução, da demolição, do desmembramento e do loteamento de imóveis;

1. COMENTÁRIOS

As hipóteses elencadas neste dispositivo têm o condão de provocar modificações no **estado de fato** do imóvel.

Em obediência ao **princípio da inscrição**, previsto no art. 172 da Lei 6.015/1973, segundo o qual a constituição, transmissão, modificação ou extinção dos direitos reais sobre imóveis só se operam entre vivos, mediante sua inscrição no registro, é imperativa a averbação destas situações fáticas. Com efeito, a matrícula deve se ajustar à situação de fato.

Sobre o desmembramento e o loteamento de imóveis, remetemos o leitor aos comentários do art. 167, inciso I, item 19, e inciso II, item 3, desta lei, para uma melhor compreensão e aprofundamento do tema.

Ademais, compartilhamos dos mesmos argumentos de Venício Antonio de Paula Salles, que com tradicional clareza e objetividade, explica: "O item 19 do art. 167 alude incisivamente ao registro do "loteamento", sem mencionar os desmembramentos. Evidencia que se trata de falha legal, que não deve privar o aplicador do direito da melhor compreensão, pois são positivamente **registráveis** tanto o loteamento como o desmembramento. Não se concebe sentido lógico ou jurídico em aceitar a registrabilidade dos loteamentos, ficando os desmembramentos submetidos a mero ato de averbação. Parte da doutrina, de forma pouco sistemática, apresenta entendimento de que a LRP conferiu tratamento diverso para as duas formas de parcelamento, **e apoiam suas conclusões no item "4" do inciso II do art. 167 da LRP, que alude simplesmente a "mudança de denominação e de numeração dos prédios, da edificação, da reconstrução, da demolição, do desmembramento e do loteamento de imóveis.** Essa disposição não representa escora para a conclusão de que os desmembramentos são averbáveis, até porque, por sua literalidade, alude apenas à mudança do nome da rua ou do respectivo número de qualquer bem imóvel, parcelado, dividido ou unitário. A disposição apenas cumpre o disposto no art. 246 da LRP, pois são averbáveis as alterações de informação dos registros. Evidentemente, o desmembramento também se submete a registro, pois registra-se o nascimento de toda nova propriedade (fracionada). Aliás, o art. 18 da Lei 6.766/1979 foi objetivo ao aludir a "registro do loteamento e do desmembramento". (*Lei de Registros Públicos comentada.* Rio de Janeiro: Forense, 2019, p. 676).

2. JURISPRUDÊNCIA COMPLEMENTAR

⊙ TRIBUNAL DE JUSTIÇA DO ESTADO DE MINAS GERAIS

EMENTA: SUSCITAÇÃO DE DÚVIDA – REGISTRO DE IMÓVEL – DIVERGÊNCIA ENTRE OS DADOS CONSTANTES DO TÍTULO JUDICIAL E A RESPECTIVA TRANSCRIÇÃO NO CARTÓRIO – PRINCÍPIO DA ESPECIALIDADE – AVERBAÇÃO DA EDIFICAÇÃO – NECESSIDADE – SENTENÇA MANTIDA. Pelo princípio da especialidade, há de haver a perfeita individualização de todo o imóvel, assim como a necessidade de sua sintonia descritiva com o registro ou transcrições anteriores. Inexistindo coincidência entre o título apresentado e os dados do registro real, é vedado ao Oficial do Cartório competente arquivar a sua transcrição no registro imobiliário. No presente caso, demonstrou-se a necessidade da averbação da edificação realizada no imóvel levado a registro, conforme disposto no art. 167, II, 4 da Lei 6.015/76. (TJMG – Ap. Civ. 1.0145.07.425960-0/001, DES. MAURO SOARES DE FREITAS, Publicação 19/06/2009)

5) da alteração do nome por casamento ou por desquite, ou, ainda, de outras circunstâncias que, de qualquer modo, tenham influência no registro ou nas pessoas nele interessadas;

1. COMENTÁRIOS

Os arts. 17 e 18 da Lei do Divórcio (Lei 6.515/1977) fazem referência ao uso do nome no casamento. Modernamente, o art. 1.565, § 1º do Código Civil trata da eficácia ou dos efeitos que irradiam a partir do casamento, estipulando que qualquer dos nubentes, querendo, poderá acrescer ao seu o sobrenome do outro.

Dessa forma, o Código Civil de 2002 inovou ao assegurar a possibilidade de acréscimo pelo marido do sobrenome da mulher, em harmonia com a igualdade de direitos do art. 5º da Constituição Federal.

A partir disso, a legislação foi se adequando, e atualmente essa alternativa está expressa inclusive na Lei de Registros Públicos, com a alteração introduzida pela Lei n. 14.382/2022, notadamente no art. 57, já estudado minuciosament nesta obra, em diálogo com o Código Nacional de Normas. Reinaldo Velloso dos Santos ensina que "a indicação deve ser feita preferencialmente no memorial de habilitação de casamento. Nada impede, no entanto, que seja feita posteriormente, até mesmo no ato de celebração, fazendo-se menção a essa alteração no assento de casamento". Nesse sentido, a Egrégia Corregedoria-Geral da Justiça de São Paulo decidiu que o Oficial de Registro fará consignar no assento o nome declarado, mencionado que a declaração foi feita durante a cerimônia" (*Registro Civil das Pessoas Naturais*. Porto Alegre: Fabris Editor, 2006, p. 104).

Este dispositivo fortalece a ideia de que o registro deve traduzir, de forma verdadeira e confiável, o real estado de fato e de direito das pessoas naturais que possuem propriedade imóvel. Assim, assegura-se a publicidade, um dos pilares do registro imobiliário.

2. JURISPRUDÊNCIA COMPLEMENTAR

TRIBUNAL DE JUSTIÇA DO ESTADO DO RIO DE JANEIRO

EMENTA: EMBARGOS DE TERCEIRO – Alegação de nulidade da Execução porque não intimado, da penhora sobre imóvel, o cônjuge do executado. Não houve a intimação do cônjuge do executado porque não constava a averbação do casamento do devedor perante o Registro Imobiliário, descumprindo-se a regra do artigo 167, inciso II, item 5 da Lei nº 6.015/73. O credor não teria condições de adivinhar o nome e residência de cônjuge de devedor residente em outro país, Portugal. Inexistência de violação ao artigo 655, parágrafo 2º do Código de Processo Civil – Respeito à meação do cônjuge, na forma do artigo 655-B, porque reservado 50% do produto da alienação para o cônjuge mulher – Retificação da Sentença para julgar improcedentes os Embargos Desprovimento da Apelação. (TJRJ – APC 0038072-70.2008.8.19.0002 Des. CAMILO RIBEIRO RULIERE, 1ª C. Civel, Julgamento: 02/10/2012).

6) dos atos pertinentes a unidades autônomas condominiais a que alude a Lei nº 4.591, de 16 de dezembro de 1964, quando a incorporação tiver sido formalizada anteriormente à vigência desta Lei;

1. COMENTÁRIOS

Conforme analisado nos comentários do art. 167, inciso I, item 18, desta Lei, quando se tratar de incorporações, instituições e especificações de condomínios realizados **após a vigência da Lei 6.015/1973**, o ato será o de **registro**.

De outro giro, quando se tratar de incorporações, instituições e especificações de condomínios realizados **antes da vigência da LRP**, o ato que se impõe será o da **averbação**.

O fundamento para este entendimento é que as incorporações, instituições e especificações de condomínios já haviam se formado anteriormente à Lei de Registros Públicos. Portanto, não havia uma legislação que obrigasse tal registro. Em outras palavras, considerando que o negócio jurídico já existia, a simples averbação de tal ato no Registro de Imóveis seria suficiente para a constituição do direito real previsto na referida lei.

7) das cédulas hipotecárias;

1. COMENTÁRIOS

Cédula hipotecária consiste no título de crédito lastreado por hipoteca. É o instrumento hábil para a representação dos respectivos créditos hipotecários. Representa, assim, um financiamento bancário respaldado em garantia real sobre determinado imóvel.

A cédula hipotecária foi criada pelo Decreto-lei 70/1966, que tornou possível a circulação dos créditos hipotecários em favor de credores específicos, quais sejam, instituições financeiras e companhias de seguro. É o que se depreende do art. 10. Vejamos:

> **Art. 10.** É instituída a cédula hipotecária para hipotecas inscritas no Registro Geral de Imóveis, como instrumento hábil para a representação dos respectivos créditos hipotecários, a qual poderá ser emitida pelo credor hipotecário nos casos de:
>
> I – operações compreendidas no Sistema Financeiro da Habitação;
>
> II – hipotecas de que sejam credores instituições financeiras em geral, e companhias de seguro;

III – hipotecas entre outras partes, desde que a cédula hipotecária seja originariamente emitida em favor das pessoas jurídicas a que se refere o inciso II supra.

§ 1º A cédula hipotecária poderá ser integral, quando representar a totalidade do crédito hipotecário, ou fracionária, quando representar parte dele, entendido que a soma do principal das cédulas hipotecárias fracionárias emitidas sobre uma determinada hipoteca e ainda em circulação não poderá exceder, em hipótese alguma, o valor total do respectivo crédito hipotecário em nenhum momento.

§ 2º Para os efeitos do valor total mencionado no parágrafo anterior, admite-se o cômputo das correções efetivamente realizadas, na forma do artigo 9º, do valor Monetário da dívida envolvida.

§ 3º As cédulas hipotecárias fracionárias poderão ser emitidas em conjunto ou isoladamente a critério do credor, a qualquer momento antes do vencimento da correspondente dívida hipotecária.

A emissão de cédula hipotecária também é admitida sobre segunda hipoteca, desde que tal circunstância seja expressamente declarada com evidência, no seu anverso.

As cédulas hipotecárias deverão ser **averbadas na matrícula do imóvel hipotecado**, no **Livro 2 – Registro Geral** e deverão conter, obrigatoriamente, nos termos do art. 15 do aludido Decreto:

I – No anverso:

a) nome, qualificação e endereço do emitente, e do devedor;

b) número e série da cédula hipotecária, com indicação da parcela ou totalidade do crédito que represente;

c) número, data, livro e folhas do Registro Geral de Imóveis em que foi inscrita a hipoteca, e averbada a cédula hipotecária;

d) individualização, do imóvel dado em garantia;

e) o valor da cédula, como previsto nos artigos 10 e 12, os juros convencionados e a multa estipulada para o caso de inadimplemento;

f) o número de ordem da prestação a que corresponder a cédula hipotecária, quando houver;

g) a data do vencimento da cédula hipotecária ou, quando representativa de várias prestações, os seus vencimentos de amortização e juros

h) a autenticação feita pelo oficial do Registro-Geral de Imóveis;

i) a data da emissão, e as assinaturas do emitente, com a promessa de pagamento do devedor;

j) o lugar de pagamento do principal, juros, seguros e taxa.

II – No verso, a menção ou locais apropriados para o lançamento dos seguintes elementos:

a) data ou datas de transferência por endosso;

b) nome, assinatura e endereço do endossante;

c) nome, qualificação, endereço e assinatura do endossatário;

d) as condições do endosso;

e) a designação do agente recebedor e sua comissão.

Parágrafo único. A cédula hipotecária vinculada ao Sistema Financeiro da Habitação deverá conter ainda, no verso, a indicação dos seguros obrigatórios, estipulados pelo Banco Nacional da Habitação.

O art. 13 do Decreto-lei 70/1966 preceitua que a cédula hipotecária **só poderá ser lançada à circulação depois de averbada à margem da inscrição da hipoteca** a que disser respeito, no Registro-Geral de Imóveis, observando-se para essa averbação o disposto na legislação e regulamentação dos serviços concernentes aos registros públicos, no que couber. E continua o parágrafo único: "Cada cédula hipotecária averbada será autenticada pelo Oficial do Registro-Geral de Imóveis competente, com indicação de seu número, série e data, bem como do livro, folhas e a data da inscrição da hipoteca a que corresponder a emissão e à margem da qual for averbada".

A **averbação de cédula hipotecária não será admitida,** quando haja prenotação, inscrição ou averbação de qualquer outro ônus real, ação, penhora ou procedimento judicial que afetem o imóvel, direta ou indiretamente, ou de cédula hipotecária anterior, salvo nos casos das cédulas hipotecárias fracionárias ou lastreadas em hipoteca de segundo grau.

A cédula hipotecária é sempre nominativa, e de emissão do credor da hipoteca a que disser respeito, podendo ser transferida por endosso em preto lançado no seu verso, aplicando-se à espécie, no que o Decreto-lei 70/1966 não contrarie, os artigos 286 e seguintes do Código Civil.

Emitida a cédula hipotecária, passa a hipoteca sobre a qual incidir e fazer parte integrante dela, acompanhando-a nos endossos subsequentes, sub-rogando-se automaticamente o favorecido ou o endossatário em todos os direitos creditícios respectivos, que serão exercidos pelo último deles, titular pelo endosso em preto.

Ressalte-se que na emissão e no endosso da cédula hipotecária, o emitente e o endossante permanecem solidariamente responsáveis pela boa liquidação do crédito, a menos que avisem o devedor hipotecário e o segurador quando houver, de cada emissão ou endosso, até 30 (trinta) dias após sua realização através de carta (do emitente ou do endossante, conforme o caso), entregue mediante recibo ou enviada pelo registro de Títulos e Documentos, ou ainda por meio de notificação judicial, indicando-se, na carta ou na notificação, o nome, a qualificação e o endereço completo do beneficiário (se se tratar de emissão) ou do endossatário (se se tratar de endosso).

Na emissão e no endosso da cédula hipotecária é dispensável a outorga uxória.

No que se refere ao prazo, o art. 19 dá a diretriz: "*Nenhuma cédula hipotecária poderá ter prazo de resgate diferente do prazo da dívida hipotecária a que disser respeito, cujo vencimento antecipado, por qualquer motivo, acarretará automaticamente o vencimento, identicamente antecipado, de todas as cédulas hipotecárias que sobre ela houverem sido emitidos".*

A cédula hipotecária pode ser resgatável antecipadamente, desde que o devedor efetue o pagamento correspondente ao seu valor, corrigido monetariamente até a data da liquidação antecipada. Se o credor recusar infundadamente o recebimento, poderá o devedor consignar judicialmente as importâncias devidas, cabendo ao Juízo determinar a expedição de comunicação ao Registro de Imóveis para o **cancelamento da correspondente averbação ou da inscrição hipotecária,** quando se trate de liquidação integral desta.

O art. 21 estabelece a **vedação de emissão de cédulas hipotecárias sobre hipotecas** cujos contratos não prevejam a obrigação do devedor de:

> **I)** conservar o imóvel hipotecado em condições normais de uso;
>
> **II)** pagar nas épocas próprias todos os impostos, taxas, multas, ou quaisquer outras obrigações fiscais que recaiam ou venham a recair sobre o imóvel;
>
> **III)** manter o imóvel segurado por quantia no mínimo correspondente ao do seu valor monetário corrigido.

O **cancelamento da averbação da cédula hipotecária e da inscrição da hipoteca respectiva,** quando se trate de liquidação integral desta, far-se-ão:

> **I)** à vista das cédulas hipotecárias devidamente quitadas, exibidas pelo devedor ao Oficial do Registro Geral de Imóveis. Neste caso, se o devedor não possuir a cédula hipotecária quitada, poderá suprir a falta com a apresentação de declaração de quitação do emitente ou endossante em documento à parte.
>
> **II)** nos casos dos artigos 18 e 20 do Decreto-lei 70/1966 (liquidação total ou parcial da hipoteca, sobre a qual haja sido emitido o título ou se este tiver sido resgatado antecipadamente);
>
> **III)** por sentença judicial transitada em julgado.

Todavia, existem alguns óbices ao cancelamento. O art. 698 do CPC/1973 dizia que não se efetuaria a adjudicação ou alienação de bem do executado **sem que da execução fosse cientificado**, por qualquer modo idôneo e com pelo menos 10 (dez) dias de antecedência, o senhorio direto, o credor com garantia real ou com penhora anteriormente averbada, que não fosse de qualquer modo parte na execução. Este dispositivo tem correspondência no CPC/2015, a saber:

> **Art. 889.** Serão cientificados da alienação judicial, com pelo menos 5 (cinco) dias de antecedência: (...)
>
> V – o credor pignoratício, hipotecário, anticrético, fiduciário ou com penhora anteriormente averbada, quando a penhora recair sobre bens com tais gravames, caso não seja o credor, de qualquer modo, parte na execução;

Assim, se os credores hipotecários que não forem partes na execução, não forem cientificados, fica proibido o cancelamento.

Em outras palavras, o art. 889, inciso V, do Código de Processo Civil estabelece que, antes da alienação judicial de bens com gravames (como penhor, hipoteca, antícresis, propriedade fiduciária ou penhora previamente registrada), é obrigatório notificar os credores dessas garantias, com pelo menos cinco dias de antecedência, caso esses credores não sejam partes na execução. Assim, se os credores hipotecários que não forem partes na execução, não forem cientificados, fica proibido o cancelamento.

Nesse sentido, o art. 251, inciso II, da Lei 6.015/1973 traz disposição estabelecendo que o cancelamento de hipoteca só pode ser feito em razão de procedimento administrativo ou contencioso, no qual o credor tenha sido intimado (art. 889 do novo Código de Processo Civil).

O Decreto-lei 70/1966 traz uma espécie de **crime de estelionato** em seu art. 27, prescrevendo que a emissão ou o endosso de cédula hipotecária com infringência deste decreto-lei, constitui, para o emitente ou o endossante, crime de estelionato, sujeitando-o às sanções do artigo 171 do Código Penal.

Merece destaque em razão da conexão com o tema ora em análise, a regra do art. 291 desta Lei de Registros Públicos. Vejamos:

> **Art. 291** – A emissão ou averbação da Cédula Hipotecária, consolidando créditos hipotecários de um só credor, não implica modificação da ordem preferencial dessas hipotecas em relação a outras que lhes sejam posteriores e que garantam créditos não incluídos na consolidação.

O art. 291 foi incluído pela Lei 6.941/1981. No seu anteprojeto, justificou-se que a inclusão do novo artigo 291 tem sentido prático, visando a evitar que o credor de primeira e segunda hipotecas, ao consolidá-las, venha a perder a prioridade para todas as demais.

Por derradeiro, arremata Walter Ceneviva: "admitir que lançamento de cédula não averbada interfira com a preferência do registro constituiria quebra inaceitável do sistema. Todo título toma, no protocolo, número de ordem conforme a sequência de sua apresentação, assim sendo determinada a prioridade. Para esse efeito, a consolidação dos créditos de um credor, numa só cédula, e a averbação desta não constituem título novo. Subsiste a mesma ordem preferencial da hipoteca, sobre as que se lhe seguirem, ainda quando a cédula consolidadora tenha prenotação posterior e se refira a créditos não consolidados" (Op. cit., p. 291).

2. JURISPRUDÊNCIA COMPLEMENTAR

⊙ SUPERIOR TRIBUNAL DE JUSTIÇA

▶ **EMENTA:** CIVIL. CRÉDITO HIPOTECÁRIO. PREFERÊNCIA. O credor hipotecário, embora não tenha ajuizado execução, pode manifestar a sua preferência nos autos de execução proposta por terceiro. Não é possível sobrepor uma preferência processual a uma preferência de direito material. O processo existe para que o direito material se concretize. Recurso especial conhecido e provido. (STJ – REsp: 159930 SP 1997/0092175-1, Relator: Ministro ARI PARGENDLER, Data de Julgamento: 06/03/2003, T3 – TERCEIRA TURMA, Data de Publicação: DJ 16.06.2003 p. 332).

⊙ **TRIBUNAL REGIONAL FEDERAL 3ª REGIÃO**

▸ **EMENTA:** AGRAVO LEGAL – PROCESSUAL CIVIL – SISTEMA FINANCEIRO DA HABITAÇÃO – AÇÃO CAUTELAR – CONSTITUCIONALIDADE DA EXECUÇÃO EXTRAJUDICIAL – DECRETO-LEI Nº 70/66 – VALIDADE DA CLÁUSULA MANDATO – AUSÊNCIA DE ABUSIVIDADE – CÓDIGO DE DEFESA DO CONSUMIDOR – INAPLICABILIDADE NO CASO CONCRETO. I – No entendimento do C. Supremo Tribunal Federal, o Decreto-Lei nº 70/66 não ofende a ordem constitucional vigente, sendo passível de apreciação pelo Poder Judiciário eventual ilegalidade ocorrida no procedimento levado a efeito. II – A cláusula mandato, prevista contratualmente, outorga à CEF o direito de emitir cédula hipotecária assinada pelo devedor, para eventuais fins de execução extrajudicial, nos termos do Decreto-Lei 70/66, caso o mutuário deixe de honrar suas obrigações, o que não traduz em abuso de direito, mas mera facilitação do exercício regular de seu direito, na condição de credora hipotecária, nem tampouco se submete às regras do Código de Defesa do Consumidor. III – Agravo legal improvido. (TRF 3ª Reg. AC 00010438720094036126, Rel. Des. Fed. COTRIM GUIMARÃES, 2ª T. e-DJF3 Judicial: 12/04/2012)

8) da caução e da cessão fiduciária de direitos reais relativos a imóveis;

1. COMENTÁRIOS

No direito brasileiro existem duas modalidades de caução ou garantia: a caução ou garantia **real**, que inclui o penhor, a hipoteca, a anticrese e a alienação fiduciária, e a caução e garantia **pessoal**, como a fiança e o aval.

A caução ou garantia se constitui por hipoteca, anticrese ou alienação fiduciária quando o objeto for um bem imóvel. Por outro lado, se o objeto for um bem móvel, a garantia ou caução se dá pelo penhor ou pela alienação fiduciária.

O art. 1.451 do Código Civil também prevê a possibilidade de penhor de direitos que são passíveis de cessão sobre coisas móveis.

O registro é feito no Registro de Títulos e Documentos, mediante instrumento público ou particular.

O item 8 do art. 167 em comento fazia alusão à averbação da caução de direito relativo a imóveis. Isso inclui direitos decorrentes de contrato de promessa de compra e venda, de superfície, de alienação fiduciária em garantia e hipoteca. Ademais, encontramos uma regra no art. 43 do Decreto 70/1966, no seguinte sentido:

> "os empréstimos destinados ao financiamento da construção ou da venda de unidades mobiliárias poderão ser garantidos pela caução, cessão parcial ou cessão fiduciária dos direitos decorrentes de alienação de imóveis, aplicando-se, no que couber, o disposto nos parágrafos primeiro e segundo do artigo 22 da Lei número 4.864, de 29 de novembro de 1965".

Ocorre que o item 8 teve sua redação alterada pela MP n. 1.085/2021, convertida na Lei n. 14.382/2022.

Em um primeiro momento, a diferença parece ser bastante sutil. Veja-se:

Redação antiga: 8) da caução e da cessão fiduciária de **direitos** relativos a imóveis.

Redação atual: 8) da caução e da cessão fiduciária de **direitos reais** relativos a imóveis.

Indubitavelmente houve uma **restrição da norma**, pois agora somente se permite averbar no ofício imobiliário os **direitos reais relativos a imóveis,** sejam de caução ou de cessão fiduciária.

Em outras palavras, a Lei do SERP entendeu que os **direitos creditórios, mesmo que tratem de negócios imobiliários, prescindem de averbação na matrícula do imóvel quando forem objeto de caução ou cessão fiduciária ou de caução.**

No que diz respeito às cessões de crédito, sejam elas fiduciárias ou não, o ato é inscritível no Registro de Títulos e Documentos, em razão do art. 129, 10, da Lei n. 6.015/1973, bem como do art. 288 do Código Civil.

A **cessão fiduciária de direitos** consiste em um negócio jurídico que tem por escopo a garantia de um direito de crédito, originário de operações de financiamento nos contratos de alienação de bens imóveis.

Encontramos previsão sobre o tema nos artigos 51 e 52 da Lei 10.931/2004, que assim dispõe:

> **Art. 51.** Sem prejuízo das disposições do Código Civil, as obrigações em geral também poderão ser garantidas, inclusive por terceiros, por cessão fiduciária de direitos creditórios decorrentes de contratos de alienação de imóveis, por caução de direitos creditórios ou aquisitivos decorrentes de contratos de venda ou promessa de venda de imóveis e por alienação fiduciária de coisa imóvel.
>
> **Art. 52.** Uma vez protocolizados todos os documentos necessários à averbação ou ao registro dos atos e dos títulos a que se referem esta Lei e a Lei nº 9.514, de 1997, o oficial de Registro de Imóveis procederá ao registro ou à averbação, dentro do prazo de quinze dias.

Carlos Elias e Flávio Tartuce observam que o registro no RTD das cessões de crédito até poderia ser objeto de questionamento quanto a sua utilidade, tendo em vista a natureza incorpórea dos créditos e, consequentemente, a pouca serventia para discussão de pretenso *ius persequendi.* Entendemos, porém, que a exigência de registro no RTD para produção de eficácia contra terceiro tem sua importância em reduzir riscos de fraudes contra terceiros. O registro público, no mínimo, prova a data e a existência da cessão de direito, o que inibe falsos instrumentos de cessão antedatados, forjados, de modo oportunista, para burlar terceiros. Além do mais, com a nacionalização digital dos serviços registrais com o SERP, será mais seguro a terceiros adquirir créditos após fazerem buscas eletrônicas nos RTDs brasileiros de forma simplificada, na plataforma do SERP. Alerte-se que, caso se trate de uma **cessão de crédito com garantia real imobiliária**, a averbação na matrícula do imóvel será imperiosa (art. 167, II, "21", da LRP). O motivo é que, nesse caso, a cessão implicará uma mudança na titularidade do direito real de garantia objeto de um registro anterior na matrícula. Se, por exemplo, uma incorporadora cede seus créditos perante os adquirentes de imóveis "na planta" para um fundo de investimento imobiliário, essa cessão não precisará ser averbada na matrícula do imóvel. Isso, porque esse direito de crédito não é um direito real. Bastará o registro da cessão de crédito no RTD (art. 129, "10", da LRP; e arts. 221 e 288 do CC). Na hipótese de esse direito creditório estar garantido por um direito real de garantia imobiliária – como uma hipoteca ou uma propriedade fiduciária –, a averbação na matrícula será necessária por força do art. 167, II, "21", da LRP. A alteração legislativa foi motivada pelo fato de que, a rigor, a cessão fiduciária de direitos obrigacionais relativos a contratos imobiliários não é uma operação que afeta diretamente o direito real imobiliário, razão por que não precisaria ser averbada na matrícula do imóvel. A percepção defendida perante o Poder Legislativo foi a de que a exigência de averbação na matrícula serviria como um obstáculo burocrático a esses negócios tão recorrentes na prática, sem ganhos de segurança jurídica a terceiros. O registro no RTD seria suficiente para a devida publicidade (Op. cit. 153)

Ainda sobre direitos relativos a imóveis que podem ser dados em garantias, temos as disposições dos **arts. 1.417 e 1.418 do Código Civil**, bem como do **art. 17 da Lei 9.514/1997.**

Desse modo, não há que se confundir caução de direitos com caução de imóvel. A **caução de direitos era até então ato de averbação na matrícula do imóvel** a que se refere ao passo que, a **caução de imóvel** se constitui pela **hipoteca ou anticrese** registradas na Serventia Imobiliária, sem prejuízo da averbação de sua caução.

2. JURISPRUDÊNCIA COMPLEMENTAR

⊙ TRIBUNAL DE JUSTIÇA DO ESTADO DE SÃO PAULO

▶ **EMENTA**: Obrigação de fazer para compelir a ré à assinatura de contrato particular de venda e compra de imóvel com financiamento, pacto adjeto de alienação fiduciária de imóvel e outras avenças. Cessão de direitos e crédito relativos à unidade habitacional. Ré que com a cessão operada não pode se recusar à assinatura de novo contrato de venda e compra com financiamento, com pacto adjeto de alienação fiduciária de imóvel e outras avenças, agora estabelecido entre o cessionário e os adquirentes, porque por ela já recebido integralmente o preço da venda. Sentença de improcedência reformada. Recursos providos, com inversão dos ônus da sucumbência. (TJSP – APC 0023348-77.2010.8.26.0008, Relator(a): João Pazine Neto, 3ª C. Direito Privado, julgamento: 29/05/2012).

9) das sentenças de separação de dote;

1. COMENTÁRIOS

Pontes de Miranda define regime dotal como "aquele em que os patrimônios de ambos os cônjuges se conservam sob o regime da separação ou da comunhão, salvo uma porção trazida pela mulher, que será administrada pelo marido a fim de concorrer com seus frutos e rendimentos para a sustentação da família".

O dote era previsto nos arts. 278 ao 309 do Código Civil de 1916 e não foi contemplado pelo Código Civil de 2002. O legislador introduziu um novo regime de bens, chamado de *participação final nos aquestos* (arts. 1.672 a 1.686 do CC), que de uma forma geral, assemelha-se ao regime da comunhão parcial. No entanto, garante aos cônjuges mais liberdade e autonomia na administração de seus bens, assim como, individualmente quanto à responsabilidade pelas obrigações contraídas durante o casamento.

Assim, o regime dotal foi extinto do ordenamento jurídico, motivo pelo qual o inciso 27 está revogado.

O dote era **registrado** nas matrículas (Livro nº 2 – Registro Geral) de todos os bens dotais. Todavia, o dote só perdurava enquanto durava o casamento, ou seja, seu caráter era temporário. Assim, deveria ser restituído à administração da mulher ou aos seus herdeiros imediatamente ou até 30 dias após a dissolução da sociedade conjugal, sendo vedada a alienação, devido à sua destinação para cobrir encargos decorrentes do casamento.

Nos termos do art. 167, II, 9, desta Lei, o dote devia ser **averbado no registro da convenção antenupcial** em que foi estabelecido, além de ser **averbado na matrícula de cada um dos bens dotais**, com a finalidade de produzir efeitos perante terceiros.

10) do restabelecimento da sociedade conjugal;

1. COMENTÁRIOS

O art. 46 da Lei do Divórcio (Lei n. 6.515/1977) previu o restabelecimento da sociedade conjugal dispondo que "*seja qual for a causa da separação judicial, e o modo como esta se faça, é permitido aos cônjuges restabelecer a todo o tempo a sociedade conjugal, nos termos sem que fora constituída, contanto que o façam mediante requerimento nos autos da ação de separação. A reconciliação em nada prejudicará os direitos de terceiros, adquiridos antes e durante a separação, seja qual for o regime de bens*".

Também há previsão no Código Civil, acerca do restabelecimento da sociedade conjugal, no **art. 1.577**, neste sentido:

> **Art. 1.577.** Seja qual for a causa da separação judicial e o modo como esta se faça, é lícito aos cônjuges restabelecer, a todo tempo, a sociedade conjugal, por ato regular em juízo.

A **Lei n. 11.441/2007** possibilitou ainda que separações conjugais consensuais também ocorressem extrajudicialmente, mediante escritura pública no Tabelionato de Notas

Por sua vez, a **Resolução n. 35/2007** do Conselho Nacional de Justiça veio disciplinar a Lei 11.441/07 e faz alusão ao restabelecimento da sociedade conjugal:

> **Art. 48.** O restabelecimento de sociedade conjugal pode ser feito por **escritura pública, ainda que a separação tenha sido judicial**. Neste caso, é necessária e suficiente a apresentação de certidão da sentença de separação ou da averbação da separação no assento de casamento.
>
> **Art. 49.** Em escritura pública de restabelecimento de sociedade conjugal, o tabelião deve:
>
> a) fazer constar que as partes foram orientadas sobre a necessidade de apresentação de seu traslado no registro civil do assento de casamento, para a averbação devida;
>
> b) anotar o restabelecimento à margem da escritura pública de separação consensual, quando esta for de sua serventia, ou, quando de outra, comunicar o restabelecimento, para a anotação necessária na serventia competente; e
>
> c) comunicar o restabelecimento ao juízo da separação judicial, se for o caso.
>
> **Art. 50.** A sociedade conjugal não pode ser restabelecida com modificações.
>
> **Art. 51.** A averbação do restabelecimento da **sociedade conjugal somente poderá ser efetivada depois da averbação da separação no registro civil**, podendo ser simultâneas.

O legislador do **CPC/2015**, tendo em vista a realização de relevantes interesses sociais e individuais, prescreveu a seguinte regra no art. 733:

> **Art. 733.** O divórcio consensual, a separação consensual e a extinção consensual de união estável, não havendo nascituro ou filhos incapazes e observados os requisitos legais, poderão ser realizados por escritura pública, da qual constarão as disposições de que trata o art. 731.
>
> § 1º A escritura não depende de homologação judicial e constitui título hábil para qualquer ato de registro, bem como para levantamento de importância depositada em instituições financeiras.
>
> § 2º O tabelião somente lavrará a escritura se os interessados estiverem assistidos por advogado ou por defensor público, cuja qualificação e assinatura constarão do ato notarial.

Restabelecendo-se a sociedade conjugal, ocorre uma **situação modificadora da realidade** anterior, o que justifica a necessidade da averbação, com a finalidade de conhecimento de terceiros sobre tal situação. Nesse sentido, Serpa Lopes: "é a averbação do ato judicial do restabelecimento da sociedade conjugal o meio de publicidade necessária ao conhecimento de terceiros sobre essa nova situação" (Op. cit., p. 832).

É importante mencionar que o restabelecimento da sociedade conjugal deve ser **averbado primeiramente no Registro Civil das Pessoas Naturais**, conforme os termos do art. 29, § 1º, "a" e art. 101 da Lei 6.015/1973.

No que se refere à **averbação no registro imobiliário**, é necessário que os cônjuges anexem ao requerimento, a **certidão atualizada do registro civil**, atestando, assim, a primeira averbação do restabelecimento da sociedade conjugal.

Cabe uma última importante observação.

A **Emenda Constitucional 66/2010**, fruto de uma série de mudanças e alterações nos paradigmas sociais e das relações familiares, modificou a redação do parágrafo 6º do art. 226 da Constituição Federal de 1988: *"O casamento civil pode ser dissolvido pelo divórcio"*. A interpretação literal do texto deixa clara a supressão da necessidade de prévia separação judicial por mais de um ou da separação de fato por mais de dois anos. Todavia, divergências nas interpretações doutrinárias eram comuns.

De um lado, alguns entendiam que o divórcio passou a ser o único meio de dissolução do vínculo e da sociedade conjugal. De outro giro, a corrente majoritária defendia que a Emenda Constitucional se limitou apenas a suprimir o requisito temporal para o divórcio, não revogando a possibilidade de separação. Essa dúvida também afetou a aplicação da Lei 11.441/2007, levantando a questão de se, após a Emenda 66/2010, ainda seria possível realizar a separação por escritura pública.

O Tribunal do Rio Grande do Sul prolatou a **Súmula 64** que prevê que a Emenda Constitucional 66/2010, não baniu do ordenamento jurídico o instituto da separação judicial, dispensados, porém, os requisitos de um ano de separação de fato (quando litigioso o pedido) ou de um ano de casamento (quando consensual).

No mesmo sentido, **a Súmula 514 da Jornada de Direito Civil do Conselho da Justiça Federal**: "A Emenda Constitucional 66/2010 não extinguiu o instituto da separação judicial e extrajudicial".

Contudo, na **Apelação Cível nº 1.0024.09.735393-2/001**, o Tribunal de Justiça de Minas Gerais decidiu que o instituto da separação não perdura, pois não foi recepcionado pela nova ordem constitucional estabelecida pela emenda em comento.

A Escola Nacional de Notários e Registradores (ENNOR) apresentou a **Orientação n. 9**, que determina que, mesmo após a Emenda Constitucional 66/2010, o Oficial de Registro deve praticar o ato (registro/averbação) correspondente ao título de separação judicial ou extrajudicial.

Por sua vez, a ARPEN-SP editou o seguinte enunciado:

Enunciado ARPEN-SP 52: É possível à averbação de escritura pública ou mandado judicial de divórcio, independentemente de prévia separação judicial por mais de um ano ou de comprovada separação de fato por mais de dois anos.

⊙ Fundamento legal: Emenda Constitucional 66/2010 (notadamente sua ementa) e Resolução CNJ 35/2007, com alteração do pedido de providências 0005060-32.2010.2.00.0000, relator Conselheiro Jefferson Kravchychyn, publicado em 16/09/2010, edição 170/2010 do Diário Eletrônico do CNJ. Publicado em 24 de setembro de 2010. (Enunciado renumerado na compilação em 30/05/2014)

Em 2017, a **4ª Turma do Superior Tribunal** de Justiça colocou uma pá de cal no assunto. Ficou estabelecido que a entrada em vigor da Emenda Constitucional 66, que modificou o artigo 226 da Constituição Federal para deixar de condicionar o divórcio à prévia separação judicial ou de fato, não aboliu a figura da separação judicial do ordenamento jurídico brasileiro, mas apenas facilitou aos cônjuges o exercício pleno de sua autonomia privada. Ou seja, quem quiser pode se divorciar diretamente; quem preferir pode apenas se separar.

A separação é uma modalidade de extinção da sociedade conjugal que põe fim aos deveres de coabitação, fidelidade e ao regime de bens. Já o divórcio extingue o casamento e reflete diretamente sobre o estado civil da pessoa.

Em novembro de 2023, o **Supremo Tribunal Federal**, definiu, no dia 8 de Novembro de 2023, que as normas do Código Civil que tratam da separação judicial perderam a validade com a entrada em vigor da Emenda Constitucional (EC) 66/2010. Segundo a decisão, depois que essa exigência foi retirada da Constituição Federal, a efetivação do divórcio deixou de ter qualquer requisito, a não ser a vontade dos cônjuges. (RE 1.167.478, Tema 1.053). Em outras palavras, o STF decidiu que a exigência de Separação Judicial não é Requisito para Divórcio. Sem prejuízo, **preserva-se o estado civil das pessoas que já estão separadas, por decisão judicial ou escritura pública**, por se tratar de ato jurídico perfeito (art. 5º, XXXVI, da CF).

Essa temática foi minuciosamente analisada nos comentários do art. 29, § 1º, tópico 1.1 desta lei. Recomenda-se a leitura para complementação dos estudos.

2. JURISPRUDÊNCIA COMPLEMENTAR

⊙ ENUNCIADOS DO IBDFAM APROVADOS NO X CONGRESSO BRASILEIRO DE DIREITO DE FAMÍLIA, EM NOVEMBRO 2017

▶ **Enunciado 01.** A Emenda Constitucional 66/2010, ao extinguir o instituto da separação judicial, afastou a perquirição da culpa na dissolução do casamento e na quantificação dos alimentos.

▶ **Enunciado 02.** A separação de fato põe fim ao regime de bens e importa extinção dos deveres entre cônjuges e entre companheiros.

11) das cláusulas de inalienabilidade, impenhorabilidade e incomunicabilidade impostas a imóveis, bem como da constituição de fideicomisso;

1. COMENTÁRIOS

1.1 CLÁUSULAS DE INALIENABILIDADE, IMPENHORABILIDADE E INCOMUNICABILIDADE

O direito de propriedade sofre restrições quanto ao seu uso, gozo e disposição, por força das cláusulas de inalienabilidade, impenhorabilidade e incomunicabilidade.

A **inalienabilidade** decorrente da vontade somente pode ser imposta em **atos de liberalidade** (testamento ou doação), quando o testador ou doador assim determinam no testamento ou no instrumento de doação. Não se pode, portanto, estabelecer a inalienabilidade pura e simplesmente num contrato de compra e venda ou pelo próprio proprietário, exceção feita ao bem de família previsto no Código Civil (art. 1711 do CC). Se o donatário, ou o herdeiro, aceita a doação (ou herança) com referida restrição, deverá observá-la pelo período estabelecido na cláusula.

O testador também não pode impor cláusula de inalienabilidade, assim como de impenhorabilidade e incomunicabilidade sobre os bens da legítima, exceto se houver justa causa (art. 1848, *caput*). Trata-se de regra expressa no art. 1.848 do Código Civil. Ademais, o § 2º do citado artigo, estabelece que mediante autorização judicial e havendo justa causa, podem ser alienados os bens gravados, convertendo-se o produto em outros bens, que ficarão sub-rogados nos ônus dos primeiros.

Portanto, os herdeiros necessários (descendentes, ascendentes e cônjuge), em princípio, têm direito de receber a legítima (metade da herança) livre de qualquer espécie de restrição.

No tocante ao restante da herança, o testador tem liberdade para impor as cláusulas restritivas mesmo que não haja justa causa para tanto.

O Enunciado 2, do Colégio Notarial do Brasil, aprovado no XIX Congresso Notarial Brasileiro, realizado no mês de maio de 2014, define que nas escrituras de doação, não é necessário justificar a imposição de cláusulas restritivas sobre a legítima. A necessidade de indicação de justa causa (CC art. 1.848) limita-se ao testamento, não se estendendo às doações. Não é essa a posição de Mauro Antonini e parte da doutrina, veja-se: "na doação, o doador pode impor as cláusulas restritivas de inalienabilidade, impenhorabilidade e incomunicabilidade, mas o art. 1.848 não faz menção à necessidade de indicação de justa causa na doação. A despeito da falta de previsão legal expressa, a solução mais acertada parece ser considerar necessária a declaração de justa causa também na doação, quando represente adiantamento de legítima. A não se adotar tal entendimento, o doador, por meio de doação, conseguiria burlar a restrição do art. 1.848. Sendo a doação de ascendentes a descendentes, ou de um cônjuge a outro, adiantamento de legítima, por expressa previsão do art. 544, não há sentido em dar tratamento legal diferenciado à limitação da clausulação da legítima por testamento ou por doação. A coerência do sistema exige solução uniforme" (*Código Civil comentado.* Barueri: Manole, 2014, p. 2068).

A cláusula de inalienabilidade visa impedir a alienação do imóvel pelo donatário ou herdeiro que recebeu o bem. Dessa forma, o proprietário fica impedido também de hipotecar e dar o imóvel em anticrese.

A Súmula 49 do Supremo Tribunal Federal definiu que A cláusula de inalienabilidade inclui a incomunicabilidade dos bens. Por sua vez, o art. 1.911 do Código Civil preceitua que a cláusula de inalienabilidade, imposta aos bens por ato de liberalidade, implica impenhorabilidade e incomunicabilidade. Em outras palavras, adotou-se a orientação sumulado no diploma civil.

Alyne Yumi Konno explica que "em decorrência da inalienabilidade englobar a incomunicabilidade, em eventual separação ou divórcio, o imóvel doado a um dos cônjuges gravado com a cláusula de inalienabilidade não pode ser partilhado: não poderia, portanto, bem próprio do marido, gravado com cláusula de inalienabilidade, ter sido levado à partilha do patrimônio do casal, como se comum fosse. A operação levada a efeito significou transferência de bem inalienável, em manifesta afronta a cláusula restritiva. Isso porque a cláusula de incomunicabilidade consiste em impedir que o imóvel doado ou recebido em herança integre a comunhão estabelecida com o casamento. Assim, mesmo que o donatário ou herdeiro seja casado pelo regime da comunhão universal de bens, o imóvel recebido com a cláusula de incomunicabilidade não se comunicará com seu cônjuge. É o que estabelece o art. 1.668, inciso I, do CC" (*Registro de Imóveis. Teoria e Prática.* São Paulo: Memória Jurídica, 2010, p. 230).

No que se refere à **cláusula de impenhorabilidade**, esta tem por função **apenas impedir que o imóvel doado ou recebido por sucessão seja eventualmente apropriado por dívidas contraídas pelo donatário ou herdeiro**. Tal cláusula, entretanto, não tem o condão de impedir que o imóvel seja alienado espontaneamente. Assim, se o imóvel foi gravado apenas com as cláusulas de incomunicabilidade e de impenhorabilidade, sua alienação é possível sem necessidade do cancelamento prévio de tais cláusulas que, no entanto, serão canceladas em seguida ao registro da transmissão, haja vista as cláusulas não poderem ser sucessivas (KONNO, Alyne Yumi, op. cit., p. 230).

O recente Enunciado 27 da I Jornada de Direito Notarial e Registral expõe que a cláusula de impenhorabilidade, imposta em doação ou testamento, **não obsta a alienação do bem imóvel, nem a outorga de garantia real convencional** ou o **oferecimento voluntário à penhora, pelo beneficiário.**

⊙ Justificativa: A cláusula de impenhorabilidade é ocasionalmente evocada como motivo para a proibição de constituição de garantia real. Nesse aspecto, é relevante diferenciar a impenhorabilidade legal (art. 833 do CPC/2015 e Lei 8.009/1990), prevista com a finalidade de proteção do mínimo vital da pessoa física, quando executada em razão de créditos quirografários, das cláusulas impostas por ato de vontade, em doação ou testamento (Código Civil, arts. 979 e 1.848). Neste caso, as cláusulas não implicam a inalienabilidade do bem, salvo disposição expressa, nem tornam o bem fora do comércio. Em sendo o bem gravado alienável a título oneroso, pode ser naturalmente objeto de garantia real, que não é prejudicada pela cláusula de impenhorabilidade, cuja finalidade é a proteção contra a constrição involuntária. Desse modo, o proprietário de bem impenhorável não poderá involuntariamente sofrer penhora em processo de execução, mas não perde a faculdade de dispor de seu bem, a qualquer título, podendo constituir garantia real ou mesmo de oferecê-lo, voluntariamente, à penhora.

As cláusulas se classificam em **absolutas ou relativas, vitalícias ou temporárias.**

A **Inalienabilidade absoluta** ocorre quando o testador ou doador proíbe a alienação de todos os bens, a quem quer que seja. Nas palavras de Ademar Fioranelli "pode referir-se a um, alguns ou a todos os bens. Não havendo distinção, considera-se a restrição absoluta. No entanto, poderá ser levantada a restrição, mediante pedido fundamentado ao Juiz, com sub-rogação em outro bem, sobre o qual pesará o ônus (...)." (*Das cláusulas de inalienabilidade, impenhorabilidade* *e incomunicabilidade* – Série Direito Registral e Notarial", 1ª edição – 2ª tiragem, Saraiva, São Paulo, 2010, p. 21).

A **inalienabilidade relativa** consiste na cláusula que permite alienação a determinadas pessoas ou é restrita a certos bens da herança. Ensina Alyne Yumi que "é possível estabelecer a cláusula de inalienabilidade de forma relativa, desde que estabelecida de modo expresso, como por exemplo, quando é mantida dentro do grau estabelecido, mesmo que ocorrendo alienações entre os donatários ou herdeiros" (Op. cit., p. 236).

Ocorre a inalienabilidade **vitalícia** quando ela dura toda a vida do herdeiro, do legatário ou do donatário. Frise-se que a inalienabilidade perpétua, aquela transmitida sucessivamente por direito hereditário não é admitida em nosso direito pátrio.

No dizer de Clóvis Beviláqua a inalienabilidade não pode ser perpétua. Há de ter uma duração limitada ou vitalícia. Os vínculos perpétuos, ou cuja duração se estende além da vida de uma pessoa, são condenados. A inalienabilidade imobiliza os bens, impede a circulação das riquezas; é, portanto antieconômica, do ponto de vista social. Por considerações especiais, para defender a inexperiência dos indivíduos, para assegurar o bem-estar da família, para impedir a dilapidação dos pródigos, o direito consente em que seja temporariamente entravada a circulação de determinados bens (Op. cit., p. 345).

Por sua vez, é temporária a **inalienabilidade,** quando a restrição está ligada a um período certo e determinado de duração. A proibição desaparece com o cumprimento de determinada condição ou advento do termo estabelecido.

Não se discute na jurisprudência que o limite máximo para a duração da cláusula de inalienabilidade é a morte do donatário. Como se sabe, a perpetuidade da limitação é vedada, não se transferindo aos herdeiros.

Assim, para que haja o **cancelamento** destas cláusulas o próprio instituidor deve autorizar seu cancelamento. A outra hipótese cabível seria as partes recorrerem ao judiciário alegando justa causa a ser analisada pelo juiz, como por exemplo, a impossibilidade financeira de manter o bem.

Ressalte-se que as cláusulas devem ser **averbadas** para gravar o imóvel, nos termos do art. 167, II, 11, da Lei 6.015/1973.

Ademar Fioranelli preleciona que tais cláusulas são **meramente declaratórias**. Para José de Oliveira Ascensão, "a averbação não é constitutiva, mas necessária para fim de publicidade, isto é, para conhecimento de terceiros" (*Direito Civil:* reais. 5ed. Coimbra: Coimbra Ed., 1993, p. 333).

A seguir, um quadro didático comparativo sobre as cláusulas de inalienabilidade, impenhorabilidade e incomunicabilidade:

Aspecto	Cláusula de Inalienabilidade	Cláusula de Impenhorabilidade	Cláusula de Incomunicabilidade
Definição	Impede a venda ou transferência do bem	Impede que o bem seja penhorado por credores	Impede que o bem seja partilhado com o cônjuge
Finalidade	Proteger o bem da alienação voluntária ou involuntária	Proteger o bem contra execuções e dívidas do proprietário	Proteger o bem contra divisão em caso de casamento ou união estável
Aplicação	Pode ser aplicada por doador ou testador em doações e testamentos	Pode ser aplicada por doador ou testador em doações e testamentos	Pode ser aplicada por doador ou testador em doações e testamentos
Beneficiário	Beneficiário do bem (donatário ou herdeiro)	Beneficiário do bem (donatário ou herdeiro)	Beneficiário do bem (donatário ou herdeiro)
Exceções	Em casos especiais, com autorização judicial	Em casos de dívidas de natureza alimentar, com autorização judicial	Pode ser relativizada por acordo pré-nupcial ou pacto antenupcial
Duração	Em geral, enquanto durar a vida do beneficiário, salvo disposição em contrário	Em geral, enquanto durar a vida do beneficiário, salvo disposição em contrário	Em geral, enquanto durar a vida do beneficiário, salvo disposição em contrário
Legislação	Art. 1.911 do Código Civil	Art. 1.911 do Código Civil	Art. 1.911 do Código Civil; Art. 1.668, I, do Código Civil
Efeitos Práticos	Protege o bem de vendas forçadas ou compulsórias	Garante que o bem não seja usado para quitar dívidas	Assegura que o bem permaneça na família do beneficiário
Exemplo Prático	Um pai doa um imóvel ao filho, impondo a cláusula de inalienabilidade	Um pai doa um imóvel ao filho, impondo a cláusula de impenhorabilidade	Um pai doa um imóvel ao filho, impondo a cláusula de incomunicabilidade

1.1.1 ENTENDIMENTO UNÍSSONO DO SUPERIOR TRIBUNAL DE JUSTIÇA QUANTO ÀS CLÁUSULAS RESTRITIVAS

Para a Quarta Turma do STJ, as cláusulas de inalienabilidade têm **duração limitada à vida do beneficiário – seja ele herdeiro, legatário ou donatário –, não se admitindo o gravame perpétuo,** transmitido sucessivamente por direito hereditário. Assim, as cláusulas de inalienabilidade, incomunicabilidade e impenhorabilidade não tornam nulo o testamento, que só produz efeitos após a morte do testador.

Com base nesse entendimento, o colegiado julgou improcedente ação de nulidade de testamento de parte de imóveis gravados, deixados como herança para a companheira, com quem o falecido conviveu durante 35 anos.

De acordo com os autos, em 1970, o pai do falecido deixou para ele oito apartamentos situados em um prédio no Rio de Janeiro. Em decorrência da condição de ébrio habitual do herdeiro, no testamento foram fixadas cláusulas de incomunicabilidade, inalienabilidade e impenhorabilidade dos imóveis, para garantir que o beneficiário não pudesse vender ou doar o patrimônio recebido.

Em 1996, o então dono dos imóveis fez um testamento deixando parte dos bens herdados para sua companheira. Contudo, depois que ele morreu, seus filhos (netos do testador inicial) entraram com ação de nulidade do testamento, alegando que o documento não teria validade por causa das cláusulas restritivas.

A sentença julgou nulo o testamento por considerar que ele contrariava as restrições registradas em relação aos bens. O Tribunal de Justiça do Rio de Janeiro (TJRJ) manteve a nulidade sob o argumento de que o testador inicial (avô dos autores da ação) tentou garantir o patrimônio não só ao filho, mas também aos netos. Para o TJRJ, a cláusula de inalienabilidade impede a transmissão dos bens por ato intervivos.

No recurso apresentado ao STJ, alegou-se que, em se tratando de testamento e sucessão testamentária, não há transmissão de propriedade por ato intervivos, mas apenas manifestação de vontade, unilateral, para vigorar e produzir efeitos após a morte do testador.

O relator do recurso, ministro Antonio Carlos Ferreira, esclareceu que, enquanto o beneficiário dos imóveis estava vivo, os bens se sujeitavam à restrição imposta pelas cláusulas estabelecidas no testamento deixado pelo seu pai. Contudo, após sua morte, tais medidas restritivas perderam a eficácia.

O ministro afirmou que a jurisprudência do STJ é uníssona no sentido de que a cláusula de inalienabilidade vitalícia tem vigência enquanto viver o beneficiário, passando livres e desembaraçados aos seus herdeiros os bens objeto da restrição, nestes termos:

> "Por força do princípio da livre circulação dos bens, não é possível a inalienabilidade perpétua, razão pela qual a cláusula em questão se extingue com a morte do titular do bem clausulado, podendo a propriedade ser livremente transferida a seus sucessores".

Antonio Carlos Ferreira destacou que o testamento é um negócio jurídico que somente produz efeito após a morte do testador, quando ocorre a transferência do bem. Desse modo, "a elaboração do testamento não acarreta nenhum ato de alienação da propriedade em vida, senão evidencia a declaração de vontade do testador, revogável a qualquer tempo".

Para o relator, considerando que as cláusulas restritivas vigoraram durante a vida do testador, e que os efeitos do testamento questionado somente tiveram início com sua morte, devem ser consideradas válidas as disposições de última vontade que beneficiaram a sua companheira.

Segundo o ministro Antonio Carlos, o documento em discussão não avançou sobre a legítima dos herdeiros e observou apenas a parte disponível para doação. Nas palavras dele "sendo o testador plenamente capaz, a forma prescrita em lei e o objeto lícito, é válido o testamento".

1.1.2 APLICA-SE À EXECUÇÃO TRABALHISTA CLÁUSULA DE IMPENHORABILIDADE INSERIDA POR DOADOR DE IMÓVEL?

A Quinta Turma do Tribunal Superior do Trabalho, no Processo: AIRR-88800-06.1996.5.02.0023, confirmou o entendimento de que a cláusula de impenhorabilidade inserida por doador do imóvel **não tem aplicabilidade na execução de débitos trabalhistas.** A decisão fundamentou-se na Lei de Execuções Fiscais (Lei 6.830/1980), que prevê que a totalidade dos bens e das rendas do devedor responde pelo pagamento dos créditos trabalhistas, seja qual for sua origem ou natureza, excluindo apenas os bens cuja impenhorabilidade absoluta é reconhecida em lei.

A dívida diz respeito a uma reclamação trabalhista movida por um engenheiro eletrônico contra a Sistema Automação S.A., de São Paulo (SP). Na fase de execução, o juízo de primeiro grau determinou que o engenheiro analisasse matrículas imobiliárias existentes no processo e indicasse sobre qual ou quais imóveis pretendia a penhora. No entanto, constatou que metade dos imóveis fora transferida ao sócio por meio de doação, com cláusula de impenhorabilidade averbada antes da propositura da ação. Por esse motivo, indeferiu o pedido de penhora.

O Tribunal Regional do Trabalho da 2ª Região (SP), no entanto, entendeu que a cláusula de impenhorabilidade não prevalece quando se trata de execução trabalhista, conforme disposto no artigo 30 da Lei de Execuções Fiscais.

Ao examinar o agravo interposto pelo sócio, a Quinta Turma manteve a decisão monocrática do relator, ministro Breno Medeiros, que havia negado seguimento ao recurso. Segundo o relator, nas controvérsias relativas à fase de execução trabalhista, o artigo 889 da CLT dispõe que, em caso de omissão, deve ser aplicado o disposto na Lei de Execuções Fiscais.

Com destaque para o ineditismo do assunto, a Turma negou provimento ao agravo e aplicou ao sócio multa de R$ 800 em favor do engenheiro.

1.2 FIDEICOMISSO

O fideicomisso pode ser definido como espécie de substituição testamentária, que ocorre quando o testador, denominado fideicomitente deixa a herança ou legado a uma pessoa, que é o fiduciário, estabelecendo que a partir da morte desta pessoa, ou após o implemento de certo termo ou condição, transferirá para outra pessoa, denominado fideicomissário.

O art. 1.952 do Código Civil inovou ao permitir somente o fideicomisso em favor da prole eventual, equivale dizer, de pessoa não concebida ao tempo da morte do testador. No diploma anterior, qualquer pessoa física ou jurídica podia figurar como fideicomissário.

Todavia, se, ao tempo da morte do testador, já houver nascido o fideicomissário, adquirirá este a propriedade dos bens fideicometidos, convertendo-se em usufruto o direito do fiduciário. Logo, atualmente não é mais possível o fideicomisso em favor de pessoa jurídica ou de pessoa física já existente ao tempo da morte do testador.

Tratando-se de imóvel, a constituição do fideicomisso decorre de averbação na matrícula imobiliária, cujo cancelamento não depende necessariamente de intervenção judicial, por exemplo, nos casos de morte do fiduciário, advento do termo e renúncia por meio de instrumento público.

2. JURISPRUDÊNCIA COMPLEMENTAR

⊙ SUPERIOR TRIBUNAL DE JUSTIÇA

EMENTA: RECURSO ESPECIAL. DIREITO DAS SUCESSÕES. BEM GRAVADO COM CLÁUSULA DE INALIENABILIDADE. CÔNJUGE QUE NÃO PERDE A CONDIÇÃO DE HERDEIRO.

1. O art. 1829 do Código Civil enumera os chamados a suceder e define a ordem em que a sucessão é deferida. O dispositivo preceitua que o cônjuge é também herdeiro e nessa qualidade concorre com descendentes (inciso I) e ascendentes (inciso II). Na falta de descendentes e ascendentes, o cônjuge herda sozinho (inciso III). Só no inciso IV é que são contemplados os colaterais.

2. A cláusula de incomunicabilidade imposta a um bem não se relaciona com a vocação hereditária. Assim, se o indivíduo recebeu por doação ou testamento bem imóvel com a referida cláusula, sua morte não impede que seu herdeiro receba o mesmo bem.

3. Recurso especial provido. (STJ – REsp nº 1.552.553 – Rio de Janeiro – 4ª Turma – Rel. Min. Maria Isabel Gallotti – DJ 11.02.2016)

EMENTA: DIREITO CIVIL E PROCESSUAL CIVIL. SUCESSÃO TESTAMENTÁRIA. FIDEICOMISSO. FIDEICOMISSÁRIO PREMORIENTE. CLÁUSULA DO TESTAMENTO ACERCA DA SUBSTITUIÇÃO DO FIDEICOMISSÁRIO. VALIDADE. COMPATIBILIDADE ENTRE A INSTITUIÇÃO FIDUCIÁRIA E A SUBSTITUIÇÃO VULGAR. CONDENAÇÃO DE TERCEIRO AFASTADA. EFEITOS NATURAIS DA SENTENÇA.

1. Se as questões trazidas à discussão foram dirimidas pelo tribunal de origem de forma suficientemente ampla, fundamentada e sem omissões, deve ser rejeitada a alegação de contrariedade do art. 535 do Código de Processo Civil.

2. A sentença não prejudica direitos de pessoa jurídica que não foi citada para integrar a relação processual (CPC, art. 472). Como ato estatal imperativo produz, todavia, efeitos naturais que não pode ser ignorados por terceiros.

3. O recurso de apelação e a ação cautelar são instrumentos processuais distintos e visam a diferentes objetivos. O ajuizamento de ambos para questionar diferentes aspectos do mesmo ato judicial não configura preclusão consumativa a obstar o conhecimento da apelação.

4. De acordo com o art. 1959 do Código Civil, "são nulos os fideicomissos além do segundo grau". A lei veda a substituição fiduciária além do segundo grau. O fideicomissário, porém, pode ter substituto, que terá posição idêntica a do substituído, pois o que se proíbe é a sequência de fiduciários, não a substituição vulgar do fiduciário ou do fideicomissário.

5. A substituição fideicomissária é compatível com a substituição vulgar e ambas podem ser estipuladas na mesma cláusula testamentária. Dá-se o que a doutrina denomina substituição compendiosa. Assim, é válida a cláusula testamentária pela qual o testador pode dar substituto ao fideicomissário para o caso deste vir a falecer antes do fiduciário ou de se realizar a condição resolutiva, com o que se impede a caducidade do fideicomisso. É o que se depreende do art. 1958 c. c. 1955, parte final, do Código Civil.

6. Recurso especial de Nova Pirajuí Administração S.A. NOPASA a que se dá parcial provimento.

7. Recurso especial de Anita Louise Regina Harley a que se dá parcial provimento. (STJ – REsp nº 1.221.817 – Pernambuco – 4ª Turma – Rel. Min. Maria Isabel Gallotti – DJ 18.12.2013)

EMENTA: RECURSO ESPECIAL. PROCESSUAL CIVIL. IMPENHORABILIDADE. ARTIGO 649, IV e X, DO CPC. FUNDO DE INVESTIMENTO. POUPANÇA. LIMITAÇÃO. QUARENTA SALÁRIOS MÍNIMOS. PARCIAL PROVIMENTO.

1. A remuneração a que se refere o inciso IV do art. 649 do CPC é a última percebida, no limite do teto constitucional de remuneração (CF, art. 37, XI e XII), perdendo esta natureza a sobra respectiva, após o recebimento do salário ou vencimento seguinte. Precedente.

2. O valor obtido a título de indenização trabalhista, após longo período depositado em fundo de investimento, perde a característica de verba salarial impenhorável (inciso IV do art. 649). Reveste-se, todavia, de impenhorabilidade a quantia de até quarenta salários mínimos poupada, seja ela mantida em papel-moeda; em conta-corrente; aplicada em caderneta de poupança propriamente dita ou em fundo de investimentos, e ressalvado eventual abuso, má-fé, ou fraude, a ser verificado caso a caso, de acordo com as circunstâncias da situação concreta em julgamento (inciso X do art. 649).

3. Recurso especial parcialmente provido.(STJ – REsp nº 1.230.060 – Paraná – 4ª Turma – Rel. Min. Maria Isabel Gallotti – DJ 29.08.2014)

⊙ TRIBUNAL REGIONAL FEDERAL DA 4ª REGIÃO

EMENTA: EMBARGOS DE TERCEIROS. PENHORA DE BEM IMÓVEL. ALEGAÇÃO DE IMPENHORABILIDADE DE BEM DE FAMÍLIA. CLÁUSULA DE INALIENALBILIDADE POSTERIOR AO AJUIZAMENTO DO EXECUTIVO FISCAL. AFASTAMENTO. DIREITO CIVIL. PENHORA

SOBRE NUA-PROPRIEDADE DE IMÓVEL, GRAVADO COM USUFRUTO VITALÍCIO. POSSIBILIDADE.

1. O Código Tributário Nacional e a Lei de Execuções Fiscais excluem a possibilidade de penhora tão-somente àqueles bens declarados por lei como absolutamente impenhoráveis. Ora, não se pode ampliar o conceito de bens absolutamente impenhoráveis para incluir aqueles gravados com cláusula de inalienabilidade e incomunicabilidade, tampouco posteriores ao ajuizamento do executivo fiscal, porquanto tal ilação iria frontalmente de encontro com o preceituado nos art. 184 do CTN e 30 da LEF.

2. Da interpretação conjunta dos arts. 524 e 713 do CC/16, vigente à época do caso concreto, é evidente a opção do legislador pátrio em permitir a cisão, mesmo que temporária, dos direitos inerentes à propriedade: de um lado o direito de uso e gozo pelo usufrutuário, e de outro o direito de disposição e sequela pelo nu-proprietário.

3. A nua-propriedade pode ser objeto de penhora e alienação em hasta pública, ficando ressalvado o direito real de usufruto, inclusive após a arrematação ou a adjudicação, até que haja sua extinção. (TRF 4ª Região – Apelação/Reexame Necessário nº 2007.72.01.001500-1 – SC – 2ª Turma – Rel. Des. Vânia Hack de Almeida – DJ 30.04.2009)

⊙ TRIBUNAL DE JUSTIÇA DO ESTADO DO PARANÁ

▶ **EMENTA**: AGRAVO DE INSTRUMENTO – EXECUÇÃO DE TÍTULO EXECUTIVO EXTRAJUDICIAL – AVERBAÇÃO DA EXISTÊNCIA DA AÇÃO NA MATRÍCULA DE IMÓVEIS GRAVADOS COM CLÁUSULA DE IMPENHORABILIDADE – IMPOSSIBILIDADE – IMÓVEIS ADQUIRIDOS POR CONTRATO DE COMPRA E VENDA – EXISTÊNCIA DE ATO DE LIBERALIDADE DE VALORES PARA A COMPRA QUE JUSTIFICA A CLÁUSULA IMPOSTA – PRECEDENTES – RECURSO CONHECIDO E PROVIDO. (TJPR – Agravo de Instrumento nº 1053315-4 – Curitiba – 12ª Câmara Cível – Juíza de Direito Substituta em 2º Grau Ângela Maria Machado Costa – DJ 13.02.2014)

▶ **EMENTA**: APELAÇÃO CÍVEL – CANCELAMENTO DE CLÁUSULAS RESTRITIVAS EM IMÓVEL – MORTE DE UM DOS DONATÁRIOS – PRETENSÃO DOS HERDEIROS EM VER CANCELADAS TAIS CLÁUSULAS PARA GARANTIR A SUBSISTÊNCIA DA DONATÁRIA SUPÉRSTITE – EXCEPCIONAL FLEXIBILIZAÇÃO POSSÍVEL – EXEGESE DO ART. 1.911 DO CC/2002 – PRECEDENTES DESTA CORTE E DO STJ. – Cancelamento de cláusulas restritivas em imóvel. Já decidiu o STJ que se "... a alienação do imóvel gravado permite uma melhor adequação do patrimônio à sua função social e possibilita ao herdeiro sua sobrevivência e bem-estar, a comercialização do bem vai ao encontro do propósito do testador, que era, em princípio, o de amparar adequadamente o beneficiário das cláusulas de inalienabilidade, impenhorabilidade e incomunicabilidade. (...) A vedação contida no art. 1.676 do CC/16 poderá ser amenizada sempre que for verificada a presença de situação excepcional de necessidade financeira, apta a recomendar a liberação das restrições instituídas pelo testador" (STJ – REsp 1158679/MG). Na presente hipótese, os pais instituíram as cláusulas restritivas (incomunicabilidade, impenhorabilidade e inalienabilidade) ao liberar recursos financeiros para a aquisição do bem imóvel em nome dos filhos. Ocorre que o passamento repentino do patriarca deixou em dificuldades a própria viúva que, para vencê-las, pede juntamente com os filhos, o afastamento das restrições por razões de ordem social e até humanitárias, assentadas no princípio da dignidade da pessoa humana. APELAÇÃO PROVIDA.(TJPR – Apelação Cível nº 0020730-62.2010.8.16.0001 – Curitiba – 11ª Câmara Cível – Rel. Des. Gamaliel Seme Scaff – DJ 30.03.2012)

▶ **EMENTA**: APELAÇÃO CÍVEL – AÇÃO DECLARATÓRIA DE NULIDADE DE TESTAMENTO – SENTENÇA QUE DECLARA A NULIDADE DAS CLÁUSULAS REFERENTE À DESERDAÇÃO DE UM DOS FILHOS E À IMPENHORABILIDADE E À INALIENABILIDADE DOS BENS EVENTUALMENTE TRANSFERIDOS A ELE – PRETENSÃO DE QUE FOSSEM DECLARADAS NULAS OUTRAS CLÁUSULAS QUE SERIAM CONSEQUÊNCIAS DAS CLÁUSULAS DECLARADAS NULAS – IMPOSSIBILIDADE – CLÁUSULAS VÁLIDAS – LIVRE MANIFESTAÇÃO DE VONTADE DA TESTADORA ACERCA DA PARTE DISPONÍVEL DE SEUS BENS – EXPRESSA INTENÇÃO DA TESTADORA DE QUE O FILHO QUE PRETENDIA DESERDADO NÃO FOSSE BENEFICIADO PELA PARTE DISPONÍVEL – AUSÊNCIA DE ÓBICE LEGAL (ARTIGO 1857, § 1º, DO CC) – SENTENÇA MANTIDA – DECAIMENTO DE PARTE DOS PEDIDOS INICIAIS – MANUTENÇÃO DA DISTRIBUIÇÃO DA SUCUMBÊNCIA, NA PROPORÇÃO DE 80% PELA APELADA E 20% PELA APELANTE – RECURSO CONHECIDO E DESPROVIDO. (TJPR – Apelação Cível nº 974.092-3 – Ponta Grossa – 12ª Câmara Cível – Rel. Des. João Domingos Küster Puppi – DJ 23.05.2013)

⊙ TRIBUNAL DE JUSTIÇA DO RIO GRANDE DO SUL

▶ **EMENTA:** PROCESSO Nº 70023782808. APELAÇÃO. CANCELAMENTO DE CLÁUSULAS DE INALIENABILIDADE INSTITUÍDAS SOBRE HERANÇA. CABIMENTO NO CASO CONCRETO. Cabível o cancelamento das cláusulas restritivas instituídas por testamento pela mãe do autor, falecida, conforme moderno entendimento sedimentado no atual Código Civil, e que já vinha preconizado na jurisprudência e doutrina. Situação em que a instituição dos gravames levou em conta a menoridade do herdeiro, fato agora ultrapassado. Imóvel pequeno e em mau estado de conservação, rendendo aluguel baixo, pouco contribuindo para subsistência do demandante. Prevalência da livre disposição dos bens, inerente ao direito de propriedade. Precedentes desta Corte. Apelo provido.

▶ **EMENTA:** APELAÇÃO CÍVEL. PEDIDO DE CANCELAMENTO DE CLÁUSULAS DE INALIENABILIDADE, INCOMUNICABILIDADE E IMPENHORABILIDADE. POSSIBILIDADE. SENTENÇA MODIFICADA. (PROCESSO Nº 70061491924) A indisponibilidade dos bens decorrente de disposição de última vontade não pode ser vista hoje como uma proibição absoluta, pois existe o interesse social e até público na circulação dos bens, tendo em mira, inclusive, os preceitos constitucionais que asseguram o direito de propriedade e, mais do que isso, de que a propriedade deve ter uma finalidade social. Se inexiste motivo ponderável para manter as cláusulas restritivas, deve ser possibilitado à autora dispor do patrimônio de forma mais ampla e rentável, podendo utilizá-lo como melhor lhe convier. APELO PROVIDO.

⊙ TRIBUNAL DE JUSTIÇA DO ESTADO DE MINAS GERAIS

▶ **EMENTA:** CANCELAMENTO DE CLÁUSULAS DE IMPENHORABILIDADE E INALIENABILIDADE – FALECIMENTO DOS DOADORES – POSSIBILIDADE MEDIANTE ANÁLISE DO CASO CONCRETO – AUSÊNCIA DE PROVAS A JUSTIFICAR O PEDIDO – PREVALÊNCIA DA VONTADE DOS DOADORES NO MOMENTO DA LAVRATURA DA ESCRITURA PÚBLICA EM DETRIMENTO DOS INTERESSES DOS DONATÁRIOS. Este Tribunal de Justiça vem admitindo o cancelamento de cláusulas restritivas sobre imóvel, após a morte do seu instituidor, mediante provas de situação extraordinária que justifique a venda do bem. Ausente qualquer elemento probatório a justificar o cancelamento, deve prevalecer a restrição imposta pelos doadores, no ato da lavratura da escritura pública. (TJMG – Ap. Civ. 1.0134.09.118135-1/001, Des. EDILSON FERNANDES, Publicação 29/04/2011)

3. QUESTÕES DE CONCURSOS

01. (Vunesp – Outorga de Delegação de Notas e Registros – TJ – GO/2021) Em se tratando de cláusulas de inalienabilidade, de impenhorabilidade e de incomunicabilidade estabelecidas em testamento e em doação, é correto afirmar que

a) impossibilitado de comparecer o doador em ato destinado ao cancelamento de cláusulas, em razão de falecimento ou outra causa impeditiva, o percentual que lhe cabia no imóvel continuará gravado, até que advenha o termo ou a condição estabelecida para a extinção da cláusula.

b) as cláusulas restritivas de incomunicabilidade e impenhorabilidade produzem efeitos sobre terceiro adquirente, podendo este, havendo alienação do imóvel, solicitar o cancelamento ao juiz competente.

c) a revogação extrajudicial de cláusula restritiva imposta na doação poderá ocorrer desde que observada a forma prescrita em lei, em ato no qual compareçam os doadores ou por decisão judicial.

d) a cláusula de incomunicabilidade, imposta aos bens por ato de liberalidade, implica impenhorabilidade e inalienabilidade.

02. (Vunesp – Cartório – TJ – SP/2014) Quanto às cláusulas restritivas de inalienabilidade, impenhorabilidade e incomunicabilidade, sobre os bens da legítima:

a) pode o testador impô-las livremente, sem qualquer justificativa prévia.

b) pode o testador impô-las, desde que declare justa causa no próprio testamento.

c) só são imponíveis se precedidas de autorização judicial.

d) é vedada a imposição de cláusulas restritivas aos bens da legítima, só cabíveis quanto à parte disponível do testador.

03. (IESES – Cartório – TJ – PA/2016) A cláusula de inalienabilidade de bem imóvel:

a) Não pode ser retirada de comum acordo entre doador e donatário, mesmo quando estabelecida por escritura pública.

b) Impede que o imóvel seja legado em testamento.

c) Obsta que o imóvel seja locado.

d) Pode ter a sub-rogação autorizada judicialmente.

GAB	01	A	2	B	3	B

12) das decisões, recursos e seus efeitos, que tenham por objeto atos ou títulos registrados ou averbados;

1. COMENTÁRIOS

Quaisquer decisões jurisdicionais que de algum modo modifique o conteúdo do registro ou da averbação deve ser objeto de averbação. A finalidade é garantir a oponibilidade perante terceiros e, consequentemente, a publicidade.

Apenas direitos já registrados ou averbados podem ser alterados por nova averbação. Em outras palavras, é vedada a averbação de direitos novos.

1.1 PROTESTO CONTRA ALIENAÇÃO DE BENS

O protesto contra alienação de bens, que era previsto no parágrafo único do art. 870 do CPC/1973 foi objeto, por muito tempo, de discussão acerca da possibilidade ou não de seu ingresso na matrícula do imóvel com base no poder geral de cautela jurisdicional.

Atualmente, o novo CPC estabelece que a tutela de urgência cautelar pode ser efetivada mediante arresto, sequestro, arrolamento de bens, registro de protesto contra alienação de bem e qualquer outra medida idônea (art. 301).

Assim, o CPC/2015 não prevê mais cautelares típicas, mas em seu art. 301, estabelece que a tutela cautelar pode ser efetivada pelos meios supracitados. Manteve, com este dispositivo o poder geral de cautela do magistrado.

Voltando à discussão sobre a possibilidade ou não do registro de protesto contra alienação de bens, existem duas correntes.

A corrente que prega a impossibilidade do ingresso do protesto contra alienação de bens no Registro de Imóveis baseia-se na taxatividade dos direitos inscritíveis, não havendo previsão para o ingresso de tal ato na matrícula do imóvel. Ademais, alegam que a publicidade do protesto contra a alienação de bens dá-se por edital e não pelo Registro de Imóveis, embasado no art. 870, I, do CPC/1973. A jurisprudência da Terceira Turma do Superior Tribunal de Justiça era pacífica no sentido de que "a averbação do protesto no registro imobiliário malfere a disciplina jurídica dos artigos 869 e 870 do CPC. O protesto, como está previsto no Código de Processo Civil é medida voluntária em procedimento unilateral que não serve para acrescentar ou diminuir direitos. O parágrafo único do artigo 870 autoriza o protesto contra alienação de bens facultando o Juiz ouvir aquele contra quem foi dirigido e prevendo a publicação de editais. Não há qualquer referência à averbação no registro de imóveis (...) (STJ. REsp 606.261. Data: 13/6/2005. Localidade: Paraná. Terceira Turma. Relator: Carlos Alberto Menezes Direito).

De outra sorte, a corrente que defende a possibilidade de ingresso do protesto contra alienação de bens no álbum imobiliário baseia-se no poder geral de cautela atribuído ao juiz conferindo publicidade perante terceiros das causas que levaram ao protesto e prevenindo litígios. Esse entendimento é o que vigora atualmente, inclusive no Superior Tribunal de Justiça. Vejamos:

> **EMENTA**: EMBARGOS DE DIVERGÊNCIA EM RECURSO ESPECIAL. AÇÃO CAUTELAR DE PROTESTO CONTRA ALIENAÇÃO DE BENS. AVERBAÇÃO NO REGISTRO IMOBILIÁRIO. POSSIBILIDADE. PODER GERAL DE CAUTELA DO JUIZ. EMBARGOS ACOLHIDOS. 1. "A averbação, no Cartório de Registro de Imóveis, de protesto contra alienação de bem, está dentro do poder geral de cautela do juiz (art. 798 do CPC) e se justifica pela necessidade de dar conhecimento do protesto a terceiros, prevenindo litígios e prejuízos para eventuais adquirentes" (Corte Especial, EREsp nº 440.837/RS). 2. Embargos de divergência acolhidos. (STJ – EREsp: 185645 PR 2001/0043757-5, Relator: Ministro LUIS FELIPE SALOMÃO, Data de Julgamento: 09/12/2009, S2 – SEGUNDA SEÇÃO, Data de Publicação: DJe 15/12/2009).

Com efeito, atualmente é possível o ingresso do protesto contra alienação de bens por meio de **averbação na matrícula do imóvel,** desde que tal ato seja determinado mediante mandado pelo juiz competente, fundamentado pelo seu poder geral de cautela.

2. JURISPRUDÊNCIA COMPLEMENTAR

EMENTA: RECURSO ESPECIAL. PROCESSUAL CIVIL. EMBARGOS DE TERCEIRO. PROTESTO CONTRA A ALIENAÇÃO DE BENS. INTERESSE PROCESSUAL. NECESSIDADE, UTILIDADE E ADEQUAÇÃO. AVERBAÇÃO DO PROTESTO NA MATRÍCULA DE IMÓVEL. MERA PUBLICIDADE DA MANIFESTAÇÃO DE VONTADE DO PROMOVENTE. EFEITOS SOBRE AS RELAÇÕES JURÍDICAS E DIREITOS. INEXISTÊNCIA. INDEVIDA APREENSÃO JUDICIAL. INOCORRÊNCIA. VANTAGEM, BENEFÍCIO OU UTILIDADE DOS EMBARGOS DE TERCEIRO. AUSÊNCIA.

1. Cuida-se de embargos de terceiro por meio dos quais se requer o cancelamento do protesto contra a alienação de bens que foi averbado na matrícula do imóvel e que foi apontado como impedimento para o registro da compra e venda.

2. O propósito recursal consiste em determinar se há interesse processual no ajuizamento de embargos de terceiro contra a decisão que defere o pedido de averbação do protesto contra a alienação de bens na matrícula do imóvel.

3. Recurso especial interposto em: 11/07/2019; conclusos ao gabinete em: 06/11/2019; aplicação do CPC/15.

4. Entre as condições da ação, que devem ser preenchidas para que exista o direito a um pronunciamento sobre o mérito da causa, o interesse processual se traduz na necessidade, utilidade e adequação da medida judicial para assegurar a seu promovente o fim jurídico por ele colimado.

5. Devem ser sumariamente indeferidos, por falta de legítimo interesse, os pedidos formulados nos processos que se mostrem desnecessários ou inadequados frente aos próprios fatos descritos na petição inicial.

6. O protesto judicial é medida destinada a comprovar ou documentar uma manifestação formal de vontade do promovente, o qual busca, por meio de referido procedimento, comunicar a terceiros interessados sua intenção de fazer atuar no mundo jurídico uma determinada pretensão, mas não acrescenta nem diminui direitos do promovente ou influencia diretamente as relações jurídicas que possua com terceiros.

7. A averbação do protesto contra a alienação de bens na matrícula do imóvel consiste em manifestação do princípio da publicidade, tendo por escopo apenas dar conhecimento a terceiros interessados sobre o direito que o promovente alega possuir sobre o imóvel.

8. É pressuposto dos embargos de terceiro a existência de um ato de constrição judicial sobre o bem que o terceiro alega ser possuidor ou proprietário.

9. Na hipótese dos autos, a recusa do registro do imóvel no nome da recorrente é efeito da atuação do oficial cartorário e não do deferimento do pedido de averbação do protesto na matrícula do imóvel, que é mero ato de publicidade do protesto e que não afeta a posse ou a propriedade de terceiro alheio ao procedimento, e que não configura apreensão judicial que possa, sequer em tese, ser reformada por meio de eventual julgamento de procedência dos embargos de terceiro. Inexistência de interesse processual por ausência do binômio utilidade-adequação.

10. Recurso especial desprovido (STJ – REsp nº 1.758.858 – São Paulo – 3ª Turma – Rel. Min. Nancy Andrighi – DJ 25.05.2020)

TRIBUNAL DE JUSTIÇA DO ESTADO DO RIO DE JANEIRO

EMENTA: ARRAS CONFIRMATÓRIAS. EXECUÇÃO DO CONTRATO. VENDA POSTERIOR A OUTREM. REGISTRO.

1. Ab initio, insta observar que o contrato celebrado entre a agravante e a proprietária do imóvel foi realizado em caráter irrevogável e irretratável, sem direito de arrependimento, havendo pagamento de sinal, o que configura arras confirmatórias. Precedentes.

2. Assim, em caso de inadimplemento do vendedor, a lei civil prevê a possibilidade pleitear o desfazimento do contrato, com devolução das arras em dobro, além de juros, correção monetária e honorários advocatícios. Ainda há a previsão de a parte inocente requerer indenização suplementar, ou exigir a execução do contrato.

3. Desse modo, constata-se presente a verossimilhança das alegações autorais. O fundado receio de dano irreparável ou de difícil reparação resta consubstanciado na possibilidade de nova alienação do imóvel objeto da demanda a terceiros de boa-fé.

4. No entanto, agiu bem o juízo a quo ao decidir pela impossibilidade do bloqueio da matrícula do imóvel junto ao registro de imóveis, posto que não há previsão no artigo 167 da Lei 6.015/73.

5. Por outro lado, entende-se cabível o pedido subsidiário consubstanciado na anotação deste processo na matrícula do imóvel para ciência de terceiros de boa-fé. Aplica-se o nº 12 do inciso II do artigo 167 da Lei 6.015/73.

6. Recurso parcialmente provido para determinar a averbação, na matrícula do imóvel junto ao Registro Geral de Imóveis competente, da pendência desta demanda, que teria por consequência a nulidade do referido registro. (TJRJ – Ag. Ins. 0051422-29.2011.8.19.0000, 14ª C. Civ. DES. JOSE CARLOS PAES – Julgamento: 10/02/2012).

TRIBUNAL DE JUSTIÇA DO ESTADO DE MINAS GERAIS

EMENTA: AÇÃO DE RESOLUÇÃO CONTRATUAL – EXPEDIÇÃO DE OFÍCIO AO CARTÓRIO DE REGISTRO DE IMÓVEIS – AVERBAÇÃO DA EXISTÊNCIA DA DEMANDA JUDICIAL NA MATRÍCULA DO IMÓVEL – LEGALIDADE – PUBLICIDADE EM RELAÇÃO À TERCEIROS – PODER GERAL DE CAUTELA CONFERIDO AO MAGISTRADO – INTELIGÊNCIA DO ARTIGO 798, DO CPC – DECISÃO DE PRIMEIRO GRAU MANTIDA. – A averbação no registro do imóvel quanto à existência de ação judicial em que se questiona a regularidade do contrato de compra e venda pactuado entre as partes é medida salutar e justifica-se principalmente pela necessidade de informar a terceiros sobre a existência de um processo judicial em relação àquele imóvel. – Ao determinar a averbação no registro daquele imóvel, o d. magistrado de primeiro grau utilizou-se do poder geral de cautela a ele atribuído pelo artigo 798, do Código de Processo Civil. (TJMG – AG 1.0525.12.007784-3/001, Relator: Des. Corrêa Camargo, 18ª C. Cível, Julgamento: 11/09/2012)

TRIBUNAL DE JUSTIÇA DO ESTADO DE SÃO PAULO CORREGEDORIA-GERAL DA JUSTIÇA

EMENTA: Registro de imóveis – Pretensão de averbação de certidão de objeto e pé com azo no art. 167, II, 12, da Lei de Registros Públicos – Impossibilidade, pois o imóvel não é de propriedade do executado – Recurso desprovido.

3. QUESTÃO DE CONCURSO

01. (Vunesp – Cartório – SP – Provimento/2016) Assinale a alternativa correta.

a) O protesto contra alienação de bens, o arrendamento e o comodato nunca são suscetíveis de averbação.

b) O protesto contra alienação de bens pode ser averbado na matrícula do imóvel desde que haja determinação expressa do Juiz, consubstanciada em Mandado dirigido ao Oficial de Registro.

c) O comodato é registrável no Registro Imobiliário, por conta do princípio da concentração.

d) O sequestro não tem previsão legal de ingresso no Registro de Imóveis.

GAB	1	B

13) "ex offício", dos nomes dos logradouros, decretados pelo poder público.

1. COMENTÁRIOS

Preceitua o art. 13 desta Lei:

> Salvo as anotações e as averbações obrigatórias, os atos do registro serão praticados:
>
> I – por ordem judicial;
>
> II – a requerimento verbal ou escrito dos interessados;
>
> III – a requerimento do Ministério Público, quando a lei autorizar.

Deste artigo, extrai-se o **princípio da instância ou da rogação ou da reserva iniciativa**, segundo o qual o registrador somente pode praticar registros e averbações se solicitado pelo interessado. Todos os títulos apresentados à qualificação do Oficial deverão **conter, expressa ou implicitamente,** a autorização para se proceder os atos requeridos.

Desse modo, regra geral, os atos de registro só poderão ser praticados mediante provocação por **ordem judicial, a requerimento verbal ou escrito dos interessados e a requerimento do Ministério Público, quando a lei autorizar.** Mesmo na **regularização fundiária urbana,** a abertura de registro deverá ser requerida ao Oficial do Registro.

O princípio da instância, ou rogação, ou da reserva de iniciativa comporta exceções, permitindo ao oficial agir de ofício. Essas exceções estão previstas em vários dispositivos, inclusive no próprio caput do art. 13, ao mencionar as anotações e averbações obrigatórias. Explica-se: a expressão *ex officio*, ou de ofício, significa independentemente de manifestação judicial ou requerimento do interessado.

É de ofício também a atuação do Oficial do Registro Civil de Pessoas Naturai para averbar as anotações de que tratam os arts. 106 a 108 da Lei 6.015/1973.

Ademais, permite-se ao Registrador de Imóveis proceder à **retificação de ofício do registro ou da averbação** nos termos do art. 213, inciso I, da Lei 6.015/73.

Convém trazer ainda o entendimento da maioria da doutrina em relação à atuação de ofício do Registrar de Imóveis para **cancelar as hipotecas convencionais** peremptas, ou seja, aquelas que foram registradas há mais de 30 anos (art. 1.485 do Código Civil).

Como exemplo recente, podemos incluir também, o inciso IV do art. 169 da LRP, incluído pela Lei n. 14.382/2022, que estabelece que, aberta matrícula na serventia da situação do imóvel, o oficial deverá comunicar o fato à serventia de origem, para o encerramento da matrícula anterior. Trata-se de ato de **ofício** e um dever do registrador, dentre outros

Disto isso, afirma-se que o art. 167, II, 13 configura uma das exceções ao princípio da instância. Destarte, é dever do Oficial de registros averbar os atos administrativos proferidos pela pessoa jurídica de direito público que ordene o nome de logradouros públicos na sua esfera de competência.

14) das sentenças de separação judicial, de divórcio e de nulidade ou anulação de casamento, quando nas respectivas partilhas existirem imóveis ou direitos reais sujeitos a registro.

1. COMENTÁRIOS

A doutrina e a jurisprudência atuais já possuíam entendimento de que o dispositivo em comento não foi afetado pela Emenda Constitucional 66/2010, que suprimiu a prévia necessidade de separação para o divórcio. Na mesma direção, entende-se que o atual posicionamento do Supremo Tribunal Federal, ao prescrever que as normas do Código Civil que tratam da separação judicial perderam a validade com a entrada em vigor da Emenda Constitucional (EC) 66/2010, no RE 1.167.478, Tema 1.053, confirma essa posição. É que o STF fixou entendimento de que sem prejuízo, preserva-se o estado civil das pessoas que já estão separadas, por decisão judicial ou escritura pública, por se tratar de ato jurídico perfeito (art. 5º, XXXVI, da CF). Esse tema já foi amplamente explorado nesta obra.

Desse modo, ainda é necessária a averbação das sentenças de separação judicial, assim como as de divórcio e de nulidade ou anulação de casamento, quando nas respectivas partilhas existirem imóveis ou direitos reais sujeitos a registro.

A necessidade da averbação contida neste inciso tem como objetivo transmitir, à margem da matrícula de determinado imóvel, aquilo que foi estipulado na sentença judicial. Dessa maneira, garante-se ao sistema maior segurança.

2. JURISPRUDÊNCIA COMPLEMENTAR

⊙ TRIBUNAL DE JUSTIÇA DO DISTRITO FEDERAL

▶ **EMENTA:** UNIÃO ESTÁVEL. COMPROVAÇÃO MEDIANTE ESCRITURA PÚBLICA. AÇÃO DECLARATÓRIA DE EXTINÇÃO DO CONÚBIO. INTERESSE PROCESSUAL. Ainda que o casal não tenha filhos comuns e inexistam bens a partilhar, há interesse processual do ex-companheiro na dissolução judicial da união estável havida com a ré, uma vez que os reflexos dessa relação se entendem a outras esferas além da jurídica e podem futuramente render ensejo a dúvidas, incertezas e inseguranças. Precedentes do TJDFT e do STJ. Recurso conhecido e provido; sentença cassada. Unânime. (TJDFT – APC 20110112081022, Relator WALDIR LEÔNCIO LOPES JÚNIOR, 2ª Turma Cível, j. 22/08/2012, DJ 14/09/2012. p. 94)

3. QUESTÃO DE CONCURSO

01. (Cespe – Cartório – TJ – DF/2014) Acerca das atribuições e da competência do Registro de Imóveis, assinale a opção correta.

a) O contrato de promessa de compra e venda, visando à aquisição de imóvel, dotado ou não de cláusula de arrependimento, poderá ser registrado no Cartório de Registro de Imóveis.

b) O Cartório de Registro de Imóveis será competente para averbar as sentenças de separação judicial, de divórcio e de nulidade ou de anulação de casamento, quando, nas respectivas partilhas, existirem imóveis ou direitos reais sujeitos a registro.

c) O Oficial de Registro de Imóveis deverá negar o registro de contrato particular, celebrado no âmbito do Sistema Financeiro de Habitação, cujo objeto seja a aquisição de imóvel, no valor de R$ 100.000,00, com operação de financiamento imobiliário efetivada por entidade autorizada a operar o referido sistema.

d) O Registro de Imóveis é competente para proceder ao registro de praças, ruas e áreas destinadas a edifícios públicos, constantes do projeto e do memorial descritivo de loteamentos urbanos.

e) O Cartório de Registro de Imóveis é competente para o registro de escritura de cessão de direitos hereditários.

GAB	1	B

15) da rerratificação do contrato de mútuo com pacto adjeto de hipoteca em favor de entidade integrante do Sistema Financeiro da Habitação, ainda que importando elevação da dívida, desde que mantidas as mesmas partes e que inexista outra hipoteca registrada em favor de terceiros.

1. COMENTÁRIOS

Os contratos de mútuo com pacto adjeto de hipoteca em favor de entidade integrante do Sistema Financeiro da Habitação (SFH), **são inscritíveis à margem da matrícula do respectivo imóvel onde recai a hipoteca**. É o que se depreende do **art. 62, da Lei 4.380/1964,** que institui a correção monetária nos contratos imobiliários de interesse social, o sistema financeiro para aquisição da casa própria, cria o Banco Nacional da Habitação (BNH), e Sociedades de Crédito Imobiliário, as Letras Imobiliárias, o Serviço Federal de Habitação e Urbanismo e dá outras providências. Vejamos:

> **Art. 62.** Os oficiais do Registro de Imóveis inscreverão obrigatoriamente, os contratos de promessa de venda, promessa de cessão ou de hipoteca celebrados de acordo com a presente Lei, declarando expressamente que os valores deles constantes são meramente estimativos, estando sujeitos os saldos devedores, assim como as prestações mensais, às correções do valor, determinadas nesta Lei.
>
> § 1º Mediante simples requerimento, firmado por ambas as partes contratantes, os Oficiais do Registro de Imóveis averbarão, à margem das respectivas inscrições, as correções de valores determinados por esta Lei, com indicação do novo valor do preço ou da dívida e do saldo respectivo, bem como da nova prestação contratual.
>
> § 2º Se o promitente comprador, promitente cessionário ou mutuário se recusar a assinar o requerimento de averbação das correções verificadas, ficará, não obstante, obrigado ao pagamento da nova prestação, podendo a entidade financiadora, se lhe convier, rescindir o contrato, com notificação prévia no prazo de 90 dias.

Todavia, o instrumento de rerratificação do contrato de mútuo com pacto adjeto de hipoteca em favor do SFH, ainda que importe em elevação da dívida, desde que mantenha as mesmas partes e não haja outra hipoteca registrada em favor de terceiros, é objeto de averbação, e não de registro. O fundamento para isso é a natureza acessória do referido ato.

Bem observa Maria Helena Diniz: "A existência de contrato de mútuo garantido por hipoteca; rerratificação, mantendo os contratantes, seja o objeto do contrato averbando; instituição do SFH como instituição mutante; ausência de registro de outra hipoteca sobre o mesmo imóvel, garantindo negócio feito com terceiro. Essa averbação pode ser requerida por qualquer interessado (Lei 6.015, arts. 13 e 217), mediante a apresentação da rerratificação do contrato original, feita por instrumento particular ou público" (*Sistemas de registro de imóveis*. 6. ed. São Paulo: Saraiva, 2006. p. 440).

2. JURISPRUDÊNCIA COMPLEMENTAR

TRIBUNAL REGIONAL FEDERAL DA 4ª REGIÃO

EMENTA: PROCESSUAL CIVIL. CONTRATO DE MÚTUO HIPOTECÁRIO. TÍTULO EXTRAJUDICIAL. INDEFERIMENTO DA INICIAL. EXTINÇÃO DO PROCESSO SEM JULGAMENTO DE MÉRITO. ART. 267, I DO CPC. EXECUÇÃO HIPOTECÁRIA. ESCOLHA DO RITO. LEI Nº 5.741/71 NÃO-APRESENTAÇÃO DOS DOIS AVISOS DE COBRANÇA. 1 – A cobrança do crédito originado de contrato de compra e venda com pacto adjeto de hipoteca de imóvel vinculado ao SFH deve seguir o rito restabelecido na Lei nº 5.741/71, diploma legislativo especial em relação ao CPC. À luz do disposto no seu art. 1º, a outra opção da exequente, credora hipotecária vinculado ao Sistema Financeiro da Habitação, é a execução de que tratam os artigos 31 e 32 do Decreto-lei nº 70/66. 2 – Não apresentados os documentos do art. 2º da Lei nº 5.741/71, é de ser improvido o apelo. 3 – Apelo improvido. (TRF 4ª Reg. AC 200271000544839, Rel. Des. Fed. CARLOS EDUARDO THOMPSON FLORES LENZ, 3ª T. DJ 17/05/2006)

3. QUESTÃO DE CONCURSO

01. (IESES – Cartório – Provimento – TJ – RO/2017) Assinale a alternativa correta:

a) No Registro de Imóveis, além da matrícula, serão feitos a averbação da rerratificação do contrato de mútuo com pacto adjeto de hipoteca em favor de entidade integrante do Sistema

Financeiro da Habitação, ainda que importando elevação da dívida, desde que mantidas as mesmas partes e que inexista outra hipoteca registrada em favor de terceiros.

b) Os emolumentos devidos pelos atos relacionados com as aquisições imobiliárias para fins residenciais e comerciais, financiada pelo Sistema Financeiro da Habitação, serão reduzidos em 90% (noventa por cento).

c) As interpelações judiciais decorrentes da mora havida em imóveis financiados pelo SFH – Sistema Financeiro da Habitação – serão providenciadas pelo respectivo CRI – Cartório de Registro de Imóveis –, e serão expedidas com antecedência mínima de 15 (quinze) dias úteis.

d) Conforme redação da Lei dos Registros Públicos hoje vigente, nenhum ato relativo ao SFH – Sistema Financeiro da Habitação – deverá ser levado a registro no Cartório de Registro de Imóveis, uma vez que tal averbação será providenciada direta e eletronicamente pela CEF – Caixa Econômica Federal –, de acordo com convênio firmado entre as entidades envolvidas, sem prejuízo dos emolumentos devidos, na proporção de 50% (cinquenta por cento) do valor do ato conforme a tabela definida por cada unidade da federação.

Lei 6.015/1973

GAB	1	A

16) do contrato de locação, para os fins de exercício de direito de preferência.

1. COMENTÁRIOS

A locação de bens imóveis urbanos residenciais é regulamentada pela Lei n. 8.245/1991, enquanto a locação de bens móveis é regulada pelo Código Civil.

Como se sabe, o contrato de locação com cláusula de vigência é registrado no **Livro 2 – Registro Geral** (art. 173, II, da Lei 6.015/1973).

O **registro da cláusula de vigência** garante ao locatário o respeito ao prazo de locação pactuado no caso de alienação do imóvel, porém é necessário que o contrato contenha cláusula expressa de vigência, sem a qual este não tem ingresso no registro.

O direito de preferência ou preempção é estabelecido no art. 27 da Lei 8.245/1991. Trata-se de direito decorrente de lei, que **independe de cláusula expressa.** No entanto para que possa ser oposto contra o adquirente, deve haver **publicidade da locação, por meio da averbação**, conforme segue:

> **Art. 27.** No caso de venda, promessa de venda, cessão ou promessa de cessão de direitos ou dação em pagamento, o locatário tem preferência para adquirir o imóvel locado, em igualdade de condições com terceiros, devendo o locador dar-lhe conhecimento do negócio mediante notificação judicial, extrajudicial ou outro meio de ciência inequívoca.
>
> Parágrafo único. A comunicação deverá conter todas as condições do negócio e, em especial, o preço, a forma de pagamento, a existência de ônus reais, bem como o local e horário em que pode ser examinada a documentação pertinente.

Sobre o **direito de preferência**, convém transcrever alguns artigos pertinentes ao tema:

> **Art. 28.** O direito de preferência do locatário caducará se não manifestada, de maneira inequívoca, sua aceitação integral à proposta, no prazo de trinta dias.
>
> **Art. 29.** Ocorrendo aceitação da proposta, pelo locatário, a posterior desistência do negócio pelo locador acarreta, a este, responsabilidade pelos prejuízos ocasionados, inclusive lucros cessantes.
>
> **Art. 30.** Estando o imóvel sublocado em sua totalidade, caberá a preferência ao sublocatário e, em seguida, ao locatário. Se forem vários os sublocatários, a preferência caberá a todos, em comum, ou a qualquer deles, se um só for o interessado.
>
> Parágrafo único. Havendo pluralidade de pretendentes, caberá a preferência ao locatário mais antigo, e, se da mesma data, ao mais idoso.
>
> **Art. 31.** Em se tratando de alienação de mais de uma unidade imobiliária, o direito de preferência incidirá sobre a totalidade dos bens objeto da alienação.
>
> **Art. 32.** O direito de preferência não alcança os casos de perda da propriedade ou venda por decisão judicial, permuta, doação, integralização de capital, cisão, fusão e incorporação.
>
> Parágrafo único. Nos contratos firmados a partir de 1º de outubro de 2001, o direito de preferência de que trata este artigo não alcançará também os casos de constituição da propriedade fiduciária e de perda da propriedade ou venda por quaisquer formas de realização de garantia, inclusive mediante leilão extrajudicial, devendo essa condição constar expressamente em cláusula contratual específica, destacando-se das demais por sua apresentação gráfica.

Merece especial atenção a análise do art. 33 da Lei de Locações, veja-se:

> **Art. 33.** O locatário preterido no seu direito de preferência poderá reclamar do alienante as perdas e danos ou, depositando o preço e demais despesas do ato de transferência, haver para si o imóvel locado, se o requerer no prazo de seis meses, a contar do registro do ato no cartório de imóveis, desde que o contrato de locação esteja averbado pelo menos trinta dias antes da alienação junto à matrícula do imóvel.
>
> Parágrafo único. A averbação far-se-á à vista de qualquer das vias do contrato de locação desde que subscrito também por duas testemunhas.

A Lei do SERP vai ao encontro da revolução tecnológica e digitalização dos serviços notariais e registrais, autorizando como título inscritível no RI, a **forma eletrônica do contrato de locação.** Assim, o título que ingressa o álbum imobiliário para fins de registro (art. 167, I, 3, LRP) ou averbação (art. 167, II, 16, LRP) é o contrato de locação, assinado pelas partes, permitida a forma eletrônica, dispensada a existência de testemunhas instrumentárias e bastando a coincidência entre o nome de um dos proprietários e o do locador.

Ocorre que o legislador não alterou o supracitado parágrafo único do art. 33 da Lei n. 8.245/1991.

Entendo que, em razão da nova lei, este parágrafo único está revogado (onde diz "subscrito por duas testemunhas") de forma tácita nesta parte, pois tornou-se incompatível com o art. 167, parágrafo único, da LRP. Sobre os contratos eletrônicos, nos comentários do art. 1º da Lei 9.492/1997 (Lei de Protestos), mencionei a recente decisão do Superior Tribunal de Justiça no que tange à executividade do contrato eletrônico ausente as assinaturas de duas testemunhas. Fica o convite ao leitor para complementação do tema.

Ainda sobre a cláusula de preferência, Afrânio de Carvalho defende o posicionamento de que também é registrável a locação com cláusula de preferência de compra em favor do locatário, cujo descumprimento antigamente se resolvia em perdas e danos, mas agora enseja o desfazimento da venda. Para o exercício desse direito exige-se a inscrição do contrato locatício, conforme parágrafo acrescentado ao artigo original (Lei 6.649, de 1979, art. 25, *caput*, § 1º, acrescentado pela Lei 6.698, de 1979. Trata-se de inscrição preventiva, já que o locatário pode usar ou deixar de usar da preferência no trintídio. Ressalte-se que a Lei 8.245 veio substituir a aludida Lei 6.649/1979.

É possível o mesmo contrato de locação (título) ingressar no álbum imobiliário como registro e como averbação na mesma matrícula. Assim já decidiu a Corregedoria-Geral da Justiça do Estado de São Paulo, no Processo 1.109/95, da lavra de Marcio Martins Bonilha Filho:

> "Consta, ainda, do contrato de locação que as partes avençam pelo respeito do prazo contratual em caso de venda do imóvel durante sua vigência. Tal situação, por si só, é fundamento para o pedido de registro nos termos do art. 167, I, 3, da Lei 6.015/1973. Independente desse registro para fins de continuidade locatícia em caso de venda do imóvel, o pedido inicial do recorrente também objetivou a averbação, nos termos do art. 167, II, 16, da lei registraria, para fins de exercício do direito de preferência aquisitiva. Tal procedimento não necessita estar descrito em cláusula contratual, posto ser decorrente de lei, nos termos dos arts. 27 a 34 da Lei 8.245/1991. Entretanto, não há óbice ao locatário solicitar a averbação do contrato de locação para esse fim, como forma de garantia de seu direito. Não há também qualquer óbice para o contrato de locação ser registrado para fins de continuidade da locação e averbado para fins de preferência, considerando-se que a previsão de duplicidade de atos constantes na lei registraria objetiva fins diversos a cada um e o recorrente busca dar publicidade à locação existente".

Recentemente foi editado o Enunciado 29 da **I Jornada de Direito Notarial e Registral** sobre o tema:

> **Enunciado 29.** A locação *built to suit* pode ser registrada ou averbada nas hipóteses previstas no art. 167, I, 3 (cláusula de vigência) e II, 16 (direito de preferência), da Lei n. 6.015/1973.
>
> ⊙ Justificativa: No âmbito do contrato *built to suit* é imprescindível à economia desta modalidade contratual permitir ao ocupante resguardar alguns direitos perante terceiros, sobretudo a possibilidade de (i) haver para si o imóvel em caso de ter sido preterido no seu direito de preferência (art. 33, da Lei 8.245/1991) e (ii) permanecer na posse do imóvel enquanto não transcorrido o prazo determinado do contrato, em caso de aquisição por terceiro (art. 8º da Lei 8.245/1991). Ocorre que alguns cartórios, inadvertidamente, têm interpretado que esse contrato não está apto ao registro ou averbação, uma vez que não elencado no rol (*numerus clausus*) do art. 167, da Lei de Registros Públicos. Embora o contrato seja intitulado *built to suit* e, portanto, não expressamente elencado no referido rol, não há como negar que possui como principal prestação contratual a própria cessão do uso remunerada (locação) e, portanto, título apto para o registro ou averbação.

Por fim, vale rememorar que o art. 129 desta Lei preceitua que estão sujeitos a registro, no **Registro de Títulos e Documentos**, para surtir efeitos em relação a terceiros os contratos de locação de prédios, **sem prejuízo do disposto do artigo 167, I, nº 3.**

2. JURISPRUDÊNCIA COMPLEMENTAR

⊙ SUPREMO TRIBUNAL FEDERAL – STF

▸ **Súmula 158.** Salvo estipulação contratual averbada no Registro Imobiliário, não responde o adquirente pelas benfeitorias do locatário.

⊙ SUPERIOR TRIBUNAL DE JUSTIÇA

▸ **EMENTA:** RECURSO ESPECIAL (ART. 105, III, "A" E "C", DA CF) – AÇÃO INDENIZATÓRIA – CONTRATO DE LOCAÇÃO – BEM ALIENADO A TERCEIRO – DESRESPEITO AO DIREITO DE PREFERÊNCIA DO LOCATÁRIO – AVERBAÇÃO DO AJUSTE NO REGISTRO IMOBILIÁRIO – PRESCINDIBILIDADE – PERDAS E DANOS – *QUANTUM* A SER FIXADO EM LIQUIDAÇÃO – RECURSO ESPECIAL PARCIALMENTE CONHECIDO E PROVIDO.

1. Não se conhece da alegação de afronta ao art. 128 do CPC, por suposto julgamento *extra* ou *ultra petita*, quando a matéria deixou de ser debatida nas instâncias ordinárias, padecendo, portanto, do devido prequestionamento. Incidência das Súmulas nº 282/STF e 211/STJ.

2. A averbação do contrato de locação no registro imobiliário é medida necessária apenas para assegurar ao locatário o direito real de perseguir e haver o imóvel alienado a terceiro, dentro dos prazos e observados os pressupostos fixados na Lei nº 8.425/1991. A falta dessa providência não inibe, contudo, o locatário de demandar o locador alienante por violação a direito pessoal, reclamando deste as perdas e danos que porventura vier a sofrer pela respectiva preterição. Precedentes.

3. Uma vez delineados os danos emergentes e lucros cessantes pretendidos pelo demandante na petição inicial da ação indenizatória, juridicamente viável se afigura o diferimento da apuração e efetiva comprovação das perdas e danos na fase subsequente de liquidação de sentença. 4. Recurso especial parcialmente conhecido e, em tal extensão, provido. (STJ – REsp nº 912.223 – RS – 4ª Turma – Rel. Min. Marco Buzzi – DJ 17.09.2012)

▸ **EMENTA:** APELAÇÃO CÍVEL. AÇÃO ORDINÁRIA. DIREITO DE PREFERÊNCIA. AUSÊNCIA DE NOTIFICAÇÃO DO LOCATÁRIO PARA EXERCER DIREITO DE PREFERÊNCIA COMPRA DE IMÓVEL LOCADO. AVERBAÇÃO DO CONTRATO DE LOCAÇÃO NO REGISTRO DE IMÓVEIS. De acordo com o disposto no art. 33 da Lei do Inquilinato, a averbação prévia do contrato de locação no Registro de Imóveis é requisito essencial ao exercício do direito de preferência do locatário na aquisição do imóvel locado. Precedentes jurisprudenciais. APELO DESPROVIDO.

(TJRS – Apelação Cível nº 70044340206 – Porto Alegre – 15ª Câmara Cível – Rel. Des. Ana Beatriz Iser – DJ 30.08.2011)

TRIBUNAL REGIONAL DA 5ª REGIÃO

EMENTA: EMBARGOS DE TERCEIRO. INTERESSE PROCESSUAL. LOCATÁRIA. EMPRESA COMERCIAL ESTABELECIDA DESDE 1999. ART. 515, PARÁGRAFO 3º, DO CPC. DIREITO DE PREFERÊNCIA. ART. 32, DA LEI Nº 8.245/91. REGISTRO NO CARTÓRIO DE IMÓVEIS. PEDIDO JULGADO IMPROCEDENTE.

1. Trata-se de apelação em face de sentença que rejeitou liminarmente os embargos de terceiros ante a falta de interesse processual, por entender que a autora-locatária de bem penhorado e posteriormente arrematado – muito embora tenha legitimidade para interpor embargos de terceiro, é necessário que apresente motivos relevantes para a desconstituição da penhora sob pena de se caracterizar falta de interesse processual.

2. Admite-se a existência de interesse processual da parte autora, tendo em vista exercer atividade comercial, desde 1999, em prédio que lhe foi locado pela executada, ante o alegado impedimento do prosseguimento da atividade empresarial.

3. Aplica-se à espécie o art. 515, parágrafo 3º do CPC, uma vez que a causa versa sobre questão exclusivamente de direito e encontra-se em condições de julgamento.

4. No mérito, não merece acolhida a pretensão da parte de ver garantido o seu direito de preferência. É que, nos termos do art. 32, da Lei nº 8.245/91 não se pode opor o direito de preferência aos casos de perda da propriedade ou venda por decisão judicial, permuta, doação, integralização do capital, cisão, fusão e incorporação.

5. Ademais, para invocar a preterição do direito de preferência seria necessário que o locatário tivesse efetuado a prévia averbação do seu instrumento de locação junto ao Cartório de Registro de Imóveis, o que não ocorreu no caso dos autos.

6. Apelação provida para anular a sentença e prosseguindo o julgamento, com espeque no art. 515, parágrafo 3º, do CPC, julgar improcedente o pedido. (TRF 5ª Reg. AC 200784000098598, Des. Fed. Francisco Cavalcanti, 1ª T. DJE: 18/05/2010).

TRIBUNAL DE JUSTIÇA DO ESTADO DE MINAS GERAIS

EMENTA: DIREITO DE PREFERÊNCIA – IMÓVEL LOCADO – AUSÊNCIA DE NOTIFICAÇÃO – ADJUDICAÇÃO COMPULSÓRIA – REQUISITOS DO ART. 33 DA LEI Nº 8.245/91 – AUSÊNCIA DE REGISTRO DO CONTRATO LOCAÇÃO. – Preterido no direito de preferência na compra do imóvel locado, o inquilino poderá formular pedido de adjudicação compulsória do mesmo, nos termos do artigo 33 da nova Lei do Inquilinato. – Ausente prova do cumprimento dos requisitos enumerados pela Lei do Inquilinato, inexistente o alegado direito de preferência. (TJ-MG 101440902773400011 MG 1.0144.09.027734-0/001(1), Relator: OSMANDO ALMEIDA, Data de Julgamento: 02/02/2010, Data de Publicação: 01/03/2010)

EMENTA: LOCAÇÃO. DIREITO DE PREFERÊNCIA. ADJUDICAÇÃO COMPULSÓRIA. CONTRATO NÃO AVERBADO NO REGISTRO DE IMÓVEIS. CARÊNCIA DE AÇÃO. PERDAS E DANOS. DANOS MATERIAIS. DANOS MORAIS. NÃO COMPROVAÇÃO. Preterido no direito de preferência na compra do prédio locado, o inquilino poderá formular, nos termos do artigo 33 da Lei do Inquilinato, desde que requeira, no prazo de seis meses, a contar do registro da escritura da alienação no Cartório de Registro de Imóveis, em seu favor, pedido de adjudicação compulsória do imóvel, depositando o preço e demais despesas do ato de transferência, estando averbado o contrato de locação junto à matrícula do imóvel pelo menos trinta dias antes da transação alienatória. No entanto, em virtude de não se revestir a preempção ou a preferência da natureza de direito real, em favor do requerente, somente lhe resta pleitear junto ao locador do imóvel eventuais perdas e danos que tenham advindo da preterição à qual foi sujeito. (TJ-MG 103380402577210011 MG 1.0338.04.025772-1/001(1), Relator: DUARTE DE PAULA, Data de Julgamento: 24/10/2007, Data de Publicação: 02/11/2007)

TRIBUNAL DE JUSTIÇA DO ESTADO DE SÃO PAULO

EMENTA: LOCAÇÃO NÃO RESIDENCIAL. Contrato escrito. Demanda declaratória, com pedido de nulidade de cláusula contratual, que dispõe sobre a renúncia de direito de preferência na aquisição do imóvel locado, agregando-se responsabilidade de oficial registrador, para que faça averbar o contrato. Juízo de parcial procedência. Inteligência dos artigos 27 e 45, da Lei nº 8.245/91. Apelo da autora. Parcial provimento.(TJSP – Apelação Cível nº 0139812-68.2011.8.26.0100 – São Paulo – 30ª Câmara de Direito Privado – Rel. Des. Carlos Russo – DJ 26.08.2014)

EMENTA: LOCAÇÃO DE IMÓVEL – ALIENAÇÃO DO BEM – LOCATÁRIO PRETERIDO NO DIREITO DE PREFERÊNCIA – INDENIZAÇÃO POR PERDAS E DANOS (ART. 33, DA LEI 8.245/91) – AVERBAÇÃO DO CONTRATO LOCATÍCIO JUNTO À MATRÍCULA DO IMÓVEL – DESNECESSIDADE – INEXISTÊNCIA, CONTUDO, DE PROVA DA CAPACIDADE FINANCEIRA DO INQUILINO DE ADQUIRIR O BEM ALIENADO, NAS MESMAS CONDIÇÕES DA VENDA REALIZADA – IMPROCEDÊNCIA – SENTENÇA MANTIDA, POR OUTRO FUNDAMENTO. Para ter direito à indenização por perdas e danos, não basta que o locatário tenha sido preterido no seu direito de preferência, mas, também, que demonstre que tinha capacidade econômica de adquirir o imóvel alugado, nas mesmas condições em que foi vendido ao adquirente. (TJ-SP – APL: 1095155920088260011 SP 0109515-59.2008.8.26.0011, Relator: Mendes Gomes, Data de Julgamento: 02/05/2011, 35ª Câmara de Direito Privado, Data de Publicação: 09/05/2011)

CONSELHO SUPERIOR DA MAGISTRATURA

EMENTA: REGISTRO DE IMÓVEIS – DÚVIDA – CONTRATO DE LOCAÇÃO – CLÁUSULAS DE VIGÊNCIA E EXERCÍCIO DO DIREITO DE PREFERÊNCIA – SUFICIÊNCIA DO REGISTRO EM SENTIDO ESTRITO PARA ATRIBUIR EFICÁCIA REAL TANTO À CLÁUSULA DE VIGÊNCIA COMO AO PACTO DE PREFERÊNCIA – DESNECESSIDADE DA PRÁTICA DE DOIS ATOS REGISTRAIS (AVERBAÇÃO E REGISTRO) – COMPETÊNCIA DO CONSELHO SUPERIOR DA MAGISTRATURA POR SE TRATAR DE REGISTRO EM SENTIDO ESTRITO – INDISPONIBILIDADE DECORRENTE DE PENHORA DA FAZENDA NACIONAL NOS TERMOS DO ARTIGO 53, § 1º, DA LEI nº 8.212/91 NÃO É ÓBICE AO REGISTRO DO CONTRATO DE LOCAÇÃO PARA CONSIGNAR A CLÁUSULA DE VIGÊNCIA E O EXERCÍCIO DO DIREITO DE PREFERÊNCIA – PRECEDENTE DESTE CONSELHO SUPERIOR DA MAGISTRATURA – RECURSO PROVIDO (Apelação nº 0027416-80.2013.8.26.0100, da Comarca de São Paulo). Ville de France Comércio, Administração e Serviços LTDA interpôs apelação contra a sentença das fls. 69/71, que julgou procedente a dúvida suscitada pelo 15º Oficial de Registro de Imóveis da Comarca da Capital, mantendo a recusa de registro do instrumento particular de locação para fins não residenciais do imóvel da matrícula nº 123.864, porque referido imóvel está indisponível por força de penhoras da Fazenda Nacional, o que impediria o registro do contrato de locação com cláusula de vigência e a averbação de direito de preferência em caso de alienação do imóvel locado, porque a indisponibilidade tem plena eficácia nos casos de alienação voluntária, a que poderá conduzir o registro da locação, quando houver, eventualmente, o exercício do direito de preferência. A apelante alegou que o impedimento da averbação do contrato nos casos de indisponibilidade ofende o direito de uso e, além disso, a inscrição das cláusulas de vigência e de preferência, em caso de alienação do imóvel locado, não restringiria ou limitaria as faculdades do domínio e não criaria oponibilidade ao seu adquirente. Assim, busca a reforma da sentença, para que seja autorizado o registro do contrato de locação (fls. 74/80). A Procuradoria Geral de Justiça opinou pelo não provimento do recurso (fls. 93/96). É o relatório. De início, destaco que, não obstante as previsões constantes do artigo 167, inciso I, "3" e inciso II, "16", da Lei nº 6.015/73, acompanhado do artigo 33, "caput", da Lei nº 8.245/91, que referem o registro e a averbação dos contratos de locação, respectivamente para consignar a cláusula de vigência e o exercício do direito de preferência, é desnecessária a prática de dois atos notariais (averbação e registro), bastando o registro em sentido estrito para garantir a eficácia real às cláusulas de vigência e ao direito de preferência, conforme já decidido pela Corregedoria-Geral da Justiça no processo nº

2013/36874: REGISTRO DE IMÓVEIS – Contrato de locação – Cláusula de vigência e pacto de preferência – Eficácia *erga omnes* – Registro em sentido estrito – Competência recursal – Conselho Superior da Magistratura – Envio dos autos ao órgão jurisdicional competente – Recurso administrativo conhecido como apelação – Admissibilidade – Princípio da fungibilidade recursal. Por consequência, reconheço a competência deste Conselho Superior da Magistratura, por se tratar de registro em sentido estrito, na forma do artigo 64, VI, do Decreto-lei Complementar Estadual nº 3/69, e do artigo 16, V, do Regimento Interno do Tribunal de Justiça do Estado de São Paulo. O registro do contrato de locação foi negado diante da indisponibilidade do imóvel, nos termos do artigo 53, § 1º, da Lei nº 8.212/91, por força de penhoras da Fazenda Nacional. A questão é saber se a indisponibilidade impede o registro do contrato de locação para consignar a cláusula de vigência e o exercício do direito de preferência. Em que pese o precedente deste Conselho Superior da Magistratura (Apelação Cível nº 100.237-0/0), da lavra do Desembargador Luiz Tâmbara, inclusive citado pelo magistrado prolator da sentença recorrida, recentemente houve alteração do posicionamento deste Egrégio Conselho, na Apelação Cível nº 0018645-08.2012.8.26.0114 (D.J.E. 14.11/2013), que entendeu que a indisponibilidade prevista no artigo 53, § 1º, da Lei nº 8.212/91 não obstaculiza o registro do pacto locatício. Nesse sentido, constou do referido precedente: *De todo modo, sequer têm força para embaraçar os registros do contrato de locação nas matrículas nos 17.368 e 17.369, não obstruídos pela indisponibilidade legal: ora, com a publicidade resultante da inscrição se objetiva unicamente expandir a eficácia subjetiva de cláusulas do contrato de locação [22], que, por si, todavia, escudadas no princípio da função social do contrato, já vinculam terceiros que de seu teor tenham ou devam ter conhecimento. [23]. Se a indisponibilidade não impede a celebração da locação, e tampouco repercute sobre a validade da cláusula de vigência e do pacto de preempção, não faz sentido estorvar fenômeno de reforço eficacial, consequência do registro, e direcionado a resguardar, com mais rigor, a função social do contrato, "nesse seu conteúdo ultra partes", cunhado por Cláudio Luiz Bueno de Godoy ao enfocar a face externa de tal princípio, mitigando o da relatividade de seus efeitos e robustecendo o da força obrigatória. [24]. O resultado associado à publicidade registral, com atribuição de eficácia real a obrigações comuns, de poderes diretos sobre os imóveis locados e, particularmente, de direitos reais de gozo e aquisição ao locatário, não é de ser indistintamente vedado em função da indisponibilidade legal, especialmente porque não implica voluntário deslocamento patrimonial subjetivo. Com mais razão se considerado que não impede, em outra execução, nova penhora sobre o bem indisponível, de acordo com a pacífica jurisprudência do Superior Tribunal, de Justiça, que, iterativamente, tem afirmado: a indisponibilidade versada no § 1º do artigo 53 da Lei nº 8.212/1991 apenas impossibilita a alienação do bem penhorado pelo devedor-executado. [25]. Os recentes precedentes deste Conselho Superior da Magistratura que, na esteira do entendimento do STJ, acentuaram que a indisponibilidade focalizada não frustra a arrematação judicial nem o registro da carta que lhe corresponda também conduzem à inscrição objetada. [26]. Sob a influência da visão de contrato como fato social, instituto jurídico funcionalizado, e a inspiração de novos paradigmas jurisprudenciais, impõe, portanto, rever a orientação deste Conselho expressa no acórdão proferido nos autos da Apelação Cível nº 100.237-0/0, rel. Des. Luiz Tâmbara, j. em 04.09.2003, quando admitida a incompatibilidade entre a indisponibilidade do artigo 53, § 1º, da Lei nº 8.212/1991, e o registro de contrato de locação com cláusula de vigência. No tocante à concessão de eficácia real ao direito de preferência, é oportuno, ainda, em desabono da desqualificação registral sublinhar, pautado pelo artigo 32 da Lei nº 8.245/1991, que a preempção não alcança os casos de venda por decisão. [27].* Portanto, o caso é de afastamento do óbice apresentado para o registro do contrato de locação para consignar a cláusula de vigência e o exercício do direito de preferência, o que não significa desconsiderar a indisponibilidade prevista no artigo 53, § 1º, da Lei nº 8.212/91. Posto isso, dou provimento ao recurso, para julgar improcedente a dúvida apresentada pelo 15º Oficial de Registro de Imóveis da Comarca da Capital. HAMILTON ELLIOT AKEL. Corregedor Geral da Justiça e Relator (D.J.E. de 05.05.2014 – SP).

3. QUESTÃO DE CONCURSO

01. (Cespe – Cartório – ES/2013) Determinado imóvel urbano está alugado e o locador deseja vendê-lo antes do prazo final do contrato de locação. Nesse caso,

a) a preferência do locatário sobrepõe-se à do condômino, nos casos em que houver condomínio no imóvel.

b) o direito de preferência incidirá sobre a totalidade dos bens que sejam objeto da alienação, no caso de haver alienação de mais de uma unidade imobiliária.

c) o locador não tem legitimidade para o registro do contrato de locação com cláusula de vigência, em caso de alienação.

d) o locatário deverá exercer seu direito de preempção no prazo de sessenta dias.

e) o locatário preterido no seu direito de preferência poderá reclamar do alienante perdas e danos, independentemente de o contrato de locação ter sido averbado no cartório de imóveis antes da alienação.

GAB	1	B

17) do Termo de Securitização de créditos imobiliários, quando submetidos a regime fiduciário.

1. COMENTÁRIOS

O Termo de Securitização de Crédito no qual foi instituído o regime fiduciário deve obrigatoriamente ser averbado na matrícula do imóvel que corresponde ao crédito.

Esta regra, além de constar no art. 167, II, 17, também estava expressa no parágrafo único do art. 10 da Lei 9.514. No entanto, os arts. 7º ao 16 foram revogados pela Lei n. 14.430/2022, que traz uma nova abordagem sobre o assunto.

Apresento agora alguns importantes conceitos relacionados ao tema exposto.

É considerada **operação de securitização** a aquisição de direitos creditórios para lastrear a emissão de Certificados de Recebíveis ou outros títulos e valores mobiliários perante investidores, cujo pagamento é primariamente condicionado ao recebimento de recursos dos direitos creditórios e dos demais bens, direitos e garantias que o lastreiam.

A securitização ocorre mediante a cessão, por parte de uma Instituição Financeira cedente, de determinados créditos (recebíveis) que aquela detém para com terceiros (devedores), oriundas de empréstimos, financiamentos e operações de arrendamento mercantil.

Melhim Namem Chalhub explica que "realiza-se a operação por meio de uma sucessão de negócios e de atos jurídicos, a saber: (i) cessão de créditos a uma companhia securitizadora, ou uma sociedade empresária constituída especificamente para determinada operação, usualmente denominada *veículo* ou *agente*, passando os créditos cedidos a constituir um patrimônio autônomo, (ii) emissão, pela securitizadora, ou pelo *veículo*, de títulos lastreados nos créditos integrantes do patrimônio autônomo, (iii) classificação de risco da emissão e (iv) venda dos títulos (Op. cit., p. 873).

Por sua vez, o Termo de Securitização de créditos imobiliários consiste no **instrumento lavrado pela companhia securitizadora que dá origem aos Certificados de Recebíveis (CRIs). É ele que promove a vinculação dos créditos imobiliários àqueles.**

Já os **Certificados de Recebíveis** são títulos de crédito nominativos, emitidos de forma escritural, de emissão exclusiva de companhia securitizadora, de livre negociação, constituem promessa de pagamento em dinheiro, preservada a possibilidade de dação em pagamento, e são títulos executivos extrajudiciais.

Os **Certificados de Recebíveis** integrantes de cada emissão da companhia securitizadora **serão formalizados por meio de termo de securitização.**

Em outras palavras, a securitização de créditos imobiliários é a operação pela qual tais créditos são expressamente vinculados à emissão de uma série de títulos de crédito, mediante Termo de Securitização de Créditos, lavrado por uma companhia securitizadora, do qual constarão elementos do art. 22 da Lei 14.430/2022, a saber:

I – nome da companhia securitizadora emitente;

II – número de ordem, local e data de emissão;

III – denominação "Certificado de Recebíveis" acrescida da natureza dos direitos creditórios;

IV – valor nominal;

V – data de vencimento ordinário do valor nominal e de resgate dos Certificados de Recebíveis e, se for o caso, discriminação dos valores e das datas de pagamento das amortizações;

VI – remuneração por taxa de juros fixa, flutuante ou variável, que poderá contar com prêmio, fixo ou variável, e admitir a capitalização no período estabelecido no termo de securitização;

VII – critérios para atualização monetária, se houver;

VIII – cláusula de correção por variação cambial, se houver, desde que estabelecida em conformidade com o disposto nos §§ 8º e 9º deste artigo;

IX – local e método de pagamento;

X – indicação do número de emissão e da eventual divisão dos Certificados de Recebíveis integrantes da mesma emissão em diferentes classes ou séries, inclusive a possibilidade de aditamentos posteriores para inclusão de novas classes e séries e requisitos de complementação de lastro, quando for o caso;

XI – indicação da existência ou não de subordinação entre as classes integrantes da mesma emissão, entendida como a preferência de uma classe sobre outra para fins de amortização e resgate dos Certificados de Recebíveis;

XII – descrição dos direitos creditórios que compõem o lastro da emissão dos Certificados de Recebíveis;

XIII – indicação, se for o caso, da possibilidade de substituição ou de aquisição futura dos direitos creditórios vinculados aos Certificados de Recebíveis com a utilização dos recursos provenientes do pagamento dos direitos creditórios originais vinculados à emissão, com detalhamento do procedimento para a sua formalização, dos critérios de elegibilidade e do prazo para a aquisição dos novos direitos creditórios, sob pena de amortização antecipada obrigatória dos Certificados de Recebíveis, observado o disposto no inciso II do § 2º deste artigo;

XIV – se houver, garantias fidejussórias ou reais de amortização dos Certificados de Recebíveis integrantes da emissão ou de classes e séries específicas, se for o caso;

XV – indicação da possibilidade de dação em pagamento dos direitos creditórios aos titulares dos Certificados de Recebíveis, hipótese em que deverão ser estabelecidos os procedimentos a serem adotados;

XVI – regras e procedimentos aplicáveis às assembleias gerais de titulares de Certificados de Recebíveis; e

XVII – hipóteses em que a companhia securitizadora poderá ser destituída ou substituída.

A companhia securitizadora poderá instituir **regime fiduciário** sobre os direitos creditórios e sobre os bens e direitos que sejam objeto de garantia pactuada em favor do pagamento dos Certificados de Recebíveis ou de outros títulos e valores mobiliários representativos de operações de securitização e, se houver, do cumprimento de obrigações assumidas pelo cedente dos direitos creditórios.

Em outras palavras, pode-se afirmar que o **regime fiduciário** será instituído mediante **declaração unilateral da companhia securitizadora ao firmar termo de securitização,** que, além de observar o disposto no art. 22 desta Lei, deverá submeter-se às seguintes condições:

I – constituição do regime fiduciário sobre os direitos creditórios e os demais bens e direitos que lastreiam a emissão;

II – constituição de patrimônio separado, composto pela totalidade dos direitos creditórios e dos demais bens e direitos referidos no inciso I;

III – nomeação de agente fiduciário, quando se tratar de emissões públicas, que seja instituição financeira ou entidade autorizada para esse fim pelo Banco Central do Brasil, para atuar em nome e no interesse dos titulares dos Certificados de Recebíveis, acompanhada da indicação de seus deveres, de suas responsabilidades e de sua remuneração, das hipóteses, das condições e da forma de sua destituição ou substituição e das demais condições de sua atuação, observada a regulamentação aplicável; e

IV – forma de liquidação do patrimônio separado, inclusive mediante dação em pagamento dos direitos creditórios e dos bens e direitos referidos no inciso I.

Quanto aos **direitos creditórios, os bens e os direitos objeto do regime fiduciário**:

a) constituirão patrimônio separado, titularizado pela companhia securitizadora, que não se confunde com o seu patrimônio comum ou com outros patrimônios separados de titularidade da companhia securitizadora decorrentes da constituição de regime fiduciário no âmbito de outras emissões de Certificados de Recebíveis;
b) serão mantidos apartados do patrimônio comum e de outros patrimônios separados da companhia securitizadora até que se complete a amortização integral da emissão a que estejam afetados, admitida para esse fim a dação em pagamento, ou até que sejam preenchidas condições de liberação parcial dispostas no termo de securitização, quando aplicáveis;
c) serão destinados exclusivamente à liquidação dos Certificados de Recebíveis a que estiverem afetados e ao pagamento dos custos de administração e de obrigações fiscais correlatas, observados os procedimentos estabelecidos no termo de securitização;
d) não responderão perante os credores da companhia securitizadora por qualquer obrigação;
e) não serão passíveis de constituição de garantias por quaisquer dos credores da companhia securitizadora, por mais privilegiados que sejam; e
d) responderão somente pelas obrigações inerentes aos Certificados de Recebíveis a que estiverem vinculados.

Instituído o regime fiduciário, incumbirá à companhia securitizadora administrar cada patrimônio separado, manter registros contábeis independentes em relação a cada um deles e elaborar e publicar as respectivas demonstrações financeiras.

Consiga-se que o patrimônio próprio da companhia securitizadora responderá pelos prejuízos que esta causar por descumprimento de disposição legal ou regulamentar, por negligência ou por administração temerária ou, ainda, por desvio da finalidade do patrimônio separado.

O regime fiduciário será **extinto pelo implemento das condições a que esteja submetido,** na conformidade do Termo de Securitização de Créditos que o tenha instituído, ou nas hipóteses de resgate dos Certificados de Recebíveis mediante a dação em pagamento dos bens e direitos integrantes do patrimônio separado aos titulares dos Certificados de Recebíveis, em conformidade com o disposto nesta Lei.

Uma vez resgatados integramente os Certificados de Recebíveis e extinto o regime fiduciário, o agente fiduciário fornecerá, no prazo de três dias úteis, contado da data do resgate, à companhia securitizadora, termo de quitação, que servirá para baixa, que servirá para baixa do registro do regime fiduciário perante a entidade de que trata o *caput* do art. 18 desta Lei.

Essa baixa importará a reintegração ao patrimônio comum da companhia securitizadora dos ativos que sobejarem.

Neste caso, os emolumentos devidos aos Registros de Imóveis para **cancelamento do regime fiduciário e das garantias reais existentes** serão cobrados como ato único.

2. QUESTÕES DE CONCURSOS

01. (FGV – Titular de Serviço de Notas e Registros – TJ – SC/2021) A Companhia Securitizadora XX almejava realizar operação na qual certos créditos imobiliários seriam expressamente vinculados à emissão de uma série de títulos de crédito, o que foi lavrado em termo próprio. Além disso, desejava saber se poderia instituir regime fiduciário sobre esses créditos, de modo a lastrear a emissão de Certificados de Recebíveis Imobiliários, no contexto do referido termo. Por fim, ainda eram necessários esclarecimentos sobre a relação dessas operações com o registro público.

Ao se deparar com os questionamentos acima, o advogado da Companhia XX respondeu, corretamente, que a securitização dos créditos imobiliários:

a) consubstancia ato posterior à instituição do regime fiduciário, sendo lavrados em termos distintos, a serem registrados no Registro de Títulos e Documentos e averbados no Registro de Imóveis.
b) pode lastrear a instituição do regime fiduciário dos créditos imobiliários e deve ser averbada no Registro de Imóveis, mas não pode lastrear a emissão de Certificados de Recebíveis Imobiliários.
c) consubstancia operação distinta da instituição do regime fiduciário, as quais não podem estar previstas no mesmo termo, sendo ainda necessário que ambas sejam averbadas no Registro de Imóveis.
d) constitui operação independente, cujo termo somente será averbado no Registro de Imóveis caso, no mesmo contexto, seja instituído regime fiduciário sobre os créditos imobiliários.
e) não possui individualidade própria, não subsistindo sozinha, sendo mero ato preparatório do regime fiduciário, que deve ser matriculado no Registro de Imóveis.

02. (Cespe – Cartório-PI/2013) Assinale a opção correta acerca das duas espécies de inscrições, o registro e a averbação, enumeradas no art. 172 da Lei nº 6.015/1973.

a) O registro da reserva legal no cadastro ambiental rural não desobriga a sua averbação no cartório de registro de imóveis.
b) A inscrição de loteamento ou desmembramento cujo projeto tenha sido aprovado em 10/1/2013 e submetido ao registro imobiliário em 9/8/2013 deve receber qualificação positiva.
c) A constituição de direito real de superfície, por tempo determinado ou indeterminado, e sua extinção devem ser averbadas no cartório de registro de imóveis.
d) O termo de securitização de créditos em que seja instituído o regime fiduciário previsto na Lei nº 9.514/1997 deve ser averbado nos registros de imóveis em que estejam matriculados os respectivos imóveis.
e) A transcrição integral da escritura de instituição do bem de família deve ser registrada no Livro nº 3, sem necessidade de averbação no Livro nº 2.

GAB	1	D	2	D

18) da notificação para parcelamento, edificação ou utilização compulsórios de imóvel urbano;

1. COMENTÁRIOS

O item 18 foi incluído pelo Estatuto da Cidade (Lei n. 10.257/2001), que regulamenta os artigos 182 e 183 da Constituição Federal, estabelece diretrizes gerais da política urbana e dá outras providências.

O art. 182, § 4º da Constituição Federal, estabelece que é facultado ao Poder Público municipal, mediante lei específica para área incluída no plano diretor, exigir, nos termos da lei federal, do proprietário do solo urbano não edificado, subutilizado ou não utilizado, que promova seu adequado aproveitamento, sob pena, sucessivamente, de:

(i) parcelamento ou edificação compulsórios;

(ii) imposto sobre a propriedade predial e territorial urbana progressivo no tempo;

(iii) desapropriação com pagamento mediante títulos da dívida pública de emissão previamente aprovada pelo Senado Federal, com prazo de resgate de até dez anos, em parcelas anuais, iguais e sucessivas, assegurados o valor real da indenização e os juros legais.

É oportuno invocar o art. 4º do Estatuto da Cidade, que prescreve **ferramentas da política urbana.** Desse modo, serão utilizados, entre outros instrumentos:

> I – planos nacionais, regionais e estaduais de ordenação do território e de desenvolvimento econômico e social;
> II – planejamento das regiões metropolitanas, aglomerações urbanas e microrregiões;
> III – planejamento municipal, em especial:
> a) plano diretor;
> b) disciplina do parcelamento, do uso e da ocupação do solo;
> c) zoneamento ambiental;
> d) plano plurianual;
> e) diretrizes orçamentárias e orçamento anual;
> f) gestão orçamentária participativa;
> g) planos, programas e projetos setoriais;
> h) planos de desenvolvimento econômico e social;
> IV – institutos tributários e financeiros:
> a) imposto sobre a propriedade predial e territorial urbana – IPTU;
> b) contribuição de melhoria;
> c) incentivos e benefícios fiscais e financeiros;
> V – institutos jurídicos e políticos:
> a) desapropriação;
> b) servidão administrativa;
> c) limitações administrativas;
> d) tombamento de imóveis ou de mobiliário urbano;
> e) instituição de unidades de conservação;
> f) instituição de zonas especiais de interesse social;
> g) concessão de direito real de uso;
> h) concessão de uso especial para fins de moradia;
> i) parcelamento, edificação ou utilização compulsórios;
> j) usucapião especial de imóvel urbano;
> l) direito de superfície;
> m) direito de preempção;
> n) outorga onerosa do direito de construir e de alteração de uso;
> o) transferência do direito de construir;
> p) operações urbanas consorciadas;
> q) regularização fundiária;
> r) assistência técnica e jurídica gratuita para as comunidades e grupos sociais menos favorecidos;
> s) referendo popular e plebiscito;
> t) demarcação urbanística para fins de regularização fundiária;
> u) legitimação de posse.
> VI – estudo prévio de impacto ambiental (EIA) e estudo prévio de impacto de vizinhança (EIV).

Por sua vez, reza o art. 5º do Estatuto da Cidade:

> **Art. 5º** Lei municipal específica para área incluída no plano diretor poderá determinar o parcelamento, a edificação ou a utilização compulsórios do solo urbano não edificado, subutilizado ou não utilizado, devendo fixar as condições e os prazos para implementação da referida obrigação.
> § 1º Considera-se subutilizado o imóvel:
> I – cujo aproveitamento seja inferior ao mínimo definido no plano diretor ou em legislação dele decorrente;
> II – (VETADO)
> § 2º O proprietário será notificado pelo Poder Executivo municipal para o cumprimento da obrigação, devendo a notificação ser averbada no cartório de registro de imóveis.
> § 3º A notificação far-se-á:
> I – por funcionário do órgão competente do Poder Público municipal, ao proprietário do imóvel ou, no caso de este ser pessoa jurídica, a quem tenha poderes de gerência geral ou administração;
> II – por edital quando frustrada, por três vezes, a tentativa de notificação na forma prevista pelo inciso I.
> § 4º Os prazos a que se refere o *caput* não poderão ser inferiores a:
> I – um ano, a partir da notificação, para que seja protocolado o projeto no órgão municipal competente;
> II – dois anos, a partir da aprovação do projeto, para iniciar as obras do empreendimento
> § 5º Em empreendimentos de grande porte, em caráter excepcional, a lei municipal específica a que se refere o *caput* poderá prever a conclusão em etapas, assegurando-se que o projeto aprovado compreenda o empreendimento como um todo.

Note-se que a propriedade, direito fundamental que é, pode ser limitada. A Constituição Federal, conferindo ao Estado o poder de retirar um bem de seu proprietário, possibilita a desapropriação em razão de utilidade e interesse público ou por interesse social, mas exige a justa e prévia indenização em dinheiro.

Como exceção à regra geral, a Constituição Federal prevê outras duas modalidades de desapropriação, intrinsecamente relacionadas à função social da propriedade: a **desapropriação para fins de reforma urbana** e a **desapropriação para fins de reforma agrária,** ambas com caráter de sanção.

O Estatuto da Cidade regula a desapropriação para fins urbanos. Por meio dessa modalidade, o Poder Público Municipal pune o proprietário que não deu a seu imóvel a função social estabelecida no Plano Diretor.

Diferentemente das desapropriações por utilidade e interesse público e interesse social, na desapropriação para fins de reforma urbana, o pagamento é realizado por meio de títulos da dívida pública, resgatáveis num prazo de dez anos.

Outra importante diferença, ligada também ao caráter de sanção dessa modalidade de desapropriação, é o **valor da indenização**, que na desapropriação para fins urbanos, fala-se em **valor real**, correspondendo à base de cálculo para o IPTU.

A desapropriação para fins de reforma urbana só pode ser realizada se o proprietário, compelido a dar adequada utilização ao imóvel, não o fez após os cinco anos de aplicação do IPTU progressivo no tempo. Assim, para que ocorra essa desapropriação, faz-se necessária uma sequência de atos, a saber: primeiro, o Poder Público Municipal, nos termos da lei municipal, notifica o proprietário para parcelar, edificar ou utilizar o imóvel; decorrido o prazo estipulado na notificação e seguindo os procedimentos legais, sem que o proprietário cumpra com a determinação, o Município pode aumentar anualmente a alíquota do IPTU, por um prazo de cinco anos, na forma do art. 7º do Estatuto da Cidade e da lei municipal; somente após a aplicação desses instrumentos, o Município pode valer-se da desapropriação para fins de reforma urbana. Trata-se de **desapropriação sanção**, vinculada à **função social da propriedade**, obrigando consequentemente também o Poder Público a dar destinação adequada ao imóvel após a desapropriação.

O plano diretor é, nas palavras de Hely Lopes Meirelles, o "complexo de normas legais e diretrizes técnicas para o desenvolvimento global e constante do Município, sob os aspectos físico, social, econômico e administrativo, desejado pela comunidade local" (*Direito municipal urbanístico*. 6. ed. São Paulo: Malheiros, p. 393).

A averbação obrigatória da notificação para parcelamento, edificação ou utilização compulsórios de imóvel urbano, tem fundamento na necessidade de **dar publicidade, conhecimento da situação jurídica do imóvel,** bem como as obrigações que o acompanham, enquanto não obedecido pelo proprietário. São as chamadas **obrigações** *propter rem*.

Para Silvio Venosa, a obrigação *propter rem* "trata-se de relação obrigacional que se caracteriza por sua vinculação à coisa". Silvio Rodrigues ensina que "ela prende o titular de um direito real, seja ele quem for, em virtude de sua condição de proprietário ou possuidor". Já Maria Helena Diniz preleciona que a obrigação *propter rem* possui "vinculação a um direito real, ou seja, a determinada coisa de que o devedor é proprietário ou possuidor". Nesse sentido, reforça o art. 6º do Estatuto da Cidade:

> **Art. 6º** A transmissão do imóvel, por ato inter vivos ou causa mortis, posterior à data da notificação, transfere as obrigações de parcelamento, edificação ou utilização previstas no art. 5º desta Lei, sem interrupção de quaisquer prazos.

A averbação da notificação para parcelamento, edificação ou utilização compulsórios de imóvel urbano deve ser realizada por meio **de requerimento da municipalidade**, acompanhado da cópia da comprovação da notificação. Obviamente, na notificação, é imperativo que se conste a identificação do imóvel.

2. QUESTÕES DE CONCURSO

01. (IESES – Titular de Serviços de Notas e Registros – TJ – TO – Provimento/2022) Sobre o Estatuto da Cidade assinale a alternativa correta:

a) O proprietário urbano poderá conceder a outrem o direito de superfície do seu terreno, por tempo determinado ou indeterminado, mediante escritura pública registrada no cartório de registro de títulos e documentos.

b) Nos casos de programas e projetos habitacionais de interesse social, desenvolvidos por órgãos ou entidades da Administração Pública com atuação específica nessa área, a concessão de direito real de uso de imóveis públicos deverá ser contratada individualmente.

c) Lei municipal específica para área incluída no plano diretor poderá determinar o parcelamento, a edificação ou a utilização compulsórios do solo urbano não edificado, subutilizado ou não utilizado, devendo fixar as condições e os prazos para implementação da referida obrigação.

d) Aquele que possuir como sua área ou edificação urbana de até cem metros quadrados, por cinco anos, ininterruptamente e sem oposição, utilizando-a para sua moradia ou de sua família, adquirir-lhe-á o domínio, desde que não seja proprietário de outro imóvel urbano.

02. (IESES – Titular de Serviços de Notas e Registros – TJ – TO – Remoção/2022) Para fins do Estatuto da Cidade, Lei 10.257/01, serão utilizados, entre outros instrumentos, EXCETO:

a) Institutos jurídicos e políticos tais como o parcelamento, edificação ou utilização compulsórios.

b) Planos nacionais, regionais e estaduais de ordenação do território e de desenvolvimento econômico e social.

c) Estudo prévio de impacto ambiental (EIA) e estudo de viabilidade ambiental (EVA).

d) Planejamento das regiões metropolitanas, aglomerações urbanas e microrregiões.

GAB	1	C	2	C

19) da extinção da concessão de uso especial para fins de moradia;

1. COMENTÁRIOS

Este item 19 foi incluído pela Lei 10.257/2001. O tema foi abordado nos comentários do art. 167, inciso I, item 40 desta Lei.

20) da extinção do direito de superfície do imóvel urbano.

1. COMENTÁRIOS

O tema foi abordado nos comentários do art. 167, inciso I, item 39 desta Lei.

21) da cessão do crédito com garantia real sobre imóvel, ressalvado o disposto no item 35 deste inciso;

1. COMENTÁRIOS

Nas palavras de Orlando Gomes, "qualquer crédito pode ser objeto de cessão; conste, ou não, de um título; esteja vencido, ou não; tenha como fundamento jurídico um contrato, um testamento ou um preceito legal; esteja livre e desembaraçado de qualquer ônus ou se ache gravado por usufruto ou penhor" (*Obrigações*. Rio de Janeiro, 1961, p. 237).

Este item foi alterado pela Medida Provisória nº 1.085, de 27/12/2021, convertida na Lei nº 14.382, de 27/6/2022.

Em um primeiro momento, a diferença parece sutil. É que a antiga redação falava em averbação da cessão de **crédito** imobiliário, ao passo que, com a nova dicção, passa a ser averbável a cessão do **crédito com garantia real sobre imóvel,** ressalvado o disposto no item 35 deste inciso (*da cessão de crédito ou da sub-rogação de dívida decorrentes de transferência do financiamento com garantia real sobre imóvel, nos termos do Capítulo II-A da Lei nº 9.514, de 20 de novembro de 1997*).

Com a nova redação, fica afastada qualquer interpretação sobre a prescindibilidade de averbar cessões de crédito que não tenham garantias reais, mesmo que se refiram a créditos de contratos no mercado imobiliário.

Carlos Elias e Flávio Tartuce exemplificam com a cessão, pelo locador, de crédito de locação ou a cessão, pelo vendedor, de crédito fruto da venda de imóveis "na planta". Estas não precisam ser averbadas, porque não estão garantidas por direitos reais. Afinal de contas, trata-se de uma cessão de direitos obrigacionais sem garantia real. Por outro lado, a cessão de um crédito garantido por uma hipoteca ou por uma alienação fiduciária precisa ser averbada. Cite-se, por exemplo, uma empresa imobiliária que obteve a alienação fiduciária em garantia de um imóvel vendido a um consumidor como garantia do pagamento do parcelamento do preço, o que é conhecido, no popular e em linguagem atécnica, como caso de "financiamento direto com a construtora". Nessa hipótese, a cessão precisará ser averbada na matrícula do imóvel, por implicar uma mudança da titularidade do direito real de garantia que está registrada na matrícula, o que tem fundamento no art. 167, II, "21", da LRP (Op. cit. p. 157).

22) da reserva legal;

1. COMENTÁRIOS

A Reserva Legal está regulada pelo art. 225, parágrafo 1º, III, da Constituição Federal, e pelo antigo Código Florestal (Lei 4.771/1965), o qual foi expressamente revogado pelo novo Código Florestal (Lei 12.651/2012), que atualmente disciplina o tema nos arts. 12 a 25.

O conceito de reserva legal é estabelecido pela própria lei, no art. 3º, III. Vejamos:

> Reserva Legal: área localizada no interior de uma propriedade ou posse rural, delimitada nos termos do art. 12, com a função de assegurar o uso econômico de modo sustentável dos recursos naturais do imóvel rural, auxiliar a conservação e a reabilitação dos processos ecológicos

e promover a conservação da biodiversidade, bem como o abrigo e a proteção de fauna silvestre e da flora nativa

A legislação vigente estabelece um percentual mínimo de **80%** de reserva legal para as propriedades rurais localizadas em áreas de florestas na **Amazônia Legal,** podendo este percentual ser reduzido para até **50%** quando existir **zoneamento ecológico econômico** e **zoneamento agrícola**, indicando claramente a possibilidade técnica desta redução. Para as **propriedades rurais** localizadas em áreas de cerrado da Amazônia Legal, o percentual de reserva legal é de **35%**. Nos **demais ecossistemas e regiões do país,** o percentual de reserva legal é de **20%** do total da propriedade.

Não faz parte da área de reserva legal as áreas de preservação permanente, que devem ser declaradas separadamente pelos proprietários rurais.

Segundo o novo Código Florestal, Área de Preservação Permanente – APP consiste na área protegida, coberta ou não por vegetação nativa, com a função ambiental de preservar os recursos hídricos, a paisagem, a estabilidade geológica e a biodiversidade, facilitar o fluxo gênico de fauna e flora, proteger o solo e assegurar o bem-estar das populações humanas. No entanto, o art. 15 da referida lei, possui previsão no seguinte sentido:

> **Art. 15**. Será admitido o cômputo das Áreas de Preservação Permanente no cálculo do percentual da Reserva Legal do imóvel, desde que:
>
> I – o benefício previsto neste artigo não implique a conversão de novas áreas para o uso alternativo do solo;
>
> II – a área a ser computada esteja conservada ou em processo de recuperação, conforme comprovação do proprietário ao órgão estadual integrante do Sisnama; e
>
> III – o proprietário ou possuidor tenha requerido inclusão do imóvel no Cadastro Ambiental Rural – CAR, nos termos desta Lei.
>
> § 1º O regime de proteção da Área de Preservação Permanente não se altera na hipótese prevista neste artigo.
>
> § 2º O proprietário ou possuidor de imóvel com Reserva Legal conservada e inscrita no Cadastro Ambiental Rural – CAR de que trata o art. 29, cuja área ultrapasse o mínimo exigido por esta Lei, poderá utilizar a área excedente para fins de constituição de servidão ambiental, Cota de Reserva Ambiental e outros instrumentos congêneres previstos nesta Lei.
>
> § 3º O cômputo de que trata o *caput* aplica-se a todas as modalidades de cumprimento da Reserva Legal, abrangendo a regeneração, a recomposição e a compensação.
>
> § 4º É dispensada a aplicação do inciso I do *caput* deste artigo, quando as Áreas de Preservação Permanente conservadas ou em processo de recuperação, somadas às demais florestas e outras formas de vegetação nativa existentes em imóvel, ultrapassarem I – 80% (oitenta por cento) do imóvel rural localizado em áreas de floresta na Amazônia Legal; e II – (VETADO)".

A Área de reserva legal deve ser escolhida pelo proprietário e ser aprovada pelo órgão ambiental estadual competente, devendo ser considerados, no processo de aprovação, a função social da propriedade, e os seguintes critérios e instrumentos, quando houver: o plano de bacia hidrográfica; o plano diretor municipal; o zoneamento ecológico-econômico; outras categorias de zoneamento ambiental e a proximidade com outra reserva legal, área de preservação permanente, unidade de conservação ou outra área legalmente protegida.

Tem natureza de **limitação administrativa** e hoje prevalece que consiste numa **obrigação *propter rem*.** Diz o § 2º do art. 2º:

> "as obrigações previstas nesta Lei têm natureza real e são transmitidas ao sucessor, de qualquer natureza, no caso de transferência de domínio ou posse do imóvel rural".

A área de reserva legal era averbada à margem da inscrição de matrícula do imóvel no registro de imóveis competente, sendo vedada a alteração de sua destinação nos casos de transmissão, a qualquer título, de desmembramento ou de retificação de área. Porém, atualmente, o art. 18 do novo Código Florestal enuncia que:

> **Art. 18**. A área de Reserva Legal deverá ser registrada no órgão ambiental competente por meio de inscrição no CAR de que trata o art. 29, sendo vedada a alteração de sua destinação, nos casos de transmissão, a qualquer título, ou de desmembramento, com as exceções previstas nesta Lei.
>
> § 1º A inscrição da Reserva Legal no CAR será feita mediante a apresentação de planta e memorial descritivo, contendo a indicação das coordenadas geográficas com pelo menos um ponto de amarração, conforme ato do Chefe do Poder Executivo.
>
> § 2º Na posse, a área de Reserva Legal é assegurada por termo de compromisso firmado pelo possuidor com o órgão competente do Sisnama, com força de título executivo extrajudicial, que explicite, no mínimo, a localização da área de Reserva Legal e as obrigações assumidas pelo possuidor por força do previsto nesta Lei.
>
> § 3º A transferência da posse implica a sub-rogação das obrigações assumidas no termo de compromisso de que trata o § 2º.
>
> § 4º O registro da Reserva Legal no CAR desobriga a averbação no Cartório de Registro de Imóveis, sendo que, no período entre a data da publicação desta Lei e o registro no CAR, o proprietário ou possuidor rural que desejar fazer a averbação terá direito à gratuidade deste ato.

Embora o § 4º do art. 18 do novo Código Florestal dispense a averbação da reserva legal no álbum imobiliário, a maioria da doutrina defende que tal ato é necessário. Isso ocorre porque o art. 167, inciso II, item 2, da Lei 6.015/1973 expressamente autoriza este ato, e referida norma não foi revogada pelo novo Código Florestal. O art. 167, II, é um rol exemplificativo, permitindo outras averbações com fulcro no art. 246 da Lei de Registros Públicos. Ademais, a publicidade no Registro de Imóveis é de extrema importância, tornando essa medida aconselhável e conveniente.

Narciso Orlandi Neto, entretanto, explica que "como a reserva é legal, isto é, decorre da lei, que a impõe genericamente todos os imóveis situados em determinadas regiões, nem mesmo a publicidade do Registro é essencial à sua existência. Ninguém pode se eximir de respeitar a reserva sob a alegação que ela não consta dos registros públicos" (*Reservas Florestais. Revista do Instituto de Direito Imobiliário do Brasil* – IRIB, nº 42, set.-dez. 1997).

1.1 CADASTRO AMBIENTAL RURAL – CAR

O oficial registrador exerce, além da **função social,** o posto de **defensor ambiental,** à medida que é o responsável pela publicidade e arquivamento das informações que atingem as circunstâncias que abarcam o meio ambiente e as propriedades rurais (sem excluir, é claro, as propriedades urbanas) nas respectivas matrículas imobiliárias.

O Cadastro Ambiental Rural – CAR, criado pela Lei nº 12.651, de 25 de maio de 2012, que trata do novo Código Florestal e gerado no âmbito do Sistema Nacional de Informação sobre Meio Ambiente – SINIMA, consiste no **registro público eletrônico de âmbito nacional,** obrigatório e por prazo indeterminado para todas as propriedades e posses rurais, com a finalidade de integrar as informações ambientais das propriedades e posses rurais, compondo base de dados para controle, monitoramento, planejamento ambiental e econômico e combate ao desmatamento. A inscrição do imóvel rural no CAR deverá ser feita, preferencialmente, no órgão ambiental municipal ou estadual, que, nos termos do regulamento, exigirá do proprietário ou possuidor rural:

I) identificação do proprietário ou possuidor rural;

II) comprovação da propriedade ou posse;

III) identificação do imóvel por meio de planta e memorial descritivo, contendo a indicação das coordenadas geográficas com pelo menos um ponto de amarração do perímetro do imóvel, informando a localização dos remanescentes de vegetação nativa, das Áreas de Preservação Permanente, das Áreas de Uso Restrito, das áreas consolidadas e, caso existente, também da localização da Reserva Legal.

O cadastramento não será considerado título para fins de reconhecimento do direito de propriedade ou posse, tampouco elimina a necessidade de cumprimento do disposto no art. 2º do Estatuto da Cidade (Lei nº 10.267/2001), que dá as diretrizes da política urbana.

Nos casos em que a Reserva Legal já tenha sido averbada na matrícula do imóvel e em que essa averbação identifique o perímetro e a localização da reserva, o proprietário não será obrigado a fornecer ao órgão ambiental, as informações relativas à Reserva Legal previstas no inciso III do § 1º do art. 29 do novo Código Florestal. Para que o proprietário se desobrigue, deverá apresentar ao órgão ambiental competente a certidão de registro de imóveis onde conste a averbação da Reserva Legal ou termo de compromisso já firmado nos casos de posse.

1.2 RESERVA LEGAL CONSOLIDADA ANTES DO CÓDIGO FLORESTAL DE 2012 DEVE SER FEITA NO CARTÓRIO DE IMÓVEIS

No REsp 1681074, a Primeira Turma do Superior Tribunal de Justiça decidiu que o registro da área de reserva legal constituída em propriedade rural **antes da entrada em vigor do atual Código Florestal** (Lei 12.651/2012) deve ser feito em cartório de imóveis, nos termos da legislação ambiental anterior (Lei 4.771/1965).

O Ministério Público do Estado de São Paulo interpôs recurso especial contra duas proprietárias de um imóvel rural que deixaram de destinar o mínimo de 20% da área para a composição da reserva legal. Foram condenadas em primeira instância a demarcar a reserva legal com base nos percentuais estabelecidos pelo Código Florestal de 2012, sob pena de multa diária de R$ 500.

De outra sorte, o Tribunal de Justiça de São Paulo deu parcial provimento à apelação das proprietárias para autorizar a regularização da reserva legal conforme as disposições do artigo 66 da Lei 12.651/2012. O acórdão recorrido também considerou suficiente a inscrição da área protegida no **Cadastro Ambiental Rural,** como havia sido determinado na sentença.

O MP/SP defendeu, no STJ, a irretroatividade do Código Florestal de 2012 **e a necessidade de averbação da reserva legal também em cartório de imóveis, sob o argumento de afronta ao princípio do não retrocesso ambiental.**

O ministro Benedito Gonçalves, no voto que prevaleceu no julgamento, concluiu que o caso em discussão deve ser regido pela Lei 4.771/1965, **ressalvada a possibilidade de incidência do artigo 66 da Lei 12.651/2012** para fins de regularização de reserva legal anterior à vigência do atual Código Florestal, em razão da retroatividade expressa do dispositivo.

Conforme o magistrado, contudo, a aplicação retroativa **não abrange o parágrafo 4º do artigo 18 da Lei 12.651/2012,** segundo o qual o registro da reserva legal no Cadastro Ambiental Rural desobriga a averbação em cartório de imóveis. Nos ensinamentos dele, "sob a perspectiva de que a norma a incidir deve observar o princípio tempus regit actum, entendo que a reserva legal na propriedade deve ser feita no cartório de registro de imóveis, no qual consta o registro do imóvel rural, pois a controvérsia sob exame é anterior à vigência do novo Código Florestal".

1.3 TESES DO STJ RELATIVAS AO DIREITO DE ACESSO À INFORMAÇÃO NO DIREITO AMBIENTAL

Por meio do Instituto de Registro Imobiliário do Brasil, tomou-se conhecimento de que o Recurso Especial n.1.857.098-MS, Primeira Seção do Superior Tribunal de Justiça, estabeleceu, por unanimidade, **quatro teses vinculantes** fixadas no Incidente de Assunção de Competência (IAC 13), referentes ao direito de acesso à informação no Direito Ambiental, **destacando-se, para o Registro de Imóveis, a possibilidade de averbação de informações facultativas sobre o imóvel** e **a possibilidade de requisição diretamente ao Oficial Registrador, pelo Ministério Público (MP), da averbação de informações alusivas a suas funções institucionais.**

Neste REsp, o **Princípio da Concentração** restou bem cristalino.

No julgamento em questão, o Tribunal de Justiça do Estado de Mato Grosso do Sul rejeitou o pedido do MP estadual para que o município de Campo Grande publicasse, obrigatória e periodicamente, os atos executórios do plano de manejo da Área de Proteção Ambiental (APA) do Lajeado, criada para assegurar o abastecimento de água na região, bem como para que a APA fosse inscrita na matrícula dos imóveis que a integram. Segundo o TJMS, as medidas requeridas pelo MP não seriam possíveis, uma vez que inexiste previsão legal neste sentido.

Ao proferir seu Voto, de grande profundidade e riqueza acadêmica, o Ministro Relator Og Fernandes esclareceu, de início, "que a questão não envolve discussão sobre averbação de área de preservação permanente (APP) à luz do Código Florestal, em oposição ao Cadastro Ambiental Rural (CAR). Trata-se, aqui, de área de proteção ambiental (APA) e do direito de acesso à informação ambiental, à luz da Lei de Acesso à Informação (LAI – Lei n. 12.527/2011) e da Lei de Acesso Público aos Dados do Sinama (Lei n. 10.650/2003), também conhecida como Lei de Acesso à Informação Ambiental." O Ministro também destacou que o acesso à informação ambiental é um elemento primordial, sendo "transcendente e magnético, em tudo que diga respeito à coisa pública e à democracia, em especial em matérias ecológicas" e que "a relevância do direito à informação ambiental no Brasil é tanta que são múltiplas as leis a instituí-lo, quando muitos países fundam-se simplesmente na lei mais geral de acesso à informação pública."

Sobre a averbação da APA no Registro de Imóveis, o Ministro Relator ressaltou que, "embora a Lei de Registros Públicos (Lei n. 6.015/1973) não tenha norma impositiva de averbação de APA, tampouco a veda. Ao contrário: em atenção ao princípio da concentração, consta na lei previsão expressa quanto à possibilidade de averbações facultativas (contrario sensu)" e que "é plenamente adequada a pretensão do MP de averbação da APA" e que o MP "pode fazê-lo, até mesmo, por requerimento direto ao oficial de registro."

Ainda de acordo com Og Fernandes, ao citar artigos publicados na Revista de Direito Imobiliário, "a publicidade registral, mediante averbação de unidades de conservação, traz como benefícios:

i) acesso amplo, independentemente de interesse, e vinculado ao imóvel, da proteção ambiental incidente e imposta a seu proprietário, como vetor de controle social e prevenção por ignorância;

ii) identificação precisa dos imóveis e suas restrições;

iii) identificação dos recursos ambientais (flora e fauna) especialmente protegida;

iv) informação sobre as restrições e permissões contidas no plano de manejo;

iv) conscientização coletiva sobre a existência da área protegida;

v) conservação histórica das informações;

vi) organização territorial das informações;

vii) disseminação nacional das serventias registrais;

ix) sistematização profissional dos dados, submetida à fiscalização e regulação judicial; e

x) acesso centralizado por meio do Operador Nacional de Registro."

Ao final de seu Voto, o Ministro Relator sugeriu as seguintes Teses:

Tese A) O direito de acesso à informação ambiental brasileiro compreende:

i) o dever de publicação, na internet, dos documentos ambientais detidos pela Administração não sujeitos a sigilo (transparência ativa);

ii) o direito de qualquer pessoa e entidade de requerer acesso a informações ambientais específicas não publicadas (transparência passiva); e

iii) direito a requerer a produção de informação ambiental não disponível para a Administração (transparência reativa);

Tese B) Presume-se a obrigação do Estado em favor da transparência ambiental, sendo ônus da Administração justificar seu descumprimento, sempre sujeita a controle judicial, nos seguintes termos:

i) na transparência ativa, demonstrando razões administrativas adequadas para a opção de não publicar;

ii) na transparência passiva, de enquadramento da informação nas razões legais e taxativas de sigilo; e

iii) na transparência ambiental reativa, da irrazoabilidade da pretensão de produção da informação inexistente;

Tese C) O regime registral brasileiro admite a averbação de informações facultativas de interesse ao imóvel, inclusive ambientais.

Tese D) O Ministério Público pode requerer diretamente ao oficial de registro competente a averbação de informações alusivas a suas funções institucionais.

2. JURISPRUDÊNCIA COMPLEMENTAR

⊙ CONSELHO NACIONAL DE JUSTIÇA

EMENTA: PROCEDIMENTO DE CONTROLE ADMINISTRATIVO. NOVO CÓDIGO FLORESTAL. RESERVA LEGAL. CADASTRO AMBIENTAL RURAL AINDA NÃO IMPLANTADO. AVERBAÇÃO NO CARTÓRIO DE REGISTRO DE IMÓVEIS. OBRIGATORIEDADE.

1. O texto do Novo Código Florestal (Lei nº 12.651/2012, alterada pela Lei nº 12.727/2012) provocou alterações no sistema de proteção e controle da área de reserva legal das propriedades rurais, uma vez que o referido dispositivo promove consistente modificação na forma de realização do seu registro junto aos órgãos competentes.

2. Somente o Cadastro Ambiental Rural desobriga a averbação no Cartório de Registro de Imóveis. Assim, considerando-se que o registro no "CAR" é fator imprescindível para a total aplicação do preceito legal, enquanto não implantado, permanece a obrigação imposta na Lei nº 6.015/73 para averbação na matrícula do imóvel, pois o Novo Código Florestal não preconiza liberação geral e abstrata.

3. A manutenção da obrigação de averbar no Registro de Imóveis, enquanto ainda não disponível o Cadastro Rural, atende, portanto, ao princípio da prevenção ambiental, tal qual previsto pela Lei nº 6.938, de 1981, em seu art. 2º.

4. Pedido que se julga procedente para manter hígida a obrigação da averbação da Reserva Legal junto ao Cartório de Registro de Imóveis. (CNJ – Procedimentos de Controle Administrativo nº 0002118-22.2013.2.00.0000 – Minas Gerais – Rel. Cons. Ana Maria Duarte Amarante Brito – DJ 11.03.2014)

⊙ SUPERIOR TRIBUNAL DE JUSTIÇA

EMENTA: AMBIENTAL. RESERVA LEGAL DO IMÓVEL. NOVO CÓDIGO FLORESTAL (LEI 12.651/2012). *TEMPUS REGIT ACTUM*. ART. 15. IRRETROATIVIDADE. ABORDAGEM INFRACONSTITUCIONAL. ÁREA DE PRESERVAÇÃO PERMANENTE. CÔMPUTO. IMPOSSIBILIDADE. ART. 66. REGULARIZAÇÃO. APLICABILIDADE IMEDIATA.

1. Conforme estabelecido pelo Plenário do STJ, aos recursos interpostos com fundamento no CPC/2015 (relativos a decisões publicadas a partir de 18 de março de 2016) serão exigidos os requisitos de admissibilidade recursal na forma nele prevista (Enunciado Administrativo n. 3).

2. O Superior Tribunal de Justiça, em diversos julgados, tem defendido a tese de que, em matéria ambiental, deve prevalecer o princípio *tempus regit actum*, de forma a não se admitir a aplicação das disposições do novo Código Florestal a fatos pretéritos, sob pena de retrocesso ambiental (REsp 1728244/SP, Rel. Ministro HERMAN BENJAMIN, SEGUNDA TURMA, julgado em 06/12/2018, DJe 08/03/2019, e AgInt no REsp 1709241/SP, Rel. Ministro GURGEL DE FARIA, PRIMEIRA TURMA, julgado em 11/11/2019, DJe 02/12/2019).

3. A declaração de constitucionalidade de vários dispositivos do novo Código Florestal (Lei n. 12.651/2012) pelo Supremo Tribunal Federal, no julgamento das ADIs 4.901, 4.902 e 4.903 e da ADC 42 (DJE 13/08/2019), não inibe a análise da aplicação temporal do texto legal vigente no plano infraconstitucional, tarefa conferida ao Superior Tribunal de Justiça.

4. Ao apreciar a irretroatividade da norma ambiental, esta Corte, sem conflitar com o decidido pelo STF, não ingressa no aspecto constitucional do novo diploma legal, efetuando leitura de ordem infraconstitucional, mediante juízo realizado em campo cognitivo diverso.

5. O próprio STF considera que a discussão sobre a aplicação do novo Código Florestal a fatos pretéritos demanda análise de legislação infraconstitucional (RE 1170071 AgR, Relator Min. EDSON FACHIN, Segunda Turma, DJe 29/11/2019, e ARE 811441 AgR, Relator Min. ROBERTO BARROSO, Primeira Turma, DJe 16/09/2016).

6. Nesse prisma, a declaração de constitucionalidade do art. 15 da Lei n. 12.651/2012 não desqualifica a aferição da aplicação imediata desse dispositivo aos casos ocorridos antes de sua vigência.

7. Este Tribunal considera que "o mecanismo previsto no art. 15 do novo Código Florestal acabou por descaracterizar o regime de proteção das reservas legais e, em consequência, violou o dever geral de proteção ambiental. Logo, tem-se que não merece prosperar o acórdão combatido que permitiu o cômputo de Área de Preservação Permanente no percentual exigido para instituição de Área de Reserva Legal" (AgInt no AREsp 894.313/SP, Rel. Ministro FRANCISCO FALCÃO, SEGUNDA TURMA, julgado em 11/09/2018, DJe 17/09/2018).

8. O art. 66 daquele diploma, ao prever hipóteses alternativas para a regularização de área de reserva legal, já traz em seu texto a possibilidade de retroação da norma, pelo que não há como afastar sua aplicação imediata.

9. Recurso especial parcialmente provido (STJ – REsp nº 1.646.193 – São Paulo – 1ª Turma – Rel. Min. Napoleão Nunes Maia Filho – DJ 04.06.2020).

EMENTA: Administrativo – Ambiental – Recurso Especial – Imóvel rural – Averbação da área de reserva legal – Superveniência da Lei nº 12.651/12 – Persistência do dever de averbar – Recurso especial a que se dá provimento.

DECISÃO

Trata-se de recurso especial interposto pelo Ministério Público de Minas Gerais, fundamentado no art. 105, III, alínea "a" da Constituição Federal, contra acórdão proferido pelo Tribunal de Justiça do Estado de Minas Gerais, assim ementado:

APELAÇÕES CÍVEIS – AÇÃO CIVIL PÚBLICA – RESERVA LEGAL – AVERBAÇÃO À MARGEM DA MATRÍCULA DO IMÓVEL – DESNECESSIDADE – INSTITUIÇÃO DO CADASTRO AMBIENTAL RURAL (CAR).

1. O Novo Código Florestal alterou a forma de se regularizar e dar publicidade ao ato de instituição de reserva legal, que agora se concretiza através da inscrição no CAR – Cadastro Ambiental Rural, registro público de âmbito nacional (art.29), constituindo mera faculdade conferida ao proprietário a averbação perante o registro de imóveis, que, por isso, não mais pode ser imposta coercitivamente pela via judicial, o que torna ausente o interesse processual do órgão ministerial quanto a este aspecto.

2. Recurso de apelação da parte requerida provido. Recurso do autor não provido. V.V.:

1. Verificado, à luz do § 4º do art. 18 da novel Lei Federal n.º 12.651/2012, que a dispensa da averbação da reserva legal no Cartório de Registro de Imóveis depende da inscrição da área no Cadastro Ambiental Rural – CAR, não há falar em insubsistência daquela obrigação sem a prova da referida inscrição.

2. Na esteira do entendimento do Órgão Especial do Tribunal de Justiça do Estado de Minas Gerais é inconstitucional a exceção prevista no art. 67 do Novo Código Florestal, que admite a consolidação da redução da extensão da reserva legal em patamares inferiores a vinte por cento da área, para os imóveis rurais de até quatro módulos fiscais, por ferir o direito adquirido difuso ambiental e os princípios da vedação ao retrocesso, da precaução e da prevenção.

Opostos embargos de declaração, foram rejeitados (fls. 430-444)

O recorrente alega afronta ao art. 18, § 4º, da Lei n. 12.651/2012, quanto à obrigatoriedade da averbação da Reserva Legal junto ao Cartório de Registro de Imóveis (CRI).

Contrarrazões a fls. 468-478.

Juízo de admissibilidade a fls. 493-494.

Parecer do Ministério Público Federal, às fls. 506-509, pelo provimento do recurso especial.

É o relatório. Decido.

Merece prosperar o recurso.

In casu, o Tribunal de origem entendeu pela dispensa da averbação da Reserva Legal na matrícula do imóvel, após a entrada em vigor do Novo Código Florestal, em razão da criação do Cadastro Ambiental Rural (CAR).

No entanto, tal entendimento está em dissonância com a jurisprudência desta Corte segundo a qual o novo Código Florestal não aboliu a necessidade de averbação da reserva legal no Cartório de Registro de Imóveis, mas tão somente possibilitou a efetivação do registro, de forma alternativa, no Cadastro Ambiental Rural – CAR, o que, no caso dos autos, não foi providenciado.

Nesse sentido:

PROCESSUAL CIVIL E ADMINISTRATIVO. DESAPROPRIAÇÃO. RESERVA LEGAL NÃO AVERBADA. EXCLUSÃO PARA FINS DE CÔMPUTO DA PRODUTIVIDADE DO IMÓVEL. IMPOSSIBILIDADE. PRECEDENTES DO STJ E STF.

1. O aresto impugnado está em dissonância com a pacífica jurisprudência do STF e do STJ, no sentido de que não se pode excluir a Área de Reserva Legal que não esteja devidamente individualizada na respectiva averbação, para fins de cômputo da produtividade do imóvel rural. Precedente: AgRg nos EREsp 1.376.203/GO, Rel. Ministro Og Fernandes, Primeira Seção, DJe 5/11/2014.

2. Não basta a averbação genérica. "Não se encontrando individualizada na averbação, a reserva florestal não poderá ser excluída da área total do imóvel desapropriando para efeito de cálculo da produtividade" (MS 24.924/DF, Relator para o acórdão Min. Joaquim Barbosa, Tribunal Pleno, j. 24/2/2011, DJe-211).

3. A Lei 12.651/12, que revogou a Lei 4.771/65, não suprimiu a obrigação de averbação da Área de Reserva Legal no Registro de Imóveis, mas apenas possibilitou que o registro seja realizado, alternativamente, no Cadastro Ambiental Rural – CAR.

4. Recurso Especial provido. (REsp 1.426.830/PR, Rel. Min. HERMAN BENJAMIN, SEGUNDA TURMA, DJe 29/11/2016)

PROCESSO CIVIL. AMBIENTAL. INCIDENTE DE UNIFORMIZAÇÃO DE JURISPRUDÊNCIA. CORTE DE ORIGEM. REGIMENTO INTERNO. NORMA LOCAL. DESCABIMENTO. IMÓVEL RURAL. REGISTRO DE ESCRITURA DE COMPRA E VENDA. EXIGÊNCIA. OFICIAL DO CARTÓRIO DE IMÓVEIS. AVERBAÇÃO DA ÁREA DE RESERVA LEGAL. SUPERVENIÊNCIA DA LEI N. 12.651/12. PERSISTÊNCIA DO DEVER DE AVERBAR. EXCEÇÃO. PRÉVIO REGISTRO NO CADASTRO AMBIENTAL RURAL.

1. Reconhecido o descabimento da instauração do incidente de uniformização de jurisprudência a partir da análise das normas do Regimento Interno da Corte local, o exame da matéria pelo STJ atrai o óbice da Súmula 280/STF.

2. Ademais, está pacificado nesta Corte Superior o entendimento de que a instauração do incidente de uniformização de jurisprudência é medida compreendida no juízo de conveniência e oportunidade do órgão julgador, a partir das especificidades do caso concreto, daí por que não pode ser revisado no âmbito do recurso especial.

3. A existência da área de reserva legal no âmbito das propriedades rurais caracteriza-se como uma limitação administrativa necessária à tutela do meio ambiente para as presentes e futuras gerações e em harmonia com a função social da propriedade, o que legitima haver restrições aos direitos individuais em benefício dos interesses de toda a coletividade.

4. De acordo com a jurisprudência do STJ, a obrigação de demarcar, averbar e restaurar a área de reserva legal constitui-se uma obrigação propter rem, que se transfere automaticamente ao adquirente ou ao possuidor do imóvel rural. Esse dever jurídico independe da existência de floresta ou outras formas de vegetação nativa na gleba, cumprindo-lhes, caso necessário, a adoção das providências essenciais à restauração ou à recuperação das mesmas, a fim de readequar-se aos limites percentuais previstos na lei de regência.

5. Cumpre ao oficial do cartório de imóveis exigir a averbação da área de reserva legal quando do registro da escritura de compra e venda do imóvel rural, por se tratar de conduta em sintonia com todo o sistema de proteção ao meio ambiente. A peculiaridade é que, com a novel legislação, a averbação será dispensada caso a reserva legal já esteja registrada no Cadastro Ambiental Rural – CAR, consoante dispõe o art. 18, § 4º, da Lei n. 12.651/12.

6. Recurso especial conhecido em parte e, nessa parte, não provido. (REsp 1.276.114/MG, Rel. Min. Og Fernandes, SEGUNDA TURMA, DJe 11/10/2016)

Ante o exposto, com fundamento no art. 932, V, do CPC/2015, c/c o art. 255, § 4º, I e III, do RISTJ, dou provimento ao recurso especial, para reconhecer a obrigatoriedade de averbação da reserva legal florestal no imóvel rural do ora recorrido.

Publique-se. Intimem-se.

Brasília, 30 de abril de 2018.

MINISTRO BENEDITO GONÇALVES

Relator

STJ – REsp nº 1.679.986 – Minas Gerais – 1ª Turma – Rel. Min. Benedito Gonçalves – DJ 07.05.2018

EMENTA: PROCESSO CIVIL. DIREITO AMBIENTAL. AÇÃO CIVIL PÚBLICA. TERRENO RURAL. AVERBAÇÃO DE RESERVA LEGAL. OBRIGATORIEDADE. PRESERVAÇÃO AMBIENTAL. INEXIGIBILIDADE DE REGISTRO NO CARTÓRIO DE IMÓVEIS ANTE A CRIAÇÃO DO CAR. SÚMULA 211/STJ. DISPENSA DO REGISTRO PARA ÁREAS RURAIS INFERIORES A 4 MÓDULOS FISCAIS. AUSÊNCIA DE PREQUESTIONAMENTO. VIOLAÇÃO DO ART. 461 DO CPC. AUSÊNCIA DE PREQUESTIONAMENTO. AGRAVO CONHECIDO A QUE SE NEGA SEGUIMENTO AO RECURSO ESPECIAL. (STJ – AREsp nº 722.074 – Minas Gerais – 2ª Turma – Rel. Min. Humberto Martins – DJ 01.07.2015)

EMENTA: RECURSO ESPECIAL. TRIBUTÁRIO. AUSÊNCIA DE VIOLAÇÃO AO ART. 535 DO CPC. IMPRESCINDIBILIDADE DA AVERBAÇÃO PARA O DEFERIMENTO DA ISENÇÃO DE ITR DECORRENTE DO RECONHECIMENTO DA ÁREA DE RESERVA LEGAL. PRECEDENTES DE AMBAS AS TURMAS DESTA CORTE SUPERIOR. RECURSO ESPECIAL DA FAZENDA NACIONAL PROVIDO. (STJ – REsp nº 1.429.841 – Santa Catarina – 1ª Turma – Rel. Min. Napoleão Nunes Maia Filho – DJ 02.06.2014)

EMENTA: TRIBUTÁRIO. EMBARGOS DE DECLARAÇÃO NO AGRAVO REGIMENTAL NO RECURSO ESPECIAL. ITR. ÁREA DE RESERVA LEGAL. ISENÇÃO. NECESSIDADE DE AVERBAÇÃO NO REGISTRO DE IMÓVEIS. EMBARGOS ACOLHIDOS COM EFEITOS INFRINGENTES. 1. É pacífico nesta Corte o entendimento segundo o qual é inexigível, para as áreas de preservação permanente, a apresentação do Ato Declaratório Ambiental com vistas à isenção do ITR. Por outro lado, quando se trata de área de reserva legal, é imprescindível a sua averbação no respectivo registro imobiliário. 2. Embargos de declaração acolhidos, com atribuição de efeitos modificativos, para dar parcial provimento ao recurso especial. (STJ – EDcl no AgRg no REsp nº1.315.220 – Minas Gerais – 1ª Turma – Rel. Min. Arnaldo Esteves Lima – DJ 08.05.2014)

TRIBUNAL DE JUSTIÇA DO ESTADO DE SÃO PAULO

EMENTA: USUCAPIÃO – IMÓVEL RURAL LOCALIZADO À MARGEM DOS RIOS RIBEIRA DE IGUAPE E QUILOMBO – PRETENSÃO DA FAZENDA PÚBLICA DO ESTADO DE SÃO PAULO DE AVERBAR A RESERVA LEGAL NA MATRÍCULA DO IMÓVEL – DESNECESSIDADE – INTELIGÊNCIA DO ART. 18, "CAPUT", IN FINE, DO NOVO CÓDIGO FLORESTAL, LEI 12.651/2012 – NECESSIDADE DO PRÉVIO REGISTRO DA RESERVA LEGAL NO CADASTRO AMBIENTAL RURAL (CAR) PARA POSTERIOR INSCRIÇÃO DA SENTENÇA PROFERIDA NA PRESENTE DEMANDA DE USUCAPIÃO NO REGISTRO DE IMÓVEIS – RECURSO PROVIDO, COM OBSERVAÇÃO

Cuida-se de apelação interposta contra a r. Sentença de fls. 422/425, que julgou procedente o pedido, para declarar o domínio do promovente sobre a área descrita às fls. 22, 23/32 e 34/38, de conformidade com os arts. 1.238 e seguintes do CC.

Rejeitados os embargos de declaração de fls. 427 (fls. 428), a ré sustentou que o imóvel está localizado em área rural e que por isso se impõe a observância do art. 16 da Lei 4.771/1965, que dispõe sobre a reserva legal de uma gleba no interior da propriedade, excetuada aquela de preservação permanente, necessária ao uso sustentável dos recursos naturais, à conservação e à reabilitação dos processos ecológicos, à conservação da biodiversidade, ao abrigo e à proteção da fauna e flora nativas; a área de reserva legal há de ser averbada na matrícula do imóvel, vedada a alteração de sua destinação em caso de transmissão a qualquer título, tudo, enfim, a justificar a reforma do julgado, a fim de que se faça constar que o autor recebe o imóvel com as restrições ambientais decorrentes da reserva legal (fls. 440/442).

Contrarrazões às fls. 445/447.

Por fim, não houve oposição ao julgamento virtual.

É o relatório.

1.– DO RECEBIMENTO DO RECURSO – A apelação é recebida nos efeitos devolutivo e suspensivo (CPC, art. 1.012, *caput*).

2.– DO MÉRITO – Não só a descrição mencionada no instrumento particular de fls. 18/21, quanto a certidão do Oficial do Registro de Imóveis e Anexos da Comarca de Registro (fls. 34/38), a planta do imóvel georreferenciado (fls. 22) e o memorial descritivo de fls. 23/32 dão conta de que o imóvel em questão é servido pelas águas do Rio

Quilombo, que, segundo a Procuradoria Geral do Estado, é navegável e torna o Rio Ribeira de Iguape igualmente navegável.

Assim, o Rio Quilombo e o Rio Ribeira de Iguape são estaduais e, por isso, as margens e os terrenos reservados às suas margens também são públicos estaduais, não podendo ser adquiridos por usucapião.

De outra parte, apurou-se também que o imóvel está inserido em Área de Proteção Ambiental da Serra do Mar, criada pelo Decreto Estadual nº 22.717, de 21 de setembro de 1984.

Afora tais questões, aquelas atinentes à posse de mais de 20 anos da área descrita na inicial de forma mansa, pacífica e com *animus domini* não foram impugnadas por recurso e por isso transitaram em julgado.

A jurisprudência do STJ entendia que a averbação da reserva legal era condição para o registro de qualquer ato de transmissão, desmembramento ou retificação de área de imóvel, por força do disposto no art. 167 da Lei 6.015/1973 (REsp 831.212-MG). A Lei 12.651/2012, o Novo Código Florestal, no entanto, instituiu o Cadastro Ambiental Rural (CAR), que passou a concentrar as informações ambientais dos imóveis rurais e dispensou a averbação da reserva legal no Registro de Imóveis (art. 18, § 4º). "Assim, ante esse novo cenário normativo, como condição para o registro da sentença de usucapião no Cartório de Registro de Imóveis, é necessário o prévio registro da reserva legal no CAR. A nova lei não pretendeu reduzir a eficácia da norma ambiental, pretendeu tão somente alterar o órgão responsável para 'registro' da reserva legal, que antes era o Cartório de Registro de Imóveis, e agora passou a ser o órgão ambiental responsável pelo CAR. A propósito, verifica-se que a parte final do art. 16, § 8º, do Código revogado foi praticamente reproduzido no art. 18, *caput, in fine*, do Novo Código Florestal, tendo havido apenas a supressão da hipótese de 'retificação da área'. A supressão da hipótese de 'retificação da área' teve um propósito específico, de permitir, excepcionalmente, a mudança de localização da reserva legal. Desse modo, a omissão acerca da hipótese de 'retificação de área' não atenuou a eficácia da norma em relação às outras hipóteses previstas na lei anterior e repetidas na lei nova" (STJ-3ª T., REsp 1.356.207-SP, rel. Min. Paulo de Tarso Sanseverino, j. 28.04.2015).

Assim, a providência almejada pela apelante não é mais necessária.

3.– DOS HONORÁRIOS RECURSAIS – O êxito do recurso impede o arbitramento da verba prevista no § 11 do art. 85 do CPC.

4.– CONCLUSÃO – Daí por que se dá provimento ao recurso, com observação, para declarar que o autor recebe o imóvel em questão com as restrições ambientais decorrentes da reserva legal (Lei 4.771/1965, art. 16). Theodureto Camargo (TJSP – Apelação Cível nº 0004252-07.2009.8.26.0495 – Registro – 8ª Câmara de Direito Privado – Rel. Des. Theodureto Camargo – DJ 15.08.2022)

▶ **EMENTA:** Ação civil pública ambiental – Ajuizamento sob alegação de dano ambiental em área de preservação permanente de imóvel rural pertencente à ré – Danos ambientais comprovados – Dever de recomposição – Instituição de reserva legal – Regras autoaplicáveis – Possibilidade de cômputo da área de preservação permanente na reserva legal (art. 15 do Código Florestal vigente) – Instituição e regulamentação do Cadastro Ambiental Rural previsto no Novo Código Florestal (Lei Nº 12.651/2012), por meio do Decreto nº 8.235, de 5.05.2014, e da Instrução Normativa Nº 2/MMA, de 6.05.2014 – Averbação da área – Desnecessidade – Inscrição da propriedade junto ao CAR – Comprovação – Recurso da ré parcialmente provido –

I. Deve ser reconhecida a impertinência da alegação quanto à inconstitucionalidade de dispositivos do novo Código Florestal vigente (Lei nº 12.651/2012, com redação dada pela Lei nº 12.272/2012), tornando-se descabido, assim, o controle difuso pretendido –

II. Tendo sido comprovados danos em área de preservação permanente inserta em imóvel rural de propriedade da ré por meio de intervenções antrópicas criação bovina e manejo de pastagens, de rigor a manutenção da condenação contida na r. sentença, consubstanciada na obrigação de não fazer consistente na abstenção de utilizar, praticar ou permitir que se pratique ou ocupe tais áreas de preservação permanente, bem como na obrigação de fazer consubstanciada na reparação integral das aludidas áreas, com remoção de todas as construções e intervenções, promovendo o plantio racional e tecnicamente orientado de espécies nativas e exóticas, desde que autorizados pelo órgão ambiental competente por meio da apresentação de projeto técnico para tal fim, sob pena de multa diária –

III. A instituição de 20% de área de reserva legal, exigência da então Lei nº 4.771/65, também é feita pela Lei nº 12.651/2012 que a revogou, mas agora com a instituição de novas regras, sendo, portanto, plenamente autorizado o cômputo da área de APP na reserva legal, desde que preenchidos os requisitos do art. 15 da aludida lei. Ademais, a área de reserva legal pode ser utilizada sob regime de manejo florestal sustentável, conforme preceitua o art. 20 da atual lei, sendo que sua localização deve ser aprovada pelo órgão ambiental competente e, quanto à regularização, esta poderá se dar na forma de recomposição, permissão de regeneração natural ou compensação (art. 66), atentando-se para os novos prazos concedidos para a recuperação e realização da reserva legal (arts. 29 e seguintes do Novo Código Florestal) –

IV. Dispõe expressamente o Código Florestal (Lei nº 12.651/2012, com redação dada pela Lei nº 12.727/2012) que a reserva legal deve ser registrada tão-somente no CAR (Cadastro Ambiental Rural) e que tal registro desobriga a averbação no cartório de registro de imóveis. Assim, quanto à obrigação voltada ao registro da área de reserva legal no cadastro imobiliário por meio da averbação, procedimento que se reputava como necessário com o fim de permitir a fiscalização da manutenção e preservação de tal área contida nos imóveis rurais, vê-se que não mais é exigida em função das recentes publicações do Decreto nº 8.235, de 5 de maio de 2014, e da Instrução Normativa nº 2/MMA, de 6 de maio de 2014, que estabelecem procedimentos a serem adotados para a inscrição, registro, análise e demonstração das informações ambientais sobre os imóveis rurais no Cadastro Ambiental Rural – CAR, bem como para a disponibilização e integração dos dados no Sistema de Cadastro Ambiental Rural – SICAR, registro público eletrônico de âmbito nacional, de forma a instrumentalizar as normas contidas na Lei nº 12.651/12 –

V. "*In casu*", cumprindo a ré tão-somente a obrigação voltada à instituição do imóvel junto ao CAR, não demonstrou, de outro lado, o cumprimento das demais obrigações, razão pela qual de rigor a determinação para que cumpra obrigação de não fazer consistente em se abster de explorar, promover ou permitir que se promovam atividades danosas à área de reserva legal, além de recompor, permitir a regeneração natural ou a compensação da cobertura da vegetação nativa destinada à reserva legal, sendo que para o cumprimento desta obrigação, a ré deverá entregar ao órgão ambiental competente projeto de reflorestamento completo, incluindo cronograma de obras e serviços, subscrito por profissional credenciado, sob pena de multa diária para cada obrigação em caso de descumprimento. (TJSP – Apelação Cível nº 0000834-91.2015.8.26.0417 – Paraguaçu Paulista – 2ª Câmara Reservada ao Meio Ambiente – Rel. Des. Paulo Ayrosa – DJ 23.08.2017)

▶ **EMENTA:** Ação civil pública ambiental – Ajuizamento sob alegação de ausência de instituição de reserva legal – Regras autoaplicáveis – Possibilidade de cômputo da área de preservação permanente na reserva legal (art. 15 do Código Florestal vigente) – Instituição e regulamentação do Cadastro Ambiental Rural previsto no Novo Código Florestal (Lei nº 12.651/2012), por meio do Decreto nº 8.235, de 5.05.2014, e da Instrução Normativa nº 2/MMA, de 6.05.2014 – Consideração do art. 67 do Código Florestal – Possibilidade, mas condicionada à apreciação pelo órgão ambiental competente – Recurso dos réus parcialmente provido –

I. Tendo sido comprovado a ausência de instituição de reserva legal nas propriedades dos réus, vê-se que tal instituição, no percentual de 20% de área de reserva legal já era exigência da então Lei nº 4.771/65, sendo também feita pela Lei nº 12.651/2012 que a revogou, mas agora devendo ser consideradas novas regras, razão pela qual, além da sobredita obrigação de fazer, de rigor a determinação para que cumpram os réus obrigação de não fazer consistente em se absterem de explorar, promover ou permitir que se promovam atividades danosas à área de reserva legal, além de recompor, permitir a regeneração natural ou a compensação da cobertura da vegetação nativa destinada a tal área, sendo que para o cumprimento desta obrigação, os réus deverão entregar ao órgão ambiental competente projeto de reflorestamento completo, incluindo cronograma de obras e serviços, subscrito por profissional credenciado, sob pena de multa diária para cada obrigação em caso de descumprimento –

II. Além de ser plenamente autorizado o cômputo da área de APP na reserva legal, desde que preenchidos os requisitos do art. 15 da aludida lei, pode a área ser utilizada sob regime de manejo florestal sustentável, conforme preceitua o art. 20 da atual lei, sendo que sua localização deve ser aprovada pelo órgão ambiental competente e, quanto à regularização, esta poderá se dar na forma de recomposição, permissão de regeneração natural ou compensação (art. 66), atentando-se para os novos prazos concedidos para a recuperação e realização da reserva legal (arts. 29 e seguintes do Novo Código Florestal) –

III. Dispõe expressamente o Código Florestal (Lei nº 12.651/2012, com redação dada pela Lei nº 12.727/2012) que a reserva legal deve ser registrada tão-somente no CAR (Cadastro Ambiental Rural) e que tal registro desobriga a averbação no cartório de registro de imóveis, ato não mais exigido em função das recentes publicações do Decreto nº 8.235, de 5 de maio de 2014, e da Instrução Normativa nº 2/MMA, de 6 de maio de 2014, que estabelecem procedimentos a serem adotados para a inscrição, registro, análise e demonstração das informações ambientais sobre os imóveis rurais no Cadastro Ambiental Rural – CAR, bem como para a disponibilização e integração dos dados no Sistema de Cadastro Ambiental Rural – SICAR, registro público eletrônico de âmbito nacional, de forma a instrumentalizar as normas contidas na Lei nº 12.651/12 –

IV. A regra prevista no artigo 67 da nova lei florestal, que exclui da abrangência do artigo 12 do mesmo códex os imóveis rurais que possuam até quatro módulos fiscais, deverá ser verificada pelo órgão ambiental competente quando da apresentação do projeto de recuperação ambiental. (TJSP – Apelação Cível nº 0001708-11.2015.8.26.0083 – Aguaí – 2ª Câmara Reservada ao Meio Ambiente – Rel. Des. Paulo Ayrosa – DJ 18.08.2017)

EMENTA: AÇÃO CIVIL PÚBLICA AMBIENTAL – INSTITUIÇÃO DE RESERVA LEGAL – REGRAS AUTOAPLICÁVEIS – POSSIBILIDADE DE CÔMPUTO DA ÁREA DE PRESERVAÇÃO PERMANENTE NA RESERVA LEGAL (ART. 15 DO CÓDIGO FLORESTAL VIGENTE) – INSTITUIÇÃO E REGULAMENTAÇÃO DO CADASTRO AMBIENTAL RURAL PREVISTO NO NOVO CÓDIGO FLORESTAL (LEI Nº 12.651/2012), POR MEIO DO DECRETO Nº 8.235, DE 5.05.2014, E DA INSTRUÇÃO NORMATIVA Nº 2/MMA, DE 6.05.2014 – AVERBAÇÃO DA ÁREA – DESNECESSIDADE – MAJORAÇÃO DOS PRAZOS PARA APRESENTAÇÃO AO ÓRGÃO AMBIENTAL DE PROJETO DE DEMARCAÇÃO DA ÁREA E DO PROCESSO DE RECOMPOSIÇÃO COM FULCRO NO ART. 59 – ADMISSIBILIDADE – MULTA DIÁRIA – INSURGÊNCIA QUANTO AO VALOR – REDUÇÃO – PERTINÊNCIA – RECURSO DOS RÉUS PARCIALMENTE PROVIDO.

I – A instituição de 20% de área de reserva legal, exigência da então Lei nº 4.771/65, também é feita pela Lei nº 12.651/2012 que a revogou, mas agora com a instituição de novas regras, sendo, portanto, plenamente autorizado o cômputo da área de APP na reserva legal, desde que preenchidos os requisitos do art. 15 da aludida lei. Ademais, a área de reserva legal pode ser utilizada sob regime de manejo florestal sustentável, conforme preceitua o art. 20 da atual lei, sendo que sua localização deve ser aprovada pelo órgão ambiental competente e, quanto à regularização, esta poderá se dar na forma de recomposição, permissão de regeneração natural ou compensação (art. 66), atentando-se para os novos prazos concedidos para a recuperação e realização da reserva legal (arts. 29 e seguintes do Novo Código Florestal), fato que culmina na majoração do prazo para 180 dias voltado à apresentação ao órgão ambiental estadual competente do projeto de demarcação da área de reserva legal, após cuja aprovação deverá, em até dois anos contados a partir da data de publicação da Lei nº 12.651/12, ser iniciado o processo de sua recomposição, em conformidade com o art. 59.

II – Dispõe expressamente o Código Florestal (Lei nº 12.651/2012, com redação dada pela Lei nº 12.727/2012) que a reserva legal deve ser registrada tão-somente no CAR (Cadastro Ambiental Rural) e que tal registro desobriga a averbação no Cartório de Registro de Imóveis. Assim, quanto à obrigação voltada ao registro da área de reserva legal no cadastro imobiliário por meio da averbação, procedimento que se reputava como necessário com o fim de permitir a fiscalização da manutenção e preservação de tal área contida nos imóveis rurais, vê-se que não mais é exigida em função das recentes publicações do Decreto nº 8.235, de 5 de maio de 2014, e da Instrução Normativa nº 2/MMA, de 6 de maio de 2014, bem como da Lei Estadual nº 15.684/2015, que estabelecem procedimentos a serem adotados para a inscrição, registro, análise e demonstração das informações ambientais sobre os imóveis rurais no Cadastro Ambiental Rural CAR, bem como para a disponibilização e integração dos dados no Sistema de Cadastro Ambiental Rural SICAR, registro público eletrônico de âmbito nacional, de forma a instrumentalizar as normas contidas na Lei nº 12.651/12.

III – Conquanto cabível a multa imposta a título de "astreintes", cujo objetivo é exatamente compelir a parte para que cumpra a decisão judicial, de outra sorte deve ser fixada em valor que tenha o condão de inibir a resistência daquele à qual é endereçada a ordem legal e, ao mesmo tempo, ser exequível, de modo que não possa ensejar a natureza de confisco e nem enriquecimento sem causa a quem favorece, considerando, ainda, o próprio comportamento do destinatário da ordem no dimensionamento do valor da multa e os princípios da razoabilidade e proporcionalidade, razão pela qual, com fulcro no art. 461, §§ 4º e 6º, do CPC, de rigor sua redução a patamares razoáveis. (TJSP – Apelação Cível nº 0947155-91.2012.8.26.0506 – Ribeirão Preto – 2ª Câmara Reservada ao Meio Ambiente – Rel. Des. Paulo Ayrosa – DJ 23.03.2016)

EMENTA: AÇÃO CIVIL PÚBLICA AMBIENTAL – PRETENSO RECONHECIMENTO DE INCONSTITUCIONALIDADE DE DISPOSITIVOS LEGAIS CONTIDOS NA LEI Nº 12.651/2012 – IMPERTINÊNCIA – DANOS EM ÁREA DE PRESERVAÇÃO PERMANENTE – DEVER DE RECOMPOSIÇÃO – MEDIÇÃO A PARTIR DA BORDA DA CALHA DO LEITO REGULAR (ART. 4º, I) – INSTITUIÇÃO DE RESERVA LEGAL – APLICAÇÃO DO NOVO CÓDIGO FLORESTAL À ESPÉCIE (LEIS Nº 12.651/12 E 12.727/12) – REGRAS AUTOAPLICÁVEIS – POSSIBILIDADE DE CÔMPUTO DA ÁREA DE PRESERVAÇÃO PERMANENTE NA RESERVA LEGAL (ART. 15 DO CÓDIGO FLORESTAL VIGENTE) – ADMISSIBILIDADE – INSTITUIÇÃO E REGULAMENTAÇÃO DO CADASTRO AMBIENTAL RURAL PREVISTO NO NOVO CÓDIGO FLORESTAL (LEI Nº 12.651/2012), POR MEIO DO DECRETO Nº 8.235, DE 5.05.2014, E DA INSTRUÇÃO NORMATIVA Nº 2/MMA, DE 6.05.2014 – MAJORAÇÃO DOS PRAZOS PARA APRESENTAÇÃO AO ÓRGÃO AMBIENTAL DE PROJETO DE DEMARCAÇÃO DA ÁREA E DO PROCESSO DE RECOMPOSIÇÃO COM FULCRO NO ART. 59 – ADMISSIBILIDADE – RECEBIMENTO DE BENEFÍCIOS E INCENTIVOS FISCAIS – POSSIBILIDADE – RECURSO PARCIALMENTE PROVIDO.

I – Deve ser reconhecida a impertinência da alegação quanto à inconstitucionalidade de dispositivos do novo Código Florestal vigente (Lei nº 12.651/2012, com redação dada pela Lei nº 12.272/2012), tornando-se descabido, assim, o controle difuso pretendido.

II – Deve-se observar que o art. 7º do novo Código Florestal (Lei nº 12.651/2012) determina que a vegetação situada em Área de Preservação Permanente deverá ser mantida pelo proprietário da área, possuidor ou ocupante a qualquer título, pessoa física ou jurídica, sendo que, ocorrida a supressão de vegetação situada em tal área, tal proprietário ou possuidor deve promover a recomposição da vegetação, ressalvados os usos autorizados previstos em lei (§ 1º). E conquanto verificados danos ambientais na área objeto da ação ajuizada, a medição das faixas marginais a serem consideradas quanto às APPs deve considerar o disposto no art. 4º, I, do novo Código Florestal (Lei nº 12.651/2012), qual seja, devem ser medidas a partir da borda da calha do leito regular.

III – A instituição de 20% de área de reserva legal, exigência da então Lei nº 4.771/65, também é feita pela Lei nº 12.651/2012 que a revogou, mas agora com a instituição de novas regras, sendo, portanto, plenamente autorizado o cômputo da área de APP na reserva legal, desde que preenchidos os requisitos do art. 15 da aludida lei. Ademais, a área de reserva legal pode ser utilizada sob regime de manejo florestal sustentável, conforme preceitua o art. 20 da atual lei, sendo que sua localização deve ser aprovada pelo órgão ambiental competente e, quanto à regularização, esta poderá se dar na forma de recomposição, permissão de regeneração natural ou compensação (art. 66).

IV – Dispõe expressamente o Código Florestal (Lei nº 12.651/2012, com redação dada pela Lei nº 12.727/2012) que a reserva legal deve

ser registrada tão-somente no CAR (Cadastro Ambiental Rural) e que tal registro desobriga a averbação no Cartório de Registro de Imóveis em função das recentes publicações do Decreto nº 8.235, de 5 de maio de 2014, e da Instrução Normativa nº 2/MMA, de 6 de maio de 2014, bem como da Lei Estadual nº 15.684/2015, que estabelecem procedimentos a serem adotados para a inscrição, registro, análise e demonstração das informações ambientais sobre os imóveis rurais no Cadastro Ambiental Rural CAR, e para a disponibilização e integração dos dados no Sistema de Cadastro Ambiental Rural SICAR, registro público eletrônico de âmbito nacional, de forma a instrumentalizar as normas contidas na Lei nº 12.651/12.
V – Não há que se falar em proibição de recebimento de benefícios e incentivos fiscais, vez que tal punição poderia dificultar o cumprimento da sentença. Ademais, prevê o art. 78-A do novo Código Florestal que após cinco anos da data de sua publicação as instituições financeiras só concederão crédito agrícola, em qualquer das suas modalidades, para proprietários de imóveis rurais que estejam inscritos no CAR e que comprovem a sua regularidade nos termos da sobredita Lei. (TJSP – Apelação Cível nº 0010931-51.2013.8.26.0408 – Ourinhos – 2ª Câmara Reservada ao Meio Ambiente – Rel. Des. Paulo Ayrosa – DJ 23.03.2016)

EMENTA: AÇÃO CIVIL PÚBLICA. RESERVA LEGAL. Não caracterizada a alegada inconstitucionalidade do Novo Código Florestal. Parcial procedência apenas para determinar, de forma subsidiária, a averbação da reserva legal junto ao CRI, consoante prevê a Lei de Registros Públicos. (TJSP – Apelação Cível nº 0009788-73.2011.8.26.0189 – Fernandópolis – 1ª Câmara Reservada ao Meio Ambiente – Rel. Des. Ruy Alberto Leme Cavalheiro – DJ 11.07.2014)

CONSELHO SUPERIOR DA MAGISTRATURA

EMENTA: Registro de imóveis – Dúvida – Escritura de compra e venda – Reserva legal – Necessidade de averbação como condição para transferência da propriedade rural – Outras exigências constantes da nota de devolução que, de qualquer modo, não foram impugnadas pela parte – Dúvida prejudicada – Impossibilidade de cumprimento no curso do procedimento de dúvida – Recurso não conhecido (Apelação nº 0003611-35.2010.8.26.0543, da Comarca de Santa Isabel).

CORREGEDORIA-GERAL DA JUSTIÇA DO ESTADO DE SÃO PAULO

EMENTA: REGISTRO DE IMÓVEIS – Retificação de registro de imóveis – Averbação da reserva legal como condição da retificação – Necessidade – Recurso provido (Processo CG nº 2012/137903 (413/12-E). Excelentíssimo Senhor Corregedor Geral da Justiça: Trata-se de recurso administrativo interposto pelo Estado de São Paulo contra a r. decisão de fls. 117/124, do MM Juiz Corregedor Permanente do (...)º Oficial de Registro de Imóveis e Anexos de (...), que deferiu o pedido de retificação de registro imobiliário sem a averbação de reserva legal. Afirma o recorrente, em suma, que a prévia averbação da reserva legal é condição para a retificação de registro pretendida: caso contrário, os princípios da legalidade e da especialidade restariam violados e a função social da propriedade, desrespeitada (fls. 128/156). Depois de apresentadas as contrarrazões ao recurso (fls. 160/162), e da manifestação do Ministério Público de primeira instância (fls. 167/172) a Douta Procuradoria Geral da Justiça opinou pelo provimento do recurso (fls. 179/186). É o relatório. Passo a opinar. Nos autos do processo CG 2012/00044347, V. Exa., ao aprovar parecer da lavra do eminente juiz assessor Marcelo Benacchio, modificou o entendimento então vigente e passou a considerar que a averbação da reserva legal é condição prévia da retificação de registro do imóvel rural. O precedente citado tomou por base o teor do voto proferido pelo Exmo. Min. Herman Benjamin, nos Embargos de Divergência em Recurso Especial nº 218.781, do Superior Tribunal de Justiça: *"A especialização é de rigor, inclusive como condição para que o oficial do Registro de Imóveis pratique outros atos registrários. Nesse sentido a posição do STJ, em que foi precursora a eminente Ministra Nancy Andrighi, conforme o precedente abaixo: Direito ambiental. Pedido de retificação de área de imóvel, formulado por proprietário rural. Oposição do MP, sob o fundamento de que seria necessário, antes, promover a averbação da área de reserva florestal disciplinada pela Lei 4.771/65. Dispensa, pelo Tribunal. Recurso especial interposto pelo MP. Provimento. – É possível extrair, do art. 16, § 8º, do Código Florestal, que a averbação da reserva florestal é condição para a prática de qualquer ato que implique transmissão, desmembramento ou retificação de área de imóvel sujeito à disciplina da Lei 4.771/65. Recurso especial provido. (Resp 831.212/MG, Rel. Ministra NANCY ANDRIGHI, TERCEIRA TURMA, DJ 22.09.2009, grifo no original).* Considerou, também, que a averbação da reserva legal decorre, antes de tudo, da aplicação e atendimento ao princípio da especialidade registral (art. 176 LRP), motivo por que a ausência de regra expressa no Novo Código Florestal (Lei nº 12.651/12) impondo a averbação como condição da retificação do registro – tal como havia no revogado (art. 16, § 8º) – não dispensa o interessado de fazê-la. Destacou, ainda, que o Novo Código Florestal criou o Cadastro Ambiental Rural (art. 29), onde deverá ser inscrita, doravante, a reserva legal (art. 18 e § 4º), mas que, enquanto não implantado, permanece a obrigatoriedade da averbação junto ao registro de imóveis antes da retificação do registro do imóvel rural. À vista de tais considerações e do novo enfoque dado ao tema a partir da aprovação por V. Exa. do r. parecer já mencionado, de rigor o acolhimento das razões recursais. Ante o exposto, o parecer que, respeitosamente, submeto à elevada apreciação de Vossa Excelência é no sentido de que seja dado provimento ao recurso administrativo. *Sub censura.* São Paulo, 24 de outubro de 2012. Gustavo Henrique Bretas Marzagão. Juiz Assessor da Corregedoria. DECISÃO: Aprovo o parecer do MM. Juiz Assessor da Corregedoria e, por seus fundamentos, que adoto, dou provimento ao recurso. Publique – se. São Paulo, 25.10.2012. – (a) – JOSÉ RENATO NALINI – Corregedor Geral da Justiça.

TRIBUNAL DE JUSTIÇA DO ESTADO DO PARANÁ

EMENTA: APELAÇÃO CÍVEL. AÇÃO CIVIL PÚBLICA AMBIENTAL. AVERBAÇÃO DE ÁREA DE RESERVA LEGAL NO REGISTRO IMOBILIÁRIO. ART. 29 DA LEI Nº 12.651/2012 (NOVO CÓDIGO FLORESTAL). CRIAÇÃO DO CADASTRO AMBIENTAL RURAL, ONDE PASSAM A SER REGISTRADAS AS INFORMAÇÕES REFERENTES À ÁREA DE RESERVA LEGAL, EM SUBSTITUIÇÃO À AVERBAÇÃO NA MATRÍCULA IMOBILIÁRIA, CONFORME A DISCIPLINA DO CÓDIGO ANTERIOR. O OBJETIVO DA NOVA SISTEMÁTICA DE CADASTRO FOI POSSIBILITAR A REUNIÃO DOS DADOS AMBIENTAIS DOS IMÓVEIS, PARA A FINALIDADE DE MELHOR CONTROLAR O CUMPRIMENTO DA LEGISLAÇÃO AMBIENTAL. ART. 18, § 4º, DA LEI Nº 12.651/2012. A TRANSIÇÃO ENTRE UM SISTEMA DE REGISTRO E OUTRO NÃO DESOBRIGA OS PROPRIETÁRIOS DE PROMOVER O CADASTRO DA ÁREA DE RESERVA LEGAL, O QUE CONTRARIA A FINALIDADE DA NORMA. A AVERBAÇÃO NO REGISTRO DE IMÓVEIS PERMANECE COMO MEIO SUBSIDIÁRIO DE CADASTRAMENTO DA ÁREA DE RESERVA LEGAL ENQUANTO NÃO IMPLEMENTADO O CAR, COMO É O CASO DO ESTADO DO PARANÁ. O REGISTRO NA MATRÍCULA SOMENTE PASSARÁ A SER FACULDADE QUANDO DISPONIBILIZADO O CADASTRO AMBIENTAL RURAL, PERMANECENDO COMO OBRIGAÇÃO DO PROPRIETÁRIO ATÉ QUE O SEJA. RECURSO CONHECIDO E DESPROVIDO. (TJPR – Apelação Cível nº 1155386-3 – Engenheiro Beltrão – 4ª Câmara Cível – Rel. Des. Maria Aparecida Blanco de Lima – DJ 10.04.2014)

EMENTA: APELAÇÃO CÍVEL – MANDADO DE SEGURANÇA – DIREITO AMBIENTAL – AVERBAÇÃO DE RESERVA FLORESTAL – EXIGÊNCIA – CÓDIGO FLORESTAL – INTERPRETAÇÃO – IMÓVEL SITUADO NA ZONA RURAL, QUE POSTERIORMENTE FOI INSERIDO NA ZONA DE EXPANSÃO URBANA – DECRETO MUNICIPAL Nº 123/82 – INEFICÁCIA – COMPROVANTES DE PAGAMENTO DO IPTU, DOS EXERCÍCIOS FISCAIS DE 2001 E SEGUINTES – DATA POSTERIOR À LEI Nº 4.771/65 – DECRETO ESTADUAL Nº 3.320/2004 – PRETENDIDA LICENÇA QUE NÃO PODE SER CONCEDIDA SEM A REFERIDA AVERBAÇÃO – PRINCÍPIO DA PREVENÇÃO – SENTENÇA MANTIDA – RECURSO DESPROVIDO. (TJPR – Apelação Cível nº 1.015.238-8 – Curitiba – 4ª Câmara Cível – Rel. Des. Lélia Samardã Giacomet – DJ 31.07.2013)

TRIBUNAL DE JUSTIÇA DO ESTADO DE MINAS GERAIS

EMENTA: AÇÃO CIVIL PÚBLICA. IMÓVEL RURAL. AUSÊNCIA DE AVERBAÇÃO DA RESERVA LEGAL. NOVO CÓDIGO FLORESTAL. AVERBAÇÃO NO CARTÓRIO DE REGISTRO DE IMÓVEL E NO CADASTRO AMBIENTAL RURAL. TUTELA ANTECIPADA. INDÍCIOS DE DANOS AMBIENTAIS. RECURSO PROVIDO. – O novo Código Florestal – Lei nº

12.651/2012 – não eliminou a obrigação do proprietário de efetuar a demarcação da reserva legal. – Enquanto não for disciplinado e colocado em prática o Cadastro Ambiental Rural (CAR), é necessário que o proprietário realize a averbação da área de reserva legal no Cartório de Registro de Imóveis, garantida a gratuidade do ato (art. 18, § 4º, da Lei nº 12.651/2012). – A tutela antecipada deve concedida quando, presente a verossimilhança do direito invocado pelo autor, bem como perspectiva de dano irreparável ou de difícil reparação consistente em indícios de que a área seja objeto de degradação ambiental. (TJMG – Ag. Inst. 1.0701.12.040164-4/001, Relator: Des. Alberto). Vilas Boas, 1ª C. Cível, Julgamento: 16/04/2013)

EMENTA: APELAÇÃO CÍVEL – AÇÃO CIVIL PÚBLICA – DIREITO AMBIENTAL – COMPENSAÇÃO DE ÁREA DE RESERVA LEGAL – PREVISÃO LEGAL – IMÓVEIS SITUADOS NA MESMA BACIA HIDROGRÁFICA – LEI Nº 12.651/2012 – SUPERVENIÊNCIA DE NORMA AFASTANDO A EXIGÊNCIA – MANUTENÇÃO DA SENTENÇA. Havendo previsão legal acerca da possibilidade de compensação de área de reserva legal por outra equivalente em importância ecológica e extensão, deve ser mantida a sentença que julga improcedente o pedido de anulação da averbação, uma vez que os imóveis estão situados na mesma bacia hidrográfica, conforme exigido pelo art. 44, III e § 4º, da Lei nº 4.771/65. O pedido de revogação da averbação de reserva legal, por descumprimento ao art. 44, III, da Lei nº 4.771/65, não merece prosperar, diante da superveniência de lei que afasta a exigência constante do mencionado dispositivo. (TJMG – Apelação Cível nº 1.0702.11.033860-6/001 – Uberlândia – 2ª Câmara Cível – Rel. Des. Afrânio Vilela – DJ 02.08.2013)

TRIBUNAL DE JUSTIÇA DO ESTADO DE RONDÔNIA

EMENTA: Ação Civil Pública. Reserva legal. Proteção. Ministério Público. Legitimidade ativa. Registro Público. Presunção de legitimidade. Liminar. Requisitos. Presença. Legalidade da decisão. O Ministério Público possui legitimidade para promover a proteção ambiental de reserva legal, instituída em propriedade privada com registro público. Os registros públicos gozam de presunção de legitimidade, de tal modo que somente posam ser desconstituídos, ou por decisão judicial transitada em julgado ou por procedimento administrativo perante o próprio tabelião (art. 250 da Lei nº 6.015/73), sendo possível, portanto, elidir seus efeitos somente por notícia de ação anulatória de registro. É legítima a decisão que concede liminar em ação civil pública quando presentes os requisitos autorizadores das medidas protetivas. POR UNANIMIDADE, NEGAR PROVIMENTO AO RECURSO. (TJRO – Ag. Inst. 0005233-43.2010.8.22.0000, Des. Rowilson Teixeira, Publicação 20/07/2010)

3. QUESTÕES DE CONCURSO

01. (IESES – Titular de Serviços de Notas e de Registros – Remoção – TJ – SC – 2019) A Reserva Legal é disciplinada:

a) Pelo art. 5°, da Constituição Federal e, pela Lei n° 4.771/65.
b) Pelo art. 224, da Constituição Federal e, pela Lei n° 4.771/65.
c) Somente pela Lei n° 4.771/65.
d) Pelo art. 225, § 1°, III, da Constituição Federal e, pela Lei n° 12.651/2012.

02. (UFPR – Outorga das Delegações – Provimento – TJ – PR/2019) A Constituição brasileira prevê no art. 225 o direito fundamental ao meio ambiente ecologicamente equilibrado, impondo-se ao Poder Público e à coletividade o dever de defendê-lo e preservá-lo para as presentes e futuras gerações. De modo a concretizar tal direito fundamental, o legislador infraconstitucional é competente para editar normas gerais sobre a proteção da vegetação, áreas de Preservação Permanente e áreas de Reserva Legal. Levando em consideração as informações apresentadas e a Lei Federal n° 12.651/2012, assinale a alternativa correta.

a) O registro de reserva legal de imóvel no Cadastro Ambiental Rural (CAR) não desobriga o proprietário de realizar a averbação no Cartório de Registro de Imóveis.
b) A Cota de Reserva Ambiental (CRA) é título nominativo representativo de área com vegetação nativa que será emitido após apresentação de proposta ao órgão competente, acompanhada de certidão atualizada da matrícula do imóvel expedida pelo registro de imóveis competente.
c) É desnecessária a averbação do vínculo de área à Cota de Reserva Ambiental (CRA) na matrícula do imóvel no registro de imóveis competente.
d) As servidões ambientais instituídas para limitar o uso total ou parcial de propriedade para fins de preservação, conservação ou recuperação dos recursos ambientais existentes poderão, mediante requerimento do Poder Público, sofrer averbação na matrícula do imóvel no registro de imóveis competente.
e) A inscrição de imóveis rurais no Cadastro Ambiental Rural (CAR) é obrigatória para todas as propriedades e posses rurais, sendo de incumbência dos oficiais de registro de imóveis, sob pena de responsabilização civil e funcional.

GAB	1	D	2	B

23) da servidão ambiental.

1. COMENTÁRIOS

1.1 SERVIDÃO AMBIENTAL

O dispositivo em comento foi incluído pela Lei 11.284/2006.

A servidão ambiental também conhecida como **servidão de conservação ou servidão ecológica** é um dos instrumentos da política nacional do meio ambiente e consiste na renúncia voluntária do proprietário rural ao direito de uso, exploração ou supressão dos recursos naturais existentes em sua propriedade.

Trata-se de inovação trazida pela Lei 11.284/2006, que acrescentou o artigo 9º-A à Lei 6.938/1981, que dispõe sobre a Política Nacional do Meio Ambiente. Essa lei foi modificada pela Lei 12.651/2012 (Código Florestal), acrescendo os arts. 9º-B e 9º-C.

Preceitua o art. 9º-A que o proprietário ou possuidor de imóvel, pessoa natural ou jurídica, pode, por instrumento público ou particular ou por termo administrativo firmado perante órgão integrante do Sisnama, limitar o uso de toda a sua propriedade ou de parte dela para preservar, conservar ou recuperar os recursos ambientais existentes, instituindo servidão ambiental.

No instrumento ou termo de instituição da servidão ambiental deve ser incluído, no mínimo, os seguintes itens:

a) memorial descritivo da área da servidão ambiental, contendo pelo menos um ponto de amarração georreferenciado;

b) objeto da servidão ambiental;

c) direitos e deveres do proprietário ou possuidor instituidor;

d) prazo durante o qual a área permanecerá como servidão ambiental.

Registre-se que a servidão ambiental **não se aplica às Áreas de Preservação Permanente (APP) e à Reserva Legal mínima exigida**. Ademais, a restrição ao uso ou à exploração da vegetação da área sob servidão ambiental deve ser, no mínimo, a mesma estabelecida para a Reserva Legal.

Os parágrafos 4º e 5º do art. 9º-A tratam da **averbação da servidão ambiental** no Registro de Imóveis, nos seguintes termos:

> Art. 9º-A (...)
>
> § 4º Devem ser objeto de averbação na matrícula do imóvel no registro de imóveis competente:
>
> I – o instrumento ou termo de instituição da servidão ambiental;
>
> II – o contrato de alienação, cessão ou transferência da servidão ambiental.
>
> § 5º Na hipótese de compensação de Reserva Legal, a servidão ambiental deve ser averbada na matrícula de todos os imóveis envolvidos.

O § 6º vedou, durante o prazo de vigência da servidão ambiental, a alteração da destinação da área, nos casos de transmissão do imóvel a qualquer título, de desmembramento ou de retificação dos limites do imóvel.

Outra inovação relevante foi a prescrita no § 7º:

> As áreas que tenham sido instituídas na forma de servidão florestal, nos termos do art. 44-A da Lei nº 4.771, de 15 de setembro de 1965, passam a ser consideradas, pelo efeito desta Lei, como de servidão ambiental.

A servidão ambiental poderá ser onerosa ou gratuita, temporária ou perpétua, sendo que o prazo mínimo da servidão ambiental temporária é de 15 (quinze) anos.

No que se refere à **servidão ambiental perpétua**, ela equivale, para fins creditícios, tributários e de acesso aos recursos de fundos públicos, à Reserva Particular do Patrimônio Natural – RPPN, definida no art. 21 da Lei nº 9.985/2000.

A **alienação da servidão ambiental** é amparada pela lei, podendo o detentor da servidão ambiental aliená-la, cedê-la ou transferi-la, total ou parcialmente, por prazo determinado ou em caráter definitivo, em favor de outro proprietário ou de entidade pública ou privada que tenha a conservação ambiental como fim social.

O art. 9º-C estabelece que o **contrato de alienação, cessão ou transferência da servidão ambiental** deve ser averbado na matrícula do imóvel e preceitua em seu parágrafo 1º um número mínimo de itens que o referido contrato deve conter, vejamos:

> § 1º O contrato referido no *caput* deve conter, no mínimo, os seguintes itens:
>
> I – a delimitação da área submetida a preservação, conservação ou recuperação ambiental;
>
> II – o objeto da servidão ambiental;
>
> III – os direitos e deveres do proprietário instituidor e dos futuros adquirentes ou sucessores;
>
> IV – os direitos e deveres do detentor da servidão ambiental;
>
> V – os benefícios de ordem econômica do instituidor e do detentor da servidão ambiental;
>
> VI – a previsão legal para garantir o seu cumprimento, inclusive medidas judiciais necessárias, em caso de ser descumprido.

Por fim, os §§ 2º e 3º estabelecem quem são os **devedores do proprietário do imóvel serviente e do detentor da servidão ambiental**, nos seguintes termos:

> **Art. 9º-C.** (...)
>
> § 2º São deveres do proprietário do imóvel serviente, entre outras obrigações estipuladas no contrato:
>
> I – manter a área sob servidão ambiental;
>
> II – prestar contas ao detentor da servidão ambiental sobre as condições dos recursos naturais ou artificiais;
>
> III – permitir a inspeção e a fiscalização da área pelo detentor da servidão ambiental;
>
> IV – defender a posse da área serviente, por todos os meios em direito admitidos.
>
> § 3º São deveres do detentor da servidão ambiental, entre outras obrigações estipuladas no contrato:
>
> I – documentar as características ambientais da propriedade;
>
> II – monitorar periodicamente a propriedade para verificar se a servidão ambiental está sendo mantida;
>
> III – prestar informações necessárias a quaisquer interessados na aquisição ou aos sucessores da propriedade;
>
> IV – manter relatórios e arquivos atualizados com as atividades da área objeto da servidão;
>
> V – defender judicialmente a servidão ambiental.

1.2 COTA DE RESERVA AMBIENTAL – CRA

Os arts. 44 ao 50 do novo Código Florestal (Lei 12.651/2012) tratam da cota de reserva ambiental – CRA. Trata-se de título nominativo representativo de área com vegetação nativa, existente ou em processo de recuperação:

I) sob regime de servidão ambiental;

II) correspondente à área de Reserva Legal instituída voluntariamente sobre a vegetação que exceder os percentuais de Reserva Legal estipulados em lei;

III) protegida na forma de Reserva Particular do Patrimônio Natural – RPPN;

IV) existente em propriedade rural localizada no interior de Unidade de Conservação de domínio público que ainda não tenha sido desapropriada.

A emissão de CRA será feita mediante requerimento do proprietário, após inclusão do imóvel no CAR e laudo comprobatório emitido pelo próprio órgão ambiental ou por entidade credenciada, assegurado o controle do órgão federal competente do Sisnama, na forma de ato do Chefe do Poder Executivo.

Tal cota não pode ser emitida com base em vegetação nativa localizada em área de RPPN instituída em sobreposição à Reserva Legal do imóvel.

Nos termos do § 3º do art. 44 a Cota de Reserva Florestal – CRF emitida nos termos do art. 44-B da Lei nº 4.771, de 15 de setembro de 1965, passa a ser considerada como Cota de Reserva Ambiental.

A CRA será emitida pelo órgão competente do Sisnama em favor de proprietário de imóvel incluído no CAR que mantenha área nas condições acima previstas.

Após a emissão do título, é obrigatório o registro da CRA pelo órgão emitente, no prazo de 30 (trinta) dias, contado da data da sua emissão, em bolsas de mercadorias de âmbito nacional ou em sistemas de registro e de liquidação financeira de ativos autorizados pelo Banco Central do Brasil.

A CRA pode ser transferida, onerosa ou gratuitamente, a pessoa física ou a pessoa jurídica de direito público ou privado, mediante termo assinado pelo titular da CRA e pelo adquirente, sendo que tal transferência só produzirá efeito uma vez registrado no sistema único de controle.

Destaca-se que a CRA só pode ser utilizada para compensar Reserva Legal de imóvel rural situado no mesmo bioma da área à qual o título está vinculado.

Ademais, a CRA só pode ser utilizada para fins de compensação de Reserva Legal se respeitados os requisitos estabelecidos no § 6º do art. 66 do Código Florestal.

A utilização de CRA para compensação da Reserva Legal será averbada na matrícula do imóvel no qual se situa a área vinculada ao título e na do imóvel beneficiário da compensação.

O art. 50, estabelece os casos de **cancelamento** da CRA, que só poderão ser os seguintes:

> **Art. 50.** A CRA somente poderá ser cancelada nos seguintes casos:
>
> I – por solicitação do proprietário rural, em caso de desistência de manter áreas nas condições previstas nos incisos I e II do art. 44;
>
> II – automaticamente, em razão de término do prazo da servidão ambiental;
>
> III – por decisão do órgão competente do Sisnama, no caso de degradação da vegetação nativa da área vinculada à CRA cujos custos e prazo de recuperação ambiental inviabilizem a continuidade do vínculo entre a área e o título.

O cancelamento da CRA **deve ser averbado na matrícula do imóvel no qual se situa a área vinculada ao título e do imóvel no qual a compensação foi aplicada.**

24) do destaque de imóvel de gleba pública originária.

1. COMENTÁRIOS

O dispositivo foi incluído pela Lei 11.952/2009, que dispõe sobre a regularização fundiária das ocupações incidentes em terras situadas em áreas da União, no âmbito da Amazônia Legal e dá outras providências.

Reza o art. 3º desta lei que:

> **Art. 3º** São passíveis de regularização fundiária nos termos desta Lei as ocupações incidentes em terras:
>
> I – discriminadas, arrecadadas e registradas em nome da União com base no art. 1º do Decreto-Lei nº 1.164, de 1º de abril de 1971;
>
> II – abrangidas pelas exceções dispostas no parágrafo único do art. 1º do Decreto-Lei nº 2.375, de 24 de novembro de 1987;
>
> III – remanescentes de núcleos de colonização ou de projetos de reforma agrária que tiverem perdido a vocação agrícola e se destinem à utilização urbana;
>
> IV – devolutas localizadas em faixa de fronteira; ou
>
> V – registradas em nome do Instituto Nacional de Colonização e Reforma Agrária – Incra, ou por ele administradas.
>
> Parágrafo único. Esta Lei aplica-se subsidiariamente a outras áreas sob domínio da União, na Amazônia Legal, sem prejuízo da utilização dos instrumentos previstos na legislação patrimonial.

A Lei 11.952/2009 estabelece como deve ocorrer a regularização fundiária nas áreas rurais e urbanas, regularizando assim a posse e a propriedade e, área públicas, sendo que uma parte será apartada e o restante da área, como sobejo permanece sob a natureza do bem público.

Bem observa Marcelo Augusto Santana de Melo que "as averbações previstas no art. 167, II, nº 29, 24, 27, 28 e 29, da LRP referem-se a uma forma de publicidade visando estabelecer uma comunicação entre diversos atos de registro existentes, proporcionando ao intérprete da matrícula uma maior clareza na compreensão dos vínculos estabelecidos e extintos, que já eram praticados rotineiramente no Registro de Imóveis e mereceram do legislador na atualização da Lei de Registros Públicos um destaque especial visando uniformizar a prática nos cartórios de Registro de Imóveis do Brasil. Os atos são todos de publicidade de mera notícia. O autor português Carlos Ferreira de Almeida classifica a publicidade registral, segundo seus efeitos, por meio de três vertentes:

a) publicidade-notícia (sem particulares efeitos no ato publicado);
b) publicidade declarativa (necessária para que os fatos sejam eficazes em relação a terceiros); e
c) publicidade constitutiva (indispensável para que os fatos produzam quaisquer efeitos).

E finaliza: "quando existe um destaque ou desmembramento de um imóvel objeto de determinada matrícula, é imprescindível que haja uma averbação noticiando a abertura da nova matrícula, isso é fundamental para a aferição das disponibilidades qualitativa e quantitativa" (*Lei de Registros Públicos comentada*. Rio de Janeiro: Forense, 2019, p. 938).

25) (A Lei 11.952/2009, ao converter a MP 458/2008, não manteve o acréscimo do item 25.)

26) do auto de demarcação urbanística.

1. COMENTÁRIOS

O item 26 foi incluído pela Lei 11.977/2009. A demarcação urbanística atualmente está positivada na Lei 13.465/2017, conversão da MP 759/2016.

De início, cumpre conceituar o instituto. Trata-se do procedimento destinado a identificar os imóveis públicos e privados abrangidos pelo núcleo urbano informal e a obter a anuência dos respectivos titulares de direitos inscritos na matrícula dos imóveis ocupados, culminando com averbação na matrícula destes imóveis da viabilidade da regularização fundiária, a ser promovida a critério do Município.

O poder público poderá utilizar o procedimento de demarcação urbanística, com base no levantamento da situação da área a ser regularizada e na caracterização do núcleo urbano informal a ser regularizado.

Para que seja válido, o auto de demarcação urbanística deve ser instruído com os seguintes documentos:

a) Planta e memorial descritivo da área a ser regularizada, nos quais constem suas medidas perimetrais, área total, confrontantes, coordenadas georreferenciadas dos vértices definidores de seus limites, números das matrículas ou transcrições atingidas, indicação dos proprietários identificados e ocorrência de situações de domínio privado com proprietários não identificados em razão de descrições imprecisas dos registros anteriores;
b) Planta de sobreposição do imóvel demarcado com a situação da área constante do registro de imóveis.

O auto de demarcação urbanística poderá abranger uma parte ou a totalidade de um ou mais imóveis inseridos em uma ou mais das seguintes situações:

a) Domínio privado com proprietários não identificados, em razão de descrições imprecisas dos registros anteriores;
b) Domínio privado objeto do devido registro no registro de imóveis competente, ainda que de proprietários distintos; ou
c) Domínio público.

Anote-se que os procedimentos da demarcação urbanística **não constituem condição** para o processamento e a efetivação da Reurb.

Cumpre ao poder público notificar os titulares de domínio e os confrontantes da área demarcada, pessoalmente ou por via postal, com aviso de recebimento, no endereço que constar da matrícula ou da transcrição, para que estes, querendo, apresentem impugnação à demarcação urbanística, no prazo comum de trinta dias.

Eventuais titulares de domínio ou confrontantes não identificados, ou não encontrados ou que recusarem o recebimento da notificação por via postal, serão notificados por edital, para que, querendo, apresentem impugnação à demarcação urbanística, no mesmo prazo comum.

A ausência de manifestação dos titulares e dos confrontantes será interpretada como concordância com a demarcação urbanística.

Se houver impugnação apenas em relação à parcela da área objeto do auto de demarcação urbanística, é facultado ao poder público prosseguir com o procedimento em relação à parcela não impugnada.

A critério do poder público municipal, tais medidas poderão ser realizadas pelo registro de imóveis do local do núcleo urbano informal a ser regularizado.

A notificação conterá a advertência de que a ausência de impugnação implicará a perda de eventual direito que o notificado titularize sobre o imóvel objeto da Reurb.

Na hipótese de apresentação de impugnação, é facultada a adoção do procedimento extrajudicial de composição de conflitos. Caso exista demanda judicial de que o impugnante seja parte e que verse sobre direitos reais ou possessórios relativos ao imóvel abrangido pela demarcação urbanística, deverá informá-la ao poder público, que comunicará ao juízo a existência do procedimento. Para subsidiar tal procedimento, será feito um levantamento de eventuais passivos tributários, ambientais e administrativos associados aos imóveis objeto de impugnação, assim como das posses existentes, com vistas à identificação de casos de prescrição aquisitiva da propriedade.

A mediação deve observar as regras dispostas na Lei 13.140/2015, facultando-se ao poder público promover a alteração do auto de demarcação urbanística ou adotar qualquer outra medida que possa afastar a oposição do proprietário ou dos confrontantes à regularização da área ocupada. Caso não se obtenha acordo na etapa de mediação, fica facultado o emprego da arbitragem.

Decorrido o prazo sem impugnação ou caso superada a oposição ao procedimento, o auto de demarcação urbanística será encaminhado ao registro de imóveis e **averbado nas matrículas por ele alcançadas**, que deverá constar:

> I – a área total e o perímetro correspondente ao núcleo urbano informal a ser regularizado;
>
> II – as matrículas alcançadas pelo auto de demarcação urbanística e, quando possível, a área abrangida em cada uma delas; e
>
> III – a existência de áreas cuja origem não tenha sido identificada em razão de imprecisões dos registros anteriores.

Na hipótese de o auto de demarcação urbanística incidir sobre **imóveis ainda não matriculados, previamente à averbação, será aberta matrícula,** que deverá refletir a situação registrada do imóvel, dispensadas a retificação do memorial descritivo e a apuração de área remanescente. Nos casos de registro anterior efetuado em outra circunscrição, para a referida abertura da matrícula, o oficial requererá, de ofício, certidões atualizadas daquele registro.

Se, todavia, a demarcação urbanística abranger **imóveis situados em mais de uma circunscrição imobiliária**, o oficial do registro de imóveis responsável pelo procedimento comunicará as demais circunscrições imobiliárias envolvidas para averbação da demarcação urbanística nas respectivas matrículas alcançadas.

Ademais, a demarcação urbanística será **averbada** ainda que a área abrangida pelo auto de demarcação urbanística supere a área disponível nos registros anteriores.

Esclarece-se por fim que, não se exigirá, para a averbação da demarcação urbanística, a retificação da área não abrangida pelo auto de demarcação urbanística, ficando a apuração de remanescente sob a responsabilidade do proprietário do imóvel atingido.

2. QUESTÃO DE CONCURSO

01. (TJ/AM – 2023 – TJ/AM - Titular de Notas e Serviços de Registros). De acordo com a Lei nº 6.015/1973, são exemplos de atos objeto de registro no registro de imóveis, EXCETO:

a) O auto de demarcação urbanística; a servidão ambiental; a reserva legal.

b) Certidão de Regularização Fundiária; citação de ações reais ou pessoais reipersecutórias.

c) Os contratos de promessa de venda, cessão ou promessa de cessão de unidades autônomas condominiais e de promessa de permuta, a que se refere a Lei nº 4.591/1964, quando a incorporação ou instituição de condomínio se formalizar na vigência da Lei 6.015/1973.

d) Cédulas de crédito industrial; contratos de penhor rural.

02. (Vunesp – Outorga de Delegação de Notas e Registros – TJ – GO/2021) No Registro de Imóveis, são feitos o registro e a averbação, respectivamente, dos seguintes atos:

a) da transformação de sociedades, quando houver transmissão de imóveis; e do auto de demarcação urbanística.

b) das cédulas hipotecárias; e do contrato de locação, para fins do exercício do direito de preferência.

c) do instrumento ou do termo de instituição da servidão ambiental; e da legitimação fundiária.

d) da Certidão de Regularização Fundiária (CRF); e da legitimação de posse.

03. (IESES – Titular de Serviços de Notas e de Registro – Provimento – TJ – SC/2019) Na Regularização Fundiária de Interesse Social, prevista na Lei 11.977/2009:

a) O Auto de Demarcação ficará inviabilizado caso não ocorra exata identificação do titular de domínio ou que atinja mais de um titular.

b) O Auto de Demarcação não está sujeito à prenotação pelo Oficial do Registro de Imóveis.

c) Aprovado o Projeto de Regularização Fundiária de Interesse Social, será ele encaminhado ao poder público estadual, que lavrará o auto de Demarcação Urbanística.

d) A última fase do procedimento consiste na Legitimação de Posse e Usucapião Extrajudicial, momento em que será transmitida a propriedade dos lotes objeto do fracionamento.

GAB	1	A	2	A	3	D

27) da extinção da legitimação de posse;

1. COMENTÁRIOS

O item 27 foi incluído pela Lei 12.424/2011. A legitimação de posse atualmente está positivada na Lei 13.465/2017, conversão da MP 759/2016.

A legitimação de posse, instrumento de uso exclusivo para fins de regularização fundiária, constitui ato do poder público destinado a conferir título, por meio do qual fica reconhecida a posse de imóvel objeto da Reurb, com a identificação de seus ocupantes, do tempo da ocupação e da natureza da posse, o qual é conversível em direito real de propriedade.

O tema foi exposto minuciosamente nos comentários do art. 167, inciso II, item 41 desta obra.

28) da extinção da concessão de uso especial para fins de moradia;

1. COMENTÁRIOS

A concessão de uso especial para fins de moradia já foi objeto de análise nesta obra, no art. 167, inciso I, item 37.

29) da extinção da concessão de direito real de uso.

1. COMENTÁRIOS

Este item 29 foi incluído pela Lei 10.257/2001. O tema foi objeto de análise nos comentários do art. 167, inciso I, item 40.

30) da sub-rogação de dívida, da respectiva garantia fiduciária ou hipotecária e da alteração das condições contratuais, em nome do credor que venha a assumir essa condição nos termos do art. 31 da Lei nº 9.514, de 20 de novembro de 1997, ou do art. 347 da Lei nº 10.406, de 10 de janeiro de 2002 (Código Civil), realizada em ato único, a requerimento do interessado, instruído com documento comprobatório firmado pelo credor original e pelo mutuário, ressalvado o disposto no item 35 deste inciso;

1. COMENTÁRIOS

Em 2013, a Lei n. 12.810 incluiu o item 30 no inciso II do art. 167 da Lei de Registros Públicos, para constar que é ato de averbação a sub-rogação de dívida, da respectiva garantia fiduciária ou hipotecária e da alteração das condições contratuais, em nome do credor que venha a assumir **tal** condição **na forma do disposto** pelo art. 31 da Lei nº 9.514, de 20 de novembro de 1997, ou do art. 347 da Lei nº 10.406, de 10 de janeiro de 2002 – Código Civil. Isso deve ser realizado em ato único, a requerimento do interessado, instruído com documento comprobatório firmado pelo credor original e pelo mutuário.

Ocorre que a Medida Provisória n. 1.085/2021, convertida na Lei nº 14.382, de 27/6/2022, deu nova redação ao dispositivo passando a considerar que, da sub-rogação de dívida, da respectiva garantia fiduciária ou hipotecária e da alteração das condições contratuais, em nome do credor que venha a assumir **essa** condição **nos termos** do art. 31 da Lei n. 9.514/1997, ou do art. 347 do Código Civil, realizada em ato único, a requerimento do interessado, instruído com documento comprobatório firmado pelo credor original e pelo mutuário, **ressalvado o disposto no item 35 deste inciso.**

A redação foi alterada para uma maior precisão jurídica, sem modificar efetivamente o conteúdo e a motivação, e acrescentou ao final uma exceção, qual seja, o item 35, inciso II do art. 167, da LRP.

Desse modo, agora o item 30 abrange possibilidades mais genéricas de sub-rogação, confeccionada na forma do art. 31 da Lei n. 9.514/1997, ou por sub-rogação convencional, nos termos do art. 347 do Código Civil.

Sob o **aspecto do direito material**, o artigo em comento alude à hipoteca, à alienação de bem imóvel e ao pagamento com sub-rogação da dívida.

Na lição de Orlando Gomes, "a **hipoteca** é um direito real de garantia, em virtude do qual um bem imóvel, que continua em poder do devedor, assegura ao credor, precipuamente, o pagamento de uma dívida" (*Direitos Reais.* 19ªed. São Paulo: Forense, 2007, p. 350).

Alienação fiduciária de coisa imóvel é o negócio jurídico pelo qual o fiduciante, com o escopo de garantia de obrigação própria ou de terceiro, contrata a transferência ao credor, ou fiduciário, da propriedade resolúvel de coisa imóvel.

A hipoteca já foi objeto de análise nos comentários do art. 167, I, 2, ao passo que a alienação fiduciária foi detalhada nas anotações do art. 167, I, 35.

Nas palavras de Hamid Charaf Bdine Jr. "ocorre a **sub-rogação** sempre que alguém passa a ocupar a posição de outra pessoa em determinada relação jurídica, como revelam as hipóteses do art. 346 do Código Civil. A regra não é taxativa, pois não há razão de ordem pública que impeça a criação de outros casos de sub-rogação com amparo na autonomia privada – a liberdade das pessoas de dispor sobre sua própria esfera de direitos e deveres" (*Código Civil comentado.* Barueri: Manole, 2014, p. 304).

Desse modo, o item 30 em comento trata da transferência do titular de uma propriedade fiduciária ou de uma hipoteca em razão da sub-rogação, que abrange o pagamento, por terceiro, de uma dívida de financiamento imobiliário. Carlos Elias e Flavio Tartuce explicam que na hipótese de financiamento imobiliário em que o devedor hipotecou ou alienou fiduciariamente o imóvel, o credor tem um crédito com garantia real. Se um terceiro pagar essa dívida, é a ele assegurado o direito à sub-rogação, a depender do caso legal. Esse terceiro passará a ser titular desse crédito com garantia real, podendo exercer uma espécie de "direito de regresso robustecido" contra o devedor (Op. cit. p. 158).

Aliás, o dispositivo em comento faz alusão aos arts. 31 da Lei 9.514/1997 e 347 do Código Civil. Convém a transcrição:

> **Art. 31.** O fiador ou terceiro interessado que pagar a dívida ficará sub-rogado, de pleno direito, no crédito e na propriedade fiduciária.
>
> Parágrafo único. Nos casos de transferência de financiamento para outra instituição financeira, o pagamento da dívida à instituição credora original poderá ser feito, a favor do mutuário, pela nova instituição credora. *(Incluído pela Lei nº 12.810, de 2013)*
>
> **Art. 347.** A sub-rogação é convencional:
>
> I – quando o credor recebe o pagamento de terceiro e expressamente lhe transfere todos os seus direitos;
>
> II – quando terceira pessoa empresta ao devedor a quantia precisa para solver a dívida, sob a condição expressa de ficar o mutuante sub-rogado nos direitos do credor satisfeito.

Antonio Ranaldo Filho observa que o legislador houve por bem acrescentar a normativa, reforçando a fórmula genérica do art. 172 da Lei de Registro. Para deixar clara a necessidade do assentamento, para a produção de efeitos reais, em especial a substituição (sub-rogação) do credor-fiduciário, titular do direito real de propriedade fiduciária (Op. cit., p. 915).

A título de esclarecimento, o aludido art. 172 estabelece que no Registro de Imóveis serão feitos, o registro e a averbação dos títulos ou atos constitutivos, declaratórios, translativos e extintos de direitos reais sobre imóveis reconhecidos em lei, *intervivos* ou *mortis causa* quer para sua constituição, transferência e extinção, quer para sua validade em relação a terceiros, quer para a sua disponibilidade.

Diante deste exposto, é possível afirmar que o art. 167, II, 30, da LRP abrange apenas a **sub-rogação convencional**, que compreende crédito com hipoteca ou propriedade fiduciária, e a **sub-rogação legal** que envolve somente propriedade fiduciária em favor de terceiro interessado.

Anote-se que esta averbação é necessária porque, na sub-rogação que envolve crédito garantido por hipoteca ou propriedade fiduciária, ocorre a **mutação jurídico-real** no direito real de hipoteca ou na propriedade fiduciária que anteriormente foram registradas. Assim, a sub-rogação deve constar na matrícula desses direitos.

O art. 167, II, 30 ainda faz referência ao título que deve ser levado a registro, qual seja, **documento comprobatório firmado pelo credor original e pelo mutuário.**

No que se refere à **escrituração** do ato, esta será realizada nos termos do dispositivo, ou seja, por averbação única.

Por fim, a exceção mencionada no item em questão refere-se à cessão de crédito ou à sub-rogação de dívida decorrentes da transferência de financiamento com garantia real sobre imóvel, nos termos do Capítulo II-A da Lei n. 9.514/1997, isto é, hipóteses de sub-rogação para os casos de portabilidade de financiamento imobiliário. Sobre o tema, remeto o leitor aos comentários do item 35 deste inciso II do art. 167.

> 31) da certidão de liberação de condições resolutivas dos títulos de domínio resolúvel emitidos pelos órgãos fundiários federais na Amazônia Legal.

1. COMENTÁRIOS

Este item foi incluído pela Lei 13.465/2017, conversão da MP 759/2016, que dispõe, dentre outros assuntos, sobre a regularização fundiária rural e urbana e a regularização fundiária da Amazônia Legal, instituindo mecanismos para aprimorar a eficiência dos procedimentos de alienação de imóveis da União.

No que se refere à regularização fundiária, a referida lei abandona a forma e os conceitos trazidos pela Lei 11.977/2009, uma vez que revoga por inteiro o seu capítulo III, bem como o capítulo XII da Lei de Registros Públicos, adotando um novo modelo de regularização tanto urbana como rural. Os artigos 288-A ao 288-G da Lei de Registros Públicos foram revogados pela Lei 13.465/2017, que deu novo tratamento ao registro da regularização fundiária urbana, tema que será tratado no capítulo XII desta obra.

Dessa forma, a Lei 13.465/2017 estabelece que passam a ser averbáveis as certidões "de liberação de condições resolutivas dos títulos de domínio resolúvel emitidos pelos órgãos fundiários federais na Amazônia Legal".

A temática do dispositivo também se conecta à **Lei n. 8.629/1993,** que dispõe sobre a regulamentação dos dispositivos constitucionais relativos à reforma agrária, previstos no Capítulo III, Título VII, da Constituição Federal e ao **Decreto 9.311/2018**, que regulamenta tanto a referida lei e como a **Lei 13.001/2014,** que estabelece o processo de seleção das famílias beneficiárias do Programa Nacional da Reforma Agrária.

Nos termos do art. 17 da Lei 8.629/1993, o assentamento de trabalhadores rurais deverá ser realizado em terras economicamente úteis, de preferência na região por eles habitada, observado o seguinte:

> I – a obtenção de terras rurais destinadas à implantação de projetos de assentamento integrantes do programa de reforma agrária será precedida de estudo sobre a viabilidade econômica e a potencialidade de uso dos recursos naturais;
>
> II – os beneficiários dos projetos de que trata o inciso I manifestarão sua concordância com as condições de obtenção das terras destinadas à implantação dos projetos de assentamento, inclusive quanto ao preço a ser pago pelo órgão federal executor do programa de reforma agrária e com relação aos recursos naturais;
>
> III – nos projetos criados será elaborado Plano de Desenvolvimento de Assentamento – PDA, que orientará a fixação de normas técnicas para a sua implantação e os respectivos investimentos;
>
> IV – integrarão a clientela de trabalhadores rurais, para fins de assentamento em projetos de reforma agrária, somente aqueles que satisfizerem os requisitos fixados para seleção e classificação previstos nesta Lei; e
>
> V – a consolidação dos projetos de assentamento integrantes dos programas de reforma agrária dar-se-á com a concessão de créditos de instalação e a conclusão dos investimentos, bem como com a outorga do instrumento definitivo de titulação.
>
> § 1º Para a consolidação dos projetos de que trata o inciso V do *caput*, é o Poder Executivo autorizado a conceder créditos de instalação aos assentados, nos termos do regulamento.
>
> § 2º Para a consolidação dos projetos de que trata o inciso V do *caput*, fica o Poder Executivo autorizado a conceder créditos de instalação aos assentados, nos termos do regulamento.
>
> § 3º Poderá ser contratada instituição financeira federal para a operacionalização da concessão referida no inciso V do *caput*, dispensada a licitação.
>
> § 4º As despesas relativas à concessão de crédito de que trata o inciso V do *caput* adequar-se-ão às disponibilidades orçamentárias e financeiras do órgão responsável pela execução do referido programa.
>
> § 5º O regulamento a que se refere o § 2º estabelecerá prazos, carências, termos, condições, rebates para liquidação e procedimentos simplificados para o cumprimento do disposto neste artigo.
>
> § 6º Independentemente da implementação dos requisitos exigidos no inciso V do *caput* deste artigo, considera-se consolidado o projeto de assentamento que atingir o prazo de quinze anos de sua implantação, salvo por decisão fundamentada do Incra.
>
> § 7º Os assentamentos que, em 1º de junho de 2017, contarem com quinze anos ou mais de criação, deverão ser consolidados em até três anos.
>
> § 8º A quitação dos créditos de que trata o § 2º deste artigo não é requisito para a liberação das condições resolutivas do título de domínio ou da Concessão de Direito Real de Uso (CDRU), autorizada a cobrança da dívida na forma legal.

A distribuição de imóveis rurais pela reforma agrária far-se-á por meio de títulos de domínio, concessão de uso ou concessão de direito real de uso – CDRU instituído pelo art. 7º do Decreto-Lei nº 271, de 28 de fevereiro de 1967.

Anote-se que os títulos de domínio e a CDRU são inegociáveis pelo prazo de dez anos, contado da data de celebração do contrato de concessão de uso ou de outro instrumento equivalente.

Na implantação do projeto de assentamento, será celebrado com o beneficiário do programa de reforma agrária contrato de concessão de uso, gratuito, inegociável, de forma individual ou coletiva, que conterá cláusulas resolutivas, estipulando-se os direitos e as obrigações da entidade concedente e dos concessionários, assegurando-se a estes o direito de adquirir título de domínio ou a CDRU nos termos da Lei 8.629/1993.

O título de domínio e a CDRU deve conter cláusulas resolutivas e será outorgado ao beneficiário do programa de reforma agrária, de forma individual ou coletiva, após a realização dos serviços de medição e demarcação topográfica do imóvel a ser alienado.

No que se refere ao valor da alienação, na hipótese de outorga de título de domínio, considerar-se-á o tamanho da área e será estabelecido entre 10% (dez por cento) e 50% (cinquenta por cento) do valor mínimo da pauta de valores da terra nua para fins de titulação e regularização fundiária elaborada pelo Incra, com base nos valores de imóveis avaliados para a reforma agrária, conforme o regulamento.

Vale ponderar que a alienação de lotes de até 1 (um) módulo fiscal, em projetos de assentamento criados em terras devolutas discriminadas e registradas em nome do Incra ou da União, ocorrerá de forma gratuita.

Nos termos do Decreto 9.311/2018, regulamentador da Lei 8.629/1993, as condições de permanência do beneficiário no PNRA constarão do Contrato de Concessão de Uso – CCU, do Contrato de Concessão de Direito Real de Uso – CDRU e do Título de Domínio – TD e incluem as seguintes obrigações da unidade familiar:

> I – explorar o imóvel direta e pessoalmente, por meio de sua unidade familiar, exceto se verificada situação que enseje justa causa ou motivo de força maior reconhecido pelo Incra, admitidas a intermediação de cooperativas, a participação de terceiros, onerosa ou gratuita, e a celebração do contrato de integração de que trata a Lei nº 13.288, de 16 de maio de 2016 ;

II – não ceder, a qualquer título, a posse ou a propriedade da parcela recebida, ainda que provisória e parcialmente, para uso ou exploração por terceiros;

III – observar a legislação ambiental, em especial quanto à manutenção e à preservação das áreas de reserva legal e de preservação permanente;

IV – observar as diretrizes técnicas, econômicas e sociais definidas pelo Incra para projeto de assentamento;

V – firmar o instrumento de titulação definitiva, conforme disciplinado pelo Incra; e

VI – cumprir demais obrigações e compromissos previstos no instrumento contratual.

As obrigações previstas no artigo supracitado e outras expressamente constantes do CCU, do CDRU e do TD possuem natureza de **condição resolutiva**.

Complemento o art. 16 do Decreto 9.311/2018 com seus parágrafos:

§ 1º As cláusulas resolutivas constantes do CDRU ou do TD vigorarão pelo prazo mínimo de dez anos, contado da data de celebração do contrato de concessão de uso ou de outro instrumento equivalente que comprove a exploração do lote após a homologação, e somente se extinguem após o transcurso do prazo e a realização do pagamento integral.

§ 2º Antes da resolução do CCU, do CDRU ou do TD, será dada oportunidade ao assentado de adimplir a cláusula descumprida, conforme previsto neste Decreto.

§ 3º Comprovado o descumprimento de condição resolutiva, o CCU, o CDRU ou o TD será rescindido, com imediato retorno da parcela ao Incra, por meio de processo administrativo, assegurado o contraditório e a ampla defesa.

32) do termo de quitação de contrato de compromisso de compra e venda registrado e do termo de quitação dos instrumentos públicos ou privados oriundos da implantação de empreendimentos ou de processo de regularização fundiária, firmado pelo empreendedor proprietário de imóvel ou pelo promotor do empreendimento ou da regularização fundiária objeto de loteamento, desmembramento, condomínio de qualquer modalidade ou de regularização fundiária, exclusivamente para fins de exoneração da sua responsabilidade sobre tributos municipais incidentes sobre o imóvel perante o Município, não implicando transferência de domínio ao compromissário comprador ou ao beneficiário da regularização.

1. COMENTÁRIOS

Este item 32 foi incluído pelo artigo 7º da Lei 13.465/2017.

Defende parte da doutrina que o item incluído deu nova **natureza jurídica ao termo de quitação**, não lhe conferindo o poder de transferir o domínio, mas tão somente de exonerar o promitente vendedor da responsabilidade sobre os tributos municipais incidentes sobre o imóvel perante o Município.

Para esta doutrina, a súmula 399 do STJ, que apregoa que "cabe à legislação municipal estabelecer o sujeito passivo do IPTU", deverá ser revista, já que o item 32, exclui a imputação ao promitente vendedor na condição de responsável tributário pelo IPTU demais tributos municipais incidentes sobre o imóvel.

Dessa forma, ao promitente vendedor competirá levar ao Ofício de Registro de Imóveis, o termo de quitação para a devida averbação e, assim, informar a Prefeitura competente, com cópia do referido termo de quitação, a fim de desonerar-se da cobrança de tributos em razão da falta de alteração do cadastro municipal.

33. *(Item acrescido pela Medida Provisória nº 992, de 16/7/2020, com vigência encerrada em 12/11/2020, conforme Ato Declaratório nº 144, de 13/11/2020, publicado no DOU de 16/11/2020)*

34. da existência dos penhores previstos no art. 178 desta Lei, de ofício, sem conteúdo financeiro, por ocasião do registro no livro auxiliar em relação a imóveis de titularidade do devedor pignoratício ou a imóveis objeto de contratos registrados no Livro nº 2 – Registro Geral;

1. COMENTÁRIOS

Este item foi acrescido pela Medida Provisória nº 1.085, de 27/12/2021, convertida e com redação dada pela Lei nº 14.382, de 27/6/2022.

Antes desta lei, alguns penhores especiais eram registrados, de acordo com o art. 178 da LRP, apenas no Livro 3 – Registro Auxiliar do Ofício Imobiliário. Agora, a Lei do SERP estabelece que sua **averbação deve ser feita na matrícula do imóvel.**

É importante ressaltar que o registro se mantém. São os penhores especiais: o penhor rural (art. 178, VI, da LRP e art. 1.438, do CC) e o penhor industrial e mercantil (art. 178, IV, da LRP; art. 1.448 do CC).

A **escrituração** é feita no Livro 3 – Registro Auxiliar porque tais penhores são considerados direitos reais sobre bens móveis. Em outras palavras, **não simbolizam nenhum ônus real diretamente sobre o imóvel.** O Livro 2 – Registro Geral é destinado ao cenário jurídico-real, representado na matrícula dos imóveis e ao registro ou averbação dos atos relacionados no art. 167 e não atribuídos ao Livro nº 3.

Carlos Elias e Flávio Tartuce muito bem observam que o motivo da escolha do RI para esse registro no lugar do RTD – serventia vocacionada, por excelência, para registro de ônus reais mobiliários – é a maior facilidade de terceiros buscarem informações acerca da situação jurídico-real de determinados móveis destinados ao uso do imóvel principal, tidos categoricamente como pertenças (art. 93 do CC13). Se, por exemplo, alguém pretende adquirir um gado, deve pesquisar a existência de eventual penhor rural sobre ele no Cartório de Imóveis da fazenda na qual o semovente fica" (Op. cit. 164).

Também vale trazer a crítica dos autores sobre o novo dispositivo. A Lei do SERP – indevidamente, a nosso sentir –, alterou essa lógica registral, ao incluir o item "34" no inc. II do art. 167 da LRP. Embora tenha mantido o registro desses penhores especiais no Livro 3, determinou a sua averbação-notícia na matrícula do imóvel. Trata-se uma averbação "sem conteúdo financeiro", à luz do referido dispositivo, o que significa que o valor dos emolumentos será aquele mais módico que consta das tabelas locais de emolumentos. Com essa averbação-notícia, é rompida a lógica extraída do princípio da concentração, segundo a qual a matrícula é o repositório das situações jurídico-reais e das informações relevantes apenas do imóvel. O risco de confusão a terceiros é potencial. A averbação-notícia do penhor especial na matrícula poderá ser interpretada por terceiros como um risco que pode respingar no próprio imóvel, de maneira que, por exemplo, eventual compra do imóvel poderá ser abortada por haver, na matrícula, a notícia de um penhor especial. Trata-se de uma interpretação indevida, mas não podemos negar que esse receio rondará terceiros interessados em celebrar negócios relativos ao imóvel. A falta de posicionamento pacificado dos Tribunais desperta preocupação sobre interpretações heterodoxas que possam vir a surgir, como a de que, com a averbação-notícia do item "34" do inc. II do art. 167 da LRP, terceiros adquirentes do imóvel podem ser atingidos por conta de eventual desrespeito ao penhor especial. Consideramos grave ao sistema jurídico-registral a introdução da aver-bação-notícia dos penhores especiais na matrícula. O conveniente seria a urgente revogação do item "34" do inc. II do art. 167 da LRP. Entretanto, diante da pouca probabilidade dessa proposta legislativa, o caminho é que as serventias imobiliárias atenuem os riscos de confusão supracitados. O melhor caminho para isso é que, na própria averbação-notícia, seja inserida uma advertência como esta: "a presente averbação não representa qualquer Ônus diretamente sobre o imóvel, mas apenas a notícia da existência de ônus sobre o bem móvel objeto do penhor especial". Essa advertência poderá aliviar o receio de confusão supracitado. Além disso, nas certidões da situação jurídica atualizada do imóvel, o registrador de imóveis precisa tomar o cuidado quando mencionar essa averbação-notícia. Convém que ele insira, na certidão, a advertência supra, com os ajustes redacionais pertinentes, a fim de evitar a terceiros a falsa impressão de que o imóvel está eivado de ônus real (Op. cit. 165).

35. da cessão de crédito ou da sub-rogação de dívida decorrentes de transferência do financiamento com garantia real sobre imóvel, nos termos do Capítulo II-A da Lei nº 9.514, de 20 de novembro de 1997; e

1. COMENTÁRIOS

Este item foi acrescido pela Medida Provisória nº 1.085, de 27/12/2021, convertida na Lei nº 14.382, de 27/6/2022.

O dispositivo traz a transferência da garantia real sobre imóvel para a nova instituição financeira credora nos casos de portabilidade da dívida do financiamento imobiliário.

Essa transferência pode se dar por cessão de crédito da instituição credora originária para a nova instituição ou por meio de sub-rogação.

Cumpre distinguir cessão de crédito de sub-rogação. A primeira está prevista nos artigos 286 ao 298 do Código Civil. Trata-se de um negócio jurídico no qual uma das partes (cedente) transfere a terceiro (cessionário) seus direitos. A segunda é normatizada nos arts. 346 ao 351 do mesmo Código e caracteriza-se como pagamento, especificamente uma modalidade de extinção da obrigação.

Apesar de possuírem muitos pontos de contato, os dois institutos não se confundem, pois a cessão tem a finalidade de **transferir um crédito**. Já a sub-rogação, de **extinguir a obrigação.**

No que tange à portabilidade, esta tem previsão nos arts. 33-A ao 33-F da Lei n. 9.514/1997.

Na prática, ensinam Carlos Elias e Flávio Tartuce, costuma dar-se quando o devedor encontra uma instituição financeira que oferece empréstimo em condições mais vantajosas do contrato de financiamento atualmente vigente com a instituição financeira credora original. O devedor, então, pleiteia a "transferência" do seu financiamento para a nova instituição financeira, com as condições mais vantajosas. Existem outras hipóteses em que a portabilidade pode ocorrer, mas a ora destacada é a mais comum. Os dispositivos retrocitados disciplinam essa portabilidade no caso de financiamento imobiliário com o objetivo de desburocratizar os procedimentos de efetivação da portabilidade. Essa portabilidade abrange financiamentos imobiliários no âmbito do Sistema Financeiro Imobiliário (SFI). Alcança também financiamentos no seio do Sistema Financeiro de Habitação (SFH), desde que, nesse caso, a portabilidade dependa de manifestação do devedor (art. 33-F da Lei n. 9.514/1997). Se não depender da manifestação do devedor, não se poderá invocar o item 35 do inc. II do art. 167 da IRP para respaldar a averbação da transferência do crédito imobiliário, seja por conta de uma cessão de crédito, seja em razão de uma sub-rogação. Nessas hipóteses, o ato de averbação deverá ser fundamentado nas demais hipóteses, como: a) item 21 do inc. II do art. 167 da LRP; b) item 30 do inc. II do art. 167 da LRP; c) do permissivo geral do art. 246 da LRP (Op. cit. p. 163).

36. do processo de tombamento de bens imóveis e de seu eventual cancelamento, sem conteúdo financeiro.

1. COMENTÁRIOS

Este item 36 foi incluído pela Medida Provisória n. 1.085, de 27/12/2021, convertida na Lei nº 14.382, de 27/6/2022). O tema foi minuciosamente analisado nos comentários do art. 167, inciso I, item 46.

37. da extensão da garantia real à nova operação de crédito, nas hipóteses autorizadas por lei.

1. COMENTÁRIOS

O item 37 foi incluído pela Lei n. 14.711/2023, conhecida como o Marco Legal das Garantias.

A Lei das Garantias regulamenta a **extensão da garantia real** para as hipotecas e para as alienações fiduciárias de imóveis no art. 1.487-A do Código Civil, nos arts. 9º-A a 9º-D da Lei n. 13.476/2017 e no item 33 do inciso II do art. 167 da Lei n. 6.015/1973.

A extensão da garantia geral também é chamada de **compartilhamento, refil** ou **recarregamento.** A Medida Provisória 992/2020, que encontra-se sem eficácia, utilizava a expressão "compartilhamento da alienação fiduciária".

Na definição de Carlos Elias, a extensão da garantia real é inspirada no direito francês e consiste em facilitar, do ponto de vista registral, a formalização de novas operações de crédito entre as mesmas partes aproveitando-se de um imóvel que já havia sido oferecido em Garantia. Consiste em estender a hipoteca ou a alienação fiduciária em garantia sobre um determinado imóvel para garantir novas obrigações perante o mesmo credor (art. 1.487-A, *caput*, do CC; e art. 9º-A, I, da Lei nº 9.514/1997) (https://www.migalhas.com.br/arquivos/2023/11/D7D21299A7746C_LeidasGarantias.pdf)

Noutro dizer, o recarregamento da garantia real permite que a mesma garantia seja utilizada para assegurar novas obrigações, além daquelas originalmente garantidas, sem a necessidade de constituir uma nova garantia. Isso é especialmente comum em operações financeiras, como linhas de crédito rotativo ou financiamentos de longo prazo.

A ideia é facilitar o aproveitamento do "capital morto". Quem ilustra é o autor: suponha que um cidadão financiou um imóvel que vale um milhão de reais, hipotecando-o ou alienando-o fiduciariamente em garantia. Após efetuar os pagamentos de várias prestações, o saldo devedor da dívida garantida ficou em apenas cem mil reais. Como se vê, há um "capital morto" de novecentos mil reais, que poderia ser utilizado para servir de garantia real de novas operações de crédito. O cidadão, então, poderá contrair um novo empréstimo com o mesmo banco e estender a hipoteca ou a alienação fiduciária para servir de garantia.

Gabriel Cardoso de Souza, *em "O Novo Marco das Garantias" (coord. EL DEBS, Martha e CHEZZI, Bernardo)* muito bem elucida:

"Carlos Elias e Fábio Rocha trazem a figura de que a extensão da garantia real se compara a um "refil de refrigerante": só poderá ser recarregada até sua capacidade máxima, qual seja, o limite da borda do copo, que representa o valor total do imóvel.

Ao comentar o então Projeto de Lei nº 4.188/21, Fábio Rocha exemplifica:

> O projeto permite que o banco devolva ao mutuário o valor já quitado, voltando a dívida ao valor original. Essa devolução funciona como um refil de refrigerante: quanto mais a dívida original é paga, mais espaço sobra para tomar nova dívida, enchendo novamente o copo, até o limite original (...).

Posto isso, a extensão da alienação fiduciária deverá respeitar os limites da "borda do copo" e não poderá exceder ao prazo final de pagamento e ao valor total garantido constantes do título da garantia original (art. 9º-B, §4º, da Lei n. 14.711/2023).

O título, para fins de qualificação registral, deverá conter alguns requisitos como o valor principal da nova operação de crédito.

Necessário conter, também, a taxa de juros compactuada e o detalhamento dos encargos incidentes.

Nota-se, neste ponto, que é possível que para os contratos de extensão da alienação fiduciária garantida pelo mesmo imóvel existam taxas de juros diferentes.

Por fim, o título deverá conter o prazo e as condições de reposição do empréstimo ou do crédito do credor fiduciário".

Carlos Elias explica a razão do item 33 em comento. A importância na disciplina da figura é para facilitar e baratear a formalização registral. Antes da Lei das Garantias, para formalizar esse "refil", as partes, na prática, precisariam fazer um registro de uma hipoteca de segundo grau ou de uma alienação fiduciária de segundo grau. Pagariam, assim, os emolumentos de um ato de registro, que costumam ser mais caros do que os de averbação. Com a Lei das Garantias, bastará a averbação do recarregamento na matrícula do imóvel, conforme item 37 do inciso II do art. 167 da LRP, art. 1.487-A, § 2º, e art. 9º-B, *caput*, da Lei nº 13.476/2017.

O autor sugere ainda algumas estratégias para a prudente prática registral:

a) Apesar do silêncio legal, a boa técnica de redação registral recomenda que, na matrícula, sejam estampadas informações de interesse de terceiros. Por essa razão, entendemos que, ao averbar o recarregamento da alienação fiduciária em garantia ou da hipoteca, o registrador deve consignar expressamente os efeitos jurídicos potencialmente lesivos a terceiros.

b) Um dado importante a ser consignado no ato de averbação é a existência da cláusula *cross default* prevista no título de recarregamento da alienação fiduciária em garantia (art. 9º-B, V, e no art. 9º-D da Lei n. 13.476/12007) ou da hipoteca (fruto da autonomia privada da vontade). Isso, porque terceiros precisam ter fácil acesso a essa informação a fim de saberem da interligação existente entre as diversas obrigações *plugadas* à mesma garantia real. Caso não haja essa informação no ato de averbação, terceiros teriam de buscá-lo mediante acesso ao inteiro do título, o que, em alguns casos, é difícil e, em outros, é impossível, especialmente em razão do fato de a Lei do SERP ter disciplinado o extrato como alternativa à apresentação do inteiro teor do título. Em alguns casos, o inteiro teor do título sequer fica arquivado em cartório, mas permanece recluso e inacessível nos arquivos pessoais do credor (art. 6º, § 1º, IV, da Lei do SERP).

c) Outro dado importante é consignar expressamente o respeito a direitos contraditórios anteriores existentes na matrícula nos termos do *caput* do art. 1.487-A do CC quando se tratar de recarregamento de hipoteca. Sem essa informação, somente terceiros que efetivamente tenham ciência do referido dispositivo legal saberiam disso, o que é péssimo em termos de publicidade e de segurança jurídica. Afinal de contas, é consabido que a presunção de ciência da lei é meramente fictícia. A matrícula deve buscar dar a maior clareza possível ao cidadão dos principais efeitos jurídico-reais dos ônus.

d) Além disso, é essencial que o ato de averbação indique as informações essenciais para que terceiros tenham ciência dos sujeitos envolvidos e do valor total da dívida (valor principal, encargos incidentes e prazo de pagamento). Essas informações são obrigatórias no título, conforme art. 9º-B, § 1º, da Lei n. 13.476/2017, art. 24 da Lei n. 9.514/1997 e art. 1.424 do CC. Convém que elas também figurem no ato de averbação do recarregamento da garantia real em nome do princípio registral da especialidade subjetiva, objetiva e do fato jurídico.

Parágrafo único. O registro previsto no item 3 do inciso I do *caput* e a averbação prevista no item 16 do inciso II do *caput* deste artigo serão efetuados no registro de imóveis da circunscrição onde o imóvel estiver matriculado, mediante apresentação de uma via do contrato assinado pelas partes, admitida a forma eletrônica e bastando a coincidência entre o nome de um dos proprietários e o do locador.

Este parágrafo único foi acrescido pela Medida Provisória nº 1.085, de 27/12/2021, convertida na Lei nº 14.382, de 27/6/2022.

Os itens do art. 167 mencionados neste parágrafo único referem-se ao contrato de locação de imóveis para efeito de vigência no caso de alienação e para efeito de direito de preferência, já estudados de forma pormenorizada nesta obra (vide comentários no inciso I, item 3 e inciso II, item 16).

A Lei do SERP vai ao encontro da revolução tecnológica e digitalização dos serviços notariais e registrais, autorizando como título inscritível no Registro de Imóveis, a **forma eletrônica do contrato de locação**. Assim, o título que ingressa o álbum imobiliário para fins de registro (art. 167, I, 3, LRP) ou averbação (art. 167, II, 16, LRP) é o contrato de locação, assinado pelas partes, permitida a forma eletrônica, dispensada a existência de testemunhas instrumentárias e bastando a coincidência entre o nome de um dos proprietários e o do locador.

Ocorre que o legislador não alterou o parágrafo único do art. 33 da Lei n. 8.245/1991, que apregoa que a averbação far-se-á à vista de qualquer das vias do contrato de locação desde que subscrito também por duas testemunhas. Entendo que, em razão da nova lei, este parágrafo único está revogado (onde diz "subscrito por duas testemunhas") de forma tácita nesta parte, pois tornou-se incompatível com o art. 167, parágrafo único, da LRP. Sobre os contratos eletrônicos, nos comentários do art. 1º da Lei 9.492/1997 (Lei de Protestos), mencionei a recente decisão do Superior Tribunal de Justiça no que tange à executividade do contrato eletrônico ausente as assinaturas de duas testemunhas. Fica o convite ao leitor para complementação do tema.

No que diz respeito à competência territorial do registro e da averbação do contrato de locação, a Lei 14.382/2022 transferiu o inciso III do art. 169 da LRP para o parágrafo único do art. 167 do mesmo diploma. Em outras palavras, manteve-se o Registro de Imóveis do local do imóvel como o competente para tais atos.

Art. 168. Na designação genérica de registro, consideram-se englobadas a inscrição e a transcrição a que se referem as leis civis.

1. COMENTÁRIOS

A doutrina é unânime no sentido de que o legislador foi infeliz na escolha dos termos do art. 168. Segundo alguns entendimentos doutrinários, isso gera ambiguidades e dificuldades na interpretação e aplicação do dispositivo.

Marcelo Rodrigues explicita que o termo registro encerra expressão genérica e bivalente; pode referir-se ao ofício público em que se dá a publicidade dos direitos, como também a ato ou assento praticado em livro desse ofício para realização do objetivo primeiramente referido.

A terminologia empregada para a denominação dos assentos foi imprecisa e confusa. Para ele, "a Lei 6.015/1973, rompendo com a tradição e pouco de útil acrescentando nesse movimento, alerta que na designação genérica de registro, consideram-se englobadas a inscrição e a transcrição a que se referem as leis. A transcrição, no sistema jurídico anterior, tinha sentido semelhante ao de inscrição, como modo de aquisição da propriedade (transmissão ou aquisição). Atualmente, possui unicamente o significado de cópia integral do documento, *verbo ad verbum*, tal como permanece empregado nos arts. 127, 142, 177 e 178 da Lei de Registros Públicos (*Tratado de Registros Públicos e Direito Notarial*. São Paulo: Editora Atlas, 2014, p. 128).

Walter Ceneviva, por sua vez, leciona que "no regime do Decreto 4.857/39, muito se discutiu sobre o uso de "transcrição" e de "inscrição". Os títulos não eram nem são *transcritos*, no sentido de serem transpostos, em sua inteireza, para os assentamentos do registro imobiliário. Daí a crítica aceita de que o CC/16 teria andado melhor se houvesse preferido apenas *inscrição*, em vez de *transcrição*, problema solucionado em 2002 (arts. 1.245 a 1.247). Não foi fiel, todavia, ao seu modelo. O englobamento é desprezado pela própria lei. *Englobar* é compreender, reunir ou juntar em um todo. Corresponde, no artigo, à unificação de nomenclatura atinente ao processo registrário e não à substância do direito envolvido. *Registro*, portanto, envolve direito real, sem necessariamente constituir, declarar, transferir ou extinguir domínio, sendo que no regime legal anterior a transcrição dizia sempre com a propriedade. Quando, por deficiência técnica da LRP ou por quebra de sistema, em leis posteriores, houver referência a *inscrição*, deve o oficial indicar, na matrícula, apenas a letra "R", seguindo-se o número de ordem do lançamento e o da matrícula" (*Lei de Registros Públicos comentada*. 16. ed. São Paulo: Saraiva, 2005, p. 368-369).

Ainda sobre o tema, Alexandre Laizo Clápis argumenta que o legislador não foi feliz na solução adotada. Substituiu as expressões *inscrição* e *transcrição* por *registro*, porém no sentido genérico da palavra. Isso porque no art. 167, que trata das atribuições do Registro de Imóveis, há, no inciso I, a indicação de todos os atos que devem ser praticados por registro, mas na acepção restrita do termo. Ou seja, o legislador utilizou o mesmo termo (registro) para sentidos diversos.

A matrícula também é uma inscrição registrária específica a ser realizada no Livro 2 – Registro Geral com a finalidade de individualizar o imóvel e congregar todas as demais inscrições (registro e averbação). Nesse dispositivo legal, a matrícula ficou de fora da regra geral relativa à nomenclatura. E sugere que "melhor seria utilizar a expressão *inscrição*, que representa todo e qualquer lançamento a ser feito pelo registrador. Na sistemática adotada pela lei, os atos de *registros* e *averbações* listados no art. 167 são espécies de *inscrição*. (*Lei de Registros Públicos comentada*. Rio de Janeiro: Forense, 2019, p. 948).

Assim, a *inscrição* é termo que ora é utilizado como sinônimo de registro em sentido amplo (não está limitado ao sentido estrito de assentamento registrário, e sim, genericamente como todo lançamento registral), ora utilizado em sentido estrito, ou para alguns, como uma espécie de ato que não mais existe, em razão do advento da Lei 6.015/1973. É que, explica Luiz Guilherme Loureiro, antes da Lei 6.015/1973, as hipotecas eram inscritas em livro próprio, ao passo que as transmissões de domínio e outros direitos reais eram objeto de transcrição. (Op. cit., p. 860)

Outrossim, como vimos, em razão do art. 168, a expressão *registro* engloba tanto a *inscrição* quanto a *transcrição*.

É também aceito e consagrado, como regra, a ideia de que o sistema da inscrição significa extrair dos títulos a serem registrados os dados relevantes e essenciais. Em raras circunstâncias, todavia, adota-se o sistema da transcrição, ou seja, o registro impõe o depósito integral de todos os documentos. Encontramos exemplos disso nos casos de loteamentos e incorporações de condomínio edilício, bem como quando o interessado, pautado pelo art. 178, VII, desta Lei, solicita a integral transcrição do título.

O *registro em sentido estrito* é o ato que constitui ou transfere direito real sobre bens imóveis.

Prevalece o entendimento de que o rol dos atos de registro é elencado de forma taxativa (art. 167, I), ou seja, somente pode ser registrado aquilo que a lei determina como sendo ato de registro. *Averbação* consiste no ato que não cria ou transfere direito real, porém, altera seu conteúdo. Embora não haja transferência de direito real, uma vez que, a propriedade é inalterada, é inegável que o torna diferente.

Na expressão de Afrânio de Carvalho a averbação "não subverte o assento original, tão somente o subentende". (*Registro de Imóveis*. Rio de Janeiro: Forense, 1976, p. 117).

O rol dos atos sujeitos a averbação é exemplificativo, ou seja, além daqueles elencados no art. 167, II, da Lei 6.015/1973, outras averbações poderão ocorrer, nos termos do art. 246 da aludida lei.

Por sua vez, a *matrícula* constitui o ato inaugural do fólio real, isto é, o documento físico onde são registrados todos os direitos reais imobiliários ou averbados atos de modificação desses direitos. Conforme a maioria da doutrina, tem natureza de registro em sentido estrito.

A matrícula constitui o ato inaugural do fólio real, isto é, o documento físico onde são registrados todos os direitos reais imobiliários ou averbados os atos de modificação desses direitos. Conforme a maioria da doutrina, possui natureza de registro em sentido estrito.

A matrícula foi a grande novidade trazida pela Lei dos Registros Públicos, substituindo o arcaico sistema das transcrições, que era falho e cheio de inconsistências. O sistema anterior tinha um alcance limitado, pois apenas as transmissões eram transcritas, enquanto compromissos e onerações dos imóveis não eram objeto de transcrição, sendo inscritos em outros livros.

Por fim, em relação à expressão "a que se referem as leis civis", contida no dispositivo em comento, Walter Ceneviva faz uma crítica: "a limitação a registros, *aos quais aludem as leis civis*, é incompatível com a realidade jurídica nacional. *Leis civis por oposição a leis militares? A leis penais? A leis comerciais?* Onde quer que haja referência à inscrição ou transcrição, o entendimento é de que corresponde ao *registro*. (Op. cit., p. 369).

2. QUESTÕES DE CONCURSOS

01. (IESES – Cartório – TJ – RS/2013) Segundo o art. 1.227 do Código Civil, "direitos reais sobre imóveis constituídos, ou transmitidos por atos entre vivos, só se adquirem com o registro no Cartório de Registro de Imóveis dos referidos títulos, salvo os casos expressos neste Código". Em vista disso, assinale a alternativa que contém a afirmação correta.

a) A cláusula de vigência pactuada em contrato de locação, uma vez registrada na forma do art. 167 da Lei 6.015/73, constitui direito real.

b) O Registro de Imóveis destina-se ao registro e averbação dos títulos ou atos ou fatos inter vivos ou mortis causa, constitutivos, translativos ou extintivos de direitos reais, a fim de assegurar-lhes validade, eficácia erga omnes e disponibilidade.

c) De acordo com o art. 167 da Lei 6.015/73, a compra e venda pura e simples deverá ser objeto de registro, pois transmite a propriedade e constitui direito real, mas a compra e venda condicional será objeto de mera averbação.

d) O Registro de Imóveis é o repositório oficial dos direitos reais sobre imóveis, de forma que todo o ato de registro corresponde a um direito real, reservando-se as averbações a eventuais alterações que tais direitos possam experimentar no decorrer do tempo.

02. (IESES – Cartório – Provimento – TJ – RO/2017) Assinale a alternativa correta:

a) Conforme expressa dicção empregada pela Lei n. 6.015/1973, devem ser registradas, em igualdade de condições, primeiramente as escrituras públicas nas quais os vendedores ou compradores possuam idade igual ou superior a 65 (sessenta e cinco) anos de idade, em obediência ao princípio da prioridade.

b) Conforme expressa dicção empregada pela Lei n. 6.015/1973, na designação genérica de registro, consideram-se englobadas a inscrição e a transcrição a que se referem as leis civis.
c) Pelo princípio da instância ou derrogação, os procedimentos de registros públicos iniciam-se, via de regra, a pedido do interessado, mas excepcionalmente pode o Registrador agir de ofício, sem provocação da parte o que ocorre, por exemplo, quando envolvido bem de menor de 16 anos de idade.
d) Prevalecerão, para efeito de prioridade de registro, quando apresentados no mesmo dia, os títulos prenotados no Protocolo sob número de ordem mais alto, protelando-se o registro dos apresentados posteriormente, pelo prazo correspondente a, pelo menos, cinco dias úteis.

03. (IESES – Titular de Serviços de Notas e de Registros – Remoção – TJ – SC – 2019) Sobre as atribuições do Registro de Imóveis nos termos da lei, podemos afirmar:

a) São as de registro e averbações dos títulos ou atos constitutivos, declaratórios, translativos e extintivos de direito, sobre imóveis reconhecidos em lei, quer para sua constituição, transferência e extinção, quer para sua validade em relação a terceiros, quer para a sua disponibilidade.
b) São as de registro e averbações dos títulos ou atos constitutivos, declaratórios, translativos e extintivos de direito, sobre moveis reconhecidos em lei, quer para sua constituição e transferência, quer para sua validade quando da venda.
c) A averbação de convenções antenupciais, desde que seja, ex officio decretadas pelo poder público.
d) Em nada difere das atribuições dos registradores cíveis das pessoas naturais.

GAB	1	B	2	B	3	A

Art. 169. Todos os atos enumerados no art. 167 desta Lei são obrigatórios e serão efetuados na serventia da situação do imóvel, observado o seguinte:

I – as averbações serão efetuadas na matrícula ou à margem do registro a que se referirem, ainda que o imóvel tenha passado a pertencer a outra circunscrição, observado o disposto no inciso I do § 1º e no § 18 do art. 176 desta Lei;

II – para o imóvel situado em duas ou mais circunscrições, serão abertas matrículas em ambas as serventias dos registros públicos; e

III – *(Inciso acrescido pela Lei nº 8.245, de 18/10/1991, e revogado pela Medida Provisória nº 1.085, de 27/12/2021, convertida na Lei nº 14.382, de 27/6/2022)*

IV – aberta matrícula na serventia da situação do imóvel, o oficial comunicará o fato à serventia de origem, para o encerramento, de ofício, da matrícula anterior.

§ 1º O registro do loteamento e do desmembramento que abranger imóvel localizado em mais de uma circunscrição imobiliária observará o disposto no inciso II do *caput* deste artigo, e as matrículas das unidades imobiliárias deverão ser abertas na serventia do registro de imóveis da circunscrição em que estiver situada a unidade imobiliária, procedendo-se às averbações remissivas.

§ 2º As informações relativas às alterações de denominação de logradouro e de numeração predial serão enviadas pelo Município à serventia do registro de imóveis da circunscrição onde estiver situado o imóvel, por meio do Serp, e as informações de alteração de numeração predial poderão ser arquivadas para uso oportuno e a pedido do interessado.

§ 3º Na hipótese prevista no inciso II do *caput* deste artigo, as matrículas serão abertas:

I – com remissões recíprocas;

II – com a prática dos atos de registro e de averbação apenas no registro de imóveis da circunscrição em que estiver situada a maior área, averbando-se, sem conteúdo financeiro, a circunstância na outra serventia; e

III – se a área for idêntica em ambas as circunscrições, adotar-se-á o mesmo procedimento e proceder-se-á aos registros e às averbações na serventia de escolha do interessado, averbada a circunstância na outra serventia, sem conteúdo financeiro.

1. COMENTÁRIOS

Inicialmente, cumpre reforçar que o sistema registral brasileiro adotou o **princípio da inscrição no sistema registral imobiliário**. Por tal princípio, entende-se que a transmissão de direito real por ato *inter vivos* somente se opera mediante o registro do título translativo no Registro de Imóveis.

Assim, a **constituição, transmissão, modificação ou extinção dos direitos reais sobre imóveis só se operam entre vivos**, mediante sua **inscrição no registro**. Nesse sentido, o art. 172 da Lei 6.015/1973:

> **Art. 172** – No Registro de Imóveis serão feitos, nos termos desta Lei, o registro e a averbação dos títulos ou atos constitutivos, declaratórios, translativos e extintos

de direitos reais sobre imóveis reconhecidos em lei, *"inter vivos"* ou *" mortis* causa" quer para sua constituição, transferência e extinção, quer para sua validade em relação a terceiros, quer para a sua disponibilidade.

O art. 1.227 do Código Civil também possui norma nessa direção, vejamos:

> **Art. 1.227**. Os direitos reais sobre imóveis constituídos, ou transmitidos por atos entre vivos, só se adquirem com o registro no Cartório de Registro de Imóveis dos referidos títulos (arts. 1.245 a 1.247), salvo os casos expressos neste Código.

O art. 169 em comento, alterado pela MP n. 1.085/2021, por sua vez, estabelece como **regra geral,** que todos os atos enumerados no art. 167 são **obrigatórios** e efetuar-se-ão no **Cartório da situação do imóvel**.

Em outras palavras, o registro deve ser feito no **ofício imobiliário da circunscrição territorial a que pertencer o imóvel**. Isso confirma o princípio da territorialidade, que permite a qualquer interessado conhecer a situação física e jurídica do imóvel. Basta saber a qual circunscrição o imóvel pertence para dirigir-se ao ofício imobiliário competente e solicitar uma certidão.

A circunscrição territorial é definida em lei e ao oficial registrador compete respeitar os limites da sua competência.

O art. 12 da Lei 8.935/1994 também faz alusão ao princípio da territorialidade, conforme segue:

> **Art. 12**. Aos oficiais de registro de imóveis, de títulos e documentos e civis das pessoas jurídicas, civis das pessoas naturais e de interdições e tutelas compete a prática dos atos relacionados na legislação pertinente aos registros públicos, de que são incumbidos, independentemente de prévia distribuição, mas sujeitos os oficiais de registro de imóveis e civis das pessoas naturais às normas que definirem as circunscrições geográficas.

Apesar do artigo falar em *obrigatoriedade*, a **falta do registro não provocará qualquer tipo de sanção,** ressalvados os casos de incorporação imobiliária (art. 32, Lei 4.591/1964) e do parcelamento do solo urbano (arts. 18 e 50 da Lei 6.766/1979). Nestes casos, a inscrição é obrigatória e se não cumprida, ocasionarão sanções, inclusive na esfera penal, nos termos das aludidas leis.

Em contrapartida, o art. 169 estabelece **exceção ao princípio da territorialidade** em alguns incisos e parágrafos. Nos ensinamentos de Carlos Elias e Flávio Tartuce, entretanto, há situações de conflitos de competência territorial entre mais de um RI. Para esses casos, a diretriz da LRP é conciliar, de um lado, a necessidade de concentrar os atos em apenas uma matrícula e, de outro lado, a observância da competência territorial das serventias registrais imobiliárias (Op. cit. p. 172).

O **inciso I** do dispositivo, traz o que pode-se considerar exceção ao princípio da territorialidade, ao estipular que as **averbações** serão efetuadas na **matrícula** ou à **margem do registro** a que se referirem, **ainda que o imóvel tenha passado a pertencer a outra circunscrição.**

Dessa forma, preleciona Alexandre Laizo Clápis que "caso o imóvel pertencente a dado cartório passe a pertencer a outro em razão de ato administrativo de redivisão ou de desmembramento de circunscrição, todo o imóvel passará a pertencer exclusivamente ao novo. A abertura da nova matrícula, entretanto, pode se dar pela inscrição de um direito real, a pedido do titular de domínio ou do interessado (credor) ou, ainda, pelo oficial em benefício da organização dos serviços da Serventia. Se, mesmo depois de o imóvel ter sido atribuído à nova circunscrição, a matrícula não for aberta, o inciso I determina que as averbações (inciso II do art. 167) devem ser feitas pelo registrador imobiliário em que o assento se encontre, ou seja, pelo registrador que perdeu a área desmembrada (Op. cit., p. 951).

Sobre o inciso I, Carlos Elias e Flávio Tartuce explicam que o primeiro conflito dá-se no caso de mudança de competência territorial de um RI. Imóveis que estavam sob a competência territorial de um RI passam a estar sob a alçada de um novo RI. Nessa hipótese, os atos de averbação – por conta de sua natureza acessória e por destinarem-se a alterar um registro anterior ou uma matrícula – terão de ser feitos na atual matrícula do imóvel, ainda que esta se encontre na serventia anteriormente competente. Atos de registro, porém, por conta de sua natureza primária – e pelo fato de, em regra, constituírem novas situações jurídico-reais –, podem ensejar a abertura de matrícula no RI da nova circunscrição territorial, com a consequente averbação de cancelamento da matrícula anterior (art. 169, I, da LRP). Essa averbação será feita, de ofício, pela serventia anterior, logo após receber do novo RI a comunicação acerca da abertura da matrícula. De fato, é dever do novo RI promover essa comunicação ao abrir a matrícula (art. 169, IV, da LRP). Imagine-se, para ilustrar, um imóvel com matrícula no RI do distrito "X", do qual conste um registro de hipoteca. Sobrevém lei mudando a circunscrição territorial desse imóvel para o RI do distrito "Y". Se surgir um título para averbação de cancelamento de uma hipoteca, não haverá a necessidade da abertura de matrícula no novo Ri e a averbação poderá ser praticada na matrícula do RI do distrito "X". Se, porém, sobrevier um título para o registro da venda do imóvel, é obrigatória a abertura de matrícula no novo RI, com o consequente encerramento da matrícula anterior. O novo RI abrirá a matrícula e, nela, praticará o ato de registro da compra e venda. Em seguida, comunicará o fato ao anterior RI, o qual, de ofício, deverá averbar, na matrícula antiga, o seu encerramento em razão da mudança da circunscrição territorial, deixando expressa a remissão à nova matrícula para facilitar a busca de interessados. Eventualmente, pode acontecer de, na antiga serventia, não haver matrícula para o imóvel. Pode ser que o imóvel ainda esteja sujeito ao regime das transcrições, vigente antes da LRP. A parte final do inc. I do art. 169 da LRP lida com essas hipóteses. Em situações como essas, será obrigatória a abertura de matrícula, visto que o inc. I do § 1.º do art. 176 da LRP proíbe a prática de atos de averbação à margem dessas transcrições. A única exceção é se a transcrição não contiver todos os requisitos para a abertura da matrícula, hipótese em que o § 18 do art. 176 da LRP ainda tolerará a prática da averbação à margem da antiga transcrição. O motivo dessa exceção é que o legislador não quis impor uma burocracia que, por vezes, é de difícil cumprimento aos particulares como condição para a prática de um ato de natureza acessória, qual seja a necessidade de averbação.

O **inciso II** estabelece que para o imóvel situado em **duas ou mais circunscrições**, serão abertas matrículas em **ambas** as serventias dos registros públicos. Nas palavras de Afrânio de Carvalho: "Apesar de múltiplo, cada um desses registros em diferentes cartórios deve descrever o imóvel em sua totalidade, com as confrontações completas, embora declare a parte situada em área sob a jurisdição de outro cartório. Como adverte Cunha Gonçalves, não há nenhum preceito legal que autorize o registrador, ou a parte, a fracionar um imóvel para dele fazer duas descrições parciais, o que poderá fazer supor que se trate de dois imóveis, ou que ele já está dividido". (Op. cit., p. 456).

O inciso II deve ser lido em conjunto com o § 3º do art. 169. Desse modo, as matrículas serão abertas: a) com remissões recíprocas; b) com a prática dos atos de registro e de averbação apenas no registro de imóveis da circunscrição em que estiver situada a maior área, averbando-se, sem conteúdo financeiro, a circunstância na outra serventia; e c) se a área for idêntica em ambas as circunscrições, adotar-se-á o mesmo procedimento e proceder-se-á aos registros e às averbações na serventia de escolha do interessado, averbada a circunstância na outra serventia, sem conteúdo financeiro.

Para ilustrar, uma vez mais, Carlos Elias e Flávio Tartuce:

> "Imagine-se a situação de um imóvel cuja área ocupe áreas do RI do distrito "X" e do RI do distrito "Y" Para esses casos, deverá ser aberta mais de uma matrícula para o mesmo imóvel, uma delas para o RI concorrentemente competente. No exemplo citado, cada um dos dois RIs abrirá uma matrícula para o mesmo imóvel, o que representará uma exceção ao princípio da unitariedade matricial (art. 169, II, da LRP). Essas matrículas deverão conter remissões recíprocas, a fim de permitir que terceiros tenham ciência dessa duplicidade matricular (art. 169, § 3.º, I, da LRP).
>
> Essa multiplicidade de matrículas para o mesmo imóvel, porém, não implicará a repetição pura e simples dos atos de registro ou a averbação que serão praticados. Uma das matrículas deverá ser considerada a principal para recepcionar esses atos de registro e de averbação. As demais matrículas serão consideradas acessórias e, nessa condição, receberão apenas um "espelhamento" dos atos praticados na matrícula principal. Esse "espelhamento" ocorrerá por meio de atos de averbação, que noticiarão cada um dos atos que vierem a ser praticados na matrícula principal. Esses atos de averbação serão considerados "sem conteúdo financeiro", o que significa que o valor dos emolumentos será aquele mais módico que consta das tabelas locais de emolumentos (art. 169, § 3.º, II, da LRP).
>
> Entendemos que é conveniente que conste em cada matrícula se ela será a principal ou se ela é acessória, conforme exporemos a seguir. Essa informação deveria ser lançada em cada matrícula por meio de ato de averbação, sem conteúdo financeiro, o que se fundamenta no próprio art. 169, § 3.º, I e III (parte final), da LRP.
>
> A questão é definir qual será a matrícula principal. Entendemos que a regra é que a matrícula principal será a do RI em cuja circunscrição estiver a maior área do imóvel (art. 169, § 3.º, II, da LRP). Imagine-se que, no exemplo anterior, 80% da área do imóvel esteja na circunscrição do RI do distrito "X". A matrícula principal será aquela aberta nesse RI e a matrícula acessória, aquela aberta no RI do distrito "Y"
>
> Se, porém, houver "empate", com áreas iguais do imóvel em todas as circunscrições, o interessado escolherá. Essa escolha deverá constar na matrícula principal e nas matrículas acessórias por meio de ato de averbação (art. 169, § 3.º, III, da LRP)".

Passemos à analise do § 1º do art. 169, que estabelece que o **registro do loteamento e do desmembramento** que abranger imóvel localizado em mais de uma circunscrição imobiliária observará o disposto no inciso II do *caput* deste artigo, e as matrículas das unidades imobiliárias deverão ser abertas na serventia do registro de imóveis da circunscrição em que estiver situada a unidade imobiliária, procedendo-se às averbações remissivas.

Carlos Elias e Flávio Tartuce apresentam exemplos práticos:

> Se um imóvel ocupar mais de uma circunscrição territorial registral, deverá haver, em cada RI, uma matrícula, uma das quais será a principal e as demais, acessórias (art. 169, II, da LRP). Essa regra será observada, inclusive, quando sobrevier um parcelamento do solo – por desmembramento ou loteamento –, com a diferença de que cada "imóvel filhote" resultante terá uma matrícula própria, a ser aberta no RI competente territorialmente. Tudo isso com as devidas remissões destinadas a permitir a terceiros pesquisar a cadeia filiatória da matrícula da unidade imobiliária resultante do parcelamento do solo (art. 169, § 1º, da LRP).
>
> Suponha-se um imóvel que ocupe áreas do RI do distrito "X" e do RI o distrito "Y". A matrícula principal está no RI do distrito "X" e a matrícula acessória no outro. Imagine-se, ainda, que haja o registro de um loteamento criando 50 lotes. O registro do loteamento será feito na matrícula principal, do que será dado notícia, por averbação sem conteúdo financeiro, na matrícula acessória. Com o registro do loteamento, serão abertas 50 matrículas, uma para cada lote. Admita-se, ainda, que 40 matrículas digam respeito a imóveis situados na circunscrição do distrito

"X". Logo, essas 40 matrículas deverão ser abertas perante o RI desse distrito. As demais matrículas serão abertas no RI do distrito "Y", por serem relativas a imóveis sob sua circunscrição. Se, por acaso, algum lote ocupar área de ambas as circunscrições registrais, aplica-se a regra do inc. II do art. 169 da LRP.

Em continuidade de estudo, são necessárias as devidas remissões nas matrículas. Na matrícula-mãe – em que foi feito o registro do loteamento –, a remissão deverá estar no próprio ato de registro do loteamento, que é a fonte da criação das matrículas-filhotes, as de cada lote. Nas matrículas-filhotes – as de cada lote –, indaga-se: como deverá ser feita essa remissão? A resposta depende se o parcelamento recaiu ou não sobre imóvel sujeito a mais de uma circunscrição territorial. Se sim – tal qual tratamos nos exemplos anteriores –, haverá necessidade de dois atos remissivos a serem praticados concomitantemente.

O primeiro ato se dá no próprio ato de abertura da matrícula-filhote. Deverá o registrador aludir expressamente à matrícula-mãe principal e às matrículas-mães acessórias no campo relativo ao "registro anterior" (art. 176, § 1º, II, item "5", da LRP). Não nos parece adequado remeter-se apenas à matrícula-mãe principal, por conta do risco de causar confusão em terceiros.

O segundo ato remissivo é o lançamento de uma averbação na matrícula-filhote, noticiando que a matrícula-mãe dizia respeito a um imóvel que ocupava mais de uma circunscrição territorial registral e, assim, era dividida em matrícula-mãe principal e matrículas-mães acessórias. A ideia é a de que, com a leitura dessa averbação remissiva, o terceiro entenda a cadeia filiatória da matrícula e a particularidade de a sua origem envolver mais de uma matrícula.

Se, porém, o parcelamento recair sobre um imóvel que ocupava apenas uma circunscrição territorial, não haverá matrículas-mães principais e acessórias. Só existirá uma única matrícula-mãe. Nessa hipótese, não será necessária a "averbação remissiva" nas matrículas-filhotes, as das unidades imobiliárias resultantes do parcelamento. Bastará a notícia da matrícula-mãe no ato de abertura da matrícula, especificamente no campo do "registro anterior" (art. 176, § 1.º, II, item "5", da IRP).

Pode surgir dúvida sobre a existência de conflito entre o art. 21 da Lei nº 6.766/1979 e o art. 169, § 1º, da LRP. Para responder à questão, permito-me a transcrição dos artigos:

Art. 21, LPS. Quando a área loteada estiver situada em mais de uma circunscrição imobiliária, o registro será requerido primeiramente perante aquela em que estiver localizada a maior parte da área loteada. Procedido o registro nessa circunscrição, o interessado requererá, sucessivamente, o registro do loteamento em cada uma das demais, comprovando perante cada qual o registro efetuado na anterior, até que o loteamento seja registrado em todas. Denegado registro em qualquer das circunscrições, essa decisão será comunicada, pelo Oficial do Registro de Imóveis, às demais para efeito de cancelamento dos registros feitos, salvo se ocorrer a hipótese prevista no § 4º deste artigo.

Art. 169, § 1º, LRP. O registro do loteamento e do desmembramento que abranger imóvel localizado em mais de uma circunscrição imobiliária observará o disposto no inciso II do *caput* deste artigo, e as matrículas das unidades imobiliárias deverão ser abertas na serventia do registro de imóveis da circunscrição em que estiver situada a unidade imobiliária, procedendo-se às averbações remissivas.

Os dispositivos não são inteiramente conflitantes. Trata-se de um conflito parcial, na medida em que o art. 21 da Lei nº 6.766/1979 foi elaborado com base na ideia de que a competência territorial era a competência anteriormente existente, ou seja, antes da Lei nº 14.382/2022.

Ocorre que o art. 21 vai além, pois ele não dispõe apenas sobre a **competência**. Este dispositivo também trata do **procedimento** para o registro envolvendo loteamento. Sob essa ótica, de certa forma, o art. 21 esforça-se para facilitar a vida do empreendedor. A título de exemplo, se o imóvel estiver em quatro circunscrições, o loteador deve recorrer ao Ofício de Registro que abrange a maior parte territorial. Na prática, isso corresponde à matrícula principal e, por isso, parece-me que haveria certa compatibilidade no âmbito do procedimento.

Em outras palavras, o art. 21 da Lei nº 6.766/1979 não é totalmente conflitante com o art. 169, § 1º, da LRP, não ocorrendo aqui uma total revogação do dispositivo da Lei do Parcelamento do Solo Urbano. Na verdade, é correto dizer que o procedimento estabelecido por ele continua em vigor, ou seja, o loteador pode fazer o requerimento apenas no Registro Imobiliário onde há a maior parte da matrícula, que na prática é a matrícula principal, e promover o registro. Após isso, os demais Registros de Imóveis seriam submetidos ao procedimento previsto nos demais parágrafos.

Todavia, é de se concordar que a redação do art. 169, § 1º, da LRP é confusa, mas a real preocupação do legislador era quanto às matrículas-filhas. Entende-se que o intuito foi aclarar o óbvio: cada matrícula-filha será aberta na matrícula do respectivo Registro de Imóveis competente. Note-se que a questão em si ocorre quando se supõe o efeito pulverizador do registro do loteamento (efeito que gera vários imóveis e várias matrículas-filhas) – cada matrícula-filha no seu devido lugar. Esta é a essência do artigo introduzido pela Lei do SERP. Desse modo, não existe um conflito total com o art. 21 da LPS, porque este dispositivo está mais direcionado ao procedimento que deve ser adotado pelo loteador para poder fazer o registro.

Depreende-se que a essência dos dispositivos é diferente e, sob essa ótica, não existem totais conflitos.

Outra dúvida que pode surgir é em relação à aplicação da regra do art. 21, § 1º, da LPS, que prescreve: "Nenhum lote poderá situar-se em mais de uma circunscrição."

É sabido que a circunscrição é uma divisão fictícia de natureza administrativa. Apesar de ilusória, consta na lei. Aqui poderiam surgir argumentos sobre a incompatibilidade ou revogação do parágrafo 1º do art. 21. É que, pela norma do art. 169, 1º, da LRP as matrículas-filhas podem ser abertas na circunscrição de cada imóvel e o dispositivo ainda prescreve que se aplica o disposto no inciso II do art. 169. Por sua vez, o inciso II complementa com o § 3º que dispõe que deverá ocorrer uma matrícula principal e uma matricula acessória.

Em síntese, não existe um conflito *prima facie* do art. 21 da LPS com o art. 169, § 1º, da LRP, uma vez que os objetivos dos dispositivos são diferentes – o primeiro trata do procedimento a ser adotado pelo loteador, enquanto o segundo dispõe sobre a competência territorial e técnica registral.

Todavia, no que tange ao § 1º do art. 21 da Lei n. 6.766/1979, é possível defender sua eventual revogação, argumentando que diante da nova lei, agora é viável ter um lote em mais de uma circunscrição.

O **inciso III** foi revogado pela Lei n. 14.382/2022 e dizia respeito à **competência territorial** do registro e da averbação do **contrato de locação.** A Lei 14.382/2022 **transportou** o inciso III do art. 169 da LRP para o parágrafo único do art. 167 do mesmo diploma. Em outras palavras, manteve-se o Registro de Imóveis do **local do imóvel como o competente** para tais atos, nestes termos:

> **Antiga redação do art. 169, LRP.** Todos os atos enumerados no art. 167 são obrigatórios e efetuar-se-ão no Cartório da situação do imóvel, salvo:
>
> [...]
>
> III – o registro previsto no nº 3 do inciso I do art. 167, e a averbação prevista no nº 16 do inciso II do art. 167 serão efetuados no cartório onde o imóvel esteja matriculado mediante apresentação de qualquer das vias do contrato, assinado pelas partes e subscrito por duas testemunhas, bastando a coincidência entre o nome de um dos proprietários e o locador.
>
> **Atual redação do art. 167, parágrafo único, LRP.** O registro previsto no item 3 do inciso I do *caput* e a averbação prevista no item 16 do inciso II do *caput* deste artigo serão efetuados no registro de imóveis da circunscrição onde o imóvel estiver matriculado, mediante apresentação de uma via do contrato assinado pelas partes, admitida a forma eletrônica e bastando a coincidência entre o nome de um dos proprietários e o do locador.

Sobre o **registro** dos contratos de locação de prédios, nos quais tenha sido consignada cláusula de vigência no caso de alienação da coisa locada, e sobre a **averbação** de tal contrato para os fins de exercício de direito de preferência, estes já foram objeto de análise nos comentários aos arts. 167, I, 3 e 167, II, 16 desta lei, respectivamente.

O **inciso IV** estabelece que, aberta matrícula na serventia da situação do imóvel, o oficial deverá comunicar o fato à serventia de origem para o encerramento da matrícula anterior. Trata-se de ato de **ofício** e dever do registrador.

O **§ 2º do art. 169** traz a regra da comunicação de mudanças de nomes e dados do endereço do imóvel, nestes termos: *"As informações relativas às alterações de denominação de logradouro e de numeração predial serão enviadas pelo Município à serventia do registro de imóveis da circunscrição onde estiver situado o imóvel, por meio do Serp, e as informações de alteração de numeração predial poderão ser arquivadas para uso oportuno e a pedido do interessado"*.

Carlos Elias e Flávio Tartuce discorrem que:

> "O § 2º do art. 169 da LRP exige que os municípios comuniquem eletronicamente os RI por meio do SERP sempre que houver mudança do nome de logradouros ou de numeração predial, o que é uma medida extremamente saudável por facilitar a atualização do endereço dos imóveis nas matrículas dos imóveis. O aludido preceito ainda autoriza o RI a arquivar a informação "para uso oportuno e a pedido do interessado".

O referido dispositivo, porém, enseja uma discussão relativa à obrigatoriedade ou não de o RI ter de promover essas averbações de ofício. Passamos a expor o problema. Em razão do princípio da especialidade objetiva, a matrícula deverá conter os dados atualizados de localização do imóvel, como o logradouro e a numeração predial. Havendo mudança nessas informações – v.g., a rua mudou de nome por conta de nova norma municipal –, é forçosa a averbação dos novos dados na matrícula para ciência de terceiros.

No caso de mudança do nome do logradouro, o art. 167, II, "13", da LRP prevê o dever de essa averbação ser feita de ofício pelo RI.

Por outro lado, no caso de mudança da numeração predial, a LRP não é específica, pelo que o fundamento da sua averbação será o permissivo geral do art. 246 da LRP. Esse fato enseja discussões jurídicas acerca da existência ou não do dever de o registrador averbar, de ofício, a mudança da numeração predial. Preferimos conferir interpretação extensiva ao item 13 do inc. II do art. 167 da LRP para alcançar qualquer mudança de características da identificação do imóvel, seja o logradouro, seja a numeração predial.

Suponha-se, por exemplo, um imóvel situado na Rua Nascimento Silva n. 107, Ipanema, Rio de Janeiro, Capital – o famoso endereço do genial Tom Jobim. Se sobrevier norma carioca rebatizando a rua ou logradouro para "Rua Tom Jobim", ou mudando a numeração predial para 110, o RI deverá, de ofício, averbar o novo endereço: Rua Tom Jobim n. 110, Ipanema, Rio de Janeiro/RJ.

Na prática, porém, nem sempre os RIs conseguem operacionalmente identificar todas as matrículas atingidas pela mudança do logradouro ou da numeração predial. Imagine-se, por exemplo, o caso de uma serventia com cem mil matrículas. Por esse motivo, é comum que muitos RIs deixem para averbar a alteração do endereço posteriormente, seja quando sobrevier algum título a registro *lato sensu* na matrícula, seja quando houver conveniência de serviços.

Esse arquivamento da informação para uso em momento oportuno ou a pedido do interessado está expressamente autorizado pela parte final do § 2° do art. 169 da LRP. Existem também normas de serviço locais no mesmo sentido, a exemplo do item 125.1 do Capítulo XX das NSCGJ/SP. Nesse ponto, entendemos necessário conferir interpretação extensiva nessa parte final, no sentido de que a referência à viabilidade de arquivamento da numeração predial para uso oportuno deve alcançar também mudanças do logra-douro. Nesse contexto, pensamos que a redação legislativa não foi adequada.

Por fim, a cobrança ou não de emolumentos pelo ato de averbação do novo endereço dependerá da lei local de emolumentos. A praxe é inexistir tal cobrança para esses atos de averbação de atualização do endereço por conta de mudança superveniente do logradouro ou da numeração predial.

Em São Paulo, por exemplo, o item 125.2 do Capítulo XX das NSCGJ/SP é expresso em proibir a cobrança de emolumentos (Op. cit. 176).

2. JURISPRUDÊNCIA COMPLEMENTAR

⊙ TRIBUNAL DE JUSTIÇA DO RIO GRANDE DO SUL

EMENTA: APELAÇÃO CÍVEL. SUSCITAÇÃO DE DÚVIDA. AVERBAÇÃO DE CONTRATO DE LOCAÇÃO. DIREITO DE PREFERÊNCIA (PROCESSO Nº 70049139470). A averbação do contrato de locação, para fins de exercício ao direito de preferência por parte do locatário, junto ao registro de imóveis requer os requisitos legais previstos na Lei 6.015/73 e Lei 8.245/91. A Lei de Registros Públicos em seu Art. 169, II prevê a coincidência entre o nome de um dos proprietários e do locador, fazendo referência ao disposto no Art. 167, II, 16 da Lei 6.015/73. O contrato de locação não atende o requisito legal, pois não há coincidência entre locador e proprietário registral. SENTENÇA MANTIDA. NEGARAM PROVIMENTO. UNÂNIME.

3. QUESTÕES DE CONCURSOS

01. (TJ/AM – 2023 – TJ/AM - Titular de Notas e Serviços de Registros). De acordo com a Lei nº 6.015/1973, quando um imóvel for situado em duas ou mais circunscrições, será aberta a matrícula:

a) Em quaisquer das circunscrições que estiver localizado o imóvel, a critério do proprietário do imóvel.

b) Obrigatoriamente na circunscrição em que estiver localizada a maior parte do imóvel e facultativamente nas demais circunscrições.

c) Apenas na circunscrição em que estiver localizada a maior parte do imóvel.

d) Obrigatoriamente em ambas as serventias dos registros públicos.

02. (IESES – Cartório – Provimento – TJ – CE/2018) A respeito do registro de loteamento, assinale a alternativa correta:

a) É defeso ao interessado processar simultaneamente, perante diferentes circunscrições s, pedidos de registro do mesmo loteamento, sendo nulos os atos praticados com infração a esta norma.

b) Examinada a documentação e encontrada em ordem, o Oficial do Registro de Imóveis encaminhará comunicação à Prefeitura e fará publicar, em resumo e com pequeno desenho de localização da área, edital do pedido de registro em 2 (dois) dias consecutivos, podendo este ser impugnado prazo de 15 (quinze) dias contados da data da última publicação.

c) O processamento de loteamento e os contratos de depositados em Cartório poderão ser examinados por qualquer pessoa, a qualquer tempo, mediante pagamento a título de busca.

d) A existência de protestos, de ações pessoais, de ações penais e as referentes a crime contra o patrimônio e contra a administração, não impedirão o registro do loteamento se o requerente comprovar que esses protestos ou ações não poderão prejudicar os adquirentes dos lotes. Se o Oficial do Registro de Imóveis julgar insuficiente a comprovação feita, suscitará a dúvida perante o juiz competente.

03. (Cespe – Notário-DFT/2003) Acerca da Lei de Registros Públicos (LRP Lei nº 6.015/1973), julgue os itens subsequentes.

– Se um indivíduo praticar ato relativo a imóvel cujo território abranja mais de uma comarca, o ato deverá ser levado ao registro imobiliário de ambas as comarcas, circunstância que deverá ser mencionada no registro de cada uma delas.

GAB	1	D	2	A	3	CERTO

Art. 170. O desmembramento territorial posterior ao registro não exige sua repetição no novo cartório.

1. COMENTÁRIOS

No que tange à criação, desdobramento, desmembramento, organização territorial e extinção dos ofícios notariais e de registro, o Supremo Tribunal Federal continua entendendo que compete, privativamente, aos respectivos **Tribunais de Justiça**, a propositura de **projetos de lei** sobre essas matérias, ficando **vedado ato administrativo** emanado do Tribunal de Justiça. Baseia-se a Suprema Corte nos dispositivos do art. 96, incs. I, alínea "b", e II, alíneas "b" e "d", demonstrando que os serviços notariais e de registro continuam sendo considerados serviços reguláveis em leis de organização do Poder Judiciário.

Assim, a criação, extinção e modificação de ofícios extrajudiciais, bem como a criação de novos ofícios a partir da modificação de critérios de divisão territorial, devem observar o **princípio da reserva legal.**

Para uma melhor compreensão do tema, apresento os seguintes conceitos:

a) **Criação:** é a constituição de uma nova serventia extrajudicial, notarial ou registral, em virtude da instituição de novo município ou comarca, de desmembramento da circunscrição ou de desdobramento da competência de serventia existente;

b) **Desmembramento:** resulta de nova divisão territorial da circunscrição sobre um município ou distrito, para que no mesmo espaço territorial passem a funcionar duas ou mais serventias registrais;

c) **Desdobramento:** consiste no aumento do número de serventias com competência sobre um mesmo tipo de serviço não vinculado à circunscrição territorial específica, de natureza notarial, para incentivar a competitividade, descentralizar os locais de execução das atividades extrajudiciais e ampliar as opções de atendimento ao público, observada a viabilidade econômica de cada serventia;

d) **Anexação/Acumulação:** compreende a fusão de uma serventia vaga com outra existente, ainda que de atribuições distintas, de natureza notarial ou registral, quando se demonstre economicamente inviável a existência de serventias separadas, especialmente, em cartórios situados em municípios do interior e distritos que não possuam volume de serviços e receita suficientes para a manutenção da serventia;

e) **Desacumulação/Desanexação:** ocorre em virtude de nova distribuição de funções notariais ou de registro, entre delegatários situados em uma mesma circunscrição territorial, sempre que as funções exercidas por uma serventia venham a ser atribuídas a outro cartório já existente e localizado no mesmo município;

f) **Extinção:** é o desaparecimento de uma serventia considerada inviável economicamente, cujas funções serão anexadas à de outro cartório.

Quando houver a criação **por lei** de nova serventia registral, podem ocorrer duas situações:

a) Enquanto não for instalado, os registros continuarão a ser feitos no cartório antigo, vale dizer, aquele que sofreu desmembramento.

b) Quando for instalado, não será imprescindível repetir os atos na nova serventia, sendo que o arquivo da antiga Serventia continuará a pertencer-lhe.

Os dados serão transportados à nova Serventia por meio da apresentação, pelo usuário, de certidões atualizadas da serventia anterior. Tais certidões devem ser expedidas em data não superior a 30 dias.

Afrânio de Carvalho faz uma crítica ao art. 170, salientando que essa cisão do registro do imóvel, em virtude da qual alguns atos, as promessas de venda de lotes, de cessão, de rescisão, continuam a ser praticados no cartório antigo, ao passo que outros, as escrituras definitivas e gravames, passam a sê-lo no cartório novo, enseja visivelmente a maquinação de mais de um abuso. (Op. cit., p. 424).

Importante ressaltar que no capítulo da parte geral desta Lei, o art. 27 possui regra no seguinte sentido:

> **Art. 27.** Quando a lei criar novo cartório, e enquanto este não for instalado, os registros continuarão a ser feitos no cartório que sofreu o desmembramento, não sendo necessário repeti-los no novo ofício.
>
> Parágrafo único. O arquivo do antigo cartório continuará a pertencer-lhe.

Sobre a matrícula, convém transcrever o art. 229 desta lei, em virtude da relação com o dispositivo em comento:

> Art. 229. Se o registro anterior foi efetuado em outra circunscrição, a matrícula será aberta com os elementos constantes do título apresentado e da certidão atualizada daquele registro, a qual ficará arquivada em cartório.

2. JURISPRUDÊNCIA COMPLEMENTAR

⊙ TRIBUNAL DE JUSTIÇA DO DISTRITO FEDERAL

▸ **EMENTA:** REIVINDICATÓRIA. IMÓVEL, COMARCA DESMEMBRADA. DESNECESSIDADE DE NOVO REGISTRO. TÍTULOS DOMINIAIS. PRIORIDADE DE TRANSCRIÇÃO. PERDAS E DANOS. POSSE DE BOA-FÉ. DESCABIMENTO. INDENIZAÇÃO POR BENFEITORIAS. FALTA DE PEDIDO. SENTENÇA ULTRA PETITA.

1. Não há necessidade de repetição do registro do imóvel que se encontra situado na comarca desmembrada (art. 170 da Lei nº 6.015, de 31.12.73).

2. Apresentando-se ambos os demandantes como proprietários, com títulos dominais devidamente registrados e não havendo vícios a inquinar qualquer deles, é de se conferir o domínio aquele que registrou em primeiro lugar, não havendo necessidade de anular-se através de ação própria o registrado posteriormente.

3. Descabe perdas e danos na ação reivindicatória se a posse dos réus era de boa-fé. 4. Não deve a sentença reconhecer o direito a indenização por benfeitoria se nenhuma alegação neste sentido foi deduzida pela parte. Precedentes da casa. (TJDFT – APC 3192294, Relator PAULO EVANDRO, 2ª Turma Cível, julgado em 13/11/1995, DJ 28/02/1996 p. 2.350).

3. QUESTÕES DE CONCURSOS

01. (CETRO – Notário-RJ/2012) Sobre o registro de imóveis, analise as assertivas abaixo.

I. Nos termos legais, "registro" é uma designação genérica que engloba a inscrição e a transcrição a que se referem as leis civis.

II. O desmembramento territorial posterior ao registro exige sua repetição no novo cartório.

III. Os atos relativos às vias férreas serão registrados no cartório correspondente à estação final da respectiva linha.

É correto o que se afirma em

a) I, apenas.
b) II, apenas.
c) III, apenas.
d) II e III, apenas

02. (IESES – Notário-MA/2008) Em relação ao Registro de imóveis, estabelece a Lei nº 6.015/73:

I. O desmembramento territorial posterior ao registro exige sua repetição no novo cartório.

II. No Registro de Imóveis serão feitos, nos termos desta Lei, o registro e a averbação dos títulos ou atos constitutivos, declaratórios, translativos e extintos de direitos reais sobre imóveis reconhecidos em lei, "inter vivos" ou " mortis causa" quer para sua constituição, transferência e extinção, quer para sua validade em relação a terceiros, quer para a sua disponibilidade.

III. Em caso de permuta, e pertencendo os imóveis à mesma circunscrição, serão feitos os registros nas matrículas correspondentes, sob um único número de ordem no Protocolo.

IV. Se o imóvel não estiver matriculado ou registrado em nome do outorgante, o oficial exigirá a prévia matrícula, não necessitando do registro do título anterior, qualquer que seja a sua natureza, para manter a continuidade da matrícula.

a) As alternativas II e IV estão corretas.
b) As alternativas II e III estão corretas.
c) As alternativas I e IV estão corretas.
d) As alternativas I e IIII estão corretas.

GAB	1	A	2	B

Art. 171. Os atos relativos a vias férreas serão registrados na circunscrição imobiliária onde se situe o imóvel.

Parágrafo único. A requerimento do interessado, o oficial do cartório do registro de imóveis da circunscrição a que se refere o *caput* deste artigo abrirá a matrícula da área correspondente, com base em planta, memorial descritivo e certidão atualizada da matrícula ou da transcrição do imóvel, caso exista, podendo a apuração do remanescente ocorrer em momento posterior.

1. COMENTÁRIOS

A circunscrição territorial é definida por lei e o oficial registrador deve respeitar os limites de sua competência. O princípio da territorialidade está estabelecido no art. 169 desta Lei, que também apresenta algumas exceções. Além disso, o art. 12 da Lei 8.935/1994 também faz referência ao princípio da territorialidade. Vejamos:

> **Art. 12.** Aos oficiais de registro de imóveis, de títulos e documentos e civis das pessoas jurídicas, civis das pessoas naturais e de interdições e tutelas compete a prática dos atos relacionados na legislação pertinente aos registros públicos, de que são incumbidos, independentemente de prévia distribuição, mas sujeitos os oficiais de registro de imóveis e civis das pessoas naturais às normas que definirem as circunscrições geográficas.

O art. 171 apresentava uma das exceções à regra geral da competência territorial, determinando que os atos relativos a vias férreas fossem registrados no cartório correspondente à estação inicial da respectiva linha. Neste caso, o legislador visava manter a unitariedade da linha, estabelecendo um único local para o registro de toda a sua extensão.

Ressalte-se que, no caso dos atos relativos às rodovias, os registros sempre eram realizados no cartório da circunscrição do imóvel correspondente.

Todavia, a recente Lei n. 13.465/2017 alterou a redação do art. 171. Assim, o dispositivo em questão não constitui mais uma exceção ao princípio da territorialidade. A mencionada lei trouxe a **pulverização do registro das linhas férreas** para cada uma das serventias de registros de imóveis sobre o trecho do tapete de trilhos inserido na sua circunscrição territorial. Em outras palavras, os atos relativos a vias férreas devem ser registrados na circunscrição imobiliária onde os bens estão situados, sendo necessário registrar cada trecho no Ofício imobiliário competente.

Atente-se que essa mudança legislativa deve ser considerada ao responder as questões abaixo, que ocorreram antes da Lei 13.465/2017. Mesmo assim, achei importante trazê-las, pois têm boa incidência em provas.

2. QUESTÃO DE CONCURSO

01. (CETRO – Notário-RJ/2012) Sobre o registro de imóveis, analise as assertivas abaixo.

I. Nos termos legais, "registro" é uma designação genérica que engloba a inscrição e a transcrição a que se referem as leis civis.

II. O desmembramento territorial posterior ao registro exige sua repetição no novo cartório.

III. Os atos relativos às vias férreas serão registrados no cartório correspondente à estação final da respectiva linha.

É correto o que se afirma em

a) I, apenas.
b) II, apenas.
c) III, apenas.
d) II e III, apenas

GAB	1	A

CAPÍTULO II – DA ESCRITURAÇÃO

1. COMENTÁRIOS

A escrituração no registro imobiliário é regulamentada pelos arts. 172 ao 181, bem como pelos arts. 37 e seguintes da Lei 11.977/2009, pelo Provimento 89/2019 e 149/2023 do CNJ, que trazem diretrizes para o registro eletrônico de imóveis.

Entende-se por **registro eletrônico** a escrituração realizada exclusivamente por meio de sistema informatizado de base de dados, observados os requisitos do sistema de registro eletrônico, conforme o disposto na Lei nº 11.977/2009, sem a impressão dos atos em fichas ou em livros físicos.

Por sua vez, a **escrituração eletrônica** é aquela realizada por meio de sistema informatizado de base de dados, com impressão dos atos em fichas ou em livros físicos, ao passo que a **escrituração mecânica** é aquela realizada sem o uso de sistema informatizado de base de dados, ainda que utilizados editores de texto em computador.

Importante atentar que, nas Normas do Serviço Extrajudicial da Corregedoria-Geral de Justiça do Estado de São Paulo, a escrituração eletrônica é definida como a escrituração dos atos registrais em mídia totalmente eletrônica. No entanto, até a implantação plena do sistema de registro eletrônico, o referido Código enfatiza que a escrituração em meio eletrônico, sem impressão em papel, é restrita aos indicadores reais e pessoais, ao controle de títulos contraditórios, às certidões e informações registrais e ao cadastro de aquisições de imóveis rurais por estrangeiros, mantendo os demais livros na forma e modelos previstos na Lei nº 6.015/1973.

Sobre a escrituração, remeto o leitor aos comentários aos arts. 3º a 7º desta Lei, especificamente ao tópico "Registro Eletrônico," como forma de complementação dos estudos.

Art. 172. No Registro de Imóveis serão feitos, nos termos desta Lei, o registro e a averbação dos títulos ou atos constitutivos, declaratórios, translativos e extintos de direitos reais sobre imóveis reconhecidos em lei, " intervivos" ou " mortis causa" quer para sua constituição, transferência e extinção, quer para sua validade em relação a terceiros, quer para a sua disponibilidade.

1. COMENTÁRIOS

O Registro de Imóveis consiste no cadastro da propriedade imobiliária, demonstrando seu estado atual. Por meio dele, realizam-se todas as mudanças, alterações e extinções dos direitos referentes ao imóvel. É o repositório de todas as informações sobre a propriedade imobiliária, caracterizado pela publicidade, autenticidade, segurança e eficácia jurídica.

Quanto às **formas de aquisição** da propriedade imóvel, destacam-se a usucapião, a acessão, o registro do título e os direitos hereditários.

> O artigo 1.227 do Código Civil é um dos pilares jurídicos do Registro de Imóveis e sua redação é a seguinte: "os direitos reais sobre imóveis constituídos, ou transmitidos por atos entre vivos, só se adquirem com o registro no Cartório de Registro de Imóveis dos referidos títulos (arts. 1.245 a 1.247), salvo os casos expressos neste Código."

Note-se que o referido artigo diferencia o modo de aquisição de bens imóveis do modo de aquisição de bens móveis, que ocorre pela simples tradição, ou seja, pela entrega do bem.

No caso dos bens imóveis, a aquisição só ocorre após o registro. O Código Civil arrola, no art. 1.225, os direitos reais, quais sejam, a propriedade, a superfície, as servidões, o usufruto, o uso, a habitação, o direito do promitente comprador do imóvel, o penhor, a hipoteca, a anticrese, a concessão de uso especial para fins de moradia, a concessão de direito real de uso,a laje, incluída recentemente pela Lei nº 13.465, de 2017 e os direitos oriundos da imissão provisória na posse, quando concedida à União, aos Estados, ao Distrito Federal, aos Municípios ou às suas entidades delegadas e a respectiva cessão e promessa de cessão. Estes últimos acrescidos pela Lei n. 14.620/2023.

Prevalece o entendimento de que este rol não é taxativo, não exaurindo a existência de outros direitos, desde que positivados, como, por exemplo, a alienação fiduciária.

Nos atos *inter vivos*, a constituição, transferência, modificação ou extinção da propriedade, ou outro direito real relativo a imóvel, apenas se constitui com o registro do título respectivo. Trata-se do princípio da inscrição, positivado no art. 172 da Lei 6.015/1973: "No Registro de Imóveis serão feitos, o registro e a averbação dos títulos ou **atos constitutivos**, **declaratórios**, **translativos e extintivos** de direitos reais sobre imóveis reconhecidos em lei, *inter vivos* ou *mortis causa* quer para sua constituição, transferência e extinção, quer para sua validade em relação a terceiros, quer para a sua disponibilidade". Este artigo positiva o princípio da inscrição.

Afrânio de Carvalho considera dois enfoques oriundos do princípio da inscrição: o primeiro, **constitutivo**, uma vez que se relaciona com o surgimento do direito real; e o segundo, **declarativo**, que visa publicar os atos jurídicos produzindo seus efeitos, tutelando o patrimônio alcançado pelo registro (*Registro de Imóveis.* Rio de Janeiro, Forense, 1976).

Convém apresentar ainda a posição do Conselho Superior da Magistratura Paulista se posicionou da seguinte forma acerca deste princípio:

> "como é elementar, em nosso direito positivo a aquisição da propriedade imóvel não se adquire *solu consensu*. Gera o contrato tão somente um direito de crédito, também

denominado de direito pessoal. Tem o registro, no caso, efeito constitutivo, criador do direito real de propriedade. Em termos diversos, a criação, extinção ou transmissão de direitos reais sobre bens imóveis só se operam por ato *inter vivos*, mediante inscrição no registro (princípio da inscrição). Inviável, diante do acima exposto, sustentar, em nosso sistema jurídico, que a ultimação do contrato gera direito adquirido à transmissão da propriedade imobiliária no registro. Isso porque a mutação jurídico-real é um ato complexo (título somado a registro), que somente gerará direito adquirido se decorrido por inteiro, com todos os seus elementos constitutivos, na pendência da lei a que é contemporânea."

Importante consignar que a **transmissão *causa mortis*** não se constitui pelo registro. No Brasil, adotou-se o princípio de *saisine*, que prevê que a transmissão se dá no exato instante da morte do autor da herança. Prescinde-se de qualquer procedimento. Porém, essas transmissões, não ficam alheias ao registro de imóveis porque elas devem ser atraídas para a inscrição valer perante terceiros e para efeitos de disponibilidade conforme consignado no aludido art. 172. Ou, em outros termos, se esses sucessores são proprietários de imóveis, não poderão dispor do imóvel, sem promover o registro. Isso tudo é necessário para que se mantenha a cadeia filiatória e seja consagrado o **princípio da continuidade**.

Segundo o **princípio da continuidade ou trato sucessivo**, nenhum título pode ingressar no registro de imóveis sem que o título anterior esteja registrado, ou seja, deve haver uma ligação, um encadeamento entre o que será objeto de registro e o aquilo que antecedeu a esse registro, de forma que não configure lacunas ou interrupções na seara registrária. Logo, a sequência entre um registro e outro não pode ser quebrada, vale dizer, para que uma pessoa possa transmitir a propriedade, o título de aquisição desta propriedade deve estar registrado.

Na lição de Afrânio de Carvalho o princípio da continuidade, que se apóia no de especialidade, quer dizer que, em relação a cada imóvel, adequadamente individuado, deve existir uma cadeia de titularidades à vista da qual só se fará a inscrição de um direito se o outorgante dele aparecer no registro como seu titular. Assim, as sucessivas transmissões, que derivam umas das outras, asseguram sempre a preexistência de imóvel no patrimônio de transferente (*Registro de Imóveis*. Rio de Janeiro, Forense, 1976).

Também possui relação com o art. 172, o **princípio da disponibilidade,** que nada mais é senão corolário do princípio da continuidade, uma vez que, somente pode transferir a propriedade, a pessoa que tem o imóvel registrado em seu próprio nome, sendo que o imóvel somente estará disponível se não existir sobre ele qualquer gravame ou ônus; caso contrário sua disponibilidade estará comprometida.

Dessa forma, ninguém pode transferir mais direitos do que os constituídos no Registro Imobiliário. A disponibilidade pode ser **física ou material**, ou seja, em relação a área disponível do imóvel, ou pode ser **jurídica,** quanto aos contratantes, projetando-se sobre estes o direito de propriedade.

No dizer de Marcelo Augusto Santana de Melo "alicerça-se o princípio da disponibilidade em uma primeira análise, na máxima de que ninguém poderá transmitir o que não possui. Assim, na transferência de domínio deve-se sempre respeitar a exata propriedade do alienante, principalmente em seus aspectos quantitativos. Mas não é só, o princípio da disponibilidade é aplicado também nos parcelamentos e apurações de remanescente de imóveis, isto quer dizer que, nessas hipóteses é preciso respeitar sempre a área total do imóvel primitivo a fim de que a transcrição ou matrícula possa ser esgotada e, por conseguinte, encerrada, afastando-se eventuais sobreposições. Essa análise, outrora, era feita somente nos aspectos quantitativos, ou seja, mero cálculo aritmético da área total do imóvel até proceder-se seu esgotamento, todavia, após o advento da Lei 6.015/73, passou-se à uma análise qualitativa ou geodésica, observando-se todas as características do imóvel, tais como medidas lineares, área total, confrontações e distância da próxima esquina" (*Breves anotações sobre o Registro de Imóveis*. Jus Navigandi, Teresina, ano 8, nº 429, 9 set. 2004. Disponível em: http://jus2.uol.com.br/doutrina/texto.asp?id=5669).

Na apelação Cível nº 023.792-0/1 do Conselho Superior da Magistratura Paulista, da lavra de Antônio Carlos Alves Braga ficou esclarecido que "o sistema registrário submete-se a princípios específicos e, dentre eles, se destaca o denominado princípio da disponibilidade, que se vincula ao enunciado de que ninguém pode transferir mais direito do que tem ou, no dizer dos latinos, *Nemo dat quot non habet.* E a ideia de disponibilidade não pode ser dissociada da titularidade do direito real e da necessidade do registro, mesmo porque decorrente do artigo 859 do Código Civil, presume-se pertencer o direito real à pessoa em cujo nome se inscreveu ou transcreveu".

2. JURISPRUDÊNCIA COMPLEMENTAR

⊙ TRIBUNAL REGIONAL DA 3ª REGIÃO

EMENTA: EMBARGOS DE TERCEIROS – PRETENSÃO NÃO RESISTIDA REGISTRO IMOBILIÁRIOS – POSSIBILIDADE – RECUSA NÃO DEMONSTRADA – ART. 20, § 4º, CPC – APLICAÇÃO – RECURSO PARCIALMENTE PROVIDO.

1. A Lei 6.015/73, que dispõe sobre os registros públicos, no art. 172 prevê o registro e a averbação dos títulos ou atos constitutivos, declaratórios, translativos e extintos de direitos reais sobre imóveis reconhecidos em lei, inter vivos. ou. mortis causa. quer para sua constituição, transferência e extinção, quer para sua validade em relação a terceiros, quer para a sua disponibilidade.

2. A partilha de bens, resultante da dissolução do vínculo conjugal tem natureza declaratória, sendo que a indisponibilidade de bens,

decretada nos termos do art. 36, Lei nº 6.024/74, não é óbice ao registro imobiliário.
3. Não tendo a embargante demonstrado – embora alegado – a recusa do notário [sic. registrador] em proceder ao registro da partilha homologada, mantém-se a condenação em honorários advocatícios. A juntada do extrato do processamento dos embargos de terceiro (...) não logrou êxito em comprovar o alegado, ou seja, a tentativa do registro da partilha.
4. Por outro lado, aplicando-se à hipótese o disposto no art. 20, § 4º, CPC, vislumbro a possibilidade de redução do valor fixado, posto que a pretensão da embargante não foi resistida, não despendendo, portanto, a agravada tempo com a demanda. (...). 5. Apelação parcialmente provida. (TRF 3ª Reg. AC 00016491020114036106, Des. Fed. NERY JUNIOR, 3ª T. e-DJF3: 11/05/2012)

3. QUESTÕES DE CONCURSOS

01. (IESES – Notário-MA/2008) Em relação ao Registro de imóveis, estabelece a Lei nº 6.015/73:

I. O desmembramento territorial posterior ao registro exige sua repetição no novo cartório.
II. No Registro de Imóveis serão feitos, nos termos desta Lei, o registro e a averbação dos títulos ou atos constitutivos, declaratórios, translativos e extintos de direitos reais sobre imóveis reconhecidos em lei, "inter vivos" ou "mortis causa" quer para sua constituição, transferência e extinção, quer para sua validade em relação a terceiros, quer para a sua disponibilidade.
III. Em caso de permuta, e pertencendo os imóveis à mesma circunscrição, serão feitos os registros nas matrículas correspondentes, sob um único número de ordem no Protocolo.
IV. Se o imóvel não estiver matriculado ou registrado em nome do outorgante, o oficial exigirá a prévia matrícula, não necessitando do registro do título anterior, qualquer que seja a sua natureza, para manter a continuidade da matrícula.

a) As alternativas II e IV estão corretas.
b) As alternativas II e III estão corretas.
c) As alternativas I e IV estão corretas.
d) As alternativas I e IIII estão corretas.

02. (IESES – Cartório – Provimento – TJ – RO/2017) Assinale a alternativa correta:

a) A reserva legal, para ser eficaz perante terceiros, necessita ser levada a registro no Registro de Imóveis onde localizado o imóvel ambientalmente protegido.
b) A instituição do bem de família deve ser anotada à margem da matrícula do imóvel, e tal anotação possui o mesmo valor jurídico de uma averbação, desde que anterior às dívidas contraídas pelo casal.
c) Conforme o contido na Lei n. 6.015/1973, compete ao titular do Registro de Imóveis, além de promover a matrícula, registro e averbação, providenciar a interpelação extrajudicial de todos os proprietários dos imóveis cujas matrículas serão unificadas, em caso de desacordo entre eles.
d) No Registro de Imóveis serão feitos, nos termos da Lei n. 6.015/1973, o registro e a averbação dos títulos ou atos constitutivos, declaratórios, translativos e extintos de direitos reais sobre imóveis reconhecidos em lei, "intervivos" ou " mortis causa" quer para sua constituição, transferência e extinção, quer para sua validade em relação a terceiros, quer para a sua disponibilidade.

GAB	1	B	2	D

Art. 173. Havará, no Registro de Imóveis, os seguintes livros:
I – Livro nº 1 – Protocolo;
II – Livro nº 2 – Registro Geral;
III – Livro nº 3 – Registro Auxiliar;
IV – Livro nº 4 – Indicador Real;
V – Livro nº 5 – Indicador Pessoal.
Parágrafo único. Observado o disposto no § 2º do art. 3º, desta Lei, os livros nºs 2, 3, 4 e 5 poderão ser substituídos por fichas.

1. COMENTÁRIOS

Os livros surgiram da necessidade de fornecer meios para registrar as mutações jurídico-reais, mas sem o propósito de organização sistemática (Op. cit., p. 298). Assim, iniciaremos os comentários deste artigo com base na citação de Afrânio de Carvalho.

O dispositivo em análise define cinco livros obrigatórios para o Registro de Imóveis, os quais serão detalhados mais adiante. Além do Livro denominado "Registro Geral" (Livro 2), previsto no art. 176 e destinado à matrícula dos imóveis e ao registro ou averbação, são obrigatórios ainda os seguintes livros: (i) Livro 1 – Protocolo (arts. 174 e 175); (ii) Livro 3 – Registro Auxiliar (arts. 177 e 178), (iii) Livro 4 – Indicador Real (art. 179) e (iv) Livro 5 – Indicador Pessoal (art. 180).

Os Livros ns. 2, 3, 4 e 5 poderão ser substituídos por fichas. No entanto, isso não é permitido para o Livro nº 1 – Protocolo, devido à prioridade que este representa (art. 186 da Lei 6.015/1973).

Além desses livros, a Lei 5.709/1971, regulamentada pelo Decreto 74.965/1974, exige ainda a obrigatoriedade do **Livro de Registro de Aquisição de Terras Rurais por Estrangeiros**, nos termos do art. 10 da aludida lei. Veja-se:

> **Art. 10.** Os Cartórios de Registro de Imóveis manterão cadastro especial, em livro auxiliar, das aquisições de terras rurais por pessoas estrangeiras, físicas e jurídicas, no qual deverá constar:
> I – menção do documento de identidade das partes contratantes ou dos respectivos atos de constituição, se pessoas jurídicas;
> II – memorial descritivo do imóvel, com área, características, limites e confrontações; e

III – transcrição da autorização do órgão competente, quando for o caso.

A Corregedoria Geral de Justiça de cada Estado edita Normas de Serviço para o extrajudicial, regulamentando a forma de prestação das atividades notariais e de registro, determinando como os atos serão praticados e quais documentos devem ser arquivados, entre outros assuntos. Essa normativa pode prever, além dos livros mencionados no art. 173, outros essenciais para a organização do serviço, como, por exemplo, o **Livro de Registro das Indisponibilidades.**

Demais disso, o Oficial Registrador deve atentar para o cumprimento do **Provimento 45**, de 13 de maio de 2015 do CNJ que consolida as normas relativas à manutenção e escrituração dos livros **Diário Auxiliar, Visitas e Correições e Controle de Depósito Prévio** pelos titulares de delegações e responsáveis interinos do serviço extrajudicial de notas e registros públicos. É importante anotar que a maioria dos dispositivos deste provimento estão atualmente incorporados aos arts. 186 a 196, no capítulo da "Escrituração Contábil e Correicional" do Provimento CNJ n. 149/2023 (CNN).

Atualmente, muitos livros ainda são em formato papel, mas a Lei 11.977/2009 impõe às Serventias a manter também **livros em formato eletrônico.** Convém transcrever os artigos pertinentes para melhor compreensão do tema, que inclusive foram alterados pela Lei n. 14.382/2022 (Lei do SERP):

Art. 37. Os serviços de registros públicos de que trata a Lei nº 6.015, de 31 de dezembro de 1973 (Lei de Registros Públicos) promoverão a implantação e o funcionamento adequado do Sistema Eletrônico dos Registros Públicos (Serp), nos termos da Medida Provisória nº 1.085, de 27 de dezembro de 2021.

Art. 38. Os documentos eletrônicos apresentados aos serviços de registros públicos ou por eles expedidos deverão atender aos requisitos estabelecidos pela Corregedoria Nacional de Justiça do Conselho Nacional de Justiça, com a utilização de assinatura eletrônica avançada ou qualificada, conforme definido no art. 4º da Lei nº 14.063, de 23 de setembro de 2020.

§ 1º Os serviços de registros públicos disponibilizarão serviços de recepção de títulos e de fornecimento de informações e certidões em meio eletrônico.

§ 2º Ato da Corregedoria Nacional de Justiça do Conselho Nacional de Justiça poderá estabelecer hipóteses de admissão de assinatura avançada em atos que envolvam imóveis.

Art. 39. Os atos registrais praticados a partir da vigência da Lei nº 6.015, de 31 de dezembro de 1973, serão inseridos no sistema de registro eletrônico, no prazo de até 5 (cinco) anos a contar da publicação desta Lei.

Parágrafo único. Os atos praticados e os documentos arquivados anteriormente à vigência da Lei nº 6.015, de 31 de dezembro de 1973, deverão ser inseridos no sistema eletrônico.

Art. 40. Serão definidos em regulamento os requisitos quanto a cópias de segurança de documentos e de livros escriturados de forma eletrônica.

Art. 41. A partir da implementação do sistema de registro eletrônico de que trata o art. 37, os serviços de registros públicos disponibilizarão ao Poder Judiciário e ao Poder Executivo federal, por meio eletrônico e sem ônus, o acesso às informações constantes de seus bancos de dados, conforme regulamento.

Parágrafo único. O descumprimento do disposto no *caput* ensejará a aplicação das penas previstas nos incisos II a IV do *caput* do art. 32 da Lei nº 8.935, de 18 de novembro de 1994.

A temática do "Registro Eletrônico de Imóveis – SREI" foi previamente abordada e detalhada nos comentários do art. 3º desta obra.

2. QUESTÕES DE CONCURSOS

01. (Vunesp – Titular de Serviços de Notas e Registros – TJ – SP – Provimento/2022) Das alternativas a seguir, assinale aquela que indica exclusivamente exemplos de Livros do Registro de Imóveis.

a) Livro nº 2 – Registro Geral; Livro nº 4 – Indicador Real; Livro nº 5 – Indicador Pessoal; e Livro de Atos Normativos e Decisões da Corregedoria Geral da Justiça.

b) Livro nº 1 – Protocolo; Livro nº 2 – Registro Geral; e Livro de Registro dos documentos relativos à vida funcional do registrador e de seus prepostos.

c) Livro nº 1 – Protocolo; Livro nº 2 – Registro Geral; Livro nº 3 – Registro Auxiliar; e Livro de Registro de Aquisição de Imóveis Rurais por Estrangeiros.

d) Livro de Recepção de Títulos; Livro nº 4 – Indicador Real; Livro nº 5 – Indicador Pessoal; e Livro de Ofícios Recebidos.

02. (IESES – Titular de Serviços de Notas e Registros – TJ – TO – Provimento/2022) Das opções abaixo, assinale a que não apresenta um livro da serventia de Registro de Imóveis:

a) Registro auxiliar.

b) Protocolo.

c) Indicador Real.

d) Livro B Auxiliar

03. (IESES – Cartório – Remoção – TJ – AM/2018) Haverá, no Registro de Imóveis, os seguintes livros:

a) Livro nº 1 (Protocolo); Livro nº 2 (Registro Geral); Livro nº 3 (Registro Auxiliar); Livro nº 4 (Indicador Real); Livro nº 5 (Indicador Pessoal).

b) Livro nº 1 (Protocolo); Livro nº 2 (Registro Geral); Livro nº 3 (Registro Auxiliar); Livro nº 4 (Indicador Pessoal); Livro nº 5 (Indicador Real).

c) Livro nº 1 (Registro Geral); Livro nº 2 (Protocolo); Livro nº 3 (Registro Auxiliar); Livro nº 4 (Indicador Real); Livro nº 5 (Indicador Pessoal).

d) Livro nº 1 (Protocolo); Livro nº 2 (Registro Geral); Livro nº 3 (Indicador Pessoal); Livro nº 4 (Indicador Real); Livro nº 5 (Registro Auxiliar).

04. (IESES – Titular de Serviços de Notas e de Registro – Provimento – TJ – SC/2019) Fazendo uma análise dos livros obrigatórios para o Registro de Imóveis, podemos afirmar que são os seguintes:

a) Livro 1 – Protocolo, Livro 2 – de Protesto, Livro 3 – de Testamentos, Livro 4 – Indicador Real e Livro 5 – Indicador Pessoal.

b) Livro 1 – Protocolo, Livro 2 – Matrícula, Livro 3- Auxiliar, Livro 4 – Indicador Real, Livro 5 – Indicador Pessoal, e, o Livro de Aquisição de Imóveis Rurais por Estrangeiros.

c) Livro 1 – Protocolo, Livro 2 – da Hipotecas, Livro 3 – Das transcrições/transmissões, Livro 4 – Indicador Real, Livro 5 – Indicador Pessoal.
d) Livro 1 – Protocolo, Livro 2 – de Nascimento, Livro 3 – de Óbito, Livro 4 – Indicador Real, e Livro 5 – Indicador Pessoal.

05. (IESES – Cartório – TJ – PB/2014) A respeito do registro eletrônico, assinale a alternativa INCORRETA:

a) Os atos registrais praticados a partir da vigência da Lei Federal nº 6.015/73, estão dispensados de inserção no sistema de registro eletrônico.
b) Os documentos eletrônicos apresentados aos serviços de registros públicos ou por eles expedidos deverão atender aos requisitos da Infraestrutura de Chaves Públicas Brasileira (ICP) e à arquitetura e-PING (Padrões de Interoperabilidade de Governo Eletrônico).
c) Os serviços de registros públicos instituirão sistema de registro eletrônico, observados os prazos e condições previstas em regulamento.
d) Os serviços de registros públicos disponibilizarão a recepção de títulos, o fornecimento de informações e certidões por meio eletrônico.

06. (IESES – Notário-MA/2008) Responda com fundamento na Lei nº 6.015/73.

I. São requisitos da escrituração do Livro nº 1 – Protocolo: o número de ordem, que seguirá indefinidamente nos livros da mesma espécie; a data da apresentação; o nome do apresentante; a natureza formal do título e os atos que formalizar, resumidamente mencionados.
II. O Livro nº 3 – Registro Auxiliar – será destinado ao registro dos atos que, sendo atribuídos ao Registro de Imóveis por disposição legal, não digam respeito diretamente a imóvel matriculado.
III. O Livro nº 4 – Indicador Real – será o repositório de todos os imóveis que figurarem nos demais livros, devendo conter sua identificação, referência aos números de ordem dos outros livros e anotações necessárias.
IV. O Livro nº 5 – Indicador Pessoal – dividido alfabeticamente, será o repositório dos nomes de todas as pessoas que, individual ou coletivamente, ativa ou passivamente, direta ou indiretamente, figurarem nos demais livros, fazendo-se referência aos respectivos números de ordem.

a) Somente as alternativas I, II e IV estão corretas.
b) Somente as alternativas II, III e IV estão corretas.
c) Somente as alternativas I, II e III estão corretas.
d) As alternativas I, II, III e IV estão corretas.

07. (Cespe – Notário-SE/2006) Acerca do registro de imóveis, julgue os itens a seguir.

O livro de registro geral é destinado à matrícula dos imóveis e ao registro ou à averbação de outros atos que, apesar de não tem relação direta com o imóvel matriculado, por exigência legal são averbados no cartório imobiliário, como, por exemplo, as convenções de condomínio, os pactos antenupciais, a instituição de bem de família e a cédula de crédito hipotecário.

08. (Cespe – Notário-ES/2013) Acerca da escrituração em relação ao registro imobiliário, assinale a opção correta.

a) Na escrituração do livro de registro geral, é necessário constar a profissão do proprietário pessoa física.
b) Na escrituração do livro de protocolo, não é necessário constar a natureza formal do título.
c) Na escrituração do livro registro auxiliar, são registrados os contratos de locação urbana.
d) O livro indicador real deve apresentar o resumo de todos os registros efetuados no cartório.
e) O livro indicador pessoal deve conter os nomes que constam nas matrículas dos imóveis.

09. (IESES – Cartório – TJ – RO/2012) Assinale a assertiva INCORRETA, quanto aos livros dos Cartórios de Registros de Imóveis:

a) Livro número 1 é o Protocolo, cujos requisitos são: o número de ordem, que seguirá indefinidamente nos livros da mesma espécie; a data da apresentação; o nome do apresentante; e os atos que formalizar, resumidamente mencionados.
b) Os contratos de penhor rural serão registrados no Livro nº 3, que é o livro Registro Auxiliar.
c) Livro número 2 é o Registro Geral, destinado à Matrícula dos Imóveis.
d) O Livro nº 5 é o Indicador Pessoal, que será o repositório dos nomes de todas as pessoas que, individual ou coletivamente, ativa ou passivamente, direta ou indiretamente, figurarem nos demais livros.

10. (Vunesp – Cartório – TJ – SP/2012) O Protocolo do Registro de Imóveis será encerrado

a) diariamente.
b) semanalmente.
c) no último dia útil de cada mês.
d) quando esgotada a última folha do respectivo livro, admitindo-se a continuidade de folhas até o encerramento do expediente.

11. (IESES – Cartório – Provimento – TJ – RO/2017) Assinale a alternativa correta:

a) Todos os atos enumerados no art. 167, da Lei n. 6.015/1973 (matrícula, registro e averbação) são obrigatórios e devem ser efetuados, sempre e sem exceções, no Cartório da situação do imóvel.
b) Conforme a Lei n. 6.015/1973, o Livro denominado Indicador Real serve como repositório de todos os imóveis que figurarem nos demais livros, devendo conter sua identificação, referência aos números de ordem dos outros livros e anotações necessárias.
c) Pela nova redação dada à Lei n. 6.015/1973, 4 (quatro) são os Livros necessários ao Registro de Imóveis: a) nº 1, o Livro Protocolo; b) nº 2, o Livro de Registro Geral; c) nº 3, o Livro Indicador Real e, d) nº 4, o Livro Indicador Pessoal.
d) De acordo com a Lei n. 6.015/1973, o desmembramento territorial posterior ao registro exige sua repetição no novo cartório, o que deverá ser providenciado pelo interessado no prazo máximo de 01 (um) ano, a contar da data da publicação da lei que determinar o desmembramento, sob pena de multa.

12. (EJEF – Tabelionato e Registro-MG/2007) Para escrituração no Registro de Imóveis a Lei Federal nº 6.015, de 1973, prevê os seguintes livros:

a) 1 – Protocolo; 2 – Registro Geral; 3 – Registro Auxiliar; 4 – Indicador Real; 5 – Indicador Pessoal.
b) 1 – Protocolo; 2 – Matrículas; 3 – Registro Geral – 4 – Fichário Real; 5 – Fichário Pessoal; 6 – Bloqueio de Registros e Matrículas.
c) 1 – Matrículas e Registros; 2 – Prenotação; 3 – Registro Auxiliar; 4 – Índice de Imóveis; 5 – Índice de Pessoas; 6 – Bloqueio de Matrículas.
d) 1 – Protocolo; 2 – Matrículas e Registros Gerais; 3 – Registros Diversos; 4 – Indicador Real; 5 – Indicador Pessoal; 6 – Registros de Loteamentos; 7 – Registro de Cédulas de Crédito; 8 – Livro Talão.

GAB	1	C	2	D	3	A	4	B	5	A
	6	D	7	ERRADO			8	A	9	A
	10	A	11	B	12	A	–			

Art. 174. O livro nº 1 – Protocolo – servirá para apontamento de todos os títulos apresentados diariamente, ressalvado o disposto no parágrafo único do art. 12 desta Lei.

1. COMENTÁRIOS

Sobre o livro protocolo, esclarece Afrânio de Carvalho que "dentre os livros atuais do Registro de Imóveis, o protocolo foi o único que se manteve encadernado, já que deixou de ser incluído entre os que podem ser substituídos por fichas (parágrafo único do art. 173). Esse privilégio de conservar o arcabouço tradicional lhe assegura relativa imunidade ao desgaste, e ao mesmo tempo, põe a salvo a prioridade dos direitos. Contudo, não é completamente invulnerável, porque pode sofrer a repercussão da fraude que se praticar no livro de registro geral, quando este for escriturado em fichas" (Op. cit., p. 316).

Reza o art. 182 que **todos** os títulos que ingressarem para registro *latu sensu* (registros, averbações, abertura de matrículas, notificações, etc.) devem ser inscritos no Livro Protocolo.

A expressão do legislador *todos* foi infeliz, porque o dispositivo deve ser lido em conjunto com o art. 174 e o parágrafo único do art. 12 desta Lei. Para relembrá-los, vale a transcrição:

> **Art. 12.** Nenhuma exigência fiscal, ou dívida, obstará a apresentação de um título e o seu lançamento do Protocolo com o respectivo número de ordem, nos casos em que da precedência decorra prioridade de direitos para o apresentante.
>
> Parágrafo único. Independem de apontamento no Protocolo os títulos apresentados apenas para exame e cálculo dos respectivos emolumentos.
>
> **Art. 182.** Todos os títulos tomarão, no Protocolo, o número de ordem que lhes competir em razão da sequência rigorosa de sua apresentação.

Com efeito, percebe-se que **nem todos os títulos devem ingressar no Protocolo**. A conjugação dos dispositivos mencionados na lei permite ao apresentante optar entre submeter o título para prenotação ou apenas para exame e cálculo dos respectivos emolumentos. Esta regra foi imposta pela sistemática da Lei nº 6.015/1973, o que gerou críticas de Afrânio de Carvalho, que considerou essa inovação uma anomalia.

Todavia, Sergio Jacomino explica que "o fato é que a regra consagrou-se na prática dos serviços registrais e não são poucos os títulos que ingressam unicamente para obter uma avaliação preliminar de sua eventual registrabilidade. Trata-se de uma extravagante pré-qualificação do título que vem se firmando como função informativa e de orientação do Registro sem que se concretize, contudo, a inscrição (*Lei de Registros Públicos comentada*. Rio de Janeiro: Forense, 2019, p. 986).

A prenotação, que consiste no lançamento do título no protocolo, assegura a prioridade de direitos para o apresentante. Não existe registro sem prenotação.

O prazo de validade da prenotação do título era de **30 (trinta) dias**. A Lei 14.382/2022 **reduziu esse prazo** e alterou a redação do art. 188 da Lei n. 6.015/1973, passando a estabelecer que:

> Art. 188. Protocolizado o título, proceder-se-á ao registro ou à emissão de nota devolutiva, no **prazo de 10 (dez) dias**, contado da data do protocolo, salvo nos casos previstos no § 1º deste artigo e nos arts. 189, 190, 191 e 192 desta Lei.
>
> § 1º **Se não houver exigências** ou **falta de pagamento de custas e emolumentos**, deverão ser registrados, no prazo de **5 (cinco) dias**:
>
> I – as escrituras de compra e venda sem cláusulas especiais, os requerimentos de averbação de construção e de cancelamento de garantias;
>
> II – os documentos eletrônicos apresentados por meio do Serp; e
>
> III – os títulos que reingressarem na vigência da prenotação com o cumprimento integral das exigências formuladas anteriormente.

Assim, o prazo previsto somente pode ser excepcionado em virtude de previsão legal ou determinação da Corregedoria-Geral de Justiça de cada Estado. Esta regra possui exceções, tais como: **procedimento de suscitação de dúvida, loteamentos (Lei 6.766/1979), notificação de alienação fiduciária, retificação administrativa, hipoteca de 2º grau, bem de Família, entre outros.**

Há ainda outra exceção prevista no parágrafo único do art. 205 da Lei 6.015/1973, que estabelece que, nos procedimentos de **regularização fundiária de interesse social**, os efeitos da prenotação cessarão decorridos **40 (quarenta) dias** de seu lançamento no protocolo. Existe uma doutrina que entende que este prazo seria para os casos da Reurb-S (Interesse Social). No entanto, para a Reurb-E (Interesse Específico), o prazo seria o de 60 dias, estipulado no art. 44, § 5º, Lei 13.465/2017.

Prazos Gerais e Suas Exceções Conforme a Lei 14.382/2022 e Outras Normas

Prazo	Descrição	Base Legal	Exceções	Base Legal das Exceções
10 dias	Para registro ou emissão de nota devolutiva após protocolo do título	Art. 188, Lei 6.015/1973, alterado pela Lei 14.382/2022	1. Procedimento de suscitação de dúvida 2. Loteamentos 3. Notificação de alienação fiduciária 4. Retificação administrativa 5. Hipoteca de 2º grau 6. Bem de Família	Art. 198, LRP Lei 6.766/1979 Art. 9º, Lei 9.514/1997 Art. 213, LRP Art. 150, LRP Lei 6.015/1973
5 dias	Registro sem exigências ou falta de pagamento de custas e emolumentos	§1º, Art. 188, Lei 6.015/1973, alterado pela Lei 14.382/2022	1. Escrituras de compra e venda sem cláusulas especiais 2. Requerimentos de averbação de construção 3. Cancelamento de garantias 4. Documentos eletrônicos (Serp) 5. Títulos que reingressarem na vigência da prenotação com cumprimento integral das exigências	§1º, Art. 188, Lei 6.015/1973
40 dias	Efeitos da prenotação em procedimentos de regularização fundiária de interesse social	Parágrafo único, Art. 205, Lei 6.015/1973		
60 dias	Efeitos da prenotação em procedimentos de regularização fundiária de interesse específico	Art. 44, § 5º, Lei 13.465/2017		

Resumo das Exceções

1. **Suscitação de Dúvida**: O prazo pode ser estendido até a resolução da dúvida levantada sobre o registro.
2. **Loteamentos**: Prazo específico para loteamentos conforme Lei 6.766/1979.
3. **Notificação de Alienação Fiduciária**: Prazos diferenciados para a notificação do credor.
4. **Retificação Administrativa**: O processo de retificação pode prolongar o prazo de registro.
5. **Hipoteca de 2º Grau**: Prazo específico para registros de hipoteca secundária.
6. **Bem de Família**: Procedimentos de registro para bens de família têm prazos específicos.
7. **Regularização Fundiária**: Diferenciação entre Reurb-S (Interesse Social) e Reurb-E (Interesse Específico) com prazos de 40 e 60 dias, respectivamente.

No que diz respeito à **contagem do prazo** para a prenotação, deve-se excluir o primeiro e incluir o último dia. A Lei 14.382/2022 definiu que a contagem de prazos deve ser em dias úteis e não mais em dias corridos (art. 9º, § § 1º e 2º, da LRP)

Conforme já analisamos a dicção do art. 12, nenhuma exigência fiscal, ou dúvida, obstará a apresentação de um título e o seu lançamento do Protocolo com o respectivo número de ordem, nos casos em que da precedência decorra prioridade de direitos para o apresentante. Todavia, independem de apontamento no Protocolo os títulos apresentados apenas para exame e cálculo dos respectivos emolumentos.

Destarte, é **dever, e não opção do registrador de imóveis** prenotar **qualquer documento** apresentado pela parte, **independente de prever se o título está apto a registro.** Convém trazer as palavras de Flauzilino Araújo dos Santos: "permito-me repetir, face ao caráter eminentemente formalista do direito imobiliário registral, que a prenotação de todos os títulos ingressados na Serventia, ressalvados aqueles referidos no parágrafo único do art. 12 – títulos recebidos para simples exame e cálculo de emolumentos a pedido dos interessados –, não é mera opção do registrador, senão integra o elenco de deveres do oficial a publicizar uma situação jurídica que possibilita que os direitos reais sobre imóveis adquiram a plenitude dos efeitos que o ordenamento jurídico lhes concede, de acordo com a natureza" (*Algumas linhas sobre a prenotação.* In: Sérgio Jacomino, coord. *Registro de Imóveis* – Estudos de Direito Registral Imobiliário. Porto Alegre: Safe/ Irib, 2000, p. 34).

Na lição de Serpa Lopes, "a importância do protocolo se afere pela magnitude dos efeitos que produz, a partir do momento que inaugura o ato no Registro de Imóveis" (*Tratado de Registros Públicos.* 3ª ed. V. IV Brasília: Livraria e Editora Brasília Jurídica, 1995, p. 316).

Somente são apontados no Livro Protocolo, os títulos prenotados, ou seja, uma vez recepcionados entram em uma **fila de precedência**, de modo que possuem preferência para registro com relação a eventuais títulos que sejam recepcionados posteriormente. Trata-se do **princípio da prioridade**, previsto no artigo 186 da Lei de Registros Públicos (6.015/73).

Os efeitos de prioridade se consagram a partir da prenotação do título e, mesmo que haja vários negócios jurídicos no mesmo instrumento, haverá somente um número de ordem.

Para Afrânio de Carvalho, o princípio da prioridade significa que, em um concurso de direitos reais sobre um imóvel, estes não ocupam todo o mesmo posto, mas se graduam ou se classificam por uma relação de precedência fundada na ordem cronológica do seu aparecimento (*Registro de Imóveis*. Rio de Janeiro, Forense, 1976).

Marcelo Rodrigues, por sua vez, assegura que o princípio da prioridade ampara tanto o direito de propriedade como os direitos reais limitados ou ônus assemelhados com ingresso ao registro imobiliário determinado por lei. Impede que no concurso de direitos reais sobre um único e mesmo imóvel venham a ocupar todos a mesma ordem ou colocação de preferência. Antes, permite que se graduem ou classifiquem de acordo com a rigorosa e cronológica ordem em que se apresentem ao registro, prevalecendo os anteriores sobre os que vierem depois. Por isso que o princípio da prioridade acolhe o diligente e pune o retardatário (Op. cit., p. 136).

O princípio da prioridade está expresso nos artigos 12, 186 e 191 da Lei dos Registros Públicos, bem como no art. 1.246 do Código Civil. Vejamos:

> **Art. 12.** Nenhuma exigência fiscal, ou dúvida, obstará a apresentação de um título e o seu lançamento do Protocolo com o respectivo número de ordem, nos casos em que da precedência decorra prioridade de direitos para o apresentante.
>
> Parágrafo único. Independem de apontamento no Protocolo os títulos apresentados apenas para exame e cálculo dos respectivos emolumentos.
>
> **Art. 186.** O número de ordem determinará a prioridade do título, e esta a preferência dos direitos reais, ainda que apresentados pela mesma pessoa mais de um título simultaneamente.
>
> **Art. 191.** Prevalecerão, para efeito de prioridade de registro, quando apresentados no mesmo dia, os títulos prenotados no Protocolo sob número de ordem mais baixo, protelando-se o registro dos apresentados posteriormente, pelo prazo correspondente a, pelo menos, um dia útil.
>
> **Art. 1.246.** O registro é eficaz desde o momento em que se apresentar o título ao oficial do registro, e este o prenotar no protocolo.

Desse modo, o princípio da prioridade assegura àquele que primeiro apresentar o título, mediante número de ordem no protocolo, a prevalência de seu direito sobre o do apresentante seguinte, quando referentes ao mesmo imóvel e contraditórios.

O princípio da prioridade comporta exceções legais. É o que se extrai dos arts. 189 e 192 da Lei 6.015/1973, bem como do 1.495 do Código Civil, a saber:

> **Art. 189.** Apresentado título de segunda hipoteca, com referência expressa à existência de outra anterior, o oficial, depois de prenotá-lo, aguardará durante 30 (trinta) dias que os interessados na primeira promovam a inscrição. Esgotado esse prazo, que correrá da data da prenotação, sem que seja apresentado o título anterior, o segundo será inscrito e obterá preferência sobre aquele.
>
> **Art. 192.** O disposto nos arts. 190 e 191 não se aplica às escrituras públicas, da mesma data e apresentadas no mesmo dia, que determinem, taxativamente, a hora da sua lavratura, prevalecendo, para efeito de prioridade, a que foi lavrada em primeiro lugar.
>
> **Art. 1.495.** Quando se apresentar ao oficial do registro título de hipoteca que mencione a constituição de anterior, não registrada, sobrestará ele na inscrição da nova, depois de a prenotar, até trinta dias, aguardando que o interessado inscreva a precedente; esgotado o prazo, sem que se requeira a inscrição desta, a hipoteca ulterior será registrada e obterá preferência.

Interessante é a classificação que os autores Márcio Guerra Serra e Monete Hipólito Serra estabelecem em relação à prioridade.

Eles dividem a prioridade em dois tipos, conforme o direito que vise assegurar. "O primeiro deles é a chamada **prioridade exclusiva**. Nesta modalidade, os direitos conflitantes, ao se invocar o princípio da prioridade, são exclusivos, o que quer dizer que, caso se registre um deles, o outro ou os outros não encontrarão ingresso no fólio real. Exemplo clássico desta situação ocorre quando são apresentadas duas escrituras de venda em que o mesmo vendedor aparece vendendo o mesmo imóvel para duas pessoas diferentes. Nesta hipótese, caso se registre a primeira escritura, o vendedor deixará de ser o proprietário, de forma que a segunda escritura não poderá ser registrada. Contudo, encontramos a **prioridade gradual**. Nesta, os direitos em conflito podem coexistir no fólio real, todavia sua ordem de inscrição influencia a efetividade do direito. Trata-se, em regra, dos direitos reais de garantia, nos quais a precedência de inscrição, em regra, implica também, na precedência para a execução do crédito. Podemos citar como exemplo o caso das hipotecas, nestas a primeira inscrita tem prioridade para levar o bem à praça e ter seus créditos ressarcidos" (*Registros de Imóveis I*. São Paulo: Saraiva, 2013, p. 144).

Questionou-se se a referida prioridade abarcaria o **atendimento à pessoa idosa** nas Serventias Extrajudiciais. De fato, é garantido o seu atendimento prioritário. No entanto, de acordo com a doutrina majoritária e as normativas estaduais, essa prioridade não deve ser confundida com a prioridade dos atos de prenotação ou de registro.

Sergio Jacomino explicita que a pessoa idosa **não goza de privilégio em relação a prioridade registral**, mas somente em termos. Assim explica:

> "em primeiro lugar, como já se afirmou anteriormente, a prioridade é do título. Somente por via reflexa se pode divisar os titulares ou partes com legítimo interesse na inscrição. A prioridade não pode representar um direito do apresentante. Ressalvada a quebra da prioridade registral, os direitos fundamentais da pessoa humana se concretizam no atendimento preferencial, imediato e individualizado do apresentante idoso, nas várias demandas que endereça ao Registro de Imóveis. De outro lado uma vez consagrada a prioridade (art. 186), considerando-se o fato de que os efeitos do registro, ainda que realizado posteriormente, retroagem à data da prenotação (art. 1.246 do CC), nada obsta que o procedimento registral seja priorizado, sem que possa advir, daí, prejuízos a terceiros e que a preferência seja expressamente rogada para que se dê constância documental da quebra da ordem procedimental do registral" (Op. cit., p. 989).

Este também é o entendimento de Luiz Guilherme Loureiro:

> "tem-se considerado que o **Estatuto do Idoso** não contém exceção ao princípio da prioridade ou preferência registral: o idoso tem preferência no atendimento dos serviços em geral, devendo ser atendido prioritariamente nos balcões ou guichês de pedido e recebimento de certidões e outros documentos, mas não no protocolo de título, que deve observar estritamente a ordem de chegada, isto é, da apresentação do título para prenotação" (Op. cit., p. 618).

Para ilustrar, trago o item 80, "b", Cap. XIII das Normas de Serviço da Corregedoria-Geral da Justiça do Estado de São Paulo:

> **80.** Na prestação dos serviços, os notários e registradores devem:
>
> [...]
>
> b) atender por ordem de chegada, assegurada prioridade às pessoas com deficiência, aos idosos com idade igual ou superior a 60 (sessenta) anos, com prioridade especial aos **maiores de 80 (oitenta)** anos, às gestantes, às lactantes, às pessoas com crianças de colo e aos obesos, **exceto no que se refere à prioridade de registro prevista em lei.**

No mesmo sentido, o Código de Normas e Procedimento do Foro Extrajudicial do Estado de Goiás, que distingue os dois tipos de atendimento. Veja-se:

> **Art. 95, CNPFE/GO.** Os notários e oficiais de registros atenderão as partes com respeito, eficiência e presteza, observando o atendimento prioritário as pessoas com deficiência, aos idosos com idade igual ou superior a 60 (sessenta) anos, as gestantes, as lactantes, as pessoas com crianças de colo e aos obesos, mediante garantia de lugar privilegiado em filas, distribuição de senhas com numeração adequada ao atendimento preferencial ou implantação de serviço de atendimento personalizado e alocação de espaço com acessibilidade, **ressalvados os casos que ensejarem prioridade registral prevista em lei.**
>
> §1º. O disposto no *caput* deste artigo aplica-se ao serviço de Registro de Imóveis nos casos em que nao houver repercussão em direitos contraditórios, a exemplo de recepção de título para mero exame e cálculo de emolumentos, solicitação e entrega de certidões e outros documentos, prestação de informações, e pedidos de averbações.

O art. 26 do Provimento n. 2/2013 das normativas extrajudiciais do Estado de Tocantins (CGJUS/TO) também regulamenta o assunto, neste sentido:

> Os delegados e seus prepostos farão atendimento prioritário às pessoas portadoras de deficiência física ou com mobilidade reduzida, pessoas com idade igual ou superior a sessenta anos, gestantes e pessoas com criança no colo, mediante garantia de adequada ao atendimento preferencial, alocação de espaço para atendimento exclusivo no balcão ou implantação de outro serviço para atendimento personalizado.
>
> Parágrafo único. No caso de prenotação de título, para cumprimento do princípio da prioridade, contido no art. 186 da Lei de Registros Públicos (Lei nº 6.015, de 1973), o atendimento será efetuado rigorosamente pela ordem de chegada, independentemente do estado ou condição do apresentante.

Para concluir, convém também ilustrar a ideia de Gilberto Silva Valente sobre a prioridade: "a) registrado o título prioritário, no dia seguinte, o outro título não pode ser registrado, porque contraditório; b) não registrado o título prioritário, por defeito ou dúvida, o segundo título terá seu registro postergado sempre para o dia seguinte ao do encerramento do prazo para o acertamento do título que goza da precedência e só será registrado se aquela decair de seu direito. Daí afirmar que a prioridade consiste no direito assegurado ao que primeiro protocolizou o título, de, uma vez preenchidas as formalidades legais, vê-lo registrado precedentemente e com exclusão de outro que lhe seja contraditório" (SILVA, Gilberto Valente da. *A Prenotação* [s. l.: s. n]).

1.1 PROTOCOLO ELETRÔNICO

Questionava-se se a recepção dos títulos ingressados na forma eletrônica poderia ser feita também fora do expediente.

Sobre o tema, Luciano Passareli compartilhou primeiras impressões: "no âmbito do Registro de Imóveis, enquanto não houver alteração dos artigos 9º e 10 da Lei de Registros Públicos, penso que o sistema deverá disponibilizar a recepção de títulos por via eletrônica exclusivamente durante o horário de expediente. Isso porque, malgrado o artigo 9º refira que os 'registros' praticados fora do horário do expediente são nulos, o corolário do registro é a protocolização do título, sendo desarrazoado interpretar que o título pode ser prenotado fora do horário regulamentar. Ademais, o artigo 10 robustece essa ideia, já que alude aos títulos 'apresentados no horário regulamentar'. Outro argumento acerca da impossibilidade de prenotação de títulos recepcionados eletronicamente fora do horário do expediente é que isso criaria uma patente desigualdade entre os usuários com acesso às mídias eletrônicas e aqueles sem acesso, por hipossuficiência, que poderiam por isso restarem prejudicados no concurso do contraditório" (*Protocolo eletrônico – primeiras reflexões*. Disponível em http://registradores.org.br/protocolo-eletronico-primeiras-reflexoes).

Este também é o pensamento de Eduardo Pacheco Ribeiro de Souza. Para ele a regulamentação do protocolo eletrônico deve restringir a sua utilização ao horário de expediente do registro imobiliário, estabelecendo condição de igualdade para os títulos em suportes diversos, que conviverão no sistema registral por muito tempo. Anote-se que há vários títulos que acedem ao registro imobiliário, previstos de forma enunciativa no art. 221 da Lei 6.015/73, de natureza pública ou particular, não podendo o interessado, muitas vezes, optar pelo suporte em que será produzido seu título (por exemplo, um título judicial ou um termo administrativo). Não estando sequer ao alcance do interessado a escolha entre a produção de um título eletrônico ou em suporte papel, não se pode permitir que, durante a noite ou em um feriado, ingresse um título por via eletrônica que terá prioridade sobre o título em suporte papel já em mãos do interessado, mas impossibilitado de apresentá-lo por não ser horário de expediente. Não podemos afirmar, apesar de toda a evolução, que em dado momento todos os títulos serão eletrônicos, e que todos terão acesso às mais modernas mídias, o que exige cautela na regulamentação do protocolo eletrônico (O protocolo eletrônico no Registro de Imóveis. Algumas considerações (Disponível em https://arisp.files.wordpress.com/2009/11/protocolo-eletronico-no-registro-imobiliario-eduardo-pacheco.pdf).

Com o **Provimento 89/2019 do CNJ** que regulamenta o Sistema de Registro Eletrônico de Imóveis – SREI, o Serviço de Atendimento Eletrônico Compartilhado – SAEC, o acesso da Administração Pública Federal às informações do SREI e estabelece diretrizes para o estatuto do Operador Nacional do Sistema de Registro Eletrônico – ONR, nota-se que o protocolo eletrônico já é uma realidade. Na mesma direção, o Código Nacional de Normas. Veja-se:

> Art. 329. O valor do serviço de **protocolo eletrônico** de títulos é definido pelo valor da prenotação constante da Tabela de Custas e Emolumentos de cada unidade da Federação, que será pago no ato da remessa do título.
>
> § 1.º Após a prenotação o oficial do Registro de Imóveis promoverá a qualificação da documentação e procederá da seguinte forma:
>
> I – quando o título estiver apto para registro e/ou averbação os emolumentos serão calculados e informados ao apresentante, para fins de depósito prévio. Efetuado o depósito os procedimentos registrais serão finalizados, com realização dos registros/averbações solicitados e a remessa da respectiva certidão contendo os atos registrais efetivados;
>
> II – quando o título não estiver apto para registro e/ou averbação será expedida a Nota de Devolução contendo as exigências formuladas pelo oficial do Registro de Imóveis, que será encaminhada ao apresentante, vedadas exigências que versem sobre assentamentos da serventia ou certidões que são expedidas gratuitamente pela Internet; e
>
> III - cumpridas as exigências de forma satisfatória, proceder-se-á de conformidade com o inciso I. Não se conformando o apresentante com as exigências ou não as podendo satisfazer, poderá encaminhar, na mesma plataforma, pedido de suscitação de dúvida, para os fins do art. 198 e dos seguintes da Lei de Registros Públicos.
>
> § 2.º Os atos registrais serão lavrados após a qualificação positiva e dependerão de depósito prévio, que será efetuado diretamente ao oficial do Registro de Imóveis a quem incumbe a prática do ato registral.
>
> § 3.º Fica autorizada a devolução do título sem a prática dos atos requeridos, caso o depósito prévio não seja efetuado durante a vigência da prenotação.

Sobre o tema, agrega mencionar ainda o Provimento CNJ n. 180/2024, que incluiu o art. 329 do CNN:

> Art. 329-A A Lista de Serviços Eletrônicos Confiáveis do Registro de Imóveis - LSEC-RI descreverá os serviços considerados confiáveis pelo ONR, e conterá, pelo menos, os serviços de assinatura eletrônica constantes:
>
> I - da ICP-Brasil
>
> II – da Lista de Serviços Eletrônicos Confiáveis do Registro Civil do Brasil – LSEC-RCPN, instituída pelo artigo Art. 228-F;
>
> III – da Plataforma gov.br, mediante reconhecimento facial ou certificado digital de níveis prata ou ouro;
>
> IV – do Sistema de Autenticação Eletrônica do Registro Civil – IdRC, instituída pelo art. 228-B;
>
> V – do e-Notariado
>
> § 1º LSEC-RI poderá adotar o sistema de autenticação eletrônica do Registro Civil (IdRC) e aceitar serviços inclusos na Lista de Serviços Eletrônicos Confiáveis do Registro Civil do Brasil (LSEC-RCPN).
>
> § 2º A LSEC-RI será mantida, atualizada e publicada pelo ONR.
>
> § 3º A LSEC-RI será regulamentada mediante Instrução Técnica de Normalização (ITN), expedida pelo ONR, que poderá alterar, incluir e excluir serviços nela previstos, bem como disciplinar a extensão do acesso das assinaturas previstas neste artigo ao Sistema de Registro Eletrônico de Imóveis - SREI.

Para acrescentar, o art. 326 do Código Nacional de Normas estabelece que os títulos recepcionados serão prenotados observada a ordem rigorosa de remessa eletrônica, devendo ser estabelecido o controle de direitos contraditórios, para fins de emissão de certidões e de tramitação simultânea de títulos contraditórios, ou excludentes de direitos sobre o mesmo imóvel.

Algumas normativas estaduais também possuem regras sobre o tema. É o caso do Estado de São Paulo, que no Capítulo XX tem uma subseção que trata especificamente do protocolo eletrônico. Vale a leitura:

Subseção VII
Do Protocolo Eletrônico de Títulos (e-Protocolo)

256. Os procedimentos previstos nesta subseção poderão ser feitos sob a forma eletrônica, por meio da Central de Serviços Eletrônicos Compartilhados dos Registradores de Imóveis (Central Registradores de Imóveis), cumpridos os requisitos previstos nestas normas para o acesso de títulos ao Protocolo Eletrônico de Títulos (eProtocolo).

326. O Serviço de Registro Eletrônico de Imóveis (SREI) será prestado aos usuários externos por meio de plataforma única na internet que funcionará no Portal Eletrônico da Central de Serviços Eletrônicos Compartilhados dos Registradores de Imóveis (Central Registradores de Imóveis), desenvolvido, operado e administrado pela Associação dos Registradores Imobiliários de São Paulo (ARISP), composto dos seguintes módulos e submódulos:

I – Ofício Eletrônico;

II – Penhora Eletrônica de Imóveis (Penhora Online);

III – Certidão Digital;

IV – Matrícula Online;

V – Pesquisa Eletrônica;

VI – Protocolo Eletrônico de Títulos (e-Protocolo);

VII – Repositório Confiável de Documento Eletrônico (RCDE);

VIII – Acompanhamento Registral Online;

IX – Monitor Registral;

X – Correição Online (Acompanhamento, controle e fiscalização);

XI – Cadastro de Regularização Fundiária Urbana; e

XII – Cadastro de Regularização Fundiária Rural;

XIII – Central de Indisponibilidade de Bens;

XIV – Averbação de cancelamento online

365. A postagem e o tráfego de traslados e certidões notariais e de outros títulos, públicos ou particulares, elaborados sob a forma de documento eletrônico, para remessa às serventias registrais para prenotação (Livro nº 1 – Protocolo) ou exame e cálculo (Livro de Recepção de Títulos), bem como destas para os usuários, serão efetivados por intermédio da Central Registradores de Imóveis.

366. Os documentos eletrônicos apresentados aos serviços de registro de imóveis deverão atender aos requisitos da Infraestrutura de Chaves Públicas Brasileira (ICP-Brasil) e à arquitetura e-PING (Padrões de Interoperabilidade de Governo Eletrônico) e serão gerados, preferencialmente, no padrão XML (Extensible Markup Language), padrão primário de intercâmbio de dados com usuários públicos ou privados e PDF/A (Portable Document Format/Archive), ou outros padrões atuais compatíveis com a Central de Registro de Imóveis e autorizados pela Corregedoria-Geral da Justiça de São Paulo.

366.1. É permitida a recepção para registro de imagens de documentos, preferencialmente no formato PDF, ou padrão mais atual a ser definido pela Central Registradores e autorizado pela Corregedoria-Geral da Justiça, desde que o acesso ao original nato digital possa ser realizado para conferência através de sites confiáveis.

366.2. O Oficial Registrador deverá verificar se o titular do certificado digital utilizado no traslado ou certidão eletrônicos é tabelião, substituto ou preposto autorizado, ou tinha essa condição à época da assinatura do documento, procedimento denominado verificação de atributo, mediante consulta à base de dados do Colégio Notarial do Brasil.

366.3. A consulta à base de dados do Colégio Notarial do Brasil para verificação de atributo poderá ser automatizada e realizada pela Central Registradores de Imóveis.

366.4. A consulta será dispensada caso o documento eletrônico contenha, além do Certificado Digital do tabelião, substituto ou preposto autorizado, Certificado de Atributo, em conformidade com a ICP-Brasil.

366.5. A recepção de instrumentos públicos ou particulares, em meio eletrônico, quando não enviados sob a forma de documentos estruturados segundo prevista nestas Normas, somente será admitida para o documento digital nativo (não decorrente de digitalização) que contenha a assinatura digital de todos os contratantes.

366.6. Documentos notarias digitais, decorrentes de digitalização de documentos físicos, somente podem ser recepcionados pela Central Registradores se adotado, preferencialmente, o padrão PDF/A e se a assinatura, via CENAD, e o atributo do subscritor puderem ser verificadas na Central de serviços do Colégio Notarial do Brasil.

367. A partir da entrada em funcionamento do Protocolo Eletrônico de Títulos (e-Protocolo), os Oficiais de Registro de Imóveis verificarão, obrigatoriamente, na abertura e no encerramento do expediente, bem como, pelo menos, a cada intervalo máximo de 2 (duas) horas, se existe comunicação de remessa de título para prenotação ou protocolo para exame e cálculo, mediante importação PDF/A ou do XML.

368. Sem implicar em dispensa do acompanhamento periódico obrigatório, o sistema poderá gerar, avisos eletrônicos ao oficial destinatário, a título de cautela, de que existe solicitação pendente.

368.1. O título apresentado em arquivo eletrônico, disponível ao oficial do registro de imóveis na Central Registradores de Imóveis, poderá ser baixado (download) mediante importação para o sistema da serventia, ou materializado, mediante impressão do arquivo PDF/A ou do arquivo decorrente da conversão do arquivo XML para PDF/A, hipótese em que, na impressão constará certidão de que o documento foi obtido diretamente na Central Registradores de Imóveis, e que foram verificados sua origem, integridade e elementos de segurança do certificado digital com que foi assinado.

368.2. O documento digital em PDF/A ou XML, com certificado ICP-Brasil, deverá ser arquivado em sistema de Gerenciamento Eletrônico de Documentos (GED).

368.3. As serventias que optarem por solução de comunicação via WebService estão dispensadas da verificação continuada, atendidas as determinações e normas técnicas de segurança utilizadas para integração de sistemas definidas pela Central Registradores de Imóveis.

368.4. O título eletrônico poderá também ser apresentado direta e pessoalmente na serventia registral em dispositivo de armazenamento portátil (CD, DVD, cartão de memória, pendrive etc.), vedada a recepção por correio eletrônico (e-mail), serviços postais especiais (SEDEX e assemelhados) ou download em qualquer outro site.

369. Realizar-se-á protocolo do título eletrônico no Livro nº 1 (prenotação) ou protocolo no Livro de Recepção de Títulos (exame e cálculo), observando-se a ordem de apresentação.

370. Os emolumentos devidos pela prenotação ou pelo exame e cálculo serão pagos no ato da remessa. Caso o título prenotado seja devolvido para o cumprimento de exigências e reapresentado dentro do prazo de validade, o valor da prenotação será descontado do valor cobrado pelo ato registral.

371. O Oficial fará jus ao valor da prenotação se o título prenotado for devolvido para cumprimento de exigência, e se a qualificação e emissão da respectiva nota ocorrerem dentro do prazo previsto no item 41.

372. A qualificação será levada a efeito pelo Oficial de Registro de Imóveis, no prazo previsto no item 41 do capítulo XX das Normas de Serviço da Corregedoria-Geral da Justiça. Mostrando-se o título apto para os atos registrais, o Oficial deverá informar o valor dos emolumentos em campo próprio, e aguardar o depósito para a prática do ato. Caso existam exigências a serem satisfeitas, deverá anexar nota de devolução.

373. Os atos registrais somente serão lavrados após a qualificação positiva e dependerão de depósito prévio, mediante recolhimento do valor constante de boleto a ser impresso por meio do próprio sistema, ou utilização, pelo interessado, de crédito adquirido na Central Registradores de Imóveis.

373.1. O depósito prévio poderá também ser efetuado diretamente ao Oficial a quem incumbe a prática do ato registral e o pagamento deverá ser lançado no sistema, na mesma data.

374. Fica autorizada a devolução do título sem a prática dos atos requeridos, caso o depósito prévio não seja realizado durante a vigência da prenotação.

A temática do "Registro Eletrônico de Imóveis – SREI" foi previamente abordada e detalhada nos comentários do art. 3º desta obra.

2. JURISPRUDÊNCIA COMPLEMENTAR

TRIBUNAL DE JUSTIÇA DO ESTADO DO RIO GRANDE DO SUL

EMENTA: Ação reinvindicatória. Ante duplicidade de registro sobre mesma área, prevalece o de origem mais antiga. Princípio da prioridade, c/c o princípio da inscrição. Evidenciado, ainda, que área pertencente ao poder público tem outra localização, descabe a condenação do município aos ônus sucumbenciais. Apelo do município provido. Apelo dos réus improvido" (TJRS, 2 Câmara Cível, Apelação Cível 596185512, rel. Henrique Osvaldo Poeta Roenick, *DJU* 19.02.1997)

TRIBUNAL DE JUSTIÇA DO ESTADO DE MINAS GERAIS

EMENTA: Penhora. Registro. Prenotação. Pendência. Prazo legal. Validade. A prenotação do título não tem o efeito de registro nem o substitui. Consiste no lançamento do título no protocolo, para assegurar a prioridade de direitos para o apresentante (Lei 6.015/1973, arts. 12, 182 e seguintes), caducando se o título é devolvido sem que suscitada dúvida ou se em trinta dias o interessado não houver atendido às exigências para a efetivação do registro" (TJMG, Apelação Cível 000.202.908-0.00, Comarca de Belo Horizonte, rel. Des. Paris Peixoto, por unanimidade, *DJU* 08.05.2001).

TRIBUNAL DE JUSTIÇA DO ESTADO DE SÃO PAULO CONSELHO SUPERIOR DA MAGISTRATURA

EMENTA: REGISTRO DE IMÓVEIS – Suscitação de dúvida inversa após o prazo de prenotação – Necessidade de renovação da validade da documentação apesar do equivocado não recebimento da dúvida comum – Descrição precária na matrícula e título – Princípio da Especialidade Objetiva – Impossibilidade do ingresso do título no fólio real – Recurso não provido (APELAÇÃO CÍVEL Nº 9000002-06.2011.8.26.0655, da Comarca da VÁRZEA PAULISTA). Trata-se de apelação interposta contra r. sentença que reconheceu impossibilidade do registro de Escritura Pública de Compra e Venda referentemente ao imóvel constante da matrícula nº (...) em razão da precariedade de sua descrição. Sustentam os apelantes a possibilidade do registro ante a correção da descrição do imóvel e do cumprimento das exigências do Oficial do Registro Imobiliário (a fls. 64/73). A Douta Procuradoria Geral de Justiça opinou pelo não provimento do recurso (a fls. 85/89). É o relatório. Apesar da MM. Juíza Corregedora Permanente haver julgado formalmente improcedente a dúvida inversa, substancialmente a decisão administrativa entendeu procedente a recusa do Oficial em efetuar o Registro. O art. 203 da Lei dos Registros Públicos não efetua distinção entre a dúvida comum e inversa, portanto, a dúvida foi julgada procedente a par do equívoco material mencionado. A Escritura Pública de Compra e Venda foi apresentada para registro pelo Tabelião que a lavrou, havendo exigências, os compradores as cumpriram parcialmente e requereram a suscitação de dúvida, a qual não foi recebida pelo Oficial do Registro Imobiliário sob o fundamento daqueles não serem os apresentantes do título. O art. 198, *caput*, da Lei 6.015/73 dispõe: *Havendo exigência a ser satisfeita, o oficial indicá-la-á por escrito. Não se conformando o apresentante com a exigência do oficial, ou não a podendo satisfazer, será o título, a seu requerimento e com a declaração de dúvida, remetido ao juízo competente para dirimi-la, obedecendo-se ao seguinte:* (grifos nossos). A interpretação da palavra *apresentante* não pode ser limitada ao que protocolou o título para registro e sim àqueles com interesse jurídico na dedução da dúvida, portanto, havia interesse jurídico dos compradores no registro para aquisição da propriedade e, igualmente, para pugnarem pelo início da dúvida. Assim, competia o processamento da dúvida e não seu indeferimento, como ocorreu. Não obstante, os ora apelantes foram cientificados do não recebimento da dúvida em dezembro de 2010 e somente ingressaram com o pedido de dúvida inversa em março de 2011 (a fls. 32/33 e 02). Ao tempo do protocolo da dúvida inversa já havia transcorrido o prazo da primeira prenotação, portanto, inviável o seguimento deste processo como a dúvida cujo processamento foi indeferido, mas sim dúvida inversa, devidamente prenotada. Em virtude disso não é cabível o aproveitamento dos prazos de validade da documentação relativos à dúvida suscitada perante a serventia extrajudicial. Estabelecida natureza jurídica deste processo administrativo de dúvida inversa, seguimos com seu exame. As certidões apresentadas ao tempo do protocolo da dúvida inversa (10/03/2011) não mais atendem o ditame legal de atualidade constante dos artigos 197 e 229 da Lei nº 6.015/73, porquanto expedidas em 16/12/2010 e 17/12/2010 (a fls. 26/27). Por força da falta de certidões atuais, como determina a lei, é o caso do não provimento deste recurso administrativo. Apesar dessas questões não terem sido examinadas de forma direta na decisão recorrida, aquela está sujeita ao poder hierárquico de revisão das decisões administrativas. Além disso, as normas legais invocadas são de ordem pública não podendo ser convalidadas. Caso fosse possível o exame do mérito do recurso, da mesma forma, não caberia provimento ao recurso. A descrição do imóvel contida na matrícula nº 79.808 somente refere existência de desmembramento do qual foram originados dezesseis lotes de terreno, dentre eles o 1-F, conforme cadastro municipal sem maior detalhamento (a fls. 26), o que não é suprido pela certidão negativa de ônus reais. Noutra quadra, na escritura pública é mencionado o lote (1-F), a metragem (250 metros quadrados) e que faz frente para rua Carnaúba, tudo em conformidade à matrícula. A documentação existente não supre o princípio da especialidade objetiva na forma dos artigos 225 e 176 da Lei nº 6.015/73 por não permitir a compreensão da exata localização física do imóvel. Seguindo essa determinação legal, o item 48, do Capítulo XX, das Normas de Serviço da Corregedoria Geral da Justiça, dispõe: *48. A identificação e caracterização do imóvel compreendem: I – se urbano: a) localização e nome do logradouro para o qual faz frente; b) o número, quando se tratar de prédio; ou, sendo terreno, se fica do lado par ou ímpar do logradouro, em que quadra e a que distância métrica da edificação ou da esquina mais próxima; ou número do lote e da quadra, se houver; c) a designação cadastral, se* *houver. II – se rural, o código do imóvel e os dados constantes do CCIR, a localização e denominação; III – o distrito em que se situa o imóvel; IV – as confrontações, com menção correta do lado em que se situam, inadmitidas expressões genéricas, tais como "com quem de direito", ou "com sucessores" de determinadas pessoas;V – a área do imóvel.* Nessa ordem de ideias, não seria possível o acesso do título apresentado à tábua registral, como decidiu a MM Juíza Corregedora Permanente, em virtude da deficiente descrição em afronta ao Princípio da Especialidade Objetiva. Pelo exposto, nego provimento ao recurso. JOSÉ RENATO NALINI, Corregedor Geral da Justiça e Relator(D.J.E. de 29.01.2013 – SP).

3. QUESTÕES DE CONCURSOS

01. (VUNESP - 2023 - TJ-AL - Titular de Serviços de Notas e de Registros – Provimento) Em relação aos títulos apresentados ao Oficial de Registro de Imóveis é correto afirmar:

a) Os títulos devem ser lançados no Livro nº 1 – Protocolo, com o respectivo número de ordem, que determinará a prioridade do título e a preferência dos direitos reais, exceto os títulos apresentados apenas para exame e cálculo dos respectivos emolumentos.

b) Todos os títulos, sem exceção, devem ser lançados no Livro nº 1 – Protocolo, com o respectivo número de ordem que determinará a prioridade do título e a preferência dos direitos reais.

c) Os títulos devem ser lançados exclusivamente no Livro Especial de Controle Geral de Precedência, a cargo dos Oficiais do Registro de Imóveis, que adotarão o melhor regime interno a fim de garantir, assim, a ordem de precedência, prioridade e preferência dos direitos reais.

d) Os oficiais podem obstar a inscrição de títulos no Livro nº 1 – Protocolo quando se depararem com qualquer exigência fiscal ou quando ele tiver dúvida, ocasião em que a suscitará perante o juízo competente.

02. (IESES – Titular de Serviços de Notas e Registros – TJ – TO – Provimento/2022) Um dos requisitos da escrituração do Livro 1- protocolo- no registro de imóveis é:

a) A natureza formal do título.

b) O valor do negócio jurídico realizado.

c) A hora, em minutos e segundos, da apresentação.

d) A qualificação dos terceiros interessados.

03. (EJEF – Tabelionato e Registro-MG/2007) No Registro de Imóveis faz-se o apontamento dos títulos:

a) no Livro 2 – Títulos sujeitos a protesto.

b) no Livro 1 – Prenotação.

c) no Livro 1 – Apontamentos.

d) no Livro 1 – Protocolo.

04. (TJ-SC – Notário-SC/2008) Nos serviços de Registros de Imóveis, o Livro nº 1 (Protocolo) é destinado a:

a) Determinar a prioridade do registro em caso de permuta de imóveis pertencentes à mesma circunscrição imobiliária.

b) Promover o registro, no mesmo dia, de títulos pelos quais se constituam direitos reais contraditórios sobre o mesmo imóvel.

c) Indicação da numeração sequencial de matrícula dos títulos apresentados.

d) Apontamento de títulos apresentados apenas para exame e cálculo dos respectivos emolumentos.

e) Prenotação dos títulos, com numeração de ordem que lhes competir em razão da sequência rigorosa de sua apresentação.

05. (IESES – Cartório – TJ – RS/2013) Após protocolo e exame de Mandado de Penhora Trabalhista, verificou-se que o título apresentado atendeu perfeitamente ao princípio da especialidade objetiva. Todavia, após leitura da matrícula, foi constatado que o executado não é titular de direitos reais sobre o imóvel indicado, seu estado civil não foi indicado no título, o qual também não contém informação a respeito da nomeação de depositário. Com a comunicação da Nota Devolutiva, nova ordem judicial foi recebida, reiterando o mandado anteriormente protocolado, para cumprimento integral, sem suprir quaisquer das exigências apontadas na Nota Devolutiva, com a observação de que o descumprimento será considerado "crime de desobediência", sujeito também à pena de multa, na forma do art. 14 do Código de Processo Civil. Diante disso, o registrador deverá:

a) Manter a exigência realizada, visto que a qualificação negativa de títulos de origem judicial não configura crime qualquer.

b) Efetuar o registro, com fundamento no princípio da autotutela, corrigindo erro anterior, pois deveria ter franqueado acesso ao título desde o primeiro momento, eis que a penhora é ato para cuja prática a legislação dispensa o exame de qualificação.

c) Efetuar o registro, reconhecendo a supremacia da hipoteticamente mais pálida das decisões jurisdicionais sobre a mais brilhante e admirável das decisões de caráter administrativo.

d) Manter a exigência realizada e peticionar ao Juízo seu ingresso na relação processual, a fim de zelar pela regularidade dos registros.

06. (IESES – Cartório – Provimento – TJ – RO/2017) Assinale a alternativa correta:

a) De acordo com a Lei n. 6.015/1973, a fim de preservar o princípio da prioridade, serão obrigatoriamente registrados, no mesmo dia, todos os títulos, mesmo quando constituam direitos reais contraditórios sobre o mesmo imóvel, devendo o tema, posteriormente ao registro, ser levado ao conhecimento da Corregedoria-Geral da Justiça, para sanar a contradição.

b) De acordo com a Lei n. 6.015/1973, o registro será feito pela simples exibição do título, mas sempre dependente da juntada contemporânea dos respectivos extratos, sob pela de nulidade.

c) De acordo com a Lei n. 6.015/1973 prevalecerão, para o efeito de prioridade de registro, quando apresentados no mesmo dia, os títulos prenotados no Protocolo sob número de ordem mais baixo, protelando-se o registro dos apresentados posteriormente, pelo prazo correspondente a, pelo menos, um dia útil.

d) Conforme o disposto na Lei n. 6.015/1973, havendo exigência a ser satisfeita, o oficial indicá-la-á por escrito ou verbalmente, nesta última hipótese quando se tratar de imóvel de valor igual ou inferior a 100 (cem) salários mínimos nacionais. Não se conformando o apresentante com a exigência do oficial, ou não a podendo satisfazer, será o título, de ofício e com a declaração de dúvida firmada pelo Registrador, remetido ao juízo competente para dirimi-la.

GAB	1	A	2	A	3	D	4	E	5	C	6	C

Art. 175. São requisitos da escrituração do Livro nº 1 – Protocolo:

I – o número de ordem, que seguirá indefinidamente nos livros da mesma espécie;

II – a data da apresentação;

III – o nome do apresentante;

IV – a natureza formal do título;

V – os atos que formalizar, resumidamente mencionados.

1. COMENTÁRIOS

O Livro Protocolo é escriturado em **cinco colunas**. Na **primeira coluna**, temos o ***número de ordem***, que seguirá indefinidamente. Iniciou-se pelo número 01, quando a Lei 6.015/1973 entrou em vigor, ou seja, dia 01 de janeiro de 1976.

Observa Francisco José Rezende dos Santos que "a protocolização é feita por título. Se em um mesmo título existir mais de um negócio jurídico, por exemplo, uma compra e venda com alienação fiduciária, o título receberá um só número de ordem no livro de protocolo, mesmo gerando dois registros. Da mesma forma, se de um mesmo título constarem vários imóveis, por exemplo, a compra e venda de diversos lotes, o título somente receberá um número de ordem no protocolo" (*Lei de Registros Públicos comentada*. Rio de Janeiro: Forense, 2019, p. 986).

A **segunda coluna** traz da ***data da protocolização***. Quando o Oficial de Registros for fazer a análise de um título prenotado no Registro de Imóveis, prevalece o entendimento de que devem ser aplicados os apontamentos legais **vigentes** no momento do registro, e os da data da lavratura da escritura. Equivale dizer, para fins de registro, não importa o momento da celebração do contrato, uma vez que é na data da sua apresentação ao registro que o título é analisado.

Trata-se da consagração do **princípio do *tempus regit actum***, que apregoa que a qualificação registral é feita pelo que se encontra estampado na matrícula no **momento da apresentação do título**, sendo **irrelevante os negócios jurídicos extratabulares**. Em outras palavras, não interessa a data da confecção do título causal, seja ele judicial, administrativo ou extrajudicial, e sim a data em que este título ingressou no registro imobiliário.

É entendimento na doutrina e na jurisprudência que todos os títulos, judiciais ou extrajudiciais, submetem-se à qualificação registrária, aplicando-se os princípios e normas formais da legislação específica vigentes à época e no momento do seu ingresso no Registro. E, por força do princípio do *tempus regit actum*, os requisitos do registro devem estar preenchidos na data da prenotação. É atribuição e dever do Oficial Registrador proceder à qualificação registrária do título no instante da sua apresentação independentemente da época em que foi lavrado.

O princípio do *tempus regit* é corolário do princípio da prioridade. Ademais, o princípio da prioridade e o *tempus regit actum* atuam como sanções àqueles que não publicizam suas aquisições. Quem compra e não registra assume o risco de ocorrer superveniência de lei nova que venha a inviabilizar o registro de seu título.

Estes dois princípios também encontram respaldo no art. 1.246 do Código Civil, cuja redação é a seguinte:

> **Art. 1.246.** O registro é eficaz desde o momento em que se apresentar o título ao oficial do registro, e este o prenotar no protocolo.

O art. 188 foi alterado pela Lei n. 14.382/2022, trazendo a redução dos prazos para a qualificação registral.

Como regra geral, o prazo para de **30 (trinta) dias**. Com a atual redação do dispositivo, passa a ser de **10 (dez) dias**. Passado esse prazo, é imperioso que o Oficial Registrador proceda ao registro, caso a qualificação seja positiva, ou profira uma nota devolutiva, na hipótese de qualificação negativa. Caso não haja exigências, os títulos deverão ser registrados, no prazo de 20 dias úteis (LRP, art. 205), nestes termos: "cessarão automaticamente os efeitos da prenotação se, decorridos 20 dias da data do seu lançamento no Protocolo, o título não tiver sido registrado por omissão do interessado em atender às exigências legais".

Na contagem do prazo para a prenotação, exclui-se o primeiro e inclui-se o último dia. A Lei 14.382/2022 definiu que a contagem de prazos deve ser em **dias úteis** e não mais em dias corridos (art. 9º, § § 1º e 2º, da LRP).

No que tange à exceção ao prazo de dez dias, note-se que o próprio art. 188 excepciona essa regra. Assim, **se não houver exigências** ou **falta de pagamento de custas e emolumentos**, o registro deverá ser feito no prazo de **5 (cinco) dias** para:

a) as escrituras de compra e venda sem cláusulas especiais, os requerimentos de averbação de construção e de cancelamento de garantias;

b) os documentos eletrônicos apresentados por meio do Serp; e

c) os títulos que reingressarem na vigência da prenotação com o cumprimento integral das exigências formuladas anteriormente.

Ademais, configura exceção ao prazo de dez dias úteis para a qualificação registral, os arts. 189, 190, 191 e 192 da Lei n. 6.015/1973:

> **Art. 189, LRP.** Apresentado título de segunda hipoteca, com referência expressa à existência de outra anterior, o oficial, depois de prenotá-lo, aguardará durante 30 (trinta) dias que os interessados na primeira promovam a inscrição. Esgotado esse prazo, que correrá da data da prenotação, sem que seja apresentado o título anterior, o segundo será inscrito e obterá preferência sobre aquele.
>
> **Art. 190, LRP.** Não serão registrados, no mesmo dia, títulos pelos quais se constituam direitos reais contraditórios sobre o mesmo imóvel.
>
> **Art. 191, LRP.** Prevalecerão, para efeito de prioridade de registro, quando apresentados no mesmo dia, os títulos prenotados no Protocolo sob número de ordem mais baixo, protelando-se o registro dos apresentados posteriormente, pelo prazo correspondente a, pelo menos, um dia útil.
>
> **Art. 192, LRP.** O disposto nos arts. 190 e 191 não se aplica às escrituras públicas, da mesma data e apresentadas no mesmo dia, que determinem, taxativamente, a hora da sua lavratura, prevalecendo, para efeito de prioridade, a que foi lavrada em primeiro lugar.

Assim, percebe-se que o prazo previsto no art. 188 desta lei só pode ser excepcionado por previsão legal ou determinação da Corregedoria-Geral de Justiça de cada Estado. Outros exemplos podem ser citados, como o procedimento de suscitação de dúvida, loteamentos (Lei nº 6.766/1979), art. 237-A, § 2º, LRP, notificação de alienação fiduciária, retificação administrativa, registro Torrens, hipoteca de segundo grau, bem de família, entre outros.

Temos ainda outra exceção prevista no parágrafo único do art. 205 da Lei nº 6.015/1973, que estabelece que, nos procedimentos de regularização fundiária de interesse social, os efeitos da prenotação cessarão após 40 dias de seu lançamento no protocolo. Existe uma doutrina que entende que este prazo se aplica aos casos da Reurb-S (Interesse Social). No entanto, para a Reurb-E (Interesse Específico), o prazo seria de 60 dias, estipulado no art. 44, § 5º, da Lei nº 13.465/2017.

Há quem defenda que a **sucessiva prenotação** de um título poderia impedir o registro de outro título, sobre o mesmo imóvel. José Roberto Ferreira discorre sobre o assunto: "Há, por assim dizer, uma fila de precedência, quem dela é excluído e considerado inabilitado poderá retornar, mas o fará após os outros, que nela já se encontravam no momento de sua desqualificação" (*Notas sobre a prenotação. Boletim do IRIB*, São Paulo, nº 179, p. 2, abr. 1994). Algumas normativas estaduais estabelecem que, no caso de prenotações sucessivas de títulos contraditórios ou excludentes, será criada fila de precedência. Após cessados os efeitos da primeira prenotação, terá prioridade o título detentor do número de ordem imediatamente posterior.

A **terceira coluna** consiste na ***indicação do nome do apresentante***. Neste caso, existe relação entre o aludido requisito e o **princípio da instância** ou da **rogação** ou **reserva iniciativa.**

Do art. 13 da Lei de Registros Públicos extrai-se tal princípio, segundo o qual o registrador somente pode praticar registros e averbações se solicitado pelo interessado.

Todos os títulos que forem apresentados à qualificação do Oficial deverão conter expressa ou implicitamente a autorização para se proceder os atos requeridos.

Por sua vez, o art. 217 também consagra o princípio da instância, ao dispor que o registro e a averbação poderão ser provocados por qualquer pessoa, incumbindo-lhe as despesas respectivas.

Afrânio de Carvalho, ao comentar sobre o princípio da rogação, sugere que:

> "Em vez de aludir a "qualquer interessado", a nova Lei do Registro declara que a inscrição pode ser provocada por "qualquer pessoa", o que não é exato, bastando para comprová-lo, lembrar a inscrição da hipoteca legal ou da judicial. Daí a interpretar-se a expressão nova como equivalente à antiga, em cuja generalidade cabe analiticamente: a) qualquer das partes que estipularam o negócio jurídico, como o disponente e o adquirente, em uma aquisição, o proprietário e o credor em uma hipoteca; b) o representante legal ou negocial de qualquer das partes, como o pai, a mãe, o tutor, o curador, o inventariante, o síndico, o gerente ou administrador de uma sociedade, o procurador; c) o mandatário tácito de qualquer das partes, entendendo-se como tal o portador dos títulos ao registro para a inscrição; d) o terceiro interessado em assegurar o direito que se deva inscrever, ou em cancelar o ônus de um direito inscrito, como, respectivamente, o credor de um herdeiro aquinhoado em partilha relativamente ao formal desta e o credor quirografário de um devedor hipotecário relativamente à quitação extintiva da hipoteca" (Op. cit., p. 271-272).

Na coluna ***natureza formal do título***, bastará referência à circunstância de se tratar de escritura pública, instrumento particular, título judicial ou título administrativo. Uma vez mais, Afrânio de Carvalho:

> "a forma do título se explica pela consideração de que, a despeito de assegurar a prioridade, o protocolo recebe os títulos mais no sentido instrumental, como documentos ou papéis, ao passo que o livro de inscrição os acolhe no sentido causal, como direitos inscritíveis. Daí poder o protocolo referir brevemente os títulos apenas pela sua forma (escritura pública, escritura particular, carta de sentença), enquanto o livro de inscrição deverá, mencioná-lo pela epígrafe legal do seu conteúdo, que se deverá encontrar no elenco dos direitos registráveis (compra e venda, permuta, doação, arrematação, hipoteca, etc.)" (Op. cit., p. 318).

E finalmente, a **última coluna** deve conter os ***atos que formalizar, resumidamente mencionados.*** O melhor ensinamento é o de Afrânio de Carvalho:

"assim, o requisito final da escrituração do protocolo requer o lançamento na coluna de anotações apenas do cancelamento da prenotação, restauradora da homogeneidade dos assentos de prioridade e do sobrestamento de outros títulos por exigência, dúvida ou espera do decurso de prazo legal, como os de anúncio de incorporação ou de loteamento. Quanto à maioria dos títulos, que não precisam sofrer essa retenção temporária, depois de prenotados no protocolo, são encaminhados diretamente para anotações nos indicadores real e pessoal, porque é por esses indicadores que se faz a busca, e não pelo protocolo" (Op. cit., p. 318-319).

Art. 176. O Livro nº 2 – Registro Geral – será destinado, à matrícula dos imóveis e ao registro ou averbação dos atos relacionados no art. 167 e não atribuídos ao Livro nº 3.

1. COMENTÁRIOS

O Livro nº 2, chamado Registro Geral, é formado pelas matrículas dos imóveis pertencentes à circunscrição imobiliária do respectivo registro. Os atos praticados neste livro, em seguida à matrícula do imóvel, devem dizer respeito unicamente àquele imóvel ali matriculado.

O art. 167 desta Lei estabelece, em *numerus clausulus (*art. 167, I) e em *numerus apertus* (art. 167, II), as atribuições do Registro Imobiliário, listando os atos que nele devem ser praticados a título de registro e averbação.

Este livro pode ser substituído por fichas. Caso o registrador decida não substituí-lo pelo sistema de fichas, poderão ser abertos e escriturados, concomitantemente, até dez livros de "Registro Geral", obedecendo, neste caso, a sua escrituração ao algarismo final da matrícula, sendo as matrículas de número final 1 feitas no Livro 2-1, as de final dois no Livro 2-2 e as de final três no Livro 2-3, e assim, sucessivamente.

A escrituração do Livro 2 é feita de forma narrativa, nos termos do art. 231, I, desta Lei, conforme segue:

Art. 231 – No preenchimento dos livros, observar-se-ão as seguintes normas: I – no alto da face de cada folha será lançada a matrícula do imóvel, com os requisitos constantes do art. 176, e no espaço restante e no verso, serão lançados por ordem cronológica e em forma narrativa, os registros e averbações dos atos pertinentes ao imóvel matriculado.

Sobre a matrícula, o tema será analisado logo adiante.

2. QUESTÕES DE CONCURSOS

01. (EJEF – Notário-MG/2011) Indique o(s) livro(s) do Registro Imobiliário no(s) qual(is) deverá ser averbada a Cédula de Crédito Imobiliária criada pela Lei nº 10.931/04.

a) Livro 1
b) Livros 2 e 3
c) Livro 2
d) Livro 3

02. (IESES – Cartório – Provimento – TJ – RO/2017) Assinale a alternativa correta:

a) No registro de imóveis, o Livro Indicador Real não poderá ser substituído por fichas.
b) No registro de imóveis, o Livro Registro Auxiliar não poderá ser substituído por fichas.
c) No registro de imóveis, o Livro Registro Geral poderá ser substituído por fichas.
d) No registro de imóveis, o Livro Protocolo poderá ser substituído por fichas.

GAB	1	C	2	C

§ 1º A escrituração do Livro nº 2 obedecerá às seguintes normas:

I – cada imóvel terá matrícula própria, que será aberta por ocasião do primeiro ato de registro ou de averbação caso a transcrição possua todos os requisitos elencados para a abertura de matrícula;

1. COMENTÁRIOS

O dispositivo em análise consagra o **princípio da unitariedade matricial**, significa dizer, cada imóvel será objeto de uma matrícula e cada matrícula descreverá apenas um imóvel. Tal princípio encontra-se expresso neste art. 176, § 1º. Percebe-se ainda, na redação do dispositivo, um prestígio ao **princípio da concentração**, uma vez que todos os atos relativos ao imóvel devem ser lançados em sua matrícula.

Nas palavras de Ricardo Henry Marques Dip, a unitariedade exige que "a matriz abranja a integralidade do imóvel, e que a cada imóvel corresponda única matrícula. A agregação de prédios contíguos supõe a unidade social ou econômica do todo, formado com a anexação dos imóveis antes autônomos, de sorte que não se vislumbra exceção à rígida concepção de unitariedade perfilhada pelo direito brasileiro. A expressão "cada imóvel" contida no referido artigo 176 da Lei 6.015/73 significa unidade territorial com continuidade de área, contornos definidos e individualizada de outras glebas" (*Da Unitariedade Matricial*, Revista de Direito Imobiliário nº 17/18 – Jan/Dez. de 1986).

Convém apresentar ainda a norma prevista no art. 337 do Código Nacional de Normas, a relativa à unicidade da matrícula. Para maior clareza, detalharei cada parte do artigo:

Artigo 337

Caput: Art. 337. Cada imóvel deverá corresponder a uma única matrícula (o imóvel não pode ser matriculado mais de uma vez), e cada matrícula a um único imóvel (não é possível que a matrícula se refira a mais de um imóvel), na forma do inciso I do § 1.º do art. 176 da Lei n. 6.015, de 31 de dezembro de 1973.

- **Regra da Unicidade:** Isso significa que um imóvel não pode ser matriculado mais de uma vez, e uma matrícula não pode se referir a mais de um imóvel. Esta regra está de acordo com o inciso I do § 1.º do art. 176 da Lei n. 6.015.

§ 1.º: Se o mesmo imóvel for objeto de mais de uma matrícula, o oficial de registro de imóveis representará ao juiz competente com proposta de bloqueio administrativo de todas (§ 3.º e § 4.º do art. 214 da Lei n. 6.015, de 31 de dezembro de 1973), e a abertura de nova matrícula dependerá de retificação.

- **Multiplicidade de Matrículas:** Se o mesmo imóvel tiver mais de uma matrícula, o oficial de registro de imóveis deve comunicar ao juiz competente, propondo o bloqueio administrativo de todas as matrículas existentes. Para abrir uma nova matrícula, será necessário realizar uma retificação.

§ 2.º: Se o imóvel estiver descrito por partes, em matrículas ou transcrições diversas, nova descrição unificada deverá ser obtida, se necessário, por meio de retificação, ressalvadas as hipóteses em que há regulamentação de tais situações pelas corregedorias-gerais de Justiça.

- **Imóveis Descritos por Partes:** Se um imóvel estiver descrito por partes em matrículas ou transcrições diversas, será necessária uma descrição unificada, obtida, se necessário, por meio de retificação. Exceções existem quando há regulamentação específica das corregedorias-gerais de Justiça para tais situações.

§ 3.º: Se houver mais de um imóvel na mesma matrícula, serão abertas matrículas próprias para cada um deles, ainda que a relativa descrição, de um ou de todos, não atenda por inteiro aos requisitos de especialidade objetiva ou subjetiva, caso em que o oficial de registro de imóveis também representará ao juízo competente com proposta de bloqueio administrativo daquelas que estiverem deficientes.

- **Mais de um Imóvel na Mesma Matrícula:** Se houver mais de um imóvel registrado na mesma matrícula, matrículas próprias serão abertas para cada imóvel. Mesmo que a descrição de um ou todos os imóveis não atenda completamente aos requisitos de especialidade objetiva ou subjetiva, o oficial de registro de imóveis deve comunicar ao juiz competente, propondo o bloqueio administrativo das matrículas deficientes.

Interpretação:

1. **Unicidade e Exclusividade:** A principal diretriz do artigo é que cada imóvel deve ter sua própria matrícula exclusiva, **evitando duplicidade de registros.**
2. **Correção de Anomalias:** Caso existam erros, como a duplicidade de matrículas ou a inclusão de mais de um imóvel em uma única matrícula, o artigo estabelece procedimentos para corrigir essas situações através de retificação e bloqueio administrativo.
3. **Participação Judicial:** Sempre que houver necessidade de correção ou bloqueio administrativo, a intervenção judicial é requerida para assegurar a legalidade e a correta manutenção dos registros imobiliários.

Tais normas artigo têm a finalidade de manter a integridade e a clareza dos registros de imóveis, prevenindo fraudes e erros que possam comprometer a segurança jurídica das transações imobiliárias.

A matrícula deve compreender o imóvel em sua integralidade, em razão disso, é irregular a abertura de matrícula para parte ideal.

Será, igualmente, irregular a abertura de matrícula de parte do imóvel, sobre a qual tenha sido instituída servidão, que, corretamente, deverá ser registrada na matrícula do imóvel todo.

A fração ideal é a parte do todo, caso em que se fosse matriculada, duas matrículas surgiriam ao mesmo tempo, a matrícula da fração ideal e a matrícula do todo, o que é expressamente vedado pelo novo sistema registral.

Nas palavras de Marcelo Augusto Santana de Melo, "é expressamente vedada a abertura de matrícula envolvendo parte ideal de imóvel, o que era possível no sistema das transcrições, onde se era transcrito o título que muitas vezes envolvia parte ideal de imóvel, devendo ser recomposto o imóvel todo para se abrir a matrícula" (*Breves anotações sobre o Registro de Imóveis.* Jus Navigandi, Teresina, ano 8, nº 429, 9 set. 2004. Disponível em: http://jus2.uol.com.br/doutrina/texto.asp?id=5669).

O Conselho Superior da Magistratura Paulista também vem decidindo pela inviabilidade da abertura da matrícula sem que se compreenda todas as partes do imóvel, ou seja, sua totalidade.

A matrícula de imóveis é considerada a principal inovação da Lei 6.015/1973. O sistema registral imobiliário brasileiro adotou o **fólio real** em substituição ao fólio pessoal.

O sistema de fólio real estabelece que todos os lançamentos de direitos reais são organizados em função do imóvel em relação ao qual estes direitos se refiram, enquanto o sistema de fólio pessoal preconiza que a organização se dá em razão das pessoas envolvidas na relação obrigacional independentemente do imóvel que esteja envolvido na transação.

Com a instauração do novo sistema registral imobiliário, qual seja, o fólio real, cada imóvel deve corresponder a uma matrícula, que via de regra será aberta no momento da efetivação do primeiro registro na vigência da Lei 6.015/1973. Alterou-se a lógica do sistema registral imobiliário ao optar pela matrícula, privilegiando o fólio real em detrimento do fólio pessoal (transcrição).

Assim, a matrícula passou a ser o núcleo do Registro de Imóveis não atingindo, entretanto, a essência do ato registral –, pois é a partir desta que agora ocorre a constituição, desconstituição e declaração dos direitos.

No dizer de Sérgio Jacomino, a matrícula no sentido lato de registro, é a primeira inscrição no fólio real, subentendendo-se:

a) que se trata de um registro jurídico – para afastar a ideia de que a matrícula seria tão-só um ato cadastral;

b) que estamos diante de um ato jurídico cuja consequência imediata é fixar o atributo de dominialidade, enunciando a situação jurídica do imóvel e;

c) que a matrícula, entendida como ato jurídico de inscrição, pode apresentar nítida distinção em relação ao fólio real, que é o suporte da inscrição.

A matrícula é **ato obrigatório** do Oficial Registrador e antecedente de qualquer registro. Será feita à vista dos elementos constantes do título apresentado e do registro anterior que constar do próprio cartório. Quando o título anterior estiver registrado em outro cartório, o novo título será apresentado juntamente com certidão atualizada, comprobatória do registro anterior, e da existência ou inexistência de ônus.

Ocorre que o inciso I em comento foi alterado pela Lei n. 14.382/2022. Na redação antiga, a abertura de matrícula só era autorizada quando da confecção de um **ato de registro.** No tocante aos **atos de averbação**, era permitida a sua feitura à margem de uma transcrição anterior.

Com a novidade dada pela Lei do SERP, cada imóvel terá matrícula própria, que será aberta por ocasião **não só do primeiro ato de registro**, como também de **averbação caso a transcrição possua todos os requisitos elencados para a abertura de matrícula.**

Em outras palavras, agora a regra geral é a **obrigatoriedade** da abertura de matrícula quando da prática **de qualquer ato, seja ele registro, seja averbação.**

Consequentemente, como regra geral, não será mais possível a realização de atos de averbação à margem de transcrições antigas.

A exceção é trazida pela Lei n. 14.382/2022, que no parágrafo 18 deste artigo 176, apregoa que quando se tratar **de transcrição que não possua todos os requisitos para a abertura de matrícula**, admitir-se-á que se façam na circunscrição de origem, à margem do título, as averbações necessárias.

Carlos Eduardo e Flávio Tartuce explicam que o motivo é que, como a averbação é ato acessório, seria desproporcional dificultar a prática desse ato, impondo ao usuário a adoção de providências por vezes onerosas e burocráticas para obter as informações faltantes à abertura da matrícula. Alerta-se para um lapso redacional no § 18: este menciona averbação "à margem do título", o que não existe em termos registrais. Na verdade, deve-se ler esse excerto do dispositivo como averbação "à margem da transcrição" (e não do título") (Op. cit. p. 179).

2. JURISPRUDÊNCIA COMPLEMENTAR

TRIBUNAL DE JUSTIÇA DO ESTADO DO RIO GRANDE DO SUL

EMENTA: TRANSFERÊNCIA DE DOMÍNIO DE ÁREAS DE TERRAS. LOTEAMENTO. PAGAMENTO EM LOTES. CONDIÇÃO. Estipulado que o pagamento pela transferência do domínio de áreas de terras para loteamento ocorreria quando os lotes estivessem aptos à escrituração, tal cláusula consiste em condição para o pagamento nos termos do art. 953 do CC/16 e do art. 332 do CC/2002, perfectibilizando-se na ocasião do Registro do Projeto de Loteamento e da abertura das matrículas nos termos do art. 176, § 1º da Lei 6.015/73 combinado com o parágrafo único do art. 20 da Lei 6.766/99. O prazo existente no contrato para conclusão das obras não condicionam a cláusula que trata do pagamento mediante a dação dos lotes já regularizados. Como esse termo é anterior ao propugnado pelos autores na inicial, deve ser declarada exigível a obrigação da empresa loteadora a partir da data contida no pedido inicial. Deram parcial provimento, prejudicada a preliminar. Unânime. (TJRS – Ap. Cív. 70011263951, Des. Rel. Mario Rocha Lopes Filho, 18ª C. Cível, Publicação: 11/08/2005)

TRIBUNAL DE JUSTIÇA DO DISTRITO FEDERAL

EMENTA: PROCEDIMENTO DE DÚVIDA REGISTRÁRIA. PRINCÍPIO DA ESPECIALIDADE E UNITARIEDADE. RESERVA LEGAL. AVERBAÇÃO. 1 – O procedimento de dúvida registrária, de jurisdição administrativa, destina-se a sanar dúvidas do oficial do cartório quanto ao documento apresentado a registro. 2 – Segundo os princípios da unitariedade e da especialidade, cada propriedade só pode ter uma única matrícula, e toda inscrição deve recair sobre um bem individualizado (L. 6.015/73, art. 176, § 1º, I). 3 – Ainda que averbada área da reserva legal, se esta não estiver especializada, a irregularidade deverá ser sanada antes da realização de outros registros ou averbações. 4 – Apelação não provida. (TJDFT – APC 20110111473805, Relator JAIR SOARES, 6ª T. Cível, j. 27/06/2012, DJ 05/07/2012 p. 151).

3. QUESTÕES DE CONCURSOS

01. (UFMT – Notário-MT/2003) Leia atentamente o texto.

"É relevante, de logo, assinalar que a tese da não-unitariedade matricial conduz – dentro de sua lógica interna – à prescindibilidade da contiguidade geográfica e da unicidade subjetiva dos direitos dominais dos prédios agregados, porquanto não seria de admitir, quando se firma à outrance a distinção de conceitos, aplicação analógica de preceito concernente à fusão (...) para limitar, nos planos jurídico-subjetivo e fenomênico, a ideia de unificação. Esse é o motivo por que deve entender-se que a perseguida derivação da não-unitariedade da matriz, a contar da suposta distinção substancial entre fusão e unificação, conduza não simplesmente a um fólio pessoal exceptivo mas, muito além, a um fólio pluri-imobiliário sem suporte subjetivo em que se apóie a adjunção predial". (Dip, Ricardo Henry Marques, RDI 17/18-51, jan./dez. 86, RT/Irib – Instituto de Registro Imobiliário do Brasil). A que princípio de direito registral imobiliário refere-se o doutrinador e qual o seu sentido?

a) Ao princípio da unitariedade da matrícula, que estabelece que cada imóvel deve ter sua matrícula própria, não se permitindo o descerramento de matriz para fração ideal de terreno.

b) Ao princípio da unitariedade da matrícula, que estabelece que cada imóvel deve ter sua matrícula própria, podendo, a requerimento expresso do titular de domínio, abranger dois ou mais imóveis cuja adjunção econômica entre eles seja documentalmente comprovada.

c) Ao princípio da consecutividade da matrícula, que estabelece que cada imóvel deve ser descrito em obediência à sucessão predial.

d) Princípio da especialidade unitária da matrícula, que estabelece que cada matrícula é una, pessoal e indivisível, não se permitindo que seja segregada em matrículas filiais.

e) Princípio da indisponibilidade objetiva, que estabelece que cada imóvel deve figurar no registro como ficção jurídica em que *accessorium sequitur principale*, não sendo permitida a segregação desses elementos para efeito de alienação.

02. (Cespe – Cartório – ES/2013) A desconformidade entre a descrição da coisa contida na escritura apresentada e a descrição constante do registro anterior impede o registro no ofício de imóveis porquanto infringe o princípio da

a) legalidade.

b) prioridade.

c) unificação.

d) especialidade.

e) anterioridade.

GAB	1	A	2	D

II – são requisitos da matrícula:

1) o número de ordem, que seguirá ao infinito;

2) a data;

3) a identificação do imóvel, que será feita com indicação:

a) se rural, do código do imóvel, dos dados constantes do CCIR, da denominação e de suas características, confrontações, localização e área;

b) se urbano, de suas características e confrontações, localização, área, logradouro, número e de sua designação cadastral, se houver.

4) o nome, domicílio e nacionalidade do proprietário, bem como:

a) tratando-se de pessoa física, o estado civil, a profissão, o número de inscrição no Cadastro de Pessoas Físicas do Ministério da Fazenda ou do Registro Geral da cédula de identidade, ou à falta deste, sua filiação;

b) tratando-se de pessoa jurídica, a sede social e o número de inscrição no Cadastro Geral de Contribuintes do Ministério da Fazenda;

5) o número do registro anterior;

6) tratando-se de imóvel em regime de multipropriedade, a indicação da existência de matrículas, nos termos do § 10 deste artigo;

III – são requisitos do registro no Livro nº 2:

1) a data;

2) o nome, domicílio e nacionalidade do transmitente, ou do devedor, e do adquirente, ou credor, bem como:

a) tratando-se de pessoa física, o estado civil, a profissão e o número de inscrição no Cadastro de Pessoas Físicas do Ministério da Fazenda ou do Registro Geral da cédula de identidade, ou, à falta deste, sua filiação;

b) tratando-se de pessoa jurídica, a sede social e o número de inscrição no Cadastro Geral de Contribuintes do Ministério da Fazenda;

3) o título da transmissão ou do ônus;

4) a forma do título, sua procedência e caracterização;

5) o valor do contrato, da coisa ou da dívida, prazo desta, condições e mais especificações, inclusive os juros, se houver.

§ 2º Para a matrícula e registro das escrituras e partilhas, lavradas ou homologadas na vigência do Decreto nº 4.857, de 9 de novembro de 1939, não serão observadas as exigências deste artigo, devendo tais atos obedecer ao disposto na legislação anterior.

§ 3º Nos casos de desmembramento, parcelamento ou remembramento de imóveis rurais, a identificação prevista na alínea a do item 3 do inciso II do § 1º será obtida a partir de memorial descritivo, assinado por profissional habilitado e com a devida Anotação de Responsabilidade Técnica – ART, contendo as coordenadas dos vértices definidores dos limites dos imóveis rurais, georreferenciadas ao Sistema Geodésico Brasileiro e com precisão posicional a ser fixada pelo INCRA, garantida a isenção de custos financeiros aos proprietários de imóveis rurais cuja somatória da área não exceda a quatro módulos fiscais.

§ 4º A identificação de que trata o § 3º tornar-se-á obrigatória para efetivação de registro, em qualquer situação de transferência de imóvel rural, nos prazos fixados por ato do Poder Executivo.

§ 5º Nas hipóteses do § 3º, caberá ao Incra certificar que a poligonal objeto do memorial descritivo não se sobrepõe a nenhuma outra constante de seu cadastro georreferenciado e que o memorial atende às exigências técnicas, conforme ato normativo próprio.

§ 6º A certificação do memorial descritivo de glebas públicas será referente apenas ao seu perímetro originário.

§ 7º Não se exigirá, por ocasião da efetivação do registro do imóvel destacado de glebas públicas, a retificação do memorial descritivo da área remanescente, que somente ocorrerá a cada 3 (três) anos, contados a partir do primeiro destaque, englobando todos os destaques realizados no período.

§ 8º O ente público proprietário ou imitido na posse a partir de decisão proferida em processo judicial de desapropriação em curso poderá requerer a abertura de matrícula de parte de imóvel situado em área urbana ou de expansão urbana, previamente matriculado ou não, com base em planta e memorial descritivo, podendo a apuração de remanescente ocorrer em momento posterior.

§ 9º A instituição do direito real de laje ocorrerá por meio da abertura de uma matrícula própria no registro de imóveis e por meio da averbação desse fato na matrícula da construção-base e nas matrículas de lajes anteriores, com remissão recíproca.

§ 10. Quando o imóvel se destinar ao regime da multipropriedade, além da matrícula do imóvel, haverá uma matrícula para cada fração de tempo, na qual se registrarão e averbarão os atos referentes à respectiva fração de tempo, ressalvado o disposto no § 11 deste artigo.

§ 11. Na hipótese prevista no § 10 deste artigo, cada fração de tempo poderá, em função de legislação tributária municipal, ser objeto de inscrição imobiliária individualizada.

§ 12. Na hipótese prevista no inciso II do § 1º do art. 1.358-N da Lei nº 10.406, de 10 de janeiro de 2002 (Código Civil), a fração de tempo adicional, destinada à realização de reparos, constará da matrícula referente à fração de tempo principal de cada multiproprietário e não será objeto de matrícula específica.

§ 13. Para a identificação de que tratam os §§ 3º e 4º deste artigo, é dispensada a anuência dos confrontantes, bastando para tanto a declaração do requerente de que respeitou os limites e as confrontações.

§ 14. É facultada a abertura da matrícula na circunscrição onde estiver situado o imóvel, a requerimento do interessado ou de ofício, por conveniência do serviço.

§ 15. Ainda que ausentes alguns elementos de especialidade objetiva ou subjetiva, desde que haja segurança quanto à localização e à identificação do imóvel, a critério do oficial, e que constem os dados do registro anterior, a matrícula poderá ser aberta nos termos do § 14 deste artigo.

§ 16. Se não forem suficientes os elementos de especialidade objetiva ou subjetiva, será exigida a retificação, no caso de requerimento do interessado na forma prevista no § 14 deste artigo, perante a circunscrição de situação do imóvel.

§ 17. Os elementos de especialidade objetiva ou subjetiva que não alterarem elementos essenciais do ato ou negócio jurídico praticado, quando não constantes do título ou do acervo registral, poderão ser complementados por outros documentos ou, quando se tratar de manifestação de vontade, por declarações dos proprietários ou dos interessados, sob sua responsabilidade.

§ 18. Quando se tratar de transcrição que não possua todos os requisitos para a abertura de matrícula, admitir-se-á que se façam na circunscrição de origem, à margem do título, as averbações necessárias.

1. COMENTÁRIOS

A Lei 6.015/1973 elenca os requisitos necessários para a escrituração da matrícula.

Esses requisitos devem ler lidos juntamente com os arts. 224 e 225 desta Lei 6.015/1973, que além do art. 176, II e III e parágrafos, também consagram a especialidade objetiva do imóvel. Convém a transcrição:

> **Art. 224.** Nas escrituras, lavradas em decorrência de autorização judicial, serão mencionadas por certidão, em breve relatório com todas as minúcias que permitam identificá-los, os respectivos alvarás.
>
> **Art. 225.** Os tabeliães, escrivães e juizes farão com que, nas escrituras e nos autos judiciais, as partes indiquem, com precisão, os característicos, as confrontações e as localizações dos imóveis, mencionando os nomes dos confrontantes e, ainda, quando se tratar só de terreno, se esse fica do lado par ou do lado ímpar do logradouro, em que quadra e a que distância métrica da edificação ou da esquina mais próxima, exigindo dos interessados certidão do registro imobiliário.
>
> § 1º As mesmas minúcias, com relação à caracterização do imóvel, devem constar dos instrumentos particulares apresentados em cartório para registro.
>
> § 2º Consideram-se irregulares, para efeito de matrícula, os títulos nos quais a caracterização do imóvel não coincida com a que consta do registro anterior.
>
> § 3º Nos autos judiciais que versem sobre imóveis rurais, a localização, os limites e as confrontações serão obtidos a partir de memorial descritivo assinado por profissional habilitado e com a devida Anotação de Responsabilidade Técnica – ART, contendo as coordenadas dos vértices definidores dos limites dos imóveis rurais, georreferenciadas ao Sistema Geodésico Brasileiro e com precisão posicional a ser fixada pelo INCRA, garantida a isenção de custos financeiros aos proprietários de imóveis rurais cuja somatória da área não exceda a quatro módulos fiscais.

O princípio da especialidade é de origem doutrinária e foi concedido dos direitos reais de garantia na referência à especialização da hipoteca. Tal princípio determina a necessidade de descrição completa do imóvel e do direito, bem como a qualificação dos sujeitos que fazem parte deste direito. Assim, todo imóvel e todos os sujeitos devem estar perfeitamente individuados.

Afrânio de Carvalho ensina, com a maestria que lhe é peculiar, que "o princípio de especialidade significa que toda inscrição deve recair sobre um objeto precisamente individuado. Assim, o requisito registral da especialidade do imóvel, vertido no fraseado clássico do direito, significa a sua descrição como corpo certo, a sua representação escrita como individualidade autônoma, como o seu modo de ser físico, que o torna inconfundível e, portanto heterogêneo em relação a qualquer outro. O corpo certo imobiliário ocupa um lugar determinado no espaço, que é o abrangido por seu contorno, dentro do qual se pode encontrar maior ou menor área, contanto que não sejam ultrapassadas as raias definidoras da entidade territorial" (*Registro de Imóveis.* Rio de Janeiro, Forense, 1976).

De acordo com a doutrina, o princípio da especialidade é dividido em três categorias:

a) **Especialidade objetiva**, essencial para o Registro de Imóveis, se define pela completa e correta descrição e determinação de um imóvel, seu corpo físico, unitário e atual. De uma forma geral, todo registro só pode existir se seu imóvel estiver precisamente individualizado de tal forma que não se confunda com qualquer outro;

b) **Especialidade subjetiva** se refere à individualização, a caracterização das pessoas compreendidas no ato de registro; e

c) **Especialidade do fato jurídico** revelando-se sua natureza, extensão às condições que houver, seu valor. Tal especialidade, entretanto, não é admitida pelo ordenamento jurídico brasileiro. Somente as duas primeiras foram aceitas devido a sua maior utilidade ou relevância registrária.

> A Lei nº 14.382/2022 trouxe claramente a **flexibilização dos princípios da especialidade subjetiva e objetiva, desde que as imperfeições sejam não essenciais.** Assim, mesmo que faltem elementos para a efetivação do registro, será possível a abertura da matrícula, sem qualquer exigência de procedimento judicial ou extrajudicial de retificação. É o que se extrai dos parágrafos 14, 15, 16 e 17 do art. 176 da LRP, incluídos pela Lei nº 14.382/2022:Art. 176, LRP.

§ 14. É facultada a abertura da matrícula na circunscrição onde estiver situado o imóvel, a requerimento do interessado ou de ofício, por conveniência do serviço.

§ 15. **Ainda que ausentes alguns elementos** de especialidade objetiva ou subjetiva, desde que haja segurança quanto à localização e à identificação do imóvel, a critério do oficial, e que constem os dados do registro anterior, a matrícula poderá ser aberta nos termos do § 14 deste artigo.

§ 16. **Se não forem suficientes os elementos** de especialidade objetiva ou subjetiva, será exigida a retificação, no caso de requerimento do interessado na forma prevista no § 14 deste artigo, perante a circunscrição de situação do imóvel.

§ 17. Os elementos de especialidade objetiva ou subjetiva que não alterarem elementos essenciais do ato ou negócio jurídico praticado, quando não constantes do título ou do acervo registral, poderão ser complementados por outros documentos ou, quando se tratar de manifestação de vontade, por declarações dos proprietários ou dos interessados, sob sua responsabilidade.

Vale transcrever o alerta de Carlos Elias e Flávio Tartuce no caso de grandes imperfeições na especialidade (grifo meu):

"Fato é que, se as falhas de especialidade objetiva ou subjetiva forem **graves** – e não meros pecadilhos, o que se dá quando houver dúvidas acerca da identificação da coisa e dos titulares tabulares –, **não haverá como permitir a abertura da matrícula, que será inviável.** Caberá ao interessado promover, antes, a retificação da transcrição, corrigindo-lhe os vícios de especialidades subjetiva ou objetiva, consoante estatui o art. 176, § 16, da IRP. A retificação da transcrição poderá ser judicial ou extrajudicial, tudo nos termos dos arts. 212 e 213 da LRP.

Um aspecto merece ser acrescido. Ainda que haja pecados graves de especialidade objetiva ou subjetiva, é viável que o registrador **pratique atos de averbação à margem da transcrição, desde que, no caso concreto, não identifique riscos de danos a terceiros.** O fundamento é o § 18 do art. 176 da LRP, que deve ser lido sistematicamente com os § § 15 e 16 sob a diretriz de evitar a imposição de burocracias de pouca utilidade prática. Pense-se, por exemplo, em uma averbação de alteração de logradouro ou de numeração predial. Ou em uma averbação de cancelamento de uma hipoteca. Não há motivos para impedir a prática desses atos pelo fato de o eventual pecado grave de especialidades objetiva ou subjetiva não prejudicar terceiros.

Obrigar a retificação da transcrição e a abertura de matrícula para a prática desses atos de mera atualização de informações tabulares seria um exagero burocrático. Cabe ao registrador avaliar cada caso concreto.

Cabe uma advertência importante, uma vez que as hipóteses descritas versam sobre os casos de obrigatoriedade de abertura de matrículas diante da existência de transcrições. Não se pode esquecer, porém, que independentemente dessas hipóteses, a abertura de matrículas pode ser feita facultativamente, seja a pedido do interessado, seja de ofício por conveniênda do serviço (art. 176, § 14, da LRP). Aliás, o conveniente é que os Ris procurem. de ofício, abrir matrículas, eliminando, ao máximo, o seu estoque de transcrições e, assim, promovendo uma verdadeira "higienização" (Op. cit. p. 179).

Ao discorrer sobre o princípio da especialidade, Marcelo Augusto Santana de Melo elucida que "com o advento da Lei nº 10.267/2001, foi criada uma forma tecnicamente mais precisa de descrição de imóveis rurais, trata-se do **georreferenciamento**. A referida lei alterou a Lei 6.015/1973, exigindo a identificação dos imóveis rurais por meio desse sistema que será obtido a partir de memorial descritivo, assinado por profissional habilitado e com a devida Anotação de Responsabilidade Técnica – ART, contendo as coordenadas dos vértices definidores dos limites dos imóveis rurais, georreferenciadas ao Sistema Geodésico Brasileiro e com precisão posicional a ser fixada pelo INCRA (§ 3º do artigo 176). Assim, deu-se início a uma interconexão entre cadastro e registro, inédita no cenário mundial. O registro além de tecnicamente descrito, corresponderá exatamente à figura geométrica fática" (*Breves anotações sobre o Registro de Imóveis*. Jus Navigandi, Teresina, ano 8, nº 429, 9 set. 2004. Disponível em: http://jus2.uol.com.br/doutrina/texto.asp?id=5669).

A Lei 10.267/2001 criou o Cadastro Nacional de Imóveis Rurais – CNIR, que obriga a atualização do cadastro sempre que houver alteração nos imóveis rurais, o georreferenciamento, conforme o Sistema Geodésico Brasileiro, e o intercâmbio mensal de informações entre os serviços de registro de imóveis e o INCRA, entre outras providências.

Prevê o art. 1º da Lei nº 10.267/2001 que o art. 22 da Lei nº 4.947, de 6 de abril de 1966, passa a vigorar com as seguintes alterações:

"Art. 22. (...)

§ 7º Os serviços de registro de imóveis ficam obrigados a encaminhar ao INCRA, mensalmente, as modificações ocorridas nas matrículas imobiliárias decorrentes de mudanças de titularidade, parcelamento, desmembramento, loteamento, remembramento, retificação de área, reserva legal e particular do patrimônio natural e outras limitações e restrições de caráter ambiental, envolvendo os imóveis rurais, inclusive os destacados do patrimônio público.

§ 8º O INCRA encaminhará, mensalmente, aos serviços de registro de imóveis, os códigos dos imóveis rurais de que trata o § 7º, para serem averbados de ofício, nas respectivas matrículas."

Eduardo Pacheco Ribeiro de Souza (*Noções Fundamentais de Direito Registral e Notarial*. São Paulo: Saraiva, 2011, p. 146) aponta algumas observações acerca do tema em análise:

a) Importante instrumento para a gestão de um país, o cadastro apresenta evolução que transcende os fins exclusivamente fiscais, tornando-se um cadastro multifinalitário;

b) A eficiência do cadastro depende de uma estrutura legal e administrativa específica para a realização das atividades cadastrais;

c) A falta de uma lei nacional de cadastro faz com que a atividade cadastral no Brasil seja apenas incipiente;

d) A integração entre o cadastro e o registro imobiliário é uma tendência internacional;

e) A forma ideal para o intercâmbio de informações entre o cadastro e o registro é a transmissão eletrônica de dados, garantindo agilidade na atualização dos bancos de dados;

f) Não importa a integração cadastro-registro em desaparecimento de qualquer das funções, servindo a atividade técnica do cadastro como suporte para a atividade jurídica do registro, ao oferecer meios para a correta identificação do imóvel no registro imobiliário; devidamente especializado o imóvel, decorrerá da publicidade registral maior segurança jurídica.

Sobre o **imóvel rural,** existem duas correntes para a sua definição. A primeira define o imóvel rural de acordo com a sua **utilização.** Esta corrente é apoiada pelo Estatuto da Terra (Lei nº 4.504/1964), especificamente no art. 4º, I, que define o imóvel rural como o prédio rústico, de área contínua, qualquer que seja a sua localização, destinado à exploração extrativa, agrícola, pecuária ou agroindustrial, seja através de planos públicos de valorização ou de iniciativa privada.

A Constituição Federal traz a definição de imóveis rurais e urbanos utilizando, para tanto, somente o critério da **localização**. O Código Civil também adotou esse critério de localização (arts. 1.239, 1.276, § 1º, e 1.303).

No Registro de Imóveis, **o imóvel será rural, independentemente de sua localização**, se constar da matrícula o código que o Incra lhe atribuir, ou melhor, se houver referência ao Certificado de Cadastro de Imóvel Rural – CCIR –, considerando-se a unidade imobiliária o prédio rústico descrito na sua respectiva matrícula, em observância ao princípio da unitariedade da matrícula, ou seja, cada imóvel terá sua própria matrícula e cada uma representará um único imóvel, conforme artigo 176, § 1º, inciso I, da Lei nº 6.015/73. Para a identificação do imóvel rural, é necessário que estejam descritos na matrícula o código do imóvel, os dados constantes do CCIR, a denominação e suas características, confrontações, localização e área.

Por sua vez, sendo o **imóvel urbano**, equivale dizer, aquele que se localiza dentro da zona urbana do município ou distritos, ou assim qualificado pela administração municipal, **na matrícula constará suas características e confrontações, localização, área, logradouro, número e de sua designação cadastral, se houver.**

Também devem constar na matrícula, tratando-se de **pessoa física,** o estado civil, a profissão, o número de inscrição no Cadastro de Pessoas Físicas do Ministério da Fazenda ou do Registro Geral da cédula de identidade, ou à falta deste, sua filiação. Se tratar de **pessoa jurídica,** a sede social e o número de inscrição no Cadastro Geral de Contribuintes do Ministério da Fazenda.

Outro requisito essencial da matrícula é o **número de ordem**. No registro imobiliário é vedado que o número de ordem seja interrompido de um ano para o outro, ou mesmo de um livro para o outro, devendo sempre seguir ao infinito. A finalidade é fortalecer a continuidade do serviço e a consequente sequência dos atos.

O **número do registro anterior do imóvel** também consiste em requisito essencial da matrícula, em obediência ao princípio da continuidade, aquele, segundo o qual, nenhum título pode ingressar no registro de imóveis sem que o título anterior esteja registrado, ou seja, deve haver uma ligação, um encadeamento entre o que será objeto de registro e o aquilo que antecedeu a esse registro, de forma que não configure lacunas ou interrupções na seara registrária.

Sobre o número de ordem, convém dialogar com a regra dos arts. 338 ao 341 do Provimento CNJ n. 149/2023:

> Art. 338. Não poderão ser abertas matrículas, para imóveis distintos, com uso do mesmo número de ordem, ainda que seguido da aposição de letra ou número (por exemplo: matrícula 1, matrícula 1–A, matrícula 1–B; matrícula 1-1, matrícula 1-2, matrícula 1-3 etc.).
>
> Parágrafo único. Se houver matrículas com o mesmo número de ordem, ainda que seguido da aposição de letra ou de número, as matrículas mais recentes deverão ser encerradas *ex officio*, e para cada imóvel será aberta uma nova, com a data atual, numeração corrente e com remissões recíprocas.
>
> Art. 339. Havendo salto na numeração sequencial das matrículas, será inserida ficha de matrícula com uma averbação, a qual consignará que deixou de ser aberta matrícula com esse número e que não existe imóvel matriculado.
>
> § 1.º Se o salto corresponder a vários números sequenciais, também será inserida única ficha de matrícula, caso em que a relativa averbação indicará todos os números omitidos.
>
> § 2.º Os saltos na numeração sequencial e ininterrupta das matrículas ficarão documentados no cartório, em arquivo físico ou eletrônico, que conterá o relatório do caso e a decisão do oficial de registro de imóveis.
>
> Art. 340. Havendo extinção de cartório, com a anexação de acervo a um outro, as matrículas do ofício anexado serão renumeradas, seguindo a ordem sequencial de numeração do cartório receptor.

Parágrafo único. O oficial de registro de imóveis manterá controle de correlação entre o número anterior, no cartório extinto, e o número da nova matrícula, mediante remissões recíprocas, o que será lançado no Indicador Real e no Indicador Pessoal.

Art. 341. Nos casos do art. 339 (transposição para o sistema de fichas soltas), do § 3º do art. 340 (abertura de matrícula própria para distintos imóveis matriculados numa única) e do parágrafo único do art. 341 (salto de número de ordem), por ocasião da abertura de nova matrícula, o oficial de registro de imóveis:

I – poderá transportar todos os atos constantes da matrícula encerrada, ou somente aqueles que estejam válidos e eficazes na data da transposição, mantendo-se rigorosa ordem sequencial dos atos, com remissões recíprocas;

II – os ônus não serão transportados quando forem anteriores ao registro de arrematação ou adjudicação, bem como quando decorrer desse registro, de forma inequívoca, o cancelamento direto ou indireto;

III – na nova matrícula, deverá ser consignado, como registro anterior, o seguinte: "Matrícula atualizada com base nos atos vigentes na matrícula n. ......, originariamente aberta em .... de .... de ...., que fica saneada nesta data."

Ato contínuo à matrícula do imóvel, devem ser feitos os registros e averbações dos títulos e atos. São requisitos do registro no Livro 2:

1) a data;
2) o nome, domicílio e nacionalidade do transmitente, ou do devedor, e do adquirente, ou credor, bem como: a) tratando-se de pessoa física, o estado civil, a profissão e o número de inscrição no Cadastro de Pessoas Físicas do Ministério da Fazenda ou do Registro Geral da cédula de identidade, ou, à falta deste, sua filiação; b) tratando-se de pessoa jurídica, a sede social e o número de inscrição no Cadastro Geral de Contribuintes do Ministério da Fazenda;
3) o título da transmissão ou do ônus;
4) a forma do título, sua procedência e caracterização;
5) o valor do contrato, da coisa ou da dívida, prazo desta, condições e mais especificações, inclusive os juros, se houver.

Vale transcrever a observação de Francisco José Rezende dos Santos: "observemos que a lei, quando trata do título (ns 3 e 4), os considerou sob duplo ponto de vista: o ponto de vista formal (n. 3) e o material (n. 4). Título é a causa, a origem ou fundamento jurídico de um direito; é de extrema importância para direito, e mais ainda para o Registro Imobiliário. O título sob o ponto de vista material (art. 176, § 1º, III, 3) reflete o tipo de negócio que se está contratando, ou o motivo por que alguém se propõe a contratar, por exemplo, uma compra e venda, uma hipoteca, uma doação, uma servidão, uma locação, divisão, etc. Quando a lei trata o título no sentido formal, (art. 176, § 1º, III, 4), reflete o tipo de documento, seu modelo e natureza, ou seja, a base física na qual está sendo formalizado ou executado o ato ou negócio jurídico. Nesse caso pode ser título particular, escritura pública, título emanado do Judiciário, da administração, etc." (*Lei de Registros Públicos comentada.* Rio de Janeiro: Forense, 2019, p. 996).

O **§ 2º do dispositivo** em comento estabelece que, para a matrícula e registro das escrituras e partilhas, lavradas ou homologadas na vigência do Decreto nº 4.857/1939, não serão observadas as exigências deste artigo, devendo tais atos obedecer ao disposto na legislação anterior. Este parágrafo foi acrescentado pela Lei 6.688/1979, e a maioria da doutrina o considerou um equívoco.

Explica Walter Ceneviva: "A Lei 6.688/1979, constituiu lamentável quebra de sistema, limitando as exigências de registro e matrícula para instrumentos públicos lavrados ou homologados entre 23 de novembro de 1939 e 31 de dezembro de 1975. Estabeleceu forma extravagante de matrícula e de registro a benefício daqueles que retardaram o assentamento imobiliário: o direito, paradoxalmente, veio socorrer os que dormiram...(Op. cit., p. 391). Esta também é a opinião de Regnoberto M. de Melo Junior.

Os **§§ 3º e 4º da Lei 6.015/1973**, incluídos pela Lei 10.267/2001, determinam o georreferenciamento, tema que já foi exposto quando analisamos o princípio da especialidade, neste dispositivo.

Georreferenciamento é o mapeamento de um imóvel rural referenciando os vértices de seu perímetro ao sistema geodésico brasileiro, definindo sua área e sua posição geográfica. Serve para regularização registral dos imóveis rurais, segundo a Lei 10.267/2001 e os Decretos 4.449/2002 e 5.570/2005. O trabalho deve ser entregue ao INCRA, que verificará o enquadramento na norma técnica e a não existência de sobreposição da poligonal mapeada com outra já constante do seu cadastro, para conceder a certificação daquele imóvel rural. Uma vez certificado, o proprietário deve encaminhar os documentos ao Registro de Imóveis, para que seja procedida a **averbação** da nova descrição do perímetro e da retificação da área, na matrícula. A identificação do imóvel rural será obtida a partir do memorial descritivo elaborado, executado e assinado por profissional habilitado e com a devida Anotação de Responsabilidade Técnica – ART.

Sobre a temática, é ainda oportuno citar a **Recomendação CNJ 41, de 2019,** que dispõe sobre a dispensa dos Cartórios de Registo de Imóveis da anuência dos confrontantes na forma dos §§ 3º e 4º do art. 176 da Lei 6.015, alterada pela Lei n. 13.838, de 4 de junho de 2019. Por sua vez, reza o § 13 do art. 176 em comento que, para a identificação de que tratam os §§ 3º e 4º deste artigo, é dispensada a anuência dos confrontantes, bastando para tanto a declaração do requerente de que respeitou os limites e as confrontações.

Dentre as justificativas para a edição da Recomendação CNJ 41/2019, destacam-se:

- o que consta do Pedido de Providencias 0004541-42.2019.2.00.0000;
- A necessidade de uniformizar a interpretação e a aplicação da Lei 6.015/1973 (LRP), em especial da regra constante do art. 176, § 13, introduzido pela Lei 13.838/2019;
- Que o mencionado §3º do art. 176 cuida exclusivamente dos casos de desmembramento, parcelamento ou remembramento de imóveis rurais e que o subsequente § 4º impõe a obrigatoriedade de georreferenciamento para fins de registro, em qualquer situação de transferência de imóvel rural;
- Que o art. 213, § 11º, II, da LRP dispõe que independe de retificação a adequação da descrição de imóvel rural às exigências dos arts. 176, §§ 3º e 4º, daquela Lei;
- Que a alínea "d" do inciso I do artigo 213 da LRP autoriza "a inserção de coordenadas georreferenciadas" sem anuência dos confrontantes nas hipóteses em que "não haja alteração das medidas perimetrais";
- Que as hipóteses em que houver "*inserção ou alteração de medida perimetral de que resulte, ou não, alteração de área*" é regulamentada pelo inciso II do artigo 213 da LRP, e que tal procedimento exige a anuência dos confrontantes.

À vista disso, o ato do Conselho Nacional de Justiça recomenda aos registradores de imóveis que, nas retificações previstas no art. 213 da Lei 6.015/73, provenientes de georreferenciamento de que trata a Lei Federal n. 10.267/2001, dispensem a anuência dos confrontantes nos casos de desmembramento, parcelamento ou remembramento de imóveis rurais. Basta, para tanto, a declaração do requerente de que respeitou os limites e as confrontações, nos termos no art. 176, §§ 3º e 4º c/c § 13º da Lei 6.015/73, alterada pela Lei n. 13.838, de 4 de junho de 2019.

Para as retificações em que houver inserção ou alteração de medida perimetral de que resulte, ou não, alteração da área até então constante na matrícula, recomenda-se que os oficiais de registro continuem exigindo a anuência dos confrontantes, nos exatos termos do que preceitua o art. 213, II, da Lei 6.015/73.

Antes de avançarmos na análise dos outros parágrafos do art. 176, é oportuno apresentar a recente decisão do Superior Tribunal de Justiça, que determina o uso de memorial descritivo com matrículas individualizadas para o registro de propriedade rural.

Em junho de 2024, ao julgar o Recurso Especial n. 1.706.088-ES (REsp), sob a Relatoria do Ministro Raul Araújo, a Quarta Turma do Superior Tribunal de Justiça entendeu, por unanimidade, que, **para o registro do imóvel rural, o memorial descritivo deve considerar as matrículas individualizadas dos imóveis integrantes da propriedade, em respeito ao disposto na Lei de Registros Públicos.**

Segundo a informação publicada pelo STJ, o Instituto Nacional de Colonização e Reforma Agrária (INCRA) pleiteou a anulação do registro de transferência de propriedade rural em favor de uma empresa agropecuária "*por falta do prévio georreferenciamento e da certificação da autarquia, exigidos por lei.*" A notícia ainda aponta que "*a empresa requereu ao Incra a atualização cadastral e a certificação de alguns imóveis rurais, mas o pedido foi indeferido sob a alegação de que as matrículas apresentadas seriam irregulares.*" Além disso o INCRA "avaliou que os registros em cartório foram feitos sem a identificação prévia das áreas", conforme previsto no art. 176, §§ 3º e 4º da Lei de Registros Públicos, ocasião em que ajuizou ação para anular os registros imobiliários, tendo sido esta julgada improcedente pelas instâncias ordinárias.

Ao analisar o REsp, o ministro Raul Araújo, **constatou a divergência de conceitos existentes de imóvel rural, considerando as disposições da legislação agrária e da Lei de Registros Públicos.** Segundo o Acórdão, "*a compreensão de imóvel rural adotada pela legislação agrária é importante para os fins de se identificar a titularidade do imóvel contíguo por um mesmo proprietário, bem como se foram adotados corretamente os instrumentos técnicos para medição e georreferenciamento, evitando superposição de áreas nos imóveis rurais.*" Entretanto, "*paralelamente, no direito registral prevalece o objetivo de correta identificação de cada imóvel e do respectivo proprietário, com observância do princípio da continuidade, conferindo segurança jurídica nas relações que envolvem os direitos reais e suas respectivas transferências, inclusive para fins de publicidade. Nenhum dos referidos conceitos e compreensões se sobrepõe ao outro, convivendo em sistemática harmonia para os fins a que se destinam.*"

Em conclusão, a Quarta Turma decidiu que, "em observância aos princípios da especialidade e da unitariedade, regentes do direito registral, o memorial descritivo a que se refere o art. 176, §§ 3º e 4º, da Lei de Registros Públicos deve corresponder ao imóvel representado pela matrícula e, portanto, cada matrícula deve ser demarcada e georreferenciada individualmente, sem inviabilizar as unificações imobiliárias oportunamente cabíveis."

Passemos agora a analisar os **§§ 5º, 6º e 7º do art. 176** da Lei de Registros Públicos, que foram incluídos pela Lei 11.952/2009.

Caberá ao Incra, **antes de serem os dados dos imóveis lançados na matrícula**, certificar que a poligonal objeto do memorial descritivo não se sobrepõe a nenhuma outra constante de seu cadastro georreferenciado e que o memorial atende às exigências técnicas, conforme ato normativo próprio.

A certificação do memorial descritivo de glebas públicas será referente apenas ao seu perímetro originário. Não será necessário, quando da efetivação do registro do imóvel destacado de glebas públicas, a retificação do memorial descritivo da área remanescente, que somente ocorrerá a cada 3 (três) anos, contados a partir do primeiro destaque, englobando todos os destaques realizados no período.

A Lei 12.424/2011, introduziu o **§ 8º no art. 176** estabelecendo que ente público proprietário ou imitido na posse a partir de decisão proferida em processo judicial de desapropriação em curso poderá requerer a abertura de matrícula de parte de imóvel situado em área urbana ou de expansão urbana, previamente matriculado ou não, com base em planta e memorial descritivo, podendo a apuração de remanescente ocorrer em momento posterior.

Por fim, os **parágrafos 14, 15, 16, 17 e 18 do art. 176** já foram objeto de análise nesta obra.

1.1 ASPECTOS REGISTRAIS DO DIREITO REAL DE LAJE

A Lei 13.465/2017 incluiu o § 9º no art. 176 da Lei 6.015/1973. Veja-se:

> Art. 176.
>
> (...)
>
> § 9º A instituição do direito real de laje ocorrerá por meio da abertura de uma matrícula própria no registro de imóveis e por meio da averbação desse fato na matrícula da construção-base e nas matrículas de lajes anteriores, com remissão recíproca.

O supradito dispositivo prestigia três importantes princípios registrais já estudados nesta obra: especialidade, continuidade e unitariedade matricial. Além disso, faz referência à matrícula do direito real da laje, devendo ser conjugado com o art. 1.510-A do Código Civil e o § 3º do mesmo diploma, cuja redação prescreve que os titulares da laje, unidade imobiliária autônoma constituída em matrícula própria, poderão dela usar, gozar e dispor.

Dessa maneira, o direito real de laje cria unidades imobiliárias autônomas, outorgando propriedade da construção sobreposta ao titular. Aludidas unidades serão objeto de matrícula própria e poderão ser alienadas e gravadas livremente por seus titulares, dada a autonomia registral que lhe foi conferida pelo § 1º do art. 1.510-A do Código Civil.

Além disso, se o direito real de laje pressupõe o registro do imóvel original e de seu terreno, a matrícula deve conter a descrição com medidas perimetrais e confrontantes, em atenção ao princípio da especialidade dos registros públicos. Interpreta-se a regra como a impossibilidade de regularização da segunda construção sem o uso do instituto do direito real de laje.

1.1.1. A CONSTITUIÇÃO DO DIREITO REAL DE LAJE E O REGISTRO

Dispõe o art. 1.510-C do Código Civil:

> Sem prejuízo, no que couber, das normas aplicáveis aos condomínios edilícios, para fins do direto real de laje, as despesas necessárias à conservação e fruição das partes que sirvam a todo o edifício e ao pagamento de serviços de interesse comum serão partilhadas entre o proprietário da construção-base e o titular da laje, na proporção que venha a ser estipulada em contrato:
>
> (....)

A constituição do direito da laje poderá ocorrer de inúmeras formas, não obstante o art. 1.510-C fazer referência ao "contrato", ou negócio jurídico *inter vivos*, que será o caso mais comum.

O direito de laje também pode ser adquirido pela usucapião, em diversas modalidades; por sentença judicial ou até pelo negócio jurídico *causa mortis*, mediante testamento. Todas essas formas de aquisição do direito real de laje devem ser levadas ao registro imobiliário. Assim, a aquisição pode ser constituída de forma onerosa ou gratuita. O contrato poderá ser típico ou atípico.

Ivan Jacopetti do Lago, em excelente palestra ministrada no 36º Encontro Regional de Oficiais de Registro de Imóveis, promovido pelo IRIB, em 26 de outubro de 2017, elucida que o título poderá restringir o alcance da instituição (por exemplo, estipulando o número de pavimentos) e ainda, deverá o título estabelecer o modo pelo qual serão partilhadas as despesas às partes que servem a todo o edifício.

Convém consignar que, diferentemente do direito de superfície, cujo art. 1.369 do Código Civil exige escritura pública como condição essencial do ato, a forma do instrumento do direito real de laje, por não ter previsão expressa nesse sentido e por tratar-se de um direito real sobre imóvel, deverá obedecer aos termos do art. 108 do Código Civil. Em outras palavras, não dispondo a lei em contrário, a escritura pública é essencial à validade dos negócios jurídicos que visem à constituição, transferência, modificação ou renúncia de direitos reais sobre imóveis de valor superior a trinta vezes o maior salário mínimo vigente no país

Assim, tanto a constituição quanto a transmissão do direito real de laje deverão ser feitas por escritura pública, se o valor for superior a 30 vezes o salário mínimo, e mediante seu correspondente registro junto ao Registro de Imóveis competente. O registro deve estar subordinado à regularidade dominial do imóvel do concedente, sob pena de quebra do princípio da continuidade.

Passa-se agora a estudar as **formas de constituição do direito de laje**. A primeira e mais comum consiste no **negócio jurídico *inter vivos***.

Pelo princípio da inscrição, entende-se que a transmissão de direito real por ato *inter vivos* somente se opera mediante o registro do título translativo no Registro de Imóveis. Equivale dizer, a *constituição, transmissão, modificação ou extinção dos direitos reais sobre imóveis só se operam entre vivos*, mediante sua *inscrição no registro*. Nesse sentido, o art. 172 da Lei 6.015/1973, já dantes estudado nesta obra.

Na explanação de Francisco Eduardo Loureiro, "o registro é constitutivo do direito real. Antes dele, existe entre as partes simples relação obrigacional de direito de laje, contrato translativo, mas que somente se converte em direito real após o ingresso no registro imobiliário, mediante descerramento de matrícula própria. Anoto que, na realidade, o negócio comportará duplo ato registrário. O primeiro, de averbação na matrícula do imóvel do concedente transmitente, que sofrerá o ônus. A averbação é de suma importância, para que terceiros tenham conhecimento que o imóvel não abrange a construção existente sobre a laje. O segundo ato é de registro em sentido estrito, a ser lançado na matrícula especialmente aberta para a nova unidade imobiliária receber o direito de laje. A descrição do imóvel na matrícula deverá deixar absolutamente claro que o objeto é apenas a construção sobe a laje, e jamais o terreno onde ela se assenta. A menção ao terreno terá apenas a finalidade de localização da unidade objeto do direito de laje" (http://iregistradores.org.br/direito-de-laje-e-superficie/).

No que se refere à aquisição do direito de laje por meio da **usucapião**, o consagrado autor defende que "apenas as modalidades de usucapião especial rural e coletiva são incompatíveis com o novo instituto. Os requisitos de cada modalidade se encontram nos artigos 1.238 e seguintes do Código Civil. A usucapião pode ter por objeto a propriedade ou outros direitos reais. Logo, nada impede que o titular de posse prolongada e qualificada sobre a construção erigida sobre laje alheia possa requerer a usucapião somente da unidade que ocupa, sem abranger a acessão abaixo, nem o terreno onde se assenta. O problema pode surgir se o concedente, titular de direitos sobre o terreno, não tiver o domínio formal do imóvel. Embora singular, pode ser declarada a usucapião e descerrada a matrícula, levando em conta a natureza originária da aquisição, com descrição da construção e mera menção ao terreno onde está erigida" (Op. Cit.).

Pablo Stolze também defende a possibilidade da aquisição do direito de laje pela usucapião; Veja-se: "Dependendo da circunstância, poderá, até mesmo, operar-se a aquisição do direito real de laje por usucapião, observados os requisitos legais da prescrição aquisitiva. E mesmo que a cessão seja gratuita, a título de comodato, se o cessionário passa a se comportar como titular exclusivo da laje, alterando o seu 'animus' e a própria natureza da posse precária até então exercida, poderá, na visão deste trabalho, consolidar o seu direito sobre a construção sobrelevada (direito real de laje), mediante usucapião, contando-se o prazo de prescrição a partir do momento em que deixa de se comportar como simples comodatário, por aplicação da regra da 'interversio possessionis'"(https://jus.com.br/artigos/54931/direito-real-de-laje-primeiras-impressoes).

É possível ainda a aquisição pela usucapião administrativa ou extrajudicial. O art. 216-A da Lei 6.015/1973 introduz na ordem jurídica brasileira, de forma facultativa (permitindo a escolha entre o novo procedimento extrajudicial e o processo judicial), o instituto da usucapião extrajudicial, processada perante o Registro Imobiliário, como forma de desjudicialização de procedimentos e desafogo do Poder Judiciário.

O procedimento para a usucapião foi simplificado e ficou mais célere. Todavia, a disposição que previa a anuência expressa do antigo proprietário (§ 2º do art. 216-A), dificultava a mudança. Esse dispositivo teve sua redação alterada pela Lei 13.465/2017, que viabilizou o instituto ao prescrever que o silêncio do titular será interpretado como concordância.

O procedimento para a usucapião foi simplificado e tornou-se mais célere. Todavia, a disposição que previa a anuência expressa do antigo proprietário (§ 2º do art. 216-A) dificultava a mudança. Esse dispositivo teve sua redação alterada pela Lei nº 13.465/2017, que viabilizou o instituto ao prescrever que o silêncio do titular será interpretado como concordância.

A propósito, exponho aqui o que talvez tenha sido a primeira decisão reconhecendo o direito de laje. Vale a transcrição:

> DIREITO DE LAJE – USUCAPIÃO.
> TJPE – ACÓRDÃO: 0071376-44.2013.8.17.0001
> LOCALIDADE: Recife DATA DE JULGAMENTO: 14/07/2017
> DATA DJ: 14/07/2017
> RELATOR: Rafael de Menezes
>
> LEI: CC/2002 – Código Civil de 2002 – 10.406/2002 ART: 1.510-A
>
> Acessão construída na superfície superior de um imóvel. Pretensão de aquisição da propriedade que se coaduna ao direito de laje, previsto no art. 1.510-A do Código Civil. (Ementa não oficial).
>
> ÍNTEGRA
>
> PODER JUDICIÁRIO DO ESTADO DE PERNAMBUCO – JUÍZO DE DIREITO DA 26ª VARA CÍVEL DA COMARCA DE RECIFE- SEÇÃO B
>
> Processos nº 0027691-84.2013.8.17.0001 e 0071376-44.2013.8.17.0001

SENTENÇA

Trata-se de julgamento simultâneo das Ações de Usucapião nº 0027691-84.2013.8.17.0001, e nº 0071376-44.2013.8.17.0001, reunidas por força de conexão.

Relatório PROCESSO nº 0027691-84.2013.8.17.0001

Vistos etc.

JCS e LPS, através de advogado regularmente habilitado, ingressaram perante este juízo com a presente AÇÃO DE USUCAPIÃO de imóvel urbano.

Os autores afirmam ser possuidores do imóvel situado na Rua Bomba do Hemetério, 743. Água Fria, Recife-PE, CEP 52.111-070, medindo 461,47 m².

Afirmam que adquiriram o bem através de escritura pública de cessão de direitos hereditários, porém não foi possível fazer a transcrição no cartório de imóveis devido ao bem não possuir registro.

Aduzem que jamais sofreram qualquer turbação ou contestação acerca da sua posse sobre o imóvel, exercendo posse mansa e pacífica desde o ano de 1998. Juntaram documentos. Requereram a declaração de usucapião do imóvel. Recolheram custas.

O Juízo determinou a citação dos réus, confinantes e Fazendas Municipal, Estadual e Federal, além dos possíveis interessados, ausentes, incertos e desconhecidos.

As três fazendas informaram que não possuem interesse no feito (fls. 72, 65 e 87).

Os confinantes, bem como os eventuais interessados, devidamente citados, nada contestaram.

Na audiência de instrução, o Juízo ouviu duas testemunhas (fl. 85).

Vieram-me os autos conclusos.

Relatório PROCESSO nº 0071376-44.2013.8.17.0001

Vistos etc.

LCAS, através de advogado regularmente habilitado, ingressou perante este juízo com a presente AÇÃO DE USUCAPIÃO de imóvel urbano.

A autora afirma ser possuidora do imóvel situado na Rua Bomba do Hemetério, 743-A. Água Fria, Recife-PE, CEP 52.111-070, medindo 38,18 m².

Afirma que adquiriu o bem através de cessão de seu genitor, autor da Ação de Usucapião em apenso, que lhe cedeu parte de seu terreno, por meio de Escritura Pública de Cessão e Transferência de Direitos de Indenização de Benfeitorias e Posse.

Aduz que jamais sofreu qualquer turbação ou contestação acerca da sua posse sobre o imóvel, exercendo posse mansa e pacífica por mais de 10 anos, considerando o tempo somado ao de seu pai. Juntou documentos. Requereu a declaração de usucapião do imóvel. Recolheu custas.

O Juízo determinou a citação dos réus, confinantes e Fazendas Municipal, Estadual e Federal, além dos possíveis interessados, ausentes, incertos e desconhecidos.

As fazendas Estadual e da União informaram que não possuem interesse no feito (fls. 62 e 66), enquanto a do Município não se manifestou, apesar de ter recebido a intimação (fls. 52).

Os confinantes, bem como os eventuais interessados, devidamente citados, nada contestaram.

Na audiência de instrução, o Juízo ouviu duas testemunhas (fl. 85).

Vieram-me os autos conclusos.

Relatados ambos os processos,

Passo a decidir.

Conforme explicitado no relatório, trata-se de julgamento simultâneo de feitos, reunidos por força da conexão.

No tocante à primeira Ação, trata-se de usucapião ordinário, previsto no art. 1.242 do Código Civil, no qual os autores demonstram a presença de justo título e boa-fé, além da posse por lapso temporal superior a 10 anos, com animus- vontade de ser dono.

Os requerentes provaram, de modo satisfatório, que a sua posse foi exercida de forma mansa contínua, pacífica, e por lapso temporal suficiente à positivação pela Justiça da aquisição da propriedade pela usucapião.

Não apareceu eventual interessado, apesar da regular citação por edital.

Os confinantes e as Fazendas Estadual, Municipal e Federal em nada se opuseram.

As testemunhas ouvidas na audiência de instrução demonstraram que os autores se encontram na posse do imóvel por período superior a 20 (vinte) anos e que jamais houve reclamação à sua posse, além de cuidar do bem como seus donos.

Assim, PROCEDE INTEGRALMENTE o pedido de usucapião.

Com relação à segunda Ação, observo que a autora pugnou também pela declaração da Usucapião da parte que lhe foi cedida pelo seu genitor, casa 743-A. tendo a Ação sido instruída como tal, inclusive com a citação das fazendas, confinantes, eventuais interessados, além da audiência de instrução para provar a regularidade da posse e o decurso do tempo.

No entanto, observo que não faz jus a autora à declaração da prescrição aquisitiva.

É sabido que o instituto da usucapião pressupõe aquisição originária da propriedade, o que não ocorreu no presente caso.

Dos fatos narrados e documentados, verifico que a autora adquiriu a posse do imóvel do seu genitor, por meio de cessão, que à época da negociação já era proprietário da casa 743, uma vez que a sentença de usucapião é meramente declaratória. Nesse sentido, a referida posse é derivada, sendo evidente a relação negocial existente entre o cedente e a cessionária, de forma que a usucapião é via inadequada para regularizar a propriedade.

Por outro lado, observo que a casa 743-A foi construída na superfície superior da casa 743, de modo que a pretensão de aquisição da propriedade mais se coaduna ao direito de laje, previsto no art. 1.510-A do Código Civil, que assim dispõe:

Art. 1.510-A. O proprietário de uma construção-base poderá ceder a superfície superior ou inferior de sua construção a fim de que o titular da laje mantenha unidade distinta daquela originalmente construída sobre o solo.

Desta feita, tendo havido a cessão do Sr. José Carlos da Silva da casa 743-A em favor da sua filha, Ladyane, autora da segunda ação, devidamente registrada em cartório, há que ser reconhecido o seu direito de laje, devendo o bem possuir registro próprio e dele podendo a autora usar, gozar e dispor.

Ante o exposto, atento ao que mais dos autos consta e aos princípios de Direito aplicáveis à espécie, além de estar em conformidade com o art. 1.242 do Código

Civil, julgo procedente o pedido formulado na Ação de Usucapião nº 0027691-84.2013.8.17.0001, para declarar a ocorrência da prescrição aquisitiva e, em decorrência, constituir o domínio da parte autora sobre o imóvel indicado na inicial, devendo esta sentença, juntamente com a sua certidão de trânsito em julgado, servir de título para a averbação ou registro (art. 172 da Lei de Registros Públicos) oportunamente, no Cartório de Registro de Imóveis competente, pagos os emolumentos e respeitadas as formalidades legais.

Por outro lado, **julgo improcedente o pedido de usucapião de formulado na Ação de Usucapião nº 0071376-44.2013.8.17.0001, ao tempo em que reconheço o Direito de Laje da casa 743-A à autora, nos termos do art. 1.510-A do Código Civil, devendo o imóvel referido ser registrado com matrícula própria, pagos os impostos e emolumentos e respeitadas as formalidades legais**.

Publique-se. Registre-se. Intimem-se.

Custas satisfeitas. Sem honorários.

Após o trânsito em julgado desta decisão, arquivem-se os autos.

Recife, 14 de julho de 2017.
Rafael de Menezes
Juiz de Direito

Existe também a hipótese do direito real de laje ocorrer mediante **sentença judicial**, "especialmente útil nas ações de família. Tome-se como exemplo partilha judicial em divórcio, na qual, diante da impossibilidade da divisão, ou inconveniência da venda, determine o juiz que o primeiro piso seja atribuído a um dos cônjuges e o segundo piso ao outro, mediante realização de obras que permitam acessos independentes" (LOUREIRO, Francisco. http://iregistradores.org.br/direito-de-laje-e-superficie/).

É possível ainda a constituição do direito real de laje mediante **negócio jurídico *causa mortis***.

Frise-se que atos *causa mortis* também devem ser levados a registro, assim como os atos declaratórios da propriedade (exemplo: usucapião). O fato desses atos declaratórios não constituírem o registro, levou Afrânio de Carvalho a designá-los de declarativos-integrativos porque eles visam integrar a cadeia filiatória (evitar lacunas), devendo assim, ser levados a registro para a manutenção do princípio da continuidade (Op. Cit.).

Tal aquisição se dá pela morte, em razão do princípio da *saisine*, previsto no art. 1.790 do Código Civil. É feito mediante testamento. Neste caso, o título será o formal de partilha.

Em resumo, a laje pode ser alienada por todas as formas previstas em direito, por contrato gratuito ou oneroso, não cabendo ao Oficial de Registro de Imóveis aferir o cumprimento do disposto no art. 1.510-D do Código Civil (*em caso de alienação de qualquer das unidades sobrepostas, terão direito de preferência, em igualdade de condições com terceiros, os titulares da construção-base e da laje, nessa ordem, que serão cientificados por escrito para que se manifestem no prazo de trinta dias, salvo se o contrato dispuser de modo diverso*).

1.1.2 O PROCEDIMENTO DO REGISTRO NA EDIFICAÇÃO EXISTENTE E NA EDIFICAÇÃO A CONSTRUIR

O **proprietário da construção-base** é o legitimado para instituir a laje. Ivan Jacopetti Lago ensina que "se a construção-base está submetida a condomínio ordinário ou edilício, todos os condôminos possuem legitimação, assim como o Poder Público (art. 1.510, parágrafo 1º, do Código Civil)".

Não há vedação para o registro do direito real de laje quando ainda não construída a parte do edifício que será situada sobre ou sob a laje cedida. No entanto, é requisito essencial a existência do prédio em que situada a laje cedida (ou o subsolo cedido), já averbada sua construção no Registro de Imóveis. É importante que o Registrador, quando da qualificação registral, verifique se já existe a averbação do terreno no prédio em que a laje será cedida. Não é necessário que o prédio tenha outros pavimentos concluídos.

O registro do direito real de laje deverá ser feito na matrícula própria, a ser aberta para a nova unidade autônoma assim surgida. É imprescindível que a abertura da matrícula para a laje seja averbada na matrícula do terreno ou construção base e nas matrículas das lajes anteriores, com remissões recíprocas.

A descrição da laje deverá conter, além dos característicos comuns, o posicionamento da construção-base em relação ao terreno, a especificação de se tratar de laje de subsolo ou de espaço aéreo, bem como o gabarito de altura ou profundidade máxima da edificação na laje.

Para fins de publicidade, pilar do registro imobiliário, todas as alterações existentes na propriedade devem ser averbadas nas respectivas matrículas conforme o que for pertinente.

A abertura da matrícula da laje dependerá da comprovação de que o projeto atende às posturas edilícias e urbanísticas associadas ao direito de laje, estabelecidas pela legislação municipal, quando houver. Essa conformidade deverá ser atestada por profissional habilitado, instruída com planta, memorial descritivo e Guia de Anotação de Responsabilidade Técnica (ART) ou Registro de Responsabilidade Técnica (RRT). Nos municípios onde não houver legislação municipal sobre as posturas edilícias e urbanísticas associadas ao direito de laje, a planta e o memorial descritivo deverão ser aprovados pela Prefeitura Municipal.

Recomenda-se ao Oficial Registrador arquivar o memorial descritivo e a planta aprovada.

Outro ponto bastante importante, e que requer a atenção do Oficial de Registros, diz respeito às certidões expedidas para a matrícula de origem (do terreno em que construído o edifício). Estas deverão mencionar a constituição do direito real de laje e indicar a matrícula aberta para a unidade imobiliária autônoma (laje).

Oportuno invocar o Enunciado 669, do qual tive a honra de participar, aprovado na IX Jornada de Direito Civil, que prescreve a possibilidade do registro do direito real de laje sobre a construção edificada antes da vigência da lei, nos seguintes termos:

> **Enunciado 669**. Art. 1.510-A: É possível o registro do direito real de laje sobre construção edificada antes da vigência da lei, desde que respeitados os demais requisitos previstos tanto para a forma quanto para o conteúdo material da transmissão.
>
> ⊙ Justificativa: Não há qualquer restrição a que o titular da construção-base, objetivando regularizar situação previamente existente (laje edificada), venha a estabelecer novo registro, constituindo a laje, mesmo sem que com isso tenha de transmiti-la a terceiro. Ocorre que este fato, poderá implicar em redução do valor global do IPTU, conforme determina o art. 156, §1º, I, o que não peca por qualquer inviabilidade legal. A constituição de uma nova laje, mesmo que em nome do titular da construção-base não é fato presumidamente contrário ao direito, ou que se faça apenas para reduzir o tributo. Contudo, se provada a ausência de causa para a constituição, ou melhor, se demonstrada que a causa única da criação da laje é a redução da alíquota (para os casos em que isto se der) do imposto predial urbano, é compreensível possa o ente prejudicado afastar a dicotomia objetiva e reconhecer a aplicação de norma de incidência majorada.

Uma vez construída a edificação da laje, deverá ser feita a **averbação na matrícula** aberta para a unidade autônoma (sujeita ao direito de laje).

As **garantias reais,** como hipoteca e usufruto, por exemplo, também devem ser **registradas na matrícula da laje.**

Não é demais sugerir que os moradores façam uma convenção de uso, que não deve ser confundida com a convenção de condomínio. Anote-se que referido "acordo" não será passível de registro no Livro nº 3 (Registro Auxiliar) da Serventia Imobiliária competente. Essa convenção, se vier a ser feita, tem natureza obrigacional, pois diz respeito apenas ao proprietário da laje e do terreno. Nada impede, todavia, que seja registrada no Registro de Títulos e Documentos.

Para concluir, exponho o quadro sobre o registro da laje apresentado por Ivan Jacopetti do Lago, que auxiliará na compreensão do tema, tendo como pressuposto a *averbação da construção-base.*

1. Estando averbada a construção-base, e mediante a apresentação do título, que deverá ser acompanhado de certificação pela municipalidade, expedida nos termos das posturas previstas na legislação local, quanto à segurança da construção dos novos pavimentos, averba-se na matrícula do terreno, e nas lajes anteriores, se houver, a instituição da laje e abertura da nova matrícula, identificando-se a construção a que se refere.
2. Esta averbação e a respectiva abertura da matrícula – ainda em nome do titular da construção base – criam como que um "regime jurídico intermediário", destinado a receber o direito do novo titular.
3. Aberta a nova matrícula, registra-se a transmissão da titularidade da laje.
4. A construção do novo pavimento deverá ser averbada na matrícula da laje.

Quanto à **extinção do direito real de laje**, esta deve ser averbada mediante requerimento conjunto do seu titular e do proprietário da construção-base, instruído com documento hábil expedido pelo Município comprovando a demolição caso averbada a edificação. Neste caso, a matrícula será encerrada, com averbações recíprocas nas matrículas inter-relacionadas.

A extinção do direito de laje que não decorrer da demolição ou da ruína da construção-base poderá ser averbada mediante requerimento conjunto do titular da laje e do proprietário da construção-base, com declaração de que a construção subsiste.

1.1.3 O DIREITO DE LAJE NO CÓDIGO CIVIL

Convém transcrever os dispositivos sobre o Direito de Laje previstos no Código Civil para complementação do tema.

TÍTULO XI
DA LAJE
(Incluído pela Lei nº 13.465, de 2017)

> **Art. 1.510-A.** O proprietário de uma construção-base poderá ceder a superfície superior ou inferior de sua construção a fim de que o titular da laje mantenha unidade distinta daquela originalmente construída sobre o solo.
>
> § 1º O direito real de laje contempla o espaço aéreo ou o subsolo de terrenos públicos ou privados, tomados em projeção vertical, como unidade imobiliária autônoma, não contemplando as demais áreas edificadas ou não pertencentes ao proprietário da construção-base.
>
> § 2º O titular do direito real de laje responderá pelos encargos e tributos que incidirem sobre a sua unidade.
>
> § 3º Os titulares da laje, unidade imobiliária autônoma constituída em matrícula própria, poderão dela usar, gozar e dispor.
>
> § 4º A instituição do direito real de laje não implica a atribuição de fração ideal de terreno ao titular da laje ou a participação proporcional em áreas já edificadas.
>
> § 5º Os Municípios e o Distrito Federal poderão dispor sobre posturas edilícias e urbanísticas associadas ao direito real de laje.
>
> § 6º O titular da laje poderá ceder a superfície de sua construção para a instituição de um sucessivo direito real de laje, desde que haja autorização expressa dos titulares

da construção-base e das demais lajes, respeitadas as posturas edilícias e urbanísticas vigentes.

Art. 1.510-B. É expressamente vedado ao titular da laje prejudicar com obras novas ou com falta de reparação a segurança, a linha arquitetônica ou o arranjo estético do edifício, observadas as posturas previstas em legislação local.

Art. 1.510-C. Sem prejuízo, no que couber, das normas aplicáveis aos condomínios edilícios, para fins do direito real de laje, as despesas necessárias à conservação e fruição das partes que sirvam a todo o edifício e ao pagamento de serviços de interesse comum serão partilhadas entre o proprietário da construção-base e o titular da laje, na proporção que venha a ser estipulada em contrato.

§ 1º São partes que servem a todo o edifício:

I – os alicerces, colunas, pilares, paredes-mestras e todas as partes restantes que constituam a estrutura do prédio;

II – o telhado ou os terraços de cobertura, ainda que destinados ao uso exclusivo do titular da laje; III – as instalações gerais de água, esgoto, eletricidade, aquecimento, ar condicionado, gás, comunicações e semelhantes que sirvam a todo o edifício; e

IV – em geral, as coisas que sejam afetadas ao uso de todo o edifício.

§ 2º É assegurado, em qualquer caso, o direito de qualquer interessado em promover reparações urgentes na construção na forma do parágrafo único do art. 249 deste Código.

Art. 1.510-D. Em caso de alienação de qualquer das unidades sobrepostas, terão direito de preferência, em igualdade de condições com terceiros, os titulares da construção-base e da laje, nessa ordem, que serão cientificados por escrito para que se manifestem no prazo de trinta dias, salvo se o contrato dispuser de modo diverso.

§ 1º O titular da construção-base ou da laje a quem não se der conhecimento da alienação poderá, mediante depósito do respectivo preço, haver para si a parte alienada a terceiros, se o requerer no prazo decadencial de cento e oitenta dias, contado da data de alienação.

§ 2º Se houver mais de uma laje, terá preferência, sucessivamente, o titular das lajes ascendentes e o titular das lajes descendentes, assegurada a prioridade para a laje mais próxima à unidade sobreposta a ser alienada.

Art. 1.510-E. A ruína da construção-base implica extinção do direito real de laje, salvo: (Incluído pela Lei nº 13.465, de 2017)

I – se este tiver sido instituído sobre o subsolo;

II – se a construção-base for reconstruída no prazo de 5 (cinco) anos.

Parágrafo único. O disposto neste artigo não afasta o direito a eventual reparação civil contra o culpado pela ruína.

Para um maior aprofundamento, recomento a leitura da obra "Direito de Laje – Do Puxadinho à Digna Moradia", escrita por mim em coautoria com os ilustres juristas Cristiano Chaves de Farias e Wagner Inácio Dias.

1.2. O REGIME DE MULTIPROPRIEDADE

O Capítulo VII do Código Civil, incluído pela Lei 13.777/2018, trouxe regras para o Condomínio em Multipropriedade e, de forma supletiva e subsidiária, para demais disposições deste Código e das Leis 4.591/1964 (Incorporação Imobiliária) e 8.078/1990 (Código de Defesa do Consumidor). Referida lei, também incluiu os §§ 10, 11 e 12 no artigo 176 da Lei 6.015/1973.

Multipropriedade, ou Time Sharing ("tempo compartilhado", em tradução livre), é o regime de condomínio em que cada um dos proprietários de um mesmo imóvel é titular de uma fração de tempo, à qual corresponde a faculdade de uso e gozo, com exclusividade, da totalidade do imóvel, a ser exercida pelos proprietários de forma alternada. Esse regime não se extinguirá automaticamente se todas as frações de tempo forem do mesmo multiproprietário.

Percebe-se que, pela lei, a multipropriedade no Brasil assume a forma de condomínio. Antes da lei de 2018, havia controvérsia sobre a natureza jurídica da multipropriedade de imóveis. Gustavo Tepedino e outros grandes juristas já se posicionavam no sentido de que a multipropriedade se incluía dentro do direito real de propriedade e, por isso, poderia ser instituída com base na Lei nº 4.591/64. (Aspectos atuais da multipropriedade imobiliária. In: Fábio de Oliveira Azevedo e Marco Aurélio Bezerra de Melo (coord.). Direito Imobiliário. São Paulo: Atlas, 2015 (disponível em: http://www.tepedino.adv.br/wpp/wp-content/uploads/2017/07/Aspectos_Atuais_Multipropriedade_imobiliaria_fls_512-522.pdf). Carlos Eduardo Elias nos lembra que o STJ, analisando um caso em que sequer havia registro no Cartório de Imóveis, chegou a sinalizar que se tratava de um direito real mesmo sem previsão legal expressa, como se fosse admitido criar direitos reais por mera vontade das partes, desconsiderando o princípio da taxatividade dos direitos reais. (STJ, REsp 1546165/SP, 3ª Turma, Rel. Ministro Ricardo Villas Bôas Cueva, Rel. p/ Acórdão Ministro João Otávio de Noronha, DJe 06/09/2016). No mesmo sentido, a Corregedoria-Geral de Justiça do TJSP – uma das mais ricas fontes de interpretações em matéria de direito notarial e de registros públicos no país – já tinha admitido que os cartórios de imóveis abrissem matrículas para as unidades periódicas, o que representava uma adesão a essa condição de direito real6. Todavia, o objetivo do STJ era simplesmente proteger contratos de multipropriedade perante credores do empreendedor, o que deveria ter sido feito por meio da doutrina do terceiro cúmplice, à semelhança do caso da Súmula nº 84/STJ. Se o STJ tivesse analisado um conflito entre dois indivíduos que, de boa-fé, tivessem firmado contrato de time sharing sobre o mesmo período do ano sem registro no Cartório de Imóveis, dificilmente ele teria invocado uma suposta natureza de direito real (Análise Detalhada da Multipropriedade no Brasil após a Lei nº 13.777/2018: Pontos Polêmicos e Aspectos de Registros Públicos).

Nesta obra, vamos nos ater à parte registral da multipropriedade.

1.2.1 DO OBJETO

No que tange ao **imóvel objeto** da multipropriedade, o art. 1.358-D estabelece que este é indivisível, não se sujeitando a ação de divisão ou de extinção de condomínio e inclui as instalações, os equipamentos e o mobiliário destinados a seu uso e gozo.

Cada fração de tempo é indivisível. O período correspondente a cada fração de tempo será de, no mínimo, 7 (sete) dias, seguidos ou intercalados, e poderá ser:

a) **Fixo e determinado**, no mesmo período de cada ano;

b) **Flutuante**, caso em que a determinação do período será realizada de forma periódica, mediante procedimento objetivo que respeite, em relação a todos os multiproprietários, o princípio da isonomia, devendo ser previamente divulgado; ou

c) **Misto**, combinando os sistemas fixo e flutuante.

Anote-se que todos os multiproprietários terão direito a uma mesma quantidade mínima de dias seguidos durante o ano, podendo haver a aquisição de frações maiores que a mínima, com o correspondente direito ao uso por períodos também maiores.

1.2.2 DA CONSTITUIÇÃO DO CONDOMÍNIO MULTIPROPRIETÁRIO

A constituição da multipropriedade dá-se com a aprovação da convenção, a qual deve ser registrada no Livro 3 do Cartório de Imóveis competente, a fim de produzir efeitos contra terceiros. São as regras insertas no art. 178, III, LRP e arts. 1.333 e 1.358-B, CC, a saber:

> **Art. 178 LRP** Registrar-se-ão no Livro nº 3 – Registro Auxiliar:
>
> III – as convenções de condomínio edilício, condomínio geral voluntário e condomínio em multipropriedade
>
> **Art. 1.333 CC.** A convenção que constitui o condomínio edilício deve ser subscrita pelos titulares de, no mínimo, dois terços das frações ideais e torna-se, desde logo, obrigatória para os titulares de direito sobre as unidades, ou para quantos sobre elas tenham posse ou detenção.
>
> Parágrafo único. Para ser oponível contra terceiros, a convenção do condomínio deverá ser registrada no Cartório de Registro de Imóveis.
>
> **Art. 1.358-B CC.** A multipropriedade reger-se-á pelo disposto neste Capítulo e, de forma supletiva e subsidiária, pelas demais disposições deste Código e pelas disposições das Leis nºs 4.591, de 16 de dezembro de 1964, e 8.078, de 11 de setembro de 1990 (Código de Defesa do Consumidor).

Os elementos da convenção condominial da multipropriedade estão previstos no art. 1.358-G. Assim, além das cláusulas que os multiproprietários decidirem estipular, a convenção de condomínio em multipropriedade determinará:

> I – os poderes e deveres dos multiproprietários, especialmente em matéria de instalações, equipamentos e mobiliário do imóvel, de manutenção ordinária e extraordinária, de conservação e limpeza e de pagamento da contribuição condominial;
>
> II – o número máximo de pessoas que podem ocupar simultaneamente o imóvel no período correspondente a cada fração de tempo;
>
> III – as regras de acesso do administrador condominial ao imóvel para cumprimento do dever de manutenção, conservação e limpeza;
>
> IV – a criação de fundo de reserva para reposição e manutenção dos equipamentos, instalações e mobiliário;
>
> V – o regime aplicável em caso de perda ou destruição parcial ou total do imóvel, inclusive para efeitos de participação no risco ou no valor do seguro, da indenização ou da parte restante;
>
> VI – as multas aplicáveis ao multiproprietário nas hipóteses de descumprimento de deveres.

Uma vez mais, Carlos Eduardo Elias adverte que esse dispositivo precisa ser lido em conjunto com os requisitos da convenção previstos para o condomínio edilício em razão da similaridade dos institutos e da subsidiariedade determinada pelo art. 1.358-B do CC. Desse modo, o conteúdo da convenção deve ser fruto da interpretação conjugada do art. 1.358-G do CC com, no que couber, o art. 1.334 do CC e o art. 9º, § 3º, da Lei nº 4.591/64. Assim, por exemplo, a competência das assembleias, com sua forma de convocação e com o quórum, deve estar prevista na convenção, pois, apesar do silêncio do art. 1.358-G do CC, deve-se aplicar o inciso III do art. 1.334 do CC de modo subsidiário diante da relevância desse conteúdo.

No tocante à forma da **convenção,** prevalece que não existe a necessidade de observar a regra do art. 108 do CC, ou seja, ser confeccionada por escritura pública para a validade dos negócios jurídicos que visem à constituição, transferência, modificação ou renúncia de direitos reais sobre imóveis de valor superior a trinta vezes o maior salário mínimo vigente no País. Justifica-se a medida por não abranger mutação jurídico real.

Note-se que, de outra sorte, a aplicabilidade do art. 108 do CC se faz necessária para o caso de **alienação da unidade periódica**. Nesta situação, o multiproprietário pratica um negócio envolvendo direito real sobre imóvel, o que impõe a obrigatoriedade de escritura pública se a unidade periódica for de valor superior a 30 salários mínimos.

1.2.3 DA INSTITUIÇÃO DA MULTIPROPRIEDADE

Na multipropriedade, a instituição dar-se-á por meio do registro do ato de instituição na **matrícula-mãe (a do imóvel-base)** e da abertura das **matrículas-filhas (as de cada unidade periódica),** de acordo com o art. 1.358-F do CC e do art. 176, § 1º, II, "6", e §§ 10 e 12, da LRP:

> **Art. 1.358-F.** Institui-se a multipropriedade por ato entre vivos ou testamento, registrado no competente cartório de registro de imóveis, devendo constar daquele ato a duração dos períodos correspondentes a cada fração de tempo.
>
> **Art. 176** – O Livro nº 2 – Registro Geral – será destinado, à matrícula dos imóveis e ao registro ou averbação dos atos relacionados no art. 167 e não atribuídos ao Livro nº 3.
>
> § 1º A escrituração do Livro nº 2 obedecerá às seguintes normas:
>
> II – são requisitos da matrícula:
>
> 6) tratando-se de imóvel em regime de multipropriedade, a indicação da existência de matrículas, nos termos do § 10 deste artigo;
>
> § 10. Quando o imóvel se destinar ao regime da multipropriedade, além da matrícula do imóvel, haverá uma matrícula para cada fração de tempo, na qual se registrarão e averbarão os atos referentes à respectiva fração de tempo, ressalvado o disposto no § 11 deste artigo.
>
> § 11. Na hipótese prevista no § 10 deste artigo, cada fração de tempo poderá, em função de legislação tributária municipal, ser objeto de inscrição imobiliária individualizada.
>
> § 12. Na hipótese prevista no inciso II do § 1º do art. 1.358-N da Lei nº 10.406, de 10 de janeiro de 2002 (Código Civil), a fração de tempo adicional, destinada à realização de reparos, constará da matrícula referente à fração de tempo principal de cada multiproprietário e não será objeto de matrícula específica.

Marcelo Augusto Santana de Melo ensina que, com relação ao aspecto registral, chama a atenção o fato da lei expressamente prever a abertura de matrícula para cada fração de tempo (§ 10 do art. 176 da Lei nº 6.015/73). Sabemos que decorre do princípio da especialidade objetiva a unitariedade matricial. Resulta deste princípio na impossibilidade de a matrícula conter mais do que um imóvel em sua descrição, consoante interpretação do artigo 176, § 1.º, inciso I da Lei 6.015/73. Pela referida regra, também, segundo unânime e consolidada jurisprudência administrativa do Tribunal de Justiça de São Paulo, ficaria impossibilitada a abertura de matrícula para frações ideias, prática comum quando do início da vigência da Lei de Registros Públicos (Apelações Cíveis números 93.316-0/8, da Comarca de São Bernardo do Campo; 92.121-0/0, da Comarca de Ibiúna; 96.704-0/0, da Comarca de São João da Boa Vista; 97.017-0/2 da Comarca de São José do Rio Preto; 96.085-0/4, da Comarca de São José dos Campos; 96.857-0/8, da Comarca da Capital; 98.303-0/5, da Comarca de Batatais; 99.733-0/4, da Comarca de Mogi Mirim; 99.607-0/0, da Comarca de Sorocaba; 352-6/8, da Comarca de Botucatu e 466-6/8, da Comarca de Atibaia) (https://marcelommmelo.com/2018/12/21/multipropriedade-imobiliaria-time-sharing-e-criada-no-direito-civil-brasileiro/)

O instrumento de instituição da multipropriedade ou a convenção de condomínio em multipropriedade poderá estabelecer o limite máximo de frações de tempo no mesmo imóvel que poderão ser detidas pela mesma pessoa natural ou jurídica. Em caso de instituição da multipropriedade para posterior venda das frações de tempo a terceiros, o atendimento a eventual limite de frações de tempo por titular estabelecido no instrumento de instituição será obrigatório somente após a venda das frações.

Carlos Eduardo Elias, no mesmo texto citado, adverte que o ato de instituição é um instrumento que deve conter as informações essenciais da anatomia jurídico-real do condomínio multiproprietário. O art. 1.358-F do CC foi lacônico em listar quais seriam as informações, de modo que ele precisa ser complementado, no que couber, pelo art. 1.332, I, do CC e pelo art. 1º, § 2º, da Lei nº 4.591/64, dispositivos que tratam dos requisitos formais do ato de instituição da espécie de condomínio que inspirou o multiproprietário: o condomínio edilício. Nesse contexto, entendemos que o ato de instituição deve conter a indicação de todas as unidades periódicas, com indicação do respectivo período do ano, além de ter de constar a fração ideal dessa unidade periódica no imóvel-base e a finalidade de uso das unidades periódicas. Ademais, considerando que o condomínio multiproprietário é sujeito de direito, convém que seja indicado o nome dele no ato de instituição. Se o ato de instituição for omisso, o seu nome será formado pela expressão "condomínio em multipropriedade da" acompanhada da identificação do imóvel, salvo se, no ato de instituição, for dado um nome diverso. Exemplos (com endereços fictícios): (1) condomínio em multipropriedade do imóvel da Rua Presidente Vargas n. 1000, Vila Nova, São Paulo/SP; (2) condomínio em multipropriedade do apartamento 304 do Edifício Vila Nova. Entendemos que, embora não seja obrigação legal, convém que o nome do condomínio esteja previsto no ato de instituição. Isso, porque o condomínio multiproprietário é sujeito de direito. Ademais, é fundamental identificar cada unidade periódica. A lei não impõe nenhum critério, de modo que a identificação pode ser numérica ou por nome. Em razão do princípio da veracidade, parece-nos que essa identificação deve guardar correlação com a identificação do imóvel-base. Por isso, recomendamos que o nome de cada unidade periódica seja fruto do acréscimo de um algarismo ou de uma letra ao número que identifica o imóvel-base após um hífen ou um ponto-final. Ex.: (1) no exemplo supracitado do imóvel situado na Rua Presidente Vargas n. 800, Vila Nova,

São Paulo/SP, a identificação de cada unidade periódica poderia ser respectivamente unidade periódica nº 800.1, 800.2 etc.; (2) no caso supracitado do apartamento 304 do Edifício Vila Nova, a identificação de cada unidade periódica poderia ser unidade periódica nº 304.1, 304.2 etc. Há controvérsias acerca da obrigatoriedade de o ato de instituição ter de adotar ou não escritura pública. Os cartórios de imóveis adotam posições diversas, a depender do Estado. Prevalece, no entanto, a prática de admitir mero instrumento particular. Entendemos, porém, de forma minoritária, que, por força do art. 108 do CC, é necessário escritura pública se o imóvel-base for de valor superior a 30 salários-mínimos. É que o ato de instituição é uma mutação jurídico-real do imóvel e, portanto, por modificar o direito real sobre o imóvel-base, atrairia escritura pública.

1.2.4 DIREITO DE PREFERÊNCIA, ENCARGOS CONDOMINIAIS E QUALIFICAÇÃO REGISTRAL IMOBILIÁRIA

Reza o § 1º do art. 1.358-L. (...)

> § 1º Não haverá direito de preferência na alienação de fração de tempo, salvo se estabelecido no instrumento de instituição ou na convenção do condomínio em multipropriedade em favor dos demais multiproprietários ou do instituidor do condomínio em multipropriedade.

Deve-se questionar o papel do Registrador Imobiliário nesse contexto.

Se houver previsão de direito de preferência no ato de instituição ou na convenção, "entendemos que o Cartório de Imóveis, ao fazer a qualificação registral de um título de venda da unidade periódica, precisa exigir prova de que os demais multiproprietários foram comunicados previamente da venda para o exercício do direito de preferência. Para evitar burocracias desnecessárias (seria inviável conseguir termo com reconhecimento de firma de todos os demais), bastaria a apresentação da prova do envio de notificações para os demais multiproprietários ou da realização de outra forma de divulgação prevista no ato de instituição ou na convenção (como a afixação de cartazes conforme atestado pelo administrador do condomínio ou a expedição de e-mails)". Esta é a visão de Carlos Eduardo Elias.

No que diz respeito aos encargos condominiais, estes são de obrigação do multiproprietário ao condomínio em multipropriedade, uma vez que possuem natureza *propter rem*.

Assim, nos termos do art. 4º, parágrafo único, da Lei 4.591/1964, o qual é aplicável também ao condomínio multiproprietário em razão do disposto do art. 1.358-B do CC, deve o adquirente vindicar certidão de quitação de dívida condominial no momento da aquisição, sob pena de responder solidariamente por esses encargos débitos pretéritos, assim como ocorre no condomínio edilício.

Uma vez mais, Carlos Eduardo Elias desacortina que o § 2º do art. 1.358-L do CC previa isso. Todavia, apesar de esse dispositivo não ter sido explicitamente vetado, tacitamente o foi. É que ele fazia remissão a um dispositivo que foi vetado, a saber: o § 5º do art. 1.358-J do CC (que previa que cada multiproprietário responde por suas obrigações sem solidariedade com os demais multiproprietários). Houve um veto por arrastamento: o preceito perdeu o objeto. Na motivação do veto, percebe-se que não houve intenção alguma de barrar o conteúdo do referido preceito, pois o objetivo era tratar da responsabilidade tributária do multiproprietário. Não houve intenção do Presidente da República de vetar a solidariedade do sucessor pelos débitos condominiais não pagos pelo anterior multiproprietário, o que só confirma o entendimento ora exposto. Portanto, apesar de o § 2º do art. 1.358-L do CC estar tacitamente vetado (veto por arrastamento), o seu comando segue aplicável com fundamento no art. 1.358-B do CC e no art. 4º, parágrafo único, da Lei nº 4.591/64. A exigência da prova de quitação de débitos condominiais não envolve interesse público e, portanto, pode ser dispensada expressamente pelas partes, hipótese em que o adquirente responderá solidariamente com o alienante por essas dívidas condominiais pretéritas.

Quando da qualificação registral de título de alienação da unidade periódica, faz-se necessário o Ofício Imobiliário observar a obrigatoriedade da prova de quitação de contribuições condominiais. Trata-se da mesma conduta acolhida em relação aos títulos de alienação de unidades autônomas de condomínio edilícios. Vale dizer, se o título for omisso em relação à eventual dispensa da prova de quitação pelas partes ou mesmo não existir, ao Registrador é incumbido condicionar o registro à profilaxia de tal vício.

2. JURISPRUDÊNCIA COMPLEMENTAR

⊙ SUPERIOR TRIBUNAL DE JUSTIÇA

EMENTA: Agrário e registral – Recurso especial – Imóvel rural – Compreensão de direito agrário – Compatível com as normas e finalidades de direito registral – Imóveis contíguos de um mesmo titular e matrículas imobiliárias distintas – Possibilidade – Unificação não obrigatória – Ausência de georeferenciamento da totalidade do imóvel que não implica automática nulidade de registro de transferência já efetivado em matrícula individualizada – Princípios da unitariedade e especialidade – Recurso desprovido

1. Conforme interpretação conjunta dos art. 4º do Estatuto da Terra (Lei 4.504/1964) e do art. 4º da Lei da Reforma Agrária (Lei 8.269/1993), o imóvel rural abrange a totalidade das glebas contíguas do mesmo proprietário, utilizadas para fins econômicos similares. Por sua vez, nos termos do art. 176, § 1º, da Lei dos Registros Públicos (Lei 6.015/1973), cada matrícula representa uma unidade imobiliária, inclusive no que tange aos imóveis rurais.

2. A compreensão de imóvel rural adotada pela legislação agrária é importante para os fins de se identificar a titularidade do imóvel contíguo por um mesmo proprietário, bem como se foram adotados corretamente os instrumentos técnicos para medição e georreferenciamento, evitando superposição de áreas nos imóveis rurais. Paralelamente, no direito registral prevalece o objetivo de correta identificação de cada imóvel e do respectivo proprietário, com observância do princípio da continuidade, conferindo segurança jurídica nas relações que envolvem os direitos reais e suas respectivas transferências, inclusive para fins de publicidade. Nenhum dos referidos conceitos e compreensões se sobrepõe ao outro, convivendo em sistemática harmonia para os fins a que se destinam.

3. Em observância aos princípios da especialidade e da unitariedade, regentes do direito registral, o memorial descritivo a que se refere o art. 176, §§ 3º e 4º, da Lei de Registros Públicos deve corresponder ao imóvel representado pela matrícula e, portanto, cada matrícula deve ser demarcada e georreferenciada individualmente, sem inviabilizar as unificações imobiliárias oportunamente cabíveis.

4. Recurso especial a que se nega provimento.

RELATÓRIO

Trata-se de **recurso especial** interposto pelo INSTITUTO NACIONAL DE COLONIZAÇÃO E REFORMA AGRÁRIA - INCRA, com fundamento no art. 105, III, "a", da Constituição Federal, contra acórdão do eg. Tribunal Regional Federal da 2ª Região, assim ementado:

"APELAÇÃO. DIREITO ADMINISTRATIVO E DIREITO REGISTRAL. ARGUIÇÃO DENULIDADE DOS REGISTROS FEITOS EM MATRÍCULAS DISTINTAS DE IMÓVEIS RURAIS. CONCEITOS JURÍDICOS DISTINTOS PARA FINS DO DIREITO AGRÁRIO E DO DIREITOCIVIL/REGISTRAL. LEIS NS. 4.504/64, 6.015/73, DECRETO N. 4.449/02. IMPROVIMENTO DORECURSO DE APELAÇÃO.

1. A questão sub judice no caso envolve conflito intersubjetivo entre o Apelante e os Apelados quanto à higidez do registro de atos de transferência da titularidade de imóveis rurais em favor da sociedade empresária JD Agropecuária Ltda. O INCRA apresenta tese segundo a qual os atos registrais praticados seriam nulos pois não foram precedidos de certificação pelo INCRA, conforme normativa vigente à época.

2. O ponto central para solucionar a questão se relaciona à conceituação da "área do imóvel rural", tal como prevê o art. 10, do Decreto n. 4.449/2002.

3. Com base no art. 4°, da Lei n. 4.504/64 (Estatuto da Terra), a definição sobre imóvel rural - prédio rústico, de área contínua, independentemente de sua localização, que se destina à atividade econômica ligada à exploração extrativa agrícola, pecuária ou agroindustrial - produz consequências no campo da reforma agrária e do gerenciamento da política pública no campo (inclusive o de organização fundiária em geral). Já, no que pertine ao tratamento dado pela Lei n. 6.015/73 (art. 176, § 1°, I), cada imóvel deve ser objeto de matrícula própria e autônoma relativamente a outros imóveis. Ou seja: cada imóvel terá matrícula independente dos demais e pode ser objeto de propriedade, com objetivo de conferir segurança jurídica e estabilidade nas relações que envolvem os direitos reais, inclusive para fins de publicidade.

4. Não é incomum a identificação da mesma expressão empregada com conteúdos diversos no ordenamento jurídico brasileiro, como também ocorre no caso concreto. É de se salientar, ainda, que a atuação do Cartório de Registro de Imóveis quanto ao registro de determinados títulos nos anos de 2007 e 2008 foi confirmada pela Corregedoria Geral de Justiça do Espírito Santo.

5. O imóvel que deve ser georreferenciado, segundo a Lei de Registros Públicos, é a "propriedade imobiliária", ou seja, o imóvel descrito e caracterizado na matrícula do registro público imobiliário competente e não outra eventual configuração existente no cadastro do Incra (CCIR) ou no cadastro da Receita Federal (DIAC-ITR).

6. Recurso de apelação conhecido e improvido." (fls. 351/352)

Em suas razões recursais, a parte recorrente alega ofensa aos arts. 1.022, I e II, do CPC/2015; 176, §§ 3º, 4º e 5º, da Lei 6.015/73; 4º, I, da Lei 8.629/93; 4º da Lei 4.504/64; e 9º e 10, II, do Decreto 4.449/2002, sustentando, em síntese, que: (a) o eg. Tribunal de origem não sanou os vícios suscitados nos embargos de declaração, essenciais ao julgamento da lide; (b) é nulo o registro de transferência de propriedade rural sem as exigências legais de prévio georreferenciamento e certificação pelo INCRA.

Não foram apresentadas contrarrazões (fl. 391).

É o relatório.

VOTO

Consoante se extrai dos autos, em agosto de 2009, JD AGROPECUÁRIA LTDA requereu ao INCRA a **atualização cadastral e certificação do imóvel denominado "Fazenda Santa Lúcia"**, com área total registrada de 1.064.9672 ha sob as matrículas R-9-17.235; R-15- 5.566, R-31-5.474, R-32-5.474, R-33-5.476 e R-24-5.471 do Cartório de Registro de Imóveis da Comarca de Linhares/ES.

Ao analisar o requerimento, o comitê de certificação do INCRA requereu a elaboração de *"parecer jurídico quanto à legalidade dos registros efetuados nas matrículas R-9- 17.235, R-15-5.566, R-31-5.474, R-32-5.474, R-33-5.476, R-24-5.47T, fls.314, 319, 324, 330, 333, em descumprimento aos prazos definidos no decreto n°. 5.570/2005"* (fl. 58).

O parecer emitido pela Procuradoria Federal Especializada do INCRA concluiu pela irregularidade dos registros, porque *"quando da efetivação dos registros R-9-17.235, R-15-5.566, R-31-5.474, R-32-5.474, R-33-5.476 e R-24-5.471, ocorridos em novembro de 2007 e novembro de 2008, o prazo de um ano a contar de 20/11/2003 já havia expirado, considerando a dimensão total do imóvel, e mesmo assim os atos cartoriais foram efetivados, quando ainda dependia da identificação previa das citadas áreas pelo procedimento inserto no artigo 176, §§ 3º e 4º da Lei 6.015/73, e suas alterações"* (fl. 64), sendo, portanto, nulos de pleno direito.

Diante desse cenário, o INCRA propôs **ação de anulação de registros imobiliários em face do cartório de registro de imóveis** - com o posterior ingresso dos particulares no polo passivo da demanda - objetivando a declaração de nulidade dos referidos registros, em razão da ausência do prévio georreferenciamento e de certificação pelo INCRA.

O Juízo da Vara Federal de Linhares - ES julgou **improcedente** o pedido sob os fundamentos de que: (I) não houve fraude no registro da transferência dos imóveis; (II) os imóveis não estavam sujeitos à identificação por georreferenciamento à época, considerando-se as matrículas individuais; e (III) não existe possibilidade de superposição de áreas, conforme se infere do seguinte trecho da r. sentença:

"Desta forma, como a questão aqui debatida insere-se na (i)legalidade de atos registrais e considerando que a norma de referência (Art. 176 e parágrafos da Lei 6015/73), está contida na Lei de Registros Públicos, **entendo que NÃO houve ilegalidade no registro dos atos acoimados de invalidade na peça inicial**.

Ultrapassada a discussão sobre o conceito de "imóvel rural", **reputo regulares os registros imobiliários contestados, visto que na época das alienações os imóveis não estavam sujeitos à identificação por georreferenciamento.**

Por fim, é imperioso registrar que **não vislumbrei indícios de fraude nas condutas do registrador, dos alienantes e dos adquirentes do imóvel rural, mormente porque os citados imóveis já estavam desmembrados antes da edição da Lei 10.167/2001 e foi a própria empresa adquirente JD AGROPECUÁRIA LTDA quem deu início ao processo administrativo de certificação posterior ao registro imobiliário**.

Concluo que não há sequer a possibilidade de incorrer em superposição cadastral de áreas (razão de existir da Lei 10167/2001, que instituiu a identificação por georreferenciamento), pois, com a certificação das glebas menores, os pedidos subseqüentes – relativos à totalidade do imóvel rural ou a outras glebas-, devem desconsiderar a área da gleba menor, já certificada, sob pena de indeferimento administrativo do pedido." (fls. 293/294, g.n.)

O Tribunal Regional Federal da 2ª Região manteve a improcedência do pedido sob o fundamento de que, nos termos da Lei de Registros Públicos, o georreferenciamento deve observar o imóvel da forma como descrito e caracterizado na matrícula do registro público imobiliário competente, e não a configuração adotada pelo cadastro do Incra (CCIR), de modo que a exigência do art. 176 do referido normativo legal deve ser apurada com base nas áreas das matrículas individualizadas. É o que se extrai do seguinte trecho do v. acórdão:

3. O ponto central para solucionar a questão se relaciona à conceituação da "área do imóvel rural", tal como prevê o art. 10, do Decreto n. 4.449/2002, como foi bem observado pelo magistrado sentenciante.

A esse respeito, na eventualidade de se considerar o imóvel rural como abrangente da totalidade das glebas contíguas do mesmo proprietário utilizada para fins econômicos/sociais similares, revelar-se-ia correta a tese apresentada pelo Apelante. Ao revés, se se considerar que o conceito de imóvel rural é aquele diretamente relacionado ao bem objeto de determinada matrícula no livro do Cartório de Registro de Imóveis, independentemente da existência de outras glebas titularizadas pela mesma pessoa, os registros feitos nas matrículas referidas nos autos seriam hígidas.

4. A minuciosa análise feita pelo magistrado se direcionou no sentido de separar os diferentes efeitos que decorrem das normas que tratam dos imóveis rurais. Com base no art. 4°, da Lei n. 4.504/64 (Estatuto da Terra), a definição sobre imóvel rural - prédio rústico, de área contínua, independentemente de sua localização, que se destina à atividade econômica ligada à exploração extrativa agrícola, pecuária ou agroindustrial – produz consequências no campo da reforma agrária e do gerenciamento da política pública no campo (inclusive o de organização fundiária em geral).

Já, no que pertine ao tratamento dado pela Lei n. 6.015/73 (art. 176, § 1°, I), cada imóvel deve ser objeto de matrícula própria e autônoma relativamente a outros imóveis. Ou seja: cada imóvel terá matrícula independente dos demais e pode ser objeto de propriedade, com objetivo de conferir segurança jurídica e estabilidade nas relações que envolvem os direitos reais, inclusive para fins de publicidade.

5. Conforme bem fundamentado pelo juiz federal, para o INCRA é importante identificar se foram adotados corretamente os instrumentos técnicos para medição e georreferenciamento para que não haja superposição de áreas nos imóveis rurais. No que se refere ao Cartório de Registro de Imóveis o que se mostra relevante é se o negócio jurídico cujo título se pretende registrar teria sido celebrado com o titular da propriedade imobiliária.

Daí a conclusão segundo a qual ainda que haja noções legais e conceituais distintas sobrea expressão "imóvel rural" no âmbito do Direito Civil e Registral e do Direito Agrário, nenhuma das conceituações têm valor superior para ser estendida aos outros ramos do Direito.

6. Não é incomum a identificação da mesma expressão empregada com conteúdos diversos no ordenamento jurídico brasileiro, como também ocorre no caso concreto. **É de se salientar, ainda, que a atuação do Cartório de Registro de Imóveis quanto ao registro de determinados títulos nos anos de 2007 e 2008 foi confirmada pela Corregedoria Geral de Justiçado Espírito Santo.**

A respeito do pronunciamento administrativo da Corregedoria Geral de Justiça do Espírito Santo, extraio os seguintes trechos (fls. 90 e 95):

"A dúvida cinge-se, então, em saber como proceder em relação a aplicação dos incisos do artigo 10, utilizados para resolver a questão posta em discussão, uma vez que a unidade imobiliária possui dois conceitos distintos. Para o INCRA: unidade econômica rural, englobrando áreas registradas e áreas de posse; e para o Registro de Imóveis: a matrícula, ou seja, "a propriedade imobiliária" juridicamente constituída.

(...)

Diante disso, a obrigação de georreferenciar, portanto, deve sempre resultar numa nova descrição que será inserida no corpo da matrícula do imóvel.

Igualmente, a matrícula representa não necessariamente "imóvel", mas sim "propriedade imobiliária" pois o termo pode incluir, como já afirmado, áreas não tituladas, enquanto que a propriedade imobiliária engloba apenas a área juridicamente titulada em favor de uma ou mais pessoas.

Outrossim, **o imóvel que deve ser georreferenciado, segundo a Lei de Registros Públicos, é a "propriedade imobiliária", ou seja, o imóvel descrito e caracterizado na matrícula do registro público imobiliário competente e não outra eventual configuração existente no cadastro do Incra (CCIR) ou no cadastro da Receita Federal (DIAC-ITR).**

Não obstante, **qualquer trabalho georreferenciado que abranja área não adequada ao conceito jurídico de "propriedade imobiliária" mesmo que devidamente certificada pelo Incra, não terá ingresso na matrícula, continuando o imóvel sujeito às restrições legais até o integral cumprimento da legislação do georreferenciamento.**" (fls. 348/350, g.n.)

Com efeito, entendo acertada a conclusão a que chegaram as instâncias ordinárias.

O princípio da especialidade, princípio basilar do registro de imóveis, impõe que, para efeito de registro público, toda inscrição deve recair sobre um objeto precisamente individuado, a partir de indicações exatas de suas medidas, características e confrontações. Nesse sentido:

DIREITO CIVIL. RECURSO ESPECIAL. REGISTROS PÚBLICOS. AÇÃO DE USUCAPIÃO. IMÓVEL RURAL. INDIVIDUALIZAÇÃO. MEMORIAL DESCRITIVO GEORREFERENCIADO. NECESSIDADE. LEIS 6.015/1973 E 10.267/2001.

1- O princípio da especialidade impõe que o imóvel, para efeito de registro público, seja plenamente identificado, a partir de indicações exatas de suas medidas, características e confrontações.

2- Cabe às partes, tratando-se de ação que versa sobre imóvel rural, informar com precisão os dados individualizadores do bem, mediante apresentação de memorial descritivo que contenha as coordenadas dos vértices definidores de seus limites, georreferenciadas ao Sistema Geodésico Brasileiro. Inteligência do art. 225, caput e § 3°, da Lei n. 6.015/1973.

3- Recurso especial provido.

(REsp 1.123.850/RS, Relatora **Ministra Nancy Andrighi**, Terceira Turma, julgado em 16/5/2013, DJe de 27/5/2013, g.n.)

Nesse sentido, o artigo 176 da Lei de Registros Públicos (Lei 6.015/73) mostra-se como verdadeira expressão do registro da especialidade ao exigir, para fins de registro do imóvel, sua identificação com todas as suas características e confrontações, localização, área e denominação, se rural, ou logradouro e número, se urbano, e sua designação cadastral, se houver.

A Lei 10.267/2001, que alterou a Lei de Registros Públicos, instituiu a necessidade de georreferenciamento dos imóveis rurais, uma técnica ainda mais precisa de descrição desses imóveis, que passou a ser exigida para os casos de desmembramento, parcelamento ou remembramento de imóveis rurais, bem como para efetivação de registro, *in verbis*:

Art. 176 [...] § 3º Nos casos de desmembramento, parcelamento ou remembramento de imóveis rurais, a identificação prevista na alínea a do item 3 do inciso II do § 1° será obtida a partir de memorial descritivo, assinado por profissional habilitado e com a devida Anotação de Responsabilidade Técnica – ART, contendo as coordenadas dos vértices definidores dos limites dos imóveis rurais, geo-referenciadas ao Sistema Geodésico Brasileiro e com precisão posicional a ser fixada pelo INCRA, garantida a isenção de custos financeiros aos proprietários de imóveis rurais cuja somatória da área não exceda a quatro módulos fiscais.

Portanto, o procedimento de georreferenciamento passou a integrar o registro dos imóveis rurais, com a necessidade de que a certificação do memorial descritivo conste da matrícula do imóvel. Tudo isso com o objetivo de aperfeiçoar a identificação e descrição dos imóveis rurais, garantindo uma maior precisão e a veracidade das informações constantes do registro público, principalmente para evitar eventuais efeitos negativos decorrentes de descrições imobiliárias vagas e imprecisas, como a superposição de áreas, por exemplo.

Como bem destacado pelas instâncias ordinárias, a solução do presente caso perpassa pela diferenciação dos conceitos de imóvel rural para o direito registral e para a legislação agrária.

Conforme definição da legislação agrária defendida pelo INCRA e retirada do sítio eletrônico da autarquia, de fato, o imóvel rural abrange a totalidade das glebas contíguas do mesmo proprietário utilizadas para fins econômicos similares, *in verbis*:

"Imóvel rural, segundo a legislação agrária, é **a área formada por uma ou mais matrículas de terras contínuas, do mesmo titular** *(proprietário ou posseiro), localizada tanto na zona rural quanto urbana do município. O que caracteriza é a sua destinação agrícola, pecuária, extrativista vegetal, florestal ou agroindustrial.*

O termo contínuo significa áreas confrontantes da mesma pessoa (física ou jurídica). **Pode ser propriedade e/ ou posse, pode ter vários documentos, como registro,**

matrícula, escritura ou outra documentação, *pode haver interrupções físicas como estradas, rios e córregos, pode estar em um ou mais municípios ou estados e ainda assim é considerado um único imóvel rural."* (disponível em: https://www.gov.br/incra/pt-br/acesso-a-informacao/perguntas-frequentes#:~:text=Im%C3%B3vel%20rural%2C%20segundo%20a%20legisla%C3%A7%C3%A3o,extrativista%20vegetal%2C%20florestal%20ou%20agroindustrial.)

Todavia, tal definição extraída da interpretação conjunta do art. 4º do Estatuto da Terra e do art. 4º da Lei da Reforma Agrária (Lei 8.629/93), embora seja utilizada para fins de cadastro de imóveis rurais no INCRA, não pode ser utilizada no âmbito do direito registral, em observância ao já mencionado princípio da especialidade.

Para o direito registral, com espeque nos princípios da especialidade e da unitariedade, cada matrícula representa uma unidade imobiliária, inclusive no que tange aos imóveis rurais, o que significa que **o memorial descritivo a que se refere os §§ 3º e 4º do artigo 176 da Lei de Registros Públicos deve corresponder ao imóvel representado pela matrícula** e, portanto, cada matrícula deve ser demarcada e georreferenciada individualmente.

Cumpre ressaltar que nada impede que o proprietário requeira a unificação das áreas descritas em matrículas distintas de sua propriedade, o que então resultará na formação de uma nova unidade imobiliária com a abertura de uma nova matrícula. Somente nessa hipótese é que o perímetro georreferenciado deverá abranger todos os imóveis referidos nas suas respectivas matrículas, as quais serão encerradas para constituir um único imóvel rural com uma nova matrícula.

Conclui-se, portanto, que não se aplica o conceito agrário de imóvel rural ao procedimento de certificação do memorial descritivo georreferenciado, para os fins e efeitos do registro imobiliário, devendo o georreferenciamento ser realizado no âmbito de cada matrícula individualizada.

Ante o exposto, **nega-se provimento ao recurso especial** (STJ – REsp nº 1.706.088 – Espírito Santo – 4ª Turma – Rel. Min. Raul Araújo – DJ 27.05.2024)

Ementa: Direito civil – Recurso Especial – Condomínio edilício residencial – Ação de obrigação de não fazer – Locação fracionada de imóvel para pessoas sem vínculo entre si, por curtos períodos – Contratações concomitantes, independentes e informais, por prazos variados – Oferta por meio de plataformas digitais especializadas diversas – Hospedagem atípica – Uso não residencial da unidade condominial – Alta rotatividade, com potencial ameaça à segurança, ao sossego e à saúde dos condôminos – Contrariedade à convenção de condomínio que prevê destinação residencial – Recurso improvido –

1. Os conceitos de domicílio e residência (CC/2002, arts. 70 a 78), centrados na ideia de permanência e habitualidade, não se coadunam com as características de transitoriedade, eventualidade e temporariedade efêmera, presentes na hospedagem, particularmente naqueles moldes anunciados por meio de plataformas digitais de hospedagem.

2. Na hipótese, tem-se um contrato atípico de hospedagem, que se equipara à nova modalidade surgida nos dias atuais, marcados pelos influxos da avançada tecnologia e pelas facilidades de comunicação e acesso proporcionadas pela rede mundial da *internet*, e que se vem tornando bastante popular, de um lado, como forma de incremento ou complementação de renda de senhorios, e, de outro, de obtenção, por viajantes e outros interessados, de acolhida e abrigo de reduzido custo.

3. Trata-se de modalidade singela e inovadora de hospedagem de pessoas, sem vínculo entre si, em ambientes físicos de estrutura típica residencial familiar, exercida sem inerente profissionalismo por aquele que atua na produção desse serviço para os interessados, sendo a atividade comumente anunciada por meio de plataformas digitais variadas. As ofertas são feitas por proprietários ou possuidores de imóveis de padrão residencial, dotados de espaços ociosos, aptos ou adaptados para acomodar, com certa privacidade e limitado conforto, o interessado, atendendo, geralmente, à demanda de pessoas menos exigentes, como jovens estudantes ou viajantes, estes por motivação turística ou laboral, atraídos pelos baixos preços cobrados.

4. Embora aparentemente lícita, essa peculiar recente forma de hospedagem não encontra, ainda, clara definição doutrinária, nem tem legislação reguladora no Brasil, e, registre-se, não se confunde com aquelas espécies tradicionais de locação, regidas pela Lei 8.245/91, nem mesmo com aquela menos antiga, genericamente denominada de aluguel por temporada (art. 48 da Lei de Locações).

5. Diferentemente do caso sob exame, a locação por temporada não prevê aluguel informal e fracionado de quartos existentes num imóvel para hospedagem de distintas pessoas estranhas entre si, mas sim a locação plena e formalizada de imóvel adequado a servir de residência temporária para determinado locatário e, por óbvio, seus familiares ou amigos, por prazo não superior a noventa dias.

6. Tampouco a nova modalidade de hospedagem se enquadra dentre os usuais tipos de hospedagem ofertados, de modo formal e profissionalizado, por hotéis, pousadas, hospedarias, motéis e outros estabelecimentos da rede tradicional provisora de alojamento, conforto e variados serviços à clientela, regida pela Lei 11.771/2008.

7. O direito de o proprietário condômino usar, gozar e dispor livremente do seu bem imóvel, nos termos dos arts. 1.228 e 1.335 do Código Civil de 2002 e 19 da Lei 4.591/64, deve harmonizar-se com os direitos relativos à segurança, ao sossego e à saúde das demais múltiplas propriedades abrangidas no Condomínio, de acordo com as razoáveis limitações aprovadas pela maioria de condôminos, pois são limitações concernentes à natureza da propriedade privada em regime de condomínio edilício.

8. O Código Civil, em seus arts. 1.333 e 1.334, concede autonomia e força normativa à convenção de condomínio regularmente aprovada e registrada no Cartório de Registro de Imóveis competente. Portanto, existindo na Convenção de Condomínio regra impondo destinação residencial, mostra-se indevido o uso de unidades particulares que, por sua natureza, implique o desvirtuamento daquela finalidade (CC/2002, arts. 1.332, III, e 1.336, IV).

9. Não obstante, ressalva-se a possibilidade de os próprios condôminos de um condomínio edilício de fim residencial deliberarem em assembleia, por maioria qualificada (de *dois terços das frações ideais*), permitir a utilização das unidades condominiais para fins de hospedagem atípica, por intermédio de plataformas digitais ou outra modalidade de oferta, ampliando o uso para além do estritamente residencial e, posteriormente, querendo, incorporarem essa modificação à Convenção do Condomínio.

10. Recurso especial desprovido. (STJ – REsp nº 1.819.075 – Rio Grande do Sul – 4ª Turma – Rel. Min. Raul Araújo – DJ 27.05.2021)

TRIBUNAL DE JUSTIÇA DO RIO GRANDE DO SUL

EMENTA: PROCESSO Nº 70068437284. APELAÇÃO CÍVEL. REGISTRO DE IMÓVEIS. SUSCITAÇÃO DE DÚVIDA. ESCRITURA PÚBLICA DE SOBREPARTILHA E DECLARATÓRIA E LOCALIZAÇÃO DE PARCELA. NECESSIDADE DE GEORREFERENCIAMENTO. É obrigatória a realização de georreferenciamento, nos casos de transferência, desmembramento, remembramento e parcelamento de imóveis rurais, a identificação da propriedade rural a partir de memorial descritivo, assinado por profissional habilitado e com a devida ART. Caso. considerando que a localização das áreas, ainda que pelo procedimento previsto no Projeto Gleba Legal, implicará a abertura de novas matrículas é de ser mantida a procedência da dúvida suscitada. Arts. 176 e 225 da Lei de Registros Públicos (Lei nº 6.015/73) e art. 10, I a IV do Dec. nº 4.449/02. Sentença mantida. NEGARAM PROVIMENTO AO APELO. UNÂNIME.

EMENTA: APELAÇÃO CÍVEL. SUSCITAÇÃO DE DÚVIDA. REALIZAÇÃO DE GEORREFERENCIAMENTO. IMÓVEL RURAL PARTILHADO. SENTENÇA MANTIDA. É obrigatória a realização de georreferenciamento para casos de desmembramento, parcelamento, remembramento e transferência de imóvel rural. Inteligência do art. 10, III, do Decreto 4.449. Sentença mantida. PREQUESTIONAMENTO: O prequestionamento de normas constitucionais e infraconstitucionais fica atendido nas razões de decidir deste julgado, o que dispensa manifestação pontual acerca de cada artigo aventado. Tampouco se negou vigência aos dispositivos normativos que resolvem a lide. NEGARAM PROVIMENTO AO APELO (PROCESSO Nº 70051355071).

TRIBUNAL DE JUSTIÇA DO ESTADO DE MINAS GERAIS

EMENTA: DÚVIDA DE REGISTRO DE IMÓVEL. INDIVIDUALIZAÇÃO E CARACTERIZAÇÃO DO IMÓVEL. PRESSUPOSTOS INDISPENSÁVEIS PARA MATRÍCULA. ASSISTÊNCIA JUDICIÁRIA. PRESUNÇÃO DE NECESSIDADE. O art. 176, § 1º, II, nº 3, da Lei nº 6.015/73 exige a identificação do imóvel, com suas características e confrontações, localização, área, logradouro, número e designação cadastral, esta se houver, para a matrícula e para o registro ou averbação dos atos relacionados no art. 167 e não atribuídos ao livro de registro auxiliar. A individualização e a caracterização do imóvel são pressupostos que não admitem mitigação, por se tratar de providências indispensáveis ao aperfeiçoamento do registro imobiliário. (TJMG – Ap. Civ. nº 1.0024.10.194349-6/001 Des. ALMEIDA MELO, Publica).

EMENTA: DIREITO REGISTRAL – APELAÇÃO – IMÓVEL COM ÁREA INFERIOR AO LIMITE MÍNIMO PREVISTO NA LEI QUE DISCIPLINA O PARCELAMENTO DO SOLO URBANO – PRETENSÃO DE EXPEDIÇÃO DE MANDADO AO CARTÓRIO DE NOTAS, PARA LAVRAR A ESCRITURA PÚBLICA DE COMPRA E VENDA, E AO CARTÓRIO DE REGISTRO DE IMÓVEIS PARA REGISTRÁ-LA – NÃO CABIMENTO – RECURSO DESPROVIDO. – O artigo 4º, inciso II, da lei federal 6.766/79, que dispõe sobre o parcelamento do solo urbano, estabelece que os lotes terão área mínima de 125m², salvo quando o loteamento se destinar a urbanização específica ou edificação de conjuntos habitacionais de interesse social, previamente aprovados pelos órgãos públicos competentes. Como a área do imóvel em questão é inferior ao referido limite, e sequer há alegação de que o mesmo se enquadra nas exceções previstas na lei, não há como atender à pretensão da autora, de expedição de mandado ao Cartório de Notas para compelir o Tabelião a lavrar uma escritura pública de compra e venda envolvendo o referido bem, e ao Cartório de Registro de Imóveis para obrigar o Tabelião [sic. Registrador] a registrá-la, mesmo porque, no caso, o imóvel não está registrado em nome daquele que figura como vendedor no negócio jurídico firmado com a autora. (TJMG – Ap. Civ. 1.0016.11.005480-2/001, Relator: Des. Moreira Diniz, 16ª C. CÍVEL, Julgamento: 02/02/2012)

TRIBUNAL DE JUSTIÇA DO DISTRITO FEDERAL

EMENTA: AÇÃO DECLARATÓRIA DE NULIDADE DE ATOS JURÍDICOS – REGISTRO DE IMÓVEIS – CANCELAMENTO DE MATRÍCULAS. 1 – Segundo o artigo 176, § 1º, inciso II, item 3, alínea a, da Lei de Registros Públicos, a identificação do imóvel com suas características, confrontações, localização e área é requisito para se proceder à matrícula de um imóvel rural. 2 – Alienadas frações ideais e abertas matrículas, antes de serem delimitados os quinhões individuais dos herdeiros, sem observância dos princípios da especialidade objetiva e subjetiva, da unitariedade e da segurança jurídica que disciplina os registros públicos imobiliários, reconhece-se o vício da matrícula. 3 – Recurso conhecido e não provido. Decisão unânime. (TJDFT – APC 20070150011 909, Relator HAYDEVALDA SAMPAIO, 5ª Turma Cível, julgado em 24/10/ 2007, DJ 06/ 12/2007 p. 113

EMENTA: DÚVIDA REGISTRÁRIA – LEI DE REGISTROS PÚBLICOS – CERTIDÃO APRESENTADA PARA REGISTRO – NÃO ATENDIMENTO AOS REQUISITOS LEGAIS PREVISTOS NO ART. 167, I, 21, e II, BEM COMO 176, III, DA LEI 6.015/73. PRINCÍPIO DA ESPECIALIDADE OBJETIVA E SUBJETIVA. Para que uma certidão ou qualquer outro documento se constitua em título hábil para registro deve atender aos princípios que regem o registro imobiliário, inclusive o da especialidade objetiva e subjetiva (art. 176, III, da Lei 6.015/73). A certidão que não qualifica a parte suscitada, não informa qual é sua posição jurídica nos autos do processo e também não informa qual a ação proposta e o valor da causa, não é título hábil a ingressar no Registro Público. (TJDFT – APC 20110110023317, Relator LÉCIO RESENDE, 1ª Turma Cível, j. em 14/09/2011, DJ 23/09/2011 p. 95)

EMENTA: CIVIL. DÚVIDA REGISTRÁRIA. CESSÃO DE DIREITOS SOBRE BEM IMÓVEL. CUMPRIMENTO DE EXIGÊNCIAS. ESTADO CIVIL. LEI DE REGISTROS PÚBLICOS. PROVIMENTO GERAL DA CORREGEDORIA. LEI Nº 8.044/90. SISTEMA FINANCEIRO DE HABITAÇÃO. HARMONIA. 1. A cessão de direitos sobre imóveis realizada entre particulares, para fins de registro público, deve ser precedida do registro do estado civil, da profissão e do número de inscrição no Cadastro de Pessoas Físicas do Ministério da Fazenda ou do Registro Geral da cédula de identidade, ou, à falta deste, sua filiação, nos termos do art. 176, § 1º, inciso III, 2, a., da Lei nº 6.015/73, dispositivo harmônico com o art. 45 do Provimento Geral da Corregedoria deste Tribunal. 2. (...) 3. Recurso não provido. (TJDFT – APC 20110111094660, Relator CRUZ MACEDO, 4ª Turma Cível, j. em 29/03/2012, DJ 26/04/2012 p. 120)

TRIBUNAL DE JUSTIÇA DO ESTADO DO SERGIPE

EMENTA: DESAPROPRIAÇÃO. REGISTRO DE ÁREA NÃO-TITULADA EM NOME DO EXPROPRIANTE – ALEGAÇÕES DO ESPÓLIO SOBRE TITULARIDADE DO DOMÍNIO DO IMÓVEL E PAGAMENTO INDENIZATÓRIO – NÃO CABÍVEL – ULTRAPASSAM O LIMITE OBJETIVO DA AÇÃO DE DESAPROPRIAÇÃO – MODIFICAÇÕES LEGISLATIVAS OCORRIDAS NO ART. 176, § 8º DA LEI 6.015/ 73 POR MEIO DA LEI 12.424/11 – REQUISITOS LEGAIS PREENCHIDOS – POSSIBILIDADE DE ABERTURA E REGISTRO DOS IMÓVEIS – RECURSO CONHECIDO E PROVIDO. (TJSE – Ag. Ins. 0336/2011, Rel. Des. Cezário Siqueira Neto, Julgado 27/02/2012)

TRIBUNAL DE JUSTIÇA DO ESTADO DE SÃO PAULO

CONSELHO SUPERIOR DA MAGISTRATURA

EMENTA: REGISTRO DE IMÓVEIS – DÚVIDA JULGADA PROCEDENTE, IMPEDINDO-SE O REGISTRO DE ESCRITURA DE VENDA E COMPRA – QUEBRA DOS PRINCÍPIOS DA ESPECIALIDADE OBJETIVA E DA CONTINUIDADE – RECURSO DESPROVIDO (Apelação nº 0022066-48.2012.8.26.0100, da Comarca de São Paulo). Trata-se de dúvida suscitada pelo Oficial do 14º Cartório de Registro de Imóveis da Capital, afirmando ser inviável o registro da Escritura de Venda e Compra lavrada no livro (...), à fl. (...), no 24º Tabelionato de Notas, em face da existência de sobreposição de títulos aquisitivos e inexistência da presença de condômina – que teve parte de sua área afetada – na Escritura. A interessada manifestou-se sobre a dúvida, negando, em síntese, a existência de vícios na Escritura e de óbices ao seu registro. Seguiram-se alguns esclarecimentos e novas manifestações da interessada e do Oficial do Registro. O MM. Juiz Corregedor Permanente acolheu as ponderações do Oficial do Registro de Imóveis e manteve a recusa. Inconformada com a respeitável decisão, a interessada interpôs, tempestivamente, o presente recurso. Alega, novamente, a inexistência de vícios na Escritura e a possibilidade de seu registro. A Douta Procuradoria Geral de Justiça entendeu que a dúvida está prejudicada e, no mérito, manifestou-se pelo desprovimento do recurso. É o relatório. O recurso não comporta provimento. A dúvida não está prejudicada, pois o que ocorreu ao longo do procedimento foi, tão somente, o exercício do contraditório, entre a interessada, o suscitante e o Oficial do 11º CRI, à instância, justamente, do Ministério Público. Não se alterou, contudo, a questão inicial colocada como óbice ao registro nem a interessada juntou qualquer documento. Os documentos a que faz referência o Ilustre Procurador foram juntados pelo Oficial do 11º CRI, em adendo aos seus esclarecimentos. E os óbices que impedem o registro, como se verá, são decorrência dos fatos apontados pelo apelado. No mérito, porém, não há como registrar a Escritura. Explico. Conforme a Escritura, juntada às fls. 12/13, cuida-se de um prédio e seu respectivo terreno, situado na (...). A transcrição 19.760, do 11º CRI, tem origem na transcrição nº 7.273, do 1º CRI, e refere-se a área maior (800 metros quadrados), cujo primeiro proprietário foi (...) Com seu falecimento, o imóvel foi transmitido aos herdeiros, como se vê da mencionada transcrição nº 19.760, às fls. 20, 22, 24 e 27. No entanto, sem que a transcrição nº 19.760 fosse cancelada, os mesmos herdeiros adquiriram, também, por força da sucessão, quatro partes certas de 200 metros quadrados do imóvel, conforme demonstram as transcrições nº 23.001, 23.002, 23.003 e 23.004, do 11ª CRI. Tal fato demonstraria, em tese, a sobreposição de títulos aquisitivos, ressaltando-se que não foram apresentadas permissões para o desdobro do imóvel. Verificou-se, não fosse apenas isso, que a área objeto de venda e compra abrange uma faixa de 0,58 por 17,5 metros de proprietária que não constou da Escritura (proprietária da transcrição nº 23.003). São esclarecedoras as informações do Oficial do 11º CRI, demonstrando que, segundo as diversas transcrições ocorridas posteriormente, não se verifica, atualmente, sobreposição das transcrições nº 23.001, 23.002, 23.003 e 23.004 sobre a de nº 19.760. Esse óbice, portanto, estaria superado. No entanto, há outros dois, daí advindos, que não estão. A escritura faz referência ao um imóvel medindo 5 metros de frente, por 17,5 metros de fundo, com área total de 87,5 metros quadrados. Porém, conforme a informação do 11º CRI, a área pretendida tem 5,3 metros de frente por 17,5 metros de fundo. A incongruência de dados fere o princípio da especialidade objetiva, que rege os registros públicos. Não fosse apenas isso, não é exato o que consta da Escritura. Embora não haja sobreposição, o imóvel não foi havido dos vendedores da transcrição 19.760 – que haveria de ser cancelada – mas das transcrições de nº 25.046, 26.996 e 23.002 do 11º CRI, como apontado à fl. 297. Há ferimento, portanto, dos princípios da especialidade objetiva – a área do imóvel é discrepante com sua descrição – e da continuidade – a transcrição mencionada na Escritura não é exatamente aquela de onde provém o imóvel negociado. Como bem ponderado pelos Oficiais e pelo MM. Juiz, cabe à interessada a via da usucapião ou, se possível, da retificação da Escritura. Tal como elaborada, ela realmente não é passível de registro. Nesses termos, pelo meu voto, à vista do exposto, nego provimento ao recurso. HAMILTON ELLIOT AKEL. Corregedor Geral da Justiça e Relator. (D.J.E. de 20.05.2014 – SP).

⊙ CORREGEDORIA-GERAL DA JUSTIÇA

▶ **EMENTA:** Retificação de registro. Imóvel rural – georreferenciamento. Município – limites territoriais. Retificação de área – georreferenciamento – novas medidas tabulares que colocam parte do imóvel em outro município – ausência de anuência do município que antes abarcava todo o imóvel – desnecessidade – município que não é confrontante – pendência de ação na Justiça Federal na qual os dois municípios discutem seus limites territoriais – ausência de prejudicialidade – retificação que deve ser deferida – recurso provido. Processo 11.722/2014, Tremembé, j. 06/03/2014, Dje 19/03/2014, des. Elliot Akel. Legislação: LRP – Lei de Registros Públicos | 6.015/1973, ART: 213, INC: II.

▶ **EMENTA:** REGISTRO DE IMÓVEIS – Dúvida – Escritura de compra e venda – Transcrições antigas – Descrição precária do imóvel – Inaplicabilidade do art. 176, § 2º, da Lei 6.015/73 – Violação do princípio da especialidade objetiva – Necessidade de prévia retificação da área – Recurso não provido (APELAÇÃO CÍVEL Nº 486-6/9, da Comarca de CAMPINAS).

3. QUESTÕES DE CONCURSOS

01. (TJ/AM – 2023 – TJ/AM - Titular de Notas e Serviços de Registros) Sobre o Registro de imóveis (com base no previsto na lei 6015/73), assinale a alternativa correta:

a) A instituição do direito real de laje ocorrerá por meio da abertura de uma matrícula própria no registro de imóveis e por meio da averbação desse fato na matrícula da construção-base e nas matrículas de lajes anteriores, com remissão recíproca.

b) Em caso de permuta, e pertencendo os imóveis à mesma circunscrição, serão feitos os registros nas matrículas correspondentes, com números de ordem no Protocolo distintos.

c) É obrigatória a abertura da matrícula na circunscrição onde estiver situado o imóvel, a requerimento do interessado ou de ofício, por conveniência do serviço.

d) A escrituração do protocolo incumbirá somente ao oficial substituto legal da serventia de registro de imóveis.

02. (TJ/AM – 2023 – TJ/AM - Titular de Notas e Serviços de Registros). De acordo com a Lei nº 6.015/1973, o registro do imóvel destacado de glebas públicas:

a) Não exige a retificação do memorial descritivo da área remanescente, que somente ocorrerá a cada 3 (três) anos, contados a partir do primeiro destaque, englobando todos os destaques realizados no período.

b) Não exige a retificação do memorial descritivo da área remanescente, que somente ocorrerá a cada 2 (dois) anos, contados a partir do primeiro destaque, englobando todos os destaques realizados no período.

c) Não exige a retificação do memorial descritivo da área remanescente.

d) Exige a retificação do memorial descritivo da área remanescente no momento da prenotação.

03. (FGV - 2023 - TJ-SE - Atividade Notarial e de Registro – Remoção). Joana, proprietária de uma extensa área rural, almejava obter a inscrição, aprovação e registro de um projeto de colonização particular junto aos órgãos federais competentes. Tinha dúvidas, no entanto, em relação à funcionalidade do denominado Certificado de Cadastro de Imóvel Rural (CCIR). Ao consultar um advogado, foi corretamente informado a Joana que o CCIR:

a) não é exigido na situação descrita, apenas para a aprovação de projetos de loteamento;

b) deve ser previamente averbado no Registro de Imóveis, de modo a produzir efeitos, sendo obrigatória a sua apresentação na situação descrita;

c) deve ser apresentado na situação descrita, acompanhado da prova de quitação do Imposto sobre a Propriedade Territorial Rural (ITR), correspondente aos últimos cinco exercícios, ressalvadas as exceções legais;

d) exige a comprovação de recolhimento do Imposto sobre a Propriedade Territorial Rural (ITR), correspondente aos últimos cinco exercícios, ressalvadas as situações de imunidade ou isenção, devendo ser averbado no Registro de Imóveis;

e) é obtido com o preenchimento dos requisitos exigidos pela legislação, sendo expedido pelo órgão federal competente e adquirindo eficácia com o registro no Registro de Títulos e Documentos, só devendo ser apresentado caso seja almejada a obtenção de financiamento.

04. (Vunesp – Outorga de Delegação de Notas e Registros – TJ – GO/2021) No regime da multipropriedade imobiliária, deve ser observada esta regra:

a) o condomínio edilício poderá adotar a multipropriedade desde que na totalidade das unidades autônomas, mediante previsão no instrumento de instituição ou deliberação da maioria absoluta dos condôminos.

b) cada fração de tempo deverá ter lançamento específico no cadastro municipal de IPTU, tratando-se de requisito indispensável à abertura das matrículas individualizadas das frações.

c) a instituição da multipropriedade deve se dar por ato entre vivos, registrado no Registro de Imóveis, devendo constar daquele ato a duração dos períodos correspondentes a cada fração de tempo.

d) quando o imóvel se destinar ao regime da multipropriedade, além da matrícula do imóvel, haverá uma matrícula para cada fração de tempo, na qual se registrarão e averbarão os atos referentes à respectiva fração de tempo.

05. (Vunesp – Outorga de Delegação de Notas e Registros – TJ – GO/2021) A instituição do condomínio urbano simples será .... na matrícula do respectivo imóvel, na qual deverão ser identificadas as partes comuns ao nível do solo, as partes comuns internas à edificação, se houver, e as respectivas unidades autônomas, ... a apresentação de convenção de condomínio.

Assinale a alternativa que completa correta e respectivamente as lacunas.

a) averbada ... dispensada

b) averbada ... exigindo-se
c) registrada ... exigindo-se
d) registrada ... dispensada

06. (IESES – Cartório – Provimento – TJ – CE/2018) Acerca do registro de Laje, assinale a alternativa correta:

a) A instituição do direito real de laje implica em atribuição de fração ideal de terreno ao titular da laje ou a participação proporcional em áreas já edificadas.
b) Em caso de alienação de qualquer das unidades sobrepostas, terão direito de preferência, em igualdade de condições com terceiros, os titulares da construção-base e da laje, nessa ordem, que serão cientificados por escrito para que se manifestem no prazo de trinta dias, salvo se o contrato dispuser de modo diverso.
c) A ruína da construção-base implica extinção do direito real de laje e afasta o direito a eventual reparação civil contra o culpado.
d) Se houver mais de uma laje, terá preferência, sucessivamente, o titular das lajes descendentes e o titular das lajes ascendentes, assegurada a prioridade para a laje mais próxima à unidade sobreposta a ser alienada.

07. (Cespe – Notário-AC/2006) Ainda a respeito da Lei dos Registros Públicos, julgue os itens a seguir.
Um dos princípios registrários é a unitariedade, que consiste na impossibilidade de a matrícula conter mais do que um imóvel em sua descrição, ou de abertura de matrícula de parte ideal de imóvel. Portanto, cada imóvel tem assento em uma única matrícula, e cada matrícula descreve um único imóvel.

08. (Cespe – Notário-DFT/2003) Acerca da Lei de Registros Públicos (LRP Lei nº 6.015/1973), julgue os itens subsequentes.
O registro imobiliário atribuirá a cada imóvel novo uma matrícula, por ocasião do primeiro registro que for feito em relação a ele; a numeração sequencial das matrículas será reiniciada a cada ano pelo serviço registral de imóveis.

09. (EJEF – Tabelionato e Registro-MG/2007) Princípio da especialidade do registro público implica:

a) Exigir a perfeita e correta identificação de tudo o que se lança no registro, o que abrange o objeto do direito real sobre o qual recai o negócio jurídico, incluindo o direito obrigacional objeto da garantia, e a completa individuação dos sujeitos da avença, mas sua aplicação é exigência exclusiva do registro de imóveis.
b) Impedir o registro de título através do qual se faça alienação de imóvel ad corpus (art. 500, § 3º, do Código Civil de 2002).
c) Exigir a perfeita e correta identificação de tudo o que se lança no registro, o que pode abranger o objeto do direito real sobre o qual recai o negócio jurídico, incluindo o direito obrigacional objeto da garantia, no que concerne a seu montante, juros, prazo e condições de pagamento, bem como a completa individuação dos sujeitos da avença, servindo, portanto, de indispensável apoio aos princípios da continuidade e da prioridade.
d) Assegurar a constituição de direitos, seja quanto à situação jurídica do imóvel, seja no que concerne a sua situação de fato, isto é, os dados de fato incluídos na sua descrição, entre os quais os concernentes à área.

10. (Vunesp – Notário-SP/2009) A necessidade de prévia averbação de edificação noticiada na escritura de compra e venda, não constante na matrícula do imóvel, para posterior registro do título, é indispensável, em observância ao princípio de

a) especialidade objetiva.
b) inscrição.
c) continuidade.
d) legitimação registral.

11. (IESES – Cartório – TJ – RO/2012) Nos casos de desmembramento, parcelamento ou remembramento de imóveis rurais, a identificação prevista na alínea a do item 3 do inciso II do § 1º será obtida:

a) A partir de memorial descritivo, assinado por profissional habilitado e com a devida Anotação de Responsabilidade Técnica – ART, contendo as coordenadas dos vértices definidores dos limites dos imóveis rurais, geo-referenciadas ao Sistema Geodésico Brasileiro e com precisão posicional a ser fixada pelo INCRA, garantida a isenção de custos financeiros aos proprietários de imóveis rurais cuja somatória da área não exceda a dez módulos fiscais.
b) A partir de memorial descritivo, assinado por profissional habilitado e com a devida Anotação de Responsabilidade Técnica – ART, contendo as coordenadas dos vértices definidores dos limites dos imóveis rurais, geo-referenciadas ao Sistema Geodésico Brasileiro e com precisão posicional a ser fixada pelo INCRA, garantida a isenção de custos financeiros aos proprietários de imóveis rurais cuja somatória da área não exceda a quatro módulos fiscais.
c) A partir de memorial descritivo, assinado por profissional habilitado e com a devida Anotação de Responsabilidade Técnica – ART, contendo as coordenadas dos vértices definidores dos limites dos imóveis rurais, geo-referenciadas ao Sistema Geodésico Brasileiro e com precisão posicional a ser fixada pela Secretaria de Patrimônio da União, garantida a isenção de custos financeiros aos proprietários de imóveis rurais cuja somatória da área não exceda a quatro módulos fiscais.
d) A partir de memorial descritivo, assinado por profissional habilitado e com a devida Anotação de Responsabilidade Técnica – ART, contendo as coordenadas dos vértices definidores dos limites dos imóveis rurais, geo-referenciadas ao Sistema Geodésico Brasileiro e com precisão posicional a ser fixada pela Secretaria de Patrimônio da União, garantida a isenção de custos financeiros aos proprietários de imóveis rurais cuja somatória da área não exceda a dez módulos fiscais.

12. (FCC – Cartório – TJ – PE/2013) Considerando-se os atos notariais,

a) na alienação de imóvel rural com área superior a 10.000 ha (dez mil hectares) é obrigatória a apresentação de planta georreferenciada e memorial descritivo elaborados de acordo com as exigências e prescrições da Lei Federal nº 10.267/2001. Para os imóveis com área inferior a 10.000 ha (dez mil hectares), a dispensa da sua descrição por planta georreferenciada deverá estar autorizada em decreto federal específico, a ser consignado pelo tabelião na escritura respectiva.
b) a escritura de doação de bem móvel ou imóvel em favor de descendente pode ser lavrada a qualquer tempo, mas é necessária a intervenção ou autorização dos demais descendentes não contemplados pelo ato de liberalidade.
c) é vedado aos tabeliães realizarem, por si ou por seus prepostos, em virtude de solicitação de interessado, perante as repartições públicas e serventias registrais, diligências necessárias ou convenientes ao preparo ou eficácia dos atos notariais, devendo o interessado promover tais diligências por si próprio ou procurador bastante.
d) a cessão ou alienação de parte ideal de imóvel rural é permitida desde que não caracterize tentativa de burla à lei, o que será examinado pelo tabelião com seu prudente critério e baseado em elementos de ordem objetiva, especialmente na quantidade de lotes parcelados e na sua localização. Nesta hipótese, o tabelião deverá consignar no instrumento o inteiro teor da autorização emitida pelo Instituto Nacional de Colonização e Reforma Agrária – INCRA, bem como o número da respectiva averbação na matrícula do imóvel.

e) na lavratura da escritura de doação deverá constar o lançamento e recolhimento do Imposto de Transmissão Causa Mortis e Doação – ITCMD, devido à Fazenda Estadual, seja com relação a bens móveis ou imóveis, exceto no caso de doação de numerário necessário à aquisição de imóvel por menor, nos termos do art. 307, § 1º, do Provimento nº 20 da CGJPE; ou no caso de doação de quotas ou ações de sociedade empresária, pelo valor do patrimônio líquido avaliado em balanço especial.

13. (IESES – Cartório – TJ – RS/2013) A respeito do georreferenciamento, assinale a alternativa correta.

I. Nos casos de desmembramento, parcelamento ou remembramento de imóveis rurais, a identificação do imóvel rural será obtida a partir de memorial descritivo, assinado por profissional habilitado e com a devida Anotação de Responsabilidade Técnica – ART, contendo as coordenadas dos vértices definidores dos limites dos imóveis rurais, georreferenciadas ao Sistema Geodésico Brasileiro e com precisão posicional a ser fixada pelo INCRA, garantida a isenção de custos financeiros aos proprietários de imóveis rurais cuja somatória da área não exceda a quatro módulos fiscais.

II. Observados os prazos legais, a adequação da identificação do imóvel rural à forma georreferenciada será obrigatória para quaisquer atos registrais, os quais serão lançados sobre as matrículas apenas após o ingresso no fólio real do memorial descritivo elaborado por profissional habilitado, devidamente certificado pelo INCRA.

III. Quando imóvel rural for o objeto de ação judicial, o juiz deverá exigir sua identificação georreferenciada, qualquer que seja sua dimensão e área, independentemente da data de ajuizamento da ação.

IV. A identificação georreferenciada do imóvel rural objeto de ação judicial será obrigatória, independentemente de sua dimensão e área, a partir da data de publicação do Decreto 5.570/2005 e, para as ações ajuizadas em data anterior, conforme os prazos fixados no Decreto 4.449/2002.

a) Apenas a afirmação III é falsa.
b) As afirmações I, II e IV são verdadeiras.
c) As afirmações II e III são falsas.
d) Apenas a afirmação I é verdadeira.

GAB										
	1	A	2	A	3	C	4	D	5	D
	6	B	7	CERTO			8	ERRADO		
	9	C	10	A	11	C	12	C	13	C

Art. 176-A. O registro de aquisição originária ensejará a abertura de matrícula relativa ao imóvel adquirido, se não houver, ou quando:

I - atingir parte de imóvel objeto de registro anterior; ou

II - atingir, total ou parcialmente, mais de um imóvel objeto de registro anterior.

§ 1º A matrícula será aberta com base em planta e memorial descritivo do imóvel utilizados na instrução do procedimento administrativo ou judicial que ensejou a aquisição.

§ 2º As matrículas atingidas deverão, conforme o caso, ser encerradas ou receber averbação dos respectivos desfalques, dispensada, para esse fim, a retificação do memorial descritivo da área remanescente.

§ 3º *(VETADO na Lei nº 14.273, de 23/12/2021)*

§ 4º Se a área adquirida em caráter originário for maior do que a constante do registro existente, a informação sobre a diferença apurada será averbada na matrícula aberta.

§ 4º-A. Eventuais divergências entre a descrição do imóvel constante do registro e aquela apresentada pelo requerente não obstarão o registro.

§ 5º O disposto neste artigo aplica-se, sem prejuízo de outros, ao registro de:

I – ato de imissão provisória na posse, em procedimento de desapropriação;

II – carta de adjudicação, em procedimento judicial de desapropriação;

III – escritura pública, termo ou contrato administrativo, em procedimento extrajudicial de desapropriação.

IV - aquisição de área por usucapião ou por concessão de uso especial para fins de moradia;

V - sentença judicial de aquisição de imóvel, em procedimento expropriatório de que tratam os §§ 4º e 5º do art. 1.228 da Lei nº 10.406, de 10 de janeiro de 2002 (Código Civil).

1. COMENTÁRIOS

Este dispositivo foi incluído inicialmente pela Medida Provisória n. 700/2015, cuja vigência já se encerrou. Posteriormente, a Lei n. 14.273, de 23 de dezembro de 2021, que estabelece a Lei das Ferrovias e dá outras providências, trouxe regulamentações sobre o tema. Recentemente, o art. 176-A foi alterado pela Lei n. 14.620, de 13 de julho de 2023, retomando parte do texto da MP 700/2015.

A maioria das regras do art. 176-A já estava presente em diversos Códigos de Normas Extrajudiciais das Corregedorias Gerais da Justiça dos Estados, como os da Bahia e de Santa Catarina. Com a inclusão do art. 176-A na LRP, essas regras passaram a ter aplicação em nível nacional.

O dispositivo em questão regulamenta a abertura de matrícula para casos de, enfatiza-se, **aquisição originária** da propriedade imobiliária. Além disso, detalha as situações específicas em que isso ocorre, bem como os procedimentos a serem seguidos. Também clarifica que certas discrepâncias não impedirão o registro.

O rol mencionado no § 5º do art. 176-A inclui situações de desapropriação, imissão provisória na posse, expropriação, usucapião e concessão de uso especial para fins de moradia. No entanto, é importante destacar que esse rol é **exemplificativo,** uma vez que existem **outras formas de aquisição de propriedade originária**, como a acessão e a carta de adjudicação ou arrematação em processo judicial de execução, que não estão previstas no dispositivo.

Importante observar que, embora o artigo tenha listado os títulos que serão apresentados na serventia extrajudicial para a regularização da propriedade, **não é necessariamente o registro** desses títulos que constitui a aquisição originária.

Noutro dizer, as situações de aquisição originária podem se formar por outras maneiras além do previsto no art. 1.245 do Código Civil (títulos translativos). Nessas situações, a inscrição no Registro de Imóveis tem efeitos declaratórios e não constitutivos. A usucapião é o instituto que mais ilustra isso, pois a aquisição se concretiza quando todos os requisitos específicos são cumpridos. Outro exemplo é a desapropriação, em que a transferência ocorre com o pagamento pelo Poder Público.

Convém apresentar o entendimento pacífico na jurisprudência administrativa do Conselho Superior da Magistratura do Estado de São Paulo no que diz respeito às aquisições **originárias**. Isto quer dizer que inexiste um nexo causal entre o passado, o estado jurídico anterior, e a situação atual. A propriedade adquirida, com o aperfeiçoamento da desapropriação, liberta-se de seus vínculos anteriores, desatrela-se dos títulos dominiais pretéritos, dos quais não deriva e com os quais não mantém ligação, tanto que não poderá ser reivindicada por terceiros e pelo expropriado (artigo 35 do Decreto-lei nº 3.365/1941), salvo no caso de retrocessão (CSM/SP, Apelação nº 0004802-13.2008.8.26.0438).

Sobre o caráter originário, Afrânio de Carvalho expõe que "a desapropriação oferece peculiaridade registral de dispensar o registro do título anterior, por se entender que é um modo originário de aquisição da propriedade, em virtude do qual o Estado chama si o imóvel diretamente, livre de qualquer ônus. Se o registro existir, a desapropriação será inscrita na folha do imóvel desapropriado para assinalar a perda da propriedade do titular ali nomeado. O título da desapropriação pode ser a sentença extraída do processo expropriatório ou a escritura de desapropriação amigável" (Op. cit., p. 93-94).

Nessa direção, já era entendimento pacificado na jurisprudência que a propriedade adquirida em decorrência da desapropriação desvincula-se dos títulos dominiais pretéritos, não mantendo nenhuma ligação com estes, o que impede a reivindicação do bem por quem quer que seja, nos termos do artigo 35 do Decreto-lei nº 3.365/1941. Estas características do ato expropriatório autoriza o registrador a **dispensar a observância do princípio da continuidade ao qualificar o título, mas em relação ao princípio da especialidade objetiva a conclusão é diversa.**

Com efeito, o princípio da especialidade objetiva, previsto no art. 176 da Lei n. 6.015/73, exige a identificação do imóvel como um corpo certo, permitindo o encadeamento dos registros e averbações subsequentes, em conformidade ao princípio da continuidade.

Passemos agora à análise do procedimento registral.

O registro de aquisição originária de um imóvel implicará a **abertura de uma nova matrícula para o imóvel adquirido**, caso não exista uma matrícula anterior, ou quando a aquisição:

1. Afete parte de um imóvel já registrado.
2. Afete total ou parcialmente mais de um imóvel já registrado.

No que diz respeito à documentação, a nova matrícula será aberta com **base na planta e no memorial descritivo do imóvel**, utilizados durante o procedimento administrativo ou judicial que resultou na aquisição.

As matrículas dos imóveis afetados deverão ser **encerradas** ou receber uma **averbação dos desfalques** (parte retirada). Para isso, não é necessário retificar o memorial descritivo da área remanescente.

Se a área adquirida for **maior do que a registrada anteriormente**, a diferença será averbada na nova matrícula.

Atente-se que **divergências** entre a descrição do imóvel no registro existente e a descrição apresentada pelo requerente não impedirão o registro.

Note-se que o objetivo principal do art. 176-A é o de simplificar a regularização da propriedade adquirida de forma originária, que frequentemente não coincide com a área descrita originalmente na matrícula ou se refere a uma área que ainda não está registrada no fólio registral.

Mas não é só. Simplificou também a regularização de outros imóveis impactados pela aquisição originária, permitindo a realização de averbações de forma mais ágil para ajustar as áreas de bens que foram parcialmente ou totalmente absorvidos pela nova aquisição.

2. JURISPRUDÊNCIA COMPLEMENTAR

EMENTA: REGISTRO DE IMÓVEIS – Desapropriação amigável – Modo originário de aquisição da propriedade – Princípio da continuidade – Observação desnecessária – Princípio da especialidade – Obediência imprescindível – Carta de adjudicação – Desqualificação para registro – Não apresentação do título – Dúvida prejudicada – Recurso não conhecido (APELAÇÃO CÍVEL Nº 0000024-88.2011.8.26.0213, da Comarca de GUARÁ). A interessada, ora apelante, inconformada com a desqualificação para registro da carta de adjudicação relacionada com o bem imóvel descrito na matrícula nº (...) do Registro de Imóveis de Ituverava, objeto da desapropriação tratada no processo nº 828/2007, que correu pela Vara Única da Comarca de Guará, requereu a suscitação da dúvida pela agora apelada, Registradora de Imóveis e Anexos de Guará (fls. 13). A Registradora, suscitando a dúvida, manteve, no entanto, a qualificação negativa, invocando precedente do Conselho Superior da Magistratura, pois a exigência questionada, direcionada à prévia retificação da área do imóvel, com a descrição da parte desapropriada e da remanescente, mediante exibição de planta e apresentação de memorial descritivo, revela-se pertinente, porque amigável a desapropriação e, por conseguinte, derivada a aquisição da propriedade (fls. 02/05). Notificada (fls. 12), a interessada apresentou a sua impugnação e argumentou: o precedente jurisprudencial invocado pela Registradora não se aplica ao caso vertente, no qual, ao contrário daquele, houve processo judicial de desapropriação e produção de prova pericial; a composição, envolvendo o valor da indenização, foi aperfeiçoada depois da prolação da sentença, quando já interposto recurso de apelação; ainda que amigável e mesmo que concluída independentemente de um processo litigioso, a desapropriação é modo originário de aquisição da propriedade; não há, na hipótese, similitude com a compra e venda; enfim, as exigências apresentadas não têm cabimento (fls. 15/57). A dúvida, em primeira instância, foi julgada procedente (fls. 58/60). Rejeitados os embargos de declaração (fls. 61/63 e 64), a interessada interpôs recurso de apelação, reiterando suas manifestações anteriores e reforçando a ocorrência de despojamento compulsório, com a finalidade de obter o julgamento improcedente da dúvida, com determinação dirigida ao registro da carta de adjudicação (fls. 66/86). Recebido o recurso (fls. 87), a apelante exibiu cópia de acórdão recentemente proferido pelo Egrégio Conselho Superior da Magistratura, então, conforme ponderado, expressando entendimento em harmonia com sua tese (fls. 102/95). A Procuradoria Geral da Justiça, após requerer a remessa dos autos ao Colendo Conselho Superior da Magistratura, propôs o não conhecimento da apelação, pois prejudicada a dúvida, e, subsidiariamente, o provimento do recurso, já que, qualificada como originária a aquisição da propriedade imobiliária, não há que se cogitar de descumprimento do princípio da continuidade (fls. 108/109). Por fim, discutindo-se a pertinência de registro em sentido estrito, os autos foram remetidos ao Colendo Conselho Superior da Magistratura (fls. 112/113, 114 e 118/119). É o relatório. A desapropriação é o procedimento administrativo identificado pela prática de uma série encadeada de atos preordenados à perda da propriedade, pelo particular, mediante transferência forçada de seus bens para o Poder Público, precedida, em regra, do pagamento de prévia e justa indenização em dinheiro. O despojamento compulsório da propriedade pelo Poder Público pode estar fundado **a)** em necessidade ou utilidade pública ou interesse social (artigo 5º, XXIV, da CF), **b)** em descumprimento do Plano Diretor do Município – quando dispensada a prévia indenização e admitido o pagamento mediante títulos da dívida pública (artigo 182, § 4º, III, da CF) –, **c)** visar, à luz do descumprimento da função social do imóvel rural, à reforma agrária – hipótese em que autorizado o pagamento da indenização por meio de títulos da dívida agrária (artigo 184 da CF) –, ou **d)** apoiar-se na utilização criminosa dos bens, situação que desobriga o pagamento de indenização ao expropriado (artigo 243 da CF). A desapropriação, amigável ou judicial, concluída extrajudicialmente, na via administrativa, ou por meio de processo litigioso, com a intervenção do Poder Judiciário, revela-se, sempre, um modo originário de aquisição da propriedade: inexiste um nexo causal entre o passado, o estado jurídico anterior, e a situação atual. A propriedade adquirida, com o aperfeiçoamento da desapropriação, liberta-se de seus vínculos anteriores, desatrela-se dos títulos dominiais pretéritos, dos quais não deriva e com os quais não mantém ligação, tanto que não poderá ser reivindicada por terceiros e pelo expropriado (artigo 35 do Decreto-lei nº 3.365/1941), salvo no caso de retrocessão. Trata-se de entendimento compartilhado, além do mais, pela melhor doutrina: Miguel Maria de Serpa Lopes, Hely Lopes Meirelles, Celso Antonio Bandeira de Mello, Maria Sylvia Zanella di Pietro, Lucia Valle Figueiredo, Diogenes Gasparini, José Carlos de Moraes Salles e Marçal Justen Filho. A propósito da desapropriação amigável, Diogenes Gasparini acentua: mesmo ela, na qual, igualmente, a transferência do domínio é imposta pelo Poder Público, a aquisição da propriedade é originária, "dado que o expropriante e o expropriado ajustam seus interesses apenas em relação à indenização, às condições de pagamento e à transferência da posse. "Na mesma linha, Celso Antonio Bandeira de Mello destaca a natureza compulsória da aquisição da propriedade realizada por meio da desapropriação, causa autônoma suficiente, por si só, para incorporação do bem expropriado ao patrimônio do Poder Público, apoiada na sua vontade, no seu poder de império, e no pagamento da indenização, malgrado encerrado o procedimento extrajudicialmente, com acordo. Enfim, ainda que a segunda fase do procedimento expropriatório bifásico, a executiva (a primeira fase é a declaratória), termine no âmbito administrativo, com a lavratura da escritura pública amigável de desapropriação, a ser registrada no Registro de Imóveis, a desapropriação, a despeito do acordo extrajudicial, não se desnatura, ou seja, não se transmuda em modo derivado de aquisição da propriedade. Consoante Marçal Justen Filho, "a concordância do particular não atribui natureza consensual à desapropriação, " que, assim – implicando supressão da propriedade privada por iniciativa estatal, para a qual indiferente a anuência do expropriado –, "não se confunde com uma compra e venda", ainda que haja "aquiescência no tocante ao valor da indenização. "Por sua vez, o Colendo Conselho Superior da Magistratura, por anos, acompanhou o posicionamento doutrinário exposto, sem fazer distinção, com relação ao modo de aquisição da propriedade, entre as desapropriações amigável e judicial. Conforme se extrai dos julgamentos da Apelação Cível nº 9.461-0/9, no dia 30 de janeiro de 1989, relator Corregedor Geral da Justiça Milton Evaristo dos Santos, e da Apelação Cível nº 12.958-0/4, no dia 14 de outubro de 1991, relator Corregedor Geral da Justiça Onei Raphael, a desapropriação, **mesmo a amigável**, era compreendida, tal como a judicial, como modo originário de aquisição da propriedade. Todavia, com o julgamento da Apelação Cível nº 83.034-0/2, no dia 27 de dezembro de 2001, relator Corregedor Geral da Justiça Luís de Macedo, houve modificação da jurisprudência: passou-se a entender que a desapropriação amigável, consumada na fase administrativa, é meio derivado de aquisição da propriedade, retratando um negócio jurídico bilateral, oneroso e consensual, instrumentalizado mediante escritura pública. Doravante, tal concepção do assunto prevaleceu – segundo demonstra, a título de exemplo, o julgamento da Apelação Cível nº 39-6/0, em 18 de setembro de 2003, relator Corregedor Geral da Justiça Luiz Tâmbara –, até um novo reexame da questão, recentemente promovido, por ocasião do julgamento da Apelação Cível nº 990.10.415.058-2, no dia 07 de julho de 2011, relator Corregedor Geral da Justiça Maurício Vidigal, quando restabelecido o anterior entendimento, a ser prestigiado, porque afirmado, em harmonia com o acima aduzido, que a desapropriação amigável, inclusive, é modo originário de aquisição da propriedade. Não sem razão, porquanto o acordo extrajudicial, elemento identificador da desapropriação amigável – espécie de expropriação também contemplada no artigo 10 do Decreto-Lei 3.365/1941 –, versa, exclusivamente, convém insistir, sobre a indenização a ser desembolsada pelo expropriante: ou seja, a escritura pública amigável de desapropriação não é titulo translativo da propriedade. O despojamento da propriedade é coativo, mesmo na desapropriação amigável: inexiste, na desapropriação, em quaisquer de suas espécies, transferência consensual da propriedade para o Poder Público. A perda compulsória da propriedade, acompanhada da sua aquisição originária pelo expropriante, é resultante do procedimento administrativo desencadeado pelo Estado. O risco de fraude e a falta da garantia prevista para a desapropriação judicial, representada pela apuração da regularidade dominial como condição para o levantamento da indenização (artigo 34 do Decreto-Lei nº 3.365/1941), não justificam a desvirtuação da natureza da desapropriação, ainda que amigável. Ao terceiro prejudicado, restará a sub-rogação de seus supostos direitos na indenização desembolsada pelo ente expropriante (artigo 31 do Decreto-Lei nº 3.365/1941) ou, inviabilizada esta, perseguir, judicialmente, o reconhecimento de eventual responsabilidade do Estado. Dentro do contexto exposto – reconhecido o modo originário de aquisição da propriedade pelo Poder Público, precedida da perda compulsória do bem pelo particular –, a observação do princípio registral da continuidade é prescindível, ainda mais diante da regra emergente do artigo 35 do Decreto-Lei nº 3.365/1941. De todo modo, não se dispensa a obediência ao princípio da especialidade objetiva, na pacífica compreensão do Colendo Conselho Superior da Magistratura deste Tribunal de Justiça e no oportuno magistério de Serpa Lopes, de acordo com quem é exigível "o requisito da individuação da coisa desapropriada", inobstante a aquisição originária da propriedade. Destarte, a origem judicial do título apresentado para registro (carta de adjudicação) não torna prescindível a qualificação: a prévia conferência, destinada ao exame do preenchimento das formalidades legais atreladas ao ato registral, é indispensável, inclusive nos termos do item 106 do Capítulo XX das Normas de Serviço da Corregedoria-Geral da Justiça. Contudo, os presentes autos não foram instruídos com a carta de adjudicação, razão pela qual o reexame da qualificação impugnada, que pressupõe a análise da via original do título, está prejudicada: aliás, prejudicada a dúvida, o conhecimento do recurso fica comprometido. Nem mesmo a exibição de cópia do título judicial, sequer apresentada, supriria a ausência da via original, porque inadmissível o acesso de mera reprodução do documento ao fólio real: trata-se de posição jurisprudencial sedimentada tanto no Conselho Superior da Magistratura como nesta Corregedoria-Geral da Justiça. Ademais, a falta de apresentação da via original e mesmo de sua cópia impede que a observação do princípio da especialidade objetiva seja valorada: é impossível definir se as exigências questionadas são pertinentes e, portanto – considerando que a área desapropriada está situada em área maior, objeto da matrícula nº 7.643 do Registro de Imóveis de Ituverava (fls. 10/11 e 29/36) –, se a planta demonstrativa e o memorial descritivo, com delimitação da parte desapropriada e da remanescente, são necessários para o registro e a abertura de matrícula pretendidos (artigos 167, I, 34, e 196, da Lei nº 6.015/1973). Não há, nem à vista do laudo pericial produzido nos autos do processo expropriatório (fls. 29/36), como avaliar se o título a ser registrado potencialmente descreve os elementos individualizadores da área desapropriada, as medidas perimetrais e as delimitações da área ocupada pelo bem desapropriado, com as suas confrontações – ausentes no trabalho técnico –, em suma, se ostenta segura amarração geográfica, com identificação de suas posições espaciais (artigo 176, § 1º, II, 3, da Lei nº 6.015/1973). Pelo exposto, não conheço do recurso interposto, dando por prejudicada a dúvida. JOSÉ RENATO NALINI, Corregedor Geral da Justiça e Relator(D.J.E. de 24.09.2012).

Art. 177. O Livro nº 3 – Registro Auxiliar – será destinado ao registro dos atos que, sendo atribuídos ao Registro de Imóveis por disposição legal, não digam respeito diretamente a imóvel matriculado.

1. COMENTÁRIOS

A regra que vigora no sistema registral imobiliário é a de ingresso dos títulos que visem à constituição, transmissão ou extinção de direitos reais sobre imóveis. Porém, existem direitos que, embora sejam da competência do Registro Imobiliário, possuem apenas a finalidade de **expressar os direitos reais sobre o imóvel e os atos correspondentes a estes**. Assim, foi criado o Livro nº 3, destinado aos registros auxiliares.

Walter Ceneviva observa que na "expressão 'registro de atos', o vocábulo 'registro' tem o comum significado de qualquer lançamento feito em livro próprio, distinto do específico que lhe foi atribuído no art. 168" (Op. cit., p. 398).

Francisco José Rezende dos Santos atenta para o fato de que "a lei não prevê averbações para o livro 3. Todavia, estas devem ser efetuadas junto aos registros, nos casos de ocorrências que afetem aqueles, como sub-rogações, cancelamentos, cessões, etc." (Op. cit., p. 1001).

Por sua vez, Regnoberto Melo Junior conclui que a correta aplicação do Livro 3 contribui decididamente para a eficácia e organização do SRI, na medida em que tipifica a sua substância. A finalidade imediata do art. 177 da LRP é abroquelar a tipologia do Livro 3. O fim mediato é atender o sobreprincípio da segurança jurídica" (Op. cit., p. 460).

O Livro nº 3 também pode ser substituído por fichas, e caso o oficial registrador opte por não substituí-lo por este sistema, o art. 181, parágrafo único da Lei 6.015/1973, permite desdobrá-lo a seu critério para facilitar o serviço.

Art. 178. Registrar-se-ão no Livro nº 3 – Registro Auxiliar:

I – a emissão de debêntures, sem prejuízo do registro eventual e definitivo, na matrícula do imóvel, da hipoteca, anticrese ou penhor que abonarem especialmente tais emissões, firmando-se pela ordem do registro a prioridade entre as séries de obrigações emitidas pela sociedade;

1. COMENTÁRIOS

No tocante à inscrição da escritura de emissão de debêntures no Registro de Imóveis, a esmagadora maioria da doutrina entende que não é mais possível. A Lei das Sociedades Anônimas (Lei nº 6.404/1976), que previa o registro em seu artigo 62, II, foi alterada pela Lei nº 10.303/2001, que deu nova redação ao dispositivo, atribuindo a inscrição da escritura de emissão de debêntures ao **Registro do Comércio**.

Além disso, foi acrescentado o parágrafo 4º, que criou um livro especial para inscrição das emissões de debêntures, no qual serão anotadas as condições essenciais de cada emissão.

Com efeito, pode-se afirmar que estão revogados tacitamente os dispositivos da Lei 6.015/1973 no que se refere ao registro da escritura de emissão das debêntures.

Todavia, Ralpho Valdo de Barros Monteiro Filho, assegura que "está em pleno vigor o seu regime no que diz respeito ao registro específico das eventuais *garantias reais* instituídas com a emissão das debêntures. O registro da hipoteca ou da anticrese será feito no Registro de Imóveis do lugar dos bens gravados com garantia (arts. 167, I, 2 e 11, c/c 178, I, todos da Lei 6.015/1973). O da garantia do penhor será efetivado no Registro de Títulos e Documentos, nos termos do art. 127, II, da Lei 6.015/1973, produzindo efeitos perante terceiros apenas com tal providência" (Op. cit., p. 649).

2. QUESTÕES DE CONCURSOS

01. (Vunesp – Outorga de Delegação de Notas e Registros – TJ – GO/2021) Serão registrados no Livro 3 do Registro de Imóveis:

a) as cédulas de credito comercial, industrial, rural e à exportação, sem prejuízo do registro do direito real de garantia.
b) as cédulas de crédito bancário, quando constituírem penhor comercial, industrial e exportação.
c) as notas de crédito comercial e as cédulas de crédito imobiliário.
d) o penhor mercantil e as cédulas hipotecárias.

02. (Vunesp – Notário-MS/2009) No Registro de imóveis haverá livros que, de acordo com a Lei de Registros Públicos, têm denominação associada a determinada escrituração. Nesse sentido, o livro destinado ao registro de atos que, sendo atribuídos ao Registro de Imóveis por disposição legal, não digam respeito diretamente a imóvel matriculado, denomina-se Livro

a) Protocolo.
b) Registro Geral.
c) Registro Auxiliar.
d) Indicador Real.
e) Indicador Pessoal.

03. (IESES – Cartório – Provimento – TJ – RO/2017) Assinale a alternativa correta:

a) Conforme previsto na Lei n. 6.015/1973, registrar-se-ão no Livro nº 4 – Indicador Real: I – a emissão de debêntures, sem prejuízo do registro eventual e definitivo, na matrícula do imóvel, da hipoteca, anticrese ou penhor que abonarem especialmente tais emissões, firmando-se pela ordem do registro a prioridade entre as séries de obrigações emitidas pela sociedade; II – as cédulas de crédito rural e de crédito industrial, sem prejuízo do registro da hipoteca cedular; III – as convenções de condomínio; IV – o penhor de máquinas e de aparelhos utilizados na indústria, instalados e em funcionamento, com os respectivos pertences ou sem eles; V – as convenções antenupciais; VI – os contratos de penhor rural; VII – os títulos que, a requerimento do interessado, forem registrados no seu inteiro teor, sem prejuízo do ato, praticado no Livro nº 2.
b) Conforme previsto na Lei n. 6.015/1973, somente as hipotecas legais e convencionais poderão ser levadas a registro, uma vez que a hipoteca judicial sujeita-se apenas à averbação.
c) Conforme previsto na Lei n. 6.015/1973, as convenções de condomínio serão registradas no Livro nº 3 – Registro Auxiliar.
d) Conforme previsto na Lei n. 6.015/1973 – no que toca ao Registro Imobiliário –, o Livro n. 1 (protocolo) possui os seguintes requisitos de escrituração: 1) a data; 2) o nome, domicílio e nacionalidade do transmitente, ou do devedor, e do adquirente, ou credor, bem como: a) tratando-se de pessoa física, o estado civil, a profissão e o número de inscrição no Cadastro de Pessoas Físicas do Ministério da Fazenda ou do Registro Geral da cédula de identidade, ou, à falta deste, sua filiação; b) tratando-se de pessoa jurídica, a sede social e o número de inscrição no Cadastro Geral de Contribuintes do Ministério da Fazenda; 3) o título da transmissão ou do ônus; 4) a forma do título, sua procedência e caracterização; 5) o valor do contrato, da coisa ou da dívida, prazo desta, condições e mais especificações, inclusive os juros, se houver.

04. (EJEF – Registro de Imóveis-MG/2005) Considerando-se a escrituração de documentos e bens imóveis, é INCORRETO afirmar que são registrados(as) no Livro 3

a) a alienação fiduciária em garantia de coisa imóvel e a emissão de debêntures.
b) as convenções de condomínio e as convenções antenupciais.
c) o bem de família que, a requerimento do interessado, for registrado em seu inteiro teor e o penhor de máquinas.
d) os contratos de penhor rural, bem como as cédulas de crédito rural.

GAB	1	B	2	C	3	C	4	A

II – as cédulas de crédito industrial, sem prejuízo do registro da hipoteca cedular;

1. COMENTÁRIOS

Inicialmente, é importante recordar que a **hipoteca cedular** é um subtipo de hipoteca convencional tratada em lei especial, que tem por escopo a garantia de dívidas incorporadas em títulos de créditos especiais, as chamadas cédulas crédito.

O imóvel gravado por hipoteca cedular é **inalienável e impenhorável**. Portanto, para que o proprietário do imóvel gravada com hipoteca cedular possa efetuar qualquer ato de disposição, é imprescindível a anuência do credor hipotecário. Nesse sentido já decidiu o STJ e os tribunais locais.

É tempestivo elucidar que este inciso foi alterado pela Lei 13.986/2020, que suprimiu o registro da cédula de crédito rural, mas manteve a redação no que tange à cédula de crédito industrial, e consequentemente, seu registro imobiliário no Livro 3 – Registro Auxiliar. A temática já foi exposta minuciosamente nos comentários do art. 167, I, "13" e "14".

A **cédula de crédito bancário** não deve ser nem registrada, nem averbada. O que será objeto de registro é apenas a garantia dada, a qual, dependendo da sua natureza, será procedida ou no Registro de Imóveis ou no Registro de Títulos e Documentos.

Ademais, as **cédulas de crédito hipotecárias** decorrentes das hipotecas estabelecidas conforme o Decreto-lei 70/1966, também não são registradas, devendo ser **averbadas** na matrícula à margem das hipotecas que lhe deram ensejo.

Vale uma última observação. Algumas normativas dos Estados, como as normas extrajudiciais paulistas (NSCGJ, Cap. XX, item 85), estipulam que, para o registro das cédulas de crédito industrial, à exportação e comercial, bem como de seus aditivos, é dispensável o **reconhecimento de firmas.** Também será dispensável o reconhecimento de firma das cédulas bancárias para o registro das garantias reais ali versadas.

No entanto, tal providência deve ser exigida para fins de **averbação**, em relação aos respectivos **instrumentos de quitação**, comprovando-se, por documento autêntico, os poderes do signatário para dar quitação, caso não seja o próprio credor ou este esteja representado.

A análise das cédulas de crédito foi feita nos comentários do art. 167, I, 13 e 167, II, 7.

2. JURISPRUDÊNCIA COMPLEMENTAR

⊙ TRIBUNAL DE JUSTIÇA DO ESTADO DE SÃO PAULO CONSELHO SUPERIOR DA MAGISTRATURA

▶ **EMENTA:** REGISTRO DE IMÓVEIS – hipoteca cedular – adjudicação do imóvel em execução trabalhista – registro de escritura de venda e compra – necessidade de cancelamento das hipotecas ainda não canceladas – impossibilidade de registro – recurso não provido. (AC 0081788-13.2012.8.26.0100. São Paulo. CIRC.: 5º SRI, j. 11/02/2014, Dje 21/03/2014, rel. des. Elliot Akel. Legislação: CC2002 – Código Civil de 2002 | 10.406/2002, ART: 1.499 LRP – Lei de Registros Públicos | 6.015/1973, ART: 252)

⊙ CORREGEDORIA-GERAL DE JUSTIÇA DO ESTADO DE SÃO PAULO

▶ **EMENTA:** RECURSO ADMINISTRATIVO – Averbação de penhora decorrente de execução de título extrajudicial – Existência de registro de hipoteca cedular, com prazo do contrato de financiamento vigente – Débito exequendo que não se enquadra nas exceções à impenhorabilidade – Recurso não provido. (Processo 8.686/2014, Presidente Bernardes, dec. 11/02/2014, Dje 12/03/2014, des. Elliot Akel. Legislação: DL – Decreto-Lei – Crédito rural | 167/67, ART: 69 – LO – Lei Ordinária | 8.929, ART: 18).

⊙ TRIBUNAL DE JUSTIÇA DO ESTADO DE MINAS GERAIS

▶ **EMENTA:** SUSCITAÇÃO DE DÚVIDA – ALIENAÇÃO DE IMÓVEL GRAVADO POR HIPOTECA CEDULAR – REGULAMENTAÇÃO POR LEGISLAÇÃO ESPECÍFICA – DECRETO-LEI Nº 167/1967 – ANUÊNCIA DO CREDOR HIPOTECÁRIO PARA ALIENAÇÃO – NEGÓCIO ABALIZADO EM ALVARÁ JUDICIAL EXPEDIDO PELO JUÍZO – NECESSIDADE DE OBSERVÂNCIA AS EXIGÊNCIAS NORMATIVAS IMPINGIDAS AO NEGÓCIO – PROCEDÊNCIA DA DÚVIDA. – A venda dos bens apenhados ou hipotecados pela cédula de crédito rural depende de prévia anuência do credor, por escrito, nos termos da legislação específica aplicável a espécie (Decreto-Lei nº 167/1967). – A mera expedição de alvará pelo juízo pelo qual se processa o inventário do alienante, autorizando o inventariante a assinar escritura definitiva de compra e venda, transmitir posse e domínio, direito e ação referentes a bem imóvel integrante do espólio, não isenta o negócio jurídico correspondente da imperiosa observância as demais exigências postas pela lei para sua válida e eficaz consolidação. (TJMG – APC 1.0002.10.000019-5/001, Relator(a): Des(a) Vanessa Verdolim Hudson Andrade, 1ª C. Civel, Julgamento: 26/06/2012)

III – as convenções de condomínio edilício, condomínio geral voluntário e condomínio em multipropriedade;

1. COMENTÁRIOS

Este inciso sofreu alteração pela Lei n. 13.777, de 2018, que dispõe sobre a multipropriedade. A temática foi exposta nos comentários do art. 176, de modo que, neste tópico, comentaremos o registro das convenções de condomínio edilício.

No dizer de Carlos Roberto Gonçalves, o condomínio edilício caracteriza-se pela apresentação de uma propriedade comum ao lado de uma propriedade privativa. Cada condômino é titular, em exclusividade, de uma unidade autônoma e titular apenas de partes ideais das áreas comuns. (*Direito Civil Brasileiro*, 8ª ed. V. V São Paulo: Saraiva, 2013, p. 448).

O condomínio edilício nada tem a ver com a existência de uma copropriedade. Ele diz respeito à existência individualizada de diversas unidades construídas sobre um mesmo terreno.

As diversas unidades podem pertencer a um só dono, ou a vários. O condomínio edilício, portanto, prescinde de uma copropriedade, mas exige sempre a existência de mais de uma unidade construída sobre o mesmo solo.

São formas de **constituição do condomínio**, entre outras:

a) destinação do proprietário do edifício;

b) incorporação imobiliária;

c) testamento.

Em outras palavras, o condomínio pode ser celebrado por ato **entre vivos ou por testamento**; ou em ambos os casos e a instituição pode ser formalizada via instrumento público ou particular.

O condomínio edilício é **instituído pelo registro**, no Registro de Imóveis, do **instrumento de instituição do condomínio**, que é ato autônomo, e tem por finalidade a individualização e discriminação das unidades, tornando-as emancipadas do solo e das demais unidades entre si, de sorte a ter cada unidade tratamento independente.

Com o advento do Código Civil de 2002, discutiu-se se a Lei 4.591/1964 havia sido revogada pela Lei 10.406/2002 (Código Civil). Flauzilino Araújo dos Santos explana que "é fundamental observar que embora o Código seja lei geral, e lei posterior, e tenha tratado da mesma matéria, não revogou por completo os artigos 1º a 27 da Lei de Condomínios e Incorporações, porém, apenas derrogou tacitamente todos os preceitos que lhe sejam claramente contrários ou se oponham aos nele estabelecidos, excluídos, por óbvio, todos os dispositivos relativos à incorporação imobiliária, previstos nos artigos 28 e seguintes da Lei 4.591/1964, visto que desse tipo não se ocupou o Código Civil de 2002" (*Condomínios e Incorporações Imobiliárias no Registro de Imóveis*. São Paulo: Editora Mirante, 2012, p. 31). A maioria da doutrina também segue este entendimento.

Sobre a **convenção de condomínio**, Flauzilino Araújo dos Santos explica que ela "representa o padrão jurídico-administrativo que determina as regras básicas da administração e o relacionamento dos condôminos e das demais pessoas que acessarem o prédio, tanto entre si, no que tange às relações condominiais, como também no relacionamento institucional destes com o condomínio" (Op. cit., p. 126).

A convenção de condomínio poderá ser redigida em **instrumento autônomo** ou **conjuntamente com o de instituição e especificação de condomínio.**

O ato escritural de registro da convenção de condomínio deve ser feito por **extrato** de dados no **Livro 3** de **Registro Auxiliar** da Serventia de Imóveis da circunscrição do empreendimento imobiliário. Tal registro revela **caráter constitutivo** e constitui elemento essencial para instituição do condomínio edilício (art. 1.333 do Código Civil).

Em razão da natureza constitutiva do registro da convenção condominial, o registro da instituição e especificação de condomínio deve ser **prévio** ou **simultâneo** ao registro da Convenção. O Oficial Registrador, ao lavrar tais atos, faz **remissões recíprocas**, mencionando o número e data do registro da Convenção no teor do registro da instituição ou em averbação autônoma subsequente (Livro nº 2 – Registro Geral) e vice-versa.

A natureza jurídica da convenção de condomínio é polêmica, porém, prevalece que ela tem **caráter estatutário ou institucional**, configurando assim um ato-norma e superando a ideia de ser classificada como contrato. Por tal razão, ela alcança, além dos seus signatários, todos os que ingressarem nos limites do condomínio, consoante art. 1.333, *caput*, do Código Civil. Ademais, ainda que não registrada, a convenção obriga os condôminos.

Assim, o registro da convenção no Registro de Imóveis é necessário apenas para torná-la válida perante terceiros, já que "a convenção de condomínio aprovada, ainda que sem registro, é eficaz para regular as relações entre os seus condôminos", nos termos da **Súmula 260 do Superior Tribunal de Justiça.**

Anote-se, por fim, o texto de Francisco José Rezende dos Santos: "não há nenhuma exigência fiscal ou tributária a ser observada pelo registrador não menos pelo fato de não se tratar de título translativo de direitos reais sobre imóveis. Observa-se apenas a cobrança dos emolumentos legais. Os títulos devem ter as assinaturas reconhecidas em Cartório" (Op. cit., p. 966).

1.1 ALIENAÇÃO JUDICIAL DE VAGA DE GARAGEM

No REsp 2.008.627, a Segunda Turma do Superior Tribunal de Justiça decidiu que, **nas alienações judiciais, a hasta pública destinada a vender vagas de garagem deve ser restrita aos condôminos, salvo autorização em contrário expressa na convenção condominial.**

O entendimento ocorreu no julgamento de recurso interposto por um condomínio contra acórdão proferido pelo Tribunal Regional Federal da 4ª Região em execução fiscal movida pelo Instituto Nacional de Metrologia, Qualidade e Tecnologia (Inmetro). A corte regional considerou que seria possível a alienação de um box de estacionamento a pessoas estranhas ao condomínio, visto que a lei não teria criado nenhum óbice à expropriação judicial desse tipo de bem.

Ao STJ, o condomínio afirmou no recurso que o TRF4 deixou de levar em conta a limitação presente no **parágrafo 1º do artigo 1.331 do Código Civil,** inserida pelo legislador – segundo o recorrente – com a intenção de preservar, em condomínios residenciais, a segurança e a privacidade dos moradores.

Nos termos do artigo supracitado, "as partes suscetíveis de utilização independente, tais como apartamentos, escritórios, salas, lojas e sobrelojas, com as respectivas frações ideais no solo e nas outras partes comuns, sujeitam-se a propriedade exclusiva, podendo ser alienadas e gravadas livremente por seus proprietários, exceto os abrigos para veículos, que não poderão ser alienados ou alugados a pessoas estranhas ao condomínio, salvo autorização expressa na convenção de condomínio".

A ministra Assusete Magalhães, salientou a ausência de precedentes específicos no STJ sobre casos de alienação judicial de vaga de garagem. Todavia, lembrou que a Quarta Turma, no **REsp 316.686**, afastou a impenhorabilidade da vaga de garagem, definindo que, se o bem pode ser alienado a outro condômino, pode ser penhorado e vendido em hasta pública.

Alegou a magistrada que "a redação dada pela Lei 12.607/2012 ao artigo 1.331, parágrafo 1º, do CC, de fato, veio para conferir maior segurança aos condomínios, de forma que tanto a doutrina quanto outros tribunais têm decidido no sentido de que, em tais casos, a hasta pública deve se restringir aos condôminos". Entendo que a vedação de alienação dos abrigos para veículos a pessoas estranhas ao condomínio, estipulada no artigo 1.331, parágrafo 1º, do Código Civil, deva prevalecer também nas alienações judiciais. Em tais casos, a hasta pública deverá ocorrer no universo limitado dos demais condôminos".

2. JURISPRUDÊNCIA COMPLEMENTAR

TRIBUNAL DE JUSTIÇA DO ESTADO DO RIO DE JANEIRO

EMENTA: AÇÃO DE COBRANÇA DE QUOTAS CONDOMINIAIS – ILEGITIMIDADE ATIVA AD CAUSAM – REJEIÇÃO – CONDOMÍNIO REGULARMENTE INSTITUÍDO – LEGALIDADE DAS COBRANÇAS – INEXISTÊNCIA DE COMPROVAÇÃO DE PAGAMENTO – IMPROCEDÊNCIA DO PEDIDO – MANUTENÇÃO DA SENTENÇA.

1 – Trata-se de ação de cobrança de quotas condominiais onde alegou a parte ré a ilegitimidade ativa ad causam, sob a alegação de o autor não possuir personalidade jurídica, tendo natureza de fato e não de direito.

2 – Preliminar de ilegitimidade passiva ad causam. Prova no sentido de constituição válida do condomínio, através de registro da respectiva convenção no R. G. I., bem como de realização de assembléia-geral ordinária da qual participou a ré.

3 – Constatação de o condomínio ter sido constituído com observância do exigido pelo art. 12 e parágrafos da Lei 4591/64.

4 – Mérito. Por se tratar de dívida propter rem, o debito condominial é exigível do proprietário do imóvel, que, in casu, não comprovou o adimplemento das quotas condominiais de sua propriedade imóvel. (...) [TJRJ – APC 0001702-63.2005.8.19.0078, Des. MARCELO LIMA BUHATEM, 4ª C. Cível, Julgamento: 11/01/2011].

TRIBUNAL DE JUSTIÇA DO ESTADO DE SÃO PAULO

EMENTA: DECLARATÓRIA DE NULIDADE – CERCEAMENTO DE DEFESA NÃO CARACTERIZADO – INCONFORMISMO RELACIONADO AO EXAME DAS PROVAS – IRRELEVÂNCIA DO OBJETIVO FINAL DOS AUTORES – CONVENÇÃO CONDOMINIAL APROVADA SEM OBSERVÂNCIA DO QUÓRUM ESTABELECIDO LEGALMENTE – NULIDADE DO ATO RECONHECIDA – DENUNCIAÇÃO DA LIDE PROCEDENTE – RESPONSABILIDADE DOS CONDÔMINOS DA ÉPOCA – IMPROCEDÊNCIA DA AÇÃO EM RELAÇÃO AO OFICIAL DO REGISTRO DE IMÓVEIS – SENTENÇA REFORMADA – AÇÃO PROCEDENTE EM PARTE – RECURSO PROVIDO. (TJSP – Apelação Cível nº 0126949-94.2008.8.26.0000 – Santos – 5ª Câmara de Direito Privado – Rel. Des. Erickson Gavazza Marques – DJ. 05.09.2012).

3. QUESTÕES DE CONCURSOS

01. (IESES – Cartório – TJ – RS/2013) A respeito do condomínio edilício, assinale a alternativa correta.

a) Para o registro da instituição de condomínio, em matrícula que não informa a área superficial do imóvel, não há necessidade de averbá-la previamente, vez que as frações ideais são calculadas conforme a área construída.
b) É possível o registro de instituição de condomínio, em que uma vaga de garagem não tenha comunicação direta com a área de circulação comum, desde que com ela confronte outra vaga de garagem, do mesmo proprietário, esta com regular acesso ao logradouro público pela área comum.
c) Nos termos do art. 178 da Lei 6.015/73, o registro da convenção condominial é obrigatório e deverá ser realizado no Livro de Registro Auxiliar.
d) Os condomínios de casas geminadas, e apenas estes, de acordo com a Lei 4.591/64, podem ser registrados sem a existência de área comum.

02. (IESES – Cartório – TJ – PB/2014) No caso dos condomínios compete ao síndico:

I. Convocar a assembleia dos condôminos.
II. Realizar o seguro da edificação.
b) Elaborar o orçamento da receita e da despesa relativa a cada biênio, dando parecer sobre as suas contas.
IV. Dar imediato conhecimento à assembleia da existência de procedimento judicial ou administrativo, de interesse do condomínio.

a) Apenas a assertiva III está correta.
b) As assertivas I e III estão corretas.
c) Apenas as assertivas I, II e IV estão corretas.
d) Apenas a assertivas I está correta.

03. (Vunesp – Notário – SP/2008) As convenções de condomínio serão registradas no

a) Registro Auxiliar (Livro número 3).
b) Registro Geral (Livro número 2).
c) Indicador Pessoal (Livro número 5).
d) Indicador Real (Livro número 4).

GAB	1	C	2	C	3	A

IV – o penhor de máquinas e de aparelhos utilizados na indústria, instalados e em funcionamento, com os respectivos pertences ou sem eles;

1. COMENTÁRIOS

O Código Civil de 2002 regulamenta o penhor nos artigos 1.438 ao 1.472.

Penhor é o direito real pelo qual o devedor ou terceiro transfere ao credor, como garantia do crédito, a posse de uma coisa móvel.

O penhor, via de regra, só pode recair sobre **bens móveis**. Incide sobre **bens imóveis**, excepcionalmente, quando se tratar de **penhor agrícola sobre as plantações**.

O art. 1.442 do Diploma Civil estabelece o **objeto** do penhor:

I) máquinas e instrumentos de agricultura;

II) colheitas pendentes, ou em via de formação;

III) frutos acondicionados ou armazenados;

IV) lenha cortada e carvão vegetal;

V) animais do serviço ordinário de estabelecimento agrícola.

O seu **modo de constituição**, em qualquer de suas modalidades, é sempre por **escrito público ou particular**, não importando o seu valor.

Para valer perante terceiros, o penhor deve ser levado a registro por qualquer dos contratantes no **Registro de Títulos e Documentos**. Todavia, em se tratando de penhor rural, industrial e o mercantil, estes devem ser registrados no Registro de Imóveis, onde estiverem situados os bens.

Ocorre que antes desta lei, alguns penhores especiais eram registrados, de acordo com o art. 178 da LRP, ***apenas*** no Livro 3 – Registro Auxiliar do Ofício Imobiliário. Agora, a Lei do SERP estabelece a sua **averbação na matrícula do imóvel**. Frise-se que o registro se mantém. São os penhores especiais: o penhor rural (art. 178, VI, da LRP e art. 1.438, do CC) e o penhor industrial e mercantil (art. 178, IV, da LRP; art. 1.448 do CC). A escrituração é feita neste Livro 3 porque tais penhores são considerados direitos reais sobre bens móveis. Em outras palavras, **não simbolizam nenhum ônus real diretamente sobre o imóvel.** O Livro 2 – Registro Geral é destinado ao cenário jurídico-real, representado na matrícula dos imóveis e ao registro ou averbação dos atos relacionados no art. 167 e não atribuídos ao Livro nº 3.

Carlos Elias e Flávio Tartuce muito bem observam que o motivo da escolha do RI para esse registro no lugar do RTD – serventia vocacionada, por excelência, para registro de ônus reais mobiliários – é a maior facilidade de terceiros buscarem informações acerca da situação jurídico-real de determinados móveis destinados ao uso do imóvel principal, tidos categoricamente como pertenças (art. 93 do CC/2002). Se, por exemplo, alguém pretende adquirir um gado, deve pesquisar a existência de eventual penhor rural sobre ele no Cartório de Imóveis da fazenda na qual o semovente fica" (Op. cit. 164).

É importante ainda incluir a crítica dos autores sobre o novo dispositivo. A Lei do SERP – indevidamente, a nosso sentir –, alterou essa lógica registral, ao incluir o item "34" no inc. II do art. 167 da LRP. Embora tenha mantido o registro desses penhores especiais no Livro 3, determinou a sua averbação-notícia na matrícula do imóvel. Trata-se uma averbação "sem conteúdo financeiro", à luz do referido dispositivo, o que significa que o valor dos emolumentos será aquele mais módico que consta das tabelas locais de emolumentos. Com essa averbação-notícia, é rompida a lógica extraída do princípio da concentração, segundo a qual a matrícula é o repositório das situações jurídico-reais e das informações relevantes apenas do imóvel. O risco de confusão a terceiros é potencial. A averbação-notícia do penhor especial na matrícula poderá ser interpretada por terceiros como um risco que pode respingar no próprio imóvel, de maneira que, por exemplo, eventual compra do imóvel poderá ser abortada por haver, na matrícula, a notícia de um penhor especial. Trata-se de uma interpretação indevida, mas não podemos negar que esse receio rondará terceiros interessados em celebrar negócios relativos ao imóvel. A falta de posicionamento pacificado dos Tribunais desperta preocupação sobre interpretações heterodoxas que possam vir a surgir, como a de que, com a averbação-notícia do item "34" do inc. II do art. 167 da LRP, terceiros adquirentes do imóvel podem ser atingidos por conta de eventual desrespeito ao penhor especial. Consideramos grave ao sistema jurídico-registral a introdução da averbação-notícia dos penhores especiais na matrícula. O conveniente seria a urgente revogação do item "34" do inc. II do art. 167 da LRP. Entretanto, diante da pouca probabilidade dessa proposta legislativa, o caminho é que as serventias imobiliárias atenuem os riscos de confusão supracitados. O melhor caminho para isso é que, na própria averbação-notícia, seja inserida uma advertência como esta: "a presente averbação não representa qualquer Ônus diretamente sobre o imóvel, mas apenas a notícia da existência de ônus sobre o bem móvel objeto do penhor especial". Essa advertência poderá aliviar o receio de confusão supracitado. Além disso, nas certidões da situação jurídica atualizada do imóvel, o registrador de imóveis precisa tomar o cuidado quando mencionar essa averbação-notícia. Convém que ele insira, na certidão, a advertência supra, com os ajustes redacionais pertinentes, a fim de evitar a terceiros a falsa impressão de que o imóvel está eivado de ônus real (Op. cit. 165).

No que tange às **espécies de penhor**, este pode ser classificado de acordo com a sua origem em dois tipos: convencional, quando surge de um acordo entre as partes, e legal, quando é estabelecido pela lei. Além disso, é possível mencionar o penhor comum ou tradicional e o penhor especial.

O penhor comum ou tradicional é aquele que decorre da vontade das partes, ocorrendo a entrega de coisa móvel ao credor, em garantia por celebração do negócio. Já o penhor especial está sujeito às regras específicas, como o penhor rural, industrial, de títulos de crédito, de veículos e o penhor legal.

O penhor mencionado no art. 173, IV, é o **industrial ou mercantil.** Este tipo de penhor, que também deve ser registrado na Serventia de Imóveis, pode abranger **quaisquer bens inerentes à atividade industrial ou mercantil.**

O art. 1.447 do Código Civil trata do penhor industrial e mercantil, destacando que ele se destina a garantir obrigações decorrentes de negócios jurídicos empresariais.

Adicionalmente, o credor tem o direito de inspecionar o bem, conforme estabelecido no art. 1.450 do Código Civil.

2. JURISPRUDÊNCIA COMPLEMENTAR

TRIBUNAL DE JUSTIÇA DO ESTADO DO RIO DE JANEIRO

EMENTA: Decisão que deferiu o caucionamento dos valores e títulos através de penhor industrial das máquinas indicadas. Embora instituto de direito civil, nada impede que se formalize a garantia pela modalidade de penhor. O CPC admite como forma de garantia a hipoteca judiciária, sendo certo que a sua produção se aperfeiçoa ainda que inexista trânsito em julgado. Mutatis mutandis aplicasse ao penhor a regra, pela natureza real de ambas as garantias. (TJRJ – Ag. Inst. 0051584-29.2008.8.19.0000, Des. CELSO FERREIRA FILHO, 15ª C. Cível, Julgamento: 02/12/2008)

V – as convenções antenupciais;

1. COMENTÁRIOS

O tema foi minuciosamente analisado nos comentários do art. 167, inciso I, item 12 e inciso II, item 1, desta Lei.

2. QUESTÕES DE CONCURSOS

01. (IESES – Cartório – TJ – PB/2014) Assinale a alternativa relacionada aos atos registrados no livro nº 3 – Registro Auxiliar, do Registro de Imóveis, de acordo com a Lei Federal nº 6.015/73:

a) Destaque de gleba pública originária e cédulas de crédito industrial.
b) Convenção de condomínio e antenupcial.
c) Extinção de ônus e direitos reais de imóveis e contrato de penhor rural.
d) Loteamentos urbanos e rurais e citações de ações reais ou pessoais reipersecutórias.

02. (Vunesp – Cartório – TJ – SP/2014) Com base nas Normas de Serviço da Corregedoria Geral da Justiça do Estado de São Paulo, qual é o Registro Público competente das escrituras de pacto antenupcial?

a) No Livro 03 – Registro Auxiliar, do Registro de Imóveis da comarca em que os cônjuges tiveram o seu primeiro domicílio.
b) No Livro E, do Oficial de Registro Civil das Pessoas Naturais da sede da comarca onde foi realizado o casamento.
c) No Livro 03 – Registro Auxiliar, do Registro de Imóveis da comarca em que os cônjuges têm ou tiverem seu último domicílio.
d) No Livro E, do Oficial de Registro Civil das Pessoas Naturais da sede da comarca em que os cônjuges tiveram o seu primeiro domicílio.

03. (TJ-SC – Notário-SC/2008) O registro das convenções antenupciais, previsto no artigo 167, inciso I, da Lei Federal nº 6.015/73, será feito:

a) No livro nº 2.
b) No livro nº 4.
c) Nos livros nºs 2 e 3.
d) No livro nº 3.
e) Nenhuma das alternativas acima é correta.

GAB	1	B	2	C	3	D

VI – os contratos de penhor rural;

1. COMENTÁRIOS

O penhor rural divide-se em **penhor pecuário** e **penhor agrícola**, conforme a natureza das coisas dada em garantia.

O penhor agrícola é disciplinado nos artigos 1.442 e 1.443, ao passo que, o penhor pecuário encontra-se regulamentado nos arts. 1.444 ao 1.446. A Lei 492/1937, também regulou o penhor rural e sua normativa é utilizada no que não conflitar com o Código Civil.

Conforme o art. 1.438, constitui-se o penhor rural mediante **instrumento público ou particular**, registrado no **Cartório de Registro de Imóveis** da circunscrição em que estiverem situadas as coisas empenhadas.

Regra esta corroborada pelo disposto no art. 2º da Lei 492/1937.

A Lei 14.421, de 2022, alterou a redação do § 1º do art. 2º da Lei 492/1937, estabelecendo que a escritura particular pode ser feita e assinada ou somente assinada pelos contratantes, sendo subscrita por 2 (duas) testemunhas, observado que as assinaturas poderão ser feitas de forma eletrônica, conforme legislação aplicável.

Tanto no penhor agrícola quanto no pecuário, os bens permanecem nas mãos do devedor, exceção à regra do penhor comum, que dispõe que os bens ficam na posse do credor.

Uma inovação importante feita pelo Código Civil, modificada pela Lei nº 12.873/2013, foi a regra do art. 1.439, que estabeleceu que o penhor agrícola e o penhor pecuário **não podem ser convencionados por prazos superiores aos das obrigações garantidas.** Antes, o penhor agrícola e o penhor pecuário somente poderiam ser convencionados, respectivamente, pelos prazos máximos de três e quatro anos, prorrogáveis uma só vez por igual período. Esse prazo já havia revogado os arts. 1º e 2º do Decreto-lei nº 4.360/1942, que estabeleciam, respectivamente, prazo de dois anos prorrogável por mais dois anos no caso de penhor agrícola, e de três anos prorrogável por igual período no caso de penhor pecuário.

Ressalte-se que o penhor pecuário que deve ser registrado no Registro de Imóveis **é aquele direito real de garantia sobre coisa alheia e que recai sobre os animais que integram a atividade pastoril, agrícola ou de laticínios**. Assim, o registro do penhor agrícola ou pecuário é feito no **Livro nº 3 (Registro Auxiliar)** do Registro de Imóveis do local dos bens apenhados.

A Lei 6.015/1973 nada prevê sobre o conteúdo do registro no Livro 3 Auxiliar, porém, o art. 2º, § 2º da Lei 492/1937, dispõe que sejam consignados no registro do penhor rural tais requisitos:

I) os nomes, prenomes, estado, nacionalidade, profissão e domicílio dos contratantes;
II) o total da dívida ou sua estimação;
III) o prazo fixado para o pagamento;
IV) a taxa dos juros, se houver;
V) as coisas ou animais dados em garantia, com as suas especificações, de molde a individualizá-las;
VI) a denominação, confrontação e situação da propriedade agrícola onde se encontrem as coisas ou animais empenhados, bem assim a data da escritura de sua aquisição, ou arrendamento, e número de sua transcrição imobiliária;
VII) as demais estipulações usuais no contrato mútuo.

Por fim, o registro do penhor rural **independe** do consentimento do credor hipotecário. É o que se extrai do art. 219 da Lei 6.015/1973. Na mesma direção, o art. 1.440 do Código Civil:

> Se o prédio estiver hipotecado, o penhor rural poderá constituir-se independentemente da anuência do credor hipotecário, mas não lhe prejudica o direito de preferência, nem restringe a extensão da hipoteca, ao ser executada.

2. QUESTÕES DE CONCURSOS

01. (Consulplan – Outorga e Delegação de Serviços Notariais e Registrais – TJ – MS/2019) O Livro nº 3 será destinado ao registro dos atos que, sendo atribuídos ao Registro de Imóveis por disposição legal, não digam respeito diretamente a imóvel matriculado. Assinale, a seguir, a alternativa que **não** representa um ato registrado no Livro nº 3 do Registro de Imóveis.

a) Os contratos de penhor rural.
b) As instituições de condomínio edilício, condomínio geral voluntário e condomínio em multipropriedade.
c) As convenções antenupciais e as escrituras públicas que regulem regime de bens dos conviventes na união estável.
d) As cédulas de crédito industrial, de crédito à exportação e de crédito comercial, sem prejuízo do registro da hipoteca cedular.

02. (Cespe – Notários e Oficiais de Registro – Remoção – TJ – DFT/2019) De acordo com a Lei de Registros Públicos, quanto a registro de imóveis, os contratos de penhor rural devem ser

a) registrados no livro de registro auxiliar.
b) averbados no livro de registro auxiliar e registrados no indicador real.
c) registrados no livro de registro geral.
d) averbados no livro de registro geral.
e) averbados no livro de indicador real e assentados no registro geral.

03. (IESES – Cartório – TJ – RO/2012) A respeito de Hipoteca e Penhor Rural, assinale a assertiva INCORRETA:

a) O penhor rural que incidir sobre bem hipotecado, dependerá da anuência do credor hipotecário.
b) Quando se apresentar ao oficial do registro título de hipoteca que mencione a constituição de anterior, não registrada, deverá este sobrestar por até trinta das, a inscrição da nova, aguardando assim que o interessado inscreva a precedente. Esgotado o prazo sem que se requeira a inscrição desta, a hipoteca ulterior será registrada e obterá preferência.
c) É possível constituir-se penhor rural sobre bem hipotecado, independentemente da anuência do credor hipotecário.
d) É lícito o registro no mesmo dia, de duas hipotecas ou uma hipoteca e outro direito real sobre o mesmo imóvel, em favor de pessoas diversas, se as escrituras, do mesmo dia, indicarem a hora em que foram lavradas.

GAB	1	B	2	A	3	A

> VII – os títulos que, a requerimento do interessado, forem registrados no seu inteiro teor, sem prejuízo do ato, praticado no Livro nº 2.

1. COMENTÁRIOS

Da análise do artigo mencionado, extrai-se que os registros confeccionados nas matrículas (Livro nº 2) serão feitos por extratos. Assim, a parte pode solicitar que o título que já tenha sido registrado por extrato no Livro nº 2 também seja registrado em seu **inteiro teor** no Livro nº 3.

Regnoberto Marques Melo Junior observa que esse registro de inteiro teor é acessório. Independe do registro do ato no Livro 2. Mas não o substitui. Seu efeito é duplo. Em primeiro, potencializa a publicidade, permitindo a transcrição de todo o conteúdo do documento registrado, e, excepcionalmente, a técnica comum de extratar, do documento, os dados essenciais de registro. Em segundo, a regra do inciso VII do art. 178 da LRP não se encerra na tipologia do 177: transcrever-se-á no Livro 3 qualquer ato, mesmo o que toque diretamente ao imóvel matriculado (Op. cit., p. 462).

Art. 179. O Livro nº 4 – Indicador Real – será o repositório de todos os imóveis que figurarem nos demais livros, devendo conter sua identificação, referência aos números de ordem dos outros livros e anotações necessárias.

§ 1º Se não for utilizado o sistema de fichas, o Livro nº 4 conterá, ainda, o número de ordem, que seguirá indefinidamente, nos livros da mesma espécie.

§ 2º Adotado o sistema previsto no parágrafo precedente, os oficiais deverão ter, para auxiliar a consulta, um livro-índice ou fichas pelas ruas, quando se tratar de imóveis urbanos, e pelos nomes e situações, quando rurais.

1. COMENTÁRIOS

O Livro nº 4 – Indicador Real consiste em um índice que tem por finalidade listar todos os imóveis existentes no Ofício Imobiliário e indicar os **devidos atos que foram praticados sobre o imóvel**, devendo conter o número de ordem, bem como o livro no qual cada ato foi praticado. Assim, o livro será o repositório das indicações de todos os imóveis que figurarem no Livro nº 2 ou no antigo livro de transcrições, contendo a identificação dos imóveis e o número da matrícula.

Poderão existir quantos indicadores reais forem necessários para facilitar as buscas. O Livro nº 4, diferentemente do Livro Protocolo, pode ser substituído por fichas. No entanto, caso o Registrador opte por não utilizar tal sistema, o Livro nº 4 deverá conter um número de ordem que seguirá indefinidamente nos livros da mesma espécie e deverá ser acompanhado de um livro índice ou fichas por nome de ruas, quando se tratar de imóveis urbanos, e por nomes e situações, quando se tratar de imóveis rurais.

O art. 181, parágrafo único, da Lei 6.015/1073, possibilita ainda o desdobramento deste Livro para facilitar o serviço.

Adotado o sistema informatizado de base de dados, fica dispensada a manutenção do sistema de fichas ou livros.

Francisco José Rezende dos Santos bem observa que o indicador é a expressão máxima do princípio da especialidade objetiva no Registro de Imóveis. Devem figurar no indicador real todos os imóveis matriculados no Cartório, e ainda os citados nos títulos registrados no Livro 3. Isso porque, se foi concedido um financiamento por Cédula Rural a determinada pessoa, mesmo não sendo ela proprietária de imóvel, mas por exemplo, arrendatária de imóvel rural, e tendo sido contratado como garantia do financiamento a colheita, ou uma máquina sua que sirva para cultivo da safra, estando lançado o nome da Fazenda no indicador real, poderá um Banco ou qualquer interessado pedir certidão no Registro de Imóveis, para saber se existe algum gravame em colheita da Fazenda ou de máquina ali encontrada (Op. cit., 1007).

Art. 180. O Livro nº 5 – Indicador Pessoal – dividido alfabeticamente, será o repositório dos nomes de todas as pessoas que, individual ou coletivamente, ativa ou passivamente, direta ou indiretamente, figurarem nos demais livros, fazendo-se referência aos respectivos números de ordem.

Parágrafo único. Se não for utilizado o sistema de fichas, o Livro nº 5 conterá, ainda, o número de ordem de cada letra do alfabeto, que seguirá indefinidamente, nos livros da mesma espécie. Os oficiais poderão adotar, para auxiliar as buscas, um livro-índice ou fichas em ordem alfabética.

1. COMENTÁRIOS

O Livro nº 5 consiste em um índice que tem por finalidade **elencar todas as pessoas** que são, de alguma forma, parte em qualquer ato praticado pelo Ofício Imobiliário, trazendo o número de ordem e o Livro do ato em que elas aparecerem. Assim, não somente os titulares de direitos reais sobre imóveis existentes na serventia devem constar no Livro nº 5, mas também, por exemplo, o anuente.

Com a clareza e objetividade que lhe é peculiar, Afrânio de Carvalho observa que "o indicador pessoal é um repositório dos nomes que figuram nos demais livros (art. 180). Se o indicador real perdeu parte da sua antiga importância, por ter sido transferida para o livro básico a reunião dos seus dados mais relevantes, não aconteceu o mesmo com o indicador pessoal, que conserva íntegra a sua. Esta consiste essencialmente em oferecer um elemento alternativo de busca, o nome do proprietário ou titular do direito, por cujo intermédio o consulente, que não conhece o imóvel, poderá descobri-lo, bem como tudo quanto lhe diz respeito" (Op. cit., p. 972).

O Livro nº 5, diferentemente do Livro Protocolo, pode ser substituído por fichas, mas caso o registrador opte por não utilizar esse sistema, tal Livro deverá conter o número de ordem de cada letra do alfabeto, que seguirá indefinidamente, nos livros da mesma espécie.

O art. 181, parágrafo único da Lei 6.015/1073, possibilita ainda o desdobramento deste Livro para facilitar o serviço.

Uma vez mais, Francisco José Rezende dos Santos, bem observa que "o indicador pessoal se apóia no princípio da especialidade na sua versão subjetiva" (Op. cit., 1009).

2. QUESTÃO DE CONCURSO

01. (IESES – Cartório – TJ – PB/2014) Examine as seguintes assertivas, relacionadas com o Registro de Imóveis e, em seguida, assinale a alternativa INCORRETA.

a) A União, os Estados e o Distrito Federal poderão solicitar ao registro de imóveis competente a abertura de matrícula de parte ou da totalidade de bens imóveis urbanos, sem registro anterior, cujo domínio tenha sido assegurado pela legislação.

b) Em caso de permuta, e pertencendo os bens imóveis à mesma circunscrição, serão feitos os registros nas matrículas correspondentes, sob um único número de ordem no protocolo.

c) Não serão registrados, no mesmo dia, títulos com características de direitos reais contraditórios sobre o mesmo bem imóvel.

d) O livro nº 5 será o repositório de todos os bens imóveis que estiverem contidos nos demais livros, devendo constar a identificação, referência aos números de ordem de outros livros e anotações necessárias.

GAB	1	D

Art. 181. Poderão ser abertos e escriturados, concomitantemente, até dez livros de "Registro Geral", obedecendo, neste caso, a sua escrituração ao algarismo final da matrícula, sendo as matrículas de número final 1 feitas no Livro 2-1, as de final dois no Livro 2-2 e as de final três no Livro 2-3, e assim, sucessivamente.

Parágrafo único. Também poderão ser desdobrados, a critério do oficial, os Livros nºs 3 "Registro Auxiliar", 4 "Indicador Real" e 5 "Indicador Pessoal".

1. COMENTÁRIOS

Esclarece Walter Ceneviva que "pela importância que ainda detém a propriedade imóvel em nossa sociedade, a qualidade do serviço do cartório imobiliário traz repercussões que exigem atento controle. Por isso a lei confia ao descortino do serventuário o desdobramento de livros" (Op. cit., p. 402).

Note-se que não depende de prévia ordem do Juiz corregedor ou do Juiz competente na forma da organização local, o desdobramento de qualquer dos livros.

Arremata Afrânio de Carvalho: "o desdobramento dos livros foi também permitido pela nova Lei do Registro, a fim de dar ensejo à utilização simultânea do mesmo livro por mais de uma pessoa em cartórios de intenso movimento nas grandes cidades. Com exceção do protocolo, os demais livros podem ser desdobrados, mas o interesse principal do desdobramento concentra-se no livro de inscrição, em relação ao qual a lei dispõe que poderão ser abertos e escriturados, concomitantemente, até dez livros de registro geral, obedecendo, neste caso, a sua escrituração ao algarismo final da matrícula, sendo as matrículas de número final um, feitas no livro 2-1, as de final dois, no livro 2-2 e as de final três no livro 2-3, e assim sucessivamente" (Op. cit., 309-310).

▸ CAPÍTULO III – DO PROCESSO DO REGISTRO

1. COMENTÁRIOS

Inicialmente, cumpre consignar que, neste capítulo, o termo *registro* foi utilizado de forma **genérica**, de modo a abranger o registro em sentido estrito, a transcrição, a matrícula e o protocolo.

Nesse sentido, Walter Ceneviva observa que "a palavra registro no título deste capítulo é usada em seu significado comum, pois engloba as antigas *transcrições* e *inscrição* e também inclui normas sobre a matrícula (...) *Processo*, indicado no título, é vocábulo usado em sentido instrumental: corresponde ao procedimento a ser adotado pelo oficial, nas diversas etapas que, desde a apresentação de um título pelo interessado, podem terminar dando origem a um registro" (Op. cit., p. 404).

Sempre pertinentes também são os ensinamentos de Sergio Jacomino: "como *processo*, devemos entender aqui a mecânica registral, infraestrutura jurídico-instrumental, que permite consagrar a inscrição e as mutações jurídicas dela decorrentes. Neste sítio, há a previsão para executar o conjunto de atos e etapas necessários para a criação, modificação e extinção dos direitos reais, bem como a eficácia e publicidade de certos direitos que a lei obriga sejam submetidos ao regime da publicidade registral. Já o *registro* é expressão lata, representando as várias modalidades de inscrições que a lei contempla – matrícula, protocolo, autuações, notificações, editais, anotações, etc." (*Lei de Registros Públicos comentada*. Rio de Janeiro: Forense, 2019, p. 1012-1013).

O Oficial Registrador deve pautar seu labor na normatividade da Lei de Registros Públicos, de forma principal. No entanto, existem regras complementares, mas não menos importantes, que devem ser observadas, como a Lei dos Notários e Registradores (Lei 8.935/1994), as Normas das Corregedorias dos Estados, a legislação extravagante, como a Lei de Parcelamento do Solo e da Lei de Incorporações Imobiliárias.

O Oficial Registrador deve pautar seu trabalho na normatividade da Lei de Registros Públicos, de forma principal. Porém, existem regras complementares, mas não menos importantes, que devem ser observadas, como a Lei dos Notários e Registradores (Lei nº 8.935/1994), as Normas das Corregedorias dos Estados, e a legislação extravagante, como a Lei de Parcelamento do Solo e a Lei de Incorporações Imobiliárias.

Art. 182. Todos os títulos tomarão, no Protocolo, o número de ordem que lhes competir em razão da sequência rigorosa de sua apresentação.

Art. 183. Reproduzir-se-á, em cada título, o número de ordem respectivo e a data de sua prenotação.

Art. 184. O Protocolo será encerrado diariamente.

Art. 185. A escrituração do protocolo incumbirá tanto ao oficial titular como ao seu substituto legal, podendo, ser feita, ainda, por escrevente auxiliar expressamente designado pelo oficial titular ou pelo seu substituto legal mediante autorização do juiz competente, ainda que os primeiros não estejam nem afastados nem impedidos.

Art. 186. O número de ordem determinará a prioridade do título, e esta a preferência dos direitos reais, ainda que apresentados pela mesma pessoa mais de um título simultaneamente.

1. COMENTÁRIOS

1.1 PRENOTAÇÃO

A prenotação, que consiste no lançamento do título no protocolo, assegura a prioridade de direitos para o apresentante. Não existe registro sem prenotação.

Frise-se que a prenotação do título não é uma opção do Oficial Registrador, mas sim um dever. Convém trazer as palavras de Flauzilino Araújo dos Santos: "permito-me repetir, face ao caráter eminentemente formalista do direito imobiliário registral, que a prenotação de todos os títulos ingressados na Serventia, ressalvados aqueles referidos no parágrafo único do art. 12 – títulos recebidos para simples exame e cálculo de emolumentos a pedido dos interessados –, não é mera opção do registrador, senão integra o elenco de deveres do oficial a publicizar uma situação jurídica que possibilita que os direitos reais sobre imóveis adquiram a plenitude dos efeitos que o ordenamento jurídico lhes concede, de acordo com a natureza" (*Algumas linhas sobre a prenotação*. In: Sérgio Jacomino, coord. *Registro de Imóveis* – Estudos de Direito Registral Imobiliário. Porto Alegre: Safe/Irib, 2000, p. 34).

O art. 188 foi alterado pela Lei n. 14.382/2022, trazendo a redução dos prazos para a qualificação registral.

Como regra geral, o prazo para de **30 (trinta) dias**. Com a atual redação do dispositivo, passa a ser de **10 (dez) dias.** Passado esse prazo, é imperioso que o Oficial Registrador proceda ao registro, caso a qualificação seja positiva, ou profira uma nota devolutiva, na hipótese de qualificação negativa. Caso não haja exigências, os títulos deverão ser registrados, no prazo de 20 dias úteis (LRP, art. 205), nestes termos: "cessarão automaticamente os efeitos da prenotação se, decorridos 20 dias da data do seu lançamento no Protocolo, o título não tiver sido registrado por omissão do interessado em atender às exigências legais.

Na contagem do prazo para a prenotação, exclui-se o primeiro e inclui-se o último dia. A Lei 14.382/2022 define que a contagem de prazos deve ser em **dias úteis** e não mais em dias corridos (art. 9º, §§ 1º e 2º, da LRP).

No que tange à exceção ao prazo de dez dias, note-se que o próprio art. 188 excepciona essa regra. Assim, **se não houver exigências** ou **falta de pagamento de custas e emolumentos**, o registro deverá ser feito no prazo de **5 (cinco) dias** para:

d) as escrituras de compra e venda sem cláusulas especiais, os requerimentos de averbação de construção e de cancelamento de garantias;

e) os documentos eletrônicos apresentados por meio do Serp; e

f) os títulos que reingressarem na vigência da prenotação com o cumprimento integral das exigências formuladas anteriormente.

Ademais, anote-se que também configura exceção ao prazo de dez dias úteis para a qualificação, os arts. 189, 190, 191 e 192 da Lei n. 6.015/1973:

> **Art. 189, LRP.** Apresentado título de segunda hipoteca, com referência expressa à existência de outra anterior, o oficial, depois de prenotá-lo, aguardará durante 30 (trinta) dias que os interessados na primeira promovam a inscrição. Esgotado esse prazo, que correrá da data da prenotação, sem que seja apresentado o título anterior, o segundo será inscrito e obterá preferência sobre aquele.
>
> **Art. 190, LRP.** Não serão registrados, no mesmo dia, títulos pelos quais se constituam direitos reais contraditórios sobre o mesmo imóvel.
>
> **Art. 191, LRP.** Prevalecerão, para efeito de prioridade de registro, quando apresentados no mesmo dia, os títulos prenotados no Protocolo sob número de ordem mais baixo, protelando-se o registro dos apresentados posteriormente, pelo prazo correspondente a, pelo menos, um dia útil.
>
> **Art. 192, LRP.** O disposto nos arts. 190 e 191 não se aplica às escrituras públicas, da mesma data e apresentadas no mesmo dia, que determinem, taxativamente, a hora da sua lavratura, prevalecendo, para efeito de prioridade, a que foi lavrada em primeiro lugar.

Percebe-se que o prazo previsto no art. 188 desta lei só pode ser excepcionado por previsão legal ou determinação da Corregedoria-Geral de Justiça de cada Estado. Outros exemplos podem ser citados, como o procedimento de suscitação de dúvida, loteamentos (Lei nº 6.766/1979), art. 237-A, § 2º, LRP, notificação de alienação fiduciária, retificação administrativa, registro Torrens, hipoteca de segundo grau, bem de família, entre outros.

Temos ainda outra exceção prevista no parágrafo único do art. 205 da Lei nº 6.015/1973, que estabelece que, nos procedimentos de regularização fundiária de interesse social, os efeitos da prenotação cessarão após 40 dias de seu lançamento no protocolo. Existe uma doutrina que entende que este prazo se aplica aos casos da Reurb-S (Interesse Social). No entanto, para a Reurb-E (Interesse Específico), o prazo seria de 60 dias, estipulado no art. 44, § 5º, da Lei nº 13.465/2017.

Há quem defenda que a **sucessiva prenotação** de um título poderia impedir o registro de outro título, sobre o mesmo imóvel. José Roberto Ferreira discorre sobre o assunto: "Há, por assim dizer, uma fila de precedência, quem dela é excluído e considerado inabilitado poderá retornar, mas o fará após os outros, que nela já se encontravam no momento de sua desqualificação" (*Notas sobre a prenotação. Boletim do IRIB*, São Paulo, nº 179, p. 2, abr. 1994). Algumas normativas estaduais, estabelecem que no caso de prenotações sucessivas de títulos contraditórios ou excludentes, será criada fila de precedência, e, após cessados os efeitos da primeira prenotação, terá prioridade o título detentor do número de ordem imediatamente posterior.

1.2 PROTOCOLO

Na lição de Serpa Lopes "a importância do protocolo se afere pela magnitude dos efeitos que produz, a partir do momento que inaugura o ato no Registro de Imóveis" (SERPA LOPES, Miguel Maria de. *Tratado de Registros Públicos*. 3ª ed. V. IV Brasília: Livraria e Editora Brasília Jurídica, 1995, p. 316).

Reza o art. 182 que **todos** os títulos que ingressarem para registro *latu sensu* (registros, averbações, abertura de matrículas, notificações, etc.) devem ser inscritos no Livro Protocolo. A expressão do legislador *todos* foi infeliz, porque o dispositivo deve ser lido em conjunto com o art. 174 e o parágrafo único do art. 12 desta Lei. Para relembrá-los, vale a transcrição:

> **Art. 12.** (...)
> Parágrafo único. Independem de apontamento no Protocolo os títulos apresentados apenas para exame e cálculo dos respectivos emolumentos.
>
> **Art. 174** – O livro nº 1 – Protocolo – servirá para apontamento de todos os títulos apresentados diariamente, ressalvado o disposto no parágrafo único do art. 12 desta Lei.

Com efeito, percebe-se que **nem todos os títulos devem ingressar no Protocolo**. A conjugação dos dispositivos mencionados na lei permite ao apresentante optar entre submeter o título para prenotação ou apenas para exame e cálculo dos respectivos emolumentos. Esta regra foi imposta pela sistemática da Lei nº 6.015/1973, o que gerou críticas de Afrânio de Carvalho, que considerou essa inovação uma anomalia.

Todavia, Sergio Jacomino explica que o fato é que a regra consagrou-se na prática dos serviços registrais e não são poucos os títulos que ingressam unicamente para obter uma avaliação preliminar de sua eventual registrabilidade. Trata-se de uma extravagante pré-qualificação do título que vem se firmando como função informativa e de orientação do Registro sem que se concretize, contudo, a inscrição (Op. cit., p. 1023).

Somente são apontados no Livro Protocolo os títulos prenotados, ou seja, uma vez recepcionados, entram em uma **fila de precedência**, de modo que possuem preferência para registro em relação a eventuais títulos que sejam recepcionados posteriormente. Consagra-se assim o princípio da prioridade, previsto no artigo 186 da Lei de Registros Públicos (6.015/73).

Os efeitos de prioridade se consagram a partir da prenotação do título, e mesmo que haja vários negócios jurídicos no mesmo instrumento, haverá somente um número de ordem.

Para Afrânio de Carvalho, o princípio da prioridade significa que, em um concurso de direitos reais sobre um imóvel, estes não ocupam todo o mesmo posto, mas se graduam ou se classificam por uma relação de precedência fundada na ordem cronológica do seu aparecimento (*Registro de Imóveis*. Rio de Janeiro, Forense, 1976).

Marcelo Rodrigues, por sua vez, assegura que o princípio da prioridade ampara tanto o direito de propriedade como os direitos reais limitados ou ônus assemelhados com ingresso ao registro imobiliário determinado por lei. Impede que no concurso de direitos reais sobre um único e mesmo imóvel venham a ocupar todos a mesma ordem ou colocação de preferência. Antes, permite que se graduem ou classifiquem de acordo com a rigorosa e cronológica ordem em que se apresentem ao registro, prevalecendo os anteriores sobre os que vierem depois. Por isso que o princípio da prioridade acolhe o diligente e pune o retardatário (Op. cit., p. 136).

O princípio da prioridade está expresso nos artigos 12 *caput*, 186 e 191 da Lei dos Registros Públicos, bem como no art. 1.246 do Código Civil. Vejamos:

> **Art. 12.** Nenhuma exigência fiscal, ou dúvida, obstará a apresentação de um título e o seu lançamento do Protocolo com o respectivo número de ordem, nos casos em que da precedência decorra prioridade de direitos para o apresentante.
>
> **Art. 186.** O número de ordem determinará a prioridade do título, e esta a preferência dos direitos reais, ainda que apresentados pela mesma pessoa mais de um título simultaneamente.
>
> **Art. 191.** Prevalecerão, para efeito de prioridade de registro, quando apresentados no mesmo dia, os títulos prenotados no Protocolo sob número de ordem mais baixo, protelando-se o registro dos apresentados posteriormente, pelo prazo correspondente a, pelo menos, um dia útil.
>
> **Art. 1.246.** O registro é eficaz desde o momento em que se apresentar o título ao oficial do registro, e este o prenotar no protocolo.

Assim, o princípio da prioridade assegura àquele que primeiro apresentar o título, mediante número de ordem no protocolo, a prevalência de seu direito sobre o do apresentante seguinte, quando referentes ao mesmo imóvel e contraditórios.

O princípio da prioridade comporta exceções legais, as quais foram expostas no tópico anterior

Interessante é a classificação que os autores Márcio Guerra Serra e Monete Hipólito Serra, estabelecem em relação à prioridade. Eles dividem a prioridade em dois tipos, conforme o direito que vise assegurar. "O primeiro deles é a chamada **prioridade exclusiva.** Nesta modalidade, os direitos conflitantes, ao se invocar o princípio da prioridade, são exclusivos, o que quer dizer que, caso se registre um deles, o outro ou os outros não encontrarão ingresso no fólio real. Exemplo clássico desta situação ocorre quando são apresentadas duas escrituras de venda em que o mesmo vendedor aparece vendendo o mesmo imóvel para duas pessoas diferentes. Nesta hipótese, caso se registre a primeira escritura, o vendedor deixará de ser o proprietário, de forma que a segunda escritura não poderá ser registrada. Contudo, encontramos a **prioridade gradual.** Nesta, os direitos em conflito podem coexistir no fólio real, todavia sua ordem de inscrição influencia a efetividade do direito. Trata-se, em regra, dos direitos reais de garantia, nos quais a precedência de inscrição, em regra, implica também, na precedência para a execução do crédito. Podemos citar como exemplo o caso das hipotecas, nestas a primeira inscrita tem prioridade para levar o bem à praça e ter seus créditos ressarcidos" (*Registros de Imóveis I*. São Paulo: Saraiva, 2013, p. 144).

Questionou-se se a referida prioridade abarcaria o **atendimento à pessoa idosa** nas Serventias Extrajudiciais. De fato, é garantido o seu atendimento prioritário. No entanto, de acordo com a doutrina majoritária e as normativas estaduais, essa prioridade não deve ser confundida com a prioridade dos atos de prenotação ou de registro.

Sergio Jacomino explicita que o idoso **não goza de privilégio em relação a prioridade registral**, mas somente em termos:

> "em primeiro lugar, como já se afirmou anteriormente, a prioridade é do título. Somente por via reflexa se pode divisar os titulares ou partes com legítimo interesse na inscrição. A prioridade não pode representar um direito do apresentante. Ressalvada a quebra da prioridade registral, os direitos fundamentais da pessoa humana se concretizam no atendimento preferencial, imediato e individualizado do apresentante idoso, nas

várias demandas que endereça ao Registro de Imóveis. De outro lado uma vez consagrada a prioridade (art. 186), considerando-se o fato de que os efeitos do registro, ainda que realizado posteriormente, retroagem à data da prenotação (art. 1.246 do CC), nada obsta que o procedimento registral seja priorizado, sem que possa advir, daí, prejuízos a terceiros e que a preferência seja expressamente rogada para que se dê constância documental da quebra da ordem procedimental do registral" (Op. cit., p. 989).

Este também é o entendimento de Luiz Guilherme Loureiro:

"tem-se considerado que o **Estatuto do Idoso** não contém exceção ao princípio da prioridade ou preferência registral: o idoso tem preferência no atendimento dos serviços em geral, devendo ser atendido prioritariamente nos balcões ou guichês de pedido e recebimento de certidões e outros documentos, mas não no protocolo de título, que deve observar estritamente a ordem de chegada, isto é, da apresentação do título para prenotação" (Op. cit., p. 618).

Para ilustrar, trago o item 80, "b", Cap. XIII, das Normas de Serviço da Corregedoria-Geral da Justiça do Estado de São Paulo:

80. Na prestação dos serviços, os notários e registradores devem:

[...]

b) atender por ordem de chegada, assegurada prioridade às pessoas com deficiência, aos idosos com idade igual ou superior a 60 (sessenta) anos, com prioridade especial aos **maiores de 80 (oitenta)** anos, às gestantes, às lactantes, às pessoas com crianças de colo e aos obesos, **exceto no que se refere à prioridade de registro prevista em lei.**

No mesmo sentido, o Código de Normas e Procedimento do Foro Extrajudicial do Estado de Goiás, que distingue os dois tipos de atendimento. Veja-se:

Art. 95, CNPFE/GO. Os notários e oficiais de registros atenderão as partes com respeito, eficiência e presteza, observando o atendimento prioritário as pessoas com deficiência, aos idosos com idade igual ou superior a 60 (sessenta) anos, as gestantes, as lactantes, as pessoas com crianças de colo e aos obesos, mediante garantia de lugar privilegiado em filas, distribuição de senhas com numeração adequada ao atendimento preferencial ou implantação de servico de atendimento personalizado e alocação de espaço com acessibilidade, ressalvados os casos que ensejarem prioridade registral prevista em lei.

§1º. O disposto no *caput* deste artigo aplica-se ao serviço de Registro de Imóveis nos casos em que nao houver repercussão em direitos contraditórios, a exemplo de recepção de título para mero exame e cálculo de emolumentos, solicitação e entrega de certidões e outros documentos, prestação de informações, e pedidos de averbações.

O art. 26 do Provimento n. 2/2013 das normativas extrajudiciais do Estado de Tocantins (CGJUS/TO) também regulamenta o assunto, neste sentido:

Os delegados e seus prepostos farão atendimento prioritário às pessoas portadoras de deficiência física ou com mobilidade reduzida, pessoas com idade igual ou superior a sessenta anos, gestantes e pessoas com criança no colo, mediante garantia de adequada ao atendimento preferencial, alocação de espaço para atendimento exclusivo no balcão ou implantação de outro serviço para atendimento personalizado.

Parágrafo único. No caso de prenotação de título, para cumprimento do princípio da prioridade, contido no art. 186 da Lei de Registros Públicos (Lei nº 6.015, de 1973), o atendimento será efetuado rigorosamente pela ordem de chegada, independentemente do estado ou condição do apresentante.

Convém ainda ilustrar a ideia de Gilberto Silva Valente: "a) registrado o título prioritário, no dia seguinte, o outro título não pode ser registrado, porque contraditório; b) não registrado o título prioritário, por defeito ou dúvida, o segundo título terá seu registro postergado sempre para o dia seguinte ao do encerramento do prazo para o acertamento do título que goza da precedência e só será registrado se aquela decair de seu direito. Daí afirmar que a prioridade consiste no direito assegurado ao que primeiro protocolizou o título, de, uma vez preenchidas as formalidades legais, vê-lo registrado precedentemente e com exclusão de outro que lhe seja contraditório" (SILVA, Gilberto Valente da. *A Prenotação* [s. l.: s. n]).

É importante enfatizar que a prioridade é distinta da **preferência**. A preferência, nas palavras de Carvalho Santos, "é a primazia, ou vantagem reconhecida a determinado credor, em virtude da natureza de seu crédito, não só de haver a coisa, com exclusão dos demais, como de receber, preterindo aos concorrentes" (*Código Civil Brasileiro interpretado, principalmente do ponto de vista prático.* 12. Ed. Rio de Janeiro: Freitas Bastos, 1989, vol. XXI, p. 469). Assim, preferência é o atributo do direito real. Por sua vez, o **privilégio** não está na esfera do direito real e sim do direito pessoal. Como ensina Washington de Barros Monteiro, "ele representa uma noção autônoma. O privilégio é um direito de prelação, que a lei confere, em atenção à causa do crédito e não existe senão *ex legis auctoritare*, em virtude de expressa disposição de lei" (*Curso de Direito Civil.* 33 ed. São Paulo: Saraiva, 1995).

No que diz respeito à escrituração, tem-se que o Livro Protocolo é elaborado em cinco colunas.

Na primeira coluna, estabelece-se o **número de ordem**, que seguirá indefinidamente. Iniciou-se pelo número 01, quando a Lei 6.015/1973 entrou em vigor, ou seja, dia 01 de janeiro de 1976.

Observa Francisco José Rezende dos Santos que "a protocolização é feita por título. Se em um mesmo título existir mais de um negócio jurídico, por exemplo, uma compra e venda com alienação fiduciária, o título receberá um só número de ordem no livro de protocolo, mesmo gerando dois registros, como nesse caso. Da mesma forma, se de um mesmo título constarem vários imóveis, por exemplo, a compra e venda de diversos lotes, o título somente receberá um número de ordem no protocolo" (Op. cit., p. 950).

A **segunda coluna** traz da ***data da protocolização***. Quando o Oficial de Registros for fazer a análise de um título prenotado no Registro de Imóveis, prevalece o entendimento de que devem ser aplicados os apontamentos legais **vigentes** no momento do registro, e os da data da lavratura da escritura. Equivale dizer, para fins de registro, não importa o momento da celebração do contrato, uma vez que é na data da sua apresentação ao registro que o título é analisado.

É entendimento na doutrina e na jurisprudência que todos os títulos, judiciais ou extrajudiciais, submetem-se à qualificação registraria, aplicando-se os princípios e normas formais da legislação específica, vigentes à época e no momento do seu ingresso no Registro. E, por força do **princípio do *tempus regit actum***, os requisitos do registro devem estar preenchidos na data da prenotação. É atribuição e dever do oficial registrador proceder à qualificação registrária do título no instante da sua apresentação independentemente da época em que foi lavrado.

O princípio do *tempus regit* é corolário do princípio da prioridade. Ademais, o princípio da prioridade e o *tempus regit actum* atuam como sanções àqueles que não publicizam suas aquisições. Quem compra e não registra assume o risco de ocorrer superveniência de lei nova que venha a inviabilizar o registro de seu título.

É imprescindível que o **número de ordem respectivo** e a **data de sua prenotação** sejam ilustrados nos títulos, bem como nos documentos que lhes acompanham, a fim de garantir a instantânea localização do título, e consequentemente como sendo sua tramitação no Ofício Imobiliário.

O art. 184 estabelece que o protocolo será **encerrado diariamente**. Assim, ao final de cada expediente, é promovido o encerramento do Protocolo, de forma que não reste entrelinhas. Destarte, evita-se tentativa de fraudes, de modo que a segurança e a fidedignidade dos atos registrais fiquem assegurados, além de preservar a prioridade do registro.

Sobre o tema, Sergio Jacomino adverte que "o *encerramento diário* não significa fechamento das inscrições individuais dos títulos apresentados ao Registro. Claro está que o termo de encerramento se refere ao rol de apontamentos dos títulos ingressados no dia, não às anotações que serão feitas acerca do desenlace do *iter* registral. Mesmo porque, deferida que seja a consumação do registro além das horas fixadas (art. 208), as anotações respectivas no Protocolo se produzirão. O objetivo perseguido pela norma é guardar, com toda a segurança possível, a ordem que o Protocolo provê. Dessa ordem se origina a prenotação, que garante a prioridade dos títulos e a preferência dos direitos." (Op. cit., p. 1032).

Ainda sobre o encerramento diário, convém transcrever os artigos da lei 6.015/1973 que possuem relação com o aludido art. 184:

> **Art. 8º** O serviço começará e terminará às mesmas horas em todos os dias úteis.
>
> Parágrafo único. O registro civil de pessoas naturais funcionará todos os dias, sem exceção.
>
> **Art. 9º** Será nulo o registro lavrado fora das horas regulamentares ou em dias em que não houver expediente, sendo civil e criminalmente responsável o oficial que der causa à nulidade.
>
> § 1º Serão contados em dias e horas úteis os prazos estabelecidos para a vigência da prenotação, para os pagamentos de emolumentos e para a prática de atos pelos oficiais dos registros de imóveis, de títulos e documentos e civil de pessoas jurídicas, incluída a emissão de certidões, exceto nos casos previstos em lei e naqueles contados em meses e anos.
>
> § 2º Para fins do disposto no § 1º deste artigo, consideram-se:
>
> I – dias úteis: aqueles em que houver expediente; e
>
> II – horas úteis: as horas regulamentares do expediente.
>
> § 3º A contagem dos prazos nos registros públicos observará os critérios estabelecidos na legislação processual civil.
>
> **Art. 10.** Todos os títulos, apresentados no horário regulamentar e que não forem registrados até a hora do encerramento do serviço, aguardarão o dia seguinte, no qual serão registrados, preferencialmente, aos apresentados nesse dia.
>
> Parágrafo único. O registro civil de pessoas naturais não poderá, entretanto, ser adiado.
>
> **Art. 208.** O registro começado dentro das horas fixadas não será interrompido, salvo motivo de força maior declarado, prorrogando-se expediente até ser concluído.
>
> **Art. 209.** Durante a prorrogação nenhuma nova apresentação será admitida, lavrando o termo de encerramento no Protocolo.

No que se refere ao art. 185, a escrituração do protocolo poderá ser realizada tanto pelo **oficial de registro** como pelo seu **substituto legal ou escrevente autorizado**.

A Lei 8.935/1994, em seu art. 20, atribuiu ao Oficial Registrador e Tabelião, a autonomia no gerenciamento administrativo da Serventia. Veja-se:

> **Art. 20.** Os notários e os oficiais de registro poderão, para o desempenho de suas funções, contratar escreventes, dentre eles escolhendo os substitutos, e auxiliares como empregados, com remuneração livremente ajustada e sob o regime da legislação do trabalho.
>
> § 1º Em cada serviço notarial ou de registro haverá tantos substitutos, escreventes e auxiliares quantos forem necessários, a critério de cada notário ou oficial de registro.

§ 2º Os notários e os oficiais de registro encaminharão ao juízo competente os nomes dos substitutos.

§ 3º Os escreventes poderão praticar somente os atos que o notário ou o oficial de registro autorizar.

§ 4º Os substitutos poderão, simultaneamente com o notário ou o oficial de registro, praticar todos os atos que lhe sejam próprios exceto, nos tabelionatos de notas, lavrar testamentos.

§ 5º Dentre os substitutos, um deles será designado pelo notário ou oficial de registro para responder pelo respectivo serviço nas ausências e nos impedimentos do titular.

Note-se que, diante da redação do aludido art. 20, que inovou o regime jurídico dos Oficiais Registradores e Tabeliães, **resta indubitável que a Lei nº 8.935/1994 derrogou o art. 185 da Lei nº 6.015/1973**, à medida que lhes foi outorgada a independência na forma de organizar, gerenciar e administrar a Serventia.

A finalidade da autonomia é garantir uma melhor qualidade na prestação dos serviços, o que consiste também num dever do delegatário, nos termos do artigo 30 da Lei dos Notários e Registradores.

2. JURISPRUDÊNCIA COMPLEMENTAR

SUPERIOR TRIBUNAL DE JUSTIÇA

EMENTA: CONFLITO POSITIVO DE COMPETÊNCIA. JUSTIÇA DO TRABALHO E JUSTIÇA FEDERAL. DUAS ARREMATAÇÕES SOBRE UM ÚNICO IMÓVEL. DATA DO REGISTRO.

1. Cinge-se a controvérsia à duplicidade de arrematação do mesmo imóvel ocorrida no âmbito da Justiça do Trabalho em Execução Trabalhista e da Justiça Federal em processo de Execução Fiscal.

2. Havendo duas arrematações sobre o mesmo bem imóvel, a carta de arrematação que primeiro for registrada definirá qual será o Juízo competente para decidir eventuais demandas possessórias. Precedentes do STJ.

3. No presente caso, o oficial do registro imobiliário formulou consulta ao TJRJ a respeito do registro da carta de arrematação, tendo em vista o recebimento de cartas expedidas pelos dois juízos (Execução Fiscal e Execução Trabalhista).

4. Em analogia ao entendimento do STJ, que define a competência em função da carta que primeiramente tiver sido registrada, deve prevalecer, no caso concreto, a data da primeira prenotação, com base no art. 186 da Lei 6.015/1973.

5. In casu, o Juízo Federal expediu carta de arrematação em favor do arrematante na Execução Fiscal em 27.4.2010, a qual foi prenotada no registro imobiliário em 29.4.2010; ao passo que o Juízo trabalhista somente emitiu a carta de arrematação em 6.7.2010, com prenotação no RI em 9.7.2010. Portanto, deve prevalecer a competência do Juízo da Execução Fiscal.

6. Em relação ao memorial apresentado pelas empresas interessadas, registro ser inaplicável o precedente relativo ao REsp 866.191/SC (...), pois naquele não houve discussão sobre duplicidade de arrematação (hipótese dos presentes autos), mas sim debateu-se a efetivação de pedido de penhora posterior à arrematação pendente de registro.

7. Agravo regimental não provido. (STJ – AGRCC 201101512731, Min. Herman Benjamin, 1ª Seção, DJE: 08/03/2013)

TRIBUNAL DE JUSTIÇA DO ESTADO DO RIO DE JANEIRO

EMENTA: AÇÃO DE EVICÇÃO. O cerne da questão envolve duas escrituras celebradas com imóvel que foi alienado duas vezes. Institui a Lei nº 6015/73 que para efeito de prioridade do registro, deve-se levar em conta a ordem de prenotação do titulo no protocolo do RGI, que nada mais é do que o prévio assentamento do titulo, que irá garantir a prioridade no direito real sobre o imóvel, gerando segurança e estabilidade no negocio jurídico efetuado; e, existindo qualquer dúvida quanto à existência de outros registros, levar-se-á sempre em conta o primeiro registro, não tendo eficácia os demais. Assim, não resta qualquer duvida de que a titularidade do domínio sobre o imóvel pertence aos primeiro e segundo réus, visto que foi obedecida não só a regra do artigo 1.246 do Novo Código Civil, bem como a Lei 6.015/73. A toda evidencia, não seria através da ação de evicção que os autores poderiam conseguir o direito que alegam ter, visto não ter ocorrido qualquer vicio que pudesse anular a primeira prenotação. Conhecimento do recurso para negar provimento. (TJRJ – Ap. Civ. 0008714-41.2000.8.19.0002, Des. SIRO DARLAN DE OLIVEIRA. 4ª C. Civel, Julgamento: 20/09/2005)

EMENTA: DIREITO REGISTRAL. INSTITUIÇÃO DE BEM DE FAMÍLIA POR ESCRITURA PÚBLICA. PRENOTAÇÃO DO TÍTULO. EFEITOS DA PRENOTAÇÃO QUE PERDURAM POR 30 DIAS. NÃO CUMPRIMENTO NO PRAZO LEGAL. CESSAÇÃO AUTOMÁTICA DOS EFEITOS. ART. 205 DA LEI DE REGISTROS PÚBLICOS. PENHORA REGISTRADA CORRETAMENTE. Conforme se observa do art. 186 da Lei 6015/73, o número de ordem determinará a prioridade do título, e esta a preferência dos direitos reais, ainda que apresentados simultaneamente. Sendo a prenotação de um título o ato garantidor da prioridade destes direitos, não poderá o titular recusar-se a anotá-lo no protocolo, ainda que o mesmo lhe pareça nulo ou falso, ou não estejam pagos os impostos devidos. DECISÃO CORRETA NA FORMA E NO CONTEÚDO. RECURSO QUE SE NEGA SEGUIMENTO. (TJRJ – APC 0276807 – 94.2008.8.19.0001, Des. MALDONADO DE CARVALHO, 1ª C. Cível, Julgamento: 24/07/2009)

3. QUESTÕES DE CONCURSOS

01. (IESES – Titular de Serviços de Notas e Registros – TJ – TO – Remoção/2022) Sobre o processo do registro de imóveis, é correto afirmar, EXCETO:

a) A escrituração do protocolo incumbirá tanto ao oficial titular como ao seu substituto legal, podendo, ser feita, ainda, por escrevente auxiliar expressamente designado pelo oficial titular ou pelo seu substituto legal mediante autorização do juiz competente, ainda que os primeiros não estejam nem afastados nem impedidos.

b) O Protocolo será encerrado diariamente.

c) O oficial não poderá retificar o registro ou a averbação de ofício nos casos de reprodução de descrição de linha divisória de imóvel confrontante que já tenha sido objeto de retificação.

d) Não serão registrados, no mesmo dia, títulos pelos quais se constituam direitos reais contraditórios sobre o mesmo imóvel.

02. (IESES – Cartório – Provimento – TJ – AM/2018) A respeito do tema "processo do registro" no Registro de Imóveis, é correto afirmar:

a) O número de ordem determinará a prioridade do título, e esta a preferência dos direitos reais, ainda que apresentados pela mesma pessoa mais de um título simultaneamente.

b) Serão registrados, no mesmo dia, títulos pelos quais se constituam direitos reais, mesmo que contraditórios sobre o mesmo imóvel. Neste caso, deverá o Registrador ingressar com processo de dúvida.

c) O Protocolo será encerrado diariamente, exceto se houver prenotação pendente de análise pelo Registrador, hipótese na qual deverá o fato ser comunicado ao representante do Ministério Público do local onde localizado o imóvel, no prazo de 24 (vinte e quatro) horas.

d) Em caso de permuta, e pertencendo os imóveis à mesma circunscrição, serão feitos os registros nas matrículas correspondentes, havendo um número de ordem no protocolo para cada imóvel, devendo ser registrado primeiro o imóvel de matrícula mais antiga.

03. (Vunesp – Oficial de Registro-SP/2002) Confere prioridade de direitos para o apresentante,

a) a ordem cronológica com que são feitos os registros dos diferentes títulos, sendo a prioridade para o registro estabelecida pela ordem das datas de elaboração dos títulos.

b) a ordem cronológica dos protocolos dos diferentes títulos apresentados, devendo o protocolo ser feito conforme prioridade decorrente da natureza judicial ou extrajudicial dos títulos.

c) a ordem cronológica dos registros que deverão ser feitos conforme a ordem de apresentação dos títulos, respeitada, porém, a prioridade de registro dos títulos apresentados por maiores de 65 anos de idade.

d) o protocolo que deverá ser feito conforme a ordem cronológica de apresentação dos títulos.

04. (Cespe – Notário-AC/2006) Acerca do registro de imóveis, de acordo com a Lei dos Registros Públicos, julgue os próximos itens.

Prenotado um título, este goza de prioridade sobre quaisquer outros títulos que tratem de direitos reais sobre o mesmo imóvel. Assim, o número do protocolo é que determinará a prioridade do título e a preferência do direito real.

05. (Cespe – Notário-SE/2006) Acerca do registro de imóveis, julgue os itens a seguir.

Se o título apresentado para apontamento não demonstrar de plano que a prioridade do direito nele representado decorre de uma precedência, o oficial pode recusar a apresentação do título, deixando de lançá-lo no protocolo.

06. (TJ-SC – Notário-SC/2012) São princípios informativos de Direito Registral Imobiliário:

I. Continuidade e Especialidade.

II. Disponibilidade e Publicidade.

III. Prioridade e Instância.

IV. Unitariedade de Matrícula e Fé Pública.

a) Somente as proposições I, II e III estão corretas.

b) Somente as proposições I, II e IV estão corretas.

c) Somente as proposições I, III e IV estão corretas.

d) Somente as proposições II, III e IV estão corretas.

e) Todas as proposições estão corretas.

07. (Vunesp – Cartório – SP – Remoção/2016) No livro de recepção de títulos, serão lançados

a) os títulos apresentados para registro, exceto os de regularização fundiária.

b) todos os títulos apresentados no Registro Imobiliário.

c) os processos administrativos de retificação de registro, regularização fundiária e usucapião administrativa.

d) somente os títulos apresentados para exame e cálculo de emolumentos.

GAB	1	C	2	A	3	D
	4	CERTO	5	ERRADO		
	6	E	7	D	–	

Art. 187. Em caso de permuta, e pertencendo os imóveis à mesma circunscrição, serão feitos os registros nas matrículas correspondentes, sob um único número de ordem no Protocolo.

1. COMENTÁRIOS

Verificando-se a permuta e pertencendo os imóveis à mesma circunscrição, o número de ordem do título será um só, mesmo originando dois registros. Note-se que o texto do dispositivo visa **impossibilitar a cindibilidade do título**.

Para relembrar, a cindibilidade é a possibilidade do oficial registrador realizar o registro de apenas parte dos objetos constantes do título. Em outras palavras, permite que certos elementos sejam imediatamente registrados no fólio real, enquanto outros, que ainda necessitam de providências adicionais, sejam desconsiderados. Assim, esse princípio possibilita que o interessado solicite o registro de apenas parte dos direitos apresentados no título, desde que exista a possibilidade de separação desses direitos.

O princípio da cindibilidade resulta de construção jurisprudencial, sendo legitimado apenas a partir da entrada em vigor da Lei 6.015/1973, que instituiu o sistema de matrículas. Antes da Lei de Registros Públicos, a cindibilidade não era possível devido ao sistema de transcrição então vigente.

O art. 187 consagra ainda a ideia que de a prioridade é do **título** e não da pessoa.

O artigo não traz resposta quando se tratar de circunscrições diversas. Neste caso, o registro deverá obedecer às regras gerais. Assim, ensina Ceneviva: a) em cada cartório ao qual foi atribuído um dos imóveis permutados, o título terá um só número de ordem, no protocolo; b) em cada matrícula será lançado o registro da troca, cujo instrumento deve indicar os elementos alinhados pelo art. 176, II. Na diversidade de circunscrições e na apresentação sucessiva do instrumento pode dar-se de o título não ser registrável na segunda, sendo devolvido com exigência, depois de ter sido assentado regularmente na primeira serventia. Para evitar esse dissabor, ao qual o oficial registrário é estranho, tanto que o é na sua compra e venda defeituosa, as partes devem adotar as cautelas inerentes ao negócio". (Op. cit., p. 410).

O contrato e o registro da permuta foram analisados de forma aprofundada nos comentários do art. 167, I, 30 desta lei, sendo recomendada a leitura para a complementação dos estudos.

2. JURISPRUDÊNCIA COMPLEMENTAR

TRIBUNAL DE JUSTIÇA DO ESTADO DE SÃO PAULO

EMENTA: REGISTRO DE IMÓVEIS – Escritura de venda e compra – Divisão – Permuta de partes ideais – Necessidade dos registros serem feitos simultaneamente – Inteligência do artigo 187 da Lei 6.015/73 – Existência de hipoteca cedular e penhora – Necessidade de prévia anuência do credor hipotecário – Inteligência do artigo 59 do Decreto-Lei 167/67 – Recurso não provido (APELAÇÃO CÍVEL Nº 12-6/7, da Comarca de BIRIGUI). Trata-se de apelação (fls.76 a 78) interposta por (...) e (...) da r. sentença (fls.70 a 72) que indeferiu registro de escrituras de venda e compra (fls 07 a 26 e 27 a 46), que tem por objeto os imóveis constantes das matrículas números 688, 32.062, 26.566, 26.567 (... e sua mulher ...) e 26.562, 26.563 e 362 (... e sua mulher (...), todas do Registro de Imóveis de Birigui. A recusa deu-se porque a alegada divisão amigável disfarça permuta de partes, de sorte que todas as matrículas devem ter registradas o negócio e, ainda, há penhora e hipoteca sem que haja anuência dos credores. Os apelantes afirmam que se trata de forma de extinção de condomínio e que as garantias dos credores serão ampliadas, não se justificando a recusa. Processado o recurso, posicionou-se a Procuradoria Geral de Justiça pelo não provimento (fls.89 a 97). É o relatório. O recurso não prospera. A regra do artigo 187 da Lei 6.015/73 impõe que os registros sejam simultâneos e em todas as matrículas, pois a hipótese é mesmo de permuta. Veja-se que não cuida de condomínio sobre um único imóvel, mas sim sobre várias unidades imobiliárias. Assim, ocorre no caso concreto permuta de partes ideais, de forma a extinguir o condomínio, conforme já apreciado por este Egrégio Conselho, na Apelação Cível 267.112, referida por NARCISO ORLANDI NETO, na obra Registro de Imóveis – dúvidas – decisões do Conselho Superior da Magistratura de São Paulo (de janeiro de 1978 a fevereiro de 1981), São Paulo, Saraiva, p.210. Não se trata, pois, de partilha de natureza só declaratória, uma vez que não se cuida de um único e indivisível imóvel, mas sim, ao contrário, de co-propriedade em diversos imóveis. Correta, pois, a exigência de registro simultâneo. Com relação à anuência dos credores, não obstante o entendimento dos recorrentes, há norma legal expressa a exigi-la, ou seja, o artigo 59 do Decreto-lei 167/67. Ante o exposto, nega-se provimento ao recurso. LUIZ TÂMBARA, Relator.

TRIBUNAL DE JUSTIÇA DO ESTADO DO RIO GRANDE DO SUL

EMENTA: PERMUTA DE IMÓVEIS. NEGÓCIO LIVREMENTE PACTUADO. AUSENCIA DE VÍCIO OU QUEBRA DE PRINCÍPIOS CONTRATUAIS PROTEGIDOS. Celebrado um negócio (permuta), cuja vontade dos contratantes na aceitação apresentou-se livre e consciente, a constatação posterior de que o valor atribuído aos bens recebidos pelos autores não correspondiam ao de mercado diz com o próprio risco do negócio, não se podendo falar em ofensa à boa-fé. Ademais, é da essência da permuta a alienação de coisa por outra, sendo irrelevante a paridade de valores entre os bens. Desproveram o apelo. Unânime. (TJRS – APC 70036846269, 10ª C. Cível, Relator: Jorge Alberto Schreiner Pestana, Julgado em 29/03/2012)

3. QUESTÃO DE CONCURSO

01. (IESES – Notário-MA/2008) Em relação ao Registro de imóveis, estabelece a Lei nº 6.015/73:

I. O desmembramento territorial posterior ao registro exige sua repetição no novo cartório.

II. No Registro de Imóveis serão feitos, nos termos desta Lei, o registro e a averbação dos títulos ou atos constitutivos, declaratórios, translativos e extintos de direitos reais sobre imóveis reconhecidos em lei, "inter vivos" ou " mortis causa" quer para sua constituição, transferência e extinção, quer para sua validade em relação a terceiros, quer para a sua disponibilidade.

III. Em caso de permuta, e pertencendo os imóveis à mesma circunscrição, serão feitos os registros nas matrículas correspondentes, sob um único número de ordem no Protocolo.

IV. Se o imóvel não estiver matriculado ou registrado em nome do outorgante, o oficial exigirá a prévia matrícula, não necessitando do registro do título anterior, qualquer que seja a sua natureza, para manter a continuidade da matrícula.

a) As alternativas II e IV estão corretas.
b) As alternativas II e III estão corretas.
c) As alternativas I e IV estão corretas.
d) As alternativas I e IIII estão corretas.

GAB	1	B

Art. 188. Protocolizado o título, proceder-se-á ao registro ou à emissão de nota devolutiva, no prazo de 10 (dez) dias, contado da data do protocolo, salvo nos casos previstos no § 1º deste artigo e nos arts. 189, 190, 191 e 192 desta Lei.

§ 1º Se não houver exigências ou falta de pagamento de custas e emolumentos, deverão ser registrados, no prazo de 5 (cinco) dias:

I – as escrituras de compra e venda sem cláusulas especiais, os requerimentos de averbação de construção e de cancelamento de garantias;

II – os documentos eletrônicos apresentados por meio do Serp; e

III – os títulos que reingressarem na vigência da prenotação com o cumprimento integral das exigências formuladas anteriormente. *(Parágrafo acrescido pela Medida Provisória nº 1.085, de 27/12/2021, convertida e com redação dada pela Lei nº 14.382, de 27/6/2022)*

§ 2º A inobservância do disposto neste artigo ensejará a aplicação das penas previstas no art. 32 da Lei nº 8.935, de 18 de novembro de 1994, nos termos estabelecidos pela Corregedoria Nacional de Justiça do Conselho Nacional de Justiça.

Art. 189. Apresentado título de segunda hipoteca, com referência expressa à existência de outra anterior, o oficial, depois de prenotá-lo, aguardará durante 30 (trinta) dias que os interessados na primeira promovam a inscrição. Esgotado esse prazo, que correrá da data da prenotação, sem que seja apresentado o título anterior, o segundo será inscrito e obterá preferência sobre aquele.

1. COMENTÁRIOS

É dever do oficial de registro proceder ao exame exaustivo do título apresentado e, havendo exigências de qualquer ordem, estas deverão ser formuladas de uma só vez, por escrito, de forma clara e objetiva.

O art. 188 foi alterado pela Lei n. 14.382/2022, que trouxe a redução dos prazos para a qualificação registral.

Como regra geral, o prazo para de **30 (trinta) dias.** Com a atual redação do dispositivo, passa a ser de **10 (dez) dias.** Passado esse prazo, é imperioso que o Oficial Registrador proceda ao registro, caso a qualificação seja positiva, ou profira uma nota devolutiva, na hipótese de qualificação negativa. Caso não haja exigências, os títulos deverão ser registrados, no prazo de 20 dias úteis (LRP, art. 205), nestes termos: "cessarão automaticamente os efeitos da prenotação se, decorridos 20 dias da data do seu lançamento no Protocolo, o título não tiver sido registrado por omissão do interessado em atender às exigências legais.

Na contagem do prazo para a prenotação, exclui-se o primeiro e inclui-se o último dia. A Lei 14.382/2022 definiu que a contagem de prazos deve ser em **dias úteis** e não mais em dias corridos (art. 9º, §§ 1º e 2º, da LRP).

No que tange à exceção ao prazo de dez dias, note-se que o próprio art. 188 excepciona essa regra. Assim, **se não houver exigências** ou **falta de pagamento de custas e emolumentos**, o registro deverá ser feito no prazo de **5 (cinco) dias** para:

a) as escrituras de compra e venda sem cláusulas especiais, os requerimentos de averbação de construção e de cancelamento de garantias;
b) os documentos eletrônicos apresentados por meio do Serp; e
c) os títulos que reingressarem na vigência da prenotação com o cumprimento integral das exigências formuladas anteriormente.

Ademais, configura exceção ao prazo de dez dias úteis para a qualificação registral, os arts. 189, 190, 191 e 192 da Lei n. 6.015/1973:

> **Art. 189, LRP.** Apresentado título de segunda hipoteca, com referência expressa à existência de outra anterior, o oficial, depois de prenotá-lo, aguardará durante 30 (trinta) dias que os interessados na primeira promovam a inscrição. Esgotado esse prazo, que correrá da data da prenotação, sem que seja apresentado o título anterior, o segundo será inscrito e obterá preferência sobre aquele.
>
> **Art. 190, LRP.** Não serão registrados, no mesmo dia, títulos pelos quais se constituam direitos reais contraditórios sobre o mesmo imóvel.
>
> **Art. 191, LRP.** Prevalecerão, para efeito de prioridade de registro, quando apresentados no mesmo dia, os títulos prenotados no Protocolo sob número de ordem mais baixo, protelando-se o registro dos apresentados posteriormente, pelo prazo correspondente a, pelo menos, um dia útil.
>
> **Art. 192, LRP.** O disposto nos arts. 190 e 191 não se aplica às escrituras públicas, da mesma data e apresentadas no mesmo dia, que determinem, taxativamente, a hora da sua lavratura, prevalecendo, para efeito de prioridade, a que foi lavrada em primeiro lugar.

Assim, percebe-se que o prazo previsto no art. 188 desta lei só pode ser excepcionado por previsão legal ou determinação da Corregedoria-Geral de Justiça de cada Estado. Outros exemplos podem ser citados, como o procedimento de suscitação de dúvida, loteamentos (Lei nº 6.766/1979), art. 237-A, § 2º, LRP, notificação de alienação fiduciária, retificação administrativa, registro Torrens, hipoteca de segundo grau, bem de família, entre outros.

Temos ainda outra exceção prevista no parágrafo único do art. 205 da Lei nº 6.015/1973, que estabelece que, nos procedimentos de regularização fundiária de interesse social, os efeitos da prenotação cessarão após 40 dias de seu lançamento no protocolo. Existe uma doutrina que entende que este prazo se aplica aos casos da Reurb-S (Interesse Social). No entanto, para a Reurb-E (Interesse Específico), o prazo seria de 60 dias, estipulado no art. 44, § 5º, da Lei nº 13.465/2017.

Há quem defenda que a **sucessiva prenotação** de um título poderia impedir o registro de outro título, sobre o mesmo imóvel. José Roberto Ferreira discorre sobre o assunto: "Há, por assim dizer, uma fila de precedência, quem dela é excluído e considerado inabilitado poderá retornar, mas o fará após os outros, que nela já se encontravam no momento de sua desqualificação" (*Notas sobre a prenotação. Boletim do IRIB*, São Paulo, nº 179, p. 2, abr. 1994). Algumas normativas estaduais, estabelecem que no caso de prenotações sucessivas de títulos contraditórios ou excludentes, será criada fila de precedência, e, após cessados os efeitos da primeira prenotação, terá prioridade o título detentor do número de ordem imediatamente posterior.

Por fim, vale ressaltar que a obrigação de realizar o registro no prazo de dez dias, deve ser cumprido, sob pena de responsabilidade disciplinar pelo retardamento, com aplicação das previstas no art. 32 da Lei dos Notários e Registradores nos termos estabelecidos pela Corregedoria Nacional de Justiça do CNJ.

1.1 QUADRO SINÓPTICO

Títulos em espécie	Prazo (contados em dias úteis)	Fundamento Legal
Regra geral	10	Art. 188, *caput*, LRP
Títulos decorrentes da Lei 9.514/1997 (Sistema Financeiro Imobiliário e alienação fiduciária de imóveis)	10	Art. 188, *caput*, LRP c/c art. 2º, § 1º, LINDB
Cédula de Crédito Bancário e Imobiliário e seus respectivos aditivos e cancelamentos	10	Art. 188, *caput*, LRP c/c art. 2º, § 1º, LINDB
Reingresso sem o cumprimento total das exigências	10	Art. 188, § 1º, III, LRP
Reingresso com o cumprimento da totalidade das exigências	10	Art. 188, § 1º, III, LRP
Escrituras de compra e venda sem cláusulas especiais	5	Art. 188, § 1º, I, LRP
Averbação de construção*	5	Art. 188, § 1º, I, LRP
Cancelamento de hipoteca, alienação fiduciária, penhor ou outras garantias	5	Art. 188, § 1º, II, LRP
Títulos eletrônicos estruturados encaminhados via SERP	5	Art. 188, § 1º, II, LRP
Averbação** da existência de ação não executória, capaz de reduzir à insolvência, mediante decisão judicial	5	Art. 57, Lei 13.097/2015
Hipoteca e penhor em cédulas de crédito rural	10	Art. 188, LRP c/c art. 61, V, a, Lei 13.986/2020
Garantias decorrentes de Cédula de Produto Rural	3	Art. 12, § 2º, Lei 8.929/1994
Cédula de Crédito Industrial, Comercial e à Exportação e Nota de Crédito Rural, Comercial e à Exportação e seus respectivos aditivos e cancelamentos	3	Art. 38, DL 413/1969, Art. 5º, Lei 6.840/1980 e Art. 3º, Lei 6.313/1975

*Atenção! **Demolições** não entram na regra dos 5 dias úteis e recaem na regra geral de 10 dias úteis.

Atenção! As **averbações de indisponibilidade e premonitórias permanecem na regra geral de 10 dias úteis.

*Exemplos trazidos pela Cartilha do IRIB (A Lei n. 14.382/2022 e seus reflexos no registro de imóveis [livro eletrônico] / [organização Caroline Ferri, Jannice Amóras] . - São Paulo: IRIB - Instituto de Registro Imobiliário do Brasil, 2022).

Certidões	Prazo (dias e horas úteis)	Base legal
Regra geral	5 dias	Art. 19, *caput* e § 10, III, LRP
Certidão da situação jurídica atualizada do imóvel	1 dia	Art. 19, § 10, II, LRP
Certidão de Inteiro teor - Pedido eletrônico, excetuados os casos de atos manuscritos (Livro 2 ou Livro 3)	4 horas	Art. 19, § 10, I, LRP

Exemplo 1

Imaginemos uma serventia cujo horário de atendimento ao público começa às 8 horas da manhã e termina às 18 horas, de forma ininterrupta. Caso o pedido online de certidão de inteiro teor seja encaminhado às 7 horas da manhã, a contagem do prazo só começará a fluir na hora que oficialmente a serventia abrir ao público, isto é, às 8 horas, de modo que a certidão deverá ser expedida até no máximo às 12 horas.

Exemplo 2

Outra situação que podemos imaginar é a serventia que não trabalha ininterruptamente, fechando, por exemplo, para o horário de almoço. Um registro de imóveis cujo trabalho externo, pela manhã, inicie-se às 9 horas, fechando às 12 horas, reabrindo na parte da tarde às 14 horas e funcionando até às 17 horas, deverá considerar como hora não útil (não computada no prazo) o descanso do meio-dia. Desse modo, caso um pedido de certidão online seja encaminhado e recepcionado às 10 horas da manhã, a certidão poderá ser expedida até às 16 horas (descontando-se as horas não úteis, entre 12 horas e 14 horas).

Exemplo 3

Frise-se que, se o prazo total de horas não se finalizar no mesmo dia, por ter sido solicitada a certidão, por exemplo, no final do expediente, deve-se continuar a contagem das horas e minutos no dia útil seguinte, no exato horário oficial de expediente ao público. Com efeito, no nosso último exemplo (serventia que inicia seu expediente às 9 horas da manhã e encerra às 17 horas), caso o pedido seja recepcionado às 15 horas de uma sexta-feira, considerando que não há expediente no sábado, o prazo final para a expedição da certidão somente terminará às 11 horas da segunda-feira da próxima semana, dia útil seguinte.

*Exemplos trazidos pela Cartilha do IRIB (A Lei n. 14.382/2022 e seus reflexos no registro de imóveis [livro eletrônico] / [organização Caroline Ferri, Jannice Amóras] . - São Paulo: IRIB - Instituto de Registro Imobiliário do Brasil, 2022).

2. JURISPRUDÊNCIA COMPLEMENTAR

TRIBUNAL DE JUSTIÇA DO DISTRITO FEDERAL

EMENTA: REGISTRO PÚBLICO – PRENOTAÇÃO – TEMPO DE EFICÁCIA – CANCELAMENTO AUTOMÁTICO DE SEUS EFEITOS POR AUSÊNCIA DE CUMPRIMENTO DE EXIGÊNCIAS LEGAIS – DATA DO REGISTRO IMOBILIÁRIO DIFERENTE DAQUELA EM QUE SE DEU A PRENOTAÇÃO DOS TÍTULOS – AUSÊNCIA DE IRREGULARIDADE – REGISTRO DE DIREITO REAL DE USO DE BEM PÚBLICO ADJACENTE À EDIFICAÇÃO – PREVISÃO NO CONTRATO E NA ESCRITURA PÚBLICA – LEGALIDADE DO REGISTRO.

1 – A prenotação de título referente a bem imóvel tem seus efeitos limitados ao prazo de trinta dias, dentro do qual deve ocorrer o registro imobiliário. Havendo exigência legal solicitada pelo Oficial do Cartório, seu não – cumprimento dentro do referido prazo, importa em caducidade da prenotação.

2 – O cancelamento da prenotação é automático e não depende de formalidades, consoante prevê a Lei de Registros Públicos, sem que tal viole o Provimento Geral da Corregedoria que apenas determina anotação no Livro Protocolo.

3 – A lei não impõe que a data do registro imobiliário coincida com a data da prenotação do título, contudo, para fins de resguardar os direitos reais, a data daquele retroage à data da prenotação sem que, materialmente, ostentem igual data.

4 – Havendo previsão, tanto em cláusula de compromisso de compra e venda, quanto na escritura pública de compra e venda do bem imóvel sobre a Concessão de Direito Real de Uso, bem como seus direitos e obrigações e referindo-se a bem público, como o solo, sub-solo e espaço aéreo de área subjacente à edificação, tal não se caracteriza em direito excludente à aquisição da propriedade do imóvel, de modo que, seu registro, não viola o princípio da prioridade, nem o princípio da legalidade a serem observados quando do registro imobiliário.

5 – Apelação não provida. Unânime. (TJDFT – APC 20020111042235, Relator MARIA BEATRIZ PARRILHA, 4ª Turma Cível, julgado em 21/02/2007, DJ 06/03/2007 p. 111)

3. QUESTÕES DE CONCURSOS

01. (FGV - 2023 - TJ-SE - Atividade Notarial e de Registro - Provimento) João requereu o registro de escritura de compra e venda de uma casa no Registro de Imóveis da respectiva circunscrição.

Na ocasião, o oficial do Registro de Imóveis informou corretamente a João, à luz da sistemática estabelecida na Lei nº 6.015/1973, que a referida escritura foi prenotada:

a) devendo o respectivo prazo de vigência da prenotação ser contado em dias contínuos;
b) devendo o respectivo prazo de vigência da prenotação ser suspenso caso haja diligências a serem cumpridas por João;
c) o que se dá pelo prazo inicial de trinta dias, prorrogável uma única vez, dentro do qual devem ser cumpridas as exigências formuladas;
d) indicativo de que cessarão os seus efeitos se, decorridos trinta dias do seu lançamento no protocolo, houver omissão do interessado em atender às exigências;
e) e, caso haja exigência, integralmente cumprida, com o reingresso do título no prazo de vigência da prenotação, o título deve ser registrado no prazo de cinco dias.

02. (Cespe – Tabelião-BA/2005) Acerca do registro de imóveis, julgue os itens subsequentes.

( ) Na hipótese de uma escritura pública com garantia hipotecária em segundo grau ser apresentada para registro e na matrícula do imóvel não existir nada onerando o imóvel, o oficial deverá prenotá-la. E após transcorrido o prazo legal sem que seja apresentado o título com a garantia hipotecária anterior, o título acima referido será registrado e obterá a preferência sobre aquele.

GAB	1	E	2	CERTO

Art. 190. Não serão registrados, no mesmo dia, títulos pelos quais se constituam direitos reais contraditórios sobre o mesmo imóvel.

Art. 191. Prevalecerão, para efeito de prioridade de registro, quando apresentados no mesmo dia, os títulos prenotados no Protocolo sob número de ordem mais baixo, protelando-se o registro dos apresentados posteriormente, pelo prazo correspondente a, pelo menos, um dia útil.

Art. 192. O disposto nos arts. 190 e 191 não se aplica às escrituras públicas, da mesma data e apresentadas no mesmo dia, que determinem, taxativamente, a hora da sua lavratura, prevalecendo, para efeito de prioridade, a que foi lavrada em primeiro lugar.

1. COMENTÁRIOS

Walter Ceneviva entende que o art. 190 foi revogado pelo CC/02, embora com redação assemelhada, para referir vedação do registro, em um só dia, de duas hipotecas ou uma hipoteca e outro direito real sobre o mesmo imóvel, em favor de pessoas diversas. A regra não se aplica a escrituras da mesma data, se indicarem horas diversas de lavratura. O âmbito do art. 1.494 do CC/02 foi ampliado para compreender o registro, além da hipoteca, de qualquer direito real contraditório sobre o mesmo imóvel (Op. cit., p. 413).

Sergio Jacomino, por sua vez, argumenta que a revogação, pura e simples, do conjunto normativo, ora sob comento, facilitaria a exegese do corpo legal e a aplicação da regra, pois reduziria sua incidência exclusivamente às hipóteses de ocorrência concomitante de hipotecas ou de hipoteca e outro direito real. Além disso, o Código Civil de 2002 não reproduz a expressão plurívoca – *títulos contraditórios* – que tanta discussão rendeu após o advento dos regulamentos hipotecários do século XX. O sentido do objeto – hipoteca/hipoteca ou hipoteca/direito real – faz pressupor a compatibilidade relativa dos direitos, não a contraditoriedade excludente, por exemplo, propriedade/propriedade ou propriedade/hipoteca. Entretanto, inclino-me pela derrogação indireta da Lei de Registros Públicos pela disposição *especial* do novo Código Civil concernente às hipotecas (Op. cit., 1067).

O art. 190 veda registro, no mesmo dia, de títulos pelos quais se constituem **direitos reais** contraditórios. Dessa forma, alguns autores, como Regnoberto Marques de Melo Junior, entendem que os direitos pessoais não foram abrangidos. Para Walter Ceneviva essa não é a melhor orientação, pois dá ao direito pessoal não registrado maior valor do que o direito real registrado, o que é frontalmente contrário à essência estrutural dos assentamentos prediais no Brasil (Op. cit., p. 414). Sergio Jacomino defende que a posição relativa dos títulos no protocolo pode acarretar conflitos de direitos de outra natureza e, não raro, ingressam, tais títulos, no Registro, por ato de averbação. E cita exemplos como o contrato de locação para os fins de exercício de direito de preferência; usufruto processual; penhora gerando o efeito de presunção absoluta de conhecimento da constrição judicial. Em razão disso, corretamente, ele defende que a locução *registrado* deve se interpretar em sentido lato, abrangendo tanto o registro, *stricto sensu,* quanto as averbações. (Op. cit., p. 1069).

A expressão do art. 190 *no mesmo dia* deve ser interpretada nos termos dos arts. 8º, 9º e 10 e 208 desta Lei.

O art. 191 complementa o dispositivo anterior e, assim, deve ser lido em conjunto. Este dispositivo veio confirmar e reforçar o art. 186, que trata da prioridade do registro e da preferência dos direitos reais. E é exatamente por isso que a maioria da doutrina inclina-se pela impossibilidade de registros serem feitos no mesmo dia quando os títulos forem apresentados **pela mesma pessoa.**

Todavia, Sergio Jacomino explica que coisa muito distinta ocorre quando os títulos constituam duas hipotecas (ou hipoteca e outro direito real), versando sobre o mesmo imóvel e em favor das *mesmas pessoas.* Nesse caso, como registra Lafayette, não se aplica a regra, 'por impossível o conflito de direitos. Essa é a opinião de Marco Aurélio S. Viana, para quem 'a restrição envolve a apresentação por pessoas diversas. Se pela mesma pessoa não se tem conflito de interesses e o registro se fará sem qualquer dificuldade ou obstáculo (Op. cit., p. 1071).

Vale relembrar que o princípio da prioridade, assegura àquele que primeiro apresentar o título, mediante número de ordem no protocolo, a prevalência de seu direito sobre o do apresentante seguinte, quando referentes ao mesmo imóvel e contraditórios. A preferência, por sua vez, é um princípio. No dizer de Francisco Eduardo Loureiro: "os direitos reais, em especial, os de garantia, gozam de preferência, também chamada privilégio, que consiste na prerrogativa de o credor assim garantido receber preferencialmente o seu crédito, em comparação com os demais credores. Em outras palavras, havendo concurso de credores, o credor com garantia real, se alienado o bem garantido, tem preferência na satisfação de seu crédito. Essa preferência, porém não é absoluta, havendo gradação legal na ordem de credores que gozam de privilégios legais" (Op. cit., p. 1060).

O art. 192 configura uma das exceções do princípio da prioridade.

Vale a transcrição dos interessantes questionamentos feitos por Walter Ceneviva: "qual a hora da lavratura? A do começo do lançamento da escritura no livro? A do término? A hora média, quando ambas sejam mencionadas? A hora absoluta ou a relativa a fusos horários diferentes, num país continental como o nosso? As perguntas são relevantes, quando se lhes acrescentam exemplos de escrituras lavradas em mais de um dia de trabalho das partes e do tabelião. A lei é omissa. O critério interpretativo, porém, indica que o oficial imobiliário atentará para a hora da colheita das assinaturas, ao pé do encerramento, no instante em que o direito pessoal foi formalizado. Se uma delas indicar a hora do começo dos trabalhos e a outra a do fim, o artigo não terá aplicação." (Op. cit., p. 1025).

Sergio Jacomino acertadamente argumenta que "o tempo declarado na escritura não é o das assinaturas das partes, mas da lavratura do instrumento, mais especificamente o momento de encerramento e conclusão do instrumento notarial, quando, então, cumprindo todas as formalidades que o ato notarial requer (art. 215, § 1º, VII, do Código Civil em vigor), o tabelião declara o tempo de sua consumação, dando-se o ato como perfeito e acabado. Aliás, a própria lei declara que o tempo a ser considerado, para aplicação da regra consumada no art. 192 sob comento, é a 'hora da lavratura', momento do perfazimento do ato notarial, não da subscrição das partes" (Op. cit., 1076).

Os artigos 190 a 192 costumavam ser lido em conjunto com o art. 1.494 do Código Civil, cuja redação era a seguinte:

> **Art. 1.494.** Não se registrarão no mesmo dia duas hipotecas, ou uma hipoteca e outro direito real, sobre o mesmo imóvel, em favor de pessoas diversas, salvo se as escrituras, do mesmo dia, indicarem a hora em que foram lavradas

Frise-se que este art. 1.494 do Código Civil foi revogado pela Lei n. 14.382/2022.

Na prática, esta revogação não traz efeitos, apenas afasta uma redundância normativa, uma vez que os artigos 191 e 192 estão em plena vigência e continuam vedando o registro, no mesmo dia, de títulos com direitos reais contraditórios, à exceção das escrituras de mesma data que indiquem taxativamente a hora de sua lavratura.

Ao discorrer sobre a norma civil (à época ainda em vigor), Francisco Eduardo Loureiro defendia que "o artigo em exame reproduz, com imperfeição, as regras dos arts. 190 a 192 (Lei 6.015/73 (...) Cuida-se de exceção infeliz aos princípios da prioridade e da inscrição. É um caso em que o direito pessoal (momento do contrato) estabelece a preferência, em detrimento do momento do protocolo. Deve constar de modo expresso na escritura a hora em que foram colhidas as assinaturas das partes, o que é fato incomum nos nossos costumes" (Op. cit., p. 1469).

2. QUESTÕES DE CONCURSOS

01. (IESES – Titular de Serviços de Notas e Registros – TJ – TO – Provimento/2022) Francisco Machado Egito, em seu artigo intitulado Princípios informadores do Direito Registral Imobiliário afirma que "O direito registral imobiliário brasileiro é regido por alguns princípios normativos, que orientam a aplicação dos dispositivos legais relativos ao registro de imóveis, a fim de que seja alcançado o objetivo institucional deste, qual seja, dar segurança, autenticidade e eficácia aos atos jurídicos imobiliários, por meio da publicidade registral." Sobre tais princípios e as normas neles inspiradas é INCORRETO afirmar:

a) Cada imóvel terá matrícula própria, que será aberta por ocasião do primeiro ato de registro ou de averbação caso a transcrição possua todos os requisitos elencados para a abertura de matrícula.
b) Se o imóvel não estiver matriculado ou registrado em nome do outorgante, o oficial exigirá a prévia matrícula e o registro do título anterior, qualquer que seja a sua natureza, para manter a continuidade do registro.
c) O número de ordem determinará a prioridade do título, e esta a preferência dos direitos reais, ainda que apresentados pela mesma pessoa mais de um título simultaneamente.
d) Prevalecerão, para efeito de prioridade de registro, quando apresentados no mesmo dia, os títulos prenotados no Protocolo sob número de ordem mais baixo, protelando-se o registro dos apresentados posteriormente, pelo prazo correspondente a, pelo menos, dois dias úteis.

02. (FGV – Titular de Serviço de Notas e Registros – TJ – SC/2021) Osvaldo levou título comprobatório da constituição de hipoteca, garantindo crédito em seu favor, para que fosse inscrito no Cartório de Registro de Imóveis. Ocorre que, naquele mesmo dia, fora registrada outra hipoteca sobre aquele mesmo imóvel, em favor de outro credor. Enquanto a escritura referente à hipoteca de Osvaldo indica que ela foi lavrada às 14h, a escritura da hipoteca já registrada naquele dia indicava que ela fora lavrada às 10h. Diante disso, a hipoteca trazida por Osvaldo:

a) não deve ser registrada, por ser nulo o título, já que proibidas múltiplas hipotecas sobre o mesmo bem;
b) não deve ser registrada, por não ser possível o registro de duas hipotecas no mesmo dia;
c) deve ser prenotada, mas sobrestada por trinta dias, até que Osvaldo comprove a compatibilidade entre as duas hipotecas;
d) deve ser prenotada, mas sobrestada por trinta dias, até que o titular da outra hipoteca se manifeste sobre a compatibilidade entre as duas hipotecas;
e) deve ser registrada, pois indicados os horários em que foram lavradas, permitindo aferir a prioridade entre elas.

03. (IESES – Cartório – Remoção – TJ – AM/2018) No que se refere ao processo de registro, realizado no registro de imóveis, é correto afirmar, EXCETO:

a) Poderão ser registrados, no mesmo dia, títulos pelos quais se constituam direitos reais, contraditórios sobre o mesmo imóvel.
b) O título de natureza particular apresentado em uma só via será arquivado em cartório, fornecendo o oficial, a pedido, certidão do mesmo.
c) O número de ordem determinará a prioridade do título, e esta a preferência dos direitos reais, ainda que apresentados pela mesma pessoa mais de um título simultaneamente.
d) O registro será feito pela simples exibição do título, sem dependência de extratos.

04. (Cespe – Notário-DFT/2003) Acerca da Lei de Registros Públicos (LRP Lei nº 6.015/1973), julgue os itens subsequentes. Se um título for apresentado a registro e este não puder ocorrer no mesmo dia, por qualquer motivo, deverá ser necessariamente devolvido ao apresentante, para que retorne ao serviço no dia seguinte ou em outro que lhe aprouver, caso em que deverá novamente se submeter à ordem de apresentação ao serviço.

05. (Cespe – Notário-ES/2013) José outorgou a João uma escritura de compra e venda de imóvel e, dias depois, outorgou outra escritura referente ao mesmo imóvel a Maria, que, imediatamente, registrou a sua escritura, antes de João tomar uma iniciativa nesse sentido. Considerando essa situação hipotética, assinale a opção correta.

a) O registro efetivado em favor de Maria é nulo e não produz efeitos entre as partes nem perante terceiros.
b) João só terá direito a ressarcimento por perdas e danos, consolidando-se a propriedade de Maria.
c) O tabelião do cartório de registro de imóveis poderá, de ofício, anular o registro efetivado por Maria, caso tome conhecimento da escritura outorgada anteriormente a João.
d) João poderá pedir judicialmente a anulação do registro do imóvel efetuado por Maria, independentemente de demonstrada a má-fé dessa adquirente.
e) João poderá valer-se de medidas judiciais possessórias para resguardar o seu direito real sobre o imóvel.

06. (Cespe – Notário-DFT/2003) Acerca da Lei de Registros Públicos (LRP Lei nº 6.015/1973), julgue os itens subsequentes. Ainda que uma pessoa apresente ao registro imobiliário, ao mesmo tempo, mais de um título concernente ao mesmo imóvel, deverá estabelecer-se ordem de precedência e, portanto, de preferência entre eles, a qual se baseará no número de ordem que cada título vier a receber.

07. (IESES – Cartório – TJ – PB/2014) Prevalecerão, para efeito de prioridade de registro, quando apresentados no mesmo dia, os títulos prenotados no Protocolo sob número de ordem mais baixo, protelando-se o registro dos apresentados posteriormente, pelo prazo correspondente a, pelo menos:

a) Cinco dias úteis.
b) Dois dias úteis.
c) Vinte e Quatro horas.
d) Um dia útil.

GAB	1	D	2	E	3	A
	4	ERRADO			5	B
	6	CERTO			7	D

Art. 193. O registro será feito pela simples exibição do título, sem dependência de extratos.

1. COMENTÁRIOS

Para uma melhor compreensão do dispositivo em comento, ele deve ser interpretado de acordo com a **atual sistemática registral**, por ser um resquício das legislações anteriores, decorrentes dos costumes e exigências presentes à época de sua elaboração.

Sergio Jacomino explica o que foram os extratos para o registro (transcrevo em breve síntese):

"Abandonando a técnica do registro *verbo ad verbum* do primeiro Regulamento Hipotecário pátrio, o legislador de 1864 optaria pelo registro das transmissões feito a partir da extração dos dados do título. O registro seria, a partir de então, e até hoje assim será um ato de criação do registrador. Explica, citando Lafayette Rodrigues Pereira, que na França, o extrato foi estabelecido para poupar trabalho ao Oficial de Registro e subtraí-lo a uma responsabilidade além dos seus meios. No nosso sistema, porém, os extratos não seriam a fonte exclusiva da inscrição. O Registrador tinha o encargo de confrontar o título com os respectivos extratos, suprindo-lhes possíveis omissões ou corrigindo-lhes eventuais erronias. Assim, os extratos nem abreviavam nem facilitavam a tarefa do Oficial, ao contrário, aumentam-lhe o trabalho, pois tem de examinar título e extratos e conferi-los". (Op. cit., p. 1081).

Ademais, o dispositivo ainda utiliza a ineficiente expressão "simples exibição do título". A regra deve ser interpretada em conjunto com outras disposições da Lei 6.015/1973, como os arts. 174, 182, 196, 197 e 211.

Dessa forma, é possível perceber que não se trata apenas da "simples exibição do título", mas sim da sua **entrega**, juntamente com os documentos que o acompanham, para a devida qualificação, obedecendo ao prazo estabelecido para o atendimento de eventuais exigências.

1.1. DOS EXTRATOS ELETRÔNICOS PARA REGISTRO OU AVERBAÇÃO

A Lei n. 14.382/2022 modificou parcialmente o procedimento de entrega do título no competente Registro de Imóveis. Antes da Lei do SERP, o utente do serviço deveria, quando da protocolização do título, apresentá-lo no seu **inteiro teor**, perante o Registro de Imóveis competente para o serviço.

Pode-se dizer que uma das maiores inovações da Lei n. 14.382/2022 foi a introdução do **registro por extrato**. Os oficiais de registro devem acatar extratos eletrônicos para registro e também para a averbação de fatos, atos e negócios jurídicos por meio da SERP. **O documento a ser apresentado para registro, via de regra, não será mais o título, e sim o extrato.** Indubitavelmente isso representa uma mudança significativa no procedimento registral.

Este tema foi analisado minuciosamente nos comentários do item 1.7 no art. 167, *caput*, da LRP.

Art. 194. Os títulos físicos serão digitalizados, devolvidos aos apresentantes e mantidos exclusivamente em arquivo digital, nos termos estabelecidos pela Corregedoria Nacional de Justiça do Conselho Nacional de Justiça.

1. COMENTÁRIOS

O art. 194 trazia regramento próprio para os títulos de natureza particular, dispondo que "o título de natureza particular apresentado em uma só via será arquivado em cartório, fornecendo o oficial, a pedido, certidão do mesmo."

Ocorre que este artigo foi alterado pela Lei n. 14.382/2022, privilegiando uma vez mais, a digitalização do acervo registral e indo ao encontro da revolução tecnológica na atividade extrajudicial. Podemos trazer, como exemplo, além deste dispositivo em comento, os arts. 1º, 7º-A, 116, 141, 161, 194 e 221, § 4º da LRP, bem como o art. 20, III, "f" e "j" da Lei do SERP.

Claramente os ofícios de registro devem possibilitar aos usuários do serviço o direito de solicitar os atos de forma presencial.

Além disso, devem assegurar a possibilidade de apresentar o título e os documentos atinentes em meio físico. Neste contexto, cabe à própria serventia extrajudicial digitalizar as documentações para provocar o procedimento administrativo.

O vocábulo "título" neste artigo refere-se àqueles previstos no art. 221 da Lei n. 6.015/1973. Desse modo, são admitidos a registro:

a) Escrituras públicas, inclusive as lavradas em consulados brasileiros. Como se sabe, é regra inserta no art. 108 do Código Civil que "*não dispondo a lei em contrário, a escritura pública é essencial à validade dos negócios jurídicos que visem à constituição, transferência, modificação ou renúncia de direitos reais sobre imóveis de valor superior a trinta vezes o maior salário mínimo vigente no País*".
b) Escritos particulares autorizados em lei, assinados pelas partes e pelas testemunhas, com as firmas reconhecidas.
c) Atos autênticos de países estrangeiros, com força de instrumento público, legalizados e traduzidos na forma da lei, e registrados no cartório do Registro de Títulos e Documentos, assim como sentenças proferidas por tribunais estrangeiros após homologação pelo Supremo Tribunal Federal;
d) Cartas de sentença, formais de partilha, certidões e mandados extraídos de autos de processo.
e) Contratos ou termos administrativos, assinados com os legitimados a que se refere o art. 3º do Decreto-Lei nº 3.365, de 21 de junho de 1941 (Lei da Desapropriação), no âmbito das desapropriações extrajudiciais.

Art. 195. Se o imóvel não estiver matriculado ou registrado em nome do outorgante, o oficial exigirá a prévia matrícula e o registro do título anterior, qualquer que seja a sua natureza, para manter a continuidade do registro.

1. COMENTÁRIOS

O art. 195 consagra o princípio da continuidade ou também chamado de trato sucessivo. Segundo este princípio, **nenhum título pode ingressar no registro de imóveis sem que o título anterior esteja registrado**, ou seja, deve haver uma ligação, um encadeamento entre o que será objeto de registro e aquilo que antecedeu a esse registro, de forma que não configure lacunas ou interrupções na seara registrária. Logo, a sequência entre um registro e outro não pode ser quebrada, vale dizer, para que uma pessoa possa transmitir a propriedade, o título de aquisição desta propriedade deve estar registrado.

Na lição de Afrânio de Carvalho "o princípio da continuidade, que se apóia no de especialidade, quer dizer que, em relação a cada imóvel, adequadamente individuado, deve existir uma cadeia de titularidades à vista da qual só se fará a inscrição de um direito se o outorgante dele aparecer no registro como seu titular. Assim, as sucessivas transmissões, que derivam umas das outras, asseguram sempre a preexistência de imóvel no patrimônio de transferente (*Registro de Imóveis*. Rio de Janeiro, Forense, 1976).

Marcelo Augusto Santana de Melo defende que "o princípio da continuidade ou do trato sucessivo tem alcance puramente formal, ou seja, visa a conseguir que o histórico registral de cada imóvel seja autêntico e completo, tomando-se necessária uma continuidade entre os lançamentos inerentes a esse mesmo imóvel. A análise a ser realizada é subjetiva, ou seja, deve observar o encadeamento dos titulares dos respectivos direitos reais" (*Breves anotações sobre o Registro de Imóveis*. Jus Navigandi, Teresina, ano 8, nº 429, 9 set. 2004. Disponível em: http://jus2.uol.com.br/doutrina/texto.asp?id=5669).

Serpa Lopes ensina que o princípio da continuidade é o "corolário lógico do sistema do Registro Imobiliário vigente" e o defende "como uma das principais peças de segurança do Registro Imobiliário, um dispositivo moralizador, um anteparo contra possíveis fraudes à função do Registro Imobiliário, como meio de prova do domínio" (Op. cit., p. 409).

São dois os principais artigos da Lei 6.015/73 que tratam do referido princípio:

> **Art. 195.** Se o imóvel não estiver matriculado ou registrado em nome do outorgante, o oficial exigirá a prévia matrícula e o registro do título anterior, qualquer que seja a sua natureza, para manter a continuidade do registro.
>
> **Art. 237.** Ainda que o imóvel esteja matriculado, não se fará registro que dependa da apresentação de título anterior, a fim de que se preserve a continuidade do registro.

O princípio da continuidade também é encontrado nos artigos 196, 197, 222, 223, 225, § 2º, 227, 228, 229, 230, 236 e 237 da Lei 6.015/1973.

Aludido princípio incide tanto nos **aspectos subjetivos** (nome do titular com sua qualificação) como nos **objetivos** (descrição do imóvel).

Frise-se que, em se tratando de **aquisições originárias**, como a desapropriação judicial e amigável, a arrematação (recentemente o Conselho Superior da Magistratura Paulista mudou de posicionamento alegando se tratar de forma derivada de aquisição de propriedade – há discussão) a usucapião e acessão, que são títulos que não derivam de qualquer outro, há controvérsia tanto na doutrina quanto na jurisprudência sobre a incidência do princípio da continuidade. No entanto, prevalece a dispensa da observância do aludido princípio, uma vez que não existe a relação jurídica entre o adquirente e o precedente titular do direito real, além da ausência de nexo causal entre o passado e a situação jurídica atual. Cabe observar que a maioria da doutrina entende que isso não se trata de exceção ao princípio da continuidade, mas que ele não deve ser observado nesses casos apenas em virtude da natureza jurídica da aquisição, qual seja, originária.

Luiz Guilherme Loureiro preconiza que "nem mesmo o desmembramento do cartório quebra a continuidade do registro. O desmembramento territorial do cartório, em virtude do qual o imóvel passou à jurisdição de nova serventia, não prejudica a continuidade dos assentos que lhe dizem respeito, uma vez que estes são transportados para o livro do novo cartório, mediante certidão atualizada (art. 229 da Lei 6.015/1973). A lei não diz o que se entende por "certidão atualizada", mas normas das Corregedorias de Justiça de vários Estados estipulam que é aquela expedida a menos de trinta dias. O princípio da continuidade não exige, ainda, o registro anterior de promessa de venda que anteceder a escritura definitiva de compra e venda. O registro do contrato preliminar é optativo, não cabendo ao registrador impor sua inscrição prévia para o ingresso da escritura definitiva. O promitente comprador do imóvel, quando no contrato não tiver sido estipulada cláusula de arrependimento, pode registrar seu título para obter um direito real oponível *erga omnes* (direito real de aquisição). Entretanto, se não optar pelo registro, será titular de um direito obrigacional que o vincula unicamente ao compromissário vendedor. A ausência do registro da promessa de venda não ofende o princípio da continuidade, uma vez que na matrícula constará como proprietário do imóvel o outorgante da escritura definitiva de compra e venda. Não haverá lapso na cadeia de domínios" (Op. cit., p. 623).

A jurisprudência do Conselho Superior da Magistratura Paulista também entende assim:

> "Nesse caso, o registro da escritura pública de compra e venda é possível sem o prévio registro do compromisso de compra e venda e de sua cessão pelos compromissários adquirentes. Não há aí qualquer afronta ao princípio registrário da continuidade, entendimento, aliás, já acolhido por este Conselho Superior da Magistratura no julgamento da Ap. Cív. nº 43.481-0/9, da Comarca de São Vicente, relatada pelo eminente Des. Nigro Conceição."

Sobre a **continuidade e sucessão hereditária**, Francisco Eduardo Loureiro esclarece que "embora possam os herdeiros ceder a terceiros seus direitos hereditários, em razão da *saisine*, mediante escritura pública, ou termo nos autos, de acordo com o art. 1.793 do novo CC, o negócio de cessão não se mostra apto a ingressar no registro, em razão dos princípios da continuidade e da especialidade. Deve o cessionário habilitar-se nos autos do inventário ou arrolamento, ou pedir a sua abertura perante o juiz ou tabelião, para somente então obter o formal, ou a carta de adjudicação, ou o correspondente traslado, e, conhecendo os bens que lhe serão atribuídos, levar os títulos ao registro. Respeitada posição contrária, é o entendimento atualmente prevalecente em nossos tribunais, que afirmam, de modo seguro, que a 'cessão de direitos hereditários não tem efeito de transferir o domínio dos bens do espólio, mas, tão somente, o de transferir os direitos de sucessores, a serem apurados em inventário'. Evidente que desaparece a ofensa à continuidade, se a alienação de determinado bem ou conjunto de bens é feita pelo espólio, representado pelo inventariante e autorizado por alvará judicial" (Op. cit., p. 1221).

No que se refere à **continuidade e a aquisição de direitos reais** pelo casamento, ou outros modos previstos em lei, independentemente do registro, o entendimento é unânime no sentido de que deve ser feita a prévia averbação do casamento, se do registro ou do título de alienação consta o alienante como casado. Dessa maneira, o princípio da continuidade fica resguardado.

Não é demais dizer que também tem relação com o princípio em questão o **princípio da disponibilidade**, que nada mais é senão um corolário do princípio da continuidade. É que somente pode transferir a propriedade a pessoa que tem o imóvel registrado em seu próprio nome. Além disso, o imóvel somente estará disponível se não existir sobre ele qualquer gravame ou ônus; caso contrário, sua disponibilidade estará comprometida.

Francisco Eduardo Loureiro, citando Afrânio de Carvalho, enumera algumas situações que são corolário do princípio da continuidade. Veja-se:

> "1 – Não se pode inscrever nenhum direito real, sem que conste previamente inscrito o titular do domínio do imóvel sobre o qual aquele incida.
>
> 2 – Se o titular do domínio contrair casamento no regime da comunhão de bens, não poderá vender, nem hipotecar o imóvel, ainda que com o consentimento do cônjuge, sem conste do registro a copropriedade deste (averbação do casamento).
>
> 3 – Em geral, posto o imóvel em condomínio, não pode um só dos condôminos vendê-lo, ou dá-lo em hipoteca em sua totalidade, por não estar inscrito como titular único.
>
> 4 – Distratada uma sociedade, o sócio que ficar com o imóvel de propriedade dela não poderá vendê-lo, sem que o primeiro registre sua escritura de aquisição, lavrada conjuntamente com o distrato, ou em separado.
>
> 5 – Falecido o titular do domínio do imóvel, o herdeiro não pode vende-lo, nem dá-lo em hipoteca, sem que primeiro registre a sua carta de adjudicação do imóvel
>
> 6 – Se, registrada a carta de adjudicação do herdeiro único, este vender o imóvel, seu adquirente levará a melhor sobre o eventual adquirente do *de cujus*, que haja omitido o registro tempestivo de sua aquisição" (Op. cit., p. 1227).

2. JURISPRUDÊNCIA COMPLEMENTAR

TRIBUNAL REGIONAL DA 4ª REGIÃO

EMENTA: ANULAÇÃO DE ARREMATAÇÃO. BEM NÃO PENHORADO. Segundo o princípio da continuidade, previsto no artigo 195, da Lei nº 6.015/1973, não há como alienar um imóvel sem que o mesmo esteja matriculado ou registrado em nome do proprietário anterior. Não merece reforma a decisão agravada, uma vez que o bem arrematado não havia sido sequer penhorado. (TRF 4ª Reg. AG 200304010383026, Desª. Fed. MARCIANE BONZANINI, Publicação DE 27/02/ 2008).

TRIBUNAL DE JUSTIÇA DO ESTADO DE SÃO PAULO CONSELHO SUPERIOR DA MAGISTRATURA

EMENTA: Registro de Imóveis – Carta de sentença – Ação de obrigação de fazer para outorga de escritura pública movida contra sucessores de coproprietário dos imóveis – Inscrição pretendida que não tem respaldo na titularidade de direitos inscritos nas matrículas imobiliárias, pressupondo o prévio ingresso do título atinente à partilha dos bens deixados pelo *de cujus* – Ofensa ao princípio da continuidade registral – Óbice mantido – Recurso não provido.

1. Trata-se de recurso de apelação interposto por Joubert em face da r. sentença proferida pela MM.ª Juíza Corregedora Permanente do 7º Oficial de Registro de Imóveis da Comarca de São Paulo, que julgou procedente a dúvida suscitada e manteve a recusa de registro da carta de sentença expedida pelo 1º Tabelião de Notas e de Protesto de Letras e Títulos da Comarca de Mogi Mirim, extraída dos autos do processo nº 1040488-81.2017.8.26.0002, da 4ª Vara Cível do Foro Regional de Santo Amaro, nas matrículas nºs 165.698, 165.699 e 166.938 daquela serventia extrajudicial (fl. 399/404).

Afirma o apelante, em síntese, que ajuizou ação de obrigação de fazer em face da viúva meeira Dinisia e dos herdeiros Denise e seu marido Michel e Joel, únicos sucessores do titular dominial Joel, para obrigá-los à outorga de escritura pública, observado que o negócio – venda e compra – concretizou-se anos antes do falecimento do proprietário vendedor por meio de instrumento particular não inscrito nas matrículas imobiliárias. Com a morte, o apelante, a viúva meeira e os herdeiros chegaram a firmar escrituras públicas de cessão e transferência de direitos hereditários sobre as partes ideais (1/3) pretendidas dos imóveis objetos das matrículas nºs 165.698, 165.699 e 166.938, em cumprimento àquele instrumento particular, mas tais títulos não foram reconhecidos como aptos para o ingresso no álbum imobiliário. Frente a isso, a busca judicial se fez necessária e a pretensão remanesceu acolhida, de modo que o registro da carta de sentença deve ser efetivado, mitigando-se o princípio da continuidade registral já que os bens não mais pertenciam ao de cujus ao tempo do seu passamento (fl. 409/428).

A douta Procuradoria Geral de Justiça opinou pelo não provimento do recurso (fl. 450/452).

É o relatório.

2. O apelante pretende o registro da carta de sentença expedida pelo 1º Tabelião de Notas e de Protesto de Letras e Títulos da Comarca de Mogi Mirim, oriunda dos autos da ação de obrigação de fazer (Processo n.º 1040488-81.2017.8.26.0002 da 4ª Vara Cível do Foro Regional de Santo Amaro) em que foi determinada a transmissão das partes ideais (1/3) dos imóveis matriculados sob nºs 165.698, 165.699 e 166.938, do 7º Oficial de Registro de Imóveis da Comarca de São Paulo, para o seu nome (fl. 67/377).

Os títulos judiciais, cumpre lembrar, não estão isentos de qualificação para ingresso no fólio real, ainda que limitada aos requisitos formais do título e sua adequação aos princípios registrais, nos termos do item 117, do Capítulo XX, das Normas de Serviço da Corregedoria Geral da Justiça:

"117 – Incumbe ao oficial impedir o registro de título que não satisfaça os requisitos exigidos pela lei, quer sejam consubstanciados em instrumento público ou particular, quer em atos judiciais."

No exercício desse dever, o Oficial desqualificou o título apresentado por comprometer o exato encadeamento subjetivo das sucessivas transmissões e aquisições de direitos reais imobiliários em ofensa aos princípios da continuidade e da disponibilidade (fl. 01/06 e 66).

E razão deve ser dada ao Registrador.

Conforme as certidões imobiliárias, as partes ideais (1/3) almejadas estão registradas em nome de Joel casado sob o regime da comunhão de bens antes da Lei nº 6.515/77 com Dinisia (fl. 20/30).

Por sua vez, a ação de obrigação de fazer foi promovida em face da viúva meeira Dinisia e dos herdeiros Denise e seu marido Michel e Joel, sucessores do titular dominial, que não figuram na tábua registral (fl. 355/363).

Tal ação lastreou-se nas escrituras públicas de cessão e transferência de direitos hereditários firmadas por Dinisia, Denise e Joel, na qualidade de cedentes, e Joubert, na condição de cessionário, por meio das quais transferiram todos os direitos hereditários correspondentes a 1/3 dos bens imóveis objetos das matrículas nºs 165.698, 165.699 e 166.938, outorgadas em cumprimento ao instrumento particular cessão onerosa de direitos e obrigações celebrado entre Joel com a anuência de sua mulher e Joubert (fl. 31/40).

As escrituras públicas de cessão e transferência de direitos hereditários foram apontadas a registro, mas receberam qualificação negativa por não se aperfeiçoarem como títulos inscritíveis no registro de imóveis (fl. 155 e 169).

Na verdade, as escrituras públicas deveriam ter sido apresentadas ao Juízo do arrolamento para que o cessionário fosse contemplado na partilha de bens e aí alcançado o competente título apto a registro (fl. 141 e 173).

Mesmo levado em conta que, antes do falecimento do titular dominial, ele e sua mulher alienaram ao apelante as suas partes ideais dos imóveis referidos (instrumento particular cessão onerosa de direitos e obrigações fl. 131/137), o cenário não se altera, pois a resolução também estaria nos autos do arrolamento judicial.

Mas já que a via escolhida foi a ação de obrigação de fazer, que acabou por travestir-se em ação adjudicatória frente ao comando judicial exarado, o espólio era quem deveria ter ocupado o polo passivo da lide.

Como assim não foi feito a ação foi proposta em face da viúva meeira e dos herdeiros – a inscrição pretendida depende do ingresso do título atinente à partilha dos bens deixados por Joel, observado que, com a partilha, encerrando-se o estado de indivisão, define-se, à vista do patrimônio coletivo pertencente ao casal, a porção composta pela meação de cada um dos cônjuges e, por conseguinte, o quinhão hereditário pertencente aos sucessores do de cujus.

Logo, a carta de sentença, no modo como foi apresentada, não preenche o requisito da continuidade que é essencial para o registro da transmissão das partes ideais que permanecem registradas em nome de Joel.

Ensina Afrânio de Carvalho:

"O princípio da continuidade, que se apóia no de especialidade, quer dizer que, em relação a cada imóvel, adequadamente individuado, deve existir uma cadeia de titularidade à vista da qual só se fará a inscrição de um direito se o outorgante dele aparecer no registro como seu titular. Assim, as sucessivas transmissões, que derivam umas das outras, asseguram sempre a preexistência do imóvel no patrimônio do transferente. Ao exigir que cada inscrição encontre sua procedência em outra anterior, que assegure a legitimidade da transmissão ou da oneração do direito, acaba por transformá-la no elo de uma corrente ininterrupta de assentos, cada um dos quais se liga ao seu antecedente, como o seu subseqüente a ele se ligará posteriormente. Graças a isso o Registro de Imóveis inspira confiança ao público." ("Registro de Imóveis", 4ª ed., Rio de Janeiro: Forense, 1998, p. 253).

No sentido de impossibilidade de registro de carta de adjudicação quando o imóvel não se encontra registrado em nome daqueles que figuraram no polo passivo da lide, este Conselho Superior da Magistratura recentemente decidiu:

"Registro de Imóveis – Carta de adjudicação de bem imóvel expedida em favor do apelante – Título judicial que se submete à qualificação registral – Princípio da continuidade – Ofensa em caso de registro de título judicial produzido em face de terceiro que não figura como proprietário do imóvel objeto da ação de adjudicação compulsória – Titular de domínio falecida – Escritura de Inventário e Adjudicação de bens lavrada – Necessidade de prévio registro do imóvel em nome dos sucessores hereditários da falecida, que figuraram como réus na ação de adjudicação compulsória – Exigência mantida – Dúvida procedente – Nega-se provimento ao recurso." (TJSP; Apelação Cível 1006311-40.2020.8.26.0664; Relator (a): Ricardo Anafe (Corregedor Geral); Órgão Julgador: Conselho Superior de Magistratura; Comarca de Votuporanga; Data do Julgamento: 17/09/2021; Data de Registro: 04/10/2021).

3. Por todo o exposto, pelo meu voto, nego provimento ao recurso.

RICARDO ANAFE

Corregedor Geral da Justiça e Relator (DJe de 26.01.2021 – SP) (Apelação Cível nº 1026138-46.2021.8.26.0100)

EMENTA: REGISTRO DE IMÓVEIS – Dúvida – Princípio da continuidade – Ofensa – Artigo 252 da Lei nº 6.015/1973 – Registro dependente do prévio cancelamento de assento anterior – Pertinência da exigência impugnada – Dúvida procedente – Recurso desprovido (APELAÇÃO CÍVEL Nº 0000039-43.2012.8.26.0562, da Comarca de SANTOS). A interessada requereu suscitação de dúvida, pois inconformada com a desqualificação da escritura pública de venda e compra apresentada para registro (fls. 04). O Oficial de Registro, ao suscitar a dúvida, alegou que o acesso do título ao fólio real depende do cancelamento do R.2, sob pena de ofensa ao princípio da continuidade registral (fls. 02/03). O interessado, ao oferecer impugnação, ponderou: o cancelamento exigido independe de intervenção judicial, ou seja, basta, para tanto, manifestação dos interessados (fls. 17/21). Após o parecer do Ministério Público (fls. 39/40), a dúvida foi julgada procedente (fls. 43/46), razão pela qual o interessado, reiterando suas afirmações pretéritas, interpôs apelação (fls. 50/55), recebida nos efeitos devolutivo e suspensivo (fls. 56). Com nova manifestação do Ministério Público (fls. 57/58), os autos foram remetidos ao Conselho Superior da Magistratura (fls. 61/62) e, ato contínuo, abriu-se vista à Procuradoria Geral de Justiça, que propôs o desprovimento do recurso (fls. 65/66). É o relatório. De acordo com a certidão da matrícula nº (...) do 1º Registro de Imóveis da Comarca de Santos, o bem imóvel pertence a X(fls. 12/13 – R.2). A sentença judicial reiteradamente lembrada pelo interessado determinou, exclusivamente, o cancelamento do R.1 da matrícula nº (...) do 1º Registro de Imóveis da

Comarca de Santos (fls. 24/26), que documenta a aquisição do imóvel por Y, casada com Z (fls. 12/13). Embora X tenha adquirido a coisa de Y e Z, o R.2 permanece hígido: "o registro, enquanto não cancelado, produz todos os seus efeitos legais ainda que, por outra maneira, se prove que o título está desfeito, anulado, extinto ou rescindido" (artigo 252 da Lei nº 6.015/1973). Ademais, X não participou do processo contencioso, quero dizer, a sua situação jurídica não pode ser afetada por decisão lançada em processo onde sequer interveio. Destarte, a escritura pública por meio da qual a Companhia de Habitação da Baixada Santista – COHAB SANTISTA alienou o bem imóvel objeto da matrícula nº (...)01 do 1º Registro de Imóveis da Comarca de Santos a M e Gé, dentro do contexto aduzido, insuscetível de registro. Enquanto não for cancelado o R.2, o acesso do título ao fólio real restará inviabilizado, por força do princípio da continuidade (artigos 195 e 237 da Lei nº 6.015/1973). Consoante esclarece Afrânio de Carvalho: *O princípio da continuidade, que se apoia no de especialidade, quer dizer que, em relação a cada imóvel, adequadamente individuado, deve existir uma cadeia de titularidade à vista da qual só se fará a inscrição de um direito se o outorgante dele aparecer no registro como seu titular. Assim, as sucessivas transmissões, que derivam umas das outras, asseguram a preexistência do imóvel no patrimônio do transferente.* Em síntese: o princípio da continuidade considera a pessoa que transfere o direito, não a que o recebe. Portanto, no caso vertente, a exigência questionada preserva a continuidade: quem transferiu o direito não figura no Registro de Imóveis como seu titular. Pelo exposto, nego provimento ao recurso. JOSÉ RENATO NALINI, Corregedor Geral da Justiça e Relator (D.J.E. de 04.02.2013 – SP).

EMENTA: Registro de Imóveis – Dúvida julgada procedente – Formal de partilha – Inobservância do princípio da continuidade – Inocorrência – qualificação registral que não pode discutir o mérito da decisão judicial – Recurso provido (APELAÇÃO CÍVEL Nº 0017376-73.2012.8.26.0100, da Comarca da CAPITAL). Trata-se de dúvida suscitada pelo 8º Oficial do Registro de Imóveis da Capital, a pedido de X, em decorrência de recusa do registro de formal de partilha por inobservância do princípio da continuidade. O MM. Juiz Corregedor Permanente acolheu as ponderações do Oficial do Registro de Imóveis no tocante a indispensabilidade do *registro dos títulos por meio dos quais Y recebeu os bens deixados pelos seus pais para, em seguida, ser registrado o formal de partilha que atribui a cada um dos herdeiros de Mathias seu respectivo quinhão* – fls. 135/137. Inconformada, a recorrente interpôs o presente recurso, argumentando que a documentação juntada aos autos é o bastante para demonstrar o percurso do caminho legal exigido para o registro; inexistindo quebra ou vulneração do princípio da continuidade – fls. 141/144. A Douta Procuradoria Geral de Justiça manifestou-se pelo não provimento do recurso – fls. 153/155. *É o relatório.* É certo que os títulos judiciais submetem-se à qualificação registrária, conforme pacífico entendimento do E. Conselho Superior da Magistratura: *"Apesar de se tratar de título judicial, está ele sujeito à qualificação registrária. O fato de tratar-se o título de mandado judicial não o torna imune à qualificação registrária, sob o estrito ângulo da regularidade formal, O exame da legalidade não promove incursão sobre o mérito da decisão judicial, mas à apreciação das formalidades extrínsecas da ordem e à conexão de seus dados com o registro e a sua formalização instrumental" (Ap. Cível nº 31881-0/1).* Contudo, a qualificação que recai sobre os títulos judiciais não é irrestrita, de modo que deve se restringir ao exame dos elementos extrínsecos, sem promover incursão sobre o mérito da decisão que o embasa. No caso em exame, o Oficial recusou o ingresso do formal de partilha diante da transmissão direta dos bens devidos à Y, quanto aos seus pais, para seus filhos. A qualificação do Oficial de Registro de Imóveis, ao questionar a título judicial, ingressou no mérito e no acerto da r. sentença proferida no âmbito jurisdicional, o que se situa fora do alcance da qualificação registral por se tratar de elemento intrínseco do título. Assim não fosse, estar-se-ia permitindo que a via administrativa reformasse o mérito da jurisdicional. É nesse sentido a doutrina de Afrânio de Carvalho: *"Assim como a inscrição pode ter por base atos negociais e atos judiciais, o exame da legalidade aplica-se a uns e a outros. Está visto, porém, que, quando tiver por objeto atos judiciais, será muito mais limitado, cingindo-se à conexão dos respectivos dados com o registro e à* formalização *instrumental. Não compete ao registrador averiguar senão esses aspectos externos dos atos judiciais, sem entrar no mérito do assunto neles envolvido, pois, do contrário, sobreporia a sua autoridade à do Juiz"* (Registro de Imóveis, Forense, 3ª ed., pág. 300). Na mesma direção, a r. decisão da E. 1ª Vara de Registros Públicos, da lavra do então MM. Juiz Narciso Orlandi Neto: *"Não compete ao Oficial discutir as questões decididas no processo de inventário, incluindo a obediência ou não às disposições do Código Civil, relativas à ordem da vocação hereditária (artº 1.603). No processo de dúvida, de natureza administrativa, tais questões também não podem ser discutidas. Apresentado o título, incumbe ao Oficial verificar a satisfação dos requisitos do registro, examinando os aspectos extrínsecos do título e a observância das regras existentes na Lei de Registros Públicos. Para usar as palavras do eminente Desembargador Adriano Marrey, ao relatar a Apelação Cível 87-0, de São Bernardo do Campo, "Não cabe ao Serventuário questionar ponto decidido pelo Juiz, mas lhe compete o exame do título à luz dos princípios normativos do Registro de Imóveis, um dos quais o da continuidade mencionada no artº 195 da Lei de Registros Públicos. Assim, não cabe ao Oficial exigir que este ou aquele seja excluído da partilha, assim como não pode exigir que outro seja nela incluído. Tais questões, presume-se, foram já examinadas no processo judicial de inventário. "* (Processo nº 973/81). Portanto, em caso de eventual desacerto da r sentença proferida no âmbito jurisdicional, poderá o interessado se valer dos recursos e ações previstos no ordenamento jurídico. O que não se permite é que a qualificação registrária reveja o mérito da sentença judicial que já transitou em julgado. Não se confunda o presente caso com aqueles em que o Oficial de Registro de Imóveis devolve o título por conter vício de ordem formal (extrínseca), e o MM. Juízo que o gerou, em sede jurisdicional e de forma específica, examina e afasta a exigência que era pertinente porquanto restrita aos aspectos formais do título judicial. Aqui, diferentemente, a qualificação do Oficial recaiu sobre o mérito do título judicial, o que lhe é defeso, por se tratar de elemento intrínseco do título que lhe foi apresentado. Deste modo, não há que se exigir decisão específica do MM. Juízo do qual o título é oriundo afastando a exigência. Assim, a recusa do Oficial de Registro de Imóveis deve ser afastada porque o título encontra-se formalmente em ordem. Isto posto, dou provimento ao recurso para o fim de julgar improcedente a dúvida e determinar o registro. JOSÉ RENATO NALINI, Corregedor Geral da Justiça e Relator (D.J.E. de 28.01.2013 – SP).

TRIBUNAL DE JUSTIÇA DO ESTADO DE MINAS GERAIS

EMENTA: MANDADO DE SEGURANÇA – REGISTRO DE CARTA DE ARREMATAÇÃO – DIVERGÊNCIA COM O QUE CONSTA NO REGISTRO IMOBILIÁRIO – PRINCÍPIOS DA CONTINUIDADE E ESPECIALIDADE – SENTENÇA REFORMADA. 1. O fato de a arrematação se tratar de forma de aquisição originária da propriedade não afasta os princípios da continuidade e especialidade que regem a atividade registral. 2. Não há falar em ilegalidade do ato praticado pelo oficial cartorário que, diante da apresentação de carta de arrematação de imóvel cuja descrição não coincide com a constante na matrícula do bem, exige a prévia averbação da área construída a maior para, posteriormente, seja registrada a carta, por se tratar de imposição decorrente da Lei de Registros Públicos. 3. Sentença reformada, em reexame necessário, e recurso voluntário prejudicado. (TJMG – Apelação Cível/Reexame Necessário nº 1.0251.10.002883-5/001 – Extrema – 8ª Câmara Cível – Rel. Des. Edgard Penna Amorim – DJ 19.08.2013).

EMENTA: APRESENTAÇÃO DE CÓPIA DO CONTRATO DE PERMUTA DE TERRENO PARA CONSTRUÇÃO URBANA POR ÁREA CONSTRUÍDA EM EDIFÍCIO RESIDENCIAL. PARA REGISTRO – SUSCITAÇÃO DE DÚVIDA – AUSÊNCIA DE INDÍCIO DE REGISTRO DO PROCESSO DE INCORPORAÇÃO – VULNERAÇÃO AO PRINCÍPIO DA CONTINUIDADE REGISTRAL – INTELIGÊNCIA DO ARTIGO 195 DA LEI FEDERAL Nº 6.015/73 – DÚVIDA PROCEDENTE – SENTENÇA MANTIDA. De acordo com orientação expressa do artigo 195 da Lei federal nº 6.015/73 (Lei de Registros Públicos), se o imóvel não estiver matriculado ou registrado em nome do outorgante, o oficial exigirá a prévia matrícula e o registro do título anterior, qualquer que seja a sua natureza, para manter a continuidade do registro, princípio este fundamental para a eficácia e segurança dos registros públicos na medida em que determina o imprescindível encadeamento entre assentos pertinentes a um determinado imóvel, descabendo, pois, ao Oficial, proceder ao registro do contrato de permuta apresentado pelo requerente sem antes observar todas as exigências legais, notadamente o prévio registro do processo de incorporação imobiliária. (TJMG – APC 1.0145.10.002935-7/001, Relator: Des. Elias Camilo, Julgamento: 27/10/2011).

⊙ TRIBUNAL DE JUSTIÇA DO ESTADO DO RIO GRANDE DO SUL

EMENTA: SUSCITAÇÃO DE DÚVIDA. REGISTRO DE PENHORA SOBRE BEM IMÓVEL REGISTRADO EM NOME DE TERCEIRO, PROMITENTE VENDEDOR DO BEM. IMPOSSIBILIDADE. PRINCÍPIOS DA LEGALIDADE E DA CONTINUIDADE DOS REGISTROS PÚBLICOS. POSSIBILIDADE, CONTUDO, DE AVERBAÇÃO DE NOTÍCIA DA PENHORA, COMO FORMA DE RESGUARDAR TERCEIROS ADQUIRENTES DE BOA-FÉ. I. Descabe o registro de penhora sobre bem imóvel registrado em nome de terceiro, promitente-vendedor em contrato firmado com o executado, contra o qual restou designada a penhora em ação trabalhista, sob pena de violação aos princípios da legalidade e da continuidade dos Registros Públicos. Inteligência do art. 195 da Lei nº 6.015/73. II. É possível, contudo, a averbação de notícia de penhora na matrícula do bem, na forma do art. 360, § 4º, da Consolidação Normativa Notarial e Registral da Corregedoria-Geral da Justiça do RS, como forma de resguardar os interesses de terceiros adquirentes de boa-fé. APELAÇÃO PARCIALMENTE PROVIDA. (TJRS – Ap. Cív. 70035595727, 17ª Câmara Cível, Relator: Liege Puricelli Pires, Julgado em 14/10/ 2010).

3. QUESTÕES DE CONCURSOS

01. (UFMT – Notário-MT/2003) Para cumprimento do princípio de continuidade (art. 195 da Lei nº 6.015/73) o oficial exigirá a prévia matrícula e o registro do título anterior. Se um dado imóvel situar-se em mais de uma comarca ou circunscrição limítrofe, o Oficial, para o registro do título anterior, exigirá:

a) O registro do título anterior apenas na comarca ou circunscrição em que situada a sede do imóvel para o deferimento do registro do título que lhe sucede.
b) O registro do título anterior nas comarcas ou circunscrições do domicílio das partes para deferimento do título que lhe sucede.
c) O registro do título em todas as comarcas ou circunscrições limítrofes para deferimento do registro do título que lhe sucede.
d) O registro do título anterior na comarca ou circunscrição de maior número de habitantes.
e) O registro do título em qualquer comarca ou circunscrição limítrofe para deferimento do registro do título que lhe sucede.

02. (Vunesp – Notário-MS/2009) "Somente será viável o registro de título contendo informações perfeitamente coincidentes com as constantes da matrícula sobre as pessoas e bem nela mencionados." Referida circunstância é imposta pelo princípio da

a) continuidade.
b) instância.
c) prioridade.
d) inscrição.
e) disponibilidade

03. (TJ-SC – Notário-SC/2012) São princípios informativos de Direito Registral Imobiliário:

I. Continuidade e Especialidade.
II. Disponibilidade e Publicidade.
III. Prioridade e Instância.
IV. Unitariedade de Matrícula e Fé Pública.

a) Somente as proposições I, II e III estão corretas.
b) Somente as proposições I, II e IV estão corretas.
c) Somente as proposições I, III e IV estão corretas.
d) Somente as proposições II, III e IV estão corretas.
e) Todas as proposições estão corretas.

GAB	1	C	2	A	3	E

Art. 195-A. O Município poderá solicitar ao cartório de registro de imóveis competente a abertura de matrícula de parte ou da totalidade de imóveis públicos oriundos de parcelamento do solo urbano implantado, ainda que não inscrito ou registrado, por meio de requerimento acompanhado dos seguintes documentos:

I – planta e memorial descritivo do imóvel público a ser matriculado, dos quais constem a sua descrição, com medidas perimetrais, área total, localização, confrontantes e coordenadas preferencialmente georreferenciadas dos vértices definidores de seus limites;

II – comprovação de intimação dos confrontantes para que informem, no prazo de 15 (quinze) dias, se os limites definidos na planta e no memorial descritivo do imóvel público a ser matriculado se sobrepõem às suas respectivas áreas, se for o caso;

III – as respostas à intimação prevista no inciso II, quando houver; e

IV – planta de parcelamento ou do imóvel público a ser registrado, assinada pelo loteador ou elaborada e assinada por agente público da prefeitura, acompanhada de declaração de que o parcelamento encontra-se implantado, na hipótese de este não ter sido inscrito ou registrado.

§ 1º Apresentados pelo Município os documentos relacionados no *caput*, o registro de imóveis deverá proceder ao registro dos imóveis públicos decorrentes do parcelamento do solo urbano na matrícula ou transcrição da gleba objeto de parcelamento.

§ 2º Na abertura de matrícula de imóvel público oriundo de parcelamento do solo urbano, havendo divergência nas medidas perimetrais de que resulte, ou não, alteração de área, a situação de fato implantada do bem deverá prevalecer sobre a situação constante do registro ou da planta de parcelamento, respeitados os limites dos particulares lindeiros.

§ 3º Não será exigido, para transferência de domínio, formalização da doação de áreas públicas pelo loteador nos casos de parcelamentos urbanos realizados na vigência do Decreto-Lei nº 58, de 10 de dezembro de 1937.

§ 4º Recebido o requerimento e verificado o atendimento aos requisitos previstos neste artigo, o oficial do registro de imóveis abrirá a matrícula em nome do Município

§ 5º A abertura de matrícula de que trata o *caput* independe do regime jurídico do bem público.

§ 6º Na hipótese de haver área remanescente, a sua apuração poderá ocorrer em momento posterior.

§ 7º O procedimento definido neste artigo poderá ser adotado para abertura de matrícula de glebas municipais adquiridas por lei ou por outros meios legalmente admitidos, inclusive para as terras devolutas transferidas ao Município em razão de legislação estadual ou federal, dispensado o procedimento discriminatório administrativo ou judicial.

§ 8º O disposto neste artigo aplica-se, em especial, às áreas de uso público utilizadas pelo sistema viário do parcelamento urbano irregular

1. COMENTÁRIOS

O art. 195-A foi introduzido na Lei de Registros Públicos pela Lei 12.424, de 16 de junho de 2011.

Recentemente, houve nova alteração dada pela Lei 13.465/2017, com o objetivo de aperfeiçoar a matrícula em razão da retificação fundiária.

Como muito bem observa Marcelo Augusto Santana de Melo, "os bens públicos não necessitam da publicidade registral para garantir os direitos de seus titulares, já que são inalienáveis e, por decorrência, também imprescritíveis e impenhoráveis. Contudo é notório que cada vez mais o Registro de Imóveis está sendo reconhecido como um importante reforço da publicidade legal. Os arts. 195-A e 195-B da LRP são prova disso, já que permitem a inauguração do fólio real para imóveis públicos (...) Outra finalidade da abertura de matrícula de bens públicos, principalmente na esfera municipal, é a possibilidade de estabelecimento de convênios com a União, por exemplo, com relação a incentivo à educação, cultura e esportes. Somente com a matrícula aberta em nome da municipalidade é possível sua formalização" (Op. cit., p. 1099).

A **finalidade** do art. 195-A é **promover a abertura de matrícula de imóvel** decorrente de parcelamento do solo, seja ele regular ou não. A abertura de matrícula independe do regime jurídico do bem público, equivale dizer, não é necessário mencionar se se trata de bem de uso comum do povo, de uso especial ou dominical.

O **objeto** do art. 195-A abrange somente o **parcelamento do solo, seja ele regular ou não (clandestino)**.

Por sua vez, o **legitimado** a instaurar o procedimento no Ofício Imobiliário é somente o **Município.**

Em relação ao **requerimento,** este deve ser instruído com:

I) Planta e memorial descritivo do imóvel público a ser matriculado, dos quais constem a sua descrição, com medidas perimetrais, área total, localização, confrontantes e coordenadas preferencialmente georreferenciadas dos vértices definidores de seus limites;

II) Comprovação de intimação dos confrontantes para que informem, no prazo de 15 (quinze) dias, se os limites definidos na planta e no memorial descritivo do imóvel público a ser matriculado se sobrepõem às suas respectivas áreas, se for o caso;

III) As respostas à intimação prevista no inciso II, quando houver; e (iv) planta de parcelamento assinada pelo loteador ou aprovada pela prefeitura, acompanhada de declaração de que o parcelamento se encontra implantado, na hipótese deste não ter sido inscrito ou registrado.

IV) Planta de parcelamento ou do imóvel público a ser registrado, assinada pelo loteador ou elaborada e assinada por agente público da prefeitura, acompanhada de declaração de que o parcelamento encontra-se implantado, na hipótese de este não ter sido inscrito ou registrado.

É relevante observar que algumas normativas estaduais estabelecem que, em caso de impugnação, deve ser utilizado o procedimento de retificação de registro.

A Lei 13.465/2017 promoveu uma série de atos que buscam a regularização fundiária, que é o conjunto de medidas jurídicas, urbanísticas, ambientais e sociais que visam à regularização de assentamentos irregulares e à titulação de seus ocupantes, de modo a garantir o direito social à moradia, o pleno desenvolvimento das funções sociais da propriedade urbana e o direito ao meio ambiente ecologicamente equilibrado.

Dentro deste universo, alguns dispositivos da aludida lei possuem relação com o dispositivo em comento.

Ressalta-se a importância da **demarcação urbanística**, que consiste no procedimento destinado a identificar os imóveis públicos e privados abrangidos pelo núcleo urbano informal e a obter a anuência dos respectivos titulares de direitos inscritos na matrícula dos imóveis ocupados, culminando com averbação na matrícula destes imóveis da viabilidade da regularização fundiária, a ser promovida a critério do Município. Ademais, ratificando o que previu o Estatuto da Cidade, o art. 10 da Lei 13.465/2017 estipulou que, respeitadas as diretrizes gerais da política urbana estabelecidas na Lei 10.257/2001, a regularização fundiária traçará os seguintes objetivos:

> I – identificar os núcleos urbanos informais que devam ser regularizados, organizá-los e assegurar a prestação de serviços públicos aos seus ocupantes, de modo a melhorar as condições urbanísticas e ambientais em relação à situação de ocupação informal anterior;
>
> II – criar unidades imobiliárias compatíveis com o ordenamento territorial urbano e constituir sobre elas direitos reais em favor dos seus ocupantes;
>
> III – ampliar o acesso à terra urbanizada pela população de baixa renda, de modo a priorizar a permanência dos ocupantes nos próprios núcleos urbanos informais regularizados;
>
> IV – promover a integração social e a geração de emprego e renda;
>
> V – estimular a resolução extrajudicial de conflitos, em reforço à consensualidade e à cooperação entre Estado e sociedade;
>
> VI – garantir o direito social à moradia digna e às condições de vida adequadas;
>
> VII – garantir a efetivação da função social da propriedade;
>
> VIII – ordenar o pleno desenvolvimento das funções sociais da cidade e garantir o bem-estar de seus habitantes;
>
> IX – concretizar o princípio constitucional da eficiência na ocupação e no uso do solo;
>
> X – prevenir e desestimular a formação de novos núcleos urbanos informais;
>
> XI – conceder direitos reais, preferencialmente em nome da mulher;
>
> XII – franquear participação dos interessados nas etapas do processo de regularização fundiária.

A Lei 13.465/2017 incluiu ainda, no art. 195-A, os autoexplicativos §§ 6º, 7º e 8º.

Art. 195-B. A União, os Estados, o Distrito Federal e os Municípios poderão solicitar ao registro de imóveis competente a abertura de matrícula de parte ou da totalidade de imóveis urbanos sem registro anterior, cujo domínio lhe tenha sido assegurado pela legislação, por meio de requerimento acompanhado dos documentos previstos nos incisos I, II e III do *caput* do art. 195-A.

§ 1º Recebido o requerimento na forma prevista no *caput* deste artigo, o oficial do registro de imóveis abrirá a matrícula em nome do requerente, observado o disposto nos §§ 5º e 6º do art. 195-A.

§ 2º Sem prejuízo da possibilidade de requerer a abertura de matrícula para seus bens, nos termos do *caput*, o Município poderá, em acordo com o Estado, requerer, em nome deste, a abertura de matrícula de imóveis urbanos estaduais situados nos limites do respectivo território municipal no registro de imóveis competente.

§ 3º O procedimento de que trata este artigo poderá ser adotado pela União para o registro de imóveis rurais de sua propriedade, observado o disposto nos §§ 3º, 4º, 5º, 6º e 7º do art. 176 desta Lei.

§ 4º Para a abertura de matrícula em nome da União com base neste artigo, a comprovação de que trata o inciso II do *caput* do art. 195-A será realizada, no que couber, mediante o procedimento de notificação previsto nos arts. 12-A e 12-B do Decreto-Lei nº 9.760, de 5 de setembro de 1946, com ressalva quanto ao prazo para apresentação de eventuais impugnações, que será de quinze dias, na hipótese de notificação pessoal, e de trinta dias, na hipótese de notificação por edital.

1. COMENTÁRIOS

O *caput* do art. 195-B foi incluído pela Lei n. 12.693, de 2012. Posteriormente, teve sua redação alterada pela Lei n. 13.465, de 2017, juntamente com seu § 1º. Por sua vez, o § 2º foi incluído pela Lei n. 12.424, de 2011, e os §§ 3º e 4º foram acrescidos pela Lei n. 13.465, de 2017. Recentemente, a Lei n. 14.620, de 2023, modificou, uma vez mais, o *caput* e o § 2º do art. 195-B desta Lei de Registros Públicos.

Assim como o dispositivo anterior, o art. 195-B estabelece a abertura de matrícula de imóveis públicos. No entanto, muda-se o **objeto**: neste caso, trata-se de imóveis públicos em nome da União, dos Estados, do Distrito Federal e dos Municípios.

Assim, os **legitimados** também são diversos; isto é, a União, os Estados, o Distrito Federal e os Municípios são os que poderão solicitar ao registro de imóveis competente a abertura de matrícula de parte ou da totalidade de imóveis urbanos sem registro anterior.

Em relação à União, está também poderá adotar o procedimento do art. 195-B para o registro de **imóveis rurais de sua propriedade**, observado o disposto nos §§ 3º, 4º, 5º, 6º e 7º do art. 176 desta Lei.

No tocante ao Município, vale enfatizar que, além de poder requerer a abertura de matrícula para seus próprios bens, nos termos do *caput* do art. 195-B, ele também poderá, em acordo com o Estado, requerer, em nome deste, a abertura de matrícula de **imóveis urbanos estaduais situados nos limites do respectivo território municipal** no registro de imóveis competente.

Existe outro requisito que o dispositivo anterior não mencionou: a **necessidade de prévia existência de legislação** garantindo o respectivo domínio.

Feita essa análise inicial, passemos a explorar o procedimento registral.

O **requerimento** deve ser instruído com os mesmos elementos previstos no art. 195-A. Vale lembrar:

A) Planta e memorial descritivo do imóvel público a ser matriculado, dos quais constem a sua descrição, com medidas perimetrais, área total, localização, confrontantes e coordenadas preferencialmente georreferenciadas dos vértices definidores de seus limites;

B) Comprovação de intimação dos confrontantes para que informem, no prazo de 15 (quinze) dias, se os limites definidos na planta e no memorial descritivo do imóvel público a ser matriculado se sobrepõem às suas respectivas áreas, se for o caso;

C) As respostas à essa intimação, quando houver.

Recebido o requerimento, é necessária a abertura de matrícula, que, diga-se, independe do regime jurídico do bem público. Na hipótese de haver área remanescente, a sua apuração poderá ocorrer em momento posterior.

Atente-se que, para a abertura de matrícula em nome da União, a comprovação de intimação dos confrontantes para que informem, no prazo de 15 (quinze) dias, se os limites definidos na planta e no memorial descritivo do imóvel público a ser matriculado se sobrepõem às suas respectivas áreas, será realizada, no que couber, mediante o procedimento de notificação previsto nos arts. 12-A e 12-B do Decreto-Lei nº 9.760, de 5 de setembro de 1946, com ressalva quanto ao prazo para apresentação de eventuais impugnações, que será de quinze dias, na hipótese de notificação pessoal, e de trinta dias, na hipótese de notificação por edital.

Para deixar a explicação mais cristalina, invocam-se os dispositivos referidos:

> Art. 12-A. A Secretaria do Patrimônio da União do Ministério do Planejamento, Orçamento e Gestão fará notificação pessoal dos interessados certos alcançados pelo traçado da linha demarcatória para, no prazo de 60 (sessenta) dias, oferecerem quaisquer impugnações.
>
> § 1º Na área urbana, considera-se interessado certo o responsável pelo imóvel alcançado pelo traçado da linha demarcatória até a linha limite de terreno marginal ou de terreno de marinha que esteja cadastrado na Secretaria do Patrimônio da União ou inscrito no cadastro do Imposto Predial e Territorial Urbano (IPTU) ou outro cadastro que vier a substituí-lo.
>
> § 2º Na área rural, considera-se interessado certo o responsável pelo imóvel alcançado pelo traçado da linha demarcatória até a linha limite de terreno marginal que esteja cadastrado na Secretaria do Patrimônio da União e, subsidiariamente, esteja inscrito no Cadastro Nacional de Imóveis Rurais (CNIR) ou outro que vier a substituí-lo.
>
> § 3º O Município e o Instituto Nacional de Colonização e Reforma Agrária (Incra), no prazo de 30 (trinta) dias contado da solicitação da Secretaria do Patrimônio da União, deverão fornecer a relação dos inscritos nos cadastros previstos nos §§ 1º e 2º
>
> § 4º A relação dos imóveis constantes dos cadastros referidos nos §§ 1º e 2º deverá ser fornecida pelo Município e pelo Incra no prazo de 30 (trinta) dias contado da solicitação da Secretaria do Patrimônio da União.
>
> § 5º A atribuição da qualidade de interessado certo independe da existência de título registrado no Cartório de Registro de Imóveis.
>
> Art. 12-B. A Secretaria do Patrimônio da União do Ministério do Planejamento, Orçamento e Gestão fará notificação por edital, por meio de publicação em jornal de grande circulação no local do trecho demarcado e no Diário Oficial da União, dos interessados incertos alcançados pelo traçado da linha demarcatória para, no prazo de 60 (sessenta) dias, apresentarem quaisquer impugnações, que poderão ser dotadas de efeito suspensivo nos termos do parágrafo único do art. 61 da Lei nº 9.784, de 29 de janeiro de 1999.

Os arts. 18-A a 18-F do Decreto-Lei 9.760 também dialogam com o art. 195-B. Esses dispositivos dispõem de um outro instrumento utilizado pela União para a demarcação e abertura de matrículas de seus imóveis decorrentes de regularização fundiária de interesse social. Veja-se:

> **Seção III-A – Da Demarcação de Terrenos para Regularização Fundiária de Interesse Social (Incluído pela Lei nº 11.481, de 2007)**
>
> **Art. 18-A**. A União poderá lavrar auto de demarcação nos seus imóveis, nos casos de regularização fundiária de interesse social, com base no levantamento da situação da área a ser regularizada.
>
> § 1º Considera-se regularização fundiária de interesse social aquela destinada a atender a famílias com renda familiar mensal não superior a 5 (cinco) salários mínimos.

§ 2º O auto de demarcação assinado pelo Secretário do Patrimônio da União deve ser instruído com:

I – planta e memorial descritivo da área a ser regularizada, dos quais constem a sua descrição, com suas medidas perimetrais, área total, localização, confrontantes, coordenadas preferencialmente georreferenciadas dos vértices definidores de seus limites, bem como seu número de matrícula ou transcrição e o nome do pretenso proprietário, quando houver;

II – planta de sobreposição da área demarcada com a sua situação constante do registro de imóveis e, quando houver, transcrição ou matrícula respectiva;

III – certidão da matrícula ou transcrição relativa à área a ser regularizada, emitida pelo registro de imóveis competente e das circunscrições imobiliárias anteriormente competentes, quando houver;

IV – certidão da Secretaria do Patrimônio da União de que a área pertence ao patrimônio da União, indicando o Registro Imobiliário Patrimonial – RIP e o responsável pelo imóvel, quando for o caso;

V – planta de demarcação da Linha Preamar Média – LPM, quando se tratar de terrenos de marinha ou acrescidos; e

VI – planta de demarcação da Linha Média das Enchentes Ordinárias – LMEO, quando se tratar de terrenos marginais de rios federais.

§ 3º As plantas e memoriais mencionados nos incisos I e II do § 2º deste artigo devem ser assinados por profissional legalmente habilitado, com prova de anotação de responsabilidade técnica no competente Conselho Regional de Engenharia e Arquitetura – CREA.

§ 4º Entende-se por responsável pelo imóvel o titular de direito outorgado pela União, devidamente identificado no RIP.

Art. 18-B. Prenotado e autuado o pedido de registro da demarcação no registro de imóveis, o oficial, no prazo de 30 (trinta) dias, procederá às buscas para identificação de matrículas ou transcrições correspondentes à área a ser regularizada e examinará os documentos apresentados, comunicando ao apresentante, de 1 (uma) única vez, a existência de eventuais exigências para a efetivação do registro.

Art. 18-C. Inexistindo matrícula ou transcrição anterior e estando a documentação em ordem, ou atendidas as exigências feitas no art. 18-B desta Lei, o oficial do registro de imóveis deve abrir matrícula do imóvel em nome da União e registrar o auto de demarcação.

Art. 18-D. Havendo registro anterior, o oficial do registro de imóveis deve notificar pessoalmente o titular de domínio, no imóvel, no endereço que constar do registro imobiliário ou no endereço fornecido pela União, e, por meio de edital, os confrontantes, ocupantes e terceiros interessados.

§ 1º Não sendo encontrado o titular de domínio, tal fato será certificado pelo oficial encarregado da diligência, que promoverá sua notificação mediante o edital referido no *caput* deste artigo.

§ 2º O edital conterá resumo do pedido de registro da demarcação, com a descrição que permita a identificação da área demarcada, e deverá ser publicado por 2 (duas) vezes, dentro do prazo de 30 (trinta) dias, em um jornal de grande circulação local.

§ 3º No prazo de 15 (quinze) dias, contado da última publicação, poderá ser apresentada impugnação do pedido de registro do auto de demarcação perante o registro de imóveis.

§ 4º Presumir-se-á a anuência dos notificados que deixarem de apresentar impugnação no prazo previsto no § 3º deste artigo.

§ 5º A publicação dos editais de que trata este artigo será feita pela União, que encaminhará ao oficial do registro de imóveis os exemplares dos jornais que os tenham publicado.

Art. 18-E. Decorrido o prazo previsto no § 3º do art. 18-D desta Lei sem impugnação, o oficial do registro de imóveis deve abrir matrícula do imóvel em nome da União e registrar o auto de demarcação, procedendo às averbações necessárias nas matrículas ou transcrições anteriores, quando for o caso.

Parágrafo único. Havendo registro de direito real sobre a área demarcada ou parte dela, o oficial deverá proceder ao cancelamento de seu registro em decorrência da abertura da nova matrícula em nome da União.

Art. 18-F. Havendo impugnação, o oficial do registro de imóveis dará ciência de seus termos à União.

§ 1º Não havendo acordo entre impugnante e a União, a questão deve ser encaminhada ao juízo competente, dando-se continuidade ao procedimento de registro relativo ao remanescente incontroverso.

§ 2º Julgada improcedente a impugnação, os autos devem ser encaminhados ao registro de imóveis para que o oficial proceda na forma do art. 18-E desta Lei.

§ 3º Sendo julgada procedente a impugnação, os autos devem ser restituídos ao registro de imóveis para as anotações necessárias e posterior devolução ao poder público.

§ 4º A prenotação do requerimento de registro da demarcação ficará prorrogada até o cumprimento da decisão proferida pelo juiz ou até seu cancelamento a requerimento da União, não se aplicando às regularizações previstas nesta Seção o cancelamento por decurso de prazo.

Art. 196. A matrícula será feita à vista dos elementos constantes do título apresentado e do registro anterior que constar do próprio cartório.

1. COMENTÁRIOS

Este dispositivo possui redação semelhante a do art. 228 desta Lei, que assim dispõe:

Art. 228. A matrícula será efetuada por ocasião do primeiro registro a ser lançado na vigência desta Lei, mediante os elementos constantes do título apresentado e do registro anterior nele mencionado.

O artigo em comento tem por finalidade atribuir ao Oficial Registrador competente, no ato de registro, um apanhado de dados e elementos que sejam tirados ou do documento apresentado ou do registro anterior.

No ato de abertura da matrícula, o Oficial Registrador deve fazer a qualificação registral. Nas palavras de Ricardo Henry Marques Dip, qualificação registral "é um juízo prudencial, positivo ou negativo da potência do título em ordem à sua inscrição predial importando no império de seu registro" (*Sobre a qualificação no registro de imóveis In* Revista de Direito Imobiliário, 29. São Paulo: RT, 1992, p. 39).

Ao realizar a qualificação registral, o Oficial de Registro deve fazer um exame formal e zeloso do ato constitutivo e dos documentos apresentados, utilizando-se de princípios registrários e da legislação.

Saliente-se que os títulos judiciais também devem passar pela qualificação registral. Trata-se de posição unânime na doutrina e questão já enfrentada pela jurisprudência.

O Conselho Superior da Magistratura do Estado de São Paulo possui entendimento consolidado neste sentido, elucidando que "a circunstância de exibir-se a inscrição título de origem judicial não implica isenção dos requisitos registrários, incumbindo ao registrador: **a)** verificar a competência (absoluta) da autoridade judiciária; **b)** aferir a congruência do que se ordena ao registro com o processo respectivo; **c)** apurar a presença das formalidades documentais; **d)** examinar se o título esbarra em obstáculos propriamente registrários (por exemplo: legalidade, prioridade, especialidade, consecutividade". (Apelação Cível 30.657-0/2). Todavia, é vedado ao Oficial adentrar no mérito da decisão.

A qualificação registral está intrinsecamente ligada ao **princípio da legalidade**, porque é o grande filtro que vai garantir a higidez dos direitos reais incidentes sobre o imóvel. Sobre o aludido princípio, Afrânio de Carvalho esclarece que "o princípio da legalidade significa que a validade da inscrição depende da validade do negócio jurídico que lhe dá origem e da faculdade de disposição do alienante" (*Registro de Imóveis.* Rio de Janeiro, Forense, 1976).

Assim, para que o título seja válido e perfeito, e dê ensejo ao registro, não basta a inscrição. É necessário que o documento passe por um exame de qualificação por parte do registrador.

Se o título não estiver apto para registro, o registrador deve devolvê-lo ao apresentante ou interessado, fundamentando seus motivos por escrito. Caso o apresentante ou interessado não se conforme com as exigências, será possível iniciar o procedimento de dúvida previsto no art. 198 desta Lei.

Em relação ao artigo em exame, ressalte-se ainda que o registrador deve observar o art. 225, § 2º, que será logo mais analisado. Prevê a aludida norma:

> Consideram-se irregulares, para efeito de matrícula, os títulos nos quais a caracterização do imóvel não coincida com a que consta do registro anterior.

2. QUESTÃO DE CONCURSOS

01. (IESES – Titular de Serviços de Notas e Registros – TJ – TO – Provimento/2022) Sobre a abertura da matrícula, no registro de imóveis, assinale a alternativa correta:

a) A abertura da primeira matrícula do imóvel será sempre gratuita.

b) A matrícula só pode ser aberta após anuência do município, por previsão expressa do Estatuto da Cidades.

c) A abertura de matrícula pode ser feita de ofício pelo registrador, quando for provocado pelo Ministério Público.

d) A matrícula será feita à vista dos elementos constantes do título apresentado e do registro anterior que constar do próprio cartório. Quando o título anterior estiver registrado em outro cartório, o novo título será apresentado juntamente com certidão atualizada, comprobatória do registro anterior, e da existência ou inexistência de ônus.

GAB	1	D

Art. 197. Quando o título anterior estiver registrado em outro cartório, o novo título será apresentado juntamente com certidão atualizada, comprobatória do registro anterior, e da existência ou inexistência de ônus.

1. COMENTÁRIOS

O art. 197 também consagra o já analisado **princípio da continuidade**, além de completar os arts. 195 e 196.

Ocorrendo alteração na organização judiciária da Justiça Estadual, que implique na modificação da competência territorial do registro de imóveis em área determinada, os novos registros devem ser feitos pelo Oficial que recebeu as novas atribuições, sendo vedada a prática destes atos pelo antigo Registrador.

A certidão comprobatória do registro anterior, e da existência ou não de ônus, apresentada ao novo Oficial deve ser atualizada.

Note-se que a lei registral **não fixa prazo** de validade para a certidão. Sergio Jacomino esclarece que por ser destinada à prática de ato pelo oficial de registro que não se confunde com o ato notarial a cargo do Tabelião de Notas, não está sujeita ao regramento da Lei 7.433/1985 e do Decreto 93.24/1986 que, para o fim específico de lavratura de atos notariais relativos a imóveis, estabelece para as certidões de ônus reais o prazo de validade de 30 dias (Op. cit., p. 1109).

Nesse sentido também se posiciona Walter Ceneviva: "o disposto neste artigo não foi derrogado pela Lei 7.433/85. Trata-se de certidão a ser apresentada no exame do oficial imobiliário, no momento do registro, desligada da documentação inerente ao ato notarial (ou ao instrumento particular com força de escritura pública)" (Op. cit., p. 425).

Art. 198. Se houver exigência a ser satisfeita, ela será indicada pelo oficial por escrito, dentro do prazo previsto no art. 188 desta Lei e de uma só vez, articuladamente, de forma clara e objetiva, com data, identificação e assinatura do oficial ou preposto responsável, para que:

I – *(Revogado pela Lei nº 14.382, de 27/6/2022)*

II – *(Revogado pela Lei nº 14.382, de 27/6/2022)*

III – *(Revogado pela Medida Provisória nº 1.085, de 27/12/2021, convertida na Lei nº 14.382, de 27/6/2022)*

IV – *(Revogado pela Medida Provisória nº 1.085, de 27/12/2021, convertida na Lei nº 14.382, de 27/6/2022)*

V – o interessado possa satisfazê-la; ou

VI – caso não se conforme ou não seja possível cumprir a exigência, o interessado requeira que o título e a declaração de dúvida sejam remetidos ao juízo competente para dirimi-la.

§ 1º O procedimento da dúvida observará o seguinte:

I – no Protocolo, o oficial anotará, à margem da prenotação, a ocorrência da dúvida;

II – após certificar a prenotação e a suscitação da dúvida no título, o oficial rubricará todas as suas folhas;

III – em seguida, o oficial dará ciência dos termos da dúvida ao apresentante, fornecendo-lhe cópia da suscitação e notificando-o para impugná-la perante o juízo competente, no prazo de 15 (quinze) dias; e

IV – certificado o cumprimento do disposto no inciso III deste parágrafo, serão remetidos eletronicamente ao juízo competente as razões da dúvida e o título.

§ 2º A inobservância do disposto neste artigo ensejará a aplicação das penas previstas no art. 32 da Lei nº 8.935, de 18 de novembro de 1994, nos termos estabelecidos pela Corregedoria Nacional de Justiça do Conselho Nacional de Justiça.

Art. 199. Se o interessado não impugnar a dúvida no prazo referido no item III do artigo anterior, será ela, ainda assim, julgada por sentença.

Art. 200. Impugnada a dúvida com os documentos que o interessado apresentar, será ouvido o Ministério Público, no prazo de dez dias.

Art. 201. Se não forem requeridas diligências, o juiz proferirá decisão no prazo de quinze dias, com base nos elementos constantes dos autos.

Art. 202. Da sentença, poderão interpor apelação, com os efeitos devolutivo e suspensivo, o interessado, o Ministério Público e o terceiro prejudicado.

Art. 203. Transitada em julgado a decisão da dúvida, proceder-se-á do seguinte modo:

I – se for julgada procedente, os documentos serão restituídos à parte, independentemente de translado, dando-se ciência da decisão ao oficial, para que a consigne no Protocolo e cancele a prenotação;

II – se for julgada improcedente, o interessado apresentará, de novo, os seus documentos, com o respectivo mandado, ou certidão da sentença, que ficarão arquivados, para que, desde logo, se proceda ao registro, declarando o oficial o fato na coluna de anotações do Protocolo.

Art. 204. A decisão da dúvida tem natureza administrativa e não impede o uso do processo contencioso competente.

1. COMENTÁRIOS

A Lei n. 14.382/2022 alterou a redação do art. 198, porém sem modificações expressivas.

A novidade concreta trazida foi a inclusão do § 1º, IV, que prevê a obrigação de remeter ao juízo competente a petição de dúvida acompanhada do título eletrônico. As demais alterações são de natureza estética, com o objetivo de aprimorar a redação do artigo.

A dúvida consiste no procedimento administrativo competente para **dirimir dissenso** entre o usuário do serviço e o registrador.

Na impossibilidade da lavratura do registro, seja qual for o motivo, deve o registrador fornecer por escrito ao interessado uma nota explicativa em que constem todos os motivos da recusa e eventuais exigências necessárias para que possa ser feito o assento.

Frise-se que a exigência será indicada pelo oficial por **escrito,** dentro do prazo previsto no art. 188 da Lei n. 6.015/1973 (já estudado nesta obra), **e de uma só vez,** articuladamente, de forma clara e objetiva, com data, identificação e assinatura do oficial ou preposto responsável.

Esta exigência deve dizer respeito a um elemento formal. Em outras palavras, o oficial não faz exame da substância do negócio jurídico contido no título. Não se conformando o interessado com a recusa, poderá ele suscitar dúvida ao Juiz competente.

É unânime na doutrina e na jurisprudência que não cabe o procedimento de dúvida para dirimir a chamada **dúvida doutrinária ou supedâneo de consulta**. Para que ela ocorra, imprescindível que haja o **efetivo e concreto dissenso entre o interessado e o registrador.**

Regra geral, o **registro** é o ato que enseja o procedimento de dúvida. Contudo, é necessário verificar nas Normas de Serviço dos Estados se há previsão sobre a possibilidade de a **averbação** ser objeto do procedimento de dúvida. Por exemplo, no Estado de São Paulo, só se aceita dúvida quando o ato a ser praticado for de registro (*stricto sensu*), não a acolhendo no caso de pretensão de averbação, para o qual cabe o **recurso administrativo (pedido de providências).** Marcelo Rodrigues explica que a Lei dos Registros Públicos menciona o apresentante do título sem a melhor técnica. *Apresentante* é expressão de conteúdo amplo e genérico que pode abarcar terceiras pessoas, tal como procurador, despachante, empregado, parente, amigo, conhecido, etc. que realizam o ato material de protocolar o título em cartório. Diferentemente, interessado no registro é locução que se refere àquele que detém interesse jurídico direto no ingresso do título no sistema de publicidade registral, o que, de fato, corresponde a quem possui legitimidade, como titular do direito cuja inscrição é pretendida. Nesse sentido, não cabe ao apresentante impugnar a dúvida em Juízo, somente ao interessado (art. 199, LRP) (Op. cit., p. 163).

Ao discorrer sobre a relação entre a dúvida e o princípio da rogação, Ricardo Henry Marques Dip ensina que a LRP, em seu art. 217, prevê que o registro e a averbação possam provocar-se por qualquer *pessoa*. Vale dizer, não se reclama do apresentante *legitimidade registraria* (ou tabular) para a postulação do registro. Essa rogação primeva – feita por qualquer *pessoa* – pode acarretar a dúvida material do registrador (a objeção fundada ao registro), mas *não é suficiente* para, de modo sucessivo, instaurar a dúvida formal ou procedimental. Exige-se *nova rogação* – específica do oficial, ou não a podendo satisfazer, será o título, a seu requerimento... – art. 198, *caput).* Tem-se entendido que esse *requerimento* deva ser escrito porque se destina a um processo literal com fase judiciária.

O texto da LRP se refere, no que concerne à distância formal, ao *apresentante* do título cujo registro foi recusado. Esse apresentante, de modo expresso, tem a faculdade de requerer a suscitação da dúvida processual e é o destinatário da notificação para impugná-la em juízo (inc. III, art. 198). Certo é que os arts. 199 e 202 da LRP mencionam a figura do *interessado* no registro, mas se a legitimidade para impugnar fosse tão somente do *interessado* no ato de registro, não se entenderia o motivo de ser notificado o *apresentante*. A regra do art. 217 permite inferir a conclusão de que o *apresentante é também interessado* para fins da impugnação da dúvida" (*Lei de Registros Públicos comentada*. Rio de Janeiro: Forense, 2019, p. 1115).

O procedimento de dúvida deve ser iniciado por meio de requerimento do apresentante ou do interessado ao oficial de registro, para que este a suscite ao Juiz Corregedor Permanente da Serventia ou Juiz competente na forma da legislação estadual. Não há necessidade de motivação.

Note-se que quem suscita a dúvida é o Oficial ou seu substituto designado, e o fazem por meio de declaração ou nota de dúvida.

Tal requerimento deve sempre estar acompanhado do próprio título e demais papéis que o acompanharam, bem como do memorando relatando as exigências, sob pena de não conhecimento. Marcelo Rodrigues, entende que "não é exigida, em princípio, a juntada do original do título recusado, podendo ser apresentado por meio de cópia, desde que integral, legível e autêntica. Nesse caso, o título permanecerá em cartório, até que seja dirimida a questão. Da mesma forma, faculta-se ao oficial assinar a nota de dúvida, independentemente de representação processual por advogado, cuja intervenção, lado outro, não é vedada, hipótese em que cabe apresentar o respectivo instrumento de procuração" (Op. cit., p. 166).

O procedimento da dúvida deverá observado o seguinte:

a) No Protocolo, o oficial anotará, à margem da prenotação, a ocorrência da dúvida;

b) Após certificar a prenotação e a suscitação da dúvida no título, o oficial rubricará todas as suas folhas. Em outras palavras, o Oficial deve anotar a dúvida no Livro Protocolo. O protocolo é obrigatório para que seja observada a **prioridade de registro**, verificada segundo a ordem de apresentação do título (art. 182), a fim de resguardar eventual direito. Na prática, essa rubrica em cada folha da petição deve validar apenas os procedimentos de dúvida em sua forma física. Quando o procedimento for eletrônico, isso não deve ser exigido, pois a sistemática é diferente. A integridade do acervo eletrônico é verificada de forma holística, e não página por página.

c) Em seguida, o oficial dará ciência dos termos da dúvida ao apresentante, fornecendo-lhe cópia da suscitação e notificando-o para impugná-la perante o juízo competente, no prazo de 15 (quinze) dias; e

d) Certificado o cumprimento do disposto na letra "c", serão remetidos eletronicamente ao juízo competente as razões da dúvida e o título.

O juiz competente para dirimir a dúvida é o **Juiz Corregedor Permanente ou aquele ao qual a lei estadual de organização judiciária atribua aludida função.**

Nesse sentido, Ceneviva observa que "se o oficial verificar que um mandado judicial, expedido por outro juiz que não o seu corregedor, fere os princípios de ordem pública que regem o registro imobiliário, ou não está de acordo com as exigências constantes da lei para os títulos em geral, pode recusar-se a registrá-lo e declarar dúvida, se for o caso. Não estando seguro da autenticidade do mandado ou da legitimidade da ordem nele contida, tem o dever de o encaminhar ao juiz corregedor permanente da serventia, na forma da lei local, independentemente de pedido de quem o tenha apresentado" (Op. cit., p. 431).

A competência da **Justiça Federal** para dirimir dúvida pode ocorrer em duas hipóteses: no caso dos incisos I e II do art. 1º da Lei nº 5.972/1973, e no caso previsto no parágrafo 3º do art. 8º-A da Lei nº 6.739/1979, que trata da retificação de imóvel para fins de exclusão de área pública.

A questão é bastante controvertida e está longe de ser pacificada, mas vale a transcrição dos dispositivos:

Lei 5.972/1973

Art. 1º O Poder Executivo promoverá o registro da propriedade de bens imóveis da União: (Redação dada pela Lei nº 9.821, 23/08/99)

I – discriminados administrativamente, de acordo com a legislação vigente;

II – possuídos ou ocupados por órgãos da Administração Federal e por unidades militares, durante vinte anos, sem interrupção nem oposição.

Lei 6.739/1979

Art. 8ºA. (...)

§ 3º Nos processos de interesse da União e de suas autarquias e fundações, a apelação de que trata o art. 202 da Lei nº 6.015, de 31 de dezembro de 1973, será julgada pelo Tribunal Regional Federal respectivo

1.1 NATUREZA ADMINISTRATIVA DO PROCEDIMENTO DE DÚVIDA

O procedimento de dúvida tem **natureza puramente administrativa**, o que não impede a utilização do processo judicial para dirimir eventual lide entre o notário ou registrador e o apresentante de um documento (art. 204). Disso conclui-se que:

a) Não há contraditório entre partes interessadas, apenas dissenso entre o requerente e o registrador;

b) Não há lide;

c) Não enseja coisa julgada material e sim, mera preclusão administrativa (coisa julgada formal);

d) Não se aplicam totalmente as formas e institutos do Código de Processo Civil, que somente é utilizado subsidiariamente. Assim, por exemplo, o agravo de instrumento (admitido excepcionalmente na hipótese do não recebimento do recurso de apelação), perícia, intervenções de terceiros, o recurso especial e o recurso extraordinário, não podem ser utilizados no procedimento de dúvida. O mesmo não ocorre com os embargos de declaração, bem como alguns dos requisitos da petição inicial, que são aceitos. Observa-se que tanto para a **impugnação da dúvida** quanto para interpor **recurso**, será necessária a constituição de **advogado,** nos termos do art. 1º da Lei nº 8.906/94 e do Código de Processo Civil.

Ao discorrer sobre o texto do art. 204, Ricardo Dip observa que "a expressão 'uso do processo contencioso', no enunciado do art. 204, LRP, não se limita ao ajuizamento de ações (de pronto, pensar-se-ia, por exemplo, no mandado de segurança).Também as *decisões interlocutórias jurisdicionais* integram o objeto de conceito desse texto legislativo (...) Em resumo, a suscetibilidade dos títulos judiciais à qualificação registraria não importa em que, mais além, possa uma *decisão administrativa* – assim, a proferida na dúvida registral – sobrepor-se a uma decisão jurisdicional, contenciosa, seja final, seja interlocutória, que aprecie e julgue já agora uma concreta resistência ao ato de registro (ou averbação)" (Op. cit., p. 1128).

1.2 IMPUGNAÇÃO E DILIGÊNCIAS

O ***interessado*** do art. 199, que poderá impugnar a dúvida, é o **mesmo *apresentante*** a que se refere o art. 198. O oficial remete a dúvida ao juiz e notifica a parte do prazo para apresentar a impugnação (15 dias), sendo que o apresentante é que deve ir ao cartório para receber a notificação.

Walter Ceneviva assevera que a impugnação deve ser feita por meio de advogado, fundamentando que a questão foi posta em Juízo (Op. cit., p. 431). Tal entendimento é endossado por Ricardo Dip: "atualmente, a impugnação (arts. 198 a 200), própria da etapa judiciária no processo de dúvida, deve subscrever-se por advogado (arg. do § 3º, art. 71, da Lei 4.215/1963, de 27.04), ainda que o vício da capacidade postulatória não seja impedimento de prolação de sentença de mérito (Op. cit., p. 1075). Há uma doutrina minoritária que discorda do posicionamento por entender que a dúvida é um procedimento administrativo e não judicial.

Impugnada a dúvida com os documentos que o interessado apresentar, será ouvido o Ministério Público, no prazo de dez dias. Trata-se de intervenção obrigatória do *Parquet,* na qualidade de fiscal da lei, sob pena de nulidade.

Frise-se que, neste caso, não se aplica a regra do art. 180 do novo Código de Processo Civil que preceitua que o Ministério Público gozará de prazo em dobro para manifestar-se nos autos. A justificativa se dá em razão de o prazo de dez dias não ter a finalidade de contestação ou de recurso. Ademais, o procedimento de dúvida tem natureza administrativa.

O juiz competente proferirá decisão no prazo de quinze dias, com base nos elementos constantes dos autos, se não forem requeridas diligências. As diligências podem ser requeridas pelo suscitante, suscitado ou mesmo pelo representante do Ministério Público. O Juiz competente deve apreciar dentro do contexto do caso concreto a pertinência de tais diligências.

Ricardo Dip acrescenta que "as diligências a que se refere o art. 201 da LRP, não são próprias do *saneamento de título,* porque essa 'terapêutica da titulação' frustraria a finalidade própria do direito posicional obtido com a prenotação do título: não se trata, com a dúvida, de 'ganhar tempo' no concurso com outros pretendentes registrais (Op. cit., p. 1122).

1.3 SENTENÇA E RECURSO

O recurso contra a sentença no processo de dúvida registral é a **apelação,** cujos efeitos são os **devolutivo e suspensivo** (art. 202).

São **legitimados** para interpor a apelação: o interessado, o Ministério Público e o terceiro prejudicado. Este último é a pessoa que, não sendo o interessado, será afetada pelo registro, ou pela falta dele.

Observe-se que não cabe intervenção de terceiros no processo de dúvida.

É importante ressaltar que o oficial não pode apelar, pois não é parte interessada no procedimento, nem como terceiro poderá apelar da sentença de improcedência.

Marcelo Rodrigues, em posição quase isolada, defende que, no caso de improcedência da dúvida é possível que o Oficial recorra, pois detém interesse jurídico na resolução do incidente nascido no processo de registro de título em sua serventia (Op. cit., p. 168).

O único recurso previsto na legislação é a **apelação**. O agravo de instrumento não é admitido, salvo no caso do não recebimento do recurso de apelação.

O **recurso extraordinário ou recurso especial** também não têm cabimento, segundo a jurisprudência dominante, porque não haveria decisão de qualquer "causa", no sentido utilizado no art. 105 da CF.

No tocante à **ação rescisória,** é inadmissível o seu ajuizamento em relação às sentenças proferidas em procedimento de dúvida, por se tratar de decisão emanada em sede de jurisdição voluntária. Pode, contudo, haver propositura de ação contenciosa para discutir questão objeto de dúvida julgada.

Por se tratar de procedimento administrativo, a **remessa obrigatória** prevista no art. 496 do novo Código de Processo Civil também não é aplicável.

Por sua vez, admite-se o **recurso adesivo** (art. 997, CPC).

É controvertida a possibilidade do **controle incidental de constitucionalidade** no processo de dúvida. Alguns autores defendem tal controle mesmo em sede de dúvida, porque a lei inconstitucional é nula e de nenhum efeito. Contudo, esse entendimento não tem sido acolhido em muitos julgamentos, não prevalecendo.

Transitada em julgado a decisão da dúvida, se for julgada **procedente**, os documentos serão restituídos à parte, independentemente de translado. A decisão será comunicada ao oficial, para que a consigne no Protocolo e cancele a prenotação. Em outras palavras, se a dúvida suscitada pelo oficial for julgada improcedente, a ordem de precedência do apontamento será mantida. Assim, se após a suscitação da dúvida surgir uma nova lei, aplica-se a lei vigente à época da prenotação. Se a dúvida for julgada **improcedente**, o interessado deverá apresentar novamente seus documentos, junto com o respectivo mandado ou certidão da sentença, que ficarão arquivados. Dessa forma, proceder-se-á ao registro imediatamente, com o oficial declarando o fato na coluna de anotações do Protocolo.

A expressão "transitada em julgado" do art. 203 refere-se à **preclusão administrativa**, ou seja, à coisa julgada formal e não material, pois, como se sabe, a dúvida é considerada um procedimento administrativo.

No processo de dúvida, somente serão devidas custas, a serem pagas pelo interessado, quando a dúvida for julgada procedente (art. 207, LRP). A dúvida julgada procedente significa a recusa de registro do título. Portanto, o interessado deve arcar com as despesas que decorreram de sua insurgência.

Assim, no caso de improcedência da dúvida, não há que se falar em incidência de custas. Ricardo Dip, constata que "realça a regra a circunstância de o registrador não ser parte no processo de dúvida. E, bem por isso, improcedente uma dúvida, não cabe ao registrador a carga de custear-lhe o processo" (Op. cit., p. 1086).

1.4 DÚVIDA INVERSA

A dúvida inversa não foi prevista na legislação, porém a jurisprudência a tem admitido, com fundamento no **princípio da economia processual**. Tal procedimento é legítimo no Estado de São Paulo, porém não é admitido em vários Estados.

Trata-se do procedimento pelo qual **o requerimento é apresentado diretamente ao juízo competente** que abre vista dos autos ao oficial registrador para prenotação e resposta, seguindo o procedimento previsto na Lei de Registros Públicos.

A sentença que julga **procedente** a dúvida inversa **mantém a recusa de registro do título**, e os documentos serão restituídos à parte, independentemente de traslado, dando-se ciência da decisão ao oficial, para que a consigne no Protocolo e cancele a prenotação. De outro giro, a sentença que julga **improcedente** a dúvida inversa, **impõe o registro**, devendo o interessado apresentar, novamente, os seus documentos, com o respectivo mandado, ou certidão da sentença, que ficarão arquivados, para que, desde logo, se proceda ao registro, declarando o oficial o fato na coluna de anotações do Protocolo.

É entendimento do Conselho Superior da Magistratura Paulista que é imprescindível, no procedimento de dúvida, o exame material do **próprio título original, não apenas para garantir sua autenticidade e regularidade, mas também para que, caso autorizado o registro, este possa efetivamente se concretizar.** Do contrário, tal concretização dependeria de um evento futuro e incerto, consistente na apresentação, ao registrador, daquele original faltante (Processo 0016501-74.2010.8.26.0100 (100)).

Corroborando a maioria da doutrina, da jurisprudência e de muitos códigos de normas, o Enunciado 72 da I Jornada de Direito Notarial e Registral prevê o procedimento de dúvida inversa. Veja-se:

Enunciado 72. Cabe a reclamação (dúvida inversa) ao juiz de registros públicos no caso de o registrador se recusar ou omitir a processar a dúvida.

⊙ Justificativa: Ainda que não haja previsão legal expressa, a doutrina e a jurisprudência pátrias admitem de forma majoritária a suscitação de dúvida pelo interessado que não concorda com exigência feito pelo Registrador, conforme precedentes a seguir transcritos: MANDADO DE SEGURANÇA. REGISTRO IMOBILIÁRIO. RECUSA DO OFICIAL EM EFETUAR REGISTRO DE DOCUMENTO. INADMISSIBILIDADE DO MS PARA SUSCITAR DÚVIDA INVERSA A RESPEITO DE REGISTRO. DÚVIDAS SOBRE FATOS NÃO COMPROVADOS. – A Lei de Registros Públicos não cria hipótese de admissão da chamada "dúvida inversa". Entretanto, a doutrina e a jurisprudência têm admitido o seu manejo pelo particular quando o Oficial do Cartório não a suscita, em razão do princípio constitucional da inafastabilidade da jurisdição, tal como previsto no art. 5º, XVVV, da Carta Maior, ao dispor que "a lei não excluirá da apreciação do Poder Judiciário lesão ou ameaça de lesão", bem como do princípio do acesso à justiça. – Se há incertezas quanto à efetivação do registro pretendido, cabe ao titular do registro de imóveis suscitar dúvida ao juízo. Caso assim não proceder, compete à parte formular reclamação perante o juiz competente. – O mandado de segurança, de índole constitucional, é via imprópria para suscitar dúvidas relativas a registro de imóveis, não se prestando como substitutivo do procedimento específico para tais hipóteses, geralmente povoadas de dúvidas sobre os fatos, insanáveis nesta via. (TJMG – Apelação Cível 1.0079.12.037855-3/001, Relator(a): Des.(a) Wander Marotta, 7ª CÂMARA CÍVEL, julgamento em 14/05/2013, publicação da súmula em 17/05/2013). g.n. APELAÇÃO – REGISTROS PÚBLICOS – SUSCITAÇÃO DE DÚVIDA INVERSA- INÉRCIA DO OFICIAL – POSSIBILIDADE. – A despeito da ausência de previsão legal, em razão do princípio constitucional da inafastabilidade da jurisdição (art. 5º, XXXV, da CF), deve ser admitido o manejo da dúvida pelo interessado no registro, quando o Oficial do Cartório se abstém de suscitá-la, consistindo no que se chama de 'dúvida inversa'. (TJMG – Apelação Cível 1.0024.09.585043-4/001, Relator(a): Des.(a) Elias Camilo, 3ª CÂMARA CÍVEL, julgamento em 11/03/2010, publicação da súmula em 30/03/2010).

1.5 IRRESIGNAÇÃO PARCIAL

A irresignação parcial e/ou a não impugnação dos demais óbices levantados pelo Registro leva à **prejudicialidade** da dúvida, como, aliás, tem decidido o Colendo Conselho Superior da Magistratura Paulista:

"A dúvida registrária, como sabido, não admite o exame parcial das exigências feitas pelo registrador, na medida em que mesmo afastada a exigência impugnada permanecerá a inviabilidade do registro em razão do não atendimento das demais exigências que foram aceitas, ainda que tacitamente. Não seria cabível o atendimento de exigência no curso do procedimento de dúvida, visto que referido fato resultaria na **prorrogação indevida do prazo da prenotação**, em detrimento do registro de eventuais títulos representativos de direitos reais contraditórios".

1.6 QUADRO DIDÁTICO

Como forma de facilitar a compreensão da matéria pelo leitor, apresento um resumo do tema.

Procedimento de Dúvida	
Item	**Descrição**
1. Natureza	Administrativa
2. Legitimidade para Requerer a Suscitação	Apresentante do título/interessado
3. Competência para Julgar a Dúvida	Regra geral, a competência é da Justiça Estadual. Controvérsia: Pode ocorrer a competência da Justiça Federal em duas hipóteses: a) no caso dos incisos I e II do art. 1º da Lei 5.972/1973; b) e no caso previsto no parágrafo 3º do art. 8º-A da Lei 6.739/1979, que trata de retificação de imóvel para fins de exclusão de área pública.
4. Atos Legítimos ao Procedimento de Dúvida	Regra geral, o registro é o ato que enseja o procedimento de dúvida. Contudo, deve-se verificar nas Normas de Serviço ou nas decisões estaduais se a averbação pode ser objeto do procedimento de dúvida. Por exemplo, no Estado de São Paulo, só se aceita dúvida quando o ato a ser praticado é de registro (*stricto sensu*). A dúvida não é acolhida no caso de pretensão de averbação, para o qual cabe o Recurso Administrativo (Pedido de Providências).
5. Irresignação Parcial	Se houver irresignação com relação a apenas um ou alguns aspectos da nota de devolução, o juiz deve considerar a dúvida prejudicada, conforme entendimento jurisprudencial que se consolidou. Ou seja, o interessado deve impugnar todas as exigências feitas pelo registrador.
6. Sentença	Cabe apelação com efeitos devolutivo e suspensivo.
7. Legitimados a Recorrer	Podem interpor recurso, o interessado, o Ministério Público e o terceiro prejudicado (art. 202 da Lei 6.015/1973). O registrador, por sua vez, não é interessado no procedimento, de sorte que não pode recorrer da sentença.
8. Recursos	O único recurso previsto na legislação é a apelação. O agravo de instrumento é admitido excepcionalmente na hipótese de não recebimento do recurso de apelação. Perícia e intervenções de terceiros não podem ser utilizados no procedimento de dúvida. Quanto ao recurso extraordinário ou recurso especial, estes não cabem, segundo a jurisprudência dominante, porque não haveria decisão de qualquer 'causa', no sentido utilizado no art. 105 da CF. No tocante à ação rescisória, é inadmissível o seu ajuizamento em relação às sentenças proferidas em procedimento de dúvida, por se tratar de decisão emanada em sede de jurisdição voluntária. Pode, contudo, haver a propositura de ação contenciosa para discutir questão objeto de dúvida julgada.
9. Dilação Probatória	Não há previsão na lei, mas pode o juiz ordenar diligências na forma do art. 201 da Lei 6.015/1973, inexistindo, em princípio, razão para se designar audiência de instrução e julgamento.
10. Intervenção do Ministério Público e do Advogado	**Ministério Público:** a intervenção é obrigatória. **Advogado:** há quem sustente a desnecessidade de intervenção de advogado. Em sentido inverso, há entendimento pela sua necessidade, visto que, em sede judicial, a parte precisa de advogado para apresentar impugnação ou recorrer, como reconhece a maior parte da doutrina.
11. Intervenção de Terceiro	Não cabe intervenção de terceiros.
12. Dúvida e Controle Incidental de Constitucionalidade	É controvertida essa possibilidade. Alguns defendem esse controle mesmo em sede de dúvida, porque a lei inconstitucional é nula e de nenhum efeito. Contudo, esse entendimento não tem sido acolhido em muitos julgamentos, não prevalecendo.
13. Mandado de Segurança contra Ato do Oficial	De forma geral, não se admite o mandado de segurança em razão de que o procedimento de dúvida é um recurso administrativo que deve ser utilizado antes da impetração de mandado de segurança, em obediência ao art. 5º da Lei 12.016/2009.
14. A Polêmica da Regularização do Título	Há doutrinadores que defendem a possibilidade de, no curso do procedimento de dúvida, haver a regularização do título, atendendo-se às exigências anteriormente formuladas, ordenando-se, assim, a realização do registro. Há decisões que não admitem essa possibilidade, por entenderem que, nesse caso, estaria ocorrendo uma ilegítima prorrogação do prazo de validade da prenotação, em prejuízo de direitos de eventuais detentores de títulos contraditórios.

Procedimento de Dúvida	
Item	**Descrição**
15. Jurisprudência Consolidada Acerca do Procedimento de Dúvida	a) Não cabe o reconhecimento de prescrição ou decadência (Ap. Cível 861-6/4-01 e Ap. Cível 551-6/6, ambos do Conselho Superior da Magistratura Paulista – CSMSP); b) Não se admite dúvida para anular registro (Ap. Cível 31.719-0/3, Guarulhos, CSMSP); c) Incabível o procedimento de dúvida para substituir procedimento retificatório de registro; d) Não se admite a chamada "dúvida doutrinária", determinando-se que haja efetivo e concreto dissenso entre o interessado e o registrador (Ap. Cível 904-6/8 do CSMSP); e) A dúvida não é apta para cancelar ou levantar indisponibilidade (Ap. Cível nº 870-6/1 do CSMSP); f) A dúvida não tem o condão de pedir bloqueio de matrícula (Ap. Cível nº 964-6/0 do CSMSP); g) Dúvida inversa: a legislação não prevê a dúvida inversa, mas alguns Estados a admitem, como no Estado de São Paulo, tratando-se de criação jurisprudencial.

2. JURISPRUDÊNCIA COMPLEMENTAR

SUPERIOR TRIBUNAL DE JUSTIÇA

Ementa: Processual civil e administrativo – Incidente de suscitação de dúvida – Oficial de cartório – Procedimento – Natureza administrativa – Recurso especial – Descabimento –

1. A jurisprudência desta Corte se orienta no sentido de que *"o incidente de suscitação de dúvida relativo à exigência feita por Oficial de Cartório, prevista pela Lei de Registros Públicos, é procedimento de natureza administrativa e a decisão que o julga não possui natureza jurisdicional, embora seja prolatada por órgão do Poder Judiciário. Precedentes: AgRg no Ag 985.782/SP, Rel. Ministro Mauro Campbell Marques, Segunda Turma, DJe 26/11/2008; REsp 612.540/DF, Rel. Ministro Humberto Gomes de Barros, Terceira Turma, DJe 5/3/2008"* (REsp nº 1.348.228/MG, relator Ministro Og Fernandes, Segunda Turma, julgado em 12/02/2015, DJe de 12/05/2015)

2. Na espécie, independentemente da existência de litigiosidade no procedimento administrativo de consulta, o fato é que não se trata de processo judicial (de modo que não é "causa decidida"), e não foi ele dirimido por meio de recurso propriamente dito (razão pela qual não houve decisão *"em última instância"*)

3. Ressalte-se que quem proferiu o acórdão recorrido foi o Conselho da Magistratura, órgão de caráter administrativo do Tribunal de Justiça, a reforçar que não há caráter judicial no processo, sendo evidente que não estão presentes os requisitos constitucionais previstos no art. 105, III, da CF

4. Agravo interno não provido (STJ – AgInt no AgInt no AREsp nº 1.946.854 – Rio de Janeiro – 1ª Turma – Rel. Min. Gurgel de Faria – DJ 05.12.2023)

EMENTA: PROCESSUAL CIVIL. AGRAVO INTERNO NA PETIÇÃO. PROCEDIMENTO DE DÚVIDA REGISTRAL. NATUREZA ADMINISTRATIVA. NÃO CABIMENTO DE RECURSO ORDINÁRIO AO STJ. DECISÃO MANTIDA.

1. Incabível a interposição de recurso ordinário contra acórdão que julga procedimento administrativo de dúvida, hipótese não elencada entre as previsões constitucionais.

2. "Trata-se [a dúvida registral] de ato decisório administrativo que não se reveste das mesmas características, não resultando de quaisquer das hipóteses previstas nos arts. 485 e 487 do CPC/2015 (arts. 267 e 269 do CPC/1973). Até mesmo o recurso previsto no art. 202 da LRP, a despeito do nomem juris que lhe deu o legislador - idêntico ao recurso judicial previsto nos arts. 1.009 do CPC/2015 e 513 do CPC/1973 -, tem natureza administrativa. Nesse aspecto, qualquer que seja a decisão proferida no procedimento de dúvida, sobre ela não pesarão os efeitos da coisa julgada judicial, sendo certo que a discussão pode ser reaberta no campo jurisdicional, por meio de um processo adequadamente instaurado, com ampla cognição e regular trâmite pelas instâncias do Poder Judiciário. Em tais circunstâncias, admitir-se a via recursal excepcional para o julgamento desse tipo de controvérsia poderia resultar no acesso ao STJ para o exame de toda e qualquer irresignação contra decisões proferidas por órgãos colegiados de tribunais em procedimentos puramente administrativos, como, por exemplo, aqueles nos quais se delibera sobre a aplicação de penalidade administrativa ou a que decide o desdobramento de pensão de servidor falecido. Além disso, na medida em que a lei prevê a natureza administrativa do procedimento até o seu 'trânsito em julgado' (LRP, arts. 204 e 203), a decisão proferida pelo STJ no julgamento do recurso especial também estaria revestida dessa qualidade, de sorte que poderia ser revista em primeiro grau de jurisdição, no julgamento de ação judicial promovida pelo prejudicado, o que se revela incompatível com o sistema judicial desenhado na Constituição" (REsp n. 1.570.655/GO, de minha relatoria, SEGUNDA SEÇÃO, julgado em 23/11/2016, DJe de 9/12/2016).

3. Agravo interno a que se nega provimento (STJ – AgInt na Petição nº 15.738 – Tocantins – 4ª Turma – Rel. Min. Antonio Carlos Ferreira – DJ 12.05.2023)

EMENTA: AGRAVO EM RECURSO ESPECIAL. PROCEDIMENTO DE DÚVIDA REGISTRAL. NATUREZA ADMINISTRATIVA. CAUSA. AUSÊNCIA. NÃO CABIMENTO DE RECURO ESPECIAL.

1. Procedimento de dúvida registral.

2. De acordo com o entendimento desta Corte Superior, o procedimento de dúvida registral possui natureza administrativa (art. 204 da Lei de Registros Públicos), não qualificando prestação jurisdicional.

3. Não cabe recurso especial contra decisão proferida em procedimento administrativo, afigurando-se irrelevantes a existência de litigiosidade ou o fato de o julgamento emanar de órgão do Poder Judiciário, em função atípica. Precedente da Segunda Seção do STJ.

4. Recurso especial não conhecido.

DECISÃO

Cuida-se de agravo em recurso especial interposto por CHIOLA EMPREENDIMENTOS IMOBILIÁRIOS EIRELI, contra decisão que negou seguimento a recurso especial fundamentado, exclusivamente, na alínea "a" do permissivo constitucional.

Procedimento: dúvida registral suscitada pelo Oficial do 4º Ofício de Registro de Imóveis do DF, decorrente de pedido formulado CHIOLA EMPREENDIMENTOS IMOBILIARIOS EIRELI, considerando o registro de escritura pública de compra e venda do determinado imóvel matriculado naquela serventia.

Sentença: acolheu o parecer do Ministério Público e com fundamento nos arts. 214 e 250, I, ambos da Lei 6.015/73, determinou o cancelamento do R-17 e R-39 da matrícula 8.616 do 4º Ofício de Registro de Imóveis do Distrito Federal.

Acórdão: negou provimento à apelação interposta pela CHIOLA EMPREENDIMENTOS IMOBILIÁRIOS EIRELI, conforme a seguinte ementa: APELAÇÃO CÍVEL. DIREITO IMOBILIÁRIO. DÚVIDA REGISTRAL. APURAÇÃO DE IRREGULARIDADES EM MATRÍCULA DE IMÓVEL. PROCEDIMENTO ADMINISTRATIVO. INSTAURAÇÃO. SUCESSIVAS AVERBAÇÕES NA CADEIA DE PROPRIEDADE. PENHORA EM FAVOR DA UNIÃO. INDISPONIBILIDADE DO BEM., ARTIGO 53, § 1º, DA LEI 8.212/91. INOBSERVÂNCIA. PRINCÍPIO DA CONTINUIDADE REGISTRÁRIA (ART. 195, LEI 6.015/73). VIOLAÇÃO. CANCELAMENTO DE REGISTROS. RECURSO DESPROVIDO.

Infere-se dos elementos de convicção carreados que foram registradas averbações na matrícula do imóvel particularizado nos autos sem a devida observância ao regramento contido no art. 53, § 1º, da Lei nº 8.212/91, referente à indisponibilidade dobem a partir da penhora sob ele recaída e realizada em favor. Da União. Desse modo, patente a necessidade de cancelamento de aludidos registros, notadamente em face do Princípio da Continuidade Registrária, contido no art. 195, da Lei de Registros Públicos (Lei Federal nº 6.015/73).Apelação desprovida.(e-STJ fl. 344)

Recurso especial: alega violação dos art. 792 do CPC/15. Sustenta que o Tribunal de origem deixou de declarar incidentalmente a fraude à execução, o qu ocasionaria os cancelamentos dos registros R-17 e R-39 efetivados na matrícula do imóvel.

Decisão de admissibilidade do TJ/DF: inadmitiu o recurso especial da agravante pelo reconhecimento da falta de prequestionamento.

RELATADO O PROCESSO, DECIDE-SE.

Julgamento: aplicação do CPC/2015.

– Do procedimento de dúvida registral

De acordo com o entendimento firmado pela Segunda Seção do STJ, o procedimento de dúvida registral, previsto no art. 198 e seguintes da Lei de Registros Públicos, tem, por força de expressa previsão legal (LRP, art. 204), natureza administrativa, não qualificando prestação jurisdicional (AgInt no EREsp 1.570.655/GO, DJe 18/06/2018).

E, como é cediço, **não é cabível a interposição de recurso especial contra decisão proferida em procedimento administrativo,** afigurando-se irrelevantes a existência de litigiosidade ou o fato de o julgamento emanar de órgão do Poder Judiciário, em função atípica.

Forte nessas razões, com fundamento no art. 255, §4º, I, do RISTJ, NÃO CONHEÇO o recurso especial.

Previno as partes que a interposição de recurso contra esta decisão, se declarado manifestamente inadmissível, protelatório ou improcedente, poderá acarretar na condenação às penalidades fixadas nos arts. 1.021, § 4º, e 1.026, § 2º, do CPC/15.

Publique-se. Intime-se.

Brasília, 17 de junho de 2020.

MINISTRA NANCY ANDRIGHI

Relatora – – /(STJ – AREsp nº 1.329.358 – Distrito Federal – 3ª Turma – Rel. Min. Nancy Andrighi – DJ 23.06.2020)

EMENTA: Recurso Especial – Direito registral – Suscitação de dúvida – Procedimento de natureza administrativa – Não cabimento de recurso especial – 1. A jurisprudência desta Corte Superior é uníssona no sentido de que o procedimento de dúvida suscitado pelo Oficial do Registro tramitado perante o Poder Judiciário reveste-se, a rigor, de caráter administrativo, atuando o juízo monocrático, ou o colegiado, em atividade de controle da Administração Pública, mostrando-se inviável, portanto, avaliar suscitação de dúvida registral pela via do recurso especial. Precedentes – 2. Recurso especial não conhecido. (STJ – REsp nº 1.368.362 – Espírito Santo – 4ª Turma – Rel. Min. Luis Felipe Salomão – DJ 23.04.2018)

EMENTA: REGISTRO PÚBLICO – DÚVIDA DO OFICIAL DO REGISTRO. JURISDIÇÃO VOLUNTÁRIA. APELAÇÃO. TANTUM DEVOLUTUM QUANTUM APELLATUM. NÃO INCIDÊNCIA – ACÓRDÃO EM INCIDENTE DE DÚVIDA. RECURSO ESPECIAL INCABÍVEL REMESSA DE OFÍCIO – INEXISTÊNCIA. – O incidente de dúvida, no procedimento de registro público, é de natureza administrativa. Ao decidi-lo, o Tribunal exerce jurisdição voluntária, emitindo acórdão que por não ser de última instância, nem fazer coisa julgada material é imune a recurso especial. No incidente de dúvida, embora não haja remessa de ofício, a apelação não se submete à regra tantum devolutum quantum apellatum. (STJ – RESP 200302124397, Min. HUMBERTO GOMES DE BARROS, DJE 05/03/2008, LEXSTJ, v. 224 p. 78)

⊙ TRIBUNAL DE JUSTIÇA DO ESTADO DE SÃO PAULO

EMENTA: AGRAVO DE INSTRUMENTO – MANDADO DE SEGURANÇA – Procedimento de dúvida que tem natureza administrativa – Via dos arts. 198 e ss. da lei de Registros Públicos que não impede mandado de segurança – Esgotamento da via administrativa que não é pressuposto do mandamus, nem o pode ser sob pena de restrição sem base legal do acesso à Justiça – Direito líquido e certo consistente no livre exercício da profissão e de atividades econômicas lícitas – Arguição de inconstitucionalidade nº 0139256-75.2011.8.26.0000, deste E. TJSP, no sentido que a exigência de CND constitui cobrança indireta de tributos, restringindo de forma desproporcional direito fundamental e contrariando as vias constitucionalmente estabelecidas para sua solução – Risco de danos irreparáveis, diretos e indiretos, à pessoa jurídica, alienante de diversas unidades relacionadas à incorporação, assim como aos consumidores – Decisão reformada – Recurso provido.

Trata-se de agravo de instrumento interposto contra a r. decisão interlocutória que, em mandado de segurança, indeferiu a tutela antecipada e determinou a emenda da inicial.

Agrava a impetrante, sustentando que é inconstitucional a exigência legal de apresentação de certidão de regularidade fiscal (CND) para registro da incorporação do empreendimento Vivaz Santo Antônio; que o mandado de segurança é a via adequada.

O MM. Juízo *a quo* prestou informações, reiterando que a via cabível seria o requerimento de dúvida; que o Ofício de Registro de Imóveis não praticou ato coator, tendo cumprido a lei e não cabendo a ele declarar sua inconstitucionalidade, não podendo supor que a Vara de Registros Públicos manterá a exigência; e que não existe direito líquido e certo a ato registral.

É o relatório.

Trata-se de mandado de segurança contra exigência de apresentação de Certidão Negativa de Débitos tributários para que a impetrante-agravante proceda ao registro da incorporação.

A decisão de Primeira Instância remeteu a questão às vias administrativas, negando, também, a liminar.

Primeiramente, cabe ressaltar que o procedimento da dúvida tem natureza meramente administrativa, é protocolado pelo Oficial de Registro, sendo regido pelos art. 198 a 204, da Lei de Registros Públicos.

Apesar da dúvida ser remetida ao juízo competente e da sua decisão ser cabível apelação, o art. 204 da referida lei é expresso ao dispor que *"a decisão da dúvida tem natureza administrativa e não impede o uso do processo contencioso competente"*.

Como se vê, além de permitir o uso do contencioso, a lei não restringe o momento para exercício do direito de ação. Assim, o acesso ao Judiciário é pleno.

Tal raciocínio segue o entendimento jurisprudencial dominante, há décadas, é que não é necessário o esgotamento das vias administrativas para impetração de mandado de segurança ou ingresso com ação que verse sobre ato administrativo:

Ação de obrigação de fazer c.c. repetição de indébito. Empréstimo. Cartão de crédito. RMC. Desnecessidade de esgotamento da via administrativa. Extinção afastada. Inexistência de ilegalidade no presente caso. Possibilidade de cancelamento do cartão de crédito, devendo ser dada oportunidade de pagamento de uma só vez, ou manter os descontos mensais no benefício previdenciário até a quitação. Art. 17-A, da Instrução Normativa do INSS n. 28/2008. Não acolhimento da pretensão de repetição do indébito. Sucumbência recíproca. Recurso parcialmente provido.

(TJSP; Apelação Cível 1008668-68.2022.8.26.0196; Relator (a): Luis Carlos de Barros; Órgão Julgador: 20ª Câmara de Direito Privado; Foro de Franca - 2ª Vara Cível; Data do Julgamento: 25/08/2022; Data de Registro: 25/08/2022)

APELAÇÃO/REEXAME NECESSÁRIO. Mandado de Segurança. Assistência à saúde. Diabetes, dislipidemia, insuficiência coronária e neuropatia diabética. Sem comprovação de indeferimento na esfera administrativa. Subsistência do interesse de agir, uma vez que o ingresso em juízo não exige prévia exaurimento da via administrativa, além da necessidade do título judicial para prevenir eventuais faltas ou recusa dos medicamentos, que podem comprometer a eficácia do tratamento. Relatório médico atesta a ineficácia dos fármacos fornecidos pela rede básica de saúde. Necessidade de substituição para melhor controle do diabetes. Refutada a alegação de três dos medicamentos postulados. Processo anterior do ano de 2013. Receituário segundo o quadro de saúde e necessidade atual da apelante. Direito de todos, dever do Estado. Constituição Federal, artigo 196. Atendidas as exigências de Superior Tribunal de Justiça, Tema 106. Supremo Tribunal Federal, Tema 793. Disposições da Lei 8080/1990 que não excluem a possibilidade de exigir do município o fornecimento.

Recurso provido para conceder a segurança determinando o fornecimento dos medicamentos postulados.

(TJSP; Apelação Cível 1001686-35.2021.8.26.0079; Relator (a): Edson Ferreira; Órgão Julgador: 12ª Câmara de Direito Público; Foro de Botucatu - 1ª Vara Cível; Data do Julgamento: 04/07/2022; Data de Registro: 04/07/2022)

AÇÃO DECLARATÓRIA DE PRESCRIÇÃO E INEXIGIBILIDADE DE DÉBITO CUMULADA COM OBRIGAÇÃO DE FAZER. PRELIMINAR SUSCITADA EM CONTRARRAZÕES. FALTA DE INTERESSE PROCESSUAL. Não ocorrência. Acesso à atividade jurisdicional que não se submete ao exaurimento da via administrativa. PRESCRIÇÃO. Reconhecimento. Declaração da inexigibilidade da dívida. Necessidade. Atos de cobrança indevidos, sejam eles judiciais ou extrajudiciais. Impedimento de inclusão de anotações perante todas as plataformas que tratam de informações cadastrais de devedores. Ação procedente. SUCUMBÊNCIA. Ônus carreado à ré. Sentença reformada. Apelação provida.

(TJSP; Apelação Cível 1013235-12.2021.8.26.0477; Relator (a): JAIRO BRAZIL; Órgão Julgador: 15ª Câmara de Direito Privado; Foro de Praia Grande - 3ª Vara Cível; Data do Julgamento: 22/07/2022; Data de Registro: 22/07/2022)

Súmula 213, do STJ. Esgotamento prévio da instância administrativa como condição da ação em matéria previdenciária.

Outro ponto de atenção sobre tal dispositivo normativo é que, ainda que o procedimento seja decidido por órgãos do Judiciário, nesse caso o juiz exerce função atípica, administrativa. Portanto, impedir a utilização do Judiciário em suas funções típicas seria negar, sim, o acesso à Justiça, ainda que o procedimento administrativo seja decidido por juiz.

Assim, a questão não versa sobre a existência de via própria, pois não tratam os arts. 198 e ss., da Lei de Registros Públicos, de procedimento especial que se sobrepõe ao manejo de mandado de segurança, mas de mero procedimento administrativo.

A questão é: **(a)** se há violação ou ameaça de violação a **(b)** direito líquido e certo.

No caso, o direito líquido e certo é o livre exercício de profissão, traduzido como a incorporação de imóveis no caso da agravante.

Tal direito foi restringido por meio de exigência, fundada no art. 47, II, "d", da Lei 8.212/1991, de apresentação de Certidão Negativa de Débitos.

Por outro lado, não há violação do direito propriamente dita, mas há ameaça de violação ao direito líquido e certo, além do mais com urgência de medida que conceda liminarmente o registro e permita o exercício da profissão.

Cabível, então, o recebimento da inicial e a continuidade do mandado de segurança.

No mérito, vislumbram-se os requisitos autorizadores da liminar.

A probabilidade do direito consiste na vedação de cobrança indireta de impostos, o que constitui sanção política que foge às vias constitucionalmente previstas para cobrança de débitos tributários, e que limita desproporcionalmente direito fundamental da agravante – como já dito, o exercício de atividade econômica. O Órgão Especial deste E. TJSP decidiu nesse sentido Incidente de Arguição de Inconstitucionalidade da norma contestada pela agravante:

ARGUIÇÃO DE INCONSTITUCIONALIDADE. LEI 8.212/91, ART. 47, ALÍNEA "D". EXIGÊNCIA DE CERTIDÃO NEGATIVA DE DÉBITO DA EMPRESA NO REGISTRO OU ARQUIVAMENTO, NO ÓRGÃO PRÓPRIO, DE ATO RELATIVO A EXTINÇÃO DE SOCIEDADE COMERCIAL. OFENSA AO DIREITO AO EXERCÍCIO DE ATIVIDADES ECONÔMICAS E PROFISSIONAIS LÍCITAS (CF, ART. 170, PARÁGRAFO ÚNICO), SUBSTANTIVE PROCESS OF LAW E AO DEVIDO PROCESSO LEGAL. ARGUIÇÃO PROCEDENTE. Exigência descabida, em se cuidando de verdadeira forma de coação à quitação de tributos. Caracterização da exigência como sanção política. Precedentes do STF.

(TJSP; Incidente De Arguição de Inconstitucionalidade Cível 0139256-75.2011.8.26.0000; Relator (a): Armando Toledo; Órgão Julgador: Órgão Especial; Foro de Bauru - 2ª Vara do Fazenda Pública; Data do Julgamento: 27/06/2012; Data de Registro: 23/07/2012)

Já no que tange ao risco de dano irreparável ou de difícil reparação, o registro requerido pela agravante, pendente por conta da exigência, é essencial para que cumpra diversos compromissos de compra e venda assinados com consumidores. O atraso levaria a danos materiais diretos à agravante, aos consumidores, além de, em último caso, causar impactos na imagem e credibilidade da agravante.

Não há risco de irreversibilidade, uma vez que os atos registrais podem ser invalidados e cancelados ulteriormente, ou convalidados com o ulterior cumprimento da exigência pela eventualmente sucumbente impetrante.

Pelo exposto, **dá-se provimento** ao recurso, autorizando a continuidade do mandado de segurança, e **deferindo a liminar** pleiteada.

JOSÉ CARLOS COSTA NETTO. Relator (TJSP – Agravo de Instrumento nº 2073949-57.2022.8.26.0000 – São Paulo – 6ª Câmara de Direito Privado – Rel. Des. José Carlos Costa Netto – DJ 09.03.2023)

EMENTA: CIVIL. CONDOMÍNIO. CONDÔMINOS QUE, PARA POR FIM A AÇÃO DE COBRANÇA, DOAM SUAS RESPECTIVAS UNIDADES AO CONDOMÍNIO. HOMOLOGAÇÃO. QUESTÃO RELACIONADA À POSSIBILIDADE JURÍDICA QUE DEVE SER ANALISADA PELA VIA PROCEDIMENTAL PREVISTA NA LEI DE REGISTROS PÚBLICOS, MODO DE AFERIR A POSSIBILIDADE DE CUMPRIMENTO ESPECÍFICO DA OBRIGAÇÃO OU CONVERSÃO EM PERDAS E DANOS.

1. Sendo incontroversa a responsabilidade do adquirente pelo registro imobiliário, até porque se trata de regra legal não excepcionada no contrato (art. 490, CC), não se ignora que o condomínio alegue em defesa que o 5º Cartório de Registro de Imóveis estaria se opondo ao protocolo, decorrência de entendimento consolidado pela e. CSM deste e. sodalício.

2. Ocorre que não há prova de que o registro do título aquisitivo tenha sido formalmente recusado pelo cartório de imóveis, posto não se admitir recusa verbal de pedido de protocolo (art. 182 e 198, LRP).

3. Ademais, ainda fosse o caso de recusa, não pode o adquirente alegar inexequibilidade antes de suscitar a necessária dúvida, inclusive com possibilidade de a questão ser levada ao e. CSM do TJSP (art. 202, LRP c/c art. 16, IV, RITJSP), sendo certo que a possibilidade de o condomínio adquirir propriedade em situações específicas vem sendo estendida em diversos Tribunais Estaduais para além da clássica hipótese versada na Lei nº 4591/64.

4. Por outro lado, apenas no caso restar decidida a impossibilidade é que, à vista de inexequibilidade da obrigação de fazer, devem as partes buscar um modo alternativo para que a propriedade seja transferida para o condomínio ou terceiro por ele indicado às suas expensas, sob pena de não restar alternativa senão a de volver as partes ao status quo ante, mediante desfazimento da doação e a restituição da posse aos autores.

5. Recurso improvido.

1. Trata-se de ação cominatória que Rosana promove em face de Condomínio Garagem Automática, julgada parcialmente procedente pela r. sentença de fls. 147/151, cujo relatório se adota, para condenar o réu: a) a promover o cumprimento do acordo firmado com os autores, com o recebimento efetivo dos boxes de garagem em doação e registro nas matrículas respectivas, no prazo de 30 dias, contados do trânsito em julgado da presente sentença, sob pena de incidência de multa no importe de R$ 1.000,00 por dia de descumprimento, sem limite de computo global; b-) condenar o réu na restituição dos valores efetivamente recolhidos pelos autores para quitação de débitos de IPTU incidentes sobre os boxes de garagem e vencidos após a celebração do acordo de fls. 30/32, valores a serem apurados em cumprimento de sentença; e c-) condenar o réu no pagamento de indenização por danos morais no montante de R$ 2.000,00 para cada autor. Em razão do decaimento, foi o requerido condenado ao pagamento das custas, despesas processuais e verba honorária sucumbencial arbitrada em 10% sobre o valor atualizado da causa.

Inconformado, apela o requerido. Alega que *"não se recusa a receber em doação os citados boxes desde, no entanto, que o ato de transferência da propriedade seja suscetível de registro imobiliário"*. Assevera que *"no âmbito dos cartórios de registros de imóveis não é unânime o conceito de que os condomínios tenham capacidade jurídica para firmarem escrituras de aquisição de imóveis"*, sendo certo que *"o 5º Cartório de Registro de Imóveis da Capital, em cuja área de competência está localizado o condomínio, somente aceita títulos de aquisição de imóveis por condomínios desde que o mesmo seja através de carta de adjudicação".* Afirma que referido cartório segue entendimento do e. CSM/SP segundo o qual *"se admite a aquisição de imóvel pelos condomínios, em caráter restritivo, desde que decorra de arrematação ou adjudicação da unidade autônoma em praça pública para satisfação de crédito resultante do não pagamento de despesas condominiais da própria unidade".*

Processado o recurso com preparo (fls. 160/163) e com contrarrazões (fls. 165/174).

É o relatório.

2. Consta da peça vestibular que os autores foram proprietários dos boxes de garagem nº 184-A e 234-A, do condomínio demandado até 08/12/2010, data em que acordaram (fls. 30/31) doar referidas unidades ao condomínio em acordo homologado judicialmente como forma de por termo a precedente ação de cobrança que lhe foi promovida. Ocorre que a doação restou condicionada à realização de aceitação em assembleia a ser realizada pelos demais condôminos, sendo certo que inicialmente houve apenas deliberação quanto à possibilidade de adjudicação do bem (fls. 33/36), o que impediu a transferência da propriedade junto à matrícula do imóvel. Afirmam que, instado o condomínio em sede de cumprimento de sentença, enfim houve nova deliberação aprovando as doações, em 28.10.2013 (fls. 48/50), contudo sem lograr a devida averbação junto à matriculado imóvel o que vem gerando consequências nocivas (fls. 51/52), eis que, nada obstante sem posse, continuam sendo cobrados pelas dívidas que oneram a coisa, inclusive com inscrição de seus nomes no CADIN. Pretendem a obtenção de ordem para que o condomínio determine a realização da transferência, bem assim a reparação dos danos materiais e extrapatrimoniais experimentados.

Na contestação, o condomínio alega que os termos do acordo extrajudicial homologado impedem a averbação, uma vez que o cartório de imóveis afirma ser possível apenas a transferência da propriedade por meio de dação em pagamento. Referido óbice acaba gerando consequências relacionadas as obrigações *propter rem*.

Tecidas as ponderações necessárias à compreensão da controvérsia, inicialmente chama atenção o fato de que os autores pretendem em demanda autônoma a obtenção de tutela cominatória que, nada obstante decorra de acordo homologado judicialmente, foi indeferida pelo magistrado que presidia a fase de cumprimento sentença.

Destarte, analisando os autos do processo nº 003946-03.2013.8.26.0100, possível constatar que seu objeto foi de apenas instar o condomínio a realizar a assembleia, o que acabou ocorrendo no curso da lide. Não havia, contudo, pedido para que o condomínio averbasse as doações junto ao cartório imobiliário.

Sendo incontroversa a responsabilidade do adquirente pelo registro imobiliário, até porque se trata de regra legal não excepcionada no contrato (art. 490, CC), não se ignora que o condomínio alegue em defesa que o 5º Cartório de Registro de Imóveis estaria se opondo ao protocolo, decorrência de entendimento consolidado pela e. CSM deste e. sodalício.

Ocorre que não há prova de que o registro do título aquisitivo tenha sido formalmente recusado pelo cartório de imóveis, posto não se admitir recusa verbal de pedido de protocolo (art. 182 e 198, LRP).

Ademais, ainda fosse o caso de recusa, não pode o adquirente alegar inexequibilidade antes de suscitar a necessária dúvida, inclusive com possibilidade de a questão ser levada ao e. CSM do TJSP (art. 202, LRP c/c art. 16, IV, RITJSP), sendo certo que a possibilidade de o condomínio adquirir propriedade em situações específicas vem sendo estendida em diversos Tribunais Estaduais para além da clássica hipótese versada na Lei .4591/64.[1]

Por outro lado, apenas no caso restar decidida a impossibilidade é que, à vista de inexequibilidade da obrigação da fazer, devem as partes buscar um modo alternativo para que a propriedade seja transferida para o condomínio ou terceiro por ele indicado às suas expensas, sob pena de não restar alternativa senão a de volver as partes ao status quo ante, mediante desfazimento da doação e a restituição da posse aos autores.

As demais condenações decorrem da transferência da posse e da validade do negócio jurídico, ao menos entre as partes signatárias, de modo que a partir da transferência da posse, responde os condomínio pelas despesas que oneram a coisa, fato que se estenderá até que logre transferi-la para terceiro ou, como visto, sejam posse e domínio restituídos aos autores.

A tutela cominatória, a partir de tais considerações, terá início com a intimação do condomínio em fase de cumprimento de sentença, para que providencie a prenotação no prazo de 10 dias, sob pena de multa diária de R$1.000,00, devendo o magistrado "a quo" analisar a licitude e consequências d eventual recusa por parte do cartório de imóveis.

Por fim, os danos morais são mantidos, uma vez que o condomínio não justificou a contento o lapso de tempo que se estende desde a celebração do acordo para adotar todas as providencias que lhe cabiam, com nítida repercussão nos direitos da personalidade dos autos, seja pelo desvio produtivo do tempo livre, seja pela ofensa advinda da negativação decorrente de dívidas fiscais que o condomínio se responsabilizou a pagar.

Improvido o recurso, eleva-se a verba honorária sucumbencial para 15% sobre o valor atualizado da causa, na forma do art. 85, §11, CPC.

3. Ante o exposto, **nega-se provimento ao recurso.** ARTUR MARQUES DA SILVA FILHO. Desembargador Relator

Nota:

[1] TJSC, Apelação Cível nº 2013.014872-6; TJRS, Apelação Cível nº 70069628204; TJMG, Apelação Cível nº 1.0188.13.006872-2/001; TJRJ, Apelação nº 0304803-96.2010.8.19.0001. – – /(TJSP – Apelação Cível nº 1082555-87.2019.8.26.0100 – São Paulo – 35ª Câmara de Direito Privado – Rel. Des. Artur Marques da Silva Filho – DJ 09.07.2020)

EMENTA: MANDADO DE SEGURANÇA – Impetração contra Oficial de Registro Imobiliário, por não haver registrado título aquisitivo de domínio supostamente regular – Descabimento, a matéria anteriormente discutida até em sede de dúvida, perante a autoridade judiciária competente (Vara de Registros Públicos da Capital, com recurso ao Conselho Superior da Magistratura) – Negativa bem levada a cabo, ordem denegada – Recurso improvido. (TJSP – Apelação Cível nº 0021811-08.2010.8.26.0053 – São Paulo – 8ª Câmara de Direito Privado – Rel. Des. Luiz Ambra – DJ 15.01.2013)

CONSELHO SUPERIOR DA MAGISTRATURA

EMENTA: Registro de imóveis – Dúvida – Ausência da via original do título – Inadmissibilidade – Possibilidade de exame, em tese, das exigências impugnadas, a fim de orientar eventuais novas qualificações – Negativa de registro de escritura pública de doação – Indisponibilidade da parte ideal do imóvel pertencente a um dos doadores – Cindibilidade do título, para permitir o registro da parte ideal pertencente a outra doadora – Dúvida prejudicada – Recurso não conhecido (Apelação Cível nº 0027539-71.2014.8.26.0576). Trata-se de apelação interposta por Orlinda de Carvalho Fernandes, objetivando a reforma da r. decisão de fls. 42/44, que julgou procedente a dúvida suscitada pelo Primeiro Oficial de Registro de Imóveis da Comarca de São José do Rio Preto, para manter a recusa do registro da escritura pública de doação da fração ideal de 66,666% do imóvel matriculado sob o nº 1.520, que ela, recorrente, e Carlos Antônio Fernandes fizeram a Cleide Marcia Fernandes Bertolo e Cleri Marcia Fernandes Zulian. Diz, a recorrente, em síntese, que, de acordo com o princípio da cindibilidade, é possível o registro somente da parte ideal doada pela recorrente, ficando pendente de posterior registro a parte doada por Carlos Antônio Fernandes, quando levantada a indisponibilidade. A Douta Procuradoria Geral de Justiça opinou pelo provimento do recurso (fls. 90/92). **É o relatório.** De início, cumpre observar que a dúvida encontra-se prejudicada porque a apelante não apresentou a via original do título que pretende registrar. A jurisprudência deste Conselho Superior da Magistratura é firme no sentido da inadmissibilidade, na dúvida registral, de apresentação de cópia do título, ainda que autenticada. **[1]** A juntada a destempo da via original, já em fase recursal, não supre a falha, como reiteradamente tem decidido este Conselho: *"Registro de Imóveis – dúvida inversa – prenotação tardia, realizada na fase de processamento do recurso de apelação – ausência do título e da matrícula do imóvel – impossibilidade de sanar a falta no curso do procedimento – dúvida prejudicada – recurso não conhecido"*

(CSMSP – APELAÇÃO CÍVEL: 0001991-97.2013.8.26.0505, j. 10/06/2014. Relator: Elliot Akel). Assim, prejudicada a dúvida, o recurso não pode ser conhecido, o que não impede o exame – em tese – das exigências impugnadas a fim de orientar futura prenotação. Neste ponto, vale destacar que referido exame em nada se confunde com "consulta" na exata medida em que há situação concreta em discussão nos autos, qual seja, os motivos pelos quais ao título foi negado o registro. O fato de o título ter sido apresentado em cópia ou o interessado ter impugnado apenas parte das exigências, concordado com algumas delas ou, ainda, juntado documentos para cumpri-las durante o trâmite da dúvida, não faz desaparecer a questão concreta existente e debatida nos autos, transformando-a em consulta. Em outras palavras, a ausência de um dos requisitos que permitem o exame do mérito da dúvida não a converte em consulta. A hipótese é, portanto, de exame em tese de caso concreto e não caso em tese, o que é diferente. A análise das exigências desde logo representa, ainda, importante instrumento de pacificação social e de contenção de distribuição de ações desnecessárias ao Judiciário. É que o exame das exigências na dúvida prejudicada já serve de guia, de norte, tanto para o registrador quanto para o interessado no registro. Pode-se citar o caso do título apresentado em cópia. Suponha-se que a qualificação do registrador seja flagrantemente contrária à jurisprudência do C. Conselho Superior da Magistratura. Por que não esclarecer, desde logo, que, apresentada a via original do título – cuja autenticidade ficará a cargo do registrador quando da reapresentação para nova qualificação –, o registro deverá ser efetivado (isso, claro, desde que não ocorra superveniência de fato impeditivo)? Por que submeter o interessado a novo processo de dúvida? Não há razão jurídica – nem prática – para se furtar à realidade e simplesmente "não conhecer do recurso" sem examinar o caso concreto posto, obrigando o interessado a ajuizar nova dúvida registral, cujo desfecho será o mesmo. Há ainda outro aspecto a ser mencionado. Em virtude de suas peculiaridades e da não obrigatoriedade da participação de advogado, diversas são as dúvidas registrais que terminam sendo julgadas prejudicadas. Se este Conselho Superior da Magistratura deixar de examinar as questões concretas existentes nos autos das dúvidas prejudicadas, dará causa, ainda, a uma injustificada estagnação registral, haja vista que diversas questões registrais importantes e novas foram e têm sido resolvidas em dúvidas prejudicadas, podendo-se citar, recentemente, o caso paradigma de regularização fundiária, cujo acórdão, embora não tenha conhecido do recurso, fez longo exame do novo panorama da regularização fundiária trazido pela Lei nº 11.977/09, o que serviu de base para a subsequente edição do Provimento CG nº 18/2012, que já possibilitou a regularização de milhares de imóveis. Por todos esses motivos é que, sempre respeitado ao entendimento diverso, a prejudicialidade da dúvida não impede, a meu sentir, o exame em tese das exigências, como se passa a fazer. A ora apelante e Carlos Antônio Fernandes doaram a Cleide Marcia Fernandes Bertolo e Cleri Marcia Fernandes Zulian, por meio de escritura pública, a parte ideal de 66,666% do imóvel matriculado sob o nº 1.520, do 1º Registro de Imóveis de São José do Rio Preto, sendo certo que a primeira doadora possui 50% do imóvel e o segundo doador, 16,666%. O oficial recusou o registro da referida escritura em razão de a parte ideal do segundo doador encontrar-se indisponível por força de decisão judicial, conforme Av. 11 da matrícula (fl. 27). O óbice apontado, entretanto, restringe-se à parte ideal do segundo doador, não impedindo o registro do título no tocante à parte doada pela ora recorrente. O Conselho Superior da Magistratura, em caso semelhante, reconheceu a cindibilidade do título, permitindo que dele fossem extraídos elementos que poderiam ingressar de imediato no fólio real, desconsiderando outros que necessitem de outras providências: *Atualmente, o princípio pretoriano da incindibilidade dos títulos, construído sob a égide do anterior sistema registral, já não vigora. Nesse sentido já se posicionou o Colendo Conselho Superior da Magistratura, conforme, v.g., Ap. Cível da Comarca de São Paulo, recurso número 2642-0, in DOJ de 24 de novembro de 1993. Isso porque só aquele sistema da transcrição dos títulos justificava não se admitisse a cisão do título, para considerá-lo apenas no que interessa. Vale dizer que hoje é possível extratar só o que comporta inscrição, afastando-se aquilo que não se puder constar do registro, por qualquer motivo, como quando, eventualmente, houver ofensa à continuidade registrária. Na verdade, com o advento da Lei de Registros Públicos de 1973, e, consequentemente, a introdução do sistema cadastral, que até então não havia no direito registral brasileiro, a cindibilidade do título passou a ser perfeitamente possível e admitida. Com isso o ato de registro imobiliário deixou de exigir a reprodução textual dos instrumentos recepcionados no fólio real, cumprindo que ele reflita, apenas, aquilo que for possível ter ingresso no cadastro. Segundo esse raciocínio, nada impede seja registrada a Carta de Adjudicação que transmitiu (1/8) um oitavo ideal do imóvel à Ana de Souza Magalhães e, em seguida, a escritura de compra e venda referida acima, que alienou a mesma adquirente o todo do imóvel. No que concerne a esta escritura, cumprirá se aproveite, de seu conteúdo, somente a transcrição da propriedade correspondente aos (7/8) sete oitavos ideais restantes, desprezando-se a alienação feita por Olívia Massa Caramatti como viúva, porque já transmitida a adquirente pela Carta de Adjudicação, e também porque não poderia ela mesmo fazê-lo nessa qualidade, como já enfocado.***[2]**. Dessa forma, na linha do que sustentou a D. Procuradoria Geral de Justiça, se a dúvida não estivesse prejudicada, seria viável o registro da escritura de compra e venda apresentada ao oficial, cindindo-se o título para desconsiderar a parte indisponível pertencente ao segundo doador. Com as considerações supra, prejudicada a dúvida, não conheço do recurso. HAMILTON ELLIOT AKEL. CORREGEDOR GERAL DA JUSTIÇA E RELATOR. Apelação Cível nº 0027539-71.2014.8.26.0576. Apelante: Orlinda de Carvalho Fernandes. Apelado: 1º Oficial de Registro de Imóveis da comarca de São José do Rio Preto. DECLARAÇÃO DE VOTO CONVERGENTE. VOTO nº 34.620. **1.** Orlinda de Carvalho Fernandes interpôs apelação contra sentença que julgou procedente dúvida suscitada pelo 1º Oficial de Registro de Imóveis da comarca de São José de Rio Preto e, assim, obstou ao registro *stricto sensu* de uma doação feita pela apelante e por Carlos Antônio Fernandes a Cleide Marcia Fernandes Bertolo e Geri Marcia Fernandes Zulian. Essa doação foi celebrada por escritura pública e diz respeito a 66,666% do imóvel matriculado sob nº 1.520. A apelante alega que por força do princípio da cindibilidade é viável o registro *stricto sensu* da parte ideal que ela doou (*i. e.*, a metade do imóvel). Quanto à parte restante (= 16,666%), que cabe a Carlos Antônio e está indisponível, o registro *stricto sensu* pode ser feito posteriormente. **2.** Respeitável é o entendimento do eminente Desembargador Relator ao dar por prejudicada a dúvida. Isto porque, mesmo depois de oportunidade de regularização, os interessados só apresentaram cópia de título formal, o que a LRP/1973, art. 221, não admite. Segundo constante jurisprudência deste Conselho, se o título formal não veio aos autos, é impossível a análise do mérito, pois cópias não são objeto de qualificação registral. No entanto, diverge-se quanto à apresentação de solução que, em tese, deveria dar-se ao caso, na hipótese de conhecimento do recurso. A orientação superior das notas e dos registros e a propositura de medidas convenientes ao aprimoramento dos serviços extrajudiciais é tarefa exclusiva e indelegável do Corregedor Geral da Justiça (Regimento Interno, art. 28, XVIII e XXXI). Por sua vez, o Conselho Superior da Magistratura, em matéria notarial e registral, é chamado a decidir processos (Regimento Interno, art. 16, IV), e não a emitir orientações hipotéticas. Portanto, constatando a necessidade de proferir instruções, orientações ou recomendações, cabe ao Corregedor Geral da Justiça fazê-lo, sem que precise ou deva valer-se de dúvida registral, expediente que, ademais, desatende o sistema pela heterodoxia. Com efeito, este Conselho só deve conhecer do mérito, se antes não conhecer de preliminar que com ele seja incompatível (CPC/1973, art. 560, *caput*). Disso se conclui que, se houver (como *in casu* houve) preliminar que impeça o exame do mérito, sobre ele não cabe pronunciamento. Há de ser entregue a prestação jurisdicional, e não mais que isso. Como diz Pontes de Miranda *(Comentários ao Código de Processo Civil*, Rio de Janeiro: Forense, 1975, tomo VIII, p. 266): Se a decisão na preliminar processual ou na questão prejudicial elimina o julgamento do mérito, claro que não mais se prossegue; julgado está o feito; a decisão, por si só, é terminativa. As decisões deste Conselho gozam de inegável prestígio e (como salienta o Desembargador Relator), servem de orientação para registradores, tabeliães, juízes e partes. Justamente por isso, os acórdãos devem contar o que a lei efetivamente permite que seja objeto do julgamento de todos os

integrantes do Conselho. No caso de dúvida prejudicada, esse objeto, como se disse, restringe-se à matéria preliminar. Logo, é preferível não inserir nem fazer prevalecer posições jurídicas sobre a matéria de fundo, sem que esta, contudo, pudesse ter sido legalmente examinada, discutida e votada. Afinal, ou este Conselho de fato orienta e disciplina (caso em que a orientação ou a regra necessariamente há de ser produto da deliberação deste órgão), ou então não resolve, e não convém expender nem se estender em tema, não objeto de pronunciamento pelo colegiado. Ademais, como havia sido exposto em 27.1.2015, no julgamento da Apelação Cível 3000543-41.2013.8.26.0601, deste E. Conselho, o princípio da cindibilidade implica o seguinte: *a)* a cisão possível é a do título formal (= do instrumento), e não do título causal (= do fato jurídico que, levado ao registro de imóveis, dá causa à mutação jurídico-real);*b)* a possibilidade de cisão decorre do princípio da unitariedade (ou unicidade) da matrícula (LRP/1973, art. 176, I); e*c)* o título formal pode cindir-se em dois casos: ou quando um mesmo e único título formal disser respeito a mais de um imóvel; ou quando um mesmo e único título formal contiver dois ou mais fatos jurídicos relativos a um mesmo e único imóvel, contanto que esses fatos jurídicos não constituam uma unidade indissolúvel. Portanto, não está abrangida pelo princípio da cindibilidade (ao menos como o tem entendido a jurisprudência deste E. Conselho) a permissão para que se separem, nos negócios jurídicos, as partes eficazes, e se desprezem as restantes. Essa "cisão" supõe que o oficial de registro de imóveis possa invocar e aplicar o Cód. Civil, art. 170 *(verbis* "Se, porém, o negócio jurídico nulo contiver os requisitos de outro, subsistirá este quando o fim a que visavam as partes permitir supor que o teriam querido, se houvessem previsto a nulidade. "). Ora, essa invocação e aplicação não são possíveis, porque dependem de uma ilação (= supor o que as partes haveriam querido, se tivessem previsto a nulidade ou a ineficácia) que extrapola os limites da qualificação registral, circunscrita ao que consta no título e no próprio registro. Portanto, no caso destes autos, não cabe ao ofício de registro de imóveis nem à corregedoria permanente extirpar uma parte ineficaz da doação (= a fração ideal afetada por indisponibilidade) para fazer com que o restante do negócio jurídico seja passível de registro *stricto sensu,* mesmo que se invoque o princípio da cindibilidade, que não se aplica. Em suma: a pretensão da apelante de registro stricto sensu não é viável. Essa impossibilidade não pode ser contornada sequer pela regra da cindibilidade (em seu sentido mais amplo), a qual, por falta de amparo legal, em verdade não pode ser aplicada para desprezar, nos negócios jurídicos, as partes que sejam inválidas ou ineficazes, somente para permitir uma inscrição *lato sensu*. Finalmente, é entendimento consolidado que o Poder Judiciário – mesmo no exercício de função administrativa, como seja a corregedoria dos serviços extrajudiciais – não é órgão consultivo. Assim, eventuais consultas só devem ser admitidas em hipóteses de excepcional e extrema relevância: Ora, por tudo isso se evidencia a completa carência de interesse e legitimação para o reclamo assim tão singularmente agitado, por quem, não dispondo, ainda, da titularidade do domínio (condomínio), não poderia alegar lesão ou ameaça de lesão, por parte da administração, a um direito seu, que sequer existe. **O pedido, na verdade, traduziria inconcebível e descabida consulta dirigida ao Judiciário, ainda que na sua função atípica de agente administrativo, sobre interpretação e aplicação, em tese, das leis e regulamentos.** Nesse sentido, é da melhor doutrina que a "reclamação administrativa é a oposição expressa a atos da Administração, que afetem direitos ou interesses legítimos dos administrados. O direito de reclamar é amplo, e se estende a toda pessoa física ou jurídica que se sentir lesada ou ameaçada de lesão pessoal ou patrimonial por atos ou fatos administrativos" (Hely Lopes Meirelles, Direito Administrativo Brasileiro, 3ª ed., Revista dos Tribunais, p. 617 e Caio Tácito, Direito Administrativo, 1975, Saraiva, p. 29), pressupostos esses que, absolutamente ausentes na hipótese, inviabilizam, por completo, a postulação inicial. (Corregedoria Geral da Justiça de São Paulo, Proc. 53/1982, parecer do juiz José Roberto Bedran, 22.7.1982, g. n.**). A E. Corregedoria-Geral da Justiça,** *em regra,* e conforme pacífica orientação, **não conhece de** *consultas,* **cujo exame, portanto, excepcional, fica condicionado à peculiaridade do assunto, sua relevância e o interesse de âmbito geral da matéria questionada.** (Corregedoria-Geral da Justiça, Proc. CG 10.715/2012, Des. José Renato Nalini, j. 18.12.2013). Como é sabido, **não cabe a este Juízo responder a consultas formuladas pelo interessado, pois a sua função primordial é solucionar conflitos e não figurar como consultor jurídico.** Além disso, como bem observou a Douta Promotora: "Conforme já decidiu a E. Corregedoria-Geral da Justiça, em parecer exarado pelo então Juiz Auxiliar da Corregedoria, Dr. Hélio Lobo Júnior, no procedimento nº 27.435/88 (02/89): "... é inconcebível e descabida consulta dirigida ao Judiciário, ainda que na sua função atípica de agente administrativo, sobre interpretação e aplicação, em tese, das leis e regulamentos (cf. ementa 10.2, das Decisões Administrativas da Corregedoria Geral da Justiça – Ed. RT, 1981/1982, p. 24). Neste mesmo sentido, manifestou-se o Dr. Aroldo Mendes Viotti, D. Juiz Auxiliar da Corregedoria, em parecer proferido nos autos do procedimento nº 113/90 (567/90), onde consta: "O comando emergente do dispositivo da r. sentença não pode – por isso – prevalecer, porquanto não é dado ao Juízo Corregedor Permanente emitir declaração positiva ou negativa de registro de título no Ofício Predial sem regular instauração de procedimento de dúvida, e sem que, consoante o devido procedimento de lei, se materialize o dissenso entre particular e registrador acerca daquele ato de registro. A atuação do Juízo da dúvida dirige-se tão-somente à revisão da atividade do registrador, devolvendo-se-lhe a tarefa de qualificação a este cabente em primeiro momento: não pode o Juízo administrativo, porém, substituir-se ao Oficial nessa primeira atividade, isto é, apreciar a registrabilidade de título sem que o responsável pelo Cartório Predial, em momento anterior, o faça. Por incômodo ou intrincado que se revele o ônus de qualificação dos títulos, dele deverá se desincumbir o Serventuário, nada justificando busque transferi-lo a terceiros. Também se presume detenha o titular da Serventia Imobiliária capacitação técnica não apenas para operacionalizar os comandos legais que disciplinam a questão da preferência a registro de títulos constitutivos de direitos reais reciprocamente contraditórios, como, igualmente, para conhecer os efeitos jurídicos que possam advir das medidas previstas nos arts. 867 e ss. (Seção X, Livro III) do CPC. Por isso, não cabia ao Juízo Corregedor fornecer resposta à consulta do Serventuário. Também não lhe era dado determinar registro de títulos à margem do procedimento legal, e sem que o registrador se houvesse previamente desincumbido de seu ônus de emitir juízo conclusivo a respeito de sua registrabilidade". (Primeira Vara de Registros Públicos de São Paulo, autos 1023331-97.2014.8.26.0100, Juíza Tânia Mara Ahualli, j. 16.05.2014). **3.** Ante o exposto, não conheço do recurso de apelação, com observação. ARTUR MARQUES DA SILVA FILHO. Presidente da Seção de Direito Privado. Apelação Cível nº 0027539-71.2014.8.26.0576. Apelante: Orlinda de Carvalho Fernandes. Apelado: 1º Oficial de Registro de Imóveis da Comarca de São José do Rio Preto. TJSP-Voto nº 25.215. **DECLARAÇÃO DE VOTO. Registro de Imóveis. Ausência da via original do título – Dúvida prejudicada – Impossibilidade de se pronunciar sobre o mérito da questão. Recurso não conhecido. 1.** Cuida-se de apelação contra decisão proferida pelo Juízo Corregedor Permanente do 1º Oficial de Registro de Imóveis da Comarca de São José do Rio Preto, que julgou procedente a dúvida e negou registro de escritura pública de doação da fração ideal de imóvel. É o relatório. **2.** Respeitado o entendimento diverso do Excelentíssimo Desembargador Relator Corregedor Geral da Justiça, prejudicada a dúvida, não seria o caso de ingressar na análise do mérito. Apenas no tocante a esse tópico, ousamos discordar, *data venia*. De antemão, cumpre conceituar o que vem a ser dúvida. O processo de dúvida é definido como um procedimento de natureza administrativa destinado a solucionar controvérsia existente entre o apresentante do título e o Oficial Predial, a respeito da registrabilidade do título, ou nas palavras de Ricardo Henry Marques Dip e Benedito Silvério Ribeiro: "... em acepção material: o juízo emitido pelo administrador no exercício de suas funções, obstando a pretensão de registro; em acepção formal: o procedimento de revisão hierárquica do juízo administrativo de objeção a uma pretensão de registro" *(in Algumas linhas sobre a Dúvida no Registro de Imóveis,* pág. 2). Indubitavelmente, para que surja o processo de dúvida é necessário que um título seja apresentado e que ele seja recusado à primeira vista, ofertando o Oficial determinadas exigências para complementação formal daquele título, a fim de que seja viabilizado o registro. Assim, caso o apresentante discorde das exigências, ele instará o Oficial a suscitar dúvida, em face do dissenso. *In casu*, formuladas as exigências, o próprio interessado suscitou a dúvida. Porém, **não apresentou o original do título cujo registro pretende (fl. 06/08)**. Como bem observou o Excelentíssimo Desembargador Relator, é pacífica a jurisprudência do Colendo Conselho Superior da Magistratura a exigir, nos procedimentos de dúvida, a via original do título cujo registro se pretende. Isso porque o inciso II do artigo 221 da Lei de Registros Públicos, Lei nº 6.015 de 31 de dezembro de 1973, expressamente prevê que "somente são admitidos registro escritos particulares autorizados em lei, assinados pelas partes e testemunhas, com as firmas reconhecidas, dispensado o reconhecimento quando se tratar de atos praticados por entidades vinculadas ao Sistema Financeiro da Habitação". Caberá ao próprio interessado, se o caso, havendo recusa do Oficial, apresentando a via original do título, **seguindo os trâmites legais,** suscitar a dúvida adequadamente. Em arremate, prejudicada a dúvida, não há como se prosseguir com o julgamento do mérito, porque o Colendo Conselho Superior da Magistratura não é, *data máxima vênia*, órgão de consulta. Como suso anotado, o procedimento de dúvida deve atender a um trâmite específico diante dos efeitos da prenotação, que não podem se estender além do prazo legal. Demais, as decisões do Conselho têm caráter normativo, não fazendo sentido elaborar decisões condicionais. A pressuposição de algo que não se sabe tenha realmente ocorrido ou venha a ocorrer torna a análise condicional: se "A" ocorreu ou vier a ocorrer, então "B" é verdade; se "A" não ocorreu ou não vier a ocorrer, então "B" é falso. Explico: *in casu*, para que se possa realizar um juízo positivo ou negativo a respeito da registrabilidade do título, há de se pressupor que o interessado apresentará a via original do título e que novas exigências não serão feitas. Então, se o título original for apresentado, comportará ou não registro. Trata-se de uma análise condicional. E se, antes mesmo de se apresentar o título original, houver alterações? Se falecer uma das partes envolvidas no negócio jurídico? Se houver prenotação de outro título? A dinamicidade do mundo negocial faz com que as premissas tomadas pela Egrégia Corregedoria em data presente sejam incertas. Dess'arte, *data venia*, a análise do mérito, prejudicada a dúvida, seria, no meu entendimento, condicional. Nem se perca de vista que o procedimento de dúvida é judicialiforme, isto é, em parte administrativo, em parte judicial. A fase judicial inicia-se com o recurso de apelação. A partir de então, hão de se observar as regras e os princípios processuais, dentre eles a necessidade de se proferir decisão certa (artigo 460, parágrafo único, do Código de Processo Civil). Como já se decidiu, **"nula é a sentença que julga** a ação **procedente, condicionada** esta **procedência** ao **preenchimento de determinados requisitos legais pelo autor** "(RT 472/150). Nesse sentido, ainda, farta jurisprudência do Egrégio Conselho Superior da Magistratura, por vários biênios, consoante venerandos acórdãos a seguir transcritos (grifos meus): "*Registro de Imóveis – Dúvida – Suscitação inversa e apenas com relação a um dos óbices opostos contra o registro, sem menção aos demais, que também constaram da nota de devolução – Inviabilidade – o* ***procedimento não se presta ao exame isolado de uma das exigências formuladas, mas à registrabilidade do título, considerado na oportunidade de sua apresentação – Dúvida prejudicada.*** *Vistos, relatados e discutidos estes autos de APELAÇÃO CÍVEL Nº 30.751-0/1, da Comarca de TAUBATÉ, em que é apelante SEBASTIANA PIRES DE SOUZA e apelado o OFICIAL DO CARTÓRIO DE REGISTRO DE IMÓVEIS E ANEXOS. ACORDAM os Desembargadores do Conselho Superior da Magistratura, por votação unânime, em julgar prejudicada a dúvida. Tratam os autos de apelação, tempestivamente interposta contra a respeitável sentença que manteve a recusa posta contra o registro de ambos os títulos objeto desta, porque, além de não ter sido manejada a irresignação contra todos os motivos apresentados pelo registrador, pretendeu o suscitante fossem os títulos registrados independentemente do suprimento das omissões verificadas no registro de origem. O Ministério Público opina pelo não provimento do recurso. É o relatório. Ao suscitar a dúvida inversamente, a recorrente manifestou seu inconformismo apenas com relação a um dos motivos da recusa, omitindo-se quanto às demais exigências que também foram formuladas pelo registrador.* ***O procedimento de dúvida não se presta à solução de dissensão que versa apenas acerca de um dos óbices opostos contra o registro, porque, ainda que afastado fosse este motivo da recusa, aquele não se viabilizaria, Para o deslinde da dúvida importa o exame da registrabilidade do título e, ainda assim, tomando-a em consideração no momento da devolução. Tem-se por prejudicada a dúvida quando várias são as exigências e apenas uma delas é questionada na suscitação inversa, como ocorreu no caso.*** *Isto posto,* ***julgam a dúvida prejudicada.*** *Custas na forma da lei. Participaram do julgamento, com votos vencedores, os Desembargadores* ***YUSSEF SAID CAHALI,*** *Presidente do Tribunal de Justiça e* ***DIRCEU DE MELLO,*** *Vice-Presidente do Tribunal de Justiça. São Paulo, 15 de março de 1996.* ***MÁRCIO MARTINS BONILHA,*** *Corregedor Geral da Justiça e relator. Vistos, relatados e discutidos estes autos de APELAÇÃO CÍVEL Nº 54.319-0/6, da Comarca de SÃO SEBASTIÃO, em que são apelantes DANIEL OHANNES AVAKIAN e OUTROS e apelado o 1º TABELIÃO DE NOTAS E OFICIAL DO REGISTRO DE IMÓVEIS, TÍTULOS E DOCUMENTOS E CIVIL DE PESSOA JURÍDICA da mesma Comarca. ACORDAM os Desembargadores do Conselho Superior da Magistratura, por votação unânime, em não conhecer do recurso. Trata-se de recurso interposto, tempestivamente, por Daniel Ohannes Avakian e outros, contra a r. decisão de primeiro grau, que julgou prejudicada a dúvida inversamente suscitada pelo 1º tabelião de notas e oficial do registro de imóveis, títulos e documentos e civil de pessoa jurídica da Comarca de São Sebastião, relativamente ao registro de escritura de venda e compra outorgada pelo Espólio de Domenico Ricciardi Maricondi e outros. Sustentaram os recorrentes o provimento do recurso e a reforma da r. decisão recorrida, porquanto a apresentação das exigências em nada modificará o registro. Ademais, aduziram que o cumprimento das exigências foi feito no decorrer do pedido, em atendimento às determinações do oficial de registro. Por fim, alegaram que os documentos juntados provam claramente que a transcrição está devidamente dentro da lei, pois o detentor do domínio fora quem transmitiu a propriedade ao apelante. E mais, a sequência das transmissões com seus devidos impostos juntados aos autos, provam as cessões do compromisso registrado. Contrarrazões e parecer da Douta Procuradoria Geral da Justiça, pelo não conhecimento do recurso. É o relatório. O recurso não é de ser conhecido. Constata-se, no presente caso, o fato de que os recorrentes, no decorrer do procedimento de dúvida, se conformaram com alguns dos óbices opostos ao registro pretendido. Ante a concordância dos recorrentes com algumas das exigências formuladas pelo oficial registrador torna-se imperativa a manutenção da r. decisão que decidiu pela prejudicialidade da dúvida, já que para o deslinde do procedimento importa o exame da registrabilidade do título, considerado o momento da sua devolução. Inviável, ainda, o cumprimento de eventuais exigências no curso do procedimento, circunstância que poderia implicar em injusta prorrogação do prazo de prenotação. Neste sentido decisão deste Colendo Conselho Superior da Magistratura, proferida nos autos da apelação cível nº 31.719-0/3, da Comarca de Guarulhos, Relator o Desembargador Márcio Martins Bonilha: "Como é sabido o procedimento de dúvida não admite sejam atendidas exigências no curso do procedimento. Ao ser suscitada a dúvida, a requerimento do interessado, o título recusado deve ser prenotado para que esteja assegurado o direito de prioridade do apresentante. Se fosse admitido cumprir exigência durante o procedimento, estaria aberto caminho para uma injusta prorrogação do prazo da prenotação, que, muita vez, viria em prejuízo dos eventuais detentores de títulos contraditórios.* ***Tem-se, pois, que o provimento judicial, em procedimento de dúvida, deverá ser sempre positivo ou negativo, a fim de que o registro seja ou não autorizado diante da dissensão que existia ao tempo da suscitação.*** *O cumprimento de exigências depois daquele momento, como sucedeu no caso, ou mesmo a aceitação da procedência do outro óbice que tinha sido posto contra o registro, com a afirmação de que este deverá ser atendido depois, tal como se verifica das razões de recurso, prejudicam a dúvida, pelo que falece interesse recursal à recorrente.* ***Não há como se levar em conta, por estes motivos, o atendimento das exigências depois da suscitação,*** *nem como considerar a promessa de que o alvará de desdobro deverá ser mais tarde providenciado. É tranquila a jurisprudência deste Colendo Conselho Superior da Magistratura, há muito orientada nessa direção (Ap. Cíveis nºs 30.763-0/6, da Comarca de*

Itapecerica da Serra e 31.007-0/4, da Comarca de São Caetano do Sul). Isto posto, prejudicada a dúvida, não conhecem do recurso. "Desta forma, aquiescendo os recorrentes com alguns dos óbices postos pelo registrador, não ê de ser conhecido o recurso, prejudicadas as demais questões suscitadas pelas partes. Ante o exposto, prejudicada a dúvida, não conhecem do recurso. Participaram do julgamento, com votos vencedores, os Desembargadores ***DIRCEU DE MELLO,*** *Presidente do Tribunal de Justiça, e* ***AMADOR DA CUNHA BUENO NETTO,*** *Vice-Presidente do Tribunal de Justiça. São Paulo, 12 de fevereiro de 1999.* ***SÉRGIO AUGUSTO NIGRO CONCEIÇÃO,*** *Corregedor Geral da Justiça e Relator. Vistos, relatados e discutidos estes autos de APELAÇÃO CÍVEL Nº 76.810-0/8, da Comarca da CAPITAL, em que é apelante MARIA FÁTIMA DA SILVA e apelado o 14º OFICIAL DE REGISTRO DE IMÓVEIS da mesma Comarca. ACORDAM os Desembargadores do Conselho Superior da Magistratura, por votação unânime, em não conhecer do recurso, de conformidade com o voto do relator que fica fazendo parte integrante do presente julgado. Participaram do julgamento, com votos vencedores, os Desembargadores* ***MÁRCIO MARTINS BONILHA,*** *Presidente do Tribunal de Justiça, e* ***ÁLVARO LAZZARINI,*** *Vice – Presidente do Tribunal de Justiça. São Paulo. REGISTRO DE IMÓVEIS – Processo de dúvida. Recusa no registro de formal de partilha em razão de várias exigências formuladas pelo registrador. Concordância expressa da interessada com duas delas. Dúvida prejudicada. Impossibilidade de julgamento do mérito a ponto de comprometer o princípio da prioridade. Apelação não conhecida. Trata-se de apelação interposta por Maria Fátima da Silva (f. 58/60) contra a sentença do MM, Juiz Corregedor Permanente do 14º Oficial de Registro de Imóveis da Comarca da Capital (f. 50/51), que julgou procedente dúvida inversamente suscitada, recusando o registro deformai de partilha extraído da ação de arrolamento de bens que teve curso perante a 9a Vara da Família e Sucessões, uma vez que a recorrente conformou se com as exigências (apresentação de guia de recolhimento do ITBI e de certidão de quitação de tributos fiscais da Prefeitura Municipal de São Paulo), daí a inviabilidade do registro. O título foi prenotado em 24 de março de 2000 sob nº 339.083. Sustenta, em síntese, a recorrente que: a) sejam afastadas por completo as exigências do registrador, consistentes em discutir o percentual que lhe cabe na partilha homologada em juízo, a exibição de certidões negativas de débito e apresentação de requerimento com firma reconhecida, constando a qualificação completa dos separandos e b) que as exigências com as quais aquiesceu são por demais simples. Pede o provimento para, reformada a decisão, ser o título registrado. É o relatório. A recorrente desde o início do procedimento (f. 3) e também na fase recursal (f. 59) concordou expressamente com duas das várias exigências formuladas pelo Oficial de Registro (f. 5 e 41/43), ou seja, está de acordo em providenciar o comprovante de recolhimento do ITBI e a certidão negativa de tributos junto à Municipalidade de São Paulo. Tal circunstância, por si só, retira o dissenso que existiria entre o interessado no registro e o registrador, prejudicando a análise da dúvida em seu mérito. Como já entendi na Ap. Cív. nº 72.513.0/3-00: "Este E. Conselho Superior da Magistratura, (Ap. Cív. nº 60.460.0/8-00, j. 6/12/99, v. u., Des. Márcio Bonilha, Presidente, Álvaro Lazzarini, Vice-Presidente, e Nigro Conceição, Corregedor Geral) decidiu: "O cumprimento de exigências depois daquele momento, como sucedeu no caso, ou mesmo a aceitação da procedência do outro óbice que tinha sido posto contra o registro, com a afirmação de que este deverá ser atendido depois, tal como se verifica das razões de recurso, prejudicam a dúvida, pelo que falece interesse recursal à recorrente. " Com a aceitação da exigência nas razões de apelação desapareceu o dissenso entre o Oficial e a apelante,* ***não possibilitando a análise do mérito*** *e a determinação do registro nestes autos a ponto de comprometer o princípio da prioridade com eventual aproveitamento da prenotação existente. " Noutra oportunidade, na Ap. Cív. nº 31.719-0/3, da Comarca de Guarulhos, sendo relator o Des. Márcio Bonilha: "Como é sabido o procedimento da dúvida não admite sejam atendidas exigências no curso do procedimento. "Ao ser suscitada a dúvida, a requerimento do interessado, o título recusado deve ser prenotado para que esteja assegurado o direito de prioridade do apresentante. "Se fosse admitido cumprir exigência durante o procedimento, estaria aberto caminho para uma injusta prorrogação do prazo da prenotação, que, muita vez, viria em prejuízo dos eventuais detentores de títulos contraditórios. "Tem-se, pois, que o provimento judicial, em procedimento de dúvida, deverá ser sempre positivo ou negativo, a fim de que o registro seja ou não autorizado diante da dissensão que existia ao tempo da suscitação". Ante o exposto, prejudicada a dúvida, não conheço da apelação.* ***LUÍS DE MACEDO,*** *Relator e Corregedor Geral da Justiça. Vistos, relatados e discutidos estes autos de APELAÇÃO CÍVEL Nº 495-6/0, da Comarca da CAPITAL, em que são apelantes JOSÉ LANZA e SUA ESPOSA e apelado o 6º OFICIAL DE REGISTRO DE IMÓVEIS da mesma Comarca. ACORDAM os Desembargadores do Conselho Superior da Magistratura, por votação unânime, em não conhecer do recurso, de conformidade como voto do relator que fica fazendo parte integrante do presente julgado. Participaram do julgamento, com votos vencedores, os Desembargadores* ***CELSO LUIZ LIMONGI,*** *Presidente do Tribunal de Justiça e* ***CAIO EDUARDO CANGUÇU DE ALMEIDA,*** *Vice-Presidente do Tribunal de Justiça. REGISTRO DE IMÓVEIS – Dúvida procedente – Irresignação parcial, sem prova de cumprimento de outra exigência não impugnada – Dúvida prejudicada – Recurso não conhecido.* ***1.*** *Trata-se de apelação interposta por José Lanza e Maria Olinda Lanza, tempestivamente, contra r. sentença que julgou procedente dúvida suscitada e manteve a recusa do Oficial do 6º Registro de Imóveis da Capital oposta ao registro de mandado de usucapião, por falta de pagamento dos emolumentos devidos, observando-se que a isenção concedida alcança apenas a parte dos emolumentos que corresponde à receita do Estado de São Paulo. Sustenta o apelante, em suma, que o benefício da assistência judiciária abrange a totalidade dos emolumentos devidos ao cartório extrajudicial, diante de expressa ordem judicial que consta, neste sentido, no mandado apresentado para registro, reportando-se, ainda, a legislação que entende lhe beneficiar. A Procuradoria Geral de Justiça opina pelo provimento do recurso (fls. 78/82). É o relatório.* ***2.*** *Pretende-se o registro de sentença declaratória de usucapião, observando-se que, para isso, foi apresentado mandado judicial, instruído com documentos, prenotado sob nº 369.458 no 6º Registro de Imóveis da Capital. Por ocasião da devolução do título levado a registro, formulou o oficial registrador duas exigências, a saber: a) depósito prévio de R$ 546,34, com observação de que a gratuidade refere-se somente a parte tocante ao Estado, não isentando quanto aos demais emolumentos; b) complemento dos documentos que instruíram o mandado, especialmente folhas do laudo pericial que não vieram, esclarecedoras se houve alteração da área construída de 157,91 m² da edificação residencial. Todavia, os apelantes se insurgiram apenas no tocante à exigência de pagamento dos emolumentos, deixando de impugnar a outra exigência do registrador. Ademais, não há notícia nem prova de que, após a devolução, o título tenha sido reapresentado com o cumprimento da exigência referente ao esclarecimento da área construída, com apresentação das folhas do laudo pericial correspondentes. Assim, atento às reiteradas decisões do Colendo Conselho Superior da Magistratura, impõe-se concluir que este procedimento de dúvida está prejudicado, pois não se presta à solução de dissenso relativo a apenas um dos óbices opostos ao registro, pois, eventualmente afastado o óbice questionado, restaria o outro, que, não atendido, impediria, de todo modo, o registro.* **Entendimento diverso importaria em decisão condicional, que é inadmissível Ademais, a discussão parcial dos óbices, sem atendimento à exigência tida como correta, levaria à prorrogação do prazo de prenotação do título sem amparo legal.** *Neste sentido, confira o v. acórdão relativo à Apelação Cível nº 93.875-0/8, j. 06.09.2002, relator Desembargador Luiz Tâmbara: "A posição do Egrégio Conselho Superior da Magistratura, como bem ressaltado pelo digno Procurador de Justiça, é tranquila no sentido de se ter como prejudicada a dúvida, em casos como o que se examina, em que admitida como correta uma das exigências, não sendo a outra cumprida, posto que permanece a impossibilidade de acesso do título ao fólio. Nesse sentido os julgados das Apelações Cíveis números 54.073-0/3, 60.046-0/9, 61.845-0/2 e 35.020-0/2. Posicionar-se de maneira diversa importaria admitir uma decisão condicional pois, somente se atendida efetivamente a exigência tida como correta é que a decisão proferida na dúvida, eventualmente afastando o óbice discutido, é que seria possível o registro do título. A discussão parcial dos óbices, por outro lado, sem cumprimento daqueles admitidos como corretos, possibilitaria a prorrogação indevida do prazo de prenotação, com consequências nos efeitos jurídicos desta decorrentes, tal como alteração do prazo para cumprimento das exigências ou a prorrogação da prioridade do título em relação a outro a ele contraditório. "Confira, ainda, do Conselho Superior da Magistratura:*

Apelação Cível nº 71.127-0/4, j. 12.09.2000, rel. Des. Luís de Macedo; Apelação Cível nº 241-6/1, j. 03.03.2005, rel. Des. José Mário Antônio Cardinale. Logo, configurada a irresignação parcial, deve-se ter como prejudicada a dúvida, não sendo o caso de conhecimento do recurso interposto, pela ausência de interesse recursal, pois inútil à finalidade prática pretendida. Por último, limitada a discórdia à cobrança de emolumentos, fica anotada a célere via da reclamação (artigo 30 da Lei Estadual nº 11.331/2002), que, talvez, melhor atenderá ao fim pretendido pelos interessados. Pelo exposto, dou por prejudicada a dúvida e não conheço do recurso. ***GILBERTO PASSOS DE FREITAS,*** *Corregedor Geral da Justiça e Relator.* Por epítome, ausente a via original do título, estando prejudicado o julgamento da dúvida, não seria adequada a análise do mérito de forma condicional. **3.** Ante o exposto, pelo arrimo esposado, pelo meu voto, não conheço do recurso. Ricardo Mair Anafe Presidente da Seção de Direito Público Notas:[1] Apelações Cíveis 2.177-0,4.258-0,4.283-0, 12.439-0/6, 13.820-0/2,16.680-0/4 e 17.542-0/2[2] APELAÇÃO CÍVEL: 21.841-0/1 LOCALIDADE: Americana DATA JULGAMENTO: 20/02/1995 DATA DJ: 31/03/1995 Relator: Antônio Carlos Alves Braga. [3] Peço licença para transcrever a íntegra dos respectivos acórdãos justamente para se observar que, em biênios de Conselhos Superiores da Magistratura anteriores, prejudicada a dúvida, nem em tese se analisava o mérito. Citar grandes nomes da história da Magistratura Paulista parece-me fundamental, porque ensinamentos de tão ilustres pensadores do Direito não podem permanecer ocultos às novas gerações, mormente diante da inexistência de alterações substanciais na Lei 6.015 de 1973. (DJe de 20.01.2016 – SP).

▶ **EMENTA:** Registro de imóveis – Dúvida inversa julgada procedente – Recusa de ingresso de escritura de compra e venda no registro imobiliário – Título apresentado por cópia – Irresignação parcial – Dúvida prejudicada – Recurso não conhecido (Apelação nº 0000641-56.2014.8.26.0338). Trata-se de recurso de apelação interposto contra a sentença do MM. Juiz Corregedor Permanente do Oficial de Registro de Imóveis da Comarca de Mairiporã, que ao julgar a dúvida inversa suscitada manteve a recusa de registro de escritura pública de compra e venda, sob o fundamento de que há tentativa de burla aos ditames da legislação de parcelamento do solo. Os apelantes afirmam que são parentes entre si e que receberam de seus familiares o imóvel, que possui natureza civil de propriedade em condomínio na característica horizontal, e que o terreno transformou-se em sítio destinado à residência das famílias, o que é permitido pela lei. Dizem que a situação já foi levada à decisão judicial há anos e que está protegida pela coisa julgada. A Procuradoria Geral de Justiça opinou pelo não conhecimento do recurso, ou, se conhecido, pelo não provimento. **É o relatório.** A dúvida está prejudicada. Os interessados não apresentaram o original do título, e, de acordo com o pacífico entendimento do Conselho Superior da Magistratura, nem mesmo a apresentação de cópia autenticada supriria a falta da via original. O artigo 221 da Lei nº 6.015/73 dispõe sobre os títulos admitidos para registro, dentre eles a escritura pública de compra e não contempla a possibilidade de ingresso de cópia. Neste sentido: *"A cópia constitui mero documento e não instrumento formal previsto como idôneo a ter acesso ao registro e tendo em vista uma reavaliação qualificativa do título, vedado o saneamento intercorrente das deficiências da documentação apresentada..."*(Apelação Cível nº 33.624-0/4, Rel. Des. Márcio Bonilha, j. 12.9.96). É iterativa a jurisprudência do Conselho Superior da Magistratura neste sentido, a exemplo das Apelações Cíveis nºs 33.624-0/4, 94.033-0/3, 278-6/0, 38.411-0/9, 77.181-0/3 e 516-6/7. Observa-se que os apelantes tiveram oportunidade de juntada do título original, quando foram intimados acerca da manifestação do Oficial, na qual este solicitou o cumprimento do subitem 41.1.1 do Capítulo XX das Normas de Serviço da Corregedoria-Geral da Justiça, qual seja, de converter o procedimento em diligência para juntada do original no prazo de dez dias, sob pena de arquivamento, porém, não providenciaram a juntada do original do título. Além disso, o mesmo título objeto desta dúvida inversa foi apresentado anteriormente, conforme notas devolutivas de fls. 23 e 31, e, na última, datada de 28 de janeiro de 2010, outras exigências foram apresentadas, referentes aos documentos necessários, e, dentre eles, o Oficial indicou ao se manifestar os cinco últimos comprovantes do pagamento do ITR (Imposto Territorial Rural). Os apelantes não impugnaram tal exigência nem a cumpriram. Assim sendo, a dúvida também está prejudicada pelo inconformismo parcial, pois, não há possibilidade de sanar a falta no curso do procedimento, porque se fosse permitido haveria ilegal prorrogação do prazo da prenotação e permissão de dilações e complementações em detrimento de direitos posicionais que acaso pudessem existir em contraposição ao do suscitado, nem tampouco é possível proferir decisão condicionada ao posterior atendimento das exigências não impugnadas. Com efeito, no procedimento de dúvida, ou as exigências são indevidas e o título ingressa no fólio real, ou são devidas e devem ser cumpridas para possibilitar o registro. Entendimento diverso importaria em decisão condicional, o que é inadmissível. Neste sentido foi decidido na Apelação Cível nº 93.875-0/8, j. 06.09.2002, relator Desembargador Luiz Tâmbara: *"A posição do Egrégio Conselho Superior da Magistratura, como bem ressaltado pelo digno Procurador de Justiça,* ***é tranquila no sentido de se ter como prejudicada a dúvida, em casos como o que se examina, em que admitida como correta uma das exigências, não sendo a outra cumprida, posto que permanece a impossibilidade de acesso do título ao fólio.*** *Nesse sentido os julgados das Apelações Cíveis números 54.073-0/3, 60.046-0/9, 61.845-0/2 e 35.020-0/2. Posicionar-se de maneira diversa importaria admitir uma decisão condicional, pois, somente se atendida efetivamente à exigência tida como correta é que a decisão proferida na dúvida, eventualmente afastando o óbice discutido, é que seria possível o registro do título. A discussão parcial dos óbices, por outro lado, sem cumprimento daqueles admitidos como corretos, possibilitaria a prorrogação indevida do prazo de prenotação, com consequências nos efeitos jurídicos desta decorrentes, tal como alteração do prazo para cumprimento das exigências ou a prorrogação da prioridade do título em relação a outro a ele contraditório.* "O Conselho Superior da Magistratura assim decidiu, dentre vários outros julgados, nas Apelações Cíveis nºs 71.127-0/4, 241-6/1, 15.351-0/6, 30.736-0/6, 31.007-0/4 e 59.191-0/7. Deve-se, pois, ter como prejudicada a dúvida, a qual não comporta parcial provimento, e, uma vez prejudicada, o recurso não é conhecido pela ausência de interesse, porque não será possível alcançar a finalidade prática pretendida, que é o registro do título. Caso a dúvida não estivesse prejudicada, o registro seria viável. Com efeito, da análise da matrícula número 16.273 do imóvel, verifica-se que se trata de extensa área rural, que, nos termos do "R.02" passou a pertencer em razão de divisão amigável a Ichiro Ishibashi e sua mulher Minque Ishibashi. Em razão do falecimento do titular do domínio, o imóvel foi partilhado aos herdeiros Alina Tomie Ishibashi Ribeiro casada com Álvaro Calmon Ribeiro e a Antônio Mikio Ishibashi casado com Maria Imaculada Martins Ishibashi, na proporção de 50% para cada um, e, por força da separação de Alina esta passou a ser a única titular desta cota parte, e, por fim, em razão de seu falecimento, houve partilha desta parte ideal (50%) aos seus herdeiros Daniel Kinjiro Ishibashi Ribeiro e Margareth Kimie Ishibashi Ribeiro, na proporção de 25% para cada um, de maneira que estes dois últimos e Antônio Mikio Ishibashi e sua mulher Maria Imaculada Martins Ishibashi são os titulares do domínio. A escritura de compra e venda que se pretende registrar possui como vendedores os titulares domínio acima mencionados e como compradores: Joyce Lemos Lopes (2,81%); Denis Eduardo Azanha Sanches (2,81%); César Ricardo Azanha Sanches (5,63%); Paula Toribio (11,25%); Maria Ângela Andolfatto Toribio (10,10%); Valéria Toribio Bayeux e seu marido (1,15%); Marcela Toribio (10%); Marcia Regina Barros (14,06%); Yara Monica Barros (14,06%); Ana Paula Barros (14,06%); e Eliana Maria Barros (14,07%) de uma área total de 52.625,00 m^2 (cinquenta e dois mil, seiscentos e vinte e cinco metros quadrados). Estes compradores são parentes entre si e verifica-se pela qualificação que boa parte deles reside no imóvel. Nestas condições, não há como presumir nesta esfera administrativa e limitada ao exame dos aspectos extrínsecos do título, que se trata de parcelamento irregular do solo e obstar o seu acesso ao fólio real. Não obstante, não se ignora que a alienação de partes ideais não localizadas e sem identificação no título, como ocorre no caso em tela, cuja área é extensa, pode viabilizar quando não a implantação de loteamento irregular, ao menos a efetivação do desmembramento em várias glebas ou unidades autônomas, de maneira que, caso ocorra a alienação de frações ideais do imóvel pelos ora interessados e adquirentes para pessoas diversas e que aparentemente não guardam nenhum vínculo entre si, o exame dos títulos pelo Oficial merecerá especial atenção a tais circunstâncias, que poderão configurar burla à lei do parcelamento do solo. Com tais considerações, dou por prejudicada a dúvida e não conheço do recurso. HAMILTON ELLIOT AKEL. CORREGEDOR GERAL DA JUSTIÇA E RELATOR. Apelação Cível nº 0000641-56.2014.8.26.0338. Apelante: César Ricardo Azenha Sanches e outros. Apelado: Oficial de Registro de Imóveis da comarca de Mairiporã. DECLARAÇÃO DE VOTO CONVERGENTE. VOTO nº 34.621. **1.** César Ricardo Azenha Sanches e outros interpuseram apelação contra sentença que julgou procedente dúvida suscitada pelo Oficial de Registro de Imóveis da comarca de Mairiporã e, assim, obstou ao registros *stricto sensu* de compra e venda, celebrada por escritura pública. Os apelantes alegam que essa compra e venda não é tentativa de burlar a legislação de parcelamento do solo, pois receberam o imóvel de parentes e passaram a viver nele, de modo que existe tão-somente um condomínio comum, regido pelo Cód. Civil. Assim, deve ser efetuado o registro, tal como rogado. **2.** Respeitável é o entendimento do eminente Desembargador Relator ao dar por prejudicada a dúvida. Isto porque, mesmo depois de oportunidade de regularização, os interessados só apresentaram cópia de título formal, o que a LRP/1973, art. 221, não admite. Segundo constante jurisprudência deste Conselho, se o título formal não veio aos autos, é impossível a análise do mérito, pois cópias não são objeto de qualificação registral. No entanto, diverge-se quanto à apresentação de solução que, em tese, deveria dar-se ao caso, na hipótese de conhecimento do recurso. A orientação superior das notas e dos registros e a propositura de medidas convenientes ao aprimoramento dos serviços extrajudiciais é tarefa exclusiva e indelegável do Corregedor Geral da Justiça (Regimento Interno, art. 28, XVIII e XXXI). Por sua vez, o Conselho Superior da Magistratura, em matéria notarial e registral, é chamado a decidir processos (Regimento Interno, art. 16, IV), e não a emitir orientações hipotéticas. Portanto, constatando a necessidade de proferir instruções, orientações ou recomendações, cabe ao Corregedor Geral da Justiça fazê-lo, sem que precise ou deva valer-se de dúvida registral, expediente que, ademais, desatende o sistema pela heterodoxia. Com efeito, este Conselho só deve conhecer do mérito, se antes não conhecer de preliminar que com ele seja incompatível (CPC/1973, art. 560, *caput).* Disso se conclui que, se houver (como *in casu* houve) preliminar que impeça o exame do mérito, sobre ele não cabe pronunciamento. Há de ser entregue a prestação jurisdicional, e não mais que isso. Como diz Pontes de Miranda *(Comentários ao Código de Processo Civil,* Rio de Janeiro: Forense, 1975, tomo VIII, p. 266): Se a decisão na preliminar processual ou na questão prejudicial elimina o julgamento do mérito, claro que não mais se prossegue; julgado está o feito; a decisão, por si só, é terminativa. As decisões deste Conselho gozam de inegável prestígio e (como salienta o Desembargador Relator), servem de orientação para registradores, tabeliães, juízes e partes. Justamente por isso, os acórdãos devem contar o que a lei efetivamente permite que seja objeto do julgamento de todos os integrantes do Conselho. No caso de dúvida prejudicada, esse objeto, como se disse, restringe-se à matéria preliminar. Logo, é preferível não inserir nem fazer prevalecer posições jurídicas sobre a matéria de fundo, sem que esta, contudo, pudesse ter sido legalmente examinada, discutida e votada. Afinal, ou este Conselho de fato orienta e disciplina (caso em que a orientação ou a regra necessariamente há de ser produto da deliberação deste órgão), ou então não resolve, e não convém expender nem se estender em tema, não objeto de pronunciamento pelo colegiado. Finalmente, é entendimento consolidado que o Poder Judiciário – mesmo no exercício de função administrativa, como seja a corregedoria dos serviços extrajudiciais – não é órgão consultivo. Dessa maneira, eventuais consultas só devem ser admitidas em hipóteses de excepcionais e extrema relevância: Ora, por tudo isso se evidencia a completa carência de interesse e legitimação para o reclamo assim tão singularmente agitado, por quem, não dispondo, ainda, da titularidade do domínio (condomínio), não poderia alegar lesão ou ameaça de lesão, por parte da administração, a um direito seu, que sequer existe. **O pedido, na verdade, traduziria inconcebível e descabida consulta dirigida ao Judiciário, ainda que na sua função atípica de agente administrativo, sobre interpretação e aplicação, em tese, das leis e regulamentos.** Nesse sentido, é da melhor doutrina que a "reclamação administrativa é a oposição expressa a atos da Administração, que afetem direitos ou interesses legítimos dos administrados. O direito de reclamar é amplo, e se estende a toda pessoa física ou jurídica que se sentir lesada ou ameaçada de lesão pessoal ou patrimonial por atos ou fatos administrativos" (Hely Lopes Meirelles, Direito Administrativo Brasileiro, 3ª ed., Revista dos Tribunais, p. 617 e Caio Tácito, Direito Administrativo, 1975, Saraiva, p. 29), pressupostos esses que, absolutamente ausentes na hipótese, inviabilizam, por completo, a postulação inicial. (Corregedoria-Geral da Justiça de São Paulo, Proc. 53/1982, parecer do juiz José Roberto Bedran, 22.7.1982, g. n.) **A E. Corregedoria-Geral da Justiça,** *em regra,* e conforme pacífica orientação, **não conhece de** *consultas,* **cujo exame, portanto, excepcional, fica condicionado à peculiaridade do assunto, sua relevância e o interesse de âmbito geral da matéria questionada.** (Corregedoria Geral da Justiça, Proc. CG 10.715/2012, Des. José Renato Nalini, j. 18.12.2013). Como é sabido, **não cabe a este Juízo responder a consultas formuladas pelo interessado, pois a sua função primordial é solucionar conflitos e não figurar como consultor jurídico.** Além disso, como bem observou a Douta Promotora: "Conforme já decidiu a E. Corregedoria Geral da Justiça, em parecer exarado pelo então Juiz Auxiliar da Corregedoria, Dr. Hélio Lobo Júnior, no procedimento nº 27.435/88 (02/89): "... é inconcebível e descabida consulta dirigida ao Judiciário, ainda que na sua função atípica de agente administrativo, sobre interpretação e aplicação, em tese, das leis e regulamentos (cf. ementa 10.2, das Decisões Administrativas da Corregedoria Geral da Justiça – Ed. RT, 1981/1982, p. 24). Neste mesmo sentido, manifestou-se o Dr. Aroldo Mendes Viotti, D. Juiz Auxiliar da Corregedoria, em parecer proferido nos autos do procedimento nº 113/90 (567/90), onde consta: "O comando emergente do dispositivo da r. sentença não pode – por isso – prevalecer, porquanto não é dado ao Juízo Corregedor Permanente emitir declaração positiva ou negativa de registro de título no Ofício Predial sem regular instauração de procedimento de dúvida, e sem que, consoante o devido procedimento de lei, se materialize o dissenso entre particular e registrador acerca daquele ato de registro. A atuação do Juízo da dúvida dirige-se tão-somente à revisão da atividade do registrador, devolvendo-se-lhe a tarefa de qualificação a este cabente em primeiro momento: não pode o Juízo administrativo, porém, substituir-se ao Oficial nessa primeira atividade, isto é, apreciar a registrabilidade de título sem que o responsável pelo Cartório Predial, em momento anterior, o faça. Por incômodo ou intrincado que se revele o ônus de qualificação dos títulos, dele deverá se desincumbir o Serventuário, nada justificando busque transferi-lo a terceiros. Também se presume detenha o titular da Serventia Imobiliária capacitação técnica não apenas para operacionalizar os comandos legais que disciplinam a questão da preferência a registro de títulos constitutivos de direitos reais reciprocamente contraditórios, como, igualmente, para conhecer os efeitos jurídicos que possam advir das medidas previstas nos arts. 867 e ss. (Seção X, Livro III) do CPC. Por isso, não cabia ao Juízo Corregedor fornecer resposta à consulta do Serventuário. Também não lhe era dado determinar registro de títulos à margem do procedimento legal, e sem que o registrador se houvesse previamente desincumbido de seu ônus de emitir juízo conclusivo a respeito de sua registrabilidade". (Primeira Vara de Registros Públicos de São Paulo, autos 1023331-97.2014.8.26.0100, Juíza Tânia Mara Ahualli, j. 16.05.2014). **3.** Ante o exposto, **não conheço do recurso de apelação, com observação.** ARTUR MARQUES DA SILVA FILHO. Presidente da Seção de Direito Privado. Apelação Cível nº 0000641-56.2014.8.26.0338. Apelante: César Ricardo Azenha Sanches **e** outro. Apelado: Oficial de Registro de Imóveis da Comarca de Mairiporã. **TJSP**-Voto nº 25.659. **DECLARAÇÃO DE VOTO. Registro de Imóveis. Ausência da via original do título – Dúvida prejudicada – Impossibilidade de se pronunciar sobre o mérito da questão. Recurso não conhecido.1.** Cuida-se de apelação contra decisão proferida pelo Juízo Corregedor Permanente do Oficial de Registro de Imóveis da Comarca de Mairiporã, que julgou procedente a dúvida e negou registro de escritura pública de venda e compra porque, em suma, há indícios de que os adquirentes estão contrariando a legislação de parcelamento do solo. É o relatório.**2.** Respeitado o entendimento diverso do Excelentíssimo Desembargador Relator Corregedor Geral da Justiça, prejudicada a dúvida, não seria o caso de ingressar na análise do mérito. Apenas no tocante a esse tópico, ousamos discordar, *data venia*. De antemão, cumpre conceituar o que vem a ser dúvida. O processo de dúvida é definido como um procedimento de natureza administrativa destinado a solucionar controvérsia existente entre o apresentante do título e o Oficial Predial, a respeito da registrabilidade do título, ou nas palavras de Ricardo Henry Marques Dip e Benedito Silvério Ribeiro: "... em acepção material: o juízo emitido pelo administrador no exercício de suas funções, obstando a pretensão de registro; em acepção formal: o procedimento de revisão hierárquica do juízo administrativo de objeção a uma pretensão de registro" *(in Algumas linhas sobre a Dúvida no Registro de Imóveis*, pág. 2). Indubitavelmente, para que surja o processo de dúvida é necessário que um título seja apresentado e que ele seja recusado à primeira vista, ofertando o Oficial determinadas exigências para complementação formal daquele título, a fim de que seja viabilizado o registro. Assim, caso o apresentante discorde das exigências, ele instará o Oficial a suscitar dúvida, em face do dissenso. *In casu*, formuladas as exigências, os próprios interessados suscitaram a dúvida. Porém, **não apresentaram o original do título cujo registro pretende (fl. 09/12)**. Como bem observou o Excelentíssimo Desembargador Relator, é pacífica a jurisprudência do Colendo Conselho Superior da Magistratura a exigir, nos procedimentos de dúvida, a via original do título cujo registro se pretende. Isso porque o inciso II do artigo 221 da Lei de Registros Públicos, Lei nº 6.015 de 31 de dezembro de 1973, expressamente prevê que "somente são admitidos registro escritos particulares autorizados em lei, assinados pelas partes e testemunhas, com as firmas reconhecidas, dispensado o reconhecimento quando se tratar de atos praticados por entidades vinculadas ao Sistema Financeiro da Habitação". Caberá aos próprios interessados, se o caso, havendo recusa do Oficial, apresentando a via original do título, **seguindo os trâmites legais,** suscitar a dúvida adequadamente. Em arremate, prejudicada a dúvida, não há como se prosseguir com o julgamento do mérito, porque o Colendo Conselho Superior da Magistratura não é, *data máxima vênia*, órgão de consulta. Como suso anotado, o procedimento de dúvida deve atender a um trâmite específico diante dos efeitos da prenotação, que não podem se estender além do prazo legal. Demais, as decisões do Conselho têm caráter normativo, não fazendo sentido elaborar decisões condicionais. A pressuposição de algo que não se sabe tenha realmente ocorrido ou venha a ocorrer torna a análise condicional: se «A» ocorreu ou vier a ocorrer, então «B» é verdade; se «A» não ocorreu ou não vier a ocorrer, então «B» é falso. Explico: *in casu*, para que se possa realizar um juízo positivo ou negativo a respeito da registrabilidade do título, há de se pressupor que o interessado apresentará a via original do título e que novas exigências não serão feitas. Então, se o título original for apresentado, comportará ou não registro. Trata-se de uma análise condicional. E se, antes mesmo de se apresentar o título original, houver alterações? Se falecer uma das partes envolvidas no negócio jurídico? Se houver prenotação de outro título? A dinamicidade do mundo negocial faz com que as premissas tomadas pela Egrégia Corregedoria em data presente sejam incertas. Dess'arte, *data venia*, a análise do mérito, prejudicada a dúvida, seria, no meu entendimento, condicional. Nem se perca de vista que o procedimento de dúvida é judicialiforme, isto é, em parte administrativo, em parte judicial. A fase judicial inicia-se com o recurso de apelação. A partir de então, hão de se observar as regras e os princípios processuais, dentre eles a necessidade de se proferir decisão certa (artigo 460, parágrafo único, do Código de Processo Civil). Como já se decidiu, **"nula é a sentença que julga** a ação **procedente, condicionada** esta **procedência** ao **preenchimento de determinados requisitos legais pelo autor** "(RT 472/150). Nesse sentido, ainda, farta jurisprudência do Egrégio Conselho Superior da Magistratura, por vários biênios, consoante venerandos acórdãos a seguir transcritos (grifos meus): *"Registro de Imóveis – Dúvida – Suscitação inversa e apenas com relação a um dos óbices opostos contra o registro, sem menção aos demais, que também constaram da nota de devolução – Inviabilidade – o* ***procedimento não se presta ao exame isolado de uma das exigências formuladas, mas à registrabilidade do título, considerado na oportunidade de sua apresentação – Dúvida prejudicada.*** *Vistos, relatados e discutidos estes autos de APELAÇÃO CÍVEL Nº 30.751-0/1, da Comarca de TAUBATÉ, em que é apelante SEBASTIANA PIRES DE SOUZA e apelado o OFICIAL DO CARTÓRIO DE REGISTRO DE IMÓVEIS E ANEXOS. ACORDAM os Desembargadores do Conselho Superior da Magistratura, por votação unânime, em julgar prejudicada a dúvida. Tratam os autos de apelação, tempestivamente interposta contra a respeitável sentença que manteve a recusa posta contra o registro de ambos os títulos objeto desta, porque, além de não ter sido manejada a irresignação contra todos os motivos apresentados pelo registrador, pretendeu o suscitante fossem os títulos registrados independentemente do suprimento das omissões verificadas no registro de origem. O Ministério Público opina pelo não provimento do recurso. É o relatório. Ao suscitar a dúvida inversamente, a recorrente manifestou seu inconformismo apenas com relação a um dos motivos da recusa, omitindo-se quanto às demais exigências que também foram formuladas pelo registrador.* ***O procedimento de dúvida não se presta à solução de dissensão que versa apenas acerca de um dos óbices opostos contra o registro, porque, ainda que afastado fosse este motivo da recusa, aquele não se viabilizaria, Para o deslinde da dúvida importa o exame da registrabilidade do título e, ainda assim, tomando-a em consideração no momento da devolução. Tem-se por prejudicada a dúvida quando várias são as exigências e apenas uma delas é questionada na suscitação inversa, como ocorreu no caso.*** *Isto posto,* ***julgam a dúvida prejudicada.*** *Custas na forma da lei. Participaram do julgamento, com votos vencedores, os Desembargadores* ***YUSSEF SAID CAHALI,*** *Presidente do Tribunal de Justiça e* ***DIRCEU DE MELLO,*** *Vice-Presidente do Tribunal de Justiça. São Paulo, 15 de março de 1996.* ***MÁRCIO MARTINS BONILHA,*** *Corregedor Geral da Justiça e relator. Vistos, relatados e discutidos estes autos de APELAÇÃO CÍVEL Nº 54.319-0/6, da Comarca de SÃO SEBASTIÃO, em que são apelantes DANIEL OHANNES AVAKIAN e OUTROS e apelado o 1º TABELIÃO DE NOTAS E OFICIAL DO REGISTRO DE IMÓVEIS, TÍTULOS E DOCUMENTOS E CIVIL DE PESSOA JURÍDICA da mesma Comarca. ACORDAM os Desembargadores do Conselho Superior da Magistratura, por votação unânime, em não conhecer do recurso. Trata-se de recurso interposto, tempestivamente, por Daniel Ohannes Avakian e outros, contra a r. decisão de primeiro grau, que julgou prejudicada a dúvida inversamente suscitada pelo 1º tabelião de notas e oficial do registro de imóveis, títulos e documentos e civil de pessoa jurídica da Comarca de São Sebastião, relativamente ao registro de escritura de venda e compra outorgada pelo Espólio de Domenico Ricciardi Maricondi e outros. Sustentaram os recorrentes o provimento do recurso e a reforma da r. decisão recorrida, porquanto a apresentação das exigências em nada modificará o registro. Ademais, aduziram que o cumprimento das exigências foi feito no decorrer do pedido, em atendimento às determinações do oficial de registro. Por fim, alegaram que os documentos juntados provam claramente que a transcrição está devidamente dentro da lei, pois o detentor do domínio fora quem transmitiu a propriedade ao apelante. E mais, a sequência das transmissões com seus devidos impostos juntados aos autos, provam as cessões do compromisso registrado. Contrarrazões e parecer da Douta Procuradoria Geral da Justiça, pelo não conhecimento do recurso. É o relatório. O recurso não é de ser conhecido. Constata-se, no presente caso, o fato de que os recorrentes, no decorrer do procedimento de dúvida, se conformaram com alguns dos óbices opostos ao registro pretendido. Ante a concordância dos recorrentes com algumas das exigências formuladas pelo oficial registrador torna-se imperativa a manutenção da r. decisão que decidiu pela prejudicialidade da dúvida, já que para o deslinde do procedimento importa o exame da registrabilidade do título, considerado o momento da sua devolução. Inviável, ainda, o cumprimento de eventuais exigências no curso do procedimento, circunstância que poderia implicar em injusta prorrogação do prazo de prenotação. Neste sentido decisão deste Colendo Conselho Superior da Magistratura, proferida nos autos da apelação cível nº 31.719-0/3, da Comarca de Guarulhos, Relator o Desembargador Márcio Martins Bonilha: "Como é sabido o procedimento de dúvida não admite sejam atendidas exigências no curso do procedimento. Ao ser suscitada a dúvida, a requerimento do interessado, o título recusado deve ser prenotado para que esteja assegurado o direito de* *prioridade do apresentante. Se fosse admitido cumprir exigência durante o procedimento, estaria aberto caminho para uma injusta prorrogação do prazo da prenotação, que, muita vez, viria em prejuízo dos eventuais detentores de títulos contraditórios.* ***Tem-se, pois, que o provimento judicial, em procedimento de dúvida, deverá ser sempre positivo ou negativo, a fim de que o registro seja ou não autorizado diante da dissensão que existia ao tempo da suscitação.*** *O cumprimento de exigências depois daquele momento, como sucedeu no caso, ou mesmo a aceitação da procedência do outro óbice que tinha sido posto contra o registro, com a afirmação de que este deverá ser atendido depois, tal como se verifica das razões de recurso, prejudicam a dúvida, pelo que falece interesse recursal à recorrente.* ***Não há como se levar em conta, por estes motivos, o atendimento das exigências depois da suscitação,*** *nem como considerar a promessa de que o alvará de desdobro deverá ser mais tarde providenciado. É tranquila a jurisprudência deste Colendo Conselho Superior da Magistratura, há muito orientada nessa direção (Ap. Cíveis nºs 30.763-0/6, da Comarca de Itapecerica da Serra e 31.007-0/4, da Comarca de São Caetano do Sul). Isto posto, prejudicada a dúvida, não conhecem do recurso. "Desta forma, aquiescendo os recorrentes com alguns dos óbices postos pelo registrador, não é de ser conhecido o recurso, prejudicadas as demais questões suscitadas pelas partes. Ante o exposto, prejudicada a dúvida, não conhecem do recurso. Participaram do julgamento, com votos vencedores, os Desembargadores* ***DIRCEU DE MELLO,*** *Presidente do Tribunal de Justiça, e* ***AMADOR DA CUNHA BUENO NETTO,*** *Vice-Presidente do Tribunal de Justiça. São Paulo, 12 de fevereiro de 1999.* ***SÉRGIO AUGUSTO NIGRO CONCEIÇÃO,*** *Corregedor Geral da Justiça e Relator. Vistos, relatados e discutidos estes autos de APELAÇÃO CÍVEL Nº 76.810-0/8, da Comarca da CAPITAL, em que é apelante MARIA FÁTIMA DA SILVA e apelado o 14º OFICIAL DE REGISTRO DE IMÓVEIS da mesma Comarca. ACORDAM os Desembargadores do Conselho Superior da Magistratura, por votação unânime, em não conhecer do recurso, de conformidade com o voto do relator que fica fazendo parte integrante do presente julgado. Participaram do julgamento, com votos vencedores, os Desembargadores* ***MÁRCIO MARTINS BONILHA,*** *Presidente do Tribunal de Justiça, e* ***ÁLVARO LAZZARINI,*** *Vice – Presidente do Tribunal de Justiça. São Paulo. REGISTRO DE IMÓVEIS – Processo de dúvida. Recusa no registro de formal de partilha em razão de várias exigências formuladas pelo registrador. Concordância expressa da interessada com duas delas. Dúvida prejudicada. Impossibilidade de julgamento do mérito a ponto de comprometer o princípio da prioridade. Apelação não conhecida. Trata-se de apelação interposta por Maria Fátima da Silva (f. 58/60) contra a sentença do MM, Juiz Corregedor Permanente do 14º Oficial de Registro de Imóveis da Comarca da Capital (f. 50/51), que julgou procedente dúvida inversamente suscitada, recusando o registro deformai de partilha extraído da ação de arrolamento de bens que teve curso perante a 9a Vara da Família e Sucessões, uma vez que a recorrente conformou-se com as exigências (apresentação de guia de recolhimento do ITBI e de certidão de quitação de tributos fiscais da Prefeitura Municipal de São Paulo), daí a inviabilidade do registro. O título foi prenotado em 24 de março de 2000 sob nº 339.083. Sustenta, em síntese, a recorrente que: a) sejam afastadas por completo as exigências do registrador, consistentes em discutir o percentual que lhe cabe na partilha homologada em juízo, a exibição de certidões negativas de débito e apresentação de requerimento com firma reconhecida, constando a qualificação completa dos separandos e b) que as exigências com as quais aquiesceu são por demais simples. Pede o provimento para, reformada a decisão, ser o título registrado. É o relatório. A recorrente desde o início do procedimento (f. 3) e também na fase recursal (f. 59) concordou expressamente com duas das várias exigências formuladas pelo Oficial de Registro (f. 5 e 41/43), ou seja, está de acordo em providenciar o comprovante de recolhimento do ITBI e a certidão negativa de tributos junto à Municipalidade de São Paulo. Tal circunstância, por si só, retira o dissenso que existiria entre o interessado no registro e o registrador, prejudicando a análise da dúvida em seu mérito. Como já entendi na Ap. Cív. nº 72.513.0/3-00: "Este E. Conselho Superior da Magistratura, (Ap. Cív. nº 60.460.0/8-00, j. 6/12/99, v. u., Des. Márcio Bonilha, Presidente, Álvaro Lazzarini, Vice-Presidente, e Nigro Conceição, Corregedor Geral) decidiu: "O cumprimento de exigências depois daquele momento, como sucedeu no caso, ou mesmo a aceitação da procedência do outro óbice que tinha sido posto contra o registro, com a afirmação de que este deverá ser atendido depois, tal como se verifica das razões de recurso, prejudicam a dúvida, pelo que falece interesse recursal à recorrente." Com a aceitação da exigência nas razões de apelação desapareceu o dissenso entre o Oficial e a apelante,* ***não possibilitando a análise do mérito*** *e a determinação do registro nestes autos a ponto de comprometer o princípio da prioridade com eventual aproveitamento da prenotação existente. " Noutra oportunidade, na Ap. Cív. nº 31.719-0/3, da Comarca de Guarulhos, sendo relator o Des. Márcio Bonilha: "Como é sabido o procedimento da dúvida não admite sejam atendidas exigências no curso do procedimento. "Ao ser suscitada a dúvida, a requerimento do interessado, o título recusado deve ser prenotado para que esteja assegurado o direito de prioridade do apresentante. "Se fosse admitido cumprir exigência durante o procedimento, estaria aberto caminho para uma injusta prorrogação do prazo da prenotação, que, muita vez, viria em prejuízo dos eventuais detentores de títulos contraditórios. "Tem-se, pois, que o provimento judicial, em procedimento de dúvida, deverá ser sempre positivo ou negativo, a fim de que o registro seja ou não autorizado diante da dissensão que existia ao tempo da suscitação". Ante o exposto, prejudicada a dúvida, não conheço da apelação. LUÍS DE MACEDO, Relator e Corregedor Geral da Justiça. Vistos, relatados e discutidos estes autos de APELAÇÃO CÍVEL Nº 495-6/0, da Comarca da CAPITAL, em que são apelantes JOSÉ LANZA e SUA ESPOSA e apelado o 6º OFICIAL DE REGISTRO DE IMÓVEIS da mesma Comarca. ACORDAM os Desembargadores do Conselho Superior da Magistratura, por votação unânime, em não conhecer do recurso, de conformidade como voto do relator que fica fazendo parte integrante do presente julgado. Participaram do julgamento, com votos vencedores, os Desembargadores CELSO LUIZ LIMONGI, Presidente do Tribunal de Justiça e CAIO EDUARDO CANGUÇU DE ALMEIDA, Vice-Presidente do Tribunal de Justiça. REGISTRO DE IMÓVEIS – Dúvida procedente – Irresignação parcial, sem prova de cumprimento de outra exigência não impugnada – Dúvida prejudicada – Recurso não conhecido.* ***1.*** *Trata-se de apelação interposta por José Lanza e Maria Olinda Lanza, tempestivamente, contra r. sentença que julgou procedente dúvida suscitada e manteve a recusa do Oficial do 6º Registro de Imóveis da Capital oposta ao registro de mandado de usucapião, por falta de pagamento dos emolumentos devidos, observando-se que a isenção concedida alcança apenas a parte dos emolumentos que corresponde à receita do Estado de São Paulo. Sustenta o apelante, em suma, que o benefício da assistência judiciária abrange a totalidade dos emolumentos devidos ao cartório extrajudicial, diante de expressa ordem judicial que consta, neste sentido, no mandado apresentado para registro, reportando-se, ainda, a legislação que entende lhe beneficiar. A Procuradoria Geral de Justiça opina pelo provimento do recurso (fls. 78/82). É o relatório.* ***2.*** *Pretende-se o registro de sentença declaratória de usucapião, observando-se que, para isso, foi apresentado mandado judicial, instruído com documentos, prenotado sob nº 369.458 no 6º Registro de Imóveis da Capital. Por ocasião da devolução do título levado a registro, formulou o oficial registrador duas exigências, a saber: a) depósito prévio de R$ 546,34, com observação de que a gratuidade refere-se somente a parte tocante ao Estado, não isentando quanto aos demais emolumentos; b) complemento dos documentos que instruíram o mandado, especialmente folhas do laudo pericial que não vieram, esclarecedoras se houve alteração da área construída de 157,91 m² da edificação residencial. Todavia, os apelantes se insurgiram* ***apenas no tocante à exigência de pagamento dos emolumentos, deixando de impugnar a outra exigência do registrador.*** *Ademais, não há notícia nem prova de que, após a devolução, o título tenha sido reapresentado com o cumprimento da exigência referente ao esclarecimento da área construída, com apresentação das folhas do laudo pericial correspondentes. Assim, atento às reiteradas decisões do Colendo Conselho Superior da Magistratura, impõe-se concluir que este procedimento de dúvida está prejudicado, pois não se presta à solução de dissenso relativo a apenas um dos óbices opostos ao registro, pois, eventualmente afastado o óbice questionado, restaria o outro, que, não atendido, impediria, de todo modo, o registro.* ***Entendimento diverso importaria em decisão condicional, que é inadmissível Ademais, a discussão parcial dos óbices, sem atendimento à exigência tida como correta, levaria à prorrogação do prazo de prenotação do título sem amparo legal.*** *Neste sentido, confira o v. acórdão relativo à Apelação Cível nº 93.875-0/8,* *j. 06.09.2002, relator Desembargador Luiz Tâmbara: "A posição do Egrégio Conselho Superior da Magistratura, como bem ressaltado pelo digno Procurador de Justiça, é tranquila no sentido de se ter como prejudicada a dúvida, em casos como o que se examina, em que admitida como correta uma das exigências, não sendo a outra cumprida, posto que permanece a impossibilidade de acesso do título ao fólio. Nesse sentido os julgados das Apelações Cíveis números 54.073-0/3, 60.046-0/9, 61.845-0/2 e 35.020-0/2. Posicionar-se de maneira diversa importaria admitir uma decisão condicional pois, somente se atendida efetivamente a exigência tida como correta é que a decisão proferida na dúvida, eventualmente afastando o óbice discutido, é que seria possível o registro do título. A discussão parcial dos óbices, por outro lado, sem cumprimento daqueles admitidos como corretos, possibilitaria a prorrogação indevida do prazo de prenotação, com consequências nos efeitos jurídicos desta decorrentes, tal como alteração do prazo para cumprimento das exigências ou a prorrogação da prioridade do título em relação a outro a ele contraditório. "Confira, ainda, do Conselho Superior da Magistratura: Apelação Cível nº 71.127-0/4, j. 12.09.2000, rei. Des. Luís de Macedo; Apelação Cível nº 241-6/1, j. 03.03.2005, rei. Des. José Mário Antônio Cardinale. Logo, configurada a irresignação parcial, deve-se ter como prejudicada a dúvida, não sendo o caso de conhecimento do recurso interposto, pela ausência de interesse recursal, pois inútil à finalidade prática pretendida. Por último, limitada a discórdia à cobrança de emolumentos, fica anotada a célere via da reclamação (artigo 30 da Lei Estadual nº 11.331/2002), que, talvez, melhor atenderá ao fim pretendido pelos interessados. Pelo exposto, dou por prejudicada a dúvida e não conheço do recurso. GILBERTO PASSOS DE FREITAS, Corregedor Geral da Justiça e Relator.* Por epítome, havendo irresignação parcial, estando prejudicado o julgamento da dúvida, não seria adequada a análise do mérito de forma condicional, "se cumpridas as exigências com as quais concordou o apelado". Por epítome, ausente a via original do título, estando prejudicado o julgamento da dúvida, não seria adequada a análise do mérito de forma condicional.**3.** Ante o exposto, pelo arrimo esposado, pelo meu voto, não conheço do recurso. Ricardo Mair Anafe. Presidente da Seção de Direito Público. Notas:**[1]** Peço licença para transcrever a íntegra dos respectivos acórdãos justamente para se observar que, em biênios de Conselhos Superiores da Magistratura anteriores, prejudicada a dúvida, nem em tese se analisava o mérito. Citar grandes nomes da história da Magistratura Paulista parece-me fundamental, porque ensinamentos de tão ilustres pensadores do Direito não podem permanecer ocultos às novas gerações, mormente diante da inexistência de alterações substanciais na Lei 6.015 de 1973. (DJe de 20.01.2016 – SP)

EMENTA: Embargos de declaração – Dúvida de registro – Oposição pelo oficial – Ilegitimidade – Artigo 202 da lei nº 6.015/73 – Embargos não conhecidos. Embargos de declaração – Dúvida de registro – Ministério público – Possibilidade de exame exaustivo da dúvida, ainda que mais restrita a questão impugnada nos embargos (Embargos de Declaração nº 3012767-17.2013.8.26.0405/50000). Registro de imóveis – Dúvida de registro – Caução judicial hipotecária – Título que ingressa no fólio real como hipoteca judicial independentemente do nome que receba – Situação própria de registro, não de averbação, por se tratar de ônus real que recai sobre o próprio imóvel – Precedentes da Corregedoria-Geral da Justiça e do Conselho Superior da Magistratura – Recusa do oficial de registro fundada na violação do princípio da legalidade – Juízo requisitante que, após haver tratado a caução hipotecária como ato de averbação e diante da recusa do oficial, permitiu o exame formal do título, nos termos do art. 198 da Lei de Registros Públicos – Procedência da dúvida mantida – Embargos de declaração do ministério público acolhidos, com atribuição de efeito modificativo, para negar provimento ao recurso de apelação. Trata-se de dois embargos de declaração opostos contra o acórdão de fls. 194/209, que em autos de dúvida de registro, deu provimento ao recurso de apelação para determinar ao 2º Oficial de Registro de Imóveis que proceda às averbações na forma determinada pelo MM. Juízo da E. 13ª Vara Cível Federal. Em seus embargos, o Procurador de Justiça alega que o acórdão é omisso, uma vez que não apreciou a questão referente à pertinência ou não da cobrança dos emolumentos, também não apreciada pelo Juízo Federal. A seu turno, o 2º Oficial de Registro de Imóveis, de Títulos e Documentos e Civil de Pessoa Jurídica de Osasco sustenta que o aresto parte de duas premissas equivocadas: a de que o juízo da 13ª Vara Federal teria ordenado a averbação de caução hipotecária e a de que o caso dos autos se distingue de outros tantos julgados em que se assegurou ao registrador a prerrogativa de qualificar o título judicial de acordo com a lei. É o relatório. Os embargos opostos pelo 2º Oficial de Registro de Imóveis não podem ser conhecidos em razão da manifesta ilegitimidade do registrador para sua oposição. Dispõe, o art. 202 da Lei nº 6.015/1973, que a legitimidade para a interposição de apelação contra a sentença proferida em processos de dúvida registral limita-se ao interessado, ao Ministério Público e ao terceiro prejudicado. Deste rol não consta o oficial registrador. Tal orientação se justifica, como já decidiu este Conselho Superior da Magistratura, em razão da submissão hierárquica do registrador aos órgãos censórios:*(...) em se tratando de dúvida, a legitimidade para a interposição de apelação restou delimitada pelo artigo 202 da Lei Federal 6.015/73, que a limitou ao próprio interessado, ao Ministério Público e ao terceiro prejudicado, não se incluindo o registrador neste rol. A ausência de legitimidade se justifica diante da natureza da atuação dos órgãos censórios, em grau de superioridade hierárquica, descabendo, por isso, qualquer indagação ou manifestação de inconformismo (CSMSP – Apelação Cível nº 098928-0/7, São Paulo (9º SRI), j. 07/05/2003 Relator Des. Luiz Tâmbara.* Ainda neste sentido, a doutrina de Ricardo Henry Marques Dip: *O registrador não é parte nem tem interesse no processo de dúvida, de sorte que não pode, sequer com o título de terceiro, apelar da sentença de improcedência (in Lei de Registros Públicos Comentada (Lei 6.015/1973), Rio de Janeiro: Forense, 2014, p. 1078).* Se não pode apelar, não pode opor embargos de declaração. A questão suscitada pelo Oficial nos embargos, contudo, embora não admissíveis, deve ser apreciada tendo em vista os embargos opostos pelo Ministério Público, ainda que nestes últimos a matéria questionada não tenha figurado como ponto de impugnação específica. Com efeito, cediço que a decisão da dúvida possui natureza administrativa (art. 204 da Lei de Registros Públicos). A função administrativa, exercida no âmbito do julgamento das dúvidas, tem caráter disciplinador. Enquanto no âmbito jurisdicional visa-se ao julgamento do mérito, com posterior formação de coisa julgada e impossibilidade de rediscussão para as partes, o julgamento das dúvidas não se presta somente a decidir o caso concreto, mas a servir de orientação aos registradores para casos análogos. Por isso, a possibilidade de exame exaustivo. Uma vez opostos embargos de declaração pelo Ministério Público, ente legitimado a tanto, e a vista dos elementos apresentados, urge reapreciar a dúvida em sua inteireza, tal como se dá por efeito da devolução plena na disciplina recursal. A decisão copiada fl. 69, de lavra do MM. Juiz da 13ª Vara Cível da Justiça Federal de São Paulo, havia, em sua literalidade, determinado fosse informado ao RI que "a natureza das averbações são de garantia e não de registro de hipoteca". Diante da recusa do registrador, o mesmo Juízo, entretanto, conforme se vê a fl. 238, proferiu outro despacho, mencionando expressamente o disposto no art. 198 da Lei de Registros Públicos, que estabelece as regras para a suscitação de dúvida. Se havia ordem judicial para que o Oficial promovesse averbações, há que se entender que, com a manifestação referida a fl. 238, ela foi de certa maneira reconsiderada, pois o magistrado permitiu posteriormente o exame formal dos títulos. Claro está que, para o Juízo, importou mais que o ingresso das garantias oferecidas no Registro de Imóveis estivesse adequado às normas de Registros Públicos, daí a expressa menção ao processo de dúvida previsto no art. 198 da lei de regência. E no âmbito do exercício da corregedoria permanente, bem andou o Juízo da 6ª Vara Cível de Osasco, ao julgar procedente a dúvida e determinar o cumprimento da nota de devolução, em consonância com reiterado entendimento deste C. Conselho no sentido de que o mandado de caução hipotecária deve ser recepcionado como hipoteca judicial. Sobre os emolumentos – tema dos embargos do Ministério Público – não há de se cogitar de omissão, até em razão do presente posicionamento, mantida a sentença também no tocante à expressa determinação de recolhimento dos emolumentos devidos em virtude do registro ("Assim, os mandados judiciais de averbação de caução serão recepcionados como mandado de registro de hipoteca judicial, devendo recolher os devidos emolumentos" – fl. 125). Ante o exposto, não conheço dos embargos de declaração do Oficial do Cartório de Imóveis e acolho os do Ministério Público, com atribuição de efeito modificativo, para negar provimento ao recurso da apelação e manter a sentença. HAMILTON ELLIOT AKEL. CORREGEDOR GERAL DA JUSTIÇA E RELATOR. Embargos de declaração nº 3012767-17.2013.8.26.0405/50000. Comarca: Osasco – 6ª Vara Cível Embte.: Ministério Público do Estado de São Paulo; 2º Oficial de Registro de Imóveis, Títulos e Documentos e Civil de Pessoa Jurídica da Comarca de Osasco. Embdo.: Companhia Brasileira de Distribuição. Voto nº 32.527 (vencedor)Vistos. Este Conselho, por maioria de votos, deu provimento a recurso da Companhia Brasileira de Distribuição em processo de dúvida perante o Registro de Imóveis de Osasco, para que o Oficial promovesse averbações segundo determinação do M. Juiz da 13ª Vara Federal de São Paulo, fls. 194. Foram interpostos embargos de declaração pelo Oficial e pelo Ministério Público. Os primeiros querem a manutenção da sentença, com efeito modificativo para não provimento da apelação da Companhia. Os segundos querem seja declarada a questão referente ao pagamento de emolumentos e reitera parecer anterior. Os embargos de declaração opostos pelo Oficial não podem ser conhecidos. Além da norma legal que não indica o registrador como legitimado para recorrer, art. 202 da Lei de Registros Públicos, a jurisprudência tranquila deste Conselho Superior se encaminha no mesmo sentido. É necessário que se separe resposta a recurso e interposição de recurso. O Oficial tem o direito de resposta, mas não a legitimidade para a interposição de recurso. Acompanham-se, assim, os votos pelo não conhecimento dos embargos de declaração do registrador. Em relação aos embargos do Ministério Público, embora restritos ao não conhecimento da apelação (já que entende que a matéria deveria ser apreciada exclusivamente pela Corregedoria Geral de Justiça, segundo o parecer de fls. 179) e à omissão relacionada com os emolumentos devidos pelos atos do registro, parece correta a tese sustentada pelo Desembargador Artur Marques. Se é certa a natureza jurídica do procedimento de dúvida, exposta claramente pelo art. 204 da lei 6.015, 31.12.1973, a conclusão lógica é a de que o julgador não está adstrito a examinar ou a reexaminar somente a matéria suscitada pela parte. Neste ponto, importante o julgado trazido pelo voto do Desembargador Artur Marques: **Não vai nisso qualquer ofensa ao direito de ampla defesa e muito menos se suprime um grau do julgamento administrativo. O exame qualificador do título, tanto pelo Oficial Delegado, como por seu Corregedor Permanente, ou até em sede recursal, deve necessariamente ser completo e exaustivo, visando escoimar todo e qualquer vício impeditivo de acesso ao cadastro predial. Possível, portanto, a requalificação do título nesta sede, ainda que de ofício, podendo ser levantados óbices até o momento não arguidos, ou ser reexaminado fundamento da sentença, até para alteração de sua parte dispositiva. (CSMSP, Apel. Cív. 33.111-0/3, Rel. Márcio Martins Bonilha, j. 29.8.1996).** Portanto, opostos embargos de declaração pelo Ministério Público, no caso concreto, o enfrentamento de toda a matéria trazida a debate no processo administrativo não acarreta a conclusão de que se reexamina recurso que ninguém interpôs, mas apenas obedece à conclusão lógica de que é possível admitir-se o princípio da devolução plena neste tipo de processo. Com autorização da lei e da jurisprudência, portanto, permite-se o reexame da apelação da interessada, atribuindo-se efeito modificativo aos embargos de declaração. Quanto aos dois pontos levantados expressamente pelo Dr. Procurador de Justiça, ficam afastados. A questão referente à atribuição da Corregedoria-Geral de Justiça para decidir o caso foi respondida com clareza pelo voto do Desembargador relator e a referente à omissão sobre os emolumentos, o vício não existe, pelo simples motivo de que foi expressamente enfrentado tal ponto. Voltando ao caso concreto, o juízo da 13ª Vara Cível Federal de São Paulo determinou a expedição de ofício ao Registro de Imóveis de Osasco informando a natureza das garantias oferecidas em ação cautelar para caucionar débitos fiscais, fls. 69. Diante da recusa de registro pelo oficial, o M. Juiz proferiu outro despacho, fls. 238, onde transcreveu o art. 198 da Lei de Registros Públicos, que estabelece as regras para a suscitação de dúvida. Parece claro que o próprio juiz não expediu ordem judicial para que o Oficial promovesse as averbações, mas permitiu o exame dos títulos, tanto que menciona claramente o processo de dúvida. Em outras palavras, condicionou sua ordem que determinou o ingresso no Registro de Imóveis das garantias oferecidas à adequação segundo as normas dos registros públicos. Fosse o contrário, por que mencionou o processo de dúvida do art. 198 da Lei? O seguinte trecho do voto do Desembargador Artur Marques é muito claro: **Portanto, em nenhum momento o juízo federal determinou, peremptória e terminantemente, que a caução fosse inscrita de tal ou qual forma. Pelo contrário: de início, deu orientação sobre a forma que entendia cabível e, depois, limitou-se a remeter o problema à corregedoria permanente – a qual, então, corretamente mandou que os títulos (e não as ordens) fossem recebidos e inscritos como hipotecas, segundo a vigente orientação da E. Corregedoria-Geral da Justiça e deste E. Conselho Superior da Magistratura.** Para reforçar os argumentos, também necessária a transcrição de dois trechos do voto do Desembargador Geraldo Pinheiro Franco, na apelação, fls. 206 e 209: **"Porém, é reiterado o entendimento deste C. Conselho no sentido de que o mandado de caução hipotecária deva ser recepcionado como hipoteca judicial. E, assim, o seu ingresso ocorre por meio de *registro*." "Não se está descumprindo ordem judicial, é preciso ficar claro. Muito ao contrário. Limita-se a decisão a adequá-la ao sistema de registros públicos, para sua efetiva eficácia."** A sentença, que determinou o registro de hipoteca judicial e não a averbação de caução, com a determinação de pagamento dos emolumentos devidos, deve ser mantida. Do exposto, e modificando entendimento anterior, este voto não conhece dos embargos de declaração do Oficial do Cartório de Imóveis e acolhe os do Ministério Público, com efeito modificativo, para negar provimento ao recurso de apelaçao e manter a sentença. Eros Piceli. Vice--Presidente. Embargos de Declaração 3012767-17.2013.8.26.0405/50000. Embargantes: Ministério Público do Estado de São Paulo e 2º Oficial de Registro de Imóveis, Títulos e Documentos, e Civil de Pessoas Jurídicas da comarca de Osasco. Embargada: Companhia Brasileira de Distribuição. DECLARAÇÃO DE VOTO CONVERGENTE. VOTO Nº 30.512 **1.** Nestes autos de dúvida, o Ministério Público do Estado de São Paulo (fls. 215) e o 2º Oficial de Registro de Imóveis, Títulos e Documentos, e Civil de Pessoas Jurídicas da comarca de Osasco (fls. 218-228) opuseram embargos de declaração contra o acórdão (fls. 194-201) que mandou proceder a averbações de caução de imóveis. Segundo o acórdão embargado, a caução de imóveis é registrada como hipoteca, salvo no caso da Lei nº 8.245, de 18 de outubro de 1991, art. 38, § 1º. No caso concreto, porém, a Justiça Federal ordena que se façam averbações, em vez de registros *stricto sensu*. Logo, é necessário proceder dessa maneira, uma vez que a esfera administrativa não pode rever aquilo que a esfera jurisdicional determinou. Em seus embargos de declaração, o Ministério Público aduz que o acórdão é omisso, porque não decidiu nada acerca da possibilidade ou não da cobrança de emolumentos. Conforme os embargos opostos pelo 2º Oficial, o acórdão decidiu que, tendo a Justiça Federal proferido ordem de averbação de caução, o registro de imóveis deveria proceder nesse sentido. Porém, a Justiça Federal nunca emitiu tal ordem. Limitou-se a passar uma informação de que o ato objeto da decisão seria caução hipotecária. Além disso, a Justiça Federal retirou esse esclarecimento, e decidiu que o tema (= o registro *stricto sensu* ou a averbação da caução hipotecária) devia ser decidido na forma da LRP/1973, art. 198. Ou seja, pelo juízo administrativo. Por conseguinte – concluiu o 2º Oficial –, não existe decisão jurisdicional acerca do ato por praticar, e o acórdão tem de ser declarado para que, adotadas as premissas corretas, se negue provimento à apelação. **É o relatório. 2.** Respeitado o entendimento do Desembargador Relator, deve-se dar provimento aos embargos de declaração do Ministério Público, para desde logo negar provimento à apelação e declarar procedente a dúvida. Os embargos de declaração opostos pelo 2º Oficial não podem ser conhecidos. O registrador não é parte nem interessado no processo de dúvida. Portanto, não pode apelar nem, a *fortiori*, opor embargos de declaração. Os embargos de declaração opostos pelo Ministério Público, no entanto, devem ser conhecidos e providos. Ao contrário do que sustentou o Ministério Público, não existe omissão concernente aos emolumentos. Afinal, uma vez que o acórdão tenha decidido pela prática de um ato de averbação, segue-se inequivocamente que os emolumentos devem ser calculados segundo essa espécie, nos termos da tabela respectiva, e sem gratuidade. Isto porque o fato de tratar-se de segurança prestada em ação judicial não é causa de isenção, nem enseja desconto. Aliás, à mesma conclusão se chegaria, se se tratasse (como se trata) de ato de registro *stricto sensu*, e não de averbação. Contudo, os embargos de declaração opostos pelo Ministério Público devolveram a este E. Conselho não só o conhecimento da suposta omissão referente aos emolumentos, como também de toda a matéria relativa à qualificação – que é cognoscível de ofício, pois, nesta esfera administrativa, para os recursos decorrentes da LRP/1973, art. 202, não vigora sequer o princípio *tantum devolutum quantum appellatum:* Os embargos declaratórios produzem efeito translativo, o qual autoriza que regressem ao órgão prolator da decisão embargada as questões apreciáveis de ofício, como, por exemplo, as questões relacionadas aos requisitos de admissibilidade dos recursos. (STJ, EDcl no REsp 768.475, Rel. Denise Arruda, j. 21.10.2008). Não há olvidar que a qualificação do título pelo órgão judicial deve ser completa e exaustiva e por essa razão a apelação devolve a matéria por inteiro, não se aplicando a parêmia *tantum devolutum quantum appellatum [...].* (CSMSP, Apel. Cív. 0012160-45.2010.8.26.0604, Rel. Maurício Vidigal, j. 6.10.2011) ... convindo ainda anotar que a apelação, no procedimento de dúvida, devolve à instância superior o conhecimento de todas as questões formais agitadas nos autos, inaplicável *in casu* a parêmia *tantum devolutum quantum appellatum.* (CSMSP, Apel. Cív. 11.584-0/0, Rel. Onei Raphael, j. 17.9.1990)Não vai nisso qualquer ofensa ao direito de ampla defesa e muito menos se suprime um grau do julgamento administrativo. O exame qualificador do título, tanto pelo Oficial Delegado, como por seu Corregedor Permanente, ou até em sede recursal, deve necessariamente ser completo e exaustivo, visando escoimar todo e qualquer vício impeditivo de acesso ao cadastro predial. Possível, portanto, a requalificação do título nesta sede, ainda que de ofício, podendo ser levantados óbices até o momento não arguidos, ou ser reexaminado fundamento da sentença, até para alteração de sua parte dispositiva. (CSMSP, Apel. Cív. 33.111-0/3, Rel. Márcio Martins Bonilha, j. 29.8.1996). Assim, é possível conhecer, também, a questão relativa à existência ou não de decisão judicial de averbação, referida nos embargos que abriram ensanchas à sua análise. O acórdão embargado afirma, peremptoriamente, que a Justiça Federal fez passar ordem para que a caução dos imóveis fosse averbada (fls. 199). Logo, com base nessa premissa, concluiu a decisão que as averbações deveriam ser feitas "na forma determinada pelo MM. Juízo da E. 13ª Vara Cível Federal". Entretanto, compulsando-se os autos 0017604-36.2010.4.03.6100, nos quais foram prestadas as cauções (aqui, fls. 67-70, 82-88, 96, 100-103 e 107-111; a íntegra está em http://www.jfsp. jus. br/foruns-federais), verifica-se que essa ordem de averbação não existe. Com efeito, em 11.11.2011 (movimentação 41) e em 19.4.2012 (movimentação 75), o juízo federal aceitou alguns imóveis como garantia de certos débitos inscritos, mediante averbações nos respectivos registros de imóveis. Em 11.1.2013 (movimentação 133), um ato ordinatório (frise-se) fez informar ao 2º Ofício de Registro de Imóveis de Osasco que "a natureza das averbações são de garantia e não de registro de hipoteca" *(sic).* Finalmente, em 8.4.2013 (movimentação 151) um despacho judicial determinou à Companhia Brasileira de Distribuição que se valesse do processo de dúvida (LRP/1973, art. 198) para resolver sobre a forma de inscrição *lato sensu* da caução. Portanto, em nenhum momento o juízo federal determinou, peremptória e terminantemente, que a caução fosse inscrita de tal ou qual forma. Pelo contrário: de início, deu orientação sobre a forma que entendia cabível e, depois, limitou-se a remeter o problema à corregedoria permanente – a qual, então, corretamente mandou que os títulos (e não as ordens) fossem recebidos e inscritos como hipotecas, segundo a vigente orientação da E. Corregedoria-Geral da Justiça e deste E. Conselho Superior da Magistratura: É necessário, diante dessa situação, munir os oficiais Registradores de meios suficientes para concretizar os atos emanados de ordens judiciais sem, entretanto, relegar as normas atinentes ao Registro Imobiliário. Para a averbação das cauções aqui tratadas, que são garantias em regra constituídas com dispensa da respectiva escritura pública, são expedidos mandados que em geral contêm, em seu corpo ou nas cópias do processo que os instruem, os requisitos necessários para preservar a especialidade do Registro Imobiliário que são a identificação de quem presta a garantia, a anuência de seu cônjuge quando por este não prestada em conjunto, o imóvel dela objeto e o valor da dívida. Permitindo esses mandados o atendimento dos requisitos do registro de imóveis, em especial da especialidade e da continuidade, mostra-se possível sua recepção como títulos constitutivos de hipoteca, mantida a dispensa da escritura pública quando prestada a garantia por termo nos autos. (CGJSP, Proc. 830/2004, j. 28.6.2005). Ora, o ingresso em fólio real de garantia real que tenha por objeto coisa imóvel, referente ao reforço no cumprimento de obrigação oriunda de condenação judicial, se possível for, só se pode concretizar por registro em sentido estrito, não por averbação: a) a uma, porque não há previsão normativa de exceção para esse tipo de averbação e, conforme já ficou bem definido em precedente da Egrégia Corregedoria-Geral da Justiça, apenas em hipótese de locação admite-se, por previsão excepcional de lei específica (Lei nº 8.245/91, art. 38, § 1º), averbação de caução imobiliária (Processo CG nº 110/2005, parecer do então Juiz Auxiliar da Corregedoria-Geral da Justiça José Antônio de Paula Santos Neto, decisão do então Corregedor Geral da Justiça, Desembargador José Mário Antônio Cardinale, DOE de 01 de abril de 2005); b) a duas, porque não estamos diante da hipótese de incidência do artigo 167, inciso II, item 8, da Lei nº 6.015/73, uma vez que a caução em foco não incide sobre direitos relativos a imóvel, mas sim sobre o próprio imóvel e, deste modo, qualifica-se "como hipoteca" (CSM, Apelação Cível nº 72.696-0/7, da Comarca de Itapetininga, j. 12 de setembro de 2000, rel. Desembargador Luís de Macedo). Assim, tanto a competência é do Conselho Superior da Magistratura, como ausente razão aos apelantes ao sustentar a admissibilidade da inscrição por averbação, não por registro: na base do dissenso está a prática de ato de registro em sentido estrito, nada obstante os apelantes se reportem e insistam em ato de averbação. Por outro lado, sem razão a Procuradoria Geral de Justiça, ao afirmar a deficiência formal do título. Com efeito, embora não falte precedente do Conselho Superior da Magistratura, no sentido de afirmar a qualificação como hipoteca da denominada caução real imobiliária dada em garantia obrigacional comum, e, assim, explicitar a indispensabilidade da forma solene, ou seja, de escritura pública para o contrato constitutivo do direito real de garantia (Apelação Cível nº 72.696-0/7, da Comarca de Itapetininga, j. 12 de setembro de 2000, rel. Desembargador Luís de Macedo) – o que, aliás, está em sintonia com o artigo 108 do Código Civil –, o caso não é propriamente de caução com feição de hipoteca convencional, mas sim de caução com feição de hipoteca judiciária, em que é "possível sua recepção como títulos constitutivos de hipoteca, mantida a dispensa da escritura pública quando prestada a garantia por termo nos autos" (Proc. CG nº 830/2004). Observe-se que, embora formalizado o "termo de caução" como parte integrante do instrumento particular de transação, consta sua inclusão nos autos do processo judicial, bem como sua recepção pelo MM. Juiz do processo, para produção de seus efeitos, até, repita-se, com determinação de expedição de "mandado para registro da caução do imóvel indicado" (fls. 41). Neste quadro, não há que se falar em falta de instrumentação pública, lembrando-se que na categoria das escrituras públicas (em sentido amplo) estão incluídos os atos judiciais (vale dizer: os emanados dos escrivães judiciais, nos limites de suas atribuições). (CSMSP, Apel. Cív. 721-6/2, j. 30.10.2007). Em suma: não havendo ordem mandamental de averbação, as cauções devem ser recebidas como hipotecas, na forma determinada pela sentença recorrida, a qual não merece reforma. Por consectário lógico, atribuo caráter infringente aos embargos de declaração, para efeito de negar provimento à apelação. **3**. Ante o exposto, não conheço dos embargos opostos pelo 2º Oficial de Registro de Imóveis, Títulos e Documentos, e Civil de Pessoa Jurídica de Osasco, e, acolho os embargos opostos pelo Ministério Público para negar provimento à apelação, mantendo a sentença. ARTUR MARQUES DA SILVA FILHO. Presidente da Seção de Direito Privado (DJe de 19.08.2015 – SP)

EMENTA: Dúvida – Registro de imóveis – Instrumento particular de promessa de venda e compra – Duas exigências feitas pelo oficial

Lei 6.015/1973

de registros – Suprimento de uma delas já no curso do procedimento – Dúvida prejudicada – Recurso não conhecido (Apelação nº 9000006-34.2013.8.26.0506). Cuida-se de apelação interposta contra a decisão de fls. 78/80 que manteve a recusa de ingresso no fólio real de instrumento particular de promessa de venda e compra de imóvel por falta de assinatura das testemunhas no instrumento. Alega a recorrente, em suma, que a teor do art. 221 do Código Civil a exigência seria prescindível (fls. 85/88). A Procuradoria Geral de Justiça opinou pelo não conhecimento do recurso, pois uma das duas exigências teria sido suprida já no curso do procedimento, e, no caso do recurso vir a ser conhecido, pelo seu provimento (fls. 99/100). É o relatório. Constata-se que a nota de devolução elaborada pelo Oficial de Registros listou duas exigências a serem cumpridas pela parte, a saber:(1) a retificação do instrumento particular para fazer constar o estado civil da promitente vendedora ou a apresentação de certidão atualizada de nascimento ou casamento dela e (2) a identificação das testemunhas, com suas assinaturas devidamente reconhecidas no instrumento (fl. 26). Quanto à primeira exigência, já no curso do procedimento, após instaurada e autuada a dúvida, a parte interessada apresentou diretamente ao Juiz Corregedor Permanente uma certidão de casamento atualizada da promitente vendedora. A dúvida, portanto, está prejudicada. O suprimento da exigência no curso do processo não é possível. A dúvida é pertinente ou não de acordo com a documentação que é apresentada ao Oficial. Vigora o princípio *tempus regit actum*. A parte tem o prazo da nota de exigência, de trinta dias, para supri-la ou impugná-la. Do contrário, haveria burla ao prazo da prenotação. Se assim não fosse, porém, a segunda exigência deveria ser afastada. Logo, como forma apenas de orientar futura qualificação, passa-se ao exame da questão. O requisito do art. 221, II, da Lei dos Registros Públicos, no sentido de que os escritos particulares sejam assinados pelas partes e testemunhas, aplica-se apenas aos escritos que exigirem a presença de testemunhas. O Código Civil de 2002, posterior à Lei dos Registros Públicos, dispensa a presença de testemunhas nos instrumentos particulares assinados por quem está na livre administração de seus bens, conforme estabelece o seu próprio art. 221: *O instrumento particular, feito e assinado, ou somente assinado por quem esteja na livre disposição e administração de seus bens, prova as obrigações convencionais de qualquer valor; mas os seus efeitos, bem como os da cessão, não se operam, a respeito de terceiros, antes de registrado no registro público*. Feitas as considerações supra, não conheço do recurso. Hamilton Elliot Akel. Corregedor Geral da Justiça e Relator. Apelação Cível nº 9000006-34.2013.8.26.0506. Apelante: Novaemp Empreendimentos Imobiliários Ltda. Apelado: 1º Oficial de Registro de Imóveis da comarca de Ribeirão Preto. DECLARAÇÃO DE VOTO VENCEDOR. VOTO nº 31.655. **1.** Novaemp Empreendimentos Imobiliários Ltda. interpôs apelação contra a sentença que deu por procedente a dúvida suscitada perante o Juízo Corregedor Permanente do 1º Oficial de Registro de Imóveis da comarca de Ribeirão Preto. Segundo essa decisão, o instrumento particular apresentado não seria passível de registro, porque nele faltaria a assinatura de testemunhas. Segundo a apelante, não seria necessário o comparecimento de testemunhas, nos termos do Cód. Civil, art. 221.**2.** Respeitável é o entendimento do eminente Desembargador Relator ao dar por prejudicada a dúvida. Isto porque, o interessado atendeu parte das exigências no curso do procedimento de dúvida, ou seja, concordou com a existência de óbice para o registro. No entanto, diverge-se quanto à apresentação de solução que, em tese, deveria dar-se ao caso, na hipótese de conhecimento do recurso. Este Conselho só há de conhecer do mérito, se antes não conhecer de preliminar que com ele seja incompatível (CPC/1973, art. 560, *caput*). Disso se conclui que, se houver (como *in casu* houve) preliminar que impeça o exame do mérito, sobre ele não cabe pronunciamento. Há de ser entregue a prestação jurisdicional, e não mais que isso. Como diz Pontes de Miranda *(Comentários ao Código de Processo Civil,* Rio de Janeiro: Forense, 1975, tomo VIII, p. 266): Se a decisão na preliminar processual ou na questão prejudicial elimina o julgamento do mérito, claro que não mais se prossegue; julgado está o feito; a decisão, por si só, é terminativa. As decisões deste Conselho gozam de inegável prestígio e (como salienta o Desembargador Relator), servem de orientação para registradores, tabeliães, juízes e partes. Justamente por isso é que os acórdãos devem contar o que a lei efetivamente permite que seja objeto do julgamento de todos os integrantes do Conselho. No caso de dúvida prejudicada, esse objeto, como se disse, restringe-se à matéria preliminar. Logo, é preferível não inserir nem fazer prevalecer posições jurídicas sobre a matéria de fundo, sem que esta, contudo, pudesse ter sido legalmente examinada, discutida e votada. Afinal, ou este Conselho de fato orienta e disciplina (caso em que a orientação ou a regra necessariamente há de ser produto da deliberação desse órgão todo inteiro), ou então não resolve coisa alguma (e não convém que traga conteúdo que a nada aproveita de modo efetivo). A propositura de medidas convenientes ao aprimoramento dos serviços das delegações notariais e de registro e estabelecer a respectiva orientação superior é tarefa do Corregedor Geral da Justiça (Regimento Interno, art. 28, XVIII e XXXI), mas não do Conselho Superior da Magistratura, que, em matéria notarial e registral é chamado a decidir processos (Regimento Interno, art. 16, IV), e não a emitir orientações em tese. É entendimento consolidado que o Poder Judiciário – mesmo no exercício de função administrativa, como seja a corregedoria dos serviços extrajudiciais – não é órgão consultivo. Assim, eventuais consultas só devem ser admitidas em hipóteses de excepcionais e extrema relevância: Ora, por tudo isso se evidencia a completa carência de interesse e legitimação para o reclamo assim tão singularmente agitado, por quem, não dispondo, ainda, da titularidade do domínio (condomínio), não poderia alegar lesão ou ameaça de lesão, por parte da administração, a um direito seu, que sequer existe. **O pedido, na verdade, traduziria inconcebível e descabida consulta dirigida ao Judiciário, ainda que na sua função atípica de agente administrativo, sobre interpretação e aplicação, em tese, das leis e regulamentos.** Nesse sentido, é da melhor doutrina que a "reclamação administrativa é a oposição expressa a atos da Administração, que afetem direitos ou interesses legítimos dos administrados. O direito de reclamar é amplo, e se estende a toda pessoa física ou jurídica que se sentir lesada ou ameaçada de lesão pessoal ou patrimonial por atos ou fatos administrativos" (Hely Lopes Meirelles, Direito Administrativo Brasileiro, 3ª ed., Revista dos Tribunais, p. 617 e Caio Tácito, Direito Administrativo, 1975, Saraiva, p. 29), pressupostos esses que, absolutamente ausentes na hipótese, inviabilizam, por completo, a postulação inicial. (Corregedoria Geral da Justiça de São Paulo, Proc. 53/1982, parecer do juiz José Roberto Bedran, 22.7.1982, g. n.) **A E. Corregedoria Geral da Justiça,** *em regra*, e conforme pacífica orientação, **não conhece de** *consultas*, **cujo exame, portanto, excepcional, fica condicionado à peculiaridade do assunto, sua relevância e o interesse de âmbito geral da matéria questionada.** (Corregedoria Geral da Justiça, Proc. CG 10.715/2012, Des. José Renato Nalini, j. 18.12.2013). Como é sabido, **não cabe a este Juízo responder a consultas formuladas pelo interessado, pois a sua função primordial é solucionar conflitos e não figurar como consultor jurídico.** Além disso, como bem observou a Douta Promotora: "Conforme já decidiu a E. Corregedoria Geral da Justiça, em parecer exarado pelo então Juiz Auxiliar da Corregedoria, Dr. Hélio Lobo Júnior, no procedimento nº 27.435/88 (02/89): "... é inconcebível e descabida consulta dirigida ao Judiciário, ainda que na sua função atípica de agente administrativo, sobre interpretação e aplicação, em tese, das leis e regulamentos (cf. ementa 10.2, das Decisões Administrativas da Corregedoria Geral da Justiça – Ed. RT, 1981/1982, p. 24). Neste mesmo sentido, manifestou-se o Dr. Aroldo Mendes Viotti, D. Juiz Auxiliar da Corregedoria, em parecer proferido nos autos do procedimento nº 113/90 (567/90), onde consta: "O comando emergente do dispositivo da r. sentença não pode – por isso – prevalecer, porquanto não é dado ao Juízo Corregedor Permanente emitir declaração positiva ou negativa de registro de título no Ofício Predial sem regular instauração de procedimento de dúvida, e sem que, consoante o devido procedimento de lei, se materialize o dissenso entre particular e registrador acerca daquele ato de registro. A atuação do Juízo da dúvida dirige-se tão-somente à revisão da atividade do registrador, devolvendo-se-lhe a tarefa de qualificação a este cabente em primeiro momento: não pode o Juízo administrativo, porém, substituir-se ao Oficial nessa primeira atividade, isto é, apreciar a registrabilidade de título sem que o responsável pelo Cartório Predial, em momento anterior, o faça. Por incômodo ou intrincado que se revele o ônus de qualificação dos títulos, dele deverá se desincumbir o Serventuário, nada justificando busque transferi-lo a terceiros. Também se presume detenha o titular da Serventia Imobiliária capacitação técnica não apenas para operacionalizar os comandos legais que disciplinam a questão da preferência a registro de títulos constitutivos de direitos reais reciprocamente contraditórios, como, igualmente, para conhecer os efeitos jurídicos que possam advir das medidas previstas nos arts. 867 e ss. (Seção X, Livro III) do CPC. Por isso, não cabia ao Juízo Corregedor fornecer resposta à consulta do Serventuário. Também não lhe era dado determinar registro de títulos à margem do procedimento legal, e sem que o registrador se houvesse previamente desincumbido de seu ônus de emitir juízo conclusivo a respeito de sua registrabilidade". (Primeira Vara de Registros Públicos de São Paulo, autos 1023331-97.2014.8.26.0100, Juíza Tânia Mara Ahualli, j. 16.05.2014). **3.** Ante o exposto, **não conheço do recurso de apelação.** ARTUR MARQUES DA SILVA FILHO. Presidente da Seção de Direito Privado. Apelação Cível nº 9000006-34.2013.8.26.0506. Apelante: NOVAEMP EMPREENDIMENTOS IMOBILIÁRIOS LTDA. Apelado: 1º Oficial de Registro de Imóveis da Comarca de Ribeirão Preto. **TJSP**-Voto nº 23.338. **DECLARAÇÃO DE VOTO. Registro de Imóveis. Irresignação parcial – Dúvida prejudicada – Impossibilidade de se pronunciar sobre o mérito da questão. Recurso não conhecido. 1.** Cuida-se de apelação contra decisão proferida pelo Juízo Corregedor Permanente do 1º Oficial de Registro de Imóveis da Comarca de Ribeirão Preto, que julgou procedente a dúvida e negou registro a instrumento particular de compromisso de venda e compra de imóvel. É o relatório.**2.** Respeitado o entendimento diverso do Excelentíssimo Desembargador Relator Corregedor Geral da Justiça, prejudicada a dúvida, não seria o caso de ingressar na análise do mérito. Apenas no tocante a esse tópico, ousamos discordar, *data venia.* De antemão, cumpre conceituar o que vem a ser dúvida. O processo de dúvida é definido como um procedimento de natureza administrativa destinado a solucionar controvérsia existente entre o apresentante do título e o Oficial Predial, a respeito da registrabilidade do título, ou nas palavras de Ricardo Henry Marques Dip e Benedito Silvério Ribeiro: "... em acepção material: o juízo emitido pelo administrador no exercício de suas funções, obstando a pretensão de registro; em acepção formal: o procedimento de revisão hierárquica do juízo administrativo de objeção a uma pretensão de registro" *(**in** Algumas linhas sobre a Dúvida no Registro de Imóveis,* pág. 2). Indubitavelmente, para que surja o processo de dúvida é necessário que um título seja apresentado e que ele seja recusado à primeira vista, ofertando o Oficial determinadas exigências para complementação formal daquele título, a fim de que seja viabilizado o registro. Assim, caso o apresentante discorde das exigências, ele instará o Oficial a suscitar dúvida, em face do dissenso. *In casu,* apresentado o título, formularam-se determinadas exigências. Seguiu-se, então, à suscitação da dúvida. No curso de tal procedimento, **o interessado aquiesceu expressamente com uma das exigências** (vide fl. 43/44). Assim, há irresignação parcial, sendo o que basta para o afastamento do juízo de admissibilidade da dúvida, pois esta sempre se funda em irresignação integral ou, necessariamente, será ela prejudicada, sob o aspecto lógico-formal, na medida em que não se admite, mesmo na esfera administrativa, decisão condicional (cf. A. C. 285.416, Piracicaba, 28.12.79; A. C. 3.779-0, Diadema, 27.01.86; A. C. 5.374-0, Capital, 04.04.86; A. C. 5.479-0, São Roque, 10.06.86). Se por hipótese fosse concebível a satisfação de exigência no curso da dúvida, estar-se-ia acolhendo artifício para a prorrogação da prioridade para títulos originariamente irregistráveis, em detrimento de outros que se posicionassem em concorrência tabular *(in exemplis:* títulos contraditórios, o que é defeso (Cf. A. C. 279.265, Campinas, 08.01.79; A. C. 276.278, Campinas, 08.01.79; A. C. 279.264, Campinas, 12.03.79; A. C. 5.221-0, Ourinhos, 30.05.86; A. C. 5.841-0, Guararapes, 30.05.86). Desta feita, o único juízo que pode ser emitido é o da prejudicialidade da dúvida em face, repito, da irresignação parcial. Nesse sentido, tem sido a firme orientação do Colendo Conselho Superior da Magistratura, consoante já se demonstrou, valendo recordar, apenas e tão-somente, parte do Aresto nº 8.876-0/5, o qual permito-me transcrever, pois elucidativo: "Bem observou o MM. Juiz Auxiliar da Corregedoria que os efeitos da prenotação têm prazo de eficácia (para o caso de omissão da parte) e com igual acerto afirma a decisão recorrida que a concordância do apresentante com algumas das exigências feitas pelo Oficial do Registro prejudica o julgamento da dúvida (que acabaria se transformando em procedimento de consulta ao Juiz, no que concerne à falta não atendida). " (Relator Desembargador Álvaro Martiniano de Azevedo; parecer da lavra do Juiz Aroldo Mendes Viotti, hoje Desembargador). Em arremate, prejudicada a dúvida, não há como se prosseguir com o julgamento do mérito, porque o Colendo Conselho Superior da Magistratura não é, *data máxima venia,* órgão de consulta. Demais, as decisões do Conselho têm caráter normativo, não fazendo sentido elaborar decisões condicionais. A pressuposição de algo que não se sabe tenha realmente ocorrido ou venha a ocorrer torna a análise condicional: se «A» ocorreu ou vier a ocorrer, então «B» é verdade; se «A» não ocorreu ou não vier a ocorrer, então «B» é falso. Explico: *in casu,* para que se possa realizar um juízo positivo ou negativo a respeito da registrabilidade do título, há de se pressupor que o interessado cumprirá a exigência feita pelo Oficial **com a qual concordou** e que novas exigências não serão feitas. Então, se se cumprirem aquelas exigências, comportará ou não registro. Trata-se de uma análise condicional. E se, antes mesmo de cumpridas as exigências, o título sofrer alterações? Se falecer uma das partes envolvidas no negócio jurídico? **Se houver prenotação de outro título? *In casu,* já houve essa prenotação** (vide fl. 120/123). A dinamicidade do mundo negocial faz com que as premissas tomadas pela Egrégia Corregedoria em data presente sejam incertas. Dess'arte, *data venia,* a análise do mérito, prejudicada a dúvida, seria, no meu entendimento, condicional. Nem se perca de vista que o procedimento de dúvida é judicialiforme, isto é, em parte administrativo, em parte judicial. A fase judicial inicia-se com o recurso de apelação. A partir de então, hão de se observar as regras e os princípios processuais, dentre eles a necessidade de se proferir decisão certa (artigo 460, parágrafo único, do Código de Processo Civil). Como já se decidiu, **"nula é a sentença que julga a ação procedente, condicionada esta procedência ao preenchimento de determinados requisitos legais pelo autor"** (RT 472/150). Nesse sentido, ainda, farta jurisprudência do Egrégio Conselho Superior da Magistratura, por vários biênios **[1]**, consoante venerandos acórdãos a seguir transcritos (grifos meus): *"Registro de Imóveis – Dúvida – Suscitação inversa e apenas com relação a um dos óbices opostos contra o registro, sem menção aos demais, que também constaram da nota de devolução – Inviabilidade – o **procedimento não se presta ao exame isolado de uma das exigências formuladas, mas à registrabilidade do título, considerado na oportunidade de sua apresentação – Dúvida prejudicada.** Vistos, relatados e discutidos estes autos de APELAÇÃO CÍVEL Nº 30.751-0/1, da Comarca de TAUBATÉ, em que é apelante SEBASTIANA PIRES DE SOUZA e apelado o OFICIAL DO CARTÓRIO DE REGISTRO DE IMÓVEIS E ANEXOS. ACORDAM os Desembargadores do Conselho Superior da Magistratura, por votação unânime, em julgar prejudicada a dúvida. Tratam os autos de apelação, tempestivamente interposta contra a respeitável sentença que manteve a recusa posta contra o registro de ambos os títulos objeto desta, porque, além de não ter sido manejada a irresignação contra todos os motivos apresentados pelo registrador, pretendeu o suscitante fossem os títulos registrados independentemente do suprimento das omissões verificadas no registro de origem. O Ministério Público opina pelo não provimento do recurso. É o relatório. Ao suscitar a dúvida inversamente, a recorrente manifestou seu inconformismo apenas com relação a um dos motivos da recusa, omitindo-se quanto às demais exigências que também foram formuladas pelo registrador. **O procedimento de dúvida não se presta à solução de dissensão que versa apenas acerca de um dos óbices opostos contra o registro, porque, ainda que afastado fosse este motivo da recusa, aquele não se viabilizaria. Para o deslinde da dúvida importa o exame da registrabilidade do título e, ainda assim, tomando-a em consideração no momento da devolução. Tem-se por prejudicada a dúvida quando várias são as exigências e apenas uma delas é questionada na suscitação inversa, como ocorreu no caso.** Isto posto, **julgam a dúvida prejudicada.** Custas na forma da lei. Participaram do julgamento, com votos vencedores, os Desembargadores YUSSEF SAID CAHALI, Presidente do Tribunal de*

Justiça e DIRCEU DE MELLO, Vice-Presidente do Tribunal de Justiça. São Paulo, 15 de março de 1996. MÁRCIO MARTINS BONILHA, Corregedor Geral da Justiça e relator. Vistos, relatados e discutidos estes autos de APELAÇÃO CÍVEL Nº 54.319-0/6, da Comarca de SÃO SEBASTIÃO, em que são apelantes DANIEL OHANNES AVAKIAN e OUTROS e apelado o 1º TABELIÃO DE NOTAS E OFICIAL DO REGISTRO DE IMÓVEIS, TÍTULOS E DOCUMENTOS E CIVIL DE PESSOA JURÍDICA da mesma Comarca. ACORDAM os Desembargadores do Conselho Superior da Magistratura, por votação unânime, em não conhecer do recurso. Trata-se de recurso interposto, tempestivamente, por Daniel Ohannes Avakian e outros, contra a r. decisão de primeiro grau, que julgou prejudicada a dúvida inversamente suscitada pelo 1º tabelião de notas e oficial do registro de imóveis, títulos e documentos e civil de pessoa jurídica da Comarca de São Sebastião, relativamente ao registro de escritura de venda e compra outorgada pelo Espólio de Domenico Ricciardi Maricondi e outros. Sustentaram os recorrentes o provimento do recurso e a reforma da r. decisão recorrida, porquanto a apresentação das exigências em nada modificará o registro. Ademais, aduziram que o cumprimento das exigências foi feito no decorrer do pedido, em atendimento às determinações do oficial de registro. Por fim, alegaram que os documentos juntados provam claramente que a transcrição está devidamente dentro da lei, pois o detentor do domínio fora quem transmitiu a propriedade ao apelante. E mais, a sequência das transmissões com seus devidos impostos juntados aos autos, provam as cessões do compromisso registrado. Contrarrazões e parecer da Douta Procuradoria Geral da Justiça, pelo não conhecimento do recurso. É o relatório. O recurso não é de ser conhecido. Constata-se, no presente caso, o fato de que os recorrentes, no decorrer do procedimento de dúvida, se conformaram com alguns dos óbices opostos ao registro pretendido. Ante a concordância dos recorrentes com algumas das exigências formuladas pelo oficial registrador torna-se imperativa a manutenção da r. decisão que decidiu pela prejudicialidade da dúvida, já que para o deslinde do procedimento importa o exame da registrabilidade do título, considerado o momento da sua devolução. Inviável, ainda, o cumprimento de eventuais exigências no curso do procedimento, circunstância que poderia implicar em injusta prorrogação do prazo de prenotação. Neste sentido decisão deste Colendo Conselho Superior da Magistratura, proferida nos autos da apelação cível nº 31.719-0/3, da Comarca de Guarulhos, Relator o Desembargador Márcio Martins Bonilha: "Como é sabido o procedimento de dúvida não admite sejam atendidas exigências no curso do procedimento. Ao ser suscitada a dúvida, a requerimento do interessado, o título recusado deve ser prenotado para que esteja assegurado o direito de prioridade do apresentante. Se fosse admitido cumprir exigência durante o procedimento, estaria aberto caminho para uma injusta prorrogação do prazo da prenotação, que, muita vez, viria em prejuízo dos eventuais detentores de títulos contraditórios. ***Tem-se, pois, que o provimento judicial, em procedimento de dúvida, deverá ser sempre positivo ou negativo, a fim de que o registro seja ou não autorizado diante da dissensão que existia ao tempo da suscitação.*** *O cumprimento de exigências depois daquele momento, como sucedeu no caso, ou mesmo a aceitação da procedência do outro óbice que tinha sido posto contra o registro, com a afirmação de que este deverá ser atendido depois, tal como se verifica das razões de recurso, prejudicam a dúvida, pelo que falece interesse recursal à recorrente.* ***Não há como se levar em conta, por estes motivos, o atendimento das exigências depois da suscitação,*** *nem como considerar a promessa de que o alvará de desdobro deverá ser mais tarde providenciado. É tranquila a jurisprudência deste Colendo Conselho Superior da Magistratura, há muito orientada nessa direção (Ap. Cíveis nºs 30.763-0/6, da Comarca de Itapecerica da Serra e 31.007-0/4, da Comarca de São Caetano do Sul). Isto posto, prejudicada a dúvida, não conhecem do recurso. "Desta forma, aquiescendo os recorrentes com alguns dos óbices postos pelo registrador, não é de ser conhecido o recurso, prejudicadas as demais questões suscitadas pelas partes. Ante o exposto, prejudicada a dúvida, não conhecem do recurso. Participaram do julgamento, com votos vencedores, os Desembargadores DIRCEU DE MELLO, Presidente do Tribunal de Justiça, e AMADOR DA CUNHA BUENO NETTO, Vice-Presidente do Tribunal de Justiça. São Paulo, 12 de fevereiro de 1999. SÉRGIO AUGUSTO NIGRO CONCEIÇÃO, Corregedor Geral da Justiça e Relator. Vistos, relatados e discutidos estes autos de APELAÇÃO CÍVEL Nº 76.810-0/8, da Comarca da CAPITAL, em que é apelante MARIA FÁTIMA DA SILVA e apelado o 14º OFICIAL DE REGISTRO DE IMÓVEIS da mesma Comarca. ACORDAM os Desembargadores do Conselho Superior da Magistratura, por votação unânime, em não conhecer do recurso, de conformidade com o voto do relator que fica fazendo parte integrante do presente julgado. Participaram do julgamento, com votos vencedores, os Desembargadores MÁRCIO MARTINS BONILHA, Presidente do Tribunal de Justiça, e ÁLVARO LAZZARINI, Vice-Presidente do Tribunal de Justiça, São Paulo. REGISTRO DE IMÓVEIS – Processo de dúvida. Recusa no registro de formal de partilha em razão de várias exigências formuladas pelo registrador. Concordância expressa da interessada com duas delas. Dúvida prejudicada. Impossibilidade de julgamento do mérito a ponto de comprometer o princípio da prioridade. Apelação não conhecida. Trata-se de apelação interposta por Maria Fátima da Silva (f. 58/60) contra a sentença do MM. Juiz Corregedor Permanente do 14º Oficial de Registro de Imóveis da Comarca da Capital (f. 50/51), que julgou procedente dúvida inversamente suscitada, recusando o registro de formal de partilha extraído da ação de arrolamento de bens que teve curso perante a 9ª Vara da Família e Sucessões, uma vez que a recorrente conformou-se com as exigências (apresentação de guia de recolhimento do ITBI e de certidão de quitação de tributos fiscais da Prefeitura Municipal de São Paulo), daí a inviabilidade do registro. O título foi prenotado em 24 de março de 2000 sob nº 339.083, Sustenta, em síntese, a recorrente que: a) sejam afastadas por completo as exigências do registrador, consistentes em discutir o percentual que lhe cabe na partilha homologada em juízo, a exibição de certidões negativas de débito e apresentação de requerimento com firma reconhecida, constando a qualificação completa dos separandos e b) que as exigências com as quais aquiesceu são por demais simples. Pede o provimento para, reformada a decisão, ser o título registrado. É o relatório. A recorrente desde o início do procedimento (f. 3) e também na fase recursal (f. 59) concordou expressamente com duas das várias exigências formuladas pelo Oficial de Registro (f. 5 e 41/43), ou seja, está de acordo em providenciar o comprovante de recolhimento do ITBI e a certidão negativa de tributos junto à Municipalidade de São Paulo. Tal circunstância, por si só, retira o dissenso que existiria entre o interessado no registro e o registrador, prejudicando a análise da dúvida em seu mérito. Como já entendi na Ap. Cív. nº 72.513.0/3-00: "Este E. Conselho Superior da Magistratura, (Ap. Cív. nº 60.460.0/8-00, j. 6/12/99, v. u., Des. Márcio Bonilha, Presidente, Álvaro Lazzarini, Vice-Presidente, e Nigro Conceição, Corregedor Geral) decidiu: "O cumprimento de exigências depois daquele momento, como sucedeu no caso, ou mesmo a aceitação da procedência do outro óbice que tinha sido posto contra o registro, com a afirmação de que este deverá ser atendido depois, tal como se verifica das razões de recurso, prejudicam a dúvida, pelo que falece interesse recursal à recorrente. " Com a aceitação da exigência nas razões de apelação desapareceu o dissenso entre o Oficial e a apelante,* ***não possibilitando a análise do mérito*** *e a determinação do registro nestes autos a ponto de comprometer o princípio da prioridade com eventual aproveitamento da prenotação existente. " Noutra oportunidade, na Ap. Cív. nº 31.719-0/3, da Comarca de Guarulhos, sendo relator o Des. Márcio Bonilha: "Como é sabido o procedimento da dúvida não admite sejam atendidas exigências no curso do procedimento. "Ao ser suscitada a dúvida, a requerimento do interessado, o título recusado deve ser prenotado para que esteja assegurado o direito de prioridade do apresentante. "Se fosse admitido cumprir exigência durante o procedimento, estaria aberto caminho para uma injusta prorrogação do prazo da prenotação, que, muita vez, viria em prejuízo dos eventuais detentores de títulos contraditórios. "Tem-se, pois, que o provimento judicial, em procedimento de dúvida, deverá ser sempre positivo ou negativo, a fim de que o registro seja ou não autorizado diante da dissensão que existia ao tempo da suscitação". Ante o exposto, prejudicada a dúvida, não conheço da apelação. LUÍS DE MACEDO, Relator e Corregedor Geral da Justiça. Vistos, relatados e discutidos estes autos de APELAÇÃO CÍVEL Nº 495-6/0, da Comarca da CAPITAL, em que são apelantes JOSÉ LANZA e SUA ESPOSA e apelado o 6º OFICIAL DE REGISTRO DE IMÓVEIS da mesma Comarca. ACORDAM os Desembargadores do Conselho Superior da Magistratura, por votação unânime, em não conhecer do recurso, de conformidade com o voto do relator que fica fazendo parte integrante do presente julgado. Participaram do julgamento, com votos vencedores, os Desembargadores CELSO LUIZ LIMONGI, Presidente do Tribunal de Justiça e CAIO EDUARDO CANGUÇU DE ALMEIDA,*

Vice-Presidente do Tribunal de Justiça. REGISTRO DE IMÓVEIS – Dúvida procedente – Irresignação parcial, sem prova de cumprimento de outra exigência não impugnada – Dúvida prejudicada – Recurso não conhecido. 1. Trata-se de apelação interposta por José Lanza e Maria Olinda Lanza, tempestivamente, contra r. sentença que julgou procedente dúvida suscitada e manteve a recusa do Oficial do 6º Registro de Imóveis da Capital oposta ao registro de mandado de usucapião, por falta de pagamento dos emolumentos devidos, observando-se que a isenção concedida alcança apenas a parte dos emolumentos que corresponde à receita do Estado de São Paulo. Sustenta o apelante, em suma, que o benefício da assistência judiciária abrange a totalidade dos emolumentos devidos ao cartório extrajudicial, diante de expressa ordem judicial que consta, neste sentido, no mandado apresentado para registro, reportando-se, ainda, a legislação que entende lhe beneficiar. A Procuradoria Geral de Justiça opina pelo provimento do recurso (fls. 78/82). É o relatório. 2. Pretende-se o registro de sentença declaratória de usucapião, observando-se que, para isso, foi apresentado mandado judicial, instruído com documentos, prenotado sob nº 369.458 no 6º Registro de Imóveis da Capital. Por ocasião da devolução do título levado a registro, formulou o oficial registrador duas exigências, a saber: a) depósito prévio de R$ 546,34, com observação de que a gratuidade refere-se somente a parte tocante ao Estado, não isentando quanto aos demais emolumentos; b) complemento dos documentos que instruíram o mandado, especialmente folhas do laudo pericial que não vieram, esclarecedoras se houve alteração da área construída de 157,91 m² da edificação residencial. Todavia, os apelantes se insurgiram apenas no tocante à exigência de pagamento dos emolumentos, deixando de impugnar a outra exigência do registrador. Ademais, não há notícia nem prova de que, após a devolução, o título tenha sido reapresentado com o cumprimento da exigência referente ao esclarecimento da área construída, com apresentação das folhas do laudo pericial correspondentes. Assim, atento às reiteradas decisões do Colendo Conselho Superior da Magistratura, impõe-se concluir que este procedimento de dúvida está prejudicado, pois não se presta à solução de dissenso relativo a apenas um dos óbices opostos ao registro, pois, eventualmente afastado o óbice questionado, restaria o outro, que, não atendido, impediria, de todo modo, o registro. ***Entendimento diverso importaria em decisão condicional, que é inadmissível. Ademais, a discussão parcial dos óbices, sem atendimento à exigência tida como correta, levaria à prorrogação do prazo de prenotação do título sem amparo legal.*** *Neste sentido, confira o v. acórdão relativo à Apelação Cível nº 93.875-0/8, j. 06.09.2002, relator Desembargador Luiz Tâmbara: "A posição do Egrégio Conselho Superior da Magistratura, como bem ressaltado pelo digno Procurador de Justiça, é tranquila no sentido de se ter como prejudicada a dúvida, em casos como o que se examina, em que admitida como correta uma das exigências, não sendo a outra cumprida, posto que permanece a impossibilidade de acesso do título ao fólio. Nesse sentido os julgados das Apelações Cíveis números 54.073-0/3, 60.046-0/9, 61.845-0/2 e 35.020-0/2. Posicionar-se de maneira diversa importaria admitir uma decisão condicional pois, somente se atendida efetivamente a exigência tida como correta é que a decisão proferida na dúvida, eventualmente afastado o óbice discutido, é que seria possível o registro do título. A discussão parcial dos óbices, por outro lado, sem cumprimento daqueles admitidos como corretos, possibilitaria a prorrogação indevida do prazo de prenotação, com consequências nos efeitos jurídicos desta decorrentes, tal como alteração do prazo para cumprimento das exigências ou a prorrogação da prioridade do título em relação a outro a ele contraditório. "Confira, ainda, do Conselho Superior da Magistratura: Apelação Cível nº 71.127-0/4, j. 12.09.2000, rel. Des. Luís de Macedo; Apelação Cível nº 241-6/1, j. 03.03.2005, rel. Des. José Mário Antônio Cardinale. Logo, configurada a irresignação parcial, deve-se ter como prejudicada a dúvida, não sendo o caso de conhecimento do recurso interposto, pela ausência de interesse recursal, pois inútil à finalidade prática pretendida. Por último, limitada a discórdia à cobrança de emolumentos, fica anotada a célere via da reclamação (artigo 30 da Lei Estadual nº 11.331/2002), que, talvez, melhor atenderá ao fim pretendido pelos interessados. Pelo exposto, dou por prejudicada a dúvida e não conheço do recurso. GILBERTO PASSOS DE FREITAS, Corregedor Geral da Justiça e Relator.* Por epítome, havendo irresignação parcial, estando prejudicado o julgamento da dúvida, não seria adequada a análise do mérito de forma condicional. **3**. Ante o exposto, pelo arrimo esposado, pelo meu voto, não conheço do recurso. Ricardo Mair Anafe Presidente da Seção de Direito Público. **Notas: [1]** Peço licença para transcrever a íntegra dos respectivos acórdãos justamente para se observar que, em biênios de Conselhos Superiores da Magistratura anteriores, prejudicada a dúvida, nem em tese se analisava o mérito. Citar grandes nomes da história da Magistratura Paulista parece-me fundamental, porque ensinamentos de tão ilustres pensadores do direito não podem permanecer ocultos às novas gerações, mormente diante da inexistência de alterações substanciais na Lei 6.015 de 1973. (DJe de 19.08.2015 – SP)

EMENTA: REGISTRO DE IMÓVEIS – Dúvida julgada procedente – Desistência, em sede recursal, do pleito de registro do título a fim de se realizar apenas a retificação do registro – Desaparecimento do dissenso entre o Oficial e a Apelante – Impossibilidade de se aproveitar o procedimento de dúvida para se efetivar a retificação de registro – Necessidade de procedimento autônomo perante o Oficial de Registro de Imóveis ou a Corregedoria Permanente – Recurso prejudicado (APELAÇÃO Nº 9000003-58.2012.8.26.0201, da Comarca de Garça). Trata-se de apelação interposta por (...) contra a r. sentença de fls. 30/32, que, ao julgar procedente a dúvida inversa, manteve a recusa do Oficial de Registro de Imóveis, Títulos e Documentos e Civil de Pessoa Jurídica da Comarca de Garça em registrar a escritura pública de compra e venda de fls. 05/06 na matrícula nº (...), daquela Serventia de Imóveis. Aduz, em suma, que desiste do pedido de registro do título haja vista que está buscando, por meio do presente expediente, a retificação do registro, que está incorreto e não reflete a realidade física nem jurídica do imóvel. A Procuradoria Geral de Justiça opinou pela remessa dos autos à E. Corregedoria-Geral da Justiça e, no mérito, que o recurso seja julgado prejudicado (fls. 60/61). É o relatório. Como bem alertado pela Procuradoria Geral de Justiça, o recurso deve ser julgado prejudicado, diante da desistência expressa da apelante em registrar o título. Contudo, não é caso de se remeter os autos à E. Corregedoria-Geral da Justiça, uma vez que o presente expediente de dúvida, cujo escopo é apenas examinar a pertinência das exigências feitas pelo Oficial em relação ao título qualificado negativamente (art. 198 LRP), não pode ser aproveitado como retificação de registro, nos termos anunciados pela apelante em suas razões recursais. Sendo assim, como bem ponderou o MM. Juízo Corregedor Permanente, a retificação do registro deve ser pleiteada em procedimento próprio, seja perante o Oficial de Registro de Imóveis, seja perante a Corregedoria Permanente, como permitem os arts. 212/213, da Lei de Registros Públicos. Nestes autos, a desistência do registro do título fez desaparecer o dissenso entre o Oficial e a apelante, tornando a dúvida e o presente recurso prejudicados. Ante o exposto, julgo prejudicado o recurso. José Renato Nalini. Corregedor Geral da Justiça e Relator(D.J.E. de 10.07.2013 – SP).

EMENTA: Registro de Imóveis – Dúvida julgada procedente – Negativa de registro – Irresignação apenas parcial que prejudica a dúvida e impede o acolhimento do recurso – Recurso não conhecido (APELAÇÃO CÍVEL Nº 0001437-80.2011.8.26.0458, da Comarca de PIRATININGA). Trata-se de apelação interposta contra r. sentença que julgou procedente a dúvida, e por consequência obstou o registro de escritura pública de desapropriação amigável. A MM. Juíza Corregedora Permanente acolheu as exigências do Registrador para ingresso do título no fólio real, ou seja, indispensabilidade de retificação da área por falta de perfeita indicação da medida perimetral e, por consequência, também na escritura pública, assinatura com firma reconhecida do representante legal do expropriante, expropriado e responsável técnico no memorial descritivo e levantamento planimétrico, além da apresentação das certidões de valores venais de 2011 expedidas pela própria Municipalidade objetivando o cálculo dos emolumentos, nos termos do art. 7º da Lei Estadual 11.331/02. A Douta Procuradoria Geral de Justiça, apesar de anotar a irresignação apenas parcial do apelante, opinou pelo não provimento do recurso. É o relatório. O recurso de apelação não merece ser conhecido. O reclamo parcial do Município apelante com as exigências do Oficial, consequentemente conduz à concordância em parte, o que prejudica a dúvida, que só admite duas soluções: a determinação do registro

Lei 6.015/1973

do título protocolado e prenotado, que é analisado, em reexame da qualificação, tal como se encontrava no momento em que surgida dissensão entre a apresentante e o Oficial de Registro de Imóveis; ou a manutenção da recusa do Oficial. Para que se possa decidir se o título pode ser registrado ou não é preciso que todas as exigências – e não apenas parte delas – sejam reexaminadas pelo Corregedor Permanente. Nesse sentido, é pacífica a jurisprudência deste Egrégio Conselho Superior. O recorrente impugnou a exigência da indispensabilidade da retificação da área desapropriada amigavelmente, bem como da escritura pública. Todavia, silenciou-se *quanto à necessidade de assinatura com firma reconhecida do representante legal do expropriante, expropriado e responsável técnico no memorial descritivo e levantamento planimétrico, além da apresentação das certidões de valores venais de 2011 expedidas pela própria Municipalidade objetivando o cálculo dos emolumentos, nos termos do art. 7º da Lei Estadual 11.331/02.* Apesar da prejudicialidade do recurso de apelação, vale ressaltar que as exigências impugnadas não se mostraram descabidas. Conforme orientação primeira da própria Tabeliã que lavrou a escritura pública de desapropriação amigável (fls. 51) é necessária à retificação da área desapropriada, diante da precariedade de dados relativos às confrontações do imóvel, para ingresso, então, do título no Registro de Imóveis, em atenção ao princípio da especialidade objetiva. Ponto importante em acréscimo à necessidade da retificação decorre também da falta de identidade entre a área descrita no título, por ocasião da unificação territorial, com o Registro de Imóveis. Afinal, é de *rigor para o ingresso do título que a descrição do imóvel contenha lastro geográfico com segura amarração, de modo a afastar o risco de sobreposição registraria* (APELAÇÃO CÍVELNº 486-6/9, da Comarca de CAMPINAS, Corregedor Geral da Justiça e Relator GILBERTO PASSOS DE FREITAS, data do julgamento 11/05/2006). Nesses termos, pelo meu voto, à vista do exposto, uma vez prejudicada à dúvida, não conheço do recurso. JOSÉ RENATO NALINI. Corregedor Geral da Justiça e Relator. (D. J. E de 03.04.2013 – SP)

EMENTA: REGISTRO DE IMÓVEIS – APRESENTAÇÃO DOS TÍTULOS POR CÓPIAS, AUSÊNCIA DE PRENOTAÇAO E IRRESIGNAÇÃO PARCIAL – DÚVIDA INVERSA PREJUDICADA – EXIGÊNCIA DE AUTORIZAÇÃO JUDICIAL PARA O REGISTRO COM BASE EM AVERBAÇÃO NA MATRÍCULA ACERCA DE EXPEDIENTE DESTINADO A APURAR POSSÍVEL USO DE PROCURAÇÃO FALSA PARA ALIENAÇÃO DE PARTE IDEAL LEVADA A REGISTRO – EXAME PELO OFICIAL RESTRITO AOS ASPECTOS EXTRÍNSECOS (FORMAIS) DO TÍTULO – SITUAÇÃO QUE NÃO OBSTA O REGISTRO – NECESSIDADE DE APRESENTAÇÃO DE DOCUMENTOS REFERENTES À QUALIFICAÇÃO DAS PARTES EM OBSERVÂNCIA AO PRINCÍPIO DA ESPECIALIDADE SUBJETIVA – RECURSO NÃO CONHECIDO (Apelação nº 9000002-65.2012.8.26.0624, da Comarca de Tatuí). Trata-se de recurso de apelação interposto contra a sentença de fls.49/53 da MMª Juíza Corregedora Permanente do Oficial de Registro de Imóveis da Comarca de Tatuí, que em procedimento de dúvida inversa suscitada acolheu a negativa de registro de escritura de compra e venda e manteve as exigências de apresentação de cópias autenticadas e atualizadas de vários documentos e de apresentação de autorização judicial para o registro, em razão da averbação nº 4 da matrícula nº (...) referente a "Pedido de Providência" em tramitação perante a Corregedoria Permanente da Comarca de Boituva, decorrente de uso de documento falso, nos termos das notas devolutivas de fls.18 e 22. Os apelantes alegam que dois títulos foram apresentados para registro e que a sentença ignorou tal fato, referindo-se apenas à nulidade parcial de uma das escrituras. Afirmam que em relação à escritura lavrada em 2/8/10 e não obstante o suposto vício decorrente de procuração falsa outorgada pela vendedora (...), o outro vendedor outorgante praticou o negócio jurídico regularmente, razão pela qual não é possível exigir deste nova outorga por meio de lavratura de escritura de compra e venda, como sugerido pelo Ministério Público, porque a porção nula não contamina a parte válida, nos termos do artigo 184 do Código Civil, o que autoriza o registro parcial da escritura. Dizem que não se estende a possível nulidade alegada em relação à escritura lavrada em 2/8/10 à escritura lavrada em 19/4/10, que teve outorgantes e partes ideais do imóvel distintas da primeira, e acrescentam que em relação à exigência de apresentação de documentos pessoais autenticados, esta providência foi tomada quando do registro de 50% do imóvel adquirido junto aos mesmos vendedores, o que dispensa nova apresentação. Postulam o provimento do apelo para que seja realizado o registro integral da escritura lavrada em 19/4/10 e o registro parcial da escritura lavrada em 2/8/10. A Procuradoria Geral de Justiça opinou pelo não conhecimento do recurso por estar prejudicada a dúvida, e, se conhecido, pelo não provimento (fls. 80/84). É o relatório. O recurso não deve ser conhecido. A dúvida está prejudicada, conforme bem observado pela Douta Procuradoria Geral de Justiça. Os interessados, cientes das notas devolutivas apresentadas pelo Oficial no dia 16 de abril de 2012 (fls. 18) não requereram suscitação de dúvida e tampouco apresentaram dúvida inversa, portanto, os efeitos da prenotação cessaram automaticamente, em razão do disposto no artigo 205 da Lei nº 6.015/1973. A dúvida inversa foi suscitada somente em 25 de setembro de 2012 (fls. 2) de modo que cabia ao Oficial, ao tomar ciência do questionamento levantado, proceder ao protocolo do título, atribuindo-lhe número de ordem determinante de sua prioridade (artigos 182 e 186 da Lei nº 6.015/1973), e, antes de enviar à MMª Juíza Corregedora Permanente as razões da recusa, anotar, à margem da prenotação, a ocorrência da dúvida e certificar, no título, rubricando todas as suas folhas, a prenotação e a dúvida suscitada (incisos I e II do artigo 198 da Lei nº 6.015/1973 e subitem 30.1, combinado com as alíneas b e c do item 30, ambos das NSCGJ). Além da inexistência de prenotação e cessação dos seus efeitos, a apresentação de cópia do título impede o acesso ao fólio real, de acordo com pacífico entendimento do Conselho Superior da Magistratura e nem mesmo a apresentação de cópia autenticada supre a falta da via original. Por fim, a irresignação parcial está configurada, na medida em que os interessados requereram, ainda que com o fim de contornar qualquer controvérsia, que o registro seja realizado parcialmente, por serem sabedores de que em tese há nulidade ou inexistência de ato praticado pela outorgante vendedora Lázara Vieira. Tal manifestação mostra conformismo com óbice consignado na nota de devolução. Caso a dúvida não estivesse prejudicada pelos motivos ora expostos, seria caso de afastar a exigência de autorização judicial para o registro, decorrente da averbação número 4 da matrícula 1.631, que noticia expediente em curso destinado à apuração da falsidade da procuração outorgada por Lázara Vieira a José Luiz Vieira, porque tal fato não configura vício de natureza extrínseca (formal) e sim intrínseca, que transborda os limites de cognição da dúvida registral. Narciso Orlandi Neto faz bem a distinção entre vício intrínseco e extrínseco dos títulos: *"É preciso distinguir nulidade direta do registro e nulidade do título, com reflexo no registro. O registro não pode ser cancelado por nulidade do título, salvo em processo contencioso de que participe o titular do direito inscrito. Em outras palavras, o art. 214 da Lei nº 6015/73 é exceção. E como se sabe se o registro é ou não nulo de pleno direito? Sabe-se que o registro é ou não nulo de pleno direito examinando-o separadamente do título que lhe deu causa, apenas à luz dos princípios que regem o registro, a saber se foram cumpridos os requisitos formais. A indagação da nulidade do registro deve ficar restrita aos "defeitos formais do assento, ligados à inobservância de formalidades essenciais da inscrição (Código Civil, arts. 130 e 145, III)" (Afrânio de Carvalho, Retificação do Registro, in RDI 13, p. 17). ... A nulidade a que se refere o art. 214 da Lei de Registros Públicos é exclusiva do registro,* ***absolutamente independente do título,*** *tanto que, uma vez declarada, permite que o mesmo título seja novamente registrado. ... A nulidade que pode ser declarada diretamente independentemente de ação, é de direito formal, extrínseca. Ela* ***não pode alcançar o título,*** *que subsiste íntegro e, em muitos casos, apto a, novamente, ingressar no registro. ... Problemas relativos ao consentimento das partes, diz respeito ao título, tanto quanto sua representação e a elaboração material do instrumento. Assim, se houve* ***fraude, se a assinatura do transmitente foi falsificada, se o instrumento público não consta dos livros de nenhum notário,*** *se a procuração que serviu na representação de uma das partes é falsa, se o consentimento do alienante foi obtido com violência,* ***são todos problemas atinentes ao título.*** *Podem afetar o registro, mas* ***obliquamente.*** *Só podem determinar o cancelamento do registro,* ***em cumprimento de sentença que declare a nulidade do título e, em consequência, do registro...*** " (Retificação do Registro de Imóveis, Ed. Oliveira Mendes, pág. 183/192 – grifou-se). Os precedentes da

Corregedoria Geral da Justiça são nesse sentido. Assim sendo e à mingua de decisão judicial em ação contenciosa que reconheça a nulidade da procuração e consequentemente da venda realizada pela escritura pública ora apresentada, não era caso de obstar o registro do título com base em suspeitas e indícios de uso de procuração falsa, ou mesmo em razão da decisão administrativa do Juiz Corregedor Permanente do Tabelião, que declarou nula a procuração. Não obstante, a exigência de apresentação de cópias autenticadas e atualizadas dos documentos elencados na nota de devolução é devida, não apenas em relação à escritura lavrada em 19/4/10 (fls.14/15) como também em relação à escritura lavrada em 2/8/10 (fls.19) conforme ressalvado na parte final da impugnação de fls. 26/28 do Oficial. O fato de os interessados terem apresentado tais documentos anteriormente, quando apresentaram para registro escritura de compra e venda referente à parte ideal do mesmo imóvel, não os dispensa de apresenta-los novamente, porque o exame que ora se faz é de novos e diversos títulos, e, conforme mencionou o Oficial na impugnação apresentada, a qualificação dos vendedores não consta da matrícula do imóvel. A exigência vai ao encontro do princípio da especialidade subjetiva, nos termos do artigo 176, § 1º, inciso II, 4, a, da Lei 6.015/73 e tem por fim resguardar a segurança jurídica. À vista do exposto, pelo meu voto, não conheço do recurso. HAMILTON ELLIOT AKEL. Corregedor -Geral da Justiça e Relator

EMENTA: REGISTRO DE IMÓVEIS – Pedido de providências admitido como dúvida Inversa – Escritura pública – Cópia – Dúvida prejudicada – Permuta envolvendo imóveis indisponíveis – Regra do artigo 53, § 1º, da Lei nº 8.212/1991 – Incidência – Desqualificação registral acertada – Recurso não conhecido (APELAÇÃO CÍVEL Nº 0000001-78.2011.8.26.0493, da Comarca de REGENTE FEIJÓ). Os apelantes, irresignados com a desqualificação da escritura pública levada a registro, apresentaram *pedido de providências*, pois sustentam a inaplicabilidade, *in concreto*, da regra do artigo 53, § 1º, da Lei n º 8.212/1991, já que a permuta aperfeiçoada não traz qualquer prejuízo à Fazenda Nacional: a penhora continuará gravando os imóveis indisponíveis e os contratantes, conforme expressamente ajustado, prosseguirão responsáveis pela satisfação do crédito tributário. Enfim, aguardam determinação no sentido do registro do título (fls. 02/04). Após as manifestações da Fazenda Nacional (fls. 49/52), do Oficial de Registro, que defendeu a recusa impugnada (fls. 56v), e um novo pronunciamento dos interessados (fls. 60/61), o Ministério Público apresentou seu parecer (fls. 63/67), seguido do *julgamento improcedente* do pedido formulado (fls. 69/73). Ato contínuo, com reiteração das alegações já expostas, os interessados interpuseram apelação (fls. 77/81), recebida nos seus regulares efeitos (fls. 82, item 1). Com novas manifestações do Oficial de Registro e do Ministério Público (fls. 83 e 85/89), os autos foram encaminhados ao Conselho Superior da Magistratura e a Procuradoria Geral da Justiça propôs o desprovimento do recurso (fls. 93/95). É o relatório. Os interessados, ao expressarem sua irresignação em relação à desqualificação do título apresentado para registro, suscitaram, na realidade, dúvida inversa, criação pretoriana admitida por este Conselho Superior da Magistratura: ao invés de requererem a suscitação ao Oficial, dirigiram a sua irresignação ao MM Juiz Corregedor Permanente, malgrado com emprego de terminologia equivocada (fls. 02/04), insuscetível, contudo, de comprometer o exame do pedido (fls. 02/03). O MM Juiz Corregedor Permanente, embora, ao sentenciar, tenha empregado o vocábulo *improcedente* – certamente em razão do equívoco acima abordado –, julgou a *dúvida inversa procedente*, porquanto manteve a exigência questionada (fls.69/73). Contudo, a dúvida inversa está prejudicada, pois o requerimento dos interessados não foi instruído com o original do traslado da escritura pública extraído pelo tabelião, mas com simples cópia (fls. 15/41): e sem a exibição da via original, o reexame da desqualificação é vedado. Ora, é inadmissível o acesso de cópia ao fólio real, de acordo com o Conselho Superior da Magistratura. Sequer a apresentação de cópia autenticada supre a falta da via original. Ademais, mesmo a exibição tardia do título, no curso do procedimento de dúvida, resta desautorizada, pois levaria à injusta prorrogação do prazo da prenotação. De todo modo, se a *dúvida inversa* não estivesse prejudicada, seria procedente: com efeito, a escritura pública, ao envolver cinco imóveis, dois deles indisponíveis por força do artigo 53, § 1º, da Lei nº 8.212/1991, e ao contemplar deslocamentos patrimoniais subjetivos de partes ideais relativas a estes, é insuscetível de registro, que, a propósito, se realizado fosse, feriria o princípio da legalidade. O negócio jurídico entabulado pelos interessados modifica a titularidade dos direitos de propriedade sobre os bens imóveis descritos nas matrículas nºs 10.056 e 10.057 do Registro de Imóveis e Anexos de Regente Feijó/SP (fls. 15/41 – cf. particularmente o exposto na folha 30), sobre os quais recaem penhora em favor da Fazenda Nacional (cf. av. 1 das certidões das matrículas aludidas – fls. 11/v e 13/v). Ou seja, o contrato celebrado afronta a regra legal referida e, especialmente, a indisponibilidade por meio dela imposta, que decorre automaticamente da constrição judicial consumada na execução fiscal promovida pela Fazenda Nacional. De fato, a troca (ou permuta), negócio jurídico semelhante à compra e venda – a cujo regime se subordina, com as ressalvas textuais previstas no artigo 533 do Código Civil –, pressupõe a disponibilidade dos bens abrangidos pela operação econômica. Por isso, ao desqualificar o título, o Oficial de Registro procedeu acertadamente. Pelo todo exposto, dou por prejudicada a *dúvida inversa* e não conheço da apelação. JOSÉ RENATO NALINI, Corregedor Geral da Justiça e Relator (D.J.E. de 22.02.2013 – SP).

TRIBUNAL DE JUSTIÇA DO ESTADO DO PARANÁ

EMENTA: APELAÇÃO CÍVEL. SUSCITAÇÃO DE DÚVIDA INVERSA. DESMEMBRAMENTO DE IMÓVEL RURAL. PARTE AUTORA QUE ALEGA A DISPENSA DE EXIGÊNCIA DE APRESENTAÇÃO DE PROJETO DE DESMEMBRAMENTO DE IMÓVEL RURAL APROVADO PELO CMMA – CONSELHO MUNICIPAL DE MEIO AMBIENTE DE UMUARAMA. NULIDADE DA SENTENÇA. RECONHECIMENTO. NECESSIDADE DE PRÉVIA MANIFESTAÇÃO DO OFÍCIO DE REGISTRO DE IMÓVEIS. INTELIGÊNCIA DOS ARTIGOS 198 E SEGUINTES DA LEI Nº 6.015/73. RECURSO CONHECIDO E PROVIDO PARA DETERMINAR O REGULAR PROSSEGUIMENTO DO FEITO COM MANIFESTAÇÃO DA OFICIALA DO REGISTRO DE IMÓVEIS QUANTO A NEGATIVA DE REGISTRO, RESTANDO PREJUDICADA A ANÁLISE DO MÉRITO. (TJPR – Apelação Cível nº 1.428.389-3 – Umuarama – 11ª Câmara Cível – Rel. Des. Lenice Bodstein – DJ 18.03.2016)

TRIBUNAL DE JUSTIÇA DO ESTADO DE MINAS GERAIS

EMENTA: APELAÇÃO CÍVEL. SUSCITAÇÃO DE DÚVIDA. IMPUGNAÇÃO. ART. 198, INCISO III, DA LEI DE REGISTROS PÚBLICOS. REGISTRO IMOBILIÁRIO. COMPRA E VENDA DE IMÓVEIS. FIRMA INDIVIDUAL. INADMISSIBILIDADE. AUSÊNCIA DE PERSONALIDADE JURÍDICA. – Nos termos do art. 198, inciso III, da Lei de Registros Públicos, o oficial procederá a notificação do interessado, que tem o prazo de quinze dias para impugnar a suscitação de dúvida. – A empresa individual consiste, em regra, em ente desprovido de personalidade jurídica, se confundindo com a pessoa do empresário, de modo que é impossível proceder ao registro imobiliário em seu nome. (TJMG – Apelação Cível nº 1.0024.14.048525-1/001 – Belo Horizonte – 7ª Câmara Cível – Rel. Des. Wilson Benevides – DJ 11.11.2015).

TRIBUNAL DE JUSTIÇA DO ESTADO DO CEARÁ

EMENTA: REGISTROS PÚBLICOS. PEDIDO DE REGISTRO IMOBILIÁRIO. REGULARIZAÇÃO DE PENDÊNCIAS. RETIFICAÇÕES A SEREM PROVIDENCIADAS. INDISPENSABILIDADE. 1. Verificando o Titular do Registro Imobiliário a existência de irregularidades na matrícula referente aos imóveis objetos do registro alvitrado (...), deverá o Oficial indicar por escrito as exigências a serem satisfeitas (Lei nº 6.015/73, art. 198, *caput*), de forma a possibilitar a transferência dos imóveis partilhados por ocasião do Distrato. 2. Em observância aos princípios norteadores dos Registros Públicos (especialização, disponibilidade e continuidade) é imprescindível que, constatadas imperfeições, estas sejam impreterivelmente sanadas, de modo a garantir a segurança do sistema de registro imobiliário. 3. Não efetivadas as providências apontadas pelo Cartório de Registro Imobiliário, há de ser julgada improcedente a ação que visa efetivar registro imobiliário. 4. Recurso conhecido e desprovido. (TJCE – Ap. Civ. 2172249 200380600000, Relator(a): FERNANDO LUIZ XIMENES ROCHA 1ª Câmara Cível, DJ. 29/09/2009)

TRIBUNAL DE JUSTIÇA DO DISTRITO FEDERAL

EMENTA: DÚVIDA REGISTRÁRIA. PRELIMINAR DE NULIDADE DA SENTENÇA. ALEGAÇÃO DE NEGATIVA DE PRESTAÇÃO JURISDICIONAL. REJEIÇÃO. ORDEM JUDICIAL DETERMINANDO CANCELAMENTO DE PENHORA. ANTECIPAÇÃO DE TUTELA. NECESSIDADE DE INTIMAÇÃO DO CREDOR HIPOTECÁRIO. NÃO OBSERVÂNCIA. PROCEDÊNCIA DA DÚVIDA. SENTENÇA MANTIDA. 1. Não há omissão a inquinar de nulidade a decisão vergastada se as questões relevantes ao deslinde da causa foram enfrentadas, não se exigindo do órgão julgador que discorra sobre todos os dispositivos de lei suscitados para cumprir com plenitude a devida prestação jurisdicional. Precedente do c. STJ. 2. A ordem judicial submete-se a qualificação registrária, devendo preencher os requisitos formais exigidos na Lei de Registros Públicos. 3. Cuidando-se de decisão antecipatória da tutela, mostra-se indispensável a comprovação da intimação do credor para que se atenda a determinação de cancelamento de hipoteca (art. 251, II, da Lei 6015/73). 4. Se a exigência do Registrador encontra amparo na LRP, impõe-se reconhecer a procedência da dúvida suscitada. 5. Recurso conhecido. Preliminar rejeitada. Apelo não provido. (TJDFT – APC 20100110004633, Relator HUMBERTO ADJUTO ULHÔA, 3ª Turma Cível, j. em 22/ 09/2010, DJ 29/09/2010, p. 146)

TRIBUNAL DE JUSTIÇA DO ESTADO DE GOIAS

EMENTA: SUSCITAÇÃO DE DÚVIDA. OFICIAL DE REGISTRO. ILEGITIMIDADE RECURSAL. COBRANÇA DE TRIBUTO. MATÉRIA DE ORDEM PÚBLICA. CONHECIMENTO DE OFÍCIO. I – A dúvida registraria é um procedimento administrativo de rito sumaríssimo, determinado, em princípio pela Lei de Registros Públicos, e em outras normas extravagantes, em que se discute simplesmente a possibilidade do registro. II – O Oficial de Registro de Imóveis não tem legitimidade para apelar da decisão que dirime a dúvida, nos termos do artigo 202 da Lei de Registros Públicos. III – Sendo a matéria referente a recolhimento de tributo, matéria de ordem pública, pode o julgador analisá-la de ofício. IV – Não se pode, na partilha, simplesmente renunciar à meação, já que se trata de verdadeira doação, sujeita a escritura pública e ao recolhimento do tributo de transmissão. (...) SUSCITAÇÃO DE DÚVIDA JULGADA PROCEDENTE DE OFÍCIO. (TJGO – Ap. Civ. 361697-52.2009.8.09.0051, Rel. DESª. AMELIA MARTINS DE ARAUJO, 1ª C. Civel, DJ de 19/ 12/2011)

TRIBUNAL DE JUSTIÇA DO ESTADO DO RIO DE JANEIRO

EMENTA: REGISTROS PÚBLICOS. PROCEDIMENTO DE DÚVIDA. SENTENÇA DE IMPROCEDÊNCIA QUE RECONHECEU QUE O INTERESSADO, ORA APELADO, FAZ JUS À GRATUIDADE DE EMOLUMENTOS. APELAÇÃO INTERPOSTA PELA DELEGATÁRIA DO SERVIÇO EXTRAJUDICIAL. AUSÊNCIA DE LEGITIMIDADE E DE INTERESSE RECURSAIS. INTELIGÊNCIA DO ART. 202 DA LEI Nº 6.015/73 – LEI DE REGISTROS PÚBLICOS. NEGADO CONHECIMENTO AO RECURSO. [TJRJ – APC 0012022-55.2010.8.19.0028, Des. Fernando Cerqueira, 15ª C. Civel, Julgamento: 25/10/2012]

3. QUESTÕES DE CONCURSOS

01. (VUNESP - 2023 - TJ-AL - Titular de Serviços de Notas e de Registros – Provimento) Da sentença no processo de dúvida poder-se-á interpor recurso. Qual a natureza e efeitos do recurso e quem está legitimado para sua a interposição?

a) Recurso administrativo endereçado à Corregedoria Geral de Justiça, com efeitos devolutivo e suspensivo. Podem recorrer o interessado, o Ministério Público e o apresentante.
b) Recurso à Corregedoria Nacional de Justiça, com efeitos devolutivo e suspensivo. Podem recorrer o interessado, o Ministério Público e o apresentante.
c) Recurso de apelação, com efeito meramente devolutivo. Podem recorrer o Ministério Público e o terceiro prejudicado.
d) Recurso de apelação, com efeitos devolutivo e suspensivo. Podem recorrer o interessado, o Ministério Público e o terceiro prejudicado.

02. (Vunesp – Titular de Serviços de Notas e Registros – TJ – SP – Provimento/2022) Assinale a alternativa correta sobre o procedimento de dúvida, previsto no Art. 198 da Lei nº 6.015/73:

a) Por sua natureza administrativa, a decisão proferida no procedimento de dúvida faz coisa julgada material, não se admitindo a reiteração da dúvida nem mesmo quando a jurisprudência a respeito das questões tratadas tenha sido alterada.
b) O procedimento de dúvida que decidir sobre matéria registral não se sobrepõe às questões examinadas na esfera jurisdicional.
c) O procedimento de dúvida admite apenas dois resultados: a procedência, pela qual são afastadas as exigências e determinado o registro, ou a improcedência, por meio da qual são mantidas as exigências.
d) O procedimento de dúvida destina-se a solucionar dissenso envolvendo recusa na prática de ato de registro em sentido amplo, inclusive quando o registrador se recusar a praticar ato de averbação.

03. (IESES – Cartório – Provimento – TJ – AM/2018) A respeito do tema "processo de dúvida" no Registro de Imóveis, é correto afirmar:

a) É excepcionalmente dispensada a manifestação do Ministério Público quando a dúvida for impugnada por terceiro, pois aí se estabelece contraditório sobre bens disponíveis entre pessoas capazes, desaparecendo o interesse público a justificar a intervenção do "parquet".
b) A decisão da dúvida tem natureza administrativa e não impede o uso do processo contencioso competente.
c) No processo de dúvida sempre serão devidas custas judiciais, a serem pagas por aquele que as suscitar.
d) Apenas o interessado e o Ministério Público poderão interpor recurso de apelação da sentença que decidir a dúvida.

04. (Vunesp – Oficial de Registro-SP/2002) Assinale o enunciado incorreto.

a) A decisão da dúvida tem natureza administrativa e não impede o uso do processo contencioso competente.
b) Da sentença que julgar a dúvida, poderão interpor apelação o interessado, o oficial registrador, o Ministério Público e o terceiro prejudicado.
c) Da sentença que julgar a dúvida cabe apelação com os efeitos devolutivo e suspensivo.
d) Se o interessado deixar de impugnar a dúvida suscitada pelo oficial registrador, será ela, ainda assim, julgada por sentença.

05. (EJEF – Registro de Imóveis-MG/2005) Considerando-se o disposto na Lei nº 6.015 – Lei dos Registros Públicos –, de 1973, e na Lei de Organização e Divisão Judiciárias do Estado de Minas Gerais, tal como se acha em vigor, é CORRETO afirmar que a deflagração do processo de dúvida relativo aos registros públicos

a) independe de prévia prenotação do título no Livro-protocolo do Serviço de Registro, pois tal via processual é adequada à resolução de consultas, caso em que será decidida pelo Juiz Diretor do Foro.
b) interrompe a contagem do prazo de 30 dias que garante a prioridade do registro até sentença judicial passada em julgado, possibilitando o acesso de títulos contraditórios perante o fólio real.
c) pressupõe a existência de título prenotado no Livro-protocolo do Serviço de Registro e a formulação de exigência por escrito do Oficial, relativamente a que não se conforme ou a que não possa satisfazer o interessado.
d) não impede o registro de título contraditório com número de ordem superior no Livro-protocolo, relativamente a que não tenha sido formulada exigência.

06. (EJEF Tabelionato e Registro-MG/2007) No tocante ao procedimento de dúvida concernente à legislação dos registros públicos, assinale a alternativa CORRETA.

a) Dado que possui natureza administrativa, a decisão nela proferida não repousa sobre uma verificação jurisdicional, de sorte que o juiz atua no interesse exclusivo da administração, no exercício de um poder de império, como administrador, jungido aos princípios e critérios que norteiam a administração pública, como integrante de uma estrutura hierarquizada.

b) Compreende a hipótese na qual o oficial de registro civil de pessoas naturais, com motivos para duvidar da declaração de nascimento, tem a faculdade de ir à casa do recém-nascido verificar a sua existência ou exigir atestação do médico ou parteira que tiver assistido o parto, ou o testemunho de duas pessoas que não forem os pais e tiverem visto o recém-nascido.

c) A decisão nele proferida faz coisa julgada formal e material, mas não impede a propositura da ação contenciosa competente.

d) Exige jurisdição (tarefa Estatal do Poder Judiciário com as garantias constitucionais do juiz natural e independente, do devido processo legal e do contraditório), em que o juiz não atua no interesse da administração, mas sim no de outrem, pois é um terceiro com referência à matéria que lhe é submetida, conferindo atuação à lei diante de fatos ou casos determinados e concretos.

07. (UFMT – Notário-MT/2003) Denegado o acesso de um título, o interessado poderá requerer a suscitação de dúvida. Nesse caso, o Oficial do Registro deverá:

a) Protocolar o título e intimar o interessado para que suscite inversamente a dúvida, no prazo de quinze dias, contados da sua notificação, perante o Juiz Diretor do Foro, que decidirá a dúvida.

b) Suscitar a dúvida de maneira articulada e fundamentada, expondo os motivos impedientes do acesso do título, sendo defeso simples referência a textos legais e falhas encontradas no documento, notificando o interessado para impugná-la, querendo, no prazo de quinze dias e encaminhando o procedimento ao Juiz Diretor do Foro.

c) Cancelar a prenotação original e ingressar com o pedido articulado de suscitação de dúvida perante o Juiz Diretor do Foro, aguardando pronunciamento judicial sobre a admissibilidade ou não do acesso do título no Registro.

d) Suscitar a dúvida de maneira articulada e fundamentada, expondo os motivos impedientes do acesso do título, sendo defeso simples referência a textos legais e falhas encontradas no documento, notificando o interessado para impugná-la, querendo, no prazo de quinze dias e aguardando o título e termos da dúvida em cartório a provocação do interessado (impugnação).

e) Suscitar a dúvida de maneira articulada e fundamentada, expondo os motivos impedientes do acesso do título, sendo defeso simples referência a textos legais e falhas encontradas no documento, notificando o interessado para impugná-la, querendo, no prazo de quinze dias e encaminhando o procedimento ao representante do Ministério Público, para vista.

08. (IESES – Notário-MA/2011) Sobre o procedimento de suscitação de dúvida no registro de imóveis, assinale a alternativa INCORRETA:

a) Da sentença, poderão interpor apelação, com os efeitos devolutivo e suspensivo, o interessado, o Ministério Público, o oficial e o terceiro prejudicado.

b) Se não forem requeridas diligências, o juiz proferirá decisão no prazo de quinze dias, com base nos elementos constantes dos autos.

c) Se o interessado não impugnar a dúvida no prazo legal de 15 dias, será ela, ainda assim, julgada por sentença.

d) Se for a dúvida julgada procedente, os documentos serão restituídos à parte, independentemente de translado, dando-se ciência da decisão ao oficial, para que a consigne no Protocolo e cancele a prenotação.

09. (Vunesp – Notário – SP/2008) Em relação ao procedimento de dúvida suscitada por Oficial de Registro de Imóveis, assinale a alternativa correta.

a) Há, em seu âmbito, mesmo não ocorrendo litígio entre os interessados, mas apenas dissídio entre o requerente do registro e o Oficial Registrador, a existência de "causa", a justificar o cabimento de recurso especial.

b) Em processo de dúvida, é sempre cabível a ação rescisória.

c) O tabelião de notas que lavrou a escritura objeto do procedimento de dúvida e a apresentou ao registro imobiliário é considerado interessado, para fins de interposição de recurso da sentença.

d) A decisão da dúvida tem natureza administrativa e não impede o uso do processo contencioso competente.

10. (TJ-SC – Notário-SC/2012) Estando a parte requerente inconformada com exigência feita por Oficial de Registro de Imóveis para a prática de ato que lhe incumbe por força de lei, poderá ela, segundo o art. 198 da Lei de Registros Públicos:

a) Promover reclamação à Corregedoria-Geral da Justiça.

b) Promover reclamação à Direção do Foro.

c) Impetrar mandado de segurança.

d) Requerer ao Oficial que suscite dúvida ao Juiz Competente.

e) Promover reclamação à Secretaria de Estado da Justiça.

11. (Vunesp – Cartório – TJ – SP/2012) No processo de dúvida,

a) em entendendo necessário, poderá o Juiz Corregedor Permanente determinar a produção de provas, inclusive testemunhal e pericial.

b) não se produzem provas, verificando-se apenas o aspecto regulamentar dos registros públicos.

c) somente será julgada por sentença se o interessado apresentar impugnação no prazo legal.

d) cabe ao Oficial a interposição de recurso de apelação, junto à Corregedoria-Geral da Justiça, em sendo julgada improcedente a dúvida por ele suscitada.

12. (Cespe – Cartório – ES/2013) Acerca do procedimento da dúvida, assinale a opção correta.

a) Não impugnada a dúvida, será o procedimento arquivado.

b) O início do processo judicial depende de haver exigências descabidas ao representante.

c) A dúvida consiste em um pedido de natureza judicial.

d) O juiz deve determinar a notificação do interessado, para impugnar a dúvida.

e) A dúvida não poderá ser suscitada de ofício pelo serventuário.

GAB	1	D	2	B	3	B	4	B	5	C	6	D
	7	B	8	A	9	D	10	D	11	B	12	E

Art. 205. Cessarão automaticamente os efeitos da prenotação se, decorridos 20 (vinte) dias da data do seu lançamento no Protocolo, o título não tiver sido registrado por omissão do interessado em atender às exigências legais.

Parágrafo único. Nos procedimentos de regularização fundiária de interesse social, os efeitos da prenotação cessarão decorridos 40 (quarenta) dias de seu lançamento no Protocolo.

1. COMENTÁRIOS

O art. 205 da LRP estabelece o prazo para a **cessação dos efeitos da prenotação.**

A prenotação está intrinsecamente relacionada ao princípio da prioridade, que assegura àquele que primeiro apresentar o título, mediante número de ordem no protocolo, a prevalência de seu direito sobre o do apresentante seguinte, quando referentes ao mesmo imóvel e contraditórios. Podemos dizer que a prenotação tem como efeito assegurar o princípio da prioridade. Em outras palavras, a prenotação, que consiste no lançamento do título no protocolo, garante a prioridade de direitos para o apresentante.

Não existe registro sem prenotação. Os efeitos de prioridade se consagram a partir da prenotação do título, e mesmo que haja vários negócios jurídicos no mesmo instrumento, haverá somente **um número de ordem**.

Enfatiza-se que a prenotação do título **não é opção do oficial registrador**.

Trata-se de um **dever legal**. Nas palavras de Flauzilino Araújo dos Santos: "permito-me repetir, face ao caráter eminentemente formalista do direito imobiliário registral, que a prenotação de todos os títulos ingressados na Serventia, ressalvados aqueles referidos no parágrafo único do art. 12 – títulos recebidos para simples exame e cálculo de emolumentos a pedido dos interessados –, não é mera opção do registrador, senão integra o elenco de deveres do oficial a publicizar uma situação jurídica que possibilita que os direitos reais sobre imóveis adquiram a plenitude dos efeitos que o ordenamento jurídico lhes concede, de acordo com a natureza" (*Algumas linhas sobre a prenotação*. In: Sérgio Jacomino, coord. *Registro de Imóveis* – Estudos de Direito Registral Imobiliário. Porto Alegre: Safe/Irib, 2000, p. 34).

O novo prazo para a **cessação da prenotação**, alterado pela Lei n. 14.382/2022, passa a ser de 20 (vinte) dias a partir da data do seu lançamento no Protocolo, e não mais 30 (trinta) dias. Esta é a regra geral, porém, permite-se prorrogação na situação de retardamento do procedimento de registro por fato atribuído ao apresentante. Este prazo abrange o **exame, qualificação, registro** ou **devolução.**

Ricardo Henry Marques Dip ensina que o texto legal refere-se ao prazo de 30 dias (adaptemos para o novo prazo dado pela Lei n. 14.382/2022, ou seja, 20 dias), e, em seguida, ao não saneamento do título por omissão do interessado (apresentante) diante de exigências legais, o que não implica submeter esse prazo à verificação da conduta omissiva, porque o método de prioridade procedimental, é endógeno ao processo registrário. Da mesma sorte, o prazo conta-se do lançamento, e não da intimação do juízo de qualificação registral, a partir de cujo termo final coresse a eficácia da prenotação. Contudo, esse prazo, tanto que se assine, *ou* há de ser fixo, porque as prenotações são sucessivas, em ordem cronológica (art. 182, LRP), e os títulos de apresentação póstera não podem ter eventual tempo de prioridade a ultimar-se com antecedência ao tempo dos prenotados anteriormente, *ou* assinado legalmente o prazo da qualificação, com isso se ajunte norma de dilação relativa aos títulos que, apresentados posteriormente, concorram com algum que se avantaje na prioridade (Op. cit., p. 1084).

Na contagem do prazo para a prenotação, exclui-se o primeiro e inclui-se o último dia. A Lei 14.382/2022 definiu que a contagem de prazos deve ser em **dias úteis** e não mais em dias corridos (art. 9º, § § 1º e 2º, da LRP).

No que tange à exceção dos prazos, expusemos este assunto de forma aprofundada nos comentários do art. 188 da Lei n. 6.015/1973.

Ainda, a Lei 11.977/2009 acrescentou o art. 237-A à Lei dos Registros Públicos. O parágrafo 2º desse artigo dispõe sobre o prazo para qualificação de requerimentos de registro de parcelamento do solo e de incorporação imobiliária, **fixando-o em 15 (quinze) dias:**

> **Art. 237-A[...]**
>
> § 2º Nos registros decorrentes de processo de parcelamento do solo ou de incorporação imobiliária, o registrador deverá observar o prazo máximo de 15 (quinze) dias para o fornecimento do número do registro ao interessado ou a indicação das pendências a serem satisfeitas para sua efetivação."

Para concluir, vale observar que a obrigação de realizar o registro no prazo de vinte dias deve ser cumprida, sob pena de responsabilidade disciplinar pelo retardamento.

2. QUESTÕES DE CONCURSOS

Nota da autora: adaptei algumas questões de acordo com a nova redação do art. 205, estabelecida pela Lei n. 14.382/2022.

01. (EJEF – Registro de Imóveis-MG/2005) Considerando-se o instituto da prenotação, é INCORRETO afirmar que

a) o oficial não pode opor-se à prenotação de um documento, mesmo que este não se inclua no rol do art. 221 da Lei nº 6.015, de 1973.
b) o princípio da prioridade cede se, no caso da prenotação do título da primeira hipoteca, existindo outra posteriormente apresentada, o interessado não tiver promovido, no prazo legal, a inscrição daquela.
c) o registro encontra disciplina no princípio do tempus regit actum e se sujeita à lei vigente ao tempo da apresentação do título, pouco importando a data do contrato.
d) o título prenotado caduca, findo o prazo de 20 dias, sem decisão prolatada, a contar da data em que o Oficial suscitar dúvida.

02. (UFMT – Notário-MT/2003) Do ponto de vista cronológico, o registro é válido e eficaz e produz todos os seus regulares efeitos a partir:

a) Da data do registro, sendo este consumado no prazo legal.
b) Da data constante da certidão do registro, sendo este consumado no prazo legal (publicidade formal).
c) Da data da prenotação original, tendo o título sido prenotado sucessivamente para cumprimento de exigências sanáveis.
d) Da data da lavratura da escritura, tendo em vista a possível ocorrência de direitos reais contraditórios.
e) Da data da prenotação do título, sendo o registro regularmente consumado no prazo legal.

03. (Vunesp – Notário-SP/2012) Sobre prenotação no Registro de Imóveis, analise as seguintes afirmações.

I. Cessarão automaticamente os efeitos da prenotação se, decorridos 20 (vinte) dias do seu lançamento no Protocolo, o título não tiver sido registrado por omissão do interessado em atender às exigências legais.
II. Nos procedimentos de regularização fundiária de interesse social, os efeitos da prenotação cessarão se, decorridos 40 (quarenta) dias de seu lançamento no protocolo, o título não tiver sido registrado por omissão do interessado em atender às exigências legais.
III. Bloqueada a matrícula, o oficial não poderá mais nela praticar qualquer ato, salvo com autorização judicial, permitindo-se, todavia, aos interessados a prenotação de seus títulos, que ficarão com o prazo prorrogado até a solução do bloqueio.
IV. Transitada em julgado a decisão que julgou a dúvida procedente, assim que tomar ciência da decisão, o oficial a consignará no Protocolo e cancelará a prenotação.

Está correto o que se afirma em

a) II, apenas.
b) I, II e III, apenas.
c) I, III e IV, apenas.
d) I, II, III e IV.

04. (IESES – Cartório – TJ – PB/2014) Com relação à prenotação, assinale a alternativa correta:

a) Cessarão os efeitos da prenotação na hipótese de a dúvida registral suscitada ter sido julgada improcedente pelo juiz competente.
b) Cessarão automaticamente os efeitos da prenotação se, decorridos 20 () dias de seu lançamento no Protocolo, o título não tiver sido registrado por omissão do interessado em atender às exigências legais e normativas.
c) Nos procedimentos de regularização fundiária de interesse social, os efeitos da prenotação cessarão decorridos 30 (trinta) dias de seu lançamento no protocolo.
d) Não poderá ser prorrogada no caso de suscitação de dúvida registraria, salvo em casos excepcionais a critério do juiz competente.

05. (Cespe – Cartório – TJ-DFT/2014) Considere que o oficial de registro de imóveis verifique a necessidade de satisfação de exigência e, findo o prazo, o interessado não a satisfaça. Em face dessa situação hipotética, assinale a opção correta de acordo com o Provimento Geral da Corregedoria da Justiça do Distrito Federal e Territórios aplicado aos serviços notariais e de registro.

a) O registrador poderá proceder ao devido registro desde que nele indique a pendência a ser satisfeita.
b) Cessam-se, em consequência, os efeitos da prenotação.
c) Se estiver pendente julgamento de dúvida, concluído o julgamento após o prazo para o cumprimento das exigências, deve ser promovida nova prenotação do título.
d) O registrador deve averbar a certidão de descumprimento da exigência à margem da prenotação.
e) O registrador deve cancelar a prenotação e devolver ao apresentante metade dos emolumentos pagos.

06. (IESES – Cartório – Remoção – TJ – RO/2017) Nos procedimentos de regularização fundiária de interesse social, os efeitos da prenotação cessarão decorridos:

a) 20 (vinte) dias de seu lançamento no protocolo.
b) 90 (noventa) dias de seu lançamento no protocolo.
c) 45 (quarenta e cinco) dias de seu lançamento no protocolo.
d) 40 (quarenta) dias de seu lançamento no protocolo.

GAB	1	D	2	E	3	D	4	B	5	B	6	D

Art. 206. Se o documento, uma vez prenotado, não puder ser registrado, ou o apresentante desistir do seu registro, a importância relativa às despesas previstas no art. 14 será restituída, deduzida a quantia correspondente às buscas e a prenotação.

1. COMENTÁRIOS

Enuncia o art. 14 da Lei n. 6.015/1973:

> **Art. 14** Os oficiais do registro, pelos atos que praticarem em decorrência do disposto nesta Lei, terão direito, a título de remuneração, aos emolumentos fixados nos Regimentos de Custas do Distrito Federal, dos Estados e dos Territórios, os quais serão pagos pelo interessado que os requerer.
>
> Parágrafo único. O valor correspondente às custas de escrituras, certidões, buscas, averbações, registros de qualquer natureza, emolumentos e despesas legais constará, obrigatoriamente, do próprio documento, independentemente da expedição do recibo, quando solicitado.

Os serviços notariais e de registro são **serviços públicos** exercidos em **caráter privado**, sendo remunerados pelos usuários, com o pagamento dos respectivos **emolumentos.**

De uma forma breve, os emolumentos se prestam para o custeio material da serventia, custeio do pessoal da serventia, remunerar Oficial e Notário, bem como remunerar/compensar a responsabilidade civil.

É necessário distinguir emolumentos de custas. Aqueles são a receita propriamente dita das tabeliães e dos registradores. Por sua vez, as custas consiste na receita estatal.

O art. 14 da Lei de Registros Públicos já foi analisado. O tema 'Emolumentos' foi detalhado no capítulo sobre a Lei n. 10.169/2000, que regula o § 2º do art. 236 da Constituição Federal. Esta lei estabelece normas gerais para a fixação de emolumentos relativos aos atos praticados pelos serviços notariais e de registro.

O artigo 206 trata das situações em que um documento, após ser prenotado, não pode ser efetivamente registrado, ou quando o apresentante desiste de seu registro. Nesse contexto, o artigo estabelece regras para a restituição das despesas pagas pelo apresentante. Vamos analisar em partes:

- **Situações de Impedimento ou Desistência:**
  - O documento não pode ser registrado: Isso pode ocorrer por diversos motivos, como erros ou irregularidades no documento, falta de conformidade com requisitos legais, ou questões que impeçam legalmente o registro.
  - O apresentante desiste do registro: Isso significa que a pessoa que apresentou o documento decide não prosseguir com o registro, por qualquer razão.
- **Restituição das Despesas:**
  - O artigo determina que, em ambas as situações (impedimento do registro ou desistência), as despesas pagas pelo apresentante devem ser restituídas.
- **Dedução das Quantias:**
  - A restituição não é total; ela é feita deduzindo-se os custos correspondentes às buscas e à prenotação.
  - As "buscas" referem-se às verificações e pesquisas necessárias para avaliar se o documento pode ser registrado.
  - A prenotação, que consiste no lançamento do título no protocolo, garante a prioridade de direitos para o apresentante. Não existe registro sem prenotação. Os efeitos de prioridade se consagram a partir da prenotação do título, e mesmo que haja vários negócios jurídicos no mesmo instrumento, haverá somente **um número de ordem.**

Logo, não há que se falar em pagamento ou contraprestação (emolumentos) quando o serviço não tiver sido prestado, seja por impedimento legal, seja pela desistência do apresentante.

Art. 206-A. Quando o título for apresentado para prenotação, o usuário poderá optar:

I – pelo depósito do pagamento antecipado dos emolumentos e das custas; ou

II – pelo recolhimento do valor da prenotação e depósito posterior do pagamento do valor restante, no prazo de 5 (cinco) dias, contado da data da análise pelo oficial que concluir pela aptidão para registro.

§ 1º Os efeitos da prenotação serão mantidos durante o prazo de que trata o inciso II do *caput* deste artigo.

§ 2º Efetuado o depósito, os procedimentos registrais serão finalizados com a realização dos atos solicitados e a expedição da respectiva certidão.

§ 3º Fica autorizada a devolução do título apto para registro, em caso de não efetivação do pagamento no prazo previsto no *caput* deste artigo, caso em que o apresentante perderá o valor da prenotação.

§ 4º Os títulos apresentados por instituições financeiras e demais instituições autorizadas a funcionar pelo Banco Central do Brasil ou por entidades autorizadas pelo Banco Central do Brasil ou pela Comissão de Valores Mobiliários a exercer as atividades de depósito centralizado ou de registro de ativos financeiros e de valores mobiliários, nos termos dos arts. 22 e 28 da Lei nº 12.810, de 15 de maio de 2013, respectivamente, poderão efetuar o pagamento dos atos pertinentes à vista de fatura.

§ 5º O disposto neste artigo aplica-se às unidades federativas que adotem forma de pagamento por meio de documento de arrecadação.

§ 6º A reapresentação de título que tenha sido devolvido por falta de pagamento dos emolumentos, nos termos do § 3º deste artigo, dependerá do pagamento integral do depósito prévio.

§ 7º O prazo previsto no *caput* deste artigo não é computado dentro do prazo de registro de que trata o art. 188 desta Lei.

1. COMENTÁRIOS

O artigo 206-A foi acrescido pela Medida Provisória n. 1.085, de 27/12/2021, convertida e com redação dada pela Lei n. 14.382, de 27/6/2022.

Este dispositivo deve ser lido em conjunto com o art. 19 da Lei do SERP, a saber:

> **Art. 19.** O disposto no art. 206-A da Lei nº 6.015, de 31 de dezembro de 1973 (Lei de Registros Públicos), deverá ser implementado, em todo o território nacional, no prazo de 150 (cento e cinquenta) dias, contado da data de entrada em vigor desta Lei.

O que o art. 206-A faz é permitir a **opção pela postergação do pagamento parcial dos emolumentos.**

A regra geral na sistemática registral é o pagamento dos emolumentos relativos aos atos de registro quando da prenotação. Para ilustrar, trago os art. 19, § 10, 47, § 2º, 188, 1º e 206-A, I, da Lei n. 6.015/1973. A exceção ocorre nos Tabelionatos de Protesto, que tem sistemática própria e atualmente obedecem ao Provimento CNJ n. 86/2019, que dispõe sobre a possibilidade de pagamento postergado de emolumentos, acréscimos legais e demais despesas, devidos pela apresentação de títulos ou outros documentos de dívida para protesto e dá outras providências.

A regra geral na sistemática registral é o pagamento dos emolumentos relativos aos atos de registro no momento da prenotação. Para ilustrar, trago os artigos 19, § 10, 47, § 2º, 188, § 1º, e 206-A, I, da Lei n. 6.015/1973. A exceção ocorre, por exemplo, nos Tabelionatos de Protesto, que têm sistemática própria e atualmente obedecem aos arts. 369 a 374 do Código Nacional de Normas, regras estas trazidas do Provimento CNJ n. 86/2019, que dispunha sobre a possibilidade de pagamento postergado de emolumentos, acréscimos legais e demais despesas devidas pela apresentação de títulos ou outros documentos de dívida para protesto.

Transcrevo os dispositivos supracitados da LRP para melhor compreensão:

> **Art. 19.** A certidão será lavrada em inteiro teor, em resumo, ou em relatório, conforme quesitos, e devidamente autenticada pelo oficial ou seus substitutos legais, não podendo ser retardada por mais de 5 (cinco) dias.
>
> [...]
>
> § 10. As certidões do registro de imóveis, inclusive aquelas de que trata o § 6º deste artigo, serão emitidas nos seguintes prazos máximos, contados a partir do pagamento dos emolumentos.
>
> **Art. 47.** Se o oficial do registro civil recusar fazer ou retardar qualquer registro, averbação ou anotação, bem como o fornecimento de certidão, as partes prejudicadas poderão queixar-se à autoridade judiciária, a qual, ouvindo o acusado, decidirá dentro de cinco (5) dias.
>
> [...]
>
> § 2º Os pedidos de certidão feitos por via postal, telegráfica ou bancária serão obrigatoriamente atendidos pelo oficial do registro civil, satisfeitos os emolumentos devidos, sob as penas previstas no parágrafo anterior.
>
> **Art. 188.** Protocolizado o título, proceder-se-á ao registro ou à emissão de nota devolutiva, no prazo de 10 (dez) dias, contado da data do protocolo, salvo nos casos previstos no § 1º deste artigo e nos arts. 189, 190, 191 e 192 desta Lei.
>
> § 1º Se não houver exigências ou falta de pagamento de custas e emolumentos, deverão ser registrados, no prazo de 5 (cinco) dias.
>
> **Art. 206-A.** Quando o título for apresentado para prenotação, o usuário poderá optar:
>
> I – pelo depósito do pagamento antecipado dos emolumentos e das custas.

Protocolado o título e feito o pagamento dos emolumentos, o usuário do serviço deve esperar a qualificação registral, cuja prazo é de 10 dias úteis conforme o art. 188 da LRP, salvo exceções já explicitadas nesta obra.

Sendo a qualificação positiva, resta ao utente o prazo de cinco dias para quitar a outra parte dos emolumentos.

A Lei 14.382/2022 também permite a devolução do título apto para registro, em caso de não efetivação do pagamento no prazo de 5 (cinco) dias, caso em que o apresentante perderá o valor da prenotação. Nesta hipótese, a reapresentação de título que tenha sido devolvido por falta de pagamento dos emolumentos, dependerá do pagamento integral do depósito prévio.

Carlos Elias e Flávio Tartuce aclaram o art. 206-A:

> "[...] é a faculdade deferida ao interessado de requerer uma prévia análise da registrabilidade do título, hipótese em que usuário deverá, no momento da prenotação, pagar apenas uma parte dos emolumentos: aquela relativa ao serviço de prenotação (art. 206-A, II, da LRP). Em poucas palavras, o usuário paga a "entrada" no momento do protocolo: a parte dos emolumentos pela prenotação; e paga o "restante" dos emolumentos após o "sinal verde" para o registro lato sensu.
>
> Após o protocolo e o pagamento da "entrada" dos emolumentos, o interessado aguardará a qualificação registral dentro do prazo pertinente, que, em regra, é de dez dias (art. 188 da LRP).
>
> Se a qualificação registral for positiva, o interessado terá o prazo de cinco dias para pagar o restante dos emolumentos. Esse quinquídio será contado da data da qualificação positiva, segundo o texto literal do art. 206-A, II, da LRP. Entendemos, porém, que se deve conferir interpretação extensiva a esse preceito para fixar que, para tal efeito, a data da qualificação positiva deve ser aquela em que o registrador, ao menos, enviou o resultado positivo ao interessado pelo canal de comunicação devido (v. g., e-mail ou mensagem de celular). Essa notificação deve ser feita

com a indicação de como poderá ser feito o pagamento dos emolumentos restantes (v. g., com o envio do boleto bancário, se for o caso).

Isso porque não é razoável exigir que o interessado diariamente fique consultando o RI para saber se a qualificação registral já se encerrou.

Não há necessidade de prova de ciência efetiva do usuário, sendo ela presumida do mero envio do resultado positivo da qualificação pelo canal de comunicação pertinente.

Recolhido o valor restante dos emolumentos, o oficial prosseguirá rumo à realização dos atos registrais devidos e à emissão da correspondente certidão (art. 206-A, § 2.º, da LRP). Se, porém, o interessado não tiver pago o valor restante dos emolumentos, o RI devolverá o título e o apresentante perderá o valor pago pela prenotação (art. 206-A da LRP). Não há "repescagem" se o interessado foi negligente em não recolher o valor restante dos emolumentos. Assim, nesse caso, o apresentante terá de prenotar novamente o título a registro lato sensu e pagar o montante integral dos emolumentos no momento de prenotação" (Op. cit. p. 193).

O art. 206-A traz regra direcionada e exclusiva às instituições financeiras e outras autorizadas a funcionar pelo Banco Central do Brasil ou por entidades autorizadas pelo BC ou pela CVM (Comissão de Valores Imobiliários a exercer as atividades de depósito centralizado ou de registro de ativos financeiros e de valores mobiliários, nos termos dos arts. 22 e 28 da Lei n. 12.810/2013, respectivamente. Essas instituições poderão efetuar o pagamento dos atos pertinentes à mediante fatura.

Por sua vez, o § 5º do art. 206-A estabelece a aplicação das regras sobre pagamento dos emolumentos às unidades federativas que adotem forma de pagamento por meio de documento de arrecadação. Para ilustrar, a maioria das normativas estaduais prevê que o pagamento dos emolumentos é confeccionado em conta cuja titularidade é do tabelião ou registrador.

Note-se que o Provimento CNJ n. 127/2022, que disciplina a Plataforma do Sistema Integrado de Pagamentos Eletrônicos – SIPE para os serviços notariais e de registro, e dá outras providências, estabelece regra neste sentido:

> Art. 7º As disposições deste Provimento aplicam-se aos Tribunais das unidades federativas que adotam o documento de arrecadação como forma de pagamento de custas, emolumentos, e outros valores devidos pelos serviços de notas e registro.

Apresento ainda as conclusões de Karin Rick Rosa sobre o art. 206-A ao explicitar que uma das opções ao apresentante é efetuar o pagamento integral dos emolumentos no momento da apresentação do título. A outra, é protocolar o título pagando exclusivamente as despesas relativas a prenotação. Feito o protocolo, o registrador de imóveis tem dez dias úteis para proceder a qualificação do título. Sendo ela negativa, o registrador emitirá a nota devolutiva ao apresentante. Sendo positiva, o registrador dará ciência ao apresentante, para que ele providencie, no prazo de cinco dias úteis, o pagamento dos emolumentos devidos para registro do título. Feito o pagamento, inicia o prazo para registro, que, nas hipóteses do art. 188, § 1º, incisos I a III, será de cinco dias úteis (Op. cit. p. 344).

Art. 207. No processo, de dúvida, somente serão devidas custas, a serem pagas pelo interessado, quando a dúvida for julgada procedente.

1. COMENTÁRIOS

A dúvida julgada **procedente** significa a recusa de registro do título, e os documentos serão restituídos à parte, independentemente de traslado, dando-se ciência da decisão ao oficial, para que a consigne no Protocolo e **cancele a prenotação**. Portanto, o interessado deve arcar com as despesas que decorreram de sua insurgência.

Destarte, no caso de **improcedência** da dúvida, não há que se falar em incidência de custas. Ricardo Dip, constata que "realça a regra a circunstância de o registrador não ser parte no processo de dúvida. E, bem por isso, improcedente uma dúvida, não cabe ao registrador a carga de custear-lhe o processo" (Op. cit., p. 1086).

Art. 208. O registro começado dentro das horas fixadas não será interrompido, salvo motivo de força maior declarado, prorrogando-se expediente até ser concluído.

1. COMENTÁRIOS

O art. 208 deve ser lido em conjunto com os arts. 8º, 9º, 10, 11, 184 e 209 da Lei 6.015/1973 e art. 4º da Lei 8.935/1994, além das normativas estaduais. Assim, vale transcrevê-los:

> **Art. 8º, LRP.** O serviço começará e terminará às mesmas horas em todos os dias úteis.
>
> Parágrafo único. O registro civil de pessoas naturais funcionará todos os dias, sem exceção.
>
> **Art. 9º, LRP.** Será nulo o registro lavrado fora das horas regulamentares ou em dias em que não houver

expediente, sendo civil e criminalmente responsável o oficial que der causa à nulidade.

§ 1º Serão contados em dias e horas úteis os prazos estabelecidos para a vigência da prenotação, para os pagamentos de emolumentos e para a prática de atos pelos oficiais dos registros de imóveis, de títulos e documentos e civil de pessoas jurídicas, incluída a emissão de certidões, exceto nos casos previstos em lei e naqueles contados em meses e anos.

§ 2º Para fins do disposto no § 1º deste artigo, consideram-se:

I – dias úteis: aqueles em que houver expediente; e

II – horas úteis: as horas regulamentares do expediente.

§ 3º A contagem dos prazos nos registros públicos observará os critérios estabelecidos na legislação processual civil.

Art. 10, LRP. Todos os títulos, apresentados no horário regulamentar e que não forem registrados até a hora do encerramento do serviço, aguardarão o dia seguinte, no qual serão registrados, preferencialmente, aos apresentados nesse dia.

Parágrafo único. O registro civil de pessoas naturais não poderá, entretanto, ser adiado.

Art. 184, LRP. O Protocolo será encerrado diariamente.

Art. 209, LRP. Durante a prorrogação nenhuma nova apresentação será admitida, lavrando o termo de encerramento no Protocolo.

Art. 4º, LNR. Os serviços notariais e de registro serão prestados, de modo eficiente e adequado, em dias e horários estabelecidos pelo juízo competente, atendidas as peculiaridades locais, em local de fácil acesso ao público e que ofereça segurança para o arquivamento de livros e documentos.

§ 1º O serviço de registro civil das pessoas naturais será prestado, também, nos sábados, domingos e feriados pelo sistema de plantão.

§ 2º O atendimento ao público será, no mínimo, de seis horas diárias.

Vale também relembrar que estes dispositivos já foram analisados de forma pormenorizada em momento oportuno.

A expressão 'força maior' expressa no dispositivo em comento refere-se a um acontecimento relacionado a fatos externos, independentes da vontade humana, que impedem o cumprimento das obrigações.

Walter Ceneviva explica que "a prorrogação ficta do expediente, estabelecida no fim do artigo, só vale para assento em fase final. No período destes entende-se que o expediente foi prorrogado para ajustar o texto do art. 208 à nulidade que decorreria da aplicação isolada do art. 9º. Cada registro é datado e, desse modo, seu término, antes do encerramento dos trabalhos do dia, afirma o direito a que corresponde, criado ou modificado na data respectiva" (Op. cit., p. 450).

Art. 209. Durante a prorrogação nenhuma nova apresentação será admitida, lavrando o termo de encerramento no Protocolo.

1. COMENTÁRIOS

O art. 184 estabelece que o protocolo será encerrado **diariamente.**

Desse modo, ao final de cada expediente, é promovido o encerramento do Protocolo, garantindo que não restem entrelinhas. Isso evita tentativas de fraude e assegura a segurança e a fidedignidade dos atos registrais, além de preservar a prioridade do registro.

O Protocolo é encerrado diariamente para robustecer a garantia à prioridade que resulta da prenotação. Após o horário regulamentar, a ordem prioritária é mantida, e novos lançamentos no Protocolo são vedados.

Sobre o tema, Sergio Jacomino esclarece que "o *encerramento diário* não significa fechamento das inscrições individuais dos títulos apresentados ao Registro. Claro está que o termo de encerramento se refere ao rol de apontamentos dos títulos ingressados no dia, não às anotações que serão feitas acerca do desenlace do *iter* registral. Mesmo porque, deferida que seja a consumação do registro além das horas fixadas (art. 208), as anotações respectivas no Protocolo se produzirão. O objetivo perseguido pela norma é guardar, com toda a segurança possível, a ordem que o Protocolo provê. Dessa ordem se origina a prenotação, que garante a prioridade dos títulos e a preferência dos direitos." (Op. cit., p. 1032).

Nos ensinamentos de Luis Paulo Aliende Ribeiro, o protocolo deverá ser encerrado, diária e precisamente, no horário regulamentar de atendimento público, vedados, para evitar fraudes e que possam ser acrescidos, substituídos ou intercalados, títulos não submetidos à ordem de precedência, o apontamento de novos títulos e a lavratura de novas prenotações fora desse horário, atos que nos termos do art. 9º são nulos, não permitem ratificação e acarretam responsabilidade civil, administrativa e criminal de quem deu causa à nulidade (*Lei de Registros Públicos comentada*. Rio de Janeiro: Forense, 2019, p. 1088).

A nulidade prevista no art. 9º impossibilita, segundo Serpa Lopes, a ratificação, somente sendo possível a repetição de todo ato (Op. cit., p. 97).

Walter Ceneviva elucida que a expressão "nenhuma nova apresentação" é construção defeituosa da lei, pois a apresentação integra o relacionamento do serviço de registros com o público. Fechado o cartório, ao fim do expediente, é vedado protocolar o recebimento de novos papéis. O efeito ao artigo consiste em determinar a coincidência rigorosa da data de encerramento do protocolo com os papéis nela recebidos (Op. cit 451).

Assim como o art. 208, o artigo em análise também deve ser interpretado conjuntamente com os arts. 8º, 9º, 10, 11, 184 da Lei 6.015/1973 e art. 4º da Lei 8.935/1994.

Art. 210. Todos os atos serão assinados e encerrados pelo oficial, por seu substituto legal, ou por escrevente expressamente designado pelo oficial ou por seu substituto legal e autorizado pelo juiz competente ainda que os primeiros não estejam nem afastados nem impedidos.

1. COMENTÁRIOS

O oficial de registro e o tabelião, são os profissionais do direito, dotados de fé pública, a quem é delegado o exercício da atividade notarial e de registro.

Enquanto delegados do Poder Público, respondem pelos encargos de sua função e recebem integralmente o valor líquido dos respectivos emolumentos pagos pelos interessados.

Os tabeliães e os oficiais de registro poderão, para o desempenho de suas funções, **contratar escreventes**, dentre eles escolhendo os substitutos, e auxiliares como empregados, com remuneração livremente ajustada e sob o regime da legislação do trabalho. Os prepostos são os substitutos, escreventes e auxiliares.

Na lição de Walter Ceneviva, **escrevente substituto** é o empregado com capacitação técnica plena, a critério do oficial, habilitado a com ele praticar, simultaneamente, todos os atos da atividade tabelioa ou dos titulares de serviços previstos na Lei de Registros Públicos e na legislação extraordinária pertinente. **Escrevente** é o empregado com capacitação técnica para o serviço, habilitado, nos ofícios de registro, a examinar títulos, a autorizar o assentamento ou devolvê-los ao interessado, com exigências legais, dar buscas e promover ou certificar assentamentos existentes. Nos tabelionatos, é habilitado para a lavratura de instrumentos próprios da serventia, conforme designação pelo titular. **Auxiliar** é o empregado, com relação também submetida à lei trabalhista, contratado para serviços gerais, com ou sem capacitação técnica específica para a função registrária ou notarial, cumprindo as tarefas que lhe forem designadas pelo titular ou pelo escrevente substituto, sob cuja ordem trabalhe (*Lei dos Notários e dos Registradores Comentada.* 8ª ed. São Paulo: Saraiva, 2010, p. 46-47).

O texto do artigo em análise é semelhante ao do já estudado art. 185, cuja redação é a seguinte:

> **Art. 185.** A escrituração do protocolo incumbirá tanto ao oficial titular como ao seu substituto legal, podendo, ser feita, ainda, por escrevente auxiliar expressamente designado pelo oficial titular ou pelo seu substituto legal mediante autorização do juiz competente, ainda que os primeiros não estejam nem afastados nem impedidos a escrituração do protocolo poderá ser realizada tanto pelo Oficial de Registro como pelo seu substituto legal ou escrevente autorizado.

A Lei 8.935/1994, em seu art. 20, atribuiu ao oficial registrador e ao tabelião, a autonomia no gerenciamento administrativo da Serventia. Veja-se:

> **Art. 20.** Os notários e os oficiais de registro poderão, para o desempenho de suas funções, contratar escreventes, dentre eles escolhendo os substitutos, e auxiliares como empregados, com remuneração livremente ajustada e sob o regime da legislação do trabalho.
>
> § 1º Em cada serviço notarial ou de registro haverá tantos substitutos, escreventes e auxiliares quantos forem necessários, a critério de cada notário ou oficial de registro.
>
> § 2º Os notários e os oficiais de registro encaminharão ao juízo competente os nomes dos substitutos.
>
> § 3º Os escreventes poderão praticar somente os atos que o notário ou o oficial de registro autorizar.
>
> § 4º Os substitutos poderão, simultaneamente com o notário ou o oficial de registro, praticar todos os atos que lhe sejam próprios exceto, nos tabelionatos de notas, lavrar testamentos.
>
> § 5º Dentre os substitutos, um deles será designado pelo notário ou oficial de registro para responder pelo respectivo serviço nas ausências e nos impedimentos do titular.

Note-se que, diante do texto do aludido art. 20, que inovou o regime jurídico dos oficiais registradores e tabeliães, resta indubitável que a Lei 8.935/1994 derrogou não só o art. 185 da Lei 6.015/1973, como também o art. 210. Essa lei outorgou aos oficiais registradores e tabeliães a independência na forma de organizar, gerenciar e administrar a Serventia. A finalidade da autonomia é garantir uma melhor qualidade na prestação dos serviços, o que consiste também num dever do delegatário, nos termos do artigo 30 da Lei dos Notários e Registradores.

Art. 211. Nas vias dos títulos restituídas aos apresentantes, serão declarados resumidamente, por carimbo, os atos praticados.

1. COMENTÁRIOS

Para uma parte da doutrina, o art. 211 tem por objetivo dar maior segurança ao registro. Pretendeu o legislador que o título apresentado pelo interessado, deve constar todas as informações relevantes (natureza do ato, livro e folhas, matrícula ao qual corresponde, averbações, etc.) para o registro praticado.

Um carimbo será utilizado para cada ato. Todavia, há quem entenda que o dispositivo em análise acentua a burocracia, em razão do sistema de matrícula (há um extrato na matrícula dos atos realizados) que vigora na Lei 6.015/1973.

Art. 212. Se o registro ou a averbação for omissa, imprecisa ou não exprimir a verdade, a retificação será feita pelo Oficial do Registro de Imóveis competente, a requerimento do interessado, por meio do procedimento administrativo previsto no art. 213, facultado ao interessado requerer a retificação por meio de procedimento judicial.

Parágrafo único. A opção pelo procedimento administrativo previsto no art. 213 não exclui a prestação jurisdicional, a requerimento da parte prejudicada.

1. COMENTÁRIOS

Inicialmente, salienta-se que a doutrina entende que a retificação de que tratam os artigos 212 e 213 estende-se também à matrícula, apesar de o legislador ter mencionado somente os termos 'registro' e 'averbação'. Interpretou-se que as expressões foram utilizadas em sentido amplo e irrestrito, contemplando tanto os registros e averbações propriamente ditos quanto a matrícula. Todos são passíveis de retificação, desde que cumpridas as normas legais.

Os artigos 212 e 213 têm por finalidade trazer normas que reflitam a realidade, permitindo a retificação de qualquer inexatidão do registro. Isso se dá em virtude dos princípios da legitimidade, que assegura a veracidade dos atos registrados, ou da presunção, que confere validade presumida aos registros.

Segundo Nicolau Balbino Filho, o registro é a fonte cristalina em que se espelha a autenticidade dos direitos reais", assim, havendo incoerência entre o "estado jurídico externo com o intrínseco", é necessário alterar o registro, a fim de aperfeiçoá-lo (*Registro de Imóveis, Doutrina, Prática, Jurisprudência.* São Paulo: Atlas, 1996, p. 78).

A Lei 10.931/2004 introduziu uma relevante modificação nos artigos 212 e 213. Enquanto o art. 212 possibilita apenas o requerimento do interessado e o procedimento administrativo, o art. 213 também permite o ato de ofício, constituindo assim uma exceção ao princípio da instância ou da rogação. O parágrafo único, ao afirmar que a opção pelo procedimento administrativo previsto no art. 213 não exclui a prestação jurisdicional a requerimento da parte prejudicada, enfatiza a natureza administrativa dos atos de registro. Entretanto, dá ao interessado a opção de se valer da via jurisdicional. Assim, pode o interessado optar pela via administrativa ou jurisdicional. Optando preliminarmente pela via administrativa, seu direito de recorrer posteriormente à via jurisdicional não perecerá."

O fundamento da retificação encontra-se no art. 1.247 do Código Civil, cuja redação é a seguinte: 'Se o teor do registro não exprimir a verdade, poderá o interessado reclamar que se retifique ou anule'. Anote-se que a retificação não é sucedâneo de um registro por outro. Retificação, segundo Walter Ceneviva consiste no procedimento legitimado a alterar lançamento existente prejudicado por erro, ou para acolher acordo entre confrontantes (Op. cit., p. 454). A retificação visa corrigir **erros**, **omissões** ou **imprecisões** ocorridos no procedimento do registro. Explica o jurista: "são três alternativas, contemplando casos de *omissão, imprecisão* ou *não expressão da verdade,* com ampliação resultante do art. 213, nos dois incisos do *caput.* Na omissão, falta elemento relevante, previsto em lei, seja porque não indicado no título, seja porque excluído ao ser feito o lançamento imobiliário (...). Na *imprecisão,* o lançamento contém os dados essenciais, mas parte dele não caracteriza suficientemente o negócio jurídico ou os elementos objetivos e subjetivos relacionados ao direito real, exigidos em lei (...). O conceito de *verdade,* ao qual o artigo se refere, não é jurídico. Trata-se de palavra equívoca, do ponto de vista do direito. É razoável entendê-la como a perfeita consonância entre o negócio jurídico declarado, a intenção de seus signatários e a realidade consubstanciada no respectivo instrumento. No momento do registro, a verdade se refere ao imóvel ou ao direito real pertinente, em perfeito ajuste com a exigência legal. Imperfeito o *ajuste,* falta à verdade. Cabe a retificação de que cuida, com maior amplitude, o art. 213" (Op. cit., p. 454).

No tocante à natureza da ação de retificação, Pontes de Miranda e Serpa Lopes convergem no sentido de que tal ação tem natureza real. Dessa forma, deve sujeitar-se aos requisitos do art. 10, parágrafo 1º, I, do Código de Processo Civil, devendo ainda ser ajuizada perante o foro da situação do imóvel."O oficial de registro competente a que alude o art. 212, via de regra, é aquele cuja circunscrição estiver o imóvel registrado.

Todavia, explica João Baptista de Mello e Souza Neto, que "nem sempre assim, será, uma vez que há casos em que ocorre a mudança da área territorial da circunscrição imobiliária, seja por conta da instalação de nova Comarca, a implicar a criação de um novo serviço registrário imobiliário, seja por readequação dos limites das circunscrições preexistentes ante a edição de novel normatização a esse respeito. Possível, pois o imóvel presentemente situar-se em território da circunscrição imobiliária X, mas possuir sua inscrição, ainda, perante, o oficial da circunscrição Y, surgindo uma importante questão: qual deles seria competente. Quer nos parecer seja no indigitado caso, competente o Oficial da circunscrição em que seja inscrito o imóvel, posto que possui os recursos de informação necessários para o conhecimento do pleito, o que não necessariamente ocorre com a nova circunscrição imobiliária. Praticado o ato de averbação, retificado o necessário, expede-se a competente certidão que será levada à nova circunscrição. A hipótese não é tão incomum no cotidiano da atividade registraria. No sentido do quanto sugerido, confira-se a decisão nos autos 100.10.009911-3, proferida pelo magistrado Gustavo Henrique Bretas Mazagão, da 1ª Vara de Registros Públicos de São Paulo." (*Lei de Registros Públicos comentada*. Rio de Janeiro: Forense, 2019, p. 1141).

Ressalta-se que os arts. 212 e 213 fazem alusão a *interessado* e não a *proprietário*. De fato, a expressão *interessado* é menos abrangente do que *qualquer pessoa* mencionada no art. 217.

Todavia, a interpretação de *interessado* deve ser feita de forma extensiva, equivale dizer, desde que presente o interesse jurídico ou econômico no ato de retificação, qualquer um poderá manifestar pretensão ao oficial registrador competente.

Acertadamente, explica o ilustre professor João Baptista de Mello e Souza Neto:

> "Assim, indubitavelmente o proprietário, o coproprietário, o senhorio direto (nas enfiteuses), o nu proprietário (nos casos de usufruto, uso, habitação) têm interesse para os requerimentos. Em princípio também têm tal interesse os terceiros, não proprietários, titulares de direitos reais, como o enfiteuta, o usufrutuário, o titular dos direitos de uso ou habitação, justificada sua legitimidade na eficácia *erga omnes* de seu direito real, podendo a retificação ser pressuposto da correta fruição desse direito real, inclusive quanto à oposição contra terceiros turbadores ou esbulhadores, quando houver vindicação fundada no direito real. O compromissário comprador, independentemente do título registrado, ostenta o poder de requerer a retificação, que, por vezes, é premissa para o registro de seu negócio. Os credores do titular de direito alienável inscrito, por igual, têm tal legitimidade, até porque, como no caso do compromissário comprador, independentemente do título registrado, a retificação pode ser pressuposto para o ingresso da penhora ou arresto no fólio predial. Também há que se relacionar, como legitimados, aqueles titulares de direitos reais cuja eficácia ainda esteja dependente do registro do título respectivo (comprador do imóvel, credor hipotecário com título não registrado, etc). Claro que, como se verá *infra*, no exame do procedimento, haverá necessidade de notificação do titular do direito – quando obviamente não for o promovente do pedido – para manifestação acerca da retificação pretendida. Também o espólio, representado por seu inventariante, ou o herdeiro/legatário, em razão de seu título de domínio, têm tal legitimidade" (Op. cit., p. 1144).

Recomenda-se que o leitor examine atentamente o tópico "Jurisprudência Complementar" para um aprofundamento do tema.

2. JURISPRUDÊNCIA COMPLEMENTAR

SUPERIOR TRIBUNAL DE JUSTIÇA

EMENTA: Civil e processo civil. Recurso especial. Embargos de declaração rejeitados. Ação declaratória de retificação de registro de imóvel. Efeito constitutivo. Prescritibilidade. Análise pelo Tribunal. Termo inicial. Conhecimento do erro no registro. – Devem ser rejeitados os embargos de declaração quando inexiste omissão, obscuridade ou contradição na decisão embargada. – As ações declaratórias são imprescritíveis, salvo quando produzirem também efeitos de natureza constitutiva. Precedentes. – A prescrição pode ser alegada em qualquer grau de jurisdição, o que permite seu reconhecimento pelo Tribunal, mesmo quando o juiz não tenha se manifestado sobre a matéria. – Nas ações de retificação de registro, o prazo prescricional começa a fluir a partir do momento em que se tomou conhecimento do equívoco no registro. Recurso especial conhecido e provido. (STJ – REsp: 436931 MG 2002/0057658-0, Relator: Ministra NANCY ANDRIGHI, Data de Julgamento: 16/12/2004, T3 – TERCEIRA TURMA, Data de Publicação: DJ 01.02.2005 p. 538)

EMENTA: RECURSO ESPECIAL – PROCESSO CIVIL – REGISTRO PÚBLICO – DÚVIDA DO OFICIAL DO REGISTRO – JURISDIÇÃO VOLUNTÁRIA – APELAÇÃO – *TANTUM DEVOLUTUM QUANTUM APELLATUM* – NÃO INCIDÊNCIA – ACÓRDÃO EM INCIDENTE DE DÚVIDA – RECURSO ESPECIAL INCABÍVEL – REMESSA DE OFÍCIO – INEXISTÊNCIA. – O incidente de dúvida, no procedimento de registro público, é de natureza administrativa. Ao decidi-lo, o Tribunal exerce jurisdição voluntária, emitindo acórdão que por não ser de última instância, nem fazer coisa julgada material é imune a recurso especial. – No incidente de dúvida, embora não haja remessa de ofício, a apelação não se submete à regra *tantum devolutum quantum apellatum*. (STJ – REsp: 612540 DF 2003/0212439-7, Relator: Ministro HUMBERTO GOMES DE BARROS, Data de Julgamento: 12/02/2008, T3 – TERCEIRA TURMA, Data de Publicação: DJ 05.03.2008 p. 1)

TRIBUNAL DE JUSTIÇA DO ESTADO DE SANTA CATARINA

EMENTA: Apelação – Retificação de registro imobiliário – Informação de que a área constante no fólio não reflete a realidade fática – Impossibilidade – Art. 212 da LRP – Demanda que tem por finalidade a reparação de eventuais erros ou omissões na matrícula – Apelante que almeja o acréscimo de aproximadamente 45.000 m² de área no terreno – Concordância dos confrontantes e documento público atestando a área correta do imóvel que não ensejam necessariamente a procedência da ação – Inadequação da via eleita – Aquisição da propriedade que exige ajuizamento de ação de Usucapião

– Improcedência (TJSC – Apelação nº 0300899-76.2017.8.24.0068 – Rel. Des. Osmar Nunes Júnior – Data de Julgamento 01.07.2021).

TRIBUNAL DE JUSTIÇA DO ESTADO DE SÃO PAULO

EMENTA: Ação de retificação de registro imobiliário c.c. indenização – Sentença de parcial procedência – Irresignação da ré – Preliminares de ilegitimidade ativa e passiva afastadas – Termo de quitação emitido pela CDHU apenas em nome do marido da autora, levando ao registro da propriedade em nome dele – Autora que, no entanto, tem direito à propriedade exclusiva do imóvel, conforme o regime de bens adotado pelo casal e a declaração de seu marido – Retificação admissível, nos termos do art. 212 caput da Lei nº 6.015/73 – Ré que não foi condenada ao pagamento de ônus sucumbenciais – Interesse recursal, neste ponto, inexistente – Sentença mantida – Recurso desprovido (TJSP – Apelação Cível nº 1007306-65.2021.8.26.0099 – Bragança Paulista – 1ª Câmara de Direito Privado – Rel. Des. Alexandre Marcondes – DJ 18.12.2023)

EMENTA: Registros públicos – Ação de retificação de área. Insurgência dos autores contra sentença que extinguiu o feito por falta de interesse de agir – Inteligência do art. 212 da Lei de Registros Públicos – Faculdade legalmente conferida ao interessado para a pretensão em comento, podendo ele optar pela via administrativa ou judicial – Desnecessidade de prévia instauração de procedimento administrativo para a propositura da ação – Precedentes deste E. Tribunal de Justiça – Sentença terminativa anulada – Intervenção do Ministério Público que poderá ocorrer após o feito retomar seu trâmite regular – Desnecessidade de remessa dos autos à Corregedoria Geral de Justiça, já que os recorrentes optaram diretamente pela seara judicial – Recurso provido. (TJSP – Apelação Cível nº 1000344-71.2021.8.26.0666 – Artur Nogueira – 3ª Câmara de Direito Privado – Rel. Des. Beretta da Silveira – DJ 07.12.2021 TJSP – Apelação Cível nº 1063898-44.2019.8.26.0053 – São Paulo – 13ª Câmara de Direito Público – Rel. Des. Flora Maria Nesi Tossi Silva – DJ 07.12.2021)

EMENTA: Retificação de registro imobiliário – Box de garagem – Ofício de Oficial Registrador – Apartamento do autor relacionado a dois box diversos do reclamado – Improcedência mantida – Recurso não provido – Retificação de registro imobiliário – Box de garagem registrado na matrícula de dois imóveis distintos – Pedido de correção – Ofício do Registrador informando que o apartamento do autor está relacionado a dois box de garagem diversos – Improcedência do pedido mantida – Recurso não provido (TJSP – Apelação Cível nº 1026771-49.2020.8.26.0114 – Campinas – 10ª Câmara de Direito Privado – Rel. Des. J. B. Paula Lima – DJ 30.09.2021)

EMENTA: REGISTRO DE IMÓVEIS. Retificação de matrículas de imóveis confinantes. Legitimidade ativa de qualquer interessado, nos termos do art. 212 da L. 6.015/73. Deferimento parcial, constatado erro no descerramento de matrículas com origem em desmembramento. Desmembramento de gleba em três matrículas distintas. Indicação equivocada de acesso à via pública em uma das novas matrículas, mediante passagem através terreno da autora. Elemento não constante do memorial descritivo aprovado pela prefeitura. Violação do princípio da especialidade. Art. 1.247 do Código Civil da L. 6.015/73. Retificação necessária, para excluir a alusão de acesso por via pública que não corresponde à realidade. Desnecessidade de correção, por outro lado, de uma segunda matrícula, que efetivamente tem acesso à via pública nela descrita. Recurso provido em parte (TJSP – Apelação Cível nº 1001645-34.2019.8.26.0404 – Orlândia – 1ª Câmara de Direito Privado – Rel. Des. Francisco Loureiro – DJ 16.09.2020).

CORREGEDORIA-GERAL DA JUSTIÇA

EMENTA: Registro de Imóveis – Retificação administrativa de registro imobiliário – Hipótese de desmembramento de comarcas – Registro mantido no RI da comarca original e imóvel situado na comarca contígua – Competência do Juiz Corregedor Permanente do Oficial de Registro de Imóveis da comarca da situação do imóvel – Inteligência do disposto nos arts. 212 e 213, II, § 6º, da Lei nº 6.015/1973 e nos itens 124.19 e 124.25 do Capítulo XX do Tomo II das NSCGJ – Conflito de atribuições conhecido e julgado procedente. (Processo CG nº 25.639/2006 (332/06-E). Excelentíssimo Senhor Corregedor Geral da Justiça: Trata-se de conflito negativo de atribuições suscitado pelo Meritíssimo Juiz Corregedor Permanente do Oficial de Registro de Imóveis de Santos, nos autos do requerimento administrativo de retificação de registro imobiliário, inicialmente apresentado ao Meritíssimo Juiz Corregedor Permanente do Oficial de Registro de Imóveis de São Vicente. Sustenta que, embora a transcrição do imóvel que se pretende retificar pertença à Comarca de Santos, a competência para o exame e decisão do processo administrativo instaurado é do Meritíssimo Juiz Corregedor Permanente da Comarca de São Vicente, local da situação do imóvel, nos termos dos itens 124.19 e 124.25 das Normas de Serviço desta Corregedoria-Geral. O Meritíssimo Juiz Corregedor Permanente da Comarca de São Vicente manifestou-se nos autos, argumentando que as normas constantes nos itens 124.19 e 124.25 das NSCGJ são de caráter geral, com validade para os casos em que o imóvel se localiza na mesma comarca do registro. A hipótese em tela, porém, acrescenta, é diversa, já que não há coincidência entre o local da situação do imóvel e a comarca onde registrado o bem, a merecer tratamento excepcional. Daí por que, segundo entende, a decisão do processo administrativo de retificação de registro em questão deve ficar a cargo do Meritíssimo Juiz Corregedor do oficial da localidade do registro do imóvel. É o relatório. Passo a opinar. Em que pesem os argumentos expendidos pelo Meritíssimo Juiz Corregedor Permanente suscitado, quer nos parecer que a razão, no caso, salvo melhor juízo de Vossa Excelência, está com o Meritíssimo Juiz Corregedor Permanente suscitante. Com efeito, nos termos do art. 212 da Lei nº 6.015/1973, a retificação administrativa do registro imobiliário será feita pelo Oficial do Registro de Imóveis competente, facultado ao interessado requerer a retificação por meio de procedimento judicial. Havendo impugnação, se as partes não chegarem a composição amigável, o oficial remeterá o processo ao "juiz competente", que decidirá de plano ou após instrução sumária, salvo se a controvérsia versar sobre o direito de propriedade de alguma das partes, hipótese em que remeterá o interessado às vias ordinárias (art. 213, II, § 6º, da Lei nº 6.015/1973). Assim, nos casos de retificações administrativas de registros imobiliários, tenham sido elas apresentadas diretamente por intermédio de procedimento judicial (não jurisdicional), na forma permitida pelo art. 212 da Lei nº 6.015/1973, ou remetidas pelo oficial registrador, em conformidade com o disposto no art. 213, II, § 6º, do mesmo diploma legal, estabeleceu o legislador o conhecimento da matéria pelo "juiz competente", sem discriminar quem seria, efetivamente, o magistrado incumbido da decisão. Tal competência, no Estado de São Paulo, acabou por ser definida, pelas Normas de Serviço desta Corregedoria Geral da Justiça, nos itens 124.19 e 124.25 do Capítulo XX do Tomo II, com a redação dada pelo Provimento CGJ nº 2/2005. Da análise conjugada de ambos os itens acima referidos, verifica-se que as NSCGJ atribuem a competência para a retificação administrativa de registro imobiliário ao "Juiz Corregedor Permanente do Registro de Imóveis da circunscrição em que situado o imóvel", seja para a hipótese de requerimento administrativo originariamente efetuado perante ele, seja para o requerimento administrativo encaminhado pelo oficial registrador (item 124.25). Observe-se que a competência do Juiz Corregedor Permanente do Registro de Imóveis da localidade em que situado o imóvel foi determinada de maneira expressa pelas Normas de Serviço desta Corregedoria Geral da Justiça, para todos os casos de retificação administrativa de registro imobiliário, sem qualquer ressalva no que concerne a situações excepcionais, como a aqui discutida, em que houve desmembramento de comarcas, permanecendo o registro na anterior, mas passando o imóvel a pertencer à outra, contígua. E ausente distinção normativa a respeito, não cabe ao intérprete das normas distinguir, ele próprio, hipótese não excepcionada. Tal orientação, cumpre anotar, encontra respaldo em autorizada doutrina, de Narciso Orlandi Neto, igualmente invocada pelo Meritíssimo Juiz Corregedor Permanente suscitante: Sendo a lei omissa, a retificação deve processar-se na comarca da situação do imóvel, mas não se veja aí nada parecido com o foro *rei sitae* das ações reais. O pedido de retificação fundado no art. 213 da Lei de Registros Públicos nem sequer é ação. Razões de ordem prática e a analogia com a ação real imobiliária levam à competência do foro da situação do imóvel, porque aí está o serviço de registro em que foi cometido o erro, porque a perícia eventualmente necessária será feita com maior facilidade, porque os confrontantes que serão citados têm, no mais das vezes, domicílio nessa comarca. *Se houver desmembramento da comarca, competente será o juiz da nova comarca, ainda que o registro retificando permaneça na anterior. Se se tratasse de retificação contenciosa, em que a ação é real, dúvida não haveria de que prevaleceria a competência do foro da situação do imóvel. Na retificação administrativa a resposta não é diferente. Os motivos são os mesmos já expostos (perícia, citações etc.).* (Retificação do Registro de Imóveis. São Paulo: Oliveira Mendes, 1997, p. 141, sem grifos no original). Portanto, tem-se que, na espécie, a competência para o exame e decisão do requerimento administrativo de retificação de registro imobiliário ora em discussão é do Meritíssimo Juiz Corregedor Permanente do Oficial do Registro de Imóveis de São Vicente (suscitado), por ser o Juiz Corregedor Permanente do RI da comarca da situação do imóvel cujo registro se pretende seja retificado, impondo-se, ainda, a abertura de matrícula do imóvel no RI de São Vicente, em conformidade com o disposto nos arts. 228 e 229 da Lei nº 6.015/1973. Nesses termos, o parecer que se submete à elevada consideração de Vossa Excelência é no sentido de que seja conhecido o conflito negativo de atribuições suscitado pelo Meritíssimo Juiz Corregedor Permanente do Oficial de Registro de Imóveis de Santos e reconhecido como competente para o processamento e decisão do presente requerimento administrativo de retificação de registro imobiliário o Meritíssimo Juiz Corregedor Permanente do Oficial de Registro de Imóveis de São Vicente. Sub censura. São Paulo, 04 de setembro de 2006. ÁLVARO LUIZ VALERY MIRRA. Juiz Auxiliar da Corregedoria. CONCLUSÃO. Em 04 de setembro de 2006, faço estes autos conclusos ao Desembargador GILBERTO PASSOS DE FREITAS, DD. Corregedor Geral da Justiça. Eu, (Rosa Maia) Escrevente, subscrevi. Prot. CG nº 25.639/2006. Aprovo o parecer do MM. Juiz Auxiliar da Corregedoria e por seus fundamentos, que adoto, conheço do conflito negativo de atribuições suscitado pelo Meritíssimo Juiz Corregedor Permanente do Oficial de Registro de Imóveis de Santos e reconheço como competente para o processamento e decisão do presente requerimento administrativo de retificação de registro imobiliário o Meritíssimo Juiz Corregedor Permanente do Oficial de Registro de Imóveis de São Vicente. São Paulo, 5.9.2006. GILBERTO PASSOS DE FREITAS. Corregedor Geral da Justiça.

TRIBUNAL DE JUSTIÇA DO ESTADO DE MINAS GERAIS

EMENTA: REGISTRO PÚBLICO – RETIFICAÇÃO DE REGISTRO DE IMÓVEL – AUMENTO SIGNIFICATIVO DA ÁREA – IRRELEVÂNCIA – JURISPRUDÊNCIA DOMINANTE DO SUPERIOR TRIBUNAL DE JUSTIÇA – § 1º-A DO ART. 557 DO CÓDIGO DE PROCESSO CIVIL.

1 – Faculta-se ao relator dar provimento ao recurso quando a decisão recorrida estiver em manifesto confronto com súmula ou jurisprudência dominante dos tribunais superiores, na forma do art. 557, § 1º-A, do CPC. 2 – É possível a retificação do registro de imóvel quando preenchidos todos os requisitos legais para tal fim, não configurada a significativa discrepância entre a área registrada e a retificanda óbice jurídica à alteração, sobretudo quando se trata de imóvel situado na zona urbana cujos confrontamentos não se opuseram à pretensão. 3 – Recurso provido. DECISÃO 1 – Trata-se de recurso de apelação contra sentença de f. 74/77 que, na ação de retificação de área ajuizada por Antônio Silvino de Oliveira e Geralda Moreira de Oliveira, extinguiu o processo, sem resolução de mérito (art. 267, inc. I, c/c art. 295, inc. V, ambos do CPC), ao fundamento de que o procedimento adotado não condiz com o previsto na Lei nº 6.015/73, tendo em vista que a retificação importará em aumento significativo do imóvel. Em suas razões recursais, pugnam os apelantes pela reforma d (f. 79/84) o "decisum" à alegação, em resumo, de que o i. Juiz "a quo" não aplicou corretamente a lei, distanciando-se, ainda, da jurisprudência dominante e da doutrina, que lhes são favoráveis. 2 – Presentes os requisitos de admissibilidade, conheço do recurso. Contudo, ao exame dos autos, logo se vê que a questão deve ser decidida unipessoalmente, em virtude de estar a decisão recorrida em manifesto confronto com jurisprudência dominante dos tribunais superiores (art. 557, § 1º-A, do CPC). "In casu", nos termos da lei de Registros Públicos, é perfeitamente possível requerer a retificação do registro em caso de erro: "Art. 212. Se o teor do registro não exprimir a verdade, poderá o prejudicado reclamar sua retificação, por meio de processo próprio". Importante, ainda, ressaltar que a Lei de Registros Públicos não traz qualquer restrição relacionada ao tamanho da área a ser acrescida, elencando somente as hipóteses em que seria possível a retificação: "Art. 213. A requerimento do interessado, poderá ser retificado o erro constante do registro, desde que tal retificação não acarrete prejuízo a terceiro. § 1º A retificação será feita mediante despacho judicial, salvo no caso de erro evidente, o qual o oficial, desde logo, corrigirá, com a devida cautela. § 2º Se da retificação resultar alteração da descrição das divisas ou da área do imóvel, serão citados, para se manifestar sobre o requerimento em 10 dias, todos os confrontantes e o alienante ou seus sucessores, dispensada a citação destes últimos se a data da transcrição ou da matrícula remontar a mais de 20 anos. Fundado nesta legislação, a jurisprudência do col. Superior Tribunal de Justiça consolidou o seguinte entendimento: "REGISTRO DE IMÓVEIS. RETIFICAÇÃO. AUMENTO DE ÁREA. POSSIBILIDADE. AUSÊNCIA DE OPOSIÇÃO. Desde que inexista oposição de terceiros interessados, a jurisprudência é pacífica no sentido de admitir a possibilidade de alteração do registro por meio do procedimento previsto no artigo 213 da Lei de Registros Públicos, sendo desnecessária a remessa às vias ordinárias, ainda que a modificação implique aumento de área. Recurso provido. ""PROCESSUAL (STJ, REsp nº 625606/SC, 3ª Turma, Rel. Min. Castro Filho, j. 08/03/2005.) CIVIL. RECURSO ESPECIAL. RETIFICAÇÃO DE REGISTRO IMOBILIÁRIO. JURISDIÇÃO VOLUNTÁRIA. ACRÉSCIMO DE ÁREA. POSSIBILIDADE. AUSÊNCIA DE IMPUGNAÇÃO DOS INTERESSADOS. EXTENSÃO DA ÁREA NÃO DEFINIDA. – A ação de retificação de registro, proposta pelo procedimento da jurisdição voluntária, objetiva apenas a correção na descrição do imóvel, contudo, não havendo impugnação dos demais interessados, é possível seja acrescida área ao imóvel adquirido, desde que constatada imprecisão no título aquisitivo acerca da extensão do bem. Recurso especial conhecido e provido." "REGISTRO DE (STJ, REsp nº 54877/SP, 3ª Turma, Rel. p/ acórdão Min. Nancy Andrighi, j. 18/08/2005.) IMÓVEIS. RETIFICAÇÃO DE ÁREA. PROCEDIMENTO ADMINISTRATIVO. É possível o processamento do pedido na forma do art. 213 da Lei 6015/73. Recurso conhecido e provido. " "REGISTRO DE (STJ, REsp nº 343.543/MG, 4ª Turma, Rel. Min. Ruy Rosado de Aguiar, j. 02/05/2002.) IMÓVEIS. RETIFICAÇÃO. ÁREA MAIOR. No procedimento de retificação, previsto nos artigos 213 e 214 da Lei de Registros Públicos, não importa a extensão da área a ser retificada, desde que os demais requisitos estejam preenchidos. Inexistente a impugnação válida, não há lide e, por conseguinte, desnecessária a remessa às vias ordinárias, sendo o procedimento administrativo o previsto para a análise de retificações de registro, de acordo com o que dispõe o artigo 213, § 4º da LRP. (STJ, REsp nº 120.196/MG, 3ª Turma, Rel. Min. Eduardo Ribeiro, j. 04/03/1999.) PÚBLICOS. RETIFICAÇÃO DE REGISTRO. ÁREA A MAIOR. EXIGÊNCIA DE COMPLEMENTAÇÃO DO PREÇO PELO ESTADO. 1. Pode ser utilizado o procedimento previsto na lei dos registros públicos para a retificação da área do imóvel, desde que inexistente fundamentada impugnação dos interessados. 2. A lei estadual não pode condicionar o deferimento do pedido ao pagamento de complemento do preço da alienação do imóvel. Precedentes. Recurso conhecido e provido. " (STJ, REsp nº 94.216/MS, 4ª Turma, Rel. Min. Ruy Rosado de Aguiar, j. 24/02/1997.) Em consonância com aquela Corte, colhem-se os arestos Tribunal de Justiça: "JURISDIÇÃO VOLUNTÁRIA – AÇÃO DE RETIFICAÇÃO DE REGISTRO DE IMÓVEL – ALTERAÇÃO DA ÁREA – ADEQUAÇÃO DO REGISTRO À SITUAÇÃO REAL DO IMÓVEL – ARTS. 212 E 213 DA LEI DE REGISTROS PÚBLICOS – PROCEDIMENTO DE JURISDIÇÃO VOLUNTÁRIA – POSSIBILIDADE JURÍDICA. – Mesmo nos casos em que a retificação do registro do imóvel possa implicar substancial aumento da área nele originariamente descrita, tem-se que, cumpridos os requisitos legais para tanto exigidos, mostra-se juridicamente possível a utilização do procedimento de jurisdição voluntária previsto na Lei nº 6.015/73, em especial considerando-se inexistir na legislação qualquer restrição neste sentido. ""AÇÃO DE RETIFICAÇÃO DE ÁREA DE IMÓVEL RURAL – AUMENTO SUBSTANCIAL DA ÁREA – POSSIBILIDADE – LEI DE REGISTROS PÚBLICOS (TJMG, Apelação Cível nº 1.0317.02.001247-0/001, 8ª Câmara Cível, Rel. Des. Elias Camilo, j.

04/06/2009.). É cabível a retificação de registro de imóveis, mesmo importado em alteração para maior da área titulada, desde que demonstrada a discrepância por profissional habilitado e que oportunizada a manifestação de terceiros interessados, sem oposição, de acordo com a Lei de Registros Públicos. ""APELAÇÃO CÍVEL – RETIFICAÇÃO DE REGISTRO DE IMÓVEL – VERIFICAÇÃO DE ERRO NA ÁREA REGISTRADA – ACRÉSCIMO – PROCEDIMENTO DE JURISDIÇÃO VOLUNTÁRIA – POSSIBILIDADE – NECESSÁRIA CITAÇÃO REGULAR DE TODOS OS INTERESSADOS – RESERVA LEGAL – NECESSIDADE DE AVERBAÇÃO – SUSPENSÃO DOS EFEITOS DO PROVIMENTO nº 050 (TJMG, Apelação Cível nº 1.0611.03.003768-7/001, 8ª Câmara Cível, Rel. Desª Teresa Cristina da Cunha Peixoto, j. 06/04/2006.). A jurisprudência é reiterada no sentido de que não importa a extensão da área a ser retificada. A Lei de Registros Públicos não contém tal distinção. A fim de viabilizar a retificação de registro de imóvel, o requerente deve cumprir o correto procedimento afeto à Lei de Registros Públicos, conquanto deve proceder a regular e necessária citação de todos os legítimos interessados, principalmente confrontantes. "PROCEDIMENTO ADMINISTRATIVO – RETIFICAÇÃO DE ÁREA NO REGISTRO PÚBLICO. Não havendo prejuízo para terceiros, nem tampouco aquisição irregular de propriedade, deve ser mantida a sentença que julgou procedente a retificação do registro do imóvel, ainda que isto represente aumento nominal de quase 50% de sua área. (TJMG, Apelação Cível nº 1.0643.04.911901-6/001, 6ª Câmara Cível, Rel. Des. Edílson Fernandes, j. 08/03/2005.)" Na espécie, verifica-se que foram citados os confrontantes, bem como o Município de Juiz de Fora, não tendo sido impugnado o pedido; ao contrário, todos se manifestaram concordando com a pretensão dos autores (f. 35, 36 e 58), atendendo, assim, a exigência legal para se deferir o pedido inicial. Todavia, ausente a prova pericial judicial para confirmar o real valor da área, ratificando assim o memorial descritivo, afasta-se o princípio da causa madura, disposto no art. 515, § 3º, do CPC, impondo-se o retorno dos autos à primeira instância. Destarte, no uso da faculdade de que trata o art. 557, § 1º, do CPC, dou provimento à apelação, para cassar a sentença recorrida e determinar o prosseguimento do feito. Custas, "ex lege". 3 – Transcorrido "in albis" o prazo recursal desta decisão remetem-se os autos à origem para os fins. 4 – Publique-se e intimem-se. Belo Horizonte, 14 de outubro de 2009. DES. EDGARD PENNA AMORIM – Relator (TJ-MG 101450846878650011 MG 1.0145.08.468786-5/001(1), Relator: EDGARD PENNA AMORIM, Data de Julgamento: 14/10/2009, Data de Publicação: 05/11/2009)

⊙ TRIBUNAL DE JUSTIÇA DO DISTRITO FEDERAL

EMENTA: EMBARGOS DE TERCEIRO. RETIFICAÇÃO DO REGISTRO IMOBILIÁRIO. VIA ELEITA INADEQUADA. RETIFICAÇÃO DE ATO REGISTRÁRIO. ARTIGOS 212 E 213 DA LEI DE REGISTROS PÚBLICOS, E ARTIGO 31, INCISO III, DA LEI Nº 11.697/2008. EXTINÇÃO DO PROCESSO SEM APRECIAÇÃO DO MÉRITO. SENTENÇA MANTIDA. 1 – Os Embargos de Terceiro não são o instrumento hábil para se pleitear a retificação de mero erro no registro imobiliário. 2 – O sistema de registro público prevê a via própria de retificação do registro para corrigir eventuais erros materiais, consoante os artigos 212 e 213 da Lei nº 6.015/73, que regula a matéria. Apelação Cível desprovida. (TJDFT – APC 20050710035677, Relator ANGELO PASSARELI, 2ª Turma Cível, julgado em 26/11/2008, DJ 04/12/2008 p. 74)

Art. 213. O oficial retificará o registro ou a averbação:

I – de ofício ou a requerimento do interessado nos casos de:

a) omissão ou erro cometido na transposição de qualquer elemento do título;

b) indicação ou atualização de confrontação;

c) alteração de denominação de logradouro público, comprovada por documento oficial;

d) retificação que vise a indicação de rumos, ângulos de deflexão ou inserção de coordenadas georreferenciadas, em que não haja alteração das medidas perimetrais;

e) alteração ou inserção que resulte de mero cálculo matemático feito a partir das medidas perimetrais constantes do registro;

f) reprodução de descrição de linha divisória de imóvel confrontante que já tenha sido objeto de retificação;

g) inserção ou modificação dos dados de qualificação pessoal das partes, comprovada por documentos oficiais, ou mediante despacho judicial quando houver necessidade de produção de outras provas;

II – a requerimento do interessado, no caso de inserção ou alteração de medida perimetral de que resulte, ou não, alteração de área, instruído com planta e memorial descritivo assinado por profissional legalmente habilitado, com prova de anotação de responsabilidade técnica no competente Conselho Regional de Engenharia e Arquitetura – CREA, bem assim pelos confrontantes.

§ 1º Uma vez atendidos os requisitos de que trata o *caput* do art. 225, o oficial averbará a retificação.

§ 2º Se a planta não contiver a assinatura de algum confrontante, este será notificado pelo Oficial de Registro de Imóveis competente, a requerimento do interessado, para se manifestar em quinze dias, promovendo-se a notificação pessoalmente ou pelo correio, com aviso de recebimento, ou, ainda, por solicitação do Oficial de Registro de Imóveis, pelo Oficial de Registro de Títulos e Documentos da comarca da situação do imóvel ou do domicílio de quem deva recebê-la.

§ 3º A notificação será dirigida ao endereço do confrontante constante do Registro de Imóveis, podendo ser dirigida ao próprio imóvel contíguo ou àquele fornecido pelo requerente; não sendo encontrado o confrontante ou estando em lugar incerto e não sabido, tal fato será certificado pelo oficial encarregado da diligência, promovendo-se a notificação do confrontante mediante edital, com o mesmo prazo fixado no § 2º, publicado por duas vezes em jornal local de grande circulação.

§ 4º Presumir-se-á a anuência do confrontante que deixar de apresentar impugnação no prazo da notificação.

§ 5º Findo o prazo sem impugnação, o oficial averbará a retificação requerida; se houver impugnação fundamentada por parte de algum confrontante, o oficial intimará o requerente e o profissional que houver assinado a planta e o memorial a fim de que, no prazo de cinco dias, se manifestem sobre a impugnação.

§ 6º Havendo impugnação e se as partes não tiverem formalizado transação amigável para solucioná-la, o oficial remeterá o processo ao juiz competente, que decidirá de plano ou após instrução sumária, salvo se a controvérsia versar sobre o direito de propriedade de alguma das partes, hipótese em que remeterá o interessado para as vias ordinárias.

§ 7º Pelo mesmo procedimento previsto neste artigo poderão ser apurados os remanescentes de áreas parcialmente alienadas, caso em que serão considerados como confrontantes tão-somente os confinantes das áreas remanescentes.

§ 8º As áreas públicas poderão ser demarcadas ou ter seus registros retificados pelo mesmo procedimento previsto neste artigo, desde que constem do registro ou sejam logradouros devidamente averbados.

§ 9º Independentemente de retificação, dois ou mais confrontantes poderão, por meio de escritura pública, alterar ou estabelecer as divisas entre si e, se houver transferência de área, com o recolhimento do devido imposto de transmissão e desde que preservadas, se rural o imóvel, a fração mínima de parcelamento e, quando urbano, a legislação urbanística.

§ 10. Entendem-se como confrontantes os proprietários e titulares de outros direitos reais e aquisitivos sobre os imóveis contíguos, observado o seguinte:

I – o condomínio geral, de que trata o Capítulo VI do Título III do Livro III da Parte Especial da Lei nº 10.406, de 10 de janeiro de 2002 (Código Civil), será representado por qualquer um dos condôminos;

II – o condomínio edilício, de que tratam os arts. 1.331 a 1.358 da Lei nº 10.406, de 10 de janeiro de 2002 (Código Civil), será representado pelo síndico, e o condomínio por frações autônomas, de que trata o art. 32 da Lei nº 4.591, de 16 de dezembro de 1964, pela comissão de representantes; e

III – não se incluem como confrontantes:

a) os detentores de direitos reais de garantia hipotecária ou pignoratícia; ou

b) os titulares de crédito vincendo, cuja propriedade imobiliária esteja vinculada, temporariamente, à operação de crédito financeiro.

§ 11. Independe de retificação:

I – a regularização fundiária de interesse social realizada em Zonas Especiais de Interesse Social, promovida por Município ou pelo Distrito Federal, quando os lotes já estiverem cadastrados individualmente ou com lançamento fiscal há mais de 10 (dez) anos;

II – a adequação da descrição de imóvel rural às exigências dos arts. 176, §§ 3º e 4º, e 225,

III – a adequação da descrição de imóvel urbano decorrente de transformação de coordenadas geodésicas entre os sistemas de georreferenciamento oficiais;

IV – a averbação do auto de demarcação urbanística e o registro do parcelamento decorrente de projeto de regularização fundiária de interesse social de que trata a Lei nº 11.977, de 7 de julho de 2009; e

V – o registro do parcelamento de glebas para fins urbanos anterior a 19 de dezembro de 1979, que esteja implantado e integrado à cidade, nos termos do art. 71 da Lei nº 11.977, de 7 de julho de 2009.

§ 12. Poderá o oficial realizar diligências no imóvel para a constatação de sua situação em face dos confrontantes e localização na quadra.

§ 13. Se não houver dúvida quanto à identificação do imóvel:

I – o título anterior à retificação poderá ser levado a registro desde que requerido pelo adquirente, promovendo-se o registro em conformidade com a nova descrição; e

II – a prenotação do título anterior à retificação será prorrogada durante a análise da retificação de registro.

§ 14. Verificado a qualquer tempo não serem verdadeiros os fatos constantes do memorial descritivo, responderão os requerentes e o profissional que o elaborou pelos prejuízos causados, independentemente das sanções disciplinares e penais.

§ 15. Não são devidos custas ou emolumentos notariais ou de registro decorrentes de regularização fundiária de interesse social a cargo da administração pública.

§ 16. Na retificação de que trata o inciso II do *caput*, serão considerados confrontantes somente os confinantes de divisas que forem alcançadas pela inserção ou alteração de medidas perimetrais.

§ 17 Se, realizadas buscas, não for possível identificar os titulares do domínio dos imóveis confrontantes do imóvel retificando, definidos no § 10, deverá ser colhida a anuência de eventual ocupante, devendo os interessados não identificados ser notificados por meio de edital eletrônico, publicado 1 (uma) vez na internet, para se manifestarem no prazo de 15 (quinze) dias úteis, com as implicações previstas no § 4º deste artigo.

1. COMENTÁRIOS

O art. 213 prevê várias hipóteses de retificação. Existe previsão também nos arts. 8º-A a 8º-C da Lei 6.739/1979, que dispõe sobre a matrícula e o registro de imóveis rurais.

Pela redação do art. 213, observam-se quatro modalidades de procedimento de retificação, vejamos:

1) Retificação de ofício (art. 213, I, da Lei 6.015/1973);
2) Retificação a requerimento do interessado (art. 213, I, da Lei 6.015/1973);
3) Retificação bilateral ou administrativa consensual, que estabelece o procedimento sumário de retificação (art. 213, II, da Lei 6.015/1973);
4) Retificação judicial ou procedimento ordinário de retificação.

1.1 RETIFICAÇÃO DE OFÍCIO OU A REQUERIMENTO DO INTERESSADO

A **retificação de ofício ou a requerimento do interessado** está prevista no **art. 213, I,** desta Lei.

Prevalece que este rol do art. 213, I, não é taxativo, e sim *numerus apertus*, ou seja, exemplificativo. João Baptista de Mello e Souza Neto explica: "Tome-se, por exemplo, a ocorrência de defeito de impressão na ficha de matrícula, gerando a sobreposição de linhas impressas, com impedimento da leitura respectiva, o denominado no jargão registrário 'erro de oficina'. Pode (*rectius:* deve) ser corrigido por meio de averbação retificatória determinada de ofício. O critério a inspirar, pois, o limite da aplicação do permissivo do citado inciso I está no binômio inexistência de risco para as partes (inclusive terceiro/possibilidade de comprovação do defeito autorizador da retificação" (Op. cit., p. 1154).

A retificação de ofício ou a requerimento do interessado são classificadas em:

1) **Retificação Unilateral:** são todas as hipóteses do inciso I. Veja-se:
   a) Omissão ou erro cometido na transposição de qualquer elemento do título;
   b) Indicação ou atualização de confrontação;
   c) Alteração de denominação de logradouro público, comprovada por documento oficial;
   d) Retificação que vise a indicação de rumos, ângulos de deflexão ou inserção de coordenadas georeferenciadas, em que não haja alteração das medidas perimetrais;
   e) Alteração ou inserção que resulte de mero cálculo matemático feito a partir das medidas perimetrais constantes do registro;
   f) Reprodução de descrição de linha divisória de imóvel confrontante que já tenha sido objeto de retificação;
   g) Inserção ou modificação dos dados de qualificação pessoal das partes, comprovada por

documentos oficiais, ou mediante despacho judicial quando houver necessidade de produção de outras provas. Para que ocorra a retificação unilateral, todavia, não poderá haver risco de prejuízo a terceiros.

2) **Retificação de Ofício:** Trata-se de uma exceção ao sistema registrário, uma vez que foi adotado o princípio da rogação ou da instância. Neste caso, o ato será de averbação, e deve haver menção sobre o ato de ofício do Oficial. Caso o Registrador pratique um ato que não seja considerado de ofício, mas sim de ordem judicial, quem nos responde é o Superior Tribunal de Justiça:

> DIREITO CIVIL. REGISTROS PÚBLICOS. RETIFICAÇÃO DE REGISTRO IMOBILIÁRIO. NECESSIDADE DE DESPACHO JUDICIAL. ARTS. 213 E 214 DA LEI 6.015/73. ERRO DE FORMA. NULIDADE DE PLENO DIREITO. ART. 145, III E IV, CC. DESNECESSIDADE DE AÇÃO JUDICIAL. PRONUNCIAMENTO ADMINISTRATIVO. POSSIBILIDADE. PRECEDENTES DO TRIBUNAL. RECURSO PROVIDO. I – Ao proceder à retificação de registro de imóvel sem pronunciamento judicial e sem que tenha havido erro evidente, o oficial cartorário exorbita de sua competência, tornando o **ato nulo de pleno direito**, por inobservância da lei. II – A falta de "despacho judicial" que determine a retificação do registro de imóvel constitui erro de forma, tornando o ato nulo de pleno direito (art. 145, III e IV, CC), cuja declaração independe de ação judicial, a teor dos arts. 213, § 1º, e 214 da Lei de Registros Publicos. (STJ – REsp: 163226 MT 1998/0007483-0, Relator: Ministro SÁLVIO DE FIGUEIREDO TEIXEIRA, Data de Julgamento: 21/03/2000, T4 – QUARTA TURMA, Data de Publicação: DJ 08/05/2000 p. 96 JSTJ vol. 17 p. 296 LEXSTJ vol. 132 p. 146 RSTJ vol. 169 p. 372 RT vol. 781 p. 194).

3) **Retificação a requerimento do interessado:** Nesta hipótese, o Oficial deve fazer a qualificação registral do título apresentado pelo interessado, que deve estar instruído com os documentos necessários.

1.2. RETIFICAÇÃO BILATERAL OU RETIFICAÇÃO ADMINISTRATIVA CONSENSUAL

O **art. 213, II** da Lei 6.015/1973, prevê a chamada **retificação bilateral**, também conhecida como **retificação administrativa consensual.** Esse dispositivo estabelece um procedimento sumário de retificação. Neste caso, observa-se a aplicação completa do princípio da instância ou da rogação. O oficial retificará o registro ou a averbação a **requerimento do interessado**, no caso de **inserção ou alteração de medida perimetral** de que resulte, ou não, alteração de área, instruído com planta e memorial descritivo assinado por profissional legalmente habilitado, com prova de anotação de responsabilidade técnica no competente Conselho Regional de Engenharia e Arquitetura – CREA, bem assim pelos confrontantes. Esta retificação se diferencia da já exposta retificação unilateral prevista no art. 213, I, *d*.

Caso o oficial de registro conclua, com fundadas razões, que a retificação pode implicar transferência de área, usucapião ou alguma forma de aquisição de propriedade pública ou particular, suspenderá o procedimento. Nesse caso, será facultada às partes a utilização das vias judiciais cabíveis.

O requerimento de retificação será lançado no Livro nº 1 – Protocolo, nos termos do art. 182 da Lei 6.015/1973. **É unânime que o procedimento retificatório não gera prioridade, nem impede a qualificação e o registro ou averbação dos demais títulos que não sejam excludentes ou não contraditórios**, nos casos em que da precedência destes últimos decorra prioridade de direitos para o apresentante.

Ademais, o prazo de 10 dias para a efetivação do ato, previsto no art. 188, não é viável. Como se sabe, o procedimento retificatório é uma das exceções a esse prazo.

Protocolizado o requerimento de retificação de registro, deverá sua existência constar em todas as certidões da matrícula, até que efetuada a averbação ou negada a pretensão pelo oficial de registro.

O requerimento do interessado deve ser instruído com planta e memorial descritivo assinado por profissional legalmente habilitado, com prova de anotação de responsabilidade técnica no competente **Conselho Regional de Engenharia e Arquitetura – CREA**, bem assim pelos confrontantes.

É considerado profissional habilitado para elaborar a planta e o memorial descritivo todo aquele que apresentar prova de Anotação de Responsabilidade Técnica – ART.

A Anotação de Responsabilidade Técnica (ART) é o instrumento pelo qual o profissional registra as atividades técnicas solicitadas através de contratos. Ele define, para efeitos legais, o(s) responsável(is) técnico(s) pela execução de obras ou serviços. A ART também permite ao profissional registrar nos Creas suas obras, serviços, cargos ou funções, visando o cadastramento de seu Acervo Técnico e a caracterização da responsabilidade técnica específica. Além disso, a ART só é considerada válida quando estiver cadastrada no CREA, quitada, possuir as assinaturas originais do profissional e do contratante, e estiver livre de qualquer irregularidade referente às atribuições do profissional que a anotou.

A retificação não pode dispensar a planta e o memorial descritivo elaborado por profissional habilitado, bem como a ART.

Qualquer interessado é legitimado para a retificação administrativa, desde que tenha **interesse jurídico** no ato de retificação, vale dizer, desde que tenha seus direitos atingidos diretamente pelo resultado do ato.

A planta e o memorial descritivo devem vir assinados pelo requerente, pelo profissional que os redigiu e pelos confrontantes da área cujo registro se pretende retificar. É de boa prática que as assinaturas sejam identificadas com o nome e a indicação da qualidade de quem as lançou (proprietário, possuidor de imóvel contíguo ou requerente da retificação).

É indispensável que as assinaturas dos confrontantes tenham **firmas reconhecidas**, por tratar-se de documento particular, conforme elucida o inciso II do art. 221 da Lei 6.015/1973.

Os **confrontantes** a que se refere o art. 213, II, da referida lei, não são apenas os proprietários, mas também os titulares de outros direitos reais e aquisitivos sobre os imóveis contíguos. Deve-se observar que o condomínio geral, de que tratam os arts. 1.314 e seguintes do Código Civil, será representado por qualquer dos condôminos. O condomínio edilício, de que tratam os arts. 1.331 e seguintes do Código Civil, será representado, conforme o caso, pelo síndico. O condomínio por frações autônomas, de que trata o art. 32 da Lei n. 4.591/1964, será representado pela comissão de representantes. Assim, caso o imóvel tenha vários proprietários em conjunto, qualquer um deles que prestar sua anuência responde pelos outros, segundo os preceitos da lei.

Aqui vale elucidar que a Lei n. 14.620, de 2023, incluiu o § 17 no art. 213 estabelecendo que, se, realizadas buscas, não for possível identificar estes titulares do domínio dos imóveis confrontantes do imóvel retificando, deverá ser colhida a anuência de eventual ocupante, devendo os interessados não identificados ser notificados por meio de edital eletrônico, publicado 1 (uma) vez na internet, para se manifestarem no prazo de 15 (quinze) dias úteis, com as implicações previstas no § 4º deste artigo (*§ 4º Presumir-se-á a anuência do confrontante que deixar de apresentar impugnação no prazo da notificação).*

Atente-se que **não são considerados confrontantes,** para este fim, os detentores de direitos reais de garantia hipotecária ou pignoratícia, ou os titulares de crédito vincendo, cuja propriedade imobiliária esteja vinculada, temporariamente, à operação de crédito financeiro. Esta inovação foi trazida pela Lei n. 14.382/2022, que modificou o parágrafo 10 do art. 213 da LRP.

Conclui-se que nem todos os titulares de direitos reais sobre o imóvel confrontante são considerados confrontantes para o procedimento de retificação administrativa.

Sobre os titulares de crédito vincendo, transcrevo os ensinamentos de Carlos Elias e Flávio Tartuce:

> "O texto legal, mais uma vez, não foi técnico, o que reclama a intervenção da doutrina e da jurisprudência para preencher semanticamente esse preceito.
>
> Em primeiro lugar, entendemos que esse dispositivo deve ser interpretado para abranger qualquer outro direito real ou direito obrigacional com eficácia real constituído com o objetivo de garantia. Só não se incluem aí a hipoteca e o penhor, pois esses dois últimos já estão contemplados na exceção da alínea a do inc. III do $ 10 do art. 213 da LRP e independem de o crédito garantido ser vincendo ou não. Assim, a propriedade fiduciária – fruto da alienação fiduciária em garantia – ou a caução de imóvel como garantia locatícia – como a que está no art. 38 da Lei n. 8.245/1991 – são exemplos abarcados pela alínea b do inc. III do $ 10 do art. 213 da LRP.
>
> Em segundo lugar, entendemos que a supracitada hipótese da alínea *b* tende à inutilidade por falta de aplicação prática. Isso porque ela dispensa, como confrontantes, a notificação desses outros credores reais apenas se o crédito garantido for vincendo. Ora, na prática, a maioria esmagadora dos créditos com garantia real envolve, no mínimo, uma prestação já vencida, como a primeira. Imagine-se o caso de um mútuo em que a primeira parcela da dívida já terá vencido quando for deflagrado um procedimento de retificação extrajudicial na matrícula do imóvel vizinho. Havendo, ao menos, uma prestação já vencida, será obrigatória a notificação, como confrontante, dos credores reais que não sejam hipotecários ou pignoratícios.
>
> Alertamos que o registrador deverá aferir se o crédito é ou não vincendo apenas com base nas informações constantes da matrícula ou nos títulos arquivados no Cartório de Imóveis. Não cabe ao registrador perquirir se essa parcela foi ou não paga, seja por falta de exigência legal, seja porque essa informação não costuma estar na matrícula – é extratabular. O texto da alínea b do § 10 do art. 213 da LRP faz alusão apenas a "titulares de crédito vincendo", e nada diz a respeito de créditos vencidos e não pagos.
>
> Feitas essas considerações, fica bem clara a atecnia do inc. III do $ 10 do art. 213 da LRP, o qual foi fruto de inclusão feita pela Lei do SERP. Credores hipotecários ou pignoratícios nunca serão notificados como confrontantes, nos termos da alínea *a*. Já outros credores reais – como o credor fiduciário ou o credor com caução de imóvel –, na prática, acabarão sendo notificados pelo fato de que, na maioria esmagadora dos casos, o vencimento da primeira prestação da dívida garantida deve ser observado. Como se percebe, e hipoteca e o penhor foram, na prática, desprestigiados comparativamente aos demais direitos reais e receberam, sem um justo motivo, na nossa opinião, um tratamento legal diferente.
>
> A nosso ver, o legislador talvez tivesse em mente outro objetivo, maio sexto legal, infelizmente, não nos parece toler mente a interpretação a não ser a que ora expusemos" (Op. cit., 198).

Ainda sobre os confrontantes, o § 16 do art. 213, incluído pela Lei 12.424/2011, estabelece que serão considerados confrontantes **somente os confinantes de divisas** que forem alcançadas pela inserção ou alteração de medidas perimetrais.

Ressalte-se que o **Ministério Público não intervém nos pedidos de retificação de área**, mesmo com atribuições de *custos legis*. Da mesma forma, não haverá homologação judicial ou administrativa da decisão do Oficial Registrador que defere a averbação da retificação de área.

Se a planta não contiver a assinatura de algum confrontante, este será notificado pelo Oficial de Registro de Imóveis competente, a requerimento do interessado, para se manifestar em quinze dias, promovendo-se a notificação pessoalmente ou pelo correio, com aviso de recebimento, ou, ainda, por solicitação do Oficial de

Registro de Imóveis, pelo Oficial de Registro de Títulos e Documentos da comarca da situação do imóvel ou do domicílio de quem deva recebê-la.

Anote-se que o Registro de Imóveis só tem competência para a prática de atos **dentro de sua circunscrição.** Assim, caso o endereço a ser notificado não se encontre em sua área territorial, a notificação deve ser requerida ao Registro de Títulos e Documentos que compreende o endereço. Esta notificação é fundamentada na fé pública que o Registrador possui."João Baptista de Mello e Souza Neto explica que o prazo deve ser contado a partir da efetivação do ato, à falta de determinação normativa que estabeleça iniciar-se a contagem da juntada, aos autos do procedimento, do comprovante da notificação (AR dos Correios, certidão de notificação pessoal etc.), aplicando-se o quanto disposto no art. 132 do CC ("Salvo disposição legal ou convencional em contrário, computam-se os prazos, excluído o dia do começo e incluído o do vencimento") (Op. cit., p. 1174-1175).

Importante frisar que a maioria da doutrina entende que o prazo para entidades públicas não obedece ao disposto no art. 183 do novo Código de Processo Civil. Ou seja, a União, os Estados, o Distrito Federal, os Municípios e suas respectivas autarquias e fundações de direito público não gozam de prazo em dobro para as manifestações processuais nesses casos específicos.

Cumpre informar que a **notificação** é um ato relevante para o procedimento retificatório e deve ser feita da forma mais eficaz possível. O § 4º do inciso II do art. 213 estabelece que a anuência do confrontante será presumida se ele não apresentar impugnação no prazo da notificação.

A notificação será dirigida ao endereço do **confrontante** constante do Registro de Imóveis, podendo ser dirigida ao **próprio imóvel contíguo** ou **àquele fornecido pelo requerente.** Esta notificação deve vir acompanhada de **cópia do requerimento de retificação, bem como dos documentos que o instruírem, como por exemplo, plantas, memoriais**. É ainda necessário constar o prazo de 15 (quinze) dias para a impugnação e a advertência de que caso não haja tal impugnação, a presunção de anuência ocorrerá.

Se o confrontante não for encontrado ou estiver em lugar incerto e não sabido, tal fato será certificado pelo oficial encarregado da diligência, promovendo-se a notificação do confrontante mediante edital, com o mesmo prazo fixado no § 2º, inciso II do art. 213 (quinze dias) publicado por duas vezes em jornal local de grande circulação.

Findo o prazo sem impugnação, presume-se a anuência do confrontante, e o oficial procederá com a averbação da retificação requerida.

Se a impugnação for **intempestiva**, ou seja, apresentada fora do prazo de quinze dias, ela não será conhecida pelo Oficial, aplicando-se a presunção de anuência do confrontante. Como se trata de um procedimento administrativo, a parte impugnante que não se conformar com a decisão do Registrador pode oferecer recurso administrativo perante o Juiz Corregedor Permanente ou o Juiz competente, conforme a organização local.

Se houver **impugnação fundamentada** por parte de algum confrontante, o oficial intimará o requerente e o profissional que houver assinado a planta e o memorial a fim de que, no prazo de cinco dias, se manifestem sobre a impugnação. Registre-se que a impugnação à retificação deve conter os fundamentos que tenham o condão de impedir o ato de retificação pretendido, não podendo ser genérica.

É importante ainda, que na impugnação, esclareçam-se os prejuízos concretos ou abstratos que do ato sobrevirão ao impugnante. Assim, a mera discordância não pode impedir a retificação. Para Narciso Orlandi Neto "impugnação fundamentada é aquela que não permite decisão nem o exame dos direitos das partes". (*Retificação do Registro de Imóveis*. Livraria Del Rey Editora, 1997, 161).

Sendo a **impugnação infundada**, o oficial de registro deverá rejeitá-la, de plano, por meio de ato motivado, do qual constem expressamente as razões pelas quais assim a considerou. Para João Baptista de Mello e Souza Neto, embora não caiba ao Oficial Registrador entrar no mérito sobre os fundamentos da impugnação, o comparecimento do confrontante para apenas objetar ao pedido, sem indicar as razões de seu inconformismo (impugnação desprovida de fundamentação), não implica impedimento para o acolhimento do pedido inaugural, se presentes os demais requisitos". E ainda esclarece, ao discorrer sobre a impugnação *simples, deficiente ou incorreta* prima facie, que "descabe ao Oficial Registrador entrar no mérito sobre os fundamentos da impugnação, mesmo que padeça ela dos defeitos aqui alinhados. Se houver fundamentação, escapa à alçada do Oficial a solução da pendência (Op. cit., p. 1178).

O art. 916 do Provimento 93/2020, que codifica os atos normativos da Corregedoria-Geral de Justiça do Estado de Minas Gerais, considera infundada a impugnação nos seguintes casos:

I) já examinada e refutada em casos iguais ou semelhantes pelo juiz de direito com jurisdição em Registros Públicos ou, onde não houver vara especializada, pelo juízo cível ou pela Corregedoria-Geral de Justiça;

II) em que o interessado se limite a dizer que a retificação causará avanço em sua propriedade sem indicar, de forma plausível, onde e de que forma isso ocorrerá;

III) que não contenha exposição, ainda que sumária, dos motivos da discordância manifestada;

IV) que ventile matéria absolutamente estranha à retificação;

V) que o oficial de registro, pautado pelos critérios da prudência e da razoabilidade, assim reputar.

Ocorrendo a impugnação fundamentada, o processo de retificação só prosseguirá no Registro de Imóveis **se houver desistência de uma das partes ou um acordo entre elas**. Dispõe o § 6º, inciso II, do art. 213: "*Havendo impugnação e se as partes não tiverem formalizado transação amigável para solucioná-la, o oficial remeterá o processo ao juiz competente, que decidirá de plano ou após instrução sumária, salvo se a controvérsia versar sobre o direito de propriedade de alguma das partes, hipótese em que remeterá o interessado para as vias ordinárias*".

E assim, estabelecido um litígio, a **retificação se transformará em judicial**, mantendo a forma sumária e administrativa. Contudo, se a desavença envolver o direito de propriedade de uma das partes, a questão será remetida às vias ordinárias.

A remessa do procedimento administrativo de retificação ao juiz de direito será efetuada por meio de ato fundamentado. Nesse ato, serão prestadas todas as informações de que o oficial de registro dispuser em seus assentamentos, relativas ao imóvel objeto do registro a ser retificado e aos imóveis confrontantes, bem como outras informações que puderem influenciar na solução do requerimento. Serão juntadas aos autos certidões atualizadas das matrículas respectivas, cópias de plantas, croquis e outros documentos pertinentes para essa finalidade.

Encaminhado o procedimento ao juiz (com os documentos que instruem o pedido retificatório), a **prenotação perante o Registro de Imóveis restará exaurida**. Dessarte, se o pedido for deferido pelo juiz corregedor ou juiz estabelecido nos termos das leis locais, eventual decisão favorável à retificação deve ser novamente protocolada, por se tratar de um novo título a ingressar no álbum imobiliário.

Assim, determinada a retificação pelo juiz de direito competente, o mandado respectivo será protocolado no Livro nº 1 – Protocolo, observada rigorosamente a ordem cronológica de apresentação dos títulos.

Como a natureza do procedimento de retificação não é contraditória em relação a outros títulos que possam eventualmente ingressar sobre o imóvel a ser retificado, tal procedimento **não gera direito de prioridade**. Todavia, o procedimento retificatório deve ter seu requerimento protocolado no Livro nº 1, junto com os documentos que o instruem, a fim de cumprir o art. 182 da Lei 6.015/1973, que elucida: 'Todos os títulos tomarão, no Protocolo, o número de ordem que lhes competir em razão da sequência rigorosa de sua apresentação.

1.3 APURAÇÃO DE ÁREAS REMANESCENTES

Reza o art. 213, inciso II, § 7º, da Lei 6.015/1973, que 'pelo mesmo procedimento previsto neste artigo poderão ser apurados os remanescentes de áreas parcialmente alienadas, caso em que serão considerados como confrontantes tão-somente os confinantes das áreas remanescentes.'Na explicação de Marcio Guerra Serra e Monete Hipólito Serra, pode-se perceber que a Lei 10.931/2004 também se preocupou com um problema corrente das serventias registrais imobiliárias de nosso país, ou seja, os imóveis descaracterizados por desmembramentos nos quais não houve a preocupação de descrever o remanescente. Esta disposição legal é apenas explicitação deste tipo de situação que também se enquadraria perfeitamente na hipótese genérica de inclusão ou alteração de medida perimetral previstas no inciso II do art. 213. Todavia, o legislador fez questão de incluí-la visando evitar controvérsias futuras, uma vez que em muitos destes imóveis a retificação valeria para a inclusão ou alteração de todas ou quase todas as medidas perimetrais. Também, para evitar dúvidas, a lei estabeleceu que serão confrontantes apenas aqueles que tiverem nas áreas vizinhas no momento do pedido da retificação, descartando os proprietários de áreas desmembradas que deixaram de ser confinantes com o imóvel que está sendo retificado (*Registro de Imóveis III. Procedimentos Especiais*. São Paulo: Saraiva, 2013, p. 42).

1.4 RETIFICAÇÃO OU DEMARCAÇÃO DE ÁREA PÚBLICAS

A retificação ou demarcação de áreas públicas veio prevista no art. 213, II, § 8º da Lei 6.015/1973, que assim dispõe:

> As áreas públicas poderão ser demarcadas ou ter seus registros retificados pelo mesmo procedimento previsto neste artigo, desde que constem do registro ou sejam logradouros devidamente averbados.

Áreas públicas são espaços instituídos por loteamentos, destinando-se à circulação, à edificação de prédios públicos, de estruturas de lazer ou espaços livres para que possam ser utilizados por qualquer pessoa. Regra geral, as áreas públicas dispensam de registro imobiliário, porém este é fundamental na caracterização de vias públicas, de espaços integrados a loteamentos abertos ou fechados.

Marcio Guerra Serra e Monete Hipólito Serra bem observam que existem muitos imóveis públicos que não se encontram matriculados, seja porque são oriundos de terras devolutas nunca antes levadas ao registro de imóveis, seja em virtude do fato de o poder público nunca ter se preocupado com o registro na medida em que, em regra, os imóveis públicos não são alienados e não estão sujeitos a penhora, bem como não são dados em garantia a terceiros, de modo que por este motivo existem teorias que defendem até a desnecessidade de seu registro. Podemos observar neste sentido os ensinamentos de Afrânio de Carvalho, citados por Maria Helena Diniz, em sua obra *Sistemas de registro de imóveis* (p. 493), que afirmava: 'o Registro de Imóveis acolheria apenas os imóveis particulares, deixando livres os imóveis públicos'. Independentemente de qual seja o motivo para a falta de registro, imprescindível que se esclareça que, caso o imóvel público não se encontre matriculado ou transcrito na serventia, o procedimento retificatório não será a via adequada para trazê-lo à esfera registral. Para isto, será necessário que se proceda a uma ação discriminatória ou demarcatória (Op. cit., p. 43).

1.5 ALTERAÇÃO OU ESTABELECIMENTO DE DIVISAS POR ESCRITURA PÚBLICA

Independentemente de retificação, dois ou mais confrontantes poderão, por meio de **escritura pública,** alterar ou estabelecer as divisas entre si e, se houver transferência de área, com o recolhimento do devido imposto de transmissão e desde que preservadas, se rural o imóvel, a fração mínima de parcelamento e, quando urbano, a legislação urbanística. Esta é a regra inserta no art. 213, II, § 9º da Lei 6.015/1973.

Conclui-se que, importando a transação em transferência de área, deverão ser atendidos os requisitos do aludido dispositivo.

Oportuno consignar que a escritura pública que estabelece o acordo entre os confinantes, de suas divisas, é sucedâneo do procedimento administrativo de retificação. Porém, a escritura deve se limitar somente às divisas.

Esclarecem Marcio Guerra Serra e Monete Hipólito Serra que se não houver dúvidas sobre as divisas nas matrículas envolvidas, deve-se observar o procedimento comum de venda de parte de um imóvel para anexação em outro, ou seja, devem ser apresentados no registro de imóveis o mapa e o memorial descritivo da parte que está sendo vendida (para desmembramento), bem como da área remanescente e ainda da área resultante da fusão com o imóvel confinante para a abertura de nova matrícula. Tudo isto com a autorização da Prefeitura Municipal em caso de imóvel urbano. Este entendimento é extraído do fato de que esta hipótese está inserida em um parágrafo do art. 213 da Lei 6.015/1973, o qual se refere à retificação de registro, de modo que somente poderia ser utilizada nos casos delimitados pelo *caput*. Esta aprovação, bem como os memoriais de desmembramento, é dispensada no processo retificatório para dirimir imprecisões nas confrontações, no qual devem apenas ser apresentados mapa e memorial descritivo das propriedades confinantes com a área final retificada, incluídos os marcos e as divisas faltantes ou alterados os incorretos (Op. cit., p. 44).

1.6 HIPÓTESES DE DISPENSA DE RETIFICAÇÃO

A Lei 10.931/2004 inovou ao elencar as hipóteses de dispensa de retificação, que se encontram no art. 213, II, § 11 da Lei 6.015/1973.

Dessa forma, se o Oficial verificar, na qualificação registral, que a situação independe de processo retificatório, deve qualificar negativamente o título apresentado.

A seguir, as hipóteses de dispensa com seus respectivos comentários:

I) A regularização fundiária de interesse social realizada em Zonas Especiais de Interesse Social (ZEIS), promovida por Município ou pelo Distrito Federal, quando os lotes já estiverem cadastrados individualmente ou com lançamento fiscal há mais de 10 (dez) anos.

Este item teve sua redação dada pela Lei n. 12.424/2011.

A definição destas áreas tem por finalidade a implantação de um plano de zoneamento próprio que objetive o desenvolvimento destas regiões. Dessa forma, é possível a integração dessas áreas com a cidade.

Discute-se na doutrina a possibilidade de aplicação desta dispensa. Para a primeira corrente, trata-se de uma ofensa à segurança jurídica, pois há a chance de invasão de áreas confrontantes onde os confrontantes não seriam notificados e, portanto, não teriam oportunidade de se manifestar, nem haveria impugnação do feito. Outra parte da doutrina defende a aplicação do dispositivo, alegando que o interesse na regularização se sobrepõe aos interesses dos eventuais proprietários lesados. Neste caso, orientam pela busca do direito de indenização, alegando a desapropriação indireta.

II) A adequação da descrição de imóvel rural às exigências dos arts. 176, §§ 3º e 4º, e 225, § 3º, da Lei 6.015/1973.

Neste caso, o dispositivo faz alusão ao georreferenciamento, que deve ser obedecido. Georreferenciamento é o mapeamento de um imóvel rural referenciando os vértices de seu perímetro ao Sistema Geodésico Brasileiro, que define sua área e sua posição geográfica. Serve para a regularização registral dos imóveis rurais, segundo a nova legislação (Lei 10.267/2001 e Decretos 4.449/02 e 5.570/2005).

III) A adequação da descrição de imóvel urbano decorrente de transformação de coordenadas geodésicas entre os sistemas de georreferenciamento oficiais.

IV) A averbação do auto de demarcação urbanística e o registro do parcelamento decorrente de projeto de regularização fundiária de interesse social.

Como vimos no inciso I, o procedimento de retificação é dispensado porque o procedimento de demarcação em si prevê a notificação dos confrontantes e a alternativa de impugnação.

V) O registro do parcelamento de glebas para fins urbanos anterior a 19 de dezembro de 1979, que esteja implantado e integrado à cidade, nos termos do art. 71 da Lei nº 11.977, de 7 de julho de 2009[16].

Este item também foi incluído pela Lei nº 12.424/2011. Grande parte da doutrina defende que, em se tratando de casos de regularização fundiária, haveria uma supremacia do interesse público sobre o particular, que desobrigaria o processo de retificação.

Cumpre anotar que a Lei 13.465/2017 é, atualmente, a legislação que trata da regularização fundiária urbana.

1.7 DILIGÊNCIA PELO OFICIAL (FACULTATIVIDADE)

A Lei 10.931/2004 também inovou ao permitir que o Oficial Registrador competente realize diligências no imóvel para a constatação de sua situação face dos confrontantes e localização na quadra. É o que estabelece o § 12, do inciso II, art. 213, da Lei 6.015/1973.

A expressão 'poderá', prevista no dispositivo em comento, significa que se trata de uma **faculdade** do registrador e não de uma obrigação. Isso quer dizer que o registrador tem a opção de agir, mas não é obrigado a fazê-lo.

Assim, pode o Oficial realizar diligências e vistorias externas e utilizar-se de documentos e livros mantidos no acervo da serventia, lançando no procedimento da retificação certidão relativa aos assentamentos consultados, e, poderá, ainda, por meio de ato fundamentado, intimar o requerente e o profissional habilitado para que esclareçam dúvidas e complementem ou corrijam a planta e o memorial descritivo do imóvel, quando os apresentados contiverem erro ou lacuna.

João Baptista de Mello e Souza Neto adverte que a presença do Oficial registrador junto ao imóvel, cujo registro se esteja a retificar, não o transforma em perito de engenharia ou similar. Trata-se de permitir a constatação – certificável diante da fé pública do Oficial – de fato relacionado ao imóvel que seja aferível por qualquer pessoa, independentemente de especialização técnica. Se o deslinde da questão demandar prova técnica, impossível deferir a retificação perante o Oficial, sendo necessária remessa do feito ao Juiz Corregedor Permanente. Para se ter uma melhor noção sobre a dimensão da atuação do Oficial com base nesse permissivo legal, vale lembrar – porque semelhante a hipótese, *mutatis mutantis* – o conceito de Moacyr Amaral Santos sobre 'inspeção judicial': 'é a percepção sensorial direta do juiz, a fim de se esclarecer quanto a fato, sobre qualidades ou circunstâncias corpóreas ou coisa'. Há, portanto, limites ao poder do Oficial, que não pode emitir opiniões de ordem subjetiva, senão apenas relatar os fatos perceptíveis por ele no que concerne à situação do imóvel em face dos confrontantes e localização na quadra (Op. cit., p. 1187).

1.8 TÍTULO LAVRADO ANTERIORMENTE À RETIFICAÇÃO

Não havendo dúvida quanto à identificação do imóvel, o título anterior à retificação poderá ser levado a registro, desde que requerido pelo adquirente, promovendo-se o registro em conformidade com a nova descrição. Assim, prevê o art. 213, § 13, da Lei 6.015/1973.

Com efeito, é possível o registro de título anterior à retificação, equivale dizer, com **descrição diversa da constante do registro**, se não houver dúvida quanto à identificação do imóvel.

O fundamento do dispositivo em análise é a economia procedimental.

Note-se que na aludida hipótese, houve uma **exceção expressa do princípio da especialidade objetiva.**

Acrescenta-se ainda que, se não houver dúvida quanto à identificação do imóvel, a **prenotação** do título anterior à retificação, será prorrogada durante a análise da retificação de registro.

Por fim, convém apresentar o entendimento da maioria da doutrina, que acabou se tornando um enunciado da I Jornada de Direito Notarial e Registral. Esse entendimento reflete a posição consolidada sobre o assunto.

> **Enunciado 17.** O disposto no §13 do art. 213 da Lei n. 6.015/1973 aplica-se aos casos em que o georreferenciamento ou a retificação de área sejam realizados após a escritura pública e antes do registro, ainda que a atualização da descrição do imóvel de origem resulte em unificação ou abertura de novas matrículas.
>
> ⊙ Justificativa: São comuns os casos em que a atualização das metragens e da descrição do imóvel é feita posteriormente ao negócio jurídico descrito na escritura pública apresentada. Exemplos muito comuns na prática são os casos de inventários ou mesmo outros negócios jurídicos Inter vivos, em que o imóvel rural já se enquadra na obrigatoriedade do georreferenciamento, ou mesmo o imóvel urbano que ainda está em Transcrição, com uma descrição totalmente precária, e o ato precisa ser lavrado com urgência. As escrituras vinculam a regularização da descrição do imóvel ao êxito no registro, deixando as partes cientes que deverão primeiro regularizar a área junto ao registro de imóveis, para depois registrar o título aquisitivo. Deve-se levar em conta para a lavratura da Escritura a necessidade de se observar se há elementos mínimos de identificação do imóvel e a descrição no título deve espelhar a descrição do fólio real ou da Transcrição.

16. O art. 71 da Lei nº 11.977/2009 foi revogado pela Lei nº 13.465/17.

Todos os documentos que fazem parte do processo de regularização da área, seja por meio de georreferenciamento ou retificação de área, ou seja, os mapas e memoriais descritivos, devidamente assinados pelo profissional responsável, são apresentados em seus originais ao Registro de Imóveis competente, juntamente com o requerimento para que se proceda a atualização da descrição da área do imóvel. Nos casos de imóveis rurais objetos de georreferenciamento, deve ser apresentado também a certificação do INCRA de que o imóvel não se sobrepõe a nenhum outro imóvel rural. O registrador imobiliário é quem analisará toda a documentação e procederá a atualização na matrícula do imóvel, e, a depender do caso, tratando-se de imóveis rurais, unificará matrículas, ou fará abertura de novas matrículas relacionadas àquele imóvel rural. O mesmo pode ocorrer em imóveis rurais ou urbanos que possuem Transcrição, e, a partir da atualização da descrição, o registrador imobiliário abrirá matrícula. Desse modo, o registrador de imóveis terá todo o histórico dos acontecimentos arquivados em sua serventia, além de ser o profissional responsável por praticar os atos necessários para a atualização necessária, possibilitando ao mesmo não ter dúvidas de se tratar do mesmo imóvel constante em um negócio jurídico anterior. E essa proposta encontra amparo legal no artigo 213, § 13 da Lei 6015/1973, com sua redação inserida pela MP 1085/2021. Por fim, solicitar a retificação de uma escritura para constar os mesmos dados inseridos nos documentos originais já apresentados ao registrador, tem se mostrado desnecessário e contrário ao princípio da economicidade para as partes envolvidas, e, ainda, não teria sentido qualquer das partes se sentir prejudicada, visto que já consta da escritura a previsão de que a área daquele imóvel deverá ser atualizada, para que seja registrada.

1.9 RESPONSABILIDADE DO PROFISSIONAL E DO REQUERENTE SOBRE OS DADOS APRESENTADOS

No que se refere à responsabilidade do requerente e do profissional que elaborou o memorial descritivo, o § 14 do art. 213 dispõe que: "verificado a qualquer tempo não serem verdadeiros os fatos constantes do memorial descritivo, responderão os requerentes e o profissional que o elaborou pelos prejuízos causados, independentemente das sanções disciplinares e penais".

Percebe-se, pela clareza e objetividade do dispositivo, que o oficial de registros não é responsável pela verificação da veracidade dos dados apresentados, nem pela conferição do trabalho técnico, mesmo tendo a possibilidade de realizar diligências.

A responsabilidade do registrador se limita à comprovação dos dados apresentados em relação aos elementos tabulares e à conferência de todos os documentos previstos na legislação, apresentados pelas partes. E, por óbvio, ao cumprimento de todas as formalidades exigidas pela legislação.

Observe-se ainda que a responsabilidade do profissional e do requerente na elaboração da planta, do memorial descritivo e de outras informações é por dolo e culpa, não podendo agir com imprudência, negligência ou imperícia.

1.10 IMPOSSIBILIDADE DE ACRÉSCIMO DE ÁREA EM PROCESSO DE RETIFICAÇÃO DE REGISTRO DE IMÓVEL

Não é possível acrescentar uma área em terreno já existente, utilizando-se o processo de retificação de registro de imóvel previsto na Lei de Registros Públicos. Este é o entendimento unânime aprovado pela Terceira Turma do Superior Tribunal de Justiça (STJ).

A decisão foi tomada na análise de recurso especial interposto por uma concessionária de energia do Rio Grande do Sul. A empresa pretendia retificar a matrícula de um imóvel, com atual dimensão de 5.801,10 metros quadrados para constar como área de 7.815,25 metros quadrados.

Na ação, a concessionária alegou que o terreno atual abriga uma subestação de energia, responsável pelo abastecimento do município de Santa Rosa. Mas que, após alterações no loteamento original, principalmente com a extinção de uma antiga estrada, a área de 2.014,15 metros quadrados foi incorporada ao imóvel.

O Tribunal de Justiça do Rio Grande Sul não aceitou os argumentos apresentados, alegando que, no caso, trata-se de "pretensão de incorporação de área significativa, situação que não caracteriza simples erro capaz de autorizar a retificação registral".

O ministro João Otávio de Noronha entendeu que "A lei de registros públicos busca dar plena validade, eficácia e segurança aos registros, visando, sobretudo, proteger o interesse dos legítimos proprietários e de terceiros", salientou o ministro no voto. Não serve o procedimento de retificação constante da lei de registros públicos como forma de aquisição ou aumento de propriedade imobiliária, pois destinado apenas à correção dos assentos existentes no registro de imóveis, considerando-se a situação fática do bem".

2. JURISPRUDÊNCIA COMPLEMENTAR

CONSELHO NACIONAL DE JUSTIÇA

EMENTA: Extrajudicial – Pedido de Providências – Pleito de que as Corregedorias locais reconheçam a vigência e apliquem a Lei Federal nº 6.739/79 – Diploma autoaplicável – Pedido manifestamente improcedente – Recurso improvido.

1. A decisão impugnada deve ser mantida por seus próprios e hígidos fundamentos, haja vista que o Ministério Público não trouxe argumentos suficientes para desconstituí-la.

2. O reconhecimento da vigência e compulsoriedade de uma Lei Federal se dá por todos os cidadãos e órgãos do Estado a partir do momento em que tem início a sua vigência. Ou seja, ela é autoaplicável, sem necessidade de intervenção deste Órgão Correcional. Tanto que, segundo o artigo 3º da LINDB: *"Ninguém se escusa de cumprir a lei, alegando que não a conhece"*

3. Nada impede que esta Corregedoria Nacional ou a Corregedoria Local apreciem algum caso concreto, individualizado, advindo da vulneração de algum dispositivo da norma ou do desrespeito concreto à Lei Federal nº 6.739/79, o que difere do pleito genérico e sem destinatário específico, nos moldes deduzidos pelo Ministério Público Federal – 4. Recurso administrativo a que se nega provimento. (CNJ

– Pedido de Providências nº 0003582-47.2014.2.00.0000 – Acre – Rel. Min. Maria Thereza de Assis Moura – DJ 31.03.2022).

SUPERIOR TRIBUNAL DE JUSTIÇA

EMENTA: DIREITO CIVIL. REGISTROS PÚBLICOS. RETIFICAÇÃO DE REGISTRO IMOBILIÁRIO. NECESSIDADE DE DESPACHO JUDICIAL. ARTS. 213 E 214 DA LEI 6.015/73. ERRO DE FORMA. NULIDADE DE PLENO DIREITO. ART. 145, III E IV, CC. DESNECESSIDADE DE AÇÃO JUDICIAL. PRONUNCIAMENTO ADMINISTRATIVO. POSSIBILIDADE. PRECEDENTES DO TRIBUNAL. RECURSO PROVIDO.

I – Ao proceder à retificação de registro de imóvel sem pronunciamento judicial e sem que tenha havido erro evidente, o oficial cartorário exorbita de sua competência, tornando o ato nulo de pleno direito, por inobservância da lei.

II – A falta de "despacho judicial" que determine a retificação do registro de imóvel constitui erro de forma, tornando o ato nulo de pleno direito (art. 145, III e IV, CC), cuja declaração independe de ação judicial, a teor dos arts. 213, § 1º, e 214 da Lei de Registros Publicos. (STJ – REsp: 163226 MT 1998/0007483-0, Relator: Ministro SÁLVIO DE FIGUEIREDO TEIXEIRA, Data de Julgamento: 21/03/2000, T4 – QUARTA TURMA, Data de Publicação: DJ 08/05/2000 p. 96 JSTJ vol. 17 p. 296 LEXSTJ vol. 132 p. 146 RSTJ vol. 169 p. 372 RT vol. 781 p. 194).

EMENTA: Registro de imóveis. Retificação. Área maior. No procedimento de retificação, previsto nos artigos 213 e 214 da Lei de Registros Públicos, não importa a extensão da área a ser retificada, desde que os demais requisitos estejam preenchidos. Inexistente a impugnação válida, não há lide e, por conseguinte, desnecessária a remessa às vias ordinárias, sendo o procedimento administrativo o previsto para a análise de retificações de registro, de acordo com o que dispõe o artigo 213, § 4º da LRP. (STJ – REsp: 120196 MG 1997/0011482-1, Relator: Ministro EDUARDO RIBEIRO, Data de Julgamento: 04/03/1999, T3 – TERCEIRA TURMA, Data de Publicação: DJ 10.05.1999 p. 164 RCJ vol. 96 p. 45)

EMENTA: REGISTROS PÚBLICOS. RETIFICAÇÃO. VIAS ORDINÁRIAS. APROVEITAMENTO DO PROCESSADO. O ENCAMINHAMENTO DO INTERESSADO PARA A VIA ORDINÁRIA PODE SER FEITO COM O APROVEITAMENTO DOS ATOS JA PROCESSADOS, EM LOUVOR AOS PRINCÍPIOS DA ECONOMIA PROCESSUAL E AO DA INSTRUMENTALIDADE DAS FORMAS. NA ESPÉCIE, POREM, NÃO CABE DESDE LOGO RETOMAR O PROCESSO NA FASE PROBATÓRIA, MAS SIM REABRIR O PRAZO PARA A DEFESA, EXCLUINDO-SE A PREMATURA CONDENAÇÃO DO IMPUGNANTE NAS CUSTAS ART. 213 DA LEI 6.015/1973. RECURSO CONHECIDO E PROVIDO EM PARTE. (STJ – REsp: 33680 MG 1993/0008888-2, Relator: Ministro RUY ROSADO DE AGUIAR, Data de Julgamento: 24/06/1997, T4 – QUARTA TURMA, Data de Publicação: DJ 25.08.1997 p. 39374)

TRIBUNAL DE JUSTIÇA DO ESTADO DE SÃO PAULO

EMENTA: AÇÃO DE REGULARIZAÇÃO DE REGISTRO PÚBLICO IMOBILIÁRIO – DEMANDA QUE VISA INSERÇÃO OU ALTERAÇÃO DE MEDIDA PERIMTERAL – NECESSIDADE DE CITAÇÃO DOS CONFRONTANTES – LEI DOS REGISTROS PÚBLICOS – Em ação de retificação de registro público imobiliário, em que se discute "inserção ou alteração de medida perimetral", é necessária a anuência de todos os confrontantes do imóvel, nos termos do artigo 213, inciso II, da Lei dos Registros Públicos, ainda que não resulte em alteração da área. Como não houve requerimento dos autores neste sentido, correta a extinção do feito, sem resolução do mérito. Sentença mantida – Recurso improvido.

1. Trata-se de recurso de apelação apresentado em face da r. sentença de fls. 178/181, cujo relatório se adota, que julgou extinto o processo, sem resolução do mérito, com base no artigo 485, inciso IV, do Código de Processo Civil.

Os autores apelaram (fls. 184/189) solicitando:

"a) seja anulada a sentença proferida às fls. 178/181 pela ilustre magistrada a quo que indeferiu a presente ação, sem a resolução do mérito;

b) seja ordenado ao digníssimo 2.º Oficial de Registro de Imóveis da Comarca de Bauru a efetuar a abertura da pretendida matrícula na circunscrição imobiliária comandada por ele e nela efetuar o registro da Escritura de Compra e Venda do imóvel residencial vendido por ADRIANO DA SILVA GOMES e sua mulher a BELMIRO MARTINS DE SOUZA (de fls. 25/27), por se tratar de múnus de sua competência".

É o relatório.

2. Trata-se de ação de regularização de registro público de imóvel, ajuizada pelos espólios de Belizário Martins de Souza e de Lázara Pereira Martins, visando à regularização do registro público imobiliário referente a um prédio residencial construído de madeira e coberto de telhas, e respectivo lote de terreno, situado na Rua Araguary (hoje, Rua Sebastião Aleixo da Silva), n.º 5-26, CEP-17021-010, Parque São Geraldo, na cidade e comarca de Bauru.

Pontuaram os autores que o 2º Oficial de Registro de Imóveis de Bauru se recusou a abrir a matrícula e a registrar a escritura por motivo de divergências entre a situação real do imóvel, configurada através da planta e do memorial descritivo e as transcrições nº 25.817 e 36.507, as quais também se encontram em divergência com a certidão nº 929/87, expedida pela Prefeitura Municipal de Bauru.

A fls. 132, em primeiro grau, o Ministério Público destacou a necessidade de citação dos herdeiros da proprietária tabular do imóvel confrontante conforme indicação do oficial de registro:

"Nos termos da manifestação do Oficial de Registro (fls. 130/132), no qual há menção da necessidade de chamamento dos herdeiros/sucessores da proprietária tabular Maria José Tuzan, requeiro, por ora, a intimação de tais interessados, a fim de que se manifestem nos termos propostos pelo Cartorário".

Os autores, entretanto, manifestaram-se às fls. 166/169, no sentido de que os descendentes de Maria José Tuzan se encontram em lugar incerto e não sabido. Além disso, argumentaram que ela faleceu há mais de 35 (trinta e cinco) anos, sem que nenhuma alteração sofresse o registro do imóvel de sua propriedade, de modo que o chamamento de seus herdeiros seria desnecessário.

Com base em tais elementos, assim decidiu o juízo "a quo" (fls. 178/181):

"Nos termos do artigo 213 da Lei nº 6.015/73, encontra-se o autor legitimado à propositura da presente ação.

Contudo, o processo deve ser extinto sem resolução do mérito, porquanto insiste a parte autora no deferimento imediato do pedido retificatório sem que seja chamado à lide os proprietários lindeiros.

Nota-se que o autor pleiteia retificação de matrícula por divergência relativa à localização do corredor de 1,00 metro de largura e extensão de 16,50 metros, que consta como situado à direita do imóvel de Belizário, ao invés do lado esquerdo, que seria o correto, sendo evidente que a alteração da descrição do imóvel pode importar em prejuízo aqueles que possuem imóvel confrontando aquele de propriedade do espólio autor.

Desta feita, para a pretendida retificação mostra-se essencial o cumprimento de todos os requisitos previstos na Lei de Registros Públicos, dentre os quais, se inclui a citação de todos os confrontantes.

Conforme destacado pelo Oficial Registrador, a alteração pretendida pelo autor – aumento da distância da frente aos fundos de 16,00 metros para 16,50 metros implicaria diretamente na descrição do imóvel confrontante.

Desta forma, considerando que, de fato, os autores apesar de exortados a tanto reiteradas vezes, insistiram no julgamento do feito sem providenciar primeiramente a citação dos confrontantes, inviável o prosseguimento do feito por ausência de pressuposto de constituição e desenvolvimento válido e regular do processo.

Logo, a extinção do feito sem resolução do mérito se faz de rigor".

Razão assiste ao juízo sentenciante. Com efeito, em ação de retificação de registro público imobiliário, em que se discute "inserção ou alteração de medida perimetral", é necessária a anuência de todos os confrontantes do imóvel, nos termos do artigo 213, inciso II, da Lei dos Registros Públicos, ainda que não resulte em alteração da área.

No caso, a retificação da matrícula pretendida pode alterar a metragem da área do imóvel e da área confrontante, razão pela qual os respectivos proprietários tabulares deveriam integrar a ação. Como não houve requerimento dos autores neste sentido, correta a extinção do feito, sem resolução do mérito.

Por derradeiro, a fim de evitar a oposição de embargos de declaração, única e exclusivamente voltados ao prequestionamento, tenho por expressamente prequestionada, nesta instância, toda a matéria, consignando que não houve ofensa a qualquer dispositivo a ela relacionado.

3. Ante o exposto, **nega-se provimento ao apelo.**

Fernando Marcondes. Relator - - /(TJSP – Apelação Cível nº 1012893-55.2021.8.26.0071 – Bauru – 2ª Câmara de Direito Privado – Rel. Des. Fernando Marcondes – DJ 07.03.2023)

EMENTA: Apelação Cível. Registro de imóveis. Retificação. Área não especificada no registro. Possibilidade de aumento de área, desde que inexista oposição de interessados. Adequação da via eleita. Sentença anulada. Recurso provido, a fim de que prossiga a instrução. (TJSP – Apelação Cível nº 4002210-12.2013.8.26.0224 – Guarulhos – 2ª Câmara de Direito Privado – Rel. Des. José Joaquim dos Santos – DJ 18.04.2016)

CONSELHO SUPERIOR DA MAGISTRATURA

EMENTA: Registro de Imóveis. Dúvida. Registro de formal de partilha. Divergência entre o nome do autor da herança e o da pessoa que consta na transcrição como proprietária do imóvel. Necessidade de prévia averbação do nome do cônjuge e do regime de bens adotado no casamento do titular do domínio. Princípios da continuidade e da especialidade subjetiva. Registro Inviável. Dúvida procedente. Apelação não provida. (Apelação cível 170-6/7, Bariri, DOE 16/11/2004).

EMENTA: REGISTRO DE IMÓVEIS. DÚVIDA PROCEDENTE. CARTA DE ADJUDICAÇÃO DECORRENTE DE SUCESSÃO HEREDITÁRIA, QUE MANTÉM AJUSTE COM AS TÁBUAS DE REGISTRO, QUANTO À DESCRIÇÃO DOS IMÓVEIS. BENS IDENTIFICADOS E INDIVIDUADOS. FALTA DE MENÇÃO À ÁREA DE SUPERFÍCIE QUE NÃO INIBE A INSCRIÇÃO, OBSERVANDO-SE NÃO SE CUIDAR DE IMÓVEIS SEGREGADOS NEM DE CARÊNCIA DE BASE GEODÉSICA POR UBIQUAÇÃO INCERTA. ERRO NA ATRIBUIÇÃO DE FRAÇÃO IDEAL DE ALGUNS IMÓVEIS, QUE, TODAVIA, EXIGE RETIFICAÇÃO DA ADJUDICAÇÃO E, POR CONSEQUÊNCIA, TRUNCA OS RESPECTIVOS REGISTROS. CINDIBILIDADE DO TÍTULO POSSÍVEL, PARA AS INSCRIÇÕES NECESSÁRIAS EM RELAÇÃO ÀS ATRIBUIÇÕES QUE NÃO PADECEM DE IGUAL ERRO (Gilberto Passos de Freitas, DOE 12.09.2007).

CORREGEDORIA-GERAL DA JUSTIÇA

EMENTA: Registro de Imóveis – Dúvida julgada procedente – Negativa de registro – Exigência indevida de retificação administrativa da descrição do imóvel perante o Oficial de Registro de Imóveis da circunscrição atual do imóvel – Descabimento – Aplicação do disposto no art. 169, I da Lei de Registros Públicos – Recurso provido (APELAÇÃO CÍVEL Nº 0000641-96.2012.8.26.0606, da Comarca de SUZANO). Trata-se de recurso de apelação interposto por (...) contra a sentença de procedência da dúvida (fls. 50/52) proferida pelo r. Juiz Corregedor Permanente do Registro de Imóveis, Títulos e Documentos e Civil de Pessoas Jurídicas da Comarca de Suzano. O MM. Juiz Corregedor Permanente acolheu as ponderações do Oficial do Registro de Imóveis e manteve a recusa à realização do registro, por reconhecer, na falta de regra legal de competência, que a retificação administrativa da descrição do imóvel objeto da transcrição nº 33.290 do 1º Oficial de Registro de Imóveis de Mogi das Cruzes deveria ter sido realizada pelo Oficial de Registro de Imóveis da circunscrição atual do imóvel. Inconformado, o recorrente interpôs o presente recurso, argumentando que a retificação administrativa foi providenciada junto ao Registro de Imóveis de Mogi das Cruzes por se tratar da circunscrição original do imóvel, em atenção ao disposto no art. 169, I, da Lei de Registros Públicos. A Douta Procuradoria Geral de Justiça manifestou-se pelo não provimento do recurso – fls. 73/74. *É o relatório.* De início, é medida de rigor a regularização do polo ativo da ação para o fim de constar como parte (...), viúva e única herdeira de (...). Anote-se, providenciando-se as comunicações necessárias. O recurso merece acolhimento para o fim de viabilizar o registro da escritura de inventário e adjudicação do imóvel. Discute-se nos autos a valia da retificação administrativa de imóvel realizada pela apelante perante o 1º Oficial de Registro de Imóveis de Mogi das Cruzes, circunscrição de origem do imóvel (até 26 de maio de 1962 os imóveis situados na cidade de Suzano eram todos registrados em Mogi das Cruzes). Sustentou o Oficial de Registro de Imóveis de Suzano que, na hipótese de desmembramento da circunscrição imobiliária, caberia àquele que detém a atual circunscrição do bem promover a retificação, ainda que a averbação devesse ocorrer junto à matrícula do imóvel na circunscrição anterior. Afinal, tratar-se-ia do delegado com acervo de dados mais atuais, uma vez constituída a circunscrição em 1962. Na falta de previsão legal quanto ao Oficial de Registro competente para retificar administrativamente imóvel precariamente descrito, optou o apelante com coerência – inexistindo nos autos qualquer demonstração de prejuízo – por àquele Oficial que obrigatoriamente deveria *realizar as averbações junto à matrícula ou à margem do registro a que se referirem, ainda que o imóvel tenha passado a pertencer à outra circunscrição* – art. 169, I, da Lei 6.65/73. A providência do apelante mostrou-se acertada diante da lacuna legal, ou seja, em sendo competente o 1º Oficial de Registro de Imóveis de Mogi das Cruzes para *as averbações que serão efetuadas na matrícula ou à margem do registro a que se referirem, ainda que o imóvel tenha passado a pertencer a outra circunscrição (art. 169, I, da LRP)*, natural sua atribuição para possíveis retificações em livros e arquivos do registro a seu cargo. Solução diversa, autorizando a aplicação na via administrativa da regra de competência da Lei Processual Civil – art. 95: *nas ações fundadas em direito real sobre imóveis é competente o foro da situação da coisa* – ocasionaria flagrante ofensa à independência de cada um dos Oficiais Registradores, não sendo aceitável que Registrador diverso determinasse a averbação em assentamento registrário de outra circunscrição imobiliária, sobre a qual não tem atribuição – Lei Federal 8.935/94. Superada a questão relativa ao acerto da competência para retificação administrativa, saliento que não restou demonstrado nenhum óbice prático para o acolhimento do pedido de registro. As preocupações do Oficial de Registro de Suzano quanto à possível falta de atualidade das informações em poder do 1º Oficial de Registro de Mogi das Cruzes no momento da retificação, o que poderia impedir o sucesso do ato registrário não passaram de mera especulação, sem qualquer demonstração prática de obstáculo ao registro do título em questão. Não existindo nos autos nenhum indício de prova em relação às ponderações do Oficial de Registro de Suzano para impedir o registro, assim, é desarrazoado acolher a dúvida, em desprestígio do zelo real do apelante. Nesses termos, pelo meu voto, à vista do exposto, dou provimento ao recurso, para o fim de julgar improcedente a dúvida. JOSÉ RENATO NALINI, Corregedor Geral da Justiça e Relator (D.J.E. de 28.01.2013 – SP).

EMENTA: Nulidade do registro – As regras do código de processo civil referentemente a prazos especiais para a fazenda pública não se aplicam no processo de retificação de registro – Possibilidade de pedido de dilação de prazo fundado nas dificuldades do caso concreto – Ausência de pedido expresso – Nulidade afastada – Recurso não provido. Excelentíssimo Senhor Corregedor Geral da Justiça: Trata-se de recurso administrativo interposto pela Municipalidade de Guarulhos contra decisão do MM Juiz Corregedor Permanente do 2º Oficial de Registro de Imóveis, Títulos e Documentos e Civil de Pessoa Jurídica da Comarca de Guarulhos que julgou improcedente pedido de cancelamento de averbação de retificação do registro imobiliário por vícios no trâmite do processo administrativo. A Douta Procuradoria Geral da Justiça requereu a remessa do feito a Corregedoria-Geral da Justiça e no mérito opinou pelo não provimento do recurso (fls. 174/180). O processo foi remetido pelo E. Conselho Superior da Magistratura para Corregedoria-Geral da Justiça (fls. 181/182). É o relatório. Opino. Em virtude da natureza administrativa do processo de retificação de registro imobiliário, objeto desta impugnação, não é possível a aplicação do prazo contido no art. 188 do Código de Processo Civil, o qual somente tem lugar em processo de natureza jurisdicional. O MM. Juiz Álvaro Luiz Valery Mirra, Juiz Auxiliar da Corregedoria, analisou essa questão no parecer exarado no processo nº 27.690/2007, aprovado pelo Excelentíssimo Senhor Desembargador Gilberto Passos de Freitas, Corregedor Geral da Justiça à época, como se infere do seguinte: *Quanto ao prazo para impugnação pelo Município do requerimento de retificação do registro, cabe ressaltar que nas NSCGJ restou fixado o de 15 (quinze) dias (subitem 124.7), válido para todo e qualquer confrontante que não tiver* *consentido com o pleito mediante assinatura da planta apresentada pelo interessado. A observância desse prazo é inafastável igualmente para as pessoas jurídicas de direito público, já que decorre da própria Lei nº 6.015/1973, em seu art. 213, § 2º, com a redação dada pela Lei nº 10.931/2004, diploma esse que nenhuma discriminação fez no tocante aos confrontantes, sejam eles pessoas físicas ou jurídicas, estas de direito privado ou público, não podendo o intérprete da lei distinguir onde a própria lei não distingue. Ademais, importa lembrar que a orientação sedimentada nesta Corregedoria Geral, e reafirmada por Vossa Excelência, é no sentido de que "em sede administrativa, não se aplicam as regras do Código de Processo Civil, dentre elas a do artigo 188, referente à dilação de prazos em favor da Fazenda Pública" (Proc. CG nº 756/2006). Daí porque inviável se mostra a aplicação, no âmbito da retificação administrativa do registro imobiliário, da regra do art. 188 do CPC. com o consequente reconhecimento do prazo de 60 (sessenta) dias para que a Municipalidade de São Paulo se manifeste a respeito do pleito do interessado, quando não aquiescer previamente a ele. Não incidindo na hipótese as normas do CPC e tendo o legislador estabelecido expressamente o prazo de 15 (quinze) dias para todos os confrontantes, deve este último prevalecer igualmente para as pessoas jurídicas de direito público.* Não obstante, diante de eventuais situações concretas aptas a justificar necessidade de maior prazo, caberá concessão de prazos superiores. Essa situação foi objeto de precedente administrativo, sob o entendimento dessa possibilidade limitado ao prazo máximo de sessenta dias, consoante parecer do Dr. José Roberto Furquim Cabella, MM Juiz Auxiliar da Corregedoria, exarado no processo nº 28.135/2007, aprovado pelo Excelentíssimo Senhor Desembargador Ruy Camilo, Corregedor Geral da Justiça á época, conforme segue: *Para tanto, basta que, sem qualquer alteração das regras aplicáveis à espécie, inclusive das Normas de Serviço da Corregedoria Geral de Justiça, se expeça, paralelamente a isso, uma simples RECOMENDAÇÃO no sentido de, uma vez justificada a necessidade, analisar-se caso a caso a conveniência e a necessidade de deferimento de tempo maior para que a Municipalidade se manifeste em tais procedimentos, lapso temporal esse não excedente de 60 dias, o que equivale ao prazo em quádruplo postulado pela própria requerente, que já o considerou suficiente (vide fls. 20). E nem se pretenda questionar a recomendação, acoimando – a de ilegal. Não se trata disso. Nesse passo, não se há de olvidar que as retificações de área encerram procedimentos de natureza administrativa, assemelhados, portanto, aos procedimentos de jurisdição voluntária que, apesar de efetivamente judiciais, não estão sujeitos, contudo, à observância "do critério de legalidade estrita", podendo o juiz "adotar em cada caso a solução que reputar mais conveniente ou oportuna" (artigo 1.109. do Código de Processo Civil). Ora, se em procedimentos judiciais, que por sua natureza são muito mais formais, existe a possibilidade de não observância da legalidade estrita, com muito mais razão deve tal possibilidade reger os procedimentos administrativos, como é o caso das retificações de área. Nesses termos, senhor Corregedor, o parecer que ora respeitosamente submeto à elevada apreciação de Vossa Excelência é no sentido de que, sem qualquer alteração das Normas de Serviço desta Corregedoria-Geral de Justiça, se expeça Recomendação, dirigida ao Meritíssimo Juiz Corregedor Permanente dos Oficiais de Registro de Imóveis da Capital, para que, uma vez alegada ou demonstrada a necessidade, seja autorizada eventual dilação de prazo para a manifestação da Municipalidade em pedidos de retificação de área, observado o limite máximo de 60 (sessenta) dias.* Nestes termos, os procedentes administrativos têm pela impossibilidade de aplicação direta da regra processual no processo administrativo de retificação de registro, respeitada a excepcional possibilidade de dilação dos prazos em hipóteses concretas. No processo de retificação de registro imobiliário a municipalidade apresentou manifestação em quatro parágrafos referindo: (i) "que a ausência de manifestação (...) não significa anuência tácita", (ii) "que não foi possível promover todas as diligências técnicas pertinentes a avaliação de eventual interesse público, (iii) estimando o prazo de sessenta dias para devida avaliação técnica e (iv) que o deferimento da retificação sem sua anuência redundaria na medida judicial pertinente (lis. 16/17). Para exata compreensão desse último aspecto, transcreve – se, na íntegra, o segundo parágrafo da manifestação da recorrente naquele processo (fls. 16): *Esclarece o Município que pelo presente, fica impugnada expressamente a pretensão deduzida pelo particular, até tenha sido efetivada a devida avaliação técnica, que se estima não ocorrer em prazo superior a 60 (sessenta) dias. promoveremos a emissão de certidão competente ao requerente interessado, se for o caso.* Nessa ordem de ideias, cabem duas conclusões: (i) o município não apresentou impugnação fundada à retificação de registro, ainda que a ela não anuísse e, (ii) não houve pedido expresso de dilação de prazo. Diante disso, não houve irregularidade ou nulidade no trâmite do pedido de retificação de registro, não sendo possível carrear ao Sr. Oficial do Registro Imobiliário o dever de interpretar a manifestação do recorrente naquele processo administrativo como pedido de dilação de prazo. Essa interpretação somente foi externada neste processo administrativo, o que não invalida os atos praticados na retificação de registro imobiliário. Seja como for, eventualmente, a nulidade do registro (averbação) poderá ser deduzida nos termos do art. 214 da Lei de Registros Públicos, com a participação do interessado. Ante o exposto, o parecer que, respeitosamente, submete-se à elevada apreciação de Vossa excelência é no sentido do não provimento do recurso. *Sub censura.* São Paulo. 17 de junho de 2.013. Gustavo Henrique Bretas Marzagão. Juiz Assessor da Corregedoria. DECISÃO: Aprovo o parecer do MM. Juiz Assessor da Corregedoria e, por seus fundamentos, que adoto, nego provimento ao recurso. São Paulo. 18.06.2013. – (a) – JOSÉ RENATO NALINI – Corregedor Geral da Justiça.

1ª VARA DE REGISTROS PÚBLICOS

EMENTA: Proc. 000.04.077916-5 – Pedido de Providências – ARISP – Associação dos Registradores Imobiliários de São Paulo – Determinação de fls. 11/29: Vistos, etc... A Associação dos Registradores Imobiliários de São Paulo – ARISP, expõe longo rol de proposições, apresentadas como sugestões para a confecção de um PADRÃO único, necessário para nortear todas as serventias Imobiliárias da Capital, acerca da aplicação prática das mudanças introduzidas pela Lei 10.931/2004, tendo como meta, a conquista de uma melhor orientação aos Usuários do serviço público registral. Sobre este redesenho do procedimento **de RETIFICAÇÃO DE REGISTRO IMOBILIÁRIO** introduzido pela Lei 10.931, necessário a fixação de rumos precisos ajustados ao espírito e aos propósitos da norma, que veio alterar sensivelmente o procedimento, visando lhe imprimir maior celeridade e eficiência. A tônica da nova Lei, portanto, se mostra muito clara e visível, tendo como foco a quebra do anacrônico e moroso procedimento retificatório até então desenvolvido pela via da jurisdição graciosa ou administrativa. O novo diploma, em que pese o espírito inovador que o impregna, manteve a estrutura básica procedimental superada, tendo apenas deslocado, parcialmente, o seu campo de tramitação, ao incumbir ao Oficial do Registro de Imóveis a tarefa primeira no aprimoramento dos DADOS REGISTRAIS. A primeira análise e a primeira reflexão do texto legal revelam que o legislador ordinário, em algumas passagens, não logrou atingir os objetivos pretendidos, por eventual falha redacional ou falta de melhor informação, circunstâncias que podem ser debeladas por uma melhor exegese que considere o "sistema" produzido e as finalidades da norma. Assim, na conquista de um padrão orientador e único para a Capital, adotaremos as propostas apresentadas, amoldadas a teleologia normativa. Relatado. DECIDO: A Lei 10.931/2004 prevê três formas básicas de RETIFICAÇÃO DE REGISTRO imobiliário. Em primeiro lugar a "retificação de ofício ou a requerimento da parte", muito próxima do que anteriormente era conhecido como "retificação por erro evidente", e além desta, a "retificação consensual" e a "retificação judicial". **I. RETIFICAÇÃO DE OFICIO e a REQUERIMENTO do interessado** – art. 213, item I; Preliminarmente, há que se proceder a uma diferenciação, que não é feita pela Lei, para apartarmos a modalidade "retificação de ofício", da "retificação a requerimento do interessado", conquanto aquela (de ofício), em face dos efeitos vinculantes do princípio da instância (que seria melhor entendida como princípio da inércia), consagrado no inciso II, do art. 13 da Lei de Registros Públicos, possui restrições ínsitas, o que em muitos casos, torna o requerimento do interessado insuperável. Desta forma, em atenção e respeito ao princípio da instância, a retificação de ofício a exemplo do que ocorria nos casos tipificados como **ERRO EVIDENTE**, não pode ser deflagrada quando a retificação venha a se revelar dependente da produção de novas provas. A retificação de ofício se limita à superação de imperfeições viabilizadas pela utilização de documentos pré-existentes, pois deve ter o exato sentido de correção de **ERRO MATERIAL**. Ademais, a retificação de ofício não pode ser empregada para alterar o núcleo do desenho tabular, assim considerado, a localização e conformação imobiliária (local, perimetria, área e confrontantes). Pode, entretanto, incidir sobre pontos periféricos da descrição imobiliária desde que não alterem a sua substância ínsita. Neste contexto e com tal limitação, é de se admitir a retificação de ofício para efeito de ser complementada a informação tabular, a partir de uma certa base documental, com a migração de informações extraídas do título causal, de outros documentos oficiais, ou de dados ou informações tabulares existentes ou anteriormente retificadas. A retificação de ofício, sem provocação do interessado, somente pode ser admitida, nos casos de imprecisão tabular provada por documentos pré-existentes, sem a necessidade de produção de novas provas. Em atenção ao rol que compõem os sub-itens, do inciso I, do art. 213, podemos destacar que a Retificação de Ofício pode ser implementada nas seguintes hipóteses: **RETIFICAÇÃO DE OFICIO**: (a) Omissão ou erro cometido na transposição de dados do título causal. (observação: não apenas transposições dos títulos causais como também dos registros antecessores); (b) alteração da denominação do logradouro como base em documento oficial. (obs: o documento será o Municipal para a informação urbana e do departamento estadual competente no caso de estradas, Lei ou Decreto); (c) retificação que vise a indicação de rumos, ângulos de deflexão ou inserção de coordenadas georeferenciadas, em que não haja alteração das medidas perimetrais; (obs: todas as medidas perimetrais devem ser mantidas, assim com a área, sendo acrescentado apenas as deflexões e ângulos, de forma que ausente qualquer destes elementos descritivos, a retificação somente pode ser feita pela via consensual ou judicial) (d) inserção de área decorrente de mero cálculo, quando a descrição tabular possua todas as demais informações. (obs: somente quando o imóvel forme figuras geométricas que permitam o cálculo. Nos demais casos, que exija novas provas, somente mediante requerimento do interessado); (e) inserção de dados da qualificação pessoal das partes, comprovada por documentos oficiais. As demais hipóteses dependem de REQUERIMENTO do interessado. A retificação de ofício ou a requerimento dos interessados prescindem da anuência dos confrontantes. **II. – RETIFICAÇÃO CONSENSUAL – com anuência dos confrontantes**: A retificação consensual materializa a grande inovação introduzida pela Lei 10.931/2004, pois propicia a correção TABULAR sem a necessidade de PROCEDIMENTO JUDICIAL, tramitando diretamente junto ao Oficial do Registro Imobiliário, se viabilizando para todas as hipóteses de retificação de medidas perimetrais, quer seja para mera INSERÇÃO de medidas omitidas, quer seja para ALTERAÇÃO das existentes no registro, resultando ou não em modificação da área de superfície. O pedido de retificação consensual deve ser recebido pelo Oficial do Registro de Imóveis, instruído com planta e memorial descritivo subscrito pelo requerente, pelo engenheiro ou por profissional credenciado, acompanhado da anuência dos confrontantes. O técnico preferencialmente deve também ter conhecimentos para proceder ao exame registral filiatório. Alguns detalhes devem ser observados. Como a Lei 10.931 prevê a responsabilidade solidária entre o técnico e o requerente sobre a idoneidade das informações reveladas pela planta, recomendável se mostra a inserção na planta, do texto do § 14º, do art. 213 abaixo das respectivas subscrições. A anuência dos confrontantes PROPRIETÁRIOS deve ser dada diretamente na PLANTA, com a reserva de espaço adequado para tanto, contendo a exata qualificação do subscritor e a indicação de seu imóvel, com a localização e o número da matrícula ou transcrição. Necessária a ANUÊNCIA do casal (salvo se casados com regime da separação integral de bens, com pacto antenupcial projetado para os bens futuros). Também os ocupantes devem conferir anuência na planta ou em Carta de Anuência em separado. Caso o OFICIAL não tenha condições de atestar que o ocupante anuente é realmente confrontante, poderá fazer constatação no local, diretamente ou por preposto (art. 213, § 12º). Todas as anuências devem ter suas firmas reconhecidas. **III. – RETIFICAÇÃO CONSENSUAL – com notificação**: Esta modalidade de retificação é concebida para duas formas distintas de correção dos assentos registrais. A retificação destinada à mera inserção de medidas, ou a retificação voltada para alteração dos dados tabulares. Engloba a hipótese em que parte dos confrontantes tenha dado ANUÊNCIA e parte se submeta à NOTIFICAÇÃO. **III.1 – INSERÇÃO**: No caso de mera inserção, sem alteração das medidas tabulares existentes no fólio real, a "planta" deve se limitar à descrição do imóvel retificando, indicando apenas sua localização e confrontações, respeitando as prescrições do art. 225, da Lei de Registros Públicos. Poderá o Oficial exigir a apresentação adicional, de planta reproduzida de foto aérea da Emplasa ou empresa credenciada, para confirmar o formato geométrico (impropriamente tratado como geodésico) do imóvel e sua real situação. Neste caso não há necessidade de maior investigação sobre os imóveis confrontantes, conquanto esta forma retificatória não envolve risco ou potencialidade de dano a terceiros confrontantes. **III.2 – ALTERAÇÃO**: Entretanto, se a retificação tiver como propósito ou meta a correção das metragens tabulares, com alteração de medidas e/ou de área do imóvel, a planta e o memorial devem apresentar mais elementos. A forma mais completa ocorre quando a planta venha a contemplar além da topografia do próprio imóvel retificando, também a descrição dos imóveis confrontantes, mormente dos confrontantes potencialmente afetados. Evidentemente que frente à finalidade da nova disposição normativa, o levantamento físico topográfico das áreas confinantes somente se justifica em havendo interesse juridico certo e palpável, ou seja, somente em relação aos imóveis situados no sentido em que venha a ocorrer eventual expansão das medidas retificandas. Por exemplo, em se verificando que as medidas encontradas são maiores que as tabulares, provocando uma aparente expansão LATERAL, somente os imóveis dos confrontantes laterais é que devem ser objeto de levantamento topográfico. Inversamente, caso a expansão de medidas ocorra apenas na profundidade do imóvel, o levantamento topográfico deve contemplar o confrontante dos fundos, bem como a medida da "via ou logradouro público" frontal, sendo que neste caso a MUNICIPALIDADE deve ser NOTIFICADA. Também deve ser feito o levantamento topográfico relativamente ao confrontante que tenha divisa instável com o imóvel retificando, assim considerada a divisa não demarcada por edificação ou muro consolidado e respeitado (edificação de ambos os lados). Esta maior amplitude do levantamento topográfico se torna necessário, para conferir maior clareza para o confrontante NOTIFICADO (não havendo igual exigência para o confrontante anuente). Tal providência sempre foi exigida nos Proc. s de retificação que tinha curso pelo procedimento superado. O "memorial" deve respeitar e manter todas as informações tabulares não envolvidas na RETIFICAÇÃO, procedendo a uma descrição objetiva e direta do imóvel. Destarte, o "memorial" deve em primeiro lugar fornecer a localização, depois a perimetria, considerando o ponto "1" como o ponto mais próximo do ponto de "referência" e o ponto "2", com o segundo ponto da face frontal do imóvel. Todos os ângulos internos devem ser apresentados, assim, como a área de superfície. O confrontante TABULAR deve ser indicado por seu nome, número do assento registral e número de contribuinte. A retificação é dirigida em face dos confrontantes, que nos termos do § 10º, do art. 213, engloba o proprietário (confrontante tabular) e o ocupante (confrontante fisico), e para se cumprir os desígnios legais devem ser NOTIFICADOS uns e outros. Assim, devem ser notificados os ocupantes diretos, desde que não estejam na posse por autorização, permissão, detenção ou em razão de contrato firmado como o titular do domínio, casos em que tal cientificação se mostra dispensável. Também o Poder Público, titular do imóvel público que serve de acesso ao imóvel, pode ser notificado, quando tenha interesse jurídico envolvido com o pedido de retificação (vide fls. 09, segundo parágrafo). A NOTIFICAÇÃO pode ser feita diretamente pela serventia imobiliário; pelo Oficial de Registro de Títulos e Documentos; ou mediante postagem com aviso de recebimento, devendo o interessado promover o depósito da diligência ou responder por seu valor no correspondente RTD. A NOTIFICACAO dos confrontantes proprietários (confrontante tabular) deve ser feita PESSOALMENTE, podendo ser tentada em todos os endereços disponíveis na serventia ou apresentados pelo interessado. É recomendável, à mingua de maiores informações, a realização de diligências ordinárias na tentativa de localização do confrontante tabular não localizado, antes da notificação ficta. Não sendo encontrado o confrontante tabular, a sua NOTIFICAÇÃO deve ser feita por EDITAL, com prazo de 15 dias, mediante publicação por duas vezes em jornal de grande circulação. Caso o pedido de retificação tenha sido requerido por "interessado" não titular do domínio, este também deve ser NOTIFICADO. Os ocupantes devem ser NOTIFICADOS pela via postal. Comprovado o recebimento do AVISO DE RECEBIMENTO no endereço postado, a NOTIFICAÇÃO se torna apta a produzir todos seus efeitos jurídicos, independentemente de quem tenha recebido o aviso. Portanto, a NOTIFICAÇÃO do ocupante cumpre seus propósitos quando recebida no endereço correspondente. Não sendo apresentado impugnação por qualquer dos NOTIFICADOS, o Oficial pode proferir decisão homologatória que ateste a regularidade do Proc de notificação. IV. Procedimento RETIFICATÓRIO junto ao Registro de Imóveis: Os procedimentos RETIFICATÓRIOS, inclusive a retificação de ofício, deve deflagrar a instauração de procedimento administrativo, que deverá seguir o padrão judicial. O Proc. deve ser autuado e numerado, sendo identificado com o numero da PRENOTAÇÃO. A peça inicial será materializada pelo requerimento, quando feito pelo interessado ou pelo ato do Oficial quando envolver retificação de OFÍCIO. Os efeitos da prenotação nos procedimentos retificatórios deve seguir o modelo dos demais procedimentos administrativos, como o procedimento de "dúvida registral" (art. 198, da LRP), que provoca a prorrogação de seus efeitos durante toda a tramitação procedimental, mesmo quando iniciado junto ao Registro Imobiliário e convertido (por decisão motivada), em retificação judicial. As informações da serventia devem ser juntadas ao Proc.. Assim, as Notas Devolutivas, que podem ser denominadas como Notas de Exigência, devem ser juntadas aos autos, sempre que a serventia entender que o pedido não se revele completo ou suficientemente instruído. Os prazos devem seguir o padrão processual, ou seja, o prazo comum de 5 (cinco) dias, salvo quando previsto prazo mais dilatado. Nos casos de acordo, o prazo pode respeitar o quanto pedido pelos interessados. Será competente para processar o pedido de retificação a serventia que mantenha a transcrição ou matrícula que deva ser RETIFICADA. O deslocamento para a Serventia competente atualmente não pode ocorrer, posto que o Oficial do Registro de Imóveis não dispõe de prerrogativas para expedir MANDADO para a correção em outra circunscrição. Feita a correção, o Registro de Imóveis competente, lastreado na CERTIDÃO expedida pela Serventia que Proc. u a retificação, poderá descerrar nova matrícula em atenção às informações retificadas ou apenas transportar a informação, por averbação, à matrícula existente. Os documentos que devem instruir o pedido de retificação devem ser apresentados no original ou cópias autenticadas, quando possível. As plantas e memoriais devem ser apresentados em número suficiente para a notificação de todos os envolvidos. O prazo para impugnação é de 15 dias, salvo para o Poder Público que dispõe de prazo quádruplo, na forma como prescreve o art. 188 do CPC, aplicável analogicamente à espécie. Findo o prazo sem impugnação o Oficial dará decisão homologatória, atestando a higidez formal do procedimento. Caso o interessado postule a remessa para a via judicial o Oficial de Registro deverá promover o encaminhamento no prazo de 5 (cinco) dias. V. Procedimento RETIFICATÓRIO impugnado; Havendo IMPUGNAÇÃO FUNDAMENTADA o Oficial intimará o requerente e o técnico, para que em cinco dias se manifestem. Conquanto a lei tenha aludido a impugnação fundamentada, qualquer tipo de insurgência deve ser acatada como tal e gera os mesmos efeitos. O Oficial não julga conflitos, de forma que não sendo apresentado termo de acordo entre o requerente e o impugnante, os autos devem ser encaminhados à Corregedoria Permanente, que julgará de plano ou mediante instrução sumária. Quando a peça de resistência do confrontante versar sobre questões de "divisa", o procedimento mantém o seu sentido ADMINISTRATIVO junto à Corregedoria Permanente, contudo, havendo a impugnação afirmando a existência de "sobreposição", o litígio passa a envolver não uma correção de medidas, mas uma disputa de "propriedade", de forma que deve ser encaminhado para as "vias ordinárias". Em São Paulo, todas as questões registrais administrativas ou litigiosas são resolvidas frente a 1ª Vara de Registros Públicos (art. 38, do Decreto-lei Complementar 03/69), salvo se o foco primeiro da discussão deixar de ser REGISTRAL. VI. – RETIFICAÇÃO CONSENSUAL por Escritura: Os interessados poderão fixar suas divisas exatas ou retificá-las, corrigindo a informação tabular, mediante a apresentação de ESCRITURA PÚBLICA, na forma do § 9º, do art. 213. Em sendo mantidas as divisas FÍSICAS, que refletem a implantação do imóvel no solo, a retificação independe do pagamento do imposto de transmissão, e deve ser feita sem novas exigências. Contudo ocorrendo alteração das divisas, além do recolhimento tributário, deve ser exigida a anuência Municipal, no caso de imóveis edificados, para atestar que os recuos exigidos nas posturas continuam atendidos. ENCERRAMENTO: O presente procedimento poderá ser alterado e aperfeiçoado em face de sugestões e propostas feitas pelos Oficiais de Registro de Imóveis, ou em virtude de orientação emanada da E. Corregedoria-Geral da Justiça. Ante ao exposto, determino a publicação desta decisão, que passa a ostentar efeitos NORMATIVOS. Comunique-se à E. Corregedoria-Geral da Justiça. Int. (CP.) (D.O.E. de 24.08.2004). VENÍCIO ANTONIO DE PAULA SALLES. Juiz – Titular. JOSÉ HENRIQUE FORTES MUNIZ JUNIOR. Juiz – Auxiliar. TÂNIA MARA AHUALLI. Juiz – Auxiliar.

EMENTA: Retificação de Registro de Imóvel – Retificação de Área de Imóvel – Municipalidade de São Paulo – Antonio de Abreu e outros – Retificação de registro de imóvel – nova descrição do imóvel – aumento de área – notificação de todos os confrontantes – ausência de impugnação – anuência tácita – princípio da especialidade objetiva – pedido deferido. Vistos. Trata-se de pedido de providências formulado pela Municipalidade de São Paulo em face do Oficial do 9º Registro de Imóveis da Capital, pleiteando o cancelamento da averbação de retificação feita junto à matrícula nº 218.970 (Av.6/218.970). Relata a requerente que, por meio do procedimento nº 396.887/11, foi formulado por Antonio de Abreu, Carlos Eduardo Alves Barril, Antonio Eduardo Barril e Antonio Manuel Fonseca Lopes, pedido de retificação de área do imóvel matriculado sob nº 218.970. Todavia, o lote em questão fazia parte de plano de desmembramento clandestino de área no loteamento Jardim Anália Franco, promovido pela Associação Feminina Beneficente e Instrutiva. Para regularização do parcelamento, os interessados firmaram um Termo de Ajustamento de conduta com o Ministério Público, obrigando-se a efetuar o pagamento de compensação ambiental pelo desmembramento da gleba, bem como definir a questão registrária dos lotes, respeitando as áreas verdes. Neste contexto, o plano de desmembramento foi registro no 9º Registro de Imóveis, abrindo-se as matrículas nºs 218.972 a 218.973 para as áreas verde e institucional e as matrículas nºs 218.965 a 218.971 para os lotes. Argumenta que o lote 06, quando da averbação, contou com um acréscimo de 1.932,95 m², devido à incorporação de parte de área verde. Em razão do termo de conduta assinado pelas partes, o questão relativa ao dano ambiental ficou superada, restando a discussão acerca da incorporação da área de domínio público municipal. Juntou documentos às fls. 07/134. Foi deferido o bloqueio da matrícula nº 218.970, como medida de cautela (Av.7) – fls. 148/154. Os interessados manifestaram-se às fls.192/196, requerendo a produção de prova pericial. O perito nomeado apresentou o laudo pericial elaborado às fls.307/331, com esclarecimentos complementares às fls.363/367e 395/399, com os quais a Municipalidade concordou, aceitando a conclusão do trabalho técnico para retificar a área, apontada uma diferença de 54,12 m², o que não implicaria interferência com pública (fls. 405/408). Por sua vez, os interessados também não se opuseram à retificação, nos termos do laudo pericial (fls.409/411). O Ministério Público opinou pelo indeferimento do pedido, nos termos do pleiteado pela Municipalidade na inicial, todavia foi favorável à retificação de área respeitado o trabalho técnico produzido nestes autos. É o relatório. Passo a fundamentar e a decidir. Primeiramente observo que, por ocasião do julgamento da demanda, a matrícula nº 218.970 será automaticamente desbloqueada. Analisando a questão posta a desate, verifico que o pedido formulado pela Municipalidade na inicial é parcialmente procedente, senão vejamos: Pleiteia a requerente o cancelamento da averbação nº 06, fundamentando sua pretensão no avanço do lote em área de domínio público municipal, constituindo dano ao patrimônio público de uso comum do povo, tendo em vista a expressiva diminuição da área verde. Conforme ensina o ilustre professor Luiz Guilherme Loureiro: "Em virtude do princípio da legitimidade ou da presunção de veracidade, o Registro deve refletir a verdade não só no que se refere ao titular do direito registrado, mas também quanto à natureza e ao conteúdo deste direito. Assim, qualquer inexatidão do assento deve ser retificada a fim de que reflita perfeitamente a realidade". (Registros Públicos – Teoria e Prática – 2ª ed. – Editora Método). Para que o registro imobiliário exprima a realidade fática, vem admitindo a jurisprudência a retificação de área em casos tais: "CIVIL E PROCESSUAL CIVIL – AÇÃO DE RETIFICAÇÃO DE REGISTRO IMOBILIÁRIO – ARTS. 212 E 213 DA LEI 6.015/73 – ACRÉSCIMO DA ÁREA REPORTADA AO IMÓVEL SEM EXTRAPOLAR AS DIVISAS – ADEQUAÇÃO DO REGISTRO CARTORÁRIO À REALIDADE FÁTICA – AUSÊNCIA DE IMPUGNAÇÃO DOS CONFRONTANTES – PREJUÍZO A TERCEIROS NÃO EVIDENCIADO – IMPOSSIBILIDADE JURÍDICA DO PEDIDO AFASTADA – PRECEDENTES DO STJ – JULGAMENTO DO MÉRITO – APLICABILIDADE DO ART. 515, § 3º, DO CPC – RETIFICAÇÃO PROCEDENTE – RECURSO PROVIDO". "Na linha de precedentes da Corte, é possível a retificação do registro, para acréscimo de área, de modo a refletir a área real do imóvel, desde que não haja, como no caso, impugnação dos demais interessados" (Resp nº 203205, Min. Carlos Alberto Menezes Direito). (Ap. Cív. nº, de Indaial, rel. Marcus Tulio Sartorato, 3ª Câmara Direito Civil, em 27/01/06). Da análise do processo, verifica-se que, de acordo com o laudo pericial e complementos apresentados (fls.307/331, 363/367 e 395/399), a descrição da área da matrícula constante da averbação contém irregularidades, carecendo assim de retificação, todavia, o laudo foi bem cristalino ao estabelecer que: "... A comparação entre as dimensões fáticas e tabulares encontradas permite afirmar com segurança que a área, tal qual descrita, não avança sobre imóveis vizinhos, processando-se a presente retificação de forma intra muros" (fl.321) E ainda: "... Diante deste fato, foi realizado o Levantamento Topográfico, pela perícia judicial, de toda a área retificanda, assim como de toda a Área Verde, para provar que a área retificanda, efetivamente não avançou sobre o imóvel da Municipalidade". (fl.366). Logo, apesar de se verificar a irregularidade na averbação, ao contrário do informado pela requerente, não houve a incorporação ao lote de área de domínio público municipal. Na presente hipótese, houve a concordância de ambas as partes acerca da retificação de área (fls. 405/408 e 409/411), desde que observado o laudo pericial, bem como os esclarecimentos complementares prestados pelo perito. Diante do exposto, defiro parcialmente o pedido formulado pela Municipalidade de São Paulo, para determinar que seja cancelada a averbação nº 06/218.970 e que seja efetuada nova averbação na matrícula do imóvel, para constar as corretas dimensões tabulares, adotada a descrição trazida no laudo pericial e complementos de fls. 307/331, 363/367 e 395/399, com o seu desbloqueio. Remetam-se os autos ao Oficial do 9º Registro de Imóveis da Capital, para as providências necessárias, fazendo-se as devidas comunicações nestes autos. Sem custas ou honorários decorrentes deste procedimento. As despesas já foram suportadas pelos interessados. Oportunamente, arquivem-se os autos. P.R.I.C. São Paulo, Tania Mara Ahualli Juíza de Direito **(Processo 0030309-78.2012.8.26.0100)**

TRIBUNAL DE JUSTIÇA DO ESTADO DE MINAS GERAIS

EMENTA: Apelação Cível – Retificação de registro imobiliário – Procedimento de dúvida – Rio público – Confrontante – Estado de Minas Gerais – Ausência de notificação – Área reservada – Inobservância – Registro indevido – Recurso desprovido – É possível a retificação de registro de imóvel, ainda que implique em acréscimo substancial de área, desde que demonstrada a discrepância por profissional habilitado e houver concordância por parte dos confrontantes, de acordo com a Lei 6.015/73 – Nos termos dos arts. 2º, 29 e 31, do Código de Águas (Decreto nº 24.643/34), são águas públicas de uso comum os rios navegáveis, cuja titularidade do direito real pertence aos Estados quando percorram parte dos territórios de dois ou mais Municípios, tratando-se de terreno reservado até a *"distância de 15 metros para a parte de terra, contados desde o ponto médio das enchentes ordinárias"* – Não merece prosperar a pretensão de retificação da área de imóvel na respectiva matrícula, na hipótese em que o imóvel particular confronta com Rio Público e a documentação apresentada não observa a área reservada, de titularidade do Estado, ou não havendo notificação do ente público, confrontante autônomo, acerca da alteração pretendida. (TJMG – Apelação Cível nº 1.0000.19.110149-2/001 – Belo Vale – 1ª Câmara Cível – Rel. Des. Geraldo Augusto – DJ 21.05.2021)

TRIBUNAL DE JUSTIÇA DO ESTADO DO RIO GRANDE DO SUL

EMENTA: CONFLITO NEGATIVO DE COMPETÊNCIA. REGISTRO DE IMÓVEIS. AÇÃO DE RETIFICAÇÃO DE REGISTRO. EXEGESE DOS ARTS. 73, VI E VII E 74, XXXV DO COJE E ARTS. 198 E 213 DA LRP. COMPETÊNCIA DA VARA JUDICIAL COM COMPETÊNCIA JURISDICIONAL. (PROCESSO Nº 70061527743). A pretensão deduzida na ação de retificação de Registro de Imóveis se enquadra na competência da Vara Judicial, uma vez que a ação trata da retificação de área e registro, hipótese de cunho jurisdicional e não meramente administrativo, independentemente de ausência de contestação, conforme art. 73, inciso VI do COJE. A retificação administrativa deve ser apresentada diretamente ao Oficial dos Registros Públicos, nos termos do art. 213 da LRP. A competência do Diretor do Foro está limitada a resolver dúvidas suscitadas pelos servidores judiciais e extrajudiciais, consoante arts. 73, inciso VII e 74, inciso XXXV do COJE e art. 198 da LRP. CONFLITO NEGATIVO JULGADO PROCEDENTE.

EMENTA: APELAÇÃO CÍVEL. AÇÃO DE RETIFICAÇÃO DE REGISTRO IMOBILIÁRIO. DILAÇÃO PROBATÓRIA. NECESSIDADE (PROCESSO Nº 70061134052). A ação de retificação de registro é o meio para corrigir o descompasso existente entre o que consta no Álbum Imobiliário e a realidade fática, mostrando-se irrelevante que tal desacerto implique em aumento de área. No caso, mostra-se necessária a desconstituição da sentença, tendo em vista que o memorial descritivo trazido pelas partes autoras não indica se o acréscimo da área é *"intra ou extra muros"*, ou seja, se o caso é de erro de registro ou de alteração fática do imóvel, decorrente de atos ou fatos jurídicos. Há necessidade, portanto, de dilação probatória. SENTENÇA DESCONSTITUÍDA DE OFÍCIO. APELO PREJUDICADO. UNÂNIME.

EMENTA: ADJUDICAÇÃO COMPULSÓRIA. APELAÇÃO CÍVEL. SUSCITAÇÃO DE DÚVIDA. ARTIGO 213, II, DA LEI Nº 6.015/75 (PROCESSO Nº 70054136080). Considerando que a modificação a ser realizada caracteriza inserção ou alteração de medida perimetral, podendo, inclusive, acarretar prejuízo aos proprietários dos imóveis lindeiros, deverá haver o devido procedimento de retificação de registro imobiliário, nos termos do artigo 213, inciso II, da Lei nº 6.015/75. Apelação desprovida.

TRIBUNAL DE JUSTIÇA DO ESTADO DO RIO DE JANEIRO

EMENTA: JURISDIÇÃO VOLUNTÁRIA. RETIFICAÇÃO DE REGISTRO DE IMÓVEL. Impugnação ao requerimento. Controvérsia que concerne ao direito de propriedade dos apelados. Pretensão que transcende mero pedido de retificação material de registro de imóvel, dado que ostenta natureza demarcatória. Aplicação do artigo 213 § 4º, da Lei nº 6.015/73. Extinção daquele procedimento voluntário, eis que configurada lide. Tese manifestamente improcedente. Recurso a que se nega seguimento. (TJRJ – APC 0002412 – 76.2001.8.19.0061, Des. CARLOS EDUARDO PASSOS, 2ª C. Cível, Julgamento: 06/07/2007)

TRIBUNAL DE JUSTIÇA DO ESTADO DE SANTA CATARINA

EMENTA: CIVIL – RETIFICAÇÃO DE ÁREA – LEI nº 6.015/1973 – AUMENTO DA ÁREA DO IMÓVEL – IRRELEVÂNCIA – AUSÊNCIA DE OPOSIÇÃO DOS CONFRONTANTES "Desde que inexista oposição de terceiros interessados, a jurisprudência é pacífica no sentido de admitir a possibilidade de alteração do registro por meio do procedimento previsto no artigo 213 da Lei de Registros Publicos, sendo desnecessária a remessa às vias ordinárias, ainda que a modificação implique aumento de área" (REsp nº 625606, Min. Castro Filho). (TJ-SC – AC: 80481 SC 2005.008048-1, Relator: Luiz Cézar Medeiros, Data de Julgamento: 13/11/2009, Câmara Especial Temporária de Direito Civil, Data de Publicação: Apelação Cível nº, de Garopaba)

EMENTA: APELAÇÃO CÍVEL – RETIFICAÇÃO DE ÁREA – AUMENTO DAS DIMENSÕES DO IMÓVEL, SEM CONTUDO, EXTRAPOLAR AS DIVISAS DO TERRENO – AUSÊNCIA DE IMPUGNAÇÃO AO PEDIDO – NÃO OCORRÊNCIA DE PREJUÍZOS A TERCEIROS – EQUÍVOCO ENTRE O REGISTRO E A REAL SITUAÇÃO DO IMÓVEL DEMONSTRADO – PROCEDIMENTO ADEQUADO. "Registro de imóveis. Retificação. Área maior. No procedimento de retificação, previsto nos artigos 213 e 214 da Lei de Registros Publicos, não importa a extensão da área a ser retificada, desde que os demais requisitos estejam preenchidos. Inexistente a impugnação válida, não há lide e, por conseguinte, desnecessária a remessa às vias ordinárias, sendo o procedimento administrativo o previsto para a análise de retificações de registro, de acordo com o que dispõe o artigo 213, § 4º da LRP" (REsp 120196/MG; 1997/0011482-1, DJ 10/05/1999, Rel. Min. Eduardo Ribeiro, 04/03/1999, Terceira Turma). RECURSO PROVIDO. (TJ-SC – AC: 133642 SC 2002.013364-2, Relator: Mazoni Ferreira, Data de Julgamento: 03/10/2002, Segunda Câmara de Direito Civil, Data de Publicação: Apelação Cível nº, de Indaial.)

TRIBUNAL DE JUSTIÇA DO ESTADO DE GOIAS

EMENTA: DÚVIDA. REGISTRO PÚBLICO. Nos termos do art. 213, II da Lei de Registros Públicos, a retificação imobiliária, pelo rito administrativo, exige a assinatura de todos os confrontantes, aí incluído o Poder Público que se apossou de parte do imóvel para construção de rodovia. Apelo conhecido e desprovido. (JGO – Ap. Civ. 44953-38.2012.8.09.0152, Rel. DES. NORIVAL SANTOME, 6ª C. Cível, DJ de 18/06/2012)

TRIBUNAL DE JUSTIÇA DO ESTADO DO PARANÁ

EMENTA: APELAÇÃO CÍVEL – AÇÃO DE RETIFICAÇÃO DE REGISTRO NOTARIAL C/C OBRIGAÇÃO DE FAZER – SUSCITAÇÃO DE DÚVIDA INVERSA – ESCRITURA PÚBLICA DE DAÇÃO EM PAGAMENTO – PRETENSA RETIFICAÇÃO PARA DOAÇÃO COM ENCARGO – RETIFICAÇÃO QUE ATINGE ELEMENTO ESSENCIAL DO NEGÓCIO JURÍDICO – IMPOSSIBILIDADE – DAÇÃO EM PAGAMENTO QUE ATENDE A VONTADE DECLARADA DAS PARTES À ÉPOCA DO NEGÓCIO JURÍDICO – REGISTRO QUE EXPRIME A VERDADE – IMPOSSIBILIDADE DE RETIFICAÇÃO NOS TERMOS DO ARTIGO 213 DA LEI DE REGISTROS PÚBLICOS. A retificação pretendida pelo apelante atinge a própria essência do negócio jurídico firmado entre o Município de Toledo e a SANEPAR, pelo que não pode ser atendida. Quando da lavratura do instrumento público a real vontade das partes era de promover a dação em pagamento, situação que não pode ser modificada neste momento com o objetivo de se permitir a reversão dos imóveis ao patrimônio do apelante. RECURSO DE APELAÇÃO CONHECIDO E DESPROVIDO. (TJPR – Apelação Cível nº 1.289.651-2 – Toledo – 12ª Câmara Cível – Juíza de Direito Substituta em 2º Grau Ângela Maria Machado Costa, em substituição ao Desembargador Mario Helton Jorge – DJ 30.06.2015).

3. QUESTÕES DE CONCURSOS

01. (Vunesp – Titular de Serviços de Notas e Registros – TJ – SP – Provimento/2022) A retificação do registro imobiliário será negada pelo Oficial de Registro de Imóveis sempre que

a) houver aumento ou diminuição de área ou de medida perimetral superior a cinco por cento das constantes do registro retificando.
b) não for possível verificar que o registro corresponde ao imóvel descrito na planta e no memorial descritivo.
c) for possível identificar todos os confinantes tabulares do registro a ser retificado.
d) implicar transposição, para o registro, de imóvel ou parcela de imóvel de domínio particular.

02. (FGV – Titular de Serviço de Notas e Registros – TJ – SC/2021) Maria, oficial do Registro de Imóveis da circunscrição Alfa, recebeu um requerimento do Estado, no qual almejava a retificação da matrícula de determinado imóvel rural, sob o argumento de que ele fora incorretamente individualizado. Com isso, avançou sobre terras públicas pertencentes ao Estado, as quais terminaram por ser indevidamente transferidas a um particular.

Ao receber o requerimento, a oficial, nos termos da sistemática legal aplicável ao caso, deve:

a) publicar os editais pertinentes e, haja, ou não, impugnação, decidi-lo no prazo legal;
b) decidi-lo no prazo legal e, caso o acolha, proceder à retificação, dando ciência ao proprietário;
c) remetê-lo imediatamente ao juízo competente, que franqueará a produção de provas aos interessados e decidirá;
d) intimar o proprietário, publicar editais e, uma vez instruído o processo administrativo, encaminhá-lo ao juízo competente;
e) indeferi-lo, pois a retificação, por gerar reflexos na esfera jurídica alheia, deve ser precedida de processo contencioso.

03. (FGV – Titular de Serviço de Notas e Registros – TJ – SC/2021) Maria e Joana, profundas estudiosas do direito notarial e registral, travaram intenso debate a respeito da presunção de domínio decorrente do registro de imóveis e da forma como pode ser retificado.

Para Maria, o registro tem uma presunção meramente relativa de veracidade do domínio, já que dependente da validade do negócio jurídico que lhe deu origem. A retificação, por sua vez, somente poderia ser realizada pelo juízo competente, quer em processo judicial contencioso, quer a partir de processo administrativo, instaurado de ofício pelo oficial ou a partir de requerimento.

Joana, defendia que o princípio da continuidade e a necessidade de assegurar a boa-fé dos interessados denotavam que o registro aponta para uma presunção absoluta de veracidade do domínio. A retificação, por sua vez, poderia ser realizada perante o juízo competente, em processo contencioso, ou no plano administrativo, instaurado de ofício ou mediante requerimento, sem o concurso do Poder Judiciário, salvo se houver impugnação. À luz da sistemática legal, é correto afirmar que:

a) Joana está completamente certa, sendo descabida a tese de Maria em relação à presunção relativa de domínio, pois essa presunção é absoluta enquanto o título subsistir;
b) Joana está parcialmente certa, pois, além de a retificação não poder ser realizada de ofício, mas apenas das demais formas que indicou, a presunção de domínio é, de fato, absoluta;
c) Maria está parcialmente certa, pois, apesar de o registro gerar uma presunção meramente relativa de domínio, a retificação deve ser realizada da forma alvitrada por Joana;
d) Maria está completamente certa, pois a possibilidade de retificação administrativa, preconizada por Joana, é vedada pela lei, sendo exigida a participação do juízo competente;
e) Joana está parcialmente certa, pois a retificação somente pode ser realizada na forma preconizada por Maria, já que é imprescindível a participação judicial, contenciosa, ou não.

04. (IESES – Notário-MA/2011) Quanto à retificação administrativa no registro de imóveis, assinale a alternativa correta:

a) A notificação será dirigida ao endereço do confrontante constante do Registro de Imóveis, podendo ser dirigida ao próprio imóvel contíguo ou àquele fornecido pelo requerente; não sendo encontrado o confrontante ou estando em lugar incerto e não sabido, tal fato será certificado pelo oficial encarregado da diligência, promovendo-se a notificação judicial do confrontante, mediante edital.
b) A retificação na qual conste pedido que implique aumento de área superior a cinquenta por cento, deverá, necessariamente, se dar por meio judicial.
c) Não se presumirá a anuência do confrontante que deixar de apresentar impugnação no prazo da notificação.
d) Não havendo dúvida quanto à identificação do imóvel, o título anterior à retificação poderá ser levado a registro desde

que requerido pelo adquirente, promovendo-se o registro em conformidade com a nova descrição.

05. (IESES – Cartório – TJ – RO/2012) Nos casos de desmembramento, parcelamento ou remembramento de imóveis rurais, a identificação prevista na alínea a do item 3 do inciso II do § 1º será obtida:

a) A partir de memorial descritivo, assinado por profissional habilitado e com a devida Anotação de Responsabilidade Técnica – ART, contendo as coordenadas dos vértices definidores dos limites dos imóveis rurais, geo-referenciadas ao Sistema Geodésico Brasileiro e com precisão posicional a ser fixada pelo INCRA, garantida a isenção de custos financeiros aos proprietários de imóveis rurais cuja somatória da área não exceda a dez módulos fiscais.

b) A partir de memorial descritivo, assinado por profissional habilitado e com a devida Anotação de Responsabilidade Técnica – ART, contendo as coordenadas dos vértices definidores dos limites dos imóveis rurais, geo-referenciadas ao Sistema Geodésico Brasileiro e com precisão posicional a ser fixada pelo INCRA, garantida a isenção de custos financeiros aos proprietários de imóveis rurais cuja somatória da área não exceda a quatro módulos fiscais.

c) A partir de memorial descritivo, assinado por profissional habilitado e com a devida Anotação de Responsabilidade Técnica – ART, contendo as coordenadas dos vértices definidores dos limites dos imóveis rurais, geo-referenciadas ao Sistema Geodésico Brasileiro e com precisão posicional a ser fixada pela Secretaria de Patrimônio da União, garantida a isenção de custos financeiros aos proprietários de imóveis rurais cuja somatória da área não exceda a quatro módulos fiscais.

d) A partir de memorial descritivo, assinado por profissional habilitado e com a devida Anotação de Responsabilidade Técnica – ART, contendo as coordenadas dos vértices definidores dos limites dos imóveis rurais, geo-referenciadas ao Sistema Geodésico Brasileiro e com precisão posicional a ser fixada pela Secretaria de Patrimônio da União, garantida a isenção de custos financeiros aos proprietários de imóveis rurais cuja somatória da área não exceda a dez módulos fiscais.

06. (Cespe – Cartório – TJ – BA/2014) A respeito da retificação do registro de imóveis, é correto afirmar que o oficial deve retificar o registro ou averbação, de ofício ou a requerimento do interessado, quando houver

a) omissão ou erro cometido na transposição de apenas elementos essenciais do título.

b) retificação que vise a indicação de trechos horizontais, ângulos oblíquos ou inserção de coordenadas geográficas, em que haja alteração das medidas perimetrais.

c) inserção ou modificação dos dados de qualificação pessoal das partes, comprovada por documentos pessoais ou mediante pedido de titular de outro cartório de registro de imóveis.

d) alteração de denominação de logradouro público comprovada por documento particular.

e) alteração ou inserção que resulte de mero cálculo matemático feito a partir das medidas perimetrais constantes do registro.

07. (Cespe – Cartório – TJ – BA/2014) Ainda em relação ao registro de imóveis, assinale a opção correta.

a) Nos atos a título gratuito, a retificação do registro não pode ser promovida pelo transferente, dada a exigência de prova de aceitação do beneficiado.

b) A retificação e a averbação do registro somente poderão ser provocadas pelo titular do título, sendo imprescindível a assinatura de testemunhas.

c) O oficial pode realizar diligências no imóvel para a constatação de sua situação em face dos confrontantes e localização na quadra.

d) As nulidades de pleno direito do registro, uma vez provadas, invalidam o ato de registro, desde que ajuizada a ação judicial competente.

e) O registro não pode ser retificado ou anulado por efeito do julgado sobre fraude à execução.

08. (Cespe – Cartório – TJ – BA/2014) De acordo com a Lei nº 6.015/1973, assinale a opção correta.

a) A anuência do confrontante que deixar de apresentar impugnação no prazo da notificação não pode ser presumida, devendo ser publicado o edital para notificação até três vezes.

b) É possível, em casos excepcionais, o registro de imóveis que não estejam matriculados.

c) A matrícula do imóvel promovida pelo titular do domínio direto não aproveita ao titular do domínio útil.

d) Independentemente de retificação, dois ou mais confrontantes podem, por escritura pública, alterar as divisas entre si.

e) A regularização fundiária de interesse social realizada em zonas especiais de interesse social depende de retificação.

09. (FMP – Cartório – TJ – MT/2014) Nos termos da Lei 6.015/73, é incorreto afirmar que o registrador de imóveis poderá retificar o registro ou a averbação:

a) de ofício, em caso de omissão ou erro cometido na transposição de qualquer elemento do título.

b) a requerimento do interessado, em caso de alteração ou inserção que resulte de mero cálculo matemático feito a partir das medidas perimetrais constantes do registro.

c) a requerimento do interessado, em caso de inserção ou modificação dos dados de qualificação pessoal das partes, comprovada por documentos oficiais.

d) de ofício, em caso de inserção ou alteração de medida perimetral de que resulte alteração de área.

e) de ofício, em caso de alteração de denominação de logradouro público, comprovada por documento oficial.

10. (Cespe – Cartório – TJ – BA/2014) No que se refere à retificação no registro de imóveis, assinale a opção correta.

a) O registro não pode ser retificado por força de ação de declaração de nulidade de ato jurídico.

b) O sistema normativo brasileiro proíbe retificação de registro de imóvel nos casos de indicação de confrontação.

c) O silêncio do confrontante notificado não constitui motivo para presunção legal de sua concordância com a retificação pedida em relação ao trecho da linha perimetral que lhe diga respeito.

d) Para o pedido de retificação de registro de imóvel, é dispensável a juntada de memorial descritivo.

e) Não havendo dúvida quanto à identificação do imóvel, o título anterior à retificação poderá ser levado a registro se o adquirente assim o requerer.

GAB	1	B	2	B	3	C	4	D	5	B
	6	E	7	C	8	D	9	D	10	A

Art. 214. As nulidades de pleno direito do registro, uma vez provadas, invalidam-no, independentemente de ação direta.

§ 1º A nulidade será decretada depois de ouvidos os atingidos.

§ 2º Da decisão tomada no caso do § 1º caberá apelação ou agravo conforme o caso.

§ 3º Se o juiz entender que a superveniência de novos registros poderá causar danos de difícil reparação poderá determinar de ofício, a qualquer momento, ainda que sem oitiva das partes, o bloqueio da matrícula do imóvel.

§ 4º Bloqueada a matrícula, o oficial não poderá mais nela praticar qualquer ato, salvo com autorização judicial, permitindo-se, todavia, aos interessados a prenotação de seus títulos, que ficarão com o prazo prorrogado até a solução do bloqueio.

§ 5º A nulidade não será decretada se atingir terceiro de boa-fé que já tiver preenchido as condições de usucapião do imóvel.

1. COMENTÁRIOS

Os negócios jurídicos devem ser examinados nos planos da existência, validade e eficácia para garantir a produção regular de efeitos e verificar se obtêm plena realização.

O art. 214, ora em análise, refere-se ao **plano da validade** ao fazer alusão às nulidades. Ao analisar o plano da validade, verificam-se os requisitos de validade, que são, na verdade, qualificadores, tais quais adjetivos, dos elementos essenciais do plano da existência: a declaração de vontade, o objeto e a forma.

São os requisitos gerais do plano da validade, insertos no art. 104 do Código Civil: agente capaz; objeto lícito, possível e determinado ou determinável; e forma prescrita ou não defesa em lei. Ultrapassam a simples existência do negócio, a qual é aferida com a simples presença dos elementos.

As nulidades e anulabilidades estão previstas nos arts. 166 ao 184 do Código Civil.

É **nulo** negócio jurídico:

> **Art. 166.** É nulo o negócio jurídico quando:
>
> I – celebrado por pessoa absolutamente incapaz;
>
> II – for ilícito, impossível ou indeterminável o seu objeto;
>
> III – o motivo determinante, comum a ambas as partes, for ilícito;
>
> IV – não revestir a forma prescrita em lei;
>
> V – for preterida alguma solenidade que a lei considere essencial para a sua validade;
>
> VI – tiver por objetivo fraudar lei imperativa;
>
> VII – a lei taxativamente o declarar nulo, ou proibir-lhe a prática, sem cominar sanção.
>
> **Art. 167.** É nulo o negócio jurídico simulado, mas subsistirá o que se dissimulou, se válido for na substância e na forma.
>
> § 1º Haverá simulação nos negócios jurídicos quando:
>
> I – aparentarem conferir ou transmitir direitos a pessoas diversas daquelas às quais realmente se conferem, ou transmitem;
>
> II – contiverem declaração, confissão, condição ou cláusula não verdadeira;
>
> III – os instrumentos particulares forem antedatados, ou pós-datados.

Por outro lado, o negócio jurídico é **anulável** quando:

> **Art. 171.** Além dos casos expressamente declarados na lei, é anulável o negócio jurídico:
>
> I – por incapacidade relativa do agente;
>
> II – por vício resultante de erro, dolo, coação, estado de perigo, lesão ou fraude contra credores.

Dessa forma, podemos afirmar que o art. 214, possui relação com o **princípio da legalidade.** Afrânio de Carvalho ensina que "o princípio da legalidade significa que a validade da inscrição depende da validade do negócio jurídico que lhe dá origem e da faculdade de disposição do alienante" (*Registro de Imóveis*. Rio de Janeiro, Forense, 1976).

Portanto, para que o título seja válido e perfeito e dê ensejo ao registro, não basta a inscrição. É necessário que o documento passe por um exame de qualificação prudente por parte do registrador.

Além disso, o princípio da legalidade está intrinsecamente ligado à qualificação registral porque é o grande filtro que vai garantir a higidez dos direitos reais incidentes sobre o imóvel.

Nas palavras de Ricardo Henry Marques Dip qualificação registral "é um juízo prudencial, positivo ou negativo da potência do título em ordem à sua inscrição predial importando no império de seu registro". Claro é que a qualificação registral não impede a notarial, já que ocorrem em momentos distintos e com propósitos diversos.

A nulidade de pleno direito, aquela **reconhecida de plano e que não depende de outras provas**, uma vez comprovada, torna inválido o registro, independentemente de ação direta. Isso quer dizer que não há necessidade de propositura de ação para a declaração de nulidade do registro. Tal invalidade pode ser reconhecida por decisão de Juiz Corregedor ou Juiz competente na forma da organização local, cabendo recurso de apelação ou agravo, a depender do caso concreto.

Regra geral, os cancelamentos decorrentes da invalidade de direitos por vícios só podem ser decretados mediante decisão judicial em ação específica. A exceção a esta regra está disposta no art. 214 da Lei 6.015/1973.

Marcio Guerra Serra e Monete Hipólito Serra explicam que "esta disposição, não significa que no caso das nulidades é dispensado o reconhecimento judicial delas. Significa apenas dizer que os cancelamentos decorrentes de nulidade dos direitos terão ingresso na serventia imobiliária, mesmo que o reconhecimento da nulidade tenha se dado no bojo de outra ação, tendo sido alegado como matéria de defesa. Assim, observamos que não existe na nossa sistemática atual a possibilidade de cancelamento de direito inscrito mediante procedimento administrativo, seja ele dentro da esfera da própria serventia, seja ele na esfera do Juiz Corregedor Permanente (órgão judiciário que exerce a função fiscalizatória sobre as serventias extrajudiciais em primeiro grau). Isto se dá visto que tal cancelamento violaria os princípios do devido processo legal e da ampla defesa. Neste sentido, encontramos decisão do Superior Tribunal de Justiça que prolatou: "Em processo de dúvida não é possível a invalidação de registro imobiliário anterior" (STJ, REsp 27157/RJ, Rel. Min. Cláudio Santos, 3 T., j. 20-6-1995, dec. Unân., DJ 11-9-1995) (Op. cit., p. 178). Corrobora este entendimento, o 3º do art. 214.

Enquanto o Juiz decide sobre a nulidade do registro, pode ocorrer que novos títulos continuem a ser apresentados no Registro de Imóveis, atinentes ao imóvel da matrícula em que foi feito o registro impugnado.

Se o juiz entender que novos registros podem causar danos difíceis de reparar, ele determinará o bloqueio da matrícula do imóvel em questão.

Bloqueada a matrícula, não é possível praticar nenhum registro ou averbações, salvo com autorização judicial.

O bloqueio da matrícula foi incluído pela Lei 10.931/2004. No entanto, já era bastante utilizado pelas Corregedorias como meio administrativo acautelatório.

O bloqueio destina-se a impedir danos de difícil reparação na hipótese de nulidade de pleno direito do registro. Esses danos poderiam ser causados pela superveniência de novos registros.

Consigna-se que os interessados podem **protocolar** seus títulos mesmo assim, a fim de garantir prioridade de eventuais direitos.

As prenotações de tais títulos terão o prazo prorrogado até a solução do bloqueio. Dessa forma, o bloqueio da matrícula cria **uma nova hipótese de prorrogação do prazo da prenotação.**

A ordem de bloqueio deve ser **averbada.**

A nulidade não será decretada se prejudicar terceiro de boa-fé que já tiver preenchido as condições de usucapião do imóvel. Nas palavras de João Baptista de Mello e Souza Neto, a usucapião em favor de terceiros de boa-fé, posterior ao vício, mesmo não reconhecida previamente por sentença em demanda específica, permite ao magistrado determinar – em que pese o vício, a manutenção da escrituração viciada em virtude da suposta aquisição do domínio (ou outro direito real) pelo terceiro, superveniente ao ato nulo. Não se trata de convalidar a nulidade, algo não possível no sistema do direito brasileiro (art. 169 do CC), mas de reconhecer a superveniência da situação fática a impedir que o formalismo prejudique o terceiro de boa-fé, haja vista que o resultado final seria a manutenção (embora por outro fundamento, agora o da usucapião) da titularidade do direito real (Op. cit., p. 1191).

Os requisitos para declaração da usucapião estão nos arts. 1.238 a 1.244 do Código Civil e nos arts. 183 e 191 da Constituição Federal. Existem também disposições em outras leis, como nos arts. 9º a 14 do Estatuto da Cidade (Lei 10.257/2001) e na Lei 6.969/1981, que trata da usucapião de imóveis rurais. Vale lembrar que o tema já foi analisado nos comentários ao art. 167, inciso 28, desta lei.

É importante diferenciar **nulidade direta do registro e nulidade do título**, com reflexo no registro. O registro não pode ser cancelado por nulidade do título, salvo em processo contencioso de que participe o titular do direito inscrito. Em outras palavras, o art. 214 da Lei nº 6.015/73 é exceção. E como se sabe se o registro é ou não nulo de pleno direito? Sabe-se que o registro é ou não nulo de pleno direito examinando-o separadamente do título que lhe deu causa, apenas à luz dos princípios que regem o registro, a saber se foram cumpridos os requisitos formais. A indagação da nulidade do registro deve ficar restrita aos "defeitos formais do assento, ligados à inobservância de formalidades essenciais da inscrição (Código Civil, arts. 130 e 145, III) (Afrânio de Carvalho, Retificação do Registro, in RDI 13, p. 17).

Enfatiza-se que a nulidade a que se refere o art. 214 da Lei de Registros Públicos é **exclusiva do registro, absolutamente independente do título**, tanto que, uma vez declarada, permite que o mesmo título seja novamente registrado.

A nulidade que pode ser declarada diretamente independentemente de ação, é de direito formal, extrínseca. Ela não pode alcançar o título, que subsiste íntegro e, em muitos casos, apto a, novamente, ingressar no registro.

2. JURISPRUDÊNCIA COMPLEMENTAR

CONSELHO NACIONAL DE JUSTIÇA

EMENTA: RECURSO ADMINISTRATIVO EM PEDIDO DE PROVIDÊNCIAS. TRIBUNAL DE JUSTIÇA DO ESTADO DA BAHIA. BLOQUEIO ADMINISTRATIVO DE MATRÍCULAS DE IMÓVEIS. CONTROVÉRSIA EXISTENTE NA CADEIA DOMINIAL. DESBLOQUEIO. IMPOSSIBILIDADE. NECESSIDADE DE REGULARIZAÇÃO, POR MEIO DE DECISÃO JUDICIAL.

JUDICIALIZAÇÃO PRÉVIA. INOVAÇÃO RECURSAL. RECURSO ADMINISTRATIVO CONHECIDO, MAS NÃO PROVIDO.

1. Trata-se de Recurso Administrativo em Pedido de Providências interposto contra decisão que julgou parcialmente procedente o pedido formulado, apenas para determinar ao Tribunal de Justiça do Estado da Bahia que julgue o mérito do Recurso Administrativo n.º 0001698-68.2022.2.00.0851.

2. O objeto do presente expediente envolve discussão acerca de bloqueio administrativo das matrículas de determinados imóveis supostamente pertencentes ao requerente. Inexiste nos autos comprovação da titularidade dos mencionados bens, nem tampouco da regularidade de sua cadeia registral.

3. O presente PP não se mostra adequado para o deslinde da controvérsia, uma vez que eventual desbloqueio perpassaria pela análise de nulidade da origem das matrículas bloqueadas, assunto a ser debatido e decidido de forma mais adequada na seara judicial. Precedente recente do CNJ sobre o tema.

4. Ademais, conforme frisou o tribunal requerido, o próprio recorrente reconheceu a judicialização da matéria em questão, seja na própria inicial, seja ao informar, em suas razões de recurso, que discute judicialmente, nos autos da ação anulatória, a regularidade da matrícula de nº 736 e a possível sobreposição da mesma às matrículas de seus imóveis (bloqueadas). Inviabilidade de análise por este órgão de controle. Jurisprudência do CNJ.

5. Quanto à alegação de que eventual irregularidade das matrículas pertencentes ao recorrente não foi a razão determinante da instauração do processo administrativo, mas sim um informe publicitário subscrito por interessados no imóvel, o que inquinaria o procedimento de nulidade por vício de motivo, cuida-se de evidente inovação recursal, o que torna inviável o exame desse fundamento. De toda forma, o fato de o procedimento ter se iniciado com base em informe publicitário não o vicia, por si só, se a decisão que ordenou o bloqueio foi precedida da devida averiguação, o que foi o caso dos autos.

6. Relativamente ao fato de o bloqueio das matrículas dos imóveis ter sido ordenado por tempo indeterminado, não constitui fator apto a tingir de nulidade a decisão administrativa. De toda maneira, a ordem de bloqueio não se deu *ad infinitum*, mas sim apenas "até ulterior deliberação e abertura de PAD contra Servidor do Registro de Imóveis de Santa Rita de Cássia, dentre outras medidas".

7. Por último, quanto à alegação de que o procedimento estaria eivado de nulidade também em virtude do arquivamento sem maiores deliberações e da morosidade e dificuldade para julgamento do recurso interposto junto ao TJBA, tem-se mais uma vez indevida inovação recursal, vez que o PP foi proposto com intuito unicamente de derrubar a decisão administrativa que determinou o bloqueio das matrículas. De todo modo, cabe consignar que morosidade no andamento dos processos, por si só, não basta para indicar a ocorrência de desvio, sendo imprescindível, para tal a existência de fundados indícios de comportamento ou finalidade ilícitos.

8. Recurso Administrativo conhecido, mas não provido. (CNJ – Pedido de Providências nº 0009541-23.2019.2.00.0000 – Bahia – Rel. Cons. Richard Pae Kim – DJ 19.09.2023)

SUPERIOR TRIBUNAL DE JUSTIÇA

EMENTA: Registro de imóveis. Aplicação do art. 214 da Lei de Registros Públicos. Nulidade de pleno direito. 1. Comprovada a nulidade de pleno direito, não pode o imóvel constante do formal oriundo de partilha amigável ser registrado, porque subtrairia direito decorrente da cadeia registral, lesando indevidamente terceiro. Cabível, portanto, o seu cancelamento, garantido que foi o contraditório, sem necessidade de anulação prévia da partilha. 2. Recurso especial não conhecido. (STJ – REsp: 691456 MG 2004/0151117-3, Relator: Ministro CARLOS ALBERTO MENEZES DIREITO, Data de Julgamento: 12/05/2005, T3 – TERCEIRA TURMA, Data de Publicação: DJ 27/06/2005 p. 386)

EMENTA: PROCESSUAL CIVIL. MANDADO DE SEGURANÇA. RECURSO ORDINÁRIO. REGISTRO DE IMÓVEIS. PRESUNÇÃO DE TITULARIDADE DO DIREITO REAL QUE ADMITE PROVA EM CONTRÁRIO. CANCELAMENTO E BLOQUEIO DE MATRÍCULAS. LIMITES OBJETIVOS DA COISA JULGADA. PROCEDIMENTO SUBMETIDO AO PRINCÍPIO DO CONTRADITÓRIO. RECURSO ORDINÁRIO DESPROVIDO.

1. Havendo distinção entre os pedidos apresentados à Corregedoria-Geral da Justiça, não se pode falar em rejulgamento da causa no âmbito administrativo, com decisão contrária à anteriormente proferida.

2. A coisa julgada material formada no curso de ação de indenização por desapropriação indireta diz respeito, exclusivamente, à condenação do ente público ao pagamento da indenização, ou seja, nos limites do pedido, não atingindo "os motivos, ainda que importantes para determinar o alcance da parte dispositiva da sentença" e "a verdade dos fatos, estabelecida como fundamento da sentença".

3. Inexistência de documentos que comprovem o ajuizamento de outra ação, incidental à ação de desapropriação, declaratória do direito de propriedade em relação aos recorrentes.

4. A presunção de titularidade do direito real constante do registro admite prova em contrário. Se não corresponder à realidade dos fatos, o registro pode ser retificado, ou até mesmo cancelado. 5. Legalidade do Processo CG 1.237/01, que ordenou o cancelamento das matrículas 1.317 a 1.322, e o bloqueio da 1.316, todas do Ofício de Registro de Imóveis da Comarca de Eldorado/SP – por violação dos princípios da unitariedade e da especialidade –, sendo que o acerto de tal decisão, em relação ao seu próprio mérito, é matéria que não pode ser revisada em mandado de segurança, por exigir dilação probatória.

6. A Constituição Federal garante a todos o direito, mesmo em processo administrativo, da ampla defesa e do contraditório, o que foi plenamente observado na hipótese dos autos. 7. Recurso ordinário desprovido. (STJ – RMS: 16499 SP 2003/0098635-0, Relator: Ministra DENISE ARRUDA, Data de Julgamento: 21/06/2007, T1 – PRIMEIRA TURMA, Data de Publicação: DJ 02.08.2007 p. 327).

EMENTA: Registros públicos. Ação anulatória de registro imobiliário. Prescrição.

1. As nulidades de pleno direito invalidam o registro (Lei nº 6.015/73, art. 214). Princípio da continuidade.

2. Segundo boa parte da doutrina, a nulidade, além de insanável, é imprescritível. Conforme precedente da 3ª Turma do STJ, "Resultando provado que a escritura de compra e venda for forjada, o ato é tido como nulo e não convalesce pela prescrição" (REsp-12.511, DJ de 4.11.91).

3. Não se perde a propriedade pelo não-uso (REsp-76.927, DJ de 13.4.98). Não se extingue enquanto não se adquire, a saber, "a prescrição extintiva não ocorre enquanto não se perfizer a prescrição aquisitiva que se lhe contrapõe" (RP-55/196).

4. Caso em que se entendeu imprescritível a pretensão. Inocorrência de afronta ao art. 177 do Cód. Civil. 5. Recurso especial não conhecido. (STJ – REsp: 89768 RS 1996/0013791-9, Relator: Ministro NILSON NAVES, Data de Julgamento: 04/03/1999, T3 – TERCEIRA TURMA, Data de Publicação: DJ 21.06.1999 p. 149RDR vol. 15 p. 263REVFOR vol. 355 p. 227RSTJ vol. 124 p. 281)

EMENTA: MANDADO DE SEGURANÇA. RECURSO ORDINÁRIO. REGISTRO DE IMÓVEIS. BLOQUEIO DE MATRÍCULA. ADMISSIBILIDADE. DIREITO LÍQUIDO E CERTO. AUSÊNCIA DE PROVA. Em razão da presumida boa-fé dos adquirentes, é admissível, quando preterida alguma formalidade no registro imobiliário, a adoção provisória da providência que se convencionou chamar de "bloqueio administrativo", criação pretoriana tendente a amenizar os drásticos efeitos do cancelamento, inspirada no poder geral de cautela do juiz. Resguardando eficácia residual aos assentamentos, a medida impede novos registros deles originados, antes de corrigidos os vícios formais pelos meios adequados e até que o saneamento sobrevenha, se for possível. Recurso a que se nega provimento. (STJ – RMS: 15315 SP 2002/0109574-5, Relator: Ministro CASTRO FILHO, Data de Julgamento: 23/09/2003, T3 – TERCEIRA TURMA, Data de Publicação: DJ 29.03.2004 p. 227RSTJ vol. 196 p. 259)

TRIBUNAL DE JUSTIÇA DO ESTADO DO ESPÍRITO SANTO

EMENTA: BLOQUEIO DAS MATRÍCULAS – POSSIBILIDADE – RECURSO CONHECIDO E IMPROVIDO. 1. É evidente o dano sofrido pelo agravante, uma vez que a decisão atacada restringe o direito de propriedade dos imóveis objetos da lide. 2. (...). 3. Considerando as peculiaridades do caso concreto, é prudente o bloqueio das matrículas dos imóveis objetos de discussão em primeira instância, na forma do art. 214, § 3º da Lei 6.015. 4. Recurso conhecido e improvido. (TJES – Ag. Inst. 024079000 923, Relator FREDERICO GUILHERME PIMENTEL, 1ª Câmara Civel, Data do Julgamento: 27/11/2007)

TRIBUNAL DE JUSTIÇA DO ESTADO DO MATO GROSSO DO SUL

EMENTA: AÇÃO DECLARATÓRIA. USUCAPIÃO TABULAR. RECONHECIMENTO DA EXCEÇÃO DE USUCAPIÃO. BLOQUEIO MATRÍCULA. JULGADOR. POSSIBILIDADE. RECURSO IMPROVIDO. O reconhecimento da exceção de usucapião não tem força para efeito registral, fazendo-se necessária, portanto, a ação de usucapião para declarar o domínio. A inércia do Estado de Mato Grosso do Sul em transferir o imóvel para o seu domínio, assim como a constatação da boa-fé da parte, impossibilita a decretação da nulidade do título de aquisição à alegação de eiva de vício. A fim de resguardar a autenticidade e a segurança do Registro de Imóveis, poderá o julgador determinar de ofício, a qualquer momento, ainda que sem oitiva das partes, o bloqueio da matrícula do imóvel (§ 3º do art. 214 da Lei nº 6.015/73). (TJMS – Ap. Civ. 2011.001047-6/0000-00, Rel. Des. Rubens Bergonzi Bossay. 3ª C. Cível, Julgamento: 02/08/2011)

TRIBUNAL DE JUSTIÇA DO ESTADO DE SÃO PAULO

CORREGEDORIA-GERAL DA JUSTIÇA

EMENTA: Registro de imóveis – Pedido de Providências que visa retificar ato de averbação – Hipoteca cancelada totalmente ao invés de parcialmente – Inviabilidade, não obstante a configuração de erro evidente e nulidade de pleno direito, nos termos do artigo 214 da Lei de Registros Públicos – Imóvel adquirido em parte por terceiro na época em que o cancelamento do gravame já havia sido averbado – Necessidade de retificação na esfera jurisdicional – Recurso não provido.

EMENTA: Registro de Imóveis – Requerimento de bloqueio de matrículas – Inexistência de nulidade do ato registrário – Averbação feita em cumprimento de determinação judicial, que examinou expressamente a possibilidade de cancelamento de registro de compromisso de compra e venda sem o do registro de cessão – Rescisão da cessão que depende de ação judicial – Possibilidade que não justifica o bloqueio administrativo – Recurso não provido (Processo CG nº 2011/23462 (217/2011-E). Excelentíssimo Senhor Corregedor Geral da Justiça: Trata-se de recurso administrativo interposto pelo Espólio de Mathilde Bittar Ares, Roberta Ares Dasso, Silvana Ares, Cristiane Ares, Roberto Ares Filho, Robinson Ares, Salma Abbud Ares, Raul Ares, Sheila Laham Ares, Ricardo Ares, Regina Ares, Ronald Ares e Dione Maria Pazzeto Ares contra decisão do Meritíssimo Juiz Corregedor Permanente do 11º. Oficial de Registro de Imóveis da Capital, que indeferiu pedido de bloqueio das matrículas 13.480, 13.481, 13.482, 13.483, 13.486, 13.487, 13.492, 13.493, 13.494, 79.786, 79.787, 79.788, 79.789, 79.790 e 79.791 daquela circunscrição. Os imóveis foram compromissados à venda, por instrumento público lavrado em 31 de março de 1980, entre os requerentes e Manuel Pinto Ferreira e esposa. Posteriormente, os compromissários-compradores cederam metade ideal dos direitos e obrigações decorrentes do compromisso a João Miguel e sua mulher Rosa Domingues Miguel e José Roberto Villa Real e sua mulher Clara Regina Albrecht Villa Real, por escritura lavrada em 13 de março de 1981. Tanto a escritura de compromisso quanto a de cessão foram registradas. Os compromissários compradores não adimpliram as suas obrigações contratuais, o que deu ensejo ao ajuizamento de ação de resolução do compromisso. O pedido foi acolhido, mas ficou determinado que a cessão ficasse preservada, já que a sua eventual resolução só poderia ser obtida em ação própria, com observância do contraditório. Sustentam os recorrentes que o V. Acórdão não determinou que ficasse mantido o registro da cessão, nem seria possível que o tivesse feito, já que ela é decorrência do compromisso. Seria inviável que o registro deste fosse cancelado, sem que houvesse o cancelamento do registro daquele, pois disso resultaria ofensa ao princípio da continuidade. A decisão judicial apenas determina que eventuais perdas e danos dependam de ação judicial. Nessas circunstâncias, para evitar prejuízos a terceiros, indispensável o bloqueio da matrícula. A Douta Procuradoria Geral de Justiça manifestou-se peto provimento do recurso (fls. 205/206). *É o relatório. Passo a opinar.* A questão discutida nos autos não versa sobre registro em sentido estrito, e o procedimento não é de dúvida. Assim, o recurso foi impropriamente denominado apelação, devendo ser recebido e processado como recurso administrativo, tal como previsto no art. 246 do Código Judiciário do Estado de São Paulo. O recurso não pode ser provido, a despeito da manifestação da ilustre Procuradoria Geral da Justiça. A leitura do V. Acórdão que julgou, em definitivo, a ação de rescisão contratual cumulada com reintegração de posse, aforada pelos requerentes, não autoriza a conclusão por eles apontada em seu recurso. A decisão deferiu a rescisão do compromisso de compra e venda, mas determinou, em relação à cessão do contrato, que os limites da sub-rogação sejam apurados em ação própria, uma vez que o contido na inicial não autorizava a extensão dos efeitos da sentença aos cessionários (fls. 149). Concluiu o V. Acórdão que, *"Como na decisão pretérita foi julgado, por esta Câmara, a unicidade da sentença nada tem a ver com a univocidade de soluções. A sentença tem de definir o destino de cada litisconsorte, conforme os seus direitos substantivos"*. Por essa razão, não houve equívoco na expedição, pela E. 28ª Vara Cível Central, do mandado de cancelamento do registro do compromisso, preservando-se, no entanto, o registro da cessão. O bloqueio da matrícula, previsto no art. 214, par. 3º. da Lei de Registros Públicos é um mecanismo de cunho acautelatório que visa prevenir danos irreparáveis ou de difícil reparação, que possam provir de nulidades no registro. Pressupõe, portanto, um vício registral pretérito, que não permita, de imediato, o seu cancelamento, mas que possa colocar em risco os direitos de terceiros interessados, com a superveniência de novos registros. Como já foi decidido na Ap. Civ. 658-6/4, de 01/02/2007, Relator Des. Gilberto Passos de Freitas *"Isso porque, conforme orientação firmada no âmbito da Egrégia Corregedoria Geral da Justiça, que aqui se adota, 'o bloqueio constitui uma criação administrativo-judicial, que busca a correção de erro registral pretérito e ostenta certa função acautelatória, impedindo, simplesmente, novos assentamentos sejam exarados com base em registro maculado' (Decisões Administrativas da Corregedoria Geral da Justiça, ano de 1996, ementa 54). Ademais, 'O bloqueio administrativo de atos de registro e averbação devem sempre ter amparo no art. 214 da Lei 6.015/73' (Decisões Administrativas da Corregedoria Geral da Justiça, ano de 1996, ementa 63). "Dessa forma, nos termos do disposto nos parágrafos 3º e 4º do referido art. 214 da Lei nº 6.015/73, a providência do bloqueio destina-se, a rigor, a impedir danos de difícil reparação, na hipótese de nulidade de pleno direito do registro, danos esses que poderiam ser causados na superveniência de novos registros" (Proc. CG nº 829/2005). Na espécie, contudo, inexiste vício registral pretérito a ser corrigido, de sorte que inviável o bloqueio, nesta esfera administrativa, do registro de títulos de transferência de domínio relativos ao imóvel em discussão"*. O fundamento central do recurso é a violação ao princípio da continuidade, uma vez que, rescindido o compromisso, não poderia persistir a cessão dos direitos dele decorrentes. Não se discute que mesmo os títulos judiciais devam ser qualificados pelo Oficial, antes do registro, devendo ser recusados se ofenderem os princípios registrários. Mas a recusa só pode ser feita se a questão que obstrui o registro não foi expressamente examinada e afastada peia decisão judicial. Se o foi, a decisão judicial tem de ser cumprida. O V. Acórdão, relatado pelo então Des. Franciulli Netto, admitiu expressamente a possibilidade de subsistência da cessão, enquanto não houver resolução em ação própria, ainda que o compromisso tenha sido resolvido, determinando que os limites de eventual sub-rogação sejam examinados na via própria. Nessas circunstâncias, o Oficial não podia mesmo ter-se recusado a cumprir o mandado judicial. Como observado pela I. Promotora de Justiça e pelo MM. Juiz Corregedor Permanente, não se pode acoimar de nulidade um registro feito em consonância com determinação judicial transitada em julgado, que examinou expressamente aquilo que, em tese, daria ensejo à falta de continuidade. Não se nega a possibilidade de rescisão da cessão, e o cancelamento do respectivo registro. Mas isso só pode ser feito na via judicial, razão pela qual eventual bloqueio deve ser postulado na mesma via, e não na administrativa. Cumpre lembrar que a possibilidade de resolução do negócio jurídico que deu ensejo a um registro não se confunde com a nulidade deste. A resolução é modo de desconstituição dos negócios jurídicos e o bloqueio administrativo só se justifica em caso de nulidade do ato registrário, não do negócio subjacente. Diante disso, o parecer que submeto à apreciação de Vossa Excelência, é pelo recebimento da apelação como recurso administrativo, na forma do art. 246 do Código Judiciário Estadual e pelo não provimento do recurso. *Sub censura.* São Paulo, 15 de junho de 2011. MARCUS VINÍCIUS RIOS GONÇALVES. Juiz Auxiliar da Corregedoria. DECISÃO: Aprovo o parecer do MM. Juiz Auxiliar da Corregedoria e, por seus fundamentos, que adoto, recebo a apelação como recurso administrativo, na forma do art. 246 do Código Judiciário Estadual, negando-lhe provimento. Publique-se. São Paulo 22.06.2011. – (a) – MAURÍCIO DA COSTA CARVALHO VIDIGAL – Corregedor Geral da Justiça.

EMENTA: REGISTRO DE IMÓVEIS – Bloqueio de matrícula determinado em razão de inovação descritiva – Pedido de desbloqueio de matrículas subsequentes – Verificação de obras de infraestrutura incabível, por se tratar de loteamento registrado na vigência do Decreto-lei nº 58/37 – Comprovação no sentido de que materialmente, os imóveis não provêm do registro viciado – Recurso provido (Processo CG nº 2010/144490 (142/11-E). Excelentíssimo Senhor Corregedor Geral da Justiça: Por decisão do então Corregedor Geral da Justiça, Desembargador Luiz Tâmbara, nestes mesmos autos (antigo nº 1896/02) foram bloqueadas a matrícula 42785 "e assentamentos subsequentes" do Registro de Imóveis da Comarca de Cotia. A razão é que na AV. 4 inovou-se indevidamente a descrição do imóvel, em vez de se observar a forma retificatória prevista no art. 213 da Lei nº 6.015/73 (v. fls. 118 – 127). SERTEK SP COTIA CONSTRUTORA E ADMINISTRADORA LTDA requereu o levantamento da medida em relação às matrículas 63390, 63391, 63392 e 63393, argumentando que os imóveis respectivos, materialmente, não se originaram da matrícula 42785 (fls. 254 – 262). Conforme o parecer exarado em 20 de fevereiro de 2009 pelo Juiz Auxiliar José Antônio de Paula Santos Neto e aprovado pelo então Corregedor Geral da Justiça, Desembargador Ruy Pereira Camilo em 26 de fevereiro de 2009, determinou-se apreciação da questão em primeira instância pelo Corregedor Permanente (fls. 350 – 355). Renovado o pedido (fls. 362 – 369), sobreveio indeferimento porque não comprovada a realização das obras previstas no registro do loteamento (fl. 427). Em recurso administrativo se deduziu que o loteamento denominado *Gramado* é anterior à Lei nº 6.766/79, reiterando – se, no mais, o requerimento de desbloqueio (fls. 437 – 445). O Ministério Público se manifestou pelo improvimento (fls. 467 – 469). Esse o relatório. Passo a opinar. Há muito a Corregedoria-Geral da Justiça estabeleceu a regra de que somente as nulidades extrínsecas – do registro em si e não do título causal – podem ser declaradas no âmbito administrativo, em exegese do artigo 214, *caput*, da Lei nº 6.015/73 (Processos CG 283/81, 292/91, 113/93, 1821/94, 161/96, 249/2006, 2009/7457). Pela mesma razão, como somente o vício registrário propriamente dito legitima o bloqueio, já se decidiu também que não cabe ao oficial "pesquisar questões fenomênicas" acerca da realização de obras de infraestrutura de loteamento (v. Processos CG 468/96, 1319/96 e 1320/96). Em verdade, não era o caso de condicionar a apreciação do desbloqueio à comprovação de que executadas as obras, visto que o loteamento foi registrado na vigência do Decreto – lei nº 58/37 (matrícula 6002, fl. 64), cujo art. 1º não previa o controle registrário atualmente expresso no art. 18, inciso V, da Lei nº 6.766/79. De qualquer forma, efetivado o registro, posteriormente não seria possível averbar uma provável mora do loteador, mas sim apenas comunicar a Prefeitura Municipal e o Ministério Público o decurso de prazo sem apresentação do termo de verificação e execução das obras (TVO), nos termos do subitem 170.2, Capítulo XX, das Normas de serviço da Corregedoria-Geral da Justiça (Processo CG 21547/07). Assim, é cognoscível o desbloqueio, sem a perquirição sobre a implantação de infraestrutura urbana na área loteada pelas proprietárias *Gramado* e *Delfm Rio*. Não era lícito ao oficial de registro, ao receber o mandado de bloqueio (fls. 133 e 135), limitar o alcance da ordem às matrículas que considerasse, em seu entendimento, derivadas da 42785, daí porque não se vislumbra nenhum excesso, mas exação funcional. Aliás, no curso do feito a recorrente admitiu excesso de linguagem e que o oficial apenas cumpriu seu dever (v. fls. 399 – 400). Efetivado o bloqueio – concebido na experiência correcional – administrativa como medida acautelatório – instrumental, para preservar direitos de terceiros de boa – fé e forcejar a regularização do registro imobiliário –, aos atingidos toca diligenciar o desfazimento. Nesse sentido a recorrente elaborou minuciosa análise da cadeia filiatória das matrículas 63390, 63391, 63392 e 63393. E da documentação se percebe que o registro desses imóveis (fls. 162 – 165), denominados áreas 1 (52.970,44 m²), 2 (44.325,23 m²), 3 (45.016,36 m²) e 4 (52.167,87 m²), é independente da especialização questionada na matrícula 42785, cujo imóvel, com 620 m², passou à superfície de 18.581 m² depois da averbação nº 4 (fls. 70 – 71). Impede observar que essa matrícula 42785 foi unificada com outras duas (35434 e 49304), gerando a matrícula 49549, referente a uma área de 214.662,97 m² (fls. 285 – 286). Sucedeu parcelamento, com abertura das matrículas 50486, 50487, 50488 e 50489 (fls. 287 – 290) e depois essa última foi unificada com a matrícula 50483 (fl. 291), daí surgindo a matrícula 63389, encerrada (fl. 292), de que descendem diretamente os registros cuja liberação se postula (fls. 293 – 296). O estudo da origem filiatória, graficamente representado (fl. 380), é coerente com os assentamentos registrários. Assim reconheceu o oficial de registro em sua manifestação (fls. 383 – 390). E isso é tanto mais perceptível por efeito da precisa individuação dos imóveis, com todas as medidas perimetrais, ângulos, deflexões e confrontantes. Ademais, a preexistência de parcelamento de vulto facilitou a identificação do problema descritivo, propiciando segurança para deferir o desbloqueio, tanto que *ab initio* a loteadora *Delfin Rio S.A. Crédito Imobiliário* enunciava que o imóvel de 18.581 m² acrescido na AV.4 da matrícula 42785 remanesceu na matrícula 50488 e não na 50489 (unificada com a 50483, e das quais provieram os imóveis da recorrente). Outrossim, não se vislumbra prejuízo substancial aos interessados, pois há prova de que se compuseram civilmente (fls. 223 – 236). Conjugados todos esses fatores, afigura-se justificável, salvo melhor juízo, o desbloqueio das matrículas 63390, 63391, 63392 e 63393, como propugnado pela recorrente. Esse o parecer que respeitosamente submeto à elevada apreciação de Vossa Excelência, dando-se provimento ao recurso administrativo. *Sub censura.* São Paulo, 13 de abril de 2011. JOMAR JUAREZ AMORIM. Juiz Auxiliar da Corregedoria. DECISÃO: Aprovo o parecer do MM. Juiz Auxiliar da Corregedoria e, por seus fundamentos, que adoto, dou provimento ao presente recurso administrativo, determinando o desbloqueio das matrículas 63390, 63391, 63392 e 63393 do Registro de Imóveis da Comarca de Cotia. Publique – se. São Paulo, 25.04.2011. – (a) – MAURICIO DA COSTA CARVALHO VIDIGAL – Corregedor Geral da Justiça.

3. QUESTÕES DE CONCURSOS

01. (EJEF – Notário-MG/2011) Analise a seguinte situação.

O Tabelião de notas do 23º Ofício da Comarca de Prado, a fim de lavrar uma Escritura Pública de Compra e Venda e em observância aos preceitos legais, solicitou, no dia 18/03/2010, uma Certidão Negativa de Ônus da matrícula 345 do Livro 02, objeto da transação. Três dias úteis após a sua solicitação, o Cartório de Imóveis competente emitiu a referida certidão, cuja validade é de 30 dias corridos, após a data de sua emissão. Todavia, passados 20 (vinte) dias da emissão da Certidão Negativa de Ônus, o Oficial do Registro de Imóveis recebeu um Mandado Judicial determinando o bloqueio da matrícula 345 do Livro 02, ato que imediatamente foi praticado na matrícula.

Três meses após a lavratura da escritura, Fernando Silva, adquirente do imóvel objeto da matrícula 345 do Livro 02, de posse da Escritura Pública de Compra e Venda, devidamente lavrada nas Notas do 23º Ofício, compareceu ao Registro Imobiliário para, então, registrar a escritura e, assim, concluir o ato da aquisição do imóvel. INDIQUE a seguir o procedimento a ser tomado pelo Oficial do Registro Imobiliário ao receber a referida escritura, tendo em vista que ela foi lavrada com base na certidão emitida pelo Cartório de Imóveis, dentro do prazo legal, e Fernando Silva é um adquirente de boa-fé.

a) Praticar normalmente o ato de registro.
b) Fazer uma nota de devolução esclarecendo ao adquirente a impossibilidade de registrar a escritura pública devido ao bloqueio judicial.
c) Fazer a prenotação do título, podendo essa ser prorrogada até a solução do bloqueio.
d) Encaminhar o adquirente ao Cartório de Notas.

02. (Vunesp – Notário-MS/2009) Assinale a alternativa cujo texto está diretamente relacionado ao princípio da legalidade.
a) Tem por objetivo impedir que sejam registrados títulos inválidos, ineficazes ou imperfeitos.
b) Consiste na determinação precisa do conteúdo do direito que se procura assegurar e da individualidade do imóvel que dele é objeto.
c) Garante a ordem cronológica da apresentação dos títulos e, em decorrência, a prioridade de exame e de registro e a preferência do direito real oponível perante terceiros.
d) Impõe a provocação ao registro, ou seja, impede que o oficial, salvo as exceções legais, aja ex ofício.
e) Tem por escopo evitar que títulos não sejam registrados, pois quem não observar este dever arcará com o ônus da sua omissão.

03. (IESES – Cartório – TJ – RS/2013) À luz do princípio da legalidade, assinale a alternativa correta.
I. Integra a atividade de qualificação do Formal de Partilha o exame de sua adequação formal aos requisitos do Código de Processo Civil, sendo apto ao registro o título que, expedido após o trânsito em julgado, contiver: a) termo de inventariante e título de herdeiros; b) avaliação dos bens que constituíram o quinhão do herdeiro; c) pagamento do quinhão hereditário; d) quitação dos impostos; e) sentença.
II. A noção do princípio da legalidade, no Registro de Imóveis, diz respeito ao comportamento do Registrador, ao permitir o acesso ao álbum registral apenas para os títulos juridicamente válidos para esse fim e que reúnam os requisitos legais para sua registrabilidade e a consequente interdição provisória daqueles que carecem de aditamentos ou retificações, e definitiva, daqueles que possuem defeitos insanáveis.
III. Pelo princípio da legalidade, quando se conclui pela impossibilidade de registro do título apresentado, é facultado ao apresentante solicitar a mera averbação do seu título sobre a matrícula do imóvel, a fim de prevenir terceiros de boa-fé.
a) Apenas as afirmações I e II são verdadeiras.
b) Apenas a afirmação II é verdadeira.
c) Todas as afirmações são verdadeiras.
d) Apenas a afirmação I é verdadeira.

04. (FMP – Cartório – TJ – MT/2014) Em relação ao Registro de Imóveis, assinale a afirmativa correta.
a) O princípio da especialidade cede às normas referentes à compra e venda de imóveis *ad corpus* e *ad mensura*.
b) O usucapião tabular (§ 5º do artigo 214 da Lei nº 6.015/73) somente pode ser suscitado pelo terceiro de boa-fé, assim entendida – a boa-fé – como o desconhecimento do vício nulificador do título translativo da propriedade registrado em nome deste, terceiro.
c) O registrador pode, *ex officio*, independentemente de ação direta, depois de ouvidos os interessados, cancelar registro contaminado por nulidade de pleno direito.
d) Prevalecerão, para efeito de prioridade de registro, quando apresentados no mesmo dia, os títulos que foram lavrados em primeiro lugar.
e) Se o registrador entender, diante de uma situação de nulidade de pleno direito, que a superveniência de novos registros poderá causar danos de difícil reparação, deverá determinar, de ofício, a qualquer momento, ainda que sem a oitiva das partes, o bloqueio da matrícula do imóvel.

GAB	1	C	2	A	3	A	4	B

Art. 215. São nulos os registros efetuados após sentença de abertura de falência, ou do termo legal nele fixado, salvo se a apresentação tiver sido feita anteriormente.

1. COMENTÁRIOS

A Lei de Falências (Lei 11.101/2005), que regulamenta a recuperação judicial, a extrajudicial e a falência do empresário e da sociedade empresária, revogou o Decreto-lei 7.661/45. Convém transcrever alguns dispositivos que possuem relação com o dispositivo em análise:

> **Art. 99.** A sentença que decretar a falência do devedor, dentre outras determinações:
>
> (...)
>
> VI – proibirá a prática de qualquer ato de disposição ou oneração de bens do falido, submetendo-os preliminarmente à autorização judicial e do Comitê, se houver, ressalvados os bens cuja venda faça parte das atividades normais do devedor se autorizada a continuação provisória nos termos do inciso XI do *caput* deste artigo;
>
> **Art. 129.** São ineficazes em relação à massa falida, tenha ou não o contratante conhecimento do estado de crise econômico-financeira do devedor, seja ou não intenção deste fraudar credores:
>
> (...)
>
> III – a constituição de direito real de garantia, inclusive a retenção, dentro do termo legal, tratando-se de dívida contraída anteriormente; se os bens dados em hipoteca forem objeto de outras posteriores, a massa falida receberá a parte que devia caber ao credor da hipoteca revogada; (...)
>
> VII – os registros de direitos reais e de transferência de propriedade entre vivos, por título oneroso ou gratuito, ou a averbação relativa a imóveis realizados após a decretação da falência, salvo se tiver havido prenotação anterior.
>
> Parágrafo único. A ineficácia poderá ser declarada de ofício pelo juiz, alegada em defesa ou pleiteada mediante ação própria ou incidentalmente no curso do processo".

Para comentar o dispositivo em questão, é pertinente transcrever os ensinamentos de Serpa Lopes:

> "a essas espécies de nulidade, relativas à forma do registro, acresce uma outra que, posto que atinja diretamente à transcrição ou inscrição, contudo não pode incluir na categoria de nulidade formal: é a prevista no art. 230, considerando nulos os registros feitos após sentença de abertura de falência, salvo se a apresentação tiver sido feita anteriormente". O autor examinou o

dispositivo (atualmente art. 215) relacionando-o ao Decreto-lei 7.661/1945 (antiga lei de falência), concluindo que "trata-se, como se vê, de uma ineficácia decorrente exclusivamente de um critério objetivo. Sobrevém como corolário puro e simples da decretação da falência, sem se levar em conta o ter ou não havido dolo ou fraude da parte do credor ou do adquirente".

Assim, se for demonstrado por documento hábil que o registro foi **efetuado após a sentença de abertura de falência ou durante o termo legal nela fixado**, o juiz pode decretar a **ineficácia do registro, independentemente de ação direta.** No entanto, se a apresentação tiver sido feita anteriormente, não há nulidade a ser declarada. O oficial registrador não pode decretar de ofício o cancelamento do registro.

Sabe-se que, via de regra, o oficial registrador não pode decretar de ofício o cancelamento do registro. O Juiz competente para tal ato será o Juízo Falimentar ou o Juízo Corregedor.

2. JURISPRUDÊNCIA COMPLEMENTAR

⊙ SUPERIOR TRIBUNAL DE JUSTIÇA

EMENTA: CIVIL, COMERCIAL E PROCESSUAL – IMOVEL – ANULAÇÃO E CANCELAMENTO DE REGISTRO – FALÊNCIA – TERMO LEGAL – MANDADO DE SEGURANÇA. I – REFERENTEMENTE A NULIDADE PARA EFEITO DE CANCELAMENTO DE REGISTRO E MATRICULA DE IMOVEL ARRECADADO, TEM-SE QUE, NA FALÊNCIA, A EXEGESE QUE SE FAZ DAS NORMAS DO REGISTRO PÚBLICO DESDOBRA-SE EM DOIS CRITERIOS. NUM, A NULIDADE DOS ATOS POSTERIORES AO DECRETO DE FALÊNCIA REPORTA-SE AS NULIDADES COMINADAS NA LEI FALIMENTAR PARA ATOS PRATICADOS PELO DEVEDOR NESSA FASE. NOUTRO, RELACIONA-SE COM A CONSTITUIÇÃO DOS DIREITOS REAIS DE GARANTIA. ASSIM, AS ALIENAÇÕES EFETIVADAS ANTES DO TERMO LEGAL (PERIODO DE SUSPEIÇÃO) NAO FICAM AFETADOS PELA NULIDADE DE QUE CUIDA A LEI DOS REGISTROS PUBLICOS. INTELIGENCIA DOS ARTS. 40, PAR-1 E 52, III E VII DA LEI DE FALENCIAS E ARTIGO 215 DA LEI 6015/73. II – RECURSO CONHECIDO E PROVIDO PARA DEFERIR A SEGURANÇA.(STJ – RMS: 701 GO 1990/0011538-8, Relator: Ministro WALDEMAR ZVEITER, Data de Julgamento: 08/10/1991, T3 – TERCEIRA TURMA, Data de Publicação: DJ 11.11.1991 p. 16144 LEXSTJ vol. 33 p. 113)

EMENTA: PROCESSUAL CIVIL. AGRAVO EM RECURSO ESPECIAL. AVERBAÇÃO DO DEFERIMENTO DA RECUPERAÇÃO JUDICIAL NA MATRÍCULA DE IMÓVEL. ACÓRDÃO EM HARMONIA COM A JURISPRUDÊNCIA DESTA CORTE. AGRAVO IMPROVIDO. (STJ – AREsp nº 793.856 – São Paulo – 3ª Turma – Rel. Min. Marco Aurélio Bellizze – DJ 07.12.2015)

EMENTA: RECURSO ESPECIAL. DIREITO EMPRESARIAL. NEGATIVA DE PRESTAÇÃO JURISDICIONAL. INEXISTÊNCIA. ALIENAÇÃO DE IMÓVEIS APÓS A DECRETAÇÃO DA SENTENÇA FALIMENTAR. NULIDADE ABSOLUTA. AJUIZAMENTO DA AÇÃO REVOCATÓRIA. MEDIDA DESNECESSÁRIA. NULIDADE RECONHECIDA EX OFFICIO. ALEGAÇÕES INCOGNOSCÍVEIS. SÚMULA nº 7 DO STJ. RECURSO IMPROVIDO.

1. Negativa de prestação jurisdicional. Inexistência.

2. O falido não tem o poder de dispor de seus bens, por isso qualquer alienação realizada após a decretação da falência, salvo as exceções legais, é considerada nula, pois infringe os princípios norteadores da parconditio creditorum, motivo pelo qual pode ser reconhecida ex officio.

3. In casu, a alienação dos imóveis ocorreu após a existência de sentença falimentar, circunstância que torna nulo o ato de disposição patrimonial.

4. O ajuizamento de ação revocatória, para atacar a aludida alienação, mostra-se desnecessário, tendo em vista que este remédio processual visa à desconstituição de negócio jurídico realizado dentro do termo legal, ou seja, antes da decretação da falência. 5. Alegações incognoscíveis. A alteração do julgado, da maneira exposta nas razões do especial, demanda incursão indevida nos aspectos fáticos dos autos, situação interditada pela Súmula nº 7 do STJ. 6. Recurso especial improvido. (STJ – REsp 809501 / RS, Min. VASCO DELLA GIUSTINA (Des. Conv. TJ/RS) 3ª T. PublicaçãoDJe 26/04/2011)

⊙ TRIBUNAL DE JUSTIÇA DO ESTADO DE SÃO PAULO

EMENTA: AGRAVO DE INSTRUMENTO – FALÊNCIA – TERCEIRO PREJUDICADO – CANCELAMENTO DE MATRÍCULA – Matrícula do imóvel da falida (nº 23.798) que foi indevidamente atingida por outras matrículas – Cancelamento das matrículas – Inconformismo do terceiro prejudicado, dizendo-se proprietário de um dos imóveis cuja matrícula foi cancelada pela decisão recorrida – Não acolhimento – Recorrente que não demonstrou prova suficiente a afastar as conclusões exaradas no laudo pericial e pelo Oficial de Registro de Imóveis – Competia à agravante, que se diz proprietária do imóvel, comprovar a legalidade da aquisição, a área correspondente e que não houve sobreposição à área do imóvel da massa falida – Art. 373, II, do CPC – Matrícula aberta após o termo legal de falência – Art. 129, VII da Lei 11.101/05 – Decisão mantida – RECURSO DESPROVIDO.

Trata-se de agravo de instrumento tirado de decisão que, nos autos da falência da Cerâmica Mogi Guaçu S/A, determinou o cancelamento das matrículas 49.581, 59.462, 59.901, 59.902, 57.869 e parte da matrícula 64.744 do CRI de Mogi Guaçu.

Inconformada, Cerâmica Formigari LTDA., na qualidade de terceira prejudicada, vem recorrer, sustentando, em resumo, que é proprietária do imóvel de matrícula 57.869, a qual foi cancelada pela decisão agravada, tendo, portanto, interesse e legitimidade para recorrer. Sustenta que, em 30/04/2013, adquiriu, para o fomento de suas atividades, um imóvel rural decorrente do desmembramento do imóvel de matrícula 51.453 do CRI de Mogi Guaçu, em contrato celebrado com Santa Lúcia Empreendimentos e Participações LTDA.

Por sua vez, o imóvel de matrícula 51.453 fora arrematado pela alienante Santa Lúcia em hasta pública, nos autos do processo trabalhista nº 0181800-27.2005.5.15.0071, e registrada em 30/04/2012.

Diz que, após o desmembramento, o imóvel que adquiriu recebeu o número de matrícula 57.869. Ademais, concomitantemente à compra do imóvel, pleiteou junto à União requerimento de habilitação para lavra de argila, na qualidade de proprietária da área.

No entanto, em 2019, foi informada pelos sócios da Anhumas Empreendimentos e Participações Ltda., proprietários do imóvel adjacente ao da agravante, de matrícula nº 64.744, que ambas as matrículas (e outras) tinham sido canceladas por decisão judicial emanada do processo falimentar da Cerâmica Mogi Guaçu S/A.

Afirma que a decisão fere a legalidade e a coisa julgada, uma vez que sequer oportunizou aos proprietários dos imóveis chance de defesa, além de cancelar matrícula decorrente do desmembramento de um imóvel perfeitamente arrematado em hasta pública há anos. Assim, requer a reforma da decisão, com a reabertura do registro cancelado.

Processado o recurso, vieram resposta recursal (fls. 431/446) e manifestação do administrador judicial (fls. 530/537). A douta Procuradoria Geral de Justiça opinou pelo desprovimento do recurso (fls. 524/526). Não houve oposição ao julgamento virtual.

É o relatório.

Depreende-se dos autos que, no bojo da falência de Cerâmica Mogi Guaçu S/A (autos nº 0000007-72.1983.8.26.0362), que já se estende por muitos anos, foi noticiada a existência de uma gleba de terras, de propriedade da massa falida, de matrícula 23.978 do CRI de Mogi Guaçu, supostamente "desaparecida" em razão de diversas alterações realizadas nas confrontações dos imóveis lindeiros.

Para apurar a questão, foi realizada perícia no local, bem como levantamento topográfico, concluindo-se, segundo informações da administradora judicial, que "três procedimentos registrais deram origem ao 'desaparecimento' das terras componentes da matrícula nº 23.798, quais sejam, (i) a retificação da matrícula nº 22.242 promovida por Herminio Gerbi Filho, (ii) nova retificação promovida por Cláudio Donizetti Leandro, e (iii) retificação da matrícula nº 15.847 promovida por Gerbi – Revestimentos Cerâmicos Ltda., sucedida por Santa Lúcia Empreendimentos e Participações Ltda." (fls. 35).

Segundo consta, ainda, o Oficial de Registro confirmou a sequência de registros das transcrições e matrículas apontadas pelo perito em seu laudo, bem como a alteração nas confrontações da matrícula nº 23.798 a partir das retificações ocorridas, responsabilizando os responsáveis técnicos da época por eventuais omissões ou impropriedades das retificações (fls. 471/473).

Diante do laudo pericial e das informações prestadas pelo Oficial de Registro a Administradora Judicial concluiu pela existência física do imóvel de matrícula nº 23.798, que teria sido sobreposto pela área das matrículas de nº 49.581, 59.462, 59.901, 59.902, 57.869 e parte da matrícula 64.744 do CRI de Mogi Guaçu.

Assim, a Massa Falida requereu ao juízo falimentar, dentre outras providências, o cancelamento das referidas matrículas, uma vez que, comprovadamente, englobam área referente à matrícula de nº 23.798 (fls. 35/38).

O Ministério Público, em primeiro grau, manifestou-se favoravelmente ao cancelamento das matrículas, "considerando que o imóvel de propriedade da Massa Falida, sob matrícula nº 23.798, foi indevidamente sobreposto pela área das matrículas de nº 49.581, 59.462, 59.901, 59.902, 57.869 e parte da matrícula 64.744, o que fez com que o imóvel não fosse identificado e arrecadado" (fls. 39/44).

Sobreveio, então, a r. decisão recorrida, a qual, dentre outras medidas, determinou o cancelamento das referidas matrículas (fls. 45/46).

Diante desse quadro, o recurso não comporta provimento.

Com efeito, tanto o perito como o Oficial de Registro posicionaram-se pela existência física do imóvel em questão, de matrícula **nº 23.978**, de propriedade da massa falida, que "desaparecera" por ter sido indevidamente sobreposto pelas áreas das matrículas canceladas, dentre elas a reclamada pela agravante (matrícula nº 57.869).

É importante ressaltar que tais conclusões não foram devidamente refutadas pela agravante, que se limita a arguir a ilegalidade e invalidade do cancelamento da matrícula por ter sido "arbitrária" e "violar ato jurídico perfeito e princípios constitucionais da ampla defesa e contraditório".

No entanto, como bem observado pela Administradora Judicial, em nenhum momento a agravante apresenta provas de seu direito, que pudessem invalidar o laudo pericial, como determina o art. 373, II, do CPC.

Não demonstra, documentalmente, por profissional de sua confiança, fato que pudesse contrapor à conclusão do laudo pericial, no sentido de que a área de seu imóvel (matrícula 57.869) não teria sobreposto a matrícula do imóvel da Massa Falida, registrada sob o nº 23.708. Na mesma linha, não apresentou o título de aquisição da propriedade, a fim de comprovar a indicação da área, o preço pago e a data da aquisição, que deveria ser anterior à decretação da quebra da CERÂMICA MOGI GUAÇU S/A.

Nesse ponto, cumpre destacar que o art. 129, VII da Lei nº 11.101/05 estabelece que são ineficazes, perante a massa falida, "os registros de direitos reais e de transferência de propriedade entre vivos, por título oneroso ou gratuito, ou a averbação relativa a imóveis realizados após a decretação da falência, salvo se tiver havido prenotação anterior". E, não bastasse a ausência de comprovação das alegações, todas as matrículas canceladas, inclusive aquela discutida nesse recurso, foram abertas após o decreto da falência, que se deu em 09/08/1984 (fls. 536).

Em suma, pela leitura das razões recursais e pelos documentos colacionados ao agravo de instrumento, não há prova suficiente a descaracterizar as conclusões apresentadas nos autos da falência, muito menos a justificar a pretendida reabertura do registro cancelado, devendo a decisão ser mantida tal como lançada.

No mais, não há que se falar em violação ao contraditório ou à ampla defesa, sendo certo que a oportunidade de impugnar o ato, pelo terceiro prejudicado, é o da interposição de recurso, ou, ainda, o da oposição de embargos de terceiro. Considerando que a via escolhida foi a recursal, na qual se debate, justamente, seu direito de propriedade, não se verifica a alegada arbitrariedade ou ofensa ao princípio do contraditório.

Do exposto, pelo meu voto, **nego provimento** ao recurso.

SERGIO SHIMURA. Relator – – /(TJSP – Agravo de Instrumento nº 2189087-77.2019.8.26.0000 – Mogi-Guaçu – 2ª Reservada de Direito Empresarial – Rel. Des. Sérgio Shimura – DJ 07.07.2020)

3. QUESTÕES DE CONCURSOS

01. (EJEF – Registro de Imóveis-MG/2005) Considerando-se o que dispõe a Lei nº 6.015, de 1973, sobre as nulidades registrais, é INCORRETO afirmar que

a) a nulidade de um registro não obsta que este produza efeitos entre as partes ou em relação a terceiros enquanto não for cancelado, mesmo que se comprove que o título que lhe deu origem está extinto, é nulo ou foi rescindido.

b) o Magistrado, em deparando uma escritura pública de venda de bens de um menor absolutamente incapaz já registrada, provado que não houve, para isso, autorização judicial, pode, após ouvidos os interessados, anulá-la de ofício, independentemente de ação direta.

c) o registro de direito real é considerado nulo se o ato for realizado após a sentença de falência ou durante o termo legal, mesmo que não tenha havido intenção de fraudar, ou que o interessado desconheça o estado do falido ou, ainda, que tenha havido prenotação do título anteriormente àquele período.

d) o registro lavrado fora das horas regulamentares de funcionamento e atendimento externo do Cartório responsável ou em dias em que, nele, não houver expediente é considerado nulo.

02. (CETRO – Notário-RJ/2012) Sobre o registro de imóveis, é correto afirmar que

a) a matrícula do imóvel promovida pelo titular do domínio direto não aproveita ao titular de domínio útil, e vice-versa.

b) se a apresentação para registro tiver sido feita antes do termo legal da falência, não serão nulos os registros, ainda que realizados após a sentença de abertura de falência.

c) as nulidades de pleno direito do registro, uma vez provadas, e sempre dependentes de ação direta, serão invalidadas.

d) o registro da penhora não é suficiente para fazer prova quanto à fraude de qualquer transação posterior.

e) o registro do penhor rural depende do consentimento do credor hipotecário.

03. (TJ-SC – Notário-SC/2012) A sentença que decreta a falência tem natureza:

a) Declaratória.
b) Constitutiva.
c) Mandamental.
d) Cautelar.
e) Executória.

GAB	1	C	2	B	3	B

Art. 216. O registro poderá também ser retificado ou anulado por sentença em processo contencioso, ou por efeito do julgado em ação de anulação ou de declaração de nulidade de ato jurídico, ou de julgado sobre fraude à execução.

1. COMENTÁRIOS

Este artigo explicita que a correção de inexatidões do registro pode ocorrer também por **determinação jurisdicional contenciosa**, seja por vício nulidade ou ineficácia do título que lhe serviu de base, seja por vício do próprio assento. Note-se que tais hipóteses previstas no dispositivo têm natureza exemplificativa.

O Superior Tribunal de Justiça tem decidido que a decisão jurisdicional deve prevalecer sobre a administrativa. Assim, o Juiz Corregedor, em atividade administrativa, não deve recusar o cumprimento de um mandado expedido por um Juiz no exercício de sua jurisdição. Da mesma forma, o Juiz Correcional, no exercício de sua função administrativa, não pode se opor a uma decisão proferida em um processo jurisdicional. Em termos simples, uma decisão administrativa do Corregedor não pode contrariar uma decisão judicial.

Art. 216-A. Sem prejuízo da via jurisdicional, é admitido o pedido de reconhecimento extrajudicial de usucapião, que será processado diretamente perante o cartório do registro de imóveis da comarca em que estiver situado o imóvel usucapiendo, a requerimento do interessado, representado por advogado, instruído com:

I – ata notarial lavrada pelo tabelião, atestando o tempo de posse do requerente e de seus antecessores, conforme o caso e suas circunstâncias, aplicando-se o disposto no art. 384 da Lei nº 13.105, de 16 de março de 2015 (Código de Processo Civil);

II – planta e memorial descritivo assinado por profissional legalmente habilitado, com prova de anotação de responsabilidade técnica no respectivo conselho de fiscalização profissional, e pelos titulares de direitos registrados ou averbados na matrícula do imóvel usucapiendo ou na matrícula dos imóveis confinantes;

III – certidões negativas dos distribuidores da comarca da situação do imóvel e do domicílio do requerente;

IV – justo título ou quaisquer outros documentos que demonstrem a origem, a continuidade, a natureza e o tempo da posse, tais como o pagamento dos impostos e das taxas que incidirem sobre o imóvel.

§ 1º O pedido será autuado pelo registrador, prorrogando-se o prazo da prenotação até o acolhimento ou a rejeição do pedido.

§ 2º Se a planta não contiver a assinatura de qualquer um dos titulares de direitos registrados ou averbados na matrícula do imóvel usucapiendo ou na matrícula dos imóveis confinantes, o titular será notificado pelo registrador competente, pessoalmente ou pelo correio com aviso de recebimento, para manifestar consentimento expresso em quinze dias, interpretado o silêncio como concordância.

§ 3º O oficial de registro de imóveis dará ciência à União, ao Estado, ao Distrito Federal e ao Município, pessoalmente, por intermédio do oficial de registro de títulos e documentos, ou pelo correio com aviso de recebimento, para que se manifestem, em 15 (quinze) dias, sobre o pedido.

§ 4º O oficial de registro de imóveis promoverá a publicação de edital em jornal de grande circulação, onde houver, para a ciência de terceiros eventualmente interessados, que poderão se manifestar em 15 (quinze) dias.

§ 5º Para a elucidação de qualquer ponto de dúvida, poderão ser solicitadas ou realizadas diligências pelo oficial de registro de imóveis.

§ 6º Transcorrido o prazo de que trata o § 4º deste artigo, sem pendência de diligências na forma do § 5º deste artigo e achando-se em ordem a documentação, o oficial de registro de imóveis registrará a aquisição do imóvel com as descrições apresentadas, sendo permitida a abertura de matrícula, se for o caso.

§ 7º Em qualquer caso, é lícito ao interessado suscitar o procedimento de dúvida, nos termos desta Lei.

§ 8º Ao final das diligências, se a documentação não estiver em ordem, o oficial de registro de imóveis rejeitará o pedido.

§ 9º A rejeição do pedido extrajudicial não impede o ajuizamento de ação de usucapião.

§ 10. Em caso de impugnação justificada do pedido de reconhecimento extrajudicial de usucapião, o oficial de registro de imóveis remeterá os autos ao juízo competente da comarca da situação do imóvel, cabendo ao requerente emendar a petição inicial para adequá-la ao procedimento comum, porém, em caso de impugnação injustificada, esta não será admitida pelo registrador, cabendo ao interessado o manejo da suscitação de dúvida nos moldes do art. 198 desta Lei.

§ 11. No caso de o imóvel usucapiendo ser unidade autônoma de condomínio edilício, fica dispensado consentimento dos titulares de direitos reais e outros direitos registrados ou averbados na matrícula dos imóveis confinantes e bastará a notificação do síndico para se manifestar na forma do § 2º deste artigo.

§ 12. Se o imóvel confinante contiver um condomínio edilício, bastará a notificação do síndico para o efeito do § 2º deste artigo, dispensada a notificação de todos os condôminos.

§ 13. Para efeito do § 2º deste artigo, caso não seja encontrado o notificando ou caso ele esteja em lugar incerto ou não sabido, tal fato será certificado pelo registrador, que deverá promover a sua notificação por edital mediante publicação, por duas vezes, em jornal local de grande circulação, pelo prazo de quinze dias cada um, interpretado o silêncio do notificando como concordância.

§ 14. Regulamento do órgão jurisdicional competente para a correição das serventias poderá autorizar a publicação do edital em meio eletrônico, caso em que ficará dispensada a publicação em jornais de grande circulação.

§ 15. No caso de ausência ou insuficiência dos documentos de que trata o inciso IV do *caput* deste artigo, a posse e os demais dados necessários poderão ser comprovados em procedimento de justificação administrativa perante a serventia extrajudicial, que obedecerá, no que couber, ao disposto no § 5º do art. 381 e ao rito previsto nos arts. 382 e 383 da Lei nº 13.105, de 16 março de 2015 (Código de Processo Civil).

1. COMENTÁRIOS

O art. 216-A foi incluído pelo novo Código de Processo Civil (Lei 13.105/2015) e introduz na ordem jurídica brasileira, de forma facultativa (permitindo a escolha entre o novo procedimento extrajudicial e o processo judicial), o instituto da usucapião extrajudicial, processada perante o Registro Imobiliário. Essa medida visa a desjudicialização de procedimentos e o desafogo do Poder Judiciário.

O reconhecimento extrajudicial da usucapião foi previsto, **inicialmente,** no art. 60 da Lei do Programa "Minha Casa, Minha Vida" (Lei 11.977/2009), com aplicação restrita **ao contexto da regularização fundiária,** conforme segue:

> **Art. 60**. *Sem prejuízo dos direitos decorrentes da posse exercida anteriormente, o detentor do* ***título de legitimação de posse****, após 5 (cinco) anos de seu registro, poderá requerer* ***ao oficial de registro de imóveis*** *a conversão desse título em registro de propriedade,* ***tendo em vista sua aquisição por usucapião****, nos termos do art. 183 da Constituição Federal.*
>
> *§ 1º Para requerer a conversão prevista no ‹caput›, o adquirente deverá apresentar:*
>
> *I – certidões do cartório distribuidor demonstrando a inexistência de ações em andamento que caracterizem oposição à posse do imóvel objeto de legitimação de posse;*
>
> *II – declaração de que não possui outro imóvel urbano ou rural;*
>
> *III – declaração de que o imóvel é utilizado para sua moradia ou de sua família; e*
>
> *IV – declaração de que não teve reconhecido anteriormente o direito à usucapião de imóveis em áreas urbanas.*
>
> *§ 2º. As certidões previstas no inciso I do § 1º serão relativas ao imóvel objeto de legitimação de posse e serão fornecidas pelo poder público.*
>
> *§ 3º. No caso de área urbana de mais de 250m² (duzentos e cinquenta metros quadrados), o prazo para requerimento da conversão do título de legitimação de posse em propriedade será o estabelecido na legislação pertinente sobre usucapião.*

A Lei 13.465/2017 revogou todos os dispositivos que tratavam da regularização fundiária na Lei 11.977/2009, bem como nesta Lei de Registros Públicos, criando um novo sistema.

Com o advento do CPC/2015, a usucapião extrajudicial passou a contar com uma norma geral, não ficando mais restrita apenas ao contexto de regularização fundiária.

O procedimento para usucapião foi simplificado e ficou mais célere. A disposição que previa a anuência expressa do antigo proprietário (§ 2º do art. 216-A), que na prática tornava inviável o instituto, teve sua redação alterada pela Lei 13.465, dando nova roupagem ao instituto.

Assim, atualmente, se a planta não contiver a assinatura de qualquer um dos titulares de direitos registrados ou averbados na matrícula do imóvel usucapiendo ou na matrícula dos imóveis confinantes, o titular será notificado pelo registrador competente, pessoalmente ou pelo correio com aviso de recebimento, para manifestar consentimento expresso em quinze dias, sendo **interpretado o silêncio como concordância.**

Lamana Paiva foi um dos críticos do dispositivo original, alertando na época que "a redação dada ao § 2º do art. 216-A da Lei de Registros Públicos pareceu-nos inadequado ao procedimento tendo em vista que a usucapião é um instituto relativamente ao qual não é exigido, necessariamente, consenso ou concordância entre o requerente e o requerido, como ocorre no procedimento de retificação extrajudicial – este, sim, caracteristicamente consensual – já que, ainda que ausente o consenso, se preenchidas as condições legais pelo usucapiente, este estará em plenas condições de adquirir a propriedade imobiliária. Assim, tendo a lei emprestado um caráter de consensualidade ao procedimento extrajudicial da usucapião, pode-se estimar que ele virá a ter um bom funcionamento como instrumento de regularização fundiária, especialmente dirigido àqueles casos em que houve um prévio negócio entre o usucapiente e o titular do domínio do imóvel (o que será espelhado pela presença do justo título). Restará, entretanto, um problema de difícil solução na hipótese em que haja o silêncio do titular do direito real sem que isso signifique propriamente discordância com a realização do procedimento (§ 2º do art. 216-A), mas signifique indiferença às consequências de sua não manifestação expressa, que talvez venha a ser uma hipótese bastante recorrente no futuro, dada à forma como o procedimento foi concebido" (disponível em http: //irib.org.br/arquivos/biblioteca/Verso_correta_Artigo_Lamana_Paiva_Usucapiao_2.pdf).

Em 2017, o Conselho Nacional de Justiça publicou o Provimento 65, para estabelecer diretrizes para o procedimento da usucapião extrajudicial nos serviços notariais e de registro de imóveis. Atualmente, referido ato normativo foi incorporado aos arts. 398 a 423 do Código Nacional de Normas.

Vale a pena entender os motivos da edição do Provimento 65/2017. São eles:

a) A previsão de que, sem prejuízo da via jurisdicional, o pedido de reconhecimento extrajudicial da usucapião será processado diretamente no ofício de registro de imóveis (art. 216-A da Lei nº 6.015 de 31 de dezembro de 1973);
b) A necessidade de regulamentação e padronização do procedimento para a admissão da usucapião extrajudicial até que as unidades da Federação adotem norma própria acerca dos emolumentos (Lei n. 10.169, de 29 de dezembro de 2000);
c) A maior celeridade, redução de custos e de demandas no Poder Judiciário mediante a desjudicialização de procedimentos;
d) A necessidade de uniformização, em todo o território nacional, dos procedimentos relativos à usucapião extrajudicial;
e) As sugestões colhidas no âmbito da consulta pública realizada pela Corregedoria Nacional de Justiça e nos autos do Pedido de Providência n. 0007015-88.2016.2.00.0000, em trâmite no Conselho Nacional de Justiça.

A matéria é recente e trouxe um novo cenário à atividade notarial e registral, além de contribuir para o movimento crescente de desjudicialização e extrajudicialização. A doutrina e a jurisprudência estão sedimentando as melhores interpretações sobre esta temática. Cabe aos aplicadores do direito, incluindo notários e registradores, proceder de forma a garantir maior segurança e eficiência aos atos elaborados, sempre respeitando os interesses e as liberdades das partes envolvidas.

1.1 FACULTATIVIDADE DA VIA JUDICIAL OU EXTRAJUDICIAL

É facultado aos interessados a opção pela via judicial ou pela extrajudicial, podendo ser solicitada, a qualquer momento, a suspensão do procedimento pelo prazo de trinta dias ou a desistência da via judicial para promoção da via extrajudicial.

Frise-se que, caso a parte opte pelo ajuizamento de ação de usucapião, esta independe de pedido prévio na via extrajudicial. Assim já decidiu a Terceira Turma do Superior Tribunal de Justiça, no REsp 1.796.394.

No caso de homologação da desistência ou deferida a suspensão, as provas produzidas na via judicial poderão ser utilizadas. Este é, inclusive, tese da **II Jornada de Prevenção e Solução Extrajudicial de Litígios** do Conselho da Justiça Federal, conforme segue:

> **Enunciado 117.** Em caso de desistência ou suspensão do processo judicial de usucapião para utilização da via extrajudicial, poderão ser aproveitados os atos processuais já praticados na via judicial.
>
> Justificativa: O provimento 65/2017 do CNJ estabelece diretrizes para o procedimento da usucapião extrajudicial

nos serviços notariais e de registro de imóveis. Consta do art. 2º, § 3º, desse provimento que as provas produzidas na via judicial podem ser utilizadas no procedimento extrajudicial. O enunciado propõe que também sejam aproveitados os atos processuais já praticados na via judicial na via extrajudicial. Baseia-se o enunciado no princípio da economia processual.

1.2 OBJETO DA USUCAPIÃO EXTRAJUDICIAL

O objeto da usucapião administrativa é o **bem imóvel**, **urbano ou rural**, uma vez que, o *caput* do art. 216-A se refere a imóvel usucapiendo. Dessa maneira, a usucapião de outros direitos continuará sendo reconhecida somente na via jurisdicional.

Em outras palavras, a usucapião extrajudicial é permitida para todas as formas de usucapião de bem imóvel. Isso inclui as modalidades extraordinária e com prazo reduzido, ordinária e tabular, coletiva, familiar e as constitucionais pro moradia e pro labore.

Além disso, é possível o reconhecimento da usucapião administrativa do domínio útil de bem imóvel da União, de imóveis urbanos não regulares, como parcelas de loteamentos irregulares, ou de imóveis rurais com área inferior à fração mínima de parcelamento. Também é possível que as unidades de condomínio edilício sejam usucapidas na forma da usucapião extrajudicial. Todavia, não se admitirá o reconhecimento extrajudicial da usucapião de bens públicos, nos termos da lei.

Narciso Orlandi assegura que indisponibilidade, hipotecas, bloqueios de matrícula, instituições de bem de família e penhoras, por exemplo, registrados, inscritos ou averbados na matrícula/transcrição do imóvel usucapiendo, não impedem o reconhecimento da usucapião. No entanto, os imóveis rurais com área entre 250 e menos de 500 hectares deverão ter sua descrição georreferenciada, com certificação pelo INCRA. A partir de novembro de 2016, essa exigência se estenderá aos imóveis entre 100 e menos de 250 hectares (Decreto 4.449/02, com as alterações posteriores). O Provimento 149/2023 do Conselho Nacional de Justiça, em seu art. 399, § 1º, dispõe que o procedimento da usucapião administrativa **poderá abranger a propriedade e demais direitos reais passíveis de usucapião** (corresponde ao art. 1º§ 1º do Prov. CNJ N. 65/2017)

Em relação ao objeto da usucapião, dialoga com o tema a Tese 8 extraída do "Jurisprudência em Teses – Sistema Financeiro da Habitação," do Superior Tribunal de Justiça. Veja-se:

▶ **Tese 8)** O imóvel vinculado ao Sistema Financeiro da Habitação não pode ser objeto de usucapião.
Precedentes: AgInt no REsp 1584104/AL, Rel. Ministro RAUL ARAÚJO, QUARTA TURMA, julgado em 17/08/2017, DJe 08/09/2017; AgInt no REsp 1653998/PE, Rel. Ministro MARCO AURÉLIO BELLIZZE, TERCEIRA TURMA, julgado em 03/08/2017, DJe 14/08/2017; AgInt no REsp 1483383/AL, Rel. Ministro LUIS FELIPE SALOMÃO, QUARTA TURMA, julgado em 20/06/2017, DJe 27/06/2017; AgRg no REsp 1487677/AL, Rel. Ministro MOURA RIBEIRO, TERCEIRA TURMA, julgado em 27/04/2017, DJe 22/05/2017; REsp 1448026/PE, Rel. Ministra NANCY ANDRIGHI, TERCEIRA TURMA, julgado em 17/11/2016, DJe 21/11/2016; REsp 1221243/PR, Rel. Ministro JOÃO OTÁVIO DE NORONHA, TERCEIRA TURMA, julgado em 25/02/2014, DJe 10/03/2014. (VIDE INFORMATIVO DE JURISPRUDÊNCIA N. 594) (...)

1.3 COMPETÊNCIA DA USUCAPIÃO EXTRAJUDICIAL

Ainda que o registro esteja em outra circunscrição, a usucapião extrajudicial deve ser processada no Registro de Imóveis da circunscrição imobiliária em que se situar o imóvel usucapiendo ou a maior parte dele.

A regra vai ao encontro do art. 399 do Provimento CNJ n. 149/2023 do CNJ.

1.4 LEGITIMADOS PARA REQUERER

A lei diz que o **interessado** é o legitimado para postular a usucapião administrativa. O interessado é aquele que detém a posse de um imóvel, como se dono fosse, pelo tempo previsto em lei. Isso abrange as pessoas físicas e também as pessoas jurídicas.

Frise-se que o **espólio** representado por seu inventariante, tem legitimidade para requerer a usucapião extrajudicial. Este era um tema controverso na doutrina e que está atualmente estabelecido no **Enunciado 33 da I Jornada de Direito Notarial e Registral**, sob a seguinte justificativa: o provimento nº 65/17 foi omisso quanto a possibilidade de o espólio através de seu inventariante figurar como interessando em requerer a usucapião em favor do "de cujus". O espólio é a massa de bens do autor da herança e é administrada pelo Inventariante. Cabe ao espólio na pessoa do inventariante arrecadar bens do falecido. A posse é um bem transmissível e a usucapião extrajudicial pode ser requerida pelo espólio para que possa transferir aos herdeiros a propriedade do imóvel, promovendo a partilha.

1.5 ADVOGADO

Segundo o art. 216-A da Lei de Registros Públicos, é obrigatório o requerimento subscrito pelo advogado. O art. 399 do Código Nacional de Normas também prevê essa exigência, incluindo o defensor público, se for o caso.

1.6 REQUERIMENTO

O requerimento, subscrito pelo advogado ou pelo defensor público, deve ser instruído com a **ata notarial**, lavrada pelo tabelião de notas.

Cumpre informar que o reconhecimento extrajudicial da usucapião pleiteado por mais de um requerente será admitido nos casos de exercício comum da posse.

O notário certificará as diligências necessárias, inquirindo possuidores, confinantes ou testemunhas, produzindo a prova de tempo da posse e da cadeia possessória que configure o direito à aquisição da propriedade imobiliária.

Luiz Guilherme Loureiro esclarece que "a presença do advogado apenas é necessária para o pedido de usucapião extrajudicial a ser protocolado no Registro de Imóveis. Para a demanda da ata notarial não há necessidade de representação por advogado, podendo ser feita diretamente pelo próprio interessado no tabelião competente (...) O notário deve se dirigir até o imóvel objeto da posse lícita e observar, por seus sentidos, todos os elementos fáticos que indiquem que o demandante da ata realmente exerce um poder de fato sobre o bem, como se dono fosse. Devem ser observados e constatados no documento notarial a existência de cerca delimitando o imóvel, de acessões e benfeitorias, o fato de o possuidor residir ou não no imóvel ou nele exercer atividade produtiva, ou seja, se o imóvel é residencial, de lazer, agrícola, etc. como residência familiar, lazer, produção. A exata constatação do fato da posse com todas as suas características, *é importante para a correta qualificação da situação jurídica e, consequentemente, da normativa aplicável, notadamente no que tange ao tempo de posse necessária para a aquisição da propriedade.*" (Op. cit., p. 909).

Segundo o art. 216-A, o requerimento, além da ata notarial, deve ser instruído com

a) Planta e memorial descritivo assinado por profissional legalmente habilitado, com prova de anotação de responsabilidade técnica no respectivo conselho de fiscalização profissional, e pelos titulares de direitos reais e de outros direitos registrados ou averbados na matrícula do imóvel usucapiendo ou na matrícula dos imóveis confinantes;

Nos termos do art. 407 do Provimento 149/2023:

Art. 407. Se a planta não estiver assinada pelos titulares dos direitos registrados ou averbados na matrícula do imóvel usucapiendo ou na matrícula dos imóveis confinantes ou ocupantes a qualquer título e não for apresentado documento autônomo de anuência expressa, eles serão notificados pelo oficial de registro de imóveis ou por intermédio do oficial de registro de títulos e documentos para que manifestem consentimento no prazo de 15 dias, considerando-se sua inércia como concordância.

§ 1.º A notificação poderá ser feita pessoalmente pelo oficial de registro de imóveis ou por escrevente habilitado se a parte notificanda comparecer em cartório.

§ 2.º Se o notificando residir em outra comarca ou circunscrição, a notificação deverá ser realizada pelo oficial de registro de títulos e documentos da outra comarca ou circunscrição, adiantando o requerente as despesas.

§ 3.º A notificação poderá ser realizada por carta com aviso de recebimento, devendo vir acompanhada de cópia do requerimento inicial e da ata notarial, bem como de cópia da planta e do memorial descritivo e dos demais documentos que a instruíram.

§ 4.º Se os notificandos forem casados ou conviverem em união estável, também serão notificados, em ato separado, os respectivos cônjuges ou companheiros.

§ 5.º Deverá constar expressamente na notificação a informação de que o transcurso do prazo previsto no *caput* sem manifestação do titular do direito sobre o imóvel consistirá em anuência ao pedido de reconhecimento extrajudicial da usucapião do bem imóvel.

b) Certidões negativas dos distribuidores da comarca da situação do imóvel e do domicílio do requerente;

Nos termos do art. 411 do Provimento 149/2023, a existência de ônus real ou de gravame na matrícula do imóvel usucapiendo não impedirá o reconhecimento extrajudicial da usucapião.

Parágrafo único. A impugnação do titular do direito previsto no *caput* poderá ser objeto de conciliação ou mediação pelo registrador. Não sendo frutífera, a impugnação impedirá o reconhecimento da usucapião pela via extrajudicial.

c) Justo título ou quaisquer outros documentos que demonstrem a origem, a continuidade, a natureza e o tempo da posse, tais como o pagamento dos impostos e das taxas que incidirem sobre o imóvel.

A Lei 13.465/2017 incluiu o § 15 no art. 216-A estabelecendo que, no caso de ausência ou insuficiência esses documentos, a posse e os demais dados necessários poderão ser comprovados em procedimento de **justificação administrativa** perante a serventia extrajudicial, que obedecerá, no que couber, ao disposto no § 5º do art. 381 (produção antecipada de provas) e ao rito previsto nos arts. 382 e 383 do Código de Processo Civil).

Justificação significa demonstrar a existência de um fato ou relação jurídica. Aqui, a prova é produzida unilateralmente para ser utilizada posteriormente.

Em excelente palestra proferida no 36º Encontro Regional dos Oficiais de Registro de Imóveis, no dia 27 de outubro de 2017, Luiz Gustavo Montemor, bem observa que "a Lei 13.465/17 parece ter ressuscitado a "audiência de justificação de posse" do CPC/73 (artigo 942, I), revogado pela reforma processual de 1994 (Lei nº. 8.951/94), passando a usucapião do rito especial para o rito ordinário. Atualmente perdura a justificação de posse apenas para a usucapião especial rural (Lei nº. 6.969/81)".

Importante ressaltar que o requerimento, juntamente com todos os documentos que o instruírem, será autuado pelo oficial do registro de imóveis competente, **prorrogando-se os efeitos da prenotação até o acolhimento ou rejeição do pedido.**

O Provimento 65/2017 do CNJ traçou normas a respeito do requerimento de reconhecimento administrativo da usucapião. Atualmente, estas normas estão incorporadas nos arts. 400 e 401 do Provimento CNJ n. 149/2023. Vejamos:

Art. 400. O requerimento de reconhecimento extrajudicial da usucapião atenderá, no que couber, aos requisitos da petição inicial, estabelecidos pelo art. 319 do Código de Processo Civil (CPC), bem como indicará:

I – a modalidade de usucapião requerida e sua base legal ou constitucional;

II – a origem e as características da posse, a existência de edificação, de benfeitoria ou de qualquer acessão no imóvel usucapiendo, com a referência às respectivas datas de ocorrência;

III – o nome e estado civil de todos os possuidores anteriores cujo tempo de posse foi somado ao do requerente para completar o período aquisitivo;

IV – o número da matrícula ou a transcrição da área em que se encontra inserido o imóvel usucapiendo ou a informação de que não se encontra matriculado ou transcrito; e

V – o valor atribuído ao imóvel usucapiendo.

Art. 401. O requerimento será assinado por advogado ou por defensor público constituído pelo requerente e instruído com os seguintes documentos:

I – ata notarial com a qualificação, o endereço eletrônico, o domicílio e a residência do requerente e o respectivo cônjuge ou companheiro, se houver, e do titular do imóvel lançado na matrícula objeto da usucapião que ateste:

a) a descrição do imóvel conforme consta na matrícula do registro em caso de bem individualizado ou a descrição da área em caso de não individualização, devendo ainda constar as características do imóvel, tais como a existência de edificação, de benfeitoria ou de qualquer acessão no imóvel usucapiendo;

b) o tempo e as características da posse do requerente e de seus antecessores;

c) a forma de aquisição da posse do imóvel usucapiendo pela parte requerente;

d) a modalidade de usucapião pretendida e sua base legal ou constitucional;

e) o número de imóveis atingidos pela pretensão aquisitiva e a localização: se estão situados em uma ou em mais circunscrições;

f) o valor do imóvel; e

g) outras informações que o tabelião de notas considere necessárias à instrução do procedimento, tais como depoimentos de testemunhas ou partes confrontantes.

II – planta e memorial descritivo assinados por profissional legalmente habilitado e com prova da Anotação da Responsabilidade Técnica (ART) ou do Registro de Responsabilidade Técnica (RTT) no respectivo conselho de fiscalização profissional e pelos titulares dos direitos registrados ou averbados na matrícula do imóvel usucapiendo ou na matrícula dos imóveis confinantes ou pelos ocupantes a qualquer título;

III – justo título ou quaisquer outros documentos que demonstrem a origem, a continuidade, a cadeia possessória e o tempo de posse;

IV – certidões negativas dos distribuidores da Justiça Estadual e da Justiça Federal do local da situação do imóvel usucapiendo expedidas nos últimos 30 dias, demonstrando a inexistência de ações que caracterizem oposição à posse do imóvel, em nome das seguintes pessoas:

a) do requerente e respectivo cônjuge ou companheiro, se houver;

b) do proprietário do imóvel usucapiendo e respectivo cônjuge ou companheiro, se houver;

c) de todos os demais possuidores e respectivos cônjuges ou companheiros, se houver, em caso de sucessão de posse, que é somada a do requerente para completar o período aquisitivo da usucapião;

V – descrição georreferenciada nas hipóteses previstas na Lei n. 10.267, de 28 de agosto de 2001, e nos decretos regulamentadores;

VI – instrumento de mandato, público ou particular, com poderes especiais, outorgado ao advogado pelo requerente e por seu cônjuge ou companheiro;

VII – declaração do requerente, do seu cônjuge ou companheiro que outorgue ao defensor público a capacidade postulatória da usucapião;

VIII – certidão dos órgãos municipais e/ou federais que demonstre a natureza urbana ou rural do imóvel usucapiendo, nos termos da Instrução Normativa Incra n. 82/2015 e da Nota Técnica Incra/DF/DFC n. 2/2016, expedida até 30 dias antes do requerimento.

§ 1.º Os documentos a que se refere o *caput* deste artigo serão apresentados no original.

§ 2.º O requerimento será instruído com tantas cópias quantas forem os titulares de direitos reais ou de outros direitos registrados sobre o imóvel usucapiendo e os proprietários confinantes ou ocupantes cujas assinaturas não constem da planta nem do memorial descritivo referidos no inciso II deste artigo.

§ 3.º O documento oferecido em cópia poderá, no requerimento, ser declarado autêntico pelo advogado ou pelo defensor público, sob sua responsabilidade pessoal, sendo dispensada a apresentação de cópias autenticadas.

§ 4.º Será dispensado o consentimento do cônjuge do requerente se estiverem casados sob o regime de separação absoluta de bens.

§ 5.º Será dispensada a apresentação de planta e memorial descritivo se o imóvel usucapiendo for unidade autônoma de condomínio edilício ou loteamento regularmente instituído, bastando que o requerimento faça menção à descrição constante da respectiva matrícula.

§ 6.º Será exigido o reconhecimento de firma, por semelhança ou autenticidade, das assinaturas lançadas na planta e no memorial mencionados no inciso II do *caput* deste artigo.

§ 7.º O requerimento poderá ser instruído com mais de uma ata notarial, por ata notarial complementar ou por escrituras declaratórias lavradas pelo mesmo ou por diversos notários, ainda que de diferentes municípios, as quais descreverão os fatos conforme sucederem no tempo.

§ 8.º O valor do imóvel declarado pelo requerente será seu valor venal relativo ao último lançamento do imposto predial e territorial urbano ou do imposto territorial rural incidente ou, quando não estipulado, o valor de mercado aproximado.

§ 9.º Na hipótese de já existir procedimento de reconhecimento extrajudicial da usucapião acerca do mesmo imóvel, a prenotação do procedimento permanecerá sobrestada até o acolhimento ou rejeição do procedimento anterior.

§ 10. Existindo procedimento de reconhecimento extrajudicial da usucapião referente à parcela do imóvel usucapiendo, o procedimento prosseguirá em relação à parte incontroversa do imóvel, permanecendo sobrestada a prenotação quanto à parcela controversa.

§ 11. Se o pedido da usucapião extrajudicial abranger mais de um imóvel, ainda que de titularidade diversa, o procedimento poderá ser realizado por meio de único requerimento e de ata notarial, se contíguas as áreas.

1.7 FALECIMENTO DE CONFINANTE

Na hipótese de algum titular de direitos reais e de outros direitos registrados na matrícula do imóvel usucapiendo e na matrícula do imóvel confinante ter falecido, poderão assinar a planta e memorial descritivo os herdeiros legais, desde que apresentem escritura pública declaratória de únicos herdeiros com nomeação do inventariante.

1.8 OBRIGAÇÕES DO TABELIÃO DE NOTAS

Quanto às obrigações do Tabelião de Notas para a prática do ato, Rodrigo Reis Cyrino faz algumas importantes observações (http://www.notariado.org.br/index.php?pG=X19leGliZV9ub3RpY2lhcw==&in=NTgzOA):

a) **DOI** – o Tabelião entende que ela deverá ser transmitida sim, mas sugeriu que a Receita Federal no futuro terá que implementar e inserir o campo: "sem CPF/CNPJ por ato notarial/registral", tal como existe hoje o campo para "decisão judicial". Quando houver um transmitente dessa posse através de recibo ou contrato particular, sugere que poderá ser utilizado o campo: "inscrito no CPF/CNPJ";

b) **CNIB (CENTRAL NACIONAL DE INDISPONIBILIDADE DE BENS)** – é prudente para o notário fazer a consulta na CNIB antes da lavratura do ato, para que as partes já estejam cientes de quaisquer restrições, até mesmo porque isso será feito no Cartório de Imóveis. Além disso, a consulta à CNIB hoje é feita pelos notários para citar até mesmo em algumas procurações;

c) **CENSEC (CENTRAL NOTARIAL DE SERVIÇOS ELETRONICOS COMPARTILHADOS)** não seria necessária a busca da existência de ato anterior já informado por se tratar de forma originária de aquisição da propriedade, mas que talvez seja interessante que o CNB-CF abra um campo na CENSEC para informar a lavratura dessas atas notariais de usucapião, haja vista que a lógica da edição do Provimento do CNJ foi no sentido de dar acesso aos órgãos públicos dos atos praticados e interligar a comunicação entre esses atos em todos os Cartórios do país. Prova disso é que todas as procurações são informadas à CENSEC na CEP (Central de Escrituras e Procurações), mas ainda não temos ainda o campo "ATA NOTARIAL" para informar à CENSEC.

1.9 PRENOTAÇÃO, AUTUAÇÃO E QUALIFICAÇÃO

O requerimento deverá ser prenotado na apresentação, com exceção da apresentação para simples exame e cálculo, que deverá valer até o desfecho do requerimento, com o registro da usucapião, a remessa do processo ao juiz competente, ou o indeferimento.

Prenotado o requerimento, os documentos que o acompanham deverão ser autuados, numerados e rubricados pelo oficial ou pelo escrevente autorizado, para a devida qualificação.

Narciso Orlandi sugere que na qualificação registral devem o registrador deve observar o seguinte (Op. cit., p. 9):

a) se foram apresentados todos os documentos necessários;

b) se a ata contém os requisitos exigidos pela lei;

c) se o requerimento permite: identificar a espécie de usucapião, conferir o tempo e a continuidade da posse; a certeza de que a posse é justa e, quando exigível, de boa-fé, exercida com ânimo de dono;

d) se foram identificados e qualificados todos os proprietários e titulares de direitos reais, em relação ao imóvel usucapiendo e aos imóveis confinantes;

e) se as certidões de ações não provam a existência de ação contra o requerente ou seus antecessores, que tenham por objeto a posse do imóvel objeto do pedido;

f) se o imóvel objeto do pedido é realmente o da matrícula ou transcrição indicada no requerimento;

g) se os imóveis indicados como confinantes são realmente confinantes e se são os únicos;

h) se a descrição do imóvel cumpre as exigências legais, inclusive em relação a eventual necessidade de georreferenciamento;

i) se o memorial descritivo está de acordo com a planta e vice-versa;

j) se as certidões do Registro de Imóveis estão atualizadas;

k) se foram indicados os verdadeiros proprietários e titulares de direitos reais em relação ao imóvel objeto do pedido e aos imóveis confinantes.

1.10 NOTIFICAÇÕES E EDITAL

Sobre as notificações, vide art. 407 do Provimento 149/2023 já tratado neste capítulo.

Se a planta do imóvel não estiver assinada pelos titulares dos direitos registrados ou averbados na matrícula do imóvel usucapiendo, ou na matrícula dos imóveis confinantes ou ocupantes a qualquer título, e não for apresentado um documento autônomo de anuência expressa, **será necessário notificar esses titulares**. Essa notificação será feita pelo oficial de registro de imóveis ou pelo oficial de registro de títulos e documentos, dando a eles um prazo de 15 dias para manifestarem seu consentimento. Caso não se manifestem dentro desse prazo, sua inércia será interpretada como concordância.

A notificação poderá ser realizada pessoalmente pelo oficial de registro de imóveis ou por um escrevente habilitado, caso a parte notificanda compareça ao cartório. Se o notificando residir em outra comarca ou circunscrição, a notificação deverá ser realizada pelo oficial de registro de títulos e documentos daquela comarca ou circunscrição, com as despesas sendo adiantadas pelo requerente.

Também é possível que a notificação seja feita por carta com aviso de recebimento, que deve ser acompanhada de uma cópia do requerimento inicial, da ata notarial, da planta, do memorial descritivo e dos demais documentos que instruíram o pedido.

Além disso, se os notificandos forem casados ou viverem em união estável, os respectivos cônjuges ou companheiros também deverão ser notificados, em ato separado.

A notificação deve informar expressamente que o transcurso do prazo sem manifestação do titular do direito sobre o imóvel será considerado como anuência ao pedido de reconhecimento extrajudicial da usucapião do bem imóvel.

Caso o notificando não seja encontrado ou esteja em lugar incerto e não sabido, tal fato será certificado pelo Registrador de Imóveis, que deverá promover a sua notificação por edital mediante publicação, por duas vezes, em jornal local de grande circulação, pelo prazo de quinze dias cada uma, sendo interpretado o silêncio do notificando como concordância.

O Provimento 65/2017, em seu art. 11 (atual art. 408 do Provimento CNJ n. 149/2023), também traz normas nesse sentido. Assim, infrutíferas as notificações, estando o notificando em lugar incerto, não sabido ou inacessível, o oficial de registro de imóveis certificará o ocorrido e promoverá a notificação por edital publicado, por duas vezes, em jornal local de grande circulação, pelo prazo de quinze dias cada um, interpretando o silêncio do notificando como concordância.

A notificação por edital poderá ser publicada em meio eletrônico, desde que o procedimento esteja regulamentado pelo tribunal.

Sobre a notificação por edital, o Provimento 149/2023 ainda traz regramentos no seguinte sentido:

> **Art. 413 (corresponde ao art. 16, Prov. CNJ n. 65/207).** Após a notificação prevista no *caput* do artigo anterior, o oficial de registro de imóveis expedirá edital, que será publicado pelo requerente e às expensas dele, na forma do art. 257, III, do CPC, para ciência de terceiros eventualmente interessados, que poderão manifestar-se nos quinze dias subsequentes ao da publicação.
>
> § 1.º O edital de que trata o *caput* conterá:
>
> I – o nome e a qualificação completa do requerente;
>
> II – a identificação do imóvel usucapiendo com o número da matrícula, quando houver, sua área superficial e eventuais acessões ou benfeitorias nele existentes;
>
> III – os nomes dos titulares de direitos reais e de outros direitos registrados e averbados na matrícula do imóvel usucapiendo e na matrícula dos imóveis confinantes ou confrontantes de fato com expectativa de domínio;
>
> IV – a modalidade de usucapião e o tempo de posse alegado pelo requerente; e
>
> V – a advertência de que a não apresentação de impugnação no prazo previsto neste artigo implicará anuência ao pedido de reconhecimento extrajudicial da usucapião.
>
> § 2.º Os terceiros eventualmente interessados poderão manifestar-se no prazo de 15 dias após o decurso do prazo do edital publicado.
>
> § 3.º Estando o imóvel usucapiendo localizado em duas ou mais circunscrições ou em circunscrição que abranja mais de um município, o edital de que trata o *caput* deste artigo deverá ser publicado em jornal de todas as localidades.
>
> § 4.º O edital poderá ser publicado em meio eletrônico, desde que o procedimento esteja regulamentado pelo órgão jurisdicional local, dispensada a publicação em jornais de grande circulação.

1.11 DILIGÊNCIA

Para esclarecer qualquer dúvida, o oficial de registro de imóveis pode solicitar ou realizar diligências. O art. 414 do Provimento CNJ n. 149/2023 (corresponde ao art. 17 do Provimento CNJ n. 65/2017), regulamenta o tema. Veja-se:

> **Art. 414.** Para a elucidação de quaisquer dúvidas, imprecisões ou incertezas, poderão ser solicitadas ou realizadas diligências pelo oficial de registro de imóveis ou por escrevente habilitado.
>
> § 1.º No caso de ausência ou insuficiência dos documentos de que trata o inciso IV do caput do art. 216-A da LRP, a posse e os demais dados necessários poderão ser comprovados em procedimento de justificação administrativa perante o oficial de registro do imóvel, que obedecerá, no que couber, ao disposto no § 5.º do art. 381 e ao rito previsto no art. 382 e art. 383, todos do CPC.
>
> § 2.º Se, ao final das diligências, ainda persistirem dúvidas, imprecisões ou incertezas, bem como a ausência ou insuficiência de documentos, o oficial de registro de imóveis rejeitará o pedido mediante nota de devolução fundamentada.
>
> § 3.º A rejeição do pedido extrajudicial não impedirá o ajuizamento de ação de usucapião no foro competente.
>
> § 4.º Com a rejeição do pedido extrajudicial e a devolução de nota fundamentada, cessarão os efeitos da prenotação e da preferência dos direitos reais determinada pela prioridade, salvo suscitação de dúvida.
>
> § 5.º A rejeição do requerimento poderá ser impugnada pelo requerente no prazo de quinze dias, perante o oficial de registro de imóveis, que poderá reanalisar o pedido e reconsiderar a nota de rejeição no mesmo prazo ou suscitará dúvida registral nos moldes do art. 198 e dos seguintes da LRP.

1.12 IMPUGNAÇÃO, CONCILIAÇÃO E MEDIAÇÃO

O art. 216-A diferencia os procedimentos de impugnação justificada e injustificada, estabelecendo critérios específicos para cada situação.

Desse modo, em caso de **impugnação justificada** do pedido de reconhecimento extrajudicial de usucapião, o oficial de registro de imóveis deve remeter os autos ao **juízo competente da comarca da situação do imóvel,** cabendo ao requerente emendar a petição inicial para adequá-la ao procedimento comum.

De outra sorte, em caso de **impugnação injustificada,** esta não será admitida pelo registrador, cabendo ao interessado o manejo da suscitação de dúvida nos moldes do art. 198 da Lei n. 6.015/1973. Carlos Elias e Flávio Tartuce questionam sobre o que seria impugnação injustificada. Entendemos que cabe ao registrador – na qualificação de profissional do Direito (art. 3.º, da Lei n. 8.935/1994) – fazer essa análise, levando em conta a presença ou não de uma robustez mínima da impugnação. Fundamentações manifestamente descabidas devem ser equiparadas a uma falta de justificação. Para ilustrar, suponha-se uma impugnação lacônica em que o impugnante tenha dito apenas: "discordo do procedimento". Não indicou ele nenhuma motivação de sua discordância. Logo, trata-se de uma impugnação injustificada, que não deve ser admitida pelo registrador. Imagine-se, porém, uma impugnação em que o impugnante tenha dito: "discordo, porque a usucapião não pode ser concedida a pessoas de má-fé". Trata-se de uma justificativa manifestamente descabida, especialmente se a espécie de usucapião indicada no procedimento for daquelas que contemplam possuidores de má-fé, como a usucapião especial urbana ou a usucapião extraordinária. Nesses casos, o registrador deve considerar essa impugnação como injustificada; logo, não deve admiti-la. Suponha-se, ainda, a seguinte impugnação: "discordo, porque o prazo de posse *ad usucapionem* não foi preenchido". Entendemos que essa impugnação também é justificada, porque se trata de um fundamento razoável. O fato de o impugnante não ter apresentado documentos comprobatórios é irrelevante, pois inexiste previsão de dilação probatória perante o registrador. O aprofundamento probatório deverá ser feito em juízo e, nesse exemplo, caberá ao registrador remeter os autos à via jurisdicional (Op. cit. p. 200).

Sobre o tema, é relevante trazer o conteúdo do Enunciado 32 da **I Jornada de Direito Notarial e Registral:**

> **Enunciado 32.** A impugnação em usucapião extrajudicial fundada unicamente na presunção de que o imóvel constitui **terra devoluta,** ante a inexistência de registro da sua propriedade, deve ser considerada injustificada, nos termos do art. 216-A, § 10, da Lei n. 6.015/1973.
>
> ⊙ Justificativa: A usucapião extrajudicial, tutelada pela Lei Federal nº 13.105/2015, foi meio encontrada pelo legislador para viabilizar a regularização da propriedade, o acesso ao direito de moradia, a consecução constitucional da dignidade da pessoa humana, sem a necessidade da utilização da via judicial. No entanto, desde a regulamentação, pelo Provimento 65 do CNJ, não raras as vezes que o Estado apresenta impugnação genérica, alegando que, por não possuir registro de propriedade (matrícula ou transcrição) podem se tratar de terras devolutas e, portanto, públicas, sem apresentar qualquer indício de sua caracterização. Tal tese contraria a jurisprudência, já há muito pacificada do STJ e do próprio STF, no sentido que inexiste presunção de dominialidade a favor do Estado. Vejamos:
>
> DIREITO CIVIL E PROCESSUAL CIVIL. USUCAPIÃO. IMÓVEL URBANO. AUSÊNCIA DE REGISTRO ACERCA DA PROPRIEDADE DO IMÓVEL. INEXISTÊNCIA DE PRESUNÇÃO EM FAVOR DO ESTADO DE QUE A TERRA É PÚBLICA. 1. A inexistência de registro imobiliário do bem objeto de ação de usucapião não induz presunção de que o imóvel seja público (terras devolutas), cabendo ao Estado provar a titularidade do terreno como óbice ao reconhecimento da prescrição aquisitiva. 2. Recurso especial não provido. (STJ. Rel. Min. Luis Felipe Salomão. Quarta Turma. REsp nº 964.223/RN. Julgado em 18/10/2011). RECURSO ESPECIAL. USUCAPIÃO. FAIXA DE FRONTEIRA. POSSIBILIDADE. AUSÊNCIA DE REGISTRO ACERCA DA PROPRIEDADE DO IMÓVEL. INEXISTÊNCIA DE PRESUNÇÃO EM FAVOR DO ESTADO DE QUE A TERRA É PÚBLICA.
>
> 1. O terreno localizado em faixa de fronteira, por si só, não é considerado de domínio público, consoante entendimento pacífico da Corte Superior.
>
> 2. Não havendo registro de propriedade do imóvel, inexiste, em favor do Estado, presunção iuris tantum de que sejam terras devolutas, cabendo a este provar a titularidade pública do bem. Caso contrário, o terreno pode ser usucapido.
>
> 3. Recurso especial não conhecido. (REsp 674.558/RS, Rel. Ministro LUIS FELIPE SALOMÃO, QUARTA TURMA, julgado em 13/10/2009, DJe 26/10/2009)
>
> CIVIL. USUCAPIÃO. ALEGAÇÃO, PELO ESTADO, DE QUE O IMÓVEL CONSTITUI TERRA DEVOLUTA. A ausência de transcrição no Ofício Imobiliário não induz a presunção de que o imóvel se inclui no rol das terras devolutas; o Estado deve provar essa alegação. Precedentes do Supremo Tribunal Federal e do Superior Tribunal de Justiça. Recurso especial não conhecido. (REsp 113255/MT, Rel. Ministro ARI PARGENDLER, TERCEIRA TURMA, julgado em 10/04/2000, DJ 08/05/2000).
>
> RECURSO EXTRAORDINÁRIO. ALÇADA. REGIMENTO INTERNO DO SUPREMO TRIBUNAL FEDERAL, ART. 308, VIII. CONSTITUIÇÃO FEDERAL, ART. 5. USUCAPIÃO. TERRAS DEVOLUTAS. INSUBSISTENTE A INVOCAÇÃO DE OFENSA AO ART. 5 DA CONSTITUIÇÃO FEDERAL PARA SUPERAR O OBICE REGIMENTAL DA ALÇADA. DISPONDO ESSE DISPOSITIVO QUE AS TERRAS DEVOLUTAS NÃO COMPREENDIDAS NO ARTIGO ANTERIOR INCLUEM-SE ENTRE OS BENS DO ESTADO, COM ELE NÃO ATRITA A DECISÃO QUE ATRIBUI AO ESTADO O ÔNUS DE PROVAR SEREM, OU NÃO, DEVOLUTAS AS TERRAS, POIS NEM A FALTA DE TRANSCRIÇÃO NO REGISTRO GERAVA ESSA PRESUNÇÃO A SEU FAVOR. RECURSO EXTRAORDINÁRIO NÃO CONHECIDO. (RE 88881, Relator(a): Min. RAFAEL MAYER, Primeira Turma, julgado em 29/04/1980, DJ 23-05-1980) O STJ elaborou uma tese sobre o tema: 7) A inexistência

de registro imobiliário de imóvel objeto de ação de usucapião não induz presunção de que o bem seja público (terras devolutas), cabendo ao Estado provar a titularidade do terreno como óbice ao reconhecimento da prescrição aquisitiva. Diante desse contexto, visando coibir a utilização de impugnações genéricas e sem base legal, como é o caso da hipótese supracitada, que obstam o prosseguimento das usucapiões pela via extrajudicial e ensejam a propositura de ações judiciais de usucapião desnecessárias, a MP 1.085/21 adicionou o §10º ao art. 216-A, da Lei 6.015/73, com a seguinte redação: Art. 216-A § 10. Em caso de impugnação justificada do pedido de reconhecimento extrajudicial de usucapião, o oficial de registro de imóveis remeterá os autos ao juízo competente da comarca da situação do imóvel, cabendo ao requerente emendar a petição inicial para adequá-la ao procedimento comum. A impugnação injustificada não será admitida pelo registrador, cabendo ao interessado o manejo da suscitação de dúvida nos moldes do art. 198. O referido dispositivo legal, prestigiando a independência e autonomia do registrador, conferiu-lhe poderes para que, no exercício da qualificação registral que lhe incumbe, ele identifique se a impugnação de fato é uma impugnação (fundamentada), ou se é apenas uma tentativa de, sem fundamento ou prova jurídica, procrastinar o direito do usucapiente, possibilitando, neste caso, que ele inadmita as impugnações injustificadas. O que se fez foi por meio do referido dispositivo legal, foi positivar através lei em sentido formal, o que já havia sido previsto por algumas Corregedorias Geral de Justiças, dentre as quais de São Paulo e da Bahia, que já dispunham normas administrativas nesse sentido. Assim, o presente enunciado visa, a partir do entendimento supracitado já pacificado nos Tribunais Superiores, classificar como injustificada, a impugnação apresentada em usucapião extrajudicial, pelo Estado, com espeque unicamente na presunção de que o imóvel usucapiendo constitui terra devoluta, ante a inexistência de registro da sua propriedade, possibilitando ao Registrador de Imóvel nesse caso, com fulcro no art. 216-A, § 10º da 216-A, § 10º, da Lei 6.015/73 inadmiti-la. Com isso, busca-se dar efetividade à usucapião extrajudicial, para que ela não seja, em razão de impugnação injustificada, interrompida na via administrativa e levada desnecessariamente à via judicial, avolumando ainda mais o número de processos que tramitam por esta via.

Anote-se que o Superior Tribunal de Justiça elaborou uma tese sobre o tema, extraída da **'Jurisprudência em Tese – Direito Imobiliário'**. Veja-se:

Tese 7) A inexistência de registro imobiliário de imóvel objeto de ação de usucapião não induz presunção de que o bem seja público (terras devolutas), cabendo ao Estado provar a titularidade do terreno como óbice ao reconhecimento da prescrição aquisitiva.

1.13 REJEIÇÃO OU DEFERIMENTO DO PEDIDO, SUSCITAÇÃO DE DÚVIDA E O REGISTRO

Transcorrido o prazo de 15 dias, sem pendência de diligências e achando-se em ordem a documentação, o oficial de registro de imóveis registrará a aquisição do imóvel com as descrições apresentadas, sendo permitida a abertura de matrícula, se for o caso.

Assim, explica Narciso Orlandi (Op. cit., p. 15) que deferido o pedido de reconhecimento da usucapião administrativa deve o Oficial:

a) registrar em nome do requerente a usucapião, na matrícula do imóvel, se a descrição dela constante coincidir integralmente com a do memorial descritivo; ou

b) abrir matrícula com base no memorial descritivo e registrar a usucapião em nome do requerente;

c) no caso de abrir matrícula nova, averbar na matrícula anterior o desfalque ou o encerramento, em virtude da usucapião registrada na outra matrícula, que será identificada.

São regras consolidadas acerca do registro da usucapião administrativa trazidas pelo Provimento 65/2017 e incorporadas pelo Código Nacional de Normas:

Art. 417 (corresponde ao art. 20, Prov. CNJ n 65/2017).. O registro do reconhecimento extrajudicial da usucapião de imóvel implica abertura de nova matrícula.

§ 1.º Na hipótese de o imóvel usucapiendo encontrar-se matriculado e o pedido referir-se à totalidade do bem, o registro do reconhecimento extrajudicial de usucapião será averbado na própria matrícula existente.

§ 2.º Caso o reconhecimento extrajudicial da usucapião atinja fração de imóvel matriculado ou imóveis referentes, total ou parcialmente, a duas ou mais matrículas, será aberta nova matrícula para o imóvel usucapiendo, devendo as matrículas atingidas, conforme o caso, ser encerradas ou receber as averbações dos respectivos desfalques ou destaques, dispensada, para esse fim, a apuração da área remanescente.

§ 3.º A abertura de matrícula de imóvel edificado independerá da apresentação de habite-se.

§ 4.º Tratando-se de usucapião de unidade autônoma localizada em condomínio edilício objeto de incorporação, mas ainda não instituído ou sem a devida averbação de construção, a matrícula será aberta para a respectiva fração ideal, mencionando-se a unidade a que se refere.

§ 5.º O ato de abertura de matrícula decorrente de usucapião conterá, sempre que possível, para fins de coordenação e histórico, a indicação do registro anterior desfalcado e, no campo destinado à indicação dos proprietários, a expressão "adquirido por usucapião".

Art. 41 (corresponde ao art. 21, Prov. CNJ n 65/2017). 8. O reconhecimento extrajudicial da usucapião de imóvel matriculado não extinguirá eventuais restrições administrativas nem gravames judiciais regularmente inscritos.

§ 1.º A parte requerente deverá formular pedido de cancelamento dos gravames e restrições diretamente à autoridade que emitiu a ordem.

§ 2.º Os entes públicos ou credores podem anuir expressamente à extinção dos gravames no procedimento da usucapião.

Art. 419 (corresponde ao art. 22, Prov. CNJ n 65/2017).. Estando em ordem a documentação e não havendo impugnação, o oficial de registro de imóveis emitirá nota fundamentada de deferimento e efetuará o registro da usucapião.

Por outro lado, o oficial de registro pode entender que não foram preenchidos os requisitos para o reconhecimento da usucapião extrajudicial e rejeitar o pedido. Porém, tal decisão deve ser fundamentada.

Em qualquer caso de rejeição do pedido, se o requerente não se conformar poderá requerer a **suscitação de dúvida**, nos termos do art. 198 da Lei de Registros Públicos.

Frise-se que a rejeição do pedido extrajudicial **não impede** o ajuizamento de ação de usucapião. É a consagração do princípio do acesso à justiça.

O Provimento 149/2023 dispõe regra no seguinte sentido:

> **Art. 412 (corresponde ao art. 15 do Prov. CNJ n. 149/2023).** Estando o requerimento regularmente instruído com todos os documentos exigidos, o oficial de registro de imóveis dará ciência à União, ao Estado, ao Distrito Federal ou ao Município pessoalmente, por intermédio do oficial de registro de títulos e documentos ou pelo correio com aviso de recebimento, para manifestação sobre o pedido no prazo de 15 dias.
>
> § 1.º A inércia dos órgãos públicos diante da notificação de que trata este artigo não impedirá o regular andamento do procedimento nem o eventual reconhecimento extrajudicial da usucapião.
>
> § 2.º Será admitida a manifestação do Poder Público em qualquer fase do procedimento.
>
> § 3.º Apresentada qualquer ressalva, óbice ou oposição dos entes públicos mencionados, o procedimento extrajudicial deverá ser encerrado e enviado ao juízo competente para o rito judicial da usucapião.

1.14 AQUISIÇÃO ORIGINÁRIA E ITBI

O oficial do registro de imóveis não deve exigir, para o ato de registro da usucapião, o pagamento do Imposto de Transmissão de Bens Imóveis (ITBI), pois trata-se de aquisição originária de domínio.

Ademais, em virtude da consolidação temporal da posse e do caráter originário da aquisição da propriedade, o registro declaratório da usucapião não se confunde com as condutas previstas no Capítulo IX da Lei n. 6.766, de 19 de dezembro de 1979, nem delas deriva.

Sobre o, convém ainda dialogar com a Tese 8 do Superior Tribunal de Justiça, extraída da 'Jurisprudência em Tese – Direito Imobiliário':

> **Tese 8:** A usucapião é forma de aquisição originária da propriedade, de modo que não permanecem os ônus reais que gravavam o imóvel antes da sua declaração.

1.15 IMÓVEL USUCAPIENDO DE UNIDADE AUTÔNOMA DE CONDOMÍNIO EDILÍCIO

Novidade trazida pela Lei n. 13.465/2017, no caso de o imóvel usucapiendo ser unidade autônoma de condomínio edilício, fica **dispensado consentimento dos titulares de direitos reais e outros direitos registrados ou averbados na matrícula dos imóveis confinantes,** bastando a notificação do síndico para se manifestar na forma do § 2º do dispositivo em comento.

Em outras palavras, se o imóvel confrontante for um edifício, bastará que o síndico seja notificado, sendo dispensada a notificação de todos os condôminos.

A inovação do § 12, que determina que a notificação do síndico é suficiente quando o imóvel confinante for um condomínio edilício, dispensando a notificação de todos os condôminos, deve ser lida em conjunto com os arts. 246, § 3º, e 259, I do NCPC. Vejamos:

> **Art. 246, § 3º.** Na ação de usucapião de imóvel, os confinantes serão citados pessoalmente, exceto quando tiver por objeto unidade autônoma de prédio em condomínio, caso em que tal citação é dispensada
>
> **Art. 259, I.** Serão publicados editais:
>
> I – na ação de usucapião de imóvel.

O Provimento 65/2017 também dispôs sobre o tema. Tais normas foram incorporadas ao Provimento CNJ n. 149/2023, conforme segue:

> **Art. 403 (corresponde ao art. 6º do Prov. CNJ n. 149/2023).** Para o reconhecimento extrajudicial da usucapião de unidade autônoma integrante de condomínio edilício regularmente constituído e com construção averbada, bastará a anuência do síndico do condomínio.
>
> **Art. 404 (corresponde ao art. 7º do Prov. CNJ n. 149/2023).** Na hipótese de a unidade usucapienda localizar-se em condomínio edilício constituído de fato, ou seja, sem o respectivo registro do ato de incorporação ou sem a devida averbação de construção, será exigida a anuência de todos os titulares de direito constantes da matrícula.

1.16 RECONHECIMENTO EXTRAJUDICIAL DA USUCAPIÃO DE IMÓVEL RURAL

> **Art. 416 (corresponde ao art. 19 do Prov. CNJ n. 149/2023).** O registro do reconhecimento extrajudicial da usucapião de imóvel rural somente será realizado após a apresentação:
>
> I – do recibo de inscrição do imóvel rural no Cadastro Ambiental Rural (CAR), de que trata o art. 29 da Lei n. 12.651, de 25 de maio de 2012, emitido por órgão ambiental competente, esteja ou não a reserva legal averbada na matrícula imobiliária, fazendo-se expressa referência, na matrícula, ao número de registro e à data de cadastro constantes daquele documento;
>
> II – do Certificado de Cadastro de Imóvel Rural (CCIR) mais recente, emitido pelo Instituto Nacional de Colonização e Reforma Agrária (Incra), devidamente quitado; e
>
> III – de certificação do Incra que ateste que o poligonal objeto do memorial descritivo não se sobrepõe a nenhum outro constante do seu cadastro georreferenciado e que o memorial atende às exigências técnicas, conforme as áreas e os prazos previstos na Lei n. 10.267/2001 e nos decretos regulamentadores.

1.17 PORTARIA CONJUNTA Nº 1/2017 E A USUCAPIÃO EXTRAJUDICIAL

No dia 21 de fevereiro de 2017, foi publicada portaria que dispõe sobre procedimentos a serem adotados pelos órgãos de execução da Consultoria-Geral da União e pelas Superintendências do Patrimônio da União nos Estados e no Distrito Federal na representação da União relativamente à usucapião extrajudicial de bens imóveis.

Trata-se de ato que facilita o procedimento da usucapião extrajudicial e estabelece que os titulares dos cartórios de registro de imóveis, os oficiais de registro de títulos e documentos, e as Corregedorias-Gerais de Justiça devem ser orientados pelos órgãos de execução da CGU e pelas Superintendências do Patrimônio da União nos Estados e no Distrito Federal. As solicitações de manifestação sobre o interesse da União no imóvel usucapiendo, conforme o § 3º do art. 216-A, devem ser dirigidas diretamente à respectiva Superintendência do Patrimônio da União onde estiver situado o imóvel.

Os órgãos de execução da CGU e as Superintendências do Patrimônio da União devem informar às autoridades elencadas primeiro parágrafo deste tópico que a apresentação de plantas e memoriais georreferenciados e quaisquer outros documentos e informações para a identificação do bem imóvel, **acompanhando a solicitação**, é relevante para a Secretaria do Patrimônio da União por proporcionar maior rapidez e precisão na análise da documentação pela área técnica competente.

Quando não houver dúvida jurídica, a Superintendência do Patrimônio da União em que estiver situado o imóvel usucapiendo responderá à **solicitação** diretamente ao titular do cartório de registro de imóveis solicitante.

De outro giro, se houver dúvida jurídica, deverá a Superintendência do Patrimônio da União remeter a **solicitação** ao órgão de execução da CGU em que estiver situado o imóvel usucapiendo, no prazo de até 5 (cinco) dias do recebimento da solicitação, acompanhada dos subsídios para fins de representação extrajudicial da União.

Os órgãos de execução da CGU devem observar, quanto à resposta às solicitações objeto do § 3º do art. 216-A, o prazo de até 15 (quinze) dias do recebimento da solicitação do cartório de registro de imóveis na Superintendência do Patrimônio da União em que estiver situado o imóvel usucapiendo, tomando-se os subsídios fornecidos por esta, bem como os demais elementos de direito aplicáveis ao caso concreto.

Em havendo judicialização da matéria, o órgão que estiver atuando no processo extrajudicial de usucapião de bens imóveis informará ao órgão de execução da Procuradoria-Geral da União, que passará, a partir de então, a ter competência sobre o caso.

1.18. NOTA TÉCNICA DO INCRA SOBRE A USUCAPIÃO EXTRAJUDICIAL

O Comitê Nacional de Certificação e Credenciamento do Instituto Nacional de Colonização e Reforma Agrária (INCRA) emitiu a **Nota Técnica n. 3.448/2021**, que dispõe sobre os procedimentos para a submissão de parcelas no **Sistema de Gestão Fundiária** (SIGEF) para as situações de usucapião judicial ou extrajudicial.

A finalidade do documento é orientar os credenciados, membros de Comitês Regionais de Certificação, **Registros de Imóveis**, além de outros interessados quanto a utilização do Sistema nestes casos.

Dentre outros temas, a Nota Técnica estabelece a documentação exigida e o momento de certificar as áreas usucapidas nas modalidades judicial e extrajudicial, além da auditoria das áreas certificadas oriundas de ações de usucapião. Convém a transcrição para complementação dos estudos:

"Nota técnica Incra nº 3.448, DE 25 DE OUTUBRO DE 2021"

Dispõe sobre os procedimentos para a submissão de parcelas no Sistema de Gestão Fundiária para situações de Usucapião Judicial e Extrajudicial.

INTERESSADO: DIVISÃO DE GEOMENSURA, COORDENAÇÃO-GERAL DE CARTOGRAFIA, DIRETORIA DE GOVERNANÇA FUNDIÁRIA, **CARTÓRIOS DE REGISTRO DE IMÓVEIS**

1. ASSUNTO

1.1. Procedimentos para a submissão de parcelas no Sistema de Gestão Fundiária para as situações de USUCAPIÃO JUDICIAL ou EXTRAJUDICIAL.

2. REFERÊNCIAS

2.1. Lei 6.015 de 31 de dezembro de 1973.

2.2. Decreto 4.449 de 30 de outubro de 2002.

2.3. Decreto 5.570 de 31 de outubro de 2005.

2.4. Instrução INCRA nº 77 de 23 de agosto de 2013 que regulamenta o procedimento de certificação de imóvel rural.

2.5 Portaria INCRA/P/486/2013 que homologa a 3ª Edição da Norma Técnica de Georreferenciamento de Imóveis Rurais (3ª NTGIR) e seus Manuais vinculados.

3. SUMÁRIO EXECUTIVO

3.1. CONSIDERANDO o § 3º do art. 225 da Lei 6.015 de 31 de dezembro de 1973.

3.2. CONSIDERANDO o art. 9º do Decreto 4.449 de 30 de outubro de 2002.

3.3. CONSIDERANDO os art. 1º e 2º do Decreto 5.570 de 31 de outubro de 2005.

3.4. CONSIDERANDO a Instrução INCRA nº 77 de 23 de agosto de 2013 que regulamenta o procedimento de certificação de imóvel rural.

3.5. CONSIDERANDO a 3ª Edição da Norma Técnica de Georreferenciamento de Imóveis Rurais (3ª NTGIR), que trata das condições exigíveis para execução dos serviços de georreferenciamento de imóveis rurais, em atendimento ao que estabelecem os parágrafos 3º e 4º, do artigo 176, e o parágrafo 3º do artigo 225, da Lei nº 6.015.

3.6. CONSIDERANDO o item 3.2 do Manual Técnico de Limites e Confrontações vinculado a 3ª NTGIR que define o IMÓVEL RURAL PASSÍVEL DE TITULAÇÃO e que a certificação só ocorre após a emissão do título.

3.7. CONSIDERANDO o Provimento CNJ 65 de 14 de dezembro de 2017.

3.8. CONSIDERANDO o PARECER Nº 00086/2018/CGA/PFE-INCRA-SEDE/PGF/AGU que trata da "certificação" de parcelas em usucapião extrajudicial.

3.9. CONSIDERANDO a grande ocorrência de dúvidas dos profissionais, registradores e proprietários sobre o tema junto ao Incra.

3.10. O Comitê Nacional de Certificação e Credenciamento do Instituto Nacional de Colonização e Reforma Agrária elaborou a presente Nota Técnica para orientação a credenciados, membros de Comitês Regionais de Certificação, Cartórios de Registro de Imóveis e demais interessados quanto a utilização do Sistema de Gestão Fundiária – SIGEF nas ações de USUCAPIÃO ADMINISTRATIVO ou JUDICIAL.

4. ANÁLISE

4.1. **Introdução: caracterizando a certificação do georreferenciamento de imóveis rurais-conforme o art.176 da Lei 6.017/73 e a 3ª Norma Técnica de Georreferenciamento de Imóveis Rurais**

4.1.1. Inicialmente, cabe ressaltar que o art. 176 da Lei 6.015/73 trata explicitamente da inclusão da identificação da localização do imóvel rural (obtida a partir de memorial descritivo, assinado por profissional habilitado) em sua certidão de matrícula pelo Registro de Imóveis, portanto referindo-se a imóveis com título de domínio válido.

4.1.2. Neste sentido, foi estabelecido no § 5º do art. 176 da Lei 6.015/73 a competência do INCRA para certificar que a poligonal objeto do memorial descritivo não se sobrepõe a nenhuma outra constante de seu cadastro georreferenciado e que o memorial atende às exigências técnicas, conforme ato normativo próprio.

4.1.3. Por sua vez, em regulamentação interna do procedimento de certificação a instrução Normativa INCRA nº 77/2013 define que *"o cadastro georreferenciado do INCRA, a que se refere o parágrafo 5º do artigo 176 da Lei 6.015, de 1973, é composto por parcelas certificadas".*

4.1.4. Já o Manual Técnico de Limites e Confrontações vinculado a 3ª Norma Técnica de Georreferenciamento de Imóveis Rurais trata em seu item 3.1 sobre o imóvel rural objeto de título de domínio, definindo o imóvel constante em documento que formaliza a aquisição da sua titularidade, podendo ser: área inscrita (matriculada ou transcrita) no cartório de registro de imóveis ou área descrita em documento ainda não registrado, mas suscetível de registro com efeito translativo de domínio ou constitutivo da propriedade formal.

4.1.5. Neste sentido, há que ficar claro que o status de **certificado** se refere aos imóveis rurais com título de domínio válido cujo georreferenciamento foi submetido no Sistema de Gestão Fundiária por responsável técnico credenciado e não foi identificado sobreposição com outro imóvel constante na base georreferenciada.

4.2. **Sobre a documentação exigida e o momento de certificar as áreas usucapidas.**

4.2.1. **Usucapião Judicial**

4.2.1.1. Nos casos de processos relativos à usucapião judicial, o mandado de registro expedido pelo juiz do processo, após o trânsito em julgado, caracteriza o documento de domínio, passível de registro e válido para a certificação, ficando condicionada, portanto, a certificação definitiva do imóvel, exclusivamente, após o trânsito em julgado da ação, com a expedição do mandado de registro.

4.2.1.2. No momento da certificação, o profissional deverá enviar a Planilha Eletrônica Georreferenciada -ODS informando na identificação do imóvel a situação: "Área Titulada não Registrada" (célula B11 – aba identificação da Planilha Eletrônica Georreferenciada – ODS).

4.2.1.3. A área deverá ter cadastro no Sistema Nacional de Cadastro Rural (SNCR) para o preenchimento do campo "Código do Imóvel (SNCR/INCRA)" (célula B13 – aba identificação da Planilha Eletrônica Georreferenciada –ODS).

4.2.1.4. Os campos referentes a "CNS" e "Matrícula/Transcrição" (células B14 e B15 – aba identificação da Planilha Eletrônica Georreferenciada – ODS, respectivamente) devem ser deixados sem preenchimento.

4.2.2. **Usucapião Extrajudicial**

4.2.2.1. Para os casos de ação de usucapião extrajudicial (ou administrativa), não há um documento formal que caracterize o domínio da propriedade antes de seu registro. A ata notarial, que é peça essencial para o processo de usucapião extrajudicial, não é documento suficiente para justificar a certificação, uma vez que ela ainda será analisada pelo Oficial do Cartório de Registro de Imóveis competente, que fará a qualificação registral do título, podendo inclusive ser negado ou alterado o objeto da ação.

4.2.2.2. A certificação, portanto, só deverá ser efetuada, após a análise da qualificação registral positiva, pelo Oficial do Cartório de Registro de Imóveis. Uma vez cumpridas todas as exigências para o deferimento do pedido, antes de proceder conforme determina o §6º do artigo 216-A da Lei 6.015/73, o Oficial sobrestará o procedimento e ato contínuo emitirá uma **Certidão de Qualificação Registral Positiva**, onde notificará o requerente para que providencie junto ao INCRA a certificação da planta do imóvel usucapiendo. Apresentadas as peças técnicas certificadas pelo INCRA, o procedimento será finalizado.

4.2.2.3. Exclusivamente para a certificação de áreas provenientes de Ação de Usucapião Extrajudicial, a Certidão de Qualificação Registral Positiva equivalerá a um título de domínio passível de registro, portanto, da mesma forma que na Usucapião Judicial, no momento da certificação, o profissional deverá enviar a planilha *ods* informando na identificação do imóvel a situação: "Área Titulada não Registrada".

4.2.2.4. A área deverá ter cadastro no Sistema Nacional de Cadastro Rural (SNCR) para o preenchimento do campo "Código do Imóvel (SNCR/INCRA)" (célula B13 – aba identificação da Planilha Eletrônica Georreferenciada –ODS).

4.2.2.5. Os campos referentes a "CNS" e "Matrícula/Transcrição" (células B14 e B15 – aba identificação da Planilha Eletrônica Georreferenciada – ODS, respectivamente) devem ser deixados sem preenchimento.

4.2.2.6. Nas situações onde a área usucapida (seja por via judicial ou extrajudicial) estiver dentro de parcela já certificada, o responsável técnico deverá efetivar o desmembramento conforme procedimento usual, com apresentação das novas certificações da área remanescente e área desmembrada (objeto da usucapião).

4.2.3. **Da exigência de apresentação de peças técnicas georreferenciadas no decurso do processo**

4.2.3.1. Conforme explicado anteriormente, a certificação de uma área usucapida deverá ocorrer somente ao final do processo, quando o direito estiver devidamente reconhecido. Portanto, para peticionar uma ação de usucapião, seja ela judicial ou administrativa, basta apresentar uma planta georreferenciada, sem necessidade de ela estar certificada pelo INCRA. Da mesma forma, alguns juízes costumam solicitar a "planta georreferenciada" no decorrer processo, antes da tomada de decisão e, igualmente, essa planta não precisa estar certificada.

4.2.3.2. Para atender a esse tipo de exigência, o profissional deverá se utilizar das prévias das peças técnicas que são disponibilizadas pelo SIGEF, para que possa ser feita a devida conferência de divisas e áreas, sem, no entanto, a mesma ter ingressado na base de dados certificada do INCRA.

4.2.3.3. As Prévias das peças técnicas são obtidas com o envio da Planilha Eletrônica Georreferenciada – ODS no SIGEF, **sem a confirmação desta submissão no sistema**. São geradas as peças técnicas prévias quando não existem erros na submissão em questão.

4.2.3.4. Adotando esse procedimento, as partes terão a garantia do levantamento georreferenciado com seus limites e confrontações, com o devido cálculo da área e perímetro, de forma que, ao final do processo, quando for realmente imprescindível a certificação, não haja nenhuma alteração entre as informações de área e perímetro das respectivas plantas.

4.2.4. **Da auditoria das áreas certificadas oriundas de ações de usucapião**

4.2.4.1. Em possível auditoria realizada pelo Incra sobre certificação em área que seja proveniente de Ações de Usucapião, quando não for apresentado o Mandado de Registro (nas ações judiciais) ou a Certidão de Qualificação Registral Positiva (nas ações extrajudiciais), a certificação deverá ser cancelada, baseando-se no fato de não possuir documento de domínio hábil a ser registrado.

5. **CONCLUSÃO**

5.1. A certificação de parcelas objeto de ações de usucapião devem ocorrer somente após finalização do processo administrativo ou judicial reconhecendo o direto ao interessado através da emissão da Certidão de Qualificação Registral Positiva ou Mandado de Registro, documentos que devem estar sob guarda dos responsáveis técnicos conforme disposto no item 7 do Manual de Limites e Confrontações.

5.2. Para apresentação de peças técnicas no início ou decorrer dos processos de usucapião, podem ser utilizadas as peças técnicas prévias geradas pelo SIGEF.

5.3. As orientações expressas por esta Nota Técnica devem ser seguidas pelos credenciados responsáveis técnicos nos serviços de georreferenciamento de áreas em processo de usucapião administrativo ou judicial.

D.O.U.: de 25.10.2021.

1.19 EMOLUMENTOS

O Provimento 65/2017 também dispôs sobre os emolumentos referentes ao procedimento da usucapião extrajudicial. Atualmente, a matéria está incorporada no Código Nacional de Normas. Confira o preceito normativo:

Art. 423 (corresponde ao art. 26 do Prov. CNJ n. 65/2017). Enquanto não for editada, no âmbito dos estados e do Distrito Federal, legislação específica acerca da fixação de emolumentos para o procedimento da usucapião extrajudicial, serão adotadas as seguintes regras:

I – no tabelionato de notas, a ata notarial será considerada ato de conteúdo econômico, devendo-se tomar por base para a cobrança de emolumentos o valor venal do imóvel relativo ao último lançamento do imposto predial e territorial urbano ou ao imposto territorial rural ou, quando não estipulado, o valor de mercado aproximado; e

II – no registro de imóveis, pelo processamento da usucapião, serão devidos emolumentos equivalentes a 50% do valor previsto na tabela de emolumentos para o registro e, caso o pedido seja deferido, também serão devidos emolumentos pela aquisição da propriedade equivalentes a 50% do valor previsto na tabela de emolumentos para o registro, tomando-se por base o valor venal do imóvel relativo ao último lançamento do imposto predial e territorial urbano ou ao imposto territorial rural ou, quando não estipulado, o valor de mercado aproximado.

Parágrafo único. Diligências, reconhecimento de firmas, escrituras declaratórias, notificações e atos preparatórios e instrutórios para a lavratura da ata notarial, certidões, buscas, averbações, notificações e editais relacionados ao processamento do pedido da usucapião serão considerados atos autônomos para efeito de cobrança de emolumentos nos termos da legislação local, devendo as despesas ser adiantadas pelo requerente.

2. JURISPRUDÊNCIA COMPLEMENTAR

SUPERIOR TRIBUNAL DE JUSTIÇA

EMENTA: RECURSO ESPECIAL. DIREITO CIVIL E PROCESSUAL CIVIL. CPC/2015. AÇÃO DE USUCAPIÃO. INTERESSE PROCESSUAL. EXIGÊNCIA DE PRÉVIO PEDIDO NA VIA EXTRAJUDICIAL. DESCABIMENTO. EXEGESE DO ART. 216-A DA LEI DE REGISTROS PÚBLICOS. RESSALVA EXPRESSA DA VIA JURISDICIONAL.

1. Controvérsia acerca da exigência de prévio pedido de usucapião na via extrajudicial para se evidenciar interesse processual no ajuizamento de ação com o mesmo objeto.
2. Nos termos do art. 216-A da Lei 6.015/1973: "Sem prejuízo da via jurisdicional, é admitido o pedido de reconhecimento extrajudicial de usucapião, que será processado diretamente perante o cartório do registro de imóveis da comarca em que estiver situado o imóvel usucapiendo [...]".
3. Existência de interesse jurídico no ajuizamento direto de ação de usucapião, independentemente de prévio pedido na via extrajudicial.
4. Exegese do art. 216-A da Lei 6.015/1973, em âmbito doutrinário.
5. Determinação de retorno dos autos ao juízo de origem para que prossiga a ação de usucapião.
6. RECURSO ESPECIAL PROVIDO.

Vistos, relatados e discutidos os autos em que são partes as acima indicadas, acordam os Ministros da TERCEIRA TURMA do Superior Tribunal de Justiça, por unanimidade, dar provimento ao recurso especial, nos termos do voto do Sr. Ministro Relator. Os Srs. Ministros Ricardo Villas Bôas Cueva, Marco Aurélio Bellizze, Moura Ribeiro (Presidente) e Nancy Andrighi votaram com o Sr. Ministro Relator.

Dr(a). DEFENSORIA PÚBLICA DO ESTADO DO RIO DE JANEIRO, pela parte RECORRENTE: SELMA DA CUNHA

Brasília, 11 de fevereiro de 2020(data do julgamento)

MINISTRO PAULO DE TARSO SANSEVERINO

Relator

RELATÓRIO

O EXMO. SR. MINISTRO PAULO DE TARSO SANSEVERINO (Relator):

Trata-se de recurso especial interposto por Selma da Cunha em face de acórdão do Tribunal de Justiça do Estado do Rio de Janeiro, assim ementado:

Agravo Interno. Decisão monocrática que negou provimento à apelação cível. Usucapião Extraordinária. Pretensão de reconhecimento do domínio sobre o imóvel situado na Rua Professora Amélia Pinto Chagas, n.º 09, Santa Cruz, nesta cidade, sob o fundamento, em suma, de que preenche os requisitos legais para tanto. Sentença que julgou extinto o processo, ante a ausência de interesse de agir. Inconformismo da autora. De acordo com o artigo 216-A do Código de Processo Civil vigente, é admitido o pedido de reconhecimento extrajudicial de usucapião, que será processado diretamente perante o Cartório Imobiliário da Comarca em que estiver situado o imóvel usucapiendo, a requerimento do interessado, representado por advogado. Aplicação do Enunciado 108 do Centro de Estudos e Debates do Tribunal de Justiça. A ação de usucapião é cabível somente quando houver óbice à pretensão na esfera extrajudicial. Manutenção do decisum que se impõe. Recurso ao qual se nega provimento. (fl. 176/7)

Em suas razões, alega a parte recorrente violação do art. 216-A da Lei 6.015/1973 (incluído pelo art. 1.071 do CPC/2015), sob o argumento de que o procedimento extrajudicial de usucapião seria facultativo.

Contrarrazões dispensadas, em face da não angularização da relação processual.

O MINISTÉRIO PÚBLICO FEDERAL absteve-se de opinar sobre o mérito recursal, alegando disponibilidade do direito em questão (fls. 218/22).

É o relatório.

VOTO

O EXMO. SR. MINISTRO PAULO DE TARSO SANSEVERINO (Relator):

O recurso especial merece ser provido.

A controvérsia diz respeito ao interesse processual para ajuizamento direto de ação de usucapião ante a recente ampliação das possibilidades de reconhecimento extrajudicial da usucapião.

O reconhecimento extrajudicial da usucapião foi previsto, inicialmente, no art. 60 da Lei do Programa "Minha Casa, Minha Vida" (Lei 11.977/2009), com aplicação restrita ao contexto da regularização fundiária, conforme se verifica no teor enunciado do referido enunciado normativo, *litteris*:

Art. 60. *Sem prejuízo dos direitos decorrentes da posse exercida anteriormente, o detentor do* ***título de legitimação de posse****, após 5 (cinco) anos de seu registro, poderá requerer* ***ao oficial de registro de imóveis*** *a conversão desse título em registro de propriedade,* ***tendo em vista sua aquisição por usucapião****, nos termos do art. 183 da Constituição Federal.*

§ 1º Para requerer a conversão prevista no ‹caput›, o adquirente deverá apresentar:

I – certidões do cartório distribuidor demonstrando a inexistência de ações em andamento que caracterizem oposição à posse do imóvel objeto de legitimação de posse;

II – declaração de que não possui outro imóvel urbano ou rural;

III – declaração de que o imóvel é utilizado para sua moradia ou de sua família; e

IV – declaração de que não teve reconhecido anteriormente o direito à usucapião de imóveis em áreas urbanas.

§ 2º. As certidões previstas no inciso I do § 1º serão relativas ao imóvel objeto de legitimação de posse e serão fornecidas pelo poder público.

§ 3º. No caso de área urbana de mais de 250m² (duzentos e cinquenta metros quadrados), o prazo para requerimento da conversão do título de legitimação de posse em propriedade será o estabelecido na legislação pertinente sobre usucapião. (atualmente revogado pela Lei 13.465/2017)

Com o advento do CPC/2015, a usucapião extrajudicial passou a contar com uma norma geral, não ficando mais restrita apenas ao contexto de regularização fundiária.

Refiro-me ao enunciado normativo do art. 216-A da Lei 6.015/1973 (incluído pelo art. 1.071 do CPC/2015 e alterado pela Lei 13.465/2017), abaixo transcrito:

Art. 216-A. ***Sem prejuízo da via jurisdicional****, é admitido o pedido de reconhecimento extrajudicial de usucapião, que será processado diretamente perante o cartório do registro de imóveis da comarca em que estiver situado o imóvel usucapiendo, a requerimento do interessado, representado por advogado, instruído com:*

I – ata notarial lavrada pelo tabelião, atestando o tempo de posse do requerente e seus antecessores, conforme o caso e suas circunstâncias;

II – planta e memorial descritivo assinado por profissional legalmente habilitado, com prova de anotação de responsabilidade técnica no respectivo conselho de fiscalização profissional, e pelos titulares de direitos reais e de outros direitos registrados ou averbados na matrícula do imóvel usucapiendo e na matrícula dos imóveis confinantes;

III – certidões negativas dos distribuidores da comarca da situação do imóvel e do domicílio do requerente;

IV – justo título ou quaisquer outros documentos que demonstrem a origem, a continuidade, a natureza e o tempo da posse, tais como o pagamento dos impostos e das taxas que incidirem sobre o imóvel.

§ 1º O pedido será autuado pelo registrador, prorrogando-se o prazo da prenotação até o acolhimento ou a rejeição do pedido.

§ 2º Se a planta não contiver a assinatura de qualquer um dos titulares de direitos reais e de outros direitos registrados ou averbados na matrícula do imóvel usucapiendo e na matrícula dos imóveis confinantes, esse será notificado pelo registrador competente, pessoalmente ou pelo correio com aviso de recebimento, para manifestar seu consentimento expresso em 15 (quinze) dias, interpretado o seu silêncio como discordância.

§ 3º O oficial de registro de imóveis dará ciência à União, ao Estado, ao Distrito Federal e ao Município, pessoalmente, por intermédio do oficial de registro de títulos e documentos, ou pelo correio com aviso de recebimento, para que se manifestem, em 15 (quinze) dias, sobre o pedido.

§ 4º O oficial de registro de imóveis promoverá a publicação de edital em jornal de grande circulação, onde houver, para a ciência de terceiros eventualmente interessados, que poderão se manifestar em 15 (quinze) dias.

§ 5º Para a elucidação de qualquer ponto de dúvida, poderão ser solicitadas ou realizadas diligências pelo oficial de registro de imóveis.

§ 6º Transcorrido o prazo de que trata o § 4º deste artigo, sem pendência de diligências na forma do § 5º deste artigo e achando-se em ordem a documentação, com inclusão da concordância expressa dos titulares de direitos reais e de outros direitos registrados ou averbados na matrícula do imóvel usucapiendo e na matrícula dos imóveis confinantes, o oficial de registro de imóveis registrará a aquisição do imóvel com as descrições apresentadas, sendo permitida a abertura de matrícula, se for o caso.

§ 7º Em qualquer caso, é lícito ao interessado suscitar o procedimento de dúvida, nos termos desta Lei.

§ 8º Ao final das diligências, se a documentação não estiver em ordem, o oficial de registro de imóveis rejeitará o pedido.

§ 9º A rejeição do pedido extrajudicial não impede o ajuizamento de ação de usucapião.

§ 10. Em caso de impugnação do pedido de reconhecimento extrajudicial de usucapião, apresentada por qualquer um dos titulares de direito reais e de outros direitos registrados ou averbados na matrícula do imóvel usucapiendo e na matrícula dos imóveis confinantes, por algum dos entes públicos ou por algum terceiro interessado, o oficial de registro de imóveis remeterá os autos ao juízo competente da comarca da situação do imóvel, cabendo ao requerente emendar a petição inicial para adequá-la ao procedimento comum.

(sem grifos no original)

Como se verifica já abertura do *caput* desse enunciado normativo, o procedimento extrajudicial de usucapião foi disciplinado *"sem prejuízo da via jurisdicional"*.

Apear da aparente clareza desse enunciado normativo, o Tribunal de origem julgou a demanda com base no Enunciado nº 108 do Centro de Estudos e Debates – CEDES-RJ daquele sodalício, no sentido de que *"a ação de usucapião é cabível somente quando houver óbice ao pedido na esfera extrajudicial"*.

Sobre esse ponto, merece transcrição o trecho do acórdão referente à justificativa do referido enunciado do CEDES-RJ:

A usucapião, como todo e qualquer processo, precisa preencher determinadas condições, dentre as quais o interesse processual, que é exatamente a necessidade de a parte buscar na via jurisdicional o que não poderia conseguir extrajudicialmente. Dessa forma, a usucapião que não encontre óbice ou empecilho em sede administrativa não tem acesso ao Poder Judiciário, exatamente como não tem, também, qualquer outro ato que possa ser praticado nos tabelionatos. (fl. 147/8)

Apesar de esse enunciado apontar no sentido da desjudicialização de conflitos – uma louvável tendência dos dias atuais –, não é possível passar por cima do texto do enunciado do já aludido art. 216-A por se tratar de expressa ressalva quanto ao cabimento direto da via jurisdicional.

Ademais, como a propriedade é um direito real, oponível *erga omnes*, o simples fato de o possuidor pretender se tornar proprietário já faz presumir a existência de conflito de interesses entre este o atual titular da propriedade, de modo que não seria possível afastar de antemão o interesse processual do possuidor, como parece sugerir o enunciado do Tribunal de origem.

Nesse sentido de se reconhecer interesse processual no ajuizamento de ação de usucapião independentemente de prévio pedido da via extrajudicial, mencionem-se, em âmbito doutrinário, os abalizados entendimentos de CLAYTON MARANHÃO e DANIEL AMORIM ASSUMPÇÃO NEVES, abaixo transcritos, respectivamente:

Apesar da criação do procedimento de usucapião extrajudicial, o CPC/2015 não acabou com a ação de usucapião. Ainda que não tenha mantido o rito especial de usucapião, há diversas referências no código à ação de usucapião (conforme arts. 246, § 3.º,2 259, I,3 e 1.071, §§ 9.º e 10,4 do CPC/2015), de modo que, doravante, deverá ser intentada pelo procedimento comum.

A par disso, o Enunciado 25 do Fórum Permanente de Processualistas Civis aponta que "a inexistência de procedimento judicial especial para a ação de usucapião e regulamentação da usucapião extrajudicial não implicam vedação da ação, que remanesce no sistema legal, para qual devem ser observadas as peculiaridades que lhe são próprias, especialmente a necessidade de citação dos confinantes e a ciência da União, do Estado, do Distrito Federal e do Município".

Assim, ao lado da ação judicial de usucapião passa a existir a possibilidade genérica de alteração na titularidade do imóvel em razão do reconhecimento extrajudicial da prescrição aquisitiva. ***Não é um dever da parte eleger a via administrativa, podendo optar pela ação judicial****, ainda que preenchidos os requisitos da usucapião extrajudicial, "a via extrajudicial é uma faculdade, e não uma obrigação peremptória, o que confirma a tese antes defendida, de viabilidade de todas as ações de usucapião, agora pelo rito comum".* (**Comentários ao Código de Processo Civil** [livro eletrônico]: artigos. 1.045 ao 1.072. São Paulo: Editora Revista dos Tribunais, 2016 – Comentários ao Código de Processo Civil; v. 17 / coordenação Luiz Guilherme Marinoni, Sérgio Cruz Arenhart, Daniel Mitidiero, sem grifos no original)

Seguindo a tendência do direito nacional de desjudicialização do direito, atribuindo-se às serventias notariais e registrais tarefas que antes dependiam obrigatoriamente da intervenção jurisdicional, o art. 1.071 do Novo CPC, ao criar o art. 216-A da Lei 6.015/1973 (Lei de Registros Públicos), passa a admitir a realização de usucapião extrajudicial.

Não se tratar propriamente de uma novidade do sistema, já que o art. 60 da Lei 11.977/2009 (Lei do Programam Minha Casa, Minha vida), já prevê tal possibilidade, desde que preenchidos os requisitos legais. O art. 216-A da Lei 6.015/1973, entretanto, é mais amplo, porque sua púnica exigência é a concordância das partes.

Registre-se que a novidade não cria um dever à parte que pretenda adquirir um bem por usucapião, que ***mesmo preenchidos os requisitos para o procedimento extrajudicial pode livremente optar pela propositura de ação judicial****. Sendo a via extrajudicial a opção da parte, que deverá estar assistida de advogado, o procedimento tramitará obrigatoriamente perante a serventia imobiliária da situação do imóvel.* (**Novo Código de Processo Civil Comentado**. Salvador: JusPodivm, 2016, p. 1806, sem grifos no original)

Na linha desses entendimentos, é de rigor a reforma do acórdão recorrido para se determinar o prosseguimento da ação de usucapião.

Destarte, o recurso especial merece ser provido.

Ante o exposto, voto no sentido de DAR PROVIMENTO ao recurso especial para determinar o prosseguimento da ação de usucapião.

É o voto. (STJ – REsp nº 1.824.133 – Rio de Janeiro – 3ª Turma – Rel. Min. Paulo de Tarso Sanseverino – DJ 14.02.2020)

▶ **EMENTA:** Recurso Especial. Usucapião. Domínio público. Enfiteuse – É possível reconhecer a usucapião do domínio útil de bem público sobre o qual tinha sido, anteriormente, instituída enfiteuse, pois nesta circunstância, existe apenas a substituição do enfiteuta pelo usucapiente, não trazendo qualquer prejuízo ao Estado. Recurso Especial não conhecido. – STJ – Resp 575.572 – RS 3ª T. – Rel. Min. Nancy Andrighi – DJU 1 06.02.2006).

⊙ TRIBUNAL DE JUSTIÇA DO ESTADO DE SÃO PAULO

▶ **EMENTA:** Usucapião – Extinção sem julgamento do mérito – Interesse processual – Necessidade de esgotamento da via extrajudicial – Descabimento – Art. 1.071 do CPC/2015, que acrescentou o art. 216-A no Capítulo III do Título V da Lei nº 6.015/73 (Lei de Registros Públicos) – Dispositivo que admite o procedimento administrativo para o reconhecimento do domínio perante o Cartório de Registro de Imóveis, sem prejuízo da via jurisdicional – Parte que não está obrigada ao procedimento extrajudicial prévio, nem mesmo tem este como única opção para o exercício de sua pretensão – Violação ao princípio da inafastabilidade da jurisdição previsto no art. 5º, XXXV, da Constituição Federal – Interesse de agir presente – Necessidade de regular prosseguimento da ação – Recurso provido para anular a sentença.

▶ **EMENTA:** APELAÇÃO CÍVEL – Sentença que extinguiu sem resolução do mérito processo de usucapião, ante a possibilidade da usucapião extrajudicial – Sentença reformada – Inafastabilidade da jurisdição, o que decorre não apenas da Constituição, mas da própria lei aplicável ao caso – Recurso provido." (1005388-18.2016.8.26.0126, 2ª Câmara de Direito Privado, Rel. JOSÉ CARLOS FERREIRA ALVES, j. 27/09/2017).

▶ **EMENTA:** USUCAPIÃO EXTRAORDINÁRIO. Inconformismo contra a decisão, que diante da alteração do art. 216-A da LRP pelo CPC/2015, extinguiu o processo por falta de interesse de agir. Inadmissibilidade. Esgotamento da via administrativa constitui mera faculdade, pena de violação do princípio da inafastabilidade da jurisdição. Precedentes. Sentença anulada. RECURSO PROVIDO." (Apelação nº 1006448-26.2016.8.26.0126, 6ª Câmara de Direito Privado, Rel. Des. PAULO ALCIDES, j. 25/09/2017).

▶ **EMENTA:** USUCAPIÃO ORDINÁRIA – Direitos decorrentes de compromisso de compra e venda – Extinção decretada por não esgotamento da via extrajudicial – Indicada ausência de interesse de agir – Não prevalência – Regular indicação dos fatos a sustentar a busca do atendimento judicial, sendo a via administrativa uma faculdade, e não uma condição – Possibilidade jurídica efetiva e interesse processual demonstrado – Extinção afastada – Sentença anulada – RECURSO PROVIDO." (Apelação nº 1006874-38.2016.8.26.0126, 10ª Câmara de Direito Privado, Rel. ELCIO TRUJILLO, j. 16/05/2017). (DJe de 05.12.2017)

⊙ CONSELHO SUPERIOR DA MAGISTRATURA

▶ **EMENTA:** REGISTRO DE IMÓVEIS – Dúvida – Mandado de usucapião – Imóvel rural – Concordância com algumas das exigências – Irrelevância, dada a impertinência das exigências não impugnadas – Recurso que devolve a qualificação por inteiro do título – Cônjuge estrangeiro – Necessidade de autorização do INCRA – Inteligência do artigo 1º, da Lei 5.709/71 – Recurso não provido, com observação (Apelação Cível 01-6/7, da Comarca de Atibaia).

⊙ CORREGEDORIA-GERAL DA JUSTIÇA

▶ **EMENTA:** IMÓVEL RURAL – Aquisição por estrangeiro – Usucapião – Modo Originário de aquisição da propriedade – Inaplicabilidade das restrições previstas na Lei nº 5.709/1971 e no Decreto nº 74.965/1974 – Processo 2011/488, D.J.E. de 30.05.2012.

3. QUESTÕES DE CONCURSOS

01. (TJ/AM – 2023 – TJ/AM - Titular de Notas e Serviços de Registros). Em um usucapião realizado junto a serventia deverá ser lavrado, por tabelião de notas, o seguinte documento que irá instruir o processo:

a) Ata notarial.
b) Certidão de regularidade do imóvel.
c) Escritura pública.
d) Testamento.

02. (FGV - 2023 - TJ-SE - Atividade Notarial e de Registro – Provimento) Maria tinha a posse mansa e pacífica de determinada casa situada em área urbana e já tinha preenchido os requisitos exigidos pela legislação de regência para a aquisição originária da propriedade por meio de usucapião. Por tal razão, procurou uma advogada e a questionou sobre a possibilidade de que essa situação fosse reconhecida extrajudicialmente pelo cartório com atribuição, a exemplo do que se verifica em situações como inventário e partilha e divórcio consensual.

A advogada respondeu, corretamente, à luz da sistemática estabelecida na Lei nº 6.015/1973, que:

a) o processo prévio à decisão judicial pode ser integralmente desenvolvido perante o tabelião de notas, que praticará os atos necessários, incluindo publicações e recebimento de impugnações, encaminhando-os ao juízo competente;
b) o processo prévio à decisão judicial será desenvolvido perante o Registro de Imóveis da comarca em que estiver situado o imóvel, sendo que eventuais impugnações serão apresentadas diretamente ao juízo competente;
c) o pedido será processado diretamente no Registro de Imóveis da comarca em que estiver situado o imóvel, o que, ao final, preenchidos os requisitos exigidos e à míngua de impugnação justificada, será decidido pelo próprio oficial;
d) o paralelo com as situações descritas por Maria está incorreto, pois o reconhecimento de usucapião é potencialmente litigioso, não consensual, o que atrai a via judicial;
e) a solução alvitrada por Maria é possível, desde que, à luz dos documentos disponíveis, o proprietário do imóvel, notificado em caráter preliminar, anua ao pedido de Maria.

03. (IESES – Titular de Serviços de Notas e Registros – TJ – TO – Remoção/2022) A respeito do pedido de reconhecimento extrajudicial de usucapião, é correto afirmar:

a) Será processado diretamente perante o cartório do registro de imóveis da comarca em que residir o interessado, a requerimento deste, dispensada a atuação de advogado.
b) Será processado diretamente perante o cartório do registro de títulos e documentos da comarca em que estiver situado o imóvel usucapiendo, a requerimento do interessado, representado por advogado.
c) Será processado diretamente perante o cartório do registro de imóveis da comarca em que estiver situado o imóvel usucapiendo, a requerimento do interessado, facultada a representação por advogado.
d) Será processado diretamente perante o cartório do registro de imóveis da comarca em que estiver situado o imóvel usucapiendo, a requerimento do interessado, representado por advogado.

04. (Vunesp – Outorga de Delegação de Notas e Registros – TJ – GO/2021) Em se tratando de reconhecimento extrajudicial da usucapião envolvendo fração de imóvel matriculado

a) será feita a averbação da usucapião na própria matrícula do imóvel, em atenção ao princípio da unitariedade matricial.
b) será aberta nova matrícula para o imóvel usucapiendo, devendo o registrador proceder à averbação do respectivo destaque, dispensada, para esse fim, a apuração do remanescente.
c) o registrador de imóveis abrirá nova matrícula para o imóvel usucapiendo, devendo realizar, oficiosamente, a averbação do desfalque, e ainda exigir do interessado, para esse fim, a descrição do remanescente.
d) o registro da usucapião será feito na própria matrícula, mas o registrador de imóveis deverá exigir a prévia retificação do registro para qualquer registro ou averbação posterior.

05. (Vunesp – Outorga de Delegação de Notas e Registros – TJ – GO/2021) É dispensado o habite-se expedido pela prefeitura municipal em se tratando de

a) Reurb-E, ocasião em que a averbação das edificações poderá ser efetivada a partir de mera notícia, a requerimento do interessado, da qual constem a área construída e o número da unidade imobiliária.
b) imóvel integrante de programa habitacional de interesse social localizado em Zona Especial de Interesse Social – ZEIS.
c) abertura de matrícula de imóvel edificado em decorrência de reconhecimento extrajudicial de usucapião.
d) construção residencial urbana unifamiliar de um só pavimento finalizada há mais de 2 anos em área ocupada predominantemente por população de baixa renda, inclusive para o fim de registro ou averbação decorrente de financiamento à moradia.

06. (Vunesp – Outorga de Delegação de Notas e Registros – TJ – GO/2021) Segundo o Código de Normas, a ata notarial de usucapião será lavrada

a) pelo tabelião de notas do município em que estiver localizado o imóvel usucapiendo ou, ao menos, a parte de um terço dele.
b) pelo tabelião de notas do município em que estiver localizado o imóvel usucapiendo ou a maior parte dele.
c) por qualquer tabelião de notas da unidade da federação em que estiver localizado o imóvel usucapiendo ou a maior parte dele.
d) pelo tabelião de notas do município em que estiver domiciliado o requerente da usucapião.

07. (Consulplan – Outorga e Delegação de Serviços Notariais e Registrais – TJ – MS/2019) Assinale a afirmativa correta, de acordo com o Provimento 65, de 14 de dezembro de 2017, do Conselho Nacional de Justiça, que estabelece diretrizes para o procedimento da usucapião extrajudicial nos serviços notariais e de registro de imóveis.

Nota da autora: O Provimento CNJ n. 65/2017 foi revogado e seus dispositivos incorporados aos **arts. 398 a 423 do Provimento CNJ n. 149/2023 (Código Nacional de Normas)**, sem alteração legislativa, motivo pelo qual é possível aproveitar esta questão.

a) O consentimento expresso poderá ser manifestado pelos confrontantes e titulares de direitos reais a qualquer momento, por documento particular com firma reconhecida ou por instrumento público, sendo imprescindível a assistência de advogado ou defensor público.
b) Na hipótese de algum titular de direitos reais e de outros direitos registrados na matrícula do imóvel usucapiendo e na matrícula do imóvel confinante ter falecido, poderão assinar a planta e memorial descritivo os herdeiros legais, desde que apresentem escritura pública declaratória de únicos herdeiros com nomeação do inventariante.
c) Infrutíferas as notificações mencionadas no Provimento 65 do CNJ, estando o notificando em lugar incerto, não sabido ou inacessível, o oficial de registro de imóveis certificará o ocorrido e promoverá a notificação por edital publicado, por uma única vez, em jornal local de grande circulação, interpretando o silêncio do notificando como concordância.

d) Se a planta e o memorial descritivo assinados por profissional legalmente habilitado e com prova da Anotação da Responsabilidade Técnica – ART ou do Registro de Responsabilidade Técnica – RRT no respectivo conselho de fiscalização profissional não estiver assinada pelos titulares dos direitos registrados ou averbados na matrícula do imóvel usucapiendo ou na matrícula dos imóveis confinantes ou ocupantes a qualquer título e não for apresentado documento autônomo de anuência expressa, eles serão notificados pelo oficial de registro de imóveis ou por intermédio do oficial de registro de títulos e documentos para que manifestem consentimento no prazo de 15 (quinze) dias, considerando-se sua inércia como discordância.

08. (Consulplan – Outorga e Delegação de Serviços Notariais e Registrais – TJ – MS/2019) Assinale a afirmativa correta, de acordo com o Provimento 65, de 14 de dezembro de 2017, do Conselho Nacional de Justiça, que estabelece diretrizes para o procedimento da usucapião extrajudicial nos serviços notariais e de registro de imóveis.

Nota da autora: O Provimento CNJ n. 65/2017 foi revogado e seus dispositivos incorporados aos **arts. 398 a 423 do Provimento CNJ n. 149/2023 (Código Nacional de Normas)**, sem alteração legislativa, motivo pelo qual é possível aproveitar esta questão.

a) A existência de ônus real ou de gravame na matrícula do imóvel usucapiendo impedirá o reconhecimento extrajudicial da usucapião.
b) Na hipótese de a unidade usucapienda localizar-se em condomínio edilício constituído de fato, ou seja, sem o respectivo registro do ato de incorporação, ou sem a devida averbação de construção, bastará a anuência do síndico do condomínio.
c) Se o imóvel usucapiendo for matriculado com descrição precisa e houver perfeita identidade entre a descrição tabular e a área objeto do requerimento da usucapião extrajudicial, fica dispensada a intimação dos confrontantes do imóvel, devendo o registro da aquisição originária ser realizado na matrícula existente.
d) Considera-se outorgado o consentimento pelos titulares dos direitos registrados ou averbados na matrícula do imóvel usucapiendo, dispensada a notificação, quando for apresentado pelo requerente justo título ou instrumento que demonstre a existência de relação jurídica com o titular registral, acompanhado de prova da quitação das obrigações ou de certidão do distribuidor cível expedida até 30 (trinta) dias antes do requerimento que demonstre a inexistência de ação judicial contra o requerente ou contra seus cessionários envolvendo o imóvel usucapiendo.

09. (IESES – Cartório – Remoção – TJ – RO/2017) Sem prejuízo da via jurisdicional, é admitido o pedido de reconhecimento extrajudicial de usucapião, que será processado diretamente perante o cartório do registro de imóveis da comarca em que estiver situado o imóvel usucapiendo, a requerimento do interessado, sendo que nesta situação, a representação por advogado será:

a) Dispensada.
b) Recomendada.
c) Obrigatória.
d) Facultativa.

10. (Vunesp – Outorga de delegação de serviços notariais e registrais – Remoção – TJ – RS/2019) No que diz respeito à usucapião extrajudicial, é correto asseverar que

a) somente pode ser utilizado para a aquisição do direito real de propriedade.
b) não é possível se abranger parte de vários imóveis.
c) se deve fazer prova do recolhimento do ITBI.
d) a existência de ônus real sobre o imóvel impede o seu reconhecimento.
e) se tiver por objeto imóvel edificado, a abertura de matrícula independerá de apresentação do habite-se ou outro documento equivalente.

11. (IESES – Cartório – Provimento – TJ – CE/2018) Quanto a usucapião extrajudicial ou administrativa assinale a alternativa correta:

a) O oficial do registro de imóveis exigirá, para o ato do registro da usucapião, o pagamento do Imposto de Transmissão de Bens Imóveis – ITBI ou certidão da Prefeitura dispensando o recolhimento do tributo.
b) O reconhecimento extrajudicial da usucapião de imóvel matriculado não extinguirá eventuais restrições administrativas nem gravames judiciais regularmente inscritos.
c) Se a planta não contiver a assinatura de qualquer um dos titulares de direitos registrados ou averbados na matrícula do imóvel usucapiendo ou na matrícula dos imóveis confinantes, o titular será notificado pelo registrador competente, pessoalmente ou pelo correio com aviso de recebimento, para manifestar consentimento expresso em quinze dias, interpretado o silêncio como discordância.
d) O registro do reconhecimento extrajudicial da usucapião de imóvel sempre implica em abertura de nova matrícula.

12. (Vunesp – Cartório – Remoção – TJ – SP/2018) Em relação à usucapião extrajudicial,

a) não basta o notificado não ser encontrado, sendo necessário que o oficial se valha de todos os meios de localização; frustradas as diligências, este certificará estar o notificado em lugar incerto ou não sabido e promoverá a publicação de editais.
b) por ser aquisição originária, sempre uma nova matrícula deverá ser aberta para o seu registro.
c) a falta de anuência expressa do confinante notificado faz presumir a sua discordância, inviabilizando o registro.
d) no caso de o imóvel ser unidade autônoma em condomínio edilício, fica dispensada a apresentação da planta e memorial descritivo.

GAB	1	A	2	C	3	D	4	B	5	C	6	B
	7	B	8	C	9	C	10	E	11	B	12	D

Art. 216-B. Sem prejuízo da via jurisdicional, a adjudicação compulsória de imóvel objeto de promessa de venda ou de cessão poderá ser efetivada extrajudicialmente no serviço de registro de imóveis da situação do imóvel, nos termos deste artigo.

§ 1º São legitimados a requerer a adjudicação o promitente comprador ou qualquer dos seus cessionários ou promitentes cessionários, ou seus sucessores, bem como o promitente vendedor, representados por advogado, e o pedido deverá ser instruído com os seguintes documentos:

I – instrumento de promessa de compra e venda ou de cessão ou de sucessão, quando for o caso;

II – prova do inadimplemento, caracterizado pela não celebração do título de transmissão da propriedade plena no prazo de 15 (quinze) dias, contado da entrega de notificação extrajudicial pelo oficial do registro de imóveis da situação do imóvel, que poderá delegar a diligência ao oficial do registro de títulos e documentos;

III – ata notarial lavrada por tabelião de notas da qual constem a identificação do imóvel, o nome e a qualificação do promitente comprador ou de seus sucessores constantes do contrato de promessa, a prova do pagamento do respectivo preço e da caracterização do inadimplemento da obrigação de outorgar ou receber o título de propriedade;

IV – certidões dos distribuidores forenses da comarca da situação do imóvel e do domicílio do requerente que demonstrem a inexistência de litígio envolvendo o contrato de promessa de compra e venda do imóvel objeto da adjudicação;

V – comprovante de pagamento do respectivo Imposto sobre a Transmissão de Bens Imóveis (ITBI);

VI – procuração com poderes específicos.

§ 2º (VETADO).

§ 3º À vista dos documentos a que se refere o § 1º deste artigo, o oficial do registro de imóveis da circunscrição onde se situa o imóvel procederá ao registro do domínio em nome do promitente comprador, servindo de título a respectiva promessa de compra e venda ou de cessão ou o instrumento que comprove a sucessão.

1. COMENTÁRIOS

1.1 INTRODUÇÃO

Trata-se de artigo incluído pela Lei n. 14.382/2022 (SERP), que demonstra como o legislador reconhece a desjudicialização como caminho eficiente para o futuro do Direito. Assim, a lei sancionada altera a Lei de Registros Públicos, regulamentando a possibilidade da adjudicação compulsória extrajudicial de imóveis, em perfeito alinhamento com a tendência de extrajudicialização.

De acordo com a Lei de Introdução às Normas do Direito Brasileiro, o novo art. 216-B da Lei n. 6.015/1973 está em plena vigência e não pode ter sua eficácia diferida por decisão do CNJ, sendo, portanto, uma **norma autoaplicável**.

A Corregedoria Nacional de Justiça apresentou parecer técnico no qual ponderou que *"não há menção à necessidade de posterior regulamentação do instituto da adjudicação compulsória extrajudicial, para a sua aplicabilidade, por ato da Corregedoria Nacional de Justiça"*, e que, *"em situações análogas, quando o legislador quis, fez constar expressamente a previsão da necessidade de edição de ato regulamentador pela Corregedoria Nacional de Justiça para a efetividade da prática de atos notariais e registrais, a exemplo do § 2º do art. 235-A da Lei n. 6015/73"*.

O órgão correcional considerou que *"a adjudicação compulsória extrajudicial se trata de instituto novo, passível de dúvidas, salutar que seja estudado no âmbito desta Corregedoria Nacional de Justiça com a possibilidade de regulamentação do seu procedimento."*

E assim, em 15 de setembro de 2023, foi editado o Provimento CNJ n. 150, para regulamentar o procedimento da adjudicação compulsória extrajudicial, incluindo os arts. 440-A a 440-AM no Código Nacional de Normas (Provimento CNJ n. 149/2023). Esse provimento sanou várias dúvidas práticas sobre a aplicação do instituto. Destaco alguns pontos que justificaram a criação do ato normativo:

a) A necessidade de regulamentação e padronização do procedimento para a admissão da adjudicação compulsória até que as unidades da Federação adotem norma própria acerca dos emolumentos;

b) A maior celeridade, redução de custos e de demandas no Poder Judiciário mediante a desjudicialização de procedimentos;

c) A necessidade de uniformização, em todo o território nacional, dos procedimentos relativos à adjudicação compulsória;

d) As discussões ocorridas no âmbito da Câmara de Regulação e do Conselho Consultivo do Agente Regulador do Operador Nacional do Sistema de Registro Eletrônico de Imóveis (Processo SEI/CNJ 02816/2023),

A adjudicação compulsória extrajudicial é relevante e muito útil, pois agora as serventias imobiliárias estão autorizadas a registrar imóveis quando a ausência de escritura pública decorrer de resistência injustificada de uma das partes. Até então, para esse tipo de situação, era imprescindível um processo judicial para obter carta de adjudicação. De acordo com a Lei do SERP, a adjudicação poderá ser feita pelo Registro de Imóveis, desde que sejam apresentados os documentos legais.

Noutro dizer, tal procedimento permite regularizar a documentação em favor do comprador de um imóvel, seja devido à recusa do vendedor em assinar a escritura pública ou pela impossibilidade de fazê-lo, como em casos de falecimento ou desconhecimento dos herdeiros, por exemplo. Por outro lado, a adjudicação também pode ser solicitada devido à omissão do comprador em transferir o imóvel, ou seja, pode ser requerida a adjudicação inversa: aquela solicitada pelo vendedor contra o comprador.

O presidente do Colégio Notarial do Brasil (CNB), seção Espírito Santos, em entrevista ao CNB-BR, Rodrigo Reis Cyrino, alerta que esse procedimento deverá ser utilizado somente quando for inviável a correta escrituração dos atos na prática, o que enseja as seguintes hipóteses, dentre outras:

a) morte ou declaração de ausência – se for comprovada a morte do vendedor ou até mesmo do comprador a adjudicação compulsória deverá ser deferida para viabilizar a transferência imobiliária que deveria ter ocorrido. A simples apresentação da certidão de óbito ou a decisão judicial que decretou a ausência já poderá dar subsídio para o deferimento do pedido extrajudicial;
b) extinção da pessoa jurídica – seja por inaptidão ou por baixa com a utilização do seguinte termo: "enc. liq. voluntária"- que significa um tipo de encerramento de liquidação ou de extinção voluntária;
c) incapacidade civil da parte – o curador poderá informar essa incapacidade e inviabilidade de assinar uma escritura de compra e venda, pela falta de capacidade jurídica ou lucidez;
d) localização incerta e não sabida – se a parte está desaparecida de forma comprovada, poderá ser utilizada a publicação de editais para a notificação ficta; dentre outras situações.

Vale destacar a resposta dada pelo Colégio Notarial do Brasil, que, ao questionar se **poderia haver litígio no extrajudicial**, respondeu: "Na adjudicação compulsória há, de certo modo, uma situação de conflito onde uma parte quer a assinatura e a efetiva transferência imobiliária, e o outro lado ou não quer assinar voluntariamente, ou a falta de sua assinatura se dá por situações fáticas impeditivas. Isso, de certo modo, traz uma mudança de paradigma para o extrajudicial, pois sempre se estabeleceu a imperiosa necessidade da presença de um acordo inconteste entre as partes nos atos, bem como a manifestação de vontade indene de dúvidas".

1.2 FACULTATIVIDADE

É importante esclarecer que a via extrajudicial é uma opção, permitindo a continuidade de procedimentos judiciais, como já ocorre na usucapião. Em situações onde a parte opte pela via extrajudicial, ela deve solicitar a **desistência** ou **suspensão do processo judicial** junto ao juízo competente e apresentar o comprovante dessa solicitação ao registrador.

Anote-se que a pendência de um processo judicial de adjudicação compulsória não impedirá o uso da via extrajudicial, desde que se demonstre que o processo está suspenso por, no mínimo, 90 dias úteis.

1.3 LEGITIMADOS

Inicialmente, é importante esclarecer que a legitimidade para requerer a adjudicação ao registro de imóveis **não se confunde** com a condição de adjudicante e não representa garantia de que o direito alegado será acatado, cabendo tal análise ao registrador no curso do procedimento.

O art. 216-B, § 1º, da Lei n. 6.015/1973 estabelece que a adjudicação compulsória poderá ser requerida pelo **promitente comprador** ou por **qualquer dos seus cessionários, promitentes cessionários ou sucessores,** bem como pelo **promitente vendedor**, todos representados por advogado.

Na Nota Técnica nº 3/2022 do Colégio Registral de Minas Gerais (CORI), apresentada na edição anterior desta obra, defendia-se também que os **promitentes permutantes** estavam abarcados pelo parágrafo primeiro do art. 216-B, conforme os artigos 533 do Código Civil e 167, I, 18 e 30, da Lei nº 6.015/73. Da mesma forma, incluiu-se os **sucessores do promitente vendedor,** nas situações em que lhes cabia cumprir as obrigações pendentes e quitadas deixadas pelo *de cujus*.

O Código Nacional de Normas esclareceu a ideia, dispondo sobre a matéria no art. 440-C. Assim, tem legitimidade para a adjudicação compulsória **qualquer adquirente ou transmitente** envolvido nos atos e negócios jurídicos mencionados no art. 440-B, assim como **qualquer cedente, cessionário ou sucessor**.

Como exemplos, pode-se citar a adjudicação requerida pelo promitente vendedor, em que o adjudicante será o promissário comprador ou requerimentos apresentados por sucessores do comprador, em que o adjudicante será o de cujus. Em se tratando de adquirentes casados entre si, deverá o advogado informar no requerimento se a aquisição foi feita por um ou ambos os cônjuges, em consonância com o contrato que instrui o procedimento.

Assim como na usucapião extrajudicial, o requerente deve estar assistido por **advogado ou defensor público**, constituídos mediante procuração específica.

Esta obrigatoriedade se justifica, pois, além de ser necessária no âmbito judicial, esses profissionais farão o aconselhamento prévio às partes e o filtro fático e documental das situações possíveis de seguirem o procedimento extrajudicial.

Como vimos, a lei elenca o promitente vendedor também como legitimado. Pode-se afirmar que temos aqui uma espécie de **adjudicação inversa.** Carlos Eduardo e Flávio Tartuce **bem esclarecem que** podem surgir dúvidas quanto ao uso dessa medida em favor do promitente vendedor, pois, nos casos de inadimplemento da outra parte, a medida mais usual é a rescisão do contrato, com a reintegração de posse do bem imóvel, se esta tiver sido transmitida ao compromissário ou promitente comprador. Entretanto, é possível imaginar hipótese fática em que a medida pode ser utilizada em favor do promitente vendedor. Imagine um caso de compromisso ou promessa de compra e venda em que há o pagamento integral do preço. O promitente vendedor quer celebrar logo o contrato definitivo para se livrar dos ônus imobiliários, mas o compromissário comprador nega a fazê-lo, de forma injustificada. Nessa situação, diante da sua resistência e do interesse do promitente vendedor em não ter mais o imóvel registrado em seu nome, poderá fazer uso da adjudicação compulsória extrajudicial (Op. cit. p. 205).

1.4 OBJETO

Em relação ao objeto, podem dar fundamento à adjudicação compulsória quaisquer atos ou negócios jurídicos que impliquem **promessa de compra e venda** ou **promessa de permuta,** bem como nas respectivas **cessões ou promessas de cessão, desde que não haja direito de arrependimento exercitável.**

A promessa de permuta foi uma inovação do art. 440-B do Provimento CNJ n. 149/2023, que deixou expresso que, além da promessa de compra e venda, a promessa de permuta também pode fundamentar a adjudicação compulsória. Na redação original do art. 216-B, constava apenas promessa de venda ou de cessão.

O Código Nacional de Normas alinhou-se ao que determina o artigo 112 do Código Civil. Em palavras diversas, nas declarações de vontade deve-se priorizar a intenção subjacente a elas, em vez de seguir estritamente o sentido literal das palavras.

Aliás, a Nota Técnica expedida pelo CORI n. 3/2022, sugere que na **qualificação dos títulos,** deverá observar especialmente o **princípio da busca da conservação dos negócios jurídicos,** de modo a preservar a essência da manifestação volitiva das partes, sendo permitida a complementação de dados, documentos e eventuais elementos faltantes ao título, na petição apresentada, por documentos idôneos apartados.

Na edição anterior desta obra, ou seja, antes da edição do Provimento CNJ 150/2023, esclarecemos sobre a cláusula de irretratabilidade no instrumento. Defendíamos que a cláusula no instrumento apresentado não era condição necessária para o deferimento do pedido formulado. Todavia, se as partes envolvidas tivessem pactuado cláusula de arrependimento (promessa retratável), deduzia-se que não seria possível o seu registro, ressalvadas as hipóteses do artigo 25 da Lei nº 6.766/79 e do artigo 32 da Lei n. 4.591/64, nas quais é vedado este tipo de convenção.

Agora, o Provimento CNJ n. 150/2023 traz norma expressa nesse sentido. Assim, no que diz respeito ao arrependimento exercitável, anote-se que este direito não impedirá a adjudicação compulsória, se o imóvel houver sido objeto de parcelamento do solo urbano (art. 2º da Lei n. 6.766/1979) ou de incorporação imobiliária, com o prazo de carência já decorrido (art. 34 da Lei n. 4.591/1964).

O requerente poderá ainda cumular pedidos referentes a imóveis diversos, contanto que, cumulativamente:

i) Todos os imóveis estejam na circunscrição do mesmo ofício de registro de imóveis;
ii) Haja coincidência de interessados ou legitimados, ativa e passivamente; e
iii) Da cumulação não resulte prejuízo ou dificuldade para o bom andamento do processo.

1.5 COMPETÊNCIA:

A atribuição para o processo e para a qualificação e registro da adjudicação compulsória extrajudicial será do ofício de registro de imóveis da atual **situação do imóvel.**

Se o registro do imóvel ainda **estiver na circunscrição de ofício de registro de imóveis anterior,** o requerente apresentará a respectiva **certidão.**

Atente-se que, ao prever no artigo 440-M que "o requerimento inicial será instruído, necessariamente, pela ata notarial de que trata este Capítulo deste Código Nacional de Normas e pelo instrumento do ato ou negócio jurídico em que se funda a adjudicação compulsória", coloca-se uma pá de cal na discussão sobre **onde deveria ser o início do procedimento da adjudicação compulsória,** se no Tabelionato de Notas ou no Registro de Imóveis. Resta indubitável que o procedimento deverá iniciar no Tabelionato de Notas.

Após a lavratura da ata notarial, o requerimento inicial adentrará no Registro de Imóveis, para, a seguir, ser promovida a notificação do requerido.

Nos próximos tópicos, iniciaremos a análise do procedimento de adjudicação compulsória, que se iniciará no Tabelionato de Notas, por meio da ata notarial, e, em seguida, ao requerimento inicial confeccionado no Ofício de Imóveis.

No cartório de imóveis serão duas fases: a) na primeira será feita a autuação dos documentos e o seu processamento; b) na segunda, sendo deferido o processamento, será realizado o registro propriamente dito.

1.6 DO PROCEDIMENTO

1.6.1 ATA NOTARIAL NO TABELIONATO DE NOTAS

Para uma melhor compreensão do tema, recomenda-se inicialmente ao leitor estudar a ata notarial. Esse assunto é detalhadamente analisado nos comentários ao art. 7º, III, da Lei 8.935/1994, sendo importante destacar que a elaboração da ata notarial é de competência exclusiva do Tabelião de Notas.

Sendo o notário detentor da fé pública, a ata constitui **prova pré-constituída** e goza de credibilidade plena para fins de prova em juízo ou em qualquer outra situação de fato ocorrido. Logo, a ata notarial é o instrumento em que o tabelião, seu substituto ou escrevente, a pedido de pessoa interessada, constata fielmente os fatos, as coisas, pessoas ou situações para comprovar a sua existência ou o seu estado.

Também vale recordar os comentários do art. 216-A da Lei 6.015/1973, que destacam que a ata notarial é um documento que instrui a usucapião extrajudicial. Ela atesta o tempo de posse do requerente e de seus antecessores, conforme o caso e suas circunstâncias.

Pois bem, o art. 11 da MP n. 1.085/2021 previa a exigência de ata notarial lavrada por tabelião de notas nos pedidos de adjudicação compulsória extrajudicial do imóvel. No entanto, este dispositivo foi vetado pelo então presidente da república. Invoca-se a justificativa do Ministério da Economia: a ata notarial *"cria uma exigência desnecessária que irá encarecer e burocratizar o procedimento, podendo fazer com que o imóvel permaneça na informalidade"*.

Após o veto presidencial, o texto voltou ao Congresso Nacional, que, por sua vez, derrubou o veto e restabeleceu o inciso III do § 1º do artigo 216-B da Lei de Registros Públicos.

Em outras palavras, agora é imposição legal a ata notarial no procedimento de adjudicação compulsória extrajudicial. Esta ata notarial, que deve conter a identificação do imóvel, o nome e a qualificação do promitente comprador ou de seus sucessores constantes do contrato de promessa, a prova do pagamento do respectivo preço e a caracterização do inadimplemento da obrigação de outorgar ou receber o título de propriedade, passa a ser um **documento obrigatório** para instruir o pedido de adjudicação compulsória.

Esclarecedoras são as palavras do professor Silmar Lopes: é o Tabelião de Notas que, ao aportar a sua fé pública na existência, validade e regularidade daqueles documentos previstos no § 1º do artigo 216-B da lei 6.015/73, dará ao Oficial de Registro de Imóveis maior segurança para proceder com a Adjudicação Compulsória, uma vez que a presunção de verdade e legalidade de toda a documentação se encontra efetivada pela presença da ata notarial.

Ao se aportar fé pública na descrição do imóvel; na qualificação das partes; na comprovação da quitação do negócio jurídico e na comprovação do inadimplemento da obrigação de se outorgar a escritura pública de venda e compra (ou equivalente), haverá uma segurança jurídica muito maior seja para quem realiza o pedido de Adjudicação Compulsória, seja para o advogado que assiste à parte requerente, seja para o próprio Oficial de Registro de Imóveis. Enfim, a segurança jurídica sempre beneficiará a todos indistintamente. Portanto, resta claro e evidente que a segurança jurídica não pode ser barganhada por economia, uma vez que a mitigação da segurança jurídica acaba, por muitas vezes, gerando maiores prejuízos onde a economia será o fator menos importante (https://www.notariado.org.br/ a-ata-notarial-na-adjudicacao-compulsoria- extrajudicial-venceu--a-seguranca-juridica/).

Ao analisar o instituto da adjudicação compulsória pela via extrajudicial, Rodrigo Reis Cyrino conclui que o procedimento, **apesar de tramitar perante os cartórios de imóveis,** deverá seguir a **prévia instrumentalização através de uma ata notarial** de verificação de documentos ou até mesmo para comprovar fatos e colher depoimentos. Nesse cenário, andou bem o legislador ao prever a obrigatoriedade da lavratura da ata notarial por ser um instrumento imparcial e que possui uma certificação das impressões colhidas em cada caso concreto por parte do tabelião do cartório conferindo fé pública aos documentos analisados.

No que diz respeito à **competência,** a ata notarial estabelecida no inciso II do § 1º do art. 216-B da Lei n. 6.015/1973 será lavrada por um **tabelião de notas escolhido pelo requerente**, **exceto** quando envolver diligências no local do imóvel, respeitando os critérios estabelecidos nos arts. 8º e 9º da Lei n. 8.935/1994, e observando, no caso de ata notarial eletrônica, as regras de competência territorial conforme determinado pelo Código Nacional de Normas.

O Provimento CNJ n. 150/2023 regulamentou a lavratura da ata notarial no procedimento de adjudicação compulsória extrajudicial, incluindo os arts. 440-F e 440-G no Código Nacional de Normas. Esses artigos especificam as informações essenciais que devem constar em uma ata notarial para fins de adjudicação compulsória. De forma geral, essas informações incluem a identificação do imóvel, a qualificação das partes, a prova de pagamento e a caracterização do inadimplemento da obrigação.

O ponto inicial que merece destaque é a necessidade de a ata notarial conter dois elementos fundamentais para a adjudicação compulsória, conforme previsto nos artigos 1.417 e 1.418 do Código Civil: a comprovação da quitação e a comprovação do inadimplemento da parte que deve receber ou outorgar a escritura pública definitiva.

Por sua vez, o art. 440-G traz os **elementos** que devem constar na ata notarial. São eles:

> **Art. 440-G.** Além de seus demais requisitos, para fins de adjudicação compulsória, a ata notarial conterá:
>
> **I** – a referência à matrícula ou à transcrição, e a descrição do imóvel com seus ônus e gravames;

Aqui vale dialogar com os seguintes parágrafos:

> *§ 3º. A descrição do imóvel urbano matriculado poderá limitar-se à identificação ou denominação do bem e seu endereço.*
>
> *§ 4º. Caberá ao tabelião de notas fazer constar informações que se prestem a aperfeiçoar ou a complementar a especialidade do imóvel, se houver.*

Rodrigo Reis Cyrino adverte que, no requerimento ou na ata notarial deverão ainda ser mencionados as seguintes informações: a) se o imóvel for urbano, deverão constar todas as inscrições imobiliárias junto ao Município; b) se o imóvel for rural, deverão constar todas as informações em relação ao NIRF – número de identificação de imóvel dentro da base de cadastro de imóveis rurais (Cafir) ou CIB – cadastro imobiliário brasileiro, CCIR – certificado de cadastro do imóvel rural, ITR – imposto territorial rural, e quando o for o caso, o CAR – cadastro ambiental rural; c) se o imóvel for um terreno de marinha, deverão constar todas as informações em relação à CAT – certidão de autorização de transferência – junto à Secretaria de Patrimônio da União – SPU.

> **II** – a identificação dos atos e negócios jurídicos que dão fundamento à adjudicação compulsória, incluído o histórico de todas as cessões e sucessões, bem como a relação de todos os que figurem nos respectivos instrumentos contratuais;
>
> **III** – as provas do adimplemento integral do preço ou do cumprimento da contraprestação à transferência do imóvel adjudicando;
>
> **IV** – a identificação das providências que deveriam ter sido adotadas pelo requerido para a transmissão de propriedade e a verificação de seu inadimplemento;
>
> **V** – o valor venal atribuído ao imóvel adjudicando, na data do requerimento inicial, segundo a legislação local.

O § 2º do art. 440-G estabelece que o notário fará constar na ata que esta **não tem valor de título de propriedade,** que se **presta à instrução de pedido de adjudicação compulsória** perante o cartório de registro de imóveis, e que **poderá ser aproveitada em processo judicial.**

É possível constar da ata notarial **imagens, documentos, gravações de sons, depoimentos de testemunhas e declarações do requerente.** As testemunhas deverão ser alertadas de que a falsa afirmação configura crime.

O § 6º do art. 440-G traz regras sobre a **prova de quitação.** Veja-se:

> Para fins de prova de quitação, na ata notarial, poderão ser objeto de constatação, além de outros fatos ou documentos:
>
> I – ação de consignação em pagamento com valores depositados;
>
> II – mensagens, inclusive eletrônicas, em que se declare quitação ou se reconheça que o pagamento foi efetuado;
>
> III – comprovantes de operações bancárias;
>
> IV – informações prestadas em declaração de imposto de renda;
>
> V – recibos cuja autoria seja passível de confirmação;
>
> VI – averbação ou apresentação do termo de quitação de que trata a alínea 32 do inciso II do art. 167 da Lei n. 6.015, de 31 de dezembro de 1973; ou
>
> VII – notificação extrajudicial destinada à constituição em mora.

Carolina Edith Mosmann dos Santos observa um aspecto que merecerá discussão e aprofundamento. É sobre se a prescrição poderá ser alegada, substituindo a prova de quitação, já que o §6º, do artigo 440-G, menciona a expressão "além de outros fatos e documentos", deixando claro que o rol ali previsto é meramente exemplificativo.

Com efeito, o Código de Normas do Rio de Janeiro permite que a prescrição seja alegada, substituindo a prova da quitação, se for acompanhada das certidões forenses demonstrando a inexistência de litígio envolvendo o contrato.

De outro lado, o Superior Tribunal de Justiça tem decisões no sentido de não aceitar a prescrição como presunção de quitação, nem mesmo na adjudicação compulsória judicial.

Desta forma, o tema da prescrição merecerá uma atenção especial dos advogados, notários e registradores, já que ele não foi trazido expressamente no Provimento 150, do CNJ.

Talvez a solução perpasse pelo caminho do meio, onde a prescrição possa ser utilizada como um elemento para a prova da quitação, mas não o único. Neste aspecto, o notário terá um papel essencial, podendo utilizar-se de todos os meios de prova em direito admitidos para tentar provar a quitação, inclusive diligência no local do imóvel, uma vez que a constatação de posse *ad usucapionem* poderá, eventualmente, ser considerada como mais um elemento a favor da pretensão do requerente (https://www.migalhas.com.br/coluna

/migalhas-notariais-e-registrais/394870/primeiras--consideracoes-sobre-o-provimento-150-do-cnj).

O tabelião de notas poderá dar fé às assinaturas, com base nos **cadastros nacionais dos notários** (art. 301 deste Código Nacional de Normas), se assim for viável à vista do estado da documentação examinada.

O art. 440-G traz outra novidade. É que o § 8º prevê a possibilidade de o tabelião de notas instaurar a **conciliação** ou a **mediação dos interessados**, desde que haja concordância do requerente, nos termos dos arts. 18 a 57 do Código Nacional de Normas.

Uma inovação significativa introduzida pelo Provimento CNJ n. 150/2023 no artigo 440-G, relacionado à ata notarial, é a inclusão do § 4º, que estipula que o **notário** deve **adicionar informações que aprimorem ou complementem a descrição detalhada do imóvel**, quando necessário. Em resumo, a ata notarial terá um papel essencial na exatidão e especificação das características do imóvel.

Após a elaboração da ata notarial, deve-se apresentar um requerimento inicial ao oficial do cartório de imóveis, contendo, por exemplo, o nome das partes, procuração, ata notarial de adjudicação compulsória e a inclusão de outros documentos necessários que comprovem o direito e a quitação integral do negócio jurídico, em vias originais ou cópias autenticadas. Isso garantirá segurança jurídica ao procedimento, evitando possíveis fraudes e falsificações.

É importante ainda enfatizar que o tabelião de notas, na qualidade de consultor jurídico, deve orientar o requerente sobre a possível inviabilidade da adjudicação compulsória pela via extrajudicial, se for o caso.

No próximo tópico, será estudado o requerimento inicial no Registro de Imóveis.

1.6.2 REQUERIMENTO INICIAL NO REGISTRO DE IMÓVEIS

Inicialmente, cumpre alertar que, como boa prática registral, o Oficial de Registro, ao analisar toda a documentação que instrui o procedimento, deve observar os elementos essenciais do negócio, quais sejam: partes, objeto e preço, conforme estabelecido nos artigos 462 e 481 do Código Civil.

A Nota Técnica expedida pelo CORI n. 3/2022 sugere que, na **qualificação dos títulos**, deve-se observar especialmente o **princípio da busca da conservação dos negócios jurídicos**, de modo a preservar a essência da manifestação volitiva das partes, sendo permitida a complementação de dados, documentos e eventuais elementos faltantes ao título, na petição apresentada, por documentos idôneos apartados.

Passemos agora à análise detalhada do **requerimento inicial.**

O Provimento CNJ n. 150/2023 incluiu no Código Nacional de Normas, os arts. 440-K a 440-Q, trazendo regulamentações detalhadas sobre este ato exordial.

O interessado deve apresentar, para **protocolo**, a fim de garantir a prioridade registral no registro de imóveis competente, requerimento de instauração do processo de adjudicação compulsória.

Os efeitos da prenotação estender-se-ão até o deferimento ou rejeição do pedido. O procedimento de adjudicação compulsória constitui uma das exceções ao prazo estabelecido no art. 188 da Lei n. 6.015/1973. Para mais detalhes sobre esse tema, recomenda-se a leitura dos comentários deste art. 188.

O art. 440-L elenca os **requisitos do requerimento inicial**, nestes termos:

> Art. 440-L. O requerimento inicial atenderá, no que couber, os requisitos do art. 319 da Lei Federal n. 13.105, de 16 de março de 2015 – Código de Processo Civil, trazendo, em especial:
>
> I – identificação e endereço do requerente e do requerido, com a indicação, no mínimo, de nome e número de Cadastro de Pessoas Físicas – CPF ou de Cadastro Nacional de Pessoas Jurídicas – CNPJ (art. 2º do Provimento n. 61, de 17 de outubro de 2017, da Corregedoria Nacional de Justiça);
>
> II – a descrição do imóvel, sendo suficiente a menção ao número da matrícula ou transcrição e, se necessário, a quaisquer outras características que o identifiquem;
>
> III – se for o caso, o histórico de atos e negócios jurídicos que levaram à cessão ou à sucessão de titularidades, com menção circunstanciada dos instrumentos, valores, natureza das estipulações, existência ou não de direito de arrependimento e indicação específica de quem haverá de constar como requerido;
>
> IV – a declaração do requerente, sob as penas da lei, de que não pende processo judicial que possa impedir o registro da adjudicação compulsória, ou prova de que tenha sido extinto ou suspenso por mais de 90 (noventa) dias úteis;
>
> V – o pedido de que o requerido seja notificado a se manifestar, no prazo de 15 (quinze) dias úteis; e
>
> VI – o pedido de deferimento da adjudicação compulsória e de lavratura do registro necessário para a transferência da propriedade.

O art. 440-M reforça a ideia de que o procedimento de adjudicação compulsória tem início no Tabelionato de Notas, ao estabelecer que o requerimento inicial deverá ser instruído por ata notarial. Veja-se:

> Art. 440-M. O requerimento inicial será instruído, necessariamente, pela ata notarial de que trata este Capítulo deste Código Nacional de Normas e pelo instrumento do ato ou negócio jurídico em que se funda a adjudicação compulsória.
>
> § 1º O requerimento inicial será apresentado ao ofício de registro de imóveis, diretamente ou por meio do Sistema Eletrônico dos Registros Públicos – Serp.
>
> § 2º O requerimento inicial e os documentos que o instruírem serão autuados.

§ 3º O oficial de registro de imóveis, a seu critério, poderá digitalizar o requerimento inicial e os documentos que o acompanhem, para que o processo tramite em meio exclusivamente eletrônico.

§ 4º A pedido do requerente, o requerimento inicial do processo extrajudicial, a ata notarial e os demais documentos poderão ser encaminhados ao oficial de registro de imóveis pelo tabelião de notas, preferencialmente por meio do Sistema Eletrônico dos Registros Públicos – Serp.

Em relação à **apresentação do requerimento por meio físico**, são os termos do art. 440-N:

Art. 440-N. Se apresentados para protocolo em meio físico, o requerimento inicial e documentos que o acompanham deverão ser oferecidos em tantas vias quantos forem os requeridos a serem notificados.

Regra sobre **notificação por edital** está prevista no art. 440-O:

Art. 440-O. Caso seja incerto ou desconhecido o endereço de algum requerido, a sua notificação por edital será solicitada pelo requerente, mediante demonstração de que tenha esgotado todos os meios ordinários de localização.

Já o art. 440-P dispõe sobre a necessidade de **notificação do cônjuge e do companheiro**:

Art. 440-P. Também se consideram requeridos e deverão ser notificados o cônjuge e o companheiro, nos casos em que a lei exija o seu consentimento para a validade ou eficácia do ato ou negócio jurídico que dá fundamento à adjudicação compulsória.

Na edição anterior desta obra, portanto, antes do Provimento CNJ n. 150, já defendíamos, na análise do art. 216-B, § 1º, inciso I, a sugestão apresentada na Nota Técnica do CORI. Esta sugeriu que, na análise da documentação, também era relevante averiguar a necessidade da outorga conjugal em relação aos promitentes vendedores e cedentes, em atendimento ao disposto no artigo 1.647 e aos princípios da continuidade e da disponibilidade, sendo a sua ausência passível de invalidade do título. Contudo, a outorga conjugal poderá ser suprida pela manifestação posterior do eventual prejudicado no curso do procedimento, que poderá ser formalizada em instrumento particular com a autenticidade apurada pelo reconhecimento de firmas ou ainda por meio de documento eletrônico sujeito à verificação de autenticidade pelo oficial.

Infere-se, porém, não ser possível o acolhimento do pedido quando, em razão do regime de bens, o imóvel pertencer a ambos os cônjuges (bem comum) e um deles não comparecer no contrato. Permite-se, no entanto, ao longo do procedimento, que qualquer das partes ausentes se manifeste expressamente nos autos para confirmação do negócio celebrado, restando suprida, neste caso, a ausência ou omissão detectada.

A **emenda do requerimento inicial, seus requisitos e as consequências para o não cumprimento** estão prevista no art. 440-Q:

Art. 440-Q. Caso o requerimento inicial não preencha os seus requisitos de que trata esta Subeção deste Código Nacional de Normas, o requerente será notificado, por escrito e fundamentadamente, para que o emende no prazo de 10 (dez) dias úteis.

Parágrafo único. Decorrido esse prazo sem as providências, o processo será extinto, com o cancelamento da prenotação.

1.6.3 DOCUMENTAÇÃO

Passemos à análise da **documentação** prevista no art. 216-B da Lei de Registros Públicos. Com base nos documentos mencionados no § 1º deste artigo, o oficial do registro de imóveis da circunscrição onde se situa o imóvel procederá ao registro do domínio em nome dos legitimados.

A) Instrumento de promessa de compra e venda ou de cessão ou de sucessão, quando for o caso.

Na qualificação das partes envolvidas, tanto na promessa original quanto em eventuais cessões existentes, será admitida a informação de dados que sejam suficientes para a determinação subjetiva dos envolvidos, de tal modo que ainda que não seja possível consignar todos os elementos qualificadores exigidos, não reste dúvida quanto à identificação das partes. Tal flexibilização se fundamenta no fato de que muitas vezes tais negócios são celebrados de forma sucessiva e por instrumentos particulares, o que lhes confere uma maior informalidade e traz grande dificuldade ou mesmo a impossibilidade de sua retificação. Exigir o atendimento de todas as suas formalidades legais nos títulos originais, na prática, impediria a concretização do novo instrumento criado, em desrespeito ao mencionado princípio da busca da conservação dos negócios jurídico. A condescendência, contudo, não se aplica ao adjudicante, que deverá ser qualificado no requerimento com todas as exigências legais, ainda que no instrumento original não tenha sido adequadamente qualificado.

Esse entendimento é ratificado pelo art. 440-E, § 2º do Código Nacional de Normas. Veja-se:

Art. 440-E, § 2º. Será admitido o processo de adjudicação compulsória ainda que estejam ausentes alguns dos elementos de especialidade objetiva ou subjetiva, se, a despeito disso, houver segurança quanto à identificação do imóvel e dos proprietários descritos no registro.

b) Prova do inadimplemento, caracterizado pela não celebração do título de transmissão da propriedade plena no prazo de 15 (quinze) dias, contado da entrega de notificação extrajudicial.

No Registro de Imóveis, o procedimento de adjudicação inicia-se com a prenotação e a autuação do requerimento inicial (já analisado em tópico anterior), juntamente com os documentos anexos. Vale lembrar que, neste procedimento, os efeitos da prenotação prorrogar-se-ão até o deferimento ou rejeição do pedido.

O Oficial então providencia a notificação do interessado para que se manifeste, no prazo de 15 dias úteis, quanto ao inadimplemento da sua obrigação de celebração do título definitivo.

Na edição anterior desta obra, apresentávamos algumas questões que poderiam gerar dúvidas na prática do procedimento de adjudicação compulsória extrajudicial. Algumas dessas recomendações foram positivadas no Provimento CNJ n. 150/2023, que incluiu os arts. 440-R a 440-X no Provimento CNJ n. 149/2023. Este provimento acertou ao regulamentar a notificação do procedimento de adjudicação compulsória extrajudicial de forma pormenorizada.

Passemos ao exame.

Se o **requerimento inicial**, analisado anteriormente neste capítulo, preencher os requisitos estabelecidos, o oficial de registro de imóveis notificará o requerido.

O art. 440-S prevê os **elementos da notificação**. Veja-se:

> Art. 440-S. A notificação conterá:
>
> I – a identificação do imóvel;
>
> II – o nome e a qualificação do requerente e do requerido;
>
> III – a determinação para que o requerido, no prazo de 15 (quinze) dias úteis, contados a partir do primeiro dia útil posterior ao dia do recebimento da notificação:
>
> a) anua à transmissão da propriedade; ou
>
> b) impugne o pedido, com as razões e documentos que entender pertinentes;
>
> IV – a advertência de que o silêncio do requerido poderá implicar a presunção de que é verdadeira a alegação de inadimplemento;
>
> V – instruções sobre a forma de apresentação da impugnação.

As normas sobre a **elaboração e o encaminhamento da notificação** estão dispostas no art. 440-T, neste sentido:

> Art. 440-T. O instrumento da notificação será elaborado pelo oficial do registro de imóveis, que o encaminhará pelo correio, com aviso de recebimento, facultado o encaminhamento por oficial de registro de títulos e documentos.
>
> § 1º Sem prejuízo dessas providências, deverá ser enviada mensagem eletrônica de notificação, se houver prova de endereço eletrônico do requerido.
>
> § 2º As despesas de notificação, em qualquer modalidade, serão pagas pelo requerente.

Regra sobre a **notificação da pessoa jurídica,** esta tem previsão no art. 440-U:

> Art. 440-U. Se o requerido for pessoa jurídica, será eficaz a entrega da notificação a pessoa com poderes de gerência geral ou de administração ou, ainda, a funcionário responsável pelo recebimento de correspondências.
>
> § 1º Em caso de pessoa jurídica extinta, a notificação será enviada ao liquidante ou ao último administrador conhecido.
>
> § 2º Sendo desconhecidos o liquidante ou o último administrador, ou se estiverem em lugar incerto ou desconhecido, a notificação será feita por edital.

Por sua vez, a **notificação em condomínios edilícios** é estipulada no art. 440-V:

> Art. 440-V. Nos condomínios edilícios ou outras espécies de conjuntos imobiliários com controle de acesso, a notificação será válida quando entregue a funcionário responsável pelo recebimento de correspondência.

Já a **notificação dos herdeiros** possui previsão no art. 440-W:

> Art. 440-W. Se o requerido for falecido, poderão ser notificados os seus herdeiros legais, contanto que estejam comprovados a qualidade destes, o óbito e a inexistência de inventário judicial ou extrajudicial.
>
> Parágrafo único. Havendo inventário, bastará a notificação do inventariante.

E finalmente, o art. 440-X trata das hipóteses de **notificação por edital**, conforme segue:

> Art. 440-X. Infrutíferas as tentativas de notificação pessoal, e não sendo possível a localização do requerido, o oficial de registro de imóveis procederá à notificação por edital, na forma seguinte:
>
> I – o oficial de registro de imóveis, a expensas do requerente, promoverá a notificação mediante a publicação do edital, por duas vezes, com intervalo de 15 (quinze) dias úteis, em jornal impresso ou eletrônico; e
>
> II – o edital repetirá o conteúdo previsto para a notificação de que trata esta Subseção deste Código Nacional de Normas.
>
> § 1º Será considerado em lugar desconhecido, para fins de notificação por edital, o requerido cujo endereço não conste no registro de imóveis nem no instrumento do ato ou negócio jurídico em que se fundar a adjudicação compulsória, contanto que o requerente declare e comprove que esgotou os meios ordinários para sua localização.
>
> § 2º Também se procederá à notificação por edital quando ficar provado que o requerido reside fora do país e não tem procurador munido de poderes para a outorga do título de transmissão.

c) Certidões dos distribuidores forenses da comarca da situação do imóvel e do domicílio do requerente que demonstrem a inexistência de litígio envolvendo o contrato de promessa de compra e venda do imóvel objeto da adjudicação.

Aqui uma rápida análise, tendo em vista a clareza do mandamento.

Registre-se que não impedirá o processamento do pedido da adjudicação compulsória extrajudiciais, **certidões positivas** que não digam respeito ao contrato ou respectivas cessões ou promessas de cessão que instruem o procedimento.

d) Comprovante de pagamento do respectivo Imposto sobre a Transmissão de Bens Imóveis (ITBI);

Os delegatários do serviço notarial e registral são considerados colaboradores fiscais. Esse tema foi exposto nos comentários do art. 289 da LRP, assim como nos artigos 30 e 31 da Lei n. 8.935/1994. Estes artigos estabelecem a fiscalização do recolhimento dos impostos incidentes sobre os atos realizados pelos notários e registradores.

O Provimento CNJ n. 149/2023 estabelece o momento do **imposto de transmissão no processo de adjudicação compulsória extrajudicial** no art. 440-AL:

> Art. 440-AL. O pagamento do imposto de transmissão será comprovado pelo requerente antes da lavratura do registro, dentro de 5 (cinco) dias úteis, contados da notificação que para esse fim lhe enviar o oficial de registro de imóveis.
>
> § 1º Esse prazo poderá ser sobrestado, se comprovado justo impedimento.
>
> § 2º Não havendo pagamento do imposto, o processo será extinto, nos termos do art. 440-J deste Código Nacional de Normas.

Note-se que a norma não obrigou o recolhimento do imposto de transmissão sobre bens imóveis já na lavratura da ata notarial de adjudicação compulsória, mas nada impede que esse recolhimento seja já efetivado pela parte interessada.

A observância do dever de fiscalização dos tributos pelo Oficial, **não impede a prenotação do título**, para que seja observada a precedência do direito do apresentante. É que o art. 12 da Lei de Registros Públicos, estabelece que nenhuma exigência fiscal, ou dúvida, obstará a apresentação de um título e o seu lançamento do Protocolo com o respectivo número de ordem, nos casos em que da precedência decorra prioridade de direitos para o apresentante.

e) Procuração com poderes específicos.

O reconhecimento de firma pelo mandatário não é obrigatório nesses casos.

Todavia, a procuração deve ser outorgada por todos os adquirentes, e conforme já foi dito alhures, quando se tratar de adjudicação em favor de ambos os cônjuges. Na hipótese de a aquisição ser feita por apenas um dos cônjuges é dispensada a outorga conjugal para aquisição e, por consequência, a assinatura do cônjuge na procuração.

O presidente do Colégio Notário do Brasil, seção Espírito Santos, Rodrigo Reis Cyrino, alerta que a procuração com poderes específicos deverá mencionar a qualificação completa das partes, os poderes para atuar extrajudicialmente em cartórios de notas e de registro de imóveis com a menção de sua finalidade principal que é o requerimento da adjudicação compulsória extrajudicial. Se no requerimento ou na ata notarial for informada a completa descrição do imóvel com o número da matrícula, transcrição ou outro registro imobiliário, entendo ser desnecessária a descrição completa do imóvel constante do registro na procuração, bastando a citação do número deste registro.

1.7 DA ANUÊNCIA E DA IMPUGNAÇÃO

Passemos agora ao exame da **anuência e da impugnação**, destacando seus principais aspectos e implicações.

Em relação à **anuência** do requerido, esta poderá ser declarada a qualquer momento por instrumento particular, com firma reconhecida, por instrumento público ou por meio eletrônico idôneo, na forma da lei.

A anuência também poderá ser declarada perante o oficial de registro de imóveis, em cartório, ou perante o preposto encarregado da notificação, que lavrará certidão no ato da notificação.

Anote-se que, a mera anuência, desacompanhada de providências para a efetiva celebração do negócio translativo de propriedade, implicará o prosseguimento do processo extrajudicial.

De outro giro, o requerido poderá apresentar **impugnação,** que deverá ter a forma escrita, cujo prazo é de 15 (quinze) dias úteis.

Assim, o oficial de registro de imóveis notificará o requerente para que se manifeste sobre a impugnação em 15 (quinze) dias úteis e, com ou sem a manifestação, proferirá decisão, no prazo de 10 (dez) dias úteis.

Prestigiando a resolução consensual de conflitos, o oficial de registro de imóveis poderá, se entender viável, instaurar a conciliação ou a mediação dos interessados, nos termos dos arts. 18 a 57 do Código Nacional de Normas.

São razões para que o oficial de registro de imóveis indefira a impugnação, indicando as razões que o levaram a tanto:

i) a matéria já houver sido examinada e refutada em casos semelhantes pelo juízo competente;
ii) não contiver a exposição, ainda que sumária, das razões da discordância;
iii) versar matéria estranha à adjudicação compulsória;
iv) for de caráter manifestamente protelatório.

Rejeitada a impugnação, o requerido poderá recorrer, no prazo de 10 (dez) dias úteis, e o oficial de registro de imóveis notificará o requerente para se manifestar, em igual prazo sobre o recurso.

Acolhida a impugnação, o oficial de registro de imóveis notificará o requerente para que se manifeste em 10 (dez) dias úteis.

Se não houver insurgência do requerente contra o acolhimento da impugnação, o processo será extinto e cancelada a prenotação.

Com ou sem manifestação sobre o recurso ou **havendo manifestação de insurgência** do requerente contra o acolhimento, os autos serão encaminhados ao juízo que, de plano ou após instrução sumária, examinará apenas a procedência da impugnação.

Acolhida a impugnação, o juiz determinará ao oficial de registro de imóveis a extinção do processo e o cancelamento da prenotação.

Rejeitada a impugnação, o juiz determinará a retomada do processo perante o oficial de registro de imóveis.

Em qualquer das hipóteses, a decisão do juízo esgotará a instância administrativa acerca da impugnação.

1.8 DA QUALIFICAÇÃO E DO REGISTRO

Não havendo impugnação, afastada a que houver sido apresentada, ou anuindo o requerido ao pedido, o oficial de registro de imóveis, em 10 (dez) dias úteis:

i) Expedirá nota devolutiva para que se supram as exigências que ainda existirem; ou

ii) Deferirá ou rejeitará o pedido, em nota fundamentada.

Estando em ordem a documentação, o **Registro de Imóveis competente** para o processamento do pedido será sempre o de **localização do imóvel.** Reitera-se que os elementos de especialidade objetiva ou subjetiva que não alterarem elementos essenciais do ato ou negócio jurídico, se não constarem dos autos do processo de adjudicação compulsória ou dos assentos e arquivos do ofício de registro de imóveis, poderão ser complementados por documentos ou, quando se tratar de manifestação de vontade, por declarações dos proprietários ou dos interessados, sob sua responsabilidade.

Esta regra vai ao encontro da nova sistemática trazida pela Lei n. 14.382/2022. A Lei do SERP **flexibilizou o princípio da especialidade subjetiva e da especialidade objetiva.**

Em caso de exigência ou rejeição do pedido, é possível utilizar o **procedimento de dúvida**. Este procedimento está estabelecido nos artigos 198 e seguintes da Lei n. 6.015/1973.

Apresento agora algumas especificidades trazidas pela Nota Técnica n. 3/2022 que poderão auxiliar o leitor atuante na prática.

Havendo requerimento por parte dos **sucessores do promissário comprador**, o registro deverá ser efetuado em nome deste, cabendo aos herdeiros promoverem o respectivo inventário.

Em caso de **mudança do estado civil do adjudicante** entre a celebração do título e o procedimento de adjudicação, o registrador procederá ao registro observando os dados civis do tempo do contrato, em atendimento ao princípio da continuidade registral, devendo as alterações posteriores serem objeto de registro ou de averbação, conforme o caso concreto.

Estando o imóvel objeto da **adjudicação gravado com alienação fiduciária, penhora em favor da União, cláusula de inalienabilidade** vigente, o processamento não poderá ser realizado e, por consequência, não haverá sequer formação de título até o cancelamento das respectivas restrições.

Anote-se que a **indisponibilidade** não impede o processamento do pedido de adjudicação compulsória e a formação do título pelo registrador. No entanto, o pedido será indeferido, caso esta indisponibilidade não seja cancelada até o momento da decisão final do oficial de registro de imóveis.

Havendo **hipoteca cedular registrada na matrícula,** será necessária a anuência do credor para o registro em favor do adjudicante, sendo possível a notificação do credor durante o procedimento, que deverá se manifestar expressamente, não sendo possível a anuência tácita.

Os **direitos reais, ônus** e **gravames** que não impeçam atos de disposição voluntária da propriedade não obstarão a adjudicação compulsória.

A comprovação da **regularidade fiscal** dos transmitentes, a qualquer título, não é condição para o deferimento e registro da adjudicação compulsória extrajudicial.

Para as unidades autônomas em **condomínios edilícios** não é necessária a prévia prova de pagamento das cotas de despesas comuns.

É passível de adjudicação compulsória o bem da **massa falida**, contanto que o relativo ato ou negócio jurídico seja anterior ao reconhecimento judicial da falência, ressalvado o disposto nos arts. 129 e 130 da Lei n. 11.101/2005. A mesma regra pode ser aplicada em caso de **recuperação judicial.**

Sobre o **pagamento do imposto de transmissão**, este deverá ser comprovado pelo requerente antes da lavratura do registro, dentro de 5 (cinco) dias úteis, contados da notificação que para esse fim lhe enviar o oficial de registro de imóveis. Esse prazo poderá ser sobrestado, se comprovado justo impedimento.

Não havendo pagamento do imposto, o processo será extinto, nos termos do art. 440-J deste Código Nacional de Normas *(Art. 440-J. A inércia do requerente, em qualquer ato ou termo, depois de decorrido prazo fixado pelo oficial de registro de imóveis, levará à extinção do processo extrajudicial)*

Em qualquer caso, é lícito ao adjudicante proceder à **regularização objetiva do imóvel, concomitante ou previamente ao registro da adjudicação,** quando aquela for condição necessária à prática do ato, estando, portanto, o adjudicante legitimado, por exemplo, a retificar, desmembrar, unificar ou estremar o bem.

Por fim, não é demais lembrar que a **qualificação notarial (ata notarial)** ou **registral** será **negativa** sempre que se verificar, em qualquer tempo do processo, ilicitude, fraude à lei ou simulação.

1.9 EMOLUMENTOS

A Lei n. 10.169/2000 regula o § 2º do art. 236 da Constituição Federal, mediante o estabelecimento de **normas gerais** para a fixação de emolumentos relativos aos atos praticados pelos serviços notariais e de registro.

No que diz respeito ao **valor dos emolumentos**, estes devem ser fixados pelos Estados e Distrito Federal.

O Provimento CNJ n. 150/2023 regulamentou a questão em seu artigo 440-AM, nos termos seguintes: *"enquanto não for editada, no âmbito dos Estados e do Distrito Federal, legislação acerca de emolumentos para o processo de adjudicação compulsória extrajudicial, a elaboração da* ***ata notarial*** *será com valor econômico e o* ***processamento do pedido pelo oficial de registro de imóveis*** *serão feitos na forma de cobrança da usucapião pela via extrajudicial, ressalvados os atos de notificação e de registro."*

1.10 VANTAGENS DA ADJUDICAÇÃO COMPULSÓRIA EXTRAJUDICIAL

O procedimento da adjudicação compulsória realizado pela via extrajudicial, implementado pela Lei do SERP e detalhado pelo Provimento CNJ n. 150/2023, promove significativos avanços em diversas esferas. Aqui estão algumas das principais vantagens em relação ao procedimento feito no judiciário:

1. **Rapidez:** O processo extrajudicial tende a ser significativamente mais rápido do que o judicial, uma vez que elimina a necessidade de tramitação pelos tribunais, que geralmente enfrentam grandes volumes de processos e consequentes demoras.
2. **Custo Reduzido:** A adjudicação compulsória extrajudicial costuma ser menos onerosa, já que não envolve custas judiciais e honorários advocatícios elevados, comuns nos processos judiciais.
3. **Desburocratização:** O procedimento extrajudicial é mais simples e menos burocrático, sendo realizado diretamente no cartório de registro de imóveis, o que facilita a resolução de pendências de forma mais ágil.
4. **Segurança Jurídica:** Ainda que realizado extrajudicialmente, o procedimento segue normas legais rigorosas, garantindo segurança jurídica para as partes envolvidas.
5. **Descongestionamento do Judiciário:** Ao optar pelo procedimento extrajudicial, contribui-se para a diminuição da carga de processos nos tribunais, permitindo que o Judiciário se concentre em casos que realmente necessitem de intervenção judicial.
6. **Avanços para o Mercado Imobiliário:** Ao facilitar a regularização de imóveis, a adjudicação compulsória extrajudicial promoverá uma maior segurança jurídica nas transações imobiliárias, estimulando a confiança dos investidores e compradores. Esse ambiente de maior confiança poderá resultar em um aumento das negociações e investimentos no setor, aquecendo o mercado imobiliário.

   Do ponto de vista econômico, a rapidez e eficiência do processo reduzem os custos operacionais para indivíduos e empresas, liberando recursos que podem ser reinvestidos em outras atividades produtivas. Além disso, a regularização de imóveis contribui para a formalização da propriedade. A modernização e desburocratização do processo contribuem para um ambiente de negócios mais dinâmico e competitivo, favorecendo o crescimento econômico sustentável.
7. **Regularização Ágil de Imóveis:** Esse procedimento oferece uma maneira rápida de regularizar imóveis quando todas as obrigações contratuais foram cumpridas e resta apenas a transferência efetiva do imóvel.

2. JURISPRUDÊNCIA COMPLEMENTAR

EMENTA: CONSULTA. LEI DOS REGISTROS PÚBLICOS. ARTIGO 216-B DA LEI FEDERAL N. 6.015/193. AUTOAPLICABILIDADE. CONSULTA CONHECIDA E RESPONDIDA.

I – De acordo com a Lei de Introdução às Normas do Direito Brasileiro, o novo art. 216-B da Lei de Registros Públicos está em plena vigência não podendo ter sua eficácia diferida por decisão do CNJ, sendo, portanto, norma autoaplicável.

II – Consulta conhecida e respondida.

ACÓRDÃO

O Conselho, por unanimidade, respondeu a consulta no sentido de que, consoante a Lei de Introdução às Normas do Direito Brasileiro o novo art. 216-B da Lei de Registros Públicos está em plena vigência não podendo ter sua eficácia diferida por decisão do CNJ, sendo, portanto, norma autoaplicável, nos termos do voto do Relator. Presidiu o julgamento a Ministra Rosa Weber. Plenário Virtual, 2 de junho de 2023. Votaram os Excelentíssimos Conselheiros Rosa Weber, Luis Felipe Salomão, Vieira de Mello Filho, Mauro Pereira Martins, Salise Sanchotene, Jane Granzoto, Richard Pae Kim, Marcio Luiz Freitas, Giovanni Olsson, Sidney Madruga, João Paulo Schoucair, Marcos Vinícius Jardim Rodrigues, Marcello Terto, Mário Goulart Maia e Luiz Fernando Bandeira de Mello.

RELATÓRIO

Trata-se de procedimento **CONSULTA** autuado pelo advogado **RENATO ROSAS MACHADO PETERMANN** por meio do qual formula questionamento sobre a autoaplicabilidade do artigo 216-B da Lei nº 6.015/1973, acrescentado à Lei de Registros Públicos pela Lei n. 14.382, de 2022.

Argumenta, em síntese, que o instituto da adjudicação compulsória extrajudicial tem gerado discussões e controvérsias jurídicas, razão pela qual questiona se o novo dispositivo é autoaplicável ou se depende de futura regulamentação pelo CNJ, como ocorreu com a regulamentação da Lei nº 11.441, de 2007, pela Resolução CNJ n. 35/2007 e pelo Provimento n. 65/2017, que regulamentou a usucapião extrajudicial (ID n. 5059520).

Dada a natureza da matéria, determinei a remessa dos autos à Coordenadoria de Gestão dos Serviços Notariais e de Registros para emissão de parecer sobre o tema (ID n. 5061271).

A Corregedoria Nacional de Justiça apresentou parecer técnico no qual ponderou que *"não há menção à necessidade de posterior regulamentação do instituto da adjudicação compulsória extrajudicial, para a sua aplicabilidade, por ato da Corregedoria Nacional de Justiça"*, e que, *"em situações análogas, quando o legislador quis, fez constar expressamente a previsão da necessidade de edição de ato regulamentador pela*

Corregedoria Nacional de Justiça para a efetividade da prática de atos notariais e registrais, a exemplo do § 2º do art. 235-A da Lei n. 6015/73". Aquele órgão correcional considerou, por fim, que *"a adjudicação compulsória extrajudicial se trata de instituto novo, passível de dúvidas, salutar que seja estudado no âmbito desta Corregedoria Nacional de Justiça com a possibilidade de regulamentação do seu procedimento."* (ID n. 5138140).

É o relatório.

VOTO

O CONSELHEIRO GIOVANNI OLSSON (Relator):

Diz a Lei de Introdução às Normas do Direito Brasileiro, em seu artigo 1º, que:

Art. 1º Salvo disposição contrária, a lei começa a vigorar em todo o país quarenta e cinco dias depois de oficialmente publicada.

Já a Lei n. 14.382, de 27 de junho de 2022, que introduziu na Lei de Registros Públicos – Lei n. 6.015/1973 – a possibilidade de oficiais de registros de imóveis ultimarem providências para transcrição imobiliária de bens desde que reunidos os documentos elencados nos seis incisos do § 1º do novel artigo 216-B, estabelece, em seu artigo 21, que:

Art. 21. Esta Lei entra em vigor:

I - em 1º de janeiro de 2024, quanto ao art. 11, na parte em que altera o art. 130 da Lei nº 6.015, de 31 de dezembro de 1973 (Lei de Registros Públicos); e

II - na data de sua publicação, quanto aos demais dispositivos.

Note-se, portanto, que a única exceção feita pelo legislador à vigência imediata da Lei n. 14.382 diz respeito à alteração do artigo 130 da Lei de Registros Públicos, de modo que, quanto ao artigo 216-B, a norma tem vigência e eficácia imediatas.

Assim, na esteira do parecer trazido aos autos pela Corregedoria Nacional de Justiça, por mais que sejam desejáveis esclarecimentos adicionais acerca da padronização de procedimentos para a adjudicação compulsória extrajudicial pelo Conselho Nacional de Justiça, o órgão carece de competência constitucional para mitigar a vigência ou eficácia de dispositivo de lei nacional.

Por essas razões, **conheço** da Consulta formulada, para respondê-la no sentido de que, consoante a Lei de Introdução às Normas do Direito Brasileiro o novo art. 216-B da Lei de Registros Públicos está em plena vigência não podendo ter sua eficácia diferida por decisão do CNJ, sendo, portanto, norma autoaplicável.

É como voto.

Após, arquivem-se, independentemente de nova conclusão.

À Secretaria Processual para as providências cabíveis.

Brasília, data registrada no sistema.

Conselheiro GIOVANNI OLSSON

Relator - - /(CNJ – Consulta nº 0001711-64.2023.2.00.0000 – Rel. Cons. Giovanni Olsson – DJ 05.06.2023)

3. QUESTÕES DE CONCURSOS

01. (TJ/SP – 2024 – VUNESP – Notário e Registrador/Provimento) De acordo com o Código de Normas da Corregedoria Nacional de Justiça (Provimento 149), assinale a alternativa correta.

a) A indisponibilidade impede a instauração do processo de adjudicação compulsória extrajudicial.

b) É passível de adjudicação compulsória extrajudicial o bem da massa falida, contanto que o relativo ato ou negócio jurídico seja anterior ao reconhecimento judicial da falência.

c) A pendência de processo judicial de adjudicação compulsória não impedirá a via extrajudicial, caso de demonstre suspensão daquele por, no mínimo, 60 (sessenta) dias úteis.

d) O requerente poderá cumular pedidos referentes a imóveis diversos na adjudicação compulsória extrajudicial, contanto que os imóveis estejam situados no mesmo município, mesmo que em circunscrições de ofícios de registro de imóveis diferentes, e haja coincidência de interessados, ativa e passivamente.

02. (TJ/MA – 2023 – Consulplan – Notário e Registrador/Provimento) Analise as afirmativas a seguir levando em consideração a Lei nº 6.015/1973, que dispõe sobre Registros Públicos, além de outras providências e assinale a correta.

a) Sem prejuízo da via jurisdicional, a adjudicação compulsória de imóvel objeto de promessa de venda ou de cessão poderá ser efetivada extrajudicialmente no serviço de registro de imóveis da situação do imóvel.

b) Quando dois ou mais imóveis contíguos pertencentes a dois ou mais proprietários, constarem de matrículas autônomas, pode ele requerer a fusão administrativa destas em uma só, de novo número, encerrando-se as primitivas.

c) Os tabeliães, escrivães e juízes farão com que, nas escrituras e nos autos judiciais, as partes indiquem, com precisão, os característicos, as confrontações e as localizações dos imóveis, mencionando os nomes dos confrontantes e, ainda, quando se tratar só de terreno, se esse fica do lado par ou do lado ímpar do logradouro, em que quadra e a que distância métrica da edificação ou da esquina mais próxima, dispensando, para tanto, certidão de inteiro teor do registro imobiliário.

c) Após o registro do parcelamento do solo, na modalidade loteamento ou na modalidade desmembramento, e da incorporação imobiliária, de condomínio edilício ou de condomínio de lotes, até que tenha sido registrada a conclusão das obras de infraestrutura ou da construção, as averbações e os registros relativos à pessoa do loteador ou do incorporador ou referentes a quaisquer direitos reais, inclusive de garantias, cessões ou demais negócios jurídicos que envolvam o empreendimento e suas unidades, bem como o próprio registro da conclusão do empreendimento, serão realizados na matrícula de origem do imóvel a ele destinado e replicados, sem custo adicional, em cada uma das matrículas recipiendárias dos lotes ou das unidades autônomas eventualmente abertas.

GAB	1	B	2	A

CAPÍTULO IV – DAS PESSOAS

Art. 217. O registro e a averbação poderão ser provocados por qualquer pessoa, incumbindo-lhe as despesas respectivas.

1. COMENTÁRIOS

São **sujeitos passivos** da obrigação legal de registrar e averbar aqueles previstos em lei, especificamente nos arts. 13 e 217 da Lei 6.015/1973. São as pessoas com interesse no registro que devem apresentar o título ao Registro Imobiliário. Qualquer pessoa, pode, entretanto, provocá-lo. Convém relembrar o já analisado art. 13:

Art. 13. Salvo as anotações e as averbações obrigatórias, os atos do registro serão praticados:

I – por ordem judicial;

II – a requerimento verbal ou escrito dos interessados;

III – a requerimento do Ministério Público, quando a lei autorizar.

Dos artigos 13 e 217 extrai-se o **princípio da instância, ou da rogação, ou da reserva de iniciativa.** Esse princípio estabelece que o registrador somente pode praticar registros e averbações se solicitado pelo interessado. O tema já foi estudado de forma pormenorizada nesta obra."

Todos os títulos apresentados à qualificação do Oficial deverão **conter, expressa ou implicitamente**, a autorização para se proceder aos atos requeridos.

Afrânio de Carvalho, ao comentar sobre o princípio da rogação do art. 217, sugere que:

> "Em vez de aludir a "qualquer interessado", a nova Lei do Registro declara que a inscrição pode ser provocada por "qualquer pessoa", o que não é exato, bastando para comprová-lo, lembrar a inscrição da hipoteca legal ou da judicial. Daí a interpretar-se a expressão nova como equivalente à antiga, em cuja generalidade cabe analiticamente: a) qualquer das partes que estipularam o negócio jurídico, como o disponente e o adquirente, em uma aquisição, o proprietário e o credor em uma hipoteca; b) o representante legal ou negocial de qualquer das partes, como o pai, a mãe, o tutor, o curador, o inventariante, o síndico, o gerente ou administrador de uma sociedade, o procurador; c) o mandatário tácito de qualquer das partes, entendendo-se como tal o portador dos títulos ao registro para a inscrição; d) o terceiro interessado em assegurar o direito que se deva inscrever, ou em cancelar o ônus de um direito inscrito, como, respectivamente, o credor de um herdeiro aquinhoado em partilha relativamente ao formal desta e o credor quirografário de um devedor hipotecário relativamente à quitação extintiva da hipoteca" (Op. cit., p. 271-272).

Este também é o entendimento de Marcelo Rodrigues. Ele esclarece que no título dedicado ao registro de imóveis, a Lei dos Registros Públicos dá a entender que 'qualquer pessoa', pode promover o registro, o que, todavia, é inexato. Em sua parte geral, a mesma lei (art. 13, II) refere a requerimento verbal ou escrito dos 'interessados', expressão concernente apenas ao titular de interesse jurídico no ato a ser praticado. Tanto assim o é que defeso é a 'qualquer pessoa' inscrever a hipoteca legal ou judicial, por exemplo (Op. cit., p. 156).

Na explicação clara e elucidativa de Márcio Guerra Serra e Monete Hipólito Serra,"**partes** são as pessoas que figuram diretamente no ato jurídico levado a registro, tais como compradores, devedores, doadores, donatários, credores, etc. **Terceiros interessados** são aquelas pessoas que, embora não sejam partes diretas no ato, têm interesse jurídico nele, ou seja, pessoas que poderiam ser afetadas por este ato, por exemplo, aqueles que dependam do registro de título anterior para ver seu título registrado. O **requerente**, por sua vez, irá variar de acordo com o ato que se requer. Caso o requerimento seja para que se faça a alteração de algum dos elementos do registro, somente poderá figurar como requerente aquele que figure como parte. Já se o requerimento for para a solicitação de uma informação ou certidão, poderá ser requerente qualquer pessoa que deseje esta informação. Em suma, quando falamos de requerente, este deverá ter os poderes necessários para a prática do ato. Já o **apresentante** pode ser qualquer pessoa, independentemente de comprovação de qualquer interesse consoante à regra do art. 217 da Lei nº 6.015/1973" (*Registro de Imóveis I. Parte Geral.* São Paulo: Saraiva, 2011, p. 71-72).

2. QUESTÕES DE CONCURSOS

01. (IESES – Cartório – Provimento – TJ – AM/2018) A respeito do tema "das Pessoas" no Registro de Imóveis, é correto afirmar:

a) O registro do penhor rural independe do consentimento do credor hipotecário.
b) O registro e a averbação deverão ser provocados somente pela parte que demonstre verdadeiro interesse jurídico no ato, incumbindo-lhe as despesas respectivas.
c) Na enfiteuse são considerados, para fins de escrituração, credores e devedores, respectivamente, o enfiteuta e o senhorio.
d) Na anticrese são considerados, para fins de escrituração, credores e devedores, respectivamente, o mutuário e mutuante.

02. (EJEF – Tabelionato e Registro-MG/2007) Pela Lei nº 6.015, de 1973, a apresentação de título a registro e/ou averbação pode ser feita:

a) apenas pelas pessoas juridicamente interessadas.
b) por qualquer pessoa.
c) apenas por quem figure no título como adquirente ou como transmitente; ou como credor ou como devedor; ou como interveniente.
d) apenas pelos despachantes e/ou procuradores.

GAB	1	A	2	B

Art. 218. Nos atos a título gratuito, o registro pode também ser promovido pelo transferente, acompanhado da prova de aceitação do beneficiado.

1. COMENTÁRIOS

O art. 218 configura uma exceção específica ao art. 217, quando o ato objeto do título apresentado for de liberalidade, não oneroso, como no caso da doação e da cessão gratuita dos direitos.

Nos casos em que a aceitação do beneficiário for indispensável, é imprescindível a aceitação expressa da doação ou do contrato de cessão gratuita.

Conclui-se que o beneficiado é o único que pode tomar a iniciativa do registro, sendo esta a exceção específica ao art. 217, que permite a qualquer pessoa a obrigação de registrar ou averbar.

Já foram feitos comentários sobre a doação com prazo de aceitação nos comentários ao art. 167, inciso 33, desta Lei.

2. QUESTÃO DE CONCURSO

01. (IESES – Cartório – TJ – PB/2014) Tabelião de Notas lavrou escritura de doação de bem imóvel, tendo como donatário pessoa absolutamente incapaz. Encaminhado o aludido título ao registro imobiliário, o Oficial Registrador devolveu o título por ausência de aceitação do donatário. A nota de devolução está correta?

a) Sim, porque a doação é considerada espécie de contrato, de modo que deverá ser subscrito, não apenas pelo doador, mas, também, pelo donatário, por meio de seu representante legal.

b) Não, porque a doação foi lavrada por instrumento público, de tal sorte que a responsabilidade é exclusiva do Tabelião de Notas.

c) Sim, porque, de acordo com a lei, a doação realizada em favor de absolutamente incapaz tem validade, desde que com a aceitação do representante legal.

d) Não, porque, tratando-se de doação pura e simples, envolvendo donatário absolutamente incapaz, a lei dispensa este último da aceitação da liberalidade.

GAB	1	D

Art. 219. O registro do penhor rural independe do consentimento do credor hipotecário.

1. COMENTÁRIOS

O registro do penhor rural foi analisado nos comentários dos arts. 167, item 15, e 178, VI, desta Lei.

O art. 219 mantém a regra geral do art. 217, permitindo que qualquer pessoa registre o penhor rural.

O penhor rural divide-se em penhor pecuário e penhor agrícola, conforme a natureza dos bens dados em garantia. Seu registro é feito no Livro 3 – Registro Auxiliar e não depende do consentimento do credor hipotecário. Isso significa que, mesmo havendo hipoteca sobre o imóvel, o proprietário pode empenhá-lo. Convém transcrever duas regras do Código Civil que são importantes para o Oficial de Registros e têm relação com o art. 219:

> **Art. 1.440.** Se o prédio estiver hipotecado, o penhor rural poderá constituir-se independentemente da anuência do credor hipotecário, mas não lhe prejudica o direito de preferência, nem restringe a extensão da hipoteca, ao ser executada.
>
> **Art. 1.441.** Tem o credor direito a verificar o estado das coisas empenhadas, inspecionando-as onde se acharem, por si ou por pessoa que credenciar.

Frise-se que a norma ora em comento é aplicável somente ao registro do penhor rural e não à hipoteca rural cedular. Explica Marcelo Martins Berthe: "Por expressa disposição legal, o registro de cédula hipotecária rural configura garantia especial, que obsta outros registros que, de qualquer sorte, pretendam dar causa a qualquer mutação real, pois o registro de cédula de hipoteca rural torna o imóvel indisponível por expressa disposição legal" (*Lei de Registros Públicos comentada*. Rio de Janeiro: Forense, 2019, p. 1158).

2. JURISPRUDÊNCIA COMPLEMENTAR

TRIBUNAL DE JUSTIÇA DO ESTADO DE MINAS GERAIS

EMENTA: SUSCITAÇÃO DÚVIDA – CÉDULA RURAL PIGNORATÍCIA – PRAZO QUE ULTRAPASSA O PREVISTO NO ART. 1439 DO CÓDIGO CIVIL – NEGATIVA DE REGISTRO – PRELIMINAR DE NULIDADE DE CITAÇÃO REJEITADA – SENTENÇA MANTIDA. Observou-se que o oficial do Cartório de Registros Públicos procedeu de forma prevista na LRP que determina a notificação e ciência do apresentante da suscitação da dúvida. O apresentante se manifestou nos autos mas não apresentou defesa. Assim, não há como afirmar ausência de citação. Ao contrário do penhor tradicional, que não é subordinado à limitação de tempo, o penhor rural, para não embaraçar em demasia as atividades do dono do bem empenhado, tem prazos máximos fixados por norma cogente, a saber: três anos o penhor agrícola e quatro anos o penhor pecuário. A fixação por prazo superior se considera não escrita, fulminada por nulidade, de modo que se reduz aos prazos máximos admitidos em lei. Os prazos máximos de três e quatro anos podem ser prorrogados, por outro período, até limite de igual tempo e por apenas uma vez. A cláusula antecipada de prorrogação automática é nula de pleno direito, por fraude à norma cogente proibitiva. (TJMG – APC 1.0386.10.000994-6/001, Relator: Des. Mauro Soares de Freitas, 5ª C. Cível, Julgamento: 14/06/2012)

Art. 220. São considerados, para fins de escrituração, credores e devedores, respectivamente:

I – nas servidões, o dono do prédio dominante e dono do prédio serviente;

II – no uso, o usuário e o proprietário;

III – na habitação, o habitante e proprietário;

IV – na anticrese, o mutuante e mutuário;

V – no usufruto, o usufrutuário e nu-proprietário;

VI – na enfiteuse, o senhorio e o enfiteuta;

VII – na constituição de renda, o beneficiário e o rendeiro censuário;

VIII – na locação, o locatário e o locador;

IX – nas promessas de compra e venda, o promitente comprador e o promitente vendedor;

> X – nas penhoras e ações, o autor e o réu;
>
> XI – nas cessões de direitos, o cessionário e o cedente;
>
> XII – nas promessas de cessão de direitos, o promitente cessionário e o promitente cedente.

1. COMENTÁRIOS

A escrituração no registro de imóveis está prevista nos arts. 172 ao 181 desta Lei, bem como em legislação esparsa.

O art. 220 dá nome as partes credoras e devedoras, mas traz um rol exemplificativo. Isso significa que as possibilidades de serem considerados outros credores e devedores não se esgotam neste dispositivo. Por exemplo, no caso da alienação fiduciária, temos as figuras do fiduciário (credor) e do fiduciante (devedor)

2. QUESTÕES DE CONCURSO

01. (IESES – Cartório – Provimento – TJ – RO/2017) Assinale a alternativa correta:

a) Conforme definido pela Lei n. 6.015/1973, são considerados, para fins de escrituração, credores e devedores, respectivamente: na constituição de renda, o rendeiro censuário e o beneficiário.

b) A matrícula será efetuada por ocasião do primeiro registro a ser lançado na vigência da Lei n. 6.015/1973, mediante os elementos constantes do título apresentado e do registro anterior nele mencionado.

c) De acordo com a Lei n. 6.015/1973, a matrícula somente poderá ser cancelada por decisão judicial.

d) O registro e a averbação poderão ser provocados somente pelas pessoas indicadas na Lei n. 6.015/1973 e por aquelas que demonstrem, via judicial, jurídico interesse no ato, incumbindo-lhes as despesas respectivas.

02. (IESES – Cartório – Remoção – TJ – RO/2017) São considerados, para fins de escrituração, credores e devedores, respectivamente:

I. Nas servidões, o dono do prédio dominante e dono do prédio serviente.

II. Na anticrese, o senhorio e o enfiteuta.

III. No usufruto, o usufrutuário e nu-proprietário.

IV. Na enfiteuse, o mutuante e mutuário.

A sequência correta é:

a) Apenas a assertiva II está correta.

b) Apenas as assertivas I e III estão corretas.

c) As assertivas I, II, III e IV estão corretas.

d) Apenas a assertiva IV está incorreta.

GAB	1	B	2	B

CAPÍTULO V – DOS TÍTULOS

Art. 221. Somente são admitidos registro:

I – escrituras públicas, inclusive as lavradas em consulados brasileiros;

II – escritos particulares autorizados em lei, assinados pelas partes e pelas testemunhas, com as firmas reconhecidas;

III – atos autênticos de países estrangeiros, com força de instrumento público, legalizados e traduzidos na forma da lei, e registrados no cartório do Registro de Títulos e Documentos, assim como sentenças proferidas por tribunais estrangeiros após homologação pelo Supremo Tribunal Federal;

IV – cartas de sentença, formais de partilha, certidões e mandados extraídos de autos de processo.

V – contratos ou termos administrativos, assinados com a União, Estados, Municípios ou o Distrito Federal, no âmbito de programas de regularização fundiária e de programas habitacionais de interesse social, dispensado o reconhecimento de firma.

VI – contratos ou termos administrativos, assinados com os legitimados a que se refere o art. 3º do Decreto-Lei nº 3.365, de 21 de junho de 1941 (Lei da Desapropriação), no âmbito das desapropriações extrajudiciais.

§ 1º Serão registrados os contratos e termos mencionados no inciso V do *caput* assinados a rogo com a impressão dactiloscópica do beneficiário, quando este for analfabeto ou não puder assinar, acompanhados da assinatura de 2 (duas) testemunhas.

§ 2º Os contratos ou termos administrativos mencionados no inciso V do *caput* poderão ser celebrados constando apenas o nome e o número de documento oficial do beneficiário, podendo sua qualificação completa ser efetuada posteriormente, no momento do registro do termo ou contrato, mediante simples requerimento do interessado dirigido ao registro de imóveis.

§ 3º Fica dispensada a apresentação dos títulos previstos nos incisos I a V do *caput* deste artigo quando se tratar de registro do projeto de regularização fundiária e da constituição de direito real, sendo o ente público promotor da regularização fundiária urbana responsável pelo fornecimento das informações necessárias ao registro, ficando dispensada a apresentação de título individualizado, nos termos da legislação específica.

§ 4º Quando for requerida a prática de ato com base em título físico que tenha sido registrado, digitalizado ou armazenado, inclusive em outra serventia, será dispensada a reapresentação e bastará referência a ele ou a apresentação de certidão.

§ 5º Os escritos particulares a que se refere o inciso II do *caput* deste artigo, quando relativos a atos praticados por instituições financeiras que atuem com crédito imobiliário autorizadas a celebrar instrumentos particulares com caráter de escritura pública, dispensam as testemunhas e o reconhecimento de firma.

§ 6º Os contratos e termos administrativos mencionados no inciso VI deverão ser submetidos à qualificação registral pelo oficial do registro de imóveis, previamente ao pagamento do valor devido ao expropriado.

1. COMENTÁRIOS

O art. 221 lista os títulos, em sentido formal, que têm acesso ao registro imobiliário.

O entendimento de uma parte da doutrina sobre o termo "somente" no contexto do registro de imóveis parece enfatizar que esse termo não deve ser interpretado como limitante às hipóteses documentais apenas aos incisos seguintes, mas sim como uma indicação de que o Sistema de Registro de Imóveis (SRI) se dedica exclusivamente à conservação dos atos escritos. Em outras palavras, ele sugere que o papel do SRI não se restringe apenas ao que está explicitamente mencionado na Lei de Registros Públicos (LRP), mas que abrange todas as documentações pertinentes ao registro imobiliário para garantir a segurança jurídica e a preservação dos atos registrados.

Outra corrente liderada por Walter Ceneviva defende que as hipóteses do art. 221 são taxativas, ou seja, *numerus clausus. Ele esclarece que o* advérbio "somente" exclui a aceitação de qualquer título estranho aos catalogados nos quatro incisos do artigo, reiterando orientação do direito anterior. (Op. cit., p. 416). Marcelo Rodrigues, que também é defensor desta posição, acrescenta que o elenco do art. 221 é incompleto, pois deixou de fora da enumeração os títulos emanados do poder público, dotados de formas específicas de transferência de imóveis, válidas para transferência de bens do domínio público ao particular, independentemente de escritura pública, como sucede, por exemplo, nos títulos de terras devolutas, ou, ainda, os termos administrativos de concessão de uso especial para fins de moradia previstos no Estatuto da Cidade (art. 56 da Lei 10.257, de 2001) (Op. cit., p. 157).

Prevalece que o rol dos títulos admitidos a registro nas serventias imobiliárias é **taxativo,** equivale dizer, qualquer outro tipo de documento que não esteja nela previsto no dispositivo, não será considerado hábil a produzir efeitos dentro do ofício imobiliário.

Sobre o tema, convém transcrever o Enunciado 191 da **II Jornada de Prevenção e Solução Extrajudicial de Litígios,** que prescreve a possibilidade do **termo final de mediação** adentrar no ofício imobiliário, com ressalvas:

> **Enunciado 191.** O termo final de mediação constitui título passível de registro perante os cartórios, desde que não envolva interesse de incapazes, devendo ser interpretado de forma ampliativa o art. 221 da Lei n. 6.015/1973, a fim de garantir a plena eficácia aos métodos extrajudiciais de solução de conflitos.

Título consiste no documento escrito no original no qual se instrumentaliza o direito a que se declara.

Interessante é a visão de Marcelo Martins Berthe, que classifica os **títulos em sentido próprio e impróprio.** No sentido próprio, a expressão estará fazendo referência, portanto ao **título causal** do registro. Diz respeito à causa ou fundamento do direito ou obrigação que se pretende ver registrada. Daí por que, como é sabido, só o titular do direito real pode outorgar o título. Sob esse aspecto, os títulos em sentido próprio são aqueles que, no elenco do art. 167, I, da Lei de Registros Públicos, já foram antes tratados. O art. 221 (...) cuida dos títulos no sentido impróprio da expressão. Veicula a ideia que está relacionada não com a causa ou fundamento do direito, mas com o instrumento que terá por objeto o título causal inscritível, aquele documento que o deverá materializar, produzindo os efeitos legais *erga omnes* somente a partir do seu ingresso no registro predial e enquanto nele permanecer inscrito (princípio da inscrição) (Op. cit., p. 1129).

Os títulos podem ter **origem judicial ou extrajudicial.** Os incisos I, II e parte do inciso III (atos autênticos de países estrangeiros) têm origem extrajudicial, enquanto os incisos IV e parte do inciso III (sentenças proferidas por tribunais estrangeiros após homologação pelo Superior Tribunal de Justiça) são de origem judicial.

Tanto o título judicial quanto o extrajudicial são passíveis de **qualificação registral.** A fase de qualificação, que se realiza entre a protocolização do título e seu respectivo registro, compreende o exame de caracteres extrínsecos do documento e a observância da legislação e dos princípios registrais. Incumbe ao oficial de registro impedir o registro de título que não satisfaça os requisitos exigidos pela legislação, quer sejam consubstanciados em instrumento público ou particular, quer em títulos judiciais.

No caso de qualificação negativa, o oficial de registro deverá elaborar uma nota de devolução, que será entregue à parte apresentante ou encaminhada, de ofício, à autoridade que tiver enviado o título, dentro do prazo geral estabelecido no art. 188, o qual já foi estudado juntamente com suas exceções.

É importante destacar que o testamento e o instrumento de cessão de direitos hereditários não são documentos passíveis de registro. Por outro lado, quanto ao protesto contra alienação, embora não seja passível de registro, já foi decidido que, em virtude do poder geral de cautela do juiz, constitui fundamento para permitir a averbação no registro imobiliário, com o objetivo de informar terceiros sobre o protesto

1.1 ESCRITURA PÚBLICA

Documento de origem extrajudicial, a escritura pública é um instrumento notarial dotado de fé pública e força probante plena. Nela, são acolhidas declarações sobre atos jurídicos ou manifestações de vontade relacionadas a negócios jurídicos, para os quais os participantes optem ou necessitem conferir essa forma legal.

A escritura pública deve conter, além dos requisitos previstos no art. 215 do Código Civil, os requisitos indicados na legislação especial, como a Lei nº 8.935/1994, Lei nº 7.433/1985, Decreto nº 93.240/1986, Resolução nº 35/2007 e as normativas estaduais pertinentes. Adicionalmente, a escritura pública deve incluir as disposições legais específicas aplicáveis a cada negócio jurídico objeto da escritura.

Em relação ao seu objeto, este poderá ser um bem móvel ou imóvel, ou ainda uma declaração de vontade.

Nesse contexto, é oportuno mencionar o texto do art. 108 do Código Civil, que estabelece: 'Não dispondo a lei em contrário, a escritura pública é essencial à validade dos negócios jurídicos que visem à constituição, transferência, modificação ou renúncia de direitos reais sobre imóveis de valor superior a trinta vezes o maior salário mínimo vigente no país'. Embora a escritura pública seja geralmente exigida, existem situações excepcionais onde ela pode ser dispensada. A seguir, apresento um quadro didático contendo exemplos específicos em que a dispensa de documento público é permitida, ilustrando essas exceções de forma clara e compreensível.

Valor do imóvel igual ou inferior a 30 (trinta) vezes o salário mínimo
Art. 108 CC. *Não dispondo a lei em contrário, a escritura pública é essencial à validade dos negócios jurídicos que visem à constituição, transferência, modificação ou renúncia de direitos reais sobre imóveis de valor superior a trinta vezes o maior salário mínimo vigente no País.*
Operações do Sistema Financeiro de Habitação (art. 61, § 5º da Lei 4.380/1964)
Art. 61. *Para plena consecução do disposto no artigo anterior, as escrituras deverão consignar exclusivamente as cláusulas, termos ou condições variáveis ou específicas.* *§ 5º Os contratos de que forem parte o Banco Nacional de Habitação ou entidades que integrem o Sistema Financeiro da Habitação, bem como as operações efetuadas por determinação da presente Lei, poderão ser celebrados por instrumento particular, os quais poderão ser impressos, não se aplicando aos mesmos as disposições do art. 134, II, do Código Civil, atribuindo-se o caráter de escritura pública, para todos os fins de direito, aos contratos particulares firmados pelas entidades acima citados até a data da publicação desta Lei.*
Atos e contratos de alienação fiduciária (art. 38 da Lei 9.514/1997)
Art. 38. *Os atos e contratos referidos nesta Lei ou resultantes da sua aplicação, mesmo aqueles que visem à constituição, transferência, modificação ou renúncia de direitos reais sobre imóveis, poderão ser celebrados por escritura pública ou por instrumento particular com efeitos de escritura pública.* ▸ **ATENÇÃO!** O CONSELHO NACIONAL DE JUSTIÇA, dando nova interpretação ao art. 38 da Lei n. 9.514/1997, entendeu que é obrigatória escritura pública para atos de alienação fiduciária de imóveis. A **dispensa da forma pública fica restrita aos atos do SFI.** Atualmente, o tema está positivado no art. 440-AO do Código Nacional de Normas, com redação incluída pelo Provimento CNJ n. 172, de 5.6.2024. **Art. 440-AO.** A permissão de que trata o art. 38 da 9.514/1997 para a formalização, por instrumento particular, com efeitos de escritura pública, de alienação fiduciária em garantia sobre imóveis e de atos conexos, é restrita a entidades autorizadas a operar no âmbito do Sistema de Financiamento Imobiliário - SFI (art. 2º da Lei n. 9.514/1997), incluindo as cooperativas de crédito. Parágrafo único. O disposto neste artigo não exclui outras exceções legais à exigência de escritura pública previstas no art. 108 do Código Civil, como os atos envolvendo: I - administradoras de Consórcio de Imóveis (art. 45 da Lei n. 11.795, de 8 de outubro de 2008); II - entidades integrantes do Sistema Financeira de Habitação (art. 61, § 5º, da Lei n. 4.380, de 21 de agosto de 1964) ▸ Para aprofundamento do tema, vide PEDIDO DE PROVIDÊNCIA 0008242-69.2023.2.00.0000.
Compromisso de compra e venda (art. 1.417 do Código Civil)
Art. 1.417. *Mediante promessa de compra e venda, em que se não pactuou arrependimento, celebrada por instrumento público ou particular, e registrada no Cartório de Registro de Imóveis, adquire o promitente comprador direito real à aquisição do imóvel.*

Programa de Arrendamento Residencial – PAR da Lei 10.188/2001

Art. 8º *O contrato de aquisição de imóveis pelo arrendador, as cessões de posse e as promessas de cessão, bem como o contrato de transferência do direito de propriedade ou do domínio útil ao arrendatário, serão celebrados por instrumento particular com força de escritura pública e registrados em Cartório de Registro de Imóveis competente.*

Atos relativos à aquisição, alienação, cessão, aforamento, locação, entrega e outros concernentes a imóveis do patrimônio da União (art. 13, VI, do Decreto-lei 147/67)

Art. 13. *Às Procuradorias da Fazenda Nacional, sob a imediata autoridade da respectiva chefia, compete, no âmbito da sua jurisdição:*

VI – Fazer lavrar, no livro próprio da repartição competente, os atos relativos à aquisição, alienação, cessão, aforamento, locação, entrega e outros concernentes a imóveis do patrimônio da União, que terão força de escritura pública.

Cartas de arrematação do art. 37 do Decreto-lei 70/66

× ATENÇÃO! Este artigo vigorava até a Lei n 14.711/2023 (Lei das Garantias). Todavia foi revogado pela mesma.

Art. 37. *Uma vez efetivada a alienação do imóvel, de acordo com o artigo 32, será emitida a respectiva carta de arrematação, assinada pelo leiloeiro, pelo credor, pelo agente fiduciário, e por cinco pessoas físicas idôneas, absolutamente capazes, como testemunhas, documento que servirá como título para a transcrição no Registro Geral de Imóveis.*

Conferência de bens do art. 64 da Lei 8934/1994

Art. 64. A certidão dos atos de constituição e de alteração de empresários individuais e de sociedades mercantis, fornecida pelas juntas comerciais em que foram arquivados, será o documento hábil para a transferência, por transcrição no registro público competente, dos bens com que o subscritor tiver contribuído para a formação ou para o aumento do capital.

Fusão, cisão e incorporação de sociedades anônimas conforme estabelece art. 234 da Lei 6.404/1976

Art. 234. *A certidão, passada pelo registro do comércio, da incorporação, fusão ou cisão, é documento hábil para a averbação, nos registros públicos competentes, da sucessão, decorrente da operação, em bens, direitos e obrigações.*

Incorporação, convenção, instituição e especificação de condomínio edilício, pois nelas não há a constituição ou transmissão de direitos reais (art. 1.334, § 1º, CC)

Art. 1.334. *Além das cláusulas referidas no art. 1.332 e das que os interessados houverem por bem estipular, a convenção determinará:*

I – a quota proporcional e o modo de pagamento das contribuições dos condôminos para atender às despesas ordinárias e extraordinárias do condomínio;

II – sua forma de administração;

III – a competência das assembleias, forma de sua convocação e quorum exigido para as deliberações;

IV – as sanções a que estão sujeitos os condôminos, ou possuidores;

V – o regimento interno.

§ 1º *A convenção poderá ser feita por escritura pública ou por instrumento particular.*

Contrato de compra e venda de imóvel por meio do Sistema de Consórcios, nos termos do parágrafo único do art. 45 da Lei 11.795/2008

Art. 45. *O registro e a averbação referentes à aquisição de imóvel por meio do Sistema de Consórcios serão considerados, para efeito de cálculo de taxas, emolumentos e custas, como um único ato.*

Parágrafo único. *O contrato de compra e venda de imóvel por meio do Sistema de Consórcios poderá ser celebrado por instrumento particular.*

Os compromissos de compra e venda, as cessões ou promessas de cessão conforme o art. 26 da Lei 6.766/1979 (Loteamento)

Art. 26. *Os compromissos de compra e venda, as cessões ou promessas de cessão poderão ser feitos por escritura pública ou por instrumento particular, de acordo com o modelo depositado na forma do inciso VI do art. 18 e conterão, pelo menos, as seguintes indicações:*

I – nome, registro civil, cadastro fiscal no Ministério da Fazenda, nacionalidade, estado civil e residência dos contratantes;

II – denominação e situação do loteamento, número e data da inscrição;

III – descrição do lote ou dos lotes que forem objeto de compromissos, confrontações, área e outras características;

IV – preço, prazo, forma e local de pagamento bem como a importância do sinal;

V – taxa de juros incidentes sobre o débito em aberto e sobre as prestações vencidas e não pagas, bem como a cláusula penal, nunca excedente a 10% (dez por cento) do débito e só exigível nos casos de intervenção judicial ou de mora superior a 3 (três) meses;

VI – indicação sobre a quem incumbe o pagamento dos impostos e taxas incidentes sobre o lote compromissado;

VII – declaração das restrições urbanísticas convencionais do loteamento, supletivas da legislação pertinente.

Os termos, contratos e títulos, expedidos pela União, pelos Estados, Municípios, Territórios, ou entes de sua administração descentralizada, nos termos do art. 7º do Decreto-lei n. 2.375/1987.

Art. 7.º *Os termos, contratos e títulos, expedidos pela União, pelos Estados, Municípios, Territórios, ou entes de sua administração descentralizada, que se destinem a instrumentalizar a alienação, concessão, arrecadação ou o reconhecimento de domínio sobre* ***terras públicas rurais****, terão, para todos os efeitos, valor e eficácia de escritura pública.*

Os termos, ajustes ou contratos, relativos à União, nos termos do art. 74 do Decreto-lei n. 9.760/1946

Art. 74. *Os termos, ajustes ou contratos relativos a* ***imóveis da União****, serão lavrados na repartição local ao S. P. U. e terão, para qualquer efeito, força de escritura pública, sendo isentos de publicação, para fins de seu registro pelo Tribunal de Contas.*

De outro giro, existem situações em que a lei determina a necessidade de escritura pública. A seguir, apresento uma lista de casos em que a forma pública do ato é imprescindível, destacando a importância e a aplicabilidade dessa exigência legal:

Pacto antenupcial	**Art. 1.653 do Código Civil:** *É nulo o pacto antenupcial se não for feito por escritura pública, e ineficaz se não lhe seguir o casamento.*
Bem de família instituído *inter vivos*	**Art. 1.711 do Código Civil:** *Podem os cônjuges, ou a entidade familiar, mediante escritura pública ou testamento, destinar parte de seu patrimônio para instituir bem de família, desde que não ultrapasse um terço do patrimônio líquido existente ao tempo da instituição, mantidas as regras sobre a impenhorabilidade do imóvel residencial estabelecida em lei especial.*
Constituição de Direito de Superfície	**Art. 1.369 do Código Civil:** *O proprietário pode conceder a outrem o direito de construir ou de plantar em seu terreno, por tempo determinado, mediante escritura pública devidamente registrada no Cartório de Registro de Imóveis.*
Constituição de renda	**Art. 807 do Código Civil:** *O contrato de constituição de renda requer escritura pública.*
Cessão de direitos hereditários	**Art. 1.793 do Código Civil:** *O direito à sucessão aberta, bem como o quinhão de que disponha o coerdeiro, pode ser objeto de cessão por escritura pública.*
Aquisição de imóvel rural por estrangeiro	**Art. 8º da Lei 5.709/1971:** *Na aquisição de imóvel rural por pessoa estrangeira, física ou jurídica, e da essência do ato a escritura pública.*
Se o ato praticado exige escritura pública, eventual procuração outorgada também deverá ser por instrumento público.	É o que se extrai do **princípio do paralelismo das formas.**
No negócio jurídico celebrado com cláusula de não valer sem instrumento público, este é da substância do ato.	**Art. 109 do Código Civil:** *No negócio jurídico celebrado com a cláusula de não valer sem instrumento público, este e da substancia do ato.*
Nos atos de interesse de analfabeto.	Trata-se da combinação dos arts. 215, § 2º; 221 e 654 do Código Civil.
Contratos Administrativos previstos no art. 91, § 2º da Lei 14.133/2021 (Nova Lei de Licitações e Contratos)	**Art. 91, § 2º da Lei 14.133/2021.** **Art. 91.** *Os contratos e seus aditamentos terão forma escrita e serão juntados ao processo que tiver dado origem à contratação, divulgados e mantidos à disposição do público em sítio eletrônico oficial.* **(...)** **§ 2º** *Contratos relativos a direitos reais sobre imóveis serão formalizados por escritura pública lavrada em notas de tabelião, cujo teor deverá ser divulgado e mantido à disposição do público em sítio eletrônico oficial.*

As escrituras lavradas em consulados brasileiros, mencionadas pelo art. 221, não são consideradas documentos estrangeiros, mesmo sendo produzidas fora do país, e possuem o mesmo alcance das escrituras lavradas nos tabelionatos brasileiros.

1.2 ESCRITOS PARTICULARES

Conforme analisamos, a escritura pública é título extrajudicial, sendo é fundamental para validar negócios jurídicos que envolvam a criação, transferência, modificação ou renúncia de direitos reais.

Os escritos particulares também são títulos de origem extrajudicial. Somente são admitidos a registro, outros títulos, que não a escritura pública, quando houver previsão legal permitindo o ingresso dos títulos particulares.

Assim, o primeiro requisito para sua aceitação é a autorização legal. Em outras palavras, sem lei autorizando, vedado é seu acesso ao registro. Além disso, é crucial que o documento particular seja assinado pelas partes e por testemunhas, com as assinaturas devidamente reconhecidas por um tabelião de notas.

A redação do art. 221, II até a Medida Provisória n. 1.162, de 14 de fevereiro de 2023 era a seguinte:

> *Art. 221 – Somente são admitidos registro:*
>
> *(...)*
>
> *II – escritos particulares autorizados em lei, assinados pelas partes e testemunhas, com as firmas reconhecidas,*

dispensado o reconhecimento quando se tratar de atos praticados por entidades vinculadas ao Sistema Financeiro da Habitação;

O artigo 61, § 5º, da Lei 4.380/1964, que trata do Sistema Financeiro da Habitação, estabelece que os contratos envolvendo o Banco Nacional de Habitação ou outras entidades do Sistema Financeiro da Habitação podem ser celebrados por instrumento particular. Esses contratos, mesmo em forma particular, têm validade e efeitos equivalentes aos de escritura pública para todos os fins de direito, dispensando o reconhecimento de firmas nas assinaturas.

Anteriormente, os títulos emitidos pelo Sistema de Financiamento Habitacional e, em vários estados da Federação, como as cédulas de crédito rural, industrial, à exportação e comercial, incluindo a Cédula de Crédito Bancário, eram exceções ao requisito de reconhecimento de firma.

Com a alteração do art. 221, II, pela Medida Provisória nº 1.162/2023, inicialmente estabeleceu-se que poderiam ser registrados nos cartórios de imóveis os escritos particulares autorizados por lei, assinados pelas partes, dispensando testemunhas e reconhecimento de firmas, especialmente para atos praticados por instituições financeiras autorizadas a celebrar instrumentos particulares com caráter de escritura pública. Além disso, a MP nº 1.162/2023 (convertida na Lei 14.620/2023) introduziu o art. 17-A na Lei nº 14.063/2022, permitindo o uso de assinaturas eletrônicas avançadas e qualificadas por instituições financeiras para tais instrumentos.

Posteriormente, a Lei nº 14.620, de 13 de julho de 2023, que converteu a MP nº 1.162/2023, alterou novamente o art. 221, II. Agora, para serem admitidos para registro, os escritos particulares autorizados por lei devem ser assinados pelas partes e pelas testemunhas, com as firmas reconhecidas. Essa nova regra impõe aos registradores de imóveis a exigência de observar esses requisitos para documentos pré-notados a partir dessa data.

O § 5º do art. 221 da Lei nº 6.015/1973, também introduzido pela Lei nº 14.620/2023, estabelece exceção ao reconhecimento de firma e à necessidade de testemunhas para os escritos particulares mencionados no inciso II do *caput* do artigo, quando relacionados a atos praticados por instituições financeiras que atuam com crédito imobiliário e são autorizadas a celebrar instrumentos particulares com caráter de escritura pública.

É oportuno lembrar que, mesmo havendo autorização para a execução de algum contrato por instrumento particular, se o interessado assim o quiser, poderá o mesmo ser feito por escritura pública, que em nada se alterará a aquisição do seu direito.

De outro giro, se a lei exige escritura pública para a validade de determinado negócio jurídico, por exemplo, o pacto antenupcial, este não pode ser feito por instrumento particular, nem o seu registro efetuado, sob pena de nulidade.

1.3 ATOS AUTÊNTICOS DE PAÍSES ESTRANGEIROS E SENTENÇAS PROFERIDAS POR TRIBUNAIS ESTRANGEIROS

Observa-se que o artigo 221, III, engloba títulos de origem tanto judicial quanto extrajudicial.

Este dispositivo ressalta que atos estrangeiros devem ser previamente registrados, juntamente com a respectiva tradução, no Registro de Títulos e Documentos para terem validade dentro do território nacional. Esta exigência é estabelecida pelo art. 221 e pelo art. 129, item 6º da Lei dos Registros Públicos.

Para Walter Ceneviva, "atos de países estrangeiros serão recusados quando o serventuário tenha motivo para duvidar de sua autenticidade. O direito estrangeiro deve ser provado quanto ao teor e à vigência, se necessário. A afirmação da autenticidade, porém, é feita pela autoridade diplomática brasileira, ao reconhecer firma de notário do exterior" (Op. cit., p. 488)

As sentenças proferidas por Tribunais estrangeiros só são reconhecidas como válidas após a homologação pelo **Superior Tribunal de Justiça.** Essa mudança ocorreu devido à Emenda Constitucional 45/2004, que transferiu a competência para homologar sentenças estrangeiras do Supremo Tribunal Federal para o STJ, conforme o art. 105, I, i, da Constituição Federal.

No novo Código de Processo Civil, a homologação está prevista no art. 965, que determina que o cumprimento de decisões estrangeiras deve ocorrer perante o juízo federal competente, mediante requerimento da parte e seguindo as normas aplicáveis ao cumprimento de decisões nacionais. O pedido de execução deve incluir cópia autenticada da decisão homologatória ou do exequatur, conforme aplicável.

1.4 CARTAS DE SENTENÇA, FORMAIS DE PARTILHA, CERTIDÕES E MANDADOS

Como mencionado anteriormente, esses títulos têm origem judicial, ou seja, são expedidos por órgãos jurisdicionais no exercício de suas funções em processos de jurisdição voluntária e contenciosa.

Frise-se que estes títulos também são submetidos à qualificação registrária. Bem observa Flauzilino Araújo dos Santos, que "embora toda a organização registral esteja assentada no princípio da legalidade, razão de ser do álbum imobiliário, entre as formalidades desenvolvidas pelo registrador, distingue-se a função qualificadora dos títulos e documentos apresentados para registro, como o ponto culminante da dinâmica da publicidade registral. É por isso que não obstante a origem jurisdicional do título, é de rigor sua qualificação registral, uma vez que se o ato judicial se mostra apto para inscrição no fólio real, vai desencadear, por força de sua admissibilidade e consequente inscrição, o fenômeno registral *erga omnes*, retro operante à data da apresentação do título no registro de imóveis" (*Algumas linhas sobre a prenotação*. In: Sérgio Jacomino, coord. Registro de Imóveis – Estudos de Direito Registral Imobiliário. Porto Alegre: Safe/Irib, 2000).

O Conselho Superior da Magistratura do Estado de São Paulo possui entendimento consolidado no sentido de que, mesmo sendo o título de origem judicial, é necessário realizar o exame qualificativo dos requisitos registrários. Cabe ao registrador apontar e analisar eventuais obstáculos registrários. O Conselho esclarece que:

> "a circunstância de exibir-se a inscrição título de origem judicial não implica isenção dos requisitos registrários, incumbindo ao registrador:
> a) Verificar a competência (absoluta) da autoridade judiciária;
> b) Aferir a congruência do que se ordena ao registro com o processo respectivo;
> c) Apurar a presença das formalidades documentais;
> d) Examinar se o título esbarra em obstáculos propriamente registrários (por exemplo: legalidade, prioridade, especialidade, consecutividade). Não se torna ineficaz ou inválida uma sentença judicial pelo fato de lhe ser vedado o registro, porque essa vedação não interfere com a validade e com a eficácia própria da decisão judiciária, senão apenas verifica se o título quadra com as exigências do registro imobiliário".

1.4.1 CARTA DE SENTENÇA

O art. 590 do CPC/1973 estabelecia os requisitos da carta de sentença. Contudo, a Lei 11.232/2005 revogou este dispositivo e reformulou o Código para introduzir a fase de cumprimento das sentenças no processo de conhecimento, ao mesmo tempo em que eliminou dispositivos relacionados à execução fundamentada em título judicial.

Os artigos 475-L e 475-O do CPC/1973, que abordavam esse tema, têm equivalência no CPC/2015 nos arts. 520, 521, 522 e 525.

O Tabelião de Notas poderá, a pedido da parte interessada, formar cartas de sentença das decisões judiciais, dentre as quais, os formais de partilha, as cartas de adjudicação e de arrematação, os mandados de registro, de averbação e de retificação, nos moldes da regulamentação do correspondente serviço judicia e fará a autenticação de cada cópia extraída dos autos do processo judicial, atendidos os requisitos referentes à prática desse ato, incluída a cobrança dos emolumentos.

A carta de sentença deve observar as exigências do art. 225 da LRP, que estabelece: "Os tabeliães, escrivães e juízes farão com que, nas escrituras e nos autos judiciais, as partes indiquem, com precisão, os característicos, as confrontações e as localizações dos imóveis, mencionando os nomes dos confrontantes e, ainda, quando se tratar só de terreno, se esse fica do lado par ou do lado ímpar do logradouro, em que quadra e a que distância métrica da edificação ou da esquina mais próxima, exigindo dos interessados certidão do registro imobiliário."

A Corregedoria Nacional de Justiça, no Pedido de Providências 0004727-02.2018.2.00.0000, ao interpretar a expressão 'carta de sentença' do art. 221, IV, da Lei n. 6.015/73, concluiu que essa abrange tanto a carta de sentença arbitral quanto a sentença judicial. Dessa forma, enfatizou a equiparação entre **carta de sentença judicial e arbitral.**

Além disso, o parecer destacou que não há qualquer norma da Corregedoria Nacional de Justiça que proíba os registradores de inscreverem cartas de sentença arbitrais. É importante frisar que tanto as cartas de sentença arbitrais quanto as judiciais, assim como qualquer outro título submetido ao registro (de forma ampla), devem passar pela qualificação registral.

Sobre o tema, o Conselho Nacional de Justiça julgou a Consulta n. 0008630-40.2021.2.00.0000, apresentada pela Câmara Ibero-Americana de Arbitragem e Mediação (CIAAM), decidindo que 'a sentença arbitral possui os mesmos efeitos da sentença judicial como título executivo', permitindo que notários e registradores elaborem Carta de Sentença para registro público em processos arbitrais. Os pontos questionados foram os seguintes:

> *"1) Acerca da possibilidade de a carta extraída de processo arbitral constituir carta de sentença conforme previsto no Art. 221, IV, da Lei nº 6.015/73 (com redação conferida pela Lei Federal 13.484/17 em seus arts. 97 e 110 e Art. 214 do Tomo II das Normas da Corregedoria de Justiça do TJSP) e sobre a possibilidade de notários e registradores formarem carta de sentença referente a sentença arbitral, tudo para efeito de ingresso nos registros públicos.*
> *2) Da desnecessidade de carta de sentença devendo o TABELIÃO, REGISTRO DE IMÓVEIS, efetivar a sentença arbitral, sem exigência de promoção de cumprimento de sentença perante o Poder Judiciário ou qualquer manifestação prévia do Poder Judiciário, conforme determina o Art. 214 TOMO II da Corregedoria do TJSP, como ainda, os artigos 97 e 110 da Lei Federal 13.484/17 e LRP, como ainda da Lei Federal 9.307/96 (LArb).*
> *3) Se basta o pedido da parte, ou procurador, para que sejam realizadas as anotações, averbações etc., quanto a imóveis determinados em sentença arbitral, conforme art. 97 e 110 da Lei 13.484/17.*
> *4) Se no caso do ITEM 3 basta o tabelião exercendo a prerrogativa do Art. 214 do TOMO II DAS NORMAS DA DD. CORREGEDORIA GERAL DE JUSTIÇA DO TJSP, promover a carta de sentença, sem exigir qualquer autorização judicial ou manifestação do Poder Judiciário, como exposto e fundamentado."*

A fim de auxiliar nestas questões, o ministro relator Mário Goulart Maia, solicitou parecer à **Coordenadoria de Gestão de Serviços Notariais e de Registro,** instituída, no âmbito do CNJ, pela Portaria n. 53/2020, da **Corregedoria Nacional de Justiça** do CNJ.

Referiu-se como precedente o Pedido de Providências n. 0004727-02.2018.2.00.0000, que interpretou que 'a expressão 'carta de sentença' do art. 221, IV, da Lei n. 6.015/73 deve ser interpretada para incluir tanto a carta de sentença arbitral quanto a sentença judicial'. Ademais, o parecer também faz alusão ao enunciado publicado pelo **Centro de Estudos Judiciários do Conselho da Justiça Federal** (CEJ/CJF) e aprovado na **I Jornada Prevenção e Solução Extrajudicial de Litígios**, que dispõe que:

> **Enunciado 9.** A sentença arbitral é hábil para inscrição, arquivamento, anotação, averbação ou registro em órgãos de registros públicos, independentemente de manifestação do Poder Judiciário.

O parecer ainda enfatizou que não há ato normativo, originado na Corregedoria Nacional de Justiça, impediente de que registradores inscrevam cartas de sentença arbitrais.

Por fim, é oportuno apresentar o Enunciado 21 da **I Jornada de Direito Notarial e Registral** sobre o tema "carta de sentença":

> **Enunciado 21**. Para fins de ingresso no Registro de Imóveis, a carta de sentença ou formal de partilha pode ser aditada ou rerratificada por meio de escritura pública, com a participação de advogado e dos interessados.
>
> ⊙ Justificativa: Fundamento legal: arts. 733 e 610, §1º, do Código de Processo Civil. A desjudicialização dos procedimentos de inventário e partilha, separação, divórcio e dissolução da união estável mostrou-se nos últimos anos como uma feliz escolha do legislador para dar eficiência e economicidade às relações jurídicas adjacentes. Nada obstante, embora largamente acolhida por Registradores de Imóveis no país, ainda se verifica alguma restrição à possibilidade de se admitir que o Tabelião de Notas adite ou rerratifique um título de origem judicial. Deve-se colocar em evidência que a atuação do Judiciário não enseja na hipótese a formação de coisa julgada material e próprio Juízo, ordinariamente, ressalva a existência de eventuais erros ou omissões. Ocorre, em verdade, que a homologação judicial faz apenas coisa julgada formal, sendo lícito admitir como título formal hábil a ingressar no Registro Predial a complementação do título judicial (carta de sentença ou formal de partilha) através de escritura pública tabelioa, lavrada com assistência do advogado das partes interessadas. À evidência, a hipótese telada restringe-se às situações nas quais se encontram preenchidos por ocasião da lavratura do ato notarial complementar todos os pressupostos de abertura da via extrajudicial, notadamente o consenso das partes e a inexistência de interesses de menores ou incapazes.

1.4.2 FORMAL DE PARTILHA

O formal de partilha consiste em um documento de natureza pública expedido pelo juízo competente para regular o exercício de direitos e deveres decorrentes da extinção de relações jurídicas entre pessoas nas ações de inventário, separação, divórcio, anulação e nulidade do casamento. O art. 653 do novo Código de Processo Civil estabelece que na partilha constará:

> I – de auto de orçamento, que mencionará:
>
> **a)** os nomes do autor da herança, do inventariante, do cônjuge ou companheiro supérstite, dos herdeiros, dos legatários e dos credores admitidos;
>
> **b)** o ativo, o passivo e o líquido partível, com as necessárias especificações;
>
> **c)** o valor de cada quinhão;
>
> II – de folha de pagamento para cada parte, declarando a quota a pagar-lhe, a razão do pagamento e a relação dos bens que lhe compõem o quinhão, as características que os individualizam e os ônus que os gravam.
>
> Parágrafo único. O auto e cada uma das folhas serão assinados pelo juiz e pelo escrivão.

Walter Ceneviva adverte que "a quitação dos impostos poderá ser dispensada pelo juiz, no momento de expedir o formal, mas não pelo oficial imobiliário, que a exigirá. O formal poderá ser substituído por certidão do pagamento do quinhão hereditário, quanto dito quinhão for inferior a cinco vezes o salário mínimo vigente na sede do juízo, caso em que se transcreverá nela a sentença da partilha transitada em julgado." (Op. cit., p. 489).

Em atendimento ao princípio da continuidade, no caso de escritura ou formal de partilha conjuntivo decorrente de inventário, as partilhas serão registradas na sequência de sucessão de óbitos. Esta é outra observação importante que o oficial deve fazer ao qualificar o título.

1.4.3 CERTIDÃO

Certidão é o documento escrito confeccionado por um agente detentor de fé pública, cuja finalidade é servir de prova de uma alguma situação fática, bem como da existência de um ato ou negócio jurídico.

1.4.4 MANDADO EXTRAÍDO DE AUTOS DO PROCESSO

Mandados judiciais são documentos públicos nos quais se expressa uma ordem exarada pelo Juiz que atua em determinado processo. É por meio do mandado que o magistrado determina ao oficial de justiça que pratique um ato processual específico.

1.5 CONTRATOS OU TERMOS ADMINISTRATIVOS

Este inciso foi introduzido por força da Lei 11.977/2009, conhecida como Lei do Programa Minha Casa Minha Vida e alterado pela Lei 12.424/2011.

No caso de contratos ou termos administrativos emitidos no âmbito da regularização fundiária, o reconhecimento de firmas estará dispensado.

A regularização fundiária consiste no conjunto de medidas jurídicas, urbanísticas, ambientais e sociais que visam à regularização de assentamentos irregulares e à titulação de seus ocupantes, de modo a garantir o direito social à moradia, o pleno desenvolvimento das funções sociais da propriedade urbana e o direito ao meio ambiente ecologicamente equilibrado.

Sobre esse assunto, detalharei mais no Capítulo XII desta Lei.

1.6 DISPENSA DA APRESENTAÇÃO DE TÍTULOS

O § 3º do art. 221 foi incluído pela Lei 13.465/2017.

A apresentação da escritura pública, de escritos particulares autorizados por lei, de atos autênticos de países estrangeiros, de cartas de sentença e de contratos ou termos administrativos fica dispensada no registro do **projeto de regularização fundiária e na constituição de direito real**. O ente público promotor da regularização fundiária urbana é responsável por fornecer as informações necessárias ao registro, dispensando a apresentação de título individualizado

Berthe pondera que o registro da regularização fundiária, no caso de aquisição por Legitimação Fundiária, deverá ser levado a efeito nos termos da legislação específica, e instrumentaliza-se por meio da Certidão de Regularização Fundiária (CRF), que está prevista no art. 42 da Lei Federal n. 13.465/2017. Essa certidão, a CRF, deverá preencher todos os requisitos previstos naquela lei especial. Cuida-se, na verdade, de uma certidão, e não obstante o registro de certidões já estivesse previsto no inc. IV do art. 221 da Lei de Registros Públicos, no caso da Regularização Fundiária, por sua complexidade, preferiu o legislador tratar de uma certidão que deverá acompanhar o projeto de regularização, indicando precisamente a lei especial todos os elementos que devem conter a CRF a fim de ser recebida para registro (Op. Cit. 1234). E adverte: "Não é demais anotar que a CRF não deixa de ser um instrumento, e não deve ser tida como um título aquisitivo material. Por isso, teria sido preferível a sua inclusão no rol do art. 221, e não no art. 167, I, 43, da Lei de Registros Públicos, como o fez o art. 56 da Lei Federal n. 13.465/2017, porquanto a CRF apenas veicula um título aquisitivo material, isto é, a aquisição da propriedade imobiliária por título de Legitimação Fundiária, prevista naquela lei federal citada, e cuja hipótese legal, esta sim, está corretamente incluída no rol do art. 167, I, 44 da Lei de Registros Públicos (Op. Cit. 1235).

1.7 DISPENSA DE REAPRESENTAÇÃO DE TÍTULOS REGISTRADOS, DIGITALIZADOS OU ARMAZENADO

Este parágrafo foi introduzido pela Medida Provisória n. 1.085/2021 e convertido na Lei n. 14.382/2022, com o objetivo de contribuir para o aprimoramento do ambiente de negócios no país. Isso se dá por meio da modernização dos registros públicos, da desburocratização dos serviços registrais e da centralização nacional das informações e garantias. Essas medidas visam reduzir custos e prazos, além de facilitar a consulta de informações registrais e o envio de documentação para registro.

Nos termos do art. 221, § 4º, da Lei n. 6.015/1973, quando for requerida a prática de ato com base em **título físico** que tenha sido **registrado, digitalizado ou armazenado**, inclusive em outra serventia, será **dispensada a reapresentação** e bastará referência a ele ou a apresentação de certidão.

Em outras palavras, é suficiente que o usuário do serviço faça remissão aos dados de identificação desse registro ou exiba a certidão. Nestes casos, incumbe ao próprio serviço registral buscar a documentação nas bases internas no âmbito do SERP.

Compartilho da mesma posição de Carlos Elias e Flávio Tartuce de que o § 4.º do art. 221 da LRP deve ser aplicado, por analogia, a todas as demais especialidades e não apenas aos Registros de Imóveis (RIs). Isso porque todas as serventias têm o dever de fornecer serviços de modo digital, no âmbito do SERP, conforme regulamentação do CNJ e dos tribunais locais.

1.8 CONTRATOS OU TERMOS ADMINISTRATIVOS NO ÂMBITO DAS DESAPROPRIAÇÕES EXTRAJUDICIAIS

A Lei 14.620/23 introduziu significativas mudanças no panorama jurídico brasileiro relativas às desapropriações. Estas alterações visam equilibrar as demandas públicas com os direitos individuais, priorizando eficiência e justiça social.

Neste tópico, vamos analisar as inclusões feitas no art. 221 da Lei n. 6.015/1973. Agora, os contratos ou termos administrativos assinados pelos legitimados mencionados no art. 3º do Decreto-Lei nº 3.365, de 21 de junho de 1941 (Lei da Desapropriação), no âmbito das desapropriações extrajudiciais, podem ser registrados no registro imobiliário.

Para uma melhor compreensão, é importante apresentar a nova redação do art. 3º do Decreto-Lei n. 3.365/1941, mencionado no art. 221, VI, que também foi alterado pela Lei n. 14.620/2023:

> Art. 3º Poderão promover a desapropriação mediante autorização expressa constante de lei ou contrato:
>
> I - os **concessionários**, inclusive aqueles contratados nos termos da Lei nº 11.079, de 30 de dezembro de 2004 (Lei de Parceria Público-Privada), permissionários, autorizatários e arrendatários;
>
> II - as **entidades públicas**;
>
> III - as **entidades que exerçam funções delegadas do poder público**; e
>
> IV - o **contratado pelo poder público** para fins de execução de obras e serviços de engenharia sob os regimes

de empreitada por preço global, empreitada integral e contratação integrada.

Parágrafo único. Na hipótese prevista no inciso IV do caput, o edital deverá prever expressamente:

I - o responsável por cada fase do procedimento expropriatório;

II - o orçamento estimado para sua realização;

III - a distribuição objetiva de riscos entre as partes, incluído o risco pela variação do custo das desapropriações em relação ao orçamento estimado.

Observa-se que houve uma ampliação dos sujeitos que podem promover a desapropriação. Com a nova redação, agora é possível que empresas contratadas pelo poder público para execução de obras e serviços de engenharia conduzam diretamente o processo de desapropriação. No entanto, essa iniciativa requer autorização legal ou contratual específica. Além disso, o contrato entre a empresa e o poder público deve ser do tipo empreitada por preço global, empreitada integral ou contratação integrada.

É importante salientar que os contratos e termos administrativos mencionados no inciso VI do art. 221, da Lei n. 6.015/1973 devem ser submetidos à **qualificação registral** pelo oficial do registro de imóveis, **antes do pagamento do valor devido ao expropriado.**

2. JURISPRUDÊNCIA COMPLEMENTAR

SUPERIOR TRIBUNAL DE JUSTIÇA

EMENTA: Direito processual civil. Protesto contra alienação de bens. Averbação no registro imobiliário. O poder geral de cautela do juiz, disciplinado no art. 798 do CPC, é supedâneo para permitir a averbação, no registro de imóveis, do protesto de alienação de bens, e se justifica pela necessidade de dar conhecimento do protesto a terceiros, servindo, desse modo, como advertência a pretendentes à aquisição dos imóveis do possível devedor, resguardando, portanto, os interesses de eventuais adquirentes e do próprio credor. Precedente da Corte Especial. Recurso especial não conhecido. (STJ – REsp: 695095 PR 2004/0145596-4, Relator: Ministra NANCY ANDRIGHI, Data de Julgamento: 26/10/2006, T3 – TERCEIRA TURMA, Data de Publicação: DJ 20.11.2006 p. 302)

TRIBUNAL DE JUSTIÇA DO ESTADO DO RIO DE JANEIRO

EMENTA: Direito Administrativo. Demanda postulando anulação de ato administrativo que revogou concessão de direito real de uso de terreno público. Acolhimento. Ausência de correspondência entre com o motivo que fundamentou a nulidade do ato com a situação fática. Nulidade do ato. A concessão de direito real de uso para fins de moradia veio dar efetividade ao direito fundamental à moradia, que tem fundamento o princípio da pessoa humana previsto no art. 1º, III, da Constituição da República Ademais, se após a concessão verificou-se que a área cedida não possuía a infraestrutura exigida pela Lei, caberia ao Poder Público a implementação, uma vez que constitui dever do Município a criação de políticas públicas tendentes a ordenar e planejar o desenvolvimento do solo urbano de forma com que cumpra com sua função social (art. 182, da Constituição da República). O que não é admissível é que as consequências decorrentes da omissão do Poder Público recaia sobre o administrado, sobretudo em se tratando, como no caso, de direito social a exigir ações afirmativas para o seu atendimento. A população de baixa renda não pode ficar à mercê de manobras eleitoreiras dos gestores políticos para serem atendidas com programas sociais desenvolvidos com o dinheiro público. Provimento do recurso para anular o ato, restabelecendo-se os termos da concessão do direito real de uso. (TJRJ – APC 0002559-41.2010.8.19.0044, Des. NAGIB SLAIBI, 6ª C. Cível, Julgamento: 26/09/2012)

TRIBUNAL DE JUSTIÇA DO ESTADO DE SÃO PAULO

EMENTA: Inventário. Decisão que indeferiu a expedição de ofício, bem como determinou a apresentação do plano de partilha, nos termos da nota de devolução do 2º Oficial de Registro de Imóveis de Santos para aditamento do Formal de Partilha. Insurgência. Inadmissibilidade. Pendência de regularização registrária. Quebra da continuidade registral. Decisão mantida. Recurso não provido. (TJSP – Agravo de Instrumento nº 2258484-24.2022.8.26.0000 – São Paulo – 4ª Câmara de Direito Privado – Rel. Des. Fábio Quadros – DJ 09.03.2023)

CORREGEDORIA-GERAL DA JUSTIÇA

EMENTA: Registro de Imóveis. Dúvida. Registro de carta de adjudicação expedida em autos de inventário. Necessidade de se arrolar a totalidade os bens. Recurso provido para reformar a sentença que autorizou o registro da adjudicação da metade ideal dos bens (APELAÇÃO CÍVEL Nº 404-6/6, da Comarca da CAPITAL). 1. Trata-se de apelação interposta pelo Ministério Público (fls.67/74) contra sentença proferida pelo MM. Juiz de Direito Corregedor Permanente do Quarto Oficial do Registro de Imóveis da Comarca da Capital (fls.60/64), que julgou improcedente a dúvida suscitada, determinando o registro da carta de adjudicação expedida nos autos do arrolamento dos bens deixados por José Goyanna. O título foi recusado ao registro, uma vez que foi arrolada apenas a parte ideal dos imóveis matriculados naquela Serventia sob os nºs 12.478 e 12.479. Sustenta, em síntese, o recorrente, que a meação do cônjuge supérstite recai sobre a universalidade dos bens do casal, sendo necessária a declaração de todos os bens nos autos do inventário. A Procuradoria Geral de Justiça manifestou-se pelo improvimento do recurso (fls. 90/91). É o relatório. 2. O recurso comporta provimento. Saliente-se, de início, ser atribuição e dever do Oficial Registrador proceder à qualificação registrária da carta de adjudicação extraída dos autos do inventário. Até mesmo os títulos judiciais submetem-se à qualificação registrária, com fulcro na aplicação dos princípios e normas formais da legislação específica, vigentes à época do momento do respectivo ingresso, principalmente para a verificação de sua conformidade com os postulados e princípios registrários (Apelações Cíveis nºs. 22.417-0/4, Piracaia e 44.307-0/3, Campinas). 'Incumbe ao oficial impedir o registro de título que não satisfaça os requisitos exigidos pela lei, quer sejam consubstanciados em instrumento público ou particular, quer em atos judiciais' (item 106, do Capítulo XX, Tomo II, das Normas de Serviço da Corregedoria Geral da Justiça). Com o falecimento de José Goyanna, a cônjuge sobrevivente requereu a abertura do inventário dos bens deixados pelo 'de cujus', relacionando no processo sucessório apenas a metade ideal daqueles bens, inscritos no Quarto Oficial de Registro de Imóveis da Capital sob os nºs 12.478 e 12.479. Exibida a carta de adjudicação que do inventário se extraiu, recusou-se o Oficial a registrá-la, com o fundamento de que ao inventário devem concorrer todos os bens da herança, tese que não foi acolhida pela sentença ora atacada. A decisão merece ser reformada, uma vez que contrariou a doutrina e a jurisprudência relativa ao tema. Com efeito, se é certo que o direito do cônjuge supérstite à meação deriva do regime matrimonial de bens e não 'sucessionis causa' (cfr. Caio Mário da Silva Pereira, Instituições de Direito Civil, v. VI, nº 446), não menos correto é que dessa premissa não se infere a divisão dos bens em frações ideais. Por isso que se forma uma comunidade hereditária (cfr. Theodor Kipp, Derecho de Sucesiones, t. V, v. II, § 114), que se ultima com o desfecho do processo sucessório. A comunhão decorrente do casamento é 'pro indiviso'. Ou seja, a parcela ideal pertencente a cada cônjuge não pode ser destacada, o que somente ocorre quando dissolvida a sociedade conjugal. Em sendo a morte a causa da extinção do casamento e da comunhão, a metade só se extremará com a partilha, posto que indivisível antes dela. Ensina Afrânio de Carvalho que 'não importa que, em se tratando de cônjuge sobrevivente casado no regime da comunhão de bens, metade do imóvel já lhe pertença desde o casamento, porque o título reúne essa parte ideal, societária, com a outra, sucessória, para recompor a unidade real do 'de cujus'. A partilha abrange todo o patrimônio do morto e todos os interessados, desdobrando-se em duas partes, a societária e a sucessória, embora o seu sentido se restrinja por vezes à segunda. Por isso, dá em pagamento ao cônjuge sobrevivente ambas as metades que lhe caibam, observando dessa maneira o sentido global a operação, expressa na ordem de pagamento preceituado para o seu esboço, a qual enumera, em segundo lugar, depois das dívidas, a meação do cônjuge e, em seguida, a meação do falecido que, na hipótese, passa também ao cônjuge' (Registro de Imóveis, Forense, 3ª Ed., RJ 1982, pág. 281). A propósito do tema, o Colendo Conselho Superior da Magistratura do Estado, apreciando caso em que o 6º Cartório de Registro de Imóveis da Capital recusara registro de carta de adjudicação exibida por viúva meeira, decidiu na mesma direção: 'Com o falecimento do marido, procedeu ela (cônjuge sobrevivente) ao inventário. Fê-lo, todavia, indicando somente a metade ideal do imóvel. Ora, nos termos do art. 923, IV, do Código de Processo Civil, o inventário deve conter a 'relação completa e individuada de todos os bens do espólio e dos alheios que nele forem encontrados. O imóvel, no seu todo, era bem comum ao falecido e à apelante. Devia, pois, figurar do inventário' ap. cível 146-0, Capital, 29.12.80, Rel. Des. Adriano Marrey; 'apud' Narciso Orlandi Neto, Registro de Imóveis, ed. 1982, pp. 30-32). No mesmo sentido decidiu-se nas apelações cíveis 5.054-0, Capital, 27.1.86, e 5.444-0, 5.446-0, 5.818-0 todas de Taquaritinga, e 017289-0/7 de Campinas. Para permitir o ingresso do título no fólio real, a carta de adjudicação deverá fazer menção à totalidade dos bens. Dessa forma, fica prejudicada a questão do recolhimento dos emolumentos. Ante o exposto, dou provimento à apelação para reformar a sentença recorrida. JOSÉ MÁRIO ANTONIO CARDINALE, Corregedor Geral da Justiça e Relator (D.O.E. de 25.10.2005)

TRIBUNAL DE JUSTIÇA DO ESTADO DO ACRE

EMENTA: REGISTROS PÚBLICOS. APELAÇÃO. SUSCITAÇÃO DE DÚVIDA. CARTA DE ADJUDICAÇÃO. REGISTRO IMOBILIÁRIO. IMPOSSIBILIDADE. PRINCÍPIOS REGISTRÁRIOS. AFRONTA. ATO JUDICIAL. PRESSUPOSTOS EXTRÍNSECOS. AFERIÇÃO. REGISTRADOR. DEVER. RECURSO PROVIDO. 1. Constitui obrigação do registrador a aferição acerca dos requisitos extrínsecos do título, ainda que judicial, podendo recusar o registro de carta de adjudicação na hipótese de afronta à Lei de Registros Públicos, notadamente ao princípio da continuidade registral. 2. Apelo provido. (TJAC – Ap. Civ. 2009.003521-3, Desª Eva Evangelista, DJ: 11/05/2010)

3. QUESTÕES DE CONCURSOS

Nota da autora: Para responder às questões, é importante atentar que existem questões anteriores à Lei n. 14.620/2023, que deu nova redação ao art. 221, **II**, da LRP. Essa atenção é necessária porque questões elaboradas antes dessa alteração estão baseadas na versão anterior da lei, e as respostas devem considerar as disposições legais vigentes à época para serem precisas e coerentes.

01. (VUNESP - 2023 - TJ-AL - Titular de Serviços de Notas e de Registros – Provimento) Apresentada ao registrador de imóveis título judicial oriundo da Justiça do Trabalho (carta de adjudicação) o oficial, a requerimento do interessado, suscita dúvida. A denegação de acesso do título judicial e suscitação de dúvida configuram crime de desobediência?

a) Não. O oficial de registro pode examinar livremente os elementos intrínsecos e extrínsecos do título judicial, incursionando no que foi decidido no processo judicial e apontando os eventuais defeitos.
b) Sim. Todo e qualquer título judicial deve ser registrado sem qualquer exame de elementos formais e extrínsecos do título, incorrendo no crime de desobediência previsto no art. 330 do Código Penal.
c) Não. Tratando-se de título judicial, o oficial tem o dever, imposto pela Lei de Registros Públicos, de qualificar todos os títulos, seja qual for a sua origem.
d) Não. O oficial de registro de imóveis jamais deve examinar os títulos judiciais. Havendo fundada dúvida acerca da legalidade, deve proceder ao registro e encaminhar certidão ao juízo competente para homologação.

02. (IESES – Titular de Serviços de Notas e Registros – TJ – TO – Remoção/2022) Segundo a Lei 6015/73, que dispõe sobre registros públicos, somente são admitidos registros de:

I. Escrituras públicas, inclusive as lavradas em consulados brasileiros; cartas de sentença, formais de partilha, certidões e mandados extraídos de autos de processo.
II. Escritos particulares autorizados em lei, assinados pelas partes e testemunhas, com as firmas reconhecidas, inclusive quando o reconhecimento se tratar de atos praticados por entidades vinculadas ao Sistema Financeiro da Habitação.
III. Atos autênticos de países estrangeiros, com força de instrumento público, legalizados e traduzidos na forma da lei, e registrados no cartório do registro de títulos e documentos, assim como sentenças proferidas por tribunais estrangeiros após homologação pelo Supremo Tribunal Federal.
IV. Contratos ou termos administrativos, assinados com a União, Estados, Municípios ou o Distrito Federal, no âmbito de programas de regularização fundiária e de programas habitacionais de interesse social, dispensado o reconhecimento de firma.

A sequência correta é:

a) Apenas as assertivas I e II estão corretas.
b) Apenas as assertivas II e III estão incorretas.
c) Apenas a assertiva II está incorreta.
d) As assertivas I, II, III e IV estão corretas.

03. (Vunesp – Titular de Serviços de Notas e Registros – TJ – SP – Provimento/2022) Quanto à carta de sentença notarial, considere as seguintes afirmações:

Nota da autora: para resolver esta questão, é necessário complementar com a leitura do Cap. XIV, Tomo II das Normas de Serviço da Corregedoria-Geral da Justiça do Estado de São Paulo.

I. O Tabelião de Notas poderá, a pedido da parte interessada, formar cartas de sentença das decisões judiciais, dentre as quais, os formais de partilha, as cartas de adjudicação e de arrematação, os mandados de registro, de averbação e de retificação, nos moldes da regulamentação do correspondente serviço judicial.
II. As peças instrutórias das cartas de sentença deverão ser extraídas pelo advogado solicitante dos autos judiciais originais, ou do processo judicial eletrônico, conforme o caso.
III. O termo de abertura deverá conter a relação dos documentos autuados, e o termo de encerramento informará o número de páginas da carta de sentença. Cada um será considerado como certidão, ou seja, duas certidões para fins de cobrança de emolumentos.
IV. O tabelião fará a autenticação de cada cópia extraída dos autos do processo judicial, atendidos os requisitos referentes à prática desse ato, incluídas a aposição de selo de autenticidade e cobrança dos emolumentos.
V. A carta de sentença deverá ser formalizada no prazo máximo de 5 (cinco) dias, contados da solicitação do interessado e da entrega dos autos originais do processo judicial, ou do acesso ao processo judicial eletrônico.
VI. Em se tratando de separação ou divórcio, a carta de sentença deverá conter, ainda, cópia das seguintes peças: I – petição inicial; II – decisões que tenham deferido o benefício da assistência judiciária gratuita; III – plano de partilha; IV – manifestação da Fazenda do Estado de São Paulo, pela respectiva Procuradoria, acerca da incidência e do recolhimento do Imposto Sobre Transmissão de Bens Imóveis Causa Mortis e Doações (ITCMD), bem sobre eventual doação de bens a terceiros, e

sobre eventual recebimento de quinhões diferenciados entre os herdeiros, nos casos em que não tenha havido pagamento da diferença em dinheiro; V – manifestação do Município, pela respectiva Procuradoria, se o caso, acerca da incidência e do recolhimento do Imposto Sobre Transmissão de Bens Imóveis Inter Vivos, e sobre eventual pagamento em dinheiro da diferença entre os quinhões dos herdeiros, e sobre a incidência do tributo; VI – sentença homologatória; VII – certidão de transcurso de prazo sem interposição de recurso (trânsito em julgado).

É verdadeiro somente o contido em:

a) I, II, III.
b) I, IV, V, VI.
c) I, II, III, IV, V, VI.
d) II, V, VI.

04. (Vunesp – Outorga de Delegação de Notas e Registros – TJ – GO/2021) Foi apresentada ao Registro de Imóveis uma escritura pública de venda e compra e doação envolvendo dois imóveis.

Nesse contexto, o registrador imobiliário providenciará o seguinte:

a) recusa do lançamento do título no protocolo (Livro 1), desde que constate a ausência de apresentação de guia de pagamento de imposto de transmissão.
b) a criação de apenas um protocolo (Livro 1), na medida em que há apenas um título (escritura pública – art. 221, I, Lei nº 6.015/73).
c) a criação de dois protocolos (Livro 1), um para a venda e compra e outro para a doação, já que cada um desses contratos deverá resultar, necessariamente, em um protocolo.
d) recusa do registro, elaborando a respectiva nota de devolução após o regular processo de qualificação registral, considerando que cada um dos contratos (venda e compra e doação) deverá ser instrumentalizado por títulos ou instrumentos distintos.

05. (IESES – Cartório – Remoção – TJ – AM/2018) Segundo a lei 6.015/73, no que concerne ao capítulo de títulos, podemos afirmar que são admitidos a registro unicamente:

I. Escritos particulares autorizados em lei, assinados pelas partes e testemunhas, com as firmas reconhecidas, exigindo-se o reconhecimento principalmente quando se tratar de atos praticados por entidades vinculadas ao Sistema Financeiro de Habitação.
II. Escrituras públicas, exceto as lavradas em consulados brasileiros.
III. Atos autênticos de países estrangeiros, com força de instrumento público, legalizados e traduzidos competentemente no idioma nacional e registrados no cartório de registro de títulos e documentos.
IV. Cartas de sentença, mandados, formais de partilha e certidões extraídos de autos de processo.

A sequência correta é:

a) Apenas a assertiva II está incorreta.
b) Apenas as assertivas III e IV estão corretas.
c) As assertivas I, II, III e IV estão corretas.
d) Apenas as assertivas I, II e III estão corretas.

06. (IESES – Cartório – Provimento – TJ – AM/2018) A respeito do tema "normas referentes ao Sistema Financeiro da Habitação" no Registro de Imóveis, é correto afirmar:

Nota da autora: Atenção para a nova redação do art. 221, II, LRP modificada pela Lei n. 14.620/2023

a) No Registro de Imóveis, além da matrícula, será realizado o registro da re-ratificação do contrato de mútuo com pacto adjeto de hipoteca em favor de entidade integrante do Sistema Financeiro da Habitação, ainda que importando elevação da dívida, desde que mantidas as mesmas partes e que inexista outra hipoteca registrada em favor de terceiros.
b) Serão admitidos a registro, dentre outras hipóteses previstas na legislação, os escritos particulares autorizados em lei, assinados pelas partes e testemunhas, com as firmas reconhecidas, dispensado o reconhecimento quando se tratar de atos praticados por entidades vinculadas ao Sistema Financeiro da Habitação.
c) Os emolumentos devidos pelos atos relacionados com a primeira aquisição imobiliária para fins residenciais, financiada pelo Sistema Financeiro da Habitação, serão reduzidos em 90% (noventa por cento).
d) Podem os Tabeliães e Oficiais de Registro de Imóveis lavrar ou registrar escritura ou escritos particulares autorizados por lei, mesmo que tenham por objeto imóvel hipotecado a entidade do Sistema Financeiro da Habitação, ou direitos a eles relativos, bastando para tanto comunicar o fato ao promotor de justiça da sede do local do imóvel.

07. (IESES – Notário-MA/2011) Acerca da qualificação registral, é correto afirmar que:

a) Nas escrituras, lavradas em decorrência de autorização judicial, serão dispensadas as referências à matrícula ou ao registro anterior, seu número e cartório.
b) Todos os títulos, inclusive os judiciais, deverão ser qualificados, sendo passíveis de devolução.
c) Os títulos públicos ou judiciais perfectibilizados quando de sua lavratura ou expedição deverão ser analisados com base nos requisitos legais vigentes à época daquelas.
d) Consideram-se regulares, para efeito de matrícula, os títulos judiciais nos quais a caracterização do imóvel não coincida com a que consta do registro anterior.

08. (EJEF Tabelionato e Registro-MG/2007) Em relação aos princípios informadores dos sistemas notarial e de registros públicos, é CORRETO afirmar:

a) Em se tratando de título judicial, vedado é ao oficial registrador e ao tabelião de protestos o exame e qualificação de suas formalidades legais extrínsecas, já que os serviços de registro, por previsão constitucional, estão sujeitos à fiscalização do Poder Judiciário, seja quanto aos atos já praticados, seja no tocante aos atos a serem efetivados.
b) O princípio da inscrição significa que a constituição, transmissão e extinção de direitos reais sobre imóveis só se operam por atos causa mortis, mediante sua inscrição no registro.
c) A fé pública de que é dotada a escritura pública lavrada em notas de tabelião faz prova plena e assegura a autenticidade tanto dos escritos quanto dos direitos constantes desses escritos.
d) Ainda que se cuide de título judicial, o oficial registrador, profissional do direito que goza de fé pública, havendo exigência a ser satisfeita, deverá indicá-la por escrito e recusar registro a título e documento que não se revistam das formalidades legais, por força do princípio da legalidade e como imperativo de sua independência jurídica, facultado ao interessado requerer-lhe a suscitação de dúvida.

09. (FMP – Cartório – TJ – MT/2014) Acerca dos títulos admitidos ao Registro de Imóveis, assinale a alternativa incorreta.

a) As escrituras públicas, inclusive as lavradas em consulados brasileiros, são títulos admitidos.
b) São títulos admitidos os atos autênticos de países estrangeiros, com força de instrumento público, legalizados e traduzidos na forma da lei, e registrados no Ofício do Registro de Títulos e Documentos.
c) As cartas de sentença, formais de partilha, certidões e mandados extraídos de autos de processo são títulos admitidos.
d) Os escritos particulares autorizados em lei, assinados pelas partes e testemunhas são títulos admitidos, sendo

desnecessário o reconhecimento de firma quando assinados na presença do registrador.

e) São títulos admitidos os contratos ou termos administrativos, assinados com a União, Estados, Municípios ou o Distrito Federal, no âmbito de programas de regularização fundiária e de programas habitacionais de interesse social, dispensado o reconhecimento de firma.

10. (IBFC – Cartório – TJ – PR/2014) O Registrador de Imóveis, nos títulos e documentos particulares, mesmo com força de escritura pública, apresentados para registro ou averbação:

Nota da autora: Atenção para a nova redação do art. 221, II, LRP modificada pela Lei n. 14.620/2023

a) Dispensará o reconhecimento de firma se os interessados forem seus conhecidos e não tenha dúvida quanto ao negócio realizado.

b) Exigirá o reconhecimento de firma, exceto quando se tratar de ato ou negócio submetido às regras do Sistema Financeiro da Habitação.

c) Sempre exigirá que a firma esteja reconhecida independente da natureza e origem do documento ou título.

d) Realizará o ato independente do reconhecimento de firma se as partes declararem por escrito, com confirmação de testemunhas, que as assinaturas lançadas no título ou documento são suas.

11. (IESES – Cartório – TJ – RS/2013) Assinale a alternativa INCORRETA:

a) Haja vista que o pedido de certidão não é título previsto no art. 221 da Lei 6.015/73, em nenhuma hipótese ele deverá ser lançado no protocolo, seja por falta de previsão normativa, seja porque o ato certificatório não gera registro ou averbação sobre a matrícula do imóvel.

b) A emissão de certidões a partir de requerimentos realizados por meio da rede mundial de computadores (internet) não depende exposição de motivos ou de interesse do requerente.

c) Os pedidos de certidão por via postal, telegráfica, bancária ou correio eletrônico serão obrigatoriamente atendidos, satisfeitas as despesas postais, diligências para postagem, bem como os emolumentos devidos.

d) Quando da expedição de certidões negativas de ônus e alienações, os registradores de imóveis deverão abster-se de ressalvar prenotações, caso não constem dos livros específicos. Em caso contrário, deverão as prenotações ser detalhadamente descritas no instrumento de certificação.

GAB	1	C	2	C	3	B	4	B	5	B	6	B
	7	B	8	D	9	D	10	B	11	A		

Art. 222. Em todas as escrituras e em todos os atos relativos a imóveis, bem como nas cartas de sentença e formais de partilha, o tabelião ou escrivão deve fazer referência à matrícula ou ao registro anterior, seu número e cartório.

1. COMENTÁRIOS

Este dispositivo consagra o **princípio da continuidade** ou chamado **trato sucessivo**, já bastante explorado nesta obra.

Para garantir a compreensão clara deste princípio, é essencial lembrar que nenhum título pode ser registrado no registro de imóveis sem que o título anterior também esteja registrado. Deve existir uma conexão contínua entre os registros, sem lacunas ou interrupções. Assim, a sequência de registros deve ser ininterrupta: para que alguém possa transmitir a propriedade, o título de aquisição dessa propriedade precisa estar registrado previamente.

Walter Ceneviva, ao comentar este dispositivo, entende que o oficial imobiliário não é o destinatário específico das normas dos arts. 222 a 226. A esse oficial incumbe, porém, recusar registro a título que não observe as exigências feitas nos mencionados dispositivos. Mas, conclui que "o cartório ao qual alude o dispositivo, no final, é o de imóveis (Op. cit., p. 492). No mesmo sentido, Marcelo Martins Berthe: "a disposição legal, quando menciona 'o tabelião ou o escrivão', na verdade destina a regra tanto aos notários como aos servidores dos ofícios judiciais, que devam lavrar escrituras públicas notariais ou expedir formais de partilha, cartas de sentença e mesmo títulos, como as chamadas carta de arrematação, de adjudicação ou quaisquer outros que provoquem quaisquer mutações reais no registro predial. A regra, embora não esteja diretamente destinada ao registrador imobiliário, remotamente deve ser por ele observada, já que ela está consoante o sistema registral adotado no País" (Op. cit., p. 1168).

A Lei 7.433/1985 possui um sentido semelhante ao art. 222 ao dispor, no § 1º do art. 2º, que na hipótese de imóvel urbano, o instrumento consignará exclusivamente o número do registro ou matrícula no Registro de Imóveis, sua completa localização (logradouro, número, bairro, cidade e Estado), além dos documentos e certidões necessários. O *caput* do art. 2º, por sua vez, estabelece que na escritura pública de imóveis urbanos, fica dispensada a descrição e caracterização do imóvel, desde que esses elementos constem na certidão do Cartório do Registro de Imóveis.

É importante frisar que nas cartas de sentença extraídas de ações consideradas formas de aquisição originária, como, por exemplo, a ação de usucapião, a ação de desapropriação e a ação discriminatória, não será exigido o número do registro de origem ou da matrícula do imóvel relacionado a ele. Em outras palavras, nestes casos, não se aplica o princípio da continuidade.

2. JURISPRUDÊNCIA COMPLEMENTAR

⊙ TRIBUNAL DE JUSTIÇA DO ESTADO DE MINAS GERAIS

EMENTA: REGISTRO PÚBLICO. SUSCITAÇÃO DE DÚVIDA. AUSÊNCIA DE INDICAÇÃO DE REGISTRO ANTERIOR NO TÍTULO AQUISITIVO. MUNICÍPIO ALIENANTE. BEM INCORPORADO AO PATRIMÔNIO

MUNICIPAL POR LEI MUNICIPAL. VIOLAÇÃO DO PRINCÍPIO DA CONTINUIDADE. ÓBICE AO REGISTRO.

I – Conforme determina o art. 222 da Lei de Registros Públicos, em todas as escrituras e em todos os atos relativos a imóveis, bem como nas cartas de sentença e formais de partilha, o tabelião ou escrivão deve fazer referência à matrícula ou ao registro anterior, seu número e cartório, de forma a assegurar a continuidade dos registros.

II – Lei Municipal não constitui forma de aquisição da propriedade imobiliária pela própria municipalidade, pelo que a simples indicação de que o bem foi integrado ao patrimônio público por lei municipal, na escritura pública de compra e venda de imóvel, não garante a continuidade do registro, e, por consequência, constitui óbice ao registro da compra e venda na qual figura como alienante o Ente Municipal. (TJMG – Ap. Civ. nº 1.0012.04.001649-0/001, Des. FERNANDO BOTELHO, Publicação 26/01/ 2011)

3. QUESTÃO DE CONCURSO

01. (IESES – Cartório – Provimento – TJ – RO/2017) Assinale a alternativa correta:

a) De acordo com a Lei n. 6.015/1973, o registro de hipoteca convencional valerá pelo prazo de 30 (trinta) dias, findo o qual só será mantido o número anterior se reconstituída por novo título e novo registro.

b) De acordo com a Lei n. 6.015/1973, ainda que o imóvel esteja matriculado, não se fará registro que dependa da apresentação de título anterior, a fim de que se preserve a prioridade do registro.

c) De acordo com a Lei n. 6.015/1973, ainda que o imóvel esteja matriculado, não se fará registro que dependa da apresentação de título anterior, a fim de que se preserve a continuidade do registro.

d) De acordo com a Lei n. 6.015/1973, nenhum registro poderá ser feito sem que o imóvel a que se referir esteja matriculado, exceto quando se tratar de desapropriação de imóvel rural por interesse ou utilidade pública.

GAB	1	C

Art. 223. Ficam sujeitas à obrigação, a que alude o artigo anterior, as partes que, por instrumento particular, celebrarem atos relativos a imóveis.

1. COMENTÁRIOS

Vimos que o artigo anterior estabelece que na escritura pública e nos atos relativos a imóveis deve constar a referência à matrícula ou ao registro anterior, o número e a serventia do registro de imóveis onde o bem objeto da transação está registrado.

O art. 223 refere-se ao instrumento particular. Portanto, no escrito particular, devem ser aplicadas as obrigações do disposto no art. 222.

Isso demonstra a aplicação prática do princípio da continuidade, ou seja, nenhum título pode ingressar no registro de imóveis sem que o título anterior esteja registrado. Em outras palavras, deve haver uma ligação, um encadeamento entre o que será objeto de registro e aquilo que antecedeu a esse registro, de forma que não configure lacunas ou interrupções na seara registraria. Logo, a sequência entre um registro e outro não pode ser quebrada, vale dizer, para que uma pessoa possa transmitir a propriedade, o título de aquisição desta propriedade deve estar registrado.

2. JURISPRUDÊNCIA COMPLEMENTAR

TRIBUNAL DE JUSTIÇA DO ESTADO DO RIO GRANDE DO SUL

EMENTA: LOCAÇÃO. DIREITO DE PREFERÊNCIA. AVERBAÇÃO CONTRATO DE LOCAÇÃO. PEDIDO LIMINAR. INDEFERIMENTO. A lei de registros públicos impõe a observância de requisitos essenciais para todas as partes que, por instrumento particular, celebrarem atos relativos a imóveis, conforme dispõe os art. 222 e 223 da lei 6.015/73. O depósito a que alude o art. 33 da lei do inquilinato, para que o locatário exerça seu direito de preferência exige a averbação do contrato de locação 30 dias antes da alienação. Em relação a pretensão de manutenção na posse a questão não foi apreciada pelo Magistrado Singular, razão pela qual resta inviabilizada a análise por esta Corte sob pena de supressão de instância. NEGADO SEGUIMENTO AO AGRAVO DE INSTRUMENTO EM DECISÃO MONOCRÁTICA. (TJRS – Ag. Inst. nº 70053328712, Relator: Ergio Roque Menine, 16ª Câmara Cível, Julgado em 21/02/2013)

Art. 224. Nas escrituras, lavradas em decorrência de autorização judicial, serão mencionadas por certidão, em breve relatório com todas as minúcias que permitam identificá-los, os respectivos alvarás.

1. COMENTÁRIOS

O dispositivo mencionado também se aplica ao Tabelião de Notas, não apenas ao Oficial Registrador. Compete a este Oficial, durante a qualificação registral, certificar-se de que a escritura lavrada com base em autorização judicial foi elaborada dentro do prazo de validade do alvará e verificar a concordância dos dados nela contidos.

O alvará deve ser transcrito no ato, sendo suficiente uma menção sucinta no corpo do ato, sem necessidade de transcrição integral. No entanto, é fundamental que este relatório contenha todos os detalhes que justificaram a lavratura da escritura.

Alvará consiste na ordem judicial emanada da autoridade competente em favor de alguém, certificando, autorizando ou determinando atos ou direitos específicos.

2. JURISPRUDÊNCIA COMPLEMENTAR

TRIBUNAL DE JUSTIÇA DO ESTADO DO RIO DE JANEIRO

EMENTA: ALVARÁ PARA OUTORGA DE ESCRITURA. PRINCÍPIO DA CAUSALIDADE. NÃO INCIDÊNCIA. AUSÊNCIA DA RESISTÊNCIA. 1. Os agravantes sustentam – para efeito de fazer incidir o ônus da sucumbência – a incidência da causalidade, uma vez que não consta na certidão de RGI a averbação da certidão de concessão do habite-se, fato este impeditivo da lavratura da escritura definitiva; 2. O que se pleiteou na peça inaugural não foi outra coisa senão um alvará para outorga de escritura pública definitiva, e em termos de autonomia privada, o contrato originário condicionava tal escritura ao pagamento integral do preço (fl. 50, cláusula XIV); 3. No momento em que se atrela a lavratura à concessão do habite-se, persiste a inteligência da decisão vergastada, no sentido de que a só inexistência [do habite-se] não necessariamente prova que tenha havido pretensão resistida; 4. Mesmo sob o prisma veiculado no presente recurso, o fato é que não se tem prova da resistência, que não é provada, ipso facto, pela só ausência de algum fato ou ato que deveria estar presente; 5. Negado provimento ao recurso. (TJRJ – AG 0220917-05.2010.8.19.0001, Des. ANTONIO ILOIZIO B. BASTOS, 12ª C. Civel, Julgamento: 16/10/2012)

Art. 225. Os tabeliães, escrivães e juízes farão com que, nas escrituras e nos autos judiciais, as partes indiquem, com precisão, os característicos, as confrontações e as localizações dos imóveis, mencionando os nomes dos confrontantes e, ainda, quando se tratar só de terreno, se esse fica do lado par ou do lado ímpar do logradouro, em que quadra e a que distância métrica da edificação ou da esquina mais próxima, exigindo dos interessados certidão do registro imobiliário.

§ 1º As mesmas minúcias, com relação à caracterização do imóvel, devem constar dos instrumentos particulares apresentados em cartório para registro.

§ 2º Consideram-se irregulares, para efeito de matrícula, os títulos nos quais a caracterização do imóvel não coincida com a que consta do registro anterior.

§ 3º Nos autos judiciais que versem sobre imóveis rurais, a localização, os limites e as confrontações serão obtidos a partir de memorial descritivo assinado por profissional habilitado e com a devida Anotação de Responsabilidade Técnica – ART, contendo as coordenadas dos vértices definidores dos limites dos imóveis rurais, georreferenciadas ao Sistema Geodésico Brasileiro e com precisão posicional a ser fixada pelo INCRA, garantida a isenção de custos financeiros aos proprietários de imóveis rurais cuja somatória da área não exceda a quatro módulos fiscais.

1. COMENTÁRIOS

O artigo 225, *caput* e seus parágrafos 1º e 3º, delineiam o princípio da especialidade, enquanto o parágrafo 2º consagra o princípio da continuidade, conforme abordado em análises anteriores. Essa norma se aplica a escrituras públicas, autos judiciais e instrumentos particulares, aspectos já explorados no artigo 221 desta lei. Por sua vez, o artigo 176, parágrafo 1º, itens II e III, juntamente com o artigo 225, ratificam o princípio da especialidade em suas vertentes objetiva e subjetiva, como evidenciado.

Marcelo Martins Berthe nota que as disposições do artigo 176, parágrafo 1º, incisos II, 3, alíneas *a* e *b*, estão em consonância com as do artigo 225, parágrafos 2º e 3º. No entanto, ele identifica uma discrepância entre essas normativas.

É que as **primeiras estabelecem regras para que sejam observadas pelo registrador imobiliário quando da abertura da matrícula, ou do registro de propriedades rurais,** segundo a regra da Lei 10.931, de 28.08.2001, nos prazos fixados pelo Poder Público, enquanto as **normas desse artigo estão destinadas aos que formalizarem títulos, por instrumentos públicos ou particulares,** que ficam sujeito ao mesmo regramento. No entanto, o Conselho Superior da Magistratura de São Paulo, ao interpretar de modo sistemático todos os dispositivos aplicáveis, entendeu que, estando o imóvel suficientemente identificado, ainda que sua descrição seja deficiente e esteja necessitando de retificação, que poderá ser promovida pelo interessado quando lhe convier em face do princípio da instância, adotou uma posição de equilíbrio para não impedir completamente o tráfego imobiliário no Registro de Imóveis diante das inúmeras deficiências descritivas trazidas nos assentamentos realizados sob a égide do sistema anterior à Lei de Registros Públicos. Assim, sendo, ponderando as várias normas aplicáveis, autorizou que as matrículas sejam abertas com repetição da descrição que conste do assentamento imobiliário de origem, ainda que ele não preencha todos os requisitos legais para a abertura da matrícula na ocasião do primeiro registro, desde que essa descrição seja bastante para que o corpo do imóvel possa ser identificado de modo que não cause risco potencial a terceiros (Op. cit., p. 1245 – grifo meu).

É importante destacar que existem várias situações nas quais a prévia retificação do registro imobiliário (art. 213, LRP) é indispensável, pois somente o procedimento retificatório pode corrigir o vício existente. Assim, conforme disposto no art. 225, § 2º, a "caracterização do imóvel" refere-se apenas à indicação das medidas e da área do imóvel. Títulos que corrijam omissões ou atualizem nomes de confrontantes não devem ser considerados irregulares, desde que respeitem o princípio da continuidade.

Todavia, é admissível o registro de um título após sua retificação, prevalecendo a nova descrição alcançada pelo registro, conforme a regra estabelecida no art. 213, § 13, da LRP. Este parágrafo especifica que, não havendo dúvida quanto à identificação do imóvel, o título anterior à retificação poderá ser registrado a pedido do adquirente, e o registro deve ser promovido em conformidade com a nova descrição. Esse entendimento já era adotado pelo Conselho Superior da Magistratura Paulista.

O § 3º do dispositivo foi incluído pela Lei 10.267/2001, que trata do georreferenciamento para a localização de imóveis rurais. Este processo envolve o mapeamento do imóvel rural, referenciando os vértices de seu perímetro ao Sistema Geodésico Brasileiro, definindo sua área e posição geográfica. O objetivo principal é a regularização registral dos imóveis rurais. Portanto, nos processos judiciais que tratem de imóveis rurais, a localização, os limites e as confrontações devem ser determinados a partir de um memorial descritivo, assinado por profissional habilitado e acompanhado da Anotação de Responsabilidade Técnica (ART), que inclui as coordenadas dos vértices definidores dos limites dos imóveis rurais. Estas coordenadas devem estar georreferenciadas ao Sistema Geodésico Brasileiro e cumprir com a precisão posicional estabelecida pelo INCRA. Além disso, é garantida a isenção de custos financeiros aos proprietários de imóveis rurais cuja área total não ultrapasse quatro módulos fiscais. O trabalho deve ser entregue ao INCRA, que verificará a conformidade com a Norma Técnica e a ausência de sobreposição da poligonal mapeada com outras já registradas em seu cadastro, para então conceder a Certificação do imóvel rural. Uma vez certificado, o proprietário deve enviar a documentação ao Registro de Imóveis para que a nova descrição do perímetro e a retificação da área sejam averbadas na matrícula.

Também possui relação com o art. 225, § 3º, o texto do art. 176, § 3º. Veja-se:

> **Art. 176.** (...)
>
> § 3º Nos casos de desmembramento, parcelamento ou remembramento de imóveis rurais, a identificação prevista na alínea *a* do item 3 do inciso II do § 1º será obtida a partir de memorial descritivo, assinado por profissional habilitado e com a devida Anotação de Responsabilidade Técnica – ART, contendo as coordenadas dos vértices definidores dos limites dos imóveis rurais, geo-referenciadas ao Sistema Geodésico Brasileiro e com precisão posicional a ser fixada pelo INCRA, garantida a isenção de custos financeiros aos proprietários de imóveis rurais cuja somatória da área não exceda a quatro módulos fiscais.

Logo, o desmembramento do imóvel rural já realizado conforme o Sistema Geodésico Brasileiro, dispensa a necessidade de título que cumpra as normas do art. 176, § 3º, já que isso resultará na abertura de nova matrícula para a unidade derivada do desmembramento do solo rural.

Ressalta-se ainda que o § 3º é direcionado ao magistrado e seu escrivão, bem como aos tabeliães, e não ao oficial registrador de imóveis.

1.1 INDEFERIMENTO DE PEDIDO DE PROVIDÊNCIAS SOBRE EXIGÊNCIA DE ART, TRT E RRT EM ATOS NOTARIAIS E REGISTRAIS. ANÁLISE DE CASO

Neste capítulo, abordamos a decisão judicial referente ao **Pedido de Providências nº 0000056-76.2022.2.00.0490,** onde se discutiu a exigência de apresentação de Anotação de Responsabilidade Técnica (ART), Termo de Responsabilidade Técnica (TRT) e Registro de Responsabilidade Técnica (RRT) para a lavratura de atos notariais e registrais, independentemente da área do imóvel.

O pedido foi formulado por requerente, que solicitou que fosse determinado a todos os Cartórios de Notas e de Registro de Imóveis do Brasil a obrigatoriedade de observância dos dispositivos legais para a lavratura de escrituras de imóveis urbanos e rurais, proibindo a lavratura e registro sem a apresentação de ART, TRT e RRT e seus projetos técnicos, independentemente da área e mudança de titularidade.

A ANOREG Brasil e o IRIB apresentaram suas manifestações. Foi então determinado um despacho para a intimação do ONSERP e do ONR, para que se manifestassem sobre a matéria presente nos autos. O ONSERP e o ONR afirmaram que não havia amparo legal para a pretensão do requerente, explicando que os dispositivos invocados disciplinam o exercício de atividades profissionais sem instituir obrigatoriedade de ART, TRT ou RRT para atos de escritura, registro e/ou transmissão de imóveis.

Os órgãos consignaram que nem o CNJ nem os Tribunais de Justiça Estaduais podem exigir requisitos não previstos em lei para a prática de atos notariais e registrais. Eles também destacaram que a competência para legislar sobre registros públicos é privativa da União, sendo que agentes fiscalizadores e o próprio Poder Judiciário não podem inovar nessa matéria.

A Lei n. 6.015/1973, que rege os registros públicos, estipula que a matrícula dos imóveis deve conter uma descrição precisa e individualizada, sendo necessária a ART em casos específicos como desmembramento, parcelamento ou remembramento de imóveis rurais (artigo 176, § 3º). Para imóveis urbanos, a Lei nº 7.433/1985 dispensa a descrição e caracterização na escritura pública, desde que tais elementos estejam presentes na certidão do Cartório de Registro de Imóveis.

O Ministro Luis Felipe Salomão, Corregedor Nacional de Justiça, destacou que a legislação vigente já prevê os requisitos necessários para a descrição e individualização dos imóveis, sem a exigência de ART, TRT ou RRT, exceto nas situações específicas previstas em lei. Ele enfatizou que os dispositivos legais mencionados pelo requerente regulamentam as atividades profissionais, não estabelecendo a obrigatoriedade de apresentação desses documentos nos atos notariais e registrais.

A decisão sublinha que a imposição de requisitos não previstos em lei para a prática de atos notariais e registrais contraria os princípios legais. Além disso, o Provimento CNJ n. 149/2023 já regulamenta suficientemente os serviços de registro de imóveis, tornando desnecessária a expedição de um novo ato normativo para exigir a apresentação de ART, TRT e/ou RRT para todos os atos de lavratura, registro ou transmissão de imóveis urbanos e rurais.

Diante do exposto, o pedido foi indeferido, e o expediente foi arquivado. A decisão reafirma a necessidade de seguir a legislação vigente, garantindo a segurança jurídica e a eficiência dos serviços extrajudiciais, sem a imposição de requisitos adicionais não previstos em lei.

A decisão judicial no Pedido de Providências nº 0000056-76.2022.2.00.0490 destaca a importância de observar rigorosamente a legislação existente na prática de atos notariais e registrais, garantindo a precisão e individualização na descrição dos imóveis, sem a exigência de ART, TRT e/ou RRT, salvo nas situações previstas em lei.

2. JURISPRUDÊNCIA COMPLEMENTAR

SUPERIOR TRIBUNAL DE JUSTIÇA

EMENTA: DIREITO CIVIL. RECURSO ESPECIAL. REGISTROS PÚBLICOS. AÇÃO DE USUCAPIÃO. IMÓVEL RURAL. INDIVIDUALIZAÇÃO. MEMORIAL DESCRITIVO GEORREFERENCIADO. NECESSIDADE. LEIS 6.015/1973 E 10.267/2001. 1 – O princípio da especialidade impõe que o imóvel, para efeito de registro público, seja plenamente identificado, a partir de indicações exatas de suas medidas, características e confrontações. 2 – Cabe às partes, tratando-se de ação que versa sobre imóvel rural, informar com precisão os dados individualizadores do bem, mediante apresentação de memorial descritivo que contenha as coordenadas dos vértices definidores de seus limites, georreferenciadas ao Sistema Geodésico Brasileiro. Inteligência do art. 225, *caput* e § 3º, da Lei nº 6.015/1973. 3 – Recurso especial provido. (STJ – REsp nº 1.123.850 – RS – 3ª Turma – Rel. Min. Nancy Andrighi – DJ 27.05.2013)

TRIBUNAL DE JUSTIÇA DE SÃO PAULO

EMENTA: Reexame Necessário – Mandado de Segurança – Pretensão de compelir a autoridade impetrada (Oficial de Cartório de Registro de Imóveis) a registrar a **transferência de imóvel para a pessoa jurídica – Integralização do capital social** – Autoridade impetrada que exige que o Laudo de Avaliação seja assinado pelos subscritores dos atos constitutivos da companhia – Desnecessidade – No caso, Laudo de Avaliação é parte indissociável da Ata da Assembleia Geral de Constituição e Aprovação do Estatuto Social, por ter sido aprovado no mesmo ato – Menção expressa no documento que constituiu a companhia – Atendimento do requisito constante do artigo 98 da Lei nº 6.404/76 e artigo 225, § 1º, da Lei nº 6.015/73 – Concessão da segurança – Sentença mantida – Reexame necessário improvido.

Trata-se de Mandado de Segurança, com pedido de liminar, impetrado por Tagnon contra ato do Oficial do Cartório de Registro de Imóveis, Títulos e Documentos, Civil de Pessoas Jurídicas e Civil das Pessoas Naturais da Sede da Comarca de Cananéia/SP, que obstou a transferência de imóvel de propriedade de João Netto e Wanda Iris, casados entre si, para a pessoa jurídica impetrante, com a finalidade de formação e integralização do capital social da companhia, sob a alegação de que o Laudo de Avaliação que acompanha a Ata da Assembleia Geral de Constituição e Aprovação do Estatuto Social também deveria ser assinado pelos subscritores. O impetrante alega, no entanto, que observou todas as formalidades existentes na legislação, notadamente artigo 98, § 3º, da Lei nº 6.404/76 e artigo 225, § 1º, da Lei nº 6.015/73, bem como que os subscritores mencionados já são falecidos, sendo descabida a exigência feita pela autoridade coatora.

Requer, assim, o reconhecimento do direito líquido e certo de legar a registro, para transferência do imóvel descrito na inicial, o título registral consistente na Ata de Assembleia Geral de Constituição e Aprovação do Estatuto Social da impetrante e o anexo Laudo de Avaliação.

A medida liminar foi deferida às fls. 67/71.

O representante do Ministério Público em primeira instância deixou de apresentar manifestação (fl. 98).

A r. sentença de fls. 99/104, cujo relatório é adotado, julgou procedente o pedido e concedeu a segurança, para determinar que a autoridade coatora proceda ao imediato registro do título em questão consubstanciado na Ata de Assembleia Geral de Constituição e Aprovação do Estatuto Social da sociedade anônima impetrante e anexo laudo de avaliação, para transferência do imóvel matriculado sob o nº 7.235 do Oficial de Registro de Imóveis da Comarca de Cananeia. À luz do princípio da causalidade, condenou a impetrante ao pagamento das custas e despesas processuais, com o entendimento de que deu causa à presente ação, considerando que poderia ter se utilizado do procedimento de Suscitação de Dúvida ao Juiz Corregedor Permanente antes do ajuizamento do presente *mandamus*. Sem condenação em honorários advocatícios, por expressa disposição legal.

Há o reexame necessário (artigo 14, Lei nº 12.016/09).

É o relatório.

Trata-se de Mandado de Segurança impetrado por pessoa jurídica, por meio da qual objetiva o reconhecimento do direito ao registro da Ata de Assembleia Geral de Constituição e Aprovação do Estatuto Social e o anexo laudo de avaliação, para fins de transferência do imóvel matriculado sob o nº 7.235 do Oficial de Registro de Imóveis da Comarca de Cananéia.

Consta dos autos que os Srs. João Netto e Wanda Iris subscreveram a Ata de Assembleia Geral de Constituição e Aprovação do Estatuto Social, na qual consta que a integralização do capital social da companhia será feita com bens imóveis a serem *"descritos com minúcias, características e valores no referido LAUDO DE AVALIAÇÃO, que ficará fazendo parte integrante da presente ata, em forma de anexo"* (fl. 27).

Com relação aos requisitos para a constituição da companhia, o artigo 98 da Lei nº 6.404/76 assim dispõe:

Art. 98. Arquivados os documentos relativos à constituição da companhia, os seus administradores providenciarão, nos 30 (trinta) dias subsequentes, a publicação deles, bem como a de certidão do arquivamento, em órgão oficial do local de sua sede.

§ 1º Um exemplar do órgão oficial deverá ser arquivado no registro do comércio.

§ 2º A certidão dos atos constitutivos da companhia, passada pelo registro do comércio em que foram arquivados, será o documento hábil para a transferência, por transcrição no registro público competente, dos bens com que o subscritor tiver contribuído para a formação do capital social (artigo 8º, § 2º).

§ 3º A ata da assembleia-geral que aprovar a incorporação deverá identificar o bem com precisão, mas poderá descrevê-lo

sumariamente, desde que seja suplementada por declaração, assinada pelo subscritor, contendo todos os elementos necessários para a transcrição no registro público.

A forma pela qual se dá a identificação precisa do imóvel é estabelecida pelo artigo 225 da Lei nº 6.015/73 (Lei de Registros Públicos):

Art. 225 – Os tabeliães, escrivães e juízes farão com que, nas escrituras e nos autos judiciais, as partes indiquem, com precisão, os característicos, as confrontações e as localizações dos imóveis, mencionando os nomes dos confrontantes e, ainda, quando se tratar só de terreno, se esse fica do lado par ou do lado ímpar do logradouro, em que quadra e a que distância métrica da edificação ou da esquina mais próxima, exigindo dos interessados certidão do registro imobiliário.

§ 1º As mesmas minúcias, com relação à caracterização do imóvel, devem constar dos instrumentos particulares apresentados em cartório para registro.

§ 2º Consideram-se irregulares, para efeito de matrícula, os títulos nos quais a caracterização do imóvel não coincida com a que consta do registro anterior.

(...)

Assim, considera-se que há a identificação precisa do imóvel quando há a informação quanto ao número de matrícula ou transcrição, características, confrontações e localização.

Inobstante, a segunda parte do § 3º do artigo 98 da Lei nº 6.404/76 possibilita que os subscritores descrevam sumariamente os bens imóveis, desde que haja a suplementação por *"declaração, assinada pelo subscritor, contendo todos os elementos necessários para a transcrição no registro público"*.

No caso, é certo que deixou de constar na Ata de Assembleia Geral de Constituição e Aprovação do Estatuto Social a identificação completa dos bens imóveis.

Embora o Laudo de Avaliação anexo não contenha a assinatura dos subscritores, considerando o falecimento dos únicos sócios e subscritores, a melhor interpretação da legislação em comento é aquela que admite que os documentos que foram aprovados no mesmo ato que a Ata de Assembleia Geral de Constituição e Aprovação do Estatuto Social sejam considerados como sua parte integrante.

No caso, consta do documento relativo à constituição a companhia:

"O Senhor Presidente consultou os subscritores se necessitavam de alguns esclarecimentos quanto à avaliação ora processada e como não houve qualquer manifestação em contrário, deu-se por aprovado o LAUDO DE AVALIAÇÃO em todos os seus termos, ficando, doravante definitivamente incorporados ao capital social os bens móveis investimentos em participações societárias, descritos com minúcias, características e valores no referido LAUDO DE AVALIAÇÃO, que ficará fazendo parte integrante da presente ata, em forma de anexo." (fls. 26/27)

Como o Laudo de Avaliação foi aprovado no mesmo ato, deve ser considerado como parte indissociável da Ata de Assembleia Geral de Constituição e Aprovação do Estatuto Social, razão pela qual dispensa-se o requisito da assinatura dos subscritores.

Ademais, os subscritores referidos eram os únicos acionistas (fls. 24) e os valores de subscrição contido na Ata de Assembleia Geral de Constituição e Aprovação do Estatuto Social (fls. 25), conclusão da avaliação (fls. 38) e no boletim de subscrição (fls. 39) é exatamente o mesmo (R$146.692,00), o que evidencia que os bens descritos no Laudo de Avaliação foram os bens utilizados para a subscrição do capital social subscrito.

Dessa forma, merece ser mantida a sentença recorrida, que deu correta solução à lide.

Pelo exposto, pelo meu voto, nego provimento ao reexame necessário.

Eventuais recursos interpostos contra este julgado estarão sujeitos a julgamento virtual, devendo ser manifestada a discordância quanto a essa forma de julgamento no momento da interposição.

Maria Laura de Assis Moura Tavares

Relatora (TJSP – Remessa Necessária Cível nº 1000214-13.2020.8.26.0118 – Cananéia – 5ª Câmara de Direito Público – Rel. Des. Maria Laura de Assis Moura Tavares – DJ 20.09.2021)

CONSELHO SUPERIOR DA MAGISTRATURA

EMENTA: REGISTRO DE IMÓVEIS – Dúvida procedente. Imóvel descaracterizado por desmembramento e vendas sucessivas. Necessidade de apuração das reais características remanescentes. Princípios da unitariedade e especialidade. Recurso improvido (Apelação Cível 94.033-0/3. São Paulo).

EMENTA: Dúvida – A exigência de retificação do título para conformar a descrição dos imóveis dele objeto com a que consta do registro, após averbação decorrente de ação de retificação ajuizada pelos adquirentes, legitimados para ela em razão deste mesmo título, é impertinente – Apelação provida (Apelação Cível nº 96.222-0/0, Guarulhos).

CORREGEDORIA-GERAL DA JUSTIÇA

EMENTA: REGISTRO DE IMÓVEIS. Abertura de matrícula. Destaque de um único lote. Inadmissibilidade. Transcrição originária omissa quanto aos elementos de amarração geodésica. Necessidade de retificação Abertura vedada. Recurso provido (Parecer 114/1991, Batatais).

1ª VARA DE REGISTROS PÚBLICOS

EMENTA: Registro de imóveis Dúvida – exigência pelo Oficial da certidão de casamento realizado no estrangeiro – impossibilidade de obtenção – documentação comprobatória do matrimônio – princípio da presunção de veracidade abrandamento do princípio da especialidade subjetiva – Dúvida improcedente (Processo 1061137-69.2014.8.26.0100). O 17º Oficial de Registro de Imóveis da Capital suscitou dúvida a requerimento de G. G., diante da recusa em registrar a Carta de Adjudicação, expedida pelo Juízo da 3ª Vara da Família e Sucessões do Foro Central, contendo o arrolamento do bem transcrito sob o nº 33.329, registrado no 2º Cartório de Imóveis, deixado por Abílio dos Santos e Maria da Assunção. Segundo relatado pelo Oficial, a qualificação negativa ocorreu pelo não cumprimento da exigência formulada, no sentido de que fosse apresentada Certidão de Casamento, realizado em Portugal, de Abílio e Maria, a fim de possibilitar a individualização dos proprietários, visto que no título apresentado não havia qualquer outro elemento de identificação (fls. 01/06). O interessado aduziu a impossibilidade de satisfazer a exigência do Oficial por vários motivos: a) ambos os cônjuges faleceram na década de 1950; b) o casamento foi realizado em Portugal em data muito antiga e indeterminada; c) o negócio jurídico foi realizado anteriormente à lei de registros públicos, desta forma não havia os excessos de formalidades e nem o rigor registral hodierno. O Ministério Público manifestou-se pela improcedência da dúvida (fls.95/96). É o relatório. DECIDO. A Lei 6.015, de 31 de dezembro de 1973, em seus artigos 212 e 213, I, g, permite a retificação do registro de imóveis sempre que se fizer necessária inserção ou modificação dos dados de qualificação pessoal das partes, comprovada por documentos oficiais, ou mediante despacho judicial, quando houver necessidade de produção de outras provas. Pelas certidões de óbito de ambos os cônjuges (fls. 12/13), pela escritura de cessão de direitos hereditários (fls. 33/43) e pela apresentação do traslado original do título aquisitivo do imóvel (fls. 78/79), ficou comprovado que Abílio dos Santos era casado com Maria da Assunção. Ademais, como acertadamente elucidado pela Douta Promotora: "Considerando que se trata de transcrição antiga que não respeitava o rigor da atual Lei de Registros Públicos, promulgada vinte anos depois do falecimento de Abílio e sua mulher e tendo em vista que há época não se primava pela especialidade subjetiva, entendo que conforme os precedentes citados pelo Oficial, é o caso de abrandamento do rigor da especialidade, vez que a deficiência é do registro e evidente a impossibilidade de apresentação da certidão de casamento de pessoas casadas em Portugal e mortas na década de 1950, sendo que a prova apresentada no caso concreto é suficiente a demonstrar o necessário". Por fim, importante lembrar os ensinamentos do ilustre professor Luiz Guilherme Loureiro: "Em virtude do principio da legitimidade ou da presunção de veracidade, o Registro deve refletir a verdade não só no que se refere ao titular do direito registrado, mas também quanto à natureza e ao conteúdo deste direito. Assim, qualquer inexatidão do assento deve ser retificada a fim de que reflita perfeitamente a realidade". (Registros Públicos – Teoria e Prática – 2ª ed. – Editora Método). Por todo o exposto, julgo IMPROCEDENTE a dúvida suscitada pelo 17º Oficial de Registro de Imóveis de São Paulo e determino o registro do instrumento apresentado. Não há custas, despesas processuais nem honorários advocatícios decorrentes deste procedimento. Encaminhem-se à Serventia Extrajudicial os documentos originais, após o trânsito em julgado desta decisão, que deverão ser retirados pelo interessado no prazo de 15 dias. Oportunamente, arquivem-se os autos. P.R.I.C. (D.J.E. de 24.09.2014 – SP)

3. QUESTÕES DE CONCURSOS

01. (EJEF – Registro de Imóveis-MG/2005) Considerando-se o sistema de georreferenciamento introduzido pela Lei nº 6.015, de 1973, é INCORRETO afirmar que

a) a primeira apresentação do memorial descritivo, respeitadas as divisas do imóvel e os direitos de terceiros confrontantes, não caracteriza irregularidade impeditiva de novo registro, constituindo-se uma exceção ao princípio da continuidade .

b) esse sistema, em face da necessidade de individualização precisa do imóvel, consagra o princípio da especialidade.

c) o georreferenciamento de imóveis rurais é obrigatório, nos prazos estabelecidos, garantida a isenção para aqueles cujo somatório de área não exceda a três módulos fiscais.

d) o levantamento georreferenciado certificado pelo INCRA não implica reconhecimento do domínio, mas tão somente que inexiste sobreposição de poligonal do imóvel descrito em relação a outra área.

02. (IESES – Cartório – TJ – RS/2013) A respeito do georreferenciamento, assinale a alternativa correta.

I. Nos casos de desmembramento, parcelamento ou remembramento de imóveis rurais, a identificação do imóvel rural será obtida a partir de memorial descritivo, assinado por profissional habilitado e com a devida Anotação de Responsabilidade Técnica – ART, contendo as coordenadas dos vértices definidores dos limites dos imóveis rurais, georreferenciadas ao Sistema Geodésico Brasileiro e com precisão posicional a ser fixada pelo INCRA, garantida a isenção de custos financeiros aos proprietários de imóveis rurais cuja somatória da área não exceda a quatro módulos fiscais.

II. Observados os prazos legais, a adequação da identificação do imóvel rural à forma georreferenciada será obrigatória para quaisquer atos registrais, os quais serão lançados sobre as matrículas apenas após o ingresso no fólio real do memorial descritivo elaborado por profissional habilitado, devidamente certificado pelo INCRA.

III. Quando imóvel rural for o objeto de ação judicial, o juiz deverá exigir sua identificação georreferenciada, qualquer que seja sua dimensão e área, independentemente da data de ajuizamento da ação.

IV. A identificação georreferenciada do imóvel rural objeto de ação judicial será obrigatória, independentemente de sua dimensão e área, a partir da data de publicação do Decreto 5.570/2005 e, para as ações ajuizadas em data anterior, conforme os prazos fixados no Decreto 4.449/2002.

a) Apenas a afirmação III é falsa.

b) As afirmações I, II e IV são verdadeiras.

c) As afirmações II e III são falsas.

d) Apenas a afirmação I é verdadeira.

GAB	1	C	2	C

Art. 226. Tratando-se de usucapião, os requisitos da matrícula devem constar do mandado judicial.

1. COMENTÁRIOS

A usucapião, também conhecida como prescrição aquisitiva, é um processo pelo qual o decorrer do tempo estabelece o direito a favor de um novo titular. Isso contrasta com a prescrição extintiva, na qual o passar do tempo elimina o direito de ação.

Trata-se do modo de aquisição de propriedade em virtude de posse ininterrupta e prolongada. Em termos gerais, aquele que possuir imóvel como seu, sem interrupção nem oposição, por determinado número de anos, variando o tempo de posse de cinco até quinze anos, dependendo da situação do imóvel e do modo como se dá posse, poderá adquirir-lhe a propriedade, através de ação judicial, requerendo ao juiz que assim o declare por sentença, a qual servirá de título para o registro na Serventia de Registro de Imóveis.

Na dicção do art. 1.245 do Código Civil, "poderá o possuidor requerer ao juiz seja declarada adquirida, mediante usucapião, a propriedade imóvel. A declaração obtida na forma deste artigo constituirá título hábil para o registro no Cartório de Registro de Imóveis".

Assim, a norma destina-se ao servidor do Poder Judiciário responsável por expedir o mandado de usucapião e ao juiz, que deve observar as disposições legais para cumprir os requisitos formais do mandado. Contudo, cabe ao oficial de registros realizar a qualificação registral.

Como mencionado anteriormente, os títulos judiciais também devem ser submetidos à qualificação registral. Essa é uma posição unânime na doutrina e uma questão já consolidada pela jurisprudência.

O art. 226 estipula que o mandado inclua os requisitos da matrícula conforme definidos no art. 176, § 1º, II, dessa Lei. Este mandado deve aderir ao princípio da especialidade em sua forma objetiva e subjetiva, assegurando que tanto o imóvel quanto o proprietário sejam precisamente identificados na matrícula, que será aberta com a apresentação do mandado.

A usucapião, sendo um modo de aquisição originária de propriedade, não exige a indicação do número do registro anterior, conforme art. 176, § 1º, II, 5, dada a dispensabilidade do princípio da continuidade. Com efeito, a usucapião dará origem a uma nova matrícula, iniciando uma nova cadeia filiatória e eliminando possíveis vícios e restrições anteriores.

Além disso, a sentença de usucapião tem natureza declaratória. Portanto, seu registro não tem efeito constitutivo, mas sim publicitário processual ou formal. Em outras palavras, o registro não constitui o direito à propriedade, que decorre da prescrição aquisitiva. Ou seja, uma vez atendidos os requisitos legais para a usucapião, o domínio é adquirido independentemente do registro, e seus efeitos são retroativos (*ex tunc*).

A usucapião foi objeto de análise detalhada nos comentários ao art. 167, inciso I, item 28, bem como no art. 216-A, onde exploramos a usucapião extrajudicial.

2. JURISPRUDÊNCIA COMPLEMENTAR

⊙ SUPERIOR TRIBUNAL DE JUSTIÇA

▶ **EMENTA**: AÇÃO REIVINDICATÓRIA. ALEGAÇÃO DE USUCAPIÃO COMO MATÉRIA DE DEFESA. POSSIBILIDADE. RESSALVA DO TRIBUNAL DE ORIGEM DE QUE O ACOLHIMENTO DA TESE DA PRESCRIÇÃO AQUISITIVA NÃO IMPORTA NA AQUISIÇÃO DO DOMÍNIO. AÇÃO PRÓPRIA. NECESSIDADE. CONTRADIÇÃO. INEXISTÊNCIA.

1. A contradição que dá ensejo aos embargos de declaração é a que se estabelece no âmbito interno do julgado embargado, ou seja, a contradição do julgado consigo mesmo, como quando, por exemplo, o dispositivo não decorre logicamente da fundamentação, e não a eventual contrariedade do acórdão com um parâmetro externo (um preceito normativo, um precedente jurisprudencial, uma prova etc). (...)

2. Na espécie, o Tribunal de origem ressaltou que a alegação de usucapião pode ser utilizada como matéria de defesa na ação reivindicatória; todavia, o pleno reconhecimento da satisfação de todos os requisitos exigidos para o usucapião é matéria reservada para a ação própria. Assim, acolhida a alegação de usucapião como matéria de defesa em ação reivindicatória, os réus não dispõem de título para a transcrição da propriedade no Cartório de Registro de Imóveis.

3. Dessa sorte, a conclusão adotada pelo Tribunal de origem está em consonância com a jurisprudência desta Corte Superior, de que o acolhimento da tese de defesa, estribada na prescrição aquisitiva, com a consequente improcedência da reivindicatória, de forma alguma, implica a imediata transcrição do imóvel em nome da prescribente, ora recorrente, que, para tanto, deverá, por meio de ação própria, obter o reconhecimento judicial que declare a aquisição da propriedade. (...) 4. Inocorrência de contradição no acórdão recorrido. Violação do disposto no art. 535 do CPC não verificada. 5. Agravo regimental não provido. (STJ – AGRESP 201101708672, Min. LUIS FELIPE SALOMÃO, 4ª T. DJE: 05/04/2013)

⊙ TRIBUNAL DE JUSTIÇA DO ESTADO DE SÃO PAULO CONSELHO SUPERIOR DA MAGISTRATURA

▶ **EMENTA**: Registro de Imóveis – Dúvida – Sentença declaratória de usucapião – Título hábil – Mandado judicial – Viabilidade, no entanto, embora não represente a melhor técnica, de ingresso de carta de sentença que contenha todos os requisitos da matrícula – Dúvida improcedente – Recurso provido (APELAÇÃO CÍVEL Nº 61.875-0/9, da Comarca de SÃO JOSÉ DO RIO PRETO). Trata-se de recurso interposto por José Aparecido de Souza, contra a r. decisão de primeiro grau, que julgou procedente dúvida suscitada pelo 2º oficial de registro de imóveis da Comarca de São José do Rio Preto e manteve a negativa de ingresso de carta de sentença expedida em ação de usucapião dada a necessidade de que a ordem judicial seja instrumentalizada por mandado. Sustentou o recorrente a reforma da r. decisão recorrida, afirmando ser a carta de sentença um dos títulos admitidos a registro, nos termos do artigo 221 da Lei nº 6.015/73, e que o título apresentado contém todos os requisitos necessários, consubstanciando, ainda, a necessária ordem judicial. Refere-se, ainda, a registro anterior de carta de sentença em ação de usucapião, a revelar tratamento diferenciado dispensado pelo registrador a títulos semelhantes, o que caracteriza ofensa ao princípio constitucional da impessoalidade. Contra-razões e parecer da Douta Procuradoria Geral da Justiça, pelo improvimento do recurso. É o relatório. Pretende o recorrente o ingresso no registro imobiliário de carta de sentença extraída dos autos da ação de usucapião, processo nº 1.502/97 da 6ª Vara Cível da Comarca de São José do Rio Preto, afirmando configurar inútil e indevido formalismo a exigência de que a ordem judicial seja instrumentalizada por mandado, tendo em vista que a carta de sentença apresentada contém todos os elementos da matrícula e consta do rol de títulos admitidos a registro, nos termos do artigo 221 da Lei dos Registros Públicos. O recurso comporta provimento. O título hábil para o ingresso no registro imobiliário da sentença declaratória de usucapião é o mandado judicial, título que deverá conter todos os elementos necessários para a matrícula, entendimento que se extrai da conjugação do disposto no artigo 945 do Código de Processo Civil com a regra do artigo 226 da Lei nº 6.015/73. Deve constar do mandado, portanto, o nome do juiz e a especificação de seu cargo; a natureza e o número do processo; o nome e a qualificação do autor ou autores, de forma completa; a indicação do imóvel, com suas características, confrontações e localização; todo o teor da sentença; a autenticação das peças que acompanharem o mandado; e a assinatura do juiz. Não obstante seja o mandado judicial o título que, segundo a melhor técnica, deva instrumentalizar a inscrição da sentença declaratória de usucapião, não há fundamento para recusa da carta de sentença apresentada a registro, por se encontrarem presentes todos os requisitos para a efetivação do pretendido registro e por ser a carta de sentença um dos títulos de origem judicial admitidos no registro de imóveis, como expressamente consta do artigo 221, IV, da lei nº 6.015/73, contendo a necessária ordem judicial e, por cópia autenticada, o inteiro teor da sentença. Não subsiste, por tais razões, óbice ao registro de carta de sentença fundado unicamente pela exigência de mandado judicial, improcedente a dúvida. Ante o exposto, dão provimento ao recurso. Participaram do julgamento, com votos vencedores, os Desembargadores MÁRCIO MARTINS BONILHA, Presidente do Tribunal de Justiça, e AMADOR DA CUNHA BUENO NETTO, Vice-Presidente do Tribunal de Justiça. São Paulo, 10 de setembro de 1999. SÉRGIO AUGUSTO NIGRO CONCEIÇÃO, Corregedor Geral da Justiça e Relator

▶ **EMENTA:** REGISTRO DE IMÓVEIS – Usucapião. Unitariedade. Imóvel usucapido composto de duas glebas separadas por estrada municipal. Descrição do imóvel como se fosse um. Necessidade de descrição das glebas para abertura de matrículas distintas. Princípios registrários da especialidade e da unitariedade (Apelação Cível 69.063-0/1, da Comarca de Piedade)

▶ **EMENTA:** REGISTRO DE IMÓVEIS – Dúvida – Mandado de usucapião – Imóvel rural – Concordância com algumas das exigências – Irrelevância, dada a impertinência das exigências não impugnadas – Recurso que devolve a qualificação por inteiro do título – Cônjuge estrangeiro – Necessidade de autorização do INCRA – Inteligência do artigo 1º, da Lei 5.709/71 – Recurso não provido, com observação (Apelação Cível 01-6/7, da Comarca de Atibaia).

CAPÍTULO VI – DA MATRÍCULA

Art. 227. Todo imóvel objeto de título a ser registrado deve estar matriculado no Livro nº 2 – Registro Geral – obedecido o disposto no art. 176.

1. COMENTÁRIOS

A matrícula é considerada o ato registrário inaugural, à medida que designa a primeira inscrição (no sentido genérico de todo lançamento registral).

Nos ensinamentos de Afrânio de Carvalho, ao unificar os antigos livros no chamado 'registro geral', destinado a funcionar como fólio real, a nova Lei de Registro deu à primeira inscrição nesse livro o nome de 'matrícula'. Essa inscrição inicial de imóvel, com a sua situação geográfica e a sua descrição, precisava ser especialmente assinalada para distinguir-se de qualquer outra que, tomando-a como base, se faça depois para transmitir ou gravar o objeto dela. Por ser a única que individualiza o imóvel, assume, em relação a qualquer outra, uma importância singular que a torna merecedora de destaque.

Todavia, importa fique claro que se trata de inscrição, pois só por meio desta se transmite ou onera um imóvel. Conquanto se espere que isso aconteça na escrituração de livro, esse ponto está carregado de dubiedade, pois, de um lado, se prevê a matrícula como assento distinto no cabeçalho e, de outro, que 'será efetuada por ocasião do primeiro registro a ser lançado na vigência desta lei (Op. cit., p. 144).

A matrícula, devido à sua natureza cadastral, possui caráter de permanência e relativa imutabilidade, exceto quando o imóvel correspondente sofre modificações que afetam o direito de propriedade, como por exemplo, penhoras, sequestros, arrestos e indisponibilidades, entre outros.

A matrícula deve obedecer ao princípio da unitariedade matricial, ou seja, cada imóvel será objeto de uma única matrícula e cada matrícula descreverá apenas um imóvel. Tal princípio encontra-se expresso neste art. 176, § 1º.

Nas palavras de Ricardo Henry Marques Dip, a unitariedade exige que "a matriz abranja a integralidade do imóvel, e que a cada imóvel corresponda única matrícula. A agregação de prédios contíguos supõe a unidade social ou econômica do todo, formado com a anexação dos imóveis antes autônomos, de sorte que não se vislumbra exceção à rígida concepção de unitariedade perfilhada pelo direito brasileiro. A expressão "cada imóvel" contida no referido artigo 176 da Lei 6.015/73 significa unidade territorial com continuidade de área, contornos definidos e individualizada de outras glebas" (*Da Unitariedade Matricial*, Revista de Direito Imobiliário nº 17/18 – Jan/Dez. de 1986).

A matrícula de imóveis é considerada a principal inovação da Lei 6.015/1973. O sistema registral imobiliário brasileiro adotou o **fólio real em substituição ao fólio pessoal.**

O sistema de fólio real estabelece que todos os lançamentos de direitos reais são organizados em função do imóvel em relação ao qual estes direitos se refiram, enquanto o sistema de fólio pessoal preconiza que a organização se dá em razão das pessoas envolvidas na relação obrigacional independentemente do imóvel que esteja envolvido na transação.

Com a instauração do novo sistema registral imobiliário, qual seja, o fólio real, cada imóvel deve corresponder a uma matrícula, que via de regra, será aberta no momento da efetivação do primeiro registro na vigência da Lei 6.015/1973.

Ocorre que, até a Lei n. 14.382/2022, a abertura de matrícula só era autorizada quando da confecção de um **ato de registro.** No tocante aos **atos de averbação,** era permitida a sua feitura à margem de uma transcrição anterior.

Com a novidade dada pela Lei do SERP no art. 176, § 1º, I, cada imóvel terá matrícula própria, que será aberta por ocasião **não só do primeiro ato de registro**, como também de **averbação caso a transcrição possua todos os requisitos elencados para a abertura de matrícula.**

A Lei n. 6.015/1973 alterou a lógica do sistema registral imobiliário ao optar pela matrícula, privilegiando o fólio real em detrimento do fólio pessoal (transcrição). Destarte, a matrícula passou a ser o núcleo do Registro de Imóveis não atingindo, entretanto, a essência do ato registral –, pois é a partir desta que agora ocorre a constituição, desconstituição e declaração dos direitos.

Na lição de Maria Helena Gandolfo, "se diz que matrícula é um registro no sentido lato, porque é um ato que se pratica no Cartório de Registro de Imóveis. Não é um registro no sentido estrito, porque não transmite, não cria, não extingue direitos, mas é um ato de registro que dá origem à individualidade do imóvel, porque a partir do momento em que o imóvel é matriculado ele vai ser sempre designado por aquele número" (*Matrícula – uma abordagem prática.* Publicações do IRIB, nº 301, jul. 2002).

A matrícula deve **compreender o imóvel em sua integralidade.** Em razão disso, é **irregular a abertura de matrícula para parte ideal.** Será, igualmente, irregular a abertura de matrícula de parte do imóvel, sobre a qual tenha sido instituída servidão, que, corretamente, deverá ser registrada na matrícula do imóvel todo. A fração ideal é a parte do todo, caso em que se fosse matriculada, duas matrículas surgiriam ao mesmo tempo, a matrícula da fração ideal e a matrícula do todo, o que é expressamente vedado pelo novo sistema registral.

Nas palavras de Marcelo Augusto Santana de Melo, "é expressamente vedada a abertura de matrícula envolvendo parte ideal de imóvel, o que era possível no sistema das transcrições, onde se era transcrito o título que muitas vezes envolvia parte ideal de imóvel, devendo ser recomposto o imóvel todo para se abrir a matrícula" (*Breves anotações sobre o Registro de Imóveis.* Jus Navigandi, Teresina, ano 8, nº 429, 9 set. 2004. Disponível em: http//jus2.uol.com.br/doutrina/texto.asp?id=5669).

O Conselho Superior da Magistratura Paulista também vem decidindo pela inviabilidade da abertura da matrícula sem que se compreenda todas as partes do imóvel, ou seja, sua totalidade.

Além do princípio da unitariedade matricial, a matrícula também observa outros princípios fundamentais. Destaco os seguintes: publicidade, disponibilidade, especialidade e concentração, todos eles já detalhadamente discutidos nesta obra.

Vale mencionar que as matrículas 100% digitais estão se tornando realidade. A Corregedoria do Foro Extrajudicial do Estado do Piauí concedeu o Selo Registro Eletrônico de Imóveis ao primeiro cartório do Piauí que adotou matrículas de imóveis 100% digitais. O Selo reconhece, além da informatização das matrículas imobiliárias, a sua integração, em âmbito nacional, ao Sistema de Registro Eletrônico de Imóveis (SREI). Em outras palavras, o cartório está integralmente automatizado e integrado à plataforma nacional SAEC com as matrículas em nuvem.

Isso representa um grande benefício para a sociedade, que poderá acessar qualquer matrícula instantaneamente, além de desfrutar de serviços registrais mais rápidos e seguros no armazenamento.

Convém apresentar ainda a norma prevista no art. 337 do Código Nacional de Normas, a relativa à unicidade da matrícula. Para maior clareza, detalharei o artigo:

> **Artigo 337**
> *Caput:* Art. 337. Cada imóvel deverá corresponder a uma única matrícula (o imóvel não pode ser matriculado mais de uma vez), e cada matrícula a um único imóvel (não é possível que a matrícula se refira a mais de um imóvel), na forma do inciso I do § 1.º do art. 176 da Lei n. 6.015, de 31 de dezembro de 1973.

- **Regra da Unicidade:** Isso significa que um imóvel não pode ser matriculado mais de uma vez, e uma matrícula não pode se referir a mais de um imóvel. Esta regra está de acordo com o inciso I do § 1.º do art. 176 da Lei n. 6.015.

> **§ 1.º:** Se o mesmo imóvel for objeto de mais de uma matrícula, o oficial de registro de imóveis representará ao juiz competente com proposta de bloqueio administrativo de todas (§ 3.º e § 4.º do art. 214 da Lei n. 6.015, de 31 de dezembro de 1973), e a abertura de nova matrícula dependerá de retificação.

- **Multiplicidade de Matrículas:** Se o mesmo imóvel tiver mais de uma matrícula, o oficial de registro de imóveis deve comunicar ao juiz competente, propondo o bloqueio administrativo de todas as matrículas existentes. Para abrir uma nova matrícula, será necessário realizar uma retificação.

> **§ 2.º:** Se o imóvel estiver descrito por partes, em matrículas ou transcrições diversas, nova descrição unificada deverá ser obtida, se necessário, por meio de retificação, ressalvadas as hipóteses em que há regulamentação de tais situações pelas corregedorias-gerais de Justiça.

- **Imóveis Descritos por Partes:** Se um imóvel estiver descrito por partes em matrículas ou transcrições diversas, será necessária uma descrição unificada, obtida, se necessário, por meio de retificação. Exceções existem quando há regulamentação específica das corregedorias-gerais de Justiça para tais situações.

> **§ 3.º:** Se houver mais de um imóvel na mesma matrícula, serão abertas matrículas próprias para cada um deles, ainda que a relativa descrição, de um ou de todos, não atenda por inteiro aos requisitos de especialidade objetiva ou subjetiva, caso em que o oficial de registro de imóveis também representará ao juízo competente com proposta de bloqueio administrativo daquelas que estiverem deficientes.

- **Mais de um Imóvel na Mesma Matrícula:** Se houver mais de um imóvel registrado na mesma matrícula, matrículas próprias serão abertas para cada imóvel. Mesmo que a descrição de um ou todos os imóveis não atenda completamente aos requisitos de especialidade objetiva ou subjetiva, o oficial de registro de imóveis deve comunicar ao juiz competente, propondo o bloqueio administrativo das matrículas deficientes.

Interpretação:

1. **Unicidade e Exclusividade:** A principal diretriz do artigo é que cada imóvel deve ter sua própria matrícula exclusiva, **evitando duplicidade de registros.**
2. **Correção de Anomalias:** Caso existam erros, como a duplicidade de matrículas ou a inclusão de mais de um imóvel em uma única matrícula, o artigo estabelece procedimentos para corrigir essas situações através de retificação e bloqueio administrativo.
3. **Participação Judicial:** Sempre que houver necessidade de correção ou bloqueio administrativo, a intervenção judicial é requerida para assegurar a

legalidade e a correta manutenção dos registros imobiliários.

Este artigo tem a finalidade de manter a integridade e a clareza dos registros de imóveis, prevenindo fraudes e erros que possam comprometer a segurança jurídica das transações imobiliárias.

2. JURISPRUDÊNCIA COMPLEMENTAR

TRIBUNAL DE JUSTIÇA DO DISTRITO FEDERAL

EMENTA: REPARAÇÃO DE DANOS – REALIZAÇÃO DE REGISTRO DE IMÓVEL – IMPOSSIBILIDADE ANTE REGISTRO ANTERIOR – AUSÊNCIA DE COMPROVAÇÃO – SENTENÇA MANTIDA

1) – Cada imóvel possui matrícula própria, que permite o registro no cartório competente, como determinado pelo artigo 227 da Lei de Registros Públicos.

2) – Sendo distintas as matrículas, não se pode dizer que tenha havido duplicidade de venda de bens.

3) – Não havendo comprovação de que o Cartório do Registro Geral de Imóveis se recusou a registrar a propriedade do imóvel, porque estaria ele englobado em imóvel de proprietário diverso, deve o pedido ser julgado improcedente.

4) – O ônus da prova recai sobre aquele a quem aproveita o reconhecimento do ato, cabendo ao autor demonstrar a existência do ato ou fato por ele descrito na inicial como ensejador do seu direito.

5) – Recurso conhecido e não provido. (TJDFT – AP 20110110096459, Relator LUCIANO MOREIRA VASCONCELLOS, 5ª T. Cível, j. em 20/07/2011, DJ 26/07/2011 p. 149)

TRIBUNAL DE JUSTIÇA DO ESTADO DE SÃO PAULO CONSELHO SUPERIOR DA MAGISTRATURA

EMENTA: REGISTRO DE IMÓVEIS – Erro – Abertura de matrícula – Inobservância do módulo rural à época – Imposição da limitação ao adquirente – Abusividade – Recurso provido (APELAÇÃO CÍVEL Nº 0003873-70.2011.8.26.0471, da Comarca de PORTO FELIZ). Trata-se de apelação interposta contra r. sentença que julgou procedente a dúvida e por consequência obstou o registro da escritura de compra e venda por inobservância de fração mínima de parcelamento do módulo de propriedade rural. Sustenta o apelante, em apertada síntese, que o imóvel adquirido em 13 de novembro de 2006 estava legalmente certificado perante o INCRA sob nº 632 074 013 579-8 e na Receita Federal sob nº 2.392.470-5. Alega que a recusa do registro mostra-se injusta, pois aberta a matrícula do imóvel em 14 de outubro de 1985 – sem o cumprimento do disposto no art. 65, da Lei 4.504/64 – impor ao apelante a exigência legal é o mesmo que obstar toda e qualquer regularização em afronta evidente ao texto constitucional. A Douta Procuradoria Geral de Justiça opinou pelo provimento do recurso. É o relatório. O recurso comporta provimento. Atento a toda dinâmica dos autos, observo que o único motivo obstativo do registro da escritura de compra e venda lavrada em 13 de novembro de 2006 no 1º Tabelião de Notas da Comarca de Porto Feliz – *tendo como vendedores Vergínia Braguim Cadete da Silva e Ademir Cadeteda Silva e compradores José Donizetti de Araújo e Roseli de Fátima Bernardelli de Araújo* – decorre do descumprimento do art. 8º da Lei 5868/72, ou seja, o impedimento do registro de transmissão de propriedade imóvel rural com área inferior a 2,0 ha (módulo mínimo da propriedade rural). A Lei 4.505/64, em seu art. 65 diz: *"O imóvel rural não é divisível em área de dimensão inferior à constituição do módulo da propriedade rural"*. O art. 8º da Lei 5.868/72 estabelece: *"Para fins de transmissão, a qualquer título, na forma do art. 65 da Lei nº 4.504, de 30 de novembro de 1964, nenhum imóvel rural poderá ser desmembrado ou dividido em área de tamanho inferior à do módulo calculado para o imóvel ou da fração mínima de parcelamento fixado no parágrafo 1º deste artigo, prevalecendo a de menor área"*. A escritura pública de compra e venda rejeitada pelo Oficial de Registro Imobiliário descreve com exatidão o mesmo terreno de *1,08 ha* objeto da matrícula nº 16.055, aberta em 14 de outubro de 1985. Conforme se verifica nas fls. 19/20 inúmeras foram às transferências de propriedade do imóvel sem a apresentação de nenhum obstáculo até agora pelo Oficial. A conduta do Oficial do Registro de Imóveis de impedir, no caso em tela, mais uma vez o registro da transferência da propriedade integral do imóvel é equivocada. De fato, é notório o erro na abertura da matrícula de imóvel com área inferior ao módulo da propriedade rural (mínimo de *2,0 ha*). Todavia, passados mais de 15 anos do ocorrido, *eventual erro na abertura da matrícula já se acha acobertada pela usucapião. E a usucapião por ser forma originária de aquisição de propriedade pode ter por objeto área inferior ao módulo mínimo* (Apelação 006462-55.2009.8.26.0000, 1ª Câmara de D. Privado, rel. Des. Cláudio Godoy, j. 08.05.2012). Mantida a recusa do Oficial, outra saída não restará ao recorrente a não ser ajuizar ação de usucapião, que fatalmente será julgada procedente com a dispensa da exigência da fração mínima do módulo rural, uma vez que os apelantes e seus antecessores têm a posse do imóvel há mais de 15 anos. Ocorre que a ação de usucapião, além de movimentar desnecessariamente a máquina do Judiciário, traria ainda mais prejuízos aos recorrentes, notadamente em virtude do tempo, uma vez que, como se sabe, apenas seu ciclo citatório não raro leva anos para ser concluído. Diante desse quadro excepcional, mostra-se possível a dispensa de cumprimento aos art. 65 da Lei 4.504/64 e 8º da Lei 5.868/72. Trata-se de solução legítima em evidente prestígio ao direito constitucional à propriedade. Por todo o exposto, dou provimento ao recurso interposto, para o fim de determinar o registro da escritura pública apresentada pelos apelantes. JOSÉ RENATO NALINI. Corregedor Geral da Justiça e Relator. (D.J.E. de 03.04.2013 – SP).

EMENTA: Dúvida – processo administrativo – instrumentalidade do processo. Pedido de providências. Especialidade. Matrícula – unitariedade. REGISTRO DE IMÓVEIS – procedimento julgado para impedir o registro pretendido pelo apelante – pedido de providências que, por força de requerimento de registro e posterior recusa, transmudou-se em dúvida – instrumentalidade do processo que, com mais razão, deve ser admitida em procedimento administrativo – sobreposição de áreas e documentação irregular que impedem o registro – quebra dos princípios da especialidade e da unitariedade da matrícula – sentença mantida. (AC 9000023-58.2008.8.26.0405. Osasco/ São Paulo. CIRC.: 2º SRI, j. 11/02/2014, Dje 21/03/2014, rel. des. Elliot Akel).

CORREGEDORIA-GERAL DA JUSTIÇA

EMENTA: Registro de Imóveis – Pedido de averbação de divórcio para exclusão do nome do ex-cônjuge da matrícula de imóvel – Impossibilidade – Imóvel adquirido na constância do casamento – Ausência de partilha – Pretensão a ser deduzida na jurisdicional – Recurso não provido.

3. QUESTÕES DE CONCURSOS

01. (IESES – Cartório – Provimento – TJ – AM/2018) A respeito do tema "matrícula" no Registro de Imóveis, é correto afirmar:

a) É expressamente vedada a unificação de matrículas de 2 (dois) ou mais imóveis contíguos tendo por objeto a imissão provisória na posse registrada em nome da União, Estado, Município ou Distrito Federal, justamente em razão da provisoriedade – precariedade da imissão e do consequente registro.

b) Se na certidão constar ônus, o Oficial mesmo assim promoverá a matrícula, sendo hoje desnecessária a averbação do ônus, pois já formado o Cadastro Nacional Registral de Ônus instituído pelo CNJ, devendo constar do título que o Oficial devolver à parte a observação de que podem existir ônus incidentes sobre o imóvel.

c) A matrícula será cancelada: I – por decisão judicial; II – quando, em virtude de alienações parciais, o imóvel for inteiramente transferido a outros proprietários; III – pela fusão, observado o disposto na Lei dos Registros Públicos.

d) Quando dois ou mais imóveis contíguos pertencentes a proprietários distintos constarem de matrículas autônomas, podem eles requerer a fusão destas em uma só, de novo número, encerrando-se as primitivas, desde que os proprietários sejam parentes em linha reta até o 2º (segundo grau) e haja expressa e prévia concordância do representante do Ministério Público.

02. (EJEF – Registro de Imóveis-MG/2005) Considerando-se o instituto da matrícula, é INCORRETO afirmar que

a) é considerada irregular a abertura de matrícula de parte do imóvel sobre a qual se tenha instituído servidão, que deve ser registrada na matrícula de todo o imóvel serviente.

b) é inadmissível a matrícula de parte ideal de imóvel em condomínio.

c) foi consagrado, pelo sistema brasileiro, em face da necessidade da correta individualização e descrição do imóvel, com seus caracteres, o princípio da especialidade objetiva e da fé pública registral inscritiva.

d) não havia matrícula, no País, antes do advento da Lei nº 6.015, de 1973, exceto no que concerne ao sistema Torrens.

03. (Cespe – Notário-ES/2013) A respeito da matrícula no registro imobiliário, assinale a opção correta.

a) O registro de penhora ou de sequestro de imóvel em cumprimento de mandado judicial prescinde de matrícula do imóvel para efetivar-se.

b) Caso tenha sido instituída servidão sobre parte de um imóvel, deverá ser aberta matrícula para registrá-la, visto que se trata de outra modalidade de direito real.

c) Ainda que mais de um lote seja vendido a uma pessoa, que efetiva uma única escritura pública, será efetuada uma matrícula para cada lote.

d) Impede a abertura de matrícula o fato de haver registro anterior do imóvel em circunscrição diversa, ainda que o oficial possa basear-se em elementos constantes do título apresentado.

e) Pelo princípio da melhor individuação da coisa, deverá constar da matrícula indicação de rua que não conste do registro anterior.

04. (IESES – Cartório – TJ – RO/2012) Assinale a afirmação INCORRETA, quanto ao Registro e Matrícula de Imóveis Rurais:

a) Os serviços de registro de imóveis ficam obrigados a encaminhar ao INCRA, mensalmente, as modificações ocorridas nas matrículas imobiliárias decorrentes de mudanças de titularidade, parcelamento, desmembramento, loteamento, remembramento, retificação de área, reserva legal e particular do patrimônio natural e outras limitações e restrições de caráter ambiental, envolvendo os imóveis rurais, inclusive os destacados do patrimônio público.

b) A União, o Estado, o Distrito Federal ou o Município prejudicado, poderá promover, via administrativa, a retificação da matrícula, do registro ou da averbação feita em desacordo com o art. 225 da Lei nº 6.015, de 31 de dezembro de 1973, quando a alteração da área ou dos limites de imóvel importar em transferência de terras públicas, tendo para tanto o prazo de 120 dias, contado da ciência do fato.

c) Caso não seja aplicável a via administrativa legalmente prevista, verificado que suas terras públicas foram objeto de apropriação indevida por quaisquer meios, inclusive decisões judiciais, a União poderá, à vista de prova da nulidade identificada, requerer seu reconhecimento ao Juiz Federal da Seção Judiciária competente, cabendo de sua decisão Apelação ao respectivo Tribunal Regional Federal.

d) É de oito anos, contados do trânsito em julgado da decisão, o prazo para ajuizamento de ação rescisória relativa a processos que digam respeito a transferência de terras públicas rurais.

05. (FCC – Cartório – TJ – PE/2013) Sobre a matrícula, é correto afirmar que

a) pode ser aberta diante de alienação de parte ideal de imóvel, desde que tenha sido alienada como parte certa e determinada.

b) em caso de retificação de área, será cancelada a matrícula do imóvel com área sujeita a retificação e será aberta nova matrícula do imóvel com área retificada.

c) será necessariamente aberta em relação a imóvel objeto de transcrição, ato registral anterior à vigência da Lei nº 6.015/73, diante da prática de qualquer registro ou averbação relativamente a este imóvel.

d) não poderá ser aberta nova matrícula em virtude de fusão de imóveis, bem assim em caso de desmembramento ou desdobro, pois a matrícula mãe não pode ser cancelada em virtude da prática destes atos.

e) a cada alienação de fração ideal de imóvel com área superior ao módulo rural é possível a imediata abertura de matrícula como expressão do princípio da especialidade.

06. (Cespe – Cartório-PI/2013) No que tange aos princípios informadores do registro de imóveis, assinale a opção correta.

a) Segundo o princípio da prioridade, corolário da eficácia jurídica, os atos de registro e de averbação devem ser lançados em livro próprio para conferir-lhes segurança e oponibilidade perante terceiros.

b) Segundo o princípio da legalidade, o registro tem efeito saneador, razão pela qual os títulos levados à tábula predial não devem estar inquinados diante da qualificação realizada pelo registrador.

c) De acordo com o princípio da concentração, nenhum fato ou ato jurídico que diga respeito à situação do imóvel ou a suas mutações subjetivas pode ficar indiferente à inscrição na matrícula.

d) Conforme o princípio da instância, o registrador não atua de ofício, mas, exclusivamente, por requerimento expresso do interessado ou do MP.

e) Consoante o princípio da especialidade objetiva e o da especialidade subjetiva, o imóvel, para efeito de registro público, deve ser plenamente identificado por meio de indicações exatas de suas medidas, características e confrontações.

07. (IESES – Cartório – TJ – RS/2013) Com relação à matrícula e ao princípio da unitariedade, assinale a alternativa correta.

I. A todo imóvel deve corresponder uma única matrícula (ou seja, um imóvel não pode ser matriculado mais de uma vez) e a cada matrícula corresponde um único imóvel (isto é, não possível que a matrícula descreva mais de um imóvel).

II. Matrícula é um ato de registro, no sentido estrito, que dá origem à individualidade do imóvel na sistemática registral brasileira.

III. Ainda que o imóvel tenha passado a pertencer a outra circunscrição, além de averbações, é possível efetuar a abertura de matrícula para lotes, quando tal não tenha sido realizado imediatamente após o registro do loteamento.

IV. A matrícula será cancelada nas seguintes hipóteses: a) por decisão judicial; b) quando, em virtude de alienação parcial, o imóvel for inteiramente transferido a outros proprietários; c) pela fusão.

a) A afirmação IV é verdadeira e as afirmações I, II e III são falsas.

b) A afirmação I é verdadeira.

c) Apenas a afirmação IV é verdadeira.

d) A afirmação I é verdadeira e as afirmações II, III e IV são falsas.

GAB	1	C	2	C	3	C	4	B
	5	B	6	C	7	B		

Art. 228. A matrícula será efetuada por ocasião do primeiro registro a ser lançado na vigência desta Lei, mediante os elementos constantes do título apresentado e do registro anterior nele mencionado.

1. COMENTÁRIOS

Este artigo especifica o **momento exato para a abertura da matrícula**, ou, em outras palavras, a lei designa o momento certo que a matrícula deve nascer.

Os atos lançados na matrícula são aqueles previstos em lei. Logo, registram-se ou averbam-se os atos na matrícula, conforme determinação do art. 167, incisos I e II, desta Lei.

A palavra "registro" a que o dispositivo em análise faz alusão, deve ser interpretada de forma ampla, pois, nota-se que, às vezes, o ato registrário pode corresponder a uma averbação.

Marcio Guerra Serra e Monete Hipólito Serra ensinam que a expressão 'registro' em nossa legislação por vezes é utilizada de forma geral, querendo designar ato que tem ingresso no registro de imóveis, caso em que também abrangerá as averbações. O mesmo ocorre, atualmente, em relação à palavra inscrição. Todavia, em seu sentido estrito, podemos dizer que o registro é o ato praticado para constituição ou transmissão do Direito Real em si, enquanto as averbações seriam atos anexos praticados para alterar as condições do Registro ou mesmo extinguir seus efeitos. Esta regra, porém, não é muito bem seguida pelos nossos legisladores, que algumas vezes, ignorando a sistemática registral, designam como atos de averbação a inscrição de direitos que se enquadrariam plenamente na descrição trazida anteriormente para os atos de registros, ora em virtude de situação específica destes atos, ora sem explicação aparente". (Op. cit., p. 154).

Importante destacar que a expressão "elementos constantes do título" já foi objeto de análise pelo Conselho Superior da Magistratura do Estado de São Paulo (Ap. Civ. 258.953, Itapecerica da Serra) que estatuiu que "os elementos identificadores, apontados no art. 176 desta Lei 6.015/1973, não são dogmáticos. Se há segurança no ato transmissivo quanto à identidade do objeto, a finalidade está atingida. Não havendo dúvida de localização e extensão, desde que o título se reporta ao registro aquisitivo, sem nenhuma reserva, a matrícula deve ser feita com os elementos constantes e do registro anterior, nele mencionado".

A doutrina também possui entendimento neste sentido. Ademar Fioranelli preleciona que referido dispositivo não pode ser interpretado de forma rígida a ponto de se impedir que a matrícula seja aberta em outras oportunidades. Está assente que as matrículas, de forma facultativa, podem ser abertas, mesmo *ex officio* pelo Registrador, no interesse do serviço e por simples requerimento, sem que isto imponha qualquer registro ou outro ato registrário, tendo em mira a organização dos serviços, já que, não implica constituição, extinção ou alteração de direitos (...) Só por exceção à regra do art. 225, § 2º, da Lei 6.015/1973, é que se deve negar a abertura de matrículas ou o prosseguimento de atos nas já existentes, ou seja, àqueles títulos manifestamente irregulares que resultariam nos chamados *registros flutuantes*, de imóveis descritos sem dados de amarração ou lastro geográfico, imprestáveis para conhecer a verdadeira base imobiliária (*Direito Notarial e Registral avançado*. São Paulo: Editora Revista dos Tribunais, 2014, p. 302-303).

Outra observação relevante é ressaltada por Alexandre Laizo Clápis: "Vale destacar, como faz Narciso Orlandi Neto, que a determinação da lei para abertura da matrícula por ocasião do primeiro registro não proíbe que, 'a requerimento do interessado, seja aberta a matrícula de imóvel ainda transcrito, ainda que não haja ato a ser registrado.' Para abertura da matrícula, porém, é preciso observar os requisitos mínimos exigidos pelo art. 176, § 1º, incisos I e II" (Op. cit., p. 1271).

O dispositivo em comento também reforça o **princípio da continuidade**, ao estabelecer que nenhum ato de natureza registral pode ser realizado sem um registro anterior."

Note-se que o art. 228 tem a redação parecida com a do art. 196: "A matrícula será feita à vista dos elementos constantes do título apresentado e do registro anterior que constar do próprio cartório".

Oportuno trazer nestes comentários, as alterações dadas pela Lei n. 14.382/2022 no art. 176 , § 1º , I, da LRP, uma vez que dialoga com o tema. Na redação anterior, a abertura de matrícula só era autorizada quando da confecção de um **ato de registro.** No tocante aos **atos de averbação**, era permitida a sua feitura à margem de uma transcrição anterior.

Com a novidade dada pela Lei do SERP, cada imóvel terá matrícula própria, que será aberta por ocasião **não só do primeiro ato de registro**, como também de **averbação caso a transcrição possua todos os requisitos elencados para a abertura de matrícula.**

Em outras palavras, agora a regra geral é a **obrigatoriedade** da abertura de matrícula quando da prática de **qualquer ato**, seja ele registro, seja averbação.

Consequentemente, como regra geral, não será mais possível a realização de atos de averbação à margem de transcrições antigas. A exceção é trazida pela Lei n. 14.382/2022, que no parágrafo 18 do artigo 176 apregoa que quando se tratar **de transcrição que não possua todos os requisitos para a abertura de matrícula**, admitir-se-á que se façam na circunscrição de origem, à margem do título, as averbações necessárias.

Carlos Eduardo e Flávio Tartuce explicam que, como a averbação é ato acessório, seria desproporcional dificultar a prática desse ato, impondo ao usuário a adoção de providências por vezes onerosas e burocráticas para obter as informações faltantes à abertura da matrícula. Alerta-se para um lapso redacional no § 18: este menciona averbação "à margem do título", o que não existe em termos registrais. Na verdade, deve-se ler esse excerto do dispositivo como averbação "à margem da transcrição" (e não do título)(Op. cit. p. 179).

Também é de se concluir que, com a nova sistemática, houve uma clara **flexibilização dos princípios da especialidade subjetiva e objetiva, desde que as imperfeições sejam não essenciais.** Isso significa que, mesmo faltando elementos para a efetivação do registro, será possível a abertura da matrícula sem a exigência de um procedimento judicial ou extrajudicial de retificação. Esta interpretação é suportada pelos parágrafos 14, 15, 16 e 17 do art. 176 da LRP, que foram adicionados pela Lei n. 14.382/2022. Confira-se:

Art. 176, LRP.

§ 14. É facultada a abertura da matrícula na circunscrição onde estiver situado o imóvel, a requerimento do interessado ou de ofício, por conveniência do serviço.

§ 15. **Ainda que ausentes alguns elementos** de especialidade objetiva ou subjetiva, desde que haja segurança quanto à localização e à identificação do imóvel, a critério do oficial, e que constem os dados do registro anterior, a matrícula poderá ser aberta nos termos do § 14 deste artigo.

§ 16. **Se não forem suficientes os elementos** de especialidade objetiva ou subjetiva, será exigida a retificação, no caso de requerimento do interessado na forma prevista no § 14 deste artigo, perante a circunscrição de situação do imóvel.

§ 17. Os elementos de especialidade objetiva ou subjetiva que não alterarem elementos essenciais do ato ou negócio jurídico praticado, quando não constantes do título ou do acervo registral, poderão ser complementados por outros documentos ou, quando se tratar de manifestação de vontade, por declarações dos proprietários ou dos interessados, sob sua responsabilidade.

Convém transcrever o alerta de Carlos Elias e Flávio Tartuce no caso de grandes imperfeições na especialidade (grifo meu):

"Fato é que, se as falhas de especialidade objetiva ou subjetiva forem **graves** – e não meros pecadilhos, o que se dá quando houver dúvidas acerca da identificação da coisa e dos titulares tabulares –, **não haverá como permitir a abertura da matrícula, que será inviável.** Caberá ao interessado promover, antes, a retificação da transcrição, corrigindo-lhe os vícios de especialidades subjetiva ou objetiva, consoante estatui o art. 176, § 16, da IRP. A retificação da transcrição poderá ser judicial ou extrajudicial, tudo nos termos dos arts. 212 e 213 da LRP.

Um aspecto merece ser acrescido. Ainda que haja pecados graves de especialidade objetiva ou subjetiva, é viável que o registrador **pratique atos de averbação à margem da transcrição, desde que, no caso concreto, não identifique riscos de danos a terceiros.** O fundamento é o § 18 do art. 176 da LRP, que deve ser lido sistematicamente com os § § 15 e 16 sob a diretriz de evitar a imposição de burocracias de pouca utilidade prática. Pense-se, por exemplo, em uma averbação de alteração de logradouro ou de numeração predial. Ou em uma averbação de cancelamento de uma hipoteca. Não há motivos para impedir a prática desses atos pelo fato de o eventual pecado grave de especialidades objetiva ou subjetiva não prejudicar terceiros.

Obrigar a retificação da transcrição e a abertura de matrícula para a prática desses atos de mera atualização de informações tabulares seria um exagero burocrático. Cabe ao registrador avaliar cada caso concreto.

Por fim, cabe uma advertência importante, uma vez que as hipóteses descritas versam sobre os casos de obrigatoriedade de abertura de matrículas diante da existência de transcrições. Não se pode esquecer, porém, que independentemente dessas hipóteses, a abertura de matrículas pode ser feita facultativamente, seja a pedido do interessado, seja de ofício por conveniênda do serviço (art. 176, § 14, da LRP). Aliás, o conveniente é que os Ris procurem. de ofício, abrir matrículas, eliminando, ao máximo, o seu estoque de transcrições e, assim, promovendo uma verdadeira "higienização" (Op. cit. p. 179).

2. JURISPRUDÊNCIA COMPLEMENTAR

⊙ TRIBUNAL DE JUSTIÇA DO ESTADO DE SÃO PAULO CONSELHO SUPERIOR DA MAGISTRATURA

▶ **EMENTA:** Registro de imóveis – Dúvida – Pretensão de registro de escritura de compra e venda – Descrição precária do imóvel – Identidade, no entanto, entre o título e a transcrição anterior – Possibilidade de abertura de matrícula e registro do título – Precedentes do Conselho Superior da Magistratura – Recurso provido (Apelação nº 0015003-54.2011.8.26.0278, da Comarca de Itaquaquecetuba). Yoshiharu Takahashi interpôs recurso administrativo contra sentença que manteve a recusa de registro de escritura de compra e venda, em razão da precariedade da descrição do imóvel. Conforme a sentença, *"Inviável o controle da especialidade com base na descrição precária da transcrição nº 3.515, é justa a recusa ao registro, revelando-se necessário, na espécie, procedimento para a correção dos pontos necessários à sua correta individualização, indispensável para a própria segurança do registro imobiliário e dos efeitos dele irradiados. "*O recorrente alega que, de acordo com a atual orientação deste CSM, é possível o registro quando há identidade entre a descrição do título e a da transcrição anterior. A Procuradoria de Justiça opinou pelo provimento do recurso, com a observação, no entanto, de que a matrícula deve ser bloqueada, de ofício. É o relatório. O recurso deve ser provido. Conquanto seja louvável a preocupação do Oficial do Registro de Imóveis e da Juíza Corregedora Permanente, no sentido de evitar a quebra da especialidade objetiva e a possibilidade de sobreposição de áreas, por conta da descrição precária do imóvel, o fato é que a negativa de registro baseia-se em entendimento pretérito do CSM. A orientação atual é no sentido de que, havendo identidade entre a descrição do título e da matrícula – ou da transcrição –, deve-se possibilitar o registro, sem necessidade, aliás, de bloqueio da matrícula a ser criada. Como lembra Alyne Yumi Konno (Registro de Imóveis – Teoria e Prática, Memória Jurídica, p. 20/21), tem-se admitido a mitigação da especialidade a fim de não obstar o tráfego de transações envolvendo imóveis, permitindo-se a manutenção de descrições imprecisas, constantes de antigas transcrições, quando da abertura da matrícula, desde que haja elementos mínimos para se determinar a situação do imóvel, e que ele seja transmitido ou onerado por inteiro, ou seja, desde que a nova matriz a ser aberta o abranja por inteiro. Nos autos do processo CG nº 1241/96, o então Juiz Auxiliar da Corregedoria Francisco Eduardo Loureiro, hoje Desembargador, aprofundou o exame da mitigação da especialidade: *Não se nega, portanto, a possibilidade de ser descerrada matrícula com exata coincidência com o registro anterior, em que pese a ausência de medidas perimetrais e da área de superfície. O que não se admite é a criação de nova unidade imobiliária contendo descrição perfeita, por fusão de matrículas, quando um dos imóveis unificandos não dispõe de todas as medidas tabulares. Em termos diversos, imóvel com figura imprecisa não pode gerar, por fusão ou desmembramento, nova unidade com figura e descrição precisas... Logo, quando do descerramento de matrícula que abranja a totalidade do imóvel, vale a descrição contida no registro anterior, ainda que imperfeita, desde que suficiente para a identificação do prédio.* Esse entendimento tem sido prestigiado e até ampliado pelo CSM e pela Corregedoria-Geral da Justiça, podendo-se citar a Apelação Cível nº 9000002-16.2011.8.26.0296, em que o CSM admitiu o registro mesmo no caso em que a descrição deficiente constava da matrícula e não de transcrição. O que importa é que a descrição do título, ainda que precária, coincida com a do registro de imóveis. Observo, por fim, que não convém determinar o bloqueio. A abertura da matrícula e a lavratura do registro *stricto sensu* somente estão sendo deferidas por este Conselho. Esses dois atos registrários são válidos e eficazes. Logo, sobre eles não existe nulidade de pleno direito (LRP/1973, art. 214, *caput*) que justifique impedir novas inscrições, para que não haja danos de difícil reparação (art. 214, § 2º). Isto exclui o cabimento do bloqueio. Portanto, competirá ao ofício de registro de imóveis (e, sendo o caso, à corregedoria permanente) verificar no futuro, caso a caso, o cabimento de novos registros e averbações, à medida que esses atos vierem a ser rogados. Pelo exposto, dou provimento ao recurso. HAMILTON ELLIOT AKEL. CORREGEDOR GERAL DA JUSTIÇA E RELATOR.

TRIBUNAL DE JUSTIÇA DO ESTADO DO MATO GROSSO DO SUL

EMENTA: ADJUDICAÇÃO COMPULSÓRIA – LEI 6015/73 – ABERTURA DA MATRÍCULA DO IMÓVEL MEDIANTE REGISTRO DO TÍTULO E DO REGISTRO ANTERIOR – ANTES DA LEI 6015/73 A TRANSCRIÇÃO IMOBILIÁRIA ERA A FICHA DE MATRÍCULA DO IMÓVEL – AUSÊNCIA DE QUALQUER IRREGULARIDADE NA SITUAÇÃO REGISTRAL DO IMÓVEL A IMPEDIR A ABERTURA DA MATRÍCULA – RECURSO PROVIDO. Conforme determinava o Decreto-Lei nº 58/37, que dispunha sobre o loteamento e a venda de terrenos para pagamento em prestações, e o qual era regulamentado pelo Decreto nº 3079/1938, antes da Lei 6015/73, a ficha de matrícula do imóvel era a transcrição imobiliária. De acordo com o artigo 228 da Lei nº 6015/73, a matrícula de um imóvel deve ser aberta mediante os elementos constantes do título e do registro anterior. Se até a publicação da Lei 6015/73 não havia qualquer irregularidade na situação registral do imóvel, e estando presentes todos os elementos constantes do título, não há óbice para que seja efetuada a matrícula do referido imóvel em questão, conforme determina o artigo 228, ou seja, mediante o registro do título aquisitivo de propriedade e a transcrição imobiliária que servia anteriormente de ficha de matrícula do imóvel. (TJMS – Ap. Civ. 2011.030231-7/0000-00, Rel. Des. Rubens Bergonzi Bossay. Terceira Câmara Cível, Julgamento: 31/01/2012)

Art. 229. Se o registro anterior foi efetuado em outra circunscrição, a matrícula será aberta com os elementos constantes do título apresentado e da certidão atualizada daquele registro, a qual ficará arquivada em cartório.

1. COMENTÁRIOS

O dispositivo aborda o desmembramento de circunscrições imobiliárias. Quando ocorre uma alteração na organização judiciária da Justiça Estadual, isso implica uma modificação na competência territorial do registro de imóveis em uma área específica. Portanto, os novos registros devem ser realizados pelo Oficial que recebeu as novas atribuições, sendo vedada a prática desses atos pelo Registrador anterior. Na situação descrita, a abertura da matrícula no Registro Imobiliário atual será efetuada com base no **título apresentado e, se necessário, acompanhada de uma certidão.**

Note-se que a lei registral não fixa prazo de validade para a certidão atualizada do registro expedida pelo registro imobiliário responsável anteriormente pela circunscrição territorial desmembrada. No entanto, alguns juristas defendem que, neste caso, poderia ser aplicado o regramento da Lei 7.433/1985 e do Decreto 93.240/1986. Essas normas, especificamente para a lavratura de atos notariais relativos a imóveis, determinam um prazo de validade de 30 dias para as certidões de ônus reais.

Walter Ceneviva observa que a lei não estabelece um critério específico para definir a atualidade de uma certidão. Geralmente, a atualidade é considerada aceitável quando a certidão tem, no máximo, sessenta dias. Contudo, este prazo não garante ao interessado proteção contra eventuais fraudes

Ressalte-se que o registro realizado em circunscrição errada ou incompetente é considerado **nulo**. Nas palavras de Narciso Orlandi Neto "não importa a boa-fé do registrador, do titular do direito registrado em lugar errado, nem eventual inevitabilidade do erro. A nulidade é incontornável" (Op. cit., p. 190).

Art. 230. Se na certidão constar ônus, o oficial fará a matrícula, e, logo em seguida ao registro, averbará a existência do ônus, sua natureza e valor, certificando o fato no título que devolver à parte, o que o correrá, também, quando o ônus estiver lançado no próprio cartório.

1. COMENTÁRIOS

É consenso na doutrina que a expressão 'ônus' deve ser interpretada de forma ampla. Alexandre Laizo Clápis explica isso de maneira bastante clara, conforme segue: "representa tudo o que possa vincular o imóvel a situações jurídicas específicas e especiais, como cláusulas restritivas de inalienabilidade, impenhorabilidade e incomunicabilidade, penhoras, arrestos, sequestros, hipotecas, usufrutos, cédulas de crédito, propriedades fiduciárias, reservas particulares de patrimônios naturais, cláusulas restritivas decursivas de loteamento, etc." (Op. cit., p. 1276).

No mesmo sentido, Walter Ceneviva: "qualquer vínculo ou encargo real, onerando o bem, deverá ser obrigatoriamente averbado". E complementa: "a certidão da qual conste ônus, que o oficial lançará no título, não se confunde com a declaração do art. 211, sendo vinculativa da responsabilidade do delegado. Mesmo para ela o uso do carimbo não é vedado. Diversa, porém, é sua natureza jurídica, revestida dos característicos de certeza inerente à certidão" (Op. cit., p. 507).

Art. 231. No preenchimento dos livros, observar-se-ão as seguintes normas:

I – no alto da face de cada folha será lançada a matrícula do imóvel, com os requisitos constantes do art. 176, e no espaço restante e no verso, serão lançados por ordem cronológica e em forma narrativa, os registros e averbações dos atos pertinentes ao imóvel matriculado;

II – preenchida uma folha, será feito o transporte para a primeira folha em branco do mesmo livro ou do livro da mesma série que estiver em uso, onde continuarão os lançamentos, com remissões recíprocas.

Art. 232. Cada lançamento de registro será precedido pela letra " R " e o da averbação pelas letras " AV ", seguindo-se o número de ordem do lançamento e o da matrícula (ex: R-1-1, R-2-1, AV-3-1, R-4-1, AV-5-1, etc.)

1. COMENTÁRIOS

Os arts. 231 e 232 explicitam uma norma típica de escrituração do Livro 2 – Registro Geral. Já foi dito alhures que os atos lançados na matrícula são os previstos em lei. Logo, registram-se ou averbam-se os atos na matrícula, conforme determinação do art. 167, I e II, desta Lei.

Nos termos do art. 231, os atos devem ser lançados em forma narrativa. Ademar Fioranelli explica que "o que leva à tarefa de compreender ou interpretar o título em seu conteúdo formal, e dele extrair, de forma resumida, os elementos essenciais, sempre em consonância com os registros precedentes. Como a Lei de Registros Públicos não estabeleceu formas rígidas para os lançamentos ou escrituração dos atos de registro e averbação, não se nega a possibilidade de o Oficial Registrador escolher outra forma de redigir os atos" (Op. cit., p. 297).

Não é demais anotar que a escrituração dos atos deve ser feita em língua portuguesa, sem imperfeições ortográficas.

Art. 233. A matrícula será cancelada:

I – por decisão judicial;

II – quando em virtude de alienações parciais, o imóvel for inteiramente transferido a outros proprietários;

III – pela fusão, nos termos do artigo seguinte.

1. COMENTÁRIOS

1.1 CANCELAMENTO POR DECISÃO JUDICIAL

A matrícula somente poderá ser cancelada em virtude de decisão judicial não sujeita a recurso, ou em outras palavras, já transitada em julgado.

Apesar de a lei mencionar 'decisão judicial', há um entendimento unânime de que a matrícula também pode ser cancelada administrativamente pelo Juiz Corregedor da serventia ou pelo Juiz competente, conforme a organização local, de maneira não contenciosa, desde que não afete direitos de terceiros.

O **cancelamento judicial** pode ocorrer devido à nulidade do título que originou o registro responsável pela abertura da matrícula, à nulidade do próprio registro (mesmo que o título seja válido), ou devido à existência de duplicidade de matrículas.

Sobre a **duplicidade da matrícula**, que consiste na existência de duas matrículas distintas para o mesmo imóvel, esta deve ser cancelada em razão da insegurança jurídica que causa. Necessário se faz para tal cancelamento, mandado judicial.

Ademar Fioranelli elenca alguns exemplos de duplicidade de matrícula do mesmo imóvel e dá a solução. Vejamos:

a) matrículas com correntes filiatórias partindo de um mesmo tronco, com origem primitiva idêntica;
b) matrículas com correntes filiatórias distintas ou conflitantes de origem diversa;
c) matrículas de uma mesma corrente ou origem, que não envolvem direitos contraditórios ou opostos;
d) duplicidade de transcrições ou transcrição e matrícula contraditória, com origem conflitante.

Para os dois primeiros casos, não se deve inscrever ou registrar títulos nas linhas filiatórias conflitantes, bloqueando-as, sem cancelá-las, até que em via própria se singularize o encadeamento jurídico histórico referente ao imóvel com matrículas dúplices.

Nesse sentido o r. parecer do notável Desembargador do TJSP, Ricardo Dip, ofertado na AC 4.094, j. 24.06.1985, rel. Des. Nogueira Garcez, ao expressar que '(...) fora do fólio real exclusivo para determinado imóvel, a duplicidade de registros neutraliza a presunção dominial e de titularidade de outros direitos reais previstos no art. 856 do CC/1916'. Do mesmo pensamento Narciso Orlandi Neto, ao afirmar que o cancelamento do registro por motivo que não seja a nulidade de pleno direito, depende sempre de ser dirimida em processo contencioso. O Registrador, ao deparar com duplicidade de matrículas antinômicas, deve oficiar ao Juiz Corregedor Permanente ao qual está subordinado, noticiando a contrariedade que, como medida cautelar, poderá determinar o bloqueio para que, na esfera própria, seja discutida a validade de uma ou de outra. (...) Para a hipótese em que a duplicidade de matrículas não envolva direitos contrapostos, bastando imaginar a abertura de matrícula de imóvel para o registro de contrato de promessa de compra e venda e, para o registro de escritura de compra e venda em cumprimento ao mesmo contrato, abra-se nova matrícula. Nesse caso, poderá o Registrador, de *ofício* (art. 213, I, *a*, da Lei 6.015/1973), praticar, na matrícula aberta posteriormente, a averbação de seu *encerramento*, já que esta teria decorrido de erro, transportando-se para a primeira os atos que, na segunda, tenham sido inadvertidamente lançados (Op. cit., p. 308).

Oportuno dialogar, por ter relação com o art. 233, a norma estabelecida no art. 1º da Lei 6.739/1979, que dispõe sobre a matrícula e o registro de imóveis rurais:

> A requerimento de pessoa jurídica de direito público ao Corregedor Geral da Justiça, são declarados inexistentes e cancelados a matrícula e o registro de imóvel rural vinculado a título nulo de pleno direito, ou feitos em desacordo com o art. 221 e seguintes da Lei nº 6.015, de 31 de dezembro de 1973, alterada pela Lei nº 6.216, de 30 de junho de 1975.

Não se pode confundir cancelamento de registro com cancelamento de matrícula.

O cancelamento da matrícula retira do mundo jurídico a base sobre a qual se assentam os atos (registros ou averbações) subsequentes, enquanto o cancelamento direciona-se apenas para o ato de registro ou de averbação. Porém, adverte Alexandre Laizo Clápis que não há possibilidade de o ato ser eliminado ou apagado da matrícula, qualquer que seja sua natureza. Seja qual for o motivo para o cancelamento do ato, ele permanecerá na matrícula, apenas, porém, para efeitos históricos. O cancelamento de inscrição não representa a destruição ou o truncamento material da inscrição, mas somente o seu desfazimento jurídico. O assento principal é conservado para que, a qualquer tempo, possa ser analisado pelo interessado e, cronologicamente, seu respectivo cancelamento informa que juridicamente deixou de existir. É de Afrânio de Carvalho a lição de que a 'declaração positiva da inscrição, constante de um assento, é anulada pela declaração negativa do cancelamento constante de outro' (Op. cit., p. 1280).

1.2 CANCELAMENTO POR ALIENAÇÕES PARCIAIS

Na doutrina, prevalece o entendimento de que esta hipótese se enquadra melhor na figura do **encerramento** do que propriamente no cancelamento, visto que decorre de uma circunstância irregular.

As alienações parciais do imóvel acarretam o desmembramento da parte vendida, ocorrendo a abertura de outra matrícula.

Assim, para cada alienação, uma nova matrícula será aberta, resultando no exaurimento da matrícula original. Em cada nova matrícula, haverá referência à matrícula original. Na averbação do cancelamento desta, deverão ser mencionadas as novas matrículas abertas em decorrência das sucessivas alienações.

1.3 CANCELAMENTO PELA FUSÃO

Tal qual no inciso anterior, prevalece na doutrina o entendimento de que esta hipótese se enquadraria melhor na figura do **encerramento** do que propriamente no cancelamento, à medida que não decorre de uma circunstância irregular.

A fusão faz nascer um **novo objeto**, que importa em nova descrição e caracterização e, consequentemente, abertura de nova matrícula.

Existem dois requisitos para que a fusão/unificação possa ocorrer:

a) imóveis devem pertencer do mesmo proprietário e;
b) contiguidade.

Assim, na fusão de dois imóveis limítrofes, pertencentes ao mesmo proprietário, podem ser reunidos para formar um novo imóvel.

Dessa forma, uma nova matrícula será aberta averbando-se a circunstância e encerrando as matrículas primitivas (anteriores).

Caso exista 2 (dois) ou mais imóveis transcritos, ocorrerá uma nova matrícula, averbando-se a circunstância nas transcrições anteriores.

Por fim, pode ocorrer também de existir 2 (dois) ou mais imóveis registrados em ambos os sistemas (matrícula e transcrição). Neste caso, uma nova matrícula será aberta, averbando-se a circunstância nos registros anteriores, encerrando a matrícula.

2. JURISPRUDÊNCIA COMPLEMENTAR

TRIBUNAL REGIONAL FEDERAL DA 1ª REGIÃO

EMENTA: ADMINISTRATIVO. REGISTROS PÚBLICOS. AQUISIÇÃO DE IMÓVEL RURAL POR ESTRANGEIRO. FORMALIDADES LEGAIS. NÃO OBSERVÂNCIA. NULIDADE DO ATO. TUTELA JURISDICIONAL. IMPRESCINDIBILIDADE. SEGURANÇA CONCEDIDA. I – Nos termos do art. 1º da Lei nº 6.739/79, a requerimento de pessoa jurídica de direito público ao corregedor-geral da justiça, são declarados inexistentes e cancelados a matrícula e o registro de imóvel rural vinculado a título nulo de pleno direito, ou feitos em desacordo com os artigos 221 e segs. da Lei nº 6.015, de 31 de dezembro de 1973, alterada pela Lei nº 6.216, de 30 de junho de 1975. II – Na espécie dos autos, verificada possível irregularidade formal em aquisição de imóvel rural efetivada a estrangeiro, não caberia ao INCRA administrativamente determinar a anulação do título aquisitivo em referência, pelo que se faz imprescindível a postulação judicial da tutela específica indicada na espécie. Em sendo assim, não merece reparos o julgado monocrático que determinou ao INCRA a expedição de comunicados de modo a tornar sem efeito o conteúdo dos ofícios outrora endereçados aos órgãos de serviço notarial e de registro onde arquivada documentação versando sobre o imóvel objeto dos autos, impedindo assim o cancelamento, diretamente pela via administrativa, de qualquer anotação referente ao bem retro mencionado. III – Remessa oficial desprovida. Sentença confirmada. (TRF 1ª Reg. REOMS 200735000220951, Des. Fed. SOUZA PRUDENTE, 5ª T. e-DJF1: 13/07/2012)

3. QUESTÕES DE CONCURSOS

01. (FMP – Cartório – TJ – MT/2014) Sobre o cancelamento da matrícula, assinale a alternativa incorreta.

a) A matrícula será cancelada por força de decisão judicial que assim determine.
b) A matrícula será cancelada quando, em virtude de alienações parciais, o imóvel for inteiramente transferido a outros proprietários.
c) Quando o registro anterior foi efetuado em outra circunscrição, a matrícula será aberta com os elementos constantes do título apresentado e da certidão atualizada daquele registro, cancelando-se a matrícula original.
d) Quando dois ou mais imóveis contíguos pertencentes ao mesmo proprietário constarem de matrículas autônomas, poderá ser requerida a fusão dessas em uma só, de novo número, encerrando-se as primitivas.
e) Quando dois imóveis, que estiverem registrados, um pelo sistema de transcrição e outro pelo sistema da matrícula, forem unificados, dar-se-á o cancelamento da matrícula original e, à margem da transcrição, será averbada a abertura da matrícula que os unificar.

02. (Vunesp – Cartório – SP – Provimento/2016) A matrícula de um imóvel

a) pode ser cancelada pelo próprio Oficial de Registro, caso padeça de nulidade por vício do próprio processo registral.
b) não pode ser cancelada, podendo ter apenas seu conteúdo alterado.
c) somente pode ser cancelada por decisão judicial.
d) deverá ser cancelada em caso de fusão.

GAB	1	C	2	C

Art. 234. Quando dois ou mais imóveis contíguos pertencentes ao mesmo proprietário, constarem de matrículas autônomas, pode ele requerer a fusão destas em uma só, de novo número, encerrando-se as primitivas.

Art. 235. Podem, ainda, ser unificados, com abertura de matrícula única:

I – dois ou mais imóveis constantes de transcrições anteriores a esta Lei, à margem das quais será averbada a abertura da matrícula que os unificar;

II – dois ou mais imóveis, registrados por ambos os sistemas, caso em que, nas transcrições, será feita a averbação prevista no item anterior, as matrículas serão encerradas na forma do artigo anterior.

III - 2 (dois) ou mais imóveis contíguos objeto de imissão provisória na posse registrada em nome da União, dos Estados, do Distrito Federal, dos Municípios ou de suas entidades delegadas ou contratadas e sua respectiva cessão e promessa de cessão.

§ 1º Os imóveis de que trata este artigo, bem como os oriundos de desmembramentos, partilha e glebas destacadas de maior porção, serão desdobrados em novas matrículas, juntamente com os ônus que sobre eles existirem, sempre que ocorrer a transferência de 1 (uma) ou mais unidades, procedendo-se, em seguida, ao que estipula o inciso II do art. 233.

§ 2º A hipótese de que trata o inciso III somente poderá ser utilizada nos casos de imóveis inseridos em área urbana ou de expansão urbana e com a finalidade de implementar programas habitacionais ou de regularização fundiária, o que deverá ser informado no requerimento de unificação.

§ 3º Na hipótese de que trata o inciso III do *caput* deste artigo, a unificação poderá abranger matrículas ou transcrições relativas a imóveis contíguos àqueles que tenham sido objeto da imissão provisória na posse. (Redação dada pela Lei nº 14.273, de 2021)

1. COMENTÁRIOS

Observe-se que o **art. 233, III**, utilizou a expressão 'cancelamento', quando o mais correto seria 'encerramento'. No **art. 234**, o legislador sabiamente utilizou a segunda expressão.

O cancelamento da matrícula se enquadra nos atos de cancelamento em geral e resulta na invalidação da própria matrícula, consequentemente invalidando todos os atos nela praticados.

O encerramento da matrícula, por sua vez, consiste na sua conclusão, ou seja, a partir daquele momento nenhum ato mais será praticado na matrícula, mas todos os atos nela realizados até então permanecem válidos e eficazes.

Nas palavras de Walter Ceneviva: "*encerrar* é predicado que designava a ação de fechar, mas evoluiu para terminar, sentido com o qual é usado na lei. *Cancelar,* verbo encontrável no artigo precedente, é a ação de extinguir a produtividade de efeitos jurídicos. Todavia, a lei trata os dois termos igualmente, como resulta da leitura conjunta com o inciso III do art. 233" (Op. cit., p. 512). Tanto o cancelamento quanto o encerramento são atos **averbáveis** na matrícula.

Os artigos 234 e 235, bem como o art. 295, estabelecem hipóteses de abertura de matrícula. É importante destacar que o art. 9º, § 5º, do Decreto 4.449/2002 também prevê outra hipótese de abertura da matrícula, que é a averbação do georreferenciamento. Vejamos:

> O memorial descritivo, que de qualquer modo possa alterar o registro, resultará numa nova matrícula com encerramento da matrícula anterior no serviço de registro de imóveis competente, mediante requerimento do interessado, contendo declaração firmada sob pena de responsabilidade civil e criminal, com firma reconhecida, de que foram respeitados os direitos dos confrontantes, acompanhado da certificação prevista no § 1º deste artigo, do CCIR e da prova de quitação do ITR dos últimos cinco exercícios, quando for o caso.

O art. 234 permite a abertura de matrícula no caso de o proprietário desejar a unificação de um imóvel com outro fronteiriço **que também lhe pertença**, ou quando pretender realizar o **desdobro do imóvel**. Portanto, a fusão só deve ocorrer se as condições estabelecidas no referido artigo forem atendidas, ou seja, os imóveis devem ser **contíguos e pertencer ao mesmo proprietário**.

Frise-se que a **legitimidade** para a fusão é do proprietário. Os promitentes compradores, promitentes cessionários ou cessionários também são legitimados para a requerer a fusão, no entanto, deve haver anuência expressa dos titulares de domínio, juntamente dos respectivos cônjuges se casados.

Ademar Fioranelli observa uma exceção à regra do art. 234, que é a unificação de imóveis de **proprietários distintos**. Explica o autor que esta exceção "tem sido admitida para o registro das emissões de posse provisória, já deferidas, das áreas desapropriadas, para realização de projetos habitacionais destinados à população de baixa renda (Lei 9.785/199), solução criada para atender interesse público" (Op. cit., p. 306).

Para a abertura de uma nova matrícula pela fusão, é necessário averbar o encerramento de cada uma das matrículas primitivas, informando a abertura da nova matrícula no momento do encerramento.

Alexandre Laizo Clápis, citando Afrânio de Carvalho, atenta para o fato de que há outro requisito não indicado na lei, mas que é apontado pela doutrina e deve ser observado antes de se proceder à fusão de matrículas. Trata-se do requisito relativo à **homogeneidade de ônus. Além de necessariamente serem confinantes e pertencerem ao mesmo proprietário, é preciso que os imóveis objetos das matrículas a serem fundidas sejam, também, uniformes quanto aos ônus reais eventualmente constituídos.** Significa que os ônus constantes numa matrícula também, se possível, devem estar constituídos na matrícula a ser fundida. Um imóvel hipotecado só poderia ser fundido com outro objeto da mesma hipoteca. Se forem hipotecas distintas, ou se apenas um imóvel estiver hipotecado, não será possível proceder à fusão ou unificação. Afrânio de Carvalho destaca que 'a conservação da autonomia no registro, inversamente, quando o imóvel se acha hipotecado, não se pode arrebatar-lhe essa autonomia. A obrigatoriedade da manutenção da autonomia dos imóveis, quando gravados de hipotecas diferentes, condiz com a doutrina corrente, segundo a qual a hipoteca não se estende a aquisições posteriores de prédios contíguos, evita a confusão e facilita a eventual execução de qualquer deles'. A homogeneidade de ônus não se restringe apenas à hipoteca. Também inviabilizam a fusão, entre outros, a penhora, o arresto, o sequestro e a indisponibilidade, pois acarretam a descaracterização do objeto do gravame" (Op. cit., p. 1281).

Importante ainda anotar que, se o Oficial de Registros, ao qualificar o título, perceber que existem **deficiências descritivas do imóvel**, deve indeferir a fusão, pois o procedimento correto é o retificatório, previsto no art. 213 da Lei n. 6.015/1973.

Nos termos dos arts. 234 e 235, percebe-se que a fusão e a unificação são faculdades e não obrigação do proprietário. No entanto, Ademar Fioranelli salienta que serão obrigatórias nos seguintes casos:

a) Para a averbação de construção abrangendo dois ou mais terrenos, não sendo correto praticar o ato, em cada uma delas, com remissões recíprocas da existência da edificação sob pena de maltrato aos princípios da unitariedade e da especialidade objetiva (art. 176, I e II, 3, da Lei 6.015/1973);

b) Para o registro da incorporação ou de instituição e especificação condominial, abrangendo dois ou mais imóveis lindeiros, sobre os quais será erigido o empreendimento. Os imóveis abrangidos, com tais registros, deixarão de ser unidades geodésicas distintas para tornar-se uma só unidade física (cf. AC 42. 129-0/6-Capital, rel. Des. Sérgio Augusto Nigro Conceição, j. 27.02.1998, entre outros);

c) Para o registro do parcelamento do solo – desmembramento ou loteamento – pelos mesmos argumentos acima, passando o imóvel a constituir-se em uma única unidade imóvel, com surgimento de lotes individuais e matrículas próprias (Op. cit., p. 234).

O art. 235 traz as situações de unificação de imóveis, podendo inclusive ser unificados imóveis objetos de sistemas diferentes.

Podem ser unificados imóveis objetos de transcrições anteriores à Lei 6.015/1973. Neste caso, averbar-se-á em cada uma delas, tal ocorrência, com referência expressa à matrícula aberta.

Também podem ser unificados imóveis transcritos e imóveis matriculados. Nas transcrições será feita a averbação da abertura da matrícula que os unificar e as matrículas serão encerradas na forma do art. 234. Logo, o Registrador averba a fusão em cada uma das transcrições e, ato contínuo abre matrícula única para todo o unificado.

O inciso III do art. 235, incluído pela Lei 12.424, de 2011, e recentemente pela Lei 14.273, de 2021, permite a unificação poderá abranger **matrículas** ou **transcrições** relativas a imóveis contíguos àqueles que tenham sido objeto da **imissão provisória na posse**.

A imissão provisória na posse é hipótese de registro prevista no art. 167, I, 36, desta Lei.

O requerimento de unificação, nesse caso, deve indicar expressamente que a unificação tem por objetivo a implementação de regularização fundiária ou de programas habitacionais. Obviamente, os imóveis não podem ser rurais, devendo estar localizados em área urbana ou de expansão urbana. É o que se depreende do § 2º do art. 235.

Vale observar que na Lei n. 6.015/1973, os termos "fusão" e "unificação" de imóveis não são tecnicamente diferenciados. No entanto, o uso da palavra "fusão" no artigo 234 e "unificação" no **artigo 235** pelo legislador indica uma possível distinção na aplicação desses conceitos. Analisando os dois artigos, pode-se inferir que a fusão se aplica quando os imóveis já possuem matrícula, enquanto a unificação se refere a casos que envolvem imóveis apenas transcritos ou uma combinação de transcritos e matriculados. Em palavras mais cristalinas, conclui-se que fusão é a junção de imóveis matriculados pelo sistema implantado e vigente e unificação é a junção de imóveis transcritos pelo sistema anterior ou quando vários imóveis estejam matriculados e transcritos pelos dois sistemas.

Aqui está uma tabela didática que destaca a distinção entre os artigos 234 e 235:

Artigo	Descrição	Condições
Art. 234	Fusão de imóveis contíguos com matrículas autônomas pertencentes ao mesmo proprietário.	– Requerimento do proprietário. – Encerramento das matrículas primitivas e abertura de uma nova matrícula de número novo.
Art. 235	Unificação de imóveis com abertura de matrícula única.	– Aplicável a imóveis com transcrições anteriores à Lei nº 6.216/1975. – Imóveis registrados por ambos os sistemas (transcrição e matrícula). – Imóveis contíguos objeto de imissão provisória na posse em nome de entes públicos ou suas entidades delegadas.
§ 1º (Art. 235)	Desdobramento em novas matrículas de imóveis oriundos de desmembramentos, partilha e glebas destacadas.	– Sempre que ocorrer transferência de uma ou mais unidades. – Procedimento de acordo com inciso II do art. 233.
§ 2º (Art. 235)	Unificação de imóveis contíguos em área urbana ou de expansão urbana para programas habitacionais ou regularização fundiária.	– Finalidade específica deve ser informada no requerimento de unificação.
§ 3º (Art. 235)	Unificação abrangendo matrículas ou transcrições de imóveis contíguos àqueles com imissão provisória na posse.	– Aplicável a imóveis mencionados no inciso III do *caput*.

2. JURISPRUDÊNCIA COMPLEMENTAR

SUPERIOR TRIBUNAL DE JUSTIÇA

EMENTA: REGISTRO DE IMÓVEIS. UNIFICAÇÃO DE MATRÍCULA DE IMÓVEIS CONTÍGUOS. MESMO PROPRIETÁRIO. PROCEDIMENTO EXTRAJUDICIAL. MATÉRIA NÃO DISCUTIDA NAS INSTÂNCIAS ORDINÁRIAS. ABORDAGEM APENAS NA PETIÇÃO DE EMBARGOS DE DECLARAÇÃO. AUSÊNCIA DE PREQUESTIONAMENTO. DIVERGÊNCIA JURISPRUDENCIAL. AUSÊNCIA DE DEMONSTRAÇÃO.

1. Não há por que falar em violação do art. 535 do CPC quando o acórdão recorrido, integrado pelo julgado proferido nos embargos de declaração, dirime, de forma expressa, congruente e motivada, as questões suscitadas nas razões recursais.

2. A unificação de matrículas de imóveis contíguos pertencentes a um só proprietário prevista no artigo 234 da Lei nº 6.015/73 deve ser realizada de forma extrajudicial pelo Oficial do Registro de Imóveis competente.

3. Não cumpre o requisito do prequestionamento a matéria não decidida nas instâncias ordinárias e que seja abordada apenas na petição de embargos declaratórios. O prequestionamento não é inaugurado pelo mero interesse da parte de apresentar recurso de natureza extraordinária; ou seja: não se prequestiona para interpor recursos especial e extraordinário, ao contrário, tais recursos são interpostos se houver prévio questionamento.

4. Não se conhece do recurso especial fundado na alínea c. do artigo 105, III, da CF se a divergência jurisprudencial não foi demonstrada. 5. Recurso especial conhecido em parte e desprovido. (STJ – REsp 977958 / SC, Rel. Min. JOÃO OTÁVIO DE NORONHA, 4ª T. DJe 05/09/2011).

TRIBUNAL DE JUSTIÇA DO RIO GRANDE DO SUL

EMENTA: APELAÇÃO CÍVEL. REGISTRO DE IMÓVEL. SUSCITAÇÃO DE DÚVIDA. UNIFICAÇÃO DE MATRÍCULAS IMOBILIÁRIAS PARA POSTERIOR REGISTRO DE INCORPORAÇÃO. AUSÊNCIA DE ANUÊNCIA DO CREDOR HIPOTECÁRIO (PROCESSO Nº 70048401335). Correta a impugnação ao pedido de registro de incorporação imobiliária, porquanto sobre um dos imóveis consta gravame de hipoteca, não sendo apresentada escritura pública de re-ratificação com anuência dos credores, ampliando a garantia para o todo e/ou anuência expressa dos credores. APELO DESPROVIDO. UNÂNIME.

3. QUESTÕES DE CONCURSOS

01. (IESES – Titular de Serviços de Notas e Registros – TJ – TO – Remoção/2022) Quando dois ou mais imóveis contíguos pertencentes ao mesmo proprietário, constarem de matrículas autônomas, pode ele requerer:

a) A fusão destas em uma só, de novo número, encerrando-se as primitivas.
b) A integração destas em uma só, de novo número, encerrando-se as primitivas.
c) A incorporação destas em uma só, de novo número, encerrando-se as primitivas.
d) A cisão destas em uma só, de novo número, encerrando-se as primitivas.

02. (IESES – Titular de Serviços de Notas e de Registro – Provimento – TJ – SC/2019) A fusão e a unificação de matrículas são ato previsto na Lei dos Registros Públicos, então, partindo dessa afirmação – João proprietário do imóvel da matrícula nº100 medindo 10,00m de frente por 40,00m de fundos, de JOSÉ proprietário do imóvel da matrícula nº 150 medindo 20,00m por 40,00m de fundos, ambos com a intenção de promover um empreendimento imobiliário resolveram fazer a fusão e a unificação dos imóveis matrículas, levando-se em consideração o que dispõe a legislação brasileira pertinente ao caso, podemos afirmar que o correto seria:

a) Neste caso específico o registrador deverá pedir autorização ao MM Juiz da Comarca, tendo em vista, que estar existindo diversidade de titularidade.
b) Para proprietários de imóveis distintos, a fusão só será possível se estabelecida entre eles a comunhão dos mesmos imóveis por meio de permuta ou da compra e venda ou, quando há dois ou mais imóveis, já em condomínio, ou titulares de partes ideais em algum dos imóveis e não em outros, há que se estabelecer, de igual forma, em face de diversidade de titulares.
c) Poderá ser realizada a fusão e a unificação mesmo que ocorra a divergência de titularidades, bastando para tanto, que na postulação enviada ao registrador imobiliário cada um dos proprietários faça sua anuência concordando.
d) Poderá ser realizada a fusão e a unificação mesmo ocorrendo a divergência de titularidades, até porque, em um possível desmembramento, cada um dos proprietários sairia com o mesmo imóvel como antes da fusão.

03. (Cespe – Notário-AC/2006) Acerca do registro de imóveis, de acordo com a Lei dos Registros Públicos, julgue os próximos itens.

( ) É possível a unificação de imóveis contíguos, abrindo-se apenas uma matrícula e encerrando-se as primitivas, o que somente poderá ser efetivado pelo oficial do Registro de Imóveis, quando esses bens forem do mesmo proprietário.

04. (IESES – Notário-MA/2008) Assinale a alternativa INCORRETA de acordo com a Lei nº 6.015/73, em relação ao Registro de Imóveis:

a) Quando dois ou mais imóveis contíguos pertencentes ao mesmo proprietário, constarem de matrículas autônomas, pode ele requerer a fusão destas em uma só, reaproveitando um dos números.
b) Podem ser unificados, com abertura de matrícula única, dois ou mais imóveis constantes de transcrições anteriores à Lei 6.015/73, à margem das quais será averbada a abertura da matrícula que os unificar.
c) Os imóveis unificados em matrícula única, bem como os oriundos de desmembramentos, partilha e glebas destacadas de maior porção, serão desdobrados em novas matrículas, juntamente com os ônus que sobre eles existirem, sempre que ocorrer a transferência de uma ou mais unidades.
d) A matrícula será cancelada quando em virtude de alienações parciais, o imóvel for inteiramente transferido a outros proprietários.

05. (IESES – Cartório – TJ – PB/2014) Dois ou mais imóveis contíguos pertencentes ao mesmo proprietário, constantes em matrículas autônomas. A pedido do proprietário passam a compor uma matrícula única, nova e com novo número. No caso apresentado teremos o movimento registral conhecido como:

a) Alienação de matrícula.
b) Substituição única de matricula.
c) Enfiteuse.
d) Fusão de matricula.

06. (Vunesp – Cartório – TJ – SP/2014) São requisitos para unificação de imóveis que pertencem a mais de um proprietário:

a) requerimento, acompanhado de memorial descritivo da área unificada recomendada a autorização municipal, podendo os imóveis ser contíguos ou não, pertencerem aos mesmos proprietários, com partes ideais idênticas em cada um dos imóveis que serão unificados.
b) requerimento, acompanhado de memorial descritivo da área unificada recomendada a autorização municipal, devendo os

imóveis ser contíguos e pertencerem aos mesmos proprietários, não importando as partes ideais que cada um possui em cada imóvel que será unificado, desde que requerido por todos os proprietários.

c) requerimento, acompanhado de memorial descritivo da área unificada recomendada a autorização municipal, sendo os imóveis contíguos e pertencerem aos mesmos proprietários, não importando as partes ideais que cada proprietário possui nos imóveis que serão unificados.

d) requerimento, acompanhado de memorial descritivo da área unificada recomendada a autorização municipal, devendo os imóveis ser contíguos e pertencerem aos mesmos proprietários, com partes ideais idênticas em cada um dos imóveis que serão unificados.

07. (FUMARC – Notário-MG/2012) Considerando a Lei 6.015, de 31 de dezembro de 1973, sobre o cancelamento de matrícula pela fusão de imóveis, NÃO é correto afirmar:

a) Os imóveis oriundos de desmembramentos serão desdobrados em novas matrículas, juntamente com os ônus que sobre eles existirem.

b) Podem ser unificados dois ou mais imóveis constantes de transcrições anteriores à lei, à margem das quais será averbada a abertura da matrícula que os unificar.

c) Quando dois ou mais imóveis contíguos pertencentes a diferentes proprietários constarem de matrículas autônomas, podem eles requerer a fusão destas em uma só, de novo número, encerrando-se as primitivas.

d) Podem ser unificados dois ou mais imóveis, registrados por ambos os sistemas, caso em que, nas transcrições, será feita a averbação da abertura da matrícula e nas matrículas serão encerradas as anteriores com a unificação.

08. (IESES – Cartório – Remoção – TJ – RO/2017) Quando dois ou mais imóveis contíguos pertencentes ao mesmo proprietário, constarem de matrículas autônomas, pode ele requerer a destas em uma só de novo número, encerrando-se as primitivas.

a) Cisão

b) Incorporação.

c) Transformação.

d) Fusão.

GAB	1	A	2	B	3	CERTO	4	A
	5	D	6	D	7	C	8	D

Art. 235-A. Fica instituído o Código Nacional de Matrícula (CNM) que corresponde à numeração única de matrículas imobiliárias em âmbito nacional.

§ 1º O CNM referente a matrícula encerrada ou cancelada não poderá ser reutilizado.

§ 2º Ato da Corregedoria Nacional de Justiça do Conselho Nacional de Justiça regulamentará as características e a forma de implementação do CNM.

1. COMENTÁRIOS

Dentre as inúmeras alterações e inovações trazidas pela Lei 13.465/2017, o CNM – Código Nacional de Matrícula, consiste em uma **numeração única de matrículas de imóveis em âmbito nacional.**

O Conselho Nacional de Justiça (CNJ) regulamentou a matéria para possibilitar a sua plena aplicação.

O Provimento CNJ 89/2019, nos arts. 1º ao 7º, regulamentava o Código Nacional de Matrícula (CNM), previsto no art. 235-A da Lei n. 6.015/1973. No entanto, o Provimento CNJ n. 143/2023 revogou esses artigos. Atualmente, a maioria dos dispositivos do referido ato normativo está incorporada aos arts. 330 a 343 do Código Nacional de Normas (Provimento CNJ n. 149/2023).

Passemos à análise.

A partir da data de implantação do SREI, os oficiais de registro de imóveis devem implantar **numeração única para as matrículas** que forem abertas e **renumerar as matrículas existentes** quando do primeiro ato a ser lançado na matrícula ou na hipótese de extração de certidão, nestes termos:

Art. 330. O Código Nacional de Matrícula (CNM), de que trata o art. 235-A da Lei n. 6.015/1973, corresponderá a uma numeração única para as matrículas do registro de imóveis, **em âmbito nacional**, e será constituído de 16 (dezesseis) dígitos, em quatro campos obrigatórios, observada a estrutura CCCCCC.L.NNNNNNN-DD, na forma seguinte:

I – o primeiro campo (CCCCCC) será constituído de seis dígitos e indicará o Código Nacional da Serventia (CNS), atribuído pelo Conselho Nacional de Justiça (CNJ), determinando o ofício de registro de imóveis onde o imóvel está matriculado;

II – o segundo campo (L), separado do primeiro por um ponto, será constituído de um dígito e indicará tratar-se de matrícula no Livro 2 – Registro Geral, mediante o algarismo 2, ou de matrícula no Livro n. 3 – Registro Auxiliar, mediante o algarismo 3;

III – o terceiro campo (NNNNNNN), separado do segundo por um ponto, será constituído de sete dígitos e determinará o número de ordem da matrícula no Livro n. 2 ou no Livro n. 3, na forma do item 1 do inciso II do § 1.º do art. 176 da Lei n. 6.015, de 31 de dezembro de 1973; e

IV – o quarto campo (DD), separado do terceiro por um hífen, será constituído de dois dígitos verificadores, gerados pela aplicação de algoritmo próprio.

§ 1.º Se o número de ordem da matrícula tratado no item 1 do inciso II do § 1.º do art. 176 da Lei n. 6.015, de 31 de dezembro de 1973,) estiver constituído por menos de sete dígitos, serão atribuídos zeros à esquerda até que se completem os algarismos necessários para o terceiro campo.

§ 2.º Para a constituição do quarto campo, será aplicado o algoritmo Módulo 97 Base 10, conforme Norma ISO 7064:2003, ou outro que vier a ser definido mediante portaria da Corregedoria Nacional de Justiça.

Já os arts. 331 e 332, referem-se à **reutilização do Código Nacional de Matrícula**. Veja-se:

> Art. 331. O Código Nacional de Matrícula será inserido à direita, no alto da face do anverso e do verso de cada ficha solta, por meio de impressão, datilografia, aposição de etiqueta, inserção manuscrita ou outro método seguro, a critério do oficial de registro de imóveis.
>
> § 2º Alternativamente ao disposto no caput deste artigo, a inserção do Código Nacional de Matrícula poderá se dar por aposição digital na imagem da matrícula, salvo na hipótese do § 3º deste artigo.
>
> § 3º Ao abrir nova matrícula, a indicação do número do Código Nacional de Matrícula será obrigatória na forma do caput deste artigo.
>
> Art. 332. Não poderá ser reutilizado Código Nacional de Matrícula referente à matrícula encerrada, cancelada, anulada ou inexistente, e essa circunstância constará nas informações do Programa Gerador e Validador, em campo próprio.

Por sua vez, o art. 333 traz regras sobre o **Programa Gerador e Validador:**

> Art. 333. O Operador Nacional do Registro Eletrônico de Imóveis (ONR) disponibilizará, aos oficiais de registro de imóveis, Programa Gerador e Validador do Código Nacional de Matrícula (PGV-CNM).
>
> § 1.º O Programa Gerador e Validador:
>
> I – conterá mecanismos para que os oficiais de registro de imóveis possam gerar o Código Nacional de Matrícula;
>
> II – será publicado na rede mundial de computadores no endereço https://cnm.onr.org.br;
>
> III – informará se o Código Nacional de Matrícula é autêntico e válido, bem como se a relativa matrícula está ativa, encerrada, cancelada ou anulada, ou se não existe;
>
> IV – fornecerá um código hash da consulta;
>
> V – permitirá a emissão de relatório de validação; e
>
> VI – gerará relatórios gerenciais sobre a sua utilização, os quais ficarão disponíveis no módulo de correição on-line.
>
> § 2.º A matrícula será dada como inexistente quando houver salto na numeração sequencial.

Sobre o acesso ao **Programa Gerador e Validador pelos Oficiais de Registro de Imóveis**, as regras constam no art. 334, conforme segue:

> Art. 334. O acesso dos oficiais de registro de imóveis ao Programa Gerador e Validador será feito mediante certificado digital ICP-Brasil ou comunicação por Application Programming Interface (API).
>
> Parágrafo único. Os oficiais de registro de imóveis terão acesso ao PGV-CNM diretamente ou por prepostos designados para esse fim.

A **consulta do Programa Gerador e Validador pelos Usuários** está estabelecida no art. 335:

> Art. 335. O Programa Gerador e Validador poderá ser consultado por qualquer pessoa, sem custos e independentemente de requisição ou cadastramento prévio, para verificação da:
>
> I – validade e autenticidade dos Códigos Nacionais de Matrícula; e
>
> II – situação atual da matrícula, nos termos do § 1.º do art. 333 deste Código.
>
> § 1.º O operador nacional do registro eletrônico de imóveis adotará todas as medidas necessárias à garantia do desempenho, disponibilidade, uso regular dos sistemas, controle, segurança e proteção de dados.
>
> § 2.º O Programa Gerador e Validador poderá ser configurado para evitar buscas massivas, baseadas em robôs, e para bloquear o acesso de usuários específicos.

No que tange à **escrituração da matrícula em fichas soltas,** consta previsão no art. 336:

> Art. 336. Os oficiais de registro de imóveis transportarão todas as matrículas escrituradas de forma manuscrita em livros encadernados e todas as matrículas escrituradas mecanicamente em livros desdobrados (art. 6.º da Lei n. 6.015, de 31 de dezembro de 1973) para o sistema de fichas soltas (parágrafo único do art. 173 da Lei n. 6.015, de 31 de dezembro de 1973), as quais conterão os atos registrais lançados, por rigorosa ordem sequencial, conservando-se as mesmas numerações, com remissão na relativa matrícula originária e respeitados os prazos postos neste Código.

Sobre à **unitariedade da matrícula**, o Provimento CNJ n. 149/2023 traz previsão no art. 337. Todavia, este tema já foi exaurido no tópico 1.4.7 do art. 167 e nos comentários do art. 227, desta lei.

Em relação ao **número de ordem, sua rigorosa sequência e anexação de acervo de cartório extinto**, elucidam, respectivamente os arts. 338, 339 e 340:

> **Art. 338.** Não poderão ser abertas matrículas, para imóveis distintos, com uso do mesmo número de ordem, ainda que seguido da aposição de letra ou número (por exemplo: matrícula 1, matrícula 1-A, matrícula 1-B; matrícula 1-1, matrícula 1-2, matrícula 1-3 etc.).
>
> Parágrafo único. Se houver matrículas com o mesmo número de ordem, ainda que seguido da aposição de letra ou de número, as matrículas mais recentes deverão ser encerradas ex officio, e para cada imóvel será aberta uma nova, com a data atual, numeração corrente e com remissões recíprocas.
>
> **Art. 339.** Havendo salto na numeração sequencial das matrículas, será inserida ficha de matrícula com uma averbação, a qual consignará que deixou de ser aberta matrícula com esse número e que não existe imóvel matriculado.
>
> § 1.º Se o salto corresponder a vários números sequenciais, também será inserida única ficha de matrícula, caso em que a relativa averbação indicará todos os números omitidos.
>
> § 2.º Os saltos na numeração sequencial e ininterrupta das matrículas ficarão documentados no cartório, em arquivo físico ou eletrônico, que conterá o relatório do caso e a decisão do oficial de registro de imóveis.
>
> **Art. 340.** Havendo extinção de cartório, com a anexação de acervo a um outro, as matrículas do ofício anexado serão renumeradas, seguindo a ordem sequencial de numeração do cartório receptor.
>
> Parágrafo único. O oficial de registro de imóveis manterá controle de correlação entre o número anterior, no cartório extinto, e o número da nova matrícula, mediante remissões recíprocas, o que será lançado no Indicador Real e no Indicador Pessoal.

A regra sobre **abertura de nova matrícula** está prevista no art. 341:

> **Art. 341.** Nos casos do art. 339 (transposição para o sistema de fichas soltas), do § 3º do art. 340 (abertura de matrícula própria para distintos imóveis matriculados numa única) e do parágrafo único do art. 341 (salto de número de ordem), por ocasião da abertura de nova matrícula, o oficial de registro de imóveis:
>
> I – poderá transportar todos os atos constantes da matrícula encerrada, ou somente aqueles que estejam válidos e eficazes na data da transposição, mantendo-se rigorosa ordem sequencial dos atos, com remissões recíprocas;
>
> II – os ônus não serão transportados quando forem anteriores ao registro de arrematação ou adjudicação, bem como quando decorrer desse registro, de forma inequívoca, o cancelamento direto ou indireto;
>
> III – na nova matrícula, deverá ser consignado, como registro anterior, o seguinte: "Matrícula atualizada com base nos atos vigentes na matrícula n. ......, originariamente aberta em .... de .... de ...., que fica saneada nesta data.

2. QUESTÃO DE CONCURSO

01. (TJ/SP – 2024 – VUNESP – Notário e Registrador/Provimento) O oficial de registro de imóveis, ao entrar em exercício da delegação, verifica que há um salto na numeração sequencial das matrículas (Livro 2). A serventia possui um total de 10.000 (dez mil) matrículas, mas após a matrícula de numeração 8.000 (oito mil), a próxima matrícula é a de numeração 8.011 (oito mil e onze). Assinale a alternativa correta, de acordo com o Provimento 149 do Conselho Nacional de Justiça.

a) O Oficial deverá inserir, nesse caso, 10 (dez) fichas, cada uma contendo uma averbação que consignará que deixou de ser aberta matrícula com o número indicado no cabeçalho.

b) O Oficial não poderá deixar salto na numeração sequencial e ininterrupta das matrículas, devendo utilizar a numeração faltante nas novas matrículas a serem abertas, em razão de novos atos que praticar, consignando no topo da ficha a data de abertura da matrícula.

c) O Oficial deverá inserir uma única ficha de matrícula, com uma averbação que consignará todos os números omitidos e que não existem imóveis matriculados.

d) O Oficial não poderá deixar salto na numeração sequencial e ininterrupta das matrículas, devendo utilizar a numeração faltante nas novas matrículas a serem abertas, em razão de novos atos que praticar, consignando no topo da ficha a data de abertura da matrícula, desde que comunicado previamente o Juiz Corregedor Permanente.

GAB	1	C

CAPÍTULO VII – DO REGISTRO

Art. 236. Nenhum registro poderá ser feito sem que o imóvel a que se referir esteja matriculado.

1. COMENTÁRIOS

Ao comentar o art. 236, Francisco Eduardo Loureiro esclarece que o artigo em estudo **positiva o princípio do fólio ou sistema real**, que unifica os antigos livros no registro geral, evitando transportes e remissões recíprocas entre livros diversos, fonte de frequentes erros e de dificuldade de pesquisa. Marca a alteração do sistema da lei anterior, fundado na transcrição, que tinha como eixo o negócio jurídico, para o sistema do fólio real, que tem como eixo o imóvel. No sistema da lei anterior, cada transcrição equivalia a um negócio jurídico, envolvendo um ou vários imóveis. No sistema atual, vige a unitariedade, cada imóvel correspondendo a uma matrícula, e cada matrícula a um imóvel, em que são feitos os atos de registro e de averbação (*Lei de Registros Públicos comentada*. Rio de Janeiro: Forense, 2019, p. 1216).

Nos termos do art. 236, a matrícula é pressuposto do registro, equivale dizer, para o lançamento dos registros a que alude o art. 167, inciso I, desta Lei, é obrigatória a prévia abertura da matrícula. **A averbação independe de abertura de matrícula.**

Há também a **transposição de dados** de uma transcrição para a matrícula, quando for o caso. No entanto, nas aquisições originárias de propriedade, como já mencionado, pode ocorrer que essas matrículas não tenham origem em transcrições. Nesse caso, será aberta uma nova matrícula, iniciando-se uma nova cadeia filiatória e eliminando-se possíveis vícios e restrições anteriores. Além disso, poderá não ter origem em transcrições, mas em matrículas anteriores, casos como de desmembramentos, loteamentos, fusões e instituições de condomínio.

A matrícula será feita com base nos elementos constantes do título apresentado e do registro anterior existente no próprio cartório. É o que se depreende do art. 196, já analisado nesta obra. Recomenda-se ao leitor rever os comentários sobre os arts. 176, 195, 227 e 228, que estão relacionados ao dispositivo em questão.

É pertinente trazer a observação de Walter Ceneviva, que comenta: "os *registros especiais* do art. 178 não dizem respeito diretamente ao imóvel, por definição legal. Ora, o art. 236 cuida de 'imóvel a que se referir' o registro. Pode parecer, sob estrita interpretação gramatical, que o registro especial não exige prévia matrícula. Entretanto, a referência final do art. 177 a *imóvel matriculado* não autoriza esse entendimento" (Op. cit., p. 518).

2. JURISPRUDÊNCIA COMPLEMENTAR

TRIBUNAL DE JUSTIÇA DO ESTADO DO RIO DE JANEIRO

EMENTA: Mandado de Segurança. Legitimidade ad causam do Procurador do Ministério Público em exercício no Órgão Especial do Tribunal de Justiça. O Ministério Público afigura-se parte legítima na tutela e mantença da segurança jurídica de registro público imobiliário e de interesses jurídicos de natureza pública e de terceiros no 9º RGI desta Capital, considerando que a sobreposição de nova matrícula viola os princípios da especialidade, continuidade, unicidade e prioridade de registro, além de contrapor a matrícula anterior, com legitimidade e prioridade registral em flagrantes violações das normas do art. 176, § 1º, I da lei 6015/73 e do art. 225 § 2º do referido diploma legislativo. Evidencia-se no caso sub judice a existência de ato ilegal da autoridade impetrada amparando o pleito exordial, em procedimento administrativo do Egrégio Conselho da Magistratura do TJRJ. O direito líquido e certo do impetrante se funda no descumprimento de regras e princípios contidos nas Leis 8935/94 e 6015/73, em especial, o princípio da segurança jurídica, insculpido no art. 1º da Lei 8935/94, no princípio da continuidade registral, previsto no art. 225, § 2º da Lei 6015/73, bem como no princípio da especialidade objetiva, inserto no art. 176, § 1º, II da Lei 6015/ 73. Impõe-se, ainda, a observância das características do registro imobiliário na perspectiva do novo Código Civil-2002-: a) fé pública – presunção de verdade do registro (art. 1246); b) possibilidade de retificação por determinação judicial (art. 1247); c) obrigatoriedade do registro no cartório de imóvel do lugar do imóvel (art. 1.245, § 1º); e d) continuidade do registro em obediência a uma sequência lógica, não se podendo registrar em nome do comprador se o vendedor que consta do negócio jurídico de promessa ou de efetiva compra e venda não é o proprietário ou o dono que consta da matrícula ou registro anterior – art. 1.245 § 1º. Em sede de aquisição do direito real de propriedade no direito brasileiro somente existe dois caminhos: o da aquisição originária ou derivada; (i) é originária quando a propriedade é adquirida sem vínculo do titular anterior, livre de restrição ou ônus (v.g. usucapião, acessão, etc.); e (ii) a aquisição é derivada quando oriunda de relacionamento entre pessoas, v.g. na compra e venda, doação, etc., com o devido registro no Cartório de Registro de Imóveis competente. Por essas razões, não há suporte fático nem jurídico que autorize a abertura de nova matrícula e/ou registro de imóvel relativa a área que já possui matrícula anterior, desconsiderando, dessa forma, toda a cadeia registral já existente, sendo, por isso, tal ato dotado de patente ilegalidade. PRELIMINAR REJEITADA. CONCESSÃO DA SEGURANÇA. (TJRJ – MS 0034184-65.2009.8.19.0000, Des. ROBERTO DE ABREU E SILVA, Órgão Especial, Julgamento: 23/05/2011)

Art. 237. Ainda que o imóvel esteja matriculado, não se fará registro que dependa da apresentação de título anterior, a fim de que se preserve a continuidade do registro.

1. COMENTÁRIOS

Este é mais um dispositivo da Lei de Registros Públicos que, juntamente com o art. 195, consagra o **princípio da continuidade ou do trato sucessivo**, complementando-se mutuamente.

Sobre o tema ora em análise, remetemos o leitor aos comentários do art. 195 desta Lei.

2. JURISPRUDÊNCIA COMPLEMENTAR

TRIBUNAL DE JUSTIÇA DO ESTADO DE MINAS GERAIS

EMENTA: MANDADO DE SEGURANÇA – REGISTRO DE CARTA DE ARREMATAÇÃO – DIVERGÊNCIA COM O QUE CONSTA NO REGISTRO IMOBILIÁRIO – PRINCÍPIOS DA CONTINUIDADE E ESPECIALIDADE – SENTENÇA REFORMADA.

1. O fato de a arrematação se tratar de forma de aquisição originária da propriedade não afasta os princípios da continuidade e especialidade que regem a atividade registral.

2. Não há falar em ilegalidade do ato praticado pelo oficial cartorário que, diante da apresentação de carta de arrematação de imóvel cuja descrição não coincide com a constante na matrícula do bem, exige a prévia averbação da área construída a maior para, posteriormente, seja registrada a carta, por se tratar de imposição decorrente da Lei de Registros Publicos.

3. Sentença reformada, em reexame necessário, e recurso voluntário prejudicado. (TJ-MG, Relator: Edgard Penna Amorim, Data de Julgamento: 08/08/2013, Câmaras Cíveis / 8ª CÂMARA CÍVEL)

TRIBUNAL DE JUSTIÇA DO ESTADO DE SÃO PAULO CONSELHO SUPERIOR DA MAGISTRATURA

EMENTA: REGISTRO DE IMÓVEIS – Dúvida – Princípio da continuidade – Ofensa – Artigo 252 da Lei nº 6.015/1973 – Registro dependente do prévio cancelamento de assento anterior – Pertinência da exigência impugnada – Dúvida procedente – Recurso desprovido (APELAÇÃO CÍVEL Nº 0000039-43.2012.8.26.0562, da Comarca de SANTOS). A interessada requereu suscitação de dúvida, pois inconformada com a desqualificação da escritura pública de venda e compra apresentada para registro (fls. 04). O Oficial de Registro, ao suscitar a dúvida, alegou que o acesso do título ao fólio real depende do cancelamento do R.2, sob pena de ofensa ao princípio da continuidade registral (fls. 02/03). O interessado, ao oferecer impugnação, ponderou: o cancelamento exigido independe de intervenção judicial, ou seja, basta, para tanto, manifestação dos interessados (fls. 17/21). Após o parecer do Ministério Público (fls. 39/40), a dúvida foi julgada procedente (fls. 43/46), razão pela qual o interessado, reiterando suas afirmações pretéritas, interpôs apelação (fls. 50/55), recebida nos efeitos devolutivo e suspensivo (fls. 56). Com nova manifestação do Ministério Público (fls. 57/58), os autos foram remetidos ao Conselho Superior da Magistratura (fls. 61/62) e, ato contínuo, abriu-se vista à Procuradoria Geral de Justiça, que propôs o desprovimento do recurso (fls. 65/66). É o relatório. De acordo com a certidão da matrícula nº 38.101 do 1º Registro de Imóveis da Comarca de Santos, o bem imóvel pertence a Aparecido Alves Feitosa(fls. 12/13 – R.2). A sentença judicial reiteradamente lembrada pelo interessado determinou, exclusivamente, o cancelamento do R.1 da matrícula nº 38.101 do 1º Registro de Imóveis da Comarca de Santos (fls. 24/26), que documenta a aquisição do imóvel por Andriane Aparecida Cardoso Parada Bezerra, casada com Luiz Alves Bezerra (fls. 12/13). Embora Aparecido Alves Feitosa tenha adquirido a coisa de Andriane Aparecida Cardoso Parada Bezerra e Luiz Alves Bezerra, o R.2 permanece hígido: "o registro, enquanto não cancelado, produz todos os seus efeitos legais ainda que, por outra maneira, se prove que o título está desfeito, anulado, extinto ou rescindido" (artigo 252 da Lei nº 6.015/1973). Ademais, Aparecido Alves Feitosa não participou do processo contencioso, quero dizer, a sua situação jurídica não pode ser afetada por decisão lançada em processo onde sequer interveio. Destarte, a escritura pública por meio da qual a Companhia de Habitação da Baixada Santista – COHAB SANTISTA alienou o bem imóvel objeto da matrícula nº 38.101 do 1º Registro de Imóveis da Comarca de Santos a Maria Merces Barbosa da Silva e Gercino Manoel da Silva é, dentro do contexto aduzido, insuscetível de registro. Enquanto não for cancelado o R.2, o acesso do título ao fólio real restará inviabilizado, por força do princípio da continuidade (artigos 195 e 237 da Lei nº 6.015/1973). Consoante esclarece Afrânio de Carvalho: *O princípio da continuidade, que se apoia no de especialidade, quer dizer que, em relação a cada imóvel, adequadamente individuado, deve existir uma cadeia de titularidade à vista da qual só se fará a inscrição de um direito* *se o outorgante dele aparecer no registro como seu titular. Assim, as sucessivas transmissões, que derivam umas das outras, asseguram a preexistência do imóvel no patrimônio do transferente.* Em síntese: o princípio da continuidade considera a pessoa que transfere o direito, não a que o recebe. Portanto, no caso vertente, a exigência questionada preserva a continuidade: quem transferiu o direito não figura no Registro de Imóveis como seu titular. Pelo exposto, nego provimento ao recurso. JOSÉ RENATO NALINI, Corregedor Geral da Justiça e Relator (D.J.E. de 04.02.2013 – SP).

▶ **EMENTA:** REGISTRO DE IMÓVEIS – Débito condominial – Unidade condominial pertencente a mais de uma pessoa – Ação de cobrança promovida em face de um dos proprietários – Acordo judicial – Dação em pagamento da totalidade do bem imóvel – Ausência de anuência dos demais proprietários – Invalidade e ineficácia – Princípio da continuidade e princípio da disponibilidade – Ofensa – Desqualificação do título judicial confirmada – Dúvida procedente – Recurso desprovido (APELAÇÃO CÍVEL Nº 0039765-86.2011.8.26.0100, da Comarca da CAPITAL). O interessado, ora apelante, inconformado com a desqualificação para registro do *mandado judicial de dação em pagamento*, tendo por objeto o bem imóvel descrito na matrícula nº 85.887, requereu a suscitação da dúvida pelo apelado, 18º Oficial de Registro de Imóveis de São Paulo (fls. 08/12), que a providenciou, aparelhando-a com documentos (fls. 04/33). Ao manter a qualificação negativa, ponderou: o imóvel dado em pagamento nos autos do processo de cobrança instaurado pelo apelante, credor de contribuições condominiais, não pertence apenas ao réu Sidney Camargo de Oliveira, o que impede, portanto, o acesso ao fólio real perseguido, diante da impossibilidade de alguém transmitir mais do que tem (fls. 02/03). Na sua manifestação, instruída com documentos (fls. 42/51), o interessado alegou: os proprietários da unidade condominial são devedores solidários, no tocante às contribuições condominiais; valendo-se da faculdade legal, ajuizou ação apenas em face de um dos proprietários, Sidney Camargo de Oliveira; julgado procedente o pedido, o réu deu o imóvel em pagamento; a obrigação dos condôminos tem natureza *propter rem*; a unidade condominial garante o pagamento das despesas condominiais; o acordo foi homologado judicialmente; a tutela dos interesses do condomínio prevalece; no momento, não é mais possível ampliar o polo passivo da ação; enfim, descabidas as exigências formuladas, a dúvida deve ser julgada improcedente (fls. 35/41). Após o parecer do Ministério Público (fls. 53/54), o MM Juiz Corregedor Permanente julgou procedente a dúvida (fls. 56/59), o interessado interpôs apelação, reiterando suas ponderações pretéritas (fls. 63/75), o recurso foi recebido nos seus regulares efeitos (fls. 76) e, depois da manifestação do Ministério Público (fls. 78/79), os autos foram remetidos ao Conselho Superior da Magistratura (fls. 81), abrindo-se vista, em seguida, à Procuradoria Geral de Justiça, que se pronunciou pelo desprovimento do recurso (fls. 84/85). É o relatório. O bem imóvel identificado na matrícula nº 85.887 do 18º Oficial de Imóveis desta Capital pertence, em condomínio, a Sylvio Camargo de Oliveira, Dorothi Santos de Oliveira, casados sob o regime da comunhão universal de bens, e a Sidney Camargo de Oliveira (fls. 29/33), que é casado, sob o regime da comunhão parcial de bens, com Katia Sant'anna de Souza Oliveira (fls. 28). Com o propósito de saldar o débito condominial, objeto de condenação judicial, Sidney Camargo de Oliveira celebrou acordo com o interessado, ora apelante, homologado judicialmente, ajustando o pagamento indireto, mediante entrega da unidade condominial, sem, contudo, colher a concordância dos coproprietários do bem imóvel. Destarte, o Oficial de Registro agiu corretamente, ao recusar o acesso do título ao álbum imobiliário, fundado nos princípios da continuidade e da disponibilidade (fls. 05/06 e 07/13): aliás, a origem judicial do título não dispensa a qualificação, a conferência destinada ao exame do preenchimento das formalidades legais atreladas ao ato registral. É certo, não se ignora, que todos os proprietários da unidade condominial são responsáveis pelo pagamento das contribuições condominiais: a obrigação é solidária, respondendo cada um deles, perante o credor, pela integralidade da dívida. Por isso, o débito condominial, a critério do credor, pode ser exigido de quaisquer dos coproprietários, vale dizer, de um, alguns ou de todos. Também é inegável: a obrigação de pagamento das contribuições condominiais se qualifica como *propter rem*: deve-se por causa da coisa (artigo 1.336, I, do CC/2002); de acordo com Luciano de Camargo Penteado, "a situação de direito real é causa eficiente próxima do surgimento da obrigação". De todo modo, nem a solidariedade aventada nem a singularidade de tal obrigação – expressa em sua causa aquisitiva, assentada na "titularidade de uma situação jurídica de direito das coisas", em síntese, distinguida por sua fonte, sua origem no estatuto de um direito real, ao qual submetida a relação jurídica de soberania estabelecida entre o titular e a coisa –, levam, *inconcreto*, à desconsideração dos princípios da continuidade e da disponibilidade. Sequer oportunizam a um dos devedores, o eleito pelo credor – ao exigir judicialmente o cumprimento da obrigação real –, dar, válida e eficazmente, em pagamento da dívida condominial, sem a anuência dos demais coproprietários – também devedores, não se discute –, a totalidade do imóvel comum, mesmo que seja o vinculado ao débito condominial. A despeito de solidária e *propter rem* a obrigação, o acordo de vontades entabulado entre um dos devedores solidários e o credor condominial, contemplando dação em pagamento, então com substituição da prestação pecuniária (prestação devida) por imóvel (prestação substituta), não basta, apesar da chancela judicial, para conferir validade e eficácia ao negócio jurídico e afastar a aplicação dos princípios da continuidade e disponibilidade. A relação entre as partes, na dação em pagamento, rege-se, se determinado o preço da coisa, pelas regras do contrato de compra e venda (artigo 357 do CC/2002), embora, é verdade, não se confunda com tal modalidade contratual, "porque supõe necessariamente obrigação preexistente, enquanto a venda se basta a si própria. "Logo, o coproprietário do bem imóvel não pode, validamente, sem observar o direito de preferência dos outros coproprietários, alienar a estranhos – nem, portanto, dar-lhes em pagamento –, a sua parte ideal da coisa (artigos 504 e 1.322, ambos do CC/2002) e, assim, muito menos, tem aptidão, ainda que objetivando a quitação de débito condominial, para, sem a concordância dos outros titulares de domínio, vender ou dar em pagamento a totalidade do bem imóvel comum. Segundo Orlando Gomes, o condômino de coisa indivisível, porque desprovido do poder de disposição, pressuposto para a execução da obrigação de transferência assumida – ou por meio de venda e compra ou mediante dação em pagamento –, "não pode vender a estranho sua parte se outro consorte a quiser tanto por tanto", e tampouco, por conseguinte, tem legitimidade para alienar o bem imóvel comum. O devedor solidário, no exercício de sua liberdade contratual, escorado no princípio da autonomia privada, é despido de poder, de legitimidade para transferir direitos que não lhe pertencem.: particularmente, além dos condicionamentos impostos à venda de sua fração ideal da coisa, não tem aptidão para, em dação em pagamento, transmitir as partes ideais sob o domínio dos outros coproprietários. Induvidosamente, superado o plano da validade, falta-lhe, para utilizar expressão cunhada por Antônio Junqueira de Azevedo, *legitimidade-fator de eficácia*, "qualidade do agente consistente na aptidão, obtida pelo fato de estar o agente na *titularidade deum poder*, para realizar eficazmente um negócio jurídico". Com efeito, não recebeu poderes para alienar as frações ideais dos coproprietários do imóvel comum. A situação equipara-se às vendas a *non domino*. Por isso, a dação em pagamento, mesmo que eficaz entre os contratantes, não produz, ante a inexistência de uma relação jurídica (procuração, mandato) os efeitos normais, a eficácia diretamente visada, a que alude o afamado professor das Arcadas. Consoante adverte Orlando Gomes: Parece absurda a venda de coisa alheia, pois, intuitivamente, a coisa vendida deve pertencer ao vendedor. Uma vez, porém, que, pelo contrato, o vendedor se obriga, tão-só, a transferir a propriedade da coisa, nada obsta que efetue a venda de bem que ainda lhe não pertence; se consegue adquiri-lo para fazer a entrega prometida, cumprirá especificamente a obrigação; caso contrário, a venda resolve-se em perdas e danos. A venda de coisa alheia não é nula, nem anulável, mas simplesmente ineficaz. **Se um condômino vende a coisa comum é, entretanto, anulável. (grifei).** Logo, a respeitável decisão de primeiro grau não admite reforma: o assento pretendido – baseado em negócio jurídico anulável e, no mínimo, ineficaz –, representaria violação do princípio da continuidade, de modo a comprometer o exato encadeamento subjetivo das transmissões e aquisições de direitos reais imobiliários, e, mormente, importaria vulneração do princípio da disponibilidade, pois a ninguém é dado transmitir mais direitos do que tem. De resto, a hipótese agitada nestes autos não se confunde com os precedentes jurisprudenciais lembrados pelo apelante, isto é, com as situações de constrições e alienações judiciais da totalidade da unidade condominial, efetivadas em processos de cobrança de despesas condominiais, em execuções desencadeadas em face de um ou de alguns dos coproprietários, pois despojadas da marca da voluntariedade, do traço da autonomia privada. Em arremate, daquelas, direcionadas à realização coativa da prestação pecuniária, os coproprietários, terceiros juridicamente interessados, são cientificados – ou depois, na constrição, ou antes, na hipótese de alienação judicial –, de sorte a possibilitar-lhes o exercício do contraditório e da ampla defesa, até porque ninguém pode ser privado de seus bens sem o devido processo legal(artigo 5º, LIV, da CF/1988). Pelo todo exposto, nego provimento à apelação JOSÉ RENATO NALINI, Corregedor Geral da Justiça e Relator (D.J.E. de 10.01.2013 – SP).

▶ **EMENTA:** Registro de imóveis – Dúvida – Instrumento particular de promessa de permuta de imóveis – Título com natureza jurídica diversa da denominação que lhe foi dada – Verdadeiro contrato de compromisso de compra e venda – Rótulo do contrato que não pode servir de óbice ao seu registro quando seu conteúdo está de acordo com os princípios registrais – recusa afastada, com observação (Apelação nº 9000002-48.2013.8.26.0101, da Comarca de Caçapava). Trata-se de apelação interposta por Heka Administração de Bens e Comércio Ltda., objetivando a reforma da r. sentença de fls. 57, que manteve a recusa do Oficial de Registro de Imóveis, Títulos e Documentos e Civil de Pessoa Jurídica da Comarca de Caçapava, referente ao ingresso no fólio real de "Instrumento Particular de Promessa de Permuta de Bens Imóveis com Torna e Outras Avenças" (fls. 14/32). Alega o recorrente, em suma, admissibilidade do ingresso do título, nos termos do item 30, do inciso I, do artigo 167 da Lei de Registros Públicos, o qual não deve ser interpretado de forma taxativa. A Procuradoria Geral de Justiça opinou pelo provimento do recurso (fls. 81/86). É o relatório. De início, cabe relembrar, como destacou a ilustrada Procuradoria Geral de Justiça, que o entendimento atual do C. Conselho Superior da Magistratura é no sentido da possibilidade do registro da promessa de permuta, em razão da similitude à promessa de compra e venda e do disposto no art. 533 [1], do Código Civil: *REGISTRO DE IMÓVEIS – Dúvida – Recurso de Apelação – Impugnação parcial e juntada de documento a destempo para cumprir exigência – Circunstâncias que prejudicam o recurso – Exame, em tese, dos óbices controvertidos para nortear futuras prenotações – Instrumento particular de promessa de permuta – Possibilidade de registro desde que assim caracterizado – Inocorrência no caso em exame – Contrato com rótulo de instrumento particular de promessa de permuta, mas que representa desde logo o negócio definitivo – Inexistência de obrigação de as partes declararem vontade futura ou de celebrar o contrato definitivo – Recurso prejudicado* (Ap. Cível nº 0008876-60.2011.8.26.0453, Rel. Des. Renato Nalini). Merece destaque, também, precedente mais antigo: *Porque, a rigor, a promessa de permuta constituiria duas promessas recíprocas e simultâneas de venda, mesmo paralelo existente entre a permuta em si e o contrato definitivo de venda e compra (v.g. Valmir Pontes, Registro de Imóveis, Saraiva, 1982, p. 91), seu registro não seria, por isso, impossível. Aliás, isto já decidiu o Conselho Superior, com lastro em numerosa doutrina citada, nacional e estrangeira (v. Apelação nº 37.727-0/3, Comarca de Itu), reconhecendo que o contrato de promessa de permuta é apto a induzir efeitos reais, quando registrado, o que, inclusive, foi objeto de exigência, em aresto da Suprema Corte (RE 89.501-9-RJ), para deferimento de adjudicação compulsória, destarte com aplicação, à espécie, justamente do regramento da promessa de compra e venda. O problema, no caso, é outro, de resto o mesmo que se enfrentou no acórdão do Conselho, acima citado. É que, malgrado nominado como de promessa de permuta, o ajuste em tela consubstanciou, verdadeiramente, um negócio definitivo. A propósito, basta verificar que, em momento algum, as partes, pelo instrumento juntado, se obrigaram a declarar vontade, característica básica do contrato preliminar.* (Ap. Cível nº 0101195-0/5, Rel. Des. Luiz Tâmbara). No caso em exame, embora se tenha dado o nome de promessa de permuta ao instrumento particular, está-se diante de contrato de promessa de compra e venda, uma vez que a parte em dinheiro dada em "permuta" é muito maior do que a em lotes. Orlando Gomes, ao falar do contrato de compra e venda, explica que: *O preço é a 'quantia' que o comprador se obriga a pagar ao vendedor. Elemento essencial no contrato, "sine pretio nula venditio", dizia Ulpiano. Deve consistir em 'dinheiro'. Se é outra coisa, o contrato define-se como 'permuta' ou 'troca'. Não se exige, contudo, que seja exclusivamente dinheiro, bastando que constitua a parcela principal. Para se saber se é 'venda' ou 'troca', aplica-se o princípio 'major pars ad se minorem trahit'; venda, se a parte em dinheiro é superior; troca, se é o valor do imóvel.* [2]Os imóveis da primeira permutante totalizam área de 62,3848 ©, o que corresponde a 623.848 m². Apenas 24.000 m² serão devolvidos mediante a entrega de lotes à primeira permutante, o que corresponde, segundo os critérios definidos nos subitens b e b.1 da cláusula 2.1 do contrato, a aproximadamente a R$ 1.200.000,00. A parte restante, no valor de R$ 20.000.000,00, será "devolvida" em dinheiro, conforme o disposto na cláusula 2.2, *"a título de torna e complementação da permuta"*. Não se trata, portanto, de troca, negócio jurídico por meio do qual os contratantes se obrigam a prestar uma coisa por outra diversa de dinheiro. Inexiste a alienação de uma coisa por outra, mas a venda de área de 62,3848 ha, sendo que apenas pequena parte do pagamento será efetuada mediante a entrega de lotes; o resto, em dinheiro. Isso não impede, contudo, o registro pretendido, pois, conforme destacado nos precedentes acima, não importa o rótulo do contrato, mas sim o seu conteúdo. No caso, como visto, embora rotulado de promessa de permuta – cujo registro é também possível, frise-se – o contrato é de compromisso de compra e venda, devendo o registrador a ele fazer menção no momento do registro. Não teria sentido insistir na recusa apenas para que o interessado retificasse o nome do contrato. Seria providência que nenhuma segurança adicional traria ao registro, mas, de outro lado, imporia aos contratantes ônus desnecessário e dispendioso. Ante o exposto, dou provimento ao recurso para determinar o registro do título, com a observação de que o registrador, ao fazer a inscrição, deverá fazer menção a contrato de compromisso de compra e venda. HAMILTON ELLIOT AKEL. CORREGEDOR GERAL DA JUSTIÇA E RELATOR. Notas: [1] Art. 533. Aplicam-se à troca as disposições referentes à compra e venda, com as seguintes modificações: I – salvo disposição em contrário, cada um dos contratantes pagará por metade as despesas com o instrumento da troca; II – é anulável a troca de valores desiguais entre ascendentes e descendentes, sem consentimento dos outros descendentes e do cônjuge do alienante.[2] *GOMES, Orlando.* Contratos. 26ª ed. Rio de Janeiro: Forense, 2009, p. 274/275. (D.J.E. de 21.10.2014 – SP).

▶ **EMENTA:** Registro de hipoteca – Imóvel que não está mais na disponibilidade do outorgante da garantia – Ofensa ao princípio da continuidade registraria- impossibilidade de registro – Recurso não provido (Apelação nº 0001837-57.2013.8.26.0286, da Comarca de Itu). Cuida-se de apelação interposta contra a decisão de fls. 49/50, que julgou procedente a dúvida e manteve a recusa do Oficial de Registro de Imóveis de Itu de registrar escritura de constituição de garantia hipotecária lavrada em 24.07.2012, pela qual a proprietária Ilonka Anna Maria Bischoff deu em garantia a Galvani Engenharia e Comercio Ltda. o imóvel de matrícula 23.183. A decisão recorrida consignou que o registro da escritura feriria o princípio da continuidade registral, vez que quando ela foi apresentada a registro, em janeiro de 2013, o imóvel já não estava mais na disponibilidade da outorgante da garantia, pois havia sido vendido a terceiros conforme R. 07 da matrícula. Alega, a recorrente, (a) que quando da alienação do bem a hipoteca já se encontrava perfeita e acabada; (b) que o princípio da continuidade só se aplica a atos da mesma natureza, não sendo o caso da compra e venda e da hipoteca e (c) que o gravame da hipoteca acompanha o imóvel mesmo quando ele é vendido a terceiros (fls.

42/45). A Procuradoria Geral de Justiça opinou pelo não provimento (fls. 69/70). É o relatório. A escritura não registrada de constituição de hipoteca só produziu efeitos entre as partes, Ilonka Anna Maria Bischoff e Galvani Engenharia e Comercio Ltda, não em relação a terceiros. Ela foi apresentada a registro originalmente em setembro de 2012 mas, por conta de exigências não cumpridas no prazo pelo apresentante, a prenotação foi perdida. A escritura só foi levada a registro novamente em janeiro de 2013. Entretanto, em novembro de 2012, o imóvel objeto da garantia já havia sido vendido por Ilonka a um terceiro, Francisco de Paula Vieira, conforme R. 07 da matrícula nº 023183 (fl.25). Logo, correta a recusa do Oficial em registrar a escritura da hipoteca em janeiro de 2013, pois o imóvel não estava mais na disponibilidade da outorgante da garantia, o que impede o registro em razão da necessidade de observância ao princípio da continuidadegistrariaia. Como afirmado em sentença, "apenas o titular do bem imóvel pode dá-lo em garantia", de forma que não há se falar que o princípio da continuidade só se aplica para atos da mesma natureza. Por fim, com relação aos argumentos trazidos pela apelante por ocasião de sua oposição ao julgamento virtual (fls. 78/80), o fato do comprador do imóvel ser sogro de Ilonka em nada altera a já mencionada infringência ao princípio da continuidade, observados os limites do procedimento de dúvida registral. O mesmo se diga quanto às alegações de que Ilonka ainda residiria no local, ou de que lá funcionaria uma empresa da qual seu marido é sócio. O eventual reconhecimento de nulidade da compra e venda, pleiteado aqui pela parte, deve ser buscado pela via própria, jurisdicional. Ante o exposto, nego provimento ao recurso. HAMILTON ELLIOT AKEL. CORREGEDOR GERAL DA JUSTIÇA E RELATOR (D.J.E. de 22.10.2014 – SP).

3. QUESTÕES DE CONCURSOS

01. (EJEF – Tabelionato e Registro-MG/2007) Quanto ao princípio da continuidade dos registros públicos:

a) É princípio de ordem pública que admite flexibilização e como tal cede diante da lei civil na tutela do terceiro de boa-fé.

b) Trata-se de princípio de ordem pública e natureza cogente, que se apóia no de especialidade, a impor um perfeito encadeamento entre os dados constantes nos registros anteriores, no atual e nos subsequentes, condicionando a lavratura de novo assento à prévia apresentação de título anterior exigido por lei.

c) É princípio de ordem pública e natureza cogente que repousa na necessidade de fazer com que o registro reflita com a maior fidelidade possível a realidade jurídica, aplicável somente no registro de imóveis.

d) Em casos excepcionais admite, falecido o titular do domínio do imóvel, a venda ou a constituição de hipoteca pelo herdeiro único, sem que antes registre a carta de adjudicação do imóvel.

02. (UFMT – Notário-MT/2003) Para cumprimento do princípio de continuidade (art. 195 da Lei nº 6.015/73) o oficial exigirá a prévia matrícula e o registro do título anterior. Se um dado imóvel situar-se em mais de uma comarca ou circunscrição limítrofe, o Oficial, para o registro do título anterior, exigirá:

a) O registro do título anterior apenas na comarca ou circunscrição em que situada a sede do imóvel para o deferimento do registro do título que lhe sucede.

b) O registro do título anterior nas comarcas ou circunscrições do domicílio das partes para deferimento do título que lhe sucede.

c) O registro do título em todas as comarcas ou circunscrições limítrofes para deferimento do registro do título que lhe sucede.

d) O registro do título anterior na comarca ou circunscrição de maior número de habitantes.

e) O registro do título em qualquer comarca ou circunscrição limítrofe para deferimento do registro do título que lhe sucede.

03. (Vunesp – Notário-MS/2009) "Somente será viável o registro de título contendo informações perfeitamente coincidentes com as constantes da matrícula sobre as pessoas e bem nela mencionados." Referida circunstância é imposta pelo princípio da

a) continuidade.
b) instância.
c) prioridade.
d) inscrição.
e) disponibilidade

GAB	1	B	2	C	3	A

Art. 237-A. Após o registro do parcelamento do solo, na modalidade loteamento ou na modalidade desmembramento, e da incorporação imobiliária, de condomínio edilício ou de condomínio de lotes, até que tenha sido averbada a conclusão das obras de infraestrutura ou da construção, as averbações e os registros relativos à pessoa do loteador ou do incorporador ou referentes a quaisquer direitos reais, inclusive de garantias, cessões ou demais negócios jurídicos que envolvam o empreendimento e suas unidades, bem como a própria averbação da conclusão do empreendimento, serão realizados na matrícula de origem do imóvel a ele destinado e replicados, sem custo adicional, em cada uma das matrículas recipiendárias dos lotes ou das unidades autônomas eventualmente abertas.

§ 1º Para efeito de cobrança de custas e emolumentos, as averbações e os registros relativos ao mesmo ato jurídico ou negócio jurídico e realizados com base no *caput* deste artigo serão considerados ato de registro único, não importando a quantidade de lotes ou de unidades autônomas envolvidas ou de atos intermediários existentes.

§ 2º Nos registros decorrentes de processo de parcelamento do solo ou de incorporação imobiliária, o registrador deverá observar o prazo máximo de 15 (quinze) dias para o fornecimento do número do registro ao interessado ou a indicação das pendências a serem satisfeitas para sua efetivação.

§ 3º O registro da instituição de condomínio ou da especificação do empreendimento constituirá ato único para fins de cobrança de custas e emolumentos.

§ 4º É facultada a abertura de matrícula para cada lote ou fração ideal que corresponderá a determinada unidade autônoma, após o registro do loteamento ou da incorporação imobiliária.

§ 5º Na hipótese do § 4º deste artigo, se a abertura da matrícula ocorrer no interesse do serviço, fica vedado o repasse das despesas dela decorrentes ao interessado, mas se a abertura da matrícula ocorrer por requerimento do interessado, o emolumento pelo ato praticado será devido por ele.

1. COMENTÁRIOS

O *caput* do artigo 237-A foi acrescido pela Medida Provisória n. 459, de 25/3/2009, convertida na Lei n. 11.977, de 7/7/2009 (Programa Minha Casa, Minha Vida – PMCMV), e com nova redação dada pela Lei nº 14.382, de 27/6/2022.

A antiga redação do art. 237-A da LRP era ambígua e dificultava a atuação do aplicador do direito.

Marcelo Augusto Santana de Melo faz uma crítica pertinente ao *caput* do art. 237-A da LRP, que vale a transcrição: "O *caput* do art. 237-A da LRP afirma que nas hipóteses nele previstas (parcelamento do solo e incorporação), quando da prática de registros e averbações envolvendo as futuras unidades autônomas e lotes, devem ser aplicados tanto nas matrículas de origem (matrícula-mãe) como nas matrículas respectivas. Resulta, assim, que, em vez de se praticar o ato de registro envolvendo os lotes e futuras unidades autônomas diretamente em suas respectivas matrículas, equivocou-se o legislador exigindo que o ato seja praticado também na matrícula de origem, evidenciando-se claro desrespeito ao princípio (ou subprincípio) da unitariedade matricial" (Op. cit., p. 1320).

Como já foi mencionado anteriormente, por tal princípio entende-se que cada imóvel corresponde a uma matrícula e cada matrícula a um imóvel, onde são realizados os atos de registro e averbação.

O novo art. 237-A aprimora a técnica registral e seus efeitos no que se refere à cobrança de emolumentos para atos específicos, tais como o parcelamento do solo, na modalidade de loteamento ou desmembramento, e a incorporação imobiliária, seja de condomínio edilício ou de condomínio de lotes.

O **parcelamento do solo urbano** poderá ser feito mediante **loteamento** ou **desmembramento**, observadas as disposições da Lei 6.766/1979 e das legislações estaduais e municipais pertinentes.

Considera-se loteamento a subdivisão de gleba em lotes destinados a edificação, com abertura de **novas vias de circulação**, de logradouros públicos ou prolongamento, modificação ou ampliação das vias existentes.

Já o desmembramento é a subdivisão de gleba em lotes destinados a edificação, com **aproveitamento do sistema viário existente**, desde que não implique na abertura de novas vias e logradouros públicos, nem no prolongamento, modificação ou ampliação dos já existentes.

Por sua vez, considera-se **incorporação imobiliária** a atividade exercida com o intuito de promover e realizar a construção, para alienação total ou parcial, de edificações ou conjunto de edificações compostas de unidades autônomas.

Everaldo Augusto Clamber identifica os quatro elementos essenciais do referido contrato:

a) elemento objetivo: representado por frações ideais de terreno, vinculadas a unidades condominiais autônomas, em edificações, de um ou mais Pavimentos, a serem construídas ou em construção;

b) elemento subjetivo: identificado, em última análise, pela existência de pelo menos uma pessoa: o incorporador, seja pessoa física ou jurídica, comerciante ou não;

c) elemento negocial: a atividade do incorporador é toda ela exercida com a finalidade de realizar a alienação, total ou parcial, das edificações ou conjunto de edificações compostas de unidades autônomas, antes e durante a construção das unidades autônomas;

d) elemento formal: o registro e a averbação, no cartório de registro de imóveis competente, de toda a documentação envolvida na incorporação imobiliária, especialmente o registro daquela relacionada no art. 32 da LCI, que comporão o memorial de incorporação, sem o que não poderá ocorrer licitamente a negociação das unidades condominiais (*Direito Notarial e Registral avançado.* São Paulo: Revista dos Tribunais, 2014, p. 384).

Condomínio edilício é aquele que se caracteriza pela apresentação de uma propriedade comum ao lado de uma propriedade privativa. Cada condômino é titular, em exclusividade, de uma unidade autônoma e titular apenas de partes ideais das áreas comuns. Esta é a definição de Carlos Roberto Gonçalves (*Direito Civil Brasileiro*, 8ª ed. V. V São Paulo: Saraiva, 2013, p. 448).

Quanto ao **condomínio de lotes**, trata-se de uma figura entre o condomínio e o loteamento. O nome fala por si só. Em outras palavras, trata-se de um condomínio edilício que, diferentemente do condomínio de casas, possui **apenas lotes** como unidades autônomas.

Pode-se dizer que é um condomínio edilício sem construções.

Ressalte-se que o art. 237-A se aplica apenas aos atos registrais realizados após o registro inaugural do empreendimento e até a averbação de sua conclusão, em razão de atos jurídicos ou negócios jurídicos pertinentes à pessoa do incorporador ou do loteador, ou decorrentes de quaisquer direitos reais que abranjam o empreendimento e suas unidades, inclusive a própria averbação da conclusão do empreendimento.

Alguns atos jurídico-reais fragmentam um imóvel em diversos outros. É o chamado **efeito "pulverizador" ou "multiplicador".** Nas palavras de Carlos Elias e Flávio Tarturce, do ponto de vista registral, esse ato jurídico é registrado na **matrícula do imóvel (matrícula-mãe)** e acarreta a criação de matrículas para cada uma das **unidades autônomas daí decorrentes (matrículas-filhas).** As últimas retratarão cada uma dessas unidades autônomas, pois são as matrículas recipiendárias dessas unidades autônomas, ou seja, são as que receberão a representação jurídico-objetiva dessas unidades. Estamos a nos referir, entre outros, aos seguintes atos jurídicos: a) os relativos ao parcelamento do solo urbano – loteamento ou desmembramento, conforme Lei n. 6.766/1979: as unidades autônomas daí decorrentes são os lotes – no caso de parcelamento do solo urbano –, ou simplesmente outros imóveis menores – no caso de parcelamento do solo rural; b) incorporação imobiliária, em que as unidades autônomas são as que integrarão o futuro condomínio edilício que será instituído e que, por conta da incorporação imobiliária, já serão alienadas de antemão – venda "na planta"; c) instituição do condomínio edilício, em que as unidades autônomas são as integrantes desse condomínio; e d) instituição do condomínio de lotes, em que as unidades autônomas são lotes, fruto de um parcelamento do solo urbano. Na verdade, a última está indicada na letra a, pois é uma entre outras opções de um parcelamento do solo urbano. O parcelamento do solo urbano pode ou não resultar em um condomínio de lotes, conforme se trate de um loteamento condominial, de um loteamento tradicional ou de um loteamento de acesso controlado (Op. cit. p. 215).

Sobre o efeito pulverizador, os autores ainda trazem outros exemplos, nestes termos:

> "Existem, na verdade, outros atos jurídicos que geram "efeito pulverizador", como o de instituição de condomínio em multipropriedade, o ato a instituição de direito real de laje, mas deixamos de tratar deles por não terem sido enfocados pelo art. 237-A da LRP. O legislador importou-se com os custos cartorários que esse "efeito pulverizador" pode gerar ao empreendedor durante a realização das obras em casos de parcelamento do solo urbano, de incorporação imobiliária, de instituição "precoce" de condomínio edilício ou de instituição de condomínio de lotes. Essa preocupação decorre do pleito existente no mercado de não se onerarem esses empreendimentos com custos que poderiam ser contornados ou atenuados, o que refletiria no preço final a ser cobrado do consumidor, pela venda das unidades autônomas.
>
> Duas ainda importantes observações dos autores sobre as regras de "alívio de emolumentos" para os atos jurídico-reais globais, que são apenas para o período anterior à averbação da conclusão do empreendimento, ou seja: (1) a averbação da constrição, no caso de incorporação imobiliária, condomínio edilício e condomínio de lotes; e (2) a averbação da conclusão das obras de infraestrutura, no caso de parcelamento do solo. Atos jurídico-globais posteriores, a rigor, não são alcançados. Por fim, cabem dois alertas finais sobre o tema, novamente com grande interesse prático. O primeiro alerta é no sentido de que o entendimento supra **recai apenas sobre atos jurídico-reais globais.** Não se aplica, portanto, a **atos jurídico-reais individualizados.** Assim, se o empreendedor vender dois lotes, o registro dessa venda a ser feito nas duas matrículas-filhas pertinentes gerará a cobrança de emolumentos por cada um dos atos. O registrador cobrara dois emolumentos, um por cada ato de registro. O segundo alerta é que a presunção de unicidade para atos jurídico-reais globais para fins de emolumentos só é aplicável até a data da averbação do término das obras, ou seja, com a conclusão das obras de infraestrutura – no caso de parcelamento do solo urbano – ou da construção – havendo incorpração imobiliária ou instituição precoce do condomínio edilício. Isso está estabelecido textualmente no *caput* do art. 237-A da Lei de Registros Públicos" (Op. cit. 215)..

O art. 237-A, § 1º, estabelece que as averbações e os registros relativos ao mesmo ato jurídico ou negócio jurídico do parcelamento, incorporação imobiliária ou condomínio edilício, serão considerados **ato de registro único**, não importando a quantidade de lotes ou de unidades autônomas envolvidas ou de atos intermediários existentes.

Discute-se se é indevida ou não esta regulamentação dos emolumentos. Para a corrente que defende ser a cobrança ilegal, seguem os argumentos:

O art. 237-A, § 1º, estabelece que as averbações e os registros relativos ao mesmo ato jurídico ou negócio jurídico do parcelamento, incorporação imobiliária ou condomínio edilício, serão considerados um **ato de registro único**, independentemente da quantidade de lotes, unidades autônomas envolvidas ou atos intermediários existentes.

Discute-se se essa regulamentação dos emolumentos é indevida ou não. Para a corrente que defende ser a cobrança ilegal, seguem os argumentos:

1) Matéria da competência dos Estados Federados, razão pela qual o dispositivo seria inconstitucional. Alegam que cabe à União, em obediência ao princípio federativo, estabelecer normas gerais sobre o tema, o que foi feito na Lei nº 10.169/2000 (Lei de Emolumentos).
2) Ofende o princípio da capacidade contributiva, já que isenta de pagamento os bancos e as construtoras.

3) a regra contida no § 1º do art. 237-A teria natureza jurídica de isenção heterônoma, vedada pelo art. 151, III, da CF.

Em sentido contrário, a corrente que entende que a cobrança é devida:

a) A previsão do aludido dispositivo foi realizada no exercício da competência constitucional atribuída à União, no art. 22, XXV, de legislar sobre registros públicos.

b) A Lei 10.169/2000, apesar de estar fundamentada diretamente no § 2º do art. 236 da CF, foi alterada pelo art. 237-A, inserido na Lei 6.015/1973, unicamente no que pertine à hipótese que expressamente nele restou excepcionada.

c) A previsão feita no § 1º do art. 237-A concerne apenas à limitação de cobrança, como um único ato de registro, para todos os registros e averbações realizados na incorporação imobiliária até a emissão da carta de habite-se, não parecendo se tratar de isenção heterônoma.

O art. 237, § 2º, traz **exceção ao prazo do art. 188,** desta Lei, que determina: *"Protocolizado o título, proceder-se-á ao registro ou à emissão de nota devolutiva,* ***no prazo de 10 (dez) dias****, contado da data do protocolo" (...).* É que, nos registros decorrentes de processo de **parcelamento do solo ou de incorporação imobiliária**, o registrador deverá observar o **prazo máximo de 15 (quinze) dias** para o fornecimento do número do registro ao interessado ou a indicação das pendências a serem satisfeitas para sua efetivação.

A redação do § 3º, que estabelece que o registro da instituição de condomínio ou da especificação do empreendimento constituirá ato único para fins de cobrança de custas e emolumentos também foi alvo de críticas pela doutrina, pelos mesmos argumentos aplicados ao § 1º deste art. 237-A.

Ao tratar dos emolumentos, Carlos Elias e Flávio Tartuce esclarecem que existem, dois custos principais. O **primeiro custo é com a abertura das matrículas-filhas** e o **segundo, com a repetição, em cada matrícula-filha, de atos jurídicos praticados na matrícula-mãe.** A Lei do SERP girou em torno dessa preocupação ao promover alterações no art. 237-A da Lei de Registros Públicos.

> "Nesse contexto, de um lado, **no caso do registro do loteamento ou da incorporação,** a abertura das matrículas-filhas é uma **faculdade do empreendedor** (art. 237-A, § 4.°, da LRP). O referido dispositivo não é expresso até quando poderá ser represada a abertura das matrículas-filhas. Entendemos que o marco deve ser o término das obras para todas as matrículas-filhas ou, no caso de cada matrícula-filha, o registro do primeiro ato de sua alienação.
>
> Enfim, nos casos de parcelamento do solo urbano ou de incorporação, o empreendedor pode deixar para abrir as matrículas-filhas posteriormente, especificamente quando: a) do término das obras de infraestrutura ou da primeira alienação de lotes, no caso de parcelamento do solo urbano; ou b) da averbação das obras com a consequente instituição do condomínio edilício – caso em que todas as matrículas filhas têm de ser abertas – ou do registro do primeiro ato de alienação de cada unidade autônoma – se apenas a respectiva matrícula filha deverá ser aberta –, no caso de incorporação imobiliária. O registrador pode, ainda por conveniência do serviço, abriras matrículas filhas antes desses marcos, mas não poderá cobrar emolumentos por esse ato. A cobrança pelas matrículas-filhas apenas será devida se tiver havido requerimento do empreendedor (art. 237-A, § 5.°, da IRP).
>
> De outro lado, o **caput e o § 1.° do art. 237-A da LRP** preocuparam-se com o que chamamos de atos jurídico-reais globais, assim entendidos os relativos ao próprio empreendedor (v. g., a averbação de mudança de nome, a averbação de casamento) ou ao empreendimento como um todo (v. 8., o registro de hipoteca dos imóveis em garantia do financiamento das obras). A própria averbação da conclusão das obras é um ato jurídico-real global, porque diz respeito ao próprio empreendimento. Esses atos jurídico-reais globais contrapõem-se aos atos jurídico-reais individualizados, assim entendidos aqueles que dizem respeito apenas a uma unidade autônoma individualizada, a exemplo do registro de sua venda a determinado consumidor.
>
> Se nem todas as matrículas-filhas tiverem sido abertas, os atos-jurídico-reais globais precisarão ser registrados (lato sensu) tanto na matrícula-mãe que mantém a disponibilidade objetiva das unidades sem matrículas-filhas – quanto nas matrículas-filhas já abertas. Esse espelhamento dos atos praticados na matrícula-mãe para as matrículas-filhas é essencial, porque estas últimas precisam retratar a situação jurídico-real atualizada do bem. Com o objetivo de evitar que o empreendedor tenha custos cartorários adicionais com esse espelhamento, o *caput* e § 1.° do art. 237-A da LRP vedam a cobrança de emolumentos por esses atos registrais a serem praticados nas matrículas-filhas em replicação do ato praticado na matrícula-mãe. Todos esses atos serão considerados como se fossem um ato registral único. O registrador cobrará, assim, os emolumentos correspondentes apenas ao registro lato sensu na matrícula-mãe e replicará esse ato nas matrículas-filhas já abertas sem qualquer cobrança adicional de emolumentos. Raciocínio similar deve ser adotado se todas as matrículas-filhas já tiverem sido abertas, com apenas um ajuste, sendo certo que não se praticarão mais atos na matrícula-mãe diante do esvaziamento da sua disponibilidade objetiva com a abertura de todas as matrículas-filhas. Atos de mutação jurídico-reais devem ser realizados apenas nas matrículas-filhas, ao menos em regra. Para efeito de cobrança de emolumentos, entendemos que, tratando-se de atos jurídico-reais globais, os atos registrais praticados em cada uma das matrículas-filhas deverão ser considerados um ato único. Assim, o registrador deve cobrar emolumentos pelo ato registral em uma das matrículas-filhas e deve replicar esse ato registral nas demais sem cobrar qualquer emolumento adicional. Essa nos parece a melhor interpretação do *caput* e § 1° do art. 237-A da LRP, que foram atécnicos nas suas redações por não terem contemplado expressamente essa situação de a matrícula-mãe já ter tido sua disponibilidade objetiva esvaziada com a abertura das matrículas-filhas" (Op. cit. p. 217).

Por derradeiro, consigna-se regra importante e recente estabelecida no art. 55 da Lei n. 13.097/2015 (conversão da MP n. 656/2014), que dialoga com o tema incorporação imobiliária, parcelamento do solo e condomínio edilício, a saber:

> A alienação ou oneração de unidades autônomas integrantes de incorporação imobiliária, parcelamento do solo ou condomínio edilício, devidamente registrada, não poderá ser objeto de evicção ou de decretação de ineficácia, mas eventuais credores do alienante ficam sub-rogados no preço ou no eventual crédito imobiliário, sem prejuízo das perdas e danos imputáveis ao incorporador ou empreendedor, decorrentes de seu dolo ou culpa, bem como da aplicação das disposições constantes da Lei nº 8.078, de 11 de setembro de 1990.

2. JURISPRUDÊNCIA COMPLEMENTAR

CONSELHO NACIONAL DE JUSTIÇA

EMENTA: Extrajudicial – Recurso Administrativo em Pedido de Providências – Averbação de obra de construção civil no registro imobiliário – Afastamento da exigência de apresentação de certidão negativa de débito previdenciário – 1. A obrigação de provar regularidade fiscal previdenciária, para fins de averbação de obra de construção civil no registro imobiliário (artigo 47, inciso II e artigo 48, parágrafo 3º da Lei nº 8.212/1991) deixou de subsistir com a superveniência do julgamento provido, pelo Supremo Tribunal Federal, para as Ações Diretas de Inconstitucionalidade números 173-6 e 394-1. Precedente no PP 0001230-82.2015.2.00.0000 – 2. Recurso improvido (CNJ – Pedido de Providências nº 0004771-50.2020.2.00.0000 – Rondônia – Rel. Min. Maria Thereza de Assis Moura – DJ 15.09.2021).

EMENTA: PEDIDO DE PROVIDÊNCIAS. AVISO 421/2009 da CGJRJ – INTERPRETAÇÃO DO ART. 237-A DA LEI 6.015/73 – INCLUSÃO PELO ART. 76 DA LEI 11.977/2009 – APLICAÇÃO GERAL A TODOS OS PARCELAMENTOS E INCORPORAÇÕES IMOBILIÁRIAS – AFASTAMENTO DA INTERPRETAÇÃO QUE RESTRINGE SUA INCIDÊNCIA AOS IMÓVEIS OBJETO DO PROGRAMA MINHA CASA, MINHA VIDA – PMCMV. I – Pelo Aviso nº 421/2009, a Corregedoria-Geral de Justiça do Estado do Rio de Janeiro considerou que o art. 237-A, § 1º, introduzido na Lei 6.015/73 pela Lei nº 11.977/2009, que dispõe, dentre outros assuntos, sobre o Programa Minha Casa, Minha Vida – PMCMV, aplicar-se-ia, exclusivamente, às incorporações imobiliárias objeto do referido programa. II – Interpretação que não se coaduna com a interpretação histórica, sistemática e teleológica a ser conferida ao novel dispositivo, já que a nova disciplina insere-se na competência privativa da União prevista no art. 22, XXV da Constituição Federal, não se cuida de isenção tributária heterônoma e visa atenuar os custos da incorporação imobiliária para reduzir o conhecido déficit habitacional brasileiro. III – O art. 237-A, § 1º da Lei 6.015/73 aplica-se a todos os parcelamentos e incorporações imobiliárias, não se encontrando restrito às incorporações objeto do Programa Minha Casa, Minha Vida – PMCMV. IV – Voto no sentido de anular o Aviso nº 421/2009 da CGJRJ e expedir recomendação para que todos os Tribunais de Justiça apliquem a interpretação conferida por este voto ao art. 237-A, § 1º da Lei 6.015/73.

SUPERIOR TRIBUNAL DE JUSTIÇA

EMENTA: EMBARGOS DE DECLARAÇÃO. RECURSO ESPECIAL IMPROVIDO. AÇÃO DE COBRANÇA. EMOLUMENTOS. ATO NOTARIAL DE AVERBAÇÃO RELATIVO À QUITAÇÃO DA AQUISIÇÃO DE LOTES (DESTINADOS A CONSTRUÇÃO SOB O REGIME DE INCORPORAÇÃO IMOBILIÁRIA), EFETIVADO NA MATRÍCULA DE ORIGEM, BEM COMO NAS MATRÍCULAS DAS UNIDADES IMOBILIÁRIAS ADVINDAS DO EMPREENDIMENTO. ART. 237-A DA LEI DE REGISTROS PÚBLICOS. OBSERVÂNCIA. **ATO DE REGISTRO ÚNICO, PARA FINS DE COBRANÇA DE CUSTAS E EMOLUMENTOS**. ALEGAÇÃO DE ADOÇÃO DE PREMISSA FALSA. NÃO OCORRÊNCIA. EMBARGOS DE DECLARAÇÃO REJEITADOS.

1. O julgado embargado, logo de início e nos exatos termos em que o ora embargante tece seus esclarecimentos, delimitou a controvérsia e o contexto fático em que inserida. Nesse contexto e, para a específica finalidade de cobrança de custas e emolumentos, concluiu-se que o ato notarial de averbação relativa à quitação dos três lotes em que se deu a construção sob o regime de incorporação imobiliária, efetuado na matrícula originária (323.069), assim como em todas as matrículas das unidades imobiliárias daí advindas, relaciona-se, inequivocamente, com o aludido empreendimento. Insubsistente, por conseguinte, a tese de que o aresto embargado estaria fundado em premissa falsa.

2. O acórdão ora impugnado não padece de qualquer dos vícios de julgamento previstos no art. 535 do CPC, nos quais, como é de sabença, não se insere a mera discordância pela parte sucumbente dos fundamentos então adotados. 3. Embargos de declaração rejeitados. (STJ – EDcl no REsp nº 1.522.874 – Distrito Federal – 3ª Turma – Rel. Min. Marco Aurélio Bellizze – DJ 26.10.2015)

EMENTA: PROCESSUAL CIVIL. COBRANÇA DE EMOLUMENTOS DE CARTÓRIO DE REGISTRO DE IMÓVEIS. **REGISTRO ÚNICO.** ATENUAÇÃO DOS CUSTOS DA INCORPORAÇÃO IMOBILIÁRIA. AUSÊNCIA DE PREQUESTIONAMENTO. SÚMULA 211/STJ.

1. A indicada afronta do art. 228 da Lei 6.015/1973 não pode ser analisada, pois o Tribunal de origem não emitiu juízo de valor sobre esse dispositivo legal. O Superior Tribunal de Justiça entende ser inviável o conhecimento do Recurso Especial quando os artigos tidos por violados não foram apreciados pelo Tribunal *a quo*, a despeito da oposição de Embargos de Declaração, haja vista a ausência do requisito do prequestionamento. Incide, na espécie, a Súmula 211/STJ.

2. O calculo dos emolumentos cobrados pelo Cartório de Registro de Imóveis competente para o registro do contrato de mútuo relativo à construção do empreendimento imobiliário, com garantia hipotecária, celebrado entre a empresa recorrida e a Caixa Econômica Federal, com fulcro no art. 237-A, § 1º, da Lei 6.015/73, incluído pela Lei nº 11.977/2009, deverá ser realizado como ato de registro único, independentemente da quantidade de atos e de unidades autônomas envolvidas.

3. A Lei 11.977/2009, que acrescentou o artigo em comento, tem como escopo atenuar os custos da incorporação imobiliária para reduzir o conhecido *déficit* habitacional brasileiro; portanto, a interpretação do Tribunal *a quo* está em sintonia com os valores sociais predispostos em nossa legislação e deve ser prestigiado por esta Corte.

4. Recurso Especial não provido. (STJ – REsp nº 1.441.872 – Espírito Santo – 2ª Turma – Rel. Min. Herman Benjamin – DJ 04.08.2015)

EMENTA: RECURSO ESPECIAL. AÇÃO DE COBRANÇA. EMOLUMENTOS. ATO NOTARIAL DE AVERBAÇÃO RELATIVO À QUITAÇÃO DA AQUISIÇÃO DE LOTES (DESTINADOS A CONSTRUÇÃO SOB O REGIME DE INCORPORAÇÃO IMOBILIÁRIA), EFETIVADO NA MATRÍCULA DE ORIGEM, BEM COMO NAS MATRÍCULAS DAS UNIDADES IMOBILIÁRIAS ADVINDAS DO EMPREENDIMENTO. ART. 237-A DA LEI DE REGISTROS PÚBLICOS. OBSERVÂNCIA. **ATO DE REGISTRO ÚNICO,** PARA FINS DE COBRANÇA DE CUSTAS E EMOLUMENTOS. RECURSO ESPECIAL IMPROVIDO.

1. O art. 237-A da LRP determina que, após o registro da incorporação imobiliária, até o "habite-se", todos os subsequentes registros e averbações relacionados à pessoa do incorporador ou aos negócios jurídicos alusivos ao empreendimento sejam realizados na matrícula de origem, assim como nas matrículas das unidades imobiliárias eventualmente abertas, consubstanciando, para efeito de cobrança de custas e emolumentos, ato de registro único.

2. Para a específica finalidade de cobrança de custas e emolumentos, tem-se que o ato notarial de averbação relativa à quitação dos três lotes em que se deu a construção sob o regime de incorporação imobiliária, efetuado na matrícula originária, assim como em todas as matrículas das unidades imobiliárias daí advindas, relaciona-se, inequivocamente, com o aludido empreendimento.

3. Nos termos da lei regência (Lei nº 4.591/64), em seu art. 32, é condição *sine qua non* ao registro da incorporação imobiliária e, por via de consequência, à negociação das futuras unidades imobiliárias, que o incorporador demonstre a qualidade de proprietário, de promitente comprador, de cessionário, ou de promitente cessionário do imóvel no qual se edificará a construção sob o regime de incorporação imobiliária 3.1 Nas hipóteses em que o incorporador não detém título definitivo de propriedade, o negócio jurídico estabelecido entre ele e o então proprietário do terreno assume contornos de irrevogabilidade e de irretratabilidade, havendo, necessariamente, expressa vinculação do bem imóvel ao empreendimento sob o regime de incorporação imobiliária.

4. Levando-se em conta que o objeto da relação contratual ajustada entre o então proprietário do terreno e o incorporador (ou quem vier a sucedê-lo) encontra-se indissociavelmente ligado à incorporação imobiliária, a matrícula do imóvel no qual se erigirá o empreendimento conterá, necessariamente, o título pelo qual o incorporador adquiriu o imóvel, bem como toda e qualquer ocorrência que importe alteração desse específico registro, no que se insere, inarredavelmente, a averbação de quitação da promessa de compra do terreno.

5. Recurso especial improvido. (STJ – REsp nº 1.522.874 – Distrito Federal – 3ª Turma – Rel. Min. Marco Aurélio Bellizze – DJ 22.06.2015).

TRIBUNAL DE JUSTIÇA DO ESTADO DO PARÁ

EMENTA: RECURSO ADMINISTRATIVO. REGISTROS PÚBLICOS. REGISTRO DE INCORPORAÇÃO IMOBILIÁRIA PROGRAMA MINHA CASA, MINHA VIDA. A Lei nº 6.015/73 (Registros Públicos), com as alterações posteriores, expressamente passou a estabelecer que para efeito de cobrança de custas e emolumentos, as averbações e os registros realizados de incorporação imobiliária serão considerados como ato de registro único, não importando a quantidade de unidades autônomas envolvidas. Cobrança feita pela serventia à revelia da Tabela de Custas do Estado. (TJPA – Rec. Adm. 20123019664-9, Rel. Des. LEONAM GONDIM DA CRUZ JÚNIOR, CONSELHO DA MAGISTRATURA, Sessão Ext. j. 19/09/2012)

TRIBUNAL DE JUSTIÇA DO ESTADO DO RIO GRANDE DO SUL

EMENTA: EMBARGOS DE DECLARAÇÃO. APELAÇÃO CÍVEL. REGISTRO DE IMÓVEIS. DÚVIDA INVERSA. DIREITO REGISTRAL. ARTIGO 237-A DA LEI FEDERAL Nº 6.015/73, COM A REDAÇÃO DADA PELO ARTIGO 76 DA LEI Nº 11.977/2009. PARCELAMENTO DO SOLO E INCORPORAÇÃO IMOBILIÁRIA. CUSTAS E EMOLUMENTOS DE AVERBAÇÕES E REGISTROS. ATO TIDO COMO REGISTRO ÚNICO. NORMA DE ÂMBITO GERAL, NÃO RESTRITA AO PROGRAMA MINHA CASA, MINHA VIDA. ALEGAÇÃO DE OMISSÃO, CONTRADIÇÃO E OBSCURIDADE NO V. ACÓRDÃO EMBARGADO. INOCORRÊNCIA. ENFRENTAMENTO DE TODAS AS QUESTÕES RELEVANTES AO DESENLACE DA LIDE. DECISÃO DEVIDAMENTE FUNDAMENTADA. PRETENSÃO DE REEXAME DA MATÉRIA DE MÉRITO. DESCABIMENTO. DESNECESSIDADE DE MANIFESTAÇÃO EXPRESSA ACERCA DE TODOS OS DISPOSITIVOS LEGAIS INVOCADOS. NÃO-PREENCHIMENTO DOS REQUISITOS DISPOSTOS NO ART. 535, INCISOS I E II, DO CPC. EMBARGOS OPOSTOS COM FINS DE PREQUESTIONAMENTO. *EMBARGOS DE DECLARAÇÃO DESACOLHIDOS.*

Art. 238. O registro de hipoteca convencional valerá pelo prazo de 30 (trinta) anos, findo o qual só será mantido o número anterior se reconstituída por novo título e novo registro.

1. COMENTÁRIOS

O dispositivo em análise relaciona-se com o art. 1.485 do Código Civil. Vejamos:

> **Art. 1.485.** Mediante simples averbação, requerida por ambas as partes, poderá prorrogar-se a hipoteca, até 30 (trinta) anos da data do contrato. Desde que perfaça esse prazo, só poderá subsistir o contrato de hipoteca reconstituindo-se por novo título e novo registro; e, nesse caso, lhe será mantida a precedência, que então lhe competir.

A Lei 10.931/2004 alterou a regra civil, cujo texto original estabelecia prazo de perempção de vinte anos. Em razão disso, Francisco Eduardo Loureiro esclarece que da alteração surge questão de direito material, com futuros reflexos no registro. As hipotecas contratadas no período em que a norma cogente limitava seu prazo a 20 anos (entre 2003 e 2004) não foram afetadas pela superveniente extensão do prazo para 30 anos. Não se aplicam as regras de direito intertemporal do art. 2.028 do novo CC, pois o prazo tem natureza decadencial, a integrar o exercício do direito, e não prescricional, que afeta somente a pretensão. Disso decorre a existência de ato jurídico perfeito e consequente direito adquirido ao prazo de perempção vigente no momento em que foi contratada a hipoteca (Op. cit., p. 1323).

O art. 238 trata da **perempção da hipoteca**. Explica-se: o prazo de vencimento da hipoteca é livremente estipulado pelas partes (desde que não supere o limite de trinta anos) no momento do ato constitutivo, podendo ser prorrogado.

Após 30 anos, ocorre a perempção da hipoteca, ou seja, **encerra-se o prazo para a execução da hipoteca**.

Findo o prazo cogente, a garantia real somente perdura mediante novo contrato de hipoteca e novo registro. Tupinambá Miguel Castro do Nascimento assevera que somente será mantido o *número anterior* (expressão a que o art. 238 faz alusão), "se a reconstituição por novo título e novo registro for tempestiva, ou seja, antes de decorridos os trinta anos da data do contrato hipotecário que antecedeu a reinscrição" (*Hipoteca*. Rio de Janeiro: Aide, 1996, p. 113).

Ressalte-se que, nos termos da lei civil, o prazo trintenário é contado a partir da data do contrato e não do registro, como parece indicar o texto do art. 238. A regra do Código Civil, por ser posterior, é a que prevalece.

A hipoteca pode ser prorrogada, desde que não ultrapasse o limite de trinta anos. Para Francisco Eduardo Loureiro, a prorrogação se faz por simples requerimento escrito das partes, tal como diz a lei, devidamente averbado no registro imobiliário, sem necessidade de escritura pública ou de novo título de hipoteca, constituindo exceção à regra geral do art. 108 do CC. Deve ser convencionada antes do prazo trintenário fatal, pois após o seu decurso exige-se a constituição de nova garantia" (Código Civil comentado. Barueri: Manole, 2014, p. 1460).

Por derradeiro, a perempção que se opera pelo simples decurso do prazo não há necessidade de ordem judicial para o cancelamento do registro da hipoteca.

2. JURISPRUDÊNCIA COMPLEMENTAR

TRIBUNAL DE JUSTIÇA DO ESTADO DE SÃO PAULO

CORREGEDORIA-GERAL DE JUSTIÇA

EMENTA: Perempção em hipoteca, não há necessidade de ordem judicial para averbá-la: Distinção entre: extinção de hipoteca (art. 849, CC) de perempção (art. 817, CC)" (Apelação Cível 256.993).

Art. 239. As penhoras, arrestos e sequestros de imóveis serão registrados depois de pagas as custas do registro pela parte interessada, em cumprimento de mandado ou à vista de certidão do escrivão, de que constem, além dos requisitos exigidos para o registro, os nomes do juiz, do depositário, das partes e a natureza do processo.

Parágrafo único – A certidão será lavrada pelo escrivão do feito, com a declaração do fim especial a que se destina, após a entrega, em cartório, do mandado devidamente cumprido.

1. COMENTÁRIOS

As penhoras, os arrestos e os sequestros são **constrições judiciais**. O acesso a esses direitos se dará pela inscrição na matrícula (Livro nº 2 – Registro Geral) do imóvel objeto da constrição.

A nova legislação refere-se à penhora como um ato de averbação (CPC/73, art. 659, § 4º, com redação dada pela Lei 11.382/2006 e algumas normativas estaduais) no registro imobiliário. No entanto, nem a referida lei, nem o novo CPC, alteraram o artigo 167, I, 5, da Lei de Registros Públicos, assim como os artigos 239 e 240 do mesmo diploma legal. Esses artigos continuam prevendo que o arresto, o sequestro e a penhora são objeto de **registro.**

Alguns Estados ainda continuam prevendo o **registro** da penhora, como é o caso do Distrito Federal. Veja-se:

> Art. 184, Provimento-Geral da Corregedoria de Justiça do Distrito Federal aplicado aos serviços notariais e de registros. Registrar-se-á a penhora de imóvel *mediante apresentação de certidão de inteiro teor do ato e independentemente de mandado judicial.*

Em outras unidades da federação, por exemplo, no Estado de São Paulo, a penhora é objeto de **averbação**.

A averbação é um ato extrínseco à penhora, não constituindo uma forma estabelecida *ad solemnitatem* ou *ad substantiam*, ou seja, **não é um requisito de validade nem uma fase integrante da penhora**. Trata-se de uma faculdade do credor, e não de uma obrigatoriedade, cujo objetivo é dar conhecimento da constrição a terceiros. É eficaz para impedir a venda a terceiros em fraude à execução. Esse também é o entendimento de grande parte da doutrina e da jurisprudência.

Maria Helena Diniz, ao comentar a *ratio iuris* do registro da penhora, preleciona: "O registro da penhora, do arresto e do sequestro de imóveis, no Livro nº 2 (Lei nº 6.015/73), art. 167, I, nº 5, visa à proteção ao terceiro de boa-fé e à segurança dos negócios jurídicos, pois, ao gerar a publicidade, traz a presunção *júris et de jure* da ciência a terceiros." (*Sistema de Registro de Imóveis*. 2ª ed., São Paulo: Saraiva, 1997, p. 193/194).

Por sua vez, Carreira Alvim nos ensina que: "A reforma imposta pelo § 4º do art. 659 não recomenda que nos apartemos da nossa tradição, sendo aconselhável uma interpretação que, sem fazer tábula rasa do preceito inovador, não o conduza além dos seus naturais limites, sob pena de retardar desnecessariamente a execução, contrariando o espírito da própria reforma. Assim, a penhora de imóvel considera-se perfeita e acabada e, portanto, eficaz entre as partes, com a lavratura do auto ou termo de penhora (art. 659, § 4º, parte inicial) – independentemente da sua inscrição no registro imobiliário (...)" (in Ação Monitória e Temas Polêmicos da Reforma Processual, 1995, p. 259). O dispositivo que o autor menciona tem correspondência no CPC/2015 no art. 845 § 1º. Diz o art. 844 do CPC/2015:

> Para presunção absoluta de conhecimento por terceiros, cabe ao exequente providenciar a averbação do arresto ou da penhora no registro competente, mediante apresentação de cópia do auto ou do termo, independentemente de mandado judicial.

O CPC/2015 também estabelece no art. 837 que se obedecidas as normas de segurança instituídas sob critérios uniformes pelo Conselho Nacional de Justiça, a penhora de dinheiro e as averbações de penhoras de bens imóveis e móveis podem ser realizadas por **meio eletrônico**.

Para uma melhor compreensão, esta norma deve ser interpretada sistematicamente. Na verdade, são três fatos jurídicos distintos, inclusive na sua ordem cronológica. Uma coisa é a ordem de penhora, de competência do juiz e que deve constar do mandado de citação da execução (art. 829, CPC). Outra coisa é a realização material da penhora pelo oficial de justiça: a penhora se efetiva mediante a apreensão e o depósito dos bens, lavrando-se um auto para cada penhora realizada (art. 839, CPC). Um terceiro fato diverso é a averbação da penhora, de atribuição do oficial do Registro de Imóveis, quando a constrição recair sobre bem desta natureza. Além do mais, a averbação da penhora por meio eletrônico significa apenas uma mudança do suporte do título hábil para a realização do assento registral: do formato papel para o eletrônico. A averbação, portanto, não é feita de modo automático, por meio eletrônico pelo juiz, como a interpretação literal do art. 837 da lei processual pode indicar. Estes são os ensinamentos de Luiz Guilherme Loureiro.(Op. cit., p. 1078)

O título da penhora, seja em formato papel ou eletrônico, pode ser a **certidão de inteiro teor** ou **a cópia autenticada pelo cartório judicial do termo ou auto da penhora**.

Também constitui título hábil para a averbação da penhora o **mandado judicial**, embora prescindível. Acrescenta Luiz Guilherme Loureiro que qualquer que seja o documento, deve conter a indicação da data e lugar da realização da penhora, os nomes do juiz; os nomes do exequente e do executado com suas qualificações completas; números do RG e CPF ou CNPJ; a descrição do imóvel (ou da propriedade superficiária) penhorado, com suas características e; o nome do depositário do bem; valor da dívida executada (art. 838, I a IV, CPC e art. 239 LRP); além dos demais requisitos de lavratura do assento (número de ordem, assinatura do oficial, data, e demais requisitos previstos no art. 173 LRP). Estes dados são imprescindíveis pois devem ser mencionados no assento registral a fim de assegurar a publicidade formal. Além dos mais, tais informações, somadas às que constam da matrícula e documentos arquivados no serviço registral, são relevantes para o controle da legalidade da averbação pretendida. Como foi adiantado, o título da penhora, como os demais títulos judiciais, estão sujeitos à qualificação registral (art. 198, LRP). Além dos requisitos formais supracitados, cabe ao registrador examinar se a inscrição pretendida não viola os princípios da disponibilidade, continuidade e especialidade subjetiva e objetiva. Assim, por exemplo, não pode ser averbada a penhora quando o imóvel em questão for de propriedade de terceiro, salvo se constar do título judicial menção de que o juiz que ordenou a constrição reconheceu, antes, a existência de fraude à execução na alienação do bem feita pelo executado ao titular registral. Do contrário, estaria se violando o princípio da continuidade e também da disponibilidade, porque como a arrematação (ou a adjudicação) constituem modos derivados de aquisição da propriedade (conforme a nova jurisprudência do CSM-SP), é evidente que só pode alienar quem é dono ou se a venda do imóvel celebrada pelo executado for considerada ineficaz face ao exequente. (Op. 1078).

O art. 239 estabelece o que deve constar no mandado ou na certidão de penhora, arresto ou sequestro. Além dos requisitos exigidos para o registro, devem ser incluídos os nomes do juiz, do depositário, das partes e a natureza do processo.

Em se tratando de penhora, é imprescindível que constem ainda os requisitos do art. 838, do Novo CPC. Vejamos:

> **Art. 838.** A penhora será realizada mediante auto ou termo, que conterá:
>
> I – a indicação do dia, mês, ano e lugar em que foi feita;
>
> II – os nomes do exequente e do executado;
>
> III – a descrição dos bens penhorados, com as suas características;
>
> IV – a nomeação do depositário dos bens.

Sobre o requisito do inciso IV do art. 838 do CPC/2015, houve muita discussão. Francisco Eduardo Loureiro explica que 'este parágrafo leva em conta a ausência de previsão legal de depósito de bens imóveis no CC e a dificuldade de o prédio se perder por ato de depositário. Razoável, assim, o entendimento de que a penhora sobre imóvel matriculado pode ser levada a efeito por termo, sem a assinatura do devedor ou sua aceitação como depositário, com a respectiva assinatura pessoal ou por advogado com poderes especiais' (Op. cit., p. 1327).

Outros autores divergem desse entendimento, como Araken de Assis, que fundamenta: 'quanto à investidura ficta do executado nas funções de depositário que não assumiu expressamente o encargo, excedeu-se o dispositivo, pois não se sujeita à prisão o depositário que não assumiu expressamente o encargo, ou seja, que não assinou pessoalmente ou através de advogado com poderes especiais (art. 38), o auto ou termo de penhora, conforme a Súmula 304 do STJ.'

Por sua vez, o Superior Tribunal de Justiça editou a Súmula 319, cuja redação é a seguinte: "O encargo de depositário de bens penhorados pode ser expressamente recusado".

Também possui relação com o art. 239 da Lei de Registros Públicos, o preceito do art. 843 do novo Código de Processo Civil, que assim estabelece:

> Tratando-se de penhora de bem indivisível, o equivalente à quota-parte do coproprietário ou do cônjuge alheio à execução recairá sobre o produto da alienação do bem.

Francisco Eduardo Loureiro, ensina que o comanda consolida anterior entendimento do Superior Tribunal de Justiça e tem reflexos no registro de imóveis. Embora não seja o cônjuge devedor ou responsável patrimonial, a penhora recai sobre a totalidade do imóvel, levado por inteiro à hasta pública. A preservação da meação se dá pela figura da sub-rogação da coisa no preço da venda, que se tornará bem próprio do cônjuge não devedor. Em tese, o patrimônio do cônjuge não devedor nem responsável pela solução da dívida permanece quantitativamente inalterado, mudando apenas a qualidade dos bens que o compõem. Deve o registro acolher a penhora e a arrematação da totalidade do imóvel, sem cogitar de ofensa à continuidade, princípio de natureza instrumental à regra processual (Op. cit., p. 1329).

Sobre o **pagamento das custas e emolumentos** dos atos de averbação da penhora, arresto e sequestro, o art. 239 estabelece que 'somente serão feitos depois de pagas as custas do registro pela parte interessada'.

As normativas de cada Estado, por meio das normas da Corregedoria-Geral, determinam se a base de cálculo será o valor da dívida ou o valor do imóvel onerado.

Na hipótese de **beneficiários da justiça gratuita**, há precedentes no Superior Tribunal de Justiça (REsp 94.649, rel. Min. Ruy Rosado de Aguiar, j. 13.08.1996), no sentido de que "a isenção de justiça gratuita abrange as despesas de cartório extrajudicial, necessárias à prática de ato tendente a realizar o direito subjetivo do beneficiário". O art. 98, IX, do CPC/2015 ratifica esta tese.

No que diz respeito ao **pagamento dos emolumentos pelas Fazendas Públicas**, o Superior Tribunal de Justiça firmou o entendimento de que a Fazenda Pública está obrigada ao pagamento de custas e emolumentos dos serviços cartorários, uma vez que não se pode exigir que o registrador público financie as despesas com atos processuais requeridos no interesse da União, como é o caso do registro da penhora.

Para complementar os estudos sobre a temática do art. 239, sugiro a leitura dos comentários ao art. 167, I, 5 desta obra.

2. JURISPRUDÊNCIA COMPLEMENTAR

SUPREMO TRIBUNAL FEDERAL

Súmula 621. Não enseja embargos de terceiro à penhora a promessa de compra e venda não inscrita no registro de imóveis.

SUPERIOR TRIBUNAL DE JUSTIÇA

EMENTA: PROCESSUAL CIVIL. EXECUÇÃO FISCAL. REGISTRO DE PENHORA. JUSTIÇA ESTADUAL. PAGAMENTO DE CUSTAS PELA FAZENDA NACIONAL. CABIMENTO. 1. O STJ firmou o entendimento de que a Fazenda Pública está obrigada ao pagamento de custas e emolumentos dos serviços cartorários, porquanto não se pode exigir que o registrador público financie as despesas com atos processuais requeridos no interesse da União, como é o caso do registro da penhora. 2. Recurso especial não-provido (RECURSO ESPECIAL Nº 413.980 – SC (2002/0017054-9). REL. MINISTRO JOÃO OTÁVIO DE NORONHA).

EMENTA: PROCESSO CIVIL. AGRAVO REGIMENTAL NA MEDIDA CAUTELAR. IMÓVEL PENHORADO EM EXECUÇÃO FISCAL. INDISPONIBILIDADE. ART. 53, § 1º, DA LEI 8.212/91. NOVA PENHORA EM OUTRO PROCESSO. POSSIBILIDADE. ARREMATAÇÃO. AUSÊNCIA DE INTIMAÇÃO DO CREDOR HIPOTECÁRIO. EFICÁCIA DO ATO FRENTE AO EXECUTADO E AO ARREMATANTE. ALIENAÇÃO JUDICIAL DE BEM PENHORADO. LAPSO TEMPORAL RAZOÁVEL ENTRE A AVALIAÇÃO DO BEM E A HASTA PÚBLICA. REAVALIAÇÃO. DEMONSTRAÇÃO DA NECESSIDADE. SIMPLES ATUALIZAÇÃO MONETÁRIA. – A indisponibilidade de que trata o art. 53, § 1º, da Lei 8.212/91, refere-se à inviabilidade da alienação, pelo executado, do bem penhorado em execução movida pela Fazenda Pública, o que não impede que recaia nova penhora sobre o mesmo bem, em outra execução. Precedentes. – A arrematação levada a efeito sem intimação do credor hipotecário é inoperante relativamente a esse, não obstante que seja eficaz entre executado e arrematante. Precedentes. – Decorrido considerável lapso temporal entre a avaliação e a hasta pública, a rigor deve-se proceder à reavaliação do bem penhorado. Para tanto, porém, é imprescindível que a parte traga elementos capazes de demonstrar a efetiva necessidade dessa reavaliação. Exegese do art. 683, II, do CPC. Ausentes indícios de que o valor de mercado do bem tenha sofrido valorização ou depreciação excepcional, é razoável que a reavaliação seja substituída por mera atualização monetária do valor da primeira avaliação. Agravo a que se nega provimento. (STJ – AgRg na MC: 16022 SP 2009/0182031-0, Relator: Ministra NANCY ANDRIGHI, Data de Julgamento: 27/04/2010, T3 – TERCEIRA TURMA, Data de Publicação: DJe 14/05/2010).

EMENTA: PROCESSUAL CIVIL. EXECUÇÃO. PENHORA. INDISPONIBILIDADE. IMÓVEL PENHORADO EM EXECUTIVO FISCAL. ART. 53, § 1º, LEI 8.212/91. ALIENAÇÃO FORÇADA. POSSIBILIDADE. APLICAÇÃO DO ART. 711 DO CPC. I – A indisponibilidade a que se refere o art. 53, § 1º, da Lei nº 8.212/91, traduz-se na invalidade, em relação ao ente Fazendário, de qualquer ato de alienação do bem penhorado, praticado sponte propria pelo devedor-executado após a efetivação da constrição judicial. II – É possível a alienação forçada do bem em decorrência da segunda penhora, realizada nos autos de execução proposta por particular, desde que resguardados, dentro do montante auferido, os valores atinentes ao crédito fazendário relativo ao primeiro gravame imposto. III – Ainda que o executivo fiscal tenha sido suspenso em razão de parcelamento, é possível tal solução, porquanto retirar-se-ia do produto da alienação o valor referente ao crédito tributário, colocando-o em depósito judicial até o adimplemento do acordo, não havendo qualquer prejuízo à garantia do crédito fazendário. Recurso provido" (5ª Turma, Recurso Especial nº 512.398-SP, Rel. Min. Felix Fischer, j. 17.02.2004, DJ 22.03.2004, p. 347).

EMENTA: PROCESSUAL CIVIL – ART. 738, I, DO CPC. PENHORA DE IMÓVEL. ART. 659 § 4º, DO CPC. EMBARGOS DO DEVEDOR. PRAZO. TERMO A QUO. A inscrição da penhora no registro, a que se refere o art. 659, § 4º, do CPC, não é ato integrativo da penhora, mas ato independente a ser praticado a posteriori, pelo credor. Assim, a intimação do devedor para embargar a execução pode ser realizada tão logo lavrado o termo da penhora, independentemente do registro desta. (STJ – RESP 243187/RS, 1999/0118410-0, Rel, Min. Nancy Andrighi, decisão 20.04.01, 3ª Turma).

EMENTA: RECURSO ESPECIAL – PROCESSUAL CIVIL – PENHORA – BEM IMÓVEL – EMBARGOS DO DEVEDOR – INSCRIÇÃO NO REGISTRO DE IMÓVEIS – PRAZO – TERMO A QUO – ARTIGOS 659, PARÁGRAFO 4º, 669 E 738, INCISO I, DO CÓDIGO DE PROCESSO CIVIL – NÃO CONHECIMENTO – 1. "A penhora de bens imóveis realizar-se-á mediante auto ou termo de penhora, e inscrição no respectivo registro. " (artigo 659, parágrafo 4º, do Código de Processo Civil). 2. "Feita a penhora, intimar-se-á o devedor para embargar a execução no prazo de 10 (dez) dias. " (artigo 669 do Código de Processo Civil). 3. "O devedor oferecerá os embargos no prazo de 10 (dez) dias, contados da juntada nos autos da prova da intimação da penhora. " (artigo 738, inciso I, do Código de Processo Civil). 4. Da interpretação sistemática dos artigos 659, parágrafo 4º, 669 e 738, inciso I, do Código de Processo Civil, resulta que a inscrição do auto/termo no cartório de registro de imóveis não consubstancia ato integrativo da penhora, mas, sim, "ato independente a ser praticado, a posteriori, pelo credor. Assim, a intimação do devedor para embargar a execução pode ser realizada tão logo lavrado o termo da penhora, independentemente do registro desta. " (REsp 243.187/RS, 3ª Turma, Relatora Ministra Nancy Andrighi, in DJ 25/6/2001). 5. Recurso não conhecido. "(STJ – RESP 153793 – SP – 6ª T. – Rel. Min. Hamilton Carvalhido – DJU 25.02.2002).

EMENTA: PROCESSUAL CIVIL E TRIBUTÁRIO. EXECUÇÃO FISCAL. INEXISTÊNCIA DE VIOLAÇÃO DO ART. 535, II, DO CPC. EXECUÇÃO FISCAL. ANTECIPAÇÃO DE DESPESAS COM OFICIAL DE JUSTIÇA. SÚMULA 190/STJ. INCIDÊNCIA. RECOLHIMENTO APENAS POR OCASIÃO DA REALIZAÇÃO DA DILIGÊNCIA. PRECEDENTES. 1. Trata-se de recurso especial interposto contra acórdão que negou provimento a recurso de agravo tirado pelo recorrente de decisão que, em executivo fiscal, determinou que a exequente procedesse ao recolhimento das despesas relativas às diligências a serem realizadas pelo oficial de justiça. 2. Não há omissão no julgado quando as questões postas em debate foram devidamente apreciadas pelo Tribunal a quo. Logo, deve ser afastada a preliminar de ofensa ao art. 535, II, do CPC. 3. Entendimento pacífico desta Corte assentado na Súmula nº 190/STJ, que assim dispõe: "Na execução fiscal, processada perante a Justiça estadual, cumpre à Fazenda Pública antecipar o numerário destinado ao custeio das despesas com o transporte dos oficiais de Justiça". Precedentes: REsp 957.777/MG, Rel. Min. Castro Meira, Segunda Turma, DJ de 05.11.2007; AgRg no REsp 653.135/SC, Rel. Min. Eliana Calmon, Segunda Turma, DJ de 14.03.2007; REsp 496.900/PR, Rel. Min. Humberto Gomes de Barros, Primeira Turma, DJ de 01.12.2003.4. No particular, o recorrente postulava que o recolhimento do numerário para as despesas com oficial de justiça fosse realizado a posteriori e de forma mensal, em uma única vez, o que não foi deferido pela Corte de origem. Tal entendimento não destoa da jurisprudência assente que estatui a necessidade do pagamento quando houver determinação para realizar a diligência, como no presente caso. É incabível, apenas, a exigência do depósito prévio. Precedentes: REsp 964.319/GO, Primeira Turma, Rel. Min. José Delgado, DJ de 24.4.2008; REsp 867.427/GO, Segunda Turma, Rel. Humberto Martins, DJ de 12.3.2007.5. Recurso especial não-provido. (REsp 724029 / SP RECURSO ESPECIAL 2005/0022727-0 DJe 23/10/2008).

⊙ TRIBUNAL REGIONAL DO TRABALHO

▶ **EMENTA**: COMPROMISSO DE VENDA E COMPRA. BOA-FÉ OBJETIVA. PENHORA. IMPOSSIBILIDADE. Malgrado a eficácia probatória da propriedade do bem imóvel somente se implementar com o registro notarial, quando adquire fé pública, não se pode ignorar ser prática de larga incidência no comércio imobiliário, a efetivação de negócios jurídicos mediante contrato de compra e venda, sem a posterior averbação na matrícula, procedimento que, embora vá de encontro aos trâmites legais para a efetiva transferência da propriedade de bens imóveis, se justifica diante da realidade socioeconômica do país e dos elevados custos para a formalização regular da alienação de tais bens, sobretudo se levada em conta a cláusula geral da boa-fé objetiva que impera no direito contratual. O intérprete da lei não pode fazer ouvidos moucos à realidade social que o cerca.(TRT 2ª Região – Agravo de Petição nº 0001471-29.2013.5.02.0062 – São Paulo – 12ª Turma – Rel. Des. Maria Elizabeth Mostardo Nunes – DJ 07.07.2014)

⊙ TRIBUNAL DE JUSTIÇA DO DISTRITO FEDERAL

▶ **EMENTA:** DÚVIDA REGISTRÁRIA. ART. 239 DA LEI 6015/73. REGISTRO DE CERTIDÃO DE ARRESTO. TÍTULO EM EXIGÊNCIA. AUSÊNCIA DE INFORMAÇÃO DO FIEL DEPOSITÁRIO DO BEM. NECESSIDADE. ATENDIMENTO DA EXIGÊNCIA DURANTE O TRÂMITE DA DÚVIDA. IRRELEVÂNCIA. PREJUÍZO A TERCEIROS INTERESSADOS. RECURSO DESPROVIDO. 1 – Não constando da certidão, levada a registro ou averbação de arresto, por ocasião da prenotação, o nome do fiel depositário, é pertinente a exigência do Tabelião registrador que coloca o título apresentado em exigência, sendo procedente a dúvida registraria. 2 – No processo de dúvida registrária importa, para o deslinde da questão submetida a Juízo, o exame da registrabilidade do título no momento da sua apresentação, não se admitindo emenda ou juntada posterior de documento. 3 – Não é possível o atendimento de exigências no curso do procedimento da dúvida registrária, uma vez que isto teria como efeito a indevida prorrogação do prazo de validade da prenotação e, em consequência, impossibilitaria o registro de outros títulos representativos de direitos reais contraditórios, eventualmente, protocolados no mesmo período. Ademais, descaracterizaria o dissenso com o Oficial. 4 – Recurso desprovido. (TJDFT – APC 20110110696808, Rel. LÉCIO RESENDE, 1ª Turma Cível, j. em 07/12/2011, DJ 16/12/2011 p. 109)

⊙ TRIBUNAL DE JUSTIÇA DO ESTADO DE MINAS GERAIS

▶ **EMENTA:** AGRAVO DE INSTRUMENTO – EXECUÇÃO – PENHORA DO IMÓVEL GERADOR DO DÉBITO – REGISTRO DO CARTÓRIO IMOBILIÁRIO – ATO ADMINISTRATIVO – VALIDADE DA PENHORA – DESNECESSIDADE DO REGISTRO – EFICÁCIA PERANTE TERCEIROS – RISCO DO CREDOR – O registro de que trata o § 4º do art. 659 do CPC não é ato do juízo integrante da penhora, mas ato meramente administrativo, ficando a cargo do credor providenciá-lo junto ao cartório imobiliário. Em sendo um ato não-jurisdicional, não se pode tomar o registro da penhora como condição para a validade desta, mas tão apenas para torná-la eficaz perante terceiros, importando a sua não-realização risco à garantia do juízo, o qual o credor assume suportar. Recurso provido. " (TAMG – AI 0340394-5 – (50305) – Belo Horizonte – 2ª C. Cív. – Rel. Juiz Edgard Penna Amorim – J. 30.10.2001)

▶ **EMENTA:** Penhora – Registro – Ausência – Efeitos. O registro da penhora previsto na Lei nº 8.953/1994, que introduziu o § 4º ao art. 659 do CPC, não interfere na eficácia da penhora nos autos, apenas adveio da construção jurisprudencial que o considerou imprescindível para valer contra terceiros, o que não impede a propositura de embargos de terceiro, prejudicado pela constrição do bem, que independentemente do registro pode ser levado à praça. (...)" (TAMG – AP 0347217-1 – Belo Horizonte – 1ª C. Cív. – Relª Juíza Vanessa Verdolim Andrade – J. 23.10.2001)

▶ **EMENTA**: EMBARGOS DO DEVEDOR – EXECUÇÃO POR TÍTULO JUDICIAL – PENHORA – NULIDADE – REGISTRO – FIADOR – CONTRATO DE LOCAÇÃO – ARTIGO 3º, INCISO VII, DA LEI 8.245/91 – FIANÇA – SOLIDARIEDADE – PRECLUSÃO – A ausência de inscrição da penhora de bem imóvel no competente registro não invalida o ato constritivo. (...). (TAMG – Ap 0292262-9 – (32041) – 1ª C. Cív. – Rel. Juiz Silas Vieira – J. 14.03.2000)

3. QUESTÃO DE CONCURSO

01. (UFMT – Notário-MT/2003) A reforma do Código do Processo Civil (CPC) consagrou a regra de que a penhora de bens imóveis realizar-se-á mediante auto ou termo de penhora, cabendo ao exequente providenciar o respectivo registro no ofício imobiliário. A presunção que decorre do registro é:

a) Relativa em relação a terceiros e absoluta em relação às partes do processo.
b) Relativa em relação a terceiros e às partes do processo.
c) *Juris tantum* em relação a terceiros.
d) Mista, irradiando-se erga omnes.
e) Absoluta de conhecimento por terceiros.

GAB	1	E

Art. 240. O registro da penhora faz prova quanto à fraude de qualquer transação posterior.

1. COMENTÁRIOS

O registro (leia-se averbação) é ato extrínseco à penhora, não constituindo forma estabelecida *ad solemnitatem* ou *ad substantiam*, equivale dizer, **não é um requisito de validade nem uma fase integrante da penhora.**

Trata-se de uma faculdade do credor e não uma obrigatoriedade, cujo objetivo é dar conhecimento da constrição a terceiros.

É eficaz para impedir a venda a terceiros em fraude à execução. Esse também é o entendimento de grande parte da doutrina e da jurisprudência.

Maria Helena Diniz, ao comentar a *ratio iuris* do registro da penhora, preleciona: "O registro da penhora, do arresto e do sequestro de imóveis, no Livro nº 2 (Lei nº 6.015/73), art. 167, I, nº 5), visa à proteção ao terceiro de boa-fé e à segurança dos negócios jurídicos, pois, ao gerar a publicidade, traz a presunção júris et de jure da ciência a terceiros." (*Sistema de Registro de Imóveis*. 2ª ed., São Paulo: Saraiva, 1997, p. 193/194).

Os Tribunais já consolidaram entendimento no sentido de que a averbação da penhora **gera presunção absoluta do conhecimento por terceiros**, não podendo ser afastada nem pela eventual boa-fé do adquirente. Se a penhora não foi averbada, a presunção é relativa, impondo ao credor o ônus da prova de que o adquirente agiu com má-fé. Nesse sentido, a Súmula 375 do STJ:

O reconhecimento da fraude à execução depende do registro da penhora do bem alienado ou da prova de má-fé do terceiro adquirente.

É relevante destacar a inovação trazida pela Lei 11.382/2006, a chamada **averbação premonitória**, que introduziu o art. 615-A no Código de Processo Civil de 1973. Essa disposição estabelecia que o exequente poderia, no ato da distribuição, obter certidão comprobatória do ajuizamento da execução, com identificação das partes e valor da causa, para fins de averbação no registro de imóveis, registro de veículos ou registro de outros bens sujeitos à penhora ou arresto.

O art. 615-A do CPC/1973 atualmente está normatizado no art. 828 do CPC/2015 e prevê que o exequente poderá obter **certidão** de que a **execução foi admitida pelo juiz**, com identificação das partes e do valor da causa, para fins de averbação no registro de imóveis, de veículos ou de outros bens sujeitos a penhora, arresto ou indisponibilidade.

Assim, enquanto no sistema do CPC/1973 a mera propositura da execução já permitia ao exequente obter a certidão para fins de averbação, no CPC a execução deve ser previamente admitida pelo juiz, nos termos do *caput* do art. 838.

Daniel Amorim Assumpção Neves defende que apesar de a previsão se referir somente ao processo de execução, a melhor doutrina acertadamente entende que também no cumprimento de sentença caberá o pedido pelo exequente da expedição de certidão contemporânea da execução junto ao cartório no qual tramita a demanda judicial (Op. cit., p. 1307). Para outra parte da doutrina, essas averbações somente são possíveis durante a fase de execução, não sendo admitida na ação de conhecimento, salvo expressa determinação do juiz deste processo.

Não é demais mencionar o entendimento da Quarta Turma do Superior Tribunal de Justiça, no REsp 1334635, que entendeu que **a averbação premonitória não implica preferência do interessado que o realizou, em prejuízo de posterior penhora efetivada por outro credor**. O direito de preferência será do primeiro credor que promover a penhora judicial.

Presume-se em **fraude à execução a alienação ou oneração de bens** efetuada **após a averbação**. A finalidade deste dispositivo é dar ciência a terceiros e ao próprio executado, antes mesmo de sua citação.

2. JURISPRUDÊNCIA COMPLEMENTAR

SUPERIOR TRIBUNAL DE JUSTIÇA

Súmula 375. O reconhecimento da fraude à execução depende do registro da penhora do bem alienado ou da prova de má-fé do terceiro adquirente.

3. QUESTÕES DE CONCURSO

01. (VUNESP - 2023 - TJ-AL - Titular de Serviços de Notas e de Registros – Provimento) A chamada "averbação premonitória" consiste em:

a) Averbação no Registro de Imóveis de bens sujeitos a penhora, arresto ou indisponibilidade de bens instada pelo exequente munido de certidão de que a execução foi admitida pelo juiz, com identificação das partes e do valor da causa.

b) Averbação no Livro 3 (Registro Auxiliar), a requerimento expresso do interessado, a fim de produzir efeitos jurídicos em face de terceiros.

c) Registros feitos na CNIB – Central Nacional de Indisponibilidade de Bens, nos termos de atos normativos do Conselho Nacional de Justiça.

d) Inscrição preventiva de transações de bens futuros.

GAB	1	A

Art. 241. O registro da anticrese no livro nº 2 declarará, também, o prazo, a época do pagamento e a forma de administração.

1. COMENTÁRIOS

Anticrese, na lição Clóvis Beviláqua, é o direito real sobre imóvel alheio, em virtude do qual o credor o possui, a fim de perceber-lhe os frutos e imputá-los no pagamento da dívida, juros e capital, ou somente dos juros (*Direito das coisas,* 3. ed. Rio de Janeiro: Freitas Bastos, 1951, t. I, p. 101).

A anticrese encontra-se prevista nos arts. 1.506 ao 1.510 do Código Civil e já foi objeto de análise nos comentários do art. 167, inciso I, item 11, desta lei.

O art. 241 também exalta o princípio da especialidade, apontando exigência especial para o direito real de anticrese.

Art. 242. O contrato de locação, com cláusula expressa de vigência no caso de alienação do imóvel, registrado no Livro nº 2, consignará também, o seu valor, a renda, o prazo, o tempo e o lugar do pagamento, bem como pena convencional.

1. COMENTÁRIOS

A matéria acerca do tema "contrato de locação com cláusula de vigência" foi minuciosamente analisada nos comentários do art. 167, inciso I, item 3, desta lei.

O dispositivo em comento também exalta o princípio da especialidade, apontando exigência especial para o registro do contrato de locação.

2. JURISPRUDÊNCIA COMPLEMENTAR

TRIBUNAL DE JUSTIÇA DO ESTADO DE SÃO PAULO CONSELHO SUPERIOR DA MAGISTRATURA

EMENTA: Registro de imóveis – Dúvida – Contrato de locação com cláusula de vigência superior a um ano – Alienação fiduciária sobre o imóvel locado – Necessidade da anuência do credor fiduciário para o registro da locação – Artigo 37-b da lei nº 9.514/97 – Recusa do oficial adequada – Recurso não provido (Apelação Cível nº 0065836-57.2013.8.26.0100, da Comarca de São Paulo).

EMENTA: Contrato com cláusula de vigência em caso de alienação. Irrelevância de falhas na descrição do imóvel, que não impedem sua identificação. Contrato levado a registro quando vencido o prazo de sua duração. Questão que refoge da apreciação pelo oficial. Registro determinado (Apelação Cível nº 2.023, da Comarca de São Paulo).

EMENTA: Não há obstáculo ao registro de locação que tenha por objeto parcela do imóvel matriculado quando a construção de mais de uma edificação, devidamente averbada, seja perfeitamente identificável por elementos da matrícula (Apelação Cível nº 034848-0/3, da Comarca de São Paulo).

EMENTA: Contrato de locação de imóvel objeto de duas matrículas distintas. Incidindo a locação sobre a totalidade dos dois imóveis, objeto de matrículas distintas, é indispensável a prévia unificação destas. (Apelação Cível nº 6.334-0, da Comarca de São Paulo).

TRIBUNAL DE JUSTIÇA DO ESTADO DO PARANÁ

EMENTA: Cláusula de vigência em caso de alienação. Registro que omitiu cláusula permissiva da prorrogação do contrato por prazo indeterminado. Arquivamento do instrumento, contudo, e referência no registro feito às suas condições. Validade da prorrogação (TJPR, Embargos Infringentes 13/77, rel. Schivon Puppi, j. 13.12.1977).

3. QUESTÕES DE CONCURSOS

01. (IESES – Notário-MA/2008) Assinale a alternativa INCORRETA de acordo com a Lei nº 6.015/73:

a) O registro da penhora faz prova quanto à fraude de qualquer transação posterior.

b) O contrato de locação, com cláusula expressa de vigência no caso de alienação do imóvel, registrado no Livro nº 1, consignará também, o seu valor, a renda, o prazo, o tempo e o lugar do pagamento, bem como pena convencional.

c) O registro de hipoteca convencional valerá pelo prazo de 30 (trinta) anos, findo o qual só será mantido o número anterior se reconstituída por novo título e novo registro.

d) As escrituras antenupciais serão registradas no livro nº 3 do cartório do domicílio conjugal, sem prejuízo de sua averbação obrigatória no lugar da situação dos imóveis de propriedade do casal, ou dos que forem sendo adquiridos e sujeitos a regime de bens diverso do comum, com a declaração das respectivas cláusulas, para ciência de terceiros.

02. (Cespe – Notário-SE/2006) Acerca do registro de imóveis, julgue os itens a seguir.

O contrato de locação de bens imóveis por prazo determinado pode ser registrado no registro de imóveis da respectiva circunscrição quando o instrumento contenha, além dos requisitos legais, cláusula de vigência em caso de alienação, para efeito de direitos de preferência.

GAB	1	B	2	CERTO

Art. 243. A matrícula do imóvel promovida pelo titular do domínio direto aproveita ao titular do domínio útil, e vice-versa.

1. COMENTÁRIOS

O direito real de enfiteuse foi estudado nos comentários do art. 167, inciso I, item 10, desta Lei.

Extrai-se do art. 243, que o título que ingressa no ofício de imóveis, no qual a enfiteuse é formalizada, pode ser apresentado tanto pelo senhorio direto como pelo enfiteuta.

Francisco Eduardo Loureiro bem observa que, contém a lei certa imprecisão ao dispor que a matrícula do imóvel *promovida* pelo titular do domínio direto aproveita ao titular do domínio útil. Na realidade, quem descerra a matrícula é o Oficial do Registro de Imóveis, *ex officio,* a requerimento do interessado, ou o momento de efetuar ato de registro posterior à Lei 6.015/1973. No Estado de São Paulo, muitos antigos imóveis enfitêuticos deixaram de apontar no registro a titularidade do domínio direto do nu-proprietário. (Op. cit., 1357).

Quando isso ocorrer, há decisão da Corregedoria-Geral de Justiça, no Processo 000146, da lavra do Juiz Vito José Guglielmi, orientando a posição do Oficial Registrador: "a) nas hipóteses em que o registro seja omisso da condição de foreiro do imóvel por falta de inscrição do contrato, nada, na via administrativa, poder-se-á determinar, devendo ser mantida a r. decisão guerreada; b) aos tabeliões só será lícito exigir o pagamento do laudêmio ou do respectivo resgate para a lavratura de escrituras de alienação se a certidão imobiliária que lhe for apresentada indicar a condição de imóvel enfitêutico, pois, caso contrário, estaria a fazer exigência contrária ao título; c) se houver segurança quanto à perfeita localização do imóvel e puder o registrador, na qualificação do título, verificar, em sua filiação, haver, por erro registrário, sido omitida aquela qualidade, exigir o pagamento do laudêmio e promover as averbações necessárias; e submeter o caso – presente o dissenso – à apreciação de seu Corregedor

Permanente; d) limitar-se, nas demais hipóteses, à qualificação do título sem tais providências".

Por fim, é importante destacar que, de acordo com o art. 258 desta Lei, o foreiro poderá, nos termos da lei, averbar a renúncia de seu direito, sem a necessidade do consentimento do senhorio direto.

2. JURISPRUDÊNCIA COMPLEMENTAR

SUPERIOR TRIBUNAL DE JUSTIÇA

EMENTA: Usucapião de domínio útil. Terreno de marinha já submetido ao regime de aforamento pela União Federal. Possibilidade jurídica do pedido. É juridicamente possível o pedido formulado visando à usucapião do domínio útil de terreno de marinha aforado pela União. A constituição da enfiteuse em favor do usucapiente é feita contra o particular até então enfiteuta. A pessoa jurídica de direito público (União) continua na condição de nua proprietária (STJ, Agravo de Instrumento 166.423/PE, Min. Waldemar Zveiter, DJU 12.09.2000).

3. QUESTÃO DE CONCURSO

01. (IESES – Cartório – Provimento – TJ – AM/2018) A respeito do tema "registro" no Registro de Imóveis, é correto afirmar:

a) A matrícula do imóvel promovida pelo titular do domínio direto aproveita ao titular do domínio útil, e vice-versa.

b) Ainda que o imóvel esteja matriculado, não se fará registro que dependa da apresentação de título anterior, a fim de que se preserve a especialidade do registro.

c) O registro da penhora faz prova quanto à fraude de qualquer transação posterior, exceto se se tratar de terceiro de boa-fé, assim considerado aquele de pouca ou nenhuma instrução formal, a critério do representante do Ministério Público.

d) Nenhum registro poderá ser feito sem que o imóvel a que se referir esteja matriculado, exceto se pendente processo de dúvida.

GAB	1	A

Art. 244. As escrituras antenupciais serão registradas no livro nº 3 do cartório do domicílio conjugal, sem prejuízo de sua averbação obrigatória no lugar da situação dos imóveis de propriedade do casal, ou dos que forem sendo adquiridos e sujeitos a regime de bens diverso do comum, com a declaração das respectivas cláusulas, para ciência de terceiros.

1. COMENTÁRIOS

A convenção antenupcial foi objeto de análise nos comentários do art. 167, inciso I, item 12; 167, inciso II, item 1 e 178, inciso V, desta Lei.

Em breve síntese, as convenções antenupciais são **registradas** no Livro 3 – Registro Auxiliar e **averbadas** nos registros referentes a imóveis ou a direitos reais pertencentes a qualquer dos cônjuges, inclusive os adquiridos após o casamento.

A averbação obrigatória de que cuida o art. 244, supõe o **prévio registro da convenção antenupcial** no Livro 3, do Cartório do primeiro domicílio conjugal. Observa-se que a lei menciona 'domicílio conjugal', mas deixa obscuro se há necessidade de um novo registro sempre que este for alterado para uma circunscrição diversa.

Pacificou-se o entendimento de que basta o registro no primeiro domicílio conjugal, já que o pacto deve ser registrado logo após o casamento. No entanto, caso as partes desejem realizar o registro novamente na nova circunscrição ao alterar o domicílio conjugal, não há vedação.

Ressalte-se que o **registro** da convenção antenupcial não se confunde com sua **averbação** obrigatória no lugar da situação dos imóveis de propriedade do casal, ou dos que foram adquiridos e sujeitos a regime de bens diversos do comum. Tal averbação é realizada com fulcro no art. 167, inciso II, item 1, desta Lei de Registros Públicos.

Ralpho Valdo de Barros Monteiro Filho ao discorrer sobre o registro da convenção antenupcial adverte que "o registro ora em análise diz respeito exclusivamente ao conteúdo jurídico da convenção antenupcial, i. e., tem por objeto a situação patrimonial dos cônjuges e objetiva dar esse conhecimento aos terceiros que se possam interessar por essa peculiaridade. É, assim, ato principal e autônomo, realizado em livro específico para tanto. É diferente da averbação tratada adiante, cujo objeto é fazer vincular às matrículas de bens imóveis essa situação patrimonial dos cônjuges. Nesse sentido, o pacto antenupcial é visto em cotejo com o imóvel a ele ligado, e a situação jurídica que importa não é apenas a dos cônjuges autonomamente, mas a deles em relação direta com a coisa imóvel" (*Lei de Registros Públicos comentada*. Rio de Janeiro: Forense, 2019, p. 615).

O registro no Livro 3 – Registro Auxiliar deve ser feito à vista de certidão de casamento e de traslado ou certidão da escritura de pacto antenupcial, não se admitindo registro de cópia, mesmo que autenticada, ao passo que para as averbações nas matrículas dos imóveis já existentes, bem como nos que vierem a ser adquiridos pelo casal (Livro 2), o interessado pode apresentar a simples certidão de casamento, da qual conste o regime de bens. Para que seja observado o princípio da continuidade, as averbações só podem ser feitas após o registro no Livro 3 – Registro Auxiliar.

2. JURISPRUDÊNCIA COMPLEMENTAR

SUPERIOR TRIBUNAL DE JUSTIÇA

EMENTA: Direito civil. Família. Casamento celebrado sob a égide do CC/16. Alteração do regime de bens. Possibilidade. – A interpretação conjugada dos arts. 1.639, § 2º, 2.035 e 2.039, do CC/02, admite a alteração do regime de bens adotado por ocasião do matrimônio, desde que ressalvados os direitos de terceiros e apuradas as razões invocadas pelos cônjuges para tal pedido. – Assim, se o Tribunal Estadual analisou os requisitos autorizadores da alteração do regime de bens e concluiu pela sua viabilidade, tendo os cônjuges invocado como razões da mudança a cessação da incapacidade civil interligada à causa suspensiva da celebração do casamento a exigir a adoção do regime de separação obrigatória, além da necessária ressalva quanto a direitos de terceiros, a alteração para o regime de comunhão parcial é permitida. – Por elementar questão de razoabilidade e justiça, o desaparecimento da causa suspensiva durante o casamento e a ausência de qualquer prejuízo ao cônjuge ou a terceiro, permite a alteração do regime de bens, antes obrigatório, para o eleito pelo casal, notadamente porque cessada a causa que exigia regime específico. – Os fatos anteriores e os efeitos pretéritos do regime anterior permanecem sob a regência da lei antiga. Os fatos posteriores, todavia, serão regulados pelo CC/02, isto é, a partir da alteração do regime de bens, passa o CC/02 a reger a nova relação do casal. – Por isso, não há se falar em retroatividade da lei, vedada pelo art. 5º, inc. XXXVI, da CF/88, e sim em aplicação de norma geral com efeitos imediatos. Recurso especial não conhecido. (STJ – REsp: 821807 PR 2006/0036029-5, Relator: Ministra NANCY ANDRIGHI, Data de Julgamento: 19/10/2006, T3 – TERCEIRA TURMA, Data de Publicação: DJ 13.11.2006 p. 261)

TRIBUNAL DE JUSTIÇA DO ESTADO DE SÃO PAULO

EMENTA: Casamento. Alteração do regime de bens. Artigo 1639, § 2º, do Código Civil. Possibilidade, mesmo para os atos realizados na vigência do estatuto civil anterior. Interpretação do artigo 2039 do atual Código Civil, que não veda referida modificação. Jurisprudência pacífica nesse sentido, inclusive do Superior Tribunal de Justiça. Sentença reformada. RECURSO PROVIDO. (TJ-SP, Relator: Paulo Alcides, Data de Julgamento: 11/11/2010, 6ª Câmara de Direito Privado)

CONSELHO SUPERIOR DA MAGISTRATURA

EMENTA: Não se exige o pacto antenupcial quando o casamento, pelo regime da comunhão universal de bens, se deu após a Lei 6515/77 quando haja uma comunhão de vida por dez anos consecutivos ou quando tenha resultado filhos do matrimônio (art. 45 da Lei 6515/77). 2. A dúvida inversa (inversamente suscitada) é admitida pelo Eg. Conselho Superior da Magistratura de São Paulo. 3. É possível a reiteração de dúvida quando se suplante motivo anteriormente reconhecido ou quando haja mudança da orientação jurisprudencial a propósito das questões apreciadas. (Cfr. declaração de voto vencido no V. Acórdão) (Apelação Cível 029334-0/6, da Comarca de Atibaia).

EMENTA: A averbação obrigatória de que cuida o art. 244, 2 parte, da LRP, supõe o prévio registro da convenção antenupcial no Livro Três, do Cartório do primeiro domicílio conjugal. O requisito é da lei e nem seria possível interpretação diversa (Apelação Cível 12.773-0/0/91, da Comarca de Praia Grande).

EMENTA: Registro de Imóveis. Dúvida. Registro de formal de partilha. Herdeiros casados na vigência da Lei do Divórcio pelo regime da comunhão de bens. Registro viável sem apresentação de pacto antenupcial, uma vez que a habilitação foi feita na vigência de lei anterior que não exigia tal formalidade quando adotado aquele regime. Recurso improvido (Apelação Cível 173-6/0 da Comarca de Ourinhos).

Art. 245. Quando o regime de separação de bens for determinado por lei, far-se-á a respectiva averbação nos termos do artigo anterior, incumbindo ao Ministério Público zelar pela fiscalização e observância dessa providência.

1. COMENTÁRIOS

A lei estabelece, em algumas hipóteses, que o regime de separação de bens é obrigatório para os nubentes. A finalidade é a proteção dos interessados ou em razão de ordem pública. A separação legal tem natureza cogente, ou seja, um pacto em sentido contrário será considerado como não escrito.

O art. 1.641 do Código Civil estabelece que é obrigatório o regime da separação de bens no casamento nos seguintes casos:

> **I)** das pessoas que o contraírem com inobservância das causas suspensivas da celebração do casamento;
> **II)** da pessoa maior de 70 (setenta) anos;
> **III)** de todos os que dependerem, para casar, de suprimento judicial.

No que se refere à participação do Ministério Público, este atua como fiscal da lei e, portanto, deve interceder para que o regime de separação seja cumprido e observado. O Ministério Público deve requerer ao Juízo a expedição de mandado de averbação que determine o regime de separação legal de bens. Tal averbação deve ser feita nas matrículas dos imóveis de propriedade de cada um dos cônjuges e dos imóveis que forem adquiridos após o casamento.

No que diz respeito à aplicação da Súmula 377, a questão já foi pormenorizadamente abordada nos comentários ao art. 167, inciso I, item 12, desta lei, especificamente no tópico 1.3.

2. JURISPRUDÊNCIA COMPLEMENTAR

TRIBUNAL DE JUSTIÇA DO ESTADO DE SÃO PAULO

EMENTA: Contrato celebrado entre concubinos, que depois vieram a casar-se. Doador já sexagenário. Validez. Atos não ajustados em pacto antenupcial, nem condicionados à realização do casamento. Inocorrência de fraude à lei. Inaplicabilidade do artigo 312, c/c o artigo 258, parágrafo único, do Código Civil. É válida, embora feita por doador já sexagenário à companheira com que veio a casar-se depois, doação não ajustada em pacto antenupcial, nem condicionada doutro modo à realização do casamento. CASAMENTO – Regime de bens. Separação legal obrigatória. Nubente sexagenário. Doação à consorte. Validez. Inaplicabilidade do artigo 258, parágrafo único, II, do Código Civil, que não foi recepcionado pela ordem jurídica atual. Norma jurídica incompatível com os artigos 1º, III, e 5º, I, X e LIV, da Constituição Federal em vigor. Improcedência da ação anulatória. Improvimento aos recursos. É válida toda doação feita ao outro pelo cônjuge que se casou sexagenário, porque, sendo incompatível com as cláusulas constitucionais de tutela da dignidade da pessoa humana, da igualdade jurídica e da intimidade, bem como com a garantia do justo processo da lei, tomado na acepção substantiva (substantive due process of law), já não vige a restrição constante do artigo 258, parágrafo único, II, do Código Civil.(TJSP – 2º Câm. de Direito Privado; Ap. nº 007.512-4/2-00-São José do RioPreto-SP; Rel. Des. Cezar Peluso; j. 18.08.1998; v. u.).

⊙ **CONSELHO SUPERIOR DA MAGISTRATURA**

EMENTA: Escritura pública de compra e venda: registro. Bens adquiridos na constância do casamento. Comunicabilidade dos aquestos. Falta de abertura de inventário. Formal de partilha: necessidade. Princípio da continuidade. Súmula nº 377 do STF. CC, art. 259. Vias Ordinárias. Sociedade de Fato. (Apelação cível nº 17.990-0/6, da Comarca de São Paulo).

EMENTA: 1. A comunicação dos aquestos no regime da separação de bens (Súmula nº 377 do STF) admite prova contra a presunção do esforço comum na aquisição de bens. Não se defere ao registrador o exame de tal circunstância que envolve atividade jurisdicional. 2. Não é admitido obter registro a partir do título de direitos sucessórios. Somente o procedimento do inventário poderá analisar tal título e conferir título hábil à transmissão do domínio (Apelação cível 29.448-0/6, da lavra de Marcio Martins Bonilha).

EMENTA: Registro de Imóveis. Dúvida. Registro de escritura de compra e venda de imóvel. Vendedor que figura no registro como sendo casado pelo regime da separação de bens e consta como viúvo na escritura. Necessidade de prévia partilha do bem. Aplicação da Súmula 377 do Supremo Tribunal Federal. Recurso improvido. (APELAÇÃO CÍVEL nº 376-6/7 da Comarca de São Paulo).

⊙ **CORREGEDORIA-GERAL DA JUSTIÇA**

EMENTA: REGISTRO DE IMÓVEIS – Averbação de estado civil de viúvo, sem partilha do bem – Impossibilidade – Bem comum em razão do disposto no art. 259 do CC e Súmula 377 do Supremo Tribunal Federal – Irrelevância da efetiva contribuição do cônjuge na aquisição do bem – Comunicação que se dá em razão da lei e não por sociedade de fato – Recurso provido (CGJSP – PROCESSO: 1.443/96, da Comarca de São Paulo)

CAPÍTULO VIII – DA AVERBAÇÃO E DO CANCELAMENTO

Art. 246. Além dos casos expressamente indicados no inciso II do *caput* do art. 167 desta Lei, serão averbadas na matrícula as sub-rogações e outras ocorrências que, por qualquer modo, alterem o registro ou repercutam nos direitos relativos ao imóvel.

§ 1º As averbações a que se referem os itens 4 e 5 do inciso II do art. 167 serão as feitas a requerimento dos interessados, com firma reconhecida, instruído com documento dos interessados, com firma reconhecida, instruído com documento comprobatório fornecido pela autoridade competente. A alteração do nome só poderá ser averbada quando devidamente comprovada por certidão do Registro Civil.

§ 1º-A No caso das averbações de que trata o § 1º deste artigo, o oficial poderá providenciar, preferencialmente por meio eletrônico, a requerimento e às custas do interessado, os documentos comprobatórios necessários perante as autoridades competentes.

§ 2º Tratando-se de terra indígena com demarcação homologada, a União promoverá o registro da área em seu nome.

§ 3º Constatada, durante o processo demarcatório, a existência de domínio privado nos limites da terra indígena, a União requererá ao Oficial de Registro a averbação, na respectiva matrícula, dessa circunstância.

§ 4º As providências a que se referem os §§ 2º e 3º deste artigo deverão ser efetivadas pelo cartório, no prazo de trinta dias, contado a partir do recebimento da solicitação de registro e averbação, sob pena de aplicação de multa diária no valor de R$ 1.000,00 (mil reais), sem prejuízo da responsabilidade civil e penal do Oficial de Registro.

1. COMENTÁRIOS

Pela redação do art. 246 resta indubitável que, no que se refere às averbações, não há que se falar em *numerus clausus*, equivale dizer, o rol do inciso II do art. 167 da Lei 6.015/1973 é meramente exemplificativo (*numerus apertus*). Esta ideia ficou ainda mais cristalina com a redação aprimorada do *caput* do art. 246, dada pela Lei do SERP (Lei n. 14.382/2022), que acrescentou a expressão "ou repercutam nos direitos relativos ao imóvel". Em outras palavras, trata-se de reforço à natureza publicista da averbação.

Aliás, é pertinente destacar o Enunciado 19 da **I Jornada de Prevenção e Solução Extrajudicial de Litígios:**

> **Enunciado 119.** Os contratos agrários de arrendamento rural e de parceria rural poderão ser averbados nas matrículas imobiliárias para fins de publicidade

> ⊙ Justificativa: Deve-se prestigiar o princípio da concentração do Registro de Imóveis no sentido de se incluir na matrícula toda e qualquer ocorrência que, de qualquer modo, altere o fato publicizado. Além disso, revela-se adequada a averbação na matrícula imobiliária porque, conforme o art. 92, § 5º, do Estatuto da Terra (Lei n. 4.504/1964), a alienação ou a imposição de ônus real ao imóvel não interrompe a vigência dos contratos de arrendamento ou de parceria, ficando o adquirente sub-rogado nos direitos e obrigações do alienante. Visa, assim, evitar demandas judiciais resultantes do desconhecimento da vigência de tais contratos.

Averbação consiste no ato que não cria ou transfere direito real, porém, altera seu conteúdo. Embora não haja transferência de direito real, uma vez que a propriedade permanece inalterada, é inegável que o ato modifica suas características. As averbações serão efetuadas na matrícula ou à margem da transcrição ou inscrição a que se referirem, ainda que o imóvel tenha passado a pertencer a outra circunscrição. Recorda Marcelo Rodrigues que "o sistema do fólio real eliminou, no registro de imóveis, averbações 'à margem' do registro, exceto nos casos remanescentes de transcrições, pois sequer há espaço ou campo destinado a tal. Após o recebimento de comunicação de abertura de matrícula em novo cartório que abarca parte da circunscrição territorial do anterior, impõe-se a vedação da prática de novos atos nesse último, sob pena de nulidade de pleno direito" (Op. cit., p. 173).

Afrânio de Carvalho, ao fazer distinção entre o registro em sentido estrito e a averbação, esclarece: "consiste em que a inscrição existe por si, ao passo que a averbação depende, para existir, de anterior inscrição, visto como só se apõe verba a escrita preexistente. Ambas cobrem mutações jurídico-reais, mas distinguíveis. Simplificando, cabe dizer que a inscrição protege toda aquisição – de propriedade de direito real e de posição admonitória –, ao passo que a averbação resguarda toda movimentação subsequente" (Op. cit., p. 132).

Para Serpa Lopes, a averbação serve, em princípio, para tornar conhecida uma alteração da situação jurídica ou de fato, seja em relação à coisa, seja em relação ao titular do direito real. Representa, além disso, uma medida complementar, tendente a, pelo meio aludido, tornar o Registro de Imóveis um índice seguro do estado do imóvel, do seu desmembramento, da mudança de numeração, bem como da mudança de nome do titular do domínio, das alterações que possam influir na sua capacidade, etc. (Op. cit., p. 196).

Ademais, este dispositivo reforça a ideia do **princípio da concentração da matrícula**. Por este princípio, entende-se que todos os direitos reais que incidem sobre determinado imóvel devem estar reunidos na matrícula dele, vale dizer, quaisquer fatos que possam produzir efeitos no imóvel, devem ser lançados na matrícula do imóvel, sob pena de não serem considerados pelo mundo jurídico.

João Pedro Lamana Paiva, um dos maiores defensores do princípio da concentração, expõe que 'nenhum fato jurígeno ou ato jurídico que diga respeito à situação jurídica do imóvel ou às mutações subjetivas, pode ficar indiferente à inscrição na matrícula. Além dos atos traslativos de propriedade, das instituições de direitos reais, a ela devem acorrer os atos judiciais, os atos que restringem a propriedade, os atos constritivos (penhoras, arrestos, sequestros, embargos), mesmo de caráter acautelatório, as declarações de indisponibilidade, as ações pessoais reipersecutórias e as reais, os decretos de utilidade pública, as imissões nas expropriações, os decretos de quebra, os tombamentos, comodatos, as servidões administrativas, os protestos contra a alienação de bem, os arrendamentos, as parcerias, enfim, todos os atos e fatos que possam implicar na alteração jurídica da coisa, mesmo em caráter secundário, mas que possa ser oponível, sem a necessidade de se buscar alhures informações outras, o que conspiraria contra a dinâmica da vida" (*Revista de direito imobiliário nº 49*. Julho a dezembro, 2000).

Sobre a concentração dos direitos na matrícula, Afrânio de Carvalho salienta que, como a matrícula é o assento de propriedade do imóvel, todos os direitos reais incidentes sobre este devem ser inscritos na folha da matrícula: a folha se destina à concentração desses direitos. Dada a sua destinação específica a determinado imóvel, nela não devem ser inscritos direitos relativos a outro imóvel, ainda que resultante do mesmo instrumento (Op. cit., p. 339).

Oportuno expor ainda que a Lei n. 14.382/2022 também evidenciou o princípio da concentração dos atos na matrícula, ao ampliar os atos e negócios jurídicos passíveis de registro. Foi incluído no art. 167, inciso I, além da **promessa de permuta**, seja em incorporação imobiliária, seja de forma autônoma (respectivamente itens 18 e 30), bem como ato do tombamento definitivo (item 46).

Dessa maneira, ampliou a transparência e assegurou maior publicidade, segurança e eficiência aos negócios jurídicos imobiliários.

Esse princípio já foi detalhadamente analisado nos comentários ao art. 167 desta obra.

1.1 SUB-ROGAÇÃO

Nas palavras de Hamid Charaf Bdine Jr., "ocorre a sub-rogação sempre que alguém passa a ocupar a posição de outra pessoa em determinada relação jurídica, como revelam as hipóteses do art. 346 do Código Civil. A regra não é taxativa, pois não há razão de ordem pública que impeça a criação de outros casos de sub-rogação com amparo na autonomia privada – a liberdade das pessoas de dispor sobre sua própria esfera de direitos e deveres" (*Código Civil comentado*. Barueri: Manole, 2014, p. 304).

A sub-rogação, de acordo com o Código Civil, pode ser legal ou convencional.

Prescreve o art. 346 que a sub-rogação **opera-se, de pleno direito**, em favor:

I) do credor que paga a dívida do devedor comum;

II) do adquirente do imóvel hipotecado, que paga a credor hipotecário, bem como do terceiro que efetiva o pagamento para não ser privado de direito sobre imóvel;

III) do terceiro interessado, que paga a dívida pela qual era ou podia ser obrigado, no todo ou em parte.

Por sua vez, a sub-rogação é **convencional** quando:

I) quando o credor recebe o pagamento de terceiro e expressamente lhe transfere todos os seus direitos;

II) quando terceira pessoa empresta ao devedor a quantia precisa para solver a dívida, sob a condição expressa de ficar o mutuante sub-rogado nos direitos do credor satisfeito (art. 347).

Foi infeliz o legislador ao mencionar a averbação da sub-rogação no art. 246, uma vez que o dispositivo já evidencia outras ocorrências que, de qualquer modo, alterem o registro, o que por si só já abrangeria a averbação da sub-rogação.

Nesse sentido Walter Ceneviva: "não há razão aparente para o destaque particular dado às sub-rogações, considerada a menção ampla e genérica de ocorrências que modifiquem, *por qualquer modo,* o registro (Op. cit., p. 533).

Este também é o posicionamento de Francisco Eduardo Loureiro, ao expor que não havia necessidade de o art. 246 mencionar expressamente a averbação da sub-rogação, já abrangida na expressão *ocorrências que, de qualquer modo, alterem o registro.* São múltiplas as hipóteses de sub-rogação admitidas em direito material, várias delas com repercussão no registro. Tomem-se como exemplos: a) as sub-rogações das cláusulas restritivas de inalienabilidade, impenhorabilidade e incomunicabilidade de um bem a outro, sempre precedidas de autorização judicial (art. 1.911, parágrafo único, CC); b) os pagamentos com sub-rogação, feitos por credor que paga a dívida do devedor comum, inclusive aquele que remir primeira hipoteca, do adquirente de imóvel hipotecado e do terceiro interessado; c) da garantia real e do usufruto, no caso de perecimento da coisa, havendo indenização do seguro ou de terceiro; d) do fiador que paga dívida do afiançado; e) do segurador, nos direitos do segurado, após pagamento da indenização; f) do sucessor do adquirente, nos direitos e obrigações do loteamento urbano (art. 29, Lei 6.766/1979); g) do sucessor do loteador, nos direitos e obrigações deste; h) dos bens anteriores ao casamento, quando substituídos por outros (Op. cit., p. 1383).

1.2 AVERBAÇÕES DOS ITENS 4 E 5 DO ART. 167

O texto do antigo parágrafo único do art. 246 e atual parágrafo primeiro, também não foi elaborado com boa técnica. As averbações mencionadas nos itens 4 e 5 do inciso II do art. 167 são as seguintes:

a) Mudança de denominação e de numeração dos prédios, da edificação, da reconstrução, da demolição, do desmembramento e do loteamento de imóveis;

b) Alteração do nome por casamento ou por separação, ou, ainda, de outras circunstâncias que, de qualquer modo, tenham influência no registro ou nas pessoas nele interessadas.

Estes itens já foram objeto de estudo e análise anteriormente neste livro.

Para que a averbação de tais atos, que são exceções ao princípio da instância, seja realizada, o dispositivo exige três documentos:

a) Requerimento dos interessados, com firma reconhecida;

b) Documentos dos interessados como firma reconhecida;

c) Documento comprobatório fornecido pela autoridade competente.

A Lei n. 14.382/2022, em consonância com a revolução tecnológica e a digitalização dos serviços notariais e registrais, autorizou o oficial registrador a providenciar, por **meio eletrônico**, a requerimento e às custas do interessado, os documentos comprobatórios necessários perante as autoridades competentes.

Bianca Castellar de Faria observa ainda que a Lei 14.382/2022 esclareceu, de uma vez por todas, que a averbação de logradouro, abrangida pelo item 4 do art. 167, II, deve ser custeada pela parte interessada. Em alguns estados, havia uma confusão entre a natureza jurídica do ato isento com o ato praticado ex officio. O nosso ordenamento jurídico, em momento algum, seja pela legislação, seja pela doutrina ou pela jurisprudência, vincula a natureza jurídica de atuação *ex officio* com a natureza jurídica de isenção (Op. cit. p. 417).

1.3 TERRA INDÍGENA

Os parágrafos 2º, 3º e 4º foram incluídos pela Lei nº 10.267, de 2001.

Em primeiro lugar, cumpre conceituar terra indígena como aquela ocupada pelos silvícolas, habitada em caráter permanente, em situação na qual se achavam na data de vigência da Constituição (05 de outubro de 1988).

Sabe-se que, uma vez homologada a demarcação (conforme o artigo 966 do Código de Processo Civil), o imóvel se tornará público e será registrado em nome da União.

A propriedade de imóveis do Poder Público, via de regra, não precisa ser registrada, ou seja, o registro de tal propriedade não tem caráter constitutivo. Todavia, o § 2º determina o registro do imóvel público para preservar a segurança jurídica e o caráter oponível a terceiros. Walter Ceneviva sugere que a leitura do § 2º exige seu enquadramento sob a ótica do art. 231 da Constituição Federal, com seus parágrafos, uma vez que estes preservam a permanente posse dos silvícolas, enquanto direito inalienável e imprescritível. A União não tem o domínio pleno da terra indígena, na medida em que se encontra afastada sua posse pela dos silvícolas, pois estes detêm usufruto exclusivo das riquezas nela existentes (art. 231, § 2º) a ponto de restringir os efeitos do art. 20, XI, da Carta (Op. cit., 534).

Francisco Eduardo Loureiro alerta que pode ocorrer de o imóvel demarcado se encontrar registrado em nome de particulares. Para evitar a duplicidade de registros, deve haver a averbação na matrícula do imóvel dessa circunstância. Em suma, a demarcação provoca dois atos distintos: o registro em nome da União, com descerramento de matrícula nova, se o caso, e a averbação de tal fato na matrícula do imóvel em nome de particulares. Pode ocorrer a hipótese de a matrícula não ser encerrada, quando o desfalque for parcial, cabendo ao Oficial cuidadosa pesquisa no seu indicador real (Op. cit., p. 1286).

O parágrafo 4º, por sua vez, estabelece urgência no atendimento das medidas aludidas nos §§ 2º e 3º e impõe prazo para os atos de registro e de averbação, devendo ser cumpridas em até 30 (trinta) dias.

Caso não seja cumprido o prazo, a lei determina sanção de aplicação de multa diária no valor de R$ 1.000,00 (mil reais), sem prejuízo da responsabilidade civil e penal do oficial de registro. Essa urgência, porém, não inibe o oficial registrador de fazer as exigências cabíveis, podendo, se for o caso declarar dúvida ao Juiz Corregedor Permanente ou Juiz competente na forma da organização local.

1.3.1 MATRÍCULA E REGISTRO DE TERRA INDÍGENA

No dia 12 de junho de 2018, o Conselho Nacional de Justiça editou o Provimento 70, que dispunha sobre abertura de matrícula e registro de terra indígena com demarcação homologada e averbação da existência de demarcação de área indígena homologada e registrada em matrículas de domínio privado incidentes em seus limites.

Para tanto, foram consideradas, entre outras justificativas:

a) Que as questões de caráter fundiário envolvem demandas de interesse coletivo, que precisam ser solucionadas pelo Poder Judiciário ou por seus serviços auxiliares de notas e de registro, delegados ou oficializados, sob sua fiscalização por expressa disposição constitucional (Resolução CNJ 110/2010);

b) O reconhecimento aos indígenas dos direitos originários sobre as terras que tradicionalmente ocupam, competindo à União demarcá-las, protegendo e fazendo respeitar todos os seus bens (art. 231, § 6º, da Constituição Federal);

c) A possibilidade de cancelamento de averbações e que são nulos e extintos, não produzindo efeitos jurídicos, os atos que tenham por objeto a ocupação, o domínio e a posse das terras tradicionalmente ocupadas pelos índios (art. 231, § 6º, da Constituição Federal e art. 250, III e IV, da Lei de Registros Públicos);

d) A necessidade de regulamentação da matéria concernente ao registro de terra indígena com demarcação homologada, bem como da averbação de existência de processos demarcatórios de terras indígenas em matrículas de domínio privado existentes nos seus limites, visando regularidade fundiária (art. 246, §§ 2º, 3º e 4º, da Lei de Registros Públicos);

e) As sugestões e propostas lançadas nos autos do Pedido de Providência n. 0005735-19.2015.2.00.0000, em trâmite no Conselho Nacional de Justiça.

O Provimento CNJ n. 70/2018 foi revogado e seus dispositivos incorporados no Código Nacional de Normas (Provimento CNJ n. 149/2023).

Dito isso, trataremos agora da **abertura de matrícula e registro** de terra indígena com demarcação homologada e **averbação** da existência de demarcação de área indígena homologada e registrada em matrículas de domínio privado incidentes em seus limites.

Todos os **atos registrais de terra indígena com demarcação homologada** serão promovidos em **nome da União.**

Em relação aos **procedimentos administrativos de demarcação de terras** tradicionalmente ocupadas pelos índios em caráter permanente, inclusive o resumo do estudo antropológico eventualmente realizado, estes deverão ser **averbados** nas matrículas dos imóveis.

Para maior clareza, elaborei um quadro que especifica as diferenças entre o registro e a averbação neste contexto. Veja:

Aspecto	Ato de Registro	Averbação
Contexto	Demarcação homologada de terras indígenas	Procedimentos administrativos de demarcação de terras indígenas
Descrição	Todos os atos registrais de terra indígena com demarcação homologada serão promovidos em nome da União.	Todos os procedimentos administrativos de demarcação de terras tradicionalmente ocupadas pelos índios em caráter permanente, inclusive o resumo do estudo antropológico eventualmente realizado, deverão ser averbados nas matrículas dos imóveis.
Finalidade	Formalizar a demarcação de terras indígenas em nome da União.	Registrar as informações sobre procedimentos administrativos de demarcação, incluindo estudos antropológicos.
Procedimento	Realizar o registro da demarcação homologada em nome da União.	Averbar informações na matrícula do imóvel.
Consequência Jurídica	Oficializa a posse da terra em nome da União, garantindo a segurança jurídica da demarcação.	Atualiza a matrícula do imóvel com informações detalhadas sobre a demarcação e ocupação indígena.

O art. 425 elenca os **elementos que deverão instruir o requerimento de abertura de matrícula**, nestes termos:

> **Art. 2º** O requerimento de abertura de matrícula, quando inexistente registro anterior, ou de averbação de demarcação de terra indígena, quando existente matrícula ou transcrição, em ambos os casos com demarcação homologada, formulado pelo órgão federal de assistência ao índio (art. 6º do Decreto n. 1.775/1996) deverá ser instruído com as seguintes informações e documentos:
>
> I – decreto homologatório da demarcação da terra indígena;
>
> II – declaração de inexistência de registro anterior do imóvel, se for o caso;
>
> III – certidão de inexistência de registro para o imóvel expedida pelo oficial de registro de imóveis da circunscrição anterior quando ocorrida alteração da competência;
>
> IV – número da matrícula e/ou transcrição da respectiva unidade de registro imobiliário, no caso de terra indígena com demarcação homologada, se existente;
>
> V – certidões imobiliárias expedidas pelo oficial de registro de imóveis da circunscrição anterior quando ocorrer alteração de competência, no caso de averbação de demarcação de terra indígena; **Atenção!** Este inciso foi **revogado** pelo Provimento n. 171, de 5.6.2024
>
> VI – certidão de conclusão de processo administrativo expedida pelo órgão competente da União;
>
> VII – número-código de cadastro da terra indígena no Sistema Nacional de Cadastro Rural (SNCR);
>
> VIII – número do assentimento do Conselho de Defesa Nacional (CDN) quando se tratar de gleba inserida em faixa de fronteira, se houver, para efeito de averbação na matrícula; **Atenção!** Este inciso foi **revogado** pelo Provimento n. 171, de 5.6.2024
>
> IX – número do assentimento do Conselho de Defesa Nacional (CDN) quando se tratar de gleba inserida em faixa de fronteira, se houver, para efeito de averbação na matrícula; e
>
> X – requerimento de encerramento de matrículas totalmente incidentes sobre a área.

No que diz respeito à **criação de nova circunscrição de registro imobiliário**, e já tendo sido concluído o procedimento acima perante a **circunscrição anterior**, a **matrícula será aberta à vista de solicitação do Órgão Federal competente**, que apresentará apenas a certidão da matrícula atualizada com prazo de 15 (quinze) dias, juntamente com os documentos técnicos descritos no inciso VII, cujo memorial descritivo constará tão somente o perímetro e área do imóvel situado na nova circunscrição.

Se for identificada uma eventual **sobreposição de área**, confirmando que a terra indígena atinge, total ou parcialmente, um imóvel até então considerado de propriedade particular, a Fundação Nacional dos Povos Indígenas (FUNAI) solicitará, conforme o caso, a **averbação do encerramento da matrícula ou a averbação dos respectivos desfalques**, dispensada, para esse fim, a retificação do memorial descritivo da área remanescente

É mister que, para instrução do requerimento, o oficial de registro de imóveis competente para o ato consulte diretamente os assentamentos que mantiver, inclusive para efeito de verificação da inexistência de registro anterior para o imóvel, sendo vedada a exigência de apresentação de certidões dos assentos existentes em sua própria serventia.

O art. 427 do Provimento CNJ n. 149/2023 traz importantes normas sobre a **competência territorial** para fins de registro, nestes termos:

> **Art. 427** Os atos registrais deverão ser requeridos em todas as circunscrições do registro de imóveis em que a terra indígena com demarcação homologada estiver localizada.
>
> § 1.º No caso de registro de terra indígena sem título ou registro anterior localizada em mais de uma circunscrição imobiliária, o órgão federal de assistência ao índio poderá requerê-lo separadamente em cada uma das circunscrições envolvidas, instruindo o requerimento também com os memoriais descritivos e a planta da parcela do imóvel que se localizar em cada uma das circunscrições do registro imobiliário.
>
> § 2.º O oficial de registro de imóveis averbará a demarcação da terra indígena e promoverá o encerramento da respectiva matrícula quando constatar que a demarcação atinge a totalidade do imóvel objeto da matrícula preexistente e, no caso de o imóvel atingido ser objeto de transcrição, será averbada a ocorrência com remissão à nova matrícula aberta.
>
> § 3.º Se os limites da terra indígena registrada incidirem parcialmente sobre outro imóvel, o oficial de registro de imóveis averbará a circunstância na respectiva matrícula ou transcrição.
>
> § 4.º Após a averbação da demarcação da terra indígena, o oficial de registro de imóveis abrirá matrícula em nome da União de acordo com a descrição do memorial descritivo apresentado.

Quanto à **escrituração**, vale lembrar que o requerimento será recepcionado e lançado no Livro 1 – Protocolo, submetendo-se ao regime de prioridade aplicável aos títulos em geral.

Nos termos do art. 428 do Código Nacional de Normas, a qualificação negativa do requerimento, mediante formulação de exigência, deverá ser manifestada por meio de nota de devolução fundamentada, em até 15 (quinze) dias contados da data do protocolo.

Decorrido este prazo, duas possibilidades podem ocorrer:

a) Havendo discordância expressa com a formulação de exigência em nota de devolução para a abertura de matrícula, registro ou averbação de que trata este provimento pelo órgão federal de assistência ao índio, o oficial de registro de imóveis remeterá o procedimento ao juiz competente (art. 198 da Lei de Registros Públicos);

b) Não havendo manifestação do órgão competente da União, a prenotação será cancelada após o decurso de 30 (trinta) dias contados da data do protocolo.

Acredito que, com a nova redação do art. 188 da Lei n. 6.015/1973, dada pela Lei n. 14.382/2022, que altera o prazo para a qualificação registral de 30 (trinta) para 10 (dez) dias, salvo as exceções previstas na legislação registral e esparsa, este prazo deverá ser revisto, à medida que foi editado com base na norma antiga.

Atente-se para o fato de que, se houver identificação do nome e do cargo do subscritor dos requerimentos e demais documentos oriundos dos órgãos da União, o reconhecimento de firma será dispensado.

O Provimento permite que ainda que sejam realizadas **averbações acautelatórias** da existência de processos demarcatórios de terras indígenas, em matrículas de domínio privado existentes nos seus limites, caso em que o requerimento deverá ser instruído com os seguintes documentos:

a) Portaria inaugural do processo administrativo;

b) Indicação do número das matrículas e/ou transcrições sobre os quais a averbação deverá ser praticada, sob responsabilidade do órgão federal;

c) Relatório circunstanciado de identificação de delimitação quando já realizado e decisão administrativa declaratória dos limites da terra indígena a demarcar (artigo 2.º, § 10, I, do Decreto Federal n. 1.775/96).

Por sua vez, o art. 432 do aludido provimento reforça a regra do § 4º do art. 246 da LRP, ao prever que, inexistindo exigências formuladas pelo registrador, as providências para a abertura, registro e averbação deverão ser efetivadas pelo cartório no prazo de 30 (trinta) dias contados da prenotação do título, sob pena de aplicação de multa diária no valor de R$ 1.000,00 (mil reais), sem prejuízo da responsabilidade civil e penal do oficial de registro. Ressalva-se a necessidade de dilação do prazo em virtude de diligências, pesquisas e outras circunstâncias que deverão ser enunciadas e justificadas fundamentadamente pelo registrador em nota que será arquivada, microfilmada ou digitalizada juntamente com o título.

2. JURISPRUDÊNCIA COMPLEMENTAR

SUPERIOR TRIBUNAL DE JUSTIÇA

EMENTA: ADMINISTRATIVO E PROCESSUAL CIVIL. RECURSO ORDINÁRIO EM MANDADO DE SEGURANÇA. LOTEAMENTO IRREGULAR. MANDADO DE SEGURANÇA IMPETRADO CONTRA ATO JUDICIAL QUE INDEFERIU REQUISIÇÃO MINISTERIAL DE AVERBAÇÃO DE INQUÉRITO CIVIL NO REGISTRO IMOBILIÁRIO E CONTRA CONSULTA FEITA AO JUÍZO, PELO OFICIAL REGISTRADOR, SOBRE A REQUISIÇÃO. INDEFERIMENTO JUDICIAL DA AVERBAÇÃO REQUISITADA PELO MINISTÉRIO PÚBLICO ESTADUAL. NECESSIDADE DE REQUERIMENTO, A SER FORMULADO PELO PARQUET. ARTS. 13, III, E 246, § 1º, DA LEI 6.015/73. DEVIDO PROCESSO LEGAL. NECESSIDADE DE OBSERVÂNCIA. RECURSO ORDINÁRIO IMPROVIDO.

I. Recurso Ordinário interposto contra acórdão que denegou a segurança, publicado na vigência do CPC/2015.

II. Na origem, trata-se de Mandado de Segurança, impetrado pelo Ministério Público do Estado do Rio de Janeiro contra atos do Juízo de Direito da Comarca de Itaocara/RJ e do Oficial Registrador do Cartório do 2º Ofício de Itaocara/RJ, consubstanciados, respectivamente, no indeferimento de requisição de averbação de inquérito civil na matrícula de imóvel que seria objeto de loteamento irregular, formulada pelo parquet estadual, com fixação de prazo para o seu cumprimento, e na consulta realizada, pelo Oficial Registrador, à autoridade judiciária, sobre a aludida requisição ministerial. O Mandado de Segurança postula que se determine, ao Oficial Registrador, que proceda à averbação do inquérito civil na matrícula imobiliária pertinente, independentemente de requerimento e de autorização do Juízo local, ou, subsidiariamente, que se anule o ato judicial de indeferimento da averbação, por inobservância do procedimento legal de dúvida, com renovação de todos os atos. O Tribunal de origem denegou a segurança.

III. Consoante o art. 1º da Lei 12.016/2009, o Mandado de Segurança busca proteger direito líquido e certo, não amparado por habeas corpus ou habeas data, sempre que, ilegalmente ou com abuso de poder, qualquer pessoa física ou jurídica, sofrer violação ou houver justo receio de sofrê-la por ato de autoridade pública. Por direito líquido e certo entende-se aquilo que resulta de fato certo, que pode ser comprovado de plano, por documentação inequívoca, em que demonstrada a ilegalidade do ato apontado coator.

IV. Nos termos do art. 13, I, II e III, da Lei 6.015/73, os atos do registro serão praticados por ordem judicial, a requerimento verbal ou escrito dos interessados e a requerimento do Ministério Público, quando a lei autorizar, excetuadas as anotações e averbações obrigatórias.

V. O impetrante sustenta, na inicial, que a requisição de averbação de inquérito civil no Registro Imobiliário, independentemente de determinação judicial e de requerimento, tem fundamento no art. 167, II, 5, parte final, bem como no art. 246, § 1º, da Lei 6.015/73. O aludido art. 167, II, 5, parte final, da Lei 6.015/73 dispõe que no Registro de Imóveis, além da matrícula, será feita a averbação "da alteração do nome por casamento ou por desquite, ou, ainda, de outras circunstâncias que, de qualquer modo, tenham influência no registro ou nas pessoas nele interessadas". Entretanto, nos termos do art. 246, § 1º, da referida Lei 6.015/73, "as averbações a que se referem os itens 4 e 5 do inciso II do art. 167 serão as feitas a requerimento dos interessados, com firma reconhecida, instruído com documento dos interessados, com firma reconhecida, instruído com documento comprobatório fornecido pela autoridade competente".

VI. Como destacou o acórdão recorrido, a requisição ministerial de averbação, com fixação de prazo para seu cumprimento, inviabilizou eventual procedimento de dúvida, previsto nos arts. 198 a 207 da Lei 6.015/73, procedimento que pressupõe requerimento do interessado, e não ordem de averbação, tal como ocorreu. Também o parecer do Ministério Público Federal, opinando pelo improvimento do presente recurso, destacou que, "na hipótese, o recorrente deixou de observar o rito previsto na legislação para fins de averbação do inquérito civil no registro do imóvel sob investigação, não restando configurado ato ilegal a ser sanado na presente via".

VII. Nesse contexto, caberia ao Ministério Público estadual requerer a averbação do inquérito civil no Registro Imobiliário e o Oficial Registrador, conforme seu entendimento, poderia suscitar dúvida ao Juízo competente, em consonância com o procedimento disciplinado nos arts. 198 a 207 da Lei 6.015/73.

VIII. Todavia, conforme ressaltado no acórdão recorrido, o parquet estadual, ao invés de requerer a aludida averbação, requisitou a sua realização, fixando prazo para o seu cumprimento, o que não encontra amparo na legislação de regência.

IX. O art. 26, VI, da Lei 8.625/93 – ao prever que, "no exercício de suas funções, o Ministério Público poderá (...) dar publicidade dos procedimentos administrativos não disciplinares que instaurar e das medidas adotadas" – não autoriza, independentemente de requerimento e de determinação judicial, a requisição ministerial, com fixação de prazo para cumprimento, de averbação do inquérito civil no Registro Imobiliário, para o que existe procedimento específico, previsto na Lei de Registros Públicos. Tampouco os arts. 34, XXI, e 35, IX, da Lei Complementar estadual 106/2003, que institui a Lei Orgânica do Ministério Público do Rio de Janeiro – ao preverem, respectivamente, que incumbe ao Ministério Público "exercer a fiscalização de todos os atos referentes ao Registro Público, podendo expedir requisições e adotar as medidas necessárias à sua regularidade, sendo previamente cientificado de todas as inspeções e correições realizadas pelo poder competente, devendo, ainda, receber, imediatamente após o encerramento, cópia do respectivo relatório final", e que cabe ao parquet "dar publicidade dos procedimentos administrativos não disciplinares de sua exclusiva atribuição e das medidas neles adotadas, onde quer que se instaurem" – teriam o condão de afastar o procedimento específico, previsto na Lei 6.015/73, iniciado com o requerimento ministerial, na forma dos arts. 13, III, e 246, § 1º, da Lei 6.015/73.

X. Registre-se, ainda, que, conforme ressaltado pelo recorrente, na inicial, a Lei estadual 6.956/2015, que dispõe sobre a organização e divisão judiciárias do Estado do Rio de Janeiro, estabelece, em seu art. 48, VIII, que "aos juízes de direito em matéria de registro público, salvo o de registro civil das pessoas naturais, incumbe (...)VIII – determinar averbações, cancelamentos, retificações, anotações e demais atos de jurisdição voluntária, relativos a registros públicos", de forma a reforçar a competência da autoridade judiciária para determinação da averbação pretendida.

XI. Em que pese a importância de se dar publicidade à população acerca de eventuais irregularidades em parcelamentos, a fim de proteger terceiros de boa-fé, adquirentes de suas frações, e contribuir para a ordenada ocupação do solo, há que se observar o devido processo legal, assegurado no art. 5º, LIV, da CF/88, tal como previsto na Lei 6.015/73.

XII. A denegação do presente mandamus não impede, por óbvio, que o parquet estadual requeira, nos termos exigidos pelo art. 13, III, da Lei 6.015/73, a pretendida averbação no Registro Imobiliário, podendo o Oficial Registrador, se for o caso, suscitar dúvida ao Juízo competente, observando-se, então, o procedimento legal, previsto nos arts. 198 a 207 da Lei 6.015/73, procedimento que, no caso, restou inviabilizado, pelo Órgão ministerial, ao formular requisição da averbação, com fixação de prazo para o seu cumprimento.

XIII. Assim, demonstrada a inexistência de direito líquido e certo do parquet, o acórdão do Tribunal de origem não merece reforma.

XIV. Recurso Ordinário improvido (RMS 58.769/RJ, Rel. Ministra ASSUSETE MAGALHÃES, SEGUNDA TURMA, julgado em 15/09/2020, DJe 23/09/2020)

EMENTA: RECURSO ESPECIAL. PROCESSUAL CIVIL. AVERBAÇÃO NO REGISTRO DE IMÓVEIS. DESCUMPRIMENTO DE ORDEM JUDICIAL. SUSCITAÇÃO DE DÚVIDA INVERSA. NÃO CABIMENTO. COMPETÊNCIA DO JUÍZO CORREGEDOR. 1. A parte pretende a anulação ou a reforma do acórdão estadual para que seja ordenado o desentranhamento de mandado judicial juntado nos autos do agravo de instrumento com o efetivo cumprimento pelo registro de imóvel. 2. Inviável o acolhimento de pedido de dúvida inversa – formulado pelo particular –, pois se trata de prerrogativa do oficial de registro. 3. Hipótese em que o serventuário registrador recusou-se a proceder ao cancelamento das averbações, pois entendeu necessário que a ordem judicial fosse transmitida via mandado, e não mediante ofício. 4. Manutenção do acórdão recorrido no sentido de que o descumprimento da ordem judicial deve ser dirimido pelo Juiz Corregedor do respectivo Registro de Imóveis. 5. Recurso especial não provido. (STJ – REsp nº 1.111.343 – São Paulo – 3ª Turma – Rel. Min. João Otávio de Noronha – DJ 11.02.2016)

TRIBUNAL DE JUSTIÇA DO ESTADO DE SÃO PAULO CONSELHO SUPERIOR DA MAGISTRATURA

EMENTA: Recusa em oposta à recepção de cópias, extraídas dos autos da ação de indenização, movida pela apelante a terceiro, e com as quais ela pretendia o registro da citação realizada naquele feito (APELAÇÃO CÍVEL No. 19.209-0/8, da Comarca de CAMPINAS). Trata-se de apelação, tempestivamente interposta, contra a respeitável sentença que julgou procedente dúvida suscitada pelo Oficial do Primeiro Cartório de Registro de Imóveis da Comarca de Campinas, ante a recusa em oposta à recepção de cópias, extraídas dos autos da ação de indenização, movida pela apelante a terceiro, e com as quais ela pretendia o registro da citação realizada naquele feito, em curso perante a Quinta Vara Cível da Comarca de Campinas. Serviu como fundamento para a recusa o fato de que cópias não são admitidas como título, bem como que aquela ação não seria de caráter geral, ou reipersecutório, únicas cujas citações seriam registráveis. A irresignação está fundada no argumento de que teriam sido violados os artigos 593 do Código de Processo Civil e 167, II, 5 e 246, ambos da Lei de Registros Públicos. O Ministério Público, opinou pelo improvimento do recurso, em ambas as instâncias. É o relatório. Controvertem apelante e oficial acerca da registrabilidade da citação realizada na ação que é movida pela recorrente à Lix Empreendimentos Administração de Negócios Ltda. O recurso aduz que ao julgar procedente a dúvida, a respeitável sentença apelada ofendeu os artigos 593 do Código de Processo Civil e 167, II, 5 e 246, ambos da Lei de Registros Públicos. Essa alegação, ao que se depreende, decorreria do fato de que poderia a ré daquela ação frustrar a execução do futuro julgado. É de ser improvido o apelo. Não há se falar, em primeiro lugar, de averbação. No caso cuida-se de pretensão de registro em sentido estrito. As citações, nos limites da lei, são passíveis de registro. Não de averbação. Assim dispõe o artigo 167, I, 21, da Lei de Registros Públicos. Quanto aquela assertiva, no sentido de que busca a recorrente prevenir direito, garantindo a futura execução da sentença que venha ser proferida na ação de indenização que promove contra a titular do imóvel, também é ela descabida. Pretensão como tal deve ser satisfeita pelo meio próprio, em sendo o caso. E, certamente, averbar citação não se afigura adequado a esse desiderato. De outro lado, as averbações previstas nos artigos 167, II, 5 e 246 da Lei de Registros Públicos não se amoldam à pretensão da recorrente. Cuidam aquelas de hipótese de anotar ocorrências que causem mutação no registro, quer real ou subjetiva. Tanto assim é que a lei, nos dois mencionados permissivos legais, teve a cautela de dizer possível a averbação de "outras circunstâncias que, de qualquer modo, tenham influência no registro ou nas pessoas nele interessadas"ou ainda que "além dos casos expressamente indicados no item II, do art. 167, serão averbadas nas matrículas as subrogações e outras ocorrências que, por qualquer modo alterem o registro" (cf. art. 167, II, 5 e 246 da Lei de Registros Públicos, respectivamente). Importante ressaltar, portanto, que apenas averbações que alterem ou tenham influência no registro é que terão o seu ingresso admitido no cadastro imobiliário. Nesse passo, in casu, a citação feita naquela ação de indenização deve ter sua registrabilidade considerada em face da previsão legal para seu ingresso no registro predial. Posta assim a questão, tem-se que inviável o registro. Isso porque apenas são admitidas citações realizadas "em ações reais ou pessoais reipersecutórias, relativas a imóveis". (cf. art. 167, I, 21 da Lei de Registros Públicos), enquanto a ação de indenização não está inserida em quaisquer dessas categorias. A evidência naquela ação indenizatória proposta pela apelante contra a Lix Empreendimentos Administração de Negócios Ltda., não tem caráter real ou pessoal reipersecutório, relativamente a bens imobiliários. A pretensão, como se vê, é de mera indenização. Em ações como essas essencialmente de natureza pessoal as citações são iregistráveis. E assim o são porque não alteram nem influem em qualquer registro imobiliário. Finalmente, os títulos que são admissíveis para registro estão subordinados ao critério inspirado no princípio da legalidade, que informa o direito registrário. Portanto, somente aqueles que constam do elenco do artigo 221, da Lei de Registros Públicos, tem o seu ingresso permitido no registro predial. Por seu turno, os títulos judiciais estão enumerados exaustivamente no inciso IV daquele aludido artigo de lei, inviável a recepção de qualquer instrumento diverso. Daí porque, na espécie dos autos, apenas com a apresentação de outro e adequado instrumento, que não aquelas cópias autenticadas referidas, ficaria ultrapassada essa questão formal. Isso ensejaria se passasse à qualificação do título, tomando em conta seu conteúdo. Vale dizer que somente por meio de mandado ou certidão poder-se-ia cogitar do registro pretendido. Assim mesmo ele não poderia ser efetivado diante do outro óbice apontado, aquele sim intransponível, como visto. Isto posto, negam provimento ao recurso. Custas na forma da lei. Participaram do julgamento, com votos vencedores, os Desembargadores JOSÉ ALBERTO WEISS DE ANDRADE, Presidente do Tribunal de Justiça e NEY DE MELLO ALMADA, Vice-Presidente do Tribunal de Justiça em exercício. São Paulo, 07 de julho de 1994. ANTONIO CARLOS ALVES BRAGA. Corregedor Geral da Justiça e Relator.

TRIBUNAL DE JUSTIÇA DO ESTADO DO PARANÁ

EMENTA: AGRAVO DE INSTRUMENTO. AÇÃO DE EXECUÇÃO DE TÍTULO EXTRAJUDICIAL. AVERBAÇÃO NA MATRÍCULA DO IMÓVEL. COMUNICAÇÃO AO JUÍZO NÃO REALIZADA. IMPOSSIBILIDADE DE DECLARAÇÃO DE SEU CANCELAMENTO OU INEFICÁCIA. AUSÊNCIA DE PREVISÃO LEGAL. DECISÃO MANTIDA. O teor do art. 615-A, § 1º do Código de Processo Civil apenas prevê o dever do exequente em comunicar o juízo acerca das averbações realizadas, no prazo de dez dias de sua concretização. Não há – contudo – qualquer cominação legal para o caso de seu descumprimento, não havendo se cogitar em cancelamento ou ineficácia da averbação. RECURSO CONHECIDO E NÃO PROVIDO. (TJPR – Agravo de Instrumento nº 1.381.854-3 – Umuarama – 15ª Câmara Cível – Rel. Des. Shiroshi Yendo – DJ 10.08.2015)

3. QUESTÕES DE CONCURSOS

01. (EJEF – Registro de Imóveis-MG/2005) É INCORRETO afirmar que a averbação deve ser realizada na ocorrência de

a) atos que impliquem a sub-rogação, legal ou convencional, de direitos relativos ao imóvel.

b) atos que, requeridos ou não pelo interessado, de qualquer modo modifiquem o Registro – como, por exemplo, tombamento, mudança de denominação de prédios e alteração de nome por casamento.

c) restabelecimento da sociedade conjugal, desde que haja patrimônio conjugal, existindo ou não pacto antenupcial.

d) unificação de dois ou mais imóveis constantes de transcrições anteriores à Lei nº 6.015, de 1973, numa única matrícula, nos assentos que se encerrarem.

GAB	1	B

Art. 247. Averbar-se-á, também, na matrícula, a declaração de indisponibilidade de bens, na forma prevista na Lei.

1. COMENTÁRIOS

O dispositivo em questão orienta o oficial de registros a proceder com a averbação da declaração de indisponibilidade."

Nas palavras de Walter Ceneviva, "não há razão aparente para a repetição: a norma enunciada está compreendida no art. 246". (Op. cit., p. 536).

Posicionamento mais acertado é o de Francisco Eduardo Loureiro ao explicar que "a especial atenção dada pelo legislador à questão, todavia, se justificou por circunstancia posterior, consistente da extraordinária amplitude que recebeu da lei e da jurisprudência o instituto da indisponibilidade" (Op. cit., 1392).

A indisponibilidade pode decorrer de **ato administrativo** ou **ato judicial**, expedido pelo juiz no exercício do seu poder geral de cautela (art. 297 do novo CPC) ou quando houver expressa previsão legal de indisponibilidade.

A legislação brasileira contém diversas previsões de indisponibilidade de bens. A seguir, destacamos algumas delas:

Previsões de indisponibilidade de bens	
Lei 5.172/1966 *Dispõe sobre o Sistema Tributário Nacional e institui normas gerais de direito tributário aplicáveis à União, Estados e Municípios. Foi incluído o art. 185-A pela Lei Complementar 118/1995*	**Art. 185-A.** Na hipótese de o devedor tributário, devidamente citado, não pagar nem apresentar bens à penhora no prazo legal e não forem encontrados bens penhoráveis, o juiz determinará a indisponibilidade de seus bens e direitos, comunicando a decisão, preferencialmente por meio eletrônico, aos órgãos e entidades que promovem registros de transferência de bens, especialmente ao registro público de imóveis e às autoridades supervisoras do mercado bancário e do mercado de capitais, a fim de que, no âmbito de suas atribuições, façam cumprir a ordem judicial. § 1º A indisponibilidade de que trata o *caput* deste artigo limitar-se-á ao valor total exigível, devendo o juiz determinar o imediato levantamento da indisponibilidade dos bens ou valores que excederem esse limite. § 2º Os órgãos e entidades aos quais se fizer a comunicação de que trata o *caput* deste artigo enviarão imediatamente ao juízo a relação discriminada dos bens e direitos cuja indisponibilidade houverem promovido.
Lei 5.627/1970 *Dispõe sobre capitais mínimos para as Sociedades seguradoras de dá outras providências*	**Art. 2º.** Os administradores e conselheiros fiscais das Sociedades de Seguros ou de capitalização, que entrarem em regime de liquidação extrajudicial compulsória, ficarão com todos os seus bens indisponíveis, não podendo os referidos bens ser vendidos, cedidos ou prometidos vender, vedada a constituição de ônus reais sobre eles. Parágrafo único. A indisponibilidade de que trata o presente artigo decorrerá do ato que declarar o regime da liquidação extrajudicial compulsória e atingirá todos aqueles que tenham exercido as funções nos 12 (doze) meses anteriores ao mesmo ato.

Previsões de indisponibilidade de bens	
Lei 5.869/1973 *Institui o Código de Processo Civil*	**Art. 752.** Declarada a insolvência, o devedor perde o direito de administrar os seus bens e de dispor deles, até a liquidação total da massa. **ATENÇÃO! Este dispositivo corresponde ao art. 1.052 do CPC/2015:** **Art. 1.052** "Até a edição de lei específica, as execuções contra devedor insolvente, em curso ou que venham a ser propostas, permanecem reguladas pelo Livro II, Título IV, da Lei nº 5.869, de 11 de janeiro de 1973."
Lei 6.024/1974 *Dispõe sobre a intervenção e a liquidação extrajudicial de instituições financeiras, e dá outras providências*	**Art. 36.** Os administradores das instituições financeiras em intervenção, em liquidação extrajudicial ou em falência, ficarão com todos os seus bens indisponíveis não podendo, por qualquer forma, direta ou indireta, aliená-los ou onerá-los, até apuração e liquidação final de suas responsabilidades. § 1º A indisponibilidade prevista neste artigo decorre do ato que decretar a intervenção, a extrajudicial ou a falência, atinge a todos aqueles que tenham estado no exercício das funções nos doze meses anteriores ao mesmo ato. § 2º Por proposta do Banco Central do Brasil, aprovada pelo Conselho Monetário Nacional, a indisponibilidade prevista neste artigo poderá ser estendida: a) aos bens de gerentes, conselheiros fiscais e aos de todos aqueles que, até o limite da responsabilidade estimada de cada um, tenham concorrido, nos últimos doze meses, para a decretação da intervenção ou da liquidação extrajudicial; b) aos bens de pessoas que, nos últimos doze meses, os tenham a qualquer título, adquirido de administradores da instituição, ou das pessoas referidas na alínea anterior desde que haja seguros elementos de convicção de que se trata de simulada transferência com o fim de evitar os efeitos desta Lei. § 3º Não se incluem nas disposições deste artigo os bens considerados inalienáveis ou impenhoráveis pela legislação em vigor. § 4º Não são igualmente atingidos pela indisponibilidade os bens objeto de contrato de alienação, de promessa de compra e venda, de cessão de direito, desde que os respectivos instrumentos tenham sido levados ao competente registro público, anteriormente à data da decretação da intervenção, da liquidação extrajudicial ou da falência.
Lei 6.024/1974 *Dispõe sobre a intervenção e a liquidação extrajudicial de instituições financeiras, e dá outras providências*	**Art. 37.** Os abrangidos pela indisponibilidade de bens de que trata o artigo anterior, não poderão ausentar-se do foro, da intervenção, da liquidação extrajudicial ou da falência, sem prévia e expressa autorização do Banco Central do Brasil ou no juiz da falência. **Art. 38.** Decretada a intervenção, a liquidação extrajudicial ou a falência, o interventor, o liquidante o escrivão da falência comunicará ao registro público competente e às Bolsas de Valores a indisponibilidade de bens imposta no artigo 36. Parágrafo único. Recebida a comunicação, a autoridade competente ficará relativamente a esses bens impedida de: a) fazer transcrições, inscrições, ou averbações de documentos públicos ou particulares; b) arquivar atos ou contratos que importem em transferência de cotas sociais, ações ou partes beneficiarias; c) realizar ou registrar operações e títulos de qualquer natureza; d) processar a transferência de propriedade de veículos automotores;
CRFB/88	**Art. 189.** Os beneficiários da distribuição de imóveis rurais pela reforma agrária receberão títulos de domínio ou de concessão de uso, inegociáveis pelo prazo de dez anos. Parágrafo único. O título de domínio e a concessão de uso serão conferidos ao homem ou à mulher, ou a ambos, independentemente do estado civil, nos termos e condições previstos em lei.
Lei 8.112/1990 *Dispõe sobre o regime jurídico dos servidores públicos civis da União, das autarquias e das fundações públicas federais*	**Art. 136.** A demissão ou a destituição de cargo em comissão, nos casos dos incisos IV, VIII, X e XI do art. 132, implica a indisponibilidade dos bens e o ressarcimento ao erário, sem prejuízo da ação penal cabível.
Lei 8.212/1991 *Dispõe sobre a organização da Seguridade Social, institui o Plano de Custeio, e dá outras providências*	**Art. 53.** Na execução judicial da dívida ativa da União, suas autarquias e fundações públicas, será facultado ao exequente indicar bens à penhora, a qual será efetivada concomitantemente com a citação inicial do devedor. § 1º Os bens penhorados nos termos deste artigo ficam desde logo indisponíveis".

Previsões de indisponibilidade de bens	
Lei 8.397/1992 *Institui medida cautelar fiscal e dá outras providências*	**Art. 4º** A decretação da medida cautelar fiscal produzirá, de imediato, a indisponibilidade dos bens do requerido, até o limite da satisfação da obrigação. § 1º Na hipótese de pessoa jurídica, a indisponibilidade recairá somente sobre os bens do ativo permanente, podendo, ainda, ser estendida aos bens do acionista controlador e aos dos que em razão do contrato social ou estatuto tenham poderes para fazer a empresa cumprir suas obrigações fiscais, ao tempo: a) do fato gerador, nos casos de lançamento de ofício; b) do inadimplemento da obrigação fiscal, nos demais casos. § 2º A indisponibilidade patrimonial poderá ser estendida em relação aos bens adquiridos a qualquer título do requerido ou daqueles que estejam ou tenham estado na função de administrador (§ 1º), desde que seja capaz de frustrar a pretensão da Fazenda Pública. § 3º Decretada a medida cautelar fiscal, será comunicada imediatamente ao registro público de imóveis, ao Banco Central do Brasil, à Comissão de Valores Mobiliários e às demais repartições que processem registros de transferência de bens, a fim de que, no âmbito de suas atribuições, façam cumprir a constrição judicial.
Lei 8.429/1992 *Dispõe sobre as sanções aplicáveis aos agentes públicos nos casos de enriquecimento ilícito no exercício do mandato, cargo, emprego ou função na administração pública direta, indireta ou fundacional e dá outras providências*	**Art. 7º** Se houver indícios de ato de improbidade, a autoridade que conhecer dos fatos representará ao Ministério Público competente, para as providências necessárias. **Art. 16.** Na ação por improbidade administrativa poderá ser formulado, em caráter antecedente ou incidente, pedido de indisponibilidade de bens dos réus, a fim de garantir a integral recomposição do erário ou do acréscimo patrimonial resultante de enriquecimento ilícito. .
Lei 8.443/1992 *Dispõe sobre a Lei Orgânica do Tribunal de Contas da União e dá outras providências*	**Art. 44.** No início ou no curso de qualquer apuração, o Tribunal, de ofício ou a requerimento do Ministério Público, determinará, cautelarmente, o afastamento temporário do responsável, se existirem indícios suficientes de que, prosseguindo no exercício de suas funções, possa retardar ou dificultar a realização de auditoria ou inspeção, causar novos danos ao Erário ou inviabilizar o seu ressarcimento. § 1º Estará solidariamente responsável a autoridade superior competente que, no prazo determinado pelo Tribunal, deixar de atender à determinação prevista no *caput* deste artigo. § 2º Nas mesmas circunstâncias do *caput* deste artigo e do parágrafo anterior, poderá o Tribunal, sem prejuízo das medidas previstas nos arts. 60 e 61 desta Lei, decretar, por prazo não superior a um ano, a indisponibilidade de bens do responsável, tantos quantos considerados bastantes para garantir o ressarcimento dos danos em apuração.
Lei 9.637/1998 *Dispõe sobre a qualificação de entidades como organizações sociais e a criação do Programa Nacional de Publicização, entre outras providências*	**Art. 10.** Sem prejuízo da medida a que se refere o artigo anterior, quando assim exigir a gravidade dos fatos ou o interesse público, havendo indícios fundados de malversação de bens ou recursos de origem pública, os responsáveis pela fiscalização representarão ao Ministério Público, à Advocacia-Geral da União ou à Procuradoria da entidade para que requeira ao juízo competente a decretação da indisponibilidade dos bens da entidade e o sequestro dos bens dos seus dirigentes, bem como de agente público ou terceiro, que possam ter enriquecido ilicitamente ou causado dano ao patrimônio público.
Lei 9.656/1998 *Dispõe sobre os planos e seguros privados de assistência à saúde*	**Art. 24-A.** Os administradores das operadoras de planos privados de assistência à saúde em regime de direção fiscal ou liquidação extrajudicial, independentemente da natureza jurídica da operadora, ficarão com todos os seus bens indisponíveis, não podendo, por qualquer forma, direta ou indireta, aliená-los ou onerá-los, até apuração e liquidação final de suas responsabilidades. § 1º A indisponibilidade prevista neste artigo decorre do ato que decretar a direção fiscal ou a liquidação extrajudicial e atinge a todos aqueles que tenham estado no exercício das funções nos doze meses anteriores ao mesmo ato. § 2º Na hipótese de regime de direção fiscal, a indisponibilidade de bens a que se refere o *caput* deste artigo poderá não alcançar os bens dos administradores, por deliberação expressa da Diretoria Colegiada da ANS.
Lei Complementar 109/2001 *Dispõe sobre o Regime de Previdência Complementar e dá outras providências*	**Art. 60.** O interventor ou o liquidante comunicará a indisponibilidade de bens aos órgãos competentes para os devidos registros e publicará edital para conhecimento de terceiros. Parágrafo único. A autoridade que receber a comunicação ficará, relativamente a esses bens, impedida de: I – fazer transcrições, inscrições ou averbações de documentos públicos ou particulares; II – arquivar atos ou contratos que importem em transferência de cotas sociais, ações ou partes beneficiárias; III – realizar ou registrar operações e títulos de qualquer natureza; e; IV – processar a transferência de propriedade de veículos automotores, aeronaves e embarcações.

Previsões de indisponibilidade de bens	
Lei 10.406/2002 (Código Civil)	**Art. 1.445.** O devedor não poderá alienar os animais empenhados sem prévio consentimento, por escrito, do credor. **Art. 1.449.** O devedor não pode, sem o consentimento por escrito do credor, alterar as coisas empenhadas ou mudar-lhes a situação, nem delas dispor. O devedor que, anuindo o credor, alienar as coisas empenhadas, deverá repor outros bens da mesma natureza, que ficarão sub-rogados no penhor.
Lei 11.101/2005 *Regula a recuperação judicial, a extrajudicial e a falência do empresário e da sociedade empresária*	**Art. 82.** A responsabilidade pessoal dos sócios de responsabilidade limitada, dos controladores e dos administradores da sociedade falida, estabelecida nas respectivas leis, será apurada no próprio juízo da falência, independentemente da realização do ativo e da prova da sua insuficiência para cobrir o passivo, observado o procedimento ordinário previsto no Código de Processo Civil. § 1º Prescreverá em 2 (dois) anos, contados do trânsito em julgado da sentença de encerramento da falência, a ação de responsabilização prevista no *caput* deste artigo. § 2º O juiz poderá, de ofício ou mediante requerimento das partes interessadas, ordenar a indisponibilidade de bens particulares dos réus, em quantidade compatível com o dano provocado, até o julgamento da ação de responsabilização. **Art. 103.** Desde a decretação da falência ou do sequestro, o devedor perde o direito de administrar os seus bens ou deles dispor. **Art. 154.** Concluída a realização de todo o ativo, e distribuído o produto entre os credores, o administrador judicial apresentará suas contas ao juiz no prazo de 30 (trinta) dias (...) § 5º A sentença que rejeitar as contas do administrador judicial fixará suas responsabilidades, poderá determinar a indisponibilidade ou o sequestro de bens e servirá como título executivo para indenização da massa.

1.1 O PROVIMENTO Nº 39/2014 DA CORREGEDORIA NACIONAL DE JUSTIÇA DO CNJ

Em 15 de agosto de 2014, entrou em vigor o Provimento nº 39/2014 do Conselho Nacional de Justiça (CNJ), que dispõe sobre a instituição da Central Nacional de Indisponibilidade de Bens (CNIB).

O CNIB é um sistema criado e regulado pelo referido ato normativo que integra, em uma Central Eletrônica única, **todas as ordens de indisponibilidade** de bens proferidas por magistrados e por autoridades administrativas.

Trata-se de uma excelente ferramenta que evita a dilapidação do patrimônio e, consequentemente, auxilia no combate ao crime organizado e na recuperação de ativos de origem ilícita. A corrupção pode afetar todos os aspectos da sociedade, inclusive em atos registrais imobiliários. Os notários e registradores exercem uma função pública e suas atividades estão intrinsecamente ligadas à primeira dimensão dos direitos fundamentais. Podemos afirmar, sem receio, que a função extrajudicial está relacionada com a essência do estado de direito.

Dentre as várias justificativas para a edição do Provimento n. 39, está a necessidade de racionalizar o intercâmbio de informações entre o Poder Judiciário e os órgãos prestadores de serviços notariais e de registro, visando à celeridade e à efetividade na prestação jurisdicional e à eficiência do serviço público delegado.

O ato normativo também surge em atendimento ao Acordo de Cooperação Técnica nº 84/2010, firmado em junho de 2010, entre o Conselho Nacional de Justiça (CNJ), a Associação de Registradores Imobiliários de São Paulo (Arisp) e o Instituto de Registro Imobiliário do Brasil (IRIB), que resultou no desenvolvimento da Central Nacional de Indisponibilidade de Bens.

Para o acesso à tábua registral, será necessário que o título de alienação judicial cumpra alguns requisitos.

Assim, de acordo com o art. 16 do aludido ato normativo, "as indisponibilidades averbadas nos termos deste Provimento e as decorrentes do § 1º, do art. 53, da Lei nº 8.212, de 24 de julho de 1991, **não impedem** a inscrição de constrições judiciais, assim como não impedem o registro da alienação judicial do imóvel desde que a alienação seja oriunda do juízo que determinou a indisponibilidade, ou a que distribuído o inquérito civil público e a posterior ação desse decorrente, ou que consignado no título judicial a prevalência da alienação judicial em relação à restrição oriunda de outro juízo ou autoridade administrativa a que foi dada ciência da execução".

Se houver exigência para o registro de alienação judicial de imóvel atingido por ordem de indisponibilidade devido à falta de indicação, no título, da prevalência da alienação judicial sobre a restrição oriunda de outro juízo ou autoridade administrativa a que foi dada ciência da execução, o fato será comunicado ao Juízo que expediu o título de alienação, visando sua complementação. Nesse caso, a prenotação será prorrogada por 30 dias, contados a partir da efetivação dessa comunicação.

Acerca do assunto, é aconselhável a leitura completa e atenta do Provimento 39/2014 (disponível em: EL

DEBS, Martha. *Vade Mecum Notarial e Registral*. São Paulo: Juspodivm, 2024).

Atente-se que o Provimento n. 142/2023, da Corregedoria Nacional de Justiça, alterou o Provimento n. 39/2014, que regulamenta a Central Nacional de Indisponibilidade de Bens (CNIB). A **principal inovação** é a responsabilização do titular, interventor ou interino por danos causados a terceiros pelo não cumprimento dos deveres previstos, sem prejuízo de possíveis sanções administrativas.

O corregedor nacional de Justiça, ministro Luis Felipe Salomão, enfatizou a importância de manter a CNIB atualizada, que serve para receber e divulgar ordens de indisponibilidade de bens imóveis. As alterações nos artigos 5.º e 8.º foram motivadas pelo não cumprimento, por diversas serventias de registro de imóveis, do dever de verificar regularmente a CNIB para ordens de indisponibilidade.

O Operador Nacional do Sistema de Registro Eletrônico de Imóveis (ONR) ativou o Módulo de Correição On-line da CNIB, para permitir melhor fiscalização e geração de relatórios sobre acessos e assinaturas em atraso. Isso permitirá uma fiscalização mais eficiente pelas corregedorias nacional e locais.

PROVIMENTO Nº 39, DE 25 DE JULHO DE 2014

Dispõe sobre a instituição e funcionamento da Central Nacional de Indisponibilidade de Bens – CNIB, destinada a recepcionar comunicações de indisponibilidade de bens imóveis não individualizados.

O CORREGEDOR NACIONAL DA JUSTIÇA em exercício, Conselheiro Guilherme Calmon, no uso de suas atribuições legais e regimentais;

CONSIDERANDO a necessidade de racionalizar o intercâmbio de informações entre o Poder Judiciário e os órgãos prestadores de serviços notariais e de registro, visando celeridade e efetividade na prestação jurisdicional e eficiência do serviço público delegado;

CONSIDERANDO as previsões constitucionais e legislativas para a imposição de indisponibilidades de bens e a necessidade de lhes dar publicidade (CF, art. 37, § 4º; Lei 6.024/1974, art. 36; Lei 8.397/1992, art. 4º; CTN, art. 185-A; Lei 8.429/1992, art. 7º; CPC, arts. 752, 796 a 812; Lei 11.101/2005, art. 82, § 2º e art. 154, § 5º; CLT, art. 889; Lei 9.656/1998, art. 24-A; Lei 8.443/1992, art. 44, § 2º; Lei Complementar 109/2001, art. 59, §§ 1º e 2º, art. 60 e art. 61, § 2º, II; e Decreto 4.942/2003, art. 101);

CONSIDERANDO os estudos realizados em decorrência do que foi solicitado pela União, por intermédio da Procuradoria da Fazenda Nacional, no Pedido de Providências nº 0007342-43.2010.2.00.0000;

CONSIDERANDO que a implantação de sistema que concentre todas as comunicações de indisponibilidades de bens, decretadas por autoridades judiciárias e administrativas, com sua comunicação eletrônica em tempo real para notários e registradores de imóveis, garantirá a maior eficácia dessas decisões, em benefício de segurança jurídica;

CONSIDERANDO o Acordo de Cooperação Técnica nº 084/2010, celebrado em 14 de junho de 2010 entre o Conselho Nacional de Justiça (CNJ), a Associação dos Registradores Imobiliários de São Paulo (ARISP) e o Instituto de Registro Imobiliário do Brasil (IRIB), que resultou no desenvolvimento da Central Nacional de Indisponibilidade de Bens – CNIB (Processo CNJ nº 339314);

CONSIDERANDO o disposto no art. 30, inc. III, da Lei 8.935, de 18 de novembro de 1994, que determina atendimento prioritário às requisições de autoridades judiciárias ou administrativas para a defesa das pessoas jurídicas de direito público em Juízo e o disposto no art. 185-A da Lei 5.172, de 25 de outubro de 1966 (Código Tributário Nacional), que prevê que a indisponibilidade de bens e direitos será comunicada preferencialmente por meio eletrônico, especialmente ao registro público de imóveis;

CONSIDERANDO o disposto no art. 236, § 1º, da Constituição Federal de 1988, que prevê a fiscalização dos atos notariais e de registro pelo Poder Judiciário e o disposto no artigo 38, c. c. art. 30, inc. XIV, da Lei nº 8.935, de 18 de novembro de 1994, que dispõem que os notários e os registradores estão obrigados a cumprir as normas técnicas baixadas pelo juízo competente que zelará para que os seus serviços sejam prestados com rapidez, qualidade e eficiência;

CONSIDERANDO que a centralização em plataforma única para comunicação das indisponibilidades permitirá maior rapidez na averbação constritiva por Oficial de Registro de Imóveis, evitando, por consequência, a dilapidação do patrimônio do atingido, além de permitir o rastreamento, em âmbito nacional, da propriedade de imóveis e de outros direitos reais imobiliários;

CONSIDERANDO que a comunicação eletrônica entre os responsáveis pelas delegações de Registro de Imóveis e os órgãos do Poder Judiciário e da Administração Pública contribuirá para a economia orçamentária, eficiência, segurança e desburocratização, além de reduzir o consumo de papel, em prol de um ambiente ecologicamente equilibrado (CF, art. 225);

RESOLVE:

Art. 1º Fica instituída a Central Nacional de Indisponibilidade de Bens – CNIB que funcionará no Portal publicado sob o domínio http://www.indisponibilidade.org.br, desenvolvido, mantido e operado pela Associação dos Registradores Imobiliários de São Paulo (ARISP), com a cooperação do Instituto de Registro Imobiliário do Brasil (IRIB), e funcionará sob o acompanhamento e a fiscalização da Corregedoria Nacional da Justiça, das Corregedorias Gerais da Justiça e das Corregedorias Permanentes, nos âmbitos de suas respectivas competências.

Art. 2º A Central Nacional de Indisponibilidade terá por finalidade a recepção e divulgação, aos usuários do sistema, das ordens de indisponibilidade que atinjam patrimônio imobiliário indistinto, assim como direitos sobre imóveis indistintos, e a recepção de comunicações de levantamento das ordens de indisponibilidades nela cadastrada.

§ 1º. A ordem de indisponibilidade que atinja imóvel específico e individualizado continuará sendo comunicada pela autoridade que a expediu diretamente ao Oficial de Registro de Imóveis competente para a averbação, podendo o encaminhamento ser promovido por via física ou eletrônica conforme disposto nas normas da Corregedoria-Geral da Justiça a que submetida a fiscalização da respectiva unidade do serviço extrajudicial.

§ 2º. A comunicação de levantamento de indisponibilidade cadastrada será efetuada na Central Nacional de Indisponibilidade de Bens – CNIB pela autoridade competente, sem prejuízo de comunicação, pela referida autoridade, diretamente ao Oficial de Registro de Imóveis em que promovida averbação da indisponibilidade em imóvel específico, a fim de que proceda ao seu cancelamento.

Art. 3º O sistema deverá contar com módulo de geração de relatórios (correição online) e de estatísticas, para efeito de contínuo acompanhamento, controle gerencial e fiscalização pela Corregedoria Nacional de Justiça, Corregedorias Gerais da Justiça dos Estados e do Distrito Federal e Corregedorias Permanentes das serventias extrajudiciais de notas e de registros, nos âmbitos de suas respectivas competências.

§ 1º. Serão gerados e-mails automáticos relativos ao descumprimento de prazos legais pelos registradores para a averbação de indisponibilidade quando a busca de bens resultar positiva e não existir risco de homonímia, com encaminhamento para a Corregedoria-Geral da Justiça para fins de abertura de procedimento administrativo de verificação.

Art. 4º A CNIB será constituída por Sistema de Banco de Dados Eletrônico (DBMS) que será alimentado com as ordens de indisponibilidades decretadas pelo Poder Judiciário e pelos demais órgãos da Administração Pública nas hipóteses legalmente previstas.

Art. 5º Os usuários da Central Nacional de Indisponibilidade de Bens – CNIB são definidos nas seguintes categorias:

a) máster (responsável pela administração técnica da central, a ser realizada pela ARISP);

b) administrador máster (membro ou servidor do Tribunal ou de órgãos públicos encarregado de cadastrar magistrados e servidores para acesso à CNIB);

c) magistrado;

d) autoridade;

e) assessor máster (servidor do Tribunal habilitado para cadastrar as ordens de indisponibilidade, ou sua revogação, decorrentes de decisão judicial);

f) assessor (servidor do Tribunal com acesso limitado para preenchimento de comunicação de indisponibilidade, ou sua revogação, para oportuna assinatura pelo magistrado caso prefira não delegar a realização do ato específico a assessor máster previsto na letra "e");

g) notário;

h) registrador;

i) substituto de notário ou registrador;

j) preposto de notário ou registrador;

k) usuário qualificado (art. 9º, § 4º); e,

l) usuário.

§ 1º. A ARISP indicará os usuários com perfil de másters, os quais habilitarão no sistema os administradores másters dos órgãos do Conselho Nacional de Justiça, dos Tribunais, dos órgãos da Administração Pública, assim como os usuários qualificados, de conformidade com as indicações desses entes.

§ 2º. O credenciamento de magistrados, autoridades e assessores será feito pelo administrador máster do respectivo Tribunal ou órgão da Administração Pública, que também credenciará os administradores másters da respectiva Corregedoria-Geral ou Regional. Os magistrados e autoridades definirão os perfis de seus respectivos assessores.

§ 3º. O acesso por registrador e por tabelião de notas independe de filiação associativa a entidade de classe.

§ 4º. Os tabeliães de notas e os registradores credenciarão seus respectivos substitutos e prepostos e definirão seus perfis.

Art. 5º As indisponibilidades de bens determinadas por magistrados, assim como seus respectivos levantamentos, deverão ser imediatamente cadastradas na Central Nacional de Indisponibilidade de Bens – CNIB, vedada a expedição de ofícios ou mandados em papel com tal finalidade às Corregedorias da Justiça dos Estados e aos Oficiais de Registros de Imóveis, salvo para o fim específico de indisponibilidade relativa a imóvel certo e determinado, hipótese em que a ordem será enviada diretamente à serventia competente para a averbação, com indicação do nome e do CPF do titular do domínio ou outros direitos reais atingidos, o endereço do imóvel e o número da respectiva matrícula.§ 1º O disposto no caput deste artigo não se aplica aos membros dos Tribunais Superiores que poderão, a seu critério, encaminhar as ordens de indisponibilidade de bens imóveis, genéricas ou para incidir sobre imóveis específicos, mediante uso da Central Nacional de Indisponibilidade de Bens - CNIB ou por outra via.

§ 2º As ordens de indisponibilidade encaminhadas por ofício à Corregedoria Nacional de Justiça, bem como seus respectivos levantamentos, poderão ser cadastradas diretamente por usuário lotado na unidade, a critério do Corregedor.

Art. 6º As comunicações de indisponibilidades de bens decretadas por Órgãos Administrativos que detêm competência legal poderão ser incluídas diretamente por seus respectivos emissores na Central Nacional de Indisponibilidade de Bens – CNIB, na forma prevista neste Provimento. Também deverão ser incluídas no CNIB, pela autoridade competente, as ordens de levantamento das indisponibilidades previstas neste artigo.

§ 1º. A partir do cadastramento dos usuários previstos no art. 4º deste Provimento, as comunicações de indisponibilidades genéricas de bens encaminhadas em papel por autoridades judiciárias e administrativas deverão ser devolvidas aos respectivos remetentes com a informação de que para tal desiderato deverá utilizar o sistema ora instituído ou fazê-lo de forma específica, diretamente à serventia de competência registral, indicando o nome e CPF do titular de domínio ou direitos reais atingidos, o endereço do imóvel e o número da respectiva matrícula ou transcrição.

§ 2º. As indisponibilidades anteriormente decretadas e ainda vigentes poderão ser incluídas no sistema, bem como seus posteriores cancelamentos.

Art. 7º A consulta ao banco de dados da Central Nacional de Indisponibilidade de Bens – CNIB será obrigatória para todos os notários e registradores do país, no desempenho regular de suas atividades e para a prática dos atos de ofício, nos termos da Lei e das normas específicas.

Parágrafo único. Nenhum pagamento será devido por qualquer modalidade de utilização da Central Nacional de Indisponibilidade de Bens – CNIB pelos registradores, tabeliães de notas, órgãos do Poder Judiciário e da Administração Pública.

Art. 8º A partir da data de funcionamento da Central Nacional de Indisponibilidade de Bens – CNIB os oficiais de registro de imóveis verificarão, obrigatoriamente, pelo menos na abertura e uma hora antes do encerramento do expediente, se existe comunicação de indisponibilidade de bens para impressão ou importação (XML) para seu arquivo, visando o respectivo procedimento registral.§ 1º Ficam dispensadas da verificação continuativa prevista no caput deste artigo as serventias que adotarem solução de comunicação com a Central Nacional de Indisponibilidade de Bens - CNIB via WebService configurada para consulta em menor tempo, desde que atendidas as normas técnicas e de segurança utilizadas para integração de sistemas.

§ 2º O responsável pela serventia, nos termos do art. 37, § 6º, da Constituição Federal, responderá pela reparação de danos ocasionados a terceiros pelo descumprimento de seus deveres previstos neste Provimento, sem prejuízo de eventual procedimento administrativo disciplinar, notadamente pelo descumprimento do previsto no caput deste artigo.

Art. 9º O acesso para inclusão de ordens de indisponibilidade, de comunicações de seus cancelamentos e de consultas circunstanciadas deverá ser feito exclusivamente com a utilização de Certificado Digital ICP-Brasil e dependerá de prévio cadastramento do respectivo órgão.

§ 1º. A pessoa sujeita à declaração de indisponibilidade poderá consultar os dados de origem das ordens cadastradas em seu respectivo nome, desde que vigentes, e obter relatório circunstanciado, mediante uso de Certificado Digital ICP-Brasil. A informação será livre e gratuita para o próprio atingido pela indisponibilidade que fizer o acesso ao sistema com seu Certificado Digital ICP-Brasil, ou quando for solicitada diretamente à Central Nacional de Indisponibilidade de Bens – CNIB por meio de requerimento com firma reconhecida por tabelião de notas.

§ 2º. A Presidência do Conselho Nacional de Justiça, a Corregedoria Nacional de Justiça, os Conselheiros do Conselho Nacional de Justiça e os demais órgãos do Poder Judiciário, de qualquer instância, terão acesso livre e integral aos dados e informações constantes da Central Nacional de Indisponibilidade de Bens – CNIB, inclusive das indisponibilidades canceladas.

§ 3º. O cadastramento dos membros do Ministério Público, ou servidores por esses autorizados, e de servidores de órgãos públicos com interesse decorrente da natureza do serviço prestado, terão acesso ao cadastro geral das indisponibilidades, para fins de consulta, inclusive das canceladas, mediante habilitação a ser solicitada diretamente à operadora da Central Nacional de Indisponibilidade de Bens – CNIB, visando o credenciamento com o perfil de "usuário qualificado".

Art. 10 Poderão aderir à Central Nacional de Indisponibilidade de Bens – CNIB os órgãos da Administração Pública que detenham competência legal para a expedição de ordens de restrição, bem como outros entes e órgãos públicos que tiverem interesse decorrente da natureza do serviço que prestarem.

Parágrafo único. O cadastramento dos Tribunais e as adesões dos órgãos da Administração Pública que detenham competência para imposição de indisponibilidade de bens deverão ser comunicados pela Central Nacional de Indisponibilidade de Bens – CNIB à Corregedoria Nacional da Justiça, pelo sistema Justiça Aberta quando adaptado para essa finalidade.

Art. 11 O termo padrão de uso será disponibilizado no sítio da Central Nacional de Indisponibilidade de Bens – CNIB, com livre acesso para amplo conhecimento das suas condições.

Art. 12 A requisição de informações e certidões registrais, quando rogadas por entes ou órgãos públicos, estarão isentas de custas e emolumentos, conforme as hipóteses contempladas em lei.

Art. 13 Para afastamento de homonímia, resguardo e proteção da privacidade, os cadastramentos e as pesquisas na Central Nacional de Indisponibilidade de Bens – CNIB serão feitas, exclusivamente, a partir do número de contribuinte de pessoa física (CPF) ou jurídica (CNPJ).

Art. 14 Os registradores de imóveis e tabeliães de notas, antes da prática de qualquer ato notarial ou registral que tenha por objeto bens imóveis ou direitos a eles relativos, exceto lavratura de testamento, deverão promover prévia consulta à base de dados da Central Nacional de Indisponibilidade de Bens – CNIB, consignando no ato notarial o resultado da pesquisa e o respectivo código gerado (hash), dispensado o arquivamento do resultado da pesquisa em meio físico ou digital.

§ 1º. A existência de comunicação de indisponibilidade não impede a lavratura de escritura pública representativa de negócio jurídico tendo por objeto a propriedade ou outro direito real sobre imóvel de que seja titular a pessoa atingida pela restrição, nessa incluída a escritura pública de procuração, devendo constar na escritura pública, porém, que as partes do negócio jurídico foram expressamente comunicadas da existência da ordem de indisponibilidade que poderá ter como consequência a impossibilidade de registro do direito no Registro de Imóveis, enquanto vigente a restrição.

§ 2º. Os Oficiais do Registro de Imóveis deverão manter, em relação a todas as indisponibilidades, registros no Indicador Pessoal (Livro nº 5), ou em fichas, ou em base de dados informatizada off-line, ou mediante solução de comunicação com a CNIB via WebService, que serão destinados ao controle das indisponibilidades e às consultas simultâneas com a pesquisa sobre a tramitação de títulos representativos de direitos contraditórios.

§ 3º. Verificada a existência de bens no nome cadastrado, a indisponibilidade será prenotada e averbada na matrícula ou transcrição do imóvel, ainda que este tenha passado para outra circunscrição. Caso não figure do registro o número do CPF ou o do CNPJ, a averbação da indisponibilidade somente será realizada se não houver risco de tratar-se de pessoa homônima.

§ 4º. Em caso de aquisição de imóvel por pessoa cujos bens foram atingidos por ordem de indisponibilidade deverá o Oficial de Registro de Imóveis, imediatamente após o lançamento do registro do título aquisitivo na matrícula do imóvel, promover a averbação da indisponibilidade, independentemente de prévia consulta ao adquirente.

§ 5º. Imediatamente após o lançamento da averbação da indisponibilidade na matrícula do imóvel, o Oficial do Registro de Imóveis fará o devido cadastramento, em campo próprio da Central Nacional de Indisponibilidade de Bens – CNIB que contemplará espaço para essa informação.

Art. 15 As ordens judiciais e administrativas que determinem indisponibilidade serão arquivadas em ordem cronológica, dispensado o arquivamento se forem microfilmadas conforme a Lei nº 5.433, de 8 de maio de 1.968, ou armazenadas em mídia digital na forma prevista no art. 38 da Lei nº 11.977, de 7 de julho de 2009, ou importadas em arquivo formato XML.

Art. 16 As indisponibilidades averbadas nos termos deste Provimento e as decorrentes do § 1º, do art. 53, da Lei nº 8.212, de 24 de julho de 1991, não impedem a inscrição de constrições judiciais, assim como não impedem o registro da alienação judicial do imóvel desde que a alienação seja oriunda do juízo que determinou a indisponibilidade, ou a que distribuído o inquérito civil público e a posterior ação desse decorrente, ou que consignado no título judicial a prevalência da alienação judicial em relação à restrição oriunda de outro juízo ou autoridade administrativa a que foi dada ciência da execução.

Parágrafo único. Consistindo eventual exigência para o registro de alienação judicial de imóvel atingido por ordem de indisponibilidade na falta de indicação, no título, da prevalência da alienação judicial em relação à restrição oriunda de outro juízo ou autoridade administrativa a que foi dada ciência da execução, será o fato comunicado ao Juízo que expediu o título de alienação, visando sua complementação, ficando prorrogada a prenotação por 30 dias contados da efetivação dessa comunicação.

Art. 17 A definição de padrões tecnológicos e o aprimoramento contínuo do sistema ficarão a cargo da Associação dos Registradores Imobiliários de São Paulo (ARISP), sob suas expensas, sem nenhum ônus para o Conselho Nacional de Justiça ou qualquer outro órgão do Poder Público.

Art. 18 A Central Nacional de Indisponibilidade de Bens – CNIB, com sistema de autenticação homologado pelo Instituto de Tecnologia da Informação (ITI) sob o nº 00100.000110/2011-12, estará disponível 24 horas por dia, em todos os dias da semana, observadas as seguintes peculiaridades e características técnicas:

§ 1º. O sistema foi desenvolvido em plataforma WEB, com sua base de dados em MySQL, em conformidade com os Padrões de Interoperabilidade de Governo Eletrônico (e-PING).

§ 2º. O acesso ao sistema, bem como as assinaturas de informações ou outros documentos emitidos por meio deste, deverá ser feito mediante uso de Certificado Digital ICP-Brasil.

Art. 19 Ocorrendo a extinção da ARISP, que se apresenta como titular dos direitos autorais e de propriedade intelectual do sistema, do qual detém o conhecimento tecnológico, o código-fonte e o banco de dados, ou a paralisação pela citada entidade da prestação do serviço objeto deste Provimento, sem substituição pelo Instituto de Registro Imobiliário do Brasil (IRIB), ou por outra associação ou entidade de classe que o assuma em idênticas condições mediante prévia autorização do Conselho Nacional de Justiça – CNJ, será o banco de dados de indisponibilidades, em sua totalidade, transmitido ao Conselho Nacional de Justiça, ou entidade que o Conselho Nacional de Justiça indicar, com o direito de uso do domínio http://www.indisponibilidade.org.br, o código-fonte e as informações técnicas necessárias para o acesso e utilização de todos os seus dados, bem como para a continuação de seu funcionamento na forma prevista neste Provimento, sem ônus, custos ou despesas para o Poder Público e, notadamente, sem qualquer remuneração por direitos autorais e de propriedade intelectual, a fim de que a Central Nacional de Indisponibilidade de Bens – CNIB permaneça em integral funcionamento.

Art. 20 A Associação dos Registradores Imobiliários de São Paulo (ARISP), ou quem a substituir na forma do artigo 19 deste Provimento, se obriga a manter sigilo relativo à identificação das autoridades judiciárias, administrativas e servidores que acessarem a Central Nacional de Indisponibilidades de Bens – CNIB, ressalvadas a requisição judicial e a fiscalização pela Corregedoria Nacional de Justiça, ou fiscalização específica pelo respectivo Tribunal.

Art. 21 Outras funcionalidades do sistema serão previstas no "Manual de Utilização da Central Nacional de Indisponibilidades de Bens" que enunciará com detalhes, em sequência lógica, passo a passo, os procedimentos a serem adotados para plena utilização dos correspondentes serviços, e permanecerá disponível no Portal da Central Nacional de Indisponibilidade de Bens – CNIB para consulta ou download.

Art. 22 Será instaurado procedimento de Pedido de Providências, perante a Corregedoria Nacional de Justiça, para acompanhamento e fiscalização da implementação do presente Provimento e para estudos complementares.

Art. 23 Fica estabelecido o prazo de noventa dias para cadastramentos dos administradores másters dos Tribunais e das Corregedorias Gerais e Regionais e para cadastramentos dos tabeliães de notas e oficiais de registro.

Parágrafo único. Os prazos limites previstos neste artigo para cadastramentos dos notários e registradores poderão ser reduzidos a critério da respectiva Corregedoria-Geral da Justiça do Estado e do Distrito Federal.

Art. 24 Este Provimento entrará em vigor em 15 dias contados de sua publicação, sem prejuízo da aplicação subsidiária das normas fixadas pelas correspondentes Corregedorias Gerais da Justiça.

Brasília – DF, 25 de julho de 2014.

Conselheiro GUILHERME CALMON

Corregedor Nacional de Justiça, em exercício

D.J.E. 30.07.2014.

Vale destacar o Enunciado 31 da I Jornada de Direito Notarial e Registral, que esclarece os efeitos da gratuidade prevista no art. 7º, parágrafo único, do Provimento CNJ n. 39/2014:

Enunciado 31. A gratuidade da Central Nacional de Indisponibilidades, prevista no Provimento CNJ n. 39/2014, refere-se ao uso da plataforma. Os atos de averbação e cancelamento são cobrados por meio dos emolumentos, exceto nas hipóteses legais de isenção.

⊙ **Justificativa:** O enunciado proposto tem por objetivo esclarecer os efeitos da gratuidade prevista no art. 7º, parágrafo único, do provimento n. 39/2014 do CNJ, que regulamenta a Central Nacional de Indisponibilidades (CNIB).

Art. 7º A consulta ao banco de dados da Central Nacional de Indisponibilidade de Bens - CNIB será obrigatória para todos os notários e registradores do país, no desempenho regular de suas atividades e para a prática dos atos de ofício, nos termos da Lei e das normas específicas. Parágrafo único. Nenhum pagamento será devido por qualquer modalidade de utilização da Central Nacional de Indisponibilidade de Bens - CNIB pelos registradores, tabeliães de notas, órgãos do Poder Judiciário e da Administração Pública.

Apesar da previsão normativa ser clara ao tratar que a gratuidade diz respeito apenas à utilização da Central, diversos juízos ainda têm adotado entendimento equivocado sobre o tema, determinando a prática dos atos registrais de forma gratuita quando provenientes dos resultados obtidos por meio da CNIB, como base no "Convênio CNIB".

O Provimento do CNJ n. 39/14, que dispõe sobre a instituição e funcionamento da CNIB, prevê que o uso da plataforma é gratuito, mas não os atos praticados pelo Registrador.

O juiz acessa e utiliza de forma gratuita o sistema disponibilizado pela CNIB, ordenando restrições e cancelamentos de maneira geral e indistinta. Mas para a prática do ato registral de cancelamento, a ser realizado nas matrículas dos imóveis de propriedade do executado, e em seu benefício, ou nos livros do Registro de Títulos e Documentos, o Registrador deve ser devidamente remunerado.

Diante de interpretações equivocadas, o CNJ, ao ser instado a interpretar o referido artigo pelo Tribunal Regional do Trabalho da 18ª Região, já decidiu pela legalidade da cobrança dos emolumentos em virtude do cancelamento das indisponibilidades (Consulta n. 0002379-11.2018.2.00.0000).

No voto, o Conselheiro Relator assinala:

> A controvérsia cinge-se sobre a possibilidade de cobrança de emolumentos pela averbação de ordens de indisponibilidades e respectivos levantamentos via CNIB. [...]
>
> A gratuidade a que se refere a norma diz respeito aos atos praticados necessários à alimentação e à consulta ao CNIB, não alcançando, por conseguinte, o ato praticado pelo serviço extrajudicial para dar cumprimento à decisão judicial. [...]
>
> Uma coisa é a alimentação da plataforma pelos seus operadores e outra são os atos praticados pelas partes envolvidas no que diz respeito averbação das ordens de indisponibilidades, isto é, a decisão judicial que determina a indisponibilidade de bens proferida pelo juízo competente e a averbação em si executada pela serventia extrajudicial. [...]

Ante o exposto, entendo que a gratuidade conferida pelo parágrafo único do art. 7º do Provimento CNJ n. 39/2014 não alcança a cobrança de emolumentos pelas serventias de registro de imóveis ao averbarem as ordens de indisponibilidades e respectivos levantamentos comunicados por meio da Central Nacional de Indisponibilidade de Bens.

Portanto, o Enunciado deixa claro, mais uma vez, o direito do Registrador em ser remunerado pelos atos praticados em seus livros a partir da Central Nacional de Indisponibilidades.

1.2 A POLÊMICA DA INDISPONIBILIDADE

Existe uma parte da doutrina, formada por renomados juristas, que critica a vulgarização da medida de indisponibilidade, argumentando que ela deveria ser utilizada apenas como último recurso.

De fato, ultimamente a indisponibilidade tem sido decretada antes mesmo de se tentar penhorar ou arrestar os bens, entre outras medidas. Recomenda-se que a indisponibilidade seja usada com cautela, sob pena de dificultar a própria aquisição.

Aqui registro algumas excelentes sugestões de Sergio Jacomino para o aperfeiçoamento do sistema de indisponibilidades:(https://cartorios.org/2015/09/19/indisponibilidade-de- bens-um-virus-sua-latencia-e-potencia/):

1) Antes de se decretar uma indisponibilidade plenária, a autoridade deveria ser conduzida a um processo preliminar de consulta acerca da existência de bens ou de direitos inscritos cujos titulares poderiam ser atingidos pelo gravame. O processo é simples e não envolve qualquer custo para a sua formulação. Não se faria a inscrição na CNIB sem antes certificar-se que inexiste bens e direitos em nome das pessoas atingidas.
2) A CNIB é um repositório eletrônico, regulamentado pelo Judiciário e funciona como livro de registro que cada serventia é obrigada a manter, depositado na "nuvem" e compartilhado por todos os Oficiais de Registro de Imóveis. Trata-se da primeira experiência, ainda imperfeita, de "molecularização" do sistema registral em meios eletrônicos.
3) Como repositório eletrônico, um livro eletrônico que é compartilhado por todos os registros de imóveis, dele se poderia extrair certidão negativa de indisponibilidade de bens (art. 18 da LRP).
4) Assim como o notário, que antes de realizar qualquer transação deve consultar a CNIB, no caso de instrumentos particulares, os cartórios de Registro de Imóveis poderiam expedir CND´s de indisponibilidade de bens, juntamente com as certidões das matrículas ou de transcrições, a fim de se resguardar os interesses dos contratantes.
5) As instituições financeiras integrantes do SFH ou SFI igualmente deveriam cadastrar-se no sistema CNIB e realizar a consulta antes de formalizar a transação.

1.3 EXECUÇÃO CIVIL X INSCRIÇÃO DE DEVEDOR NA CENTRAL NACIONAL DE INDISPONIBILIDADE DE BENS. ANÁLISE DE CASO

A Terceira Turma do Superior Tribunal de Justiça, no REsp 1.963.178, decidiu que, em uma execução civil, **o juízo pode determinar a busca e a decretação da indisponibilidade de imóveis da parte executada por meio do Central Nacional de Indisponibilidade de Bens (CNIB).**

A medida, porém, só deve ser adotada quando forem esgotadas as tentativas de levar a execução adiante pelos meios convencionais – os chamados meios executivos típicos. A CNIB reúne informações sobre ordens de indisponibilidade de bens, decretadas pelo Judiciário ou por autoridades administrativas, que atingem o patrimônio imobiliário de pessoas físicas e jurídicas.

Analisado pelo colegiado, o recurso foi interposto por um banco que, em ação de execução contra uma indústria de calçados, teve negado na primeira instância o seu pedido para que fosse repetida a busca de bens da executada em sistemas informatizados.

O Tribunal de Justiça de São Paulo atendeu parcialmente o pedido do banco, facultando acesso aos sistemas BacenJud e Renajud (para busca de aplicações financeiras e veículos), mas o negou em relação à CNIB, ao fundamento de que não havia evidência de fraudes ou de lavagem de dinheiro no caso.

Por sua vez, ao STJ, em recurso especial dirigido ao STJ, o banco insistiu que é possível inscrever o devedor executado na CNIB com base no artigo 139, IV, do Código de Processo Civil (CPC), que autoriza a adoção de medidas executivas atípicas.

O relator, ministro Marco Aurélio Bellizze, ao dar provimento ao recurso, citou decisão do Supremo Tribunal Federal que declarou a constitucionalidade da aplicação de medidas de execução atípicas previstas no artigo 139 do CPC. Considerou o ministro que o uso da CNIB, bem como de outras medidas executórias atípicas, é um importante instrumento para viabilizar o cumprimento de obrigações na execução, mas ressalvou que tais medidas devem ser empregadas apenas subsidiariamente, depois de esgotados os meios de execução típicos. De acordo com o relator, a CNIB foi criada para dar mais segurança jurídica aos cidadãos nas transações imobiliárias, já que permite ao cartório fazer consultas e informar ao comprador do imóvel, se for o caso, sobre a existência de indisponibilidade e os riscos associados ao negócio.

Por fim, o ministro fixou o entendimento de que "a adoção da CNIB atende aos princípios da razoabilidade e da proporcionalidade, assim como não viola o princípio da menor onerosidade do devedor, pois a existência de anotação não impede a lavratura de escritura pública representativa do negócio jurídico relativo à propriedade ou outro direito real sobre imóvel, exercendo o papel de instrumento de publicidade do ato de indisponibilidade".

2. JURISPRUDÊNCIA COMPLEMENTAR

SUPERIOR TRIBUNAL DE JUSTIÇA

EMENTA: PROCESSUAL CIVIL. ADMINISTRATIVO. AÇÃO CIVIL PÚBLICA. IMPROBIDADE ADMINISTRATIVA. LEI 8.429/92. INDISPONIBILIDADE DE BENS. BEM DE FAMÍLIA. DEFERIMENTO DE LIMINAR. AGRAVO DE INSTRUMENTO.

1. A indisponibilidade acautelatória prevista na Lei de Improbidade Administrativa (art. 7º e parágrafo único da Lei 8429/92) tem como escopo o ressarcimento ao erário pelo dano causado ao erário ou pelo ilícito enriquecimento.

2. A *ratio essendi* do instituto indica que o mesmo é preparatório da responsabilidade patrimonial, que representa, em essência, a afetação de todos os bens presentes e futuros do agente ímprobo para com o ressarcimento previsto na lei.

3. É que o art. 7º da Lei 8429/92 é textual quanto à essa autorização; *verbis*: "Art. 7º Quando o ato de improbidade causar lesão ao patrimônio público ou ensejar enriquecimento ilícito, caberá a autoridade administrativa responsável pelo inquérito representar ao Ministério Público, para a indisponibilidade dos bens do indiciado. Parágrafo único. A indisponibilidade a que se refere o *caput* deste artigo recairá sobre bens que assegurem o integral ressarcimento do dano, ou sobre o acréscimo patrimonial resultante do enriquecimento ilícito."

4. Deveras, a indisponibilidade sub examine atinge o bem de família quer por força da *mens legis* do inciso VI do art. 3º da Lei de Improbidade, quer pelo fato de que torna indisponível o bem; não significa expropriá-lo, o que conspira em prol dos propósitos da Lei 8.009/90.

5. A fortiori, o eventual caráter de bem de família dos imóveis nada interfere na determinação de sua indisponibilidade. Não se trata de penhora, mas, ao contrário, de impossibilidade de alienação, mormente porque a Lei nº 8.009/90 visa a resguardar o lugar onde se estabelece o lar, impedindo a alienação do bem onde se estabelece a residência familiar. No caso, o perigo de alienação, para o agravante, não existe. Ao contrário, a indisponibilidade objetiva justamente impedir que o imóvel seja alienado e, caso seja julgado procedente o pedido formulado contra o agravante na ação de improbidade, assegurar o ressarcimento dos danos que porventura tenham sido causados ao erário.

6. Sob esse enfoque, a hodierna jurisprudência desta Corte direciona-se no sentido da possibilidade de que a decretação de indisponibilidade de bens, em decorrência da apuração de atos de improbidade administrativa, recaia sobre os bens necessários ao ressarcimento integral do dano, ainda que adquiridos anteriormente ao suposto ato de improbidade. Precedentes: REsp 839936/PR, DJ 01.08.2007; REsp 781431/BA, DJ 14.12.2006; AgMC 11.139/SP, DJ de 27.03.06 e REsp 401.536/MG, DJ de 06.02.06.

7. A manifesta ausência do fumus boni iuris agregada ao periculum in mora inverso recomendam o desacolhimento do pleito.

8. Recurso especial desprovido. (STJ – REsp: 806301 PR 2005/0204631-4, Relator: Ministro LUIZ FUX, Data de Julgamento: 11/12/2007, T1 – PRIMEIRA TURMA, Data de Publicação: DJe 03/03/2008)

EMENTA: Direito processual, direito civil e direito bancário. Crédito decorrente de honorários advocatícios, de que é titular advogado e devedor o Estado do Paraná, com pagamento a ser promovido por precatório. Cessão a terceiros. Prévio decreto de indisponibilidade de bens do advogado, que participara, como administrador, de banco cuja liquidação extrajudicial foi determinada pelo Banco Central do Brasil. Indisponibilidade que não alcança os honorários advocatícios, por sua natureza alimentar. – O decreto de indisponibilidade do patrimônio de administradores de instituições financeiras em liquidação extrajudicial não alcança, nos termos do art. 36, § 3º, da Lei nº 6.024/74, bens reputados impenhoráveis pela legislação processual. – Os honorários advocatícios, nos termos dos precedentes da 3ª Turma do STJ, têm natureza alimentar, sendo equiparáveis a salários. Sendo assim, tal crédito está abrangido pela impenhorabilidade disposta pelo art. 649, inc. IV, do CPC e, portanto, está excluído do decreto de indisponibilidade. Por esse motivo, a cessão desses créditos, ainda que promovida por advogado cujos bens foram decretados indisponíveis, é valida. Recurso conhecido e provido. (STJ – REsp: 724158 PR 2005/0022602-0, Relator: Ministra NANCY ANDRIGHI, Data de Julgamento: 26/09/2006, T3 – TERCEIRA TURMA, Data de Publicação: DJ 16.10.2006 p. 365)

EMENTA: PROCESSO CIVIL. EXECUÇÃO FISCAL. IMÓVEL PENHORA. INDISPONIBILIDADE. ART. 53, § 1º, DA LEI 8.212/91. NOVA PENHORA EM OUTRO PROCESSO. POSSIBILIDADE. ARREMATAÇÃO. AUSÊNCIA DE INTIMAÇÃO DO CREDOR HIPOTECÁRIO. EFICÁCIA DO ATO FRENTE AO EXECUTADO E AO ARREMATANTE. ALIENAÇÃO JUDICIAL DE BEM PENHORADO. LAPSO TEMPORAL RAZOÁVEL ENTRE A AVALIAÇÃO DO BEM E A HASTA PÚBLICA. REAVALIAÇÃO. DEMONSTRAÇÃO DA NECESSIDADE. SIMPLES ATUALIZAÇÃO MONETÁRIA. 1. A indisponibilidade de que trata o art. 53, § 1º, da Lei 8.212/91 refere-se à inviabilidade da alienação, pelo executado, do bem penhorado em execução movida pela Fazenda Pública, o que não impede recaia nova penhora sobre o mesmo bem, em outra execução. Precedentes. 2. Não há impedimento algum a que sobre o mesmo bem recaia nova penhora, desde que garantido o crédito da Fazenda Nacional. Precedentes. 3. A arrematação levada a efeito sem intimação do credor hipotecário é inoperante relativamente a este, não obstante eficaz entre executado e arrematante. Precedentes. 4. Decorrido considerável lapso temporal entre a avaliação e a hasta pública, a rigor deve-se proceder à reavaliação do bem penhorado. Para tanto, porém, é imprescindível que a parte traga elementos capazes de demonstrar a efetiva necessidade dessa reavaliação. Exegese do art. 683, II, do CPC. 5. Recurso especial provido. (STJ – REsp: 1269474 SP 2011/0116645-6, Relator: Ministra NANCY ANDRIGHI, Data de Julgamento: 06/12/2011, T3 – TERCEIRA TURMA, Data de Publicação: DJe 13/12/2011)

EMENTA: Liquidação sob o regime da Lei nº 6.024/74. Aplicação do art. 46, parágrafo único. Indisponibilidade de bens. 1. Não ajuizada a ação de responsabilidade nos prazos legais, levantar-se-á a indisponibilidade dos bens como determina o art. 46, parágrafo único, da Lei nº 6.024/74. A interpretação construtiva não pode criar restrição para situação em que o legislador determinou a liberação. 2. Recurso especial conhecido e provido. (STJ – REsp: 640201 RS 2004/0043184-7, Relator: Ministro CARLOS ALBERTO MENEZES DIREITO, Data de Julgamento: 14/12/2006, T3 – TERCEIRA TURMA, Data de Publicação: DJ 16.04.2007 p. 183)

TRIBUNAL REGIONAL DO TRABALHO DA 2ª REGIÃO

EMENTA: IMÓVEL. REGISTRO DE INDISPONIBILIDADE DE BENS. PENHORA CABÍVEL. A indisponibilidade de bens decretada em execuções fiscais visa invalidar a prática voluntária de atos do proprietário devedor, que disponibilizem os bens em detrimento da dívida; tal contexto não se confunde com a penhora judicial pretendida e é até mesmo contrário a ela, diante do caráter impositivo do ato judicial. Penhora deferida.(TRT 2ª Região – Agravo de Petição nº 0338900-90.1997.5.02.0005 – São Paulo – 11ª Turma – Rel. Des. Sérgio Roberto Rodrigues – DJ 01.04.2014)

EMENTA: IMÓVEL. INDISPONIBILIDADE AVERBADA. POSTERIOR ALIENAÇÃO JUDICIAL. POSSIBILIDADE. A indisponibilidade de imóvel averbada por ordem judicial retira o bem do comércio, impedindo as alienações voluntárias pelo titular do domínio, mas não impede as forçadas, como as alienações, onerações e constrições judiciais. (TRT 2ª Região – Agravo de Petição nº 001020067.1995.5.02.0032 – São Paulo – 17ª Turma – Rel. Des. Maria de Lourdes Antonio – DJ 11.04.2014)

TRIBUNAL DE JUSTIÇA DO ESTADO DE SÃO PAULO CONSELHO SUPERIOR DA MAGISTRATURA

EMENTA: Registro de Imóveis – Compromisso de compra e venda apresentado após a averbação da indisponibilidade do imóvel – *tempus regit actum* – jurisprudência do CSM – Dúvida procedente – Recurso não provido. Trata-se de apelação interposta por Pedro dos Santos contra a r. decisão de fls. 101/103, que manteve a recusa ao registro do instrumento particular de compromisso de compra e venda pelo qual Ward Empreendimentos Ltda. prometeu vender ao recorrente 50% dos direitos de aquisição do imóvel descrito na matrícula nº 209.895, do 15º Registro de Imóveis da Capital. Aduz, em suma, que as devoluções do registrador anteriores à ordem de indisponibilidade foram infundadas e que a r. decisão recorrida não examinou as prenotações anteriores, de sorte que deve ser reformada. Alega, ainda, que o título não foi qualificado "como deveria" e que as exigências anteriores à indisponibilidade "desapareceram". A Procuradoria Geral de Justiça opinou pelo não provimento do recurso. É o relatório. O recurso, a despeito de seus jurídicos fundamentos, não comporta provimento. A jurisprudência do Conselho Superior da Magistratura está pacificada no sentido de que a qualificação do título sujeita-se à lei vigente ao tempo de sua apresentação (*tempus regit actum*), pouco importando a data da celebração do contrato (Apelação Cível nº 115-6/7, rel. José Mário Antônio Cardinale, nº 777-6/7, rel. Ruy Camilo, nº 530-6/0, rel. Gilberto Passos de Freitas, e, mais recentemente, nº 0004535-52.2011.8.26.0562, relatada por V. Exa.). No caso em exame, quando o instrumento particular de compromisso de compra e venda foi apresentado, já pendia a indisponibilidade oriunda da Justiça do Trabalho (av. 03 – fl. 15), que, por óbvio, impede o registro pretendido. A dúvida registral presta-se a examinar a prenotação vigente. Assim, prenotações e notas de devolução anteriores, com efeitos já cessados, não entram na presente discussão. Caso o recorrente entenda que houve equívocos nas qualificações anteriores, pode representar ao Juízo Corregedor Permanente para fins disciplinares ou buscar reparação na esfera cível. O fato é que, ainda que tais erros existam, o que depende de apuração específica, eles não permitiriam o registro ora pretendido em virtude da pendência da indisponibilidade do imóvel objeto do título. Ante o exposto, nego provimento ao recurso. MANOEL DE QUEIROZ PEREIRA CALÇAS. Corregedor Geral da Justiça e Relator (DJe de 05.05.2016 – SP)

TRIBUNAL DE JUSTIÇA DO ESTADO DO PARANÁ

EMENTA: APELAÇÃO CÍVEL. EMBARGOS DE TERCEIRO. BEM IMÓVEL COM AVERBAÇÃO DE INDISPONIBILIDADE EM RAZÃO DE DECISÃO EM AÇÃO DE IMPROBIDADE ADMINISTRATIVA. EMBARGANTE QUE POSSUÍA CIÊNCIA DA CONSTRIÇÃO JUDICIAL. CONDIÇÃO DE 3º DE BOA-FÉ NÃO CONFIGURADA. CESSÃO DE DIREITOS HEREDITÁRIOS REALIZADA POR BEM SINGULAR. INEFICÁCIA. PRINCÍPIO DA INDIVISIBILIDADE DA HERANÇA. ART. 1791 E 1793 § 2º DO CÓDIGO DE PROCESSO CIVIL. RECURSO DESPROVIDO. SENTENÇA MANTIDA. (TJPR – Apelação Cível nº 1.136.320-3 – Curitiba – 5ª Câmara Cível – Rel. Des. Edison Macedo Filho – DJ 05.11.2014)

3. QUESTÕES DE CONCURSOS

01. (Vunesp – Titular de Serviços de Notas e Registros – TJ – SP – Provimento/2022) J. B. F., por meio de escritura pública lavrada em 01.09.2010, vendeu a J. A. S. o imóvel objeto da Matrícula nº 120 do Oficial de Registro de Imóveis da Comarca Local. O título foi apresentado ao respectivo Oficial de Registro de Imóveis somente em 30.03.2021, quase 10 anos após a lavratura do título translativo da propriedade. Na qualificação registral, o Oficial deparou-se com uma averbação realizada em 03.01.2020, noticiando a indisponibilidade dos bens do vendedor. Com relação ao caso apresentado, o Oficial de Registro de Imóveis deve

a) qualificar negativamente o título, exigindo o prévio cancelamento da indisponibilidade averbada na matrícula.
b) qualificar negativamente o título, exigindo a sua retificação, para que nele seja inserida a declaração prevista no § 3º do Art. 1º, do Decreto nº 93.240/86, a ser feita pelo outorgante, no sentido de que existem ônus reais incidentes sobre o imóvel. Satisfeita essa exigência, o título poderá ser registrado.
c) qualificar positivamente o título, tendo em vista que a indisponibilidade de bens é constrição de natureza pessoal e não pode afetar os negócios celebrados anteriormente à sua decretação.
d) qualificar negativamente o título, exigindo a sua retificação, para que nele seja inserida a declaração prevista no item 44.1 do Capítulo XVI das Normas de Serviço da E. Corregedoria Geral da Justiça do Tribunal de Justiça do Estado de São Paulo, de que as partes foram expressamente comunicadas da existência da ordem de indisponibilidade. Satisfeita essa exigência, o título poderá ser registrado.

02. (Vunesp – Outorga de Delegação de Notas e Registros – TJ – GO/2021) Assinale a alternativa que constitui ônus impeditivo de alienação de imóvel.

a) Servidão.
b) Indisponibilidade em imóvel garantidor de reservas técnicas, provisões e fundos de entidades de previdência.
c) Usufruto.
d) Hipoteca do Sistema de Financiamento Imobiliário (SFI).

GAB	1	A	2	B

Art. 247-A. É dispensado o habite-se expedido pela prefeitura municipal para a averbação de construção residencial urbana unifamiliar de um só pavimento finalizada há mais de 5 (cinco) anos em área ocupada predominantemente por população de baixa renda, inclusive para o fim de registro ou averbação decorrente de financiamento à moradia.

1. COMENTÁRIOS

O dispositivo foi incluído pela Lei 13.865, de 8 de agosto de 2019, que se dedicou exclusivamente a essa questão. Trata-se de uma alteração de grande impacto na regularização de imóveis de famílias de baixa renda.

O habite-se é tecnicamente chamado de auto de conclusão de obra. É a licença municipal de caráter urbanístico que certifica a conclusão da obra e libera o uso da edificação conforme o projeto aprovado, atendendo às condições de habitabilidade, acessibilidade e parâmetros urbanísticos exigidos na licença de obras. Essa certidão é expedida pela Prefeitura.

Com a inclusão do art. 247-A na Lei de Registros Públicos, o 'habite-se' não será mais exigido para **construções residenciais urbanas unifamiliares de um só pavimento, finalizadas há mais de 5 anos, em áreas predominantemente ocupadas por população de baixa renda.**

Anote-se que, nos termos do dispositivo, a dispensa vale tanto o para **registro** quanto para a **averbação** decorrente de financiamento à moradia.

O objetivo do art. 247-A é estimular a regularização de vários imóveis que estão na ilegalidade.

2. QUESTÕES DE CONCURSOS

01. (Consulplan – Outorga e Delegação de Serviços Notariais e Registrais – TJ – MS/2019) De acordo com a Lei de Registros Públicos, é correto afirmar que:

a) Registrar-se-á na matrícula a declaração de indisponibilidade de bens, na forma prevista na Lei.
b) O foreiro poderá, nos termos da Lei, averbar a renúncia de seu direito, somente com consentimento do senhorio direto.
c) Se, cancelado o registro, subsistirem o título e os direitos dele decorrentes, poderá o credor promover novo registro, o qual produzirá efeitos desde a primeira prenotação.
d) É dispensado o "Habite-se" expedido pela prefeitura municipal para a averbação de construção residencial urbana unifamiliar de um só pavimento finalizada há mais de 5 (cinco) anos em área ocupada predominantemente por população de baixa renda, inclusive para o fim de registro ou averbação decorrente de financiamento à moradia.

GAB	1	D

Art. 248. O cancelamento efetuar-se-á mediante averbação, assinada pelo oficial, seu substituto legal ou escrevente autorizado, e declarará o motivo que o determinou, bem como o título em virtude do qual foi feito.

Art. 249. O cancelamento poderá ser total ou parcial e referir-se a qualquer dos atos do registro.

1. COMENTÁRIOS

O cancelamento possui natureza jurídica de **averbação** e tem por finalidade **extinguir formalmente outro assento registral determinado**, com menção da causa da extinção.

Caramuru Afonso Francisco ensina que o cancelamento "é o ato do oficial do registro de imóveis, na forma de averbação, que aniquila os efeitos de outro ato registrário, que, ao mesmo tempo, faz nascer e morrer direitos reais ou ônus sobre bens imóveis" (*Do registro de imóveis e seu cancelamento.* Juarez de Oliveira, 1999, p. 217).

Nas palavras de Marcelo Rodrigues, "o cancelamento é a face reversa ou negativa da inscrição. Assim como a constituição de direitos reais por atos entre vivos se faz pelo registro do título causal (direito real sobre bens imóveis = título causal + inscrição). À exceção dessa modalidade direta representada pelo cancelamento, a extinção do direito real se faz indiretamente pela transferência do direito a outra pessoa, hipótese em que aparecerá como o lado negativo da aquisição desta, pois a inscrição subsequente pelo novo adquirente do direito resulta, como desdobramento lógico e natural, como a extinção do antecedente, produzindo igual efeito do cancelamento" (Op. cit., p. 174).

De acordo com o art. 249 da Lei 6.015/1973, o cancelamento pode ser **total**, quando há extinção integral do registro, ou **parcial**, quando incide sobre um efeito ou ato específico do registro. Além disso, pode ser classificado como **voluntário**, quando resulta da vontade das partes, ou **involuntário**, quando decorre de ordem judicial ou decisão administrativa proferida pela Corregedoria de Justiça do Estado

Nos ensinamentos de Afrânio de Carvalho, o cancelamento total é o mais usual, podendo haver cancelamento parcial: "a) quando se reduz o objeto da inscrição, como ocorre com o *recuo* do imóvel urbano ou com a destruição parcial da ilha particular, resultante do arrombamento de uma represa; b) quando se reduz o direito inscrito, como sucede com a hipoteca da qual se desliga ou libera uma parte do imóvel em função do pagamento parcelado" (Op. cit., p. 163-164).

Ademais, o cancelamento pode resultar da retificação do registro imobiliário, em razão de sua inexatidão.

Bem desvenda Narciso Orlandi que o cancelamento não significa a destruição material do ato, mas sim a prática de outro ato que, com eficácia variável de acordo com o motivo do cancelamento, tira-lhe a vida. O ato continua constando dos assentos como parte de sua história. Em qualquer caso, os registros cancelados permanecem visíveis na matrícula do imóvel, e seu desaparecimento do mundo jurídico só é percebido com a leitura dos atos subsequentes" (*Retificação do Registro de Imóveis.* Editora Oliveira Mendes, p. 234). E conclui: "a averbação do cancelamento deve facilitar a busca: se a matrícula contém muitas folhas, convém até que se mencione o número da folha em que se encontra o registro cancelado" (Op. cit., p. 237).

Também são possíveis no registro de imóveis os seguintes tipos de cancelamento:

a) Aquele que decorre da quitação da dívida que originou o direito real de garantia, mediante a apresentação da quitação da dívida acompanhada da autorização para o cancelamento da garantia;

b) O cancelamento de direitos inscritos na serventia imobiliária decorrente de casos em que os vícios do título ocasionam a sua invalidação.

Este último decorre do § 2º do art. 1.245 do Código Civil, que estabelece: 'enquanto não se promover, por meio de ação própria, a decretação de invalidade do registro e o respectivo cancelamento, o adquirente continua a ser havido como dono do imóvel'. Por isso, a doutrina entende que os cancelamentos decorrentes da invalidação de direitos por vícios somente serão decretados mediante decisão judicial promovida em ação específica.

Exceção a essa regra geral está prevista no art. 214 da Lei dos Registros Públicos, que estabelece que 'as nulidades de pleno direito do registro, uma vez provadas, invalidam-no, independentemente de ação direta'. No entanto, isso não significa que o reconhecimento judicial dessas nulidades seja dispensado.

Convém destacar algumas características do cancelamento apontadas por Francisco Eduardo Loureiro (Op. cit., p. 1409):

a) É um assento definitivo, não sujeito a prazo e nem a caducidade, nem pode ser feito de modo condicional;

b) É um assento acessório, pois pressupõe uma inscrição a ser extinta;

c) Deixa sem efeito a inscrição a que se refere, embora não provoque sua destruição material ou o desaparecimento físico da matrícula;

d) Pressupõe a extinção a que se refere o direito objeto da inscrição cancelada

Questão bastante interessante é entender o efeito do **cancelamento do cancelamento**, que ocorre quando a averbação do cancelamento é cancelada. Em outras palavras: cancelado o cancelamento, os registros cancelados são repristinados, retornando a matrícula ao estado anterior, ou não?

A posição mais acertada é a de Afrânio de Carvalho, que defende que o cancelamento do cancelamento acarreta a restauração dos efeitos do ato de inscrição original, independentemente de novo assento. Nesse sentido, Walter Ceneviva: "o cancelamento é um tipo de averbação que, por sua repercussão na esfera do direito, merece especial cuidado do serventuário, em particular porque, na decorrência natural do princípio da continuidade, cancelar um registro corresponde a restaurar aquele ou aqueles que o antecederam" (Op. cit., p. 537).

Entretanto, outra parte da doutrina entende que o cancelamento do cancelamento não revigora o registro anterior. O fundamento é a carga constitutiva que o registro possui, ou seja, no direito brasileiro, a propriedade só se constitui com o registro. Destarte, se cancelado o registro, ele desaparece do mundo jurídico. O cancelamento do cancelamento, por ser ato de averbação com carga negativa (desconstitutiva) não terá o condão de gerar a força constitutiva novamente.

Por derradeiro, é importante consignar que, no tocante às matrículas, existe uma significativa diferença entre o cancelamento e o encerramento.

O art. 233, III, utilizou a expressão 'cancelamento', quando a mais adequada seria 'encerramento'. No art. 234, o legislador sabiamente empregou a segunda expressão.

O cancelamento da matrícula se enquadra nos atos de cancelamento em geral, acarretando sua invalidação e, consequentemente, a invalidação de todos os atos nela praticados.

O encerramento da matrícula consiste na sua conclusão, ou seja, a partir daquele momento, nenhum ato mais será praticado na matrícula. No entanto, todos os atos praticados nela até então permanecem válidos e eficazes.

Nas palavras de Walter Ceneviva: "*encerrar* é predicado que designava a ação de fechar, mas evoluiu para terminar, sentido com o qual é usado na lei. *Cancelar*, verbo encontrável no artigo precedente, é a ação de extinguir a produtividade de efeitos jurídicos" (Op. Cit. 234).

Tanto o cancelamento quanto o encerramento são atos **averbáveis** na matrícula.

2. JURISPRUDÊNCIA COMPLEMENTAR

TRIBUNAL DE JUSTIÇA DO ESTADO DE SÃO PAULO CORREGEDORIA-GERAL DA JUSTIÇA

EMENTA: Registro de imóveis – Cancelamento da averbação de compromisso de compra e venda – Necessidade de diligências antes da intimação por edital, bem como, notificação do cônjuge do compromissário comprador – Impossibilidade do cancelamento na espécie por transcorridos mais de cinquenta anos com a consolidação da situação jurídica existente – Recurso não provido (Processo CG nº 2011/18268(195/11-E). Excelentíssimo Senhor Corregedor Geral da Justiça: Trata-se de recurso administrativo interposto pelo Espólio de Ernesto de Mello Kujawski contra decisão do MM Juiz Corregedor Permanente do 2º Oficial de Registro de Imóveis da Comarca de Ribeirão Preto que indeferiu o pedido de intimação de compromissários compradores, cujos contratos foram averbados nas matrículas dos imóveis prometidos à venda, objetivando o posterior cancelamento das averbações (a fls. 125/131)A Douta Procuradoria Geral da Justiça opinou pelo não provimento do recurso (a fls. 142/144). É o relatório. Passo a opinar. Apesar do recurso haver sido denominado apelação, substancialmente cuida-se de recurso administrativo previsto no artigo 246 do Código Judiciário do Estado de São Paulo, cujo processamento e apreciação competem a esta Corregedoria-Geral da Justiça; assim, por meio da aplicação dos princípios da instrumentalidade e fungibilidade ao processo administrativo, passamos a seu exame. Para a resolução do contrato de compromisso de compra e venda de imóveis loteados é necessária a intimação do compromissário-comprador na forma do art. 14 do Decreto-Lei nº 58/37 (mora ex *persona)*, especialmente para cancelamento da averbação efetuada na matrícula do imóvel. As exigências impugnadas referiram-se a duas questões: (i) necessidade de diligências antes da intimação por edital dos compromissários-compradores e (ii) intimação dos cônjuges dos contratantes a serem notificados, conforme certidão de casamento a ser apresentada. A intimação por edital somente terá lugar após a realização de todas diligências possíveis a partir das informações obtidas com as tentativas de realização do ato. A respeito confira-se o entendimento de Arnaldo Rizzardo *(Promessa de compra e venda e parcelamento do solo urbano*, São Paulo: Revista dos Tribunais, 2010, p. 166), conforme segue: *O oficial terá de agir com toda cautela, evitando intimações por edital antes de esgotados os meios de chamamento pessoal ou por carta, conforme o endereço constante do instrumento. Não é suficiente a simples afirmação do credor em afirmar ser desconhecido o endereço. Há de se fazer prova acerca de tal fato, a que se chegará com a não localização verificada* in loco, *ou o retorno da carta com o aviso de recebimento sem a assinatura competente, e a constatação, no envelope, de não ter sido encontrado o destinatário.* A situação jurídica de casado dos compromissários-compradores redunda na exigência da também intimação dos cônjuges, pois, em consonância ao pensamento de José Osório de Azevedo Junior *(Compromisso de compra e venda*. São Paulo: Revista dos Tribunais, 2006, p. 149/150) cuidando-se o compromisso de uma forma de alienação de imóvel, há normas regentes da proteção do patrimônio imobiliário do casal, notadamente a possibilidade do cônjuge purgar a mora e a notícia do inadimplemento em curso nos casos de separação de fato. Nestes termos, as exigências têm fundamento legal, não sendo o caso do acolhimento do inconformismo recursal. Mas não é só. Na especificidade do caso em julgamento os contratos foram celebrados nos anos de 1950 (seis) e 1957 (dois), portanto, o comportamento do compromissário comprador, adotado em 2009, em notificar os compromissários-compradores, pugnando pela intimação por edital em virtude do desconhecimento do endereço atual, encerra atuação com ausência de boa-fé objetiva, pois, passados mais de cinquenta anos, operou-se prescrição extintiva em relação ao direito de ação e aquisitiva quanto à propriedade imóvel. Desse modo, deve ser obstado o direito de interpelação por caracterizar exercício abusivo de posição jurídica, além disso, há contradição com o disposto no art. 214, p. 5º, da Lei de Registros Públicos (Lei 6015/73). Assim, não sendo possível o reconhecimento de nulidade do registro, é também indevido o cancelamento da averbação na forma pretendida. Nesse sentido, confira-se o parecer do Dr. Walter Rocha Barone, MM Juiz Auxiliar da Corregedoria, no Proc. CG nº 83.670/2009-(275/2010-E), consoante seguinte extrato: *Sem prejuízo, convém ressaltar que, ainda que assim não fosse, tampouco comportaria provimento o presente recurso, se apreciado o mérito, visto que, passados mais de 50 anos da celebração do contrato sem que a credora tenha se insurgido contra a alegada inadimplência dos compromissários compradores, não se pode admitir que agora pretenda, administrativamente, mediante simples notificação ficta, constituí-los em mora e, diante de seu muito provável silêncio, por se tratar de notificação por edital, obtenha o cancelamento da averbação do título, já que a Lei 6.015/73, em seu artigo 214, § 5º, veda, até mesmo na hipótese de nulidade, que se determine o cancelamento do registro se atingir terceiro de boa-fé que já tiver preenchido as condições de usucapião do imóvel. Ora, se até na hipótese de nulidade, que é mais grave, veda-se o cancelamento do registro em relação a quem, de boa-fé, tiver preenchido as condições de usucapir o imóvel, impõe-se admitir que referido obstáculo ao cancelamento do registro ou averbação estende-se também ao simples inadimplemento contratual afirmado pela interessada.* Ante o exposto, o parecer que, respeitosamente, submete-se à elevada apreciação de Vossa Excelência é no sentido do não provimento do recurso administrativo. *Sub censura*. São Paulo, 31 de maio de 2011. MARCELO BENACCHIO. Juiz Auxiliar da Corregedoria. DECISÃO: Aprovo o parecer do MM. Juiz Auxiliar da Corregedoria e, por seus fundamentos, que adoto, nego provimento ao recurso. Publique-se, 06.06.2011. – (a) – MAURÍCIO DA COSTA CARVALHO VIDIGAL – Corregedor Geral da Justiça.

3. QUESTÃO DE CONCURSO

01. (IESES – Cartório – Provimento – TJ – AM/2018) A respeito do tema "averbação e cancelamento" no Registro de Imóveis, é correto afirmar:

a) O cancelamento poderá ser total ou parcial e referir-se a qualquer dos atos do registro.

b) O registro, enquanto não cancelado, produz todos os efeitos legais, exceto se restar provado que o título está desfeito, anulado, extinto ou rescindido.

c) Far-se-á o cancelamento em cumprimento de decisão judicial, mesmo que não transitada em julgado, se a situação assim o exigir, com base na prudente análise do Registrador e após manifestação favorável do representante do Ministério Público.

d) Ao terceiro prejudicado é lícito fazer prova da extinção dos ônus reais e promover o cancelamento do seu registro diretamente junto ao Cartório de Registro de Imóveis da comarca onde localizado o bem, desde que haja expressa e prévia autorização do representante do Ministério Público para tanto.

GAB	1	A

Art. 250. Far-se-á o cancelamento:

I – em cumprimento de decisão judicial transitada em julgado;

II – a requerimento unânime das partes que tenham participado do ato registrado, se capazes, com as firmas reconhecidas por tabelião;

III – a requerimento do interessado, instruído com documento hábil.

IV – a requerimento da Fazenda Pública, instruído com certidão de conclusão de processo administrativo que declarou, na forma da lei, a rescisão do título de domínio ou de concessão de direito real de uso de imóvel rural, expedido para fins de regularização fundiária, e a reversão do imóvel ao patrimônio público.

1. COMENTÁRIOS

Serpa Lopes bem observa que "ao Oficial corre, em primeiro lugar, o dever de bem analisar a documentação em que se fundar o pedido de cancelamento, pois é ele o responsável pelos prejuízos ocasionados por sua negligência nessa pesquisa preparatória, tão importante quanto o próprio ato" (Op. cit., p. 449).

Do dispositivo em comento, depreende-se que o cancelamento pode ser classificado em duas categorias: **voluntário** e **involuntário**. O cancelamento voluntário ocorre quando resulta da vontade das partes; o involuntário, quando decorre de ordem judicial ou de decisão administrativa proferida pela Corregedoria de Justiça do Estado

O cancelamento do registro cria o efeito de tornar aquele ato **formalmente inexistente. No entanto**, , a anotação correspondente permanece na matrícula, como prova histórica da sucessão dos atos lançados no fólio real.

Assim, o cancelamento se dará:

a) **Em cumprimento de decisão judicial transitada em julgado.** Trata-se de cancelamento involuntário ou judicial. O trânsito em julgado é o efeito decorrente de uma sentença que não é mais passível de recurso, seja pelo decurso do prazo sem a apresentação dos devidos recursos, seja pelo esgotamento de todas as hipóteses recursais possíveis. Esta hipótese de cancelamento, em cumprimento a uma decisão judicial transitada em julgado, é reiterada pelo art. 259 desta Lei, que estabelece: 'O cancelamento não pode ser realizado em virtude de sentença ainda sujeita a recurso.' A expressão 'decisão judicial', usada pelo legislador, engloba não só a sentença como também as decisões proferidas pelo juiz na esfera da jurisdição voluntária ou mesmo administrativa, como, por exemplo, as nulidades de pleno direito previstas no art. 214 desta Lei. A decisão deve ser formalizada por mandado. A simples certidão ou ofício extraído dos autos pelo interessado não é admitida. Narciso Orlandi ensina que no mandado 'devem constar o número do registro, a qualificação das partes, a identificação do processo, o motivo do cancelamento e a menção do trânsito em julgado da decisão' (Op. cit., p. 239). O oficial deve fazer a qualificação registral do mandado judicial de cancelamento."

b) **A requerimento unânime das partes que tenham participado do ato registrado**, se capazes, com as firmas reconhecidas por Tabelião ou preposto habilitado e autorizado para tanto, conforme a Lei 8.935/1994. Trata-se de **cancelamento voluntário bilateral ou plurilateral**. O requerimento deve explicitar de forma inequívoca a manifestação das partes, motivo pelo qual se exige as firmas.

c) **Requerimento do interessado, instruído com documento hábil.** O cancelamento neste caso é **voluntário unilateral**. O requerimento será unilateralmente apresentado por alguém, pessoalmente ou por procurador habilitado, que demonstre tal interesse jurídico. Nas palavras de Afrânio de Carvalho, "ao autorizar o cancelamento, o beneficiário da inscrição abre mão do direito e a renúncia, modo unilateral de perda de direitos patrimoniais, é ato unilateral, previsto expressamente no Código Civil em relação aos direitos imobiliários" (Op. cit., p. 159).

d) **A requerimento da Fazenda Pública**, instruído com certidão de conclusão de processo administrativo que declarou, na forma da lei, a rescisão do título de domínio ou de concessão de direito real de uso de imóvel rural, expedido para fins de regularização fundiária, e a reversão do imóvel ao patrimônio público. Esta hipótese de cancelamento foi introduzida pela Lei 11.952/2009, que dispõe sobre a regularização fundiária das ocupações incidentes em terras situadas em áreas da União, no âmbito da Amazônia Legal. **Trata-se de mais uma hipótese de cancelamento voluntário unilateral**. Francisco Eduardo Loureiro alerta que "pode-se questionar se, na hipótese de omissão da Fazenda pode eventual outro interessado substituí-la na formulação do requerimento ao Oficial do Registro de Imóveis. Parece razoável admitir, que um novo adquirente do imóvel rural para fins de reforma agrária, que o recebeu do Poder

Público, tenha necessidade e interesse em pedir o cancelamento do registro do adquirente original, para que possa, em seguida, registrar o seu próprio título. Não se vê razão, em tal hipótese, para recusar o pedido de cancelamento, formulado por interessado que não a Fazenda Pública" (Op. cit., 1322).

Uma questão amplamente debatida é se o oficial de registro pode realizar o cancelamento *ex officio*.

Conforme já analisado, a lei define apenas as situações de cancelamento realizado a pedido de uma ou ambas as partes, ou em decorrência de sentença judicial. No entanto, existem exceções ao princípio da instância. Narciso Orlandi observa que, em certas hipóteses, o registrador é obrigado a averbar o cancelamento, independentemente de requerimento (Op. cit., p. 235). Francisco Eduardo Loureiro exemplifica com os casos de desapropriação e usucapião, explicando que ao abrir novas matrículas para iniciar a cadeia originária, o oficial deve, mesmo que a sentença não especifique, averbar a perda da propriedade nas matrículas de origem e, se for o caso, proceder ao seu encerramento, se a perda for total (Op. cit., p. 1323).

1.1 INCIDÊNCIA DE IMPOSTO TERRITORIAL RURAL SOBRE IMÓVEL E CANCELAMENTO DO REGISTRO

No AREsp 1.750.232, a Primeira Turma do Superior Tribunal de Justiça fixou o entendimento de que **não há incidência do Imposto Territorial Rural (ITR) quando uma sentença transitada em julgado cancela o registro de propriedade imobiliária.** Para o colegiado, estando a propriedade baseada em título reconhecido como nulo, não é possível cogitar a incidência do tributo, pois o **fato gerador é inexistente.**

A decisão foi estabelecida em um processo onde a sentença, já definitiva, declarou a nulidade da escritura de compra e venda de duas propriedades rurais, tendo em vista que as matrículas eram baseadas em documentação inexistente ou falsa. Posteriormente, o autor da ação de nulidade recebeu a cobrança do ITR relativo aos imóveis, mas alegou, em novo processo, que nunca exerceu domínio sobre aquelas terras de maneira efetiva.

Esta segunda demanda foi considerada improcedente em primeira instância, e a decisão foi mantida pelo Tribunal Regional Federal da 3ª Região. O TRF3 destacou que o requerente havia realizado atos que são característicos de um proprietário antes da ação de nulidade. Portanto, o cancelamento subsequente das matrículas não eliminaria os lançamentos tributários previamente efetuados.

O ministro Benedito Gonçalves, relator do processo, elucidou que, nos termos do artigo 1º da Lei 9.393/1996, o ITR tem como fato gerador a propriedade, o domínio útil ou a posse de imóvel localizado fora da zona urbana.

Além disso, o ministro fez referência ao artigo 108 do Código Civil, e considerou que a escritura pública é a essência dos atos de constituição, transferência, modificação ou renúncia de direitos reais sobre imóveis de valor superior a 30 salários mínimos. E deu continuidade ponderando que, conforme previsto pelo artigo 1.245 do CC, o registro do título translativo no cartório imobiliário é a forma de transmissão da propriedade entre pessoas vivas. Em outras palavras, **enquanto não registrado o título translativo**, o **alienante segue como dono do imóvel**; e **enquanto não promovida, por ação própria, a decretação de invalidade do registro e o respectivo cancelamento**, o **adquirente seguirá como dono do imóvel**.

Analisando ainda o artigo 1.245 do CC, o relator reforçou que, **após a decretação da invalidade do registro** – com o respectivo **cancelamento** –, o **comprador não é mais considerado** como tendo sido **dono do imóvel**.

Para uma maior clareza, elaborei eu quadro didático sobre as conclusões do relator:

Estado do Registro	Status da Propriedade	Detalhes Legais
Enquanto não registrado o título translativo	Alienante segue como dono do imóvel	O título translativo de propriedade não registrado mantém o vendedor original como proprietário legal.
Após o registro do título translativo	Adquirente é considerado dono do imóvel	Uma vez registrado o título, o comprador passa a ser reconhecido legalmente como o novo proprietário.
Enquanto não decretada a invalidade do registro	Adquirente segue como dono do imóvel	Até que uma ação judicial declare a invalidade do registro, o adquirente mantém a propriedade do imóvel.
Após a decretação de invalidade e cancelamento	Comprador deixa de ser considerado como dono	Uma vez que o registro é invalidado e cancelado, o comprador perde a titularidade legal do imóvel.

Dando continuidade à análise do julgado, tem-se que, com a sentença transitada em julgado, o fato gerador do ITR deixou de existir.

Explica-se: o ministro considerou que as propriedades estavam amparadas em **registros inexistentes,** que foram **canceladas por meio de sentença transitada em julgado.** Nesse sentido, para o relator, o fato que justificaria o imposto (a propriedade territorial rural) simplesmente não existiu.

O relator, ao reconhecer a inexistência de relação jurídica tributária que autorize a incidência do ITR, ressaltou que, diferentemente do que entendeu o TRF3, o fato de os compradores terem oferecido as matrículas dos imóveis como garantia hipotecária não afasta a conclusão de que, com o cancelamento dos registros por sentença, o direito real sobre os bens não ocorreu de maneira concreta.

2. JURISPRUDÊNCIA COMPLEMENTAR

SUPERIOR TRIBUNAL DE JUSTIÇA

EMENTA: PROCESSUAL CIVIL. DESAPROPRIAÇÃO INDIRETA. DECISÃO "A QUO" FUNDAMENTADA. CANCELAMENTO DO REGISTRO E MATRÍCULAS DOS IMÓVEIS, "DE OFFÍCIO". IMPOSSIBILIDADE. A jurisprudência assente na Corte impede que, no âmbito do especial, sejam apreciadas questões não decididas nas instâncias ordinárias. Não se pode acoimar de desfundamentado, acórdão que, a par de expender, de forma exaustiva, os argumentos em que se estribou para confirmar a sentença de primeiro grau, respondeu, ainda que sucintamente, às questões jurídicas suscitadas nos embargos declaratórios. Em face do sistema legal em vigor, a propriedade imóvel se adquiriu pela transcrição do título aquisitivo no registro imobiliário, presumindo-se pertencer o direito real à pessoa em cujo nome esteja feito a transcrição (a matrícula). Nega vigência ao art. 252 da Lei nº 6.015/73, a decisão jurisdicional que determina, "de ofício" (no âmbito de expropriatória indireta), o cancelamento de registro imobiliário, sem suporte em pedido expresso da parte interessada e sem o devido asseguramento ao titular do domínio, o contraditório e a ampla defesa, apanhando-o de surpresa. Recurso especial parcialmente provido. Decisão unânime. (STJ – REsp: 153828 SP 1997/0078726-5, Relator: Ministro DEMÓCRITO REINALDO, Data de Julgamento: 01/12/1998, T1 – PRIMEIRA TURMA, Data de Publicação: DJ 01/03/1999 p. 229)

EMENTA: RECURSO ORDINÁRIO EM MANDADO DE SEGURANÇA. ATO DA CORREGEDORIA-GERAL DE JUSTIÇA DO AMAZONAS. CANCELAMENTO DE REGISTRO IMÓVEIS RURAIS. PROCESSO ADMINISTRATIVO INSTAURADO PELO INCRA. OBSERVÂNCIA DOS PRINCÍPIOS DO DEVIDO PROCESSO LEGAL E DO CONTRADITÓRIO. 1. Oportunizada à recorrente, em procedimento administrativo, a demonstração da regularidade da cadeia dominial acerca dos imóveis de que se reputa proprietária, e falhando na respectiva comprovação, não se vislumbra ofensa aos princípios do contraditório e da ampla defesa, carecendo, portanto, a pretensão posta no mandado de segurança, de direito líquido e certo. 2. O provimento que determinou o cancelamento dos registros irregulares encontra-se em consonância com a legislação (Lei nº 6.739/79, art. 1º), não havendo que se falar, também, em ofensa ao princípio da legalidade. 3. Recurso ordinário a que se nega provimento. (STJ – ROMS 20100094 6870 Rel. VASCO DELLA GIUSTINA (Des. Conv. TJ/RS) 3ª T. DJE: 02/02/2011)

TRIBUNAL DE JUSTIÇA DO ESTADO DE SÃO PAULO

EMENTA: Agravo de Instrumento – Indeferimento do pedido para ser cancelada a averbação no Cartório de Registro de Imóveis em favor do banco – Efeito concedido – Contrarrazões do banco e informações judicial apresentadas em seguida – Recorrente que adquiriu imóvel e não o registrou – Procuração outorgada pelos vendedores não utilizada a tempo para ser feita a transferência da coisa para o nome do adquirente, ora embargante – Averbação da execução feita pelo banco na matrícula do imóvel – Prenotação – Agravante que ficou impedido de averbar a aquisição imóvel por realizar o ato em 2018 – Averbação do banco que ocorreu em 2017 – Impossibilidade de cancelamento de ato hígido – Decisão mantida – Recurso desprovido.

EMENTA: Nulidade de escritura pública c.c. cancelamento de registro imobiliário – Sentença procedente em mínima parte – Condenação da corré Eglina ao pagamento de todas as custas por certidões pagas pela autora e comprovadas nos autos – Inconformismo da autora – Cabimento parcial – Declaração emitida pelo Serviço Distrital de Jesuítas/PR – Registro Civil e Notas – Não reconhecendo a autenticidade da Escritura, que originou as demais transferências do imóvel – Referido documento corrobora as informações constantes na certidão do Cartório de Notas do Estado do Paraná – Título inicial, que originou as demais transferências, é eivado de falsidade e, portanto, é ineficaz – Reconhecida a falsidade da escritura outorgada à corré Eglina, todos os demais atos praticados posteriormente são ineficazes, não surtindo qualquer efeito perante os legítimos proprietários – O negócio efetuado desta forma é nulo, e, por conseguinte, ineficaz, ressaltando-se que o terceiro, ainda que de boa-fé, não se beneficia de negócio nulo – Danos morais inexistentes – Sentença reformada para declarar a nulidade da escritura de compra e venda do imóvel, descrito na inicial, lavrada por instrumento falso, bem como dos atos subsequentes, devendo ser restabelecido o registro anterior – Recurso parcialmente provido (TJSP – Apelação Cível nº 1006665-20.2015.8.26.0477 – Praia Grande – 8ª Câmara de Direito Privado – Rel. Des. Salles Rossi – DJ 28.05.2021)

EMENTA: PENHORA. CANCELAMENTO DA AVERBAÇÃO REGISTRO DOAÇÃO DECLARADA INEFICAZ – TRÂNSITO EM JULGADO. Hipótese em que o cancelamento da averbação, na qual se inscreveu a decisão que considerou ineficaz a doação do imóvel, diante da existência de fraude à execução, somente pode se realizar após o trânsito em julgado do acórdão que modificou este entendimento Irrelevante a inexistência de efeito suspensivo atrelado ao recurso especial pendente de julgamento – Vedação legal prevista no art. 250, I da Lei nº 6015/73 – Agravo improvido. (TJSP – Ag. In. 0010683-82.2012.8.26.0000, Des. Salles Vieira, 24ª C. Direito Privado julgamento: 01/03/2012)

CORREGEDORIA-GERAL DA JUSTIÇA

EMENTA: Registro de Imóveis – Procedimento administrativo em que se pretende o cancelamento de registro de escritura de venda e compra – Vício que não diz respeito ao título, formalmente regular, mas ao direito de propriedade que o fundamenta – Inviabilidade do reconhecimento na esfera administrativa – Recurso não provido (Processo CG nº 2012/143085 (122/2013 – E). Trata-se de recurso administrativo interposto da r sentença (fls. 50/51) proferida pelo MM Juiz Corregedor Permanente dos Registros de Imóveis da Capital, que não reconheceu a nulidade de registro existente na matrícula 157.224 do 11º Registro de Imóveis da Capital. Invocam os recorrentes a impossibilidade da mantença do ato, por estarem na posse do bem por ele atingido, sendo que os adquirentes tinham ciência deste fato (fls. 64/67). Foi ouvido o Oficial do Registro de Imóveis, que sustentou a regularidade do registro atacado (fls. 32/34). A douta Procuradoria Geral de Justiça manifesta-se pelo não provimento do recurso (fls. 78/79). É o relatório. Passo a opinar. Relatam os recorrentes ter adquirido, em 30 de março de 2000 e por instrumento particular, o imóvel constituído pelo lote de terreno e suas construções, localizado na Avenida Joaquim Napoleão Machado nº 216, Jardim Guanhambu II, correspondente a parte ideal de 25% (vinte e cinco por cento) lote 04, da quadra 52 – A, em Capela do Socorro, nesta Capital (fls. 3), imediatamente tomado posse do bem, sem se preocuparem na realização do registro. Recentemente, procuraram regularizar sua propriedade, momento em que foram surpreendidos com a impossibilidade de sua pretensão, diante de transmissões anteriores realizadas pela titular do domínio, devidamente inscritas no fólio real. Em sua sentença, o MM Juiz Corregedor Permanente esclarece que não há como solucionar questão relativa ao título causal em procedimento administrativo, que não possui força de coisa julgada material. Instado a se manifestar, informa o Registrador que os registros atacados estão regulares e espelham com exatidão os títulos que lhes deram origem, "especialmente considerando que a cadeia de titulares dos contratos de fls. 9/12 e 14/17 não indicam que a B. I. ADMINISTRAÇÃO E PARTICIPAÇÃO LIMITADA tenha vendido mais do que dispunha. " (fl. 34). Como exposto no bem lançado parecer da lavra do MM Juiz Marcus Vinícius Rios Gonçalves, no processo nº 2011/00103852, que tramitou perante esta D Corregedoria-Geral: "As nulidades a que alude o art. 214, "caput", da Lei de Registros Públicos, são as de pleno direito, que podem ser reconhecidas "prima facie", sem necessidade de provas (nesse sentido, o parecer lançado no processo 122.783/2009, de08/10/2010, pelo MM. Juiz Auxiliar da Corregedoria Walter Rocha Barone) e que digam respeito ao registro, e não ao negócio jurídico subjacente". A invalidação do ato registral, independentemente de ação direta, prevista no dispositivo legal mencionado, pressupõe nulidade de pleno direito do próprio registro (não a de seu ato causal). Na lição de Narciso Orlandi Neto: *"A nulidade que pode ser declarada diretamente, independentemente de ação, é de direito formal, extrínseca. Ela pode não alcançar o titulo, que subsiste íntegro e, em muitos casos, apto a, novamente, ingressar no registro. O registro é nulo de pleno direito quando não observados os requisitos formais previstos na lei: 'A chamada nulidade de pleno direito, tal como prevista no art. 214 da Lei de Registros Públicos, não admite o exame de elementos intrínsecos, que refogem à atividade qualificadora do oficial registrador. E em não existindo vício na qualificação do título, ou no processo de registro propriamente dito, não há o que corrigir na esfera administrativa' (Corregedoria-Geral da Justiça de São Paulo, parecer do juiz Marcelo Martins Berthe, aprovado pelo Des. Márcio Martins Bonilha, DJE de 22/22/96, parte I, p. 37). – (Retificação do Registro de Imóveis. São Paulo: Oliveira Mendes, 1997, p. 185 – 186 e 196)"*. A matéria suscitada afeta quem não participa do procedimento administrativo e deve ser discutida na via própria. Também deve ser salientado que o direito pretendido pelos recorrentes não permite demonstração jurídica sumária, como mera questão de direito, dependendo do exame de provas mais amplas a serem produzidas em ação judicial e assim, nos termos do art. 19, parágrafo 2º, parte final, da Lei nº 6.766/79, cabe à remessa do interessado às vias ordinárias (nesse sentido confira-se Viana, Marco Aurélio S. *Comentários à lei sobre parcelamento do solo urbano*. São Paulo: Saraiva, 1984, p. 62). Neste sentido é a manifestação do Douto Procurador de Justiça, que propõe o não provimento do recurso administrativo, por envolver temática a ser dilucidada na via jurisdicional (fls. 78/79). Pelo exposto, o parecer que levo à apreciação de Vossa Excelência, é pelo não provimento do recurso. São Paulo, 04 de abril de 2013. TÂNIA MARIA AHUALLI. Juíza Assessora da Corregedoria. DECISÃO: Aprovo o parecer da MM. Juíza Assessora da Corregedoria e, por seus fundamentos, que adoto, nego provimento ao recurso. São Paulo, 11.04.2013. – (a) – JOSÉ RENATO NALINI – Corregedor Geral de Justiça.

EMENTA: REGISTRO DE IMÓVEIS – Averbação de cancelamento pretendida – Indeferimento – Decisão judicial que por si só não constitui título registrável – Indispensabilidade de título judicial – Aplicação dos arts. 221, IV c/c 280, III, ambos da Lei 6.015/73 (Processo 000033/85, da Comarca de São Paulo).

EMENTA: REGISTRO DE IMÓVEIS – Pedido de cancelamento de averbação de compromisso de venda e compra – Não conhecimento – Nulidade do contrato reconhecida em processo contencioso – Indispensabilidade de título judicial para o cancelamento – Medida que deve ser pleiteada e solucionada em execução do julgado – Decisão mantida. (PROCESSO: 229/89 LOCALIDADE: São Paulo)

EMENTA: Registro de Imóveis – Cláusulas de inalienabilidade, incomunicabilidade e impenhorabilidade instituídas em testamento – Cancelamento administrativo – Necessidade de interpretação da vontade do testador – Inadmissibilidade – Provocação da atividade jurisdicional que se mostra imprescindível – Recurso não provido (PROCESSO: 1.109/2005 LOCALIDADE: Lucélia)

3. QUESTÕES DE CONCURSOS

01. (IESES – Notário-MA/2011) O cancelamento do registro será feito, de acordo com a Lei de Registros Públicos, EXCETO:

a) A requerimento da Fazenda Pública, instruído com certidão de conclusão de processo administrativo que declarou, na forma da lei, a rescisão do título de domínio ou de concessão de direito real de uso de imóvel rural, expedido para fins de regularização fundiária, e a reversão do imóvel ao patrimônio público.

b) A requerimento unânime das partes que tenham participado do ato registrado, se capazes, com as firmas reconhecidas por tabelião.

c) Por ofício do Juiz Corregedor Permanente, exarado em procedimento administrativo, no qual houve garantia do contraditório e ampla defesa.

d) A requerimento do interessado, instruído com documento hábil.

02. (Cespe – Tabelião-BA/2005) Acerca do registro de imóveis, julgue os itens subsequentes.

Verificando-se que um imóvel possui duplicidade de matrículas, poderá o registrador, pela via administrativa, cancelar uma das matrículas e o respectivo registro feito posteriormente.

03. (IBFC – Cartório – TJ – PR/2014) Caso seja efetuado um registro de pacto antenupcial no Registro Auxiliar – livro 3, em conformidade com a Lei 6.015/73, antes do casamento e este não vir a se realizar, o ato é considerado nulo. Entretanto, a sua extinção se dará:

a) A requerimento ao Oficial por um dos nubentes.
b) A requerimento ao Oficial por ambos os nubentes.
c) Somente por via judicial.
d) *Ex-officio* pelo Oficial, independente de requerimento.

GAB	1	C	2	ERRADO	3	C

Art. 251. O cancelamento de hipoteca só pode ser feito:

I – à vista de autorização expressa ou quitação outorgada pelo credor ou seu sucessor, em instrumento público ou particular;

II – em razão de procedimento administrativo ou contencioso, no qual o credor tenha sido intimado (art. 698 do Código de Processo Civil);

III – na conformidade da legislação referente às cédulas hipotecárias.

1. COMENTÁRIOS

Conforme mencionado anteriormente nesta obra, a hipoteca é um direito real sobre bens imóveis. O legislador definiu, de forma bastante clara, as hipóteses de cancelamento da hipoteca, estabelecendo como tal ato deve ocorrer e sob quais alegações. Portanto, as formas autorizadas para o **cancelamento do registro hipotecário** são as três indicadas no artigo 251.

Walter Ceneviva defende que a exegese gramatical do advérbio *só* não deixa dúvida de que nos três incisos se contém a única forma autorizada de extinção do registro hipotecário. Assim, o cancelamento após vinte anos (CC/02, art. 1.485) da instituição do ônus não é averbável por iniciativa do oficial. A extinção, ao fim do prazo, é fatal, mas a inscrição, para ser cancelada, depende de requerimento do juiz corregedor, se o devedor não exibir ao cartório um dos documentos referidos pelo artigo, com firma reconhecida do credor ou de seus sucessores. (Op. cit., p. 541).

Por sua vez, Francisco Eduardo Loureiro atenta para o fato de que o art. 251 ora em análise não disciplina as causas de extinção da hipoteca, previstas no art. 1.499 do CC, mas sim as regras instrumentais para o seu cancelamento (vulgarmente chamado de *baixa*) junto ao Oficial de Registro de Imóveis.

Assim, o art. 251 deve ser lido em conjunto com os arts. 1.499, 1.500 e 1.501 do Código Civil, que se refere à extinção da hipoteca, nestes termos:

> **Art. 1.499.** A hipoteca extingue-se:
>
> I – pela extinção da obrigação principal;
>
> II – pelo perecimento da coisa;
>
> III – pela resolução da propriedade;
>
> IV – pela renúncia do credor;
>
> V – pela remição;
>
> VI – pela arrematação ou adjudicação
>
> **Art. 1.500.** Extingue-se ainda a hipoteca com a averbação, no Registro de Imóveis, do cancelamento do registro, à vista da respectiva prova.
>
> **Art. 1.501.** Não extinguirá a hipoteca, devidamente registrada, a arrematação ou adjudicação, sem que tenham sido notificados judicialmente os respectivos credores hipotecários, que não forem de qualquer modo partes na execução.

O artigo 1.499 do Código Civil não é exaustivo, visto que o artigo 1.500 apresenta outra forma de extinção. Além disso, a hipoteca é extinta pela perempção, conforme previsto no artigo 1.485 do mencionado Código e no artigo 238 da Lei 6.015/1973, ambos já analisados anteriormente.

Caso ocorra uma das situações mencionadas, o interessado deve apresentar ao registro de imóveis o documento hábil para que se realize a averbação do cancelamento. Isso é necessário porque, sem essa formalidade, o cancelamento não produzirá efeitos perante terceiros, devido à falta de publicidade.

Entretanto, conforme estabelece o artigo 1.501 do Código Civil, a hipoteca devidamente registrada não será extinta pela arrematação ou adjudicação, a menos que os credores hipotecários, que não estiverem envolvidos na execução, sejam notificados judicialmente.

Dessarte, se houver o registro de várias hipotecas sobre o mesmo imóvel, a arrematação resultante da venda judicial de uma delas não cancelará de **forma automática** as demais, devendo a parte notificar o ocorrido aos demais credores, que tem a obrigação de fornecer por escrito a liberação de suas respectivas hipotecas.

1.1 CANCELAMENTO À VISTA DE AUTORIZAÇÃO EXPRESSA OU QUITAÇÃO OUTORGADA PELO CREDOR OU SEU SUCESSOR, EM INSTRUMENTO PÚBLICO OU PARTICULAR

Esta é a hipótese mais comum de cancelamento da hipoteca, relacionada ao artigo 1.499, inciso I, do Código Civil, que determina a extinção da hipoteca decorrente da extinção da obrigação principal. Como a hipoteca é acessória à obrigação principal, ao se extinguir esta última, a hipoteca também se extingue.

Existem exceções à regra, como o artigo 349 do Código Civil, que estipula que a sub-rogação transfere ao novo credor todos os direitos, ações, privilégios e garantias do credor original, mantendo as mesmas condições em relação à dívida, tanto para o devedor principal quanto para os fiadores.

Nas palavras de Caio Mario da Silva Pereira: "sem perder a qualificação de modalidade extintiva da obrigação transfere ao *solvens* todos os direitos, ações, privilégios e garantias do primitivo, em solução da dívida contra o devedor principal e os fiadores (art. 349 do CC)". (*Instituições de direito civil.* 18. ed. Rio de Janeiro: Forense. Vol. IV. p. 406).

O cancelamento pode ser realizado mediante autorização expressa do credor hipotecário ou por meio de quitação outorgada pelo credor ou seu sucessor, em instrumento público ou particular. A primeira hipótese está associada ao artigo 1.500 do Código Civil. Portanto, essa ação resulta na extinção tanto do registro quanto da garantia real da hipoteca, que não persiste após o cancelamento.

Para Afrânio de Carvalho, a autorização do cancelamento implica normalmente a declaração de renúncia ao direito e, inversamente, a declaração de que resulte a extinção do direito encerra virtualmente uma autorização de cancelamento. Desse modo, a declaração de recebimento da dívida pelo credor hipotecário ou pelo credor anticrético, fazendo desaparecer a obrigação principal, autoriza o cancelamento da hipoteca ou da anticrese. Essa consequência simplificadora, pois prescinde do formalismo sacramental da autorização do cancelamento, tem claro sustentáculo no Código Civil (art. 849, I) (Op. cit., p. 186).

Quanto à quitação, esclarece Francisco Eduardo Loureiro, citando Valmir Pontes que o vocábulo *quitação* usado no inciso I do art. 251 da LRP abrange outras hipóteses de liberação da dívida, em virtude de dação em pagamento, de novação, de compensação, de transação, de confusão e de remição. Desde que o credor quite o devedor, quer pelo pagamento da obrigação em dinheiro, quer por qualquer dos outros modos de extinção da obrigação principal, previstos na lei civil, estará satisfeita a exigência do inc. I. Tanto mais quanto é certo que, podendo a hipoteca servir de garantia não só a dívidas de dinheiro como a outras quaisquer obrigações, de dar, de fazer ou de não fazer, a quitação do credor nem sempre se exprimirá por meio de simples recibo de pagamento, podendo consistir em simples declaração de liberação da obrigação, quando satisfeita pelo devedor ou mesmo sem que o devedor a satisfaça (Op. cit., p. 1431).

Narciso Orlandi, por sua vez, defende que "o proprietário pode não ter nem autorização do credor, nem documento específico de quitação. Não obstante, pode postular o cancelamento. É o caso daquele que prova o pagamento da dívida, exibindo, por exemplo, todas as notas promissórias vinculadas ao negócio. Não seria razoável exigir intervenção judicial, quando a quitação está implícita nos documentos apresentados" (Op. cit., p. 260).

1.2 CANCELAMENTO EM RAZÃO DE PROCEDIMENTO ADMINISTRATIVO OU CONTENCIOSO, NO QUAL O CREDOR TENHA SIDO INTIMADO

No tocante ao inciso II deste artigo 251, cabe destacar que a regra processual citada, correspondente ao art. 889, V, do Novo Código de Processo Civil, estabelece que serão cientificados da alienação judicial, com pelo menos 5 (cinco) dias de antecedência o credor pignoratício, hipotecário, anticrético, fiduciário ou com penhora anteriormente averbada, quando a penhora recair sobre bens com tais gravames, caso não seja o credor, de qualquer modo, parte na execução.

À vista disso, impõe-se a exigência de citação do credor não só na hipoteca, como também no usufruto, na anticrese e no penhor para averbação do cancelamento.

A intimação do credor no procedimento **administrativo,** decidido pelo Juiz Corregedor Permanente ou Juiz competente na forma da organização local **ou jurisdicional**, decidido pela via contenciosa, é essencial, sob pena de nulidade.

O título é o mandado judicial. Uma vez intimado o credor e após a arrematação ou adjudicação do bem, procede-se à averbação da extinção da hipoteca.

Narciso Orlandi constata que "a inexistência de pedido expresso não impedirá o cancelamento, porque, ainda que não haja mandado judicial, a carta de sentença será o documento comprobatório da extinção da hipoteca, e terá origem em procedimento contencioso" (Op. cit., p. 264).

1.3 CANCELAMENTO NA CONFORMIDADE DA LEGISLAÇÃO REFERENTE ÀS CÉDULAS HIPOTECÁRIAS

A alusão à legislação específica da cédula hipotecária no inciso III resulta da natureza especial desta: ocorrida a devolução do título pelo credor, que é o que basta para a quitação, obtém o devedor o cancelamento da hipoteca.

Existem várias leis especiais que regulamentam a emissão de cédulas de crédito, sejam elas hipotecárias ou pignoratícias. Entre essas, destacam-se o Decreto-lei nº 70/1966, o Decreto-lei nº 167/1967, o Decreto-lei nº 413/1969 e a Lei nº 8.929/1994.

Além disso, o artigo 1.486 do Código Civil estabelece que, podem o credor e o devedor, no ato constitutivo da hipoteca, autorizar a emissão da correspondente cédula hipotecária, na forma e para os fins previstos em lei especial.

O Decreto 70/1966 traz regra sobre o cancelamento da cédula hipotecária e da inscrição da hipoteca. Veja-se:

> **Art. 24**. O cancelamento da averbação da cédula hipotecária e da inscrição da hipoteca respectiva, quando se trate de liquidação integral desta, far-se-ão:
>
> I – à vista das cédulas hipotecárias devidamente quitadas, exibidas pelo devedor ao Oficial do Registro Geral de Imóveis;
>
> II – nos casos dos artigos 18 e 20, *in fine*;
>
> III – por sentença judicial transitada em julgado.
>
> Parágrafo único. Se o devedor não possuir a cédula hipotecária quitada, poderá suprir a falta com a apresentação de declaração de quitação do emitente ou endossante em documento à parte.

Francisco Eduardo Loureiro faz relevante **distinção entre a cédula hipotecária e a legislação cedular**. "A primeira não constitui hipoteca, mas é emitida, com características cambiais, em razão de hipoteca já constituída. A segunda é uma modalidade de hipoteca convencional, uma forma simplificada de contrato hipotecário, mediante preenchimento de modelos previstos em lei especial, sem necessidade de escritura pública. São títulos para a constituição da hipoteca que se convertem em direito real de garantia, se levados ao registro imobiliário" (Op. cit., p. 1436).

Por fim, é importante mencionar que a Lei 4.380/1964, que instituiu o Sistema Financeiro de Habitação, também estabeleceu a execução extrajudicial da garantia hipotecária. A carta de arrematação serve como documento hábil para o novo registro, procedendo-se ao cancelamento do registro anterior.

2. JURISPRUDÊNCIA COMPLEMENTAR

TRIBUNAL DE JUSTIÇA DO ESTADO DO RIO GRANDE DO SUL

EMENTA: APELAÇÃO CÍVEL. AÇÃO ORDINÁRIA DE CANCELAMENTO DE HIPOTECA. GRAVAME PENDENTE SOBRE IMÓVEL RURAL. BEM OFERECIDO EM GARANTIA PARA O FINANCIAMENTO DO CUSTEIO DE LAVOURA. CASO EM QUE O REGISTRO DE HIPOTECA EM NADA PREJUDICA O DIREITO DE PROPRIEDADE DOS AUTORES, OS QUAIS PODEM USAR, DISPOR E FRUIR DO BEM, DELE RETIRANDO OS FRUTOS NECESSÁRIOS À SUA MANTENÇA E AO ADIMPLEMENTO DO DÉBITO PERANTE A CREDORA. CONSEQUENTE REFORMA DA SENTENÇA APELADA PARA JULGAR IMPROCEDENTE A DEMANDA. APELAÇÃO PROVIDA (PROCESSO Nº 70051943801).

TRIBUNAL DE JUSTIÇA DO ESTADO DE MINAS GERAIS

EMENTA: Suscitação de Dúvida – Arrematação de imóvel hipotecado – Desnecessidade de mandado judicial para se proceder a seu cancelamento. Arts. 1499, VI e 1500 do Código Civil vigente. Constando de uma matrícula de imóvel o registro da hipoteca, uma vez que esse imóvel foi arrematado em hasta pública judicialmente determinada, seu cancelamento independe de autorização expressa (art. 251, I da lei 6015/73), bastando a respectiva prova (art. 1500 Código Civil/2002), consubstanciada pela certidão de arrematação. (TJMG – Ap. Civ. 1.0000.00.307831-8/000, DES. JARBAS LADEIRA, Publicação 24/10/2003)

TRIBUNAL DE JUSTIÇA DO DISTRITO FEDERAL

EMENTA: REGISTRO PÚBLICO. DÚVIDA REGISTRÁRIA. PEDIDO DE CANCELAMENTO DE AVERBAÇÃO EM MATRÍCULAS IMOBILIÁRIAS. LEI DE REGISTROS PÚBLICOS. ARTIGO 251. PEDIDO DE BAIXA EM REGISTRO IMOBILIÁRIO SEM AUTORIZAÇÃO EXPRESSA DO CREDOR. IMPOSSIBILIDADE. 1. A Lei de Registros Públicos, em seu artigo 251, exige para o cancelamento de hipoteca a autorização expressa ou quitação outorgada pelo credor 2. Não se pode desconsiderar as averbações existentes, quando faltar condição sine qua non para que a garantia seja tornada sem efeito, ou seja, a autorização expressa ou quitação outorgada pelo credor. 3. Recurso conhecido e improvido. (TJDFT – APC 623959, 20110111912214, Relatora ANA CANTARINO, 1ª Turma Cível, julgado em 29/08/2012, DJ 04/10/2012 p. 85)

TRIBUNAL DE JUSTIÇA DO ESTADO DE SÃO PAULO

EMENTA: Ação declaratória de nulidade de hipoteca. Garantia não registrada no álbum imobiliário (art. 167, I nº 2, da Lei 6.015/73). Direito real acessório que somente se aperfeiçoa com o registro competente. Incidência do art. 676 do CC/1916. Hipoteca não registrada que constitui relação jurídica de cunho obrigacional com eficácia limitada aos contraentes (art. 848 do CC/1916). Constituição de hipoteca por coproprietário sobre o bem imóvel em condomínio. Ausência de consentimento dos demais condôminos. Sanção legal que apenas limita os efeitos civis da hipoteca à parcela do bem imóvel divisível sobre o qual o constituinte do gravame gozava de poderes de disposição (art. 757 do CC/1916, atual art. 1.420, § 2º, do CC/2002). Apelantes que não são atingidos pelos efeitos do ato jurídico atacado. Imóvel defendido penhorado em execução de título quirografário. Defesa da posse que deve ser perseguida por meio de embargos. Ausência da necessidade de concreta atividade jurisdicional. Não tem utilidade jurídica e pragmática nulificar hipoteca que não alçara a qualidade de vinculação de direito real do bem imóvel ao poder de certo e determinado credor. Interesse processual inexistente. Falta de uma das condições da ação. Incidência (art. 267, VI, do CPC). Apelo provido para julgar extinto o feito. (TJSP – Apelação Cível nº 9108104-55.2008.8.26.0000 – Campinas – 11ª Câmara de Direito Privado – Rel. Des. Rômolo Russo – DJ 30.08.2012)

CONSELHO SUPERIOR DA MAGISTRATURA

EMENTA: Registro de imóveis – Hipoteca cedular – Adjudicação do imóvel em execução trabalhista – Registro de escritura de venda e compra – Necessidade de cancelamento das hipotecas ainda não canceladas – Impossibilidade de registro – Recurso não provido (Apelação nº 0081788-13.2012.8.26.0100, da Comarca de São Paulo). Trata-se de apelação interposta contra a sentença de fls. 42/44 que reconheceu impossibilidade do registro de escritura de venda e compra de imóvel em cuja matrícula constam registradas hipotecas cedulares ainda não canceladas (R.3, R.4 e R.5). Sustenta o apelante que o vendedor adjudicou o imóvel em execução trabalhista e que a adjudicação foi registrada na matrícula (R.11); que em razão da adjudicação ordenada pelo MM. Juiz da execução trabalhista, todos os atos posteriores estariam amparados pela ordem judicial, inclusive a posterior venda e compra; que o credor hipotecário foi cientificado da hasta pública, tendo até apresentado embargos de terceiro, os quais foram julgados improcedentes. A Douta Procuradoria Geral de Justiça opinou pelo não provimento do recurso. É o relatório. Não consta da matrícula do imóvel o cancelamento das hipotecas cedulares, de forma que permanecem eficazes. O registro não cancelado, conforme dispõe o art. 252 da Lei nº 6015/73, "produz todos os seus efeitos legais ainda que, por outra maneira, se prove que o título está desfeito, anulado, extinto ou rescindido". É de se notar, como afirmado pelo MM. Juiz sentenciante, a relevância da expressão "ainda que por outra maneira se prove que o título está desfeito, anulado ou rescindido", contida no texto legal. Nesse sentido, enquanto não cancelado o registro ele mantém sua eficácia mesmo em casos em que, por ventura, "certa realidade jurídica esteja em desacordo com a realidade física ou negocial" (Walter Ceneviva, Lei dos Registros Públicos Comentada, 19ª ed., São Paulo, Saraiva, 2009, nota ao art. 252, p. 579). Não se olvida que o art. 1.499 do Código Civil determina que a hipoteca se extingue pela arrematação ou adjudicação. Entretanto, em razão do princípio da legitimidade, "enquanto não cancelada a hipoteca no Registro de Imóveis, a garantia real continua a produzir seus efeitos. Assim, por exemplo, enquanto não cancelado o registro de hipoteca cedular, não poderá ser registrada a alienação do imóvel dado em garantia, ainda que a obrigação já tenha sido cumprida" (Registros Públicos – Teoria e Prática, 5ª ed., São Paulo, Método, 2014, p. 431). O julgado trazido pelo apelante (fl. 50) não se aplica, pois não extraído de procedimento administrativo de dúvida, mas de procedimento jurisdicional contencioso no qual discutiu-se, justamente, a possibilidade do juiz expedir mandado de cancelamento do registro da hipoteca, como se vê de trecho do voto: "*A questão do recurso resume-se: na possibilidade ou não de expedição de mandado de cancelamento do registro da hipoteca ao Registro Imobiliário, diante da arrematação do imóvel" (TJSP, Agravo de Instrumento 0026642-59.2013.8.26.0000, 27ªCâm. Dir. Privado, Rel. Berenice Marcondes César, julg. 14.05.2013).* O fato é que, não cancelada a hipoteca, ela permanece formalmente hígida e não pode o Oficial proceder ao registro da escritura de venda e compra. E o cancelamento não pode ser feito nesse procedimento de dúvida, visto que o que se pretendeu não foi a averbação do cancelamento, mas o acesso direto ao fólio real da escritura de venda e compra. O pedido administrativo de cancelamento do registro não se confunde com o processo de dúvida. Não se encontram preenchidos, para o registro da escritura, os requisitos do art. 251 da LRP, os quais, em resumo, como afirmado pelo Oficial, exigem autorização do credor ou determinação judicial: Art. 251 – O cancelamento de hipoteca só pode ser feito: **I** – à vista de autorização expressa ou quitação outorgada pelo credor ou seu sucessor, em instrumento público ou particular; **II** – em razão de procedimento administrativo ou contencioso, no qual o credor tenha sido intimado; **III** – na conformidade da legislação referente às cédulas hipotecárias. Por fim, consigne-se que o fato da adjudicação ter sido registrada por ordem judicial não afasta a qualificação dos requisitos registrários de novos títulos (no caso a escritura). Por todo o exposto, nego provimento ao recurso. HAMILTON ELLIOT AKEL. Corregedor Geral da Justiça e Relator (D.J.E. de 21.03.2014 – SP)

CORREGEDORIA-GERAL DA JUSTIÇA

EMENTA: REGISTRO DE IMÓVEIS – Financiamento imobiliário – Garantia hipotecária – Cédula hipotecária – Endosso-caução – Tradição inocorrente – Garantia pignoratícia descaracterizada – Cientificação pessoal do devedor hipotecário inexistente – Ineficácia do endosso pignoratício – Título resgatado pelo devedor hipotecário – Quitação outorgada pela credora hipotecária – Eficácia plena – Cancelamento da hipoteca e da caução – Cabimento – Recurso provido. (Processo CG nº 2012/96743 (251/12-E). Excelentíssimo Senhor Corregedor Geral da Justiça: Cuida-se de recurso interposto por L (...) contra r decisão de fls. 77/79 pelo MM Juízo Corregedor Permanente do Oficial de Registro de Imóveis de (...), que indeferiu o cancelamento da hipoteca e da caução dos direitos creditórios que recaem sobre o imóvel objeto da matrícula nº (...), do Registro de Imóveis de (...), por reputar necessária a autorização da (...), que é a endossatária caucionada da cédula hipotecária emitida pelo credor hipotecário e impossibilidade de a (...) executar o crédito que lhe foi caucionado porque não dispõe da respectiva cédula. Alega, em suma, quitação integral perante o credor hipotecário, inexistência de relação jurídica sua com a (...), resgate integral da cédula hipotecária, extinção da hipoteca e, portanto, da obrigação acessória da caução, inexistência de tradição da cédula hipotecária à endossatária caucionada (...), impossibilidade de execução porque o título foi resgatado (fls. 85/98). A douta Procuradoria de Justiça opinou pelo não provimento do recurso (fls. 109/112). Os autos foram inicialmente encaminhados ao C. Conselho Superior da Magistratura e, posteriormente, remetidos a esta Corregedoria-Geral em razão da matéria (fls. 113/114). É o relatório. Passo a opinar. A recorrente adquiriu, em 18.06.86, o imóvel objeto da matrícula nº (...), do Registro de Imóveis de (...), oportunidade em que se sub-rogou nas obrigações de pagamento do saldo da hipoteca registrada sob o nº (...), da matrícula (R. (...) e Av. (...) – fls. 68v/69). Referida hipoteca foi constituída pela anterior titular de domínio para garantir o financiamento que fez junto à instituição financeira (...), atual T (...). O credor hipotecário, por sua vez, para garantir o crédito que contraiu perante o então B (...), sucedido pela C (...), emitiu cédula hipotecária e lhe caucionou seus direitos creditórios (Av 3 e Av. 07). A recorrente, sob os principais argumentos de que pagou integralmente o financiamento e resgatou a cédula hipotecária, pede a reforma da decisão do MM. Juiz Corregedor Permanente para que sejam canceladas a hipoteca e a caução inscritas, respectivamente, no R. (...) e Av. (...), da matrícula supra. A questão ora debatida foi recentemente examinada com profundidade nos autos do Processo CG nº 2012/36541, cujo r parecer, da lavra do eminente Juiz Assessor da Corregedoria Luciano Gonçalves Paes Leme, aprovado pelo Exmo. Corregedor Geral da Justiça Dr. José Renato Nalini, fixou as seguintes premissas: a) a tradição da cédula hipotecária do credor hipotecário à endossatária caucionada é condição de constituição da garantia pignoratícia; b) a averbação do endosso-caução no Registro de Imóveis não dispensa a tradição do título de crédito, não constitui a garantia pignoratícia e não confere eficácia em face do devedor hipotecário, que deve ser notificado pessoalmente, exceto se existir documento no qual tenha se declarado ciente do endosso-caução; c) a cautela da cientificação do devedor hipotecário afina-se com o princípio da boa-fé objetiva, lógica que orientou precedentes jurisprudenciais do E. Superior Tribunal de Justiça que resultaram na edição da Súmula 308: A hipoteca firmada entre a construtora e o agente financeiro, anterior ou posterior à celebração da promessa de compra e venda, não tem eficácia perante os adquirentes do imóvel; d) a quitação dada exclusivamente pela credora hipotecária, lançada no verso da cédula hipotecária, é suficiente para os cancelamentos da hipoteca e da caução porque dada por quem tinha posse do título resgatado pelo devedor hipotecário. Para, ao final, concluir que o cancelamento na via administrativa, além de possível na via administrativa, prescindia da anuência da endossatária caucionada C (...). No caso em exame, a recorrente resgatou integralmente a cédula hipotecária do credor hipotecário (fls. 38/39) e não foi cientificada de que esta havia caucionado seus direitos à C (...). Também não há documento em que tenha se declarado ciente do endosso-caução. Além disso, a credora hipotecária, que tinha a posse do título, deu quitação integral à devedora hipotecária (fl. 38). Diante de tais elementos, é possível concluir, em harmonia com precedente citado, pela viabilidade dos cancelamentos, na forma do arts. 250, I, e 251, I e III, ambos da Lei nº 6.015/73, e arts. 18, *caput*, e 24, I, estes do Decreto-Lei nº 70/1966. Diante do exposto, o parecer que respeitosamente submeto à elevada apreciação de Vossa Excelência é no sentido de que se conheça dado provimento ao recurso para que se determine o cancelamento da hipoteca e da caução inscritas, respectivamente, no R. (...) e Av. (...), da matrícula nº (...), do Registro de Imóveis de (...). *Sub censura.* São Paulo, 07 de agosto de 2012. GUSTAVO HENRIQUE BRETAS MARZAGÃO. Juiz Assessor da Corregedoria. DECISÃO: Aprovo o parecer do MM. Juiz Auxiliar da Corregedoria e, por seus fundamentos, dou provimento ao recurso para determinar o cancelamento da hipoteca e da caução inscritas, respectivamente, no R. (...) e Av. (...), da matrícula nº (...), do Registro de Imóveis de (...). Publique-se. São Paulo, (...). – (a) – JOSÉ RENATO NALINI – Corregedor Geral da Justiça.

1ª VARA DE REGISTROS PÚBLICOS DE SÃO PAULO

EMENTA: PEREMPÇÃO DE HIPOTECA. AVERBAÇÃO DE OFÍCIO ou ROGAÇÃO. Processo 1017929-25.2020.8.26.0100.

[...]

Contudo, se verificada a perempção, é possível operar-se averbação de ofício: Para que subsistisse a hipoteca, a prorrogação de sua inscrição deveria ter sido promovida dentro do prazo de trinta anos, vencido em 27.07.1986, e, como não o foi, a garantia real perimiu, eis que não se admite sua perpetuidade, cessando, então, a inscrição de produzir seus efeitos próprios (Caio Mário da Silva Pereira. Instituições de direito civil. 2. ed. Rio de Janeiro: Forense, 1974. vol. IV, p. 352-353).

Ora, caracterizada a perempção, operada pelo simples decurso de um prazo legal insusceptível de suspensão ou interrupção, conforme o explicitado pelo C. Conselho Superior da Magistratura quando do julgamento da Ap 256.993, da Comarca da Capital (rel. Des. Acácio Rebouças, j. 13.01.1977, RDI 3/121), não há necessidade de ordem judicial para que seja promovida averbação correspondente. Assim, entendo ser possível, de ofício, seja determinada a realização de averbação, reportada a perempção da hipoteca em apreço, o que, apesar de não caracterizar um cancelamento, indicará não produzir a inscrição quaisquer novos efeitos.

O prazo legal a que se refere a decisão, antes regido pelo art. 887 do CC/16, vem atualmente regido pelo art. 1.485 do CC/2002:

Art. 1.485. Mediante simples averbação, requerida por ambas as partes, poderá prorrogar-se a hipoteca, até 30 (trinta) anos da data do contrato. Desde que perfaça esse prazo, só poderá subsistir o contrato de hipoteca reconstituindo-se por novo título e novo registro; e, nesse caso, lhe será mantida a precedência, que então lhe competir.

De tal modo, no decurso do prazo legal de 30 anos, sem a celebração de novo contrato, a hipoteca perde os efeitos.

Depreende-se do R. 02 da matrícula do imóvel (fls. 29/30) que a hipoteca foi registrada em 09 de janeiro de 1985, portanto, na ausência de registro subsequente de novo título a reconstituí-la, houve perempção.

A partir de constatação análoga, já se reconheceu a possibilidade de averbação da perempção em mais julgados da E. Corregedoria Geral da Justiça: Processo CJ nº 904/2003 parecer do MM. Juiz Assessor Claudio Luiz Bueno de Godoy, elaborado em 25.09.2003; Processo CJ nº 07/2004, parecer do MM. Juiz Assessor José Antonio de Paula Santos Neto, elaborado em 02.02.2004; e Processo CJ nº 2014/118757, parecer do MM. Juiz Assessor Gustavo Henrique Bretas Marzagão, aprovado pelo Exmo. Des. Hamilton Elliot Akel em 27.08.2014.

Neste último, ressaltou-se também que a averbação da perempção resulta em cancelamento da hipoteca, afirmação consignada com base em entendimento firmado em embargos de declaração no Proc. GG nº 788/2005, em decisão proferida em 25.10.2005 pelo Exmo. Des. José Mário Antonio Cardinale, à época Corregedor Geral da Justiça, cujo trecho de transcreve:

... o almejado reconhecimento da perempção importa sim cancelamento da hipoteca, não tendo a decisão embargada incorrido em qualquer imprecisão técnica.

Ainda que a postulação formulada não faça referência a cancelamento de hipoteca, certo é que a pretendida extinção do registro, ainda que decorrente de situação fática vinculada ao decurso do tempo, produz necessária e automaticamente aquele resultado.

Como ensina Narciso Orlandi Neto:

'O cancelamento de um ato do registro significa a retirada de seus efeitos do mundo jurídico. Melhor dizendo, cancelado o registro, desaparece a publicidade e, com ela, os efeitos que ele produziria em relação a terceiro.

Num sistema como o nosso, em que o registro tem eficácia constitutiva, aparece um efeito paralelo, de conteúdo negativo; ele é também extintivo do registro anterior...'. (Retificação do Registro de Imóveis, 1997, Livraria Del Rey, Editora Oliveira Mendes, pág. 254).

E, nos expressos termos do artigo 248 da Lei de Registros Públicos, 'o cancelamento efetuar-se-á mediante averbação'.

Não bastasse, o proceder do ato de ofício fora objeto de norma regulatória prevista no item XXXII do Provimento nº 1/1988 desta Corregedoria Permanente, editado pelos hoje Desembargadores José Renato Nalini e Ricardo Henry Marques Dip, com a seguinte redação: XXXII. Além das hipóteses previstas no item 122, cap. XX, das "NORMAS DE SERVIÇO DA CORREGEDORIA GERAL DA JUSTIÇA", poderá averbar-se, por instância ou EX-OFFICIO, o cancelamento de registro de hipoteca perempta.

Ante tais precedentes e fundamentos, há que se admitir a averbação do cancelamento de ofício.

Ademais, na espécie, a solução nem mesmo precisaria passar por ato de ofício. O requerente enquadra-se perfeitamente como interessado no cancelamento da hipoteca, pois apresentou documentos suficientes a demonstrar tal qualidade, como exige o art. 250, III, da Lei nº 6.015/73. Isso porque, além do instrumento particular de fls. 14/15, em que se levantaram vícios de validade formal tanto pela extinção de mandato usado para o negócio, como pela omissão do correto estado civil do promitente vendedor , há boletos de cobrança emitidos pela CEF que comprovam a assunção do financiamento pelo Sr. Mauro. Essa conclusão decorre do confronto dos documentos de fls. 40/47 e 48/72, extratos dirigidos ao endereço do imóvel, com mesmo número de contrato de empréstimo (nº 1.0262.4003.878), nos quais nota-se a condição de mutuário transferida ao requerente.

Aqui, cabe destacar que nada conduz à obrigatoriedade de o interessado ser apenas o titular de domínio ou seu herdeiro, tampouco parte que tenha participado do ato registrado, delimitação reservada ao inciso II do dispositivo em referência.

Nestes autos, ainda, promoveu-se a intimação da credora (fl. 163), que se manteve inerte. Logo, restou suprido o disposto no art. 251, II, da LRP, conquanto despicienda pela perempção (cf. decisão no Processo CJ nº 07/2004 supracitado).

Por fim, faz-se necessário frisar que a pretensão do requerente esteve sempre relacionada ao cancelamento da hipoteca, e não ao registro do instrumento particular de promessa de compra e venda (autorizado pelo art. 1.417 do CC, em exceção ao art. 108 do mesmo diploma).

Nesse ponto, sim, sobrelevam as irregularidades formais detectadas em análise extrínseca, tal como a irregular qualificação do atual proprietário do imóvel.

Todavia, houve reiterada afirmação sobre a pretensão do interessado de dar continuidade à regularização mediante adjudicação ou alvará a se processar no Juízo competente.

Diante do exposto, julgo procedente o pedido de providências formulado por Mauro Peres, em face do Oficial do 17º Registro de Imóveis da Capital, tão-somente para determinar o cancelamento do registro de hipoteca.

Deste procedimento não decorrem custas, despesas processuais e honorários advocatícios.

Oportunamente remetam-se os autos ao arquivo.

P.R.I.C.

São Paulo, 17 de março de 2021.

Vivian Labruna Catapani

Juiz de Direito

Art. 251-A. Em caso de falta de pagamento, o cancelamento do registro do compromisso de compra e venda de imóvel será efetuado em conformidade com o disposto neste artigo.

§ 1º A requerimento do promitente vendedor, o promitente comprador, ou seu representante legal ou procurador regularmente constituído, será intimado pessoalmente pelo oficial do competente registro de imóveis a satisfazer, no prazo de 30 (trinta) dias, a prestação ou as prestações vencidas e as que vencerem até a data de pagamento, os juros convencionais, a correção monetária, as penalidades e os demais encargos contratuais, os encargos legais, inclusive tributos, as contribuições condominiais ou despesas de conservação e manutenção em loteamentos de acesso controlado, imputáveis ao imóvel, além das despesas de cobrança, de intimação, bem como do registro do contrato, caso esse tenha sido efetuado a requerimento do promitente vendedor.

§ 2º O oficial do registro de imóveis poderá delegar a diligência de intimação ao oficial do registro de títulos e documentos da comarca da situação do imóvel ou do domicílio de quem deva recebê-la.

§ 3º Aos procedimentos de intimação ou notificação efetuados pelos oficiais de registros públicos, aplicam-se, no que couber, os dispositivos referentes à citação e à intimação previstos na Lei nº 13.105, de 16 de março de 2015 (Código de Processo Civil).

§ 4º A mora poderá ser purgada mediante pagamento ao oficial do registro de imóveis, que dará quitação ao promitente comprador ou ao seu cessionário das quantias recebidas no prazo de 3 (três) dias e depositará esse valor na conta bancária informada pelo promitente vendedor no próprio requerimento ou, na falta dessa informação, o cientificará de que o numerário está à sua disposição.

§ 5º Se não ocorrer o pagamento, o oficial certificará o ocorrido e intimará o promitente vendedor a promover o recolhimento dos emolumentos para efetuar o cancelamento do registro.

§ 6º A certidão do cancelamento do registro do compromisso de compra e venda reputa-se como prova relevante ou determinante para concessão da medida liminar de reintegração de posse.

1. COMENTÁRIOS

O artigo foi acrescido pela Lei n. 14.382, de 27/6/2022 (Lei do SERP) e não constava na redação original da MP n. 1.085/2021.

Trata-se de mais um dispositivo que consagra o interesse do legislador pelo movimento da desjudicialização, com a finalidade de oferecer soluções mais céleres, efetivas, descomplicadas e extrajudiciais das principais obrigações prescritas nos compromissos de venda e compra de imóveis.

Podemos afirmar que o artigo 251-A da Lei de Registros Públicos refere-se ao procedimento extrajudicial de cancelamento do registro da promessa de compra e venda, realizado perante a Serventia Imobiliária competente.

Vamos às explicações.

Quando se promove uma promessa ou compromisso de venda e compra de imóvel em que o promitente comprador acordou em pagar o preço parceladamente, pode ocorrer o risco da inadimplência, o que não é incomum.

Desse modo, o art. 475 do Código Civil estabelece que a parte lesada pelo inadimplemento pode pedir a resolução do contrato, se não preferir exigir-lhe o cumprimento, cabendo, em qualquer dos casos, indenização por perdas e danos.

Ocorre que a resolução do contrato, via de regra, é reclamada judicialmente.

Muito bem observa Carlos Elias e Flávio Tartuce que, nesse contexto fático, um grande problema diz respeito à realidade em que, na matrícula do imóvel, há o registro da promessa ou compromisso de compra e venda. A rigor, esse registro só seria cancelado com o trânsito em julgado da sentença favorável na ação de resolução contratual, o que pode levar muito tempo, repise-se. O seu cancelamento em momento anterior sempre encontrou obstáculo no art. 259 da Lei de Registros Públicos, que, a rigor, veda cancelamentos de registro com base em decisões judiciais precárias. Assim, durante todo esse período em que tramita a ação judicial, o promitente comprador terá grandes dificuldades de alienar o imóvel a terceiros, os quais serão inibidos da aquisição, diante da existência do registro da promessa de compra e venda na matrícula do bem. Os prejuízos são mais visíveis quando o promitente comprador é uma empresa do ramo imobiliário, que necessita de certa agilidade na realização dos negócios de vendas de imóveis. Ter imóveis "presos" em seu estoque à espera do desfecho de uma ação judicial é antieconômico, ainda mais levando em conta o alto valor desse ativo (Op. cit. 220).

O art. 251-A vem solucionar este transtorno, desburocratizando o procedimento para o cancelamento.

Enfatiza-se que o legislador foi claro ao estabelecer que o procedimento extrajudicial é direcionado apenas na situação de o cancelamento do registro da promessa de venda e compra de imóvel resultar de inadimplemento do preço pelo promitente comprador.

Desse modo, em caso de falta de pagamento, o cancelamento do registro do compromisso de compra e venda de imóvel agora pode ser efetuado nos termos do art. 251-A. Assim, à requerimento do promitente vendedor, o promitente comprador, ou seu representante legal ou procurador regularmente constituído, será intimado pessoalmente pelo oficial do competente registro de imóveis a satisfazer, no prazo de 30 (trinta) dias, a prestação ou as prestações vencidas e as que vencerem até a data de pagamento, os juros convencionais, a correção monetária, as penalidades e os demais encargos contratuais, os encargos legais, inclusive tributos, as contribuições condominiais ou despesas de conservação e manutenção em loteamentos de acesso controlado, imputáveis ao imóvel, além das despesas de cobrança, de intimação, bem como do registro do contrato, caso esse tenha sido efetuado a requerimento do promitente vendedor.

Como em outros procedimentos, o oficial do registro de imóveis poderá delegar a diligência de intimação ao oficial do registro de títulos e documentos da comarca da situação do imóvel ou do domicílio de quem deva recebê-la, sendo que os procedimentos de intimação ou notificação efetuados pelos oficiais de registros públicos, seguirão, no que couber, os dispositivos referentes à citação e à intimação previstos do novo Código de Processo Civil.

Caso ocorra a purgação da mora mediante pagamento ao Registador Imobiliário, este dará quitação ao promitente comprador ou ao seu cessionário das quantias recebidas no prazo de 3 (três) dias e deverá repassar esse valor na conta bancária informada pelo promitente vendedor no próprio requerimento ou, na falta dessa informação, o cientificará de que o numerário está à sua disposição.

Não efetuada a purgação da mora, o registrador atestará o ocorrido e intimará o promitente vendedor a promover o recolhimento dos emolumentos para efetuar o cancelamento do registro.

A certidão do cancelamento do registro do compromisso de compra e venda expedida pelo oficial, reputa-se como prova relevante ou determinante para concessão da medida liminar de reintegração de posse. Em outras palavras, se o promitente comprador ainda estiver na posse do bem, ele deve desocupá-lo, sob pena de esbulho, podendo então o promitente vendedor se valer da reintegração de posse.

Constata-se, indubitavelmente, que o legislador facilitou sobremaneira o procedimento extrajudicial de cancelamento do registro da promessa de compra e venda, perante a serventia imobiliária.

1.1 DISPOSITIVOS ASSEMELHADOS

A emenda que introduziu o artigo 251-A na Lei de Registros Públicos justificou-se pela necessidade de viabilizar o cancelamento extrajudicial dos registros de compromissos de venda e compra nos casos em que o compromissário comprador não cumpriu as condições de pagamento. A ideia central foi prestigiar a desburocratização e eliminar a necessidade de acionar o poder judiciário, desde que cumpridas as condições previstas.

Deve-se observar que, em diversas situações, a legislação já prevê procedimentos de constituição em mora e cancelamento de registros, como nos casos das Leis n. 6.766/1979 e n. 9.514/1997. Ainda, como exemplos da eficácia dos procedimentos extrajudiciais aliados à segurança jurídica, podemos citar estes procedimentos na legislação esparsa:

> **Art. 32. Lei n. 6.766/1979.** Vencida e não paga a prestação, o contrato será considerado rescindido 30 (trinta) dias depois de constituído em mora o devedor.
>
> § 1º Para os fins deste artigo o devedor-adquirente será intimado, a requerimento do credor, pelo Oficial do Registro de Imóveis, a satisfazer as prestações vencidas e as que se vencerem até a data do pagamento, os juros convencionados e as custas de intimação.
>
> § 2º Purgada a mora, convalescerá o contrato.
>
> § 3º – Com a certidão de não haver sido feito o pagamento em cartório, o vendedor requererá ao Oficial do Registro o cancelamento da averbação.
>
> **Art. 26, Lei n. 9.514/1997.** Vencida e não paga a dívida, no todo ou em parte, e constituídos em mora o devedor e, se for o caso, o terceiro fiduciante, será consolidada, nos termos deste artigo, a propriedade do imóvel em nome do fiduciário.
>
> § 1º Para fins do disposto neste artigo, o devedor e, se for o caso, o terceiro fiduciante serão intimados, a requerimento do fiduciário, pelo oficial do registro de imóveis competente, a satisfazer, no prazo de 15 (quinze) dias, a prestação vencida e aquelas que vencerem até a data do pagamento, os juros convencionais, as penalidades e os demais encargos contratuais, os encargos legais, inclusive os tributos, as contribuições condominiais imputáveis ao imóvel e as despesas de cobrança e de intimação.
>
> § 2º O contrato poderá estabelecer o prazo de carência, após o qual será expedida a intimação.
>
> § 3º A intimação será feita pessoalmente ao devedor e, se for o caso, ao terceiro fiduciante, que por esse ato serão cientificados de que, se a mora não for purgada no prazo legal, a propriedade será consolidada no patrimônio do credor e o imóvel será levado a leilão nos termos dos arts. 26-A, 27 e 27-A desta Lei, conforme o caso, hipótese em que a intimação poderá ser promovida por solicitação do oficial do registro de imóveis, por oficial de registro de títulos e documentos da comarca da situação do imóvel ou do domicílio de quem deva recebê-la, ou pelo correio, com aviso de recebimento, situação em que se aplica, no que couber, o disposto no art. 160 da Lei nº 6.015, de 31 de dezembro de 1973 (Lei de Registros Públicos).
>
> § 3º-A. Quando, por duas vezes, o oficial de registro de imóveis ou de registro de títulos e documentos ou o serventuário por eles credenciado houver procurado o intimando em seu domicílio ou residência sem o encontrar, deverá, havendo suspeita motivada de ocultação, intimar qualquer pessoa da família ou, em sua falta, qualquer vizinho de que, no dia útil imediato, retornará ao imóvel, a fim de efetuar a intimação, na hora que designar, aplicando-se subsidiariamente o disposto nos arts. 252, 253 e 254 da Lei nº 13.105, de 16 de março de 2015 (Código de Processo Civil).
>
> § 3º-B. Nos condomínios edilícios ou outras espécies de conjuntos imobiliários com controle de acesso, a intimação de que trata o § 3º-A poderá ser feita ao funcionário da portaria responsável pelo recebimento de correspondência.
>
> § 4º Quando o devedor ou, se for o caso, o terceiro fiduciante, o cessionário, o representante legal ou o procurador regularmente constituído encontrar-se em local ignorado, incerto ou inacessível, o fato será certificado pelo serventuário encarregado da diligência e informado ao oficial de registro de imóveis, que, à vista da certidão, promoverá a intimação por edital publicado pelo período mínimo de 3 (três) dias em jornal de maior circulação local ou em jornal de comarca de fácil acesso, se o local não dispuser de imprensa diária, contado o prazo para purgação da mora da data da última publicação do edital.
>
> § 4º-A É responsabilidade do devedor e, se for o caso, do terceiro fiduciante informar ao credor fiduciário sobre a alteração de seu domicílio.
>
> § 4º-B Presume-se que o devedor e, se for o caso, o terceiro fiduciante encontram-se em lugar ignorado quando não forem encontrados no local do imóvel dado em garantia nem no endereço que tenham fornecido por último, observado que, na hipótese de o devedor ter fornecido contato eletrônico no contrato, é imprescindível o envio da intimação por essa via com, no mínimo, 15 (quinze) dias de antecedência da realização de intimação edilícia.
>
> § 4º-C Para fins do disposto no § 4º deste artigo, considera-se lugar inacessível:
>
> I - aquele em que o funcionário responsável pelo recebimento de correspondência se recuse a atender a pessoa encarregada pela intimação; ou
>
> II - aquele em que não haja funcionário responsável pelo recebimento de correspondência para atender a pessoa encarregada pela intimação
>
> § 5º Purgada a mora no Registro de Imóveis, convalescerá o contrato de alienação fiduciária.
>
> § 6º O oficial do Registro de Imóveis, nos três dias seguintes à purgação da mora, entregará ao fiduciário as importâncias recebidas, deduzidas as despesas de cobrança e de intimação.
>
> § 7º Decorrido o prazo de que trata o § 1º sem a purgação da mora, o oficial do competente Registro de Imóveis,

certificando esse fato, promoverá a averbação, na matrícula do imóvel, da consolidação da propriedade em nome do fiduciário, à vista da prova do pagamento por este, do imposto de transmissão *inter vivos* e, se for o caso, do laudêmio.

§ 8º O fiduciante pode, com a anuência do fiduciário, dar seu direito eventual ao imóvel em pagamento da dívida, dispensados os procedimentos previstos no art. 27.

Art. 26-A. Os procedimentos de cobrança, purgação de mora, consolidação da propriedade fiduciária e leilão decorrentes de financiamentos para aquisição ou construção de imóvel residencial do devedor, exceto as operações do sistema de consórcio de que trata a Lei nº 11.795, de 8 de outubro de 2008, estão sujeitos às normas especiais estabelecidas neste artigo.

§ 1º A consolidação da propriedade em nome do credor fiduciário será averbada no registro de imóveis trinta dias após a expiração do prazo para purgação da mora de que trata o § 1º do art. 26 desta Lei.

§ 2º Até a data da averbação da consolidação da propriedade fiduciária, é assegurado ao devedor e, se for o caso, ao terceiro fiduciante pagar as parcelas da dívida vencidas e as despesas de que trata o inciso II do § 3º do art. 27 desta Lei, hipótese em que convalescerá o contrato de alienação fiduciária.

§ 3º No segundo leilão, será aceito o maior lance oferecido desde que seja igual ou superior ao valor integral da dívida garantida pela alienação fiduciária mais antiga vigente sobre o bem, das despesas, inclusive emolumentos cartorários, dos prêmios de seguro, dos encargos legais, inclusive tributos, e das contribuições condominiais.

§ 4º Se no segundo leilão não houver lance que atenda ao referencial mínimo para arrematação estabelecido no § 3º deste artigo, a dívida será considerada extinta, com recíproca quitação, hipótese em que o credor ficará investido da livre disponibilidade.

§ 5º A extinção da dívida no excedente ao referencial mínimo para arrematação configura condição resolutiva inerente à dívida e, por isso, estende-se às hipóteses em que o credor tenha preferido o uso da via judicial para executar a dívida.

Art. 63, Lei n. 4.591/1964. É lícito estipular no contrato, sem prejuízo de outras sanções, que a falta de pagamento, por parte do adquirente ou contratante, de 3 prestações do preço da construção, quer estabelecidas inicialmente, quer alteradas ou criadas posteriormente, quando fôr o caso, depois de prévia notificação com o prazo de 10 dias para purgação da mora, implique na rescisão do contrato, conforme nêle se fixar, ou que, na falta de pagamento, pelo débito respondem os direitos à respectiva fração ideal de terreno e à parte construída adicionada, na forma abaixo estabelecida, se outra forma não fixar o contrato.

Art. 1º, Lei n. 4.864/1965 Sem prejuízo das disposições da Lei nº 4.591, de 16 de dezembro de 1964 os contratos que tiverem por objeto a venda ou a construção de habitações com pagamento a prazo poderão prever a correção monetária da dívida, com o consequente reajustamento das prestações mensais de amortização e juros, observadas as seguintes normas:

[...]

VI – A rescisão do contrato por inadimplemento do adquirente somente poderá ocorrer após o atraso de, no mínimo, 3 (três) meses do vencimento de qualquer obrigação contratual ou de 3 (três) prestações mensais, assegurado ao devedor o direito de purgar a mora dentro do prazo de 90 (noventa) dias, a contar da data do vencimento da obrigação não cumprida ou da primeira prestação não paga.

Art. 1º, Decreto-lei n. 745/1969. Nos contratos a que se refere o art. 22 do Decreto-Lei nº 58, de 10 de dezembro de 1937, ainda que não tenham sido registrados junto ao Cartório de Registro de Imóveis competente, o inadimplemento absoluto do promissário comprador só se caracterizará se, interpelado por via judicial ou por intermédio de cartório de Registro de Títulos e Documentos, deixar de purgar a mora, no prazo de 15 (quinze) dias contados do recebimento da interpelação.

Parágrafo único. Nos contratos nos quais conste cláusula resolutiva expressa, a resolução por inadimplemento do promissário comprador se operará de pleno direito (art. 474 do Código Civil), desde que decorrido o prazo previsto na interpelação referida no *caput*, sem purga da mora.

Art. 14, Decreto n. 58/1937. Vencida e não paga a prestação, considera-se o contrato rescindido 30 dias depois de constituído em mora o devedor.

§ 1º Para este efeito será êle intimado a requerimento do compromitente, pelo oficial do registo a satisfazer as prestações vencidas e as que se vencerem até a data do pagamento, juros convencionados e custas da intimação.

§ 2º Purgada a mora, convalescerá o compromisso.

§ 3º Com a certidão de não haver sido feito pagamento em cartório, os compromitentes requererão ao oficial do registo o cancelamento da averbação.

Todas essas medidas são essenciais para o direito à moradia, para o desenvolvimento do mercado imobiliário, para a desjudicialização e aumento da efetividade da justiça, bem como para o desenvolvimento social e econômico do país.

Art. 252. O registro, enquanto não cancelado, produz todos os efeitos legais ainda que, por outra maneira, se prove que o título está desfeito, anulado, extinto ou rescindido.

1. COMENTÁRIOS

O art. 252 tem relação com os arts. 1.227 e 1.245 do Código Civil. Vejamos:

Art. 1.227. Os direitos reais sobre imóveis constituídos, ou transmitidos por atos entre vivos, só se adquirem com o registro no Cartório de Registro de Imóveis dos referidos títulos (arts. 1.245 a 1.247), salvo os casos expressos neste Código.

Art. 1.245. Transfere-se entre vivos a propriedade mediante o registro do título translativo no Registro de Imóveis.

§ 1º Enquanto não se registrar o título translativo, o alienante continua a ser havido como dono do imóvel.

§ 2º Enquanto não se promover, por meio de ação própria, a decretação de invalidade do registro, e o respectivo cancelamento, o adquirente continua a ser havido como dono do imóvel.

Observa-se que a redação do art. 1.245, § 2º, é similar à do art. 252, ora em análise, que estabelece que, enquanto não cancelado o registro, o adquirente continua a ser considerado como seu dono. No ordenamento jurídico, podemos encontrar também diversos dispositivos relacionados:

Art. 1.275. Além das causas consideradas neste Código, perde-se a propriedade:

I – por alienação;

II – pela renúncia;

III – por abandono;

IV – por perecimento da coisa;

V – por desapropriação.

Parágrafo único. Nos casos dos incisos I e II, os efeitos da perda da propriedade imóvel serão subordinados ao registro do título transmissivo ou do ato renunciativo no Registro de Imóveis.

Art. 1.276. O imóvel urbano que o proprietário abandonar, com a intenção de não mais o conservar em seu patrimônio, e que se não encontrar na posse de outrem, poderá ser arrecadado, como bem vago, e passar, três anos depois, à propriedade do Município ou à do Distrito Federal, se se achar nas respectivas circunscrições.

§ 1º O imóvel situado na zona rural, abandonado nas mesmas circunstâncias, poderá ser arrecadado, como bem vago, e passar, três anos depois, à propriedade da União, onde quer que ele se localize.

§ 2º Presumir-se-á de modo absoluto a intenção a que se refere este artigo, quando, cessados os atos de posse, deixar o proprietário de satisfazer os ônus fiscais.

Art. 1.387. Salvo nas desapropriações, a servidão, uma vez registrada, só se extingue, com respeito a terceiros, quando cancelada.

Parágrafo único. Se o prédio dominante estiver hipotecado, e a servidão se mencionar no título hipotecário, será também preciso, para a cancelar, o consentimento do credor.

Art. 1.437. Produz efeitos a extinção do penhor depois de averbado o cancelamento do registro, à vista da respectiva prova.

Art. 1.500. Extingue-se ainda a hipoteca com a averbação, no Registro de Imóveis, do cancelamento do registro, à vista da respectiva prova.

Como é sabido, o registro torna-se eficaz desde o momento em que o título é apresentado ao oficial e este o prenota no protocolo, conforme prescreve o artigo 1.246 e já determinava o Código Civil de 1916. Assim, ressalta-se a importância da prenotação. Com o apontamento do título no protocolo no momento de sua apresentação, reforça-se a ideia de que a finalidade da prenotação não é apenas determinar a preferência de um título em relação a outro, mas também garantir a eficácia dele desde o momento de seu ingresso.

O registro conserva todos os efeitos, enquanto não cancelado, mesmo que se prove que o título está desfeito, anulado, extinto ou rescindido. Demais disso, impende observar – até mesmo em função do que prescreve o art. 252 da Lei nº 6.015/73 – que o conteúdo do Registro Imobiliário, enquanto não for invalidado, reveste-se de presunção *juris tantum* de veracidade. Vale dizer, o ato registral, enquanto subsistir, produzirá todos os seus efeitos legais, notadamente aqueles que se referem à designação formal do *dominus* e à identificação material do imóvel. Assim, em nosso direito positivo, diferentemente do sistema alemão, a transcrição do título no registro de imóveis tem presunção *juris tantum.*

Acertadamente observa Serpa Lopes que, se o ato ou fato extintivo do direito real não tiver sido objeto do registro para efeito de cancelamento, o direito real fica materialmente extinto, como quando ocorre um evento extintivo ou juridicamente apto à extinção, quando há um ato justificativo da mesma, mas conserva a sua vida formal, por força da subsistência do registro, que lhe comunica todos os efeitos (Op. cit., p. 460).

2. QUESTÃO DE CONCURSO

01. (IESES – Cartório – Provimento – TJ – RO/2017) Assinale a alternativa correta:

a) Conforme estabelecido pela Lei n. 6.015/1973 pode o terceiro de boa-fé, perante juízo arbitral, desde que demonstre real prejuízo, fazer prova da extinção dos ônus reais e promover, portanto, o cancelamento do seu registro.

b) Conforme estabelecido pela Lei n. 6.015/1973 o registro, enquanto não cancelado, produz todos os efeitos legais ainda que, por outra maneira, se prove que o título está desfeito, anulado, extinto ou rescindido.

c) Conforme estabelecido pela Lei n. 6.015/1973, serão registradas na matrícula as sub-rogações e outras ocorrências que, por qualquer modo, alterem o registro, exceto se, a critério do Registrador, implicarem prejuízo a terceiros de boa-fé.

d) Conforme estabelecido pela Lei n. 6.015/1973, o cancelamento do registro pode ser feito em virtude de sentença, mesmo que ainda sujeita a recurso, por força do princípio da segurança jurídica.

GAB	1	C

Art. 253. Ao terceiro prejudicado é lícito, em juízo, fazer prova da extinção dos ônus reais, e promover o cancelamento do seu registro.

1. COMENTÁRIOS

Walter Ceneviva conceitua o terceiro prejudicado como "o titular de relação jurídica incompatível com o assentamento imobiliário, cujo interesse de direito contrariado o autoriza a pedir o cancelamento" (Op. cit., 545).

No dizer de Francisco Eduardo Loureiro, citando Serpa Lopes, "a lei alarga e comporta dentro dela uma análise circunstancial, caso a caso. Entretanto, pode-se, desde logo, trazer como exemplo os credores do devedor beneficiado com a extinção, como, por exemplo, se uma dívida hipotecária está extinta e, nada obstante, o devedor não promove o cancelamento do ônus. Vai-se além. O adquirente do imóvel gravado, ainda que sem o título registrado, ou qualquer terceiro que demonstre a utilidade que a averbação do cancelamento lhe trará, pode pedir o cancelamento.

Arremata Serpa Lopes que, em tal hipótese, o cancelamento pode ser requerido pelos meios administrativos, em juízo, sem caráter contencioso, desde que se faça prova inequívoca da extinção do ônus inscrito (Op. cit., p. 1443).

A extinção deste registro pode ter como fundamento qualquer das hipóteses mencionadas do art. 252 desta Lei, ou seja, direito desfeito, anulado, extinto ou rescindido.

2. QUESTÃO DE CONCURSO

01. (IESES – Cartório – Provimento – TJ – CE/2018) Assinale a resposta correta sobre cancelamento de registro, conforme a Lei de Registros Públicos:

a) O cancelamento da servidão, quando o prédio dominante estiver hipotecado, independe da aquiescência do credor.

b) Ao terceiro prejudicado é lícito, em juízo, fazer prova da extinção dos ônus, reais, e promover o cancelamento do seu registro.

c) A inscrição de incorporação ou loteamento só será cancelada a requerimento do incorporador ou loteador, enquanto nenhuma unidade ou lote for objeto de transação averbada, ou mediante o consentimento da maioria dos compromissários ou cessionários.

d) O cancelamento pode ser feito em virtude da sentença sujeita, ainda, a recurso.

GAB	1	B

Art. 254. Se, cancelado o registro, subsistirem o título e os direitos dele decorrentes, poderá o credor promover novo registro, o qual só produzirá efeitos a partir da nova data.

1. COMENTÁRIOS

O artigo 254 veio evidenciar que, mesmo que o registro do ônus seja cancelado, mas os documentos dele decorrentes, bem como o crédito que dele deriva, ainda subsistirem, é possível que o interessado requeira novo ato de registro.

Confirma-se, assim, a autonomia do registro, ainda que o título que lhe deu origem, seja ineficaz.

Nas palavras de Afrânio de Carvalho, "assim como a constituição de direitos reais entre vivos se dá pela inscrição, a extinção desses direitos opera pelo cancelamento, que é a inscrição negativa" (...) "assim como se dá a subsistência da eficácia do registro não cancelado, a despeito da extinção do título, também ocorre inversamente a subsistência do título, com o seu direito obrigacional, apesar do cancelamento do registro. Se, cancelado o registro, subsistem o título e o direito dele decorrente, poderá ser promovido novo registro". (Op. cit., p. 158).

Com razão, argumenta Francisco Eduardo Loureiro que, "ao contrário do que costumeiramente se afirma, não se trata propriamente de *cancelamento de cancelamento*. O artigo em estudo trata de cancelamento hígido, sem qualquer vício formal ou material, retirando a eficácia real do direito inscrito, mas preservando a sua eficácia de direito obrigacional e sua potência para futuro reingresso no registro" (Op. cit., p. 1444).

Via de regra, o cancelamento do registro é feito na matrícula. O interessado pode reapresentar o título no Ofício Imobiliário, que terá curso em procedimento igual ao de qualquer título novo, desde a prenotação até o registro ou recusa deste, a fim de satisfazer a exigência legal.

Art. 255. Além dos casos previstos nesta Lei, a inscrição de incorporação ou loteamento só será cancelada a requerimento do incorporador ou loteador, enquanto nenhuma unidade ou lote for objeto de transação averbada, ou mediante o consentimento de todos os compromissários ou cessionários.

1. COMENTÁRIOS

Tanto a incorporação quanto o loteamento possuem regras próprias no que diz respeito aos seus cancelamentos.

Assim, somente nas hipóteses previstas no art. 255 é que se pode cancelar a inscrição de incorporação ou loteamento. No entanto, o cancelamento também é possível como decorrência de decisão judicial, conforme abordado no art. 28 da Lei 6.766/1979. Aliás, o Tribunal de Justiça do Estado do Paraná já decidiu que 'a inscrição de loteamento feita com observância de norma expressa e imperativa não pode persistir, por tratar-se de ato inócuo, ineficaz e nulo de pleno direito, podendo a nulidade ser decretada independentemente de ação direta, na forma do art. 215 da Lei nº 6.015, de 1973' (Apelação Cível nº 291/77, da Comarca de Curitiba).

O artigo 255 deve ser lido em conjunto com o art. 34 da Lei 4.591/1964 (Incorporação Imobiliária) e os arts. 23 e 28 da Lei 6.766/1979 (Parcelamento do Solo), pois está relacionado ao preceito que estamos analisando. Vejamos:

> **Art. 34, Lei n. 4.591/1964.** O incorporador poderá fixar, para efetivação da incorporação, prazo de carência, dentro do qual lhe é lícito desistir do empreendimento.
>
> § 1º A fixação do prazo de carência será feita pela declaração a que se refere a alínea "n", do art. 32 onde se fixem as condições que autorizarão o incorporador a desistir do empreendimento.
>
> § 2º Em caso algum poderá o prazo de carência ultrapassar o termo final do prazo da validade do registro ou, se for o caso, de sua revalidação.
>
> § 3º Os documentos preliminares de ajuste, se houver, mencionarão, obrigatoriamente, o prazo de carência, inclusive para efeitos do art. 45.
>
> § 4º A desistência da incorporação será denunciada, por escrito, ao Registro de Imóveis ... (VETADO) ... e comunicada, por escrito, a cada um dos adquirentes ou candidatos à aquisição, sob pena de responsabilidade civil e criminal do incorporador.
>
> § 5º Será averbada no registro da incorporação a desistência de que trata o parágrafo anterior arquivando-se em cartório o respectivo documento.
>
> § 6º O prazo de carência é improrrogável.
>
> **Art. 23 Lei n. 6.766/1979.** O registro do loteamento só poderá ser cancelado:
>
> I – por decisão judicial;
>
> II – a requerimento do loteador, com anuência da Prefeitura, ou do Distrito Federal quando for o caso, enquanto nenhum lote houver sido objeto de contrato;
>
> III – a requerimento conjunto do loteador e de todos os adquirentes de lotes, com anuência da Prefeitura, ou do Distrito Federal quando for o caso, e do Estado.
>
> § 1º A Prefeitura e o Estado só poderão se opor ao cancelamento se disto resultar inconveniente comprovado para o desenvolvimento urbano ou se já se tiver realizado qualquer melhoramento na área loteada ou adjacências.
>
> § 2º Nas hipóteses dos incisos II e III, o Oficial do Registro de Imóveis fará publicar, em resumo, edital do pedido de cancelamento, podendo este ser impugnado no prazo de 30 (trinta) dias contados da data da última publicação. Findo esse prazo, com ou sem impugnação, o processo será remetido ao juiz competente para homologação do pedido de cancelamento, ouvido o Ministério Público.
>
> § 3º A homologação de que trata o parágrafo anterior será precedida de vistoria judicial destinada a comprovar a inexistência de adquirentes instalados na área loteada".
>
> **Art. 28, Lei n. 6.766/1979.** Qualquer alteração ou cancelamento parcial do loteamento registrado dependerá de acordo entre o loteador e os adquirentes de lotes atingidos pela alteração, bem como da aprovação pela Prefeitura Municipal, ou do Distrito Federal quando for o caso, devendo ser depositada no Registro de Imóveis, em complemento ao projeto original com a devida averbação.

Note-se: de um lado, o art. 255 dispõe que haverá desistência enquanto nenhuma unidade ou lote for objeto de transação averbada, ou mediante o consentimento de todos os compromissários ou cessionários. De outro lado, o art. 34 da Lei 4.591/1964 estabelece que a desistência deve ser comunicada por escrito a cada um dos adquirentes ou candidatos à aquisição, sob pena de responsabilidade civil e criminal do incorporador.

Diante dos termos contraditórios entre os dois dispositivos, se questiona a necessidade de concordância dos 'adquirentes ou candidatos à aquisição' como requisito para a averbação do cancelamento. A especialidade da Lei 4.591/1964 em relação ao tema de incorporação imobiliária e a razão que justifica o prazo de carência, de viabilização do empreendimento pela celebração de determinado número de contratos de aquisição de unidades futuras, dispensa a anuência dos adquirentes, bastando somente a comunicação por escrito. A alusão a 'candidatos à aquisição' abrange todos aqueles que, embora não tenham ainda celebrado contratos de compromisso de venda e compra, tenham feito reservas, ou singelos recibos de sinal. Está a explicação sempre precisa de Francisco Eduardo Loureiro (Op. cit., 1448).

É importante ainda abordar a nova redação do art. 68 da Lei n. 4.591/1965, que introduz uma nova modalidade de incorporação imobiliária conforme prescrito pela Lei do SERP. Este tema também é complementado pelo recente Enunciado 24 da I Jornada de Direito Notarial e Registral. Vejamos:

> **Art. 68, Lei n. 4.591/1964.** A atividade de alienação de lotes integrantes de desmembramento ou loteamento, quando vinculada à construção de casas isoladas ou geminadas, promovida por uma das pessoas indicadas no art. 31 desta Lei ou no art. 2º-A da Lei nº 6.766, de 19 de dezembro de 1979, caracteriza incorporação imobiliária sujeita ao regime jurídico instituído por esta Lei e às demais normas legais a ele aplicáveis.
>
> § 1º A modalidade de incorporação de que trata este artigo poderá abranger a totalidade ou apenas parte dos lotes integrantes do parcelamento, ainda que sem área comum, e não sujeita o conjunto imobiliário dela resultante ao regime do condomínio edilício, permanecendo as vias e as áreas por ele abrangidas sob domínio público.
>
> § 2º O memorial de incorporação do empreendimento indicará a metragem de cada lote e da área de construção de cada casa, dispensada a apresentação dos documentos referidos nas alíneas *e, i, j, l* e *n* do *caput* do art. 32 desta Lei.
>
> § 3º A incorporação será registrada na matrícula de origem em que tiver sido registrado o parcelamento, na qual serão também assentados o respectivo termo de afetação de que tratam o art. 31-B desta Lei e o art. 2º da Lei nº 10.931, de 2 de agosto de 2004, e os demais atos correspondentes à incorporação.

§ 4º Após o registro do memorial de incorporação, e até a emissão da carta de habite-se do conjunto imobiliário, as averbações e os registros correspondentes aos atos e negócios relativos ao empreendimento sujeitam-se às normas do art. 237-A da Lei nº 6.015, de 31 de dezembro de 1973 (Lei de Registros Públicos).

Enunciado 24, I Jornada de Direito Notarial e Registral. Na incorporação imobiliária, prevista no art. 68 da Lei n. 4.591/1964, a dispensa do prazo de carência é faculdade do incorporador, que poderá fixá-lo a fim de exercer eventual direito de denúncia.

⊙ Justificativa: O art. 68 da Lei 4.591/64 passou a prever nova modalidade de incorporação imobiliária que não sujeita o conjunto imobiliário dela resultante ao regime do condomínio edilício, conforme explicitado no § 1º do referido art. 68. Daí que o legislador, no § 2º, dispensou certos documentos para a instrução do memorial de incorporação, a exemplo da minuta da convenção de condomínio. Contudo, nada impede que em tal modalidade o incorporador, a seu critério, se utilize do prazo de carência, a fim de denunciar a incorporação em caso de baixo desempenho de vendas, pois esta faculdade não guarda qualquer relação com a existência ou não de condomínio edilício. A aprovação do enunciado se faz necessária para evitar interpretações em desacordo com o sistema, o que na prática significaria retirar indevidamente a faculdade conferida a todo incorporador pelo art. 33 da Lei 4.591/64.

2. JURISPRUDÊNCIA COMPLEMENTAR

⊙ TRIBUNAL DE JUSTIÇA DO ESTADO DO RIO DE JANEIRO

EMENTA: LOTEAMENTO NO MUNICÍPIO DE CABO FRIO. ALEGAÇÃO DE ALIENAÇÃO A NON DOMINO. PEDIDO DE DECLARAÇÃO DE NULIDADE DA AQUISIÇÃO E DE CANCELAMENTO DO REGISTRO. PRESENÇA DAS CONDIÇÕES DA AÇÃO. INTERESSE PROCESSUAL MANIFESTO. INEFICÁCIA DA ALIENAÇÃO, SE COMPROVADA A VENDA A NON DOMINO, EM FACE DO VERDADEIRO PROPRIETÁRIO. SENTENÇA DE EXTINÇÃO DO FEITO SEM RESOLUÇÃO DO MÉRITO. ANULAÇÃO. No caso, alegam os autores serem proprietários de área de terras em Cabo Frio e aquele município teria loteado a área sem observar sua propriedade, sobrepondo os registros. Com relação aos lotes objeto da lide, afirmam ser irregular a sucessão da titularidade, postulando a nulidade da aquisição e o cancelamento dos registros. Sob essa ótica, o eventual acolhimento da alegação de venda a non domino produziria efeitos no plano da eficácia do negócio jurídico. Ora, ausente a legitimação do alienante, restaria o negócio ineficaz em relação ao verdadeiro proprietário. E com o registro da alegada alienação a non domino, surgiu para o proprietário o direito de desfazê-lo, sendo legítima a pretensão deduzida. Assim, restam presentes as condições da ação, mormente o interesse processual, havendo necessidade da atuação jurisdicional e adequação da tutela postulada a solucionar a crise instaurada. Necessidade de prosseguimento da demanda para apreciação do mérito, analisando-se a alegação de venda a non domino e suas consequências no caso concreto. Outrossim, deve ser deferido o pedido (ainda não apreciado) de inclusão no pólo passivo, considerando o princípio da economia processual e o dever de lealdade e boa fé entre as partes. PROVIMENTO DO RECURSO. ANULAÇÃO DO JULGADO. (TJRJ – APC 0003460-60.2000. 8.19.0011, Des. CARLOS SANTOS DE OLIVEIRA, 9ª C. Civel, Julgamento: 21/08/2012)

⊙ TRIBUNAL DE JUSTIÇA DO ESTADO DE SÃO PAULO CONSELHO SUPERIOR DA MAGISTRATURA

EMENTA: Registro de imóveis – Loteamento – Inadimplemento – Cancelamento – Pagamento de mais de um terço do valor ajustado – Novo registro que depende de prova da restituição, pelo vendedor, ao titular do registro cancelado do valor pago por este último – art. 35, da lei nº 6.766/79 – Impossibilidade de discussão, na esfera judicial, da validade de referida norma frente ao contrato firmado entre as partes – Dúvida procedente – Recurso não provido (Apelação nº 0030776-22.2013.8.26.0068). Trata-se de apelação interposta por GETE GERENCIADORA DE TERRAS DE SANTANA DO PARNAÍBA LTDA. objetivando a reforma da r. decisão de fls. 87/88, que manteve a recusa do Oficial de Registro de Imóveis e Anexos da Comarca de Barueri, referente ao registro do instrumento particular de compromisso de compra e venda cujo objeto é o lote nº 39, da Quadra C, do Loteamento Residencial Quintas do Ingaí, descrito na matrícula nº 136.545. Alega a recorrente a possibilidade, mediante contrato, de retenção de valores pela loteadora em caso de inadimplemento do comprador, o que afasta a incidência do art. 35, da Lei nº 6.766/79. A douta Procuradoria Geral de Justiça opinou pelo não provimento do recurso (fls. 110/112). É o relatório. A sentença, em que pesem os bem lançados argumentos da apelante, não merece reforma. De acordo com o art. 35, da Lei nº 6.766/79, ocorrendo o cancelamento do registro do contrato, por exemplo, de compromisso de compra e venda do lote, e tendo havido o pagamento de mais de 1/3 do preço ajustado, o registrador, depois de mencionar este fato no ato do cancelamento e a quantia paga, só efetuará novo registro relativo ao mesmo lote se for comprovada a restituição do valor pago pelo vendedor ao titular do registro cancelado, ou mediante depósito em dinheiro à sua disposição junto ao Registro de Imóveis. Trata-se de norma em vigor, sem declaração de inconstitucionalidade, de modo que o registrador, em obediência ao princípio da legalidade, deve observá-la. No caso em exame, o imóvel foi prometido à venda a Antônio Ferreira Viana e Luciana Abiuzu, conforme se vê do R. 02, da matrícula nº 136.545 (certidão anexa ao final deste voto). O registro nº 2 foi cancelado pela Av. 03, oportunidade em que o registrador consignou a mora dos compromissários compradores, anotando que a importância por eles paga correspondia a mais de 1/3 do valor ajustado para a aquisição. Agora, pretende a apelante registrar novo compromisso de compra e venda, o que foi negado pelo registrador porque não atendido o art. 35, da Lei nº 6.766/79. É certo que o contrato firmado entre a apelante e os primeiros compradores prevê cláusula penal, com base no art. 53, do CDC, dispondo sobre retenção de valores em caso de rescisão por inadimplemento dos compradores (cláusula 4.4 – fl. 32). Contudo, não há como, no restrito âmbito desta esfera administrativa, cuja decisão sequer faz trânsito em julgado material entre as partes, decidir a respeito da validade de referida cláusula frente à legislação vigente. Somente na esfera jurisdicional poderá a apelante discutir e tentar obter o afastamento do art. 35, da Lei nº 6.766/99, para que o registro do novo contrato não seja mais obstado. Assim, porque baseada no princípio da legalidade, a recusa do Registrador deve ser mantida. É neste sentido, ainda, o respeitável parecer da D. Procuradoria Geral de Justiça. Ante o exposto, nego provimento ao recurso. HAMILTON ELLIOT AKEL. CORREGEDOR GERAL DA JUSTIÇA E RELATOR

EMENTA: 1. A alteração de loteamento somente poderá ser deferida se contar com a concordância de todos os proprietários, mesmo que seus lotes não sejam diretamente atingidos pela alteração. 2. Aplica-se o disposto no art. 28, da Lei nº 6766/79 para alteração de loteamento, mesmo que tenha sido inscrito ao tempo do Decreto-Lei nº 58/37 (APELAÇÃO CÍVEL: 002591-0 LOCALIDADE: Itapeva)

EMENTA: 1. Em recurso em procedimento administrativo, a discussão não fica adstrita ao óbice original levantado pelo Oficial Delegado. Não se exige que a sentença se cinja aos fundamentos deduzidos pelo registrador. 2. Sendo o regime do contrato de compromisso de venda e compra o da Lei nº 6.766/79, por expressa disposição convencional não basta a simples interpelação do compromissário comprador para o cancelamento no registro imobiliário. Deve haver resolução judicial do contrato, sendo o cancelamento consequência da sentença que julgar procedente a ação. 3. Obras de infra-estrutura – cobrança – obrigação cogente da loteadora de implantá-las antes da venda dos lotes.

CORREGEDORIA-GERAL DA JUSTIÇA

EMENTA: Loteamento – Registro – Nulidade – Cancelamento – Ausência de notificação e oportunidade de defesa de todos os adquirentes dos lotes atingidos – Irrelevância – Exercício hierárquico da legalidade pela Administração. Cerceamento de defesa – Não caracterização – Cancelamento de registro de loteamento por nulidade – Desnecessidade de prévia ciência e oportunidade de defesa dos adquirentes de lotes – Procedimento administrativo que se destina ao controle de legalidade pela autoridade hierarquicamente superior. Registro de Imóveis – Loteamento – Cancelamento – Indeferimento – Vícios intrínsecos dos títulos e documentos apresentados – Art. 214 da Lei 6.015/73 que é aplicável quando a nulidade é do próprio registro – Necessidade de ação própria, em via contenciosa, para declaração de eventual nulidade. Loteamento – Registro feito após o prazo de 180 (cento e oitenta) dias da aprovação do projeto pela Prefeitura Municipal – Prescrição – Ocorrência – Nulidade – Porém, possibilidade concreta de regularização – Cancelamento que prejudicaria terceiros adquirentes de boa-fé – Bloqueio administrativo determinado.

3. QUESTÕES DE CONCURSOS

01. (UFMT – Notário-MT/2003) O cancelamento do registro de loteamento, a requerimento do loteador, quando nenhum lote for objeto de contrato, exige a observância de quais formalidades?

a) Anuência da Prefeitura Municipal (ou Distrito Federal), devendo o Oficial publicar edital do pedido de cancelamento, procedendo ao cancelamento com ou sem impugnação.

b) Anuência da Prefeitura Municipal (ou Distrito Federal), devendo o Oficial publicar edital do pedido de cancelamento, encaminhando o procedimento à homologação do juiz competente, ouvido o Ministério Público.

c) Anuência da Prefeitura Municipal (ou Distrito Federal), devendo o Oficial publicar edital do pedido de cancelamento, encaminhando o procedimento à homologação do órgão encarregado pelo Ministério Público, quando houver impugnação.

d) Anuência do Estado, por seus órgãos técnicos, devendo o Oficial publicar edital do pedido de cancelamento; havendo impugnação, as partes deverão ser remetidas para as vias ordinárias.

e) Publicação de edital do cancelamento e, havendo impugnação, as partes deverão ser remetidas para as vias ordinárias.

02. (Cespe – Cartório – ES/2013) A respeito de loteamento, assinale a opção correta.

a) Sendo do município o dever de promover a realização de obras de infraestrutura em loteamento, ele não pode alegar o critério de oportunidade e conveniência para realizá-las.

b) Aprovado o loteamento pela administração pública, automaticamente os bens destinados ao uso comum ou ao uso especial da municipalidade serão transferidos para o domínio público, independentemente de registro.

c) É solidária a responsabilidade dos adquirentes de lote pelo dano ambiental causado por loteamento impugnado em ação civil pública, se tiverem dado início à realização de obras no seu imóvel.

d) Em se tratando de desapropriação, a fixação do valor da indenização tomando-se por base a existência de um loteamento não consolidado protege a boa-fé, razão por que não ofende a legislação de regência.

e) Em loteamento urbano em área aberta, com acesso irrestrito à população e servida de vias públicas, a responsabilidade pela execução de serviços públicos é dos condôminos.

GAB	1	B	2	B

Art. 256. O cancelamento da servidão, quando o prédio dominante estiver hipotecado, só poderá ser feito com aquiescência do credor, expressamente manifestada.

1. COMENTÁRIOS

O tema servidão já foi abordado nos comentários do art. 167, I, item 6, desta Lei.

O Código Civil, no art. 1.387, parágrafo único, tem relação como o dispositivo em comento, quando estabelece que "se o prédio dominante estiver hipotecado, e a servidão se mencionar no título hipotecário, será também preciso, para a cancelar, o consentimento do credor".

Assim, a manifestação de concordância do credor hipotecário, deve ser expressa e inequívoca para que ocorra o cancelamento, mesmo que na servidão não se mencione o título hipotecário.

2. QUESTÃO DE CONCURSO

01. (IESES – Cartório – Remoção – TJ – RO/2017) O cancelamento da servidão, quando o prédio dominante estiver hipotecado:

a) Poderá ser feito a pedido do devedor.

b) Só poderá ser feito com aquiescência do credor, expressamente manifestada.

c) Não ocorrerá em hipótese alguma.

d) Apenas ocorrerá por sentença judicial.

GAB	1	B

Art. 257. O dono do prédio serviente terá, nos termos da lei, direito a cancelar a servidão.

1. COMENTÁRIOS

A servidão, mesmo que extinta, produz todos os efeitos de direito até que ocorra seu cancelamento.

Sobre a extinção da servidão, o Código Civil estabelece:

Art. 1.387. Salvo nas desapropriações, a servidão, uma vez registrada, só se extingue, com respeito a terceiros, quando cancelada.

Parágrafo único. Se o prédio dominante estiver hipotecado, e a servidão se mencionar no título hipotecário, será também preciso, para a cancelar, o consentimento do credor.

Art. 1.388. O dono do prédio serviente tem direito, pelos meios judiciais, ao cancelamento do registro, embora o dono do prédio dominante lho impugne:

I – quando o titular houver renunciado a sua servidão;

II – quando tiver cessado, para o prédio dominante, a utilidade ou a comodidade, que determinou a constituição da servidão;

III – quando o dono do prédio serviente resgatar a servidão.

Art. 1.389. Também se extingue a servidão, ficando ao dono do prédio serviente a faculdade de fazê-la cancelar, mediante a prova da extinção:

I – pela reunião dos dois prédios no domínio da mesma pessoa;

II – pela supressão das respectivas obras por efeito de contrato, ou de outro título expresso;

III – pelo não uso, durante dez anos contínuo.

Elaborei um quadro didático destacando as condições específicas para o cancelamento da servidão de acordo com cada artigo, facilitando a compreensão das diferenças.

Preceito Legal	Cancelamento	Condições Específicas
Art. 257, LRP	O dono do prédio serviente pode cancelar a servidão.	Deve seguir os termos da lei.
Art. 1.387, CC	A servidão só se extingue, com respeito a terceiros, quando cancelada.	– Exceto em desapropriações. – Se o prédio dominante estiver hipotecado, é necessário o consentimento do credor para cancelar a servidão.
Art. 1.388, CC	O dono do prédio serviente pode cancelar a servidão judicialmente, mesmo que o dono do prédio dominante impugne.	– Titular renunciou à servidão. – Utilidade ou comodidade para o prédio dominante cessou. – Dono do prédio serviente resgatou a servidão.
Art. 1.389, CC	A servidão se extingue, e o dono do prédio serviente pode cancelar mediante prova da extinção.	– Reunião dos dois prédios sob o domínio da mesma pessoa. – Supressão das obras relativas à servidão por contrato ou outro título expresso. – Não uso contínuo da servidão por dez anos.

O interessado deve apresentar no Ofício de Imóveis o pedido, acompanhado da prova documental que demonstre a extinção.

2. JURISPRUDÊNCIA COMPLEMENTAR

TRIBUNAL DE JUSTIÇA DO ESTADO DE SÃO PAULO

EMENTA: Servidão de passagem. Ação de extinção. Possibilidade de acesso ao imóvel por outra via a depender de obra complexa e dispendiosa. Impossibilidade de extinção da servidão. Recurso improvido. Sentença mantida. (Apelação cível 1047965700, Rel. Mário de Oliveira, j. 29.11.2006).

TRIBUNAL DE JUSTIÇA DO ESTADO DO RIO DE JANEIRO

EMENTA: Servidão *cloacae*. Prédios, inicialmente integrantes de uma única unidade imobiliária, que guardam relação de dominância e de servidão. Desmembramento e posterior alienação de uma das partes, donde exsurge a servidão como direito real na modalidade de destinação do *pater familiae*. Aplicação analógica do disposto no inciso I do art. 1.389 do Código Civil e do art. 710 do Código revogado. Provimento do apelo (AC nº 2005.001.31993, Rel. Des. Marilene Melo Alves, j. 22.02.2006).

TRIBUNAL DE JUSTIÇA DO ESTADO DO RIO GRANDE DO SUL

EMENTA: APELAÇÃO CÍVEL. SERVIDÃO DE PASSAGEM. CONDOMÍNIO. EXTINÇÃO PELO NÃO-USO. Artigo 1.389, inciso iii do código civil. preliminar. Não ocorre nulidade da sentença que analisou o pedidos e julgou a lide nos estritos limites estabelecidos na petição inicial. Preliminar rejeitada. As provas documental e testemunhal produzidas nos autos evidenciam o abandono da servidão pelo prédio dominante há mais de dez anos, o que enseja a sua extinção pelo não-uso, na forma do artigo 1.389, inciso III do Código Civil. Sentença mantida. apelo improvido. unânime.

3. QUESTÃO DE CONCURSO

01. (IESES – Cartório – TJ – RO/2012) Após a leitura dos itens I a IV, assinale dentre as assertivas "a" a "d", aquela que é verdadeira:

I. A servidão não pode ser removida, de um local para outro, pelo dono do prédio dominante, ainda que a sua custa.

II. Autoriza o Código Civil que a servidão seja removida, de um local para outro, pelo dono do prédio dominante, a sua custa.

III. Quando a coisa é comum a dois proprietários, cada um pode individualmente dar em garantia real a parte que tiver.

IV. Quando a coisa é comum a dois proprietários, não pode ser dada em garantia real, na sua totalidade, sem o consentimento de ambos.

a) Estão incorretas as afirmações dos itens II e III

b) Está correta a afirmação do item I.

c) Estão corretas as afirmações dos itens I, III e IV.

d) Estão corretas as afirmações dos itens II, III e IV.

GAB	1	D

Art. 258. O foreiro poderá, nos termos da lei, averbar a renúncia de seu direito, sem dependência do consentimento do senhorio direto.

1. COMENTÁRIOS

O art. 167, I, inciso 10, desta Lei, prevê o registro da enfiteuse.

A enfiteuse é o mais amplo dos direitos reais sobre coisas alheias, pois o proprietário (senhorio direto) transfere ao enfiteuta (foreiro) todos os poderes inerentes ao domínio (usar, gozar, dispor e reivindicar).

Assim, foreiro ou enfiteuta é o titular de um desdobramento bastante amplo da propriedade.

O instituto da enfiteuse era previsto nos artigos 678 a 694 do Código Civil de 1916. O novo Código Civil de 2002 não reproduziu esse direito real, proibindo em seu art. 2.038, a constituição de novas enfiteuses e subenfiteuses. Todavia, as já existentes continuam regidas pelas disposições do diploma civil de 1916 e leis posteriores.

Destaca-se, ainda, que a enfiteuse dos terrenos de marinha e acrescidos é regulada por lei especial, o Decreto-Lei nº 9.760/1946. Essas leis também sofreram modificações com a recente Lei nº 13.813, de 9 de abril de 2019, e, em 2022, com a Lei nº 14.474, que altera a Lei nº 9.636/1998, para modificar a forma de reajuste das receitas patrimoniais da União decorrentes da atualização da planta de valores e desburocratizar procedimentos de alienação e registro de imóveis da União.

O **senhorio direito**, que continua sendo o proprietário, recebe do enfiteuta uma pensão anual, fixa e invariável, denominada *canon* ou pensão ou foro.

O **foreiro ou enfiteuta** tem a prerrogativa de abandonar o imóvel ao senhorio direto sem depender da anuência do senhorio direto, salvo se ocorrer oposição dos credores prejudicados. Este ato deve ser averbado na Serventia Imobiliária competente, por meio de requerimento assinado pelo enfiteuta ou foreiro, com firma reconhecida.

Walter Ceneviva observa que na prática, dada a extraordinária valorização da propriedade imobiliária, em contraposição com a imutabilidade do foro e a perpetuidade da enfiteuse, o art. 258, desajustado da realidade socioeconômico-jurídica, tem pouca utilidade quanto aos negócios privados entre vivos, sobretudo depois da proibição de novas constituições de enfiteuse. (Op. cit., p. 553).

2. JURISPRUDÊNCIA COMPLEMENTAR

TRIBUNAL REGIONAL DA 5ª REGIÃO

EMENTA: ADMINISTRATIVO. ENFITEUSE. PROCEDIMENTO ADMINISTRATIVO DE DESCONSTITUIÇÃO. NOTIFICAÇÃO POR CARTA REGISTRADA. RECEBIMENTO POR TERCEIRO. ÓBICE À AMPLA DEFESA AO DIREITO DE PROPRIEDADE. MANUTENÇÃO DA SENTENÇA. 1. A notificação do foreiro, como pressuposto ao reconhecimento da caducidade da enfiteuse, deverá ser recebida pessoalmente pelo destinatário, como forma de possibilitar a este a observância do contraditório e da ampla defesa, notadamente quando se cuida de direito afeto à restrição da propriedade, garantida explicitamente pelo texto constitucional. 2. O art. 28 da Lei 9.784/99 estabelece textualmente que os atos do processo administrativo que resultem para o interessado em imposição de deveres, ônus, sanções ou restrição ao exercício de direitos e atividades e os atos de outra natureza, de seu interesse, devem ser objeto de intimação, prevendo, ainda, o art. 27 do mesmo diploma legal, que o desatendimento da intimação não importa o reconhecimento da verdade dos fatos, nem a renúncia a direito pelo administrado, sendo que o seu parágrafo único garante o direito de ampla defesa ao interessado, daí porque não há como se reconhecer o cumprimento da intimação art. 26 da referida lei 9.784/99, sem a devida intimação pessoal aos interessados. 3. Notificação efetivamente recebida por pessoa que não o foreiro destinatário, consoante restou comprovado nos autos. 4. Manutenção da sentença que concedeu a segurança. 5. Apelação e remessa oficial improvidas. (TRF 5ª Reg. MAS 200785000001994, Des. Fed. Rogério Fialho Moreira, 1ª T. DJE:13/01/2011)

Art. 259. O cancelamento não pode ser feito em virtude de sentença sujeita, ainda, a recurso.

1. COMENTÁRIOS

Considera-se o artigo em comento uma complementação do art. 250, I, desta lei, haja vista que o cancelamento será feito em cumprimento de decisão judicial transitada em julgado.

Logo, para que ocorra o cancelamento, é necessário o trânsito em julgado da sentença, que consiste no efeito decorrente de uma sentença que não é mais passível de recurso, seja pelo decurso do prazo sem a apresentação dos devidos recursos, seja pelo esgotamento de todas as hipóteses recursais.

Na lição de Serpa Lopes, "o cancelamento é um ato que não pode ser levado a efeito condicionalmente. É inadmissível o cancelamento condicional, pois extingue em absoluto o direito a que se refere" (Op. cit., p. 450).

É imprescindível que o trânsito em julgado conste do mandado, sob pena de óbice ao ingresso do título no álbum imobiliário. Frise-se que neste caso, também é dever do Oficial fazer a qualificação registral do título judicial. Interessante é o ensinamento de Marcelo Fortes Barbosa acerca do tema: "as ordem judiciais diferenciam-se dos títulos judiciais. Todo título judicial resguarda, como antecedente necessário, uma declaração emitida por um órgão do Estado-Juiz e referente à presença de um título legitimário, de direito material, capaz de dar respaldo causal à mutação jurídico-patrimonial a ser operada pelo ato de registro. Em se tratando de uma ordem judicial, não há semelhante correspondência. Cuida-se de um comando dirigido ao registrador e derivado da atividade jurisdicional, como resposta, especialmente, a situações de urgência e que, dotadas de provisoriedade, demandam certa elasticidade na conformação da decisão judicial. Tais ordens ostentam uma aparência externa idêntica à de um título judicial, mas não ostentam conteúdo semelhante. As ordens judiciais, geralmente, se instrumentalizam por meio de mandados, um dos títulos judiciais elencados no inc. IV do art. 221 da Lei Federal nº 6.015/1973, porém não estão respaldadas numa declaração relativa à presença de um título legitimário e, por isso, não são aptas, quando consideradas isoladamente, a produzir mutações jurídico-patrimoniais da mesma natureza que as derivadas dos títulos judiciais" (*O registro de imóveis, os títulos judiciais e as ordens judiciais.* Revista de Direito Imobiliário (RDI), vol. 49, jul.-dez. 2000).

Walter Ceneviva entende que a ação rescisória, mesmo quando cabível na espécie, não tem o condão de obstar o cancelamento. Ainda que proposta em seguida à que transitou em julgado, não impede o cancelamento, mesmo que o oficial dela seja notificado ou intimado pelo autor da rescisória, sem que nesta o juiz ou tribunal tenha concedido liminar suspensiva da decisão rescindenda (Op. cit., p. 554).

2. JURISPRUDÊNCIA COMPLEMENTAR

TRIBUNAL DE JUSTIÇA DO ESTADO DO PARANÁ

EMENTA: APELAÇÕES CÍVEIS. AÇÃO DECLARATÓRIA DE NULIDADE DE NEGÓCIO JURÍDICO C/C CANCELAMENTO DE REGISTROS PÚBLICOS DE COMPRA E VENDA. IMÓVEL ALIENADO MEDIANTE USO DE PROCURAÇÃO PÚBLICA FALSA. NULIDADE ABSOLUTA DO DOCUMENTO E DA ESCRITURA PÚBLICA DE COMPRA E VENDA EM QUE FOI UTILIZADO. AQUISIÇÃO DO IMÓVEL POR TERCEIROS DE BOA-FÉ. IRRELEVÂNCIA. AUSÊNCIA DE MANIFESTAÇÃO DE VONTADE DA AUTORA NA TRANSFERÊNCIA DA PROPRIEDADE. NULIDADE ABSOLUTA DOS ATOS SUBSEQUENTES, DEVENDO SER CANCELADOS OS REGISTROS AVERBADOS NA MATRÍCULA DO IMÓVEL. EVENTUAL RESPONSABILIZAÇÃO DO ESTADO DO PARANÁ E DO TABELIONATO EM QUE LAVRADO O INSTRUMENTO DE MANDATO FALSO DEVE SER OBJETO DE AÇÃO PRÓPRIA, INTENTADA PELOS PREJUDICADOS. SENTENÇA MANTIDA. RECURSOS DE APELAÇÃO CONHECIDOS E DESPROVIDOS. (TJPR – Apelação Cível nº1.027.230-3 – Colombo – 6ª Câmara Cível – Rel. Des. Carlos Eduardo Andersen Espínola – DJ 15.08.2013)

CAPÍTULO IX – DO BEM DE FAMÍLIA

1. COMENTÁRIOS

Inicialmente, é importante destacar que o instituto do bem de família sofreu profundas alterações e inovações demandadas pela doutrina, adotando a lei o já sedimentado entendimento da jurisprudência.

O Código Civil de 2002 estabeleceu, nos artigos 1.711 a 1.722, o **bem de família voluntário**, retirando essa matéria da parte geral do Código Civil de 1916. Esse tema não deve ser confundido com a proteção processual civil de impenhorabilidade prevista pela Lei 8.009/1990, conhecida como **bem de família legal**, que independe de iniciativa para sua constituição. Segundo a referida lei, o imóvel residencial próprio do casal ou da entidade familiar é impenhorável e não responderá por qualquer tipo de dívida civil, comercial, fiscal, previdenciária ou de outra natureza, contraída pelos cônjuges ou pelos pais ou filhos que sejam seus proprietários e nele residam, salvo nas hipóteses previstas na lei.

Claramente, a Lei de Registros Públicos se interessa pelo bem de família voluntário. Ademar Fioranelli preleciona que os artigos 1.711 ao 1.722 do novo estatuto preveem, de forma expressa e peremptória, a constituição voluntária do bem de família, com o registro obrigatório no ofício imobiliário da situação do bem, destinado que é ao abrigo ou proteção familiar. Afasta-se, de vez, a dúvida de que, com o advento da Lei 8.009/90, o regime único do bem de família seria o da citada lei, em face da revogação das disposições legais até então vigentes. Subsistem, lado a lado, o voluntário e o involuntário – ou legal – com objetivos idênticos. O instituidor, como regra, poderá assegurar à família a impenhorabilidade de qualquer dos bens próprios, ainda que não seja o de mais baixo valor, sempre prevalecendo a escolha voluntária sobre a determinação legal, com a ressalva do contido no *caput* do mesmo artigo 1.711. (*Bem de família no novo Código Civil e o registro de imóveis.* Disponível em: http://www.irib.org.br/html/biblioteca/biblioteca-detalhe. php?obr=69).

Existe controvérsia sobre a vigência do **Decreto-Lei nº 3.200/1941**, que regula o bem de família voluntário.

Ademar Fioranelli e outros entendem que o referido decreto não foi revogado pelo estatuto civil e defendem a utilização conjunta dos dois diplomas, caso não haja incompatibilidade, uma vez que as normas do aludido decreto vigoraram juntamente com o Código Civil de 1916.

Outra parte da doutrina, como Regnoberto M. de Melo Jr., considera que o decreto está revogado, pois é posterior ao Código Civil de 1916, mas anterior ao Código Civil de 2002. Ademais, para esses doutrinadores, o art. 19 não condiz com a sistemática constitucional de entidade familiar.

A importância prática desta discussão reside no fato de que o art. 19 do Decreto-Lei nº 3.200/1941 estipula que somente se poderia instituir bem de família sobre imóvel que, na data da instituição, já fosse residência da família há pelo menos dois anos. Com efeito, para a corrente que advoga pela utilização conjunta do referido decreto e do Código Civil, este requisito temporal deve ser respeitado.

Subsiste íntegro o procedimento registral do bem de família previsto nos artigos 260 a 265 da Lei de Registros Públicos, uma vez que o novo diploma não tratou do tema registrário.

A publicidade por meio dos editais, exigida tanto na lei especial quanto no diploma civil, a fim de prevenir credores contra possíveis prejuízos e eventual direito de impugnação, bem como impedir sua concretização, tornando público o ato, configura imprescindível ao registro constitutivo do bem de família.

Art. 260. A instituição do bem de família far-se-á por escritura pública, declarando o instituidor que determinado prédio se destina a domicílio de sua família e ficará isento de execução por dívida.

1. COMENTÁRIOS

O artigo 260 trata do bem de família voluntário.

O bem de família, nos moldes como previsto no Código Civil, exige para sua instituição, **escritura pública ou testamento**, inclusive por iniciativa de terceiros, de modo que parte do patrimônio, até um terço do líquido, receba esta qualificação legal e fique isento de responder por dívidas contraídas posteriormente a este ato. Nesse sentido, o art. 1.711 do Código Civil:

> **Art. 1.711.** Podem os cônjuges, ou a entidade familiar, mediante escritura pública ou testamento, destinar parte de seu patrimônio para instituir bem de família, desde que não ultrapasse um terço do patrimônio líquido existente ao tempo da instituição, mantidas as regras sobre a impenhorabilidade do imóvel residencial estabelecida em lei especial.
>
> Parágrafo único. O terceiro poderá igualmente instituir bem de família por testamento ou doação, dependendo a eficácia do ato da aceitação expressa de ambos os cônjuges beneficiados ou da entidade familiar beneficiada.

Esclarecedora é a decisão do Supremo Tribunal Federal, no agravo de instrumento 240.297-SP-DJU, de 24/10/2000. Veja-se:

> "As expressões 'casal' e 'entidade familiar' constantes do art. 1º da Lei 8.009/90, devem ser interpretadas consoante o sentido social da norma, devendo a família ser caracterizada como instituição social de pessoas que se agrupam por laços de casamento, união estável ou descendência. Considerando que a lei não se dirige a um grupo de pessoas, mas permite que se proteja cada indivíduo como membro da instituição em apreço, mister se faz estender seus benefícios a qualquer pessoa integrante da entidade familiar, seja ela casada, solteira, viúva, desquitada ou divorciada, uma vez que o amparo legal é dado para que seja a esses assegurado um lugar para morar. Precedentes desta Corte."

O bem de família, quer instituído pelos **cônjuges ou por terceiro**, constitui-se pelo registro de seu título no Registro de Imóveis. Nesse sentido, o art. 167, inciso I, item 1, desta Lei, também estabelece a inscrição do bem de família no Registro de imóveis competente. A necessidade de registro resulta da existência de se presumir e possibilitar conhecimento por parte de terceiros, eventuais credores, do obstáculo jurídico de se obter a constrição do bem, declarado como de família.

O bem de família, quer instituído pelos **cônjuges**, quer por **terceiro**, constitui-se pelo registro de seu título no Registro de Imóveis. O art. 167, inciso I, item 1, desta lei, estabelece a inscrição do bem de família no Registro de Imóveis competente. A necessidade de registro resulta da presunção e da possibilidade de conhecimento por parte de terceiros, eventuais credores, sobre o obstáculo jurídico de se obter a constrição do bem declarado como de família.

O **objeto** do bem de família consiste em **prédio residencial urbano ou rural**, com suas pertenças e acessórios, destinando-se, em ambos os casos a domicílio familiar, e poderá abranger valores mobiliários, cuja renda será aplicada na conservação do imóvel e no sustento da família.

No que se refere aos **valores imobiliários**, estes não poderão exceder o valor do prédio instituído em bem de família, à época de sua instituição. O prédio e os valores mobiliários, constituídos como bem da família, não podem ter destino diverso do previsto no art. 1.712 do Código Civil ou serem alienados sem o consentimento dos interessados e seus representantes legais, ouvido o Ministério Público.

A isenção de execução por dívida do bem de família, que põe a salvo o imóvel de penhora para garantia de dívidas, é regida pelos arts. 1.715 e 1.716 do Código Civil, bem como pelo art. 3º da Lei nº 8.009/1990, em rol taxativo, a saber:

> **Art. 1.715, CC.** O bem de família é isento de execução por dívidas posteriores à sua instituição, salvo as que provierem de tributos relativos ao prédio, ou de despesas de condomínio.
>
> Parágrafo único. No caso de execução pelas dívidas referidas neste artigo, o saldo existente será aplicado em outro prédio, como bem de família, ou em títulos da dívida pública, para sustento familiar, salvo se motivos relevantes aconselharem outra solução, a critério do juiz.
>
> **Art. 1.716, CC.** A isenção de que trata o artigo antecedente durará enquanto viver um dos cônjuges, ou, na falta destes, até que os filhos completem a maioridade.
>
> **Art. 3º , Lei n. 8.009/1990.** A impenhorabilidade é oponível em qualquer processo de execução civil, fiscal, previdenciária, trabalhista ou de outra natureza, salvo se movido:
>
> I – em razão dos créditos de trabalhadores da própria residência e das respectivas contribuições previdenciárias;
>
> II – pelo titular do crédito decorrente do financiamento destinado à construção ou à aquisição do imóvel, no limite dos créditos e acréscimos constituídos em função do respectivo contrato;
>
> III – pelo credor de pensão alimentícia;

IV – para cobrança de impostos, predial ou territorial, taxas e contribuições devidas em função do imóvel familiar;

V – para execução de hipoteca sobre o imóvel oferecido como garantia real pelo casal ou pela entidade familiar;

VI – por ter sido adquirido com produto de crime ou para execução de sentença penal condenatória a ressarcimento, indenização ou perdimento de bens.

VII – por obrigação decorrente de fiança concedida em contrato de locação.

O rol estipulado no art. 3º da Lei 8.009/1990 também se aplica ao bem de família voluntário.

Já a inalienabilidade, prevista no art. 1.717 do Código Civil, aplica-se somente ao bem de família voluntário.

2. JURISPRUDÊNCIA COMPLEMENTAR

SUPERIOR TRIBUNAL DE JUSTIÇA

JURISPRUDÊNCIA EM TESES SOBRE BEM DE FAMÍLIA

1. A impenhorabilidade do bem de família prevista no art. 3º, III, da Lei n. 8.009/90 não pode ser oposta ao credor de pensão alimentícia decorrente de vínculo familiar ou de ato ilícito.

2) Os integrantes da entidade familiar residentes no imóvel protegido pela Lei n. 8.009/90 possuem legitimidade para se insurgirem contra a penhora do bem de família.

3) A proteção contida na Lei n. 8.009/1990 alcança não apenas o imóvel da família, mas também os bens móveis indispensáveis à habitabilidade de uma residência e os usualmente mantidos em um lar comum.

4) É impenhorável o único imóvel residencial do devedor que esteja locado a terceiros, desde que a renda obtida com a locação seja revertida para a subsistência ou a moradia da sua família (Súmula 486/STJ).

5) A vaga de garagem que possui matrícula própria no registro de imóveis não constitui bem de família para efeito de penhora. (Súmula 449/STJ)

6) O conceito de impenhorabilidade de bem de família abrange também o imóvel pertencente a pessoas solteiras, separadas e viúvas. (Súmula 364/STJ)

7) A impenhorabilidade do bem de família é oponível às execuções de sentenças cíveis decorrentes de atos ilícitos, exceto nas hipóteses em houve o prévio reconhecimento do ato na esfera penal.
Precedentes: REsp 1021440/SP, Rel. Ministro LUIS FELIPE SALOMÃO, QUARTA TURMA, julgado em 02/05/2013, DJe 20/05/2013;

8) A exceção à impenhorabilidade prevista no artigo 3º, II, da Lei n. 8.009/90 abrange o imóvel objeto do contrato de promessa de compra e venda inadimplido.

9) É possível a penhora do bem de família para assegurar o pagamento de dívidas oriundas de despesas condominiais do próprio bem.

10) O fato do terreno encontrar-se desocupado ou não edificado são circunstâncias que sozinhas não obstam a qualificação do imóvel como bem de família, devendo ser perquirida, caso a caso, a finalidade a este atribuída.

11) Afasta-se a proteção conferida pela Lei n. 8.009/90 ao bem de família, quando caracterizado abuso do direito de propriedade, violação da boa-fé objetiva e fraude à execução.

12) A impenhorabilidade do bem de família hipotecado não pode ser oposta nos casos em que a dívida garantida se reverteu em proveito da entidade familiar.

13) A impenhorabilidade do bem de família não impede seu arrolamento fiscal

14) A preclusão consumativa atinge a alegação de impenhorabilidade do bem de família quando houver decisão anterior acerca do tema.

15) É legítima a penhora de apontado bem de família pertencente a fiador de contrato de locação, ante o que dispõe o art. 3º, inciso VII, da Lei n. 8.009/1990 (Tese julgada sob o rito do art. 543-C do CPC – TEMA 708) (Súmula 549/STJ)

16) É possível a penhora do bem de família de fiador de contrato de locação, mesmo quando pactuado antes da vigência da Lei n. 8.245/91, que acrescentou o inciso VII ao art. 3º da Lei n. 8.009/90.

17) A impenhorabilidade do bem de família é questão de ordem pública, razão pela qual não admite renúncia pelo titular.

18) A impenhorabilidade do bem de família pode ser alegada em qualquer momento processual até a sua arrematação, ainda que por meio de simples petição nos autos.

19) A Lei 8.009/90 aplica-se à penhora realizada antes de sua vigência. (Súmula 205/ STJ)

JURISPRUDÊNCIA EM TESES SOBRE REGISTROS PÚBLICOS

TESE 9) A vaga de garagem que possui matrícula própria no registro de imóveis não constitui bem de família para efeito de penhora. (Súmula n. 449/STJ)

SÚMULAS

Súmula 205. A Lei nº 8.009/1990 aplica-se à penhora realizada antes de sua vigência.

Súmula 364. O conceito de impenhorabilidade de bem de família abrange também o imóvel pertencente a pessoas solteiras, separadas ou viúvas.

Súmula 449. A vaga de garagem que possui matrícula própria no registro de imóveis não constitui bem de família para efeito de penhora.

Súmula 486. É impenhorável o único imóvel residencial do devedor que esteja locado a terceiros, desde que a renda obtida com a locação seja revertida para a subsistência ou a moradia da sua família.

JULGADOS

EMENTA: PROCESSUAL CIVIL. EXECUÇÃO. PENHORA. BEM DE FAMÍLIA. OCUPAÇÃO UNICAMENTE PELO PRÓPRIO DEVEDOR. EXTENSÃO, EM TESE, DA PROTEÇÃO DADA PELA LEI nº 8.009/90. SENTENÇA QUE, COM BASE NA PROVA, NÃO CONCLUIU PELA HABITAÇÃO DO BEM. RECURSO ESPECIAL. MATÉRIA DE FATO. REVISÃO. IMPOSSIBILIDADE. SÚMULA nº 7-STJ. I. Segundo o entendimento firmado pela Corte Especial do STJ (EREsp nº 182.223/SP, Rel. p/ acórdão Min. Humberto Gomes de Barros, DJU de 07.04.03), considera-se como "entidade familiar", para efeito de impenhorabilidade de imóvel baseada na Lei nº 8.009/90, a ocupação do mesmo ainda que exclusivamente pelo próprio executado. II. Ressalva do ponto de vista do relator. III. Caso, todavia, em que a sentença, com base nos elementos fáticos dos autos, concluiu que a habitação do imóvel constritado não se achava caracterizada, o que, por si só, afasta o privilégio legal, matéria de prova que não tem como ser revista em sede especial, ao teor da Súmula nº 7 do STJ. IV. Recurso especial não conhecido. (STJ – REsp: 466945 RO 2002/0105812-1, Relator: Ministro ALDIR PASSARINHO JUNIOR, Data de Julgamento: 16/10/2003, T4 – QUARTA TURMA, Data de Publicação: DJ 24/11/2003 p. 311)

EMENTA: EXECUÇÃO. BEM DE FAMÍLIA. AO IMOVEL QUE SERVE DE MORADA AS EMBARGANTES, IRMÃS E SOLTEIRAS, ESTENDE-SE A IMPENHORABILIDADE DE QUE TRATA A LEI 8.009/90.(STJ – REsp: 57606 MG 1994/0037157-8, Relator: Ministro FONTES DE ALENCAR, Data de Julgamento: 11/04/1995, T4 – QUARTA TURMA, Data de Publicação: DJ 15/05/1995 p. 13410)

EMENTA: RECURSO ESPECIAL – PROCESSUAL CIVIL – RESIDÊNCIA DA FAMÍLIA – LEI Nº 8.009/90 – IMPENHORABILIDADE. Se o constituinte buscou proteger a comunidade formada por qualquer dos pais e seus descendentes considerando-a como entidade familiar (art. 226, § 4º, da CF), afigura-se justo que, no caso em exame, o benefício da impenhorabilidade instituído pela Lei nº 8.009/90 alcance o imóvel em que reside a ex-companheira e os filhos do proprietário desse bem constrito, ainda que este último, por força de acordo firmado na ação de reconhecimento e dissolução de sociedade de fato, não mais resida no mesmo imóvel. Recurso Especial a que se dá provimento.

(STJ – REsp: 272742 PR 2000/0082411-9, Relator: Ministra NANCY ANDRIGHI, Data de Julgamento: 05/04/2001, T3 – TERCEIRA TURMA, Data de Publicação: DJ 28.05.2001 p. 197JBCC vol. 191 p. 358)

EMENTA: EMBARGOS DE DIVERGÊNCIA. EXECUÇÃO. PENHORA. BOXE DE ESTACIONAMENTO. PENHORABILIDADE. O boxe de estacionamento, identificado como unidade autônoma em relação à residência do devedor, tendo, inclusive, matrícula própria no registro de imóveis, não se enquadra na hipótese prevista no art. 1º da Lei nº 8.009/90, sendo, portanto, penhorável. Embargos de divergência acolhidos. (STJ, Relator: Ministro FELIX FISCHER, Data de Julgamento: 02/08/2006, CE – CORTE ESPECIAL)

EMENTA: EXECUÇÃO FISCAL – VAGA DE GARAGEM DE APARTAMENTO – PENHORA – BEM DE FAMÍLIA – IMPENHORABILIDADE – PRETENDIDA REFORMA – RECURSO ESPECIAL CONHECIDO, MAS IMPROVIDO. – É comezinho que o Superior Tribunal de Justiça, guardião do direito federal, ao examinar a correta aplicação de uma legislação, não deve fazê-lo de modo a desprezar as demais normas que regem a matéria. Assim, é de rigor cotejar o disposto na Lei nº 8.009/90 com os ditames que regulam o condomínio em edificações e as incorporações imobiliárias (Lei nº 4.591, de 16/12/64). Esse mandamento legal, com a redação dada pela Lei nº 4.864, de 29/11/65, prevê que o direito de guarda de veículos nas vagas de garagem "poderá ser transferido a outro condômino, independentemente da alienação da unidade a que corresponder, vedada sua transferência a pessoas estranhas ao condomínio" (§ 2º). – A exigência, inserida na Lei de Condomínio, veio a lume para conter abusos por parte de alguns incorporadores que alienavam unidade residencial com direito à garagem e depois esta não era encontrada no solo. A matrícula imobiliária das vagas, distinta do apartamento, tutela com mais eficácia o interesse dos condôminos. Mas, porém, na prática, a autonomia conferida pela norma legal não corresponde à autonomia orgânica. – A respeito do tema em comento, já se posicionou o douto Ministro Carlos Alberto Menezes Direito no sentido de que "há um elemento indispensável para manter a garagem, no caso, sob o regime tutelar do bem de família que é a impossibilidade de negócio em separado". Em outro passo, adverte o ilustre Magistrado que, "em muitos condomínios é vedada a utilização da garagem por quem não é condômino, com o que sequer é possível o aluguel da mesma para pessoa estranha ao condomínio. Sem dúvida, em se tratando de imóvel residencial, a garagem adere ao principal, não sendo, a meu sentir, possível apartá-la para efeito da incidência da Lei nº 8.009/90" (cf. REsp 222.012-SP, DJ de 24/4/2000). – Não custa lembrar que os titulares de bem de família, na propriedade horizontal, acabariam por ter tratamento diferenciado para pior em relação aos de imóveis não-condominiais. – Recurso especial conhecido, mas improvido. (STJ – REsp: 595099 RS 2003/0170878-0, Relator: Ministro FRANCIULLI NETTO, Data de Julgamento: 15/04/2004, T2 – SEGUNDA TURMA, Data de Publicação: DJ 16.08.2004 p. 230 RNDJ vol. 59 p. 111)

TRIBUNAL DE JUSTIÇA DO ESTADO DE SÃO PAULO

EMENTA: EMBARGOS DE TERCEIRO – IPTU – BEM DE FAMÍLIA – IMPOSSIBILIDADE. A impenhorabilidade do bem de família não é oponível na hipótese da cobrança do IPTU devido em função do próprio imóvel – art. 3", IV, da lei nº "8.009/90. RECURSO IMPROVIDO. (TJ-SP – APL: 36713620108260081 SP 0003671-36.2010.8.26.0081, Relator: Carlos Giarusso Santos, Data de Julgamento: 03/02/2011, 18ª Câmara de Direito Público, Data de Publicação: 16/02/2011)

Art. 261. Para a inscrição do bem de família, o instituidor apresentará ao oficial do registro a escritura pública de instituição, para que mande publicá-la na imprensa local e, à falta, na da Capital do Estado ou do Território.

1. COMENTÁRIOS

A regra em questão visa assegurar a **maior publicidade** possível ao bem de família, permitindo que terceiros, eventuais credores, tenham conhecimento do obstáculo jurídico para obter a constrição do bem declarado como de família.

Na lição de Ademar Fioranelli, o registro, por força do contido nos artigos 1.714, do Código Civil, e 261, da Lei 6.015/73 (Regulamento dos Registros Públicos), apresenta **eficácia constitutiva**, provocando a sua publicidade conhecimento *erga omnes*, com aptidão para produzir o efeito de resguardar a boa-fé de terceiros. Se a propriedade é adquirida pelo registro (art. 1.227), de igual maneira os efeitos do ato solene, formal e jurídico surgido pela manifestação de vontade são irradiados pelo registro obrigatório, desencadeando, nesse momento, o efeito constitutivo. É o princípio da inscrição que a nossa lei objetiva consagra. **Não tem efeito declarativo ou de mera notícia**, convalidante de fato ou ato jurídico precedente, em que o registro teria simplesmente a finalidade de colmatar direito preexistente – v.g., aquisição originária por usucapião e desapropriação, saisine – e dar resguardo à continuidade registral. Sem registro não há bem de família voluntário. (*Bem de família no novo Código Civil e o registro de imóveis.* Disponível em: http://www.irib.org.br/html/biblioteca/biblioteca-detalhe. php?obr=69).

Apresentado o título no Registro Imobiliário competente, este será imediatamente prenotado, recebendo um número de ordem no Livro 1 – Protocolo, nos termos do art. 182 desta lei. Em seguida, o título e demais documentos apresentados serão autuados, com a certificação do recebimento da documentação e sua numeração no processo formalizado na serventia. O registrador deverá fazer a qualificação registral, analisando os aspectos formais do título. Exemplo do que ocorre no procedimento de dúvida, nos registros de loteamento ou desmembramento, na hipoteca de segundo grau, nas retificações de registro, etc., abre-se, no caso de bem de família, uma **exceção ao prazo de validade da prenotação**, que é, nos termos do art. 188 desta lei, de 10 dias (art. 205, Lei nº 6.015/73). Este prazo vigora até a efetuação do registro, após o decurso do prazo para impugnação.

2. QUESTÃO DE CONCURSO

01. (IESES – Cartório – Provimento – TJ – AM/2018) A respeito do tema "bem de família" no Registro de Imóveis, é correto afirmar:

a) Para a inscrição do bem de família, deverá o instituidor ingressar em juízo com ação constitutiva específica para tal fim, competindo ao Juiz de Direito mandar publicar edital com prazo de 20 (vinte) dias na imprensa local e, à falta, na da Capital do Estado ou do Território, para ciência de terceiros interessados.

b) A instituição do bem de família far-se-á por escritura pública, declarando o instituidor que determinado prédio se destina a domicílio de sua família e ficará isento de execução por dívida.

c) Quando o bem de família for instituído juntamente com a transmissão da propriedade (Decreto-Lei n. 3.200, de 19 de abril de 1941, art. 8°, § 5°), primeiramente far-se-á a inscrição da instituição para, após, promover o registro da transmissão ou, se for o caso, da matrícula.

d) A instituição do bem de família é insuscetível de dúvida perante o Oficial do Registro de Imóveis, mas pode ser questionado diretamente perante o promotor de justiça, conforme estabelecido na Lei dos Registros Públicos.

GAB	1	B

Art. 262. Se não ocorrer razão para dúvida, o oficial fará a publicação, em forma de edital, do qual constará:

I – o resumo da escritura, nome, naturalidade e profissão do instituidor, data do instrumento e nome do tabelião que o fez, situação e característicos do prédio;

II – o aviso de que, se alguém se julgar prejudicado, deverá, dentro em trinta (30) dias, contados da data da publicação, reclamar contra a instituição, por escrito e perante o oficial.

1. COMENTÁRIOS

O novo Código Civil não prevê regra sobre a necessidade de publicação de editais, motivo pelo qual o artigo 262 está em pleno vigor.

Os editais previstos na lei são necessários para que se faça valer o princípio da publicidade do procedimento de registro, sob pena de nulidade do procedimento. Nas palavras de Álvaro Villaça Azevedo a publicação dos editais é um verdadeiro alerta para que os possíveis credores interessados na execução do patrimônio de seu devedor não vejam frustradas as perspectivas de recebimento de seus créditos, com a saída do que se vai constituir em bem de família do acervo patrimonial do instituidor-devedor. Esta forma de publicidade possibilita ao interessado a devida impugnação, impedindo o nascimento do bem de família (*Bem de família:* com comentários à Lei nº 8009/90. 5. ed. rev., ampl. E atual. São Paulo: RT, 2002, p. 107).

Na hipótese de não existir dúvidas, ou se elas forem julgadas improcedentes, ou mesmo se tiverem sido sanadas pelo interessado, o registrador realizará o edital a ser publicado, tendo como base os requisitos do art. 262, I e II. Frise-se que, havendo dúvida julgada improcedente com a determinação do registro do título, este não será feito de imediato, sendo necessário publicar os editais. Por outro lado, se a dúvida suscitada for julgada procedente, a prenotação será cancelada pelo oficial mediante mandado ou certidão do escrivão, certificando que a sentença transitou em julgado (art. 203, I, Lei nº 6.015/73).

Ademar Fioranelli atenta para o fato de que as diligências para a efetuação da publicação assim como a redação do edital são da competência exclusiva do oficial registrador e não poderão ser providenciadas pelo próprio interessado. Tanto o Código de Processo Civil como a Lei de Registros Públicos são claros em determinar a incumbência ao oficial, sem possibilidade de transferência ao particular, uma vez que qualquer vício no procedimento poderá acarretar a nulidade do registro com reflexo em eventuais execuções (*Bem de família no novo Código Civil e o registro de imóveis.* Disponível em: http://www.irib.org.br/html/biblioteca/biblioteca-detalhe.php?obr=69).

A lei não fala sobre como são feitas as publicações. No dizer de Valmir Pontes, "se a publicação tem por fim levar o fato de instituição ao conhecimento público, ou de terceiros, e possibilitar a reclamação de possíveis prejudicados, de aplicar-se à hipótese, por analogia, é a disposição de caráter processual civil concernente ao edital de citação, cuja publicação deve ser feita no prazo máximo de quinze (15) dias, uma vez no órgão oficial e pelo menos duas vezes em jornal local, onde houver (Código de Processo Civil, art. 232, II) (*Registro de Imóveis*. São Paulo: Saraiva, 1982, p. 201)". Todavia, pra Silvio Venosa por não haver determinação expressa da lei, a publicação será feita uma única vez pela imprensa (Direito Civil, 3. ed., v.1, Atlas, 2003).

Art. 263. Findo o prazo do nº II do artigo anterior, sem que tenha havido reclamação, o oficial transcreverá a escritura, integralmente, no livro nº 3 e fará a inscrição na competente matrícula, arquivando um exemplar do jornal em que a publicação houver sido feita e restituindo o instrumento ao apresentante, com a nota da inscrição.

1. COMENTÁRIOS

Realizados os editais, não ocorrendo reclamação e, findo o prazo de trinta dias estabelecido no inciso II do artigo 262, o registrador transcreverá o instrumento público, registrando-o integralmente no Livro 3 – Registro Auxiliar e também no Livro 2 – Registro Geral, na competente matrícula do imóvel objeto da instituição, com remissões recíprocas nos registros de um para outro livro.

Ademais Fioranelli defende que "embora as cláusulas de inalienabilidade e impenhorabilidade, após o registro da constituição, sejam inerentes ao ato, parece-nos importante que sejam averbadas na matrícula, consoante artigo 167, II, 11, da Lei 6.015/73, porquanto, por ser o bem de família instituto não muito conhecido do público, a omissão das cláusulas poderia acarretar sérios prejuízos a terceiros" (*Bem de família no novo Código Civil e o registro de imóveis*. Disponível em: http://www.irib.org.br/html/biblioteca/ biblioteca-detalhe.php?obr=69).

Art. 264. Se for apresentada reclamação, dela fornecerá o oficial, ao instituidor, cópia autêntica e lhe restituirá a escritura, com a declaração de haver sido suspenso o registro, cancelando a prenotação.

§ 1º O instituidor poderá requerer ao Juiz que ordene o registro, sem embargo da reclamação.

§ 2º Se o Juiz determinar que proceda ao registro, ressalvará ao reclamante o direito de recorrer à ação competente para anular a instituição ou de fazer execução sobre o prédio instituído, na hipótese de tratar-se de dívida anterior e cuja solução se tornou inexequível em virtude do ato da instituição.

§ 3º O despacho do Juiz será irrecorrível e, se deferir o pedido será transcrito integralmente, juntamente com o instrumento.

1. COMENTÁRIOS

Durante o prazo de trinta dias dos editais, qualquer interessado poderá reclamar contra a instituição do bem de família. Ocorrendo reclamação formalizada perante o Oficial de Registros, **suspende-se o procedimento de registro do bem de família**, provocando o **cancelamento da prenotação**.

Também existe a hipótese de a reclamação ter sido feita diretamente ao juiz. Nesse caso, caberá ao magistrado enviá-la ao registrador para cumprimento do artigo 264, uma vez que cabe a ele fornecer ao instituidor uma cópia autêntica da manifestação e restituir o instrumento, proclamando que o registro foi suspenso. O oficial de imediato cancelará a prenotação.

Analisadas as razões, o juiz tem a faculdade de deferir ou não o pedido de registro. Se deferido, instrui Ademar Fioranelli, que a escritura terá reingresso no registro imobiliário, para regularização dos registros, precedidos, é claro, de nova prenotação. Essa decisão de deferimento não faz coisa julgada material, tendo o reclamante direito à ação ordinária para obter declaração de nulidade dos registros. Igual direito caberá ao instituidor, caso venha o registro a ser indeferido, por entender o magistrado fundadas as razões da reclamação. Recorrerá ele ao juiz competente para, de igual modo, obter o registro perseguido (*Bem de família no novo Código Civil e o registro de imóveis*. Disponível em: http://www.irib.org.br/html/biblioteca/ biblioteca-detalhe. php?obr=69).

Art. 265. Quando o bem de família for instituído juntamente com a transmissão da propriedade (Decreto-Lei nº 3.200, de 19 de abril de 1941, art. 8º, § 5º), a inscrição far-se-á imediatamente após o registro da transmissão ou, se for o caso, com a matrícula.

1. COMENTÁRIOS

O dispositivo em comento trata de caso especial de bem de família, referente à **mútuo para casamento** que está clausulado como bem de família perante **caixas de previdências** ou **caixas econômicas federais**. Observe-se que a regra é especial, com aplicação específica para os casos de empréstimo com vistas às núpcias.

Tânia Mara Ahualli pondera que nesses casos, "os interessados, com o cumprimento das exigências contidas na lei própria, firmarão o instrumento de compra e venda, após o casamento, promovendo, obrigatoriamente, no momento da inscrição do título de transferência da propriedade, a averbação de bem de família, gravado com as cláusulas de inalienabilidade e impenhorabilidade, com ressalva apenas ao crédito do mutuante" (*Lei de Registros Públicos comentada*. Rio de Janeiro: Forense, 2019, p. 1489). Nas palavras de Ademais Fioranelli, trata-se de "atos inseparáveis num mesmo título e que exige registros simultâneos na matrícula, de forma a impedir que sejam bipartidos" (*Bem de família no novo Código Civil e o registro de imóveis*. Disponível em: http://www.irib.org.br/html/biblioteca/ biblioteca-detalhe. php?obr=69).

3. QUESTÕES DE CONCURSOS

01. (EJEF – Registro de Imóveis-MG/2005) Considerando-se os procedimentos administrativos que compõem a atividade registral, é INCORRETO afirmar que,

a) na instituição do bem de família, em havendo reclamação do prejudicado contra o ato do instituidor, o Oficial deve proceder ao encaminhamento desta, bem como da escritura pública, ao Juiz competente e suspender o registro.

b) na suscitação de dúvida, a matéria discutida deve cingir-se ao exame formal do título e da legalidade e, uma vez julgada procedente, faz coisa julgada formal.

c) no caso de retificação de área, havendo impugnação do confrontante e frustrado qualquer acordo, o Oficial deve remeter o processo ao Juiz competente.

d) quando dois ou mais confrontantes alteram suas divisas por meio de escritura pública, observadas as regras tributárias, urbanísticas e de parcelamento, a retificação de área se torna dispensável.

02. (IESES – Cartório – TJ – RO/2012) Sobre o bem de família, pode-se afirmar que:

a) É impenhorável o único imóvel residencial do devedor que esteja locado a terceiros, desde que a renda obtida com a locação seja revertida para a subsistência ou a moradia da sua família.

b) O bem de família, instituído por força da lei, torna-se impenhorável, inclusive, por dívidas trabalhistas incidentes sobre o imóvel.

c) O bem de família, instituído por escritura pública, torna-se impenhorável em qualquer hipótese, exceto por dívida tributária.

d) Apenas admite-se a impenhorabilidade de bem imóvel.

03. (IESES – Cartório – Provimento – TJ – RO/2017) Assinale a alternativa correta:

a) De acordo com o disposto na Lei n. 6.015/1973, a instituição do bem de família far-se-á por escritura pública ou declaração particular, afirmando o instituidor que determinado prédio se destina a domicílio de sua família e ficará isento de execução por dívida.

b) De acordo com o disposto na Lei n. 6.015/1973, a decisão judicial da dúvida possui natureza administrativa mas impede, nas hipóteses de denegação do pedido por absoluta impertinência, o uso do processo contencioso competente.

c) De acordo com o disposto na Lei n. 6.015/1973, para a inscrição do bem de família, o instituidor apresentará ao oficial do registro a escritura pública ou declaração particular de instituição, para que mande publicá-la na imprensa local em 3 (três) dias distintos, com intervalo de 15 (quinze) dias entre cada publicação e, à falta de imprensa local, na da Capital do Estado ou do Território.

d) De acordo com o disposto na Lei n. 6.015/1973, no processo de dúvida, somente serão devidas custas, a serem pagas pelo interessado, quando esta (a dúvida) for julgada procedente.

GAB	1	A	2	A	3	D

CAPÍTULO X – DA REMIÇÃO DO IMÓVEL HIPOTECADO

Art. 266. Para remir o imóvel hipotecado, o adquirente requererá, no prazo legal, a citação dos credores hipotecários propondo, para a remição, no mínimo, o preço por que adquiriu o imóvel.

1. COMENTÁRIOS

Walter Ceneviva defende que o Código Civil de 2002, tendo disposto a matéria nos arts. 1.479 a 1.481, revogou, nessa parte, a LRP, nos arts. 266 a 268. (Op. cit., p. 564).

Como o Código Civil tratou do tema, é importante que os comentários deste Capítulo X sejam estudados à luz do referido diploma.

A remição da hipoteca também possui normatização nos arts. 1.478, 1.481 a 1.484 e 1.499, V. Convém a transcrição:

> **Art. 1.478.** O credor hipotecário que efetuar o pagamento, a qualquer tempo, das dívidas garantidas pelas hipotecas anteriores sub-rogar-se-á nos seus direitos, sem prejuízo dos que lhe competirem contra o devedor comum. .
>
> Parágrafo único. Se o primeiro credor estiver promovendo a execução da hipoteca, o credor da segunda depositará a importância do débito e as despesas judiciais.
>
> **Art. 1.481.** Dentro em trinta dias, contados do registro do título aquisitivo, tem o adquirente do imóvel hipotecado o direito de remi-lo, citando os credores hipotecários e propondo importância não inferior ao preço por que o adquiriu.
>
> § 1º Se o credor impugnar o preço da aquisição ou a importância oferecida, realizar-se-á licitação, efetuando-se a venda judicial a quem oferecer maior preço, assegurada preferência ao adquirente do imóvel.
>
> § 2º Não impugnado pelo credor, o preço da aquisição ou o preço proposto pelo adquirente, haver-se-á por definitivamente fixado para a remissão do imóvel, que ficará livre de hipoteca, uma vez pago ou depositado o preço.
>
> § 3º Se o adquirente deixar de remir o imóvel, sujeitando-o a execução, ficará obrigado a ressarcir os credores hipotecários da desvalorização que, por sua culpa, o mesmo vier a sofrer, além das despesas judiciais da execução.

§ 4º Disporá de ação regressiva contra o vendedor o adquirente que ficar privado do imóvel em consequência de licitação ou penhora, o que pagar a hipoteca, o que, por causa de adjudicação ou licitação, desembolsar com o pagamento da hipoteca importância excedente à da compra e o que suportar custas e despesas judiciais.

Art. 1.482. (*Revogado pela Lei nº 13.105, de 2015*).

Art. 1.483. (*Revogado pela Lei nº 13.105, de 2015*).

Art. 1.484. É lícito aos interessados fazer constar das escrituras o valor entre si ajustado dos imóveis hipotecados, o qual, devidamente atualizado, será a base para as arrematações, adjudicações e remições, dispensada a avaliação.

Art. 1.499. A hipoteca extingue-se:

V – pela remição.

Remição, resgate ou **redenção** consiste na medida em que se paga o preço do imóvel para livrá-lo da sequela garantidora. É **diferente de remissão**, que é o ato de remir ou perdoar. A remição é um dos modos de extinção da hipoteca, todavia, não faz desaparecer o crédito. Ocorre que o adquirente, que é "todo aquele a quem for transmitido o imóvel, a título *inter vivos* ou *causa mortis*, desde que não seja parte na obrigação ou na hipoteca" (CARVALHO SANTOS. *Código Civil interpretado*, 11. ed.: Rio de Janeiro: Freitas Bastos, 1972, v. X, p. 342), se sub-roga no crédito contra o alienante, sem a hipoteca que se extinguiu, caso a aquisição tenha ocorrido por negócio oneroso.

A remição da hipoteca dá ao adquirente do imóvel hipotecado, o direito de dentro do prazo **decadencial de 30 dias** a contar da **data do registro** do título no Registro Imobiliário, independente ou não do vencimento da dívida, de remi-la, porquanto é a partir do registro que o adquirente passará a ser efetivamente proprietário do imóvel hipotecado, citando os credores hipotecários e oferecendo valor não inferior ao preço que pagou pelo imóvel para ficar livre da hipoteca.

Segundo Caio Maio da Silva Pereira, a remição tem por objetivo conciliar dois princípios: segurança para o credor e livre circulação dos bens (*Instituições de direito civil*, 18. ed. Rio de Janeiro: Forense, 2003, v. IV, p. 394).

Nas palavras de Everaldo Augusto Cambler, "o direito de remir é a faculdade de liberar o(s) imóvel(is), que garantia(m) uma obrigação, do ônus hipotecário, seja com a interposição da **ação de remição,** seja por força de incidente levado a efeito no curso do processo de execução, mediante pagamento ao credor: a) de importância não inferior ao preço por que foi adquirido o imóvel ou o oferecimento e depósito de valor ao menos equivalente ao da avaliação, se a remição é feita pelo adquirente, circunstância em que tal quantia poderá ser inferior ao valor da dívida; b) do preço igual ao fixado em avaliação ou ao do maior lance oferecido em hasta pública, havendo licitantes, se feita pelo devedor, 'valor esse que não necessariamente será suficiente para a quitação do débito'; c) da importância do débito e acréscimos, se feita pelo credor da segunda hipoteca. Complementa o aludido autor que podem, portanto, pretender a remição o adquirente do imóvel onerado (art. 1.481 do CC), o credor da segunda hipoteca (arts. 270 da LRP e 1.478 do CC) e o próprio devedor (arts. 272 da LRP, 1.482 e 1.483 do CC)" (*Lei de Registros Públicos comentada*. Rio de Janeiro: Forense, 2019, p. 1494).

Tratando-se de imóvel de preço superior, o adquirente ou o credor da segunda hipoteca não têm razão alguma para demandar a remição, sendo-lhes mais vantajoso pagar a dívida na condição de terceiro interessado e, extinta a hipoteca pela quitação do credor, postular ao Oficial de Registro de Imóveis o devido cancelamento (art. 251, I, da LRP). Estes são os ensinamentos José Roberto Ferreira Gouvea, em "*Notas sobre a hipoteca no registro de imóveis, Revista de Direito Imobiliário*", nº 30, p. 112.

Se o terceiro adquirente não efetua a remissão, ou não paga a dívida hipotecária, sujeitar-se-á à excussão do imóvel. Um dos característicos da hipoteca é precisamente a sequela, por via da qual pode o credor executar o imóvel onde quer que se encontre. O direito é exercível *adversus quemcumque possessorem*. O credor ajuizará, pois, a execução contra o devedor, fazendo recair a penhora, ou o sequestro, sobre o imóvel hipotecado e transmitido a terceiro... Com mais forte razão, assegura-se ao credor o direito de excussão, quando feita a alienação do imóvel hipotecado a sua revelia. Em qualquer hipótese, a venda é válida; porém, a hipoteca não se extingue, continuando a produzir seus efeitos jurídicos; apenas se garante ao adquirente, como se viu, o direito de remir o imóvel agravado (Washington de Barros Monteiro, Curso de Direito Civil, Direito das Coisas, v. 3º/410, Saraiva, 1983).

Constituída a garantia hipotecária, esta se extingue pela via principal, independentemente da extinção do direito de crédito, ou pela via acessória, extinguindo-se juntamente com esse direito.

Uma vez mais, Everaldo Augusto Cambler muito bem observa que **a hipótese contemplada no art. 1.481, *caput*, do CC/2002 não se confunde com a do art. 1.479 do CC/2002**, porquanto esta possibilita ao adquirente do imóvel hipotecado, desde que não se tenha obrigado pessoalmente a pagar as dívidas aos credores hipotecários, exonerar-se da hipoteca, **deixando-lhes o imóvel.** Para tanto, o adquirente notificará o vendedor e os credores hipotecários, deferindo-lhes, conjuntamente, a posse do imóvel, ou o depositará em juízo (art. 1.480 do CC/2002), facultando-se ao adquirente exercer a faculdade de abandonar o imóvel hipotecado, até as vinte e quatro horas subsequentes à citação, com que se inicia o procedimento executivo (parágrafo único). Outrossim, não se entremeia com a remição civil do imóvel hipotecado a remição da execução, porquanto esta, feita pelo devedor, implica o pagamento ou a consignação da importância atualizada a dívida 'mais juros, custas e honorários advocatícios', podendo ocorrer a qualquer tempo, antes de adjudicados ou alienados os bens (art. 651 do CPC). Deveras, na remição da execução, ao devedor não é autorizada a remição dos bens, mas tão somente da dívida, cuja importância atualizada será depositada com os demais encargos previstos em lei (Op. cit., p. 1496).

2. JURISPRUDÊNCIA COMPLEMENTAR

SUPERIOR TRIBUNAL DE JUSTIÇA

EMENTA: Execução hipotecária. Ação petitória. Aplicação do art. 815 do Código Civil. Dissídio jurisprudencial. 1. O direito a remir o bem é exercido no tempo e modo previsto no art. 815 do Código Civil, cabendo ao adquirente notificar judicialmente o seu contrato ao credor hipotecário, baldia, assim, a alegação de falta de oportunidade. 2. O dissídio não tem passagem sem a demonstração analítica da divergência. 3. Recurso especial não conhecido. (STJ – REsp: 164609 ES 1998/0011486-6, Relator: Ministro CARLOS ALBERTO MENEZES DIREITO, Data de Julgamento: 24/06/1999, T3 – TERCEIRA TURMA, Data de Publicação: DJ 09/08/1999 p. 167)

TRIBUNAL REGIONAL FEDERAL DA 4ª REGIÃO

EMENTA: HIPOTECA. NATUREZA JURÍDICA. DIREITO REAL. PREFERÊNCIA. GRAVAME. INDEPENDENTEMENTE DE FUTURAS ALIENAÇÕES. ADQUIRENTE. RISCOS PRÓPRIOS. RESSALVA. INGRESSO COM A AÇÃO PRÓPRIA. 1. A natureza da hipoteca como direito real traduz-se na sua oponibilidade erga omnes, portanto, aquele que adquire imóvel gravado, sem precaver-se contra os efeitos da relação que gerou o ônus, corre o risco de ter o seu patrimônio, a garantia, executado para a satisfação do credor hipotecário. 2. Cabia ao embargante utilizar o disposto no art. 815 do CC para remir a hipoteca e livrar-se da constrição. Como isso não ocorreu, assumiu os riscos próprios de um patrimônio gravado com esse direito real de garantia, razão pela qual não se pode afastar a execução da hipoteca em pauta (...). 3. Apelação improvida. (TRF 4ª Reg. AC 9604662007, Des. Fed. SÉRGIO RENATO TEJADA GARCIA, DJ 25/06/2003, p. 755).

3. QUESTÕES DE CONCURSOS

01. (IESES – Titular de Serviços de Notas e Registros – TJ – TO – Remoção/2022) Quanto à remição do imóvel hipotecado, é correto afirmar, EXCETO:

a) Se o credor, citado, comparecer e impugnar o preço oferecido, o Juiz mandará promover a licitação entre os credores hipotecários, os fiadores e o próprio adquirente, autorizando a venda judicial a quem oferecer maior preço.
b) Mesmo que o credor assine, juntamente com o vendedor, a escritura de venda do imóvel gravado, ainda assim será necessária a remição.
c) Para remir o imóvel hipotecado, o adquirente requererá, no prazo legal, a citação dos credores hipotecários propondo, para a remição, no mínimo, o preço porque adquiriu o imóvel.
d) Se o credor, citado, não se opuser à remição, ou não comparecer, lavrar-se-á termo de pagamento e quitação e o Juiz ordenará, por sentença, o cancelamento de hipoteca.

02. (IESES – Titular de Serviços de Notas e Registros – TJ – TO – Provimento/2022) Sobre a remição do imóvel hipotecado assinale a alternativa correta:

a) A remição do imóvel hipotecado terá sempre o efeito de liberar o imóvel, não se admitindo remição que tenha por efeito sub-rogar e substituir o devedor.
b) A remição do imóvel hipotecado só pode ser feita por meio de decisão judicial transitada em julgado.
c) A remissão da hipoteca é a previsão legal assegurada a certas pessoas para que possam livrar o imóvel de ônus hipotecário.
d) A remição do imóvel hipotecado compete apenas ao próprio devedor.

03. (IESES – Cartório – TJ – RO/2012) Sobre a remição da hipoteca:

I. Se o credor, citado, não se opuser à remição, ou não comparecer, lavrar-se-á termo de pagamento e quitação e o Juiz ordenará, por sentença, o cancelamento de hipoteca.
II. Se o credor, citado, comparecer e impugnar o preço oferecido, o Juiz mandará promover a licitação entre os credores hipotecários, os fiadores e o próprio adquirente, autorizando a venda judicial a quem oferecer maior preço.
III. Se o credor de segunda hipoteca, embora não vencida a dívida, requerer a remição, juntará o título e certidão da inscrição da anterior e depositará a importância devida ao primeiro credor, pedindo a citação deste para levantar o depósito e a do devedor para dentro do prazo de cinco dias remir a hipoteca, sob pena de ficar o requerente sub-rogado nos direitos creditórios, sem prejuízo dos que lhe couberem em virtude da segunda hipoteca.
IV. Se o primeiro credor estiver promovendo a execução da hipoteca, a remição, que abrangerá a importância das custas e despesas realizadas, poderá se efetuar antes da primeira praça, mesmo depois de assinado o auto de arrematação.

a) Apenas I, II e III estão corretas.
b) Apenas II e IV estão corretas.
c) Apenas I e III estão corretas.
d) Apenas I e II estão corretas.

04. (IESES – Cartório – Provimento – TJ – AM/2018) A respeito do tema "remição do imóvel hipotecado" no Registro de Imóveis, é correto afirmar:

a) Se o devedor, citado, comparecer e impugnar o preço oferecido, o Juiz mandará promover a licitação entre os devedores hipotecários e os fiadores, autorizando a venda extrajudicial a quem oferecer o maior preço.
b) As expressões "remissão" e "remição" são sinônimas, sendo utilizadas indistintamente pelo legislador da Lei dos Registros Públicos com o sentido de perdão da dívida.
c) É necessária a remição mesmo quando o credor assinar, com o vendedor, escritura de venda do imóvel gravado, a fim de evitar fraude contra os demais credores.
d) Se o credor, citado, não se opuser à remição, ou não comparecer, lavrar-se-á termo de pagamento e quitação e o Juiz ordenará, por sentença, o cancelamento de hipoteca.

GAB	1	B	2	C	3	A	4	D

Art. 267. Se o credor, citado, não se opuser à remição, ou não comparecer, lavrar-se-á termo de pagamento e quitação e o Juiz ordenará, por sentença, o cancelamento de hipoteca.

Parágrafo único. No caso de revelia, consignar-se-á o preço à custa do credor.

1. COMENTÁRIOS

Diz o art. 1.481, § 2º do Código Civil que, "não impugnado pelo credor, o preço da aquisição ou o preço proposto pelo adquirente, haver-se-á por definitivamente fixado para a remissão do imóvel, que ficará livre de hipoteca, uma vez pago ou depositado o preço". O Código Civil de 1916 já possuía regra no mesmo sentido, em seu art. 815.

Não impugnado o pedido, o valor ofertado pelo adquirente torna-se definitivo, lavrando-se termo de pagamento e quitação, será expedido mandado de cancelamento do registro da hipoteca.

Para a remição da hipoteca, já foi mencionado anteriormente que o adquirente do imóvel hipotecado tem o direito, dentro do prazo decadencial de 30 dias a contar da data do registro do título no Registro Imobiliário, independentemente do vencimento da dívida, de remi-la. A partir do registro, o adquirente passará a ser efetivamente proprietário do imóvel hipotecado, citando os credores hipotecários e oferecendo valor não inferior ao preço pago pelo imóvel para liberá-lo da hipoteca.

Para Walter Ceneviva, os arts. 267 e 268 foram implicitamente revogados pelo art. 1.481 do Código Civil.

2. JURISPRUDÊNCIA COMPLEMENTAR

SUPERIOR TRIBUNAL DE JUSTIÇA

EMENTA: Execução fiscal. Nova penhora anterior à remição do bem. Ausência de prequestionamento. Súmula 282/STF. Tratamento idêntico ao dispensado ao arrematante. Impossibilidade de recair sobre o bem remido penhora relativa a outra execução fiscal. Recurso especial a que se nega seguimento. Trata-se de recurso especial, interposto com fulcro na alínea "a" do inciso III, art. 105 da CF/88, de acórdão do Tribunal de Justiça do Estado de São Paulo que, julgando embargos de terceiro, considerou que o bem remido em outra execução fiscal somente pode ser objeto de nova penhora relativamente à mesma execução fiscal, se houver débito remanescente, e não a outra execução, seguindo precedente desta Corte no REsp 57.093/GO, em que a Turma, pelo relato do Ministro Eduardo Ribeiro, concluiu que a situação do remitente não pode ser inferior ao do arrematante, desfazendo-se as outras penhoras e sub-rogando-se os credores no produto da arrematação ou remição. Alega a recorrente violação ao art. 787 do CPC, sustentando que o bem remido pelo cônjuge casado continua fazendo parte do patrimônio do casal, podendo ser novamente penhorado em outra execução, além do que, a penhora é anterior à remição, devendo produzir seus e efeitos e, para a liberação do bem, o débito deve ser pago e levantada a penhora. Sem contra-razões, subiram os autos por força de provimento do AG nº 188.570/SP. Decido. Primeiramente, advirto que a tese de que o bem remido pelo cônjuge casado continua fazendo parte do patrimônio do casal, podendo ser novamente penhorado em outra execução não foi objeto de apreciação pelo Tribunal a quo, incidindo, com propriedade, o teor da Súmula 282/STF. Prequestionado a tese de que a penhora é anterior à remição, considero correto o julgado, ao aplicar o entendimento constante do REsp 57.093/GO assim ementado: Remição. Bem hipotecado e penhorado em outras execuções. Aquele que promove a remição do imóvel não ficará em situação inferior ao arrematante. Em princípio, desfazem-se outras penhoras, sub-rogando-se os credores no produto da arrematação ou remição. Desaparecerá, também, o ônus hipotecário, se houver regular intimação do credor. Necessidade, entretanto, para isso reconhecer, seja observado procedimento próprio, ensejando manifestação dos interessados. (Relator Ministro Eduardo Ribeiro, 3ª Turma, unânime, DJ de 15/4/96, página 11.524) Assim, concordo com a posição de que, mesmo sendo anterior à penhora, deva ter o remitente o mesmo tratamento que seria dispensado ao arrematante, eis que não tendo este vínculo com o executado, teria logo seu bem livre e desembaraçado. Com estas considerações, nos termos do art. 557 do CPC, nego seguimento ao recurso especial. Brasília 27/6/2001. Relatora: Ministra Eliana Calmon. (Recurso Especial nº 219.389/SP; DJU 17/8/2001; pg. 532.

TRIBUNAL REGIONAL 3ª REGIÃO

EMENTA: EMBARGOS DE TERCEIRO. PENHORA REALIZADA SOBRE BEM IMÓVEL HIPOTECADO. INTIMAÇÃO DO CREDOR HIPOTECÁRIO. POSSIBILIDADE. (...). APELAÇÃO DESPROVIDA. SENTENÇA DE 1º GRAU CONFIRMADA, POR FUNDAMENTOS DIVERSOS. 1. O bem imóvel hipotecado não é impenhorável, a teor do que dispunham os artigos 615, inciso II, 619 e 698, todos do Código de Processo Civil, nas suas redações originais, vigentes ao momento do sentenciamento do feito, razão pela qual poderia perfeitamente ser levado a hasta pública. Havia, como continua havendo, necessidade tão somente de intimação do credor hipotecário, providência esta que, como bem apontou o magistrado sentenciante, foi adequadamente cumprida. (...). 2. Recurso de apelação desprovido. Sentença de 1º grau de jurisdição confirmada, por fundamentos diversos. (TRF 3ª Reg. AC 91030259960, Juiz Fed. Conv. CARLOS DELGADO, T. Suplementar da 1ª SEÇÃO DJF3: 01/10/2008)

Art. 268. Se o credor, citado, comparecer e impugnar o preço oferecido, o Juiz mandará promover a licitação entre os credores hipotecários, os fiadores e o próprio adquirente, autorizando a venda judicial a quem oferecer maior preço.

§ 1º Na licitação, será preferido, em igualdade de condições, o lanço do adquirente.

§ 2º Na falta de arrematante, o valor será o proposto pelo adquirente.

1. COMENTÁRIOS

Possui relação com o art. 268, o § 1º do art. 1.481. Veja-se:

> "Se o credor impugnar o preço da aquisição ou a importância oferecida, realizar-se-á licitação, efetuando-se a venda judicial a quem oferecer maior preço, assegurada preferência ao adquirente do imóvel".

Comparecendo o credor ou os credores e estes impugnarem o preço oferecido, o juiz determinará a promoção da hasta pública do bem, autorizando a venda judicial a quem oferecer maior preço, garantida a preferência ao adquirente do imóvel.

Nos ensinamentos de Francisco Eduardo Loureiro "o credor pode impugnar o pedido de remição, alegando a ausência de seus requisitos (decadência, ausência de registro, obrigação do adquirente pelo pagamento da dívida garantida), ou apenas o preço ofertado, pois inferior ao de mercado. Estabelece a lei a instauração de uma licitação, com o objetivo de apurar o real valor do bem hipotecado. São duas as razões centrais da licitação: a) proporcionar ao credor a certeza de que o bem gravado se liberte com o pagamento do valor real, evitando o conluio e a venda por preço baixo, com o escopo de esvaziar a hipoteca; b) consolidar a situação do adquirente, que se expõe a uma licitação e não poderá ser posteriormente acusado de libertar o bem por valor inferior ao de mercado. A novidade está no fato de a licitação ser agora aberta a qualquer interessado, com o objetivo de aferir o real valor de mercado, e não mais limitada aos credores hipotecários, fiadores e adquirente. O adquirente tem preferência na licitação, igualando o maior lance do leilão. Se o maior lance for inferior ao da proposta inicial e da remição do adquirente, esta prevalece por ser vinculativa" (*Código Civil comentado*. Barueri: Manole, 2014, p. 1456).

Ressalte-se que a hipoteca é regida pelo **princípio da indivisibilidade**, sendo assim, deve haver uma solução única para todos os credores, se forem vários. Exemplifica José Roberto Ferreira: se um credor se omitir, outro aceitar a proposta e outro impugnar, deverá prevalecer a vontade deste último, procedendo-se à licitação prevista na lei (*Notas sobre a hipoteca no registro de imóveis, Revista de Direito Imobiliário*, nº 30, nº 52, p. 114).

Na dicção do art. 1.484 do Código Civil, é lícito aos interessados fazer constar das escrituras o valor entre si ajustado dos imóveis hipotecados, o qual, devidamente atualizado, será a base para as arrematações, adjudicações e remições, dispensada a avaliação.

Everaldo Augusto Cambler adverte que não obstante o ajuste efetuado, as partes têm a prerrogativa de acordarem pela realização de nova avaliação ou, ainda, qualquer delas requerê-la, observada alteração do valor do bem, para mais ou para menos. Caso o adquirente, no exercício de seu direito de preferência, adjudique o imóvel, não há que se falar em registro da adjudicação, pois essa não é o título de propriedade do adquirente, mas o anterior, que já se encontrava registrado e em face do qual foi requerida a remição (Op. cit., p. 1504).

E arremata Ademar Fioranelli: "a adjudicação deve ser registrada se a outrem for entregue o imóvel, porque esse será o seu título de propriedade" (*Direito registral imobiliário.* Porto Alegre: IRIB e Fabris, 2001. p. 349).

2. QUESTÃO DE CONCURSO

01. (IESES – Cartório – Provimento – TJ – RO/2017) Assinale a alternativa correta:

a) Pelo princípio da unitariedade matricial, o registro deve obedecer à anterioridade lógico-disruptiva (objetiva e subjetiva), uma vez que o sistema registral brasileiro deriva da doutrina monista inspirada em Drago.

b) De acordo com a Lei n. 6.015/1973, na remição de hipoteca legal em que haja interesse de incapaz, não há necessidade de intervenção do Ministério Público, mas deve ser nomeado curador especial na hipótese de inexistir Defensoria Pública habilitada no local em que realizada a remição.

c) Na licitação prevista na Lei n. 6.015/1973, no que se refere à remição do imóvel hipotecado, será preferido, em igualdade de condições, o lanço do adquirente.

d) De acordo com a Lei n. 6.015/1973, no que se refere à remissão do imóvel hipotecado, na falta de arrematante, o valor será o proposto pelo leiloeiro judicial.

GAB	1	C

Art. 269. Arrematado o imóvel e depositado, dentro de quarenta e oito (48) horas, o respectivo preço, o Juiz mandará cancelar a hipoteca, sub-rogando-se no produto da venda os direitos do credor hipotecário.

1. COMENTÁRIOS

Para Walter Ceneviva, o art. 269 foi substituído pelo art. 1.482 do Código Civil (Op. cit., p. 568). Nos termos do art. 1.482, realizada a praça, o executado poderá, até a assinatura do auto de arrematação ou até que seja publicada a sentença de adjudicação, remir o imóvel hipotecado, oferecendo preço igual ao da avaliação, se não tiver havido licitantes, ou ao do maior lance oferecido. Igual direito caberá ao cônjuge, aos descendentes ou ascendentes do executado.

Ocorre que o art. 1.482 do CC foi **revogado** pelo novo Código de Processo Civil e a nova estrutura sobrevinda com o CPC/2015, no **art. 877, § 3º**, concede o direito de remir o imóvel hipotecado ao executado, conforme segue:

> "no caso de penhora de bem hipotecado, o executado poderá remi-lo até a assinatura do auto de adjudicação, oferecendo preço igual ao da avaliação, se não tiver havido licitantes, ou ao do maior lance oferecido".

2. JURISPRUDÊNCIA COMPLEMENTAR

EMENTA: EXECUÇÃO. REMIÇÃO. BEM HIPOTECADO. ART. 1.482 DO CC/02. PEDIDO INTEMPESTIVO. A teor do disposto no art. 1.482 do Código Civil de 2002 o pedido de remição de bem hipotecado, em relação ao qual o credor hipotecário manifestou o interesse em ficar com a propriedade, deve ocorrer até a publicação da sentença de adjudicação. Recurso ao qual se nega provimento. (TJMG – Ap. Civ. 1.0024.96. 096188-6/002, Des. DÍDIMO INOCÊNCIO DE PAULA, Publicação 16/03/2010)

Art. 270. Se o credor de segunda hipoteca, embora não vencida a dívida, requerer a remição, juntará o título e certidão da inscrição da anterior e depositará a importância devida ao primeiro credor, pedindo a citação deste para levantar o depósito e a do devedor para dentro do prazo de cinco dias remir a hipoteca, sob pena de ficar o requerente sub-rogado nos direitos creditórios, sem prejuízo dos que lhe couberem em virtude da segunda hipoteca.

1. COMENTÁRIOS

Na edição anterior desta obra, entendíamos que o art. 270, que permitia a remição antes do vencimento da hipoteca, havia sido revogado devido à redação do art. 1.478 do Código Civil, conforme estava antes da alteração trazida pelo Marco Legal das Garantias.

Esse também era o posicionamento de Francisco Eduardo Loureiro. Nas palavras dele à época, "tal medida somente é possível no âmbito da autonomia privada, mediante negócio jurídico entre credores hipotecários, nos termos do art. 286 do CC, caso em que assume a feição de pagamento e não de remição (...) admite a doutrina majoritária que não somente o vencimento ordinário, como também o vencimento antecipado, em todas as hipóteses do art. 1.425, conferem o direito à remição" (*Código Civil comentado.* Rio de Janeiro: Forense, 2014, p. 1454).

Agora, é necessário e tempestivo invocar a nova regra do art. 1.478 do Código Civil, dada pelo Marco Legal das Garantias (Lei n. 14.711/2023):

> **Art. 1.478.** O credor hipotecário que efetuar o pagamento, a qualquer tempo, das dívidas garantidas pelas hipotecas anteriores sub-rogar-se-á nos seus direitos, sem prejuízo dos que lhe competirem contra o devedor comum.
>
> Parágrafo único. Se o primeiro credor estiver promovendo a execução da hipoteca, o credor da segunda depositará a importância do débito e as despesas judiciais.

Nos sempre cristalinos ensinamentos de Nelson Rosenvald e Felipe Braga Netto a remição permite que o **credor sub-hipotecário alcance posição prioritária em relação ao credor hipotecário**. Em anterior redação, determinava o Código Civil a necessidade de que o credor secundário aguardasse o vencimento da obrigação que tocava ao primeiro, para, só então, efetuar o pagamento. Tal fato não mais persiste.

A qualquer tempo, qualquer credor hipotecário poderá quitar o débito face a credor melhor posicionado, passando a somar aos seus os direitos que tocavam a este.

Em outras palavras, terá o credor sub-hipotecário - assim como, logicamente, toda a cadeia de sub-hipotecários - o **direito potestativo** ao resgate da primeira hipoteca, bastando que consigne a importância do débito, citando o credor preferencial a levantá-la (ou contestar a ação).

Somada ao previsto no artigo antecedente (extensão do vencimento antecipado) é de se concluir que **o titular da hipoteca que vier a solver o débito de melhor posicionamento poderá antecipar todos os demais créditos que lhe tocarem quando vencidos o primeiro.** Contudo, para que tal se de, deverá ele antecipar todos os demais créditos que lhe forem prioritários, visto que a determinação do artigo **não altera a ordem das prioridades dos créditos**, em que pese possa alterar a ordem cronológica dos direitos.

Com o inadimplemento do débito pelo devedor hipotecário e com o recebimento do valor consignado pelo credor da primeira hipoteca, evita-se a excussão pelo primeiro credor, sub-rogando-se o credor sub-hipotecário no crédito privilegiado real (art. 985, I, CC), sem prejuízo de manter seu próprio crédito originário. Caso credor sub-hipotecário de grau mais elevado queira valer-se desta operação, deverá consignar o pagamento do crédito hipotecário e de todos os sub-hipotecários de grau inferior.

Trata-se de modalidade de sub-rogação legal, em conformidade ao exposto no art. 346, II, pois a finalidade da norma não é extinguir propriamente o gravame, mas propiciar a imediata satisfação da segunda hipoteca. Leve-se em consideração o procedimento preconizado nos **arts. 270 e seguintes da Lei de Registros Públicos, permitindo a remição ainda que não esteja vencida a dívida hipotecária, como verdadeira forma de antecipação de crédito**, beneficiando o credor preferencial, como já se observou na nova redação do artigo em comento. O parágrafo único prevê ainda uma espécie de **remição judicial**, no bojo da própria execução promovida pelo credor hipotecário. Ao satisfazer o crédito executado, o credor sub-hipotecário acrescerá a este o valor de seu crédito primitivo, a fim de executar ambos em face do devedor. No caso da remição efetuada no curso da ação de execução já promovida pelo credor preferencial em face do devedor inadimplente, o credor sub-hipotecário não só oferecerá o crédito, como também as despesas judiciais, a fim de que se opere a sub-rogação, na forma da segunda parte do art, 346, II, do Código Civil (Código Civil Comentado artigo por artigo. 5.ed. São Paulo: Editora Juspodivm, 2024).

Art. 271. Se o devedor não comparecer ou não remir a hipoteca, os autos serão conclusos ao Juiz para julgar por sentença a remição pedida pelo segundo credor.

1. COMENTÁRIOS

O dispositivo em comento também se relaciona como o aludido art. 1.481 do Código Civil, estudado alhures.

Neste caso, se o devedor ficar inerte dentro do prazo de cinco dias estipulado no art. 270, presume-se a sua falta de interesse em remir a hipoteca, findando sua preferência e possibilitando que o credor da hipoteca realize a remição.

Transitada a decisão proferida pelo Juiz dando provimento à pretensão do autor, este tem a faculdade de requerer o cancelamento da primeira hipoteca. O Oficial de Registros deve cumprir a ordem de cancelamento, que terá forma de mandado judicial.

Como se sabe, o cancelamento se dará por meio de **averbação**, nos termos do art. 167, II, 2, desta Lei.

Art. 272. Se o devedor comparecer e quiser efetuar a remição, notificar-se-á o credor para receber o preço, ficando sem efeito o depósito realizado pelo autor.

1. COMENTÁRIOS

O dispositivo em comento também se relaciona como o aludido art. 1.481 do Código Civil, estudado alhures.

Comparecendo o devedor para realizar a remição, o credor é notificado para receber o preço. Em razão disso, fica sem efeito o depósito realizado pelo autor, que é o credor da hipoteca.

Logo, a hipoteca é remida pelo devedor, que poderá requerer o cancelamento deste instituto de direito real por meio de averbação, nos termos do art. 167, II, 2 desta Lei, desde que transitada em julgado a decisão que extinguiu a ação.

Art. 273. Se o primeiro credor estiver promovendo a execução da hipoteca, a remição, que abrangerá a importância das custas e despesas realizadas, não se efetuará antes da primeira praça, nem depois de assinado o auto de arrematação.

1. COMENTÁRIOS

O dispositivo é autoexplicativo. Discute-se, entretanto, se poderia o credor hipotecário sustentar a possibilidade da remição à primeira praça. Para Gladston Mamede a resposta é afirmativa, fundamentando que "o novo Código Civil (Lei nº 10.406/02) é posterior à Lei de Registros Públicos (Lei nº 6.015/1973). E o novo Código Civil não ratificou, embora pudesse, a limitação processual de remição antes da primeira praça. Portanto, deve-se ter como certo que o segundo credor pode antecipar-se à praça e remir o crédito, tomando o processo no estado em que se encontra (...)" (Op. cit., p. 1406).

Art. 274. Na remição de hipoteca legal em que haja interesse de incapaz intervirá o Ministério Público.

1. COMENTÁRIOS

Na lição de Orlando Gomes, "a hipoteca é um direito real de garantia, em virtude do qual um bem imóvel, que continua em poder do devedor, assegura ao credor, precipuamente, o pagamento de uma dívida" (*Direitos Reais*. 19ª ed. São Paulo: Forense, 2007, p. 350).

Há quem diga que a hipoteca tem **natureza bifronte**, visto que a previsão de seu conteúdo substancial é dada pelo Código Civil, enquanto seus aspectos procedimentais são encontrados na Lei 6.015/1973.

São três as modalidades de hipoteca: **a convencional, a legal** e a **judicial**. Toda hipoteca, seja convencional, legal ou judicial, só se constitui como direito real, oponível *erga omnes*, após a inscrição no Registro de Imóveis do lugar do bem.

A **hipoteca convencional** é aquela que deriva do contrato, que será bilateral, por ser necessária a aceitação do credor para a sua formação.

Anote-se que a **hipoteca cedular** é um subtipo de hipoteca convencional tratada em lei especial, que tem por escopo a garantia de dívidas incorporadas em títulos de créditos especiais, as chamadas cédulas crédito. O imóvel gravado por hipoteca cedular é **inalienável e impenhorável**. Para que o proprietário do imóvel gravado com hipoteca cedular possa efetuar qualquer ato de disposição, é imprescindível a anuência do credor hipotecário. Assim, já decidiu o Superior Tribunal de Justiça e os tribunais locais.

A **hipoteca Judiciária** decorre de sentença e está prevista no art. 495 do Código de Processo Civil. Na lição de Washington de Barros Monteiro "é a que a lei atribui à sentença condenatória e consiste no direito real conferido ao exequente sobre os bens do executado, em garantia da execução do julgado" (*Curso de Direito Civil, Direito das Coisas*, 24ª ed. São Paulo: Saraiva, 1985).

Sobre o tema, invoca-se o Enunciado 149 da II Jornada de Processual Civil:

> **Enunciado 149.** A falta de averbação da pendência de processo ou da existência de hipoteca judiciária ou de constrição judicial sobre bem no registro de imóveis não impede que o exequente comprove a má-fé do terceiro que tenha adquirido a propriedade ou qualquer outro direito real sobre o bem.

Foquemos agora na hipoteca legal, que é aquela que o art. 274 faz alusão.

A **hipoteca legal**, dá-se com a simples existência do fato previsto na lei, especificados no art. 1.489 do Código Civil. Vejamos:

> **Art. 1.489.** A lei confere hipoteca:
>
> I – às pessoas de direito público interno (art. 41) sobre os imóveis pertencentes aos encarregados da cobrança, guarda ou administração dos respectivos fundos e rendas;
>
> II – aos filhos, sobre os imóveis do pai ou da mãe que passar a outras núpcias, antes de fazer o inventário do casal anterior;
>
> III – ao ofendido, ou aos seus herdeiros, sobre os imóveis do delinquente, para satisfação do dano causado pelo delito e pagamento das despesas judiciais;
>
> IV – ao co-herdeiro, para garantia do seu quinhão ou torna da partilha, sobre o imóvel adjudicado ao herdeiro reponente;
>
> V – ao credor sobre o imóvel arrematado, para garantia do pagamento do restante do preço da arrematação.

Para a constituição da hipoteca, faz-se necessária a escritura pública. Porém, é possível instituir uma hipoteca por instrumento particular, quando:

a) O valor do imóvel da dívida for inferior a 30 salários mínimos;

b) Quando a garantia for constituída no bojo de cédula de crédito e;

c) Quando a garantia for constituída no do âmbito do Sistema Financeiro de Habitação.

As hipotecas legais deverão ser registradas e especializadas.

A hipoteca é regida pelos princípios da especialização e da publicidade. Pelo primeiro, entende-se a individualização dos bens dados em garantia, bem como o montante da dívida, termo de vencimento, taxa de juros, se houver. A falta de especialização impede que a hipoteca se constitua como direito real, não produzindo efeitos em relação a terceiros.

No que se refere ao princípio da publicidade, trata-se da necessidade de registro da hipoteca na Serventia Imobiliária competente, garantindo a ciência de todos sobre sua existência. Assim, a inscrição da hipoteca no Registro de Imóveis é obrigatória e tem por finalidade proteger terceiros, adquirentes ou não. Ressalta-se que é nula a cláusula que proíbe ao proprietário alienar imóvel hipotecado (art. 1.485 do Código Civil).

O registro e a especialização das hipotecas legais incumbem a quem está obrigado a prestar a garantia, mas os interessados podem promover a inscrição delas, ou solicitar ao Ministério Público que o faça.

As hipotecas serão registradas no cartório do lugar do imóvel, ou no de cada um deles, se o título se referir a mais de um. Na lição de Afrânio de Carvalho, "a hipoteca sobre mais de um imóvel, como todo gravame comum a vários imóveis, seja ele qual for – anticrese, usufruto etc. –, implica tantas inscrições quantos forem os imóveis gravados, cada qual lançada na respectiva folha" (*Registro de Imóveis*. 2. ed. Rio de Janeiro: Forense, 1977. p. 88).

Compete aos interessados, e não apenas ao credor e ao devedor, requerer o registro da hipoteca mediante a exibição do título.

No que diz respeito à escrituração, seu registro é feito no Livro nº 2 (Registro Geral) do Registro de Imóveis do local do imóvel e tem como requisitos indispensáveis:

a) A data do título;

b) O nome e o domicílio do devedor e do credor, bem como suas qualificações completas;

c) A natureza e a forma do título do ônus, sua procedência e caracterização;

d) O valor da dívida;

e) O prazo desta, se houver;

f) Os juros pactuados, se houver;

g) Demais condições e especificações, se houver.

Art. 275. Das sentenças que julgarem o pedido de remição caberá o recurso de apelação com ambos os efeitos.

1. COMENTÁRIOS

O recurso da apelação está previsto nos arts. 1.009 e seguintes do novo Código de Processo Civil.

Este recurso possui efeito suspensivo e devolutivo. Recebido o recurso em ambos os efeitos, não será possível a execução provisória.

Assim, a remição não se consumará enquanto pender julgamento do recurso. É necessário, para que haja o cancelamento por averbação da hipoteca, a apresentação da certidão com o trânsito em julgado da decisão. Nos termos do art. 167, II, 12, é possível a averbação do recurso na matrícula.

Acrescenta ainda Maria Helena Diniz, que é possível o recurso de embargos de declaração, que também poderá ser averbado na matrícula (Op. cit., p. 157).

2. QUESTÃO DE CONCURSO

01. (CETRO – Notário-RJ/2012) Na remição do imóvel hipotecado, é incorreto afirmar que

a) quando houver interesse de incapaz, o Ministério Público intervirá.

b) se o devedor não comparecer ou não remir a hipoteca, os autos serão conclusos ao juiz para julgar por sentença a remição pedida pelo segundo credor.

c) se o devedor comparecer e quiser efetuar a remição, notificar-se-á o credor para receber o preço, ficando sem efeito o depósito realizado pelo autor.

d) o adquirente do imóvel não poderá propor aos credores hipotecários, para remição, valor inferior ao preço por que adquiriu o imóvel.

e) das sentenças que julgarem o pedido de remição, caberá o recurso de apelação sem efeito suspensivo.

GAB	1	E

Art. 276. Não é necessária a remição quando o credor assinar, com o vendedor, escritura de venda do imóvel gravado.

1. COMENTÁRIOS

Comparecendo o credor para assinar, com o vendedor, a escritura de venda do imóvel gravado, a remição é dispensável.

Walter Ceneviva preleciona que "não haverá ainda sub-rogação, salvo se houver manifestação expressa. No silêncio, entende-se que houve dispensa da garantia real, podendo, no registro da escritura, ser averbado o cancelamento da hipoteca" (Op. cit., p. 1409).

No dizer de Everaldo Augusto Cambler, "adquirido pelo credor o imóvel gravado, extingue-se a hipoteca em razão do fenômeno da concentração, no credor, da titulação da coisa, sendo, por isso, desnecessária a remição" (Op. cit., 1515).

2. JURISPRUDÊNCIA COMPLEMENTAR

⊙ TRIBUNAL DE JUSTIÇA DO ESTADO DO RIO DE JANEIRO

EMENTA: DIREITO IMOBILIÁRIO. CONTRATO DE COMPRA E VENDA. BAIXA DA HIPOTECA. SENTENÇA ACOLHENDO A DEMANDA. No que se refere ao cumprimento da tutela antecipada a apelação foi recebida somente no efeito devolutivo. Agravo de instrumento pretendendo emprestar efeito suspensivo a toda decisão. Impossibilidade. Agravo interno do Art. 557, § 1º, da Lei Processual Civil. Precedente. Compra e Venda de Imóvel – Pagamento a Vista – Liberação de Hipoteca – Tutela Antecipada Multa. Agravo de instrumento. Ação ordinária. Antecipação da tutela para que fosse liberado em dez dias o gravame hipotecário, por haver decorrido o prazo estipulado na escritura de compra e venda, sob pena de multa diária. Existência de cláusula contratual que obriga o vendedor a liberar o imóvel gravado, uma vez quitado o preço pelo comprador, em vinte e dois meses, prazo este já superado. Imóvel comprado a vista, razão pela qual se deva manter a antecipação de tutela concedida, sendo obvio e fundado o receio de dano de difícil reparação. A multa fixada mostra-se onerosa para o agravante, devendo, por isso, ser mantido o seu valor, porem, quinzenalmente. O prazo fixado para liberação do gravame deve ser dilatado, porque o de dez dias é exíguo, visto que, depende o agravante, do credor hipotecário, Banco Bradesco S/A, que é o responsável de direito para efetivamente cancelar o gravame, bem como, de atos pertinentes junto ao RGI, que de acordo com a Lei 6015/73, tem o prazo legal de trinta dias para efetuar o registro de cancelamento. Recurso parcialmente provido para que proceda, o agravante, no prazo de noventa dias ao cancelamento da hipoteca, sob pena de multa quinzenal de R$ 500,00. (...). Desprovimento do recurso. (TJRJ – AGI 0010159-80.2012.8.19.0000, Des. NAGIB SLAIBI, 6ª C. Cível. Julgamento: 30/05/2012)

CAPÍTULO XI – DO REGISTRO TORRENS

Art. 277. Requerida a inscrição de imóvel rural no Registro Torrens, o oficial protocolará e autuará o requerimento e documentos que o instruírem e verificará se o pedido se acha em termos de ser despachado.

Art. 278. O requerimento será instruído com:

I – os documentos comprobatórios do domínio do requerente;

II – a prova de quaisquer atos que modifiquem ou limitem a sua propriedade;

III – o memorial de que constem os encargos do imóvel os nomes dos ocupantes, confrontantes, quaisquer interessados, e a indicação das respectivas residências;

IV – a planta do imóvel, cuja escala poderá variar entre os limites: 1: 500m (1/500) e 1: 5.000m (1/5.000).

§ 1º O levantamento da planta obedecerá às seguintes regras:

a) empregar-se-ão goniômetros ou outros instrumentos de maior precisão;

b) a planta será orientada segundo o mediano do lugar, determinada a declinação magnética;

c) fixação dos pontos de referência necessários a verificações ulteriores e de marcos especiais, ligados a pontos certos e estáveis nas sedes das propriedades, de maneira que a planta possa incorporar-se à carta geral cadastral.

§ 2º Às plantas serão anexadas o memorial e as cadernetas das operações de campo, autenticadas pelo agrimensor.

Art. 279. O imóvel sujeito a hipoteca ou ônus real não será admitido a registro sem consentimento expresso do credor hipotecário ou da pessoa em favor de quem se tenha instituído o ônus.

Art. 280. Se o oficial considerar irregular o pedido ou a documentação, poderá conceder o prazo de trinta (30) dias para que o interessado os regularize. Se o requerente não estiver de acordo com a exigência do oficial, este suscitará dúvida.

Art. 281. Se o oficial considerar em termos o pedido, remetê-lo-á a juízo para ser despachado.

Art. 282. O Juiz, distribuído o pedido a um dos cartórios judiciais se entender que os documentos justificam a propriedade do requerente, mandará expedir edital que será afixado no lugar de costume e publicado uma vez no órgão oficial do Estado e três (3) vezes na imprensa local, se houver, marcando prazo não menor de dois (2) meses, nem maior de quatro (4) meses para que se ofereça oposição.

Art. 283. O Juiz ordenará, de ofício ou a requerimento da parte, que, à custa do peticionário, se notifiquem do requerimento as pessoas nele indicadas.

Art. 284. Em qualquer hipótese, será ouvido o órgão do Ministério Público, que poderá impugnar o registro por falta de prova completa do domínio ou preterição de outra formalidade legal.

Art. 285. Feita a publicação do edital, a pessoa que se julgar com direito sobre o imóvel, no todo ou em parte, poderá contestar o pedido no prazo de quinze dias.

§ 1º A contestação mencionará o nome e a residência do réu, fará a descrição exata do imóvel e indicará os direitos reclamados e os títulos em que se fundarem.

§ 2º Se não houver contestação, e se o Ministério Público não impugnar o pedido, o Juiz ordenará que se inscreva o imóvel, que ficará, assim, submetido aos efeitos do Registro Torrens.

Art. 286. Se houver contestação ou impugnação, o procedimento será ordinário, cancelando-se, mediante mandado, a prenotação.

Art. 287. Da sentença que deferir, ou não, o pedido, cabe o recurso de apelação, com ambos os efeitos.

Art. 288. Transitada em julgado a sentença que deferir o pedido, o oficial inscreverá, na matrícula, o julgado que determinou a submissão do imóvel aos efeitos do Registro Torrens, arquivando em cartório a documentação autuada.

1. COMENTÁRIOS

Regra geral, os registros públicos têm a presunção relativa de veracidade, ou seja, são considerados verdadeiros até prova em contrário e, caso seja comprovada irregularidade, a inscrição pode ser alterada ou retificada.

Dessa forma, o sistema registral imobiliário brasileiro adotou o **princípio da legitimação registral**. Esse princípio preconiza a legitimidade do direito inscrito até prova em contrário. Enquanto não se comprovar o contrário, seja fática e/ou juridicamente, e não houver a desconstituição do ato registral por meio de averbação de cancelamento, o ato registral continuará sendo considerado legítimo.

A fé pública inerente ao registro e a presunção de domínio estão intrinsecamente ligadas à validade do negócio jurídico. Pelo princípio da presunção e fé pública, o título só será registrado se obedecer aos requisitos legais, presumindo-se que é perfeitamente válido o negócio jurídico que originou o título registrado, outorgando a seu titular uma presunção *juris tantum* de domínio, ou seja, presunção relativa que pode ser contestada por terceiros em ação própria, cabendo ao contestante o ônus da prova. Logo, a presunção é relativa, vale dizer, admite-se prova em contrário.

O Registro *Torrens*, por sua vez, é uma forma de registro diferenciada. Uma vez efetivado, fornece ao proprietário, um título com **força absoluta, já que contra ele não é admitido prova em contrário.** É a única forma de registro que goza de **presunção absoluta**.

No Brasil, atualmente, esse registro somente é permitido para **imóveis rurais**, depois de um processo muito rigoroso especificado em lei, notadamente nos artigos 277 a 288 da Lei 6.015/73.

Ensina a doutrina que, por tratar o Registro *Torrens* de imóveis rurais e, por ser indispensável a manifesta identificação do imóvel, é imperativo que a planta obedeça às regras do georreferenciamento, de acordo com a Lei 10.267/2001 e de seus decretos regulamentadores (Decretos 4.449/2002 e 5.570/2005).

O requerente deverá apresentar diversos documentos hábeis para comprovar a propriedade do bem, sendo essa titularidade inequívoca.

Quanto ao pedido, este deve ser formulado conforme as regras do processo civil, inclusive com os requisitos da petição inicial.

O imóvel sujeito a hipoteca ou ônus real não será admitido a registro sem consentimento expresso do credor hipotecário ou da pessoa em favor de quem se tenha instituído o ônus. Trata-se de importante regra que não pode ser afastada.

Considerando irregular o pedido ou a documentação, o Oficial, poderá conceder o prazo de trinta (30) dias para que o interessado os regularize. Se o requerente não estiver de acordo com a exigência do oficial, este suscitará dúvida, nos termos do art. 198 desta Lei de Registros.

Entregue o requerimento, o oficial fará a qualificação registral e, se tudo estiver em ordem, encaminhará o pleito ao juízo competente, conforme a distribuição. O juízo será determinado pelas normas de organização judiciária de cada Estado.

O próximo passo é a expedição de editais, nos termos do art. 282.

Décio Antonio Erpen ensina que a citação deve se endereçar aos ocupantes, confrontantes ou qualquer outro interessado no conflito. Se casado o interessado, deve sua mulher ser igualmente citada. A ação é real. As pessoas do direito público não carecem, necessariamente, de integrarem a lide. Alude-se, outrossim, ao caráter reconvencional da contestação, mormente se for arguida posse *ad usucapionem (Lei de Registros Públicos comentada.* Rio de Janeiro: Forense, 2019, p. 1518).

Destaca-se, ainda, que o Ministério Público deve intervir obrigatoriamente no processo do Registro Torrens, podendo impugnar o registro por falta de prova completa do domínio ou preterição de outra formalidade legal.

Para contestar o pedido, o art. 285 exige que a pessoa que se julgar com direito sobre o imóvel, no todo ou em parte, faça isso no prazo de quinze dias.

Não havendo contestação, ou impugnação do pedido pelo Ministério Público, o Juiz ordenará que se inscreva o imóvel, que ficará, assim, submetido aos efeitos do Registro Torrens.

Por outro lado, se ocorrer a contestação ou impugnação, o procedimento será ordinário, cancelando-se, mediante mandado, a prenotação.

Da sentença que deferir, ou não, o pedido, cabe o recurso de apelação, nos efeitos suspensivos e devolutivos.

Consigna-se que a decisão é dotada de **carga de eficácia contenciosa e constitutiva** em decorrência do chamado de terceiros interessados.

Transitada em julgado a sentença que deferir o pedido, o oficial inscreverá na matrícula o julgado que determinou a submissão do imóvel aos efeitos do Registro Torrens, arquivando em cartório a documentação autuada. Em outras palavras, depois de cumpridos todos os requisitos, constará na matrícula do imóvel o referido registro.

Para Maria Helena Diniz, a ação do registro Torrens tem **natureza real**, por objetivar a tutela de um direito real; é contenciosa, porque a propriedade alegada será apreciada por sentença definitiva com força de coisa julgada; é constitutiva, porque a sentença consolida definitivamente o domínio do imóvel rural na pessoa do requerente; a sentença que julgar procedente o pedido valerá *erga omnes*, como decorrência lógica da estrutura do processo do registro Torrens (procedimento edital) (*Sistemas de registros de imóveis*. 2. ed. São Paulo, Saraiva, 1997).

O Registro Torrens é pouco utilizado no Brasil devido aos altos custos, à sistemática complexa e ao desconhecimento sobre o sistema.

Afrânio de Carvalho explica que o sistema "desacreditou-se, definhou e secou, caindo em desuso, só restando agora declará-lo extinto por lei" (*Registro de imóveis*. 4. ed. Rio de Janeiro: Forense, 1998).

1.1 INSCRIÇÃO DE IMÓVEL NO REGISTRO TORRENS INVIABILIZA PEDIDO DE USUCAPIÃO?

A inscrição do imóvel rural no Registro Torrens, por si só, não inviabiliza o pedido de usucapião e, quando presente o requisito subjetivo – posse com a intenção de dono –, é válida a ação ajuizada para a prescrição aquisitiva.

Com base nesse entendimento, a Terceira Turma do Superior Tribunal de Justiça negou, por unanimidade, recurso contra acórdão do Tribunal de Justiça do Rio Grande do Sul (TJRS) que, por entender presentes os requisitos necessários – como a prova da posse, o *animus domini*, o tempo e a inércia do proprietário –, havia julgado procedente o pedido de usucapião formulado por um homem que, desde 1972, vive em um terreno de 2.376 metros quadrados em um bairro de Porto Alegre (RS).

Segundo o relator, ministro Villas Bôas Cueva, ao contrário do que foi alegado pelos recorrentes, a usucapião é modo originário de aquisição da propriedade e independe da idoneidade do título registrado. Assim, para o relator, a matrícula do imóvel rural no Registro Torrens, por si só, não inviabiliza a ação de usucapião. Nas palavras dele "não há hesitação na doutrina a respeito da possibilidade de usucapir imóvel inscrito no Registro Torrens, mormente por se tratar de modo originário de aquisição da propriedade que independe de verificação acerca da idoneidade do título registrado e não envolve transferência de domínio".

Ao contestar a ação, os recorrentes afirmaram também que estaria ausente o requisito subjetivo da posse com intenção de dono, já que, segundo suas alegações, a posse exercida pelo homem teria caráter precário, pois seria decorrente de contrato de comodato.

O ministro explicou que as instâncias que analisaram os fatos e provas chegaram à conclusão de que o alegado contrato de comodato foi celebrado apenas com parentes do homem que pleiteou a usucapião e nunca com ele próprio, sendo a área objeto do contrato de comodato diferente dos lotes que o autor pediu para usucapir.

Ao negar provimento ao recurso especial, Villas Bôas Cueva explicou que questionar o ânimo da posse – como pretendiam os integrantes da família que seria herdeira da área em discussão – demandaria interpretação de cláusulas contratuais e reexame de provas, procedimentos vedados pelas Súmulas 5 e 7 do STJ.

2. JURISPRUDÊNCIA COMPLEMENTAR

TRIBUNAL DE JUSTIÇA DO ESTADO DE SÃO PAULO

EMENTA: REGISTRO TORRENS – Indeferimento inicial – Promitente cessionário – Falta de título de domínio – Imóvel não rural – Recurso não provido. (TJSP – APC 9109923-76.1998.8.26.0000, Relator: CUNHA CINTRA, 4ª C. Direito Privado, registro: 08/09/1999)

TRIBUNAL DE JUSTIÇA DO ESTADO DE MINAS GERAIS

EMENTA: USUCAPIÃO ESPECIAL URBANO – TÍTULO DOMINIAL EM FAVOR DO ESTADO – POSTERIOR REGISTRO TORRENS SOBRE A ÁREA USUCAPIENDA – AUSÊNCIA DE OBJEÇÃO ESTATAL, AO TEMPO DEVIDO – SUPREMACIA DO REGISTRO ESPECIAL. O Registro Torrens é um tipo especial de registro imobiliário, que goza de presunção de veracidade ... jure et de jure ..., prevalecendo em relação ao registro comum. – Não obstante tenha o Estado título aquisitivo precedente, o Registro Torrens posterior deve prevalecer, pois a realização de tal expediente tem necessariamente que ser do conhecimento do Estado e, se não foi ao tempo devido objetado, os efeitos alcançam o Poder Público. (TJMG – Ap. Civ. 1.0024.97.033094-0/001, DES. GERALDO AUGUSTO, Publicação 10/06/ 2008)

TRIBUNAL DE JUSTIÇA DO ESTADO DE GOIÁS

EMENTA: APELACAO. INTERPOSICAO EM REGISTRO TORRENS NÃO CONTESTADOS. INTIMACAO AO ADVOGADO E AO MINISTERIO PUBLICO. RECURSO INTERPOSTO QUASE TRES DECADAS DEPOIS. INTEMPESTIVIDADE. 1. NO REGIME PROCEDIMENTAL DO CODIGO DE PROCESSO CIVIL DE 1939, NAO CONTESTADO O REGISTRO TORRENS, SEGUIA-SE A PROLACAO DA SENTENCA DA QUAL AS PARTES ERAM INTIMADAS POR CARTA COM AR OU PESSOALMENTE, POR CERTIDAO NOS AUTOS, FAZENDO-SE DESNECESSARIA A DESIGNACAO DE AUDIENCIA PARA SUA PUBLICACAO. 2. INTIMADOS O MINISTERIO PUBLICO E O ADVOGADO HABILITADO NOS AUTOS SEM QUE HOUVESSE O RECURSO, A SENTENCA PROFERIDA NO REGISTRO TORRENS FAZIA COISA JULGADA FORMAL. 3. NAO SE CONHECE DA APELACAO MANIFESTADA QUASE TRES DECADAS APOS SUA PROLACAO E INTIMACAO REGULAR DO ADVOGADO DAS PARTES OU INTERESSADOS. A UNANIMIDADE, NAO CONHECIDOS DOS APELOS POR INTEMPESTIVOS. (TJGO – APC 49386-1/188, Des. Jamil Pereira de Macedo, 3ª C. Civel, DJ 13224 de 26/01/2000)

3. QUESTÕES DE CONCURSOS

01. (FGV – Titular de Serviço de Notas e Registros – TJ – SC/2021) Mário compareceu ao Registro de Imóveis da cidade em que residia e solicitou a inscrição de um imóvel rural e de um imóvel urbano no Registro Torrens, tendo instruído o requerimento com os documentos referidos na Lei nº 6.015/1973. Após a protocolização dos requerimentos e dos respectivos documentos, o oficial do Registro de Imóveis deve:

a) considerar irregular o pedido em relação ao imóvel rural, em razão de sua impossibilidade jurídica, e decidir pela inclusão, ou não, do imóvel urbano no Registro Torrens;
b) considerar irregular o pedido em relação ao imóvel rural, em razão de sua impossibilidade jurídica, e, estando em termos o pedido quanto ao imóvel urbano, remetê-lo ao juízo;

c) considerar irregular o pedido em relação ao imóvel urbano, em razão de sua impossibilidade jurídica, e decidir pela inclusão, ou não, do imóvel rural no Registro Torrens;
d) analisar o pedido formulado em relação a ambos os imóveis e, constatando que os documentos justificam a propriedade de Mário, submetê-los ao juízo para despacho;
e) considerar irregular o pedido em relação ao imóvel urbano, em razão de sua impossibilidade jurídica, e, estando em termos o pedido quanto ao imóvel rural, remetê-lo ao juízo.

02. (IESES – Cartório – Provimento – TJ – AM/2018) A respeito do tema "Registro Torrens", é correto afirmar:
a) Regula o registro do título da propriedade urbana com até 60 m² (sessenta metros quadrados) e da pequena propriedade rural com área total de até um módulo rural, apta à reforma agrária, de conformidade com os critérios definidos em ato próprio a ser expedido pelo Presidente da República.
b) Trata-se de instituto previsto no Código Civil Brasileiro, criado pelo jurista Serpa Lopes em meados do século XX por conta dos problemas fundiários decorrentes da reforma agrária promovida pelo assim chamado Estado Novo. Por isso, prevê a lei ser o Registro Torrens obrigatório para imóveis, urbanos e rurais, que contenham área total superior a 1.000 (um mil) hectares.
c) Da sentença que deferir, ou não, o pedido do Registro Torrens, cabe o recurso de apelação, com ambos os efeitos.
d) É dispensada decisão judicial determinando o Registro Torrens quando o parecer do Ministério Público for favorável à solicitação encaminhada pelo interessado, desde que acompanhada dos documentos necessários previstos em lei, conforme certidão expedida pelo Registro de Imóveis.

03. (Vunesp – Notário-MS/2009) O Registro Torrens associa-se a bem
a) móvel transmitido por ato oneroso.
b) móvel transmitido por ato gratuito.
c) imóvel rural.
d) imóvel urbano.
e) imóvel ou urbano, sendo faculdade de seu titular.

04. (IESES – Cartório – Provimento – TJ – RO/2017) Assinale a alternativa correta:
a) Nos termos da Lei n. 6.015/1973, se o credor, intimado, não se opuser à remissão, ou não comparecer, lavrar-se-á termo de pagamento e quitação. Somente neste caso o Registrador procederá ao cancelamento de hipoteca, independentemente de ordem judicial.
b) Nos termos da Lei n. 6.015/1973, quanto à remissão de imóvel hipotecado, para remitir o bem, o adquirente requererá, no prazo legal, a citação dos credores hipotecários propondo, para a remissão, no máximo, o preço pelo qual adquiriu o imóvel.
c) Nos termos da Lei n. 6.015/1973, no que se refere ao Registro Torrens, transitada em julgado a sentença que deferir o pedido, o oficial inscreverá, na matrícula, o julgado que determinou a submissão do imóvel aos efeitos do mencionado registro (Registro Torrens), arquivando em cartório a documentação autuada.
d) Nos termos da Lei n. 6.015/1973, o Registro Torrens diz respeito somente a imóveis urbanos e possui natureza eminentemente constitutiva e, por isso, diz-se que tal registro possui presunção juris tantum.

05. (FGV - 2023 - TJ-SE - Atividade Notarial e de Registro - Provimento) Antônio, ao realizar alentada pesquisa sobre registros públicos, constatou que o denominado Registro Torrens está em franco desuso em nossa realidade. Esse registro, de acordo com suas conclusões, teria como características: (1) a ambivalência registral, sendo primordialmente aplicado aos imóveis rurais e secundariamente aos imóveis urbanos, nas situações indicadas em lei; (2) o Registro Torrens conduz a uma presunção juris tantum de propriedade, não protegendo o proprietário contra reivindicações posteriores de propriedade; e (3) o requerimento de inscrição do imóvel no Registro Torrens exige a apresentação de sua planta.
À luz da sistemática estabelecida na Lei nº 6.015/1973, é correto afirmar, em relação às conclusões de Antônio, que:
a) apenas 2 está correta;
b) apenas 3 está correta;
c) apenas 1 e 2 estão corretas;
d) apenas 1 e 3 estão corretas;
e) 1, 2 e 3 estão corretas.

06. (CESPE / CEBRASPE - 2023 - TJ-SC - Titular de Serviços de Notas e de Registros – Provimento) Com base no que a Lei n.º 6.015/1973 dispõe acerca do Registro Torrens, assinale a opção correta.
a) O pedido pode ser contestado por qualquer proprietário de imóvel lindeiro, independentemente de se considerar proprietário do imóvel a ser registrado.
b) O pedido de inscrição no Registro Torrens deve ser apresentado pelo interessado diretamente ao juízo competente.
c) O juiz deve determinar a expedição de edital se entender que os documentos encaminhados ao seu conhecimento justificam a propriedade do requerente.
d) A publicação de edital supre a intimação das pessoas indicadas pelo requerente.
e) O juiz poderá dispensar a manifestação do Ministério Público, se entendê-la desnecessária.

07. (FGV - 2023 - TJ-SE - Atividade Notarial e de Registro - Remoção) Ana, proprietária de um imóvel rural, com o objetivo de obter maiores níveis de proteção para a sua propriedade, procura um advogado e solicita a orientação necessária em relação à forma de proceder à sua inscrição no Registro Torrens. Após analisar a narrativa de Ana e os documentos apresentados, o advogado informou, corretamente, que o registro almejado:
a) pressupõe decisão judicial favorável a Ana, proferida em causa na qual fora reconhecida a sua posse mansa e pacífica sobre o imóvel;
b) deve ser integralmente realizado perante o oficial do Registro de Imóveis, o qual, antes de decidir, pode suscitar dúvida perante o juiz competente;
c) caso o imóvel esteja sujeito a hipoteca ou ônus real, a sua admissão a registro está condicionada ao consentimento expresso do credor hipotecário ou beneficiário do ônus real;
d) um imóvel como o de Ana é insuscetível de ser inscrito no Registro Torrens, restrito que é aos imóveis urbanos datados de período anterior à organização do registro público oficial;
e) devem ser publicados editais, pelo oficial do Registro de Imóveis, dando publicidade à inscrição solicitada, além de ser realizada a oitiva do Ministério Público, e, se houver impugnação, os autos devem ser encaminhados ao juiz competente.

GAB	1	E	2	C	3	C	4	C
	5	B	6	C	7	C		

CAPÍTULO XII – DO REGISTRO DA REGULARIZAÇÃO FUNDIÁRIA URBANA

(Incluído pela Lei nº 12.424, de 2011)

Art. 288-A. O procedimento de registro da regularização fundiária urbana observará o disposto em legislação específica.

I – (Revogado);

II – (Revogado);

III – (Revogado).

§ 1º (Revogado).

§ 2º (Revogado).

§ 3º (Revogado).

§ 4º (Revogado).

I – (Revogado);

II – (Revogado).

Art. 288-B. (Revogado pela Lei nº 13.465, de 2017)

Art. 288-C. (Revogado pela Lei nº 13.465, de 2017)

Art. 288-D. (Revogado pela Lei nº 13.465, de 2017)

Art. 288-E. (Revogado pela Lei nº 13.465, de 2017)

Art. 288-F. (Revogado pela Lei nº 13.465, de 2017)

Art. 288-G. (Revogado pela Lei nº 13.465, de 2017)

1. COMENTÁRIOS

O direito à moradia, reflexo da função social da propriedade, é um direito social inerente ao ordenamento jurídico pátrio.

Desde a edição da Lei nº 11.977/2009, o direito à moradia tem recebido uma nova abordagem, incluindo a regularização fundiária como instrumento desse direito e subordinando-o à máxima segurança da propriedade.

Destarte, o Registro de Imóveis recebeu papel relevante para a concretização do direito à moradia, sendo-lhe imposto o dever de incorporar os fundamentos e princípios da regularização fundiária, destacando-se a simplificação de procedimentos, respeitada a segurança jurídica e a redução dos emolumentos.

No que tange ao dispositivo em comento, cumpre consignar que a Lei 13.465/2017, conversão da Medida Provisória 759/2016, revogou todos os dispositivos que tratavam da regularização fundiária na Lei 6.015/1973 (arts. 288-B a 288-G), bem como na Lei 11.977/2009 (arts. 46 a 71).

Parte da doutrina já criticava a inclusão dos arts. 288-A ao 288-G na Lei de Registros Públicos. Jose Maria da Costa, quando da revogação de tais dispositivos, explanava sobre a ubiquação da matéria na Lei 6.015/1973: "fixada a premissa de que, de modo geral, o escopo da nova lei era incrementar, aperfeiçoar e detalhar os procedimentos já constantes do Capítulo III da Lei n 11.977/2009, para conferir vestimenta registral adequada aos atos praticados em cumprimento de tal lei e para a aplicação dos instrumentos da demarcação urbanística e da legitimação de posse (arts. 56, 57, 58, 60 e 60-A), é de dizer, em continuação, que, na Lei dos Registros Públicos, após as *disposições gerais* (título I), o *registro civil de pessoas naturais* (título II), o *registro civil de pessoas jurídicas* (título III), o *registro de títulos e documentos* (título IV), e, assim, especificamente na parte dedicada ao *registro de imóveis* (título V), a Medida Provisória nº 514/2010 acrescentou aos onze capítulos já existentes um Capítulo XII, dedicado ao *Registro da Regularização Fundiária Urbana*, composto pelos arts. 288-A a 288-G. Tenha-se em mente a realidade de que a implementação dos novos instrumentos instituídos pela Lei nº 11977/2009 requeria a adequação dos procedimentos de registro de imóveis disciplinados pela Lei nº 6.015/1973, uma vez que a leitura conjugada das normas em vigor não permitia definir como realizar os atos de registro da regularização fundiária, motivo pelo qual se propôs a inclusão do capítulo referido ao título mencionado. Como a matéria tratada em tal capítulo concerne a aspectos do registro de imóveis, seu lugar natural era após os demais capítulos de assuntos específicos. E mais: visto como aos artigos introduzidos se haveriam de seguir as disposições transitórias, já constantes na lei havia mais de três décadas com numeração original, optou o legislador por repetir nos artigos da matéria nova o número do último dispositivo tratado, conferindo-lhes adicionalmente letras do alfabeto: 288-A, 288-B, 288-C, 288-D, 288-E, 288-F e 288-G. Em tal proceder, nada mais fez do que prestar obediência à regra do art. 12, III, *b*, da Lei Complementar nº 95, de 26.04.2001, a vedar, quando da alteração das leis, qualquer remuneração de artigos, e a determinar que, em caso de inserção de novos dispositivos, seja 'utilizado o mesmo número do artigo' imediatamente anterior, apenas 'seguido de letras maiúsculas, em ordem alfabética, tantas quantas forem suficientes para identificar os acréscimos'"(*Lei de Registros Públicos comentada.* Rio de Janeiro: Forense, 2019, p. 1417).

No âmbito da Lei 13.465/2017, Marcelo Augusto Santana de Melo bem observa que a ansiedade legislativa não deixou a Lei nº 11.977, de 7 de julho de 2009 ser consolidada na prática, na doutrina e jurisprudência, de forma que a regularização fundiária ainda estava sendo aplicada por urbanistas, operadores do direito e representantes de órgãos responsáveis pelos respectivos procedimentos quando foi brutalmente revogada pela Lei nº 13.465/2017. Para nós, o diploma legal de 2009 – também chamado de Lei do Programa Minha Casa Minha Vida –tratava melhor a regularização fundiária e enfrentava uma questão muito importante – aparentemente esquecida pela nova legislação: situar a regularização fundiária como uma medida multidisciplinar e vinculada à urbanização (https://marcelommmelo.com/2017/ 11/21/ legitimacao-fundiaria-natureza-juridica/).

De outro giro, Vicente de Abreu Amadei, ao comentar sobre a Lei 13.465/2017, elucida que poucas matérias, nos últimos tempos, tiveram tantas inovações normativas (e em vários enfoques) como aquelas que tocam o ponto da regularização fundiária, a indicar que a sedimentação e a estabilidade jurídica das terras brasileiras ainda estão longe de ganhar fim. De qualquer modo, não se pode deixar de aplaudir o esforço legislativo no sentido de incluir no universo formal os vários modos de assentamentos informais existentes (...) Percebe-se, pois, seu eloquente intento de completude no tema da regularização fundiária, buscando abarcar **(i)** da regularização rural à urbana; **(ii)** da regularização de área pública à de área privada; **(iii)** das questões de infraestrutura do núcleo em regularização às de titulação de cada unidade; **(iv)** da fixação de diretrizes ou de normas principiológicas à especificação de ferramentas (instrumentos), de modalidades (de regularização – v.g. Reurb S e Reurb E – e de formas jurídicas de acomodação dos assentamentos regularizados), bem como de procedimentos (administrativos e registrários) neste vasto campo da regularização fundiária. Contudo, uma coisa é a completude, outra é a sistematização das normas. A Lei nº 13.465/2017, com efeito, esforçou-se na completude, mas está longe da sistematização normativa integral da regularização fundiária, bastando notar sua opção em evitar a centralização (ou até mesmo a consolidação) normativa das várias leis ou regras de regularização, optando, em inúmeros pontos, pela alteração das diversas leis existentes, tal como se pode apontar na esfera da regularização fundiária rural e da regularização fundiária no âmbito da Amazônia Legal. (http://iregistradores.org.br/a-lei-13-4652017-visao-panoramica-e-reflexao-pontual-no-trato-do-loteamento-fechado-e-do-condominio-de-lotes/).

A Lei 13.465/2017 é composta de quatro títulos:

a) Título I, destinado à regularização fundiária rural;
b) Título II, que trata da regularização fundiária urbana;
c) Título III, que traz os procedimentos de avaliação e alienação de imóveis da União;
d) Título IV, destinado às disposições transitórias.

A Lei 13.465/2017, é, atualmente, o diploma que dita as novas regras da regularização fundiária. Ao alterar 19 leis sobre o tema, **esta normativa promoveu uma ruptura substancial com o modelo até então aplicável no Brasil.** Neste sentido, tratou das hipóteses de regularização fundiária urbana de interesse social – Reurb-S e interesse específico – Reurb-E, bem como de regularização fundiária em áreas rurais e na Amazônia legal.

A seguir, elaborei um quadro didático para auxiliá-los a compreender melhor as características de cada uma delas.

Aspecto	Reurb-S (Interesse Social)	Reurb-E (Interesse Específico)
Objetivo	Garantir o direito à moradia digna para população de baixa renda	Regularização de áreas ocupadas por população de maior renda e atividades econômicas
Destinatários	Famílias em situação de vulnerabilidade social, população de baixa renda	Proprietários que não se enquadram na faixa de baixa renda, incluindo comércio, indústria, serviços
Benefícios Principais	Segurança jurídica, posse plena do imóvel, melhores condições de vida	Títulos de propriedade, desenvolvimento sustentável, legalização de atividades econômicas
Área de Aplicação	Áreas urbanas ocupadas predominantemente por população de baixa renda	Áreas urbanas e rurais, incluindo ocupações residenciais e comerciais
Instrumento Legal	Lei Federal nº 13.465/ 2017	Lei Federal nº 13.465/2017
Procedimentos	Urbanização e titulação das áreas ocupadas	Adequação e titulação das áreas ocupadas
Exemplo de Beneficiários	Comunidades de baixa renda	Proprietários de imóveis comerciais, industriais e de serviços
Isenção de Emolumentos	Sim, várias isenções	Não há isenção de emolumentos
Investimentos	Realizados pelo Poder Público	Executados pelo interessado na regularização

Não é demais assinalar que existem outros diplomas que disciplinam a regularização fundiária, tais como a **Lei n. 11.952/2009**, importante no que diz respeito à regularização fundiária das ocupações incidentes em terras situadas em áreas da União, no âmbito da **Amazônia Legal**. Conectam-se a ela dois decretos. São eles: o **Decreto 9.309, de 2018, que regulamenta a Lei n. 11.952, de 25 de junho de 2009, porém, revogado pelo Decreto 10.592/2020**, para dispor sobre a regularização fundiária das áreas rurais situadas em terras da União, no âmbito da Amazônia Legal, e em terras do Instituto Nacional de Colonização e Reforma Agrária, por meio de alienação e concessão de direito real de uso de imóveis.; e o **Decreto 9.310**, de 2018, que institui as normas gerais e os procedimentos aplicáveis à Regularização Fundiária Urbana e estabelece os procedimentos para a avaliação e a alienação dos imóveis da União.

Dialoga com a temática, as Instruções Normativas do Instituto Nacional de Colonização e Reforma Agrária (INCRA) ns. **104/2020**, que além de fixar os procedimentos para regularização fundiária das ocupações incidentes em áreas rurais, de que trata a Lei n. 11.952/2009, regulamentada pelo Decreto n. 10.592/2020, dá outras providências; e **122/2022**, que dispõe sobre os procedimentos administrativos para a solicitação de assentimento prévio ao Conselho de Defesa Nacional – CDN, para a regularização fundiária de ocupações rurais e urbanas localizadas na faixa de fronteira); **124/2022**, que estabelece os procedimentos para análise do cumprimento e liberação das cláusulas e condições resolutivas de instrumentos de titulação decorrentes de regularização fundiária, incidentes em áreas do Incra e da União sob gestão do Incra; **142/2024**, que dispõe sobre os procedimentos necessários à regularização fundiária de áreas urbanas consolidadas, de expansão urbana e de urbanização específica, incidentes em terras públicas federais do Incra, qualquer que seja sua localização, e da União, administradas pelo Incra na Amazônia Legal previstas no art. 3º da Lei nº 11.952, de 2009, e dá outras providências.

Vale ainda anotar que a Corregedoria Nacional de Justiça do CNJ editou três provimentos com a finalidade de incentivar o aperfeiçoamento de práticas relativas à regularização fundiária urbana e rural. São eles: **Provimento CNJ n. 144/2023** que estabelece, no âmbito do Poder Judiciário, o Programa Permanente de Regularização Fundiária na Amazônia Legal, institui a Semana Nacional de Regularização Fundiária; o **Provimento CNJ n. 145/2023**, que institui o Prêmio "Solo Seguro" e o **Provimento CNJ n. 158/2023**, que dispõe, no âmbito do Poder Judiciário, o Programa Permanente de Regularização Fundiária Plena de Núcleos Urbanos Informais e Favelas – "Solo Seguro – Favela."

Em relação ao **Provimento CNJ n. 44/2015**, que estabelece normas gerais para o registro da regularização fundiária urbana este será analisado em momento oportuno neste capítulo.

1.1 OBJETIVOS DA REURB

São objetivos da Regularização Fundiária Urbana (Reurb), a serem observados pela União, Estados, Distrito Federal e Municípios:

I – identificar os núcleos urbanos informais que devam ser regularizados, organizá-los e assegurar a prestação de serviços públicos aos seus ocupantes, de modo a melhorar as condições urbanísticas e ambientais em relação à situação de ocupação informal anterior;

II – criar unidades imobiliárias compatíveis com o ordenamento territorial urbano e constituir sobre elas direitos reais em favor dos seus ocupantes;

III – ampliar o acesso à terra urbanizada pela população de baixa renda, de modo a priorizar a permanência dos ocupantes nos próprios núcleos urbanos informais regularizados;

IV – promover a integração social e a geração de emprego e renda;

V – estimular a resolução extrajudicial de conflitos, em reforço à consensualidade e à cooperação entre Estado e sociedade;

VI – garantir o direito social à moradia digna e às condições de vida adequadas;

VII – garantir a efetivação da função social da propriedade;

VIII – ordenar o pleno desenvolvimento das funções sociais da cidade e garantir o bem-estar de seus habitantes;

IX – concretizar o princípio constitucional da eficiência na ocupação e no uso do solo;

X – prevenir e desestimular a formação de novos núcleos urbanos informais;

XI – conceder direitos reais, preferencialmente em nome da mulher;

XII – franquear participação dos interessados nas etapas do processo de regularização fundiária.

1.2 DO REGISTRO DA REURB

José Maria da Costa esclarece, em breve digressão, que, como inovação introduzida pela Lei revogadora, o procedimento de regularização fundiária urbana, que antes era instruído e capitaneado pelo oficial do registro de imóveis competente, passou a tramitar perante a municipalidade respectiva, a quem compete, doravante, instruir o procedimento (art. 32), notificar os interessados (art. 31, § 5º), aprovar o projeto de regularização fundiária (art. 33), criar câmaras de prevenção e resolução administrativas (art. 34, *caput*) e, ao final, emitir Certidão de Regularização Fundiária – CRF (art. 41), a qual, juntamente com o projeto de regularização fundiária aprovado, é título hábil para ser registrado no Cartório de Registro de Imóveis (art. 42) (Op. Cit. P. 1520-1521).

Neste capítulo, cumpre-nos ater à parte registral da Regularização Fundiária.

O registro da Certidão de Regularização Fundiária (CRF) – tratado no art. 167, I, 43, desta Lei –, e do projeto de regularização fundiária aprovado será requerido diretamente ao oficial do registro de imóveis **da situação do imóvel** e será efetivado **independentemente de determinação judicial ou do Ministério Público.**

Na hipótese de a Reurb **abranger imóveis situados em mais de uma circunscrição imobiliária,** o procedimento será efetuado perante cada uma das serventias de registro de imóveis.

Por sua vez, quando os imóveis regularizados estiverem situados na **divisa das circunscrições imobiliárias**, as novas matrículas das unidades imobiliárias serão de competência do oficial do cartório de registro de imóveis em cuja circunscrição estiver situada a da **maior porção** unidade imobiliária regularizada.

Recebida a CRF, o registrador deve qualificá-la, prenotá-la, autuá-la, instaurar o procedimento registral e, no prazo de quinze dias, emitir a respectiva nota de exigência ou praticar os atos tendentes ao registro.

No momento da **qualificação registral** da CRF, não havendo exigências nem impedimentos, o oficial efetuará o seu registro na matrícula dos imóveis cujas áreas tenham sido atingidas, total ou parcialmente.

Ainda sobre a qualificação, é pertinente invocar o Enunciado 16 da I Jornada de Direito Notarial e Registral:

> **Enunciado 16.** A qualificação registral de Reurb-S pode ser flexibilizada no cumprimento de requisitos formais relativos à especialidade subjetiva e objetiva, desde que possível a identificação das pessoas e dos imóveis envolvidos na regularização fundiária.
>
> ⊙ Justificativa: Uma qualificação registral adequada à Constituição Federal de 1988 e ao propósito da regularização fundiária, desde que se saiba sem dúvida quem são as pessoas e imóveis envolvidos no processo de regularização fundiária, poderá flexibilizar aspectos formais da especialidade objetiva e subjetiva e, mesmo assim, estará salvaguardando a finalidade do registro de imóveis: a segurança jurídica; e principalmente, as finalidades constitucionais subjacentes à regularização fundiária: o direito fundamental à moradia e à cidade. Isto é, a ausência de um ou outro requisito formal não deve ser óbice ao registro desde que seja possível saber qual imóvel e quem é/são as pessoas.

Em caso de **recusa do registro**, o registrador deve expedir nota devolutiva fundamentada, na qual indicará os motivos da recusa e formulará exigências devidas.

Se o registro for aprovado, ocorrerá os seguintes atos:

I. Abertura de nova matrícula, quando for o caso;

II. Abertura de matrículas individualizadas para os lotes e áreas públicas resultantes do projeto de regularização aprovado; e

III. Registro dos direitos reais indicados na CRF junto às matrículas dos respectivos lotes, dispensada a apresentação de título individualizado.

Quando o núcleo urbano regularizado abranger **mais de uma matrícula**, o oficial deve abrir nova matrícula para a área objeto de regularização, destacando a área abrangida na matrícula de origem, dispensada a apuração de remanescentes.

Anote-se que o registro da CRF **dispensa a comprovação do pagamento de tributos ou penalidades tributárias** de responsabilidade dos legitimados.

Ademais, o registro da CRF aprovado **independe de averbação prévia do cancelamento do cadastro de imóvel rural** no Instituto Nacional de Colonização e Reforma Agrária (Incra).

Nos termos do § 5º do art. 44 da Lei 13.465/2017, o procedimento registral deverá ser concluído no prazo de sessenta dias, prorrogável por até igual período, mediante justificativa fundamentada do oficial do cartório de registro de imóveis.

Ocorre que a Lei do SERP modificou o art. 205, parágrafo único, da Lei n. 6.015/1973, ao dispor que nos procedimentos de regularização fundiária de interesse social, os efeitos da prenotação cessarão decorridos 40 (quarenta) dias de seu lançamento no Protocolo (não mais 60 dias). Existe uma doutrina que entende que este prazo de 40 dias seria para os casos da Reurb-S (Interesse Social). No entanto, para a Reurb-E (Interesse Específico), o prazo que deve vigorar é o de 60 dias, estipulado no art. 44, § 5º, Lei 13.465/2017.

Importante trazer os ensinamentos da registradora Michely Freire Fonseca Cunha sobre o tema, expostos na obra "Manual de Regularização Fundiária Urbana", publicado pela Editora Juspodivm:

> "O prazo anteriormente adotado era o de 60 (sessenta) dias, independentemente da modalidade de Reurb. Por isso, a primeira observação a ser feita é que apesar de haver expressa menção ao prazo de 40 (quarenta) dias úteis apenas para a regularização de interesse social (Reurb-S), aplica-se o referido prazo à regularização de interesse específico.

Esse equívoco do legislador não é novo. Estava presente na Lei n. 11.977/09 quando o art. 205 da Lei nº 6.015/73 foi alterado em 2010 e 2011 para prever o prazo de 60 (sessenta) dias de registro da regularização fundiária apenas para a modalidade social, esquecendo-se da modalidade específica. Veja-se a seguir:

> Art. 205 – Cessarão automaticamente os efeitos da prenotação se, decorridos 30 (trinta) dias do seu lançamento no Protocolo, o título não tiver sido registrado por omissão

do interessado em atender às exigências legais. (Renumerado do art 206 com nova redação pela Lei nº 6.216, de 1975).

Parágrafo único. Nos procedimentos de regularização fundiária de interesse social, os efeitos da prenotação cessarão decorridos sessenta dias de seu lançamento no protocolo. (Incluído pela Medida Provisória nº 514, de 2010)

Parágrafo único. Nos procedimentos de regularização fundiária de interesse social, os efeitos da prenotação cessarão decorridos 60 (sessenta) dias de seu lançamento no protocolo. (Redação dada pela Lei nº 12.424, de 2011)

O Provimento n. 44/2015/CNJ pacificou o assunto ao prever no art. 11 que o prazo se aplicava em qualquer protocolo de regularização fundiária.

Art. 11. A prenotação do requerimento vigorará pelo prazo necessário à finalização dos procedimentos registrais, mas cessarão automaticamente seus efeitos se, decorridos 60 (sessenta) dias de seu lançamento no Livro de Protocolo, o requerente não tiver atendido às exigências indicadas pelo registrador.

A Lei n. 13.465/17 corrigiu o erro do legislador e passou a prever que o prazo da vigência do protocolo era de 60 (sessenta dias) independente da modalidade (Reurb-S ou Reurb-E):

Art. 44. Recebida a CRF, cumprirá ao oficial do cartório de registro de imóveis prenotá-la, autuá-la, instaurar o procedimento registral e, no prazo de quinze dias, emitir a respectiva nota de exigência ou praticar os atos tendentes ao registro.

§ 5º O procedimento registral deverá ser concluído no prazo de sessenta dias, prorrogável por até igual período, mediante justificativa fundamentada do oficial do cartório de registro de imóveis.

Ao publicar a Lei n. 14.382/22, o legislador retorna ao defeito redacional presente na legislação anterior, além de omitir-se quanto à revogação expressa dos prazos contidos no art. 44, *caput* e §5º da Lei nº 13.465/17, gerando uma pequena contradição quanto ao verdadeiro prazo de qualificação e de registro no cartório de imóveis.

Entendemos, salvo melhor juízo, que a nova redação do art. 205, parágrafo único da Lei nº 6.015/73 aplica-se a qualquer modalidade de Reurb e, enquanto pendente regulamentação do CNJ ou corregedorias estaduais em sentido diverso, o prazo de qualificação do oficial deve ser o de 10 (dez) dias úteis em substituição aos 15 (quinze) dias anteriormente previsto. Já o prazo de registro é sempre 40 (quarenta) dias úteis, prorrogado por igual período mediante justificativa do oficial, em qualquer modalidade de Reurb, em substituição ao prazo de 60 (sessenta) dias anteriormente previsto. (art. 188 e 205, parágrafo único da Lei nº 6.015/73)

Considera-se, assim, que os prazos previstos na Lei nº 13.465/17 foram derrogados porquanto resta evidente que a lei posterior revogou a lei anterior quando seja com ela incompatível, nos termos do art. 2º, § 1º da LINDB, prevalecendo o prazo de até 10 (dez) dias úteis para qualificação e de até 40 (quarenta) dias úteis para registro, sendo que o prazo de registro pode ser prorrogado por mais 40 dias úteis se houver justificativa para a prorrogação".

Após o registro da CRF, o oficial deve **notificar o Incra, o Ministério do Meio Ambiente e a Secretaria da Receita Federal do Brasil** para que esses órgãos cancelem, parcial ou totalmente, os respectivos registros existentes no Cadastro Ambiental Rural (CAR) e nos demais cadastros relacionados a imóvel rural, relativamente às unidades imobiliárias regularizadas.

O oficial registrador, a fim de atender ao **princípio da especialidade,** deve adotar o memorial descritivo da gleba apresentado com o projeto de regularização fundiária e deverá averbá-lo na matrícula existente, anteriormente ao registro do projeto, independentemente de provocação, retificação, notificação, unificação ou apuração de disponibilidade ou remanescente.

Se houver **dúvida** quanto à extensão da gleba matriculada, em razão da precariedade da descrição tabular, o oficial abrirá nova matrícula para a área destacada e averbará o referido destaque na matrícula matriz.

No que se refere às **notificações,** estas serão emitidas de forma simplificada, indicando os dados de identificação do núcleo urbano a ser regularizado, sem a anexação de plantas, projetos, memoriais ou outros documentos, convidando o notificado a comparecer à sede da serventia para tomar conhecimento da CRF com a advertência de que o não comparecimento e a não apresentação de impugnação, no prazo legal, importará em anuência ao registro.

Na hipótese de o projeto de regularização fundiária **não envolver a integralidade do imóvel matriculado,** o registro será feito com base na planta e no memorial descritivo referentes à área objeto de regularização e o destaque na matrícula da área total deverá ser averbado.

Os padrões dos memoriais descritivos, das plantas e das demais representações gráficas, inclusive as escalas adotadas e outros detalhes técnicos, seguirão as diretrizes estabelecidas pela autoridade municipal ou distrital competente, as quais serão consideradas atendidas com a emissão da CRF.

Importante anotar que nestes casos, **não serão exigidos reconhecimentos de firma nos documentos** que compõem a CRF ou o termo individual de legitimação fundiária quando apresentados pela União, Estados, Distrito Federal, Municípios ou entes da administração indireta.

O **registro da CRF será feito em todas as matrículas atingidas pelo projeto de regularização fundiária aprovado,** devendo ser informadas, quando possível, as parcelas correspondentes a cada matrícula.

Nas matrículas abertas para cada parcela, deverão constar dos campos referentes ao registro anterior e ao proprietário:

a) Quando for possível, a identificação exata da origem da parcela matriculada, por meio de planta de sobreposição do parcelamento com os registros existentes, a matrícula anterior e o nome de seu proprietário;

b) Quando não for possível identificar a exata origem da parcela matriculada, todas as matrículas anteriores atingidas pela Reurb e a expressão "proprietário não identificado", dispensando-se nesse caso os requisitos dos itens 4 e 5 do inciso II do art. 167 da Lei 6.015/1973.

Se não forem identificadas as transcrições ou as matrículas da área regularizada, o registrador abrirá matrícula com a descrição do perímetro do núcleo urbano informal que constar da CRF e nela efetuará o registro.

Registrada a CRF, será aberta matrícula para cada uma das unidades imobiliárias regularizadas.

Para os **atuais ocupantes** das unidades imobiliárias objeto da Reurb, os compromissos de compra e venda, as cessões e as promessas de cessão valerão como título hábil para a aquisição da propriedade, quando acompanhados da prova de quitação das obrigações do adquirente, e serão registrados nas matrículas das unidades imobiliárias correspondentes, resultantes da regularização fundiária.

Com o registro da CRF, serão incorporados automaticamente ao patrimônio público as vias públicas, as áreas destinadas ao uso comum do povo, os prédios públicos e os equipamentos urbanos, na forma indicada no projeto de regularização fundiária aprovado. A requerimento do Município, o oficial abrirá matrícula para as áreas que tenham ingressado no domínio público.

As **unidades desocupadas** e **não comercializadas** alcançadas pela Reurb terão as suas matrículas abertas em nome do **titular originário do domínio da área**.

De outro giro, as **unidades não edificadas** que tenham sido comercializadas a qualquer título terão suas matrículas abertas em **nome do adquirente**, conforme procedimento previsto nos arts. 84 e 98 da Lei 13.465/2017.

1.3 PROCEDIMENTO ADMINISTRATIVO DA REURB POR MEIO ELETRÔNICO

O Enunciado 71 da I Jornada de Direito Notarial e Registral estabelece que o Poder Judiciário e as serventias registrais devem estimular os Municípios e o Distrito Federal a adotarem sistemas eletrônicos com a capacidade de operação de dados geocodificados para regularização fundiária.

⊙ Justificativa: A execução pelos entes municipais, e Distrito Federal, das múltiplas atribuições que lhe são conferidas pela Constituição da República para gestão do território demanda uma capacidade de observação das mutações no âmbito urbano, rural e o intermediário (rurbano), tanto no aspecto privado (lotes e glebas particulares), quanto no aspecto público (rua). É na rua que a gestão em prol da coletividade ganha maior expressão (saneamento, arborização, caminhabilidade, entre outros). No entanto, as formas tradicionais de gestão burocrática, centrada em prestação de contas e em fluxos de demanda hierárquica (e em papel), têm-se mostrada ineficientes principalmente na quadra temporal entre demanda, execução e confirmação ao usuário. Dentre os esforços de combate a ineficiência na gestão pública o Brasil firmou em 2011 a Declaração de Governo Aberto (*Open Government Partnership* OGP) com outros oito países, uma iniciativa internacional que pretende difundir e incentivar globalmente práticas governamentais relacionadas à transparência dos governos, ao acesso à informação pública e à participação social. Em seu espírito há a busca de credibilidade nas instituições por conta da abertura dos dados, feita de forma ágil e clara, admitindo a crítica e o retorno de informação ao usuário. Para tal objetivo é necessária uma substancial alteração do ecossistema de informações dos municípios. A alteração de um ecossistema de informações não é novidade para o poder judiciário federal, posto que notável foi o esforço empreendido para atualização de seu parque de comunicação e tecnologia. A possibilidade de ajuizamento de demandas por meios virtuais, as videoconferências de audiências, as comunicações eletrônicas automáticas, e muitas outras alterações no modo de agir, gestaram um ecossistema muito mais eficiente, que aproximou o início (petição inicial) a sua entrega ao final (sentença), rompendo tempos mortos de processamento que acabavam atacando sua credibilidade. Além da escala temporal, o judiciário passou a contar com ferramentas de métricas que parametrizam seu desempenho, podendo inferir distorções ao analisar a massa de processos, o que não seria factível sob a forma de gestão anterior. Na seara dos entes municipais, o ganho de qualidade em um ecossistema de informações se dá por sistemas integrados a módulos de gestão de dados geográficos (GIS), muitos deles gratuitos (como Q-GIS, de software aberto), que superam em escala disruptiva a gestão de imagens por mapas impressos. Os GIS podem ser onipresentes, sua replicação não retira o valor da base de dados originária, por natureza ubíquo permitem construção de camadas diversas e/ou justapostas de informação, bem como podem ser alimentar softwares e/ou serem revolvidos por inteligência artificial de forma a trazer novas inferências à gestão. Oportuno falar que as qualidades dos mapas em papel se esgotam nos esboços gráficos que foram preteritamente impressos. Grosso modo, é comparar uma foto ou vídeo de um imóvel abandonado com uma ata notarial em que seja meramente descrito o que percebido pelo tabelião daquele imóvel (Esta diferença qualitativa foi observada e reconhecida pelo E. CNJ, com o que restou assente a possibilidade de em atas notariais figurarem imagens). Por fim, os GIS permitem a aferição de que eventual reclamo de um usuário possa estar ocorrendo com outros, permitindo predição de condutas e antecipação de atuação. Uma vez adotados os sistemas GIS, o corpo mínimo que deve compô-lo atualmente é ditado pelo Plano Diretor (Lei 10257/01), Quanto à disponibilização destas informações, obviamente guardadas as precauções determinadas pela LGPD, é recomendável que sejam tomadas dentro do escopo da Parceria para Governo Aberto, consoante o Plano de Dados Abertos do Ministério das Comunicações de março de 2021.

A Lei do SERP vai ao encontro da revolução tecnológica e digitalização dos serviços notariais e registrais e modifica o § 1º do art. 76 da Lei n. 13.465/2017. A antiga redação dizia que o procedimento administrativo e os atos de registro decorrentes da Reurb deveriam ser feitos **preferencialmente** por meio eletrônico, na forma dos arts. 37 a 41 da Lei n. 11.977/2009.

O novo art. 76, § 1º, agora dispõe que:

"O procedimento administrativo e os atos de registro decorrentes da Reurb **serão feitos por meio eletrônico,** nos termos dos arts. 37 a 41 da Lei nº 11.977, de 7 de julho de 2009".

Note-se que foi excluída a expressão "preferencialmente". Em outras palavras, o que era opcional passa a ser obrigatório.

Muito bem observa Ana Cristina de Souza Maia que o dispositivo em apreço, portanto, destina-se tanto aos **cartórios de registro e imóveis**, responsáveis pelos "atos de registro decorrentes da REURB e submetidos ao atendimento dos princípios do registro eletrônico, como também aos **Municípios e ao Distrito Federal,** incumbidos do se processamento administrativo. E sua alteração, via de consequência, também alcançará todos esses atores, de tal modo que, ao menos em tese, a parir da publicação da Lei 14.382/2022, todo procedimento de aprovação e regime da REURB deverá se dar por meio eletrônico. A novidade é bem-vinda, mas preocupa. A maioria das prefeituras municipais ainda engatinha na adequada compreensão e, especialmente, a aplicação da Lei 13.465/2017 e seus instrumentos. Faltam estrutura interna, equipes técnicas especializadas, capacitação eficiente e mesmo vontade política. Nem todos entenderam ainda os benefícios ou mesmo a necessidade de se regularizar o território municipal. Contudo, o (pouco) que se faz hoie é muito mais do que se fazia até então. O ganho de escala, como dito, segue sendo um problema, e a estruturação eletrônica do processamento da REURB pode, sim, ser a sua solução. No entanto, o remédio criado pela MP não pode vir a envenenar o doente? Dúvida não há de que a estruturação eletrônica do procedimento com um mínimo de automação das suas fases pode ser extremamente benéfica para a melhoria do processo. Todo o trabalho operacional de elaboração e expedição de decisões administrativas, notificação de interessados, elaboração ou aprovação dos projetos urbanístico e de regularização, bem como os trabalhos técnicos e estudos urbanísticos, sociais e ambientais e cadastro de ocupantes pode ser realizado e/ou processado de forma eletrônica, mediante a criação de arquivos de dados estruturados. Todo esse acervo digital, por sua vez, pode ser eletronicamente enviado às serventias extrajudiciais, que os importariam para seu próprio banco de dados (indicadores real e pessoal) sem necessidade de novo cadastramento – hoje, o Município cadastra e qualifica os ocupantes, envia uma lista (impressa ou digitalizada) ao cartório, que recadastra todos os dados, subjetivos e objetivos nos seus próprios sistemas.

1.4 O PROVIMENTO 44/2015 DO CNJ

Em 18 de março de 2015, a fim de regulamentar o registro da regularização fundiária, a Corregedoria Nacional de Justiça do CNJ editou o Provimento 44, que estabelece normas gerais para o registro da regularização fundiária. Transcrevo a normativa para conhecimento do leitor, pois ainda não foi expressamente revogado, nem incorporado ao Código Nacional de Normas, alertando que diante das novas regras da regularização fundiária urbana trazidas pela Lei 13.465/2017 e vistas nos comentários do art. 288-A desta obra, o Provimento deverá ser revisto e adequado aos novos diplomas.

PROVIMENTO 44, DE 18 DE MARÇO DE 2015

Estabelece normas gerais para o registro da regularização fundiária urbana.

Seção I – Disposições Gerais

Art. 1º O processo e os atos de registro da regularização fundiária urbana, sem prejuízo de outras normas aplicáveis, observarão o disposto, especialmente:

I – nos arts. 195-A e 195-B, e nos arts. 288-A a 288-G, da Lei nº 6.015, de 31 de dezembro de 1973;

II – nos arts. 46 a 71-A da Lei nº 11.977, de 7 de julho de 2009;

III – nos arts. 21 a 30 da Lei 11.952, de 25 de junho de 2009; e

× *Os artigos 46 a 71-A da Lei 11.977/09 foram revogados.*

IV – neste Provimento, complementado pelas Corregedorias Gerais de Justiça de cada uma das unidades da Federação, atendidas as peculiaridades locais.

Art. 2º A **prática registral** relativa à regularização fundiária urbana compreende, principalmente:

I – a abertura de matrícula, se não houver, para a área objeto de regularização;

II – o registro do parcelamento ou instituição de condomínio, resultante do projeto de regularização fundiária;

III – a abertura obrigatória de matrícula para cada lote ou unidade autônoma referida ao projeto de regularização fundiária; e

IV – os atos de registro ou averbação dos títulos expedidos em favor dos beneficiários do processo de regularização fundiária.

§ 1º No registro da regularização fundiária urbana serão mencionados os números das matrículas abertas para cada um dos imóveis correspondentes ao parcelamento ou ao condomínio.

§ 2º As matrículas das áreas destinadas a uso público deverão ser abertas, com averbação de suas destinações e, se for o caso, das limitações legais.

Art. 3º Os atos de averbação ou de registro, no processo de regularização fundiária urbana, serão feitos sempre em **matrícula na circunscrição da situação do imóvel, vedada a averbação à margem de transcrição ou de inscrição.**

Parágrafo único. O oficial de registro do local da situação do imóvel abrirá matrícula *ex officio*, quando necessário para fazer a averbação.

Art. 4º O processo e os atos de registro da regularização fundiária urbana poderão fazer-se por **etapas.**

Art. 5º O processo de registro da regularização fundiária urbana, em quaisquer de suas fases, **independerá de manifestação judicial ou do representante do Ministério Público**, instaurando-se mediante requerimento escrito, dirigido ao oficial de registro da situação do imóvel.

§ 1º Tratando-se de registro de parcelamento, serão apresentados e autuados, com o requerimento:

I – certidão atualizada da matrícula ou transcrição do imóvel, quando o registro anterior estiver em circunscrição diversa;

II – certidão atualizada de atos constitutivos, quando os requerentes forem cooperativas habitacionais, associações de moradores, fundações, organizações sociais, organizações da sociedade civil de interesse público ou outras associações civis que tenham por finalidade atividades nas áreas de desenvolvimento urbano ou regularização fundiária urbana.

III – projeto de regularização fundiária, aprovado pelo Poder Público competente, com a definição, no mínimo, dos seguintes elementos:

a) planta do parcelamento assinada por profissional legalmente habilitado, aprovada pelo Poder Público competente, contendo as subdivisões das quadras, as dimensões e numeração dos lotes, logradouros, espaços livres, vias de circulação existentes ou projetadas, e outras áreas com destinação específica;

b) quadro indicativo das áreas ocupadas pelos lotes, logradouros, espaços livres, vias de circulação existentes ou projetadas, e outras áreas com destinação específica, caso tais dados não constem de planta referida no inciso anterior;

c) memorial descritivo da gleba, da área parcelada, dos lotes, dos bens públicos e das demais áreas;

d) medidas necessárias para a promoção da sustentabilidade urbanística, social e ambiental da área ocupada, incluindo as compensações urbanísticas e ambientais; previstas em lei, em particular o licenciamento urbanístico e, quando exigível, ambiental;

e) as condições para promover a segurança da população em situações de risco, considerado o disposto no parágrafo único do art. 3º da Lei 6.766, de 19 de dezembro de 1979; e

f) as medidas previstas para adequação da infraestrutura básica;

IV – instrumento de instituição, especificação e convenção de condomínio, quando exigível.

§ 2º Tratando-se de registro de condomínio edilício, além do requerimento e dos documentos previstos no parágrafo anterior, serão também apresentados e autuados, caso já não constem do projeto de regularização fundiária urbana:

I – projeto arquitetônico das edificações assinado por profissional legalmente habilitado, aprovado pelo Poder Público competente, contendo as especificações previstas na legislação municipal e nas diretrizes da Associação Brasileira de Normas Técnicas – ABNT;

II – cálculo das áreas das edificações, discriminando, além da global, a das partes comuns e indicando, para cada tipo de unidade a respectiva metragem da área construída, e a fração ideal no terreno e nas coisas comuns, a serem elaboradas com base nas diretrizes da Associação Brasileira de Normas Técnicas – ABNT; e

III – memorial descritivo do terreno condominial, com descrição das unidades autônomas, das áreas de propriedade e uso comum e das áreas de uso exclusivo, se houver.

§ 3º O registro do parcelamento decorrente de processo de regularização fundiária de interesse social independe do atendimento aos requisitos constantes da Lei 6.766, de 19 de dezembro de 1979.

§ 4º Independe de projeto de regularização fundiária urbana o registro:

I – da sentença de usucapião, da sentença declaratória ou da planta, elaborada para outorga administrativa, de concessão de uso especial para fins de moradia; e

II – do parcelamento de glebas para fins urbanos anterior à vigência da Lei 6.766, de 19 de dezembro de 1979, desde que o parcelamento esteja implantado e integrado à cidade, nos termos do art. 71 da Lei nº 11.977, de 7 de julho de 2009.

Art. 6º No caso de **qualificação negativa** de registro ou de averbação da regularização fundiária urbana, o oficial indicará por escrito as exigências que devam ser satisfeitas. Caso com elas não se conforme, o interessado poderá requerer ao oficial a suscitação de dúvida, na forma do art. 198 da Lei nº 6.015, de 31 de dezembro de 1973.

Art. 7º Estão **legitimados** a requerer o registro da regularização fundiária urbana:

I – as pessoas enumeradas no art. 50 da Lei nº 11.977, de 7 de julho de 2009;

× *O art. 50 -A da Lei 11.977/09 foi revogado.*

II – quem haja promovido o parcelamento; ou

III – qualquer dos proprietários ou dos titulares de direito real constantes do registro ou seus sucessores a qualquer título.

Parágrafo único. O registro não exime aquele que haja promovido o parcelamento da responsabilidade civil, administrativa ou criminal, ainda que ele próprio promova a regularização fundiária urbana.

Art. 8º Para fins de regularização fundiária, o imóvel considera-se urbano, segundo o previsto nos incisos I e II do art. 47 da Lei nº 11.977, de 7 de julho de 2009, ainda que esteja cadastrado como rural junto ao Instituto Nacional de Colonização e Reforma Agrária (INCRA).

× *O artigo 47 da Lei 11.977/09 foi revogado.*

Parágrafo único. A regularização fundiária urbana independe de averbação de cancelamento de cadastro do imóvel rural, cabendo ao registrador, após a conclusão dos procedimentos de inscrição, enviar comunicação ao INCRA para os devidos fins.

Art. 9º Para fins de regularização fundiária urbana, nos **conjuntos habitacionais**, com abertura de ruas e compostos de edifícios de uso multifamiliar, o terreno correspondente a um ou mais edifício de cada quadra será considerado como lote do parcelamento, e cada edifício ou conjunto de edifícios como um condomínio edilício.

Seção II – Da Regularização Fundiária de Interesse Social

Art. 10 Para os atos de registro de regularização fundiária de interesse social é suficiente a declaração do Município de que a área pode ser objeto dessa modalidade de regularização, segundo o previsto no art. 47, VII, da Lei nº 11.977, de 7 de julho de 2009.

× *O artigo 47 da Lei 11.977/09 foi revogado.*

§ 1º. Caberá à União, aos Estados ou ao Distrito Federal declarar que a área pode ser objeto de regularização fundiária de interesse social, quando um deles for o promotor.

§ 2º Não obsta a regularização a existência de áreas com ocupação não residencial.

Art. 11 A prenotação do requerimento vigorará pelo prazo necessário à finalização dos procedimentos registrais, mas cessarão automaticamente seus efeitos se, decorridos 60 (sessenta) dias de seu lançamento no Livro de Protocolo, o requerente não tiver atendido às exigências indicadas pelo registrador.

Seção III – Da Demarcação Urbanística e da Legitimação de Posse

Art. 12 O averbamento da demarcação urbanística poderá ser feito ainda que:

I – haja discordância descritiva entre a área a ser regularizada e a constante da matrícula ou transcrição;

II – o auto de demarcação urbanística não conte com a anuência dos titulares de domínio do imóvel, desde que regularmente notificados na forma prevista no § 1º do artigo 57 da Lei nº 11.977, de 7 de julho de 2009, sem que haja impugnação ou que esta seja resolvida na forma da lei;

× *O artigo 57 da Lei 11.977/09 foi revogado.*

III – a área a ser regularizada envolva mais de uma matrícula ou transcrição, com proprietários distintos; ou

IV – a área a ser regularizada não conste do registro, no todo ou em parte.

Art. 13 Prenotado o auto de demarcação urbanística e instruído com os documentos referidos no § 1º do art. 56 da Lei nº 11.977, de 7 de julho de 2009, o oficial de registro, autuando-os, iniciará o processo e promoverá as buscas para a confirmação das identidades dos proprietários e titulares de imóveis confrontantes, segundo o indicado pelo requerente, solicitando informações, se for o caso, aos oficiais das circunscrições anteriores.

× *O artigo 56 da Lei 11.977/09 foi revogado.*

Art. 14 Findo o processo de que trata o art. 57 da Lei nº 11.977, de 7 de julho de 2009, o oficial de registro procederá à averbação da demarcação urbanística.

× *O artigo 57 da Lei 11.977/09 foi revogado.*

§ 1º A averbação da demarcação urbanística informará:

I – a área total e o perímetro correspondente ao imóvel objeto de regularização;

II – as matrículas e, se houver as transcrições alcançadas pelo auto de demarcação urbanística e, quando possível, a área abrangida em cada uma delas; e

III – a existência de áreas cuja origem não tenha sido identificada em razão de imprecisões dos registros anteriores.

§ 2º A averbação da demarcação urbanística será feita:

I – na matrícula que se abrir para a área demarcada e na matrícula anterior; ou

II – não sendo necessária a abertura de nova matrícula, na matrícula atingida pela demarcação urbanística.

§ 3º Se a matrícula anterior estiver em outra circunscrição imobiliária, o oficial de registro noticiar-lhe-á a averbação da demarcação urbanística.

Art. 15. O oficial de registro abrirá matrícula para a área demarcada, se:

I – não houver registro anterior;

II – o registro anterior for transcrição;

III – o registro anterior for matrícula, mas a área demarcada não coincidir com a que já estiver matriculada; ou

IV – o registro anterior for matrícula de outra circunscrição imobiliária.

Parágrafo único. Na matrícula nova:

I – a descrição do imóvel será a do auto de demarcação urbanística, a ser elaborada com os requisitos previstos nos artigos 176 e 225 da Lei nº 6.015, de 31 de dezembro de 1973; e

II – nos campos referentes ao registro anterior e ao proprietário constarão:

a) a matrícula ou a transcrição anterior e o nome dos respectivos proprietários, quando for possível identificar a exata origem da área demarcada, por meio de planta de sobreposição com os registros existentes;

b) a expressão "proprietário não identificado", quando não for possível identificar a exata origem da parcela demarcada, dispensando-se, neste caso, os requisitos dos itens 4 e 5 do inciso II do art. 176 da Lei n 6.015, de 31 de dezembro de 1973; e

c) na matrícula do lote ou da unidade autônoma, em vez do determinado nos itens anteriores, na hipótese de multiplicidade de proprietários, a advertência "proprietários indicados na matrícula de origem", no campo destinado à indicação do proprietário.

Art. 16 Tendo havido demarcação urbanística, a cada uma das matrículas anteriores atingidas por efeito do projeto de regularização, aplicar-se-á, quando cabível, o disposto no inciso II do § 1º do art. 14 deste Provimento.

Parágrafo único. Para a averbação da demarcação urbanística, fica dispensada a descrição do remanescente para as matrículas ou transcrições cujas áreas sejam atingidas apenas parcialmente.

Art. 17 Em caso de impugnação do processo de averbamento da demarcação urbanística, o oficial de registro dos imóveis deverá proceder à tentativa de conciliação prevista no § 9º do art. 57 da Lei nº 11.977, de 7 de julho de 2009.

× *O artigo 57 da Lei 11.977/09 foi revogado.*

Art. 18 A verificação dos requisitos da legitimação de posse de que trata o § 1º do art. 59, da Lei nº 11.977, de 7 de julho de 2009, será feita pelo órgão público concedente.

× *O artigo 59 da Lei 11.977/09 foi revogado.*

Parágrafo único. Caso o título não faça referência à verificação desses requisitos, o oficial exigirá, para o registro, que o legitimado declare expressamente, por escrito com firma reconhecida, que:

I – não é concessionário, foreiro ou proprietário de outro imóvel urbano ou rural; e

II – não é beneficiário de legitimação de posse concedida anteriormente.

Art. 19 A conversão de legitimação de posse em propriedade será feita por meio de requerimento oficial de registro, atendidos os requisitos previstos no art. 60 da Lei nº 11.977, de 7 de julho de 2009.

× *O artigo 60 da Lei 11.977/09 foi revogado.*

Parágrafo único. As certidões previstas no inciso I do § 1º do artigo 60 da Lei nº 11.977, de 7 de julho de 2009, serão extraídas segundo buscas em nome do titular da legitimação de posse, original e atual, e dos eventuais proprietários da gleba, quando houver.

Art. 20 Se o legitimado obtiver, do proprietário da área, título hábil para aquisição do domínio, o registro será feito independentemente do prazo previsto no art. 60 da Lei nº 11.977, de 7 de julho de 2009.

Seção IV – Da Regularização Fundiária de Interesse Específico

Art. 21 As normas concernentes à regularização fundiária de interesse social aplicam-se, no que couber, à regularização fundiária de interesse específico, prevista no art. 47, VIII, da Lei nº 11.977, de 7 de julho de 2009.

× *O artigo 47 da Lei 11.977/09 foi revogado.*

Seção V – Da Regularização Fundiária de Áreas Parceladas Antes da Vigência da Lei nº 6766/1979

Art. 22 Tratando-se de áreas parceladas antes da vigência da Lei 6.766, de 19 de dezembro de 1979, o registro da regularização fundiária será feito a requerimento do interessado, dirigido ao oficial de registro de imóveis e acompanhado dos seguintes documentos:

I – certidão da matrícula ou transcrição referente à gleba objeto de parcelamento;

II – planta e memorial descritivo do parcelamento objeto de regularização;

III – documento expedido pelo Poder Executivo municipal que ateste a conformidade legal do procedimento de regularização, observados os requisitos de implantação do parcelamento e de sua integração à cidade; e

IV – prova da responsabilidade técnica do profissional legalmente habilitado a que foi confiada a regularização.

Art. 23 Consideram-se irregulares as áreas parceladas antes da vigência da Lei 6.766, de 19 de dezembro de 1979, quando se verificar a falta de:

I – aprovação, após a promulgação de lei municipal que passou a exigi-la para projetos de parcelamento; ou

II – inscrição do loteamento no registro de imóveis, após a entrada em vigor do Decreto-Lei nº 58, de 10 de dezembro de 1937, quando obrigatória fosse essa inscrição, nos termos de seu art. 1º.

Art. 24 A comprovação da época da implantação do parcelamento poderá ser feita mediante a apresentação de:

I – planta, ainda que de origem particular, desde que apresentada e depositada em qualquer repartição pública, incluídas as arquivadas no Registro de Imóveis;

II – cadastramento municipal, lançamentos fiscais de época ou certidão emitida pela administração pública municipal;

III – fotos aéreas encomendadas pelos poderes públicos; ou

IV – compromissos de compra e venda em que a época da contratação possa ser comprovada.

Art. 25 Os registros necessários para a regularização fundiária na hipótese desta Seção poderão ser feitos por meio de planta aprovada, pelo Município, para essa finalidade específica ou em quaisquer dos programas de regularização fundiária anteriores à Lei nº 11.977, de 7 de julho de 2009.

Parágrafo único. A certidão municipal indicando que o parcelamento foi implantado antes de 19 de dezembro de 1979 e que está integrado e consolidado à cidade, com irreversibilidade de ocupação dispensará outras manifestações, licenças ou alvarás.

Art. 26 Tendo ocorrido destaques parciais por motivo de usucapião, ou de registro de quaisquer títulos, a matrícula a ser aberta abrangerá somente a parte a regularizar-se no momento.

§ 1º Poderá ser aberta matrícula para toda a gleba, desde que a planta e o memorial indiquem quais os lotes que, por já terem registro próprio, ficam excluídos da regularização, devendo essa circunstância ser averbada na matrícula.

§ 2º O requerente poderá, também, optar por fazer a regularização em etapas, ainda que lote a lote, arquivando-se os documentos ao proceder-se à primeira regularização, bastante mero requerimento quanto aos lotes seguintes.

Art. 27 Quando não for verificada irregularidade alguma das mencionadas no art. 22 deste Provimento, e faltar apenas a abertura de matrícula, o oficial de registro poderá abri-la com base em planta, memorial descritivo ou documento oficial que indique a posição do lote e da quadra, bem como suas medidas perimetrais.

Seção VI – Da Regularização Fundiária de Condomínios

Art. 28 Aberta a matrícula da área em que estiver construído o edifício, a instituição do condomínio será feita mediante requerimento acompanhado de planta aprovada, comprovação do término e regularidade da construção, memorial de instituição de condomínio e convenção aprovada na forma da lei, conforme o previsto no § 2º do art. 5º deste Provimento.

Parágrafo único. Aplicam-se, no que couber, os dispositivos referentes à regularização fundiária, especialmente quanto ao interesse social, à legitimação de posse, ao registro dos títulos e à conservação de legitimação de posse em propriedade.

Seção VII – Do registro de títulos de aquisição imobiliária

Art. 29 Com o registro do parcelamento do solo urbano, poderão ser registrados, para os fins dos arts. 26, § 6º, e 41 da Lei nº 6.766, de 19 de dezembro de 1979, os compromissos de compra ou reserva de lote devidamente quitados.

§ 1º Presume-se a quitação com o comprovante do pagamento da última parcela do preço aquisitivo, nos termos do art. 322 do Código Civil, acompanhado de certidão forense de inexistência de ação de cobrança ou de rescisão contratual, bastando esta última se já decorrido o prazo de prescrição da pretensão ao recebimento das prestações.

§ 2º Não havendo dúvida quanto à determinação e individuação do imóvel, o registro do título poderá ser feito ainda que não haja perfeita coincidência em sua descrição do imóvel com a do registro anterior.

§ 3º Regularizado o parcelamento, se tiverem sido efetuados os depósitos de que trata o art. 38 da Lei nº 6.766, de 19 de dezembro de 1979, o juiz competente, ouvidos todos os interessados e o Ministério Público, determinará o levantamento a favor de quem de direito.

§ 4º Em caso de impugnação que envolva matéria de alta indagação, as partes serão remetidas às vias ordinárias.

Seção VIII – Dos emolumentos e dos tributos

Art. 30 Não serão cobradas custas e emolumentos para os atos de registro decorrentes de regularização fundiária de interesse social a cargo da administração pública.

Art. 31 Devem ser realizados **independentemente do recolhimento de custas e emolumentos**:

I – o primeiro registro de direito real constituído em favor de beneficiário de regularização fundiária de interesse social em áreas urbanas;

II – a primeira averbação de construção residencial de até 70 m² (setenta metros quadrados) de edificação em áreas urbanas objeto de regularização fundiária de interesse social;

III – o registro de título de legitimação de posse, concedido pelo poder público, de que trata o art. 59 da Lei nº 11.977, de 7 de julho de 2009, e de sua conversão em propriedade em imóvel.

× *O artigo 59 da Lei 11.977/09 foi revogado.*

Parágrafo único. O registro e a averbação de que tratam os incisos I, II e III independem da comprovação do pagamento de tributos, previdenciários inclusive.

Art. 32 A averbação da construção civil localizada em área objeto de regularização fundiária urbana de interesse social, na forma da Lei nº 11.977/09, **independe da apresentação da Certidão Negativa de Débito para com a Previdência Social**, nos termos da alínea "e" do § 6º do art. 47 da Lei nº 8.212, de 24 de julho de 1991.

Art. 33 Na regularização fundiária urbana de interesse específico, exige-se a apresentação certidão negativa de débito para com a Previdência Social relativa à construção, ressalvados os casos de dispensa.

Parágrafo único. Independe de prazo de validade a certidão negativa de débitos emitida pela previdência social relativa à construção.

Seção IX – Disposição Final

Art. 34 Este Provimento entrará em vigor 60 (sessenta) dias depois de sua publicação.

Ministra NANCY ANDRIGHI
Corregedora Nacional de Justiça
D.J.E. – CNJ de 19.03.2015

1.5. EMOLUMENTOS, ISENÇÕES E GRATUIDADE – PROVIMENTO 44/2015 E LEI 13.465/2017 (PROVENIENTE DA MEDIDA PROVISÓRIA 759/2016)

A Regularização Fundiária Urbana – Reurb considera duas modalidades: de interesse social e de interesse específico.

A regularização de interesse social possui várias isenções de emolumentos, com os investimentos sendo realizados pelo Poder Público. Em contrapartida, a regularização de interesse específico não apresenta isenção de emolumentos, devendo os custos ser arcados pelo interessado na regularização.

Provimento 44/2015	Lei 13.465/2017 (proveniente da Medida Provisória 759/2016)
Estabelece normas gerais para o registro da regularização fundiária urbana **Art. 30.** Não serão cobradas custas e emolumentos para os atos de registro decorrentes de regularização fundiária de interesse social a cargo da administração pública. **Art. 31.** Devem ser realizados independentemente do recolhimento de custas e emolumentos: I – o primeiro registro de direito real constituído em favor de beneficiário de regularização fundiária de interesse social em áreas urbanas; I – o primeiro registro da Reurb-S, o qual confere direitos reais aos seus beneficiários; II – a primeira averbação de construção residencial de até 70 m² (setenta metros quadrados) de edificação em áreas urbanas objeto de regularização fundiária de interesse social; III – o registro de título de legitimação de posse, concedido pelo poder público, de que trata o art. 59 da Lei nº 11.977, de 7 de julho de 2009, e de sua conversão em propriedade em imóvel. MP 759/2016 revogou (arts. 46 a 71) × *O artigo 59 da Lei 11.977/09 foi revogado.* Parágrafo único. O registro e a averbação de que tratam os incisos I, II e III independem da comprovação do pagamento de tributos, previdenciários inclusive. **Art. 32.** A averbação da construção civil localizada em área objeto de regularização fundiária urbana de interesse social, na forma da Lei nº 11.977/09, independe da apresentação da Certidão Negativa de Débito para com a Previdência Social, nos termos da alínea "e" do § 6º do art. 47 da Lei n. 8.212, de 24 de julho de 1991.	*Dispõe sobre a regularização fundiária rural e urbana, sobre a liquidação de créditos concedidos aos assentados da reforma agrária e sobre a regularização fundiária no âmbito da Amazônia Legal, institui mecanismos para aprimorar a eficiência dos procedimentos de alienação de imóveis da União, e dá outras providências.* **Art. 13.** (...) § 1º Serão isentos de custas e emolumentos os seguintes atos registrais relacionados à Reurb-S, entre outros: I – o primeiro registro da Reurb-S, o qual confere direitos reais aos seus beneficiários; II – o registro da legitimação fundiária; III – o registro do título de legitimação de posse e a sua conversão em título de propriedade; IV – o registro da CRF e do projeto de regularização fundiária, com abertura de matrícula para cada unidade imobiliária urbana regularizada; V – a primeira averbação de construção residencial, desde que respeitado o limite de até setenta metros quadrados; VI – a aquisição do primeiro direito real sobre unidade imobiliária derivada da Reurb-S; VII – o primeiro registro do direito real de laje no âmbito da Reurb-S; e VIII – o fornecimento de certidões de registro para os atos previstos neste artigo.

2. JURISPRUDÊNCIA COMPLEMENTAR

SUPREMO TRIBUNAL FEDERAL

Informativo 882. Amazônia legal e a regularização fundiária. O Plenário conheceu em parte de ação direta de inconstitucionalidade e, por maioria, julgou parcialmente procedente o pedido para aplicar a técnica da interpretação conforme à Constituição, sem redução de texto: a) ao § 2º (1) do art. 4º da Lei 11.952/2009, a fim de afastar qualquer entendimento que permita a regularização fundiária das terras públicas ocupadas por quilombolas e outras comunidades tradicionais da Amazônia Legal em nome de terceiros ou de forma a descaracterizar o modo de apropriação da terra por esses grupos; e b) ao art. 13 (2) do mesmo diploma, a fim de afastar quaisquer interpretações que concluam pela desnecessidade de fiscalização dos imóveis rurais até quatro módulos fiscais, devendo o ente federal utilizar-se de todos os meios referidos em suas informações para assegurar a devida proteção ambiental e a concretização dos propósitos da norma, para somente então ser possível a dispensa da vistoria prévia, como condição para a inclusão da propriedade no programa de regularização fundiária de imóveis rurais de domínio público na Amazônia Legal. De início, o Colegiado assentou o prejuízo da pretensão relativa ao art. 15, I, §§ 2º, 4º e 5º, da Lei 11.952/2009 por perda do objeto, tendo em vista a superveniência da Lei 13.465/2017, que alterou substancialmente o inciso I e o § 2º do art. 15 e revogou os §§ 4º e 5º. Assim, conheceu do pleito apenas no tocante ao § 2º do art. 4º e ao art. 13 da Lei 11.952/2009. Reportou-se à jurisprudência do Supremo Tribunal no sentido de que incumbe ao Estado e à própria coletividade a especial obrigação de defender e preservar, em benefício das presentes e futuras gerações, o direito ao meio ambiente ecologicamente equilibrado. A correta política pública procura reduzir a desigualdade social e promover o desenvolvimento sustentável da região, possibilitando o acesso às políticas de moradia, crédito rural, assistência técnica e extensão rural, dependentes da regularização do título ou da posse ou da propriedade para se concretizar. Relativamente ao § 2º do art. 4º, o Plenário entendeu que abriu-se a possibilidade para exegese que permita a terceiros – não integrantes dos grupos identitários de remanescentes de quilombos e comunidades tradicionais – ter acesso a essas terras, se comprovados os demais requisitos para a regularização fundiária. A Constituição, nos arts. 216 (4) do texto permanente e 68 (5) do Ato das Disposições Constitucionais Transitórias (ADCT), defere especial proteção aos territórios ocupados pelas comunidades com modos tradicionais de criar, fazer e viver e pelos remanescentes quilombolas. Extraiu a conceituação de comunidade quilombola do art. 2º do Decreto 4.887/2003 e a das comunidades tradicionais do art. 3º do Decreto 6.040/2007 – que instituiu a Política de Desenvolvimento Sustentável dos Povos e Comunidades Tradicionais. Ambas as regras se encontram no âmbito de tutela especial abarcado pela Convenção 169 da Organização Internacional do Trabalho sobre Povos Indígenas e Tribais, internalizada pelo Decreto 5.051/2004. A questão central, no que concerne à caracterização das comunidades tradicionais e de sua espécie quilombola, é a terra. Eles mantêm uma relação com a terra que é mais do que posse ou propriedade. É uma relação de identidade entre a comunidade e sua terra, que recebe especial atenção na Constituição e nos compromissos internacionais assumidos pelo Estado brasileiro. Essa tutela, entretanto, não se verifica no dispositivo legal em análise. Mostra-se deficiente a proteção conferida pelo § 2º do art. 4º da Lei 11.952/2009, sendo preciso dar à norma interpretação de acordo com os ditames constitucionais de forma a assegurar, em sua correta e máxima efetividade, a garantia dos direitos territoriais dessas comunidades. A respeito das comunidades remanescentes de quilombos, a Constituição assegura-lhes a propriedade das terras que ocupam tradicionalmente. O Decreto 4.887/2003, apontado pela União como norma específica em relação aos quilombolas, não trata de procedimento de regularização fundiária de terras da União. Sobre as demais comunidades tradicionais, não há norma específica para a regularização de terras públicas por elas ocupadas, pois o Decreto 6.040/2007 não dispõe sobre a delimitação e demarcação de terras a essa população. Logo, a Lei 11.952/2009, que seria de aplicação apenas subsidiária a esses grupos, passava a ser de aplicação cogente, porquanto não era derrogada por qualquer outra, colocando em risco o exercício dos direitos a eles resguardados constitucionalmente. Além disso, o estatuto legal impugnado destina-se a promover a titulação de terras a proprietários individuais, consoante se infere de seu art. 5º, que cuida da regularização da ocupação ao próprio ocupante, seu cônjuge ou companheiro. Acontece que a propriedade de terras ocupadas pelas citadas comunidades é de feição coletiva e, sem a garantia de um tratamento específico, possibilita-se a não observância dessa característica. Noutro passo, quanto ao art. 13 da Lei 11.952/2009, o Colegiado compreendeu que o direito ao meio ambiente equilibrado foi garantido a todos, de modo difuso, pelo texto constitucional, em seu art. 225, "caput". Sendo assim, deve o legislador tornar certa a máxima efetividade dos direitos fundamentais, vedado, de toda maneira, proteção insuficiente à segurança desses direitos. Os direitos fundamentais não podem ser tidos somente como proibições de intervenção, expressando ainda um postulado de proteção. Pode-se dizer que os direitos fundamentais expressam não apenas uma proibição do excesso, como também podem ser traduzidos como proibições de proteção insuficiente ou imperativos de tutela. A tutela desse direito seria fragilizada diante da simples dispensa da vistoria prévia nos imóveis de até quatro módulos fiscais, se apenas essa medida fosse eleita para a verificação do cumprimento dos requisitos legais para a titulação do domínio ou concessão de direito real de uso. Um exame mais aprofundado da questão posta desautorizaria simples conclusão pela retirada da norma do ordenamento jurídico. O Tribunal conjugou os interesses sensíveis que o problema da dispensa da vistoria prévia colocou. A ausência do laudo de vistoria assumiu maior gravidade após a Lei 13.465/2017, que modificou vários dispositivos da Lei 11.952/2009. Com efeito, se antes a União ancorava-se também na realização de vistoria final para a concessão definitiva do título de domínio ou do termo de concessão de uso, agora, a nova redação conferida ao art. 16 não mais previa referida exigência, comprovando-se o cumprimento das cláusulas resolutivas pela juntada de documentação pertinente. Ou seja, os imóveis de até quatro módulos fiscais, via de regra, não passariam por qualquer vistoria no processo de regularização fundiária. O reconhecimento de sua inconstitucionalidade, contudo, não podia levar ao comprometimento dos propósitos dessa legislação. Foi necessário encontrar um ponto de equilíbrio entre a eficiência na fiscalização dessas pequenas propriedades a serem regularizadas e a proteção do meio ambiente amazônico, de forma a assegurar a real possibilidade de melhoria na qualidade de vida das pessoas que retiravam da floresta seu sustento e que colaboravam para a manutenção do desenvolvimento sustentável da região. Vencido o ministro Marco Aurélio, que acompanhou o relator quanto ao conhecimento da ação, mas, na parte conhecida, considerou-a improcedente. Vencido, em parte, o ministro Alexandre de Moraes, com relação ao que decidido sobre o art. 13, ao entender pela presunção "iuris tantum" da boa-fé da declaração do ocupante do imóvel, no que foi acompanhado pelo ministro Gilmar Mendes. (1) Lei 11.952/2009: "Art. 4º Não serão passíveis de alienação ou concessão de direito real de uso, nos termos desta Lei, as ocupações que recaiam sobre áreas: (...) § 2º As terras ocupadas por comunidades quilombolas ou tradicionais que façam uso coletivo da área serão regularizadas de acordo com as normas específicas, aplicando-se-lhes, no que couber, os dispositivos desta Lei. (2) Lei 11.952/2009: "Art. 13. Os requisitos para a regularização fundiária dos imóveis de até 4 (quatro) módulos fiscais serão averiguados por meio de declaração do ocupante, sujeita a responsabilização nas esferas penal, administrativa e civil, dispensada a vistoria prévia. Parágrafo único. É facultado ao Ministério do Desenvolvimento Agrário ou, se for o caso, ao Ministério do Planejamento, Orçamento e Gestão determinar a realização de vistoria de fiscalização do imóvel rural na hipótese prevista no *caput* deste artigo." (3) CF/1988: "Art. 225. Todos têm direito ao meio ambiente ecologicamente equilibrado, bem de uso comum do povo e essencial à sadia qualidade de vida, impondo-se ao Poder Público e à coletividade o dever de defendê-lo e preservá- lo para as presentes e futuras gerações. (...) § 4º A Floresta Amazônica brasileira, a Mata Atlântica, a Serra do Mar, o Pantanal Mato-Grossense e a Zona Costeira são patrimônio nacional, e sua utilização far-se-á, na forma da lei, dentro de condições que assegurem a preservação do meio ambiente, inclusive quanto ao uso dos recursos naturais."

(4) CF/1988: "Art. 216. Constituem patrimônio cultural brasileiro os bens de natureza material e imaterial, tomados individualmente ou em conjunto, portadores de referência à identidade, à ação, à memória dos diferentes grupos formadores da sociedade brasileira, nos quais se incluem: (...) II – os modos de criar, fazer e viver;" (5) ADCT: "Art. 68. Aos remanescentes das comunidades dos quilombos que estejam ocupando suas terras é reconhecida a propriedade definitiva, devendo o Estado emitir-lhes os títulos respectivos." ADI 4269/DF, rel. Min. Edson Fachin, julgamento em 18.10.2017. (ADI-4269)

CONSELHO SUPERIOR DA MAGISTRATURA

EMENTA: REGISTRO DE IMÓVEIS – Regularização Fundiária de Interesse Específico – Exigências incompatíveis com o Provimento CG nº 18/2012 – Não provimento (APELAÇÃO Nº 0053920-87.2012.8.26.0576, da Comarca de São José do Rio Preto). Trata-se de apelação interposta pelo Ministério Público do Estado de São Paulo objetivando a reforma da r sentença de fls. 70/73, que afastou a recusa do 2º Oficial de Registro de Imóveis de São José do Rio Preto e determinou o prosseguimento da regularização fundiária de interesse específico do núcleo São Marcos II, objeto da matrícula nº 39.880, daquela Serventia de Imóveis. Aduz, em suma, que: a) o registro pretendido desrespeita o item 228.1, do Capítulo XX, das Normas de Serviço da Corregedoria-Geral da Justiça; b) a planta e o memorial descritivo apresentados pela associação de moradores não indicam os números das matrículas ou transcrições dos confrontantes; e c) não foi apresentado o termo de verificação da Prefeitura Municipal das obras de infraestrutura com definição das responsabilidades pela implantação previsto no item 219, das NSCGJ, e no art. 62, da Lei nº 11.977/09[17]. Nesse particular, alega que o fato de referido termo não se encontrar no rol do item 225, das NSCGJ, não afasta a necessidade de sua apresentação. Contrarrazões de apelação foram apresentas às fls. 83/90. A Procuradoria Geral de Justiça opinou pelo não provimento do recurso (fls. 96/99). É o relatório. A Associação de Moradores das Estâncias São Marcos busca o registro do projeto de regularização fundiária de interesse específico do núcleo São Marcos II, objeto da matrícula nº 39.880. A r. sentença de fls. 70/73 não merece reforma, como bem destacou a ilustrada Procuradoria Geral de Justiça. De acordo com o item 228.1, das Normas de Serviço da Corregedoria Geral da Justiça, se o Oficial de Registro de Imóveis constatar expansão do parcelamento para além da área descrita na matrícula, deverá aproveitar o procedimento em curso para notificar o confrontante em tese atingido e proceder à retificação do registro. Referido item – invocado pelo Oficial de Registro de Imóveis como lastro da primeira exigência – não impõe, no caso de verificação de expansão ou prolongamento do parcelamento para além da área da matrícula a apresentação da planta de sobreposição exigida pelo registrador; diz que, nesse caso, em prol da celeridade e economia procedimental, deverá o Oficial aproveitar o expediente em curso para já fazer a retificação do registro nos termos dos itens 228.2 e seguintes, das Normas de Serviço da Corregedoria Geral da Justiça. A segunda exigência, que consiste na necessidade de o interessado no registro informar na planta e memorial descritivo os números das matrículas ou transcrições dos imóveis confrontantes, também não prospera. É que, como bem destacou a ilustrada Procuradoria Geral de Justiça, referidos dados podem ser obtidos pelo próprio Oficial de Registro de Imóveis por meio de simples busca em seu acervo. Demais disso, o § 12º, do art. 213, da Lei nº 6.015/73, permite ao Oficial que realize diligências no imóvel para constatar a sua situação em face dos confrontantes e localização na quadra. Não há, portanto, o óbice alegado. Por fim, também não pode prevalecer a exigência de que a Associação de Moradores apresente o termo de verificação da Prefeitura porque a expedição, pela própria Prefeitura, do Auto de Regularização (fl. 24-A) faz presumir que todas as diretrizes técnicas das plantas, memoriais e projetos foram observadas. Ante o exposto, nego provimento ao recurso. JOSÉ RENATO NALINI. Corregedor Geral da Justiça e Relator(D.J.E. de 10.07.2013 – SP)

3. QUESTÕES DE CONCURSOS

01. (IESES – Cartório – Provimento – TJ – CE/2018) A Lei Federal nº 13.465/2017, de 11 de julho de 2017, define à Regularização Fundiária Urbana (Reurb), como o procedimento que abrange medidas jurídicas, urbanísticas ambientais e sociais destinadas à incorporação dos núcleos urbanos informais ao ordenamento territorial urbano e à titulação de seus ocupantes. Sobre a Reurb NÃO está correto a seguinte afirmação:

a) As unidades desocupadas e não comercializadas alcançadas pela Reurb terão as suas matriculas abertas em nome do titular originário do domínio da área.

b) O registro da CRF (Certidão de regularização fundiária) e do projeto de regularização fundiária, com abertura de matrícula para cada unidade imobiliária urbana regularizada será isento de custas e emolumentos.

c) Na Reurb, os Municípios e o Distrito Federal poderão admitir o uso misto de atividades como forma de promover a integração social e a geração de emprego e renda no núcleo urbano informal regularizado.

d) Na Reurb-E, caberá ao poder público competente, diretamente ou por meio da administração pública indireta, implementar a infraestrutura essencial, os equipamentos comunitários e as melhorias habitacionais previstos nos projetos de regularização, assim como arcar com os ônus de sua manutenção.

02. (Vunesp – Cartório – Remoção – TJ – SP/2018) A Regularização Fundiária Urbana (Reurb)

a) não poderá ser realizada em área de preservação permanente, área de unidade de conservação de uso sustentável ou área de proteção de mananciais.

b) desde que com autorização da autoridade militar competente, poderá ser realizada em área indispensável à segurança nacional ou de interesse da defesa.

c) poderá ser realizada somente nos imóveis situados em área urbana ou de expansão urbana.

d) poderá ser realizada nos imóveis rurais com uso e características urbanas, cuja área seja inferior à fração mínima de parcelamento, tanto na modalidade Reurb-S quanto na Reurb-E.

03. (IESES – Notário-MA/2011) Assinale a alternativa correta:

Nota da autora: questão adaptada para conformidade com a nova sistemática registral.

a) Segundo a Lei n. 6.015/1973, alterada pela Lei do SERP, nos procedimentos de regularização fundiária de interesse social, os efeitos da prenotação cessarão decorridos 60 (quarenta) dias de seu lançamento no Protocolo. .

b) Segundo a Lei n. 6.015/1973, alterada pela Lei do SERP, nos procedimentos de regularização fundiária de interesse social, os efeitos da prenotação cessarão decorridos 40 (quarenta) dias de seu lançamento no Protocolo.

c) O registro do penhor rural depende do consentimento do credor hipotecário.

d) No processo, de dúvida, sempre serão devidas custas, a serem pagas pelo sucumbente, quando a dúvida for julgada.

GAB	1	D	2	D	3	B

17. O artigo 62 da Lei 11.977/09 foi revogado.

TÍTULO VI – DAS DISPOSIÇÕES FINAIS E TRANSITÓRIAS

Art. 289. No exercício de suas funções, cumpre aos oficiais de registro fazer rigorosa fiscalização do pagamento dos impostos devidos por força dos atos que lhes forem apresentados em razão do ofício.

1. COMENTÁRIOS

Consigna-se de início que a redação do artigo 289, que prevê a observância do dever de fiscalização dos tributos pelo Oficial, **não impede a prenotação do título**, garantindo a precedência do direito do apresentante.

A Lei 8.935/1994 estabelece, nos artigos 30 e 31, a fiscalização do recolhimento dos impostos incidentes sobre os atos que os notários e registradores realizarem. Neste sentido:

> **Art. 30**. São deveres dos notários e dos oficiais de registro:
>
> (...)
>
> XI – fiscalizar o recolhimento dos impostos incidentes sobre os atos que devem praticar.
>
> **Art. 31**. São infrações disciplinares que sujeitam os notários e os oficiais de registro às penalidades previstas nesta lei:
>
> I – a inobservância das prescrições legais ou normativas;
>
> (...)
>
> V – o descumprimento de quaisquer dos deveres descritos no art. 30.

Note-se que, a Lei 8.935/1994 também impôs aos notários e tegistradores a árdua tarefa de **fiscalizar** um grande volume de tributo, sob pena de infringir a lei e incorrer em infração disciplinar.

Demais disso, o Código Tributário Nacional (Lei 5.172/1966), no art. 134, prevê que, nos casos de impossibilidade de exigência do cumprimento da obrigação principal pelo contribuinte, responde **solidariamente** com este nos atos em que intervierem ou pelas omissões de que forem responsáveis, os tabeliães, escrivães e demais serventuários de ofício, **pelos tributos devidos sobre os atos praticados por eles, ou perante eles, em razão do seu ofício.**

Importa ressaltar que, apesar de o aludido código mencionar impropriamente responsabilidade solidária, a maioria da doutrina entende que a **responsabilidade é subsidiária**.

Dessa forma, é essencial que o tabelião compreenda as normas relativas à competência dos entes tributantes nas operações imobiliárias, pois é seu dever fiscalizar o recolhimento do tributo para a lavratura do ato. Indubitavelmente, ele atua como um colaborador fiscal.

Assim, por exemplo, o oficial registrador deve estar atento ao art. 21 da Lei nº 9.393/1996, que prescreve a obrigação de comprovação do pagamento do ITR (Imposto Territorial Rural) referente aos cinco últimos exercícios, para que sejam praticados quaisquer dos atos previstos nos arts. 167 e 168 da Lei nº 6.015/1973.

No entanto, é pacífico na doutrina e a jurisprudência, que o registrador deve **fiscalizar apenas o pagamento dos tributos gerados pelos negócios jurídicos que lhe são submetidos para registro ou averbação.** Em outras palavras, Flávio Gonzaga Bellegarde Nunes elucida que não é atribuição do registrador verificar se o montante do imposto recolhido está ou não exato. Aos órgãos fazendários competentes é que cabe essa verificação. Portanto, não é lícita a recusa da prática do ato de registro ou averbação sob a alegação de que o imposto teria sido pago a menor (*Lei de Registros Públicos comentada*. Rio de Janeiro: Forense, 2019, p. 1485).

É oportuno transcrever alguns trechos de importantes decisões do Conselho Superior da Magistratura do Estado de São Paulo sobre o tema:

> "Ao Oficial, cabe fiscalizar, sob pena de responsabilização pessoal, a existência da arrecadação do imposto previsto e a oportunidade em que foi efetuada. O montante, desde que não seja flagrantemente equivocado, extrapola a sua função" (Apelação Cível CSM 0002604-73.2011.8.0025 (j. 20/09/2012, Rel. Des. Renato Nalini).

No mesmo sentido, o julgamento da Apelação Cível CSM 996-6/6:

> "Registro de Imóveis. Dúvida julgada procedente em primeiro grau. Formal de partilha. ITCMD tido por insuficiente pelo Registrador. **Dever de fiscalização do pagamento pelo Oficial que se limita à averiguação do recolhimento do tributo devido, mas não de seu valor**. Recurso provido".

Nos próximos tópicos, faremos a análise de alguns importantes tributos que o notário e/ou registrador deve fiscalizar no momento da prática do ato.

1.1 ITCMD E ITBI

A não exigência pelo titular do serviço, seja por ocasião da lavratura do ato notarial, seja no ato de lavratura do registro, do **comprovante do recolhimento do tributo**, expedido pelo Estado nos atos gratuitos (ITCMD) e pelo Município nos atos onerosos (ITBI), implicará em falta administrativa e solidariedade tributária.

Esses dois tributos mencionados são os impostos incidentes sobre os atos ou documentos notariais.

No Estado de São Paulo, indo na contramão da jurisprudência do STF e do STJ, o entendimento dominante é o de que, mesmo que **o fato gerador do tributo**

ocorra apenas com o registro do documento notarial no Registro de Imóveis, ainda assim cabe ao **notário** exigir o recolhimento do tributo. Confirma a jurisprudência paulista: "(...) O Decreto Estadual 46.655, de 2002, que regulamenta a Lei 10.705/2000, estabelece que na hipótese da doação que não ultrapassa as duas mil e quinhentas UFESPs, os tabeliães e serventuários responsáveis pela lavratura de atos que importem em doação de bens ficam obrigados a exigir do donatário declaração relativa a doações isentas recebidas do mesmo doador, conforme disposições estabelecidas pela Secretaria da Fazenda (art. 6º, par. 3º). O art. 48 do mesmo Decreto dispõe: "Não serão lavrados, registrados ou averbados pelo tabelião, escrivão e oficial de Registro de Imóveis, atos e termos de seu cargo, sem a prova do recolhimento do imposto ou do reconhecimento de isenção ou não incidência, quando for o caso (Lei 10.705, art. 25). **O art. 6º do Decreto não se refere ao oficial de registro, mas apenas ao tabelião e ao ato da lavratura da escritura. Portanto, cabia ao tabelião, na lavratura, exigir a declaração relativa a doações isentas.** Isso não foi feito, até porque na época não havia a isenção. Não há, por outro lado, como entender que tal atribuição passou ao oficial registrador. O par. 3º do art. 6º do Decreto não prevê essa possibilidade de o oficial registrador se substituir ao tabelião. Assim, incide a vedação do art. 48 no sentido de que não serão registrados pelo oficial de Registro de Imóveis os atos e termos a seu cargo sem a prova do recolhimento do imposto ou do reconhecimento da isenção" (CSM, Apelação Cível 90000001-15-2013.8.26.0311, Rel. Des. Hamilton Elliot Akel).

O Supremo Tribunal Federal fixou entendimento de que só se admite a incidência do ITBI quando ocorre a **transferência efetiva da propriedade no cartório de registro de imóveis**. Para o STF, nos termos da legislação, a transferência do domínio sobre o bem torna-se eficaz a partir do registro público, e não quando ainda se encontra apenas com o contrato de compra e venda. Em outras palavras, o fato gerador do Imposto Sobre Transmissão *Inter Vivos* de Bens Imóveis (ITBI) somente ocorre com a efetiva transferência da propriedade imobiliária, que se dá mediante o registro. Confiram-se, a propósito, os seguintes precedentes:

> AGRAVO REGIMENTAL EM RECURSO EXTRAORDINÁRIO COM AGRAVO. DIREITO TRIBUTÁRIO. DIREITO PROCESSUAL CIVIL. DEVIDO PROCESSO LEGAL. ITBI. FATO GERADOR. PROMESSA DE COMPRA E VENDA. 1. A jurisprudência do STF se consolidou no sentido de que suposta ofensa aos princípios do devido processo legal, da ampla defesa, do contraditório e dos limites da coisa julgada, quando a violação é debatida sob a ótica infraconstitucional, não apresenta repercussão geral. Precedente: RE-RG 748.371, de relatoria do Ministro Gilmar Mendes, DJe 1º.8.2013. 2. A transferência do domínio sobre o bem torna-se eficaz a partir do registro público, momento em que incide o Imposto Sobre Transferência de Bens Imóveis (ITBI), de acordo com a jurisprudência do Supremo Tribunal Federal. Logo, a promessa de compra e venda não representa fato gerador idôneo para propiciar o surgimento de obrigação tributária. 3. Agravo regimental a que se nega provimento. (ARE 807255 AgR, Relator(a): Min. EDSON FACHIN, Primeira Turma, julgado em 06/10/2015, PROCESSO ELETRÔNICO DJe-218 DIVULG 29-10-2015 PUBLIC 03-11-2015)

> "AGRAVO REGIMENTAL EM RECURSO EXTRAORDINÁRIO COM AGRAVO. IMPOSTO SOBRE TRANSMISSÃO DE BENS IMÓVEIS. FATO GERADOR PROMESSA DE COMPRA E VENDA. IMPOSSIBILIDADE. A obrigação tributária surge a partir da verificação de ocorrência da situação fática prevista na legislação tributária, a qual, no caso dos autos, deriva da transmissão da propriedade imóvel. Nos termos da legislação civil, a transferência do domínio sobre o bem torna-se eficaz a partir do registro. Assim, pretender a cobrança do ITBI sobre a celebração de contrato de promessa de compra e venda implica considerar constituído o crédito antes da ocorrência do fato imponível. Agravo regimental a que se nega provimento" (ARE 805.859-AgR/RJ, Rel. Min. Luís Roberto Barroso)

> "PROCESSUAL CIVIL. AGRAVO REGIMENTAL NO RECURSO EXTRAORDINÁRIO COM AGRAVO. PRELIMINAR DE REPERCUSSÃO GERAL. FUNDAMENTAÇÃO DEFICIENTE. ÔNUS DO RECORRENTE. AUSÊNCIA DE PREQUESTIONAMENTO. SÚMULAS 282 E 356 DO STF. TRIBUTÁRIO. ITBI. CONTRATOS DE PROMESSA DE COMPRA E VENDA. COBRANÇA INDEVIDA. PRECEDENTES. AGRAVO REGIMENTAL A QUE SE NEGA PROVIMENTO". (ARE 798.004-AgR/RJ, Rel. Min. Teori Zavascki). AG. REG. NO RECURSO EXTRAORDINÁRIO COM AGRAVO 807.255 PROCED.: RIO DE JANEIRO RELATOR: MIN. EDSON FACHIN AGTE.(S): MUNICÍPIO DO RIO DE JANEIRO PROC.(A/S)(ES): PROCURADOR-GERAL DO MUNICÍPIO DO RIO DE JANEIRO AGDO.(A/S): ROSÂNGELA BRAGA E OUTRO(A/S)

1.1. 2 TESE DE REPERCUSSÃO GERAL FIRMADA PELO SUPREMO TRIBUNAL FEDERAL ACERCA DO ITBI E MUDANÇA DE ENTENDIMENTO

Em um primeiro momento e por unanimidade, o Supremo Tribunal Federal reafirmou, em fevereiro de 2021, na análise de recurso extraordinário com agravo com repercussão geral (*ARE 1.294.969)* que o fato gerador do Imposto sobre Transmissão de Bens Imóveis (ITBI) somente ocorre com a efetiva transferência da propriedade imobiliária, que se dá mediante o registro. .

Ocorre que o mesmo STF decidiu anular a decisão tomada no Agravo em Recurso Extraordinário 1.294.969, considerando que a situação específica analisada era distinta da tese estabelecida.

A decisão reconhece claramente a existência de três tipos distintos de incidência do Imposto sobre Transmissão de Bens Imóveis (ITBI): a) a transferência de propriedade de um bem imóvel; b) a transferência de direitos reais sobre um bem imóvel; e c) a cessão de direitos à aquisição de um bem imóvel.

A jurisprudência utilizada como base só havia examinado as duas primeiras situações de incidência do

ITBI. Neste caso, o STF decidiu que deverá **reavaliar** o Agravo em Recurso Extraordinário (ARE) 1.294.969, pois não existe jurisprudência consolidada sobre esse caso específico, que trata da **terceira modalidade do ITBI: a cessão de direitos à aquisição.**

O tema é polêmico. Quando da publicação do julgado do STF, grande parte doutrina se manifestou entendendo que as prescrições normativas, seja em nível federal, estadual ou municipal, especialmente as normativas estaduais extrajudiciais, devem ser observadas, ainda que determinem o recolhimento do imposto antes do registro. O Instituto de Registro Imobiliário do Brasil (IRIB) elaborou uma nota técnica a fim de orientar notários e registradores. Transcrevo-a para complementação da leitura (grifos meus):

NOTA TÉCNICA IRIB N. 01/2021

Objeto: Tese de Repercussão Geral firmada pelo Supremo Tribunal Federal (STF), nos autos da Repercussão Geral no Recurso Extraordinário com Agravo n. 1.294.969 – SP.

Tese: "O fato gerador do Imposto Sobre Transmissão *Inter Vivos* de Bens Imóveis (ITBI) somente ocorre com a efetiva transferência da propriedade imobiliária, que se dá mediante o registro".

CONSIDERANDO que o Instituto de Registro Imobiliário do Brasil (IRIB) é órgão representativo e de orientação técnica dos registradores de imóveis brasileiros;

CONSIDERANDO que a Comissão do Pensamento Registral Imobiliário do IRIB (CPRI/IRIB) é órgão de assessoramento do Presidente do Instituto de Registro Imobiliário do Brasil;

CONSIDERANDO as atribuições estatutárias do IRIB, em especial a previsão contida na alínea "c" do art. 2º do seu Estatuto Social;

CONSIDERANDO que compete à CPRI/IRIB, nos termos do art. 4º, IV de seu Regimento Interno, disseminar informações, experiências, estudos e pesquisas técnico-científicas, visando a estimular o desenvolvimento do registro de imóveis;

CONSIDERANDO que a presente NOTA TÉCNICA foi submetida à apreciação e aprovação da Diretoria e Conselho Deliberativo do Instituto;

CONSIDERANDO as dúvidas e interpretações que têm sido veiculadas nas mídias especializadas e redes de comunicação digital, o IRIB ESCLARECE e RECOMENDA o que segue:

1 – A tese firmada pelo STF teve por base o **questionamento específico quanto à incidência de ITBI em cessão de compromisso de compra e venda não registrada.**

2 – Nesse âmbito, afirmou-se a regra – já conhecida no direito brasileiro – de que a transmissão onerosa de direitos sobre bens imóveis, entre vivos (ex.: compra e venda), dá-se exclusivamente com o registro imobiliário do respectivo título, motivo pelo qual o registro se constitui em fato gerador do imposto.

3 – O instituto da Repercussão Geral, previsto no art. 102 da Constituição Federal, é requisito de admissibilidade do Recurso Extraordinário no STF, com o objetivo de filtrar o congestionamento de processos nessa Alta Corte, ao estabelecer um precedente a ser seguido pelos demais órgãos jurisdicionais do Poder Judiciário. Contudo, persiste a discussão doutrinária acerca dos exatos efeitos da Repercussão Geral, notadamente o seu caráter vinculativo, haja vista a ausência de previsão legal expressa.

4 – Nesse contexto, estando, em princípio, limitados os efeitos da Repercussão Geral à esfera judicial, **é plausível o entendimento de que a decisão ora em debate não tornaria automaticamente sem efeito a legislação em vigor sobre o tema, seja em nível federal, estadual ou municipal, incluindo as normas técnicas editadas pelas egrégias Corregedorias de Justiça dos Tribunais Estaduais.**

Assim, **as prescrições normativas existentes devem continuar a ser observadas, ainda que determinem o recolhimento do imposto antes do registro.** Eventual questionamento de sua validade haveria de requerer discussão em sede própria, isto é, pela via judicial ou, no caso do registro imobiliário, em sede de procedimento de suscitação de dúvida (art. 198 da Lei n. 6.015, de 1973), se assim a parte interessada o requerer.

6 – Desse modo, o **IRIB ESCLARECE e RECOMENDA** aos registradores imobiliários do país, respeitada obviamente a sua independência jurídica, que continuem observando a **legislação local em vigor (princípio da legalidade estrita), especialmente as leis tributárias do município e normas das egrégias Corregedorias-Gerais da Justiça, até que as mesmas se adequem à tese firmada pelo STF,** se for o caso.

7 – Por fim, na hipótese de nota devolutiva quanto ao recolhimento do ITBI, pode o registrador solicitar, alternativamente, que a parte interessada apresente **"certidão de não incidência" do imposto para fins de registro,** expedida pelo órgão fiscal competente, nos termos da legislação específica, cabendo ao município promover a respectiva cobrança oportunamente, pelos meios próprios.

São Paulo, 22 de fevereiro de 2021.

JORDAN FABRÍCIO MARTINS

Presidente do Instituto de Registro Imobiliário do Brasil – IRIB

PRISCILA CORRÊA DIAS MENDES

Coordenadora da Comissão do Pensamento Registral Imobiliário do IRIB – CPRI/IRIB

Concluindo: No julgamento do Agravo em Recurso Extraordinário n. 1.294.969 pelo Supremo Tribunal Federal, foi anulada a própria decisão proferida em 2021, que por unanimidade, havia fixado a tese de que "*o fato gerador do ITBI somente ocorre com a efetiva transferência da propriedade imobiliária, que se dá mediante o registro*".

Com a nova decisão, a cobrança seguirá as legislações municipais, autorizando as prefeituras a cobrarem o ITBI antes do registro da transferência da cessão de direitos.

1.1.3 TEMA 1.113 DO STJ – BASE DE CÁLCULO DO ITBI

Sob o rito dos **recursos especiais repetitivos (Tema 1.113)**, a Primeira Seção do Superior Tribunal de Justiça estabeleceu **três teses** relativas ao cálculo do Imposto sobre a Transmissão de Bens Imóveis (ITBI) nas operações de compra e venda (No REsp 1.937.821):

1) A base de cálculo do ITBI é o valor do imóvel transmitido em condições normais de mercado, não estando vinculada à base de cálculo do IPTU, que nem sequer pode ser utilizada como piso de tributação;
2) O valor da transação declarado pelo contribuinte goza da presunção de que é condizente com o valor de mercado, que somente pode ser afastada pelo fisco mediante a regular instauração de processo administrativo próprio (artigo 148 do Código Tributário Nacional – CTN);
3) O município não pode arbitrar previamente a base de cálculo do ITBI com respaldo em valor de referência por ele estabelecido de forma unilateral.

Registre-se que as questões foram analisadas pelo Tribunal de Justiça de São Paulo (no âmbito de Incidente de Resolução de Demandas Repetitivas (IRDR).

O TJSP entendeu que o ITBI poderia ter como base de cálculo o valor do negócio ou o valor venal para fins de IPTU – o que fosse maior.

O ministro Gurgel de Faria, relator do recurso, elucidou que, "nos termos do **artigo 38 do CTN**, a base de cálculo do ITBI deve ser o valor venal dos bens e direitos transmitidos; e o **artigo 35 do CTN** define o fato gerador como a transmissão da propriedade ou dos direitos reais imobiliários, ou, ainda, a cessão de direitos relativos ao imóvel. No que tange à base de cálculo, a expressão 'valor venal' contida no artigo 38 do CTN deve ser entendida como o valor considerado em condições normais de mercado para as transmissões imobiliárias".

"Embora seja possível delimitar um valor médio dos imóveis no mercado, a avaliação de cada bem negociado pode sofrer oscilações positivas ou negativas, a depender de circunstâncias específicas – as quais também afetam a alienação em hasta pública, pois são consideradas pelo arrematante", argumento o magistrado.

Traçando um paralelo entre IPTU e ITBI, argumentou que no primeiro "tributa-se a propriedade, lançando-se **de ofício** o imposto com base em uma planta genérica de valores aprovada pelo Poder Legislativo local, o qual considera aspectos mais amplos e objetivos, como a localização e a metragem do imóvel. No caso do ITBI, a base de cálculo deve considerar o valor de mercado do imóvel individualmente determinado, afetado também por fatores como benfeitorias, estado de conservação e as necessidades do comprador e do vendedor, motivo pelo qual o lançamento desse imposto ocorre, como regra, por meio da declaração do contribuinte, ressalvado ao fisco o direito de revisar a quantia declarada, mediante procedimento administrativo que garanta o exercício do contraditório e da ampla defesa. Cumpre salientar que a planta genérica de valores é estabelecida por lei em sentido estrito, para fins exclusivos de apuração da base de cálculo do IPTU, não podendo ser utilizada como critério objetivo para estabelecer a base de cálculo de outro tributo, o qual, pelo princípio da estrita legalidade, depende de lei específica".

No que diz respeito à possibilidade de adoção de valor venal previamente estipulado pelo fisco, Gurgel de Faria consignou que, "ao adotar esse mecanismo, a administração tributária estaria fazendo o lançamento **de ofício** do ITBI, vinculando-o indevidamente a critérios escolhidos de maneira unilateral – os quais apenas mostrariam um valor médio de mercado, tendo em vista que despreza as particularidades do imóvel e da transação que devem constar da declaração prestada pelo contribuinte, que possui presunção de boa-fé. A adoção do valor prévio como parâmetro para a fixação da base de cálculo do ITBI resultaria na inversão do ônus da prova em desfavor do contribuinte, procedimento que viola o disposto no artigo 148 do CTN".

Por fim, alegou que "nesse panorama, verifica-se que a base de cálculo do ITBI é o valor venal em condições normais de mercado e, como esse valor não é absoluto, mas relativo, pode sofrer oscilações diante das peculiaridades de cada imóvel, do momento em que realizada a transação e da motivação dos negociantes".

1.1.4 COMPRA E VENDA DE BENS IMÓVEIS DE ESPÓLIO E EXIGÊNCIA DE QUITAÇÃO DO ITCMD. ANÁLISE DE CASO

Neste tópico, analisaremos um julgado do Superior Tribunal de Justiça (RMS nº 72.015, de novembro de 2023) que aborda a exigência de quitação do Imposto de Transmissão Causa Mortis e Doação (ITCMD) em processos de compra e venda de bens imóveis provenientes de espólio. O caso envolve um mandado de segurança impetrado contra a decisão do Conselho da Magistratura do Tribunal de Justiça do Mato Grosso (TJ-MT), que exigia a quitação tanto do ITBI quanto do ITCMD para a concretização do registro de compra e venda.

O Caso

Na origem, o mandado de segurança foi interposto contra um ato do Conselho da Magistratura do TJ-MT. Esse ato negou provimento ao recurso administrativo relacionado à Suscitação de Dúvida Registral nº 3/2022, no qual se considerou necessária a prova de recolhimento do ITBI e do ITCMD para o registro de compra e venda de bens imóveis de espólio. O Tribunal de origem denegou a segurança, decisão que foi mantida no julgamento do STJ.

Argumentos das Partes

Os agravantes sustentaram que a exigência de quitação do ITCMD para a realização do registro de compra e venda de bens imóveis de espólio seria indevida, uma vez que o imposto seria apurado no final dos autos do inventário. Alegaram, ainda, que a decisão do TJ-MT diverge de jurisprudência consolidada do STJ, e que a exigência de quitação do ITCMD criaria uma bitributação indevida, visto que os fatos geradores dos impostos são distintos.

Decisão do STJ

O STJ, por sua vez, manteve a exigência de quitação do ITCMD, baseando-se na premissa de que o fato gerador desse imposto é a transmissão da propriedade em decorrência do falecimento dos proprietários. Dessa forma, o pagamento do ITCMD é necessário no momento do registro. A corte destacou que o imposto incide no ato de transmissão de bens, que ocorre com a morte do proprietário, tornando imperativo o seu pagamento para a regularização do registro.

Fundamentação Legal

O relator do caso, Ministro Francisco Falcão, referiu-se ao Recurso Especial nº 1.841.771/MG, que trata do tema da decadência tributária do ITCMD e estabelece que o prazo decadencial para a constituição do crédito tributário inicia-se no primeiro dia do exercício seguinte à data em que ocorreu o fato gerador do tributo. Este entendimento foi aplicado para reforçar a necessidade de pagamento do ITCMD no ato do registro de transmissão de bens imóveis provenientes de espólio.

Conclusão

Em conclusão, a decisão do STJ reafirma a obrigatoriedade do pagamento do ITCMD no ato do registro de compra e venda de bens imóveis de espólio. O julgado esclarece que a transmissão de propriedade devido ao falecimento do proprietário é o fato gerador do ITCMD, e, portanto, a quitação desse imposto é imprescindível para a concretização do registro, garantindo a conformidade com as normas tributárias vigentes.

1.2 CERTIDÃO NEGATIVA DE DÉBITO E A ATIVIDADE NOTARIAL E REGISTRAL

No que concerne à certidão negativa de débito (CND) da Receita Federal e do INSS, o notário ou o registrador deve exigi-las? Conforme o art. 47 da Lei nº 8.212/1991, sim, quando a lei assim o exigir. Nos termos do art. 48, a prática de ato ou o seu registro em desacordo com o disposto no art. 47 acarretará a responsabilidade solidária dos contratantes e do oficial que lavrar ou registrar o instrumento, tornando o ato nulo para todos os efeitos.

Nas palavras de Luiz Guilherme Loureiro, no caso de alienação ou oneração, a qualquer título, de imóvel ou direito a ele relativo, em que figurar como alienante pessoa jurídica, o **registrador** deve exigir a apresentação da certidão negativa de débito (CND) perante o INSS, Receita Federal e Dívida Ativa da União, **quando não conste sua apresentação no corpo da escritura pública.**

Tratando-se de escritura particular, deve ser exigida a apresentação da CND por ocasião do registro. Até mesmo para o registro de carta de sentença, em geral é necessária a apresentação das certidões negativas de débito, quando a hipótese envolve transmissão de propriedade de imóvel pertencente à pessoa jurídica (art. 47, I, "b", da Lei 8.212/1991). De acordo com as instruções normativas da Receita Federal, que regulamentam a lei em questão, somente não será exigida a apresentação das certidões negativas de débito quando a alienante tiver por objeto empresarial a comercialização de imóveis e o bem pertencer ao seu ativo circulante. Tendo em vista a constante alteração das instruções normativas da Receita Federal, deve o registrador manter atualizado seu acervo de legislação e regulamentos administrativos. Também deve ser apresentada a CND do INSS de pessoa física ou jurídica, no caso de averbação de construção civil. A CND do INSS tem prazo de validade de 60 dias, a contar da data de sua expedição (Decreto 3.048, de 1999), e a da Receita Federal tem prazo de validade de seis meses, podendo ser apresentada a cópia autenticada eletronicamente do documento, impressa diretamente do site da Receita Federal na internet. Cumpre observar que a jurisprudência mais recente do CSM de São Paulo, em consonância com decisões reiteradas do STF, inclusive a ADI 173 que julgou inconstitucional vários dispositivos do art. 1º da Lei 7.711, de 1988, tem decidido pelo descabimento da exigência das certidões negativas de débito, por se tratar de forma indevida de coação à quitação de tributos a caracterizar verdadeira sanção política vedada por nossa Constituição. No entanto, várias Câmaras de Direito Público do TJSP têm decidido em mandados de segurança que o registrador é obrigado a exigir a certidão negativa de débito nos termos previstos no art. 47 da Lei 8.212, de 1991, que, embora contenha norma idêntica à considerada sanção política pelo STF, não foi objeto da ação declaratória de inconstitucionalidade. Tais decisões fundam-se na concepção antiga de que, no cumprimento da legalidade estrita, não cabe ao registrador interpretar a lei ou reconhecer a inconstitucionalidade da norma.

Tal questão, portanto, permanece polêmica e, na prática, tem-se exigido a apresentação dos documentos supracitados. Em suma, no exame de qualificação cabe ao registrador tão somente analisar os aspectos extrínsecos, ou seja, aqueles de ordem formal do título submetido a registro. O exame dos elementos intrínsecos não é atribuição do registrador. A irregularidade formal a ser identificada pelo registrador é aquela perceptível do exame visual do próprio título, o vício que pode ser percebido visualmente, sem necessidade de exame de outros documentos ou fatos, e que implicam desrespeito às normas e aos princípios norteadores do sistema de registro imobiliário. Destarte, não pode o registrador se valer de elementos extratabulares, ou seja, não presentes no título ou no registro, para negar o acesso ao fólio real. A atividade do registrador é de cunho administrativo, não devendo este profissional atuar além do âmbito da legalidade estrita. As situações fáticas, sem respaldo nos assentamentos registrários, escapam, portanto, aos limites estritos de conhecimento próprio aos delegados incumbidos da atividade de registro de imóveis. O registrador não tem poder jurisdicional: não lhe cabe examinar provas e verificar fatos não constantes do registro e do título (Op. Cit. 614/615).

É de grande valia e esclarecimento trazer a resposta à consulta feita ao Dr. Antonio Herance Filho sobre **o atual regime jurídico da Certidão Negativa de Débito.**

Com o fito de simplificar a compreensão do atual estado da exigência das CND por notários e registradores em seu ofício, pode-se afirmar que, após a revogação do artigo 257 do Decreto nº 3.048/99 – Regulamento da Previdência Social – RPS, pelo inciso II, do artigo 1º, do Decreto nº 8.302/2014 e da IN-RFB n 971/2009, e pela IN-RFB n. 2021/2021, (arts. 43 e seguintes), a exigência da prova da regularidade fiscal está amparada, diretamente, pelas hipóteses arroladas no **artigo 47 da Lei Federal nº 8.212, de 24 de julho de 1991, sendo que as regras de expedição se encontram reguladas pela Portaria Conjunta PGFN/RFB nº 1.751, de 02 de outubro de 2014**[18].

Nesse sentido, curial a transcrição do dispositivo legal que dá lastro à exigência:

> "Art. 47. É exigida Certidão Negativa de Débito-CND, fornecida pelo órgão competente, nos seguintes casos:
>
> I – da empresa:
>
> (...)
>
> b) na alienação ou oneração, a qualquer título, de bem imóvel ou direito a ele relativo;
>
> (...)"

E, tirante as regras exclusivas acerca da expedição da certidão, que são de cunho operacional, importante a transcrição do artigo 17 da Portaria Conjunta PGFN/RFB n. 1.751, de 02 de outubro de 2014, que trata da dispensa da exigência:

> "**Art. 17.** Fica dispensada a apresentação de comprovação da regularidade fiscal:
>
> I – na alienação ou oneração, a qualquer título, de bem imóvel ou direito a ele relativo, que envolva empresa que explore exclusivamente atividade de compra e venda de imóveis, locação, desmembramento ou loteamento de terrenos, incorporação imobiliária ou construção de imóveis destinados à venda, desde que o imóvel objeto da transação esteja contabilmente lançado no ativo circulante e não conste, nem tenha constado, do ativo permanente da empresa;
>
> II – nos atos relativos à transferência de bens envolvendo a arrematação, a desapropriação de bens imóveis e móveis de qualquer valor, bem como nas ações de usucapião de bens móveis ou imóveis nos procedimentos de inventário e partilha decorrentes de sucessão causa mortis;
>
> III – nos demais casos previstos em lei."

Sendo assim, por força do inciso III supratranscrito, seguem vigentes as regras de dispensa lançadas no próprio artigo 47 da Lei nº 8.212/91.

Não se olvide o(a) Consulente que **nada foi alterado acerca da exigência da CND** no que tange ao sujeito, isto é, segue a prova da regularidade fiscal sendo exigível somente das empresas ou pessoas físicas a estas equiparadas.

A esse respeito, convida-se o(a) Consulente à leitura da manifestação de Antonio Herance Filho, no Boletim de Opinião batizado de "A linha do tempo da exigibilidade das certidões negativas de débito relativas às contribuições destinadas à manutenção da seguridade social", veiculado em 22.09.2014.

As assertivas colocadas no estudo acima colacionado são corroboradas, *mutatis mutandis*, pelo seguinte excerto:

> "TRIBUTÁRIO E PROCESSUAL CIVIL. AVERBAÇÃO DE OBRA DE CONSTRUÇÃO CIVIL NO REGISTRO DE IMÓVEIS. DEVER DE EXIGIR CND. ART. 47, II, DA LEI N. 8.212/91. OBRIGAÇÃO ACESSÓRIA AUTÔNOMA. MULTA. ART. 92 DA LEI N. 8.212/91. CABIMENTO. SUBSUNÇÃO À EXCEÇÃO PREVISTA NO ART. 47, § 6º, "A", DA LEI N. 8.212/91. INCIDÊNCIA DA SÚMULA 7/STJ. VIOLAÇÃO DAS LEIS N. 4.504/64 E N. 4.771/65. AUSÊNCIA DE INDICAÇÃO DOS ARTIGOS QUE TERIAM SIDO VIOLADOS. INCIDÊNCIA DA SÚMULA 284/STF. RECURSO ESPECIAL A QUE SE NEGA SEGUIMENTO.
>
> (...)
>
> Com efeito a norma de conduta antecede a norma de sanção, pois é o não cumprimento da conduta prescrita em lei que constitui a hipótese para a aplicação da pena. A multa aplicada àquele que não cumpre o dever legal exigido é decorrência do poder de polícia exercido pela administração tendo em vista o descumprimento de regra de conduta imposta ao contribuinte; independendo de comprovação de prejuízo para o fisco.
>
> Reitere-se assim que é cabível a aplicação de multa no presente caso por se tratar de obrigação acessória autônoma, sem qualquer laço com os efeitos de possível fato gerador, exercendo a Administração Pública o poder de polícia que lhe é atribuído.

18. *in* A Previdência Social e o Registro de Imóveis. 2ª ed. refeita e atual. Porto Alegre: IRIB: Sergio Antonio Fabris Editor, 2011, p. 77-80.

(...)" (STJ – REsp nº 1.383.071 – Santa Catarina – 2ª Turma – Rel. Min. Humberto Martins – DJ 30.03.2015).

Importante aqui pontuar que algumas corregedorias estaduais[19] editaram normas no sentido de "revogar" a exigibilidade da CND sob o argumento de que tal imposição representa uma sanção e que o STF já havia declarado a inconstitucionalidade da regra que condicionava a alienação e a oneração de bens imóveis e de direitos a eles relativos à apresentação dos comprovantes de inexistência de débitos relativos às contribuições destinadas à manutenção da Seguridade Social[20].

Entretanto, ressalte-se que a declaração de inconstitucionalidade não fulminou o art. 47 da Lei Federal nº 8.212/91, de modo que **seguem notários e registradores com o poder-dever de exigir a certidão conjunta**[21].

Noutras palavras: se as normas de serviço estaduais e as reiteradas manifestações judiciais garantem a dispensa de apresentação da CND no âmbito administrativo-correcional, notários e registradores seguem responsáveis, aos olhos fazendários, pela exigência da comprovação do indébito tributário pelo alienante empresa ou equiparado.

Em outras palavras, a certidão de regularidade fiscal pode ser comprovada pela certidão negativa de débito, que equivale a certidão de quitação, ou pela certidão positiva com efeitos de negativa (na hipótese de o contribuinte ter débitos não pagos, mas que integralmente garantidos ou com a exigibilidade suspensa).

Dentro dessa linha de entendimento, não é plausível supor que o inc. I do art. 47 da Lei nº 8.212/91, sob qualquer ângulo que seja analisado, seja idêntico àquela norma declarada inconstitucional pelo STF na ADIN 394.

Ademais, não se pode olvidar que os Notários e Registradores (associados da impetrante) na condição de delegatários do serviço público, devem exercer o cumprimento da norma legal, haja vista que, na forma prevista no artigo 236, *caput* da Constituição Federal, *'os serviços notariais e de registro são exercidos em caráter privado, por delegação do Poder Público'*.

Assim, se dentre as atribuições impostas aos notários e registradores está a representação do Estado, com a finalidade dar forma legal e conferir presunção de autenticidade ('fé pública') aos atos jurídicos extrajudiciais, não podem estes representantes descumpri normas jurídicas válidas sob o pretexto de que se 'assemelham' a outras normas declaradas inconstitucionais.

Vale dizer que, até que seja declarada expressamente a inconstitucionalidade das disposições do artigo 47 e 48 da Lei nº 8.212/91, não é facultado a qualquer pessoa deixar de cumpri-la por reputá-la inconstitucional e menos ainda aos delegatários do serviço público, na condição de representantes do Estado.

(...)

Ante o exposto, **defiro liminarmente a tutela de urgência**, nos termos formulados pela agravante, para determinar a suspensão da decisão que ordenou à autoridade coatora que se abstenha de exigir a apresentação de CND dos impetrantes para o atos registrais e notariais, nos termos dos arts. 47 e 48 da Lei nº 8.212/1991, até o julgamento deste agravo de instrumento". (TRF 3ª Região - Agravo de Instrumento nº 5031693-86.2023.4.03.0000 - 1ª Turma - Rel. Des. Fed. Renato Lopes Becho - DJ 06.12.2023).

1.2.1 A EXIGÊNCIA DE CND E ATOS NOTARIAIS E REGISTRAIS. UM ESTUDO DE CASO

Introdução

Neste tópico, abordaremos um caso judicial específico que envolve a exigência de Certidão Negativa de Débito (CND) para a prática de atos notariais e registrais no Brasil. Analisaremos os argumentos apresentados pelas partes envolvidas, a fundamentação da decisão judicial e suas implicações para os notários e registradores. O caso em questão é o recente Agravo de Instrumento nº 5031693-86.2023.4.03.0000, julgado pela 1ª Turma do Tribunal Regional Federal da 3ª Região (TRF3), sob a relatoria do Desembargador Federal Renato Lopes Becho.

---

19. É o caso, por exemplo, da Corregedoria Geral da Justiça de São Paulo, que assim dispõe no item 117.1, do Capítulo XX, do Tomo II, das NSCGJ: "117. Incumbe ao oficial impedir o registro de título que não satisfaça os requisitos exigidos pela lei, quer sejam consubstanciados em instrumento público ou particular, quer em atos judiciais (Alterado pelo Provimento CG nº 37/2013 e Renumerado pelo Provimento CG nº 56/2019)
117.1. Com exceção do recolhimento do imposto de transmissão e prova de recolhimento do laudêmio, quando devidos, nenhuma exigência relativa à quitação de débitos para com a Fazenda Pública, inclusive quitação de débitos previdenciários, fará o oficial, para o registro de títulos particulares, notariais ou judiciais. (Acrescentado pelo Provimento CG nº 37/2013 e Renumerado pelo Provimento CG nº 56/2019)".
20. Não só as NSCGJ/SP como, também, as reiteradas manifestações do Conselho Superior da Magistratura (CSM/SP). Observe-se:
"REGISTRO DE IMÓVEIS – Carta de sentença – Dispensa de apresentação das CNDs do INSS e conjunta relativa aos tributos federais e à dívida ativa da União por representar sanção política – Precedentes do Supremo Tribunal Federal e do Órgão Especial do TJSP – Recurso não provido." (CSM/SP - Apelação Cível nº 0006907-12.2012.8.26.0344, Rel. José Renato Nalini, D.J.E. de 26.06.2013 - SP).
"Registro de Imóveis – Negativa de registro de conferência de bens imóveis para integralização do capital social de empresa – Apresentação de CND – Exigência afastada, conforme posição do CNJ, do CSM e nos termos das NSCGJ – Recurso provido" (CSM/SP - Apelação nº 1017702-95.2017.8.26.0114, Rel. Geraldo Francisco Pinheiro Franco, D.J.E. de 27.07.2018).
E, no mesmo sentido, mais recentemente:
Registro de imóveis - Dúvida - Instrumento particular de cessão de direitos - Certidão negativa de débito - CND - Exigência afastada, segundo atual orientação deste Conselho Superior da Magistratura e do Conselho Nacional de Justiça - Subitem 117.2, Capítulo XX, Tomo II, das Normas de Serviço da Corregedoria Geral da Justiça - Apelo provido" (CSM/SP - Apelação Cível nº 1003559-67.2022.826.0198, Rel. Fernando Antonio Torres Garcia, D.J.E. de 28.11.2023).
21. Nesse sentido, observe a recente decisão monocrática proferida pelo TRF da 3ª Região:
(...)
"Destarte, resta evidente que enquanto a Certidão Negativa de Débitos (CND) é expedida se não existir nenhum crédito tributário vencido ou não pago, a Certidão Positiva de Débitos com Efeitos de Negativa (CPDEN) pode ser expedida tanto na hipótese de existência de crédito objeto de execução fiscal integralmente garantida ou na hipótese de a parte ter alcançado a suspensão da exigibilidade do crédito tributário, nas hipóteses arroladas no art. 151 do CTN.

Contexto do Agravo de Instrumento

O agravo de instrumento foi interposto pela União Federal - Fazenda Nacional contra decisão proferida nos autos de um mandado de segurança coletivo, impetrado pela Associação dos Notários e Registradores do Estado de São Paulo (ANOREG-SP). A ANOREG-SP buscava, incidentalmente, a declaração de inconstitucionalidade dos artigos 47 e 48 da Lei nº 8.212/91. A decisão impugnada determinava que os notários e registradores não exigissem a apresentação de CND para a prática de seus atos de ofício, argumentando que tal exigência seria inconstitucional.

Argumentos da União Federal

A União Federal, na qualidade de agravante, apresentou uma série de argumentos para sustentar a necessidade de suspensão da decisão que afastava a exigência da CND:

1. **Ausência de Requisitos para Concessão de Liminar:** A União sustentou que não estavam presentes os requisitos legais para a concessão da liminar no mandado de segurança, especificamente o *fumus boni iuris* (fumaça do bom direito) e o *periculum in mora* (perigo na demora). Argumentou que não havia declaração formal de inconstitucionalidade dos artigos 47 e 48 da Lei nº 8.212/91 e que não existia risco de ineficácia da medida.
2. **Diferença entre Quitação de Tributos e Regularidade Fiscal:** A União destacou que a exigência de CND, conforme prevista no artigo 47 da Lei nº 8.212/91, difere da prova de quitação de débitos tributários. A primeira, segundo a União, visa comprovar a regularidade fiscal do contribuinte, o que não caracteriza uma sanção política, mas um requisito legítimo para a prática de determinados atos.
3. **Interligação dos Artigos 47 e 48 da Lei nº 8.212/91:** A União argumentou que os artigos 47 e 48 estão interligados pela lógica da acessoriedade. Ou seja, se a exigência de CND (art. 47) é constitucional, a responsabilidade solidária pela inobservância desta exigência, prevista no artigo 48, também deve ser considerada constitucional.
4. **Precedentes do CNJ:** A União mencionou que decisões anteriores do Conselho Nacional de Justiça (CNJ) não possuem força para afastar a aplicação de normas legais que não foram declaradas inconstitucionais pelo Supremo Tribunal Federal (STF) em controle abstrato de constitucionalidade ou na sistemática da repercussão geral.

Fundamentação da Decisão Judicial

O Desembargador Federal Renato Lopes Becho, ao analisar o agravo de instrumento, deferiu a tutela de urgência pleiteada pela União, suspendendo a decisão que dispensava a exigência de CND. A fundamentação da decisão judicial abrangeu vários pontos críticos:

1. **Requisitos para Concessão de Tutela de Urgência:** Com base nos artigos 300 e 301 do Código de Processo Civil (CPC), o relator verificou que estavam presentes os elementos necessários para a concessão da tutela de urgência, quais sejam a probabilidade do direito (*fumus boni iuris*) e o perigo de dano ou risco ao resultado útil do processo (*periculum in mora*).
2. **Distinção entre Certidão de Quitação e Certidão de Regularidade Fiscal:** A decisão esclareceu que a exigência de CND não se confunde com a exigência de quitação de débitos tributários. A CND visa comprovar a regularidade fiscal do contribuinte, podendo ser emitida mesmo que existam débitos, desde que estes estejam regularizados ou com a exigibilidade suspensa.
3. **Ausência de Declaração Formal de Inconstitucionalidade:** O relator destacou que não havia qualquer declaração formal de inconstitucionalidade dos artigos 47 e 48 da Lei nº 8.212/91. Portanto, até que tal declaração seja feita, as normas permanecem válidas e devem ser cumpridas.
4. **Função dos Notários e Registradores:** A decisão ressaltou que notários e registradores, na condição de delegatários de serviço público, devem cumprir as normas legais vigentes. Sendo assim, não podem deixar de exigir a CND sob a justificativa de que se trata de uma norma semelhante àquelas declaradas inconstitucionais pelo STF.
5. **Precedentes e Sanções Políticas:** O relator mencionou que a exigência de CND não configura sanção política, uma vez que não impede o exercício de atividades econômicas, mas sim assegura a regularidade fiscal do contribuinte. A decisão referiu-se a precedentes do STF e do CNJ, reafirmando a validade das normas que exigem a CND.

Conclusão

A decisão deferiu a tutela de urgência requerida pela União, suspendendo a decisão que dispensava a exigência de CND pelos notários e registradores até o julgamento do mérito do agravo de instrumento. O caso destaca a importância da regularidade fiscal na prática de atos notariais e registrais, reforçando que as exigências legais, até que sejam formalmente declaradas inconstitucionais, devem ser observadas. Esta decisão tem implicações significativas para notários e registradores, reafirmando seu papel na fiscalização da regularidade fiscal dos contribuintes em conformidade com a legislação vigente.

1.3 DECLARAÇÃO DE OPERAÇÃO IMOBILIÁRIA (DOI)

Atualmente, a regulamentação da DOI está prevista no art. 8º da Lei 10.426/2002, e na recente Instrução Normativa da Receita Federal 2.186/2024, que revogou a IN 1.112/2010.

Os serventuários da Justiça deverão informar as operações imobiliárias **anotadas, averbadas, lavradas, matriculadas ou registradas** nos Cartórios de Notas ou de Registro de Imóveis, Títulos e Documentos sob sua responsabilidade, mediante a apresentação de Declaração sobre Operações Imobiliárias (DOI), nos termos estabelecidos pela Secretaria da Receita Federal.

Em outras palavras, a **declaração deverá ser apresentada** sempre que ocorrer **operação de aquisição ou alienação de imóvel** realizada por **pessoa física ou jurídica**, **independentemente de seu valor.**

A Instrução Normativa RFB n. 2.186/1994 estabelece quem fica obrigados a apresentar a DOI. São eles, os seguintes serventuários da Justiça, titulares ou designados:

> I - do **Cartório de Notas**, quando da lavratura do respectivo instrumento, do qual deverá constar a expressão "EMITIDA A DOI";
>
> II - do **Cartório de Registro de Imóveis**, quando o documento tiver sido:
>
> a) celebrado por instrumento particular;
>
> b) celebrado por instrumento particular com força de escritura pública;
>
> c) emitido por autoridade judicial, nos casos de adjudicação, herança, legado ou meação;
>
> d) decorrente de alienação por iniciativa particular ou mediante leilão judicial;
>
> e) assinado pela União, estados, municípios ou Distrito Federal, no âmbito de programas de regularização fundiária ou de programas habitacionais de interesse social; ou
>
> f) lavrado pelo Cartório de Notas ou consulados brasileiros, independentemente de ter havido emissão anterior de DOI; e
>
> III - do **Cartório de Registro de Títulos e Documentos**, quando o documento celebrado por instrumento particular for submetido a registro, do qual deverá constar a expressão "EMITIDA A DOI".

Atente-se que deverá ser emitida uma declaração para cada imóvel alienado ou adquirido.

Quanto ao **valor da operação imobiliária**, este será o informado pelas partes ou, na ausência deste, o valor que serviu de base para o cálculo do Imposto sobre a Transmissão de Bens Imóveis - ITBI ou para o cálculo do Imposto sobre Transmissão Causa Mortis e Doação de Quaisquer Bens ou Direitos - ITCD.

Em **relação** ao prazo, a DOI deverá ser apresentada **até o último dia útil do mês subsequente** ao da lavratura, anotação, averbação, matrícula ou registro do documento que tenha por objeto a operação de aquisição ou alienação de imóvel. Caso não seja apresentada a DOI ou respeitado esse prazo, ou existe penalidade. O serventuário da Justiça deverá arcar com a multa de 0,1% (um décimo por cento) ao mês-calendário ou fração de atraso, lançada de ofício e calculada sobre o valor da operação imobiliária.

No que diz respeito à **forma de apresentação** da DOI, esta deverá ser feita por meio do DOI-Web, sistema informatizado disponível no Centro Virtual de Atendimento ao Contribuinte (e-CAC), no endereço eletrônico <https://www.gov.br/receitafederal>.

O art. 3º da Instrução Normativa n. 2.186/2024 traz conceitos pertinentes para a sua utilização. Veja-se:

> Art. 3º Para fins do disposto nesta Instrução Normativa, considera-se:
>
> I - conta gov.br, o mecanismo de acesso digital único do usuário aos serviços públicos com nível de segurança compatível com o grau de exigência, natureza e criticidade dos dados e das informações pertinentes ao serviço público solicitado;
>
> II - Identidade Digital Prata, a obtida por meio de cadastro com garantia de identidade mediante validador de acesso digital, nos termos do inciso II do § 1º do art. 1º da Portaria SEDGGME nº 2.154, de 23 de fevereiro de 2021;
>
> III - Identidade Digital Ouro, a obtida por meio de cadastro validado em base de dados biométrica individualizada, de abrangência nacional, nos termos do inciso III do § 1º do art. 1º da Portaria SEDGGME nº 2.154, de 2021;
>
> IV - DOI-Web, o sistema informatizado online por meio do qual será efetuada a entrega da DOI à RFB;
>
> V - e-CAC, o canal de prestação de serviços digitais da RFB, disponível no portal único gov.br na Internet, no endereço a que se refere o art. 2º; e
>
> VI - procuração digital, a procuração emitida por meio do e-CAC, a qual permite ao titular do serviço notarial ou de registro outorgar poderes para que um terceiro, pessoa física ou jurídica, acesse o sistema DOI-Web ou entregue a DOI em seu nome.

1.4 DECLARAÇÃO SOBRE OPERAÇÕES IMOBILIÁRIAS EM TERRENOS DA UNIÃO (DOITU)

A **DOITU**, que é a **Declaração sobre Operações Imobiliárias em Terrenos da União,** tem sua obrigatoriedade prevista no art. 3º-A, do Decreto-Lei n. 2.398/1987, cuja redação lhe foi dada pela Lei Federal nº 13.465/2017, nestes termos:

> Art. 3º-A. Os oficiais deverão informar as operações imobiliárias anotadas, averbadas, lavradas, matriculadas ou registradas nos cartórios de notas ou de registro de imóveis, títulos e documentos que envolvam terrenos da União sob sua responsabilidade, mediante a apresentação de Declaração sobre Operações Imobiliárias em Terrenos da União (Doitu) em meio magnético, nos termos que serão estabelecidos, até 31 de dezembro de 2020, pela Secretaria do Patrimônio da União (SPU).

Inicialmente, cumpre esclarecer que terrenos da União são bens imóveis pertencentes à União, que pode destiná-los a diversos usos, sejam sociais ou econômicos.

No Direito Administrativo brasileiro, os bens da União são classificados de acordo com a sua destinação e uso. Essa classificação é estabelecida principalmente pela Constituição Federal e pelo Código Civil. Eles se dividem em três categorias principais:

1. **Bens de Uso Comum do Povo:** São aqueles que podem ser utilizados por todos, sem necessidade de autorização específica, respeitando-se as normas de uso e preservação. Exemplos:
   - Praias marítimas
   - Rios
   - Lagos
   - Praças públicas
   - Ruas e estradas
2. **Bens de Uso Especial:** São aqueles destinados ao serviço público ou à administração pública. O uso por particulares geralmente depende de uma autorização ou concessão do poder público. Exemplos:
   - Prédios públicos (escolas, hospitais, repartições públicas)
   - Instalações militares
   - Estações ferroviárias
3. **Bens Dominicais:** São aqueles que não têm uma destinação pública específica e podem ser utilizados economicamente pelo Estado. Esses bens podem ser alienados, desde que respeitadas as normas legais pertinentes. Exemplos:
   - Terrenos não utilizados
   - Edifícios desocupados
   - Outros imóveis que não estejam destinados ao uso comum ou especial

Por sua vez, o art. 1º da Lei n. 9.760/1946 inclui entre os bens imóveis da União:

> a) os terrenos de marinha e seus acrescidos;
>
> b) os terrenos marginais dos rios navegáveis, em Territórios Federais, se, por qualquer título legítimo, não pertencerem a particular;
>
> c) os terrenos marginais de rios e as ilhas nestes situadas na faixa da fronteira do território nacional e nas zonas onde se faça sentir a influência das marés;
>
> d) as ilhas situadas nos mares territoriais ou não, se por qualquer título legítimo não pertencerem aos Estados, Municípios ou particulares;
>
> e) a porção de terras devolutas que fôr indispensável para a defesa da fronteira, fortificações, construções militares e estradas de ferro federais;
>
> f) as terras devolutas situadas nos Territórios Federais;
>
> g) as estradas de ferro, instalações portuárias, telégrafos, telefones, fábricas oficinas e fazendas nacionais;
>
> h) os terrenos dos extintos aldeamentos de índios e das colônias militares, que não tenham passado, legalmente, para o domínio dos Estados, Municípios ou particulares;
>
> i) os arsenais com todo o material de marinha, exército e aviação, as fortalezas, fortificações e construções militares, bem como os terrenos adjacentes, reservados por ato imperial;
>
> j) os que foram do domínio da Coroa;
>
> k) os bens perdidos pelo criminoso condenado por sentença proferida em processo judiciário federal;
>
> l) os que tenham sido a algum título, ou em virtude de lei, incorporados ao seu patrimônio.

No que diz respeito ao envio da DOITU, interessam os **bens dominicais.**

Apresento agora os cristalinos esclarecimentos de Antonio Herance Filho, extraídos do Manual da DOI, sobre a DOITU.

1.4.1. OBJETO DA DOITU

A DOITU deve ser encaminhada sempre que ocorrer uma operação de alienação ou transmissão imobiliária envolvendo terrenos da União, nos termos do art. 2º, da Portaria SPU/ME nº 24.218/2020.

Traçando-se um paralelo com a DOI encaminhada à RFB, para a definição do que são operações de alienação ou transmissão imobiliária, é importante observar os comandos estampados no § 1º, do art. 2º, do Decreto-Lei nº 1.381/1974, que esclarece:

> "caracterizam-se a aquisição e a alienação pelos atos de compra e venda, de permuta, de transferência do domínio útil de imóveis foreiros, de cessão de direitos, de promessas dessas operações, de adjudicação ou arrematação em hasta pública, pela procuração em causa própria, ou por outros contratos afins em que haja transmissão de imóveis ou de direitos sobre imóveis.".

1.4.2. SUJEITOS PASSIVOS DA OBRIGAÇÃO ACESSÓRIA

A DOITU deverá ser encaminhada pelos tabeliães de notas e oficiais de registros de imóveis e de títulos e documentos ou por seus representantes legalmente constituídos para este fim.

1.4.3. COMO SE DÁ O ENVIO DA DOITU?

A DOITU será apresentada em meio magnético, nos formatos .csv ou .xml, no sistema corporativo de gestão dos imóveis da União denominado SPUnet. É facultado ao responsável pelo envio encaminhar num mesmo arquivo várias operações imobiliárias distintas, desde que respeitados os requisitos e as informações solicitadas pela Portaria SPU/ME nº 24.218/2020.

O arquivo deverá ser enviado pelo Portal de Atendimento da SPU, no sítio eletrônico https://sistema.patrimoniodetodos.gov.br/#/, na área específica para o envio da DOITU denominada "DOITU – exclusivo para cartórios".

Ao realizar o envio, o responsável deverá informar os dados do titular da serventia, anexando o arquivo das DOITU's e outros documentos que entender pertinentes. Concluída a operação será gerado um comprovante de recebimento com um número de protocolo, permitindo ao usuário acompanhar o andamento da declaração.

1.4.4. INFORMAÇÕES A SEREM PRESTADAS

O art. 4º, da Portaria SPU/ME nº 20.218/2020 determina que deverão ser prestadas, obrigatoriamente, as seguintes informações:

Número do Registro de Identificação Patrimonial do imóvel – RIP, se declarado ou presente nos assentos da serventia: o RIP nada mais é do que o número de cadastro do imóvel na SPU, composto de 13 dígitos. Na declaração deverão ser informados somente os números, sem qualquer tipo de pontuação.

Número da Certidão de Autorização para Transferência – CAT, quando aplicável: trata-se de certidão emitida pela própria SPU quando a solicitação de transferência do imóvel, mediante pagamento de uma taxa. A depender do caso pode ser que não haja essa certidão, como, por exemplo, nas cessões de direitos (art. 51, da IN-SPU nº 1/2018). A CAT é composta de uma sequência numérica de 11 dígitos. Na declaração deverão ser informados somente os números, sem qualquer tipo de pontuação.

Valor do ITBI, quando aplicável e se a transferência for anterior a 31/12/2015: sempre que possível é ideal indicar o valor do ITBI.

Endereço completo do imóvel, incluindo estado e município, bem como o CEP do imóvel, ou na sua ausência, o da sede da serventia.

Nome da serventia, conforme cadastro no Conselho Nacional de Justiça: deve ser indicado o nome da serventia comunicante da declaração.

Número da matrícula/transcrição do imóvel, se houver, e do respetivo assento: a princípio, trata-se de informação obrigatória para registradores de imóveis, porém, no caso de tabeliães de notas é recomendado que se informe, se possível, apenas o número da matrícula.

Livro e folha (s) do assento: a princípio, trata-se de informação obrigatória para tabeliães de notas, porém, no caso de registradores de imóveis é recomendado que essas informações sejam indicadas, se possível.

Cópia do assento ou certidão contendo o texto do ato registral realizado: entende-se, s.m.j., que esse campo é de preenchimento obrigatório para registradores de imóveis, que devem transcrever o texto do ato registral no campo indicado. Aos tabeliães de notas, recomenda-se que o campo permaneça em branco.

Nome/Razão social e CPF/CNPJ do transmitente/promitente: indicar apenas o nome por extenso, sem abreviações e os números, sem qualquer tipo de pontuação.

Nome/Razão social e CPF/CNPJ do adquirente/promissário: indicar apenas o nome por extenso, sem abreviações e os números, sem qualquer tipo de pontuação.

Nome e CPF do representante legal ou do cônjuge, quando exigidos para o ato: indicar apenas o nome por extenso, sem abreviações e os números, sem qualquer tipo de pontuação.

Data do lançamento do ato registral no assento.

Valor do negócio jurídico, se houver.

1.4.5. PRAZO PARA ENVIO DA DOITU

As declarações devem ser encaminhadas à SPU até o último dia útil do mês subsequente àquele em que o ato notarial ou registral foi praticado.

1.4.6. PENALIDADES

Em que pese seja discutível a natureza jurídica da DOITU, aplicam-se aos tabeliães de notas e oficiais de registro de imóveis e de títulos e documentos as mesmas penalidades previstas na legislação tributária que disciplina a DOI (Declaração sobre Operações Imobiliárias) [1].

O não envio da DOITU ou seu envio de forma extemporânea poderá sujeitar o sujeito passivo à aplicação de multa de 0,1% (zero vírgula um por cento), ao mês-calendário ou fração, limitada a 1% (um por cento), sobre o valor da operação, nos termos do art. 6º, caput, da Portaria SPU/ME nº 24.218/2020.

A multa, no entanto, poderá ser reduzida à metade caso a declaração seja apresentada antes de qualquer procedimento de ofício, e a 75% (setenta e cinco por cento), caso a declaração seja apresentada no prazo fixado em intimação, sendo que o valor mínimo a se pagar será R$20,00 (vinte reais).

Importante colocar que a multa terá como termo inicial o dia seguinte ao término do prazo originalmente fixado para a entrega da declaração e como termo final a data da efetiva entrega ouse, no caso de não apresentação, da lavratura do auto de infração.

As penalidades tratadas na Portaria SPU/ME nº 24.218/2020 serão aplicadas pelo Superintendente do Patrimônio da União no Estado em que estiver situado o notário ou registrador obrigado ao envio da declaração.

Após a lavratura do auto de infração, eventual recurso contra a decisão poderá ser dirigido à referida autoridade que, se não a reconsiderar, encaminhará o caso ao Secretário de Coordenação e Governança do Patrimônio da União. Da decisão do Secretário de Coordenação e Governança do Patrimônio da União ainda caberá recurso ao Secretário Especial de Desestatização, Desinvestimentos e Mercado do Ministério da Fazenda.

Vale ressaltar que todos os recursos administrativos deverão ser apresentados no prazo máximo de 10 (dez), dias contados da ciência ou divulgação oficial da decisão recorrida e sempre serão protocolados na Superintendência do Patrimônio da União do Estado, de maneira física ou eletrônica – não temos conhecimento de que a plataforma eletrônica esteja disponibilizada para esses casos.

Por fim, no caso de incorreções ou omissões na DOITU, o responsável será intimado a apresentar declaração retificadora, no prazo estabelecido pela Secretaria de Coordenação e Governança do Patrimônio da Uniao e, sujeitar-se-á à multa de R$50,00 (cinquenta reais), por informação inexata, incompleta ou omitida (art. 6º, § 2º, da Portaria). A multa será reduzida em 50% caso a declaração retificadora seja apresentada no prazo fixado.

1.4.7. PLATAFORMAS DE INTEGRAÇÃO

Nos termos do art. 5º, da Portaria SPU/ME nº 24.218/2020, a SPU autoriza o Departamento de Caracterização e Incorporação do Patrimônio – DECIP/SPU a promover a interlocução com órgãos do Poder Judiciário e com entidades representativas de notários e registradores, inclusive, o ONR (Operador Nacional do Sistema de Registro Eletrônico de Imóveis), de modo a criar mecanismos de interoperabilidade alternativos à plataforma disponibilizada no sítio eletrônico da SPU. Porém, até o presente momento ainda não se tem informação acerca da criação de outras plataformas, de modo que o envio da DOITU continua a ser feito pelo modo previsto na Portaria.

1.5 IPVA

No Estado de São Paulo, existe ainda a obrigação de prestação de informações ao fisco. Trata-se da **Lei Estadual 13.296/2008**, que estabelece o tratamento tributário do IPVA.

Nos termos desta lei, os notários são obrigados a **fornecer ao fisco informações sobre as transações com veículos perante eles autorizadas**, sem ônus para as partes do negócio, na forma estabelecida pelo Poder Público. Veja-se:

> **Artigo 37** – São obrigados a fornecer ao fisco, na forma estabelecida pelo Poder Executivo:
>
> **(...)**
>
> **VI** – os notários, informações sobre as transações com veículos perante eles realizadas, sem ônus para as partes do negócio.

Em 2014, foi editado o **Decreto 60.489/2014** com a finalidade de regular tal dispositivo.

É relevante ainda informar que, em se tratando de **isenção, imunidade ou não incidência**, é imprescindível apresentar uma certidão expedida pelo ente competente.

2. JURISPRUDÊNCIA COMPLEMENTAR

SUPREMO TRIBUNAL FEDERAL

Súmula 730. A imunidade tributária conferida a instituições de assistência social sem fins lucrativos pelo art. 150, VI, *c*, da Constituição, somente alcança as entidades fechadas de previdência social privada se não houver contribuição dos beneficiários.

Súmula 724. Ainda quando alugado a terceiros, permanece imune ao IPTU o imóvel pertencente a qualquer das entidades referidas pelo art. 150, VI, *c*, da Constituição, desde que o valor dos aluguéis seja aplicado nas atividades essenciais de tais entidades

Súmula 668. É inconstitucional a lei municipal que tenha estabelecido, antes da Emenda Constitucional 29/2000, alíquotas progressivas para o IPTU, salvo se destinada a assegurar o cumprimento da função social da propriedade urbana.

Súmula 656. É inconstitucional a lei que estabelece alíquotas progressivas para o imposto de transmissão inter vivos de bens imóveis – ITBI com base no valor venal do imóvel.

Súmula 590. Calcula-se o imposto de transmissão causa mortis sobre o saldo credor da promessa de compra e venda de imóvel, no momento da abertura da sucessão do promitente vendedor.

Súmula 589. É inconstitucional a fixação de adicional progressivo do imposto predial e territorial urbano em função do número de imóveis do contribuinte.

Súmula 583. Promitente-Comprador de imóvel residencial transcrito em nome de autarquia é contribuinte do imposto predial territorial urbano.

Súmula 551. É inconstitucional a taxa de urbanização da Lei número 2.320, de 20-12-1961, instituída pelo Município de Porto Alegre, porque seu fato gerador é o mesmo da transmissão imobiliária.

Súmula 539. É constitucional a lei do Município que reduz o impôsto predial urbano sobre imóvel ocupado pela residência do proprietário, que não possua outro.

Súmula 538. A avaliação judicial para o efeito do cálculo das benfeitorias dedutíveis do impôsto sobre lucro imobiliário independe do limite a que se refere a Lei nº 3.470, de 28-11-1958, art. 8º, parágrafo único.

Súmula 100. Não é devido o imposto de lucro imobiliário, quando a alienação de imóvel, adquirido por usucapião, tiver sido anterior à vigência da L. 3.470, de 28.11.58.

Súmula 98. Sendo o imóvel alienado na vigência da L. 3.470, de 28.11.58, ainda que adquirido por herança, usucapião ou a título gratuito, é devido o imposto de lucro imobiliário.

SUPERIOR TRIBUNAL DE JUSTIÇA

EMENTA: PROCESSUAL CIVIL. MANDADO DE SEGURANÇA. COMPRA E VENDA DE BENS IMÓVEIS DE ESPÓLIO. EXIGÊNCIA DE QUITAÇÃO DE ITBI. PRETENSÃO DE AUTORIZAÇÃO PARA REALIZAÇÃO DO REGISTRO SEM A COMPROVAÇÃO DE QUITAÇÃO DE ITCMD. DESPROVIMENTO DO AGRAVO INTERNO. MANUTENÇÃO DA DECISÃO RECORRIDA.

I - Na origem, trata-se de mandado de segurança contra ato do Conselho da Magistratura do TJ-MT, que negou provimento ao recurso administrativo interposto nos autos da Suscitação de Dúvida Registral n. 3/2022 (0024200-02.2022.8.11.0040), considerada procedente pelo Juiz Diretor do Foro da Comarca de Sorriso-MT, que, em síntese, entendeu ser necessária prova de recolhimento do ITBI e do ITCMD, para a concretização do registro de compra e venda de bens imóveis de espólio. No Tribunal *a quo*, denegou-se a segurança.

II - Inicialmente, quanto ao argumento de violação do art. 937, VI, § 4º do CPC, observa-se que a questão não foi examinada pelo Tribunal de origem o que inviabiliza o exame, aplicando-se por analogia a Súmula n. 283/STF.

III - No mérito, não existe razão ao recorrente. É que o fato gerador do ITCMD é justamente a transmissão da propriedade em decorrência do falecimento dos proprietários, sendo impositivo por isso o pagamento deste no registro. Sobre o assunto, confira-se a ementa do REsp n. 1.841.771/MG, relator Ministro Benedito Gonçalves, DJe de 10/5/2021, julgado sob o rito dos recursos especiais repetitivos.

IV - Agravo interno improvido. (STJ – AgInt no RMS nº 72.015 – Mato Grosso – Rel. Min. Francisco Falcão – DJ 16.11.2023)

EMENTA: TRIBUTÁRIO. ITBI. BASE DE CÁLCULO. VALOR DE MERCADO DO IMÓVEL. CISÃO. OBJETO. MERCADO IMOBILIÁRIO. AUSÊNCIA DE IDENTIDADE COM A BASE DE CÁLCULO DO IPTU. JURISPRUDÊNCIA DO STJ.

1. Cuida-se, na origem, de Mandado de Segurança impetrado com a finalidade de obter provimento que impeça à autoridade fiscal lançar o ITBI "com adoção de base de cálculo diversa do valor da transmissão do bem por cisão parcial (...) ou do valor venal atribuído quando da exigência do IPTU" (fl. 43).

2. De acordo com o art. 38 do CTN, a base de cálculo do ITBI é o *valor venal* dos bens ou direitos transmitidos.

3. O entendimento do STJ é de que "O 'valor venal', base de cálculo do ITBI, é o valor de mercado do imóvel transacionado, que pode, ou não, coincidir com o valor real da operação". Ademais, ficou definido que "Cabe ao município – e não ao Corregedor-Geral de Justiça e, muito menos, aos notários – aferir, em cada caso, se o valor real da operação, ou seja, aquele indicado no contrato, coincide, ou não, com o valor de mercado (venal) do imóvel negociado" (RMS 36.966/PB, Rel. Ministro Castro Meira, Segunda Turma, DJe 6/12/2012).

4. Por considerar a base de cálculo do ITBI o *valor de mercado* do imóvel objeto do negócio jurídico, este Tribunal pacificou orientação no sentido de que tal grandeza não se confunde, necessariamente, com a que serve de parâmetro para o cálculo do IPTU (EDcl no AREsp 424.555/SP, Rel. Ministro Og Fernandes, Segunda Turma, DJe 20/2/2014; AgRg nos EDcl no AREsp 346.220/RS, Rel. Ministro Sérgio Kukina, Primeira Turma, DJe 17/6/2014).

5. É evidente que a avaliação unilateral feita pelo particular, quando da operação de cisão empresarial, não pode vincular a Administração Tributária, que, em caso de divergência, tem o dever-poder de arbitrar o valor do imposto, respeitado o contraditório administrativo ou judicial (art.148 do CTN). Nesse sentido: AgRg no AREsp 263.685/RS, Rel. Ministro Humberto Martins, Segunda Turma, DJe 25/4/2013.

6. O Tribunal *a quo* chegou à conclusão de que seria necessária a realização de "dilação probatória para saber se o Fisco arbitrou corretamente a base de cálculo do tributo", procedimento incompatível com a via estreita do Mandado de Segurança (fls. 759-760).

7. A revisão desse posicionamento encontra óbice na Súmula 7/STJ: "A pretensão de simples reexame de prova não enseja recurso especial".

8. Agravo Regimental não provido.(STJ – AgRg no AREsp nº 547.755 – Paraná – 2ª Turma – Rel. Min. Herman Benjamin – DJ 30.10.2014)

EMENTA: TRIBUTÁRIO. IMPOSTO DE TRANSMISSÃO DE BENS IMÓVEIS – ITBI. BASE DE CÁLCULO. VALOR DA ARREMATAÇÃO. AGRAVO CONHECIDO PARA NEGAR SEGUIMENTO AO RECURSO ESPECIAL. (STJ – AREsp nº 364.846 – Rio Grande do Sul – 2ª Turma – Rel. Min. Humberto Martins – DJ 02.09.2013)

TRIBUNAL REGIONAL DA 3ª REGIÃO

EMENTA: Despacho/Decisão – Agravo de Instrumento – Tutela de urgência – Exigência de apresentação de CND – Objetivo de declaração de inconstitucionalidade dos arts. 47 e 48 da Lei Federal nº 8.212/91 – Impossibilidade – Diferença entre a comprovação da quitação dos tributos e a regularidade fiscal – Ausência de afronta a princípios constitucionais – Titulares de serventias extrajudiciais que devem continuar a exigir a CND para comprovação da regularidade fiscal – Deferimento. (TRF 3ª Região – Agravo de Instrumento nº 5031693-86.2023.4.03.0000 – 1ª Turma – Rel. Des. Fed. Renato Lopes Becho – DJ 06.12.2023)

TRIBUNAL DE JUSTIÇA DO ESTADO DE SÃO PAULO

Ementa: Remessa necessária e apelações – Mandado de segurança – ITBI – Município de Ribeirão Preto – Sentença concedendo parcialmente a ordem apenas *para declarar o direito da impetrante ao recolhimento do ITBI utilizando-se como base de cálculo o valor da transação dos imóveis constante no respectivo instrumento, ressalvando o direito da Fazenda em apurar, em devido processo administrativo ou judicial, eventual divergência entre o valor da transação e o de mercado* – Insurgência de ambas as partes – Não cabimento – Pedido de reconhecimento da imunidade na operação – Art. 156, § 2º, I, da CF – Imunidade invocada que é condicionada e não se aplica às empresas que exercem atividades no ramo imobiliário, como é o caso da impetrante que tem como objeto social, o aluguel de imóveis próprios e a compra e venda de imóveis próprios – Artigos 36 e 37 do CTN – Precedentes – Discussão diversa do tema de repercussão geral nº 796 – Observância da tese jurídica fixada pelo C. STJ no tema de recursos repetitivos nº 1113 em relação à base de cálculo – Inviabilidade de a Administração desconsiderar o valor da transação indicado pelo contribuinte e, sem procedimento administrativo próprio que respeite o contraditório e a ampla defesa, exigir o pagamento do imposto sobre um "valor venal de referência" fixado unilateralmente pelo fisco – Manutenção da sentença – Remessa necessária e recursos de apelação do Município de São Paulo e da impetrante não providos. (TJSP – Apelação / Remessa Necessária nº 1014011-85.2022.8.26.0506 – Ribeirão Preto – 18ª Câmara de Direito Público – Rel. Des. Fernando Figueiredo Bartoletti – DJ 22.01.2024)

EMENTA: Remessa Necessária – Município de São Paulo – Mandado de Segurança – Sentença que assegurou o recolhimento de ITBI sem a incidência de juros de mora e multa – Fato gerador – Tributo devido apenas com o registro do título no respectivo cartório de imóveis – Inteligência do art. 1245 do CC – Questão pacificada pelo STF na repercussão geral ARE 1294969 (Tema 1.124) – Juros de mora e multa indevidos – (II) Exigência prévia do imposto por ocasião do requerimento perante o oficial de registro – Cabimento – Responsabilidade estabelecida no art. 134, VI, do CTN e no art. 289 da Lei de Registros Públicos – Sentença mantida – Recurso oficial não provido. (TJSP – Remessa Necessária Cível nº 1043028-36.2023.8.26.0053 – São Paulo – 15ª Câmara de Direito Público – Rel. Des. Amaro Thomé – DJ 01.12.2023)

EMENTA: ITBI – Município de São Paulo – Mandado de Segurança – Concessão da ordem para afastar a exigência do recolhimento do imposto complementar sobre a construção realizada – Base de cálculo do imposto sobre a aquisição do terreno, não obstante a inserção do valor corresponde à posterior construção do imóvel, conforme previsão nos contratos firmados – Precedentes do STF e desta Câmara. Recursos não providos. (TJSP – Apelação Cível nº 1020962-33.2021.8.26.0053 – São Paulo – 15ª Câmara de Direito Público – Rel. Des. Erbetta Filho – DJ 30.03.2023)

EMENTA: Tributário – Mandado de Segurança – ITCMD – Sobrepartilha – Reversão do desconto de 5% previsto no artigo 17, §2°, da Lei nº 10.705/00, bem como a incidência de multa e juros – Descabimento – Ausência de comprovação de que os impetrantes agiram em fraude ou com má-fé em relação aos bens que vieram a descobrir após a primeira partilha – Precedentes deste E. Tribunal – Sentença mantida – Apelo e reexame necessário não providos. (TJSP – Apelação / Remessa Necessária nº 1039284-38.2020.8.26.0053 – São Paulo – 13ª Câmara de Direito Público – Rel. Des. Spoladore Dominguez – DJ 23.03.2022).

EMENTA: APELAÇÃO/REMESSA NECESSÁRIA – Mandado de segurança – Pedido de registro de escritura de compra e venda junto a Oficial de Registro de Imóveis – Exigência de certidão negativa de débitos tributários federais – Sentença de concessão da segurança – Irresignação da FESP – A jurisprudência do STF é pacífica em declarar inconstitucionais normas que impõem sanções políticas a coagir contribuintes ao pagamento de tributos por vias oblíquas – Condicionante prevista no art. 47, I, "b" e no art. 48 da Lei nº 8.212/91 que não se sustenta, sob pena de violação do direito ao livre exercício da atividade econômica e da livre concorrência – Exigência não prevista nas Normas de Serviço da Corregedoria Geral de Justiça, em seu Tomo II, Capítulo XX, Seção II, Subitem 119.1 – Precedentes desta Corte de Justiça em casos semelhantes – Manutenção da sentença de concessão da segurança – Desprovimento do recurso voluntário e da remessa necessária. (TJSP – Apelação / Remessa Necessária nº 1012455-20.2020.8.26.0053 – São Paulo – 1ª Câmara de Direito Público – Rel. Des. Marcos Pimentel Tamassia – DJ 18.02.2021)

EMENTA: Apelação do Impetrante e da Municipalidade – Reexame Necessário – Mandado de Segurança – ISSQN – Tributo devido sobre atividade notarial – Entendimento consolidado no julgamento da ADI 3.089-2/DF – Impossível a fixação de alíquota fixa, restando afastado o caráter pessoal da prestação do serviço – Desnecessidade de abertura de novo recurso administrativo – Decadência dos créditos referentes ao exercício de 2009 constatada – Recurso do Impetrante desprovido – Recurso oficial e recurso da Municipalidade parcialmente providos (TJSP – Apelação / Reexame Necessário nº 0001281-91.2015.8.26.0607 – Tabapuã – 14ª Câmara de Direito Público – Rel. Des. Mônica Serrano – DJ 19.07.2018).

EMENTA: Mandado de Segurança – ITCMD – Base de cálculo – A pretensão formulada na inicial, no sentido de que o valor fixado para o lançamento do IPTU corresponde ao valor de mercado do imóvel não foi afastada com as informações prestadas pela autoridade administrativa apontada como coatora, notadamente pela ausência de elementos que evidenciassem a incompatibilidade dos valores apresentados pela impetrante (valor venal do IPTU) e o valor corrente de mercado do bem imóvel que compõe o espólio – Isenção e/ou direito de proceder ao recolhimento tributo sobre 50% do valor do imóvel – Impossibilidade – Bem que pertencia aos genitores e, como afirmado pela própria impetrante, quando do falecimento do genitor não foi realizada a regularização do bem – Manutenção da r. sentença – Reexame necessário desacolhido – Recursos não providos. (TJSP – Apelação / Reexame Necessário nº 1011553-72.2017.8.26.0053 – São Paulo – 11ª Câmara de Direito Público – Rel. Des. Jarbas Gomes – DJ 13.09.2017).

EMENTA: Recurso de Apelação – Mandado de segurança – Direito tributário e constitucional – ITCMD – Isenção – Impossibilidade – 1. O artigo 6º, I, "b", da Lei Estadual nº 10.705/00 prevê a isenção do ITCMD, na hipótese de transmissão de bem imóvel, com valor igual ou inferior a 2.500 UFESPs – 2. O referido benefício fiscal não pode ser autorizado, uma vez considerado o montante correspondente à metade ideal adquirida pelos impetrantes – 3. Inteligência do disposto no artigo 111, II, do CTN e Decreto nº 56.693/11 – 4. Ordem impetrada em mandado de segurança, denegada – 5. Sentença, ratificada – 6. Recurso de apelação, apresentado pela parte impetrante, desprovido. (TJSP – Apelação Cível nº 1050911-78.2016.8.26.0053 – São Paulo – 5ª Câmara de Direito Público – Rel. Des. Francisco Bianco – DJ 23.08.2017)

EMENTA: Mandado de segurança – ITCMD – Bem imóvel – Base de cálculo – Valor venal do imóvel na data da abertura da sucessão (art. 9º, §1º, da Lei Estadual nº 10.705/2000) – Vulto que não pode ser inferior ao montante fixado para o lançamento do IPTU, para imóveis urbanos, e do ITR, para imóveis rurais (art. 13, incs. I e II, da Lei Estadual 10.705/2000) – Alteração da base de cálculo do tributo pelo Decreto 55.002/2009 que modificou o art. 16, parágrafo único, do RITCMD (Decreto 46.655/2002) – Vinculação ao valor venal de referência do imóvel para fins de lançamento do ITBI (urbano) e ao valor médio da terra-nua e das benfeitorias divulgado pela Secretaria de Agricultura e Abastecimento do Estado de São Paulo (rural) – Ilegalidade – Majoração indireta do tributo – Reserva legal – Inteligência do art. 97, incisos II e IV, C/C §1º, do CTN – Sentença mantida quanto a este ponto – Mandado de segurança – ITCMD – Multa por desrespeito ao prazo de 60 dias para recolher o imposto e lavrar a escritura pública – Aplicabilidade – Arts. 982 e 983 do CPC/1973; 21 da Lei Estadual 10.705/2000; e 31 do RITCMD – Sentença reformada quanto a esta questão, a fim de manter a sanção imposta pelo Fisco – Recurso de apelação e reexame necessário parcialmente providos (TJSP – Apelação Cível nº 1037783-88.2016.8.26.0053 – São Paulo – 18ª Câmara de Direito Público – Rel. Des. Ricardo Chimenti – DJ 21.08.2017)

EMENTA: Apelação – Ação declaratória de inexistência jurídico tributária – ITBI – Partilha de bens em alteração de regime matrimonial – Sentença de procedência – Pretensão à reforma – Desacolhimento – Partilha de bens sem caráter oneroso – Mera divisão equânime do patrimônio, sem reposição pecuniária, que não constitui fato gerador do ITBI, nos termos do artigo 156, II, da CF, tampouco doação para fins de ITCMD – Precedentes do STJ e desta E. Corte – Sentença mantida – Recurso não provido. (TJSP – Apelação Cível nº 1037783-88.2016.8.26.0053 – São Paulo – 18ª Câmara de Direito Público – Rel. Des. Ricardo Chimenti – DJ 21.08.2017).

EMENTA: Apelação Cível – Tributário – Demanda proposta em desfavor da Fazenda do Estado insurgindo-se contra a fixação da base de cálculo do ITCMD como sendo o valor de imóvel rural aquele estimado por estudos da Secretaria de Agricultura – Sentença de procedência – Recurso da FESP – Provimento parcial de rigor. 1. RECOLHIMENTO DO ITCMD COM BASE NO VALOR VENAL DO IMÓVEL – POSSIBILIDADE. A alteração da base de cálculo de tributo só pode ser efetuada por lei. Para os imóveis rurais, o ITCMD deve ser recolhido com base no valor venal lançado para fins de ITR. Inaplicabilidade do Decreto nº 46.655/2002 – Desprovimento do recurso da FESP neste ponto. 2. De outro lado, entretanto, de rigor a redução dos honorários advocatícios de sucumbência porque exorbitantes – Provimento ao apelo da FESP para fixar os honorários advocatícios em R$ 5.000,00 na forma do art. 20 e seus parágrafos do CPC. Sentença reformada em parte – Apelação da FESP provida em parte. (TJSP – Apelação Cível nº 1023512-11.2015.8.26.0053 – São Paulo – 6ª Câmara de Direito Público – Rel. Des. Sidney Romano dos Reis – DJ 30.05.2016)

EMENTA: AÇÃO ANULATÓRIA DE DÉBITO FISCAL. Imposto de Transmissão Causa Mortis e Doação de Quaisquer Bens e Direitos (ITCMD). Inventário e partilha de bens. Imóveis urbanos. Impetração para o fim de afastar a exigibilidade do recolhimento de ITCMD nos termos do Decreto Estadual nº 55.002/2009. Impossibilidade de inovação legislativa pela Administração para modificar base de cálculo do referido tributo. Afronta aos artigos 150, inciso I, da Constituição Federal, e 97, inciso II, § 1º, do Código Tributário Nacional. Sentença de procedência confirmada. Recurso não provido. (TJSP – Apelação Cível nº 1045441-03.2015.8.26.0053 – São Paulo – 7ª Câmara de Direito Público – Rel. Des. Coimbra Schmidt – DJ 30.05.2016)

EMENTA: APELAÇÃO – Ação anulatória de débito fiscal – ITBI – A base de cálculo para efeito de recolhimento do imposto é o preço do negócio realizado e não da estimativa realizada pelo Município – Negaram provimento ao recurso. (TJSP – Apelação Cível nº 0007901-80.2012.8.26.0363 – Mogi-Mirim – 18ª Câmara de Direito Público – Rel. Des. Osvaldo Capraro – DJ 01.08.2013)

EMENTA: TRIBUTÁRIO. Imposto de Transmissão *Causa Mortis* e Doação de quaisquer bens e direitos (ITCMD). Imóvel rural. Exigência do fisco quanto à base de cálculo do tributo em valor apurado pelo Instituto de Engenharia Agrícola. Inadmissibilidade. O Decreto Estadual nº 55.002/09, ao fixar base de cálculo diversa da prevista na Lei nº 10.705/00 (valor venal para fins de ITR), violou o disposto no art. 97, § 1º do CTN, excedido o poder regulamentar. Segurança concedida. Recursos desprovidos. (TJSP – Apelação Cível nº 1027389-90.2014.8.26.0053 – São Paulo – 7ª Câmara de Direito Público – Rel. Des. Coimbra Schmidt – DJ 14.10.2014)

EMENTA: INVENTÁRIO – Imposto de transmissão "causa mortis" sobre bem imóvel – Base de cálculo correspondente ao valor venal na data do falecimento do autor da herança – Recolhimento sobre o valor atualizado – Posterior apresentação de últimas declarações com alusão a preço superior ao atribuído anteriormente – Decisão de primeiro grau que determina o pagamento do ITCMD relativo ao sobre preço do bem – Inviabilidade – Imposto recolhido pela alíquota vigente e conforme o valor atualizado a partir do óbito do autor da herança – Princípios da saisine e da anterioridade da lei tributária – Decisão reformada – Agravo provido. (TJSP – Agravo de Instrumento nº 0034503-96.2013.8.26.0000 – Presidente Prudente – 4ª Câmara de Direito Privado – Rel. Des. Carlos Henrique Miguel Trevisan – DJ 01.08.2013)

EMENTA: APELAÇÃO – MANDADO DE SEGURANÇA – INVENTÁRIO – BASE DE CÁLCULO DO ITCMD – APLICAÇÃO DA LEI VIGENTE NA ABERTURA DA SUCESSÃO. Aplica-se a lei em vigor na data do óbito do autor da herança, nos termos do artigo 1.784 do CC. Incidência dos artigos 9º, § 1º e 13, inciso I, da Lei Estadual nº 10.750/02 e 16, I, "a", do Decreto nº 46.655/02. Inaplicabilidade do Decreto nº 55.002/09, editado após a abertura da sucessão. Precedentes deste Tribunal de Justiça. Sentença mantida. Recursos oficial e de apelação desprovidos.(TJSP – Apelação Cível/Reexame Necessário nº 0030954-16.2013.8.26.0053 – São Paulo – 10ª Câmara de Direito Público – Rel. Des. Marcelo Semer – DJ 30.07.2014)

EMENTA: Apelação – Mandado de Segurança – São Paulo – Imposto de Transmissão de Bens Imóveis (ITBI) – Incidência do imposto diante da circunstância de haver excesso de meação ou quinhão na partilha quanto à divisão de bens imóveis – Inocorrência no caso sub judice – Inteligência do art. 116, do Dec. Mun. 51.357/10; art. 35 do CTN; art. 1.791 do CC; e art. 156, II, da CF – Precedente do STF – Manutenção da sentença – Recursos voluntário e oficial não providos.(TJSP – Apelação Cível/Reexame Necessário nº 0033785-08.2011.8.26.0053 – São Paulo – 14ª Câmara de Direito Público – Rel. Des. Henrique Harris Júnior – DJ 01.09.2014)

EMENTA: Apelação – Ação declaratória de inexistência de relação jurídico-tributária. ITBI. Impossibilidade de incidência do imposto sobre compromisso de compra e venda. Fato gerador do ITBI que se dá com a transmissão do direito real relativo ao imóvel, que ocorre com o registro do título aquisitivo no Cartório de Registro de Imóveis. Inteligência do art. 156, II, da CF c. c arts. 35, do CTN e 1.245, do CC. Entendimento pacificado do STF. Sentença mantida no mérito (art. 252, do Regimento Interno do TJSP). Honorários – Grau de complexidade médio da demanda – Majoração – Cabimento – Adequação aos critérios dos §§ 3º e 4º do art. 20, do CPC – Sentença mantida em reexame necessário – Recurso da autora provido e desprovido o fazendário.(TJSP – Apelação Cível nº 0049301-79.2011.8.26.0114 – Campinas – 18ª Câmara de Direito Público – Rel. Des. Roberto Martins de Souza – Julgado em 28.08.2014)

EMENTA: Apelação – São Carlos – Repetição de indébito – ITBI – Unidade habitacional inserida no Programa Minha Casa, Minha Vida – Art. 3º, V, da Lei Municipal 10.086/89, com a redação que lhe foi conferida pela Lei Municipal 13.711/05 – Não incidência nas transmissões de unidades habitacionais, com área de até 70 m^2 e vinculadas a programas oficiais de habitação – Isenção prevista em legislação que disciplinou o ITBI no âmbito local – Alegação de que a área do imóvel supera a prevista em lei – Hipótese não verificada – Desconsideração das áreas externas ou comuns – Recurso improvido. (TJSP – Apelação Cível nº 0008649-51.2013.8.26.0566 – São Carlos – 14ª Câmara de Direito Público – Rel. Des. Henrique Harris Júnior – DJ 18.08.2014)

CONSELHO SUPERIOR DA MAGISTRATURA

EMENTA: APELAÇÃO – REGISTRO DE IMÓVEL – RECUSA – COMPROMISSO DE COMPRA E VENDA – NÃO INCIDÊNCIA DO ITBI – PAGAMENTO ANTECIPADO DO TRIBUTO – INEXISTÊNCIA DO FATO GERADOR – LAPSO TEMPORAL DE MAIS DE 40 ANOS ENTRE O PAGAMENTO DO ITBI ANTECIPADO E A LAVRATURA DE ESCRITURA DE VENDA E COMPRA. Recurso conhecido, mas não provido (APELAÇÃO CÍVEL Nº 0015683-73.2011.8.26.0590, da Comarca de SÃO VICENTE. Trata-se de recurso de apelação interposto por Antônio Carlos Julianelli Ferrão contra a sentença de procedência da dúvida (fls. 57/60) proferida pelo r. Juiz Corregedor Permanente do Registro de Imóveis, Títulos e Documentos e Civil de Pessoas Jurídicas da Comarca de São Vicente. Discute-se nos autos a legitimidade da recusa do registro da escritura de compra e venda de imóvel lavrada em 15 de junho de 2011, no 6º Tabelião de Notas de São Paulo, pelo Registro de Imóveis de São Vicente sob o fundamento de falta de recolhimento atual do ITBI e impossibilidade de reconhecimento do pagamento antecipado do imposto com base na Lei Municipal 986/64. O recorrente sustenta que seu avô, compromissário comprador do imóvel, teria recolhido o ITBI de forma antecipada no ano de 1964 com base na Lei Municipal 986/64, fato bastante a autorizar o registro imobiliário sem novo desembolso. A Douta Procuradoria de Justiça opinou pelo não provimento do recurso de apelação. Sustentou que a aquisição da propriedade imóvel decorre da transcrição do título de transferência no registro imobiliário, nos termos do art. 1.245 do Código Civil. Assim, a mera formalização de contrato de compra e venda não constitui fato gerador do imposto, o que impede a consideração do desembolso de outrora pelo avô do apelante para fim de viabilizar o registro. É o relatório. O recurso de apelação não merece provimento. A recusa do Oficial no registro da escritura e a sentença de manutenção do ato pelo Juiz Corregedor Permanente foram acertadas. A Lei 986/64 do Município de São Vicente (transcrita manuscrita às fls. 38/39) estabelecia em seu art. 1º que *"é facultado ao compromissário comprador (...) ainda que esteja quitado ou vencido o compromisso, recolher, por antecipação, (...) pelo valor do imóvel à data do compromisso originário (...) o imposto sobre transmissão da propriedade imóvel "inter-vivos", devido pela transmissão ou cessão, desde que o faça até 120 dias da data da promulgação desta lei"*. De fato, compete, na forma do art. 156, II, da Constituição, ao Município instituir e cobrar o ITBI. Todavia, o imposto é devido somente por ocasião do registro da transmissão da propriedade de bens ou direitos, a teor do disposto no art. 1245 do Código Civil – *"transfere-se entre vivos a propriedade mediante o registro do título translativo no Registro de Imóveis. § 1º. Enquanto não se registrar o título translativo, o alienante continua a ser havido como dono do imóvel"* (Agr. Reg. Em Agr. Inst. nº 448.245/DF, Rel. Min. Luiz Fux). A respeito da exigência de pagamento de ITBI antes do registro do título translativo da propriedade vale colacionar parte do voto proferido pelo Des. Roberto Martins de Souza na Apelação nº 0039993-95.2009.8.26.0564, da Comarca de São Bernardo, com plena aplicação ao caso em tela: *(...) cabe aqui o ensinamento de Kiyoshi Harada: "(...) Convém ressaltar, que a transmissão da propriedade imobiliária só se opera com o registro do título de transferência no registro de imóveis competente, segundo o art. 1.245 do Código Civil, que assim prescreve: 'Transfere-se entre vivos a propriedade mediante registro do título translativo no Registro de Imóveis.' O § 1º desse artigo dispõe enfaticamente que "enquanto não se registrar o título translativo, o alienante continua a ser havido como dono do imóvel". Portanto, a exigência do imposto antes da lavratura da escritura de compra e venda ou do contrato particular, quando for o caso, como consta da maioria das legislações municipais, é manifestamente inconstitucional. Esse pagamento antecipado do imposto não teria amparo no § 7º do art. 150 da CF, que se refere à atribuição ao 'sujeito passivo de obrigação tributária a condição de responsável pelo pagamento de imposto ou contribuição, cujo fato gerador deva ocorrer posteriormente, assegurada a imediata e preferencial restituição da quantia paga, caso não se realize o fato gerador presumido'. "Por isso, o STJ já pacificou sua jurisprudência no sentido de que o ITBI deve incidir apenas sobre transações registradas em cartório, que impliquem efetiva transmissão da propriedade imobiliária (Resp 1.066, 253364, 12.546, 264064, 57.641; AGA 448.245; ROMS 10.650). Curvamo-nos à jurisprudência remansosa do STJ, reformulando nosso ponto de vista anterior, quer porque inaplicável o § 7º do art. 150 da CF em relação ao ITBI, quer porque o fato gerador desse imposto, eleito pelo art. 35, II, do CTN em obediência ao disposto no art. 156, II, da CF, é uma situação jurídica, qual seja, a transmissão da propriedade imobiliária. " ("Direito Tributário Municipal", segunda edição, São Paulo: Atlas, página 100).* Assim, inexistindo fato gerador autorizador da cobrança e pagamento do ITBI em 1964, ainda que pautado em Lei Municipal da época, pelo avô do apelante, o montante desembolsado só poderia ser objeto de repetição de indébito, mas não utilizado, 40 anos depois, para fim de permitir o registro, como bem observado pelo Oficial do Registro de Imóveis de São Vicente. Nesse sentido já decidiu a Suprema Corte: *"EMENTA: AGRAVO REGIMENTAL NO AGRAVO DE INSTRUMENTO. MATÉRIA INFRACONSTITUCIONAL. OFENSA INDIRETA À CONSTITUIÇÃO DO BRASIL. CONTRATO DE COMPROMISSO DE COMPRA E VENDA. NÃO INCIDÊNCIA DO ITBI. 1. Controvérsia decidida à luz de normas infraconstitucionais. Ofensa indireta à Constituição do Brasil. 2. A celebração de contrato de compromisso de compra e venda não gera obrigação ao pagamento do ITBI. Agravo regimental a que se nega provimento (AI – AgR 603309/MG, Rel. Min. EROS GRAU, t2 julgamento: 18/12/2006).* Pelo todo exposto, nego provimento ao recurso de apelação. JOSÉ RENATO NALINI, Corregedor Geral da Justiça e Relator (D.J.E. de 10.01.2013 – SP)

TRIBUNAL DE JUSTIÇA DO ESTADO DE MINAS GERAIS

EMENTA: Tributário. ITBI. Base de cálculo. Venda e compra de terreno. Edificação realizada posteriormente pelo adquirente. O ITBI não incide sobre o valor de construção realizada pelo comprador posteriormente à aquisição do terreno. Recurso não provido. (TJMG – Agravo nº 1.0707.11.020193-6/002 – Varginha – 4ª Câmara Cível – Rel. Des. Almeida Melo – DJ 23.02.2012)

TRIBUNAL DE JUSTIÇA DO ESTADO DO PARANÁ

EMENTA: APELAÇÃO CÍVEL. TRIBUTÁRIO. REPETIÇÃO DE INDÉBITO. ITBI. IMÓVEL ADQUIRIDO EM HASTA PÚBLICA. BASE DE CÁLCULO. VALOR DA ARREMATAÇÃO. PREDECEDENTES DO STJ. ALEGADO VALOR VIL. IRRELEVÂNCIA PARA A ORDEM TRIBUTÁRIA. ARREMATAÇÃO QUE NÃO FOI DESFEITA PELO MESMO ARGUMENTO. VALIDADE DO ATO E DA BASE DE CÁLCULO. A incidência do ITBI, na aquisição imobiliária feita em hasta pública, ocorre sobre o valor da efetivada arrematação, e não sobre valor venal, eventualmente superior. No caso, sem que a arrematação tenha sido desfeita por alegação de preço vil, também não pode a tributação ser afetada com esse mesmo argumento. RECURSO PROVIDO.(TJPR – Apelação Cível nº 1.052.720-1 – Curitiba – 3ª Câmara Cível – Rel. Des. Péricles B. de Batista Pereira – DJ 13.10.2014)

EMENTA: Tributário. ITBI. Preliminar de ausência de documento indispensável afastada. Conjunto probatório suficiente ao deslinde da questão. Mérito. Financiamento habitacional para a aquisição de imóvel e construção futura. Fato gerador e base de cálculo do imposto. Valor venal do imóvel no momento da transmissão. Artigos 156, II, da CF e 38, do CTN. Artigos 39 e 45 do CTM (Lei Complementar nº 81/2006). Súmula 110, do STF: *"O imposto de transmissão inter vivos não incide na construção, ou parte dela, realizada pelo adquirente, mas sobre o que tiver sido construído ao tempo da alienação do terreno."* Alíquota incidente. Art. 48, I e Parágrafo único, do CTM. Sentença mantida, inclusive em sede de reexame necessário. Apelação Cível não provida. (TJPR – Apelação Cível e Reexame Necessário nº 1223478-1 – Palotina – 1ª Câmara Cível – Rel. Des. Salvatore Antonio Astuti – DJ 16.10.2014)

EMENTA: APELAÇÃO CÍVEL – MANDADO DE SEGURANÇA – REGISTRO DE IMÓVEIS – PRETENDIDO RECONHECIMENTO DA INEXIGIBILIDADE DE APRESENTAÇÃO DE COMPLEMENTAÇÃO DO RECOLHIMENTO DO ITBI – EXTINÇÃO DO FEITO SEM JULGAMENTO DE MÉRITO POR INADEQUAÇÃO DA VIA ELEITA – CABIMENTO DO PROCEDIMENTO ADMINISTRATIVO PRÓPRIO DA SUSCITAÇÃO DE DÚVIDA (ART. 198 DA LEI 6.015/73) – INVIABILIDADE – INTERESSE DE AGIR CONFIGURADO – INOBSERVÂNCIA AOS PRINCÍPIOS DA CELERIDADE, DA EFETIVIDADE DA JUSTIÇA, DA RAZOABILIDADE, DO MÁXIMO APROVEITAMENTO DOS ATOS PROCESSUAIS E DA INAFASTABILIDADE DA JURISDIÇÃO (ART. 5º, XXXV, DA CF) – DESNECESSIDADE DE EXAURIMENTO DA VIA ADMINISTRATIVA – APLICAÇÃO DA SÚMULA 429/STF – TUTELA ANTECIPADA RECURSAL JÁ DEFERIDA EM SEDE LIMINAR (AGRAVO DE INSTRUMENTO Nº 732.123-9) – DOCUMENTOS DEVIDAMENTE APRESENTADOS PARA A LAVRATURA DO ATO – DEVER DE FISCALIZAÇÃO DO OFICIAL DO REGISTRO DE IMÓVEIS – PODER DE SIMPLES CONFERÊNCIA DO EFETIVO PAGAMENTO DO IMPOSTO DEVIDO, LANÇADO PELO MUNICÍPIO, A AUTORIZAR A TRANSFERÊNCIA DO DOMÍNIO – DISCORDÂNCIA RELATIVA À BASE DE CÁLCULO DO TRIBUTO QUE EXTRAPOLA AS PRERROGATIVAS QUE LHES SÃO CONFERIDAS POR LEI – COMPETÊNCIA PRIVATIVA DA AUTORIDADE FAZENDÁRIA – RECURSO PROVIDO – CONCESSÃO DO *WRIT*. (TJPR – Apelação Cível nº 1.224.791-3 – Curitiba – 12ª Câmara Cível – Rel. Des. Joeci Machado Camargo – DJ 06.11.2014)

3. QUESTÕES DE CONCURSOS

01. (Vunesp – Titular de Serviços de Notas e Registros – TJ – SP – Provimento/2022) Sobre a Declaração sobre Operações Imobiliárias, considere as seguintes afirmações:

Nota da autora: a questão foi elaborada na vigência da Instrução Normativa RFB nº 1.112/2010. Recentemente, foi publicada a Instrução Normativa RFB nº 2.186/2024, revogando a anterior. Assim, o candidato deve ficar atento às novas regras. No que se refere à multa, estas se encontram no art. 7º da atual IN (2.186/2024)

I. No caso de falta de apresentação ou apresentação da declaração após o prazo fixado, o Serventuário da Justiça sujeitar-se-á à multa de 0,1% (um décimo por cento) ao mês-calendário ou fração sobre o valor da operação, limitada a 1% (um por cento), observado o disposto no inciso III do § 2º do artigo da Instrução Normativa da Receita Federal do Brasil.

II. A multa terá como termo inicial o dia seguinte ao término do prazo originalmente fixado para a entrega da declaração e, como termo final, a data da efetiva entrega ou, no caso de não apresentação, da lavratura do auto de infração.

III. A multa de que trata o caput será: I – reduzida à metade, caso a declaração seja apresentada antes de qualquer procedimento de ofício; II – reduzida a 75% (setenta e cinco por cento), caso a declaração seja apresentada no prazo fixado em intimação; III – de, no mínimo, R$ 20,00 (vinte reais).

IV. O Serventuário da Justiça que apresentar DOI com incorreções ou omissões será intimado a apresentar declaração retificadora, no prazo estabelecido pela RFB, e sujeitar-se-á à multa de R$ 50,00 (cinquenta reais) por informação inexata, incompleta ou omitida, que será reduzida em 40% (quarenta por cento) caso a retificadora seja apresentada no prazo fixado.

V. Após a vigência da Lei Federal nº 13.709/2018, as informações prestadas à Receita Federal pelos cartórios extrajudiciais não poderão ser prestadas por pessoas jurídicas especializadas terceirizadas.

VI. Segundo as Normas de Serviço da Corregedoria Geral de Justiça de São Paulo, eventual atraso ou não comunicação de DOI, independentemente do recolhimento de multa, deverá ser imediatamente comunicada ao Juiz Corregedor Permanente.

É verdadeiro somente o contido em

a) I, II, V.
b) I, III, VI.
c) I, II, III.
d) I, II, III, IV, V, VI.

02. (Vunesp – Notário – SP/2008) As alternativas enumeram hipóteses obrigatórias de preenchimento da DOI (Declaração de Operação Imobiliária) pelo Oficial do Registro de Imóveis, com exceção de uma. Assinale-a.

a) Compra e venda de imóvel formalizadas por instrumento particular.
b) Adjudicação de imóvel decorrente de ação judicial.
c) Doação de imóvel formalizada por escritura pública na qual não consta a expressão "EMITIDA A DOI".
d) Partilha de bens entre herdeiros, formalizada por escritura pública na qual consta a expressão "EMITIDA A DOI".

03. (Vunesp – Cartório – TJ – SP/2012) A respeito da Declaração Sobre Operações Imobiliárias (DOI), pode-se afirmar que

a) os Tabeliães de Notas e Oficiais de Registro de Imóveis e de Títulos e Documentos estão obrigados a fazer comunicação à Receita Federal do Brasil dos documentos lavrados e registrados em suas serventias e que caracterizem aquisição ou alienação de imóveis, realizada por pessoa física ou jurídica, independentemente de seu valor, exceto quando tiver origem em título por autoridade judicial (adjudicação, herança, legado ou meação).
b) será considerado valor da operação imobiliária o que serviu de base para o cálculo do Imposto sobre a Transmissão de Bens Imóveis – ITBI ou do Imposto sobre Transmissão Causa Mortis e Doação de Quaisquer Bens e Direitos – ITCMD.
c) os Oficiais de Registro de Imóveis ficam dispensados de preencher a DOI quando a transferência do imóvel se der por usucapião.

d) o preenchimento da DOI deverá ser feito pelo Oficial do Registro de Títulos e Documentos, quando promover registro de documentos que envolvam alienações de imóveis celebradas por instrumento particular, fazendo constar do respectivo documento a expressão "EMITIDA A DOI".

04. (Cespe – Cartório – ES/2013) No que se refere ao imposto sobre a transmissão onerosa de bens imóveis (ITBI), assinale a opção correta.

a) O ITBI não incide sobre a transmissão de bens ou direitos incorporados ao patrimônio de empresa industrial como realização do capital.

b) Não constitui fato gerador do ITBI a transmissão de imóveis por acessão física.

c) Todos os direitos reais sobre bens imóveis constituem fato gerador do ITBI.

d) O ITBI não incide sobre a cessão do direito de aquisição de um bem imóvel.

e) A receita advinda do ITBI cabe ao estado onde o bem esteja situado.

05. (Cespe – Cartório-PI/2013) No que concerne à remuneração e fiscalização do recolhimento de tributos pelo notário, assinale a opção correta.

a) Se o compromissário vendedor de imóvel, depois de receber integralmente o preço, falecer, sem ter outorgado a escritura pública ao compromissário comprador, o tabelião deverá, por ocasião da lavratura da escritura de inventário e partilha, exigir o prévio recolhimento do ITCMD e do ITBI relativos ao bem vendido.

b) A declaração sobre operações imobiliárias deverá ser apresentada sempre que ocorrer operação imobiliária de aquisição ou alienação, que pode ser realizada por pessoa física ou jurídica, independentemente de seu valor, e se os documentos forem lavrados, anotados, averbados, matriculados ou registrados no respectivo cartório, sendo dispensada sua emissão, entre outros casos, quando o imóvel financiado retornar ao agente financeiro.

c) As atividades notariais e de registro são funções públicas executadas por particulares mediante delegação do Estado, remuneradas com emolumentos, cuja natureza jurídica é de preço público, conforme entendimento jurisprudencial amalgamado pelo STF.

d) A gratuidade de justiça concedida em processo judicial não se estende à prática dos atos extrajudiciais de notários e de registradores, uma vez que os notários e oficiais de registro gozam de independência no exercício de suas atribuições e têm direito à percepção dos emolumentos integrais pelos atos praticados na serventia.

e) Na hipótese de, no inventário extrajudicial, figurarem valores recebidos a título de seguro de vida por algum herdeiro, será impositiva a incidência de ITCMD.

GAB	1	C	2	D	3	D	4	A	5	D

Art. 290. Os emolumentos devidos pelos atos relacionados com a primeira aquisição imobiliária para fins residenciais, financiada pelo Sistema Financeiro da Habitação, serão reduzidos em 50% (cinquenta por cento).

§ 1º O registro e a averbação referentes à aquisição da casa própria, em que seja parte cooperativa habitacional ou entidade assemelhada, serão considerados, para efeito de cálculo, de custas e emolumentos, como um ato apenas, não podendo a sua cobrança exceder o limite correspondente a 40% (quarenta por cento) do Maior Valor de Referência.

§ 2º Nos demais programas de interesse social, executados pelas Companhias de Habitação Popular – COHABs ou entidades assemelhadas, os emolumentos e as custas devidos pelos atos de aquisição de imóveis e pelos de averbação de construção estarão sujeitos às seguintes limitações:

a) imóvel de até 60 m² (sessenta metros quadrados) de área construída: 10% (dez por cento) do Maior Valor de Referência;

b) de mais de 60 m² (sessenta metros quadrados) até 70 m² (setenta metros quadrados) de área construída: 15% (quinze por cento) do Maior Valor de Referência;

c) de mais de 70 m² (setenta metros quadrados) e até 80 m² (oitenta metros quadrados) de área construída: 20% (vinte por cento) do Maior Valor de Referência.

§ 3º Os emolumentos devidos pelos atos relativos a financiamento rural serão cobrados de acordo com a legislação federal.

§ 4º As custas e emolumentos devidos aos Cartórios de Notas e de Registro de Imóveis, nos atos relacionados com a aquisição imobiliária para fins residenciais, oriundas de programas e convênios com a União, Estados, Distrito Federal e Municípios, para a construção de habitações populares destinadas a famílias de baixa renda, pelo sistema de mutirão e autoconstrução orientada, serão reduzidos para vinte por cento da tabela cartorária normal, considerando-se que o imóvel será limitado a até sessenta e nove metros quadrados de área construída, em terreno de até duzentos e cinquenta metros quadrados.

§ 5º Os cartórios que não cumprirem o disposto no § 4º ficarão sujeitos a multa de até R$ 1.120,00 (um mil, cento e vinte reais) a ser aplicada pelo juiz, com a atualização que se fizer necessária, em caso de desvalorização da moeda.

1. COMENTÁRIOS

Os serviços notariais e de registro são **serviços públicos** exercidos em **caráter privado**, sendo remunerados, pelos usuários, com o pagamento dos respectivos **emolumentos.**

Emolumentos são as taxas devidas pelos interessados aos notários e registradores, pelos atos que vierem a ser praticados no âmbito de suas serventias, dentro de sua competência legal, de acordo com os valores previstos para cada um deles. A **Lei 10.169/2000** regulamenta o **parágrafo 2º do art. 236 da Constituição Federal**, mediante o estabelecimento de **normas gerais** para a fixação de emolumentos relativos aos atos praticados pelos serviços notariais e de registro.

Cabe aos Estados e ao Distrito Federal, já que não existem mais Territórios, estabelecer o valor dos emolumentos, **que deverá corresponder ao efetivo custo e à adequada e suficiente remuneração dos serviços prestados.**

1.1 SISTEMA FINANCEIRO DE HABITAÇÃO – SFH

O art. 290 contém uma situação especial sobre os emolumentos devidos na **primeira aquisição imobiliária para fins residenciais**, financiada pelo Sistema Financeiro da Habitação (SFH). Este sistema foi criado pela Lei nº 4.380/1964, que instituiu o financiamento para a aquisição da casa própria.

O propósito do art. 290 consiste na **facilitação da aquisição da casa própria**, desvelando, dessa forma, a finalidade social do dispositivo.

Walter Ceneviva pondera que o artigo em análise cria um sério problema de ordem prática: "na primeira aquisição imobiliária incide o benefício de custas por metade. Assim, para que possa ser fruído, o interessado deve exibir declaração de entidade ligada ao Sistema Financeiro da Habitação de que o promitente comprador atende à limitação imposta pelo artigo, isto é, que não comprou outro imóvel financiado, porquanto não cabe ao serventuário presumir tal fato, à vista do financiamento concedido. Não dispondo dela, o interessado pode supri-la mediante declaração entregue ao oficial imobiliário, que a arquivará, incluindo: identificação do declarante, indicação clara do bem financiado e a afirmativa de que o ato a registrar corresponde ao primeiro imóvel residencial adquirido" (Op. cit., p. 634).

O Conselho Nacional de Justiça deu **interpretação restritiva** ao art. 290 da Lei 6.015/1973 ao entender que a norma não alcança a lavratura da **certidão da propriedade, nestes termos:** "*A exclusão da hipótese de incidência dos emolumentos devidos pelos atos notariais e de registro há que ser sempre interpretada literalmente, consoante a regra do art. 111 do Código Tributário*".

Para o órgão, não há como interpretar de forma extensiva a redução de emolumentos contemplada no art. 290.

Parece-me que fica sugerida aqui a ocorrência de isenção heterônoma. Por essa razão, outros atos (que não a aquisição da propriedade) estariam isentos ou teriam redução de emolumentos.

1.2 PROGRAMA DE ARRENDAMENTO RESIDENCIAL

A Lei nº 10.150/2000 criou o Programa de Arrendamento Residencial (PAR), com a alternativa de compra, cuja finalidade é atender exclusivamente a moradia da população de baixa renda. A Caixa Econômica Federal atua como agente gestor do programa.

Walter Ceneviva alerta que o registrador deve verificar se, no título aquisitivo, a CEF fez constar as restrições impostas pela lei, dando destaque para o fato de que o bem adquirido constitui patrimônio do fundo nela criado, pois tais elementos constarão obrigatoriamente da respectiva averbação (Op. cit., p. 635).

É relevante consignar que a Lei n. 10.150/2000 dispõe, em seu art. 35, que "os emolumentos devidos em todos os atos de que trata a Lei nº 6.015, de 31 de dezembro de 1973, relacionados com o Programa instituído pela Medida Provisória nº 1.944-19, de 21 de setembro de 2000, serão reduzidos em cinquenta por cento".

1.3 QUADRO DIDÁTICO: REDUÇÃO DOS EMOLUMENTOS

Situação	Redução / Limitação de Emolumentos
Primeira aquisição imobiliária para fins residenciais financiada pelo Sistema Financeiro da Habitação (SFH)	Redução de 50%
§ 1º: Cooperativa Habitacional e Entidades Assemelhadas	
Registro e averbação da aquisição da casa própria	Considerados como um único ato
Cobrança máxima	40% do Maior Valor de Referência (MVR)
§ 2º: Programas de Interesse Social (COHABs e Entidades Assemelhadas)	
Imóvel de até 60 m² de área construída	Máximo de 10% do MVR

Situação	Redução / Limitação de Emolumentos
Imóvel de mais de 60 m² até 70 m² de área construída	Máximo de 15% do MVR
Imóvel de mais de 70 m² até 80 m² de área construída	Máximo de 20% do MVR
§ 3º: Financiamento Rural	
Emolumentos relativos a financiamento rural	Cobrança de acordo com a legislação federal
§ 4º: Programas e Convênios para Habitações Populares	
Custas e emolumentos para Cartórios de Notas e Registro de Imóveis	Redução para 20% da tabela cartorária normal
Limite do imóvel (área construída)	Até 69 m²
Limite do terreno	Até 250 m²

2. JURISPRUDÊNCIA COMPLEMENTAR

SUPERIOR TRIBUNAL DE JUSTIÇA

EMENTA: Registro de imóveis – Custas e emolumentos – Primeira aquisição de imóvel com financiamento pelo SFH – Irrelevância de o recorrente possuir outros imóveis – Redução de 50% quanto aos emolumentos devidos – Exegese do art. 290 da Lei 6.015/73 – Precedentes da CGJ – Recurso provido.

TRIBUNAL DE JUSTIÇA DO ESTADO DE SÃO PAULO

EMENTA: CUSTAS E EMOLUMENTOS – Registro de Imóveis – Empresa Municipal de Habitação, que aparece como vendedora de casas residenciais com área de 50,00 m² – Execução de programa de interesse social – Entidade assemelhada às Cooperativas Habitacionais e também integrante do Sistema Financeiro da Habitação – Cobrança que deve ser efetuada com base na Legislação Federal – Incidência da regra contida no § 2º, do art. 290 da Lei 6.015/73, e não de seu "caput" – Recurso provido (processo: 231/82 LOCALIDADE: São Paulo)

EMENTA: CUSTAS E EMOLUMENTOS – Registro de Imóveis – Empresa Municipal que, fora de seu principal objetivo estatutário, se dedica à construção e venda de casas residenciais populares – Atividade, ainda que acidental, de nítido interesse social, enquadrada no programa do Sistema Financeiro da Habitação – Equiparação às Cooperativas Habitacionais – Cobrança com base na Legislação Federal – Aplicação do § 2º, do art. 290, da Lei 6.015/73 – Decisão mantida (PROCESSO: 41/84 LOCALIDADE: São Paulo. DATA JULGAMENTO: 03/04/1984. Relator: Renato Gomes Corrêa).

EMENTA: CUSTAS E EMOLUMENTOS – Registro de Imóveis – Aquisição de imóvel com financiamento do SFH – Pretendida redução quanto aos emolumentos devidos – Deferimento pelo Corregedor Permanente – Recusa do Oficial – Argumentação de que não se trata da primeira aquisição – Exegese do art. 290 da Lei 6.015/73 – Improvimento do recurso (PROCESSO: 109/89 LOCALIDADE: São Paulo. DATA JULGAMENTO: 06/09/1989).

EMENTA: REGISTRO DE IMÓVEIS – Interposição por empresa de construção civil que atua dentro de programa para criação de empreendimentos habitacionais para população de baixa renda – Pleiteado o benefício do art. 290, § 2º, da Lei 6.015/73 – Admissibilidade – Hipótese que pouco importa o fato de o executor da obra ser sociedade particular, se os recursos são do SFH e se existe assessoria técnica da COHAB (PROCESSO: 92/92 LOCALIDADE: Marília. DATA JULGAMENTO: 02/06/1992. Relator: Francisco Eduardo Loureiro)

EMENTA: CUSTAS E EMOLUMENTOS – Registro de Imóveis – Companhia de Habitação Popular – Execução de programa de interesse social – Entidade assemelhada às Cooperativas Habitacionais e também integrante do Sistema Financeiro da Habitação – Cobrança que deve ser efetuada com base na Legislação Federal – Incidência da regra contida no art. 290 e parágrafos da Lei 6.015/73 – Recurso provido (PROCESSO: 5/93. LOCALIDADE: Lins. DATA JULGAMENTO: 11/03/1993. Relator: Antonio de Almeida Sampaio)

EMENTA: Registro de Imóveis – Dúvida julgada procedente – Reclamação quanto ao valor cobrado para a realização de ato de registro – Imóvel financiado pelo S. F. H. – Pretendida incidência do artigo 290 da Lei 6.015/73 – Competência recursal da Corregedoria Geral da Justiça – Recurso não conhecido (APELAÇÃO CÍVEL: 058340-0/0. LOCALIDADE: APIAÍ. DATA JULGAMENTO: 19/08/1999. Relator: Sérgio Augusto Nigro Conceição)

Art. 290-A. Devem ser realizados independentemente do recolhimento de custas e emolumentos:

I – o primeiro registro de direito real constituído em favor de beneficiário de regularização fundiária de interesse social em áreas urbanas e em áreas rurais de agricultura familiar;

II – a primeira averbação de construção residencial de até 70 m² (setenta metros quadrados) de edificação em áreas urbanas objeto de regularização fundiária de interesse social.

III – o registro de título de legitimação de posse, concedido pelo poder público, de que trata o art. 59 da Lei nº 11.977, de 7 de julho de 2009, e de sua conversão em propriedade.

IV – o registro do título de transferência do direito real de propriedade ou de outro direito ao beneficiário de projetos de assentamento rurais promovidos pelo Instituto Nacional de Colonização e Reforma Agrária (Incra) com base nas Leis nº 4.504, de 30 de novembro de 1964, e 8.629, de 25 de fevereiro de 1993, ou em outra lei posterior com finalidade similar.

§ 1º O registro e a averbação de que tratam os incisos I, II e III do caput deste artigo independem da comprovação do pagamento de quaisquer tributos, inclusive previdenciários.

§ 2º (Revogado pela Lei nº 12.424, de 2011).

1. COMENTÁRIOS

Os incisos I e II do art. 290-A foram incluídos pela Lei 11.487/2007 e os incisos III e § 1º foram adicionados pela Lei 12.242/2011. Ambas as leis, como já analisado anteriormente, possuem cunho social.

O dispositivo em comento cria uma regra geral que prescreve a não incidência de custas e emolumentos para as hipóteses mencionadas, abrangendo programas com o intuito de regularização fundiária de interesse social em áreas urbanas e em áreas rurais de agricultura familiar

A regularização fundiária consiste no conjunto de medidas jurídicas, urbanísticas, ambientais e sociais que visam à regularização de assentamentos irregulares e à titulação de seus ocupantes, de modo a garantir o direito social à moradia, o pleno desenvolvimento das funções sociais da propriedade urbana e o direito ao meio ambiente ecologicamente equilibrado.

O art. 6º da Constituição Federal reconheceu o direito subjetivo à moradia no direito brasileiro. O Direito de Moradia, reflexo da função social da propriedade, é um direito social inerente ao ordenamento jurídico pátrio. O Registro de Imóveis recebeu papel relevante para a concretização do direito à moradia, sendo-lhe imposto o dever de incorporar os fundamentos e princípios da regularização fundiária, destacando-se a simplificação de procedimentos, respeitada a segurança jurídica e a redução dos emolumentos.

Luís Roberto Barroso leciona que "o Direito existe para realizar-se e a verificação do cumprimento ou não de sua função social não pode ser estranha ao seu objeto de interesse e de estudo." (*O Direito Constitucional e a Efetividade de suas Normas. 9ª ed. revista e atualizada*. Rio de Janeiro: Renovar, 2009, p. 297).

Anote-se que o art. 59 da Lei n. 11.977/2009 a que se refere o inciso III do art. 290-A foi revogado. Atualmente, a legitimação de posse é tratada na Lei n. 13.465/2017, notadamente nos arts. 25 a 27.

Não dependem da comprovação do pagamento de quaisquer tributos, inclusive previdenciários, o registro e a averbação de que tratam os incisos I, II e III do art. 290-A.

Por sua vez, o inciso IV, incluído pela Lei n. 14.382/2022, estabelece isenção de emolumentos para o registro do título de transferência do direito real de propriedade ou de outro direito ao beneficiário de projetos de assentamento rurais promovidos pelo Instituto Nacional de Colonização e Reforma Agrária (Incra) com base nas Leis n. 4.504/1964 e 8.629/1993, ou em outra lei posterior com finalidade similar.

A justificativa é que os projetos de assentamentos rurais promovidos pelo INCRA possuem carga social, beneficiando pessoas de baixa renda, cuja ideia é incentivar a prática do registro e consequentemente sua regularização.

1.1 DISCUSSÃO SOBRE A INCONSTITUCIONALIDADE DO ART. 290-A

A **Lei 10.169/2000** regulamenta o **parágrafo 2º do art. 236 da Constituição Federal**, mediante o estabelecimento de **normas gerais** para a fixação de emolumentos relativos aos atos praticados pelos serviços notariais e de registro.

Cabe aos Estados e ao Distrito Federal, já que não existem mais Territórios, estabelecer o valor dos emolumentos, **que deverá corresponder ao efetivo custo e à adequada e suficiente remuneração dos serviços prestados.**

O Supremo Tribunal Federal já decidiu reiteradas vezes que, os emolumentos têm **natureza jurídica de taxa**, sujeitando-se assim, aos princípios constitucionais tributários, sendo espécie tributária que é.

Os emolumentos são tabelados por lei, e devem ser uniformes dentro de um mesmo Estado. É ilegal a cobrança tanto para mais quanto para menos (art. 30, X, e art. 31, III da Lei 8.935/1994).

Assim, os emolumentos são **tributos estaduais** (na modalidade de taxa), e cabe ao Estado legislar a respeito.

Ocorre que o legislador federal estatuiu um regime de custas diferenciado para os empreendimentos e imóveis incluídos no Programa Minha Casa Minha Vida. No artigo **42 da Lei 11.977/2009** foi instituído descontos de 50% a 75% dos emolumentos para abertura de matrículas e registros de empreendimentos. Já o **artigo 43 da Lei 11.977/2009** estabeleceu que os emolumentos referentes a escritura pública, quando esta for exigida ao registro da alienação de imóvel e de correspondentes garantias reais e aos demais atos relativos ao imóvel residencial adquirido ou financiado no âmbito do PMCMV serão reduzidos em: a) – 75% (setenta e cinco por cento) para os imóveis residenciais adquiridos do FAR e do FDS; b) 50% (cinquenta por cento) para os imóveis residenciais dos demais empreendimentos do PMCMV.

A referida lei prevê ainda que se os cartórios que não cumprirem o disposto nos arts. 42 e 43 ficarão sujeitos à multa no valor de até R$ 100.000,00 (cem mil reais), bem como a outras sanções previstas na Lei 8.935/1994.

Questiona-se: sendo os Estados competentes para legislar sobre emolumentos, não haveria ofensa à autonomia legislativa desse ente federativo? Poderia a lei federal invadir a competência estadual e estipular gratuidades? Pode a lei federal invadir a esfera do ente estatal para conceder isenção heterônoma? O ponto chave da discussão foi a inserção do artigo 237-A na

Lei 6.015/1973, que dispõe a cobrança em ato único ato de garantia em imóvel no caso de parcelamento do solo, incorporação imobiliária e condomínios edilícios e de lotes.

Dessa forma, remete-se o leitor aos comentários do art. 237-A da LRP, uma vez que o tema já foi ali abordado.

- Quadro Didático: Isenção de Custas e Emolumentos do Art. 290-A da Lei 6.015/73

Situação	Isenção de Custas e Emolumentos
Primeiro registro de direito real constituído em favor de beneficiário de regularização fundiária de interesse social	Independente de custas e emolumentos
Primeira averbação de construção residencial de até 70 m^2 em áreas urbanas objeto de regularização fundiária de interesse social	Independente de custas e emolumentos
Registro de título de legitimação de posse, concedido pelo poder público, e de sua conversão em propriedade	Independente de custas e emolumentos
Registro do título de transferência do direito real de propriedade ou de outro direito ao beneficiário de projetos de assentamento rurais promovidos pelo Incra	Independente de custas e emolumentos

2. QUESTÕES DE CONCURSOS

01. (EJEF – Notário-MG/2011) Tendo em vista os requisitos para a dispensa da exigência da Certidão Negativa de Débito do INSS referente à construção residencial de até 70m^2, quando da averbação da referida construção no Registro Imobiliário, marque a alternativa CORRETA.

a) Construção residencial unifamiliar, destinada ao uso próprio, do tipo econômico, executada sem mão de obra assalariada.

b) Construção unifamiliar, moradia permanente, destinada ao uso próprio ou de terceiros, do tipo econômico, executada sem mão de obra assalariada.

c) Construção unifamiliar, moradia permanente, destinada ao uso próprio, do tipo econômico, executada com mão de obra assalariada.

d) Construção multifamiliar, destinada ao uso próprio, do tipo econômico, executada sem mão de obra assalariada.

02. (Vunesp – Notário-SP/2012) Os emolumentos devidos pelos atos de abertura de matrícula, registro de incorporação, parcelamento do solo, averbação de construção, instituição de condomínio, averbação da carta de "habite-se" e demais atos referentes à construção de empreendimentos no âmbito do Programa Minha Casa Minha Vida (PMCMV) serão reduzidos em:

I. 75% (setenta e cinco por cento) para os empreendimentos do Fundo de Arrendamento Residencial (FAR) e do Fundo de Desenvolvimento Social (FDS);

II. 50% (cinquenta por cento) para os atos relacionados aos demais empreendimentos do PMCMV;

III. 80% (oitenta por cento), quando os imóveis residenciais forem destinados a beneficiário com renda familiar mensal superior a seis e até dez salários mínimos;

IV. 90% (noventa por cento), quando os imóveis residenciais forem destinados a beneficiário com renda familiar mensal superior a três e igual ou inferior a seis salários mínimos.

Está correto o contido em

a) I e II, apenas.

b) II e IV, apenas.

c) III e IV, apenas.

d) I, II, III e IV.

GAB	1	A	2	A

Art. 291. A emissão ou averbação da Cédula Hipotecária, consolidando créditos hipotecários de um só credor, não implica modificação da ordem preferencial dessas hipotecas em relação a outras que lhes sejam posteriores e que garantam créditos não incluídos na consolidação.

1. COMENTÁRIOS

Cédula hipotecária consiste no título de crédito lastreado por hipoteca. É o instrumento hábil para a representação dos respectivos créditos hipotecários. Representa, assim, um financiamento bancário respaldado em garantia real sobre determinado imóvel.

A cédula hipotecária foi criada pelo Decreto-lei 70/1966, que tornou possível a circulação dos créditos hipotecários em favor de credores específicos, quais sejam, instituições financeiras e companhias de seguro.

O tema foi analisado de forma minuciosa nos comentários do art. 169, inciso II, item 7 desta lei, motivo pelo qual peço licença para avançar.

O art. 291 foi incluído pela Lei n. 6.941/1981. No anteprojeto, a justificativa foi: "A inclusão do novo artigo 291 tem sentido prático, visando evitar que o credor de primeira e segunda hipotecas, ao consolidá-las, perca a prioridade para todas as demais". Admitir que lançamento de cédula não averbada interfira com a preferência do registro constituiria quebra inaceitável do sistema. Todo título toma, no protocolo, número de ordem conforme a sequência de sua apresentação, assim sendo determinada a prioridade. Para esse efeito a consolidação dos créditos de um credor, numa só cédula, e a averbação desta não constituem título novo. Subsiste a mesma ordem preferencial da hipoteca, sobre as que se lhe seguirem, ainda quando a cédula consolidadora tenha prenotação posterior e se refira a créditos não consolidados. Esses são os ensinamentos de Walter Ceneviva sobre o tema (Op. cit., p. 291).

2. JURISPRUDÊNCIA COMPLEMENTAR

TRIBUNAL DE JUSTIÇA DO ESTADO DE SÃO PAULO
CONSELHO SUPERIOR DA MAGISTRATURA

EMENTA: REGISTRO DE IMÓVEIS – Carta de adjudicação expedida em execução hipotecária – Qualificação do título judicial que não alcança o acerto do procedimento jurisdicional – Cédula hipotecária – Endosso-caução – Averbação que não impede o registro do título – Recurso provido (APELAÇÃO CÍVEL Nº 0016689-10.2011.8.26.0625, da Comarca de TAUBATÉ) Trata-se de apelação interposta por Transcontinental Empreendimentos Imobiliários Ltda., objetivando a reforma da r. sentença de fls. 195/196, que julgou procedente a dúvida suscitada pelo Oficial de Registro de Imóveis, Títulos e Documentos e Civil de Pessoa Jurídica de Taubaté e manteve a recusa do registro da carta de adjudicação expedida pelo MM. Juízo da 3ª Vara Cível de Taubaté, nos autos do processo nº 1.061/99, referente ao imóvel objeto da matrícula nº 25.579, daquela Serventia de Imóveis. Aduz a apelante que vendeu o imóvel em questão por meio de financiamento, cuja garantia era o próprio imóvel, e que, após emitir respectiva a cédula hipotecária, caucionou seus direitos creditórios à Caixa Econômica Federal. Diante do inadimplemento dos devedores hipotecários, promoveu execução hipotecária em que adjudicou o imóvel. Em relação à recusa do Oficial, mantida pelo MM. Juiz Corregedor Permanente, alega que a exigência consistente na anuência da Caixa Econômica Federal, a quem a apelante caucionou seus direitos creditórios, não procede porque: a) a CEF nunca foi titular dos direitos creditórios porque houve endosso caução (art. 16 do Decreto 70/66) e não endosso translativo (art. 22); b) a adjudicação extingue a hipoteca na forma do art. 1.499, VI, do Código Civil e, uma vez extinta a garantia principal, também se extingue a caução porque acessória; e c) a adjudicação do imóvel nos autos da execução hipotecária implicou o perecimento da coisa (crédito) dada em garantia (CC 1916, art. 1.436 II). Depois de apresentadas as contrarrazões do Ministério Público (fls. 216/219), a Procuradoria Geral de Justiça opinou pelo não provimento do recurso, por entender que a adjudicação não extingue a garantia da caução, conforme esclarecido no agravo de instrumento nº 991.01.0512781 (fls. 225/230). É o relatório. O recurso, a despeito da r. decisão do MM. Juiz Corregedor Permanente e do bem lançado parecer da Procuradoria Geral de Justiça, comporta acolhimento. A apelante – sucessora da Sul Brasileiro SP Crédito Imobiliário S/A – firmou contrato de compra e venda de imóvel com mútuo e pacto adjeto de hipoteca tornando-se credora de Afonso Cesar Leite de Camargo e Izabel Cristina Rosa de Camargo. Diante do inadimplemento dos devedores, promoveu execução hipotecária que resultou na penhora e adjudicação do imóvel objeto da matrícula nº 25.579, do Registro de Imóveis de Taubaté, dado em garantia ao contrato. Apresentada a carta de adjudicação a registro, veio a qualificação negativa do Oficial por constar da matrícula que a apelante, credora hipotecária, emitiu cédula hipotecária e a endossou em favor da Caixa Econômica Federal, de modo que esta passou a deter todos os direitos creditórios da hipoteca, ficando a apelante sem nenhum (Avs. 24 e 25). Por tal razão, e firme na premissa de que a apelante não era mais detentora de qualquer crédito, entendeu o registrador que não havia ato algum a ser praticado. O MM. Corregedor Permanente, ao acolher a recusa do Oficial de Registro de Imóveis, considerou que a cédula hipotecária é título nominativo que circula mediante endosso em preto. Logo, promovido o endosso em favor da Caixa Econômica Federal, ficou esta sub-rogada em todos os direitos creditórios, na forma do parágrafo único, do art. 16, do Decreto Lei nº 70/66, de modo que nenhum registro pode ser feito sem que outorgue declaração de quitação do débito ou libere o endosso caução em seu favor realizado. Concluiu, assim, que o registro pretendido viola a continuidade registral (fls. 195/196). Tais considerações – no caso – ultrapassam os limites da qualificação registral e, por isso, não podem prevalecer. É certo que também os títulos judiciais se submetem à qualificação registral. Mas não é menos certo que referido exame tem limites e não pode invadir o mérito da decisão judicial que lhe dá suporte. Nesse sentido, a sempre atual lição de Afrânio de Carvalho: *"Assim como a inscrição pode ter por base atos negociais e atos judiciais, o exame da legalidade aplica-se a uns e a outros. Está visto, porém, que, quando tiver por objeto atos* ***judiciais****, será* ***muito mais limitado, cingindo-se à conexão dos respectivos dados com o registro e à formalização instrumental****. Não compete ao registrador averiguar senão esses aspectos externos dos atos judiciais,* ***sem entrar no mérito*** *do assunto neles envolvido, pois, do contrário,* ***sobreporia a sua autoridade à do Juiz.*** "No caso posto, a carta de adjudicação foi constituída a partir de decisão judicial que reconheceu que a apelante tinha direitos creditórios e, por tal razão, permitiu que a execução hipotecária prosseguisse em seus regulares termos até que resultasse, após a constrição do imóvel objeto da matrícula nº 25.579, do Registro de Imóveis de Taubaté, em sua adjudicação em favor da apelante. Ora, é sabido que a via administrativa não pode se sobrepor nem rever a jurisdicional. Assim, descabe ao Oficial de Registro de Imóveis, ainda que de boa-fé, ao qualificar o título, fazer as vezes de órgão recursal e dizer se a via judicial está ou não correta quanto ao titular do crédito discutido nos autos da execução. Deste modo, a exigência contida na nota devolutiva, ratificada na r. decisão recorrida, de que a apelante – interessada no registro – não é detentora de direitos creditórios não pode prevalecer, porque já examinada e definida na via adequada que é a judicial. Também não há que se falar em quebra de continuidade porque a Caixa Econômica Federal, admitida a constituição da caução em seu favor, é apenas credora pignoratícia do crédito contido na cédula hipotecária, o que não lhe transfere o domínio do imóvel. Francisco Eduardo Loureiro, ao comentar o penhor de títulos de crédito, acentua que o endosso penhor ou em garantia não transfere ao credor pignoratício a titularidade do crédito, de sorte que este não se torna credor do devedor originário do título de crédito, mas apenas exerce determinados poderes de cobrança em nome do credor endossante originário e também no próprio interesse. Assim, não de pode confundir o direito de crédito da CEF (endossatária caucionada da credora hipotecária, ora apelante) com o direito de propriedade que, a despeito da garantia real constituída, permaneceu com os devedores originais da apelante Afonso Cesar Leite de Camargo e Izabel Cristina Rosa de Camargo. O princípio da continuidade exige que a pessoa que transmite um direito conste do registro como titular desse direito. No caso, a continuidade restou plenamente observada porque, como visto, a constituição da garantia real e a posterior emissão da cédula hipotecária presumivelmente endossada à Caixa Econômica Federal não alteraram o direito de propriedade dos primitivos devedores. Assim, a Caixa Econômica Federal ostenta, no máximo, a qualidade de credora com garantia real, o que não obsta o registro ora perseguido porque a ausência de sua notificação nos termos do termos do art. 698, do Código de Processo Civil, representa caso de ineficácia, que depende de prévia declaração judicial, e não de nulidade. Assim, até que e eventualmente reconhecida e declarada a insubsistência da adjudicação por desrespeito ao art. 698, do Código de Processo Civil, ela produzirá todos os seus efeitos, inexistindo motivo jurídico para a recusa de seu registro no fólio real, sob pena de o Oficial declarar e reconhecer, de ofício, nulidade não pronunciada na via judicial. Nesse sentido, decidi recentemente com caráter normativo nos autos do Processo CG 2903/2006. No que diz respeito à extinção da garantia real, conquanto não seja esta a via adequada para a discussão, cabe relembrar a regra do art. 1501, do Código Civil, segundo a qual: *"Não extinguirá a hipoteca, devidamente registrada, a arrematação ou adjudicação, sem que tenham sido notificados judicialmente os respectivos credores hipotecários, que não forem de qualquer modo partes na execução. "*Assim, eventual debate relativo à subsistência da garantia real e eventual sub-rogação no imóvel adjudicado fica reservado à via judicial, o que, contudo, não obsta o ingresso do título, que será precedido da averbação dos atos necessários para se atender à especialidade subjetiva em virtude da alteração da razão social da apelante de Sul Brasileiro SP Crédito Imobiliário S/A para Transcontinental Empreendimentos Imobiliários Ltda., o que também fica determinado. Ante o exposto, pelo meu voto, dou provimento ao recurso. (a) JOSÉRENATO NALINI, Corregedor Geral da Justiça e Relator(D.J.E. de 16.01.2013 – SP)

Art. 292. É vedado aos Tabeliães e aos Oficiais de Registro de Imóveis, sob pena de responsabilidade, lavrar ou registrar escritura ou escritos particulares autorizados por lei, que tenham por objeto imóvel hipotecado a entidade do Sistema Financeiro da Habitação, ou direitos a eles relativos, sem que conste dos mesmos, expressamente, a menção ao ônus real e ao credor, bem como a comunicação ao credor, necessariamente feita pelo alienante, com antecedência de, no mínimo 30 (trinta) dias.

Art. 293. Se a escritura deixar de ser lavrada no prazo de 60 (sessenta) dias a contar da data da comunicação do alienante, esta perderá a validade.

Parágrafo único. A ciência da comunicação não importará consentimento tácito do credor hipotecário.

1. COMENTÁRIOS

Os artigos 292 e 293 foram implicitamente revogados pela Lei nº 8.004/1990 (Lei do Sistema Financeiro da Habitação), modificada pela Lei nº 10.150/2000, devido à incompatibilidade de suas redações com a lei que passou a regular a matéria.

Em outras palavras, desde a edição da Lei 8.004/1990, não subsiste mais a proibição do art. 292. No entanto, extrai-se do parágrafo único do art. 1º da aludida lei, que incumbe ao tabelião, quando da lavratura de escritura que lhe seja requerida pelo alienante, verificar a presença obrigatória da instituição financeira. Veja-se:

> **Art. 1º** O mutuário do Sistema Financeiro da Habitação (SFH) pode transferir a terceiros os direitos e obrigações decorrentes do respectivo contrato, observado o disposto nesta lei.
>
> Parágrafo único. A formalização de venda, promessa de venda, cessão ou promessa de cessão relativas a imóvel financiado através do SFH dar-se-á em ato concomitante à transferência do financiamento respectivo, com a interveniência obrigatória da instituição financiadora.

Walter Ceneviva chama a atenção para o fato de que os contratos de transferência de financiamento relacionados com o SFH foram assinados anteriormente a 14 de março de 1990, data da publicação da Lei n. 8.004/1990.

Nesta hipótese o oficial do registro verifica, quando o credor não comparece ao título, se houve a comunicação feita pelo alienante, com antecedência mínima de trinta dias, observando o art. 292. Nesse caso, não acolherá escritura lavrada depois de esgotados sessenta dias da data da comunicação, ante a proibição do art. 293 da LRP, que tem aplicação apenas nessa hipótese (Op. cit., p. 638).

No que se refere ao art. 293, este também foi implicitamente revogado. A justificativa é que a formalização da transferência de imóvel gravado em favor do SFH depende da interveniência da instituição financiadora.

2. JURISPRUDÊNCIA COMPLEMENTAR

⊙ SUPERIOR TRIBUNAL DE JUSTIÇA

▶ **EMENTA:** DIREITO CIVIL E PROCESSUAL CIVIL. FINANCIAMENTO IMOBILIÁRIO. SISTEMA FINANCEIRO DA HABITAÇÃO. EXECUÇÃO HIPOTECÁRIA. PRAZO PRESCRICIONAL. 1. – A execução hipotecária proposta para cobrança de crédito vinculado ao Sistema Financeiro da Habitação sujeita-se ao prazo prescricional de 05 (cinco) anos previsto no artigo 206, § 5º, I, do Código Civil. 2. – Recurso Especial a que se nega provimento. (STJ – REsp nº1.385.998 – Rio Grande do Sul – 2ª Turma – Rel. Min. Sidnei Beneti – DJ 12.05.2014)

▶ **EMENTA:** RECURSO ESPECIAL. AÇÃO DE OBRIGAÇÃO DE FAZER E INDENIZATÓRIA. ALEGAÇÃO DE VÍCIOS NA CONSTRUÇÃO DO IMÓVEL. IMÓVEL FINANCIADO PELO SFH. DEMANDA AJUIZADA PELOS CESSIONÁRIOS CONTRA O AGENTE FINANCEIRO, SEGURADORA E CONSTRUTORA. VIOLAÇÃO AO ART. 535 NÃO VERIFICADA. QUITAÇÃO DO FINANCIAMENTO. AUSÊNCIA DE PREQUESTIONAMENTO. SÚMULAS 282 E 356 DO STF. CESSÃO DE DIREITOS REALIZADA APÓS OUTUBRO DE 1996. ANUÊNCIA DA INSTITUIÇÃO FINANCEIRA. NECESSIDADE. ILEGITIMIDADE ATIVA AD CAUSAM EM RELAÇÃO AO AGENTE FINANCEIRO E À SEGURADORA (CONTRATO ACESSÓRIO). PRECEDENTE. EXIGÊNCIA QUE NÃO SE ESTENDE À CONSTRUTORA. PRETENSÃO DEDUZIDA CONTRA A CONSTRUTORA CALCADA NO CÓDIGO CIVIL E NO CÓDIGO DE DEFESA DO CONSUMIDOR. 1. Não há falar em violação ao art. 535 do Código de Processo Civil quando o Tribunal de origem resolve as questões pertinentes ao litígio, afigurando-se dispensável que venha examinar uma a uma as alegações e fundamentos expendidos pelas partes. 2. Para que se configure o prequestionamento da matéria, há que se extrair do acórdão recorrido pronunciamento sobre as teses jurídicas em torno dos dispositivos legais tidos como violados, a fim de que se possa, na instância especial, abrir discussão sobre determinada questão de direito, definindo-se, por conseguinte, a correta interpretação da legislação federal (Súmulas 282 e 356/STF), o que não ocorreu neste autos em relação à alegação de quitação do contrato de financiamento. 3. "No caso de cessão de direitos sobre imóvel financiado no âmbito do Sistema Financeiro da Habitação realizada após 25/10/1996, a anuência da instituição financeira mutuante é indispensável para que o cessionário adquira legitimidade ativa para requerer revisão das condições ajustadas, tanto para os contratos garantidos pelo FCVS como para aqueles sem referida cobertura" (REsp 1.150.429/CE, Rel. Ministro Ricardo Villas Bôas Cueva, Corte Especial, julgado em 25/04/2013, DJe de 10/05/2013 – julgado sob o rito do art. 543-C do CPC). 4. Os cessionários, por via de consequência, não ostentam legitimidade para reclamar a indenização do seguro habitacional por força do caráter acessório da pactuação. Precedente. 5. O requisito da anuência prévia engendrado pela Lei nº 10.150/2000 teve por escopo a proteção dos mútuos vinculados ao Sistema Financeiro da Habitação – SFH, nos quais impõe-se a tutela do interesse público. Dessa sorte, a exigência da anuência da instituição financeira prevista na Lei nº 8.004/1990 para os "contratos de gaveta" firmados após 25/10/1996 como condição de legitimidade dos cessionários não se estende automaticamente para a construtora do imóvel, porquanto os cessionários não questionam os termos do contrato de financiamento ou do seguro acessório, mas postulam a responsabilidade da construtora por supostos vícios na construção do imóvel, com base no Código de Defesa do Consumidor e no Código Civil de 2002. 6. Recurso especial parcialmente provido. (STJ – REsp nº 1.323.307 – Amazonas – 4ª Turma – Rel. Min. Luis Felipe Salomão – DJ 16.09.2013)

TRIBUNAL REGIONAL DA 2ª REGIÃO

EMENTA: IMÓVEL ADQUIRIDO COM RECURSOS DO SFH E HIPOTECADO À CEF. TRANSFERÊNCIA DO FINANCIAMENTO SEM A ANUÊNCIA DO AGENTE FINANCEIRO. IMPOSSIBILIDADE. ART. 292 DA LEI Nº 6.015/73 C/C ART.1º DA LEI Nº 8.004/90. VENCIMENTO ANTECIPADO DA DÍVIDA. CABIMENTO. CLÁUSULA RESOLUTIVA EXPRESSA. I. Nos contratos do SFH, qualquer negócio referente a traslação de propriedade deve ter a interveniência do agente financeiro, sob pena de impossibilidade em relação àquele. II. Ao alienarem o imóvel a terceiro sem a anuência da CEF, os mutuários desrespeitaram o disposto no art. 292 da Lei de Registros Públicos (Lei nº 6.015/73), que foi alterado pela Lei nº 8.004/90, bem como a cláusula resolutiva expressa na Escritura Padrão Declaratória, a qual prevê o vencimento antecipado da dívida no caso de o devedor ceder ou transferir a terceiros, no todo ou em parte, os seus direitos e obrigações, vender ou prometer à venda o imóvel hipotecado, sem prévio e expresso consentimento da CEF. III. Nesse sentido, inviável a cessão de débito que se operou ao arrepio da lei e do próprio contrato celebrado com a agravante. IV. Cumpre destacar que a cláusula resolutiva expressa que determina o vencimento antecipado da dívida no caso de cessão de débito sem a anuência do credor hipotecário é válida, eis que o direito de transferir o mútuo hipotecário não se trata de direito potestativo, sendo necessário o consentimento do agente financeiro. V. Agravo interno provido. (TRF 2ª Reg. AC 9502044525, Des. Fed. FRANCA NETO, DJU, 21/06/2005, p.129)

3. QUESTÃO DE CONCURSO

01. (IESES – Cartório – Provimento – TJ – CE/2018) Assinale a alternativa INCORRETA a respeito do registro no âmbito do SFH (Sistema Financeiro de Habitação):

a) É vedado aos Tabeliães e aos Oficiais de Registro de Imóveis, sob pena de responsabilidade, lavrar ou registrar escritura ou escritos particulares autorizados por lei, que tenham por objeto imóvel hipotecado a entidade do Sistema Financeiro da Habitação, ou direitos a eles relativos, sem que conste dos mesmos, expressamente, a menção ao ônus real e ao credor, bem como a comunicação ao credor, necessariamente feita pelo alienante, com antecedência de, no mínimo 30 (trinta) dias.

b) São admitidos a registro escritos particulares autorizados em lei, assinados pelas partes e testemunhas, com as firmas reconhecidas, dispensado o reconhecimento quando se tratar de atos praticados por entidades vinculadas ao Sistema Financeiro de Habitação.

c) Os emolumentos devidos pelos atos relacionados com a primeira aquisição imobiliária para fins residenciais, financiada pelo Sistema Financeiro da Habitação, serão reduzidos em 50% (cinquenta por cento).

d) Os contratos de que forem parte entidades que integrem o Sistema Financeiro de Habitação serão obrigatoriamente transcritos no Cartório de Registro de Imóveis competente, dentro do prazo de 30 (trinta) dias.

GAB	1	D

Art. 294. Nos casos de incorporação de bens imóveis do patrimônio público, para a formação ou integralização do capital de sociedade por ações da administração indireta ou para a formação do patrimônio de empresa pública, o oficial do respectivo registro de imóveis fará o novo registro em nome da entidade a que os mesmos forem incorporados ou transferidos, valendo-se, para tanto, dos dados característicos e confrontações constantes do anterior.

§ 1º Servirá como título hábil para o novo registro o instrumento pelo qual a incorporação ou transferência se verificou, em cópia autêntica, ou exemplar do órgão oficial no qual foi aquele publicado.

§ 2º Na hipótese de não coincidência das características do imóvel com as constantes do registro existente, deverá a entidade, ao qual foi o mesmo incorporado ou transferido, promover a respectiva correção mediante termo aditivo ao instrumento de incorporação ou transferência e do qual deverão constar, entre outros elementos, seus limites ou confrontações, sua descrição e caracterização.

§ 3º Para fins do registro de que trata o presente artigo, considerar-se-á, como valor de transferência dos bens, o constante do instrumento a que alude o § 1º.

1. COMENTÁRIOS

O artigo 294 tem relação com o Capítulo V do Registro de Imóveis, motivo pelo qual deveria lá estar.

Ademais, o art. 167, inciso I, item 32 desta Lei, estabelece que na Serventia Imobiliária, além da matrícula, será feito o registro da transferência, de imóvel a sociedade, quando integrar quota social.

Constituída uma empresa, necessário se faz a integralização de capital da sociedade por ações da administração indireta ou para a formação do patrimônio de empresa pública. Na empresa pública, não se admite o particular como participante do capital.

Em se tratando de bens imóveis constantes do patrimônio público, quando venham a ser transferidos para formação ou integralização de capital de sociedade de economia mista ou empresa pública, o Oficial de Registros deve observar as diretrizes do art. 294, além dos princípios registrários, em especial, da continuidade e da especialidade. Logo, deverá haver coincidência das características e confrontações do imóvel com as do anterior, sob pena de retificação do título aquisitivo ou suscitação de dúvida.

Atente-se para o fato de que o dispositivo em análise trata de **exceção ao art. 221 da LRP**, pois permite como título hábil para o novo registro, o instrumento pelo qual a incorporação ou transferência se verificou, em cópia autêntica, ou exemplar do órgão oficial no qual foi aquele publicado. O art. 221 exige a exibição do título em sua forma original, sendo inadmissível o acesso de mera reprodução do documento ao fólio real, ainda que autenticada.

Flávio Gonzaga Bellegarde Nunes observa que a lei menciona 'exemplar do órgão oficial'. Portanto, não será suficiente a apresentação de recorte da publicação (Op. cit., p. 1542).

Art. 295. O encerramento dos livros em uso, antes da vigência da presente Lei, não exclui a validade dos atos neles registrados, nem impede que, neles, se façam as averbações e anotações posteriores.

Parágrafo único – Se a averbação ou anotação dever ser feita no Livro nº 2 do Registro de Imóvel, pela presente Lei, e não houver espaço nos anteriores Livros de Transcrição das Transmissões, será aberta a matrícula do imóvel.

1. COMENTÁRIOS

O artigo 296 consagra a regra do **ato perfeito e acabado.** Desse dispositivo, extrai-se também que, mesmo não sendo hipótese de prática de ato de registro, se houver uma averbação (que é ato de natureza acessória) a ser efetuada na vigência desta lei e não existir espaço no livro anterior, equivale dizer, à margem da transcrição que originou o direito, deve o oficial registrador realizar a matrícula a fim de se praticar o ato averbatório. Em razão disso, há quem defenda que o art. 295 trata de uma das **hipóteses de abertura de matrícula.**

Note-se que o dispositivo em questão configura **exceção à regra do art. 228**, que estabelece que a matrícula será efetuada por ocasião do primeiro registro a ser lançado na vigência desta Lei, mediante os elementos constantes do título apresentado e do registro anterior nele mencionado.

Art. 296. Aplicam-se aos registros referidos no art. 1º, § 1º, incisos I, II e III, desta Lei, as disposições relativas ao processo de dúvida no registro de imóveis.

1. COMENTÁRIOS

O procedimento de dúvida está previsto nos arts. 198 a 204 e 207, na parte de Registro de Imóveis desta Lei.

O art. 296 veio esclarecer que tal procedimento também deve ser cumprido nas **demais modalidades de registros,** quais sejam: Registro Civil das Pessoas Naturais, Registro Civil de Pessoas Jurídicas e Registro de Títulos e Documentos.

Anote-se que o procedimento de dúvida também pode ser utilizado nos **tabelionatos.** A justificativa está na regra do art. 30, inciso XIII, da Lei nº 8.935/1994, ao prever que é dever dos notários e registradores encaminhar ao juízo competente as dúvidas levantadas pelos interessados, obedecendo à sistemática processual fixada pela legislação respectiva. Contudo, há quem defenda que tal procedimento não existe nos Tabelionatos de Notas.

Como já se sabe, a dúvida consiste no procedimento administrativo competente para **dirimir dissenso** entre o usuário do serviço e o registrador.

Na impossibilidade da lavratura do registro, seja qual for o motivo, deve o registrador fornecer por escrito ao interessado uma nota explicativa em que constem todos os motivos da recusa e eventuais exigências necessárias para que possa ser feito o assento.

A *exigência* a que o *caput* do art. 198 faz alusão é o requerimento do oficial para que a parte faça a complementação da documentação apresentada para a realização do registro; ela deve ser feita por escrito. Tal exigência deve dizer respeito a elemento formal. O oficial não faz exame da substância do negócio jurídico contido no título.

Não se conformando o interessado com a recusa, poderá ele suscitar dúvida ao Juiz competente.

É unânime na doutrina e na jurisprudência que não cabe o procedimento de dúvida para dirimir a chamada "dúvida doutrinária" ou supedâneo de consulta. Para que ela ocorra, imprescindível haver o **efetivo e concreto dissenso entre o interessado e o registrador.**

O tema "procedimento de dúvida" foi analisado minuciosamente nos comentários dos arts. 198 a 204 desta lei.

2. JURISPRUDÊNCIA COMPLEMENTAR

⊙ TRIBUNAL DE JUSTIÇA DO ESTADO DO PARANÁ

▶ **EMENTA:** DÚVIDA – JURISDIÇÃO VOLUNTÁRIA – REGISTROS PÚBLICOS – SUSCITAÇÃO DE DÚVIDA PELO OFICIAL DO CARTÓRIO DE TÍTULOS E DOCUMENTOS – POSSIBILIDADE – INTELIGÊNCIA DOS ARTS. 198 E ART. 296, DA LEI 6015/73. – TRANSMUTAÇÃO DE ENTIDADE EMPRESARIAL PARA SOCIEDADE SIMPLES, REGIDA PELO NOVO CÓDIGO CIVIL – ALTERAÇÃO DE CONTRATO SOCIAL – INCLUSÃO DE PREVISÃO DE EXCLUSÃO EXTRAJUDICIAL DE SÓCIO – AUSÊNCIA DE PREVISÃO CONTRATUAL – PRETENSÃO DE ALTERAÇÃO DELIBERADA PELA MAIORIA DOS SÓCIOS – IMPOSSIBILIDADE – INTERPRETAÇÃO ERIGIDA DOS ARTS. 1.030 E 1.085 DO ATUAL CÓDIGO CIVIL. RECURSO NÃO PROVIDO. 1 – Aplicam-se as disposições relativas ao processo de suscitação de dúvida do registro de imóveis, também aos registros referidos no art. 1º, § 1º, incisos I, II, III da Lei de Registros Públicos (6.015/73, art. 296), consoante interpretação teleológica. 2 – A maioria societária somente poderá deliberar sobre a exclusão extrajudicial de sócio, quando constante do estatuto social da empresa (art. 1.085 do CC) (TJPR – Ap. Civ. 531941-9, Relator: Rafael Augusto Cassetari, 12ª C. Cível, Publicação: 02/ 06/ 2009)

Art. 297. Os oficiais, na data de vigência desta Lei, lavrarão termo de encerramento nos livros, e dele remeterão cópia ao juiz a que estiverem subordinados.

Parágrafo único. Sem prejuízo do cumprimento integral das disposições desta Lei, os livros antigos poderão ser aproveitados, até o seu esgotamento, mediante autorização judicial e adaptação aos novos modelos, iniciando-se nova numeração.

Art. 298. Esta Lei entrará em vigor no dia 1º de janeiro 1976.

1. COMENTÁRIOS

A Lei 6.015/1973 entrou em vigor no dia 1º de janeiro de 1976, conforme art. 298. Assim, os Oficiais lavraram termo de encerramento nos livros e remeteram cópia ao Juiz Corregedor Permanente ou Juiz competente na forma da organização local.

A razão da regra decorre do fato de que a Lei n. 6.015/1973 estabeleceu uma nova sistemática registral e novos livros de registros.

Ao discorrer sobre o parágrafo único do artigo 297, Walter Ceneviva ensina que razões de ordem econômica levaram o legislador a abrir ensejo ao continuado uso dos antigos livros, de modo adaptado às novas exigências, conforme, em cada comarca, fosse permitido pelo juiz competente. A validade do parágrafo único se estenderá até que o último dos velhos livros seja esgotado, no derradeiro dos cartórios que os utilizar (Op. cit., p. 642).

Art. 299. Revogam-se a Lei nº 4.827, de 7 de março de 1924, os Decretos nºs 4.857, de 9 de novembro de 1939, 5.318, de 29 de fevereiro 1940, 5.553, de 6 de maio de 1940, e as demais disposições em contrário.

1. COMENTÁRIOS

A Lei 4.827/1924 estabelecia a reorganização dos registros públicos instituídos pelo Código Civil.

O Decreto 4.857/1939 dispunha sobre a execução dos serviços concernentes aos registros públicos estabelecidos pelo Código Civil.

Por sua vez, o Decreto 5.318/1940 fez alterações ao Decreto 4.857/1939.

A título de curiosidade, a Lei 4.827/1924 estabelecia competência também para o registro da propriedade literária, científica e artística. Atualmente, a Lei 6.015/1973 rege o Registro Civil das Pessoas Naturais e de Pessoas Jurídicas, o Registro de Títulos e Documentos, bem como o Registro de Imóveis, prevendo em seu art. 1º § 2º, que os demais registros reger-se-ão por leis próprias.

Brasília, 31 de dezembro de 1973; 152º da Independência e 85º da República.

EMÍLIO G. MÉDICI

(DOU de 31.12.1973)

Lei nº 9.492,
de 10 de setembro de 1997

Define competência, regulamenta os serviços concernentes ao protesto de títulos e outros documentos de dívida e dá outras providências.

O PRESIDENTE DA REPÚBLICA

Faço saber que o Congresso Nacional decreta e eu sanciono a seguinte Lei:

CAPÍTULO I – DA COMPETÊNCIA E DAS ATRIBUIÇÕES

Art. 1º. Protesto é o ato formal e solene pelo qual se prova a inadimplência e o descumprimento de obrigação originada em títulos e outros documentos de dívida.

Parágrafo único. Incluem-se entre os títulos sujeitos a protesto as certidões de dívida ativa da União, dos Estados, do Distrito Federal, dos Municípios e das respectivas autarquias e fundações públicas.

1. COMENTÁRIOS[1]

1.1 BREVE HISTÓRICO

O protesto, assim como as demais instituições cambiais, teve sua origem na prática medieval italiana.

Há quem defenda que o protesto cambial já era praticado no século XIV, pois foram conhecidos protestos realizados no ano de 1.335, sendo equivocada a afirmação de que o protesto mais antigo fora lavrado em Gênova, em 14 de novembro de 1384.

Reinaldo Velloso dos Santos, citando Miguel G. Giron, sustenta que o protesto é anterior à letra de câmbio, encontrando-se precedentes a partir do período *justinianeu* e não apenas no Direito Romano (*Apontamentos sobre o Protesto Notaria*". Dissertação de Mestrado apresentada à Faculdade de Direito da Universidade de São Paulo. Aprovada. Mestrado em Direito. Direito Comercial. São Paulo. 2012. p. 23).

O protesto é, assim, um capítulo na história dos títulos de crédito, especialmente da letra de câmbio.

Com o desenvolvimento das relações comerciais, no final da Idade Média, havia necessidade de um mecanismo que conferisse segurança às relações dinâmicas.

O protesto foi criado para solucionar os problemas decorrentes da utilização da letra de câmbio.

Em um primeiro momento, o protesto tinha por finalidade apenas estabelecer a **taxa de juros na data do inadimplemento**. Posteriormente foi empregado para **caracterizar a falta de aceite**, e por fim, utilizado para **evidenciar a falta de pagamento**.

O protesto chega, aos dias de hoje como um **remédio ao inadimplemento**, para sanear os conflitos de crédito presentes e prevenir negócios futuros. É um meio simples, célere e eficaz de satisfação de títulos e documentos de dívida, que não foram honrados em seu vencimento.

1.2 LEGISLAÇÃO

Não é somente a Lei 9.492/1997 que trata do protesto. Ela é a lei primordial, mas existe uma legislação farta no ordenamento jurídico brasileiro que faz alusão ao tema.

Demais disso, a Lei de Protestos não revoga a disciplina das leis que cuidam dos títulos de crédito. Todavia, os dispositivos que disciplinam o protesto extrajudicial nestas leis estão tacitamente revogados. Izaías Gomes Ferro Junior muito bem assevera que, ao final do **século XVIII em Portugal**, já se lavravam protestos para se pagar títulos, letras em lidos em praça pública, por três dias sucessivos, para que alguém aceite ou pague a mesma (EL DEBS, Martha; FERRO JUNIOR, Izaías Gomes. *O Novo Protesto de Títulos e*

1. Toda a legislação citada nos comentários desta obra está disponível em EL DEBS, Martha. *Vade Mecum Notarial e Registral.* 11ª ed. São Paulo: Juspodivm, 2024.

Documentos de Dívida. Os Cartórios de Protesto na era dos serviços digitais. Introdução aos Títulos de Crédito e o Protesto de Títulos. São Paulo: Juspodivm, 2023).

No ano de **1.807**, foi publicado o **Código Comercial Francês,** que também dispôs sobre o protesto. Anuncia-se que referido código foi utilizado como base por muitos países na confecção de seus próprios códigos. Como exemplo, citamos os códigos civis dos países americanos e os códigos comerciais da Espanha e Brasil.

No Brasil, o **Código Comercial de 1850** estabeleceu regras expressas sobre o protesto, especificamente nos arts. 405 a 414. A título de curiosidade, Domingo Pietrangelo Ritondo ensina que o primeiro Tabelionato de Protestos no Brasil foi criado na Bahia, por meio da Lei sem número, de 15 de novembro de 1827, na vigência do Alvará de 19 de outubro de 1.789, sendo posteriormente regulado pela Lei nº 556/1850, e na sequencia pelo Decreto nº 2.044/1908 (*Protesto Extrajudicial.* 1ª Ed. Rio de Janeiro: Elsevier, 2015, p. 2).

O **Decreto Imperial n. 9.420/1885** previu o concurso público para ingresso nas funções de tabelião, oficial de Registro e escrivão, nos arts. 150 e seguintes e 187 a 209.

No dia 31 de dezembro de 1908, foi editado o **Decreto 2.044**, conhecido como "Lei Saraiva", estabelecendo em seu art. 13 que *"a falta ou recusa, total o parcial, de pagamento, prova-se pelo protesto"*. Além disso, consagrou nos arts. 28 a 33 a regulamentação do protesto das letras de câmbio e notas promissórias. No que tange ao protesto, ainda está em vigor o seu art. 28, *caput,* e parágrafo único, haja vista a reserva expressa do Brasil ao art. 9º, do Anexo II, do Decreto 57.663/66. Reza o art. 28:

> **Art. 28.** A letra que houver de ser protestada por falta de aceite ou de pagamento deve ser entregue ao oficial competente, no primeiro dia útil que se seguir ao da recusa do aceite ou ao do vencimento, e o respectivo protesto, tirado dentro de três dias úteis.
>
> Parágrafo único. O protesto deve ser tirado do lugar indicado na letra para o aceite ou para o pagamento. Sacada ou aceita a letra para ser paga em outro domicílio que não o do sacado, naquele domicílio deve ser tirado o protesto.

Por sua vez, o **Código Civil de 1916** previu o protesto como instrumento de constituição em mora do devedor.

Futuramente foram assinadas as três **Convenções** conhecidas como **Lei Uniforme de Genebra (LUG)**, de 7 de junho de 1930, compreendendo a Convenção para adoção de uma lei uniforme em matéria de letras de câmbio e notas promissórias, às quais foram acolhidas pelo Brasil em 26 de agosto de 1942, porém, só positivadas pelo **Decreto nº 57.663**, de 24 de janeiro de 1966. Este Decreto ainda está em vigor, ressalvadas as reservas do Anexo II (reservas aos arts. 2, 3, 5, 6, 7, 9, 10, 13, 15, 16, 17, 19 e 20).

No dia 7 de abril de 1933, o **Decreto n. 22.626**, conhecido como Lei de Usura, estabeleceu o protesto como data inicial do prazo para propositura da ação.

O **Decreto-lei n. 7.661, de 1.945** (Antiga Lei de Falência) regia o protesto em seus artigos 4º, 10 e 11.

Em 1965 foi publicada a **Lei 4.728**, que disciplina o mercado de capitais e estabelece medidas para o seu desenvolvimento. O art. 75 diz que o **contrato de câmbio,** desde que protestado por oficial competente para o protesto de títulos, constitui instrumento bastante para requerer a ação executiva. Percebe-se que o aludido dispositivo atribuiu executoriedade ao protesto do contrato de câmbio.

O **Decreto-Lei 167/1967** dialoga com o protesto extrajudicial à medida que, em seu art. 60 estabelece:

> Aplicam-se à cédula de crédito rural, à nota promissória rural e à duplicata rural, no que forem cabíveis, as normas de direito cambial, inclusive quanto a aval, dispensado porém o protesto para assegurar o direito de regresso contra endossantes e seus avalistas.

A **Lei de Duplicatas (5.474/1968)** também faz alusão ao protesto nos arts. 13 e 14. Vale a transcrição:

> **Art. 13.** A duplicata é protestável por falta de aceite de devolução ou pagamento.
>
> § 1º Por falta de aceite, de devolução ou de pagamento, o protesto será tirado, conforme o caso, mediante apresentação da duplicata, da triplicata, ou, ainda, por simples indicações do portador, na falta de devolução do título.
>
> § 2º O fato de não ter sido exercida a faculdade de protestar o título, por falta de aceite ou de devolução, não elide a possibilidade de protesto por falta de pagamento.
>
> § 3º O protesto será tirado na praça de pagamento constante do título.
>
> § 4º O portador que não tirar o protesto da duplicata, em forma regular e dentro do prazo da 30 (trinta) dias, contado da data de seu vencimento, perderá o direito de regresso contra os endossantes e respectivos avalistas
>
> **Art. 14.** Nos casos de protesto, por falta de aceite, de devolução ou de pagamento, ou feitos por indicações do portador do instrumento de protesto deverá conter os requisitos enumerados no artigo 29 do Decreto nº 2.044, de 31 de dezembro de 1908, exceto a transcrição mencionada no inciso II, que será substituída pela reprodução das indicações feitas pelo portador do título.

Além de ter um capítulo próprio que fala sobre o protesto, essa lei traz também ao longo do texto, alguns dispositivos que disciplinam o instituto. Vale mencionar que a Lei 187/1936 introduziu a possibilidade de protesto por indicação, mas referida lei foi revogada pela Lei 5.474/1974.

É pertinente mencionar o **Decreto-Lei 413/1969**, que também se associa ao protesto, pois possui uma regra específica no art. 52: *Aplicam-se à cédula de crédito industrial e à nota de crédito industrial, no que forem cabíveis, as normas do direito cambial, dispensado,* *porém, o protesto para garantir direito de regresso contra endossantes e avalistas*.

Por seu turno, o **art. 2º, § 2º do Decreto-lei 911/1969** (Alienação Fiduciária) estabelecia que *"a mora decorrerá do simples vencimento do prazo para pagamento e poderá ser comprovada por carta registrada expedida por intermédio de Cartório de Títulos e Documentos ou pelo protesto do título, a critério do credor"*.

Todavia, houve uma alteração neste dispositivo pela Lei 13.043/2014, cuja redação atual passa a ser a seguinte:

> § 2º A mora decorrerá do simples vencimento do prazo para pagamento e **poderá ser comprovada por carta registrada com aviso de recebimento, não se exigindo que a assinatura constante do referido aviso seja a do próprio destinatário.**

O **Código de Processo Civil (Lei n. 5.869/1973)** estabelecia, em seu art. 1.071, que, ocorrendo mora do comprador, provada com o protesto do título, o vendedor poderá requerer, liminarmente e sem audiência do comprador, a apreensão e depósito da coisa vendida.

Em 1974, a **Lei 6.024,** que dispõe sobre a intervenção e a liquidação extrajudicial de instituições financeiras, apregoa que:

> **Art. 15.** Decretar-se-á a liquidação extrajudicial da instituição financeira:
>
> § 2º O ato do Banco Central do Brasil, que decretar a liquidação extrajudicial, indicará a data em que se tenha caracterizado o estado que a determinou, fixando o **termo legal da liquidação que não poderá ser superior a 60 (sessenta) dias contados do primeiro protesto por falta de pagamento** ou, na falta deste do ato que haja decretado a intervenção ou a liquidação.

Em outras palavras, o primeiro protesto é essencial para indicar a data da falta de pagamento.

A título de conhecimento, vale mencionar três leis que tratavam especificamente do procedimento do protesto:

a) **Lei 6.268, de 24 de novembro de 1975** – dispunha sobre a averbação do pagamento de títulos protestados, a identificação do devedor em títulos cambiais e duplicatas de fatura.

b) **Lei 6.690, de 25 de setembro de 1979** – disciplinou o cancelamento de protesto de títulos cambiais.

c) **Lei 7.401 de 5 de novembro de 1985** – alterou a Lei n. 6.690/1979.

Frise-se que, atualmente, a matéria das três supracitadas leis é regida pela Lei 9.492/1997. Logo, estão tacitamente revogadas.

A **Lei 7.357/1985** também faz referência ao protesto, principalmente no capítulo da "Ação por falta de pagamento" (arts. 47 a 55). Vejamos:

> **Art. 47** Pode o portador promover a execução do cheque:
>
> I – contra o emitente e seu avalista;
>
> II – contra os endossantes e seus avalistas, se o cheque apresentado em tempo hábil e a recusa de pagamento é comprovada pelo protesto ou por declaração do sacado, escrita e datada sobre o cheque, com indicação do dia de apresentação, ou, ainda, por declaração escrita e datada por câmara de compensação.
>
> § 1º Qualquer das declarações previstas neste artigo dispensa o protesto e produz os efeitos deste.
>
> § 2º Os signatários respondem pelos danos causados por declarações inexatas.
>
> § 3º O portador que não apresentar o cheque em tempo hábil, ou não comprovar a recusa de pagamento pela forma indicada neste artigo, perde o direito de execução contra o emitente, se este tinha fundos disponíveis durante o prazo de apresentação e os deixou de ter, em razão de fato que não lhe seja imputável.
>
> § 4º A execução independe do protesto e das declarações previstas neste artigo, se a apresentação ou o pagamento do cheque são obstados pelo fato de o sacado ter sido submetido a intervenção, liquidação extrajudicial ou falência.
>
> **Art. 48** O protesto ou as declarações do artigo anterior devem fazer-se no lugar de pagamento ou do domicílio do emitente, antes da expiração do prazo de apresentação. Se esta ocorrer no último dia do prazo, o protesto ou as declarações podem fazer-se no primeiro dia útil seguinte.
>
> § 1º A entrega do cheque para protesto deve ser prenotada em livro especial e o protesto tirado no prazo de 3 (três) dias úteis a contar do recebimento do título.
>
> § 2º O instrumento do protesto, datado e assinado pelo oficial público competente, contém:
>
> a) a transcrição literal do cheque, com todas as declarações nele inseridas, na ordem em que se acham lançadas;
>
> b) a certidão da intimação do emitente, de seu mandatário especial ou representante legal, e as demais pessoas obrigadas no cheque;
>
> c) a resposta dada pelos intimados ou a declaração da falta de resposta;
>
> d) a certidão de não haverem sido encontrados ou de serem desconhecidos o emitente ou os demais obrigados, realizada a intimação, nesse caso, pela imprensa.
>
> § 3º O instrumento de protesto, depois de registrado em livro próprio, será entregue ao portador legitimado ou àquele que houver efetuado o pagamento.
>
> § 4º Pago o cheque depois do protesto, pode este ser cancelado, a pedido de qualquer interessado, mediante arquivamento de cópia autenticada da quitação que contenha perfeita identificação do título.
>
> **Art. 49** O portador deve dar aviso da falta de pagamento a seu endossante e ao emitente, nos 4 (quatro) dias úteis seguintes ao do protesto ou das declarações previstas no art. 47 desta Lei ou, havendo cláusula "sem despesa", ao da apresentação.
>
> § 1º Cada endossante deve, nos 2 (dois) dias úteis seguintes ao do recebimento do aviso, comunicar seu teor ao endossante precedente, indicando os nomes e endereços dos que deram os avisos anteriores, e assim por diante, até o emitente, contando-se os prazos do recebimento do aviso precedente.
>
> § 2º O aviso dado a um obrigado deve estender-se, no mesmo prazo, a seu avalista.

§ 3º Se o endossante não houver indicado seu endereço ou o tiver feito de forma ilegível, basta o aviso ao endossante que o preceder.

§ 4º O aviso pode ser dado por qualquer forma, até pela simples devolução do cheque.

§ 5º Aquele que estiver obrigado a aviso deverá provar que o deu no prazo estipulado. Considera-se observado o prazo se, dentro dele, houver sido posta no correio a carta de aviso.

§ 6º Não decai do direito de regresso o que deixa de dar o aviso no prazo estabelecido. Responde, porém, pelo dano causado por sua negligência, sem que a indenização exceda o valor do cheque.

Art. 50 O emitente, o endossante e o avalista podem, pela cláusula "sem despesa", "sem protesto", ou outra equivalente, lançada no título e assinada, dispensar o portador, para promover a execução do título, do protesto ou da declaração equivalente.

§ 1º A cláusula não dispensa o portador da apresentação do cheque no prazo estabelecido, nem dos avisos. Incumbe a quem alega a inobservância de prazo a prova respectiva.

§ 2º A cláusula lançada pelo emitente produz efeito em relação a todos os obrigados; a lançada por endossante ou por avalista produz efeito somente em relação ao que lançar.

§ 3º Se, apesar de cláusula lançada pelo emitente, o portador promove o protesto, as despesas correm por sua conta. Por elas respondem todos os obrigados, se a cláusula é lançada por endossante ou avalista.

Art. 51 Todos os obrigados respondem solidariamente para com o portador do cheque.

§ 1º – O portador tem o direito de demandar todos os obrigados, individual ou coletivamente, sem estar sujeito a observar a ordem em que se obrigaram. O mesmo direito cabe ao obrigado que pagar o cheque.

§ 2º A ação contra um dos obrigados não impede sejam os outros demandados, mesmo que se tenham obrigado posteriormente àquele.

§ 3º Regem-se pelas normas das obrigações solidárias as relações entre obrigados do mesmo grau.

Art. 52 portador pode exigir do demandado:

I – a importância do cheque não pago;

II – os juros legais desde o dia da apresentação;

III – as despesas que fez;

IV – a compensação pela perde do valor aquisitivo da moeda, até o embolso das importâncias mencionadas nos itens antecedentes.

Art. 53 Quem paga o cheque pode exigir de seus garantes:

I – a importância integral que pagou;

II – os juros legais, a contar do dia do pagamento;

III – as despesas que fez;

IV – a compensação pela perda do valor aquisitivo da moeda, até o embolso das importâncias mencionadas nos itens antecedentes.

Art. 54 O obrigado contra o qual se promova execução, ou que a esta esteja sujeito, pode exigir, contra pagamento, a entrega do cheque, com o instrumento de protesto ou da declaração equivalente e a conta de juros e despesas quitada.

Parágrafo único. O endossante que pagou o cheque pode cancelar seu endosso e os dos endossantes posteriores.

Art. 55 Quando disposição legal ou caso de força maior impedir a apresentação do cheque, o protesto ou a declaração equivalente nos prazos estabelecidos, consideram-se estes prorrogados.

§ 1º O portador é obrigado a dar aviso imediato da ocorrência de força maior a seu endossante e a fazer menção do aviso dado mediante declaração datada e assinada por ele no cheque ou folha de alongamento. São aplicáveis, quanto ao mais, as disposições do art. 49 e seus parágrafos desta Lei.

§ 2º Cessado o impedimento, deve o portador, imediatamente, apresentar o cheque para pagamento e, se couber, promover o protesto ou a declaração equivalente.

§ 3º Se o impedimento durar por mais de 15 (quinze) dias, contados do dia em que o portador, mesmo antes de findo o prazo de apresentação, comunicou a ocorrência de força maior a seu endossante, poderá ser promovida a execução, sem necessidade da apresentação do protesto ou declaração equivalente.

§ 4º Não constituem casos de força maior os fatos puramente pessoais relativos ao portador ou à pessoa por ele incumbida da apresentação do cheque, do protesto ou da obtenção da declaração equivalente.

Em 1994, a **Lei 8.929**, que institui a Cédula de Produto Rural, estabelece em seu art. 10, inciso III:

> Aplicam-se à CPR, no que forem cabíveis, as normas de direito cambial, com as seguintes modificações:
>
> [...]
>
> III – é dispensado o protesto cambial para assegurar o direito de regresso contra avalistas.

Ainda no ano de 1994, a **Lei 8.935 (Estatuto dos Notários e Registradores)** estabeleceu no seu art. 11, a competência do Tabelião de Protesto, neste sentido:

> **Art. 11.** Aos tabeliães de protesto de título compete privativamente:
>
> I – protocolar de imediato os documentos de dívida, para prova do descumprimento da obrigação;
>
> II – intimar os devedores dos títulos para aceitá-los, devolvê-los ou pagá-los, sob pena de protesto;
>
> III – receber o pagamento dos títulos protocolizados, dando quitação;
>
> IV – lavrar o protesto, registrando o ato em livro próprio, em microfilme ou sob outra forma de documentação;
>
> V – acatar o pedido de desistência do protesto formulado pelo apresentante;
>
> VI – averbar:
>
> **a)** o cancelamento do protesto;
>
> **b)** as alterações necessárias para atualização dos registros efetuados;
>
> VII – expedir certidões de atos e documentos que constem de seus registros e papéis.
>
> Parágrafo único. Havendo mais de um tabelião de protestos na mesma localidade, será obrigatória a prévia distribuição dos títulos.

Identificamos no **Decreto 3.048/1999** menção sobre o protesto na redação do art. 245, § 3º. Vejamos:

> **Art. 245.** O crédito da seguridade social é constituído por meio de notificação fiscal de lançamento, auto-de-infração, confissão ou documento declaratório de

valores devidos apresentado pelo contribuinte ou outro instrumento previsto em legislação própria.

§ 3º Os órgãos competentes podem, antes de ajuizar a cobrança da Dívida Ativa, **promover o protesto de título dado em garantia de sua liquidação**, ficando, entretanto, ressalvado que o título será sempre recebido pro solvendo.

O **Código Civil no art. 202, III**, também normatizou o protesto:

Art. 202. A interrupção da prescrição, que somente poderá ocorrer uma vez, dar-se-á:

(...)

III – por protesto cambial.

Dessa forma, a Súmula 153 do STF, que estabelecia que o simples protesto cambiário não interrompe a prescrição, não vige mais.

Oportuno elucidar que o texto do art. 202, III, CC, deve ser lido à luz dos dias atuais, ou seja, a interrupção da prescrição ocorrerá com o **protesto notarial.** Trata-se de expressão mais adequada e abrangente, visto que, desde a edição da Lei n. 9.492/1997, protesta-se não apenas títulos cambiais, mas também outros documentos de dívida, assunto que será visto com profundidade nesta obra.

Ainda sobre o Código Civil de 2002, dialoga com o protesto extrajudicial, os arts. 887 a 926, que dispõem sobre os títulos de crédito.

Vale mencionar também que o **Código Civil de 1916** previu o protesto como instrumento de constituição em mora do devedor.

A **Lei 10.931/2004** (Patrimônio de Afetação, LCI, CCI, CCB) trouxe uma regra inovadora no art. 41, permitindo o protesto por indicação da cédula de crédito bancário. Veja-se:

Art. 41. A Cédula de Crédito Bancário poderá ser protestada por indicação, desde que o credor apresente declaração de posse da sua única via negociável, inclusive no caso de protesto parcial.

Mais tarde, a **Lei 11.101/2005 (Falência)** trouxe norma pertinente ao protesto. Estabelece o art. 94:

Art. 94. Será decretada a falência do devedor que:

I – sem relevante razão de direito, não paga, no vencimento, obrigação líquida materializada em título ou títulos executivos protestados cuja soma ultrapasse o equivalente a 40 (quarenta) salários-mínimos na data do pedido de falência).

[...]

§ 3º Na hipótese do inciso I do *caput* deste artigo, o pedido de falência será instruído com os títulos executivos na forma do parágrafo único do art. 9º desta Lei, acompanhados, em qualquer caso, dos respectivos instrumentos de protesto para fim falimentar nos termos da legislação específica.

Em 2006, foi publicada a **Lei Complementar 123** que instituiu o Estatuto Nacional da Microempresa e da Empresa de Pequeno Porte. O art. 73 trouxe disciplina específica sobre o protesto:

Art. 73. O protesto de título, quando o devedor for microempresário ou empresa de pequeno porte, é sujeito às seguintes condições:

I – sobre os emolumentos do tabelião não incidirão quaisquer acréscimos a título de taxas, custas e contribuições para o Estado ou Distrito Federal, carteira de previdência, fundo de custeio de atos gratuitos, fundos especiais do Tribunal de Justiça, bem como de associação de classe, criados ou que venham a ser criados sob qualquer título ou denominação, ressalvada a cobrança do devedor das despesas de correio, condução e publicação de edital para realização da intimação;

II – para o pagamento do título em cartório, não poderá ser exigido cheque de emissão de estabelecimento bancário, mas, feito o pagamento por meio de cheque, de emissão de estabelecimento bancário ou não, a quitação dada pelo tabelionato de protesto será condicionada à efetiva liquidação do cheque;

III – o cancelamento do registro de protesto, fundado no pagamento do título, será feito independentemente de declaração de anuência do credor, salvo no caso de impossibilidade de apresentação do original protestado;

IV – para os fins do disposto no *caput* e nos incisos I, II e III do *caput* deste artigo, o devedor deverá provar sua qualidade de microempresa ou de empresa de pequeno porte perante o tabelionato de protestos de títulos, mediante documento expedido pela Junta Comercial ou pelo Registro Civil das Pessoas Jurídicas, conforme o caso.

V – quando o pagamento do título ocorrer com cheque sem a devida provisão de fundos, serão automaticamente suspensos pelos cartórios de protesto, pelo prazo de 1 (um) ano, todos os benefícios previstos para o devedor neste artigo, independentemente da lavratura e registro do respectivo protesto.

A Corregedoria Nacional da Justiça do CNJ também disciplinou tema pertinente relacionado ao protesto.

Assim, editou em 2013, o **Provimento 30**, que dispunha sobre a recepção e protesto de cheques, nas hipóteses que relaciona, visando coibir fraudes que possam acarretar prejuízos aos devedores ou terceiros. Este ato normativo foi revogado e incorporado aos arts. 389 a 396 do Provimento CNJ n. 149/2023 (CNN).

Em 2015, a **Lei 13.105/2015 (NCPC)** explicitamente possibilitou o que já era permitido: o protesto de decisão, por se tratar de documento de dívida. Neste sentido, os arts. 517 e 528, §§ 1º e 3º:

Art. 517. A decisão judicial transitada em julgado poderá ser levada a protesto, nos termos da lei, depois de transcorrido o prazo para pagamento voluntário previsto no art. 523.

§ 1º Para efetivar o protesto, incumbe ao exequente apresentar certidão de teor da decisão.

§ 2º A certidão de teor da decisão deverá ser fornecida no prazo de 3 (três) dias e indicará o nome e a qualificação do exequente e do executado, o número do processo, o valor da dívida e a data de decurso do prazo para pagamento voluntário.

§ 3º O executado que tiver proposto ação rescisória para impugnar a decisão exequenda pode requerer, a suas

Lei 9.492/1997

expensas e sob sua responsabilidade, a anotação da propositura da ação à margem do título protestado.

§ 4º A requerimento do executado, o protesto será cancelado por determinação do juiz, mediante ofício a ser expedido ao cartório, no prazo de 3 (três) dias, contado da data de protocolo do requerimento, desde que comprovada a satisfação integral da obrigação.

Art. 528. No cumprimento de sentença que condene ao pagamento de prestação alimentícia ou de decisão interlocutória que fixe alimentos, o juiz, a requerimento do exequente, mandará intimar o executado pessoalmente para, em 3 (três) dias, pagar o débito, provar que o fez ou justificar a impossibilidade de efetuá-lo.

§ 1º Caso o executado, no prazo referido no *caput*, não efetue o pagamento, não prove que o efetuou ou não apresente justificativa da impossibilidade de efetuá-lo, o juiz mandará protestar o pronunciamento judicial, aplicando-se, no que couber, o disposto no art. 517 .

[...]

§ 3º Se o executado não pagar ou se a justificativa apresentada não for aceita, o juiz, além de mandar protestar o pronunciamento judicial na forma do § 1º, decretar-lhe-á a prisão pelo prazo de 1 (um) a 3 (três) meses.

Por sua vez, a **Lei 13.467, de 2017**, que altera a Consolidação das Leis do Trabalho (CLT) – Reforma Trabalhista, também trouxe um dispositivo destinado especificamente ao protesto, no art. 883-A, a saber:

Art. 883-A. A decisão judicial transitada em julgado somente poderá ser levada a protesto, gerar inscrição do nome do executado em órgãos de proteção ao crédito ou no Banco Nacional de Devedores Trabalhistas (BNDT), nos termos da lei, depois de transcorrido o prazo de quarenta e cinco dias a contar da citação do executado, se não houver garantia do juízo.

Além do exposto, o Conselho Nacional de Justiça, por meio de sua Corregedoria Nacional, editou alguns Provimentos atinentes à atividade protestual, a saber:

a) **Provimento 67, de 26 de março de 2018** – *Procedimentos de conciliação e de mediação nos serviços notariais e de registro do Brasil (incorporado aos arts. 18 a 67 do Código Nacional de Normas)*

b) **Provimento 72, de 27 de junho de 2018** – *Medidas de incentivo à quitação ou à renegociação de dívidas protestadas nos tabelionatos de protesto do Brasil. (incorporado, em um primeiro momento, aos arts. 375 a 388 do Código Nacional de Normas e posteriormente alterado pelo* **Provimento CNJ n. 168/2024** – *Proposta de solução negocial prévia ao protesto e de renegociação de dívida já protestada)*

c) **Provimento 86, de 29 de agosto de 2019** – *Possibilidade de pagamento postergado de emolumentos, acréscimos legais e demais despesas, devidos pela apresentação de títulos ou outros documentos de dívida para protesto e dá outras providências (incorporado aos arts. 369 a 374 do Código Nacional de Normas)*

d) **Provimento 87, de 11 de setembro de 2019** – *Dispõe sobre as normas gerais de procedimentos para o protesto extrajudicial de títulos e outros documentos de dívida, regulamenta a implantação da Central Nacional de Serviços Eletrônicos dos Tabeliães de Protesto de Títulos – CENPROT e dá outras providências. (incorporado aos arts. 257 a 263 e 354 a 367 do Código Nacional de Normas)*

e) **Provimento CNJ n. 97/2020** – *Expedido em épocas pandêmicas, para regular os procedimentos de intimação nos tabelionatos de protesto de títulos visando a redução dos riscos de contaminação com o novo coronavírus, causador da COVID-19 como medida preventiva de saúde pública nas referidas serventias extrajudiciais. Atualmente, incorporou-se algumas disposições deste ato normativo ao art. 368 do Provimento CNJ n. 149/2023 (Código Nacional de Normas).*

f) **Provimento 134, de 24 de agosto de 2022** – *Medidas a serem adotadas pelas serventias extrajudiciais em âmbito nacional para o processo de adequação à Lei Geral de Proteção de Dados Pessoais (incorporado aos arts. 79 a 135 do Código Nacional de Normas)*

g) **Provimento CNJ n. 167/2024** – *Altera o Código Nacional de Normas para fins de atualização e uniformização nacional acerca das regras e procedimentos do protesto comum, falimentar e de sentença condenatória.*

Não é demais mencionar a publicação da **Lei 13.775, de dezembro de 2018**, que regulamenta a duplicata escritural e destina alguns dispositivos ao procedimento do protesto. Essa lei incluiu o § 2º no art. 8º e o art. 41-A na Lei 9.492/1997. A Lei 13.775/2018 também regulamenta para fins de protesto, a praça de pagamento das duplicatas escriturais no art. 12, § 3º. Todos esses dispositivos serão analisados ao longo desta obra.

A **Lei n. 14.711/2023**, indo ao encontro da extrajudicialização, também trouxe novidades aos Tabeliães de Protesto, acrescentando os arts. 11-A e 26-A da Lei n. 9.492/1997, que, em normas gerais, dispõe de medidas de solução negocial prévia ao protesto, vencidas ainda não protestadas, e de solução negocial posterior ao protesto.

A Corregedoria Nacional de Justiça, por meio do **Provimento n. 168**, de 27 de maio de 2024, regulamentou estas questões e definiu novas regras para negociação de dívidas protestadas ou em vias de protesto, favorecendo negociações. O novo instrumento simplifica a aplicação da norma nas serventias brasileiras que tenham essa atribuição. A medida possibilita ainda a redução do número de demandas que sobrecarregam o Poder Judiciário. Esta matéria também será analisada de forma pormenorizada em momento oportuno nesta obra.

Além de toda a legislação supracitada, o protesto de títulos e demais documentos de dívida obedece, no **âmbito estadual**, às normas estabelecidas pelas Corregedorias Gerais da Justiça de cada unidade da Federação.

Todavia, é a Lei 9.492, de 10 de setembro de 1997, considerada um dos maiores progressos em matéria de protesto, que regula primordialmente o regime jurídico do protesto. A lei prevê, no art. 2º, que "os serviços concernentes ao protesto, garantidores da autenticidade, publicidade, segurança e eficácia dos atos jurídicos, ficam sujeitos ao regime estabelecido nesta Lei".

1.3 CONCEITO

Ao definir o protesto como "ato formal e solene destinado a provar inadimplência e descumprimento de obrigação originada de títulos e outros documentos", já no primeiro artigo, a Lei 9.492/1997 confirma a natureza clássica do protesto de títulos. Dessa maneira, a própria lei nos dá o conceito legal de protesto, preconizando que o protesto prova o inadimplemento e descumprimento de determinada obrigação gerada em um título ou documento de dívida.

Como bem elucida Walter Ceneviva, "ato formal e solene corresponde à atuação, sob responsabilidade do delegado, marcado pelo rigoroso respeito aos procedimentos previstos em lei, para a exteriorização do inadimplemento do devedor". (*Lei dos Notários e dos Registradores Comentada (Lei 8.935/94)*. 3. ed. São Paulo: Saraiva, 2000, p. 71).

De fato, o protesto alicerça-se num **ato oficial e público** que atesta a exigência do cumprimento daquelas obrigações cambiárias, constituindo-se em prova plena e perfeita.

José Antônio Saraiva define o protesto, na época do Decreto 2.044/1908, como "ato público e solene exigido por esta lei [Dec. nº 1.044/08] para a completa garantia do exercício do direito regressivo do credor, porque estabelece a prova da observância oportuna de determinadas formalidades e diligências" (*A cambial*. Rio de Janeiro: José Konfino Editor, 1947, v. 2, p. 146-147).

Nas palavras de Carvalho de Mendonça, "o protesto, para efeitos cambiais (protesto cambial), é a formalidade extrajudicial, mas solene, destinada a servir de prova da apresentação da letra de câmbio, no tempo devido, para o aceite ou para o pagamento, não tendo o portador, apesar da sua diligência, obtido este ou aquele. Com o mesmo objetivo, serve ainda de prova da falência do aceitante" (*Tratado de direito comercial brasileiro*. 1. ed. Campinas: Russel Ed., 2003, v. 3, t. 2, p. 376).

Por sua vez, Rubens Requião segue a mesma linha de pensamento de Carvalho Mendonça, destacando o protesto como "um ato solene, pelo qual a lei impõe a forma escrita *ad substantiam*, mediante o qual se certifica, de um lado, o exercício do direito cambiário de parte do portador ou do detentor do título (no caso de falta de pagamento) e, de outro lado, o inadimplemento ou, mais genericamente, a resposta negativa do obrigado cambiário" (*Curso de direito comercial*. 23. ed. São Paulo: Saraiva, 2003, v. 2, p. 435).

Para Luiz Emygdio Franco da Rosa Jr., "o protesto é o ato cambiário público, formal, extrajudicial e unitário que tem por finalidade comprovar a falta ou recusa de aceite ou de pagamento" (*Títulos de crédito*. 5. ed. Rio de Janeiro: Renovar, 2007, p. 384).

Pontes de Miranda, há tempos, discorria sobre a temática, enfatizando que "o protesto é declaração solene ao público, de caráter probatório" (*Tratado de direito cambiário*. Campinas: Bookseller, 2000, v. I, p. 499).

Significativo é o entendimento de Vicente Amadei no que se refere ao protesto cambial. O consagrado autor evidencia o fim testificante do ato notarial. O protesto certifica, "a situação cambiária insatisfeita", e com isso, abrange as modalidade relativas tanto à falta de pagamento quanto à falta de aceite (*Introdução ao Direito Notarial e Registral*. Porto Alegre: Fabris Editor IRIB, 2004, p. 75). Em artigo recente, o nobre jurista atualiza este entendimento explicando que "para além do fim cambial, a cobrança e a publicidade por via dos serviços extrajudiciais de protesto, deste modo, são apresentadas como fins legítimos, eficazes e bons para a sociedade. O protesto, pois, não é, no todo, um mal que se tolera, mas um bem que se impõe não apenas para a sobrevivência dos títulos de crédito, mas também para a recuperação ágil e eficaz dos créditos inadimplidos, bem como para o saneamento dos negócios futuros, especialmente numa sociedade que deseja, ao conviver (cada vez mais) com créditos, maximizar a adimplência e minimizar o descumprimento das promessas (Coord. EL DEBS, Martha e FERRO JUNIOR, Izaías Gomes. *O protesto notarial brasileiro na atualidade: seu novo e já consolidado perfil como instrumento legítimo e eficaz de recuperação de créditos*. Salvador: Juspodivm, 2020).

Sérgio Luiz José Bueno faz uma observação importante quanto ao artigo 1º desta Lei, a saber: "desde logo, impõe-se a observação de que essa definição diz respeito ao ato de protesto, e não ao procedimento para protesto. Assim, seria impróprio afirmar-se que esse procedimento tem por objetivo demonstrar aquele descumprimento, ou que o credor, ao buscar o serviço de protesto, almeja esse fim" (*Tabelionato de Protesto*. São Paulo: Saraiva 2013, p. 25).

O conceito mais abrangente e completo do protesto é o trazido pela tabeliã e professora Raquel Duarte Garcia. Veja-se: "Protesto é um ato jurídico público, formal e solene, por meio do qual se prova de modo absoluto a apresentação de um documento de dívida para aceite ou para pagamento; faz-se prova, de modo relativo, do inadimplemento de obrigação decorrente desse documento de dívida (seja pagamento, aceite ou devolução); e por meio do qual se obtém finalidades especiais previstas na lei, tal como a presunção de insolvência decorrente do protesto para fins falimentares ou a formação de um título executivo, como no caso dos contratos de câmbio. O protesto é, ainda, forma extrajudicial institucionalizada de constrição e de recuperação de crédito, servindo como instrumento de informação relativa ao crédito e de prevenção e solução de litígios que envolvam obrigações líquidas, certas, exigíveis e representáveis pecuniariamente. (*Protesto de títulos de créditos e documentos de dívida como solução extrajudicial para recuperação e execução de crédito*. Disponível em http://b18ec21fbf7fa-524f0e3-6f8fd4aca708f48ad6efe1a02a104d04.r52.cf2.rackcdn.com/uploads/tabelionatos-protesto.pdf).

1.4 INADIMPLEMENTO X DESCUMPRIMENTO DA OBRIGAÇÃO

O dispositivo em comento faz menção a dois outros termos: descumprimento e inadimplência.

Walter Ceneviva bem observa que os dois termos correspondem à não-satisfação, pelo obrigado, do modo, do tempo e do lugar pelos quais se comprometeu.

Todavia, a expressão "descumprimento" está associado à obrigação de fazer ou de não fazer e, quando se reporta à "inadimplência", se refere à obrigação de pagar (Op. cit., p. 150).

1.5 NATUREZA JURÍDICA E CARACTERÍSTICAS

Como já dito alhures, o protesto é ato **formal** e **solene.** É formal porque praticado de acordo com a forma predeterminada na Lei 9.492/1997, especificamente nos artigos 20 a 23. Sérgio Bueno ensina que o ato solene é aquele realizado após a prática necessária de outros atos ordenados que o precedem, ou seja, é o ponto culminante do procedimento – solenidade – previsto em lei (*O Protesto de títulos e outros documentos de dívida*. Porto Alegre: Fabris Editor, 2011, p. 21)

O protesto é **ato jurídico *stricto sensu***, pois gera consequências previstas em lei e não sujeitas a regulamentação das partes. Nas palavras de Maria Helena Diniz, "*o ato jurídico stricto sensu seria aquele que surge como mero pressuposto de efeito jurídico, preordenado pela lei, sem função e natureza de auto regulamento*" (*Curso de Direito Civil Brasileiro – 1º Vol.* 26 ed. São Paulo: Saraiva, 2009, p. 442).

O ato de protesto tem **caráter público,** equivale dizer, o serviço prestado pelo Tabelião de Protesto é serviço público. Logo, todos os atos praticados em tal atividade são públicos, muito embora ele exerça sua atividade em caráter privado. Bem explica Emanuel Macabu Moraes que "no âmbito cambial, o Brasil não se valeu da possibilidade de aderir à reserva do art. 8º, do Anexo II, da Convenção da Lei Uniforme de Genebra (Dec. nº 57663/66), que lhe permitiria admitir a equiparação de declaração datada, escrita na própria letra e assinada pelo sacado, ao ato oficial do tabelião. Fica afastada, para fins cambiais, como regra, a hipótese de documento particular equivaler a protesto lavrado por notário. Esse princípio aplica-se integralmente aos documentos de dívida" (*Protesto Notarial.* São Paulo: Saraiva, 2014, p. 28-29). Nesse sentido, leciona Carvalho de Mendonça: "não há razão para alterar o nosso direito nesse particular. O protesto deve ser ato público e constar de um instrumento da lavra do respectivo oficial. É esse o sistema do nosso direito cambial, que não convém alterar, sob fundamento de simplificar e baratear o ato do protesto" (Op. cit., p. 378).

O protesto é ato **oficial.** É oficial porque a única forma de se protestar um título é por meio de um tabelião de protestos. As Leis 9.492/1997 (art. 3º) e 8.935/1994 (art. 11) atribuem privativamente ao Tabelião de Protesto de Títulos, na tutela dos interesses públicos e privados, a protocolização, a intimação, o acolhimento da devolução ou do aceite, o recebimento do pagamento, do título e de outros documentos de dívida, bem como lavrar e registrar o protesto ou acatar a desistência do credor em relação ao mesmo, proceder às averbações, prestar informações e fornecer certidões relativas a todos os atos praticados.

O protesto é ato **unitário,** significa dizer que, o protesto deve ser realizado em um único ato, fundamentado pela máxima de que *se protesta não a pessoa do devedor, e sim um título ou um documento de dívida.* Uma vez efetivado o protesto de um título, esse título não deve ser protestado. Exemplo: um título de crédito protestado por falta de aceite, não pode ser protestado por falta de pagamento, porque a falta de aceite acarreta o vencimento antecipado do título; ou um título que foi protestado por falta de pagamento, não deve ser novamente protestado para fins de falência, vez que o primeiro protesto já viabiliza o pedido de falência. Desnecessário fazer outro protesto para dele constar coobrigado, podendo ser tomada contra ambos qualquer medida judicial.

Algumas normativas estaduais estabelecem que a regra segundo a qual não pode ser lavrado novo protesto do mesmo título ou documento de dívida, comporta algumas exceções. Noutro dizer, é possível um segundo protesto do mesmo título nos seguintes casos:

a) se o primeiro protesto for cancelado, a requerimento do credor, em razão de erro no preenchimento de dados fornecidos para o protesto lavrado;

b) se, lavrado protesto comum, o apresentante desejar o especial para fins de falência, observada a regra de que o protesto especial depende de comprovação do prévio cancelamento de eventual protesto comum lavrado anteriormente do mesmo título ou documento de dívida;

c) se necessário para comprovar a inadimplência e o descumprimento de prestações que não estavam vencidas quando do primeiro protesto;

d) na hipótese de desconsideração de personalidade jurídica.

Por derradeiro, Vicente de Abreu Amadei aborda interessante questão sobre a natureza jurídica do ato oficial extrajudicial do protesto, investigando se ele se enquadra como **ato notarial, de registro** ou **misto**:

> Segundo a tradição do instituto é ato notarial (daí até a denominação "Tabelião de Protesto" – não "Oficial Registrador"), porque o Tabelião é terceiro (testemunha qualificada) em condições de testificar (comprovar), com o sinal da fé pública, o protesto que o portador do título (o primeiro) faz em relação ao devedor (o segundo); assim, o Tabelião viabiliza, testifica e instrumenta publicamente o protesto e, neste sentido, pela tradição do instituto, é ato notarial;
>
> Todavia, a Lei 9.492/97 também o qualifica como ato de registro (daí a denominada de Livro de Registro de Protesto), porque cabe ao Tabelião registrar (inscrever) o fato do protesto para proclamar publicamente a nova situação jurídica do título: título protestado;
>
> Assim, como cabe ao Tabelião de Protesto essa dupla função – dar forma escrita e pública ao protesto, instrumentando-o, bem como inscrevê-lo para proclamar publicamente a nova situação jurídica do título –, a natureza do protesto, em meu ver, é mista: notarial e registral". (AMADEI, Vicente Abreu. DIP, Ricardo (coordenador) et al. Introdução ao Direito Notarial e Registral. Porto Alegre: Fabris Editor IRIB, 2004, pag. 89).

1.6 INADIMPLEMENTO X DESCUMPRIMENTO

Walter Ceneviva adverte que "o dispositivo faz menção a dois outros termos de significado semelhante: *descumprimento e obrigação.* Tanto o primeiro quanto o segundo correspondem à não satisfação, pelo obrigado, do modo, do tempo e do lugar pelos quais se comprometeu. A lei os distinguiu, vinculando o primeiro (*descumprimento)* à obrigação de fazer ou de não fazer e o segundo (*inadimplemento),* à obrigação de pagar" (Op. cit., p. 67).

1.7 PROTESTO X NEGATIVAÇÃO

Consigna-se que protestar é diferente de negativar.

Os Tabelionatos de Protestos são o Banco de Dados de Inadimplência Oficial do **Poder Público** no Brasil. De outro turno, o SERASA, assim como o Serviço Central de Proteção ao Crédito – SCPC e demais associações de proteção ao crédito são **entidades privadas**. O Serasa é o Banco de Dados de Inadimplentes das instituições financeiras e o SCPC o banco de dados das Associações Comerciais.

Tanto o Serasa como o SCPC são conveniados dos cartórios de protesto e recebem diariamente informações de nomes protestados e cancelados, na forma do art. 29 da Lei 9.492/1997.

A negativação consiste na inclusão do nome do devedor em bancos de dados privados, como por exemplo, o SPC e a Serasa. É inserir no sistema de algum órgão de proteção ao crédito, a informação de que o consumidor não honrou alguma obrigação financeira. Ela não garante nenhum direito ao credor.

Diferentemente, o protesto é instituto previsto em lei para provar com fé pública a existência da dívida e cobrá-la. É um processo célere e fiscalizado judicialmente. Por ser um serviço público assegurado pela lei, o protesto garante inúmeros direitos ao credor, que analisaremos ao longo desta obra. Entre os efeitos do protesto está a negativação, pois os cartórios enviam informações dos devedores inadimplentes para as entidades de crédito.

Outra relevante diferença é que, na negativação, após 5 anos, a dívida prescreve e com isso, torna-se ainda mais difícil receber tais créditos. Tal regra vem do Código de Defesa do Consumidor.

De outra sorte, nos tabelionatos de protesto, existe uma lei específica (Lei 9.492/1997) que regulamenta o procedimento. A lei diz que, uma vez protestado o título, ele não deixa a condição de protestado, até que seja feito o cancelamento em definitivo. Em outras palavras, uma vez protestado e inscrito nos registros do tabelionato como uma dívida protestada, enquanto não for feito o cancelamento, a dívida não prescreve.

Cumpre ressaltar ainda que o custo da negativação é feito pelo credor, não pelo devedor, diferentemente do que ocorre no protesto. Com o Provimento CNJ 86/2019, cujas normas foram incorporadas aos arts. 369 a 374, possibilita-se o pagamento postergado de emolumentos, sistemática que já existia em vários estados da federação. Nesse caso, os encargos ficam por conta do devedor, em vez do credor, como geralmente ocorre em outros métodos de cobrança.

1.8 FUNÇÃO/FINALIDADE DO PROTESTO

Pela visão tradicional, tem-se o protesto como meio de prova do descumprimento de uma obrigação.

A função **probatória do protesto** comprova a diligência do portador de um título ou documento de dívida e, ao mesmo tempo a inadimplência do devedor (art. 1º da Lei 9.492/1997). De fato, a principal função do protesto é a testificação da falta de pagamento, aceite ou devolução do título ou documento de dívida.

O protesto também possui função **conservatória,** ou, em outras palavras, conserva o direito de regresso do endossante e seus avalistas em relação às cambiais.

A **função informativa** também é inerente ao protesto. O ato notarial informa aos demais integrantes de uma relação cambial, bem como ao mercado de crédito geral, a inadimplência de um obrigado.

No entanto, a doutrina aponta para o conceito de um "novo protesto", ligado à **função social do Tabelião** como um **agente de pacificação social**. O protesto é meio de sanear os conflitos de crédito presentes e prevenir negócios futuros – prevenir litígios.

Note-se então que a finalidade do protesto não é apenas tratar-se de um meio coercitivo para obtenção do pagamento pelo devedor, mas sim uma **forma segura e rápida de composição e prevenção de litígio**.

Sérgio Luiz José Bueno muito bem observa que "é essencial que não tenhamos uma visão distorcida do protesto como instituto jurídico, como tem sido lançado equivocadamente mesmo em algumas decisões pretorianas. O procedimento que pode resultar no protesto não é apenas um meio de coerção para obtenção do pagamento pelo devedor. É muito mais que isso, mesmo nos casos de protesto facultativo. É, sim, uma forma rápida e segura de composição e prevenção de litígios, sem passar por manobras meramente protelatórias que insegurança e revolta trazem aos bons pagadores. Não é um castigo ao mau pagador, mas um caminho jurídico legítimo e eficaz para o credor, com o desafogo do Poder Judiciário. A instituição do Protesto deve ser cada vez mais fortalecida com base no momento jurídico-social. Os procedimentos tendem à simplificação em prol da celeridade que dá efetividade ao direito subjetivo (*O Protesto de Título e Outros Documentos de Dívidas: Aspectos Práticos*. 1ª ed. Porto Alegre: Editora Sergio Antônio Fabris, 2011, p. 23)".

Nessa mesma linha, Vicente Abreu Amadei, ao discorrer sobre o protesto, assim expôs:

> "Na aparência o protesto fica com um gosto amargo, uma nota de hostilidade, de amaldiçoado; todavia, em verdade, é remédio ao inadimplemento, é ponto de saneamento dos conflitos de crédito cambial presentes e de prevenção de negócios futuros, é meio simples, célere e eficaz de satisfação de boa parte dos títulos não honrados em seu vencimento; exerce, enfim, função de cura e de profilaxia jurídica, e também por isso, não é apêndice, mas integra a medula do sistema cambiário, com a sua presença medicinal entre a vida e a morte dos títulos de crédito. " (*Introdução ao Direito Notarial e Registral*. Porto Alegre: Fabris Editor IRIB, 2004, p. 75). "

Em artigo recente publicado na obra *O Novo Protesto de Títulos e Documentos de Dívida. Os Cartórios de Protesto na era dos serviços digitais* (Coord. EL DEBS, Martha e FERRO JUNIOR, Izaías Gomes. *O protesto notarial brasileiro na atualidade: seu novo e já consolidado perfil como instrumento legítimo e eficaz de recuperação de créditos*. Salvador: Juspodivm, 2020), Vicente Abreu Amadei continua nos brindando com o seu conhecimento. Nas palavras dele:

> "Em passado não muito distante, dizia-se que o protesto de títulos era um violento, intimidativo e odioso meio de cobrança, com amaldiçoado repositório de informações pessoais negativas.
>
> Ele era, então, tolerado apenas em razão de seu fim cambial, atrelado à sua compreensão histórica – como um dos relevantes tópicos do desenvolvimento e da vida dos títulos de crédito – e às necessidades específicas de prova da insatisfação das promessas constantes nesses títulos (letras de câmbio, notas promissórias, cheques, duplicatas e outras cambiariformes), não honrados no aceite ou no pagamento, para viabilizar a exigibilidade do crédito em face dos coobrigados (por aval ou endosso) ou abrir campo à ação executiva (v.g. protesto de duplicata sem aceite), trazendo a reboque importantes efeitos relacionados à configuração da insolvência (pressuposto da falência), ao embaraço de negócios futuros (sinal de fraude contra credores), e, ainda, ao benefício do possível adimplemento (v.g. pagamento em Cartório) antes de sua tirada, num exíguo trato de tempo (com rápida superação da crise gerada pelo inadimplemento, em satisfação de créditos titulados, que demandam agilidade).
>
> Em setembro de 1996, quando apresentei meu primeiro estudo sobre o *Protesto de Títulos e seus Princípio*, no 1º Simpósio Nacional de Serviços Notariais e Registrais, realizado em São prova oficial da impontualidade, ou comprovação segura da insatisfação cambiária), ora como mal (enquanto abusivo meio de cobrança e de publicidade de informações negativas), propus o binômio finalístico do protesto em hierarquia de fins: (i) fim-primeiro do protesto: a segurança jurídica estática, em ordem a comprovação, com fé pública, das situações cambiárias insatisfeitas; (ii) fim-secundário do protesto: a segurança jurídica dinâmica, em ordem à proteção do crédito, pela possibilidade de satisfação, com rapidez, dos títulos inadimplidos, e pela publicidade dos protestos tirados, em favor dos adquirentes de boa-fé, para a tutela dos negócios jurídicos futuros.
>
> Para além do fim cambial, a cobrança e a publicidade por via dos serviços extrajudiciais de protesto, deste modo, são apresentadas como fins legítimos, eficazes e bons para a sociedade. O protesto, pois, não é, no todo, um mal que se tolera, mas um bem que se impõe não apenas para a sobrevivência dos títulos de crédito, mas também para a recuperação ágil e eficaz dos créditos inadimplidos, bem como para o saneamento dos negócios futuros, especialmente numa sociedade que deseja, ao conviver (cada vez mais) com créditos, maximizar a adimplência e minimizar o descumprimento das promessas.
>
> Em setembro de 1997, veio a Lei nº 9.492/97, que, de modo significativo, fixou e ampliou esse norte de compreensão dos serviços do Tabelião do Protesto e do ato notarial de protesto.
>
> De um lado, comungou com a tradição pátria em ver no protesto uma prova de fim cambial, compreendendo a função do Tabelião do Protesto como uma função jurídica de testificação com fé pública da insatisfação cambiária, da qual resulta a certeza jurídico-formal deste ilícito obrigacional e os efeitos legais correlatos ao protesto. De outro, assentou, pelo regramento do procedimento e do serviço de protesto, a legítima função do notário de cobrar os títulos apontados e não honrados (em favor da rápida e eficaz satisfação deles) e a de dar publicidade (por certidões e informações) aos protestos lavrados (em tutela do crédito e dos negócios jurídicos futuros).
>
> E mais. A Lei nº 9.492/97 avançou, foi adiante: expandiu esse fim de cobrança e publicidade para os documentos de dívidas! Em outras palavras, para além das situações cambiárias insatisfeitas, ampliou-se o protesto extrajudicial ao mundo da inadimplência dos documentos de dívida em geral, ou seja, às dívidas constantes em documentos ordinários (não apenas àquelas incorporadas

em títulos de crédito), qualificadas com os atributos da certeza, liquidez e exigibilidade.

Daí em diante, quer pela profícua compreensão doutrinária e jurisprudencial do significado dessa alteração, quer pelo caminho de outras alterações legais (v.g. Lei 12.767/2012; Lei nº 13.105/2015, o novo CPC), tem-se estendido, consideravelmente, o rol de documentos de dívidas apontados nos serviços extrajudiciais para o protesto comum.

Tudo isso, pois, leva a conclusão de que o protesto notarial brasileiro, na atualidade, já está com seu novo perfil consolidado: para além do âmbito cambial, inserido no universo dos documentos de dívida em geral, atuando, pois, em ambos como instrumento rápido e eficaz de recuperação de créditos documentados, em fins não só de comprovação qualificada de inadimplência, mas também de cobrança e de publicidade".

Logo, resta indubitável que, atualmente, o procedimento de protesto é um **meio relevante de recuperação de crédito** e, consequentemente, de alívio para o Poder Judiciário.

Possui, além de outras funções que veremos ao longo desta obra, uma relevante **função econômica** devido aos seguintes motivos:

1. **Segurança nas Transações Comerciais**: O protesto de documentos assegura que as partes envolvidas em uma transação cumpram suas obrigações. Isso aumenta a confiança no mercado, permitindo que as transações ocorram de forma mais segura e previsível.
2. **Credibilidade e Reputação**: Empresas e indivíduos que têm documentos protestados podem sofrer danos à sua credibilidade e reputação. Isso os incentiva a cumprir suas obrigações financeiras em dia, reduzindo a inadimplência e promovendo um ambiente de negócios mais saudável.
3. **Prevenção de Fraudes**: O protesto atua como um mecanismo de prevenção de fraudes, registrando publicamente a falta de pagamento. Isso dificulta que devedores recorram a práticas fraudulentas para evitar o cumprimento de suas obrigações.
4. **Acesso ao Crédito**: O protesto de documentos influencia a análise de crédito. Devedores com documentos protestados podem ter acesso limitado a crédito, o que os motiva a manter suas contas em dia para preservar seu acesso a financiamentos e investimentos.
5. **Eficiência Econômica**: Ao garantir que as dívidas sejam pagas e as obrigações cumpridas, o protesto de documentos contribui para a eficiência econômica geral, permitindo que recursos financeiros circulem de forma mais eficaz e produtiva na economia.

Esses fatores juntos demonstram como o protesto de documentos não só protege os direitos dos credores, mas também promove a estabilidade e a confiança nas relações comerciais, impactando positivamente a economia como um todo.

1.9 EFEITOS DO PROTESTO

Como se sabe, embora seja a Lei 9.492/1997, que regulamenta primordialmente o regime jurídico do protesto, esse regulamento é acrescido pela legislação esparsa já vista nesta obra, diante do aspecto cambial e extracambial que também integra o protesto. À vista disto, são diversos os efeitos do protesto, a saber:

1) Provar a inadimplência no cumprimento de uma obrigação, tornando indiscutível a inidoneidade do devedor;

2) Fixar o termo legal da falência na data em que o título foi protestado (art. 99, II, da Lei 11.101/2005);

3) Habilitar o credor a ingressar com o pedido de falência contra o devedor pessoa jurídica;

4) Conservar o direito de regresso contra o sacado, endossantes e seus avalistas (art. 53 da Lei Uniforme e art. 32 da Lei Cambiária);

5) Executar judicialmente a dívida (diz respeito ao protesto necessário);

6) Fixar o termo inicial da incidência de juros, taxas e atualizações monetárias sobre o valor da obrigação contida no título ou documento de dívida, se não houver prazo assinalado (art. 40, Lei 9.492/97);

7) Interromper a prescrição (art. 202, III, CC). Assim, a súmula 153 do STF, que dizia que o simples protesto cambiário não interrompe a prescrição, não vige mais;

8) Nos casos da letra de câmbio, provar a falta ou recusa do aceite e do pagamento, autorizando o ressaque de nova letra de cambio (art. 37 da Lei Cambiária);

9) É o marco inicial para a liquidação extrajudicial das pessoas jurídicas sujeitas a esse regime, retrotraindo em até 60 dias contados do primeiro protesto por falta de pagamento (art. 15, § 2º, da Lei 6.024/74). Em outras palavras, o primeiro protesto é essencial para indicar a data da falta de pagamento;

10) A apresentação da certidão negativa de protesto de títulos dos alienantes do terreno e do incorporador e respectivos cônjuges é necessária no procedimento do registro da incorporação imobiliária. Todavia, a existência de restrições não inviabilizará o registro (art. 32, *b*, c/c § 5º, da Lei 4.591/1964). Estas certidões deverão ser tiradas no domicílio do proprietário e do incorporador e ainda na circunscrição onde se localiza o imóvel incorporado. Importante alertar também que se a pessoa jurídica possuir mais de um domicílio (filial), imprescindível a apresentação das certidões referente a cada um dos referidos domicílios;

11) É necessária para o registro de desmembramento e loteamento a apresentação da certidão de protesto de títulos em nome do loteador e daqueles

Lei 9.492/1997

que tenham sido titulares de direitos reais sobre o imóvel, pelo período de **cinco (5) anos.**

Neste caso, a existência de restrições não inviabilizará o registro, se mostrar comprovado que os protestos não prejudicarão os adquirentes dos lotes (art. 18, IV, *a*, c/c §§ 1º e 2º, da Lei 6.766/1979). Por sua vez, o Decreto-lei 58/1937, que trata do loteamento rural, estabelece que as certidões positivas de protesto de título não impedem o registro (art. 1º § 2º do Decreto-lei 58/1937);

12) Assegurar acesso ao processo de execução para o credor de duplicatas sem aceite (art. 15, II, "a", Lei 5.474/1968 e art. 7º da Lei 13.775/2018);

13) É meio de recuperação **gratuita** (Provimento CNJ 86/2019 incorporado aos arts. 369 a 374 do Código Nacional de Normas (CNN) e Leis Estaduais de Postecipação de Emolumentos) e **digital** de crédito em todo o país (Provimento CNJ 87/2019, incorporado aos arts. 257 a 263 do CNN e art. 41-A, Lei 9.492/97);

14) Efeito trazido pelo Provimento CNJ n. 161/2024 é a comunicação obrigatória à Unidade de Inteligência Financeira – UIF. O tabelião de protesto, ou seu oficial de cumprimento, comunicará à UIf qualquer operação que envolva pagamento ou recebimento em espécie, ou por título ao portador, de valor igual ou superior a R$ 100.000,00 (cem mil reais) ou ao equivalente em outra moeda, desde que perante o tabelião ou seu preposto.

15) Outro efeito recente é a colaboração na efetividade da conciliação e da mediação como instrumentos de pacificação social, solução e prevenção de litígios, auxiliando assim na desjudicialização e resolução dos conflitos de crédito (Lei 13.140/2015, Provimento CNJ 67/2018 incorporado aos arts. 18 a 67 do Código Nacional de Normas);

16) Contribuição com os credores e devedores, para efetivação das medidas de solução negocial prévia ao protesto, vencidas ainda não protestadas, e de solução negocial posterior ao protesto. (Provimento CNJ 168/2024);

17) O instrumento de protesto substitui o ajuizamento de ação de cobrança de "crédito perdido" para fins de "registro de perda" e dedução de tributos, nos termos do art. 9º-A, da Lei 9.430/1996 (alterada pela 14.043/2020):

Na hipótese de inadimplência do débito, as exigências de judicialização de que tratam a alínea "c" do inciso II e a alínea "b" do inciso III do § 7º do art. 9º e o art. 11 desta Lei poderão ser substituídas pelo instrumento de que trata a Lei nº 9.492, de 10 de setembro de 1997, e os credores deverão arcar, nesse caso, com o pagamento antecipado de taxas, de emolumentos, de acréscimos legais e de demais despesas por ocasião da protocolização e dos demais atos. (*Incluído pela Lei nº 14.043, de 2020*)

18) Vale trazer a recente alteração dada pela Lei n. 13.986/2020 na Lei n. 8.929/1994, que institui a **Cédula de Produto Rural** e no Decreto-lei n. 167/1967, que dispõe sobre **Títulos de Crédito Rural,** respectivamente:

Art. 3º-B. Compete ao Banco Central do Brasil:

[...]

§ 2º A entidade de que trata o § 1º do art. 3º-A desta Lei deverá expedir, mediante solicitação (*A emissão na forma escritural, que poderá valer-se de processos eletrônicos ou digitais, será objeto de lançamento em sistema eletrônico de escrituração gerido por entidade autorizada pelo Banco Central do Brasil a exercer a atividade de escrituração*):

I – certidão de inteiro teor do título, **inclusive para fins de protesto,** de procedimento extrajudicial ou de medida judicial, mesmo contra garantidores;

[...]

Art. 10-B. A entidade responsável pelo sistema eletrônico de escrituração de que trata o art. 10-A deste Decreto-Lei expedirá, mediante solicitação, certidão de inteiro teor do título, **inclusive para fins de protesto** e de execução judicial.

1.10 PROTESTO NECESSÁRIO E PROTESTO FACULTATIVO

Essa classificação é relativa aos títulos de crédito e à legislação cambiária no geral.

Para uma melhor compreensão do tema, é relevante que se anote quem são os devedores principais e quem são os coobrigados.

Na letra de câmbio e na duplicata, que são títulos que comportam aceite, se o aceite ocorreu, os devedores principais são o sacado aceitante e seus avalistas, ao passo que, os coobrigados são o sacador, os endossantes e respectivos avalistas.

Na nota promissória e no cheque são devedores principais o emitente e seus avalistas e os endossantes e respectivos avalistas, os coobrigados.

O protesto é **necessário** para que o portador do título realize seu direito de regresso contra os coobrigados. Todavia, se o título contiver a cláusula sem protesto ou sem despesa, fica **dispensado** o protesto. Explica-se: nos títulos de crédito, conforme o **art. 46 da Lei Uniforme de Genebra**, o portador pode ficar dispensado de efetuar o protesto por falta de aceite ou de pagamento para exercer os seus direitos de ação, se o sacador inserir na letra a **cláusula "sem protesto" ou "sem despesas"**.

Essa cláusula não dispensa o portador da apresentação da letra dentro do prazo prescrito nem tampouco dos avisos a dar. A prova da inobservância do prazo incumbe àquele que dela se prevaleça contra o portador.

Se a cláusula foi escrita pelo sacador produz os seus efeitos em relação a todos os signatários da letra; se for inserida por um endossante ou por avalista, só produz efeito em relação a esse endossante ou avalista.

Se, apesar da cláusula escrita pelo sacador, o portador faz o protesto, as respectivas despesas serão de conta dele. Quando a cláusula emanar de um endossante ou de um avalista, as despesas do protesto, se for feito, podem ser cobradas de todos os signatários da letra.

São exemplos de protesto necessário:

• Para promover a execução do contrato de câmbio
• Para o exercício da ação cambial contra o sacado não aceitante da duplicata
• Para o portador da letra de câmbio, no caso de protesto por falta de aceite (recusa) possa mover ação cambiária, mesmo antes do vencimento, contra os coobrigados
• Para requerer a falência do devedor
• Para que o endosso produza seus efeitos cambiários
• Para o portador da letra de câmbio assegurar a possibilidade de exercitar seus direitos de regresso contra os coobrigados, tanto por falta de aceite quanto de pagamento
• Para o portador da duplicata exercer seus direitos creditícios em relação aos coobrigados e seus avalistas
• Para que o portador da letra de câmbio a certo tempo de vista exerça seu direito de regresso contra os endossantes e sacador
• Para as hipóteses de aceite por intervenção, não tendo o terceiro a aceitado, como forma de resguardar o direito de ação do portador, antes do vencimento, contra aquele que fez a indicação

De outra sorte, será **facultativo** o protesto quando não for determinado por lei como necessário, ou seja, enquanto o protesto é necessário quando não houver outra forma de o credor obter os efeitos que pretende, no facultativo, o protesto não é condição prévia para a execução do título ou documento de dívida.

Logo, o protesto facultativo exerce apenas função probatória, equivale dizer, apenas prova o inadimplemento ou descumprimento da obrigação, evidenciando sua função testificante.

1.11 PRINCÍPIOS DO PROTESTO

Inicialmente, é de se considerar que, pela atividade que é exercida, o serviço de protesto admite influência de inúmeros princípios, a começar por aqueles do direito público e do direito administrativo, como os elencados no artigo 37 da CF/88, quais sejam: princípios da legalidade, impessoalidade, moralidade, publicidade e eficiência; bem como os princípios da continuidade do serviço público e da fiscalização.

No que se refere aos princípios relativos ao protesto, a maioria da doutrina os divide em:

1) Princípios relativos ao protesto como **ato jurídico**. São eles: Princípios da Oficialidade, Insubstitutividade e da Unitariedade.

2) Princípios relativos ao protesto como **procedimento**. São eles: Princípios da Rogação, da Celeridade e da Formalidade Simplificada.

1.11.1 PRINCÍPIOS RELATIVOS AO PROTESTO COMO ATO JURÍDICO

1.11.1.1 PRINCÍPIO DA OFICIALIDADE

Significa dizer que o protesto consiste em um ato oficial realizado somente por um Tabelião de Protestos, que é o profissional do direito dotado de fé pública, a quem é delegado o exercício da atividade notarial e de registro, cuja autoridade confere oficialidade ao ato, e que, por isso, é solene e gera presunção de veracidade.

Trata-se de ato oficial e solene, porque só pode ser lavrado por um Tabelião de Protesto investido de função pública, consequentemente, a fé pública é inerente ao ato.

Não é demais lembrar que o Tabelião de Protesto de Títulos deve prestar os serviços de modo eficiente e adequado, em local de fácil acesso ao público e que ofereça segurança para o arquivamento dos livros e documentos, nos dias e horários definidos pelo Juiz Corregedor Permanente, atento às peculiaridades locais e às seis horas diárias mínimas de atendimento ao público.

1.11.1.2 PRINCÍPIO DA INSUBSTITUTIVIDADE

O protesto, quando necessário, é uma prova insubstituível, equivale dizer, nenhum outro instrumento pode produzir os efeitos do protesto realizado perante o Tabelião, mesmo que jurisdicional.

Luiz Guilherme Loureiro recorda que o caráter insubstituível do protesto não é novo. A Ordenança Francesa de 1673 já proclamava que o protesto não podia suprir-se por "nenhum outro ato, documento ou testemunho." (Op. cit., 1384).

1.11.1.3 PRINCÍPIO DA UNITARIEDADE

O protesto deve ser realizado em um único ato, fundamentado pela máxima de que *se protesta não a pessoa do devedor, e sim um título ou um documento de dívida.* Faz-se assim, o protesto contra a falta de pagamento, a falta de aceite ou a falta de devolução.

Tal princípio se apresenta no momento em que o protesto do título é concretizado em face do obrigado principal.

Destarte, não há necessidade de se realizar um novo protesto em face do endossante ou de seus avalistas, ou do sacador e de seus respectivos avalistas, mesmo que estes figurem no polo passivo da ação de regresso.

Da mesma forma, tirado o protesto comum, prescindível novo protesto para fins de falência, ou na mesma linha, tirado o protesto por falta de pagamento,

Lei 9.492/1997

não se protesta por falta de aceite ou devolução. Consequentemente, tirado o protesto por falta de aceite ou devolução, não se protesta por falta de pagamento.

Algumas normativas estaduais estabelecem que a regra segundo a qual não pode ser lavrado segundo protesto do mesmo título ou documento de dívida, comporta algumas exceções, ou seja, é possível um segundo protesto do mesmo título nos seguintes casos:

a) Se o primeiro protesto for cancelado, a requerimento do credor, em razão de erro no preenchimento de dados fornecidos para o protesto lavrado;
b) Se, lavrado protesto comum, o apresentante desejar o especial para fins de falência, observada a regra de que o protesto especial depende de comprovação do prévio cancelamento de eventual protesto comum lavrado anteriormente do mesmo título ou documento de dívida;
c) Se necessário para comprovar a inadimplência e o descumprimento de prestações que não estavam vencidas quando do primeiro protesto;
d) Na hipótese de desconsideração de personalidade jurídica.

1.11.2 PRINCÍPIOS RELATIVOS AO PROTESTO COMO PROCEDIMENTO

1.11.2.1 PRINCÍPIO DA ROGAÇÃO OU DA INSTÂNCIA

Por este princípio, entendemos que o Tabelião de Protesto não pode agir de ofício. Noutro dizer, para a realização de todo o procedimento de protesto, indispensável é a apresentação do título ou do documento de dívida pelo interessado, pessoalmente ou por mandatário, ou do pedido expressamente formulado para a tirada do protesto. O protesto é viável nos limites definidos pelo apresentante.

Tal princípio comporta algumas exceções, como, por exemplo, averbações de ofício, de retificação de erro na tomada de elementos para intimação ou a retificação de erro na tomada de dados para efetivação do termo de protesto.

1.11.2.2 PRINCÍPIO DA CELERIDADE

A celeridade do protesto significa rapidez, flexibilidade e informalismo. Tal princípio se manifesta principalmente no que se refere aos **prazos** do procedimento do protesto. Exemplos: protocolização dos títulos (24 horas); retirada ou desistência do protesto; efetivação do protesto (3 dias); expedição de certidão (5 dias).

Frise-se que o Tabelião não pode, sob pretexto algum, prorrogar prazos, nem mesmo se as partes estiverem acordadas ou for conveniente a elas.

1.11.2.3 PRINCÍPIO DA FORMALIDADE SIMPLIFICADA

Este princípio está intrinsecamente relacionado ao princípio da celeridade e se aplica basicamente à fase de intimação do procedimento de protesto, prevista nos artigos 14 e seguintes da Lei 9.492/1997.

Frise-se que a intimação não necessita ser recebida em mãos pelo devedor. Em dizeres diversos, é suficiente a entrega do aviso no endereço fornecido pelo apresentante do título, que é responsável pela indicação. O princípio da formalidade simplificada assegura o princípio da celeridade e determina um abrandamento do formalismo no procedimento do protesto. Porém, elucida Sérgio Luiz José Bueno: "não há um total desapego a formas. Ao contrário, a lei é rigorosa em vários aspectos procedimentais. O que existe é a simplificação possível sempre que não causar risco à segurança, aliás outro princípio a que se submete o serviço do protesto" (*Tabelionato de Protesto*. São Paulo: Saraiva, 2013, p. 179).

1.12 OBJETO DO PROTESTO OU DOCUMENTOS PROTESTÁVEIS

O Tabelião de Protesto de Títulos, cuja atuação pressupõe provocação da pessoa interessada, não poderá se negar a realizar atos próprios da função pública que lhe foi confiada, salvo impedimento legal, vedação contemplada na normatização administrativa ou qualificação notarial negativa, com a recusa sendo expressa por escrito e motivadamente.

Em outras palavras, não cabe ao Tabelião de Protesto questionar a respeito da causa que originou o título a si apresentado a protesto. Se estiver formalmente perfeito, o protesto deve ser tirado. De outro giro, se o título apresentar irregularidades, como a existência de vícios formais ou inobservância do estatuído na legislação em vigor ou na normatização administrativa do Conselho Nacional de Justiça ou das Corregedorias Gerais dos Estados, serão devolvidos ao apresentante com anotação da irregularidade, ficando obstado o registro do protesto.

A visão contemporânea do protesto permite expandir sua conceituação, considerando protestáveis não apenas os títulos de crédito cambiais e cambiariformes (como sugerido por Pontes de Miranda), mas também outros documentos de dívida.

Títulos cambiais são os títulos propriamente ditos. Eles representam uma verdadeira operação de crédito, possibilitando a circulação de direitos de crédito através da negociabilidade. As cambiais básicas ou genuínas são a letra de câmbio e a nota promissória.

Por sua vez, os títulos cambiariformes são títulos de legitimação. Não representam verdadeira operação de crédito, mas que revestidos de certos requisitos circulam com as garantias que caracterizariam os títulos.

Todos os demais títulos de crédito, como o cheque, a duplicata, o conhecimento de depósito, a cédula de crédito à exportação, e outros, são apenas assemelhados ou cambiariformes.

As regras da letra de câmbio e da nota promissória se aplicam aos títulos cambiariformes em tudo que lhes for adequado, inclusive a ação de execução.

Dessarte, são passíveis de protesto os títulos de crédito e os documentos de dívida:

A) **Título de crédito:** é o documento necessário para o exercício do direito literal e autônomo, nele mencionado. O conceito legal está, atualmente, positivado no art. 887 do Código Civil.

Acerca da regulação de tais títulos, reza o art. 903 do aludido diploma que, "salvo disposição diversa em lei especial, regem-se os títulos de crédito pelo disposto neste Código". Assim, os títulos de crédito regulam-se, de maneira geral, pelo Código Civil (arts. 887 a 926) ou por leis especiais, como ocorre com a letra de câmbio e nota promissória (títulos cambiais) e duplicata, cheque, *warrant*, cédulas e notas de crédito e outros (títulos cambiariformes).

B) **Documento de dívida:** Com a edição da Lei 9.492/1997, houve discussão sobre o alcance da expressão "documento de dívida". Referido conceito sofreu várias modificações.

Em um primeiro momento, tanto a doutrina quanto a jurisprudência, deram uma interpretação muito restritiva ao art. 1º da Lei 9.492/1997. Em outras palavras, não se podia ampliar o rol dos títulos protestáveis sem previsão legal expressa e específica. Um exemplo disso é o art. 75 da Lei 4.728/1965, já mencionado nesta obra, que foi explicitamente positivado na Lei de Mercado de Capitais.

Dessa forma, note-se também que já era possível protestar documentos de dívida antes da Lei de Protesto. Posteriormente, atenta à dinâmica da realidade social atual, a doutrina e a jurisprudência, interpretando o art. 1º da Lei 9.492/1997 de forma extensiva, ampliaram o conceito de documento de dívida e, consequentemente, o rol dos títulos protestáveis.

O novo enfoque veio bem sedimentado em razão de novos e significativos elementos de cunho legislativo, doutrinário e fático. Exemplos desses elementos incluem o advento do Código Civil, a nova Lei de Falências e a Lei Estadual Paulista n. 11.331/2002, alterada pela Lei 13.160/2008, que foi concebida de forma mais madura, arquitetada, estudada e discutida.

Convém transcrever a positivação expressa do conceito de documento de dívida dado pela referida lei do Estado de São Paulo, a saber:

LEI ESTADUAL Nº 13.160, DE 21.07.2008

Altera a Lei n. 11.331, de 26 de dezembro de 2002, que dispõe sobre emolumentos relativos aos atos praticados pelos serviços notariais e de registro.

Artigo 1º – Passam a vigorar com a seguinte redação os itens 7 e 8 das Notas Explicativas da Tabela IV – Dos Tabelionatos de Protesto de Títulos da Lei nº 11.331, de 26 de dezembro de 2002

II. (...)

8 – Compreendem-se como títulos e outros documentos de dívidas, sujeitos a protesto comum ou falimentar, os títulos de crédito, como tal definidos em lei, e os documentos considerados como **títulos executivos judiciais e extrajudiciais pela legislação processual**, (...)

Percebe-se também jurisprudência à época que já despontava e trazia um novo olhar ao protesto, a saber:

Processo CG nº 864/2004 – LOCALIZA RENT A CAR S.A. – PROPOSTA DE ADOÇÃO DE MEDIDAS VISANDO POSSIBILITAR O PROTESTO DOS CONTRATOS DE LOCAÇÃO DE VEÍCULOS. (PROCESSO CG Nº 864/2004 – PARECER Nº 076/05-E). PROTESTO DE TÍTULOS E OUTROS DOCUMENTOS DE DÍVIDA – Alcance desta terminologia – Inteligência da Lei nº 9.492/97 à luz do hodierno ordenamento jurídico – Possibilidade de protesto dos títulos executivos judiciais e extrajudiciais – Atributos de liquidez, certeza e exigibilidade – Caráter normativo – Inclusão do contrato de locação de veículo desde que ajustado ao inciso II do artigo 585 do Código de Processo Civil.

[...]

Em outros termos, no regime da Lei nº 9.492 a expressão 'outros documentos de dívida' corresponde aos papéis a que se atribui a qualidade de título executivo judicial ou extrajudicial, para fins de execução por quantia certa (CPC, arts. 584 e 585), dentre os quais se destacam a própria sentença civil condenatória, a escritura pública, e qualquer documento público assinado pelo devedor, ou particular assinado pelo devedor e duas testemunhas, desde que atendam às exigências de liquidez, certeza e exigibilidade (art. 586)" (ob. cit., págs. 266/267). **Bem andou o doutrinador ao tratar os "outros documentos de dívida" como uma categoria distinta dos títulos de crédito e trazida, *ex novo*, para a seara do protesto.**

Assim, em um segundo momento e após muito debate, ficou entendido que, até o passado recente, para atender aos objetivos do legislador, quais sejam, dar ao procedimento do protesto eficácia de recuperação de crédito, documento de dívida seria todo **título executivo, seja judicial ou extrajudicial, dotado de liquidez, certeza e exigibilidade.**

Certamente, o segundo momento foi um grande marco e divisor de água na atividade protestual.

São títulos executivos judiciais aqueles enumerados no art. 515 do novo Código de Processo Civil (antigo artigo 475-N, CPC/1973), ao passo que os títulos executivos extrajudiciais estão elencados no artigo 784 do mesmo Código (antigo art. 585, CPC/1973) e todos aqueles que assim forem por lei considerados.

Para melhor compreensão do tema, trago uma tabela comparativa destes títulos:

TABELA COMPARATIVA DOS TÍTULOS EXECUTIVOS JUDICIAIS NO CÓDIGO DE PROCESSO CIVIL DE 1973 E NO CÓDIGO DE PROCESSO CIVIL DE 2015	
Art. 475-N. São títulos executivos judiciais I – a sentença proferida no processo civil que reconheça a existência de obrigação de fazer, não fazer, entregar coisa ou pagar quantia. II – a sentença penal condenatória transitada em julgado; III – a sentença homologatória de conciliação ou de transação, ainda que inclua matéria não posta em juízo; IV – a sentença arbitral V – o acordo extrajudicial, de qualquer natureza, homologado judicialmente; VI – a sentença estrangeira, homologada pelo Superior Tribunal de Justiça; VII – o formal e a certidão de partilha, exclusivamente em relação ao inventariante, aos herdeiros e aos sucessores a título singular ou universal. Parágrafo único. Nos casos dos incisos II, IV e VI, o mandado inicial (art. 475-J) incluirá a ordem de citação do devedor, no juízo cível, para liquidação ou execução, conforme o caso.	**Art. 515.** São títulos executivos judiciais, cujo cumprimento dar-se-á de acordo com os artigos previstos neste Título: I – as decisões proferidas no processo civil que reconheçam a exigibilidade de obrigação de pagar quantia, de fazer, de não fazer ou de entregar coisa; II – a decisão homologatória de autocomposição judicial; III – a decisão homologatória de autocomposição extrajudicial de qualquer natureza; IV – o formal e a certidão de partilha, exclusivamente em relação ao inventariante, aos herdeiros e aos sucessores a título singular ou universal; V – o crédito de auxiliar da justiça, quando as custas, emolumentos ou honorários tiverem sido aprovados por decisão judicial; VI – a sentença penal condenatória transitada em julgado; VII – a sentença arbitral; VIII – a sentença estrangeira homologada pelo Superior Tribunal de Justiça; IX – a decisão interlocutória estrangeira, após a concessão do exequatur à carta rogatória pelo Superior Tribunal de Justiça; X – (VETADO). § 1º Nos casos dos incisos VI a IX, o devedor será citado no juízo cível para o cumprimento da sentença ou para a liquidação no prazo de 15 (quinze) dias. § 2º A autocomposição judicial pode envolver sujeito estranho ao processo e versar sobre relação jurídica que não tenha sido deduzida em juízo.
Art. 585. São títulos executivos extrajudiciais: I – a letra de câmbio, a nota promissória, a duplicata, a debênture e o cheque; II – a escritura pública ou outro documento público assinado pelo devedor; o documento particular assinado pelo devedor e por duas testemunhas; o instrumento de transação referendado pelo Ministério Público, pela Defensoria Pública ou pelos advogados dos transatores; III – os contratos garantidos por hipoteca, penhor, anticrese e caução, bem como os de seguro de vida; IV – o crédito decorrente de foro e laudêmio. *O art. 585, IV, outorga eficácia executiva ao documento comprobatório de créditos emergentes de foro, laudêmio, renda ou aluguel de imóvel e encargo de condomínio. Em princípio, o inciso exclui a locação de coisa móvel, a exemplo de veículos. No entanto, contratado por escrito tal negócio, e observados os requisitos do art. 585, II, a eficácia executiva defluirá desse dispositivo.* V – o crédito, documentalmente comprovado, decorrente de aluguel de imóvel, bem como de encargos acessórios, tais como taxas e despesas de condomínio; VI – o crédito de serventuário de justiça, de perito, de intérprete, ou de tradutor, quando as custas, emolumentos ou honorários forem aprovados por decisão judicial; VII – a certidão de dívida ativa da Fazenda Pública da União, dos Estados, do Distrito Federal, dos Territórios e dos Municípios, correspondente aos créditos inscritos na forma da lei; VIII – todos os demais títulos a que, por disposição expressa, a lei atribuir força executiva.	**Art. 784.** São títulos executivos extrajudiciais: I – a letra de câmbio, a nota promissória, a duplicata, a debênture e o cheque; II – a escritura pública ou outro documento público assinado pelo devedor; III – o documento particular assinado pelo devedor e por 2 (duas) testemunhas; IV – o instrumento de transação referendado pelo Ministério Público, pela Defensoria Pública, pela Advocacia Pública, pelos advogados dos transatores ou por conciliador ou mediador credenciado por tribunal; V – o contrato garantido por hipoteca, penhor, anticrese ou outro direito real de garantia e aquele garantido por caução; VI – o contrato de seguro de vida em caso de morte; VII – o crédito decorrente de foro e laudêmio; VIII – o crédito, documentalmente comprovado, decorrente de aluguel de imóvel, bem como de encargos acessórios, tais como taxas e despesas de condomínio; IX – a certidão de dívida ativa da Fazenda Pública da União, dos Estados, do Distrito Federal e dos Municípios, correspondente aos créditos inscritos na forma da lei; X – o crédito referente às contribuições ordinárias ou extraordinárias de condomínio edilício, previstas na respectiva convenção ou aprovadas em assembleia geral, desde que documentalmente comprovadas; XI – a certidão expedida por serventia notarial ou de registro relativa a valores de emolumentos e demais despesas devidas pelos atos por ela praticados, fixados nas tabelas estabelecidas em lei; XI-A – o contrato de contragarantia ou qualquer outro instrumento que materialize o direito de ressarcimento da seguradora contra tomadores de seguro-garantia e seus garantidores; XII – todos os demais títulos aos quais, por disposição expressa, a lei atribuir força executiva.

TABELA COMPARATIVA DOS TÍTULOS EXECUTIVOS JUDICIAIS NO CÓDIGO DE PROCESSO CIVIL DE 1973 E NO CÓDIGO DE PROCESSO CIVIL DE 2015	
§ 1º A propositura de qualquer ação relativa ao débito constante do título executivo não inibe o credor de promover-lhe a execução. § 2º Não dependem de homologação pelo Supremo Tribunal Federal, para serem executados, os títulos executivos extrajudiciais, oriundos de país estrangeiro. O título, para ter eficácia executiva, há de satisfazer aos requisitos de formação exigidos pela lei do lugar de sua celebração e indicar o Brasil como o lugar de cumprimento da obrigação.	§ 1º A propositura de qualquer ação relativa a débito constante de título executivo não inibe o credor de promover-lhe a execução. § 2º Os títulos executivos extrajudiciais oriundos de país estrangeiro não dependem de homologação para serem executados. § 3º O título estrangeiro só terá eficácia executiva quando satisfeitos os requisitos de formação exigidos pela lei do lugar de sua celebração e quando o Brasil for indicado como o lugar de cumprimento da obrigação. § 4º Nos títulos executivos constituídos ou atestados por meio eletrônico, é admitida qualquer modalidade de assinatura eletrônica prevista em lei, dispensada a assinatura de testemunhas quando sua integridade for conferida por provedor de assinatura.

Frise-se que não basta ser um título executivo judicial ou extrajudicial para ensejar o protesto. Para que esses títulos sejam protestáveis, é imperativo que atendam aos requisitos de **certeza, liquidez e exigibilidade.**

A **certeza** decorre da perfeição formal do título, que retratará a obrigação certa quando nele estiverem estampadas a natureza da prestação, seu objeto e seus sujeitos.

A **liquidez** diz respeito à indicação do quanto devido ou, pelo menos, a indicação dos elementos que através de simples cálculo permitam indicar o quanto devido. É oportuno elucidar que a necessidade de simples operações aritméticas para apurar o crédito exequendo não retira a liquidez da obrigação constante do título (art. 786, parágrafo único, CPC).

A **exigibilidade,** por seu turno, diz respeito à eficácia atual do credito que decorre do inadimplemento e da ausência de termo, condição ou contraprestação pendentes e de inconstitucionalidade da norma ou interpretação que fundamentou a decisão judicial.

Passa agora à análise do atual conceito de dívida, quem foi bastante ampliado.

Nos dias de hoje, pode ser levado a protesto **qualquer documento representativo de obrigação com conteúdo econômico,** para prova da inadimplência, para fixação do termo inicial dos encargos quando não houver prazo assinado, para interrupção do prazo de prescrição e para fins falimentares. Registra-se que este conceito hoje está incorporado na maioria das normativas estaduais extrajudiciais.

Todavia, uma vez mais, o conceito de documento de dívida foi alargado. Apresento alguns exemplos:

Provimento 16/2019 – Consolidação Normativa Notarial e Registral de Alagoas

Art. 1º – *Qualquer documento representativo de obrigação econômica pode ser levado a protesto, para prova da inadimplência; para fixação do termo inicial dos encargos, quando não houver prazo assinado; ou para interromper o prazo de prescrição.*

Código de Normas Extrajudiciais do Estado da Bahia

Art. 319. *Qualquer documento representativo de obrigação econômica pode ser levado a protesto, para prova da inadimplência; para fixação do termo inicial dos encargos, quando não houver prazo assinado; ou para interromper o prazo de prescrição.*

Código de Normas da Corregedoria Geral da Justiça do Estado do Rio de Janeiro- Parte Extrajudicial

Art. 551. Qualquer documento representativo de obrigação com conteúdo econômico pode ser levado a protesto para:

I – prova da inadimplência;

II – fixação do termo inicial dos encargos, quando não houver prazo assinado; e

III – interromper o prazo de prescrição e para fim falimentar.

Consolidação Normativa do Estado do Rio Grande do Sul

Art. 972. Qualquer documento representativo de obrigação econômica pode ser levado a protesto, para prova da inadimplência; para fixação do termo inicial dos encargos, quando não houver prazo assinado; ou para interromper o prazo de prescrição.

Atente-se para o fato de que este conceito alargado de documento de dívida (terceiro momento) não exclui o conceito anterior (segundo momento). Pelo contrário, está inserido nele. Ou seja, não existe mais a necessidade de ser título executivo para ser considerado documento de dívida. É o que constatamos, por exemplo, nas Normas Extrajudiciais da Corregedoria-Geral da Justiça do Estado de São Paulo, no Capítulo XV, e também no art. 321 do Provimento 93/2020, que codifica as normativas estaduais no Estado de Minas Gerais. A saber:

Normas Extrajudiciais da Corregedoria-Geral da Justiça do Estado de São Paulo

20. *Podem ser protestados os títulos de crédito, bem como os documentos de dívida qualificados como títulos executivos, judiciais ou extrajudiciais.*

22. *Além dos considerados títulos executivos, também são protestáveis outros documentos de dívida dotados de certeza, liquidez e exigibilidade, atributos a serem valorados pelo Tabelião, com particular atenção, no momento da qualificação notarial.*

> **Provimento 93/2020 MG**
>
> ***Art. 321***
>
> **[...]**
>
> § 1º Compreendem-se na expressão "outros documentos de dívida" quaisquer documentos que expressem obrigação pecuniária, líquida, certa e exigível, ainda que sem eficácia de título executivo, sendo de inteira responsabilidade do apresentante a indicação do valor a protestar, devendo o tabelião de protesto examinar apenas os caracteres formais do documento.

Em 2022, a I Jornada de Direito Notarial e Registral editou o **Enunciado n. 60**, corroborando o entendimento consolidado sobre o novo conceito de documento de dívida:

> **ENUNCIADO 60.** É admissível o protesto de documento de dívida ainda que não se trate de título executivo extrajudicial.
>
> ⊙ Justificativa: O art. 1º da Lei nº 9.492/97, ao dispor sobre o protesto de "outros documentos de dívida", não limitou o seu alcance apenas aos títulos executivos extrajudiciais propriamente, e inequivocamente ampliou o rol de títulos protestáveis para qualquer documento que comprove a existência de uma obrigação pecuniária líquida e certa inequivocamente assumida pelo devedor. Nesse passo, afigura-se legítimo admitir o protesto de qualquer documento de dívida, ainda que, por suas características formais, careça de requisito considerado indispensável pela legislação adjetiva civil à sua configuração como título executivo extrajudicial, como ocorre, por exemplo, com exigência da assinatura de duas testemunhas no respectivo instrumento contratual. A interpretação proposta reforça ainda a utilidade do protesto como instrumento extrajudicial para solução das dívidas, concorrendo para sua efetividade e também para o desafogamento do Poder Judiciário.

Recentemente, foi a vez da Corregedoria Nacional de Justiça do CNJ de encampar, de forma expressa, o conceito atual de documento de dívida. É que o Provimento n. 149/2023, com redação dada pelo Provimento 167/2024, estabelece, no art. 356, que "o documento hábil a protesto extrajudicial é aquele que caracteriza prova escrita de obrigação pecuniária, líquida, certa e exigível (...)".

Em razão desta amplificação do conceito de documento de dívida, os atributos a serem valorados pelo Tabelião no momento da qualificação notarial, pedem **particular, singular, acurada e prudente atenção.** Hoje, não é suficiente o Tabelião de Protesto possuir conhecimento somente do Direito Cambiário, porque antigamente se protestava basicamente títulos de crédito. Também não basta conhecer o Direito Processual Civil, pois, como vimos, o conceito de documento de dívida vai muito além dos títulos executivos. Na atualidade, é essencial que o Tabelião de Protesto conheça os vários ramos do direito para que ele possa fazer uma efetiva, eficaz, técnica e prudente qualificação notarial, lastreada sempre no apoio legal, doutrinário e jurisprudencial.

Vicente de Abreu Amadei, em brilhante artigo o *"Protesto Notarial Brasileiro na atualidade"* elucida o fenômeno da multiplicação das formas jurídicas de titulação dos créditos e de documentação das dívidas que passam a ter acesso ao protesto notarial. E esse sensível alargamento morfológico da titulação naturalmente resulta em complexidade morfológica procedimental, sobretudo no campo do apontamento e da qualificação ao protesto notarial. Em outras palavras, os institutos e títulos jurídicos tradicionais sofrem atualizações de peso, surgem novos institutos, títulos e ferramentas jurídicas para atender as necessidades da pós-modernidade, crescem as atipicidades de titulação e as variações de documentos de dívida. E todos esses títulos e documentos de dívida batem às portas das unidades de protesto extrajudicial, são apresentados para apontamento e para o juízo de qualificação do Tabelião de Protesto. E continua: Logo, porque nessa qualificação para o protesto se impõe a avaliação prudencial-jurídica dos atributos de certeza, liquidez e exigibilidade (*conditio sine qua non* do protesto), recomenda-se, nesse passo, ao Tabelião de Protesto as seguintes cautelas para essa sua avaliação: (i) apoiar-se em balizas objetivas: critérios legais, doutrinários e jurisprudenciais, para a definição dos atributos de certeza, liquidez e exigibilidade; (ii) evitar o risco de subjetividade: nenhuma qualificação pode ser arbitrária e discricionária, mas deve ser sempre vinculada à lei, ainda que envolva valoração de atributos; (iii) evitar o risco de falta de congruência sistêmica e de uniformidade, sobretudo nesse tipo de qualificação aberta: quer interna (no próprio serviço), quer dos serviços em geral (daí, então, a relevância do autocontrole de classe e do controle correcional das Corregedorias de Justiça) (EL DEBS, Martha e FERRO JUNIOR, Izaías Gomes. *O Novo Protesto de Títulos e Documentos de Dívida. Os Cartórios de Protesto na era dos serviços digitais.* São Paulo: Juspodivm, 2020).

Importante ressaltar que os tabeliães de protesto, os responsáveis interinos pelo expediente e, quando for o caso, os oficiais de distribuição de protesto, estão autorizados a negar seguimento a títulos ou outros documentos de dívida, bem como às suas respectivas indicações eletrônicas sobre os quais recaia, segundo sua prudente avaliação, fundado receio de utilização do instrumento com intuito emulatório do devedor ou como meio de perpetração de fraude ou de enriquecimento ilícito do apresentante.

Todavia, é importante notar que a qualificação desses títulos deve ser realizada com o objetivo de viabilizar o registro sempre que possível, e não de impedir o registro. O papel da qualificação notarial também se torna uma tarefa de desjudicialização.

Essa temática será melhor explorada nos artigos 5º e 9º, quando tratarmos da qualificação notarial.

1.12.1 APRESENTAÇÃO DOS DOCUMENTOS DE DÍVIDA

Os documentos de dívida podem ser apresentados no **original (sem rasura)**, em **cópia autenticada** ou cópia **digitalizada**, mediante arquivo assinado digitalmente, no âmbito do ICP Brasil, ou outro meio eletrônico que garanta a autenticidade, sendo de responsabilidade do apresentante o encaminhamento indevido ao Tabelionato.

Oportuno mencionar neste momento, a recente regra estabelecida no § 1º, do art. 355 do Provimento CNJ n. 149/2023, em breve estudado nesta obra. Este dispositivo permite a apresentação do título por **simples indicação**, nestes termos: *os títulos e outros documentos de dívida podem ser apresentados, mediante simples indicação do apresentante, desde que realizados exclusivamente por meio eletrônico, segundo os requisitos da 'Infraestrutura de Chaves Públicas Brasileira – ICP Brasil' ou outro meio seguro disponibilizado pelo Tabelionato autorizado pela respectiva Corregedoria-Geral de Justiça, e com a declaração do apresentante, feita sob as penas da lei, de que a dívida foi regularmente constituída e que os documentos originais ou suas cópias autenticadas, comprobatórios da causa que ensejou a apresentação para protesto, são mantidos em seu poder, comprometendo-se a exibi-los sempre que exigidos no lugar onde for determinado, especialmente se sobrevier sustação judicial do protesto.*

Algumas normativas estaduais já disciplinaram a matéria. Veja-se:

> **Art. 251, CNPFE/GO.** O título ou outro documento de dívida pode ser apresentado mediante simples indicação do apresentante, desde que exclusivamente por meio eletrônico, segundo os requisitos da ICP-Brasil e com declaração do apresentante, feita sob as penas da lei, de que a dívida foi regularmente constituída e que o documento original ou sua cópia autenticada, comprobatório da causa que ensejou a apresentação para protesto, são mantidos em seu poder, comprometendo-se a exibi-los sempre que exigidos, especialmente se sobrevier sustação judicial do protesto.

Sobre a **assinatura eletrônica**, estas são classificadas e definidas nos termos da Lei 14.063/2020:

> **I – assinatura eletrônica simples:**
> a) a que permite identificar o seu signatário;
> b) a que anexa ou associa dados a outros dados em formato eletrônico do signatário;
> **II – assinatura eletrônica avançada:** a que utiliza certificados não emitidos pela ICP-Brasil ou outro meio de comprovação da autoria e da integridade de documentos em forma eletrônica, desde que admitido pelas partes como válido ou aceito pela pessoa a quem for oposto o documento, com as seguintes características:
> **III – assinatura eletrônica qualificada:** a que utiliza certificado digital, nos termos do § 1º do art. 10 da Medida Provisória nº 2.200-2, de 24 de agosto de 2001 *(As declarações constantes dos documentos em forma eletrônica produzidos com a utilização de processo de certificação disponibilizado pela ICP-Brasil presumem-se verdadeiros em relação aos signatários, na forma do art. 131 da Lei nº 3.071, de 1º de janeiro de 1916 – Código Civil).*

Dialoga com a temática, os novíssimos Enunciados da I Jornada de Direito Notarial e Registral:

> **Enunciado 55.** Serão admitidos a protesto títulos e documentos de dívida nato-digitais assinados de forma simples, avançada ou qualificada, cabendo ao apresentante declarar em relação às duas primeiras, sob as penas da lei, que a forma de assinatura foi admitida pelas partes como válida ou aceita pela pessoa a quem oposta.
>
> ⊙ Justificativa: Em geral, documentos eletrônicos, cuja autoria estiver identificada por qualquer meio legal de certificação, consideram-se autênticos, da mesma forma que os documentos físicos cujos signatários tenham suas firmas reconhecidas por tabeliães de notas [art. 411, II, do CPC, em confronto com o inciso I do mesmo artigo; confiram-se, ainda, o art. 11 da Lei Federal n. 14.129/2021 e os princípios da ¿não discriminação prejudicial e da equivalência funcional¿ previstos nos arts. 5º a 8º da Lei Modelo sobre Comércio Eletrônico (1996) da UNCITRAL]. A Lei Federal n. 14.063/2020 complementa a MP 2.200-2/2001 e prevê três tipos de assinatura eletrônica: qualificada, avançada e simples. A assinatura eletrônica qualificada (com certificado digital emitido no âmbito da Infraestrutura de Chaves Públicas Brasileira – ICP-Brasil) é, legalmente, a que possui o grau mais alto de confiabilidade.
>
> O documento eletrônico assim assinado possui validade legal em qualquer situação inclusive, portanto, no protesto (art. 10, *caput* e §1º, da MP 2.200-2; arts. 4º, *caput*, III e §1º, e 5º, §1º, III, da Lei Federal n. 14.063). Também devem ser admitidos a protesto os títulos e documentos de dívida eletrônicos assinados de forma avançada. O protesto não foi previsto como uma das hipóteses que exigem a assinatura eletrônica qualificada (art. 5º, §2º, da Lei n. 14.063; art. 4º, *caput*, III, do Decreto Federal n. 10.543/2020). Pelo contrário, nas juntas comerciais, cujas finalidades são análogas às dos serviços notariais e registrais, a Lei admitiu a assinatura avançada (art. 5º, §1º, II, c, da Lei n. 14.063). Além disso, o art. 7º, §1º, VII, da Lei 14.129, o art. 17, §1º, da Lei Federal n. 6.015/1973 e o art. 38, *caput*, da Lei Federal 11.977/2009 os dois últimos com a redação dada pela Medida Provisória 1.085/2021, já aprovada pelo Poder Legislativo preveem, genericamente, a possibilidade de uso de assinaturas avançadas nos registros públicos.
>
> Por fim, devem ser igualmente admitidos a protesto os títulos e documentos de dívida eletrônicos assinados de forma simples, desde que acompanhados da devida declaração de responsabilidade do apresentante. O protesto tem por objeto não só títulos, como também **documentos de dívida** (art. 1º, *caput*, da Lei do Protesto). Na doutrina, entende-se por documento de dívida qualquer documento que contenha obrigação certa, líquida e exigível. Documentos que não representem títulos executivos, judiciais ou extrajudiciais, mas que contenham obrigação certa, líquida e exigível podem ser objeto de protesto extrajudicial e fundamentar ações monitórias (arts. 700 e ss. do CPC). O Poder Judiciário tem aceito e-mails e mensagens de WhatsApp para tanto (a título exemplificativo: STJ, 4ª Turma, REsp 1.381.603/MS, Rel. Min. Luis Felipe Salomão, j. 6/10/2016, DJe 11/11/2016).
>
> Nos termos do art. 3º, §4º, I, da Lei Federal n. 8.929/1994, as assinaturas eletrônicas simples já são expressamente

Lei 9.492/1997

admitidas para a emissão de cédulas de produto rural, que são títulos protestáveis.

É cada vez mais frequente a utilização em geral e a apresentação a protesto de documentos eletrônicos assinados de forma simples por meio de serviços tais como Docusign, D4Sign, Clicksign e outros. Entretanto, em caso de títulos e documentos de dívida assinados eletronicamente de forma simples, o apresentante deve emitir uma declaração de responsabilidade. Observe-se, em primeiro lugar, que a declaração de responsabilidade do apresentante é aceita há muitos anos nos tabelionatos de protesto para fins de protesto de duplicatas por indicação (art. 13, §1º, da Lei Federal n. 5.474/1968; art. 8º, §1º, da Lei do Protesto). Mais recentemente, o Provimento CN-CNJ 87/2019 admitiu o protesto de qualquer título ou documento de dívida por indicação, com a declaração de responsabilidade do apresentante (art. 2º, § 1º). No caso aqui tratado, devem ser admitidos a protesto títulos e documentos de dívida nato-digitais, assinados de forma simples, desde que o apresentante declare, sob as penas da lei, que o título ou documento de dívida foi admitido pelas partes como válido ou aceito pela pessoa a quem foi oposto, conforme previsão expressa do art. 10, § 2º, da MP 2.200-2 (segundo o qual ¿o disposto nesta Medida Provisória não obsta a utilização de outro meio de comprovação da autoria e integridade de documentos em forma eletrônica, inclusive os que utilizem certificados não emitidos pela ICP-Brasil, desde que admitido pelas partes como válido ou aceito pela pessoa a quem for oposto o documento). No mesmo sentido desse dispositivo, embora tratando a digitalização de documentos físicos, vai o art. 18, I, da Lei Federal 13.874/2019. Por fim, em reforço à argumentação aqui exposta, cita-se, ainda, o art. 26 da Lei 14.129, segundo o qual *presume-se a autenticidade de documentos apresentados por usuários dos serviços públicos ofertados por meios digitais, desde que o envio seja assinado eletronicamente.*

Enunciado 56. A assinatura eletrônica avançada, prevista no art. 4º, II, da Lei n. 14.063/2020, é meio apto e seguro para fins de apontamento eletrônico de títulos para protesto, bem como para a formalização das desistências e anuências eletrônicas para cancelamento de protesto.

⊙ Justificativa: O Provimento CNJ nº 87/2019, que estabelece procedimentos administrativos a serem observados pelos tabeliães de protesto de títulos, preconiza a possibilidade de apresentação de títulos para protesto por meio exclusivamente eletrônico (Art. 2º, §1º), bem como a possibilidade de envio de anuência eletrônica para cancelamento de protesto (Art. 5º). Em ambas as hipóteses, o referido Provimento exige a assinatura eletrônica, a qual, segundo dispõe o seu Art. 1º, p.u., será aquela efetivada com uso de certificado digital que atenda aos requisitos da ICP-Brasil, ou outro meio seguro disponibilizado pelo Tabelionato, previamente autorizado pela respectiva Corregedoria-Geral de Justiça. Ocorre que, após a edição do Provimento CNJ nº 87/2019, outras normas foram editadas a respeito do tema das assinaturas eletrônicas, sendo necessário interpretar o referido provimento à luz do novel arcabouço jurídico vigente. Além do Provimento nº 100/2020, que tratou especificamente das assinaturas eletrônicas notarizadas, houve ainda o advento da Lei nº 14.063/2020, que revolucionou a dinâmica das assinaturas eletrônicas em interações com entes públicos e entre particulares. O Art. 4º da Lei nº 14.063/2020 categorizou as assinaturas eletrônicas em (i) simples, (ii) avançadas ou (iii) qualificadas. Percebe-se que, tanto a assinatura eletrônica avançada quanto a qualificada têm o condão de se associar ao signatário de maneira unívoca, sendo a única diferença entre ambas que a qualificada demanda um certificado digital (ICP-Brasil), enquanto a avançada utiliza outros meios tecnológicos de comprovação da autoria, sem a necessidade de um certificado digital. Desse modo, com o avanço da tecnologia e a possibilidade de associação unívoca do signatário na assinatura eletrônica avançada (meio seguro), não faz sentido continuar exigindo um certificado digital ICP-Brasil para o envio e respectivo cancelamento de títulos para protesto. Saliente-se ainda que a própria Lei nº 14.063/2020 listou em seu Art. 5º as atividades que continuariam demandando a assinatura eletrônica qualificada (ICP-Brasil), e os tabelionatos de protesto não foram elencados neste rol. Logo, tendo em vista os princípios da eficiência, da celeridade e da menor onerosidade para o usuário do serviço, e tendo em vista que os serviços congêneres de negativação (SPC/SERASA) não demandam assinatura eletrônica qualificada, entende-se que a melhor interpretação para o Provimento CNJ nº 87/2019 é a de que a assinatura eletrônica avançada é meio apto e seguro para fins de apontamento eletrônico de títulos para protesto, bem como para o envio das respectivas anuências eletrônicas para cancelamento de protesto.

1.12.2 BREVE ANÁLISE DE ALGUNS DOCUMENTOS DE DÍVIDA

1.12.2.1 PROTESTO DE DECISÃO JUDICIAL NO NOVO CÓDIGO DE PROCESSO CIVIL

A possibilidade de protesto de decisão judicial no Tabelionato de Protesto não é uma novidade do novo Código de Processo Civil.

Com a edição da Lei 9.492/1997, que incluiu a expressão "outros documentos de dívida", já havia essa alternativa, visto que a decisão judicial se enquadrava nesse conceito. Além disso, a jurisprudência também preconizava a possibilidade do protesto de decisão judicial com base nesse entendimento.

Todavia, no CPC/1973, não existia qualquer dispositivo normativo que tratasse do protesto de decisão. Isso, porém, não impedia seu protesto, desde que fosse sentença condenatória, transitada em julgado, que representasse obrigação pecuniária líquida, certa e exigível.

Diante do entendimento jurisprudencial e do conceito de outros documentos de dívida, o CPC/2015 expressamente tratou do tema, visando dar maior efetividade ao protesto de decisão judicial transitada em julgado, principalmente no que tange à documentação necessária à apresentação, momento da apresentação e forma de cancelamento.

Trata-se de uma excelente medida de desjudicialização, na qual o protesto tem desempenhado um papel relevante.

Vale transcrever os conhecimentos do Dr. Alexandre Chini sobre a temática (https://www.emerj.tjrj.jus.br/revistadireitoemovimento_online/edicoes/volume16_numero2/ volume16_numero2_13.pdf):

O protesto extrajudicial alcançou um status legislativo de verdadeiro veículo oficial de recuperação de crédito no Brasil, prevenindo litígios sob o ideário jurídico internacional da desjudicialização e da criação de meios alternativos à satisfação de direitos, consoante se constata da leitura da Lei Federal nº 9.492/1997 (como também já ocorre com a possibilidade de realização de divórcio, separação e inventário a cargo dos tabeliães de notas, por força da Lei Federal nº 11.441/2007). Na esteira desse entendimento, inclusive, recentemente, o Conselho Nacional de Justiça editou o Provimento nº 72, de 27 de junho de 2018, que "dispõe sobre medidas de incentivo à quitação ou à renegociação de dívidas protestadas nos tabelionatos de protesto do Brasil."

Com efeito, no Pedido de Providências n. 2009-10000041784, o Conselho Nacional de Justiça confirmou não só a legalidade do protesto das sentenças judiciais, como a sua grande utilidade em nível nacional, conforme bem destacou a Relatora, Conselheira Morgana Richa, verbis:

> *"Outrossim, forçoso registrar que o Judiciário e a sociedade suplicam hoje por alternativas que registrem a possibilidade de redução da judicialização das demandas, por meios não convencionais. Impedir o protesto de sentença transitada em julgado é de todo desarrazoado quando se verifica a estrutura atual do Poder e o crescente número de questões judicializadas. É preciso evoluir para encontrar novas saídas à redução da conflituosidade perante os órgãos judiciários..."*

Esse tem sido o entendimento pacífico do Superior Tribunal de Justiça sobre o protesto de sentenças judiciais, como se constata a partir da leitura das seguintes decisões:

> *CONFLITO NEGATIVO DE COMPETÊNCIA. AÇÃO ANULATÓRIA DE PROTESTO EXTRAJUDICIAL DE TÍTULO REPRESENTADO POR SENTENÇA TRABALHISTA. DÍVIDA SUBMETIDA À RECUPERAÇÃO JUDICIAL. Direito em Movimento, Rio de Janeiro, v. 16 – n. 2, p. 13-24, 2º sem. 2018 15 ARTIGOS 1. O juízo da recuperação judicial é c "esse tem sido o entendimento pacífico do Superior Tribunal de Justiça (STJ) sobre o protesto de sentenças judiciais.*

O Banco Central do Brasil, inclusive, já externou um importante posicionamento institucional como regulador do mercado financeiro. No âmbito da ADI 5135, na condição de *amicus curiae*, destacou a necessária atuação do protesto extrajudicial na recuperação de créditos e na resolução extrajudicial de conflitos de crédito. Transcreve-se o seguinte excerto:

> *"80. (...)o protesto figura com proeminência no rol dos mecanismos de resolução extrajudicial dos conflitos de crédito. Caso não fosse autorizado ao credor protestar seu título, seguindo o atual regime jurídico do protesto notarial, certamente o Poder Judiciário estaria ainda mais sobrecarregado, com estoques imensos de ações de cobrança e execuções de títulos judiciais e extrajudiciais. 81. (...) o protesto é dotado da medida exata de coercibilidade, advinda da prova idônea e da publicidade inerente aos atos notariais, e de premonição frente ao devedor, de modo a contribuir eficazmente para a composição do débito. É nítido o seu caráter conciliatório. Os fatos corroboram essa assertiva".*

Dito isso, apresenta-se a redação do art. 517 do CPC:

> **Art. 517.** A decisão judicial transitada em julgado poderá ser levada a protesto, nos termos da lei, depois de transcorrido o prazo para pagamento voluntário previsto no art. 523.
>
> § 1º Para efetivar o protesto, incumbe ao exequente apresentar certidão de teor da decisão.
>
> § 2º A certidão de teor da decisão deverá ser fornecida no prazo de 3 (três) dias e indicará o nome e a qualificação do exequente e do executado, o número do processo, o valor da dívida e a data de decurso do prazo para pagamento voluntário.
>
> § 3º O executado que tiver proposto ação rescisória para impugnar a decisão exequenda pode requerer, a suas expensas e sob sua responsabilidade, a anotação da propositura da ação à margem do título protestado.
>
> § 4º A requerimento do executado, o protesto será cancelado por determinação do juiz, mediante ofício a ser expedido ao cartório, no prazo de 3 (três) dias, contado da data de protocolo do requerimento, desde que comprovada a satisfação integral da obrigação.

Note-se que o código não fala em "sentença" e sim "decisão judicial transitada em julgado". Logo, a expressão abrange:

a) **sentenças** (art. 203, § 1º, NCPC. *Ressalvadas as disposições expressas dos procedimentos especiais, sentença é o pronunciamento por meio do qual o juiz, com fundamento nos arts. 485 e 487, põe fim à fase cognitiva do procedimento comum, bem como extingue a execução*);

b) **decisões interlocutórias** (*art. 203, § 2º, CPC. Decisão interlocutória é todo pronunciamento judicial de natureza decisória que não se enquadre no § 1º*);

c) **decisões monocráticas proferidas nos tribunais** e

d) **acórdãos** (art. 204, CPC. *Acórdão é o julgamento colegiado proferido pelos tribunais*), *com a condição de que os prazos para recursos foram esgotados*).

Ressalte-se que, nos termos do art. 517, além do trânsito em julgado, é imprescindível que seja ainda dado prazo para o **adimplemento, que é de 15 para pagar quantia certa**. É que, não respeitado este prazo, o atributo da exigibilidade restará prejudicado.

Para levar a decisão a protesto, o credor deve solicitar na secretaria do juízo uma **certidão da condenação**, que deverá ser fornecida no prazo de 3 (três) dias.

Ao fazer a qualificação notarial, o Tabelião de Protesto deve verificar se a certidão da condenação de teor da decisão (título a ser apresentado no Tabelionato) contém os elementos subjetivos e objetivos.

Assim, o documento deve apresentar o nome e a qualificação das partes (especialidade subjetiva), o número do processo, o valor da dívida e a data de decurso do prazo para pagamento voluntário, que traduzem a especialidade objetiva.

Cumpre esclarecer que as normativas estaduais podem trazer outros elementos, como é o caso do Código de Normas e Procedimento do Foro Extrajudicial do Estado de Goiás (CNPFE/GO):

Art. 239, § 1º. A certidão a que se refere o *caput* será expedida pela unidade judicial em que o processo tramita, no prazo de 3 (três) dias, e indicará a qualificação completa do devedor e credor, com os nomes, números de CPF ou CNPJ, endereços, número do processo, valor líquido e certo da dívida e as datas da decisão, do decurso do prazo para pagamento voluntário ou do trânsito em julgado.

Ressalte-se que o que se protesta é a decisão. A certidão é apenas o seu instrumento, o que materializa a decisão.

Outra dúvida que pode surgir é quanto ao segredo de justiça daquele processo. Como expedir a certidão nestes casos?

Ainda não existe regulamentação específica sobre o assunto. Dessa forma, sugiro, até que a questão seja normatizada, tomar emprestada as regras do Tomo I das Normas da Corregedoria-Geral de Justiça do Estado de São Paulo, nestes termos:

Art. 104, § 5º, Tomo I, NSCGJ/SP. A expedição de certidão de processos que correm em segredo de justiça **dependerá de despacho do juiz competente.**

Ocorrido **o pagamento deste título**, segue-se o trâmite do art. 19 da Lei 9.492/1997. Ou seja, o Tabelião deve fazer o repasse do valor ao credor ou apresentante do título até o primeiro dia útil.

Via de regra, alguns procedimentos mais específicos estarão expressos na ordem judicial. Para ilustrar, invoco o dispositivo do Código de Normas da Corregedoria-Geral da Justiça do Estado de Santa Catarina:

Art. 846-A

[...]

§ 5º. Efetuado o pagamento, o tabelião fará no primeiro dia útil seguinte o repasse do valor diretamente ao credor, por **depósito bancário com os dados por ele fornecidos** ou, ainda, ao seu procurador, desde que este tenha poderes especiais na procuração para receber valores.

Se ausente na determinação judicial menção expressa acerca do procedimento a ser adotado na hipótese de pagamento, recomenda-se que o Tabelião informe o Juízo e aguarde instruções de como efetuar o repasse do valor.

Se esgotado o prazo do três dias úteis e o título não tiver sido pago (art. 19, LPT), retirado (art. 16, LPT) ou sustado (art. 17, LPT), o tabelião lavrará e registrará o **protesto** nos termos do art. 22 desta lei, sendo o respectivo instrumento entregue ao apresentante.

Uma vez protestado o título, para que a situação seja regularizada, impõe-se o **cancelamento do protesto.**

O art. 517 do CPC prevê que, a requerimento do executado, o protesto será cancelado por determinação do juiz, mediante ofício a ser expedido ao cartório, no prazo de 3 (três) dias, contado da data de protocolo do requerimento, desde que comprovada a satisfação integral da obrigação (§ 4º)

Trata-se de parágrafo problemático. Explico: o art. 26, § 4 da Lei de Protesto de Títulos apregoa que:

Quando a extinção da obrigação decorrer de **processo judicial,** o cancelamento do registro do protesto poderá ser solicitado com a apresentação da certidão expedida pelo Juízo processante, com menção do trânsito em julgado, que substituirá o título ou o documento de dívida protestado.

Assim sendo, percebe-se que o art. 517, § 4º do CPC foi excessivo e burocratizou, indo na contramão do que vem ocorrendo nas atividades notariais e registrais, a forma de cancelamento do protesto via Poder Judiciário, já que o cancelamento previsto no diploma processual exige **determinação judicial provocada pelo executado e ofício judicial.**

Dessa forma, a doutrina tem dado uma interpretação mais aberta ao art. 517 do CPC, seguindo os termos do art. 26 da LPT e sugerido os seguintes procedimentos para o cancelamento do protesto de decisão judicial previsto no diploma processual:

a) Requerimento do interessado + certidão do processo, ou
b) Ofício judicial ou
c) Apenas a declaração/anuência do credor para que seja realizado cancelamento do protesto (art. 26, § 1º) ou
d) Cancelar diretamente por determinação judicial

São várias as normativas extrajudiciais que regulamentam o protesto de decisão de acordo com o novo CPC, porém sem incluir o problemático e excessivo parágrafo 4º. Outras prescrições acataram a sugestão da doutrina e normatizaram de uma maneira mais simplificada. Veja-se:

Art. 846-A, § 7º, CNE/MS. O cancelamento do registro do protesto será feito à vista de requerimento escrito assinado pelo exequente ou por seu procurador, independentemente de ordem judicial, por decisão do juiz, ou por qualquer interessado nas hipóteses elencadas nos incisos I a III do artigo 894.

Art. 295, CNPFE/GO. O cancelamento do protesto de título judicial poderá realizar-se na forma do § 4º do artigo 517 do Código de Processo Civil ou, naquilo que couber, do artigo 26 da Lei nº 9.492, de 10 de setembro de 1997.

Quanto **ao local de apresentação do protesto de decisão**, a doutrina diverge. São 4 posicionamentos:

1) Para uma corrente, entende-se que o protesto de decisão judicial deve ser tirado no **lugar do pagamento**, ou seja, **onde deve ser cumprida a obrigação indicada na sentença**. Trata-se de posição minoritária.
2) Uma outra corrente defende o local do protesto na **comarca em que o processo judicial teve curso perante o Juízo de origem.**

Neste sentido, o art. 552, § 6º da Corregedoria Geral da Justiça do Estado do Rio de Janeiro – Parte Extrajudicial – *O protesto de certidão de crédito decorrente* *de título executivo judicial definitivo ou da certidão de débito expedida pelo Fundo Especial do Tribunal de Justiça deverá ser requerido na **comarca em que o processo judicial teve curso originariamente**, observados os requisitos estabelecidos em ato normativo próprio.*

3) Para outra doutrina, o local do protesto da decisão judicial deve ocorrer no **domicílio do devedor**, regra que ganhou robustez após a norma do antigo art. 3º, § 1º do revogado Provimento CNJ n. 87/2019 e atualmente está positivada no art. 356-B do Código Nacional de Normas, com redação dada pelo Provimento CNJ n. 167/2024.

> Art. 356-B. O protesto de sentença condenatória, a que alude o art. 517 do CPC, deverá ser feito sempre por tabelionato de protesto da comarca de **domicílio do devedor**, devendo o tabelião exigir, além da apresentação de cópia da decisão transitada em julgado, certidão do respectivo juízo apontando o trânsito em julgado, o valor atualizado da dívida e o fato de ter transcorrido o prazo para pagamento voluntário.

Esta posição é pautada no art. 327 do Código Civil. Veja-se:

> **Art. 327, CC.** *Efetuar-se-á o pagamento no **domicílio do devedor**, salvo se as partes convencionarem diversamente, ou se o contrário resultar da lei, da natureza da obrigação ou das circunstâncias.*

4) Por fim, existe uma outra doutrina que defende a possibilidade de protestar decisões tanto na **localidade de tramitação do processo** como no **domicílio do devedor**. Trata-se de critério alternativo.

Alguns Códigos de Normas dos Estados já acolheram esta corrente:

> **Art. 320, § 3º, CNEBA.** *Os títulos executivos judiciais poderão ser protestados na localidade de tramitação do processo ou no domicílio do devedor.*
>
> **Item 27.3, Capítulo XV, NSCGJSP.** *Os títulos executivos judiciais podem ser protestados na localidade de tramitação do processo ou na de domicílio do devedor.*
>
> **Art. 1.801, CNEMS.** *Os títulos executivos judiciais podem ser protestados na localidade de tramitação do processo ou na de domicílio do devedor.*
>
> **Art. 250, VII, CNPFE/GO.** *Os títulos executivos judiciais podem ser protestados no local do foro da causa ou no do domicílio do devedor.*

Frise-se que não é possível protestar decisões de obrigação de entregar coisa, fazer ou não fazer. Somente as obrigações pecuniárias já liquidadas podem ser protestadas, incluindo aquelas que envolvem a obrigação de pagar quantia ou a conversão de pagamento em quantia certa derivada de decisões que condenem a fazer, não fazer ou entregar coisa.

Da mesma forma, não é possível o protesto de **sentenças meramente declaratórias**, uma vez que elas não possuem exigibilidade. A sentença declaratória limita-se a declarar a existência ou inexistência de uma relação jurídica ou a autenticidade ou falsidade de um documento.

Assim sendo, a sentença declaratória visa tão somente criar um juízo de certeza sobre uma relação jurídica já existente. Por essa razão, ela, por si só, satisfaz a pretensão postulada em juízo, não dando ensejo à instauração da fase executiva do processo, tampouco ao protesto extrajudicial previsto no art. 517 do CPC.

Todavia, defendo a ideia de que tais sentenças podem comportar o protesto, não em seu objeto central (puramente declaratório), mas em seu objeto secundário. Por exemplo, a parte da sentença que encerra com a condenação ao pagamento das despesas processuais e da verba honorária. Nesses casos, é possível apurar a certeza, a liquidez, a exigibilidade, além de terem cunho pecuniário.

Alexandre Chini alerta que o protesto das decisões judiciais disciplinado no art. 517 do CPC deve ser priorizado antes da inclusão direta do nome do executado em cadastros de inadimplentes previstos no § 3º, art. 782 do mesmo diploma legal, por ser mais benéfico para o devedor (https://www.emerj.tjrj.jus.br/revistadireitoemovimento_online/edicoes/ volume16_numero2/ volume16_numero2_13.pdf).

No Pedido de Providências n. 200910000045376, acolhido pelo Plenário do CNJ, a relatora Conselheira Morgana Richa ressaltou que:

> *"Constatado o interesse público do protesto e o fato de que o instrumento é condição menos gravosa ao devedor, posição esta corroborada pelos doutrinadores favoráveis à medida. O protesto possibilita ao devedor a quitação ou o parcelamento da dívida, as custas são certamente inferiores às judiciais, bem assim não há penhora de bens tal como ocorre nas execuções (...)."*

O novo Código de Processo Civil também tratou expressamente do **protesto de sentença de alimentos**. Vale a transcrição:

> **Art. 528**. No cumprimento de sentença que condene ao pagamento de prestação alimentícia ou de decisão interlocutória que fixe alimentos, o juiz, a requerimento do exequente, mandará intimar o executado pessoalmente para, em 3 (três) dias, pagar o débito, provar que o fez ou justificar a impossibilidade de efetuá-lo. (...)
>
> § 1º Caso o executado, no prazo referido no *caput*, não efetue o pagamento, não prove que o efetuou ou não apresente justificativa da impossibilidade de efetuá-lo, o juiz mandará protestar o pronunciamento judicial, aplicando-se, no que couber, o disposto no art. 517.
>
> (...)
>
> § 3º Se o executado não pagar ou se a justificativa apresentada não for aceita, o juiz, além de **mandar protestar o pronunciamento judicial** na forma do § 1º, decretar-lhe-á a prisão pelo prazo de 1 (um) a 3 (três) meses.
>
> § 4º A prisão será cumprida em regime fechado, devendo o preso ficar separado dos presos comuns.

Sobre o tema, a II Jornada de Direito Processual Civil do Conselho da Justiça Federal – CJF editou o seguinte enunciado:

> **Enunciado 146.** O prazo de 3 (três) dias previsto pelo art. 528 do CPC conta-se em dias úteis e na forma dos incisos do art. 231 do CPC (...).

Reconhecem-se diferenças entre o art. 528 (protesto de sentença alimentícia) e o art. 517 (protesto de decisão) do CPC. No primeiro, o juiz pode, **de ofício,** mandar protestar a decisão de alimentos, ao passo que não existe esta possibilidade no art. 517. Em outras palavras deve haver atuação do credor.

Outro ponto de diferença é o trânsito em julgado. Nas decisões judiciais condenatórias, tem-se por requisito, o trânsito em julgado em caráter irrecorrível. Ressalta-se que o protesto judicial de crédito alimentar não exige sentença judicial transitada em julgado, sobretudo em alimentos provisórios, eis neste sentido o art. 529, parágrafo 3º.

Como última distinção, tem-se que o protesto de decisão é facultativo, enquanto o protesto de decisão de dívida alimentícia prevalece a ideia da obrigatoriedade do protesto antes de se decretar a prisão estabelecida no § 4º do art. 528.

Outra questão que pode surgir é se existe a possibilidade de **protestar a decisão judicial da tutela antecipada estabilizada** prevista no art. 304 do Código de Processo Civil. Conforme o artigo, a tutela antecipada, concedida nos termos do art. 303, torna-se estável se da decisão que a conceder não for interposto o respectivo recurso.

A doutrina ainda não trouxe essa discussão, mas antecipo-me e defendo uma resposta afirmativa para este caso. É que a estabilização gera efeitos semelhantes aos da coisa julgada. Aguardemos maiores discussões e sedimentações doutrinárias e jurisprudenciais.

Também defendo a viabilidade do protesto das **ações monitórias, em caso de conversão do mandado monitório em título executivo judicial.** Invoco como fundamento o art. 701, § 2º do CPC. Veja-se:

> **Art. 701, CPC**
>
> **§ 2º** Constituir-se-á de pleno direito o **título executivo judicial**, independentemente de qualquer formalidade, se não realizado o pagamento e não apresentados os embargos previstos no art. 702, observando-se, no que couber, o Título II do Livro I da Parte Especial.

Assim, nas ações monitórias, havendo conversão do mandado monitório em título executivo judicial, na forma do art. 701, § 2º do CPC, a decisão que deferiu o mandado monitório, somada à certificação do decurso do prazo sem a oposição dos embargos e pagamento, poderá ser levada a protesto, depois de transcorrido o prazo para pagamento voluntário previsto no art. 523 do CPC/15.

No que tange às **sentenças/decisões arbitrais,** é possível a utilização do protesto extrajudicial para a devida cobrança. O CPC de 1973 já as elencava como título executivo judicial (art. 475-N, IV), o que foi confirmado pelo diploma processual de 2015 (art. 515, VII), além da previsão expressa na Lei 9.307/1996 (art. 31):

> **Art. 31, Lei 9.307/1996.** A sentença arbitral produz, entre as partes e seus sucessores, os mesmos efeitos da sentença proferida pelos órgãos do Poder Judiciário e, sendo condenatória, constitui título executivo.

Sendo a sentença certa, líquida e exigível, cabível o protesto. A exigibilidade de uma sentença arbitral se faz tal qual a exigibilidade de uma sentença judicial.

No tocante à liquidez, a sentença arbitral pode ser genérica, ou seja, ilíquida. No entanto, para que seja passível de protesto, ela deve comportar liquidação judicial, assim como ocorre com a sentença penal condenatória e a sentença genérica proferida em ação civil coletiva.

A sentença arbitral pode comportar protesto comum, bem como protesto especial para fins falimentar. A doutrina e a jurisprudência são pacíficas neste sentido:

> "O protesto da sentença arbitral, para fins de falência, é uma consequência legítima e jurídica. O § 3º, do art. 94, da Lei 11.101, de 9.2.2005, continua exigindo o protesto para caracterizar aquela impontualidade que justifica a abertura de quebra, no caso de ser impossível a recuperação da sociedade em crise econômica. Embora a Lei 9.492/1997 continue se referindo a protesto para fins falimentares [art. 23 e parágrafo único], não há, ainda, escrituração que diferencie os atos do protesto convencional dos chamados especiais. Portanto, quando se cogita de protesto "especial", o legislador quer afirmar que é obrigatório, para fins de falência, o protesto de títulos para os quais o protesto é mera faculdade." (TJSP, AI 0108914-91.2005.8.26.0000, j. 22/09/2005).

Frise-se que a **sentença arbitral estrangeira** depende de homologação pelo STJ, tal qual a sentença judicial estrangeira.

Sobre o tema, pertinente explanar o **Enunciado n. 9 da I Jornada de Prevenção e Solução Extrajudicial de Litígios:**

> **Enunciado 9.** A sentença arbitral é hábil para inscrição, arquivamento, anotação, averbação ou registro em órgãos de registros públicos, independentemente de manifestação do Poder Judiciário.

Para finalizarmos o protesto de decisão, trago ainda duas discussões.

A primeira questão é sobre a aplicação ou não do Princípio da Unitariedade neste tipo de protesto. A resposta é afirmativa. Considera-se o protesto extrajudicial como ato único, admitindo-se o protesto da decisão somente uma vez, evitando-se assim, os abusos. A ideia principal deste princípio se traduz na máxima de que se protesta o título e não a pessoa.

Para ilustrar, trago a decisão da Corregedoria-Geral da Justiça de São Paulo que vetou o duplo protesto fundado em uma mesma obrigação:

> *"Cheque protestado e sentença homologatória do acordo são documentos relacionados à mesma dívida, de maneira*

> *que admitir o apontamento do título judicial, no caso, implicaria um segundo protesto contra o mesmo devedor pela mesma obrigação, em duplicidade àquele já realizado com base no títulos extrajudicial"* (Processo CG nº 2008/68026).

A segunda e última discussão é sobre o trânsito em julgado. Questiona-se: quanto à decisão transitada em julgado levada a protesto, admite-se a sustação judicial do art. 17 da Lei 9.492/1997?

A sustação, assim como a retirada/desistência e o pagamento, são formas de brecar o protesto, desde que impetradas no tríduo legal (art. 12, Lei 9.492/1997).

Para responder a questão, tomo emprestadas as palavras da decisão do Tribunal de Justiça do Estado de São Paulo:

> "Admissível por questão formal do protesto, mas inadmissível para discussão de fundo do débito" (TJSP, AI nº 2007572-22.2013.8.26.0000).

Em outro dizer, a dívida materializada em decisão transitada em julgada não pode ser rediscutida e, consequentemente seu apontamento não comporta sustação por cautelar, liminar ou antecipação de tutela.

1.12.2.2 AS VANTAGENS DO PROTESTO DE DECISÃO JUDICIAL

Nos ensinamentos de Alexandre Chini, "os benefícios a serem atingidos com a utilização do protesto como instrumento automático e imediatamente anterior à prática de atos judiciais executivos são evidentes. De um lado, evita-se a instauração da fase de cumprimento de sentença (antigo "processo" de execução) que, além de ocupar e movimentar a máquina do Judiciário com a prática de inúmeros atos de expediente, ordinatórios e decisórios, tem por característica histórica e marcante sua absoluta ineficiência e a consequente frustração do direito do credor reconhecido no provimento jurisdicional. Em outras palavras, no caso de execução frustrada ou infrutífera (bastante comum), não são apenas os atos praticados na fase de cumprimento de sentença que se revelam inúteis, mas também todos aqueles anteriores, praticados na fase cognitiva onde se buscou o reconhecimento do direito do autor. Por outro lado, a apresentação da sentença a protesto fará com que o devedor seja intimado para efetuar o pagamento da dívida constante da sentença em três dias úteis, conforme preconizado na Lei nº 9.492/1997 e, caso não o faça, será lavrado o protesto e, reitere-se, **aí, sim, seu nome será registrado em cadastros restritivos de crédito**. Levando-se em conta que o protesto também poderá ser tirado em casos de processos de execução em curso, uma nova e fundamental utilidade a ferramenta passa a ter: a eliminação de processos paralisados nas serventias judiciais, sem qualquer previsão de movimentação, fazendo com que estes processos possam ser extintos, baixadas as estatísticas de "processos em curso" e aumentada significativamente a eficiência do Tribunal no atingimento das metas fixadas pelo CNJ. Por todo o exposto, é admito concluir que todos os caminhos levam à adoção do protesto de decisão judicial transitada em julgado, agora previsto expressamente no novo Código de Processo Civil, como instrumento útil, adequado e necessário para o Judiciário do Século XXI, cuja implementação e divulgação devem ser buscadas de forma prioritária pela Justiça Federal, do Trabalho e dos Estados e do Distrito Federal. Como se trata de medida que não é de todo nova, o que ainda está constituindo entrave à ampla utilização do protesto de decisão judicial e a consequente desjudicialização da fase executiva são questões de ordem extralegal: a) falta de instrumento de informática facilitador da extração da certidão de crédito e seu envio para o cartório de protesto. b) Divulgação entre os advogados e provocação por parte dos magistrados quanto à utilidade do protesto da sentença" (https://www.emerj.tjrj.jus.br/revistadireitoemovimento_online/edicoes/volume16_numero2/volume16_numero2_13.pdf).

Não é demais expor o pensamento de Cassio Scarpinella Bueno: *"O legislador certamente se impressionou com os números disponíveis sobre a eficiência do protesto como instrumento de cobrança de dividas em geral. Há pesquisas a indicar que mais de 65% dos créditos apresentados a protesto são recuperados dentro do prazo legal de 3 (dias) uteis (Tribuna do Direito, edição de fevereiro de 2015)"*

Diante de todo o exposto, percebe-se que o novo Código de Processo Civil reconheceu o procedimento do protesto como meio eficaz para dar efetividade a decisões judiciais e, consequentemente, a relevância do protesto facultativo.

1.12.2.3 BREVES CONSIDERAÇÕES SOBRE O PROTESTO DE DECISÃO TRABALHISTA

Inicialmente, cumpre informar que, antes mesmo da positivação do protesto de decisão trabalhista na Consolidação das Leis do Trabalho, já era permitido ao juiz, de ofício, enviar tal título ao Tabelionato de Protesto. Isso era fundamentado na Orientação Jurisprudencial nº 16 da Seção Especializada em Execução do Tribunal Regional do Trabalho da 4ª Região (2013), que estabelecia: *"O juiz pode, de ofício, proceder ao protesto extrajudicial da sentença, nos termos da Lei nº 9.492, de 10.09.1997, mediante expedição de certidão ao cartório competente, independentemente do registro da executada no cadastro nacional de devedores trabalhistas, bem como do recolhimento de emolumentos quando o interessado for beneficiário da justiça gratuita"*.

Com a Reforma Trabalhista (Lei 13.467/2017), a Consolidação das Leis do Trabalho – CLT (Lei 5.452/1943) positivou, de forma expressa, a possibilidade de protesto de decisão trabalhista. São os termos do art. 883-A:

Lei 9.492/1997

Art. 883-A. A decisão judicial transitada em julgado somente poderá ser levada a protesto, gerar inscrição do nome do executado em órgãos de proteção ao crédito ou no Banco Nacional de Devedores Trabalhistas (BNDT), nos termos da lei, depois de transcorrido o prazo de quarenta e cinco dias a contar da citação do executado, se não houver garantia do juízo.

Na mesma sistemática do protesto de decisão judicial previsto no novo Código de Processo Civil, aqui também é imprescindível aguardar o trânsito em julgado, sob pena de não ser legítimo o protesto.

Destaca-se, todavia, a diferença de prazos no que tange ao pagamento voluntário entre os dois diplomas. Enquanto o CPC estabelece o prazo de quinze dias, a CLT prevê quarenta e cinco.

Em razão disso, parte da doutrina tem questionado a constitucionalidade deste prazo extravagante para o pagamento voluntário, argumentando que a CLT estaria promovendo uma distinção injustificada entre o credor trabalhista e o credor comum. A alegação é que o art. 883-A da CLT não seria compatível com os princípios constitucionais da efetividade da jurisdição e da razoável duração do processo, à medida que restringiria injustificadamente os meios executórios e concederia um prazo extravagante ao executado/devedor trabalhista. Também defendem que o referido artigo violaria o Princípio Constitucional da Isonomia (art. 5º, *caput*, da Constituição Federal), uma vez que concede um tratamento processual mais restritivo e rigoroso a um credor normalmente especial (de crédito de natureza alimentar) do que aquele deferido a um credor comum pela legislação adjetiva ordinária.

No Parecer da Comissão do Projeto de Lei 6787/2016, projeto este que deu luz à reforma trabalhista, o Rel. Deputado Rogério Marinho, justificou, dentre outras pautas, o prazo diferenciado, mas não no tocante ao protesto. Veja-se:

"Art. 883-A Com esse dispositivo, instituímos um prazo de sessenta dias, contados da citação do executado, para que o seu nome possa ser inscrito em órgãos de proteção ao crédito ou no Banco Nacional de Devedores Trabalhistas. Há que se ter em mente que a preocupação fundamental na execução trabalhista deve ser a satisfação da dívida. Contudo, caso o executado venha a ter o seu nome negativado, terá uma restrição automática de acesso a qualquer tipo de crédito, gerando um contrassenso, visto que ele não terá como honrar sua dívida. A proposta confere ao executado um prazo razoável para que consiga os créditos necessários à satisfação da dívida. Não honrando o compromisso nesse prazo, aí sim poderão ser efetivadas as medidas necessárias para a inscrição do seu nome".

Seguidamente, a Deputada Laura Carneiro propôs alteração ao texto para reduzir o prazo para 45 dias. É oportuno dizer ainda que fazendo uma análise comparativa no que tange ao texto legal, a diferença do CPC para a CLT não se restringe apenas ao prazo. Enquanto o Diploma Processual trata da possibilidade do protesto, a Consolidação Trabalhista traz a oportunidade do protesto com as medidas de restrição ao crédito.

Após a apresentação da certidão de teor da decisão no Tabelionato de Protesto, o procedimento do protesto de uma dívida trabalhista deve seguir os trâmites da Lei 9.492/1997.

No que tange à Justiça Trabalhista, também são passíveis de protesto, o FGTS, o Termo de Conciliação da Justiça do Trabalho e os Contratos Trabalhistas por falta de pagamento de salários, não apenas a decisão judicial prevista no art. 883-A da CLT.

1.12.2.4 CONSIDERAÇÕES SOBRE O PROTESTO DA PENA DE MULTA

Inicialmente, é necessário trazer o **conceito** da pena de multa. Esta consiste na obrigação de pagamento de quantia em dinheiro fixada em sentença penal condenatória, aplicada de modo autônomo ou cumulativo a uma pena privativa de liberdade ou restritiva de direitos, e destinada ao Fundo Penitenciário Nacional, criado pela Lei Complementar nº 79/ 1994, ou ao Fundo Penitenciário da respectiva Unidade da Federação, a depender da competência para os crimes julgados, conforme requerimento do Ministério Público, nos termos do art. 49 do Código Penal.

O Plenário do Supremo Tribunal Federal (STF) definiu na **Ação Direta de Inconstitucionalidade (ADI) 3.150,** de relatoria do ministro Marco Aurélio, e na 12ª Questão de Ordem apresentada na Ação Penal (AP) 470, de relatoria do ministro Luís Roberto Barroso, que o Ministério Público é o principal legitimado para executar a cobrança das multas pecuniárias fixadas em sentenças penais condenatórias. Os ministros entenderam que, por ter natureza de sanção penal, a competência da Fazenda Pública para executar essas multas se limita aos casos de inércia do MP. Em outras palavras, decidiu-se que é do Ministério Público a legitimidade ativa prioritária para promover a execução da multa penal, admitindo a possibilidade de cobrança subsidiária pela Fazenda Pública.

É importante anotar ainda que, com a implementação do **"pacote anticrime"** estipulado na Lei n. 13.964/2019, o art. 51 do Código Penal foi modificado para estabelecer, de maneira explícita, a competência do Juízo das Execuções Criminais, a despeito da manutenção de natureza de dívida de valor, nestes termos:

"Art. 51. Transitada em julgado a sentença condenatória, a multa será executada perante o juiz da execução penal e será considerada dívida de valor, aplicáveis as normas relativas à dívida ativa da Fazenda Pública, inclusive no que concerne às causas interruptivas e suspensivas da prescrição."

Em resumo, após a Ação Direta de Inconstitucionalidade nº 3.150 e o advento do pacote "anticrime", a pena de multa, até então executada pela Fazenda Pública, passou a ser cobrada pelo Ministério Público, como forma de se tentar resgatar sua função político-criminal.

Inicialmente, a matéria foi regulamentada pela Resolução 1.229/2020-PGJ-CGMP. Em seguida, o Provimento CGJ/SP n. 33/2020 trouxe novas prescrições. Referido ato normativo foi incorporado às Normas de Serviço da Corregedoria Geral da Justiça do Estado de São Paulo, abrangendo tanto o Tomo I, voltado aos serviços judiciais, quanto o Tomo II, destinado aos serviços extrajudiciais.

Mais tarde, outras jurisdições estaduais seguiram o exemplo, introduzindo regulamentações sobre a possibilidade do protesto de multa penal em suas respectivas normativas. Um exemplo notável é a Instrução Normativa n. 065/2021 emitida pela Corregedoria Geral da Justiça do Estado do Paraná.

A **Resolução n. 558/2024 do Conselho Nacional de Justiça**, que estabelece diretrizes para a gestão e destinação de valores e bens oriundos de pena de multa, perda de bens e valores e prestações pecuniárias decorrentes de condenações criminais, colaboração premiada, acordos de leniência e acordos de cooperação internacional no âmbito do Poder Judiciário, traz regra pertinente ao protesto da pena de multa. É que o art. 3º, § 1º dispõe:

> Transitada em julgado a sentença condenatória, o Juízo competente para a execução penal intimará o Ministério Público para, em observância ao rito e aos prazos da Lei nº 6.830/1980, promover a execução da multa por meio judicial ou **mediante protesto extrajudicial,** observado o procedimento descrito pelos arts. 164 e seguintes da Lei de Execução Penal, bem como a Recomendação CNMP nº 99/2023.

Por falar nela, a **Recomendação n. 99/2023 do Conselho Nacional do Ministério Público** introduziu um novo regulamento sobre a matéria. Para tanto, elenco algumas justificativas para a edição do referido ato normativo:

a) A pena de multa está expressamente prevista no art. 5º, XLVI, "c", da Constituição Federal e no art. 49 do Decreto-Lei nº 2.848/1940 (Código Penal).

b) O art. 51 do Código Penal, atualizado pela Lei nº 13.964/2019, estabelece que, após o trânsito em julgado da sentença condenatória, a execução da multa ocorrerá perante o juízo da execução penal ou similar.

c) A pena de multa tem relevância dentre as sanções criminais. Ela não afasta o condenado do convívio familiar e impacta um bem jurídico de menor importância que a liberdade.

d) Durante o julgamento da ADI nº 3150, o Supremo Tribunal Federal concluiu que a Lei nº 9.268/1996, mesmo qualificando a multa penal como dívida de valor, não anulou seu caráter de sanção criminal. Reconheceu-se que o Ministério Público é legitimado a cobrar a pena de multa perante o juízo da execução penal, conforme procedimento dos artigos 164 e subsequentes da Lei nº 7.210/ 1984 (Lei de Execução Penal).

e) O pagamento efetivo da multa é crucial para que o Direito Penal alcance seus objetivos de prevenção e repressão, reforçando a credibilidade e eficácia do Sistema de Justiça Criminal.

f) Os recursos obtidos com o pagamento da pena de multa devem beneficiar Fundos Penitenciários, sendo aplicados em melhorias no sistema prisional brasileiro.

g) O protesto de títulos se destaca como um instrumento extrajudicial significativo para a cobrança de dívidas, sem a necessidade de intervenção do Poder Judiciário.

h) A cobrança da pena de multa pelo Ministério Público é mandatória, sendo uma consequência lógica da titularidade da ação penal pública e do princípio da indisponibilidade.

É relevante mencionar alguns dos incisos do art. 2º da Recomendação n. 99/2023, que estão diretamente relacionados com o tema do protesto extrajudicial:

> **Art. 2º** Recomenda-se aos ramos e às unidades do Ministério Público, respeitadas a autonomia administrativa, a independência funcional e a distribuição de atribuições de seus membros, a adoção de providências voltadas à cobrança da pena de multa fixada em sentença penal condenatória ou homologatória, com especial atenção para as seguintes diretrizes:
>
> I – priorização de medidas que favoreçam o adimplemento da pena de multa prevista no art. 49 do Código Penal, sem a necessidade de propositura de ação de execução;
>
> (...)
>
> III – a cobrança da pena de multa de pequeno valor, assim considerado em ato administrativo próprio, por meio do instrumento do protesto extrajudicial dispensa o ajuizamento de ação de execução;

Feita esta breve apresentação, passaremos agora à análise do procedimento do protesto extrajudicial da multa penal, o qual seguirá as regras gerais da Lei n. 9.492/1997, porém com **algumas peculiaridades.**

No que diz respeito ao **título a ser levado a protesto da pena de multa**, é importante observar que ele se assemelha às sentenças cíveis e trabalhistas, configurando-se, portanto, como uma **certidão.**

Neste caso da pena multa, a certidão será expedida pela Vara de Execuções Criminais (VEC). Se já existir uma certidão expedida pelo Juízo da Condenação, não há a necessidade de nova expedição pelo juízo da execução. Trata-se de regra benéfica, pois simplifica as operações das unidades judiciais e os procedimentos realizados pelo Ministério Público.

Em relação às decisões específicas do Tribunal de Justiça de São Paulo, a prova se faz através da certidão da sentença dada pelo Juízo que condenou. Note-se que essa certidão é diferente da certidão de objeto e pé. Mesmo assim, essa diferença não traz limitações. É que em analogia ao art. 517, § 1º, do CPC, que trata do protesto de decisão judicial, é aceitável usar a certidão de objeto e pé, desde que mostre o que foi decidido na sentença.

Algumas normativas estaduais já estabeleceram os elementos que devem constar na certidão levada ao Tabelionato de Protesto, como podemos observar no item 20.4.1 do Capítulo XV das Normas do Serviço Extrajudicial da Corregedoria-Geral da Justiça do Estado de São Paulo (NSCGJSP):

> "O protesto da sentença criminal será promovido mediante apresentação da certidão de sentença referida no art. 538-A, §1º, do Tomo I das Normas de Serviço da Corregedoria Geral da Justiça – A ação deverá ser instruída com a certidão da sentença, extraída na forma do artigo 164 da Lei Federal n.º 7.210/84 (Lei das Execuções Penais)

Na eventualidade de não haver uma previsão específica nas normativas extrajudiciais, podemos nos valer daquilo que está estabelecido no § 2º do art. 517 do Código de Processo Civil (CPC). Assim, as diretrizes ali elencadas serviriam como parâmetro para guiar a elaboração e os conteúdos das certidões destinadas ao Tabelionato de Protesto, veja-se:

> **Art. 517, § 2º CPC.** A certidão de teor da decisão deverá ser fornecida no prazo de 3 (três) dias e indicará o nome e a qualificação do exequente e do executado, o número do processo, o valor da dívida e a data de decurso do prazo para pagamento voluntário.

Em relação ao protesto da pena de multa, surge a problemática da possível **ausência de CPF do condenado,** o que é comum entre os presos. No entanto, as normativas extrajudiciais paulista oferecem uma solução: na ausência do CPF, basta a indicação da filiação e do documento de identidade do devedor na certidão de sentença (conforme item 20.4.1.1 das NSCGJSP).

É oportuno aqui anotar que a Associação Nacional dos Registradores de Pessoas Naturais (Arpen-Brasil) assinou um termo de cooperação técnica junto ao Conselho Nacional de Justiça (CNJ) para promover ações de emissão gratuita de documentos civis para pessoas privadas de liberdade ou egressos do sistema prisional e socioeducativo. A partir do termo assinado, assegura-se às pessoas presas e egressos do sistema prisional, sem custos, a emissão de CPF, certidões de nascimento e casamento, carteiras de identidade e trabalho, título de eleitor e o Documento Nacional de Identificação. Trata-se de importante medida a fim de integrar essas pessoas à sociedade, pois a falta de documentos civis básicos afeta a possibilidade de exercício de direitos e impede o acesso às políticas públicas, como educação, saúde e trabalho.

Voltando à analise do objeto do protesto da pena de multa, é imprescindível que a sentença esteja transitada em julgado.

Quanto à data do trânsito em julgado para as partes, as datas de emissão e vencimento será a mesma. Todavia, se houver diferentes datas para as partes, será considerada como data de emissão e vencimento da sentença criminal condenatória aquela que ocorrer por último, exceto se houver orientação local em contrário.

Vale invocar uma percepção do Ministério Público do Estado de Minas Gerais. O "Parquet" identificou que muitas certidões de multa penal estão sendo devolvidas sob o fundamento de que a data de emissão é posterior à data de vencimento. O Instituto de Estudos de Protestos de Títulos esclareceu que, em conformidade com o disposto no art. 517 do CPC, a certidão de título judicial para fins de protesto, de fato, possui a data de emissão posterior à data de vencimento, tendo em vista que sua expedição ocorrerá apenas após o decurso do prazo voluntário para pagamento. Dessa forma, orientou os Tabeliães a observarem tal especificidade da certidão de título judicial quando da sua recepção ao protesto, de modo a evitar as devoluções pelo motivo referido.

É valioso destacar o estipulado no art. 2º, VI da Recomendação CNMP n. 99/2023:

> Art. 2º: Recomenda-se aos ramos e às unidades do Ministério Público, respeitadas a autonomia administrativa, a independência funcional e a distribuição de atribuições de seus membros, a adoção de providências voltadas à cobrança da pena de multa fixada em sentença penal condenatória ou homologatória, com especial atenção para as seguintes diretrizes:
>
> (...)
>
> VI – o **trânsito em julgado** da decisão condenatória para ambas as partes como marco inicial para contagem do prazo prescricional da pena de multa.

Veja que, o inciso VI do art. 2º especifica uma diretriz importante sobre a prescrição da pena de multa: a decisão judicial (a condenação) deve ser finalizada e não sujeita a mais recursos por nenhuma das partes envolvidas no processo; o momento em que essa decisão se torna definitiva (o trânsito em julgado) é quando começa a contar o prazo prescricional. Ou seja, é a partir desse momento que começa a correr o tempo que a justiça tem para cobrar essa multa antes que ela prescreva (isto é, antes que a obrigação de pagamento expire).

Em resumo, o art. 2º orienta os setores do Ministério Público a adotarem medidas para cobrar multas definidas em sentenças penais, mantendo a autonomia e independência de seus membros sendo que o inciso VI, em particular, especifica que o prazo para essa cobrança começa a contar a partir do momento em que a decisão judicial é definitiva para todas as partes envolvidas.

No que diz respeito à **legitimidade ativa,** é do **Promotor de Justiça** com atribuição para atuação na Vara de Execuções Criminais, depois de conferir a certidão, a legitimidade ativa para requerer o protesto da multa no

Tabelionato de Protesto competente cujo detalhamento será abordado em tópico específico deste trabalho.

As diretrizes relativas à **intimação do protesto** estão previstas nos artigos 14 e 15 da Lei n. 9.492/1997 e normativas estaduais, oportunamente estudadas nesta obra.

Foquemos, neste momento, na intimação do protesto concernente à penalidade de multa. Na maioria das situações, o devedor ou condenado estará, simultaneamente, cumprindo uma pena privativa de liberdade. Assim, é essencial diferenciar o procedimento de intimação de acordo com os **diferentes regimes prisionais.**

Na dicção do art. 76 do Código Civil, têm domicílio necessário o incapaz, o servidor público, o militar, o marítimo e o **preso**. Portanto, nos **regimes fechado e semiaberto**, a intimação deve ser encaminhada diretamente ao estabelecimento prisional onde o condenado se encontra.

Já o art. 93 da Lei n. 7.210/1984 determina que a **Casa do Albergado** é destinada ao cumprimento de pena privativa de liberdade em **regime aberto**, bem como da pena de limitação de fim de semana. Portanto, quando se trata desse regime, a intimação deve ser direcionada para a Casa do Albergado.

No entanto, é importante ressaltar as situações previstas no art. 117 da mencionada lei, que permitem ao condenado no regime aberto a possibilidade de cumprir a pena em sua **residência particular** em algumas situações. Nestes casos, a intimação deve ser enviada para a residência do devedor, que também é o condenado.

Além disso, devemos considerar a possibilidade da **suspensão condicional do processo** ou do **livramento condicional.** Nesses casos, não há dúvida de que a intimação deve ser encaminhada ao domicílio do condenado, que é também o endereço indicado pelo Ministério Público.

Passa-se agora à análise do **pagamento.**

Nos termos do art. 50 do Código Penal, a multa deve ser paga ao órgão credor dentro de 10 (dez) dias depois de transitada em julgado a sentença.

Por sua vez, o art. 51 do mesmo código estabelece que transitada em julgado a sentença condenatória, a multa será executada perante o juiz da execução penal e será considerada dívida de valor, aplicáveis as normas relativas à dívida ativa da Fazenda Pública, inclusive no que concerne às causas interruptivas e suspensivas da prescrição.

É relevante observar que estamos tratando de uma modalidade especial de protesto de sentença, uma vez que a multa faz parte ou é objeto da condenação presente na decisão. Diferentemente da execução civil «ex delito» (com pré-fixação de perdas e danos), a execução neste caso ocorre, conforme explicado anteriormente, no âmbito do juízo da execução criminal.

Após essas considerações, é importante salientar que o procedimento de protesto só pode ser efetuado **após o término do prazo de pagamento voluntário**, que, neste caso, é de **10 dias**, conforme estabelecido no artigo 50 do Código Penal. É relevante observar que esse prazo difere do estabelecido no artigo 517 do CPC para protesto de decisão judicial (15 dias) e no artigo 883-A da CLT para protesto de decisão trabalhista (45 dias).

Enfatiza-se que não é possível recorrer ao protesto extrajudicial antes do término do prazo para pagamento voluntário, uma vez que não estaria presente o atributo de exigibilidade.

Por outro lado, uma vez expirado o prazo para o pagamento voluntário sem que o mesmo tenha sido efetuado, torna-se viável iniciar o procedimento de protesto extrajudicial da pena da multa penal.

De acordo com o procedimento do protesto, o pagamento da multa deve ocorrer dentro do tríduo legal. O **prazo de três dias é** contado da data da protocolização do título (nos termos do art. 12 da LPT) ou da intimação (conforme prescrito em algumas normativas estaduais). O pagamento é direcionado **ao** Tabelionato ou **aos cuidados** do Tabelião e não apenas **na** Serventia. Isso se justifica devido à diversidade de modalidades e opções de pagamento disponíveis atualmente, sendo esta a interpretação mais adequada ao disposto no art. 19 da Lei de Protesto de Títulos.

No que diz respeito ao pagamento da multa penal, não há particularidades em relação à regra geral estabelecida no art. 19 da Lei n. 9.492/1997. A única modificação ocorre na forma de repasse do valor, que será realizado por meio de depósito em favor do **Fundo Penitenciário** correspondente, sob a responsabilidade do Ministério Público.

Aliás, com base no art. 2º da Recomendação CNMP n. 99/2023, aconselha-se que os ramos e as unidades do Ministério Público tomem medidas para efetuar a cobrança da pena de multa estipulada em sentença penal condenatória ou homologatória, encaminhando os valores da multa para o Fundo Penitenciário da respectiva Unidade da Federação ou para o Fundo Penitenciário Nacional, criado pela Lei Complementar nº 79/1994.

Caso não haja positivação nas normativas locais, o Ministério Público, quando da apresentação a protesto, poderá indicar o **órgão beneficiário da multa penal** e os meios pelos quais o Tabelião de Protesto possa efetuar seu recolhimento.

É importante destacar que o Ministério Público é o responsável por apresentar este protesto. Embora os Fundos Penitenciários possam e devam ser mencionados na apresentação do título, esses órgãos não possuem personalidade jurídica, o que os impede de figurar como titulares do direito de crédito.

Algumas normativas estaduais já estabeleceram e detalharam o procedimento e o destino dos pagamentos. No estado de São Paulo, por exemplo, o órgão beneficiário pode ser o FUNPESP, que é o fundo estadual,

Lei 9.492/1997

ou o FUNPEN, que é o fundo federal. A partir desse ponto, deve-se seguir o procedimento estipulado no art. 481 das **normativas judiciais** da Corregedoria Geral da Justiça de São Paulo (Tomo I), veja-se:

> **Art. 481.** O pagamento da multa penal, aplicada em consonância com o disposto no Código Penal e legislação especial que não dispuser de modo diverso, será efetuado no BANCO DO BRASIL, Agência 1897-X, conta nº 139.521-1, CNPJ nº 96.291.141/0001-80, de titularidade da Secretaria da Administração Penitenciária – SAP, que administra o **Fundo Penitenciário do Estado de São Paulo – FUNPESP**, juntando-se comprovante do depósito bancário nos autos. Nos demais casos, o pagamento será feito em favor e em nome do **Fundo Penitenciário Nacional – FUNPEN**, CNPJ 00.394.494/0008-02, UG 200333, Gestão 00001, por meio de Guia de Recolhimento de Receita da União – GRU, no BANCO DO BRASIL, identificando-se o referido depósito, conforme os seguintes incisos:
>
> I – 18806-9 – Receita referente devolução de saldo de convênios no exercício;
>
> II – 28850-0 – Receita referente devolução de saldo de convênios de exercícios anteriores;
>
> III – 20230-4 – Receita referente alienação de bens apreendidos;
>
> IV – 14600-5 – Receita referente multa decorrente de sentença penal condenatória;
>
> V – 14601-3 – Receita referente juro/mora decorrente de fiança quebrada ou perdida;
>
> VI – 68802-9 – Receita referente devolução de diárias de viagem;
>
> VII – 18001-7 – Contribuição sobre recursos sorteios realizados para entidades filantrópicas;
>
> VIII – 28886-1 – Outras receitas (doações, contribuições sociais, custas judiciais, sorteios e loterias, penas alternativas, etc);
>
> IX – 20.182-0 – Outras receitas (não relacionadas anteriormente).
>
> Parágrafo único. Clientes do Banco do Brasil poderão imprimir a GRU utilizando link no site "https://consulta.tesouro.fazenda.gov.br/gru_novosite/gru_simples.asp". Clientes de outros bancos deverão efetuar o recolhimento por Documento de Ordem de Crédito – DOC ou Transferência Eletrônica Disponível – TED com as seguintes informações: código do banco: 001 (Banco do Brasil), agência 4201-3 (Agência Governo – BSB), conta corrente: 170.500-8 (Conta Única do Tesouro Nacional – BB) e identificador de recolhimento: 2003330000114600.1.1.8.

Relacionado a essa questão, é relevante mencionar a disposição contida no item 20.4.1.3 do Capítulo XV das Normas Extrajudiciais do Estado de São Paulo (Tomo II):

> **20.4.1.3** Nas hipóteses em que o beneficiário da multa penal seja o Fundo Penitenciário Nacional – FUNPEN, além da certidão de sentença referida no subitem 20.4.1 deste Capítulo, também deverá ser apresentada a respectiva **Guia de Recolhimento da União – GRU**, com prazo de **vencimento superior a 20 dias úteis**, contados da protocolização.

Existe uma justificativa para isso. É que nos termos do Processo da CGSP nº 2020/113462 a adoção desse prazo faz-se necessária porque, além do tríduo legal, o item 47.1, do Capítulo XV, das NSCGJ/SP exige a renovação da intimação depois de 'dez dias úteis, contados da remessa da primeira intimação, se dirigida essa para Comarca estranha à circunscrição territorial do Tabelionato competente', e o item 53, do mesmo Capítulo, a considera infrutífera, somente após o 'prazo de quinze dias úteis, contado da remessa da primeira intimação'.

Em resumo, neste parecer entende-se que é preciso seguir esse prazo devido a duas regras do Capítulo XV das NSCGJ/SP:

1. O item 47.1 determina que, se a primeira intimação for enviada para uma Comarca fora da área do Tabelionato responsável, ela deve ser renovada após dez dias úteis.
2. O item 53 estabelece que uma intimação só é vista como não atendida após 15 dias úteis de sua primeira emissão.

Ocorrendo o pagamento da multa penal acrescida dos emolumentos e outras despesas se houver, o Tabelionato de Protesto dará a respectiva quitação, e o valor devido será colocado à disposição do apresentante no primeiro dia útil subsequente ao do recebimento, observando o destinatário indicado na certidão da sentença, e comunicará ao Ministério Público, que, por sua vez, comunicará o cumprimento desse pagamento ao Juiz de Direito.

Em palavras mais cristalinas, após a transferência dos fundos para o Fundo Penitenciário correspondente, o Tabelião de Protesto deve encaminhar os documentos ao Promotor de Justiça responsável pelas Execuções Criminais. Essa regra tem sua justificação no fato de que o Ministério Público é o apresentante do título. Dessa forma, o cumprimento da disposição do art. 19, §2º, da Lei nº 9.492/97 está assegurado, o qual estipula que o valor devido será disponibilizado para o apresentante no primeiro dia útil subsequente ao recebimento. É importante destacar que, nesse caso, será fornecido um documento comprobatório do pagamento, não o valor em si.

O Tabelião de Protesto deixará à disposição, na serventia, para ser entregue ao réu, ou a outrem por este autorizado, o original do documento comprobatório do repasse do valor do título pago ao beneficiário da multa, devendo colher recibo da entrega o qual será arquivado em classificador próprio, ou mídia digital segura, em conjunto com a cópia do comprovante do repasse (item 68.2.1 do Cap. XV, Tomo II das NSCGJ/SP).

O Estado do Paraná também positivou o tema "pagamento da multa penal" no art. 2º da Instrução Normativa 065/2021 da Corregedoria Geral da Justiça do Estado do Paraná, veja-se:

> **Art. 2º** A pena de multa aplicada ao (à) réu (ré) em sentença penal condenatória deverá ser paga ao **Fundo Penitenciário Estadual – Fupen**, por força de Lei Estadual 17.140, de 2 de maio de 2012; exceto a multa aplicada com base no art. 29, parágrafo único, da Lei 11.343, de 23 de agosto de 2006 (Lei de Tóxicos), que será creditada à conta do Fundo Nacional Antidrogas – Funad.

No que diz respeito aos fundos penitenciários, é relevante destacar duas importantes disposições da Recomendação CNMP n. 99/2023:

> **Art. 3º.** Recomenda-se que os ramos e as unidades do Ministério Público, no âmbito de sua autonomia administrativa e independência funcional, fiscalizem permanentemente o adequado funcionamento dos Fundos Penitenciários e dos conselhos gestores respectivos.
>
> **Art. 4º** Recomenda-se aos ramos e às unidades do Ministério Público a implantação de sistema de controle das medidas adotadas, dos valores executados e das quantias recolhidas aos Fundos Penitenciários, de preferência com a utilização de inteligência empresarial (Business Intelligence – BI) ou equivalente, dando-se publicidade.

Em resumo, esses artigos incentivam o Ministério Público a monitorar e controlar os recursos destinados aos Fundos Penitenciários e a divulgar informações sobre as medidas adotadas e os valores arrecadados para garantir transparência e eficiência na gestão desses recursos.

Não paga a multa, não havendo desistência ou sustação, o **protesto** será lavrado seguindo o rito da Lei n. 9.492/1997 (arts. 20 a 24).

Lavrado o protesto, o Tabelião deverá entregar o respectivo instrumento ao apresentante, no caso, o Ministério Público.

A respeito do **local para efetuar o protesto**, invoca a recente regra do art. 356 do CNN, a qual estabelece que:

> **Art. 356, Provimento CNJ n. 149/2023**. O documento hábil a protesto extrajudicial é aquele que caracteriza prova escrita de obrigação pecuniária, líquida, certa e exigível, devendo ser lavrado e registrado no lugar da praça de pagamento constante das cambiais, dos títulos de crédito ou a indicada nos documentos de dívida, facultada a opção pelo cartório da comarca do domicílio do devedor.

Alguns defendem a apresentação do protesto no local da execução ou no domicílio do devedor. Na prática, esses locais costumam coincidir.

Também é relevante mencionar que há um precedente da Câmara Especial do respeitável Tribunal de Justiça do Estado de São Paulo, estabelecendo que a **execução** da multa deve ocorrer na Comarca do Juízo que proferiu a condenação, conforme os seguintes termos:

> CONFLITO DE JURISDIÇÃO. EXECUÇÃO DA PENA DE DIAS MULTA APLICADA AO RÉU. DISTRIBUIÇÃO AO JUÍZO DA VARA DAS EXECUÇÕES PENAIS DE VOTORANTIM COMARCA EM QUE TRAMITOU O PROCESSO DE CONHECIMENTO. REDISTRIBUIÇÃO AO JUÍZO DA VARA DAS EXECUÇÕES CRIMINAIS DE SOROCABA, ONDE O RÉU ENCONTRA-SE PRESO. IMPOSSIBILIDADE.
>
> 1. Cumpre observar que o STF, no julgamento da ADIN nº 3.150, houve por bem conferir interpretação conforme a Constituição Federal ao artigo 51 do Código Penal.
> 2. Seguindo o entendimento exarado, o Tribunal de Justiça do Estado de São Paulo editou o Provimento nº 04/2020 da Corregedoria Geral de Justiça, especificando os procedimentos a serem adotados quando da execução da pena de multa.
> 3. Ocorre que, uma vez tendo a ação penal tramitado pelo Juízo da Vara Criminal da Comarca de Jacareí, a execução deverá se dar perante a Vara da Execução Criminal do mesmo foro em que tramitou o feito de conhecimento.
> 4. Ressalte-se que, tratando-se a presente execução de procedimento autônomo em relação à execução da pena restritiva da liberdade e no intuito de se evitar que referido feito tramite por diversos juízos, conforme o réu seja transferido de estabelecimento prisional ou mesmo obtenha progressão de regime penal, razoável se mostra que a demanda seja processada pelo Juízo da Vara das Execuções Criminais do foro originário da ação penal.
> 5. Conflito de Jurisdição julgado procedente para determinar o processamento da execução no Juízo suscitado. (TJSP; Conflito de Jurisdição 0040414-45.2020.8.26.0000; Relator (a): Luis Soares de Mello (Vice Presidente); Órgão Julgador: Câmara Especial; Foro de Sorocaba – Vara do Júri/Execuções; Data do Julgamento: 13/11/2020; Data de Registro: 13/11/2020)

No entanto, é importante ressaltar que a regra estabelecida pelo art. 356 do Provimento CNJ n. 149/2023 deve prevalecer, uma vez que esse ato normativo trata das normas específicas para o **local do protesto** em si.

O protesto da pena de multa já está regulamentado em vários diplomas. A título de exemplo, no estado de São Paulo temos a Resolução 1.229/2020-PGJ-CGMP, de 24 de setembro de 2020 *(Disciplina o Protesto e a Execução da Certidão da pena de multa)*; o Provimento CGJSP n. 33/2020 *(Dispõe sobre o protesto extrajudicial da sentença criminal transitada em julgado. (ODS 16)*. No estado do Paraná, o protesto da pena de multa é regulamentado pela Instrução Normativa CGJPR 065/2021 (*Regulamenta o recolhimento das custas e da pena de multa no processo criminal e na execução de pena, bem como o protesto de custas não pagas)*.

O Conselho Nacional do Ministério Público traz a Recomendação 99/2023, enquanto o Conselho Nacional de Justiça editou a Resolução 558/2023, ambas estudadas neste capítulo.

Por fim, apresento as **vantagens reais e comprovadas** do protesto da multa penal. Veja-se:

a) O desafogo do Poder Judiciário, tornando a jurisdição criminal mais eficiente em seu real propósito, ou seja, questões mais complexas;
b) A efetividade e o relevo do protesto de títulos como instrumento extrajudicial de cobrança de dívidas comprovados inúmeras vezes por estatísticas de órgãos como o Conselho Nacional de Justiça (CNP) e o Instituto de Pesquisa Econômica Aplicada (IPEA);
c) O pagamento da pena de multa aos Fundos Penitenciários contribui para a realização de melhorias no sistema prisional brasileiro;
d) O efetivo pagamento da multa contribui para que o Direito Penal alcance seus objetivos de prevenção e repressão, reforçando a credibilidade e a eficácia do Sistema de Justiça Criminal.

Lei 9.492/1997

1.12.2.4.1 FLUXOGRAMA DO PROTESTO DA MULTA PENAL

MPSP MINISTÉRIO PÚBLICO DO ESTADO DE SÃO PAULO | PROCURADORIA-GERAL DE JUSTIÇA SUBPROCURADORIA-GERAL DE JUSTIÇA JURÍDICA

ANEXO 2

FLUXOGRAMA

Protesto de certidões de pena de multa

Recebimento pelo Promotor de Justiça atuante no processo de conhecimento da certidão atinente à condenação ao pagamento de pena de multa aplicada cumulativa ou isoladamente

Observação: deverão ser verificados pelo referido Promotor de Justiça se o condenado foi previamente intimado para o adimplemento, se há prova de sua impontualidade e se a referida certidão da sentença foi emitida com os dados necessários.

↓

Remessa ao Promotor de Justiça atuante perante a Vara de Execuções Criminais da condenação, para providências

↓

Remessa ao Promotor de Justiça atuante perante a Vara de Execuções Criminais da condenação, para providências

↓

Foi verificado:

a) demandar complementação
b) faltar informação do trânsito em julgado
c) haver notícia de pagamento
d) constatar ocorrência da prescrição da pretensão executória

← Devolução da certidão da sentença penal condenatória

→ Deverá haver obrigatoriamente protesto da multa

↓

O Promotor de Justiça das Execuções Criminais, depois de conferir a certidão, deverá protestar a multa (Lei 9.492/1997) e/ou ajuizar a ação de execução fundada no rito previsto no Capítulo IV, Título V, da Lei 7.210/1984, com aplicação subsidiária da Lei 6.830/1980.

Observação (1): Se o condenado se encontrar, ainda que por conta de outra condenação, no regime prisional fechado ou semiaberto, poderá o Promotor de Justiça das Execuções Criminais, constatada a incapacidade econômica daquele ou observado o disposto no art. 3º, §1º, atento aos critérios da oportunidade e conveniência, postergar as medidas de cobrança da pena pecuniária para o momento em que aquele alcançar o regime aberto ou livramento. Optando por postergar, o Promotor de Justiça peticionará nos autos da execução penal (PPL) e juntará a certidão, mencionando suas razões e comunicando, na sequência, o Promotor de Justiça do Conhecimento.

Observação (2): Se a prisão do sentenciado for de cunho processual e ainda sem título condenatório, as medidas de execução deverão ser providenciadas imediatamente, salvo se iminente o desfecho da ação penal que autorizou a custódia, ocasião que O Promotor de Justiça das Execuções deve averiguar, antes da apresentação ao Tabelião de Protestos e Títulos, se a Certidão da Pena de Multa (CPM) preenche os requisitos mínimos, como o nome, qualificação, endereço do devedor, o valor atualizado

↓

O Promotor de Justiça das Execuções deverá manter prévio contato com o respectivo responsável pelo Tabelião de Protestos e Títulos para ajuste acerca do modo da apresentação da Certidão da Pena de Multa (CPM) não saldada, consignando-se que a referida apresentação pode se dar (1) na forma presencial (o apresentante comparece ao Serviço, preenche um formulário, exibe um documento pessoal, apresenta o título cujo protesto pretende e solicita o pertinente registro) ou (2) remota (a solicitação se processa "on-line", mas se condiciona ao contato e concerto com o Tabelião, uma vez que cada Cartório possui um sistema próprio)

Observação: O membro do MPSP e seus auxiliares deverão tomar o máximo cuidado na remessa de CPM (s) a Protesto, na medida em que a desistência e a sustação geram emolumentos (art. 16, Lei 9492/1997).

↓

Com a protocolização do título, o Tabelião examinará os caracteres formais do documento (artigo 9°, Lei 9492/1997), e, se o caso, determinará a intimação, pessoal ou por edital se cabível, do devedor para pagamento (artigo 14 e seguintes da Lei aludida), de modo que aquele poderá saldar, por boleto bancário no mais das vezes, a dívida e emolumentos no tríduo legal (art. 12, Lei referida), evitando, dessa forma, a lavratura do Protesto e a comunicação da ocorrência aos órgãos de restrição e proteção de créditos. Com o pagamento, o Tabelião cuidará do depósito do valor da dívida ao FUNPESP (destinatário da multa penal, nos termos do artigo 481 das Normas de Serviços da Corregedoria Geral de Justiça, alteradas pelo Provimento n° 04/2020) e remeterá os documentos ao Promotor de Justiça das Execuções Criminais, ao final incumbido de noticiar o adimplemento ao Juiz de Direito para exame da possibilidade de decreto de extinção da pena de multa mercê do respectivo pagamento.

Ausente o pagamento, o Protesto será lavrado (artigo 20, mesma Lei), permanecendo o documento aguardando a iniciativa do devedor, sendo o pertinente instrumento entregue ao apresentante (art. 20, Lei citada).

Observação: Se eventualmente o adimplemento ocorrer no âmbito do Poder Judiciário, o Promotor de Justiça das Execuções velará para que a decisão judicial de extinção ressalve a necessidade do cancelamento do Protesto somente se realizar mediante o prévio pagamento dos emolumentos do Tabelionato.

Efetivado o protesto e/ou proposta a ação executiva, o Promotor de Justiça das Execuções Criminais comunicará ao Promotor de Justiça do Conhecimento remetente da documentação, para o necessário.

↓

O Promotor de Justiça das Execuções Criminais cuidará para que a serventia ministerial organize um sistema digital ou físico que indique, por data e nomes, os executados cujas CPM (s) foram remetidas a Protesto e/ou executadas judicialmente, sempre comunicando o Promotor de Justiça do Conhecimento (remetente)das medidas então adotadas.

Observação: No prazo de 120 (cento e vinte) dias, a Procuradoria-Geral de Justiça implantará o cadastro estadual das penas de multa, cujos registros conterão o nome do sentenciado, o valor da multa aplicada, o número do processo de conhecimento e de execução e/ou protesto, visando ao controle das medidas ministeriais, sua publicidade e a respectiva avaliação de desempenho.

Nos casos abaixo o ajuizamento da ação de execução se mostrará imprescindível, independentemente do manejo do protesto (Lei 9.492/1997), quando o condenado:

I – possuir bens suficientes à execução ou sabidamente suficientes;

II – obteve ganho ou vantagem nos crimes praticados contra a Administração Pública ou se a sentença penal condenatória se referir à existência de bens no seu patrimônio;

III – possuir cargo ou emprego público, auferir renda mensal ou se dedicar a ofício ou profissão com ganhos razoáveis, ostentando condições de honrar o pagamento da multa;

IV – está na iminência de ser beneficiado pela prescrição da pretensão executória da pena de multa.

Observação: Além dos casos enumerados nos incisos anteriores, igualmente caberá a ação executiva, antecedida ou não do protesto, se o objetivo institucional buscado, as peculiaridades do caso concreto, a comarca na qual a condenação adveio, a relevância da ocorrência no meio social e a Promotoria de Justiça ou Grupo de Atuação envolvidos indicarem estrategicamente a necessidade do ajuizamento.

1.12.3 PROTESTO DE CERTIDÃO NOTARIAL/REGISTRAL DE EMOLUMENTOS

É oportuno registrar que o art. 784 do CPC (Lei 13.105/2015) incluiu como novo título executivo extrajudicial, a **certidão expedida pela serventia notarial ou de registro relativa a valores de emolumentos** e demais despesas devidas pelos atos por ela praticados, fixados nas tabelas estabelecidas em lei (art. 784, XI).

Para a inclusão deste inciso, o legislador considerou a **presunção de legalidade** do ato praticado pela serventia notarial ou de registro prevista no art. 3º da Lei 8.935/1994 (*Notário, ou tabelião, e oficial de registro, ou registrador, são profissionais do direito, dotados de fé pública, a quem é delegado o exercício da atividade notarial e de registro*). Em outras palavras, baseou-se o legislador na **fé pública** atribuída aos notários e registradores.

Assim, o delegatário que não recebeu seus emolumentos, pode emitir sua própria certidão e buscar a cobrança por meio do protesto ou ação executiva.

Cumpre informar que não se trata aqui de título de emissão unilateral. Na verdade, a unilateralidade ocorre apenas na forma e não no conteúdo. Ora, o conteúdo está fixado em lei, precisamente na tabela dos emolumentos. O notário ou registrador não pode cobrar nada além, nada aquém do que prevê a tabela. Deve-se pleitear o exato valor do que consta na lei editada pelos Estados.

Assim, a certidão notarial/registral de emolumentos configura título executivo de emissão unilateral apenas em sua formação. Os créditos são devidos por lei e nos limites da lei.

Trata-se de crédito análogo a uma certidão de dívida ativa (CDA), título que em breve será minuciosamente estudado nesta obra.

A **certidão notarial/registral** é o título que dará ingresso ao Tabelionato de Protesto. Deve conter especificação subjetiva (**nome e qualificação do devedor**) e especificação objetiva (**especificação do ato praticado, dados da serventia, valor da dívida**).

Algumas normativas estaduais positivaram a questão, conforme segue:

> **Da Certidão de Emolumentos**
>
> **Art. 858, CNFE/PR.** As certidões de emolumentos e demais despesas serão emitidas pelos notários ou registradores.
>
> Parágrafo único. A certidão expedida por serventia notarial e de registro relativa a valores de emolumentos e demais despesas devidas pelos atos por ela praticados, deverá indicar, para fins de protesto:
>
> I – os dados da serventia, nome do devedor principal, o número do CNPJ ou CPF;
>
> II – o endereço, cidade e CEP;
>
> III – os dados do ato praticado;
>
> IV – o valor devido;
>
> V – o local e a data; e
>
> VI – a assinatura do agente delegado.
>
> **Item 20.8, NSCGJ/SP.** A certidão expedida por serventia notarial ou de registro relativa a valores de emolumentos e demais despesas devidas pelos atos por ela praticados, deverá indicar, para fins de protesto, os dados da serventia, o nome e a qualificação do devedor, a discriminação do ato praticado e o valor da dívida.

Reza o art. 27 da Lei dos Notários e Registradores que, no serviço de que é titular, o notário e o registrador não poderão praticar, **pessoalmente**, qualquer ato de seu interesse, ou de interesse de seu cônjuge ou de parentes, na linha reta, ou na colateral, consanguíneos ou afins, até o terceiro grau.

Dito isto, estaria neste caso o Tabelião impedido de protestar seus devidos emolumentos no seu Tabelionato?

Não. Neste caso, trata-se de **impedimento do titular**, mas o procedimento pode ser feito pelo substituto. Nos termos do § 5º do art. 20, dentre os substitutos, um deles será designado pelo notário ou oficial de registro para responder pelo respectivo serviço nas ausências e nos impedimentos do titular.

Esta é a melhor interpretação e a que tem sido acolhida pela doutrina e pela jurisprudência administrativa.

Novidade recente, o Provimento CNJ n. 127/2022, que disciplina a Plataforma do Sistema Integrado de Pagamentos Eletrônicos – SIPE para os serviços notariais e de registro, traz disposição que se conecta ao protesto de certidão notarial e de registros públicos. O seu art. 2º estabelece: (grifei).

> Art. 2º Ao menos um dos meios de pagamento previstos no art. 1º será disponibilizado aos usuários sem nenhum custo adicional para os interessados.
>
> § 1º A oferta dos meios de pagamento observará as seguintes regras:
>
> IV – nas hipóteses autorizadas em lei, quando for adotado o pagamento por meio de faturamento, a fatura relativa aos valores devidos pelos serviços notariais ou registrais será fechada no último dia de cada decêndio, com vencimento no prazo de cinco (5) dias corridos; e
>
> V – no caso de opção pela forma de pagamento por meio de crédito ou financiamento, os juros nominais cobrados pelas instituições de crédito autorizadas a funcionar pelo Banco Central do Brasil, bem como o Custo Efetivo Total (CET), mensal e anual, regulamentado pelas normas de regência destinadas às instituições de crédito, serão também divulgados de modo claro e transparente pelo gestor da Plataforma, permitindo aos interessados comparar os custos e fazer a escolha que lhes for mais conveniente.
>
> **§ 2º Quando se tratar de pagamento faturado, assim como previsto no inciso IV do art. 1º e no inciso V deste artigo, vencida a fatura sem pagamento, e decorrido o prazo de dez (10) dias, cumprirá ao titular ou responsável pela serventia expedir certidão correspondente ao crédito, constituindo a certidão**

Lei 9.492/1997

título para o *protesto extrajudicial e para a ação de execução do crédito* (CPC, art. 784, XI).

1.12.4 PROTESTO DE CONTRATOS

O protesto de contratos dos mais variados tipos (contrato de locação, contrato de arrendamento mercantil, etc.) é, atualmente, uma prática frequente nos tabelionatos, devido ao conceito alargado de documento de dívida.

Neste tópico, vamos nos ater àqueles requisitos gerais para o protesto que, em virtude do novo conceito de documento de dívida, tiveram mudanças em suas fundamentações.

São duas considerações a fazer:

a) Quanto às testemunhas instrumentárias: atualmente, há de ser afastada a exigência de testemunhas instrumentárias. Este requisito é imprescindível apenas para que o documento seja título hábil a fundamentar uma execução, e não mais um protesto, nos termos do art. 784, III, do CPC. A razão é que não é necessário mais ser título executivo par ensejar o protesto.

b) Prova da adimplência da contraprestação do apresentante nos contratos bilaterais. Atualmente, o art. 476 do Código Civil (*Nos contratos bilaterais, nenhum dos contratantes, antes de cumprida a sua obrigação, pode exigir o implemento da do outro*) é o fundamento para a exigência aqui mencionada. Até passado recente, baseava-se no art. 798, I, d, CPC, porque, como já é sabido, era necessário ser título executivo para ensejar protesto. Agora não mais.

1.12.4.1 CONTRATO ELETRÔNICO DE MÚTUO

Antes de adentrarmos na questão principal, algumas considerações sobre o contrato de mútuo.

Nos termos do art. 784, III, do CPC, o contrato de mútuo, desde que assinado pelo devedor e por 2 testemunhas, constitui-se em título executivo extrajudicial.

Cabe trazer aqui algumas considerações sobre o papel das duas testemunhas.

Como visto no item anterior, sem a assinatura das duas testemunhas, em regra, não é possível que o contrato seja considerado **título executivo extrajudicial**. Atente-se: a inviabilidade do título aqui é para fins de execução, pela ausência de formalidade exigida em lei.

Excepcionalmente, o Superior Tribunal de Justiça entendeu que mesmo sem essas duas assinaturas é possível que o contrato continue sendo título executivo se houver outras provas que comprovem a avença (STJ. 4ª Turma. AgRg no AREsp 800.028/RS, Rel. Min. Maria Isabel Gallotti, julgado em 02/02/2016). O mesmo STJ decidiu que é mera irregularidade e não retira a força executiva do título (salvo se houver alguma alegação de nulidade) não ser possível ler com clareza o nome das testemunhas no contrato (STJ. 3ª Turma. AgRg no AREsp 609.407/RS, Rel. Min. Marco Aurélio Bellizze, julgado em 26/05/2015).

O Superior Tribunal de Justiça considerou que o **contrato eletrônico de mútuo com assinatura digital também pode ser considerado título executivo extrajudicial** (STJ. 3ª Turma. REsp 1.495.920-DF, Rel. Min. Paulo de Tarso Sanseverino, julgado em 15/05/2018 (Info 627).

Nestes casos, seria necessária a assinatura de duas testemunhas?

Márcio André Lopes Cavalcante, com a clareza que lhe é peculiar, ensina que contrato eletrônico, em face de suas particularidades, por regra, tendo em conta a sua celebração à distância e eletronicamente, não trará a indicação de testemunhas. Isso, contudo, não afasta a sua executividade, desde que haja outros meios de se comprovar a sua existência e validade. Um exemplo disso é o contrato eletrônico com assinatura digital certificada por autoridade certificadora. Assim, se o contrato eletrônico tiver sido submetido a uma certificação eletrônica, utilizando-se a assinatura digital devidamente aferida por autoridade certificadora, mostra-se desnecessária a assinatura das testemunhas (*Vade Mecum de Jurisprudência. Dizer o Direito*. São Paulo: Juspodivm, 2020).

Importante lembrar que, para que o documento possa ser validado em sua forma eletrônica, neste caso estudado – um contrato eletrônico, a sua validade jurídica deve ser atestada por meio da assinatura digital.

Relembre-se que a temática está contida na MP 2.200-2/2001, que instituiu a Infraestrutura de Chaves Públicas Brasileira (ICP-Brasil), dantes estudada nesta obra:

> **Art. 1º** Fica instituída a Infra-Estrutura de Chaves Públicas Brasileira – ICP-Brasil, para garantir a autenticidade, a integridade e a validade jurídica de documentos em forma eletrônica, das aplicações de suporte e das aplicações habilitadas que utilizem certificados digitais, bem como a realização de transações eletrônicas seguras.
>
> (...)
>
> **Art. 10.** Consideram-se documentos públicos ou particulares, para todos os fins legais, os documentos eletrônicos de que trata esta Medida Provisória.
>
> § 1º As declarações constantes dos documentos em forma eletrônica produzidos com a utilização de processo de certificação disponibilizado pela ICP-Brasil presumem-se verdadeiros em relação aos signatários (...)

Frise-se que, para fins de **protesto**, a discussão acima retratada já não tem mais a pertinência de outrora. Se o contrato contiver os requisitos de certeza, liquidez e exigibilidade, ele é considerado documento de dívida e, portanto, protestável.

1.12.4.2. PROTESTO DE CONTRATO DE ABERTURA DE CRÉDITO. POSSIBILIDADE?

Para responder a esta questão, há de se fazer a diferenciação entre contrato de abertura de crédito fixo e contrato de abertura de crédito rotativo.

No contrato de abertura de **crédito fixo,** viabiliza-se um valor determinado e um prazo de pagamento. A jurisprudência o equipara a um mútuo bancário.

De outro giro, o contrato de abertura de **crédito rotativo** se viabiliza em conta corrente de fundos certo limite e em certo prazo. Aqui, renova-se o crédito à medida dos pagamentos feitos pelo creditado. Ex.: cheque especial.

O contrato de abertura de crédito fixo é título executivo extrajudicial, nos termos do art. 784, III do CPC.

A jurisprudência do Superior Tribunal de Justiça o acolhe como mútuo bancário e lhe dá força executiva (STJ, AgRg no AgRg no REsp 1141470/SP, j. 06/08/2015). Aqui, não há dúvida quanto à sua protestabilidade, pois, além de ser título executivo, é também considerado documento de dívida, desde que contenha os atributos de certeza, liquidez e exigibilidade. Assim, a qualificação notarial deve ser feita de forma casuística.

De outra sorte, o contrato de abertura de crédito rotativo não é considerado título executivo. Trata-se de entendimento consolidado na súmula 233 do STJ, a saber:

> **Súmula 233.** O contrato de abertura de crédito, ainda que acompanhado de extrato da conta-corrente, não é título executivo.

Até passado recente, este era o principal argumento pela não possibilidade de protesto. Todavia, vimos que atualmente, não é mais necessário configurar título executivo para ensejar protesto. O fato é que a tendência ainda segue pela improtestabilidade, uma vez que, além de não se qualificar como título executivo, o extrato da conta-corrente (demonstrativo de débito) é de produção unilateral, o que inviabilizaria o protesto. Todavia, a matéria é discutível.

Apresento alguns entendimentos do Superior Tribunal de Justiça para complementação e melhor compreensão do tema:

> "Mesmo subscrito pelo eventual devedor e assinado por duas testemunhas, o contrato de abertura de crédito não é título executivo extrajudicial, ainda que a execução seja instruída com extrato e que os lançamentos fiquem devidamente esclarecidos, com explicitação dos cálculos, dos índices e dos critérios adotados para a definição e a evolução do débito, pois esses são **documentos unilaterais de cuja formação não participou o devedor**.[...] Nele não há nenhuma afirmação de quem quer que seja dizendo-se em dívida de uma importância certa e determinada que lhe teria sido creditada. E essa ausência não pode ser suprida com a simples apresentação de extratos ainda que explicitados pelo banco que abriu o crédito, por serem documentos unilaterais de cuja formação não participou aquele que é indicado como devedor." *(REsp 97816 MG, Rel. Ministro CESAR ASFOR ROCHA, QUARTA TURMA, julgado em 11/02/1999, DJ 10/05/1999)*

> "Consolidou-se a jurisprudência da Terceira Turma no sentido de que o contrato de abertura de crédito em conta corrente não constitui título executivo extrajudicial. Irrelevância da nova redação do art. 585, II, do CPC. [...] Após um certo período de vacilação, esta Turma acabou se fixando no entendimento de que o contrato de abertura de crédito em conta corrente não constitui título executivo extrajudicial, na compreensão de não consubstanciar ele obrigação de pagar quantia determinada **e por não poder o título formar-se com extratos fornecidos pela própria instituição de crédito, que, assim criaria seus próprios títulos, prerrogativa da Fazenda Pública.**" *(REsp 174829 RS, Rel. Ministro PAULO COSTA LEITE, TERCEIRA TURMA, julgado em 06/10/1998, DJ 16/11/1998)*

> "Contrato de abertura de crédito em conta corrente. Tal contrato não é título executivo extrajudicial, ainda que esteja acompanhado de extratos fornecidos pelo próprio credor. *(REsp 160106 ES, Rel. Ministro NILSON NAVES, TERCEIRA TURMA, julgado em 17/03/1998, DJ 17/08/1998)*

> "Contrato de abertura de crédito. Limitando-se a ensejar a possibilidade de utilizar-se de crédito, obriga apenas quem se dispõe a propiciar o mútuo. Não reflete qualquer obrigação da outra parte, menos ainda líquida, certa e exigível. Impossibilidade de o título completar-se com extratos fornecidos pelo próprio credor que são documentos unilaterais. Não é dado às instituições de crédito criar seus próprios títulos executivos, prerrogativa própria da Fazenda Pública. Entendimento que não se altera em virtude da modificação introduzida pela Lei 8.953/94, pois não afastada a exigência de liquidez e certeza constante do artigo 586 do CPC.[...] Cumpre verificar se esse entendimento continuaria sustentável, após a alteração introduzida, no dispositivo acima citado, pela Lei 8.953/94. Considero que de nenhum modo foi atingido. Embora a expressão 'obrigação de pagar quantia determinada", que veio a ser suprimida, tenho sido valorizada no pronunciamento acima transcrito, a modificação da norma não é de molde a conduzir a que se abandone a orientação jurisprudencial apontada. Em verdade, veio a lei a admitir que obrigações de outra natureza, e não apenas as de pagar quantia certa, pudessem constituir título executivo. Continua a ter como necessário, para se viabilize execução, seja o título líquido, certo e exigível (art. 586). A liquidez e certeza hão de decorrer do próprio título. Com base nele, tratando-se de execução por quantia certa, se praticam atos de constrição contra o patrimônio do devedor. Isso não se pode admitir sem que do título resulte que existe a dívida." *(REsp 89344 RS, Rel. Ministro EDUARDO RIBEIRO, TERCEIRA TURMA, julgado em 19/02/1998, DJ 11/05/1998)*

1.12.4.3 PROTESTO DO CONTRATO DE LOCAÇÃO

Na dicção do art. 784, VIII, do Código de Processo Civil, é considerado título executivo extrajudicial, o crédito, documentalmente comprovado, decorrente de aluguel de imóvel, bem como de encargos acessórios, tais como taxas e despesas de condomínio.

Vale lembrar que o Superior Tribunal de Justiça já fixou entendimento no sentido de que o contrato de locação não precisa ser assinado por 2 testemunhas para servir como título executivo extrajudicial (STJ. 4ª Turma. AgInt no AREsp 970.755/RS, Rel. Min. Maria Isabel Gallotti, julgado em 21/03/2017).

O contrato de locação também se qualifica como documento de dívida.

Várias normativas estaduais, inclusive, incorporaram esse título no rol de documentos protestáveis, como fez o Código de Normas e Procedimentos dos Serviços Notariais e de Registros do Estado da Bahia, no art. 326, V. A saber:

> **Art. 326.** Serão admitidos para protesto, sem prejuízo de outras possibilidades previstas em lei:
>
> I. Títulos de Crédito e Documentos de Dívida;
>
> II. Certidões de dívida ativa da União, dos Estados, do Distrito Federal, dos Municípios e das respectivas autarquias e fundações públicas;
>
> III -. Decisão judicial transitada em julgado, com a apresentação da respectiva certidão pelo exequente ou cópia da sentença de ofício, com a informação do trânsito em julgado, conforme dispõe o Art. 326-A;
>
> IV – Pronunciamento judicial que determina o pagamento de dívidas de alimentos,
>
> **V – O crédito, documentalmente comprovado, decorrente de contrato de aluguel de imóvel, bem como dos encargos acessórios firmados pelas partes no documento de dívida, a exemplo das taxas e despesas de condomínio;**
>
> VI. O crédito referente às contribuições ordinárias ou extraordinárias de condomínio, previstas na respectiva convenção ou aprovadas em assembleia geral, desde que documentalmente comprovadas;
>
> VII. A escritura pública ou outro documento público assinado pelo devedor;
>
> VIII. O documento particular assinado pelo devedor e por 2(duas) testemunhas;
>
> IX. O instrumento de transação referendado pelo Ministério Público, pela Defensoria Pública, pela Advocacia Pública, pelos advogados dos transatores ou por conciliador ou mediador credenciado por tribunal;
>
> X. O contrato garantido por hipoteca, penhor, anticrese ou outro direito real de garantia e aquele garantido por caução;
>
> XI. O contrato de seguro devida em caso de morte;
>
> XII. O crédito decorrente de foro e laudêmio;
>
> XIII. A certidão expedida por serventia notarial ou de registro relativa a valores de emolumentos e demais despesas devidas pelos atos por ela praticados, fixados nas tabelas estabelecidas em lei;
>
> XIV. O contrato de honorários profissionais;
>
> XV. Qualquer documento representativo de obrigação econômica.
>
> A qualificação notarial do contrato de locação deve ser realizada com bastante prudência e de forma casuística, a fim de apurar os atributos de certeza, liquidez e exigibilidade. A título de ilustração, trago a seguir jurisprudência temática do Superior Tribunal de Justiça: *"...o contrato de locação foi caracterizado pela legislação como título executivo extrajudicial, transmutando-o com força executiva. Contudo, o protesto será devido sempre que a obrigação expressa no título for líquida, certa e exigível. Na hipótese dos autos, o contrato de locação de imóvel apresentado evidencia ser título com o atributo da* ***certeza,*** *em decorrência da determinação cogente da norma legal, bem como também demonstra possuir* ***exigibilidade,*** *por presunção de que houve o vencimento da dívida,* ***sem revestir-se, no entanto, do atributo da liquidez, fato que inviabiliza o protesto do referido título.****"* (STJ, RMS 17.400/SP, m.v., j. 21/06/2011).

É apresentante do título o **locador,** conforme consta no contrato (ou alguém em seu nome) e a **administradora do imóvel** que tenha poderes de representação do locador para fazer a cobrança. Frise-se que não há necessidade do Tabelião exigir a comprovação da propriedade do imóvel para se lavrar o protesto.

Questiona-se se no caso de o imóvel pertencer ao espólio e o inventariante estiver inerte, o herdeiro interessado poderia ser o apresentante no protesto no contrato de locação. Esta dúvida ainda não foi discutida na doutrina, mas eu defendo uma resposta afirmativa. No entanto, o pagamento teria que ser direcionado ao espólio. É que os herdeiros têm direito de defender o direito **de** crédito do espólio, mas isso não lhe dá automaticamente o direito **ao** crédito (até porque os credores do inventariado passam na frente). É uma situação bem interessante e proponho aqui uma reflexão.

Figura-se como **devedor principal, o locatário,** conforme consta no contrato. Se houver mais de um locatário, o credor, nos termos do art. 275 do Código Civil, poderá escolher qualquer um deles para adimplir a obrigação, por se tratar de espécie de solidariedade. Registre-se que não importará renúncia da solidariedade a propositura pelo credor contra um ou alguns dos devedores.

O **fiador** pode ser protestado, **desde que seja indicado no protesto como devedor juntamente com o locatário.** Neste caso, ambos podem figurar no instrumento de protesto.

Todavia, caso seja apontado para o protesto somente o fiador, sem se indicar o locatário, é necessário averiguar se contratualmente o fiador se obrigou como devedor principal, solidário ou coobrigado. Em caso negativo, inviável o protesto, por ter a fiança natureza subsidiária.

Pode surgir dúvida no tocante ao fiador e a prorrogação do contrato de locação, pois o tema era bem oscilante na jurisprudência do STJ.

A decisão mais recente do órgão é no sentido de que a **falta de anuência não desobriga fiador na prorrogação do contrato de aluguel.**

No REsp 1607422, o STJ fiadores de contrato de locação devem ser solidariamente responsáveis pelos débitos locativos, ainda que não tenham anuído com o aditivo contratual que previa a prorrogação do contrato.

O Tribunal de Justiça de São Paulo (TJSP), apesar de reconhecer que o fiador não assinou o aditivo, entendeu que a garantia prestada persistiria até o encerramento da locação, com a ressalva apenas de não haver responsabilidade quanto ao novo valor convencionado entre locador e locatário.

No STJ, a relatora, ministra Nancy Andrighi, votou no mesmo sentido. Ela citou o artigo 39 da Lei 8.245/91, que estabelece: "salvo disposição contratual em contrário, qualquer das garantias da locação se estende até a efetiva devolução do imóvel."

A ministra relatora destacou que a lei permite ao fiador exonerar-se da obrigação mediante a notificação resilitória, reconhecendo que a atitude de não mais responder pelos débitos locatícios deve partir do próprio fiador, nos termos do artigo 835 do Código Civil de 2002.

A relatora concluiu que "na hipótese sob julgamento, em não havendo cláusula contratual em sentido contrário ao disposto no artigo 39 da Lei de Inquilinato – isto é, que alije os fiadores da responsabilidade até a entrega das chaves – e, tampouco, a exoneração da fiança por parte dos garantes, deve prevalecer o disposto na lei especial quanto à subsistência da garantia prestada".

Em relação ao aditivo contratual, Nancy Andrighi também manteve o entendimento do TJSP de que a responsabilidade dos fiadores permanece limitada ao valor de aluguel previsto no contrato original e de acordo com índice de correção por ele previsto.

Recentemente, o STJ editou a súmula 656 que estipula ser válida a cláusula de prorrogação automática de fiança na renovação do contrato principal. A exoneração do fiador depende da notificação prevista no artigo 835 do Código Civil.

Quanto à **documentação,** o apresentante deve encaminhar ao Tabelionato de Protesto:

a) O contrato escrito, apresentado o original, cópia autenticada ou digitalizada assinado, formalizado conforme a lei, em instrumento público ou particular. Lembrando que a prestação pecuniária deve ser certa, líquida e exigível.

   a.1) Não há necessidade de reconhecimento de firmas.

   a.2) Não há necessidade de o contrato de locação estar registrado no Registro de Títulos e Documentos (art. 127, 1º, LRP) ou no Registro de Imóveis (art. 167, I, 3), tampouco estar averbado no Ofício Imobiliário (art. 167, II, 16) para que ele se torne protestável.

   a.3) Não há necessidade de notificação para purgar a mora. É que o objetivo deste ato o objetivo da notificação é de evitar a rescisão e o despejo.

b) Planilha, discriminada e assinada pelo apresentante. Pode constar neste demonstrativo de débito:

   b.1) Valor do aluguel, nos termos do contrato;

   b.2) Telefone, energia, gás, luz, água, esgoto e outras despesas desde que pactuado no contrato que o locatário é quem deve pagar.

   b.3) Outras despesas ordinárias (art. 23, XII e § 1º da Lei 8.245/1991). Anote-se que as despesas extraordinárias previstas no art. 22, parágrafo único não podem ser incluídas na planilha, pois são cabíveis ao locador e não ao locatário. Assim, faltariam os requisitos da certeza e liquidez, o que veda o apontamento a protesto.

   b.4) IPTU se previsto em contrato que a responsabilidade por seu pagamento seja imputada ao locatário.

   b.5) Honorários Advocatícios, se possuírem previsão no contrato.

   b.6) Multa moratória e multa compensatória. Quanto a esta última, deve-se ter cautela, pois sendo ilíquida não cabe inclusão na planilha. Cito como exemplo, danos ao imóvel. Locação de imóvel. (...) *Apontamento a protesto de relatório de vistoria no qual foram apurados danos ao imóvel que seriam de responsabilidade do locatário. Inviabilidade. Documento obtido de forma unilateral. Ausência de liquidez* (TJSP, Ap. 0005753-45.2008.8.26.0587, j. 10/06/2015)

c) Requerimento, especificando contra quem pede o protesto – locatário(s) e/ou fiador(es).

Pertinente trazer a regra do art. 355º, § 1º do Código Nacional de Normas que possibilita o protesto por indicação com declaração substitutiva dessa documentação, se estiver previsão nas normativas estaduais, veja-se:

> **Art. 355 Provimento CNJ 149/2023**
>
> **(...)**
>
> **§ 1º** Os títulos e outros documentos de dívida podem ser apresentados, mediante simples indicação do apresentante, desde que realizados exclusivamente por meio eletrônico, segundo os requisitos da "Infraestrutura de Chaves Públicas Brasileira – ICP Brasil" ou outro meio seguro disponibilizado pelo Tabelionato, autorizado pela respectiva Corregedoria-Geral de Justiça, e com a declaração do apresentante, feita sob as penas da lei, de que a dívida foi regularmente constituída e que os documentos originais ou suas cópias autenticadas, comprobatórios da causa que ensejou a apresentação para protesto, são mantidos em seu poder, comprometendo-se a exibi-los sempre que exigidos no lugar onde for determinado, especialmente se sobrevier sustação judicial do protesto.

Até a edição do Provimento CNJ 87/2019, a regra geral para o **local do protesto** era o da praça de pagamento. No que tange ao contrato de locação, extrai-se do art. 23, I, da Lei 8.245/1991 que o lugar do pagamento

Lei 9.492/1997

do aluguel é o local do imóvel, quando outro local não tiver sido indicado no contrato.

Com a edição do Provimento 87, a regra geral do local do protesto passou a ser o domicílio do devedor. inserta no art. 3º do Provimento CNJ 87/2019 a conferir:

> **Art. 3º** Somente podem ser protestados os títulos e os documentos de dívidas pagáveis ou indicados para aceite ou devolução nas praças localizadas no território de competência do Tabelionato de Protesto.
>
> (...)
>
> 1º **Para fins de protesto**, a praça de pagamento será o **domicílio do devedor**, segundo a regra geral do § 1º do art. 75 e do art. 327 da Lei nº 10.406, de 10 de janeiro de 2002 (Código Civil), aplicando-se, subsidiariamente, somente quando couber, a legislação especial em cada caso.

Este entendimento foi incorporado, em um primeiro momento, ao Código Nacional de Normas.

Recentemente, o Provimento CNJ n. 367/2024 alterou o Provimento CNJ n. 149/2023 passando a dispor que?

> Art. 356. O documento hábil a protesto extrajudicial é aquele que caracteriza prova escrita de obrigação pecuniária, líquida, certa e exigível, devendo ser lavrado e registrado no lugar da praça de pagamento constante das cambiais, dos títulos de crédito ou a indicada nos documentos de dívida, facultada a opção pelo cartório da comarca do domicílio do devedor.

Aprofundaremos a temática "local do protesto dos títulos e documentos de dívida" nos comentários do art. 6º desta Lei.

1.12.4.4 PROTESTO DE CONTRATO DE PRESTAÇÃO DE SERVIÇOS EDUCACIONAIS

O Superior Tribunal de Justiça entendeu que o *"contrato de prestação de serviços educacionais é título executivo hábil, provando o credor que adimpliu a contraprestação que lhe corresponde, não se admitindo como tal a simples presunção"*.

Além disso, indubitável classificá-lo também como documento e dívida. Dessa maneira, se atendidos os requisitos de certeza, liquidez e exigibilidade, o contrato torna-se protestável, estando sujeito à qualificação casuística do Tabelião.

Frise-se que é necessária prova efetiva da prestação de serviço, como por exemplo, a lista de presença (ou outra forma de comprovação) assinada pelo aluno. Em razão disso, o STJ já decidiu que a declaração unilateral de frequência assinada pela instituição de ensino não basta para tal comprovação.

1.12.4.5 PROTESTO DO CONTRATO DE ARRENDAMENTO MERCANTIL – LEASING

É possível o protesto, conforme já decidiu o Superior Tribunal de Justiça, apenas das parcelas vincendas, considerando a data da protocolização no Tabelionato de Protesto.

Se houver a retomada e a venda do bem sem anuência ou participação do devedor quanto ao valor recebido, o documento não será passível de protesto. Por isso, o Tabelião, quando da qualificação notarial, deve solicitar a apresentação de declaração do apresentante de que o devedor participou da venda.

1.12.4.6 PROTESTO DE FACTORING/FOMENTO MERCANTIL

Segundo os ensinamentos do professor e tabelião Breno Dores "Factoring ou Fomento Mercantil é um contrato atípico, bilateral, consensual, oneroso, de execução continuada pelo qual uma sociedade empresária (faturizadora) realiza serviços de administração de crédito para uma pessoa física ou jurídica (faturizada). Dito de outro modo, o faturizado realiza a venda de um produto ou serviço a um terceiro e obtem um título para recebimento a prazo. O faturizado procura o faturizador para receber à vista, o valor dos títulos que serão pagos à prazo. Em razão da antecipação do pagamento dos títulos e da assunção dos riscos, a faturizadora se remunera mediante de um valor percentual do crédito trazido pelo faturizado. O vínculo contratual se aperfeiçoa com a simples manifestação de vontade das partes, ou seja, não existe a obrigatoriedade da forma escrita. A faturizadora não é considerada instituição financeira e, por este motivo somente pode cobrar os juros remuneratórios no limite de 12% ao ano, segundo o disposto nas normas da Lei de Usura.

Dito isso, questiona-se se o faturizado responde em caso de inadimplência do devedor. Passemos a análise:

Nos ensinamentos do Min. Antonio Carlos Ferreira "a diferença fundamental entre o fomento mercantil e o desconto bancário, forma de empréstimo de dinheiro, reside no fato de que, no primeiro, inexiste direito de regresso e, no segundo, encontra-se garantido o referido direito, podendo, entretanto, a instituição financeira abrir mão desse regresso (...)"

O STJ já entendeu que se o contrato contiver previsão de responsabilidade do faturizado, esta cláusula é nula, veja-se:

> O risco assumido pelo faturizador é inerente à operação de factoring, não podendo o faturizado ser demandado para responder regressivamente, salvo se tiver dado causa ao inadimplemento dos contratos cedidos (STJ. 4ª Turma. REsp 949.360/RN, Rel. Min. Antonio Carlos Ferreira, julgado em 17/12/2013).

Em ocorrendo a inadimplência do devedor, a possibilidade de a faturizadora reaver do faturizado o que lhe pagou pela cessão do crédito desnatura o contrato de fomento mercantil.

Também é nulo o título de crédito que a faturizada seja obrigada a emitir se responsabilizando pela solvência dos créditos cedidos.

Assim, questiona-se: a empresa faturizadora pode protestar o contrato de *factoring* em desfavor do faturizado (empresário)?

A jurisprudência é enfática ao inclinar pela não possibilidade. Analisa-se:

> PROTESTO . FOMENTO MERCANTIL – FACTORING. CLÁUSULA PRO SOLVENDO.
>
> PROCESSO Nº 1054155-97.2018.8.26.0100 – SÃO PAULO – FOMENTO MERCANTIL LTDA.– (355/2019-E) – DJE DE 29.7.2019.
>
> TABELIÃO DE PROTESTO. Recurso de apelação recebido como recurso administrativo. Contrato de fomento mercantil. Cláusula pro solvendo que desnatura a operação de factoring. Inadmissibilidade de se tirar o *protesto* contra a faturizada, com origem naquela estipulação. Precedentes desta Eg. Corregedoria Geral da Justiça que devem ser observados. Manutenção da orientação já consolidada. Recurso não provido.
>
> Excelentíssimo Senhor Corregedor Geral da Justiça,
>
> FOMENTO MERCANTIL LTDA. interpõe apelação contra r. sentença de fls. 133/136, que manteve recusa manifestada pelo Tabelião de *Protesto* de Letras e Títulos da Comarca de São Paulo envolvendo *protesto* de duas notas promissórias vinculadas a contratos de prestação de serviços de fomento mercantil.

Trago um resumo com os principais argumentos.

Sustentação da recorrente:

→ Alega não caber ao Tabelião de *Protesto* o exame de aspectos materiais do título, inexistindo qualquer fundamento jurídico para a recusa do *protesto*.

→ Aduz em suas razões as características dessa espécie de contrato, argumentando que os títulos são protestáveis independentemente de qualquer estipulação pro solvendo de recompra dos títulos pelas faturizadas, apontando decisões da jurisprudência administrativa e pleiteando a reforma da r. sentença.

Análise-se preliminar e mérito:

→ Na preliminar: não se tratando de procedimento de dúvida, cujo cabimento é restrito aos atos de registro em sentido estrito, verifica-se que o recurso foi denominado erroneamente de apelação, uma vez que se busca ato materializado por averbação. Todavia, tendo em vista a sua tempestividade, possível o conhecimento e processamento do apelo como recurso administrativo, nos termos do art. 246 do Código Judiciário do Estado de São Paulo (Decreto-Lei Complementar nº 3/1969).

→ No mérito: respeitado o entendimento da recorrente, o recurso não comporta provimento.

Trata-se de notas promissórias emitidas em desfavor de X, as quais não foram protestadas por apresentar irregularidades quanto a seus aspectos contratuais.

De início, vale lembrar que o Tabelião, ao qualificar os títulos, deve verificar integralmente seus vícios formais, bem como se foram respeitadas a legislação em vigor e as normas do Conselho Nacional de Justiça ou da Egrégia Corregedoria Geral da Justiça.

Deve também aferir a liquidez e certeza da dívida, bem como a autonomia e força executiva do documento.

Essa é a exata redação dos Itens 16 e 17 do Capítulo do XV das NSCGJ:

> "Item 16 – Na qualificação dos títulos e outros documentos de dívida apresentados a protesto, cumpre ao Tabelião de *Protesto* de Títulos examiná-los em seus caracteres formais.
>
> Item 17 – Verificada a existência de vícios formais ou inobservância do estatuído na legislação em vigor ou na normalização administrativa do Conselho Nacional de Justiça ou da Corregedoria Geral da Justiça do Estado de São Paulo, os títulos e outros documentos de dívida serão devolvidos ao apresentante com anotação da irregularidade, ficando obstado o registro do *protesto* ."
>
> **Justificativa para a inviabilidade do protesto:**
>
> Mostra-se inviabilizada a lavratura de *protesto* contra a faturizada que tenha origem em estipulação pro solvendo, já que as notas promissórias apresentadas a *protesto* estão vinculadas a contrato de fomento mercantil em que a emitente é a própria faturizada, a demonstrar que foram utilizadas para garantir o adimplemento dos créditos lá negociados.
>
> "NOTA PROMISSÓRIA – Vinculo expresso com contrato de fomento mercantil Impossibilidade de ser protestada isoladamente – Dever do tabelião de analisar a legalidade do título levado a *protesto* – Pedido de providências improcedente- Recurso não provido." (Des. MANOEL DE QUEIROZ PEREIRA CALÇAS, Parecer nº 232/2017-E, MMa. Juíza Tatiana Magosso). (g.n.)

Nesse cenário, de rigor a manutenção de posição há muito reiterada por esta Eg. Corregedoria Geral da Justiça, no sentido de impossibilidade de protesto, colhendo-se, para tanto, a lição dada pelo E. Des. Antonio Carlos Munhoz Soares, em Parecer nº 386/10-E, da lavra do MM. Juiz Walter Rocha Barone, hoje também Desembargador:

> "PROTESTO – Contrato de fomento mercantil – Cláusula "pro solvendo" que desnatura a operação de "factoring" – Inadmissibilidade de se tirar o *protesto* contra a faturizada, com origem naquela estipulação – Direito de regresso existente na hipótese de vício do título que tampouco enseja o *protesto* contra a faturizada, antes que se reconheça, na esfera jurisdicional, a ocorrência da ilicitude – Necessidade de dilação probatória -Inviabilidade de apresentação de declaração substitutiva, como ocorre na duplicata – Analogia não aplicável "in casu" – Recurso não provido."

→ Em primeiro lugar, a cláusula pro solvendo que a recorrente diz sempre incluir em seus contratos, prevendo a obrigação da faturizada, cedente do crédito, de garantir a solvência do devedor, comprador da

Lei 9.492/1997

mercadoria, **implica verdadeira descaracterização do contrato de 'factoring'**, pois este envolve a cessão de um crédito mediante vantagem econômica, em razão da qual aquele que a obtém deve suportar eventual inadimplemento do devedor, sob pena de não haver justo título para que o cessionário do crédito obtenha referido ganho.

→ A consequência da estipulação da cláusula pro solvendo na operação de factoring' é, pois, a supressão de uma de suas características essenciais, qual seja, a característica da assunção do risco, sem a qual a operação perde a natureza de fomento mercantil para se transformar em um contrato de desconto, que se constitui em atividade típica e privativa de instituição financeira.

→ Tampouco há que se falar na possibilidade do *protesto* do contrato de fomento mercantil na hipótese de vício do título. Com efeito, embora o faturizador possa se valer do direito de regresso contra a faturizada, diante da eventual inexistência do crédito, só é possível demonstrar a ocorrência de fraude, simulação, inexistência de lastro negocial ou qualquer outra ilicitude, através de dilação probatória, não se prescindindo, portanto, nesses casos, da via jurisdicional, em que sejam garantidos o contraditório e a ampla defesa. Não cabe ao Tabelião de *Protesto* proceder ao exame de tal controvérsia. Apenas depois de reconhecida em sede própria, na via judicial, a existência de negócio jurídico fraudulento perpetrado pela faturizada é que poderá ser recepcionado pelo Tabelião de *Protesto* o contrato de 'factoring' em desfavor desta.

Por essas razões, respeitou-se o entendimento da recorrente e manteve-se a sentença em sua integralidade.

1.12.5 PROTESTO DE HONORÁRIOS ADVOCATÍCIOS

Questiona-se a possibilidade do protesto de honorários advocatícios.

A resposta exige cautela. É que atualmente, cabe o protesto exclusivamente dos honorários advocatícios, seja por meio de **decisão judicial**, seja por meio de **contrato, cheque, nota promissória** ou **outro documento de dívida emitido pelo cliente em favor do advogado, vedada a apresentação de duplicata de serviços**.

Essa vedação do protesto da duplicada e do protesto do cheque e nota promissória dos honorários se dá, respectivamente, em razão do *caput*, e do parágrafo único do art. 52 do novo Código de Ética e Disciplina, que disciplinou a matéria. Veja-se:

> **Art. 52.** O crédito por honorários advocatícios, seja do advogado autônomo, seja de sociedade de advogados, **não autoriza o saque de duplicatas ou qualquer outro título de crédito de natureza mercantil**, podendo, apenas, ser emitida fatura, quando o cliente assim pretender, com fundamento no contrato de prestação de serviços, a qual, porém, não poderá ser levada a protesto.
>
> Parágrafo único. Pode, todavia, ser levado a **protesto o cheque ou a nota promissória** emitido pelo cliente em favor do advogado, depois de frustrada a tentativa de recebimento amigável.

Neste espaço, detalharei o protesto do **contrato** de honorários advocatícios, por ser tema atual, relevante, e que exige uma qualificação notarial mais criteriosa.

A possibilidade de tal protesto se dá em razão de o documento ter natureza civil e decorrer de relação sinalagmática, na qual o cliente expressou concordância com os seus termos.

Assim, o Órgão Especial do Conselho Federal da OAB decidiu, por unanimidade, que o advogado tem direito de pleitear o pagamento de seus honorários em tabelionato de protesto.

O fundamento para o ato consiste na ideia de que o art. 52 do Código de Ética veda apenas o saque e protesto de duplicatas unilateralmente sacados pelo advogado. Ademais, pela própria natureza do procedimento do protesto, inexiste risco de violação ao sigilo profissional inerente à profissão, pois terceiros, estranhos à relação entre as partes, apenas poderão ter acesso à certidão que contém informações sobre o valor da dívida e os dados do devedor e do credor.

Trago a íntegra da decisão sobre o caso:

> CONTRATO ESCRITO DE HONORÁRIOS – PROTESTO – CABIMENTO – TÍTULO DE NATUREZA CIVIL, ORIGINADO DE RELAÇÃO SINALAGMÁTICA – INTELIGÊNCIA DO ARTIGO 52 DO CED – AUSÊNCIA DE VIOLAÇÃO AO SIGILO PROFISSIONAL – PRECEDENTES. É passível de protesto o contrato de honorários advocatícios pelo advogado ou sociedade de advogados, diante da inadimplência do cliente, tendo em vista que o documento tem natureza civil e decorre de relação sinalagmática, na qual o cliente expressou concordância com os seus termos. O art. 52 do CED veda apenas o saque e protesto de duplicatas ou eventuais outros títulos, de natureza mercantil, unilateralmente sacados pelo advogado. Ademais, pela própria natureza do procedimento do protesto, inexiste risco de violação ao sigilo profissional inerente à profissão, pois terceiros, estranhos à relação entre as partes, apenas poderão ter acesso à certidão que contém informações sobre o valor da dívida e os dados do devedor e do credor. Ainda que assim não fosse, os honorários advocatícios têm caráter alimentício e o art. 37 do CED permite exceção ao sigilo profissional em casos que envolvam a própria defesa do direito do advogado. Antes de encaminhar o contrato de honorários a protesto, no entanto, deve o advogado ou a sociedade de advogados promover a tentativa de recebimento amigável do seu crédito, valendo-se do protesto como última e excepcional hipótese para buscar a satisfação do seu direito. E, ao fazê-lo, deve o advogado ou a sociedade de advogados demonstrar, documentalmente, o inadimplemento do cliente e a tentativa de recebimento amigável. Precedentes dessa Turma Deontológica e do Órgão Especial do Conselho Pleno do CFOAB. Proc. E-4.752/2016 – v.u., em 23/02/2017, do parecer e ementa do Rel. Dr. FÁBIO TEIXEIRA OZI – Rev. Dr.

SÉRGIO KEHDI FAGUNDES – Presidente Dr. PEDRO PAULO WENDEL GASPARINI.

Os documentos que devem ser levados a protesto são: o próprio contrato e a planilha/demonstrativo de débitos atualizada.

Em alguns estados atente-se para a necessidade de declaração firmada pelo advogado apresentante, sob sua exclusiva responsabilidade, de que tentou, sem sucesso, receber amigavelmente a quantia que alega inadimplida.

Ademais, se o Tabelião achar pertinente em razão da cautela, pode requerer ainda a comprovação de atuação do advogado.

1.12.6 PROTESTO DE CÉDULA DE CRÉDITO BANCÁRIO

O protesto de cédula de crédito bancário está previsto expressamente no art. 41 da Lei 10.931/2004, a saber:

> **Art. 41.** A Cédula de Crédito Bancário poderá ser protestada por indicação, desde que o credor apresente declaração de posse da sua única via negociável, inclusive no caso de protesto parcial.

A Cédula de Crédito Bancário é título de crédito emitido, por pessoa física ou jurídica, em favor de instituição financeira ou de entidade a esta equiparada, representando promessa de pagamento em dinheiro, decorrente de operação de crédito, de qualquer modalidade. É também título executivo extrajudicial e representa dívida em dinheiro, certa, líquida e exigível, seja pela soma nela indicada, seja pelo saldo devedor demonstrado em planilha de cálculo, ou nos extratos da conta corrente.

Ao receber uma cédula de crédito bancário, o Tabelião de Protesto deve verificar seus elementos essenciais, a fim de fazer a acurada qualificação notarial.

Assim, é imprescindível ter conhecimento dos termos do art. 29 da Lei 10.931/2004, que estabelece os requisitos essenciais do título em análise:

> I – a denominação "Cédula de Crédito Bancário";
>
> II – a promessa do emitente de pagar a dívida em dinheiro, certa, líquida e exigível no seu vencimento ou, no caso de dívida oriunda de contrato de abertura de crédito bancário, a promessa do emitente de pagar a dívida em dinheiro, certa, líquida e exigível, correspondente ao crédito utilizado;
>
> III – a data e o lugar do pagamento da dívida e, no caso de pagamento parcelado, as datas e os valores de cada prestação, ou os critérios para essa determinação;
>
> IV – o nome da instituição credora, podendo conter cláusula à ordem;
>
> V – a data e o lugar de sua emissão; e
>
> VI – a assinatura do emitente e, se for o caso, do terceiro garantidor da obrigação, ou de seus respectivos mandatários.

No tocante ao **local do protesto**, o Superior Tribunal de Justiça decidiu que é possível, **à escolha do credor (não se trata aqui de critério de subsidiariedade e sim alternatividade)**, o protesto de cédula de crédito bancário garantida por alienação fiduciária, no tabelionato em que se situa a praça de pagamento indicada no título ou no domicílio do devedor. Transcrevo a ementa para melhor compreensão do tema:

> **EMENTA**: PROTESTO EXTRAJUDICIAL. RECURSO ESPECIAL REPRESENTATIVO DE CONTROVÉRSIA. OS TABELIÃES DEVEM VELAR PELA AUTENTICIDADE, PUBLICIDADE E SEGURANÇA DOS ATOS. EM CASO DE PROTESTO DE TÍTULOS OU OUTROS DOCUMENTOS DE DÍVIDA, O TABELIÃO, AINDA QUE O DEVEDOR RESIDA EM MUNICÍPIO DIVERSO DAQUELE DA SERVENTIA, DEVE SEMPRE BUSCAR EFETUAR A INTIMAÇÃO, POR VIA POSTAL. PROTESTO DE CÉDULA DE CRÉDITO BANCÁRIO. POSSIBILIDADE DE SER REALIZADO NO CARTÓRIO DE PROTESTO DO DOMICÍLIO DO DEVEDOR OU NO CARTÓRIO EM QUE SE SITUA A PRAÇA DE PAGAMENTO INDICADA NO TÍTULO, CABENDO A ESCOLHA AO CREDOR. Para fins do art. 543-C do CPC: 1. O tabelião, antes de intimar o devedor por edital, deve esgotar os meios de localização, notadamente por meio do envio de intimação por via postal, no endereço fornecido por aquele que procedeu ao apontamento do protesto; 2. É possível, à escolha do credor, o protesto de cédula de crédito bancário garantida por alienação fiduciária, no tabelionato em que se situa a praça de pagamento indicada no título ou no domicílio do devedor. 3. No caso concreto, recurso especial provido. (STJ – REsp nº 1.398.356 – Minas Gerais – 3ª Turma – Rel. Min. Luis Felipe Salomão – DJ 30.03.2016)

1.12.7 BREVES CONSIDERAÇÕES SOBRE O PROTESTO DE ENCARGOS CONDOMINIAIS

Nos termos do art. 784, X, do NCPC, considera-se título executivo extrajudicial, o crédito referente às contribuições ordinárias ou extraordinárias de condomínio edilício, previstas na respectiva convenção ou aprovadas em assembleia geral, desde que documentalmente comprovadas.

A I Jornada de Direito Processual Civil do Conselho da Justiça Federal (CJF) interpretou a expressão "condomínio edilício" do art. 784, X, do CPC, de forma a compreender tanto os condomínios verticais quanto os horizontais de lotes, nos termos do art. 1.358-A do Código Civil (Enunciado 100).

Até o passado recente, havia argumentos contrários ao referido protesto deste título, pelos seguintes motivos:

a) Não constava no rol dos títulos executivos do CPC/1973;
b) O conceito de documento de dívida era bastante restrito, conforme já analisado;
c) O CPC/1973, no art. 275, previa rito sumário para ação de cobrança para condôminos.

Anote-se que o CPC 2015 extirpou o rito sumário para prever expressamente a ação executiva, desapegando-se da orientação que impunha a ação de cobrança para despesas condominiais.

Com a previsão e a inserção expressa do crédito condominial, no art. 784, X, como título executivo extrajudicial, adicionado ao amplo conceito de documento de dívida, encerra-se o debate.

Várias normativas estaduais, inclusive, incorporaram esse título no rol de documentos protestáveis, como fez o Código Extrajudicial do Estado da Bahia, no art. 326, VI, e o Código de Normas Extrajudicial do Estado do Mato Grosso do Sul, no art. 1.768. A saber:

> **Art. 326 (Normativas Extrajudiciais da Bahia).** Serão admitidos para protesto, sem prejuízo de outras possibilidades previstas em lei:
>
> I. Títulos de Crédito e Documentos de Dívida;
>
> II. Certidões de dívida ativa da União, dos Estados, do Distrito Federal, dos Municípios e das respectivas autarquias e fundações públicas;
>
> III. Decisão judicial transitada em julgado, com a apresentação da respectiva certidão pelo exequente ou cópia da sentença de ofício, com a informação do trânsito em julgado, conforme dispõe o Art.326-A;
>
> IV. Pronunciamento judicial que determina o pagamento de dívidas de alimentos,
>
> V. O crédito, documentalmente comprovado, decorrente de contrato de aluguel de imóvel, bem como dos encargos acessórios firmados pelas partes no documento de dívida, a exemplo das taxas e despesas de condomínio);
>
> **VI. O crédito referente às contribuições ordinárias ou extraordinárias de condomínio, previstas na respectiva convenção ou aprovadas em assembleia geral, desde que documentalmente comprovadas;**
>
> VI. A escritura pública ou outro documento público assinado pelo devedor;
>
> VIII. O documento particular assinado pelo devedor e por 2(duas) testemunhas;
>
> IX. O instrumento de transação referendado pelo Ministério Público, pela Defensoria Pública, pela Advocacia Pública, pelos advogados dos transatores ou por conciliador ou mediador credenciado por tribunal;
>
> X. O contrato garantido por hipoteca, penhor, anticrese ou outro direito real de garantia e aquele garantido por caução;
>
> XI. O contrato de seguro devida em caso de morte;
>
> XII. O crédito decorrente de foro e laudêmio;
>
> XIII. A certidão expedida por serventia notarial ou de registro relativa a valores de emolumentos e demais despesas devidas pelos atos por ela praticados, fixados nas tabelas estabelecidas em lei;
>
> XIV. O contrato de honorários profissionais
>
> XV. Qualquer documento representativo de obrigação econômica
>
> **Art. 1.768 (Normativas Extrajudiciais do MS).** São protestáveis as cotas condominiais, devendo o protesto ser instruído com as seguintes provas documentais:
>
> a) cópia autenticada de ata contendo orçamento previamente aprovado pela Assembleia Geral Ordinária para as despesas rotineiras, ou por Assembleia Geral Extraordinária regularmente convocada, para os gastos eventuais não previstos no orçamento anual do condomínio, mas posteriormente aprovados;
>
> b) aprovação por quorum regular previsto na Convenção;
>
> c) exibição dos boletos ou recibos das dívidas rateadas e referentes às cotas cobradas;
>
> d) cópia autenticada da convenção do condomínio; que poderá ser apresentada uma única vez, desde que arquivada na serventia; e,
>
> e) certidão da matrícula da unidade condominial, demonstrando a condição de condômino, ou cópia autenticada de contrato de locação com previsão expressa de responsabilidade do locatário pelo tipo de despesa condominial a ser protestada (ordinária ou extraordinária).

Tem **legitimidade** para protestar as contribuições condominiais, os **condomínios edilícios** regularmente constituídos, com o competente registro imobiliário, o qual tem caráter constitutivo, representados pelo síndico ou administrador.

É que compete ao síndico cobrar dos condôminos suas contribuições, nos termos do art. 1.348, inciso VII, do Código Civil ou art. 12, § 2º da Lei 4.591/1964. Anote-se que as funções administrativas do síndico podem ser transferidas a outra pessoa, especialmente às administradoras de condomínio, por aprovação em assembleia, salvo disposição em contrário da convenção condominial.

Na prática tabelioa, a maior parte dos condomínios tem sido representada pelas empresas administradoras.

O **devedor** dos encargos condominiais é aquele que por força de lei está obrigado ao seu pagamento perante o condomínio, que é o condômino. Veja-se:

> **Art. 1.336, CC.** São deveres do condômino:
>
> I – *contribuir para as despesas do condomínio na proporção das suas frações ideais, salvo disposição em contrário na convenção;*

No que diz respeito à natureza *propter rem* da dívida advinda de contribuição condominial, o **promissário comprador**, que embora ainda não seja titular do domínio da unidade, responde pelas obrigações **quando imitido na posse.**

Assim, existe o entendimento de que o condomínio apresentante pode cobrar tanto do proprietário quanto do promissário comprador. Esta tem sido a jurisprudência dominante do Superior Tribunal de Justiça.

Quanto ao **locatário ou comodatário**, estes não devem figurar como devedores das contribuições condominiais para fins de protesto, cabendo ao condômino o pagamento. Como foi dito anteriormente, os deveres dos condôminos perante o condomínio estendem-se aos ocupados das unidades, exceto aquele previsto no inciso I, do art. 1.336 do CC, que se refere às contribuições condominiais.

Para ter ingresso no Tabelionato de Protesto, o **crédito condominial deve ser documentado.** Documento este que prove:

a) a condição de condômino (indicação do nome, endereço e CPF ou CNPJ do condômino-devedor);

b) convenção do condomínio para comprovação da previsão das contribuições ordinárias ou extraordinárias ou a aprovação destas em assembleia geral (convenção da ata de assembleia);

c) demonstrativo de cálculo. Esta planilha de cálculo, deverá ser assinada pelo síndico ou administrador na qual conste a especialização do crédito condominial.

Este apontamento pode ser recepcionado também por simples indicação. É que o art. 355, § 1º O Provimento CNJ n. 149/2023 prescreve que "os títulos e outros documentos de dívida podem ser apresentados, mediante simples indicação do apresentante, **desde que realizados exclusivamente por meio eletrônico, segundo os requisitos da "Infraestrutura de Chaves Públicas Brasileira – ICP Brasil" ou outro meio seguro disponibilizado pelo Tabelionato,** autorizado pela respectiva Corregedoria-Geral de Justiça, e com a declaração do apresentante, feita sob as penas da lei, de que a dívida foi regularmente constituída e que os documentos originais ou suas cópias autenticadas, comprobatórios da causa que ensejou a apresentação para protesto, são mantidos em seu poder, comprometendo-se a exibi-los sempre que exigidos no lugar onde for determinado, especialmente se sobrevier sustação judicial do protesto".

O parágrafo único do art. 1.768 do Código de Normas Extrajudicial do Estado do Mato Grosso do Sul normatizou esta regra prevendo que "o protesto de cota condominial poderá, ainda, ser **recepcionado por indicação**, inclusive por meio magnético ou de gravação eletrônica de dados, mediante declaração expressa firmada pelo apresentante, de estarem presentes todos os requisitos exigidos no *caput* deste artigo, comprometendo-se em apresentar a documentação nele indicada, quando e onde exigida, especialmente se sobrevier sustação judicial do protesto, ficando a cargo dos tabeliães a instrumentalização do ato".

Prevalece o entendimento de que o protesto será tirado perante o **Tabelião do local da unidade condominial** ou do **domicílio do devedor**, podendo as normativas estaduais estabelecerem outras regras.

1.12.8 PROTESTO DE DOCUMENTOS ELETRÔNICOS

Sobre o protesto de documentos eletrônicos, o legislador, ao editar a Lei 9.492/1997, além de permitir o protesto de documentos genericamente, sem a necessidade de especificá-los, previu também, pioneiramente, o protesto de documentos por meio eletrônico. Nessa situação, o tabelionato sequer pode conferir a autenticidade, e, consequentemente, não pode assumir tal responsabilidade. Isso é o que se extrai do antigo parágrafo único do artigo 8º (atual § 1º) da referida lei, que será estudado em momento oportuno:

> Poderão ser recepcionadas as indicações a protestos das Duplicatas Mercantis e de Prestação de Serviços, por meio magnético ou de gravação eletrônica de dados, sendo de inteira responsabilidade do apresentante os dados fornecidos, ficando a cargo dos Tabelionatos a mera instrumentalização das mesmas.

A Lei 13.775, de 2018, incluiu o § 2º no mesmo dispositivo, a saber:

> Os títulos e documentos de dívida mantidos sob a forma escritural nos sistemas eletrônicos de escrituração ou nos depósitos centralizados de que trata a Lei nº 12.810, de 15 de maio de 2013, poderão ser recepcionados para protesto por extrato, desde que atestado por seu emitente, sob as penas da lei, que as informações conferem com o que consta na origem.

O novo Código Civil também contém previsão expressa quanto à possibilidade de uso de documentos eletrônicos para os títulos de crédito, conforme segue:

> **Art. 889**, § 3º O título poderá ser emitido a partir dos caracteres criados em computador ou meio técnico equivalente e que constem da escrituração do emitente, observados os requisitos mínimos previstos neste artigo.

Em outras palavras, os títulos de crédito emitidos na forma do artigo 889, § 3.º, do Código Civil, também podem ser enviados a protesto, por meio eletrônico.

Em 2019 foi incluído o § 1º, do art. 2º do Provimento CNJ n. 87/2019, atualmente incorporado ao art. 355, § 1º do Código Nacional de Normas. A temática será estudada de forma minuciosa nos comentários do art. 41-A desta Lei, que trata da Central Nacional de Serviços Eletrônicos de Protesto de Títulos Compartilhados (CENPROT), juntamente com o Provimento CNJ 87/2019, que dentre outras providências, regulamentou a implantação da referida Central e nos dias de hoje, referido ato normativo foi incorporado aos art. 257 a 263.

1.13 PROTESTO DE CERTIDÃO DA DÍVIDA ATIVA (CDA)

A Lei 12.767/2012 consagrou, no parágrafo único do art. 1º, o que a doutrina e a jurisprudência majoritárias já haviam abonado: o protesto das certidões de dívida ativa (CDA) da União, dos Estados, do Distrito Federal, dos Municípios e das respectivas autarquias e fundações públicas.

Trata-se de medida eficaz de recuperação de créditos e de desafogo do Poder Judiciário. Todavia, já havia essa possibilidade trazida pelo oart. 1º da Lei n.

9.492/1997, uma vez que, certidões de dívida ativa são consideradas documentos de dívida.

Recentemente, o STF decidiu pela **constitucionalidade** do protesto de certidão de dívida ativa ao julgar a Ação Direta de Inconstitucionalidade (ADI) 5.135. Nessa ação, a Confederação Nacional da Indústria (CNI) questionou a norma que incluiu as certidões de dívida ativa (CDA) de todos os entes federados, autarquias e fundações no rol dos títulos sujeitos a protesto. O Plenário defendeu que a utilização do protesto pela Fazenda Pública para promover a cobrança extrajudicial de CDAs e acelerar a recuperação de créditos tributários é constitucional e legítima. Na tese fixada para o julgamento, entendeu-se que "o protesto das certidões de dívida ativa constitui mecanismo constitucional e legítimo por não restringir de forma desproporcional quaisquer direitos fundamentais garantidos aos contribuintes e, assim, não constituir sanção política".

O ministro Barroso, relator do processo, salientou que a medida é adequada, pois confere maior publicidade ao descumprimento das obrigações tributárias e serve como importante mecanismo extrajudicial de cobrança, que estimula a adimplência, incrementa a arrecadação e promove a justiça fiscal. A medida é necessária, pois permite alcançar os fins pretendidos de modo menos gravoso para o contribuinte (já que não envolve penhora, custas, honorários, etc.) e mais eficiente para a arrecadação tributária em relação ao executivo fiscal (que apresenta alto custo, reduzido índice de recuperação dos créditos públicos e contribui para o congestionamento do Poder Judiciário). A medida é proporcional em sentido estrito, uma vez que os eventuais custos do protesto de CDA (limitações creditícias) são compensados largamente pelos seus benefícios, a saber: (i) a maior eficiência e economicidade na recuperação dos créditos tributários, (ii) a garantia da livre concorrência, evitando-se que agentes possam extrair vantagens competitivas indevidas da sonegação de tributos, e (iii) o alívio da sobrecarga de processos do Judiciário, em prol da razoável duração do processo. Essa modalidade de cobrança é menos invasiva que a ação judicial de execução fiscal, que permite a penhora de bens e o bloqueio de recursos nas contas de contribuintes inadimplentes. E acrescentou que o protesto não impede o funcionamento de uma empresa e que a possibilidade de a Fazenda Pública efetuar a cobrança judicial, não representa um impedimento à cobrança extrajudicial. O relator destacou ainda que a redução do número de cobranças judiciais deve fazer parte do esforço de desjudicialização das execuções fiscais, pois, segundo levantamento do Conselho Nacional de Justiça (CNJ), cerca de 40% das ações em tramitação no País são dessa categoria.

Ademais, a 1ª Seção do Superior Tribunal de Justiça fixou tese repetitiva sobre a **legalidade** de protesto de CDA, qual seja:

> *"A Fazenda Pública possui interesse e pode efetivar o protesto da CDA na forma do art. 1, parágrafo único, da lei 9.492/97, com a redação da lei 12.767/12."*

São as palavras do relator, ministro Herman Benjamin:

> *"Ninguém debate o protesto de R$ 5 da dona Maria na favela. Agora, na dívida tributária, sim. Aqui está em jogo os grandes sonegadores. Não pagam porque não querem. Porque tem suas mansões na Suíça. A defesa falsa dos interesses dos vulneráveis e dos pequenos serve de biombo, de barriga de aluguel, dos grandes [no Congresso nacional]."*

O ministro Kukina também deu seu parecer: "*A justiça é interessante, sempre percebi o cuidado dos prefeitos de executar a justiça tributária. Em ano de eleição, não se executa dívida tributária. Sempre há modos e modos....*"

Os ministros acompanharam a tese proposta pelo relator (Processos: REsp 1.694.690 e REsp 1.686.659).

Percebe-se que a CDA materializa crédito tributário, é título executivo e seu protesto é justificado também pelo caráter social do crédito tributário.

É oportuno registrar que, antes da edição deste parágrafo único, e apesar dos inúmeros argumentos favoráveis, o Superior Tribunal de Justiça possuía julgados que entendiam não haver sentido em realizar o protesto de CDA, considerando que esta já goza de presunção de certeza e liquidez.

> **"TRIBUTÁRIO. PROCESSUAL CIVIL. AGRAVO REGIMENTAL NO AGRAVO DE INSTRUMENTO. CERTIDÃO DA DÍVIDA ATIVA – CDA. PROTESTO. DESNECESSIDADE. AGRAVO NÃO PROVIDO.** 1. A jurisprudência do Superior Tribunal de Justiça tem afirmado a ausência de interesse em levar a protesto a Certidão da Dívida Ativa, título que já goza de presunção de certeza e liquidez e confere publicidade à inscrição do débito na dívida ativa. 2. Agravo regimental não provido. (AgRg no Ag 1316190/PR, Rel. Ministro ARNALDO ESTEVES LIMA, PRIMEIRA TURMA, julgado em 17/05/2011, DJe 25/05/2011)".
>
> "PROCESSUAL CIVIL E TRIBUTÁRIO. EXECUÇÃO FISCAL. CDA. PROTESTO. DESNECESSIDADE. AUSÊNCIA DE INTERESSE MUNICIPAL. PRECEDENTES. 1. A CDA, além de já gozar da presunção de certeza e liquidez, dispensa o protesto. Correto, portanto, o entendimento da Corte de origem, segundo a qual o Ente Público sequer teria interesse para promover o citado protesto. Precedentes. 2. Agravo regimental não provido. (AgRg no Ag 1172684/PR, Rel. Ministro MAURO CAMPBELL MARQUES, SEGUNDA TURMA, julgado em 05/08/2010, DJe 03/09/2010)".

Existiam duas correntes acerca da possibilidade ou não do protesto de CDA. Márcio André Lopes Cavalcante elaborou um quadro didático apresentando as posições, a saber (http://www.dizerodireito.com.br/2012/12/ lei-127672012-preve-expressamente.html):

NÃO É POSSÍVEL O PROTESTO DE CDA	SIM, É POSSÍVEL O PROTESTO DE CDA
1) Haveria violação ao princípio da legalidade por ausência de previsão legal.	1) Havia sim previsão legal porque a CDA constitui-se em título executivo extrajudicial. Logo, trata-se de um documento de dívida, nos termos do art. 1º da Lei nº 9.492/97 (Ermínio Ararildo Darold).
2) O protesto da CDA seria abuso de direito da Fazenda Pública uma vez que o protesto confere ampla publicidade ao inadimplemento, o que configuraria constrangimento desnecessário ao devedor (Hugo de Brito Machado).	2) Não há abuso de direito da Fazenda Pública porque a execução fiscal também gera a publicidade do inadimplemento – às vezes até mais ampla que o protesto – considerando que é possível a consulta do processo pelo nome das partes nos sítios do Poder Judiciário na internet, além do fato de que as muitas Fazendas Públicas possuem cadastros de devedores, como o CADIN (Lei nº 10.522/2002) (Emanoel Macabu Moraes).
3) Não haveria interesse jurídico em se realizar o protesto da CDA considerando que, por ser título executivo, é possível o ajuizamento, desde logo, da execução fiscal. Não havia sentido em se realizar o protesto de CDA, considerando que esta já goza de presunção de certeza e liquidez: (STJ AgRg no Ag 1316190/PR, Rel. Min. Arnaldo Esteves Lima, 1ª Turma, j. 17/05/2011, DJe 25/05/2011).	3) O princípio constitucional da eficiência (art. 37, CF/88) e a LRF exigem que o administrador público valha-se dos mais efetivos e céleres e menos custosos meios de cobrança dos créditos fiscais, sendo que o protesto extrajudicial reúne todas essas características, sendo mais rápido e barato que a execução fiscal. Ademais, os títulos de crédito também podem ser executados desde logo e, mesmo assim, não se questiona que podem ser protestados.
4) Os cadastros das Fazendas Públicas, na maioria das vezes não estão atualizados, o que poderia gerar protestos indevidos e condenações por danos morais (Carlos Henrique Abrão).	4) Com a informatização, a maioria das Fazendas Públicas possui um cadastro atualizado. Além disso, como atualmente já existe o CADIN e outros cadastros de pessoas inscritas na dívida ativa, caso haja algum erro a condenação em danos morais será possível mesmo que a CDA não seja levada a protesto. Ademais, não se pode trabalhar com a presunção de que o Estado é sempre ineficiente, devendo ser buscado mecanismos para se aprimorar esses cadastros e não deixar de utilizá-los pelo risco de haver incorreções.

O Conselho Nacional de Justiça, por sua vez, afirmando as vantagens do protesto, mesmo antes da edição da Lei 12.767/2012, recomendou aos tribunais estaduais a edição de ato normativo para regulamentar a possibilidade de protesto de CDA. Assim, inúmeros Estados aprovaram leis permitindo expressamente o protesto de certidões de dívida ativa.

Destarte, com a edição da Lei 12.767/2012, colocou-se termo às discussões acerca da possibilidade do protesto de certidão de dívida ativa, incluindo expressamente o protesto de CDA no rol de títulos protestáveis, de forma que se espera que, com a inovação legislativa, o STJ revise seu posicionamento minoritário e se enterneça da conveniência e relevância jurídica e social do protesto das certidões de dívida ativa.

São algumas vantagens do protesto das certidões da dívida ativa para a União, Estado, Distrito Federal, Municípios e respectivas Autarquias e Fundações:

- **Desnecessidade de lei autorizando o protesto.** Atualmente, este entendimento foi reforçado pela Primeira Turma do Superior Tribunal de Justiça (REsp 1.895.557). Neste julgado, que considerou que o protesto de Certidão de Dívida Ativa (CDA) pela Fazenda Pública independe de lei local autorizadora, uma vez que está embasado no **artigo 1º, parágrafo único, da Lei 9.492/1997** – dispositivo de lei federal, aplicável em todo o território nacional. O ministro Gurgel de Faria lembrou que a Primeira Seção, em julgamento de recurso especial repetitivo (**Tema 777**), firmou a tese de que a Fazenda Pública possui interesse e pode efetivar o protesto da CDA na forma do artigo 1º, parágrafo único, da Lei 9.492/1997. Segundo o relator, o protesto de título de crédito está afeto ao direito civil e comercial, matéria que se inclui na competência legislativa privativa da União (**artigo 22, inciso I, da Constituição Federal**), de maneira que a norma federal não requer autorização legislativa de outros entes públicos para a sua eficácia. Ele enfatizou que basta à Fazenda Pública credora atender ao procedimento previsto na própria Lei 9.492/1997 para obter o protesto de seu título de crédito, a CDA, não havendo necessidade de lei específica do ente tributante que preveja a adoção dessa medida, visto que a citada lei federal já é dotada de plena eficácia.

  Ademais, informe-se que lei processual **Lei 6.830/1980** (Execução Fiscal), assim como a Lei 9.492/1997 (Lei de Protestos), não contém nenhum dispositivo que condicione a sua imediata aplicação, por outros entes da federação, à existência de lei local.

- **Gratuidade.** O credor que apresenta o título a protesto não paga para protestar. O pagamento é feito pelo devedor quando da liquidez do título no Tabelionato ou quando do cancelamento. Trata-se da postergação dos emolumentos.

- **Agilidade na recuperação dos créditos.** O protesto extrajudicial é regido pelo Princípio da Celeridade. O protesto extrajudicial de certidão de dívida ativa permite que a cobrança de tributos seja realizada de maneira mais rápida e eficiente em comparação com o processo judicial. A celeridade do procedimento de protesto contribui para uma recuperação mais imediata dos valores devidos, evitando a morosidade e a complexidade dos trâmites judiciais. Além disso, ponto apontado como essencial para entender porque o protesto nos cartórios é mais vantajoso, é o tempo decorrido para início da cobrança. Muitas execuções são manifestamente prescritas.

- **Aumento na arrecadação de tributos.** O devedor, ao ser notificado do protesto extrajudicial, enfrenta consequências diretas já vistas no tópico sobre os efeitos do protesto. Esse impacto negativo no crédito do devedor funciona como um forte incentivo para que ele regularize sua situação, a fim de evitar restrições financeiras e dificuldades em obter crédito no mercado.

- **Forma de recuperar valores considerados baixos pelo Poder Público.** O protesto extrajudicial de certidão de dívida ativa permite ao Poder Público recuperar de forma rápida e econômica valores considerados baixos, desestimulando a inadimplência e otimizando a arrecadação. Pequenos valores podem representar um montante significativo quando somados. O protesto extrajudicial permite a recuperação de créditos fragmentados, que isoladamente podem ser considerados irrelevantes, mas que juntos contribuem substancialmente para o incremento da receita pública.

- **Corte de gastos com processos judiciais.** O procedimento extrajudicial de protesto é menos oneroso do que a cobrança judicial, tanto para a administração pública quanto para o contribuinte. A economia com despesas processuais e honorários advocatícios se traduz em uma maior eficiência na utilização dos recursos públicos, permitindo que mais verbas sejam destinadas diretamente à arrecadação. Outra problemática é que, após a movimentação do sistema de justiça para processamento de uma ação de execução fiscal, ainda é possível que não se consiga receber ou que o devedor não seja localizado.

- **Aumento do parcelamento e, consequentemente, do número de pagamentos sem judicialização.** O protesto extrajudicial de certidão de dívida ativa incentiva o devedor a parcelar a dívida, resultando em mais pagamentos realizados sem necessidade de judicialização.

- **Eficiência do Administrador Público.** Considerando o grande volume de créditos a serem recuperados e o moroso trâmite da execução judicial, a cobrança extrajudicial da dívida ativa configura um meio de cumprimento dos requisitos da eficiência no exercício dos meios disponíveis para alcançar o interesse público, com mais celeridade e menor custo.

- **Efetividade da cobrança extrajudicial.** Se é mais barato e é feito em menor tempo, também é mais efetiva a cobrança, pois as formas de localização e protesto tem a ver com a vida cotidiana das pessoas, com diversas restrições e possibilidade de localização que podem facilitar o recebimento da dívida sem a movimentação do sistema de Justiça. Trata-se de uma sucessão de custos que ao final pode resultar no não pagamento da dívida tributária.

- **Facilidade de Acesso à Informação.** Os cartórios de protesto mantêm bases de dados acessíveis que podem ser consultadas por credores e devedores. Isso facilita a identificação de pendências e a resolução rápida de eventuais dívidas, contribuindo para a regularização mais ágil das situações de inadimplência.

Até a edição anterior desta obra, o entendimento era de que o protesto de certidão de dívida ativa não interrompia a prescrição. Isso se justificava pelas normas gerais em matéria tributária, que necessitavam de normatização por meio de lei complementar, conforme o art. 146, III, "b", da Constituição Federal e o Código Tributário Nacional (recepcionado com status de lei complementar). Este, em seu art. 174, não elencava essa interrupção (não confundir com o protesto judicial, listado no inciso II).

Pois bem. No dia 2 de julho de 2024, foi editada a Lei Complementar n. 208, que dentre outras providências, alterou o Código Tributário Nacional, dando nova redação ao art. 174, inciso II. Assim, resta indubitável que a prescrição se interrompe pelo protesto judicial e extrajudicial.

É essencial que o Tabelião de Protesto conheça a lei tributária que dialoga com o tema para que efetue uma qualificação notarial prudente e certa. Dessa forma, apresento alguns dispositivos indispensáveis:

Art. 202, CTN. O **termo de inscrição da dívida ativa,** autenticado pela autoridade competente, indicará obrigatoriamente:

I – o nome do devedor e, sendo caso, o dos co-responsáveis, bem como, sempre que possível, o domicílio ou a residência de um e de outros;

II – a quantia devida e a maneira de calcular os juros de mora acrescidos;

III – a origem e natureza do crédito, mencionada especificamente a disposição da lei em que seja fundado;

IV – a data em que foi inscrita;

V – sendo caso, o número do processo administrativo de que se originar o crédito.

Parágrafo único. A certidão conterá, além dos requisitos deste artigo, a indicação do livro e da folha da inscrição.

Art. 2º, Lei 6.830/1980

[...]

§ 5º – O Termo de Inscrição de Dívida Ativa deverá conter:

I – o nome do devedor, dos co-responsáveis e, sempre que conhecido, o domicílio ou residência de um e de outros;

II – o valor originário da dívida, bem como o termo inicial e a forma de calcular os juros de mora e demais encargos previstos em lei ou contrato;

III – a origem, a natureza e o fundamento legal ou contratual da dívida;

IV – a indicação, se for o caso, de estar a dívida sujeita à atualização monetária, bem como o respectivo fundamento legal e o termo inicial para o cálculo;

V – a data e o número da inscrição, no Registro de Dívida Ativa; e

VI – o número do processo administrativo ou do auto de infração, se neles estiver apurado o valor da dívida.

§ 6º – A Certidão de Dívida Ativa conterá os mesmos elementos do Termo de Inscrição e será autenticada pela autoridade competente.

Quanto ao **meio de apresentação,** a certidão da dívida ativa poderá ser recepcionada por meio impresso ou eletrônico, e, neste caso, ficará a cargo do tabelião de protesto a instrumentalização em meio físico (artigo 8º da Lei nº 9.492/1997). A apresentação de certidão de dívida ativa também poderá ser feita por indicação do apresentante, com a declaração de que a dívida foi regularmente inscrita e que o termo de inscrição contém todos os requisitos legais.

No que toca ao **local do protesto**, prevalece que este realizar-se-á no tabelionato de protesto de títulos do **domicílio do devedor**, ainda que outro seja o local do fato gerador do tributo. A maioria das normativas estaduais assim disciplina.

Trazendo um **breve histórico**, muitas Portarias e Resoluções foram editadas para permitir expressamente o protesto das certidões de dívida ativa. Transcrevo algumas a título de exemplo, mas enfatizo que o protesto de Certidão de Dívida Ativa (CDA) pela Fazenda Pública independe de lei local autorizadora, uma vez que está embasado no artigo 1º, parágrafo único, da Lei 9.492/1997 – um dispositivo de lei federal aplicável em todo o território nacional:

- **Portaria nº 17, de 11 de janeiro de 2013, da Procuradoria Geral Federal**, publicada dia 18 de janeiro de 2013 e disciplina a utilização do protesto extrajudicial por falta de pagamento de Certidões de Dívida Ativa das autarquias e fundações públicas federais.

O PROCURADOR-GERAL FEDERAL, no uso da competência de que tratam os incisos I e VIII do § 2º do art. 11 da Lei nº 10.480, de 2 de julho de 2002, considerando o disposto no processo administrativo nº 00407.004122/2009-49, bem como o parágrafo único do artigo 1º da Lei nº 9.492/97, acrescentado pela Lei nº 12.767/2012, resolve:

Art. 1º As Procuradorias Regionais Federais, Procuradorias Federais nos Estados, Procuradorias Seccionais Federais e Escritórios de Representação poderão encaminhar para protesto extrajudicial por **falta de pagamento, no domicílio do devedor,** as certidões de dívida ativa das autarquias e fundações públicas federais cujo valor consolidado seja inferior ou igual a R$ 50.000,00 (cinquenta mil reais).

§ 1º Para os fins do estabelecido no *caput*, as certidões de dívida ativa serão enviadas aos Tabelionatos de Protesto de Títulos juntamente com as respectivas guias de recolhimento da União – GRU, por **meio eletrônico**, até o décimo quinto dia de cada mês.

§ 2º Após a apuração da atualização mensal dos valores de cada crédito, caberá às Procuradorias Regionais Federais, Procuradorias Federais nos Estados, Procuradorias Seccionais Federais e Escritórios de Representação encaminhar aos Tabelionatos novas CDAS e as GRUs discriminativas da alteração.

§ 3º Os **títulos parcialmente quitados** poderão ser levados a protesto pelo saldo.

§ 4º As certidões de dívida ativa que contenham no valor consolidado do crédito encargos legais no percentual de 20% (vinte por cento) serão levadas a protesto com redução do percentual para 10% (dez por cento), na forma do artigo 3º do Decreto-Lei nº 1.569, de 8 de agosto de 1977.

Art. 2º O protesto somente será realizado junto aos Tabelionatos de Protesto de Títulos nos quais não seja necessário o pagamento antecipado, ou em qualquer outro momento, de despesas pela entidade protestante.

Art. 3º Havendo pagamento, os valores serão convertidos em renda das autarquias ou fundações públicas federais através das respectivas GRUs.

Art. 4º As certidões de dívida ativa permanecerão por 180 dias, contados da intimação do devedor, aguardando o correspondente pagamento.

Parágrafo único. Somente ocorrerá o cancelamento do protesto após o pagamento total da dívida ou o seu parcelamento, incluídas as custas e emolumentos cartorários.

Art. 5º Sendo inexitoso o protesto, as Procuradorias Regionais Federais, as Procuradorias Federais nos Estados, as Procuradorias Seccionais Federais e os Escritórios de Representação promoverão, quando for o caso, o ajuizamento das respectivas execuções fiscais.

Art. 6º A Coordenação-Geral de Cobrança e Recuperação de Créditos da Procuradoria-Geral Federal expedirá as orientações necessárias ao cumprimento desta Portaria.

Art. 7º Esta portaria entra em vigor na data de sua publicação.

- **Resolução nº 1.924, de 30 de janeiro de 2015, do Conselho Federal de Economia – CFE**, publicada no diário oficial da União em 25 de fevereiro de 2015 que inclui dispositivos no Manual de Arrecadação do Sistema Cofecon/Corecon, aprovado pela Resolução nº 1.853/2011, para contemplar a possibilidade de protesto das Certidões de Dívida Ativa – CDA's nos termos da Lei nº 9.492, de 10/09/1997:

O CONSELHO FEDERAL DE ECONOMIA, no uso de suas atribuições legais e disposições regulamentares conferidas pela Lei nº 1.411, de 13 de agosto de 1951, Decreto nº 31.794, de 17 de novembro de 1952, Lei nº 6.021, de 03 de janeiro de 1974, Lei nº 6.537, de 19 de junho de 1978, e tendo em vista o que consta no Processo nº 16.857/2015, apreciado e deliberado na 662ª Sessão Plenária Ordinária, nos dias 29 e 30 de janeiro de 2015; CONSIDERANDO que a Lei 12.767/2012 alterou o parágrafo único do artigo 1º da Lei 9.4921997, incluindo entre os títulos sujeitos a protesto as certidões de dívida ativa da União, dos Estados, do Distrito Federal, dos Municípios e das respectivas autarquias e fundações públicas;

CONSIDERANDO que os Conselhos Federal e Regionais de Economia, a teor do artigo 1º da Lei 6.537/1978, assim como da ADI 1717-DF – STF, constituem autarquias federais dotadas de personalidade jurídica de direito público;

CONSIDERANDO a natureza tributária das anuidades devidas ao Sistema COFECON/CORECONs; CONSIDERANDO que as anuidades e multas devidas aos Conselhos Federal e Regionais de Economia constituem Dívida Ativa das Autarquias;

CONSIDERANDO o quanto decidido na Plenária Final do XXIV Simpósio Nacional dos Conselhos de Economia – SINCE, em 6 de setembro de 2014, na cidade de Goiânia – GO; CONSIDERANDO as limitações dos métodos tradicionais de cobrança amigável dos créditos tributários de titularidade dos Conselhos Regionais de Economia;

CONSIDERANDO que a adoção do protesto das Certidões de Dívida Ativa – CDA's poderá resultar no aumento dos recebimentos, com consequente repercussão na arrecadação e na redução da inadimplência perante os Conselhos Regionais de Economia; resolve:

Art. 1º Incluir o Capítulo VII no Manual de Arrecadação do Sistema Cofecon/Corecon, aprovado pela Resolução nº 1.853, de 28 de maio de 2011, publicada no DOU 118, de 21 de junho de 2011, Seção 1, página 171, com a seguinte redação: CAPÍTULO VII – DA POSSIBILIDADE DE PROTESTO DAS CERTIDÕES DE DÍVIDA ATIVA – "Art. 50. Ficam os Conselhos Regionais de Economia autorizados a protestar as Certidões de Dívida Ativa – CDA's, nos termos da Lei nº 9.492, de 10/09/1997." "Art. 51. É da livre iniciativa dos CORECONs a adoção do procedimento previsto no artigo anterior, devendo, para aquele fim, firmar convênio com Tabelionatos de Protestos de Títulos da respectiva jurisdição."

Art. 2º A presente Resolução entra em vigor na data de sua publicação, revogando-se as disposições em contrário.

- **Portaria nº 693, de 30 de setembro de 2015, da Procuradoria Geral da Fazenda Nacional**, publicada no dia 7 de outubro de 2015, que altera a Portaria PGFN nº 429, de 04 de junho de 2014, que disciplina a utilização do protesto extrajudicial por falta de pagamento de certidões de dívida ativa da União ou do Fundo de Garantia do Tempo de Serviço – FGTS de responsabilidade da Procuradoria-Geral da Fazenda Nacional – PGFN.

O PROCURADOR-GERAL DA FAZENDA NACIONAL, no uso das atribuições que lhe confere o art. 82 do Regimento Interno da Procuradoria-Geral da Fazenda Nacional, aprovado pela Portaria MF nº 36, de 24 de janeiro de 2014, e tendo em vista o disposto no parágrafo único do artigo 1º da Lei nº 9.492, de 10 de setembro de 1997, acrescentado pela Lei nº 12.767, de 27 de dezembro de 2012, resolve:

Art. 1º O art. 1º da Portaria PGFN nº 429, de 04 de junho de 2014, passa a vigorar com a seguinte redação: "Art. 1º. As certidões de dívida ativa da União e do FGTS poderão ser encaminhadas para protesto extrajudicial por **falta de pagamento, no domicílio do devedor.**"

Art. 2º Esta portaria entra em vigor na data de sua publicação.

Art. 3º Fica revogado o § 1º do art. 1º da Portaria PGFN nº 429, de 04 de junho de 2014.

- **Resolução nº 498, de 2 de dezembro de 2015, do Conselho Federal de Enfermagem**, publicada no diário oficial da União 03 de dezembro de 2015, que aprova a possibilidade de realização de protesto de certidões de dívida ativa, no âmbito do Sistema Cofen/Conselhos Regionais:

Conselho Federal de Enfermagem – Cofen, no uso das competências que lhe são conferidas pela Lei nº 5.905, de 12 de julho de 1973, e pelo Regimento Interno da Autarquia, aprovado pela Resolução Cofen nº 421/2012, e

CONSIDERANDO que o Conselho Federal e os Conselhos Regionais são órgãos disciplinadores do exercício da profissão de enfermeiro e das demais profissões compreendidas nos serviços de enfermagem, conforme o disposto no art. 2º da Lei nº 5.905, de 12 de julho de 1973;

CONSIDERANDO que compete ao Conselho Federal baixar provimentos visando ao bom funcionamento dos Conselhos Regionais de Enfermagem, conforme dispõe o art. 8º, inciso IV, da Lei 5.905, de 12 de julho de 1973;

CONSIDERANDO que compete ao Conselho Federal baixar Resoluções, Decisões e demais instrumentos legais no âmbito da Autarquia, conforme preceitua o art. 22, inciso X, do Regimento Interno da Autarquia;

CONSIDERANDO a autonomia administrativa e financeira dos Conselhos Regionais, estabelecida pela Lei nº 5.905/1773;

CONSIDERANDO o elevado o índice de inadimplência em relação ao pagamento de anuidades por parte de pessoas físicas e jurídicas inscritas nos Conselhos Regionais de Enfermagem, o que constitui infração ética, conforme art. 53 do Código de Ética dos Profissionais de Enfermagem, aprovado pela Resolução Cofen nº 311/ 2007;

CONSIDERANDO os elevados custos operacionais e financeiros, inclusive decorrentes de custas judiciais que devem ser antecipadas na forma da Lei nº 9.289, de 4 de julho de 1996, para a cobrança judicial dos créditos decorrentes de multas e anuidades inadimplidas;

CONSIDERANDO que a Lei nº 12.514, de 28 de outubro de 2011, autoriza em seu art. 6º, § 2º, os Conselhos Federais das Profissionais Regulamentadas a estabelecerem regras de recuperação de créditos;

CONSIDERANDO que a Lei nº 12.767, de 27 de dezembro de 2012, em seu art. 25, incluiu o parágrafo único ao art. 1º da Lei nº 9.492/1997, a qual define competência, regulamenta os serviços concernentes ao protesto de títulos e outros documentos de dívida e dá outras providências, inserindo entre outros títulos sujeitos a protesto as Certidões de Dívida Ativa (CDA) da União, dos Estados, do Distrito Federal, dos Municípios e das respectivas autarquias e fundações públicas;

CONSIDERANDO que a utilização do protesto das Certidões de Dívida Ativa para cobrança de débitos à luz dos princípios da economicidade, racionalização administrativa e eficiência, se revela medida mais vantajosa para os cofres públicos do que ajuizamento de ações de execução fiscal, seja pelo tempo de tramitação dos processos, seja pelo custo total elevado na manutenção das ações judiciais;

CONSIDERANDO que o Conselho Nacional de Justiça (CNJ), reconheceu as vantagens da utilização do protesto e recomendou aos tribunais estaduais a edição de ato normativo para regulamentar a possibilidade de protesto de CDA (102ª sessão plenária do CNJ, realizada em 06 de abril de 2010);

CONSIDERANDO que em agosto de 2010, a Procuradoria – Geral Federal (PGF), órgão da Advocacia-Geral da União celebrou convênio com o Instituto de Estudos e Protestos de Títulos do Brasil (IEPTB), por meio do qual se permite que a PGF encaminhe a protesto as certidões de dívida ativa das autarquias e fundações públicas federais sem o pagamento de emolumentos prévios, que são cobrados apenas dos devedores;

CONSIDERANDO o Parecer Jurídico nº 31/2015, exarado pela Procuradoria-Geral, em que conclui pela legalidade do convenio a ser firmado com o Instituto de Protesto de Títulos, sem custos pelo Regional com emolumentos, custas, contribuições e quaisquer outras despesas reembolsáveis, detém respaldo legal e jurisprudencial, sendo benéfico para o Sistema Cofen/Conselhos Regionais;

CONSIDERANDO todos os documentos acostados aos autos do PAD Cofen nº 498/2015;

CONSIDERANDO a deliberação do Plenário do Cofen em sua 470ª Reunião Ordinária; resolve:

Art. 1º Aprovar a possibilidade dos Conselhos Regionais de Enfermagem celebrarem acordos ou convênios de cooperação técnica com entidades de protesto de títulos, com objetivo de realizar o protesto de Certidões de

Dívida Ativa oriundas do não pagamento de anuidades, taxas e multas aplicadas aos profissionais de Enfermagem, desde que não acarrete em custos diretos ao Coren;

Art. 2º Esta Decisão entra em vigor na data de sua publicação.

É interessante trazer à tona a norma do estado do Tocantins sobre o protesto de dívidas relativas à Taxa de Fiscalização Judiciária (TFJ) e à contribuição para ressarcimento dos atos gratuitos do registro civil das pessoas naturais (FUNCIVIL), pelos delegatários dos serviços extrajudiciais responsáveis tributários. Note-se que essas dívidas integram os emolumentos, assunto que será estudado em capítulo próprio nesta obra.

Trata-se do Provimento n. 007/2020, editado pela Corregedoria-Geral de Justiça do Estado do Tocantins, que traz como justificativas para tal normatização a constitucionalidade, tanto do ponto de vista formal quanto material, do art. 1º, parágrafo único, da Lei 9.492/1997, conforme decidido na ADI 5.135, bem como a experiência exitosa do Poder Judiciário do Tocantins com o protesto das custas processuais, taxa judiciária e multas.

Apresento um resumo do ato normativo:

- **Objeto do protesto:** os débitos existentes na ficha financeira das serventias extrajudiciais, disponíveis no Sistema de Gestão Integrada das Serventias Extrajudiciais – GISE, ou outro sistema que venha substituir, decorrentes das declarações dos atos notariais e de registros com a incidência da Taxa de Fiscalização Judiciária (TFJ) e da contribuição para ressarcimento dos atos gratuitos do registro civil das pessoas naturais (FUNCIVIL), serão levados a protestos, no caso do não pagamento, dentro do prazo estabelecido na Lei Estadual nº 3.408,de 28 de dezembro de 2018 (Art. 1º, Provimento n. 007/2020/CGJUS/TO)
- **Fatos geradores:**

  I – A Taxa de Fiscalização Judiciária (TFJ) tem como **fato gerador o exercício do poder de polícia** atribuído ao Poder Judiciário pelo art. 236, §1º, da Constituição da República, arts. 37 e 38 da Lei nº 8.935,de 18 de novembro de 1994, exercido pelo Tribunal de Justiça do Estado do Tocantins, na conformidade da Lei de Organização Judiciária do Estado do Tocantins (Art. 1º, Parágrafo único, Provimento n. 007/2020/CGJUS/TO)

  II- O Fundo Especial de Compensação da Gratuidade dos Atos do Registro Civil de Pessoas Naturais(FUNCIVIL), tem com **fato gerador a contribuição prevista no art. 8º da Lei Federal nº 10.169, de 29 de dezembro de 2000,** regulamentada pela Lei nº 3.408, de 2018. (Art. 1º, Parágrafo único, Provimento n. 007/2020/CGJUS/TO)
- **Local do Protesto**: o protesto da Taxa de Fiscalização Judiciária (TFJ) e da contribuição para ressarcimento dos atos gratuitos do registro civil das pessoas naturais (FUNCIVIL), não recolhidas ou parcialmente recolhidas pela serventia extrajudicial processar-se-á no tabelionato da comarca do devedor (Art. 4º, Provimento n. 007/2020/CGJUS/TO).
- **Título protestável**: para a efetivação do protesto deverá o tabelião exigir a apresentação da Certidão Administrativa de Existência de Dívida fornecida pela Divisão de Inspetoria e Fiscalização da Corregedoria-Geral da Justiça (Art. 5º, Provimento n. 007/2020/CGJUS/TO) .
- **Elementos da certidão levada a protesto:** a Certidão Administrativa de Existência de Dívida das serventias extrajudiciais será levada a protesto pelo Tribunal de Justiça do Tocantins e deverá ter a indicação do nome e a qualificação do credor e do devedor, constando o número do CPF, o endereço do devedor, o número do ato e o valor líquido, certo e exigível do débito (Art. 4º, .§ 1º, Provimento n. 007/2020/CGJUS/TO) .

1.14 MEDIAÇÃO E CONCILIAÇÃO NOS CARTÓRIOS E PROPOSTA DE SOLUÇÃO NEGOCIAL PRÉVIA AO PROTESTO E DE RENEGOCIAÇÃO DE DÍVIDA JÁ PROTESTADA.

No que diz respeito ao Provimento CNJ n. 67/2018, que dispõe sobre os procedimentos de conciliação e de mediação nos serviços notariais e de registro do Brasil, este já foi minuciosamente analisado nos comentários do art. 1º da Lei 6.015/1973, por ser tema que envolve todos os tipos de serventias.

Em relação à proposta de solução negocial prévia ao protesto e de renegociação de dívida já protestada, analisaremos nos comentários dos arts. 11-A e 26-A desta Lei, incluídos pela Lei n. 14.711/2023 e regulamentados pelo Provimento CNJ n. 168/2024, que alterou o Código Nacional de Normas.

1.15 BREVES NOTAS SOBRE O TABELIÃO DE PROTESTO NA PREVENÇÃO À LAVAGEM DE DINHEIRO, E FINANCIAMENTO DO TERRORISMO E DA PROLIFERAÇÃO DE ARMAS DE DESTRUIÇÃO EM MASSA (PLD/FTP)

Este tema já foi abordado de forma geral no tópico 1.14 nos comentários do artigo art. 1º da Lei 6.015/1973 Neste capítulo, vamos nos ater apenas à competência do Tabelião de Protesto na prevenção à lavagem de dinheiro e financiamento do terrorismo e da proliferação de armas de destruição em massa (PLD/FTP).

No dia 1º de outubro de 2019, o Conselho Nacional de Justiça (CNJ) editou o Provimento n. 88, que incluiu notários e registradores como agentes colaboradores na fiscalização para a prevenção de crimes de lavagem de dinheiro e no combate ao financiamento do terrorismo. O objetivo da norma foi regulamentar a forma pela qual notários e registradores deveriam comunicar ao COAF (chamado de "UIF" no Provimento, editado na vigência de Medida Provisória convertida na Lei nº 13.974/2020, que manteve o nome anterior) operações que poderiam configurar indícios dos crimes de Lavagem de Dinheiro ou de Financiamento do Terrorismo, ou que com eles se relacionassem

O Provimento 88/2019 foi revogado e suas normas foram incorporadas aos artigos 137 a 181 do Código Nacional de Normas (Provimento CNJ. 149/2023). Ocorre que no dia 11 de março de 2023, foi editado um novo ato normativo a fim de atualizar as disposições relacionadas a deveres de prevenção à lavagem de dinheiro e ao financiamento do terrorismo e da proliferação de armas de destruição em massa (PLD/FTP). Trata-se do Provimento CNJ n. 161/2023, também já incorporado aos mesmos artigos do Código Nacional de Normas (arts. 137 a 181).

Apresentamos aqui o capítulo inteiramente destinado aos Tabeliães de Protesto.

O art. 159 do Provimento CNJ n. 149/2023, traz um **dever de comunicação**, neste sentido:

> Art. 159. O tabelião de protesto, ou seu oficial de cumprimento, **comunicará à UIF**, na forma do art. 151, II, qualquer operação que envolva pagamento ou recebimento em espécie, ou por título ao portador, de **valor igual ou superior a R$ 100.000,00** (cem mil reais) ou **ao equivalente em outra moeda**, desde que perante o tabelião ou seu preposto. (redação dada pelo Provimento CN n. 161, de 11.3.2024)

Já o art. 160 reforça a **análise cuidadosa e prudente** destinada ao Tabelião de Protesto, neste sentido:

> Art. 160. O tabelião de protesto, ou seu oficial de cumprimento, **deve analisar com especial atenção**, para fins de eventual comunicação à UIF na forma do art. 151, I, operações, propostas de operação ou situações relacionadas a pagamentos ou cancelamentos de títulos protestados: (redação dada pelo Provimento CN n. 161, de 11.3.2024)
>
> I – em **valor igual ou superior a R$ 100.000,00** (cem mil reais), quando o **devedor** for **pessoa física**; (incluído pelo Provimento CN n. 161, de 11.3.2024)
>
> II – em **valor igual ou superior a R$ 500.000,00 (quinhentos mil reais)**, quando o **devedor** for **pessoa jurídica, salvo quando se tratar de instituição do mercado financeiro, do mercado de capitais ou de órgãos e entes públicos**. (incluído pelo Provimento CN n. 161, de 11.3.2024)
>
> Parágrafo único. Ocorrendo qualquer das hipóteses previstas no *caput* deste artigo, o tabelião de protesto, ou oficial de cumprimento, comunicará a operação à Unidade de Inteligência Financeira (UIF), caso a considere suspeita, no prazo previsto no art. 151.

Neste contexto, considera-se **cliente ou usuário cliente do serviço de protesto de título** toda pessoa natural ou jurídica que for identificada no título apresentado, bem como seu apresentante.

Nos ensinamentos do ilustre tabelião Hercules Alexandre da Costa Benício, em artigo publicado na obra *O Novo Protesto de Títulos e Documentos de Dívida. Os Cartórios de Protesto na era dos serviços digitais.* (Coord. EL DEBS, Martha e FERRO JUNIOR, Izaías Gomes. *Breves considerações sobre a participação de Tabeliães de Protesto no sistema de prevenção e combate à lavagem de dinheiro e ao financiamento do terrorismo.* São Paulo: Juspodivm, 2023):

> "Especificamente quanto aos Tabeliães de Protesto, em petição datada de 19/06/2019, a Anoreg/BR, por seu presidente, teve a oportunidade de esclarecer que os deveres de contribuição por parte de tabeliães de protesto deveriam levar em consideração as idiossincrasias do serviço, os princípios da celeridade e da formalidade simplificada, assim como os princípios que regem o direito comercial e cambiário. Confira-se um importante trecho da mencionada petição:
>
> Exigir-se que o tabelião de protesto colete as informações descritas, quando não constantes da apresentação ou do título ou documento apresentado, significa impedir indevidamente o protesto de um título que não as contemple, limitando-se um direito da parte envolvida. O tabelião de protesto não tem a informação do devedor do título – com quem não estabelece relação ou contato –, sendo certo que tais informações muitas vezes sequer o apresentante dispõe, sem que isso configure qualquer ilegalidade.
>
> Ressalte-se que o regime dos títulos de crédito permite que o beneficiário, ou apresentante, receba o título, mas não conheça o devedor, não dispondo de informações quanto a seu documento de identificação ou seu endereço, mas, mesmo assim, necessite do protesto para exercer direitos decorrente do título, situações em que não haverá as informações em questão. Veja-se que o próprio artigo 15 da Lei 9.492/97, ao discriminar as hipóteses de intimação por edital, reconhece que a pessoa a ser protestada pode ser desconhecida, ou, estar em local incerto ou ignorado.
>
> (...)
>
> Vê-se que o ramo do Direito que prepondera no protesto é regido pela simplicidade e proteção à aparência.
>
> Some-se o fato de que o próprio protesto tem seus princípios específicos da celeridade e da formalidade simplificada, os quais, segundo Reinaldo Velloso dos Santos significam que: Não é necessária a apresentação dos atos constitutivos ou da procuração outorgada pelo apresentante, seja pela falta de previsão legal ou normativa, seja por contrariar os princípios da celeridade e de formalidade simplificada, que norteiam o protesto (SANTOS, Reinaldo Velloso. Apontamentos sobre o Protesto Notarial. Tese de Mestrado em Direito pela Universidade de São Paulo, defendida em 2012 – Disponível em: http://reinaldovelloso.not.br/obras.php)."

Assim, a **adoção de política, procedimentos e controles internos** em cumprimento à PLD/FTP dar-se-á de forma:

i) Compatível com o porte da serventia extrajudicial de que se trate e com o volume de suas operações ou atividades;

ii) Orientada por abordagem baseada em risco, de modo proporcional aos riscos de PLD/FTP relacionados às atividades de cada notário ou registrador, que deve identificar e avaliar tais riscos, visando à sua efetiva mitigação; e

iii) Considerando o nível e o tipo de contato com informações documentais e com partes e outros envolvidos, proporcionado pelas características específicas de cada tipo de serviço notarial ou de registro, **inclusive no que se refere à peculiar limitação desse contato no desempenho do serviço de protesto de títulos.**

Uma vez mais, Hercules Benício muito bem pontua que nos Tabelionatos de Protesto, os documentos do apresentante ou do credor podem ser apresentados por meio de cópias digitalizadas assinadas com certificado digital ICP-Brasil de quem o encaminha à Central Eletrônica (CRA e CENPROT), não havendo exigência de apresentação da cópia de todos os documentos (especialmente dos atos constitutivos e dos documentos de representação das pessoas jurídicas), em respeito aos princípios da celeridade e da formalidade simplificada, assim como dos princípios que regem o direito comercial e cambiário. A propósito, o relacionamento dos tabeliães de protesto com as partes usuárias dos serviços é marcado pela impessoalidade (exceto pela identificação dos dados essenciais destas partes, necessários à prática dos atos), não habitualidade, limitação de abrangência territorial e contato reduzido (Op. Cit.).

2. JURISPRUDÊNCIA COMPLEMENTAR

SUPREMO TRIBUNAL FEDERAL

Súmula 387. A cambial emitida ou aceita com omissões, ou em branco, pode ser completada pelo credor de boa-fé antes da cobrança ou do protesto

SUPERIOR TRIBUNAL DE JUSTIÇA SÚMULA

SÚMULA 233: O contrato de abertura de crédito, ainda que acompanhado de extrato da conta corrente, não é título executivo.

JURISPRUDÊNCIA EM TESES DO SUPERIOR TRIBUNAL DE JUSTIÇA ACERCA DOS TÍTULOS DE CRÉDITO

1) Os títulos de crédito com força executiva podem ser cobrados por meio de processo de conhecimento, execução ou ação monitória.

2) O prazo para ajuizamento de ação monitória em face do devedor principal do título de crédito prescrito é quinquenal nos termos do art. 206, § 5º, I, do Código Civil, independentemente da relação jurídica fundamental.

3) As duplicatas virtuais possuem força executiva, desde que acompanhadas dos instrumentos de protesto por indicação e dos comprovantes de entrega da mercadoria e da prestação do serviço.

4) O devedor do título crédito não pode opor contra o endossatário as exceções pessoais que possuía em face do credor originário, limitando-se tal defesa aos aspectos formais e materiais do título, salvo na hipótese de má-fé.

5) O devedor pode alegar contra a empresa de factoring as exceções pessoais originalmente oponíveis contra o emitente do título.

6) A cambial emitida ou aceita com omissões, ou em branco, pode ser completada pelo credor de boa-fé antes da cobrança ou do protesto. (Súmula 387/STF).

7) O avalista do título de crédito vinculado a contrato de mútuo também responde pelas obrigações pactuadas, quando no contrato figurar como devedor solidário. (Súmula nº 26 do STJ).

8) O avalista não responde por dívida estabelecida em título de crédito prescrito, salvo se comprovado que auferiu benefício com a dívida.

9) É válido o aval prestado por pessoa física nas cédulas de crédito rural, pois a vedação contida no § 3º do art. 60 do Decreto-Lei nº 167/67 não alcança o referido título, sendo aplicável apenas às notas promissórias e duplicatas rurais.

10) A autonomia do aval não se confunde com a abstração do título de crédito e, portanto, independe de sua circulação.

11) É indevido o protesto de título de crédito prescrito.

12) O endossatário de título de crédito por endosso-mandato só responde por danos decorrentes de protesto indevido se extrapolar os poderes de mandatário. (Súmula 476 do STJ).

13) Responde pelos danos decorrentes de protesto indevido o endossatário que recebe por endosso translativo título de crédito contendo vício formal extrínseco ou intrínseco, ficando ressalvado seu direito de regresso contra os endossantes e avalistas. (Súmula 475/STJ).

14) O protesto indevido de título enseja indenização por dano moral que se configura in re ipsa.

15) A prescrição da pretensão executória de título cambial não enseja o cancelamento automático de anterior protesto regularmente lavrado e registrado.

16) Incumbe ao devedor providenciar o cancelamento do protesto após a quitação da dívida, salvo pactuação expressa em contrário.

17) A vinculação da nota promissória a um contrato retira-lhe a autonomia de título cambial, mas não a sua executoriedade, desde que a avença seja liquida, certa e exigível.

18) A nota promissória vinculada a contrato de abertura de crédito não goza de autonomia em razão da iliquidez do título que a originou. (Súmula 258/STJ).

19) É nula a obrigação cambial assumida por procurador do mutuário vinculado ao mutuante, no exclusivo interesse deste. (Súmula nº 60 do STJ).

JULGADOS

EMENTA: Civil e Tributário – Protesto de CDA – Lei nº 9.492/1997 – Norma nacional – Plena eficácia – Adoção pela Fazenda Municipal – Possibilidade – Lei local autorizativa – Desnecessidade .

1. "A Fazenda Pública possui interesse e pode efetivar o protesto da CDA, documento de dívida, na forma do art. 1º, parágrafo único, da Lei 9.492/1997, com a redação dada pela Lei 12.767/2012" (Tese firmada no Tema n. 777 do STJ).

2. A Lei n. 9.492/1997, por tratar de matéria afeta ao direito civil e comercial, é de competência legislativa privativa da União (art. 22, I, da CF/1988), sendo, portanto, de caráter nacional, dispensando autorização legislativa local para a sua imediata aplicação pela Fazenda Pública estadual ou municipal.

3. Hipótese em que basta à Fazenda Pública credora atender ao procedimento previsto na própria Lei n. 9.492/1997 para obter o protesto de seu título de crédito (CDA), não havendo necessidade de lei específica do ente tributante que preveja a adoção dessa medida, visto que a citada lei federal (nacional) já é dotada de plena eficácia.

4. O Poder Legislativo de cada ente federativo pode deliberar por restringir a atuação da sua Administração, estabelecendo, por exemplo, condições mínimas de valor e de tempo, para que a CDA seja levada a protesto, sendo certo que, na ausência dessas restrições legais ao protesto, não há óbice para que a Fazenda Pública cobre seu crédito por essa via extrajudicial, que, a toda evidência, é menos grave e onerosa em comparação com o ajuizamento de execução fiscal.

5. Recurso especial provido (STJ – REsp nº 1.895.557 – São Paulo – 1ª Turma – Rel. Min. Gurgel de Faria – DJ 10.08.2021)

EMENTA: Recurso Especial – Embargos de Terceiro – Taxas de manutenção – Loteamento urbano – Débitos anteriores – Arresto – Imóvel – Arrematação – Contrato padrão – Registro – Posteriores adquirentes – Vinculação – Obrigação – Instituição de encargo – Pagamento – Taxa de manutenção – Início – Aquisição

1. Recurso especial interposto contra acórdão publicado na vigência do Código de Processo Civil de 2015 (Enunciados Administrativos nºs 2 e 3/STJ).

2. Cinge-se a controvérsia a definir se (i) houve falha na prestação jurisdicional, (ii) o fato de a cobrança de taxa de manutenção estar prevista no contrato padrão registrado vincula os adquirentes não somente à obrigação de pagar as taxas de associação a partir da aquisição, como também a responder pelos débitos do anterior proprietário, e (iii) a verba honorária foi fixada em valor exacerbado.

3. Não há falar em falha na prestação jurisdicional se o Tribunal de origem motiva adequadamente sua decisão, solucionando a controvérsia com a aplicação do direito que entende cabível, ainda que em desacordo com a expectativa da parte.

4. No julgamento do REsp nº 1.422.859/SP, ficou decidido que por força do disposto na lei de loteamento, as restrições e obrigações constantes no contrato-padrão, depositado em cartório como condição para o registro do projeto de loteamento, incorporam-se ao registro e vinculam os posteriores adquirentes, porquanto dotadas de publicidade inerente aos registros públicos.

5. O fato de a cobrança de taxa de manutenção estar prevista no contrato-padrão registrado no Cartório de Imóveis vincula os adquirentes somente à obrigação de pagar as taxas a partir da aquisição, não abrangendo os débitos do anterior proprietário, diante da ausência de previsão expressa na lei de regência.

6. A não indicação do dispositivo que se tem por violado impede o conhecimento do recurso especial ante a incidência da Súmula nº 284/STF.

7. Recurso especial conhecido em parte e, na parte conhecida, não provido. (STJ – REsp nº 1.941.005 – São Paulo – 3ª Turma – Rel. Min. Ricardo Villas Bôas Cueva – DJ 30.06.2021)

EMENTA: Agravo Interno – Direito cambiário – Endosso-caução – Ampla circulação dos títulos de crédito, conferindo aos terceiros de boa-fé segurança jurídica – Interesse social e econômico – Confusão entre o instituto cambiário do endosso e o civilista da cessão de crédito – Descabimento – Aceite – Declaração cambial, tornando o sacado devedor principal da duplicata – Endossatário pignoratício – Detentor dos direitos emergentes do título, não podendo coobrigados invocar exceções fundadas em relações pessoais – Quitação regular de débito de natureza cambial – Resgate da cártula – Necessidade:

1. A normatização de regência busca proteger o terceiro adquirente de boa-fé para facilitar a circulação do título crédito, pois o interesse social visa proporcionar a sua ampla circulação, constituindo a inoponibilidade das exceções fundadas em direito pessoal do devedor a mais importante afirmação do direito moderno em favor de sua negociabilidade.

2. Na exordial dos embargos à execução, o executado aduziu que não reconhece a higidez da duplicata que aparelha a ação principal, pois o crédito referente à relação fundamental foi quitado por ele diretamente à sacadora. Contudo, à luz do art. 903 do CC, as normas especiais que regem os títulos de crédito prevalecem, e não se pode baralhar, para a solução de questão concernente ao endosso e ao aceite, esses institutos de direito cambiário com o instituto civilista da cessão de crédito, ignorando princípios caros ao direito cambiário (autonomia, abstração, cartularidade, literalidade e inoponibilidade de exceções pessoais).

3. Como a duplicata tem aceite, o art. 15 da Lei n. 5.474./1968 estabelece que a cobrança judicial de duplicata ou triplicata será efetuada de conformidade com o processo aplicável aos títulos executivos extrajudiciais, não havendo necessidade de nenhum outro documento, além do título. E o art. 25 esclarece que aplicam-se à duplicata e à triplicata, no que couber, os dispositivos da legislação sobre emissão, circulação e pagamento das Letras de Câmbio.

4. Havendo aceite, o aceitante se vincula à duplicata, afastada a possibilidade de investigação do negócio causal. Conquanto a duplicata seja causal apenas na sua origem/emissão, sua circulação – após o aceite do sacado ou, na sua falta, pela comprovação do negócio mercantil subjacente e do protesto – rege-se pelo princípio da abstração, desprendendo-se de sua causa original, sendo por isso inoponíveis exceções pessoais a terceiros de boa-fé, como ausência de entrega da mercadoria ou de prestação de serviços, ou mesmo quitação ao credor originário. Precedentes.

5. No tocante à operação de endosso-caução, também denominado endosso-pignoratício, o art. 19 da LUG estabelece que, quando o endosso contém a menção "valor em garantia", "valor em penhor" ou qualquer outra menção que implique uma caução, o portador pode exercer todos os direitos emergentes da letra, mas um endosso feito por ele só vale como endosso a título de procuração. Os coobrigados não podem invocar contra o portador as exceções fundadas sobre as relações pessoais deles com o endossante, a menos que o portador, ao receber a letra, tenha procedido conscientemente em detrimento do devedor.

6. O endosso-caução tem por finalidade garantir, mediante o penhor do título, obrigação assumida pelo endossante perante o endossatário, que desse modo assume a condição de credor pignoratício do endossante. Verificado o cumprimento da obrigação por parte do endossante, o título deve ser-lhe restituído pelo endossatário, não havendo, por isso, ordinariamente, a própria transferência da titularidade do crédito. No entanto, apesar de permanecer proprietário, o endossante transmite os direitos emergentes do título, como ocorre no endosso comum, aplicando-se o princípio da inoponibilidade das exceções pessoais ao endossatário.

7. Não há insegurança para os devedores, pois não se pode ignorar que a "quitação regular de débito estampado em título de crédito é a que ocorre com o resgate da cártula – tem o devedor, pois, o poder-dever de exigir daquele que se apresenta como credor cambial a entrega do título de crédito (o art. 324 do Código Civil, inclusive, dispõe que a entrega do título ao devedor firma a presunção de pagamento)" (REsp n. 1.236.701/MG, Rel. Ministro LUIS FELIPE SALOMÃO, QUARTA TURMA, julgado em 5/11/2015, DJe 23/11/2015).

8. Agravo interno provido (STJ – AgInt no AREsp nº 1.635.968 – Paraná – 4ª Turma – Rel. Min. Luis Felipe Salomão – DJ 04.06.2021

EMENTA: O contrato eletrônico de mútuo com assinatura digital pode ser considerado título executivo extrajudicial. RECURSO ESPECIAL. CIVIL E PROCESSUAL CIVIL. EXECUÇÃO DE TÍTULO EXTRAJUDICIAL. EXECUTIVIDADE DE CONTRATO ELETRÔNICO DE MÚTUO ASSINADO DIGITALMENTE (CRIPTOGRAFIA ASSIMÉTRICA) EM CONFORMIDADE COM A INFRAESTRUTURA DE CHAVES PÚBLICAS BRASILEIRA. TAXATIVIDADE DOS TÍTULOS EXECUTIVOS. POSSIBILIDADE, EM FACE DAS PECULIARIDADES DA CONSTITUIÇÃO DO CRÉDITO, DE SER EXCEPCIONADO O DISPOSTO NO ART. 585, INCISO II, DO CPC/73 (ART. 784, INCISO III, DO CPC/2015). QUANDO A EXISTÊNCIA E A HIGIDEZ DO NEGÓCIO PUDEREM SER VERIFICADAS DE OUTRAS FORMAS, QUE NÃO MEDIANTE TESTEMUNHAS, RECONHECENDO-SE EXECUTIVIDADE AO CONTRATO ELETRÔNICO. PRECEDENTES.

1. Controvérsia acerca da condição de título executivo extrajudicial de contrato eletrônico de mútuo celebrado sem a assinatura de duas testemunhas.

2. O rol de títulos executivos extrajudiciais, previsto na legislação federal em "numerus clausus", deve ser interpretado restritivamente, em conformidade com a orientação tranquila da jurisprudência desta Corte Superior.

3. Possibilidade, no entanto, de excepcional reconhecimento da executividade de determinados títulos (contratos eletrônicos) quando atendidos especiais requisitos, em face da nova realidade comercial com o intenso intercâmbio de bens e serviços em sede virtual.

4. Nem o Código Civil, nem o Código de Processo Civil, inclusive o de 2015, mostraram-se permeáveis à realidade negocial vigente e, especialmente, à revolução tecnológica que tem sido vivida no que toca aos modernos meios de celebração de negócios, que deixaram de se servir unicamente do papel, passando a se consubstanciar em meio eletrônico.

5. A assinatura digital de contrato eletrônico tem a vocação de certificar, através de terceiro desinteressado (autoridade certificadora), que determinado usuário de certa assinatura a utilizara e, assim, está

efetivamente a firmar o documento eletrônico e a garantir serem os mesmos os dados do documento assinado que estão a ser sigilosamente enviados.

6. Em face destes novos instrumentos de verificação de autenticidade e presencialidade do contratante, possível o reconhecimento da executividade dos contratos eletrônicos.

7. Caso concreto em que o executado sequer fora citado para responder a execução, oportunidade em que poderá suscitar a defesa que entenda pertinente, inclusive acerca da regularidade formal do documento eletrônico, seja em exceção de pré-executividade, seja em sede de embargos à execução. 8. RECURSO ESPECIAL PROVIDO. (STJ – REsp: 1495920 DF 2014/0295300-9, Relator: Ministro PAULO DE TARSO SANSEVERINO, Data de Julgamento: 15/05/2018, T3 – TERCEIRA TURMA, Data de Publicação: DJe 07/06/2018)

EMENTA: RECURSO ESPECIAL. EMBARGOS À EXECUÇÃO. CONTRATO DE FACTORING.

1. NEGATIVA DE PRESTAÇÃO JURISDICIONAL. NÃO OCORRÊNCIA. NECESSIDADE DE OPOSIÇÃO DOS EMBARGOS DE DECLARAÇÃO NA ORIGEM. RECONHECIMENTO. IMPOSIÇÃO DE MULTA. AFASTAMENTO.2. CLÁUSULA QUE ESTABELECE A RESPONSABILIZAÇÃO DA FATURIZADA, NÃO APENAS PELA EXISTÊNCIA, MAS TAMBÉM PELA SOLVÊNCIA DOS CRÉDITOS CEDIDOS À FATURIZADORA, INCLUSIVE COM A EMISSÃO DE NOTAS PROMISSÓRIAS DESTINADAS A GARANTIR TAL OPERAÇÃO, A PRETEXTO DE ATENDIMENTO AO PRINCÍPIO DA AUTONOMIA DA VONTADE E APLICAÇÃO DO ART. 290 DO CÓDIGO CIVIL. IMPOSSIBILIDADE. VULNERAÇÃO DA PRÓPRIA NATUREZA DO CONTRATO DE FACTORING. RECONHECIMENTO 3. AVAL APOSTO NAS NOTAS PROMISSÓRIAS EMITIDAS PARA GARANTIR A INSOLVÊNCIA DOS CRÉDITOS CEDIDOS EM OPERAÇÃO DE FACTORING. INSUBSISTÊNCIA. INTERPRETAÇÃO DO ART. 899, § 2º, DO CÓDIGO CIVIL. 4. RECURSO ESPECIAL PARCIALMENTE PROVIDO.

1. O aresto recorrido, coerente com o entendimento adotado, com suficiente fundamentação, não padece do vício de julgamento apontado. No entanto, não se pode deixar de reconhecer a absoluta pertinência da oposição dos embargos de declaração, para que a parte sucumbente, sobretudo em virtude da reforma da sentença de procedência, obtivesse, na origem, a efetiva deliberação judicial acerca de matéria relevante, a fim de autorizar seu questionamento perante esta Corte Superior. Afastamento da multa imposta.

2. O contrato de factoring não se subsume a uma simples cessão de crédito, contendo, em si, ainda, os serviços prestados pela faturizadora de gestão de créditos e de assunção dos riscos advindos da compra dos créditos da empresa faturizada. O risco advindo dessa operação de compra de direitos creditórios, consistente justamente na eventual inadimplência do devedor/sacado, constitui elemento essencial do contrato de factoring, não podendo ser transferido à faturizada/cedente, sob pena de desnaturar a operação de fomento mercantil em exame. 2.1 A natureza do contrato de factoring, diversamente do que se dá no contrato de cessão de crédito puro, não dá margem para que os contratantes, ainda que sob o signo da autonomia de vontades que regem os contratos em geral, estipulem a responsabilidade da cedente (faturizada) pela solvência do devedor/sacado. Por consectário, a ressalva constante no art. 296 do Código Civil – in verbis: "Salvo estipulação em contrário, o cedente não responde pela solvência do devedor" – não tem nenhuma aplicação no contrato de factoring.

3. Ratificação do posicionamento prevalecente no âmbito desta Corte de Justiça, segundo o qual, no bojo do contrato de factoring, a faturizada/cedente não responde, em absoluto, pela insolvência dos créditos cedidos, afigurando-se nulos a disposição contratual nesse sentido e eventuais títulos de créditos emitidos com o fim de garantir a solvência dos créditos cedidos no bojo de operação de factoring, cujo risco é integral e exclusivo da faturizadora. Remanesce, contudo, a responsabilidade da faturizadora pela existência do crédito, ao tempo em que lhe cedeu (pro soluto). Divergência jurisprudencial afastada.

4. A obrigação assumida pelo avalista, responsabilizando-se solidariamente pela obrigação contida no título de crédito é, em regra, autônoma e independente daquela atribuída ao devedor principal. O avalista equipara-se ao avalizado, em obrigações. Sem descurar da autonomia da obrigação do avalista, assim estabelecida por lei, com relevante repercussão nas hipóteses em que há circulação do título, deve-se assegurar ao avalista a possibilidade de opor-se à cobrança, com esteio nos vícios que inquinam a própria relação originária (engendrada entre credor e o avalizado), quando, não havendo circulação do título, o próprio credor, imbuído de má-fé, é o responsável pela extinção, pela nulidade ou pela inexistência da obrigação do avalizado.

4.1 É de se reconhecer, para a hipótese retratada nos presentes autos, em que não há circulação do título, a insubsistência do aval aposto nas notas promissórias emitidas para garantir a insolvência dos créditos cedidos em operação de factoring. Afinal, em atenção à impossibilidade de a faturizada/cedente responder pela insolvência dos créditos cedidos, afigurando-se nula a disposição contratual nesse sentido, a comprometer a própria existência de eventuais títulos de créditos emitidos com o fim de garantir a operação de fomento mercantil, o aval ali inserido torna-se, de igual modo, insubsistente.

4.2 Esta conclusão, a um só tempo, obsta o enriquecimento indevido por parte da faturizadora, que sabe ou deveria saber não ser possível transferir o risco da operação de factoring que lhe pertence com exclusividade, e não compromete direitos de terceiros, já que não houve circulação dos títulos em comento.

5. Recurso especial parcialmente provido, apenas para afastar a multa imposta na origem.

EMENTA: CONTRATO DE CÂMBIO E PROTESTO EXTRAJUDICIAL. RECURSO ESPECIAL. OMISSÃO, CONTRADIÇÃO OU OBSCURIDADE. INEXISTÊNCIA. A LEI nº 4.278/1965 ESTABELECE A NECESSIDADE DE PROTESTO DO CONTRATO DE CÂMBIO PARA QUE CONSTITUA INSTRUMENTO HÁBIL À EXECUÇÃO. OS TABELIÃES DE SERVENTIAS EXTRAJUDICIAIS SÃO DOTADOS DE FÉ PÚBLICA, DEVENDO VELAR PELA AUTENTICIDADE, PUBLICIDADE E SEGURANÇA DOS ATOS E NEGÓCIOS JURÍDICOS, EM ATIVIDADES SUBMETIDAS AO CONTROLE DAS CORREGEDORIAS DE JUSTIÇA. O PROTESTO DO CONTRATO DE CÂMBIO É FORMALIDADE QUE NÃO CRIA DIREITO, E A EXIGIBILIDADE DA OBRIGAÇÃO PRESCINDE DO ATO CARTORÁRIO. APONTADAS NULIDADES, NO TOCANTE À INTIMAÇÃO DO PROTESTO, REALIZADA, COM AUTONOMIA, POR CARTÓRIO DE PROTESTO, TÊM POR BASE TÃO SOMENTE ILAÇÕES, SEM NENHUMA DEMONSTRAÇÃO NOS AUTOS, MEDIANTE A INDICAÇÃO DE ELEMENTO DE PROVA ACERCA DA SUA OCORRÊNCIA. ADEMAIS, O INSTRUMENTO DE PROTESTO É SUFICIENTE À EXECUÇÃO, DEVENDO EVENTUAIS DANOS COMPROVADOS ORIUNDOS DE VÍCIOS DE ATOS A CARGO DO CARTÓRIO SEREM REPARADOS PELO TABELIÃO. OUTROSSIM, NÃO SE PODE SIMPLESMENTE DECLARAR A NULIDADE DE ATO PRATICADO, COM REGISTRO EM LIVRO PRÓPRIO, SEM A DEVIDA RETIFICAÇÃO (AVERBAÇÃO), E SEM QUE NEM MESMO INTEGRE O TABELIÃO O POLO PASSIVO.

1. O art. 75, *caput*, da Lei nº 4.278/1965 dispõe que o contrato de câmbio, desde que protestado por oficial competente para o protesto de títulos, constitui instrumento bastante para requerer a ação executiva. É dizer, deve o exequente instruir a execução com o instrumento de protesto – que lhe é entregue pelo tabelião, após o cumprimento de todas as formalidades para efetivação do ato solene do protesto extrajudicial (art. 22 da Lei nº 9.492/1997) e seu respectivo registro em livro próprio.

2. Nessa linha de intelecção, o art. 1º, c/c o art. 5º, III, ambos da Lei nº 8.935/1994 (Lei dos Cartórios), estabelece que os serviços de protesto são destinados a assegurar a publicidade, autenticidade e eficácia dos atos jurídicos, consagrando o princípio da oficialidade, o qual informa que os atos das serventias extrajudiciais são oficiais, realizados por agente público a quem o Estado delega serviços, que gozam de presunção legal de veracidade – por isso, não pode ser elidida mediante simples ilações da parte. Isso porque os agentes públicos de serventias extrajudiciais são dotados de fé pública, tendo atribuição legal de proceder às atividades delegadas pelo Estado, submetidas ao controle das Corregedorias de justiça, que devem ser bem desempenhadas, consoante os princípios que regem a administração pública.

3. Com efeito, embora, em linha de princípio, seja possível infirmar a veracidade de certidão emitida por tabelião, é necessária a demonstração por parte do interessado da ausência de higidez do ato,

mediante apresentação ou indicação de elemento de prova idôneo a afastar a presunção legal (*iuris tantum*)

4. Não havendo má-fé do exequente (pois a ninguém é dado se beneficiar da própria torpeza), como o protesto é mera formalidade exigida pela lei – não criando direito novo, pois a exigibilidade da obrigação independe do ato, e há ampla autonomia do tabelião, além do que aquele que aponta o título a protesto não tem nenhuma ingerência sobre as atividades privativas cartorárias.

5. Ademais, é bem de ver que os serviços dos cartórios extrajudiciais têm por escopo desempenhar a publicidade e eficácia de atos jurídicos previstos nas leis civis e mercantis, por isso compreende modalidade de administração pública do direito e de interesses privados, tendo o duplo escopo de proteger e assegurar interesses distintos, o social e o privado. O interesse ali verificado transborda a esfera dos indivíduos diretamente envolvidos (RODRIGUES, Marcelo. *Tratado de registros públicos e direito notarial*. São Paulo: Atlas, 2014, p. 10, 13 e 14).

6. Dessarte, não se pode simplesmente declarar a nulidade de ato praticado, com registro em livro próprio, sem a devida retificação (averbação). É dizer, é demanda que depende da integração do tabelião ao polo passivo e a necessária intervenção do Ministério Público como *custos legis* – inclusive, para que tenha ciência formal acerca de eventuais ilegalidades/improbidades cometidas, no âmbito da serventia, ou mesmo por parte de quem apontou o documento a protesto, visto que, *v.g.*, consoante disposto no art. 15, § 2º, da Lei nº 9.492/1997, aquele que fornecer endereço incorreto, agindo de má-fé, responderá por perdas e danos, sem prejuízo de outras sanções civis, administrativas ou penais.

7. Recurso especial provido. (STJ – REsp nº 1.181.930 – Santa Catarina – 4ª Turma – Rel. Min. Luis Felipe Salomão – DJ 24.11.2015)

EMENTA: PROTESTO DE SENTENÇA CONDENATÓRIA, TRANSITADA EM JULGADO. POSSIBILIDADE. EXIGÊNCIA DE QUE REPRESENTE OBRIGAÇÃO PECUNIÁRIA LÍQUIDA, CERTA E EXIGÍVEL.

1. O protesto comprova o inadimplemento. Funciona, por isso, como poderoso instrumento a serviço do credor, pois alerta o devedor para cumprir sua obrigação.

2. O protesto é devido sempre que a obrigação estampada no título é líquida, certa e exigível.

3. Sentença condenatória transitada em julgado, é título representativo de dívida – tanto quanto qualquer título de crédito.

4. É possível o protesto da sentença condenatória, transitada em julgado, que represente obrigação pecuniária líquida, certa e exigível.

5. Quem não cumpre espontaneamente a decisão judicial não pode reclamar porque a respectiva sentença foi levada a protesto. (STJ – RESP 200500808450, Ministro HUMBERTO GOMES DE BARROS, DJE 16/06/2009)

⊙ TRIBUNAL REGIONAL DO TRABALHO 9ª REGIÃO

EMENTA: PROTESTO DE TÍTULO EXECUTIVO JUDICIAL. INSCRIÇÃO DOS DEVEDORES NOS SERVIÇOS DE PROTEÇÃO AO CRÉDITO. Cabível o protesto de títulos e documentos que representem dívidas líquidas, certas e exigíveis, entre as quais se incluem as sentenças trabalhistas, nos termos da Lei nº 9.492/97, inclusive com a inscrição do devedor nos serviços de proteção ao crédito. Agravo de petição da Exequente conhecido e provido.

⊙ TRIBUNAL REGIONAL DO TRABALHO 2ª REGIÃO

EMENTA: PROTESTO NOTARIAL DA SENTENÇA JUDICIAL. EXECUÇÃO. A Recomendação da Corregedoria-Geral da Justiça do Trabalho para o cancelamento do convênio com os cartórios de protesto, bem como para a revogação da Seção da Consolidação das Normas da Corregedoria do TRT da 2ª Região, que disciplinava o uso de tal convênio, não implica em reprovação ao seu uso. Ao contrário, o juízo sobre a conveniência, a oportunidade e o cabimento do protesto do crédito trabalhista é jurisdicional, devendo ser avaliada pelo magistrado no caso. O protesto da sentença revela-se medida útil, porquanto visa à obtenção de resultado prático equivalente à tutela específica, nos termos do § 5º, do art. 461 do CPC, já que é uma forma de compelir o devedor recalcitrante a adimplir seu débito, conferindo, assim, maior efetividade à decisão judicial e credibilidade no Poder Judiciário, além de se mostrar um legítimo instrumento de amparo aos interesses do credor, previsto no art. 1º da Lei nº 9.492/1997. Agravo de petição do reclamante provido. (TRT 2ª Região – Agravo de Petição nº 0182700-79.2002.5.02.0005 – São Paulo – 14ª Turma – Rel. Des. Manoel Antonio Ariano – DJ 20.08.2015)

⊙ TRIBUNAL DE JUSTIÇA DO ESTADO DE SÃO PAULO CORREGEDORIA-GERAL DA JUSTIÇA

EMENTA: Protesto. Nota promissória. Fomento mercantil. Qualificação notarial. NOTA PROMISSÓRIA. Vínculo expresso com contrato de fomento mercantil. Impossibilidade de ser protestada isoladamente. Dever do tabelião de analisar a legalidade do título levado a protesto. Pedido de providências improcedente. Recurso não provido. > Vide nota no final da decisão. Editor. @1110064-95.2016.8.26.0100, São Paulo, j. 13/6/2017, DJe de 24/7/2017, Rel. MANOEL DE QUEIROZ PEREIRA CALÇAS. Legislação: LP – 9.492/1997, art. 9º; CC2002 – 10.406/2002, art. 296; LO – 11.101/05, art. 94, inc. I.

EMENTA: Tabelião de protesto – Recebimento de título para protesto que não constitui título executivo extrajudicial – Sinalagma configurador da avença bilateral com obrigações diversas para ambas as partes – Necessidade, não obstante se tratar de documento assinado por duas testemunhas, e da existência de cláusula na qual as partes reconhecem se tratar de título executivo, de análise cuidadosa para valoração dos atributos de certeza, liquidez e exigibilidade, no momento em que o título é apresentado para protesto, conforme previsto no Capítulo XV, itens 16, 17, 20 e 22 das NSCGJ – Conduta que configura em tese infração disciplinar, passível de apuração, observados o contraditório e o direito de defesa – Decisão de arquivamento reformada para tal finalidade – Recurso provido.

EMENTA: LOCALIZA RENT A CAR S.A. – PROPOSTA DE ADOÇÃO DE MEDIDAS VISANDO POSSIBILITAR O PROTESTO DOS CONTRATOS DE LOCAÇÃO DE VEÍCULOS. (PROCESSO CG Nº 864/2004 – PARECER Nº 076/05-E). PROTESTO DE TÍTULOS E OUTROS DOCUMENTOS DE DÍVIDA – Alcance desta terminologia – Inteligência da Lei nº 9.492/97 à luz do hodierno ordenamento jurídico – Possibilidade de protesto dos títulos executivos judiciais e extrajudiciais – Atributos de liquidez, certeza e exigibilidade – Caráter normativo – Inclusão do contrato de locação de veículo desde que ajustado ao inciso II do artigo 585 do Código de Processo Civil. Excelentíssimo Senhor Corregedor Geral da Justiça: Cuida-se de postulação apresentada por Localiza Rent a Car S/A., com o fito de que contratos de locação de veículos, uma vez adequados às prescrições do inciso II do artigo 585 do Código de Processo Civil, sejam considerados documentos de dívida para os efeitos da Lei nº 9.492/97 e, portanto, passíveis de protesto. Anexou peças para respaldar o pleito. Foi determinada a vinda aos autos de cópias de pareceres anteriores, sobre temas correlatos, produzidos na seara desta Corregedoria-Geral e prolatados nos processos CG nºs. 2.374/97, 1.500/02 e 168/03. Relatei. Doravante, opino. Passa, necessariamente, o deslinde do problema apresentado por estudo mais amplo, concernente a questão de base que não é nova no âmbito desta sede correcional, tanto que deu azo a reiterados pareceres, como se pode verificar por meio das xerocópias encartadas aos presentes autos. Trata-se da efetiva inteligência da expressão "outros documentos de dívida", instituída pela Lei nº 9.492/97, diploma especial de regência, ao definir o alcance do protesto extrajudicial. Esse o tema primacial a ser enfrentado, pois o fundamento da pretensão da postulante consiste, claro está, na alegada conformidade do contrato de locação de veículo, por adrede moldado, aos termos do inciso II do artigo 585 do Código de Processo Civil, com consequente natureza de título executivo extrajudicial. Isto tendo em vista que, à luz da argumentação por ela desenvolvida, seriam protestáveis, enquanto inseridos na previsão do artigo 1º da lei *supra* mencionada, todos os títulos executivos vislumbrados pela legislação processual, incluindo-se, naturalmente, aquele de seu interesse, ora em mira. Sabido é que esta Corregedoria-Geral, com arrimo nos aludidos pareceres, vem atribuindo interpretação restritiva ao texto legal focalizado, o que deixa ao desamparo, em tese, a postulação articulada. Todavia, se a prudência parecia recomendar, num primeiro momento, postura conservadora, novos matizes foram paulatinamente acrescentados ao quadro debuxado, de modo a tornar imperativo o reexame da matéria. Deveras, no processo CG nº 2.374/97, com fulcro no primeiro daqueles pareceres, proferido em 02 de setembro de 1998, perfilhou-se o entendimento de que não basta "que a nova lei que regulou a atividade de protesto permita o protesto de outros documentos de dívida. Estes hão de contar com expressa e específica previsão normativa no direito positivo para que possam ser protestados por falta de pagamento. Sem que se encontre essa previsão referida, não basta a genérica previsão encontrada na Lei Federal 9.492/97 para que se permita o protesto de qualquer documento de dívida". Sobreveio a Lei Estadual nº 10.710, de 29 de dezembro de 2000, por força da qual passou a constar do item 14 da Tabela XI da Lei Estadual nº 4.476/84 que "compreendem-se como títulos e outros documentos de dívidas sujeitos a protesto comum ou falimentar os títulos de crédito, como tais definidos em lei, e os documentos considerados como títulos executivos judiciais ou extrajudiciais pela legislação processual... ". Não obstante, no processo CG nº 1.500/2002, prevaleceu o entendimento de que "a lei estadual ao estabelecer que são sujeitos a protesto comum ou falimentar os documentos considerados como títulos executivos judiciais ou extrajudiciais pela legislação processual, embora não esteja criando título ou documento de crédito, está tratando de forma genérica do que deveria ser objeto de lei específica". Aduziu-se que, mantido, quanto à Lei nº 9.492/97, "o entendimento de que o seu artigo 1º deva ser interpretado restritivamente, não se pode concluir que a lei estadual tenha ampliado o rol de documentos que podem ser protestados". Hodiernamente, entretanto, à luz de novos e significativos elementos, de cunho legislativo (pense-se, v.g., no advento do novo Código Civil, da recente Lei de Falências e, ainda, da Lei Estadual nº 11.331/02, engendrada de forma mais madura, estudada, discutida e transparente), doutrinário e, mesmo, fático, bem como ponderada a dinâmica das relações jurídicas, impende reconhecer que esse enfoque restritivo pode ceder espaço a interpretação que consagre o alcance emanado da lógica do ordenamento presente. Mais que plausível, na sistemática atual, admitir o apontamento dos títulos executivos contemplados pela lei processual, dotados dos atributos de liquidez, certeza e exigibilidade (CPC, art. 586). Com efeito, a viabilizar tal interpretação se acham ingredientes sobrevindos, acrescentados pela modernidade e adiante melhor analisados, tais como, para exemplificar, a consagração da boa-fé objetiva pelo diploma civil substantivo, o condão de interromper a prescrição por este atribuído ao protesto extrajudicial e a ausência de tratamento discriminatório no estatuto falencial que justifique diferenciar os documentos sujeitos a protesto falimentar dos demais protestáveis. Carlos Maximiliano, citando Ferrara, discorre, numa visão teleológica, sobre a atividade interpretativa como fator de progresso do Direito: "A pesquisa não fica adstrita ao objetivo primordial da regra obrigatória; descobre também o fundamento *hodierno da mesma. A ratio júris é uma força viva e móvel que anima os dispositivos e os acompanha no seu desenvolvimento. 'É como uma linfa que conserva sempre verde a planta da lei e faz de ano em ano desabrocharem novas flores e surgirem novos frutos'. Não só o sentido evolve, mas também o alcance* das expressões de Direito" (Hermenêutica e Aplicação do Direito, 11ª ed., Forense, Rio de Janeiro, 1990, pág. 154). Que o intérprete não se deixe obnubilar por considerações sobre as origens do protesto, que o vinculam ao direito cambiário. Não se nega a história do instituto, que inclusive faz compreensível, por amor à tradição e para distingui-lo do protesto judicial, denominá-lo, eventualmente, protesto cambial, mesmo após o advento de diploma especial de regência que não adota tal nomenclatura, qual seja a Lei nº 9.492/97. Mas falta base para pretender que dito instituto permaneça eternamente agrilhoado ao berço, sem horizonte algum. Não será a primeira vez que uma figura jurídica originalmente concebida para viger num universo mais apertado terá seu espectro expandido com vistas ao atendimento de outras situações compatíveis com sua natureza, por força de necessidades ditadas pelo desenvolvimento das relações jurídicas e pelo próprio interesse social. O fenômeno pode ser aqui, incidentalmente, percebido. Num contexto de inadimplência crescente, a nova dimensão que, segundo se conclui, o ordenamento dá ao protesto, apresenta potencial de contribuir para a inibição da recalcitrância e, mesmo, de evitar, em alguma medida, a canalização de demandas ao já abarrotado Poder Judiciário. Isto porque não se pode negar, a par das finalidades clássicas do protesto, o efeito exercido sobre o devedor no sentido de compeli-lo ao cumprimento da obrigação, quer para garantir seu prestígio na praça, quer, até, sob o prisma psicológico. Como lembrado por José de Mello Junqueira e Silvério Paulo Braccio, "com o protesto previnem-se possíveis conflitos entre credor e devedor, porquanto a maioria das pessoas apontadas no Serviço de Protesto comparecem e quitam seus débitos, evitando o ingresso de ações e execuções judiciais, com todos os custos a elas inerentes. O Serviço de Protesto tem, assim, a missão importante, eficaz de acelerar a solução de créditos pendentes e não honrados no vencimento" (Protesto de Títulos, edição do Instituto de Estudos de Protesto de Títulos, pág. 11). Pertinente, outrossim, o pragmático raciocínio de Sílvio de Salvo Venosa: "De há muito o sentido social e jurídico do protesto, mormente aquele denominado facultativo, deixou de ter o sentido unicamente histórico para o qual foi criado. Sabemos nós, juristas ou não, que o protesto funciona como fator psicológico para que a obrigação seja cumprida. Desse modo, a estratégia do protesto se insere no *iter do credor para receber seu crédito, independentemente do sentido original consuetudinário do instituto. Trata-se, no mais das vezes, de mais uma tentativa extrajudicial em prol do recebimento do crédito. Ora, por rebuços ou não, o fato é que os juristas tradicionais nunca se preocuparam com esse aspecto do protesto, como se isso transmitisse uma capitis deminutio* ao instituto do protesto e a sua Ciência. Não pode, porém, o cultor do direito e o magistrado ignorar a realidade social. Esse aspecto não passa despercebido na atualidade" (Direito Civil, 3ª ed., Atlas, São Paulo, 2003, págs. 470/471). Complementa Ermínio Amarildo Darold, frisando que o protesto "guarda, também, a relevante função de constranger legalmente o devedor ao pagamento, sob pena de ter lavrado e registrado contra si ato restritivo de crédito, evitando, assim, que todo e qualquer inadimplemento vislumbre na ação judicial a única providência jurisdicional possível" (*apud* Venosa, ob. cit., pág. 471). Campeia, infelizmente, a cultura da inadimplência e já é tempo de abrir caminhos para que quem ostente créditos líquidos, certos e exigíveis, representados por títulos executivos reconhecidos pela legislação, tenha alguma perspectiva de receber com mais agilidade. E negar que a possibilidade de protesto gera esse efeito seria ignorar a realidade dos fatos. Note-se que esses atributos de liquidez, certeza e exigibilidade, a serem devidamente aferidos pelo Tabelião em sede de qualificação, permitem presumir a boa-fé do credor, em detrimento da postura do devedor, justificando que se deixe a este último o ônus de ir a Juízo buscar a sustação (ou, numa etapa seguinte, o cancelamento) caso entenda haver razão para tanto. Em face de dívida dessa nitidez, a conduta que se esperaria, objetivamente, do sujeito passivo seria a de simplesmente pagar, cumprindo-lhe, caso considere que há motivo justo para proceder de outro modo, a iniciativa de demonstrá-lo. Conforme destaca Hermann Eichler, invocado pelo autor português António Manuel da Rocha e Menezes Cordeiro (Da Boa Fé no Direito Civil, 2ª reimpressão, Coleção Teses, Livraria Almedina, Coimbra, 2001, pág. 1.240), "o princípio de comportamento segundo a boa fé quer dizer que se deve actuar como, no tráfego, se é de esperar uns dos outros" (sic). Oportuna a análise de Álvaro Villaça Azevedo (Código Civil Comentado, vol. II, Atlas, São Paulo, 2003, pág. 81): "a aplicação do princípio da boa-fé traz para a ordem jurídica um elemento de Direito Natural, que passa a integrar a norma de direito. A boa-fé é um estado de espírito que leva o sujeito a praticar um negócio em clima de aparente segurança... Cito, nesse passo, o § 242 do Código Civil Alemão (BGB): 'o devedor está obrigado a executar a prestação como exige a boa-fé...' ". Neste contexto, o protesto concita-o, solenemente, a fazê-lo. Pondere-se que o princípio da boa-fé objetiva, erigido à categoria de direito positivo pelo novo Código Civil (artigos 113 e 422), dá o tom do direito obrigacional por ele albergado. Eis, pois, uma primeira indicação de que a superveniência deste diploma substantivo reforça a autoridade da interpretação que coloca os referidos títulos executivos da legislação processual ao abrigo do conceito de "outros documentos de dívida", introduzido pela Lei nº 9.492/97, de modo que o protesto possa alcançá-los. O temor de que ocorra algum abuso não justifica renitência em subtraí-los ao protesto quando a sã hermenêutica está a apontar em sentido contrário. Aliás, a perspectiva de eventual distorção, ou seja, a possibilidade de abuso de direito, é decorrência lógica da existência do próprio direito. Vale dizer, consagrado qualquer direito pela ordem jurídica, sempre haverá espaço, infelizmente, para que a cupidez humana conduza a seu exercício desvirtuado, indevido e abusivo. Mas, nem por isso, sob pena de dar guarida a ainda maior iniquidade, há que se negar vigência àquele direito em si, concebido, por óbvio, para ser exercido de forma lícita e regular. Por isso mesmo, lei e doutrina, em várias passagens, a propósito de temas diversos, sobrelevam o "exercício regular de um direito". Acertada, nessa linha, a reflexão do MM. Juiz Venício Antonio de Paula Salles, expendida no processo nº 000.01.335987-8: "O abuso, a simulação devem ser firmemente punidos, mas a possibilidade ou potencialidade destes não pode fragilizar ou inviabilizar o exercício deste direito". E se, de um lado, o novel estatuto civil substantivo enfatiza a ideia de boa-fé objetiva, é de rigor sublinhar que sua chegada trouxe, outrossim, importante inovação acerca do protesto que evidencia a pertinência de estendê-lo aos títulos executivos elencados na legislação processual. Trata-se do condão de interromper o curso do lapso prescricional, previsto no inciso III de seu artigo 202. Convém lembrar o teor da agora superada Súmula nº 153 do C. Supremo Tribunal Federal: "Simples protesto cambiário não interrompe a prescrição". Faltava, deveras, disposição que o autorizasse no diploma de 1916, o qual conferia tal efeito somente ao chamado protesto judicial. Comentando o novo Código, não se olvidam os doutrinadores do aspecto que aqui particularmente interessa, demonstrando como sua promulgação deu força à inteligência ora proposta quanto ao texto da Lei nº 9.492/97. Nesse diapasão, Gustavo Tepedino, Heloísa Helena Barboza e Maria Celina Bodin de Moraes afirmam: "Importante ressaltar que o protesto extrajudicial que interrompe a prescrição não está restrito aos títulos de créditos, uma vez que a L. 9.492/97 passou a dispor que são protestáveis os 'documentos de dívida', ainda que não configurem um título de crédito. Basta para tanto que o documento espelhe uma dívida líquida, certa e exigível" (Código Civil Interpretado Conforme a Constituição da República, Renovar, Rio de Janeiro, 2004, pág. 384). Humberto Theodoro Júnior também se ateve ao assunto: "Pode-se interromper pelo protesto extrajudicial, na sistemática vigente, não apenas a prescrição das pretensões derivadas dos títulos cambiários, mas também os que provém de todos os negócios instrumentalizados em documentos passíveis de protesto, nos termos da Lei nº 9.492, de 10.09.97" (Comentários ao Novo Código Civil, 2ª ed., vol. III, tomo II, Forense, R. J., 2003, pág. 267). Eis sua explicação detalhada, à guisa de fundamento da assertiva: "A Lei nº 9.492, de 10.09.97, definiu com maior amplitude a competência e a regulamentação dos serviços concernentes ao protesto de títulos e outros documentos de dívida. Além do maior detalhamento procedimental, essa lei inovou quanto aos títulos protestáveis, que tradicionalmente eram apenas os títulos cambiários e outros títulos de crédito similares e, eventualmente, algum outro documento expressamente arrolado em lei especial. Com a Lei nº 9.492 passaram a ser protestáveis, genericamente, 'os documentos de dívida', a par dos títulos de crédito. Uma vez, porém, que o protesto visa a comprovar a mora do devedor e como esta pressupõe 'dívida líquida e exigível' (Código Civil, art. 397), não será qualquer documento de dívida que se apresentará como protestável, mas apenas o que retratar obrigação líquida, certa e exigível. **Em outros termos, no regime da Lei nº 9.492 a expressão 'outros documentos de dívida' corresponde aos papéis a que se atribui a qualidade de título executivo judicial ou extrajudicial, para fins de execução por quantia certa (CPC, arts. 584 e 585), dentre os quais se destacam a própria sentença civil condenatória, a escritura pública, e qualquer documento público assinado pelo devedor, ou particular assinado pelo devedor e duas testemunhas, desde que atendam às exigências de liquidez, certeza e exigibilidade (art. 586)" (ob. cit., págs. 266/267). Bem andou o doutrinador ao tratar os "outros documentos de dívida" como uma categoria distinta dos títulos de crédito e trazida, *ex novo*, para a seara do protesto.** A conclusão nada mais é do que corolário da máxima sabida segundo a qual a lei, por princípio, não contém palavras inúteis. *Verba cum effectu sunt accipienda*. Encaixa-se aqui o raciocínio de José de Mello Junqueira, segundo o qual "a lei se utilizou palavras certas e juridicamente definidas: *títulos e outros documentos... Por evidente que a expressão título* deste dispositivo legal quer significar aqueles cambiários, termo de significado restrito, porque o legislador, a seguir, se refere também, a documentos de dívida, expressão de maior significado" (Locação – Protesto, palestra proferida no Centro de Estudos e Debates do Segundo Tribunal de Alçada Civil, em 21/03/2002, publicada no Boletim Eletrônico do IRIB nº 467, de 04/04/2002). Se, porém, cogita-se de conceitos distintos, nem por isso uma e outra categoria deixam de apresentar, em comum, as características de liquidez, certeza e exigibilidade. Foram precisamente tais atributos que permitiram conceber, na origem, o protesto dos títulos de crédito em sentido estrito, assim como a possibilidade de sua pronta execução. E, expressamente conferidos (CPC, art. 586), também, aos demais títulos executivos agasalhados pela legislação processual, justifica-se que sejam estes reputados protestáveis na qualidade de "outros documentos de dívida". Evidente, com efeito, a potência diferenciada que incorporam e que autoriza tal entendimento. Enrico Tullio Liebman teve a compreensão dessa força, ao asseverar que o título executivo "traz consigo, digamos assim, acumulada e consolidada toda a energia necessária para que o credor possa eficazmente exigir e o órgão público possa efetivamente desenvolver a atividade destinada a atingir o resultado que o próprio título indica ser conforme ao direito" (Processo de Execução, 5ª ed., Saraiva, 1986, pág. 21). São considerações perfeitamente compatíveis com o exposto pelo aludido José de Mello Junqueira: "Conclusão inevitável que todos os títulos e documentos de dívida que encerrem dívida líquida, certa e exigível são protestáveis e, portanto, todos os títulos que admitem direta execução são protestáveis" (última ob. cit.). Percebe-se, pois, que sua visão coincide com a de Humberto Theodoro Júnior. Trilham a mesma senda outros estudiosos. Assim, para Míriam Comassetto Wolfenbuttel, "a posição que ocupa espaço, hodiernamente, é no sentido de que o legislador, ao se referir a 'outros documentos de dívida' fez alusão a qualquer documento de dívida passível de execução, ou seja, que este documento seja líquido, certo e exigível. Portanto, infere-se que uma das inovações introduzidas pela Lei nº 9.492, de 10 de setembro de 1997, diz respeito à amplitude dos títulos sujeitos a protesto cambiário, uma vez que a lei referiu-se a 'outros documentos de dívida', não restringindo, portanto, a prática deste ato específico aos títulos de crédito e contas judicialmente verificadas, como ocorria anteriormente ao advento desta legislação" (O Protesto Cambiário como Atividade Notarial, Labor Juris, São Paulo, 2001, pág. 75). Do mesmo alvitre Pedro Luiz Pozza, ao asseverar que "a interpretação mais lógica é no sentido de entender-se que documento de dívida é todo título executivo, judicial ou extrajudicial" (Algumas Linhas sobre a Lei nº 9.492/97, pub. no Caderno de Doutrina da Tribuna da Magistratura, jan./fev. de 1999). Não está solteira, pois, a manifestação do magistrado Venício Antonio de Paula Salles no ensejo antes mencionado, quando ressaltou "os laços que tornam intrinsecamente inseparáveis o protesto e a execução judicial, ... pois em princípio todo e qualquer título executável, deve permitir o protesto. Os pressupostos de um e de outro, por óbvio, são os mesmos, posto que se exige certeza e liquidez da dívida, tanto para o protesto como para o embasamento judicial". Sobre o tema pronunciou-se Sílvio de Salvo Venosa: "Se levarmos em conta a tradição e a origem histórica do protesto, é evidente que não é qualquer documento representativo de obrigação que pode ser protestado. O legislador não foi expresso a esse respeito e parece evidente que sua intenção não foi tornar o protesto uma panacéia ou um placebo jurídico. **Considerando que o protesto de origem cambiária sempre foi utilizado para títulos representativos de dívida líquida e certa que autorizam a ação de execução; essa mesma teleologia deve ser aplicada a esses outros documentos citados pela novel lei. Desse modo, ... o protesto é utilizável somente para os títulos cambiários e para os demais títulos executivos judiciais e extrajudiciais, que estão elencados nos arts. 584 e 585 do Código de Processo Civil**" (ob. cit., pág. 468). Na sequência, anotou que a lei paulista sufraga a doutrina exposta (ob. cit., pág. 470). De se levar em conta, nesse diapasão, o advento da Lei Estadual nº 11.331, de 26 de dezembro de 2002, que, com legitimidade, renovou na nota explicativa nº 8 de sua Tabela IV, observadas algumas modificações de redação, a disposição constante do controvertido diploma anterior (Lei Estadual nº 10.710/2000). Confira-se o texto atual: "Compreendem-se como títulos e outros documentos de dívidas, sujeitos a protesto comum ou falimentar, os títulos de crédito, como tal definidos em lei, e os documentos considerados como títulos executivos judiciais ou extrajudiciais pela legislação processual, inclusive as certidões da dívida ativa inscritas de interesse da União, dos Estados e dos Municípios, em relação aos quais a apresentação a protesto independe de prévio depósito dos emolumentos, custas, contribuições e de qualquer outra despesa, cujos valores serão pagos pelos respectivos interessados no ato elisivo do protesto ou, quando protestado o título ou documento, no ato do pedido de cancelamento de seu registro, observados os valores dos emolumentos e das despesas vigentes na data da protocolização do título ou documento, nos casos de aceite, devolução, pagamento ou desistência do protesto ou, da data do cancelamento do protesto, observando-se neste caso no cálculo, a faixa de referência do título ou documento na data de sua protocolização". O certo, entretanto, é que no dispositivo acima transcrito, ao serem mencionados os objetos protestáveis, nada se está a inventar. O que há é mera explicitação daquilo que já dimana, de per si, da ordem posta e bem entendida. Note-se, de outra parte, que o resultado do cotejo da recém-vinda Lei de Falências com a Lei nº 9.492/97 não se coaduna com dicotomia quanto aos documentos admitidos para o protesto dito comum e o falimentar. Verifica-se uniformidade de tratamento. Eis o norte mais atual para a interpretação do disposto na mencionada Lei nº 9.492/97, ao determinar em seu artigo 23 que "os termos dos protestos lavrados, inclusive para fins especiais, por falta de pagamento, de aceite ou de devolução serão registrados em um único livro", abolindo o livro especial previsto no velho Decreto-lei nº 7.661/45 e estabelecendo, no parágrafo único de tal dispositivo, que serão "protestados, para fins falimentares, os títulos ou documentos de dívida de responsabilidade das pessoas sujeitas às consequências da legislação falimentar". Grifei. Como se vê, existe hoje perfeita identidade entre aquilo que está sujeito ao protesto comum e aquilo que se submete ao protesto com escopo falencial: títulos e outros documentos de dívida. Diferenciação se verifica, tão-somente, no tocante às finalidades colimadas e aos sujeitos passivos. Corrobora-o, eliminando qualquer dúvida que pudesse remanescer, a chegada da Lei nº 11.101, de 09 de fevereiro de 2005, que não reproduz o artigo 10 e seus parágrafos do estatuto falimentar por ela revogado e enuncia, no inciso I de seu artigo 94, que cabe falência do devedor que, "sem relevante razão de direito, não paga, no vencimento, obrigação líquida materializada em título ou títulos executivos protestados cuja soma ultrapasse o equivalente a 40 (quarenta) salários-mínimos na data do pedido de falência". A seguir, no parágrafo 3º do mesmo dispositivo, há remissão expressa à disciplina especial do serviço de protesto: "Na hipótese do inciso I do *caput* deste artigo, o pedido de falência será instruído com os títulos executivos na forma do parágrafo único do art. 9º desta Lei, acompanhados, em qualquer caso, dos respectivos instrumentos de protesto para fim falimentar nos termos da legislação específica". Vale dizer, da Lei nº 9.492/97. Clara a integração entre os textos vigentes, imbuídos do mesmo espírito e conducentes a uma só conclusão. Evidenciado que hodiernamente não há, repita-se, distinção de natureza entre os documentos sujeitos ao protesto pelo critério vinculado a ser o escopo falimentar ou não. O inciso I do artigo 10 da nova Lei de Falências alude a "títulos executivos", abarcando, pois, os arrolados na legislação processual, em consonância com o parágrafo único do art. 23 da Lei de Protestos, que, cogitando de objetivo falencial, menciona "títulos ou documentos de dívida", a mesmíssima terminologia adotada ao tratar, em seu artigo 1º, do protesto em geral. Partindo-se dessa premissa e considerando que, há muito tempo, é pacificamente admitido para efeitos falimentares o protesto de títulos executivos judiciais e extrajudiciais sem feição estritamente cambial (o que não deixou de ser reconhecido naqueles pareceres proferidos no proc. CG nº 2.374/97 e no proc. CG nº 1.500/02, com reiteração no proc. CG nº 168/03), a generalização dessa possibilidade, corolário da equiparação decorrente da sistemática atual, não representará novidade especialmente inusitada no âmbito do serviço delegado, pois estes outros documentos de dívida, embora apenas para aquela peculiar finalidade, já vem sendo protestados. Quanto, por exemplo, ao crédito resultante do aluguel de imóveis comprovado por contrato escrito (CPC, art. 585, IV), a viabilidade do protesto, conquanto então circunscrito ao dito alvo especial, já foi consolidada no âmbito desta Corregedoria-Geral há mais de vinte anos, com supedâneo em minucioso parecer do MM. Juiz Narciso Orlandi Neto, prolatado no processo CG nº 183/84, em 25 de setembro de 1984. Reputou "indeclinável" a medida quando tenha o contrato de locação "acompanhado os recibos", o que prevalece até o presente: "O contrato de locação contém o reconhecimento, pelo locatário, das parcelas que constituem seu débito, declaradas nos recibos: principal, multa, correção monetária, juros e impostos. É a ele que a lei empresta liquidez e certeza. Poder-se-ia argumentar, em sentido contrário, com a necessidade de cálculo para apuração do *quantum, mas aqui vale a presunção de veracidade do afirmado pelo credor. Guardada a distância existente entre o simples protesto e a execução do título extrajudicial, é aplicável o que já decidiu o E. Primeiro Tribunal de Alçada Civil: 'Existe em favor do locador uma presunção juris tantum* de que aquilo que alega como sendo quantia líquida e certa de seu crédito é a verdade, assistindo ao devedor o ônus de destruir a presunção' (Julgados, vol. 78, pág.296). Se as quantias declaradas pelo apresentante do título a protesto forem indevidas, ou estiverem pagas, incumbe ao devedor, destruindo aquela presunção, sustar o protesto, assim como lhe competiria, na execução, embargá-la". Não se vislumbram maiores embaraços em estender esse mesmo procedimento, já sedimentado há duas décadas, a casos em que o alvo não seja falimentar. Varia apenas a finalidade e não a natureza do título executivo. De rigor, enfim, a apresentação de memorial sob a forma do denominado recibo de aluguel, explicitando o importe devido, com encargos e consectários da locação, respaldado, sempre, por contrato escrito. Mister se faz antecipar, porém, que a hipótese de aluguel de imóvel, acima versada, não se confunde com a de locação de veículo, uma vez que só a primeira está abrigada pelo inciso IV do artigo 585 do Código de Processo Civil. No concernente à segunda, conforme adiante melhor explanado, será condição inarredável para cabimento do protesto que o contrato obedeça rigorosamente, com características de liquidez, certeza e exigibilidade, ao formato delineado no inciso II da mesma norma, de modo a que possa ser considerado título executivo. Consigne-se que considerar protestáveis os títulos executivos reconhecidos na lei processual não colide com a essência do instituto em tela, nem desvirtua seu escopo fundamental. Permanece a devida adequação ao definido por José de Mello Junqueira e Silvério Paulo Braccio em exame de "conceito e finalidade": "O protesto é um ato público, formal, solene e caracteriza a impontualidade do devedor. Pelo protesto fica comprovado o descumprimento da obrigação assumida pelo devedor. O protesto é a prova do não pagamento do título ou da falta ou recusa em aceitá-lo ou devolvê-lo. Prova de segurança advinda de uma autoridade dotada de fé pública e que dá ao protesto e seus efeitos um caráter de autenticidade" (primeira ob. cit., pág. 11). Cabível, nesse ritmo, trazer à baila a exposição de João Mendes Neto, em prefácio a monografia de João Mendes Jr.: "A ideia de *fé tem como notas características a sinceridade de quem afirma e a adesão confiante do espírito de quem recebe a afirmação. Constituído pelo Estado para assegurar e transmitir a verdade da existência de certos fatos e atos jurídicos, os órgãos da fé pública têm por função a 'afirmativa geral'... Os fins da sua organização são a segurança dos direitos individuais e a conservação dos interesses da vida social, fins esses que lhe dão, pela identificação com certos fins do Estado, o caráter público. Como instituição de direito público, esses órgãos estão investidos da função necessária para transmitir aos cidadãos aquela sinceridade indispensável para o equilíbrio social"* (in "Órgãos da Fé Pública", por João Mendes de Almeida Júnior, 2ª ed., Saraiva, São Paulo, 1963, pág. V). Não é de se negar, pois, a possibilidade de se deixar assentada a impontualidade do devedor, graças ao protesto, por iniciativa e interesse do credor que disponha de título executivo líquido, certo e exigível. Alhures demonstrado que tais características, precisamente, justificam, por compatíveis com o instituto regulado na Lei nº 9.492/97, a subsunção dos títulos executivos judiciais e extrajudiciais da legislação processual ao gênero "outros documentos de dívida", protestáveis, portanto. No contexto presente, enfim, dessume-se que não mais se limita o protesto por falta de pagamento ao estreito círculo dos títulos de crédito em sentido estrito. E não é demais mencionar que existe quem sustente uma amplitude ainda maior do que a aqui vislumbrada, como revela a fundamentação do veto ao artigo 62 da Lei nº 10.931/2004 (fls. 143/144). Mas, se a conclusão ora esposada, à luz dos subsídios jurídicos coligidos ao longo deste parecer, é no sentido de acolher, enquanto documentos de dívida protestáveis, especificamente os títulos executivos judiciais e extrajudiciais, por disporem de liquidez, certeza e exigibilidade, cumpre, doravante, analisar se o contrato de locação de veículo, versado nos autos, pode se enquadrar entre eles. Já ressalvado que não se insere no inciso IV do artigo 585 do Código de Processo Civil, no qual são contemplados somente os contratos de locação de imóveis. Porém, nada impede que os instrumentos de locação de veículos sejam moldados de acordo com o inciso II do citado artigo, de forma a ganharem lugar entre os títulos executivos extrajudiciais. E é exatamente nesse rumo a proposição formulada pela requerente. Cumprida tal condição e atendidos aos requisitos de liquidez, certeza e exigibilidade, será passível de protesto o documento. Não por força de sua particular natureza (de contrato de locação de veículo). Mas, sim, por se incluir na esfera do inciso II do artigo 585 do diploma civil adjetivo. A doutrina não destoa. Elucida Araken de Assis que "**o art. 585, IV, outorga eficácia executiva ao documento comprobatório de créditos emergentes de foro, laudêmio, renda ou aluguel de imóvel e encargo de condomínio. Em princípio, o inciso exclui a locação de coisa móvel, a exemplo de veículos. No entanto, contratado por escrito tal negócio, e observados os requisitos do art. 585, II, a eficácia executiva defluirá desse dispositivo**" (Manual do Processo de Execução, 8ª ed., RT, São Paulo, 2002, pág. 182). De igual catadura o exposto por Teori Albino Zavascki: "**O inciso IV do art. 585 do CPC atribui executividade a contratos de locação de bens imóveis, não se compreendendo nele o aluguel de coisas móveis. É o que sustenta a doutrina, de um modo geral. Será, contudo, título executivo o contrato de coisa móvel enquadrável no inciso II do art. 585, vale dizer, quando estiver assinado também por duas testemunhas, ou constar de escritura pública ou decorrer de transação referendada**" (Processo de Execução – Parte Geral, 3ª ed., RT, São Paulo, 2004, pág. 339). A posição se consolida ante a confirmação jurisprudencial emanada do C. Superior Tribunal de Justiça no julgamento do Recurso Especial nº 170.446 – SP, relatado pelo Min. Ruy Rosado de Aguiar e publicado no D. J. de 14/09/1998, pág. 82, cuja ementa é clara: "**EXECUÇÃO. Título executivo. Contrato de locação de bem móvel. O contrato bilateral pode servir de título executivo quando o credor desde logo comprova o integral cumprimento de sua prestação. Arts. 585, II, e 615, do CPC. Recurso conhecido e provido**". Mas convém anotar, de passagem, que, se o protesto é aceitável pelos mesmos fundamentos, deve se cingir ao débito correspondente às verbas induvidosamente pactuadas, a fim de que respeitadas aquelas exigências de liquidez, certeza e exigibilidade. Trata-se das importâncias efetivamente decorrentes da locação contratada, nas condições admitidas, de modo expresso, pelo locatário do veículo. Quanto a eventuais "avarias", que chegaram a ser mencionadas na inicial, só se pode, por óbvio, cogitar de protesto do *quantum* referente ao reparo se, também ele, tiver valor certo estipulado em documento com os contornos delineados no inciso II do artigo 585 do Código de Processo Civil. Possível transpor para a situação ora examinada o decidido pela Alta Corte referida em hipótese análoga, também relativa a locação de veículo, em que sobrevieram danos resultantes de acidente e a locadora incluiu custo atribuído ao conserto no montante do crédito: "A providência tomada pela credora, a par de extrapolar o âmbito do pactuado, impede que o devedor acompanhe a determinação dos danos, por unilateralmente realizada" (STJ, Resp. nº 40.720-6 – MT, Rel. Min. Barros Monteiro, D. J. de 14/11/1994, pág. 30960, RSTJ, vol. 71, pág. 283). Indispensável, enfim, como várias vezes repisado, que o título se afigure líquido, certo e exigível (CPC, art. 586). E, ademais, como as locações de automóveis podem ser celebradas entre variadas pessoas jurídicas e físicas, em diferentes condições, com consequente disparidade formal entre os respectivos instrumentos contratuais, caberá ao Tabelião de Protesto, quando qualificar o título, aquilatar se tais pressupostos se acham presentes. Trata-se de análise a ser realizada caso a caso, como é próprio da atividade de qualificação, mesmo porque não seria factível prever, abstrata e antecipadamente, todas as situações peculiares que poderão se apresentar. É raciocínio, aliás, que vale acerca do protesto, ora considerado possível, de quaisquer títulos executivos judiciais ou extrajudiciais agasalhados pela legislação processual. Reconhecida essa possibilidade, cumpre ter presente que só com sua materialização na prática cotidiana haverá condições de dirimir, paulatinamente, eventuais questões particulares que concretamente surjam. Trata-se do primeiro passo de uma longa caminhada, apenas iniciada. Diante do exposto, o parecer que mui respeitosamente, submeto à elevada apreciação de Vossa Excelência é no sentido de que, em caráter normativo, sejam compreendidos como "documentos de dívida", nos termos da Lei nº 9.492/97, sujeitando-se a protesto, sem prejuízo daqueles já admitidos para tanto, todos os títulos executivos judiciais e extrajudiciais previstos pela legislação processual, dentre eles incluído, desde que ajustado ao inciso II do artigo 585 do Código de Processo Civil, o contrato de locação de veículo. *Sub censura*. São Paulo, 04 de abril de 2005. (a) JOSÉ ANTONIO DE PAULA SANTOS NETO. Juiz Auxiliar da Corregedoria. DECISÃO: Aprovo, por seus fundamentos, com força normativa, o parecer do MM. Juiz Auxiliar da Corregedoria, cuja publicação determino para conhecimento geral. São Paulo, 24/05/05. (a) JOSÉ MARIO ANTONIO CARDINALE – Corregedor Geral da Justiça.

▸ **EMENTA:** Protesto de contrato de alienação fiduciária em garantia; Tabelionato de Protesto – CONTRATO DE FINANCIAMENTO COM PACTO ACESSÓRIO DE ALIENAÇÃO FIDUCIARIA EM GARANTIA – Documento de dívida definido na lei como título executivo extrajudicial – POSSIBILIDADE DE PROTESTO DO CONTRATO, ACOMPANHADO DE NOTA PROMISSÓRIA EMITIDA PELO DEVEDOR COMO GARANTIA ACRESCIDA OU DE DECLARAÇÃO DO CREDOR DE EXTRAVIO DO TÍTULO – Ressalva, porém, quanto ao DUPLO PROTESTO (DO CONTRATO E DA PROMISSÓRIA), prática configuradora de ato ilícito suscetível de ensejar a responsabilização do apresentante – Inteligência das normas do art. 1 9 da Lei nº 9.492/1997, do art. 585, VIII, do CPC e do art. 59, *caput*, do Dec.-lei nº 911/1969 – Consulta conhecida com resposta positiva (Processo nº 2007/08017).

3. QUESTÕES DE CONCURSOS

01. (TJ/SP – 2024 – VUNESP – Notário e Registrador/Remoção). Assinale a alternativa correta quanto ao contrato de honorários advocatícios, para fins de protesto extrajudicial.

a) É documento de dívida formalmente admissível para protesto, sendo despicienda a apresentação de declaração firmada pelo advogado, de que houve tentativa amigável de recebimento da quantia que se diz credor.

b) É documento de dívida, passível de protesto, nos termos da legislação pertinente, devendo estar acompanhado de declaração firmada pelo advogado, sob sua responsabilidade, de que tentou amigavelmente receber do cliente a quantia que se diz credor.

c) Não é documento admissível para fins de protesto, sendo autorizado exclusivamente apresentação de cheque ou nota promissória emitida pelo cliente em favor do advogado, após frustrada tentativa de recebimento amigável.

d) Não é apto para protesto, não sendo documento admitido a protesto extrajudicial, de acordo com os ditames do Código de Ética e Disciplina da Ordem dos Advogados do Brasil.

02. (TJ/SP – 2024 – VUNESP – Notário e Registrador/Provimento) A, LOCADOR, apresentou para protesto contrato de locação de imóvel, não honrado pelo LOCATÁRIO B, garantido por FIANÇA, prestada por C, requerendo somente a indicação e intimação do fiador para pagamento. Na qualificação do título, assinale a alternativa que apresenta o fundamento correto a ser adotado pelo Tabelião.

a) Prosseguir com a solicitação do apresentante, intimando o fiador para pagamento da dívida, pois protestase o título, e não as pessoas envolvidas na obrigação.
b) Prosseguir com o protesto, intimando-se o fiador, sendo considerado devedor coobrigado solidário da obrigação principal por força de presunção legal.
c) Formular nota devolutiva, pois, em sendo a fiança garantia acessória, não poderia ser lavrado somente com relação ao fiador, sem expressa renúncia do benefício de ordem no contrato, dissociado do protesto do devedor principal.
d) Prosseguir com o protesto, intimando-se para pagamento o devedor principal e o fiador, pois, na hipótese, não é possível a indicação do fiador isoladamente.

03. (TJ/SP – 2024 – VUNESP – Notário e Registrador/Remoção) Considerando o que dispõe as Normas de Serviço da Corregedoria Geral da Justiça e legislação pertinente, admitindo o envio de títulos e documentos de dívidas a protesto assinados eletronicamente, assinale a alternativa correta.

a) Os títulos e documentos de dívida, subscritos mediante assinatura eletrônica qualificada, terão de estar acompanhados de declaração, sob responsabilidade do apresentante, acerca da autoria e integridade do título ou documento, além da admissão de sua validade pelos figurantes, devendo a declaração estar assinada pelo apresentante.
b) Os documentos de dívida podem ser apresentados no original ou em cópia autenticada ou cópia digitalizada, mediante arquivo assinado digitalmente no âmbito do ICP-Brasil, sendo de responsabilidade do apresentante o encaminhamento indevido ao tabelionato.
c) Os títulos e documentos de dívida de entidades integrantes do Sistema Financeiro Nacional assinados eletronicamente fora do âmbito do ICP-Brasil deverão ser somente recepcionados para protesto na íntegra, bem como atestados pelo emitentes, sob as penas da lei, que as informações conferem com o que consta na origem.
d) Os títulos e documentos de dívida subscritos, mediante assinatura eletrônica avançada, podem ser recepcionados por meio eletrônico, se, em qualificação, for realizada a conferência dessas assinaturas com o emprego de programa adequado à legislação brasileira.

04. (TJ/SP – 2024 – VUNESP – Notário e Registrador/Provimento) Quanto ao entendimento da doutrina acerca do Princípio da Formalidade Mitigada, aplicável ao procedimento do protesto, é correto afirmar:

a) consiste no fato de que a apresentação do título a protesto depende de iniciativa do credor ou interessado para os devidos fins previstos em lei.
b) resulta na atribuição que tem o Tabelião de Protesto em lavrar e registrar o protesto com segurança jurídica e de forma solene, sendo ato híbrido e dotado de fé pública revestido de segurança jurídica.
c) corresponde às características de celeridade e simplificação dos prazos no procedimento da tiragem do protesto, seja quanto à protocolização, observância do tríduo legal, priorizando com segurança jurídica os atos concernentes ao protesto.
d) trata do protesto como sendo ato uno e prova insubstituível, não sendo admissível ser suprido por outro documento ou testemunho.

05. (TJ/SP – 2024 – VUNESP – Notário e Registrador/Remoção) Não se lavrará segundo protesto do mesmo título ou do documento de dívida, salvo

a) se o primeiro protesto foi objeto de retificação pelo Tabelião, a requerimento credor, por erro material ocorrido no serviço.
b) no caso de protesto especial para fins falimentares, ainda que haja protesto comum lavrado anteriormente acerca do mesmo título ou obrigação, não se fazendo necessário o seu prévio cancelamento.
c) na hipótese de desconsideração de pessoa jurídica.
d) para comprovar a falta de pagamento de título executivo judicial, mesmo havendo anterior protesto de cheque não honrado relacionado à mesma dívida.

06. (TJ/SP – 2024 – VUNESP – Notário e Registrador/Provimento) Em se tratando de apresentação para protesto de decisões judiciais, consoante as Normas da Corregedoria Geral da Justiça e do Provimento 149/23 do CNJ, é correto afirmar:

a) na hipótese de ter sido determinada a suspensão judicial dos efeitos do protesto, o executado que tiver proposto ação rescisória para impugnar a ação exequenda pode requerer, a suas expensas e sob sua responsabilidade, a anotação da propositura da ação à margem do termo de protesto.
b) nas ações monitórias, havendo conversão do mandado em título judicial, para efetivar o protesto, a decisão que deferiu o mandado monitório é título apto a ser apresentado a protesto, depois de transcorrido o prazo para pagamento voluntário na forma da legislação processual civil.
c) o protesto de sentença condenatória, a que alude o artigo 517 do CPC, deverá ser feito com a cópia de decisão transitada em julgado e certidão do respectivo juízo apontando o trânsito em julgado, o valor atualizado da dívida e o decurso do prazo para pagamento voluntário.
d) tratando-se de determinação judicial de protesto que condene ao pagamento de prestação alimentícia ou decisão interlocutória que fixe alimentos, após o decurso do prazo para recurso da legislação processual civil, em sendo encaminhada diretamente ao tabelionato pelo juízo, deverá o interessado comparecer no tabelionato para apresentação de formulário de apresentação.

07. (TJ/MA – 2023 – Consulplan – Notário e Registrador/Provimento) Foram apresentados a certo tabelionato de protesto três documentos de dívida, todos inscritos ou formalizados regularmente; analise-os:

I. Certidão da Dívida Ativa da União.
II. Certidão da Dívida Ativa de Autarquia Municipal do município X.
III. Decisão do Tribunal de Contas do Estado do Maranhão.

Diante da situação fática exposta, considerando fato de que no município X inexiste lei municipal prevendo o protesto das Certidões da Dívida Ativa e, ainda, o disposto na Lei nº 9.492/1997 (Lei dos Serviços de Protesto de Títulos e outros documentos da dívida), no Código de Normas da Corregedoria-Geral da Justiça do Maranhão e no posicionamento do Supremo Tribunal Federal (STF) e do Superior Tribunal de Justiça (STJ), assinale a afirmativa correta.

a) Os três documentos apresentados podem ser objetos de protesto, por expressa previsão legal ou normativa.
b) Apenas podem ser objetos de protesto os documentos "I" e "II", pois inexiste amparo legal ou normativo para o protesto de decisões dos tribunais de contas.
c) Apenas pode ser objeto de protesto o documento "III", pois julgando Ação Direta de Inconstitucionalidade, o Supremo Tribunal Federal reconheceu a inconstitucionalidade do protesto das Certidões de Dívida Ativa.
d) Apenas pode ser objeto de protesto o documento "I", pois inexiste amparo legal ou normativo para o protesto das Certidões de Dívida Ativa de Autarquia do município X ou de decisões dos tribunais de contas.

08. (TJ/SP – 2024 – VUNESP – Notário e Registrador/Provimento) O Agronegócio tem se destacado no cenário econômico nacional. Em se tratando do protesto dos títulos de crédito rural, previstos no Decreto-Lei 167/67, assinale a alternativa correta.

a) O endossatário ou portador de Nota Promissória Rural ou Duplicata Rural tem assegurado direito de regresso contra o primeiro endossante e os avalistas.
b) Aplicam-se às cédulas de crédito rural as normas de direito cambial, inclusive quanto ao aval, exigindo-se o protesto para assegurar o direito de regresso contra os endossantes e seus avalistas.
c) É válido o aval dado por terceiros em Cédula de Rural e Nota Promissória Rural quando dado pelas pessoas físicas participantes da empresa emitente ou por outras pessoas jurídicas.
d) Não se exige o protesto da cédula rural para assegurar o direito de regresso contra endossantes e avalistas.

09. (VUNESP – 2023 – TJ-AL – Titular de Serviços de Notas e de Registros – Provimento) De acordo com o Decreto-Lei nº 167/1967, assinale a alternativa correta em relação à dispensa do protesto para fins de assegurar o direito de regresso contra endossantes e seus avalistas.

a) O protesto é dispensável no caso da cédula de crédito rural, da nota promissória rural e da duplicata rural.
b) O protesto é dispensável somente no caso da cédula de crédito rural e da nota promissória rural.
c) O protesto é dispensável somente no caso da cédula de crédito rural e da duplicata rural.
d) O protesto é dispensável somente no caso da cédula de crédito rural.

10. (FGV – Titular de Serviço de Notas e Registros – TJ – SC/2021) Após reiteradas tentativas de recebimento de determinado crédito junto ao respectivo devedor, a Fazenda Pública do Estado Alfa o inscreveu em dívida ativa, de modo a tornar possível a sua execução em juízo. Apesar disso, a Procuradoria-Geral do Estado encaminhou a respectiva certidão a protesto. 0 tabelião de protesto de títulos, uma vez protocolizada a certidão de dívida ativa e cumpridos os demais requisitos formais exigidos, deve:

a) expedir a intimação do devedor, oportunizando-lhe a possibilidade de pagar o valor devido, desde que o crédito tenha natureza não tributária;
b) expedir a intimação do devedor, oportunizando-lhe a possibilidade de pagar o valor devido, qualquer que seja a natureza do débito, tributária ou não tributária;
c) reconhecer, de plano, a impossibilidade de ser realizado o protesto, considerando a imediata exequibilidade, via execução fiscal, dos créditos da Fazenda Pública;
d) reconhecer, de plano, a impossibilidade de ser realizado o protesto, considerando a inaplicabilidade, à Fazenda Pública, dos métodos alternativos de solução de conflitos;
e) solicitar ao requerente que comprove a natureza cambial do título inscrito em dívida ativa, única hipótese em que o protesto é admitido, aferindo ainda a sua exigibilidade.

11. (FGV – Titular de Serviço de Notas e Registros – TJ – SC/2021) Após longo litígio, transitou em julgado a sentença judicial que condenou Maria a indenizar João, em quantia certa, pelos danos materiais que lhe causara.

Pouco menos de um ano depois, na fase de cumprimento da sentença, após o decurso do prazo para o pagamento voluntário, Maria ingressou com ação rescisória da sentença. Ao tomar ciência desse fato, João obteve certidão de inteiro teor da referida sentença e a levou a protesto.

À luz dessa narrativa, o tabelião de protesto de títulos, cumpridos os demais requisitos formais exigidos, deve:

a) expedir a intimação de Maria, de modo que possa pagar o valor devido, lavrando o protesto caso o pagamento não seja realizado;
b) reconhecer a impossibilidade de protesto do título caso Maria, ao ser intimada para pagá-lo, comprove o ajuizamento da ação rescisória;
c) promover o imediato protesto do título, já que Maria não realizara o pagamento do valor devido durante a fase de cumprimento da sentença;
d) reconhecer a impossibilidade de protesto do título por estar em curso a fase de cumprimento da sentença, o que retira o interesse de João na medida extrajudicial;
e) caso não seja realizado o pagamento voluntário, após a intimação, e realizado o protesto, suspendê-lo caso Maria comprove a propositura da ação rescisória.

12. (Consulplan – Outorga e Delegação de Serviços Notariais e Registrais – TJ – MS/2019) De acordo com o Provimento 240 de 2020 (Código de Normas da Corregedoria-Geral de Justiça de MS), são protestáveis as cotas condominiais, devendo o protesto ser instruído com as seguintes provas documentais, EXCETO:

Nota da autora: a finalidade de trazer esta questão de comando estadual é mostrar que o protesto de cotas condominiais tem sido questionado nas provas em que as normativas estaduais regulamentaram o assunto.

a) Exibição dos boletos ou recibos das dívidas rateadas e referentes às cotas cobradas.
b) Cópia autenticada da instituição de condomínio; que poderá ser apresentada uma única vez, desde que arquivada na serventia.
c) Certidão da matrícula da unidade condominial, demonstrando a condição de condômino, ou cópia autenticada de contrato de locação com previsão expressa de responsabilidade do locatário pelo tipo de despesa condominial a ser protestada (ordinária ou extraordinária).
d) Cópia autenticada de ata contendo orçamento previamente aprovado pela Assembleia Geral Ordinária para as despesas rotineiras, ou por Assembleia Geral Extraordinária regularmente convocada, para os gastos eventuais não previstos no orçamento anual do condomínio, mas posteriormente aprovados; e aprovação por quórum regular previsto na Convenção.

13. (Cespe – Notários e Oficiais de Registro – Remoção – TJ – DFT/2019) Considerando o entendimento do STJ, julgue os itens a seguir, a respeito de protesto de título representativo de dívida pecuniária.

I. Salvo inequívoca pactuação em sentido contrário, incumbe ao devedor, após a quitação de dívida relativa a título protestado, providenciar o cancelamento do protesto.
II. O documento hábil a protesto extrajudicial é aquele que caracteriza prova escrita de obrigação pecuniária líquida, certa e exigível.
III. A sustação de protesto de título, por representar restrição a direito do credor, exige prévio oferecimento de contracautela, no valor fixado em regulamento legal.
IV. Como exceção à regra geral, em razão da natureza do débito, o protesto de cédula de crédito bancário garantida por alienação fiduciária deverá ser realizado no tabelionato em que se situar a praça de pagamento indicada no título.

Estão certos apenas os itens

a) I e II.
b) I e III.
c) II e IV.
d) I, III e IV.
e) II, III e IV.

14. (IESES – Notário-MA/2011) A expressão "outros documentos de dívida" utilizada na Lei 9.492/1997, segundo a doutrina majoritária, engloba:

a) Todo e qualquer documento de dívida, de cunho pecuniário, que contenha os requisitos de certeza, liquidez e exigibilidade.
b) Apenas os títulos executivos judiciais e extrajudiciais, assim definidos no Código de Processo Civil.
c) Todo e qualquer documento de dívida, de cunho pecuniário.
d) Apenas os títulos executivos extrajudiciais, assim definidos no Código de Processo Civil.

15. (IESES – Notário-MA/2011) Quanto aos efeitos do protesto, assinale a alternativa INCORRETA:

a) Fixação da mora do devedor.
b) Assegurar o direito de regresso contra os coobrigado cambiários.
c) Interrupção do prazo prescricional.
d) Fixação do termo legal da concordata.

16. (IESES – Cartório – TJ – RO/2012) A cédula de crédito bancário poderá:

a) Jamais poderá ser protestada por indicação.
b) Ser protestada por indicação, em qualquer hipótese.
c) Ser protestada por indicação desde que o credor apresente declaração de posse da sua única via negociável, inclusive no caso de protesto parcial.
d) Ser protestada por indicação desde que o credor apresente declaração de posse da sua única via negociável, exceto no caso de protesto parcial.

17. (FCC – Cartório – TJ – PE/2013) O protesto é indispensável para

a) execução de cheque prescrito.
b) execução de nota promissória que não traz algum dos elementos essenciais.
c) assegurar o direito de regresso contra os endossantes do cheque.
d) assegurar o direito de crédito contra os endossantes e seus avalistas na duplicata.
e) cobrar o devedor principal e seu avalista nos títulos com cláusula "sem despesa".

18. (Cespe – Cartório – TJ-DFT/2014) Incluem-se, conforme o Provimento Geral da Corregedoria da Justiça do Distrito Federal e Territórios aplicado aos serviços notariais e de registro, entre os efeitos jurídicos do recebimento, pelo cartório, de um título para protesto

a) interrupção da prescrição do título e fixação do termo inicial dos encargos, mesmo que haja prazo assinalado no título.
b) fixação do termo inicial dos encargos, mesmo que haja prazo assinalado no título, e prevenção do cartório recebedor.
c) prevenção do cartório recebedor e, quando não houver prazo assinalado, fixação do termo inicial dos encargos.
d) prova da inadimplência do devedor e interrupção da prescrição do título.
e) prova da inadimplência do devedor e fixação do termo inicial dos encargos, mesmo que haja prazo assinalado no título.

19. (IESES – Cartório – Provimento – TJ – RO/2017) Assinale a alternativa INCORRETA:

a) Incluem-se entre os títulos sujeitos a protesto as certidões de dívida ativa da União, dos Estados, do Distrito Federal e dos Municípios e das respectivas autarquias e fundações públicas e as promessas de compra e venda.
b) Tratando-se de cheque, poderá o protesto ser lavrado no lugar do pagamento ou do domicílio do emitente, devendo do referido cheque constar a prova de apresentação ao Banco sacado, salvo se o protesto tenha por fim instruir medidas pleiteadas contra o estabelecimento de crédito.
c) Protesto é o ato formal e solene pelo qual se prova a inadimplência e o descumprimento de obrigação originada em títulos e outros documentos de dívida.
d) Os serviços concernentes ao protesto, garantidores da autenticidade, publicidade, segurança e eficácia dos atos jurídicos, ficam sujeitos ao regime estabelecido na respectiva Lei.

20. (IESES – Cartório – Remoção – TJ – RO/2017) Considera-se como ato formal e solene pelo qual se prova a inadimplência e o descumprimento de obrigação originada em títulos e outros documentos de dívida:

a) Execução.
b) Escritura.
c) Consignação.
d) Protesto.

21. (IESES – Cartório – TJ – PB) Assinale a alternativa na qual o protesto NÃO é possível:

a) Cédula de crédito bancário.
b) Títulos de crédito rural.
c) Compromisso de ajustamento de conduta.
d) Contrato de fomento mercantil, com cláusula pro solvendo.

22. (TJ-SC – Notário-SC/2012) Sobre a sentença arbitral e o Tabelionato de Protestos, assinale a alternativa correta:

a) A sentença arbitral, mesmo contendo condenação líquida, necessita de homologação pelo Poder Judiciário, para possibilitar a apresentação para cobrança no Tabelionato de Protestos.
b) A sentença arbitral que contenha condenação líquida pode ser apresentada para cobrança no Tabelionato de Protestos.
c) A sentença arbitral, mesmo contendo condenação líquida, não pode ser apresentada para cobrança em Tabelionato de Protestos, por não se tratar de título de crédito ou documento de dívida.
d) A sentença arbitral que contenha condenação líquida, por constituir-se em título executivo judicial, não pode ser apresentada para cobrança em Tabelionato de Protestos.
e) A sentença arbitral, por constituir-se em título executivo extrajudicial, pode ser apresentada para cobrança em Tabelionato de Notas.

GAB												
	1	B	2	C	3	B	4	C	5	C	6	C
	7	A	8	D	9	A	10	B	11	A	12	B
	13	A	14	A	15	D	16	C	17	D	18	D
	19	A	20	D	21	D	22	B				

Lei 9.492/1997

Art. 2º. Os serviços concernentes ao protesto, garantidores da autenticidade, publicidade, segurança e eficácia dos atos jurídicos, ficam sujeitos ao regime estabelecido nesta Lei.

1. COMENTÁRIOS

O Tabelião de Protesto de Títulos, profissional do direito dotado de fé pública, deverá exercer a atividade notarial que lhe foi delegada, observando rigorosamente os deveres próprios da função pública na qual investido, de modo a garantir a autenticidade, publicidade, segurança e eficácia dos atos jurídicos.

No que tange aos atributos da autenticidade, publicidade, segurança e eficácia aplicados às atividades notariais e registrais, remeto o leitor aos comentários gerais do art. 1º da Lei n. 6.015/1973.

Neste espaço, estreitaremos os estudos da publicidade, autenticidade, segurança e eficácia dos atos jurídicos, o "PASE", focando no serviço do Protesto. No entanto, recomendo primeiramente a leitura da parte geral para uma melhor compreensão do tema.

1.1 PUBLICIDADE NO PROTESTO

Os *serviços de protesto* a que alude o dispositivo em comento são todos aqueles constantes da Lei 9.492/1997, equivale dizer, a distribuição, a protocolização, a intimação, o acolhimento da devolução ou do aceite, o recebimento do pagamento, do título e de outros documentos de dívida, bem como a lavratura e o registro do protesto ou acolhimento da desistência do credor em relação ao mesmo, as averbações, prestações de informações e fornecimento de certidões relativas a todos os atos praticados.

O ato de protesto é revestido de publicidade, sendo assim lavrado e registrado em livro próprio. Seu conteúdo é disponibilizado a qualquer interessado, mediante a expedição de certidão ou informação, na forma dos arts. 27 a 31 desta Lei.

Sérgio Luiz José Bueno bem observa que, "a publicidade não é atributo de todos os atos que integram o procedimento do protesto, mas é verificada apenas em relação ao protesto em si. O art. 27, da Lei 9.492/1997, indica que as certidões devem conter apenas anotação sobre a existência ou inexistência de protesto, uma vez que o *caput* menciona *protesto específico* e depois, no parágrafo 2º, refere-se a *registros*. Assim, a publicidade passará a existir com o registro do protesto e não antes (...) Dessa forma, enquanto não houver o protesto, não se deve dar publicidade aos dados do título ou documento protocolizados. A intimação por edital não é consequência da Princípio da Publicidade, que se destina a tornar disponíveis as informações do protesto. A publicidade do edital é, na verdade, uma exceção ao sigilo dos dados do protocolo e a divulgação de alguns daqueles dados dá-se com a finalidade exclusiva de permitir ao devedor o conhecimento do aponte e o do prazo e forma de pagamento no Tabelionato, a fim de ilidir o protesto. Não se destina o edital a conhecimento público, embora, inevitavelmente, tal acabe ocorrendo" (*O Protesto de Títulos e Outros Documentos de Dívida*. Porto Alegre: Fabris Editor, 2011, p. 28).

Na mesma linha de pensamento, Eversio Donizete de Oliveira e Magno Luiz Barbosa alertam para o fato de que "quando se fala em publicidade, há que se tomar um imenso cuidado com o tipo de publicidade encontrada nos tabelionatos de protesto. Não podemos confundir *tornar um ato público* com *divulgar publicamente esse ato*. Para melhor entendermos, devemos analisar outros dois artigos desta lei, o art. 29, que dispõe que, quando solicitado, os tabelionatos fornecerão certidão diária, em forma de relação, dos títulos protestados e cancelados, com a nota de se cuidar de informação reservada, de que não se poderá dar publicidade pela imprensa, enquanto que o art. 31 dispõe que poderão ser fornecidas a quaisquer interessados certidões de protestos não cancelados, desde que requeridas por escrito. Portanto, em análise a esses dois artigos, percebe-se que, apesar do protesto ser um ato público, deve-se agir com cautela, com intuito maior de evitar prejuízos e transtornos desnecessários ao devedor" (*Manual Prático do Protesto Extrajudicial*. São Paulo: Lemos e Cruz, 2009, p. 36).

Dessa forma, é vedada a extração de certidão do Livro Protocolo, bem como de protestos cancelados, exceto se houver requerimento escrito do próprio devedor ou determinação judicial. Portanto, a publicidade limita-se exclusivamente aos **protestos registrados.**

1.1.1 A PUBLICIDADE E A PROTEÇÃO DE DADOS

Este tema foi tratado de forma detalhada e aprofundada nos comentários do art. 1º da Lei n. 6.015/1973, no tópico 1.11. Além disso, será analisada com foco nos serviços de protestos, nos arts 27 a 31 desta Lei.

1.2 AUTENTICIDADE NO PROTESTO

Uma vez mais, Sergio Luiz José Bueno ensina: "tem-se por autêntico, no contexto estudado, o ato cuja autoria se atribui ao agente que tenha autorização legal para praticá-lo. Assim, os atos de recepção de títulos, de intimação, de protesto, de cancelamento de protesto, de emissão de certidões, bem como os demais previstos na Lei 9.492/97, serão dotados de autenticidade apenas se realizados pelo Tabelião de Protesto. Devemos anotar, contudo, que a autenticidade refere-se tão somente aos requisitos do ato do Tabelião, sem abranger a substância do ato da parte. Assim, por exemplo, o protesto não é confirmatório da existência da dívida e dos requisitos de validade do negócio subjacente" (Op. cit., p. 27).

O Tabelião deve averiguar apenas os requisitos formais do título ou documento de dívida, sem adentrar no mérito, como a origem da dívida ou possíveis falsidades. Também não lhe cabe investigar prescrição ou decadência. É o que se extrai do art. 9º desta Lei.

Comprovada a existência de vício formal, o título ou o documento de dívida será devolvido ao Ofício distribuidor ou, no caso de serventia única, diretamente ao apresentante, com anotação da irregularidade, ficando obstado o registro do protesto.

Não se conformando o apresentante com exigência formulada, ou não podendo cumpri-la, poderá suscitar dúvida nos termos do art. 18 desta Lei (vide divergência nos comentários no referido dispositivo) e art. 198 da Lei 6.015/1973.

1.3 SEGURANÇA NO PROTESTO

Vicente de Abreu Amadei, ao discorrer sobre a segurança no protesto, ensina que ela pode ter viés estático e dinâmico, a saber:

a) estaticamente, conferindo, concreta e formalmente, certeza jurídica (por presunção relativa) às situações cambiárias não satisfeitas de cada título protestado;

b) dinamicamente, na medida em que projeta confiança na vida comercial (especialmente na proteção ao crédito), quer infundindo esperança de que os títulos inadimplidos venham a ser satisfeitos com rapidez, quer atuando como veículo de informação de protestos tirados, em favor dos adquirentes de boa-fé, para os negócios jurídicos futuros" (Op. cit., p. 101).

1.4 EFICÁCIA NO PROTESTO

A eficácia consiste na aptidão de produzir efeitos jurídicos, ou seja, para que o protesto tenha aptidão para produzir todas as suas consequências, que já foram aqui estudadas, ele deve abranger todos os demais atributos (publicidade, autenticidade e segurança), bem como ter sido lavrado nos termos da lei.

1.5 REGIME JURÍDICO DO PROTESTO

O artigo 2º, em sua parte final, estabelece que quem regula primordialmente o regime jurídico do protesto é a Lei 9.492/1997. Trata-se da lei de regência da atividade do protesto.

Enfatiza-se que, conforme mencionado anteriormente, os serviços relativos ao protesto de títulos e outros documentos de dívida, que garantem a autenticidade, publicidade, segurança e eficácia dos atos jurídicos, estão sujeitos a uma ampla legislação esparsa. Essa legislação inclui a Lei n. 8.935/1994 e outras pertinentes, desde que não contrariem a Lei de Protestos. Além disso, esses serviços estão sujeitos às normas do Conselho Nacional de Justiça e da Corregedoria-Geral da Justiça de cada Estado.

2. JURISPRUDÊNCIA COMPLEMENTAR

⊙ SUPERIOR TRIBUNAL DE JUSTIÇA

▶ **EMENTA**: PROTESTO EXTRAJUDICIAL. RECURSO ESPECIAL REPRESENTATIVO DE CONTROVÉRSIA. OS TABELIÃES DEVEM VELAR PELA AUTENTICIDADE, PUBLICIDADE E SEGURANÇA DOS ATOS. EM CASO DE PROTESTO DE TÍTULOS OU OUTROS DOCUMENTOS DE DÍVIDA, O TABELIÃO, AINDA QUE O DEVEDOR RESIDA EM MUNICÍPIO DIVERSO DAQUELE DA SERVENTIA, DEVE SEMPRE BUSCAR EFETUAR A INTIMAÇÃO, POR VIA POSTAL. PROTESTO DE CÉDULA DE CRÉDITO BANCÁRIO. POSSIBILIDADE DE SER REALIZADO NO CARTÓRIO DE PROTESTO DO DOMICÍLIO DO DEVEDOR OU NO CARTÓRIO EM QUE SE SITUA A PRAÇA DE PAGAMENTO INDICADA NO TÍTULO, CABENDO A ESCOLHA AO CREDOR. Para fins do art. 543-C do CPC: 1. O tabelião, antes de intimar o devedor por edital, deve esgotar os meios de localização, notadamente por meio do envio de intimação por via postal, no endereço fornecido por aquele que procedeu ao apontamento do protesto; 2. É possível, à escolha do credor, o protesto de cédula de crédito bancário garantida por alienação fiduciária, no tabelionato em que se situa a praça de pagamento indicada no título ou no domicílio do devedor. 3. No caso concreto, recurso especial provido. (STJ – REsp nº 1.398.356 – Minas Gerais – 3ª Turma – Rel. Min. Luis Felipe Salomão – DJ 30.03.2016)

⊙ TRIBUNAL DE JUSTIÇA DO ESTADO DO RIO DE JANEIRO

▶ **EMENTA:** PROTESTO DE CHEQUE. FIXAÇÃO DOS PONTOS INCONTROVERSOS DA DEMANDA. DECISÃO MOTIVADA PELAS PROVAS CONSTANTES DOS AUTOS, QUE NÃO MERECE REFORMA. SERVIÇOS NOTARIAIS. NÃO INCIDÊNCIA DO CÓDIGO DE PROTEÇÃO E DEFESA DO CONSUMIDOR. PRECEDENTES DO STJ. RECURSO DESPROVIDO.

1. A comprovação ou não da ilicitude do ato da agravada ao protestar o cheque sub judice é matéria de mérito que não pode ser decidida em sede de Agravo de Instrumento antes de ser proferida sentença, sob pena de supressão de instância, sendo certo que, ab initio, o artigo 9º da Lei nº 9429/1997 estabelece não ser dado ao Tabelião de Protestos (que não exerce atividade jurisdicional) recusar o recebimento de título, ainda que prescrito.

2. O serviço prestado pelo Tabelionato não se enquadra na definição do § 2º do artigo 3º do CDC, onde serviço é qualquer atividade fornecida no mercado de consumo, mediante remuneração., vez que a natureza das atividades notariais e de registro é de organização técnica e administrativa, cuja finalidade é garantir a publicidade, autenticidade, segurança e eficácia dos atos jurídicos, nos termos do artigo 1º da Lei 8935/94 c/c o artigo 2º da lei 9492/97.

3. Correta a decisão agravada ao afastar a incidência da Lei 8078/90 ao caso em tela, vez que a prestação de serviço público típico não traduz relação de consumo. Somente no caso de prestação de serviços públicos impróprios ou atípicos, remunerados mediante tarifa ou preço público, que seria possível a incidência do CDC, o que não ocorre, in casu. 4. Desprovimento do recurso. (TJRJ – Ag. Inst. 0042504 – 02.2012.8.19.0000, DESª. JACQUELINE MONTENEGRO. 15ª C. Civ. Julgamento: 02/10/2012).

3. QUESTÕES DE CONCURSOS

01. (IESES – Titular de Serviços de Notas e de Registro – Provimento – TJ – SC/2019) Protesto é o ato formal e solene pelo qual se prova a inadimplência e o descumprimento de obrigação originada em títulos e outros documentos de dívida. Sobre o assunto, assinale a alternativa correta:

a) Não se incluem entre os títulos sujeitos a protesto as certidões de dívida ativa da União, dos Estados, do Distrito Federal, dos Municípios e das respectivas autarquias e fundações públicas.

b) Os serviços concernentes ao protesto, garantidores da autenticidade, publicidade, segurança e eficácia dos atos jurídicos, ficam sujeitos ao regime estabelecido na Lei nº 6.015/73.

c) Compete privativamente ao Tabelião de Protesto de Títulos, na tutela dos interesses públicos e privados, a protocolização, a intimação, o acolhimento da devolução ou do aceite, o recebimento do pagamento, do título e de outros documentos de dívida, bem como lavrar e registrar o protesto ou acatar a desistência do credor em relação ao mesmo, proceder às averbações, prestar informações e fornecer certidões relativas a todos os atos praticados, na forma da Lei 6015/73.

Lei 9.492/1997

d) Os serviços concernentes ao protesto, garantidores da autenticidade, publicidade, segurança e eficácia dos atos jurídicos, ficam sujeitos ao regime estabelecido na Lei nº 9.492/97.

02. (UFMT – Notário-MT/2003) Nos termos da Lei dos Notários e Registradores, os serviços notariais e de registro são os de organização técnica e administrativa destinados a garantir:

a) Publicidade, autenticidade, segurança e eficácia dos atos jurídicos.
b) Publicidade, legalidade, continuidade, especialidade e unitariedade dos atos jurídicos.
c) Prioridade, preferência, precedência e segurança hipotecária.
d) Mutação jurídica que faz nascer os direitos reais em nosso sistema.
e) Autenticidade de atos e fatos jurídicos para produzir efeitos *erga omnes*.

03. (EJEF – Tabelionato e Registro-MG/2007) Serviços notariais e de registro são os de organização técnica e administrativa destinados a garantir a:

a) Publicidade, autenticidade, segurança e eficácia dos atos jurídicos.
b) Publicidade, eficiência, eficácia e segurança dos atos jurídicos.
c) Publicidade, autogestão, segurança e eficiência dos atos jurídicos.
d) Publicidade, veracidade, impessoalidade e eficácia dos atos jurídicos.

04. (Vunesp – Cartório – TJ – SP/2014) Com relação aos serviços notariais e de registro, é incorreto afirmar que eles são destinados a garantir:

a) eficiência dos atos jurídicos.
b) segurança dos atos jurídicos.
c) publicidade dos atos jurídicos.
d) autenticidade dos atos jurídicos.

05. (Consulplan – Cartório – MG – Provimento/2016) Sobre o protesto de título de crédito, julgue as afirmações:

I. Os títulos e outros documentos de dívida poderão ser levados a protesto para prova e publicidade da inadimplência, assegurada a autenticidade e segurança do ato.
II. Os títulos e outros documentos de dívida poderão ser levados a protesto para fixação do termo inicial dos encargos, quando não houver prazo assinado.
III. Os títulos e outros documentos de dívida poderão ser levados a protesto para interromper o prazo de prescrição.
IV. Os títulos e outros documentos de dívida poderão ser levados a protesto para fins falimentares.

Está correto o que se afirma em:

a) I e II, apenas.
b) I, apenas.
c) III e IV, apenas.
d) I, II, III e IV.

06. (Cespe – Tabelião-RR/2001) No que respeita à LPT, assinale a opção correta.

a) O protesto de que cuida a LPT tem trâmite extrajudicial.
b) O protesto regido pela LPT é integralmente regido por essa lei e apenas por ela.
c) Considerando a natureza disponível, em regra, dos títulos de crédito, que consubstanciam a enorme maioria dos direitos representados nos títulos levados a protesto e considerando ainda o papel acessório do protesto como meio de o credor obter a satisfação de um direito, é juridicamente válido que o tabelião de protestos, a requerimento do credor, com a finalidade de evitar as consequências jurídicas do protesto, envie ao devedor, antes de o título ser protocolizado formalmente, intimação, aviso ou outra espécie de comunicação, dando-lhe a oportunidade de pagar, aceitar ou devolver o título.
d) Excetuados os casos de desistência ou sustação do protesto, por iniciativa do interessado ou por determinação judicial, conforme o caso, o protesto somente pode deixar de ser lavrado se o devedor pagar o título no prazo de lei.
e) Devido ao regime legal estrito da LPT, a desistência do protesto após o apontamento, por ato voluntário do credor, depende de essa desistência enquadrar-se em alguma das hipóteses legalmente admitidas.

GAB	1	D	2	A	3	A
	4	A	5	D	6	A

Art. 3º. Compete privativamente ao Tabelião de Protesto de Títulos, na tutela dos interesses públicos e privados, a protocolização, a intimação, o acolhimento da devolução ou do aceite, o recebimento do pagamento, do título e de outros documentos de dívida, bem como lavrar e registrar o protesto ou acatar a desistência do credor em relação ao mesmo, proceder às averbações, prestar informações e fornecer certidões relativas a todos os atos praticados, na forma desta Lei.

1. COMENTÁRIOS

O dispositivo em comento deve ser lido em conjunto com o art. 11 da Lei 8.935/1994, é norma geral que atribui competência **privativa** da atuação do Tabelião de Protesto, a saber:

> **Art. 11.** Aos tabeliães de protesto de título compete privativamente:
>
> I – protocolar de imediato os documentos de dívida, para prova do descumprimento da obrigação;
>
> II – intimar os devedores dos títulos para aceitá-los, devolvê-los ou pagá-los, sob pena de protesto;
>
> III – receber o pagamento dos títulos protocolizados, dando quitação;
>
> IV – lavrar o protesto, registrando o ato em livro próprio, em microfilme ou sob outra forma de documentação;
>
> V – acatar o pedido de desistência do protesto formulado pelo apresentante;
>
> VI – averbar:
>
> **a)** o cancelamento do protesto;
>
> **b)** as alterações necessárias para atualização dos registros efetuados;
>
> VII – expedir certidões de atos e documentos que constem de seus registros e papéis.
>
> Parágrafo único. Havendo mais de um tabelião de protestos na mesma localidade, será obrigatória a prévia distribuição dos títulos.

Percebe-se que a Lei de Protestos veio reiterar o que a Lei dos Notários e Registradores, em seu artigo 11, havia previsto.

Note-se que o art. 11 acima exposto trata do tema de forma sucinta ao passo que o art. 3º e os demais artigos desta Lei pormenorizaram essas atribuições. Assim, o Tabelião de Protestos pode realizar a protocolização (art. 9º), a intimação (arts. 14 e 15), o recebimento do pagamento do título ou documento de dívida (art. 19), a lavratura e o registro do protesto (art. 20), o acatamento da desistência do credor (art. 16), as averbações (art. 25), prestar informações e fornecer certidões relativas a todos os atos por si praticados (art. 27) na forma da Lei 9.492/1997.

O dispositivo também define a competência *privativa* do Tabelião de Protesto. Equivale dizer, somente ele e nenhum outro agente público ou particular pode fazê-lo. Dessa forma, nem banco, nem Poder Judiciário, nem órgãos de proteção ao crédito podem realizar.

Vicente Amadei, ao discorrer sobre o caráter privativo da atuação, preleciona: "Logo se vê que a testificação do protesto não pode ficar a cargo de qualquer um, mas sim de alguém que esteja em condições de imprimir ao seu testemunho a marca da fé pública, i. e, 'o caráter de autenticidade próprios dos actos de autoridade pública'. Afastar, pois o protesto de quem é delegado de serviço público investido no poder de certificar com o caráter da fé pública importa em abalo à segurança jurídica protestual" (Op. cit., p. 92)

A expressão *na tutela dos interesses públicos e privados* a que a lei faz alusão é muito bem explicada por Eversio Donizete de Oliveira e Magno Luiz Barbosa: "quando o legislador dispõe que o tabelião de protesto exercerá sua função *na tutela dos interesses públicos e privados,* devemos imediatamente nos reportar ao princípio básico que norteia os notários e registradores, qual seja, o art. 236 de nossa Constituição Federal, que define caráter privado para a realização desses serviços, por delegação do poder público. Portanto, em se tratando de interesse público, as atividades do tabelião de protesto tutelam o interesse do Estado ao garantirem um serviço idôneo e imparcial, cuidando de recolher e repassar aos órgãos públicos todas as taxas e impostos pertinentes à função. No que concerne aos interesses privados, o tabelião de protesto estará cumprindo sua tutela, ao oferecer um serviço que satisfaça aos anseios da sociedade, observando, cuidadosamente o cumprimento de todas as determinações da legislação. Ao delegar poderes a um ente privado para exercer funções consideradas próprias da administração pública, o Estado estabelece uma ligação direta, com vistas ao cumprimento dos interesses da sociedade. Dessa delegação de poderes oriunda do Estado, surge a *fé pública,* que, na prática, vem garantir a veracidade dos atos praticados pelos notários e registradores (...) Em síntese, percebe-se, no caso das atividades notariais e registrais, a indissociabilidade dos interesses públicos e privados. O Estado vive de impostos, recursos imprescindíveis à movimentação da máquina estatal, e em troca oferece à sociedade garantias de uma prestação de serviços autêntica, pública e segura, capaz de tornar eficazes aos atos jurídicos" (Op. cit., p. 38).

De outro giro, Sergio Luiz José Bueno entende desnecessária a expressão *na tutela dos interesses públicos e privados.* Para ele, trata-se de mero reforço ou ênfase, pois, se a atividade do protesto materializa prestação de serviço público, ainda que em caráter privado, buscará necessariamente tal tutela. Assim, trata-se de mero reforço normativo para dizer que o serviço é prestado em caráter privado, sem que prevaleça o interesse do Tabelião sobre interesse público (Op. cit., p. 30).

Consigna-se, por fim, que o tabelião, profissional de direito, deve cumprir suas atribuições de forma a garantir a segurança dos atos, devendo estar em constante estudo e aperfeiçoamento. Seus direitos estão previstos no art. 29 da Lei 8.935/1994, mas ele também deve estar atento aos deveres estabelecidos no art. 30 da mesma lei. Exemplos desses deveres incluem: manter em ordem os livros, papéis e documentos de sua serventia, guardando-os em locais seguros; atender as partes com eficiência, urbanidade e presteza; manter em arquivo as leis, regulamentos, resoluções, provimentos, regimentos, ordens de serviço e quaisquer outros atos que digam respeito à sua atividade; proceder de forma a dignificar a função exercida, tanto nas atividades profissionais como na vida privada; guardar sigilo sobre a documentação e os assuntos de natureza reservada de que tenha conhecimento em razão do exercício de sua profissão; afixar em local visível, de fácil leitura e acesso ao público, as tabelas de emolumentos em vigor; observar os emolumentos fixados para a prática dos atos do seu ofício; e observar as normas técnicas estabelecidas pelo juízo competente, entre outros.

É oportuno mencionar que também existem disposições acerca dos deveres dos notários e registradores estabelecidas no Código de Ética da Anoreg-Br (EL DEBS, Martha. Vade Mecum Notarial e Registral – Coletânea de Leis para Cartório. Salvador: Editora Juspodivm, 2023), a saber:

CAPÍTULO II – DEVERES FUNDAMENTAIS

Art. 3º. Os deveres fundamentais de notários e registradores abrangem os inerentes aos atos de seus ofícios, além dos previstos em legislação específica e dos elencados no Estatuto da Associação dos Notários e Registradores do Brasil – ANOREG-BR e mais os seguintes:

I – dignificar o exercício de suas funções;

II – zelar pelo prestígio da classe e pela dignidade da função de notário e registrador;

III – zelar pela observância da ética profissional de notários e registradores;

IV – conduzir-se, no exercício de sua função e em sua vida particular, com honorabilidade e honestidade;

V – cumprir e fazer cumprir as normas constitucionais, legais, regulamentares, administrativas e quaisquer outras que regulem os serviços notariais e de registro;

VI – pugnar pelo aperfeiçoamento das instituições e normas notariais e de registro;

VII – cumprir e fazer cumprir a tabela de emolumentos em vigor, que deve ser afixada em local visível, de fácil leitura e acesso ao público;

VIII – manter o sigilo de seus registros, salvo as exceções legais ou regulamentares e as decorrentes de ordem judicial;

IX – cumprir, com exatidão, as obrigações fiscais e sociais decorrentes de sua atividade notarial ou registral, recolhendo em dia impostos, taxas e contribuições sociais, inclusive as previdenciárias, de sua responsabilidade;

X – exigir, para a prática de ato notarial ou registral, a apresentação, pelo interessado, de toda a documentação exigida por lei e, se por ela não exigida, dos documentos indispensáveis à segurança jurídica do ato a praticar;

XI – prestar gratuitamente, e nos prazos legais, os serviços notariais ou de registro nos casos em que a lei assim determinar;

XII – anunciar seus serviços moderadamente, sem menção comparativa ou desairosa aos serviços de outros notários ou registradores;

XIII – não colocar em sua serventia letreiros, painéis, placas ou outros anúncios afins que visem, ainda que moderadamente, captar clientela e

XIV – não se pronunciar publicamente, de qualquer forma e por qualquer meio:

a) sobre a má conduta profissional de outro notário ou registrador ou

b) em defesa de interesse contrário à categoria dos notários e dos registradores.

Demais disso, o Tabelião de Protesto possui responsabilidade civil, penal, administrativa e tributária. Sobre a temática, recomenda-se a leitura dos comentários do art. 38 desta Lei.

Importante lembrar que o Conselho Nacional de Justiça, seguindo na direção de **fomentar a heterocomposição nos serviços notariais e registrais,** trouxe novas atribuições ao Tabelião de Protesto, como por exemplo, não só a possibilidade de fazer mediação e conciliação no cartório, como também contribuir com os credores e devedores, estabelecendo medidas de incentivo à quitação ou à renegociação de dívidas protestadas, medidas estas prévias e facultativas aos procedimentos de conciliação e mediação (Provimento CNJ n. 72/2018).

Importante lembrar que o Conselho Nacional de Justiça, seguindo na direção de fomentar a heterocomposição nos serviços notariais e registrais, atribuiu novas responsabilidades ao Tabelião de Protesto. Para ilustrar, podemos citar a mediação e conciliação no tabelionato. A **Lei n. 14.711/2023**, indo ao encontro da extrajudicialização, também trouxe novidades aos Tabeliães de Protesto, acrescentando os arts. 11-A e 26-A da Lei n. 9.492/1997, que, em normas gerais, dispõe de medidas de solução negocial prévia ao protesto, vencidas ainda não protestadas, e de solução negocial posterior ao protesto. A Corregedoria Nacional de Justiça, por meio do Provimento n. 168, de 27 de maio de 2024, regulamentou estas questões e definiu novas regras para negociação de dívidas protestadas ou em vias de protesto, favorecendo negociações. O novo instrumento simplifica a aplicação da norma nas serventias brasileiras que tenham essa atribuição. A medida possibilita ainda a redução do número de demandas que sobrecarregam o Poder Judiciário. Esta matéria também será analisada de forma pormenorizada em momento oportuno nesta obra.

Não é demais lembrar que, em razão do Provimento CNJ n. 161/2024, os Tabeliães de Protesto exercem importante papel no sistema de prevenção à lavagem de dinheiro e ao financiamento do terrorismo e da proliferação de armas de destruição em massa (PLD/FTP)

2. QUESTÕES DE CONCURSOS

01. (TJ/AM – 2023 – TJ/AM – Titular de Notas e Serviços de Registros) Sobre o Protesto, assinale a alternativa correta:

a) O protesto será registrado dentro de cinco dias contados da protocolização do título ou documento de dívida.

b) Não se incluem entre os títulos sujeitos a protesto as certidões de dívida ativa da União, dos Estados, do Distrito Federal, dos Municípios e das respectivas autarquias e fundações públicas.

c) Compete privativamente ao Tabelião de Protesto de Títulos, na tutela dos interesses públicos e privados: a protocolização, a intimação, o acolhimento da devolução ou do aceite, o recebimento do pagamento, do título e de outros documentos de dívida, bem como lavrar e registrar o protesto ou acatar a desistência do credor em relação ao mesmo, proceder às averbações, prestar informações e fornecer certidões relativas a todos os atos praticados na forma da lei 9492/97.

d) Quando houver irregularidade formal observada pelo Tabelião isso não obstará o registro do protesto.

02. (Consulplan – Outorga das Delegações de Notas e de Registros – TJ – MG/2018) Acerca do protesto de títulos e documentos de dívida, é correto afirmar:

a) O prazo de arquivamento é de 5 (cinco) anos para livros de protocolo e de 10 (dez) anos para os livros de registros de protesto e respectivos títulos.

b) O título do documento de dívida cujo protesto tiver sido sustado judicialmente só poderá ser pago, protestado ou retirado com autorização judicial. Revogada a ordem de sustação, é necessário se proceder a nova intimação do devedor.

c) A remessa da intimação poderá ser feita por portador do próprio tabelião, ou por qualquer outro meio, desde que o recebimento fique assegurado e comprovado através de protocolo, aviso de recepção (AR), e-mail ou documento equivalente.

d) Compete privativamente ao tabelião de protesto de títulos e aos seus respectivos serviços, eis que garantidores da autenticidade, publicidade, segurança e eficácia dos atos jurídicos, a protocolização, a intimação, o acolhimento da devolução ou do aceite, o recebimento do pagamento do título e de outros documentos de dívida.

03. (IESES – Cartório – Provimento – TJ – AM/2018) Assinale a alternativa correta:

a) Não é possível o protesto das certidões de dívida ativa das autarquias municipais.

b) Tratando-se de cheque, deverá o protesto ser lavrado no lugar do pagamento, devendo do referido cheque constar a prova de apresentação ao Banco sacado.

c) Compete privativamente ao Tabelião de Protesto de Títulos, na tutela dos interesses públicos e privados, a protocolização, a intimação, o acolhimento da devolução ou do aceite, o recebimento do pagamento, do título e de outros documentos de dívida, bem como lavrar e registrar o protesto ou acatar a desistência do credor em relação ao mesmo, proceder às averbações, prestar informações e fornecer certidões relativas a todos os atos praticados, na forma da Lei.

d) Compete privativamente ao Tabelião de Protesto de Títulos, na tutela dos interesses públicos e privados, a protocolização, a intimação, o acolhimento da devolução ou do aceite, o recebimento do pagamento, do título e de outros documentos de dívida, bem como lavrar e registrar o protesto e acatar a desistência do credor em relação ao mesmo, somente nos casos que fundamentada por decisão judicial.

04. (IESES – Notário-MA/2008) Assinale a alternativa INCORRETA de acordo com a Lei nº 8.935/94, em relação ao protesto de títulos.

a) Aos tabeliães de protesto de título compete privativamente receber o pagamento dos títulos protocolizados, dando quitação.

b) Havendo mais de um tabelião de protestos na mesma localidade, será facultada a prévia distribuição dos títulos.

c) Aos tabeliães de protesto de título compete privativamente protocolar de imediato os documentos de dívida, para prova do descumprimento da obrigação.

d) Aos tabeliães de protesto de título compete privativamente averbar o cancelamento do protesto.

05. (Cespe – Cartório-PI/2013) De acordo com Lei Federal nº 8.935/1994, ao tabelião de protesto, no uso de suas atribuições, cabe

a) receber o pagamento dos títulos protocolados, dar quitação, e averbar as sustações de protesto determinadas pelo Poder Judiciário.

b) indicar, na intimação, a conta bancária do credor, para pagamento do título, e averbar os cancelamentos de protesto.

c) receber o pagamento dos títulos protocolados, dar quitação e averbar os cancelamentos de protesto.

d) indicar, na intimação, a conta bancária do credor, para pagamento do título, e averbar as sustações de protesto determinadas pelo Poder Judiciário.

e) indicar, na intimação, a conta bancária do credor, para pagamento do título, e averbar as alterações necessárias para atualização dos registros efetuados.

06. (IESES – Cartório – Remoção – TJ – RO/2017) Compete privativamente ao Tabelião de Protesto de Títulos, na tutela dos interesses públicos e privados:

I. A protocolização, a intimação, o acolhimento da devolução ou do aceite e o recebimento do pagamento do título e de outros documentos de dívida.

II. Lavrar e registrar o protesto.

III. O registro de ato constitutivo de pessoa jurídica de direito privado.

IV. Acatar a desistência do credor em relação ao título.

A sequência correta é:

a) As assertivas I, II, III e IV estão corretas.

b) Apenas a assertiva II está correta.

c) A assertiva III está incorreta.

d) Apenas as assertivas I e IV estão corretas.

07. (IESES – Cartório – Remoção – TJ – RO/2017) Aos tabeliães de protesto de título compete privativamente:

I. Autenticar cópias.

II. Intimar os devedores dos títulos para aceitá-los, devolvê-los ou pagá-los, sob pena de protesto.

III. Receber o pagamento dos títulos protocolizados, dando quitação.

IV. Acatar o pedido de desistência do protesto formulado pelo apresentante.

A sequência correta é:

a) Apenas as assertivas I e III estão corretas.

b) As assertivas II, III e IV estão corretas.

c) Apenas a assertiva I está correta.

d) As assertivas I e II estão incorretas.

GAB	1	C	2	D	3	C	4	B
	5	C	6	C	7	B		

▸ CAPÍTULO II – DA ORDEM DOS SERVIÇOS

Art. 4º. O atendimento ao público será, no mínimo, de seis horas diárias.

1. COMENTÁRIOS

O Tabelião de Protesto de Títulos deve prestar os serviços de modo eficiente e adequado, em local de fácil acesso ao público e que ofereça segurança para o arquivamento dos livros e documentos, nos dias e horários definidos por Juiz Corregedor Permanente, atento às peculiaridades locais e às seis horas diárias mínimas de atendimento ao público.

O dispositivo em comento trata, sem fixar o horário, do período diário de atendimento ao público, que é de no mínimo, seis horas. O horário de funcionamento não é uniforme em todos os Estados, uma vez que, deve ser regulamentado pelo Juiz Corregedor ou Juiz competente na forma da organização local, de acordo com as peculiaridades locais.

Esse dispositivo também é encontrado no art. 4º, § 2º, da Lei dos Notários e Registradores (Lei 8.935/1994), e foi editado em razão de ser um dever do Oficial Registrador e do Tabelião a prestação de um serviço de qualidade. À vista disto, o não cumprimento do mínimo de horas estabelecido pela lei, ou do horário determinado pelas Corregedorias Gerais de Justiça, pode

Lei 9.492/1997

ocasionar sanções ao titular do serviço que, conforme a Lei 8.935/1994, vão desde uma simples repreensão até a perda da serventia.

Consigna-se que a Lei 6.015/1973, nos arts. 8º e 9º (vide comentários nos respectivos artigos) também fazem alusão a ordem de serviço nos registros públicos, a saber:

Art. 8º O serviço começará e terminará às mesmas horas em todos os dias úteis.

Parágrafo único. O registro civil de pessoas naturais funcionará todos os dias, sem exceção.

Art. 9º Será nulo o registro lavrado fora das horas regulamentares ou em dias em que não houver expediente, sendo civil e criminalmente responsável o oficial que der causa à nulidade.

Art. 5º. Todos os documentos apresentados ou distribuídos no horário regulamentar serão protocolizados dentro de vinte e quatro horas, obedecendo à ordem cronológica de entrega.

Parágrafo único. Ao apresentante será entregue recibo com as características essenciais do título ou documento de dívida, sendo de sua responsabilidade os dados fornecidos.

1. COMENTÁRIOS

O dispositivo em comento consagra o **princípio da instância ou da rogação**. Por este princípio, o Tabelião de Protesto não pode agir de ofício, ou em outras palavras, para realização de todo o procedimento de protesto, indispensável é a apresentação do título ou do documento de dívida pelo interessado, pessoalmente ou por mandatário, ou do pedido expressamente formulado para a tirada do protesto. Tal princípio comporta algumas exceções, como, por exemplo, averbações de ofício, a retificação de erro na tomada de elementos para intimação ou a retificação de erro na tomada de dados para efetivação do termo de protesto. Vicente de Abreu Amadei adverte que, como consequência deste princípio, o Tabelião não pode protestar senão nos limites definidos no requerimento do apresentante. Assim, por exemplo, se o apresentante pretende o protesto comum, não pode o Tabelião lavrar o protesto especial. (*Introdução ao direito notarial e registral*. Porto Alegre: Fabris Editor, 2004, p. 109). (Op. cit., p. 110).

Também é consagrado pelo dispositivo em comento, o **princípio da celeridade**. A celeridade do protesto se traduz na rapidez, flexibilidade e informalismo. Tal princípio se manifesta principalmente no que se refere aos prazos do procedimento do protesto, que neste caso, a protocolização dos documentos apresentados ou distribuídos no horário regulamentar é de 24 horas. Nesse período deverá ocorrer toda a análise dos títulos sem seus caracteres formais, a elaboração dos dados e a confecção da intimação. Analisaremos esses passos de forma pormenorizada em seus respectivos dispositivos.

Frise-se que a **protocolização ou o apontamento consiste no lançamento do título no protocolo.**

Todos os títulos e documentos de dívida protocolizados serão examinados em seus caracteres formais e terão curso se não apresentarem vícios, não cabendo ao Tabelião de Protesto investigar a ocorrência de prescrição ou caducidade. Qualquer irregularidade formal observada pelo Tabelião obstará o registro do protesto.

Apresentados os documentos, o tabelião realizar a chamada "qualificação notarial". Atualmente, o tabelião de protesto realiza uma análise muito mais jurídica, prudente e acurada. Com a atribuição dada pela Lei 9.492/1997, de protestar também documentos de dívida, ele deve ter conhecimento não apenas do Direito Empresarial, mas também do Direito Processual Civil (para analisar, por exemplo, títulos executivos judiciais e extrajudiciais, e decisões), do Direito Tributário (para conhecer os elementos de uma CDA), do Direito Civil (para analisar contratos para protesto, por exemplo), entre outros já explicitados nesta obra.

Quanto ao local do protesto, ou o local da protocolização dos títulos ou documentos de dívida, que também deve ser objeto de análise pelo tabelião por se tratar de requisito de ordem procedimental, remeto o leitor aos comentários detalhados do art. 6º desta lei.

Pelo **princípio da rogação ou da instância**, percebe-se que a apresentação do título ou documento de dívida é o ato da parte que dá impulso ao procedimento para protesto.

A apresentação pode ser realizada no Tabelionato ou diante do Serviço de Distribuição nas localidades em que houver mais de um tabelionato de protesto, via postal e também por meio eletrônico.

Na primeira opção, a parte comparece à Serventia única de protesto existente na comarca ou ao Ofício Distribuidor, caso haja mais de um (vide art. 7º desta lei) e apresenta o documento, requerendo que seja iniciado o procedimento. O Tabelião, ou o Ofício Distribuidor entregará ao apresentante o recibo com as características essenciais do título ou documento de dívida, sendo de sua responsabilidade os dados fornecidos, como deixou bem claro o parágrafo único do artigo em comento. Assim, o fornecimento *por má fé* de qualquer informação incorreta no formulário de apresentação de protesto, seja quanto aos dados do devedor, seja quanto aos do apresentante do título, implicará consequentemente na responsabilidade civil e criminal do responsável pelo preenchimento das informações, consoante art. 15, § 2º, Lei nº 9.492/1997. Desta feita, incumbirá ao Tabelião de Protesto, constatado indício do procedimento fraudulento, a comunicação imediata do fato à autoridade policial para a feitura de boletim de ocorrência e consequente apuração.

De outro giro, várias normativas estaduais possibilitam também a apresentação por **meio postal**. Nestes casos, é mister que o título ou documento de dívida venha acompanhado do respectivo requerimento de protesto e para alguns Códigos de Normas Estaduais, tal requerimento deve ter o reconhecimento de firma do apresentante (autenticidade ou semelhança).

Diante da atual revolução cibernética que o mundo vive, a apresentação em **meio eletrônico** se faz imprescindível. Reconhece-se o encaminhamento a protesto eletrônico via original eletrônico, cópia digitalizada, cópia autenticada, extrato ou indicações. Neste contexto, a apresentação se faz por meio da Central de Remessa de Arquivos (CRA), que corresponde a uma plataforma virtual na qual o usuário (bancos, procuradorias, particulares, empresas, profissionais liberais, conselhos de classe, etc.), podem se cadastrar e enviar eletronicamente títulos e documentos de dívida aos cartórios de protesto do seu estado.

Importante anotar que **na prática** existe diferença entre protesto por extrato e protesto por indicação, não obstante serem usados como sinônimos em algumas ocasiões ou indicarem que o protesto por extrato seja um tipo de indicação. É que o **protesto por extrato é mais detalhado que o protesto por indicação.** Este último consiste numa reprodução das informações constantes no título, com o valor a pagar, etc (descrição do título e valor da dívida). O Tabelião não tem explicação de como se chegou naquele valor. Por sua vez, o protesto por extrato traz um detalhamento maior do valor, das parcelas da dívida, e consequentemente torna-se mais fácil de o devedor entender o que está sendo cobrado dele (na prática, eles questionam isso no cartório).

Duas considerações devem ser feitas em relação à apresentação por meio eletrônico.

A primeira é a alteração incluída pela Lei 13.775/2018 (Duplicatas Escriturais) na Lei 9.492/1997, que previu a **criação** da Central Nacional de Serviços Eletrônicos Compartilhados a ser mantida pelos tabeliães, sendo uma de suas funções, a recepção e distribuição de títulos e documentos de dívida para protesto, desde que escriturais.

A segunda é a edição do Provimento CNJ n. 87/2019, que regulamentou, entre outras providências, a **implantação** da Central Nacional de Serviços Eletrônicos dos Tabeliães de Protesto de Títulos – CENPROT e em seu art. 17, VII, prescreveu como uma de suas funções, a recepção de títulos e documentos de dívida, em meio eletrônico, para fins de protesto, encaminhados por órgãos do Poder Judiciário, procuradorias, advogados e apresentantes cadastrados. Ressalte-se que o Provimento CNJ n. 87/2019 foi incorporado aos arts. 257 a 263 do Código Nacional de Normas. O dispositivo citado neste parágrafo corresponde ao art. 259, VII do Código Nacional de Normas.

Após a apresentação do título ou documento de dívida, em quaisquer de suas formas, o próximo ato será a protocolização do título, que deverá ocorrer no prazo máximo de 24 (vinte e quatro) horas, mas sempre antes de expedida a intimação do devedor.

José Roberto Parizatto defende que o prazo de 24 horas é prazo impróprio, "sem consequências para o serviço a ser realizado, ou seja, o protesto ou a expedição de certidão embora sirva para se comprometer a celeridade almejada pelo mesmo, podendo, sendo o caso, tratar-se de responsabilidade administrativa de quem não praticar tal ato no prazo que a lei determina" (*Execução e Protesto de Títulos de Crédito*. São Paulo: 2012, p. 472).

Quanto ao prazo de 24 horas, Sérgio Bueno observa que "corre da distribuição e vai até o lançamento no livro do protocolo do Tabelionato. Portanto, tal prazo nao é concedido ao Serviço de Distribuição, mas ao Tabelião. A recepção, a distribuição e a entrega ao Tabelião devem ocorrer no mesmo dia, nos termos do artigo 8º da Lei em comento" (Op. cit., p. 33).

Feita a protocolização, o próximo passo é a intimação do devedor. Como já foi dito, é inviável a remessa da intimação ao devedor antes da protocolização, constituindo irregularidade grave, que pode acarretar a anulação do protesto, além de configurar falta administrativa punível. Sergio Luiz José Bueno sugere que "mesmo que antes da protocolização se verifique a existência de vício que obste o protesto, recomenda-se a protocolização para que depois se realize a devolução. Se o procedimento prosseguir, a intimação somente deve ser expedida após a protocolização" (Op. cit., p. 191).

A *ordem cronológica* a que o artigo faz alusão constata-se pelo número do apontamento do título ou documento de dívida, assegurando ao apresentante que nenhum documento apresentado posteriormente passará na frente do seu. Todavia, observa Sérgio Luiz José Bueno que "o respeito à ordem cronológica, embora obrigatório, não tem no Tabelionato de Protesto o mesmo relevo observado em outros Serviços em que a preferência ganha importância. Nos Serviços de Protesto todos os títulos ou documentos protocolizados em um mesmo dia seguirão prazos idênticos" (Op. cit., p. 33).

1.1 DO APRESENTANTE

Oportuno fazer a distinção entre apresentante do título e credor. Os títulos podem ser levados ao Tabelionato pelo **próprio apresentante ou por outra pessoa**, denominada *portador*, que desempenha a função de transportar documentos. Ressalte-se que neste caso, a procuração é dispensável, uma vez que ocorre a simples condução dos documentos. O **apresentante** é qualquer pessoa física ou jurídica que apresenta um título ou documento de dívida a protesto. Pode ser o credor ou alguém que o faça em seu nome. O apresentante também, pode não ser o credor (por exemplo, nos casos de endosso mandato, em que o credor é o endossante, tendo o endossatário a obrigação de cobrar a dívida por aquele). De outra forma, o sacador também nem sempre é credor, "pois se lançou endosso translativo a alguém, transmitiu a este o crédito de que era o titular" (*Tabelionato de Protesto*. São Paulo: Saraiva, 2013, p. 189). Assim, *credor* é o sujeito ativo da relação jurídica material representada no título, mas não necessariamente o apresentante.

É também de Sergio Luiz José Bueno a explicação sobre a possibilidade de **representação por procurador do credor ou apresentante**: "assim, no formulário, devem constar os dados daquele e deste, que na qualidade de representante o assinará, e de eventual portador dos documentos, que comparecerá ao Tabelionato ou Serviço de Distribuição. Nessa hipótese, deve ser exibida a procuração que confere os respectivos poderes ao procurador atuante em nome do apresentante" (Op. cit., p. 36).

É oportuno elucidar o que o apresentante deve declarar sob sua exclusiva responsabilidade:

I – o seu nome e endereço;

II – o nome do devedor, endereço e número de inscrição no CNPJ ou CPF, ou, na sua ausência, o número de documento de identidade;

III – a circunstância de o devedor encontrar-se em lugar ignorado, incerto ou inacessível; e

IV – o valor do documento de dívida, com seus acréscimos legais e/ou convencionais.

Além desses requisitos, as normativas estaduais podem estabelecer outros.

O mandato, cujo instrumento é a procuração, deve ser escrito e expresso; geral ou especial, desde que haja poderes especiais. A especificação dos objetos de protesto é prescindível. Constando a outorga dos poderes para apresentar a protesto, é implícito que os atos permitidos ao apresentante estão abarcados.

No que concerne à **representação legal da pessoa jurídica**, parte da doutrina e algumas normativas estaduais entendem necessária a apresentação da cópia do instrumento de seu ato constitutivo. Prevalece na doutrina que a desnecessidade da exigência de cópias autenticadas, salvo em caso de fundada dúvida sobre a autenticidade, pois a Lei 9.492/1997 não exige expressamente tal autenticação.

É importante lembrar que o protesto é regido pelo princípio da formalidade simplificada e celeridade, fazendo com que parte da doutrina defenda a desnecessidade da apresentação dos atos constitutivos ou da procuração outorgada pelo apresentante, seja pela falta de previsão legal ou normativa, seja por contrariar os princípios da retrocitados. Este é o entendimento de Reinaldo Velloso dos Santos (*Apontamentos sobre o protesto notarial*. https://www.teses.usp.br/teses/disponiveis/2/2132/tde-20032013-142914/pt-br.php).

Em se tratando de **representação convencional**, uma vez mais, Sérgio Bueno adverte que "há de ser apresentado o instrumento de mandato (procuração), que, se for particular, deve ter reconhecida a firma do outorgante, em face das sérias consequências que essa apresentação pode gerar. O instrumento público supre essa formalidade. Note-se que figura como apresentante o outorgante, representado pelo outorgado, embora apenas este assine o formulário" (Op. cit., p. 190).

No que se refere ao **falecimento do credor ou daquele legitimado para ser apresentante,** o espólio, representado pelo inventariante deve apresentar o título ou documento de dívida. Todavia, será legitimado para apresentar o título a protesto, caso a partilha esteja comprovada, o herdeiro ou legatário a quem se atribuiu o crédito. Poderá ocorrer também apresentação diante de alvará agraciado pelo Juiz.

Quanto ao protesto para **fins falimentares**, estabelece o art. 97 da Lei 11.101/2005 a legitimidade ativa para requerer falência. Ora, quem tem legitimidade para requerer a falência é quem deve apresentar o protesto. Logo, nos termos do aludido dispositivo, podem pedir a falência do devedor e consequentemente apresentar o protesto:

> I – o próprio devedor, na forma do disposto nos arts. 105 a 107 desta Lei;
>
> II – o cônjuge sobrevivente, qualquer herdeiro do devedor ou o inventariante;
>
> III – o cotista ou o acionista do devedor na forma da lei ou do ato constitutivo da sociedade;
>
> IV – qualquer credor.
>
> § 1º O credor empresário apresentará certidão do Registro Público de Empresas que comprove a regularidade de suas atividades.
>
> § 2º O credor que não tiver domicílio no Brasil deverá prestar caução relativa às custas e ao pagamento da indenização de que trata o art. 101 desta Lei.

Tempestivo expor ainda o **apresentante no protesto do cheque**. É que quando se tratar de título de crédito emitido por **correntista de conta conjunta**, os registros da distribuição e do protesto serão feitos em nome do signatário, cabendo ao apresentante indicá-lo. Trata-se de entendimento doutrinário e jurisprudencial dominantes, a saber:

> "AGRAVO REGIMENTAL. AÇÃO DE INDENIZAÇÃO POR DANOS MORAIS. CONTA-CONJUNTA. IMPOSSIBILIDADE DO PROTESTO DO NOME DO CO-TITULAR DA CONTA, QUE NÃO EMITIU O CHEQUE. 1.- Segundo a jurisprudência deste Tribunal, 'a co-titularidade da conta limita- se à propriedade dos fundos comuns à sua movimentação, porém não tem o condão de transformar o outro correntista em co-devedor pelas dívidas assumidas pela emitente, ainda que cônjuge, pelas quais ela deve responder escoteiramente.' (REsp 336.632/ES, Rel. Min. ALDIR PASSARINHO JÚNIOR, QUARTA TURMA, DJ. 31.3.03). 2.- Agravo Regimental improvido." (cf. AgRg no REsp 1324542/SP, Terceira Turma, rel. Ministro Sidnei Beneti, j. em 17-10-2013).
>
> "COMERCIAL E PROCESSUAL CIVIL. AÇÃO MONITÓRIA. AUTORA. NOME DE FANTASIA SEMELHANTE À DENOMINAÇÃO CORRETA. ILEGITIMIDADE ATIVA AFASTADA. CHEQUES. CO-TITULARIDADE DE CONTA BANCÁRIA CONJUNTA. INSUFICIÊNCIA DE FUNDOS. ILEGITIMIDADE PASSIVA DO CORRENTISTA NÃO EMITENTE DA CÁRTULA. LEI N. 7.357 /85, ART. 51. I. Mera discrepância, inclusive diminuta, entre o nome da empresa credora mencionado no cheque e a sua denominação social verdadeira, não constitui motivo para afastar a sua legitimidade ativa para a cobrança, via monitória, do valor devido. II. **Ilegitimidade passiva, contudo, do esposo da emitente da cártula, posto que na qualidade de co-titular de conta corrente conjunta, inobstante possua legitimidade para movimentar os fundos de que também é proprietário, não o torna co-responsável pelas dívidas assumidas por sua esposa individualmente, em face da emissão de cheques destituídos de cobertura financeira, pelos quais somente ela**

No mesmo sentido é o entendimento do Tribunal Paulista:

> "RESPONSABILIDADE CIVIL – Indenização por danos materiais e morais – Cheque – Apontamento em nome do Autor de cheque emitido pelo co- titular de conta bancária conjunta – Inadmissibilidade – Título emitido pelo co-titular da conta conjunta – Solidariedade da conta conjunta não se transmite ao cheque emitido por um dos titulares – **Responsabilidade pela dívida recai apenas ao emitente do cheque** – Responsabilidade dos Réus pelo apontamento indevido. DANOS MATERIAIS – Cobrança dos honorários contratuais firmados entre o Autor e sua advogada para propositura de precedente medida cautelar – Admissibilidade – Despesa que não foi indenizada pela sucumbência arbitrada na sentença – O processo não pode causar dano à parte a qual, ao final, reconheça-se ter razão – Os honorários convencionais integram o valor devido a título de perdas e danos, nos termos dos arts. 389, 395 e 404 do CC/2002 – O pagamento dos honorários extrajudiciais como parcela integrante das perdas e danos também é devido pelos Réus, diante da incidência dos princípios do acesso à justiça e da restituição integral dos danos – Verba deferida. DANO MORAL – Ocorrência – Mero apontamento sem o efetivo protesto também é fonte geradora de dano moral, ocasionando apenas menor intensidade na definição do arbitramento da indenização – Redução do "quantum" indenizatório – Cabimento – Indenização fixada em R$ 7.000,00 – Atualização monetária a partir da data deste acórdão – Juros legais desde a citação – Ônus da sucumbência dos Réus. Recurso parcialmente provido."(TJ-SP – AC: 10441249120138260100 SP 1044124-91.2013.8.26.0100, Relator: Álvaro Torres Júnior, Data de Julgamento: 11/05/2015, 20a Câmara de Direito Privado, Data de Publicação: 19/05/2015)

Por derradeiro, vale mencionar que recentemente, a I Jornada de Direito Notarial e Registral editou o Enunciado n. 66, corroborando o entendimento consolidado na doutrina sobre **a apresentação do título pelo endossante-mandante em caso de endosso-mandato**. Veja-se:

> **Enunciado 66.** Em caso de endosso-mandato, o endossante-mandante pode figurar como apresentante do protesto.
>
> ⊙ Justificativa: O apresentante, seja pessoa física ou pessoa jurídica, pode requerer o protesto por meio de procurador, o qual atua em nome e por conta do mandante. No caso de um título de crédito objeto de endosso-mandato, é possível que o endossatário-mandatário o encaminhe a protesto, por instrução do endossante. Essa é uma prática comum nos serviços de cobrança realizados por instituições financeiras, que oferecem, entre outros, o encaminhamento a protesto dos títulos não pagos no vencimento. O STJ já consolidou entendimento de que este só responde por danos decorrentes de protesto indevido se extrapolar os poderes de mandatário. É o teor da Súmula 476: O endossatário de título de crédito por endosso-mandato só responde por danos decorrentes de protesto indevido se extrapolar os poderes de mandatário. Segundo a doutrina, o endosso-mandato não é um endosso propriamente dito chamado de "falso endosso", por Fran Martins (títulos de crédito. Rio de Janeiro: Forense, 2010. p. 113), e "endosso impróprio", por Luiz Emygdio Franco da Rosa Júnior (títulos de crédito. Rio de Janeiro: Renovar, 2011, p. 261-271), uma vez que não transmite ou transfere direitos emergentes do título, mas apenas seu exercício e sua posse, podendo-se questionar ou, pelo menos, mitigar a sua autonomia, sendo certo que, ao contrário do que ocorre com o endosso propriamente dito, devedores somente podem arguir exceções relativas ao endossante. Os referidos autores explanam que o endossatário, nesses casos, age em nome e por conta do mandante, como seu representante. Como o endossatário-mandatário age em nome do endossante, obrigando-o, da mesma maneira que mandatário do apresentante constituído em contrato mandato, não há motivação para o tratamento diferente, seja pela autoria da manifestação de vontade (que é do mandante), seja pela responsabilidade pelo ato (que é do mandante, salvo se o mandatário extrapolar seus poderes). Portanto, parece juridicamente adequado que, em ambos os casos, o mandante figure como apresentante, seja outorgante, ou seja endossante-mandante.

2. QUESTÕES DE CONCURSOS

01. (TJ/AM – 2023 – TJ/AM – Titular de Notas e Serviços de Registros) A Lei nº 9.492/1997 define que o protesto é o ato formal e solene pelo qual se prova a inadimplência e o

Lei 9.492/1997

descumprimento de obrigação originada em títulos e outros documentos de dívida. Assinale a alternativa **INCORRETA**:

a) Todos os documentos apresentados ou distribuídos no horário regulamentar serão protocolizados dentro de quarenta e oito horas, obedecendo à ordem cronológica de entrega.

b) Incluem-se entre os títulos sujeitos a protesto as certidões de dívida ativa da União, dos Estados, do Distrito Federal, dos Municípios e das respectivas autarquias e fundações públicas.

c) Ao apresentante será entregue recibo com as características essenciais do título ou documento de dívida, sendo de sua responsabilidade os dados fornecidos.

d) Tratando-se de cheque, poderá o protesto ser lavrado no lugar do pagamento ou do domicílio do emitente, devendo do referido cheque constar a prova de apresentação ao Banco sacado, salvo se o protesto tenha por fim instruir medidas pleiteadas contra o estabelecimento de crédito.

02. (Cespe – Notário-AM/2005) Analise as proposições a seguir:

I. Segundo dispõe a Lei 9.492/97, o protesto será registrado dentro de três dias úteis contados da protocolização do título ou documento de dívida.

II. Todos os documentos apresentados ou distribuídos no horário regulamentar serão protocolizados dentro de vinte e quatro horas, obedecendo à ordem cronológica de entrega.

III. Tratando-se de títulos ou documentos de dívida sujeitos a qualquer tipo de correção, o pagamento será feito pela conversão vigorante no dia da apresentação no valor indicado pelo apresentante.

Assinale:

a) se somente a preposição I estiver correta.

b) se somente a proposição II estiver correta.

c) se somente as proposições I e II estiverem corretas.

d) se somente as proposições I e III estiverem corretas.

e) se todas as proposições estiverem corretas.

03. (Vunesp – Cartório – TJ – SP/2014) Quanto à ordem dos serviços em geral nas serventias de protesto, assinale a alternativa correta.

Nota da autora: trata-se de questão de comando estadual. O candidato deve ter conhecimento das Normas de Serviço da Corregedoria Geral da Justiça do Estado de São Paulo para responder as letras "b", "c" e "d".

a) Todos os títulos e documentos de dívida apresentados ou distribuídos no horário regulamentar serão protocolizados dentro de vinte e quatro horas, obedecendo à ordem cronológica de entrada, sendo irregular, de qualquer modo, o lançamento no livro de protocolo depois de expedida a intimação.

b) Não realizado o pagamento, não comunicada a sustação judicial do protesto e nem formalizada a desistência do pedido de protesto de títulos e outros documentos de dívida formalmente regulares, o protesto deve ser lavrado no último dia do tríduo legal, concluindo-se até às 19: 00 horas do mesmo dia o procedimento de lavratura, registro e expedição do instrumento do protesto.

c) A Portaria disciplinando a jornada de trabalho para atendimento ao público deve regrar a forma como se dará o regime de plantão, até às 19: 00 horas, para recepção dos títulos e documentos de dívida e das ordens judiciais de sustação de protesto.

d) O Tabelião de Protesto de Títulos deve prestar os serviços de modo eficiente e adequado, em local de fácil acesso ao público e que ofereça segurança para o arquivamento dos livros e documentos, nos dias e horários definidos por meio de portaria do Corregedor Geral de Justiça, atento às peculiaridades locais e às seis horas diárias mínimas de atendimento ao público, e com observação do disposto na Seção V do Capítulo XIII das Normas de Serviço da Corregedoria-Geral da Justiça.

GAB	1	A	2	E	3	A

Art. 6º. Tratando-se de cheque, poderá o protesto ser lavrado no lugar do pagamento ou do domicílio do emitente, devendo do referido cheque constar a prova de apresentação ao Banco sacado, salvo se o protesto tenha por fim instruir medidas pleiteadas contra o estabelecimento de crédito.

1. COMENTÁRIOS

Inicialmente, é importante enfatizar que é vedado ao tabelião de protesto ou oficial de registro de distribuição, protocolizar título não compreendido na circunscrição geográfica da respectiva serventia. Constata-se assim que o princípio da territorialidade também está presente nos Tabelionatos de Protesto.

Sobre o local do protesto, é elucidativo apresentar um histórico detalhado.

Até a edição do **Provimento CNJ n. 87/2019**, a **regra geral** para o local do protesto era o lugar do pagamento ou aceite declarado no título. Em outras palavras, o registro de protesto deveria ser lavrado na comarca onde se situa a praça de pagamento indicada no próprio título.

Nesse período, Sérgio Bueno sugeriu interessante fórmula para solucionar problemas de falta de indicação expressa do lugar do pagamento no título ou documento de dívida. Veja-se: (*Tabelionato de Protesto*. São Paulo: Saraiva, 2013, p. 181-182):

Critério legal: busca-se na lei o dispositivo que traz os requisitos formais do título, dentre eles, a indicação do lugar do pagamento. Depois, examina-se a cártula e havendo nela a inclusão desse lugar, ali deve se dar a apresentação. Se o título não indicar a praça, segue-se a próxima etapa.

Critério legal subsidiário: busca-se na mesma lei algum dispositivo que indique não ser obrigatório ou indispensável que o título contenha a praça de pagamento. Essa indicação, se houver, estabelecerá um critério subsidiário para que se defina o lugar do pagamento. Havendo, nele será feita a apresentação. Se inexistir essa norma de caráter subsidiário, tem-se que a indicação da praça no título é requisito obrigatório cuja falta caracteriza vício formal a obstar o protesto. Imaginemos, contudo, que haja a disposição subsidiária, ditando, por exemplo, que na falta da praça o protesto será lavrado no domicílio do devedor. Com essa indicação legal, concluímos que a praça não é requisito obrigatório. Ocorre que, examinando o título, podemos constatar que também não contém o endereço do devedor. Passamos, então, à etapa final.

Critério normativo subsidiário: examina-se o regramento normativo do Estado (Normas de Serviço, Código de Normas, ou equivalente). Encontrado um critério subsidiário (por exemplo, domicílio do credor), no lugar apontado será feita a apresentação.

A **partir de 2019**, com a edição do Provimento 87, a regra geral do local do protesto passou a ser o **domicílio do devedor**. Invoca-se a regra inserta no art. 3º, parágrafo 1º:

> **Art. 3º** Somente podem ser protestados os títulos e os documentos de dívidas pagáveis ou indicados para aceite ou devolução nas praças localizadas no território de competência do Tabelionato de Protesto.
>
> (...)
>
> § 1º **Para fins de protesto**, a praça de pagamento será o **domicílio do devedor**, segundo a regra geral do § 1º do art. 75 e do art. 327 da Lei nº 10.406, de 10 de janeiro de 2002 (Código Civil), aplicando-se, subsidiariamente, somente quando couber, a legislação especial em cada caso.

Dentre as várias justificativas para a edição do referido ato normativo, duas se destacaram. São elas:

a) a necessidade de preservação do princípio da territorialidade aplicado às serventias extrajudiciais de protesto de títulos;

b) a decisão proferida no Pedido de Providências 0008754-28.2018.2.00.000.

O *caput* do dispositivo veio reforçar o princípio da territorialidade no protesto extrajudicial. Por sua vez, na dicção do § 1º do referido dispositivo, quando se lê "para fins de protesto", **entende-se que a praça de pagamento prevista contratualmente ou em legislação especial não se confunde e não se aplica para fins de protesto**, a menos que a **legislação especial** faça referência ao local do protesto. Um exemplo disso é o art. 389 do Código Nacional de Normas, que estabelece:

> "O cheque poderá ser protestado no lugar do pagamento, ou no domicílio do emitente, e deverá conter a prova da apresentação ao banco sacado e o motivo da recusa de pagamento, salvo se o protesto tiver por finalidade instruir medidas contra o estabelecimento de crédito."

Existia uma outra corrente interpretativa que, no tocante à exceção prevista no dispositivo, defendia que o local do protesto somente não seria o domicílio do devedor apenas se este não tivesse domicílio.

Assim, para a corrente majoritária e de acordo com as considerações que deram origem ao Provimento 87, ficou entendido que, para fins de protesto, a praça de pagamento será o domicílio do devedor, conforme a regra geral do § 1º do art. 75 e do art. 327 do Código Civil. Frise-se que a praça de pagamento prevista contratualmente ou em legislação especial não deveria ser confundida para fins de protesto.

Destaco o posicionamento do Ministro Humberto Martins para fundamentar referida interpretação, contido na decisão proferida no Pedido de Providências nº 0008754-28.2018.2.00.000 e que deu origem ao Provimento nº 87/2019, *in verbis:*

> *"A possibilidade de o credor indicar uma praça de pagamento segundo a sua mera conveniência e sem a anuência expressa do devedor, além de vulnerar este último (notadamente no caso de pessoa física), poderia propiciar a concentração de movimento de títulos em determinadas praças em detrimento de outras. Tal fato levaria, repita-se, a um desequilíbrio econômico-financeiro das delegações dos tabelionatos de protesto do país e uma evasão de arrecadação dos próprios tribunais de justiça dos estados com a chamada taxa de fiscalização (STF, ADI 3.151), além de vulnerar a mesma fiscalização, tendo em vista a impossibilidade material de controle das intimações realizadas em seus territórios e que eventualmente seriam emanadas, remotamente, de tabelionatos de protesto submetidos a jurisdição de outros Estados".*

Não é outra a posição da professora e tabeliã Raquel Duarte Garcia. Para facilitar o entendimento, apresento um quadro explicativo sobre a temática:

Provimento 87 analisado para fundamentar alterações no Código de Normas	
Reforço do Princípio da Territorialidade	A praça de pagamento para fins de protesto será sempre o domicílio do devedor. Art. 3º, § 1º Para fins de protesto, a praça de pagamento será o domicílio do devedor, segundo a regra geral do §1º do art. 75 e do art. 327 da Lei nº 10.406, de 10 de janeiro de 2002 (Código Civil), aplicando-se, subsidiariamente, somente quando couber, a legislação especial em cada caso. Ou seja, o Prov. 87 é ainda mais abrangente que a Lei 13.775/2018, que só tratou das duplicatas escriturais. A determinação da Corregedoria Nacional é no sentido de que TODOS os títulos e documentos de dívida, independentemente de ter praça de pagamento neles prevista, sejam protestados no DOMICÍLIO DO DEVEDOR. A medida é benéfica por vários motivos: Garante com mais eficácia a localização e a intimação do devedor, potencializando a finalidade maior do protesto: recebimento e extinção do conflito de crédito; Facilita a defesa do devedor em caso de necessidade de sustação do protesto ou de apresentação de contrarrazões. A maior parte das empresas brasileiras são micro e pequenas empresas e as pessoas físicas também são protestadas. A regra do domicílio do devedor facilita o pagamento, o esclarecimento sobre a dívida e a defesa do devedor, caso necessário; Repete-se regra que predomina para os títulos bancários há décadas em todos os cartórios do país: o CEP do devedor sempre determinou a praça de pagamento dos títulos enviados pelos bancos aos cartórios. Observação: Essa norma tem gerado debates e, para entender melhor as razões para indicação do domicílio do devedor e a abrangência que deve ser dada ao fortalecimento do Princípio da Territorialidade, sugere-se a leitura das razões que fundamentaram sua edição no Pedido de Providências 0008754-28.2018.2.00.000

Por sua vez, Mário Camargo elucida que "pelo texto do Provimento 87 da CN-CNJ, parece ficar simplificada a definição do local do protesto, prevalecendo o domicílio do devedor para o protesto comum por falta de pagamento, salvo circunstâncias que façam prevalecer a norma especial de cada título ou documento de dívida, o que poderá ser estabelecido em normativa estadual" (Op. cit. p. 943).

Este é o caso do recente Código de Normas e Procedimentos do Foro Extrajudicial do Estado de Goiás, veja-se:

> **Art. 249, CNPFE/GO.** O título ou documento de dívida será apresentado ao tabelião de protesto do domicílio do devedor, observado o disposto nos artigos 75, §1º e 327 do Código Civil.
>
> Paragrafo único. Ausente a informação quanto ao domicílio do devedor, o título ou documento de dívida poderá ser apresentado no do credor, que deverá declarar, sob as penas da lei, que não conhece o domicílio daquele.
>
> **Art. 250, CNPFE/GO.** São regras específicas do lugar para apresentação e protesto, **sem prejuízo da existência de outras legalmente previstas:**
>
> I – na falta de indicação do lugar do pagamento, a nota promissória será apresentada no lugar de sua emissão e, na falta deste, no do domicílio do devedor;
>
> *Dec. n. 57.663/1966 (Anexo I, art. 76).*
>
> II – a apresentação da letra de câmbio dar-se-á no ofício do lugar indicado no título para o aceite ou pagamento, conforme o caso, e, na falta desta indicação, no do domicílio do aceitante;
>
> III – a duplicata será apresentada no ofício da praça de pagamento constante do título;
>
> *Lei n. 5.474/1968, art. 13, § 3º*
>
> IV – o cheque será apresentado no ofício do lugar de pagamento ou do domicílio do emitente.
>
> *Lei n. 9.492/1997, art. 6º*
>
> V – o título para o protesto especial para fins falimentares será apresentado no local do principal estabelecimento do devedor ou da filial de empresa que tenha sede fora do Brasil;
>
> VI – a certidão de dívida ativa será apresentada para protesto no local do domicílio do devedor;
>
> VII – os títulos executivos judiciais podem ser protestados no local do foro da causa ou no do domicilio do devedor.

O Provimento CNJ n. 87/2019 foi revogado e incorporado ao Código Nacional de Normas.

Recentemente, o Provimento CNJ n. 367/2024 alterou o Provimento CNJ n. 149/2023 passando a dispor que:

> Art. 356. O documento hábil a protesto extrajudicial é aquele que caracteriza prova escrita de obrigação pecuniária, líquida, certa e exigível, **devendo ser lavrado e registrado no lugar da praça de pagamento constante das cambiais, dos títulos de crédito ou a indicada nos documentos de dívida, facultada a opção pelo cartório da comarca do domicílio do devedor.**
>
> (...)
>
> § 2º. Na **falta de indicação ou sempre que assim desejar** aquele que proceder ao apontamento, o protesto será tirado no **lugar do endereço do sacado**, do **emitente** ou do **devedor**, das cambiais, dos títulos de crédito ou dos documentos de dívida.

Nos próximos tópicos, analisaremos **regras subsidiárias e especiais** previstas em leis e normativas estaduais.

1.1 LUGAR DO PROTESTO DO CHEQUE

Exceção à regra geral, o art. 6º desta Lei trata da competência para o protesto de cheques, que segundo este dispositivo, deve ser lavrado no **local do pagamento (domicílio do banco sacado) ou do domicílio do emitente**. Trata-se de **alternativa** para o credor e não um caso de subsidiariedade.

O Provimento 30, de 19 de abril de 2013, da Corregedoria Nacional de Justiça do CNJ, também possuía norma semelhante em seu art. 1º. Este entendimento foi incorporado ao art. 389 do Provimento CNJ n. 149/2023. Veja-se:

> O cheque poderá ser protestado no lugar do pagamento, ou no domicílio do emitente, e deverá conter a prova da apresentação ao banco sacado e o motivo da recusa de pagamento, salvo se o protesto tiver por finalidade instruir medidas contra o estabelecimento de crédito.

O dispositivo em comento também está intimamente ligado ao art. 48 da Lei 7.357/1985 (Lei do Cheque). Reza o aludido artigo:

> O protesto ou as declarações do artigo anterior devem fazer-se no lugar de pagamento ou do domicílio do emitente, antes da expiração do prazo de apresentação. Se esta ocorrer no último dia do prazo, o protesto ou as declarações podem fazer-se no primeiro dia útil seguinte.

Há um debate sobre a possível revogação do art. 48. Para Eversio Donizete de Oliveira e Magno Luiz Barbosa, o dispositivo foi revogado tacitamente em parte pelo art. 6º da Lei 9.492/1997. Na explicação deles essa revogação tácita se baseia no art. 9º da lei em estudo, que, em sua parte final, dispõe que não compete ao tabelião de protesto verificar a ocorrência de prescrição ou caducidade nos títulos e documentos de dívidas levados a protesto (...) "Em análise ao art. 48 da Lei do Cheque, vimos que o início do artigo refere-se ao local onde deve ocorrer o protesto, qual seja "o lugar do pagamento ou o domicílio do emitente", que permanece idêntico na presente lei. Em sua segunda parte, porém, o art. 48 estipula prazo para a apresentação do cheque a protesto, que seria "antes da expiração do prazo de apresentação", ou "se esta ocorrer no último dia do prazo, o protesto ou as declarações poderiam fazer-se no primeiro dia útil seguinte". Portanto, quanto à primeira parte do artigo, está claro que o cheque pode ser levado a protesto, tanto no lugar do seu pagamento, justamente a *praça de pagamento*, como no domicílio do emitente, um lugar diverso do de pagamento, já que o emitente pode perfeitamente ter conta bancária em uma determinada cidade e domicílio em outra, onde também o cheque pode ser levado a protesto. Em contrapartida, na segunda parte do art. 48, começa a surgir polêmica, pelo fato de o art. 9º desta lei determinar que, para o tabelião de protesto, não haverá expiração do prazo para o protesto de cheques. Apesar de alguns autores considerarem ainda as disposições do art. 48 da Lei de Cheque, entendemos ser um equívoco, tendo em vista que lei posterior, no mesmo plano hierárquico, derroga lei anterior. O disposto no final do art. 9º é essencial para corroborar nosso entendimento: "[...] não cabendo ao Tabelião de Protesto investigar a ocorrência de prescrição ou caducidade" (Op. cit., p. 45).

Por sua vez, o posicionamento de Sérgio Luiz Bueno é no sentido da não revogação do art. 48 da Lei do Cheque. Nas palavras dele, "o cheque é regido pela Lei 7.347/85, de natureza especial, e a lei posterior, no caso a norma que rege o protesto, não regula inteiramente o cheque. De resto, o fato de seu art. 6º não mencionar prazo não significa que o aboliu. Raciocínio contrário poderia facilmente nos levar a dizer: se não mencionou, não pretendeu alterar. De qualquer modo, o art. 48 da Lei do Cheque estabelece norma a ser respeitada pelo portador do título. O Tabelião tem o dever de lavrar o protesto, por força do art. 9º da Lei em discussão, e não pode ser responsabilizado por eventual dano causado ao devedor, pois age em conformidade com a lei, que o proíbe de investigar prescrição e decadência" (*O Protesto de Títulos e Outros Documentos de Dívida*. Porto Alegre: Fabris Editor, 2011, p. 46).

Resumo do local do protesto do cheque:

1) Lugar do pagamento;
2) Domicílio do emitente.

1.1.1 PRÉVIA APRESENTAÇÃO DO CHEQUE AO BANCO SACADO

O art. 6º desta Lei exige a prévia apresentação do cheque ao banco sacado para que ele possa ser protestado, exceto quando o protesto tiver por finalidade instruir medida contra a própria instituição financeira. A apresentação ao banco sacado é comprovada por meio dos carimbos na cártula. No entanto, estamos vivenciando uma revolução tecnológica também no campo extrajudicial. Nesse sentido, o Enunciado 59 da I Jornada de Direito Notarial e Registral reflete esse novo momento, estabelecendo que:

> **ENUNCIADO 59.** A comprovação da data de apresentação e do motivo da devolução, no caso de cheques depositados por aplicativos, pode ser realizada por qualquer meio que contenha essas informações, ou mediante declaração do apresentante.
>
> ⊙ Justificativa: A comprovação da devolução do cheque sempre foi atestada pela aposição de carimbo do banco com a explicitação do motivo pelo não pagamento. **Com o avanço da tecnologia e a disseminação do uso de aplicativos para a realização das operações bancárias, muitas vezes a devolução dos cheques apresentados aos bancos ocorre de forma virtual, por meio dos mencionados aplicativos, não constando no cheque, dada a sistemática utilizada, o carimbo com a data e o motivo da devolução.** Dessa maneira, tendo em vista a necessidade dessas informações para o curso do procedimento do protesto, é necessário estabelecer quais as formas podem ser utilizadas pelo apresentante para fornecer essas informações quando não vierem estampadas no cheque mediante carimbo pelo banco. Considerando que o apresentante é responsável pelos dados fornecidos quando do pedido de determinado título ou documento de dívida a protesto, é possível que, em não havendo outra forma de apresentar essas informações, ele declare, sob sua responsabilidade, o motivo e a data da devolução. Nesse sentido, cumpre mencionar o recente Provimento nº 25/2022, da Corregedoria-Geral do Rio Grande do Sul, que alterou o artigo 984, da Consolidação Normativa Notarial e de Registro, para constar, no seu parágrafo 2º, que nos casos de cheques que tenham sido depositados por aplicativos, a comprovação do motivo da devolução poderá ser feita por declaração do apresentante de que a devolução não se deu por qualquer dos motivos que impeçam o protesto, ou por qualquer outra forma que demonstre o motivo da devolução do cheque. Assim, diante da necessidade de verificação do motivo da devolução do cheque para apontamento ou não pelo tabelião, e a fim de orientar e uniformizar as exigências para o cumprimento desse requisito, convém estabelecer que essas informações, no caso de depósito de cheques por aplicativos, possam ser demonstradas por qualquer meio que a contenham ou por declaração do apresentante.

O motivo da devolução do cheque é irrelevante para a apresentação e o protesto. No entanto, o art. 390 do Código Nacional de Normas (correspondente ao art. 2º do Provimento 30/2013), estabelece que é **vedado** o protesto de cheques devolvidos pelo banco sacado por motivo de furto, roubo ou extravio de folhas ou talonários, ou por fraude, nos casos dos motivos números 20, 25, 28, 30 e 35, da Resolução n. 1.682, de 31.01.1990, da Circular 2.313, de 26.05.1993, da Circular 3.050, de 02.08.2001, e da Circular 3.535, de 16 de maio de 2011, do Banco Central do Brasil, **desde que os títulos não tenham circulado por meio de endosso, nem estejam garantidos por aval**. Convém transcrever os referidos motivos:

> 20 – Cheque sustado ou revogado em virtude de roubo, furto ou extravio de folhas de cheque em branco
>
> 25 – Cancelamento de Talonário Pelo Banco Sacado
>
> 28 – Cheque sustado ou revogado em virtude de roubo, furto ou extravio
>
> 30 – Furto ou roubo de cheque
>
> 35 – Cheque fraudado, emitido sem prévio controle ou responsabilidade do participante ("cheque universal"), ou ainda com adulteração da praça sacada, ou ainda com rasura no preenchimento.

Atente-se que a Resolução n. 314/2023, do Banco Central do Brasil revogou algumas das resoluções citadas no parágrafo anterior, trazendo um novo anexo com os motivos do cheque. Assim, correspondem aos motivos acima expostos:

Lei 9.492/1997

20. Cheque não assinado pelo titular da conta sacada, sustado ou revogado em virtude de roubo, furto ou extravio de folhas de cheque em branco. Explicação do motivo: Utilizado na devolução de cheque objeto de sustação ou revogação, realizada mediante declaração firmada pelo titular da conta sacada, relativa ao roubo, furto ou extravio de folhas de cheque em branco.

25. Cancelamento de talonário pelo banco sacado.

28. Cheque sustado ou revogado em virtude de roubo, furto ou extravio, após efetiva emissão. Explicação do motivo: Utilizado na devolução de cheque efetivamente emitido pelo cliente, objeto de sustação ou revogação realizada mediante declaração firmada pelo emitente ou beneficiário relativos ao roubo, furto ou extravio.

35 Cheque fraudado, com dado rasurado ou adulterado, ou utilizado para finalidade diferente de sua emissão, ou não fabricado pelo sacado.

A Lei de Protesto não tratou do tema referente ao extravio, furto ou roubo de cheques, porém o art. 2º, § 1º do Provimento 30/2013, incorporado ao artigo 389, § 1º do Provimento CNJ n. 149/2023 trata dessa vedação.

Vai além o aludido Provimento, normatizando no § 1º que *"a pessoa que figurar como emitente de cheque referido no caput deste artigo, já protestado, poderá solicitar diretamente ao Tabelião, sem ônus, o cancelamento do protesto tirado por falta de pagamento, instruindo o requerimento com prova do motivo da devolução do cheque pelo Banco sacado. O Tabelião, sendo suficiente a prova apresentada, promoverá, em até 30 dias, o cancelamento do protesto e a comunicação dessa medida ao apresentante, pelo Correio ou outro meio hábil".*

E finaliza com o § 2º: *"Existindo nos cheques referidos no caput deste artigo endosso ou aval, não constarão nos assentamentos de serviços de protesto os nomes e números do CPF dos titulares da respectiva conta corrente bancária, anotando-se nos campos próprios que o emitente é desconhecido e elaborando-se, em separado, índice pelo nome do apresentante".*

Frise-se que a devolução do cheque por **motivo 21** (cheque sustado ou revogado realizada mediante declaração firmada pelo emitente ou portador legítimo), ou, na nova legislação "contra-ordem (ou revogação) ou oposição (ou sustação) ao pagamento pelo emitente ou pelo portador" por qualquer motivo por ele alegado não impede o protesto.

Assim, tem-se duas hipóteses no que tange à sustação:

a) Cheque sustado pelo motivo 20: não cabe apontamento ao protesto;
b) Cheque sustado pelo motivo 21: possível a realização do protesto.

Sobre o cheque devolvido pelo **motivo 44 (cheque prescrito)**, alguns se inclinam pela devolução sem protesto, fundamentando que quem reconhece a prescrição é o banco sacado e não o Tabelião.

Para Sérgio Bueno, tal posicionamento está equivocado. No entendimento dele, ao Tabelião é defeso *investigar* acerca de prescrição e decadência, mas tem ele a obrigação legal de *garantir* a segurança e a eficácia dos atos jurídicos. "É o que dita a lei. Essa mesma lei não obsta o apontamento e o protesto do cheque devolvido pela alínea 44. *Investigar é seguir os vestígios, pesquisar, examinar com atenção.* Ora, tanto investiga quem examina o calendário como quem verifica a alínea de devolução. Assim, se o Tabelião procura e encontra a alínea 44 e em razão disso devolve o cheque, não terá argumentos para protestar um outro cheque devolvido por outra alínea e apresentado ao Tabelionato depois de decorrido, em tese, o lapso prescricional. Se, para não devolver este último, diz que não pode investigar a prescrição, necessariamente deve dizer o mesmo para não protestar o primeiro. Diante disso, não há embasamento legal ou normativo para que não se efetive o apontamento e o protesto do cheque em tal situação. Anota-se que não se pode exigir nova apresentação para demonstração do inadimplemento, pois o banco não anotará alínea 11 (*insuficiência de fundos)*, mas devolverá o cheque novamente por *prescrição* ou devolução anterior. O que o banco faz, na verdade, é apenas declarar que transcorreu o prazo prescricional, sem qualquer análise de eventual impedimento, interrupção ou suspensão. Por esse motivo, apenas o Juiz, mesmo que de ofício, pode reconhecer a ocorrência da prescrição, respeitados o Contraditório e a Ampla Defesa. Assim, não podemos afirmar que o banco reconheceu a prescrição, porque não poderia fazê-lo (...) Assim, o Tabelião deve dar andamento regular também ao protesto dos cheques devolvidos pela alínea 44" (Op. cit., p. 62). É o entendimento mais acertado e condizente com a realidade do serviço protestual.

Algumas normativas estaduais também vedam o protesto de cheques devolvidos com fundamento no **motivo 70 (sustação ou revogação provisória)**, do Banco Central do Brasil. Devolvido pelo motivo número 70, e reapresentado ao banco sacado para liquidação, o Tabelião, para fins de protesto do cheque, verificará o motivo da nova devolução.

- **Códigos correspondentes aos motivos de devolução de cheques (Anexo à Resolução nº 314, de 26 de abril de 2023)**

Grupo	Código	Motivo	Explicação do motivo
Cheque sem provisão de fundos	11	Cheque sem fundos – 1ª Apresentação.	Cheque sem fundos apresentado uma única vez.
	12	Cheque sem fundos – 2ª Apresentação.	Cheque sem fundos apresentado em duas datas diferentes.
	13	Conta encerrada.	Utilizado quando a conta estiver encerrada e não houver outro motivo para justificar a devolução.
	14	Prática espúria.	Utilizado quando ocorrer uma das seguintes hipóteses: I - forem apresentados, no mesmo dia, mais de 3 (três) cheques sem fundos de valor de até R$3,41 (três reais e quarenta e um centavos), sacados contra a mesma conta de depósitos; ou II - já tiverem sido pagos, em datas diferentes, em razão de "compromisso de pronto acolhimento", 3 (três) ou mais cheques sem fundos de valor de até R$3,41 (três reais e quarenta e um centavos).
Impedimento ao pagamento	20	Cheque não assinado pelo titular da conta sacada, sustado ou revogado em virtude de roubo, furto ou extravio de folhas de cheque em branco.	Utilizado na devolução de cheque objeto de sustação ou revogação, realizada mediante declaração firmada pelo titular da conta sacada, relativa ao roubo, furto ou extravio de folhas de cheque em branco.
	21	Contra-ordem (ou revogação) ou oposição (ou sustação) ao pagamento pelo emitente ou pelo portador.	Utilizado na devolução de cheque objeto de sustação ou revogação realizada mediante declaração firmada pelo emitente ou portador legitimado, por qualquer motivo por ele alegado.
	22	Divergência ou insuficiência de assinatura.	
	23	Cheques emitidos por entidades e órgãos da administração pública federal direta e indireta, em desacordo com os requisitos constantes do art. 74, § 2º, do Decreto-Lei nº 200, de 25 de fevereiro de 1967.	
	24	Bloqueio judicial ou determinação do Banco Central do Brasil.	
	25	Cancelamento de talonário pelo banco sacado.	
	28	Cheque sustado ou revogado em virtude de roubo, furto ou extravio, após efetiva emissão.	Utilizado na devolução de cheque efetivamente emitido pelo cliente, objeto de sustação ou revogação realizada mediante declaração firmada pelo emitente ou beneficiário relativos ao roubo, furto ou extravio.
	70	Sustação ou revogação provisória.	Utilizado na devolução de cheque objeto de sustação ou revogação provisória, cujo prazo de confirmação não tenha expirado e cuja confirmação ainda não tenha sido realizada, nas condições estabelecidas na regulamentação em vigor. A sustação provisória não poderá ser renovada ou repetida em relação a um mesmo cheque.
Cheque com irregularidade	31	Erro no preenchimento (sem data de emissão, com o mês grafado numericamente, ausência de assinatura, não registro do valor por extenso ou incompleto).	
	33	Divergência de endosso.	
	34	Cheque apresentado por estabelecimento bancário que não o indicado no cruzamento em preto, sem o endosso-mandato.	
	35	Cheque fraudado, com dado rasurado ou adulterado, ou utilizado para finalidade diferente de sua emissão, ou não fabricado pelo sacado.	
Apresentação indevida	41	Cheque apresentado a banco que não o sacado.	
	43	Cheque devolvido anteriormente pelos motivos 21, 22, 23, 24, 31, 34 e 71, não passível de reapresentação em virtude de persistir o motivo da devolução.	

Lei 9.492/1997

Grupo	Código	Motivo	Explicação do motivo
Apresentação indevida	44	Cheque prescrito.	Utilizado na devolução de cheque apresentado após decorridos 6 (seis) meses da expiração do prazo de apresentação.
	45	Cheque emitido por entidade obrigada a realizar movimentação e utilização de recursos financeiros do tesouro nacional mediante ordem bancária.	
	48	Cheque de valor superior a R$100,00 (cem reais), emitido sem a identificação do beneficiário.	
	49	Remessa nula, caracterizada pela reapresentação de cheque devolvido pelos motivos 12, 13, 14, 43, 44, 45 e 72, podendo a devolução ocorrer a qualquer tempo.	
A serem empregados diretamente pela instituição financeira contratada	71	Inadimplemento contratual da cooperativa de crédito no acordo de compensação.	Aplicado aos documentos recebidos exclusivamente na data em que for verificado descumprimento, pela cooperativa de crédito, de cláusula do contrato considerada essencial para a execução dos serviços de compensação.
	72	Contrato de compensação encerrado.	Aplicado aos seguintes casos: I - encerramento voluntário do contrato de compensação interbancária de cheques entre cooperativa de crédito e a instituição financeira participante do sistema de compensação, após decorrido o prazo mínimo de 3 (três) meses; ou II - documentos recebidos a partir do primeiro dia subsequente à data em que tenham sido devolvidos documentos pelo motivo 71.

1.1.2 CHEQUE APRESENTADO HÁ MAIS DE UM ANO APÓS SUA EMISSÃO OU SUSPEITA DE ENDEREÇO INCORRETO

Quando o cheque for apresentado para protesto há mais de um ano após sua emissão será obrigatória a comprovação, pelo apresentante, do endereço do emitente. É o que se depreende do **art. 3º do Provimento n. 30/2013 do CNJ, incorporado ao art. 352 do Provimento CNJ n. 149/2024.**

Igual comprovação poderá ser exigida pelo Tabelião quando o lugar de pagamento do cheque for diverso da comarca em que apresentado (ou do município em que sediado o Tabelião), ou houver razão para suspeitar da veracidade do endereço fornecido.

A comprovação do endereço do emitente, quando a devolução do cheque decorrer dos motivos correspondentes aos números 11 (Cheque sem fundos – 1ª apresentação), 12 (Cheque sem fundos – 2ª apresentação), 13 (Conta encerrada), 14 (Prática espúria – É a apresentação, em um mesmo dia, de mais de três *cheques* provenientes de conta encerrada de uma pessoa física ou jurídica), 21 (Contra-ordem (ou revogação) ou oposição (ou sustação) ao pagamento pelo emitente ou pelo portador), 22 (Divergência ou insuficiência de assinatura) e 31 (Erro no preenchimento (sem data de emissão, com o mês grafado numericamente, ausência de assinatura, não registro do valor por extenso ou incompleto)), previstos nos diplomas mencionados no art. 389 do Código Nacional de Normas , será realizada mediante apresentação de declaração do Banco sacado. Certificando o Banco sacado que não pode fornecer a declaração, poderá o apresentante comprovar o endereço do emitente por outro meio hábil.

Devolvido o cheque por outro motivo, a comprovação do endereço poderá ser feita por meio da declaração do apresentante, ou outras provas documentais idôneas.

Deverá o Tabelião recusar o protesto de cheque quando tiver fundada suspeita de que o endereço indicado como sendo do devedor é incorreto e comunicará o fato à autoridade policial quando constatar que o apresentante, agindo de má-fé, declarou endereço incorreto do devedor.

1.1.3 NORMA DIRECIONADA AOS ESTADOS COM A SISTEMÁTICA DOS EMOLUMENTOS POSTERGADOS

Nos Estados em que o recolhimento dos emolumentos for diferido para data posterior à da apresentação e protesto, o protesto facultativo será recusado pelo Tabelião quando as circunstâncias da apresentação indicarem exercício abusivo de direito.

Dentre outras, para tal finalidade, o Tabelião verificará as seguintes hipóteses estabelecidas no art. 6º do Provimento 30/2013, incorporado ao art. 394 do Provimento CNJ n. 149/2023:

I – cheques com datas antigas e valores irrisórios, apresentados, isoladamente ou em lote, por terceiros que não sejam seus beneficiários originais ou emitidos sem indicação do favorecido;

II – indicação de endereço onde o emitente não residir, feita de modo a inviabilizar a intimação pessoal.

Parágrafo único. Para apuração da legitimidade da pretensão, o Tabelião poderá exigir, de forma escrita e fundamentada, que o apresentante preste esclarecimentos sobre os motivos que justificam o protesto, assim como apresente provas complementares do endereço do emitente, arquivando na serventia a declaração e os documentos comprobatórios que lhe forem apresentados.

Frise-se que atualmente, a regra geral é o da postergação de emolumentos. A temática será apresentada nos comentários do art. 37 desta obra.

1.1.4 PROTESTO DE CHEQUE PÓS-DATADO

A Lei 7.357/1985 conceitua o cheque como ordem de pagamento à vista. Porém, no Brasil o cheque é muito utilizado como forma de pagamento a prazo ou como garantia de pagamento.

Trata-se de realidade que não pode ser negada. Ainda assim, o cheque pós-datado é pago pelo banco mesmo sendo apresentado antes da data apontada, vez que é válido e exigível para fins cambiais.

Leciona Fábio Ulhoa Coelho que "o cheque pós-datado é importante instrumento de concessão de crédito ao consumidor. Embora a pós-datação não produza efeitos perante o banco sacado, na hipótese de apresentação para liquidação, ela representa um acordo entre tomador e emitente. A apresentação precipitada do cheque significa o descumprimento do acordo" (*Curso de direito comercial.* 9. Ed. São Paulo: Saraiva, 2005. Vol. I, p. 441).

É nesse sentido o entendimento sumulado do Superior Tribunal de Justiça: "Caracteriza dano moral a apresentação antecipada de cheque pré-datado" (Súmula 370).

A doutrina também entende não ser possível o protesto de cheque pós-datado, em razão dos argumentos utilizados pela decisão do Superior Tribunal de Justiça (STJ, AgRg no REsp 1.222.180, Rel. Min. Massami Uyeda), de que a inscrição do nome do emitente em cadastro negativo é uma das causas de responsabilização do apresentante.

1.1.5 CHEQUE ENDOSSADO EXIGE NOTIFICAÇÃO DE DEVEDOR?

O endosso tem efeito de **cessão de crédito** e **não exige a notificação do devedor**, a não ser que o emitente do cheque tenha acrescentado ao título de crédito a cláusula "não à ordem", hipótese em que o título somente se transfere pela forma de cessão de crédito.

Esse foi o entendimento adotado pela Quarta Turma do Superior Tribunal de Justiça (STJ) em julgamento de recurso especial interposto por uma empresa de *factoring* condenada por danos morais por ter inscrito uma devedora de cheque endossado, devolvido por insuficiência de fundos, em cadastro de inadimplentes, sem antes notificá-la.

A mulher alegou que tentou saldar a dívida com o estabelecimento comercial onde realizou a compra, mas que este havia sido extinto. Apenas quando seu nome foi negativado é que descobriu que o cheque tinha sido endossado a uma empresa de *factoring*.

Segundo a devedora, ela ajuizou uma ação de consignação de pagamento, com depósito judicial do valor devido ao credor original. Um ano depois, no entanto, ela foi novamente surpreendida com o seu nome incluído no Serviço de Proteção ao Crédito (SPC), por solicitação da empresa de *factoring*, que estava com o seu cheque.

No STJ, o relator, ministro Luis Felipe Salomão, deu provimento ao recurso da *factoring*. Segundo ele, "**o endosso, no interesse do endossatário, tem efeito de cessão de crédito, não havendo cogitar de observância da forma necessária à cessão civil ordinária de crédito, disciplinada nos artigos 288 e 290 do Código Civil (CC)**".

Nos ensinamentos do ministro, o cheque endossado – meio cambiário próprio para transferência dos direitos do título de crédito, que se **desvincula da sua causa**, conferindo ao endossatário as sensíveis vantagens advindas dos princípios inerentes aos títulos de crédito, notadamente o da autonomia das obrigações cambiais – confere, em benefício do endossatário, ainda em caso de endosso póstumo, os efeitos de cessão de crédito.

Em relação ao fato de a devedora ter movido a ação de consignação em pagamento ao credor originário, o ministro entendeu que isso não afasta o direito do endossatário do título, pois a quitação regular de débito estampado em título de crédito só ocorre com o resgate do cheque. E acrescentou que o devedor deve "exigir daquele que se apresenta como credor cambial a entrega do título de crédito (o artigo 324 do CC, inclusive, dispõe que a entrega do título ao devedor firma a presunção de pagamento)".

Segundo o Superior Tribunal de Justiça, é possível à escolha do credor, a apresentação para protesto da cédula de crédito bancário garantida por alienação fiduciária no tabelionato em que se situa a praça de pagamento indicada no título ou no domicílio do devedor (REsp 1.398.356).

1.1.5.1 É POSSÍVEL O PROTESTO DE CHEQUES ENDOSSADOS APÓS O PRAZO DE APRESENTAÇÃO?

Segundo o Superior Tribunal de Justiça, não é possível. No informativo 717, estabeleceu que o cheque endossado é um meio cambiário próprio para transferência dos direitos do título de crédito, o qual se desvincula da sua causa, conferindo ao endossatário as sensíveis vantagens advindas dos princípios inerentes aos títulos de crédito, notadamente o da autonomia das obrigações cambiais – confere, em benefício do endossatário, ainda em caso de endosso póstumo (art. 27 da Lei do Cheque), os efeitos de cessão de crédito.

Já em relação a cheque "à ordem", como prescreve o art. 903 do Código Civil, o qual determina que, em caso de conflito aparente com as normas albergadas pelo Diploma civilista, devem ser observadas as normas especiais relativas aos títulos de crédito.

De uma forma resumida, embora o título de crédito, com a sua emissão, liberte-se da relação fundamental, em vista do princípio da incorporação, o adimplemento da obrigação cambial tem por consequência extinguir a obrigação subjacente que ensejou a sua emissão, sendo, em regra, pro solvendo; de modo que, salvo pactuação em contrário, só extingue a dívida, isto é, a obrigação que o título visa satisfazer consubstanciada em pagamento de importância em dinheiro, com o seu efetivo pagamento.

Desse modo, a menos que o emitente do cheque tenha aposto no título a cláusula "não à ordem" – hipótese em que o título somente se transfere pela forma de cessão de crédito –, o endosso, no interesse do endossatário, tem efeito de cessão de crédito, não havendo cogitar, por exemplo, de observância da forma necessária à cessão ordinária civil de crédito.

De acordo com o STJ, cumpre verificar que o cheque é ordem de pagamento à vista, sendo de 6 (seis) meses o lapso prescricional para a execução após o prazo de apresentação, que é de 30 (trinta) dias a contar da emissão, se da mesma praça, ou de 60 (sessenta) dias, também a contar da emissão, se consta no título como sacado em praça diversa, isto é, em município distinto daquele em que se situa a agência pagadora, nos termos da norma especial de regência (Lei do Cheque).

Deste modo, se ocorre a prescrição para execução do cheque, o artigo 61 da Lei do Cheque prevê, no prazo de 2 (dois) anos, a possibilidade de ajuizamento de ação de locupletamento ilícito que, por ostentar natureza cambial, prescinde da descrição do negócio jurídico subjacente.

Finalizado o prazo para ajuizamento da ação por enriquecimento sem causa, o artigo 62 do mesmo Diploma legal ressalva a possibilidade de ajuizamento de ação fundada na relação causal, *in verbis*: "salvo prova de novação, a emissão ou a transferência do cheque não exclui a ação fundada na relação causal, feita a prova do não-pagamento".

Não obstante, o protesto do cheque, com apontamento do nome do devedor principal, é facultativo e, como o título tem por característica intrínseca a inafastável relação entre o emitente e a instituição financeira sacada, é indispensável a prévia apresentação da cártula; não só para que se possa proceder à execução do título, mas também para se cogitar do protesto.

Confirma o STJ, que é também vedado o apontamento de cheques quando tiverem sido devolvidos pelo banco sacado por motivo de furto, roubo ou extravio das folhas ou talonários, contanto que não tenham circulado por meio de endosso nem estejam garantidos por aval, pois, nessas hipóteses, desde que não esgotado o prazo para a ação cambial de execução, far-se-á o protesto sem fazer constar os dados do emitente da cártula.

Em conclusão, decidiu o STJ que o protesto de cheques endossados após o prazo de apresentação é irregular, pois, de fato, o art. 1º, da Lei n. 9.492/1997, estabelece que protesto é o ato formal e solene pelo qual se prova a inadimplência e o descumprimento de obrigação originada em títulos e outros documentos de dívida, portanto, a interpretação mais adequada, inclusive tendo em vista os efeitos do protesto, é o de que o termo "dívida" exprime débito, consistente em obrigação pecuniária, líquida, certa e que é/se tornou exigível.

1.2 LUGAR DO PROTESTO DA NOTA PROMISSÓRIA

Na falta de indicação do lugar do pagamento, deverá o apresentante da nota promissória apresentá-la no lugar em que foi emitida, ou faltando tal indicação, no lugar do domicílio do emitente. É o que se depreende do art. 76 do Decreto 57.663/1966.

Resumo do local do protesto da nota promissória:

1) lugar do pagamento;
2) lugar em que foi emitida;
3) lugar do domicílio do emitente.

1.3 LUGAR DO PROTESTO DA LETRA DE CÂMBIO

A letra de câmbio é apresentada no lugar indicado no título para o aceite ou para o pagamento, conforme o caso. Assim reza o art. 28, parágrafo único, do Decreto 2.044/1908:

> **Art. 28.** A letra que houver de ser protestada por falta de aceite ou de pagamento deve ser entregue ao oficial competente, no primeiro dia útil que se seguir ao da recusa do aceite ou ao do vencimento, e o respectivo protesto, tirado dentro de três dias úteis.
>
> Parágrafo único. O protesto deve ser tirado do lugar indicado na letra para o aceite ou para o pagamento. Sacada ou aceita a letra para ser paga em outro domicílio que não o do sacado, naquele domicílio deve ser tirado o protesto.

Não havendo indicação da praça, a apresentação da letra de câmbio é feita no lugar do pagamento e domicílio do sacado (indicado ao lado do nome do sacado).

Aplicando-se o critério normativo subsidiário apresentado acima, na falta de indicação da praça ou do lugar do domicílio do sacado, algumas normativas estaduais permitem a apresentação no domicílio do sacador.

Luiz Emygdio da Rosa Jr. (*Título de crédito*. 4. ed. Rio de Janeiro: Renovar, 2006, p. 397*)* e Fabio Ulhoa Coelho (*Curso de Direito Comercial*. 9. ed. São Paulo: Saraiva, 2005, p. 395) defendem que a praça de pagamento é requisito essencial da letra de câmbio, expressamente previsto no art. 1º da Lei Uniforme de Genebra, configurando vício formal sua inexistência no título.

De outra sorte, Sérgio Bueno (Op. cit., p. 183) e Rubens Requião (*Curso de direito comercial*. São Paulo: Saraiva, 2003, vol. 2, p. 392), argumentam que a praça de pagamento na letra de câmbio não é requisito essencial do título, defendendo que a Lei Uniforme prescreve regra subsidiária em seu art. 2º, terceira parte.

Resumo do local do protesto da letra de câmbio:

1) praça do pagamento
2) domicilio do sacado
3) domicilio do sacador (para algumas normas)

1.4 LUGAR DO PROTESTO DA DUPLICATA

1.4.1 DUPLICATA CARTULAR

Trata-se de tema polêmico na seara doutrinária.

Alguns autores, como Luiz Emygdio F. da Rosa Jr. (Op. cit., p. 690) e Gladston Mamede (*Títulos de Crédito*. 6. ed. São Paulo: Saraiva, 2011, p. 238) defendem que a duplicata será apresentada na praça de pagamento indicada no título ou na falta de indicação da praça, realizar-se **o protesto no domicílio do sacado**.

Dessa forma, nas palavras de Luiz Emygdio, "o protesto deve ser efetivado na praça de pagamento constante do título (LD, art. 13, parágrafo 3º), mas o art. 17 da LD reza que o foro competente para a cobrança judicial da duplicata ou da triplicata é o da praça de pagamento constante do título, ou outra de domicílio do comprador. Assim, é de se admitir que não constando do título a praça de pagamento, a sua apresentação deva ser feita no domicílio do comprador, que deve, necessariamente, constar da duplicata (LD, art. 2º, parágrafo 1º, IV), se esse procedimento não acarretar prejuízo para o sacado. Entretanto, o documento não valerá como duplicata se dele não constarem nem a praça de pagamento nem o domicílio do comprador, porque o art. 2º, parágrafo 1º, IV, erige o domicílio do comprador como requisito essencial da duplicata". É também essa a linha de pensamento de Gladston Mamede, que acrescenta que deve haver coincidência entre a praça de pagamento e o domicílio do devedor, na falta de indicação da praça.

De outro giro, Sérgio Luiz José Bueno defende, com fulcro no art. 2º, parágrafo 1º, IV da Lei 5.474/1968, que a indicação da praça de pagamento é requisito essencial da duplicata e, consequentemente sua ausência enseja a devolução do título sem protesto (Op. cit., p. 185). Não é outra a opinião de Fábio Ulhoa: "o lugar do pagamento é também o do protesto (LD, art. 13, § 3º). Os cartórios devem, por isso, recusar a protocolização quando verificada – no exame formal prévio, de caráter indispensável – a discrepância entre a base territorial de sua competência e a constante na duplicata. Caso protocolizem o título e realizem o protesto, responderão por perdas e danos, se o credor não conseguir executá-lo contra o sacado, endossante ou avalista (art. 33, da Lei nº 9.492/1997)" (Op. cit., p. 460).

Resumo do local do protesto da duplicata:

1) Lugar do pagamento;
2) Domicílio do sacado (divergência na doutrina).

1.4.2 DUPLICATA ESCRITURAL

A Lei 13.775, de 2018 que dispõe sobre a duplicata escritural ou eletrônica, prevê, em seu art. 12, § 3º, o seguinte:

> **Art. 12.** Às duplicatas escriturais são aplicáveis, de forma subsidiária, as disposições da Lei nº 5.474, de 18 de julho de 1968.
>
> § 3º Para **fins de protesto**, a **praça de pagamento das duplicatas escriturais** de que trata o inciso VI do § 1º do art. 2º da Lei nº 5.474, de 18 de julho de 1968 , deverá coincidir com o **domicílio do devedor**, segundo a regra geral do § 1º do art. 75 e do art. 327 da Lei nº 10.406, de 10 de janeiro de 2002 (Código Civil), salvo convenção expressa entre as partes que demonstre a concordância inequívoca do devedor.

Assim, para estas duplicatas, o **local do protesto é o domicílio do devedor**, salvo convenção expressa entre as partes que demonstre a concordância inequívoca do devedor.

O Provimento CNJ n. 87/2019 seguiu a mesma regra. Contudo, como vimos, é mais abrangente, à medida que abarca todos os títulos e documentos de dívida.

1.5 LUGAR DO PROTESTO PARA FINS FALIMENTARES

O protesto para fins falimentares também constitui exceção à competência para o protesto, devendo ser lavrado na comarca do **principal estabelecimento do devedor**, como já decidiu o Superior Tribunal de Justiça, com a indicação de quem recebeu a intimação.

De acordo com os ensinamentos de Carlos Henrique Abrão, (*Do Protesto*, Editora Juarez de Oliveira, São Paulo, 2004, 3ª ed., págs. 106/107), conquanto siga o protesto falimentar a regra ditada pelo comum, não se pode olvidar que os seus elementos formadores desenham uma assunção de risco maior e o grau de certeza e segurança jurídicas determinam exame aprofundado, a fim de se evitar incorreção ou irregularidade a perseguir o ato notarial. Referido jurista complementa: (...) Os protestos especiais, muito mais do que o formalismo que despontam, têm conotação própria visando a emprestar efeitos à regra que vislumbra o estado de insolvência, peculiar ao requerimento do interessado. Uma vez que a primacial função do protesto é atribuição de efeitos voltados para o requerimento falimentar, inconteste que o protesto especial necessita ser lavrado no cartório competente, sob pena de invalidar o pedido de quebra e impossibilitar a presença de condição da ação. De fato, o principal estabelecimento do devedor comerciante é aquele no qual será feito o protesto de obrigação certa, líquida e exigível, culminando por corolário na circunstância adstrita à competência que governará o requerimento falimentar, erradicando a possibilidade do conhecimento ficto daquela realidade.

Atualmente, o entendimento da doutrina e da jurisprudência foi incorporado pelo Provimento CNJ n. 167/2024, que alterou o Código Nacional de Normas, dispondo que:

> Art. 356-A. O protesto falimentar deve ser lavrado no cartório de protesto da comarca do principal estabelecimento do devedor, contendo a notificação do protesto a identificação da pessoa que a recebeu.
>
> Parágrafo único. Nas hipóteses em que a notificação pessoal do protesto não lograr obter a identificação de quem se recusou a assinar a carta registrada ou documento idôneo equivalente, o tabelião poderá realizar a intimação do protesto por edital.

1.6 LUGAR DO PROTESTO DOS CONTRATOS

A regra geral é que os documentos que materializam obrigações protestáveis e contratos em geral devem ser levados a protesto no lugar do pagamento.

Na ausência de cláusula que estabeleça o lugar de pagamento, deverão ser apresentados no domicílio do devedor.

Marcelo Rodrigues entende que poderão também ser apresentados no foro judicial neles eleito (*Tratado de Registros Públicos e Direito Notarial*. São Paulo: Atlas, 2014, p. 118).

Não é esse o posicionamento de Sérgio Bueno, a saber:

> "não se deve considerar para fins de protesto o foro de eleição (art. 111, CPC), pois estabelece o foro competente para o ajuizamento de ação, ainda que o contrato preveja outro local para o pagamento. Aliás, as regras que tratam de competência se baseiam em uma série de critérios (matéria, território, valor, hierarquia etc), que não têm vinculação com o lugar de cumprimento da obrigação e cujo exame escapa às atribuições do Tabelião de Protesto. A este cabe, portanto, verificar o lugar estabelecido para o pagamento, no contrato ou na lei que o regula, ou, ainda, sob o emprego de critério normativo subsidiário" (Op. cit., p. 186).

Resumo do local de protesto dos contratos

1) Lugar do pagamento
2) Domicílio do devedor
3) Foro de eleição (divergência)

Este era o posicionamento até a edição do Provimento CNJ 87/2019. Prevalece hoje a regra geral do domicílio do devedor.

1.7 LUGAR DO PROTESTO DA DECISÃO JUDICIAL

Analisamos nos comentários do art. 1º desta Lei de Protesto todas as posições referentes ao local do protesto da decisão judicial.

Atualmente, o entendimento da doutrina e da jurisprudência foi incorporado pelo Provimento CNJ n. 167/2024, que alterou o Código Nacional de Normas, dispondo que:

> Art. 356-B. O protesto de sentença condenatória, a que alude o art. 517 do CPC, deverá ser feito sempre por tabelionato de protesto da comarca de domicílio do devedor, devendo o tabelião exigir, além da apresentação de cópia da decisão transitada em julgado, certidão do respectivo juízo apontando o trânsito em julgado, o valor atualizado da dívida e o fato de ter transcorrido o prazo para pagamento voluntário

1.8 LUGAR DO PROTESTO DA CERTIDÃO NOTARIAL/REGISTRAL

Quanto ao **lugar do protesto** da certidão notarial/registral, a doutrina entende que este deve ser feito no domicílio do devedor ou de sua residência ou no lugar onde for encontrado. A justificativa é que os emolumentos têm natureza jurídica de taxa, e, portanto, tributo, devendo ser feita uma analogia ao local da execução fiscal. Nesse sentido, reza o art. 46, § 5º, do CPC que:

> **Art. 46**
>
> (...) § 5º A execução fiscal será proposta no foro de domicílio do réu, no de sua residência ou no do lugar onde for encontrado.

1.9 LUGAR DO PROTESTO DA CÉDULA DE CRÉDITO BANCÁRIO

No que tange ao local do protesto, o Superior Tribunal de Justiça decidiu que é possível, à escolha do credor (não se trata aqui de critério de subsidiariedade, mas sim de alternatividade), o protesto de cédula de crédito bancário garantida por alienação fiduciária, tanto no tabelionato em que se situa a praça de pagamento indicada no título quanto no domicílio do devedor. Transcrevo a ementa para melhor compreensão do tema:

> **EMENTA**: PROTESTO EXTRAJUDICIAL. RECURSO ESPECIAL REPRESENTATIVO DE CONTROVÉRSIA. OS TABELIÃES DEVEM VELAR PELA AUTENTICIDADE, PUBLICIDADE E SEGURANÇA DOS ATOS. EM CASO DE PROTESTO DE TÍTULOS OU OUTROS DOCUMENTOS DE DÍVIDA, O TABELIÃO,

AINDA QUE O DEVEDOR RESIDA EM MUNICÍPIO DIVERSO DAQUELE DA SERVENTIA, DEVE SEMPRE BUSCAR EFETUAR A INTIMAÇÃO, POR VIA POSTAL. PROTESTO DE CÉDULA DE CRÉDITO BANCÁRIO. POSSIBILIDADE DE SER REALIZADO NO CARTÓRIO DE PROTESTO DO DOMICÍLIO DO DEVEDOR OU NO CARTÓRIO EM QUE SE SITUA A PRAÇA DE PAGAMENTO INDICADA NO TÍTULO, CABENDO A ESCOLHA AO CREDOR. Para fins do art. 543-C do CPC: 1. O tabelião, antes de intimar o devedor por edital, deve esgotar os meios de localização, notadamente por meio do envio de intimação por via postal, no endereço fornecido por aquele que procedeu ao apontamento do protesto; 2. É possível, à escolha do credor, o protesto de cédula de crédito bancário garantida por alienação fiduciária, no tabelionato em que se situa a praça de pagamento indicada no título ou no domicílio do devedor. 3. No caso concreto, recurso especial provido. (STJ – REsp nº 1.398.356 – Minas Gerais – 3ª Turma – Rel. Min. Luis Felipe Salomão – DJ 30.03.2016)

2. JURISPRUDÊNCIA COMPLEMENTAR

SUPREMO TRIBUNAL FEDERAL

Súmula 600. Cabe ação executiva contra o emitente e seus avalistas, ainda que não apresentado o cheque ao sacado no prazo legal, desde que não prescrita a ação cambiária.

SUPERIOR TRIBUNAL DE JUSTIÇA

Súmula 388. A simples devolução indevida de cheque caracteriza dano moral.

Súmula 370. Caracteriza dano moral a apresentação antecipada do cheque pré-datado.

Súmula 299 É admissível a ação monitória fundada em cheque prescrito.

EMENTA: DIREITO COMERCIAL. NOTA PROMISSÓRIA. LOCAL DO PAGAMENTO. INEXEQUIBILIDADE DA CAMBIAL. SUPRIMENTO PELO LUGAR DA EMISSÃO OU DO DOMICÍLIO DO EMITENTE. REQUISITO INCIDENTAL. A falta de indicação expressa do local para o pagamento da nota promissória pode ser suprida pelo lugar de emissão do título ou do domicílio do emitente. Constitui-se, portanto, em um requisito incidental da cambial. Recurso especial a que se não conhece" (STJ – Resp 596.077, Rel. Min. Castro Filho).

EMENTA: DIREITO PRIVADO – CHEQUE PRÉ OU PÓS-DATADO – PRESCRIÇÃO – TERMO *A QUO* – CONTAGEM – DEFINIÇÃO PELA CORTE DE ORIGEM NO SENTIDO DE QUE PREVALECE A DATA INSERIDA NA CÁRTULA – PRETENDIA REFORMA – ALEGAÇÃO DE QUE DEVE PREVALECER A DATA EM QUE DEVERIA SER APRESENTADO O CHEUQE E NÃO DA EMISSÃO – RECURSO ESPECIAL NÃO CONHECIDO (REsp 767.055, Rel. Min. Hélio Quaglia Barbosa).

EMENTA: PROTESTO EXTRAJUDICIAL DE DUPLICATAS. RECURSO ESPECIAL. LOCAL A SER TIRADO PROTESTO DE DUPLICATA. PRAÇA DE PAGAMENTO CONSTANTE DO TÍTULO. ÔNUS DO CANCELAMENTO DO PROTESTO. DEVEDOR. REEXAME DE PROVAS, EM SEDE DE RECURSO ESPECIAL. INVIABILIDADE. 1. A discussão a respeito de alegado abuso de direito por parte da ré, por não ter efetuado o protesto no domicílio da devedora, "onde se realizaram as operações mercantis", é irrelevante para o deslinde da questão, pois, no caso da duplicata, o artigo 13, § 3º, da Lei 5.474/68 prescreve que "o protesto será tirado na praça de pagamento constante do título". 2. Embora o artigo 26 da Lei 9.492/97 disponha que o cancelamento do registro do protesto será solicitado diretamente ao Tabelionato de Protesto de Títulos, por "qualquer interessado", conforme a jurisprudência do Superior Tribunal de Justiça a melhor interpretação é a de que o maior interessado é o devedor, de modo a pesar sobre ele o ônus do cancelamento. 3. Orienta a Súmula 7/STJ que a pretensão de reexame de provas não enseja recurso especial. 4. Recurso especial não provido. (STJ – REsp nº 1.015.152 – RS – 4ª Turma – Rel. Min. Luis Felipe Salomão – DJ 30.10.2012)

TRIBUNAL DE JUSTIÇA DO DISTRITO FEDERAL

EMENTA: CHEQUE. SUBTRAÇÃO. EMISSÃO ILEGÍTIMA. CIRCULAÇÃO DO TÍTULO. BOA-FÉ PRESUMIDA. DEVOLUÇÃO DA CÁRTULA. MOTIVO. CONTRA-ORDEM. PROTESTO. INEXISTÊNCIA DE ÓBICE. ATO LEGÍTIMO. EXERCÍCIO REGULAR DE DIREITO. DANO MORAL. O portador de cheque devolvido por motivo de contraordem ou sustação injustificada (alínea 21), que leva o título a protesto, de boa-fé, exercita regularmente um direito seu, praticando, pois, conduta lícita que não enseja o pagamento de reparação de danos morais ao emitente da cártula. (TJDFT – APC 20040111167254, Relator NATANAEL CAETANO, 1ª Turma Cível, DJ 31/08/ 2010 p. 88)

TRIBUNAL DE JUSTIÇA DO CEARÁ

EMENTA: PROCESSO CIVIL. DEVOLUTIVIDADE RECURSAL. CAMBIAL. EXECUÇÃO. CHEQUE. PRAÇAS DISTINTAS. APRESENTAÇÃO FORA DO PRAZO. IRRELEVÂNCIA. PRESCRIÇÃO. LEI Nº 7.357/85. ART. 59. SEIS MESES APÓS A EXPIRAÇÃO DO PRAZO DE APRESENTAÇÃO. ENTENDIMENTO SÚMULA DO STF. TÍTULO NÃO PRESCRITO. APELO CONHECIDO E PROVIDO. 1. Por força do efeito devolutivo do apelo, são transferidas ao Tribunal somente as questões suscitadas e discutidas no processo. Art. 515 do CPC. 2. A Lei nº 7.357/85 estabelece em seu art. 59 o prazo prescricional para o portador promover a execução do cheque contra o emitente e seu avalista. 3. A não apresentação da cártula ao banco sacado, no prazo legal, não inibe, por si só, a pretensão executiva, se não prescrita a ação cambiária. Súmula nº 600 do STF. 4. Recurso conhecido e provido. Sentença reformada. (TJCE – Ap. Cív. 23786200480600871, Relator ANTÔNIO ABELARDO BENEVIDES MORAES, 3ª Câmara Cível DJ 08/12/2009)

TRIBUNAL DE JUSTIÇA DO ESTADO DE SÃO PAULO

EMENTA: Ação declaratória de inexistência de débito c.c. indenização por danos morais. Protesto de títulos emitidos com base em contrato de locação impugnado pelo autor. Competência territorial da sede da pessoa jurídica requerida, corroborada pelo local da sede da serventia notarial que praticou o ato. Acolhida a preliminar suscitada em contestação. Recurso provido (TJSP – Agravo de Instrumento nº 2016314-26.2019.8.26.0000 – Praia Grande – 34ª Câmara de Direito Privado – Rel. Des. Gomes Varjão – DJ 13.03.2019.

CORREGEDORIA-GERAL DA JUSTIÇA

EMENTA: PROTESTO – Preliminar de nulidade da r. decisão proferida pela Corregedoria Permanente rejeitada – Matéria que não exige decisão com efeito normativo, não sendo necessária a submissão 'ex officio' à CGJ – Eventual falta de atuação do MP suprida em segundo grau – Negado protesto de título para fins falimentares por ter a devedora sua sede em Comarca diversa – Recusa mantida – Protesto a ser lavrado na Comarca do principal estabelecimento da devedora – Falta de prova de que o estabelecimento existente na Comarca em que apresentado o título seja o principal estabelecimento da devedora e não mera filial – Recurso improvido (Processo CG nº 2008/88942 (139/09-E). Excelentíssimo Senhor Corregedor Geral da Justiça: Trata-se de recurso administrativo interposto por (...) contra r. decisão do MM. Juiz Corregedor Permanente do 2ª Tabelião de Notas e de Protesto de Letras e Títulos da Comarca de Salto, que manteve a recusa de protesto de título judicial, para fins falimentares, considerando não se localizar naquela Comarca a sede da empresa devedora. O recorrente arguiu, em preliminar, a nulidade da decisão, posto que o pedido não foi submetido à Egrégia Corregedoria-Geral da Justiça e por não ter sido dada vista ao Ministério Público. Aduziu que a questão de ser o estabelecimento do devedor sua matriz ou filial não está sujeita ao crivo do Tabelião ou do MM. Juiz Corregedor Permanente. Acrescentou que de acordo com a jurisprudência o juízo competente para o decreto de falência do devedor é o do local do seu principal estabelecimento, sendo certo que nos autos em que prolatada a sentença objeto do pedido de protesto a própria devedora informou manter seu estabelecimento na Comarca de Salto. O I. Representante do Ministério Público opinou pela remessa dos autos à Egrégia Corregedoria-Geral da Justiça e, no mérito, pelo não provimento do recurso. O procedimento foi redistribuído a esta Egrégia Corregedoria-Geral da Justiça, em virtude de se tratar de recurso administrativo. É o relatório. Opino. Em primeiro lugar, ressalte-se que embora o recorrente tenha intitulado seu recurso como apelação, trata-se na verdade de recurso administrativo, como tal devendo ser apreciado, nos termos do artigo 246 do Código Judiciário do Estado de São Paulo, já que o inconformismo foi manifestado contra r. decisão proferida no âmbito administrativo pelo MM. Juiz Corregedor Permanente da Serventia Extrajudicial em exame. A preliminar arguida deve ser rejeitada. Não se verifica a alegada nulidade da decisão, que decorreria do fato de que a questão não teria sido encaminhada 'ex officio' à Egrégia Corregedoria-Geral da Justiça, conforme supostamente determinado pelo item 71.2 do Capítulo XV das Normas de Serviço, visto que referido item não estabelece a obrigatoriedade de que toda e qualquer questão envolvendo o serviço de protesto seja remetida a esta Egrégia Corregedoria-Geral da Justiça, estabelecendo, ao contrário, que *sendo a matéria de interesse geral, e antevendo que a questão exigirá tratamento uniforme, o Juízo Corregedor Permanente submeterá a questão à Corregedoria-Geral da Justiça, encaminhando o expediente para que, uma vez proferida a decisão, tenha esta efeito normativo em todo o Estado de São Paulo'*. A controvérsia tratada nestes autos não exige, pois, que se profira 'in casu' decisão com caráter normativo. Ainda que assim não fosse, o recurso interposto pelo recorrente já devolveu a esta Superior Instância Administrativa o exame da matéria debatida no feito, motivo pelo qual não há que se falar em anulação do que restou decidido em primeiro grau, a pretexto de que a questão deveria ser decidida por esta Egrégia Corregedoria-Geral da Justiça. Tampouco há que se falar em nulidade do feito por falta de participação do I. Representante do Ministério Público, visto que a manifestação do 'Parquet' em segundo grau supre qualquer falta que tenha ocorrido a esse título até então. No que concerne à questão de fundo, o recurso não comporta provimento. Trata-se de pedido de protesto para fins falimentares. A Lei nº 11.101/2005, que regula a recuperação judicial, a extrajudicial e a falência do empresário e da sociedade empresária, estabelece, em seu artigo 3º, que *'é competente para homologar o plano de recuperação extrajudicial, deferir a recuperação judicial ou decretar a falência o juízo do local do principal estabelecimento do devedor ou da filial de empresa que tenha sede fora do Brasil.* De acordo com os ensinamentos de Carlos Henrique Abrão, *in Do Protesto*, Editora Juarez de Oliveira, São Paulo, 2004, 3ª ed., págs. 106/107, *'Conquanto siga o protesto falimentar a regra ditada pelo comum, não se pode olvidar que os seus elementos formadores desenham uma assunção de risco maior e o grau de certeza e segurança jurídicas determinam exame aprofundado, a fim de se evitar incorreção ou irregularidade a perseguir o ato notarial.'* Referido jurista complementa: (...) *'Os protestos especiais, muito mais do que o formalismo que despontam, têm conotação própria visando a emprestar efeitos à regra que vislumbra o estado de insolvência, peculiar ao requerimento do interessado. Uma vez que a primacial função do protesto é atribuição de efeitos voltados para o requerimento falimentar, inconteste que o protesto especial necessita ser lavrado no cartório competente, sob pena de invalidar o pedido de quebra e impossibilitar a presença de condição da ação. De fato, o principal estabelecimento do devedor comerciante é aquele no qual será feito o protesto de obrigação certa, líquida e exigível, culminando por corolário na circunstância adstrita à competência que governará o requerimento falimentar, erradicando a possibilidade do conhecimento ficto daquela realidade.'* Ora, o documento de fls.30 comprova que a devedora tem sua sede em São José do Rio Pardo. Embora seja incontroverso nos autos que ela também possua um estabelecimento na Comarca de Salto, onde foi feito o pedido de protesto do título, não há, porém, nenhuma prova de que esse local corresponda a seu estabelecimento principal, e, à falta dessa demonstração, há que se presumir o contrário, não só pelo que consta de seu CNPJ a fls.30, mas também porque, tendo a devedora por razão social o nome 'Transportadora Riopardense Ltda.', mostra-se razoável admitir que ela tenha seu principal estabelecimento em São José do Rio Pardo, e não em outro local. Não se mostra relevante o fato de a devedora ter se qualificado na petição de fls.07 como tendo sede na Rua Nove de Julho, na Cidade de Salto, visto que a palavra 'sede', nesse caso, foi utilizada com o sentido genérico de estar estabelecida em determinado local e não com o significado de lá se encontrar a sua matriz, tanto assim que nessa mesma petição foi indicado o CNPJ nº 51.311.330/0001-39, que de acordo com o documento de fls.30 corresponde ao estabelecimento localizado em São José do Rio Pardo, e não aquele localizado em Salto, que conforme o documento de fls.31 tem o número de CNPJ 51.311.330/0006-43. Aliás, o próprio CNPJ de cada um dos estabelecimentos da devedora já comprova que a unidade localizada em São José do Rio Pardo é a sua matriz, já que esse estabelecimento tem a terminação 0001, enquanto o número do CNPJ da unidade de Salto tem a terminação 0006, que corresponde a número de filial. Por fim, ressalte-se que ao Oficial Registrador cabe proceder à qualificação do título, ainda que se trate de título emanado de autoridade judicial. Neste sentido, veja-se o que restou decidido na Apelação Cível nº 22.417-0/4, da Comarca de Piracaia, relatada pelo eminente Desembargador Antonio Carlos Alves Braga, então Corregedor Geral da Justiça, cuja ementa é a seguinte: *Registro de Imóveis – Dúvida – Divisão – Submissão da Carta de Sentença aos princípios registrários – Qualificação dos títulos judiciais – Prática dos atos registrários de acordo com as regras vigentes ao tempo do registro – Recurso negado.* A necessidade de prévia qualificação de qualquer título pelo Oficial Registrador, ainda que se trate de título judicial, encontra-se, aliás, expressamente prevista pelas Normas de Serviço da Egrégia Corregedoria-Geral da Justiça, conforme se verifica do item 106 do Capítulo XX, Tomo II, a saber: *'Incumbe ao oficial impedir o registro de título que não satisfaça os requisitos exigidos pela lei, quer sejam consubstanciados em instrumento público ou particular, quer em atos judiciais.'* Ante o exposto, o parecer que respeitosamente submeto ao elevado critério de Vossa Excelência é no sentido de que a apelação interposta pelo recorrente seja recebida como recurso administrativo, na forma do artigo 246 do Código Judiciário do Estado de São Paulo, e que a ele seja negado provimento. Sub censura. São Paulo, 24 de abril de 2009. WALTER ROCHA BARONE – Juiz Auxiliar da Corregedoria. DECISÃO: Aprovo o parecer do MM. Juiz Auxiliar da Corregedoria e por seus fundamentos, que adoto, recebo a apelação interposta como recurso administrativo, e nego-lhe provimento. Publique-se. São Paulo, 08.05.2009. – (a) – RUY PEREIRA CAMILO – Corregedor Geral da Justiça.

3. QUESTÕES DE CONCURSOS

01. (CESPE / CEBRASPE – 2023 – TJ-SC – Titular de Serviços de Notas e de Registros – Provimento) A Lei n.º 9.492/1997 – Lei do Protesto de Títulos – prevê que, protocolizado o título, o tabelião de protesto deve expedir a intimação ao devedor, considerando o endereço fornecido pelo apresentante. Conforme a jurisprudência predominante acerca de cédula de crédito bancário garantida por alienação fiduciária, o credor pode apresentar o título a protesto no

a) tabelionato em que se situa a praça de pagamento indicada no título ou no do domicílio do devedor.
b) tabelionato do domicílio do representante legal do devedor ou no do credor, caso o devedor seja pessoa jurídica.
c) tabelionato em que se situa a praça de pagamento indicada no título ou no do domicílio do credor.
d) tabelionato do domicílio do devedor ou no do credor.
e) tabelionato em que se situa a praça de pagamento indicada no título ou no do domicílio do representante legal do devedor, caso ele seja pessoa jurídica.

02. (VUNESP – 2023 – TJ-AL – Titular de Serviços de Notas e de Registros – Provimento) Assinale a alternativa correta.

a) Somente os títulos executivos extrajudiciais são passíveis de protesto.
b) O tabelião de protesto deverá expedir a intimação ao devedor ou sacado decorridos três dias úteis, contados da protocolização.
c) O prazo para o tabelião expedir certidão de protesto é de, no máximo, sete dias úteis.
d) Para fins de protesto, a praça de pagamento das duplicatas escriturais, cuja emissão foi regulada pela Lei nº 13.775/2018, deverá coincidir com o domicílio do devedor, salvo convenção

expressa entre as partes que demonstre a concordância inequívoca do devedor.

03. (TJ/MA – 2023 – Consulplan – Notário e Registrador/ Remoção) Paulo, na qualidade de endossatário de endosso translativo, declarando tal fato ao tabelião, apresentou a protesto no tabelionato de protesto da Comarca X um cheque em que consta como emitente Pedro, com praça de pagamento na Comarca Y. Referido cheque foi devolvido pelo banco sacado por motivo de extravio do talonário, comunicado pelo titular da conta corrente. Considerando a situação fática relatada, o fato de que Pedro tem domicílio na Comarca X, bem como o disposto na Lei nº 9.492/1997 (Lei de Protesto) e no Código de Normas da Corregedoria-Geral da Justiça do Maranhão, assinale a afirmativa correta referente à qualificação e ao protesto do citado título.

a) A qualificação deve ser negativa apenas pelo seguinte motivo: o cheque deve ser apresentado a protesto na praça de pagamento.
b) A qualificação deve ser negativa apenas pelo seguinte motivo: o cheque não pode ser protestado em razão de haver sido devolvido pelo motivo de extravio do talonário.
c) A qualificação deve ser positiva: não há vício formal ou procedimental a obstar o prosseguimento do procedimento para protesto, respeitadas as disposições normativas atinentes à hipótese.
d) A qualificação deve ser negativa pelos seguintes motivos: o cheque deve ser apresentado a protesto na praça de pagamento e não pode ser protestado em razão de haver sido devolvido pelo motivo de extravio do talonário.

04. (Vunesp – Titular de Serviços de Notas e Registros – TJ – SP – Provimento/2022) Conforme as Normas de Serviço da Corregedoria Geral da Justiça do Estado de São Paulo, no tocante ao protesto de cheque, é correto afirmar:

Nota da autora: apesar de se tratar de questão de comando estadual, é possível resolvê-la conhecendo o Provimento CNJ n. 30/2013, incorporado aos arts. 389 a 396 do Código Nacional de Normas, estudado nesta obra.

a) é obrigatória, se apresentado o cheque mais de um ano depois de sua prescrição, a comprovação do endereço do emitente pelo apresentante, mediante apresentação de declaração do banco sacado, em papel timbrado e com identificação do signatário, facultando-se fornecimento de outro endereço, sob sua responsabilidade, se declarar que o indicado pelo Banco está desatualizado.
b) é vedado ao Tabelião exigir comprovação de endereço, caso se trate de cheque com lugar de pagamento diverso da Comarca em que apresentado, sob o argumento de suspeita da veracidade do endereço fornecido, quando houver declaração do apresentante sob sua responsabilidade civil e penal.
c) é vedado o protesto de cheques devolvidos pelo banco sacado com fundamento nos motivos números 20, 25, 28, 30 e 35, definidos pelo Banco Central do Brasil, desde que os títulos não tenham circulado por meio de endosso nem estejam garantidos por aval.
d) é autorizado o protesto de cheques devolvidos com fundamento no motivo número 70, criado pela Circular nº 3.535, de 16 de maio de 2011, do Banco Central do Brasil, independentemente de os títulos terem circulado por meio de endosso, ou estarem garantidos por aval.

05. (Vunesp – Outorga de Delegação de Notas e Registros – TJ – GO/2021) Paulo e Paula Ltda, sociedade empresária de responsabilidade limitada, com sede e único estabelecimento no Município de Goianésia, GO, contraiu empréstimo com a Fintech BCA, sediada no Município de Vitória, ES, no valor de R$ 100.000,00 (cem mil reais), representado por cinco notas promissórias de R$ 20.000,00 cada, nas quais constou como local de pagamento a cidade de Santo André, SP. Dessas, quatro foram pagas no dia do vencimento, e a última não foi paga. O Banco BCA deseja apontar a nota promissória a protesto especial para fins falimentares. Indique qual o Tabelião competente para a prática do ato.

a) Tabelião de Protesto de Goianésia, GO.
b) Tabelião de Protesto de Vitória, ES.
c) Tabelião de Protesto de Santo André, SP.
d) Qualquer um dos três, à escolha do credor, por se tratar de protesto especial para fins falimentares

06. (Consulplan – Outorga e Delegação de Serviços Notariais e Registrais – TJ – MS/2019) É correto afirmar a respeito da recepção e do protocolo dos títulos no Tabelionato de Protesto, conforme Provimento 240 de 2020 (Código de Normas da Corregedoria-Geral de Justiça de MS), que:

Nota da autora: apesar de se tratar de questão de comando estadual, é possível resolvê-la conhecendo o Provimento CNJ n. 30/2013 incorporado aos arts. 389 a 396 do Código Nacional de Normas e os ensinamentos desta obra.

a) O documento será apresentado ao tabelião de protesto do lugar do pagamento nele declarado ou, na falta de indicação, do lugar do domicílio do credor, segundo se inferir do título.
b) A Cédula de Crédito Bancário – CCB poderá ser protestada por indicação, devendo o credor apresentar declaração de posse da sua única via negociável, sendo vedado o protesto parcial.
c) O cheque poderá ser apontado no lugar do pagamento ou do domicílio do emitente, sendo obrigatória a sua apresentação prévia ao banco sacado, salvo se for alegada a necessidade de fazer prova contra o próprio banco.
d) É de inteira responsabilidade do apresentante, estabelecimento bancário ou não, o fornecimento de dados relativos às duplicatas mercantis e de prestação de serviços, as quais poderão ser protestadas por indicação, não cabendo ao tabelião verificar as formalidades do boleto que contiver as informações da indicação.

07. (Consulplan – Outorga e Delegação de Serviços Notariais e Registrais – TJ – MS/2019) De acordo com o Provimento 240 de 2020 (Código de Normas da Corregedoria-Geral de Justiça de MS), é correto afirmar a respeito da recepção e do protocolo dos títulos no Tabelionato de Protesto que:

Nota da autora: apesar de se tratar de questão de comando estadual, é possível resolvê-la conhecendo o Provimento CNJ n. 30/2013 incorporado aos arts. 389 a 396 do Código Nacional de Normas, e os ensinamentos desta obra.

a) Os títulos executivos judiciais podem ser protestados na localidade de tramitação do processo ou na de domicílio do credor.
b) Incumbe ao apresentante informar se deseja o protesto para fins falimentares, não podendo omitir do protesto o nome de pessoas vinculadas à obrigação.
c) O título ou o documento de dívida serão apresentados no original, sem rasura ou emenda modificadora de suas características, facultada a atualização do endereço somente em documento anexo.
d) Na hipótese de o cheque for apresentado para protesto mais de um ano após sua emissão, além da comprovação obrigatória do endereço do emitente, o apresentante de título para protesto preencherá formulário de apresentação, a ser arquivado na serventia, em que informará, sob sua responsabilidade, as características essenciais do título e os dados do devedor.

08. (IESES – Titular de Serviços de Notas e de Registros – Remoção – TJ – SC – 2019) Protesto é o ato formal e solene pelo qual se prova a inadimplência e o descumprimento de obrigação originada em títulos e outros documentos de dívida. Sobre o assunto, assinale a alternativa correta:

a) Todos os títulos e documentos de dívida protocolizados serão examinados em seus caracteres formais e terão curso se não apresentarem vícios, cabendo ao Tabelião de Protesto investigar a ocorrência de prescrição ou caducidade.

b) Tratando-se de cheque, poderá o protesto ser lavrado no lugar do pagamento ou do domicílio do emitente, devendo do referido cheque constar a prova de apresentação ao Banco sacado, salvo se o protesto tenha por fim instruir medidas pleiteadas contra o estabelecimento de crédito.

c) Os títulos e documentos de dívida destinados a protesto não estarão sujeitos a prévia distribuição nas localidades onde houver mais de um Tabelionato de Protesto de Títulos.

d) Não poderão ser protestados títulos e outros documentos de dívida em moeda estrangeira, emitidos fora do Brasil, mesmo que acompanhados de tradução efetuada por tradutor público juramentado.

09. (Cespe – Notário-DFT/2003) Quanto à Lei de Protesto de Títulos (LPT – Lei nº 9.492/1997), julgue os itens a seguir.

Em casos excepcionais, previstos na LPT, qualquer oficial de registro pode receber pagamentos relativos ao protesto de títulos.

10. (EJEF Tabelionato e Registro-MG/2007) Quanto ao lugar para lavratura do protesto por falta de pagamento, é CORRETO afirmar que

a) o protesto do cheque pode ser lavrado no domicílio do sacado, desde que o lugar do seu pagamento seja o mesmo.

b) o protesto da duplicata é sempre lavrado no domicílio do devedor.

c) o protesto da duplicata é sempre lavrado no domicílio do credor.

d) sacada ou aceita a letra de câmbio para ser paga em outro domicílio que não o do sacado, naquele domicílio deve ser tirado o protesto.

11. (FGV – Notário-AM /2005) Analise as proposições a seguir:

I. Em se tratando de protesto de cheque, poderá este ser lavrado no lugar do pagamento ou do domicílio do emitente.

II. Protesto é um ato formal e solene pelo qual se prova a inadimplência e o descumprimento de obrigação originada em títulos e outros documentos de dívida.

III. O tabelião de protestos arquivará mandados e ofícios judiciais.

Assinale:

a) se somente a proposição I estiver correta.

b) se somente a proposição II estiver correta.

c) se somente as proposições I e a III estiverem corretas.

d) se todas as proposições estiverem corretas.

e) se nenhuma proposição estiver correta.

12. (Cespe – Cartório – ES/2013) De acordo com a Lei nº 9.492/1997, que trata dos serviços concernentes ao protesto de títulos, a apresentação de cheque para protesto

a) deverá ser feita perante o cartório de domicílio do banco respectivo.

b) deverá ser feita perante o cartório de domicílio do emitente.

c) poderá ser feita perante o cartório de domicílio do apresentante.

d) poderá ser feita perante o cartório de domicílio do emitente.

e) deverá ser feita perante o cartório de domicílio do apresentante.

13. (Vunesp – Cartório – TJ – SP/2012) Para o protesto, conforme previsto nas Normas de Serviço do Extrajudicial da Corregedoria-Geral da Justiça, é obrigatória a comprovação do endereço do emitente, pelo apresentante, se apresentado o cheque mais de

Nota da autora: apesar de se tratar de questão de comando estadual, é possível resolvê-la conhecendo o Provimento CNJ n. 30/2013 incorporado aos arts. 389 a 396 do Código Nacional de Normas e os ensinamentos desta obra.

a) 6 (seis) meses após a sua emissão.

b) 1 (um) ano após a sua emissão.

c) 2 (dois) anos após a sua emissão.

d) 5 (cinco) anos após a sua emissão.

14. (Cespe – Cartório-PI/2013) Considerando a legislação e o entendimento do STJ e do CNJ sobre o protesto de cheques, assinale a opção correta.

a) Legitimamente protestado o cheque, caberá ao devedor que pagar posteriormente a dívida o ônus de providenciar a baixa do protesto em cartório, salvo nos casos em que a relação jurídica subjacente seja de consumo.

b) Apresentado o cheque a protesto, não se exigirá comprovação do endereço do emitente, independentemente da data da sua emissão.

c) Conforme o STJ, a despeito da intrínseca relação entre o emitente e a instituição financeira, é dispensável, para o protesto, a prévia apresentação do cheque ao banco sacado, sendo essa uma condição exigível somente para fins de execução judicial do título.

d) É vedado o apontamento de cheques quando eles tiverem sido devolvidos pelo banco sacado por motivo de furto, roubo ou extravio das folhas ou talonários, contanto que não tenham circulado por meio de endosso, nem estejam garantidos por aval, hipóteses em que se procede ao protesto sem fazer constar os dados do emitente da cártula.

e) Ainda que o cheque levado a protesto possua força executiva, a interrupção da prescrição diz respeito ao prazo quinquenal da ação de cobrança de dívidas líquidas constantes de instrumento público ou particular.

15. (Vunesp – Cartório – TJ – SP/2014) É inadmissível o protesto facultativo de cheque quando evidenciado o abuso de direito por parte do apresentante.

Nota da autora: apesar de se tratar de questão de comando estadual, é possível resolvê-la conhecendo o Provimento CNJ n. 30/2013 incorporado aos arts. 389 a 396 do Código Nacional de Normas e os ensinamentos desta obra.

Entre as circunstâncias a seguir indicadas, qual delas não está elencada como indiciária de abuso de direito?

a) Indicação de endereço onde não reside o emitente, de modo a inviabilizar a sua intimação pessoal.

b) Apresentação dos cheques por terceiros que não sejam seus beneficiários originais.

c) Cheques devolvidos pelo banco sacado com fundamento nos motivos números 13, 23, 34 e 40, definidos pelo Banco Central do Brasil.

d) Cheques de valores irrisórios ou que sejam expressos em unidade monetária que não seja o Real.

16. (IESES – Cartório – TJ – PA/2016) Todos os títulos e documentos de dívida apresentados a protesto devem obedecer às regras do local de apresentação. No caso específico do o cheque este deverá ser apresentado:

a) De acordo com a livre escolha do beneficiário.

b) No lugar de pagamento ou no domicílio do emitente.

c) No domicílio do beneficiário.

d) No domicílio do sacado.

17. (Vunesp – Cartório – SP – Remoção/2016) De acordo com a normatização administrativa da Corregedoria-Geral da Justiça do Estado de São Paulo, é correto afirmar que

a) documentos de dívida dotados de certeza, liquidez e exigibilidade são protestáveis apenas se qualificados como títulos executivos, judiciais ou extrajudiciais.

b) é inadmissível o protesto facultativo de cheque quando evidenciado o abuso de direito por parte do apresentante, a ser aferido pelo Tabelião, mediante juízo de qualificação guiado pela prudência.

c) as certidões de dívida ativa, para fins de protesto, devem ser apresentadas no original ou por meio eletrônico, não se admitindo indicações do órgão público competente, ainda que acompanhadas de declaração de que a dívida foi regularmente inscrita e que o termo de inscrição contém todos os requisitos legais.

d) consideradas a relevância da qualificação notarial, a autonomia e a independência do Tabelião, cabe-lhe verificar a ocorrência de prescrição ou caducidade, que, apuradas, autorizam a recusa motivada de títulos e outros documentos de dívida.

GAB												
	1	A	2	D	3	C	4	C	5	A	6	C
	7	D	8	B	9	ERRADO			10	D	11	B
	12	D	13	B	14	D	15	C	16	B	17	B

CAPÍTULO III – DA DISTRIBUIÇÃO

Art. 7º. Os títulos e documentos de dívida destinados a protesto somente estarão sujeitos a prévia distribuição obrigatória nas localidades onde houver mais de um Tabelionato de Protesto de Títulos.

Parágrafo único. Onde houver mais de um Tabelionato de Protesto de Títulos, a distribuição será feita por um Serviço instalado e mantido pelos próprios Tabelionatos, salvo se já existir Ofício Distribuidor organizado antes da promulgação desta Lei.

1. COMENTÁRIOS

O art. 11 da Lei dos Notários e dos Registradores já previa a distribuição obrigatória dos títulos e documentos de dívida. Note-se que o texto do art. 7º é semelhante ao do parágrafo único do art. 11 da Lei 8.935/1994.

A distribuição é **obrigatória** nas Comarcas onde há mais de um Tabelionato de Protesto, de tal sorte que, nestas Comarcas, não é permitido apresentar o título diretamente no Tabelionato de Protesto, pois há um Ofício Distribuidor.

O art. 14 do Provimento CNJ n. 87/2019, incorporado ao art. 367 do Código Nacional de Normas, também dispôs sobre a distribuição, nestes termos:

> **Art. 14.** Na localidade onde houver mais de um Tabelionato de Protesto de Títulos deverá ser organizado, instalado e mantido, a cargo deles, um serviço centralizado para prestação de informações e fornecimento de certidões.
>
> § 1º Esse serviço será custeado pelos próprios tabeliães, preferencialmente no mesmo local onde também funcionar o serviço de distribuição, ressalvado o repasse das tarifas bancárias e dos correios para os usuários que optarem pela prestação por essa via de atendimento, além do pagamento dos emolumentos, custas e contribuições e das despesas previstos em lei.
>
> § 2º Os tribunais de justiça dos Estados e do Distrito Federal deverão propor a extinção dos Ofícios de Distribuição de títulos e outros documentos de dívida para protesto que foram criados antes da promulgação da Lei Federal nº 9.492, de 10 de setembro de 1997 e que estejam vagos e que vierem a vagar.

A finalidade da lei é **assegurar a igualdade de acesso**, por número de títulos, a todos os serviços de protesto existentes, independentemente do valor. Isso visa favorecer o equilíbrio entre a receita dos tabeliães e a carga de trabalho, garantindo a qualidade do serviço prestado. Logo, os critérios a serem observados na distribuição referem-se à **quantidade** (distribuição deve ser realizada de forma igualitária) e **qualidade** (distribuição equânime dos títulos em sua espécie, tais como duplicata, cheque, documentos de dívida).

Em outras palavras, os títulos e documentos de dívida recepcionados no distribuidor serão entregues na mesma data ao Tabelionato de Protesto de Títulos competente, mediante distribuição equitativa, observados os critérios quantitativo e qualitativo.

Sérgio Bueno ensina que no estabelecimento dos critérios, os Tabeliães, sempre em **decisões de consenso**, podem definir regras que não violem os critérios legais. Assim, podem estabelecer, exemplificativamente, que os títulos serão classificados por espécies e faixas de valores e que em cada faixa haverá distribuição igualitária. A título de exemplo relativo a esses critérios, podem ser consideradas as espécies de documentos, seu valor, ou dos emolumentos que podem gerar. Não há empecilho a que os próprios Tabeliães, em consenso, estabeleçam regras para a distribuição, desde que não afrontem critérios legais. Não havendo acordo entre os Tabeliães, os critérios serão estabelecidos pelo Juiz Corregedor Permanente, mediante provocação de qualquer um deles (Op. cit., 192).

Ressalta-se que os títulos e documentos de dívida devem ser encaminhados aos Tabelionatos na **mesma data** em que foram apresentados à Distribuição. É o que se depreende do art. 8º desta Lei. É neste momento que será feita uma prévia análise quanto aos caracteres formais nos termos do art. 9º desta Lei.

O Oficial de registro de distribuição, onde houver, fornecerá ao apresentante recibo circunstanciado contendo as características essenciais do título ou documento de dívida apresentado e o valor dos emolumentos, taxas e despesas, quando cobrados antecipadamente.

2. QUESTÃO DE CONCURSO

01. (IESES – Cartório – Remoção – TJ – RO/2017) Havendo mais de um tabelião de protestos na mesma localidade:

) Será competente o tabelião de protestos mais próximo do domicilio do credor.

b) A prioridade será do Tabelião com maior idade ou tempo de atuação na localidade.

*c) Será obrigatória a prévia distribuição dos títulos.

d) Será competente o tabelião de protestos mais próximo do domicilio do devedor.

GAB	1	C

Art. 8º. Os títulos e documentos de dívida serão recepcionados, distribuídos e entregues na mesma data aos Tabelionatos de Protesto, obedecidos os critérios de quantidade e qualidade.

§ 1º Poderão ser recepcionadas as indicações a protestos das Duplicatas Mercantis e de Prestação de Serviços, por meio magnético ou de gravação eletrônica de dados, sendo de inteira responsabilidade do apresentante os dados fornecidos, ficando a cargo dos Tabelionatos a mera instrumentalização das mesmas.

§ 2º Os títulos e documentos de dívida mantidos sob a forma escritural nos sistemas eletrônicos de escrituração ou nos depósitos centralizados de que trata a Lei nº 12.810, de 15 de maio de 2013, poderão ser recepcionados para protesto por extrato, desde que atestado por seu emitente, sob as penas da lei, que as informações conferem com o que consta na origem.

1. COMENTÁRIOS

1.1 PRINCÍPIO DA CARTULARIDADE E PRINCÍPIO DA INCORPORAÇÃO

Segundo o princípio da cartularidade, o título de crédito deve-se representar por meio de uma cártula, equivale dizer, um papel em que se especifica a obrigação.

Sobre o princípio da **cartularidade**, ensina Fabio Ulhoa:

> Para que o credor de um título de crédito exerça os direitos por ele representados é indispensável que se encontre na posse do documento (também conhecido por cártula). Sem o preenchimento dessa condição, mesmo que a pessoa seja efetivamente a credora, não poderá exercer o seu direito de crédito valendo-se dos benefícios do regime jurídico-cambial. Por isso é que se diz, no conceito de título de crédito, que ele é um documento *necessário* para o exercício do direito nele contido (*Manual de Direito Comercial*. São Paulo: Saraiva, 2006, p. 234)

Com o surgimento das duplicatas virtuais e dos títulos de crédito eletrônicos (art. 889, parágrafo 3º do Código Civil), tem-se entendido que esse princípio da cartularidade está sendo cada vez mais mitigado e renomeado para **princípio da incorporação.** Noutro dizer, com a evolução tecnológica e a modernização do sistema financeiro, o princípio da cartularidade vem sendo relativizado, principalmente devido à digitalização e desmaterialização dos títulos de crédito. Isso significa que, embora o direito esteja tradicionalmente vinculado ao documento físico, a prática moderna permite que esses direitos sejam exercidos de outras maneiras. O princípio da incorporação no contexto da relativização da cartularidade reflete a adaptação dos conceitos tradicionais de títulos de crédito às exigências e oportunidades do mundo digital. Embora o direito continue sendo incorporado ao título, a forma de exercer e transferir esse direito evoluiu, permitindo maior flexibilidade e segurança nas operações comerciais.

Na lição de Fábio Ulhoa Coelho: "Com a desmaterialização do título de crédito, tornaram-se as indicações a forma mais comum de protesto. A duplicata, hoje em dia, não é documentada em meio papel. O registro dos elementos que a caracterizam é feito exclusivamente em meio eletrônico e assim são enviados ao banco, para fins de desconto, caução ou cobrança. O banco, por sua vez, expede um papel, denominado 'guia de compensação', que permite ao sacado honrar a obrigação em qualquer agência, de qualquer instituição no país. Se não ocorrer o pagamento, atendendo às instruções do sacador, o próprio banco remete, ainda em meio eletrônico, ao cartório, as indicações para o protesto (nas comarcas mais bem aparelhadas). Com base nessas informações, opera-se a expedição da intimação do devedor. Se não for realizado o pagamento no prazo, emite-se o instrumento de protesto por indicações, em meio de papel. De posse desse documento, e do comprovante da entrega das mercadorias, o credor poderá executar o devedor. Ou seja, a duplicata em suporte papel é plenamente dispensável, para a documentação, circulação e cobrança do crédito, no direito brasileiro, em virtude exatamente do instituto do protesto por indicações" (*Curso de direito comercial,* v. 1, 15. ed., São Paulo: Saraiva, 2011, p. 485-486).

Interessante e bem colocada é a visão de Ana Paula Frontini: "observada de perto a teoria geral dos títulos de crédito, fica claro que o documento representado pelo meio eletrônico não se distingue do documento representado pelo meio cartular: ambos têm o mesmo conteúdo de natureza declaratória (de direitos) e, via de regra, servem-se do meio de representação verbal, que é a escrita. Distinguem-se apenas na 'matéria' que utilizam: cartular – por meio de papel, e eletrônico – por meio cibernético, meio este que a cada dia que passa domina não apenas as transações cambiais, mas toda a gama de relacionamentos humanos" (Op. cit., p. 226).

1.2 O ANTIGO PARÁGRAFO ÚNICO E ATUAIS PARÁGRAFOS 1º E 2º DO ART. 8º DA LEI DE 9.492/1997

Inicialmente, é importante anotar que a Lei 13.775, de 2018, renumerou o parágrafo único do art. 8º desta lei, que agora passa a ser o § 1º. Ademais, referida lei também acrescentou o § 2º no dispositivo em comento.

O cenário tecnológico trouxe importantes inovações e teve impacto sobre o Direito. Esse avanço, principalmente na área notarial e registral, tem sido de grande valia para a qualidade e celeridade do serviço.

A Lei 9.492 autorizou a apresentação de duplicatas virtuais em 1997 estabelecendo a possibilidade de serem encaminhadas por **meio magnético** ou de **transmissão eletrônica de dados**. O que se quer dizer é que não existe aqui a emissão da duplicata no formato papel. Cumpridos os requisitos legais para a emissão, que deve obedecer aos requisitos exigidos pelo **art. 2º, § 1º, da Lei 5.474/1968**, é perfeitamente possível a extração da duplicata por meio magnético ou de gravação eletrônica de dados, que assim circula, materializando-se apenas se apresentada a protesto, no tabelionato que a receber.

Parte da doutrina entende que o antigo parágrafo único do art. 8º da LPT trouxe **inovação** à disciplina da duplicata, tanto no que se refere ao seu **protesto**, como no que tange a sua **emissão.**

Para Ana Paula Frontini o parágrafo único do art. 8º veio **reforçar** e **regulamentar** as prescrições da Lei de Duplicatas e de acordo com a Lei 5.474/1968 (art. 13, § 1º e 15), a duplicata somente poderia ser protestada via indicação, na falta de devolução do título dentro do prazo legal. No entanto, esse não é o entendimento que prevalece nos dias atuais. Não obstante a inexistência de previsão específica acerca da duplicata virtual, na Lei 5.474/1968, o art. 13, permite o protesto por indicação do título de crédito. O art. 15, II, estabelece os requisitos para conferir eficácia executiva às duplicatas sem aceite. No entanto, a nova realidade mercantil, acompanhando o inevitável desenvolvimento tecnológico, modificou o aspecto formal dos títulos de crédito, provocando também mudanças na forma de protesto do referido título (...) Embora a Lei das Duplicatas já previsse a possibilidade de protesto por falta de aceite de devolução ou pagamento em seu art. 13, prevendo ainda no parágrafo primeiro a possibilidade de apresentação da 'duplicata, triplicata, ou ainda, por simples indicações do portador'. Contudo, a Lei de Protestos, Lei 9.494/1997, no art. 8º, vindo reforçar e esclarecer esta possibilidade, determinava explicitamente, quanto à indicação de títulos por meio magnético ou de gravação eletrônica de dados (*Direito Notarial e Registral avançado.* São Paulo: Revista dos Tribunais, 2014, p. 220).

A Lei 13.775/2018, que trata das duplicatas escriturais, estabelece em seu art. 2º:

> "A duplicata de que trata a Lei nº 5.474, de 18 de julho de 1968 , pode ser emitida sob a forma escritural, para circulação como efeito comercial, observadas as disposições desta Lei."

Nas palavras de Luiz Guilherme Loureiro, tanto a duplicata emitida sob a forma escritural quanto o extrato de seu registro eletrônico são títulos executivos extrajudiciais e, consequentemente, constituem documentos passíveis de protesto para fins de prova solene da inadimplência do devedor e exercício do direito de regresso contra os demais codevedores, quando for o caso (...) os títulos e documentos de dívidas escriturais podem ser recepcionados para protesto por extrato, desde que atestado por seu emitente, sob as penas da lei, que as informações conferem com o que consta no documento original. No mais, são aplicadas as mesmas regras previstas na Lei 9.492/97 e na Lei 5.474/1968, como aquela que trata das três modalidades de protesto da duplicata: por falta ou recusa de aceite, por falta de devolução e por falta de pagamento. Com efeito, ao contrário do que sucede com a letra de câmbio, a aceitação da duplicata é obrigatória, salvo na ocorrência de um dos motivos previstos no art. 8º, que deve ser mencionado pelo comprador ao agente responsável pela escrituração da duplicata escritural no prazo da devolução do documento ao credor. Para comprovar o cumprimento dessa obrigação, o comprador pode enviar ao tabelião de protesto o extrato da escrituração eletrônica, dentro do prazo legal a contar de sua notificação" (Op. Cit. p. 1434).

A referida lei também estabeleceu o **local de protesto das duplicatas virtuais**. Assim sendo, nos termos do § 3º do art. 12 da Lei 13.775/2018, para fins de protesto, a praça de pagamento das duplicatas escriturais de que trata o inciso VI do § 1º do art. 2º da Lei n. 5.474/1968, deverá coincidir com o domicílio do devedor, segundo a regra geral do § 1º do art. 75 e do Código Civil, salvo convenção expressa entre as partes que demonstre a concordância inequívoca do devedor.

A Lei 13.775, de 2018, também incluiu o § 2º no art. 8º da Lei 9.492/1997 e não se limitou apenas às duplicatas eletrônicas. A lei estabeleceu que os **títulos e documentos de dívida mantidos sob a forma escritural** nos sistemas eletrônicos de escrituração ou nos depósitos centralizados, conforme a Lei nº 12.810, de 15 de maio de 2013, poderão ser recepcionados para protesto por extrato, desde que atestado por seu emitente, sob as penas da lei, que as informações conferem com o que consta na origem.

No ano seguinte, a regra estabelecida no § 1º, do art. 2º do Provimento n. 87/2019 do Conselho Nacional de Justiça, em breve estudado nesta obra, permitiria a apresentação por simples indicação, nestes termos: *os **títulos e outros documentos de dívida** podem ser apresentados, mediante simples indicação do apresentante, **desde que realizados exclusivamente por meio eletrônico,** segundo os requisitos da 'Infraestrutura de Chaves Públicas Brasileira – ICP Brasil' ou outro meio seguro disponibilizado pelo Tabelionato autorizado pela respectiva Corregedoria-Geral de Justiça, e com a declaração do apresentante, feita sob as penas da lei, de que a dívida foi regularmente constituída e que os documentos originais ou suas cópias autenticadas, comprobatórios da causa que ensejou a apresentação para protesto, são mantidos em seu poder, comprometendo-se a exibi-los sempre que exigidos no lugar onde for determinado, especialmente se sobrevier sustação judicial do protesto.* Esta norma foi incorporada, em sua totalidade, ao art. 355 do Código Nacional de Normas.

Vale trazer ainda, para fins de conhecimento histórico, outras inovações posteriores à Lei de Protesto no que tange à apresentação por indicação ou por meio eletrônico.

A Lei 10.931/2004, em seu art. 41, previu que a **Cédula de Crédito Bancário** poderá ser protestada por indicação, desde que o credor apresente declaração de posse da sua única via negociável, inclusive no caso de protesto parcial.

O Código Civil, também progrediu e acolheu de forma inédita, **o título de crédito gerado digitalmente**, dispondo no art. 889, § 3º que:

> **Art. 889.** § 3º. O título poderá ser emitido a partir dos caracteres criados em computador ou meio técnico equivalente e que constem da escrituração do emitente, observados os requisitos mínimos previstos neste artigo.

Assim, desde 2002, os títulos de crédito emitidos na forma do artigo 889, § 3º, do Código Civil podem ser enviados a protesto, por meio eletrônico.

1.3 O ACEITE NA DUPLICATA E O PROTESTO

No ordenamento jurídico brasileiro, existem dois títulos que comportam aceite, quais sejam, a duplicata e a letra de câmbio. Na primeira, o aceite é **obrigatório, salvo as exceções** do art. 8º da Lei 5.474/1968. Por outro lado, este ato cambiário é **facultativo** na letra de câmbio.

Dito isto, questiono: a duplicata mercantil ou de prestação de serviço **não aceita** pode ser recepcionada?

A resposta é: ela somente será recepcionada, apontada e protestada mediante documentos que comprovem a venda, compra, entrega e recebimento da mercadoria que deu origem ao saque ou a efetiva prestação do serviço e do vínculo contratual que a autorizou, respectivamente.

Para fins de uma exposição didática, elenco algumas questões relevantes sobre a temática:

a) As duplicatas mercantis ou de prestação de serviços **não aceitas** podem ser protestadas mediante apresentação de documento que comprove a venda e compra mercantil ou a efetiva prestação do serviço e o vínculo contratual que a autorizou, bem como, no caso da duplicata mercantil, do comprovante da efetiva entrega e recebimento da mercadoria que deu origem ao saque da duplicata.

b) Ao apresentante da duplicata mercantil ou de prestação de serviços, faculta-se a **substituição da apresentação dos documentos** relacionados no item anterior por simples declaração escrita do portador do título e apresentante, feita sob as penas da lei, assegurando que os documentos originais ou suas cópias autenticadas, comprobatórios da causa do saque, da entrega e do recebimento da mercadoria correspondente ou da efetiva prestação do serviço, são mantidos em seu poder, e comprometendo-se a exibi-los, sempre que exigidos, no lugar onde for determinado, especialmente se sobrevir sustação judicial do protesto.

c) Cuidando-se de **endosso não translativo**, lançado no título apenas para permitir sua cobrança por representante do sacador, a declaração tratada no item anterior pode ser feita pelo sacador endossante e pelo apresentante e portador.

O **Enunciado 68 da I Jornada de Direito Notarial e Registral** corroborando o entendimento consolidado na doutrina sobre a temática, positiva que:

> **Enunciado 68.** No caso de duplicata não aceita, que tenha circulado por endosso translativo, o protesto poderá ser lavrado em face do sacador endossante e seus avalistas, se assim for indicado pelo apresentante.
>
> ⊙ Justificativa: A duplicata não aceita e sem comprovação ou declaração substitutiva de entrega e recebimento da mercadoria, ou vínculo contratual, e efetiva prestação do serviço é passível de protesto para fins de regresso se tiver circulado por endosso ou tiver aval, não devendo o sacado constar como devedor. Assim são as normas vigentes. Os protestos nesses casos acabam sendo lavrados sem indicação de devedor, entretanto, caberia um estudo mais aprofundado com vistas a incluir como devedor aquele que efetivamente se obrigou no título e o colocou em circulação. Nesse sentido, embora não seja verificado na prática, há indicação de ser possível a inclusão do sacador (e, por conseguinte, dos endossantes) como devedor no protesto, em decisão do STJ no REsp 1.748.779.

d) Da declaração, na hipótese do item anterior (letra "c"), deve constar que o apresentante é mero representante e age por conta e risco do representado, com quem os documentos referidos na letra "a" permanecem arquivados para oportuno uso, em sendo necessário.

e) A declaração substitutiva pode estar relacionada a uma ou mais duplicatas, desde que precisamente especificados os títulos.

f) Quando a **duplicata sem aceite houver circulado por meio de endosso**, e o apresentante requerer o protesto apenas para garantir o direito de regresso, quer contra os endossantes, quer contra os avalistas, entre aqueles incluído o sacador endossante, admite-se que o portador apresente o título desacompanhado dos documentos previstos na letra "a"ou da declaração substitutiva autorizada na letra "b".

g) No caso do item anterior, constarão, do **registro e do instrumento do protesto e das respectivas certidões,** somente os nomes dos que pelo título estão obrigados, assim considerados os que nele lançaram suas assinaturas, **vedada menção, nos assentamentos, aos nomes de sacados não aceitantes.**

h) O nome do **sacado não aceitante** não constará dos índices de protesto, elaborando-se outro em separado, pelo nome do apresentante.

Por derradeiro, oportuno anotar que o Superior Tribunal de Justiça decidiu que o **negócio de *leasing* não admite a emissão de duplicata,** ainda que avençada, razão pela qual não pode tal título ser levado a protesto. (REsp 202.068-SP, Rel. Min. Ruy Rosado, julgado em 11/5/1999).

1.4 DIFERENÇA ENTRE DUPLICATA VIRTUAL E BOLETO BANCÁRIO

Importante esclarecer que o boleto bancário não deve ser confundido com a duplicata virtual.

O boleto bancário não é título de crédito (não está arrolado no art. 784, I, NCPC); sua natureza é de formulário autorizado pelo BACEN, regulado por Manual de Normas e Instruções, que representa um meio de pagamento, emitido através dos dados transmitidos pelo credor, criado unilateralmente pela instituição financeira. O boleto bancário é ausente de assinatura do emitente e sacado.

Por sua vez, a duplicata virtual é título de crédito com todos os requisitos formais estipulados em lei.

Ana Paula Frontini, citando Francisco de Paula Eugênio Jardim de Souza Brasil, bem esclarece que "os boletos bancários – denominados erradamente como duplicatas virtuais ou escriturais – não apresentam a assinatura do emitente e não são remetidos para a realização do ato cambial formal de aceite. Isso nem mesmo seria possível, já que no próprio corpo do boleto nota-se campo de preenchimento, hipoteticamente destinado ao aceite, já preenchido com a negativa de aceite. 'Ou seja, o boleto traz em si já previamente preenchida a lacuna impossibilitando o aceite.' Este fato indica, portanto, a não utilização do instituto cambial do aceite" (Op. cit., p. 223).

O que pode ser protestada é a duplicata e não o boleto bancário por si só. Porém, os boletos de cobrança bancária vinculados ao título virtual devidamente acompanhados dos instrumentos de protesto por indicação e dos comprovantes de entrega da mercadoria ou da prestação dos serviços suprem a ausência física do título cambiário eletrônico e constituem, em princípio, títulos executivos extrajudiciais.

Uma vez mais, bem elucida Ana Paula Frontini que o boleto bancário apenas contém as características da duplicata virtual emitida unilateralmente pelo sacador, e não se confunde com o título de crédito a ser protestado. Se, no entanto, o boleto bancário, que serviu de indicativo para o protesto, (i) retratar fielmente os elementos da duplicata virtual (ii) estiver acompanhado do comprovante de entrega das mercadorias ou da prestação dos serviços, (iii) não tiver seu aceite justificadamente recusado pelo sacado, passa a constituir título executivo extrajudicial, nos termos do art. 586 do CPC (Op. cit., p. 223).

A título de informação, existe o Projeto de Lei 19/18, recentemente aprovado pelo Senado, que estabelece a possibilidade de protesto de notas fiscais e boletos bancários. O texto deve retornar à Câmara dos Deputados.

2. JURISPRUDÊNCIA COMPLEMENTAR

SUPERIOR TRIBUNAL DE JUSTIÇA

SÚMULA

Súmula 248: Comprovada a prestação dos serviços, a duplicata não aceita, mas protestada, é título hábil para instruir pedido de falência.

JURISPRUDÊNCIA EM TESES DO SUPERIOR TRIBUNAL DE JUSTIÇA ACERCA DOS TÍTULOS DE CRÉDITO

3) As duplicatas virtuais possuem força executiva, desde que acompanhadas dos instrumentos de protesto por indicação e dos comprovantes de entrega da mercadoria e da prestação do serviço.

JULGADOS

EMENTA: Recurso Especial – Duplicata – Direito Empresarial – Destaca-se pela simplicidade de fórmulas e internacionalidade de suas regras e institutos – Requisitos essenciais da duplicata – Art. 2º, § 1º, da Lei nº 5.747/1968 – Dimensões da cártula que não cumprem precisamente aquelas estabelecidas pelo modelo da Resolução CMN nº 102/1968 – Irregularidade irrelevante – Descrição da mercadoria – Inexistência de alteração da feição característica do título de crédito – Duplicata com aceite – Oposição de exceções pessoais em face do endossatário – Inviabilidade –

1. O direito comercial caracteriza-se pela simplicidade de suas fórmulas, pela internacionalidade de suas regras e institutos, pela rapidez de sua aplicação, pela elasticidade dos seus princípios e também pela onerosidade de suas operações. As obrigações resultantes dos

Lei 9.492/1997

atos de natureza cambiária não podem, em geral, acomodar-se às formas hieráticas e solenes dos contratos civis, e os usos e costumes comerciais influenciam a obrigação que resulta do ato mercantil.

2. Os requisitos essenciais da duplicata – reconhecidos pela Corte local como devidamente supridos – estão claramente previstos no art. 2º, § 1º, da Lei das Duplicatas, que estabelece que a cártula conterá: I – a denominação "duplicata", a data de sua emissão e o número de ordem; II – o número da fatura; III – a data certa do vencimento ou a declaração de ser a duplicata à vista; IV – o nome e domicílio do vendedor e do comprador; V – a importância a pagar, em algarismos e por extenso; VI – a praça de pagamento; VII – a cláusula à ordem; VIII – a declaração do reconhecimento de sua exatidão e da obrigação de pagá-la, a ser assinada pelo comprador, como aceite, cambial; IX – a assinatura do emitente. Com efeito, o entendimento sufragado pelo acórdão recorrido, assentando não ter validade e eficácia de duplicata, por não observar, com precisão, "os limites do documento, com altura mínima de 148 mm e máxima de 152 mm e largura mínima de 203 mm e máxima de 210 mm", conforme modelo estabelecido na Resolução CMN n. 102/1968, testilha com o mencionado dispositivo legal e com os usos e costumes comerciais, sendo incomum que o sacado e os endossatários se valham de régua, por ocasião, respectivamente, do aceite e da operação de endosso, para aferição do preenchimento preciso das dimensões de largura e altura da cártula.

3. É inviável o entendimento de que, como a cártula apresenta também a descrição da mercadoria objeto da compra e venda, uma fatura da mercadoria objeto da negociação, isso desnatura e descaracteriza por completo o título como duplicata. A descrição da mercadoria, a par de caracterizar uma duplicata da fatura na própria acepção do termo, embora represente redobrada cautela, não pode inviabilizar a cártula, pois o art. 2º, § 2º, da Lei n. 5.474./1968 dispõe que uma duplicata tem de corresponder a uma única fatura, e o art. 24 expressamente faculta que conste na cártula outras indicações, contanto que não alterem sua feição característica.

4. Havendo aceite, este se vincula à duplicata, afastada a possibilidade de investigação do negócio causal. Conquanto o título seja causal apenas na sua origem/emissão, sua circulação – após o aceite do sacado ou, na sua falta, pela comprovação do negócio mercantil subjacente e do protesto – rege-se pelo princípio da abstração, desprendendo-se de sua causa original, sendo por isso inoponíveis exceções pessoais a terceiros de boa-fé, como ausência de entrega da mercadoria ou de prestação de serviços, ou mesmo quitação ao credor originário. Precedentes.

5. Recurso especial provido (STJ – REsp nº 1.518.203 – Paraná – 4ª Turma – Rel. Min. Luis Felipe Salomão – DJ 02.08.2021)

EMENTA: RECURSO ESPECIAL. PROCESSUAL CIVIL E EMPRESARIAL. EMBARGOS À EXECUÇÃO. DUPLICATAS. REQUISITOS. ART. 2º, § 1º, DA LEI 5.474/68. ASSINATURA DO EMITENTE. AUSÊNCIA. IRREGULARIDADE SANÁVEL. LITERALIDADE INDIRETA. TÍTULO CAUSAL. NEGÓCIO JURÍDICO SUBJACENTE. VINCULAÇÃO. CIRCULAÇÃO. NÃO OCORRÊNCIA. INFERÊNCIA. DADOS DO PRÓPRIO TÍTULO. ENTREGA DAS MERCADORIAS. COMPROVAÇÃO. DOCUMENTO. HIGIDEZ. EXECUTIBILIDADE. MANUTENÇÃO. DESPROVIMENTO.

1. Cuida-se de embargos à execução que impugnam a execução subsidiada em duplicatas mercantis ao argumento, entre outros, de estar ausente a assinatura do emitente da cártula, requisito que seria essencial à existência do título.

2. Recurso especial interposto em: 22/11/2017; conclusos ao gabinete em: 05/11/2018. Aplicação do CPC/15.

3. O propósito recursal consiste em determinar se: a) a assinatura do sacador da duplicata é requisito essencial ou se sua ausência pode ser suprida por outro meio; e b) a duplicata sem assinatura do emitente e que não circula possibilita o ajuizamento de ação de execução de título extrajudicial.

4. Em regra, o rigor formal garante a segurança dos envolvidos na circulação de crédito, razão pela qual, se ausente um dos requisitos considerados essenciais, um determinado documento não terá valor de título de crédito.

5. A Lei Uniforme de Genebra, aplicável subsidiariamente às duplicatas, prevê, no entanto, que nem todos os requisitos legais são essenciais, pois, nos termos de seu art. 2º, existem aqueles cujos defeitos podem ser supridos, desde que exista uma solução objetiva e segura para a correção da irregularidade.

6. A duplicata é título de crédito causal no momento da emissão e adquire abstração e autonomia, desvinculando-se do negócio jurídico subjacente, com o aceite e a circulação. Precedente da 2ª Seção.

7. Com fundamento no protesto por indicação do art. 13, § 1º, da Lei 5.474/68, a jurisprudência desta Corte entendeu pela dispensabilidade da apresentação física da duplicata, bastando, para a constituição de título executivo extrajudicial i) os boletos de cobrança bancária; ii) os protestos por indicação; e iii) os comprovantes de entrega de mercadoria ou de prestação de serviços, o que permitiu a execução da denominada duplicata virtual. Precedentes.

8. Se o boleto que subsidia o protesto por indicação é suficiente para o protesto, o qual, somado ao comprovante da entrega de mercadorias, justifica o ajuizamento de ação executiva, deve-se entender que alguns dos elementos mencionados no art. 2º, § 1º, da Lei 5.474/68 admitem suprimento, podendo ser corrigidos por formas que não prejudiquem a segurança na tramitação da duplicata.

9. A assinatura do emitente na cártula cumpre as funções de representar a declaração de vontade unilateral que dá origem ao título de crédito e a de vincular o sacador, na hipótese de circulação do documento, como um dos devedores do direito nele inscrito.

10. A duplicata, por ser um título causal, permite a incidência da literalidade indireta, que autoriza a identificação de seus elementos no documento da compra e venda mercantil ou da prestação de serviços que lhe serve de ensejo, pois o devedor tem a ciência de que aquela obrigação também tem seus limites definidos em outro documento.

11. Na hipótese específica dos autos, não há dúvidas de que houve vontade expressa da recorrida em sacar as duplicatas, tendo em vista a comprovação da realização dos negócios jurídicos causais que autorizam a criação desse título de crédito e, ademais, como as duplicatas não circularam, existe apenas um devedor principal da ordem de pagamento nelas inscrita, qual seja, a recorrente, adquirente das mercadorias vendidas pelo emitente sacador.

12. Nessas circunstâncias, as duplicatas devem ser consideradas perfeitas e, assim, aptas ao ajuizamento da ação de execução, pois a irregularidade relacionada à ausência de assinatura das cártulas pelo emitente deve ser considerada perfeitamente sanável e sanada.

13. Recurso especial desprovido (STJ – REsp nº 1.790.004 – Paraná – 3ª Turma – Rel. Min. Nancy Andrighi – DJ 19.10.2020)

EMENTA: RECURSO ESPECIAL. COMERCIAL. NEGATIVA DE PRESTAÇÃO JURISDICIONAL. NÃO OCORRÊNCIA. TÍTULOS DE CRÉDITO. DUPLICATA. EMISSÃO. *CAUSA DEBENDI*. COMPRA E VENDA MERCANTIL E PRESTAÇÃO DE SERVIÇOS. EXTRAÇÃO DE FATURA. SOMA DE NOTAS PARCIAIS. POSSIBILIDADE. HIGIDEZ DO NEGÓCIO JURÍDICO SUBJACENTE. PREÇO DAS MERCADORIAS. REEXAME DE PROVAS. INVIABILIDADE. SÚMULA 7/STJ.

1. Cinge-se a controvérsia a saber a) se a duplicata pode corresponder a mais de uma nota fiscal ou a mais de uma fatura e b) se os títulos de crédito emitidos encontram-se viciados, pois os valores cobrados das mercadorias e dos serviços constantes nas faturas e nas notas parciais não guardariam similitude.

2. A fatura consiste em nota representativa de contratos de compra e venda mercantis ou de prestação de serviços, devendo haver, entre outras identificações, a discriminação das mercadorias vendidas e dos preços negociados e a menção à natureza dos serviços prestados. Pode, ainda, conter somente a indicação dos números e valores das notas parciais expedidas por ocasião das vendas, despachos ou entregas das mercadorias (arts. 1º, *caput* e § 1º, e 20 da Lei nº 5.474/1968).

3. A duplicata, de extração facultativa, materializa-se no ato da emissão da fatura, constituindo o título de crédito genuíno para documentar o saque do vendedor pela importância faturada ao comprador (art. 2º da Lei nº 5.474/1968).

4. Apesar de a duplicata só poder espelhar uma fatura, esta pode corresponder à soma de diversas notas parciais. De fato, a nota parcial

é o documento representativo de uma venda parcial ou de venda realizada dentro do lapso de um mês, que poderá ser agrupada a outras vendas efetivadas nesse período pelo mesmo comprador.
5. Não há proibição legal para que se somem vendas parceladas procedidas no curso de um mês, e do montante se formule uma fatura única ao seu final, sobretudo diante da natureza do serviço contratado, como o de concretagem, a exigir a realização de diversas entregas de material ao dia.
6. A discussão acerca dos valores de preços corretos das mercadorias e dos serviços cobrados e da validade do negócio jurídico entabulado (*causa debendi*) , subjacente às duplicatas emitidas, encontra óbice na Súmula nº 7/STJ. 7. Recurso especial não provido. (STJ – REsp nº 1.356.541 – Minas Gerais – 3ª Turma – Rel. Min. Ricardo Villas Bôas Cueva – DJ 13.04.2016)

EMENTA: DIREITO EMPRESARIAL. INSTRUÇÃO DO PEDIDO DE FALÊNCIA COM DUPLICATAS VIRTUAIS. A duplicata virtual protestada por indicação é título executivo apto a instruir pedido de falência com base na impontualidade do devedor. Isso porque o art. 94, I, da Lei de Falências (Lei 11.101/2005) não estabelece nenhuma restrição quanto à cartularidade do título executivo que embasa um pedido de falência. (REsp 1.354.776-MG, Min. Rel. Paulo de Tarso Sanseverino, julgado em 26/8/2014).

EMENTA: RECURSO ESPECIAL. DUPLICATA VIRTUAL. PROTESTO POR INDICAÇÃO. BOLETO BANCÁRIO ACOMPANHADO DO INSTRUMENTO DE PROTESTO, DAS NOTAS FISCAIS E RESPECTIVOS COMPROVANTES DE ENTREGA DAS MERCADORIAS. POSSIBILIDADE. 1. A jurisprudência do STJ possui entendimento no sentido da possibilidade do protesto de duplicata virtual por indicação apoiada em apresentação do boleto, das notas fiscais referentes às mercadorias comercializadas e dos comprovantes de entrega e recebimento das mercadorias, sendo desnecessário, no caso, o envio do título ao sacado. 2. Recurso especial a que se nega seguimento.(STJ – REsp nº 1.327.770 – Goiás – 4ª Turma – Rel. Min. Luis Felipe Salomão – DJ 04.08.2014)

EMENTA: APELAÇÃO CÍVEL. LOCAÇÃO DE VEÍCULO. AÇÃO DE INEXIGIBILIDADE DE TÍTULOS C/C INDENIZAÇÃO POR DANOS MORAIS. RECONVENÇÃO IMPROCEDENTE. Pacífico o entendimento de impossibilidade da emissão de duplicata decorrente de contrato de locação, pois o contrato de locação de bens móveis não autoriza o saque de duplicatas. Inexistência de compra e venda mercantil ou prestação de serviços, fato incontroverso no feito (REsp 397.637).

TRIBUNAL DE JUSTIÇA DO ESTADO DE SÃO PAULO

EMENTA: DUPLICATA – Nula e inexigível a duplicata, por indicação, protestada, identificada respectivo instrumento emitido pelo Tabelionato de Protesto, com nº 053470101, no valor de R$ 2.800,00, nos termos da LF 5.474/68 (arts. 1º, 2º, 15 e 20, § 3º), visto que não exibidos pela sacadora fatura ou nota fiscal fatura correspondente à cártula em questão – Válida e exigível a duplicata, por indicação, protestada, identificada respectivo instrumento emitido pelo Tabelionato de Protesto, com nº 054590101, no valor de R$ 1.120,00, porque ela não padece de nulidade, porquanto, como título de crédito, é hígida, tem causa e nada há que implique em inexigibilidade, nem que autorize a declaração de inexistência do débito, visto que caracterizado o "aceite por presunção", porquanto: (i) a parte ré sacadora comprovou o vínculo contratual que autoriza a cobrança dos serviços prestados e a efetiva prestação dos serviços, exibiu a nota fiscal fatura correspondente, o que satisfaz os requisitos previstos no art. 1º, 2º, 15, II, e 20, §§ 1º a 3º, da LF 5.454/68, para a emissão de duplicatas de prestação de serviços; e (ii) não configurada hipótese de recusa de aceite, por qualquer uma das razões do art. 21, da LF 5.454/68 – Como foi comprovada a satisfação dos requisitos legais previstos na LF 5.454/68, para o reconhecimento da licitude do saque, do "aceite por presunção" e do protesto de duplicata de prestação de serviços, por indicação, apontada para protesto, é incabível o reconhecimento da nulidade da cártula supra identificada no respectivo instrumento de protesto emitido pelo Tabelionato de Protesto de fls. 51, com nº 054590101, no valor de R$ 1.120,00, pelo simples fato de constar do Tabelionato de Protesto, a expressão "Dupl. Mercantil Por Indicação" – Em consequência: (a) mantida a r. sentença, quanto ao julgamento de procedência dos embargos do devedor, para extinguir a execução da duplicata, por indicação, protestada, identificada respectivo instrumento emitido pelo Tabelionato de Protesto, com nº 053470101, no valor de R$ 2.800,00, nos termos da LF 5.474/68 (arts. 1º, 2º, 15 e 20, § 3º), porque execução promovida com base em título que não apresenta os atributos previstos no art. 783, do CPC/2015, correspondente ao art. 586, do CPC/1973, para o título executivo extrajudicial, como acontece na espécie, com relação às cártula em questão deve ser extinta, por ser nula (CPC/2015, art. 803, I, correspondente ao CPC/1973, art. 618, I); e (iii) reformada a r. sentença, para julgar procedentes, em parte, os embargos do devedor, para determinar o prosseguimento da execução da duplicata, por indicação, protestada, identificada respectivo instrumento emitido pelo Tabelionato de Protesto, com nº 054590101, no valor de R$ 1.120,00, porque, afastadas as alegações deduzidas pela apelada e não demonstrada a inexistência, nem a iliquidez, nem a inexigibilidade da cártula em questão, de rigor, o reconhecimento de que ela constitui título executivo líquido, certo e exigível, como estabelecido no art. 585, I, do CPC, e legítima a sua execução, cabendo à parte devedora realizar o pagamento do títulos ao credor. Recurso provido, em parte.

Vistos.

Ao relatório da r. sentença de fls. 87/87v, acrescentasse que a presente ação foi julgada nos seguintes termos: "JULGO PROCEDENTES os embargos para declarar a nulidade das duplicatas de fls. 20 e 27 e por conseguinte, da execução, pelo que a JULGO EXTINTA nos termos do art. 267, VI do CPC. Anote-se na execução. Traslade-se cópia. Desapense-se. Custas dos dois processos e honorários dos embargos fixados em 10% sobre o valor do débito executado a cargo da embargada.".

Apelação do embargado (fls. 93/100), sustentando que: (a) Nulidade da r. sentença; (b) "Em fls,. 76 e 77 resta comprovado que a Apelada requisitou a mercadoria"; (c) "está claramente demonstrado que prepostos da Apelada receberam as mercadorias dando chancela aos "canhotos" das notas fiscais"; e (d) falta de pagamento.

O recurso foi recebido (fls. 107) e processado com apresentação de respostas pelo embargante (109/111), pugnando pela manutenção da r. sentença.

É o relatório.

1. A pretensão recursal do embargado é que o recurso seja provido e a r. sentença reformada, para julgar improcedentes os embargos à execução.

2. Reforma-se, em parte, a r. sentença.

2.1. A presente ação tem por objeto: **(a)** a duplicata mercantil, por indicação, protestada, identificada respectivo instrumento emitido pelo Tabelionato de Protesto de fls. 50, com nº 053470101, no valor de R$ 2.800,00, com data de emissão e vencimento, 26.10.2012 e 16.11.2012, respectivamente, em que a parte apelante figura como sacadora e a apelada como sacada; e **(b)** a duplicata mercantil, por indicação, protestada, identificada respectivo instrumento emitido pelo Tabelionato de Protesto de fls. 51, com nº 054590101, no valor de R$ 1.120,00, com data de emissão e vencimento, 14.11.2012 e 07.12.2012, respectivamente, em que a parte apelante figura como sacadora e a apelada como sacada.

2.2. Quanto ao reconhecimento de validade e eficácia e ônus da prova em ações relativas a duplicatas de prestação de serviços não aceitas, adota-se a seguinte orientação: **(a) "Com a extração da fatura de venda o vendedor poderá sacar uma duplicata correspondente, para circular como *título de crédito*.** Esse título é a *duplicata comercial* ou *duplicata de fatura*, por alguns também denominada *conta assinada*. As três expressões são sinônimas. (...) temos a **seguinte noção da duplicata: "um título e crédito formal e circulante por meio de endosso, constituindo um saque fundado sobre crédito proveniente de contrato de compra e venda mercantil ou de prestação de serviços, assimilado aos títulos cambiários por força de lei"** (Rubens Requião, "Curso de Direito Comercial', vol. 2º, 25ª ed., Saraiva, 2007, SP, p. 564/565, item 673, o destaque não consta do original); **(b) "A duplicata mercantil é título de aceite obrigatório, ou seja, independe da vontade do sacado (comprador).** (...)

A recusa do aceite de uma duplicata mercantil só é admissível nos casos previstos no art. 8º da LD, ou seja, por motivo de: *a)* avaria ou não recebimento de mercadorias, quando não expedidas ou não entregues por conta e risco do comprador; *b)* vícios na qualidade ou quantidade das mercadorias; *c)* divergência nos prazos ou nos preços ajustados. Em qualquer uma destas três hipóteses, e somente nestas, poderá o comprador recusar o aceite e, portanto, não assumir a obrigação cambial. É claro que as partes poderão discutir, em juízo, a ocorrência destas causas, confirmando ou desconstituindo o ato de recusa do comprador. Em função do seu caráter obrigatório, o aceite da duplicata mercantil pode ser discriminado em três categorias: *a) Aceite ordinário* resulta da assinatura do comprador aposta no local apropriado do título de crédito; *b) Aceite por comunicação* – resulta da retenção da duplicata mercantil pelo comprador autorizado por eventual instituição financeira cobradora, com comunicação por escrito, ao vendedor, de seu aceite; ***c) Aceite por presunção* resulta do recebimento das mercadorias pelo comprador, desde que não tenha havido causal legal motivadora da recusa, com ou sem devolução do título ao vendedor. (...) apenas a sua devolução não-assinada e acompanhada de declaração de recusa do aceite é que pode, se efetivamente havia causa para a recusa, liberá-lo (*refere-se ao comprador*) da obrigação cambial documentada pela duplicata mercantil. A recusa na devolução do título ou a sua devolução não assinado são comportamentos que em nada interferem com a responsabilidade do sacado de uma duplicata**" (Fábio Ulhoa Coelho, "Manual de Direito Comercial", 19ª ed., Saraiva, 2007, SP, p. 290/292, o destaque não consta do original); **(c)** "DIREITO COMERCIAL. DUPLICATA DE PRESTAÇÃO DE SERVIÇOS. ART. 20, LEI N. 5.474/68. COMPROVAÇÃO DE PRESTAÇÃO DE SERVIÇOS. REEXAME DE PROVAS. RECURSO DESACOLHIDO. I – A emissão da duplicata de prestação de serviços deve obediência às regras aplicáveis à compra e venda a prazo, sendo necessária, contudo, a comprovação da efetiva prestação dos serviços. **II – Na lição de Cunha Peixoto, "a duplicata, mesmo não assinada, mas acompanhada de documento que comprove a efetiva prestação do serviço, desde que protestada, enseja ação executiva e a desacolitada desta prova perde todo o valor como título cambial".** III – Tendo as instâncias ordinárias assentado que não restou comprovada a prestação dos serviços, o reexame do tema nesta instância especial encontra óbice no verbete sumular nº 7/STJ." (STJ 4ª T., REsp 327.720/SP, rel. Min. Sálvio de Figueiredo Teixeira, j. 20.11.2001, DJ 18.02.2002, o destaque não consta do original); **(d)** CIVIL/PROCESSUAL. DUPLICATA. EXAME DA CAUSA. ÔNUS DA PROVA. **Impugnada a causa autorizativa da extração da duplicata, pela inexistência de compra e venda de mercadorias ou prestação de serviços, ao emitente incumbe a prova, com a exibição das faturas e notas fiscais correspondentes.**" (STJ-3ª Turma, REsp 5952/SC, rel. Min. Dias Trindade, v.u., j. 30/04/1991, DJ 03/06/1991 p. 7422, o destaque não consta do original); **(e)** "DUPLICATA SEM CAUSA. NULIDADE. ÔNUS DA PROVA. **Negada pelo sacado a causa que autorizaria o saque da duplicata, cumpre ao sacador comprovar documentalmente a entrega e o recebimento da mercadoria (arts. 333, II, e 334, II, do CPC; 15, II,"b", da Lei nº 5.474, de 18.7.1968).** Recurso especial conhecido e provido." (STJ-4ª Turma, REsp REsp 141322/RS, rel. Min. Barros Monteiro, v.u., j. 01/04/2004, DJ 14/06/2004 p. 221, o destaque não consta do original); **(f) "Outrossim, esta Corte tem entendimento no sentido de que é ônus do sacador a comprovação da entrega da mercadoria ou da efetiva prestação do serviço, os quais correspondam à duplicata emitida e não aceita.** A saber: "DUPLICATA SEM CAUSA. NULIDADE. ÔNUS DA PROVA. – Negada pelo sacado a causa que autorizaria o saque da duplicata, cumpre ao sacador comprovar documentalmente a entrega e o recebimento da mercadoria (arts. 333, II, e 334, II, do CPC; 15, II, "b", da Lei nº 5.474, de 18.7.1968). Recurso especial conhecido e provido." (Ag 818251/PR, rel. Min. Aldir Passarinho Junior, DJ 22/11/2006, conforme site do Eg. STJ); e **(g) "Recebido o título por meio de endosso-translativo, pelo qual se transfere o próprio crédito constante da cártula ao endossatário, responde a instituição financeira, por se substituir ao credor originário.**" (STJ-4ª Turma, AgRg no REsp 740694/RS, rel. Min. João Otávio de Noronha, v.u., j. 22/09/2009, DJe 05/10/2009, cf. site do Eg. STJ). E, "**sem a devida comprovação da relação subjacente havida entre o sacado e o sacador, não caracteriza obrigação cambial, e, portanto, não pode ser oposta ao sacado, mesmo pelo endossatário de boa-fé, a quem se resguarda o direito de regresso contra o endossante**" (Ag 1304726/RS, rel. Min. Sidnei Beneti, data da publicação: 10/06/2010).

2.3. Embora incabível a emissão de duplicata sem lastro em fatura ou com base em mais de uma fatura, é admissível a emissão de duplicata com lastro em fatura correspondente à soma de diversas notas parciais, referentes a compra e venda ou prestação de serviço parcial ou realizada dentro do lapso temporal de um mês, pelo mesmo comprador, ou até mesmo que a nota fiscal possa servir como fatura, desde que contenha todos os elementos necessários para sua caracterização, o que não prescinde da discriminação das mercadorias vendidas ou dos serviços prestados e dos preços ajustados. Nesse sentido, a orientação dos julgados extraídos do site do Eg. STJ: **(a)** "RECURSO ESPECIAL. COMERCIAL. NEGATIVA DE PRESTAÇÃO JURISDICIONAL. NÃO OCORRÊNCIA. TÍTULOS DE CRÉDITO. DUPLICATA. EMISSÃO. CAUSA DEBENDI. COMPRA E VENDA MERCANTIL E PRESTAÇÃO DE SERVIÇOS. EXTRAÇÃO DE FATURA. SOMA DE NOTAS PARCIAIS. POSSIBILIDADE. HIGIDEZ DO NEGÓCIO JURÍDICO SUBJACENTE. PREÇO DAS MERCADORIAS. REEXAME DE PROVAS. INVIABILIDADE. SÚMULA 7/STJ. **1. Cinge-se a controvérsia a saber a) se a duplicata pode corresponder a mais de uma nota fiscal ou a mais de uma fatura e b) se os títulos de crédito emitidos encontram-se viciados, pois os valores cobrados das mercadorias e dos serviços constantes nas faturas e nas notas parciais não guardariam similitude. 2. A fatura consiste em nota representativa de contratos de compra e venda mercantis ou de prestação de serviços, devendo haver, entre outras identificações, a discriminação das mercadorias vendidas e dos preços negociados e a menção à natureza dos serviços prestados. Pode, ainda, conter somente a indicação dos números e valores das notas parciais expedidas por ocasião das vendas, despachos ou entregas das mercadorias (arts. 1º, caput e § 1º, e 20 da Lei nº 5.474/1968). 3. A duplicata, de extração facultativa, materializada-se no ato da emissão da fatura, constituindo o título de crédito genuíno para documentar o saque do vendedor pela importância faturada ao comprador (art. 2º da Lei nº 5.474/1968). 4. Apesar de a duplicata só poder espelhar uma fatura, esta pode corresponder à soma de diversas notas parciais. De fato, a nota parcial é o documento representativo de uma venda parcial ou de venda realizada dentro do lapso de um mês, que poderá ser agrupada a outras vendas efetivadas nesse período pelo mesmo comprador. 5. Não há proibição legal para que se somem vendas parceladas procedidas no curso de um mês, e do montante se formule uma fatura única ao seu final, sobretudo diante da natureza do serviço contratado, como o de concretagem, a exigir a realização de diversas entregas de material ao dia.** 6. A discussão acerca dos valores de preços corretos das mercadorias e dos serviços cobrados e da validade do negócio jurídico entabulado (causa debendi), subjacente às duplicatas emitidas, encontra óbice na Súmula nº 7/STJ. 7. Recurso especial não provido." (STJ-3ª Turma, REsp 1356541/MG, rel. Min. Ricardo Villas Bôas Cueva, j. 05/04/2016, DJe 13/04/2016, o destaque não consta do original); e **(b)** "AGRAVO REGIMENTAL NO AGRAVO EM RECURSO ESPECIAL. DIREITO CAMBIÁRIO. DUPLICATA. LASTRO CAUSAL: NOTA-FATURA OU NOTA FISCAL-FATURA. ART. 2º DA LEI N. 5.474, DE 1968. TAXA DE DEMURRAGE. OBRIGAÇÃO QUE DEVE SER DEBATIDA EM VIA PROCESSUAL PRÓPRIA. ARTS. 421 E 920 do CC E 8º DA LEI 9.611, DE 1998. AUSÊNCIA DE PREQUESTIONAMENTO. SÚMULAS 282 E 356 DO STF. RECURSO NÃO PROVIDO. **1. A emissão da duplicata somente pode se dar com base na extração de uma nota fatura ou de uma nota fiscal fatura, documentando o saque pelo vendedor ou do prestador de serviços da importância faturada ao comprador da mercadoria ou ao beneficiário do serviço. 2. A Lei das Duplicatas, em seu art. 2º, determina que a emissão de uma duplicata dá-se com base em uma Nota-Fatura, ou, ainda, com base no Convênio de Criação do Sistema Nacional Integrado de Informações Econômico-Fiscais, em seu art. 19, § 7º, permite-se que a Nota Fiscal possa servir como fatura, desde que contenha todos os**

elementos necessários, passando a ser denominada Nota Fiscal – Fatura. 3. A cobrança de taxa de demurrage não constitui lastro causal legalmente previsto para emissão de duplicatas. 4. **É defeso, pela Lei das Duplicatas, a emissão de duplicata, com base em qualquer outro documento que não seja uma Nota-Fatura ou uma Nota Fiscal-Fatura.** 5. O Tribunal local, apesar de declarar a nulidade das cambiais protestadas, não desconstituiu a existência da obrigação, pontuando, apenas, que a cobrança do débito deve ser discutida em via própria. 6. Inviável, assim, a tentativa de debate pelo recorrente, acerca da responsabilidade do débito, em sede de recurso especial, mediante a indicação de violação dos arts. 421 e 920 do CC e 8º da Lei n. 9.611, de 1998, por falta de prequestionamento desses normativos legais. Incidência das Súmulas 282 e 356 do STF. 7. Agravo regimental não provido." (STJ-4 Turma, AgRg no AREsp 568983/PE, rel. Min. Raul Araújo, j. 16/12/2014, DJe 19/12/2014, o destaque não consta do original).

No mesmo sentido, a orientação de: **(a)** João Eunápio Borges: "**A fatura, repita-se, é a matriz da duplicata, que, não sendo cópia, uma reprodução daquela, tem nela a sua origem.** Esclarece o § 2º do mesmo artigo que **"uma só duplicata não pode corresponder a mais de uma fatura". Assim, pois, para cada fatura, uma "duplicata".** Uma, pelo menos. Porque, sendo vedada uma só duplicata para duas ou mais faturas, a recíproca não é verdadeira: a uma só fatura podem corresponder, eventualmente, duas ou mais duplicatas **(...)"** ("Títulos de Crédito", 2ª ed., Forense, 1976, RJ, p. 210/211, o destaque não consta do original); **(b)** Luiz Emygdio F. da Rosa Júnior: "**A duplicata é título casual e só poderá ser extraída em decorrência de fatura,** que comprove a compra e venda mercantil ou a prestação de serviços, e, assim, **a duplicata tem sua origem na fatura, sem ser, no entanto, cópia ou reprodução. A vinculação do título à fatura visa a evitar que a duplicata possa corresponder a mais de uma fatura** (LD, art. 2º, § 2º) porque cada fatura decorre de uma compra e venda ou de uma prestação de serviços, e a duplicata não pode ser vinculada a mais de um negócio jurídico. (...)" ("Títulos de Crédito", 6ª ed., Renovar, 2009, SP, p 686/687, o destaque não consta do original); e **(c)** Amador Paes de Almeida: "(...) a duplicata está umbelicalmente vinculada à fatura. **A cada fatura corresponderá uma duplicata, conquanto possa haver várias duplicatas para uma só fatura.** O que não pode existir é duplicata sem fatura. Como já se observou, a fatura é obrigatória na compra e venda mercantil (art. 1º); facultativa na prestação de serviços (art. 20); a duplicata, quer na venda e compra, quer na prestação de serviços é facultativa (...)" ("Teoria e Prática dos Títulos de Crédito", 26ª ed., Saraiva, 2007, SP, p. 189, item 75, o destaque não consta do original).

Anota-se que é admissível o reconhecimento, de ofício, de inexigibilidade de duplicata emitida com base em mais de uma fatura ou sem fatura, conforme orientação dos julgados extraídos dos sites: **(a)** do Eg. STJ: "**Duplicata: requisito essencial. Art. 2º, § 2º, da Lei nº 5.474/64. Condição da ação. Possibilidade de conhecimento de ofício pelo Tribunal. Precedentes da Corte. 1. A vinculação da duplicata a mais de uma fatura retira-lhe requisito essencial sendo inerente à condição da respectiva execução, daí que pode ser examinada diretamente pelo Tribunal, não violando o art. 300 do Código de Processo Civil.** 2. Recurso especial não conhecido." (STJ-3ª Turma, REsp 577785 / SC, rel. Min. Carlos Alberto Menezes Direito, v.u., j. 28/09/2004, DJ 17/12/2004 p. 527, o destaque não consta do original); e **(b)** deste Eg. Tribunal de Justiça: **(b.1)** "CAMBIAL – Duplicata – Emissão decorrente de compra e venda mercantil – Fato documentalmente provado – **Hipótese, contudo, em que o título corresponde a várias faturas, emitidas em diferentes épocas – impossibilidade – Afronta ao art. 2º, § 2º, da Lei de Duplicatas – Falta de requisito essencial – Título nulo e protesto definitivamente sustado** – Recurso provido para esse fim. VOTO: "A duplicata deve originar-se de uma nota fiscal/fatura e como o próprio nome está a indicar, é a cópia desta, que indica valores e vencimentos das cártulas. Não guardada tal identidade, impossível revestir-se das características que a lei outorga ao título. Ademais, dispõe o § 2º, do art. 2º, da Lei nº 5.474/68, que "uma só duplicata não pode corresponder a mais de uma fatura". E, **tratando-se de falta de requisito essencial a formação do título, a nulidade pode ser reconhecida até mesmo de ofício**" (12ª Câmara de Direito Privado, Apelação nº 7040340-8, rel. Des. Rui Cascaldi, j. 30.07.2008, o destaque não consta do original); e **(b.2)** "APELAÇÃO – **fatura – documento de cunho comercial distinto da nota fiscal – não pode haver duplicata sem fatura – a duplicata não pode abranger mais de uma fatura.** Recurso provido VOTO: "(...) **deveria a duplicata ter sido emitida com base numa única fatura (Lei 5474/68, art. 2º, par. 2º), e não tendo assim procedida a apelante, acabou por emitir titulo nulo de pleno direito eis que preterida solenidade que a lei considerava essencial para sua validade** (cf. CC/16 art. 145, IV e CC/02 art. 166, V). Não poderia, desta forma, tê-lo levado a protesto (...) **Ainda que ventilada apenas na réplica, a nulidade da duplicata não é matéria preclusa, dado que nulidades absolutas, como é o caso, jamais precluem e podem ser pronunciadas de ofício de acordo com a lei civil**" (21ª Câmara de Direito Privado, Apelação nº 957.498-1 rel. Des. Silveira Paulilo, j. 22.06.2005).

Ressalva-se que a declaração de inexigibilidade das duplicatas impede a cobrança da cártula emitida em desconformidade com o estabelecido na LF 5.474/68, mas não impede o direito do réu apelado buscar o crédito pelas vias ordinárias.

2.4. Exigível a duplicata não aceita e admissível o seu protesto, por indicação, sendo dispensável a prova de remessa para aceite, em razão do disposto nos arts. 6º, 7º, 8º, 13, § 1º, e 15, da LF 5.474/68, e no art. 21, § 3º, da LF 9.492/97, quando: **(a)** por outros elementos for possível concluir pela presunção do aceite da duplicata, ante a exibição de nota fiscal fatura correspondente à compra e venda ajustada entre as partes e o respectivo comprovante de recebimento de mercadoria e a ausência de prova de que o sacado não tenha recusado o aceite pelos motivos constantes dos arts. 7º e 8º, LF 5.474/68; e **(b)** apresentado o título ao sacado, ainda que mediante o protesto, por indicação.

Nesse sentido, a orientação dos julgados extraídos dos sites do Eg. STJ: **(a)** "**AGRAVO REGIMENTAL. RECURSO ESPECIAL. DUPLICATA. PROTESTO. REMESSA AO DEVEDOR. AUSÊNCIA. ACEITE. MERCADORIAS. COMPROVANTE. ENTREGA. PRESUNÇÃO. EXECUTIVIDADE. NÃO PROVIMENTO. 1. É, em regra, necessária a prova da remessa da duplicata para aceite, injustificadamente retida pelo devedor, para o protesto por indicação. Precedentes. 2. Caso em que, à míngua da remessa do título, a execução veio acompanhada do comprovante de entrega das mercadorias, além do protesto por indicação, e o devedor não logra provar as alegações de pagamento parcial, excesso de execução ou vícios do produto, ao contrário disso, recebendo-os sem oposição, como consignou o Tribunal a quo no exame da prova coligida aos autos, é de ser mantido o acórdão recorrido que rejeita os embargos do devedor.** 3. Agravo regimental a que se nega provimento." (STJ-4ª Turma, AgRg no REsp 1063377/PR, rel. Min. Maria Isabel Gallotti, v.u., j. 02/05/2013. DJe 13/05/2013, o destaque não consta do original); **(b)** "**RECURSO ESPECIAL. DUPLICATA VIRTUAL. PROTESTO POR INDICAÇÃO. BOLETO BANCÁRIO ACOMPANHADO DO INSTRUMENTO DE PROTESTO, DAS NOTAS FISCAIS E RESPECTIVOS COMPROVANTES DE ENTREGA DAS MERCADORIAS. POSSIBILIDADE. 1. A jurisprudência do STJ possui entendimento no sentido da possibilidade do protesto de duplicata virtual por indicação apoiada em apresentação do boleto, das notas fiscais referentes às mercadorias comercializadas e dos comprovantes de entrega e recebimento das mercadorias, sendo desnecessário, no caso, o envio do título ao sacado. 2. Recurso especial provido.** DECISÃO 1. (...) Em suas razões recursais, aponta a parte recorrente ofensa ao disposto no art. 21, *caput* e § 3º, da Lei n. 9.492/1997. Defende que não há falar "em nulidade dos referidos protestos, na medida em que os protestos por indicação dos boletos bancários foram tirados por falta de pagamento, e não por falta de aceite das correspondentes duplicatas". Enfatiza tratar-se de título virtual. E continua: Com efeito, da documentação apresentada pela Recorrente ao longo dos autos, verifica-se que em todas as avenças celebradas entre as partes, as mercadorias foram devidamente entregues aos Recorridos, que expressamente reconheceram a entrega, mediante assinatura nos respectivos canhotos, destacados de cada uma da notas fiscais correspondentes. (...) **É o relatório. DECIDO.** (...) **3. No ponto principal, a controvérsia reside em saber se**

é válido o protesto por indicação de duplicata sem a comprovação de envio do título para aceite do sacado. (...) **Com efeito, verifica-se que o acórdão acórdão objurgado destoa da jurisprudência pacificada no âmbito da Segunda Seção deste Tribunal desde o julgamento dos Embargos de Divergência em Recurso Especial nº 1.024.691/PR, no qual se firmou o entendimento sobre a força executiva da duplicata virtual e do boleto bancário, desde que acompanhado do instrumento de protesto, notas fiscais e comprovante de entrega das mercadorias.** Referido acórdão recebeu a seguinte ementa: EMBARGOS DE DIVERGÊNCIA EM RECURSO ESPECIAL. DIVERGÊNCIA DEMONSTRADA. EXECUÇÃO DE TÍTULO EXTRAJUDICIAL. DUPLICATA. VIRTUAL. PROTESTO POR INDICAÇÃO. BOLETO BANCÁRIO ACOMPANHADO DO INSTRUMENTO DE PROTESTO, DAS NOTAS FISCAIS E RESPECTIVOS COMPROVANTES DE ENTREGA DAS MERCADORIAS. EXECUTIVIDADE RECONHECIDA. 1. Os acórdãos confrontados, em face de mesma situação fática, apresentam solução jurídica diversa para a questão da exequibilidade da duplicata virtual, com base em boleto bancário, acompanhado do instrumento de protesto por indicação e das notas fiscais e respectivos comprovantes de entrega de mercadorias, o que enseja o conhecimento dos embargos de divergência. 2. Embora a norma do art. 13, § 1º, da Lei 5.474/68 permita o protesto por indicação nas hipóteses em que houver a retenção da duplicata enviada para aceite, o alcance desse dispositivo deve ser ampliado para harmonizar-se também com o instituto da duplicata virtual, conforme previsão constante dos arts. 8º e 22 da Lei 9.492/97. 3. A indicação a protesto das duplicatas mercantis por meio magnético ou de gravação eletrônica de dados encontra amparo no artigo 8º, parágrafo único, da Lei 9.492/97. O art. 22 do mesmo Diploma Legal, a seu turno, dispensa a transcrição literal do título quando o Tabelião de Protesto mantém em arquivo gravação eletrônica da imagem, cópia reprográfica ou micrográfica do título ou documento da dívida. 4. Quanto à possibilidade de protesto por indicação da duplicata virtual, deve-se considerar que o que o art. 13, § 1º, da Lei 5.474/68 admite, essencialmente, é o protesto da duplicata com dispensa de sua apresentação física, mediante simples indicação de seus elementos ao cartório de protesto. Daí, é possível chegar-se à conclusão de que é admissível não somente o protesto por indicação na hipótese de retenção do título pelo devedor, quando encaminhado para aceite, como expressamente previsto no referido artigo, mas também na de duplicata virtual amparada em documento suficiente. 5. Reforça o entendimento acima a norma do § 2º do art. 15 da Lei 5.474/68, que cuida de executividade da duplicata não aceita e não devolvida pelo devedor, isto é, ausente o documento físico, autorizando sua cobrança judicial pelo processo executivo quando esta haja sido protestada mediante indicação do credor, esteja acompanhada de documento hábil comprobatório da entrega e recebimento da mercadoria e o sacado não tenha recusado o aceite pelos motivos constantes dos arts. 7º e 8º da Lei. 6. No caso dos autos, foi efetuado o protesto por indicação, estando o instrumento acompanhado das notas fiscais referentes às mercadorias comercializadas e dos comprovantes de entrega e recebimento das mercadorias devidamente assinados, não havendo manifestação do devedor à vista do documento de cobrança, ficando atendidas, suficientemente, as exigências legais para se reconhecer a executividade das duplicatas protestadas por indicação. 7. O protesto de duplicata virtual por indicação apoiada em apresentação do boleto, das notas fiscais referentes às mercadorias comercializadas e dos comprovantes de entrega e recebimento das mercadorias devidamente assinados não descuida das garantias devidas ao sacado e ao sacador. 8. Embargos de divergência conhecidos e desprovidos. (EREsp 1024691/PR, Rel. Ministro RAUL ARAÚJO, SEGUNDA SEÇÃO, julgado em 22/08/2012, DJe 29/10/2012) **Observa-se, portanto, que a duplicata é título de crédito que possui legislação específica (Lei 5.474/1968), a qual autoriza o seu protesto e a sua execução sem a necessidade da apresentação do título em meio físico e da comprovação de aceite ou de envio ao sacado, bastando que o credor instrua a inicial com o instrumento de protesto e o comprovante de entrega das mercadorias.** Dessa forma, assumindo as premissas fáticas firmadas pelo acórdão recorrido, no sentido de que foram juntados aos autos o comprovante de entrega das mercadorias e as notas fiscais (fl. 174), há de se reconhecer a validade do protesto dos títulos apresentados (duplicatas virtuais), não podendo ser exigida a comprovação de envio das duplicatas ao sacado, conforme a jurisprudência desta Corte. Nesse sentido: AGRAVO REGIMENTAL NO AGRAVO EM RECURSO ESPECIAL – AÇÃO DECLARATÓRIA DE NULIDADE DE TÍTULO C/C INDENIZATÓRIA – DUPLICATA VIRTUAL – PROTESTO POR INDICAÇÃO DE BOLETO BANCÁRIO DEVIDAMENTE ACOMPANHADO DO COMPROVANTE DE ENTREGA DA MERCADORIA – POSSIBILIDADE – PRECEDENTES – ATO ILÍCITO – INEXISTÊNCIA – AGRAVO IMPROVIDO. (AgRg no AREsp 121.263/GO, Rel. Ministro MASSAMI UYEDA, TERCEIRA TURMA, julgado em 20/11/2012, DJe 04/12/2012) PROCESSO CIVIL. DIREITO CAMBIÁRIO. RECURSO ESPECIAL. DUPLICATA. NÃO OCORRÊNCIA DE INVERSÃO DO ÔNUS DA PROVA. EXECUÇÃO DE TÍTULO EXTRAJUDICIAL. DESPESAS CARTORÁRIAS. INCLUSÃO NO MONTANTE EXEQUENDO. ART. 19 DA LEI 9.492/97. 1. A duplicata sem aceite, desde que devidamente protestada e acompanhada do comprovante de entrega da mercadoria, é instrumento hábil a embasar a execução (art. 15, II, da Lei 5.494/68 combinado com arts. 583 e 585, I, do CPC). 2. É ônus da embargante a prova de fato constitutivo de seu direito, qual seja, o de que a mercadoria não lhe foi entregue adequadamente e que a assinatura constante do canhoto da duplicata pertence à pessoa estranha aos seus quadros, haja vista a presunção legal de legitimidade que emana do título executivo (arts. 333, I combinado com 334, IV, do CPC). 3. As despesas cartorárias encontram-se insertas no montante exequendo, nos termos do art. 19 da Lei do Protesto (Lei 9.294/97). 4. Recurso especial não provido. (REsp 844191/DF, Rel. Ministro LUIS FELIPE SALOMÃO, QUARTA TURMA, julgado em 02/06/2011, DJe 14/06/2011) EXECUÇÃO DE TÍTULO EXTRAJUDICIAL. DUPLICATA VIRTUAL. PROTESTO POR INDICAÇÃO. BOLETO BANCÁRIO ACOMPANHADO DO COMPROVANTE DE RECEBIMENTO DAS MERCADORIAS. DESNECESSIDADE DE EXIBIÇÃO JUDICIAL DO TÍTULO DE CRÉDITO ORIGINAL. 1. As duplicatas virtuais – emitidas e recebidas por meio magnético ou de gravação eletrônica – podem ser protestadas por mera indicação, de modo que a exibição do título não é imprescindível para o ajuizamento da execução judicial. Lei 9.492/97. 2. Os boletos de cobrança bancária vinculados ao título virtual, devidamente acompanhados dos instrumentos de protesto por indicação e dos comprovantes de entrega da mercadoria ou da prestação dos serviços, suprem a ausência física do título cambiário eletrônico e constituem, em princípio, títulos executivos extrajudiciais. 3. Recurso especial a que se nega provimento. (REsp n. 1.024.691/PR, Relatora Ministra NANCY ANDRIGHI, TERCEIRA TURMA, julgado em 22/3/2011, DJe 12/4/2011). Portanto, tendo o acórdão recorrido divergido do entendimento da jurisprudência desta Corte, merece reparos, a fim de reconhecer a validade dos protestos. 3. Ante o exposto, dou provimento ao recurso especial, a fim de reconhecer a validade dos protestos por indicação fundados em boleto bancário representativo de duplicata virtual. No mais, inverto os ônus sucumbenciais fixados na sentença de primeiro grau." (REsp 1371011/GO, rel. Min. Luis Felipe Salomão, data da publicação: 28/05/2015, o destaque não consta do original); **(c)** RECURSO ESPECIAL. EMBARGOS À EXECUÇÃO. OFENSA AO ART. 535, I E II, DO CPC. NÃO OCORRÊNCIA. ACOLHIMENTO DE SEGUNDOS EMBARGOS DECLARATÓRIOS COM EFEITOS MODIFICATIVOS. PRECLUSÃO. AFASTAMENTO. VIOLAÇÃO DOS ARTS. 398, 515 E 517 DO CPC. FALTA DE PREQUESTIONAMENTO. **DUPLICATAS. PROTESTO POR INDICAÇÃO. COMPROVANTE DE ENTREGA DAS MERCADORIAS. NÃO COMPROVAÇÃO DA REMESSA DA CÁRTULA AO SACADO PARA ACEITE. DESNECESSIDADE.** 1. Não há ofensa ao art. 535, I e II, do CPC quando o acórdão recorrido, integrado pelo julgado proferido nos embargos de declaração, dirime, de forma expressa, congruente e motivada, as questões suscitadas nas razões recursais. 2. O acolhimento dos segundos embargos declaratórios ante o reconhecimento da ocorrência dos vícios de omissão e obscuridade no julgamento dos primeiros não implica ofensa aos arts. 471 e 473 do CPC ainda que, ao sanar tais vícios, o Tribunal a quo venha a conferir efeitos modificativos ao julgado. 3. Não se conhece do recurso especial quando não há manifestação do Tribunal de origem sobre a questão federal suscitada. Incidência da Súmula n. 282/STF. **4. É possível o protesto por indicação de duplicata**

mercantil amparada em documento suficiente, assim considerado o comprovante de entrega das mercadorias. 5. Recurso especial parcialmente conhecido e provido. DECISÃO (...) É o relatório. Decido. (...) **Quanto à questão central trazida no presente recurso especial, tenho que razão assiste à recorrente. A duplicata é título causal que representa uma obrigação originada em contrato de compra e venda mercantil ou de prestação de serviços. Como título representativo de obrigação contratual já existente, não há razão, em princípio, para o sacado negar-se a dar o aceite na cártula. Com isso, aquela relação obrigacional torna-se uma obrigação cambial, nada mais. Assim, considera-se obrigatório o aceite na duplicata e, em razão disso, a Lei n. 5.474/68, nos arts. 8º e 21, estabelece as hipóteses específicas em que o sacado poderá recusar o aceite, que abrangem, em síntese, duas situações: a exceção de contrato não cumprido e a divergência entre a obrigação contratual e a obrigação cambial. O comprovante de entrega das mercadorias evidencia a existência do contrato de compra e venda mercantil e o cumprimento da obrigação por parte do vendedor, o que faz presumir a obrigação do comprador de pagar o preço respectivo e, portanto, de aceitar a duplicata. Daí a doutrina falar em aceite presumido. Nada obstante o aceite presumido, a lei exige seja feito o protesto, meio de prova solene, para que se possa vincular cambiariamente o comprador, assegurando-lhe, assim, o direito de se manifestar sobre qualquer irregularidade no contrato e/ou manifestar validamente sua recusa do aceite, nos termos dos arts. 8º e 21 da Lei n. 5.474/68. E a possibilidade de protesto por indicação é tranquilamente aceita pela jurisprudência do Superior Tribunal de Justiça. Com efeito, a Segunda Seção, no julgamento dos EREsp n. 1.024.691/PR (relator Ministro Raul Araújo, DJe de 29.10.2012), pacificou o entendimento de que é possível o protesto por indicação de boleto bancário quando acompanhado da comprovação da realização do negócio jurídico e da entrega das mercadorias, o que configura a hipótese de aceite presumido.** O julgado recebeu a seguinte ementa: "EMBARGOS DE DIVERGÊNCIA EM RECURSO ESPECIAL. DIVERGÊNCIA DEMONSTRADA. EXECUÇÃO DE TÍTULO EXTRAJUDICIAL. DUPLICATA VIRTUAL. PROTESTO POR INDICAÇÃO. BOLETO BANCÁRIO ACOMPANHADO DO INSTRUMENTO DE PROTESTO, DAS NOTAS FISCAIS E RESPECTIVOS COMPROVANTES DE ENTREGA DAS MERCADORIAS. EXECUTIVIDADE RECONHECIDA. 1. Os acórdãos confrontados, em face de mesma situação fática, apresentam solução jurídica diversa para a questão da exequibilidade da duplicata virtual, com base em boleto bancário, acompanhado do instrumento de protesto por indicação e das notas fiscais e respectivos comprovantes de entrega de mercadorias, o que enseja o conhecimento dos embargos de divergência. 2. Embora a norma do art. 13, § 1º, da Lei 5.474/68 permita o protesto por indicação nas hipóteses em que houver a retenção da duplicata enviada para aceite, o alcance desse dispositivo deve ser ampliado para harmonizar-se também com o instituto da duplicata virtual, conforme previsão constante dos arts. 8º e 22 da Lei 9.492/97. 3. A indicação a protesto das duplicatas mercantis por meio magnético ou de gravação eletrônica de dados encontra amparo no artigo 8º, parágrafo único, da Lei 9.492/97. O art. 22 do mesmo Diploma Legal, a seu turno, dispensa a transcrição literal do título quando o Tabelião de Protesto mantém em arquivo gravação eletrônica da imagem, cópia reprográfica ou micrográfica do título ou documento da dívida. 4. Quanto à possibilidade de protesto por indicação da duplicata virtual, deve-se considerar que o que o art. 13, § 1º, da Lei 5.474/68 admite, essencialmente, é o protesto da duplicata com dispensa de sua apresentação física, mediante simples indicação de seus elementos ao cartório de protesto. Daí, é possível chegar-se à conclusão de que é admissível não somente o protesto por indicação na hipótese de retenção do título pelo devedor, quando encaminhado para aceite, como expressamente previsto no referido artigo, mas também na de duplicata virtual amparada em documento suficiente. 5. Reforça o entendimento acima a norma do § 2º do art. 15 da Lei 5.474/68, que cuida de executividade da duplicata não aceita e não devolvida pelo devedor, isto é, ausente o documento físico, autorizando sua cobrança judicial pelo processo executivo quando esta haja sido protestada mediante indicação do credor, esteja acompanhada de documento hábil comprobatório da entrega e recebimento da mercadoria e o sacado não tenha recusado o aceite pelos motivos constantes dos arts. 7º e 8º da Lei. 6. No caso dos autos, foi efetuado o protesto por indicação, estando o instrumento acompanhado das notas fiscais referentes às mercadorias comercializadas e dos comprovantes de entrega e recebimento das mercadorias devidamente assinados, não havendo manifestação do devedor à vista do documento de cobrança, ficando atendidas, suficientemente, as exigências legais para se reconhecer a executividade das duplicatas protestadas por indicação. 7. O protesto de duplicata virtual por indicação apoiada em apresentação do boleto, das notas fiscais referentes às mercadorias comercializadas e dos comprovantes de entrega e recebimento das mercadorias devidamente assinados não descuida das garantias devidas ao sacado e ao sacador. 8. Embargos de divergência conhecidos e desprovidos." No mesmo sentido, confiram-se estes precedentes: AgRg no AREsp n. 3.634/GO, Quarta Turma, relator Ministro Raul Araújo, DJe de 11.6.2013; AgRg no AREsp n. 121.263/GO, Terceira Turma, relator Ministro Massami Uyeda, DJe de 4.12.2012. Ante o exposto, conheço em parte do recurso especial e dou-lhe provimento para julgar improcedentes os embargos à execução." (REsp 1261034/GO, rel. Min. João Otávio de Noronha, data da publicação: 19/11/2014, o destaque não consta do original); e **(d)** "PROCESSUAL CIVIL. **AGRAVO EM RECURSO ESPECIAL. AÇÃO DECLARATÓRIA DE INEXISTÊNCIA DE DÍVIDA. HARMONIA ENTRE O ACÓRDÃO RECORRIDO E A JURISPRUDÊNCIA DO STJ.** 1. O acórdão recorrido que adota a orientação firmada pela jurisprudência do STJ não merece reforma. 3. Agravo conhecido. Negado seguimento ao recurso especial. DECISÃO Cuida-se de agravo em recurso especial interposto por ESTRUTEZZA INDÚSTRIA E COMÉRCIO LTDA., contra decisão interlocutória que não admitiu recurso especial fundamentado nas alíneas "a" e "c" do permissivo constitucional. Ação: declaratória de inexistência de dívida, ajuizada pela agravante, em face de TUBERFIL INDÚSTRIA E COMÉRCIO DE TUBOS LTDA., na qual pretende desconstituir o protesto de duplicata por indicação no valor de R$ 8.098,19 (oito mil e noventa e oito reais e dezenove centavos). Em seguida, a agravada ofereceu reconvenção pleiteando o recebimento do valor do título. Sentença: julgou improcedente o pedido formulado na ação principal e julgou procedente o pedido formulado na reconvenção, para condenar a agravante ao pagamento do valor da duplicata. Acórdão: negou provimento à apelação interposta pela agravante. Embargos de declaração: interpostos pela agravante, foram rejeitados. Recurso especial: alega violação do art. 13, §1º, da Lei 5.474/68. Sustenta que não se admite o protesto de título por meio de boleto bancário, sendo necessária a comprovação da remessa da duplicata para aceite e consequente recusa. Relatado o processo, decide-se. – Da Súmula 83/STJ **O TJ/SP, ao decidir que é admitido o protesto de duplicata por indicação, quando acompanhado do comprovante de entrega das mercadorias, mormente não tendo comprovado o devedor pagamento parcial, excesso de execução ou vícios do produto, alinhou-se ao entendimento do STJ nesta matéria. Nesse sentido: AgRg no REsp 1.063.377/PR, 4ª Turma, Rel. Min. Maria Isabel Gallotti, DJe 13/05/2013 e AgRg no AREsp 121.263/GO, 3ª Turma, Rel. Min. Massami Uyeda, DJe 04/12/2012.** Forte nessas razões, CONHEÇO do agravo para NEGAR SEGUIMENTO ao recurso especial, nos termos do art. 544, § 4º, II, "b", do CPC." (AREsp 454512/SP, rel. Min. Nancy Andrighi, data da publicação: 11/02/2014, o destaque não consta do original).

2.5. A prova documental produzida pela parte apelante demonstra satisfatoriamente que: **(a)** a Prefeitura Municipal apelada requisitou – como demonstram os documentos juntados aos autos a fls. 76/77 ; **(b)** os serviços requisitados são os especificados nas notas fiscais de serviços emitidas com cópias de fls. 41, 43, 45 e 48; e **(c)** tais serviços foram efetivamente prestados, dado que as notas fiscais de serviço estão firmadas por pessoa e nenhuma das assinaturas ali constantes foi impugnada especificamente pela Prefeitura Municipal apelada.

Ante o alegado pela apelante, no caso dos autos, salienta-se que os documentos juntados a fls. 40 e 47 nominados de "duplicatas", não constituem faturas, mas meras cópias de duplicatas. É de se ver que sequer consta documentos em questão a menção da natureza dos serviços prestados.

Constou expressamente das notas fiscais de serviço juntada aos autos que elas serem remetidas "através do e-mail fornecido pelo tomador do serviço", no caso a Prefeitura apelada, como se verifica de fls. 41, 43, 45 e 48.

Embora protestadas, as duplicatas exequendas, por indicação, a parte apelante, no que concerne: **(a)** à duplicata, por indicação, protestada, identificada respectivo instrumento emitido pelo Tabelionato de Protesto de fls. 50, com nº 053470101, no valor de R$ 2.800,00, não juntou fatura que correspondesse à cártula em questão, mas sim as notas fiscais parciais representativas de parciais dos serviços prestados, de sorte, que nenhuma delas pode ser havida como suficiente e bastante para a emissão da título em questão; e **(b)** à duplicata, por indicação, protestada, identificada respectivo instrumento emitido pelo Tabelionato de Protesto de fls. 51, com nº 054590101, no valor de R$ 1.120,00, a nota fiscal junta aos autos a fls. 48 serve de fatura, uma vez que contém todos os elementos necessários para essa caracterização.

2.6. Aplicando-se as premissas supra: **(a)** nula e inexigível a duplicata, por indicação, protestada, identificada respectivo instrumento emitido pelo Tabelionato de Protesto de fls. 50, com nº 053470101, no valor de R$ 2.800,00, nos termos da LF 5.474/68 (arts. 1º, 2º, 15 e 20, § 3º), visto que não exibidos pela sacadora fatura ou nota fiscal fatura correspondente à cártula em questão; e **(b)** válida e exigível a duplicata, por indicação, protestada, identificada respectivo instrumento emitido pelo Tabelionato de Protesto de fls. 51, com nº 054590101, no valor de R$ 1.120,00, porque ela não padece de nulidade, porquanto, como título de crédito, é hígida, tem causa e nada há que implique em inexigibilidade, nem que autorize a declaração de inexistência do débito, visto que caracterizado o "aceite por presunção", porquanto: **(b.1)** a parte ré sacadora comprovou o vínculo contratual que autoriza a cobrança dos serviços prestados e a efetiva prestação dos serviços, exibiu a nota fiscal fatura correspondente, o que satisfaz os requisitos previstos no art. 1º, 2º, 15, II, e 20, §§ 1º a 3º, da LF 5.454/68, para a emissão de duplicatas de prestação de serviços; e **(b.2)** não configurada hipótese de recusa de aceite, por qualquer uma das razões do art. 21, da LF 5.454/68.

2.7. Como foi comprovada a satisfação dos requisitos legais previstos na LF 5.454/68, para o reconhecimento da licitude do saque, do "aceite por presunção" e do protesto de duplicata de prestação de serviços, por indicação, apontada para protesto, é incabível o reconhecimento da nulidade da cártula supra identificada no respectivo instrumento de protesto emitido pelo Tabelionato de Protesto de fls. 51, com nº 054590101, no valor de R$ 1.120,00, pelo simples fato de constar do Tabelionato de Protesto, a expressão "Dupl. Mercantil Por Indicação".

Nesse sentido, a orientação dos julgados extraídos do site do Eg. STJ: **(a)** "APELAÇÃO. **Ação anulatória de título e ação cautelar de sustação de protesto. Origem do débito que decorreu de uma prestação de serviço não pago. O fato de constar no documento cartorário a menção de DMI como natureza do título não tem o condão de desnaturar a emissão cambiária quando a Lei 5.474/68, através dos artigos 1º, 2º e 20, autoriza a emissão de duplicata mercantil tanto para compra e venda como para prestação de serviço. Sentença recorrida que observou a relação existente.** Sentença mantida por seus próprios fundamentos, nos termos do art. 252 do Regimento Interno deste E. Tribunal de Justiça do Estado de São Paulo. Recurso desprovido." (38ª Câmara de Direito Privado, Apelação 4037121-50.2013.8.26.0224, rel. Des. Flávio Cunha da Silva, v.u., j. 25.04.2015, o destaque não consta do original); e **(b)** "**CAMBIAL – DUPLICATA MERCANTIIL – Ação declaratória de inexigibilidade de título, precedida de medida cautelar para sustação de protesto, julgadas procedentes, ao fundamento de que o título sacado, (DMI), não condizia com o ocorrido (prestação de serviços), sendo, pois, nulo – Insurgência Acolhimento – Prestação de serviços confessadamente ocorrida, mas inadimplida – Saque de DMI que, a par de formalmente incorreta para o caso de prestação de serviço, não pode servir como causa para o inadimplemento do contrato, sob pena de quebra da boa fé contratual e enriquecimento indevido – Classificação equivocada do título que não pode frustrar sua exigibilidade** – Sentença reformada – Recurso provido." (12ª Câmara de Direito Privado, Apelação 0134883-97.2008.8.26.0002, rel. Des. Jacob Valente, v.u., j. 25.04.2012, o destaque não consta do original).

2.8. Em consequência: **(a)** mantém-se a r. sentença, quanto ao julgamento de procedência dos embargos do devedor, para extinguir a execução da duplicata, por indicação, protestada, identificada respectivo instrumento emitido pelo Tabelionato de Protesto de fls. 50, com nº 053470101, no valor de R$ 2.800,00, nos termos da LF 5.474/68 (arts. 1º, 2º, 15 e 20, § 3º), porque execução promovida com base em título que não apresenta os atributos previstos no art. 783, do CPC/2015, correspondente ao art. 586, do CPC/1973, para o título executivo extrajudicial, como acontece na espécie, com relação às cártula em questão deve ser extinta, por ser nula (CPC/2015, art. 803, I, correspondente ao CPC/1973, art. 618, I); e **(b)** reforma-se a r. sentença, para julgar procedentes, em parte, os embargos do devedor, para determinar o prosseguimento da execução da duplicata, por indicação, protestada, identificada respectivo instrumento emitido pelo Tabelionato de Protesto de fls. 51, com nº 054590101, no valor de R$ 1.120,00, porque, afastadas as alegações deduzidas pela apelada e não demonstrada a inexistência, nem a iliquidez, nem a inexigibilidade da cártula em questão, de rigor, o reconhecimento de que ela constitui título executivo líquido, certo e exigível, como estabelecido no art. 585, I, do CPC, e legítima a sua execução, cabendo à parte devedora realizar o pagamento do títulos ao credor.

É de se ver que a existência de título executivo extrajudicial revestido dos atributos estabelecidos no art. 783, do CPC/2015, correspondente ao art. 586, do CPC/1973, é requisito específico da execução no regime dos pressupostos processuais e condições da ação, e envolve questão de ordem pública, que pode ser examinada de ofício, a qualquer tempo e em qualquer grau de jurisdição, por força dos arts. 738 c/c 485, § 3º, e 337, § 4º, do CPC/2015, correspondentes aos arts. 598 c/c 267, § 3º, e 301, § 4º, do CPC/1973 (cf. Wambier Luiz Rodrigues, "Curso Avançado de Processo Civil Execução", vol. 2, RT, 2008, SP, p. 83).

3. Provido, em parte, o recurso da parte embargada, reconhece-se a sucumbência recíproca e parcial da embargada, relativamente aos embargos à execução, em maior proporção que do embargante, visto que a execução prossegue pela cártula com valor de R$1.120,00, mas com relação a outra de R$2.800,00.

Em consequência, nos termos do art. 20, § 4º do CPC/1973, observando-se o disposto nas alíneas "a", "b" e "c", do § 3º, do mesmo art. 20, e art. 21, *caput*, do CPC/1973, determina-se o rateio das custas e despesas processuais, na razão de 70%, a ser arcado pela parte embargada e de 30%, a ser arcado pela parte embargante, bem como condena-se a parte embargado ao pagamento de verba honorária fixada em 5% do valor atribuídos aos embargos, com incidência de correção monetária a partir do respectivo ajuizamento, valor este que se mostra adequado para remunerar condignamente o patrono da parte embargante, sem se mostrar excessivo, nem desproporcional à complexidade da causa, bem como em que já foi considerada proporcionalmente a sucumbência e feita a compensação.

Anota-se que é admissível a compensação de verba honorária, nos termos da Súmula 306/STJ, na hipótese de sucumbência parcial de beneficiário da assistência judiciária.

Neste sentido, a orientação do julgado do Eg. STJ: "PROCESSUAL CIVIL. EMBARGOS DE DECLARAÇÃO RECEBIDOS COMO AGRAVO REGIMENTAL. CONTRATO DE EMPRÉSTIMO. AÇÃO REVISIONAL. SUCUMBÊNCIA RECÍPROCA. ASSISTÊNCIA JUDICIÁRIA GRATUITA. HONORÁRIOS. COMPENSAÇÃO. POSSIBILIDADE. CPC, ART. 21. SÚMULA N. 306-STJ I. **A compensação da verba honorária a ser paga pelas partes, em face da sucumbência recíproca (art. 21 do CPC), não colide com os preceitos dos arts. 22 e 23 da Lei n. 8.906/1994 (Súmula n. 306 – STJ). II. O benefício da gratuidade judiciária não afasta a imposição da sucumbência, e, por conseguinte, da compensação desta, mas apenas possibilita a suspensão do pagamento, na hipótese de condenação ao pagamento de tal ônus, pelo período de cinco anos.** III. Agravo regimental improvido" (STJ-4ª Turma, AgRg no REso 1019852/MG, rel. Min. Aldir Passarinho Junior, v.u., j. 20/11/2008, DJe 15/12/2008, o destaque não consta do original).

Observa-se que é inaplicável, à espécie, o art. 85, do CPC/2015, por aplicação do princípio *tempus regit actum* (CPC/2015, art. 14), visto que o momento processual para o arbitramento da verba honorária é o julgamento e feito foi sentenciado na vigência do art. 20, do CC/1973.

4. Em resumo, respeitado o entendimento do MM Juízo sentenciante, o recurso do embargante deve ser provido, em parte, para, mantida, no mais, reformar a r. sentença: **(a)** julgar procedentes, em parte, os embargos à execução, para determinar o prosseguimento da execução da duplicata, por indicação, protestada, identificada respectivo instrumento emitido pelo Tabelionato de Protesto de fls. 51, com nº 054590101, no valor de R$ 1.120,00; e **(b)** estabelecer a distribuição dos encargos de sucumbência nos termos especificados no julgado.

O presente julgamento não afronta as normas constitucionais e infraconstitucionais invocadas pelas partes, visto que está em conformidade com a orientação dos julgados *supra* especificados.

Ante o exposto e para os fins acima, **dá-se provimento, em parte, ao recurso.**

Manoel Ricardo Rebello Pinho

Relator

TJSP – Apelação Cível nº 0011894-67.2013.8.26.0664 – Votuporanga – 20ª Câmara de Direito Privado – Rel. Des. Manoel Ricardo Rebello Pinho – DJ 08.03.2017.

EMENTA: Cambial. Duplicatas virtuais. Protesto por indicação. Boletos bancários. Demonstração da prestação dos serviços que embasou o saque das cártulas. Desnecessidade da preexistência física dos títulos e de sua apresentação nessa espécie ao sacado. Artigo 8º, parágrafo único, da Lei nº 9.492/97. Alegação de pagamento das duplicatas não comprovada. Falta de causa para o saque das cambiais não verificada. Apelação desprovida. (TJSP, Ap. 0150756-66.2010.8.26.0100, Rel. José Reynaldo).

CORREGEDORIA-GERAL DA JUSTIÇA

EMENTA: PROTESTO – Falta de pagamento – Qualificação negativa de duplicata de prestação de serviços – emissão posterior ao vencimento – Ausência de prova da prestação dos serviços e de aceite – Inteligência dos artigos 2, par. 1, III, e 20, par. 3, da LD – Provimento negado.

3. QUESTÕES DE CONCURSOS

01. (TJ/SP – 2024 – VUNESP – Notário e Registrador/Remoção) José, empresário, vendeu eletrodomésticos para Maria, utilizando duplicatas virtuais, emitidas por meio de geração eletrônica. Após o vencimento, Maria não honrou com a obrigação, e José apresentou a duplicata a protesto por falta de pagamento, servindo de indicação o boleto bancário, uma vez que deseja promover o ajuizamento para satisfação do seu crédito.

Assinale a alternativa correta em face da pretensão do apresentante.

a) O tabelião pode protestar o boleto bancário, desde que acompanhado de comprovante de entrega das mercadorias ou da prestação dos serviços seja apresentado.
b) A exibição física do título é obrigatória para o ajuizamento da execução judicial, mesmo no caso de duplicatas virtuais.
c) O protesto por indicação das duplicatas virtuais não tem valor legal, sendo necessário o protesto tradicional com a exibição física do título ao tabelião.
d) É admissível o boleto bancário servir de indicativo para o protesto da duplicata, devendo retratar fielmente os elementos da duplicata virtual, acompanhado do comprovante de entrega das mercadorias para que possa suprir a ausência física do título e constituir título executivo extrajudicial, acompanhado do instrumento de protesto.

02. (TJ/AM – 2023 – TJ/AM – Titular de Notas e Serviços de Registros) É correto afirmar, acerca da distribuição dos títulos e documentos de dívida destinados a protesto, conforme a Lei nº 9.472/1997 que:

a) Poderão ser recepcionadas as indicações a protestos das Duplicatas Mercantis e de Prestação de Serviços, por meio magnético ou de gravação eletrônica de dados, sendo de inteira responsabilidade do apresentante os dados fornecidos, ficando a cargo dos Tabelionatos a mera instrumentalização das mesmas.
b) Os títulos e documentos de dívida serão recepcionados e distribuídos por sorteio, sendo entregues em até vinte e quatro horas aos Tabelionatos de Protesto.
c) Os títulos e documentos de dívida destinados a protesto estarão sujeitos à prévia distribuição obrigatória mesmo nas localidades onde houver um único Tabelionato de Protesto de Títulos.
d) Onde houver apenas um Tabelionato de Protesto de Títulos, a distribuição será feita pelo próprio Tabelionato. Onde houver mais de um Tabelionato de Protesto de Títulos, a distribuição será feita obrigatoriamente pelo Ofício Distribuidor.

03. (Vunesp – Outorga de Delegação de Notas e Registros – TJ – GO/2021) Assinale a alternativa que contém uma afirmativa verdadeira.

a) Poderão ser recepcionadas as indicações a protestos das Duplicatas de Prestação de Serviços, por meio magnético ou de gravação eletrônica de dados, vedadas as Mercantis, que deverão ser apresentadas fisicamente.
b) Poderão ser recepcionadas as indicações a protestos das Duplicatas Mercantis e de Prestação de Serviços, por meio magnético ou de gravação eletrônica de dados.
c) Poderão ser recepcionadas as indicações a protestos das Duplicatas Mercantis, por meio magnético ou de gravação eletrônica de dados, vedadas as de Prestação de Serviços, que deverão ser apresentadas fisicamente.
d) Não é possível recepção de indicação a protesto de Duplicatas, Mercantis ou de Prestação de Serviços, por ofensa ao princípio da cartularidade dos títulos de crédito.

04. (Cespe – Notário-ES/2013) Suponha que seja criado, em município com apenas um tabelionato de protesto, novo tabelionato de mesma natureza. Nessa situação, de acordo com a Lei nº 9492/1997,

a) a distribuição dos títulos deverá ser feita por meio de um serviço instalado e mantido pelos próprios tabeliães de protesto do município.
b) a distribuição dos títulos deverá ser feita por meio de um serviço instalado e mantido pelo Sindicato dos Notários e Tabeliães.
c) deverá ser criado, juntamente com o tabelionato, um ofício distribuidor.
d) a distribuição dos títulos poderá ser feita por meio de um serviço instalado e mantido pelos próprios tabeliães de protesto ou por ofício distribuidor, mediante ato da corregedoria.
e) a distribuição dos títulos deverá ser feita por meio de um serviço instalado e mantido pela totalidade dos tabeliães do município.

05. (Cespe – Cartório – TJ-DFT/2014) Consoante o Provimento Geral da Corregedoria da Justiça do Distrito Federal e Territórios aplicado aos serviços notariais e de registro, o tabelião que receba título para protesto e verifique estar presente algum vício formal deve

a) devolver o título diretamente ao apresentante, independentemente do número de serventias de protesto existente na circunscrição.
b) intimar o credor para que, no prazo legal, regularize o título.
c) devolver o título ao ofício de registro de distribuição, caso haja mais de uma serventia de protesto naquela circunscrição,

ou, caso haja uma única serventia, devolver diretamente ao apresentante.

d) intimar o devedor para que este se pronuncie quanto à aceitação ou rejeição do título com o vício formal verificado.

e) devolver o título ao ofício de registro de distribuição, independentemente do número de serventias de protesto existente na circunscrição.

06. (Cespe – Cartório – TJ – DF/2014) Em regra, um título a ser protestado deve ser levado, no DF, ao cartório de distribuição. Considere, todavia, que, em lugar de assim proceder, um credor, ao saber que o devedor reside em Sobradinho – onde há dois cartórios de protesto –, tenha apresentado o título para protesto em uma dessas duas serventias.

Nessa situação hipotética, o tabelião a quem o credor procurou para entregar o referido título, em conformidade com o Provimento Geral da Corregedoria da Justiça do Distrito Federal e dos Territórios aplicado aos serviços notariais e de registro, deve

a) informar o cartório de distribuição, com os dados necessários, para que se promova nova distribuição, posto que existem dois cartórios de protesto em Sobradinho.

b) devolver o título ao credor para que este promova a devida protocolização junto ao cartório de distribuição.

c) informar o cartório de distribuição, com os dados necessários, para que se registre a apresentação do título.

d) proceder normalmente ao processo de intimação sem que se promova coisa alguma ao cartório de distribuição.

e) informar o cartório de distribuição, com os dados necessários, para que se promova nova distribuição, independentemente do número de cartórios de distribuição que exista em Sobradinho.

07. (IESES – Cartório – TJ – RS/2013) Em relação aos títulos de crédito:

I. As duplicatas eletrônicas podem ser protestadas por indicação e constituirão título executivo extrajudicial, mediante a exibição pelo credor do instrumento de protesto, acompanhado do comprovante de entrega das mercadorias ou de prestação dos serviços.

II. Os títulos de crédito podem ser emitidos, aceitos, endossados ou avalizados eletronicamente, mediante assinatura com certificação digital, respeitadas as exceções previstas em lei.

III. O aval posterior ao vencimento produz os mesmos efeitos do anteriormente dado, não sendo, em regra, admitido aval parcial, exceto para os títulos de crédito regulados em lei especial.

IV. É válido o endosso parcial.

V. A cláusula constitutiva de penhor, lançada no endosso, confere ao endossatário o exercício dos direitos inerentes ao título.

São verdadeiras as afirmativas:

a) I, II, III e IV, somente.

b) I, II, III e V, apenas.

c) III, IV e V, somente.

d) IV e V, apenas.

08. (IESES – Cartório – TJ – PA/2016) Havendo mais de um tabelião de protesto na mesma localidade:

a) Será obrigatório o encaminhamento para o tabelião de protesto localizado mais próximo ao endereço do devedor, em atendimento ao princípio da competência territorial.

b) Será obrigatória a prévia distribuição dos títulos e outros documentos de dívida.

c) Será obrigatório o encaminhamento para o tabelião de protesto localizado mais próximo ao endereço do credor, em atendimento ao princípio da competência territorial.

d) Será livre a escolha do credor por qualquer tabelião de protesto da localidade.

09. (Consulplan – Cartório – MG – Remoção/2016) Sobre a distribuição, recepção e protocolização dos títulos e documentos de dívida, levados a protesto, considere as assertivas abaixo:

I. Quando a lei autorizar a apresentação a protesto de títulos por indicações, estas poderão ser encaminhadas por meio magnético ou de transmissão eletrônica de dados.

II. Os títulos e documentos de dívida produzidos em meio eletrônico e assinados digitalmente poderão ser encaminhados a protesto por meios eletrônicos.

III. Caso o apresentante opte pela utilização de meios seguros de transmissão eletrônica de dados para a apresentação dos títulos ou documentos de dívida, o tabelião de protesto e o oficial de registro de distribuição, onde houver, poderão recepcioná-los, a seu exclusivo juízo, ficando a responsabilidade pela sua admissão inteiramente com o apresentante do título.

IV. É vedado o encaminhamento de título ou documento de dívida por via postal.

Tendo em vista o disposto no Provimento 260/CGJ/2013, está correto o que se afirma em:

a) I, II, III e IV

b) I, apenas.

c) I e II, apenas.

d) II e IV, apenas.

GAB	1	D	2	A	3	B	4	A	5	C
	6	C	7	B	8	B	9	C		

CAPÍTULO IV – DA APRESENTAÇÃO E PROTOCOLIZAÇÃO

Art. 9º. Todos os títulos e documentos de dívida protocolizados serão examinados em seus caracteres formais e terão curso se não apresentarem vícios, não cabendo ao Tabelião de Protesto investigar a ocorrência de prescrição ou caducidade.

Parágrafo único. Qualquer irregularidade formal observada pelo Tabelião obstará o registro do protesto.

1. COMENTÁRIOS

O Tabelião de Protesto de Títulos, profissional do direito dotado de fé pública, exercerá a atividade notarial que lhe foi delegada, observando rigorosamente os deveres próprios da função pública na qual investido, de modo a garantir a autenticidade, publicidade, segurança e eficácia dos atos jurídicos.

A atuação do Tabelião de Protesto pressupõe a provocação da pessoa interessada (princípio da rogação ou da instância). O tabelião não poderá se negar a realizar atos próprios da função pública que lhe foi confiada, salvo em casos de impedimento legal, vedação contemplada na normatização administrativa ou qualificação notarial negativa. A recusa deve ser expressa por escrito e de forma motivada.

Ensina Sérgio Luiz José Bueno, que "qualificar é classificar, verificar e a qualidade. Qualificação é o ato do Tabelião de Protesto consistente em examinar detidamente o título ou documento de dívida em seus requisitos formais. Cabe a ele, ainda, verificar a presença dos elementos de ordem procedimental, ou seja, a presença de outros requisitos extrínsecos (em relação ao objeto da apresentação) exigidos por lei ou por norma regulamentar. A qualificação é dever inescusável do Tabelião, que dele há de se desincumbir com dedicação e aprimoramento técnico permanente. Da perfeita qualificação, decorre a segurança jurídica que resulta na credibilidade e eficácia do serviço de protesto" (Op. cit., p.192).

Quando se fala em qualificação detida, significa que os Tabeliães e prepostos autorizados devem manter-se constantemente atualizados para estarem devidamente capacitados a qualificar os novos títulos e documentos de dívida que surgem dia a dia, em razão da autonomia da vontade e da liberdade contratual das partes (lembrando da amplitude do conceito atual de documento de dívida). Além disso, devem estar atentos às alterações legislativas, administrativas e decisões jurisprudenciais, que mudam rotineiramente.

Cabe a ele, ainda, verificar a presença dos elementos de ordem procedimental, ou seja, a presença de outros requisitos extrínsecos (em relação ao objeto da apresentação) exigidos por lei ou por norma regulamentar.

Por sua vez, Reinaldo Velloso dos Santos esclarece que, ao princípio da independência e da legalidade da função notarial, está atrelada a ideia de qualificação notarial, consistente em uma série de procedimentos intelectivos pelos quais o tabelião aprecia livremente, de acordo com sua convicção, a viabilidade da prática do ato solicitado, tanto no aspecto subjetivo, como objetivo; analisa a documentação apresentada; considera as disposições legais e normativas; e ao final, emite um juízo valorativo, admitindo ou recusando a prática do ato, ou condicionando-a ao atendimento de exigências (https://www.teses.usp.br/teses/disponiveis/2/2132/tde-20032013-142914/publico/Apontamentos_sobre_o_Protesto_Notarial_Reinaldo_Velloso_dos_Santos.pdf)

Regra geral, a qualificação será realizada após a apresentação e protocolização, e, como já é sabido, sempre antes da expedição da intimação.

Na exposição de Sérgio Luiz José Bueno, "a Lei em estudo não prevê expressamente a possibilidade de devolução do título ou documento por vício formal antes da protocolização (parágrafo único do art. 9º). Aliás, tudo indica que a protocolização seria mesmo obrigatória, pois o art. 5º dita que *todos* os documentos apresentados ou distribuídos serão protocolizados. Dessa forma, se interpretada a Lei apenas em sua literalidade, um cheque sem assinatura seria protocolizado, para depois ser devolvido ao apresentante por vício formal. A Hermenêutica, contudo, nos leva mais além. Um dos princípios fundamentais do protesto é a celeridade e todos os atos que antecedem a eventual lavratura do termo de protesto são destinados ao atendimento dos atributos de segurança e eficácia, entre outros. Assim, é correto inferir-se que a própria protocolização pode ser obstada em caso de vício formal verificado desde logo, o que evitará, por exemplo, a intimação desnecessária do devedor (...) Na prática, o que ocorre é a protocolização com devolução posterior, mesmo antes da expedição de intimação, mas é preciso que se reconheça a possibilidade de devolução antecipada ao apresentante após a distribuição e antes da protocolização. O Serviço de Distribuição apenas fará a devolução sem a distribuição quando esta se tornar impossível, como na hipótese de requerimento de protesto desacompanhado do respectivo título ou documento. Não há como distribuir algo que não se tem, de maneira que nem sequer a distribuição é realizada" (Op. cit., 34).

Na qualificação dos títulos apresentados no serviço de protesto de títulos e outros documentos de dívida, que deve subsistir **durante todo o percurso do título** no Tabelionato e de sua passagem pelo serviço de distribuição, se houver, não cabe qualquer discussão sobre a causa dos títulos ou dos documentos de dívida – que deve ser estabelecida, se for o caso, perante o judiciário –, assim não compete ao tabelião investigar a ocorrência de prescrição ou decadência do título. No serviço de protesto a análise resumir-se-á aos **caracteres formais** que devem estar presentes como estabelece o dispositivo em comento.

Existe uma forte doutrina, da qual me filio, que defende a ideia da chamada **"requalificação"**, definida como outra qualificação que é confeccionada durante o procedimento do protesto, a fim de identificar alguma irregularidade no título não verificada anteriormente, ou constatar algum erro procedimental que possa comprometer o próprio protesto. Sendo negativa a qualificação, deverá proceder da mesma maneira com a devolução do título.

No que tange ao prazo, José Carlos Alves defende que, 24 horas para a protocolização, configura um período exíguo para documentos de dívida que se mostram mais complexos (O protesto de títulos e outros documentos de dívida: problemas e perspectivas, 2014, 197).

Contudo, nos ensinamentos de Mário Camargo Neto, "a correta interpretação parece ser no sentido de que não deve o tabelião expedir intimações para títulos

Lei 9.492/1997

ou documentos de dívida sem que tenha sido feita uma qualificação, mesmo que não exauriente, quanto à sua regularidade. Entende-se, portanto, que, tanto quanto possível, a qualificação deve ser realizada e finalizada antes da expedição de intimação, mas, se não for possível, devem ser priorizados os principais aspectos de regularidade; e não há qualquer irregularidade, especialmente quando se trata de títulos e documento de dívida mais complexos, que o exaurimento da qualificação se protraia no tempo e ocorra entre a intimação e o efetivo protesto" (Op. Cit. p. 965).

Eversio Donizete de Oliveira e Magno Luiz Barbosa bem observam que na maioria dos casos, a irregularidade formal não será detectada no momento da protocolização, e sim durante o tríduo legal entre a protocolização do título ou documento de dívida e a efetivação do protesto (Op. cit., 56). No mesmo sentido, Walter Ceneviva: "a existência de irregularidade formal não impede o ato de protocolar o instrumento, mas obsta o registro do protesto" (*Lei dos Notários e registradores comentada*. São Paulo: Saraiva, 2002, p. 74).

Verificada a existência de **vícios formais ou inobservância do estatuído na legislação em vigor ou na normatização administrativa do Conselho Nacional de Justiça** ou **das normativas estaduais**, com a indicação expressa do motivo, norma ou princípio jurídicos que o fundamente. os títulos e outros documentos de dívida serão devolvidos ao apresentante com anotação da irregularidade, ficando obstado o registro do protesto.

Tal entendimento foi positivado no Provimento CNJ n. 87/2019 e incorporado ao Código Nacional de Normas:

> **Art. 355, § 2º, CNN.** *Os tabeliães de protesto, os responsáveis interinos pelo expediente e, quando for o caso, os oficiais de distribuição de protesto estão autorizados a negar seguimento a títulos ou outros documentos de dívida, bem como às suas respectivas indicações eletrônicas sobre os quais recaia, segundo sua prudente avaliação, fundado receio de utilização do instrumento com intuito emulatório do devedor ou como meio de perpetração de fraude ou de enriquecimento ilícito do apresentante.*

No que se refere aos vícios formais do título, alguns exemplos podem ser citados, como a falta de algum ou alguns requisitos essenciais de uma cédula de crédito bancário; a ausência do lugar do pagamento ou domicílio do devedor; a discrepância entre a base territorial de competência do Tabelionato e a constante na duplicata; e a falta de prova da apresentação ao banco sacado no caso do cheque, dentre outros. Sobre o tema, a Súmula 387 do Supremo Tribunal Federal, que é relevantíssima para solucionar questões de ordem prática, estabelece:

> "A cambial emitida ou aceita com omissões, ou em branco, pode ser completada pelo credor de boa-fé antes da cobrança ou do protesto".

Quanto ao protesto de cheques emitidos na vigência de **unidades monetárias diversas** ("cruzeiros" e "cruzeiros reais"), inadmissível o seu apontamento, pois referidas unidades monetárias não mais integram o sistema monetário nacional e a a verificação do curso legal da moeda é incluída na atividade de qualificação do título a cargo do tabelião caracterizando assim, vício formal .

Importante esclarecer que a **qualificação não é irrestrita,** uma vez que não compete ao Tabelião examinar aspectos relativos ao negócio subjacente ou a defeitos intrínsecos que o viciem. Em outras palavras, não incumbe a ele investigar os motivos, causas, se legítimas ou não que geraram o negócio jurídico.

Desse modo, o Tabelião de Protesto não tem autoridade para verificar a capacidade das partes, a legalidade nas manifestações de vontade, ou mesmo se o acordo que concebeu a emissão de um cheque seja válida ou não.

Consigna-se que o protesto também não será tirado:

a) se o apresentante desistir do apontamento;

b) se o título for pago;

c) no caso de sustação por ordem judicial.

1.1 PRESCRIÇÃO E DECADÊNCIA

No tocante à ocorrência da prescrição e decadência, a lei foi clara ao dispor que não cabe ao tabelião averiguá-las.

Ademais, o parágrafo único foi enfático e confirmatório ao estabelecer que qualquer irregularidade formal observada pelo Tabelião obstará o registro do protesto. Ora, prescrição e decadência não se encaixam aqui simplesmente por não serem requisitos formais.

A justificativa é plausível: o procedimento para o protesto é desprovido de contraditório ou de qualquer outro modo que assegure questionamentos sobre eventuais causas interruptivas, suspensivas ou impeditivas, e a falta dessas consistem num dos requisitos essenciais da prescrição (arts. 189 a 211 do Código Civil).

Nos ensinamentos de Luiz Emygdio Franco da Rosa Junior: "Cabe ainda ao Tabelião de Protesto examinar se o título apresentado se reveste de regularidade formal, porque se tal não ocorrer o registro do protesto não poderá ser efetuado, mas falece-lhe competência para investigar a ocorrência de decadência ou prescrição (LP, art. 9º)". (*Títulos de Crédito*. 3. ed. Belo Horizonte: Del Rey, 2007, p. 244).

Esse é o entendimento legal e o prevalecente na maioria esmagadora da doutrina e da jurisprudência, e inclusive, era também o entendimento inicial do Superior Tribunal de Justiça. Nessa direção, vale destacar:

> "Ação de cancelamento de protesto. Nota promissória. Protesto. Cancelamento diante da prescrição do título

executivo. 1. Não tem agasalho na Lei nº 9.492/97 a interpretação que autoriza o cancelamento do protesto simplesmente porque prescrito o título executivo. Hígido o débito, sem vício o título, permanece o protesto, disponível ao credor a cobrança por outros meios. 2. Recurso especial conhecido e provido." (Terceira Turma, REsp 671.486/PE, relator Ministro Carlos Alberto Menezes Direito, DJ de 25.4.2005).

"É inviável suscitar, na vida da ação declaratória de inexigibilidade de relação jurídica e de sustação do protesto, a arguição de prescrição cambial, visto que a eventual perda do atributo de executividade pelo cheque não importa, *ipso jure*, o cancelamento do protesto ante a higidez da dívida" (STJ, REsp 369.470, Rel. Min. Massani Uyeda).

Ocorre que o mesmo Superior Tribunal de Justiça fixou a Tese de número 14, estabelecendo ser indevido o protesto facultativo de título de crédito prescrito.

A interpretação do STJ vai em direção oposta à norma legal e ao entendimento dos Tribunais de Justiça dos demais Estados da federação, de modo que é vedado ao Tabelião de Protesto investigar prescrição e decadência.

Contudo, nos mais recentes julgados sobre a temática, o Superior Tribunal de Justiça deu um giro de interpretação e entendeu diversamente de alguns de seus julgados anteriores. É que atualmente, o órgão decidiu que o protesto de título prescrito gera dano moral apenas se não houver outras formas de cobrar a dívida (REsp 1639470, REsp 1677772). Em outras palavras, o protesto de títulos cambiais prescritos gera dano moral indenizável apenas quando não houver outros meios legais de cobrar a dívida, situação em que o ato notarial só serve para constranger o devedor.

Nesse sentido:

"DIREITO CIVIL E DO CONSUMIDOR. RECURSO ESPECIAL. AÇÃO DECLARATÓRIA DE NULIDADE DE PROTESTO C/C PEDIDO DE COMPENSAÇÃO POR DANOS MORAIS. PROTESTO DE CHEQUES PRESCRITOS. IRREGULARIDADE. HIGIDEZ DA DÍVIDA. POSSIBILIDADE DE MANEJO DE AÇÃO DE COBRANÇA FUNDADA NA RELAÇÃO CAUSAL E DE AÇÃO MONITÓRIA. ABALO DE CRÉDITO INEXISTENTE. DANO MORAL NÃO CARACTERIZADO. (...) 8. Cuidando-se de protesto irregular de título de crédito, o reconhecimento do dano moral está atrelado à ideia do abalo do crédito causado pela publicidade do ato notarial, que, naturalmente, faz associar ao devedor a pecha de "mau pagador" perante a praça. 9. Todavia, na hipótese em que o protesto é irregular por estar prescrita a pretensão executória do credor, havendo, porém, vias alternativas para a cobrança da dívida consubstanciada no título, não há se falar em abalo de crédito, na medida em que o emitente permanece na condição de devedor, estando, de fato, impontual no pagamento. 10. Prescrita a ação executiva do cheque, assiste ao credor a faculdade de ajuizar a ação cambial por locupletamento ilícito, no prazo de 2 (dois) anos (art. 61 da Lei 7.357/85); ação de cobrança fundada na relação causal (art. 62 do mesmo diploma legal) e, ainda, ação monitória, no prazo de 5 (cinco) anos, nos termos da Súmula 503/STJ. 11. Nesse contexto, embora, no particular, tenham sido indevidos os protestos, pois extemporâneos, a dívida consubstanciada nos títulos permanecia hígida, não estando caracterizado, portanto, abalo de crédito apto a ensejar a caracterização do dano moral. 12. Recurso especial parcialmente provido, apenas para se determinar o cancelamento dos protestos." (STJ – Resp. 1.677.772/RJ, Relatora Min. Nancy Andrighi, Terceira Turma, DJe 20.11.2017)

Estes recentes julgados demonstram que o Superior Tribunal de Justiça considera o direito legítimo de crédito, indicando que, num futuro próximo, poderá ocorrer revisão da tese 14.

Vale aduzir que recentemente, a 4ª Turma do STJ decidiu que o protesto de título de crédito prescrito é irregular, mas não gera, automaticamente, o direito a uma indenização por danos morais, nestes termos:

"A ilicitude da conduta não implica o dever de indenizar se não houver dano efetivo ao bem jurídico tutelado. Assim, alinhando-se à posição da 3ª Turma do Superior Tribunal de Justiça, a 4ª Turma pacificou a jurisprudência da corte ao decidir que o protesto de título de crédito prescrito, embora irregular, não gera direito automático à indenização por danos morais.

Mesmo determinando o cancelamento do protesto indevido de dois cheques – feito após o prazo para execução cambial, mas dentro dos cinco anos que possibilitam a cobrança por outras vias –, o colegiado negou o pedido de indenização feito pelo emissor dos títulos.

O relator do recurso, ministro Luis Felipe Salomão, afirmou que, no caso de protesto irregular, o dano moral está vinculado ao abalo de crédito e à pecha de mau pagador decorrentes do ato. No entanto, se o protesto é irregular por causa da prescrição do título – o que significa que não poderá ser executado, embora restem outras possibilidades de cobrança judicial –, 'não há direito da personalidade a ser legitimamente tutelado, pois não há abalo de crédito'.

Quanto ao caso em julgamento, acrescentou o magistrado, 'não só não houve efetivo dano ocasionado, como é certo que o autor não nega que deve, tampouco manifesta qualquer intenção em adimplir o débito'." (site @ consultor_juridico)

Merece relevo o entendimento do Egrégio Tribunal de Justiça do Estado do Rio de Janeiro, proferido por seu Órgão Especial, em sede de uniformização de jurisprudência:

"INCIDENTE DE UNIFORMIZAÇÃO DE JURISPRUDÊNCIA. PROTESTO DE CHEQUE E ABUSO DE DIREITO. ABUSO NO PROTESTO DE CHEQUE APÓS O DECURSO DO PRAZO PARA A AÇÃO EXECUTIVA, AINDA QUE POSSÍVEL O AJUIZAMENTO DA AÇÃO MONITÓRIA E AÇÃO POR ENRIQUECIMENTO SEM CAUSA. DIVERGÊNCIA DEMONSTRADA. Não procede a insurgência contra o protesto por ser ele forma de constrangimento administrativo desnecessário à cobrança, se pode o credor ajuizar ação que representa forma de constrangimento judicial e, portanto, de maior escala que aquele. Detectam-se três fases distintas no cheque, ao longo de cinco anos a partir de sua apresentação: a de título de crédito executivo nos seis primeiros meses; a de título de crédito no prazo de dois anos, que é o da ação cambial de locupletamento; a de documento particular comprobatório de dívida, enquanto não prescrita a pretensão do direito de cobrança. Conforme a Lei 9492/97 são protestáveis títulos de crédito e outros

Lei 9.492/1997

documentos de dívida. Assim, de acordo com este dispositivo legal, não cabe sustentar que apenas o título executivo pode ser protestado; também o pode o título de crédito que não mais tenha executoriedade, assim como outros documentos de dívida. Desta forma não constitui abuso de direito o protesto de cheque não mais sujeito à execução ou mesmo à ação cambial de locupletamento, se ocorre no período em que o credor ainda disponha de outro tipo de ação para satisfação de seu direito, hipóteses que se verificam quanto à ação monitória e cognitiva comum. Acolhe-se a proposta de uniformização nos termos do voto da desembargadora relatora, sugerida a elaboração de súmula no seguinte sentido: "São destinados a protesto, na forma da Lei 9492/1997, títulos e documentos de dívidas não prescritos, ainda que desprovidos de eficácia executiva". (TJRJ. Incidente de Uniformização de Jurisprudência 0062864-26.2010.8.19.0000; Relatora Des. Maria Augusta Vaz Monteiro de Figueiredo, Órgão Especial; Data do Julgamento: 23/05/2011)

Demais disso, o Tribunal de Justiça do Estado do Rio de Janeiro editou a Súmula 236, nestes termos: *"São destinados a protesto, na forma da Lei 9.492/1997, títulos e documentos de dívidas não prescritos, ainda que desprovidos de eficácia executiva"*.

Na mesma direção, merece destaque o entendimento do Tribunal de Justiça do Distrito Federal:

"CIVIL E COMERCIAL. TÍTULOS DE CRÉDITO. CHEQUE. PRESCRIÇÃO DA AÇÃO EXECUTIVA. PROTESTO. REGULARIDADE. POSSIBILIDADE DE COBRANÇA POR OUTRO MEIOS. CANCELAMENTO. IMPOSSIBILIDADE. I. A Lei n.º 7.357/85 dispõe que a pretensão executória de cheque é de seis meses contados da expiração do prazo de sua apresentação. Enquanto não estiver prescrito, o credor do cheque poderá buscar o pagamento do título por meio de ação executiva (art. 585, I, do CPC/73; art. 784, I, do CPC/2015). Após perder a eficácia executiva o detentor do título pode ainda propor ação de locupletamento (enriquecimento ilícito) de que trata o art. 59 da Lei nº 7.357/85, cujo prazo é de dois anos, ou a ação monitória, no prazo de 5 anos, prevista no art. 1102-A do CPC/73 e no art. 700 do CPC/2015 e no enunciado nº 503 da Súmula do STJ. II. A exigência de que o protesto seja realizado antes do prazo de apresentação é apenas para os casos de protesto obrigatório. III. A prescrição da pretensão da credora de cobrar a dívida na via executiva não se confunde com a validade do protesto realizado dentro do prazo para ajuizamento de ação de locupletamento ilícito e monitória, uma vez que os títulos continuam a ter natureza cambial, perdendo apenas a força executória. IV. Negou-se provimento ao recurso." (TJDFT, Apelação 20160310031573, Relator José Divino, 6ª Turma Cível, Data do Julgamento 23/11/2016).

No dia 21 de maio de 2024, foi editado o Provimento CNJ n. 167, que altera o Código Nacional de Normas para fins de atualização e uniformização nacional acerca das regras e procedimentos do protesto comum, falimentar e de sentença condenatória.

Referido ato normativo corroborou norma disposta no art. 9 desta Lei de Protesto, no que tange à prescrição e caducidade. Veja-se:

Art. 356, § 1º. Todos os títulos e documentos de dívida protocolizados serão examinados em seus caracteres formais e terão curso se não apresentarem vícios, **não cabendo ao Tabelião de Protesto investigar a ocorrência de prescrição ou caducidade.**

2. JURISPRUDÊNCIA COMPLEMENTAR

SUPERIOR TRIBUNAL DE JUSTIÇA

JURISPRUDÊNCIA EM TESES DO SUPERIOR TRIBUNAL DE JUSTIÇA ACERCA DOS TÍTULOS DE CRÉDITO

6) A cambial emitida ou aceita com omissões, ou em branco, pode ser completada pelo credor de boa-fé antes da cobrança ou do protesto. (Súmula 387/STF).

JULGADOS

EMENTA: Direito empresarial – Recurso Especial – Ação de execução de título executivo extrajudicial – Nota promissória – Duplicidade de datas de vencimento – LUG – Defeito suprível – Operação de crédito – Intervalo de tempo e confiança – Elementos essenciais – Vontade do emitente – Presunção – Provimento –

1. Ação de execução de título executivo extrajudicial – nota promissória

2. Ação ajuizada em 05/08/2013. Recurso especial concluso ao gabinete em 17/09/2021. Julgamento: CPC/2015

3. O propósito recursal consiste em definir se a aposição de datas de vencimentos distintas em nota promissória inquina o título de crédito de nulidade

4. Embora a formalismo constitua princípio regulamentador dos títulos de crédito, pode a lei enumerar determinado requisito e, ainda assim, admitir a possibilidade de a cártula não o conter expressamente – ou de o conter de forma irregular, com a presença de vícios supríveis – sem que o título perca sua eficácia própria

5. Um desses defeitos supríveis é o da divergência entre os valores da dívida inscritos no título, cuja solução prevista na Lei Uniforme de Genebra (art. 6º) é de fazer prevalecer a expressão grafada por extenso ou aquela de menor quantia, as quais, presumivelmente, correspondem à vontade do emitente da cártula

6. A data de vencimento da dívida constitui requisito não essencial da nota promissória, pois, em virtude da ausência desse elemento, considera-se que o valor é exigível à vista, por se presumir ser essa a vontade do emitente do título

7. A interpretação sistemática da LUG permite inferir que, para a solução de questões relacionadas a defeitos supríveis ou requisitos não essenciais, o critério a ser adotado deve ser pautado pela busca da vontade presumida do emitente – 8. Dentre os elementos essenciais de uma operação de crédito inclui-se a concessão de um prazo para pagamento da obrigação, de modo que, por envolver operação dessa natureza, a emissão de uma nota promissória autoriza a presunção de que a efetiva vontade do emitente é a de que o vencimento ocorresse em data futura, após sua emissão – 9. Nesse cenário, se, entre duas datas de vencimento, uma coincide com a data de emissão do título – não existindo, assim, como se entrever, nessa hipótese, uma operação de crédito –, deve prevalecer a data posterior – 10. Recurso especial conhecido e não provido (STJ – REsp nº 1.964.321 – Goiás – 3ª Turma – Rel. Min. Nancy Andrighi – DJ 18.02.2022) (Informativo nº **717**).

EMENTA: Recurso Especial – Direito empresarial – Execução – Títulos de crédito – Notas promissórias – Divergência entre as datas de vencimento apostas nas cártulas – Nulidade – Não ocorrência – Prevalência da data de pagamento posterior à data de emissão – Presunção que decorre da interpretação sistemática da lei uniforme de genebra – Precedente específico da Terceira Turma

1. Ação ajuizada em 16/9/2016. Recurso especial interposto em 17/9/2020. Autos conclusos ao gabinete da Relatora em 18/2/2021.

2. O propósito recursal consiste em definir se a aposição de datas de vencimento divergentes em notas promissórias inquina os títulos de crédito de nulidade.

3. Embora a formalismo constitua princípio regulamentador dos títulos de crédito, pode a lei enumerar determinado requisito e, ainda

assim, admitir a possibilidade de a cártula não o conter expressamente – ou de o conter de forma irregular, com a presença de vícios supríveis – sem que o título perca sua eficácia própria.

4. Um desses defeitos supríveis é o da divergência entre os valores da dívida inscritos no título, cuja solução prevista na Lei Uniforme de Genebra (art. 6º) é de fazer prevalecer a expressão grafada por extenso ou aquela de menor quantia, as quais, presumivelmente, correspondem à vontade do emitente da cártula.

5. A data de vencimento da dívida constitui requisito não essencial da nota promissória, pois, em virtude da ausência desse elemento, considera-se que o valor é exigível à vista, por se presumir ser essa a vontade do emitente do título.

6. A interpretação sistemática da LUG permite inferir que, para a solução de questões relacionadas a defeitos supríveis ou requisitos não essenciais, o critério a ser adotado deve ser pautado pela busca da vontade presumida do emitente.

7. Dentre os elementos essenciais de uma operação de crédito inclui-se a concessão de um prazo para pagamento da obrigação, de modo que, por envolver operação dessa natureza, a emissão de uma nota promissória autoriza a presunção de que a efetiva vontade do emitente é a de que o vencimento ocorresse em data futura, após sua emissão.

8. Nesse cenário, se, entre duas datas de vencimento, uma coincide com a data de emissão do título – não existindo, assim, como se entrever, nessa hipótese, uma operação de crédito –, deve prevalecer a data posterior (STJ – REsp nº 1.920.311 – Minas Gerais – 3ª Turma – Rel. Min. Nancy Andrighi – DJ 20.05.2021)

EMENTA: RECURSO ESPECIAL. AÇÃO DE INEXIGIBILIDADE DE TÍTULO. CHEQUE PRESCRITO. PROTESTO INDEVIDO. NÃO ABRANGÊNCIA PELA EXPRESSÃO "OUTROS DOCUMENTOS DE DÍVIDA" DO ART. 1º DA LEI nº 9.294/97. DANOS MORAIS. *QUANTUM* INDENIZATÓRIO. REVISÃO. SÚMULA nº 7/STJ. 1. O protesto tem por finalidade precípua comprovar o inadimplemento de obrigação originada em título ou em outro documento de dívida. 2. O cheque prescrito não se reveste das características de certeza e exigibilidade. 3. A expressão "outros documentos de dívida" a que alude o art. 1º da Lei nº 9.492/1997 apenas abrange aqueles documentos representativos de dívidas líquidas, certas e exigíveis. 4. Em sede de recurso especial, a revisão do *quantum* indenizatório fixado pelo Tribunal de origem a título de danos morais apenas é viável quando o valor for exorbitante ou irrisório. 5. Recurso especial parcialmente conhecido e desprovido. (STJ – REsp nº 1.308.823 – São Paulo – 3ª Turma – Rel. Min. João Otávio de Noronha – DJ 25.09.2014).

EMENTA: RECURSO ESPECIAL – AÇÃO CAUTELAR DE SUSTAÇÃO DE PROTESTO E AÇÃO DE INEXIGIBILIDADE DE RELAÇÃO JURÍDICA – OMISSÃO – INEXISTÊNCIA – ALEGAÇÃO DE PRESCRIÇÃO CAMBIAL COMO FUNDAMENTO DA DEMANDA – INVIABILIDADE – RESTAURAÇÃO DO PROTESTO APÓS A IMPROCEDÊNCIA DO PLEITO, A DESPEITO DA PRESTAÇÃO DE CONTRACAUTELA CONSISTENTE EM DEPÓSITO DE CAUÇÃO PECUNIÁRIA NO VALOR MENCIONADO NO CHEQUE PROTESTADO – ADMISSIBILIDADE – RECURSO ESPECIAL IMPROVIDO.

1. Não há omissão no aresto a quo, no qual se analisou todos os temas relevantes suscitados pelas partes, inclusive o relativo à prescrição, embora o resultado não tenha sido favorável à parte recorrente.

2. É inviável suscitar, na via da ação declaratória de inexigibilidade de relação jurídica e de sustação do protesto, a arguição de prescrição cambial, visto que a eventual perda do atributo de executividade pelo cheque não importa, ipso jure, o cancelamento do protesto ante a higidez da dívida.

3. O depósito em dinheiro do valor do cheque protestado como contracautela exigida para o deferimento da liminar de sustação de protesto não obsta a restauração do protesto após o julgamento de improcedência da demanda declaratória de inexigibilidade de relação jurídica e de sustação do protesto.

4. É que, ao longo do feito ajuizado pelo devedor, a fluência do iter processual através do duto profilático do contraditório e da ampla defesa pautou-se na discussão acerca do na debeatur (ou seja, da exigibilidade ou não do cheque protesto), e não sobre o quantum debeatur (isto é, o valor efetivamente devido).

5. Realmente, o montante efetivo da dívida pode ser havido como superior ao mencionado no próprio cheque, do que dá exemplo o artigo 19 da Lei de Protestos (Lei nº 9.492/97), na dicção do qual o pagamento do título ou documento protestado não se limita ao valor declarado pelo apresentante, mas abrange também os "emolumentos e demais despesas [como as decorrentes da realização da intimação]". 6. Recurso especial improvido. (STJ – REsp: 369470 SP 2001/0132130-6, Relator: Ministro MASSAMI UYEDA, Data de Julgamento: 10/11/2009, T3 – TERCEIRA TURMA, Data de Publicação: DJe 23/11/2009)

TRIBUNAL DE JUSTIÇA DO ESTADO DE SÃO PAULO

Súmula 18: Exigida ou não a indicação da causa subjacente, prescreve em cinco anos o crédito ostentado em cheque de força executiva extinta (Código Civil, art. 206, § 5º, I).

EMENTA: Tabelião. Indenização. Protesto de título realizado com observância dos requisitos formais a tanto estabelecidos. Contrato de locação. Data de vencimento constante do protesto que corresponde à do vencimento do último aluguel. Demais questões estranhas à qualificação tabelioa. Improcedência de rigor. Sentença mantida. Recurso desprovido. (TJSP – Apelação Cível nº 0029173-52.2011.8.26.0562 – Santos – 1ª Câmara de Direito Privado – Rel. Des. Claudio Godoy – DJ 07.03.2014)

TRIBUNAL DE JUSTIÇA DO ESTADO DO RIO DE JANEIRO

EMENTA: APELAÇÃO CÍVEL. AÇÃO DE OBRIGAÇÃO DE FAZER. PROTESTO DE CHEQUES. É VEDADO AO TABELIÃO ANALISAR A PRESCRIÇÃO DO TÍTULO LEVADO A PROTESTO, DEVENDO SE RESTRINGIR AO SEU ASPECTO FORMAL. Compete ao Tabelião examinar os caracteres formais dos títulos apresentados, não cabendo a investigar a ocorrência de prescrição. Logo, não há que se falar em responsabilização do Tabelionato de Protestos por eventuais danos sofridos pelo autor em decorrência de protesto de cheque prescrito. Inteligência do art. 9º da Lei nº 9.492/97. Desprovimento do recurso. (TJRJ – Apelação Cível nº 0359962-92.2008.8.19.0001 – Niterói – 18ª Câmara Cível – Rel. Des. Jorge Luiz Habib – DJ 15.03.2011)

EMENTA: AÇÃO DE INDENIZAÇÃO. PROTESTO DE CHEQUE PRESCRITO. TABELIÃO. DEVER DE INDENIZAR AFASTADO. O procedimento para lavratura do protesto está disciplinado na Lei nº 9.492/97, não se exigindo do Tabelião que seja apurada a ocorrência ou não da prescrição, na medida em que poderão existir atos ou fatos que, fugindo ao seu conhecimento, tenham interrompido ou suspendido a fluência do prazo extintivo da pretensão de cobrança da dívida. – Este tem sido o entendimento da nossa egrégia Corregedoria da Justiça no exercício do seu poder de fiscalização dos atos praticados pelos cartórios extrajudiciais, bem como das Câmaras Cíveis que compõem esta colenda Corte de Justiça. – A irresponsabilidade do Tabelião na ocorrência do evento narrado na petição inicial é flagrante. O artigo 9º, da citada Lei 9492/97, impõe ao Tabelião tão somente a incumbência de examinar os caracteres formais dos títulos levados a protesto. (...). (TJRJ – APC 0025623-49.2009.8.19.0001, Des. JORGE LUIZ HABIB, 18ª C. Civel, Julgamento: 24/05/2012)

3. QUESTÕES DE CONCURSOS

01. (Vunesp – Outorga de Delegação de Notas e Registros – TJ – GO/2021) O ato de qualificação dos títulos e documentos apresentados a protesto circunscreve-se ao seu exame formal. No caso de recusa, o Tabelião de Protesto

a) suscitará dúvida, de ofício, ao juízo com competência em registros públicos a que estiver subordinado.

b) deixará o título à disposição do juízo com competência de registro público a que estiver subordinado, aguardando ordem para pagamento, protesto ou retirada.

c) devolverá o título ao apresentante com anotação da irregularidade, por escrito, com a indicação expressa do motivo, norma ou princípio jurídicos que o fundamente.

d) devolverá o título ao apresentante com informação da irregularidade, por escrito ou verbalmente, com indicação necessariamente do motivo, norma ou princípio jurídicos que o fundamente.

02. (Consulplan – Outorga das Delegações de Notas e de Registros – Provimento – TJ – MG/2018) Acerca de protesto de títulos, é correto afirmar que:

a) A irregularidade substancial do título, a exemplo da prescrição, observada pelo tabelião, obstará o registro do protesto.

b) O protesto será tirado por falta de pagamento, de aceite ou de devolução. Porém em se tratando de letra de câmbio, poderá tirar protesto por falta de pagamento contra o sacado não aceitante.

c) Tratando-se de títulos ou documentos de dívida sujeitos a qualquer tipo de correção, o pagamento será feito pela conversão vigorante no dia do pagamento, no valor indicado pelo apresentante.

d) Protesto é o ato formal e solene pelo qual se prova a inadimplência e o descumprimento de obrigação originada em títulos e outros documentos de dívida, que podem ser expedidos por autarquias e fundações públicas.

03. (IESES – Cartório – Provimento – TJ – CE/2018) Assinale a alternativa INCORRETA:

a) Tratando-se de cheque, poderá o protesto ser lavrado no lugar do pagamento ou do domicílio do emitente, devendo do referido cheque constar a prova de apresentação ao Banco sacado, salvo se o protesto tenha por fim instruir medidas pleiteadas contra o estabelecimento de crédito.

b) No tabelionato de protesto o atendimento ao público será de, no mínimo, seis horas diárias.

c) Qualquer irregularidade formal observada pelo Tabelião de protesto faz com ele suscite dúvida ao juiz corregedor.

d) Todos os títulos e documentos de dívida protocolizados serão examinados em seus caracteres formais e terão curso se não apresentarem vícios, não cabendo ao Tabelião de Protesto investigar a ocorrência de prescrição ou caducidade.

04. (FCC – Notário-PE/2013) Quanto ao procedimento para protesto de título, é correto afirmar que

a) o Tabelião de Protesto não pode aceitar título apresentado para protesto se houver prescrição ou decadência.

b) as irregularidades formais constantes do título não obstam o registro do protesto.

c) após o protocolo do título, o devedor deve ser intimado pessoalmente, não sendo permitida apenas a comprovação da entrega da intimação no endereço fornecido pelo apresentante, sob pena de nulidade do protesto.

d) o prazo para pagamento do título apresentado para protesto é de três dias corridos, a contar da data do protocolo, excluída esta da contagem.

e) o pagamento do título apresentado a protesto deve acontecer perante o Tabelionato de Protesto até antes da lavratura do registro de protesto; após este ato não cabe mais sua realização em cartório.

05. (EJEF – Notário-MG/2011) A respeito do protesto, é CORRETO afirmar que

a) apenas os títulos executivos podem ser levados a protesto.

b) o registro do protesto prescinde de maiores formalidades.

c) o pagamento do título apresentado a protesto será feito em instituição financeira oficial.

d) não cabe ao tabelião de protesto investigar a ocorrência de prescrição ou caducidade dos títulos a ele apresentados.

06. (Cespe – Cartório – ES/2013) De acordo com a Lei nº 9.492/1997, protocolado o título, deve o tabelião examinar

a) as características formais e materiais do título e obstar o registro do protesto, qualquer que seja a irregularidade material observada.

b) apenas as características formais do título e comunicar o fato ao juiz competente para decisão.

c) as características formais e materiais do título e obstar o registro do protesto, qualquer que seja a irregularidade formal observada.

d) apenas as características formais do título e obstar o registro do protesto, qualquer que seja a irregularidade formal observada.

e) apenas as características materiais do título e obstar o registro do protesto, qualquer que seja a irregularidade material observada.

07. (FMP – Cartório – TJ – MT/2014) Acerca do exame dos títulos e dos documentos de dívida, é correto afirmar que cabe ao tabelião de protestos

a) examinar os caracteres formais dos títulos e documentos de dívidas, bem como a ocorrência de prescrição e caducidade.

b) obstar o registro do protesto do título ou documento de dívida que apresente irregularidade formal.

c) investigar a ocorrência de caducidade do título ou documento de dívida apresentado.

d) examinar o cumprimento do negócio subjacente ao título ou documento de dívida apresentado.

e) obstar o registro do protesto do título ou documento de dívida que apresente qualquer irregularidade material, bem como procedimental.

08. (IESES – Cartório – Provimento – TJ – RO/2017) Em relação ao Protesto é correto afirmar:

a) Não poderão ser protestados títulos e outros documentos de dívida em moeda estrangeira emitidos fora do Brasil.

b) O protesto será registrado dentro de cinco dias contados da protocolização do título ou documento de dívida.

c) O tabelião de protesto verificando a prescrição do título fará comunicação a autoridade judicial competente, para adoção das medidas judiciais cabíveis.

d) Todos os títulos e documentos de dívida protocolizados para protesto serão examinados em seus caracteres formais e terão curso se não apresentarem vícios, não cabendo ao Tabelião de Protesto investigar a ocorrência de prescrição ou caducidade.

GAB	1	C	2	D	3	C	4	E
	5	D	6	D	7	B	8	D

Art. 10. Poderão ser protestados títulos e outros documentos de dívida em moeda estrangeira, emitidos fora do Brasil, desde que acompanhados de tradução efetuada por tradutor público juramentado.

§ 1º Constarão obrigatoriamente do registro do protesto a descrição do documento e sua tradução.

§ 2º Em caso de pagamento, este será efetuado em moeda corrente nacional, cumprindo ao apresentante a conversão na data de apresentação do documento para protesto.

§ 3º Tratando-se de títulos ou documentos de dívidas emitidos no Brasil, em moeda estrangeira, cuidará o Tabelião de observar as disposições do Decreto-lei nº 857, de 11 de setembro de 1969, e legislação complementar ou superveniente.

1. COMENTÁRIOS

O artigo em comento pôs fim à discussão no que se refere a apresentação a protesto de títulos e documentos estrangeiros ou em moeda estrangeira. Para que os documentos redigidos em língua estrangeira tivessem efeitos legais, a lei apenas estipulava que fossem vertidos em vernáculo.

Nesse sentido, Walter Ceneviva adverte: "A tormentosa questão dos títulos e documentos estrangeiros ou em moeda diversa da brasileira vem solucionada no art. 10, introduzindo alteração das normas gerais previstas no art. 129, 6º, da LRP, submetidos a assentamento perante o delegado de títulos e documentos. Os arts. 10 e 11 da Lei nº 9.492/97 autorizam o protesto de instrumentos de dívida emitidos fora de nosso país, se: a) indicarem o valor da dívida em moeda estrangeira aceitável, mesmo que se trate de país com o qual o Brasil não mantenha relações diplomáticas; b) traduzidos por tradutor público juramentado e, assim, registrado na Junta Comercial do Estado e do Distrito Federal; c) formalizada pelo apresentante a conversão, por escrito, do valor em moeda nacional, para assim ser recebida, em caso de pagamento, vedada a aceitação em dinheiro do país de origem". (*Lei dos notários e dos registradores comentada*. 8. ed. Saraiva, São Paulo: 2010, p. 116).

Assim, podem ser protestados títulos em moeda estrangeira, desde que acompanhados de tradução pública juramentada e indicação pelo apresentante do valor de conversão na data da apresentação. Neste caso, o instrumento de protesto deverá obrigatoriamente constar todo o conteúdo do documento, com a respectiva tradução.

Tradução juramentada é a tradução feita por um tradutor público. O tradutor público e intérprete comercial, habilitado em um ou mais idiomas estrangeiros e português, é nomeado e matriculado na junta comercial do seu estado de residência após aprovação em concurso público.

Sobre a necessidade de registro em RTD, o entendimento prevalecente em muitos Estados, inclusive em concursos públicos para outorga de delegação, é a sua prescindibilidade, bastando apenas a apresentação da tradução. Em contrapartida, Sérgio Bueno defende a necessidade de registro em RTD, com base nos artigos 129 e 148 da Lei 6.015/73, salvo se já houver autenticação pelo Consulado Brasileiro (Súmula 259 do Superior Tribunal de Justiça).

Também aqui se impõe um ajuste: o documento pode versar sobre moeda estrangeira, tendo sido redigido, mesmo fora do Brasil, em língua nacional. Nesse caso, a tradução é dispensável, aplicando-se apenas o § 2º. (Op. cit., p. 199).

Quanto ao pagamento dessa obrigação no tríduo legal, este deverá ser feito em **moeda corrente nacional**, uma vez que a conversão já terá sido realizada na data da apresentação.

Ainda sobre o pagamento, vale transcrever a exposição de Eversio Donizete de Oliveira e Magno Luiz Barbosa: "diante do disposto no § 2º do artigo em comento e por percebermos uma pequena controvérsia na legislação em apreço, não podemos nos furtar a uma breve análise do § 1º do art. 19, que dispõe claramente que o tabelião de protesto não poderá recusar o pagamento oferecido dentro do prazo legal, desde que feito no tabelionato de protestos competente e dentro do horário de funcionamento dos serviços. Numa interpretação hermenêutica desse artigo, verificamos que o legislador não apresentou qualquer óbice ao pagamento do título ou documento de dívida em moeda estrangeira, desde que dentro do prazo, no tabelionato competente e devido horário de funcionamento. No entanto, sabemos que o Sistema Financeiro Nacional obsta a esse tipo de transação. Assim, a especificação do pagamento em moeda corrente nacional se faz necessária apenas no caso de título e documentos de dívida em moeda estrangeira, emitidos fora do Brasil" (Op. Cit., p. 200).

No que se refere ao título executivo judicial reconhecido por sentença estrangeira, também é possível o protesto, que neste caso, depende de que tal sentença tenha sido homologada pelo Superior Tribunal de Justiça, concedido exequatur à carta rogatória.

Sergio Luiz José Bueno atenta para uma situação peculiar – a dos documentos estipulados em real –, mas com correção atrelada à variação cambial de certa moeda estrangeira. Questiona ele: "Seria válida essa estipulação, ou configuraria burla ao referido Decreto? Seria ou não possível o protesto?". E apresenta duas decisões contrapostas, uma pela validade com ressalva (STJ, AgRg no REsp 1.057.184, Rel. Min. Aldir Passarinho Junior) e a outra pela invalidade (STJ, REsp 673.468, Rel. Min. Luis Felipe Salomão), já adiantando que o protesto, não se fará possível sob qualquer dos pontos de vista, pois mesmo no caso de validade da

Lei 9.492/1997

vinculação, com a eventual repartição de *prejuízos*, carecerá de liquidez o documento.

No que se refere aos títulos em moeda estrangeira emitidos no Brasil, o § 3º do art. 10 remete às disposições do Decreto-lei nº 857, de 11 de setembro de 1969, e à legislação complementar superveniente. No entanto, esse Decreto foi revogado pela Lei n. 14.286/2021.

Dessa forma, ao correlacionar os dispositivos, chegamos ao art. 13.

> Art. 13. A estipulação de pagamento em moeda estrangeira de obrigações exequíveis no território nacional é admitida nas seguintes situações:
>
> I – nos contratos e nos títulos referentes ao comércio exterior de bens e serviços, ao seu financiamento e às suas garantias;
>
> II – nas obrigações cujo credor ou devedor seja não residente, incluídas as decorrentes de operações de crédito ou de arrendamento mercantil, exceto nos contratos de locação de imóveis situados no território nacional;
>
> III – nos contratos de arrendamento mercantil celebrados entre residentes, com base em captação de recursos provenientes do exterior;
>
> IV – na cessão, na transferência, na delegação, na assunção ou na modificação das obrigações referidas nos incisos I, II e III do *caput* deste artigo, inclusive se as partes envolvidas forem residentes;
>
> V – na compra e venda de moeda estrangeira;
>
> VI – na exportação indireta de que trata a Lei nº 9.529, de 10 de dezembro de 1997;
>
> VII – nos contratos celebrados por exportadores em que a contraparte seja concessionária, permissionária, autorizatária ou arrendatária nos setores de infraestrutura;
>
> VIII – nas situações previstas na regulamentação editada pelo Conselho Monetário Nacional, quando a estipulação em moeda estrangeira puder mitigar o risco cambial ou ampliar a eficiência do negócio;
>
> IX – em outras situações previstas na legislação.
>
> Parágrafo único. A estipulação de pagamento em moeda estrangeira feita em desacordo com o disposto neste artigo é nula de pleno direito.

No que tange à legislação complementar superveniente citado no § 3º do art. 10, podemos ilustrar com o art. 318 do Código Civil. Veja-se:

> São nulas as convenções de pagamento em ouro ou em moeda estrangeira, bem como para compensar a diferença entre o valor desta e o da moeda nacional, excetuados os casos previstos na legislação especial

Vale mencionar ainda que o art. 1º Lei da 10.192/2001 prevê que as estipulações de pagamento de obrigações pecuniárias exequíveis no território nacional deverão ser feitas em real, pelo seu valor nominal.

Excepcionalmente porém, a obrigação pagável em moeda estrangeira é legítima. Tal ocorre nos contratos para importação de mercadoria estrangeira, inclusive os celebrados pela Administração Pública em relação às obrigações contraídas no exterior em moeda estrangeira para serem executadas no Brasil.

No tocante ao pagamento em ouro, existem também duas exceções. A primeira ocorre nos contratos de importação ou exportação de mercadorias, enquanto que a segunda, em qualquer contrato em que o credor ou devedor residam no exterior, exceto locação de imóveis situados no Brasil. Salvo essas exceções, o pagamento deve ser feito em dinheiro nacional.

Resumo:

Emitidos FORA do Brasil	Emitidos no Brasil
a) Tradução pública Juramentada + Registro em RTD (controvérsia); b) No protesto constarão descrição do documento e de sua tradução; c) Pagamento será em moeda nacional conforme conversão feita pelo apresentante.	Observar o art. 13 da Lei n. 14.286/2021, o art. 318 do Código Civil e o art. 1º, Lei da 10.192/2001

2. JURISPRUDÊNCIA COMPLEMENTAR

EMENTA: CONTRATO BANCÁRIO. Câmbio de Compra Tipo 01. Exportação. Força executiva do contrato que decorre de expressa disposição legal, nos termos do art. 75 da Lei 4728/65, dependendo unicamente da efetivação do protesto. Desnecessária a presença de assinatura de duas testemunhas no contrato Afastada a alegação de iliquidez e incerteza do débito Licitude da indexação pela variação cambial da moeda estrangeira. Pagamento da obrigação que é feito em moeda corrente nacional. Entretanto, constatada pelo laudo pericial incorreção no valor do débito, além de ausência de comprovação das despesas impugnadas pela apelante Valor do débito que deverá ser refeito Recurso parcialmente provido. (TJSP – APC 0035599-88.2009.8.26.0000, Relator(a): J. B. Franco de Godoi, 23ª C. Direito Privado, Julgamento: 07/12/2011)

3. QUESTÕES DE CONCURSOS

01. (FGV – 2023 – TJ-SE – Atividade Notarial e de Registro – Remoção) Maria figura como devedora em um documento de dívida em que o credor é um organismo internacional, documento este que fora emitido no território do país Alfa, utilizando-se a sua língua oficial, sendo o respectivo valor estabelecido na moeda do referido país. Pouco tempo após retornar ao Brasil, para sua surpresa, tomou conhecimento de que, em razão da falta de pagamento, o referido organismo internacional apresentara o título para protesto a um Tabelião de Protesto de Títulos.

Ao buscar esclarecimentos com o seu advogado, antes mesmo de comparecer perante o tabelião de protestos, foi corretamente informado a Maria que o referido título:

a) somente poderia ser submetido a protesto após a sua homologação pelo Superior Tribunal de Justiça, com o reconhecimento de sua certeza e liquidez;

b) uma vez apresentado o seu original, competiria ao tabelião determinar a sua tradução por tradutor juramentado e oficiar ao Banco Central para que indique o valor do câmbio a ser utilizado;

c) deveria ser apresentado pelo organismo internacional, acompanhado de tradução juramentada e estimativa do valor em real, o que, no caso de contestação por Maria, ensejaria a suscitação de dúvida pelo tabelião;

d) poderia ser apresentado a protesto, desde que fosse traduzido para a língua portuguesa e contivesse cláusula translatícia, permitindo a sua cobrança no domicílio de Maria, com a conversão para a moeda ali adotada, o real;

e) deveria estar acompanhado de tradução realizada por tradutor público juramentado, sendo que o pagamento seria efetuado em real, cabendo ao apresentante a conversão para essa moeda na data de apresentação do documento.

02. (Vunesp – Titular de Serviços de Notas e Registros – TJ – SP – Provimento/2022) No tocante à atividade de Protesto de Letras e Títulos, assinale a alternativa correta.

a) Poderão ser protestados títulos e outros documentos de dívida em moeda estrangeira, emitidos fora do Brasil, desde que acompanhados de tradução efetuada por tradutor público juramentado, devendo constar obrigatoriamente do registro do protesto a descrição do documento e sua tradução.

b) Na hipótese de apresentação ao protesto de títulos e outros documentos de dívida em moeda estrangeira, emitidos fora do Brasil, em caso de pagamento, este será efetuado em moeda corrente nacional, cumprindo ao tabelião de protesto aferir a conversão na data de apresentação do documento para protesto.

c) Tratando-se de títulos ou documentos de dívida sujeitos a qualquer tipo de correção, o pagamento será feito pela conversão vigorante no dia da quitação, no valor indicado pelo apresentante.

d) É vedado o protesto de títulos ou documentos de dívidas emitidos no Brasil, em moeda estrangeira, devendo o Tabelião observar as disposições do Decreto-Lei nº 857, de 11 de setembro de 1969, e legislação complementar ou superveniente.

03. (IESES – Titular de Serviços de Notas e Registros – TJ – TO – Provimento/2022) Em relação ao protesto assinale a alternativa correta:

a) Poderão ser protestados títulos e outros documentos de dívida em moeda estrangeira, emitidos no Brasil, desde que acompanhados de tradução efetuada por tradutor público juramentado.

b) O deferimento do processamento de concordata impede o protesto.

c) Protesto é o ato formal e jurisdicional pelo qual se prova a inadimplência e o descumprimento de obrigação originada em títulos e outros documentos de dívida.

d) Protocolado o título ou documento de dívida, o Tabelião de Protesto expedirá a intimação ao devedor, no endereço fornecido pelo apresentante do título ou documento, considerando-se cumprida quando comprovada a sua entrega no mesmo endereço.

04. (Vunesp – Outorga de Delegação de Notas e Registros – TJ – GO/2021) Assinale a alternativa correta em relação ao título ou documento de dívida cujo valor é expresso em moeda estrangeira.

a) O valor do título ou documento de dívida expresso em moeda estrangeira será atualizado pelo apresentante de acordo com o câmbio da data de emissão do título ou documento de dívida.

b) O valor do título ou documento de dívida expresso em moeda estrangeira será atualizado pelo Tabelião na data da apresentação, de acordo com o câmbio do dia.

c) Não é passível de protesto o título ou documento de dívida cujo valor seja expresso em moeda estrangeira.

d) O valor do título ou documento de dívida expresso em moeda estrangeira será atualizado pelo apresentante na data da apresentação, de acordo com o câmbio do dia.

05. (Consulplan – Outorga e Delegação de Serviços Notariais e Registrais – TJ – MS/2019) Sobre a ordem dos serviços em Tabelionato de Protesto, é correto afirmar que:

a) O pagamento de títulos emitidos em moeda estrangeira será efetuado em moeda corrente nacional, cabendo ao devedor a conversão na data do pagamento.

b) Tratando-se de título expresso em obrigações reajustáveis ou sujeito à correção monetária, o pagamento será feito pela atualização vigente no dia do pagamento.

c) Os títulos emitidos em moeda estrangeira fora do Brasil serão apresentados com a devida tradução, por tradutor público juramentado, e, no instrumento, serão transcritos o documento e sua tradução.

d) Ao tabelião de protestos cumpre examinar as formalidades e os requisitos do título ou do documento de dívida, bem como a falsidade do documento, não lhe cabendo examinar a ocorrência de prescrição ou de caducidade.

06. (Consulplan – Outorga das Delegações de Notas e de Registros – TJ – MG/2018) Apresentada a protesto nota promissória expedida na cidade de Las Vegas – Estados Unidos, com expressão monetária em dólar estadunidense, pagável em município do Brasil, em Minas Gerais, em domicílio do devedor brasileiro, na circunscrição do cartório de protestos,

a) o tabelião de protesto deve verificar se o título foi atingido pela prescrição ou pela decadência, qualificando, porém, apenas os aspectos formais do documento.

b) será possível o pagamento do título em cartório, no prazo legal, em moeda brasileira (Real) cabendo ao apresentante promover a conversão na data do pagamento.

c) será vedado o curso do título no tabelionato de protesto, porque presumidamente o negócio jurídico subjacente é dívida de jogo, vedado no sistema jurídico brasileiro.

d) será possível a lavratura do protesto, cabendo ao apresentante, entre outros procedimentos, expor a conversão para a moeda Real, na data de apresentação do título para protesto.

07. (Cespe – Notário-ES/2013) Caso seja apresentado título para protesto em moeda estrangeira, emitido fora do Brasil e acompanhado de tradução realizada por tradutor público juramentado, deve o tabelião

a) registrar o título, com sua descrição e tradução e, em caso de pagamento, exigir que este seja efetuado em moeda nacional, no valor do câmbio da data de apresentação do documento para protesto.

b) registrar o título, com sua descrição e tradução e, em caso de pagamento, exigir que este seja efetuado em moeda estrangeira.

c) registrar o título, com sua descrição e tradução e, em caso de pagamento, exigir que este seja efetuado em moeda nacional, no valor do câmbio do dia do pagamento.

d) registrar o título, com sua descrição e tradução e, em caso de pagamento, exigir que este seja efetuado em moeda nacional, no valor do câmbio do dia da intimação do devedor.

e) rejeitar o título.

08. (EJEF – Notário-MG/2011) Tratando-se de título emitido em moeda estrangeira fora do Brasil,

a) o Tabelião deverá recusar sua apresentação para protesto na falta de tradução juramentada do documento.

b) o pagamento poderá ser efetuado em moeda estrangeira para garantir a atualização do valor.

c) o Tabelião poderá aceitar a tradução promovida pelo apresentante desde que comprove o domínio da língua em que se encontra escrito o título.

d) o Tabelião deverá calcular a atualização do valor na data do pagamento.

09. (Cespe – Cartório-PI/2013) Quanto aos títulos protestáveis, assinale a opção correta.

a) Boletos de cobrança bancária vinculados a título virtual, ainda que acompanhados dos instrumentos de protesto por

Lei 9.492/1997

indicação e dos comprovantes de entrega da mercadoria ou da prestação dos serviços, não suprem a ausência física do título cambiário eletrônico, não podendo, portanto, aparelhar ação de execução, dado o princípio da cartularidade, expressamente previsto na legislação pátria.

b) O título de crédito incompleto ao tempo da emissão deve ser preenchido antes do protesto pelo portador de boa-fé, em conformidade com os ajustes realizados; o fato de o cheque incompleto no ato da emissão ser completado sem observância do convencionado com o emitente, entretanto, poderá ser oposto ao portador de boa-fé.

c) Qualquer documento representativo de obrigação econômica pode ser levado a protesto para prova da inadimplência, para a fixação do termo inicial dos encargos (quando não houver prazo assinado) ou para a interrupção do prazo de prescrição.

d) Os títulos estrangeiros emitidos em moeda estrangeira poderão ser protestados se estiverem acompanhados de tradução realizada por tradutor juramentado e desde que, conforme previsão da Lei nº 9.492/1997, tenham sido registrados no serviço de títulos e documentos.

e) No caso de protestos de títulos estrangeiros sujeitos a correção, o valor do débito deverá ser convertido para a moeda local, considerando-se o câmbio do dia do efetivo pagamento, de modo a evitar-se enriquecimento sem causa do devedor.

10. (IESES – Cartório – Remoção – TJ – RO/2017) Em relação aos documentos de dívida em moeda estrangeira emitidos fora do Brasil, pode-se afirmar:

a) Poderão ser protestados, desde que acompanhados de tradução efetuada por tradutor público juramentado; e em caso de pagamento, este será efetuado em dólares americanos, admitido apenas o pagamento em espécie. Se o documento tiver sido emitido em moeda diversa, que não o Real, far-se-á a conversão em dólares americanos.

b) Não poderão ser protestados.

c) Poderão ser protestados, desde que acompanhados de tradução efetuada por tradutor público juramentado; e em caso de pagamento, este será efetuado em moeda corrente nacional, cumprindo ao apresentante a conversão na data de apresentação do documento para protesto.

d) Poderão ser protestados, mesmo que desacompanhados de tradução; e em caso de pagamento, este será efetuado em moeda corrente nacional, cumprindo ao apresentante a conversão na data de apresentação do documento para protesto.

GAB	1	E	2	A	3	A	4	D	5	C
	6	D	7	A	8	A	9	C	10	C

Art. 11. Tratando-se de títulos ou documentos de dívida sujeitos a qualquer tipo de correção, o pagamento será feito pela conversão vigorante no dia da apresentação, no valor indicado pelo apresentante.

1. COMENTÁRIOS

O dispositivo em comento trata da **atualização do título de crédito ou documentos de dívida** que estejam sujeitos a qualquer tipo de correção.

Cabe ao apresentante do título, na **data da apresentação**, a devida exposição da conversão. Há autores, porém, que defendem que o Tabelião de Protestos deve analisar a exatidão da conversão, com o intuito de evitar discussões e recusa por parte do devedor.

O fato é que, em quaisquer tipos de correção no Tabelionato de Protesto, é imprescindível a obediência às normas legais da conversão, sendo vedado o uso de valores abusivos para favorecimento do apresentante.

Em outras palavras, diante de **flagrante ilegalidade** do valor da correção, o Tabelião de Protesto deve qualificá-lo negativamente e devolver o título. Como exemplo, podemos citar um título apresentado cumulando correção monetária com a comissão de permanência, o que é vedado.

A comissão de permanência é uma comissão cobrada por instituição financeira do devedor responsável por título vencido de sua carteira. Essa comissão, que não tem jaez indenizatório, poderá ser pactuada, desde que não haja outros encargos, tais quais, multa e juros de mora.

Nesse sentido, Sergio Luiz José Bueno expõe que não é atribuição do Tabelião uma investigação minuciosa do cálculo, estando, também aqui, atrelado ao exame formal, embora possa, em caso de evidente abuso ou ilegalidade, realizar qualificação negativa. É o que se dá, por exemplo, se o cálculo indicar incidência de juros moratórios em percentual que nitidamente afronte a legislação. Mas mesmo que a previsão inserida em conformidade com os parâmetros legais, existindo excesso ostensivo nos cálculos realizados pelo apresentante, a qualificação será negativa. Perceba-se, contudo, que apenas o excesso e a ilegalidade evidentes ensejarão a devolução, uma vez que, como já dito, ao Tabelião não cabe examinar detalhes matemáticos da conta ou sua relação com eventuais circunstâncias referentes ao negócio subjacente, salvo no que for estritamente necessário para a aferição de preenchimento dos requisitos formais (Op. cit., p. 201).

Opinião diversa é a de Walter Ceneviva. Para ele a conversão em moeda nacional não se confunde com atualizações de valor ou outro tipo de correção, pois o delegado se restringe a observar o valor indicado pelo apresentante, cabendo eventual impugnação, em juízo, ao devedor. (*Lei dos notários e dos registradores comentada*. 8ª ed. Saraiva, São Paulo: 2010, p. 116).

Note-se que, diante do exposto, é possível **protestar um valor diferente daquele previsto no título**, desde que essa possibilidade esteja prevista no próprio título. Exemplos disso incluem a indicação de índices de correção monetária, inclusão de juros moratórios ou remuneratórios, e o protesto de valor parcial.

Ademais, dialoga com o tema, o item 64.1, Cap. XV, Tomo I das Normas de Serviço da Corregedoria Geral da Justiça do Estado de São Paulo:

> **64.1, Cap. XV, NSCGJSP.** Juros, comissão de permanência e outros encargos que devem ser pagos pelo devedor não poderão ser considerados na definição do valor total da dívida, salvo nos casos expressamente permitidos por lei.

O apresentante deve entregar uma planilha ao Tabelião, indicando claramente os critérios e índices adotados, obedecendo assim ao princípio da instância ou da rogação. O valor indicado, após qualificação positiva, constará da intimação feita ao devedor e dos assentamentos do protesto.

Por fim, e com a finalidade de enriquecer os estudos, trago o recente Enunciado 65 da I Jornada de Direito Notarial e Registral, que está em consonância com o que prega a doutrina:

> **ENUNCIADO 65.** O valor do título ou documento de dívida apresentado a protesto pode ser devidamente atualizado, sob responsabilidade do apresentante.
>
> ⊙ Justificativa: Marlon Tomazette (2020, p. 55-56.) sustenta que a correção monetária sempre é possível mesmo quando não inscrita no título: Em qualquer caso, contudo, poderá ser exigida a correção monetária a partir do vencimento, uma vez que ela representa apenas a recomposição do valor da moeda corroída pela inflação. Ela não representa um valor novo, mas apenas um ajuste no valor que já é devido. Inadmitir a correção seria permitir o enriquecimento sem causa do devedor. E defendendo uma literalidade indireta, sustenta que a incidência de juros de mora não inscritos no título também é possível, pois decorre de lei, nesse caso a literalidade advém do regime jurídico incidente, do qual o devedor tem conhecimento. O mesmo ocorreria com outros encargos dos quais o devedor teria conhecimento. Assim: A interpretação extremada do princípio da literalidade geraria algumas iniquidades, como, por exemplo, o não pagamento de juros de mora em caso de atraso. Todavia, obviamente isso não ocorre. Os juros de mora são exigíveis mesmo que não previstos no título, uma vez que decorrem da lei. Além disso, outros encargos não expressamente previstos no título também são exigíveis, se o devedor tinha como conhecê-los, dada a boa-fé que deve reger essas relações. (...) Assim, quando determinados valores advêm da lei (juros de mora), poderão ser exigidos, mesmo que não expressamente previstos no título. Da mesma forma encargos decorrentes de uma remissão que o título faz a outro documento também poderão ser exigidos. Em ambos os casos, o devedor tem como conhecer os exatos limites do que pode ser exigido, seja em razão da lei, seja em razão da referência a outro documento (TOMAZETE, 2020, p. 57).
>
> No mesmo sentido, Gustavo Saad Diniz (2019. p. 437): há obrigações derivadas da legislação que não podem ser desconhecidas pelo emitente e que podem ser cobradas independentemente de figurarem no título. Tais são os casos da correção monetária para a recomposição do valor da moeda a partir do vencimento e juros de mora (art. 48 da LUG e art. 52, II, da LDupl).

2. JURISPRUDÊNCIA COMPLEMENTAR

⊙ TRIBUNAL DE JUSTIÇA DO ESTADO DO RIO GRANDE DO SUL

▶ **EMENTA:** APELAÇÃO CÍVEL. ALIENAÇÃO FIDUCIÁRIA. AÇÃO REVISIONAL DE CONTRATO CONEXA COM AÇÃO CAUTELAR DE SUSTAÇÃO DE PROTESTO E CAUTELAR DE EXIBIÇÃO DE DOCUMENTOS. APLICAÇÃO DO CÓDIGO DE DEFESA DO CONSUMIDOR, POSSIBILIDADE DE REVISÃO DO CONTRATO E DECLARAÇÃO "EX OFFICIO" DA NULIDADE DE CLÁUSULAS ABUSIVAS. O Código de Defesa do Consumidor é norma de ordem pública, que autoriza a revisão contratual e a declaração de nulidade de pleno direito de cláusulas contratuais abusivas, o que pode ser feito até mesmo de ofício pelo Poder Judiciário. JUROS REMUNERATÓRIOS. Sendo inadmissível a excessiva onerosidade do contrato, a cobrança de juros abusivos é nula, especialmente em período de estabilidade econômica. Juros reduzidos para 12% ao ano. Aplicação do art. 51, IV, do CDC. CAPITALIZAÇÃO DE JUROS. O anatocismo é vedado em contratos da espécie, por ausência de permissão legal, ainda que expressamente convencionado. ENCARGOS MORATÓRIOS. Comissão de Permanência. É vedada a cumulação de comissão de permanência com correção monetária, juros remuneratórios, juros de mora e multa contratual. Juros de mora. Reduzidos a 1% ao ano sobre a prestação em atraso, nos termos do art. 5º do Decreto 22.626/33. Inocorrência de Mora "Debendi". Em virtude da não configuração da mora do devedor, são inexigíveis os ônus a título de mora. SUSTAÇÃO DO PROTESTO. Representando o título débito que consigna encargos abusivos e excessivamente onerosos e sendo também afastada a mora "debendi", não prospera o protesto de mesmo. Apelação desprovida (Apelação Cível nº 70009748591, 14 Câmara Cível, TJRS, Relator: Sejalmo Sebastião de Paula Nery, Julgado em 26/07/2005).

⊙ TRIBUNAL DE JUSTIÇA DO ESTADO DE SÃO PAULO

⊙ CORREGEDORIA-GERAL DA JUSTIÇA

▶ **EMENTA:** Protesto – Cheques emitidos na vigência de unidades monetárias diversas ("cruzeiros" e "cruzeiros reais") – Apontamento mais de treze anos depois, quando referidas unidades monetárias não mais integram o sistema monetário nacional – Inadmissibilidade – Verificação do curso legal da moeda incluída na atividade de qualificação do título a cargo do tabelião – Vício formal caracterizado – Recusa do apontamento e do protesto mantida – Recurso não provido (Processo CG nº 794/2006).

3. QUESTÕES DE CONCURSOS

01. (Vunesp – Outorga de Delegação de Notas e Registros – TJ – GO/2021) Analise as proposições sobre o pagamento do título ou documento de dívida e assinale a alternativa correta.

a) Tratando-se de título ou documento de dívida sujeito a qualquer tipo de correção, o pagamento será feito pela conversão vigorante no dia do registro do protesto, no valor indicado pelo apresentante.

b) Tratando-se de título ou documento de dívida sujeito a qualquer tipo de correção, o pagamento será feito pela conversão vigorante no dia da apresentação, no valor a ser apurado pelo Tabelião de Protesto.

c) Tratando-se de título ou documento de dívida sujeito a qualquer tipo de correção, o pagamento será feito pela conversão vigorante no dia do registro do protesto, no valor a ser apurado pelo Tabelião de Protesto.

d) Tratando-se de título ou documento de dívida sujeito a qualquer tipo de correção, o pagamento será feito pela conversão vigorante no dia da apresentação, no valor indicado pelo apresentante.

02. (Cespe – Notários e Oficiais de Registro – Remoção – TJ – DFT/2019) Se a dívida relativa ao título levado a registro estiver sujeita a correção monetária, o pagamento será feito pela conversão em vigor no dia

a) da apresentação.
b) do registro.
c) da intimação do devedor.
d) da juntada da intimação do devedor.
e) da distribuição.

03. (EJEF – Tabelionato e Registro-MG/2007) É CORRETO afirmar:

a) na forma da lei civil, quando os juros moratórios não forem convencionados, ou o forem sem taxa estipulada, ou quando provierem de determinação da lei, serão fixados segundo a taxa que estiver em vigor para a mora do pagamento de impostos devidos à Fazenda Nacional.
b) o devedor aos juros de mora não é obrigado a pagá-los, quando não for alegado prejuízo pelo credor de dívidas em dinheiro.
c) via de regra, são válidas e lícitas as convenções de pagamento em ouro ou em moeda estrangeira.
d) o devedor não pode reter o pagamento de prestação quando o credor não lhe der quitação regular.

04. (Cespe – Notário-ES/2013) O pagamento regular, em cartório, de título apresentado para protesto pressupõe a inclusão, no valor pago, além do valor original do título,

a) da correspondente correção monetária apenas, caso prevista, visto que as despesas e os emolumentos devem ser pagos pelo credor.
b) da correspondente correção monetária, e, ainda, dos emolumentos e das despesas cartorárias.
c) dos emolumentos e das despesas cartorárias.
d) da correspondente correção monetária, caso prevista, e dos emolumentos.
e) da correspondente correção monetária, caso prevista, e das despesas cartorárias.

05. (Cespe – Notário-ES/2013) O pagamento regular, em cartório, de título apresentado para protesto pressupõe a inclusão, no valor pago, além do valor original do título,

a) da correspondente correção monetária apenas, caso prevista, visto que as despesas e os emolumentos devem ser pagos pelo credor.
b) da correspondente correção monetária, e, ainda, dos emolumentos e das despesas cartorárias.
c) dos emolumentos e das despesas cartorárias.
d) da correspondente correção monetária, caso prevista, e dos emolumentos.
e) da correspondente correção monetária, caso prevista, e das despesas cartorárias.

06. (Cespe – Cartório – ES/2013) Caso determinado credor apresente para protesto documento de dívida emitido no Brasil, em reais, com cláusula de correção monetária, o devedor somente estará obrigado a pagar o valor

a) corrigido até a data de apresentação do título para protesto.
b) corrigido até a data de registro do protesto do título, no caso de não ter ocorrido o pagamento no prazo.
c) corrigido até a data da intimação para pagamento do título.
d) corrigido até a data em que efetuar o pagamento do título.
e) nominal original do título.

07. (IESES – Cartório – TJ – RS/2013) A lei 9492 de 1997 define a competência, regulamenta os serviços concernentes ao protesto de títulos e outros documentos de dívida.
Diante disso, marque a alternativa correta, nos termos da citada lei.

a) Na hipótese de protesto em que tenha figurado apresentante por endosso-mandato será suficiente, para o cancelamento do registro do protesto, a declaração de anuência passada pelo credor endossatário.
b) Quando a intimação for efetivada excepcionalmente no último dia do prazo ou além dele, por motivo de força maior, o tríduo legal será retomado para que se possa registrar o protesto.
c) Os títulos e documentos de dívida, após recepcionados e distribuídos, serão entregues no dia útil seguinte aos Tabelionatos de Protesto, obedecidos os critérios de quantidade e qualidade.
d) Os títulos ou documentos de dívida sujeitos a qualquer tipo de correção terão o pagamento feito pela conversão do dia da apresentação, no valor indicado pelo apresentante.

GAB	1	D	2	A	3	A	4	B
	5	B	6	A	7	D		

Art. 11-A. Fica permitida ao tabelião de protesto e ao responsável interino pelo tabelionato territorialmente competente, por meio da central nacional de serviços eletrônicos compartilhados dos tabeliães de protesto prevista no art. 41-A desta Lei, a recepção do título ou documento de dívida com a recomendação do apresentante ou credor, caso este assim opte e requeira expressamente, de proposta de solução negocial prévia ao protesto, observado o seguinte:

I – o prazo de resposta do devedor para a proposta de solução negocial será de até 30 (trinta) dias, segundo o que vier a ser fixado pelo apresentante, facultada a estipulação do valor ou percentual de desconto da dívida, bem como das demais condições de pagamento, se for o caso;

II – o tabelião de protesto ou o responsável interino pelo tabelionato expedirá comunicação com o teor da proposta ao devedor por carta simples, por correio eletrônico, por aplicativo de mensagem instantânea ou por qualquer outro meio idôneo;

III – a remessa será convertida em indicação para protesto pelo valor original da dívida na hipótese de negociação frustrada e se não houver a desistência do apresentante ou credor.

§ 1º A data de apresentação da proposta de solução negocial de que trata o *caput* deste artigo é considerada para todos os fins e efeitos de direito, inclusive para direito de regresso, interrupção da prescrição, execução, falência e cobrança de emolumentos, desde que frustrada a negociação prévia e esta seja convertida em protesto.

§ 2º Em caso de concessão de desconto ao devedor, o cálculo dos emolumentos do tabelião, dos acréscimos legais e das verbas destinadas aos entes públicos e entidades a título de custas e contribuições e ao custeio dos atos gratuitos do registro civil das pessoas naturais deverá ser feito com base no valor efetivamente pago.

§ 3º Quando forem exitosas as medidas de incentivo à solução negocial prévia, será exigido do devedor ou interessado no pagamento, no momento de quitação da dívida, o pagamento dos emolumentos, dos acréscimos legais e das demais despesas, com base na tabela do protesto vigente na data de apresentação do título ou documento de dívida, bem como do preço devido à central nacional de serviços eletrônicos compartilhados pelos serviços prestados.

§ 4º Para aquelas medidas de incentivo à solução negocial prévia apresentadas entre 31 (trinta e um) e 120 (cento e vinte) dias, contados do vencimento do título ou documento de dívida, será exigido do apresentante ou credor o pagamento antecipado do preço devido à central nacional de serviços eletrônicos compartilhados pelos serviços prestados.

§ 5º Para aquelas medidas de incentivo à solução negocial prévia apresentadas após 120 (cento e vinte) dias, contados do vencimento do título ou documento de dívida, será exigido do apresentante ou credor o depósito prévio dos emolumentos, dos acréscimos legais e das demais despesas, observado o disposto no § 3º deste artigo.

§ 6º A proposta de solução negocial prévia não exitosa e a sua conversão em protesto serão consideradas ato único, para fins de cobrança de emolumentos, observado o disposto no § 3º e no inciso III do *caput* deste artigo.

1. COMENTÁRIOS

O art. 11-A foi incluído pela Lei das Garantias. Como uma prévia do que se concretizou com a entrada em vigor da Lei 14.711/2023, o Conselho Nacional de Justiça publicou em 2018 os Provimentos ns. CNJ 67/2018 e CNJ 72/2018.

O Provimento CNJ n. 67 regulamentava a mediação e conciliação nos cartórios e foi, em sua totalidade, incorporado aos arts. 18 a 57 do Código Nacional de Normas.

Já o Provimento CNJ n. 72 originalmente dispunha sobre medidas de incentivo à quitação ou renegociação de dívidas protestadas nos tabelionatos de protesto do Brasil e foi incorporado aos arts. 375 a 388 do Provimento CNJ n. 149/2023. No entanto, recentemente, o Provimento CNJ n. 168/2024 alterou a redação desses dispositivos.

O especialista no tema e Presidente do Instituto de Estudos de Protestos de Títulos (IEPTB), seção Rio de Janeiro, Celso Belmiro, oferece uma análise detalhada sobre o artigo 11-A na publicação "Aspectos Práticos e Teóricos da Lei 14.711/2023". O artigo faz parte da obra coordenada por Martha El Debs e Bernardo Chezzi, "Novo Marco das Garantias. Aspectos práticos e teóricos da Lei n. 14.711/2023", foi publicado pela editora Juspodivm em 2024. A seguir, apresentamos um trecho do artigo para elucidar as principais questões discutidas. (páginas 577-578).

"Em que pese as iniciativas anteriores do Conselho Nacional de Justiça, foi a partir do autorizativo legal previsto na Lei 14.711 que o procedimento observado nos tabelionatos de protesto, desde a apresentação do título até a satisfação do credor ou a lavratura do protesto, passou a adquirir contornos mais modernos e de atendimento aos reclamos do mercado de crédito e cobrança, apresentando alternativas eficazes à imeditada (e muitas vezes danosa) inclusão do nome do devedor no cadastro de inadimplentes da CNP (Central Nacional de Protesto) e em outras entidades congêneres, além de prever, de forma muito mais simplificada e intuitiva, a quitação da dívida e o cancelamento do protesto lavrado. Acrescente-se a isso a facilitação dos meios de comunicação do devedor acerca do título apontado a protesto, autorizando-se os tabelionatos a se valerem de instrumentos modernos e digitais para a cientificação segura acerca da apresentação do título em cartório.

A Lei 9.492/97, norma de regência de toda a atividade de protesto de títulos no Brasil, passou a contar com um novo dispositivo (art. 11-A) prevendo expressamente a alternativa conferida ao credor de, antes de buscar a instauração do procedimento clássico do protesto, com a intimação do devedor para pagamento sob pena de lavratura do protesto, permitir-se, como já afirmado, a busca de uma solução menos gravosa e menos (por assim dizer) radical em face do devedor.

Inaugurou-se, como o novo regramento, a possibilidade de o credor/apresentante do título buscar a

Lei 9.492/1997

convocação do devedor para uma última tentativa de pagamento, com critérios fixados por ele, credor, no momento da apresentação do título. Tudo isso feito em ambiente 100% digital, utilizando-se a interface da CENPROT (Central Nacional de Serviços Eletrônicos Compartilhados), órgão de atuação operacional do Instituto de Estudos de Protesto de Títulos do Brasil – IEPTB. Estes os exatos termos da lei, com os grifos inseridos na transcrição:

> Art. 11-A. Fica permitida ao tabelião de protesto e ao responsável interino pelo tabelionato territorialmente competente, por meio da central nacional de serviços eletrônicos compartilhados dos tabeliães de protesto prevista no art. 41-A desta Lei, a recepção do título ou documento de dívida **com a recomendação do apresentante ou credor, caso este assim opte e requeira expressamente, de proposta de solução negocial prévia ao protesto**, observado o seguinte:
>
> I – o prazo de resposta do devedor para a proposta de solução negocial será de até 30 (trinta) dias, segundo o que vier a ser fixado pelo apresentante, facultada a estipulação do valor ou percentual de desconto da dívida, bem como das demais condições de pagamento, se for o caso;
>
> II – o tabelião de protesto ou o responsável interino pelo tabelionato expedirá comunicação com o teor da proposta ao devedor por carta simples, por correio eletrônico, por aplicativo de mensagem instantânea ou por qualquer outro meio idôneo;
>
> III – a remessa será convertida em indicação para protesto pelo valor original da dívida na hipótese de negociação frustrada e se não houver a desistência do apresentante ou credor.

De se observar que também a forma de comunicação ao devedor encontra-se bastante simplificada, em contraste com a rigidez da intimação pessoal prevista no procedimento do protesto (*stricto sensu*), que deve se dar através de carta com aviso de recebimento, intimadores prepostos do tabelionato ou ainda por meio da contratação de empresa especializada neste tipo de prestação de serviço. Aqui, na solução negocial prévia, **a lei inovou ao permitir que seja feita a comunicação (que não se confunde com a intimação para protesto), através de carta simples, correio eletrônico, aplicativo de mensagem instantânea ou qualquer outro meio idôneo.**

Com vistas a incentivar a utilização da medida (sem que seja causado qualquer tipo de prejuízo para o credor), a lei considerou, como **data efetiva para a interrupção da prescrição, o momento em que o título é apresentado para esta solução negocial, antecipando este marco interruptivo que,** de acordo com o código civil, somente ocorreria na data da lavratura do protesto do título, em caso de não pagamento pelo devedor. Essa antecipação resta clara no dispositivo abaixo transcrito.

> § 1º A data de apresentação da proposta de solução negocial de que trata o *caput* deste artigo é considerada para todos os fins e efeitos de direito, inclusive para direito de regresso, interrupção da prescrição, execução, falência e cobrança de emolumentos, desde que frustrada a negociação prévia e esta seja convertida em protesto.

Também como forma de impulsionar a utilização da ferramenta, a lei previu que, com relação aos **emolumentos** a serem pagos ao tabelionato de protesto, esses tomarão por base a tabela incidente sobre o **valor final,** resultado de eventual negociação, e não o originalmente constante do título. Em termos didáticos, em uma dívida de 10.000,00 (dez mil reais) que redundou em um pagamento acordado entre as partes de 1.500,00 (mil e quinhentos reais), o valor a ser pago a título de emolumentos tomará por base este último valor, ao invés daquele inicialmente pleiteado pelo credor, conforme dispõe o §2º, em seus exatos termos:

> § 2º Em caso de concessão de desconto ao devedor, o cálculo dos emolumentos do tabelião, dos acréscimos legais e das verbas destinadas aos entes públicos e entidades a título de custas e contribuições e ao custeio dos atos gratuitos do registro civil das pessoas naturais deverá ser feito com base no valor efetivamente pago.

Uma terceira iniciativa para incentivar o uso da ferramenta – e desta vez fomentando a sua utilização para dívidas mais recentes e portanto mais facilmente recuperáveis – é encontrada nos §4º e 5º do art. 11-A, também inseridos pela Lei 14.711. Neles se observa que a tarifa que deve ser custeada pelo credor ao utilizar a plataforma da CENPROT varia em função do "tempo" de vencimento da dívida. Assim, esquematicamente:

a) <u>dívidas com até 30 dias de vencidas</u>: preço somente será pago pelo devedor no caso de êxito, com base no valor que vier a ser negociado. Credor não precisa fazer nenhuma antecipação de valores no momento da apresentação do título;

b) <u>dívidas com data de vencimento ocorrida entre 31 e 120 dias da data da apresentação</u>: o credor, ao apresentar o título que será direcionado para a solução negocial prévia, deve antecipar o valor da tarifa devida pela utilização da plataforma. Não há aqui, porém, qualquer antecipação de valores de emolumentos devidos ao tabelionato de protesto.

c) <u>dívidas com data de vencimento acima de 120 dias da data da apresentação</u>: o credor deverá antecipar não só o valor da tarifa, bem como os emolumentos devidos ao tabelionato de protesto.

Por fim, deve-se observar que, caso seja **frustrada a tentativa de solução negocial prévia, há a automática transformação do documento apresentado em título indicado a protesto** (a não ser que o credor desista formalmente da cobrança), observando-se, a partir daí, o procedimento tradicional previsto na Lei

9.492/97 (intimação pessoal para pagamento sob pena de lavratura do protesto).

A iniciativa da solução negocial prévia ao protesto é alvissareira. Através dela é legítima a expectativa de um incremento na utilização da ferramenta protesto como forma eficaz, segura e economicamente viável de recuperação de créditos, por meio de um novo e remodelado instrumento de cobrança".

1.1 ANÁLISE DO PROVIMENTO CNJ N. 168/2024

No dia 27 de maio de 2024, a Corregedoria Nacional de Justiça do CNJ editou o Provimento CNJ n. 168 para regulamentar as novas regras trazidas pela Lei nº 14.711/2023.

O ato normativo em questão regulamenta a proposta de solução negocial antes do protesto e a renegociação de dívidas já protestadas.

O Provimento CNJ n. 168/2024 modifica artigos do Código Nacional de Normas, que já havia incorporado as diretrizes do Provimento CNJ n. 72/2018. Com a nova redação, são estabelecidos critérios claros para a apresentação de propostas de solução negocial antes do protesto e para a renegociação de dívidas após o protesto.

Destacam-se algumas justificativas para a edição do ato normativo:

A) Os princípios da supremacia do interesse público, da razoabilidade, da proporcionalidade, da lealdade, da boa-fé, da continuidade do serviço público e da segurança jurídica;

B) Os tabeliães de protesto, por meio do Instituto de Estudos de Protesto de Títulos do Brasil – IEPTB, devem implementar todas as medidas necessárias para a constante agregação de novas funcionalidades tecnológicas que possam resultar em melhorias e em efetivo ganho de qualidade ou desempenho para a atividade extrajudicial de protesto de títulos no país, sob a égide do princípio constitucional da eficiência (*caput* do art. 37 da CF) e conforme os ditames da Lei n 10.973/2004;

C) Que os serviços prestados pelos tabeliães de protesto são considerados serviços públicos essenciais para a prova do inadimplemento de títulos e outros documentos de dívida com a chancela da fé pública;

D) Que a solução negocial prévia ao protesto extrajudicial, bem como a renegociação das dívidas já protestadas contribuem diretamente para reduzir o número de demandas judiciais em todo o país, sob a inspiração do fenômeno que se convencionou chamar de desjudicialização;

E) A Meta n. 16 dos Objetivos de Desenvolvimento Sustentável – ODS, estabelecidos pelas Nações Unidas na Agenda 2030, de "proporcionar o acesso à justiça para todos e construir instituições eficazes, responsáveis e inclusivas em todos os níveis;"

F) A edição da Lei n. 14.711/2023 (Marco das Garantias); e

G) O requerimento formulado pelo IEPTB, entidade de cunho nacional representativa de todos os tabeliães de protesto brasileiros, no Pedido de Providências n. 0002676-47.2020.2.00.000.

No contexto da promoção de uma cidadania financeira mais robusta e inclusiva, a atuação dos tabeliães de protesto ganha destaque como um agente essencial na busca por alternativas que facilitem a regularização extrajudicial de dívidas. Esse esforço é coordenado pelo Instituto de Estudos de Protesto de Títulos do Brasil – IEPTB, que se dedica ao desenvolvimento de campanhas educativas e soluções inovadoras.

Assim, os tabeliães de protesto, por intermédio do IEPTB, deverão desenvolver ferramentas e sistemas que promovam campanhas educativas, meios e alternativas voltados à redução dos índices de inadimplência e à regularização extrajudicial de dívidas e restrições cadastrais, como **princípio de maior cidadania financeira**, utilizando a solução negocial prévia ao protesto e a renegociação das dívidas protestadas e ainda não canceladas.

Antes de iniciarmos a análise do ato normativo, é necessário esclarecer alguns conceitos. Consideram-se medidas de solução negocial prévia ao protesto as medidas de incentivo à solução negocial de dívidas vencidas ainda não protestadas (art. 11-A da Lei nº 9.492/1997).

De outro giro, as medidas de solução negocial posterior ao protesto são as medidas de incentivo à renegociação de dívidas protestadas e ainda não canceladas (art. 26-A da Lei nº 9.492/1997).

O § 2º do art. 375 do Provimento CNJ n. 149/2023 dispõe que tais medidas devem ser aplicadas à União, aos Estados, ao Distrito Federal e aos Municípios, bem como às suas respectivas autarquias e fundações.

O requerimento de medidas de solução negocial prévia ou posterior ao protesto será apreciado pelo **tabelião territorialmente competente** para o ato, **no prazo de 1 (um) dia útil.** Caso não sejam preenchidos quaisquer dos requisitos a seguir analisados, o requerente será comunicado por meio do endereço eletrônico informado no pedido, para sanar o vício no prazo de 3 (três) dias úteis.

Frise que, aplica-se o disposto no art. 132, *caput* e § 1.º, do Código Civil brasileiro, à contagem dos prazos.

Lei 9.492/1997

O art. 377 elenca os **requisitos mínimos** para se requerer medidas de solução negocial prévia ou posterior ao protesto:

> I – qualificação do requerente, em especial, o nome ou denominação social, endereço completo, endereço eletrônico e telefone para envio de mensageria eletrônica (como e-mail, SMS, aplicativos de mensagens), o número do cadastro de pessoas físicas (CPF) ou do cadastro nacional de pessoa jurídica (CNPJ) na Secretaria Especial da Receita Federal do Brasil, conforme o caso;
>
> II – dados suficientes que permitam a identificação e a localização da outra parte, para convite eletrônico;
>
> III – a proposta de solução negocial prévia ou de renegociação, com o prazo de vigência da autorização concedida ao tabelionato de protesto para a adoção das medidas pertinentes de solução negocial prévia e de renegociação de dívidas protestadas.
>
> IV – dados de conta bancária para eventual depósito, em favor do credor, do valor recuperado;
>
> V – o prazo a ser concedido ao devedor para o direito de resposta a contar da data de sua intimação, observado o limite do inciso I do art. 11-A da Lei nº 9.492, de 10 de setembro de 1997, no caso de medidas de solução negocial prévia ao protesto.
>
> VI – outras informações relevantes, a critério do requerente ou da CENPROT, de que trata o art. 41-A da Lei n. 9.492, de 10 de setembro de 1997.

O valor recebido do devedor será creditado na conta bancária indicada pelo credor ou colocado à sua disposição pelo tabelionato de protesto territorialmente competente para o ato, ou pela CENPROT, no primeiro dia útil subsequente ao seu recebimento. A norma vai ao encontro do prazo previsto no art. 19 da Lei de Protesto, que trata do pagamento. Assim, fica garantido ao credor acesso rápido e eficiente ao valor devido, minimizando atrasos e assegurando a transparência do processo.

É responsabilidade do credor manter atualizados seus dados cadastrais, especialmente as informações bancárias. Isso é essencial para evitar problemas na transferência dos valores recebidos e para assegurar que o crédito seja realizado de maneira correta e segura.

No caso de uma renegociação de dívida que foi objeto de protesto, se houver um acordo para o parcelamento do valor devido, **o registro de protesto poderá ser cancelado após o pagamento da primeira parcela.** Em outras palavras, o cancelamento do protesto pode ser concedido antes do pagamento total das parcelas.

Contudo, isso pode ser diferente se houver uma cláusula específica no termo de renegociação que disponha o contrário. Portanto, é importante que todas as condições do acordo de renegociação sejam claramente estipuladas e compreendidas pelas partes envolvidas para evitar futuros mal-entendidos.

O art. 379 estabelece o **dever de disponibilização e publicidade** dos registros de protesto na CENPROT:

> Art. 379. Os tabeliães de protesto manterão serviços e ferramentas que garantam a qualquer pessoa física ou jurídica o acesso à CENPROT, para a consulta dos registros de adimplemento ou inadimplemento de títulos ou documentos de dívida, sem valor jurídico de uma certidão, visando assegurar a acessibilidade a produtos e serviços que incentivem a solução negocial de dívidas e a obtenção de crédito.
>
> Parágrafo único. Diante da presunção legal de veracidade e publicidade inerente aos registros dos tabelionatos de protesto, a reprodução objetiva, fiel e atualizada desses dados na base da CENPROT ou de órgão de proteção ao crédito, independe de nova intimação do devedor.

As diferenças entre os serviços de conciliação e mediação já eram bem claras nas regras do Provimento CNJ n. 72/2018. O art. 380, ao propor uma **vedação,** vem reforçar essa distinção:

> Art. 380. É vedado aos tabeliães de protestos condicionar a prestação do serviço de que trata este Capítulo à contratação, pelas partes, dos serviços de conciliação ou de mediação de que trata o art. 18 deste Código.

O art. 381 elenca **os deveres** do tabelião de protesto frente à CENPROT, que incluem:

> Art. 381. O tabelião de protesto deverá informar à CENPROT:
>
> I – as propostas apresentadas para soluções negociais referentes a dívidas não protestadas;
>
> II – as propostas apresentadas para soluções negociais referentes a dívidas protestadas;
>
> III – as negociações exitosas previamente ao protesto;
>
> IV – as negociações frustradas previamente ao protesto;
>
> V – as apresentações para protesto em sentido estrito em sequência à frustração da tentativa de solução negocial;
>
> VI – as renegociações exitosas de dívidas protestadas;
>
> VII – os andamentos diários de todas as propostas com soluções negociais ainda em curso.
>
> § 1º A obrigação a que refere o caput deste artigo poderá ser cumprida por meio das seccionais estaduais e do Distrito Federal do Instituto de Estudos de Protesto de Títulos do Brasil – IEPTB, as quais também deverão informar à CENPROT acerca dos atos praticados no âmbito das centrais seccionais.
>
> § 2º. Serão disponibilizados, na área ProtestoJud da CENPROT, os dados estatísticos nacionais, estaduais e distritais, diários, mensais e anuais, as informações de que tratam este artigo envolvendo todas as diversas espécies de títulos e documentos de dívida.

O art. 383 traz regra específica para aprimorar a aplicação do art. 11-A da Lei de Protestos:

> Art. 383. Nos termos do caput do art. 11-A da Lei n. 9.492, de 10 de setembro de 1997, a CENPROT deverá ser a plataforma eletrônica designada para a **intermediação, negociação e formalização de acordos entre credores e devedores,** bem como para a integração com os tabelionatos de protesto territorialmente competentes, via API (Interface de Programação de Aplicações) disponibilizada pela plataforma, assegurando a

autenticidade, integridade e legalidade dos atos praticados.

§ 1º Os responsáveis pelos tabelionatos de protesto territorialmente competentes para o ato deverão lançar, **independentemente de autorização dos credores,** os títulos e outros documentos de dívida recepcionados pela CENPROT e que envolvam propostas de solução negocial prévia em sistema de computação da serventia, a fim de permitir o pleno controle dos prazos e ocorrências.

§ 2º Para o lançamento de que trata o § 1º deste artigo, aplicam-se, no que couberem, as regras de escrituração previstas para os livros e arquivos dos tabelionatos de protestos (arts. 32 da Lei n. 9.492, de 10 de setembro de 1997) bem como as regras de especialidade subjetiva e objetiva das intimações para protestos (art. 356, §3º, deste Código).

O art. 384 dispõe sobre a **resolução de casos omissos de natureza técnica e/ou operacional no âmbito da CENPROT.** Vejamos:

Art. 384. Os casos omissos de natureza técnica e/ou operacional poderão ser dirimidos diretamente através da CENPROT, por meio de ato próprio do Instituto de Estudos de Protesto de Títulos do Brasil – IEPTB, visando à uniformização e eficiência da atividade de protesto de títulos em todo o território nacional, em colaboração preventiva com a Corregedoria Nacional de Justiça e com as Corregedorias dos Estados e do Distrito Federal, em conformidade com os artigos 258 e 261 do Código Nacional de Normas – Foro Extrajudicial.

Parágrafo único. Os atos do IEPTB deverão ser mantidos atualizados no site da CENPROT, com acesso gratuito a qualquer pessoa em local de fácil acesso, sem exigência de prévia identificação ou cadastro prévios.

Os arts. 385 a 387 trazem disposições específicas sobre a proposta de solução negocial prévia ao protesto. Em outras palavras, esses dispositivos regulamentam o art. 11-A da Lei de Protestos, conforme segue:

Art. 385. As **ocorrências** a serem lançadas no sistema de computação próprio da CENPROT e do tabelionato de protesto, relativas aos títulos e documentos de dívida apresentados com pedidos de adoção de medidas de solução negocial prévia ao protesto são:

I – devolvido por irregularidade pelo tabelionato competente;

II – pago pelo devedor;

III – retirado pelo apresentante ou credor; e

IV – convertido em apontamento a protesto.

§ 1.º As hipóteses dos incisos I e III não impedem uma nova apresentação.

§ 2.º Ocorrendo a hipótese do inciso II, o tabelião procederá como se se tratasse de um pagamento de dívida no curso do procedimento de protesto (art. 19 da Lei n. 9.492, de 10 de setembro de 1997).

§ 3.º Ocorrendo a hipótese do inciso IV, deverá ser indicado o número e a data do protocolo do respectivo pedido de protesto em sentido estrito.

Art. 386. Na hipótese do **inciso III do caput do art. 11-A da Lei n. 9.492,** de 10 de setembro de 1997:

I – o registro do protesto e seu instrumento deverão conter também a data de apresentação da proposta de solução negocial frustrada (art. 11-A, § 1º, da lei retrocitada);

II – o registro do protesto será feito logo após escoado o prazo de resposta, sem necessidade nova intimação, desde que:

a) da anterior intimação (referente à proposta de medida negocial), tenha constado expressamente essa advertência;

b) o prazo para resposta concedido ao devedor tenha sido de, no mínimo, a três dias úteis da intimação.

Art. 387. **Findo o prazo de resposta do devedor** para a proposta de solução negocial, que será de até 30 (trinta) dias, e não havendo pagamento nem desistência do apresentante ou credor, o tabelião territorialmente competente para o ato deverá **converter a proposta em pedido de protesto pelo valor original da dívida,** nos termos do inciso III do art. 11-A da Lei n. 9.492, de 10 de setembro de 1997.

CAPÍTULO V – DO PRAZO

Art. 12. O protesto será registrado dentro de três dias úteis contados da protocolização do título ou documento de dívida.

§ 1º Na contagem do prazo a que se refere o *caput* exclui-se o dia da protocolização e inclui-se o do vencimento.

§ 2º Considera-se não útil o dia em que não houver expediente bancário para o público ou aquele em que este não obedecer ao horário normal.

Art. 13. Quando a intimação for efetivada excepcionalmente no último dia do prazo ou além dele, por motivo de força maior, o protesto será tirado no primeiro dia útil subsequente.

1. COMENTÁRIOS

O art. 12 desta Lei consagra o **princípio da celeridade (rapidez, celeridade e informalismo),** dantes textualizado nesta obra.

O prazo legal de três dias, ou chamado tríduo legal, é contado segundo o critério clássico, ou seja, **exclui o dia da protocolização e inclui o dia do vencimento.**

Lei 9.492/1997

O termo inicial é o da protocolização do título ou documento, sendo o termo final, o terceiro dia útil subsequente. Tal regra, adequa-se à norma inserida no art. 224 do novo Código de Processo Civil. Assim, se a data da protocolização ocorreu no dia 20, o prazo para pagamento será dia 23. Se não houver pagamento, o protesto será lavrado na data do vencimento (dia 23), imediatamente após o término do expediente do Tabelionato. Na prática, lavra-se o protesto no dia 24 antes do expediente.

Exceção quanto ao termo final, está disposta no art. 13 desta Lei: "*Quando a intimação for efetivada excepcionalmente no último dia do prazo ou além dele, por motivo de força maior, o protesto será tirado no primeiro dia útil subsequente*".

Dessa forma, podemos concluir que o protesto nunca será lavrado antes de decorrido o expediente ao público de 1 (um) dia útil, contado da intimação.

Registre-se que a regra do art. 13 também se aplica às intimações realizadas por edital.

Bem observa Sergio Luiz José Bueno que "a lei não prevê um *dia da graça*, pois não há concessão de benesse ao devedor. O que busca é fazer com que o protesto ocorra ao menos um dia após a intimação" (Op. cit., p. 74).

É importante consignar que não há uniformidade de procedimentos **no que se refere à contagem** do prazo dos três dias do art. 12 desta Lei, para que seja tirado o protesto.

Algumas normativas estaduais estabelecem que o prazo de três dias deve ser contado a partir do **recebimento da intimação, e não da protocolização**, o que, a meu ver, é acertado. O tabelião teria mais tempo hábil para uma qualificação mais minuciosa; a possibilidade de pagamento é maior, além de assegurar os princípios constitucionais do contraditório e ampla defesa, que assegura a igualdade, de forma que todos os intimados terão os mesmos três dias para elaborar sua defesa, negociar a dívida ou efetuar o pagamento.

É o caso do Estado de Minas Gerais, que possui regra no sentido de que o prazo legal de três dias úteis para pagamento, aceite, devolução ou manifestação da recusa conta-se excluído o dia do começo e incluído o dia do vencimento: a) da **intimação** do devedor, quando houver sido entregue por portador ou por carta; b) da publicação da intimação por edital. No mesmo sentido, as normativas estaduais do Ceará, Santa Catarina e Pernambuco. Recentemente, o Estado do Rio de Janeiro também aderiu a essa regra.

Por outro lado, outras normas de serviço das Corregedorias Gerais dos Estados preveem que o prazo de três dias deve acompanhar a Lei 9.492/1997 e ser contado a partir da **protocolização**. Como exemplo, citamos o Estado de São Paulo.

Apresento, a seguir, um quadro didático sobre a contagem do prazo do protesto nos estados federativos:

AC	Protocolo	–
AL	–	Intimação
AP	–	Intimação
AM	Protocolo	–
BA	Protocolo	–
CE	–	Intimação
DF	–	Intimação
ES	Protocolo	–
GO	–	Intimação
MA	Protocolo	–
MG	–	Intimação
MS	–	Intimação
MT	Protocolo	–
PA	–	Intimação
PB	–	Intimação
PE	–	Intimação
PI	Protocolo	–
PR	Protocolo	–
RJ	–	Intimação
RN	–	Intimação
RO	Protocolo	–
RR	Protocolo	–
RS	–	Intimação
SC	–	Intimação
SE	Protocolo	–
SP	Protocolo	–
TO	–	Intimação

Sobre o exíguo prazo dos três dias contados da protocolização, a maioria da doutrina inclina pela falta de coerência, **sob a ótica do devedor**.

Na opinião de Sérgio Luiz José Bueno, com a qual concordamos, uma revisão legislativa sobre o tema não seria imprópria, com possível ampliação ou alteração do termo inicial estabelecido, sempre respeitando a celeridade que deve nortear o protesto. No entanto, as ponderações atualmente encontradas não justificam o descumprimento da norma, que é clara e inequívoca, ditando não apenas o lapso, mas também o início da contagem. (...) "Sob a ótica da prestação do serviço público, tabelionatos informatizados, com pessoal bem treinado e motivado não terão maiores problemas para cumprir o prazo em questão" (Op. cit., p. 72).

No dizer de Parizzato "a exata interpretação do art. 12 não corresponde à realidade, pois que ali se estabelece que o protesto será registrado (art. 20), dentro de 3 (três) dias úteis contados da protocolização do título ou documento de dívida (art. 9), quando na verdade tal prazo de três dias úteis deve ser contado a partir da efetiva intimação do devedor (art. 14) para fazer o pagamento ou promover, querendo, a respectiva ação cautelar de sustação de protesto" (Op. cit., p. 488).

Não é outro o entendimento de Emanoel Macabu Moraes: "importante ressaltar a exiguidade do prazo. Não é fácil, seja nas comarcas de maior população (por conta do volume de serviço e do trânsito congestionado) como também naquelas situadas em regiões rurais (em razão das grandes distâncias a serem vencidas através de vias mal pavimentadas), que se receba o título, expeça a intimação e se obtenha êxito na diligência num prazo de três dias úteis. Contudo, os cartórios estão tão bem estruturados que, em condições normais, sempre conseguem cumprir os prazos" (Op. cit., p. 293).

Considera-se como dia não útil aquele em que não houver expediente bancário para o público ou quando o expediente não seguir o horário normal. Exemplos disso incluem greves bancárias e queda de sistema de informática do banco. Nessas situações, o prazo de três dias é prorrogado, evitando-se prejuízo ao devedor.

Importante ressaltar que, durante o período de 20 de dezembro a 6 de janeiro, no qual haverá **suspensão do expediente forense** em razão do recesso de final de ano, o prazo para protesto fluirá normalmente, exceto se houver ressalva nas normativas estaduais.

Por derradeiro, durante o prazo do tríduo legal, após a intimação do devedor, podem ocorrer as seguintes hipóteses, que serão detalhadas ao longo deste trabalho:

a) **devolução do título** por irregularidade;
b) **suscitação de dúvida:** procedimento administrativo competente para **dirimir dissenso** entre o usuário do serviço e o registrador/tabelião;
c) **retirada ou desistência**: o apresentante pode requerer por diversos motivos e antes de efetivado o protesto, a retirada do título sem protesto, pagando as devidas custas;
d) **sustação judicial do protesto**: o protesto fica suspenso até decisão posterior do juiz competente; e
e) **pagamento do título ou aceite,** ficando assim, prejudicado o protesto.

Caso nenhuma dessas hipóteses ocorra, o instrumento de protesto deverá ser lavrado conforme os requisitos estipulados no art. 22 da Lei 9.492/1997.

2. JURISPRUDÊNCIA COMPLEMENTAR

TRIBUNAL DE JUSTIÇA DO ESTADO DE SÃO PAULO

EMENTA: RESPONSABILIDADE CIVIL – INDENIZATÓRIA. Danos morais – Protesto de título – Apontamento efetuado quando vencida a dívida, e antes do pagamento (em estrita obediência ao art. 12, *caput*, da Lei nº 9.492/97) – Feito o pagamento pelo sacado diretamente ao sacador no tríduo que precede o aperfeiçoamento do protesto, era ônus dele, devedor, diligenciar para obstar a consumação do ato notarial ou seu cancelamento (art. 26 da lei de regência) – Dano moral não configurado – Precedentes jurisprudenciais – Apelo da ré provido, prejudicado o exame do recurso do autor – Embargos infringentes rejeitados. (TJSP – EI 0004538-32.2010.8.26.0274, Relator: Fernandes Lobo, 22ª C. Direito Privado, julgamento: 25/10/2012)

3. QUESTÕES DE CONCURSOS

01. (TJ/MA – 2023 – Consulplan – Notário e Registrador/Provimento) Considere-se todos os dias citados adiante como integrantes do mês de março de 2023. No dia 13, segunda-feira, foi apresentado a protesto no tabelionato da Comarca X uma nota promissória. A intimação foi regularmente cumprida no dia 15. No dia 16, em razão da falta de energia, os bancos locais reduziram em duas horas o atendimento ao público. Por fim, no dia 17, em razão de incêndio no quarteirão em que está situada, a loja credora permaneceu fechada durante todo o dia. Diante da situação fática relatada, pressupondo que todos os dias do mês referido, salvo os sábados e domingos, são úteis e considerando as disposições da Lei nº 9.492/1997 (Lei dos Serviços de Protesto de Títulos e outros documentos da dívida), o prazo para pagamento ou protesto vence no dia:

a) 16.
b) 17.
c) 20.
d) 21.

02. (Vunesp – Titular de Serviços de Notas e Registros – TJ – SP – Provimento/2022) Em conformidade com as Normas de Serviço da Corregedoria Geral da Justiça do Estado de São Paulo, quanto ao Protesto de Letras e Títulos, assinale a alternativa correta.

Nota da autora: apesar de se tratar de questão de comando estadual, é possível resolvê-la conhecendo a legislação federal e os ensinamentos desta obra.

a) Na contagem do prazo para lavratura do protesto, considerado o dia da protocolização, inclui-se o dies a quo e exclui-se o dies ad quem.
b) Quando o tríduo legal para a tirada do protesto for excedido, o motivo do atraso não deverá ser mencionada no instrumento.
c) O prazo para tirada do protesto é de 3 (três) dias úteis, contados da protocolização do título ou do documento de dívida, não podendo ser lavrado antes de decorrido o expediente ao público de 1 (um) dia útil, contado da intimação.
d) Na hipótese de a intimação ser efetivada no último dia do prazo ou além dele, o protesto será lavrado no primeiro dia útil subsequente, exceto se houver motivo de força maior, quando o protesto poderá ser lavrado no mesmo dia.

03. (Vunesp – Outorga de Delegação de Notas e Registros – TJ – GO/2021) De acordo com a Lei nº 9.492/97, assinale a alternativa correta em relação ao prazo do registro do protesto.

a) O protesto será registrado dentro de três dias, úteis ou não úteis, contados da protocolização do título ou documento de dívida. Na contagem do prazo, inclui-se o dia da protocolização e exclui-se o do vencimento.
b) O protesto será registrado dentro de três dias úteis contados da protocolização do título ou documento de dívida. Na

contagem do prazo, inclui-se o dia da protocolização e exclui-se o do vencimento.

c) O protesto será registrado dentro de três dias, úteis ou não úteis, contados da protocolização do título ou documento de dívida. Na contagem do prazo, exclui-se o dia da protocolização e inclui-se o do vencimento.

d) O protesto será registrado dentro de três dias úteis contados da protocolização do título ou documento de dívida. Na contagem do prazo, exclui-se o dia da protocolização e inclui-se o do vencimento.

04. (FGV – Titular de Serviço de Notas e Registros – TJ – SC/2021) João levou a protesto um título de crédito no qual Mário figurava como devedor. Após regular intimação, no primeiro dia de fluência do prazo legal, antes, portanto, da lavratura do instrumento de protesto, Mário compareceu perante o tabelião de protestos e requereu que fossem registradas as razões que o levaram ao descumprimento da obrigação, o que foi acolhido. Em razão da manifestação de Mário, o tabelião realizou o protesto de imediato.

À luz da sistemática vigente, o obrar do tabelião:

a) não apresenta qualquer incorreção;

b) foi incorreto na parte em que registrou as razões apresentadas por Mário;

c) foi incorreto apenas por não ter submetido as razões de Mário ao juízo competente;

d) foi incorreto ao registrar as razões de Mário e realizar o protesto de imediato, antes do tríduo legal;

e) foi incorreto apenas ao realizar o protesto de imediato, após a manifestação de Mário, mas antes do tríduo legal.

05. (IESES – Titular de Serviços de Notas e de Registro – Provimento – TJ – SC/2019) "O protesto será registrado dentro de ____ dias úteis contados da ______ do título ou documento de dívida. Nessa contagem do prazo _________ o dia da protocolização e _________ o do vencimento. Considera-se _________ o dia em que não houver expediente bancário para o público ou aquele em que este não obedecer ao horário normal. Quando a intimação for efetivada excepcionalmente no ______ dia do prazo ou além dele, por motivo de força maior, o protesto será tirado no _________ dia útil subsequente." Sobre os prazos no procedimento de protesto de títulos, marque a alternativa que completa correta e sequencialmente os espaços do enunciado, conforme o texto legal:

a) três; protocolização; exclui-se; inclui-se; útil; primeiro; primeiro.

b) cinco; protocolização; inclui-se; exclui-se; útil; último; primeiro.

c) cinco; protocolização; exclui-se; inclui-se; não útil; último; primeiro.

d) três; protocolização; exclui-se; inclui-se; não útil; último; primeiro.

06. (IESES – Cartório – Remoção – TJ – CE/2018) De acordo com a Lei 9.492/1997 o protesto será registrado:

a) Dentro de três dias úteis contados da protocolização do título ou documento de dívida.

b) Dentro de vinte e quatro horas contadas da protocolização do título ou documento de dívida.

c) Dentro de cinco dias contados da protocolização do título ou documento de dívida.

d) Dentro de cinco dias úteis contados da protocolização do título ou documento de dívida.

07. (FGV – Notário-AM /2005) Analise as proposições a seguir:

I. Segundo dispõe a Lei 9.492/97, o protesto será registrado dentro de três dias úteis contados da protocolização do título ou documento de dívida.

II. Todos os documentos apresentados ou distribuídos no horário regulamentar serão protocolizados dentro de vinte e quatro horas, obedecendo à ordem cronológica de entrega.

III. Tratando-se de títulos ou documentos de dívida sujeitos a qualquer tipo de correção, o pagamento será feito pela conversão vigorante no dia da apresentação no valor indicado pelo apresentante.

Assinale:

a) se somente a proposição I estiver correta.

b) se somente a proposição II estiver correta.

c) se somente as proposições I e a II estiverem corretas.

d) se somente as proposições I e a III estiverem corretas.

e) se todas as proposições estiverem corretas.

08. (UFMT – Notário-MT/2003) Em que prazo legal o protesto será registrado?

a) Dentro de três dias úteis, contados da intimação do devedor, excluindo-se o dia da intimação e incluindo-se o do vencimento.

b) Dentro de três dias úteis, contados da protocolização, excluindo-se o dia da protocolização e incluindo-se o do vencimento.

c) Dentro de três dias úteis, incluindo-se o dia da protocolização.

d) Dentro de cinco dias úteis, contados da protocolização, excluindo-se o dia da protocolização e incluindo-se o do vencimento.

e) No prazo necessário para a regular intimação do obrigado, se o tabelião de protesto empreender diligências para sua localização, nos limites ou fora da comarca.

09. (Cespe – Cartório-PI/2013) Determinado título foi protocolado para protesto em 9/9/2013, segunda-feira, no serviço de distribuição de títulos de um município e enviado ao devido cartório de protesto em 10/9/2013, terça-feira. Por questões de logística, a intimação somente ocorreu em 16/9/2013, segunda-feira, véspera de feriado municipal.

Com base nessa situação hipotética e nas disposições do Código de Normas e Procedimentos dos Serviços Notariais e de Registro do Estado do Piauí, é correto afirmar que o tabelião poderia lavrar o protesto após o final do expediente de

a) 13/9/2013, sexta-feira.

b) 18/9/2013, quarta-feira.

c) 19/9/2013, quinta-feira.

d) 20/9/2013, sexta-feira.

e) 12/9/2013, quinta-feira.

10. (IESES – Cartório – Remoção – TJ – RO/2017) O protesto será registrado dentro de:

a) Cinco dias contados da protocolização do título ou documento de dívida, excluindo-se o dia da protocolização e incluindo-se o do vencimento.

b) Três dias úteis contados da protocolização do título ou documento de dívida, excluindo-se o dia da protocolização e incluindo-se o do vencimento.

c) Cinco dias úteis contados da protocolização do título ou documento de dívida, excluindo-se o dia da protocolização e incluindo-se o do vencimento.

d) Três dias úteis contados da protocolização do título ou documento de dívida, incluindo-se o dia da protocolização e excluindo-se o do vencimento.

11. (Vunesp – Cartório – TJ – SP/2014) Quanto ao prazo do protesto, é correto afirmar:

a) quando a intimação for efetivada no último dia do prazo ou além dele, por motivo de força maior, o protesto será tirado no primeiro dia útil subsequente.

b) o protesto não será lavrado antes do prazo de 36 (trinta e seis) horas, contado da intimação do devedor.

c) no período de 20 de dezembro a 6 de janeiro, durante o qual haverá suspensão do expediente forense em razão do recesso de final de ano, o prazo do protesto será suspenso, voltando a fluir normalmente a partir do primeiro dia útil subsequente ao dia 6 de janeiro.

d) o prazo para tirada do protesto é de 3 (três) dias úteis, contados da intimação do devedor.

GAB	1	B	2	C	3	D	4	A
	5	D	6	A	7	E	8	B
	9	B	10	B	11	A		

CAPÍTULO VI – DA INTIMAÇÃO

Art. 14. Protocolizado o título ou documento de dívida, o Tabelião de Protesto expedirá a intimação ao devedor, no endereço fornecido pelo apresentante do título ou documento, considerando-se cumprida quando comprovada a sua entrega no mesmo endereço.

§ 1º A remessa da intimação poderá ser feita por portador do próprio tabelião, ou por qualquer outro meio, desde que o recebimento fique assegurado e comprovado através de protocolo, aviso de recepção (AR) ou documento equivalente.

§ 2º A intimação deverá conter nome e endereço do devedor, elementos de identificação do título ou documento de dívida, e prazo limite para cumprimento da obrigação no Tabelionato, bem como número do protocolo e valor a ser pago.

§ 3º O tabelião de protesto poderá utilizar meio eletrônico ou aplicativo multiplataforma de mensagens instantâneas e chamadas de voz para enviar as intimações, caso em que a intimação será considerada cumprida quando comprovado o seu recebimento por meio de confirmação de recebimento da plataforma eletrônica ou outro meio eletrônico equivalente.

§ 4º Após 3 (três) dias úteis, contados da remessa da intimação na forma do § 3º, sem que haja a comprovação de recebimento, deverá ser providenciada a intimação nos termos dos §§ 1º e 2º deste artigo.

§ 5º Na hipótese de o aviso de recepção ou documento equivalente não retornar ao tabelionato dentro do prazo de 7 (sete) dias úteis, deverá ser providenciada a intimação por edital, observado o prazo para a lavratura do protesto consignado no art. 13 desta Lei.

§ 6º Considera-se dia útil para o fim da contagem dos prazos deste artigo aquele em que houver expediente bancário para o público na localidade, conforme definido pelo Conselho Monetário Nacional.

Art. 15. A intimação será feita por edital se a pessoa indicada para aceitar ou pagar for desconhecida, sua localização incerta ou ignorada, for residente ou domiciliada fora da competência territorial do Tabelionato, ou, ainda, ninguém se dispuser a receber a intimação no endereço fornecido pelo apresentante.

§ 1º O edital será afixado no Tabelionato de Protesto e publicado no sítio eletrônico da central nacional de serviços eletrônicos compartilhados dos tabeliães de protesto prevista no art. 41-A desta Lei, sem prejuízo de outras publicações em jornais eletrônicos.

§ 2º Aquele que fornecer endereço incorreto, agindo de má-fé, responderá por perdas e danos, sem prejuízo de outras sanções civis, administrativas ou penais.

1. COMENTÁRIOS

Na lição de Parizzato, intimação é "o ato pelo qual se dá ciência a alguém de alguma coisa para que tal pessoa tome alguma providência em seu favor. No caso de protesto é essa realizada para que o apontado devedor pague ou providencie a sustação do protesto contra si apontado" (Op. cit., 491).

A intimação não deve ser confundida com a citação, que é o ato solene geralmente praticado por um oficial de justiça, através do qual o réu é informado da existência de um processo judicial contra ele. Os dispositivos referentes à intimação consagram o **princípio da formalidade simplificada,** já analisado no art. 1º desta Lei.

Essa orientação é constatada já no procedimento de intimação, que, para se efetivar e tornar-se regular, necessita apenas da entrega do aviso no endereço fornecido pelo portador, **não sendo necessário o recebimento**

Lei 9.492/1997

pessoal pelo devedor. Essa regra assemelha-se à norma do art. 8º, II, da Lei 6.830 (Execução Fiscal) e difere do antigo art. 222 do Código de Processo Civil (correspondente ao art. 247 do CPC/2015), que exige a entrega em mãos próprias do destinatário.

Esse entendimento foi confirmado pelo Provimento CNJ 149/2023, no § 3º do art. 356:

> Respeitada a praça de pagamento do título ou do documento de dívida para a realização do protesto, segundo a regra do § 1º, a remessa da intimação poderá ser feita por qualquer meio e sempre dentro do limite da competência territorial do Tabelionato, desde que seu recebimento fique assegurado e comprovado por protocolo, aviso de recebimento – AR, ou documento equivalente, podendo ser efetivada por portador do próprio Tabelião.
>
> § 3º. Respeitada a competência territorial quanto ao lugar da tirada do protesto, a remessa da intimação poderá ser feita por qualquer meio idôneo, **desde que o seu recebimento fique assegurado e comprovado mediante protocolo, aviso de recebimento – AR, ou documento equivalente**, podendo ser efetivada por portador do próprio Tabelião ou empresa especializada especialmente contratada para este fim.

É permitida a entrega da intimação ao menor, desde que ele tenha condições de recebê-la. Trata-se de entendimento pacificado no Tribunal Regional da 3ª Região.

O princípio da formalidade simplificada também é aplicado quando a intimação ocorrer por edital, tema analisado em breve nos comentários deste dispositivo.

Recebido o título ou documento de dívida e efetuada a protocolização, o Tabelião deverá expedir a intimação ao devedor. Esta nunca deve ser expedida antes da protocolização do título, independentemente da urgência. O aviso deve ser enviado ao endereço fornecido pelo apresentante do título ou documento de dívida, sob pena de responsabilidade, nos termos do § 2º do art. 15 desta Lei. Considera-se cumprida a intimação quando comprovada a entrega no endereço fornecido, ainda que o recebedor seja pessoa diversa do intimado.

Frise-se que, se o endereço indicado pelo apresentante no requerimento for divergente daquele constante no título, prevalece o primeiro. Caso a tentativa de entrega no endereço fornecido pelo apresentante seja infrutífera, não há problema em realizar a notificação no endereço constante no título.

Sérgio Luiz José Bueno pondera: "se o apresentante desconhece o endereço do devedor, não deve ser obrigado a indicar um qualquer (mesmo porque o faz sob pena de responsabilidade), ciente de ser incorreto. Se isso ocorrer (desconhecimento), não havendo vedação por Corregedoria local, deverá o apresentante declarar essa circunstância por escrito assinado na presença do Tabelião ou de seu preposto. Caso não compareça pessoalmente, a declaração haverá de conter firma reconhecida. Assim, será publicado edital, por localização incerta ou ignorada, sem que se passe antes pela tentativa de intimação no endereço". (Op. cit., p. 206).

O recente Enunciado 67 da I Jornada de Direito Notarial e Registral positivou o que a maioria da doutrina defendia. Confira-se:

> **Enunciado 67.** Observada a competência territorial, a intimação de protesto pode ser realizada em endereço diverso do indicado pelo apresentante como sendo do devedor, se constante de base de dados própria ou de outras bases públicas de acesso disponível, inclusive a mantida pela central de serviços eletrônicos compartilhados.
>
> ⊙ Justificativa: Como forma de esgotar as tentativas de entrega de intimação, antes da publicação em edital, a intimação de protesto poderá ser realizada em endereço diverso do indicado pelo apresentante como sendo do devedor. A Receita Federal do Brasil possui um repositório público contendo dados de endereço das pessoas jurídicas. Esse banco de dados pode ser consultado pelos tabeliães para promover nova tentativa de entrega da intimação. De forma segura, o *site* da receita federal disponibiliza informações atualizadas dos usuários, que podem ser utilizados na busca da efetiva intimação pessoal afastando a intimação ficta editalícia. Outros repositórios públicos de dados como a SERPRO, Justiça Eleitoral, Secretarias de Fazendas Estaduais, IBGE, quiçá poderão ser objeto de convênio com o Instituto de Estudos de Protestos do Brasil, IEPTB-BR para busca de endereços atualizados dos devedores. A efetiva entrega pessoal da intimação no endereço do devedor, publiciza ao devedor de forma mais efetiva a existência do apontamento a protesto e o prazo para cumprimento da obrigação. Os adimplementos dos títulos/documentos de dívida cujas intimações foram efetivamente entregues nos endereços dos devedores é bem maior que os adimplementos obtidos pelas intimações editalícias, dado o menor potencial de conhecimento do devedor pelo edital de protesto.

A intimação é obrigatória e pode ser realizada por funcionário do Tabelionato, por correio ou por edital. Em outras palavras, pode ser feita pessoalmente, por intermédio de portador do próprio tabelião, ou por qualquer outro meio, desde que comprovado o seu recebimento, sendo vedada a intimação por telefone.

Note-se contudo que algumas normativas estaduais trazem hipóteses de **dispensa da intimação,** a saber:

> **Art. 787, Código de Normas da Corregedoria-Geral da Justiça do Estado do Paraná – Foro Extrajudicial.** É dispensada a intimação quando:
>
> I – o sacado ou o aceitante firmar, na letra, a declaração de recusa do aceite ou do pagamento;
>
> II – o devedor ou o sacado for falido, ou nos casos de concurso de credores, quando comprovado pelo apresentante;
>
> III – tratar-se de cheque roubado, furtado, extraviado, ou sem confirmação do recebimento do talonário pelo correntista, devolvido pelo banco sacado com fundamento na alínea "B", nºs 20, 25, 28, 29 e 30 da Circulares nºs 2.655/96 e 3.050/01 do BACEN, salvo em relação ao avalista ou endossante.

Art. 1828, Provimento CGJMS n. 240, de 10 de dezembro de 2020 (*Dispõe sobre a Consolidação Normativa Judicial e Extrajudicial da Corregedoria-Geral da Justiça do estado de Mato Grosso do Sul (Código de Normas)*). Dispensa-se a intimação do sacado ou aceitante, caso tenha firmado, no título, declaração de recusa do aceite ou do pagamento e na hipótese de protesto do falido.

Item 55, Cap. XV, NSCGJSP. Dispensa-se a intimação do sacado ou aceitante, caso tenham firmado no título declaração da recusa do aceite ou do pagamento e, na hipótese de protesto, por causa de falência do aceitante.

Por sua vez, o § 2º do art. 14 da Lei 9.492/1997, traz os **elementos** constantes na intimação. São eles:

- nome do devedor;
- endereço do devedor;
- elementos de identificação do título ou documento de dívida;
- prazo limite para cumprimento da obrigação no Tabelionato;
- número do protocolo e;
- valor a ser pago.

Esse dispositivo vai ao encontro do art. 356, § 4º do Provimento CNJ 149/2023:

A intimação deverá conter, ao menos, o nome, CPF ou CNPJ e endereço do devedor, os nomes do credor e do apresentante, com respectivos CPF e/ou CNPJ, elementos de identificação do título ou documento de dívida e o prazo limite para cumprimento da obrigação no Tabelionato, bem como o número do protocolo e o valor a ser pago, exceção à intimação por edital que se limitará a conter o nome e a identificação do devedor.

Frise-se que as normativas estaduais podem ainda estabelecer outros requisitos.

Caberá ao Tabelião certificar no registro e instrumento de protesto a efetiva intimação realizada ao devedor e eventualmente, suas respostas oferecidas.

Nas hipóteses de o devedor recusar o recebimento da intimação, ser ele desconhecido, sua localização incerta ou ignorada, o devedor ser residente ou domiciliado fora da competência territorial do Tabelionato, a intimação deverá ser feita por **edital**. Cabe ao Tabelião esgotar todos os meios para localizar o devedor.

Intimado o devedor, podem ocorrer as seguintes hipóteses:

a) **devolução do título** por irregularidade;

b) **suscitação de dúvida:** procedimento administrativo competente para **dirimir dissenso** entre o usuário do serviço e o registrador/tabelião.

c) **retirada ou desistência:** o apresentante pode requerer, por diversos motivos e antes de efetivado o protesto, a retirada do título sem protesto, pagando as devidas custas);

d) **sustação judicial do protesto** (o protesto fica suspenso até decisão posterior do juiz competente); e

e) **pagamento do título ou aceite,** ficando assim, prejudicado o protesto.

1.1 INTIMAÇÃO ELETRÔNICA

Para uma melhor compreensão do tema, é necessário apresentar um histórico.

O Conselho Nacional de Justiça havia entendimento (Procedimento de Controle Administrativo (PCA0005278-16.2017.2.00.0000), no sentido de que as intimações de protesto poderiam ser feitas pela internet. O órgão manteve o entendimento da Corregedoria-Geral da Justiça (CGJ) do Tribunal de Justiça do Estado de Santa Catarina (TJSC) que **permitiu a publicação de intimações de protesto em jornal eletrônico, especialmente criado para este fim.**

Em sua decisão, ressaltou-se quatro argumentos:

a) O alcance da internet, que hoje é superior ao dos jornais tradicionais de que trata a Lei de Protesto, que é de 1997;

b) O fato de que apenas as grandes cidades possuem jornal de circulação diária;

c) A facilidade oferecida ao devedor de consultar uma única base de dados de protestos – o jornal eletrônico do protesto, e

d) Que a publicação em jornal de circulação diária gera um alto custo aos devedores.

O conselheiro muito bem observou que quando a Lei de Protesto foi criada, o uso da internet era menos abrangente do que na atualidade e que o novo Código de Processo Civil previu a possibilidade de publicação de editais em meio eletrônico.

Em 2019, o **Provimento CNJ 87** passou a prever expressamente, no § 4º do art. 3º, a possibilidade de o tabelião de protesto utilizar **meio eletrônico** para a intimação quando autorizado pelo devedor e assim declarado pelo apresentante.

Não se tratava de inovação legislativa. É que a possibilidade de intimação eletrônica foi positivada em épocas pandêmicas pelo **Provimento CNJ n. 97 de 27/04/2020,** que regulou os procedimentos de intimação nos tabelionatos de protesto de títulos visando a redução dos riscos de contaminação com o novo coronavírus, causador da COVID-19 como medida preventiva de saúde pública nas referidas serventias extrajudiciais. Veja-se:

Art. 1º O Tabelião de Protesto de Títulos ou o responsável interino pelo expediente com a competência territorial definida no §1º, do art. 3º do Provimento n. 87, de 11 de setembro de 2019, da Corregedoria Nacional de Justiça, poderá utilizar **meio eletrônico ou aplicativo multiplataforma de mensagens instantâneas e chamadas**

Lei 9.492/1997

de voz para enviar as intimações, quando disponível os respectivos dados ou o endereço eletrônico do devedor, caso em que a intimação será considerada cumprida quando comprovada por esse mesmo meio a entrega no referido endereço.

§ 1º Após 3 (três) dias úteis sem que haja resposta do devedor à intimação feita na forma do *caput*, deverá ser providenciada a intimação nos termos do art. 14, parágrafos 1º e 2º, da Lei n. 9.492, de 10 de setembro de 1997.

§ 2º Na hipótese de o aviso de recepção (AR) não retornar à serventia dentro do prazo de dez dias úteis, deverá ser providenciada a intimação por edital no sítio eletrônico da CENPROT – Central Nacional de Serviços Eletrônicos dos Tabeliães de Protesto ou de suas seccionais, observando-se, em todos os casos, o prazo para a lavratura do protesto consignado no art. 13 da Lei nº 9.492, de 10 de setembro de 1997.

O revogado Provimento CNJ n. 97 foi incorporado ao **art. 368 do Código Nacional de Normas,** passando a dispor que:

Art. 368. O tabelião de protesto de títulos ou o responsável interino pelo expediente com a competência territorial para o ato poderá utilizar meio eletrônico ou aplicativo multiplataforma de mensagens instantâneas e chamadas de voz para enviar as intimações, quando disponível os respectivos dados ou o endereço eletrônico do devedor, caso em que a intimação será considerada cumprida quando comprovada por esse mesmo meio a entrega no referido endereço.

§ 1.º Após três dias úteis sem que haja resposta do devedor à intimação feita na forma do caput, deverá ser providenciada a intimação nos termos do art. 14, parágrafos 1.º e 2.º, da Lei n. 9.492, de 10 de setembro de 1997.

§ 2.º Na hipótese de o Aviso de Recepção (AR) não retornar à serventia dentro do prazo de dez dias úteis, deverá ser providenciada a intimação por edital no sítio eletrônico da Central Nacional de Serviços Eletrônicos dos Tabeliães de Protesto (CENPROT) ou de suas seccionais, observando-se, em todos os casos, o prazo para a lavratura do protesto consignado no art. 13 da Lei n. 9.492, de 10 de setembro de 1997.

§ 3.º Considera-se dia útil para o fim da contagem do prazo para o registro do protesto, aquele em que o expediente bancário para o público, na localidade, esteja sendo prestado de acordo com o horário de atendimento fixado pela Federação Brasileira de Bancos (FEBRABAN).

Em 2023, a **Lei 14.711**, conhecida como Lei das Garantias, oficializou e deu caráter definitivo à possibilidade de realizar intimações de protesto por meio eletrônico. Essa legislação flexibiliza e moderniza as formas tradicionais de notificação pessoal do devedor para o pagamento da dívida. Veja-se:

Ar. 14. § 3º O tabelião de protesto poderá utilizar meio eletrônico ou aplicativo multiplataforma de mensagens instantâneas e chamadas de voz para enviar as intimações, caso em que a intimação será considerada cumprida quando comprovado o seu recebimento por meio de confirmação de recebimento da plataforma eletrônica ou outro meio eletrônico equivalente.

§ 4º Após 3 (três) dias úteis, contados da remessa da intimação na forma do § 3º, sem que haja a comprovação de recebimento, deverá ser providenciada a intimação nos termos dos §§ 1º e 2º deste artigo.

Corroborando a nova legislação e o entendimento doutrinário majoritário, a **I Jornada de Direito Notarial e Registral** editou o enunciado 54:

Enunciado 54. A intimação do devedor por meio eletrônico ou aplicativo multiplataforma de mensagens instantâneas pode ser realizada a pedido do apresentante ou a critério do tabelião, respeitada a competência territorial prevista nos atos normativos do Conselho Nacional de Justiça, observando-se a necessária comprovação de recebimento.

⊙ Justificativa: A intimação eletrônica do devedor foi inicialmente prevista pelo Provimento nº 87/2019, do Conselho Nacional de Justiça. Com o advento da pandemia da Covid 19, foi expedido o Provimento nº 97/2020 pelo referido Conselho, com prazo de vigência até 30 de junho de 2022, dispondo, em seu artigo 1º, que o tabelião de protesto poderá utilizar meio eletrônico ou aplicativo multiplataforma de mensagens instantâneas e chamadas de voz para enviar as intimações, quando disponível os respectivos dados ou o endereço eletrônico do devedor, caso em que a intimação será considerada cumprida quando comprovada por esse mesmo meio a entrega no referido endereço. A Lei nº 9.497, que regulamenta os serviços concernentes ao protesto de títulos e outros documentos de dívida, foi publicada em 1997, notoriamente em uma época em que não havia os meios eletrônicos de comunicação que existem atualmente. Contudo, já previa, em seu artigo 14, § 1º, que a remessa da intimação poderá ser feita por portador do próprio tabelião, ou por qualquer outro meio, desde que o recebimento fique assegurado e comprovado através de protocolo, aviso de recepção (AR) ou documento equivalente, oportunizando, assim, a atualização dos meios de intimação de acordo com a realidade social e o ordenamento jurídico em vigor. Nessa esteira, considerando que, em agosto de 2021, a Lei nº 14.195 alterou o Código de Processo Civil para estabelecer a preferência da citação pela forma eletrônica, e que esse diploma legal já previa que a intimação por meio eletrônico seja realizada sempre que possível, bem como as previsões já existentes a respeito da intimação eletrônica no serviço de Protesto no âmbito dos Provimentos do Conselho Nacional de Justiça acima mencionados, convém uniformizar as disposições existentes no sentido de que a intimação eletrônica possa ser realizada a pedido do apresentante ou a critério do tabelião, conforme o caso.

1.2 INTIMAÇÃO E PLURALIDADE DE DEVEDORES

Na hipótese de haver pluralidade de devedores, a última intimação fixará o início do tríduo legal para o cumprimento da obrigação.

1.3 INTIMAÇÃO E DANO MORAL

A simples intimação, se realizada no endereço fornecido pelo apresentante do título ou documento de dívida, não configura dano moral.

A jurisprudência já decidiu que se trata apenas de **mero desconforto**, pois não há publicidade no apontamento do título para protesto. O dano moral surge da publicidade do registro do protesto. É a restrição ao crédito, resultante da publicidade do registro, que causa efeitos negativos ao sacado ou devedor.

À vista disto, o simples apontamento do título, sem o efetivo registro do protesto, ainda que de forma indevida, é incapaz de gerar dano moral a quem quer que seja.

1.4 INTIMAÇÃO E REVOGAÇÃO DA ORDEM DE SUSTAÇÃO

Segundo o art. 17, § 2º, da Lei 9.492/1997, uma vez revogada a ordem de sustação, **não há necessidade de proceder a uma nova intimação do devedor.** A lavratura e o registro do protesto devem ser efetivados até o primeiro dia útil subsequente ao recebimento da revogação, salvo se a materialização do ato depender de consulta ao apresentante, caso em que o mesmo prazo será contado a partir da data da resposta dada.

1.5 INTIMAÇÃO E DEVEDOR FALECIDO

Realizada a intimação e constatado que o devedor é falecido, tal fato não impede o protesto.

Havendo recusa quando da entrega da intimação no endereço indicado pelo apresentante do título ou documento, realizar-se-á o edital.

Elucida Sérgio Bueno que a morte do devedor tampouco afasta a legitimidade do crédito ou altera sua natureza. Neste caso, não poderá o Tabelião suspender o procedimento para averiguar questões relativas à sucessão. Caberá ao credor, ao ajuizar eventual ação, verificar a legitimidade passiva para a lide (Op. cit., p. 77).

1.6 INTIMAÇÃO AOS FINAIS DE SEMANA

Sérgio Bueno sugere, quanto à intimação aos finais de semana e feriados, que na ausência de regramento específico, é oportuno adotar as regras do artigo 172 do Código de Processo Civil (equivalente ao 272 do NCPC), com a ressalva de que o conceito de dias úteis contido na legislação processual difere daquele indicado na Lei do Protesto. Assim, as intimações não deverão ser realizadas aos domingos e feriados. Poderão, contudo, realizar-se, por exemplo, em uma segunda-feira em que não haja feriado, mesmo que os bancos, por qualquer motivo, não cumpram seu horário normal. De qualquer forma, será preciso observar as regras referentes ao prazo estabelecidas na Lei em estudo (Op. cit., p. 77).

Recomenda-se a leitura das normativas estaduais do estado de interesse do leitor para verificar os regulamentos específicos.

1.7 INTIMAÇÃO A PROTESTO PARA FINS FALIMENTARES

Em se tratando de notificação do protesto para fins falimentares, o Tabelião deve **identificar a pessoa que a recebeu**, apontando essa informação no termo de protesto e respectivo instrumento, bem como em certidão da qual conste o ato praticado.

Tal entendimento vai ao encontro da **Súmula 361** do Superior Tribunal de Justiça, que prescreve:

> "A notificação do protesto, para requerimento de falência da empresa devedora, exige a identificação da pessoa que a recebeu".

Note-se que não há exigência da entrega da intimação pessoalmente, ou nas mãos do devedor ou de quem o represente, sendo satisfeita a entrega em seu endereço. Assim corrobora a Súmula 52 do Tribunal de Justiça de São Paulo:

> "Para a validade do protesto basta a entrega da notificação no estabelecimento do devedor e sua recepção por pessoa identificada".

No que se refere à intimação por edital no caso do protesto para fins falimentares, não há vedação. Este é o entendimento do Superior Tribunal de Justiça no REsp 1.052.495, Relator Massami Uyeda:

> A tentativa de notificação do protesto, em primeiro lugar, deve ser feita pessoalmente no endereço fornecido pelo apresentante e contar, especialmente no caso de futuro requerimento de falência, com a identificação do nome do recebedor da intimação. Todavia, quando a notificação pessoal do protesto não logra obter a identificação de quem se recusou a assinar a carta registrada, é de rigor a realização da intimação do protesto por edital como requisito necessário para sustentar o pedido de falência, tudo conforme o art. 15 da Lei nº 9.492/1997 e os princípios da preservação e conservação da empresa.

O Provimento CNJ n. 167/2024 incluiu no Código Nacional de Normas a matéria no art. 356-A;

> Art. 356-A. O protesto falimentar deve ser lavrado no cartório de protesto da comarca do principal estabelecimento do devedor, contendo a notificação do protesto a identificação da pessoa que a recebeu.
>
> Parágrafo único. Nas hipóteses em que a notificação pessoal do protesto não lograr obter a identificação de quem se recusou a assinar a carta registrada ou documento idôneo equivalente, o tabelião poderá realizar a intimação do protesto por edital.

1.8. INTIMAÇÃO E O MONOPÓLIO DOS CORREIOS

É bastante comum que o Tabelião de Protesto contrate empresa especializada para realizar a intimação, ou mesmo que tenha um portador do próprio Tabelionato.

Tal serviço **não configura quebra de monopólio dos serviços do correio.** Reza o art. 42 da Lei 6.538/1978:

Art. 42 – Coletar, transportar, transmitir ou distribuir, **sem observância das condições legais**, objetos de qualquer natureza sujeitos ao monopólio da União, ainda que pagas as tarifas postais ou de telegramas.

Pena: detenção, até dois meses, ou pagamento não excedente a dez dias-multa.

Ao constatar no texto legal a expressão *sem observância das condições legais*, ou seja, de forma contrária a lei, conclui-se que no caso de intimação efetivada pelo Tabelião ou por seus prepostos ou empresa contratada, é indubitável que não ocorre a tipificação da violação do privilégio postal da União, à medida que a Lei 9.492/1997, diz expressamente em seu § 1º que *"a remessa da intimação poderá ser feita por portador do próprio tabelião, ou por qualquer outro meio, desde que o recebimento fique assegurado e comprovado através de protocolo, aviso de recepção (AR) ou documento equivalente"*.

1.9 INTIMAÇÃO POR TELEGRAMA

No dia 20 de julho de 2016, foi publicado Provimento CG nº 40/2016 da Corregedoria-Geral da Justiça do Estado de São Paulo que permite a utilização de telegrama para a remessa da intimação de protesto.

Referido ato normativo incluiu no Capítulo XV das Normas de Serviço da Corregedoria-Geral da Justiça os seguintes itens:

44.2. A intimação também pode ser expedida por telegrama, transmitido à Empresa Brasileira de Correios e Telégrafos (EBCT), com observação do item 45 deste Capítulo, considerando-se cumprida com a confirmação de entrega no endereço do destinatário, da qual conste a data, a hora e o nome da pessoa que recebeu o telegrama.

A comprovação do cumprimento deve ser realizada mediante a impressão da consulta de rastreamento disponibilizada, pela EBCT, em sistema eletrônico ou aplicativo, a ser certificada e datada pelo Tabelião.

A excelente sugestão partiu do Tabelionato de Protesto de Campinas e foi apresentada nos seguintes termos (http://reinaldovelloso.blog.br/?p=536.):

"O acórdão preconizou o esgotamento dos meios de localização, notadamente por meio do envio de intimação por via postal, no endereço fornecido por aquele que procedeu ao apontamento do protesto. Mas, ao indicar o advérbio 'notadamente', o eminente Ministro Luis Felipe Salomão não restringiu a forma de se levar a existência do apontamento ao conhecimento do devedor ou do sacado. Dessa forma, compreendemos que outras alternativas, consentâneas com os princípios norteadores do protesto de títulos, especialmente o princípio da celeridade do protesto, podem ser cogitadas para observância das diretrizes do acórdão do Colendo Superior Tribunal de Justiça.

Nesse sentido, aliás, a própria Lei nº 9.492, de 10 de setembro de 1997, prevê a utilização de outros meios para remessa da intimação e comprovação de sua entrega, conforme segue:

'Art. 14. Protocolizado o título ou documento de dívida, o Tabelião de Protesto expedirá a intimação ao devedor, no endereço fornecido pelo apresentante do título ou documento, considerando-se cumprida quando comprovada a sua entrega no mesmo endereço.

§ 1º A remessa da intimação poderá ser feita por portador do próprio tabelião, ou por qualquer outro meio, desde que o recebimento fique assegurado e comprovado através de protocolo, aviso de recepção (AR) ou documento equivalente'.

Deve-se ter em vista que a previsão legal de lavratura do protesto no prazo de três dias úteis, contados da protocolização, sugere a adoção de meios céleres para o procedimento de protesto. Por outro lado, a remessa de carta registrada com aviso de recebimento para outras localidades se caracteriza como um intrincado processo logístico, o qual demanda tempo e que pode acarretar inúmeros transtornos ao usuário, como o recebimento da intimação após o vencimento do prazo para pagamento do boleto bancário, exigindo contato com o tabelionato para emissão de novo boleto; e também para o tabelionato, que passa a depender do retorno de um aviso pelo mesmo procedimento logístico, mas de forma reversa.

Nesse contexto, sugere-se a inclusão de modalidade alternativa de entrega da intimação, mais célere, mas ao mesmo tempo dotada de confiabilidade: a utilização do telegrama, modalidade de comunicação cuja agilidade e eficiência vem sendo comprovada há quase dois séculos.

Propõe-se, assim, que o tabelião também possa realizar a intimação por telegrama.

Trata-se de serviço regulamentado pela Lei nº 6.538, de 22 de junho de 1978, relativa aos serviços postais, prestado pela Empresa Brasileira de Correios e Telégrafos (EBCT). Consiste em mensagem escrita, urgente e confidencial, transmitida eletronicamente para o local de entrega, onde é impressa e automaticamente envelopada, sem intervenção humana, para entrega no endereço do destinatário. Atualmente o telegrama pode ser enviado via internet, por meio da agência virtual da EBCT, denominada Correios online, ou mediante utilização de software SPE (Sistema de Postagem Eletrônica).

Conforme informações disponíveis na página da EBCT na internet, a entrega é possível em todos os municípios brasileiros, tendo tratamento de objetos urgentes, e é feita de forma ágil. Nos dias úteis – de segunda a sexta-feira – nas localidades com mais de 50 mil habitantes, caso o telegrama seja expedido até as 17 horas, a entrega ocorre no mesmo dia; já nas localidades menores, caso o telegrama seja expedido até o meio-dia, a entrega é feita no mesmo dia até as 20h; ou no dia seguinte caso expedido após esse horário.

Observe-se que ocorre devolução automática ao remetente, no caso de não entrega após três tentativas, conforme previsão do § 5º do art. 29 da Lei nº 6.538, de 22 de junho de 1978, segundo o qual: 'Quando o telegrama não puder ser entregue, o ato será comunicado ao expedidor'.

Além disso, ao se expedir o telegrama é fornecido um código de rastreamento que permite a consulta da situação da entrega em tempo real.

A EBCT disponibiliza na consulta do rastreamento a data, hora e nome da pessoa que recebeu o telegrama. Além disso, é possível solicitar o serviço adicional de pedido de confirmação de entrega do telegrama, fornecendo um comprovante com essas informações, o qual pode ser solicitado mesmo após sua transmissão, em até 365 dias corridos a partir dessa data.

> Ou seja, o telegrama e a consulta de rastreamento eliminam o trânsito de papéis entre localidades, agilizando sobremaneira o procedimento, sem descurar da necessária segurança exigida para o ato notarial, além de atender ao disposto no art. 14 e parágrafo único da Lei nº 9.492/1997, pois existe um documento idôneo que comprova a entrega da intimação no endereço, indicando data, hora e nome da pessoa que recebeu".

1.10 INTIMAÇÃO POR EDITAL

Nos casos previstos no *caput* do art. 15 desta Lei, quando não for possível a entrega ao recebedor, a intimação será obrigatoriamente feita por edital, tendo o mesmo valor da primeira.

Devolvida a intimação ao Tabelionato de Protesto, é imprescindível que conste o motivo pelo qual não foi entregue.

Dessa maneira, esgotados todos os meios de localização do devedor, faz-se então a intimação por edital.

Vale dialogar aqui com o com art. 134 do Código Nacional de Normas, situado no capítulo que aborda a proteção de dados e o tabelião de protesto. Veja-se:

> Art. 134. Antes da expedição do edital para intimação do devedor, o tabelião poderá buscar outros endereços em sua base de dados, nos endereços em que outros tabeliães realizaram a intimação, desde que na mesma base da sua competência territorial, ou nos endereços eletrônicos, a serem compartilhados por meio da CENPROT, bem como nos endereços constantes de bases de natureza jurídica pública e de acesso livre e disponível ao tabelião.
>
> Parágrafo único. A CENPROT deverá compartilhar entre os tabeliães os endereços em que foi possível a realização da intimação de devedores, acompanhado do CNPJ ou CPF do intimado, bem como da data de efetivação.

Dito isso, elencam-se as hipóteses da intimação por edital:

1) Impossibilidade de entrega;
2) Devedor mudou-se;
3) Recusa em receber;
4) Ausência de alguém para receber a intimação no endereço fornecido;
5) Endereço inexistente ou falta de elementos suficientes para correta localização. Tal situação deve ser tratada com cautela, para que não seja permitido ao apresentante, se estiver de má-fé ou sem nenhuma justificativa, não indicar o endereço do devedor. Nesse caso, Sérgio Bueno sugere que a verificação de cada caso concreto, decidindo-se pela devolução sem protesto ou pela publicação por edital.

Atualmente, é possível utilizar os mandamentos do Enunciado 67 da I Jornada de Direito Notarial e Registral: "observada a competência territorial, a intimação de protesto pode ser realizada em endereço diverso do indicado pelo apresentante como sendo do devedor, se constante de base de dados própria ou de outras bases públicas de acesso disponível, inclusive a mantida pela central de serviços eletrônicos compartilhados",

6) Devedor domiciliado em outra comarca diversa daquela da praça de pagamento. Sérgio Bueno sustenta que este é o único caso em que é possível a intimação **direta** por edital porque nas outras hipóteses o Tabelião deve antes esgotar todas as tentativas de localização do devedor. Trata-se de posição contrária a várias normativas estaduais e à nova tese do STJ, que inclinam pela não possibilidade de intimação direta por edital, sendo nula intimação de devedor por edital se não esgotados outros meios. Por sua vez, Eversio Donizete de Oliveira e Magno Luiz Barbosa entendem que esta hipótese "não condiz com os princípios processuais, afastando do devedor, ou suposto devedor, o direito da ampla defesa e do contraditório, exposto no art. 5º, LV, da nossa Carta Magna. As garantias constitucionais do contraditório e da ampla defesa caminham paralelamente, são indissociáveis, podendo a pessoa afetada pela intimação do protesto extrajudicial requerer judicialmente a sustação do protesto conforme descrito na lei em comento – art. 17 – Capítulo VII, "Da Desistência e Sustação do Protesto" (Op. cit).

   No que tange ao art. 15, Ermínio Amarildo Darold pondera que "a permissão de intimação via edital, pela tão somente condição de o devedor residir em circunscrição territorial diversa daquela de atuação do tabelionato, importa, a toda evidência, num crasso faz de conta, que não dá efetividade às garantias constitucionais acima mencionadas, ressentindo-se o art. 15, com efeito e nesta parte, de flagrante inconstitucionalidade" (*Protesto cambial:* duplicata x boleto. Curitiba: Juruá. 1998, p. 64).

   O art. 356, § 6º do Código Nacional de Normas, incluído pelo Provimento CNJ n. 167/2024 veio regulamentar esta hipótese, estabelecendo que:

   > "Quando o endereço do devedor for fora da competência territorial do tabelionato, o tabelião, antes de intimar o devedor por edital, deve esgotar os meios de localização, notadamente com o envio de intimação por via postal, no endereço fornecido por aquele que procedeu ao apontamento do protesto, sendo a intimação do protesto consumada por edital se, decorridos dez dias úteis da expedição da intimação, não retornar ao tabelionato de protesto o comprovante de sua entrega ou, se dentro desse prazo, retornar com alguma das ocorrências ensejadoras da publicação do edital".

7) Vale adicionar ainda a regra do § 5º do art. 14 desta lei, incluído pela Lei n. 14.711/2023. Assim, na hipótese de o **aviso de recepção ou documento equivalente não retornar ao tabelionato dentro do prazo de 7 (sete) dias úteis,** deverá ser providenciada a **intimação por edital,** observado o prazo para a lavratura do protesto consignado no art. 13 desta Lei.

Lei 9.492/1997

1.10.1 EDITAL ELETRÔNICO

Atualmente, é uma realidade a publicação de editais em jornais eletrônicos, devidamente matriculados na forma do art. 122 da Lei nº 6.015/1973, com livre e amplo acesso ao público até a data do registro do protesto. Esses editais são disponibilizados na internet, divulgados e mantidos pelo Instituto de Estudos de Protesto de Títulos do Brasil, Seção de cada estado. É importante atentar para a regulamentação específica em cada estado da federação.

Sobre o tema, a Lei das Garantias alterou a redação do §1º do art. 15 da Lei 9.492/97.

Apresento agora as percepções do Presidente do Instituto de Protesto do Estado do Rio de Janeiro, Celso Belmiro, em artigo publicado na obra "O Novo Marco das Garantias" (coord. EL DEBS, Martha e CHEZZI, Bernardo. São Paulo: Juspodivm, 2024).

Sob o ponto de vista operacional-procedimental, com a edição da Lei 14.711, a forma de se proceder a intimação através de edital restou modificada significativamente, se comparada a redação anterior e atual do §1º do art. 15 da Lei 9.492/97.

Mas algumas considerações prévias precisam ser feitas...

A primeira delas se refere à subsidiariedade da intimação por edital, que deve sempre ser buscada como última alternativa e por uma razão muito simples: uma das grandes garantias que oferece o serviço de protesto de títulos, o seu diferencial em relação a outros seguimentos da atividade econômica que buscam tomar o seu lugar, é exatamente a intimação pessoal do devedor, dando a ele a possibilidade de se defender (se assim pretender agir) e dando ao credor a certeza de que o seu devedor foi cientificado da existência daquela dívida. Cartas simples, como fazem muitas empresas de negativação, não oferecem essa segurança jurídica para o mercado de inadimplência. Por esta razão, sempre que possível, deve ser priorizada a intimação pessoal do devedor, deixando-se o edital como última alternativa.

A segunda é a questão relacionada ao custo do edital de protesto, na formulação clássica do procedimento de protesto: publicação do edital em jornal de circulação diária. Tal exigência fazia com que a utilização do serviço de protesto de títulos, em muitas localidades, restasse completamente inviabilizada, tendo em vista que, dependendo do jornal e da sua importância, a veiculação de um pequeno espaço é extremamente onerosa. Fora isso, a constatação de que se trata de modalidade de comunicação "ficta" (como também é a citação por edital em um processo judicial) e que não é de se esperar que alguém, em sã consciência, procure seu nome (ou o nome de seus potenciais parceiros comerciais) em editais de protesto publicados em jornais de circulação diária para celebrarem seus negócios jurídicos.

Por esta razão, havia a necessidade de se buscarem alternativas, exatamente como veio a restar consignado em norma legal através da publicação da Lei 14.711/2023.

A redação anterior do §1º do art. 15 da Lei 9.492/97 assim dispunha:

> § 1º O edital será afixado no Tabelionato de Protesto e publicado pela imprensa local onde houver jornal de circulação diária.

A redação atual é a que segue abaixo transcrita:

> § 1º O edital será afixado no Tabelionato de Protesto e publicado no sítio eletrônico da central nacional de serviços eletrônicos compartilhados dos tabeliães de protesto prevista no art. 41-A desta Lei, sem prejuízo de outras publicações em jornais eletrônicos.

2. JURISPRUDÊNCIA COMPLEMENTAR

SUPERIOR TRIBUNAL DE JUSTIÇA

EMENTA: Civil. Recurso especial. Ação de compensação por danos morais. Protesto de Títulos. Apontamentos dos títulos para protesto. Danos Morais. Inocorrência. Mero desconforto. – *Se a notificação do devedor, prevista no art. 14 da Lei nº 9.492/97, for feita por portador do Tabelionato ou por correspondência, não há publicidade do apontamento do título para protesto e, por isso, não causa danos morais.* Recurso especial provido.(STJ – REsp nº 604.620 – PR – 3ª Turma – Rel. Min. Carlos Alberto Menezes Direito – DJ 13.03.2006).

EMENTA: RECURSO ESPECIAL. INDENIZAÇÃO POR DANO MORAL. PESSOA JURÍDICA. APONTAMENTO DE TÍTULO A PROTESTO. SUSTAÇÃO CAUTELAR. DANO MORAL. INEXISTÊNCIA. 1. Não há dano moral a ser indenizado quando o protesto indevido não é efetivado, ainda que por força de medida judicial. 2. Recurso especial provido. (STJ – Resp nº 1.247.956 – Santa Catarina – 3ª Turma – Rel. Min. João Otávio de Noronha – DJ 04.11.2014)

TRIBUNAL REGIONAL FEDERAL DA 5ª REGIÃO

EMENTA: Monopólio postal. Carta. Cartório de protesto. Notificações extrajudiciais. Lei 9.492/97, art. 14, parágrafo 1º. Portador. Autorização legal expressa.

1. Decisão agravada que deferiu antecipação de tutela em favor do ECT, impedindo o réu, cartório de protesto, ora agravante, contratar serviços de postagem, para entrega, transporte e distribuição de suas correspondências por outra pessoa que não a Empresa Brasileira de Correios e Telégrafos.

2. A Lei 9.492/97, que define a competência e regulamenta os serviços concernentes ao protesto de títulos e outros documentos de dívida, autoriza, expressamente, a utilização de portador, pelo próprio tabelião, para a entrega das intimações destinadas aos devedores, sem que isso, aparentemente, constitua quebra do monopólio estatal dos serviços postais.

2. Para exigir dos cartórios de protesto a remessa de intimações, exclusivamente, pelos serviços postais da ECT, seria necessário, antes de mais nada, arguir a inconstitucionalidade da primeira parte do parágrafo 1º do art. 14, da Lei 9.492/97, o que não é permitido no âmbito do agravo de instrumento, conforme já decidiu o Pleno deste Tribunal (...).

3. Provimento, em parte, do agravo, para autorizar a entrega de intimações ou notificações extrajudiciais aos devedores, por meio de serviço de portadores contratados pelo próprio tabelião. (TRF 5ª Reg. AG 200905000139457. Des. Fed. Vladimir Carvalho, DJ 17/07/2009)

TRIBUNAL DE JUSTIÇA DO ESTADO DE SÃO PAULO

EMENTA: Falência. Incidência da Súmula 361, do STJ. Não foi demonstrada a entrega da notificação para protesto, o que impossibilita descobrir (identificar) a pessoa que recebeu. Protesto inadequado para fins falimentares. Devedor que nega ter recebido o aviso do Tabelião de Protestos. Falência rejeitada. Não provimento. (TJSP – Apelação Cível nº 0001595-57.2014.8.26.0547 – Santa Rita do Passa Quatro – 1ª Câmara Reservada de Direito Empresarial – Rel. Des. Enio Zuliani – DJ 11.04.2016)

EMENTA: INDENIZAÇÃO. Notificação de protesto endereço errôneo. Duplicata vencida e protestada que foi regularmente quitada sem a inscrição nos cadastros de devedores. Alegação de que entrega da intimação na residência de um vizinho causou dano moral ao autor, colocando-o em situação vexatória. Inocorrência de dano moral. Mero inconveniente que não tem o condão de causar traumas passíveis de indenização. Recurso desprovido. (TJSP – Apelação Cível nº 0019927-60.2010.8.26.0564 – São Bernardo do Campo – 4ª Câmara de Direito Privado – Rel. Des. Teixeira Leite – DJ 26.06.2012)

EMENTA: FALÊNCIA. EXTINÇÃO DO FEITO NOS TERMOS DO ART. 267, I E IV, DO CÓDIGO DE PROCESSO CIVIL, POR IRREGULARIDADE NO PROTESTO DOS TÍTULOS QUE EMBASARAM O PEDIDO. INTIMAÇÃO DO ATO EXTRAJUDICIAL QUE OCORREU POR EDITAL, OBSERVANDO, PORÉM, QUE HOUVE A TENTATIVA DE PROVIDENCIÁ-LA PESSOALMENTE E NO ENDEREÇO DA REQUERIDA. O CASO É DE INTIMAÇÃO DA DEVEDORA, NÃO DE SEUS SÓCIOS, QUE COM ELA NÃO SE CONFUNDEM. PROTESTO REGULAR. EXTINÇÃO DO PROCESSO AFASTADA. RECURSO PROVIDO PARA ESSE FIM. (TJSP – Apelação Cível nº 4005968-91.2013.8.26.0161 – Diadema – 2ª Câmara Reservada de Direito Empresarial – Rel. Des. Araldo Telles – DJ 03.07.2014)

TRIBUNAL DE JUSTIÇA DO ESTADO DO PARANÁ

EMENTA: APELAÇÃO. BUSCA E APREENSÃO. CONSTITUIÇÃO EM MORA. PROTESTO. INTIMAÇÃO POR EDITAL. IMPROPRIEDADE. EXTINÇÃO DO PROCESSO SEM RESOLUÇÃO DO MÉRITO. SENTENÇA MANTIDA. RECURSO NEGADO. 1. Para que se justifique a intimação do devedor por edital a fim de se realizar o protesto de título que tenha o intuito de comprovar a sua mora, a ponto de possibilitar o ajuizamento de ação de reintegração de posse, é necessária a comprovação nos autos de que o tabelião encontrou alguma das hipóteses previstas no art. 15 da Lei 9.492/97, tendo-se por irregular o protesto extraído em situação diversa, dada a possibilidade de restar prejudicada a necessária ciência pelo devedor. 2. A não comprovação da regular constituição em mora do devedor implica na ausência de pressuposto de desenvolvimento válido do processo de busca e apreensão, que deve ser extinto sem resolução do mérito (Sum. 72 e 369/STJ). 3. Apelação Cível à que se nega provimento. (TJPR – Apelação Cível nº 1.040.829-8 – Curitiba – 17ª Câmara Cível – Juiz Substituto em 2º Grau Francisco Jorge – DJ 26.09.2014).

TRIBUNAL DE JUSTIÇA DO ESTADO DO CEARÁ

EMENTA: FALÊNCIA. INCERTEZA E ILIQUIDEZ DOS TÍTULOS DE CRÉDITO. PROTESTO IRREGULAR. VÍCIO NA INTIMAÇÃO. 1. No caso dos autos, os títulos de crédito que embasam o pedido de falência são desprovidos de validade para tal fim, ao se constatar a irregularidade na intimação dos protestos, realizada via edital, mas não precedida do exaurimento de todos os meios disponíveis à intimação pessoal do representante legal da empresa, cujo endereço residencial era do conhecimento do autor da demanda, razão pela qual a improcedência do pedido de falência é medida que se impõe. Entendimento em consonância com o princípio albergado na Súmula nº 361 do STJ. 2. Recurso de apelação conhecido e desprovido. (TJCE – Ap. Cív. 725769272 00080600011, Relator FRANCISCO LINCOLN ARAÚJO E SILVA, 3ª Câmara Cível, julgado em 11/01/2010, DJ 18/01/2010)

TRIBUNAL DE JUSTIÇA DO ESTADO DE MINAS GERAIS

EMENTA: DUPLICATA – EMISSÃO SEM LASTRO – MERCADORIA ADQUIRIDA POR TERCEIRO – PROTESTO INDEVIDO – DANO MORAL – CONFIGURAÇÃO. A aquisição de duplicata, por empresa de *factoring*., mediante cessão de crédito, induz em sua responsabilidade pelos danos advindos com o protesto indevido, pois diante do recebimento do título, deveria ter verificado sua procedência. O valor do dano moral tem efeito reparatório ou compensatório, todavia, o seu valor deve ser estimado com prudência e moderação para não se constituir em causa de enriquecimento ilícito. V. v. É estranho que a parte tenha deixado que o protesto fosse lavrado, quando é sabido e ressabido, principalmente por quem é empresário, que o protesto tão somente é tirado quando o devedor ignora a intimação do Tabelião da existência de título a protestar. Quem diz ter conduta ilibada e se preocupa com sua imagem e da sua empresa jamais deixaria que um protesto fosse lavrado, pois teria se socorrido de meio próprio que é a Cautelar de Sustação Protesto. (TJMG – Ap. Civ. 1.0024.00.1 20159-9/001. Rel. Des. JOSÉ AFFONSO DA COSTA CÔRTES. Publicação: 13/10/2008)

3. QUESTÕES DE CONCURSOS

01. (TJ/SP – 2024 – VUNESP – Notário e Registrador/Provimento) Assinale a alternativa correta acerca do procedimento a ser adotado pelos Tabelionatos de Protesto, conforme as Normas de Serviço da Corregedoria Geral da Justiça e Provimento 149/23 do CNJ.

a) Quando o endereço do devedor for fora da competência territorial do tabelionato, o tabelião, antes de intimar o devedor por edital, deve esgotar os meios de localização, com o envio de intimação via postal no endereço fornecido pelo apresentante, sendo a intimação do protesto consumada por edital, se decorridos dez dias úteis da expedição da intimação, não retornar ao tabelionato o comprovante de sua entrega, ou, se dentro desse prazo, retornar com algumas das ocorrências ensejadoras da publicação do edital.

b) Na falta de devolução dos avisos de recepção (A.R.) de intimações, dentro do tríduo legal, o Tabelião deverá, *incontinenti*, providenciar a intimação por edital.

c) A renovação da intimação, pela não devolução do aviso de recepção (A.R.) dar-se-á em 10 (dez) dias úteis, contados da protocolização, se dirigida essa para Comarca estranha à circunscrição territorial do tabelionato competente, e caso o devedor ou sacado não se localize em uma das comarcas agrupadas, conforme disposto nas Normas de Serviço da Corregedoria.

d) Considera-se frustrada a intimação por meio postal quando o aviso de recepção (A.R) não for devolvido pela Empresa Brasileira de Correios e Telégrafos (EBCT), no prazo de 15 (quinze) dias úteis contado da remessa da última intimação.

02. (TJ/SP – 2024 – VUNESP – Notário e Registrador/Remoção) Consoante ao que foi disciplinado na redação atual da Lei nº 9.492/97, com relação ao procedimento das intimações pelos tabelionatos de protesto, é correto afirmar:

a) Na hipótese de o aviso de recepção ou documento equivalente não retornar ao tabelionato no prazo de 07 (sete) dias úteis, deverá ser providenciada a intimação por edital, observado o prazo para a lavratura do protesto.

b) O Tabelião de Protesto deverá sempre utilizar, antes de promover a intimação do devedor por seu portador ou qualquer outro meio permitido em lei, quando disponíveis os dados ou endereço eletrônico do devedor, de meio eletrônico ou aplicativo multiplataforma de mensagens instantâneas e chamadas de voz para enviar as intimações.

c) Após 05 (cinco) dias úteis contados da remessa da intimação na forma eletrônica sem que haja a comprovação do recebimento, deverá o Tabelião providenciar a intimação na forma permitida, seja por portador da serventia, ou qualquer outro meio permitido, por aviso de recebimento, contendo todos os elementos e identificação do título ou documento de dívida.

d) Considerar-se-á devidamente cumprida a intimação eletrônica do devedor quando comprovado o seu recebimento e retorno da confirmação do recebimento, por meio da plataforma eletrônica ou outro meio equivalente.

03. (TJ/AM – 2023 – TJ/AM – Titular de Notas e Serviços de Registros) Sobre a intimação no Protesto é correto afirmar:

a) O Credor só poderá ser intimidado se comparecer pessoalmente ao cartório de protesto.

b) A intimação deverá conter nome e endereço do devedor, elementos de identificação do título ou documento de dívida, e prazo limite para cumprimento da obrigação no Tabelionato, bem como número do protocolo e valor a ser pago.

c) O tabelião somente poderá proceder a intimação do devedor se houver ordem judicial que autorize o ato de intimação.

d) A intimação do devedor não poderá ser feita por edital.

04. (Vunesp – Titular de Serviços de Notas e Registros – TJ – SP – Provimento/2022) Conforme as Normas de Serviço da Corregedoria Geral da Justiça do Estado de São Paulo, em se tratando de intimação por edital no Tabelionato de Protesto, é correto afirmar:

Nota da autora: para resolver essa questão, é necessário possuir conhecimento das normativas extrajudiciais do Estado de São Paulo, a partir da letra "b".

a) a publicação do edital poderá, a critério dos Tabeliães, ser realizada em jornal eletrônico, devidamente matriculado na forma do Art. 122 da Lei nº 6.015/1973, de livre e amplo acesso ao público até a data do registro do protesto, disponível na internet, divulgado e mantido pelo Instituto de Estudos de Protesto de Títulos do Brasil, Seção São Paulo (IEPTB-SP).

b) a consulta será sempre gratuita e aberta a todos os usuários até a data do cancelamento do protesto, devendo o tabelião informar, em layout próprio disponibilizado pelo IEPTB-SP, a data limite em que o edital poderá ser consultado pelos usuários.

c) os Tabeliães de protesto que optarem pela publicação no jornal eletrônico remeterão diariamente os editais em layout e horário definidos pelas Normas de Serviço da CG/SP, mediante utilização de assinatura por Certificado Digital ICP-Brasil, tipo A-3, ou superior, devendo os Tabeliães divulgar, em suas unidades e respectivos sites, quando houver, o link para o jornal eletrônico de publicação de editais de protesto.

d) o valor da publicação não poderá superar 0,05 UFESP, por edital, já considerados todos os custos necessários para a publicação eletrônica.

05. (Vunesp – Outorga de Delegação de Notas e Registros – TJ – GO/2021) O Tabelião de Protesto, ao receber um mandado judicial de revogação de ordem de sustação, deverá efetuar a

a) lavratura e o registro do protesto após três dias úteis ao do recebimento da revogação, independentemente de nova intimação.

b) lavratura e o registro do protesto até o primeiro dia útil subsequente ao do recebimento da revogação, independentemente de nova intimação.

c) averbação da revogação da ordem de sustação no instrumento de protesto.

d) lavratura e o registro do protesto até o primeiro dia útil subsequente ao da nova intimação ao devedor.

06. (IESES – Titular de Serviços de Notas e de Registros – Remoção – TJ – SC – 2019) "Protocolizado o título ou documento de dívida, o ___________ expedirá a intimação ao devedor, no endereço fornecido pelo apresentante do título ou documento, considerando-se cumprida quando comprovada a sua entrega no mesmo endereço. A remessa da intimação poderá ser feita por portador do próprio tabelião, ou por qualquer outro meio, desde que o recebimento fique assegurado e comprovado através de protocolo, aviso de recepção (AR) ou documento equivalente. A intimação deverá conter ________ e ________, elementos de identificação do título ou documento de dívida, e prazo limite para cumprimento da obrigação no Tabelionato, bem como número do protocolo e valor a ser pago. A intimação será feita por ________ se a pessoa indicada para aceitar ou pagar for desconhecida, sua localização incerta ou ignorada, for residente ou domiciliada fora da competência territorial do Tabelionato, ou, ainda, ninguém se dispuser a receber a intimação no endereço fornecido pelo apresentante. O edital será afixado no ________ e publicado pela imprensa local onde houver jornal de circulação diária." Sobre o procedimento de intimação no protesto de títulos marque a alternativa que completa correta e sequencialmente os espaços do enunciado, conforme o texto legal.

a) Tabelião de Protesto; nome; endereço do devedor; edital; Registrador de Imóveis.

b) Registrador de Imóveis; nome; endereço do devedor; anuncio de rádio; Tabelionato de Protesto.

c) Tabelião de Protesto; nome; endereço do devedor; edital; Tabelionato de Protesto.

d) Tabelião de Protesto; nome; estado civil; edital; Registrador de Imóveis.

07. (Cespe – Notários e Oficiais de Registro – Remoção – TJ – DFT/2019) Considere que, protocolizado o documento representativo da dívida, o valor a ser pago não tenha sido consignado na intimação do devedor. Nesse caso, o ato será considerado

a) válido, mesmo que não haja a indicação do nome completo e da qualificação do devedor, e a certeza do recebimento.

b) válido, porquanto o protesto se presta tão somente à prova da inadimplência.

c) válido, já que o valor não é elemento indispensável ao conhecimento do protesto.

d) viciado se não identificados, também, o número do protocolo e a qualificação completa do devedor.

e) viciado, porquanto a legislação determina a indicação do valor a ser pago pelo devedor.

08. (Cespe – Notário-DFT/2003) Quanto à Lei de Protesto de Títulos (LPT – Lei nº 9.492/1997), julgue os itens a seguir.

Apresentado o título ao tabelião de protestos, este deverá intimar o devedor para cumprir a obrigação prevista naquele, e é dever do tabelião diligenciar para identificar os endereços onde o devedor possa ser encontrado.

GAB	1	A	2	A	3	B	4	A	5	B
	6	C	7	E	8	ERRADO				

CAPÍTULO VII – DA DESISTÊNCIA E SUSTAÇÃO DO PROTESTO

Art. 16. Antes da lavratura do protesto, poderá o apresentante retirar o título ou documento de dívida, pagos os emolumentos e demais despesas.

1. COMENTÁRIOS

O art. 11 da Lei 8.935/1994 já previa a possibilidade de o apresentante desistir do protesto, cabendo nesse caso, o recebimento dos emolumentos porventura devidos.

O dispositivo em comento reforça o **princípio da instância ou da rogação**, uma vez que, cabe somente ao apresentante retirar o título ou documento de dívida, sendo tal ato vedado ao Tabelião de Protesto, que não pode agir de ofício.

O tabelião deve fazer o **exame formal** de todos os títulos e documentos de dívida protocolizados, e se não eivados de vícios, serão recepcionados.

Recebido regularmente o título, pode ocorrer, antes ou após a intimação do devedor, e dentro do tríduo legal, a desistência do protesto.

A desistência consiste no **ato de retirada do título ou documento de dívida pelo apresentante e, somente ele, antes da lavratura do protesto**.

Nesse caso, o Tabelião devolverá o título no ato de protocolo do requerimento, que será arquivado em pasta própria e ordem cronológica, anotando a devolução no livro protocolo. Nessa hipótese, o pagamento dos emolumentos cabe a ele, apresentante. Se o apresentante estiver impossibilitado de proceder à retirada, é possível que ele delegue poderes a outra pessoa por meio de instrumento público ou particular, devendo tal instrumento ficar arquivado no Tabelionato.

A desistência deverá ser requerida na **forma escrita** e atualmente por meio eletrônico.

O art. 357 do Provimento CNJ n. 149/2023 permite expressamente, o que muitas normativas estaduais já permitiam por meio de suas Centrais, a possibilidade de se fazer a **desistência por meio eletrônico**, nestes termos:

> **Art. 357** A desistência do protesto poderá ser formalizada por meio eletrônico, com a utilização de certificado digital no âmbito da ICP Brasil ou de outro meio seguro disponibilizado pelo tabelionato ao apresentante, autorizado pela respectiva Corregedoria-Geral de Justiça (CGJ).

O pedido de retirada do documento deverá ficar arquivado no Tabelionato por um período de 30 dias.

Não é necessário que a retirada exponha o motivo da desistência do ato. Nesse sentido ensina Carlos Henrique Abrão: "Na linha de pensamento assinalada, basta apenas formalizar o não interesse em relação ao protesto, sem justificar mais a fundo substrato subjacente que permeou a declaração de vontade, dentro desse campo mostrado, toda a documentação que instruiu a respectiva apresentação seria restituída em mãos do desistente, a ponto de não ficar qualquer sinalização referente à materialização do ato notarial" (*Do protesto*. 3. Ed. São Paulo: Juarez de Oliveira, 2004, p. 56).

Importante deixar aqui consignado que o pedido de desistência **não impede que posteriormente o mesmo título seja novamente apresentado.**

Questão interessante e polêmica é saber quem pode formular pedido de desistência no caso do **endosso-mandato**.

Endosso-mandato ou endosso-procuração é uma espécie de endosso impróprio que apenas confere ao endossatário o direito de cobrar o valor do título de devedor. O endossante continua sendo proprietário do crédito.

Para parte da doutrina, somente o apresentante ou seu representante podem formular tal pedido de desistência, com o fundamento de que não cabe ao Tabelião descumprir nem as leis nem as normas, ou dar a elas sua interpretação. Segundo essa corrente, se o título foi apresentado pelo endossatário, apenas ele e não o endossante, que possivelmente é o credor, pode desistir.

Todavia, existe uma outra posição doutrinária que sustenta a possibilidade de desistência pelo credor, mesmo não sendo ele o apresentante, uma vez que, o endosso-mandato materializa contrato de mandato, previsto nos arts. 653 a 692 do Código Civil, de forma que o outorgante poderá praticar diretamente os atos cuja realização outorgou ao mandatário. Esta é posição mais acertada e menos burocrática.

2. QUESTÕES DE CONCURSOS

01. (Cespe – Notários e Oficiais de Registro – Provimento – TJ – DFT/2019) O apresentante poderá retirar título ou documento de dívida apresentado para protesto

a) a qualquer tempo, pagos os emolumentos e demais despesas.
b) antes da juntada da intimação do devedor.
c) antes da intimação do devedor.
d) a qualquer tempo, mesmo sem o pagamento dos emolumentos e demais despesas.
e) antes da sua lavratura, pagos os emolumentos e demais despesas.

02. (Cespe – Notário-DFT/2003) Quanto à Lei de Protesto de Títulos (LPT – Lei nº º9.492/1997), julgue os itens a seguir.
O apresentante pode desistir do protesto e retirar o título do tabelionato, desde que o faça antes da lavratura do protesto e pague os emolumentos e demais despesas incidentes; além disso, o protesto também pode ser sustado por ordem judicial.

03. (EJEF – Notário-MG/2011) Em relação ao que compete ao Tabelião de Protestos, assinale a alternativa INCORRETA.

a) Protocolar de imediato os documentos de dívida, para prova do descumprimento da obrigação.
b) Intimar os devedores dos títulos para aceitá-los, devolvê-los ou pagá-los, sob pena de protesto.
c) Lavrar o protesto, registrando o ato em livro próprio, em microfilme ou sob outra forma de documentação.
d) Averbar o pedido de desistência do protesto formulado pelo apresentante.

04. (FUMARC – Notário-MG/2012) Sobre o que dispõe a Lei 9.492/97, NÃO é correto o que se afirma em

a) O título do documento de dívida cujo protesto tiver sido sustado judicialmente só poderá ser pago com autorização judicial.
b) Após o protocolo do título para protesto, o devedor poderá ser intimado por edital, caso resida fora da competência territorial do tabelionato.
c) Qualquer interessado poderá solicitar o cancelamento do registro do protesto perante o cartório competente, desde que apresente o documento protestado, cuja cópia ficará arquivada.
d) Antes da intimação do devedor a respeito do protesto, poderá o credor desistir do ato; no entanto, após a mencionada comunicação, para a desistência torna-se indispensável a concordância do devedor.

05. (IESES – Cartório – Provimento – TJ – RO/2017) Assinale a alternativa correta:

a) O protesto por falta de pagamento somente poderá ser efetuado antes do vencimento da obrigação e após o decurso do prazo legal para o aceite ou a devolução.
b) Antes da lavratura do protesto, poderá o apresentante retirar o título ou documento de dívida, pagos os emolumentos e demais despesas.
c) O título do documento de dívida cujo protesto tiver sido sustado judicialmente poderá ser pago, protestado ou retirado sem autorização judicial.
d) Poderá ser recusado pagamento oferecido dentro do prazo legal, mesmo que feito no Tabelionato de Protesto competente e no horário de funcionamento dos serviços.

GAB	1	E	2	CERTO		
	3	D	4	D	5	B

Art. 17. Permanecerão no Tabelionato, à disposição do Juízo respectivo, os títulos ou documentos de dívida cujo protesto for judicialmente sustado.

§ 1º O título do documento de dívida cujo protesto tiver sido sustado judicialmente só poderá ser pago, protestado ou retirado com autorização judicial.

§ 2º Revogada a ordem de sustação, não há necessidade de se proceder a nova intimação do devedor, sendo a lavratura e o registro do protesto efetivados até o primeiro dia útil subsequente ao do recebimento da revogação, salvo se a materialização do ato depender de consulta a ser formulada ao apresentante, caso em que o mesmo prazo será contado da data da resposta dada.

§ 3º Tornada definitiva a ordem de sustação, o título ou o documento de dívida será encaminhado ao Juízo respectivo, quando não constar determinação expressa a qual das partes o mesmo deverá ser entregue, ou se decorridos trinta dias sem que a parte autorizada tenha comparecido no Tabelionato para retirá-lo.

1. COMENTÁRIOS

A chamada sustação do protesto, assim como a desistência, é remédio que deixa prejudicado o procedimento do protesto, enquanto não existir decisão definitiva.

Se o título ou outro documento de dívida for sustado por ordem judicial, o procedimento do protesto fica suspenso até posterior deliberação do juízo, **só podendo ser retirado, pago ou protestado, mediante autorização judicial,** permanecendo o título ou documento de dívida, no Tabelionato, a disposição do juízo respectivo, conforme estabelece o parágrafo único do art. 17 da Lei de Protestos.

Se a sustação for **revogada**, não há necessidade de nova intimação, podendo o protesto ser lavrado até o primeiro dia útil subsequente, salvo se o ato depender de consulta ao apresentante, caso em que o mesmo prazo será contado da resposta dada. Ao revés, sendo a ordem de sustação **confirmada por decisão definitiva**, o título ou o documento de dívida será encaminhado ao Juízo respectivo, quando não constar determinação expressa a qual das partes o mesmo deverá ser entregue, ou se decorridos trinta dias sem que a parte autorizada tenha comparecido no Tabelionato para retirá-lo.

Os mandados judiciais de sustação de protesto devem ser arquivados juntamente com os títulos e documentos de dívida aos quais se referem e um índice dos títulos e documentos de dívida cujos protestos foram sustados será elaborado, pelos nomes dos intimados.

Não é demais lembrar que várias normativas estaduais já preveem regramento no sentido de que os mandados de sustação de protesto transmitidos por meio de fac-símile ou mediante endereço eletrônico informado pelo Tabelionato à Corregedoria-Geral da Justiça, podem ser provisoriamente cumpridos pelo Tabelião.

Oportuno elucidar que a sustação também é instituto diferente do cancelamento (arts. 25 e 26). No **cancelamento** faz-se necessário que a lavratura da certidão do protesto já tenha sido efetivada, pois o que se requer é a averbação do cancelamento do registro do protesto. A execução do instrumento de protesto é o divisor de águas entre o cabimento de uma medida e outra. **Não se dá sustação de protesto já tirado, nem se cancela um ato ainda não praticado.**

O cumprimento dos mandados de sustação definitiva do protesto, ou de seus efeitos, e de cancelamento do protesto fica condicionado ao prévio pagamento das custas e dos emolumentos. No entanto, tal regra é dispensada quando do mandado constar ordem expressa nesse sentido ou que a parte interessada é beneficiária da assistência judiciária gratuita. Ausente menção expressa à isenção em favor da parte interessada ou à gratuidade da justiça, o mandado judicial será devolvido sem cumprimento, caso não recolhidos os emolumentos e as custas.

1.1 DECISÃO JUDICIAL DE SUSTAÇÃO DE PROTESTO PODE SER MODIFICADA PELA CORREGEDORIA?

A resposta é negativa. É que no entendimento do corregedor nacional de justiça, ministro Humberto Martins, no Pedido de Providências 10616-34.2018.2, **a decisão judicial em medida cautelar de sustação de protesto é de natureza eminentemente jurisdicional, não comportando alteração por decisão do Conselho Nacional de Justiça**. Com esse entendimento, arquivou-se pedido de providências formulado para reverter sustação de protesto de sentença.

O ministro destacou em sua decisão que, segundo informações da Corregedoria-Geral de Justiça de Santa Catarina, a questão foi adequadamente tratada e as práticas adotadas no âmbito judicial e extrajudicial foram consideradas regulares. Nas palavras dele "não se verifica hipótese de promover revisão ou apuração complementar do causídico".

Demais disso, o corregedor ressaltou que o inconformismo da parte tem como objetivo modificar decisão judicial que determinou a sustação do protesto do título. O CNJ não pode intervir no mérito das decisões judiciais, uma vez que a sua competência está restrita ao âmbito administrativo. São as palavras do ministro:

"Não compete à Corregedoria Nacional de Justiça analisar o acerto ou desacerto de decisões judiciais unicamente com base no próprio mérito da decisão, sem que a parte autora ou o curso das investigações apresentem elementos externos aos fundamentos da decisão monocrática que demonstrem indícios de infração disciplinar."

1.2 EXIGÊNCIA DE CAUÇÃO

Recentemente, a Segunda Seção do Superior Tribunal de Justiça (STJ) decidiu, em julgamento de **recurso repetitivo**, que o magistrado **pode exigir prestação de caução, em dinheiro ou outro meio idôneo, para permitir a sustação de protesto cambial. O montante é correspondente ao valor dos títulos levados a protesto.**

Transcreve-se a tese fixada para efeitos do artigo 543-C do Código de Processo Civil: "A legislação de regência estabelece que o documento hábil a protesto extrajudicial é aquele que caracteriza prova escrita de obrigação pecuniária líquida, certa e exigível. Portanto, a sustação de protesto de título, por representar restrição a direito do credor, exige prévio oferecimento de contracautela, a ser fixada conforme o prudente arbítrio do magistrado".

O ministro Luis Felipe Salomão, relator do recurso, afirmou que a cautela é poder implícito da jurisdição, para que esta seja realizada de modo adequado. Isso evita sentenças tardias ou providências inócuas, que poderiam levar ao descrédito e inutilidade da própria Justiça.

Ele explicou que a sustação do protesto sem a exigência de contracautela, por meio transverso, inviabiliza a própria execução aparelhada pelo título levado a protesto, não havendo nenhum sentido ou razoabilidade que seja feita sem a exigência de caução (contracautela) ou depósito, igualmente exigidos à suspensão da execução.

Por fim, o ministro acrescentou que "o excepcional deferimento da medida sem contracautela deverá ser devidamente fundamentado pelo juiz".

1.3 SUSPENSÃO DOS EFEITOS DO PROTESTO

É bastante comum que a ordem de sustação do protesto chegue à Serventia quando este já está lavrado e registrado.

Neste caso, o tecnicamente correto seria a **ordem de suspensão dos efeitos do protesto, e não a sustação do protesto.** Em razão disso, parte da doutrina defende que não é possível o cumprimento da ordem de sustação. Para essa doutrina, o Tabelião deve informar ao Juízo a impossibilidade de cumprimento da determinação de sustação, colocando-se à disposição para cumprir eventuais outras ordens. No entanto, outra parcela da doutrina entende ser possível cumprir a ordem em razão do princípio da fungibilidade. Esta interpretação é considerada a mais acertada e compatível com a celeridade do procedimento de protesto.

Embora não esteja prevista especificamente em lei, essa medida é reiterada e amplamente aceita, com algumas normativas já dispondo nesse sentido. A suspensão dos efeitos do protesto não apaga o protesto, apenas suspende os seus efeitos publicitários. Em vista disso, o protesto não constará nas certidões e a medida deverá ser comunicada aos órgãos de proteção ao crédito. Também é bastante comum a determinação de **cancelamento provisório em decisões de antecipação de tutela.** Sérgio Bueno elucida que a suspensão dos efeitos do protesto pode ser determinada também em decisão concessiva de tutela antecipada. Nesta hipótese, o devedor normalmente ingressa com ação de conhecimento (sem utilizar tutela cautela autônoma) e desde logo postula a antecipação da tutela que pretende obter ao final, qual seja, a desqualificação do título

Lei 9.492/1997

ou documento e cancelamento definitivo do protesto. A antecipação costuma versar sobre o 'cancelamento provisório' ou suspensão dos efeitos do protesto. Tecnicamente, a determinação do cancelamento em decisão de antecipação de tutela é correta, pois adianta a decisão final, mas o cumprimento da medida pelo Tabelião mostra-se inviável (Op. cit., p. 98).

Dessa maneira, algumas normas de serviço da Corregedoria-Geral de Justiça dos Estados prescrevem que **as ordens de cancelamento provisório serão cumpridas como se cumpre as de suspensão dos efeitos do protesto.**

Efetivada a suspensão dos efeitos do protesto, com as providências e anotações pertinentes, o Tabelião permanecerá no aguardo de solução judicial para o caso.

Na **sustação do protesto**, o título ou o documento de dívida permanecerão no Tabelionato, à disposição do Juízo respectivo. No caso de **suspensão dos efeitos do protesto** o título protestado e o respectivo instrumento de protesto poderão ser entregues ao apresentante, salvo se o Juiz decidir de forma contrária.

Uma vez mais, Sérgio Bueno expõe interessante questão: suspensos os efeitos do protesto, pode o Tabelião cancelar o protesto mediante solicitação voluntária, com apresentação pela parte interessada do documento protestado ou carta de anuência? A resposta é positiva. Não é possível o emprego da analogia a regra que veda a desistência e o pagamento. A sustação apenas ocorre por ordem judicial, enquanto que o cancelamento pode dar-se também, como ocorre ordinariamente, por requerimento do interessado junto ao Tabelião. Por outro lado, para que se negasse ao interessado o direito que a ele é conferido pelo artigo 26 e § 1º da Lei em exame, seria necessária norma permitindo a negativa. Obviamente, caso o juiz do processo determine que se obste o cancelamento em tal modalidade, o tabelião não o lavrará (Op. cit., p. 99).

Cumprida a ordem de suspensão dos efeitos, é dever do Tabelião informar o cumprimento ao Juiz.

Todavia, essa regra não se aplica no caso de recebimento de ordens judiciais de sustação de protesto, sua revogação, sustação definitiva, suspensão dos efeitos do protesto, ou sua revogação, ou ainda de cancelamento de protesto. Nesses casos, não há necessidade de comunicar o Juízo competente sobre o cumprimento.

2. JURISPRUDÊNCIA COMPLEMENTAR

SUPERIOR TRIBUNAL DE JUSTIÇA

EMENTA: AGRAVO DE INSTRUMENTO – Ação Cautelar – Sustação ou cancelamento de protesto – Certidão de Dívida Ativa da Fazenda Pública – Advento da Lei nº 9.492/1997, alterada pela Lei nº 12.767, de 27 de dezembro de 2012 – Possibilidade, apesar do disposto no art. 204, do CTN privilegiar o Fisco, considerada a CDA como título líquido e certo – Decisão de indeferimento da liminar mantida – Ausência do *fumus boni juris* – Recurso não provido – *Não é de ser concedida liminar em ação cautelar se ausente requisito autorizador da medida, qual seja, a relevância do fundamento (fumus boni iuris) embora presente o periculum in mora.* (TJSP – Agravo de Instrumento nº 2189619-27.2014.8.26.0000 – São Paulo – 11ª Câmara de Direito Público – Rel. Des. Luis Ganzerla – DJ 06.11.2014)

EMENTA: RECURSO ESPECIAL. AÇÃO CAUTELAR DE SUSTAÇÃO DE PROTESTO. CHEQUE. OPERAÇÃO DE DESCONTO BANCÁRIO. CESSÃO DE CRÉDITO. NECESSIDADE DE NOTIFICAÇÃO DO DEVEDOR. DÍVIDA PAGA ANTES DA CESSÃO. BOA – FÉ DO DEVEDOR. 1 – A cessão de crédito, realizada mediante operação de desconto bancário, é ineficaz em relação ao devedor, enquanto não lhe for notificada. Aplicação do art. 290 do CC/2002. 2 – Inaplicabilidade do princípio da inoponibilidade das exceções pessoais, previsto nos artigos 14 e 17 da Lei Uniforme de Genebra (Decreto 57.663/66), e nos artigos 15, 17, § 1º, 20 e 25 da Lei do Cheque (Lei nº 7357/85), quando o principal instrumento negocial celebrado entre as partes é um contrato de cessão de crédito (operação de desconto bancário), tendo natureza acessória o endosso de cheques. 3 – Precedentes específicos desta Corte. 4 – Recurso especial desprovido. (STJ – REsp nº 1.141.877 – MG – 3ª Turma – Rel. Min. Paulo de Tarso Sanseverino – DJ 27.03.2012)

EMENTA: DIREITOS COMERCIAL E PROCESSUAL CIVIL. CAUTELAR DE SUSTAÇÃO DOS EFEITOS DE PROTESTO. AÇÃO ANULATORIA. ALEGAÇÃO DE VICIO NA INTIMAÇÃO DO PROTESTO. LEGITIMIDADE PASSIVA. OFICIAL DO CARTORIO. DIVERGENCIA JURISPRUDENCIAL CARACTERIZADA. APLICAÇÃO DO DIREITO A ESPECIE. RISTF, ART. 257. CITAÇÃO DOS CREDORES. DETERMINAÇÃO. ART. 47, PAR. ÚNICO, CPC. RECURSO PROVIDO. I – A AÇÃO CAUTELAR DE SUSTAÇÃO DE PROTESTO, BEM COMO A PRINCIPAL ANULATORIA DO ATO, DEVEM SER, EM REGRA, DIRIGIDAS CONTRA OS CREDORES QUE LEVARAM O TITULO A APONTAMENTO, TITULARES DO DIREITO CREDITORIO. II – EM SE TRATANDO, POREM, DE INSURGENCIA DA DEVEDORA CONTRA VICIOS NO ATO DO PROTESTO EM SI – INTIMAÇÃO DEFEITUOSA – O OFICIAL DO CARTORIO TAMBEM DEVE SER CITADO COMO LITISCONSORTE PASSIVO, UMA VEZ QUE PODE SER CIVILMENTE RESPONSABILIZADO PELO CREDOR, CUJO PROTESTO FOI SUSPENSO OU CANCELADO, UMA VEZ TACHADO DE IRREGULAR O ATO PRATICADO. III – RECONHECIDA A FALTA DE CITAÇÃO DE LITISCONSORTE NECESSARIO, EM TAIS CIRCUNSTANCIAS E DE RIGOR A DETERMINAÇÃO DE QUE O AUTOR A PROMOVA, NOS TERMOS DO ART. 47, PAR. ÚNICO, CPC (STJ – REsp: 45489 RJ 1994/0007503-0, Relator: Ministro SÁLVIO DE FIGUEIREDO TEIXEIRA, Data de Julgamento: 14/04/1997, T4 – QUARTA TURMA, Data de Publicação: DJ 12.05.1997 p. 18806)

TRIBUNAL REGIONAL DA 1ª REGIÃO

EMENTA: CAUTELAR. SUSTAÇÃO DE PROTESTO. CAMBIAL. CONTRATO DE MÚTUO. NOTA PROMISSÓRIA. FALTA DE DEMONSTRAÇÃO DE LIQUIDEZ. 1. É legítimo o procedimento do credor de levar a protesto o título de crédito dado em garantia de contrato de mútuo. 2. Não obstante, no caso em exame, a nota promissória protestada não foi preenchida com o valor do débito originário, e sim com o valor da dívida corrigida com inclusão de encargos reputados devidos pela credora. 3. No julgamento de recurso de apelação interposto nos autos da ação principal foi reconhecida a inexigibilidade de parte do débito, de modo que há plausibilidade do direito à sustação do protesto. O periculum in mora evidencia-se pelo risco de restrição ao crédito causado à requerente em virtude do protesto do título. 4. Nega-se provimento ao recurso de apelação. (TRF 1ª Reg. APC 200138000053200. Des. Fed. Rodrigo Navarro de Oliveira, 4ª T. Suplementar, e-DJF1: 28/09/ 2012, p. 775)

TRIBUNAL DE JUSTIÇA DO DISTRITO FEDERAL

EMENTA: AÇÃO CAUTELAR. PROTESTO. AÇÃO DECLARATÓRIA. INEXIGIBILIDADE DA DÍVIDA COBRADA. PRESTAÇÃO DE SERVIÇOS DE PROJETOS ARQUITETÔNICOS. EXCEÇÃO DE CONTRATO NÃO CUMPRIDO. DEMONSTRAÇÃO, DIANTE DA AUSÊNCIA DE PROVA DA REALIZAÇÃO DOS SERVIÇOS CONTRATADOS. SUSTAÇÃO DO PROTESTO. COBRANÇA INDEVIDA. É indevida a cobrança de crédito oriunda de contrato de prestação de serviços para a confecção de projeto arquitetônico, quando não realizados os serviços contratados. Se comprovada a ocorrência da exceção do contrato não cumprido, não é exigível a dívida cobrada e protestada, devendo ser declarada nula a duplicata emitida, bem como cancelado o protesto levado a efeito, não reclamando qualquer reparo a sentença que concluiu nesses termos. (TJDFT – APC 20080110478765, Relator NATANAEL CAETANO, DJ 05/10/2009 p. 75)

TRIBUNAL DE JUSTIÇA DO ESTADO DE SÃO PAULO

EMENTA: TUTELA ANTECIPADA. Declaratória de inexigibilidade de débito. Nota promissória. Protesto. Suspensão dos efeitos do ato notarial deferida ante a alegação de falsidade do documento e de desconhecimento do débito. Admissibilidade. Presença dos pressupostos autorizadores. Agravante que não trouxe elementos aptos a comprovação da existência do débito. Caução. Exigência não obrigatória. Decisão mantida. Recurso não provido. (TJSP – Agravo de Instrumento nº 2033032-06.2016.8.26.0000 – São Paulo – 38ª Câmara de Direito Privado – Rel. Des. Fernando Sastre Redondo – DJ 14.04.2016)

TRIBUNAL DE JUSTIÇA DO ESTADO DO PARANÁ

EMENTA: AGRAVO DE INSTRUMENTO. RECUPERAÇÃO JUDICIAL. PEDIDO DE SUSPENSÃO DE PROTESTOS INDEFERIDO. DECISÃO MANTIDA. PRECEDENTES DO STJ. ENUNCIADO Nº 54 DA I JORNADA DE DIREITO COMERCIAL. RECURSO DESPROVIDO. *"O deferimento do processamento da recuperação judicial não enseja o cancelamento da negativação do nome do devedor nos órgãos de proteção ao crédito e nos tabelionatos de protestos"* (Enunciado nº 54, I Jornada de Direito Comercial). (TJPR – Agravo de Instrumento nº 1.399.803-1 – Curitiba – 17ª Câmara Cível – Rel. Des. Lauri Caetano da Silva – DJ 20.10.2015)

3. QUESTÕES DE CONCURSOS

01. (TJ/SP – 2024 – VUNESP – Notário e Registrador/Provimento) Determinado documento de dívida foi sustado judicialmente. Terceiro interessado, aceitando proposta de renegociação com abatimento da dívida, efetua o pagamento diretamente ao credor e, recebendo a carta de anuência com firma reconhecida, apresenta no tabelionato requerendo o cancelamento do protesto. Assinale a alternativa correta.

a) O Tabelião não poderá efetuar o cancelamento, uma vez que o documento de dívida encontra-se sustado judicialmente.

b) O Tabelião poderá efetuar o cancelamento, sendo a carta de anuência documento hábil para tanto, pagos os devidos emolumentos, comunicando o juízo do cancelamento, informando que o documento de dívida permanece guarnecido na serventia.

c) O Tabelião deverá efetuar o cancelamento, entregando o documento de dívida ao terceiro interessado, comunicando incontinenti o juízo do procedimento adotado.

d) O Tabelião efetuará o cancelamento, enviando o documento de dívida ao juízo competente para as demais providências cabíveis.

02. (CESPE / CEBRASPE – 2023 – TJ-SC – Titular de Serviços de Notas e de Registros – Remoção) Assinale a opção correta acerca da sustação do protesto em conformidade com o disposto na Lei n.º 9.492/1997.

a) A referida sustação pode decorrer de ato do apresentante ou do Poder Judiciário.

b) O título cujo protesto tiver sido sustado judicialmente poderá ser retirado pelo apresentante, independentemente de autorização judicial.

c) Promovida a sustação por decisão do juízo, o título será encaminhado pelo tabelião aos autos do processo em que ocorreu a sustação.

d) O título cujo protesto tiver sido sustado judicialmente poderá ser pago pelo apresentante, independentemente de autorização judicial.

e) Revogada a ordem judicial de sustação, não é necessário proceder a nova intimação do devedor.

03. (TJ/AM – 2023 – TJ/AM – Titular de Notas e Serviços de Registros) Acerca da intimação, desistência e sustação do protesto, assinale a alternativa correta em relação à Lei nº 9.472/1997:

a) Antes da lavratura do protesto, poderá o apresentante retirar o título ou documento de dívida, independentemente do pagamento de emolumentos e demais despesas.

b) O título do documento de dívida cujo protesto tiver sido sustado judicialmente poderá ser pago pelo devedor ou retirado pelo credor a qualquer tempo, desde que pagos os emolumentos e demais despesas.

c) Revogada a ordem judicial de sustação, deve-se proceder a nova intimação do devedor para efetivação da lavratura e o registro do protesto.

d) Tornada definitiva a ordem de sustação, o título ou o documento de dívida será encaminhado ao Juízo respectivo, quando não constar determinação expressa a qual das partes o mesmo deverá ser entregue, ou se decorridos trinta dias sem que a parte autorizada tenha comparecido no Tabelionato para retirá-lo.

04. (Vunesp – Outorga de delegação de serviços notariais e registrais – Provimento – TJ – RS/2019) Assinale a alternativa correta, de acordo com a Lei nº 9.492, de 10 de setembro de 1997.

a) O título ou documento de dívida cujo protesto tiver sido sustado judicialmente só poderá ser pago, protestado ou retirado com autorização judicial.

b) Não se poderá tirar protesto por falta de aceite de letra de câmbio contra o sacado não aceitante.

c) Todos os documentos apresentados ou distribuídos no horário regulamentar serão protocolizados dentro de quarenta e oito horas, obedecendo à ordem cronológica de entrega.

d) O prazo de arquivamento é de cinco anos para livros de protocolo e de dez anos para os livros de registros de protesto e respectivos títulos.

e) O Tabelião de Protesto expedirá as certidões solicitadas dentro de três dias úteis, no máximo, que abrangerão o período mínimo dos cinco anos anteriores, contados da data do pedido, salvo quando se referir a protesto específico.

05. (EJEF – Tabelionato e Registro-MG/2007) Sobre a desistência e a sustação do protesto, é CORRETO afirmar que:

a) o título do documento de dívida cujo protesto tiver sido sustado judicialmente só poderá ser pago, protestado ou retirado com autorização judicial.

b) antes da lavratura do protesto, o apresentante não poderá retirar o título ou documento de dívida, mesmo quando pagos emolumentos e demais despesas.

c) tornada definitiva a ordem judicial de sustação do protesto, os títulos ou documentos de dívida são, obrigatoriamente e em qualquer hipótese, remetidos ao juízo competente que determinou tal medida para que sejam juntados aos autos do processo ou arquivados perante o citado juízo.

d) revogada a ordem de sustação de protesto, há necessidade de se promover nova intimação do devedor para que possa o mesmo requerer expressamente a lavratura do protesto e a sua efetivação.

06. (IESES – Cartório – TJ – RS/2013) Nos termos da Lei 9492 de 1997, marque alternativa a correta.

a) O título do documento de dívida cujo protesto tiver sido sustado judicialmente poderá ser pago ou retirado sem autorização judicial; porém, para que seja lavrado o protesto

Lei 9.492/1997

necessário, se faz autorização do Juízo que anteriormente determinou a sustação.

b) O título do documento de dívida cujo protesto tiver sido sustado judicialmente poderá ser pago sem autorização judicial; porém, para que seja retirado ou lavrado o protesto, necessário se faz autorização do Juízo que anteriormente determinou a sustação.

c) Revogada a ordem de sustação judicial, não haverá necessidade de se proceder a nova intimação do devedor, sendo a lavratura e o registro do protesto efetivados até o primeiro dia útil subsequente ao do recebimento da revogação, salvo se a materialização do ato depender de consulta a ser formulada ao apresentante, caso em que o mesmo prazo será contado da data da resposta dada.

d) Os mandados judiciais de sustação de protesto deverão ser devolvidos ao Juízo, juntamente com os respectivos documentos, no prazo de 03 (três) dias após o cumprimento da ordem de sustação pelo Tabelião de Protesto.

07. (Cespe – Cartório-PI/2013) Quanto à prática dos atos relativos ao protesto de títulos e documentos, assinale a opção correta.

a) Os documentos de dívida poderão ser apresentados no original ou digitalizados eletronicamente, ressalvada a alegação motivada e fundamentada de adulteração antes ou durante o processo de digitalização, havendo, em qualquer hipótese, responsabilidade solidária do oficial e do apresentante quanto ao encaminhamento indevido de títulos que forem protestados.

b) As duplicatas de prestação de serviços advocatícios somente poderão ser protestadas se houver prova da efetiva prestação dos serviços.

c) Revogada a ordem de sustação do protesto, não haverá necessidade de se proceder a nova intimação do devedor, sendo a lavratura e o registro do protesto efetivados até o primeiro dia útil subsequente ao do recebimento da revogação, salvo se a materialização do ato depender de consulta a ser formulada ao apresentante, caso em que o mesmo prazo será contado da data da resposta dada.

d) Os títulos ou documentos de dívida cujo protesto seja judicialmente sustado devem ser remetidos pelo tabelionato ao juízo competente.

e) Antes da lavratura do protesto, pode o apresentante retirar o título ou documento de dívida, sem a necessidade do pagamento de emolumentos ou quaisquer outras despesas.

08. (Vunesp – Cartório – SP – Remoção/2016) Quanto à desistência e à sustação do protesto, assinale a alternativa correta.

a) A desistência não pode ser formalizada por meio eletrônico.

b) A retirada do título ou documento de dívida pelo apresentante, antes da lavratura do protesto, fica condicionada ao pagamento dos emolumentos e demais despesas.

c) Os mandados de sustação de protesto, se apresentados depois de protestado o título ou documento de dívida, não podem ser qualificados como ordens judiciais de sustação dos efeitos do protesto, em atenção ao princípio da inércia notarial.

d) O cumprimento do mandado judicial de cancelamento do protesto depende do prévio pagamento das custas e dos emolumentos, mesmo se constar que a parte interessada é beneficiária da justiça gratuita.

GAB	1	A	2	E	3	D	4	A
	5	A	6	C	7	C	8	B

Art. 18. As dúvidas do Tabelião de Protesto serão resolvidas pelo Juízo competente.

1. COMENTÁRIOS

O procedimento de dúvida é pertinente também em matéria de protesto de títulos e será resolvido pelo juízo competente, mediante disposição expressa do art. 18 da Lei 9.492/1997 e do art. 30, XIII, da Lei 8.935/1994.

Eversio Donizete de Oliveira e Magno Luiz Barbosa se posicionam no sentido de que "o legislador apresenta um *modus operandi* diverso da lei ora comentada, vez que as dúvidas encaminhadas ao juízo competente eram formalizadas aos notários pelos interessados. Em relação ao instituto do protesto, por meio da lei específica, eventuais dúvidas serão suscitadas pelo tabelião de protesto, ou seja, quem tem a dúvida em relação ao procedimento na serventia é o tabelião e não o apresentante do documento" (Op. cit., p. 83).

De outro giro, Sergio Bueno apresenta posicionamento diverso, defendendo que as dúvidas mencionadas neste artigo são aquelas decorrentes da ordem de sustação de protesto, o que se conclui pela inclusão do artigo no capítulo em estudo e porque há referência a *juízo competente*, ou seja, aquele que determinou a medida. "Vemos como equivocada a visão de que este artigo fundamentaria a dúvida tal como se nota no Registro de Imóveis. Esta é apreciada pelo Juiz Corregedor Permanente e não pelo juízo das varas comuns. É certo que também o Tabelião pode encaminhar dúvida a seu Corregedor Permanente, mas o fará com embasamento no art. 30, inciso XIII, da Lei 8.935/1994)".

2. QUESTÃO DE CONCURSO

01. (Cespe – Notário-SE/2006) No que se refere ao serviço de protesto de títulos e outros documentos de dívida, julgue os itens que se seguem.

a) O protesto por falta de aceite ou por devolução somente pode ser efetuado até o respectivo vencimento da obrigação e decorrido o prazo legal para o aceite ou a devolução.

b) O protesto extrajudicial, por si só, não se presta a constituir direito nem a suspender e interromper a prescrição cambiária ou civil, mas apenas a constituir em mora o devedor e a provar a inadimplência ou o descumprimento de obrigação do devedor.

c) O processo de dúvida não se estende aos casos oriundos dos cartórios de protesto, pois os direitos neles discutidos são atos de comércio entre pessoas capazes, portanto, de ordem patrimonial e disponível.

GAB	1	A. CERTO; B. ERRADO; C. ERRADO

CAPÍTULO VIII – DO PAGAMENTO

Art. 19. O pagamento do título ou do documento de dívida apresentado para protesto será feito diretamente no Tabelionato competente, no valor igual ao declarado pelo apresentante, acrescido dos emolumentos e demais despesas.

§ 1º Não poderá ser recusado pagamento oferecido dentro do prazo legal, desde que feito no Tabelionato de Protesto competente e no horário de funcionamento dos serviços.

§ 2º No ato do pagamento, o Tabelionato de Protesto dará a respectiva quitação, e o valor devido será colocado à disposição do apresentante no primeiro dia útil subsequente ao do recebimento.

§ 3º Quando for adotado sistema de recebimento do pagamento por meio de cheque, ainda que de emissão de estabelecimento bancário, a quitação dada pelo Tabelionato fica condicionada à efetiva liquidação.

§ 4º Quando do pagamento no Tabelionato ainda subsistirem parcelas vincendas, será dada quitação da parcela paga em apartado, devolvendo-se o original ao apresentante.

1. COMENTÁRIOS

Havendo o pagamento do título ou aceite ou devolução, fica assim, prejudicado o protesto.

Qualquer pessoa pode realizar o pagamento no Tabelionato, sendo vedado ao Tabelião obstar o pagamento quando o pagante for terceiro, seja interessado ou não. Estando **dentro do prazo legal**, o pagamento não pode ser recusado, ainda que realizado por uma terceira pessoa que não o devedor, desde que observado o horário de funcionamento dos serviços e o disposto nas normativas estaduais. Todavia, se neste prazo o pagamento for feito diretamente ao credor, não impedirá o protesto. Neste caso, o apresentante do título deve solicitar a desistência.

É importante enfatizar que o pagamento direto ao tabelionato após o vencimento do prazo, ou seja, quando o título já está protestado, não é possível. Nesse caso, o pagamento deve ser feito ao apresentante do título. O devedor, munido da documentação prevista no art. 26 desta lei, deve então requerer o cancelamento do protesto.

Destaca-se que algumas normativas estaduais vedam, dependendo do valor, o pagamento em moeda corrente diretamente no Tabelionato.

No que se refere ao cheque, alguns códigos de normas estabelecem que este deve ser visado e cruzado ou administrativo, em nome e à ordem do apresentante, e pagável na mesma praça. Essa regra não se estende às microempresas e empresas de pequeno porte, que, ao comprovarem sua condição, poderão realizar o pagamento por meio de cheque comum.

O pagamento engloba o valor declarado pelo apresentante acrescido de custas e despesas.

Efetuado o pagamento, o Tabelião terá até o **primeiro dia útil subsequente ao do seu recebimento**, para colocar o dinheiro ou o cheque de liquidação à disposição do credor ou apresentante autorizado a receber, mas somente promoverá a entrega mediante recibo, do qual constará, em sendo o caso, o valor da devolução do depósito das custas, dos emolumentos e das demais despesas.

Contudo, algumas normativas diferenciam este procedimento quando se trata de cheque visado e cruzado ou administrativo e cheque comum. É o caso das Normas de Serviço da Corregedoria Geral da Justiça de São Paulo (NSCGJSP), que estabelecem:

a) O Tabelião, realizado o pagamento em **cheque visado e cruzado ou administrativo**, entregará o título ou o documento de dívida ao devedor ou interessado, com a ressalva de que a quitação fica condicionada à liquidação do cheque.

b) O Tabelião, realizado o pagamento mediante **cheque comum**, dará quitação ao devedor ou interessado, com a ressalva, no recibo, de que fica condicionada à liquidação do cheque, e deixará o título ou documento de dívida à disposição do credor durante dez dias úteis, contados do pagamento, para eventuais reclamações. Decorridos os dez dias úteis sem reclamações, o título ou documento de dívida poderá ser entregue ao devedor ou interessado. O Tabelião, comprovada, no prazo de dez dias úteis, a inocorrência da compensação do cheque, arquivará a cópia deste no Tabelionato e procederá à lavratura e ao registro do protesto.

Se houver **parcelas vincendas**, aquele que pagou receberá apenas a quitação da parcela paga, restituindo-se aquele ao apresentante.

De acordo com a lei, o pagamento deve ser feito nas dependências do Tabelionato. Todavia, a melhor interpretação, que está em consonância com a nova legislação, é a de que o pagamento durante o tríduo legal deve ser feito **ao** Tabelionato ou **aos cuidados do**

Lei 9.492/1997

Tabelião, e não necessariamente **no** Tabelionato. Isso se deve às várias formas de pagamento atualmente permitidas, como boleto bancário, Transferência Eletrônica Direta (TED), guia para depósito em conta bancária especialmente aberta pelo Tabelionato para arrecadação e prestação de contas aos apresentantes dos documentos, pagamento com cartões, ou outras formas.

Oportuno mencionar ainda que a Corregedoria-Geral da Justiça de São Paulo, por meio de suas normas de serviços, permite ao interessado fazer o pagamento por meio eletrônico *online* (Sistema Eletrônico de Liquidação de Títulos em Cartório - SELTEC).

Convém ainda adicionar aqui o Provimento CNJ n. 127/2022, que disciplina a **Plataforma do Sistema Integrado de Pagamentos Eletrônicos – SIPE** para os serviços notariais e de registro. Nos termos do art. 1º, estabelece-se que:

> Art. 1º O Operador Nacional do Sistema de Registro Eletrônico de Imóveis (ONR) fica autorizado a desenvolver e gerir a Plataforma do Sistema Integrado de Pagamentos Eletrônicos– SIPE, destinada a receber e repassar os valores recebidos dos usuários dos serviços de registro de imóveis praticados pelos registradores de imóveis e solicitados por meio do Serviço de Atendimento Eletrônico Compartilhado – SAEC, adotados os seguintes meios de pagamento:
> I – PIX;
> II – cartão de crédito, emitido por operadoras ou administradoras autorizadas a funcionar pelo Banco Central do Brasil, de livre escolha do usuário;
> III – boleto bancário;
> IV – faturamento; e
> V – outras modalidades de pagamento, crédito ou financiamento, autorizadas pelo Banco Central do Brasil, contratadas para que sejam oferecidas aos interessados na plataforma.

É importante esclarecer que, à primeira vista, o ato normativo do CNJ parece ser direcionado ao Ofício de Imóveis. No entanto, o art. 5º deixa claro que as normas desse Provimento aplicam-se, no que couber, às demais especialidades previstas no artigo 5º da Lei 8.935/1994, podendo ser implementadas pelos gestores, como prevê o inciso IV:

> (...) IV – da Central Nacional de Serviços Eletrônicos dos Tabeliães de Protestos de Títulos (CENPROT), criada pela Lei 9.492, de 10 de setembro de 1997, e regulamentada pelo Provimento 87, de 11 de setembro de 2019, da Corregedoria Nacional de Justiça.

Assim, sem prejuízo dos meios de pagamento ordinários, em espécie ou cheque, nos pedidos feitos diretamente na serventia, poderá o titular ou responsável pela unidade do serviço notarial ou registral adotar os meios de pagamento previstos neste Provimento.

Uma questão que gera bastante discussão é o alcance da expressão "horário de funcionamento dos serviços", contida no § 1º do dispositivo em comento. Emanoel Macabu Moraes explica que se o devedor comparecer ao serviço de protestos no último dia do prazo estabelecido, após o expediente bancário, o tabelião não pode recusar o recebimento. Deve admiti-lo no primeiro dia útil que se seguir, o que deverá ser certificado na respectiva documentação (Op. cit., p. 306). Na Consolidação Normativa Extrajudicial do Estado do Rio de Janeiro, existe previsão no sentido de que se o devedor comparecer ao tabelionato para pagamento em dinheiro no último dia do prazo, mas após o encerramento do expediente bancário, o pagamento poderá ser efetuado imediatamente no primeiro dia subsequente.

1.1 PAGAMENTO REALIZADO POR MICROEMPRESA OU EMPRESA DE PEQUENO PORTE

Essas empresas gozam da **redução** no valor dos emolumentos. É o que se extrai do art. 73 da Lei Complementar 123/2006. Vejamos:

> **Art. 73** O protesto de título, quando o devedor for microempresário ou empresa de pequeno porte, é sujeito às seguintes condições:
> I – sobre os emolumentos do tabelião não incidirão quaisquer acréscimos a título de taxas, custas e contribuições para o Estado ou Distrito Federal, carteira de previdência, fundo de custeio de atos gratuitos, fundos especiais do Tribunal de Justiça, bem como de associação de classe, criados ou que venham a ser criados sob qualquer título ou denominação, ressalvada a cobrança do devedor das despesas de correio, condução e publicação de edital para realização da intimação.

Logo, a microempresa e a empresa de pequeno porte pagam apenas a parte dos emolumentos devida ao Tabelião.

Ademais, o art. 73, inciso II, prescreve que é vedado, em relação a essas empresas, recusar o pagamento em cheque, ainda que comum, neste sentido:

> II – Para o pagamento do título em cartório, não poderá ser exigido cheque de emissão de estabelecimento bancário, mas, feito o pagamento por meio de cheque, de emissão de estabelecimento bancário ou não, a quitação dada pelo tabelionato de protesto será condicionada à efetiva liquidação do cheque.

Se o cheque voltar sem provisão de fundos, o título é protestado e esse benefício fica suspenso durante um ano. É o que se depreende do art. 73, V, a saber:

> V – quando o pagamento do título ocorrer com cheque sem a devida provisão de fundos, serão automaticamente suspensos pelos cartórios de protesto, pelo prazo de 1 (um) ano, todos os benefícios previstos para o devedor neste artigo, independentemente da lavratura e registro do respectivo protesto.

Uma questão interessante é saber se a empresa tem esse benefício somente quando é devedora ou também quando é apresentante do título ou documento de dívida. Sérgio Bueno é quem nos responde afirmando que o texto legal emprega a palavra *devedor*. Portanto, o benefício incide sobre os emolumentos devidos apenas

nas seguintes hipóteses: se a empresa paga, aceita ou devolve o título ou documento; se requer o cancelamento do protesto ou, ainda, se é beneficiada com a suspensão definitiva daquele. Não há redução se a empresa é apresentante de título ou documento e requer a desistência do protesto, ou se postula, por exemplo, a expedição de uma certidão (*Tabelionato de Protesto*. São Paulo: Saraiva, 2013, p. 171).

Por derradeiro, é pertinente elucidar que algumas normativas estaduais preveem um **livro específico para o pagamento de títulos**, como é o caso do Código de Normas do Foro Extrajudicial do Estado do Paraná e do Estado de Goiás:

> **Art. 810, CNFE/PR.** Os pagamentos de títulos serão relacionados diariamente em livro próprio, que conterá os seguintes dados:
>
> I – data e número do protocolo;
>
> II – *Suprimido.*
>
> III – data do pagamento;
>
> IV – devedor;
>
> V – apresentante ou credor;
>
> VI – valor do título;
>
> VII – valor arrecadado;
>
> VIII – valor depositado;
>
> IX – *Suprimido.*
>
> X – data da intimação;
>
> XI – *Suprimido.*
>
> XII – data do depósito bancário na conta do Poder Judiciário.
>
> **Art. 220 CNFPE/GO.** São obrigatórios os seguintes livros e arquivos no serviço de Tabelionato de Protesto:
>
> I – Livro de Protocolo de Títulos;
>
> II – Livro de Registro de Protesto;
>
> III – Livro de Registro de Pagamento;

2. JURISPRUDÊNCIA COMPLEMENTAR

TRIBUNAL DE JUSTIÇA DO ESTADO DE SÃO PAULO

EMENTA: Consignação em pagamento. Título protestado. Alegação de desconhecimento do paradeiro do credor. Tutela deferida. Consignado valor do título mais acréscimos legais. Sentença de improcedência. Apelo do autor. Impossibilidade de pagamento direto ao tabelionato após vencimento do prazo. Valor já consignado. Credor que não impugna o valor depositado. Princípio da economia processual. Obrigação declarada extinta com a liberação dos valores ao credor. Sucumbência mantida como estabelecida pela r. sentença. Princípio da causalidade. Sentença reformada. Recurso provido. (TJSP – Apelação Cível nº 1001070-46.2015.8.26.0281 – Itatiba – 21ª Câmara de Direito Privado – Rel. Des. Virgilio de Oliveira Junior – Julgado em 08.04.2016)

3. QUESTÕES DE CONCURSOS

01. (Vunesp – Outorga de Delegação de Notas e Registros – TJ – GO/2021) Em relação ao pagamento de título ou documento de dívida, é correto afirmar que

a) é facultado ao tabelião recusar o pagamento em espécie oferecido no último dia do prazo legal.

b) no ato do pagamento em espécie, o tabelião dará a respectiva quitação ao devedor e entregará o título ou documento de dívida ao credor.

c) quando do pagamento no Tabelionato ainda subsistirem parcelas vincendas, será dada quitação da parcela paga em apartado, devolvendo-se o original ao apresentante.

d) caso o pagamento seja feito por meio de cheque, a quitação dada pelo tabelião ficará condicionada à efetiva liquidação, salvo se de emissão de estabelecimento bancário.

02. (IESES – Cartório – Remoção – TJ – AM/2018) O pagamento do título ou do documento de dívida apresentado para protesto será feito diretamente no Tabelionato competente, no valor igual ao declarado pelo apresentante, acrescido dos emolumentos e demais despesas. No tocante a este pagamento é correto afirmar:

I. No ato do pagamento, o Tabelionato de Protesto dará a respectiva quitação, e o valor devido será colocado à disposição do apresentante no terceiro dia útil subsequente ao do recebimento.

II. Quando do pagamento no Tabelionato ainda subsistirem parcelas vincendas, será dada quitação da parcela paga em apartado, devolvendo-se o original ao apresentante.

III. Não poderá ser recusado pagamento oferecido dentro do prazo legal, desde que feito no Tabelionato de Protesto competente e no horário de funcionamento dos serviços.

IV. Quando for adotado sistema de recebimento do pagamento por meio de cheque, ainda que de emissão de estabelecimento bancário, a quitação dada pelo Tabelionato fica condicionada à efetiva liquidação.

A sequência correta é:

a) Apenas as assertivas II e IV estão corretas.

b) As assertivas I, II, III e IV estão corretas.

c) Apenas a assertiva III está incorreta.

d) Apenas as assertivas II, III e IV estão corretas.

03. (Vunesp – Cartório – Provimento – TJ – SP/2018) Devedor microempresário efetua pagamento de título no tabelionato de protesto com cheque de sua emissão. Comprovada a devolução do cheque, sem a devida provisão de fundos (alínea 11), no décimo segundo dia útil seguinte, o Tabelião

a) informará ao apresentante sobre o decurso de prazo para eventuais reclamações, restituindo imediatamente o cheque ao apresentante.

b) lavrará o protesto no primeiro dia útil subsequente e suspenderá os benefícios do art. 73 da Lei Complementar nº 123/2006 por um ano.

c) lavrará o protesto no mesmo dia e suspenderá os benefícios do art. 73 da Lei Complementar nº 123/2006 por um ano.

d) lavrará o protesto no primeiro dia útil subsequente e suspenderá os benefícios do art. 73 da Lei Complementar nº 123/2006 por um ano, salvo na hipótese de pagamento em dinheiro, pelo devedor, dentro do referido prazo.

04. (EJEF Tabelionato e Registro-MG/2007) Em relação ao pagamento do título ou do documento de dívida apresentado para protesto, é CORRETO afirmar que

a) o pagamento é feito no valor histórico do título, acrescido dos emolumentos.

b) o termo inicial da incidência de juros de mora de título com data de vencimento é o da data do registro do protesto.

c) a quitação dada pelo oficial de protestos não impede a cobrança pelo credor das parcelas correspondentes à correção monetária e juros cabíveis.

d) o pagamento do título por meio de cheque de emissão de estabelecimento bancário tem caráter pro soluto.

05. (Vunesp – Notário-SP/2012) Efetuado o pagamento de um título no Tabelionato de Protesto, o dinheiro ou os cheques de liquidação serão postos à disposição do credor ou do apresentante autorizado a receber no

a) primeiro dia útil depois do pagamento.
b) segundo dia útil depois do pagamento.
c) terceiro dia útil depois do pagamento.
d) quinto dia útil depois do pagamento.

06. (IESES – Cartório – TJ – PB/2014) Considerando as disposições da Lei Federal nº 9.492/97, assinale a alternativa INCORRETA:

a) Do registro de protesto de títulos e documentos de dívida em moeda estrangeira, emitidos fora do Brasil, deverá constar, obrigatoriamente, a descrição do documento e sua respectiva tradução.
b) O atendimento ao público será, no mínimo, de seis horas diárias.
c) O pagamento de título ou documento de dívida apresentado para protesto poderá ser realizado no Tabelionato de Protesto competente ou, eventualmente, desde que dentro do prazo, no mais próximo da residência do devedor, no valor igual ao declarado pelo apresentante, acrescido de emolumentos e demais despesas.
d) Compete, privativamente, ao Tabelião de Protesto de Títulos, na tutela de interesses públicos e privados, a protocolização, intimação, acolhimento da devolução ou aceite, recebimento do pagamento do título e de outros documentos de dívida, bem como, lavrar e registrar o protesto ou acatar a desistência do credor com relação ao mesmo, proceder às averbações, prestar informações e fornecer certidões relativas a todos os atos praticados.

07. (IESES – Cartório – TJ – PB/2014) Examine as assertivas abaixo relacionadas:

I. Antes da lavratura do protesto, poderá o apresentante retirar o título ou documento de dívida, independentemente do pagamento de emolumentos e demais despesas.
II. Quando for adotado sistema de recebimento do pagamento por meio de cheque, ainda que de emissão de estabelecimento bancário, a quitação dada pelo Tabelionato fica condicionada à efetiva liquidação.
III. Quando do pagamento no Tabelionato de Protesto ainda subsistirem parcelas vincendas, dar-se-á quitação da parcela paga em apartado, retendo-se, contudo, o original até final quitação.
IV. Não são devidos emolumentos pela averbação de retificação de erros materiais.

a) Somente os itens II e IV estão corretos.
b) Somente o item IV está correto.
c) Somente os itens I e IV estão corretos.
d) Somente os itens I, III e IV estão corretos.

08. (IESES – Cartório – Remoção – TJ – RO/2017) Quando do pagamento de uma dívida por título protestado, o Tabelionato de Protesto dará a respectiva quitação, e o valor devido será colocado à disposição do apresentante:

a) No primeiro dia útil subsequente ao do recebimento.
b) No dia do recebimento.
c) Em cinco dias subsequentes ao do recebimento.
d) Em dois dias úteis subsequentes ao do recebimento.

GAB	1	C	2	D	3	A	4	C
	5	A	6	C	7	A	8	A

CAPÍTULO IX – DO REGISTRO DO PROTESTO

Art. 20. Esgotado o prazo previsto no art. 12, sem que tenham ocorrido as hipóteses dos Capítulos VII e VIII, o Tabelião lavrará e registrará o protesto, sendo o respectivo instrumento entregue ao apresentante.

1. COMENTÁRIOS

Como já dito alhures, intimado o devedor, podem ocorrer as seguintes hipóteses:

a) **devolução do título** por irregularidade;
b) **suscitação de dúvida:** procedimento administrativo competente para **dirimir dissenso** entre o usuário do serviço e o registrador/tabelião;
c) **retirada ou desistência**:o apresentante pode requerer, por diversos motivos e antes de efetivado o protesto, a retirada do título sem protesto, pagando as devidas custas;
d) **sustação judicial do protesto**: o protesto fica suspenso até decisão posterior do juiz competente;
e) **pagamento do título ou aceite,** nos termos do art. 19.

Ocorrendo essas situações, o protesto será prejudicado. Por outro lado, se essas hipóteses não se confirmarem, o instrumento de protesto será lavrado.

Nos termos do art. 12 já analisado, o prazo para realizar o protesto é de 3 (três) dias úteis, excluindo-se o dia da protocolização e incluindo-se o do vencimento. O protesto poderá ser tirado por falta de pagamento, de aceite ou de devolução.

Quanto ao **prazo de entrega do instrumento de protesto e do título ao apresentante**, a lei é omissa. A doutrina e algumas normativas estaduais entendem que tais documentações devem estar à disposição do apresentante no primeiro dia útil seguinte ao prazo para a lavratura do ato do protesto, em analogia à disposição do parágrafo 2º do art. 19 desta Lei.

Trago alguns exemplos:

> **Art. 893 CNCGJ/SC.** O instrumento deverá estar à disposição do apresentante, acompanhado do documento de dívida protestado, no 1º (primeiro) dia útil seguinte ao prazo para registro do protesto.

> **Art. 366, Provimento 93/2020 (MG).** O instrumento de protesto deverá estar à disposição do apresentante, acompanhado do título ou documento de dívida

protestado, no primeiro dia útil subsequente ao prazo para o registro do protesto.

Art. 1.010 CNNR/RS. O instrumento de protesto estará à disposição do apresentante ou do IEPRO, no caso de seus conveniados, acompanhado do documento protestado quando tiver sido apresentado em meio físico, no primeiro dia útil subsequente a data da lavratura, podendo ser enviado, no mesmo prazo, por meio eletrônico, a critério do apresentante.

69.1, Cap. XV, NSCGJSP. O instrumento de protesto deve estar à disposição do apresentante no prazo mencionado no subitem 10.2.1 (O título ou o documento de dívida protestado e o respectivo instrumento do protesto deverão estar disponíveis ao interessado no primeiro dia útil subsequente, contado do registro).

Por fim, é oportuno ilustrar a diferença entre o **termo (ou registro) e o instrumento de protesto**. O termo é a concretização da lavratura do ato de protesto, que fica arquivado nos Livros de Registro de Protesto do Tabelionato. O instrumento, por sua vez, é transcrito a partir do termo e é o documento entregue ao apresentante.

Art. 21. O protesto será tirado por falta de pagamento, de aceite ou de devolução.

§ 1º O protesto por falta de aceite somente poderá ser efetuado antes do vencimento da obrigação e após o decurso do prazo legal para o aceite ou a devolução.

§ 2º Após o vencimento, o protesto sempre será efetuado por falta de pagamento, vedada a recusa da lavratura e registro do protesto por motivo não previsto na lei cambial.

§ 3º Quando o sacado retiver a letra de câmbio ou a duplicata enviada para aceite e não proceder à devolução dentro do prazo legal, o protesto poderá ser baseado na segunda via da letra de câmbio ou nas indicações da duplicata, que se limitarão a conter os mesmos requisitos lançados pelo sacador ao tempo da emissão da duplicata, vedada a exigência de qualquer formalidade não prevista na Lei que regula a emissão e circulação das duplicatas.

§ 4º Os devedores, assim compreendidos os emitentes de notas promissórias e cheques, os sacados nas letras de câmbio e duplicatas, bem como os indicados pelo apresentante ou credor como responsáveis pelo cumprimento da obrigação, não poderão deixar de figurar no termo de lavratura e registro de protesto.

§ 5º Não se poderá tirar protesto por falta de pagamento de letra de câmbio contra o sacado não aceitante.

1. COMENTÁRIOS

O protesto será tirado em uma de suas três modalidades: por falta de pagamento, de aceite e de devolução.

Tem-se o protesto comum e o protesto especial para fins falimentares. Este último, estudaremos em momento oportuno.

A Lei Uniforme relativa às letras de câmbio e notas promissórias também prevê, em seu art. 44, que a recusa de aceite ou de pagamento deve ser comprovado por um ato formal, que é o protesto por falta de aceite ou falta de pagamento. Protesta-se a duplicata por falta de aceite, de devolução ou pagamento, de acordo com o art. 13 da Lei 5.474/1968.

1.1 PROTESTO POR FALTA DE ACEITE

O aceite consiste no ato cambiário praticado pelo sacado da letra de câmbio, pelo qual ele concorda em cumprir a ordem que o sacador lhe dirigiu. O aceite é escrito na própria letra. Exprime-se pela palavra "aceite" ou qualquer outra palavra equivalente.

É efetivado com a assinatura da cambial no **anverso**, mas nada impede que seja aposto no verso, desde que devidamente identificado (por exemplo, o sacado escreve "aceito pagar" e assina), para não ser confundido com endosso.

Quando se tratar de uma letra pagável a certo termo de vista, ou que deva ser apresentada ao aceite dentro de um prazo determinado por estipulação especial, o aceite deve ser datado do dia em que foi dado, salvo se o portador exigir que a data seja a da apresentação.

O aceite é puro e simples, mas o sacado pode limitá-lo a uma parte da importância sacada. Qualquer outra modificação introduzida pelo aceite no enunciado da letra equivale a uma recusa de aceite. O aceitante fica, todavia, obrigado nos termos do seu aceite (art. 26 da LUG).

Importante consignar que a **cláusula não aceitável** é aquela que o sacador pode inserir na cártula para que o tomador (beneficiário) não a apresente ao sacado, antes do vencimento do título. Com essa cláusula, portanto, **não há vencimento antecipado da letra de câmbio** (art. 29, LUG).

O sacado que apõe seu aceite na letra torna-se o **devedor principal** da obrigação cambial e passa a denominar-se aceitante. Pode também ser lançado por procurador com poderes especiais e expressos.

O aceite é **irretratável**. À vista disso, com o aceite, o sacado passa a integrar a relação cambiária, na figura de devedor direto e principal. A falta ou recusa de tal aceite, nas hipóteses em que ele é obrigatório, comprova-se por meio do **protesto, ocasionando o vencimento antecipado da letra.**

Assim, o protesto por falta de aceite é efetuado quando o título é apresentado para aceite e há recusa por parte da pessoa indicada como aceitante.

Este tipo de protesto somente poderá ser efetuado **antes do vencimento da obrigação ou após o decurso do prazo legal para o aceite ou para a devolução** (Art. 21, § 1º, da Lei 9.492/1997). Obviamente, incide apenas nos títulos que admitem tal ato cambiário, quais sejam: a duplicata e a letra de câmbio.

Em ambos, a finalidade do protesto por falta de aceite é **possibilitar o exercício do direito de regresso** do portador contra o sacador e devedores indiretos.

Quando o sacado retiver a letra de câmbio ou a duplicata enviada para **aceite** além do prazo legal, o protesto por tais fundamentos poderá ser baseado nas indicações da duplicata ou por segunda via da letra de câmbio, vedada a exigência de qualquer formalidade não prevista na lei que regula a emissão e circulação das duplicatas.

As duplicatas mercantis e de serviços **sem aceite** dependerão da comprovação de sua causa, da entrega e do recebimento da mercadoria, ou da efetiva prestação do serviço e do vínculo contratual que autorizou o saque, para que sejam tidas como exigíveis e possam ser protestadas, na forma da Lei n.º 5.474/1968, ressalvada a possibilidade da declaração substitutiva. A **declaração substitutiva** consiste na simples declaração escrita do portador do título e apresentante, feita sob as penas da lei, assegurando que os documentos originais ou suas cópias autenticadas, comprobatórios da causa do saque, da entrega e do recebimento da mercadoria correspondente ou da efetiva prestação do serviço, são mantidos em seu poder, e comprometendo-se a exibi-los, sempre que exigidos, no lugar onde for determinado, especialmente se sobrevir sustação judicial do protesto. A temática foi minuciosamente explicada nos comentários do 8º desta obra.

Oportunas as palavras de Emanoel Macabu Moraes: "mesmo lavrado o protesto por falta de aceite, o título não está aperfeiçoado em relação ao sacado, provando apenas a diligência do portador, para que exerça seus direitos contra os coobrigados. No entanto, o sacado não aceitante **não se exonera da responsabilidade pela compra e venda.** Esse contrato poderá ser protestado normalmente como **documento de dívida**, intimando-se o sacado (...)" (Op. cit., p. 232).

Parizzato ensina que "se o devedor for intimado e comparecer, aceitando o título, o protesto não será registrado, cabendo ao Tabelião de Protestos, devolver o documento ao apresentante, eis que alcançada a finalidade almejada pelo mesmo" (Op. cit., 506).

O protesto por falta de aceite dispensa a apresentação a pagamento e o protesto por falta de pagamento (art. 44 da LUG).

1.1.1 ACEITE NA LETRA DE CÂMBIO

A letra pode ser apresentada, até o vencimento, ao aceite do sacado, no seu domicílio, pelo portador ou até por um simples detentor.

O sacador pode em qualquer letra, estipular que ela será apresentada ao aceite, com ou sem fixação de prazo. Também pode proibir na própria letra a sua apresentação ao aceite, salvo se se tratar de uma letra pagável em domicílio de terceiro, ou de uma letra pagável em localidade diferente da do domicílio do sacado, ou de uma letra sacada a certo termo de vista.

O sacador pode também estipular que a apresentação ao aceite não poderá efetuar-se antes de determinada data.

Ademais, o endossante pode estipular que a letra deve ser apresentada ao aceite, com ou sem fixação de prazo, salvo se ela tiver sido declarada não aceitável pelo sacador.

As letras a certo termo de vista devem ser apresentadas ao aceite dentro do prazo de um ano das suas datas (art. 23 da LUG). O sacador pode reduzido tal prazo ou estipular um prazo maior, facultando-se apenas a sua redução aos endossantes, não a sua ampliação.

Sérgio Bueno ensina que na letra de cambio a certo termo de vista, o prazo para vencimento apenas se inicia com aceite. Assim, sem o aceite não cabe protesto por falta de pagamento. No tocante às letras à vista ou com data certa de vencimento, se vencidas, como na regra geral, cabe o protesto por falta de pagamento (Op. cit., p. 111).

O sacado pode pedir que a letra lhe seja apresentada uma segunda vez no dia seguinte ao da primeira apresentação (art. 24 da LUG). Os interessados somente podem ser admitidos a pretender que não foi dada satisfação a este pedido no caso de ele figurar no protesto. O portador não é obrigado a deixar nas mãos do aceitante a letra apresentada ao aceite.

1.1.1.1 PROTESTO DE LETRA DE CÂMBIO INTERROMPE A PRESCRIÇÃO?

Segundo o Superior Tribunal de Justiça, em decisão proferida no REsp 1.748.779, não é possível interromper a prescrição para cobrança de dívida por meio de saque de letra de câmbio **sem o aceite do sacado**.

Com esse entendimento, a 3ª Turma do Superior Tribunal de Justiça negou provimento ao recurso especial de uma instituição de ensino que, para não perder a chance de cobrar uma estudante, emitiu título de crédito e efetuou protesto.

Relatora do caso, a ministra Nancy Andrighi considerou que a estratégia não é viável pelo uso da letra de câmbio, que consiste em mandado dirigido a alguém para que pague a um terceiro uma determinada quantia inscrita na letra. No caso, a instituição de ensino efetivou o saque tendo a si própria como beneficiária portadora da cártula.

A existência da letra de câmbio não depende da concordância da pessoa indicada como devedora. A declaração unilateral de vontade emitida pelo sacador, por si só, constitui o crédito. No entanto, não cria relação cambial com o devedor. Para isso, é necessário o aceite, que significa promessa direta de efetuar o pagamento.

No caso, não houve aceite por parte da estudante. A letra de câmbio sequer chegou a circular. Sua existência teve como objetivo único a interrupção da prescrição do prazo para cobrança da dívida, via protesto. Segundo a ministra, "o protesto – por falta de pagamento – somente poderia ser sido tirado pelo portador da cártula contra o seu sacador, e nunca contra o sacado não aceitante, conforme dispõe expressamente o artigo 21, parágrafo 5º, da Lei 9.492/97".

Portanto, sem o aceite, não existe responsável principal ou indireto que possa ser cobrado, o que torna o protesto contra a estudante ato ilícito. Assim, manteve-se o acórdão segundo o qual as mensalidades devidas pela estudante foram consideradas prescritas e o protesto indevido gerou indenização por danos morais no valor de R$ 15 mil.

1.1.2 ACEITE NA DUPLICATA

A duplicata também pode ser protestada por falta de aceite, e como na letra de câmbio tem **por função provar a diligência do apresentante e permitir o exercício do direito de regresso do portador contra o sacador.**

A duplicata também pode ser protestada por falta de aceite e, assim como na letra de câmbio, tem por função provar a diligência do apresentante e permitir o exercício do direito de regresso do portador contra o sacador.

Entretanto, os protestos por falta de aceite das letras de câmbio e das duplicatas apresentam diferenças.

Na letra de câmbio, o aceite, em regra, não é obrigatório. Por outro lado, na duplicata, dada sua natureza causal – emitida apenas em razão de compra e venda mercantil ou prestação de serviços – essa obrigatoriedade é imperativa. O sacado pode recusá-lo apenas nos casos previstos nos artigos 8º e 21 da Lei 5.474/1968, sendo assim vedado o protesto do título por falta de aceite.

Sérgio Luiz José Bueno alerta que "a comprovação dos motivos de recusa deve-se dar em juízo, não podendo o Tabelião de Protesto deixar de praticar o ato em razão da alegação de existência e até de prova deles, sob pena de violar a regra do art. 9º, da Lei 9.492/1997, que a ele permite e impõe o exame dos requisitos formais do título, afastando da qualificação protestual apreciações sobre o negócio subjacente" (*Tabelionato de Protesto*. São Paulo: Saraiva, 2013, p. 117).

Existe previsão do protesto da duplicata por falta de aceite nos artigos 13 e 14 da Lei n. 5.474/1968. Vejamos:

> **Art. 13.** A duplicata é protestável por falta de aceite de devolução ou pagamento.
>
> § 1º Por falta de aceite, de devolução ou de pagamento, o protesto será tirado, conforme o caso, mediante apresentação da duplicata, da triplicata, ou, ainda, por simples indicações do portador, na falta de devolução do título.
>
> § 2º O fato de não ter sido exercida a faculdade de protestar o título, por falta de aceite ou de devolução, não elide a possibilidade de protesto por falta de pagamento.
>
> § 3º O protesto será tirado na praça de pagamento constante do título.
>
> § 4º O portador que não tirar o protesto da duplicata, em forma regular e dentro do prazo da 30 (trinta) dias, contado da data de seu vencimento, perderá o direito de regresso contra os endossantes e respectivos avalistas.
>
> **Art. 14.** Nos casos de protesto, por falta de aceite, de devolução ou de pagamento, ou feitos por indicações do portador do instrumento de protesto deverá conter os requisitos enumerados no artigo 29 do Decreto nº 2.044, de 31 de dezembro de 1908, exceto a transcrição mencionada no inciso II, que será substituída pela reprodução das indicações feitas pelo portador do título.

A temática foi minuciosamente explicada nos comentários do 8º desta obra.

O Superior Tribunal de Justiça já decidiu que não pode ser protestada por falta de aceite duplicata que não foi enviada ao aceite do sacado, especialmente se este, tomando conhecimento de um boleto bancário, comunica que não recebeu a mercadoria a que se refere o título (STJ – REsp: 499516 RJ 2003/0016370-4, Relator: Ministro RUY ROSADO DE AGUIAR, Data de Julgamento: 17/06/2003, T4 – QUARTA TURMA, Data de Publicação: DJ 01.09.2003 p. 299). Oportuno registrar que **isso não se aplica ao protesto por falta de pagamento da duplicata virtual, uma vez que, aqui, o envio prévio é dispensado.**

Ademais, o Conselho Nacional de Justiça, em Pedido de Providências, decidiu que o protesto por falta de aceite das letras de câmbio é permitido, "ressalvando que esse ato não deve constar da certidão em forma de relação de protestos encaminhada aos órgãos de proteção ao crédito" (CNJ, Pedido de Providências 0001477-05.2011.2.00.0000, Rel. Cons. Jeferson Luis Kravchychyn, DJ 24-8-2011).

1.2 PROTESTO POR FALTA DE PAGAMENTO

O protesto por falta de pagamento é a forma mais comum de protesto. Ocorre quando o devedor se recusa a efetuar o pagamento do valor constante do título apresentado para tal fim (Art. 21, § 2º, da Lei 9.492/1997). Esse protesto somente poderá ser lavrado **após a data de vencimento da obrigação,** uma vez que, o devedor não pode ser considerado em mora antes de vencida a obrigação.

O protesto por falta de pagamento tem por finalidade **certificar a impontualidade do devedor.**

Quando se tratar de título de crédito, o protesto por falta de pagamento é a única forma legal para que o portador possa exercer seus direitos de cobrança do título contra os devedores indiretos: o sacador, os endossantes e os respectivos avalistas (art. 53 do Decreto 57.663/1966 e art. 13, § 4º, da Lei 5.474/1968).

Como assevera o art. 15, II, *a*, da Lei 5.474/1968, o protesto por falta de pagamento da duplicata sem aceite também tem por finalidade demonstrar o exercício do direito de ação contra o sacado. Na letra de câmbio, ao revés, o protesto almejará somente o exercício do direito de regresso contra os coobrigados.

Em se tratando de cheque, o protesto é facultativo, pois, o art. 47, II, da Lei 7.357/1985 dispensa tal protesto, estabelecendo que "pode o portador promover a execução do cheque: II – contra os endossantes e seus avalistas, se o cheque apresentado em tempo hábil e a recusa de pagamento é comprovada pelo protesto ou por declaração do sacado, escrita e datada sobre o cheque, com indicação do dia de apresentação, ou, ainda, por declaração escrita e datada por câmara de compensação".

Ademais, como já dito alhures, para se executar o título em face dos devedores diretos (aceitante na letra de câmbio de na duplicata; emitente no cheque na nota promissória e os devedores diretos nos outros documentos de dívida) o protesto também é facultativo.

Tanto na doutrina, como na jurisprudência, não existia unanimidade acerca da possibilidade do protesto por falta de pagamento de letra de câmbio sem aceite.

O **Tribunal de Justiça do Estado de São Paulo** deliberou pela impossibilidade do protesto (TJSP, Apel. 3002928-10.2010.8.26.0037, Rel. José Marcos Marrone).

O **Superior Tribunal de Justiça** assentiu o protesto por falta de pagamento de letra de câmbio sacada à vista, mesmo sem o aceite do sacado (STJ, REsp 646.519, Rel. Min. Nancy Andrighi).

Patrocinando a possibilidade do protesto por falta de pagamento de letra de câmbio sem aceite, **Fran Martins** argumenta que "aceita ou não a letra, aceitante ou sacado poderá cumprir a ordem nela contida. Se não o fizer, seja por recusa, seja por não ter sido encontrado, esse ato de não pagamento deverá ser comprovado se, naturalmente, como já foi explicado, o portador desejar utilizar-se do mesmo (para garantir o direito regressivo, para requerer a falência do aceitante, se esse for comerciante etc.), visto como o protesto, não criando direitos, é um ato voluntário do portador da letra" (*Títulos de Crédito*. 15. ed. Rio de Janeiro: Forense, 2010, p. 196). Para **Sérgio Luiz José Bueno**, também é possível o protesto por falta de pagamento da letra de câmbio sem aceite e já vencida, frisando que isso exclui desde logo a hipótese de vencimento a certo tempo da vista (*Tabelionato de Protesto*. São Paulo: Saraiva, 2013, p. 116).

Algumas **normas das Corregedorias de Justiça dos Estados** estabelecem ainda a vedação de protesto por falta de pagamento das letras de câmbio sem aceite, nas quais o sacador e o beneficiário-tomador sejam a mesma pessoa, salvo se tiverem circulado por endosso.

Todavia, colocou-se uma pá de cal nessa discussão. É que a Lei 12.767/2012 incluiu o **§ 5º no art. 21** dispondo que não se poderá tirar protesto por **falta de pagamento** de letra de câmbio contra o sacado não aceitante.

1.3 PROTESTO POR FALTA DE DEVOLUÇÃO

O protesto por falta de devolução também só pode ser tirado nos títulos que comportam aceite, ou seja, letra de câmbio e duplicata.

O protesto por falta de devolução ocorre quando o sacado retiver a letra de câmbio ou a duplicata enviada para aceite e não a devolver no prazo legal (Art. 21, § 3º, da Lei 9.492/1997).

Nesse caso, o protesto será efetuado com base na **segunda via da Letra ou na Triplicata** (art. 23 da Lei 5.474/1968). Quando não ocorrer a devolução da Duplicata, o parágrafo 1º do artigo 13 da Lei das Duplicatas, permite que o protesto seja efetuado por simples indicação do portador do Título, não sendo necessário apresentar a segunda via da Letra ou a Triplicata. Da mesma forma, preceitua o parágrafo 3º do artigo 21 da Lei 9.492/1997 que *quando o sacado retiver a Letra de Câmbio ou a Duplicata enviada para aceite e não proceder à devolução dentro do prazo legal, o protesto poderá ser baseado na segunda via da Letra de Câmbio ou nas indicações da Duplicata, que se limitarão a conter os mesmos requisitos lançados pelo sacador ao tempo da emissão da Duplicata, vedada a exigência de qualquer formalidade não prevista na Lei que regula a emissão e circulação das Duplicatas.*

Emanoel Macabu Moraes lembra que "para se aferir a tempestividade do protesto por falta de devolução na duplicata, o tabelião observará se foi ultrapassado o prazo de 10 dias que o comprador dispõe para tanto, contados da data de sua apresentação, devidamente assinada ou acompanhada de declaração, por escrito, contendo as razões da falta do aceite" (Op. cit., p. 237).

Note-se que assim como o protesto por falta de aceite, no protesto por falta de devolução o objetivo é a **comprovação da diligência do portador**, apontando que não houve o aceite e, dessa forma, o título não será pago no vencimento, assegurando o direito de regresso contra os coobrigados.

1.4 LEGITIMAÇÃO PASSIVA – DEVEDORES PARA FINS DE PROTESTO

O § 4º do art. 21 estabelece quem são os devedores ou sujeitos passivos do protesto que deverão figurar no termo de lavratura e registro. Para melhor fixação do tema, elaborei um quadro didático. Veja-se:

Emitente	No caso de nota promissória e cheque. Quando se tratar de cheque emitido por correntista de conta conjunta, os registros da distribuição e do protesto serão feitos em nome do signatário, cabendo ao apresentante indicá-lo; Quanto ao correntista que tenha seu nome grafado em cheques devolvidos por motivo de furto, roubo, extravio ou fraude, não se define como devedor e obrigado pelo título, o correntista cujos documentos não poderão ser protestados. Assim, não devem constar os nomes e números do CPF dos titulares da conta bancária, anotando-se, nos campos próprios, que o emitente é desconhecido, e elaborando-se índice em separado, pelo nome do apresentante.
Sacados	No caso de letra de câmbio e duplicatas. Quanto aos sacados que constarem na letras de câmbio e duplicatas cuja obrigação cartular não estiver comprovada pelo aceite, remeto o leitor aos comentários do art. 8º
Indicados pelo apresentante ou credor como responsáveis pelo cumprimento da obrigação	No caso de outros documentos de dívida.

O dispositivo em comento não menciona os avalistas, o que levou parte da doutrina a presumir que não cabe protesto contra eles, não podendo, portanto, constar do termo do protesto.

Todavia, algumas normativas estaduais permitem tal apontamento, como o Provimento 93/2020, que codifica os atos normativos da Corregedoria-Geral de Justiça do Estado de Minas Gerais relativos aos serviços notariais e de registro, e o Código de Normas Extrajudicial do Estado do Mato Grosso do Sul. Veja-se:

> **Art. 369.** Havendo requerimento expresso do apresentante, o avalista do devedor a este será equiparado, devendo ser intimado e figurar no termo de lavratura e registro do protesto.
>
> Parágrafo único. O disposto no *caput* deste artigo aplica-se também ao fiador, quando este houver expressamente renunciado ao benefício de ordem, conforme o disposto no art. 828, I, do Código Civil. No mesmo sentido, as normativas extrajudiciais do Estado do Mato Grosso do Sul.
>
> **Art. 1789 (...)**
>
> §2º. Havendo requerimento expresso do apresentante, o avalista do devedor a este será equiparado, devendo ser intimado e figurar no termo de lavratura e registro do protesto.
>
> §3º. O disposto no parágrafo anterior aplica-se também ao fiador, quando este houver expressamente renunciado ao benefício de ordem, conforme o disposto no art. 828, I, do Código Civil.

Corroborando a nova legislação e o entendimento doutrinário majoritário, a I Jornada de Direito Notarial e Registral editou o Enunciado 61 sobre o tema:

> **Enunciado 61.** Os coobrigados solidários em títulos e documentos de dívida, inclusive os avalistas, podem figurar como devedores no protesto por falta de pagamento, se assim for indicado pelo apresentante.
>
> ⊙ Justificativa: Os demais obrigados alcançáveis pela relação cambiária podem figurar no protesto como devedores, assim ensina Humberto Teodoro Jr (Processo cautelar. 24. ed. rev. e atual. São Paulo: Liv. e Ed. Universitária de Direito, 2008, apud SANTOS, Reinaldo Velloso dos. Protesto notarial e sua função no mercado de crédito. Belo Horizonte- MG: Editora Dialética, 2021. p. 542. E-book Kindle.): A doutrina antiga de direito cambiário ensinava que o protesto não era tirado contra esta ou aquela pessoa mas em relação ao título, e, assim, somente o aceitante deveria ser intimado pelo oficial público, de que o não-pagamento do título importaria em seu protesto. Não haveria, então, protesto tirado contra avalistas, endossantes e demais coobrigados. No entanto, com o advento da Lei n. 9.492/1997, não mais deverá prevalecer a sistemática antiga, já que se determina de maneira expressa que o instrumento de protesto deverá mencionar como devedores os emitentes, sacados e todos aqueles indicados pelo apresentante ou credor como responsáveis pelo cumprimento da obrigação.

Para fins de complementação dos estudos sobre o avalista, é oportuno apresentar também dois entendimentos do "Jurisprudência em Teses" do STJ acerca dos títulos de crédito. A saber:

> **7)** O avalista do título de crédito vinculado a contrato de mútuo também responde pelas obrigações pactuadas, quando no contrato figurar como devedor solidário. (Súmula nº 26 do STJ).
>
> **8)** O avalista não responde por dívida estabelecida em título de crédito prescrito, salvo se comprovado que auferiu benefício com a dívida.

Quanto aos **outros sujeitos do protesto**, vale mencionar que a I Jornada de Direito Notarial e Registral

Lei 9.492/1997

adotou o posicionamento dominante da doutrina ao prescrever no Enunciado 63 que é possível o protesto de título ou documento de dívida em que figure como devedor um ente federativo.

⊙ Justificativa: Para que exista óbice de se protestar um título ou documento de dívida que preencha todos os requisitos legais, é imprescindível que tenha uma normativa legal expressa nesse sentido. A falta de uma normativa legal proibindo expressamente que se proteste um título ou documento de dívida que tenha como devedor um ente federativo, já seria o suficiente como justificativa da impossibilidade de o Tabelião de Protesto se negar a dar andamento ao protesto de tais títulos ou documentos de dívida. Porém, se faz necessário despertar uma visão mais aprofundada sobre o tema, para que não paire dúvidas a respeito. Iniciamos a reflexão lembrando o que diz o artigo 1º, da Lei 9492/97, no sentido de que o protesto é um ato formal e solene que prova o descumprimento de uma obrigação pecuniária, e tem como um dos seus principais efeitos a publicidade. Outro ponto importante a ser destacado na Lei do Protesto, é o disposto no artigo 9º, a seguir descrito: Art. 9º Todos os títulos e documentos de dívida protocolizados serão examinados em seus caracteres formais e terão curso se não apresentarem vícios, não cabendo ao Tabelião de Protesto investigar a ocorrência de prescrição ou caducidade. Parágrafo único. Qualquer irregularidade formal observada pelo Tabelião obstará o registro do protesto. Diante o dispositivo legal acima mencionado, conclui-se que o Tabelião de Protesto não está autorizado a fazer uma análise mais profunda do título, limitando-se a uma análise dos requisitos formais, não sendo permitida uma análise de fundo ou de mérito por parte do mesmo. Em outras palavras, a análise do título ou documento de dívida, por parte do Tabelião, sempre será de modo extrínseco, nunca de forma intrínseca. Essa regra só poderá comportar exceção se existir expressa previsão legal ou normativa. Nesse sentido, podemos encontrar algumas exceções em normativas estaduais, mas nenhuma delas se refere à impossibilidade de protesto cujo devedor seja um ente federativo. Assim sendo, se não há lei ou normativa inserindo os entes federativos em eventual exceção, não há como o Tabelião de Protesto se negar a protestar, aplicando entendimentos ou analogias, tendo o dever de sempre seguir o que está previsto em leis, normativas estaduais ou normativas do Conselho Nacional de Justiça (CNJ). Necessário se faz uma importante observação no sentido de que, para um Tabelião se recusar a protestar um título, ele deve fazer a recusa de modo expresso e fundamentado, apontando o dispositivo legal que impede o ingresso daquele título ou documento de título para protesto. Dessa maneira, fica evidente que ao se tratar de eventual recusa motivada apenas em ser o devedor um ente federativo, o Tabelião de Protesto não terá fundamento legal ou normativo para constar na nota devolutiva expressa exigida para tanto. A jurista Martha El Debs traz em sua obra Legislação Notarial e de Registros Públicos Comentada, 5ª edição. Editora Juspodvim, Salvador, 2021, a possibilidade de protesto de títulos ou documentos de dívidas em que figurem como devedores entes federativos, justificando a ausência de impedimento legal ou normativo para tanto.

Quanto ao **fiador,** o assunto foi bem explorado nos comentários do art. 1º desta obra, ao tratar do protesto do contrato de locação.

1.5. CLÁUSULA SEM DESPESA OU SEM PROTESTO

O protesto é necessário para que o portador do título realize seu direito de regresso contra os coobrigados.

Todavia, se o título contiver a cláusula sem protesto ou sem despesa, torna-se **desnecessário** o protesto. Trata-se do instituto que assegura ao credor contra qualquer devedor, seja ele principal ou codevedor, os direitos de crédito da cártula **independentemente de protesto**. Assim, ao credor assistirá o direito de cobrança do título contra qualquer um sem o prévio protesto. Referida cláusula poderá ser inserida pelo sacador, pelos endossantes ou pelos avalistas.

Explica-se: nos títulos de crédito, conforme o art. 46 da Lei Uniforme de Genebra, o portador pode ficar dispensado de efetuar o protesto por falta de aceite ou de pagamento para exercer os seus direitos de ação, se o sacador inserir na letra a cláusula "sem protesto" ou "sem despesas". Essa cláusula não dispensa o portador da apresentação da letra dentro do prazo prescrito nem tampouco dos avisos a dar.

A prova da inobservância do prazo incumbe àquele que dela se prevaleça contra o portador.

Se a cláusula foi escrita pelo sacador produz os seus efeitos em relação a todos os signatários da letra; se for inserida por um endossante ou por avalista, só produz efeito em relação a esse endossante ou avalista.

Se, apesar da cláusula escrita pelo sacador, o portador faz o protesto, as respectivas despesas serão de conta dele. Quando a cláusula emanar de um endossante ou de um avalista, as despesas do protesto, se for feito, podem ser cobradas de todos os signatários da letra.

2. JURISPRUDÊNCIA COMPLEMENTAR

⊙ **SUPERIOR TRIBUNAL DE JUSTIÇA**

SÚMULAS

▶ **Súmula 475.** Responde pelos danos decorrentes de protesto indevido o endossatário que recebe por endosso translativo título de crédito contendo vício formal extrínseco ou intrínseco, ficando ressalvado seu direito de regresso contra os endossantes e avalistas.

▶ **Súmula 476.** O endossatário de título de crédito por endosso-mandato só responde por danos decorrentes de protesto indevido se extrapolar os poderes de mandatário.

JULGADOS

▶ **EMENTA:** RECURSO ESPECIAL. DIREITO CIVIL E EMPRESARIAL. TÍTULOS DE CRÉDITO. LETRA DE CÂMBIO. NATUREZA. ORDEM DE PAGAMENTO. DECLARAÇÃO UNILATERAL DO SACADOR. REQUISITOS ESSENCIAIS. ART. 1º DO DECRETO 57.663/66 (LUG). ACEITE. EVENTUALIDADE. FACULTATIVIDADE. SACADO NÃO ACEITANTE. CONSEQUÊNCIA. RELAÇÃO CAMBIAL. INEXISTÊNCIA. PROTESTO. ILEGITIMIDADE PASSIVA. ART. 21, § 5º, DA LEI 9.492/97. INTERRUPÇÃO DA PRESCRIÇÃO. ART. 202, III, DO CC/ 02. EFICÁCIA OBJETIVA E SUBJETIVA. AÇÕES CAMBIÁRIAS. LIMITAÇÃO. PRINCÍPIO. AUTONOMIA. RESPONSÁVEL PRINCIPAL. SACADO ACEITANTE. DEVEDORES INDIRETOS. SACADOR, ENDOSSANTES E AVALISTAS. SACADO NÃO ACEITANTE. RELAÇÃO JURÍDICA CAUSAL. ALCANCE. INVIABILIDADE.

1. Cuida-se de ação anulatória de título de crédito cumulada com cancelamento de protesto e compensação de danos morais, por meio da qual se discute a validade do protesto de letra de câmbio não aceita e emitida com a finalidade de interromper a prescrição para a cobrança de débitos de mensalidades universitárias.

2. Recurso especial interposto em: 30/11/2017; conclusos ao gabinete em: 10/08/2018; aplicação do CPC/15.

3. O propósito recursal consiste em determinar se: a) na letra de câmbio, o aceite é requisito essencial da produção de seus efeitos cambiários; b) em letra de câmbio que foi emitida tendo como tomador o próprio sacador, que não circulou e não foi aceita, é válido o protesto tomado contra o sacado; e c) o protesto da letra não aceita e que não circula tem o condão de interromper o prazo prescricional da dívida que serviu de causa subjacente para a emissão do título de crédito.

4. Os títulos de crédito cumprem a função econômica de servirem de instrumentos de circulação de crédito, garantida pela incidência das regras do direito cambiário, o que depende do respeito às formalidades essenciais definidas em lei para tanto.

5. A letra de câmbio consiste em uma declaração unilateral do sacador por meio da qual emite uma ordem de pagamento dirigida ao sacado de pagar uma certa quantia em favor do tomador, o que justifica o aceite da letra pelo sacado não se inserir entre suas formalidades essenciais.

6. A citação do nome do sacado na letra de câmbio não gera para ele, no entanto, qualquer efeito cambial, independentemente da existência de uma outra relação jurídica subjacente que tenha servido de ensejo para o saque da cártula. Aplicação do princípio da autonomia das relações cambiais.

7. O aceite é o ato por meio do qual o sacado se vincula à ordem de pagamento emitida pelo sacador, tornando-se o responsável principal pela dívida inscrita na letra de câmbio. É elemento eventual do título, pois a eficácia cambial da letra de câmbio e sua circulação não dependem, em regra, do aceite; e facultativo, porque é dado segundo exclusivamente segundo a vontade do sacado, não podendo nem mesmo o protesto pela recusa do aceite obrigá-lo a aceitar a ordem de pagamento.

8. Na letra de câmbio com vencimento a vista, a apresentação para aceite é dispensável, pois a apresentação ao sacado já é dada, imediatamente, para pagamento. Nessa hipótese, o portador apresenta o título para protesto por falta de pagamento, com a finalidade de exercer os direitos cambiários contra os devedores indiretos da dívida nele inscrita, e não para tornar o sacado aceitante.

9. O protesto é um ato solene de prova da recusa ou da falta de aceite ou de pagamento que tem por propósito conservar os direitos do portador da cártula em face do devedor direito – o sacado aceitante – ou dos devedores indiretos – sacador, endossantes e seus avalistas.

10. O protesto também pode produzir outros efeitos, como a comprovação da impontualidade injustificada, para efeitos falimentares, ou a interrupção da prescrição, na forma do art. 202, III, do CC/02.

11. Na letra de câmbio sem aceite, tanto o protesto por falta ou recusa de aceite quando o por falta ou recusa de pagamento devem ser tirados contra o sacador, que emitiu a ordem de pagamento não honrada, e não contra o sacado, que não pode ser compelido, sequer pelo protesto, a aceitar a obrigação inserida na cártula. Inteligência do art. 21, § 5º, da Lei 9.492/97.

12. Se não há responsável principal – por falta de aceite – e se é impossível o exercício de direito de regresso contra os devedores indiretos – seja porque a cártula não circulou, seja porque não realizado o protesto no tempo próprio –, a letra de câmbio deixa de ter natureza de título de crédito, consistindo em um mero documento, produzido unilateralmente pelo sacador.

13. A prescrição interrompida pelo protesto cambial se refere única e exclusivamente à ação cambiária e somente tem em mira a pretensão dirigida ao responsável principal e, eventualmente, aos devedores indiretos do título, entre os quais não se enquadra o sacado não aceitante. Aplicação do princípio da autonomia das relações cambiais.

14. Na hipótese concreta, a recorrente sacou letra de câmbio em que apontou como sacada a recorrida e se colocou na posição de beneficiária da ordem de pagamento, levando o título a protesto com o propósito de interromper o prazo prescricional para a cobrança da dívida que serviu de ensejo à emissão da cártula.

15. Na hipótese dos autos, a recorrente, ao protestar o título contra a recorrida não aceitante, tirou o protesto indevidamente contra pessoa que não poderia ser indicada em referido ato documental, praticando, assim, ato ilícito, devendo, pois, responder pelas consequências de seus atos; e a interrupção da prescrição pelo protesto do título não se dá em relação à dívida causal que originou a emissão da cártula.

16. Recurso especial desprovido (STJ – REsp nº 1.748.779 – Minas Gerais – 3ª Turma – Rel. Min. Nancy Andrighi – DJ 25.05.2020).

EMENTA: Recurso Especial. Títulos de Crédito. Duplicata sem aceite. Dívida quitada. Circulação do título. Direito de Regresso. Protesto. Desnecessidade. Ressalva para assegurar o direto do endossatário. 1. Poderá exercer o direito de regresso, mesmo sem protesto, o endossatário da duplicata sem aceite que tenha circulado. 2. Pode ser sustado o protesto e anulada a duplicata sem aceite que esteja esvaziada de seu conteúdo causal, por não ter sido consumado o negócio subjacente, mas assegurando-se o direito de regresso do endossatário de boa-fé. 3. Recurso especial provido.

TRIBUNAL REGIONAL DA 1ª REGIÃO

EMENTA: AÇÃO CAUTELAR. SUSTAÇÃO DE PROTESTO. PROTESTO DE LETRA DE CÂMBIO POR FALTA DE PAGAMENTO. AUSÊNCIA DE ACEITE E DO PROTESTO RESPECTIVO. INADMISSIBILIDADE. 1. Para a concessão da medida cautelar é necessária a coexistência dos requisitos relativos ao fumus boni iuris. e ao periculum in mora. (CPC, arts. 798 e 801, IV). 2. Presença do fumus boni iuris, uma vez que o protesto por falta de pagamento da letra de câmbio deve ser precedido do aceite ou do protesto por falta dele, pois sem esta providência a letra de câmbio é inexigível, eis que perde a natureza de título executivo. Precedentes desta Corte. 3. Por outro lado, também está presente o periculum in mora., uma vez que o saque de letra de câmbio tem a potencialidade de causar dano de difícil reparação ao direito da parte. 4. Apelação a que se nega provimento. (TRF 1ª Reg. APC 9601376577, Juiz Fed. LEÃO APARECIDO ALVES (Conv. DJ: 09/10/2003, p. 116)

TRIBUNAL DE JUSTIÇA DO ESTADO DE SANTA CATARINA

EMENTA: APELAÇÃO CÍVEL. DUPLICATAS. EXECUÇÃO. AVALISTA DO ACEITANTE. PROTESTO. FALTA. IRRELEVÂNCIA. "Para cobrar-se título de avalista de aceitante, não se exige protesto. O art. 32 da Lei Cambial 'refere-se apenas ao sacador e endossante e não ao aceitante e seus avalistas. Dúvidas não restam neste particular, quer na doutrina, quer na jurisprudência'" (FRANCESCHINI, José Luiz Vicente de Azevedo, Títulos de Crédito: doutrina e jurisprudência, 2ª ed. Revista e atualizada, São Paulo, Ed. Revista dos Tribunais, 1972, vol. II, pág. 1.203, verbete nº 2.822). (TJ-SC – AC: 545480 SC 1988.054548-0, Relator: Cid Pedroso, Data de Julgamento: 11/08/1992, Primeira Câmara de Direito Comercial, Data de Publicação: DJJ: 8.572 DATA: 31/08/92PAG: 07)

TRIBUNAL DE JUSTIÇA DO ESTADO DE SÃO PAULO

EMENTA: CAMBIAL – Letra de câmbio – Protesto por falta de aceite – Ausência de interesse – Extinção sem julgamento de mérito. – Não há que se falar em interesse de agir se o protesto não causa gravame ou constrangimento ao sacado. Letra de câmbio sem aceite não gera débito que autorize protesto por falta de pagamento ou restrição notarial. Embargos acolhidos. (TJSP – Embargos Infringentes nº 9108719-50.2005.8.26.0000/50000 – Assis – 22ª Câmara de Direito Privado – Rel. Des. Andrade Marques – DJ 10.07.2012). Busca-se, com a presente ação, a declaração de nulidade da letra de câmbio levada a protesto por falta de aceite (fls. 16). Pois bem. Referido tipo de protesto nenhum gravame ou constrangimento causa ao sacado, ao contrário do lavrado por falta de pagamento. Portanto, falta à autora interesse processual. Sem aceite não há obrigação, nem contra a 'devedora' dispõe o sacador de ação cambiária. O sacado da letra de câmbio sem comprovação de aceite não pode ser definido como devedor, motivo pelo qual as Normas da Corregedoria-Geral de Justiça proíbem que seu nome figure nos termos e instrumentos de protesto (Tomo II, Capitulo XV, itens 31.2 e

32.1). Por tais motivos, a Câmara vem reiteradamente há muito tempo extinguindo por falta de interesse processual ações anulatórias de letras de câmbio desprovidas de aceite, pois, conquanto direito do credor, é ineficaz em relação a quem não se obrigou (Apelação nº 694.271-4, relator o Juiz Campos Mello; Apelação nº 678.648-5, relator o Juiz Roberto Bedaque; Apelação nº 830.130-0, relator o Juiz Matheus Fontes; todos judicando, à época, no extinto Primeiro Tribunal de Alçada Civil). Em resumo: não há titulo e o protesto por falta de aceite, por si só, não é lesivo. Dessa forma, acompanho o voto divergente, para julgar extinto o processo, sem apreciação do mérito, na forma do artigo 267, inciso VI, e seu parágrafo 3º, do Código de Processo Civil. 3. Meu voto da provimento ao recurso, acolhendo os embargos e cominando a sucumbência à autora. ANDRADE MARQUES – Relator.

TRIBUNAL DE JUSTIÇA DO ESTADO DO RIO DE JANEIRO

EMENTA: CONTRATO DE FABRICAÇÃO, DISTRIBUIÇÃO E COMERCIALIZAÇÃO DE DVDs e CDs. FILMES E MÚSICAS. CLÁUSULA DE PRORROGAÇÃO AUTOMÁTICA. MANUTENÇÃO DA REMUNERAÇÃO NO VALOR MÍNIMO PREVISTO NA AVENÇA. VALIDADE. DESCONSTITUIÇÃO DO DÉBITO E LEVANTAMENTO DO PROTESTO. IMPOSSIBILIDADE. REFORMA DA SENTENÇA. PROVIMENTO DO RECURSO. Não cabe o afastamento de cláusulas contratuais que disciplinam a prorrogação do contrato e a forma de remuneração nele estabelecida, quando inexistem vícios que as inquinem. Prorrogação da avença que tem como efeito considerar renovada a manifestação de vontade ocorrida por meio de assinatura do contrato, bem como as datas de vencimentos para pagamentos. É legítimo o protesto de título, quando o debito está devidamente caracterizado pelo descumprimento de obrigação contratual livremente avençada. Dano moral não configurado. Improcedência dos pedidos. Conhecimento e provimento do recurso. (TJRJ – APC 0007179 – 86.2010.8.19.0209, Des. ROGERIO DE OLIVEIRA SOUZA, 9ª C. Cível, Julgamento: 27/11/2012)

EMENTA: Ação declaratória de inexistência de débito. Controvérsia acerca da exigibilidade de duplicatas de prestação de serviços. Contexto probatório que demonstra serem incontroversas as causas de emissão dos títulos. Conglomerado econômico pertencente à sacada, ora autora, o que lhe atribui legitimidade para figurar como devedora. Inexistência de protesto por falta de aceite ou de devolução que não tem o condão de impedir o protesto por falta de pagamento. Exegese do § 2º do artigo 13 da Lei nº 5.474/68. Sentença de improcedência que se mantém. Apelo improvido. (TJRJ – APC 0002378-64.2005.8.19.0028, Des. CELSO PERES, 10ª C. Cível, Julgamento: 10/03/2010)

EMENTA: MEDIDA CAUTELAR DE SUSTAÇÃO DE PROTESTO CAMBIAL. INDEFERIMENTO DE LIMINAR. CAUÇÃO CONSISTENTE NO OFERECIMENTO DE BENS MÓVEIS. PRESENÇA DOS REQUISITOS AUTORIZATIVOS DA TUTELA PRETENDIDA. NECESSIDADE DE COMPROVAÇÃO DOS REQUISITOS ESTABELECIDOS NO § 3º, DO ARTIGO 21 DA LEI Nº 9.492/97. JUÍZO GARANTIDO. DECISÃO QUE SE REFORMA. Configurada a plausibilidade do direito alegado e o perigo na demora da prestação jurisdicional definitiva, requisitos autorizativos à concessão da medida liminar, necessário o deferimento da tutela de urgência, mormente por envolver pessoa jurídica cuja atividade econômica ficará prejudicada com a anotação de protesto. Tratando-se de protesto por indicação, impõe-se a comprovação nos autos dos requisitos estabelecidos no § 3º, do artigo 21 da Lei de Protestos, que exige, para esta forma de protesto, a prova de envio do título ao sacado, para aceite e a sua não devolução no prazo legal. Havendo nos autos da cautelar, tão somente as faturas, os comprovantes de protesto por indicação e a notificação do protesto ao sacado, necessária dilação processual no sentido da demonstração da legitimidade do ato. Garantia sujeita a reforço ou substituição. Contrato que se encontra hígido na produção dos efeitos enquanto não revisado judicialmente. Conhecimento do recurso para dar-lhe provimento. (TJRJ – Ag. Inst. 0038009-80.2010 .8.19.0000, DES. ROGERIO DE OLIVEIRA SOUZA – Julgamento: 19/10/2010)

EMENTA: RESPONSABILIDADE CIVIL – PROTESTO DE DUPLICATA SIMULADA – RESPONSABILIDADE SOLIDÁRIA DO SACADOR E DO ENDOSSATÁRIO – DANOS MORAIS CONFIGURADOS PESSOA JURÍDICA – POSSIBILIDADE – FIXAÇÃO PRINCÍPIO DA RAZOABILIDADE E PROPORCIONALIDADE. A duplicada simulada constitui título desprovido de eficácia para gerar relação jurídica entre sacador e sacado e o seu protesto indevido gera danos morais in re ipsa. O Banco, na condição de endossatário de duplicata emitida contra quem não é devedor, é solidariamente responsável pelos danos causados por sua indevida cobrança e seu ilegal protesto. O protesto indevido de título pago causa lesão à honra objetiva da pessoa jurídica contra quem foi feito, consistente na sua repercussão negativa perante seus clientes e fornecedores. Provimento do recurso. (TJRJ – Ap. Civ. 0126023-13.2005.8.19. 0001, DES. JOSE GERALDO ANTONIO, Julgamento: 29/09/2010)

TRIBUNAL DE JUSTIÇA DO ESTADO DE MINAS GERAIS

EMENTA: AÇÃO DE INDENIZAÇÃO POR DANOS MORAIS – DESCONTO BANCÁRIO – ENDOSSO TRANSLATIVO – LEGITIMIDADE PASSIVA DO BANCO ENDOSSATÁRIO – BANCO QUE NÃO TOMA AS DEVIDAS CAUTELAS QUANDO RECEBE DUPLICATA SEM ACEITE – PROTESTO IRREGULAR – INDENIZAÇÃO DEVIDA – VALOR INDENIZATÓRIO RAZOÁVEL. Por meio da operação chamada desconto bancário, a sacadora do título transfere, através de endosso translativo, a titularidade do crédito consubstanciado na cártula à instituição financeira, a qual passa a ser titular e credora do título. Se o banco, quando recebeu a duplicata sem aceite, em operação de desconto, não tomou as devidas cautelas no sentido de verificar se a mesma possuía lastro comercial e, mesmo assim, a encaminhou a PROTESTO por FALTA de PAGAMENTO, restando evidente que a duplicata é fria, deve responder pelos danos morais suportados pelo sacado em razão do PROTESTO irregular. Para resguardar seu direito de regresso em face do endossante, deve o banco protestar a duplicata por FALTA de aceite, sendo abusivo o PROTESTO por FALTA de PAGAMENTO, já que o sacado nada devia à sacadora ou ao banco. A indenização deve ser fixada segundo critérios de razoabilidade e proporcionalidade e com observância das peculiaridades do caso, tendo sido adequado e pertinente o valor fixado pelo Magistrado a quo. (TJMG – AP. CIV. 1.0024.08.282498-8/ 001. Rel. Des. ARNALDO MACIEL. Publicação: 28/01/2010).

3. QUESTÕES DE CONCURSOS

01. (VUNESP – 2023 – TJ-AL – Titular de Serviços de Notas e de Registros – Provimento) De acordo com a Lei nº 9.492/1997, assinale a alternativa correta.

a) Permite-se a tirada do protesto por falta de aceite após o vencimento da obrigação.

b) É vedado o protesto por motivo de falta de pagamento de letra de câmbio contra sacado não aceitante.

c) Não havendo o pagamento do título nem sustação judicial ou desistência do credor, o tabelião, se não constatar qualquer irregularidade formal, deverá tirar o protesto dentro do prazo de dez dias úteis, contados do recebimento da intimação.

d) Após recebida a intimação, é permitida ao credor a desistência do procedimento do protesto somente se houver anuência do devedor

02. (Cespe – Notário-DFT/2003) Quanto à Lei de Protesto de Títulos (LPT – Lei nº 9.492/1997), julgue os itens a seguir.

– Se um credor apresentar ao tabelionato próprio um título para protesto por falta de aceite, o protesto poderá ser tirado, desde que a obrigação em questão realmente crie o dever para o devedor de aceitar o título; em qualquer caso, o protesto por falta de aceite somente poderá ocorrer antes do termo previsto para o vencimento do título.

03. (EJEF Tabelionato e Registro-MG/2007) Quanto à cláusula "sem despesas", lançada pelo sacador de uma letra de câmbio, assinale a alternativa CORRETA.

a) Dispensa o portador de fazer um protesto por falta de aceite ou falta de pagamento, para poder exercer os seus direitos de ação em face dos devedores diretos e indiretos.
b) Impede o protesto do título.
c) Impede o Tabelionato de Protesto cobrar emolumentos.
d) Deixa evidenciada a mora do devedor, independentemente do protesto.

04. (TJ-SC – Notário-SC/2008) Em que hipótese um título ou documento de dívida pode ser protestado por falta de aceite?

a) Quando for apresentado para protesto através de boleto bancário.
b) Quando a obrigação já estiver vencida.
c) Somente após decorrido o tríduo legal.
d) O protesto por falta de aceite somente poderá ser extraído antes do vencimento da obrigação.
e) Quando autorizado pelo apresentante do título ou documento de dívida.

05. (Cespe – Notário-ES/2013) Suponha que um devedor receba duplicada para aceite e retenha o título, não procedendo à sua devolução dentro do prazo legal. Nessa situação hipotética, de acordo com o disposto na Lei nº 9.492/1997, o protesto poderá ser embasado

a) nas indicações da duplicata, que se limitarão a conter os mesmos requisitos lançados pelo sacado ao tempo da emissão da duplicata, sendo vedadas as exigências de quaisquer formalidades que não estejam previstas na lei que regula a emissão e circulação das duplicatas.
b) na segunda via da duplicata, que se limitará a conter os mesmos requisitos lançados pelo sacador ao tempo da emissão da duplicata, sendo permitidas outras exigências formais que o tabelião entenda necessárias, além das previstas na lei que regula a emissão e circulação das duplicatas.
c) na segunda via da duplicata, que se limitará a conter os mesmos requisitos lançados pelo sacado ao tempo da emissão da duplicata, sendo permitidas outras exigências formais que o tabelião entenda necessárias, além das previstas na lei que regula a emissão e circulação das duplicatas.
d) na segunda via da duplicata, que se limitará a conter os mesmos requisitos lançados pelo sacador ao tempo da emissão da duplicata, sendo vedadas as exigências de quaisquer formalidades que não estejam previstas na lei que regula a emissão e circulação das duplicatas.
e) nas indicações da duplicata, que se limitarão a conter os mesmos requisitos lançados pelo sacador ao tempo da emissão da duplicata, sendo vedadas as exigências de quaisquer formalidades que não estejam previstas na lei que regula a emissão e circulação das duplicatas.

06. (Cespe – Cartório – ES/2013) De acordo com a Lei nº 9.492/1997, enseja o protesto de um título, além da falta de pagamento, a falta de

a) avalista ou de aceite.
b) avalista ou de devolução.
c) aceite ou de devolução.
d) de aceite ou de fiador.
e) fiador ou de avalista.

07. (Cespe – Cartório – ES/2013) O devedor, consoante a Lei nº 9.492/1997, é denominado

a) emitente, no caso de notas promissórias e de cheques, e sacado, no caso das letras de câmbio e das duplicatas.
b) emitente, no caso de cheques e de letras de câmbio, e sacado, no caso das notas promissórias e das duplicatas.
c) emitente ou sacado, indistintamente, no caso de notas promissórias, de cheques, das letras de câmbio e das duplicatas.
d) emitente, no caso de notas promissórias e das letras de câmbio, e sacado, no caso dos cheques e das duplicatas.
e) emitente, no caso das letras de câmbio e das duplicatas, e sacado, no caso de notas promissórias e de cheques.

08. (FCC – Cartório – TJ – PE/2013) Sobre o prazo para protesto, conforme previsto na Lei 9.492/97,

a) após o vencimento do título, o protesto só pode ser efetuado por falta de pagamento.
b) o protesto por falta de aceite pode ser efetuado a qualquer tempo, desde que haja comprovante de entrega da mercadoria.
c) após o vencimento e após o prazo para aceite, o protesto pode ser feito por falta de pagamento ou falta de aceite, a critério do credor.
d) somente enquanto não prescrito o título, pode ser feito o protesto por falta de pagamento ou por falta de aceite.
e) somente após trinta dias do vencimento é que o protesto pode ser feito por falta de pagamento.

09. (Cespe – Cartório-PI/2013) Acerca da Lei nº 9.492/1997 (Lei de Protesto), que nomeia os devedores, em conformidade com a natureza do título de crédito, e estabelece normas sobre lavratura de protesto, assinale a opção correta.

a) O devedor de um cheque é o sacado, e o protesto por falta de pagamento contra ele pode ser tirado independentemente de seu aceite sobre o título.
b) O devedor de uma duplicata é o sacado, e o protesto por falta de pagamento contra ele somente pode ser tirado se ele tiver dado o aceite sobre o título.
c) O devedor de uma nota promissória é o emitente, e o protesto por falta de pagamento contra ele somente pode ser tirado se ele tiver dado o aceite sobre o título.
d) O devedor de uma letra de câmbio é o sacado, e o protesto por falta de pagamento contra ele pode ser tirado independentemente de seu aceite sobre o título.
e) O devedor de uma letra de câmbio é o sacado, e o protesto por falta de pagamento contra ele somente pode ser tirado se ele tiver dado o aceite sobre o título.

10. (Vunesp – Cartório – TJ – SP/2014) Não se pode(m) protestar:

a) o título de crédito emitido a partir dos caracteres criados em computador ou meio técnico equivalente.
b) as certidões de dívida ativa da União, dos Estados, do Distrito Federal e dos Municípios.
c) por falta de pagamento, a letra de câmbio contra o sacado não aceitante.
d) os títulos de crédito, bem como os documentos de dívida qualificados como títulos executivos, judiciais ou extrajudiciais.

11. (Vunesp – Cartório – SP – Provimento/2016) No que diz respeito ao protesto por falta de aceite, é correto afirmar que

a) vincula o sacado não aceitante.
b) garante ao portador do título, mesmo antes do vencimento, o exercício do direito de regresso contra os coobrigados.
c) é modalidade de protesto especial.
d) pode ser efetuado mesmo após o vencimento da obrigação.

GAB						
	1	B	2	CERTO	3	A
	4	D	5	E	6	C	7	A
	8	A	9	E	10	C	11	B

Lei 9.492/1997

Art. 22. O registro do protesto e seu instrumento deverão conter:

I – data e número de protocolização;

II – nome do apresentante e endereço;

III – reprodução ou transcrição do documento ou das indicações feitas pelo apresentante e declarações nele inseridas;

IV – certidão das intimações feitas e das respostas eventualmente oferecidas;

V – indicação dos intervenientes voluntários e das firmas por eles honradas;

VI – a aquiescência do portador ao aceite por honra;

VII – nome, número do documento de identificação do devedor e endereço;

VIII – data e assinatura do Tabelião de Protesto, de seus substitutos ou de Escrevente autorizado.

Parágrafo único. Quando o Tabelião de Protesto conservar em seus arquivos gravação eletrônica da imagem, cópia reprográfica ou micrográfica do título ou documento de dívida, dispensa-se, no registro e no instrumento, a sua transcrição literal, bem como das demais declarações nele inseridas.

1. COMENTÁRIOS

O dispositivo em comento estabelece os requisitos que o termo do protesto e seu instrumento devem conter.

Destaca-se que tal artigo possui redação semelhante a do **art. 29 do Decreto 2.044/1908**, que foi o ordenamento *mãe* do protesto no Brasil:

> **Art. 29.** O instrumento de protesto deve conter:
>
> I – a data;
>
> II – a transcrição literal da letra e das declarações nela inseridas pela ordem respectiva;
>
> III – a certidão da intimação ao sacado ou ao aceitante ou aos outros sacados, nomeados na letra para aceitar ou pagar, a resposta dada ou a declaração da falta da resposta.
>
> A intimação é dispensada no caso de o sacado ou aceitante firmar na letra a declaração da recusa do aceite ou do pagamento e, na hipótese de protesto, por causa de falência do aceitante.
>
> IV – a certidão de não haver sido encontrada ou de ser desconhecida a pessoa indicada para aceitar ou para pagar. Nesta hipótese, o oficial afixará a intimação nos lugares de estilo e, se possível, a publicará pela imprensa;
>
> V – a indicação dos intervenientes voluntários e das firmas por eles honradas;
>
> VI – a aquiescência do portador ao aceite por honra;
>
> VII – a assinatura, como sinal público, do oficial do protesto.
>
> Parágrafo único. Este instrumento, depois de registrado no livro de protestos, deverá ser entregue ao detentor ou portador da letra ou àquele que houver efetuado o pagamento.

Além disso, a **Lei do cheque** elenca outros requisitos do instrumento do protesto, a saber:

> **Art. 48** (...)
>
> § 2º O instrumento do protesto, datado e assinado pelo oficial público competente, contém:
>
> **a)** a transcrição literal do cheque, com todas as declarações nele inseridas, na ordem em que se acham lançadas;
>
> **b)** a certidão da intimação do emitente, de seu mandatário especial ou representante legal, e as demais pessoas obrigadas no cheque;
>
> **c)** a resposta dada pelos intimados ou a declaração da falta de resposta;
>
> **d)** a certidão de não haverem sido encontrados ou de serem desconhecidos o emitente ou os demais obrigados, realizada a intimação, nesse caso, pela imprensa.

O art. 14 da **Lei 5.474/1968** (Lei das Duplicatas) também faz alusão aos requisitos do protesto:

> **Art. 14.** Nos casos de protesto, por falta de aceite, de devolução ou de pagamento, ou feitos por indicações do portador do instrumento de protesto deverá conter os requisitos enumerados no artigo 29 do Decreto nº 2.044, de 31 de dezembro de 1908, exceto a transcrição mencionada no inciso II, que será substituída pela reprodução das indicações feitas pelo portador do título.

Prevalece acertadamente na doutrina que os requisitos arrolados no **artigo 22 da Lei 9.492/1997** são os que deverão constar no termo do protesto e em seu instrumento, pois são suficientes e mais adequados, desconsiderando legislações específicas. Passemos a estudá-los:

1) **Data e número de protocolização.** No dizer de João Roberto Parizatto, "o primeiro requisito visa documentar-se à época da realização do protocolo feito pelo apresentante e o segundo requisito visa identificá-lo de forma mais fácil, de acordo com os arquivos do Tabelionato" (Op. cit., p. 513).

2) **Nome do apresentante e endereço.** Neste caso, o legislador quis estabelecer uma perfeita identificação, que deverá constar também do recibo de entrega do título no Tabelionato, nos termos do art. 5º, parágrafo único desta Lei. Dessa forma, verifica-se uma maior facilidade para o devedor encontrar o apresentante para o efetuar o pagamento ou discutir a dívida. Eversio Donizete e Magno Luiz Barbosa atentam para o fato de que "na grande maioria dos

casos, o apresentante do título ou documento de dívida não é o credor, e sim portador, geralmente uma instituição financeira. Nesses casos, o tabelionato deverá indicar o endereço dessa instituição financeira, que é o apresentante, que, consequentemente, indicará ao devedor o endereço do credor" (Op. cit., p. 103).

3) **Reprodução ou transcrição do documento ou das indicações feitas pelo apresentante e declarações nele inseridas.** O Tabelião de Protestos deverá transcrever fielmente no termo de protesto e seu instrumento, os dados do título ou documento de dívida, bem como as indicações apresentadas pelo apresentante e declarações nele inseridas. Como a maioria dos tabelionatos está informatizada, esse inciso deve ser lido em conjunto com o parágrafo único, que dispensa a transcrição literal. Assim, o termo de protesto pode conter apenas a menção aos elementos do título ou documento, sem a necessidade de que sejam reproduzidos ou transcritos literalmente. Em claras palavras, a transcrição literal do título ou documento de dívida e das demais declarações nele inseridas é dispensada, se o Tabelionato conservar, em seus arquivos, cópia reprográfica, microfilme ou imagem gravada por processo eletrônico. Nesse caso, recomenda-se a menção expressa, no registro de protesto e no instrumento respectivo, de que o integram, como parte, a cópia do título ou documento de dívida protestado.

4) **Certidão das intimações feitas e das respostas eventualmente oferecidas.** A intimação é realizada nos termos dos arts. 14 e 15 desta Lei. É relevante apontar a forma da intimação, se efetivada no endereço do devedor ou por edital. Parizatto entende que mesmo "se o devedor nada alegar constará que o mesmo fora intimado e nada declarou no prazo legal, que é de três dias úteis (art. 12 da Lei nº 9.492 de 1997). (...) Caberá a este certificar no registro e instrumento de protesto a efetiva intimação realizada ao devedor e eventualmente, suas respostas oferecidas. A realização do registro do protesto não é impedida por eventuais alegações do devedor quanto ao não pagamento do título" (Op. cit., p. 514). Em outras palavras, a justificativa do devedor pelo não pagamento do título não tem o condão de impedir o registro. Essas alegações serão consignadas no termo do protesto pelo Tabelião.

4.1) **O Contra Protesto:** Ficando ciente do respectivo protesto, o devedor tem o direito de apresentar por escrito os motivos pelo qual não foi feito o pagamento, que é chamado de "Contra Protesto". Este direito deve não pode ser exercido a qualquer tempo, mas sim no tríduo legal. Deve, salvo regramento em contrário, ser feito em duas vias: a primeira via será protocolada pelo cartório e devolvida para o usuário, a segunda será anexada ao título, para quando for efetuado o protesto, o cartório acrescentar o contra protesto por escrito no instrumento e devolver para o apresentante. Importante salientar que a alegativa apresentada não impede o protesto do título, mas esta deve constar no instrumento.

5) **Indicação dos intervenientes voluntários e das firmas por eles honradas.** O art. 29, V, do Decreto 2.044/1908 também elenca tal requisito. A intervenção consiste num instituto de direito cambial estabelecido nos arts. 55 a 63, do Decreto 57.663/1966, e nos arts. 34 e 35, do Decreto 2.044/1908.

O aceite por intervenção ou por honra ou pagamento por honra é aquele realizado por um terceiro estranho ao título que recebe o nome de interveniente. Logo não é o sacado e não está mencionado no crédito. Concorda com a ordem de pagamento e consequentemente lhe é imputada a responsabilidade pelo pagamento do título, tornando-se devedor principal. Em outras palavras, este aceite ocorre quando um pessoa estranha ao título, nela intervém espontaneamente ou por indicação, para aceitá-la e pagá-la. Depois que o sacado não aceita ou recusa a aceitar, a lei permite que um terceiro não nomeado sacado, aceite, desde que o portador concorde.

6) **Aquiescência do portador ao aceite por honra.** O art. 29, VI, do Decreto 2.044/1908 também estipula esse requisito. O aceite com honra ocorrerá quando qualquer pessoa compareça para aceitar a letra, honrando de tal forma, a firma de qualquer dos obrigados.

Os requisitos contidos nos números "5" e "6" são raramente utilizados nos dias atuais.

7) **Nome, número do documento de identificação do devedor e endereço.** Como menciona o § 4º do art. 21 desta Lei os devedores, assim compreendidos os emitentes de notas promissórias e cheques, os sacados nas letras de câmbio e duplicatas, bem como os indicados pelo apresentante ou credor como responsáveis pelo cumprimento da obrigação, não poderão deixar de figurar no termo de lavratura e registro de protesto.

8) **Data e assinatura do Tabelião de Protesto, de seus substitutos ou de Escrevente autorizado.** Ensina Parizatto: "a menção à data em que fora lavrado o registro de protesto visa comprovar-se à época de sua realização para todos os fins legais, inclusive a incidência de juros, taxas e atualizações monetárias (art. 40). A assinatura do Tabelião de Protesto, de seus substitutos (devidamente nomeados) ou de Escrevente autorizado, visa dar autenticidade ao ato, sendo obrigatória tal assinatura no respectivo

registro de protesto, garantindo-se assim a responsabilidade do Tabelionato pelo ato praticado" (Op. cit., p. 515).

Consigna-se que, além dos requisitos elencado no art. 22, **as normativas estaduais** podem ainda estipular outros elementos para constar no termo de protesto e seu instrumento.

2. JURISPRUDÊNCIA COMPLEMENTAR

TRIBUNAL DE JUSTIÇA DO ESTADO DO RIO GRANDE DO SUL

EMENTA: APELAÇÃO CÍVEL. DIREITO PRIVADO NÃO ESPECIFICADO. AÇÃO CAUTELAR PREPARATÓRIA. EXIBIÇÃO DE DOCUMENTOS. A fotocópia do título levado ao aponte consta obrigatoriamente no registro de protesto, conforme dispõe o art. 22, III, da Lei nº 9.492, razão pela qual impertinente se mostra a dedução da pretensão de ver exibida a nota promissória indicada na petição inicial, devendo o autor suportar as custas processuais e os honorários advocatícios do patrono do réu (Acórdão nº 70023705361 de Tribunal de Justiça do RS, Décima Sétima Câmara Cível, 08 de Maio de 2008).

3. QUESTÕES DE CONCURSOS

01. (IESES – Notário-MA/2011) O registro do protesto e seu instrumento deverão conter, EXCETO:

a) A aquiescência do portador ao aceite por honra.
b) Data e número de protocolização, bem como o nome do apresentante e endereço.
c) A indicação dos intervenientes voluntários e das firmas por eles honradas.
d) Certidão das intimações feitas, independentemente das respostas eventualmente oferecidas.

02. (EJEF – Tabelionato e Registro-MG/2007) Quando o tabelião de protesto não conservar em seus arquivos gravação eletrônica da imagem, cópia reprográfica ou micrográfica do título ou documento de dívida, pode-se dizer, sobre o registro do protesto, que em seu instrumento deverá conter, dentre outros dados, EXCETO:

a) nome, número do documento de identificação do credor e endereço.
b) data e número de protocolização.
c) certidão das intimações feitas e das respostas eventualmente oferecidas.
d) a aquiescência ao portador do aceite por honra.

03. (EJEF Tabelionato e Registro-MG/2007) Quanto ao registro do protesto, assinale a alternativa FALSA.

a) Serão intimados, obrigatoriamente, todos os devedores, assim compreendidos como emitentes de cheques e notas promissórias, sacados de letras de câmbio e duplicatas, avalistas e endossantes.
b) Após o vencimento, o protesto sempre será efetuado por falta de pagamento, vedada a recusa da lavratura e registro do protesto por motivo não previsto na lei cambial.
c) O Tabelião de Protesto, que conserva em seus arquivos gravação eletrônica da imagem, cópia reprográfica ou micrográfica do título protestado, fica dispensado de sua transcrição literal, bem como das demais declarações nele inseridas.
d) É permitido o protesto de títulos de responsabilidade de pessoas não sujeitas às consequências da legislação falimentar.

GAB	1	D	2	A	3	A

Art. 23. Os termos dos protestos lavrados, inclusive para fins especiais, por falta de pagamento, de aceite ou de devolução serão registrados em um único livro e conterão as anotações do tipo e do motivo do protesto, além dos requisitos previstos no artigo anterior.

Parágrafo único. Somente poderão ser protestados, para fins falimentares, os títulos ou documentos de dívida de responsabilidade das pessoas sujeitas às consequências da legislação falimentar.

1. COMENTÁRIOS

Ao classificarmos as espécies de protesto pela sua finalidade, identificamos o protesto comum e o protesto especial. O protesto **comum** tem por finalidade testificar a situação cambiária insatisfeita. Essa expressão merece ser lida à luz do novo conceito de Protesto, pois, como já foi amplamente explorado nesta obra, não se protestam apenas títulos de crédito, mas também documentos de dívida, cujo conceito atualmente é bem amplo. Como já analisado no dispositivo anterior, são três as modalidades do protesto comum:

a) o protesto por falta ou recusa de pagamento, para comprovar a impontualidade do pagamento;
b) o protesto por falta ou recusa de aceite, a fim de comprovar que o título suscetível de aceite (letra de câmbio ou duplicata) foi apresentado, porém não foi aceito;
c) o protesto por falta ou recusa de devolução, para comprovar que o título foi encaminhado para aceite, mas, retido, não foi devolvido.

O protesto especial, no dizer de Vicente de Abreu Amadei, "é aquele autorizado por previsão legal, no âmbito extrajudicial do serviço notarial, que não tem em si, finalidade testificante de insatisfação cambiária" (...) Três são os elementos de especificidade do protesto em sentido estrito: "a) prova constituída por Notário; b) com segurança jurídica; c) de situação cambiária insatisfeita. O protesto especial (*Introdução ao Direito Notarial e Registral*. Porto Alegre: Safe, 2004).

O protesto para **fins falimentares (execução concursal)** é considerado protesto especial. Prevê o art. 94, I, da Lei 11.101/2005:

> **Art. 94.** Será decretada a falência do devedor que:
>
> I – sem relevante razão de direito, não paga, no vencimento, obrigação líquida materializada em título ou títulos executivos protestados cuja soma ultrapasse o

equivalente a 40 (quarenta) salários-mínimos na data do pedido de falência;

Note-se que o art. 94 da lei 11.101/2005 exige protesto para fins falimentares para pedido de falência decorrente do não pagamento de títulos executivos que ultrapassem o valor de 40 salários mínimos. O credor pode protestar **vários títulos de pequeno valor que, somados, alcancem este montante.**

Não cabe ao Tabelião averiguar o valor do título protestado, pois esta incumbência compete ao juiz quando ele for analisar o pedido de falências. Se o pedido de falência for feito sem o respeito a esse piso, o pleito deve ser julgado improcedente (STJ, AgRg no REsp 1124763/PR, 3ª Turma, Rel. Ministro Ricardo Villas Bôas Cueva, DJe 28/2/2014).

Por outro lado, o Tabelião deve estar bem atento na qualificação notarial de um título para fins falimentares, verificando se o devedor é pessoa sujeita à legislação falimentar, sob pena de recusar o protesto. Para esclarecer, cito como exemplo a não aplicação da falência em sociedades simples e instituições financeiras. Portanto, deve ser recusado o pedido de protesto para fins falimentares contra essas pessoas jurídicas.

O protesto para fins falimentares pode abranger tanto os títulos de crédito, como cheques e notas promissórias, quanto outros documentos de dívida, como contratos de empréstimo. Esses documentos devem ser de responsabilidade das pessoas sujeitas às consequências da legislação falimentar. (art. 23, parágrafo único da Lei 9.492/1997).

Demais disso, o art. 97 da Lei 11.101/2005 estabelece quem tem legitimidade ativa para requerer falência. Logo, nos termos do aludido dispositivo, pode pedir a falência do devedor e, consequentemente, apresentar o protesto:

> I – o próprio devedor, na forma do disposto nos arts. 105 a 107 desta Lei;
>
> II – o cônjuge sobrevivente, qualquer herdeiro do devedor ou o inventariante;
>
> III – o cotista ou o acionista do devedor na forma da lei ou do ato constitutivo da sociedade;
>
> IV – qualquer credor.
>
> § 1º O credor empresário apresentará certidão do Registro Público de Empresas que comprove a regularidade de suas atividades.
>
> § 2º O credor que não tiver domicílio no Brasil deverá prestar caução relativa às custas e ao pagamento da indenização de que trata o art. 101 desta Lei.

É importante observar a questão da competência territorial para a efetivação do protesto para fins falimentares durante a vigência da Lei 11.101/2005. Conforme dispõe o art. 3º da Nova Lei de Falências, o protesto deve ser sempre realizado no local do **principal estabelecimento do devedor ou na filial da empresa que tenha sede fora do Brasil.**

De acordo com os ensinamentos de Carlos Henrique Abrão, conquanto siga o protesto falimentar a regra ditada pelo comum, não se pode olvidar que os seus elementos formadores desenham **uma assunção de risco maior e o grau de certeza e segurança jurídicas determinam exame aprofundado**, a fim de se evitar incorreção ou irregularidade a perseguir o ato notarial. Referido jurista complementa: (...) 'Os protestos especiais, muito mais do que o formalismo que despontam, têm conotação própria visando a emprestar efeitos à regra que vislumbra o estado de insolvência, peculiar ao requerimento do interessado. Uma vez que a primacial função do protesto é atribuição de efeitos voltados para o requerimento falimentar, inconteste que o protesto especial necessita ser lavrado no cartório competente, sob pena de invalidar o pedido de quebra e impossibilitar a presença de condição da ação. De fato, o principal estabelecimento do devedor comerciante é aquele no qual será feito o protesto de obrigação certa, líquida e exigível, culminando por corolário na circunstância adstrita à competência que governará o requerimento falimentar, erradicando a possibilidade do conhecimento ficto daquela realidade". (*Do Protesto*, Editora Juarez de Oliveira, São Paulo, 2004, 3ª ed., págs. 106-107).

Atualmente, o entendimento da doutrina e da jurisprudência foi incorporado pelo Provimento CNJ n. 167/2024, que alterou o Código Nacional de Normas, dispondo que:

> Art. 356-A. O protesto falimentar deve ser lavrado no cartório de protesto da comarca do principal estabelecimento do devedor, contendo a notificação do protesto a identificação da pessoa que a recebeu.
>
> Parágrafo único. Nas hipóteses em que a notificação pessoal do protesto não lograr obter a identificação de quem se recusou a assinar a carta registrada ou documento idôneo equivalente, o tabelião poderá realizar a intimação do protesto por edital.

Em relação à **escrituração,** observe-se que o protesto para fins falimentares não é registrado em um livro específico. Em vez disso, ele é registrado no mesmo livro utilizado para os protestos comuns. Outra observação relevante é que **o protesto comum dispensa o especial para o requerimento de falência**. Assim interpretou o Superior Tribunal de Justiça, concluindo que "é prescindível o protesto especial para a formulação do pedido de falência" (STJ, REsp 1.052.495, Rel. Massami Uyeda).

Esse entendimento é baseado no princípio da unitariedade, que significa que o protesto deve ser realizado em um único ato, fundamentado pela máxima de que se protesta não a pessoa do devedor, mas sim um título ou um documento de dívida. Ademais, complementa Emanuel Macabu Moraes: "não se pode exigir que o credor repita um ato válido, perfeitamente dotado dos atributos de comprovação da impontualidade, sob a fé

Lei 9.492/1997

pública do tabelião" (Op. cit., p. 214). Ressalvando-se que o protesto comum somente será admitido para o decreto da quebra caso preencha os requisitos do protesto especial.

Em se tratando de notificação de protesto para fins falimentares, o Tabelião deve identificar a pessoa que a recebeu, consignando essa informação no termo de protesto e respectivo instrumento, bem como em certidão da qual conste o ato praticado.

Tal entendimento vai ao encontro da Súmula 361 do Superior Tribunal de Justiça, que prescreve:

> "A notificação do protesto, para requerimento de falência da empresa devedora, exige a identificação da pessoa que a recebeu".

Note-se que não há exigência da entrega da intimação pessoalmente ou nas mãos do devedor ou de quem o represente, sendo satisfeita a entrega em seu endereço. Assim corrobora a Súmula 52 do Tribunal de Justiça de São Paulo:

> "Para a validade do protesto basta a entrega da notificação no estabelecimento do devedor e sua recepção por pessoa identificada".

Quanto à intimação por edital no caso do protesto para fins falimentares, é entendimento pacificado na doutrina e na jurisprudência que não há vedação. Este é o entendimento, inclusive do Superior Tribunal de Justiça no REsp 1.052.495, Relator Massami Uyeda:

> "A tentativa de notificação do protesto, em primeiro lugar, deve ser feita pessoalmente no endereço fornecido pelo apresentante e contar, especialmente no caso de futuro requerimento de falência, com a identificação do nome do recebedor da intimação. Todavia, quando a notificação pessoal do protesto não logra obter a identificação de quem se recusou a assinar a carta registrada, é de rigor a realização da intimação do protesto por edital como requisito necessário para sustentar o pedido de falência, tudo conforme o art. 15 da Lei nº 9.492/1997 e os princípios da preservação e conservação da empresa".

Em conclusão, o protesto para fins falimentares está sujeito às mesmas regras do protesto comum, com as seguintes alterações:

a) A competência territorial é a do Tabelionato do local do principal estabelecimento do devedor;
b) O termo de protesto especial deve indicar o nome completo de quem recebeu a intimação, salvo se realizada por edital.

Por derradeiro, vale mencionar uma outra parte da doutrina que defende que o protesto de **contrato de câmbio** é protesto especial. Referido protesto vem regulado no art. 75 da Lei 4.728/65 e habilita o credor à ação executiva, a saber:

> **Art. 75.** O contrato de câmbio, desde que protestado por oficial competente para o protesto de títulos, constitui instrumento bastante para requerer a ação executiva.

2. JURISPRUDÊNCIA COMPLEMENTAR

SUPERIOR TRIBUNAL DE JUSTIÇA

INFORMATIVO 572 – DIREITO EMPRESARIAL. PRAZO DE REALIZAÇÃO DE PROTESTO PARA FINS FALIMENTARES. O protesto tirado contra o emitente do cheque é obrigatório para o fim de comprovar a impontualidade injustificada do devedor no procedimento de falência (art. 94, I, da Lei 11.101/2005) e deve ser realizado em até seis meses contados do término do prazo de apresentação (prazo prescricional da ação cambial). Do ponto de vista cambial, a execução do cheque pode ser direcionada contra o emitente, os endossantes ou os respectivos avalistas (art. 47 da Lei 7.357/1985). Nesse contexto, a distinção entre a pretensão dirigida contra o emitente e aquela dirigida contra o endossante conduz a outra diferenciação, que deve ser estabelecida entre o protesto facultativo e o obrigatório. Dessa forma, no caso da pretensão dirigida contra o emitente, o protesto (ou a apresentação) do cheque é ato meramente facultativo do credor, que pode optar por executar diretamente o título, desde que o faça no prazo de prescrição de seis meses, contados da expiração do prazo de apresentação (art. 59 da Lei do Cheque e Súmula 600 do STF). Já na hipótese de pretensão dirigida contra o endossante, o protesto (ou apresentação) é obrigatório, sob pena de perda de eficácia executiva do título contra o coobrigado. Essa diferenciação entre o protesto cambial facultativo e o obrigatório foi analisada por este Tribunal Superior, quando do julgamento do REsp 1.297.797-MG (Terceira Turma, DJe 27/2/2015), ocasião em que se firmou, quanto ao prazo de realização de protesto, o seguinte: "A exigência de realização do protesto antes de expirado o prazo de apresentação do cheque é dirigida apenas ao protesto obrigatório à propositura da execução do título, nos termos dos arts. 47 e 48 da Lei nº 7.357/85". Salientado isso, tem-se que, do ponto de vista falimentar, o protesto é medida obrigatória para comprovar a impontualidade do devedor (art. 94, I, da Lei 11.101/2005). Sobre a distinção entre o protesto cambial e o protesto falimentar, parte da doutrina ensina que: "Conforme sua finalidade, o protesto extrajudicial se subdivide em: cambial e falimentar (também denominado de protesto especial). Aquele é o modo pelo qual o portador de um título de crédito comprova a sua apresentação ao devedor (por exemplo, para aceite ou pagamento). Constitui uma faculdade do credor, um ônus do qual ele deve desincumbir-se para assegurar seu direito de ação contra os coobrigados no título, como endossantes e avalistas, mas é dispensável para cobrar o crédito do devedor principal. Por outro lado, o protesto para fins falimentares é obrigatório e visa a comprovar a impontualidade injustificada do devedor empresário, tornando o título hábil a instruir o pedido de falência [...]. Cabe esclarecer, entretanto, que tal distinção é meramente acadêmica, uma vez que o protesto é único e comprova o mesmo fato: a apresentação formal de um título, independentemente da finalidade visada pelo credor (se pedido de falência ou garantia do direito de ação contra coobrigados)". À luz das distinções acima delineadas, verifica-se que um protesto cambial facultativo é obrigatório do ponto de vista falimentar, de modo que pode ser realizado, para este último fim, até a data de prescrição do cheque. (STJ REsp 1.249.866-SC, Rel. Min. Paulo de Tarso Sanseverino, julgado em 6/10/2015, DJe 27/10/2015).

TRIBUNAL DE JUSTIÇA DO ESTADO DO ESPÍRITO SANTO

EMENTA: EMPRESA EM RECUPERAÇÃO JUDICIAL – CONTRATO DE MÚTUO SUJEITO AO EFEITOS DA RECUPERAÇÃO JUDICIAL – TÍTULOS DE CRÉDITO DADOS EM GARANTIA – PROTESTO IMPOSSIBILIDADE – RECURSO CONHECIDO E IMPROVIDO – SENTENÇA MANTIDA. 1) Conforme disposto no art. 49, da Lei 11.101/2005, todos os títulos de crédito existentes na data do pedido, ainda que não vencidos, estão sujeitos à recuperação judicial. 2) Tomando por base a finalidade principal da referida Lei, que é preservar a continuidade das atividades da empresa e sua função social, bem como, reestruturar sua situação financeira, não seria prudente permitir o protesto dos títulos de créditos existentes em poder do apelante, posto que, inviabilizaria à apelada continuar exercendo suas atividades empresárias. 3) O crédito do apelado não se enquadra nas exceções previstas na Lei nº 11.101 D 05, quais sejam, aquelas elencadas nos art. 49, § 3º e art. 86, inc. II, pois trata-se de contrato de mútuo na modalidade capital de giro, tendo como garantia o penhor de títulos de crédito.

4) Por tratar-se de crédito sujeito à recuperação judicial, correta a determinação da magistrada *a quo* para que o apelante se abstenha de levar à protesto os títulos que tenham sido descontados por força das operações financeiras realizadas com a apelada antes de 03 D 09 D 2007, cabendo à apelante, tão somente, se habilitar como credor nos autos da ação de recuperação judicial da apelada. (TJES – Ap. Civ. 030070080228. Relatora ELISABETH LORDES, 3ª CÂMARA CÍVEL, Data do Julgamento: 22/06/2010)

TRIBUNAL DE JUSTIÇA DO ESTADO DE MINAS GERAIS

EMENTA: AÇÃO DE FALÊNCIA – AUSÊNCIA DE PROTESTO DOS TÍTULOS – INEXISTÊNCIA DE PROVA DA INADIMPLÊNCIA (ART. 1º DA LEI 9492/97) – REQUISITO DA AÇÃO – EXTINÇÃO DO FEITO SEM RESOLUÇÃO DE MÉRITO. – Para que seja decretada a falência, é imperioso que a impontualidade da devedora seja demonstrada pelo regular protesto do título, sendo desnecessário que o ato notarial seja realizado com fins falimentares. Inteligência dos artigos 94, *caput*, e 96 da Lei 11.101/2005. – Ausente a prova do protesto, impõe-se a extinção do processo. – Recurso não provido. (TJMG – APC 1.0024.10.155886-4/001, Relator(a): Des.(a) Heloisa Combat, 4ª C. Cível, Julgamento: 04/04/2013)

TRIBUNAL DE JUSTIÇA DO ESTADO DO PARANÁ

EMENTA: AGRAVO DE INSTRUMENTO – FALÊNCIA – EMENDA DA INICIAL PARA JUNTADA DE PROSTESTO PARA FIM FALIMENTAR – ALEGAÇÃO DE DESNECESSIDADE – DESCABIMENTO – PROTESTO CAMBIAL SUFICIENTE DESDE QUE IDENTIFICADO O RECEBEDOR DA INTIMAÇÃO ENVIADA PELO TABELIÃO DE PROTESTOS. RECURSO CONHECIDO E NÃO PROVIDO. (TJPR – Agravo de Instrumento nº 963.251-5 – Foz do Iguaçu – 18ª Câmara Cível – Rel. Des. Renato Lopes de Paiva – DJ 24.05.2013).

EMENTA: FALÊNCIA. DUPLICATA DE PRESTAÇÃO DE SERVIÇO. TÍTULO HÁBIL A EMBASAR O PEDIDO DE FALÊNCIA. PROTESTO ESPECIAL. DESNECESSIDADE. – A duplicata de prestação de serviços, uma vez satisfeitos os requisitos previstos para legitimar a ação executiva, é título hábil a instruir o pedido de falência. Precedentes. – Desnecessidade do protesto especial a que alude o art. 10 da Lei de Falências. Recurso especial não conhecido. (STJ – REsp: 245648 SP 2000/0005131-4, Relator: Ministro BARROS MONTEIRO, Data de Julgamento: 29/06/2004, T4 – QUARTA TURMA, Data de Publicação: DJ 04/10/2004 p. 302)

3. QUESTÕES DE CONCURSOS

01. (VUNESP – 2023 – TJ-AL – Titular de Serviços de Notas e de Registros – Provimento) Assinale a alternativa correta.

a) De acordo com a Consolidação Normativa Notarial e Registral da Corregedoria Geral da Justiça do Estado de Alagoas (CNNR--CGJ-AL), em obediência ao princípio da literalidade, todos os títulos ou documentos de dívida serão protestados somente pelos valores neles estampados, não se admitindo qualquer tipo de acréscimo como juros ou atualização monetária.
b) Por se tratar de intimação ficta, o tabelião de protesto somente promoverá a intimação por edital se autorizado pelo credor apresentante do título.
c) A remessa da intimação do protesto somente poderá ser realizada por portador do próprio tabelião.
d) O contrato de câmbio, desde que protestado, constitui instrumento para requerer a ação executiva

02. (Vunesp – Cartório – Provimento – TJ – SP/2018) Assinale a alternativa correta.

a) O protesto especial para fins falimentares poderá ser lavrado na praça de pagamento ou na circunscrição do principal estabelecimento do devedor.
b) Os termos de protesto para fins falimentares, de títulos ou documentos de dívida de responsabilidade das pessoas sujeitas às consequências da legislação falimentar, são lavrados em livro especial.
c) O termo de protesto especial para fins falimentares deve indicar o nome completo de quem recebeu a intimação, salvo se realizada por edital.
d) O deferimento do processamento de recuperação judicial do empresário e da sociedade empresária impede o protesto de títulos e documentos de dívida relacionados com o requerente do benefício legal.

03. (Vunesp – Notário-MS/2009) O protesto especial associa-se à

a) ação monitória.
b) ação ordinária de cobrança.
c) ação revisional.
d) execução singular.
e) execução concursal.

04. (Vunesp – Notário-SP/2003) Podem ser protestados, para fins falimentares, os títulos ou documentos de dívida de responsabilidade das pessoas não sujeitas às consequências da legislação falimentar?

a) Sim, porque compete ao tabelião o exame subjetivo sobre a questão.
b) A resposta é negativa, diante da expressa previsão legal.
c) A resposta é afirmativa, porque a lei não faz distinção.
d) Depende da análise do caso concreto a tomada de posição sobre a matéria.

05. (Rio de Janeiro-Notário/2002) Para fins falimentares poderão ser protestados:

a) quaisquer títulos preexistentes, ainda que originariamente não sujeitos a protesto;
b) somente os títulos ou documentos de dívida de responsabilidade das pessoas sujeitas às consequências da legislação falimentar;
c) todos os títulos ou documentos de dívida de responsabilidade de quaisquer pessoas;
d) somente os títulos vencidos anteriormente à data da decretação da falência;
e) somente os títulos judiciais.

06. (Cespe – Cartório – TJ – DF/2014) Acerca do registro de protesto, com base no Provimento Geral da Corregedoria da Justiça do Distrito Federal e dos Territórios aplicado aos serviços notariais e de registro, é correto afirmar que

a) o protesto por falta de aceite somente será lavrado após o decurso do prazo legal para o aceite, sendo irrelevante, para tanto, o vencimento da dívida.
b) ao tabelião é permitido lavrar o protesto, ainda que haja desistência do protesto pelo apresentante no prazo do pagamento.
c) o protesto deve ser lavrado por falta de cumprimento do contrato de câmbio, desde que se destine a fins falimentares.
d) os títulos apresentados a protesto para fins falimentares somente serão admitidos se forem emitidos por pessoas sujeitas às consequências da Lei de Falências.
e) o tabelião deve devolver o título ao apresentante após o registro do protesto.

07. (Vunesp – Cartório – SP – Provimento/2016) Com relação ao protesto especial para fins falimentares, é correto afirmar que

a) a intimação do protesto, para requerimento da falência da empresa devedora, exige a identificação da pessoa que a recebeu, não sendo suficiente sua entrega no endereço fornecido pelo apresentante do título ou documento de dívida.
b) é necessário para a formulação do pedido de falência.
c) a competência territorial é a do Tabelionato do lugar do pagamento, ainda que outro seja o local do principal estabelecimento do devedor.
d) pode ser lavrado independentemente do prévio cancelamento de um anterior protesto comum do mesmo título ou documento de dívida.

GAB	1	D	2	C	3	E	4	B
	5	B	6	D	7	A		

Lei 9.492/1997

Art. 24. O deferimento do processamento de concordata não impede o protesto.

1. COMENTÁRIOS

Cumpre esclarecer que o instituto da concordata foi suprimido pela nova Lei de Falências (Lei 11.101/2005). Ele foi substituído pela recuperação judicial (arts. 47 a 73) e extrajudicial (arts. 161 a 167). Com alguns ajustes, a nova legislação se adequou ao novo momento do direito falimentar mundial, colocando nosso direito em um patamar mais moderno. Tal adequação já foi implementada em várias normativas estaduais, como nos estados de Minas Gerais, São Paulo e Mato Grosso do Sul, que prescrevem, respectivamente:

> **Art. 371.** A decretação de falência do devedor ou o deferimento do processamento de recuperação judicial em seu favor não impedem a lavratura de protesto contra ele.
>
> **Item 77.** O deferimento do processamento de recuperação judicial de empresário e de sociedade empresária não impede o protesto de títulos e documentos de dívida relacionados com o requerente do benefício legal.
>
> **Art. 1852 –** O deferimento do processamento de recuperação judicial de empresário e de sociedade empresária não impede o protesto de títulos e documentos de dívida relacionados com o requerente do benefício legal.

Recentemente, a I Jornada de Direito Notarial e Registrou editou o Enunciado n. 57, corroborando a nova legislação e o entendimento doutrinário consolidado:

> **Enunciado 57.** O deferimento do processamento de recuperação judicial de empresário e de sociedade empresária não impede o protesto de títulos e documentos de dívida relacionados com o requerente e não sujeitos ou afetados na recuperação.
>
> ⊙ Justificativa: O art. 24 da Lei n. 9.492/1997, anterior à Lei n. 11.101/2005, dispõe que o *deferimento do processamento de concordata não impede o protesto*. Com a supressão do instituto da concordata de nosso ordenamento jurídico e instituição do procedimento de recuperação judicial, é necessária uma releitura do dispositivo. Essa, aliás, é a redação do item 95 do Capítulo XV das Normas de Serviço da Corregedoria Geral da Justiça de São Paulo.

Remeto o leitor ao tópico "Jurisprudência Complementar" para complementação dos estudos. Nesse tópico, encontram-se importantes e recentes julgados sobre a recuperação judicial e o protesto.

2. JURISPRUDÊNCIA COMPLEMENTAR

▶ **EMENTA:** Agravo em Recurso Especial – Agravo de Instrumento – Recuperação judicial – Pretensão de levantamento dos protestos das empresas recuperandas – Impossibilidade – Plano de recuperação ainda não aprovado – Acórdão em sintonia com o entendimento do STJ – Agravo conhecido para negar provimento ao recurso especial. (STJ – AREsp nº 1.697.478 – São Paulo – 3ª Turma – Rel. Min. Paulo de Tarso Sanseverino – DJ 05.05.2021)

▶ **Informativo 651:** RECURSO ESPECIAL. DIREITO DE EMPRESA. PLANO DE RECUPERAÇÃO JUDICIAL HOMOLOGADO. SUSPENSÃO DOS PROTESTOS TIRADOS EM FACE DA RECUPERANDA. CABIMENTO. CONSEQUÊNCIA DIRETA DA NOVAÇÃO SOB CONDIÇÃO RESOLUTIVA. CANCELAMENTO DOS PROTESTOS EM FACE DOS COOBRIGADOS. DESCABIMENTO. RAZÕES DE DECIDIR DO TEMA 885/STJ. PARCELAMENTO DOS CRÉDITOS EM 14 ANOS. CORREÇÃO MONETÁRIA PELA TR MAIS JUROS DE 1% AO ANO. CONTEÚDO ECONÔMICO DO PLANO DE RECUPERAÇÃO. REVISÃO JUDICIAL. DESCABIMENTO. INAPLICABILIDADE DA SÚMULA 8/STJ À RECUPERAÇÃO JUDICIAL. 1. Controvérsia acerca da validade de um plano de recuperação judicial, na parte em que prevista a suspensão dos protestos e a atualização dos créditos por meio de TR + 1% ao ano, com prazo de pagamento de 14 anos. 2. Nos termos da tese firmada no julgamento do Tema 885/STJ: "A recuperação judicial do devedor principal não impede o prosseguimento das execuções nem induz suspensão ou extinção de ações ajuizadas contra terceiros devedores solidários ou coobrigados em geral, por garantia cambial, real ou fidejussória, pois não se lhes aplicam a suspensão prevista nos arts. 6º, *caput*, e 52, inciso III, ou a novação a que se refere o art. 59, *caput*, por força do que dispõe o art. 49, § 1º, todos da Lei n. 11.101/2005". 3. Descabimento da suspensão dos protestos tirados em face dos coobrigados pelos créditos da empresa recuperanda. Aplicação das razões de decidir do precedente qualificado que deu origem ao supramencionado Tema 885/STJ. 4. "Não compete ao juiz deixar de conceder a recuperação judicial ou de homologar a extrajudicial com fundamento na análise econômico-financeira do plano de recuperação aprovado pelos credores" (Enunciado nº 46 da I Jornada de Direito Comercial do CJF). Julgados desta Corte Superior nesse sentido. 5. Descabimento da revisão judicial da taxa de juros e do índice de correção monetária aprovados pelos credores, em respeito à soberania da assembleia geral. 6. Inaplicabilidade ao caso do entendimento desta Corte Superior acerca do descabimento da utilização da TR como índice de correção monetária de benefícios de previdência privada, tendo em vista a diferença entre a natureza jurídica de o contrato de previdência privada e a de um plano de recuperação judicial. 7. Inaplicabilidade do entendimento consolidado na Súmula 8/STJ ("aplica-se a correção monetária aos créditos habilitados em concordata preventiva...") à recuperação judicial, em face da natureza jurídica absolutamente distinta da concordata (favor legal) em relação ao plano de recuperação judicial (negócio jurídico plurilateral). Doutrina sobre o tema. 8. RECURSO ESPECIAL PARCIALMENTE PROVIDO. Acórdão. Vistos, relatados e discutidos os autos em que são partes as acima indicadas, acordam os Ministros da TERCEIRA TURMA do Superior Tribunal de Justiça prosseguindo no julgamento, após o voto-vista do Sr. Ministro Moura Ribeiro, por unanimidade, dar parcial provimento ao recurso especial, nos termos do voto do Sr. Ministro Relator. Vencidos, apenas na preliminar, a Sra. Ministra Nancy Andrighi e o Sr. Ministro Ricardo Villas Bôas Cueva. Participaram do julgamento os Srs. Ministros Nancy Andrighi, Paulo de Tarso Sanseverino, Ricardo Villas Bôas Cueva, Marco Aurélio Bellizze e Moura Ribeiro.

Informações Complementares à Ementa

"[...] uma vez efetivada a novação dos créditos prevista no art. 59 da Lei 11.101/2005, não há falar em inadimplemento por parte da empresa recuperanda, sendo cabível, portanto, o cancelamento dos protestos tirados em face desta, sob a condição resolutiva do cumprimento do plano de recuperação".

"As normas do Código Civil a respeito da taxa de juros, ou possuem caráter meramente supletivo, ou estabelecem um teto, conforme se verifica, respectivamente, no enunciado dos arts. 406 e 591 [...]". (VOTO VENCIDO NA PRELIMINAR) (MIN. NANCY ANDRIGHI)

"[...] a conclusão é no sentido de que a discussão acerca da possibilidade de o plano recuperacional determinar a suspensão da publicidade de protestos contra coobrigados não pode ser objeto deste julgamento, pois se relaciona à matéria que extrapola os contornos da questão controvertida devolvida ao conhecimento do Tribunal de origem".

▶ **EMENTA:** RECURSO ESPECIAL. DIREITO DE EMPRESA. PLANO DE RECUPERAÇÃO JUDICIAL HOMOLOGADO. SUSPENSÃO DOS PROTESTOS TIRADOS EM FACE DA RECUPERANDA. CABIMENTO. CONSEQUÊNCIA DIRETA DA NOVAÇÃO SOB CONDIÇÃO RESOLUTIVA. CANCELAMENTO DOS PROTESTOS EM FACE DOS COOBRIGADOS. DESCABIMENTO. RAZÕES DE DECIDIR DO TEMA 885/STJ. PARCELAMENTO DOS CRÉDITOS EM 14 ANOS. CORREÇÃO MONETÁRIA PELA TR MAIS JUROS DE 1% AO ANO. CONTEÚDO ECONÔMICO DO PLANO DE RECUPERAÇÃO. REVISÃO JUDICIAL. DESCABIMENTO. INAPLICABILIDADE DA SÚMULA 8/STJ À RECUPERAÇÃO JUDICIAL.

1. *Controvérsia acerca da validade de um plano de recuperação judicial, na parte em que prevista a suspensão dos protestos e a atualização dos créditos por meio de TR + 1% ao ano, com prazo de pagamento de 14 anos.*

2. *Nos termos da tese firmada no julgamento do Tema 885/STJ: "A recuperação judicial do devedor principal não impede o prosseguimento das execuções nem induz suspensão ou extinção de ações ajuizadas contra terceiros devedores solidários ou coobrigados em geral, por garantia cambial, real ou fidejussória, pois não se lhes aplicam a suspensão prevista nos arts. 6º, caput, e 52, inciso III, ou a novação a que se refere o art. 59, caput, por força do que dispõe o art. 49, § 1º, todos da Lei n. 11.101/2005".*

3. *Descabimento da suspensão dos protestos tirados em face dos coobrigados pelos créditos da empresa recuperanda. Aplicação das razões de decidir do precedente qualificado que deu origem ao supramencionado Tema 885/STJ.*

4. *"Não compete ao juiz deixar de conceder a recuperação judicial ou de homologar a extrajudicial com fundamento na análise econômico-financeira do plano de recuperação aprovado pelos credores" (Enunciado nº 46 da I Jornada de Direito Comercial do CJF). Julgados desta Corte Superior nesse sentido.*

5. *Descabimento da revisão judicial da taxa de juros e do índice de correção monetária aprovados pelos credores, em respeito à soberania da assembleia geral.*

6. *Inaplicabilidade ao caso do entendimento desta Corte Superior acerca do descabimento da utilização da TR como índice de correção monetária de benefícios de previdência privada, tendo em vista a diferença entre a natureza jurídica de o contrato de previdência privada e a de um plano de recuperação judicial.*

7. *Inaplicabilidade do entendimento consolidado na Súmula 8/STJ ("aplica-se a correção monetária aos créditos habilitados em concordata preventiva...") à recuperação judicial, em face da natureza jurídica absolutamente distinta da concordata (favor legal) em relação ao plano de recuperação judicial (negócio jurídico plurilateral). Doutrina sobre o tema.*

8. *RECURSO ESPECIAL PARCIALMENTE PROVIDO.*

▶ **EMENTA:** RECUPERAÇÃO JUDICIAL. HOMOLOGAÇÃO. DÍVIDAS COMPREENDIDAS NO PLANO. NOVAÇÃO. INSCRIÇÃO EM CADASTRO DE INADIMPLENTES. PROTESTOS. BAIXA, SOB CONDIÇÃO RESOLUTIVA. CUMPRIMENTO DAS OBRIGAÇÕES PREVISTAS NO PLANO DE RECUPERAÇÃO.

1. Diferentemente do regime existente sob a vigência do DL nº 7.661/45, cujo art. 148 previa expressamente que a concordata não produzia novação, a primeira parte do art. 59 da Lei nº 11.101/05 estabelece que o plano de recuperação judicial implica novação dos créditos anteriores ao pedido.

2. A novação induz a extinção da relação jurídica anterior, substituída por uma nova, não sendo mais possível falar em inadimplência do devedor com base na dívida extinta.

3. Todavia, a novação operada pelo plano de recuperação fica sujeita a uma condição resolutiva, na medida em que o art. 61 da Lei nº 11.101/05 dispõe que o descumprimento de qualquer obrigação prevista no plano acarretará a convolação da recuperação em falência, com o que os credores terão reconstituídos seus direitos e garantias nas condições originalmente contratadas, deduzidos os valores eventualmente pagos e ressalvados os atos validamente praticados no âmbito da recuperação judicial.

4. Diante disso, uma vez homologado o plano de recuperação judicial, os órgãos competentes devem ser oficiados a providenciar a baixa dos protestos e a retirada, dos cadastros de inadimplentes, do nome da recuperanda e dos seus sócios, por débitos sujeitos ao referido plano, com a ressalva expressa de que essa providência será adotada sob a condição resolutiva de a devedora cumprir todas as obrigações previstas no acordo de recuperação.

5. Recurso especial provido.(REsp 1.260.301/DF, Rel. Ministra NANCY ANDRIGHI, TERCEIRA TURMA, julgado em 14/08/2012, DJe 21/08/2012)

(...) 12. PUBLICIDADE DOS PROTESTOS

Uma vez aprovado o Plano de Recuperação Judicial, com a novação de todos os créditos sujeitos ao mesmo, pela decisão que conceder a recuperação judicial, **todos os credores concordarão com suspensão da publicidade dos protestos efetuados**, enquanto o Plano de Recuperação Judicial estiver sendo cumprida, nos termos aprovados, ordem esta que poderá ser proferida pelo Juízo da RJ a pedido da Recuperanda desde a data da concessão da recuperação.

Após o pagamento integral dos créditos nos termos e formas estabelecidas neste Plano, os respectivos valores serão considerados integralmente quitados e o respectivo Credor dará a mais ampla, geral, irrevogável e irretratável quitação, para nada mais reclamar a qualquer título, contra quem quer que seja, sendo inclusive obrigado a fornecer, se o caso, carta de anuência/instrumento de protesto para fins de baixa definitiva dos protestos.

Sendo assim, serão civilmente responsáveis por todos os prejuízos que causarem, por culpa ou dolo, os credores (as empresas e seus dirigentes) que mantiverem os protestos vigentes enquanto o Plano estiver sendo cumprido nos termos aprovados ou após a quitação dos débitos.

(e-STJ Fl. 154/5)

A leitura da cláusula revela que os efeitos do acórdão suspendem, tão somente, os protestos relativos aos créditos que **foram objeto da novação**, ou seja, a todos os créditos **sujeitos ao plano de recuperação**.

Ora, como a **novação não se opera em relação aos coobrigados** (REsp 1.333.349/SP, Segunda Seção, DJe 02/02/2015, julgado pelo rito dos recursos repetitivos), de modo a não sujeitá-los ao plano de soerguimento, não se pode interpretar que os protestos contra esses, caso existam, também devam ser suspensos.

De se gizar, outrossim, que a irresignação manifestada pelo recorrido por meio do agravo de instrumento que deu ensejo à interposição do presente recurso especial **não veicula** qualquer pretensão específica no sentido da manutenção dos protestos **contra coobrigados**.

A petição recursal, na realidade, quando se insurge contra o teor da referida cláusula 12 (e-STJ Fls. 12/16), limita-se a apontar que ela, indiretamente, estaria impedindo a persecução dos créditos em face de garantidores e coobrigados, bem como que ela, ao suspender a publicidade dos protestos, violaria o princípio da transparência.

Diante do que até aqui exposto, portanto, a conclusão é no sentido de que a discussão acerca da possibilidade de o plano recuperacional determinar a suspensão da publicidade de protestos contra coobrigados **não pode ser objeto deste julgamento**, pois se relaciona à matéria que extrapola os contornos da questão controvertida devolvida ao conhecimento do Tribunal de origem.

Ademais, a leitura do plano de soerguimento revela que a recuperanda sequer possui dívidas resguardadas por algum tipo de garantia, sendo certo que os credores arrolados no plano se dividem em apenas duas classes: credores trabalhistas e credores quirografários (e-STJ Fls. 131/157).

Caso, todavia, os preclaros Ministros divirjam da minha posição acerca do tema, passo a enfrentar a questão propriamente dita.

2. DA SUSPENSÃO DOS PROTESTOS E DA HIPÓTESE DOS AUTOS

Como visto, o plano aprovado pela assembleia de credores contém disposição prevendo a suspensão da publicidade dos protestos concernentes aos créditos sujeitos ao processo de soerguimento (cláusula 12, e-STJ fl. 154).

Consoante entendimento desta 3ª Turma (REsp 1.260.301/DF, minha Relatoria, DJe 21/8/2012), a baixa dos protestos após a homologação do plano recuperacional constitui decorrência natural da novação operada por força da norma do art. 59 da LFRE.

Isso porque, uma vez novados os créditos anteriores ao pedido de soerguimento, não se pode falar em inadimplência, já que a dívida que originou os protestos não mais subsistem.

É essa a lógica que, por imperativo de coerência, também deve guiar o entendimento em relação aos protestos contra os coobrigados da devedora.

Para resolver a questão, é necessário lembrar que **a recuperação judicial não afeta a posição dos credores da devedora em relação a seus coobrigados**, sendo certo que, quanto a essas pessoas, não se aplica a novação a que se refere o art. 59, *caput*, da Lei n. 11.101/2005 (REsp 1.333.349/SP, Segunda Seção, DJe 02/02/2015, julgado pelo rito dos recursos repetitivos).

Ora, como os credores não têm sua pretensão de cobrança afetada em relação aos coobrigados, uma vez que as respectivas relações jurídicas não foram objeto de novação, eventual impontualidade dos respectivos pagamentos constitui causa legítima a ensejar a manutenção dos protestos contra eles tirados.

Ou, em outros termos: como a razão jurídica que justifica a suspensão dos protestos em face da devedora – a novação dos créditos ocorrida em razão da aprovação do plano de soerguimento – **não incide** nas relações existentes entre os credores da recuperanda e seus coobrigados, a manutenção dos protestos em face destes é medida impositiva.

STJ – REsp nº 1.630.932 – São Paulo – 3ª Turma – Rel. Min. Paulo de Tarso Sanseverino – DJ 01.07.2019

TEMA

Tema 885/STJ – *A recuperação judicial do devedor principal não impede o prosseguimento das execuções nem induz suspensão ou extinção de ações ajuizadas contra terceiros devedores solidários ou coobrigados em geral, por garantia cambial, real ou fidejussória, pois não se lhes aplicam a suspensão prevista nos arts. 6º, caput, e 52, inciso III, ou a novação a que se refere o art. 59, caput, por força do que dispõe o art. 49, § 1º, todos da Lei n. 11.101/2005.*

É certo que um dos principais efeitos da novação civil é a extinção dos acessórios e garantias da dívida, como previsto no art. 364 do Código Civil, não obstante a própria lei civil possibilitar a ressalva quanto à manutenção das garantias, com exceção das reais concedidas por terceiros estranhos à novação.

A doutrina civilista confirma que o supramencionado artigo contempla duas grandes regras: "uma, relativa à eficácia extintiva da novação no que diz com os acessórios da dívida original, outra referente à proteção dos bens dados por terceiros em garantia real" (MARTINS-COSTA. Judith. Comentários ao novo Código civil, volume V, tomo I. 2 ed. Rio de Janeiro: Forense, 2005, p. 606).

Com efeito, percebe-se de logo que a novação prevista na lei civil é bem diversa daquela disciplinada na Lei n. 11.101/2005. Se a novação civil faz, como regra, extinguir as garantias da dívida, inclusive as reais prestadas por terceiros estranhos ao pacto (art. 364 do Código Civil), a novação decorrente do plano de recuperação traz, como regra, ao reverso, a manutenção das garantias (art. 59, caput, da Lei n. 11.101/2005), as quais só serão suprimidas ou substituídas "mediante aprovação expressa do credor titular da respectiva garantia", por ocasião da alienação do bem gravado (art. 50, § 1º).

Por outro lado, a novação específica da recuperação desfaz-se na hipótese de falência, quando então os "credores terão reconstituídos seus direitos e garantias nas condições originalmente contratadas" (art. 61, § 2º).

Daí se conclui que o plano de recuperação judicial opera uma novação sui generis e sempre sujeita a condição resolutiva, que é o eventual descumprimento do que ficou acertado no plano, circunstância que a diferencia, sobremaneira, daqueloutra, comum, prevista na lei civil.

Nesse sentido, por todos, novamente Fábio Ulhoa dispõe sobre o tema:

As novações, alterações e renegociações realizadas no âmbito da recuperação judicial são sempre condicionais. Quer dizer, valem e são eficazes unicamente na hipótese de o plano de recuperação ser implementado e ter sucesso. Caso se verifique a convolação da recuperação judicial em falência, os credores retornam, com todos os seus direitos ao status quo ante. A substituição de garantia no exemplo acima cogitado se desfaz, e o credor será pago, no processo falimentar, como se não tivesse havido nenhum plano de recuperação da devedora.

De observar também que os credores sujeitos aos efeitos da recuperação judicial conservam intactos seus direitos contra coobrigados, fiadores e obrigados de regresso. Desse modo, o portador de nota promissória firmada pela sociedade empresária em recuperação pode executar o avalista desse título de crédito, como se não houvesse o benefício. Cabe ao avalista suportar, nessa situação, o sacrifício direto representado pela recuperação judicial do avalisado (COELHO, Fábio Ulhoa. Curso de direito comercial, volume 3. 10 ed. São Paulo: Saraiva, 2009, p. 425). (REsp 1.333.349/SP, Rel. Ministro LUIS FELIPE SALOMÃO, SEGUNDA SEÇÃO, DJe 02/02/2015, Tema 885/STJ)

3. QUESTÃO DE CONCURSO

01. (IESES – Cartório – Remoção – TJ – RO/2017) Sobre o Registro do Protesto É INCORRETO afirmar:

a) O protesto por falta de aceite somente poderá ser efetuado antes do vencimento da obrigação e após o decurso do prazo legal para o aceite ou a devolução.

b) O deferimento do processamento de concordata impede o protesto.

c) Não se poderá tirar protesto por falta de pagamento de letra de câmbio contra o sacado não aceitante.

d) Os devedores, assim compreendidos os emitentes de notas promissórias e cheques, os sacados nas letras de câmbio e duplicatas, bem como os indicados pelo apresentante ou credor como responsáveis pelo cumprimento da obrigação, não poderão deixar de figurar no termo de lavratura e registro de protesto.

GAB	1	B

CAPÍTULO X – DAS AVERBAÇÕES E DO CANCELAMENTO

Art. 25. A averbação de retificação de erros materiais pelo serviço poderá ser efetuada de ofício ou a requerimento do interessado, sob responsabilidade do Tabelião de Protesto de Títulos.

§ 1º Para a averbação da retificação será indispensável a apresentação do instrumento eventualmente expedido e de documentos que comprovem o erro.

§ 2º Não são devidos emolumentos pela averbação prevista neste artigo.

1. COMENTÁRIOS

As retificações são realizadas por meio de **averbação no próprio termo do protesto**, a requerimento do interessado ou de ofício (nesse caso, configurar-se-á exceção ao Princípio da Instância ou da Rogação).

Quando a retificação ocorrer **de ofício**, é imperativo que se baseie em assentamentos ou documentos arquivados no Tabelionato, os quais devem ser mencionados na averbação retificatória. De outro modo, quando ocorrer **a requerimento do interessado**, incumbirá a este apresentar o instrumento de protesto e os documentos que comprovem o erro.

Sobre o conceito de erros materiais, ensina Emanoel Macabu Moraes que são "aqueles relacionados ao próprio procedimento do protesto, divorciados da substância do título ou do documento de dívida, como por exemplo, a inversão de números, os equívocos de grafia, ausência de bairro ou CEP, as falhas de soma, os decorrentes de atos do serviço notarial, cotação de emolumentos e acréscimos legais e todos os outros aferíveis documentalmente" (Op. cit., p. 314). No dizer de Parizatto, "erros materiais são aqueles que não prejudicam o ato praticado pelo Tabelião de Protestos e são perceptíveis *primo ictu oculi,* ou seja, a olho nu" (Op. cit., p. 517).

Várias normativas estaduais apresentam um rol exemplificativo dos erros que podem ser retificados. Vejamos alguns exemplos:

> **Art. 826, Código de Normas do Foro Extrajudicial do Estado do Paraná.** De ofício ou a requerimento do interessado, o tabelião poderá efetuar a retificação de erros materiais, sob sua inteira responsabilidade, realizando as necessárias averbações no respectivo termo de protesto.
>
> § 1º Os erros materiais são os decorrentes de equívocos no lançamento ou transcrição dos dados, tais como o nome de qualquer dos figurantes, sua identificação pessoal (número da carteira de identidade, CPF, CNPJ ou inversão destes dados), a condição de cada um no registro (se figurou como devedor, sendo o credor, e vice-versa, etc.).
>
> **Art. 582, Código de Normas Parte Extrajudicial do Estado do Rio de Janeiro.** De ofício ou a requerimento de interessados, o Tabelião poderá efetuar a retificação de erros materiais, sob sua inteira responsabilidade, realizando as necessárias averbações no respectivo termo de protesto.
>
> § 1º. Os erros materiais são os decorrentes de equívocos no lançamento ou transcrição dos dados, tais como o nome de qualquer dos figurantes, sua identificação pessoal (número da carteira de identidade, CPF, CNPJ ou inversão destes dados) e a condição de cada um no registro (se figurou como devedor, sendo o credor, e vice-versa, etc.).

Sérgio Bueno, por sua vez, atenta para o fato de que "não se tratando de erro material, contudo, descabe a retificação pelo Tabelião. Nesta hipótese, já efetivada a lavratura, a correção depende de ordem do Juiz corregedor. Em se tratando de erro que possa macular o procedimento do protesto, tendo sido causado pelo Tabelião será apropriado que o juiz determine o cancelamento do protesto com nova apresentação e reinício do procedimento sem ônus para o apresentante. Se foi deste o erro, cabe determinação do Juiz para que promova o cancelamento as suas custas, para depois efetuar nova apresentação com os dados corretos" (Op. cit., p. 124).

Para as retificações decorrentes de erro material não são devidos emolumentos, o que se mostra correto, uma vez que, se contrário fosse, o apresentante do título ou documento de dívida estaria arcando com custas para corrigir um erro do próprio tabelionato.

Por fim, é oportuno mencionar o recente enunciado da I Jornada de Direito Civil sobre o tema "averbação". Veja:

> **Enunciado 64.** O cessionário de crédito protestado tem o direito de fazer averbar a cessão no registro de protesto, inclusive por meio da central eletrônica de protesto.
>
> ⊙ Justificativa: A anuência para o cancelamento deve ser emitida pelo credor que consta no protesto. Se a dívida representada por título ou documento de dívida protestado for objeto de cessão após o protesto, há uma mudança de credor que passa a ser o cessionário. Esse cessionário deve ter o direito de ver essa informação alterada no protesto, uma vez que a pessoa protestada buscará aquele que consta no protesto como credor, para realizar a quitação da dívida, e, após a cessão de crédito, o cessionário deve ser considerado o único credor apto a conceder anuência para o cancelamento do protesto. Diante disso, de maneira semelhante ao disposto no artigo 289 do Código Civil em favor do cessionário de crédito hipotecário, a averbação de cessão de crédito protestado deve ser possível no registro de protesto, inclusive por meio da Central de serviços eletrônicos compartilhados dos tabeliães de protesto (do art. 41-A da Lei 9.492/97), permitindo-se, assim, que do protesto e suas certidões, bem como da central, possa constar o nome do credor mais atual e, portanto, apto a receber o pagamento, dar quitação e autorizar o cancelamento.

2. QUESTÕES DE CONCURSOS

01. (IESES – Cartório – TJ – RO/2012) Sobre a averbação e o cancelamento do protesto:

I. A averbação de retificação de erros materiais pelo serviço poderá ser efetuada tão somente a requerimento do interessado, sob responsabilidade do Tabelião de Protesto de Títulos.
II. O cancelamento do registro do protesto será solicitado diretamente no Tabelionato de Protesto de Títulos, por qualquer interessado, mediante apresentação do documento protestado, cuja cópia ficará arquivada.
III. Na impossibilidade de apresentação do original do título ou documento de dívida protestado, será exigida a declaração de anuência, com identificação e firma reconhecida, daquele que figurou no registro de protesto como credor, originário ou por endosso translativo.
IV. O cancelamento do registro do protesto, se fundado em outro motivo que não no pagamento do título ou documento de dívida, será efetivado por determinação judicial, pagos os emolumentos devidos ao Tabelião.

a) Apenas II, III e IV estão corretas.
b) Apenas I e III estão corretas.
c) Apenas I e II estão corretas.
d) Apenas I, II e III estão corretas.

02. (Cespe – Cartório – ES/2013) Se um credor encontrar erro material em instrumento de protesto e comunicar o fato ao tabelião que o expediu, deve o notário promover a retificação, sendo indispensável a apresentação

a) do instrumento expedido, independentemente da apresentação dos documentos que comprovem o erro, admitida a cobrança de emolumentos.
b) do instrumento expedido e dos documentos que comprovem o erro, vedada a cobrança de emolumentos.

Lei 9.492/1997

c) dos documentos que comprovem o erro, independentemente da apresentação do instrumento expedido, vedada a cobrança de emolumentos.

d) do instrumento expedido, independentemente da apresentação dos documentos que comprovem o erro, vedada a cobrança de emolumentos.

e) dos documentos que comprovem o erro, independentemente da apresentação do instrumento expedido, admitida a cobrança de emolumentos.

03. (IESES - Cartório - TJ - RS/2013) Sobre o Princípio da Rogação ou Instância, marque a alternativa correta.

a) Não há exceção ao Princípio da Rogação ou Instância para o Tabelião de Protesto.

b) Aplica-se aos Tabeliães de Protesto e tem como exceção a possibilidade de averbação no instrumento de protesto da aquiescência do portador ao aceite por honra.

c) Aplica-se aos Tabeliães de Protesto e tem como exceção a possibilidade de averbação de retificação de erros materiais que poderá ser efetuada de ofício pelo Tabelião.

d) Não tem aplicação para o Tabelião de Protesto.

GAB	1	A	2	B	3	C

Art. 26. O cancelamento do registro do protesto será solicitado diretamente no Tabelionato de Protesto de Títulos, por qualquer interessado, mediante apresentação do documento protestado, cuja cópia ficará arquivada.

§ 1º Na impossibilidade de apresentação do original do título ou documento de dívida protestado, será exigida a declaração de anuência, com identificação e firma reconhecida, daquele que figurou no registro de protesto como credor, originário ou por endosso translativo.

§ 2º Na hipótese de protesto em que tenha figurado apresentante por endosso-mandato, será suficiente a declaração de anuência passada pelo credor endossante.

§ 3º O cancelamento do registro do protesto, se fundado em outro motivo que não no pagamento do título ou documento de dívida, será efetivado por determinação judicial, pagos os emolumentos devidos ao Tabelião

§ 4º Quando a extinção da obrigação decorrer de processo judicial, o cancelamento do registro do protesto poderá ser solicitado com a apresentação da certidão expedida pelo Juízo processante, com menção do trânsito em julgado, que substituirá o título ou o documento de dívida protestado.

§ 5º O cancelamento do registro do protesto será feito pelo Tabelião titular, por seus Substitutos ou por Escrevente autorizado.

§ 6º Quando o protesto lavrado for registrado sob forma de microfilme ou gravação eletrônica, o termo do cancelamento será lançado em documento apartado, que será arquivado juntamente com os documentos que instruíram o pedido, e anotado no índice respectivo.

1. COMENTÁRIOS

Inicialmente, consigna-se que a regulamentação acerca do cancelamento do protesto prevista pela Lei 9.492/1997 revoga implicitamente as prescrições da **Lei 6.690/1979**, que disciplinava o cancelamento de protesto de títulos cambiais.

Algumas normativas estaduais estipulam que as averbações de pagamento feitas até a data de vigência da Lei 6.690/1979 serão consideradas como cancelamentos. O cancelamento consiste no **ato de natureza administrativa, ou emanado de ordem judicial,** pelo qual o tabelião procederá à baixa do título, averbando no termo respectivo e anotando no índice, de forma a desaparecer os efeitos adversos inerentes à prática do protesto.

O cancelamento de protesto se dá por meio de averbação no próprio termo do protesto, ressalvada a hipótese do art. 26, § 6º, ou seja, quando o protesto lavrado for registrado sob forma de microfilme ou gravação eletrônica, o termo do cancelamento será lançado em documento apartado, que será arquivado juntamente com os documentos que instruíram o pedido, e anotado no índice respectivo.

O recente Provimento CNJ nº 87/2019 foi ao encontro do entendimento do *caput* e § 1º do art. 26, prevendo no art. 6º, e, nos dias de hoje, incorporado ao art. 359 do Código Nacional de Normas, que:

> **Art. 359** O cancelamento do protesto pode ser requerido diretamente ao tabelião mediante apresentação, pelo interessado, dos documentos que comprovem a extinção da obrigação.

Assim, são legitimados para requerer o cancelamento **o devedor ou qualquer interessado**, diretamente ao Tabelião de Protesto, nos casos de pagamento de título ou acordo com o credor, desde que acompanhado de documento probatório, quais sejam:

a) Título de crédito ou documento de dívida protestado, cuja cópia ficará arquivada;

b) Declaração de anuência firmada pelo credor, originário ou por endosso translativo.

Nada impede que o credor solicite o cancelamento, se ele desejar. No entanto, o encargo de providenciar o cancelamento e pagar os emolumentos é do devedor ou de outro interessado, e não do credor, salvo consenso entre as partes. Trata-se de entendimento pacífico na jurisprudência do Superior Tribunal de Justiça:

> Tese 16 – Jurisprudência em Tese do STJ: Incumbe ao devedor providenciar o cancelamento do protesto após a quitação da dívida, salvo pactuação expressa em contrário.

Esse entendimento também é seguido pelos Tribunais Estaduais.

Quanto à declaração de anuência, esta deverá conter a identificação do signatário, e sua firma deverá estar reconhecida por tabelião de notas.

Vale apontar que a **declaração eletrônica de anuência** já é uma realidade nos tabelionatos de protesto. A regra está prevista no art. 259, V, do Provimento CNJ n. 149/2023. Além disso, é pertinente dialogar com o art. 135 do Código Nacional de Normas, que aborda a proteção de dados e o tabelião de protesto. Veja-se:

> Art. 135. A **declaração eletrônica de anuência** para fins de cancelamento de protesto, recebida na forma de modo eletrônico, poderá ser comunicada ao interessado por meio dos Correios, das empresas especializadas, do portador do próprio tabelião ou de correspondência eletrônica, pela internet ou por qualquer outro aplicativo de mensagem, ficando autorizado o encaminhamento de boleto bancário, outro meio de pagamento ou instruções para pagamento dos emolumentos e das despesas relativas ao cancelamento do protesto.

Havendo na carta de anuência mais de um título ou documento de dívida cujo protesto tenha ocorrido em tabelionatos diferentes, o requerente poderá apresentar, a cada um, cópia da anuência, desde que autenticada por tabelião de notas.

Existe uma discussão sobre a necessidade de o Tabelião requerer documentação comprobatória dos atos constitutivos das pessoas jurídicas credoras. Embora não haja previsão na legislação federal, muitas normativas estaduais tratam dessa questão conforme o entendimento doutrinário dominante. O entendimento prevalente é que a exibição de cópias dos atos constitutivos das pessoas jurídicas credoras é dispensada.

Havendo dúvidas quanto ao poder de representação do subscritor, em relação à autenticidade da declaração de anuência ou indícios de má-fé, será exigida prova da condição de representante do signatário.

Tratando-se de anuente pessoa jurídica, o requerente do cancelamento responsabilizar-se-á, sob as penas da lei, por obter, na declaração de anuência, a assinatura de quem efetivamente possa assinar por tal pessoa.

Por sua vez, a recente I Jornada de Direito Notarial e Registral enuncia que o cancelamento do protesto pode ser requerido diretamente ao Tabelião mediante apresentação dos documentos que comprovem a extinção da obrigação por consignação da quantia com efeito de pagamento, nos termos do art. 539, § 2º, do CPC (Enunciado 58).

> ⊙ Justificativa: Como a consignação extrajudicial implica em extinção da obrigação, na forma do art. 539, § 2º, do Código de Processo Civil, nada mais razoável do que cancelamento do protesto. Previsão similar consta do item 95 do Capítulo XV das Normas de Serviço da Corregedoria Geral da Justiça de São Paulo.

Se o cancelamento não decorrer de consenso entre as partes, com a consequente entrega do título ou documento de dívida ao interessado ou da emissão de declaração de anuência, será necessária **ordem judicial** que o determine, devidos os emolumentos ao Tabelião.

Em outras palavras, no serviço de Protesto existem dois tipos de cancelamento:

a) **Requerido diretamente perante o Tabelião de Protesto:** o interessado, pessoalmente ou representado por quem de direito comparece no Tabelionato exibindo o documento protestado ou apresentando carta de anuência, conforme art. 26 § 1º e § 2º.

b) **Ordenado por determinação judicial (Juiz do Processo ou Corregedor Permanente):** conforme o § 3º o cancelamento do registro do protesto, se fundado em outro motivo que não no pagamento do título ou documento de dívida, será efetivado por determinação judicial, pagos os emolumentos devidos ao Tabelião. Neste caso, o cancelamento é ordenado por **Juiz Corregedor Permanente** por meio de mandado ou ofício, que o Tabelião deverá cumprir observadas as regras locais concernentes ao pagamento dos emolumentos. No caso do § 4º, o cancelamento é aquele ordenado pelo **Juiz do processo**: "Quando a extinção da obrigação decorrer de processo judicial, o cancelamento do registro do protesto poderá ser solicitado com a apresentação da certidão expedida pelo Juízo processante, com menção do trânsito em julgado, que substituirá o título ou o documento de dívida protestado". Nesta seara também, o recolhimento prévio dos emolumentos é a regra.

Frise-se que nas hipóteses de cancelamento do protesto por ordem judicial, não é requisito essencial que a ordem venha por meio de *mandado de cancelamento*. Faz-se necessária apenas a certidão da secretaria da Comarca onde se processou a demanda, mencionando a extinção da obrigação, bem como do trânsito em julgado.

A II Jornada de Prevenção e Solução de Litígios, promovida pela Justiça Federal editou o enunciado 94 no seguinte sentido:

> **Enunciado 94.** No cumprimento de concessão de medida cautelar ou de urgência expedida por árbitro único ou tribunal arbitral para **suspensão ou cancelamento de protesto de títulos, não é necessária a expedição de carta arbitral** (art. 22-C da Lei n. 9.307/1996).
>
> ⊙ Justificativa: O árbitro único ou tribunal arbitral não necessita expedir carta arbitral para o órgão judicial competente, a fim de solicitar o cumprimento de concessão de medida cautelar (decisão incidental) de cancelamento ou suspensão de protesto de títulos, pois este ato não se caracteriza como de constrição, que é exclusiva do juiz togado (art. 22-C da Lei n. 9.307/1996).

Na hipótese de protesto em que tenha figurado apresentante por endosso mandato, a declaração de anuência poderá ser passada pelo credor-endossante ou pelo apresentante.

A I Jornada de Direito Notarial e Registral reforça este entendimento no enunciado 62. Veja-se:

> **Enunciado 62.** Quando o cancelamento for fundado no pagamento, e não for possível demonstrá-lo pelo título ou documento de dívida, será exigida declaração de anuência ao cancelamento, emitida pelo credor ou apresentante endossatário-mandatário, suficientemente identificado na declaração.
>
> ⊙ Justificativa: No caso de endosso-mandato, a regra inscrita no § 2º do art. 26 da Lei 9.492/1997 dispõe que na hipótese de protesto em que tenha figurado apresentante por endosso-mandato, será suficiente a declaração de anuência passada pelo credor endossante. A melhor interpretação do dispositivo é a de que a anuência pode ser assinada tanto pelo endossatário-mandatário, porque tem poderes, quanto pelo endossante-mandante, porque detém o crédito. Vejam-se as normativas: DGE-RO, art. 308, § 3º Quando o título ou documento de dívida protestado tiver sido apresentado por endossatário, que agir na qualidade de mandatário, este também poderá assinar a carta de anuência, porém será bastante a declaração de anuência do credor-endossante NSCGJ--SP, Cap. XV, 93. Quando o cancelamento for fundado no pagamento, e não for possível demonstrá-lo pelo título ou documento de dívida, será exigida declaração de anuência ao cancelamento, emitida pelo credor ou apresentante endossatário-mandatário, suficientemente identificado na declaração, com firma reconhecida. CNCGJ-RJ, art. 1.004. O cancelamento do protesto, que deverá ser efetivado no prazo máximo de 48 horas, será solicitado ao tabelionato por qualquer interessado, mediante apresentação: (...) III – de documento de anuência firmado pelo credor endossante, no caso de endosso-mandato; (...) § 1º. O documento de declaração de anuência ao cancelamento, apresentado em meio físico, deverá conter a identificação do credor ou apresentante endossário-mandatário, suficientemente identificado na declaração, com firma reconhecida por Tabelião de Notas.

Bem observa Emanoel Macabu Moraes que "o tabelião de protesto não é responsável pela retirada do nome do devedor que tenha sido inserido em cadastro das entidades representativas do comércio e da indústria, ou daquelas vinculadas à proteção do crédito, pois essa providência foge de suas atribuições. Tal iniciativa cabe ao próprio devedor ou às referidas entidades, com base nas certidões extraídas em forma de relação" (Op. cit., p. 317).

Sérgio Luiz José Bueno adverte que o cancelamento do registro do protesto não afeta sua lavratura. Assim, o termo continua existindo, embora seu registro, por averbação nele anotada, seja cancelado. O protesto lavrado, cujo registro tenha sido cancelado, embora tenha interrompido a prescrição por ocasião da lavratura, não produz qualquer outro efeito desde o cancelamento (*Tabelionato de Protesto*. São Paulo: Saraiva, 2013, p. 226).

É pertinente destacar que, de acordo com o entendimento do Superior Tribunal de Justiça, a prescrição superveniente não exige o cancelamento.

> Não tem agasalho na Lei 9.492/97 a interpretação que autoriza o cancelamento do protesto simplesmente porque prescrito o título executivo. Hígido o débito, sem vício o título, permanece o protesto, disponível ao credor a cobrança por outros meios" (STJ, REsp 671.486, Rel. Min. Carlos Alberto Menezes Direito).

Esta é inclusive a **Tese 15 do Jurisprudência em Teses acerca dos títulos de crédito promovido pelo STJ:** "A prescrição da pretensão executória de título cambial não enseja o cancelamento automático de anterior protesto regularmente lavrado e registrado".

Qualquer que seja o motivo do cancelamento, das certidões não constarão os registros cujos cancelamentos tiverem sido averbados, salvo por requerimento escrito do próprio devedor ou por ordem judicial.

Por fim, convém enfatizar que a sustação também é instituto diferente do cancelamento. No cancelamento faz-se necessário que a lavratura da certidão do protesto já tenha sido efetivada, pois o que se requer é a averbação do cancelamento do registro do protesto. A execução do instrumento de protesto é o divisor de águas entre o cabimento de uma medida e outra. Não se dá sustação de protesto já tirado, nem se cancela um ato ainda não praticado.

1.1 CANCELAMENTO ELETRÔNICO

De acordo com as normativas estaduais, já era permitido solicitar o cancelamento eletrônico com a anuência do credor ou do apresentante, assinada utilizando um certificado digital que cumpra os requisitos da Infraestrutura de Chaves Públicas Brasileira – ICP Brasil ou outro meio seguro fornecido pelo Tabelionato.

O recente Provimento CNJ 87/2019 se alinhou a esse entendimento e vai ao encontro dessa regra, prevendo no art. 5º, atualmente incorporado ao art. 358 do Código Nacional de Normas, que:

> **Art 5º** É admitido o pedido de cancelamento do protesto pela internet, mediante anuência do credor ou apresentante do título assinada eletronicamente.

1.2 A SÚMULA 548 DO SUPERIOR TRIBUNAL DE JUSTIÇA SE APLICA AO ART. 26 DA LEI 9.492/1997?

Na dicção da Súmula 548, "incumbe ao credor a exclusão do registro da dívida em nome do devedor no cadastro de inadimplentes no prazo de cinco dias úteis, a partir do integral e efetivo pagamento do débito."

À vista disso, conforme o entendimento do STJ, cabe ao credor (e não ao devedor) providenciar o cancelamento da anotação negativa do nome do devedor em cadastro de proteção ao crédito quando a dívida é paga. Vale ressaltar que, conforme previsto no Código de Defesa do Consumidor (CDC), é considerado crime quando o fornecedor deixa de comunicar o pagamento ao cadastro de proteção ao crédito. Assim, uma vez regularizada a situação de inadimplência do consumidor, os dados constantes nos órgãos de proteção ao crédito devem ser imediatamente corrigidos (REsp 255.269/PR).

A manutenção do registro do nome do devedor em cadastro de inadimplentes após o prazo de 5 dias impõe ao credor o pagamento de indenização por dano moral, independentemente de comprovação do abalo sofrido.

Importante não confundir com a situação do protesto. Após o pagamento do título protestado, o credor que foi pago **não tem a responsabilidade de retirar o protesto lavrado**. Após a quitação da dívida, incumbe ao **DEVEDOR** providenciar o cancelamento do protesto, salvo se foi combinado o contrário entre ele e o credor. STJ. 2ª Seção. REsp 1.339.436-SP, Rel. Min. Luis Felipe Salomão, j. em 10/9/2014 (recurso repetitivo) (Info 549).

A situação é diferente aqui porque existe uma lei específica sobre o tema que determina que o ônus é do interessado. Trata-se da dicção do art. 26 da Lei 9.492/1997. O STJ, interpretando referido artigo, afirmou que, quando a Lei fala em "interessado", está se referindo ao devedor, já que o principal interessado no cancelamento do protesto é o devedor. Portanto, cabe a ele o ônus do cancelamento.

Tal entendimento do STJ vale mesmo quando se tratar de relação de consumo, sendo irrelevante tal situação. (STJ. 4ª Turma. REsp 1.195.668/RS, Rel. p/ Acórdão Min. Maria Isabel Gallotti, julgado em 11/9/2012).

- **Quadro sinóptico:**

CADASTRO DE INADIMPLENTES	REGISTRO DE PROTESTO
Se a dívida é paga, quem tem o dever de retirar o nome do devedor do cadastro (ex: SERASA)? O CREDOR (no prazo máximo de 5 dias). Fundamento: art. 43, § 3º do CDC (por analogia).	Se o título é pago, quem tem o dever de retirar o protesto que foi lavrado? O próprio DEVEDOR. Fundamento: art. 26 da Lei nº 9.492/1997.

2. JURISPRUDÊNCIA COMPLEMENTAR

SUPERIOR TRIBUNAL DE JUSTIÇA

INFORMATIVO nº 549: DIREITO EMPRESARIAL – ÔNUS DO CANCELAMENTO DE PROTESTO – RECURSO REPETITIVO (ART. 543-C DO CPC E RES. 8/2008-STJ. No regime próprio da Lei 9.492/1997, legitimamente protestado o título de crédito ou outro documento de dívida, salvo inequívoca pactuação em sentido contrário, incumbe ao devedor, após a quitação da dívida, providenciar o cancelamento do protesto. Com efeito, tendo em vista os critérios hermenêuticos da especialidade e da cronologia, a solução para o caso deve ser buscada, em primeira linha, no Diploma especial que cuida dos serviços de protesto (Lei 9.492/1997), e não no consumerista. Ademais, a interpretação sistemática do ordenamento jurídico também conduz à conclusão de que, ordinariamente, incumbe ao devedor, após a quitação do débito, proceder ao cancelamento. Observe-se que, tendo em vista que o protesto regular é efetuado por decorrência de descumprimento da obrigação – ou recusa do aceite –, o art. 325 do CC estabelece que as despesas com o pagamento e quitação presumem-se a cargo do devedor. Outrossim, não se pode ignorar que a quitação do débito estampado em título de crédito implica a devolução da cártula ao devedor (o art. 324 do CC, inclusive, dispõe que a entrega do título ao devedor firma a presunção de pagamento). Efetivamente, como o art. 26, *caput*, da Lei 9.492/1997 disciplina que o cancelamento do registro do protesto será solicitado mediante a apresentação do documento protestado – conforme o § 1º, apenas na impossibilidade de apresentação do original do título ou do documento de dívida protestado é que será exigida a declaração de anuência –, é possível inferir que o ônus do cancelamento é mesmo do devedor, pois seria temerária para com os interesses do devedor e eventuais coobrigados a interpretação de que a lei especial estivesse dispondo que, mesmo com a quitação da dívida, o título de crédito devesse permanecer em posse do credor. Nessa linha de intelecção, é bem de ver que a documentação exigida para o cancelamento do protesto – título de crédito ou outro documento de dívida protestado, ou declaração de anuência daquele que figurou no registro de protesto como credor – também permite concluir que, ordinariamente, não é o credor que providenciará o cancelamento do protesto. É bem de ver que o art. 19 da Lei 9.492/1997 estabelece que o pagamento do título ou do documento de dívida apresentado para protesto será feito diretamente no tabelionato competente, no valor igual ao declarado pelo apresentante, acrescido dos emolumentos e demais despesas – isto é, incumbe ao devedor que realizar o pagamento do débito antes do registro do protesto pagar emolumentos. Assim, não é razoável imaginar que, para o cancelamento após a quitação do débito, tivesse o credor da obrigação extinta que arcar com o respectivo montante, acrescido de tributos, que devem ser pagos por ocasião do requerimento de cancelamento. Dessa forma, conforme entendimento consolidado no STJ, no tocante ao cancelamento do protesto regularmente efetuado, não obstante o referido art. 26 da Lei de Protestos faça referência a "qualquer interessado", a melhor interpretação é a de que este é o devedor, de modo a pesar, ordinariamente, sobre sua pessoa o ônus do cancelamento. Ressalte-se que, ao estabelecer que o cancelamento do registro do protesto poderá ser solicitado por qualquer interessado, não se está a dizer que não possam as partes pactuar que o cancelamento do protesto incumbirá ao credor (que passará a ter essa obrigação, não por decorrência da lei de regência, mas contratual). Precedentes citados: AgRg no AREsp 493.196-RS, Terceira Turma, DJe 9/6/2014; e EDcl no Ag 1.414.906-SC, Quarta Turma, DJe 11/3/2013. REsp 1.339.436-SP, Rel. Min. Luis Felipe Salomão, julgado em 10/9/2014.

EMENTA: RECURSO ESPECIAL. DIREITO CAMBIÁRIO. AÇÃO DE CANCELAMENTO DE PROTESTO CUMULADA COM PEDIDO DE COMPENSAÇÃO DOS DANOS MORAIS.

1. EM CASO DE PROTESTO DE TÍTULOS OU OUTROS DOCUMENTOS DE DÍVIDA, O TABELIÃO, AINDA QUE O DEVEDOR RESIDA EM MUNICÍPIO DIVERSO DAQUELE DA SERVENTIA, DEVE SEMPRE BUSCAR EFETUAR A INTIMAÇÃO, POR VIA POSTAL. PROTESTO REALIZADO VIA EDITAL. PRECEDENTE.

Lei 9.492/1997

2. PROTESTO REALIZADO EM 2011. DÚVIDA RAZOÁVEL QUANTO À POSSIBILIDADE DE NOTIFICAÇÃO POSTAL A JUSTIFICAR A MANUTENÇÃO DO ACÓRDÃO RECORRIDO.

3. RECURSO ESPECIAL PARCIALMENTE CONHECIDO E, NESTA PARTE, DESPROVIDO.

Vistos etc.

Trata-se de recurso especial interposto por A. M. C. em face de acórdão do TJSP, assim ementado:

TÍTULO DE CRÉDITO. Nota promissória. Responsabilidade civil do tabelião do cartório de protesto. Devedor residente fora da competência territorial do tabelionato. Intimação do protesto por edital conforme artigo 15 da Lei nº 9492/97. Ausência de ato ilícito praticado pelo tabelião que observou a legislação de regência da matéria. Protesto que, ademais, se ratifica, seja em razão da ciência inequívoca emanada da própria ação manejada pelo autor, seja pelo reconhecimento, ainda que parcial, da dívida inscrita no título, conferindo presunção de veracidade e legitimidade ao apontamento. Cancelamento do protesto e indenização por danos morais. Inadmissibilidade. Ação improcedente. Recurso não provido.

No recurso especial, interposto com fundamento na alínea a do permissivo constitucional, o recorrente apontou ofensa ao art. 15 da Lei 9.492/97, alegando que (I) "a residência ou domicilio ora do perímetro de Competência territorial do Tabelionato não justifica de per se a utilização do edital retirando do devedor o direito de pagar ou de se opor ao protesto"; (II) deveria ter sido esgotadas as tentativas de intimação pessoal do devedor.

Contrarrazões ao recurso especial às fls. 367/375.

É o relatório.

Passo a decidir.

Inicialmente, afasto as preliminares arguidas pelo recorrido.

Afasta-se a intempestividade do recurso especial, porquanto essa Corte já firmou entendimento no sentido de que a interposição prematura do recurso não configura extemporaneidade.

Nesse sentido:

PROCESSUAL CIVIL. EMBARGOS DE DECLARAÇÃO NOS EMBARGOS DE DECLARAÇÃO NO AGRAVO REGIMENTAL NO AGRAVO EM RECURSO ESPECIAL. ENUNCIADO ADMINISTRATIVO 3/STJ. TEMPESTIVIDADE DO RECURSO ESPECIAL RECONHECIDA. INTERPOSIÇÃO DO RECURSO ANTES DA PUBLICAÇÃO DO ACÓRDÃO DA APELAÇÃO. INEXISTÊNCIA DE OPOSIÇÃO DE EMBARGOS DE DECLARAÇÃO.

TESE DO RECURSO PREMATURA SUPERADA. ORIENTAÇÃO DO SUPREMO TRIBUNAL FEDERAL: AI 703.269, PLENÁRIO. CONTRADIÇÃO SANADA. EMBARGOS DE DECLARAÇÃO ACOLHIDOS COM EFEITO MODIFICATIVO.

1. A questão central dos presentes embargos de declaração consiste na averiguação da tempestividade do recurso especial, outrora declarado intempestivo, por ter sido interposto prematuramente, eis que a publicação do acórdão recorrido se deu em 22/7/2009 e o recurso especial foi interposto em 3/7/2009.

2. No tocante à tempestividade do recurso especial, sob o ângulo da interposição prematura, a jurisprudência do STJ entendia pela extemporaneidade do recurso especial interposto antes da publicação do acórdão que se pretende impugnar.

3. Todavia, a tese então prevalente se mostrou superada em observância da garantia constitucional de acesso ao Poder Judiciário, a partir da orientação plenária do STF nos autos do AI 703.269.

4. Embargos de declaração acolhidos para sanar contradição, com efeito modificativo, para afastar a intempestividade do recurso especial, determinando-se novo julgamento do agravo em recurso especial.

(EDcl nos EDcl no AgRg no AREsp 789.805/SP, Rel. Ministro MAURO CAMPBELL MARQUES, SEGUNDA TURMA, julgado em 18/10/2016, DJe 25/10/2016)

Inaplicável, ainda, o óbice da Súmula 211/STJ em razão da expressa análise, pelo acórdão recorrido, do dispositivo apontado como violado.

Contudo, deixo de apreciar o recurso no que tange às "Normas de Serviço da Corregedoria Geral de Justiça de São Paulo", porquanto sua análise encontra óbice na Súmula 280/STF, por se tratar de direito local.

Quanto ao mérito, em princípio, o acórdão recorrido destoa do entendimento pacificado por esta Corte quanto do julgamento de recurso especial sob o rito dos recursos repetitivos, afirmando a necessidade de esgotamento das vias de intimação pessoal antes de intimar o devedor via edital.

Eis a ementa do referido julgado:

PROTESTO EXTRAJUDICIAL. RECURSO ESPECIAL REPRESENTATIVO DE CONTROVÉRSIA. OS TABELIÃES DEVEM VELAR PELA AUTENTICIDADE, PUBLICIDADE E SEGURANÇA DOS ATOS. EM CASO DE PROTESTO DE TÍTULOS OU OUTROS DOCUMENTOS DE DÍVIDA, O TABELIÃO, AINDA QUE O DEVEDOR RESIDA EM MUNICÍPIO DIVERSO DAQUELE DA SERVENTIA, DEVE SEMPRE BUSCAR EFETUAR A INTIMAÇÃO, POR VIA POSTAL. PROTESTO DE CÉDULA DE CRÉDITO BANCÁRIO. POSSIBILIDADE DE SER REALIZADO NO CARTÓRIO DE PROTESTO DO DOMICÍLIO DO DEVEDOR OU NO CARTÓRIO EM QUE SE SITUA A PRAÇA DE PAGAMENTO INDICADA NO TÍTULO, CABENDO A ESCOLHA AO CREDOR.

Para fins do art. 543-C do CPC: 1. O tabelião, antes de intimar o devedor por edital, deve esgotar os meios de localização, notadamente por meio do envio de intimação por via postal, no endereço fornecido por aquele que procedeu ao apontamento do protesto; 2. É possível, à escolha do credor, o protesto de cédula de crédito bancário garantida por alienação fiduciária, no tabelionato em que se situa a praça de pagamento indicada no título ou no domicílio do devedor.

3. No caso concreto, recurso especial provido. (REsp 1398356/MG, Rel. Ministro PAULO DE TARSO SANSEVERINO, Rel. p/ Acórdão Ministro LUIS FELIPE SALOMÃO, SEGUNDA SEÇÃO, julgado em 24/02/2016, DJe 30/03/2016)

Naquela assentada, o Ministro Luiz Felipe Salomão, ao analisar a questão referente à necessidade de intimação via postal, referiu que:

8. No tocante às teses que ora encaminho, é bem de ver que, pelo próprio entendimento assentado pela Corte local e pelo voto do eminente relator, antes da pacificação pelo STJ acerca da matéria – que ocorrerá com o presente julgamento –, havia dúvida razoável acerca da possibilidade de intimação do protesto por via postal, para devedor que resida fora da circunscrição territorial do tabelionato.

Pondero que, como a presente decisão não tem o mesmo efeito de súmula vinculante, por um lado, é preciso tempo razoável para que todas as Corregedorias de justiça amoldem seus provimentos ao entendimento ora assentado; por outro lado, não é prudente que os tabeliães permaneçam, até que isso ocorra, em situação de insegurança jurídica.

No presente caso, a ação foi ajuizada em 2011, contra o Tabelião que realizou o protesto.

Entretanto, conforme constou do voto acima aludido, a matéria somente se pacificou em 2016, podendo se considerar que a atuação do Tabelião se deu nos termos da legislação regente, havendo dúvida razoável, à época, acerca da possibilidade de intimação do protesto via postal, a justificar a manutenção do acórdão recorrido.

Ademais, o acórdão refere que o próprio autor reconhece parta da dívida, a afastar o cabimento da indenização por dano moral.

Ante o exposto, conheço parcialmente do recurso especial e, nesta parte, nego-lhe provimento.

Advirto as partes da multa imposta ao agravo interno manifestamente improcedente (art. 1.021, §4º, do CPC).

Intimem-se.

Brasília, 16 de junho de 2020. Ministro PAULO DE TARSO SANSEVERINO. Relator – – /(STJ – REsp nº 1.719.555 – São Paulo – Rel. Min. Paulo de Tarso Sanseverino – DJ 19.06.2020)

▸ **EMENTA**: CANCELAMENTO DE PROTESTO EXTRAJUDICIAL. RECURSO ESPECIAL REPRESENTATIVO DE CONTROVÉRSIA. ART. 543-C DO CPC. ÔNUS DO CANCELAMENTO DO PROTESTO LEGITIMAMENTE EFETUADO. DEVEDOR. CONFORME DISPÕE O ART. 2º DA LEI nº 9.492/1997, OS SERVIÇOS CONCERNENTES AO PROTESTO FICAM SUJEITOS AO REGIME ESTABELECIDO NESTA LEI. ALEGAÇÃO DE O DÉBITO TER SIDO CONTRAÍDO EM RELAÇÃO DE CONSUMO. IRRELEVÂNCIA, POR SE TRATAR DE PROCEDIMENTO SUBMETIDO A REGRAMENTO ESPECÍFICO. 1. Para fins do art. 543-C do Código de Processo Civil: "No regime próprio da Lei nº 9.492/1997, legitimamente protestado o título de crédito ou outro documento de dívida, salvo inequívoca pactuação em sentido contrário, incumbe ao devedor, após a quitação da dívida, providenciar o cancelamento do protesto. 2. Recurso especial não provido. (STJ – REsp nº 1.339.436 – São Paulo – 2ª Seção – Rel. Min. Luis Felipe Salomão – DJ 24.09.2014)

EMENTA: RECURSO ESPECIAL. RESPONSABILIDADE CIVIL. DANO MORAL. CANCELAMENTO DO PROTESTO. ART. 26 DA LEI 9.492/97. LEGITIMIDADE DE QUALQUER INTERESSADO PROCEDER A BAIXA DO PROTESTO.

1. Efetivado regularmente o protesto pelo credor, constitui ônus do próprio devedor que paga com atraso o título proceder à sua baixa no Tabelionato de Protestos.

2. Interpretação da regra do artigo 26 da Lei 9.492/97, estatuindo a possibilidade de o cancelamento do protesto ser efetuado por qualquer pessoa interessada, exigindo-se apenas, em seu § 1º, a carta de anuência do credor quando o interessado não tenha a posse do original do título ou do documento de dívida. 3. Precedentes específicos desta Corte. 4. RECURSO ESPECIAL A QUE SE NEGA SEGUIMENTO. (STJ – REsp nº 1.279.470 – SP – 3ª Turma – Rel. Min. Paulo de Tarso Sanseverino – DJ 24.10.2012)

EMENTA: Duplicata sem aceite. Protesto por falta de pagamento. Endossatário. Cancelamento. Na ação, movida pelo sacado, para obter o cancelamento do protesto, haverá de figurar, como réu, também o endossatário, a quem transferidos os direitos corporificados no título. Julgada procedente, reconhecendo-se, pois, que o sacado nada devia, não pode arcar com as despesas do processo, ou seu direito não ficará inteiramente restaurado. Conclusão que se reforça ao se considerar que o protesto, por falta de pagamento, de duplicata não aceita, envolve o risco de prejudicar quem não é devedor. (STJ – REsp: 171381 RJ 1998/0026173-7, Relator: Ministro EDUARDO RIBEIRO, Data de Julgamento: 14/10/1999, T3 – TERCEIRA TURMA, Data de Publicação: DJ 07.02.2000 p. 154)

EMENTA: DUPLICATA. ENDOSSO. CAUÇÃO. PAGAMENTO À EMITENTE. O pagamento, quando feito pelo sacado diretamente à emitente da duplicata, não é eficaz frente ao banco que a recebeu em caução e a levou a protesto por falta de pagamento. Improcedência da ação de cancelamento do protesto regularmente feito pelo endossatário, que ainda não recebeu o pagamento. Precedentes. Recurso conhecido e provido. (STJ – REsp: 175542 MT 1998/0038766-8, Relator: Ministro RUY ROSADO DE AGUIAR, Data de Julgamento: 15/09/1998, T4 – QUARTA TURMA, Data de Publicação: DJ 13.10.1998 p. 134)

TRIBUNAL DE JUSTIÇA DO ESTADO DE SÃO PAULO

EMENTA: Cancelamento de protesto – Duplicata – Indenização por danos morais – Procedência em relação à empresa ré e improcedência no tocante ao tabelião de notas e protestos – Inconformismo das partes – Justiça gratuita – Ausência de prova inequívoca suficiente para revogar o benefício concedido, ônus que competia à impugnante – Inteligência dos artigos 100, c.c. 373, I, do CPC/2015 – Duplicata – Protesto indevido – Título de crédito causal – Negócio subjacente não comprovado – Notas fiscais não se fizeram acompanhar dos respectivos aceites de recebimento – Edital de protesto goza de fé pública – Reconhecida a regularidade da negociação representada pelas demais notas fiscais – Aplicável a teoria da aparência – Presume-se válido o recebimento por pessoa encontrada no endereço fornecido pelo comprador, mormente porque o respectivo pagamento foi efetuado – Edital de protesto goza de fé pública – Eventual irregularidade do ato depende de prova robusta, não podendo ser ilidida por alegações genéricas – Inexistente responsabilidade do tabelião de notas – Compete a ele, nos termos do artigo 2º, § 1º, da Lei nº 5.474/1968, o qual, se em termos, deve ser protestado, a teor do que dispõe o artigo 21, § 2º, da Lei nº 9.492/1997 – Possível o protesto por indicação – Inteligência dos artigos 13, § 1º, da Lei nº 5.474/1968 e 21, § 3º, da Lei nº 9.492/1997 – Duplicata pode estar desacompanhada dos documentos que comprovam a causa do saque, da entrega e do aceite na nota fiscal, desde que haja declaração substitutiva – Dano moral *'in re ipsa'* – Indenização devida – Razoável o valor arbitrado em R$ 12.000,00 – Correção monetária a partir da data do arbitramento – Súmula 362 do E. STJ – Juros moratórios, questão de ordem pública, devem ser computados a partir do evento danoso, em caso de responsabilidade extracontratual – Súmula 54 do E. STJ – Sentença reformada de ofício – Recursos do autor e da empresa ré desprovidos. (TJSP – Apelação Cível nº 1002630-70.2018.8.26.0296 – Jaguariúna – 21ª Câmara de Direito Privado – Rel. Des. Paulo Alcides Amaral Salles – DJ 14.03.2022)

EMENTA: Agravo de Instrumento – Decisão que indeferiu a pretensão de ser determinado aos cartórios o cancelamento dos protestos independentemente do pagamento dos emolumentos – Insurgência – Impossibilidade – Previsão legal de pagamento dos emolumentos até mesmo quando o cancelamento for por determinação judicial – Lei nº 9.492/1997, artigo 26, §3º – Inviabilidade da transferência dos ônus pela prática dos atos ao tabelião – Precedente desta Corte – Decisão mantida – Recurso não provido. (TJSP – Agravo de Instrumento nº 2187431-17.2021.8.26.0000 – São Paulo – 15ª Câmara de Direito Privado – Rel. Des. Achile Alesina – DJ 20.08.2021)

EMENTA: AGRAVO DE INSTRUMENTO – Sentença que julgou procedente o pedido, declarando a inexigibilidade do título levado à protesto – Cumprimento de sentença – Cancelamento de protesto – Decisão que determinou à autora o pagamento das custas e emolumentos relativos ao cancelamento definitivo do protesto – Irresignação da autora – O item 62.1 do capítulo XV das Normas de Serviço dos Cartórios Extrajudiciais da Corregedoria Geral da Justiça desta E. Corte prevê a possibilidade de que o cancelamento seja efetivado independentemente do recolhimento de custas, desde que tal determinação conste do mandado – Hipótese em que não é razoável impor à autora o custeio do cancelamento do protesto declarado indevido em sentença transitada em jugado – Necessidade de envio de novo ofício ao Tabelião com determinação de que o cancelamento do protesto deverá ocorrer independentemente do recolhimento das custas e emolumentos, sem prejuízo de o Tabelião buscar o recebimento em face do réu – Decisão reformada – Recurso provido.

Trata-se de agravo de instrumento interposto contra a decisão fl. 194, proferida nos autos da ação declaratória de inexigibilidade de título de crédito de nº 1077192-56.2018.8.26.0100, nos seguintes termos:

Não sendo beneficiária da gratuidade processual, cabe ao interessado arcar com os custos dos emolumentos, e, posteriormente, inclui-los na cobrança das despesas processuais.

Alega o agravante, em síntese, que não pode ser responsabilizada pelo pagamento de emolumentos para baixa de protesto que foi reconhecido como indevido em sede de sentença. Afirma que, caso pague essas despesas, dificilmente será reembolsada pelo agravado, pois não é crível que serão encontrados bens de sua titularidade. Pleiteia, pois, pela concessão de efeito suspensivo, bem como a reforma da decisão, para que "seja determinada baixa definitiva do protesto sem a necessidade de pagamento de custas por parte da agravante ou que esta seja direcionada apenas a parte agravada".

Recurso recebido e processado sem a concessão do efeito suspensivo pleiteado e contrarrazoado às fls. 226/228.

É o relatório.

Trata-se de "ação declaratória de inexigibilidade de títulos de crédito com pedido de tutela de urgência", ajuizada por Spice Industria Química Ltda em face de Alexandre Neto de Carvalho.

Segundo consta dos autos, o pedido formulado pela autora foi julgado procedente, "para declarar a inexigibilidade definitiva do título de R$50.102,08 (fl. 29), haja vista a ausência de lastro" (fls. 175/176).

Após o trânsito em julgado da decisão (fl. 183), a autora encaminhou ofício ao 4º Tabelião para o cancelamento definitivo do protesto. Todavia, obteve a seguinte resposta: "(...) informo que o cancelamento do protesto será efetivado assim que as custas e emolumentos devidos pela prática do ato forem recolhidos nesta Serventia no importe de R$2.456,08" (fls. 190/193).

Diante disso, o magistrado determinou que a autora providenciasse o recolhimento das custas e emolumentos devidos ao Tabelião (fl. 194).

Tecidas essas considerações, o recurso comporta provimento.

Com efeito, o protesto foi declarado indevido por meio de sentença judicial transitada em julgado, de modo que não resta dúvida de que é do réu, sucumbente, a responsabilidade pelo pagamento das custas e emolumentos devidos ao Tabelião de Protesto de Letras e Títulos em virtude do cancelamento do ato notarial.

No entanto, ao ser encaminhado ofício ao Tabelião, este deixou de atender à determinação de cancelamento do protesto, com fundamento no art. 26, §3º, da Lei n. 9.492/97 e item 63 do Capítulo XV das Normas de Serviço da Corregedoria Geral da Justiça

Deveras, o art. 26, §3º, da Lei n. 9.492/97 estabelece que o "cancelamento do registro do protesto, se fundado em outro motivo que não no pagamento do título ou documento de dívida, será efetivado por determinação judicial, pagos os emolumentos devidos ao Tabelião".

No entanto, não é razoável que se imponha à autora o ônus de arcar com o cancelamento do protesto indevidamente efetuado em seu nome.

Nessa senda, cumpre destacar que os itens 62 e 62.1 do capítulo XV das Normas de Serviço dos Cartórios Extrajudiciais da Corregedoria Geral de Justiça desta E. Corte (Provimento nº 58/89), dispõem que:

62. O cumprimento dos mandados de sustação definitiva do protesto, ou de seus efeitos, e de cancelamento do protesto fica condicionado ao prévio pagamento das custas e dos emolumentos.

62.1. O cumprimento independerá do prévio pagamento das custas e dos emolumentos quando do mandado constar ordem expressa nesse sentido ou que a parte interessada é beneficiária da assistência judiciária gratuita.

Assim, malgrado o item 63 reproduzir a ideia constante do artigo 26, §3º, da Lei nº 9.492/97, o item 63.1 estabelece a possibilidade de que a ordem de cancelamento do protesto seja cumprida independentemente do prévio pagamento das custas e emolumentos. Nesta hipótese, basta que conste do mandado judicial ordem expressa em tal sentido, ou que a parte seja beneficiária da gratuidade de Justiça.

Tal regramento, aliás, positiva o entendimento firmado pela Corregedoria Geral da Justiça no julgamento dos processos CG nº 943/2004 e CG nº 24.720/2006. Neste, que faz menção expressa àquele, restou decidido que "(a) a possibilidade de exigência de prévio pagamento dos emolumentos para o cumprimento de ordens de sustação definitiva e cancelamento de protestos, ausente qualquer menção no mandado a respeito de isenção ou gratuidade, procedendo-se, na omissão da parte incumbida do recolhimento, à devolução do mandado à autoridade judiciária sem efetivação do ato; (b) a necessidade do cumprimento imediato de ordens de sustação definitiva e cancelamento de protestos emanadas de juízes no exercício da função jurisdicional, na hipótese em que a parte interessada for beneficiária da assistência judiciária gratuita e na hipótese em que do mandado correspondente constar que a efetivação do ato se dará independentemente do pagamento de emolumentos".

Nesse contexto, considerando-se, de um lado, que a autora não é beneficiária da assistência judiciária gratuita, e, de outro, que não é razoável que à requerente se imponha o ônus de arcar com o custo de cancelamento de protesto reconhecido como indevido por sentença judicial transitada em julgado, conclui-se que deverá ser expedido novo ofício ao Tabelião de Protesto de Letras e Títulos da Comarca de Osasco, constando que a efetivação do ato se dará independentemente do pagamento das custas e emolumentos.

Portanto, eventuais custas e emolumentos deverão ser exigidas pelo Tabelião junto ao réu, que apresentou indevidamente o título a protesto.

Nesse sentido, aliás, já decidiu este Egrégio Tribunal de Justiça:

AÇÃO DECLARATÓRIA DE INEXISTÊNCIA DE DÍVIDA – Cumprimento de sentença – Cancelamento de protesto – Decisão que determinou à autora o pagamento das custas e emolumentos relativos ao cancelamento definitivo do protesto – Insurgência da requerente – Pretensão de impor à ré o ônus de arcar com os custos decorrentes do cancelamento do protesto – Cabimento – O item 63.1 do capítulo XV das Normas de Serviço dos Cartórios Extrajudiciais da Corregedoria Geral da Justiça desta E. Corte prevê a possibilidade de que o cancelamento seja efetivado independentemente do recolhimento de custas, desde que tal determinação conste do mandado – Hipótese em que não é justo impor à autora o custeio do cancelamento de protesto declarado indevido em sentença judicial transitada em julgado – Necessidade de envio de novo ofício ao Tabelião de Protesto de Letras e Títulos de Osasco, constando determinação de que o cancelamento do protesto deverá ocorrer independentemente do recolhimento das custas e emolumentos, sem prejuízo de o Tabelião buscar o recebimento em face da ré RECURSO PROVIDO. (TJSP; Agravo de Instrumento 2147093-06.2018.8.26.0000; Relator (a): Renato Rangel Desinano; Órgão Julgador: 11ª Câmara de Direito Privado; Foro de Osasco – 4ª. Vara Cível; Data do Julgamento: 05/11/2018; Data de Registro: 05/11/2018).

AÇÃO DECLARATÓRIA DE INEXISTÊNCIA DE DÉBITO. Decisão agravada que indeferiu o pedido da autora de cancelamento de protestos independentemente do pagamento dos emolumentos cartorários, entendendo o juízo a quo que cabe à interessada arcar com tais despesas, as quais poderiam ser exigidas posteriormente da parte contrária. Cancelamento definitivo dos protestos que deve ser imediatamente efetuado pelo Cartório de Títulos, independentemente do recolhimento dos emolumentos e custas devidos ao Estado, anotando-se que a serventia extrajudicial poderá exigir tais valores dos apresentantes dos títulos, ora agravados. Decisão reformada. RECURSO PROVIDO. (AI n. 2022342-73.2020.8.26.0000, 38ª Câmara de Direito Privado, Rel. Spencer Almeida Ferreira, j. 06/11/2020).

Ante o exposto, pelo meu voto, dou provimento ao recurso. MARCO FÁBIO MORSELLO. (TJSP – Agravo de Instrumento nº 2268239-43.2020.8.26.0000 – São Paulo – 11ª Câmara de Direito Privado – Rel. Des. Marco Fábio Morsello – DJ 11.02.2021).

EMENTA: AGRAVO RETIDO – Reiteração em contrarrazões – Conhecimento – Alegação de incompetência – Rejeição – Agravo desprovido. AÇÃO DE CANCELAMENTO DE PROTESTO, CUMULADA COM PEDIDO DE INDENIZAÇÃO POR DANOS MORAIS – PROTESTO DE NOTAS PROMISSÓRIAS – AUTOR QUE PRETENDE RESPONSABILIZAR O TABELIÃO PELO PROTESTO DOS TÍTULOS – INADMISSIBILIDADE – SENTENÇA MANTIDA (ART. 252 DO RI DESTE TRIBUNAL) – APELO DESPROVIDO. (TJSP – Apelação Cível nº 0005878-93.2012.8.26.0127 – Carapicuíba – 15ª Câmara de Direito Privado – Rel. Des. José Wagner de Oliveira Melatto Peixoto – DJ 19.04.2016)

EMENTA: ILEGITIMIDADE "AD CAUSAM" – Ação de cancelamento de protesto c/c indenização por danos morais – Endosso-mandato de duplicata que não transfere a propriedade da cambial ao Banco portador, sendo indevida a inclusão deste no polo passivo da ação – Aplicação da Súmula 476 do STJ – Processo extinto, sem julgamento de mérito, em relação à casa bancária – Preliminar acolhida – Apelação do Banco Itaú provida. RESPONSABILIDADE CIVIL – Protesto indevido – Cancelamento acertado – Responsabilidade do Tabelião de Protesto de Títulos que é subjetiva – Inexistência de comprovação de culpa ou dolo pelo ato praticado pelo Tabelião – Indevida condenação ao pagamento de indenização por danos morais – Aplicação do art. 38 da Lei nº 9.492/97 – Matéria preliminar rejeitada – Apelação do Tabelião provida em parte. (TJSP – Apelação Cível nº 0017821-10.2012.8.26.0127 – Carapicuíba – 18ª Câmara de Direito Privado – Rel. Des. Roque Antonio Mesquita de Oliveira – Julgado em 17.02.2016)

EMENTA: RECURSO – Apelação – Insurgência contra a r. sentença que julgou extinta sem resolução do mérito, com fundamento no artigo 267, inciso VI do CPC, a "ação declaratória de inexistência de obrigação cambial e cancelamento de protesto cumulada com indenização por danos morais e pedido urgente de tutela antecipada" em relação ao TABELIÃO DO CARTÓRIO DO 11º OFÍCIO DE NITERÓI e procedente em relação à ALRI ORGANIZAÇÃO E COBRANÇA S/C LTDA – Inadmissibilidade – Ilegitimidade passiva do TABELIÃO afastada – Inteligência dos artigos 37, § 6º e 236 da Constituição Federal e do artigo 22 da Lei nº 8.935/94 – Aplicação do artigo 515, § 3º do CPC – A responsabilidade pelo protesto pertence ao credor, cabendo ao Tabelião examinar as características formais do título, conforme preconiza o artigo 9º da Lei nº 9.492/97 – Inexistência de indícios de que o título apresentava qualquer irregularidade formal quando apresentado a protesto – Os protestos por falta de aceite também são comunicados aos órgãos de proteção ao crédito (artigo 30 da Lei nº 9.492/97) – Negligência do Tabelião não configurada – Ato ilícito não caracterizado – Preliminar afastada – Recurso improvido. (TJSP – Apelação Cível nº 0106966-95.2011.8.26.0100 – São Paulo – 18ª Câmara de Direito Privado – Rel. Des. Roque Antonio Mesquita de Oliveira – DJ 12.11.2014)

EMENTA: DUPLICATA – ação declaratória de obrigação de fazer c. c. antecipação de tutela – pretensão da postulante de cancelamento do protesto do título fundado em pagamento – exigência do Tabelionato de Protesto de carta de anuência do banco requerido que recebeu a cártula por endosso-caução – conduta de acordo com as normas de serviço da E. CGJ do TJSP – extinção do feito sem julgamento do mérito (art. 295, I, c. c art. 267, I, do CPC) tão-somente em relação à instituição financeira – improcedência da demanda no tocante ao réu remanescente – recurso improvido. (TJSP – Apelação Cível nº 0017189-98.2011.8.26.0068 – Barueri – 16ª Câmara de Direito Privado – Rel. Des. Jovino de Sylos – DJ 10.04.2014)

EMENTA: CANCELAMENTO DE PROTESTO – NEGATIVA DO TABELIONATO – ILEGITIMIDADE DE PARTE – CERCEAMENTO DE DEFESA – INAPTIDÃO DA PROVA REQUERIDA PARA COMPROVAR O ALEGADO – AUSÊNCIA DE COMPROVAÇÃO DO IMPEDIMENTO O Tabelionato de Protesto é parte legítima para figurar no polo passivo da demanda, por ter sido ele que negou o cancelamento do protesto pretendido pela apelada; Reconhecida a inaptidão da prova oral para comprovar a classe de endosso utilizada para a transferência do título; RECURSO IMPROVIDO.(TJSP – Apelação Cível nº 9167376-43.2009.8.26.0000 – Morro Agudo – 20ª Câmara de Direito Público – Rel. Des. Maria Lúcia Pizzotti – DJ 22.11.2012)

EMENTA: RECURSO – Inépcia – Não ocorrência – Mero erro material – Preliminar rejeitada. CERCEAMENTO DE DEFESA – Não ocorrência – Provas suficientes para o julgamento da causa – Preliminar rejeitada. REPETIÇÃO DE INDÉBITO – Tabelião de Notas e de Protesto de Letras e Títulos – Emolumentos para cancelamento de protesto de título – Pretensão à repetição dos valores que superaram o estabelecido no art. 39, I, da Lei 9.841/1999 – Microempresas – Benefício condicionado à comprovação pelo interessado do preenchimento dos requisitos legais – Não demonstração, no caso – Inteligência do inciso IV do art. 39 da Lei nº 9.841/1999 – Sentença de improcedência – Recurso não provido. (TJSP – Apelação Cível nº 0171362-66.2006.8.26.0000 – São João da Boa Vista – 6ª Câmara de Direito Público – Rel. Des. Reinaldo Miluzzi – DJ 10.11.2014)

EMENTA: Ação declaratória. Reconhecimento de inexigibilidade de protesto. Determinação de pagamento das custas e emolumentos solicitados pelo Cartório de Protestos para cancelamento definitivo do protesto. Inteligência do art. 19 do CPC. Custas devem ser providenciadas pela parte interessada na prática do ato processual, sem prejuízo de pleitear ressarcimento perante a parte vencida. Recurso improvido. (TJSP – Agravo de Instrumento nº 2127324-51.2014.8.26.0000 – São Paulo – 5ª Câmara de Direito Privado – Rel. Des. James Siano – DJ 29.08.2014)

EMENTA: Letra de câmbio – Protesto – Impugnação por não reconhecimento do título – Cancelamento – Dano moral pela restrição junto a órgão de proteção ao crédito – Negligência do Tabelião não configurada – Responsabilidade por dano moral do Tabelião afastada – Recurso provido. (TJSP – Apelação Cível nº 0127407-34.2010.8.26.0100 – São Paulo – 11ª Câmara de Direito Privado – Rel. Des. Gil Coelho – DJ 22.08.2014)

EMENTA: INDENIZAÇÃO – DANO MORAL – Pedido de cancelamento de protesto, mediante a apresentação de carta de anuência – Pleito indeferido pelo requerido, pois, o número do título constante na carta apresentada não conferia com o número do título levado a protesto – Ausência da prática de ato ilícito por parte do réu – Exercício regular de seu direito – Hipótese em que o autor poderia ter solicitado nova carta ao credor, com os dados corretos – Indenização indevida – Dano moral não caracterizado – Aplicação da teoria da asserção – Análise da ação segundo a afirmação da pertinência subjetiva com a lide – Sentença mantida – Recurso não provido.(TJSP – Apelação Cível nº 0022053-66.2010.8.26.0602 – Sorocaba – 19ª Câmara de Direito Privado – Rel. Des. Mario de Oliveira – DJ 30.10.2014)

EMENTA: AÇÃO ORDINÁRIA – PROTESTO – Pretensão da autora em cancelar protesto da Certidão da Dívida Pública – Possibilidade – A certidão de dívida ativa constitui título executivo de natureza tributária, regrados pelo direito público, cuja cobrança é feita através de rito especial – Jurisprudência sedimentada a respeito da questão – Recurso provido. (TJSP – Apelação Cível nº 0038010-82.2011.8.26.0114 – Campinas – 18ª Câmara de Direito Público – Rel. Des. Wanderley José Federighi – DJ 08.01.2014)

CORREGEDORIA-GERAL DA JUSTIÇA

EMENTA: Protesto de Título – Cancelamento – Endosso-mandato – Legislação que se refere somente à anuência do credor endossante – Admissível, ainda, a mesma providência (cancelamento do protesto) tão somente mediante concordância do endossatário mandatário – Decisão com força normativa. (Processo CG nº 2011/9243 (305/2011 – E). Excelentíssimo Senhor Corregedor Geral da Justiça: A Seção Paulista do Instituto de Estudos de Protesto de Títulos do Brasil (IEPTB/SP) requer pronunciamento desta Corregedoria-Geral da Justiça a respeito da hipótese de cancelamento do protesto onde existe endosso – mandato do título para o qual a legislação se refere, tão somente, à necessidade da anuência do credor endossante. Indaga-se se seria, também, possível tal cancelamento tão só com base na concordância do endossatário mandatário. É o relatório. Passo a opinar. Salvo se outro for o elevado entendimento de Vossa Excelência, entendo ser o caso de regulamentação da matéria por parte desta Corregedoria-Geral da Justiça, com o fim de evitar controvérsias no seio da atividade afeta aos Tabelionatos de Protesto. A requerente, após observar que o cancelamento de protesto, na hipótese de endosso – mandato, pode se dar, por força da lei, mediante anuência do credor endossante, indaga acerca da possibilidade de se também aceitar, para tal providência, a tão só concordância do endossatário mandatário. A resposta é, sob minha ótica, positiva. Como se sabe, o endosso pode constituir na transferência de direitos de crédito a um terceiro (endosso – translativo) ou na simples autorização para este terceiro fazer a cobrança em nome do credor (endosso – mandato). Nesta última hipótese, que aqui interessa, o endosso – mandato apenas autoriza alguém (endossatário mandatário) a receber um crédito em nome do credor endossante. Mas isto não exclui este último, o próprio mandante, de agir direta e isoladamente acertando contas com o mandatário, posteriormente, se for o caso. Lembre-se que eventual cancelamento do protesto não significa quitação da dívida ou sequer impede novo apontamento, caso necessário. Repita-se que o endosso – mandato não transfere a propriedade do título, como se nota do julgado a seguir: *"COMERCIAL E PROCESSUAL CIVIL. DUPLICATA. AÇÃO DE ANULAÇÃO ILEGITIMIDADE PASSIVA DO ENDOSSATÁRIO. LITISCONSÓRCIO INEXISTENTE. I. Como o endosso – mandato de duplicata não transfere a propriedade da cambial ao banco endossatário, indevida sua inclusão no lide como litisconsorte passivo do endossante, em demanda em que se postula exclusivamente a anulação de título sem aceite e sem causa jurídica. II. Precedentes. III. Recurso especial conhecido e provido". (Resp 38879/MG, 4ª Turma, Min. Rel. Aldir Passarinho Junior).* Diferente poderia ser o entendimento aqui, entretanto, se a hipótese tratasse do endosso – caução, como se nota nos precedentes a seguir desta Corregedoria-Geral da Justiça: *Processo CG nº 2009/35183. REGISTRO DE IMÓVEIS – Procedimento administrativo em que pretendido o cancelamento de registro de hipoteca em razão de quitação – Cédula hipotecária – Endosso caução – Declaração unilateral do endossante no sentido de que o débito foi quitado – Necessidade de anuência da endossatária, ou do reconhecimento, na via jurisdicional, da ineficácia do endosso em relação aos devedores – Recurso não provido. Processo nº 2011/23416. REGISTRO DE IMO/EIS – Apelação recebida como recurso administrativo – Pretendido cancelamento do registro de hipoteca e da averbação do seu endosso – caução – Insuficiência da quitação outorgada pelo endossante – Necessidade da anuência do endossatário – caucionado Prescrição do crédito hipotecário – Matéria a ser apreciada na esfera jurisdicional – Recurso improvido.* Termos em que, em havendo endosso – mandato, o cancelamento do protesto é admitido, quer mediante aquiescência do endossatário mandatário, quer com a anuência do credor endossante, esta última expressamente prevista na legislação, mas sem cateter exclusivo, *verbis: Lei nº 9492/97, art. 26 – O cancelamento do registro do protesto será solicitado diretamente no Tabelionato de Protesto de Títulos, por qualquer interessado, mediante apresentação do documento protestado, cuja cópia ficará arquivada. § 1º... § 2º Na hipótese de protesto em que tenha figurado apresentante por endosso – mandato, será suficiente a declaração de anuência passada pelo credor endossante.* Já no Capítulo XV das Normas de Serviço da

Lei 9.492/1997

Corregedoria-Geral da Justiça consta disposição similar: *Art. 26. O cancelamento do registro do protesto será solicitado diretamente no Tabelionato de Protesto de Títulos, por qualquer interessado, mediante apresentação do documento protestado, cuja cópia ficará arquivada. § 1º... § 2º Na hipótese de protesto em que tenha figurado apresentante por endosso – mandato, será suficiente a declaração de anuência passada pelo credor endossante.* Pelo exposto, o parecer que submeto ao elevado critério de Vossa Excelência, é no sentido de que: a) se assente, com natureza normativa que, para cancelamento do protesto, onde houver endosso – mandato, é admitida tanto a anuência do credor endossante quanto a aquiescência do endossatário mandatário; b) seja enviada cópias deste parecer e da r. decisão de Vossa Excelência, por ofício, à requerente; c) encaminhe-se para publicação e divulgação; neste último caso, apenas da r. decisão de Vossa Excelência; d) haja o arquivamento, ao final. *Sub censura*. São Paulo, 30 de agosto de 2011. ROBERTO MAIA FILHO. Juiz Auxiliar da Corregedoria. DECISÃO: Aprovo, com força normativa, o parecer do MM. Juiz Auxiliar da Corregedoria, por seus fundamentos, que adoto, **para o fim de deixar assentado que, para o cancelamento de protesto, onde houver endosso – mandato, é admitida tanto a anuência do credor endossante quanto a aquiescência do endossatário mandatário.** Encaminhem-se cópias do parecer e desta decisão ao requerente. Publique – se. São Paulo, 05.09.2011. – (a) – MAURICIO DA COSTA CARVALHO VIDIGAL – Corregedor Geral da Justiça.

TRIBUNAL DE JUSTIÇA DO ESTADO DO RIO GRANDE DO SUL

EMENTA: APELAÇÃO CÍVEL. DIREITO PRIVADO NÃO ESPECIFICADO. AÇÃO DECLARATÓRIA DE CANCELAMENTO DE REGISTRO. SERASA. MANUTENÇÃO DO APONTAMENTO APÓS A PRESCRIÇÃO DA DÍVIDA. EXEGESE DO ART. 43, § 1º E § 5º DO CDC. PROTESTO. INTERRUPÇÃO DA PRESCRIÇÃO. PRAZO DE CINCO ANOS CONTADOS A PARTIR DO PROTESTO (PROCESSO Nº 70060906807). ILEGITIMIDADE PASSIVA. Os órgãos mantenedores de cadastros de proteção ao crédito são partes legítimas para responderem por demandas envolvendo apontamentos em seus registros, ainda que as informações recebidas sejam oriundas de entidades distintas, mas participantes da rede nacional de proteção creditícia. Precedentes do Colegiado. Preliminar repelida. MÉRITO. Consoante dispõe o art. 43, § 1º e § 5º, do CDC, *"a inscrição do nome do devedor no Serviço de Proteção ao Crédito, deve ser cancelada após o decurso do prazo de cinco anos se, antes disso, não ocorreu a prescrição da ação de cobrança"* (Súmula nº 13 deste Tribunal). Hipótese em que o registro negativo está diretamente relacionado ao protesto lavrado em 16.06.2006, devendo ser esse o prazo balizador da prescrição para a cobrança da dívida e, por conseguinte, para a manutenção da inscrição. Regularidade da anotação reclamada. SUCUMBÊNCIA. Não fosse a perda superveniente do objeto da ação – pois, ao tempo da sentença, a inscrição já havia sido excluída –, a demanda seria julgada improcedente em relação à Serasa, impondo-se o acometimento dos encargos sucumbenciais ao autor, em razão do princípio da causalidade. Apelo provido no tópico. PRELIMINAR AFASTADA E APELAÇÃO PROVIDA EM PARTE.

TRIBUNAL DE JUSTIÇA DO ESTADO DE MINAS GERAIS

EMENTA: AÇÃO DECLARATÓRIA DE INEXISTÊNCIA DE DÉBITO C/C INDENIZAÇÃO POR DANOS MORAIS E MATERIAIS – PROTESTO REGULAR – QUITAÇÃO POSTERIOR – MANUTENÇÃO DO PROTESTO – CANCELAMENTO – ÔNUS DO DEVEDOR – INTELIGÊNCIA DO ART. 26 DA LEI 9492/97 – INÉRCIA DO INTERESSADO – DEVER DE INDENIZAR AUSENTE. Se existe a indicação legal de que qualquer interessado pode diligenciar no sentido de cancelar o protesto, o ato não pode ser atribuído ao credor, mesmo porque tal procedimento demanda o pagamento de outras despesas, as quais hão de ser suportadas pelo devedor. Não pode a instituição bancária ser condenada a indenizar o apelado por danos morais, em virtude da permanência do registro do protesto junto ao tabelionato competente, mesmo após o pagamento do título que lhe deu ensejo, tendo em vista que nada fez o recorrido, maior interessado no cancelamento do referido protesto, mesmo com o título quitado em suas mãos. V. v. Não cuidando o credor em demonstrar que disponibilizou a carta de anuência ao devedor, deve arcar com os danos advindos da manutenção do protesto de título já quitado, sendo os danos morais presumíveis. (TJMG – AP. CIV. 1.0105.05. 157419-9/001. Rel. Des. ROGÉRIO MEDEIROS. Publicação: 26/05/2009)

TRIBUNAL DE JUSTIÇA DO ESTADO DO RIO GRANDE DO SUL

EMENTA: RESPONSABILIDADE CIVIL. PAGAMENTO DE DÉBITO EM ATRASO. CANCELAMENTO DO PROTESTO. RESPONSABILIDADE DO DEVEDOR. Conforme jurisprudência desta Câmara Cível é incumbência do devedor, após o pagamento da dívida, proceder ao pedido de cancelamento do protesto no Tabelionato de Protesto de Títulos, nos termos do art. 26 da Lei nº 9492/97. Apelo desprovido. (TJRS. Ap. Cível nº 70041016213, Relator: Umberto Guaspari Sudbrack, 12ª Câmara Cível, Julgado em 15/12/2011)

TRIBUNAL DE JUSTIÇA DO ESTADO DO RIO DE JANEIRO

EMENTA: RELAÇÃO DE CONSUMO. Protesto regular. Ilicitude de sua manutenção. Cancelamento da inscrição. Responsabilidade do credor, por caracterizar relação de consumo. Dever de prestar informação adequada e de zelar pela veracidade dos registros cadastrais. Exegese dos artigos 6º, 43 e 73, do CDC. Mitigação da norma do art. 26, da Lei nº 9.492/97, em atenção à principiologia informadora daquele diploma. Precedentes do STJ e deste Tribunal. Dano moral configurado *in re ipsa*. Aplicação dos princípios da razoabilidade e da vedação ao enriquecimento sem causa. Ocorrência de dano material. Delegação do procedimento de cobrança. Responsabilidade da sociedade mandatária não caracterizada. Ausência de contribuição para o evento danoso. Ato regular do tabelião. Análise do título restrita ao aspecto formal. Decisão mantida. Recurso desprovido, com imposição de multa. (TJRJ – APC 0030815-63.2010.8.19.0021, Des. CARLOS EDUARDO PASSOS, 2ª C. Civel, Julgamento: 06/06/2012)

EMENTA: REGULAR DE DIREITO ÔNUS DO DEVEDOR DE PROCEDER À BAIXA DO PROTESTO JUNTO AO CARTÓRIO, MEDIANTE A APRESENTAÇÃO DE PROVA DA QUITAÇÃO E/OU CARTA DE ANUÊNCIA EXPEDIDA PELO CREDOR, CONSOANTE DISPOSTO NO ARTIGO 26, §§ 1º E 2º DA LEI 9.492/1997 E ARTIGO 2º, § 2º, DA LEI 6.690/1979 – Demanda objetivando o cancelamento do aponte restritivo efetuado nos órgãos desabonadores de crédito e de protesto, bem como o pagamento de indenização por danos morais – Empresa autora que alega ter adquirido mercadorias perante outra empresa, sem que esta disponibilizasse meios para pagamento, razão pela qual pagou a dívida, mediante depósito em conta corrente – Autora que não se desincumbiu do ônus de demonstrar suas alegações, tendo, em virtude do atraso no pagamento, dado ensejo ao aponte restritivo e ao protesto, levados a efeito pelo réu na qualidade de endossatário-mandatário – Dano moral inocorrente. Sentença de improcedência que se mantém – NEGATIVA DE SEGUIMENTO AO RECURSO, COM BASE NO ARTIGO 557, *CAPUT*, DO CPC. (TJRJ – APC 0017701-54.2005.8.19.0014, Des. MARIO GUIMARAES NETO, 12ª C. Cível. Julgamento: 28/08/2012)

EMENTA: Ação ordinária com vistas ao cancelamento de protesto, c/c pedidos de declaração de inexigibilidade da dívida e de reparação por danos morais. Sentença de procedência. Apelação. Protesto devido, entretanto. O que prescreve – a espécie é de decadência do direito ao manejo de certa via processual – em seis meses, na forma de seu artigo 59, é a ação de execução a que refere o artigo 47, ambos da Lei 7.357/85, não assim a de cobrança pura e simples da dívida, até mesmo pela via monitória. Findo o prazo semestral para o ajuizamento da ação de execução, previsto no art. 59, da Lei nº 7.357 /85, dispunha o credor do prazo bienal para a ação de locupletamento indevido, ou da ação monitória – Súmula 299 do STJ – ou, por fim, da ordinária de cobrança, mesmo quando quinquenal o respectivo prazo, contado da entrada em vigor do atual Código Civil. Daí o incontestável interesse do portador em apresentar a protesto o cheque de emissão atribuída ao apelado de modo a interromper (artigo 202. inciso III, do Código/2002) a prescrição então em curso. (...) 1. Não tem agasalho na Lei nº 9.492/97 a interpretação que autoriza o cancelamento do protesto simplesmente porque prescrito o título executivo. Hígido o débito, sem vício o título, permanece o protesto, disponível ao credor a cobrança por outros meios. (...). Improcedência dos pedidos. Recurso provido, invertidos os ônus da sucumbência. (TJRJ – Ap. Civ. 0327076-40. 2008.8.19.0001, DES. MAURICIO CALDAS LOPES – Julgamento: 16/09/2010)

3. QUESTÕES DE CONCURSOS

01. (TJ/SP – 2024 – VUNESP – Notário e Registrador/Remoção) Quanto ao cancelamento do protesto, assinale a alternativa correta.

a) Cancelado o protesto, não mais constarão das certidões expedidas o protesto ou seu cancelamento, salvo requerimento escrito do credor, devedor ou requisição judicial.

b) O cancelamento do protesto será anotado no registro respectivo e averbado no índice.

c) O cancelamento para fins de renovação de ato notarial em virtude de erro no preenchimento dos dados fornecidos para protesto deverá ser formalizado diretamente perante o juiz corregedor permanente.

d) O cancelamento do protesto pode ser requerido pelo interessado, diretamente ao Tabelião, mediante apresentação dos documentos que comprovem a extinção da obrigação em dinheiro por consignação em pagamento, na forma da lei processual civil.

02. (TJ/MA – 2023 – Consulplan – Notário e Registrador/Remoção) O Banco XY, na qualidade de endossatário, apresentou a protesto as duplicatas 01 e 02: a primeira com endosso translativo e a segunda com endosso mandato. Ambas têm como sacador Loja das Flores e como sacado João da Silva. Os títulos foram protestados. Depois de realizar o pagamento, o devedor compareceu ao tabelionato competente e requereu o cancelamento dos protestos, apresentando declarações de anuência firmadas apenas pela Loja das Flores. Diante da situação fática apresentada, considerando o disposto na Lei nº 9.492/1997 (Lei de Protesto), assinale a afirmativa que corresponde ao procedimento correto do tabelião.

a) Deve deferir o cancelamento de ambos os protestos, pois o sacador dos títulos a eles anuiu.

b) Deve indeferir ambos os cancelamentos, pois o Banco endossatário não assinou as declarações de anuência

c) Deve deferir apenas o cancelamento do protesto referente à duplicata 02, pois tanto o endossante quanto o endossatário poderiam, isoladamente, emitir a declaração de anuência. Deve indeferir o cancelamento do protesto referente à duplicata 01, pois o endossatário não assinou a declaração de anuência.

d) Deve deferir apenas o cancelamento do protesto referente à duplicata 01, pois o credor originário, mesmo após o endosso, na qualidade de coobrigado, mantém seu interesse no protesto e no respectivo cancelamento, dispensando- -se, assim, a anuência do endossatário – apresentante. Deve indeferir o cancelamento do protesto referente à duplicata 02, pois o endossatário não assinou a declaração de anuência.

03. (IESES – Titular de Serviços de Notas e Registros – TJ – TO – Provimento/2022) Sobre o cancelamento do protesto assinale a alternativa correta:

a) O cancelamento do registro do protesto, se fundado em outro motivo que não no pagamento do título ou documento de dívida, será efetivado por sentença arbitral, pagos os emolumentos devidos ao Tabelião.

b) O cancelamento do registro do protesto será solicitado diretamente no Tabelionato de Protesto de Títulos, somente pelo credor, mediante apresentação do documento protestado, cuja cópia ficará arquivada.

c) O cancelamento do registro do protesto somente será feito pelo Tabelião titular da serventia.

d) Quando o protesto lavrado for registrado sob forma de microfilme ou gravação eletrônica, o termo do cancelamento será lançado em documento apartado, que será arquivado juntamente com os documentos que instruíram o pedido, e anotado no índice respectivo.

04. (Vunesp – Outorga de Delegação de Notas e Registros – TJ – GO/2021) Sobre o cancelamento do registro do protesto, é correto afirmar que

a) na impossibilidade de apresentação do original do título, documento de dívida protestado ou respectivo instrumento de protesto, exigir-se-á do credor, originário ou por endosso translativo, declaração de anuência ao cancelamento, com identificação e firma reconhecida.

b) o tabelião de protesto, tratando-se de anuente pessoa jurídica, adotará medidas para se assegurar de que o signatário tem poderes para representar a pessoa jurídica anuente, cabendo ao devedor o pagamento de despesas, taxas ou emolumentos em razão das medidas acautelatórias eventualmente adotadas.

c) o cancelamento do registro do protesto fundado em motivo diverso do pagamento do título ou documento de dívida efetivar-se-á por determinação judicial, vedada a cobrança de despesas, taxas ou emolumentos nesse caso.

d) na hipótese de protesto em que tenha figurado apresentante por endosso-mandato a declaração de anuência deverá, necessariamente, ser passada em conjunto pelo credor endossante e pelo endossatário-mandatário.

05. (Cespe – Notários e Oficiais de Registro – Provimento – TJ – DFT/2019) Constitui requisito essencial para que seja efetuado o cancelamento do registro do protesto a

a) anuência do credor, na impossibilidade de apresentação do original do título, que pode ser transmitida por um sistema de certificação digital de documentos devidamente autorizado.

b) solicitação exclusiva do devedor, ou, se pessoa jurídica, do seu representante ou preposto.

c) anuência escrita da pessoa jurídica, sendo dispensada a apresentação de cópia do respectivo contrato social.

d) mera apresentação do documento protestado.

e) anuência do juízo da respectiva comarca.

06. (Cespe – Notários e Oficiais de Registro – Provimento – TJ – DFT/2019) Na hipótese de extravio do documento original de dívida protestado, o cancelamento do registro do protesto em razão do cumprimento da obrigação exigirá

a) decisão judicial declaratória de inexistência de relação jurídica transitada em julgado.

b) decisão judicial declaratória de cumprimento da obrigação transitada em julgado.

c) declaração de anuência simples daquele que figurou no registro de protesto como credor.

d) declaração de anuência, com identificação e firma reconhecida, daquele que figurou no registro de protesto como credor.

e) declaração de anuência firmada por aquele que figurou no registro de protesto como credor, com as assinaturas de duas testemunhas.

07. (IESES – Cartório – Provimento – TJ – AM/2018) Assinale a alternativa correta:

a) O cancelamento do registro do protesto, se fundado em outro motivo que não no pagamento do título ou documento de dívida, será efetivado de ofício ou por determinação judicial, isento do pagamento dos emolumentos devidos ao Tabelião.

b) Quando a extinção da obrigação decorrer de processo judicial, o cancelamento do registro do protesto poderá ser solicitado com a apresentação da certidão expedida pelo Juízo processante, com menção do trânsito em julgado, que substituirá o título ou o documento de dívida protestado.

c) O cancelamento do registro do protesto deverá feito pelo Tabelião titular.

d) A averbação de retificação de erros materiais pelo serviço deverá ser a requerimento do interessado, sob responsabilidade do Tabelião de Protesto de Títulos e com o pagamento dos emolumentos devidos.

Lei 9.492/1997

08. (IESES – Cartório – Provimento – TJ – AM/2018) Assinale a alternativa INCORRETA:

a) O cancelamento do protesto não poderá ser realizado pelo juiz corregedor permanente.

b) Das certidões do Tabelionato de protesto não constarão os registros cujos cancelamentos tiverem sido averbados, salvo por requerimento escrito do próprio devedor ou por ordem judicial.

c) É possível o protesto de contrato de honorários advocatícios.

d) O Tabelião de Protesto expedirá as certidões solicitadas dentro de cinco dias úteis, no máximo, que abrangerão o período mínimo dos cinco anos anteriores, contados da data do pedido, salvo quando se referir a protesto específico.

09. (EJEF Tabelionato e Registro-MG/2007) Assinale a alternativa CORRETA.

a) Caso o devedor esteja em lugar incerto e não sabido, a sua intimação será feita por edital, publicado no prazo máximo de 15 (quinze) dias, uma vez no órgão oficial e pelo menos duas vezes em jornal local, onde houver.

b) A lei brasileira não admite o protesto de títulos e outros documentos de dívida em moeda estrangeira, emitidos fora do Brasil.

c) Uma vez registrado o protesto, o Tabelião de Protestos de Títulos e Documentos não pode retificar o instrumento de protesto, ainda que para sanar erros materiais.

d) Para cancelamento de protesto em que tenha figurado apresentante por endosso – mandato, a declaração de anuência pode ser passada pelo credor endossante.

10. (Vunesp – Notário-MS/2009) Assinale a assertiva correta no que respeita às averbações e ao cancelamento do protesto.

a) A averbação de retificação de erros materiais pelo serviço será efetuada, exclusivamente, a requerimento do interessado, sob responsabilidade do Tabelião de Protesto de Títulos.

b) Para a averbação da retificação, é dispensável a apresentação do documento eventualmente expedido e do documento que comprove o erro, na medida em que é efetuada de ofício pelo Tabelião de Protesto de Títulos.

c) O cancelamento do registro do protesto será solicitado ao Tabelião titular, e por ele promovido, não se admitindo que seja feito por qualquer de seus substitutos.

d) Ainda que a extinção da obrigação decorra de processo judicial, o documento da dívida é indispensável para fins do cancelamento do registro de protesto.

e) Para que possa ser feito o cancelamento do registro, na hipótese de protesto em que tenha figurado apresentante por endosso-mandato, será suficiente a declaração de anuência passada pelo credor endossante.

11. (Cespe – Notário-ES/2013) Caso determinado título tenha sofrido endosso translativo e, depois, apresentado a protesto pelo credor originário, eventual cancelamento do protesto ocorrerá por solicitação

a) do credor originário ou do endossatário, bastando apresentação de cópia do documento protestado.

b) de qualquer interessado, desde que apresente o próprio documento protestado, ou declaração de anuência do credor originário ou do endossatário.

c) do endossatário apenas, desde que apresente declaração de anuência do credor originário.

d) de qualquer interessado, mediante apresentação de cópia do documento protestado.

e) do credor originário apenas, desde que apresente o próprio documento protestado.

12. (EJEF – Notário-MG/2011) Para a averbação de retificação de erros materiais no Tabelionato de Protestos, NÃO é necessário

a) cobrar os emolumentos devidos pelo serviço.

b) apresentar o instrumento eventualmente expedido.

c) promover a retificação de ofício ou a requerimento da parte.

d) apresentar os documentos que comprovem o erro.

13. (IESES – Cartório – TJ – RS/2013) Assinale a alternativa INCORRETA de acordo com a Lei 9492 de 1997.

a) O cancelamento do registro do protesto poderá ser feito somente pelo tabelião titular ou por seus substitutos, tendo em vista que a referida Lei veda tal atribuição mesmo aos escreventes autorizados.

b) O Tabelião de Protesto poderá exigir depósito prévio dos emolumentos e demais despesas devidas, porém, nesse caso, deverá a importância antecipada ser reembolsada ao apresentante, por ocasião da prestação de contas, quando ressarcidas pelo devedor no Tabelionato.

c) Poderão ser fornecidas certidões de protestos, não cancelados, a quaisquer interessados, desde que requeridas por escrito. Porém, nas certidões não constarão os registros cujos cancelamentos tiverem sido averbados, salvo quando requerido, por escrito, pelo próprio devedor ou por ordem judicial.

d) O protesto por falta de aceite somente poderá ser efetuado antes do vencimento da obrigação e após o decurso do prazo legal para o aceite ou a devolução; por outro lado, após o vencimento o protesto sempre será efetuado por falta de pagamento.

14. (FMP – Cartório – TJ – MT/2014) Sobre o cancelamento do registro do protesto, assinale a afirmativa correta.

a) Deverá ser solicitado diretamente no Tabelionato de Protestos, apenas pelo devedor, mediante apresentação do documento protestado, bem como da comprovação do respectivo pagamento.

b) A impossibilidade de apresentação do original do título ou documento de dívida protestado inviabiliza o cancelamento do registro do protesto.

c) Poderá ocorrer mediante a declaração de anuência, com identificação e firma reconhecida, daquele que figurou no registro de protesto como devedor ou seu avalista.

d) Deverá ser feito apenas pelo tabelião ou por seu substituto.

e) Poderá ser solicitado com a apresentação da certidão expedida pelo Juízo processante, com menção do trânsito em julgado, quando a extinção da obrigação decorrer de processo judicial.

15. (IESES – Cartório – TJ – PA/2016) O cancelamento do registro do protesto compete ao tabelião, por seu substituto ou por escrevente autorizado. No caso de suspensão de efeitos ou de cancelamento de protesto, o tabelião:

a) Não é responsável pela retirada do nome do devedor que tenha sido inserido em cadastro das entidades representativas do comércio e da indústria.

b) Não é responsável pela retirada do nome do devedor que tenha sido inserido em cadastro das entidades representativas do comércio, apenas é responsável pelas entidades da indústria.

c) É responsável pela retirada do nome do devedor que tenha sido inserido em cadastro das entidades representativas do comércio e da indústria.

d) É responsável pela retirada do nome do devedor que tenha sido inserido em cadastro das entidades representativas do comércio.

GAB	1	D	2	C	3	D	4	A	5	A
	6	D	7	B	8	A	9	D	10	E
	11	B	12	A	13	A	14	E	15	A

Art. 26-A. Após a lavratura do protesto, faculta-se ao credor, ao devedor e ao tabelião ou ao responsável interino territorialmente competente pelo ato, por intermédio da central nacional de serviços eletrônicos compartilhados dos tabeliães de protesto prevista no art. 41-A desta Lei, a qualquer tempo, propor medidas de incentivo à renegociação de dívidas protestadas e ainda não canceladas, podendo também ser concedido abatimento de emolumentos e demais acréscimos legais.

§ 1º Faculta-se ao credor, ainda, autorizar o tabelião ou o responsável interino pelo expediente a receber o valor da dívida já protestada, bem como indicar eventual critério de atualização desse valor, concessão de desconto ou parcelamento do débito, e ao devedor oferecer contrapropostas, por meio da central nacional de serviços eletrônicos compartilhados.

§ 2º Em caso de liquidação da dívida por meio do uso das medidas de que trata o *caput* deste artigo, o devedor ou interessado no pagamento deverá arcar com o pagamento dos emolumentos devidos pelo registro do protesto e seu cancelamento, dos acréscimos legais e das demais despesas, com base na tabela do protesto vigente no momento da quitação do débito, bem como do preço devido à central nacional de serviços eletrônicos compartilhados dos tabeliães de protesto pelos serviços prestados.

§ 3º A prática de todos os atos necessários às medidas de incentivo à renegociação de dívidas protestadas é exclusiva e inerente à delegação dos tabeliães de protesto, diretamente ou por intermédio de sua central nacional de serviços eletrônicos compartilhados, vedada qualquer exigência que não esteja prevista nesta Lei.

§ 4º Nos casos em que o credor, o devedor ou interessado no pagamento optarem por propor medidas de incentivo à renegociação de dívidas protestadas e ainda não canceladas por intermédio dos tabeliães de protesto e da central nacional de serviços eletrônicos compartilhados prevista no art. 41-A desta Lei, o pagamento de que trata o § 2º deste artigo apenas será devido caso seja exitosa a renegociação, no momento da liquidação da dívida.

1. COMENTÁRIOS

O art. 26-A foi incluído pela Lei das Garantias. Como uma prévia do que se concretizou com a entrada em vigor da Lei 14.711/2023, o Conselho Nacional de Justiça publicou em 2018 os Provimentos ns. CNJ 67/2018 e CNJ 72/2018.

O Provimento CNJ n. 67 regulamentava a mediação e conciliação nos cartórios e foi, em sua totalidade, incorporado aos arts. 18 a 57 do Código Nacional de Normas.

Já o Provimento CNJ n. 72 originalmente dispunha sobre medidas de incentivo à quitação ou renegociação de dívidas protestadas nos tabelionatos de protesto do Brasil e foi incorporado aos arts. 375 a 388 do Provimento CNJ n. 149/2023. No entanto, recentemente, o Provimento CNJ n. 168/2024 alterou a redação desses dispositivos.

O especialista no tema e Presidente do Instituto de Estudos de Protestos de Títulos (IEPTB), seção Rio de Janeiro, Celso Belmiro, oferece uma análise detalhada sobre o artigo 26-A na publicação "Aspectos Práticos e Teóricos da Lei 14.711/2023". O artigo faz parte da obra coordenada por Martha El Debs e Bernardo Chezzi, "Novo Marco das Garantias. Aspectos práticos e teóricos da Lei n. 14.711/2023", foi publicado pela editora Juspodivm em 2024. A seguir, apresentamos um trecho do artigo para elucidar as principais questões discutidas (páginas 582-584).

> "Na esteira do regime jurídico que havia sido iniciado (ainda que timidamente) pelo Provimento CNJ 72/2018, a Lei 14.711/2023 passou a dar novos contornos de efetividade à possibilidade, tradicionalmente inexistente, de **quitação da dívida no tabelionato de protesto após a conclusão de todo o procedimento,** com a lavratura do protesto. Não custa lembrar que, em tais situações, na sistemática até então vigente na Lei 9.492/97, a única solução autorizada pela lei era a devolução do título protestado para o credor e o direcionamento do devedor para que buscasse o contato com aquele (credor) com vistas à satisfação do débito e posteriormente, apenas posteriormente, pudesse ser feito o cancelamento do protesto.
>
> A Lei 14.711 vai além, seja por transformar em lei formal aquilo que era previsto em provimento do CNJ, seja por regulamentar o procedimento de forma mais adequada à realidade dos tabelionatos, permitindo a efetivação da possibilidade de quitação da dívida protestada no próprio tabelionato de protesto.
>
> Com esta finalidade, assim dispõem o art. 26, *caput* e §1º (grifos atuais):
>
>> Art. 26-A. **Após a lavratura do protesto**, faculta-se ao credor, ao devedor e ao tabelião ou ao responsável interino territorialmente competente pelo ato, por intermédio da central nacional de serviços eletrônicos compartilhados dos tabeliães de protesto prevista no art. 41-A desta Lei, a qualquer tempo,

propor medidas de incentivo à renegociação de dívidas protestadas e ainda não canceladas, podendo também ser concedido abatimento de emolumentos e demais acréscimos legais.

§ 1º Faculta-se ao credor, ainda, autorizar o tabelião ou o responsável interino pelo expediente a receber o valor da dívida já protestada, bem como indicar eventual critério de atualização desse valor, concessão de desconto ou parcelamento do débito, e ao devedor oferecer contrapropostas, por meio da central nacional de serviços eletrônicos compartilhados.

Algumas observações devem ser feitas quando ao texto veiculado acima. A primeira delas é a previsão que segue no *caput* de que pode haver a concessão de abatimento no valor dos emolumentos e acréscimos legais. Como os emolumentos têm natureza de taxa (tributo) estadual, **a concessão desse abatimento depende de autorização (genérica ou específica) do órgão fiscalizador.** Especialmente se considerados os "acréscimos" que são, conforme o Estado, repassados a diversos outros órgãos públicos e privados. E mesmo em relação à concessão de desconto sobre os emolumentos em si considerados (valor de remuneração do tabelião), diversas normas estaduais proíbem, a priori, esse abatimento. Há que se observar, portanto, as normativas que deverão ser editadas para a implementação deste autorizativo que segue na parte final do *caput* do artigo.

No §1º, duas passagens são dignas de nota: a primeira delas refere-se à possibilidade de **o credor, aprioristicamente, estabelecer critérios de atualização do valor protestado** e **concessão de desconto ou parcelamento ao devedor,** sem que, em tais casos, haja a necessidade de acionamento deste mesmo credor para cada pagamento ou tentativa de pagamento considerada isoladamente. O credor fixa critérios genéricos que o tabelião pode utilizar em um sem número de hipóteses de títulos protestados. Além disso, também neste §1º, é veiculada a possibilidade de o **devedor apresentar contraproposta** para a quitação da dívida, na esteira daquilo que já fora timidamente previsto no Provimento CNJ 72/2018.

No que toca ao **momento em que deve ser feito o pagamento**, a matéria é cuidada nos §2º e 4º deste novo art. 26-A, cujas redações são claras ao estabelecerem que os valores deverão ser pagos/quitados somente nas hipóteses em que a renegociação da dívida protestada for exitosa, vale dizer, somente se, através das medidas adotadas e dos canais utilizados, a dívida vier a ser efetivamente quitada pelo devedor, que deverá arcar com os custos da operação, seguindo a regra geral do Código Civil de que ao devedor compete suportar os encargos do processo de cobrança da dívida não paga tempestivamente por ele.

Concluindo este tópico, é importante afirmar desde logo que a renegociação de dívidas já protestadas representa um **novo marco na atuação dos tabelionatos de protesto do país,** uma vez que rompe com o engessamento clássico observado na atividade, em situações bastante frequentes, nas quais o devedor comparece ao tabelionato querendo resolver suas pendências financeiras, mas o tabelião fica de pés e mãos amarrados, uma vez que não lhe restava outra alternativa a não ser recomendar ao devedor que procurasse o credor e junto a este efetuasse o pagamento da dívida. Com a nova sistemática, ampliam-se os horizontes de atuação da atividade, facilitando-se especialmente a vida do devedor, que poderá solucionar todas as suas pendências em um único lugar".

1.1 ANÁLISE DO PROVIMENTO CNJ N. 168/2024

O tema foi exaurido nos comentários do art. 11-A desta Lei de Protesto.

2. QUESTÕES DE CONCURSO

01. (TJ/SP – 2024 – VUNESP – Notário e Registrador/Provimento) Considerando o tema da possibilidade de adoção de solução negocial prévia ao protesto, disposto na Lei nº 9.492/97, assinale a alternativa correta.

a) A data de apresentação da proposta de solução negocial prévia ao protesto é considerada para todos os fins de direito, inclusive direito de regresso, suspensão da prescrição, execução, falência e cobrança de emolumentos, desde que frustrada a negociação prévia e não tenha sido convertida em protesto.

b) A remessa da proposta expedida pelo tabelionato será convertida em indicação para protesto pelo valor original da dívida na hipótese de negociação frustrada e se não houver desistência do apresentante ou credor.

c) O prazo de resposta de solução negocial será de até 30 (trinta) dias, segundo o que vier a ser fixado pelo tabelião, facultada a estipulação do valor ou percentual de desconto da dívida, bem como das demais condições de pagamento em sendo o caso.

d) Fica permitida ao tabelião de protesto e ao responsável interino autorizado, diretamente ou por meio da central nacional dos serviços eletrônicos compartilhados, a recepção do título ou documento de dívida com a recomendação do apresentante ou credor, em caso de opção e requerimento expresso, de solução negocial prévia ao protesto.

GAB	1	B

▸ CAPÍTULO XI – DAS CERTIDÕES E INFORMAÇÕES DO PROTESTO

1. COMENTÁRIOS

O Capítulo XI, que abarca os arts. 27 a 31, trata da publicidade do protesto.

A publicidade tem por finalidade outorgar segurança às relações jurídicas, assegurando a qualquer interessado o conhecimento do teor do acervo das serventias notariais e registrais e garantindo sua oponibilidade contra terceiros. No direito brasileiro, isso se dá por meio da expedição de **certidão** e essa publicidade é chamada de **formal ou indireta**.

Os registradores e notários, via de regra, **não podem permitir o acesso direto do interessado aos livros,** pois haveria **riscos à conservação** desses arquivos, afetando, assim, a segurança jurídica almejada pela publicidade. Existem, no entanto, algumas exceções legais, como, por exemplo, o disposto no

Decreto-Lei nº 58/37, art. 1º, § 5º ("O memorial, o plano de loteamento e os documentos depositados serão franqueados, pelo oficial do registro, ao exame de qualquer interessado, independentemente do pagamento de emolumentos, ainda que a título de busca") e na Lei Federal nº 6766/79, art. 24 ("O processo de loteamento e os contratos depositados em Cartório poderão ser examinados por qualquer pessoa, a qualquer tempo, independentemente do pagamento de custas ou emolumentos, ainda que a título de busca").

Todas as providências que exigirem a apresentação de qualquer livro, ficha substitutiva ou documento, e mesmo as diligências judiciais, devem ser efetuadas no próprio serviço (art. 23 da Lei 6.015/1973) e os livros e documentos somente podem sair do respectivo serviço mediante autorização judicial.

Outrossim, o art. 46 da Lei 8.935/1994 estabelece que os livros, fichas, documentos, papéis, microfilmes e sistemas de computação devem permanecer sempre sob a guarda e responsabilidade do titular do serviço notarial ou de registro, que zelará por sua ordem, segurança e conservação.

Sobre o princípio da publicidade, Leonardo Brandelli leciona que "a função notarial, bem como a registral é pública porquanto ao Estado pertence e a toda a coletividade interessa. Prevenir litígios, dando certeza e segurança jurídica às relações, é atividade que a todos beneficia, embora exercida em casos concretos, com partes estabelecidas na relação jurídica específica" (*Teoria Geral do Direito Notarial*. 2ª ed. São Paulo: Saraiva, 2007). Os atos notariais são públicos, pois tornam o ato jurídico instrumentalizado e acessível a qualquer cidadão, mediante a expedição de certidão pelo notário ou registrador.

Frise-se que essa publicidade não é absoluta e sofre **limitações** nos serviços registrais, tema já analisado ao longo desta obra.

Cabe lembrar que existe restrição da publicidade no Tabelionato de Protestos. Ou seja, a publicidade do protesto se aplica, via de regra, apenas **aos protestos lavrados, e não aos cancelados.** Os Tabeliães podem fornecer, a qualquer pessoa, **certidões** de protestos não cancelados, desde que requeridas por escrito. Podem também, a qualquer interessado, prestar informações e fornecer cópias de documentos arquivados relativos a protestos não cancelados.

Essa regra é excepcionada nas certidões do protocolo e dos protestos cancelados, que só podem ser fornecidas **ao próprio devedor ou mediante ordem judicial,** conforme determinado pelos artigos 27, § 2º, e 31 da Lei n. 9.492/1997. A infração deste dever pode gerar responsabilidade administrativa do delegatário do serviço.

Logo, a publicidade ocorre no ato do protesto, por meio da expedição de certidões, e **não nos demais atos que compõem o procedimento do protesto**, que não são dotados de publicidade. Sérgio Bueno ensina ainda que um dos efeitos do protesto é o abalo no crédito do devedor tratando-se de "decorrência direta da publicidade do protesto, que se amplia com a remessa das certidões em forma de relação às entidades de proteção ao crédito e com a multiplicação de bancos de consulta gratuita disponibilizados pelos próprios Tabeliães de Protesto, por meio das entidades que os agrupam" (*Tabelionato de Protestos*. São Paulo: Saraiva, 2013, p. 61).

Atualmente, admite-se a expedição de certidões eletrônicas de protesto, desde que assim requerida. Da mesma forma, as informações e cópias podem ser disponibilizadas eletronicamente. Esse procedimento está previsto nas normativas estaduais e no Provimento CNJ n. 87/2019, que foi incorporado aos arts. 257 a 263 (*CENPROT*) e arts. 354 a 367 (*Disposições Gerais e Intimações*) do Código Nacional de Normas.

Assim, nos termos do art. 352 do Provimento CNJ 149/2023, os pedidos de **informações simples ou complementares, de certidões e de cópias** podem ser realizados pela internet, bem como atendidos e expedidos pelos Tabelionatos por meio eletrônico, mediante assinatura eletrônica. Tal regra já era prevista em várias normativas estaduais, por meio de suas próprias Centrais. Dessa maneira, o Provimento vai ao encontro do entendimento anteriormente consagrado. O atendimento telefônico aos usuários estará disponível durante o horário de expediente e será limitado às informações que não exigirem a presença do solicitante no cartório, salvo normativas estaduais em sentido contrário.

Art. 27. O Tabelião de Protesto expedirá as certidões solicitadas dentro de cinco dias úteis, no máximo, que abrangerão o período mínimo dos cinco anos anteriores, contados da data do pedido, salvo quando se referir a protesto específico.

§ 1º As certidões expedidas pelos serviços de protesto de títulos, inclusive as relativas à prévia distribuição, deverão obrigatoriamente indicar, além do nome do devedor, seu número no Registro Geral (R.G.), constante da Cédula de Identidade, ou seu número no Cadastro de Pessoas Físicas (C.P.F.), se pessoa física, e o número de inscrição no Cadastro

Geral de Contribuintes (C. G. C.), se pessoa jurídica, cabendo ao apresentante do título para protesto fornecer esses dados, sob pena de recusa.

§ 2º Das certidões não constarão os registros cujos cancelamentos tiverem sido averbados, salvo por requerimento escrito do próprio devedor ou por ordem judicial.

1. COMENTÁRIOS

Compete exclusivamente aos Tabeliães de Protesto e aos Oficiais de Distribuição a expedição de certidões e informações relativas aos respectivos atos de seu ofício.

O direito de obtenção de certidões é regra de índole constitucional, prevista no art. 5º da Magna Carta. Segundo Hely Lopes Meirelles o fornecimento de certidões é obrigação constitucional de toda repartição administrativa, desde que requerida pelo interessado para defesa de direitos ou esclarecimentos de situações indicadas pelo requerente (*Direito Administrativo Brasileiro*. São Paulo: Revista dos Tribunais, p. 152).

O art. 27 da Lei 9.492/1997 afirma o princípio da celeridade, estabelecendo que o prazo máximo para expedir as certidões é de cinco dias úteis. Vale anotar que o art. 12 do Provimento CNJ 87/2019, incorporado ao art. 365 do Código Nacional de Normas, estabeleceu regra no mesmo sentido do dispositivo, a saber:

> **Art. 365.** As certidões individuais serão fornecidas pelo tabelião de protesto de títulos, no prazo máximo de 5 (cinco) dias úteis, mediante pedido escrito ou verbal de qualquer pessoa interessada, abrangendo período mínimo dos cinco anos anteriores ao pedido, salvo quando solicitado período maior ou referente a protesto específico.

A regra é que as certidões devem abranger um período mínimo de 5 anos a partir da data do pedido, salvo se tratar de um protesto específico. O prazo de 5 anos é o mínimo. Se o protesto foi lavrado antes desse período, ele não constará na certidão, mas **o ato notarial não desaparece**. Ele continua lavrado e registrado. Se a parte solicitar uma certidão com um período de abrangência maior, o protesto será incluído.

Sobre o período de abrangência da certidão, a legislação esparsa também aborda essa temática. Como exemplo, trago as Leis 6.766/1979 (Loteamento) e 4.591/1964 (Incorporação Imobiliária):

a) É necessária para o **registro de desmembramento e loteamento** a apresentação da certidão de protesto de títulos em nome do loteador e daqueles que tenham sido titulares de direitos reais sobre o imóvel, pelo **período de cinco anos.**

b) A apresentação da certidão negativa de protesto de títulos dos alienantes do terreno e do incorporador, e respectivos cônjuges, é necessária no procedimento do **registro da incorporação imobiliária.** Todavia, a existência de restrições não inviabilizará o registro (art. 32, b, c/c § 5º, da Lei 4.591/1964). Estas certidões deverão ser obtidas no domicílio do proprietário e do incorporador, e também na circunscrição onde se localiza o imóvel incorporado. É importante alertar que, se a pessoa jurídica possuir mais de um domicílio (filial), é imprescindível a apresentação das certidões referentes a cada um dos referidos domicílios.

No que diz respeito à forma do pedido de certidão, se por escrito ou verbalmente, remeto o leitor aos comentários do art. 31.

Existem três tipos de certidão que o Tabelião pode expedir. Abaixo, apresento um quadro didático para melhor entendimento:

Certidão Negativa	Certidão Positiva	Certidão de Inteiro Teor
Informa a inexistência de protesto registrado no nome do solicitante.	Informa a existência de protesto registrado no nome do solicitante. Em outras palavra, quando há protesto em nome do solicitante. Deve-se indicar obrigatoriamente: nome e número do documento de identidade do solicitante; nome e número do documento de identidade ou CPF do devedor, se pessoa natural, e o número de inscrição no CNPJ, se pessoa jurídica; e o tipo de protesto, se por falta de pagamento, aceite, devolução ou se especial para fins falimentares.	No que tange à certidão de protesto específico, o Tabelião deve lavrá-la a respeito do protesto do título específico, **independentemente da data.**

Convém ainda invocar o art. 51, VIII da Lei n. 11.101/2005 (Falência), que trata do pedido e processamento da recuperação judicial.

> Art. 51. A petição inicial de recuperação judicial será instruída com:
>
> (...)
>
> VIII – certidões dos cartórios de protestos situados na comarca do domicílio ou sede do devedor e naquelas onde possui filial.

Tanto o pedido de certidão do Livro Protocolo quanto o de protesto cancelado, em regra, não são permitidos. Todavia, a lei faz uma ressalva, autorizando tais pedidos no caso de requerimento escrito pelo próprio devedor ou por ordem judicial.

Sérgio Bueno lembra que "não é apenas solicitar a certidão. O requerimento e a ordem judicial devem referir-se à inclusão dos protestos cancelados e não à expedição da certidão" (Op. cit., p. 147).

O § 1º do art. 27 estabelece os **requisitos formais** da certidão, cabendo ao interessado fornecer esses dados, sob pena de recusa, vejamos:

1) Nome do devedor;

2) Seu número no Registro Geral (R.G.), constante da Cédula de Identidade, ou seu número no Cadastro de Pessoas Físicas (C.P.F.), se pessoa física, e o número de inscrição no Cadastro Geral de Contribuintes (C.G.C.), se pessoa jurídica.

Algumas normativas estaduais vão mais além. Segundo essas normativas, as certidões expedidas pelos Tabelionatos de Protesto de Títulos, inclusive as referentes à prévia distribuição, devem obrigatoriamente indicar:

a) O nome do solicitante e o número de seu registro geral de identidade (RG);

b) O nome do devedor, devidamente identificado pelo número de seu registro geral de identidade (RG) ou pelo do registro nacional de estrangeiro (RNE) ou pelo de sua inscrição no cadastro do Ministério da Fazenda (CPF e CNPJ);

c) O tipo de protesto, se comum ou para fins falimentares; e

d) O motivo do protesto, se por falta de pagamento, de aceite, de data de aceite ou de devolução.

Uma vez mais, Bueno observa que se não constar protesto em nome da pessoa no CPF indicado no pedido de certidão, mas existir protesto no mesmo nome, com anotação de CNPJ, ou vice versa, a certidão será negativa. Neste caso, deve conter observação de que no mesmo nome, constam protestos em seu/seus CNPJ/CPF, salvo orientação local diversa. A finalidade é preservar o interesse e a boa-fé de terceiro, sempre lembrando da publicidade do registro do protesto (Op. cit., p. 148).

Em se tratando de empresas que têm várias filiais, Eversio Donizete e Magno Luiz Barbosa ensinam que sendo requerida certidão de protesto em nome de uma filial ou da matriz, o Tabelião não poderá se abster de fornecer certidão negativa no número do CNPJ requerido, demonstrando que não consta protesto. No entanto, na mesma certidão o Tabelião deverá certificar que existem outros protestos em nome da mesma empresa com número(s) de (s) do CNPJ (s) diferente(s).

No caso em comento, o que se pretende é utilizar o bom senso: apresentar ao requerente a certidão negativa e, ao mesmo tempo, demonstrar ao interessado, na mesma certidão, que existem títulos protestados em aberto no nome da empresa com outro CNPJ. Algumas normativas estaduais regulamentaram a matéria. Veja-se:

> **Art. 1.881 do Código de Normas Extrajudicial do Estado do Mato Grosso do Sul:** *O registro de protesto em relação à matriz ou filial impede a certidão negativa.*
>
> **Art. 895 do Código de Normas da CGJ do Estado de Santa Catarina.** *Quando houver solicitação do interessado, o tabelião fará constar da certidão negativa de protesto em nome de empresário individual, se for o caso, a existência de protesto em nome da pessoa física correspondente.*

1.1 PUBLICIDADE E PROTEÇÃO DE DADOS

O tema "Proteção de Dados" nas serventias extrajudiciais foi abordado nos comentários do art. 1º da Lei nº 6.015/1973, nesta obra. O Provimento CNJ n. 134/2022, que estabelece medidas a serem adotadas pelas serventias extrajudiciais em âmbito nacional para a adequação à Lei Geral de Proteção de Dados Pessoais, trouxe regras específicas para os Tabelionatos de Protesto nos arts. 51 a 57. Atualmente, essas normas foram incorporadas aos arts. 129 a 135 do Provimento CNJ n. 149/2023. Em relação **às certidões individuais de protesto** estas deverão constar, sempre que disponíveis, os dados enumerados no art. 259, parágrafo único, do Código Nacional de Normas, excetuados endereço completo, endereço eletrônico e telefone do devedor.

No que diz respeito às **certidões em forma de relação,** logo mais analisadas no art. 29 desta Lei de Protestos, sobre inadimplementos por **pessoas naturais** serão elaboradas pelo nome e CPF dos devedores, devidamente identificados, devendo abranger protestos por falta de pagamento, de aceite ou de devolução, vedada exclusão ou omissão, espécie do título ou documento de dívida, data do vencimento da dívida, data do protesto da dívida e valor protestado.

Nas **informações complementares requeridas em lote ou em grande volume** poderão constar CPF dos devedores, espécie do título ou documento de dívida, número do título ou documento de dívida, data da emissão e data do vencimento da dívida, valor protestado, protocolo e data do protocolo, livro e folha do registro de protesto, data do protesto, nome e endereço do cartório.

O **fornecimento de cópias ou certidões de documentos arquivados na serventia** se limita ao documento protestado propriamente dito, nos termos do art. 22 da Lei n. 9.492/1997, enquanto perdurar o protesto, e dentro do prazo máximo de 10 anos, nos termos do art. 30 Lei n. 9.492/1997, não devendo ser fornecidas cópias dos demais documentos, salvo para as partes ou com autorização judicial.

Tratando-se de documento de identificação pessoal, a cópia arquivada somente deve ser fornecida ao próprio titular.

Quanto aos **documentos apresentados para protesto ou cancelamento** que forem considerados desnecessários para a prática do ato almejado, após adequada qualificação, o tabelião de protesto poderá devolvê-los ou eliminá-los.

Ainda no que diz respeito à **conservação**, o documento cujo original não precise ser guardado por imposição legal deve ser eliminado de maneira segura quando for digitalizado, **evitando-se a duplicidade** (art. 35, § 2.º, Lei n. 9.492/1997). Fica o tabelião de protesto autorizado a eliminar o documento após o término do prazo da tabela de temporalidade prevista no Provimento CNJ n. 50/2012, ou superada a necessidade de sua guarda por outras circunstâncias, tais como prescrição civil, tributária e penal.

2. JURISPRUDÊNCIA COMPLEMENTAR

TRIBUNAL DE JUSTIÇA DO ESTADO DE MINAS GERAIS

EMENTA: CONSTITUIÇÃO EM MORA – EDITAL – POSSIBILIDADE – FÉ PÚBLICA DO TABELIÃO DO PROTESTO – SENTENÇA CASSADA. – A constituição em mora pode dar-se por edital, contendo a certidão do tabelião do protesto que intimou o citado, porque o serventuário tem fé pública para dar validade ao documento, com presunção juris tantum de veracidade. (TJMG – APC 1.0024.11.332485-9/001, Relator: Des. Antônio de Pádua, 14ª C. Cível, Julgamento: 07/02/2013)

3. QUESTÕES DE CONCURSOS

01. (Vunesp – Outorga de Delegação de Notas e Registros – TJ – GO/2021) Analise as proposições acerca das certidões e informações do protesto e assinale a alternativa correta.

a) O Tabelião de Protesto expedirá as certidões solicitadas dentro de cinco dias úteis, no máximo, que abrangerão o período mínimo dos cinco anos anteriores, contados da data do pedido, salvo quando se referir a protesto específico.
b) O Tabelião de Protesto expedirá as certidões solicitadas dentro de vinte e quatro horas, no máximo, que abrangerão o período mínimo dos cinco anos anteriores, contados da data do pedido, salvo quando se referir a protesto específico.
c) O Tabelião de Protesto expedirá as certidões solicitadas dentro de vinte e quatro horas, no máximo, que abrangerão o período mínimo dos dez anos anteriores, contados da data do pedido, salvo quando se referir a protesto específico.
d) O Tabelião de Protesto expedirá as certidões solicitadas dentro de cinco dias úteis, no máximo, que abrangerão o período mínimo dos dez anos anteriores, contados da data do pedido, salvo quando se referir a protesto específico.

02. (IESES – Notário-MA/2011) Assinale a alternativa correta:

a) O Tabelião de Protesto expedirá as certidões solicitadas dentro de cinco dias úteis, no máximo, que abrangerão o período mínimo dos cinco anos anteriores, contados da data do pedido, salvo quando se referir a protesto específico.
b) O cancelamento do registro do protesto, se fundado em outro motivo que não no pagamento do título ou documento de dívida, será efetivado por determinação judicial, independentemente do pagamento dos emolumentos devidos ao Tabelião.
c) O cancelamento do registro do protesto será feito pelo Tabelião titular ou por seus Substitutos.
d) A averbação de retificação de erros materiais pelo serviço de protestos poderá ser efetuada a requerimento do interessado, sob responsabilidade deste.

03. (IESES – Cartório – Remoção – TJ – RO/2017) As certidões expedidas pelos serviços de protesto de títulos, inclusive as relativas à prévia distribuição, no caso de pessoas físicas, deverão obrigatoriamente indicar:

I. Nome do devedor e seu número no Registro Geral (R.G.) constante da Cédula de Identidade, ou seu número no Cadastro de Pessoas Físicas (C.P.F.).
II. Endereço do Credor.
III. Endereço do Devedor.
IV. Endereço eletrônico e telefone de contato do devedor.

A sequência correta é:

a) Apenas a assertiva I está correta.
b) Apenas as assertivas I e IV estão corretas.
c) As assertivas I e II estão incorretas.
d) As assertivas I, II, III e IV estão corretas.

GAB	1	A	2	A	3	A

Art. 28. Sempre que a homonímia puder ser verificada simplesmente pelo confronto do número de documento de identificação, o Tabelião de Protesto dará certidão negativa.

1. COMENTÁRIOS

A mesma previsão consta no art. 364 do Provimento CNJ 149/2023 (corresponde ao antigo art. 11 do Provimento CNJ n. 87/2023).

A homonímia ocorre quando duas pessoas possuem nomes idênticos, abrangendo o prenome e os patronímicos ou apelidos de família. Nesse caso, se houver prova irrefutável dessa circunstância, deve o Tabelião expedir certidão negativa, ainda que haja protesto lavrado com aquele nome.

Note-se que o presente artigo reforça o disposto no § 1º do art. 27, que elenca como requisito do pedido de certidão o nome e o número do documento de identificação. Ao confrontar tais dados, e não ocorrer coincidência, será expedida uma certidão negativa.

O Tabelião de Protesto deve agir com cautela e, havendo qualquer suspeita, solicitar outras provas.

As Normas de Serviço da Corregedoria-Geral da Justiça do Estado de São Paulo (**NSCGJSP**) trazem algumas soluções nos itens 110 e 111, Capítulo XV. O Código de Normas e Procedimento do Foro Extrajudicial do Estado de Goiás também aborda o assunto. A saber:

Item 110, NSCGJSP. Sempre que a homonímia puder ser verificada com segurança a partir de elementos de identificação que constem dos assentamentos, o Tabelião expedirá certidão negativa.

Item 111, NSCGJSP. Considerando que o protesto se refere a homônimo, e não constando elementos identificadores nos assentamentos da própria serventia extrajudicial ou nos documentos regularmente arquivados, o interessado, ao pedir expedição de certidão negativa, deve apresentar:

a) cópia autenticada da carteira de identidade;

b) atestado de duas testemunhas que declarem conhecer o interessado e que não se referem a ele aqueles protestos;

c) declaração do interessado, sob responsabilidade civil e criminal, dessa circunstância.

Art. 301, CNPFE/GO. Caso o interessado considere que o protesto se refere a homônimo, ausente dos assentos do tabelionato elementos individuais identificadores, juntar-se-ão ao pedido de expedição de certidão negativa:

I – cópia autenticada do documento de identidade do interessado;

II – atestado de duas testemunhas afirmando conhecerem o interessado e que o protesto não se refere a ele; e

III – declaração do interessado, sob responsabilidade civil e criminal, da circunstância descrita no *caput*.

2. QUESTÃO DE CONCURSO

01. (Vunesp – Cartório – SP – Provimento/2016) Com relação às certidões e às informações do protesto, assinale a alternativa correta.

a) Os Tabeliães de Protesto podem fornecer, a qualquer pessoa, certidões com referência aos protestos cancelados, desde que requeridas por escrito.

b) Do livro protocolo serão prestadas informações e fornecidas certidões mediante pedido escrito de qualquer pessoa.

c) Os Tabeliães de Protesto podem expedir certidão negativa, se a homonímia puder ser verificada a partir de elementos de identificação que constem dos assentamentos.

d) O fornecimento de certidões de protestos não cancelados dispensa requerimento por escrito.

GAB	1	C

Lei 9.492/1997

Art. 29. Os cartórios fornecerão às entidades representativas da indústria e do comércio ou àquelas vinculadas à proteção do crédito, quando solicitada, certidão diária, em forma de relação, dos protestos tirados e dos cancelamentos efetuados, com a nota de se cuidar de informação reservada, da qual não se poderá dar publicidade pela imprensa, nem mesmo parcialmente.

§ 1º O fornecimento da certidão será suspenso caso se desatenda ao disposto no *caput* ou se forneçam informações de protestos cancelados.

§ 2º Dos cadastros ou bancos de dados das entidades referidas no *caput* somente serão prestadas informações restritivas de crédito oriundas de títulos ou documentos de dívidas regularmente protestados cujos registros não foram cancelados.

§ 3º Revogado.

1. COMENTÁRIOS

Inicialmente, cumpre consignar a explanação de Walter Ceneviva acerca da distinção entre as certidões e informações. Para ele, as informações são aquelas previstas no art. 29, da Lei 9.492/1997, e são espécies do gênero certidão. A informação de protesto relacionará diariamente, em forma de certidão sumária, de publicidade proibida, os protestos tirados e os cancelamentos averbados (*Lei dos notários e dos registradores comentada*. 8. ed. São Paulo: Saraiva, 2010, p. 130).

As certidões por relação ou informações são fornecidas às entidades de proteção ao crédito com a finalidade de **atualização de seus bancos de dados**. Tais certidões devem ser expedidas diariamente, contendo todos os protestos e cancelamento de protesto lavrados, com a anotação de se tratar de informação sigilosa da qual não se poderá dar publicidade pela imprensa, ainda que parcialmente.

Convém dialogar o dispositivo em comento com o art. 130 do Código Nacional de Normas. A seção que abrange esse dispositivo traz regras sobre o "Protesto de Títulos e Outros Documentos de Dívida e a Proteção de Dados". Veja-se:

Art. 130. As certidões em forma de relação sobre inadimplementos por pessoas naturais serão elaboradas pelo nome e CPF dos devedores, devidamente identificados, devendo abranger protestos por falta de pagamento, de aceite ou de devolução, vedada exclusão ou omissão, espécie do título ou documento de dívida, data do vencimento da dívida, data do protesto da dívida e valor protestado.

É imperativo que as entidades de proteção ao crédito obedeçam ao **dever de sigilo** imposto no *caput* do art. 29, sob pena de suspensão do fornecimento da certidão, nos termos do § 1º do aludido dispositivo. O rigor da norma se justifica em razão dos princípios constitucionais atinentes à privacidade da pessoa física ou jurídica.

Atente-se para o fato de que o Conselho Nacional de Justiça proibiu a inclusão de protestos de letras de câmbio, por falta de aceite, em órgãos de proteção ao crédito (Pedido de Providências – PP nº 001477-05.2011.2.00.0000).

2. JURISPRUDÊNCIA COMPLEMENTAR

SUPREMO TRIBUNAL FEDERAL

EMENTA: CONSTITUCIONAL. FORNECIMENTO DE INFORMES SOBRE PROTESTOS EM LISTAS DIARIAS. CASOS EM QUE OS DADOS DEVEM SER PRESTADOS APENAS POR CERTIDÕES INDIVIDUALIZADAS. AUSENCIA DE ILEGALIDADE. E ISENTO DE VICIOS O ATO BAIXADO PELA CORREGEDORIA QUE IMPEDE AOS CARTORIOS DE PROTESTOS DE FORNECEREM INFORMES SOBRE PROTESTOS, EM LISTAS DIARIAS, NO TOCANTE A TITULOS NÃO EMITIDOS OU NÃO ACEITOS PELO DEVEDOR, SE ADMITE, COMO NO CASO, A EXPEDIÇÃO DE "CERTIDÕES INDIVIDUAIS QUE SEJAM FORMALMENTE REQUERIDAS". SEGURANÇA DENEGADA. RECURSO ORDINARIO IMPROVIDO. (STJ – RMS: 7756 SP 1996/0065336-4, Relator: Ministro CESAR ASFOR ROCHA, Data de Julgamento: 19/03/1998, T4 – QUARTA TURMA, Data de Publicação: DJ 08.06.1998 p. 109)

SUPERIOR TRIBUNAL DE JUSTIÇA

EMENTA: RESPONSABILIDADE CIVIL DO ESTADO. DANOS MORAIS. CANCELAMENTO DE PROTESTO. PERMANÊNCIA NOS CADASTROS DE ÓRGÃO DE PROTEÇÃO AO CRÉDITO. ART. 29 DA LEI 9.492/1997. CONDICIONAMENTO DO ENVIO DE INFORMAÇÕES A REQUERIMENTO DA ENTIDADE INTERESSADA. 1. Cuida-se, originariamente, de ação de indenização por supostos danos morais decorrentes de permanência do nome da ora recorrida em órgão de proteção ao crédito, mesmo após o cancelamento do protesto no Tabelionato de Protesto de Títulos. 2. Nos termos do art. 29 da Lei 9.492/ 1997, o envio de informações concernentes aos protestos tirados e aos cancelamentos efetuados pelos cartórios fica condicionado à solicitação da entidade interessada, pois o Tabelião lida com informação reservada, sendo-lhe defeso dar publicidade por imprensa, ainda que de forma parcial. Em razão do caráter confidencial das informações prestadas pelo Cartório de Protestos de Títulos, compreensível o condicionamento do repasse de informações ao requerimento do órgão de proteção ao crédito. 3. Esta interpretação decorre de preceito reitor da Administração Pública, qual seja, o princípio da legalidade, segundo o qual aos agentes públicos só é lícito atuar nos termos das normas regedoras. 4. Recurso Especial provido. (STJ – REsp 1156188 / PR, Ministro HERMAN BENJAMIN, DJe 14/09/2010)

TRIBUNAL DE JUSTIÇA DO ESTADO DO RIO GRANDE DO SUL

EMENTA: RESPONSABILIDADE CIVIL. PROTESTO. PAGAMENTO DA DÍVIDA. MANUTENÇÃO DO REGISTRO JUNTO AO SERASA, CUJO REGISTRO FOI INICIATIVA DO TABELIONATO. FORNECIMENTO DE CARTA DE ANUÊNCIA PELO CREDOR. AUSÊNCIA DE DEVER DE INDENIZAR. 1. Tendo recebido carta de anuência expedida pelo credor após o pagamento da dívida, incumbe ao devedor proceder à exclusão do protesto. 2. Caso em que a inscrição junto a Serasa foi iniciativa do Tabelião, na forma do art. 29 da Lei 9.492/97. Assim, a indevida manutenção deste registro, mesmo após o pagamento da dívida, não pode redundar na responsabilidade civil do credor. 3. Inexistência de ato ilícito por parte do credor, ou mesmo de nexo causal entre a sua conduta e os danos oriundos da indevida manutenção do registro. 4. Pretensão que está em confronto com a jurisprudência dominante nesta Corte de Justiça. AGRAVO INTERNO DESPROVIDO. UNÂNIME. (TJRS – Ag. Inst. nº 70046568044, Relator: Iris Helena Medeiros Nogueira, 9ª Câmara Cível, Julgado em 14/12/2011).

3. QUESTÃO DE CONCURSO

01. (TJ/AM – 2023 – TJ/AM – Titular de Notas e Serviços de Registros) Acerca das certidões e informações do protesto, assinale a alternativa **INCORRETA** em relação à Lei nº 9.472/1997:

a) O Tabelião de Protesto expedirá as certidões solicitadas dentro de cinco dias úteis, no máximo, que abrangerão o período mínimo dos cinco anos anteriores, contados da data do pedido, salvo quando se referir a protesto específico.

b) Das certidões não constarão os registros cujos cancelamentos tiverem sido averbados, salvo por requerimento escrito do próprio devedor ou por ordem judicial.

c) Poderão ser fornecidas certidões de protestos, não cancelados, a quaisquer interessados, desde que requeridas por escrito.

d) Os cartórios fornecerão às entidades representativas da indústria e do comércio ou àquelas vinculadas à proteção do crédito, quando solicitada, certidão diária, em forma de relação, dos protestos tirados e dos cancelamentos efetuados, da qual se poderá dar publicidade pela imprensa.

02. (FGV – 2023 – TJ-SE – Atividade Notarial e de Registro – Provimento) Determinada associação representativa dos interesses da indústria formulou requerimento, ao tabelião de protestos, solicitando o fornecimento de certidão diária, com a relação dos protestos tirados e dos cancelamentos efetuados.

Ao analisar o requerimento formulado, à luz da Lei nº 9.492/1997, o tabelião concluiu, corretamente, que:

a) é possível o fornecimento da certidão, mas apenas para uso interno da associação, vedado o fornecimento do seu teor a terceiros;

b) a certidão somente pode alcançar as pessoas, naturais ou jurídicas, que mantenham relações jurídicas com a associação ou seus associados;

c) não é possível o fornecimento de certidão dos cancelamentos efetuados, considerando o direito à intimidade e a ausência de interesse da associação;

d) é possível o fornecimento da certidão, mas só serão prestadas informações restritivas de crédito, dos bancos de dados da associação, dos protestos não cancelados;

e) o fornecimento de certidões diárias, como requerido pela associação, não se coaduna com a necessária demonstração do interesse de agir em cada requerimento formulado.

03. (IESES – Cartório – TJ – PB/2014) Relativamente às certidões expedidas pelo Tabelionato de Protestos de Títulos e Documentos, todas as alternativas abaixo relacionadas estão incorretas, EXCETO:

a) O Tabelião fornecerá às entidades representativas da indústria e comércio, ou àquelas vinculadas à proteção do crédito, quando solicitada, certidão diária, em forma de relação, dos protestos tirados e cancelamentos efetuados, com a nota de que se trata de informação reservada, da qual não se poderá dar publicidade pela imprensa, nem mesmo parcialmente.

b) Mesmo que a homonímia puder ser verificada simplesmente pelo confronto do número de documento de identificação, o Tabelião de Protesto não expedirá certidão negativa, remetendo o caso, incontinente, ao juiz competente.

c) Nas certidões deverão constar os registros cujos cancelamentos tiverem sido averbados, salvo se requerido diversamente pela parte solicitante.

d) O Tabelião de Protesto expedirá as certidões solicitadas dentro do prazo de três dias úteis, no máximo, abrangendo o período mínimo de cinco anos anteriores, contados da data do pedido, salvo quando se referir a protesto específico.

GAB	1	D	2	D	3	A

Art. 30. As certidões, informações e relações serão elaboradas pelo nome dos devedores, conforme previstos no § 4º do art. 21 desta Lei, devidamente identificados, e abrangerão os protestos lavrados e registrados por falta de pagamento, de aceite ou de devolução, vedada a exclusão ou omissão de nomes e de protestos, ainda que provisória ou parcial.

1. COMENTÁRIOS

As certidões previstas no art. 27, § 1º e as informações estabelecidas no art. 29 desta Lei, expedidas pelo Tabelionato de Protestos, devem ser feitas em nome dos devedores. Conforme o § 4º do art. 21, esses devedores são os emitentes de notas promissórias e cheques, os sacados nas letras de câmbio e duplicatas, bem como os indicados pelo apresentante ou credor como responsáveis pelo cumprimento da obrigação. Esses devedores serão identificados, abrangendo os protestos lavrados e registrados por falta de pagamento, de aceite ou de devolução.

A exclusão ou omissão de nomes e de protestos, ainda que provisória e parcial é proibida.

2. JURISPRUDÊNCIA

TRIBUNAL DE JUSTIÇA DO ESTADO DO RIO GRANDE DO SUL

EMENTA: PROCESSO Nº 70068099308. AGRAVO DE INSTRUMENTO. LOCAÇÃO. AÇÃO DECLARATÓRIA DE DUPLICATA MERCANTIL E CANCELAMENTO DE PROTESTO. SUSTAÇÃO DE PROTESTO JÁ EFETIVADO. ANTECIPAÇÃO DE TUTELA. MANTIDO O INDEFERIMENTO. LEI DE PROTESTOS CAMBIAIS (9.492/97). ARTIGOS 30 E 34. RISCO DE INSEGURANÇA JURÍDICA OU DESCRÉDITO DO INSTITUTO CAMBIAL. AVERBAÇÃO JUNTO AO CARTÓRIO DE PROTESTOS E DEMAIS ÓRGÃOS DE PROTEÇÃO AO CRÉDITO DA EXISTÊNCIA DA AÇÃO JUDICIAL. 1. A Lei 9.492/97, em seus artigos 30 e 34, veda expressamente o cancelamento provisório ou a sustação dos efeitos de protesto, como forma de evitar a insegurança jurídica, sendo certo, também, que o cancelamento encerra risco de irreversibilidade em nítida afronta ao § 2º do art. 273 do CPC.2. Na espécie, a prova dos autos não empresta verossimilhança à tese da agravante, ao menos para fins de obstar, em cognição sumária, os efeitos de protesto lavrado, razão pela qual é de ser mantida a decisão interlocutória que indeferiu o pedido de antecipação de tutela. **3.** Contudo, é possível determinar-se ao Oficial dos Registros a averbação junto ao registro do protesto, para comunicação pública, da existência de medida judicial anulatória do título. AGRAVO DE INSTRUMENTO PROVIDO, EM PARTE, EM DECISÃO MONOCRÁTICA

EMENTA: PROTESTO DE NOTA PROMISSÓRIA. ANTECIPAÇÃO DE TUTELA. VEROSSIMILHANÇA. AUSÊNCIA. POSSIBILIDADE DE AVERBAÇÃO, JUNTO AO REGISTRO DO TABELIONATO, DA EXISTÊNCIA DE QUESTIONAMENTO JUDICIAL QUANTO À REGULARIDADE DO TÍTULO PROTESTADO. Protesto. Cancelamento ou suspensão de seus efeitos: medida vedada – arts. 30 e 34 da Lei nº 9.492/1997. Possibilidade de averbação, junto ao registro do Tabelionato, da existência de questionamento judicial quanto à regularidade do título de crédito protestado. Agravo de Instrumento provido em parte. Decisão monocrática. (TJRS – AGI 70053419719, Relator: Jorge Alberto Schreiner Pestana, 10ª Câmara Cível, Julgado em 01/03/2013)

TRIBUNAL DE JUSTIÇA DO ESTADO DE MINAS GERAIS

EMENTA: PEDIDO DE TUTELA ANTECIPADA VISANDO À SUSTAÇÃO OU SUSPENSÃO DOS EFEITOS DE PROTESTO JÁ EFETIVADO – IMPOSSIBILIDADE – INTELIGÊNCIA DO ART. 30 DA LEI 9.492/ 97. – Uma vez efetivado o protesto, não se admite a sustação ou suspensão dos seus efeitos, prática expressamente vedada pelo art. 30 da Lei nº 9492/97. [TJMG – Ag. Inst.. 1.0024.12.207925 – 4/001, 18ª C. Civ. Des. Guilherme Luciano Baeta Nunes. Publicação 05/10/2012.

3. QUESTÕES DE CONCURSOS

01. (EJEF Tabelionato e Registro-MG/2007) Em relação à certidão e informações do protesto, assinale a alternativa FALSA.

a) A certidão abrangerá os protestos lavrados e registrados por falta de pagamento, de aceite ou de devolução, ainda que sustados ou cancelados por ordem judicial.

b) As certidões solicitadas serão expedidas dentro de cinco dias úteis, no máximo, e abrangerão o período mínimo dos cinco anos anteriores, contados da data do pedido.

c) Os cartórios fornecerão às entidades representativas da indústria e do comércio ou àquelas vinculadas à proteção do crédito, quando solicitada, certidão diária, em forma de relação, dos protestos tirados e dos cancelamentos efetuados.

d) As certidões deverão obrigatoriamente indicar, além do nome do devedor, seu número no Registro Geral (R.G.), constante da Cédula de Identidade, ou seu número no Cadastro de Pessoas Físicas (C.P.F.), se pessoa física.

02. (Cespe – Cartório – ES/2013) De acordo com a Lei nº 9.492/1997, ao emitir certidões, o tabelião deverá arrolar os protestos regularmente vigentes e

a) fazer constar aqueles cujos cancelamentos tiverem sido averbados, mas que tiverem sido objeto de requerimento escrito do próprio credor.

b) omitir aqueles cujos cancelamentos tiverem sido averbados, independentemente das razões de cancelamento, ainda que tenham sido objeto de requerimento de divulgação escrito do próprio devedor.

c) omitir alguns daqueles cujos cancelamentos tiverem sido averbados, dependendo das razões de cancelamento.

d) omitir aqueles cujos cancelamentos tiverem sido averbados, a menos que haja requerimento expresso do solicitante da certidão.

e) fazer constar aqueles cujos cancelamentos tiverem sido averbados, desde que tenham sido objeto de requerimento escrito do próprio devedor ou de ordem judicial.

GAB	1	A	2	E

Art. 31. Poderão ser fornecidas certidões de protestos, não cancelados, a quaisquer interessados, desde que requeridas por escrito.

1. COMENTÁRIOS

Uma simples leitura do dispositivo em comento leva a crer que as certidões positivas não podem ser requeridas de forma verbal, somente por escrito, enquanto as certidões negativas podem ser solicitadas verbalmente. Este é o entendimento da doutrina dominante e também está positivado em várias normativas estaduais, como, por exemplo, o art. 384 do Provimento 93/2020 da Corregedoria-Geral de Justiça do Estado de Minas Gerais. Vejamos:

> **Art. 384.** Independe de requerimento por escrito o fornecimento de certidão negativa de protesto ("nada consta").
>
> Parágrafo único. Entende-se como certidão negativa de distribuição ou de protesto aquela que apenas certifica a inexistência de distribuição ou de registro de protestos não cancelados em que figure como devedor a pessoa, física ou jurídica, em relação à qual é emitida

Todavia, outra parte da doutrina entende que todas as certidões, tanto as positivas quanto as negativas, devem ser requeridas por escrito, mesmo porque, no momento do requerimento, não há como saber se a certidão será negativa ou positiva. Esse é o entendimento de Eduardo Pacheco Ribeiro de Souza, que assim argumenta: "exige a lei, ainda, que as certidões sejam requeridas por escrito (art. 31 da Lei 9.492/1997, com redação dada pela Lei nº 9.841/1999) formalidade que inexiste nos demais serviços delegados (no âmbito da legislação federal, havendo a exigência em algumas normas administrativas estaduais)" (*Noções fundamentais de direito registral e notarial.* São Paulo: Saraiva, 2011, p. 198). Complementa Sérgio Bueno que "na prática, toda solicitação de certidão deve ser feita por escrito" (Op. cit., p. 162).

O Provimento CNJ n. 87/2019 trouxe uma norma que parece ter encerrado a discussão. Nos termos do art. 12, as certidões individuais serão fornecidas pelo tabelião de protesto de títulos, no prazo máximo de 5 (cinco) dias úteis, mediante pedido escrito ou verbal de qualquer pessoa interessada, abrangendo um período mínimo dos cinco anos anteriores ao pedido, salvo quando solicitado período maior ou referente a protesto específico. Este dispositivo foi incorporado ao art. 365 do Código Nacional de Normas.

Note-se que o Provimento permite as duas formas de pedido: escrita e verbal. Assim, parece-me que a celeuma está findada.

Tanto o dispositivo em comento quanto o ato normativo do CNJ deixam claro que a legitimidade para requerer certidões de **protestos não cancelados é de qualquer interessado.**

Todavia, no caso de solicitação de certidão do **Livro de Protocolo** ou de **protesto cancelado**, somente serão fornecidas certidões mediante pedido escrito do **próprio devedor ou por determinação judicial.**

Esta também é a regra inserta no art. 363 do Código Nacional de Normas, ao prescrever que "das certidões não constarão os protestos cancelados, salvo por requerimento escrito do próprio devedor ou por ordem judicial".

Para esclarecer, o leitor deve fazer as seguintes perguntas:

a) Quem pode requerer a certidão de protesto não cancelado? Qualquer interessado.

b) Quem pode solicitar a certidão de título cancelado? O devedor ou por autorização judicial.

c) Quem pode solicitar certidão de título não protestado? O devedor ou por autorização judicial. No Estado de São Paulo, existe regulamentação no que tange às certidões do Livro Protocolo, conforme segue: "do Livro Protocolo somente serão prestadas informações ou fornecidas certidões mediante **pedido do apresentante, do credor, do devedor ou por determinação judicial**" (Item 105, Cap. XV, NSCGJSP).

O art. 361 do Provimento CNJ 149/2023 estabelece que os tabeliães de protesto podem prestar a qualquer pessoa que requeira informações e fornecer cópias de documentos arquivados relativas a protestos não cancelados.

Frise-se que tais pedidos, tanto de informações simples ou complementares como de certidões e de cópias podem ser realizados pela internet, bem como atendidos e expedidos pelos Tabelionatos por meio eletrônico, mediante assinatura eletrônica.

Por derradeiro, é oportuno informar que, decorridos 30 (trinta) dias a partir da expedição, os tabeliães de protesto ficam autorizados a inutilizar as certidões caso o interessado não compareça para retirá-las no Tabelionato ou, onde houver, no serviço de distribuição. Esta circunstância deverá ser informada ao interessado no ato do pedido (art. 366, Provimento CNJ 149/2023).

2. QUESTÕES DE CONCURSOS

01. (FGV – 2023 – TJ-SE – Atividade Notarial e de Registro – Remoção) João, que teve um título protestado, mas pagou o valor devido ao credor, almejava cancelar o referido protesto, de modo que as certidões a serem fornecidas não mais fizessem referência ao protesto que seria cancelado.

Para se inteirar do procedimento a ser adotado, procurou um advogado, o qual lhe informou corretamente que o cancelamento:

a) pode ser requerido por qualquer interessado e, em algumas situações, será possível o fornecimento de certidão do protesto cancelado;

b) somente pode ser realizado mediante requerimento do credor, responsável pelo protesto, ou por ordem judicial, e não poderá ser fornecida certidão do protesto cancelado;

c) é realizado de ofício, assim que ocorrer o pagamento do título protestado junto ao tabelião de protesto, sendo que a certidão do protesto cancelado somente será fornecida a pedido de João;

d) só pode ser requerido pelo devedor, com a apresentação do documento protestado ou, à sua falta, mediante declaração de anuência do credor, sendo vedado o fornecimento de certidão sobre a existência do protesto cancelado;

e) somente pode ser requerido pelo credor e, se este não o fizer nos trinta dias subsequentes ao pagamento, João poderá requerê-lo, e o fornecimento de certidão do protesto cancelado está condicionado ao requerimento de João.

02. (EJEF – Tabelionato e Registro-MG/2007) Sobre as certidões e informações do protesto, é CORRETO afirmar que:

a) o tabelião de protesto expedirá as certidões solicitadas dentro do prazo máximo de 03 (três) dias úteis, que abrangerão o período mínimo dos 05 (cinco) anos anteriores, contados da data do pedido, salvo quando se referir a protesto específico.

b) nos casos de homonímia que puder ser verificada pelo confronto do número de documentos de identificação, o tabelião de protesto somente poderá expedir certidão negativa após autorização judicial.

c) nas certidões expedidas pelo tabelião de protesto sempre deverão constar os registros cujos cancelamentos tiverem sido averbados.

d) poderão ser fornecidas certidões de protestos, não cancelados, a quaisquer interessados, desde que requeridas por escrito.

03. (Vunesp – Notário-MS/2009) Acerca das certidões do protesto, é correto afirmar que

a) abrangerão o período máximo dos 5 anos anteriores, contados da data do pedido, salvo quando se referirem a protesto específico.

b) delas constarão os registros cujos cancelamentos tiverem sido averbados, salvo por requerimento escrito do próprio devedor ou por ordem judicial.

c) poderão ser fornecidas, quando se refiram a protestos não cancelados, a quaisquer interessados, desde que requeridas por escrito.

d) ocorrendo homonímia, sempre que a mesma possa ser verificada simplesmente pelo confronto do número do documento de identificação, o Tabelião de Protesto dará certidão positiva.

e) os cartórios não poderão fornecer às entidades representativas da indústria e do comércio, em qualquer hipótese, certidão diária, em forma de relação, dos protestos tirados e dos cancelamentos efetuados.

04. (FMP – Cartório – TJ – MT/2014) Sobre as certidões e as informações de protesto, com base na Lei 9.492/97, assinale a afirmativa correta.

a) As certidões, as informações e as relações serão elaboradas pelo nome dos devedores e abrangerão os protestos lavrados e registrados por falta de pagamento, de aceite ou de devolução, vedada a exclusão de protestos cancelados por ordem judicial.

b) Poderão ser fornecidas certidões de protestos não cancelados a quaisquer interessados, desde que requeridas por escrito.

c) Sempre que a homonímia puder ser verificada simplesmente pelo confronto do número de documento de identificação, o Tabelião de Protesto dará certidão positiva.

d) Das certidões não constarão os registros cujos cancelamentos tiverem sido averbados, salvo por requerimento escrito do credor ou por ordem judicial.

e) O Tabelião de Protesto expedirá as certidões solicitadas dentro de cinco dias úteis, no mínimo, que abrangerão o período máximo dos cinco anos anteriores, contados da data do pedido, vedada certidão de protesto específico.

05. (IESES – Cartório – Remoção – TJ – RO/2017) Poderão ser fornecidas certidões de protestos não cancelados:

a) A quaisquer interessados, mediante solicitação oral em balcão de atendimento.

b) Somente ao devedor.

c) Somente ao credor.

d) A quaisquer interessados, desde que requeridas por escrito.

GAB	1	A	2	D	3	C	4	B	5	D

CAPÍTULO XII – DOS LIVROS E ARQUIVOS

1. COMENTÁRIOS

Este capítulo regula o acervo e conservação no ambiente das Serventias Extrajudiciais de Protesto. O Tabelião de Protesto de Títulos deve prestar os serviços de modo eficiente e adequado, em local de fácil acesso ao público e que ofereça segurança para o arquivamento dos livros e documentos.

Art. 32. O livro de Protocolo poderá ser escriturado mediante processo manual, mecânico, eletrônico ou informatizado, em folhas soltas e com colunas destinadas às seguintes anotações: número de ordem, natureza do título ou documento de dívida, valor, apresentante, devedor e ocorrências.

Parágrafo único. A escrituração será diária, constando do termo de encerramento o número de documentos apresentados no dia, sendo a data da protocolização a mesma do termo diário do encerramento.

Art. 33. Os livros de Registros de Protesto serão abertos e encerrados pelo Tabelião de Protestos ou seus Substitutos, ou ainda por Escrevente autorizado, com suas folhas numeradas e rubricadas.

1. COMENTÁRIOS

Inicialmente, é oportuno consignar que, além dos dois livros obrigatórios estabelecidos por lei – Livro Protocolo e Livro de Registro de Protestos –, as regras locais podem prever outros livros. Não é demais lembrar que o Provimento CNJ n. 45/2015 traz outros livros obrigatórios para os Ofícios de Registros e Tabelionato. Este ato normativo, que revogou o Provimento 34 de 09/07/2013 e a Orientação 6 de 25/11/2013, consolida as normas relativas à manutenção e escrituração dos livros **Diário Auxiliar, Visitas e Correições e Controle de Depósito Prévio** pelos titulares de delegações e responsáveis interinos do serviço extrajudicial de notas e registros públicos. Várias regras do Provimento CNJ n. 45 foram incorporadas ao Código Nacional de Normas nos arts. 186 a 195.

O registro dos protestos lavrados será escriturado em um mesmo livro, independentemente do tipo de protesto, inclusive para fins falimentares.

O primeiro ato que o tabelião de protesto deve fazer é a escrituração do livro protocolo. Como se sabe, o art. 9º prevê que os títulos ou documentos de dívida protocolizados, que não apresentem vícios, terão curso, independente de averiguação da prescrição ou caducidade. Qualquer irregularidade formal observada pelo Tabelião obstará o registro do protesto. Logo, a protocolização ou o apontamento consiste no lançamento do título no protocolo.

O art. 32 vem **materializar o processo de protocolização**, estabelecendo que deve existir um livro no qual serão escriturados os seguintes elementos: número de ordem, natureza do título ou documento de dívida, valor, apresentante, devedor e ocorrências. O objetivo é a identificação dos títulos ou documentos de dívida protocolizados.

As colunas destinadas às anotações são:

Número de ordem	É o próprio Tabelionato que estabelece, e é por meio dele que se comprova a ordem cronológica de chegada dos títulos e documentos de dívida na Serventia. Também é por meio dele que se atesta a quantidade de títulos protocolizados.
Natureza de título ou documento de dívida	Se é duplicata, nota promissória, letra de câmbio, sentença, contratos bilaterais, encargos condominiais etc.
Valor	É aquele expresso no título.
Nome do apresentante e do devedor	Mera finalidade de identificação. Este tema já foi abordado nos comentários do art. 5º desta Lei, aos quais se remete o leitor.
Ocorrências	Anota-se se ocorreu o pagamento, o protesto, a sustação, entre outros.

A escrituração pode ser manual, mecânica, informatizada ou eletrônica, ou seja, o Tabelião de Protesto tem total independência para eleger a forma dessa anotação.

A manual é muito rara nos dias de hoje. Sérgio Luiz José Bueno ensina que "no tocante a essas duas últimas formas, com a leitura integrada do § 2º do art. 35, da mesma lei, conclui-se que o livro do protocolo em meio eletrônico é o que tem suas folhas gravadas por processo eletrônico (digitalização), já o escriturado em processo informatizado existe apenas no contexto do sistema em que foi gerado, embora possa ser reproduzido em meio físico para exame visual, se necessário" (*Tabelionato de Protestos*. São Paulo: Saraiva, 2013, p. 152). Segue um quadro sinóptico baseado na citação do autor:

Livro do protocolo em meio eletrônico	Livro do protocolo escriturado em processo informatizado	Livro do protocolo não eletrônico e não informatizado
É o que tem suas folhas por processo eletrônico (digitalização)	Existe apenas no contexto do sistema em que foi gerado, embora possa ser reproduzido em meio físico para exame visual, se necessário	Ele é constituído de folhas soltas, divididas em colunas, destinadas às anotações já expostas nesta obra.

As Serventias vêm utilizando o processo informatizado, escriturando o livro em meio informatizado, sem existência física. Algumas Corregedorias Gerais, inclusive, já regulamentavam o assunto.

Em 2019, foi editado o revolucionário Provimento CNJ nº 87/2019, que trouxe regras e regulamentou a implantação da Central Nacional de Serviços Eletrônicos dos Tabeliães de Protesto de Títulos – CENPROT, que estudaremos minuciosamente nos comentários do art. 41-A, uma novidade trazida pela Lei 13.775/2018. Este Provimento foi incorporado aos arts. 257 a 263 (CENPROT) e aos arts. 354 a 367 (Disposições Gerais e Intimações).

Decorridos os prazos legais mínimos estabelecidos para a conservação dos livros e documentos (artigos 35, § 1.º, e 36 da Lei 9.492/1997), a inutilização do acervo será comunicada ao Juiz Corregedor Permanente competente.

Os prazos previstos nos citados artigos também se aplicam aos livros e aos documentos microfilmados ou cujas imagens foram gravadas por processo eletrônico, bem como aos atos lavrados com a utilização de assinatura eletrônica. Para os livros e documentos microfilmados ou gravados por processo eletrônico de imagens, não subsiste a obrigatoriedade de sua conservação.

O livro digital e os índices digitais são métodos modernos, e quando empregados da forma correta e segura, auxiliam, descomplicam e agilizam os serviços.

Na escrituração em meio eletrônico será mantido o sistema de numeração contínua de livros e folhas ou de arquivo eletrônico. Nessa forma de escrituração, é obrigação do Tabelião manter arquivadas cópias de segurança atualizadas (backup).

É importante que os sistemas de escrituração em meio eletrônico contenham mecanismos de identificação de usuários, com registro dos atos praticados, e de preservação da integridade dos dados escriturados.

O instrumento de protesto também poderá ser expedido por meio eletrônico, com a utilização de certificado digital no âmbito da ICP-Brasil ou outro meio seguro.

Se o livro não for eletrônico ou informatizado, ele é constituído de folhas soltas. As folhas são divididas em colunas, destinadas as anotações já estudadas alhures.

A escrituração deve ser diária e feita nos termos dos artigos 20 a 23 da mesma Lei. Ademais, conforme o art. 5º desta Lei, o apontamento dos documentos apresentados ou distribuídos no horário regulamentar será protocolizado dentro de vinte e quatro horas, obedecendo à ordem cronológica de entrega.

Os livros de Registros de Protesto serão abertos e encerrados pelo **Tabelião de Protestos ou seus Substitutos,** ou ainda por Escrevente autorizado, com suas folhas numeradas e rubricadas.

Observa-se que a norma protestual difere da dicção do art. 4º da Lei 6.015/1973, que estabelece:

> **Art. 4º, Lei 6.015/1973.** *Os livros de escrituração serão abertos, numerados, autenticados e encerrados pelo* ***oficial do registro****, podendo ser utilizado, para tal fim, processo mecânico de autenticação previamente aprovado pela autoridade judiciária competente.*
>
> Parágrafo único. *Os* ***livros notariais****, nos modelos existentes, em folhas fixas ou soltas, serão também abertos, numerados, autenticados e encerrados pelo* ***tabelião,*** *que determinará a respectiva quantidade a ser utilizada, de acordo com a necessidade do serviço.*

Note-se que a regra do art. 33 da Lei nº 9.492/1997 é mais abrangente do que a lei registral, pois permite a abertura e encerramento dos livros de protesto não apenas pelo tabelião de protesto, mas também pelo seu substituto ou por escrevente autorizado.

Por sua vez, o art. 42 do Provimento CNJ n. 149/2023, que dispõe sobre a mediação e conciliação nos cartórios, segue a mesma dicção do art. 4º da Lei nº 6.015/1973:

> **Dos Livros**
>
> Art. 42. Os serviços notariais e de registro optantes pela prestação do serviço criarão livro de protocolo específico para recebimento de requerimentos de conciliação e de mediação.
>
> § 1.º O livro de protocolo, com 300 folhas, será aberto, numerado, autenticado e encerrado pelo oficial do serviço notarial e de registro, podendo ser utilizado, para tal fim, processo mecânico de autenticação previamente aprovado pela autoridade judiciária competente. Os livros de Registros de Protesto devem ser arquivados por dez anos, nos termos do art. 36 desta Lei.

2. QUESTÃO DE CONCURSO

01. (TJ/AM – 2023 – TJ/AM – Titular de Notas e Serviços de Registros) Acerca dos livros, arquivos e responsabilidade do protesto, assinale a alternativa **INCORRETA** em relação à Lei nº 9.472/1997:

a) Os livros de Registros de Protesto serão abertos e encerrados somente pelo Tabelião de Protestos ou seus Substitutos, com suas folhas numeradas e rubricadas.

b) Os Tabeliães de Protesto de Títulos são civilmente responsáveis por todos os prejuízos que causarem, por culpa ou dolo, pessoalmente, pelos substitutos que designarem ou Escreventes que autorizarem, assegurado o direito de regresso.

c) O prazo de arquivamento é de três anos para livros de protocolo e de dez anos para os livros de registros de protesto e respectivos títulos.

d) As intimações e editais correspondentes a documentos protestados e ordens de cancelamento deverão ser conservados, pelo menos, durante um ano.

02. (IESES – Cartório – Provimento – TJ – AM/2018) Assinale a alternativa INCORRETA:

a) No Tabelionato de protesto o prazo de arquivamento é de três anos para livros de protocolo e de dez anos para os livros de registros de protesto e respectivos títulos.

b) No Tabelionato de protesto o livro de Protocolo deverá ser escriturado mediante processo manual, em folhas soltas e com colunas destinadas às seguintes anotações: número de ordem, natureza do título ou documento de dívida, valor, apresentante, devedor e ocorrências.

c) Os livros de Registros de Protesto serão abertos e encerrados pelo Tabelião de Protestos ou seus Substitutos, ou ainda por Escrevente autorizado, com suas folhas numeradas e rubricadas.

d) No Tabelionato de Protesto a escrituração do livro de protocolo será diária, constando do termo de encerramento o número de documentos apresentados no dia, sendo a data da protocolização a mesma do termo diário do encerramento.

GAB	1	A	2	B

Art. 34. Os índices serão de localização dos protestos registrados e conterão os nomes dos devedores, na forma do § 4º do art. 21, vedada a exclusão ou omissão de nomes e de protestos, ainda que em caráter provisório ou parcial, não decorrente do cancelamento definitivo do protesto.

§ 1º Os índices conterão referência ao livro e à folha, ao microfilme ou ao arquivo eletrônico onde estiver registrado o protesto, ou ao número do registro, e aos cancelamentos de protestos efetuados.

§ 2º Os índices poderão ser elaborados pelo sistema de fichas, microfichas ou banco eletrônico de dados.

1. COMENTÁRIOS

Em relação ao índice do livro de protesto, a lei admite várias formas de organização, como sistema de fichas, microfichas ou banco eletrônico de dados. Note-se, mais uma vez, o avanço tecnológico proporcionado pela Lei nº 9.492/1997, que permite essas diversas formas (antes dessa lei, os índices eram elaborados apenas pelo sistema de fichas).

Os índices devem conter referências ao livro e à folha, ao microfilme ou arquivo eletrônico onde estiver registrado o protesto, ou ao número de ordem e aos cancelamentos de protestos. Assim, cumpre-se o seu objetivo, que é o de facilitar as buscas, ou, em outras palavras, a imediata localização destes atos.

A expressão final do *caput* do dispositivo em comento *não decorrente do cancelamento definitivo do protesto* gera alguma discussão. Para Parizatto "a partir do cancelamento do registro do protesto, será esse tirado do índice, pois não poderá ser fornecida certidão a respeito (art. 27, § 2º). *Data vênia,* os nomes dos devedores cujos protestos foram cancelados, não devem ser suprimidos dos índices, haja vista, ficaria impossibilitada a busca. Melhor seria consignar a ocorrência de cancelamento. Nesse sentido, Sérgio Bueno: "a parte final do *caput* contém impropriedade, pois leva ao entendimento equivocado de que os protestos cancelados serão excluídos do índice, o que dificultaria a consulta e retiraria do índice seu caráter de elemento indicador de tudo o que foi registrado no Livro de Protesto" (Op. cit., p. 155).

Art. 35. O Tabelião de Protestos arquivará ainda:

1. COMENTÁRIOS

Além dos dois livros obrigatórios no Tabelionato de Protesto, a lei especifica os documentos que devem ser arquivados pelo Tabelião, indicando também os prazos pelos quais esses documentos deverão permanecer arquivados.

As normas estaduais também estipulam regras nesse sentido, estabelecendo que serão arquivados, por exemplo, os seguintes documentos:

a) Intimações;
b) Editais;
c) Documentos apresentados para averbações e cancelamentos de protestos;
d) Mandados de cancelamentos e de sustação de protestos;
e) Ordens de retirada de títulos pelo apresentante;
f) Comprovantes de entrega dos pagamentos aos credores;
g) Comprovantes de devolução dos títulos ou documentos de dívida irregulares, que não possam ser protestados;
h) Cópias dos cheques comuns devolvidos sem compensação bancária, emitidos por microempresas e empresas de pequeno porte em pagamento de títulos e de outros documentos de dívida apresentados a protesto;
i) Procurações, cópias de atos constitutivos das pessoas jurídicas, alterações contratuais, consolidações societárias, certidões do Registro de Títulos e Documentos e Civil de Pessoas Jurídicas, fichas cadastrais da Junta Comercial e comprovantes de inscrição e situação cadastral emitidos pela Receita Federal do Brasil;
j) Documentos comprobatórios da causa das duplicatas, nota fiscal-fatura ou respectivo contrato de prestação de serviço, além dos comprovantes da entrega e recebimento das mercadorias ou da efetiva prestação do serviço;
k) Declarações substitutivas;
l) Comprovantes de endereço dos emitentes de cheques.

I – intimações;

II – editais;

1. COMENTÁRIOS

A intimação e os editais estão previstos, respectivamente, nos artigos 14 e 15 desta Lei, tema já abordado nos comentários dos aludidos dispositivos, aos quais se remete o leitor.

Nos termos do art. 35, § 1º, I e II, devem ser conservados pelo prazo de um ano as intimações e editais correspondentes a documentos protestados e ordens de cancelamento, e por seis meses as intimações e editais correspondentes a documentos pagos ou retirados além do tríduo legal.

2. QUESTÕES DE CONCURSO

01. (IESES – Cartório – Provimento – TJ – CE/2018) Assinale a alternativa correta:

a) No tabelionato de protesto arquivos deverão ser conservados, pelo menos, durante o prazo de um ano, para as intimações e editais correspondentes a documentos pagos ou retirados além do tríduo legal.

b) No tabelionato de protesto os arquivos deverão ser conservados, pelo menos, durante o prazo de um ano, para as intimações e editais correspondentes a documentos protestados e ordens de cancelamento.

c) No tabelionato de protesto os arquivos deverão ser conservados, pelo menos, durante o prazo de seis, para os comprovantes de entrega de pagamento aos credores, para as solicitações de retirada dos apresentantes e para os comprovantes de devolução, por irregularidade, aos mesmos, dos títulos e documentos de dívidas.

d) No tabelionato de protesto os arquivos deverão ser conservados, pelo menos, durante o prazo de um ano para os mandados judiciais de sustação de protesto.

02. (Cespe – Notários e Oficiais de Registro – Provimento – TJ – DFT/2019) Intimações e editais correspondentes a documentos protestados e ordens de cancelamento deverão ser conservados em arquivo por, pelo menos,

a) dois anos.
b) um ano.
c) seis meses.
d) três meses.
e) um mês.

GAB	1	B	2	B

III – documentos apresentados para a averbação no registro de protestos e ordens de cancelamentos;

1. COMENTÁRIOS

A averbação e o cancelamento estão previstos, respectivamente, nos artigos 25 e 26 desta Lei, tema já abordado nos comentários dos aludidos dispositivos.

III – mandados e ofícios judiciais;

1. COMENTÁRIOS

Bem observa Sérgio Bueno que esse inciso se refere a outros mandados e ofícios que não os referentes ao cancelamento, pois estes serão arquivados na pasta mencionada no inciso anterior. As ordens de sustação de protestos ou de suspensão de seus efeitos, em conformidade com o disposto no § 3º, devem ser arquivadas separadamente, permanecendo no aguardo de nova decisão (Op. cit., p. 155).

V – solicitações de retirada de documentos pelo apresentante;

1. COMENTÁRIOS

A retirada ou desistência está prevista no artigo 16 desta Lei, tema já abordado nos comentários do aludido dispositivo.

Conforme o art. 35, § 1º, III, esses arquivos deverão ser conservados pelo prazo de trinta dias.

VI – comprovantes de entrega de pagamentos aos credores;

1. COMENTÁRIOS

O pagamento está previsto no artigo 19 desta Lei, tema já abordado nos comentários do aludido dispositivo.

Nos termos do § 2º, no ato do pagamento, o Tabelionato de Protesto dará a respectiva quitação, e o valor devido será colocado à disposição do apresentante no primeiro dia útil subsequente ao do recebimento. O comprovante dessa entrega deve ficar arquivado na Serventia.

VII – comprovantes de devolução de documentos de dívida irregulares.

1. COMENTÁRIOS

Se o título ou documento de dívida contiver irregularidade ou vício formal, o protesto será obstado e os documentos serão devolvidos ao apresentante.

Conforme o art. 35, § 1º, III, esses arquivos deverão ser conservados pelo prazo de trinta dias.

As normas estaduais podem estipular que outros documentos sejam arquivados.

§ 1º Os arquivos deverão ser conservados, pelo menos, durante os seguintes prazos:

I – um ano, para as intimações e editais correspondentes a documentos protestados e ordens de cancelamento;

II – seis meses, para as intimações e editais correspondentes a documentos pagos ou retirados além do tríduo legal;

III – trinta dias, para os comprovantes de entrega de pagamento aos credores, para as solicitações de retirada dos apresentantes e para os comprovantes de devolução, por irregularidade, aos mesmos, dos títulos e documentos de dívidas.

§ 2º Para os livros e documentos microfilmados ou gravados por processo eletrônico de imagens não subsiste a obrigatoriedade de sua conservação.

1. COMENTÁRIOS

Elucidam Eversio Donizete de Oliveira e Magno Luiz Barbosa que "o § 2º do artigo em apreço, mais uma vez, cuida de explicitar a possibilidade de microfilmagem ou de gravação eletrônica dos livros e documentos existentes na serventia. Contudo, destaca que mesmo nessa forma de arquivamento, o tabelião deve se preocupar em manter os microfilmes ou o banco de dados pelo tempo determinado no artigo. Pelo fato de os tabelionatos de protesto realizarem um serviço público e, consequentemente, prestarem contas ao estado, nos momentos de correição, todos esses documentos devem estar prontos para serem exibidos imediatamente aos juízes corregedores, caso os solicitem. A inobservância do artigo em comento é considerada infração disciplinar, que poderá culminar em processo administrativo contra o tabelião de protesto, podendo acarretar sanções que vão desde repreensão, multa, suspensão, até a perda da delegação, conforme previsto no art. 32 da Lei nº 8.935/1994" (Op. cit., p. 147).

Sobre o parágrafo 2º em questão, Sérgio Luiz José Bueno observa que se trata de um irresistível atrativo à informatização e à modernidade. Se o Tabelião, por exemplo, digitaliza livros e documentos, fica dispensado de sua conservação física, substituída por arquivos eletrônicos ou digitais. Isso significa que pode digitalizar um comprovante de entrega de intimação e depois destruí-lo, independente de autorização, pois não chegou a arquivá-lo fisicamente (Op. cit., p. 156).

O art. 39 desta Lei estabelece que a reprodução de microfilme ou do processamento eletrônico da imagem, do título ou de qualquer documento arquivado no Tabelionato, quando autenticado pelo Tabelião de Protesto, por seu substituto ou escrevente autorizado, tem o mesmo valor do original, independentemente de restauração judicial. Assim, nota-se a relevância da conservação prevista no § 2º do art. 35.

2. QUESTÃO DE CONCURSO

01. (IESES – Cartório – Remoção – TJ – RO/2017) As intimações e editais correspondentes a documentos protestados e ordens de cancelamento deverão ser conservados em arquivo, pelo menos, durante o prazo de:

a) Seis meses.
b) Três anos.
c) Cinco anos.
d) Um ano.

02. (IESES – Cartório – TJ – PA/2016) Serão arquivados no Tabelionato de Protesto os seguintes documentos:

a) Intimações; editais; documentos apresentados para averbações e cancelamento de protestos; mandados e ofícios judiciais; ordens de retirada de títulos pelo apresentante; comprovantes de entrega dos pagamentos aos credores.
b) Intimações; editais; documentos apresentados para averbações e cancelamento de protestos; mandados e ofícios judiciais; ordens de retirada de títulos pelo apresentante; comprovantes de entrega dos pagamentos aos credores; comprovante de devolução dos títulos ou documentos de dívidas irregulares.
c) Intimações; editais; documentos apresentados para averbações e cancelamento de protestos; mandados e ofícios judiciais; ordens de retirada de títulos pelo apresentante; comprovantes de entrega dos pagamentos aos credores; comprovante de devolução dos títulos ou documentos de dívidas irregulares; cópia do título ou documento de dívida protestado; requerimentos de certidão positiva, de inteiro teor.
d) Documentos apresentados para averbações e cancelamento de protestos; mandados e ofícios judiciais; ordens de retirada de títulos pelo apresentante; comprovantes de entrega dos pagamentos aos credores; comprovante de devolução dos títulos ou documentos de dívidas irregulares; cópia do título ou documento de dívida protestado; requerimentos de certidão positiva, de inteiro teor.

GAB	1	D	2	C

§ 3º Os mandados judiciais de sustação de protesto deverão ser conservados, juntamente com os respectivos documentos, até solução definitiva por parte do Juízo.

1. COMENTÁRIOS

O tema já foi abordado nos comentários do art. 17.

2. QUESTÃO DE CONCURSO

01. (Consulplan – Outorga e Delegação de Serviços Notariais e Registrais – TJ – MS/2019) É correto afirmar, em relação aos livros e arquivos do Tabelionato de Protesto, de acordo com o Provimento 240 de 2020 (Código de Normas da Corregedoria-Geral de Justiça de MS), que:

Nota da autora: apesar de se tratar de questão de comando estadual, é possível resolvê-la conhecendo o art. 35 da Lei 9.492/1997.

a) Os livros e arquivos magnéticos correspondentes ao Livro Protocolo serão mantidos por 5 (cinco) anos.
b) Os livros serão abertos e encerrados somente pelo tabelião ou por seu substituto legal e suas folhas serão numeradas e rubricadas.
c) Os livros podem ser escriturados e arquivados diretamente em meio eletrônico, não sendo dispensada sua impressão em meio físico.
d) Os mandados judiciais de sustação de protesto deverão ser conservados, juntamente com os respectivos documentos, até solução definitiva por parte do juízo.

02. (IESES – Cartório – Remoção – TJ – CE/2018) Os mandados judiciais de sustação de protesto deverão ser conservados, juntamente com os respectivos documentos, até:
a) A solução definitiva por parte do Juízo.
b) 05 (cinco) anos do recebimento do mandado judicial.
c) 30 (trinta) dias do recebimento do mandado judicial.
d) 120 (cento e vinte) dias do recebimento do mandado judicial.

GAB	1	D	2	A

Art. 36. O prazo de arquivamento é de três anos para livros de protocolo e de dez anos para os livros de registros de protesto e respectivos títulos.

1. COMENTÁRIOS

O Tabelião de Protesto tem o dever legal de conservar os títulos e documentos que ingressam no tabelionato. Entretanto, a própria lei estabelece um prazo para a conservação. Terminado o prazo, é permitido suprimir esses arquivos, sempre conforme as normas das Corregedorias de Justiça do Estado, que podem variar em cada localidade, e de acordo com a Tabela de Temporalidade estabelecida no Provimento CNJ nº. 50/2012.

Consigna-se que parte da doutrina critica o dispositivo em comento, alegando ser insuficiente o prazo de arquivamento do Livro Protocolo, pois nele existe a coluna das ocorrências, onde deve ser anotado todo acontecimento durante o decurso do protesto. Nos órgãos de proteção ao crédito, as informações negativas referentes ao devedor devem perdurar pelo prazo de cinco anos, caso a dívida não seja paga. Dessarte, verifica-se uma grande incoerência no art. 36.

2. QUESTÕES DE CONCURSOS

01. (Vunesp – Notário-MS/2009) O Tabelião de Protestos deverá arquivar os documentos que a lei especifica e pelo prazo que determina. Nos termos da lei que rege a matéria, os arquivos relativos às intimações e editais correspondentes a documentos protestados e ordens de cancelamento deverão ser conservados, pelo menos, durante
a) 30 dias.
b) 6 meses.
c) 1 ano.
d) 5 anos.
e) 10 anos.

02. (TJ-SC – Notário-SC/2008) Qual o prazo de arquivamento dos livros de protocolo e de registros de protesto?
a) Três anos os de protocolo e dez anos os de registros de protesto.
b) Ambos *ad eternum*.
c) Cinco anos para os livros de protocolo e dez anos para os de registros de protesto.
d) Um ano para os livros de protocolo e cinco anos para os de registros de protesto.
e) Ambos pelo prazo de cinco anos.

GAB	1	C	2	A

CAPÍTULO XIII – DOS EMOLUMENTOS

Art. 37. Pelos atos que praticarem em decorrência desta Lei, os Tabeliães de Protesto perceberão, diretamente das partes, a título de remuneração, os emolumentos fixados na forma da lei estadual e de seus decretos regulamentadores, salvo quando o serviço for estatizado.

§ 1º Poderá ser exigido depósito prévio dos emolumentos e das demais despesas devidas, caso em que igual importância deverá ser reembolsada ao apresentante por ocasião da prestação de contas, quando ressarcidas pelo devedor no tabelionato, exceto em relação aos títulos ou documentos de dívida apresentados a protesto em conformidade com os §§ 4º e 5º deste artigo ou com lei federal específica.

§ 2º Todo e qualquer ato praticado pelo Tabelião de Protesto será cotado, identificando-se as parcelas componentes do seu total.

§ 3º Pelo ato de digitalização e gravação eletrônica dos títulos e outros documentos, serão cobrados os mesmos valores previstos na tabela de emolumentos para o ato de microfilmagem.

§ 4º (VETADO). *(Incluído pela Lei nº 14.711, de 2023)*

§ 5º (VETADO). *(Incluído pela Lei nº 14.711, de 2023)*

§ 6º Os valores destinados aos ofícios de distribuição ou outros serviços extrajudiciais, aos entes públicos ou a entidades, a título de emolumentos, custas, taxa de fiscalização, contribuições, custeio de atos gratuitos, tributos, ou em caráter assistencial, serão devidos na forma prevista no *caput* deste artigo e repassados somente após o efetivo recebimento pelo tabelião de protesto ou o responsável interino pelo expediente.

1. COMENTÁRIOS

Os serviços notariais e de registro são serviços públicos exercidos em caráter privado, sendo remunerados, **pelos usuários**, com o pagamento dos respectivos emolumentos.

O Supremo Tribunal Federal já decidiu reiteradas vezes que os emolumentos têm natureza jurídica de **taxa,** sujeitando-se, assim, aos princípios constitucionais tributários, sendo espécie tributária.

A Lei 10.169/2000 regulamenta o parágrafo 2º do art. 236 da Constituição Federal, mediante o estabelecimento de **normas gerais** para a fixação de emolumentos relativos aos atos praticados pelos serviços notariais e de registro.

Cabe aos **Estados** e ao **Distrito Federal,** já que não existem mais Territórios, estabelecer o valor dos emolumentos, que deverá corresponder ao efetivo custo e à adequada e suficiente remuneração dos serviços prestados.

A expressão "diretamente das partes" previsto no *caput* do art. 37 refere-se a quem deve pagar os emolumentos. Essa parte do texto legal estabelece que a remuneração dos Tabeliães por atos realizados sob a égide da legislação específica deve ser paga pelas partes envolvidas nos procedimentos de protesto, e não por intermédio do estado, por exemplo.

Isso significa que os custos associados aos serviços do protesto devem ser pagos diretamente pelos indivíduos ou entidades que solicitam o protesto, de acordo com os valores fixados pela legislação estadual e seus decretos regulamentadores.

O tema "emolumentos" é discutido de forma pormenorizada nos comentários da Lei n. 10.169/2000, nesta obra. Neste espaço, focaremos no art. 38.

1.1 DEPÓSITO PRÉVIO OU DIFERIDO DOS EMOLUMENTOS

O disposto no § 1º teve sua redação alterada pela Lei n. 14.711/2023 (Marco das Garantias). Explica-se.

Na antiga redação, o § 1º estabelecia que:

> "Poderá ser exigido depósito prévio dos emolumentos e demais despesas devidas, caso em que, igual importância deverá ser reembolsada ao apresentante por ocasião da prestação de contas, quando ressarcidas pelo devedor no Tabelionato".

A Lei das Garantais apenas acrescentou uma exceção à norma (grifo meu). Veja-se:

> § 1º Poderá ser exigido depósito prévio dos emolumentos e das demais despesas devidas, caso em que igual importância deverá ser reembolsada ao apresentante por ocasião da prestação de contas, quando ressarcidas pelo devedor no tabelionato, **exceto em relação aos títulos ou documentos de dívida apresentados a protesto em conformidade com os §§ 4º e 5º deste artigo ou com lei federal específica.**

Ocorre que os parágrafos citados foram vetados. A seguir, apresento as razões do veto:

> "§ 4º A apresentação a protesto de títulos e outros documentos de dívida feita por quaisquer pessoas naturais ou jurídicas, na qualidade de credor ou apresentante, independe de depósito ou pagamento prévio de emolumentos, de acréscimos legais e de demais despesas, cujos valores devidos, inclusive os do cartório de registro de distribuição, onde houver, serão exigidos dos interessados no momento da desistência do pedido de protesto, do pagamento elisivo do protesto ou do aceite do devedor, segundo os valores dos emolumentos e das despesas reembolsáveis na data da protocolização do título ou documento, ou no ato do pedido ou da ordem de cancelamento ou da sustação judicial definitiva do protesto, segundo os valores vigentes nessa data, inclusive os que são devidos pela protocolização, desde que a apresentação para protesto não ultrapasse o prazo de 120 (cento e vinte) dias, contado do vencimento do título ou documento de dívida, podendo esse prazo ser

alterado por ato da central nacional de serviços eletrônicos compartilhados dos tabeliães de protesto prevista no art. 41-A desta Lei."

"§ 5º O benefício disposto no § 4º deste artigo aplicar-se-á à União, aos Estados, ao Distrito Federal, aos Municípios e às respectivas autarquias e fundações públicas quanto aos créditos tributários, fiscais ou não, constituídos em caráter definitivo, e também quando o protesto for adotado em substituição à cobrança administrativa e à prova extrajudicial do inadimplemento para fins de inscrição do contribuinte na dívida ativa."

Razões dos vetos

"A proposição legislativa estabelece que a apresentação a protesto de títulos e outros documentos de dívida feita por quaisquer pessoas naturais ou jurídicas, na qualidade de credor ou apresentante, independe de depósito ou pagamento prévio de emolumentos, de acréscimos legais e de demais despesas, cujos valores devidos, inclusive os do cartório de registro de distribuição, onde houver, seriam exigidos dos interessados no momento da desistência do pedido de protesto, do pagamento elisivo do protesto ou do aceite do devedor, segundo os valores dos emolumentos e das despesas reembolsáveis na data da protocolização do título ou documento, ou no ato do pedido ou da ordem de cancelamento ou da sustação judicial definitiva do protesto, segundo os valores vigentes nessa data, inclusive os que seriam devidos pela protocolização, desde que a apresentação para protesto não ultrapasse o prazo de cento e vinte dias, contado da data de vencimento do título ou do documento de dívida, prazo esse que poderá ser alterado por ato da central nacional de serviços eletrônicos compartilhados dos tabeliães de protesto prevista no art. 41-A da Lei nº 9.492, de 10 de setembro de 1997.

Outrossim, o benefício disposto no § 4º deste artigo se aplicaria à União, aos Estados, ao Distrito Federal, aos Municípios e às respectivas autarquias e fundações públicas quanto aos créditos tributários, fiscais ou não, constituídos em caráter definitivo, e também quando o protesto for adotado em substituição à cobrança administrativa e à prova extrajudicial do inadimplemento para fins de inscrição do contribuinte na dívida ativa.

No tocante ao § 4º, a proposta traz a possibilidade de se inovar para permitir a cobrança de emolumentos da Fazenda Pública para a realização de protestos, o que poderia gerar exponencial aumento de gastos públicos, de forma a colocar embaraços graves à realização do protesto de créditos regulamente inscritos e diminuindo a eficiência na recuperação de valores para o erário.

No § 5º, a proposta reforça que a isenção à Fazenda Pública ocorre nos termos do § 4º, ou seja, se o título for apresentado no prazo de cento e vinte dias, contado da data de vencimento, ou prazo definido pela central nacional de serviços eletrônicos compartilhados dos tabeliães de protesto prevista no art. 41-A da Lei nº 9.492, de 10 de setembro de 1997. Além disso, esse dispositivo ao prever o uso do protesto como substituição à prova extrajudicial do inadimplemento para fins de inscrição do contribuinte na dívida ativa também teria o condão de retardar o encaminhamento dos créditos para inscrição em dívida ativa e para a respectiva cobrança forçada, o que reduziria as chances de recuperação dos ativos inadimplidos. Em que pese a boa intenção do legislador, a proposição legislativa contraria o interesse público, tendo em vista que a eventual inclusão de autorização legislativa para a cobrança de depósito prévio da Fazenda Pública teria potencial de aumentar a despesa pública com a cobrança extrajudicial dos créditos públicos ou inviabilizar a realização do protesto de tais créditos. Nesses termos, a proposição não atenderia às exigências do art. 16 da Lei Complementar nº 101, de 4 de maio de 2001 – Lei de Responsabilidade Fiscal e dos art. 131 e art. 132 da Lei nº 14.436, de 9 de agosto de 2022 – Lei de Diretrizes Orçamentárias 2023 e violaria as normas legais que dispõe sobre a adequação orçamentária e financeira das proposições legislativas de ação governamental que acarrete aumento da despesa.

O veto por arrastamento ao § 5º do art. 37, a ser acrescido à Lei nº 9.492, de 10 de setembro de 1997, é medida que se impõe, tendo em vista que o dispositivo faz remissão direta ao § 4º ao art. 37 da mesma Lei que é objeto de veto."

Feitos esses esclarecimentos, passa-se agora ao estudo do parágrafo 1º do art. 37. Este faz alusão ao depósito prévio, não obrigando a cobrança antecipada, apenas facultando-a. Anote-se que essa forma é adotada na maioria dos Estados.

Atualmente, o pagamento dos emolumentos é postergado. Transformando em lei o que já estava estabelecido no Provimento CNJ 86/2019, a Lei 14.711 passou a prever explicitamente, como regra, a chamada postergação (ou postecipação) do pagamento dos emolumentos devidos ao tabelionato de protesto.

Frise-se que o diferimento do pagamento dos emolumentos não implica em sua isenção. Nesse caso, os valores são cobrados no ato do pagamento, desistência ou sustação definitiva do protesto ou, caso esses atos não ocorram, por ocasião do cancelamento pelo interessado que o requerer.

Mas nem sempre se utilizou essa sistemática. A maioria dos Estados anteriormente adotava o modelo de antecipação dos emolumentos.

Ocorre que, no dia 29 de agosto de 2019, foi editado o Provimento nº 86 do Conselho Nacional de Justiça, que regulamentou a possibilidade de pagamento postergado de emolumentos, acréscimos legais e demais despesas devidas pela apresentação de títulos ou outros documentos de dívida para protesto, além de outras providências.

Dentre as justificativas para a edição do Provimento, destacam-se:

a) Que exigência de depósito prévio dos emolumentos e demais despesas devidas para o protesto extrajudicial é facultativa, consoante a inteligência do §1º do art. 37 da Lei Federal nº 9.492/1997.
b) Os princípios da supremacia do interesse público, eficiência, continuidade do serviço público e da segurança jurídica.
c) A necessidade de proporcionar a melhor prestação de serviço, com acessibilidade isonômica aos usuários, de corrigir as distorções em busca da modicidade dos emolumentos, da produtividade,

da economicidade, da moralidade e da proporcionalidade na prestação dos serviços extrajudiciais.

d) Que "presumem-se a cargo do devedor as despesas com o pagamento e a quitação", segundo a regra geral estabelecida no art. 325 do Código Civil.

e) Que o Supremo Tribunal Federal já definiu que o prazo para **pagamento** de tributos pode ser fixado em lei ou ato infralegal (STF, Pleno, RE 140.669, Rel. Min. Ilmar Galvão, DJ 18/05/2001) e que o prazo para pagamento de tributos não se submete à anterioridade (STF – Súmula Vinculante 50).

f) O decidido no Pedido de Providências n. 000049-07.2019.2.00.000.

A edição deste ato normativo veio em boa hora tanto para a atividade notarial como para a economia do país, trazendo um incentivo ao protesto extrajudicial, já que desonera os mais diferentes tipos de credores, consagrado assim, uma das funções do protesto, a social.

O Provimento CNJ n. 86/2019 foi revogado e suas normas incorporadas aos **artigos 369 a 374 do Código Nacional de Normas.**

O art. 369 apresenta bastante semelhança com o art. 37 e seu § 1º, ao dispor que pelos atos que praticarem os tabeliães de protesto de títulos ou os responsáveis interinos pelo expediente perceberão diretamente das partes, a título de remuneração, os emolumentos integrais a eles destinados, fixados pela lei da respectiva unidade da Federação.

Além disso, haverá o reembolso dos tributos, tarifas, demais despesas e dos acréscimos instituídos por lei a título de taxa de fiscalização do serviço extrajudicial, custas, contribuições, custeio de atos gratuitos e à entidade previdenciária ou assistencial, facultada a exigência do depósito prévio.

Por sua vez, o art. 370 traz novidades:

Art. 370. A apresentação, a distribuição e todos os atos procedimentais pertinentes às duplicatas escriturais (eletrônicas) e aos demais títulos e outros documentos de dívidas encaminhados a protesto por Banco, Financeira ou pessoa jurídica fiscalizada por órgãos do Sistema Financeiro Nacional, na qualidade de credor ou apresentante, independem de depósito ou pagamento prévio dos emolumentos e dos demais acréscimos legais e das despesas que estão contemplados no *caput*, cujos valores devidos serão exigidos dos interessados, de acordo com a tabela de emolumentos e das despesas reembolsáveis vigentes na data:

I – da protocolização, quando da desistência do pedido do protesto, do pagamento elisivo do protesto ou do aceite ou devolução de devedor; e

II – do pedido de cancelamento do registro do protesto ou da recepção de ordem judicial para a sustação ou cancelamento definitivo do protesto ou de seus efeitos.

§ 1.º As disposições do *caput* deste artigo aplicam-se:

I – às pessoas jurídicas fiscalizadas por agências que regulam as atividades de serviços públicos que são executados por empresas privadas sob concessão, permissão ou autorização, na qualidade de credoras, bem como aos credores ou apresentantes de decisões judiciais transitadas em julgado oriundas da Justiça Estadual, da Justiça Federal ou da Justiça do Trabalho e à União Federal, aos estados, ao Distrito Federal, aos municípios e às suas respectivas autarquias e fundações públicas no que concerne às suas certidões da dívida ativa; e

II – a qualquer pessoa física ou jurídica desde que o vencimento do título ou do documento de dívida não ultrapasse o prazo de um ano no momento da apresentação para protesto.

§ 2.º Os valores destinados aos ofícios de distribuição ou outros serviços extrajudiciais, aos entes públicos ou às entidades, a título de emolumentos, custas, taxa de fiscalização, contribuições, custeio de atos gratuitos, tributos, ou de caráter assistencial, serão devidos na forma prevista no *caput* deste artigo, e repassados somente após o efetivo recebimento pelo tabelião de protesto.

Registre-se que **nenhum valor** será devido pelo exame do título ou documento de dívida devolvido ao apresentante por **motivo de irregularidade formal.**

Complementando a regra expressa do art. 370, faz-se necessário, para melhor compreensão do tema, a transcrição da regra inserta no art. 372, a saber:

Art. 372. Os emolumentos devidos pela protocolização dos títulos e documentos de dívida que foram protestados nas hipóteses definidas no art. 373 e seu § 1.º são de propriedade do tabelião de protesto ou do oficial de distribuição, quando for o caso, que à época praticou o respectivo ato.

Parágrafo único. Na hipótese do *caput* deste artigo, caberá ao novo tabelião de protesto ou ao responsável interino pelo expediente perceber apenas os emolumentos devidos pelo cancelamento do registro do protesto e, também, transferir os emolumentos devidos pela protocolização para o tabelião de protesto ou o oficial de distribuição, quando for o caso, que à época o praticou, ou, ainda, para o seu respectivo espólio ou herdeiros, sob pena de responsabilidade funcional, além de outras sanções cíveis e criminais cabíveis.

Os tabeliães de protesto ou os responsáveis interinos pelo expediente da serventia ficam autorizados a conceder **parcelamento de emolumentos** e demais acréscimos legais aos interessados, através de cartão de débito ou de crédito, desde que sejam cobrados na primeira parcela os acréscimos legais que estão contemplados no art. 373.

Aliás, a Lei n. 14.382/2022 acrescentou ao art. 30, que elenca os deveres dos Notários e Registradores, o inciso XV, que admite o pagamento dos emolumentos, das custas e das despesas por **meio eletrônico**, a critério do usuário, inclusive mediante parcelamento.

Trata-se da bem-vinda possibilidade do uso de meios eletrônicos e do pagamento parcelado não só dos emolumentos, mas também das despesas pelo interessado e a seu critério. Anote-se que a flexibilização do pagamento dos emolumentos já vinha ocorrendo na legislação, até mesmo antes do Provimento CNJ n. 86/2019.

Em 2020, tempos de pandemia, foi editado o Provimento CNJ n. 98/2020. Este provimento dispunha sobre o pagamento dos emolumentos, acréscimos legais, dívidas e demais despesas através de meios eletrônicos, como boleto bancário, cartão de débito e crédito, inclusive mediante parcelamento, a critério do usuário. Esta medida foi adotada como uma prevenção de saúde pública nas serventias extrajudiciais, visando a redução dos riscos de contaminação com o novo coronavírus, causador da COVID-19, e outras providências.

Neste ato normativo, ressalta-se o § 1º do art. 1º:

> "Os custos administrativos decorrentes da utilização dos meios eletrônicos para pagamento de emolumentos, acréscimos legais e demais despesas são de responsabilidade dos notários, registradores e responsáveis interinos pelo expediente."

Embora este ato normativo tenha sido revogado pelo Provimento CNJ n. 136/2022, ele pode ser utilizado como exemplo e histórico no que tange ao pagamento por meios eletrônicos.

Em 09 de fevereiro de 2022, o Conselho Nacional de Justiça publicou o Provimento n. 127, que disciplina a Plataforma do Sistema Integrado de Pagamentos Eletrônicos – SIPE para os serviços notariais e de registro, e dá outras providências.

Considerou-se para a edição deste ato normativo que várias unidades da federação já admitem o pagamento de emolumentos, custas e despesas por meios eletrônicos, a critério do usuário, inclusive mediante parcelamento. O provimento elenca como meios de pagamento, PIX; cartão de crédito, emitido por operadoras ou administradoras autorizadas a funcionar pelo Banco Central do Brasil, de livre escolha do usuário; boleto bancário; faturamento; e outras modalidades de pagamento, crédito ou financiamento, autorizadas pelo Banco Central do Brasil, contratadas para que sejam oferecidas aos interessados na plataforma.

Importante alertar que as normas do Provimento 127/2022 aplicam-se, no que couber, às demais especialidades previstas no artigo 5º da Lei 8.935, de 18 de novembro de 1994, podendo ser implementadas pelos gestores:

> I – da Central de Informações de Registro Civil das Pessoas Naturais – CRC, instituída pelo Provimento 46, de 16 de junho de 2015, da Corregedoria Nacional de Justiça;
>
> II – do Sistema de Registro Eletrônico de Títulos e Documentos e Civil de Pessoa Jurídica – SRTDPJ, instituído pelo Provimento 48, de 16 de março de 2016, da Corregedoria Nacional de Justiça;
>
> III – da Central Notarial de Serviços Eletrônicos Compartilhados – CENSEC e ao Sistema de Atos Notariais Eletrônicos – e-Notariado, regulados, respectivamente, pelos Provimentos 18, de 28 de agosto de 2012, e 100, de 26 de maio de 2020, da Corregedoria Nacional de Justiça; e
>
> **IV – da Central Nacional de Serviços Eletrônicos dos Tabeliães de Protestos de Títulos – CENPROT, criada pela Lei 9.492, de 10 de setembro de 1997 e regulamentada pelo Provimento 87, de 11 de setembro de 2019, da Corregedoria Nacional de Justiça.**

Vale trazer os ensinamentos de Karin Rick Rosa: "a possibilidade de parcelamento dos emolumentos é medida salutar que contribui com o objetivo de regularizar as transmissões imobiliárias, incentivando a formalização dos instrumentos adequados ao registro, tanto dos atos onerosos quanto dos gratuitos seja pela aquisição derivada ou a título originário, para que os direitos reais sejam efetivados, não permanecendo apenas no campo obrigacional (ABELHA, André; CHALHUB Melhim e outros. Sistema Eletrônico de Registros Públicos *Rio de Janeiro: Forense* 2022).

Não é demais informar que os Estados e o Distrito Federal poderão ainda estabelecer, no âmbito de sua competência, metodologia que preserve o equilíbrio econômico-financeiro do serviço público delegado, sem ônus para o Poder Público.

Por derradeiro, trago um exemplo atual de exceção à postergação dos emolumentos. É que o art. 9º-A da Lei 9.430/1996 (alterada pela 14.043/2020), já exposto nesta obra, disciplina que "na hipótese de inadimplência do débito, as exigências de judicialização de créditos de valor superior a R$ 100.000,00, vencidos há mais de um ano, que trata a alínea c do inciso II e créditos de valor superior a R$ 50.000,00, registrados como perda, previsto na alínea b do inciso III, ambos do § 7º do art. 9º e o art. 11 da Lei em questão, poderão ser substituídas pelo instrumento de protesto, de que trata a Lei nº 9.492/1997, devendo os credores arcar, nesse caso, com o **pagamento antecipado de taxas, de emolumentos, de acréscimos legais e de demais despesas por ocasião da protocolização e dos demais atos.**

Essa alteração na Lei nº 9.430/1996 (Legislação Tributária Federal) veio facilitar a dedução, pelo contribuinte, de dívidas de difícil recuperação da base de cálculo do Imposto de Renda (IRPJ) e da CSLL. A medida vale para empresas optantes pelo lucro real. Antes da alteração legislativa, as empresas precisavam recorrer ao Judiciário, promovendo ação de cobrança, para conseguir o abatimento da base de cálculo do imposto de renda. Atualmente, basta comparecer ao Tabelionato de Protesto e protestar o débito para se valer da medida. Para isso, o pagamento dos emolumentos no cartório deve ser por antecipação e não por postergação. E quais são os requisitos das dívidas para que elas sejam descontadas da base de cálculo do imposto de renda?

Lei 9.492/1997

1. Créditos superiores a R$ 100 mil, sem garantia e vencidos há mais de um ano;
2. Superiores a R$ 50 mil, com garantia e vencidos há mais de dois anos.

1.2 IDENTIFICAÇÃO DAS PARCELAS

Conforme o § 2º do art. 37, é obrigatório constar em todo e qualquer ato praticado pelo Tabelião de Protesto a identificação das parcelas componentes do seu total.

As despesas realizadas no procedimento para o protesto, tais como a intimação, publicações, envio de documentos por via postal, também podem ser cobradas e da mesma forma, discriminada no registro do protesto e seu instrumento.

1.3 VALORES DE COBRANÇA PARA DIGITALIZAÇÃO E GRAVAÇÃO ELETRÔNICA

Pelo ato de digitalização e gravação eletrônica dos títulos e outros documentos, serão cobrados os mesmos valores previstos na tabela de emolumentos para o ato de **microfilmagem**.

1.4 REPASSES E DESTINAÇÃO DE EMOLUMENTOS E CUSTAS

A Lei n. 14.711/2023 incluiu o parágrafo § 6º no art. 37 para dispor que os valores destinados aos **ofícios de distribuição** ou **outros serviços extrajudiciais**, aos **entes públicos** ou a **entidades**, a título de emolumentos, custas, taxa de fiscalização, contribuições, custeio de atos gratuitos, tributos, ou em caráter assistencial, serão devidos na forma prevista no *caput* deste artigo e **repassados somente** após o efetivo recebimento pelo tabelião de protesto ou o responsável interino pelo expediente.

Assim, são valores devidos:

1. **Valores devidos**:
   - → **Emolumentos**: Taxas cobradas pelos serviços notariais e de registro.
   - → **Custas**: Despesas processuais.
   - → **Taxa de fiscalização**: Taxas destinadas à supervisão e controle dos serviços.
   - → **Contribuições**: Valores adicionais cobrados para custear determinados serviços ou fundos.
   - → **Custeio de atos gratuitos**: Fundos destinados a cobrir serviços prestados gratuitamente.
   - → **Tributos**: Impostos e outras obrigações fiscais.
   - → **Caráter assistencial**: Valores destinados a fins assistenciais.
2. **Forma de pagamento**:
   - → Esses valores são devidos conforme previsto no *caput* (parágrafo principal) do artigo mencionado, que estabelece as regras básicas para o pagamento e repasse desses valores.
3. **Condição para repasse**:
   - → Os valores só serão repassados aos destinatários (ofícios de distribuição, entes públicos ou entidades) após o efetivo recebimento pelo tabelião de protesto ou pelo responsável interino pelo expediente. Ou seja, o tabelião ou responsável deve primeiro receber esses valores das partes envolvidas antes de repassá-los aos respectivos destinatários.

A finalidade desta regra foi a de garantir que os valores sejam corretamente arrecadados e distribuídos, evitando repasses sem a devida confirmação de recebimento, e assegura a transparência e a eficiência no manejo dos recursos financeiros envolvidos nos serviços extrajudiciais.

1.5 DECLARAÇÃO DE POBREZA

Registra-se que a isenção de emolumentos concedida à pessoa reconhecidamente pobre, aplicável a alguns atos do Registro Civil das Pessoas Naturais, não tem respaldo legal no Serviço de Protestos. Em outras palavras, a declaração de pobreza da parte não a isenta do pagamento, mesmo que acompanhada de prova.

Assim, apenas mediante ordem judicial seria possível conceder a isenção dos emolumentos à pessoa cuja pobreza é declarada, já que não há previsão legal para isso. Portanto, são isentos ou gratuitos os atos determinados por mandados judiciais em favor de beneficiários da justiça gratuita. Fora dessa hipótese, não há qualquer outra forma de isenção expressamente prevista na legislação vigente.

Para informações sobre os emolumentos no novo Código de Processo Civil, consulte os comentários na Lei de Emolumentos (Lei 10.169/2000) desta obra.

1.6 REDUÇÃO DOS EMOLUMENTOS CONCEDIDA A MICROEMPRESA E EMPRESAS DE PEQUENO PORTE

Essas empresas gozam da **redução** no valor dos emolumentos. É o que se extrai do art. 73 da Lei Complementar 123/2006. Vejamos:

> **Art. 73** O protesto de título, quando o devedor for microempresário ou empresa de pequeno porte, é sujeito às seguintes condições:
>
> I – sobre os emolumentos do tabelião não incidirão quaisquer acréscimos a título de taxas, custas e contribuições para o Estado ou Distrito Federal, carteira de previdência, fundo de custeio de atos gratuitos, fundos especiais do Tribunal de Justiça, bem como de associação de classe,

criados ou que venham a ser criados sob qualquer título ou denominação, ressalvada a cobrança do devedor das despesas de correio, condução e publicação de edital para realização da intimação.

Logo, a microempresa e a empresa de pequeno porte pagam apenas a **parte dos emolumentos devida ao Tabelião.**

Ademais, o art. 73, inciso II, prescreve que é **vedado,** em relação a essas empresas, recusar o pagamento em cheque, ainda que comum, neste sentido:

> II – Para o pagamento do título em cartório, não poderá ser exigido cheque de emissão de estabelecimento bancário, mas, feito o pagamento por meio de cheque, de emissão de estabelecimento bancário ou não, a quitação dada pelo tabelionato de protesto será condicionada à efetiva liquidação do cheque.

Se o cheque voltar por não ter provisão de fundos, o título é protestado e esse benefício fica **suspenso durante um ano**. É o que se depreende do art. 73, V, a saber:

> V – quando o pagamento do título ocorrer com cheque sem a devida provisão de fundos, serão automaticamente suspensos pelos cartórios de protesto, pelo prazo de 1 (um) ano, todos os benefícios previstos para o devedor neste artigo, independentemente da lavratura e registro do respectivo protesto.

Uma questão interessante é determinar se a empresa tem esse benefício apenas quando é devedora ou também quando é apresentante do título ou documento de dívida. Sérgio Bueno é quem nos responde afirmando que o texto legal emprega a palavra *devedor*. Portanto, o benefício incide sobre os emolumentos devidos apenas nas seguintes hipóteses: se a empresa paga, aceita ou devolve o título ou documento; se requer o cancelamento do protesto ou, ainda, se é beneficiada com a suspensão definitiva daquele. Não há redução se a empresa é apresentante de título ou documento e requer a desistência do protesto, ou se postula, por exemplo, a expedição de uma certidão (*Tabelionato de Protesto*. São Paulo: Saraiva, 2013, p. 171).

A comprovação da condição da Empresa de Pequeno Porte e Microempresa é realizada nos termos do art. 73, IV, que possui a seguinte redação:

> IV – para os fins do disposto no *caput* e nos incisos I, II e III do *caput* deste artigo, o devedor deverá provar sua qualidade de microempresa ou de empresa de pequeno porte perante o tabelionato de protestos de títulos, mediante documento expedido pela Junta Comercial ou pelo Registro Civil das Pessoas Jurídicas, conforme o caso.

2. JURISPRUDÊNCIA COMPLEMENTAR

⊙ SUPREMO TRIBUNAL FEDERAL

▶ **EMENTA:** As custas, a taxa judiciária e os emolumentos constituem espécie tributária, são taxas, segundo a jurisprudência iterativa do Supremo Tribunal Federal. (...) Impossibilidade da destinação do produto da arrecadação, ou de parte deste, a instituições privadas, entidades de classe e Caixa de Assistência dos Advogados. Permiti-lo, importaria ofensa ao princípio da igualdade. Precedentes do STF. (ADI 1.145, Rel. Min. Carlos Velloso, julgamento em 3-10-2002, Plenário, *DJ* de 8-11-2002). Vide: MS 28.141, Rel. Min. Ricardo Lewandowski, julgamento em 10-2-2011, Plenário, *DJE* de 1º-7-2011; RE 233.843, Rel. Min. Joaquim Barbosa, julgamento em 1º-12-2009, Segunda Turma, *DJE* de 18-12-2009".

⊙ TRIBUNAL DE JUSTIÇA DO ESTADO DE SÃO PAULO CONSELHO SUPERIOR DA MAGISTRATURA

▶ **EMENTA**: APELAÇÃO CÍVEL – Ação de Repetição de Indébito visando o autor a restituição de valores pagos quando do protesto de títulos, onde era o sacado, que não os emolumentos, por ser empresa de pequeno porte, nos termos do art. 73 da Lei Complementar nº 123 de 14/12/2006 – Falta de comprovação da qualidade de empresa de pequeno porte nos temos do art. 73, inciso IV, da referida Lei Complementar nº 123/2006 que exige documento expedido pela Junta Comercial – Sentença que julgou improcedente a ação e aplicou multa e indenização por litigância de má-fé. Sentença que será mantida e ratificada nos termos do art. 252 do Regulamento Interno desta Corte de Justiça. Recurso improvido.(TJSP – Apelação Cível nº 0002411-12.2011.8.26.0493 – Regente Feijó – 7ª Câmara de Direito Público – Rel. Des. Eduardo Gouvêa – DJ 15.01.2013). Antes da propositura da ação, o autor já havia notificado extra-judicialmente o referido Tabelião (cópia às fls. 288/289 dos autos), para que apresentasse os recibos de quitação, contendo o valor discriminado de todas as custas e emolumentos devidos referentes aos apontamentos de sua responsabilidade, e recebeu resposta em 15.02.2011(fls. 291/292), no sentido de que para a isenção pretendida era necessário a apresentação de documento expedido pela Junta Comercial que atestassem a condição de empresa de pequeno porte, como o apresentado pelo autor para cancelamento de outros (12) protestos em 14 de janeiro de 2011. Em 18 de março de 2.011 o autor notificou novamente o Oficial do Tabelião de Protesto que em auditoria interna encontraram os recibos pedidos anteriormente e pleiteavam a devolução do valor de R$ 6.360,30 alegando o benefício de isenção de taxas além dos emolumentos, às empresa de pequeno porte, tendo recebido resposta em 24/03/2011 (fls. 293/294), onde lhe foi esclarecido que não tendo apresentado o referido documento expedido pela Junta Comercial no período de 02 de maio de 2007 a 27 de agosto de 2010, não fazia jus aos descontos das taxas. Mesmo após os esclarecimentos pelo apelado, o apelante propôs a ação ordinária de repetição de indébito em apreço. Em contestação às fls. 313/320, o apelado voltou a esclarecer que não foi dada a isenção pleiteada por força do inciso IV do artigo 73 da Lei Complementar nº 123 de 14.12.2006, porque o autor não havia apresentado o documento expedido pela Junta Comercial que comprovasse sua situação de empresa de pequeno porte, além do que as taxas cobradas foram repassadas aos seus beneficiários sendo o Oficial do Tabelião mero arrecadador das referidas taxas. Juntou ainda o apelado, Parecer nº 130/2008-E da Eg. CGJ (fls. 336/338) que, determinava que para a obtenção do benefício previsto na Lei nº 123/2006 as empresas deveriam comprovar sua condição *"mediante documento expedido pela Junta Comercial ou pelo Registro Civil de Pessoas Jurídicas (art. 73 IV), materializado em certidão."* Em replica às fls. 343/346, apesar de todos os esclarecimentos, o autor insistiu na ação. Desse modo a r. sentença monocrática não poderia dar outra solução ao caso que não a improcedência, bem como a aplicação de multa e indenização por litigância de má-fé, porque o art. 17, inciso I, do Código de Processo Civil, de clareza solar determina que: *"Art. 17 Reputa-se litigante de má-fé aquele que: I deduzir pretensão ou defesa contra texto expresso de lei ou fato incontroverso."* Assim, entendo que a r. sentença de primeiro grau deve ser mantida e ratificada por seus próprios e jurídicos fundamentos, nos termos do art. 252 do Regimento Interno desta Colenda Corte de Justiça. Consigne-se apenas que a corretamente a r. sentença assentou: *"Com efeito, dispõe o art. 73 e incisos da Lei Complementar nº 123/06: (...) Como se denota, o inciso I supracitado traz isenção a microempresas e empresas de pequeno porte, consignando que sobre os emolumentos do tabelião não incidirão quaisquer acréscimos a título de taxas, custas e contribuições para o Estado, carteira de previdência, fundo de custeio de atos gratuitos, fundos especiais do Tribunal de Justiça, bem como de associação de classe, criados ou que venham a ser criados sob qualquer título ou denominação,*

Lei 9.492/1997

ressalvada a cobrança do devedor das despesas de correio, condução e publicação de edital para realização de intimação. Entretanto, o inciso IV do sobredito dispositivo é categórico ao consignar que, para a obtenção do benefício previsto no inciso I, o devedor deverá ***provar sua qualidade de microempresa ou de empresa de pequeno porte perante o tabelionato de Protestos de Títulos, mediante documento expedido pela Junta Comercial ou pelo Registro Civil das Pessoas Jurídicas, conforme o caso.*** *Logo, a prova da condição de microempresa ou de empresa de pequeno porte não deve ocorrer perante o Juiz de Direito em ação própria, mas sim perante o Tabelião quando do pagamento do débito. Isso se dá por razões obvias, uma vez que o Tabelião figura como mero arrecadador das taxas objeto da isenção prevista no art. 73, inciso I, da LC n 123/06 e, ademais, não cabe ao Tabelião presumir ou supor que a devedora é microempresa ou empresa de pequeno porte, cabendo, isto sim, ao respectivo interessado (devedor). A propósito, caso o Tabelião adotasse comportamento diverso, concedendo isenção fiscal mediante procedimento diverso do previsto em lei, certamente violaria o princípio da estrita legalidade e sofreria sanções administrativas e, quiçá, criminais, conforme a hipótese. Não há nos autos sequer indício de que a autora tivesse pleiteado a isenção quando compareceu ao tabelionato para pagar os débitos constantes dos títulos protestados, tampouco há indício qualquer de que a requerente tenha feito prova da qualidade de empresa de pequeno porte, mediante apresentação de certidão da Junta Comercial perante o requerido, tendo, mesmo assim, negado o benefício. Saliente-se que a prova dessas circunstancias deveria se dar através de juntada de documentos.(...) Logo, esta patente s improcedência da ação, concluindo-se que o entendimento em sentido contrário negaria vigência a Lei Complementar. "* E outros fundamentos são dispensáveis diante da adoção integral dos que foram deduzidos na r. sentença, que aqui são expressamente adotados na integra para se evitar inútil e desnecessária repetição, nos termos do art. 252 do Regimento Interno deste Egrégio Tribunal de Justiça. Isto posto, nego provimento ao recurso. EDUARDO GOUVÊA – Relator.

⊙ CORREGEDORIA-GERAL DA JUSTIÇA

▸ EMENTA: Emolumentos – Tabelionato de protesto de letras e títulos – Protesto regularmente lavrado – Cancelamento – Natureza jurídica dos emolumentos – Relações jurídicas estabelecidas entre a credora e o devedor e entre este e o tabelião que são autônomas, sem que exista relação de acessoriedade entre a dívida protestada e os emolumentos exigidos – Recurso não provido.(1032816-26.2021.8.26.0602)

⊙ TRIBUNAL DE JUSTIÇA DO DISTRITO FEDERAL

▸ **EMENTA:** AÇÃO DE SUSTAÇÃO DE PROTESTO. LIMINAR DEFERIDA. EMOLUMENTOS. É dever da parte que requereu a sustação do protesto o recolhimento das custas referente aquele ato. Consoante as disposições contidas no Provimento Geral da Corregedoria, em seu art. 312, § 1º e na Lei nº 9492/97, art. 37, § 1º, poderá o Tabelião exigir o depósito prévio dos emolumentos e demais despesas previstas. Em se tratando de faculdade do cartório, uma vez exigidas, as custas deverão ser pagas antecipadamente. Decisão mantida. Agravo improvido. (TJDFT – 200000 20015507. AGI, Relator JERONYMO DE SOUZA, 3ª Turma Cível, j. em 25/09/2000, DJ 18/10/2000 p. 21)

⊙ TRIBUNAL DE JUSTIÇA DO ESTADO DE MINAS GERAIS

▸ **EMENTA:** COBRANÇA DA RESTITUIÇÃO DE EMOLUMENTOS PAGOS A TABELIONATO. LC Nº 123/06: CONSTITUCIONALIDADE JÁ RECONHECIDA PELA CORTE SUPERIOR DESTE TRIBUNAL. MICROEMPRESA. PROTESTO DE TÍTULOS. COBRANÇA DE VALORES EM AFRONTA AO ART. 73 DA LC Nº 123/06. RESTITUIÇAO EM DOBRO. CABIMENTO. RECURSO PARCIALMENTE PROVIDO. A constitucionalidade da LC nº 123/06 ao prever tratamento jurídico diferenciado à microempresa e à empresa de pequeno porte já foi reconhecida pela c. Corte Superior deste eg. Tribunal de Justiça de Minas Gerais, sendo indevida a cobrança de emolumentos, em caso de protesto de títulos, em afronta ao disposto no art. 73 da referida lei complementar, impondo-se a restituição em dobro, nos termos do art. 30, § 2º, da Lei Estadual nº 15.424/04. (TJMG – APC 1.0433.09.292574-5/001, Relator: Des. Peixoto Henriques, Julgamento: 17/07/2012)

3. QUESTÕES DE CONCURSOS

01. (TJ/SP – 2024 – VUNESP – Notário e Registrador/Provimento) Nos termos da legislação pertinente, assinale a alternativa correta quanto ao protesto especial para fins de registro como perda de crédito na apuração do lucro real da pessoa jurídica.

a) Constitui uma forma obrigatória de prova pré-constituída do credor em obter o direito à dedução tributária da perda contábil a ser requerida em juízo.

b) É uma alternativa extrajudicial ao ajuizamento de ação judicial para dedução da perda contábil nas hipóteses previstas em lei, devendo o credor arcar com o pagamento antecipado de taxas, emolumentos e demais despesas por ocasião da protocolização e demais atos.

c) Na hipótese de inadimplência do débito, as exigências de judicialização para os registros contábeis das perdas poderão ser substituídas pelo instrumento de protesto, com o pagamento dos emolumentos e demais taxas no momento da lavratura do protesto.

d) Constitui medida extrajudicial facultativa com finalidade de suspender a ação ajuizada em que se pleiteia a dedução tributária.

02. (VUNESP – 2023 – TJ-AL – Titular de Serviços de Notas e de Registros – Provimento) De acordo com o Provimento nº 86/2019 da Corregedoria Nacional de Justiça, assinale a alternativa correta sobre o pagamento dos emolumentos e demais acréscimos legais quando da apresentação para protesto de títulos e documentos de dívida.

Nota da autora: O Provimento CNJ n. 86/2019 foi revogado e incorporado aos arts. 389 a 374 do Provimento CNJ n. 149/2023 (CNN). Não houve alterações legislativas, motivo pelo qual é útil trazer esta questão.

a) Nas localidades onde houver mais de um tabelionato de protesto, o depósito ou pagamento dos emolumentos e demais acréscimos legais destinados aos ofícios de distribuição devem ser feitos previamente, independentemente da data de vencimento do título ou documento de dívida.

b) Nenhum valor de emolumentos será devido se houver pedido de desistência do procedimento do protesto pelo apresentante ou pelo exame do título ou documento de dívida devolvido ao apresentante por motivo de irregularidade formal.

c) A apresentação para protesto feita por qualquer pessoa física independe de depósito ou pagamento prévio dos emolumentos e dos demais acréscimos legais e despesas ao tabelião ou ao serviço de distribuição, desde que o vencimento não ultrapasse o prazo de um ano no momento da apresentação.

d) A apresentação para protesto feita por qualquer pessoa física independe de depósito ou pagamento prévio apenas dos emolumentos pertencentes ao tabelião, sendo necessário o depósito ou pagamento prévio dos acréscimos legais e das demais despesas.

03. (Consulplan – Outorga e Delegação de Serviços Notariais e Registrais – TJ – MS/2019) Em relação à postergação do pagamento de emolumentos no Tabelionato de Protesto é correto afirmar que, EXCETO:

a) Nenhum valor será devido pelo exame do título ou documento de dívida devolvido ao apresentante por motivo de irregularidade formal.

b) É vedado aos tabeliães de protesto ou os responsáveis interinos pelo expediente da serventia autorizados a conceder parcelamento de emolumentos aos interessados.

c) Os emolumentos devidos pelo protocolo dos títulos e documentos de dívida que foram protestados são de propriedade do tabelião de protesto ou do oficial de distribuição, quando for o caso, que à época praticou o respectivo ato.

d) Pelos atos que praticarem os tabeliães de protesto de títulos ou os responsáveis interinos pelo expediente perceberão diretamente das partes, a título de remuneração, os emolumentos integrais a eles destinados, fixados pela lei da respectiva Unidade da Federação, além do reembolso dos tributos, tarifas, demais despesas e dos acréscimos instituídos por lei a título de taxa de fiscalização do serviço extrajudicial, custas, contribuições, custeio de atos gratuitos e à entidade previdenciária ou assistencial, facultada a exigência do depósito prévio.

04. (EJEF – Notário-MG/2011) João comparece ao Tabelionato de Protestos objetivando pagar um título e apresenta ao Tabelião os atos constitutivos da empresa de sua titularidade, João da Silva ME.

Diante de tal situação,

a) o Tabelião oferecerá a isenção dos serviços em razão da comprovação de tratar-se de microempresa.

b) o Tabelião acrescentará aos emolumentos as taxas referentes ao fundo de custeio dos atos gratuitos.

c) não incidirão sobre os emolumentos quaisquer acréscimos a título de taxas, custas e contribuições para o Estado ou Distrito Federal.

d) os emolumentos serão cobrados de acordo com as tabelas previstas para o serviço sem aplicação de qualquer benefício ou isenção.

GAB	1	B	2	C	3	B	4	A

CAPÍTULO XIV – DISPOSIÇÕES FINAIS

Art. 38. Os Tabeliães de Protesto de Títulos são civilmente responsáveis por todos os prejuízos que causarem, por culpa ou dolo, pessoalmente, pelos substitutos que designarem ou Escreventes que autorizarem, assegurado o direito de regresso.

1. COMENTÁRIOS

A matéria já foi minuciosamente tratada nos comentários do art. 22 e seguintes da Lei 8.935/1994. No entanto, no tópico "Jurisprudência Complementar" trago julgados específicos sobre o Tabelionato de Protesto.

2. JURISPRUDÊNCIA COMPLEMENTAR

SUPERIOR TRIBUNAL DE JUSTIÇA

JURISPRUDÊNCIA EM TESES

11) Os serviços de registros públicos, cartorários e notariais, não detêm personalidade jurídica, de modo que o titular do cartório à época dos fatos é o responsável pelos atos decorrentes da atividade desempenhada.

12) O endossatário de título de crédito por endosso-mandato só responde por danos decorrentes de protesto indevido se extrapolar os poderes de mandatário (Súmula 476 do STJ).

13) Responde pelos danos decorrentes de protesto indevido o endossatário que recebe por endosso translativo título de crédito contendo vício formal extrínseco ou intrínseco, ficando ressalvado seu direito de regresso contra os endossantes e avalistas (Súmula 475/STJ)

14) O protesto indevido de título enseja indenização por dano moral que se configura *in re ipsa*.

SÚMULAS

Súmula 475. Responde pelos danos decorrentes de protesto indevido o endossatário que recebe por endosso translativo título de crédito contendo vício formal extrínseco ou intrínseco, ficando ressalvado seu direito de regresso contra os endossantes e avalistas.

Súmula 476. O endossatário de título de crédito por endosso-mandato só responde por danos decorrentes de protesto indevido se extrapolar os poderes de mandatário.

TRIBUNAL DE JUSTIÇA DO ESTADO DE SÃO PAULO

EMENTA: APELAÇÃO – Ação declaratória de inexigibilidade de débito cumulada com indenização por danos morais e repetição de indébito – Protesto de duplicata – Liquidação da dívida posteriormente – Demanda ajuizada contra o tabelionato, o banco apresentante e a empresa sacadora – Desistência em relação à instituição financeira e à empresa – Revelia do tabelionato – Sentença de parcial procedência que condenou o cartório ao pagamento de indenizações – Recurso do réu – Nulidade da sentença – Afastamento – Observância ao art. 335, § 2º, do CPC/2015 – Ilegitimidade passiva – Tabelionato que é desprovido de personalidade jurídica – Inteligência do art. 38 da Lei 9.492/97 – A responsabilidade civil por dano decorrente da má prestação de serviço cartorário é pessoal do titular da serventia à época do fato – Jurisprudência do STJ e TJSP – Ação que deve ser julgada extinta, sem resolução do mérito, nos termos do art. 485, VI, do CPC/2015 – RECURSO PROVIDO (TJSP – Apelação Cível nº 1111026-50.2018.8.26.0100 – São Paulo – 24ª Câmara de Direito Privado – Rel. Des. Jonize Sacchi de Oliveira – DJ 21.01.2020)

EMENTA: Apelação Cível. Indenização por Dano Moral. Protesto indevido. 1. Título levado a protesto com endereço diverso para intimação do devedor. Inclusão do nome do autor no órgão de proteção ao crédito. Dano Moral configurado. 2. Ilegitimidade passiva repelida. Município que apresentou o título em Cartório para Protesto. Forneceu endereço ao Tabelionato equivocado. Vício no protesto. Sentença de parcial procedência do pedido mantida. 3. Recurso Adesivo. Manutenção dos valores fixados a título de danos morais e honorários advocatícios. Critérios consubstanciados na proporcionalidade e razoabilidade. Recursos voluntário do Município e adesivo do autor não providos. (TJSP – Apelação Cível nº 1002185-77.2014.8.26.0236 – Ibitinga – 9ª Câmara de Direito Público – Rel. Des. Oswaldo Luiz Palu – DJ 18.04.2016)

EMENTA: RECURSO – Rejeição da preliminar de não conhecimento do recurso – A apelação oferecida satisfaz os requisitos do art. 514, do CPC, inclusive o dos respectivos incisos II e III, visto que faz expressa referência à r. sentença e os fundamentos de fato e razões de direito são pertinentes ao ali decidido, e formula pedido de reforma do r. ato judicial recorrido. PROCESSO – A apelação não pode ser conhecida na parte em que pede a condenação por danos morais do 1º e do 2º Tabeliões de Protesto de Letras e Títulos de Cubatão, em razão da preclusão – Incabível o reexame do pedido de condenação das partes cuja ilegitimidade passiva foi reconhecida no saneador, que permaneceu irrecorrido, visto que consumada a preclusão (CPC, art. 473). DUPLICATA – Reconhecimento de que as duplicatas mercantis, apontadas para protesto, por indicação, são exigíveis porquanto, como título de crédito, são hígidas, têm causa, não padecem de nulidade e nada há que implique em inexigibilidade, nem que autorize a declaração de inexistência do débito, visto que caracterizado o "aceite por presunção", porquanto: (a) provada a existência das compra e vendas mercantis, como recebimento das mercadorias pela apelante, identificadas nas notas fiscais faturas e respectivos canhotos de recebimento firmados pelo recebedor, relativamente às cártulas identificadas na inicial, requisito este estabelecido na LF 5.474/68 (arts. 1º, 2º e 15, II), para a emissão de duplicatas mercantis; (b) inexistente recusa de aceite com base em hipótese prevista no art. 8º, da LF 5.474/68; e (c) ausente prova da extinção da dívida pelo pagamento – Manutenção da r. sentença, no que concerne à rejeição do pedido da apelante de declaração de nulidade das duplicatas mercantis, apontadas para protesto, e de inexistência de relação jurídica entre as partes relativo aos débitos relativos às cártulas, em questão. PROTESTO – Como a nulidade do protesto, por indicação, das duplicatas mercantis objeto da ação, por vício na intimação dos Tabelionato de Protesto, decorrente de equívoco de endereço da devedora, foi decidida por r. sentença transitada em julgado (CPC, art. 462), proferida no julgamento de pedido de falência promovido pela apelada contra a apelante, é incabível nova deliberação acerca de questão já decidida anteriormente, em cumprimento ao efeito da coisa julgada material (CPC, art. 467), impondo-se, em consequência, a reforma da r. sentença, para declarar a nulidade dos protestos identificados nos respectivos instrumentos de protestos, juntados aos autos, com determinação dos mesmos providenciando o MM Juízo da causa o necessário para tanto. RESPONSABILIDADE CIVIL – Comprovado o ato ilícito, consistente no protesto indevido das duplicatas mercantis, apontadas por indicação, objeto da ação, por vício na intimação dos Tabelionato de Protesto, decorrente de equívoco de endereço da devedora, por culpa da apelada, e não configurada nenhuma excludente de responsabilidade, de rigor, o reconhecimento da responsabilidade e a condenação desta ré a indenizar a autora sacada pelos danos decorrentes do ilícito em questão. DANO MORAL – O protesto indevido de título constitui, por si só, fato ensejador de dano moral – Indenização por danos morais fixada na quantia de R$ 7.880,00, com incidência de correção monetária desde julgamento. Recurso conhecido, em parte, e provido, em parte. (TJSP – Apelação Cível nº 0007399-85.2009.8.26.0157 – Cubatão – 20ª Câmara de Direito Privado – Rel. Des. Rebello Pinho – DJ 27.08.2015)

EMENTA: MEDIDA CAUTELAR INOMINADA – PRETENDIDA ALTERAÇÃO DE PRÁTICA DE CARTÓRIO EXTRAJUDICIAL – INDEFERIDA – IRRESIGNAÇÃO – NÃO DEMONSTRADA DESOBSERVÂNCIA DA LEI nº 9.492/97 QUE REGE OS SERVIÇOS DE PROTESTOS DE TÍTULOS – CORRETAMENTE NEGADA A LIMINAR. Os cartórios, como o são os Tabelionatos de Protesto, <u>não se submetem às regras do Código Brasileiro de Defesa do Consumidor.</u> Especificamente no caso de protestos há lei específica, a saber, Lei nº 9.492, de 10 de setembro de 1997, que determina as regras sobre os serviços concernentes ao protesto de títulos (TJ/SP – Agravo de Instrumento nº 236.218.4/6, Comarca de Osasco, 5ª Câmara de Dir. Privado, Rel. Desembargador Silveira Neto, 23.05.2002).

EMENTA: AÇÃO DE INDENIZAÇÃO POR MORAL. PROTESTO DE CHEQUE FRAUDADO. ATO VÁLIDO EM RAZÃO DA LEGISLAÇÃO VIGENTE À ÉPOCA DOS FATOS. <u>INEXISTÊNCIA DE APONTAMENTO EM ÓRGÃO DE PROTEÇÃO AO CRÉDITO. MERO DISSABOR.</u> SENTENÇA MANTIDA APLICABILIDADE DO ART. 252 RITJSP. RECURSO DESPROVIDO. (TJSP – Apelação Cível nº 9208500-06.2009.8.26.0000 – São Bernardo do Campo – 10ª Câmara de Direito Privado – Rel. Des. Coelho Mendes – DJ 29.08.2013)

EMENTA: Indenização. Danos morais e materiais. Protesto de duplicata. Ação julgada improcedente. Admissibilidade. Regularidade do protesto. <u>Estrito cumprimento do dever legal</u>. Empresa apelante que possuía outro título protestado. Eventuais danos afastados. Sentença mantida. Aplicação do art. 252 do Regimento Interno deste Egrégio Tribunal de Justiça. Recurso não provido. (TJSP – Apelação Cível nº 0133098-37.2007.8.26.0002 – São Paulo – 4ª Câmara de Direito Privado – Rel. Des. Fábio Quadros – DJ 05.08.2013)

EMENTA: Responsabilidade civil – Indenização – Dano moral – Protesto indevido de cheque devolvido pelo estabelecimento bancário, por haver sido fraudado – Impossibilidade de ser o quirógrafo levado a protesto – Responsabilização de quem o fez, provido o apelo para tanto – Improvido quanto ao banco responsável pela devolução, já que era obrigado a procedê-la, para possibilitar ao credor as medidas cabíveis – Não tendo obrigação nenhuma de retê-lo consigo para comunicação à autoridade policial.(TJSP – Apelação nº 0288481-43.2009.8.26.0000 – Mauá – 8ª Câmara de Direito Privado – Rel. Des. Luiz Ambra – DJ 24.08.2012)

TRIBUNAL DE JUSTIÇA DO ESTADO DO RIO GRANDE DO SUL

EMENTA: AGRAVO DE INSTRUMENTO. RESPONSABILIDADE CIVIL. JUNTA COMERCIAL. TABELIONATO. AUSÊNCIA DE PERSONALIDADE JURÍDICA. ILEGITIMIDADE PASSIVA PROCESSO Nº 70055421358 (Nº CNJ: 0266762-53.2013.8.21.7000)1. O Tabelionado de Notas da Comarca de Navegantes/SC não é parte legítima para figurar no pólo passivo da presente demanda, porquanto sequer detêm personalidade jurídica, a teor do que estabelece o art. 236, § 1º, da Constituição Federal, o art. 22 da Lei 8.935 de 1994 e o art. 38 da Lei 9.432 de 1997.2. Os serviços notariais e de registro são exercidos em caráter privado, por delegação do Poder Público e, em razão disto, não detém de personalidade jurídica. Aliás, o artigo 236 da Constituição Federal, em seu parágrafo primeiro, determina que a Lei regulará as atividades, disciplinará a responsabilidade civil e criminal dos notários, dos oficiais de registro e de seus prepostos, e definirá a fiscalização de seus atos pelo Poder Judiciário. 3. Junta Comercial que, em razão de não possuir personalidade jurídica própria, pois é órgão integrante da Administração Direta do Estado, consoante o disposto no art. 3º, II, da Lei nº 8.934/94.4. O julgador não está obrigado a se manifestar sobre todos os artigos de lei invocados pelas partes, bastando que aqueles referidos no corpo da decisão sejam suficientes para a resolução do caso submetido à apreciação, de sorte que não merece prosperar o prequestionamento formulado. Negado seguimento ao agravo de instrumento.

TRIBUNAL DE JUSTIÇA DO ESTADO DE MINAS GERAIS

EMENTA: AÇÃO DE INDENIZAÇÃO POR DANOS MORAIS – PROTESTO INDEVIDO – RESPONSABILIDADE CIVIL – TABELIONATO DE PROTESTO DE TÍTULOS – LEGITIMIDADE AD CAUSAM – CASSAÇÃO DA SENTENÇA – CAUSA MADURA – ART. 515, § 3º, DO CPC – JULGAMENTO PELO TRIBUNAL – PAGAMENTO PARCIAL DA DÍVIDA – NÃO COMPROVAÇÃO – ENCARGOS ABUSIVOS – IRRELEVÂNCIA – AUSÊNCIA DE NOTIFICAÇÃO – ALTERAÇÃO DA CAUSA DE PEDIR APÓS CITAÇÃO – IMPOSSIBILIDADE – ato ilícito – não comprovação. O tabelionato assemelha-se às pessoas formais, contempladas pela lei como titulares de personalidade judiciária, conquanto não-detentoras de personalidade jurídica, tais como a massa falida, o espólio, as heranças jacentes e vacante e o condomínio. Cassada a sentença e encontrando-se devidamente instruído o feito, pode o tribunal, desde logo, passar à análise do mérito, consoante disposto no art. 515, § 3º, do CPC. A possível existência de cláusulas abusivas no contrato não caracteriza ato ilícito por parte da apelada, que levou a protesto valor até então reconhecido e não impugnado pela devedora. Conforme art. 264 do CPC, a alteração da causa de pedir, após a citação, somente é possível com a anuência dos réus, o que, todavia, não ocorreu no caso dos autos. Na falta de um dos requisitos necessários à configuração da responsabilidade civil subjetiva – no caso, o ato ilícito dos réus – não há que se falar em obrigação de indenizar. (TJ-MG 100240557941500011 MG 1.0024.05.579415-0/001(1), Relator: ELPÍDIO DONIZETTI, Data de Julgamento: 06/04/2006, Data de Publicação: 01/07/2006)

3. QUESTÕES DE CONCURSOS

01. (FGV – Titular de Serviço de Notas e Registros – TJ – SC/2021) No curso deste ano, Mário, prestes a celebrar um negócio jurídico de grande valor econômico com uma conhecida sociedade empresária multinacional, foi surpreendido, no meio das tratativas, com a informação de que seu nome fora vetado pelo Departamento Interno de Ética e Relações

Públicas. A decisão fora tomada com base em certidão fornecida pelo tabelião do Protesto de Títulos e Documentos. Na medida em que a certidão era manifestamente inverídica, já que foram vinculadas ao seu nome informações concernentes a outra pessoa, que sequer era homônima, Mário solicitou a seu advogado informações sobre a possibilidade de responsabilizar civilmente o tabelião pelo mau exercício da atividade da qual é delegatário.

O advogado respondeu, corretamente, que tal poderia ocorrer com base na teoria:

a) da responsabilidade objetiva;
b) do risco administrativo;
c) da delegação responsiva;
d) civilista da culpa;
e) do risco integral.

02. (IESES – Cartório – Provimento – TJ – AM/2018) Assinale a alternativa correta:

a) Os Tabeliães de Protesto de Títulos são civilmente responsáveis por todos os prejuízos que causarem, por culpa ou dolo, pessoalmente, pelos substitutos que designarem ou Escreventes que autorizarem, assegurado o direito de regresso.
b) Pelos atos que praticarem em decorrência da Lei, os Tabeliães de Protesto perceberão, diretamente do Tribunal de Justiça do respectivo Estado, a título de remuneração, os emolumentos fixados na forma da lei estadual e de seus decretos regulamentadores.
c) No tabelionato de protesto não poderá ser exigido depósito prévio dos emolumentos e demais despesas devidas.
d) No tabelionato de Protesto o ato de digitalização e gravação eletrônica dos títulos e outros documentos é gratuito.

03. (Cespe – Cartório-PI/2013) Acerca da responsabilidade civil e criminal dos notários e oficiais de registro e seus prepostos, assinale a opção correta com base na Lei nº 8.935/1994.

a) Em caso de dolo ou culpa do preposto, o notário responderá pelos danos causados a terceiros, assegurado seu direito de regresso.
b) A responsabilidade civil dependerá da criminal.
c) A individualização da responsabilidade do preposto isentará o notário da responsabilidade civil.
d) A responsabilidade criminal deve ser individualizada, aplicando-se, no que couber, a Lei de Improbidade Administrativa.
e) Os oficiais de registro não são responsáveis pelos atos praticados por seus prepostos, ainda que esses atos sejam próprios da serventia.

04. (IESES – Cartório – Provimento – TJ – RO/2017) Assinale a alternativa correta:

a) Os Tabeliães de Protesto de Títulos são civilmente responsáveis por todos os prejuízos que causarem, por culpa ou dolo, pessoalmente, pelos substitutos que designarem ou Escreventes que autorizarem, assegurado o direito de regresso.
b) Os mandados judiciais de sustação de protesto deverão ser conservados, juntamente com os respectivos documentos, até prazo a ser ficado por parte do Juízo ou Tabelião competente.
c) No Tabelionato de Protesto o prazo de arquivamento é de três anos para livros de protocolo e livros de registros de protesto e respectivos títulos.
d) Todo e qualquer ato praticado pelo Tabelião de Protesto será cotado, exceto quando solicitado por pessoa reconhecidamente carente.

GAB	1	D	2	A	3	A	4	A

Art. 39. A reprodução de microfilme ou do processamento eletrônico da imagem, do título ou de qualquer documento arquivado no Tabelionato, quando autenticado pelo Tabelião de Protesto, por seu Substituto ou Escrevente autorizado, guarda o mesmo valor do original, independentemente de restauração judicial.

1. COMENTÁRIOS

Este dispositivo aborda o **valor probatório** das reproduções extraídas pelo Tabelião de Protestos e evidencia a importância da conservação dos livros e documentos da Serventia Extrajudicial, prevista no artigo 35 desta Lei.

Assim, desde que seja autenticado pelo tabelião, por seu substituto ou escrevente autorizado e independentemente de restauração judicial, possui a mesma força probante dos originais, a reprodução de microfilmes ou processamento eletrônico de imagens, do título ou de qualquer documento arquivado no Tabelionato.

2. JURISPRUDÊNCIA COMPLEMENTAR

TRIBUNAL DE JUSTIÇA DO ESTADO DO RIO GRANDE DO SUL

EMENTA: APELAÇÃO CÍVEL. FALÊNCIA. INSTRUÇÃO DO FEITO SEM O TÍTULO EXTRAJUDICIAL ENSEJADOR DO PEDIDO FALENCIAL. Não há óbice algum à formulação do pedido falimentar sem a juntada do título, no caso, duas duplicatas mercantis devidamente protestadas. O artigo 11 da Lei de Quebras nada dispõe nesse sentido, exigindo, apenas, a prova da impontualidade. Ademais, o protesto fora realizado pelo Tabelião que possui fé pública, com o que viável o recebimento da peça inicial sem a juntada do título, que, aliás, permanece no Cartório em razão da microfilmagem ou digitalização. Apelo Provido (TJRS; AC 70006542245; Passo Fundo, Quinta Câmara Cível – Regime de Exceção; Rel. Des. Marta Borges Ortiz; Julg. 25/03/2004).

EMENTA: APELAÇÃO CÍVEL. RESPONSABILIDADE CIVIL. CARTÓRIO DE PROTESTO. A atividade do Cartório de Protesto é regida por Lei Federal que permite ao tabelião, passado o prazo exigido, destruir os documentos não procurados pelas partes em tempo hábil, mediante microfilmagem, o que foi levado a efeito e apresentado pelo apelado. Portanto, não há falar em dever de indenizar, pois lícita e autorizada a conduta do Tabelionato. Eventual prejuízo pela ausência do título original deve ser debitado à autora que não diligenciou oportunamente a sua devolução junto ao Cartório. Negaram provimento. Unânime (TJRS; AC 70016550709; Porto Alegre, Sexta Câmara Cível – Regime de Exceção; Rel. Des. Tasso Caubi Soares Delabary; Julg. 29/11/2007).

Art. 40. Não havendo prazo assinado, a data do registro do protesto é o termo inicial da incidência de juros, taxas e atualizações monetárias sobre o valor da obrigação contida no título ou documento de dívida.

1. COMENTÁRIOS

O dispositivo em comento trata de um dos efeitos do protesto, o **efeito moratório**, também chamado de **efeito constitutivo**, que constitui a mora do devedor. Os efeitos do protesto foram detalhados nos comentários do artigo 1º desta lei.

A mora está prevista nos arts. 394 a 397 do Código Civil.

Ressalta-se que a grande maioria dos títulos ou documentos de dívida contém, em seu próprio documento, o termo inicial, ou seja, a partir de quando os juros, taxas e atualizações monetárias poderão ser cobrados. Portanto, o artigo é claro ao estabelecer que ele somente será aplicado aos títulos e documentos de dívida em que não haja prazo assinalado; neste caso, o termo inicial será a data do protesto.

Luiz Emygdio Franco da Rosa Junior leciona que "não se aplica aos títulos cambiários o disposto no art. 40, da Lei 9.492/1997, pelo qual, não havendo prazo assinado, a data do registro do protesto é o termo inicial da incidência de juros de mora e atualizações monetárias sobre o valor da obrigação contida no título porque a matéria é regrada por legislação específica. A correção monetária incide a partir do vencimento do título e não do protesto ou do ajuizamento da ação" (*Títulos de Crédito*. 4. Ed. Rio de Janeiro: Renovar, 2006, p. 387).

Assim, tratando-se de letra de câmbio e nota promissória, os juros serão cobrados desde o vencimento, nos termos do art. 48, n. 2 e art. 77 do Decreto 57.663/1966. No caso de cheque, o portador pode exigir do demandado os juros legais desde o dia da apresentação, conforme a regra estabelecida no art. 52 da Lei nº 7.357/1985.

2. JURISPRUDÊNCIA COMPLEMENTAR

SUPERIOR TRIBUNAL DE JUSTIÇA

EMENTA: Recurso Especial – Embargos à monitória – Termo inicial dos juros de mora do cheque não apresentado para a compensação junto ao banco sacado – Insurgência recursal do embargante.

1. Segundo entendimento do STJ, em regra, o peticionamento nos autos por advogado destituído de poderes especiais para receber citação não configura comparecimento espontâneo apto a suprir a sua necessidade. Precedentes.

1.1 Aplicando-se ao caso o princípio da instrumentalidade das formas sob o enfoque de que "não há nulidade sem prejuízo" (*pas de nullité sans grief*), e considerando, ainda, ter havido a citação da parte e de terem sido os embargos à monitória julgados no mérito, não deve o feito retornar à origem para eventual repetição de atos, pois todas as matérias arguidas na peça de defesa/ação impugnativa foram efetivamente analisadas e levadas em consideração quando do julgamento da controvérsia decorrente do conflito estabelecido entre as partes contendoras.

2. Em consonância ao entendimento firmado no Recurso Repetitivo nº 1.556.834/SP, no novo pronunciamento da Corte Especial no que concerne à mora do devedor e seus consectários (EAREsp 502.132/RS), com base no regramento especial da Lei nº 7.357/85, a melhor interpretação a ser dada quando o cheque não for apresentado à instituição financeira sacada para a respectiva compensação, é aquela que reconhece o termo inicial dos juros de mora a partir do primeiro ato do credor no sentido de satisfazer o seu crédito, o que pode se dar pela apresentação, protesto, notificação extrajudicial, ou, como no caso concreto, pela citação (art. 219 do CPC/73 correspondente ao art. 240 do CPC/15).

3. Recurso especial provido (STJ – REsp nº 1.768.022 – Minas Gerais – 4ª Turma – Rel. Min. Marco Buzzi – DJ 25.08.2021)

EMENTA: DUPLICATA. Pagamento em cartório. Juros moratórios. Fluência desde o vencimento do título. Ação de cobrança. Pago o título em cartório de protesto, sem correção e juros moratórios, o credor pode propor ação de cobrança para haver essas duas parcelas, sendo que tanto a atualização monetária (REsp nº 117.704/SE, REsp 30.104/SP) como os juros devem ser contados desde a data do vencimento do título líquido e certo (arts. 48 da Lei Uniforme e 25 da Lei nº 5.474/68) até o dia do pagamento em cartório. A quantia assim apurada será passível de nova atualização, até o final pagamento, a que se somam os juros moratórios, estes contados da citação para a ação de cobrança (art. 219 do CPC). Recurso conhecido e provido. (STJ – REsp: 197294 SP 1998/0089637-6, Relator: Ministro RUY ROSADO DE AGUIAR, Data de Julgamento: 23/02/1999, T4 – QUARTA TURMA, Data de Publicação: DJ 29.03.1999 p. 190JSTJ vol. 5 p. 359)

EMENTA: Título cambial. Recebimento pelo oficial de protestos. Correção monetária e juros. O oficial de protestos não há de ser considerado um mandatário com poderes para dispensar o pagamento de parte do debito. E isso o que ocorreria caso se admitisse que o pagamento apenas do valor nominal do titulo envolvesse sua quitação, o mesmo se podendo dizer dos acessórios. Possibilidade da cobrança da correção monetária e juros. incidência do disposto no art. 48, 2. da Lei Uniforme. (STJ – REsp: 118528 RJ 1997/0008767-0, Relator: Ministro EDUARDO RIBEIRO, Data de Julgamento: 26/05/1997, T3 – TERCEIRA TURMA, Data de Publicação: DJ 23.06.1997 p. 29130 RSTJ vol. 96 p. 279)

3. QUESTÕES DE CONCURSOS

01. (Cespe – Notários e Oficiais de Registro – Provimento – TJ – DFT/2019) No caso de protesto, não havendo prazo assinado no título ou no documento de dívida, considera-se o termo inicial da incidência de juros, das taxas e das atualizações monetárias sobre o valor da obrigação anteriormente assumida a data

a) do registro do protesto.
b) da apresentação do título para protesto.
c) da intimação do devedor.
d) da juntada da notificação do devedor.
e) do dia útil seguinte à data da intimação do devedor.

02. (IESES – Cartório – Remoção – TJ – CE/2018) O termo inicial da incidência de juros, taxas e atualizações monetárias sobre o valor da obrigação contida no título ou documento de dívida protestado, será:

a) 30 (trinta) dias da data do registro do protesto.
b) 45 (quarenta e cinco) dias da data do registro do protesto.
c) Sempre a data do registro do protesto.
d) Não havendo prazo assinado, a data do registro do protesto.

GAB	1	A	2	D

Art. 41. Para os serviços previstos nesta Lei os Tabeliães poderão adotar, independentemente de autorização, sistemas de computação, microfilmagem, gravação eletrônica de imagem e quaisquer outros meios de reprodução.

1. COMENTÁRIOS

A atividade notarial e de registro é exercida em caráter privado, sob a fiscalização do Poder Judiciário, por meio dos seguintes órgãos: **Conselho Nacional de Justiça (CNJ), Corregedoria-Geral da Justiça dos Estados** e **Corregedorias Permanentes das comarcas onde exercem suas atividades.**

Os delegatários possuem autonomia no gerenciamento administrativo e financeiro do serviço.

O dispositivo em comento, assim como o artigo 20 da Lei 8.935/1994, veio reforçar essa ideia de autonomia, uma vez que, é dispensável qualquer espécie de **autorização** para a utilização dos meios elencados no artigo 41 desta Lei. Atente-se, todavia, que algumas normativas estaduais exigem que tal ato seja comunicado à Corregedoria, sem necessidade de autorização.

A finalidade da **autonomia** é garantir uma **melhor qualidade na prestação dos serviços**, que consiste também em um dos **deveres** do delegatário, conforme demonstra o artigo 30 da Lei dos Notários e dos Registradores (Lei 8.935/1994).

Assim, realizados os serviços do Tabelionato de Protestos por sistemas de computação, microfilmagem, gravação eletrônica de imagem e quaisquer outros meios de reprodução, fica assegurada a segurança, a agilidade e a celeridade do serviço.

2. QUESTÃO DE CONCURSO

01. (UFPR – Outorga das Delegações – Remoção – TJ – PR/2019) No que tange aos Tabelionatos de Protesto de Títulos, identifique como verdadeiras (V) ou falsas (F) as seguintes afirmativas:

( ) As certidões de dívida ativa da União, dos Estados, do Distrito Federal e dos Municípios não estão incluídas entre os títulos sujeitos a protesto.

( ) O Tabelião de Protesto, além de verificar os aspectos formais do título, deverá examinar se já ocorreu a sua prescrição ou caducidade, situação que, se configurada, impedirá o registro do protesto.

( ) Não se admite o protesto de títulos ou outros documentos de dívida de moeda estrangeira.

( ) A adoção, pelo Tabelionato, de sistema de microfilmagem, gravação eletrônica de imagem ou quaisquer outros meios de reprodução enseja o dever de informar tal fato ao Juiz Corregedor do Foro Extrajudicial.

Assinale a alternativa que apresenta a sequência correta, de cima para baixo.

a) V – V – V – F.
b) V – V – F – V.
c) F – V – V – F.
d) F – F – V – V.
e) F – F – F – V.

GAB	1	E

Art. 41-A. Os tabeliães de protesto manterão, em âmbito nacional, uma central nacional de serviços eletrônicos compartilhados que prestará, ao menos, os seguintes serviços:

I – escrituração e emissão de duplicata sob a forma escritural, observado o disposto na legislação específica, inclusive quanto ao requisito de autorização prévia para o exercício da atividade de escrituração pelo órgão supervisor e aos demais requisitos previstos na regulamentação por ele editada;

II – recepção e distribuição de títulos e documentos de dívida para protesto, desde que escriturais;

III – consulta gratuita quanto a devedores inadimplentes e aos protestos realizados, aos dados desses protestos e dos tabelionatos aos quais foram distribuídos, ainda que os respectivos títulos e documentos de dívida não sejam escriturais;

IV – confirmação da autenticidade dos instrumentos de protesto em meio eletrônico; e

V – anuência eletrônica para o cancelamento de protestos.

§ 1º A partir da implementação da central de que trata o *caput* deste artigo, os tabelionatos de protesto disponibilizarão ao poder público, por meio eletrônico e sem ônus, o acesso às informações constantes dos seus bancos de dados.

§ 2º É obrigatória a adesão imediata de todos os tabeliães de protesto do País ou responsáveis pelo expediente à central nacional de serviços eletrônicos compartilhados de que trata o *caput* deste artigo, sob pena de responsabilização disciplinar nos termos do inciso I do *caput* do art. 31 da Lei nº 8.935, de 18 de novembro de 1994.

Lei 9.492/1997

§ 3º A central nacional de serviços eletrônicos compartilhados prevista no *caput* deste artigo poderá, diretamente ou mediante convênio com entidade pública ou privada, realizar serviços de coleta, de processamento, de armazenamento e de integração de dados para a emissão e a escrituração de documentos eletrônicos passíveis de protesto.

§ 4º Ficam asseguradas a gratuidade dos serviços especificados nos incisos II, III, IV e V do *caput* e a livre estipulação de preço em relação aos serviços previstos no inciso I do *caput* deste artigo e demais serviços complementares disponibilizados aos usuários pela entidade credenciada pelos tabeliães de protesto.

§ 5º O serviço de que trata o art. 11 da Lei nº 14.206, de 27 de setembro de 2021, poderá ser executado pela central nacional de serviços eletrônicos compartilhados prevista no *caput* deste artigo, em regime de autorização.

1. COMENTÁRIOS

O art. 41-A foi incluído pela Lei 13.775/2018, que dispõe sobre a emissão de duplicata sob a forma escritural (duplicata eletrônica)e altera a Lei de Protesto.

Foi criada, em âmbito nacional – o que já existia em muitos estados – a **Central Nacional de Serviços Eletrônicos dos Tabeliães de Protesto de Títulos (CENPROT).** Os tabeliães de protesto devem obrigatoriamente aderir a essa central, mantendo e prestando, pelo menos, um dos serviços elencados no art. 41-A.

Em setembro de 2019, a fim de **regulamentar** a implantação da CENPROT e dar outras providências, o Conselho Nacional de Justiça editou o Provimento n. 87, evidenciando a evolução tecnológica proveniente da revolução cibernética.

Nas palavras de Alexandre Chini, no artigo "*Da Acessibilidade Isonômica ao Serviço de Protesto de Títulos*", o Provimento 87 lançou a atividade extrajudicial de protesto de títulos, verdadeiramente, no século XXI, sob a inspiração moderna da desmaterialização documental e da desburocratização procedimental ansiada pela sociedade brasileira, contando com os mecanismos de segurança, controle e fiscalização da Corregedoria Nacional de Justiça e das Corregedorias Gerais da Justiça dos Estados e do Distrito Federal (EL DEBS, Martha e FERRO JUNIOR, Izaías Gomes. *O Novo Protesto de Títulos e Documentos de Dívida. Os Cartórios de Protesto na era dos serviços digitais.* DA ACESSIBILIDADE ISONÔMICA AO SERVIÇO DE PROTESTO DE TÍTULOS. São Paulo: Juspodivm, 2023).

O Provimento CNJ n. 87/2019 foi incorporado em sua totalidade ao Código Nacional de Normas. Já tratamos deles em vários momentos desta obra. Para agora, focaremos no capítulo referente à CENPROT, que abrange os arts. 257 a 26 (**Dos Serviços Eletrônicos dos Tabeliães de Protesto de Títulos – CENPROT**)

O Provimento CNJ n. 87/2019 foi incorporado em sua totalidade ao Código Nacional de Normas. Já discutimos esse provimento em várias partes desta obra. Agora, focaremos no capítulo referente à CENPROT, que abrange os arts. 257 a 263 (Dos Serviços Eletrônicos dos Tabeliães de Protesto de Títulos).

A instituição da CENPROT é da atribuição dos tabeliães de protesto de títulos de todo território nacional, sendo **obrigatória** a adesão de todos os tabeliães de protesto do País ou responsáveis interinos pelo expediente, sob pena de responsabilização disciplinar nos termos do inciso I do *caput* do art. 31 da Lei 8.935/1994, já estudada nesta obra.

A CENPROT é operada, mantida e administrada conforme deliberação da assembleia geral dos tabeliães de protesto de títulos, podendo ser delegada à entidade nacional representativa da categoria. Também é possível instituir CENPROT seccionais na forma e locais definidos pela assembleia-geral dos tabeliães de protesto de títulos.

Tanto a CENPROT quanto as seccionais instaladas se subordinam às normas, auditorias e à fiscalização da Corregedoria Nacional de Justiça e das respectivas Corregedorias-Gerais de Justiça. O art. 259 do Código Nacional de Normas (corresponde ao art. 17 do Provimento CNJ 87/2019) deve ser lido em conjunto com o art. 41-A da Lei de Protesto. Os dispositivos se assemelham em alguns pontos ao preverem os serviços disponibilizados pela CENPROT, a saber:

> Art. 259. A CENPROT deve disponibilizar, por meio da rede mundial de computadores (internet) pelo menos, os seguintes serviços:
>
> I – acesso a informações sobre quaisquer protestos válidos lavrados pelos tabeliães de protesto de títulos dos estados ou do Distrito Federal;
>
> II – consulta gratuita às informações indicativas da existência ou inexistência de protesto, respectivos tabelionatos e valor;
>
> III – fornecimento de informação complementar acerca da existência de protesto e sobre dados ou elementos do registro, quando o interessado dispensar a certidão;
>
> IV – fornecimento de instrumentos de protesto em meio eletrônico;
>
> V – recepção de declaração eletrônica de anuência para fins de cancelamento de protesto;
>
> VI – recepção de requerimento eletrônico de cancelamento de protesto;

VII – recepção de títulos e documentos de dívida, em meio eletrônico, para fins de protesto, encaminhados por órgãos do Poder Judiciário, das procuradorias, dos advogados e dos apresentantes cadastrados; e

VIII – recepção de pedidos de certidão de protesto e de cancelamento e disponibilização da certidão eletrônica expedida pelas serventias do Estado ou do Distrito Federal em atendimento a tais solicitações.

Parágrafo único. Na informação complementar requerida pelo interessado, acerca da existência de protesto, poderão constar os seguintes dados:

I – nome do devedor, e quando constar do registro, endereço completo, endereço eletrônico e telefone;

II – se pessoa física, número de inscrição no Cadastro de Pessoas Físicas (CPF) – se pessoa jurídica, número de inscrição no Cadastro Nacional de Pessoas Jurídicas (CNPJ);

III – tipo, número e folha do livro de protesto, ou número do registro sequencial do protesto;

IV – tipo de ocorrência e respectiva data;

V – nome do apresentante do título ou documento de dívida, nome do endossatário (cedente), e tipo do endosso;

VI – nome, número do CPF ou CNPJ do credor (sacador), e quando constar do registro, endereço completo, endereço eletrônico e telefone; e

VII – data e número do protocolo, espécie, número do título ou documento de dívida, data de emissão, data de vencimento, valor original, valor protestado, valor das intimações e, quando houver, valor do edital, com indicação de motivo.

O Provimento também trouxe regra sobre **emolumentos**, ao estabelecer que as informações enviadas pelos Tabeliães de Protesto de Títulos à CENPROT, na forma e no prazo estabelecido pela Central, não geram o pagamento aos Tabelionatos de Protesto de emolumentos ou de quaisquer outras despesas decorrentes do envio.

Estabelece-se que é de responsabilidade exclusiva do Tabelião as consequências pela eventual omissão de informações que deveriam ter sido enviadas à CENPROT. É permitido aos tabeliães de protesto, ainda que representados por sua entidade escolhida, realizar auditoria, com monitoramento automático do descumprimento de prazos, horários e procedimentos incumbidos aos tabeliães de protesto, atividade denominada **"Autogestão online"** com a geração de relatórios a serem encaminhados ao juízo competente e, quando for o caso, à Corregedoria Nacional de Justiça e à respectiva Corregedoria-Geral de Justiça.

Frise-se que essa atuação é **preventiva**, com o propósito de autogestão da atividade, notificando os tabeliães que incorram em excesso de prazo ou não observância de procedimentos legais e normativos, antes do envio de relatórios aos órgãos correcionais.

Demais disso, a prestação de serviços a terceiros com a utilização de dados existentes na CENPROT se dará mediante **convênio/termo de adesão** que deverá conter cláusulas de responsabilidade recíprocas, contendo forma, prazo e taxas administrativas livremente ajustadas entre as partes.

O Provimento CNJ n. 87/2019 mais do que um grande avanço, foi primordial para a manutenção e sobrevivência dos Tabelionatos de Protestos a fim de se adequar à revolução tecnológica que vive o mundo nos dias atuais.

Demais disso, cumpriu uma importantíssima função social ao acolher a **Meta n. 16 dos Objetivos de Desenvolvimento Sustentável (ODS), estabelecidos pelas Nações Unidas na Agenda 2030:** "*proporcionar o acesso à justiça para todos e construir instituições eficazes, responsáveis e inclusivas em todos os níveis.*"

1.1 NOVIDADES TRAZIDAS PELA LEI N. 14.711/2023

Os parágrafos 3º ao 5º foram incluídos pela Lei das Garantias.

O § 3º do art. 41-A veio em um momento muito oportuno, pois tem o potencial de impulsionar significativamente a atividade. É que a redação do dispositivo traz a possibilidade de, diretamente ou por meio de convênios com entidades públicas ou privadas, realizar a coleta, o processamento, o armazenamento e a integração de dados necessários para a emissão e escrituração de documentos eletrônicos que podem ser protestados.

O § 4º do art. 41-A estabelece regras sobre a gratuidade, garantindo-a para os atos previstos nos incisos II, III, IV e V. Esses atos incluem: a recepção e distribuição de títulos e documentos de dívida para protesto, desde que escriturais; a consulta gratuita quanto a devedores inadimplentes e aos protestos realizados, bem como aos dados desses protestos e dos tabelionatos onde foram distribuídos, mesmo que os respectivos títulos e documentos de dívida não sejam escriturais; a confirmação da autenticidade dos instrumentos de protesto em meio eletrônico; e a anuência eletrônica para o cancelamento de protestos. Já para o inciso I, que trata da escrituração e emissão de duplicata sob a forma escritural, conforme a legislação específica, e para os demais serviços complementares oferecidos aos usuários pela entidade credenciada pelos tabeliães de protesto, o § 4º do art. 41-A permite a livre estipulação de preços.

Finalmente, como a disposição normativa derradeira tratando da atribuição de protesto de títulos na Lei 14.711/2023, o legislador, seguindo a autorização para a escrituração de documentos passíveis de protesto prevista no §3º do art. 41-A, decidiu abordar especificamente um tipo de título: o **documento de transporte eletrônico**, previsto no art. 11 da Lei 14.206/2021.

Na dicção do § 5º do art. 41-A, o serviço de que trata o art. 11 da Lei nº 14.206, de 27 de setembro de

Lei 9.492/1997

2021, poderá ser executado pela central nacional de serviços eletrônicos compartilhados prevista no *caput* deste artigo, em regime de autorização. Para melhor compreensão do tema, transcreve-se o aludido artigo:

> **DA EMISSÃO DO DOCUMENTO ELETRÔNICO DE TRANSPORTE (DT-E)**
>
> **Seção I – Do Serviço de Emissão**
>
> Art. 11. O serviço de emissão do DT-e poderá ser explorado diretamente pelo Ministério da Infraestrutura ou por meio de concessão ou de permissão, nos termos do art. 175 da Constituição Federal e da Lei nº 8.987, de 13 de fevereiro de 1995.
>
> Parágrafo único. O serviço de emissão do DT-e poderá ser delegado por convênio entre o Ministério da Infraestrutura e as entidades da administração pública federal indireta.
>
> (...)
>
> **CAPÍTULO I – DISPOSIÇÕES GERAIS**
>
> Art. 1º É instituído o Documento Eletrônico de Transporte (DT-e), exclusivamente digital, de geração e emissão prévias obrigatórias à execução da operação de transporte de carga no território nacional.
>
> (...)
>
> § 3º O DT-e será documento obrigatório de registro, caracterização, informação, monitoramento e fiscalização da operação de transporte.
>
> Art. 2º Para fins do disposto nesta Lei, consideram-se:
>
> IV – emissão de DT-e: o serviço de validação e ativação do DT-e gerado para uso na operação de transporte.
>
> Art. 20. O credor da prestação de serviços de transporte remunerado, devidamente identificado no DT-e da respectiva operação, **poderá utilizar o protesto digital e os demais serviços disponibilizados pela central nacional de serviços eletrônicos compartilhados, na forma estabelecida no art. 41-A da Lei nº 9.492, de 10 de setembro de 1997, para fins de cobrança e negociação de seus direitos creditórios**, sem qualquer antecipação de custas, de emolumentos e de outras despesas exigíveis.

2. QUESTÕES DE CONCURSO

01. (FGV – 2023 – TJ-SE – Atividade Notarial e de Registro – Remoção). A Lei n. 13.775/2018, ao disciplinar a duplicata escritural e dar outras providências, acrescentou dispositivo na Lei de Protestos (Lei nº 9.492/1997) para determinar que os tabeliães de protesto mantenham, em âmbito nacional, uma central nacional de serviços eletrônicos compartilhados que prestará o serviço de:

a) anuência eletrônica para a sustação ou o cancelamento de protestos;

b) confirmação da autenticidade dos instrumentos de protesto em meio eletrônico ou cartular;

c) recepção e distribuição de títulos e documentos de dívida para protesto, cartulares ou escriturais;

d) escrituração e emissão de duplicata sob a forma escritural, observados os requisitos essenciais da duplicata cartular, exceto quanto ao requisito de autorização prévia para o exercício da atividade de escrituração;

e) consulta gratuita quanto a devedores inadimplentes e aos protestos realizados, aos dados desses protestos e dos tabelionatos aos quais foram distribuídos, ainda que os respectivos títulos e documentos de dívida não sejam escriturais.

02. (Vunesp – Outorga de Delegação de Notas e Registros – TJ – GO/2021) Assinale a alternativa que corresponda a um serviço prestado pela central nacional de serviços eletrônicos compartilhados mantida pelos tabeliães de protesto, em âmbito nacional.

a) Recepção e distribuição de títulos e documentos de dívida para protesto, ainda que os respectivos títulos e documentos de dívida não sejam escriturais.

b) Recepção de declaração eletrônica de anuência para fins de cancelamento de protesto.

c) Consulta quanto a devedores inadimplentes e aos protestos realizados, aos dados desses protestos e dos tabelionatos aos quais foram distribuídos, ainda que os respectivos títulos e documentos de dívida não sejam escriturais, garantida ao Tabelião de protesto a percepção de emolumentos pela consulta.

d) Consulta gratuita quanto a devedores inadimplentes e aos protestos realizados, aos dados desses protestos e dos tabelionatos aos quais foram distribuídos, desde que de títulos escriturais.

GAB	1	E	2	B

Art. 42. Esta Lei entra em vigor na data de sua publicação.

1. COMENTÁRIOS

A Lei 9.492 entrou em vigor em 11 de setembro de 1997, data de sua publicação no Diário Oficial da União. Esta legislação regulamenta os serviços de protesto de títulos e outros documentos de dívida, revogando tacitamente todas as disposições conflitantes anteriores. Trata-se da lei de regência da atividade do protesto.

Art. 43. Revogam-se as disposições em contrário.

Brasília, 10 de setembro de 1997;

176º da Independência e 109º da República.

FERNANDO HENRIQUE CARDOSO

(D.O.U. de 11.09.1997)

Lei nº 8.935,
de 18 de novembro de 1994

Regulamenta o art. 236 da Constituição Federal, dispondo sobre serviços notariais e de registro.

O PRESIDENTE DA REPÚBLICA

Faço saber que o Congresso Nacional decreta e eu sanciono a seguinte lei:

TÍTULO I – DOS SERVIÇOS NOTARIAIS E DE REGISTROS

CAPÍTULO I – NATUREZA E FINS

Art. 1º. Serviços notariais e de registro são os de organização técnica e administrativa destinados a garantir a publicidade, autenticidade, segurança e eficácia dos atos jurídicos.

1. COMENTÁRIOS[1]

Os registros públicos e notariais são atividades que constituem **funções públicas** e, por força do disposto no art. 236 da Constituição Federal, não são executadas diretamente pelo Estado, mas sim por meio de **delegação (e não concessão).** Na delegação, o Estado mantém a titularidade e transfere apenas o poder de prestar o serviço.

Na explicação de Celso Antonio Bandeira de Mello, a delegação de serviços notariais e de registro e a concessão de serviços públicos são institutos jurídicos que têm acentuados pontos de contato. O que substancialmente os diferencia é que, no primeiro caso, estão em pauta **atividades jurídicas**, e no segundo, **atividades materiais**. Contudo, ambos são formas de exercício de atividades públicas por particulares.

É importante destacar que a atividade registral, embora pública (estatal), é prestada em **caráter privado** por um particular, por meio de delegação. O titular dessa delegação é o profissional do direito, dotado de fé pública, exercendo a atividade por sua conta e risco. O ingresso na carreira se dá por meio de **concurso público de provas e títulos**, conforme disposto no § 3º do art. 236. Veja-se:

> "O ingresso na atividade notarial e de registro depende de concurso público de provas e títulos, não se permitindo que qualquer serventia fique vaga, sem abertura de concurso de provimento ou de remoção, por mais de seis meses".

O art. 14 e seguintes da Lei n. 8.935/1994 e a Resolução 81/2009 do Conselho Nacional de Justiça regulamentam o tema. Tal ato normativo padroniza as regras sobre o concurso de cartório em todo o país e estabelece critérios e procedimentos para a realização de concursos, visando assegurar a transparência, a isonomia entre os candidatos e a seleção de profissionais qualificados para o exercício dessas funções. Sob os auspícios da Constituição Federal, da Lei dos Notários e Registradores e da iterativa jurisprudência do Superior Tribunal de Justiça, a atribuição para a delegação do exercício das funções notariais e de registro é conferida aos Presidentes dos Tribunais de Justiça. O titular da delegação está sujeito à **fiscalização do Poder Judiciário**, realizada por meio das correições, ordinária e extraordinária. São os termos do art. 236, § 1º da Constituição Federal:

> "Lei regulará as atividades, disciplinará a responsabilidade civil e criminal dos notários, dos oficiais de registro e de seus prepostos, e definirá a fiscalização de seus atos pelo Poder Judiciário".

Já sabemos que a Lei à que o parágrafo faz alusão é a Lei n. 8.935/1994.

A própria Lei dos Notários e Registradores regulamenta a matéria nos arts. 37 e 38. Veja-se:

1. Toda a legislação citada nos comentários desta obra está disponível em EL DEBS, Martha. *Vade Mecum Notarial e Registral*. 9ª ed. Salvador: Juspodivm, 2024.

Da Fiscalização pelo Poder Judiciário

Art. 37. A fiscalização judiciária dos atos notariais e de registro, mencionados nos artes. 6º a 13, será exercida pelo juízo competente, assim definido na órbita estadual e do Distrito Federal, sempre que necessário, ou mediante representação de qualquer interessado, quando da inobservância de obrigação legal por parte de notário ou de oficial de registro, ou de seus prepostos.

Parágrafo único. Quando, em autos ou papéis de que conhecer, o Juiz verificar a existência de crime de ação pública, remeterá ao Ministério Público as cópias e os documentos necessários ao oferecimento da denúncia.

Art. 38. O juízo competente zelará para que os serviços notariais e de registro sejam prestados com rapidez, qualidade satisfatória e de modo eficiente, podendo sugerir à autoridade competente a elaboração de planos de adequada e melhor prestação desses serviços, observados, também, critérios populacionais e sócio-econômicos, publicados regularmente pela Fundação Instituto Brasileiro de Geografia e Estatística.

Assim, a fiscalização é feita por meio dos seguintes órgãos:

i) **Conselho Nacional de Justiça** – CNJ (Art. 103-B, § 4º, III da Constituição Federal com redação dada pela Emenda 45); *"compete ao CNJ receber e conhecer das reclamações contra membros ou órgãos do Poder Judiciário, inclusive contra seus serviços auxiliares, **serventias e órgãos prestadores de serviços notariais e de registro que atuem por delegação do poder público** ou oficializados, sem prejuízo da competência disciplinar e correicional dos tribunais, podendo avocar processos disciplinares em curso, determinar a remoção ou a disponibilidade e aplicar outras sanções administrativas, assegurada ampla defesa)"*.

ii) Corregedoria-Geral da Justiça dos Estados e

iii) Corregedorias Permanentes das comarcas onde exercem suas atividades

A principal finalidade dos Registros Públicos é garantir a **publicidade, autenticidade, segurança** e **eficácia** dos atos jurídicos (art. 1º da Lei 6.015/1973, art. 1º da Lei nº 8.935/1994 e art. 2º da Lei 9.492/1997). Sobre este tema, remeto o leitor aos comentários do art. 1º, tópico 1.9, da Lei de Registros Públicos, onde a matéria foi esmiuçada e aprofundada.

2. QUESTÕES DE CONCURSOS

01. (IESES –Cartório – Remoção – TJ – AM/2018) Conforme dispõe a Lei 8.935/94 (Lei dos cartórios), em seu artigo 1º, os serviços notariais e de registro são os de organização técnica e administrativa destinados a garantir, EXCETO:

a) Segurança e eficácia dos atos jurídicos.
b) Publicidade.
c) Autenticidade.
d) Impessoalidade.

02. (Cespe – Notário-AC/2006) Acerca dos serviços notariais e de registro, segundo a Lei nº 8.935/1994, julgue os seguintes itens.

( ) Os notários e registradores, no exercício da função pública, devem-se submeter ao princípio da legalidade, só podendo praticar os atos de seu ofício permitidos por lei. Os serviços notariais e de registro são exercidos em caráter privado, por delegação do poder público, nos quais prevalecem os princípios norteadores da administração pública.

03. (EJEF – Tabelionato e Registro-MG/2007) Serviços notariais e de registro são os de organização técnica e administrativa destinados a garantir a:

a) Publicidade, autenticidade, segurança e eficácia dos atos jurídicos.
b) Publicidade, eficiência, eficácia e segurança dos atos jurídicos.
c) Publicidade, autogestão, segurança e eficiência dos atos jurídicos.
d) Publicidade, veracidade, impessoalidade e eficácia dos atos jurídicos.

04. (UFMT – Notário-MT/2003) Nos termos da Lei dos Notários e Registradores, os serviços notariais e de registro são os de organização técnica e administrativa destinados a garantir:

a) Publicidade, autenticidade, segurança e eficácia dos atos jurídicos.
b) Publicidade, legalidade, continuidade, especialidade e unitariedade dos atos jurídicos.
c) Prioridade, preferência, precedência e segurança hipotecária.
d) Mutação jurídica que faz nascer os direitos reais em nosso sistema.
e) Autenticidade de atos e fatos jurídicos para produzir efeitos *erga omnes*.

05. (EJEF Tabelionato e Registro-MG/2007) De acordo com a Constituição da República e o Estatuto Profissional dos Notários e Registradores (Lei 8.935, de 1994) em vigor, em relação aos serviços notariais e de registro é CORRETO afirmar:

a) São delegados do Poder Privatizado e exercidos em caráter público, competindo à lei regular suas atividades, disciplinar as responsabilidades civil e criminal dos titulares das delegações e seus prepostos, definir a fiscalização de seus atos pelo Poder Judiciário e estabelecer normas gerais para fixação de emolumentos, somente admitido o ingresso na atividade por concurso público de provas e títulos.
b) São delegados do Poder Público e exercidos em caráter privado, competindo à lei federal regular suas atividades, disciplinar as responsabilidades civil e criminal dos titulares das delegações e seus prepostos, definir a fiscalização de seus atos pelo Poder Judiciário Estadual e estabelecer normas gerais para fixação de emolumentos, somente admitido o ingresso na atividade por concurso público de provas e títulos.
c) São delegados do Poder Público e exercidos em caráter privado, competindo à lei estadual regular suas atividades, disciplinar as responsabilidades civil e criminal dos titulares das delegações e seus prepostos, definir a fiscalização de seus atos pelo Poder Judiciário e estabelecer normas gerais para fixação de emolumentos, somente admitido o ingresso na atividade por concurso público de provas e títulos.
d) São delegados do Poder Público e exercidos em caráter privado, competindo à lei federal regular suas atividades, disciplinar as responsabilidades civil e criminal dos titulares das delegações e seus prepostos, definir a fiscalização de seus atos pelo Poder Judiciário Federal e estabelecer normas gerais para fixação de emolumentos, admitido a remoção na atividade por concurso público de provas e títulos.

GAB	1	D	2	CERTO		
	3	A	4	A	5	B

Art. 2º. (Vetado).

Art. 3º. Notário, ou tabelião, e oficial de registro, ou registrador, são profissionais do direito, dotados de fé pública, a quem é delegado o exercício da atividade notarial e de registro.

1. COMENTÁRIOS

Os notários, ou tabeliães e oficiais de registros ou registradores, são os titulares da serventia extrajudicial, e são considerados profissionais do direito, dotados de fé pública, que exercem suas funções por sua conta e risco. A eles é **delegado** o exercício da atividade notarial e de registro, cuja autoridade confere oficialidade ao ato, tornando-o solene e gerando presunção de veracidade. No entanto, ele está sujeito à fiscalização do Poder Judiciário, conforme já visto no artigo anterior.

Os titulares do serviço notarial e registral são considerados **particulares em colaboração com o Poder Público**.

O ingresso na carreira se dá por meio de **concurso público de provas e títulos**, conforme disposto no art. 14 e seguintes da Lei n, 8.935/1994 e na Resolução n. 81/2009 do Conselho Nacional de Justiça.

Aqui é importante esclarecer que o interino não é considerado titular. O Supremo Tribunal Federal também já fixou entendimento no sentido de que a eles **é inaplicável o regime jurídico afeto aos servidores públicos em sentido estrito aos responsáveis interinos pelas serventias extrajudiciais vagas** (vide julgado em "Jurisprudência Complementar)".

Qual então seria a natureza jurídica das nomeações de pessoas sem concurso público para responder por Serventias?

São atos precários e transitórios. A Lei nº 8.935/94 aduz em seu art. 39, § 2º, que:

> **Art. 39**, § 2º *Extinta a delegação a notário ou a oficial de registro, a autoridade competente declarará vago o respectivo serviço, designará o substituto mais antigo para responder pelo expediente e abrirá concurso.*

A norma visa permitir a **continuidade do serviço público** até que, por meio de concurso público, a delegação seja efetivamente outorgada ao candidato aprovado, conforme a ordem de classificação. Em outras palavras, pode-se dizer que a delegação está temporariamente vaga, aguardando sua outorga oficial por concurso público. Enquanto isso, a delegação deve ser exercida interinamente por uma pessoa designada para essa função.

Também não se pode afirmar, segundo a doutrina de Luís Paulo Aliende, que as pessoas que precariamente recebem essa designação são particulares em colaboração com o Poder Público, somente os titulares do serviço é que são. Os designados atuam com o objetivo único de assegurar a continuidade do serviço até que a unidade seja levada a concurso. Agem em nome do Estado, que pode e deve definir seus parâmetros de atuação, pois, em caso de dano decorrente da prestação dos serviços, responde diretamente perante terceiros, com direito de regresso em face daqueles que precariamente designou para responderem por expediente vago..." (ALIENDE, Luís Paulo., *Regulação da Função Pública Notarial e de Registro*, 2009, p. 110-111).

Para melhor compreensão do tema, apresento um quadro didático sobre algumas características do interino já decididas pelo Supremo Tribunal Federal.

1. **Natureza dos Interinos**: Substitutos ou interinos designados para exercer função delegada não se equiparam aos titulares de serventias extrajudiciais, conforme estabelecido nos arts. 37, inciso II, e 236, § 3º, da Constituição Federal. Eles não atendem aos requisitos para ingresso na função de titular (concurso público).
2. **Classificação como Agentes Estatais**: Diferentemente dos titulares, os interinos são considerados prepostos do Estado e se classificam como agentes estatais, não delegados. Portanto, estão sujeitos ao teto remuneratório do art. 37, inciso XI, da Constituição Federal.
3. **Jurisprudência Consolidada**: O Supremo Tribunal Federal (STF) já consolidou esse entendimento, reafirmando que os interinos não são servidores públicos *stricto sensu*, mas se assemelham a agentes públicos. A Suprema Corte esclareceu que, apesar de não serem servidores públicos em sentido estrito, os interinos se submetem ao regime de direito público, com as respectivas restrições, especialmente quanto ao teto remuneratório.

Conclui-se que os interinos, atuando temporariamente em nome e no interesse do Estado, são classificados como agentes estatais, sujeitos ao teto remuneratório constitucional, mas não se equiparam aos titulares de serventias extrajudiciais nem são servidores públicos *stricto sensu*.

O dispositivo em comento também atribui, de forma expressa, a qualidade da **fé pública** ao titular do serviço notarial e registral. A fé pública se confunde com a própria função do tabelião e do registrador e atribui autenticidade, veracidade e validade aos atos e documentos por eles praticados ou emitidos. Essa prerrogativa é fundamental no sistema jurídico

Lei 8.935/1994

brasileiro, garantindo segurança e confiabilidade nas relações jurídicas.

É essencial para a segurança jurídica, pois permite que terceiros confiem na autenticidade e veracidade dos documentos e atos notariais e registrais. Ela evita fraudes e litígios, uma vez que os atos praticados com fé pública têm presunção de legalidade e regularidade. Além disso, a fé pública dos tabeliães e registradores facilita a circulação de bens e direitos, promovendo a estabilidade e previsibilidade nas relações sociais e econômicas.

Os notários e registradores são verdadeiros instrumentos de **pacificação social,** visando garantir a publicidade, autenticidade, segurança e eficácia dos atos jurídicos. Ressalta-se ainda a importância da atividade exercida pelos notários e registradores na **prevenção de litígios** e no **auxílio para o desafogamento do Judiciário.**

Nas elucidações de Swarai Cervone de Oliveira "o futuro da atividade notarial entrelaça-se ao aprimoramento da garantia da eficácia da lei, da segurança jurídica e, no que respeita mais de perto ao Judiciário, à prevenção de litígios. O desafogamento do Judiciário é uma consequência natural dessa prevenção. Por essa razão, a contribuição mais importante da atividade notarial é, de fato, a audiência das partes, seu aconselhamento jurídico e a correta qualificação de suas manifestações de vontade".

2. JURISPRUDÊNCIA COMPLEMENTAR

CONSELHO NACIONAL DE JUSTIÇA

CONSULTA: Responsáveis interinos – Serventias extrajudiciais – Vacância – Inaplicabilidade do regime jurídico afeto aos servidores em sentido estrito – Consulta respondida –

1. Consulta sobre a (in)aplicabilidade do regime jurídico afeto aos servidores públicos em sentido estrito aos responsáveis interinos.
2. Verifica-se que na Consulta nº 0003863.56.2021.2.00.0000 o exame foi feito apenas sob a perspectiva do regime jurídico aplicável aos interinos responsáveis pelas serventias extrajudiciais vagas, se público ou privado.
3. No caso dos autos, tem-se que a análise é operada sob o viés da relação existente entre os interinos e o Estado e suas implicações.
4. Conforme entendimento do STF, o interino assemelha-se ao agente público, sendo-lhe aplicável o regime de direito público, não sendo possível afastar sua designação dos princípios constitucionais, nem das restrições diversas próprias dessa disciplina, em especial a limitação do teto remuneratório, o que não significa dizer que são servidores públicos stricto sensu, o que atrairia o específico regime jurídico destes últimos, prescrito por lei do respectivo ente federativo
5. Consulta respondida no sentido de que é inaplicável o regime jurídico afeto aos servidores públicos em sentido estrito aos responsáveis interinos pelas serventias extrajudiciais vagas. (CONSULTA - 0007458-29.2022.2.00.0000)

A consulente requer esclarecimentos deste Conselho acerca do regime jurídico aplicável aos interinos, em especial, quanto à incidência ou não dos direitos previstos nos artigos 7º e 37 a 41 da Constituição Federal.

Em primeiro lugar, compulsando os autos da Consulta n. 0003863-56.2021.2.00.0000, verifica-se que o exame foi feito sob a perspectiva do **regime jurídico aplicável** aos interinos responsáveis pelas serventias extrajudiciais vagas, **se público ou particular.** Dessa forma, dúvida não há quanto à aplicação do regime de direito público, pois como bem ressaltou o relator "a titularidade da atividade cartorária é pública, cuja delegação transfere ao particular, apenas, o exercício do serviço público em apreço" (Id. 4842352), razão pela qual ainda remanesce o interesse na análise da pretensão aqui deduzida.

A temática debatida perpassa pela análise da relação existente entre os interinos e o Estado e nesse aspecto cumpre registrar que o artigo 236, *caput* da Constituição Federal enuncia que "os serviços notariais e de registro são exercidos em caráter privado, **por delegação do Poder Público**", que se dá por meio do concurso público, materializando-se no **titular da serventia**.

Sucede que, uma vez extinta a mencionada delegação, ocorre a vacância da serventia e o serviço em questão retorna ao Poder Público, assumindo-o, precariamente, um designado pela autoridade competente, denominado **interino**, o qual não detém a delegação, mas apenas atua como **preposto do Estado.** Tanto o é que, nesse período, a responsabilidade pelos encargos trabalhistas é do Estado, diferentemente do que ocorre com os titulares (artigo 21 da Lei n. 8.935/1994) (PCA 329-41.2020 – CNJ).

Pelo exposto, conheço da presente consulta para respondê-la no sentido de que é inaplicável o regime jurídico afeto aos servidores públicos em sentido estrito aos interinos responsáveis pelas serventias extrajudiciais vagas.

Conselheiro RICHARD PAE KIM. Relator (CNJ – Consulta nº 0007458-29.2022.2.00.0000 – Acre – Rel. Cons. Richard Pae Kim – DJ 31.10.2023).

CONSULTA: Serventia extrajudicial – Interinos – Limitação da remuneração ao teto constitucional –Acumulação de serviços – 1. Não é possível aos interinos o recebimento de remuneração superior ao teto constitucional mesmo em serventias que acumulem mais de um serviço previsto no art. 5º da Lei n. 8.935/1994 – 2. Consulta respondida.

RELATÓRIO

Trata-se de consulta formulada pela CORREGEDORIA-GERAL DE JUSTIÇA DO ESTADO DO PARANÁ, na qual solicita esclarecimentos quanto aos limites no cômputo do teto remuneratório, nos casos em que o agente responde interinamente por serventia que cumula mais de um serviço notarial ou registral (Id 2323545).

A Corregedoria-Geral da Justiça do Estado do Paraná trouxe à baila questionamentos atinentes ao regime jurídico aplicado ao caso de interino que ocupa serventia extrajudicial que responde por mais de um serviço, a saber, o teto remuneratório dos Ministros do Supremo Tribunal Federal se aplica a cada serviço, em isolado, ou de maneira global, isto é, em razão da função desempenhada.

Os autos foram inicialmente distribuídos ao Exmo. Conselheiro Valtércio de Oliveira, o qual encaminhou para esta Corregedoria Nacional de Justiça a fim de se analisar a existência de prevenção.

Reconhecida a prevenção, os autos foram remetidos à Corregedoria Nacional de Justiça em 16/2/2018.

A controvérsia decorre de entendimento há muito sedimentado pelo Conselho Nacional de Justiça e confirmado pelo Supremo Tribunal Federal, vale dizer, a submissão dos delegatários interinos ao teto remuneratório dos Ministros da Suprema Corte.

É o relatório.

VOTO

O EXMO. SR. MINISTRO JOÃO OTÁVIO DE NORONHA, CORREGEDOR NACIONAL DE JUSTIÇA:

Reconheço a relevância sob a qual a matéria aqui relatada está envolta, razão pela qual encaminho o feito para apreciação do plenário.

A controvérsia decorre de entendimento há muito sedimentado pelo Conselho Nacional de Justiça e confirmado pelo Supremo Tribunal Federal, vale dizer, a submissão dos delegatários interinos ao teto remuneratório dos Ministros da Suprema Corte.

Em 19 de julho de 2010, o CNJ expediu o Ofício-Circular n. 025/CNJ/COR/2010, tratando da impossibilidade de o responsável interino pelo serviço extrajudicial obter remuneração superior a 90,25% do subsídio dos Ministros do STF, nestes termos:

Nos termos da decisão desta Corregedoria, publicada no Diário de Justiça n. 124, de 12 de Julho de 2010, o responsável por serviço extrajudicial que não esteja classificado dentre os regularmente providos não poderá obter remuneração máxima superior a 90,25% dos subsídios dos Exmos. Ministros do Supremo Tribunal federal, em respeito ao artigo 37, XI, da Constituição Federal.

Esse mesmo ato prevê a obrigatoriedade de que, para a continuidade da prestação do serviço, os interinos lancem, na folha de pagamento e em balancete mensal de prestação de contas do serviço extrajudicial, o valor de sua remuneração a título de despesa ordinária, além das despesas necessárias ao funcionamento do cartório, inclusive as pertinentes à folha de pagamento.

Portanto, é absolutamente legítima a limitação dos rendimentos dos substitutos de serventias extrajudiciais ao teto constitucional estabelecido no art. 37, XI, da Constituição Federal, bem como a determinação de que o restante da renda auferida pela serventia, descontadas as despesas necessárias ao regular funcionamento, seja destinada ao Poder Público. Afinal, a atividade é exercida em caráter interino e precário, a bem do serviço público desempenhado.

O Supremo Tribunal Federal corrobora esse entendimento:

EMBARGOS DE DECLARAÇÃO EM MANDADO DE SEGURANÇA. CONVERSÃO EM AGRAVO REGIMENTAL. SERVENTIA EXTRAJUDICIAL. INGRESSO NA SERVENTIA DE ORIGEM POR CONCURSO PÚBLICO. EFETIVAÇÃO COMO TITULAR DE SERVENTIA POR MEIO DE PERMUTA APÓS A PROMULGAÇÃO DA CONSTITUIÇÃO DA REPÚBLICA. IMPOSSIBILIDADE. CONCURSO PÚBLICO. EXIGÊNCIA. ARTIGO 236, § 3º, DA CRFB/88. NORMA AUTOAPLICÁVEL. INOCORRÊNCIA DE OFENSA AOS PRINCÍPIOS DO DIREITO ADQUIRIDO, DA SEGURANÇA JURÍDICA E DA PROTEÇÃO DA CONFIANÇA. DECADÊNCIA ADMINISTRATIVA NÃO CONFIGURADA. OFENSA DIRETA À CARTA MAGNA. AGRAVO REGIMENTAL A QUE SE NEGA PROVIMENTO. (STF, EMB. DECL. EM MANDADO DE SEGURANÇA n. 28.815, relator Ministro Luiz Fux, DJe de 23/3/2015.)

A aplicação do referido entendimento a casos concretos revela alguns desafios. Um deles diz respeito à maneira pela qual se deve fazer o cômputo da remuneração dos delegatários interinos inseridos em um contexto em que serventias extrajudiciais cumulam mais de um serviço dentro os previstos no art. 5º da Lei n. 8.935/1994.

Para enfrentar o tema, valho-me da interpretação que a Corregedoria Nacional de Justiça confere, sobretudo, ao disposto no art. 26 da Lei n. 8.935/1994 e no art. 7º, §2º, alíneas "a" e "b", da Resolução n. 80/2009.

Em relação aos serviços notariais e registrais, a regra extraída dos diplomas supracitados é a existência de uma serventia para cada serviço. Todavia, em razão das peculiaridades de cada região, excepcionalmente, é admissível a cumulação dos serviços com vistas à manutenção da saúde financeira do Cartório ou do Tabelionato.

Assim, se há a cumulação, assim o Poder Público o fez por via de exceção e amparado em dificuldade financeira apta a legitimar o exercício de dois serviços em uma só serventia.

Ocorre que um cartório que acumula dois serviços e é capaz de oferecer, por cada um deles, uma remuneração compatível com a de um Ministro do STF ao seu titular interino não parece estar inserido em um contexto de dificuldade econômica e, portanto, deveria se submeter à regra da não cumulação, e não à exceção.

Desse modo, admitir a possibilidade de recebimento de uma remuneração compatível com o teto constitucional para cada servido existente na serventia seria incentivar a perpetuação da exceção, a qual logo passaria a ser regra.

Soma-se a isso o fato de a serventia não deixar de ser única, não obstante a presença de dois ou mais serviços. A responsabilidade do delegatário interino é pela condução da serventia, e não pela execução de cada serviço de modo isolado, razão pela sua remuneração se revela contrapartida do Estado pelos serviços prestados no âmbito da serventia de um modo geral.

Ante o exposto, VOTO pela fixação da tese no sentido de impossibilitar aos interinos o recebimento de remuneração superior ao teto constitucional mesmo em serventias que acumulem mais de um serviço previsto no art. 5º da Lei n. 8.935/1994.

É como voto.

Brasília, 2018-08-16 (CNJ – Consulta nº 0010011-25.2017.2.00.0000 – Paraná – Rel. Cons. João Otávio de Noronha – DJ 21.08.2018).

EMENTA: CONSULTA. APLICAÇÃO ANALÓGICA DOS INSTITUTOS DA VACÂNCIA E DA RECONDUÇÃO (ARTS. 29, I, E 33, VIII, DA LEI 8.112/90) AOS NOTÁRIOS E REGISTRADORES. OMISSÃO INEXISTENTE NA LEI 8.935/94. SUJEIÇÃO DOS TITULARES DE SERVENTIAS AO REGIME JURÍDICO DOS SERVIDORES PÚBLICOS. IMPOSSIBILIDADE. PRECEDENTES DO STF E DO STJ. 1. Consulta acerca da aplicabilidade analógica, a notários e registradores, dos artigos 29, inciso I, e 33, VIII, da Lei 8.112/90, por alegada lacuna na Lei 8.935/94 (Lei dos Notários e Registradores), quanto à recondução de servidor público ao cargo declarado vago no caso de inabilitação em estágio probatório ou desistência deste. 2. A Lei 8.112/90 permite ao servidor público estável requerer declaração de vacância do cargo ao tomar posse em outro cargo inacumulável, de modo que, se reprovado no estágio probatório ou se dele desistir, terá direito a ser reconduzido ao cargo de origem. 3. Se aprovado em concurso público, o titular da serventia extrajudicial deverá manifestar renúncia, e a delegação extinguir-se-á com a declaração de vacância. Não deve a serventia permanecer vaga por prazo superior a seis meses (art. 236, § 3º, da Constituição do Brasil). 4. O silêncio da Lei 8.935/94 acerca da vacância e da recondução nos moldes da Lei 8.112/90 não caracteriza lacuna, mas inaplicabilidade do instituto a outra realidade factual e jurídica, a dos delegatários de serviços notariais e registrais, em face da natureza da função que exercem e da sistemática de preenchimento das serventias vagas. 5. O Supremo Tribunal Federal e o Superior Tribunal de Justiça já decidiram que, apesar de os notários e registradores exercerem atividade estatal, não detêm titularidade de cargo público efetivo, de modo que não se submetem ao regime jurídico dos servidores públicos nem gozam das mesmas prerrogativas. Consulta conhecida e respondida no sentido de não haver aplicação subsidiária nem analógica do art. 29, inciso I, e do art. 33, VIII, da Lei 8.112/90 aos notários e registradores, regidos pela Lei 8.935/94. (CNJ – Consulta nº 0005756-97.2012.2.00.0000 – Rel. Cons. Wellington Cabral Saraiva – DJ 16.08.2013)

SUPERIOR TRIBUNAL DE JUSTIÇA

EMENTA: PROCESSUAL CIVIL. ADMINISTRATIVO. SERVENTIA EXTRAJUDICIAL. SUBSTITUIÇÃO LEGAL. EFETIVAÇÃO NO CARGO DE TITULAR. VACÂNCIA ANTERIOR À CONSTITUIÇÃO FEDERAL DE 1988. APLICAÇÃO DO ART. 208 DA CONSTITUIÇÃO FEDERAL DE 1967. SUBSTITUTO INVESTIDO NA FORMA DA LEI E COM MAIS DE 5 ANOS DE EXERCÍCIO, NESSA CONDIÇÃO E NA MESMA SERVENTIA, ATÉ 31 DE DEZEMBRO DE 1983. REQUISITO LEGAL PREENCHIDO. PRECEDENTES DO STJ. 1. O artigo 208 da Constituição da República de 1967, com a redação dada pela Emenda Constitucional 22, de 29 de junho de 1982, preceitua, *in verbis:* "Fica assegurada aos substitutos das serventias extrajudiciais e do foro judicial, na vacância, a efetivação, no cargo de titular, desde que, investidos na forma da lei, contem ou venham a contar cinco anos de exercício, nessa condição e na mesma serventia, até 31 de dezembro de 1983". 2. A Corte local consignou que a vacância foi anterior à Constituição de 1988 e que a parte autora contava, na data de 31.12.1983, mais de cinco anos na condição de substituta da serventia, preenchendo os requisitos legais para a substituição (fl. 1548, e-STJ). 3. Dessume-se que o acórdão recorrido está em sintonia com o atual entendimento do STJ. Incidência da Súmula 83/STJ. 4. Agravo Regimental não provido. (STJ – AgRg no AREsp nº 361.171 – Santa Catarina – 2ª Turma – Rel. Min. Herman Benjamin – DJ 22.04.2014)

EMENTA: APELAÇÃO – MANDADO DE SEGURANÇA – SERVENTIA EXTRAJUDICIAL – DISPENSA IMOTIVADA – Preliminar: Legitimidade passiva ad causam – a natureza jurídica dos serviços executados pelos cartórios extrajudiciais é de Direito Público – transferência da responsabilidade pela execução dos serviços que se dá por meio de ato de delegação, formalizado por concurso público, investindo o agente privado como autoridade pública – poder de decisão passível de controle pelo Poder Judiciário – inteligência do Enunciado nº 510, da Súmula do Excelso Pretório. Mérito: Possibilidade de julgamento imediato da lide, nos termos do art. 515, § 3º, do CPC – funcionário

Lei 8.935/1994

de serventia extrajudicial que optou pelo regime jurídico especial ou híbrido, na forma do art. 48, § 2º, da Lei Federal nº 8.935/94 – dispensa do serviço que prescinde de prévio procedimento administrativo, uma vez que os serventuários não adquirem a estabilidade inerente apenas aos cargos de provimento efetivo – inaplicabilidade do disposto no art. 19, do ADCT – precedentes das Cortes Superiores – legalidade do ato do oficial de registros – sentença reformada – denegação da ordem de segurança. Recurso provido em parte. (TJSP – Apelação Cível nº 0001810 – 35.2009.8.26.0312 – Juquiá – 4ª Câmara de Direito Público – Rel. Des. Paulo Barcellos Gatti – DJ 07.04.2014)

TRIBUNAL DE JUSTIÇA DO ESTADO DE GOIÁS

EMENTA: COBRANÇA. CRÉDITO HEREDITÁRIO. CESSÃO. ESCRITURA LAVRADA EM CARTÓRIO. FÉ PÚBLICA DO NOTÁRIO. PROVA DE QUITAÇÃO. RECIBO PARCIAL CONSTANDO APENAS O NOME DO APELANTE SEM A INDICAÇÃO DE TESTEMUNHA. AUSÊNCIA DE DEMONSTRAÇÃO DA FALSIDADE IDEOLÓGICA DO DOCUMENTO PÚBLICO. 1. Demonstrando o apelado, através de escritura pública lavrada em Cartório de Notas, donde constam as assinaturas de todos os recorrentes (supostos credores), a quitação do crédito hereditário cedido, não há se falar em dívida remanescente, quando não há comprovação satisfatória, acerca do inadimplemento do recorrido. 2. A fé pública é atribuída constitucionalmente ao Notário e ao Registrador, motivo pelo qual os registros públicos apenas serão cancelados ou anulados mediante comprovação incisiva da presença de fraude ou falsificação em sua efetivação. 3. Se do contingente probatório não se extrai a certeza e a convicção das alegações inaugurais, a improcedência do pleito é direcionamento certeiro. Apelo Conhecido, mas Desprovido. Sentença Mantida. (TJGO – Ap. Cív. nº 296703-20.2006.8.09.0051, DES. NORIVAL SANTOME, 6ª C. Civ., DJ 981 de 12/01/2012)

TRIBUNAL DE JUSTIÇA DO RIO GRANDE DO SUL

EMENTA: AÇÃO DE BUSCA E APREENSÃO. CONTRATO DE FINANCIAMENTO BANCÁRIO COM ALIENAÇÃO FIDUCIÁRIA EM GARANTIA. CONSTITUIÇÃO EM MORA. INTIMAÇÃO CARTORÁRIA DO DEVEDOR. CERTIDÃO DE ENTREGA EXPEDIDA PELO TABELIÃO. FÉ PÚBLICA. LEI Nº 8.935/94, ART. 3º. SENTENÇA DESCONSTITUÍDA. A certidão do Tabelião no sentido de que a intimação do protesto foi entregue no endereço do financiado tem fé pública e é documento hábil à comprovação da constituição em mora. APELO PROVIDO. (TJRS. Ap. Cív. nº 70040809121, Relator: Dorval Bráulio Marques, 14ª Câm. Cível, Julgado em 11/08/2011)

3. QUESTÕES DE CONCURSOS

01. (TJ/SP – 2024 – VUNESP – Notário e Registrador/Provimento) Assinale a alternativa correta relativa à fé pública depositada no Titular.

a) Os atos praticados em sua presença são dotados de presunção relativa de veracidade.
b) Os atos praticados pelo Delegado são dotados de presunção absoluta de veracidade.
c) Os atos por ele praticados podem ser, nos termos da lei, de outras atribuições desde que no município não exista serviço extrajudicial relativo à especialidade do ato praticado.
d) Ela decorre da aprovação em concurso de provas e notas.

02. (IESES – Titular de Serviços de Notas e Registros – TJ – TO – Remoção/2022) A cerca da temática da "fé pública notarial", pode-se afirmar:

I. O Notário ou Tabelião e o Oficial de Registro ou Registrador são dotados de fé pública, aos quais é delegado o exercício, em caráter privado, da atividade notarial e registral, por força de lei.
II. Os serviços notariais e de registro tem amparo constitucional (CF 88, art. 236).
III. A fé pública notarial está prevista no artigo 3º da lei nº 8.935, de 18 de novembro de 1994.
IV. Há mera construção doutrinária, não existindo previsão expressa em lei sobre a fé pública notarial.

A sequência correta é:

a) Apenas as assertivas I e II estão corretas.
b) Apenas a assertiva IV está incorreta.
c) As assertivas I, II, III e IV estão corretas.
d) Apenas as assertivas I e IV estão corretas.

03. (IESES – Cartório – Provimento – TJ – RO/2017) Assinale a alternativa correta:

a) Notário, ou tabelião, e oficial de registro, ou registrador, são profissionais do direito, dotados de fé pública, a quem é concedido o exercício da atividade notarial e de registro.
b) Aos notários compete, com exclusividade, reconhecer firmas.
c) Aos notários compete, com exclusividade, autenticar cópias.
d) Serviços notariais e de registro são os de organização técnica e administrativa destinados a garantir a publicidade, autenticidade, segurança e eficácia dos atos jurídicos.

04. (IESES – Notário-MA/2008) Quanto à natureza de fins das atividades notariais e registrais, responda:

I. Notário, ou tabelião, e oficial de registro, ou registrador, são profissionais da administração pública, dotados de fé pública, a quem é delegado o exercício da atividade notarial e de registro.
II. Os serviços notariais e de registro serão prestados, de modo eficiente e adequado, em dias e horários convenientes ao atendimento ao público e de acordo com as peculiaridades locais, em local de fácil acesso ao público e que ofereça segurança para o arquivamento de livros e documentos.
III. O serviço de registro civil das pessoas naturais será prestado, também, nos sábados, domingos e feriados pelo sistema de plantão.
IV. Serviços notariais e de registro são os de organização técnica e administrativa destinados a garantir a publicidade, autenticidade, segurança e eficácia dos atos jurídicos.

a) As alternativas II e IV estão corretas.
b) As alternativas I e III estão corretas.
c) As alternativas I e II estão corretas.
d) As alternativas III e IV estão corretas.

05. (EJEF – Tabelionato e Registro-MG/2007) De acordo com o respectivo Estatuto Profissional, os titulares de serviços notariais são denominados:

a) Notários ou oficiais de protestos.
b) Tabeliães de protestos de títulos e oficiais de notas.
c) Tabeliães de notas ou notários.
d) Tabeliães, oficiais de contratos marítimos e de distribuição.

06. (IESES – Cartório – TJ – PA/2016) A natureza jurídica da função delegada:

a) Constitui, por determinação constitucional, exercício privado de funções pública, o que caracteriza forma peculiar de descentralização administrativa.
b) É privada, sendo que suas relações comerciais, patrimoniais e trabalhistas não estão sujeitas à regulamentação estatal.
c) Equipara-se à da concessionária de serviço público e dos parceiros privados da administração, estando os delegatários submetidos ao mesmo regramento legal.
d) É a mesma dos servidores públicos, por prestarem serviço público, aplicando-lhes as regras constantes nos estatutos funcionais.

GAB	1	A	2	B	3	D
	4	D	5	C	6	A

Art. 4º. Os serviços notariais e de registro serão prestados, de modo eficiente e adequado, em dias e horários estabelecidos pelo juízo competente, atendidas as peculiaridades locais, em local de fácil acesso ao público e que ofereça segurança para o arquivamento de livros e documentos.

§ 1º O serviço de registro civil das pessoas naturais será prestado, também, nos sábados, domingos e feriados pelo sistema de plantão.

§ 2º O atendimento ao público será, no mínimo, de seis horas diárias.

1. COMENTÁRIOS

Os notários e registradores devem disponibilizar a adequada e eficiente prestação do serviço público notarial ou de registro, mantendo instalações, equipamentos, meios e procedimentos de trabalho dimensionados ao bom atendimento, bem como número suficiente de prepostos.

Serviço prestado de **modo adequado** é o que atende ao interesse público e corresponde às exigências de qualidade, continuidade, regularidade, eficiência, generalidade, modicidade, cortesia e segurança.

O serviço adequado também deve ser atual. Entende-se por **atualidade** do serviço o uso de métodos, instalações e equipamentos que correspondam a padrões de modernidade e avanço tecnológico, bem como a sua ampliação, na medida das necessidades dos usuários e em apoio ao labor jurídico do registrador e seus prepostos.

Entende-se por **peculiaridade** da comarca os feriados municipais, os dias de realização da feira, o horário de abertura do comércio, repartições públicas, instituições bancárias locais e a possibilidade de acesso da população pelas linhas de transporte disponíveis, dentre outros fatores.

Sobre a norma em comento, vale ressaltar que os arts. 8º e 9º da Lei 6.015/1973 também regulamentam a ordem de serviço, nesse sentido:

> **Art. 8º** O serviço começará e terminará às mesmas horas em todos os dias úteis.
>
> Parágrafo único. O registro civil de pessoas naturais funcionará todos os dias, sem exceção.
>
> **Art. 9º** Será nulo o registro lavrado fora das horas regulamentares ou em dias em que não houver expediente, sendo civil e criminalmente responsável o oficial que der causa à nulidade.

Sugiro ainda complementar os estudos com os comentários do art. 184 da Lei 6.015/1973 e o art. 4º da Lei 9.492/1997.

1.1. O TELETRABALHO

Este tema foi analisado nos comentários dos arts. 8º e 9º da Lei n. 6.015/1973, no tópico 1.1.

2. QUESTÕES DE CONCURSOS

01. (IESES – Titular de Serviços de Notas e Registros – TJ – TO – Remoção/2022) Nos termos da Lei dos cartórios nº 8.935/94, pode-se afirmar que:

I. Notário, ou tabelião, e oficial de registro, ou registrador, são profissionais do direito, dotados de fé pública, a quem é delegado o exercício da atividade notarial e de registro.

II. O serviço de registro civil das pessoas naturais será prestado, também, nos sábados, domingos e feriados pelo sistema de plantão.

III. O atendimento ao público será, no mínimo, de oito horas diárias.

IV. Serviços notariais e de registro são os de organização técnica e administrativa destinados a garantir a publicidade, autenticidade, segurança e eficácia dos atos jurídicos.

A sequência correta é:

a) As assertivas I, II, III e IV estão corretas.
b) Apenas as assertivas II e III estão incorretas.
c) Apenas a assertiva III está incorreta.
d) Apenas as assertivas I e II estão corretas.

02. (Vunesp – Titular de Serviços de Notas e Registros – TJ – SP – Provimento/2022) De acordo com as determinações das Normas de Serviço da Corregedoria Geral da Justiça do Estado de São Paulo, no tocante ao trabalho remoto nas atividades extrajudiciais, é correto afirmar:

Nota da autora: esta questão exige do candidato conhecimento das Normas do Serviço Extrajudicial da Corregedoria Geral da Justiça do Estado de São Paulo – Tomo II e da leitura dos comentários dos arts. 8º e 9º da Lei n. 6.015/1973, no tópico 1.1.

a) quando estiver à frente da serventia interino ou interventor, o estabelecimento das atividades a serem realizadas pelos prepostos, na modalidade de teletrabalho, fora das dependências da serventia extrajudicial, será fixado pelo responsável pela delegação, que deverá – posteriormente – submeter os critérios à aprovação do Juiz Corregedor Permanente.

b) quando estiver à frente da serventia interino ou interventor, o estabelecimento das atividades a serem realizadas pelos prepostos, na modalidade de teletrabalho, fora das dependências da serventia extrajudicial, será fixado pelo responsável pela delegação, independentemente de aprovação do Juiz Corregedor Permanente.

c) a execução das atividades dos notários, tabeliães, oficiais de registro ou registradores, fora das dependências da serventia extrajudicial, pela modalidade de teletrabalho, observará o que determina o Art. 4º, da Lei nº 8.935/94, tendo, como parâmetro, a Resolução CNJ nº 227, de 15 de junho de 2016, cabendo aos titulares das delegações, com aprovação do juiz corregedor permanente, estabelecer quais atividades poderão ser realizadas, pelos prepostos, na modalidade de teletrabalho, fora das dependências da serventia extrajudicial.

d) a execução das atividades dos notários e oficiais de Registro, por meio de seus prepostos, fora das dependências da serventia extrajudicial, pela modalidade de teletrabalho, observará o que determina o Art. 4º, da Lei nº 8.935/94, tendo,

Lei 8.935/1994

como parâmetro, a Resolução CNJ 227, de 15 de junho de 2016, cabendo aos titulares das delegações estabelecer quais atividades poderão ser realizadas, pelos prepostos, na modalidade de teletrabalho, fora das dependências do cartório.

03. (Vunesp – Cartório – TJ – SP/2012) No que concerne ao expediente das serventias notariais e de registro, a jornada de trabalho para atendimento ao público obedecerá ao horário ininterrupto nas unidades que contarem, no mínimo, com

Nota da autora: a questão é de comando estadual exigindo do candidato conhecimento das Normas de Serviço da Corregedoria-Geral da Justiça do Estado de São Paulo, Tomo II.

a) dois prepostos.
b) dois escreventes.
c) três prepostos.
d) três escreventes.

GAB	1	C	2	D	3	D

CAPÍTULO II – DOS NOTÁRIOS E REGISTRADORES

SEÇÃO I – DOS TITULARES

Art. 5º. Os titulares de serviços notariais e de registro são os:

1. COMENTÁRIOS

Nas próximas análises, estudaremos quem são e as respectivas atribuições de cada titular do serviço notarial e de registro.

I – tabeliães de notas;

1. COMENTÁRIOS

O tabelião de notas é o profissional do direito, dotado de fé pública, a quem o Estado delega o exercício da atividade notarial. Este profissional goza de independência no exercício de suas atribuições, tem direito à percepção dos emolumentos integrais pelos atos que pratica e é o responsável exclusivo pelo gerenciamento administrativo e financeiro da serventia. A função do notário não se restringe apenas a instrumentalizar e autenticar documentos. No exercício de sua função, ele desempenha o relevante papel de **orientador, assessor e conselheiro** das partes que o procuram para a formalização de um negócio jurídico. Outrossim, o tabelião, por ser um profissional do direito dotado de fé pública, desempenha um papel de fundamental relevância social ao compreender a real vontade das partes e elaborar um documento em consonância com o ordenamento jurídico. A importância da função notarial se observa, especialmente na prevenção de litígios, realizando, assim, um nobre papel de **pacificador social.** Assim, o tabelião de notas exercerá a atividade notarial que lhe foi delegada com a finalidade de garantir a eficácia da lei, a segurança jurídica e a **prevenção de litígios.** Na atividade dirigida à consecução do ato notarial, atua na condição de **assessor jurídico das partes**, orientado pelos princípios e regras de direito, pela prudência e pelo acautelamento.

O tabelião de notas, cuja atuação pressupõe **provocação da parte interessada**, não poderá negar-se a realizar atos próprios da função pública notarial, salvo impedimento legal ou qualificação notarial negativa. Todavia, é seu dever recusar, motivadamente, por escrito, a prática de atos contrários ao ordenamento jurídico e sempre que presentes fundados indícios de fraude à lei, de prejuízos às partes ou dúvidas sobre as manifestações de vontade.

O notário deve guardar sigilo sobre os documentos e os assuntos de natureza reservada a respeito dos quais, durante a averiguação notarial, na fase prévia à formalização instrumental, tomou conhecimento em razão do exercício de sua atividade.

A consultoria e o assessoramento jurídicos devem ser prestados por meio de informações e de esclarecimentos objetivos, particularmente sobre o melhor meio jurídico de alcançar os fins desejados pelas partes, os efeitos e consequências dos fatos, atos e negócios jurídicos a serem documentados, e visar à tutela da autonomia privada e ao equilíbrio substancial da relação jurídica, de modo a minimizar as desigualdades materiais e a proteger os hipossuficientes e os vulneráveis, tais como as crianças e os adolescentes, as pessoas idosas, os consumidores, os portadores de necessidades especiais e as futuras gerações.

As atribuições e competências dos tabeliães de notas estão definidas nos artigos 6º, 6º-A, 7º e 7º-A da Lei 8.935/1994 e adicionalmente, no Código Nacional de Normas.

A Lei n. 14.711/2023, conhecida como Marco Legal das Garantias, trouxe novas atribuições aos Tabeliães de Notas, que serão analisadas de forma minuciosa em momento oportuno nesta obra.

II – tabeliães e oficiais de registro de contratos marítimos;

1. COMENTÁRIOS

A competência dos tabeliães e oficiais de registro de contratos marítimos está prevista no art. 10 da Lei 8.935/1994.

As atribuições específicas "devem ser buscadas nos princípios gerais da legislação comercial, por tratarem de negócios relacionados com o comércio marítimo", conforme ensina Eduardo Pacheco Ribeiro de Souza (*Noções Fundamentais de Direito Registral e Notarial*. São Paulo: Saraiva, p. 26).

Ademais, o Código Comercial prescreve normas que se aplicam aos tabeliães e oficiais de registro de contratos marítimos, especialmente nos artigos 468, 472 e 474 (registro de hipotecas, contratos de seguro marítimo), devendo sempre ser analisadas em paralelo com os diplomas legais posteriores, devido a alteração de algumas normas.

Os tabeliães e oficiais de registro de contratos marítimos são de atividade e número muito restrito e delimitados a uma espécie contratual, qual seja, a dos negócios relacionados com o comércio marítimo, subordinados, assim, aos princípios gerais do Direito Empresarial e aos preceitos próprios do Direito do Mar. Como exemplo, temos tabeliães e oficiais de registro marítimos no Amazonas, Maranhão, Rio de Janeiro e Ceará.

III – tabeliães de protesto de títulos;

1. COMENTÁRIOS

O tabelião de protesto de títulos é o profissional do direito dotado de fé pública que exercerá a atividade notarial que lhe foi delegada, observando rigorosamente os deveres próprios da função pública na qual investido, de modo a garantir a autenticidade, publicidade, segurança e eficácia dos atos jurídicos.

O tabelião de protestos de títulos tem sua competência definida no art. 11 da Lei 8.935/1994, que é uma norma geral e trata do tema de forma sucinta, ao passo que o art. 3º e os demais artigos da Lei 9.492/1997 (Lei do Protesto) pormenorizaram essas atribuições.

Assim, compete privativamente ao Tabelião de Protestos, na tutela dos interesses públicos e privados, a protocolização, a intimação, o acolhimento da devolução ou do aceite, o recebimento do pagamento, do título e de outros documentos de dívida, bem como lavrar e registrar o protesto ou acatar a desistência do credor em relação ao mesmo, proceder às averbações, prestar informações e fornecer certidões relativas a todos os atos praticados, na forma da Lei 9.492/1997.

IV – oficiais de registro de imóveis;

1. COMENTÁRIOS

O oficial de registro de imóveis é profissional do direito portador de fé pública, a quem o Estado delega o exercício da atividade a seu cargo.

Ao oficial do registro de imóveis cumpre prestar os serviços de modo adequado, observando rigorosamente os deveres próprios da delegação pública em que estão investidos, a fim de garantir a autenticidade, publicidade, segurança, disponibilidade e eficácia dos atos jurídicos constitutivos, translativos ou extintivos de direitos reais sobre imóveis e atividades correlatas.

Os registradores imobiliários têm suas atribuições previstas na Lei 6.015/1973, especificamente nos arts. 1º, 2º e 167 a 288, no Código Nacional de Normas, bem como em outros diplomas aplicáveis ao registro de imóveis. Já analisamos todos esses aspectos de forma pormenorizada nesta obra.

Para Walter Ceneviva "a função básica do registro de imóveis é constituir o repositório fiel da propriedade de imóvel e dos negócios jurídicos a ela referentes, no País, segundo regiões certas e determinadas, ajustadas à sua divisão judiciária por Estado e comarcas, sendo a atribuição genérica do delegado definida no art. 12 da Lei dos Notários e Registradores, a prática dos atos relacionados na legislação pertinente aos registros públicos, de que são incumbidos, independentemente de prévia distribuição, mas sujeitos às normas que definirem as circunscrições geográficas" (CENEVIVA, Walter. *Lei dos Registros Públicos comentada*. 16ª ed. São Paulo: Saraiva, 2005, p. 350).

V – oficiais de registro de títulos e documentos e civis das pessoas jurídicas;

1. COMENTÁRIOS

O oficial de registro de títulos e documentos e civis das pessoas jurídicas são profissionais de direito portadores de fé pública, a quem o Estado delega o exercício da atividade a seu cargo.

O Registro de Títulos e Documentos, no âmbito de suas atribuições, é o serviço de organização técnica e administrativa que tem por finalidade assegurar a autenticidade, segurança, publicidade e eficácia dos atos e negócios jurídicos, constituindo ou declarando direitos e obrigações, para prova de sua existência e data, além da conservação perpétua de seu conteúdo.

As atribuições legais do Registrador de Títulos e Documentos estão previstas nos arts. 127, 129 e 160 da Lei 6.015/1973, já estudada de forma minuciosa nesta obra.

De outro giro, o Registro Civil das Pessoas Jurídicas está sujeito ao regime jurídico estabelecido na Constituição da República Federativa do Brasil, no Código Civil, na Lei dos Registros Públicos, no Estatuto dos Notários e Registradores e demais atos que definam sua organização, competência, atribuições e funcionamento.

É atribuição dos oficiais do registro civil das pessoas jurídicas:

a) registrar os atos constitutivos, contratos sociais e estatutos das sociedades simples; das associações; das organizações religiosas; das fundações de direito privado e, dos sindicatos;

b) registrar as sociedades simples revestidas das formas empresárias, conforme estabelecido no Código Civil, com exceção das sociedades anônimas e das sociedades em comandita por ações;

c) matricular jornais, revistas e demais publicações periódicas, oficinas impressoras, empresas de radiodifusão que mantenham serviços de notícias, reportagens, comentários, debates e entrevistas, e as empresas que tenham por objeto o agenciamento de notícias;

d) averbar, nas respectivas inscrições e matrículas, todas as alterações supervenientes;

e) fornecer certidões dos atos arquivados e dos que praticarem em razão do ofício, dentre outras atribuições.

VI – oficiais de registro civis das pessoas naturais e de interdições e tutelas;

1. COMENTÁRIOS

O oficial de registro civil das pessoas naturais e de interdições e tutelas é o profissional do direito portador de fé pública, a quem o Estado delega o exercício da atividade a seu cargo. Eles têm suas atribuições previstas na Lei 6.015/1973, especificamente nos arts. 29 a 113, sem prejuízo de outras atribuídas pela legislação esparsa.

No Registro Civil das Pessoas Naturais são registrados os nascimentos; casamentos; conversões de união estável em casamento; casamento religioso de efeito civil; óbitos; natimortos; emancipações; sentenças declaratórias de interdição, ausência e de morte presumida; uniões estáveis; transcrições de assentos de nascimento, casamento e óbito lavrados no exterior; opções de nacionalidade; sentenças de adoção e autenticação de livros comerciais (arts. 29 da Lei 6.015/1973 e 9º do Código Civil).

Importante ressaltar que o art. 52 da Lei 8.935/1994 estabelece que nas unidades federativas onde já existia lei estadual específica, em vigor na data de publicação desta lei, são competentes para a lavratura de instrumentos traslatícios de direitos reais, procurações, reconhecimento de firmas e autenticação de cópia reprográfica os serviços de Registro Civil das Pessoas Naturais.

Frise-se que a Lei Paulista nº 4.225/1984, em conjunto com o art. 52 da Lei nº 8.935/1994, permite expressamente que os oficiais do Registro Civil das Pessoas Naturais pratiquem atos notariais referentes à lavratura de procurações, substabelecimento e revogação de procurações públicas, além de reconhecimentos de firma e autenticações de cópias reprográficas.

VII – oficiais de registro de distribuição.

1. COMENTÁRIOS

A ideia dos Ofícios de Distribuição é o de proceder à **distribuição equitativa** pelos serviços da mesma natureza, quando previamente exigida.

A obrigação de registro de distribuição também se aplica a todas as comarcas em que há mais de um serviço de protesto, conforme o art. 7º da Lei 9.492/1997. A finalidade da lei é garantir igualdade de acesso aos serviços de protesto por número de títulos, independentemente do valor, assegurando o equilíbrio entre a receita dos tabeliães e a carga de trabalho. Isso visa evitar prejuízos à qualidade do serviço prestado. Portanto, os critérios para a distribuição dos títulos incluem tanto a quantidade (com uma distribuição igualitária) quanto a qualidade (com uma distribuição equânime dos diferentes tipos de títulos, como duplicata, cheque e documentos de dívida).

Frise-se que o art. 8º da Lei 8.935/1994 exclui da distribuição os atos praticados pelo tabelião de notas, pois sua escolha é livre, independentemente do domicílio das partes ou do lugar de situação dos bens objeto do ato ou negócio. Da mesma forma, o art. 12 desta Lei dos Notários e Registradores exclui da distribuição os atos realizados pelos oficiais de registro de imóveis, títulos e documentos, civis de pessoas jurídicas e civis das pessoas naturais.

Recomenda-se a leitura conjunta do art. 13 desta Lei para uma complementação do conteúdo.

2. QUESTÃO DE CONCURSOS

01. (IESES – Cartório – TJ – PA/2016) São considerados titulares dos serviços notariais e de registro os:

I. Tabeliães de protesto de títulos e outros documentos de dívida.

II. Oficiais de registro de veículos automotores destinados à carga de mercadorias.

III. Oficiais de registro de imóveis.

IV. Tabeliães de notas.

A sequência correta é:

a) Apenas a assertiva II está correta.

b) Apenas as assertivas II e III estão corretas.

c) As assertivas I, II, III e IV estão corretas.

d) Apenas as assertivas I, III e IV estão corretas.

GAB	1	D

SEÇÃO II – DAS ATRIBUIÇÕES E COMPETÊNCIAS DOS NOTÁRIOS

Art. 6º. Aos notários compete:

I – formalizar juridicamente a vontade das partes;

II – intervir nos atos e negócios jurídicos a que as partes devam ou queiram dar forma legal ou autenticidade, autorizando a redação ou redigindo os instrumentos adequados, conservando os originais e expedindo cópias fidedignas de seu conteúdo;

III – autenticar fatos.

1. COMENTÁRIOS

Os incisos do dispositivo em comento exprimem em que consiste a função notarial.

O notário possui, dentre suas atribuições legais, a de **consultor jurídico**, uma vez que ele tem o dever legal de orientar as partes e concretizar a vontade delas na formulação do instrumento jurídico adequado à situação apresentada.

Tal conduta tem ligação direta na **prevenção de conflitos**. O notário tem o compromisso de captar a pretensão das partes e buscar no ordenamento jurídico a solução mais adequada ao caso em questão. Deve analisar a capacidade das partes, a possibilidade do objeto, atender aos requisitos formais previstos em lei, conhecer e obedecer as normas jurídicas acerca da validade e eficácia dos atos que formaliza e orientar as partes sobre como melhor alcançar suas vontades.

No dizer de Carlos Luiz Alvarenga "o **caráter consultivo** do notário está diretamente relacionado a uma diminuição de conflitos oriundos dos negócios jurídicos privados nos quais intervêm. Na atuação do notário, existe uma **atividade de prevenção de lides**, posto que antes da formalização do ato pretendido pelas partes, há uma adequação de suas vontades ao ordenamento, bem como um esclarecimento a cada um dos interessados sobre a extensão e os limites do direito a que cada um fará jus após a celebração do ato. Desta maneira, o tabelião promove verdadeira **conciliação prévia ao conflito**, estabelecendo às partes os possíveis litígios que podem surgir daquele negócio jurídico, para que elas concordem em uma solução jurídica para evitá-los, e depois elabora cláusula prevendo esta situação fática conflituosa, adequando-a ao ordenamento e declarando o conhecimento das partes e a concordância das mesmas em solucionar previamente a lide naquele mesmo ato" (ALVARENGA, Carlos Luiz. *A Instituição Notarial e a Prevenção de Litígios*. Disponível em <http: //jus.com.br/revista/texto/9659">). Sobre o **caráter consultivo e redutor de litígios da atividade notarial**, Leonardo Brandelli faz uma importante constatação: "A atuação notarial faz aumentar o número de negócios, que se tornam mais seguros, porém reduz proporcionalmente a litigiosidade" (*Teoria Geral do Direito Notarial*. 2ª ed. São Paulo: Saraiva, 2007).

Dessa forma, o notário exerce a função de:

a) **consultor jurídico,** no sentido de assessorar as partes, imparcialmente, para que suas vontades se traduzam em possibilidades jurídicas;
b) **polícia jurídica,** fazendo a prevenção de litígios; e
c) **redator qualificado,** pois reveste de forma jurídica e adequada a vontade das partes.

Assim, a função pública notarial, atividade própria e privativa do tabelião de notas, que contempla a audiência das partes, o aconselhamento jurídico, a qualificação das manifestações de vontade, a documentação dos fatos, atos e negócios jurídicos e os atos de autenticação, deve ser exercida com **independência** e **imparcialidade jurídicas.**

São atividades inerentes à função notarial:

i) avaliar a identidade, capacidade e representação das pessoas, assim como a licitude do ato que pretendam realizar;
ii) apreciar, em negócios imobiliários, a prova dominial;
iii) redigir, em estilo claro, conciso e correto, os instrumentos públicos, utilizando os meios jurídicos mais adequados aos fins em vista;
iv) aconselhar os interessados com imparcialidade, instruindo-os sobre a natureza e as consequências do ato, compreendendo, ainda, a assessoria jurídica prévia para a formalização dos atos e negócios jurídicos.

1.1 FORMALIZAÇÃO JURÍDICA DA VONTADE DAS PARTES

O inciso I do art. 6º consagra o **Princípio da Formalidade.** A forma é inerente a todo fato ou ato jurídico. A lei estabelece a forma exigida para o ato e a forma que atende à segurança do ato notarial é a escrita.

Nos negócios jurídicos de maior relevância para as partes e para a sociedade, e justamente para garantir a segurança jurídica, a lei impõe o cumprimento de algumas solenidades, estabelecendo, assim, como essência do ato, a escritura pública. É o que se extrai do art. 108 do Código Civil, que impõe a escritura pública para os negócios jurídicos relativos a imóveis de valor superior a trinta vezes o maior salário mínimo vigente no País, salvo exceções previstas no próprio artigo e em leis específicas. Por sua vez, o art. 215 traz os requisitos técnicos da forma pública notarial. Assim também o faz as normativas extrajudiciais estaduais.

Nesse inciso I, é consagrado também o **Princípio da Juridicidade,** pelo qual o notário ouve a vontade das partes, qualifica essa vontade e elabora o instrumento jurídico adequado, garantindo que produza os efeitos desejados.

O tabelião desenvolve a atividade de assessoramento jurídico das partes quanto aos atos que estas lhe requerem a lavratura. Logo, ele é o **consultor jurídico,** pois assessora as partes, **imparcialmente,** para que suas vontades se traduzam em possibilidades jurídicas.

A consultoria e o assessoramento jurídicos devem ser prestados por meio de informações e esclarecimentos objetivos, particularmente sobre o melhor meio jurídico de alcançar os fins desejados pelas partes, os efeitos e consequências dos fatos, atos e negócios jurídicos a serem documentados. Devem também visar à tutela da autonomia privada e ao equilíbrio substancial da relação jurídica, de modo a minimizar as desigualdades materiais e proteger os hipossuficientes e vulneráveis, como crianças e adolescentes, pessoas idosas, consumidores, portadores de necessidades especiais e futuras gerações. Na lição de Walter Ceneviva, "a juridicidade da formalização só é admitida quando praticada como ato notarial, isto é, escrita por profissional habilitado, em livros próprios, com pautas para escrita manual ou sem pauta, para impressão química ou mecânica, através de computador ou de outro meio ou, ainda, em folhas soltas, sempre de modo a preservar a intenção e a verdade da manifestação neles contida. O advérbio de modo **juridicamente** está a dizer que a técnica e a substância da formalização devem ser adequadas ao direito. Ainda que a parte só se manifeste em língua estrangeira, o instrumento é escrito em língua portuguesa, como decorrência da imposição constitucional contida no art. 13 (a língua portuguesa é o idioma oficial da República Federativa do Brasil). Ocorrida a manifestação em língua estrangeira, o notário só a recolhe se declarada em presença de tradutor público juramentado, que também assina o ato, depois de qualificado" (*Lei dos Notários e dos Registradores Comentada.* 8ª ed. São Paulo: Saraiva, 2010, p 65).

1.2 INTERVENÇÃO DO NOTÁRIO NOS ATOS E NEGÓCIOS JURÍDICOS A QUE AS PARTES DEVAM OU QUEIRAM DAR FORMA LEGAL OU AUTENTICIDADE

Nos termos do art. 6º , inciso II, compete ao notário intervir nos atos e negócios jurídicos a que as partes devam ou queiram dar forma legal ou autenticidade, autorizando a redação ou redigindo os instrumentos adequados, conservando os originais e expedindo cópias fidedignas de seu conteúdo.

Este inciso ressalta o **Princípio da Rogação ou da Instância.** Isso significa que, para a função notarial se originar, é imprescindível a provocação da parte interessada. Equivale dizer, o notário não atua espontaneamente, ou de ofício. Porém, uma vez provocado, o notário não pode se negar a agir (exceto em caso de impedimento ou qualificação negativa), por ser a função notarial pública.

Encontramos também no inciso II o **Princípio da Tecnicidade,** que consagra o **caráter técnico** da função notarial. Ou seja, o tabelião de notas tem o dever de possuir a aptidão necessária para qualificar adequadamente a vontade das partes, a fim de que o ato possa produzir os efeitos jurídicos pretendidos. Para isso, ele deve estar sempre se aprimorando e buscando alcançar conhecimentos para uma formação intelectual permanente.

Nas palavras de Marcelo Rodrigues, a função desempenhada pelo notário exige o emprego da técnica jurídica, que implica no estudo dos meios da realização prática do direito, desdobramento lógico e natural da condição de profissional do direito, aliado ao caráter jurídico que permeia essa função. E, como profissional do direito especializado na arte da documentação jurídica, compete ao notário o domínio da técnica notarial a fim de que, correta e adequadamente, instrumentalize o negócio jurídico por ele qualificado, após ter prestado a devida assessoria jurídica às partes interessada. Seu estudo, competência e criatividade jurídicos, bem como a disposição voltada na busca incessante na aquisição de novos conhecimentos, mantendo-se em constante atualização com a legislação e jurisprudência, devem orientá-lo de forma a livrá-lo do apelo fácil representado pelo uso indiscriminado de formulários, modelos e fórmulas previamente impressas, praxe viciosa a sugerir descuido no exercício da função (*Tratado de Registros Públicos e Direito Notarial.* São Paulo: Editora Atlas, 2014, p. 272-273).

1.3 AUTENTICAÇÃO DE FATOS

Do inciso III, extrai-se o **Princípio da Autenticação,** cabendo ao notário autenticar os fatos. Este princípio significa a corroboração, pela autoridade da qual o notário é investido, da existência e das circunstâncias que caracterizam o fato, enquanto acontecimento juridicamente relevante.

Autenticar fatos consiste na ratificação, pelo tabelião de notas, da existência e das circunstâncias que caracterizam o fato como juridicamente relevante. A ata notarial é um exemplo de instrumento por meio do qual o tabelião atribui fé aos fatos.

1.4 PRINCÍPIOS QUE REGEM A ATIVIDADE NOTARIAL

Além daqueles já citados, outros princípios regem a atividade notarial, a saber:

1) **Princípio da fé Pública:** Princípio tão relevante na área notarial que se confunde com a própria função do notário. No dizer de Luiz Guilherme Loureiro, "a fé pública é verdade, confiança ou autoridade que a lei atribui aos notários e aos outros agentes públicos no que concerne à verificação ou atestação de fatos, atos e contratos ocorridos ou produzidos em sua presença ou com sua participação" (*Registros Públicos. Teoria e Prática* 2 ed. São Paulo: Editoria Método, 2011, p. 488). Conforme esse princípio, os instrumentos públicos notariais somente podem ser declarados nulos ou falsos após um procedimento judicial que assim o declare. Vicente de Abreu Amadei, por sua vez, ensina que fé pública notarial é a "qualidade própria que a intervenção notarial confere aos instrumentos expedidos no exercício regular dessa função" (*Direito Notarial e Registral avançado.* São Paulo: Revista dos Tribunais, 2014, p. 47). Em resumo, a **fé pública notarial** evidencia a força probante atribuída pela ordem jurídica aos atos praticados com intervenção do notário e garante certeza e autenticidade; trata-se de uma das características do sistema de notariado de tipo latino. A **fé pública registral,** por sua vez, representa existência e certeza de um direito real, bem como inexistência de fatos impeditivos ou proibitivos de disponibilidade.
2) **Princípio da Justiça Preventiva:** A atividade notarial deve estar pautada no Princípio da Justiça Preventiva, princípio este imprescindível para a garantia da paz social, mediante a prevenção de litígios. O tabelião de notas é um verdadeiro agente da paz social, vale dizer, em caso de conflito entre as partes, ele deve fazer a conciliação, esclarecendo a existência, as modalidades e as vantagens ou modos de regramentos alternativos de litígios.
3) **Princípio da Independência e da Imparcialidade:** De acordo com esse princípio, que veio para assegurar os princípios da rogação e da liberdade de escolha, o notário tem o dever de assessorar ambas as partes e refletir a vontade das mesmas, sendo-lhe vedado tomar para si o interesse de uma das partes. Noutro dizer, o notário deve atuar de forma a dignificar e tornar efetiva a independência e imparcialidade que lhe é conferida pela Lei 8.935/1994. Ao contrário do advogado, é mister que o notário trate ambas as partes de forma imparcial, ainda que escolhido por uma delas.
4) **Princípio da Publicidade:** Segundo Leonardo Brandelli, "a função notarial, bem como a registral é pública porquanto ao Estado pertence e a toda a coletividade interessa. (...) a necessidade de se tornar cognoscíveis as relações jurídicas que produzam, ou devam produzir efeitos perante terceiros – sejam de caráter real, sejam de caráter pessoal – e uma realidade jurídica e que encontrou diferentes respostas ao longo da evolução do Direito". (*Publicidade Registral Imobiliária. Boletim Eletrônico do Instituto de Registro Imobiliário do Brasil (IRIB)*, São

Paulo, nº 2.330. Disponível em: www.irib.org.br). Os atos notariais são públicos, tornando o ato jurídico instrumentalizado acessível a qualquer cidadão mediante a expedição de certidão pelo notário ou registrador.

5) **Princípio da Legalidade:** Pelo Princípio da Legalidade, o tabelião deve avaliar a viabilidade de todos os atos cuja prática lhe é requerida, conforme as disposições legais aplicáveis e os documentos apresentados pelas partes. Ele deve verificar especialmente a legitimidade dos interessados, a regularidade formal e substancial dos documentos e a legalidade do ato solicitado.

6) **Princípio da Conservação**: É dever dos notários conservar todos os documentos, livros e papéis que lhe foram confiados, com o escopo de criar um sistema seguro frente às perdas e estragos.

7) **Princípio da Unicidade do ato:** É mister que o documento notarial seja confeccionado de modo ininterrupto, sem solução de continuidade, englobando a elaboração, a leitura, as assinaturas e o encerramento. Atualmente, o Princípio da Unicidade do Ato ou Unicidade Instrumental vem sendo relativizado por várias normativas estaduais, bem como pela doutrina e jurisprudência. Frise-se que tal procedimento deve ter caráter excepcional. A previsão pioneira sobre o assunto foi o Provimento nº 8/2015 da Corregedoria-Geral de Justiça do Estado de São Paulo, que estabelece: *"Lavrada a escritura pública, a coleta das respectivas assinaturas das partes poderá ocorrer em até 30 dias. Nesses casos, as partes deverão apor ao lado de sua firma a data da respectiva subscrição"*. Consigna-se que nem todos os atos notariais estão submetidos integralmente à unicidade. Na ata notarial, por exemplo, a descontinuidade é característica destacada,. É que a sua própria natureza consente a interrupção e o prosseguimento de sua lavratura.

8) **Princípio da cautelaridade:** O princípio da cautelaridade da função notarial refere-se à natureza preventiva e protetiva das atividades exercidas pelos notários. Esse princípio tem como objetivo principal garantir a segurança jurídica e a prevenção de conflitos futuros ao conferir autenticidade, publicidade, eficácia e segurança aos atos e negócios jurídicos realizados perante os notários. A função notarial, baseada nesse princípio, atua de forma a evitar litígios, através da formalização de documentos que são considerados verdadeiros e que têm fé pública. Ao realizar um ato notarial, o notário deve seguir rigorosamente os procedimentos legais, verificando a identidade e a capacidade das partes envolvidas, a legalidade do ato, bem como aconselhando sobre as consequências jurídicas do ato que está sendo lavrado. Em resumo, o princípio da cautelaridade impõe ao notário uma função essencialmente preventiva, voltada para a segurança e a certeza dos atos jurídicos, buscando minimizar o risco de futuras controvérsias judiciais e protegendo os interesses das partes envolvidas e da sociedade em geral.

9) **Princípio da Territorialidade:** Este princípio determina que a parte pode escolher o notário de sua preferência independentemente de sua residência. Esse preceito é fundamentado no art. 8º da Lei n. 8.935/1994, conforme segue: "É livre a escolha do tabelião de notas, qualquer que seja o domicílio das partes ou o lugar de situação dos bens objeto do ato ou negócio". O tema será estudado de forma aprofundada em momento oportuno nesta obra.

1.5 O NOTÁRIO E O ESTATUTO DA PESSOA IDOSA

A Lei n. 10.741/2003 (Estatuto da Pessoa Idosa) criou vários tipos penais que dialogam direta e indiretamente com a atividade notarial. No art. 108 traz a **conduta típica do notário** ao prescrever que lavrar ato notarial que envolva pessoa idosa sem discernimento de seus atos, sem a devida representação legal, incorre em penalidade de 2 a 4 anos de reclusão.

O Estatuto Protetivo ainda elenca outros delitos que se conectam à atividade, a saber:

> **Art. 96.** Discriminar pessoa idosa, impedindo ou dificultando seu acesso a operações bancárias, aos meios de transporte, ao direito de contratar ou por qualquer outro meio ou instrumento necessário ao exercício da cidadania, por motivo de idade:
>
> Pena – reclusão de 6 (seis) meses a 1 (um) ano e multa.
>
> **Art. 100.** Constitui crime punível com reclusão de 6 (seis) meses a 1 (um) ano e multa:
>
> [...]
>
> III – recusar, retardar ou dificultar atendimento ou deixar de prestar assistência à saúde, sem justa causa .
>
> **Art. 102.** Apropriar-se de ou desviar bens, proventos, pensão ou qualquer outro rendimento da pessoa idosa, dando-lhes aplicação diversa da de sua finalidade: *(Redação dada pela Lei nº 14.423, de 2022)*
>
> Pena – reclusão de 1 (um) a 4 (quatro) anos e multa.
>
> **Art. 106.** Induzir pessoa idosa sem discernimento de seus atos a outorgar procuração para fins de administração de bens ou deles dispor livremente:
>
> Pena – reclusão de 2 (dois) a 4 (quatro) anos.
>
> **Art. 107.** Coagir, de qualquer modo, a pessoa idosa a doar, contratar, testar ou outorgar procuração: (Redação dada pela Lei nº 14.423, de 2022)
>
> Pena – reclusão de 2 (dois) a 5 (cinco) anos.

Nos comentários do art. 1º da Lei n. 6.015/1973, especificamente no tópico 1.12, denominado "Medidas Preventivas no âmbito das Serventias Extrajudiciais", analisamos de forma aprofundada outras formas de violência patrimonial e financeira da pessoa idosa, bem como tratamos da violência doméstica.

1.6 UNIÃO INTERNACIONAL DO NOTARIADO LATINO (UINL)

A União Internacional do Notariado (UINL) conta com a presença de 91 países do mundo que possuem cartórios no modelo notariado latino, como Espanha, Itália, França, Alemanha, China, Japão e muitos outros.

Em dezembro de 2022, ocorreu o **30º Congresso Mundial do Notariado**, evento que marcou os debates em torno de dois temas mundiais ***"O exercício da função pública notarial em âmbito virtual"*** e ***"O exercício da função pública notarial vinculado à recuperação das economias nacionais na época pós-pandemia"***.

O Tabelião parisiense Lionel Galliez, novo presidente mundial do notariado, estabeleceu como foco de sua gestão, que começou em 1º de janeiro de 2023, com mandato de três anos, três pontos essenciais:

1. Defender a especificidade do modelo notarial e a diversidade dos nossos ordenamentos jurídicos;
2. Alargar e aprofundar as competências dos notários membros da UINL;
3. Estabelecer uma base doutrinária para fortalecer a ação da União.

Nas palavras dele, "são três aspectos essenciais para que o notariado mundial permaneça tendo relevância perante a sociedade, alargue a sua influência junto aos Organismos Internacionais e possa estar presente e atuante em qualquer país onde seja necessário demonstrar a importância da atividade, seus resultados em prol da segurança jurídica e a evolução do notariado em meio eletrônico. A UINL estará ao lado de seus notariados membros para conquistar e defender suas atribuições, promover estudos científicos e trabalhar para oferecer elementos técnicos de convencimento e experiências exitosas dentro do sistema latino".

A seguir, as conclusões finais do evento:

Tema 1

O exercício da função pública notarial em âmbito virtual.

1. Garantia de Autenticidade

A utilização das novas tecnologias confere melhores resultados aos cidadãos ao tornar mais rápida e eficiente a celebração dos atos notariais. Estas ferramentas digitais permitem gerir a profissão de forma mais produtiva e eficaz.

No entanto, o papel dos notários, enquanto agentes públicos imparciais, mantém-se fundamentalmente inalterado: garantir a autenticidade dos atos e fornecer uma força executiva fundamental nos negócios jurídicos mais importantes da economia.

2. Oferecer flexibilidade sem comprometer a segurança jurídica

Os notários devem manter a responsabilidade pela identificação das partes. As soluções de novas tecnologias suportam a atividade notarial e permitem aos notários garantir a identificação.

A verificação da vontade, capacidade e livre consentimento das partes continua a ser um dever fundamental e deve ser verificada por notários. Esta verificação é uma condição básica: em caso de dúvida, o notário deve poder recusar a celebração do contrato por videoconferência.

3. Necessidades de novas regras internacionais de Competência e Reconhecimento

Há necessidade de novas regras para determinar qual notário é competente para praticar um ato em sistemas remotos: pode-se propor uma classificação dos diferentes atos notariais, com o objetivo de encontrar os melhores fatores de conexão em cada caso.

A UINL atuará no sentido de promover e apoiar a conclusão de convenções internacionais sobre reconhecimento mútuo de atos notariais "à distância", de forma a facilitar a sua circulação.

4. Demonstrar que os notários não podem ser substituídos por novas tecnologias

O notário deve demonstrar que a função notarial não pode ser substituída por processos digitais.

Os notários devem dar soluções concretas às questões de segurança de dados colocadas pelas novas tecnologias, promovendo o seu papel de garantidor da segurança jurídica dos atos.

Tema 2

O exercício da função pública notarial vinculado à recuperação das economias nacionais na época pós-pandemia

1. O notariado e o empreendedorismo. Intervenção notarial na formação e desenvolvimento de microempresas.

Introdução

Em muitos países, as microempresas são a coluna vertebral da economia. Sua atividade é, portanto, crucial para a recuperação econômica depois da pandemia da Covid-19.

Para proteger o patrimônio familiar, a maioria dos estados limitam a responsabilidade dos sócios.

Para facilitar a criação de microempresas pelos cidadãos é preciso oferecer soluções sensíveis e acessíveis.

Estas devem garantir sempre um alto grau de segurança jurídica. Em particular, os microempresários carecem de conhecimentos jurídicos e necessitam um assessoramento detalhado e individual no momento de criar sua empresa. Não é raro que a empresa seja o único meio de vida de toda uma família.

Como os empresários normalmente querem limitar sua responsabilidade, outros participantes do mercado devem poder informar-se de forma confiável sobre a estrutura de capital da empresa e o poder de representação.

Para eles, é imprescindível contar com registros públicos, dotados de informação confiável.

Recomendação

O notário deveria trabalhar para ser a pessoa de confiança dos microempresários, servindo-lhe de ajuda na criação de suas empresas.

2. O notariado e as pequenas e médias empresas frente às crises econômicas. Assessoramento integral. Possibilidade de acesso ao crédito e o oferecimento de garantias. O saneamento creditício e financeiro. Concursos e falências.

Introdução

Um passo importante para a recuperação econômica pós pandemia de Covid-19 é a criação de novas empresas. As pequenas e médias empresas são a base da economia nacional de muitos países. Os fundadores, especialmente os que iniciam uma empresa em tempos de incerteza econômica, necessitam de um assessoramento completo para que suas empresas sejam sustentáveis e resilientes desde o princípio.

Para que as empresas recém-criadas operem com êxito no mercado, os demais participantes devem confiar nelas. Os registros públicos dotados de informação confiável têm um papel importante para os terceiros.

Para crescer, as empresas também dependem de capital. O financiamento em condições favoráveis só é acessível se as empresas podem oferecer uma garantia de qualidade. Direitos imobiliários, em particular, desempenham um papel importante. Os direitos imobiliários só podem funcionar como uma garantia valiosa se sua existência e titularidade se verifica de forma segura. Para isso, os registros de propriedades imobiliárias e a intervenção obrigatória dos notários nas inscrições nos mesmos são indispensáveis.

Ademais, os direitos reais imobiliários podem representar a maior parte do patrimônio de uma pessoa ou empresa. Para tanto, é preciso ter cuidado de não alienar ou gravar direitos reais imobiliários sem que o equilíbrio seja assegurado, por isso é importante a intervenção notarial nos negócios jurídicos que se referem a direitos imobiliários.

Recomendação

A intervenção notarial no âmbito do direito de sociedade e imobiliário deveria ampliar-se, já que contribuem de forma importante ao assessoramento integral das partes envolvidas e à exatidão e confiança concomitante dos registros.

Os registros confiáveis e significativos são fundamentais para o acesso ao financiamento, que é urgentemente necessário para superar as crises econômicas.

3. Digitalização – Constituição de empresas online. A propósito da Diretiva Europeia. Vantagens e Desvantagens.

Introdução

A digitalização oferece uma grande oportunidade para proporcionar aos fundadores uma alternativa fácil e rápida de criar uma empresa.

A pandemia, em particular, demonstrou como foi importante os procedimentos digitais seguros e confiáveis quando as reuniões presenciais não foram possíveis ou só o foram de forma limitada.

É importante que a digitalização não possa substituir a intervenção notarial. Inclusive com os procedimentos online, deve ser garantido um assessoramento completo e individualizado às partes envolvidas e sua clara identificação sobre os mais altos padrões de segurança. A mudança dos procedimentos presenciais para o formato digital não deve supor, em nenhum caso, a diminuição do nível de segurança jurídica em detrimento das transações legais.

Recomendação

Se os notários apresentam diversas e convincentes soluções para os procedimentos seguros de autenticação online, isto não só pode servir para assegurar suas competências frente à digitalização, como também para obter novas tarefas.

2. QUESTÕES DE CONCURSOS

01. (TJ/SP – 2024 – VUNESP – Notário e Registrador/Provimento) Com relação aos princípios da função notarial, é correto afirmar que

a) o princípio da territorialidade aplicável ao tabelião de notas, nos termos da Lei nº 8.935/94, determina que a parte possa escolher o notário de sua preferência independentemente de sua residência.

b) o princípio do rogatório assevera que é proibido ao notário atuar de ofício devendo sempre ser necessária a provocação da parte interessada tendo sua única exceção restrita aos casos relativos à proteção dos interesses de incapazes.

c) o princípio da publicidade traz a obrigação da irrestrita emissão de certidões dos atos lavrados na serventia.

d) em razão do princípio da publicidade não há de ser falar em dever de sigilo do notário.

02. (TJ/MA – 2023 – Consulplan – Notário e Registrador/Provimento) Em seus incisos I e II dispõe o Art. 6º da Lei nº 8.935/1994 (Lei dos Cartórios): "Aos notários compete: I – formalizar juridicamente a vontade das partes; II – intervir nos atos e negócios jurídicos a que as partes devam ou queiram dar forma legal ou autenticidade, autorizando a redação ou redigindo os instrumentos adequados, conservando os originais e expedindo cópias fidedignas de seu conteúdo". Dos dispositivos mencionados, é possível extrair princípios do direito notarial. Assinale a afirmativa em que se encontra corretamente citado e enunciado um dos princípios contidos no texto transcrito.

a) Princípio da rogação, segundo o qual o tabelião apenas pode praticar todo e qualquer ato inserido em sua atribuição mediante provocação das partes.

b) Princípio da publicidade, segundo o qual o tabelião, ao proceder na forma exposta nos dispositivos transcritos,sempre torna público o ato praticado.

c) Princípio da unicidade, segundo o qual o tabelião, ao proceder na forma exposta nos dispositivos transcritos, deve iniciar e finalizar o ato notarial no mesmo dia.

d) Princípio da cautelaridade, segundo o qual o tabelião, ao proceder na forma exposta nos dispositivos transcritos, além de assegurar a concretização da vontade das partes, atua para que o ato praticado não seja eivado de vícios que possam invalidá-lo, prevenindo litígios.

03. (CESPE / CEBRASPE - 2023 - TJ-SC - Titular de Serviços de Notas e de Registros – Remoção) No exercício das competências legais, é vedado ao notário

a) disponibilizar às partes os originais dos instrumentos adequados à formalização dos negócios entre as partes.

b) intervir nos atos e negócios jurídicos a que as partes devam dar forma legal.
c) intervir nos atos e negócios jurídicos a que as partes queiram dar forma legal.
d) autorizar a redação dos instrumentos adequados à formalização dos negócios entre as partes.
e) redigir os instrumentos adequados à formalização dos negócios entre as partes.

04. (IESES – Cartório – Provimento – TJ – CE/2018) Em relação à principiologia notarial é INCORRETO afirmar:
a) O princípio da unicidade do ato ou unicidade instrumental, segundo o qual a lavratura do documento notarial não pode sofrer interrupções, tampouco mostrar-se descontínuo, impede que em qualquer escritura pública a assinatura das partes ou intervenientes ocorra em momentos temporais distintos.
b) Aplicam-se também ao notário os princípios da segurança jurídica, eficácia, autenticidade e o da profilaxia jurídica.
c) O princípio da publicidade orienta a atividade notarial e é aplicado inclusive nos casos envolvendo escrituras de separação e divórcio extrajudicial de acordo com o previsto na Resolução 35 do Conselho Nacional de Justiça.
d) O princípio rogatório contribuiu com a garantia da imparcialidade do notário e também veda práticas mercadológicas de captação de clientes.

05. (Vunesp – Notário-SP/2009) Quando se diz que é próprio da função dos notários não só a narração documental (dictum) com fé pública (auctoritas + fides), mas também a adequada qualificação jurídica do fato (actum) que há de ser escriturado, estão sendo ressaltadas, respectivamente, as seguintes funções dos notários:
a) instrumentadora, conciliadora e jurisdicional.
b) interventora, representativa estatal e de aconselhamento.
c) formalizadora, certificadora e de administração de interesses públicos.
d) redatora, autenticadora e de assessoramento.

06. (Vunesp – Cartório – TJ – SP/2014) Assinale a alternativa incorreta, quanto à atividade desenvolvida pelo tabelião, para a consecução do ato notarial.
a) Atua de acordo com a práxis notarial.
b) Deve se orientar pela prudência e pelo acautelamento.
c) Deve se orientar pelos princípios e regras de direito.
d) Atua na condição de assessor jurídico das partes.

07. (Vunesp – Cartório – TJ – SP/2014) Se o ato notarial solicitado for contrário ao ordenamento jurídico ou estiverem presentes fundados indícios de fraude à lei, de prejuízos às partes ou dúvidas sobre as manifestações de vontade, o tabelião deve
a) praticar o ato, com expressa observação dessas circunstâncias na escritura.
b) praticar o ato nos termos solicitados pelas partes, pois não compete ao tabelião adentrar no mérito do negócio jurídico a ser formalizado.
c) submeter a prática do ato ao juiz corregedor.
d) recusar, motivadamente, por escrito, a prática do ato.

08. (Vunesp – Cartório – TJ – SP/2014) Qual dos princípios a seguir não é próprio da atividade notarial?
a) Princípio da publicidade.
b) Princípio do contraditório.
c) Princípio da unicidade do ato.
d) Princípio da instância.

09. (IESES – Cartório – TJ – PA/2016) A função notarial:
a) Possui conteúdo complexo e se desenvolve no âmbito das relações regulares do direito.
b) Envolve a prática de atos com presunção de veracidade, atribuindo autenticidade formal aos documentos.
c) Tem função de assessoramento, instruindo as partes sobre as possibilidades legais e suas consequências.
d) Todas as alternativas estão corretas.

10. (IESES – Cartório – TJ – PA/2016) Em relação aos princípios que regem a função notarial, está INCORRETO afirmar:
a) Princípio da publicidade, pelo qual os atos notariais devem ser levados a conhecimento geral, de forma ilimitada.
b) Princípio rogatório, que determina que o notário não pode agir de ofício, necessitando da provocação da parte interessada.
c) Princípio da cautelaridade, que determina que a função notarial se desenvolva na esfera da realização voluntária do direito, prevenindo litígios.
d) Princípio da imparcialidade, que determina que o tabelião esteja acima dos interesses das partes, sendo sua obrigação protegê-las com igualdade.

11. (IESES – Cartório – TJ – PA/2016) O serviço, a função e a atividade notarial e de registro se norteiam pelos princípios específicos de cada natureza notarial e registral, além dos seguintes princípios gerais:
I. Da fé pública.
II. Da publicidade.
III. Da reserva de iniciativa, rogação ou instância.
IV. Da oficialidade.
A sequência correta é:
a) Apenas as assertivas I e IV estão incorretas.
b) Apenas a assertiva III está correta.
c) Apenas as assertivas I e III estão corretas.
d) As assertivas I, II, III e IV estão corretas.

12. (IESES – Cartório – Provimento – TJ – RO/2017) Assinale a alternativa correta:
a) Conforme dispõe a Lei n. 8.935/1994, aos notários compete intervir nos atos e negócios jurídicos a que as partes devam ou queiram dar forma legal ou autenticidade, autorizando a redação ou redigindo os instrumentos adequados, conservando os originais e expedindo cópias fidedignas de seu conteúdo.
b) Conforme dispõe a Lei n. 8.935/1994, a autenticação de cópias por semelhança compete privativamente aos notários.
c) Conforme dispõe a Lei n. 8.935/1994, a autenticação de cópias por autenticidade compete privativamente aos notários.
d) Conforme dispõe a Lei n. 8.935/1994, lavrar testamentos públicos, dar fé dos testamentos particulares havendo interesse de menores, e aprovar os cerrados compete com exclusividade aos tabeliães de notas.

13. (EJEF – Tabelionato e Registro-MG) Assinale a alternativa INCORRETA.
a) Constitui crime lavrar ato notarial que envolva pessoa idosa sem discernimento de seus atos, sem a devida representação legal, punido com pena de reclusão de dois a quatro anos.
b) Constitui crime coagir, de qualquer modo, o idoso a doar, contratar, testar ou outorgar procuração, punido com pena de reclusão de dois a cinco anos.
c) A responsabilidade civil, dos notários e oficiais de registro, independe da criminal. A responsabilidade criminal será individualizada, aplicando-se, no que couber, a legislação relativa aos crimes contra a administração pública.

d) O tabelião está dispensado de apresentar à Receita Federal a Declaração Sobre Operações Imobiliárias relativa à escritura de dação de imóvel em pagamento de dívida.

GAB	1	A	2	D	3	A	4	A	5	D
	6	A	7	D	8	B	9	D	10	A
	11	D	12	A	13	D				

Art. 6º-A A pedido dos interessados, os tabeliães de notas comunicarão ao juiz da vara ou ao tribunal, conforme o caso, a existência de negociação em curso entre o credor atual de precatório ou de crédito reconhecido em sentença transitada em julgado e terceiro, o que constará das informações ou consultas que o juízo emitir, consideradas ineficazes as cessões realizadas para pessoas não identificadas na comunicação notarial se, dentro do prazo de 15 (quinze) dias corridos, contado do recebimento desta pelo juízo, for lavrada a respectiva escritura pública de cessão de crédito.

§ 1º O tabelião de notas deverá comunicar ao juiz da vara ou tribunal, conforme aplicável e em atenção ao pedido dos interessados, a negociação, imediatamente, e a cessão realizada, em até 3 (três) dias úteis contados da data da assinatura da escritura pública.

§ 2º Para o fim da regular cessão dos precatórios que emitirem, os tribunais de todos os poderes e esferas darão, exclusivamente aos tabeliães de notas e aos seus substitutos, acesso a consulta ou a banco de dados, por meio de central notarial de âmbito nacional, com identificação do número de cadastro de contribuinte do credor e demais dados do crédito que não sejam sensíveis, bem como receberão as comunicações notariais das cessões de precatórios.

1. NOVA FUNÇÃO NOTARIAL

Este artigo traz uma nova função notarial. Em termos gerais, criou-se um procedimento notarial específico para a cessão de precatórios, incluindo a comunicação de negociações e a formalização de cessões por escritura pública, visando aumentar a transparência e proteger as partes envolvidas.

Noutro dizer, a recente legislação trouxe mudanças significativas ao papel do tabelião de notas, conferindo-lhe novas atribuições que refletem uma adaptação às necessidades do mercado e uma modernização das práticas notariais. A Lei n. 14.711/2023, ao introduzir o artigo 6º-A na Lei n. 8.935/1994, reposiciona o tabelião de notas como um agente fundamental na formalização e fiscalização das cessões de créditos oriundos de precatórios.

Antes de adentrarmos na análise do dispositivo, cumpre trazer o **conceito de precatório**. Trata-se de uma ordem de pagamento expedida pelo Judiciário para que o Poder Público pague uma dívida que foi reconhecida judicialmente. Esse documento é emitido quando uma decisão judicial determina que uma pessoa ou entidade deve receber uma quantia do Estado, seja por conta de uma condenação, indenização ou outro tipo de obrigação financeira.

Os precatórios são utilizados principalmente em casos onde o valor a ser pago é grande e, portanto, não pode ser liquidado imediatamente. O processo de precatório segue um rito específico e é regulamentado pela Constituição Federal, por atos normativos do Conselho Nacional de Justiça e por legislações específicas, como a Lei de Responsabilidade Fiscal e a Lei de Precatórios.

O pagamento dos precatórios ocorre em ordem cronológica de apresentação e tem prioridade sobre outros tipos de dívidas públicas. No entanto, pode haver variações no prazo de pagamento dependendo da situação financeira do ente público responsável.

Passemos às análises. No cenário jurídico atual, a **cessão de créditos oriundos de precatórios** ganhou um novo tratamento com a inclusão do artigo 6º-A na Lei n. 8.935/1994, inserido pela Lei n. 14.711/2023. Este dispositivo visa assegurar uma maior segurança nas transações envolvendo precatórios e introduz uma série de procedimentos que visam coibir fraudes e garantir a transparência das operações.

O artigo 6º-A estabelece que, a pedido dos interessados, os tabeliães de notas devem comunicar ao juiz da vara ou ao tribunal competente sobre a existência de uma negociação em andamento entre o credor atual de um precatório ou crédito reconhecido em sentença transitada em julgado e um terceiro interessado. Essa comunicação é essencial, pois é através dela que o juízo poderá ter conhecimento das negociações em curso. Caso a cessão de crédito seja realizada para pessoas não identificadas na comunicação notarial e não se formalize a escritura pública de cessão dentro de um prazo de 15 dias corridos após o recebimento da comunicação pelo juízo, a cessão será considerada ineficaz.

No excelente artigo "Negociação de Precatórios no Tabelionato de Notas", de autoria de Karin Rick

Rosa e Gabriel Petry, procedimentalmente, a **cessão de precatórios** é negócio jurídico que segue os preceitos dos artigos 286 e seguintes do Código Civil, podendo ser realizada total ou parcialmente sobre o valor do crédito. Questão relevante e controvertida se refere à manutenção ou não das qualidades especiais que constituam características subjetivas do titular do crédito, que priorizam a ordem de pagamento prevista no §2º do artigo 100 da Constituição Federal, como a idade avançada ou mesmo grave doença. Em seu comentário ao artigo, Da Cunha afirma que tais características não se transmitem com o crédito. Não é outra a lição de Pontes de Miranda, para quem, sendo o direito ligado à pessoa do credor/cedente, os privilégios (gerais ou especiais) e direitos de preferência ligados ao crédito não são transferidos com o crédito cedido (e vice-versa): "o que não é personalíssimo, vai com o crédito cedido". Desse modo, não há como negociar ou transferir (pôr em circulação), características personalíssimas que determinado credor tenha em relação ao crédito, ou igualmente alterar a natureza do precatório em razão de características subjetivas ou objetivas do cessionário, como já decidiu o STF. A lição de Netto, de Farias e Rosenvald revela que essa lógica em relação à cessão igualmente "se aplica ao direito de preferência em razão da idade no pagamento de precatórios, previsto no art. 100, §2º, da CF, que não pode ser estendido aos sucessores do titular originário do precatório, ainda que também sejam idosos". Contudo, ao decidir sobre o assunto, o Supremo Tribunal Federal firmou o seguinte entendimento em Repercussão Geral no Tema 361: "Transmudação da natureza de precatório alimentar em normal em virtude de cessão do direito nele estampado", com a seguinte tese fixada: "A cessão de crédito alimentício não implica a alteração da natureza". (O Novo Marco das Garantias. Aspectos práticos e teóricos da Lei n. 14.711/2023. Coord. El Debs, Martha; Chezzi, Bernardo. São Paulo: Juspodivm, 2024).

A comunicação premonitória, que é a notificação da existência de negociação, deve ser formalizada através do protocolo nos autos do precatório. Essa comunicação não pode ser realizada por simples ofício avulso, pois deve garantir a publicidade necessária e a ciência dos terceiros interessados.

Ademais, o tabelião deve comunicar a concretização do negócio mediante a lavratura da escritura pública, respeitando o prazo estipulado. Essa comunicação deve ocorrer através do envio do inteiro teor da escritura pública, assegurando que todos os detalhes da transação sejam formalmente registrados.

No que diz respeito ao prazo estipulado no *caput* do art. 6-A da Lei n. 8.935/1994, este é 15 dias corridos, iniciando a contagem a partir da data do recebimento da comunicação pelo juízo. Não sendo lavrada a escritura pública de cessão de crédito dentro de 15 dias a prioridade cai. Uma dúvida que poderá surgir é se existe possibilidade de prorrogação da prioridade, caso as partes não tenham encerrado a fase de negociação dentro dos 15 dias ou, ainda, se por algum outro motivo não foi possível assinar a escritura antes do término do prazo. Uma nova comunicação, requerida e apresentada antes do término, poderia impedir a extinção da prioridade. E um novo requerimento após os 15 dias também poderia ser apresentado, sem prejuízo, a não ser que nova comunicação tenha sido feita em relação a outra parte interessada na aquisição. Afinal, o objetivo é dar segurança a quem pretende adquirir e evitar o prejuízo de terceiro. Aliás, quando o assunto é precatório a preocupação com possíveis golpes deve abranger desde a verificação da idoneidade de quem comercializa precatórios, passando pela existência do crédito até a sua disponibilidade, servindo a comunicação como forte elemento de segurança à negociação. (ROSA Karin Rick e PETRY, Gabriel. O Novo Marco das Garantias. Aspectos práticos e teóricos da Lei n. 14.711/2023. Coord. El Debs, Martha; Chezzi, Bernardo. São Paulo: Juspodivm, 2024).

Os tabeliães de notas têm a obrigação de informar ao juiz da vara ou tribunal, conforme o caso, sobre a negociação imediatamente e sobre a cessão realizada, dentro de um prazo de 3 dias úteis a partir da assinatura da escritura pública. Esta comunicação deve ser feita com o envio do inteiro teor da escritura pública, garantindo que o juízo tenha um registro completo da operação.

É importante ressaltar que a introdução do procedimento notarial para cessão de precatórios não é obrigatória, mas é altamente recomendada devido à segurança jurídica que oferece. O tabelião desempenha um papel crucial ao manter o juízo informado sobre a existência e a realização de negócios envolvendo precatórios, o que ajuda a prevenir fraudes, como a cessão do mesmo crédito a múltiplos cessionários.

No mesmo sentido, Karin Rick Rosa e Gabriel Petry em análise detalhada, explicam que a comunicação é facultativa para o cedente e o cessionário, e dependerá de requerimento, a ser apresentado individualmente pelo interessado na aquisição do crédito ou pelo cedente ou, ainda, juntos. Parece que o maior interessado em noticiar a existência da negociação é o possível adquirente-cessionário. Em que pese não ser obrigatória, é recomendável a sua utilização, pois uma vez requerida, a comunicação deverá ser imediatamente promovida pelo tabelião de notas, dando ciência da existência de negociação entre o cedente e terceiro, a qual constará das informações ou consultas que o juízo emitir, publicizando o fato, além de gerar uma preferência ao possível cessionário interessado no crédito. De modo que qualquer cessão feita a terceiro, estranho à comunicação, será considerada ineficaz, o que significa dizer, não produzirá efeitos em relação àquele referido na comunicação. A proposta de cessão do precatório obriga o proponente (cedente), aplicando-se as regras dos artigos 427 e seguintes do Código Civil. A lei foi silente em relação ao conteúdo da comunicação. É suficiente informar que 'A' – credor-cedente – e 'B' – terceiro-cessionário – estão negociando a cessão do precatório 'X', ou deverá ser informado também o valor e outros dados, como, por exemplo, se já houve aceitação da proposta pelo interessado? Parece-nos que quanto mais completa for a comunicação em relação às condições do negócio, melhor será. No entanto, a simples informação contendo a identificação do cedente, do precatório e do interessado na aquisição do crédito, é suficiente para estabelecer a prioridade e seus efeitos. (O Novo Marco Das Garantias. Aspectos práticos e teóricos da Lei n. 14.711/2023. Coord. El Debs, Martha; Chezzi, Bernardo. São Paulo: Juspodivm, 2024).

O procedimento notarial de cessão de precatórios está alinhado com o entendimento de que, em caso de conflitos entre múltiplos cessionários de um mesmo precatório, deve prevalecer aquele que primeiro fez a comunicação ao juízo. Esse princípio é fundamentado na interpretação do artigo 291 do Código Civil, que estabelece que, ocorrendo várias cessões do mesmo crédito, prevalece a que se completar com a tradição do título do crédito cedido. Para os precatórios, a tradição do título é interpretada como a comunicação protocolada nos autos do processo.

Através dessas medidas, o sistema jurídico busca garantir a integridade das transações envolvendo precatórios, proteger os interesses dos credores e prevenir possíveis fraudes, proporcionando um ambiente mais seguro e transparente para a realização desses negócios.

1.1 CENTRAL NACIONAL DE PRECATÓRIOS

No contexto das recentes alterações legislativas e regulamentares relacionadas à cessão de créditos oriundos de precatórios, o artigo 6º-A da Lei n 8.935/1994, prevê a criação da **Central Nacional de Precatórios**. Esta central será um módulo essencial da plataforma de serviços notariais eletrônicos, conhecida como e-notariado, instituída pelo Provimento CNJ nº 100/20 e atualmente incorporada aos artigos 284 a 219 do Código Nacional de Normas.

Em outras palavras, para a regularidade das cessões de precatórios, os tribunais de todas as esferas devem fornecer aos tabeliães de notas e seus substitutos acesso a uma central notarial de âmbito nacional. Esta central permite consultar dados relevantes, como o número de cadastro do contribuinte do credor e outras informações do crédito que não sejam sensíveis, e receber as comunicações notariais relacionadas às cessões de precatórios.

A Central Nacional de Precatórios terá um papel fundamental na organização e na transparência das transações envolvendo precatórios. Sua função é fornecer aos tabeliães de notas e seus substitutos acesso a um banco de dados nacional que contém informações relevantes para a correta formalização e fiscalização das cessões de precatórios. Este banco de dados permitirá a consulta ao número de cadastro do contribuinte do credor, além de outros dados não sensíveis do crédito.

Enquanto a Central Nacional de Precatórios não estiver completamente implementada, os procedimentos e regras estaduais existentes sobre a comunicação de cessão de precatórios deverão ser seguidos. Estes regulamentos estaduais são temporariamente aplicáveis até que a central esteja operacional e integrada à plataforma e-notariado. A plataforma e-notariado, gerida pelo Colégio Notarial do Brasil, visa integrar os serviços notariais e assegurar uma comunicação eficiente e segura entre as partes envolvidas nas transações de precatórios.

A implementação da Central Nacional de Precatórios e a sua integração com o e-notariado representam um avanço significativo na gestão dos precatórios. A centralização dessas informações e o uso de uma plataforma eletrônica visam melhorar a transparência e a eficiência do processo de cessão, protegendo as partes envolvidas e garantindo a regularidade jurídica das operações.

Portanto, a criação e o funcionamento da Central Nacional de Precatórios são passos importantes para a modernização do sistema de cessão de precatórios no Brasil, refletindo um compromisso com a segurança jurídica e a inovação no setor notarial. Até que a central esteja em pleno funcionamento, é crucial que todos os envolvidos no processo de cessão de precatórios continuem a seguir as regulamentações estaduais para garantir a conformidade e a eficácia das transações.

1.2 CONCLUSÃO

Para enriquecer a leitura, permitam-me transcrever a conclusão de dois artigos presentes no livro "O Novo Marco das Garantias: Aspectos Práticos e Teóricos da Lei n. 14.711/2023", coordenado por mim e por Bernardo Chezzi na edição de 2024.

O primeiro é de Karin Rick Rosa e Gabriel Petry sob o tema "Negociação de Precatórios no Tabelionato de Notas".

Após apresentar o panorama dos precatórios no Brasil e verificar como a sua comercialização pode atender a diversos objetivos distintos, analisando as questões legais relativas ao negócio jurídico de cessão, conclui-se que a inclusão do artigo 6º-A na Lei 8.935/94 vai ao encontro dos objetivos apresentados na justificativa do P.L. 4.188/21 , em que pese o dispositivo relativo à atuação dos notários nas cessões de precatórios não constar da redação original do projeto.

A comunicação da existência de negociação do crédito e sua posterior formalização por escritura pública, com a comunicação da lavratura ao tribunal, protegem a população economicamente vulnerável, seja no contexto do cedente, que, por exemplo, poderá ser pessoa idosa que tem preferência e aguarda o pagamento de seu crédito e tem interesse na antecipação do recebimento, seja no contexto do cessionário, que poderá ser uma pessoa jurídica interessada na aquisição do precatório para promover a compensação de uma dívida tributária, e com isso manter ativo seu negócio e os contratos de trabalho de seus empregados.

Portanto, a segurança é crucial para que se alcance os resultados práticos desse negócio jurídico, especialmente diante de um cenário em que golpes e esquemas envolvendo precatórios são cada vez mais recorrentes. Nesse sentido, a cautela é imprescindível, de modo que importa ter atenção e proceder preventivamente em relação aos possíveis riscos da cessão, com a contratação de profissional capacitado para auxiliar na realização de *due diligence* quando da oferta do crédito de precatório para comercialização, sempre atentando a detalhes como a natureza do precatório e a idoneidade do cedente – passível de comprovação mediante apresentação de certidões e documentos que atestem sua regularidade financeira (*v.g.* certidão negativa de débitos e negativas de débitos trabalhistas). Sob a ótica do cedente, a segurança do recebimento do valor negociado pelo crédito também merece atenção.

A cessão faz o crédito circular de maneira segura e a economia reagir. Na perspectiva da análise econômica do Direito, a segurança jurídica é um princípio-valor basilar do Estado Democrático de Direito, propulsor de crescimento e desenvolvimento econômico. Não por acaso, garantir a segurança e eficácia dos atos jurídicos é dever legal dos notários, conforme artigo 1º da Lei 8.935/94.

Com efeito, a produção dos efeitos da cessão do precatório, a teor do §14, do art. 100, da Constituição Federal, depende da comunicação ao juízo e, também por força das regras que norteiam a cessão de crédito no Código Civil, à entidade devedora (dispensada sua anuência, conforme estudado). O papel do notário na comunicação da negociação noticiada pelos interessados (cedente ou terceiro), a ambos é crucial para publicizar o fato no processo e gerar a prioridade ao cessionário-adquirente dentro do prazo legal (passível de renovação). Após a lavratura da escritura de cessão, a comunicação tem a finalidade de dar ciência ao devedor cedido da mudança de credor e promover a devida substituição processual. A participação do tabelião de notas proporciona a almejada segurança jurídica ao negócio e proteção dos contratantes e terceiros, uma vez que não produzirão efeitos a cessão realizada em favor de sujeito distinto daquele constante da comunicação, ineficaz diante da prioridade assegurada.

O segundo é de Fernando Blasco e aborda o tema "A Criação de um Sistema Nacional de Precatórios e Requisição de Pequeno Valor (RPV) e o Papel do Notário na Redução de Custos de Transação das Cessões de Precatório".

A Lei 8.935/94 ganhou um novo artigo com a Lei 14.711/23: o artigo 6º-A. Nele duas grandes modificações acerca da cessão de precatórios foram inseridas: a possibilidade de o notário realizar as comunicações necessárias previstas no §14, do artigo 100, da Constituição Federal; e a determinação da criação de um sistema nacional unificado, uma central.

É importante ressaltar que a cessão de precatórios tem se tornado um negócio jurídico cada dia mais relevante no mercado brasileiro, pois a dívida precatorizada dos entes federados se apresenta em grande monta e essa é uma excelente saída para que o credor receba algum valor ainda em vida. Além disso, as novas previsões do §11, do artigo 100, da Constituição Federal aumentam as possibilidades do uso dos créditos desses precatórios, o que eleva o número de interessados em adquiri-los.

Nesse cenário, a inclusão do notário como personagem central na cessão de precatórios advém como uma solução bem formulada aos grandes custos de transação que esse complexo negócio exige. Os custos da cessão de crédito precatória são bastante grandes, pois incluem grandes riscos, relações entre partes completamente desconhecidas e necessária implicação do poder público. Todas essas questões são facilmente minimizadas ao se optar pelo auxílio do notário, que por meio de uma escritura pública consegue contornar, ou ao menos amenizar, essas questões.

Além disso, com as novidades trazidas pelo art. 6º-A da Lei 8.935/94, o serviço notarial quanto à cessão de precatórios passou a ser ainda mais completo, pois além de oferecer todas as vantagens que existem na realização de um negócio jurídico por meio de escritura, o usuário ainda poderá contar com o serviço notarial para realizar a comunicação prevista no §14, do artigo 100, da CF, além de também contar

Lei 8.935/1994

com a possibilidade de comunicação da possível cessão já na fase de negociação.

Não bastasse isso, a implantação do Sistema Nacional de Precatórios e Requisição de Pequeno Valor (RPV) permitirá que a cessão realizada por escritura pública seja automaticamente inserida, pelo próprio tabelião, no referido sistema, diminuindo esperas e riscos de aguardar por uma homologação judicial. Ainda que o Sistema demore a ser implantado, evidente que sua existência trará facilitações que, substancialmente, reduzem custos de transação.

A criação desse sistema, por sua vez, ficou a cargo do CNJ, que poderá contar com os tribunais que já possuem sistemas operantes para tanto, mas contará principalmente com os próprios tabeliães, que são, nesse sistema, colocados pelo legislador como elementos centrais, tendo em vista a escolha pelo diploma legal a ser modificado (a Lei 8.935/94). Além disso, os notários são reconhecidos no cenário nacional por trazer inovações tecnológicas, estando na vanguarda da elaboração de soluções digitais em questões jurídicas.

Dessa forma, o novo artigo 6º-A da Lei 8.935/94 tem o condão de colocar o notário na centralidade do sistema de cessão de precatórios, reduzindo custos de transação ao fazer isso e, principalmente, inovando ao trazer a determinação da implantação de uma central de precatórios, que será o Sistema Nacional de Precatórios e Requisição de Pequeno Valor (RPV), medida que será de grande valia para a dinamização desses negócios e, consequentemente, instrumento essencial para a redução dos custos de transação.

Art. 7º. Aos tabeliães de notas compete com exclusividade:

1. COMENTÁRIOS

Na lição de Walter Ceneviva, "a exclusividade corresponde a um efeito ativo (reservar apenas para o tabelião de notas os serviços mencionados no dispositivo, enquanto exercente de função delegada, na forma preconizada pela Constituição e a um outro negativo (excluir de igual possibilidade todos os demais)" (*Lei dos Notários e dos Registradores Comentada*. 8ª ed. São Paulo: Saraiva, 2010, p. 75).

Em 2020, o tabelião de notas adquiriu novas atribuições exclusivas. O art. 23 do Provimento CNJ n. 100, ato normativo este que regulamentava a prática de atos notariais eletrônicos por meio do sistema e-Notariado, e que agora está incorporado aos arts. 284 a 219, já trazia competência exclusiva nesse sentido:

> Art. 23, Prov. CNJ n. 100 equivale ao art. 306 do Provimento CNJ n.149/2023. Compete, exclusivamente, ao tabelião de notas:
>
> I – a materialização, a desmaterialização, a autenticação e a verificação da autoria de documento eletrônico;
>
> II – autenticar a cópia em papel de documento original digitalizado e autenticado eletronicamente perante outro notário;
>
> III – reconhecer as assinaturas eletrônicas apostas em documentos digitais; e
>
> IV – realizar o reconhecimento da firma como autêntica no documento físico, devendo ser confirmadas, por videoconferência, a identidade, a capacidade daquele que assinou e a autoria da assinatura a ser reconhecida.

Os atos notariais eletrônicos serão estudados de forma detalhada no tópico 2, localizado ao final deste dispositivo em comento.

1.2. DA AUTORIZAÇÃO ELETRÔNICA DE DOAÇÃO DE ÓRGÃOS, TECIDOS E PARTES DO CORPO HUMANO – AEDO

O Provimento CNJ 164/2024, que altera o Código Nacional de Normas para dispor sobre a Autorização Eletrônica de Doação de Órgãos, Tecidos e Partes do Corpo Humano – AEDO representa um avanço significativo na regulamentação do processo de doação de órgãos, tecidos e partes do corpo humano, alinhando-se ao disposto na Lei n. 9.434, de 4 de fevereiro de 1997.

Este provimento busca simplificar e tornar mais eficiente a autorização para doações, reconhecendo a importância de facilitar a declaração de vontade do doador. Ao promover um ambiente que fomenta a discussão sobre a relevância desse ato solidário, o provimento visa aumentar consideravelmente o número de doações e, consequentemente, atender à demanda do sistema nacional de saúde pública. Com a notificação centralizada e o respeito à linha sucessória, garante-se que a manifestação da vontade do doador seja inequívoca e segura, respeitando o princípio da autonomia da vontade, fundamental para que todos os cidadãos tenham acesso a um mecanismo eficaz e gratuito de doação. Essa iniciativa, portanto, não apenas potencializa o número de doações, mas também reforça a importância social desse gesto, promovendo uma cultura de solidariedade e respeito à vida.

O Provimento é autoexplicativo, motivo pelo qual pede-se licença para a transcrição, com atenção aos destaques. A Seção I trata das disposições gerais, enquanto a Seção II estabelece os procedimentos.

> **Seção I – Das Disposições Gerais**
>
> **Art. 444-A.** Fica instituída a Autorização Eletrônica de Doação de Órgãos, Tecidos e Partes do Corpo Humano

– AEDO, a qual tem **validade e efeito perante toda sociedade como declaração de vontade da parte.**

§ 1º A emissão da AEDO, ou a revogação de uma já existente, é feita perante tabelião de notas por meio de **módulo específico do e-Notariado**, no qual as AEDOs deverão ser armazenadas de forma segura.

§ 2º O serviço de emissão da AEDO e de sua revogação é **gratuito** por força de interesse público específico da colaboração dos notários com o sistema de saúde, gratuidade essa que, salvo disposição em contrário, não se estende a outros modos de formalização da vontade de doar órgãos, tecidos e partes do corpo humano.

§ 3º O serviço de emissão da AEDO consiste na conferência, pelo tabelião de notas, da autenticidade das assinaturas dos cidadãos brasileiros **maiores de 18 (dezoito) anos,** nas declarações de vontade de doar órgãos, tecidos e partes do corpo humano para fins de transplante ou outra finalidade terapêutica *post mortem*.

§ 4º A AEDO é **facultativa**, permanecendo válidas as autorizações de doação de órgãos, tecidos e partes do corpo humano emitidas em meio físico.

§ 5º A existência da AEDO **não dispensa** o cumprimento do disposto no art. 4º da Lei n. 9.434, de 4 de fevereiro de 1997.

Art. 444-B. A Autorização Eletrônica de Doação de Órgãos, Tecidos e Partes do Corpo Humano obedecerá a todas as formalidades exigidas para a prática do ato eletrônico, conforme estabelecido neste Código de Normas, e na legislação vigente.

Parágrafo único. A autorização eletrônica emitida com a inobservância dos requisitos estabelecidos nos atos normativos previstos no *caput* deste artigo é **nula de pleno direito, independentemente de declaração judicial.**

Art. 444-C. Em caso de **falecimento por morte encefálica** prevista no art. 13 da Lei n. 9.434/1997, a Coordenação Geral do Sistema Nacional de Transplantes ou as Centrais Estaduais de Transplantes poderão consultar as AEDOs para identificar a existência de declaração de vontade de doação.

§1º Em caso de falecimento por **qualquer outra causa**, a Coordenação Geral do Sistema Nacional de Transplantes ou as Centrais Estaduais de Transplantes ou os serviços por ela autorizados poderão consultar as AEDOs para identificar a existência de declaração de vontade de doação.

§2º O Colégio Notarial do Brasil – Conselho Federal promoverá o cadastramento de órgãos públicos e privados ou profissionais que atuem ou tenham por objeto o atendimento médico, devidamente filiados ao Conselho Nacional ou Regional de Medicina, para a consulta das AEDOs.

§3º Anualmente, o Colégio Notarial do Brasil – Conselho Federal providenciará a atualização do cadastro a que se refere o parágrafo anterior, mediante solicitação, ao Ministério da Saúde, dos dados dos estabelecimentos e profissionais autorizados a consultarem as AEDOs.

Seção II – Do Procedimento

Art. 444-D. O interessado declarará a sua vontade de doar órgãos, tecidos e partes do corpo humano por meio da AEDO, ou de revogar uma AEDO anterior, **por instrumento particular eletrônico** e submeterá esse instrumento ao tabelião de notas.

§ 1º É competente para a emissão da AEDO, ou a sua revogação, **o tabelião de notas do domicílio do declarante.**

§ 2º O instrumento particular eletrônico seguirá o modelo dos Anexos II e III deste Código de Normas, os quais deverão estar disponíveis na plataforma eletrônica do e-Notariado de modo a permitir ao interessado fácil e gratuito acesso para *download*.

§ 3º O **instrumento particular eletrônico** deverá ser assinado eletronicamente apenas por meio de:

I – certificado digital notarizado, de emissão gratuita (arts. 285, II, e 292, § 4º, deste Código);

II – certificado digital no âmbito da Infraestrutura de Chaves Públicas Brasileira - ICP-Brasil.

§ 4º O tabelião de notas emitirá a AEDO, ou revogará a já existente, após a prática dos seguintes atos:

I - reconhecimento da assinatura eletrônica aposta no instrumento particular eletrônico por meio do módulo AEDO-TCP do e-Notariado (art. 306, III, deste Código); e

II – realização de videoconferência notarial para confirmação da identidade e da autoria daquele que assina.

Art. 444-E. A AEDO conterá, em destaque, a chave de acesso e QR Code para consulta e verificação da autenticidade na internet.

§ 1º O QR Code constante da AEDO poderá ser validado sem a necessidade de conexão com a internet.

§ 2º A versão impressa da AEDO poderá ser apresentada pelo interessado, desde que observados os requisitos do *caput*.

§ 3º A Autorização Eletrônica de Doação de Órgãos, Tecidos e Partes do Corpo Humano poderá ser apresentada em aplicativo desenvolvido pelo CNB/CF.

Art. 444-F. A AEDO poderá ser expedida pelo prazo ou evento a ser indicado pelo declarante e, em caso de omissão, a autorização é válida por prazo indeterminado.

2. QUESTÕES DE CONCURSOS

01. (IESES – Titular de Serviços de Notas e Registros – TJ – TO – Remoção/2022) Aos tabeliães de notas compete com exclusividade:

I. Lavrar escrituras e procurações, públicas.
II. Protocolar de imediato os documentos de dívida, para prova do descumprimento de uma obrigação.
III. Lavrar testamentos públicos e aprovar os cerrados.
IV. Lavrar atas notariais, reconhecer firmas e autenticar cópias.

A sequência correta é:

a) As assertivas I, II, III e IV estão corretas.
b) Apenas a assertiva II está incorreta.
c) Apenas as assertivas I e II estão corretas.
d) Apenas as assertivas I e IV estão corretas.

02. (Consulplan – Outorga e Delegação de Serviços Notariais e Registrais – TJ – MS/2019) O tabelião de notas, profissional do direito dotado de fé pública, exercerá a atividade notarial que lhe foi delegada com a finalidade de garantir a eficácia da lei, a segurança jurídica e a prevenção de litígios. Trata-se de competência dos tabeliães de notas estabelecida no Provimento 240 de 2020 (Código de Normas da Corregedoria-Geral de Justiça de MS):

Nota da autora: Apesar de se tratar de uma questão de comando estadual, é possível resolvê-la com base no conhecimento do Provimento CNJ n. 149/2023 (à época da questão, Provimento CNJ nº 100/2020).

a) Praticar os atos de materialização e a desmaterialização de documentos.
b) Preencher, obrigatoriamente, cartão de assinaturas das partes que pratiquem quaisquer atos translativos, independentemente de sua relevância jurídica.
c) Realizar o reconhecimento da firma por semelhança no documento físico, devendo ser confirmadas, por videoconferência, a identidade, a capacidade daquele que assinou e a autoria da assinatura a ser reconhecida.
d) Fiscalizar o pagamento dos impostos devidos nos atos e nos contratos que tiver de lançar em suas notas, não podendo praticar o ato antes do respectivo pagamento ainda que haja diferimento por lei estadual ou municipal.

GAB	1	B	2	A

I – lavrar escrituras e procurações, públicas;

1. COMENTÁRIOS

1.1 ESCRITURA PÚBLICA

O tema "escritura pública" será abordado no capítulo próprio da Lei 7.433/1984 e seu Decreto regulamentador 93.240/1986, nesta obra.

1.2 PROCURAÇÃO

Cabe ao notário, com exclusividade, lavrar **procuração pública**.

A procuração pública é espécie do gênero escritura pública. É um documento destinado às situações em que uma pessoa precisa ser representada por um terceiro. Nesta procuração, quem concede os poderes é denominado outorgante e quem os recebe outorgado.

A procuração pública pode ser utilizada em diversas situações, como por exemplo, na representação em instituições bancárias, na habilitação do casamento e representação para analfabetos. Trata-se do instrumento do mandato, materializando seu conteúdo e extensão.

O mandato é o contrato pelo qual uma pessoa se obriga a praticar atos ou administrar os interesses da outra, em nome e por conta desta última. Noutro dizer, é o contrato em que uma pessoa delega poderes a outra que irá representá-la.

Convém registrar que nos termos do art. 105 do Novo CPC (Lei 13.105/2015), a procuração geral para o foro, outorgada por instrumento público ou particular assinado pela parte, habilita o advogado a praticar todos os atos do processo, exceto receber citação, confessar, reconhecer a procedência do pedido, transigir, desistir, renunciar ao direito sobre o qual se funda a ação, receber, dar quitação, firmar compromisso e assinar declaração de hipossuficiência econômica, que devem constar de cláusula específica. Agora, a procuração deverá conter o nome do advogado, seu número de inscrição na Ordem dos Advogados do Brasil e endereço completo (§ 2º). Se o outorgado integrar sociedade de advogados, a procuração também deverá conter o nome dessa, seu número de registro na Ordem dos Advogados do Brasil e endereço completo (§ 3º). Frise-se que tal regra já era estabelecida em algumas normativas estaduais.

O NCPC também inovou ao prever no § 4º, que salvo disposição expressa em sentido contrário, constante do próprio instrumento, a procuração outorgada na fase de conhecimento é eficaz para todas as fases do processo, inclusive para o cumprimento de sentença.

Oportuno dialogar a temática com o recente Enunciado da I Jornada de Direito Notarial e Registral, a saber:

Enunciado 41. O ato notarial de revogação do mandato outorgado por instrumento público é admitido sem a presença do mandatário, ainda que haja cláusula de irrevogabilidade.

⊙ Justificativa: O Código Civil prevê a possibilidade de revogação do mandato ainda que este tenha cláusula de irrevogabilidade, elencando como consequência jurídica o ônus de arcar com perdas e danos, se comprovados. Portanto, não há na legislação federal exigência do consentimento do outorgado para que o mandato seja revogado. Contudo, diversos estados da federação prevêem em suas normas de serviço extrajudicial o comparecimento do outorgado como condição para revogação da procuração que contenha cláusula de irrevogabilidade, o que, por vezes, conduz à inviabilidade da prática do ato. Nesse sentido, prevê o artigo 680 do Código de Normas do Estado do Espírito Santo: Art. 680. Poderá ser lavrado o ato de revogação de procuração sem a presença do mandatário, desde que não exista cláusula de irrevogabilidade. Outrossim, estabelece o art. 120 do Código de Normas do Estado da Bahia: Art. 203. Poderá ser lavrado o ato de revogação de procuração sem a presença do mandatário, desde que inexista cláusula de irrevogabilidade e o interessado expressamente assuma a responsabilidade de promover a notificação do outorgado, através de carta registrada e/ou de publicação nos jornais de circulação e/ou qualquer outro meio fidedigno para tanto, dando-lhe ciência da revogação. O Enunciado proposto busca uniformizar o entendimento que melhor se acolmata à legislação federal, notadamente o artigo 683 do Código Civil (CC: Art. 683. Quando o mandato contiver a cláusula de irrevogabilidade e o mandante o revogar, pagará perdas e danos).

1.3 A INTERPRETAÇÃO DO ART. 33 DO PROVIMENTO CNJ Nº 134/2022 E OS DESAFIOS NA EMISSÃO DE PROCURAÇÕES PARA TRANSPORTE INTERNACIONAL

Inicialmente, faz-se necessário expor que este capítulo se refere à análise da atividade notarial e a proteção de dados.

O **Provimento CNJ n. 134/2022**, não foi revogado pelo Provimento CNJ n. 149/2023 (CNN), mas teve a maioria dos artigos incorporados aos artigos 79 a 135. São medidas a serem adotadas pelas serventias extrajudiciais em âmbito nacional para o processo de adequação à Lei Geral de Proteção de Dados Pessoais (Lei 13.709/2018). Tais regras vão desde a governança de dados pessoais, passando por temas como revisão de contratos, transparência das atividades de tratamento, elaboração de relatório de impacto, e proteção tanto para os próprios cartórios quanto para os usuários.

O tema "Atividade Notarial e Registral e a Proteção de Dados" foi analisado nos comentários do tópico 1.11 do art. 1º da Lei n. 6.015/1973.

Neste capítulo, é apresentada a análise de um ofício emitido pela Agência Nacional de Transportes Terrestres (ANTT), que suscitou importantes questões sobre a interpretação do art. 33 do Provimento CNJ n. 134/2022, e seus impactos nos procedimentos adotados pelas serventias extrajudiciais, especialmente na lavratura de procurações destinadas ao transporte internacional de mercadorias.

Ressalte-se que o art. 33 do Provimento CNJ n. 134/2022 está incorporado ao **art. 11 do Código Nacional de Normas** e estabelece **que:**

> "Art. 111. No ato notarial, serão inseridos na qualificação dos sujeitos: o nome completo de todas as partes; o documento de identificação, ou, na sua falta, a filiação; o número de CPF; a nacionalidade; o estado civil; a existência de união estável; a profissão; e o domicílio, sendo dispensada a inserção de endereço eletrônico e de número de telefone".

Dito isso, vamos à análise do caso.

Fatos

A ANTT enviou o Ofício n. 1831/2023/DG/DIR--ANTT ao Conselho Nacional de Justiça (CNJ), relatando dificuldades enfrentadas pelas empresas brasileiras que realizam transporte internacional. Essas empresas necessitam outorgar procurações a representantes estrangeiros nos países em que operam, exigindo-se o registro dessas procurações em cartório no Brasil e seu subsequente apostilamento para validade internacional.

Questão Jurídica

O ponto central discutido foi a interpretação do art. 33 do Provimento CNJ n. 134/2022 (art. 111 do Prov CNJ n. 149/2023), que requer a apresentação do número do CPF para a emissão de atos notariais. A exigência gerou obstáculos quando os representantes legais das empresas brasileiras, sendo estrangeiros, não possuíam CPF, o que levou alguns cartórios a recusarem a lavratura das procurações.

Fundamentação

O CNJ, ao avaliar a questão, reconheceu a possibilidade de identificar estrangeiros através do número do passaporte, desde que o CPF não fosse exigido por outras obrigações acessórias, como a Declaração de Operações Imobiliárias (DOI), onde a inclusão do CPF é imprescindível. A decisão baseou-se na interpretação flexível do art. 33, tendo em vista as normas da Instrução Normativa RFB n. 1.548/2015, que permite o uso de passaporte como documento de identificação para residentes no exterior.

Problema Secundário

A ANTT também enfrentou problemas com a aceitação das assinaturas eletrônicas realizadas no Sistema Eletrônico de Informações (SEI). Muitos cartórios recusaram-se a proceder com o apostilamento dessas assinaturas, uma vez que o sistema SEI não permitia a verificação direta da autenticidade das assinaturas por parte dos notários.

Soluções Propostas

O Colégio Notarial do Brasil sugeriu duas soluções: o compartilhamento dos dados de assinatura dos representantes da ANTT em um banco de dados centralizado, ou a utilização do e-Notariado para realizar assinaturas eletrônicas com certificado digital, facilitando o reconhecimento das mesmas pelos notários.

Conclusão

O CNJ decidiu permitir a lavratura de procurações com base no número do passaporte, onde aplicável, e orientou as Corregedorias-Gerais dos Estados e do Distrito Federal a divulgar essa diretriz às serventias extrajudiciais. No que se refere ao apostilamento das assinaturas eletrônicas, determinou que a ANTT se manifestasse sobre as propostas do Colégio Notarial no prazo de 30 dias.

A ementa da decisão pode ser encontrada no tópico "Jurisprudência Complementar".

1.4. PROCURAÇÃO EM CAUSA PRÓPRIA

Considera-se procuração em causa própria o instrumento que autoriza o procurador a transferir bens para si mesmo, desde que, além dos requisitos para qualquer procuração, constem do referido ato:

I) preço e forma de pagamento;
II) consentimento do outorgado ou outorgados;
III) objeto determinado;

Lei 8.935/1994

IV) determinação das partes;

V) anuência do cônjuge do outorgante;

VI) quitação do imposto de transmissão, quando a lei exigir.

Assim, a procuração em causa própria relativa a imóveis deverá conter os **requisitos da compra e venda** e por suas normas serão regidas. O imposto de transmissão competente deverá ser recolhido para que haja lavratura da escritura (sobre esta temática, vide comentários do art. 289 da Lei 6.015/1973).

A procuração em causa própria é **irrevogável.** Elucidativo é o pensamento de Orlando Gomes: "Intuitivamente, a procuração em causa própria é irrevogável, não porque constitui exceção a revogabilidade do mandato, mas porque implica transferência de direitos" (*Contratos.* 5 ed. Rio de Janeiro: Editora Forense, p. 421). Na lição de Ademar Fioranelli, "não se discute mais a validade do mandato em causa própria como instrumento de efetivo negócio jurídico traslativo de propriedade, que em procuração tem apenas a forma, ou, quiçá, a aparência, desde que em seu bojo reúna os requisitos da *res,* do *pretium* e do *consensus*" (*Direito Registral Imobiliário.* Porto Alegre: Sergio Antonio Fabris Editor, 2001, p. 515).

Orlando Gomes ainda adverte que a *procuração em causa própria* não se confunde com o *contrato consigo mesmo.* Este se refere a negócio jurídico que se torna possível em função do mecanismo da representação. Podendo o representante celebrar negócio jurídico com terceiro, atuando em nome do *dominus negotii*, se o faz *consigo mesmo*, configura-se o chamado *autocontrato* ou *contrato consigo mesmo.* Já a *procuração em causa própria*, de procuração tem apenas o nome, pois trata-se, a rigor, de alienação gratuita ou onerosa (Op. cit., p. 357). Segundo ele, a cláusula *in rem suam* desnatura a procuração, porque o ato deixa de ser autorização representativa. Transmitido o direito ao procurador em causa própria, passa este a agir em seu próprio nome, no seu próprio interesse e por sua própria conta.

Logo, a *procuração em causa própria não se confunde com a procuração específica para celebração de contrato consigo mesmo.* Esta é revogável, se extingue com a morte e é outorgada em benefício do mandante, ao passo que aquela é irrevogável, não se extingue com a morte e é outorgada em benefício do mandatário.

Em conclusão, a procuração em causa própria possui um alcance mais abrangente do que o contrato consigo mesmo.

Sobre as escrituras públicas eletrônicas e procurações públicas eletrônicas, vide exposição detalhada no tópico 2, localizado ao final deste dispositivo em comento.

1.4.1 RECENTE ENTENDIMENTO DO STJ PERTINENTE À QUESTÃO

Em maio de 2021, a Quarta Turma do Superior Tribunal de Justiça entendeu que a procuração em causa própria (*in rem suam*) não é um título translativo de propriedade, contrariando assim a esmagadora maioria da doutrina.

São as informações do inteiro teor do julgado:

O Código Civil prevê no art. 685: Conferido o mandato com a cláusula "em causa própria", a sua revogação não terá eficácia, nem se extinguirá pela morte de qualquer das partes, ficando o mandatário dispensado de prestar contas, e podendo transferir para si os bens móveis ou imóveis objeto do mandato, obedecidas as formalidades legais.

Pode-se afirmar que, quanto à natureza jurídica, a procuração em causa própria, tal como a ordinária procuração, é negócio jurídico unilateral. Trata-se, a rigor, do chamado negócio jurídico de procura, de que resulta o instrumento de procuração.

A noção exata do instituto se evidencia ao se comparar a procuração e o mandato. De fato, é de toda conveniência não se confundir os institutos, notadamente por possuírem naturezas jurídicas diversas: a procuração é negócio jurídico unilateral; o mandato, como contrato que é, apresenta-se como negócio jurídico geneticamente bilateral. De um lado, há uma única declaração jurídico-negocial, de outro, duas declarações jurídico-negociais que se conjugam por serem congruentes quanto aos meios e convergentes quanto aos fins.

Em suma, muito embora o nome do outorgado conste do instrumento de procuração, ele não é figurante, pois o negócio jurídico é unilateral.

Nesse contexto, pode-se conceituar a procuração em causa própria como o negócio jurídico unilateral que confere um poder de representação ao outorgado, que o exerce em seu próprio interesse, por sua própria conta, mas em nome do outorgante.

Quantos aos efeitos, o negócio jurídico referente à procuração em causa própria outorga ao procurador, de forma irrevogável, inextinguível pela morte de qualquer das partes e sem dever de prestação de contas, o poder formativo (direito potestativo) de dispor do direito (real ou pessoal) objeto da procuração. Em outras palavras, a rigor não se transmite o direito objeto do negócio jurídico, outorga-se o poder de transferi-lo.

Assim, o outorgante continua sendo titular do direito (real ou pessoal) objeto da procuração em causa própria, de modo que o outorgado passa a ser apenas titular do poder de dispor desse direito, em seu próprio interesse, mas em nome alheio.

Em sede jurisprudencial, há precedente do Superior Tribunal de Justiça, de relatoria do em. Min. Sidnei Beneti, que, após apontar a ampla utilização do referido instrumento no direito brasileiro, destaca que a procuração em causa própria, a rigor, não transmite o direito objeto do negócio ao procurador, mas sim outorga-lhe o poder de transferi-lo para si ou para outrem.

De fato, se a procuração *in rem suam* operasse, ela própria, transferência de direitos reais ou pessoais, estar-se-ia abreviando institutos jurídicos e burlando regras jurídicas há muito consagradas e profundamente imbricadas no sistema jurídico nacional.

Em síntese, à procuração em causa própria não pode ser atribuída a função de substituir, a um só tempo, os negócios jurídicos obrigacionais (p.ex. contrato de compra e venda, doação) e dispositivos (p.ex. acordo de transmissão) indispensáveis, em regra, à transmissão dos direitos subjetivos patrimoniais, notadamente do direito de propriedade.

É imperioso observar, portanto, que a procuração em causa própria, por si só, não produz cessão ou transmissão de direito pessoal ou de direito real, sendo tais afirmações frutos de equivocado romanismo que se deve evitar. De fato, como cediço, também naquele sistema jurídico, por meio da procuração *in rem suam* não havia verdadeira transferência de direitos.

São os termos do Informativo n. 695 do STJ – REsp 1.414.803-SC, Rel. Min. Luis Felipe Salomão, Quarta Turma, julgado em 04/05/2021.

1.4.2. O NOVO ENUNCIADO DA IX JORNADA DE DIREITO CIVIL SOBRE O TEMA

A IX Jornada de Direito Civil do Conselho da Justiça Federal editou o enunciado 655, nestes termos:

Enunciado 655: Art. 684: Nos casos do art. 684 do Código Civil, ocorrendo a morte do mandante, o mandatário poderá assinar escrituras de transmissão ou aquisição de bens para a conclusão de negócios jurídicos que tiveram a quitação enquanto vivo o mandante.

A justificativa baseou-se nos arts. 684 e 686 do Código Civil. Os acórdãos do CSM/SP e diversos doutrinadores aplicam os referidos artigos para que o mandato permaneça vigente e torne viável a lavratura do negócio encetado, bem como seu registro:

REGISTRO DE IMÓVEIS – ESCRITURA DE COMPRA E VENDA, EM QUE A VENDEDORA É REPRESENTADA POR PROCURAÇÃO – OUTORGANTE FALECIDA ANTES DA LAVRATURA – PREVALÊNCIA, EXCEPCIONALMENTE, DA VALIDADE DO MANDATO, DADAS AS SUAS PECULIARIDADES – CONTRATO ACESSÓRIO DE COMPRA E VENDA IMOBILIÁRIA, JÁ QUITADO – VALIDADE DA ESCRITURA – REGISTRO CABÍVEL – RECURSO PROVIDO. (Apelação n. 1004286-05.2017.8.26.0100, DJ: 20/3/2018). / REGISTRO DE IMÓVEIS DÚVIDA – ESCRITURA DE COMPRA E VENDA – ALIENANTES REPRESENTADOS POR MANDATÁRIO – FALECIMENTO DE DOIS DOS VENDEDORES MANDANTES MANDATO NÃO EXTINTO – APLICAÇÃO DO ART. 686 DO CÓDIGO CIVIL – POSSIBILIDADE DE REGISTRO – RECURSO PROVIDO. (Apelação n. 3000355-45.2013.8.26.0408, DJ 23/02/15). / REGISTRO DE IMÓVEIS DÚVIDA JULGADA PROCEDENTE – RECUSA DE INGRESSO DE ESCRITURA DE VENDA E COMPRA COM CESSÃO DE DIREITOS VENDEDORES, REPRESENTADOS POR PROCURADOR, FALECIDOS NA ÉPOCA DA LAVRATURA DO ATO – AFIRMAÇÃO DE INVALIDADE DO ATO PELA CESSAÇÃO DOS PODERES OUTORGADOS – EXAME QUE EXTRAPOLA OS LIMITES DA QUALIFICAÇÃO DO TÍTULO, RESTRITA AOS ASPECTOS FORMAIS – RECURSO PROVIDO." (APELAÇÃO N. 3000311-26.2013.8.26.0408, 30/4/2015).

1.5 PROCURAÇÃO OUTORGADA EM PAÍS ESTRANGEIRO

Dada a recorrência e relevância do tema na prática extrajudicial, apresento este artigo do ilustre Dr. Marcio Martins Bonilha Filho, publicado pelo Colégio Notarial do Brasil (https://cnbsp.org.br/2020/11/17/artigo-procuracao-outorgada-em-pais-estrangeiro-sem-o-notariado-latino-pode-ser-utilizada-por-tabeliao-brasileiro-para-a-pratica-de-ato-notarial-que-exija-a-forma-publica-%C2%96-por-marcio-martins/).

De forma recorrente os Tabelionatos de Notas são instados a enfrentar pedidos para a lavratura de escrituras públicas, precedidas de uma procuração outorgada em país estrangeiro, que não possui o chamado notariado latino.

Diante dos fenômenos da globalização e da internacionalização dos mercados, com repercussões políticas, econômicas e sociais, a desencadear uma crescente integração e intensificação entre países e pessoas, surgem diversos questionamentos na rotina do profissional do Direito, em especial nos Tabelionatos de Notas, que passam a deparar com situações desafiadoras no trato da qualificação notarial exercida.

Nesse cenário, de forma recorrente os Tabelionatos de Notas são instados a enfrentar pedidos para a lavratura de escrituras públicas, precedidas de uma procuração outorgada em país estrangeiro, que não possui o chamado notariado latino.

Emerge, nesse contexto, a dúvida relacionada com a possibilidade, ou não, de o tabelião admitir procuração particular outorgada em país estrangeiro, que não possui notariado latino, ostentando firma reconhecida, apostilada na forma da Convenção de Haia, traduzida para o português por Tradutor Juramentado e registrada em Registro de Títulos e Documentos, para efeito de praticar ato notarial protocolar, que exija a forma pública.

Na sistemática legal vigente, a prática de ato notarial exige a observância de preceitos específicos, no plano da segurança jurídica, evitando-se irregularidades documentais, que poderão repercutir nos negócios jurídicos das partes interessadas, afetando a autenticidade, a validade e a eficácia, por vício estrutural, particularmente, em relação aos atos procedentes do estrangeiro, que serão consumados em solo pátrio.

No que se refere ao tema posto em discussão, o artigo 108, do Código Civil, dispõe:

"Não dispondo a lei em contrário, a escritura pública é essencial à validade dos negócios jurídicos que visem à constituição, transferência, modificação ou renúncia de direitos reais sobre imóveis de valor superior a trinta vezes o maior salário-mínimo vigente no País".

Lei 8.935/1994

Na espécie vertente, cumpre assentar que a escritura pública é da substância do ato, que será praticado no Brasil.

Por sua vez, no tocante à representação das partes, a regra geral é a apresentação do instrumento público de procuração, tendo em conta que a forma pública é indispensável para a validade do negócio jurídico.

A propósito da questão, convém lembrar que o artigo 657, do Código Civil, assim estipula:

> "A outorga do mandato está sujeita à forma exigida por lei para o ato a ser praticado. Não se admite mandato verbal quando o ato deva ser celebrado por escrito".

Aliás, é sabido que, "para qualificar e reger as obrigações, aplicar-se-á a lei do país em que se constituírem" (cf. artigo 9º, da Lei de Introdução às Normas do Direito Brasileiro), cujo parágrafo 1º preceitua:

> "Destinando-se a obrigação a ser executada no Brasil e dependendo de forma essencial, será esta observada, admitidas as peculiaridades da lei estrangeira quanto aos requisitos extrínsecos do ato".

Na normatização pertinente, o parágrafo segundo do aludido artigo estabelece que "a obrigação resultante do contrato reputa-se constituída no lugar em que residir o proponente".

Nesse contexto legal, cabe assinalar que se opera o mandato, "quando alguém recebe de outrem poderes para, em seu nome, praticar atos ou administrar interesses. A procuração é o instrumento do mandato" (artigo 653, do Código Civil), deparando-se com a norma do artigo 655, C.C., segundo o qual "ainda quando se outorgue mandato por instrumento público, pode substabelecer-se mediante instrumento particular".

A apresentação e a representação, nos atos notariais, sob a égide dos princípios "ad solemnitatem" ou "locus regit actum", nada obstante o rigor formal que domina a matéria, sofre certo abrandamento, tornando-se menos inflexível, no regime legal das procurações para serem utilizadas no exterior, como se verifica da aplicação das normas da Convenção Interamericana a esse respeito, adotada na cidade do Panamá, em 30 de janeiro de 1975, incorporada ao Direito nacional, em 3 de agosto de 1994.

Nesse quadro normativo, um tabelião brasileiro poderia admitir procuração particular, outorgada em país estrangeiro, com firma reconhecida por notário local, apostilada na forma da Convenção de Haia, traduzida por Tradutor Juramentado e registrada em Registro de Títulos e Documentos, para efeito de prática de ato notarial protocolar que exija a forma pública, por disposição da lei brasileira?

A resposta que se impõe, tendo em vista as peculiaridades do caso concreto é no sentido afirmativo.

Assim é, considerando a incidência, na espécie, da disciplina normativa da Convenção Interamericana sobre regime legal das procurações para serem utilizadas no exterior, adotada na cidade do Panamá, em 30 de janeiro de 1975, pelos Governos dos Estados Membros da Organização dos Estados Americanos, incorporada ao Direito pátrio, após submetida à apreciação do Congresso Nacional, que a aprovou por meio de decreto legislativo 4, de 7 de fevereiro de 1994, de que resultou o depósito do instrumento de ratificação do ato multilateral mencionado, em 3 de maio de 1994, passando a vigorar no Brasil, em 1º de junho de 1994, por força do Decreto Presidencial (Governo Itamar Franco), datado de 3 de Agosto de 1994.

Os artigos 1 e 2, do anexo ao decreto, que promulgou a referida Convenção, dão suporte jurídico e legal a essa conclusão.

Por seu turno, na ótica doutrinária, cabe destacar a lição dos eminentes Professores André de Carvalho Ramos e Erik Frederico Gramstrup, "in" Comentários à Lei de Introdução às Normas do Direito Brasileiro, Ed. Saraiva, 2016, ao tratar do disposto no parágrafo 1º do artigo 9º da aludida Lei, preconizando: "A forma essencial de um ato jurídico consiste no conjunto de solenidades exigidas por lei para que o ato seja considerado válido e eficaz", prosseguindo no sentido que "o parágrafo 1º do artigo 9º excepciona parcialmente essa regra ao prescrever que a forma essencial prevista na lei brasileira (a lex fori) deve ser observada quando a obrigação constituída alhures tiver que ser executada internamente", rematando que "dúvida importante diz respeito à validade da formalidade estrangeira equivalente (e não idêntica) a da lei brasileira. Defendeu Hahnemann Guimarães (ex-ministro do STF) que deve ser aceito, no Brasil, como equivalente à escritura pública, um ato lavrado nos Estados Unidos por notário – embora não seja oficial público, mas que pela regra local, tem poder de autenticar documentos".

A propósito, a respeito da matéria, é elucidativo o v. acórdão do colendo Superior Tribunal de Justiça, em hipótese similar ao tema, pese embora a abrangência doméstica da situação, cuja ementa é a seguinte:

> "CIVIL. CONTRATO DE COMPRA E VENDA. PROCURAÇÃO OUTORGADA POR INSTRUMENTO PARTICULAR. VALIDADE DO NEGÓCIO. Nada impede que, na escritura pública de compra e venda, o vendedor esteja representado por mandatário habilitado ao ato por procuração outorgada em instrumento particular. Precedentes do Supremo Tribunal Federal e do Superior Tribunal de Justiça. Recurso Especial não conhecido". Votação unânime.

Aliás, esse precedente judicial já figurava na obra Código Civil, sob a responsabilidade de Theotônio Negrão e de José Roberto Ferreira Gouvêa, 25ª Ed., Saraiva, 2006, em anotação ao artigo 108, do Código Civil, 2ª, nesses termos:

> "Nos negócios jurídicos para cuja validade a escritura pública é essencial, admite-se a representação das partes por procurador nomeado através de instrumento

particular. Nesse sentido: STJ – 3ª T. REsp. 414.100/SP, rel. min. Ari Pargendler, j. 3/4/03, não conheceram, v.u. DJU 9/6/03, pg. 266".

Essa solução mais se ajusta ao caso em tela, em tempo de pandemia mundial, que impede, há longo tempo, as viagens internacionais, dificultando a ultimação de negócios, especialmente por se tratar de país de origem destituído do notariado latino, não obstante a existência de Embaixada Brasileira, ou Consulado, conforma a localidade, que atende, nesse particular, apenas os brasileiros.

Poder-se-ia alegar, contra essa definição, a decisão judicial da Segunda Vara de Registros Públicos da Capital, nos autos do processo de Pedido de Providências formulado por Aline Formiga Perez Leal (0028396-80.2020.8.26.0100), proferida pelo ilustre Juiz de Direito, Dr. Marcelo Benacchio, mas esse óbice é ininvocável na hipótese, tendo em conta a ausência de discussão e de deliberação da questão, na aludida manifestação judicial, que ora se coloca à luz da citada Convenção Interamericana do Panamá.

O ponto nuclear da controvérsia enfrentado pelo d. e culto Juizo da Segunda Vara de Registros Públicos envolveu a recusa, julgada acertada pela Corregedoria Permanente, por parte de um tabelião de Notas em lavrar escritura pública de divisão amigável, tendo por base apresentação de procuração particular.

A rigor, na referida decisão não houve enfrentamento direto da incidência das normas da Convenção Interamericana, de tudo se inferindo que, no exercício da qualificação notarial, o tabelião poderá abrandar e tornar menos inflexível a necessidade de procuração na forma pública, à luz da incidência da disciplina normativa contemplada na Convenção, para gerar eficácia extraterritorial da procuração outorgada por estrangeiro, em país que não adota o notariado do tipo latino.

Vale dizer, naquele caso, a fundamentação legal foi diversa.

Em suma, não se cuida de afronta à decisão normativa, na esfera correcional, nem cabe cogitar de temor a esse título, à vista do quadro fático e jurídico, e da especificidade da solução alvitrada.

Por conseguinte, sustento o entendimento de que a lavratura do ato notarial descrito é perfeitamente cabível, sem ofensa aos preceitos legais e às normas administrativas em vigor.

2. JURISPRUDÊNCIA COMPLEMENTAR

⊙ CONSELHO NACIONAL DE JUSTIÇA

EMENTA: Despacho/Decisão – Análise de ofício feito pela ANTT – Interpretação do art. 33, do Provimento CNJ nº 134/2022 – Problemas na lavratura de procurações destinadas ao transporte internacional de mercadorias – Exigência do número do CPF das partes, pelas serventias extrajudiciais – Possibilidade de lavratura com o número do passaporte – Ressalvados os casos em que haja a necessidade de cumprimento de obrigações acessórias, como a DOI, cujo número do CPF é imprescindível. (CNJ – Decisão S/N – Rel. Min. Luis Felipe Salomão – Julgado em 19.02.2023)

⊙ SUPERIOR TRIBUNAL DE JUSTIÇA

EMENTA: Recurso Especial – Direito civil – Omissão e contradição – Inexistência – Procuração em causa própria – Negócio jurídico unilateral – Poder de representação do outorgado, em seu próprio interesse – Transmissão de direitos reais ou pessoais, em substituição aos necessários supervenientes negócios obrigacionais ou dispositivos – Inexistência – Alienação de imóveis com uso da procuração – Afirmação de erro, dolo, simulação ou fraude – Inviabilidade lógica – Causa de pedir apontando que os negócios translativos de propriedade foram em conluio entre os réus, para lesionar a parte autora – Pedido de natureza condenatória – Prazo prescricional – Reconhecimento de inépcia da inicial, sem oportunidade de emenda dessa peça – Impossibilidade.

1. A procuração é negócio jurídico unilateral; o mandato, contrato que é, apresenta-se como negócio jurídico geneticamente bilateral. De um lado, há uma única declaração jurídico-negocial; de outro, duas declarações jurídico-negociais que se conjugam por serem congruentes quanto aos meios e convergentes quanto aos fins. Por conseguinte, muito embora o nome do outorgado conste do instrumento de procuração, ele não é figurante, pois o negócio jurídico é unilateral.

2. A procuração em causa própria (*in rem suam*) é negócio jurídico unilateral que confere um poder de representação ao outorgado, que o exerce em seu próprio interesse, por sua própria conta, mas em nome do outorgante. Tal poder atuará como fator de eficácia de eventual negócio jurídico de disposição que vier a ser celebrado. Contudo, até que isso ocorra, o outorgante permanece sendo titular do direito (real ou pessoal) objeto da procuração, já o outorgado apenas titular do poder de dispor desse direito, sem constituir o instrumento, por si só, título translativo de propriedade.

3. Nesse caso, há uma situação excepcional: ao procurador é outorgado o poder irrevogável de dispor do direito objeto do negócio jurídico, exercendo-o em nome do outorgante (titular do direito), mas em seu próprio interesse e sem nem mesmo necessidade de prestação de contas. É contraditório que se reconheça ter sido outorgada procuração com essa natureza ao ex-marido da autora e se aluda, no tocante às alienações com uso do instrumento, a erro, dolo, simulação ou fraude. E não pode ser atribuída a esse negócio jurídico unilateral a função de substituir, a um só tempo, os negócios jurídicos obrigacionais (por exemplo, contrato de compra e venda, doação) e dispositivos (*v.g.*, acordo de transmissão) indispensáveis, em regra, à transmissão dos direitos subjetivos patrimoniais, notadamente do direito de propriedade, sob pena de abreviação de institutos consolidados e burla à regras jurídicas.

4. Conforme a causa de pedir e os pedidos formulados na exordial, há pretensão de reparação civil de danos, decorrentes de alegados atos dolosos "em conluio" entre os réus, por ocasião da alienação de bens da autora, mediante uso do instrumento outorgado ao ex-cônjuge. Não é adequado qualificar o pedido exordial mediato como de anulação, pois as transferências de domínio dos bens da autora envolveram uso de procuração em causa própria, havendo pedido de recomposição de direito violado, mediante restituição dos bens ou, se não for possível, do seu equivalente.

5. O pedido condenatório formulado na exordial sujeita-se a prazo prescricional. E como nenhuma das datas relativas às alienações de bens das autoras é mais antiga que 17/3/1989, e a ação foi ajuizada em 28 de maio de 2004, na vigência do CC/1916, é vintenário o prazo prescricional, porquanto se trata de direito pessoal, e observada a regra de transição do art. 2.2028 do CC/2002, também não transcorreu o prazo trienal, previsto no art. 206, § 3º, do CC, para pretensão de reparação civil de danos.

6. Malgrado o entendimento perfilhado pelas instâncias ordinárias de ser a inicial inepta por conter narração confusa – não permitindo a adequada defesa dos réus –, não foi previamente conferido prazo para promoção de emenda à inicial. Consoante a firme jurisprudência

Lei 8.935/1994

do STJ, ao receber a exordial, o juiz deve, *incontinenti*, examinar seus requisitos legais. Se necessário, deve discriminar o(s) vício(s) e determinar, desde logo, a regularização no prazo de 10 dias. Só na hipótese de o autor não sanar a(s) irregularidade(s) apontada(s), proceder-se-á à extinção do processo sem solução do mérito, conforme disposto no art. 284 do CPC/1973.

7. Recurso especial parcialmente provido (STJ – REsp nº 1.345.170 – Rio Grande do Sul – 4ª Turma – Rel. Min. Luis Felipe Salomão – DJ 17.06.2021)

TRIBUNAL DE JUSTIÇA DO ESTADO DO PARANÁ

EMENTA: Apelação Cível – Ação Declaratória De Nulidade De Ato Jurídico C/C Cancelamento De Registro Público – Procuração Em Causa Própria Outorgada Pelos Dois Primeiros Apelados Aos Apelantes – Ato Que, Embora Materialize A Alienação De Coisa Dos Mandantes Aos Mandatários, Não Dispensa A Observância Das Formalidades Legais Para A Transferência Do Domínio – Ausência De Averbação Em Registro Público, Pelos Recorrentes, Que Impede O Pleito De Anulação Da Venda Do Mesmo Imóvel Aos Terceiro E Quarto Apelados – Exegese Do Art. 1.245 Do CC – Recurso Conhecido E Desprovido. (TJPR – Apelação Cível nº 1.362.208-9 – Curitiba – 6ª Câmara Cível – Rel. Des. Carlos Eduardo Andersen Espínola – DJ 17.11.2015)

EMENTA: Apelação Cível – Ação Ordinária De Inexistência De Ato Jurídico C/C Declaração De Nulidade De Escrituras Públicas E Procurações – Sentença Que Julgou Improcedente O Pedido Inicial – 1. Apelo Da Parte Autora – 1.1. Cerceamento De Defesa Ante A Negativa De Produção De Nova Prova Testemunhal – Inocorrência – Prova Destinada Ao Magistrado Sentenciante – Parte Autora Que Não Demonstrou A Importância Da Oitiva – 1.2. Aplicação Dos Efeitos Da Revelia Dos Réus – Impossibilidade – Matéria De Direito Que Não Se Submete À Presunção De Veracidade – Direito Material Que Deve Ser Minimamente Comprovado Pela Parte Autora – 1.3. Procedência Da Ação – Não Acolhimento – Ausência De Prova Cabal Acerca Da Existência De Fraude Na Elaboração Das Procurações Outorgadas Pelos Autores Ao Réu – Outorga De Poderes Realizada Através De Instrumento Público – Presunção De Veracidade Das Declarações Do Tabelião – Situação Consolidada Há Anos Que Deve Ser Protegida – 1.4. Reparação Dos Danos Patrimoniais – Inovação Recursal – 1.5. Negado Provimento Ao Recurso. 2. Recurso Adesivo Da Parte Ré – Questões Processuais E Julgamento Dos Agravos Retidos – Não Conhecimento – Ausência De Sucumbência Recíproca – Artigo 500, Código De Processo Civil – Recurso Não Conhecido. (TJPR – Apelação Cível nº 1194289-7 – Cascavel – 17ª Câmara Cível – Rel. Des. Tito Campos de Paula – DJ 18.08.2015)

TRIBUNAL DE JUSTIÇA DO ESTADO DE SÃO PAULO

EMENTA: Indenização por Danos Morais e Materiais. Construtora que adquiriu imóveis localizados em Ubatuba, cujos titulares foram representados, no ato de lavratura da escritura de compra e venda, por advogado militante na Comarca de Ubatuba, por procuração pública lavrada pelo Tabelionato de C.S.J/PR, a qual fora submetida à conferência pelo Tabelionato de U. Escritura de compra e venda posteriormente declarada nula, após apurada a falsidade da procuração pública utilizada na transação. Autora que imputa a responsabilidade pelos danos experimentados ao Tabelião de São Paulo, ao mandatário que representou as proprietárias dos imóveis, e ao Estado, pela falha na prestação de serviço público delegado. Sentença que condenou apenas o Tabelião, e unicamente ao ressarcimento dos danos materiais. Recurso da autora e do Tabelião. Responsabilidade subsidiária do Estado pelos danos causados por tabeliães e registradores oficiais que somente pode ser invocada se demonstrada a insolvência do titular da serventia extrajudicial. Procurador e Tabelião que respondem subjetivamente por eventuais danos causados a terceiros, respectivamente, no exercício do mandato e em decorrência dos atos notariais praticados. Inteligência do art. 667 do Código Civil e do art. 22 da Lei federal nº 8.935/94. Ausência de prova de culpa ou dolo tanto do Procurador, como do Tabelião. Precedentes desta Corte e dos Tribunais Superiores, com destaque para o julgamento pelo STF do Tema nº 777 de Repercussão Geral. Recurso do Tabelião provido para julgar improcedente a ação também em relação a ele, restando improvido o recurso da autora.(TJSP – Apelação Cível nº 1001279-96.2015.8.26.0642 – Ubatuba – 11ª Câmara de Direito Público – Rel. Des. Aroldo Viotti – DJ 07.10.2020)

EMENTA: AÇÃO ANULATÓRIA – Sentença que declarou a inexistência da procuração e do substabelecimento falsos, utilizados por correqueridos que se apresentavam como corretores, para venda de imóveis de propriedade da genitora dos autores a terceiros de boa-fé – Escrituras de venda e compra dos imóveis declaradas nulas, em decorrência – Insurgência do correquerido Jair, que atuou como corretor substabelecido – Arguição de prescrição – Prazo decenal aplicável ao caso – Inteligência do art. 205 do CC – Ato de lavratura da procuração falsa, do qual decorreu toda a cadeia de atos e negócios jurídicos impugnados na ação, ocorrido em outubro de 1997 – Ajuizamento da ação em dezembro de 2006, antes, portanto, do termo final para fazê-lo – Prejudicial de mérito afastada – Provas testemunhal e documental que demonstraram a participação consciente e voluntaria do corretor substabelecido, junto ao correquerido Paulo Roberto, que detinha a procuração falsa e o substabeleceu, na venda dos imóveis – Reconhecimento de sua atuação que não se pode afastar – Insurgência dos autores – Reconhecimento da usucapião especial urbana do imóvel vendido ao correquerido Odair José, em seu favor, que se mantém, por estarem preenchidos os requisitos do art. 1.240 do CC – Entendimento de que o imóvel vendido a Antonio Carlos deve ser reintegrado na posse dos autores, desde que indenizado pelas construções e benfeitorias, que se mantém, porquanto o fez de boa-fé – Inteligência do art. 1.255 do CC – Tabelião interino que lavrou a procuração falsa devidamente responsabilizado – Inexistência de demonstração de dano moral causado por este aos autores, os quais, diante de sua inércia para regularização dos imóveis, acabaram contribuindo para os aborrecimentos experimentados – Indenização indevida – Recursos desprovidos. (TJSP – Apelação Cível nº 0064253-27.2006.8.26.0506 – Ribeirão Preto – 7ª Câmara de Direito Privado – Rel. Des. Miguel Brandi – DJ 28.10.2015)

EMENTA: COMPRA E VENDA – Negócio jurídico entabulado por meio de procuração – Mandante morto antes da lavratura do instrumento – Pedido de nulidade dos atos (procuração e compra e venda) – Procedência da demanda – Inconformismo – Inadmissibilidade – Prescrição inaplicável aos casos de nulidade absoluta – Regras sobre os defeitos dos atos jurídicos incabíveis nos casos de nulidade do ato – Sentença mantida – Recurso desprovido.(TJSP – Apelação Cível nº 9071185-09.2004.8.26.0000 – Guarulhos – 5ª Câmara de Direito Privado – Rel. Des. J. L. Mônaco da Silva – DJ 13.02.2012)

CORREGEDORIA-GERAL DA JUSTIÇA

EMENTA: Tabelião de Notas. Representação. Procuração pública. Pessoa jurídica. Retirada de sócio. Revogação. Anotação. Personalidade jurídica. Qualificação notarial. TABELIÃO DE NOTAS – Instrumento de procuração outorgado por pessoa jurídica – Retirada de sócio – Alteração da composição social de pessoa jurídica não invalida ato notarial praticado – Pessoa jurídica possui personalidade jurídica distinta da de seus sócios – Negativa do Tabelião mantida – Inexistência de falta disciplinar a ser apurada – Recurso desprovido. @ 0055907-92.2016.8.26.0100, São Paulo, 24TN, j. 20/6/2017, DJe de 24/7/2017, Rel. MANOEL DE QUEIROZ PEREIRA CALÇAS.

3. QUESTÕES DE CONCURSOS

01. **(IESES – Titular de Serviços de Notas e de Registro – Provimento – TJ – SC/2019)** No que se refere à procuração pública:

a) O mandato oneroso não comporta revogação infundamentada da procuração.

b) A procuração não está sujeita à revogação tácita, prevalecendo a atos posteriores com ela incompatíveis.

c) Os notários devem anotar a margem da escritura de procuração a sua revogação, prática que melhor atende ao princípio da publicidade e preservação do direito de terceiros.

d) A revogação é uma forma voluntária de extinção da procuração por aquele que outorgou os poderes e deve sempre revestir-se de forma solene.

02. (Cespe – Notários e Oficiais de Registro – Remoção – TJ – DFT/2019) Paulo outorgou poderes, por meio de procuração feita por escritura pública, a Marcos, para ser por este representado na venda a terceiros de seu imóvel, que vale cem salários mínimos.

Nesse caso, é correto afirmar que

a) a descrição do bem a ser alienado deverá constar da lavratura da procuração.
b) a outorga do poder de alienar o bem imóvel abrange o poder de hipotecá-lo.
c) a referida procuração teria a mesma validade caso fosse celebrada por instrumento particular.
d) a natureza da espécie contratual impede que Paulo vede o substabelecimento.
e) caso o imóvel seja vendido por valor superior ao esperado por Paulo, Marcos poderá reter a diferença.

03. (Consulplan – Outorga das Delegações de Notas e de Registros – TJ – MG/2018) Assinale a alternativa correta acerca das procurações.

a) Em regra, a procuração em causa própria extingue-se com a morte do mandante.
b) Silente o instrumento de procuração sobre a possibilidade de substabelecimento, a presunção é de sua vedação.
c) Cartório de notas – por ser válida, eficaz e legítima – deve lavrar uma procuração em que o mandante confira ao mandatário poderes para doar imóvel a pessoa livremente escolhida pelo procurador.
d) A procuração para venda de imóvel não será classificada como procuração em causa própria, ainda que por meio dela sejam outorgados poderes para transferência do bem para o próprio outorgado ou para terceiros por ele indicados, se não contiver o preço da compra e venda.

04. (Vunesp – Cartório – TJ – SP/2012) Sobre a procuração, é correto afirmar que

Nota da autora: esta questão exige do candidato conhecimento das Normas do Serviço Extrajudicial da Corregedoria Geral da Justiça do Estado de São Paulo – Tomo II

a) mandato redigido por notário francês necessita consularização para ser utilizado em escritura pública.
b) procuração outorgada a sociedade de advogados deve conter, como mandatária, a própria pessoa jurídica, com seu registro na OAB.
c) excetuados os casos previstos em lei, o mandato de origem estrangeira utilizado em escritura deverá ser trasladado previamente no Registro de Títulos e Documentos.
d) a informação de ato revocatório de procuração deve ser obrigatoriamente comunicada à serventia que lavrou o ato original, vedada a cobrança do interessado da despesa postal decorrente.

05. (Consulplan – Cartório – MG – Provimento/2016) Paolo, italiano casado no Brasil, amigo do tabelião, com quem se reúne semanalmente em grupo de estudos de língua italiana, comparece ao cartório e solicita a lavratura de uma procuração no idioma italiano, justificando que o ato terá eficácia na Itália, mais precisamente para que o mandatário celebre contratos de locação de seus bens, todos eles situados em território italiano. Diante disso, o tabelião

Nota da autora: esta questão exige do candidato conhecimento das Normativas Extrajudiciais do Estado de Minas Gerais (atual Provimento 93/2020).

a) lavrará a procuração, pois é conhecedor do idioma italiano e qualifica como legítima a rogação de Paolo, visto inexistir óbice normativo para essa lavratura.
b) lavrará a procuração, pois é conhecedor do idioma italiano e do próprio direito italiano, sabendo que os atos notariais na Itália somente têm eficácia se lavrados no idioma italiano e diante da inexistência de óbice normativo no Brasil para a sua lavratura.
c) lavrará a procuração, mas pede a Paolo que aguarde uma semana para que faça a adequação do idioma italiano, não configurando atentado ao princípio de unicidade do ato notarial e visto inexistir qualquer óbice normativo para a sua lavratura.
d) qualificará negativamente o pedido, pois a pretensão de lavratura de escritura em idioma diverso do nacional encontra óbice no Código Civil e no Provimento 260/CGJ/2013 da Egrégia Corregedoria-Geral de Justiça de Minas Gerais.

GAB	1	C	2	A	3	D
	4	C	5	D		

II – lavrar testamentos públicos e aprovar os cerrados;

1. COMENTÁRIOS

O testamento é o ato pelo qual alguém dispõe dos seus bens para depois de sua morte, ou determina a própria vontade sobre certas situações de ordem estritamente pessoal ou moral. Trata-se de **ato unilateral, unipessoal, solene, revogável, personalíssimo, e *causa mortis*.**

O Código Civil disciplina a matéria nos arts. 1.864 a 1.875.

Toda pessoa maior de 16 (dezesseis) anos pode dispor, por testamento, da totalidade dos seus bens disponíveis, ou de parte deles, para depois de sua morte.

Considera-se parte disponível da herança aquela que integra a esfera da propriedade exclusiva do testador, excluída a legítima dos herdeiros necessários.

Além dos absolutamente incapazes, não podem testar os que, no momento do ato, não tiverem pleno discernimento.

Para efeitos de testamento, considera-se capaz a pessoa que possa expressar, de forma clara e consciente, a sua vontade perante o tabelião de notas. Não é necessária a prova de capacidade clínica ou atestado médico, salvo se o tabelião de notas entender que tal documento é necessário.

Lei 8.935/1994

Se o testador **não souber ou não puder assinar**, o tabelião de notas fará a devida declaração, e, neste caso, uma das testemunhas instrumentárias assinará em nome do testador, a seu rogo. O indivíduo **inteiramente surdo,** se souber ler, lerá o seu testamento; caso contrário, designará alguém para fazê-lo em seu lugar, na presença das testemunhas.

Ao **cego** só se permite o testamento público, que lhe será lido, em voz alta, duas vezes, uma pelo tabelião ou por seu substituto legal, e a outra por uma das testemunhas, designada pelo testador, fazendo-se de tudo circunstanciada menção no testamento (art. 1867 do Código Civil).

Atente-se para o fato de que o tabelião **não lavra testamento cerrado**; ele apenas o **aprova**. Este testamento é escrito pelo testador, ou por outra pessoa a seu rogo, e assinado por ele. Deve ser apresentado ao Tabelião de Notas na presença de duas testemunhas, com a declaração de que aquele é o seu testamento e que deseja que seja aprovado.

O Notário ou o seu substituto legal, na presença do testador e das testemunhas, iniciará, imediatamente após a última palavra, e no próprio instrumento do testamento, a lavratura do auto de aprovação. Se, para início da aprovação, não houver espaço em branco na última folha do testamento, o Tabelião de Notas aporá nele o seu sinal público, mencionando a circunstância no auto, a ser lavrado em instrumento separado.

Ato contínuo, o Notário deverá numerar e rubricar todas as páginas do testamento.

Lavrado, o auto de aprovação será lido e assinado pelo Tabelião de Notas, pelo testador e pelas testemunhas. Depois de assinado, o Tabelião de Notas passará a cerrar e coser o instrumento aprovado.

Costurado e devolvido o testamento ao testador, o Tabelião de Notas, sem necessidade da presença das testemunhas, lançará no Livro de Notas, termo do lugar, dia, mês e ano em que o testamento foi aprovado e devolvido, sugerindo-se na falta de outra forma consagrada o modelo seguinte: "Aprovação de testamento cerrado – Declaro, de acordo com o disposto no art. 1.874 do Código Civil, ter lavrado hoje, nas dependências deste Tabelionato de Notas (ou no lugar onde tiver sido aprovado), nesta cidade de ... o auto de aprovação de testamento de ..., que pelo mesmo me foi apresentado na presença das testemunhas ..., que com ele o assinaram. Depois de lacrado e costurado, guardadas as demais formalidades legais, entreguei-o ao testador. Data e assinatura do tabelião".

Frise-se que o testamento cerrado é vedado àqueles que não sabem ou não podem ler.

O Código de Processo Civil também prescreve normas sobre o testamento. Veja-se:

> **Art. 735.** Recebendo **testamento cerrado**, o juiz, se não achar vício externo que o torne suspeito de nulidade ou falsidade, o abrirá e mandará que o escrivão o leia em presença do apresentante.
>
> § 1º Do termo de abertura constarão o nome do apresentante e como ele obteve o testamento, a data e o lugar do falecimento do testador, com as respectivas provas, e qualquer circunstância digna de nota.
>
> § 2º Depois de ouvido o Ministério Público, não havendo dúvidas a serem esclarecidas, o juiz mandará registrar, arquivar e cumprir o testamento.
>
> § 3º Feito o registro, será intimado o testamenteiro para assinar o termo da testamentária.
>
> § 4º Se não houver testamenteiro nomeado ou se ele estiver ausente ou não aceitar o encargo, o juiz nomeará testamenteiro dativo, observando-se a preferência legal.
>
> § 5º O testamenteiro deverá cumprir as disposições testamentárias e prestar contas em juízo do que recebeu e despendeu, observando-se o disposto em lei.
>
> **Art. 736.** Qualquer interessado, exibindo o traslado ou a certidão de **testamento público**, poderá requerer ao juiz que ordene o seu cumprimento, observando-se, no que couber, o disposto nos parágrafos do art. 735 .
>
> **Art. 737.** A publicação do **testamento particular** poderá ser requerida, depois da morte do testador, pelo herdeiro, pelo legatário ou pelo testamenteiro, bem como pelo terceiro detentor do testamento, se impossibilitado de entregá-lo a algum dos outros legitimados para requerê-la.
>
> § 1º Serão intimados os herdeiros que não tiverem requerido a publicação do testamento.
>
> § 2º Verificando a presença dos requisitos da lei, ouvido o Ministério Público, o juiz confirmará o testamento.
>
> § 3º Aplica-se o disposto neste artigo ao codicilo e aos testamentos marítimo, aeronáutico, militar e nuncupativo.
>
> § 4º Observar-se-á, no cumprimento do testamento, o disposto nos parágrafos do art. 735 .

Quanto ao **testamento particular**, este não é da competência do tabelião de notas.

Por fim, convém apresentar o Enunciado 51 da I Jornada de Direito Processual Civil da Justiça Federal:

> **Enunciado 51.** Havendo registro judicial ou autorização expressa do juízo sucessório competente, nos autos do procedimento de abertura, registro e cumprimento de testamento, sendo todos os interessados capazes e concordes, poderão ser feitos o inventário e a partilha por escritura pública.

No que tange aos testamentos lavrados de forma eletrônica, vide exposição detalhada no tópico 2, localizado ao final deste dispositivo em comento.

1.1 É POSSÍVEL TESTAMENTO PÚBLICO SEM ASSINATURA DO TABELIÃO?

Segundo o entendimento da Terceira Turma do Superior Tribunal de Justiça, no REsp 1703376, a resposta é negativa. Embora a jurisprudência do STJ admita que, para a preservação da última vontade do autor do testamento, é possível flexibilizar alguns requisitos formais no registro do documento, a assinatura do tabelião ou de seu substituto legal é requisito indispensável de validade. Afinal, o notário é quem possui fé pública para dar autenticidade ao testamento.

Pela falta da assinatura do tabelião ou de seu substituto legal (vide art. 1.864, I, CC), o juiz julgou improcedente o pedido da irmã – decisão mantida pelo TJPB. Para o tribunal, não poderia produzir qualquer efeito jurídico um documento sem a assinatura do responsável pelo Tabelionato e que, além disso, apresentava evidências de falsificação da assinatura da falecida – situações essas que, segundo a corte paraibana, dispensariam a necessidade de perícia grafotécnica.

Por meio de recurso especial, a irmã argumentou, entre outros pontos, que a divergência da assinatura ocorreu porque a falecida tinha um tumor cerebral, o que comprometia sua coordenação motora. Ela também defendeu a possibilidade de flexibilização do rigor formal no exame dos requisitos de validade do testamento, em respeito à vontade do testador.

No que tange à segurança jurídica, o ministro Moura Ribeiro explanou que os testamentos são atos solenes, cercados por formalidades essenciais cujo objetivo é resguardar a última vontade do testador – que não estará mais vivo para confirmá-la – e também os direitos dos herdeiros necessários, circunstâncias pelas quais, em regra, devem ser observados os requisitos do artigo 1.864 do Código Civil de 2002.

No entanto, a fim de preservar a manifestação de vontade da pessoa que morreu, o ministro enfatizou que o rigor das formalidades legais deve ser observado com parcimônia e de acordo com as peculiaridades de cada caso.

Na hipótese dos autos, enfatizou que o notário é dotado de fé pública, e sua atuação faz parte da própria substância do ato, de forma que sua assinatura – e também a sua presença – é imprescindível para a própria manifestação de última vontade da parte, como forma de evitar nulidades e garantir segurança jurídica. Nas palavras dele "como negócio jurídico, o testamento, para ser válido, requer também a presença dos requisitos do artigo 104 do CC/2002, quais sejam, agente capaz, objeto lícito e forma prescrita ou não defesa em lei, sendo que, no caso, o último requisito não se mostrou presente, porque a lei exige expressamente a assinatura do tabelião que presenciou e registrou o negócio jurídico, que, como visto, tem fé pública e confere legitimidade a ele".

Demais disso, foi analisada pelo ministro, decisões dos colegiados do STJ que, apesar de flexibilizarem os requisitos para o testamento, referiam-se a situações distintas, a exemplo do REsp 1.633.254, no qual a Terceira Turma confirmou a possibilidade de substituição de assinatura formal pela impressão digital – caso em que, todavia, tratou-se de testamento particular, para o qual é dispensada a presença do tabelião.

O ministro observou também, ao manter o acórdão do TJPB, a existência de situações que causam "estranheza" nos autos, como o fato de o segundo testamento ter sido elaborado apenas 19 dias depois de testamento público formal, validado por tabelião, o qual foi apresentado por pessoa casada com a falecida durante 43 anos e dava aos bens destinação totalmente diferente, concluindo assim que "todas essas peculiaridades trazidas, além da grave ausência de assinatura e identificação do tabelião que teria participado da confecção do testamento público, revelam haver fortes indícios de que o instrumento não traduz com segurança a real vontade da testadora, e, por isso, tal grave vício formal e máculas não podem ser relegadas".

1.2 É VÁLIDO TESTAMENTO POR WHATSAPP?

A resposta é negativa e tem amparo na jurisprudência.

O Tribunal de Justiça do Estado de São Paulo, na Apelação Cível nº 1021037-74.2021.8.26.0602, julgou o caso em que um paciente de Covid-19 estava internado em hospital e nesta condição teria enviado mensagem de WhatsApp para o grupo de sua família, dispondo sobre seus bens.

Em apelação, a autora alegou que o *de cujus* formalizou testamento particular via mensagem de Whatsapp, em situação na qual se encontrava em internação hospitalar para tratamento de Covid-19, sem poder fazer uso de outro meio para testar a não ser o WhatsApp (e por isso deveria ser considerado válido nos termos do artigo 1.879, do Código Civil), mediante mensagem enviada no grupo da família e acatada pela herdeira necessária como testamento em favor de terceira pessoa. E que ele morreu sem deixar cônjuge ou descendentes, apenas sua genitora, mantendo com a apelante relação de carinho e respeito, embora sem relacionamento amoroso.

O Tribunal julgou extinto o processo sem exame do mérito em razão de a autora não ter apresentado testamento particular, mas sim mensagem que seria da autoria do autor da herança enviada à família pelo serviço de *WhatsApp*.

Passando-se a análise, estabelece o art. 1.879 do CC que, "*em circunstâncias excepcionais declaradas na cédula, o testamento particular de próprio punho e assinado pelo testador, sem testemunhas, poderá ser confirmado, a critério do juiz.*"

Eis o teor da mensagem que teria sido enviada pelo de cujus:

> *"Oi família...nso deu vou PR uti..queria pedir PR vcs no que puderem dar uma assistência.. assinar algum papel PR ver o o a Rose puder fazer com meu carro.... pr ajudar a Carol.."*

Pretendeu a apelante que tal mensagem fosse juridicamente aceita como testamento particular.

Lei 8.935/1994

Segundo a lei – Código Civil, artigo 1.876 – o testamento particular pode ser escrito de próprio punho ou mediante processo mecânico. Se de próprio punho, são requisitos essenciais à validade que seja lido e assinado por quem o escreveu, na presença de pelo menos três testemunhas, que o devem subscrever. E se elaborado por processo mecânico, não pode ter rasuras ou espaço em branco, devendo ser assinado pelo testador, depois de o ter lido na presença de pelo menos três testemunhas, que o subscreverão.

É bem verdade que *circunstâncias excepcionais* podem justificar a ausência de algumas formalidades essenciais à validade do testamento particular, conforme alegado em apelação. Para tanto, exige a lei que tais circunstâncias sejam declaradas na cédula e que o testamento seja assinado pelo testador, sem testemunhas.

Constar na cédula a descrição das *circunstâncias excepcionais* é requisito que não foi observado no caso concreto. Isto porque, conforme realçado pelo i. representante do Ministério Público, que atuou em primeiro grau, o fato de o testador estar internado com Covid-19 não significa que ele não tinha contato pessoal com os atendentes e médicos que lhe assistiam, os quais poderiam servir de testemunhas de sua declaração de última vontade. Nesse sentido, os familiares, a quem enviada a mensagem, não são testemunhas, mas destinatários da mensagem, isto é, não testemunharam o próprio testador manifestando sua vontade, mas se limitaram a receber uma mensagem daquele usuário do *Whatsapp*, **sem saber quem a redigiu e quem a enviou**.

E como na mensagem não havia registro de sua autenticidade – ou de sua assinatura digital – a própria autoria do suposto testamento não pode ser atribuída ao falecido com a segurança que a lei exige em se tratando de manifestação de última vontade, a ser cumpria após o óbito do declarante.

Ademais, a mensagem menciona dois nomes de pessoas distintas – Rose e Carol – ambas mencionadas num contexto de ajuda ou auxílio a ser prestado pela família, mas apenas Rose se apresenta como beneficiária do testamento. E mesmo que petição inicial conste que Carol é filha de Rose e que a intenção era testar em nome de Rose para ajudar Carol, precisava o testador deixar claro quem seria contemplado com o testamento.

Por fim, pertinente a observação trazida no parecer da Douta Procuradoria: nada impede que a herdeira necessária genitora transfira por negócio *inter vivos* os bens a quem supostamente o falecido pretendia ajudar.

1.3 TESTAMENTO PODE TRATAR DE TODO O PATRIMÔNIO, DESDE QUE RESPEITE A PARTE DOS HERDEIROS NECESSÁRIOS – ANÁLISE DE JULGADO RECENTE

Em novembro de 2023, a Terceira Turma do Superior Tribunal de Justiça, em um processo não divulgado devido ao segredo de justiça, definiu que a parte indisponível do patrimônio, que cabe aos herdeiros necessários, pode constar em testamento, desde que isso não implique privação ou redução da parcela a eles destinada por lei. A decisão foi fundamentada no entendimento de que o autor da herança tem o direito de organizar e estruturar a sucessão.

Ainda que a interpretação literal do **artigo 1.857, parágrafo 1º, do Código Civil** sugira que a legítima dos herdeiros necessários não é passível de disposição em testamento, o Colegiado entendeu que o texto deve ser analisado em conjunto com as demais normas que regulam o tema – e que demonstram não ser essa a melhor interpretação.

O autor da herança havia elaborado testamento em que dispôs sobre a totalidade de seu patrimônio, dividindo-o entre seus filhos – herdeiros necessários – e sobrinhos – herdeiros testamentários. Na divisão, os filhos ficaram com 75% dos bens e os sobrinhos, com o percentual restante.

Todavia, em ação de inventário, duas filhas questionaram a inclusão da legítima dos herdeiros necessários na base de cálculo dessa divisão, sob a alegação de que o testamento deve compreender apenas a metade disponível do acervo patrimonial. Pediram, assim, que o testamento fosse considerado como se só tratasse da divisão da parte disponível, excluindo-se os 50% do patrimônio que a lei reserva aos herdeiros necessários. O Tribunal de Justiça de São Paulo acolheu o pedido.

Representado pela inventariante, o espólio, o outro filho e os sobrinhos interpuseram recurso especial contra a decisão do TJSP, apontando ofensa à soberania da vontade do testador e ausência de vício no testamento, pois a legítima dos herdeiros necessários teria sido integralmente respeitada.

A ministra Nancy Andrighi, relatora do processo, ressaltou que a análise do caso exige uma interpretação sistemática dos dispositivos legais que tratam da sucessão. De um lado, há a indispensável proteção aos herdeiros necessários por meio da legítima e, de outro, a necessária liberdade de dispor conferida ao autor da herança, cuja vontade deve ser respeitada nos limites legais.

Nos ensinamentos da ministra, nada impede que a parte indisponível destinada aos herdeiros necessários seja referida na escritura pública de testamento pelo autor da herança, contanto que isso, evidentemente, não implique redução da parcela que a lei destina àqueles herdeiros. Observa que "a legítima dos herdeiros necessários poderá ser referida no testamento, especialmente nas hipóteses em que o autor da herança pretenda, em vida e desde logo, organizar, gravar e estruturar a sucessão, mas desde que seja mencionada justamente para destinar a metade indisponível, ou mais, aos referidos herdeiros".

Nancy Andrighi, avaliou que, no entendimento da corte estadual, o testamento teria disciplinado apenas sobre a parcela disponível. No entanto, segundo ela, é possível concluir, a partir do exame do testamento transcrito expressamente no acórdão do TJSP, que o testador tratou da divisão de todo o seu patrimônio, como entenderam os recorrentes, e não apenas da parcela disponível. E arrematou: "Isso porque o testador se referiu, no ato de disposição, reiteradamente, à totalidade de seu patrimônio, inclusive quando promoveu a divisão dos percentuais entre os filhos, herdeiros necessários que tiveram a legítima respeitada, e os sobrinhos, herdeiros testamentários".

1.4 TESTAMENTO VITAL OU DIRETIVAS ANTECIPADAS DE VONTADE (DAV)

Diretivas Antecipadas de Vontade ou DAV ou testamento vital é um instrumento que permite ao paciente, antecipadamente, expressar sua vontade quanto às diretrizes de um tratamento médico futuro, caso fique impossibilitado de manifestar sua vontade em virtude de acidente ou doença grave. Por meio desse documento, é possível declarar, por exemplo, que a pessoa não deseja ser submetida a tratamentos que prolonguem a vida de forma artificial, especialmente se isso implicar em sofrimento ou expressar a recusa em receber transfusões de sangue em caso de acidente ou cirurgia. Ou ainda, o testamento vital pode informar se o paciente rejeita técnicas como reanimação cardiorrespiratória ou ventilação mecânica. É importante ressaltar que referido documento **não tem relação com o patrimonial.**

O testamento vital ainda é pouco conhecido no Brasil. Na verdade, apesar do nome, não se trata de um testamento, pois este só produz efeitos após a morte do testador.

Em outras palavras, trata-se de uma escritura pública de declaração, lavrada no Tabelionato de Notas, que detalha os tipos de tratamentos aos quais uma pessoa consente ser submetida em caso de **doença grave.**

Assim, para assegurar a forma e a validade do ato, e conferir fé pública, é imprescindível que o testamento vital seja lavrado por um Tabelião de Notas. Para Paulo Roberto Gaiger Ferreira o testamento vital é ato de vontade de quem, prevendo a doença, ou acidente ou a ausência, e a impossibilidade de manifestar a vontade, preleciona diretivas gerais ou específicas sobre o tratamento de saúde, os procedimentos médicos, as disposições sobre o próprio corpo, representante para estas diretivas e para outras de caráter ordinário ou empresarial (*O testamento vital no Brasil: realidade e prática notarial.* I. Simpósio Notarial Mineiro. Belo Horizonte, 2012).

Importante frisar que o testamento vital é revogável ou retificável a **qualquer tempo** antes da restrição e falta de capacidade do instituidor.

Em artigo escrito por Wendell Salomão e Cristiane Bassi Jacob, os autores explicam a diferença entre testamento vital do instituto testamento civil com eficácia *post mortem*, que é aquele instrumento formal, em que a pessoa realiza a disposição de última vontade, geralmente relativamente a questões patrimoniais, contudo, pode fazê-lo igualmente quanto à questões pessoais como o reconhecimento de filho, por exemplo, mas levando em consideração que somente terá efeito com após a sua morte. Já o testamento vital tem eficácia para durante a vida, ou em alguns casos especiais, para depois da morte como na hipótese de doação de órgãos e destinação do corpo (http://www.notariado.org.br/index.php?pG=X19leGliZV9ub3RpY2lhcw==&in=NjYyNA==).

O Conselho Federal de Medicina (CFM) passou a reconhecer o testamento vital por meio da **Resolução n. 1995, de 9 de agosto de 2012,** devido à necessidade e à ausência de regulamentação sobre diretivas antecipadas de vontade do paciente no contexto da ética médica brasileira. Além disso, a Resolução foi editada levando em consideração:

a) a imprescindibilidade de disciplinar a conduta do médico em face das mesmas;
b) a atual relevância da questão da autonomia do paciente no contexto da relação médico-paciente, bem como sua interface com as diretivas antecipadas de vontade;
c) que, na prática profissional, os médicos podem defrontar-se com esta situação de ordem ética ainda não prevista nos atuais dispositivos éticos nacionais;
d) que os novos recursos tecnológicos permitem a adoção de medidas desproporcionais que prolongam o sofrimento do paciente em estado terminal, sem trazer benefícios, e que essas medidas podem ter sido antecipadamente rejeitadas pelo mesmo.

O art. 1º define diretivas antecipadas de vontade como o conjunto de desejos, prévia e expressamente manifestados pelo paciente, sobre cuidados e tratamentos que quer, ou não, receber no momento em que estiver incapacitado de expressar, livre e autonomamente, sua vontade.

Por sua vez, o art. 2º traça algumas diretrizes em relação ao testamento vital. Veja-se:

> **Art. 2º.** Nas decisões sobre cuidados e tratamentos de pacientes que se encontram incapazes de comunicar-se,

Lei 8.935/1994

ou de expressar de maneira livre e independente suas vontades, o médico levará em consideração suas diretivas antecipadas de vontade.

§ 1º Caso o paciente tenha designado um representante para tal fim, suas informações serão levadas em consideração pelo médico.

§ 2º O médico deixará de levar em consideração as diretivas antecipadas de vontade do paciente ou representante que, em sua análise, estiverem em desacordo com os preceitos ditados pelo Código de Ética Médica.

§ 3º As diretivas antecipadas do paciente prevalecerão sobre qualquer outro parecer não médico, inclusive sobre os desejos dos familiares.

§ 4º O médico registrará, no prontuário, as diretivas antecipadas de vontade que lhes foram diretamente comunicadas pelo paciente.

§ 5º Não sendo conhecidas as diretivas antecipadas de vontade do paciente, nem havendo representante designado, familiares disponíveis ou falta de consenso entre estes, o médico recorrerá ao Comitê de Bioética da instituição, caso exista, ou, na falta deste, à Comissão de Ética Médica do hospital ou ao Conselho Regional e Federal de Medicina para fundamentar sua decisão sobre conflitos éticos, quando entender esta medida necessária e conveniente.

Todavia, muitas questões ainda permanecem sem resposta, como por exemplo: Um menor de idade pode fazer um testamento vital? É necessária a presença de testemunhas? A pessoa precisa estar doente para tomar a iniciativa?Em razão disso, Wendell Salomão e Cristiane Bassi Jacob elencaram alguns possíveis objetos de cláusulas testamentárias nas diretivas de última vontade e suas vantagens, no que tange à saúde e ao tratamento médico em caso de terminalidade da vida ou incapacidade civil:

- Ser ou não informado acerca de um diagnóstico funesto;
- Escolha pela morte dilatada ou breve, ou seja, distanásia ou ortotanásia;
- Utilização ou não de aparelhos e equipamentos para prolongamento da vida de forma artificial;
- Recebimento de bolsa de sangue e ou de órgãos;
- Recusa e ou aceitação de cuidados e tratamentos ditos fúteis (Exemplo de tratamento fútil entubação, transfusão de sangue; traqueostomia; amputação; reanimação; hemodiálise, dentre outros);
- Doação de órgãos;
- Destinação do Corpo com a morte;
- Direitos da personalidade;
- Nomeação de um procurador;
- Cláusula de representação: mandato para tratamento médico; com fins ordinários; com poderes especiais e ou com fins empresariais;
- Revogação em caso de retorno da consciência;
- Autorização de violação de domicílio, com justa causa;
- Eleição do local da morte;
- Como deseja que as exéquias ou cerimônias ou honras fúnebres sejam realizadas.

Para garantir maior segurança jurídica, o legislador deve regulamentar este importante instituto, assegurando, assim, um tratamento digno a todos, especialmente àqueles que, de forma antecipada, desejam dispor sobre seus anseios no momento mais delicado de suas vidas.

1.5 BLASTOCISTOS

Nas palavras de Sílvio Venosa, blastocisto é um embrião em seu estado inicial. Segundo os juristas que já se dedicaram ao tema, pode e deve ser sujeito de direitos (*Teoria Geral do Direito Civil*, Parte Geral, p. 160.)

Existe uma doutrina que entende ser o blastocisto um **embrião com 5 ou 6 dias** de vida (em alguns casos, 7 dias) e que é composto por aproximadamente 200 células. Comparativamente aos embriões com menos dias, este embrião apresenta uma estrutura celular mais diferenciada, composta por uma cavidade central (cavidade do blastocelo) e por dois tipos de células: as células da trofoectoderme (que mais tarde se vão desenvolver e formar a placenta) e as células da massa celular interna (que irão formar o feto). O blastocisto representa o estágio de desenvolvimento embrionário prévio à implantação no útero materno. "*(O que é um blastocisto?* http://www.omeulaboratoriodesonhos.com/2014/02/o-que-e-um-blastocisto.html)).

Existem 5 tipos de blastocistos. Vejamos:

a) **Blastocisto inicial (BI)** (começa a observar-se uma pequena diferenciação das células);
b) **Blastocisto cavitado (BC)** (já se observa uma cavidade mas esta cavidade ainda não ocupa mais de 50% do blastocisto; a zona pelúcida, que é a membrana que protege o blastocisto ainda se encontra espessa;
c) **Blastocisto expandido (BE)** (a cavidade do blastocelo já ocupa mais de 50% do blastocisto, além disso a zona pelúcida já está mais fina, preparando-se para romper);
d) **Blastocisto expandido (BE)** (a cavidade do blastocelo já ocupa mais de 50% do blastocisto, além disso a zona pelúcida já está mais fina, preparando-se para romper);
e) **Blastocisto eclodido (BH).** O blastocisto já está pronto para a implantação no útero materno.

Questiona-se: Seria possível o Tabelião de Notas lavrar um testamento público atribuindo direitos a um blastocisto? A questão é polêmica e não há regulamentação sobre o tema, uma vez que ainda não se definiu se o blastocisto é ou não sujeito de direito.

O ilustre Tabelião Paulo Roberto Gaiger Ferreira, em esclarecedor artigo publicado, elucida: "Assumindo que o blastocisto deve ter seus direitos preservados, ouvi o testador. Contratou com uma empresa do país X a inseminação de óvulos de uma mulher oriunda do país Y. Estes óvulos fecundados formam o blastocisto, o embrião incipiente que será recepcionada por uma mulher do país N, que o gestará e dará luz ao filho do testador. A ligação do testador com todo o processo? Os espermatozoides são dele, logo o filho gerado (ou filhos ou filhas) será dele. Alertei o testador sobre as incertezas jurídicas de disposições testamentárias sobre assunto tão novo, mas ele mesmo assim dispôs o seguinte. Se tiver filhos, eles serão seus herdeiros legítimos e universais. A eles caberá a totalidade da herança. Se não tiver filhos, mas sim um nascituro, a ele deverá ser atribuída a totalidade da herança. Se, porém, o processo de fecundação contratado já tiver sido iniciado, com a coleta de seu esperma, deseja que, mesmo após a sua morte, o contrato seja cumprido, atribuindo ao testamenteiro o dever de concluir o contrato e aguardar a geração dos blastocistos, a evolução destes para a gestação e, se Deus quiser!, o nascimento de um serzinho natural e sujeito de direitos. O herdeiro universal. Seguiram-se outras disposições visando à proteger o sonho da paternidade... "(http://www.notariado.org.br/index.php?pG=X19 leGliZV9ub3RpY2lhcw%3D%3D&in=NTc2Mg%3D%3D).

1.6 DO REGISTRO CENTRAL DE TESTAMENTOS ON-LINE – RCTO

No dia 14 de julho de 2016, foi publicado o Provimento n. 56 da Corregedoria Nacional da Justiça do CNJ, que dispõe sobre a obrigatoriedade de consulta ao Registro Central de Testamentos On-Line (RCTO) para o processamento de inventários e partilhas judiciais, bem como para a lavratura de escrituras públicas de inventários extrajudiciais. Entre as razões para a edição do referido Provimento, considerou-se:

a) A necessidade de adoção de medidas uniformes quanto à aplicação da Lei nº 11.441/2007 em todo o território nacional;

b) A regulamentação da Lei 11.441/2007 pela Resolução CNJ 35/2007;

c) A redação do art. 610 da Lei 13.105/2015 que dispõe: *"Havendo testamento ou interessado incapaz, proceder-se-á ao inventário judicial"*;

d) A ausência de disciplina uniforme para o registro da informação sobre a existência de testamento no processamento dos inventários e partilhas judiciais, e na lavratura das escrituras de inventários extrajudiciais pelos Tabelionatos de Notas do país;

e) A significativa quantidade de testamentos, públicos e cerrados, que não são respeitados pela ausência de conhecimento de sua existência; e finalmente

f) Que a CENSEC – Central Notarial de Serviços Eletrônicos Compartilhados, instituída pelo Provimento 18/2012 da Corregedoria Nacional de Justiça e atualmente incorporado aos arts. 264 a 283 do Código Nacional de Normas, possui dentre seus módulos de informação, o Registro Central de Testamentos On-Line (RCTO), que recepciona informações sobre testamentos públicos e instrumentos de aprovação de testamentos cerrados lavrados em todo o Brasil.

Os Juízes de Direito, para o processamento dos inventários e partilhas judiciais, e os Tabeliães de Notas, para a lavratura das escrituras públicas de inventário extrajudicial, deverão acessar o Registro Central de Testamentos On-Line (RCTO), módulo de informação da CENSEC – Central Notarial de Serviços Compartilhados, para buscar a existência de testamentos públicos e instrumentos de aprovação de testamentos cerrados.

É também obrigatório para o processamento dos inventários e partilhas judiciais, bem como para lavrar escrituras públicas de inventário extrajudicial, a juntada de certidão acerca da inexistência de testamento deixado pelo autor da herança, expedida pela CENSEC.

Frise-se que o Provimento 56/2016 não revoga, no que forem compatíveis, as normas editadas pelas Corregedorias Gerais da Justiça e pelos Juízes Corregedores, ou Juízes competentes na forma da organização local relativas à matéria.

2. JURISPRUDÊNCIA COMPLEMENTAR

SUPERIOR TRIBUNAL DE JUSTIÇA

JURISPRUDÊNCIA EM TESES

O Superior Tribunal de Justiça, com base em precedentes de seus colegiados, divulgou 10 teses relevantes sobre a "Sucessão Testamentária" por meio da ferramenta "Jurisprudência em Teses".

Compilo aqui todos os entendimentos. Abaixo de cada tese, é possível conferir os precedentes mais recentes relacionados ao tema.

1) É válido o testamento, público ou privado, que reflete a real vontade emitida, livre e conscientemente, pelo testador e aferível diante das circunstâncias do caso concreto, ainda que apresente vício formal.

Julgados: AR 6052/SP, Rel. Ministro MARCO AURÉLIO BELLIZZE, SEGUNDA SEÇÃO, julgado em 08/02/2023, DJe 14/02/2023; REsp 2005052/SP, Rel. Ministra NANCY ANDRIGHI, TERCEIRA TURMA, julgado em 04/10/2022, DJe 06/10/2022; AgRg no AgRg no REsp 1230609/PR, Rel. Ministro MARCO BUZZI, QUARTA TURMA, julgado em 17/09/2013, DJe 02/10/2013; AgRg no REsp 1073860/PR, Rel. Ministro ANTONIO CARLOS FERREIRA, QUARTA TURMA, julgado em 21/03/2013, DJe 01/04/2013; REsp 600746/PR, Rel. Ministro ALDIR PASSARINHO JUNIOR, QUARTA TURMA, julgado em 20/05/2010, DJe 15/06/2010. (Vide Informativo de Jurisprudência N. 775)

2) É válido o testamento particular em que o testador, a despeito de não o ter assinado de próprio punho, após sua impressão digital.

Julgados: REsp 1633254/MG, Rel. Ministra NANCY ANDRIGHI, SEGUNDA SEÇÃO, julgado em 11/03/2020, DJe 18/03/2020 AREsp 2281675/SP (decisão monocrática), Rel. Ministro ANTONIO CARLOS FERREIRA,

Lei 8.935/1994

QUARTA TURMA, julgado em 27/03/2023, publicado em 03/04/2023. (Vide Informativo de Jurisprudência N. 667)

3) É válido o testamento público produzido em cartório e lido em voz alta pelo tabelião na presença do testador e de duas testemunhas, apesar da ausência de segunda leitura do documento e da menção expressa da deficiência visual do testador.

Julgados: REsp 1677931/MG, Rel. Ministra NANCY ANDRIGHI, TERCEIRA TURMA, julgado em 15/08/2017, DJe 22/08/2017. (Vide Informativo de Jurisprudência N. 610)

4) No testamento particular escrito de próprio punho, a ausência de testemunhas presenciais, sem qualquer circunstância excepcional justificadora, somada à inexistência de assinatura do testador em todas as folhas tornam o instrumento inválido.

Julgados: REsp 2000938/SP, Rel. Ministra NANCY ANDRIGHI, Rel. p/ Acórdão Ministro MOURA RIBEIRO, TERCEIRA TURMA, julgado em 08/08/2023, DJe 25/08/2023. (Vide Informativos de Jurisprudência N. 551 e 551)

5) É válida a disposição testamentária que institui filho coerdeiro como curador especial de bens que integram parcela disponível da herança deixados ao irmão incapaz, ainda que este esteja sob o poder familiar ou tutela do genitor sobrevivente.

Julgados: REsp 2069181/SP, Rel. Ministro MARCO BUZZI, QUARTA TURMA, julgado em 10/10/2023, DJe 26/10/2023. (Vide Informativo de Jurisprudência N. 791)

6) É possível a realização de inventário extrajudicialmente, ainda que exista testamento, se os interessados forem capazes, concordes e estiverem assistidos por advogado.

Julgados: REsp 1951456/RS, Rel. Ministra NANCY ANDRIGHI, TERCEIRA TURMA, julgado em 23/08/2022, DJe 25/08/2022 REsp 1808767/RJ, Rel. Ministro LUIS FELIPE SALOMÃO, QUARTA TURMA, julgado em 15/10/2019, DJe 03/12/2019. (Vide Informativo de Jurisprudência N. 663)

7) As cláusulas de inalienabilidade, incomunicabilidade e impenhorabilidade vitalícias previstas em testamento têm duração limitada à vida do beneficiário e não se relacionam à vocação hereditária.

Julgados: REsp 1641549/RJ, Rel. Ministro ANTONIO CARLOS FERREIRA, QUARTA TURMA, julgado em 13/08/2019, DJe 20/08/2019; REsp 1552553/RJ, Rel. Ministra MARIA ISABEL GALLOTTI, QUARTA TURMA, julgado em 24/11/2015, DJe 11/02/2016. (Vide Informativo de Jurisprudência N. 654)

8) O herdeiro testamentário que sucede, a título universal, autor da ação de investigação de paternidade tem legitimidade e interesse para prosseguir com o processo, notadamente, pela repercussão patrimonial que advém do possível reconhecimento de vínculo biológico do testador com o investigado.

Julgados: REsp 1392314/SC, Rel. Ministro MARCO AURÉLIO BELLIZZE, TERCEIRA TURMA, julgado em 06/10/2016, DJe 20/10/2016. (Vide Informativo de Jurisprudência N. 592)

9) A declaração posta em contrato padrão de prestação de serviços de reprodução humana é instrumento absolutamente inadequado para legitimar a implantação *post mortem* de embriões excedentários, cuja autorização, expressa e específica, haverá de ser efetivada por testamento ou por documento análogo.

Julgados: REsp 1918421/SP, Rel. Ministro MARCO BUZZI, Rel. p/ Acórdão Ministro LUIS FELIPE SALOMÃO, QUARTA TURMA, julgado em 08/06/2021, DJe 26/08/2021. (Vide Informativo de Jurisprudência N. 706)

10) É homologável a decisão estrangeira que, sem versar sobre o direito sucessório e sobre a partilha de bens situados no Brasil, apenas declara a validade ou não das disposições de última vontade do falecido e a existência de herdeiros testamentários no exterior.

Julgados: *HDE 966/EX*, Rel. Ministra NANCY ANDRIGHI, CORTE ESPECIAL, julgado em 07/10/2020, DJe 16/10/2020.

▶ **EMENTA:** AÇÃO DECLARATÓRIA DE NULIDADE DE TESTAMENTO PÚBLICO. **1.** NEGATIVA DE PRESTAÇÃO JURISDICIONAL. NÃO OCORRÊNCIA. **2.** VÍCIO DE FORMA. CONTEMPORIZAÇÃO DO RIGOR FORMAL DO TESTAMENTO, REPUTANDO-O VÁLIDO SEMPRE QUE ENCERRAR A REAL VONTADE DO TESTADOR, MANIFESTADA DE MODO LIVRE E CONSCIENTE. EXEGESE PERFILHADA PELA JURISPRUDÊNCIA DO STJ. **3.** CONGRUÊNCIA ENTRE O DISPOSTO NO TESTAMENTO E O REAL PROPÓSITO DE SEU AUTOR. RECONHECIMENTO, DE ACORDO COM OS ELEMENTOS FÁTICOS PROBATÓRIOS REUNIDOS NOS AUTOS. **4.** REITERADA ATUAÇÃO ANTIJURÍDICA DA TABELIÃ, A QUEM INCUMBIA, IMEDIATAMENTE, ZELAR PELA OBSERVÂNCIA DOS REQUISITOS FORMAIS. VERIFICAÇÃO. FRUSTRAÇÃO DA MANIFESTAÇÃO DE ÚLTIMA VONTADE ENCERRADA NO TESTAMENTO PÚBLICO, QUANDO ESTA, A PARTIR DOS ELEMENTOS DE PROVA REUNIDOS NOS AUTOS, REFLETE A REAL INTENÇÃO DE SEU AUTOR. INVIABILIDADE. **5.** RECURSO ESPECIAL IMPROVIDO.

1. O Tribunal de origem manifestou-se expressamente sobre a petição apresentada pela demandante após a interposição de seu recurso de apelação, deixando assente que, além de os documentos a ela anexados não serem considerados novos, as circunstâncias que ensejaram a perda da delegação pela Tabeliã não se relacionam ao testamento sob comento, cuja validade se discute na presente ação. É de se constatar que a Corte de origem, no ponto, teceu fundamentação suficiente a lastrear sua convicção, afigurando-se, pois, descabida a tese de negativa de prestação jurisdicional.

2. Especificamente em relação aos testamentos, as formalidades dispostas em lei possuem por finalidade precípua assegurar a higidez da manifestação de última vontade do testador e prevenir o testamento de posterior infirmação por terceiros. Assim, os requisitos formais, no caso dos testamentos, destinam-se a assegurar a veracidade e a espontaneidade das declarações de última vontade.

3. Todavia, se, por outro modo, for possível constatar, suficientemente, que a manifestação externada pelo testador deu-se de forma livre e consciente, correspondendo ao seu verdadeiro propósito, válido o testamento, encontrando-se, nessa hipótese, atendida a função dos requisitos formais, eventualmente inobservados.

4. A jurisprudência desta Corte de Justiça (a partir do julgamento do Resp n. 302.767/PR), em adoção a essa linha de exegese, tem contemporizado o rigor formal do testamento, reputando-o válido sempre que encerrar a real vontade do testador, manifestada de modo livre e consciente.

5. Na hipótese dos autos, sem proceder a qualquer consideração de ordem moral, especialmente porque a lei a admite, é certo que a vontade manifestada pelo autor do testamento de dispor sobre os bens disponíveis da herança, em detrimento da filha reconhecida *a posteriori* – intuito sobre o qual, como visto, nem mesmo a recorrente controverte –, restou substancialmente demonstrada, cuja verificação deu-se, de modo uníssono, pelas instâncias ordinárias com esteio nos elementos de prova reunidos nos autos.

6. Segundo apurado, o testador, contando com oitenta e oito anos à época da efetuação do testamento, justamente para prevenir posterior e infundada alegação de incapacidade, apresentou laudos médicos que atestavam sua plena sanidade mental. É dizer, o testador, por sua própria iniciativa, deixou comprovado, por ocasião da confecção do documento, que a manifestação acerca da destinação de seus bens, na parte disponível da herança, expressada no testamento público por ele subscrito, representava, de modo livre e consciente, verdadeiramente a sua última vontade.

7. O proceder adotado pelo testador revelou inequívoca preocupação em assegurar que as disposições de última vontade insertas em seu testamento fossem efetivamente observadas. Não há na lei de regência qualquer limitação (máxima) de idade para testar, tampouco exigência de que o autor do testamento comprove sua capacidade para o ato. Não obstante, o testador assim acautelou-se. Há que se pontuar, ainda, não remanescer qualquer dúvida, a considerar o laudo pericial conclusivo, acolhido pelas instâncias precedentes, de que o autor do testamento efetivamente após sua assinatura no documento, por ocasião de sua lavratura. Aliás, a própria adoção da forma pública do testamento revela a intenção do testador de valer-se da segurança e seriedade a ela inerente. Todas essas circunstâncias, de

fato, deixaram evidenciado a congruência entre o disposto no testamento e o real propósito de seu autor.

8. Em que pese a existência de vício de forma (testemunhas instrumentárias, funcionários do cartório, que não presenciaram a lavratura do testamento, apondo as respectivas assinaturas posteriormente), a confirmar a reiterada atuação antijurídica da Tabeliã, a quem incumbia, imediatamente, zelar pela observância dos requisitos formais, inviável, na hipótese dos autos, frustrar a manifestação de última vontade encerrada no testamento público, quando esta, a partir dos elementos de prova reunidos nos autos, refletiu, indene de dúvidas, a real intenção de seu autor.

9. Recurso especial improvido.

ACÓRDÃO

Vistos, relatados e discutidos estes autos, acordam os Ministros da Terceira Turma do Superior Tribunal de Justiça, na conformidade dos votos e das notas taquigráficas a seguir, por unanimidade, negar provimento ao recurso especial, nos termos do voto do Sr. Ministro Relator.

Os Srs. Ministros Moura Ribeiro, Paulo de Tarso Sanseverino e Ricardo Villas Bôas Cueva (Presidente) votaram com o Sr. Ministro Relator.

Ausente, justificadamente, o Sr. Ministro João Otávio de Noronha. Brasília (DF), 09 de dezembro de 2014 (data do julgamento).

MINISTRO MARCO AURÉLIO BELLIZZE, Relator

EMENTA: RECURSO ESPECIAL. TESTAMENTO PARTICULAR. NEGATIVA DE PRESTAÇÃO JURISDICIONAL. ARTIGOS 458 E 535 DO CPC. NÃO OCORRÊNCIA. ATO JURÍDICO PERFEITO. OFENSA NÃO CONFIGURADA. ASSINATURA DO TESTADOR. REQUISITO ESSENCIAL DE VALIDADE. ABRANDAMENTO. IMPOSSIBILIDADE. 1. Cuida-se de procedimento especial de jurisdição voluntária consubstanciado em pedido de abertura e registro de testamento particular. 2. Cinge-se a controvérsia a determinar se pode subsistir o testamento particular formalizado sem todos os requisitos exigidos pela legislação de regência, no caso, a assinatura do testador e a leitura perante as testemunhas. 3. A jurisprudência desta Corte tem flexibilizado as formalidades prescritas em lei no tocante às testemunhas do testamento particular quando o documento tiver sido escrito e assinado pelo testador e as demais circunstâncias dos autos indicarem que o ato reflete a vontade do testador. 4. No caso dos autos, o testamento é apócrifo, não sendo, portanto, possível concluir, de modo seguro, que o testamento redigido de próprio punho exprime a real vontade do testador. 5. Recurso especial provido. (STJ – REsp nº 1.444.867 – Distrito Federal – 3ª Turma – Rel. Min. Ricardo Villas Bôas Cueva – DJ 31.10.2014)

TRIBUNAL DE JUSTIÇA DO ESTADO DE SÃO PAULO

EMENTA: Testamento – Particular – Confirmação em juízo que não se mostra possível ante a ausência de seus pressupostos legais – Não obstante seja viável a flexibilização das formalidades com pretensão de considerar a vontade do testador colocada no documento, a hipótese vertente contém impeditivos referentes às testemunhas que firmaram o testamento, com viabilidade de ligação de interesses entre envolvidos – Improcedência que não se dá pela qualidade das beneficiárias, tendo em vista que, apesar do parentesco com aquele que elaborou o documento e que também figura como testemunha, não se enquadram em nenhum dos impedimentos do art. 1.801 do CC – Aplicação do parágrafo único do art. 1.878 do CC – Inadmissibilidade – Previsão legal que autoriza a confirmação do testamento particular se apenas uma das três testemunhas o reconhecer na condição de faltarem as outras duas por morte ou ausência, o que não se trata do caso deste processo – Observância do art. 228, V, do Código Civil, também aplicável a testemunhas instrumentárias e não apenas a testemunhas judiciárias, tendo em vista que uma delas é primo da testadora e a outra é prima de duas das beneficiárias e irmã da outra – Recurso improvido. (TJSP – Apelação Cível nº 1000566-20.2016.8.26.0341 – Maracaí – 2ª Câmara de Direito Privado – Rel. Des. Alvaro Passos – DJ 26.10.2021)

EMENTA: APELAÇÃO – TESTAMENTO PÚBLICO – TESTEMUNHAS INSTRUMENTÁRIAS – Testamento público em que o testador declara ter três filhos como herdeiros legítimos e sua vontade de deixar metade de seus bens a um destes filhos – Testemunhas instrumentárias que eram irmãos do testador e tios da herdeira beneficiária – Impugnação fundada no parentesco das testemunhas com a beneficiária do testamento – Sentença que convalida o ato Inconformismo do herdeiro impugnante – Rejeição – Natureza instrumentária das testemunhas – Parentesco das testemunhas com o herdeiro beneficiário que é o mesmo parentesco com os demais herdeiros necessários, prejudicados com a disposição testamentária – Circunstância que afasta a imparcialidade das testemunhas – Impugnação fundada exclusivamente em aspecto formal do testamento – Entendimento jurisprudencial e doutrinário segundo o qual deve ser buscada a convalidação da última vontade do testador quando não houver comprometimento da substância do negócio jurídico – Sentença mantida – NEGARAM PROVIMENTO AO RECURSO.

Trata-se de apelação interposta pela herdeira Daniely contra a respeitável sentença, cujo relatório ora se adota, que acolheu o pedido de abertura, registro e cumprimento do testamento deixado por Luiz.

Em seu inconformismo, a parte apelante pugna pela reforma da sentença, objetivando a anulação do referido testamento. Em suma, alega que serviram de testemunhas testamentárias dois irmãos do testador, o que é vedado pelo artigo 228, V, do Código Civil.

A parte apelada ofereceu contrarrazões.

A Douta Procuradoria Geral de Justiça deu parecer pelo desprovimento do recurso.

Não houve oposição ao julgamento virtual.

É o relatório do essencial.

Atendidos os requisitos legais de sua admissibilidade, o recurso de apelação é recebido com efeito suspensivo, nos termos do artigo 1012, *caput*, do Código de Processo Civil.

Antes de morrer, Luiz outorgou escritura de testamento público em 13/08/2010, perante o Tabelião de Notas e de Protesto de Letras e Títulos de General Salgado-SP, em que informou ser casado e ter três filhos, a mais jovem ainda menor, em favor de quem quis deixar 50% de todos os seus bens. E nomeou sua então esposa como testamenteira.

A escritura ainda traz que testemunharam o ato solene Antonio e Argemiro

Ocorre que ambas as testemunhas são irmãos do testador e, por consequência, tios da beneficiária.

Em razão de tal parentesco, a apelante pugna pela nulidade do testamento, porquanto o Código Civil, ao disciplinar provas, proíbe o testemunho de cônjuges, ascendentes, descendentes e dos colaterais, até o terceiro grau de alguma das partes, por consaguinidade, ou afinidade.

O Douto Juízo *a quo* rechaçou a impugnação então oferecida pela ora apelante, *"tendo em vista que as regras de impedimento e suspeição de testemunhas previstas na legislação processual civil não são aplicáveis às testemunhas instrumentárias, que subscrevem o instrumento público ou particular apenas para atestar a autenticidade do ato jurídico realizado."*

Deve ser registrado – em razão do respeitável entendimento adotado pela Douta Procuradoria Geral de Justiça – que a contestação oferecida pela apelante ainda impugnava a nomeação de cônjuge para o cargo de testamenteiro, o que também foi rejeitado em sentença, a qual deu como válida a manifestação de última vontade do testador. Contudo, **o recurso de apelação não devolveu este capítulo da sentença**, porquanto atacou apenas a parte da sentença que reputou válidas as testemunhas instrumentárias. Nesse sentido, a reiteração dos termos da contestação foi realizada apenas no âmbito dos limites do recurso.

Estipula o artigo 1.864, do Código Civil, que são requisitos essenciais do testamento público: i) ser escrito por tabelião de acordo com as declarações do testador; ii) ser lido o instrumento em voz alta pelo tabelião ao testador e a duas testemunhas; iii) ser o instrumento assinado pelo testador, pelas testemunhas e pelo tabelião.

A cédula testamentária encartada a fls. 06/07 foi lavrada pela Tabelião e nela consta que, na presença das duas testemunhas mais acima referidas, o testador declarou sua última vontade, primeiro informando estar casado em segundas núpcias e que tinha três filhos herdeiros necessários vivos, para em seguida externar sua vontade de *"deixar cinquenta por cento (50%) dos seus bens, que por ventura existirem por ocasião de sua morte, para sua filha de segundas núpcias: MARIANA ALMICI COLOMBO, brasileira, menor e absolutamente incapaz, portadora do RG (...)."*

A impugnação no que aqui interessa discutir veio embasada em que as testemunhas guardam relação de parentesco colateral de terceiro grau com a herdeira beneficiária tios –, circunstância que inquinaria de nulidade o negócio jurídico.

No magistério de CRISTIANO CHAVES DE FARIA e NELSON ROSENVALD [1], *"corrigindo uma indevida incursão do seu antecessor (CC/16, art. 1.650), o Código Civil de 2002 não disciplinou, em capítulo específico, as testemunhas testamentárias. Com isso, a matéria ficou submetida às regras gerais apresentadas no livro da Parte Geral acerca da disciplina regulamentadora das testemunhas nas relações civis."*

Referidos doutrinadores discorrem sobre as testemunhas instrumentárias do testamento nos seguintes termos:

"Sob o prisma negocial, há de se fazer uma relevante distinção. Não se pode confundir testemunhas instrumentárias com as judiciais, também chamadas de fato. Enquanto aquelas (instrumentárias) apenas presenciam situações jurídicas concretas, compondo a estrutura externa de determinados negócios jurídicos, como o testamento, não sendo mister que tenham conhecimento de seus motivos, estas (judiciais) presenciaram um fato passado que se encontra sub judice e precisa ser demonstrado com vistas ao convencimento do magistrado.

[...]

Para além disso, é preciso chamar a atenção para um detalhe da mais alta relevância: não há que se aplicar o impedimento para funcionar como testemunha instrumentária para o interessado no litígio, o amigo íntimo ou o inimigo capital, bem como ao cônjuge (e por analogia, ao companheiro) e aos parentes (ascendentes, descendentes e colaterais até terceiro grau) do testador. Isso porque a incompatibilidade de todos eles é, visivelmente, em relação ao testemunho no processo, não podendo alcançar a composição instrumental de atos jurídicos materiais, como o testamento. Consoante a elegante percepção de Caio Mário da Silva Pereira, 'as referências a 'litígios' e 'partes' (no sentido processual do termo) evidenciam que se está aqui no campo do direito processual, e não mais no do direito matéria... As razões inspiradoras da proibição a que o 'amigo íntimo' e o 'inimigo capital' deponham em juízo não se reproduzem no âmbito de sua eventual participação como testemunhas instrumentárias'. Aliás, nada impede (ao revés, tudo recomenda) que um fraterno e querido amigo, ou que o irmão ou filho do testador testemunhe a lavratura de sua declaração de vontade."

Nesta linha de compreensão, é certo que o parentesco das testemunhas com o testador é irrelevante, ao passo que o parentesco colateral em terceiro grau das testemunhas com a beneficiária do testamento não tem a relevância sustentada em recurso, máxime porque **existe o mesmo parentesco colateral em terceiro grau com os herdeiros legítimos prejudicados com a disposição testamentária, dentre eles a ora apelante.**

Significa dizer que as testemunhas são parentes em terceiro grau, pela linha colateral, não apenas da herdeira beneficiária, mas também dos demais herdeiros, com o que tal parentesco **não compromete a imparcialidade** das testemunhas, que é a finalidade da norma proibitiva.

Ademais, cabe realçar que a impugnação das testemunhas não veio acompanhada de qualquer dúvida sobre os demais requisitos de validade do testamento, especialmente sobre a condição mental do testador.

"As formalidades do testamento podem ser suavizadas, arrefecidas, com vistas ao aproveitamento efetivo da vontade do testador, respeitando a finalidade almejada, quando não houver um comprometimento da substância", como ensinam os festejados doutrinadores acima citados. [2]

E eles transcrevem dois precedentes do Superior Tribunal de Justiça nesse sentido:

"A análise da regularidade da disposição de última vontade (testamento particular ou público) deve considerar a máxima preservação do intuito do testador, sendo certo que a constatação do vício formal, por si só, não deve ensejar a invalidação do ato, máxime se demonstrada a capacidade mental do testador, por ocasião do ato, para livremente dispor de seus bens. Precedentes do STJ." (REsp. 1.073.860/PR, Ministro Antonio Carlos Ferreira, j. 21/03/2013)

"Em matéria testamentária, a interpretação deve ser voltada no sentido da prevalência da manifestação de vontade do testador, orientando, inclusive, o magistrado quanto à aplicação do sistema de nulidades, que apenas não poderá ser mitigado, diante da existência de fato concreto, passível de colocar em dúvida a própria faculdade que tem o testador de livremente dispor acerca de seus bens, o que não se faz presente nos autos." (REsp. 1.001.674/SC, Ministro Paulo de Tarso Sanseverino, j. 05/10/2010).

Por fim, pertinentes se mostram as lições doutrinárias transcritas no lúcido parecer da Douta Procuradoria Geral de Justiça:

Como adverte José da Silva Pacheco, 'da observância das formalidades do testamento não se deve ir ao ponto de, sob pretexto de cumprir rigorosamente a lei, destruir a vontade do testador.' (Apud Leonardo Brandelli, Alguns apontamentos acerca do testamento público no novo Código Civil. Disponível em: http://www.egov.ufsc.br/portal/sites/default/files/anexos/8994-8993-1-PB.pdf

Pontes de Miranda alerta que:

"O fim dos preceitos do Código Civil não é restringir o direito individual, mas determinar que sigam certos caminhos, observem certas normas, para que melhor se garantam. No interpretá-los, não se pode esquecer que é este o fim que eles têm.' Tratado dos testamentos, v. I, p. 239-40."

Em razão da sucumbência recursal e considerando o valor dado à causa, a parte apelada é condenada a pagar R$5.000,00 de honorários ao advogado da parte apelada, fixados por equidade, com correção monetária desde a publicação do acórdão e juros de mora a contar de seu trânsito em julgado.

Eventuais embargos declaratórios serão julgados em sessão virtual, salvo se manifestada oposição na própria petição de interposição dos embargos, nos termos do art. 1º da Resolução n.º 549/2011 do Órgão Especial deste E. Tribunal de Justiça, entendendo-se o silêncio como concordância.

Ante o exposto, pelo presente voto, **NEGARAM PROVIMENTO** à apelação, nos termos supraexpostos.

ALEXANDRE COELHO

Relator

(assinatura eletrônica)

Notas:

[1] CURSO DE DIREITO CIVIL. SUCESSÕES. Juspodivm; 2ª ed.; 2016; p. 399.

[2] Op. cit.; p. 398

TJSP – Apelação Cível nº 1000482-37.2019.8.26.0204 – General Salgado – 8ª Câmara de Direito Privado – Rel. Des. Alexandre Coelho – DJ 09.03.2020

EMENTA: Ação anulatória de testamento. Sentença de improcedência. Irresignação. Desacolhimento. Reconhecimento da união estável mantida pelo de cujus por sentença com trânsito em julgado. Testamento firmado após a separação de fato do falecido e de sua ex-cônjuge. Disposição que revela a vontade do testador, sem nenhum indício de mácula. Ausência de irregularidade capaz de gerar a pretendida nulidade do ato. Inexistência de indícios de incapacidade de testar e ausência de qualquer vício da vontade (art. 1.909 do Código Civil). Vontade hígida a validar o testamento. Disposição de última vontade que recaiu sobre a parte disponível e não atingiu direito de terceiro. Eventual excesso que poderá ser objeto de redução testamentária (art. 1.967 do Cód. Civil). Sentença mantida. Honorários advocatícios. Arbitramento no percentual de 15% sobre o valor atualizado da causa (R$ 180.000,00). Fixação que se mostra excessiva. Demanda sem complexidade. Falta de lastro para o arbitramento acima do piso legal. Redução plausível. Recurso parcialmente provido. (TJSP – Apelação Cível nº 0083450-56.2005.8.26.0100 – São Paulo – 7ª Câmara de Direito Privado – Rel. Des. Rômolo Russo – DJ 23.03.2016)

EMENTA: NULIDADE DE ATOS JURÍDICOS – Ação buscando nulificar testamento público e escritura pública de doação de bem imóvel – Vício de consentimento em razão de alegada incapacidade mental – Testamento que excede a parte cabente à testadora, sobre o bem imóvel testado – Recurso contra sentença de improcedência – Deserção em razão da juntada de cópia reprográfica de comprovante de recolhimento do preparo – Preliminar afastada – Suficiência da simples cópia para o reconhecimento do preenchimento deste pressuposto de admissibilidade recursal – Descabimento das razões recursais – Ausência de comprovação acerca da alegada redução das faculdades mentais da testadora/doadora – Irregularidade quanto ao objeto testado insuficiente para infirmar a vontade no instrumento expressada – Apelo desprovido. (TJSP – Apelação Cível nº 0314965-86.2009.8.26.0100 – São Paulo – 1ª Câmara de Direito Privado – Rel. Des. Rui Cascaldi – DJ 23.03.2016)

TRIBUNAL DE JUSTIÇA DO ESTADO DO PARANÁ

EMENTA: Apelação Cível – Ação Declaratória – Testamento Lavrado Sob A Égide Do Código Civil De 1916 No Qual Constaram Cláusulas Restritivas Da Legítima – Artigo 2.042 Do Novo Código Civil Que Prevê A Necessidade De Ratificação Do Testamento Para Que Se Aponte Justa Causa Para As Referidas Cláusulas Sob Pena De Nulidade – Ofensa Ao Artigo 5º, XXXVI, Da Constituição Federal – Testamento Que Se Reputa Como Ato Jurídico Perfeito – Impossibilidade De Confusão Entre Os Planos Da Validade E Eficácia Do Ato – Evento Morte Que Apenas Desencadeia Os Efeitos Jurídicos Do Ato Praticado – Requisitos De Validade Que Devem Ser Aferidos De Acordo Com A Ordem Jurídica Vigente Quando De Sua Prática – Voto No Sentido De Se Arguir A Inconstitucionalidade Do Artigo 2.042 Do Código Civil, Com Remessa Ao Órgão Especial Para Que Se Manifeste Acerca Do Tema, Nos Termos Do Artigo 270, Do Regimento Interno Deste Tribunal. O artigo 2.042 das disposições finais e transitórias do Código Civil de 2002 ao estabelecer como requisito de validade das cláusulas restritivas da legítima, firmadas sob a égide do Código Civil de 1916, ratificação tendente a apontar a justa causa para tais disposições acaba por violar a garantia do ato jurídico perfeito, prevista em nossa Constituição Federal em seu artigo 5º, XXXVI, já que estabelece novo requisito de validade aos negócios firmados antes da entrada em vigor do novo Código Civil. (TJPR – Apelação Cível nº 909.150-9 – Ponta Grossa – 12ª Câmara Cível – Rel. Des. Ivanise Maria Tratz Martins – DJ 02.09.2013)

EMENTA: Apelação Cível – Pedido De Registro De Testamento Público Formulado Por Sobrinho Da De Cujus, Único Legatário – Sentença De Procedência – Irresignação Do Parquet – Alegação De Que Uma Das Testemunhas Do Testamento Era Ascendente (Avô) Do Requerente, O Que Era Vedado Pelo Código Civil De 1916 (Art. 1.650, Inc. IV) – Vício Formal Que Estaria A Impedir O Registro Do Testamento – Efetiva Ocorrência De Irregularidade Formal Que Não Causou Qualquer Prejuízo – Legatário Que É O Único Herdeiro – Ascendente Já Falecido Que Não Se Beneficiará Com O Testamento – Sentença Mantida – Recurso Desprovido. (TJPR – Apelação Cível nº 1.113.594-5 – Curitiba – 11ª Câmara Cível – Rel. Des. Antonio Domingos Ramina Junior – DJ 14.05.2014)

TRIBUNAL DE JUSTIÇA DO ESTADO DO RIO DE JANEIRO

EMENTA: Direito civil. Sucessão testamentária. Divergência na interpretação de cláusula de testamento público. Distinção entre substituição vulgar, recíproca e fideicomissária. Cláusula testamentária que nomeia duas herdeiras, em igualdade de condições, e estabelece que no caso de falecer uma delas sua parte será da outra. Caso que se qualifica como de substituição recíproca. Hipótese em que o testador faleceu antes do substituído, o que retira a eficácia da substituição. Decisão de primeiro grau que considerou que a parte recebida por uma das herdeiras, após o seu falecimento, não se transmitiria para a herdeira remanescente, mas para os sucessores da herdeira falecida. Pronunciamento do juízo *a quo* que deu solução adequada à questão debatida. Recurso a que se nega provimento. (TJRJ – Agravo de Instrumento nº 0001847-52.2011.8.19.0000 – Rio de Janeiro – 2ª Câmara Cível – Rel. Des. Alexandre Freitas Câmara – DJ 23.02.2011)

TRIBUNAL DE JUSTIÇA DO ESTADO DO ESPÍRITO SANTO

EMENTA: Anulatória De Testamento. Alegada Ausência De Discernimento – Incapacidade Da Testadora Não Comprovada – Suposta Dificuldade De Falar – Capacidade De Testar Incólume – Produção De Escorreita Prova Testemunhal –Testamento Público – Lavratura Por Tabelião – Autenticidade E Fé Pública Dos Atos E Negócios Jurídicos Lavrados – Atendimento Às Exigências Do Artigo 1.864 E Seguintes Do Código Civil – Apelo Improvido. 1) A prova testemunhal produzida não traz elementos sólidos acerca de uma possível incapacidade mental da testadora, de modo que não tem o condão de invalidar o testemunho público lavrado. 2) A dificuldade ou até mesmo a impossibilidade de se expressar através da fala não é hipótese legal de incapacidade civil e, como tal, não retira a capacidade de testar. Sobre isso, colhe-se dos depoimentos que, apesar de enferma, a testadora não se encontrava incapacitada de manifestar sua última vontade. 3) O testamento público é lavrado por tabelião, que exerce por delegação do poder público a função de instrumentar atos e negócios jurídicos, atribuindo-lhe autenticidade e fé pública. Apelo improvido. (TJES – Ap. Civ. 04905000 5609. Relator RÔMULO TADDEI, 3ª CÂMARA CÍVEL, Data do Julgamento: 20/11/2007)

TRIBUNAL DE JUSTIÇA DO DISTRITO FEDERAL

EMENTA: TESTAMENTO PÚBLICO. TESTADOR. MANIFESTAÇÃO DE VONTADE. DISCERNIMENTO. DOENÇA GRAVE. ÔNUS DA PROVA. 1. Em que pese a fragilidade emocional da pessoa que desenvolve doença grave, certo é que a descoberta da patologia não se mostra suficiente para tornar o paciente mentalmente incapaz para a prática dos atos da vida civil. 2. Qualquer pessoa tem capacidade para testar, basta reunir inteligência, vontade, discernimento e compreensão exata de suas pretensões. 3. A capacidade é a regra, e a incapacidade, a exceção, só se afastando aquela quando esta ficar cabalmente provada. Não demonstrado o vício na manifestação da vontade do testador, a improcedência do pedido de anulação do ato de disposição de última vontade é medida impositiva. 4. Recurso desprovido. (TJDFT – APC 20050710137214, Relator MARIO-ZAM BELMIRO, 3ª Turma Cível, j. em 21/10/2009, DJ 09/11/2009 p. 138)

Lei 8.935/1994

3. QUESTÕES DE CONCURSOS

01. (VUNESP - 2023 - TJ-AL - Titular de Serviços de Notas e de Registros – Provimento) De acordo com o Código Civil (Lei nº 10.406/2022), assinale a alternativa correta sobre o testamento público.

a) Não é permitido que o tabelião de notas escreva o testamento manualmente, pois a escrita manual pode dificultar a leitura da real declaração de vontade do testador.

b) Após a sua lavratura, deve ser lido em voz alta pelo tabelião de notas ao testador e a duas testemunhas, a um só tempo, ou pelo testador, se o quiser, na presença destas e do tabelião.

c) A pessoa inteiramente surda não pode testar por instrumento público, pois é requisito essencial para validade do ato a leitura do testamento pelo tabelião para permitir que o testador verifique se as disposições testamentárias estão conforme a sua vontade.

d) Se o testador não souber, ou não puder assinar, o tabelião de notas assim o declarará e assinará o testamento substituindo a assinatura do testador.

02. (Consulplan – Outorga e Delegação de Serviços Notariais e Registrais – TJ – MS/2019) Toda pessoa capaz pode dispor, por testamento, da totalidade dos seus bens, ou de parte deles, para depois de sua morte. Em relação aos testamentos, assinale a alternativa correta.

a) O indivíduo inteiramente surdo, sabendo ler, lerá o seu testamento e, se o não souber, designará quem o leia em seu lugar, em presença de pelo menos uma testemunha.
b) Ao cego só se permitem o testamento público e o cerrado, que lhe será lido, em alta voz, duas vezes: uma, pelo oficial ou seu substituto, e a outra, por uma das testemunhas, designada pelo testador. Far-se-á de tudo circunstanciada menção no testamento.
c) Pode fazer testamento cerrado o surdo-mudo, contanto que o escreva todo e o assine de sua mão, e que, ao entregá-lo ao oficial público ou seu substituto, diante das 5 (cinco) testemunhas, escreva, na face externa do papel ou do envoltório, que aquele é o seu testamento, cuja aprovação lhe pede.
d) Em caso de testamento cerrado, o tabelião ou seu substituto, na presença de 3 (três) testemunhas, depois de ouvir do testador que aquele é o seu testamento, que o dá por bom, firme e valioso e quer que seja aprovado, iniciará, imediatamente, após a última palavra, o instrumento de aprovação, manuscrito ou impresso.

03. (Consulplan – Outorga e Delegação de Serviços Notariais e Registrais – TJ – MS/2019) Em relação aos testamentos, assinale a alternativa correta.

Nota da autora: para resolver esta questão, é necessário complementar com a leitura do Normativas Estaduais Extrajudiciais do Estado do Mato Grosso do Sul

a) Somente pessoas maiores de 18 (dezoito) anos podem dispor, por testamento, da totalidade dos seus bens disponíveis, ou de parte deles, para depois de sua morte.
b) O testamento particular e o cerrado poderão ser escritos em idioma estrangeiro. Neste caso, o tabelião solicitará a presença de um tradutor habilitado para servir de intérprete e assinar o instrumento público.
c) Para efeitos de testamento, considera-se capaz a pessoa que possa expressar, perante o tabelião de notas, sua vontade de forma clara e consciente, sendo que para os maiores de 80 (oitenta) anos exige-se prova de capacidade clínica ou de atestado médico.
d) São requisitos essenciais do testamento público: ser escrito por tabelião de notas ou por substituto legal em seu livro de notas, de acordo com as declarações do testador, não podendo este servir-se de minuta, notas ou apontamentos; lavrado o instrumento, ser lido em voz alta pelo tabelião de notas ou por substituto legal ao testador e a duas testemunhas, a um só tempo; ou pelo testador, se o quiser, na presença destas e do tabelião de notas; e, ser o instrumento, em seguida à leitura, assinado pelo testador, pelas testemunhas e pelo tabelião de notas ou por seu substituto legal.

04. (IESES – Titular de Serviços de Notas e de Registros – Remoção – TJ – SC – 2019) O "Testamento Vital" ou "Diretiva Antecipada de Vontade":

a) Deve se limitar a assuntos relacionados a tratamento médico e disposições de última vontade, não sendo possível englobar, por exemplo, cláusula de representação empresarial.
b) Ainda não possui previsão legal em nosso País, mas é juridicamente possível diante dos princípios da autonomia da vontade e da dignidade da pessoa humana, desde que tenha objeto lícito e não contrarie a ordem pública.
c) Consubstancia-se, perante o Notário, na forma de Ata Notarial.
d) Tem sua eficácia suspensa, passando a surtir efeitos após a morte do estipulante.

05. (Cespe – Notários e Oficiais de Registro – Remoção – TJ – DFT/2019) Ana pretende dispor de seu patrimônio por meio de testamento.

Nesse caso, é correto afirmar que

a) o testamento, seja ele público ou cerrado, terá conteúdo público.
b) o testamento cerrado deverá ser aprovado pelo tabelionato de notas antes de ser cerrado.
c) o auto de aprovação pelo tabelião deverá ser lavrado quando for realizado testamento público.
d) o testamento será lavrado pelo tabelião, que, posteriormente, deverá comunicar o ato somente ao registro central de testamentos online.
e) é viável que o patrimônio de Ana seja disponibilizado por meio de testamento cerrado ainda que ela seja analfabeta.

06. (Vunesp – Outorga de delegação de serviços notariais e registrais – Provimento – TJ – RS/2019) Em relação ao testamento cerrado, de acordo com o Código Civil Brasileiro em vigor, assinale a alternativa correta.

a) O tabelião de notas deve começar o auto de aprovação imediatamente depois da última palavra do testador, declarando, sob a sua fé, que o testador lhe entregou o seu testamento para ser aprovado na presença das duas testemunhas, passando a cerrar e cozer o instrumento aprovado.
b) O testamento pode ser escrito em língua estrangeira somente se escrito manualmente pelo próprio testador.
c) O auto de aprovação do testamento cerrado deverá ser assinado apenas pelo testador e pelo tabelião.
d) Pode dispor de seus bens em testamento cerrado quem não saiba ou não possa ler, desde que o testamento seja escrito por outrem ou pelo tabelião a seu rogo.
e) Pode fazer testamento cerrado o surdo-mudo, contanto que o escreva todo e o assine de sua mão, e que, ao entregá-lo ao oficial público, ante quatro testemunhas, escreva na face externa do papel que aquele é seu testamento, cuja aprovação lhe pede.

07. (Vunesp – Outorga de delegação de serviços notariais e registrais – Remoção – TJ – RS/2019) A respeito do testamento público, o Código Civil Brasileiro em vigor prevê:

a) O testamento deve ser escrito pelo tabelião ou por seu substituto legal, em seu Livro de Notas, de acordo com as declarações do testador, podendo este servir-se de minuta, notas ou apontamentos.
b) O testamento deve ser escrito mecanicamente, e também pela inserção da declaração de vontade em partes impressas de Livro de Notas, dispensada a rubrica das páginas pelo testador, se mais de uma.
c) O testamento deve ser lido pelo tabelião e pelo testador em voz alta, perante as duas testemunhas.
d) Ao cego só se permite o testamento público, que lhe será lido em voz alta duas vezes pelo tabelião ou seu substituto legal, e uma vez por uma das testemunhas designadas pelo testador para o ato, fazendo-se de tudo circunstanciada menção no testamento.
e) O indivíduo inteiramente surdo, sabendo ler, lerá seu testamento e, se não o souber, designará uma das duas testemunhas, que o lerá em seu lugar.

08. (CETRO – Notário-RJ/2012) É correto afirmar que o testamento,

a) quando particular, pode ser escrito em língua estrangeira, contanto que as testemunhas a compreendam.
b) quando ordinário, pode ser público, cerrado, particular ou militar.
c) quando cerrado, deve obrigatoriamente ser redigido pelo testador.

d) quando conjuntivo, é válido e permitido.
e) no qual se impõe a cláusula de inalienabilidade aos bens por ato de liberalidade, não implica a impenhorabilidade e incomunicabilidade.

09. (TJ-SC – Notário-SC/2012) Sobre o testamento é correto afirmar:

I. É proibido o testamento conjuntivo, seja simultâneo, recíproco ou correspectivo.
II. Qualquer tipo de testamento só pode ser escrito em língua nacional.
III. O analfabeto não pode testar.
IV. O cego pode testar através de testamento particular.
V. O surdo-mudo pode fazer testamento cerrado.

a) Somente as proposições III e V estão corretas.
b) Somente as proposições I, II e IV estão corretas.
c) Somente as proposições II, III e IV estão corretas.
d) Somente as proposições I e V estão corretas.
e) Todas as proposições estão corretas.

10. (IESES – Cartório – TJ – RS/2013) Com relação a testamento público, assinale a alternativa INCORRETA.

a) Se o testador não souber, ou não puder assinar, o tabelião ou seu substituto legal assim o declarará, assinando, neste caso, pelo testador, e, a seu rogo, uma das testemunhas instrumentárias.
b) Será o instrumento, em seguida à leitura, assinado pelo testador, pelas testemunhas e pelo tabelião.
c) O indivíduo inteiramente surdo, sabendo ler, lerá o seu testamento, e, se não souber, designará quem o leia em seu lugar, presentes as testemunhas.
d) O tabelião de notas pode lavrar o testamento de duas pessoas em um único ato.

11. (IESES – Cartório – TJ – PA/2016) Sobre o testamento, assinale a alternativa INCORRETA:

a) Quem não saiba ou não possa ler somente poderá dispor de seus bens em testamento cerrado.
b) O indivíduo inteiramente surdo, sabendo ler, lerá o seu testamento, e, se não souber, designará quem o leia em seu lugar, presentes as testemunhas.
c) É proibido o testamento conjuntivo, seja simultâneo, recíproco ou correspectivo.
d) Toda pessoa maior de 16 (dezesseis) anos pode dispor, por testamento, da totalidade dos seus bens disponíveis, ou de parte deles, para depois de sua morte.

12. (IESES – Cartório – TJ – PA/2016) Em relação à elaboração de testamento, responda:

I. A nomeação de herdeiro pode ser pura e simples, ou por certo motivo.
II. Podem ser chamados a suceder as pessoas jurídicas, cuja organização, sob qualquer forma, seja determinada pelo testador.
III. Não é possível a nomeação de herdeiro à termo, ou sob condição.

Assinale a alternativa correta

a) Apenas a assertiva I é verdadeira.
b) Apenas as assertivas I e III são verdadeiras.
c) Apenas a assertiva II é verdadeira.
d) Todas as assertivas são verdadeiras.

13. (Consulplan – Cartório – MG – Provimento/2016) Sérvio Lúcio, que é produtor rural, viúvo e pai de dois filhos vivos, quer fazer um testamento, no qual beneficiará os seus sobrinhos. No seu domicílio, há o oficial de Registro Civil das Pessoas Naturais, que cumulativamente exerce as funções de tabelião de notas. Nesse caso,

a) o oficial de Registro Civil das Pessoas Naturais não poderá fazer o testamento, visto que o Código Civil dispõe expressamente que é nulo o testamento de uma pessoa para os seus sobrinhos, estando os seus filhos vivos.
b) o oficial de Registro Civil das Pessoas Naturais não poderá fazer o testamento, visto que a lavratura de testamentos em geral e a aprovação de testamentos cerrados não podem ser realizados por este oficial.
c) o oficial de Registro Civil das Pessoas Naturais poderá fazer o testamento nomeando os sobrinhos do testador, visto que a legislação civil em vigor permite a lavratura desse testamento e inexiste óbice normativo no Estado de Minas Gerais para a lavratura desses atos pelo mesmo oficial.
d) o oficial de Registro Civil das Pessoas Naturais poderá fazer o testamento, eis que inexistente óbice normativo no Estado de Minas Gerais para a lavratura desses atos pelo mesmo oficial, mas atentará para a legítima dos herdeiros necessários, alertando o testador de que poderá testar até cinquenta por cento do seu patrimônio.

14. (Consulplan – Cartório – MG – Remoção/2016) Melquíades, conhecido escultor em cidade histórica mineira e famoso por suas criações, portador de deficiência visual grave que o privou da visão, tornando-o cego, contrata um conhecido advogado mineiro para a lavratura de seu testamento. Ditada a sua vontade, o advogado escreve o testamento de Melquíades, orientando-o corretamente, segundo prescreve o Código Civil em vigor. Passados alguns anos, Melquíades decide procurar um Tabelionato de Notas, conforme se lembra da orientação de seu advogado. José, seu cuidador, ciente de que sua vizinha houvera feito em cartório a aprovação do seu testamento cerrado, decide acompanhá-lo até o cartório para servir de testemunha, juntamente com Pedro, vizinho de Melquíades. Em cartório, Melquíades, devidamente acompanhado por duas testemunhas, declara-se cego e entrega ao tabelião aquele documento e diz, de viva voz, que aquele é o seu testamento, que quer vê-lo aprovado. Diante disso, o tabelião

a) inicia o procedimento, averiguando a existência de vícios formais e lavra após o auto de aprovação, na presença das duas testemunhas, lendo-o em seguida ao testador e testemunhas.
b) recusa-se à lavratura do auto de aprovação, justificando que as testemunhas estão impedidas de funcionarem como tais, visto que deveriam ter participado do momento da escrita do documento.
c) orienta Melquíades que ao cego somente se permite o testamento público, que, conforme disciplina do Código Civil em vigor, será lavrado pelo tabelião ou por seu substituto legal, que o lerá uma vez, sendo a outra por uma das testemunhas, designada pelo próprio testador, com menção de todas essas circunstâncias no testamento.
d) após a averiguação da existência de vícios formais, determina a extração de cópia do documento, para a finalidade de arquivá-lo e garantir a sua execução em caso de extravio, lavrando-se, em seguida, o auto de aprovação, lendo-o ao testador e testemunhas.

GAB										
	1	B	2	C	3	B	4	B	5	B
	6	A	7	A	8	A	9	D	10	D
	11	A	12	A	13	B	14	C		

Lei 8.935/1994

III – lavrar atas notariais;

1. COMENTÁRIOS

Nos termos do art. 7º, III, da Lei 8.935/1994, compete com exclusividade, aos tabeliães de notas, lavrar, **mediante solicitação**, ata notarial, que pode ser definida como a narrativa objetiva de fato verificado ou presenciado pelo notário, sem seu juízo de valor.

Sendo o notário detentor da fé pública, a ata constitui **prova pré-constituída** e goza de credibilidade plena para fins de prova em juízo ou em qualquer outra situação de fato ocorrido. Logo, a ata notarial é o instrumento em que o tabelião, seu substituto ou escrevente, a pedido de pessoa interessada, constata fielmente os fatos, as coisas, pessoas ou situações para comprovar a sua existência ou o seu estado.

Antes da vigência da Lei 8.935/1994, que regulamenta o art. 236 da Constituição Federal, os fatos, atos e negócios jurídicos eram lavrados por escrituras públicas.

Com a publicação da referida lei, o legislador estabeleceu uma distinção entre os atos que devem ser objeto das escrituras e das atas notariais, atribuindo a estas últimas a função de autenticar fatos jurídicos (art. 6º, III). Autenticar fatos, segundo o ensinamento de Antonio Albergaria Pereira, "é comprovar alguma coisa, um acontecimento, um fato jurídico – seja ele natural ou voluntário – que acarreta consequência jurídica" (Ata Notarial – Boletim Cartorário, Edição 6 – 1996).

Isso não quer dizer que a ata notarial não existia no mundo notarial. Muito bem explica João Teodoro da Silva que "ata notarial é novidade no direito positivo pátrio, embora **o tabelião de notas brasileiro já a lavre, sem esse nome,** quando faz o auto de aprovação de testamento cerrado e também quando lança em livro a anotação de lugar, dia, mês e ano em que o testamento cerrado é aprovado e entregue" (*Ata Notarial.* Boletim Cartorário. Edição 1 – Ano 2002).

Sobre as atas notariais eletrônicas, vide exposição detalhada no tópico 2, localizado ao final deste dispositivo em comento.

Processo notarial e registral: TEMA IV (nona parte): sobre o processo notarial: os atos próprios do tabelionato latino: as atas notariais (sqq.).

1.1 FUNDAMENTAÇÃO LEGAL

A ata notarial encontra fundamentação expressa nos **artigos 6º, III** (aos notários compete autenticar fatos) e **7º, III** (aos tabeliães de notas compete, com exclusividade, lavrar atas notariais) da Lei 8.935/1994, que regulamenta o artigo 236 da Constituição Federal de 1988.

Ademais, encontrava-se de **forma tácita e supletiva**, no art. 364 do CPC/1973, fundamentação para a ata notarial. O dispositivo previa o seguinte:

> **Art. 364.** O documento público faz prova não só da sua formação, mas também dos fatos que o escrivão, o Tabelião, ou o funcionário declarar que ocorreram em sua presença.

Logo, a ata notarial, com toda a sua característica de documento oficial imbuído de fé pública, é um dos meios de prova a serem utilizados.

Atualmente, para facilitar a atividade jurisdicional e desafogar o Poder Judiciário, ela foi incluída expressamente no novo Código de Processo Civil (Lei 13.105/2015) como **meio de prova típico**. O Art. 384 dispõe o seguinte:

> **Art. 384.** A existência e o modo de existir de algum fato podem ser atestados ou documentados, a requerimento do interessado, mediante ata lavrada por tabelião.
>
> Parágrafo único. Dados representados por imagem ou som gravados em arquivos eletrônicos poderão constar da ata notarial.

O diploma traz novidades como a distribuição dinâmica do ônus da prova, a prova emprestada e aspectos específicos das provas em espécies. Além disso, insere diversos artigos que estabelecem uma fase prévia de conciliação e mediação entre as partes, e, expressamente, a introdução da ata notarial como prova pré-constituída para aplicação nas esferas judicial, extrajudicial e administrativa. Dessa maneira, a **ata se nivela a uma verdadeira produção antecipada de prova**, dispensando, assim, a intervenção do Poder Judiciário e, consequentemente, contribuindo para seu desafogo. Na Seção II, da Produção Antecipada da Prova, do CPC de 2015, a ata notarial passou a integrar o novo diploma de forma típica e taxativa como meio de prova, em seção específica para tal.

Frise-se que a ata notarial não surgiu como meio de prova com o novo Código de Processo Civil, pois já era um instrumento previsto na Lei 8.935/1994, de competência exclusiva dos tabeliães de notas. O CPC de 1973 não a tratou **expressamente** como meio de prova, embora, como já mencionado, também não a proibisse. Com o advento do novo diploma processual civil, a ata notarial foi incluída expressamente e ganhou *status* de **meio típico e taxativo** de prova no novo CPC, o que reforça sua importância prática. Esse instrumento passou a ter significativo destaque devido à possibilidade de produção antecipada de prova e à concessão de tutela de evidência, sem a necessidade de uma conexão indissociável com a urgência de um provimento jurisdicional, mesmo que provisório. Em outras palavras, a ata notarial é um instrumento ágil e pertinente para conferir robustez à matéria probatória. A inclusão da ata notarial como meio de prova típica também faz com que as pessoas tenham maior conhecimento do ato, facilitando o processo judicial e tornando-o mais célere.

É incontroverso que a ata notarial revela-se importante no conjunto probatório adotado pelo direito brasileiro, harmonizando-se com os **princípios da economicidade e da celeridade**, viabilizando uma prestação jurisdicional efetiva e autêntica às partes em litígio. A ata notarial gera a produção antecipada de prova de alta qualidade, credibilidade e presteza, alinhando-se ao objetivo atual de desafogar o Poder Judiciário. Diante disso, trata-se de um instrumento eficiente para evitar as nefastas consequências da morosidade judicial, como, por exemplo, o desaparecimento de vestígios do fato que se deseja atestar ou a impossibilidade de provar sua existência. No entanto, é essencial que o notário observe todos os requisitos indispensáveis e os procedimentos legais ao lavrar a ata notarial, sob pena de ineficácia do instrumento.

Por fim, convém relembrar a importância da ata notarial no procedimento de usucapião extrajudicial e, mais recentemente, na adjudicação compulsória extrajudicial. O tema foi amplamente explorado nos comentários aos arts. 216-A e 216-B da Lei de Registros Públicos.

1.2 DIFERENÇAS ENTRE ATA NOTARIAL E ESCRITURA PÚBLICA

Diferentes são os propósitos e conteúdos da ata notarial e da escritura pública.

Na ata notarial, não há manifestação de vontade, apresentando caráter eminentemente passivo, pois apenas relata o testemunho de fatos presenciados pelo notário. Em outras palavras, o tabelião narra um fato. Já na escritura pública, a manifestação de vontade é necessária, caracterizando-se como uma ação ativa. O tabelião recebe a manifestação de vontade das partes, voltada para a concreção do suporte fático de um ato jurídico lato sensu, e a qualifica, assessorando-as juridicamente.

O ato jurídico na escritura pública pode ser unilateral ou bilateral. Já na ata notarial, o ato é sempre unilateral, pois é o notário quem deve narrar um fato por ele presenciado, sendo, portanto, o único comparecente no ato.

O objeto da ata notarial não pode ser o mesmo da escritura pública; ou seja, se for caso de escritura, não poderá ser lavrada uma ata notarial. Todavia, aplicam-se subsidiariamente os requisitos da escritura pública, no que couber, conforme o art. 215 do Código Civil, a Lei 7.433/1985 e seu Decreto Regulamentador 93.240/1986. Na ata notarial não há juízo de capacidade da parte requerente, sendo tal requisito imprescindível na escritura pública.

Na ata notarial, a assinatura da parte é mera conformidade porque não há nela manifestação de vontade, bastando que tenha solicitado o requerimento. Na escritura, a assinatura da parte configura aceitação ou outorga. Acerca da data da lavratura da escritura, esta corresponderá à data da manifestação de vontade(s) e da coleta de assinaturas. Via de regra, a data da lavratura da ata notarial não será a mesma do requerimento ou da verificação dos fatos constatados, já que esta poderá ocorrer em dias e locais diferentes.

Na ata notarial, não há unidade do ato, o que é imprescindível na escritura, salvo as exceções já explicitadas nesta obra. Explica Volpi Neto: "a ata admite sua consecução de forma estendida, prolongada. O Notário não está obrigado a redigi-la no momento em que presencia o fato, pois muitas exigem uma ou mais diligências para a observação do fato; a escritura, teoricamente, é instantânea". (*Ata Notarial de Documento Eletrônico*. Disponível em: http://jus.com.br/artigos/5431/ata-notarial-de-documentos-eletronicos).

A ata pode ser extraprotocolar (a critério do tabelião, pode-se extrair uma fotocópia do ato e mantê-la em arquivo, sem necessidade de lavrá-la em livros notariais) ou protocolar (atos que se materializam no livro de notas, ou seja, o protocolo notarial), dependendo das normativas de cada Estado, prevalecendo esse entendimento (ato protocolar). A escritura é sempre protocolar.

A natureza jurídica da escritura pública é constitutiva obrigacional. Os atos e negócios jurídicos que formalizam constituem direitos e obrigações para a parte ou partes. A ata notarial tem natureza autenticatória. Não constitui direitos ou obrigações, apenas preserva os fatos para o futuro com a autenticidade notarial. Há uma declaração do tabelião, a narrativa dos fatos que presencia a pedido da parte. O tabelião é autor, sem atuação das partes; na escritura, as partes atuam, celebram o ato ou negócio jurídico, cabendo ao notário a qualificação legal e a redação do instrumento. Na ata, o tabelião verifica os fatos que podem ser, inclusive, declarações das partes, que ele reproduz. São os ensinamentos de Felipe Leonardo Rodrigues e Paulo Roberto Gaiger Ferreira. (*Tabelionato de Notas*. São Paulo: Saraiva, 2013, p. 107).

Para arrematar, pondera João Teodoro da Silva que não há a intenção de nivelar a ata notarial em importância, no mundo jurídico, à escritura pública, mas simplesmente salientar-lhe os méritos enquanto ata, sem deixar de reconhecer a superioridade da escritura, à consideração de ser ela que qualifica o notariado de tipo latino, por sua multissecular excelência já sedimentada. Pode-se mesmo asseverar que o prestígio dele se acha indissoluvelmente ligado à respeitabilidade dela e vice-versa. Aliás, em matéria de escritura pública, as suas diversas modalidades também não se apresentam em mesmo patamar de valoração hierárquica, pois a de testamento se sobressai das demais, quer pela repercussão *post mortem* quer pelo inerente rigorismo formal, enquanto a de procuração tem menor relevo, dado o seu caráter de acessoriedade. Pela escritura pública, em geral, são formalizados os negócios jurídicos, inclusive os de declaração unilateral de vontade (*Ata Notarial.* Texto revisto e ampliado da monografia incluída na coletânea Ata notarial, livro publicado sob a coordenação de Leonardo Brandelli, em coedição IRIB-safe, Porto Alegre, 2004, p. 286. Disponível em: http://www.6ºficiobh.com.br/ata_notarial.pdf).

1.3 REQUISITOS E ESTRUTURA DA ATA NOTARIAL

A ata notarial pode ser solicitada por pessoa capaz, pelos relativamente incapazes, por procuradores e por pessoa jurídica.

A lei federal não especifica os requisitos da ata notarial, delegando essa tarefa à doutrina, à prática notarial e às normativas estaduais.

Felipe Leonardo Rodrigues e Paulo Roberto Gaiger Ferreira advertem que "a própria escritura conta com poucas e limitadas previsões legais, o que provoca uma regulamentação infralegal que confere aos atos uma padronização, mas também se constitui em limitação para a autonomia profissional do tabelião. A ata notarial é uma espécie de instrumento público, porquanto autorizada por um notário e dotado de fé pública. É um instrumento notarial, em princípio protocolar, tal qual a escritura pública. Diante do vácuo legislativo quanto aos requisitos da ata notarial, parece adequado afirmar que devem ser observados na ata notarial, no que couberem, os requisitos aplicáveis à escritura pública (...) Em decorrência de sua natureza e do objeto, a ata notarial tem particularidades distintas daquelas da escritura que são, por vezes, até contraditórias" (*Tabelionato de Notas.* São Paulo: Saraiva, 2013, p. 107).

Logo, a ata notarial possui requisitos essenciais de conteúdo, com a possibilidade de outros serem estipulados pelas normativas estaduais:

a) **Data, hora e lugar de sua realização, indicando a serventia em que tenha sido lavrada.** Assim como a escritura, a ata notarial deve conter tais requisitos (art. 215, § 1º, I, do Código Civil). Quanto à indicação do local, a ata notarial deve apontar o local da serventia e o local da verificação do fato em diligência.

b) **Requerimento ou solicitação com nome completo e individualização de quem a tiver solicitado, descrição simples do objeto e o motivo para o pedido.** Frise-se que, diferentemente da escritura pública, as partes não estão em harmonia. Falta consenso. Daí a indispensabilidade do requerimento da solicitação da parte interessada. Felipe Leonardo Rodrigues e Paulo Roberto Gaiger Ferreira entendem que "se houver urgência ou mesmo por conveniência, a apresentação e a entrega dos documentos de identidade das partes podem ser postergadas para momento futuro. Deve-se presumir a boa-fé do solicitante e privilegiar a tutela notarial dos interesses privado e social. De qualquer modo, é imprescindível a apresentação dos documentos para a finalização do ato" (Op. cit., p. 109).

c) **Narração circunstanciada dos fatos.** A ata notarial deve conter a narração perfeita do fato ou da ocorrência presenciada ou que foi constatada pelo notário, revestido este da fé pública que a função notarial imprime aos documentos por ele lavrados. Essa narração pode ser feita pelas partes, testemunhas ou intervenientes em língua estrangeira, porém as suas manifestações e a redação da ata devem ser vertidas para a língua nacional, como todos os atos públicos notariais. A redação dos atos notariais e registrais deverá ser feita em linguagem clara, precisa e objetiva, acessível a todos, ainda que leigos em assuntos jurídicos. Imprescindível que a escrituração dos atos seja feita sem abreviaturas ou algarismos, a fim de evitar erros, omissões, rasuras ou entrelinhas. Porém, eventuais emendas, entrelinhas e adições que corrijam erros ou omissões de escrituração, ou, caso o assento já tenha sido assinado, ainda é possível fazer a ressalva, desde que todos assinem novamente em seguida. Reputam-se inexistentes e sem efeitos jurídicos quaisquer emendas, entrelinhas, adições ou alterações não ressalvadas.

d) **Declaração de ter sido lida ao solicitante e, sendo o caso, às testemunhas, ou de que todos a leram.** A leitura, como na escritura pública, pode ser feita em voz alta ou por cada uma das partes, de forma silenciosa. Este requisito serve para que as partes tenham ciência do que constará na ata notarial, e mostrem concordância com que está consignado no instrumento.

e) **Assinatura do solicitante e, sendo o caso, das testemunhas, bem como do tabelião de notas, seu substituto ou escrevente, encerrando o ato.**

André Abelha, no artigo publicado pelo Colégio Notarial do Brasil – Seção SP) (https://www.cnbsp.org.br/?pG=X19leGliZV9ub3RpY2lhcw==&in=MTgyMzI=&filtro=1) defendeu o uso de drones para confeccionar atas notariais. Trata-se de realidade nos Tabelionatos de Notas.

Nos ensinamentos dele, o atual Código de Processo Civil permite o uso da ata notarial para atestar "*a existência e o modo de existir de algum fato*", dela podendo constar quaisquer "*dados representados por imagem ou som gravados em arquivos eletrônicos*" (art. 384). Mais abrangente, impossível. O CPC é complementado, em São Paulo, pelas Normas Extrajudiciais da Corregedoria-Geral de Justiça/SP, que estabelece as informações obrigatórias, reitera sua fé pública, diz onde lavrá-la (no livro de notas) e lista os documentos obrigatórios a serem arquivados. Contudo, não há restrição quanto ao meio de *captação* dos fatos: basicamente, os cinco sentidos do notário, a fotografia e o vídeo. As imagens são captadas por uma ou mais câmeras, e estas, por sua vez, são carregadas pelo drone. Vistorias em locais de difícil acesso, como telhados e fachadas, morros e encostas, espaços estreitos entre edifícios; cumes de árvores e locais subterrâneos; topos de grandes estruturas como moinhos, antenas de telefonia, pontes estaiadas e torres de transmissão; checagem de imóveis supostamente abandonados ou invadidos; áreas violentas. O drone serve à captação de imagens em tais situações e em muitas outras, a fim de auxiliar engenheiros, arquitetos, advogados e outros profissionais. Como disse Julio Verne, "*tudo o que um homem pode imaginar, outros homens poderão realizar*". Definitivamente, essas pequenas e notáveis aeronaves chegaram para expandir drasticamente o horizonte do uso da ata notarial".

Todavia, faz importante alerta: "Pois bem. Você é um notário alinhado com seu tempo, e quer adquirir um drone para as suas atas notariais. Basta ir a uma loja, adquirir um e começar a usar? Para responder, preciso de uma breve explicação. Se o drone for utilizado somente para lazer, hobby ou competição, ele é classificado como um **aeromodelo.** Se usado para outras finalidades, e carregar uma câmera ou objeto para entrega, ele se classifica como um **VANT**: Veículo Aéreo Não Tripulado. Então, se você pretende usar um VANT para uma ata notarial, deve observar as seguintes regras: (i) o drone deve ser remotamente controlado por uma pessoa: o piloto;(ii) o piloto não precisa ser o próprio notário; o importante é que ele acompanhe o vôo para se certificar de que as imagens estão sendo realmente captadas pelo aparelho;(iii) não se exige licença para comprar um zangão de qualquer tamanho e potência;(iv) ele não pode ser utilizado próximo a multidões ou aeroportos, nem pode subir a mais de 121,92 metros (400 pés); e(v) é necessário pedir uma licença à ANAC (Agência Nacional de Aviação Civil) com antecedência de 18 dias corridos, com cópia para o DECEA (Departamento de Controle do Espaço Aéreo da Aeronáutica), informando os dados básicos do drone e do trajeto do vôo. Não é complicado como parece. Confira os itens 12.1 e seguintes da ICA 100-400, publicada em 3/1/2019: https://publicacoes.decea.gov.br/?i=publicacao&id=4944, que também traz as normas para cada faixa de altura do vôo. Respeitar as regras acima é importante para evitar multas e seu enquadramento no art. 33 da Lei das Contravenções Penais, o Decreto-Lei 3.688/41 ("*dirigir aeronave sem estar devidamente licenciado*"). Além disso, é claro, fique atento para evitar eventual violação à privacidade de terceiros".

1.4 OBJETO DA ATA NOTARIAL

Inicialmente, é importante ressaltar que **o objeto da ata notarial não pode coincidir com o da escritura pública;** em outras palavras, se for caso de escritura, não se pode lavrar uma ata notarial. Todavia, aplicam-se subsidiariamente os requisitos da escritura pública, conforme o art. 215 do Código Civil, a Lei 7.433/1985 e seu Decreto Regulamentador 93.240/1986. Essa também é a orientação de Leonardo Brandelli. Vejamos:

> "Para ser objeto de Ata Notarial não pode ser objeto de escritura pública. A diferença básica entre ambas é a existência, ou não, de declaração de vontade, que está presente na escritura, e ausente na ata. A ausência de manifestação de vontade é justamente o que caracteriza o fato jurídico, que é o objeto da Ata Notarial". (*Atas Notariais*. In: Ata Notarial. Ed. Safe, Porto Alegre, 2004).

O objeto da ata notarial são os **fatos jurídicos.** Por outro lado, na escritura pública, o foco está nos atos jurídicos em sentido estrito. É importante abrir um parêntese para esclarecer o que são os fatos jurídicos.

Os fatos jurídicos em sentido amplo compreendem os acontecimentos naturais e voluntários, em virtude dos quais nascem, se modificam e se extinguem os direitos. Eles se dividem em fatos jurídicos em sentido estrito, que são os acontecimentos naturais, alheios à vontade humana, que criam, modificam ou extinguem direitos e atos ou negócios jurídicos, aqueles acontecimentos provenientes da vontade do homem, vontade lícita esta, das quais nascem, subsistem e se extinguem os direitos.

Dessarte, os fatos presenciados pelo tabelião podem ser naturais ou humanos.

De uma forma resumida, ata notarial pode ter por objeto:

I) colher declaração testemunhal para fins de prova em processo administrativo ou judicial;

II) fazer constar o comparecimento, na serventia, de pessoa interessada em algo que não se tenha realizado por motivo alheio à sua vontade;

III) fazer constar a ocorrência de fatos que o tabelião de notas ou seu escrevente, diligenciando em recinto interno ou externo da serventia, respeitados os limites da circunscrição, ou em meio eletrônico, tiver percebido ou esteja percebendo com seus próprios sentidos;

IV) averiguar a notoriedade de um fato.

Como exemplo, a ata notarial pode ser utilizada para comprovar a existência e o conteúdo de sites na internet, comprovar a realização de assembleias de pessoas jurídicas, comprovar o estado de imóveis na entrega de chaves, comprovar questões afetas às reclamatórias trabalhistas e indenização por danos materiais e morais, atestar a presença de uma pessoa em determinado lugar ou a ocorrência de qualquer fato.

É oportuno, especialmente nos tempos atuais, destacar que a ata notarial é um excelente meio de combate às "fake news", uma vez que é utilizada para constatar a veracidade de um fato que o tabelião vê, ouve ou percebe. Nesse caso, o usuário do serviço pode solicitar ao Tabelionato de Notas a lavratura de uma ata notarial. O texto é elaborado com base nas informações fornecidas pelo usuário e passa pela conferência do tabelião ou de um escrevente autorizado. Após sua lavratura, a ata notarial pode ser utilizada como meio de prova em processos judiciais.

A ata notarial também é um meio de prova excelente e eficaz para o recente crime de "stalking", que tipificou o delito de perseguição e alterou o Código Penal, incluindo o art. 147-A, nos seguintes termos:

Perseguição

Art. 147-A, CP Perseguir alguém, reiteradamente e por qualquer meio, ameaçando-lhe a integridade física ou psicológica, restringindo-lhe a capacidade de locomoção ou, de qualquer forma, invadindo ou perturbando sua esfera de liberdade ou privacidade.

Pena – reclusão, de 6 (seis) meses a 2 (dois) anos, e multa.

§ 1º A pena é aumentada de metade se o crime é cometido

I – contra criança, adolescente ou idoso;

II – contra mulher por razões da condição de sexo feminino, nos termos do § 2º-A do art. 121 deste Código;

III – mediante concurso de 2 (duas) ou mais pessoas ou com o emprego de arma.

§ 2º As penas deste artigo são aplicáveis sem prejuízo das correspondentes à violência.

§ 3º Somente se procede mediante representação.

Trata-se de uma forma de violência na qual o agressor invade a privacidade da vítima, repetindo incessantemente a mesma ação por diferentes meios e atos, empregando táticas variadas. O crime de perseguição tem natureza jurídica de crime habitual, ou seja, o assédio deve ser reiterado, com ameaças à integridade física ou psicológica, ou com alguma forma de restrição à liberdade da pessoa.

Não é nosso objetivo aqui detalhar o tipo penal, mas sim focar em um dos meios para comprová-lo. Nesse contexto, invocamos a eficiência da ata notarial, por se tratar de uma prova pré-constituída que goza de plena credibilidade para fins de prova em juízo.

Recentemente, a Sexta Turma do Superior Tribunal de Justiça decidiu pela invalidade de provas obtidas através do espelhamento de conversas via WhatsApp Web, considerando-as ilícitas.

Por unanimidade, o órgão superior aplicou entendimento já firmado pelo colegiado para declarar que não podem ser usadas como provas as mensagens obtidas por meio do *print screen* da tela da ferramenta WhatsApp Web justificando que o aplicativo permite o envio de novas mensagens e a exclusão de mensagens antigas ou recentes, tenham elas sido enviadas pelo usuário ou recebidas de algum contato, sendo que eventual exclusão não deixa vestígio no aplicativo ou no computador (RHC 99.735).

Nesses casos, para garantir a devida validade a provas como conversas em aplicativos e redes sociais, é possível utilizar a ata notarial.

Aliás, de grande valia é o recente Enunciado 70 da I Jornada de Direito Notarial e Registral, a saber:

Enunciado 70. A prova escrita da celebração de um negócio jurídico pode ser complementada por ata notarial que reproduza diálogos por meio de aplicativos e redes sociais, nos termos do art. 227, parágrafo único, do Código Civil.

⊙ Justificativa: O art. 227, parágrafo único do Código Civil, impõe que a prova escrita de uma obrigação contratual, independentemente de seu valor, pode ser complementada de forma subsidiária ou complementar pela prova testemunhal. A Constituição Federal, por seu turno, no seu art. 5º, LVI encampou o princípio da atipicidade das provas, de forma a assegurar a utilização de qualquer meio de prova, desde que moralmente legítimo. Ora, é certo que o desenvolvimento tecnológico propiciou que outras modalidades probatórias sejam utilizadas no processo, observado em cada caso, a compatibilidade com a sua licitude processual e material. No enunciado em apreço, propõe-se a possibilidade de que, não somente a prova testemunhal possa ser utilizada como meio complementar da prova escrita de um negócio jurídico, mas também, devido à sua utilização cada vez mais frequente na praxe forense, os diálogos entabulados através de WhatsApp reproduzidos em ata notarial. Trata-se de uma proposta que amplia a interpretação do art. 227, parágrafo único do Código Civil, a fim de que um negócio jurídico demonstrado a partir de uma prova escrita.

Vale ainda dialogar com os arts. 216-A (Usucapião Extrajudicial) e 216-B (Adjudicação Compulsória

Extrajudicial) da LRP, já detalhados nesta obra, sobre a obrigatoriedade do uso da ata notarial para esses procedimentos:

> **Art. 216-A.** Sem prejuízo da via jurisdicional, é admitido o pedido de reconhecimento extrajudicial de usucapião, que será processado diretamente perante o cartório do registro de imóveis da comarca em que estiver situado o imóvel usucapiendo, a requerimento do interessado, representado por advogado, instruído com:
>
> I – **ata notarial lavrada pelo tabelião**, atestando o tempo de posse do requerente e de seus antecessores, conforme o caso e suas circunstâncias, aplicando-se o disposto no art. 384 da Lei nº 13.105, de 16 de março de 2015 (Código de Processo Civil);
>
> [...]
>
> **Art. 216-B.** Sem prejuízo da via jurisdicional, a adjudicação compulsória de imóvel objeto de promessa de venda ou de cessão poderá ser efetivada extrajudicialmente no serviço de registro de imóveis da situação do imóvel, nos termos deste artigo.
>
> [...]
>
> III – **ata notarial lavrada por tabelião de notas** da qual constem a identificação do imóvel, o nome e a qualificação do promitente comprador ou de seus sucessores constantes do contrato de promessa, a prova do pagamento do respectivo preço e da caracterização do inadimplemento da obrigação de outorgar ou receber o título de propriedade;
>
> [...]

1.4.1 ATA NOTARIAL E DEGRAVAÇÃO DE AUDIÊNCIAS JUDICIAIS

Uma prática muito comum nos Tabelionatos de Notas é a solicitação, por advogados, de autorização para a degravação de audiências judiciais por meio de atas notariais, tema que era polêmico sob a égide do CPC de 1973.

A título de esclarecimento, uma degravação ocorre quando o conteúdo de um depoimento realizado em meio audiovisual (ou só em áudio) é convertido para versão escrita.

Parece-me que com a entrada em vigor do Código de Processo Civil de 2015, essa autorização para a degravação por ata notarial não se faz mais necessária. É o que se deduz dos parágrafos 5º e 6º, do art. 367. Veja-se:

> **Art. 367, CPC.** O servidor lavrará, sob ditado do juiz, termo que conterá, em resumo, o ocorrido na audiência, bem como, por extenso, os despachos, as decisões e a sentença, se proferida no ato.
>
> § 5º A audiência poderá ser integralmente gravada em imagem e em áudio, em meio digital ou analógico, desde que assegure o rápido acesso das partes e dos órgãos julgadores, observada a legislação específica.
>
> § 6º A gravação a que se refere o § 5º **também pode ser realizada diretamente por qualquer das partes, independentemente de autorização judicial.**

O Código de Normas da Corregedoria-Geral da Justiça do Estado de Santa Catarina traz regra sobre o tema no art. 818-A:

> **Art. 818-A.** É permitida a degravação de conteúdo de mídia eletrônica que contenha arquivo de áudio e/ou de vídeo com a gravação de audiência judicial, ou com sentença proferida de forma oral, mediante a utilização de ata notarial.

1.4.2 ATA NOTARIAL DE ARREMATAÇÃO

O Marco Legal das Garantias, ao possibilitar a execução extrajudicial da hipoteca, parece revitalizar esse instituto, que havia sido relegado em decorrência da alienação fiduciária.

Assim, o artigo **9º da Lei n. 14.711/2023 trata da execução extrajudicial de créditos hipotecários** perante o Cartório de Registro de Imóveis competente.

Aqui, vale acrescentar as elucidações presentes no livro "O Novo Marco das Garantias: Aspectos Práticos e Teóricos da Lei n. 14.711/2023", coordenado por El Debs, Martha, e Chezzi, Bernardo (São Paulo: Juspodivm, 2024), no artigo "As Novas Atribuições do Tabelião de Notas", de autoria do ilustre tabelião José Flávio Bueno Fischer e Carolina Edith Mosman. Veja-se:

> "Em rito executivo semelhante à alienação fiduciária, o devedor será intimado pelo Registrador de Imóveis para purgação da mora no prazo de 15 (quinze dias). A não purgação da mora no prazo autoriza o início do procedimento de excussão extrajudicial da garantia hipotecária por meio de leilão público. Concluído o procedimento e havendo lance vencedor, os autos do leilão e o processo de execução extrajudicial da hipoteca serão distribuídos a tabelião de notas com circunscrição delegada que abranja o local do imóvel para a lavratura de ata notarial de arrematação, que conterá os dados da intimação do devedor e do garantidor e dos autos do leilão e constituirá título hábil de transmissão da propriedade ao arrematante a ser registrado na matrícula do imóvel, conforme §11º, do artigo 9º, da Lei nº 14.711/23.
>
> O procedimento acima pode ser assim ilustrado:

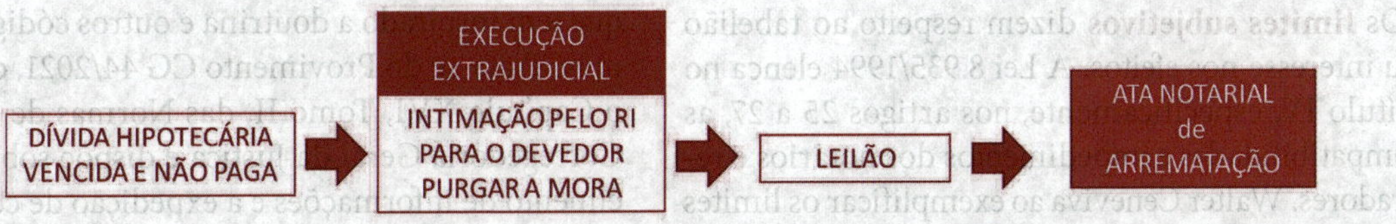

O primeiro ponto que precisa ser destacado em relação à **ata notarial de arrematação é que ela excepciona o princípio da livre escolha do tabelião de notas** previsto no artigo 8º, da Lei 8.935/94. Conforme prevê o referido §1º, só o tabelião de notas do local do imóvel é competente. E mais: haverá distribuição nos Municípios onde houver mais de um notário, a semelhança do que ocorre hoje com os tabeliães de protesto.

Por expressa previsão legal, a ata notarial de arrematação deverá conter os dados da intimação do devedor e do garantidor e dos autos do leilão. Além disto, novamente conforme nos ensina o Professor Carlos Elias, a atividade do tabelião nesta ata não se resume a mera descrição fria do leilão e da arrematação. Cabe-lhe, nas palavras de Carlos Elias,

"(...) realizar a qualificação tabelioa, ou seja, verificar se há ou não alguma irregularidade jurídica a impedir a arrematação. Em suma, entendemos que se aplicam, no que couber, as regras próprias de escrituras públicas de compra e venda."

A **ata notarial de arrematação também é título.** Ela é título apto a transferir a propriedade, de forma que faria sentido se o §11º, do artigo 9º, da Lei nº 14.711/23, tivesse feito a remissão ao artigo 221, da Lei 6.015/73, que trata dos títulos registráveis.

Um último ponto que merece destaque é o §15º, do artigo 9º, da Lei nº 14.711/23, que prevê que "o título constitutivo da hipoteca deverá conter, sem prejuízo dos requisitos de forma do art. 108 da Lei nº 10.406, de 10 de janeiro de 2002 (Código Civil), ou da lei especial, conforme o caso, **como requisito de validade, expressa previsão do procedimento previsto neste artigo, com menção ao teor dos §§ 1º a 10 deste artigo."**

Segundo o que depreendemos do referido parágrafo, para utilizar a execução extrajudicial do crédito hipotecário, os títulos constitutivos das hipotecas deverão ter expressa menção do procedimento previsto no artigo 9º, da Lei nº 14.711/23, e as hipotecas já existentes precisarão ter seus títulos devidamente aditados para se valer da excussão extrajudicial".

1.5 LIMITES DA ATA NOTARIAL

Walter Ceneviva estabelece que os limites do tabelião, no que se refere às atas notariais, se classificam em objetivos e subjetivos.

Os **limites objetivos** são referentes "ao ato ou aos atos que não podem integrar o conteúdo da ata: a escritura de compra e venda, o pacto antenupcial e o testamento entre os casos mais comuns" (Op. cit., p. 89). Ou seja, são aqueles que se referem ao conteúdo, a atos que não devem ser confeccionados em atas em razão da sua natureza.

Os **limites subjetivos** dizem respeito ao tabelião e seu interesse nos efeitos. A Lei 8.935/1994 elenca no Capítulo IV, especificamente, nos artigos 25 a 27, as incompatibilidades e impedimentos dos notários e registradores. Walter Ceneviva ao exemplificar os limites subjetivos, cita o domicílio municipal do tabelião, o horário a cumprir, no funcionamento normal do serviço, ou o da lavratura da ata, com os impedimentos gerais delas consequentes da delegação e os pessoais e disciplinares, aplicados a todas as funções tabelioas e a seu titular (Op. cit., p. 88).

Portanto, no que se refere aos **limites da ata notarial,** devem ser respeitados tanto os limites objetivos quanto os subjetivos. Fora isso, o instrumento pode ser amplamente utilizado, inclusive para testemunhar fatos ilícitos, exceto em casos que envolvam crimes penais, ofensas à moral, bons costumes, entre outros. O papel crucial da ata notarial é materializar o fato. Nesses casos, a doutrina entende que o que é vedado, evidentemente, é a interferência notarial diretamente na produção do ilícito. Assim, seria incabível um ato notarial relatando, por exemplo, um homicídio previamente anunciado pelo autor do crime.

Leonardo Brandelli esclarece sobre a lavratura de ata notarial cujo objeto narrado seja um fato ilícito: "dado o cunho eminentemente probatório da ata notarial, e tendo-se em mente que nos fatos jurídicos a vontade humana é juridicamente irrelevante – portanto não há manifestação de vontade endereçada ao tabelião – não vemos problema na sua realização. Embora entendamos ser possível a narração, em ata notarial, de fato ilícito, justamente para perpetuá-lo no tempo com fim probatório, evidentemente não será possível a lavratura da ata quando ela em si constituir um ato ilícito, como, por exemplo, quando for ela lavrada fora da circunscrição territorial do notário que a lavra. O objeto da ata notarial, além de passar pela análise acima referida, não pode ser de atribuição específica de outro oficial público. Se o for, deve o notário abster-se de atuar, encaminhando o requerente ao oficial que tenha a atribuição legal. Desta forma, não deve o notário lavrar ata de declaração de fato que constitua crime de ação penal pública, posto que deverá a *notitia criminis* ser endereçada à autoridade policial. Se, ao contrário, tratar-se de declaração acerca de crime de ação penal privada, entendemos possível a realização da ata notarial posto que, como tem o ofendido a oportunidade e conveniência para no prazo decadencial ingressar ou não com a ação penal, pode ele pretender perpetuar no tempo o ocorrido para *a posteriori* decidir-se acerca da incoação ou não da competente ação penal" (Op. cit., p. 44).

Sobre a temática, é pertinente trazer as novas regras previstas nas normativas extrajudiciais de São Paulo que tem inspirado a doutrina e outros códigos de normas. Trata-se do Provimento CG 44/2021, que alterou o Capítulo XVI, Tomo II, das Normas de Serviço da Corregedoria Geral da Justiça e dispõe sobre o fornecimento de informações e a expedição de certidões de atas notariais que contenham a **descrição ou a reprodução de imagem de ato de sexo ou cena pornográfica envolvendo criança ou adolescente.**

A justificativa para a edição deste ato normativo foi o disposto no inciso I do § 2º do art. 241-B da Lei n. 8.069/90 e o decidido no Processo CG n. 2021/00056806.

Neste sentido, **as informações, certidões e traslados de ata notarial que contenha a descrição ou a reprodução de imagem de ato de sexo ou cena pornográfica envolvendo criança ou adolescente** somente poderão ser fornecidas para os seus responsáveis legais desde que não participem dos atos e cenas retratados, diretamente para os adolescentes nela mostrados ou referidos independente de representação ou assistência, ou mediante requisição judicial, da autoridade policial competente para a apuração dos fatos, ou do Ministério Público.

O fornecimento de informações e certidões, inclusive na forma de traslado, para pessoas distintas das referidas no parágrafo anterior dependerá de prévia autorização do Juiz Corregedor Permanente que, para essa finalidade, poderá ser provocado pelo próprio interessado ou, a seu pedido, pelo Tabelião de Notas.

Assim, deve o Tabelião de Notas encaminhar, ao Órgão Ministerial e à Autoridade Policial que for competente para a apuração do fato, traslado da ata notarial que contenha a descrição ou a reprodução de ato de sexo ou cena pornográfica com a aparente participação de criança ou adolescente, arquivando a prova da comunicação em classificador próprio, ou por meio eletrônico em arquivo que passará a integrar o acervo da serventia.

Referida a ata notarial conterá, obrigatoriamente, a indicação do Boletim de Ocorrência que for apresentado pelo solicitante do ato, quando existir, ou a indicação de que o fato será comunicado pelo tabelião de notas para o Ministério Público e a autoridade policial.

Anote-se que o tabelião de notas adotará medida de controle de acesso ao livro que contenha ata notarial com a descrição ou a reprodução de ato de sexo ou cena pornográfica, para o que poderá manter livro exclusivo para essa espécie de ato notarial.

Fica vedado o compartilhamento eletrônico de ata notarial, da sua certidão ou traslado, que contenha a descrição ou a reprodução destes atos, ainda que por meio de Central de Serviços Eletrônicos Compartilhados, salvo se para atender requisição judicial, do Ministério Público ou da autoridade policial competente para a apuração dos fatos em que tenha sido determinado o encaminhamento por esse modo.

Vale ainda destacar a regra do art. 108 do Código Nacional de Normas sobre proteção de dados. Veja-se:

> "O pedido de lavratura de ata notarial, realizado por um dos pais, ou pelo responsável legal, envolvendo dados pessoais de sujeito menor de 12 anos de idade, será considerado como consentimento específico e em destaque para o tratamento dos dados da criança."

1.6 ATA NOTARIAL NO DIREITO DE FAMÍLIA

No Direito de Família, a ata notarial tem sido muito utilizada. Denise Vargas elenca os casos mais usados (http://www.migalhas.com.br/dePeso/16,MI233237,31047-Atas+notariais+no+Direito+de+Familia):

I – Fraude na partilha de bens, quando, por exemplo, há diversas fotos e postagens assumindo a propriedade de bens adquiridos na constância do casamento, mas que estão em nome de interpostas pessoas;

II – para provar a falta de capacidade de um dos genitores de manter a guarda dos filhos, mediante postagens nas redes sociais que demonstram vida desregrada, agressividade, uso de drogas e alienação parental;

III – Capacidade financeira de arcar com um valor mais proporcional de pensão alimentícia;

IV – danos morais por atos de violam a honra e a imagem de um dos ex-cônjuges.

1.7 ENUNCIADOS DO CONGRESSO DE DIREITO NOTARIAL

É oportuno trazer alguns enunciados definidos nos Congressos de Direito Notarial, a saber:

XX CONGRESSO DE DIREITO NOTARIAL. OCORRIDO EM OUTUBRO DE 2015:

Enunciado 4: Requerida a ata notarial verbalmente ou por escrito e efetivada a constatação pelo tabelião, os emolumentos serão devidos, ainda que haja desistência ou arrependimento do requerente.

Enunciado 7: A ata notarial para fins de usucapião extrajudicial, prevista no inciso I do artigo 216-A do Código de Processo Civil, deve conter todas as informações e constatações possíveis para comprovar a existência da posse.

Enunciado 8: A ata notarial para fins de usucapião tem conteúdo econômico.

XXI CONGRESSO DE DIREITO NOTARIAL. OCORRIDO EM OUTUBRO DE 2016

Enunciado 1. Na Ata Notarial para usucapião, o Tabelião deve atestar evidências do tempo da posse. Esta ação é requisito legal sacramental e não indica que o Tabelião acompanhou a constatação todo o tempo. Por isso, a responsabilidade administrativa, civil e penal só pode ser oriunda da conduta dolosa;

Enunciado 3. A Ata Notarial para usucapião poderá ser feita com base na certidão negativa do registro de imóveis;

XXII CONGRESSO DE DIREITO NOTARIAL. OCORRIDO EM JUNHO DE 2017

Enunciado 1. A ata notarial para fins de usucapião extrajudicial tem conteúdo econômico.

2. JURISPRUDÊNCIA COMPLEMENTAR

SUPERIOR TRIBUNAL DE JUSTIÇA

EMENTA: Civil E Processual Civil – Recurso Especial – Ação De Reparação Por Danos Morais – Cerceamento De Defesa – Ausência De Indicação Do Dispositivo Legal Violado – Prequestionamento

Parcial – Negativa De Prestação Jurisdicional – Inocorrência – Ônus Da Prova – Publicização De Mensagens Enviadas Via WhatsApp – Ilicitude – Quebra Da Legítima Expectativa E Violação À Privacidade E À Intimidade – Julgamento: CPC/2015.1. Ação de reparação de danos morais ajuizada em 29/10/2015, da qual foi extraído o presente recurso especial interposto em 10/08/2020 e atribuído ao gabinete em 17/11/2020. 2. O propósito recursal consiste em decidir, além da ocorrência de negativa de prestação jurisdicional, acerca do ônus da prova e se a divulgação pública de mensagens trocadas via WhatsApp caracteriza ato ilícito apto a ensejar a responsabilização por eventuais danos decorrentes da publicização.

2. O inconformismo relativo ao cerceamento de defesa encontra óbice no enunciado da Súmula 284/STF, devido à ausência de indicação do dispositivo legal supostamente violado.

3. A ausência de decisão acerca de dispositivo legal indicado como violado impede o conhecimento do recurso especial (Súmula 211/STJ).

4. É firme a jurisprudência do STJ no sentido de que não há ofensa ao art. 1.022 do CPC/15 quando o Tribunal de origem, aplicando o direito que entende cabível à hipótese, soluciona integralmente a controvérsia submetida à sua apreciação, ainda que de forma diversa daquela pretendida pela parte. Ademais, devidamente analisadas e discutidas as questões de mérito, e fundamentado o acórdão recorrido, de modo a esgotar a prestação jurisdicional, não há que se falar em violação ao art. 489 do CPC/2015.

5. O art. 373, incisos I e II, do CPC/2015 define a distribuição fixa do ônus da prova, de modo que que ao autor incumbe provar o fato constitutivo de seu direito; ao réu, o fato impeditivo, modificativo ou extintivo do direito do autor. Aplicando-se tal norma à espécie, tem-se que ao autor (recorrido) cabia comprovar a divulgação indevida das mensagens trocadas no grupo de WhatsApp e, segundo as instâncias de origem, desse ônus se desincumbiu.

6. O sigilo das comunicações é corolário da liberdade de expressão e, em última análise, visa a resguardar o direito à intimidade e à privacidade, consagrados nos planos constitucional (art. 5º, X, da CF/88) e infraconstitucional (arts. 20 e 21 do CC/02). No passado recente, não se cogitava de outras formas de comunicação que não pelo tradicional método das ligações telefônicas. Com o passar dos anos, no entanto, desenvolveu-se a tecnologia digital, o que culminou na criação da internet e, mais recentemente, da rede social WhatsApp, o qual permite a comunicação instantânea entre pessoas localizadas em qualquer lugar do mundo. Nesse cenário, é certo que não só as conversas realizadas via ligação telefônica, como também aquelas travadas através do WhatsApp são resguardadas pelo sigilo das comunicações. Em consequência, terceiros somente podem ter acesso às conversas de WhatsApp mediante consentimento dos participantes ou autorização judicial.

7. Nas hipóteses que em que o conteúdo das conversas enviadas via WhatsApp possa, em tese, interessar a terceiros, haverá um conflito entre a privacidade e a liberdade de informação, revelando-se necessária a realização de um juízo de ponderação. Nesse aspecto, há que se considerar que as mensagens eletrônicas estão protegidas pelo sigilo em razão de o seu conteúdo ser privado; isto é, restrito aos interlocutores. Ademais, é certo que ao enviar mensagem a determinado ou a determinados destinatários via WhatsApp, o emissor tem a expectativa de que ela não será lida por terceiros, quanto menos divulgada ao público, seja por meio de rede social ou da mídia. Assim, ao levar a conhecimento público conversa privada, além da quebra da confidencialidade, estará configurada a violação à legítima expectativa, bem como à privacidade e à intimidade do emissor, sendo possível a responsabilização daquele que procedeu à divulgação se configurado o dano. A ilicitude da exposição pública de mensagens privadas poderá ser descaracterizada, todavia, quando a exposição das mensagens tiver o propósito de resguardar um direito próprio do receptor.

8. Na espécie, o recorrente divulgou mensagens enviadas pelo recorrido em grupo do WhatsApp sem o objetivo de defender direito próprio, mas com a finalidade de expor as opiniões manifestadas pelo emissor. Segundo constataram as instâncias ordinárias, essa exposição causou danos ao recorrido, restando caracterizado o nexo de causalidade entre o ato ilícito perpetrado pelo recorrente e o prejuízo experimentado pela vítima.

9. Entre os acórdãos trazidos à colação não há similitude fática, elemento indispensável à demonstração da divergência, nos termos do art. 1029, §1º, do CPC/2015 e 255, § 1º, do RISTJ. 11. Recurso especial parcialmente conhecido e, nessa parte, desprovido. (STJ – RECURSO ESPECIAL Nº 1903273 – PR (2020/0284879-7) – 3ª Turma – Rel. MINISTRA NANCY ANDRIGHI – j. 24 de agosto de 2021).

⊙ TRIBUNAL DE JUSTIÇA DO ESTADO DE SÃO PAULO CORREGEDORIA-GERAL DA JUSTIÇA

▸ **EMENTA:** Procedimento disciplinar – ata notarial – afirmação de que o conteúdo da ata não reflete os fatos presenciados pelo preposto do tabelião – necessidade de dilação probatória – anulação da sentença, com retorno dos autos para colheita da prova (PROCESSO Nº 2014/118580 – SÃO PAULO). Excelentíssimo Senhor Corregedor Geral da Justiça. Cuida-se de recurso administrativo tirado em face de sentença que determinou o arquivamento dos autos em que se examinou eventual falta disciplinar do 4º TN. O pedido de providências, que deu início ao procedimento, deu conta de que o preposto do tabelião lavrou ata notarial cujo conteúdo é dissociado da realidade dos fatos. O tabelião manifestou-se pela lisura do procedimento de seu preposto. Esse, por sua vez, foi ouvido e, conquanto inicialmente, não se recordasse de detalhes dos fatos, acabou por confirmar o conteúdo da ata. O interessado, autorizado pelo juízo de primeiro grau, juntou aos autos declarações de testemunhas, que vão de encontro ao que foi aposto na ata notarial. O juízo de primeiro grau, porém, arquivou o procedimento, baseado no argumento de que, formalmente, a ata está perfeita e, quanto aos fatos nela narrados, caberá à instância própria valorar a prova que se queira fazer por meio do documento público. O Ministério Público, ouvido na fase de conhecimento e após a sentença, opinou pela necessidade da produção de provas. *Passo a opinar.* Guardado o devido respeito ao juízo de primeiro grau, entendo que a sentença deva ser anulada, tornando os autos à origem, para dilação probatória. A reclamação do interessado é clara. Ele diz que os fatos descritos na ata notarial não se coadunam com a realidade efetivamente presenciada pelo preposto do tabelião. Em termos claros: o preposto viu uma coisa, mas consignou outra na ata. A mídia juntada pelo interessado e as declarações de fls. 144/151 vão no mesmo sentido. O preposto do tabelião teria distorcido os fatos presenciados. Ora, diante desse quadro, caberia ao juízo de primeiro grau alargar a dilação probatória. A sentença pautou-se, tão somente, no testemunho do próprio preposto que lavrou a ata e no argumento de que ela foi lavrada conforme sua percepção, cabendo à instância própria a valoração da prova que vier a ser feita por intermédio desse documento público. Contudo, o problema, aqui, não é discutir o valor probatório da ata notarial. O que o interessado discute é a dissonância entre o conteúdo da ata e o que realmente aconteceu. Assim, cabe a dilação para que se amealhe o máximo de elementos probatórios, a fim de que o juízo de primeiro grau decida se há base para se afirmar que o documento foi mal lavrado, do que, em tese, poderia advir sanção disciplinar. O conteúdo da ata notarial está longe de ser irrelevante. Ao contrário. Ela visa, como apontado na própria sentença, à captação, pelo notário, de uma determinada situação, de um determinado fato. O notário capta esse fato e transmite sua percepção ao documento. Cuidando-se de ata de presença, é patente o conteúdo probatório que se busca com a lavratura. Ora, se as coisas se passam dessa maneira, é evidente a necessidade de que a ata seja lavrada de acordo com a correta e honesta descrição dos fatos. E é exatamente isso que o interessado afirma que o preposto não fez. Segundo Paulo Roberto Gaiger Ferreira e Felipe Leonardo Rodrigues, *"o tabelião deve narrar os fatos constatados com clareza e objetividade, com acuidade e precisão fática, linguística e gramatical. A ata deve distinguir com clareza o que é atestado pela fé do notário do que é percebido e declarado pelas partes ou por terceiros intervenientes"* (Ata Notarial, Quartier Latin, 2010, p. 139). Logo, cabe ao juízo de primeiro grau esgotar, ao menos, a prova oral, para perquirir se, de fato, a ata notarial foi precisa, se refletiu exatamente o que ocorreu na presença do preposto. Para tanto, conforme já se vislumbrara no termo de fl. 137, devem ser ouvidos aqueles que prestaram declarações escritas, a interessada na lavratura da ata notarial e, até mesmo, a critério do juízo de primeiro grau, os advogados mencionados na ata. Tudo isso com o objetivo de se perquirir se o conteúdo da ata notarial refletiu, exatamente, aquilo que foi presenciado pelo preposto. Evidentemente – porque se trata de matéria de direito – o juízo de primeiro grau, depois de produzida a prova, terá ampla liberdade para decidir se o tabelião pode ser responsabilizado, disciplinarmente, por ato de seu preposto. Diante do exposto, o parecer que, respeitosamente, submeto a Vossa Excelência, é no sentido de anular a sentença, retornando os autos à origem para dilação probatória. *Sub censura*. São Paulo, 26 de agosto de 2014. Swarai Cervone de Oliveira Juiz Assessor da Corregedoria

⊙ TRIBUNAL DE JUSTIÇA DO ESTADO DO RIO DE JANEIRO

▶ EMENTA: DECISÃO ALVEJADA QUE DECLAROU NULA ASSEMBLEIA GERAL ORDINÁRIA PARA APROVAÇÃO DAS CONTAS DO EXERCÍCIO DO ANO DE 2010, EM RAZÃO DO NÃO ATENDIMENTO DE DETERMINAÇÃO JUDICIAL ANTERIOR. 1) Do exame das Atas Notariais acostadas aos autos, lavradas por escreventes de Ofícios de Notas que acompanharam a assembleia realizada no dia 25 de maio do corrente ano para a aprovação das contas do exercício de 2010, extrai-se que os comandos expressos em decisão anterior não foram corretamente cumpridos. 2) Assim é que, contrariando os termos do referido decisum, a lista de presença para instalação da AGO foi disponibilizada muito antes do início do ato e, ainda, os sócios votantes não foram regularmente identificados, circunstâncias que, a toda evidência, além de evidenciarem manifesto descumprimento à decisão judicial, comprometem a lisura do ato, sobre o qual não podem pairar dúvidas. 3) Recurso ao qual se nega provimento. (TJRJ – Ag. Inst. 0039068-69.2011.8.19.0000, DES. HELENO RIBEIRO P NUNES 18ª. C. Civ. – Julgamento: 18/10/2011)

3. QUESTÕES DE CONCURSOS

01. (IESES – Titular de Serviços de Notas e Registros – TJ – TO – Provimento/2022) Em relação à ata notarial de "internet" assinale a alternativa correta:

a) A ata notarial de internet só terá força de prova judicial após solicitação do tabelião ao juízo competente.
b) Na ata notarial de internet o tabelião deve acessar o endereço (página/site) relatando, de forma fiel, o que está presente, devendo conter o acesso, data, horário e o endereço virtual acessado para lavratura da ata.
c) Ao elaborar a ata notarial de internet o tabelião pode escolher quais informações serão inseridas no documento, pois deve constar as informações mais importantes, sendo dispensadas informações que o tabelião julgar desnecessárias.
d) Na lavratura da ata notarial de "internet" não podem ser inseridas imagens dos endereços eletrônicos acessados, em razão do princípio da legalidade.

02. (Vunesp – Outorga de Delegação de Notas e Registros – TJ – GO/2021) Em conformidade com o Código de Normas, a ata notarial será lavrada

a) em livro específico, cuja abertura, para essa finalidade, é obrigatória.
b) no Livro de Escrituras, podendo ocorrer a abertura de livro específico por determinação da Corregedoria.
c) no Livro de Protocolo de Notas, o qual poderá ser desdobrado, segundo a conveniência do tabelião de notas.
d) no Livro de Escrituras, facultando-se a abertura de livro específico quando o volume do serviço assim o justificar.

03. (FGV – Titular de Serviço de Notas e Registros – TJ – SC/2021) Eleonora, que reside nas proximidades de uma indústria de utensílios náuticos, estava muito incomodada com a intensidade dos ruídos produzidos. Por tal razão, solicitou ao Tabelionato de Notas da respectiva circunscrição que comparecesse ao local e lavrasse um "documento" descrevendo a intensidade dos ruídos. Com isso, almejava utilizar o "documento" como início de prova, de modo a constituir um advogado e ajuizar a ação cabível em face da sociedade empresária que explorava a referida indústria. Ao receber a solicitação de Eleonora, o tabelião de notas deve:

a) atendê-la, comparecendo ao local e lavrando ato formal no qual irá descrever a intensidade dos ruídos conforme os seus sentidos, entregando-o a Eleonora;
b) indeferi-la de plano, pois a sistemática legal vigente não permite que o tabelião lavre atos formais descrevendo aspectos da realidade, conforme a sua apreensão;
c) indeferi-la de plano, pois, apesar de o tabelião poder lavrar atos formais descrevendo aspectos da realidade, conforme os seus sentidos, não pode fazê-lo quando exigida perícia;
d) indeferi-la de plano, pois a lavratura de ato formal, descrevendo aspectos da realidade conforme a sua apreensão, pressupõe determinação do juízo competente;
e) atendê-la, comparecendo ao local e lavrando ato formal no qual irá descrever a intensidade dos ruídos conforme a sua percepção, lacrando-o e encaminhando ao juízo competente.

04. (FGV – Titular de Serviço de Notas e Registros – TJ – SC/2021) João compareceu perante um tabelião de notas do Estado de Santa Catarina e solicitou a degravação de mídia eletrônica de vídeo, com gravação de sentença proferida de forma oral. À luz da sistemática vigente, o tabelião deve:

a) realizar a degravação pretendida, podendo conferir a autenticidade do arquivo digital fornecido, diretamente com a unidade jurisdicional em que tramita a demanda;
b) indeferir de plano a solicitação formulada, pois somente a serventia judicial do respectivo juízo pode proceder à degravação pretendida;
c) indeferir de plano a solicitação formulada, pois os Tabelionatos de Notas não podem praticar atos dessa natureza;
d) solicitar autorização prévia ao juízo perante o qual tramitou a demanda, para que possa realizar a degravação pretendida;
e) realizar a degravação pretendida, salvo se o processo tramitar ou tiver tramitado em segredo de justiça.

05. (Cespe – Notários e Oficiais de Registro – Remoção – TJ – DFT/2019) De acordo com a Lei n.° 8.935/1994, é ato de competência exclusiva do tabelião de notas

a) lavrar atas notariais.
b) formalizar juridicamente a vontade das partes.
c) averbar o cancelamento de protesto.
d) registrar nascimentos.
e) autenticar livros empresariais.

06. (IESES – Titular de Serviços de Notas e de Registros – Remoção – TJ – SC – 2019) Com referência à ata notarial, pode-se afirmar que:

a) A Ata Notarial não constitui, segundo o Código de Processo Civil, prova pré-constituída.
b) Na ata notarial o Oficial faz um juízo de valor sobre os fatos a ele apresentados.
c) A ata notarial pode ser lavrada pelo Tabelião de Notas ou por preposto por ele autorizado.
d) A Ata Notarial não comporta a inclusão de arquivos eletrônicos.

07. (Cespe – Notários e Oficiais de Registro – Provimento – TJ – DFT/2019) Flávia, após descobrir que determinado sítio veiculava suas fotos sem a sua autorização, fez em seu computador a captura da tela com tais imagens e, temendo que o mantenedor da página virtual suprimisse as fotos, decidiu fazer um registro formal. Por isso, ela foi orientada a realizar escritura pública para atender a essa finalidade.

Nessa situação,

a) não é cabível nenhuma medida notarial para o registro da situação, uma vez que não há na legislação a possibilidade de consignar o fato em tabelionato.
b) é cabível o registro da situação por ata notarial, na qual o tabelionato de notas descreverá fielmente os fatos, fazendo constar, também, as imagens no referido instrumento.
c) é cabível o registro da situação por meio de escritura pública, na qual o tabelionato de notas descreverá fielmente os fatos, fazendo constar, também, as imagens no referido instrumento.
d) Flávia deverá, por meio de ação judicial, pleitear o registro da situação, que, após determinação do magistrado, será feito por meio de escritura pública.
e) é cabível o registro da situação por meio tanto de ata notarial como de escritura pública em tabelionato de notas, pois ambos os instrumentos servem ao fim pretendido por Flávia.

08. (Consulplan – Outorga das Delegações de Notas e de Registros – Provimento – TJ – MG/2018) "Pessoa capaz requer a um tabelião no estado de Minas Gerais a realização de ata notarial para comprovar um fato e paga os emolumentos correspondentes. Ao verificar os fatos, o tabelião se depara com situação que, a seu juízo, constitui conduta comissiva de crime de ação penal pública incondicionada. Então, o tabelião realiza a diligência e prepara o ato, narrando os fatos segundo seus sentidos. Após lavrar a ata notarial, o requerente recusa-se a assiná-la e manifesta que 'o documento contém narrativa de fatos contrários a seu interesse; se soubesse que seria assim, não teria pedido'." Na hipótese,

a) o tabelião deverá promover suscitação de dúvida notarial.
b) o tabelião deverá promover cancelamento da ata notarial no juízo de registros públicos e devolver os emolumentos correspondentes.
c) o tabelião não deverá concluir o ato, ante a manifestação tempestiva de desistência da parte, mas serão devidos os emolumentos, que então não serão devolvidos, e deverá comunicar o fato criminoso à autoridade policial ou ao Ministério Público.
d) o tabelião deverá concluir a lavratura da ata notarial e anotará, no campo destinado à assinatura do requerente, a circunstância de que ele recusara-se a assiná-la e deverá comunicar o suposto crime à autoridade policial ou ao Ministério Público e não devolverá os emolumentos.

09. (UFPR – Outorga das Delegações – Remoção – TJ – PR/2019) Com relação às atas notariais, identifique como verdadeiras (V) ou falsas (F) as seguintes afirmativas:

( ) A formalização de ata notarial deverá necessariamente ser realizada dentro do horário de funcionamento da Serventia.
( ) A formalização de ata notarial deverá necessariamente ser realizada dentro dos limites territoriais da delegação notarial.
( ) A formalização da ata notarial deverá ser realizada pelo Oficial sozinho, o qual não poderá lançar mão do auxílio de outros profissionais, tais como peritos.
( ) A ata deverá limitar-se a um texto escrito, não podendo conter imagens, vídeos ou gravações digitais em arquivos eletrônicos.

Assinale a alternativa que apresenta a sequência correta, de cima para baixo.

a) V – V – F – V.
b) F – V – F – F.
c) V – V – V – F.
d) V – F – V – V.
e) F – F – F – V.

10. (IESES –Cartório – Remoção – TJ – AM/2018) Aos tabeliães de notas compete com exclusividade:

a) Intervir nos atos e negócios jurídicos a que as partes devam ou queiram dar forma legal ou autenticidade, autorizando a redação ou redigindo os instrumentos adequados, conservando os originais e expedindo cópias fidedignas de seu conteúdo.
b) Autenticar fatos.
c) Lavrar atas notariais.
d) Formalizar juridicamente a vontade das partes.

11. (IESES –Cartório – Provimento – TJ – AM/2018) Em relação a ata notarial é correto afirmar que:

a) A ata notarial pode ser solicitada por pessoa capaz, pelos relativamente incapazes, por procuradores e por pessoa jurídica.
b) As atas notariais somente podem ser lavradas de segunda a sexta das 09 horas as 17 horas.
c) Ao elaborar a ata notarial o notário deve narrar o fato conforme a vontade do solicitante e das eventuais testemunhas, sendo permitido em casos excepcionais a interpretação das situações conforme a convicção do notário.
d) Para lavrar uma ata notarial não é necessária a presença do tabelião, podendo o solicitante levar um resumo dos fatos que deseja ver reconhecidos e solicitar que os mesmos sejam autenticados para que venham a equivaler a ata notarial.

12. (IESES – Cartório – Provimento – TJ – CE/2018) Sobre ata notarial é INCORRETO afirmar:

a) Pode ter como objeto ato ilícito.
b) Não pode ser requerida, em nenhuma hipótese, por relativamente incapaz, pois a prova da capacidade é condição para a plena aferição do princípio notarial rogatório.
c) Apesar de ser livre a escolha do Tabelião, não poderá este se deslocar para Município diverso do da delegação para atestar a posse e lavrar ata para fins de usucapião extrajudicial, especialmente quando o bem não for contíguo ou lindeiro à sua Comarca.
d) Constituiu requisito obrigatório para usucapião extrajudicial.

13. (Cespe – Notário-AC/2006) A respeito das atribuições dos tabeliães de notas, julgue os itens que se seguem. Aos tabeliães de notas compete com exclusividade lavrar, mediante solicitação, ata notarial, que pode ser corretamente definida como a narrativa objetiva de fato verificado ou presenciado pelo notário, sem seu juízo de valor, e, sendo o notário detentor da fé pública, a ata constitui prova pré-constituída e goza de credibilidade plena para fins de prova em juízo ou em qualquer outra situação de fato ocorrido.

14. (Vunesp – Notário-MS/2009) Dentre outras atribuições, compete, com exclusividade, aos tabeliães de notas

a) formalizar juridicamente a vontade das partes.
b) lavrar atas notariais.
c) autenticar fatos.
d) intervir nos atos a que as partes devam dar forma legal.
e) intervir nos negócios jurídicos a que as partes queiram dar autenticidade.

15. (FCC – Cartório – TJ – PE/2013) Quanto aos atos dos tabeliães de notas, é correto afirmar:

a) Uma mesma pessoa não poderá praticar atos notariais, simultaneamente, como representante do outorgante e do outorgado, se os interesses das partes forem aparentemente conflitantes, mesmo que investido de poderes específicos ou especiais de mandatário pelas partes a serem representadas.
b) Sendo dois ou mais mandatários nomeados no mesmo instrumento, com declaração de que são mandatários conjuntos, não terá eficácia o ato praticado sem a interferência de todos, salvo havendo ratificação, que valerá a partir de sua realização.
c) Outorgado o mandato com a cláusula "em causa própria", a sua revogação não terá eficácia, mas se extinguirá pela morte de qualquer das partes, ficando o mandatário ou procurador

dispensado de prestar contas, mas impedido de transferir para si os bens móveis ou imóveis objeto do mandato, resolvendo-se em perdas e danos.

d) O mandato em termos gerais só confere ao procurador outorgado poderes de administração. Para fins de alienar, dispor, transferir domínio, direito e ação, hipotecar, gravar ou praticar quaisquer outros atos que exorbitem da administração ordinária, depende a procuração de poderes especiais, com expressa menção e referência aos bens móveis e imóveis que poderão ser alienados ou gravados pelo mandatário.

e) Ata notarial é a narração real de fatos verificados pessoal e exclusivamente pelo tabelião e conterá: I – local, data de sua lavratura e hora; II – nome e qualificação do solicitante; III – narração circunstanciada dos fatos; IV – declaração de haver sido lida ao solicitante e, sendo o caso, às testemunhas; V – assinatura do solicitante ou de alguém a seu rogo e, sendo o caso, das testemunhas; VI – assinatura e sinal público do tabelião.

16. (IESES – Cartório – TJ – PA/2016) A principal distinção entre ata notarial e escritura pública:

a) Na ata não há qualificação notarial e aconselhamento por parte do Tabelião, o que ocorre somente na escritura pública.

b) A ata notarial não tem natureza autenticatória.

c) A escritura pública tem o condão de constituir atos e negócios jurídicos e a ata notarial tem caráter descritivo de fatos.

d) A escritura tem fé pública legal, ao contrário da ata notarial.

17. (IESES – Cartório – TJ – PA/2016) Indique a alternativa INCORRETA:

a) O juízo de valores sobre fatos escapa ao alcance da ata notarial.

b) O instrumento notarial se presta a prevenir litígios e a abreviá-los, diante da qualidade da prova que constituem.

c) O controle da lavratura da ata notarial é exclusivo do notário, por se tratar de ato unilateral de sua exclusiva competência, sem que o requerente possa contestar ou refutar o que nela constar.

d) O tabelião deve fazer um juízo de valor sobre os fatos por ele percebidos antes da lavratura da ata notarial.

18. (IESES – Cartório – Provimento – TJ – RO/2017) Assinale a alternativa correta:

a) De acordo com a Lei n. 6.015/1973, poderá o Tabelião de Notas, excepcionalmente e apenas nas hipóteses previstas nos respectivos Código de Normas Estaduais, praticar atos de seu ofício fora do Município para o qual recebeu a concessão.

b) É expressamente vedado o uso da ata notarial com o fim de perpetuar conteúdo de páginas da internet.

c) Dá-se o reconhecimento de firma por semelhança quando o tabelião afirma que a assinatura é de determinada pessoa, pois o ato foi assinado na sua presença, após a pessoa ter sido identificada por ele.

d) Diz-se que o notariado brasileiro é do tipo latino, exercendo ele (o tabelião) função pública em caráter privado, com remuneração direta pelos interessados, que se verifica com o pagamento dos emolumentos.

19. (IESES – Cartório – Provimento – TJ – RO/2017) Assinale a alternativa correta:

a) Denomina-se traslado ou translado de escritura pública a via original deste documento que fica arquivada em livro próprio no cartório.

b) Em razão do princípio da boa-fé, as certidões expedidas por Tabeliães revestem-se de presunção absoluta, também chamada de "juris es de jure".

c) Atualmente, coincidem os conceitos de certidão e traslado, pois ambas se destinam a documentar situação fática controvertida.

d) Ata notarial possui várias acepções admitidas pela doutrina brasileira, podendo-se também afirmar como correta, dentre tantas outras, a seguinte: "Ata notarial é registro de ato ou fato solicitado ao tabelião de notas por interessado, para que os transponha fielmente em palavras, indicando pessoas e ações que os caracterizam".

GAB	1	B	2	D	3	A	4	A	5	A
	6	C	7	B	8	D	9	B	10	C
	11	A	12	B	13	CERTO			14	B
	15	D	16	C	17	D	18	D	19	D

Lei 8.935/1994

IV – reconhecer firmas;

1. COMENTÁRIOS

Firma é assinatura. Reconhecimento de firma é a certificação de autoria de assinatura em documento.

Assim, o reconhecimento de firma é o ato pelo qual o Tabelião, dotado de fé pública, atesta que a assinatura em um documento corresponde à da pessoa que a realizou.

Equivale dizer, é uma declaração pela qual o tabelião confirma a autenticidade ou semelhança da assinatura de determinada pessoa em um documento.

Frise-se que **não se refere ao teor do documento, mas tão somente à autenticidade da assinatura**, ou seja, no ato do reconhecimento de firma, o tabelião de notas é responsável unicamente pela análise da assinatura constante do documento a ele apresentado.

As **modalidades** de reconhecimento de firma são: por autenticidade e por semelhança. Em ambos os casos, é necessário abrir um cartão de assinaturas. A modalidade de reconhecimento a ser utilizada é determinada por eventual exigência legal ou pela solicitação do destinatário do documento.

O **reconhecimento de firma por autenticidade** consiste no ato de reconhecimento de assinatura em que o usuário comprova, pessoalmente, que é signatário do documento apresentado para o reconhecimento de firma. Para tanto deve assinar, perante o Tabelião, o documento que pretende ter a firma reconhecida como autêntica. Dessa forma, caso o documento já esteja assinado, será exigida nova assinatura no documento. Além disso, no momento do comparecimento deverá o usuário assinar, além do documento, um termo em livro próprio do Tabelionato. Esse termo é a prova da aposição da assinatura perante o tabelião.

Assim, reputa-se autêntico o reconhecimento de firma em que o autor que possua autógrafo em cartão, livro ou ficha arquivado na serventia, após ser devidamente identificado pelo tabelião de notas, seu substituto ou escrevente, assinar o documento em presença do tabelião ou declarar-lhe que é sua a assinatura já lançada, repetindo-a no cartão ou livro de autógrafos.

Há uma doutrina que defende a existência do reconhecimento por semiautenticidade. Esse ocorre quando a pessoa, conhecida ou identificada pelo Tabelião, declara que a assinatura já lançada é de sua autoria. No entanto, trata-se de uma doutrina minoritária.

É oportuno também registrar a nova regra prevista no art. 411 do novo Código de Processo Civil (Lei 13.105/2015), que considera autêntico o documento quando o tabelião reconhece a firma do signatário (art. 411, I).

O novo CPC trouxe uma inovação no art. 413, ao dispor que "o telegrama, o radiograma ou qualquer outro meio de transmissão tem a mesma força probatória do documento particular se o original constante da estação expedidora tiver sido assinado pelo remetente. Parágrafo único: A firma do remetente poderá ser reconhecida pelo tabelião, devendo essa circunstância ser declarada no original depositado na estação expedidora."

Por sua vez, o **reconhecimento de firma por semelhança** é aquele realizado quando o tabelionato certifica que a assinatura aposta no documento confere com a assinatura depositada em sua ficha padrão, dispensando o comparecimento pessoal para o ato de reconhecimento de firma.

Sobre a ficha padrão, é pertinente apresentar o art. 106 do Código Nacional de Normas, que regulamenta a proteção de dados nos Tabelionatos de Notas:

> "Art. 106. A emissão e o fornecimento de certidão de ficha de firma e dos documentos depositados por ocasião de sua abertura somente poderão ser realizados a pedido do titular referido nos documentos, seus representantes legais e mandatários com poderes especiais ou mediante decisão judicial".

O reconhecimento de firma por semelhança pode ter valor econômico ou não, dependendo do conteúdo ou da natureza do documento. Nesse tipo de reconhecimento, o tabelião de notas, seu substituto ou escrevente, compara a assinatura com aquela presente em seus cartões, livros ou fichas de autógrafos, verifica a semelhança e declara essa circunstância no documento.

De outro giro, o **reconhecimento de firma por abono**, em que uma terceira pessoa confirma a assinatura de outra, declarando-a como sendo do respectivo signatário, é uma prática vedada. Excepcionalmente, algumas Corregedorias, por meio de suas normas de serviço, admitem essa prática apenas em casos de réu preso, onde o advogado apresenta uma procuração ad judicia e o documento visado pelo Diretor do Presídio, com identificação por carimbo. É importante estar atento às normativas estaduais para conhecer os elementos essenciais à abertura de fichas ou cartões de autógrafos.

Registre-se que é vedado o reconhecimento de firma em documentos **sem data, com espaços em branco ou incompletos.**

Também **não há falar em necessidade de assistência do representante para o reconhecimento de firma de um menor púbere**. Evidentemente, o reconhecimento de firma, sendo um ato notarial voltado apenas à verificação da semelhança ou autenticidade de uma assinatura, não valida nem invalida o ato jurídico em que a assinatura foi lançada. Se o incapaz participou irregularmente do ato jurídico, o reconhecimento de firma não convalidará o ato.

É válido o **reconhecimento de firma mesmo antes da vigência do contrato, ou seja, em documento pré-datado,** pois extravasa das funções notariais a apreciação das questões relativas à eficácia, vigência e validade dos documentos particulares submetidos a simples reconhecimento de firmas de seus signatários. Porém, **documentos pós-datados não podem ter sua firma reconhecida porque configuraria simulação.**

A Corregedoria-Geral da Justiça do Estado de São Paulo discutia a regularidade de ato de reconhecimento de firma em documentos pós-datado. Chegou-se à conclusão de que a função do reconhecimento de firma é apenas a de **verificar a assinatura – não a validade e eficácia do negócio jurídico**. Eventual nulidade do negócio deve ser buscada na via jurisdicional, concluiu (Processo 41.659/2015, Ferraz de Vasconcelos, dec. de 23/6/2015, DJ 7/7/2015, des. Elliot Akel).

É possível o reconhecimento por semelhança de assinatura de pessoa já falecida.

Além das hipóteses analisadas, apresento aqui outras em que o reconhecimento de firma é possível. Veja-se:

a) Em todos os casos em que o documento seja datado, íntegro (sem espaços em branco, entrelinhas, contrário à ordem pública, moral e bons costumes) e que a firma seja manuscrita (do próprio punho e letra do firmante) e feita com uso de instrumento, substância ou tinta indelével. Exemplos: firma feita com caneta esferográfica, *roller ball*, tinteiro, gel, com ponta porosa e tinta de qualquer cor, desde que visível no caso de cópia do documento.

b) Em contrato feito no Brasil em idioma estrangeiro com base no alfabeto ocidental. Algumas normativas estaduais pedem para ressalvar no próprio documento, dessa maneira: "Este documento para produzir efeitos no Brasil e para valer contra terceiros deve ser traduzido e a tradução registrada no Registro de Títulos e Documentos".

c) Em firmas eletrônicas e firmas por chancela.

d) Em documento assinado por pessoa analfabeta ou semianalfabeta. É possível reconhecer a assinatura de pessoa analfabeta que saiba desenhar o nome, ou semialfabetizada. O notário deve, nestes casos, preencher a ficha e atestar esta situação. Algumas normativas estaduais preveem a presença de dois apresentantes devidamente qualificados.

e) Em título de crédito, dentre outros. Recomenda-se o reconhecimento de assinatura por autenticidade, bem como nos recibos de quitação, para que o Tabelião fique resguardado de eventuais demandas judiciais. Se a parte insistir na modalidade semelhança, o notário deve consignar no próprio ato que o reconhecimento foi feito a pedido do interessado.

f) Em documento assinado por menores entre 16 e 18 anos. É permitida a abertura de cartão de assinatura para menores entre 16 e 18 anos. Todavia, esta circunstância deve ser mencionada a depender do disposto da normativa estadual. Ademais, o notário deve averiguar se o documento exige assistência nos atos e negócios jurídicos, pois para os atos que extrapolem a mera administração é necessário o alvará judicial.

g) Em documento de transferência de veículo. Neste caso, é obrigatório o reconhecimento por autenticidade.

h) De documento redigido em língua estrangeira. Felipe Leonardo Rodrigues ensina que "da mesma forma que é possível autenticar cópia deste tipo, é permitido reconhecer assinatura em documento redigido em língua estrangeira (em caractere comum), destinado a produzir efeitos legais no Brasil. O notário deve apor o carimbo padronizado com a expressão "Este documento deverá ser vertido para o vernáculo e registrada a tradução para efeitos no Brasil e valer em relação a terceiros – Lei 6.015/73, arts. 129, item 6º e 148" (http://www.notariado.org.br/blog/?link=visualizaArtigo&cod=442).

i) Reconhecimento de razão social. O tema é polêmico, mas prevalece não haver impedimento legal que proíba, inclusive, várias normativas estaduais prescrevem a possibilidade. Felipe Leonardo Rodrigues sugere que "o tabelião declara a pessoa jurídica lançada e o nome do representante legal, mediante comprovação do registro do ato constitutivo da sociedade arquivo no tabelionato. Na ocasião do reconhecimento o notário deve consultar a JUCESP ou certidão não superior a 90 dias, sob declaração do representante legal que não houve alteração contratual" (http://www.notariado.org.br/blog/?link=visualizaArtigo&cod=442.).

Por outro lado, é **vedado** o reconhecimento de firma nos seguintes casos, entre outros:

a) Feita com uso de lápis ou outro material ou substancia delével;

b) Aposta em documento sem data;

c) Aposta em documento com espaços em branco, entrelinhas, rasuras ou outros sinais que tornem razoavelmente evidente a intenção de fraudar a lei;

d) Escrita em documento cujo conteúdo contrarie leis de ordem pública, a moral e bons costumes e que, por isso, podem prejudicar terceiros (ex. contrato de venda de órgão ou parte do corpo humano);

e) Que não é manuscrita (feita de próprio punho) como as reproduções por qualquer meio e processo da firma da pessoa, Ex. uso de fac-símiles, digitalização e impressão com impressora a jato de tinta ou laser.

Sobre reconhecimento de firma eletrônico, vide exposição detalhada no tópico 2, localizado ao final deste dispositivo em comento.

1.1 QUAIS DOCUMENTOS DE IDENTIFICAÇÃO PODEM SER APRESENTADOS PARA ABERTURA DO CARTÃO DE FIRMA?

- Carteira Nacional de Habilitação (Lei 9.503/1997)
- Carteira de exercício profissional expedida pelos entes criados por Lei Federal, nos termos da Lei nº 6.206/1975
- Passaporte
- Carteira de Trabalho e Previdência Social, modelo atual, informatizado
- Carteira de identificação funcional dos Magistrados, membros do Ministério Público e da Defensoria Pública
- A jurisprudência considera documento apto também o salvo-conduto e Laissez-passer, desde que, conjuntamente, seja apresentado, pelo estrangeiro, documento pessoal que permita sua segura identificação
- Cédula de Identidade de Estrangeiro, com número do Registro Nacional de Estrangeiro (RNE) e Carteira de Registro Nacional Migratório – CRNM, antiga CIE – Carteira de Identidade Estrangeira – Decreto n. 9.199, de 20 de novembro de 2017
- Passaporte do estrangeiro não residente no território nacional, salvo quando houver tratado internacional permitindo a aceitação do documento civil de identificação de seu país

1.2 AUTORIZAÇÃO DE VIAGENS DE CRIANÇAS E ADOLESCENTES

O Conselho Nacional de Justiça (CNJ), por meio da Resolução n. 131, alterou os procedimentos para a autorização de viagens de crianças e adolescentes ao exterior. De acordo com a nova regra, o reconhecimento de firma nas autorizações de pais ou responsáveis não precisa ser feito na presença do tabelião, ou seja, por autenticidade. Ele pode ser realizado com base em uma firma já registrada em cartório, ou, noutro dizer, por semelhança.

No que tange à autorização de **viagem nacional** para crianças e adolescentes, o mesmo CNJ editou a Resolução 295/2019, estabelecendo em seu art. 2º que:

> **Art. 2º** A autorização para viagens de criança ou adolescente menor de 16 anos dentro do território o nacional não será exigida quando:
>
> I – tratar-se de comarca contígua à da residência da criança ou do adolescente menor de 16 anos, se na mesma unidade federativa ou incluída na mesma região metropolitana; e
>
> II – a criança ou o adolescente menor de 16 anos estiver acompanhado:
>
> a) de ascendente ou colateral maior, até o terceiro grau, comprovado documentalmente o parentesco; e
>
> b) de pessoa maior, expressamente autorizada por mãe, pai, ou responsável, por meio de escritura pública ou de documento particular com firma **reconhecida por semelhança ou autenticidade.**
>
> Sobre o tema, é importante destacar que, em 4 de junho de 2020, o Conselho Nacional de Justiça editou o Provimento 103, que dispõe sobre a Autorização Eletrônica de Viagem (AEV) nacional e internacional para crianças e adolescentes até 16 anos desacompanhados de ambos ou de um de seus pais, nestes termos:**Art. 1º** Fica instituída a **Autorização Eletrônica de Viagem – AEV**, nacional e internacional, de crianças e adolescentes até 16 (dezesseis) anos desacompanhados de ambos ou um de seus pais, a ser emitida, exclusivamente, por intermédio do Sistema de Atos Notariais Eletrônicos – e-Notariado, acessível por meio do *link* www.e-notariado.org.br.
>
> Parágrafo único. O Colégio Notarial Brasil – Conselho Federal desenvolverá, em 60 (sessenta) dias, módulo do e-Notariado para a emissão da Autorização Eletrônica de Viagem.
>
> **Art. 2º** A Autorização Eletrônica de Viagem obedecerá a todas as formalidades exigidas para a prática do ato notarial eletrônico previstas no Provimento n. 100/2020 da Corregedoria Nacional de Justiça, bem como na Resolução CNJ n. 131, de 26 de maio de 2011, e na Resolução CNJ n. 295, de 13 de setembro de 2019.
>
> Parágrafo único: O ato eletrônico emitido com a inobservância dos requisitos estabelecidos nos atos normativos previstos no *caput* deste artigo é nulo de pleno direito, independentemente de declaração judicial.
>
> **Art. 3º** A emissão de Autorização Eletrônica de Viagem – AEV é facultativa, permanecendo válidas as autorizações de viagens emitidas em meio físico.

O Código Nacional de Normas também faz alusão à AEV, conforme segue:

> Art. 444. A Autorização Eletrônica de Viagem (AEV), nacional e internacional, de crianças e adolescentes até 16 anos desacompanhados de ambos ou um de seus pais, é emitida, exclusivamente, por intermédio do Sistema de Atos Notariais Eletrônicos (e-Notariado) nos termos do Provimento n. 103, de 4 de junho de 2020.

Assim, a Autorização Eletrônica de Viagem (AEV), pode ser emitida para crianças e adolescentes até 16 anos para viagens nacionais e internacionais de jovens desacompanhados de um de seus pais ou de ambos, a ser emitida, exclusivamente, por intermédio do Sistema de Atos Notariais Eletrônicos – e-Notariado.

O Colégio Notarial do Brasil – Conselho Federal (CNB/CF) lançou, na terça-feira, 7 de fevereiro de 2023, a Autorização Eletrônica de Viagem Internacional (AEV) para menores de 18 anos, por meio de um novo módulo integrado na plataforma e-Notariado. A novidade, fruto de um convênio com a Polícia Federal (PF), permite que pais ou responsáveis pelo menor emitam a autorização em formato digital, seja presencialmente em um tabelionato de notas, seja por meio de videoconferência.

O documento eletrônico é facultativo, permanecendo válidas as autorizações de viagens emitidas em meio físico, **e pode ser utilizada apenas nos casos em que a autorização judicial é dispensável.** São eles: em viagens nacionais, quando crianças e adolescentes de até 16 anos incompletos estiverem acompanhados de pessoa maior de idade que não seja pai, mãe, responsável ou ascendente/colateral maior, até o terceiro grau; quando se tratar de deslocamento para comarca contígua à residência dentro da mesma unidade federativa ou incluída na mesma região metropolitana; ou quando a criança ou o jovem possuir passaporte onde conste expressa autorização para viagem desacompanhada ao exterior. Para viagens internacionais, a autorização eletrônica pode ser apresentada quando crianças ou adolescentes menores de 18 anos forem viajar acompanhados de apenas um dos pais ou responsáveis, ou se forem viajar acompanhados de outros adultos ou sozinhos.

Para a assinatura do documento eletrônico, é imprescindível a realização de videoconferência para confirmação da identidade dos responsáveis, a utilização da assinatura digital notarizada pelas partes e a assinatura do Tabelião de Notas com o uso do certificado digital.

A **AEV não substitui os casos em que é exigida autorização judicial**, como quando a criança ou adolescente nascido em território nacional viajar para o exterior em companhia de estrangeiro residente ou domiciliado no exterior, mesmo se houver autorização de ambos os pais, ou quando um dos pais está impossibilitado de dar a autorização, por razões como viagem, doença, paradeiro ignorado ou discordância entre os genitores.

A AEV Internacional propicia um novo cenário de garantia de segurança jurídica e desburocratização de procedimentos para a vida dos brasileiros. Desde o início da pandemia, em 2020, os Cartórios de Notas deram início a um movimento sem retorno de digitalização de seus atos, e hoje contam com 100% de seus serviços em formato eletrônico, em uma plataforma única, nacional e online disponível a qualquer cidadão. São as palavras da Presidente do CNB, Gisele Barros.

1.3 O DECRETO 9.094/2017 E AS LEIS 13.460/2017 E 13.726/2018

A Lei 13.460/2017 dispõe sobre a participação, proteção e defesa dos direitos do usuário dos serviços públicos da administração pública.

Por sua vez, o Decreto 9.094/2017 estabelece a simplificação do atendimento prestado aos usuários dos serviços públicos, ratifica a dispensa do reconhecimento de firma e da autenticação em documentos produzidos no País e institui a Carta de Serviços ao Usuário.

Nos ensinamentos de João Pedro Lamana Paiva e Tiago Machado Burtet "necessário enfatizar que o Decreto n. 9.094/17 não regulamentou a Lei n. 13.460/17. Tal Decreto, por ser lançado com espeque no art. 84, *caput*, inciso VI, alínea "a" da Constituição Federal, alcança *status* similar ao de lei federal, integrando o rol dos Decretos Autônomos. Assim, embora refiram-se a temas similares, não guardam vínculo entre si. Apenas como reflexão introdutória, o uso de Decreto Autônomo pela Presidência da República não pode implicar no aumento de despesas para a Administração Pública. Infere-se se passar os atos de reconhecimento de firmas e de autenticações dos Notários para a Administração não importará no incremento de despesas para esta através de maior volume de material humano para a execução dos serviços e para a qualificação desta mão-de-obra, sem falar na responsabilidade civil avocada pela Administração. No cotejo entre a Lei e o Decreto é necessário identificar três pontos relevantes de distinção entre as citadas normas. O primeiro refere-se aos destinatários das normas. Enquanto a Lei n. 13.460/17 destina-se à administração pública direta e indireta da União, dos Estados, do Distrito Federal e dos Municípios (art. 1º, §1º), o Decreto n. 9.094/17 é destinado única e tão somente para os órgãos e as entidades do Poder Executivo federal (art. 1º, *caput*). *O segundo diz respeito à sua vigência. O art. 25 da Lei nº 13.460/17 apresentou uma escala de vigência em face da população dos Municípios, ao passo que o Decreto n. 9.094/17, pelo seu art. 24, entrou em vigor na data da sua publicação. E, ainda, os casos de dispensa de reconhecimento de firmas e autenticações, que são os que realmente dizem respeito às atividades notarial e registral. De um lado, o art. 5º, IX da Lei n. 13.460/17 explicita: "autenticação de documentos pelo próprio agente público, à vista dos originais apresentados pelo usuário, vedada a exigência de reconhecimento de firma, salvo em caso de dúvida de autenticidade"*. De outro, o art. 9º do Decreto n. 9.094/17 primeiro indica a dispensa de reconhecimento de firma e de autenticação para os documentos expedidos no País e destinados a fazer prova junto a órgãos e entidades do Poder Executivo federal; todavia, no art. 10, §1º explicita que a autenticação poderá ser feita pelo servidor público. Então, a Lei n. 13.460/17 mantém o ato de autenticação e explicita que será o servidor a fazê-lo, enquanto o Decreto n. 9.094/17 o dispensa, mas indica que poderá ser feito pelo servidor. Em que pese o art. 7º, V, da Lei n. 8.935/94, ato de autenticação não é nova atribuição da Administração Pública; já era possível se compreender tal autorização em decorrência dos atributos dos atos administrativos (presunção de legitimidade, legalidade e veracidade; autoexecutoriedade; imperatividade; e, tipicidade). Tais fatores de diferenciação servem de baliza para o agir da Administração Pública. Hoje, por exemplo, o INSS, sujeito ao Decreto n. 9.094/17, já pode dispensar o reconhecimento de firmas e autenticações se passar a fiscalizar o usuário quando da utilização do serviço público. Porém, as Secretarias Estaduais ou Municipais, por não estarem sujeitas ao Decreto n. 9.094/17, mas à Lei n. 13.460/17, deverão observar os prazos em que a lei entrará em vigor, dependendo da população de cada Município". (https://www.26notas.com.br/blog/?p=13592.).

De forma resumida, o Decreto 9.094/2017, destina-se às entidades e órgãos do Poder Executivo Federal, conforme disposto em seus artigos 1º e 9º, não se aplicando às exigências de reconhecimento de firma e autenticação requeridas pelos demais Poderes e outros entes federados (Estados, Distrito Federal e Municípios).

Evidencia-se que o artigo 9º **ressalva a exigência do reconhecimento de firma e da autenticação do documento quando "existir dúvida fundada quanto à autenticidade ou previsão legal".**

Importante frisar que o decreto também **não se aplica aos reconhecimentos de firma e autenticações requeridas entre particulares.** É que estes são serviços facultativos, não obrigatórios, que garantem a segurança jurídica entre empresas e cidadãos brasileiros.

Ainda sobre o tema, devemos citar a Portaria 2.860/2017, que dispõe sobre a apresentação de documento sem reconhecimento de firma e de cópia simples para solicitação de serviços no âmbito da Secretaria da Receita Federal do Brasil. Nos termos do art. 2º fica dispensado o reconhecimento de firma em documento apresentado à RFB, bastando a apresentação do seu original ou de sua cópia autenticada para que se possibilite o cotejamento da assinatura por parte do servidor público a quem o documento for apresentado, exceto quando:

I – houver dúvida fundada quanto à autenticidade da assinatura nele aposta; ou

II – existir imposição legal.

A recente **Lei 13.726/2018,** que racionaliza atos e procedimentos administrativos dos Poderes da União, dos Estados, do Distrito Federal e dos Municípios e institui o Selo de Desburocratização e Simplificação, não traz novidades quanto ao reconhecimento de firmas. Isso porque o Decreto 63.166, de 1968, já dispensava esse ato em documentos que transitam pela administração pública, direta e indireta.

A segurança jurídica é o principal fator de continuidade da utilização do reconhecimento de firma tanto pelos particulares, quanto pela Administração Pública.

Ademais, muito bem aclara Kelson Bandeira: "O tabelião ou seu escrevente, bem como o cartório, a comarca e o tribunal de justiça são devidamente identificados no ato do reconhecimento de firma e autenticação feito em cartório. Assim sendo, caso seja verificada alguma fraude saber-se-á exatamente quem a cometeu, sendo-lhe aplicada as medidas previstas na Lei 8.935/94 para sua responsabilização civil e administrativa. E, ainda, sua possível responsabilização criminal, com tipificação prevista no art. 300, do Código Penal (Falso reconhecimento de firma ou letra), com de pena de 1 a 5 anos de reclusão e multa. Caso o Estado ateste, através de seus servidores, como verdadeira a firma ou autêntica a cópia lhe apresentada sem que o procedimento seja feito no cartório, este será o ÚNICO responsável. O estado terá responsabilidade objetiva sobre a atestação feita (a nosso ver, isso acarretará, seguramente, um aumento do número de processos de indenização contra o estado e, consequentemente, majoração do número de precatórios), sendo o servidor público que avalizou a assinatura ou a cópia responsável criminalmente" (http://www.anoreg.org.br/).

Por sua vez, o **Conselho Nacional de Justiça destacou que a Lei 13.726/2018 não se aplica aos serviços notariais e registrais.** É que o corregedor nacional de Justiça, ministro Humberto Martins, publicou uma decisão, após Pedido de Providências 0002986-87.2019.2.00.0000 da Corregedoria-Geral da Justiça do Estado do Paraná, sobre a aplicação da Lei 13.726/2018.

Nos ensinamentos do ministro, "a atividade extrajudicial brasileira, por força do disposto no art. 236 da Constituição Federal, apresenta-se como delegação do poder público, porém, exercida em caráter privado. Esta característica do serviço extrajudicial brasileiro é de fundamental importância para que se possa concluir pela aplicação ou não da lei da desburocratização aos serviços notariais e registrais do país."

Na decisão, o corregedor nacional afirma que, portanto, a lei desburocratiza as relações do cidadão com o Poder Público e não o particular e pontuou que "os serviços de autenticação, reconhecimento de firma e outros praticados nas serventias brasileiras, por encerrar uma relação de natureza privada do cidadão com o cartório, não estão incluídos, para fins de dispensa, na Lei n. 13.726/2018, muito menos com a possibilidade de serem praticados com isenção de emolumentos. Considerando a relevância do tema e a necessidade de aplicação uniforme em todo o território nacional, atribuo à presente decisão o caráter normativo.

Recomenda-se complementar os estudos sobre esta temática com o tópico "Jurisprudência Complementar."Por derradeiro, não é demais lembrar que a vasta maioria dos atos de autenticação e reconhecimento realizados pelos cartórios brasileiros são facultativos. A sociedade utiliza tais serviços como meio para evitar falsificações, fraudes e os litígios daí decorrentes, e prover segurança jurídica aos negócios que realiza. São atos bastante utilizados em documentos particulares pois, estes não têm a segurança jurídica que possui uma escritura pública e a partir do reconhecimento de firma, da autenticação, passam a ter a garantia e presunção de veracidade das assinaturas e identidade das partes envolvidas.

2. JURISPRUDÊNCIA COMPLEMENTAR

CONSELHO NACIONAL DE JUSTIÇA

▶ Autos: PEDIDO DE PROVIDÊNCIAS – 0002986-87.2019.2.00.0000

Requerente: CORREGEDORIA-GERAL DA JUSTIÇA DO ESTADO DO PARANÁ – CGJPR

Requerido: CORREGEDORIA NACIONAL DA JUSTIÇA

DECISÃO

Cuida-se de pedido de providências formulado pela CORREGEDORIAGERAL DA JUSTIÇA DO ESTADO DO PARANÁ em desfavor da CORREGEDORIA NACIONAL DE JUSTIÇA.

A requerente alega que foi questionada sobre a incidência da Lei n. 13.726/2018 (Lei de Desburocratização) aos Serviços de Registros de Imóveis, especificamente quanto à exigência de reconhecimento de firma.

Explicita que a citada lei *"Estabelece, dentre seus regramentos, que é dispensada da exigência de reconhecimento de firma (art. 3º, inciso I) e autenticação de cópia de documentos (art. 3º, inciso II) na relação do cidadão com órgãos e entidades dos Poderes da União, dos Estados, Distrito Federal e Municípios"*.

Sustenta, ainda, que *"Esta Corregedoria tem recebido questionamentos acerca da aplicabilidade da nova legislação pelos usuários no âmbito dos serviços notariais e de registro, principalmente quanto a exigências de agentes delegados para apresentação de reconhecimento de firma e autenticação de cópia de documentos, considerando a existência de previsão legal específica que os exige para a prática de determinados atos jurídicos (v.g. art. 158, art. 221, inciso II e art. 250, inciso II, da Lei 6.015/1973)"*.

Informa, por fim, que vem recebendo consultas questionando acerca da necessidade da aplicação da Lei de Desburocratização aos serviços extrajudiciais.

Assim, com o objetivo de receber orientação e unificar o entendimento acerca da aplicação da Lei n. 13.726/2018 ao serviço extrajudicial, a requerente pleiteia a manifestação da Corregedoria Nacional acerca do tema.

É, no essencial, o relatório.

A lei nº 13.726/2018, conhecida como Lei da Desburocratização possui por objetivo primordial a racionalização de atos e procedimentos administrativos dos Poderes da União, dos Estados, do Distrito Federal e dos Municípios, nas relações entre estes entes políticos, suas entidades e o cidadão, portanto, aplica-se tão somente às relações entre o cidadão e o Poder Público.

A atividade extrajudicial brasileira, por força do disposto no art. 236 da Constituição Federal, apresenta-se como delegação do poder público, porém, exercida em caráter privado.

Esta característica do serviço extrajudicial brasileiro é de fundamental importância para que se possa concluir pela aplicação ou não da lei da desburocratização aos serviços notariais e registrais do país.

Diante desse quadro, não há como se admitir a aplicação da lei, com a isenção de todos os emolumentos referentes aos serviços prestados pelos cartórios extrajudiciais brasileiros.

O cidadão que procura um cartório para autenticar um documento ou reconhecer uma firma está realizando um ato com um ente privado e não com um ente público, a justificar a dispensa das exigências previstas em qualquer das hipóteses previstas no art. 3º da Lei nº 13.726/2018.

Como dito, a lei desburocratiza as relações do cidadão com o Poder Público e não o particular.

A delegação de serviço de natureza pública está relacionada à competência para que um ente, dentro de sua esfera, possa transferir a um terceiro, pessoa física ou jurídica, a execução da atividade, sob sua conta e risco.

Portanto, os serviços de autenticação, reconhecimento de firma e outros praticados nas serventias brasileiras, por encerrar uma relação de natureza privada do cidadão com o cartório, não estão incluídos, para fins de dispensa, na Lei nº 13.726/2018, muito menos com a possibilidade de serem praticados com isenção de emolumentos.

Considerando a relevância do tema e a necessidade de aplicação uniforme em todo o território nacional, atribuo à presente decisão o caráter normativo.

Intime-se o requerente que suscitou a dúvida.

Intimem-se todas as Corregedorias de Justiça dos Estados e do Distrito Federal para que tomem ciência da presente decisão e comuniquem os cartórios submetidos às suas fiscalizações.

Após, arquivem-se os autos.

Data registrada no sistema.

MINISTRO HUMBERTO MARTINS
Corregedor Nacional de Justiça

⊙ TRIBUNAL DE JUSTIÇA DO ESTADO DE SÃO PAULO

▶ **EMENTA**: INDENIZAÇÃO POR DANOS MORAIS – Equívoco no reconhecimento de firma em documento para transferência de veículo – Correção imediata à comunicação do erro – Transtorno que não gera dano moral indenizável – Improcedência corretamente decretada – Sentença mantida – Recurso desprovido. (TJSP – Apelação Cível nº 4009085-09.2013.8.26.0576 – São José do Rio Preto – 8ª Câmara de Direito Privado – Rel. Des. Salles Rossi – DJ 01.10.2015)

⊙ CORREGEDORIA-GERAL DA JUSTIÇA

▶ **EMENTA:** EMOLUMENTOS – Reclamação (Lei Estadual nº 11.331/02, art. 30) – Tabelião de Notas – Requerimento de cancelamento de registro de veículo, endereçado à autoridade de trânsito – Documento que consubstancia comunicação de transmissão jurídico patrimonial – Reconhecimento de firma com valor econômico – Recurso não provido (Processo CG nº 2011/701 (194/11-E). Excelentíssimo Senhor Corregedor Geral da Justiça: Da decisão exarada pelo Corregedor Permanente do Registro de Imóveis, Títulos e Documentos e Civil de Pessoa Jurídica e Tabelião de Notas da Comarca de (...), determinando o arquivamento de apuração preliminar (fls. 31 – 33), interpôs recurso administrativo (...), sustentando que o documento foi considerado, indevidamente, com valor econômico (fls. 38-42). O Ministério Público se manifestou pelo provimento parcial (fls. 75-78). Esse o relatório. Passo a opinar. O petitório dirigido pelo usuário-interessado à Corregedoria Permanente, denominado "CARTA CONSULTA" (fls. 2-3), não consubstancia representação de infração disciplinar mas sim reclamação sobre cobrança de emolumentos, prevista no art. 30 da Lei Estadual nº 11.331/02. Em se considerando a questão apenas sob o aspecto censório-disciplinar, não seria cognoscível o recurso administrativo, pois nesta Corregedoria-Geral da Justiça é assente o entendimento de que o representante carece de legitimidade para impugnar a solução que o Corregedor Permanente confere à representação (Súmula nº 3, DOJ de 11.12.89: "Não se conhece de recurso interposto pelo autor de representação que provocou a instauração de procedimento administrativo contra servidor ali absolvido, por falta de legitimação"). Caberia apenas a revisão hierárquica, como expressão do princípio da autotutela, que permeia a atuação da Administração Pública e viabiliza a revogação ou invalidação de seus próprios atos (Supremo Tribunal Federal, Súmula 473). Além disso, impende ressaltar que o oficial ou tabelião interino não está sujeito a punição disciplinar (Normas do Pessoal dos Serviços Extrajudiciais, Capítulo V, item 1), remanescendo o interesse na verificação dos fatos para eventual cessação da designação por quebra de confiança. De qualquer forma, a insurgência do recorrente recai estritamente sobre o critério aplicado pelo tabelião interino para a cobrança de emolumentos, pelo que é forçoso conhecer do recurso administrativo. Para efeito de cobrança dos emolumentos (cuja natureza é de taxa, como já decidiu o Supremo Tribunal Federal – ADI 1378MC-ES, Rel. Min. Celso de Mello, j. 30.11.95), distinguem-se atos relativos a situações jurídicas com e sem conteúdo financeiro (Lei Federal nº 10.169/00, art. 2º, inciso III; Lei Estadual nº 11.331/02, art. 5º, inciso III). No caso, o documento apresentado ao tabelionato para reconhecimento de firma consiste em requerimento de cancelamento de registro de veículo, endereçado à autoridade de trânsito e subscrito por vendedor e último comprador (fl. 7). Percebe-se que os sujeitos declararam à CIRETRAN local negócio translativo de domínio. Assim sendo, parece claro que o ato notarial relaciona-se a situação jurídica suscetível de apreciação econômica, posto que não expresso nenhum valor monetário no documento. Em verdade, houve transmissão jurídico-patrimonial e não uma singela declaração de estado. A propriedade de veículo automotor é adquirida com a mera tradição (Código Civil, art. 1.267, *caput*), mas a transferência deve ser comunicada *opportuno tempore* ao órgão de registro (Lei nº 9.503/97, art. 123, § 1º), haja vista a relevância econômico-tributária do negócio e o interesse público na fiscalização do trânsito. Outrossim, o argumento de que outros tabeliães cobraram ou cobrariam emolumentos referentes a reconhecimento de firma sem valor econômico não é determinante para a qualificação jurídico-tributária do ato notarial. Tanto mais porque o entendimento manifestado publicamente pelas entidades de classe (Associação dos Registradores de Pessoas Naturais do Estado de São Paulo e Colégio Notarial do Brasil) é contrário ao que sustentou o recorrente: por intermédio de comissão constituída em 15 de janeiro de 2003, quando do advento da tabela de emolumentos, prevaleceu o critério da essencialidade jurídico-negocial no documento (fls. 19-24). Posto isso, o parecer que respeitosamente submeto à elevada apreciação de Vossa Excelência é no sentido de negar provimento ao recurso administrativo. *Sub censura.* São Paulo, 30 de maio de 2011. JOMAR JUAREZ AMORIM. Juiz Auxiliar da Corregedoria. DECISÃO: Aprovo o parecer do MM. Juiz Auxiliar da Corregedoria e, por seus fundamentos, que adoto, nego provimento ao recurso administrativo. Publique-se. São Paulo, 03.06.2011. – (a) – MAURÍCIO DA COSTA CARVALHO VIDIGAL – Corregedor Geral da Justiça.

⊙ TRIBUNAL DE JUSTIÇA DO ESTADO DO PARANÁ

▶ **EMENTA**: Recurso De Apelação – Incidente De Falsidade De Assinatura – Sentença De Improcedência – Perícia Grafotécnica – Desnecessidade – Artigo 130 E 131 Do CPC – Existência De Cartão De Assinaturas De Tabelionato – Reconhecimento Pelo Apelante De Sua Autenticidade – Assinaturas Que Se Mostram Semelhantes – Suspensão Da Exigibilidade De Pagamento Do Ônus Sucumbencial – Reconhecimento – Artigo 12 Da Lei Nº 1060/50 – Recurso Parcialmente Provido. (TJPR – Apelação Cível nº 1.404.760-6 – Cascavel – 12ª Câmara Cível – Rel. Des. Denise Kruger Pereira – DJ 20.01.2016)

⊙ TRIBUNAL DE JUSTIÇA DO ESTADO DO RIO GRANDE DO SUL

▶ **EMENTA:** Processo Nº 70066895293 – Apelação Cível – Responsabilidade Civil – Indenização Por Danos Materiais – Firma Reconhecida

Em Tabelionato – Fé Pública – Alegação De Falsidade – Prova Insuficiente – Sentença De Improcedência Confirmada. 1. O conteúdo probatório constante dos autos não é forte o suficiente para afastar a presunção de legitimidade do reconhecimento de firma. A prova pericial produzida não é concludente, eis que baseada em documentos fotocopiados e ressalva, ao final, que *"Uma conclusão mais objetiva fica condicionada ao fornecimento dos documentos em seus respectivos originais"*. 2. Declarações prestadas pelo autor, por sua vez, no procedimento administrativo instaurado contra o tabelião, evidenciam que assentiu com a venda do veículo automotor. 3. Por outro lado, o tabelião declarou em juízo ter reconhecido a firma como autêntica somente após o autor ter comparecido ao tabelionato e confirmado que a assinatura aposta no DUT era dele, versão corroborada por testemunha compromissada. 4. Improcedência da pretensão confirmada. Apelo desprovido.

TRIBUNAL DE JUSTIÇA DO ESTADO DO RIO DE JANEIRO

EMENTA: Representação Por Inconstitucionalidade – Lei Nº 6.723, De 25/03/14, Do Estado Do Rio De Janeiro – Diploma Legal Que "Dispõe Sobre A Obrigatoriedade Dos Cartórios Que Prestam Serviços Notariais Em Informar, Ao Detran-RJ, A Transferência De Propriedade De Veículos, No Ato Do Reconhecimento De Firmas Do Vendedor E Do Comprador, Apostas No Certificado De Registro De Veículo (CRV)." – Preliminares De Impossibilidade Jurídica Do Pedido E Inadequação Da Via Eleita Anteriormente Rejeitadas Por Este Colegiado – Constituição Estadual Efetivamente Adotada Como Parâmetro Para A Fiscalização Abstrata, Restando Expressamente Indicados Os Arts. 112, § 2º E 152, § 2º, Da Referida Carta, E Não A Lei Estadual Nº 6.370/2012, Ou A Lei Federal Nº 9.503/97 (Código De Trânsito Brasileiro) – Questão Coberta Pela Preclusão – Vício De Iniciativa, Por Competir Ao Poder Judiciário A Proposição De Legislação Que Reduza As Suas Receitas, Como Na Hipótese, Porquanto A Gratuidade Concedida Aos Usuários, Independentemente Da Hipossuficiência Financeira, Importa Em Renúncia A Emolumentos E Onera Diretamente O Fundo Especial Do Tribunal De Justiça, No Equivalente A 20% Da Receita Dos Cartórios Notariais, Em Relação Aos Serviços Em Questão (Art. 9º, Da Lei Nº 6.370/2012) – Vulneração Ao Disposto No Art. 152, § 2º, Da Constituição Do Estado Do Rio De Janeiro – Inconstitucionalidade Material Por Violação, Igualmente, Ao Art. 112, § 2º, Da Citada Carta, Por Ausência De Indicação De Fonte De Custeio Para A Prática Do Ato De "Comunicação", Não Suprida Pela Previsão De Taxa Para O "Reconhecimento Por Autenticidade", De Natureza Diversa E Por Ela Não Absorvida – Procedência Da Representação, Por Violação Ao Disposto Nos Arts. 112, § 2º E 152, § 2º, Da Constituição Do Estado Do Rio De Janeiro.

(TJRJ – Direta de Inconstitucionalidade nº 0027238-04.2014.8.19.0000 – Rio de Janeiro – OE – Secretaria do Tribunal Pleno e Órgão Especial – Rel. Des. Mauro Dickstein – DJ 02.07.2015)

3. QUESTÕES DE CONCURSOS

01. (Vunesp – Outorga de Delegação de Notas e Registros – TJ – GO/2021) De acordo com o Provimento n. 103/2020 do Conselho Nacional de Justiça, assinale a alternativa correta.

a) É competente para a lavratura da autorização de viagem eletrônica o tabelião de notas do domicílio dos pais ou dos responsáveis pela criança ou pelo adolescente.

b) Os pais ou responsáveis, nas hipóteses em que não seja necessária a autorização judicial, poderão autorizar a viagem da criança e do adolescente por instrumento particular eletrônico, com firma reconhecida por semelhança por um tabelião de notas.

c) O requerimento eletrônico de autorização de viagem será efetuado com a utilização facultativa de eventuais modelos ou formulários produzidos, divulgados e disponibilizados por meio de links pelo Poder Judiciário ou órgãos governamentais.

d) A emissão de Autorização Eletrônica de Viagem – AEV é indispensável, sendo ineficazes as autorizações de viagens emitidas em meio físico.

02. (Consulplan – Outorga e Delegação de Serviços Notariais e Registrais – TJ – MS/2019) O reconhecimento de firma é a certificação de autoria de assinatura em documento. Assinale a alternativa correta sobre o reconhecimento de firma, de acordo com o Provimento 240 de 2020 (Código de Normas da Corregedoria- -Geral de Justiça de MS).

Nota da autora: esta questão exige do candidato conhecimento das normativas estaduais extrajudiciais do Estado do Mato Grosso do Sul.

a) O reconhecimento de firma de menor em documento que importe a alienação de bens móveis ou imóveis dependerá da assistência de ambos os pais, independentemente de figurar apenas um deles como representante legal do menor cadastrado em sua ficha padrão.

b) O reconhecimento do sinal público oriundo de outros tabelionatos de notas, sempre que solicitado pelo interessado, serão reconhecidas obrigatoriamente por meio da Central Notarial de Serviços Eletrônicos Compartilhados – Censec, na Central Nacional de Sinal Público – Cnsip.

c) O reconhecimento de firma de menor a partir de 16 (dezesseis) anos não emancipado será efetuado exclusivamente por autenticidade e, após previamente reconhecida a firma, na mesma ou em diversa serventia, por autenticidade ou semelhança, do representante legal do menor cadastrado em sua ficha padrão.

d) É autorizado o reconhecimento de firmas em escrito de obrigação redigido em língua estrangeira, desde que adotados os caracteres comuns. Nesse caso, além das cautelas normais, o notário fará mencionar, no próprio termo de reconhecimento ou junto a ele, que o documento, para produzir efeitos no Brasil e valer contra terceiros, deverá ser oficialmente traduzido para o português e registrado no Ofício de Registro de Títulos e Documentos.

03. (Consulplan – Outorga e Delegação de Serviços Notariais e Registrais – TJ – MS/2019) O reconhecimento de firma é a certificação de autoria de assinatura em documento. Assinale a alternativa INCORRETA sobre o reconhecimento de firma, de acordo com o Provimento 240 de 2020 (Código de Normas da Corregedoria-Geral de Justiça de MS).

a) É vedado o reconhecimento por abono, salvo no caso de procuração firmada por réu preso e outorgada a advogado, desde que visada pelo diretor do presídio, com sinal ou carimbo de identificação.

b) Quando se tratar de compra e venda ou promessa de compra e venda de veículo o reconhecimento de firma será por autenticidade, devendo o alienante comparecer pessoalmente no serviço notarial, munido de documento de identidade e do Certificado de Registro do Veículo.

c) Havendo solicitação de reconhecimento de firma em título de crédito, o tabelião de notas poderá, a seu critério, praticar o ato, por autenticidade ou semelhança, lançando novamente o carimbo ou etiqueta de reconhecimento de firma em papel à parte, que deverá ser firmado pelo signatário e anexado ao título.

d) É vedado o reconhecimento de firma quando o documento: não estiver preenchido totalmente; estiver danificado ou rasurado; estiver com data futura; constituir exclusivamente cartão de autógrafo confeccionado para uso interno de estabelecimento bancário, creditício ou financeiro; tiver sido impresso em papel térmico para fac-símile ou outro que venha a se apagar com o tempo; tiver sido redigido a lápis ou com o uso de outro material que venha a se apagar com o tempo; e, contiver as assinaturas a serem reconhecidas digitalizadas ou fotocopiadas

04. (IESES – Titular de Serviços de Notas e de Registro – Provimento – TJ – SC/2019) Nos termos da Lei nº 13.726/2018, que tem por objetivo racionalizar atos e procedimentos administrativos dos Poderes da União, dos Estados, do Distrito Federal e dos Municípios e institui o Selo de Desburocratização e Simplificação, assinale a alternativa INCORRETA:

a) No que diz respeito às relações dos órgãos e entidades dos Poderes da União, dos Estados, do Distrito Federal e dos Municípios com o cidadão, é dispensada a exigência de apresentação de título de eleitor, para votar ou para registrar candidatura.

b) No que diz respeito às relações dos órgãos e entidades dos Poderes da União, dos Estados, do Distrito Federal e dos Municípios com o cidadão, é dispensada a exigência de juntada de documento pessoal do usuário, que poderá ser substituído por cópia autenticada pelo próprio agente administrativo.

c) No que diz respeito às relações dos órgãos e entidades dos Poderes da União, dos Estados, do Distrito Federal e dos Municípios com o cidadão, é dispensada a exigência de autenticação de cópia de documento, cabendo ao agente administrativo, mediante a comparação entre o original e a cópia, atestar a autenticidade.

d) No que diz respeito às relações dos órgãos e entidades dos Poderes da União, dos Estados, do Distrito Federal e dos Municípios com o cidadão, é dispensada a exigência de reconhecimento de firma, devendo o agente administrativo, confrontando a assinatura com aquela constante do documento de identidade do signatário, ou estando este presente e assinando o documento diante do agente, lavrar sua autenticidade no próprio documento.

05. (IESES –Cartório – Provimento – TJ – AM/2018) Em relação ao reconhecimento de firmas, assinale a alternativa correta:

a) O reconhecimento de firma por autenticação se dá quando o tabelião reconhece a firma de uma pessoa que não compareceu a tabelionato, sendo que neste caso inexiste cartão de assinatura ou outros meios de conferência da assinatura, mas o tabelião pratica este ato em confiança a outrem devidamente identificado.

b) Para autorização de viagens ao exterior de crianças ou adolescentes brasileiros, o reconhecimento de firma poderá ser feito por autenticidade ou por semelhança.

c) O reconhecimento de firma por autenticidade é requisite formal para o reconhecimento da validade dos títulos de crédito.

d) O reconhecimento de firma por semelhança pode ser caracterizado como aquele em que o subscritor corretamente identificado assina na presença do tabelião, sendo que este reconhece a autoria da assinatura lançada, podendo ser realizada fora da serventia.

06. (EJEF – Notário-MG/2011) O reconhecimento de firma, feito pelo Tabelião de Notas, é a certificação de autoria de assinatura em documento. Quando ocorre reconhecimento semiautêntico?

a) Quando o autor, conhecido ou identificado pelo Tabelião, assinar em sua presença.

b) Quando a pessoa, conhecida ou identificada pelo Tabelião, lhe declarar sua assinatura.

c) Quando o Tabelião conhecer a assinatura já lançada ou confrontá-la com outras existentes em seus livros.

d) Quando o Tabelião conferir a assinatura com a Carteira de Identidade.

07. (EJEF – Tabelionato e Registro-MG/2007) O contrato de locação foi apresentado no Tabelionato de Notas para reconhecimento das firmas das partes contratantes e das testemunhas. Compareceram pessoalmente a locatária e as testemunhas. O locador, que já era cadastrado no Tabelionato, não compareceu. Mas a locatária, preocupada, insistiu no reconhecimento de todas as assinaturas.

Nesse caso, o tabelião, em conformidade com as normas legais, fará o reconhecimento das assinaturas:

a) por semelhança a do vendedor, que não compareceu, e por autenticidade as dos demais, já que presentes.

b) por semelhança a do vendedor, declarando a causa e os motivos de seu não comparecimento, e por autenticidade as dos demais.

c) de todos por autenticidade, à exceção da do vendedor, a qual deverá ele se recusar a reconhecer.

d) de todos por autenticidade, uma vez que o vendedor, além de possuir cadastro, é conhecido pessoalmente pelo tabelião, podendo este assumir o risco de fazê-lo desta forma.

08. (Cespe – Cartório – ES/2013) Acerca do reconhecimento de firma, assinale a opção correta.

a) O reconhecimento de firma implica apenas declarar a autoria da assinatura lançada, não conferindo legalidade ao documento.

b) O reconhecimento por semelhança decorre do confronto entre a assinatura que consta no documento apresentado pelo interessado e a ficha-padrão depositada na serventia, sendo vedado o reconhecimento advindo do confronto com qualquer outro documento arquivado no respectivo cartório.

c) O livro de registro de assinaturas para reconhecimento de firma autêntica deverá conter o nome dos pais do depositante da assinatura.

d) Em caso de documento firmado por réu preso, é vedado o reconhecimento de firma por abono.

e) O reconhecimento por autenticidade é realizado com a declaração expressa de que a firma foi aposta na presença do notário, identificando-se o signatário por meio de livro ou cartão de autógrafo.

09. (IESES – Cartório – TJ – PA/2016) Sendo o signatário pessoa que sabe apenas desenhar o nome, semialfabetizada, doente mental não incapacitado, deficiente verbal, visual ou auditivo que tenha dificuldade em assinar, o reconhecimento de firma:

a) Não será possível.

b) Deve ser feito apenas por semelhança, não sendo necessário procedimento especifico ou anotação da condição no cartão de autógrafos arquivado ou no livro de autógrafos.

c) Deve ser feito apenas por autenticidade, sendo anotada essa exigência no cartão de autógrafos arquivado ou no livro de autógrafos, conferindo se a pessoa tem conhecimento daquilo que está assinando em todas as oportunidades em que for solicitado o reconhecimento de firma.

d) Deve ser feito apenas por autenticidade, não sendo necessário procedimento especifico ou anotação da condição no cartão de autógrafos arquivado ou no livro de autógrafos.

GAB	1	A	2	D	3	C	4	A	5	B
	6	B	7	A	8	A	9	C		

V – autenticar cópias.

1. COMENTÁRIOS

A autenticação de cópia é o instrumento público mediante o qual o tabelião de notas, seu substituto ou escrevente declara, após conferência com o original, ser fiel e integral a cópia de documento original que o interessado lhe trouxer para esse fim.

O tabelião de notas, ao autenticar cópias reprográficas, não deve restringir-se à mera conferência dos textos ou ao aspecto morfológico da escrita, mas deve verificar, com cautela, se o documento copiado contém rasuras, supressão de palavras ou linhas, ou ainda, quaisquer outros sinais suspeitos indicativos de possíveis fraudes.

Apresenta-se agora uma lista exemplificativa de documentos que **não** podem ser autenticados:

a) Os transmitidos por fac-símile (em papel térmico), exceto os que contenham assinatura inserida após a recepção do documento. Se contiver assinatura indelével e desde que o documento não contenha declaração de vontade, é possível a autenticação notarial.

b) Parte ou partes de documentos cuja compreensão de seu conteúdo dependa de sua leitura integral;

c) Documentos escritos a lápis ou outro meio de impressão delével;

d) Documentos alterados com tinta corretiva, quando a correção implique substancial alteração do conteúdo do documento (nome completo, datas, valores, etc.);

e) Mensagens eletrônicas (e-mails). Pode, no entanto, ser solicitada ata notarial;

f) Cópias de documentos, ainda que autenticadas;

g) Cópias de documentos judiciais já autenticadas pelo juiz ou autoridade competente (não confundir com partes do processo judicial rubricados pelo diretor do cartório, que podem ser autenticadas);

h) Cópias de documentos de identidade replastificados.

Por sua vez, **podem** ser autenticadas, dentre outras, cópias dos seguintes documentos:

a) Extratos bancários, inclusive os emitidos por impressão térmica. Importante que não tenha perdido a qualidade com o decorrer do tempo, sob pena de não ser passível de autenticação notarial;

b) Parte ou partes de um documento quando seu conteúdo for relevante e possa produzir efeitos jurídicos isoladamente, hipótese em que o Tabelião de Notas deverá apor a ressalva: "a presente cópia é parte de um documento";

c) Parte ou partes de um processo judicial, formal de partilha, carta de arrematação, carta de adjudicação, dentre outros, quando contenha a rubrica do supervisor ou do coordenador de serviço, caso em que o Tabelião de Notas deverá apor a ressalva: "a presente cópia é parte de um documento judicial";

d) Certidões expedidas por órgãos administrativos que contenham cópias autenticadas por estes;

e) Documentos públicos eletrônicos, como certidões do INSS, da Justiça Federal, da Justiça do Trabalho, etc., desde que sua autenticidade e integridade possa ser examinada no site específico da internet, mencionando-se o endereço eletrônico e a hora de acesso em que foi feita a comparação;

f) Documentos eletrônicos particulares firmados por meio de assinatura digital que observe os requisitos do Instituto de Chaves Públicas do Brasil (ICP--Brasil) ou outro meio de comprovação da autoria e integridade;

g) Documentos enviados por fax, desde que estejam assinados pelo receptor;

h) Parte ou partes de documentos, quando seu contexto for relevante e possa produzir efeitos jurídicos isoladamente (ex. parte de documento onde conste uma cláusula de reconhecimento de paternidade; páginas do passaporte onde consta a identificação e visto de permanência de estrangeiro no Brasil);

i) Cópias de documentos que não contenham assinatura e que, por força da prática usual não se costumam assinar por não haver prejuízo à identificação do autor (ex. livro comercial, anotações domésticas, panfletos publicitários, conta de luz, telefone, etc.);

j) Documentos com suporte diverso do papel e sinais gráficos que usam qualquer substância, método ou processo de escrituração, desde que indeléveis e que seja possível extrair cópia legível dos mesmos (ex. cartão de crédito, cartão funcional ou documento de identidade em plástico, etc.);

k) Cópias de documentos estrangeiros, ainda que de natureza contratual, devidamente assinados. Algumas normas estabelecem que o documento deve ser ressalvado com a seguinte expressão: "a presente cópia não produz efeitos no Brasil ou em relação a terceiros";

l) De documento redigido em língua estrangeira. Para Felipe Leonardo Rodrigues "É possível autenticar cópia de documento no todo ou em parte, redigido em língua estrangeira (em caractere comum), destinado a produzir efeitos legais no Brasil. O notário deve apor o carimbo padronizado com a expressão "Este documento deverá ser vertido para o vernáculo e registrada a tradução para efeitos no Brasil e valer em relação a terceiros – Lei 6.015/73, arts. 129, item 6º e 148". O fundamento é que é possível o reconhecimento de firmas em escrito de obrigação em língua estrangeira, de procedência interna, se adotados os caracteres comuns. Recomendo consultar as normativas de cada Estado" (http://www.notariado.org.br/blog/?link=visualizaArtigo&cod=442);

m) De documento redigido em língua estrangeira com caracteres incomuns (ex.: árabe, japonês, etc.) Aqueles que entendem ser possível essa autenticação, fazem a ressalvam que a cópia deve ser extraída no próprio tabelionato após detida verificação da inexistência de emendas, rasuras ou sinais de fraude;

n) De boletim de ocorrência, laudos, dentre outros, sob a forma de cópia autenticada pelos próprios órgãos expedidores (Junta Comercial, Bombeiro, Instituto Médico Legal, Polícia);

o) De cópia de guia de FGTS, PIS com autenticação do banco, órgão de fiscalização ou repartições públicas. Felipe Leonardo Rodrigues assegura que "é possível a autenticação da cópia de cópia de guia de recolhimento de tributo ou contribuição, pois esses documentos são probantes quando o órgão recebedor autentica a guia. Desse modo, passa a ser documento original não importando o suporte físico (impressão ou cópia)" (http://www.notariado.org.br/blog/?link=visualizaArtigo&cod=442);

p) De cópia autenticada de contrato social que foi, posteriormente a autenticação, registrada na Junta Comercial. Mais uma vez, ensina Felipe Leonardo Rodrigues que "devidamente registrado na Junta Comercial, é passível de autenticação, hipótese em que a cópia autenticada se torna documento originário, equiparando-se ao documento original. Recomendamos uma verificação minuciosa, bem com analisar se o registro é posterior a data da autenticação" (http://www.notariado.org.br/blog/?link=visualizaArtigo&cod=442);

q) De impressão de conteúdo oriundo de sítio do Diário Oficial;

r) Oriunda de digitalização, captura fotográfica ou por processo equivalente;

s) Cópias coloridas. É possível a autenticação de cópia colorida de documento, com o aviso de ser cópia colorida;

t) De cédulas monetárias, e outros títulos de créditos. É divergente, porém, prevalece não haver impedimento legal que vede a autenticação notarial. O notário deve consignar o aviso "Reprodução – Sem valor monetário";

u) De cópias integrais de livros, revistas, livretes, etc. Também trata-se de tema polêmico, porém, prevalece haver impedimento legal que vede a autenticação notarial. Felipe Leonardo Rodrigues entende que "o notário deve tomar a cautela de solicitar requerimento para proceder a autenticação notarial, de modo o interessado informar a finalidade da autenticação" (http://www.notariado.org.br/blog/?link=visualizaArtigo&cod=442). Assim, a regra é a realização da autenticação, já que o Tabelião tem a obrigação de realizar os atos de ofício do serviço público notarial, salvo impedimento legal ou quando constatar fundados indícios de fraude à lei ou prejuízo às partes, não bastando mera suspeita ou probabilidade sem base em elementos objetivos.

O tabelião deve agir orientado pela lei e pelas regras de prudência e acautelamento, com a finalidade de assegurar a segurança, validade e eficácia dos atos e negócios jurídicos.

Sobre autenticações eletrônicas, vide exposição detalhada no tópico 2, localizado ao final deste dispositivo em comento.

2. JURISPRUDÊNCIA COMPLEMENTAR

TRIBUNAL DE JUSTIÇA DO ESTADO DE MINAS GERAIS

EMENTA: EXECUÇÃO – TÍTULO EXTRAJUDICIAL – CONTRATO – CÓPIA AUTENTICADA – DOCUMENTO HÁBIL – EXIGIBILIDADE, CERTEZA E LIQUIDEZ. – A não instrução da execução com a via original do título executivo extrajudicial, por si só, é incapaz de retirar a sua certeza, liquidez e exigibilidade, principalmente quando a cópia está regularmente autenticada por Tabelião, dotado de fé pública. – Incabível o indeferimento de plano da execução fundada em cópia autenticada de contrato, mormente quando constituir título não negociável, sendo impossível a sua circulação. (TJMG – APC 1.0144.09.028922-0/001, Relator: Des. Luiz Artur Hilário, Julgamento: 31/07/2012)

3. QUESTÕES DE CONCURSO

01. (TJ/SP – 2024 – VUNESP – Notário e Registrador/Remoção) É permitido ao Tabelião de Notas autenticar, sem qualquer outra formalidade, os seguintes documentos:

a) documentos escritos a lápis.
b) mensagens eletrônicas (e-mails).
c) aqueles transmitidos por fac-símile.
d) certidões expedidas por órgãos administrativos que contenham cópias autênticas pelos respectivos órgãos.

02. (IESES – Titular de Serviços de Notas e Registros – TJ – TO – Provimento/2022) Sobre a autenticação de documentos assinale a alternativa correta:

a) A autenticação de cópias é o ato notarial por meio do qual o tabelião de notas certifica a fiel correspondência entre o documento original e sua cópia.
b) Uma cópia autenticada de documento permite ao tabelião fazer uma nova cópia autenticada (baseada na apresentação física da primeira cópia)
c) A lei veda a autenticação de cópias para documentos escritos em língua estrangeira.
d) A autenticação de cópias pode ser realizada no Tabelionato de Notas ou no Registro de títulos e documentos.

03. (Consulplan – Outorga e Delegação de Serviços Notariais e Registrais – TJ – MS/2019) A autenticação de cópia é o instrumento público mediante o qual o tabelião de notas, seu substituto ou escrevente declara, após conferência com o original, ser fiel e integral a cópia de documento original que o interessado lhe trouxer para esse fim. Assinale a alternativa INCORRETA acerca das autenticações de cópias, de acordo com o Provimento 240 de 2020 (Código de Normas da Corregedoria-Geral de Justiça de MS).

Lei 8.935/1994

a) Não é possível a autenticação de apenas uma ou algumas folhas da carteira de trabalho ou do passaporte.
b) Na hipótese de duas ou mais cópias de documentos estarem contidas em uma mesma folha, a cada documento reproduzido corresponderá um instrumento notarial de autenticação separado.
c) Sendo apresentado para autenticação processo, livro ou outro conjunto de textos que seja dividido em atos, artigos ou capítulos, é possível autenticar apenas o conteúdo de um ato, um artigo ou um capítulo, desde que no seu inteiro teor.
d) Se o documento consistir em mais de uma folha, a cada folha corresponderá um instrumento notarial de autenticação, devendo-se autenticar o inteiro teor do documento, lançar o carimbo do serviço notarial respectivo em cada folha, numerá-las e grampeá-las ou colá-las, de modo a caracterizar a unidade documental.

04. (Cespe – Notários e Oficiais de Registro – Remoção – TJ – DFT/2019) A respeito do ato de autenticação de documentos, assinale a opção correta.
a) Cópia fotográfica de documento, conferida por tabelião de notas, valerá como prova de declaração da vontade, não cabendo impugnação quanto à sua autenticidade.
b) Não se admite a autenticação de cópias que não retratem o original, em razão da finalidade desse ato notarial.
c) É possível autenticar a cópia de uma cópia de um documento, desde que esta última tenha sido autenticada previamente pela mesma serventia.
d) É exigida a tradução de documento redigido em língua estrangeira para a autenticação de cópia desse documento.
e) Cópia de documento rasurado poderá ser autenticada pela serventia, caso a parte danificada não prejudique a legibilidade das informações.

05. (Cespe – Notários e Oficiais de Registro – Remoção – TJ – DFT/2019) De acordo com a Lei n.º 8.935/1994 "Lei dos Cartórios", compete ao notário intervir em atos e negócios jurídicos
a) quando as partes precisarem dar conteúdo ao ato ou ao negócio.
b) quando as partes desejarem dar conteúdo ao ato ou ao negócio.
c) para redigir instrumentos públicos e privados adequados.
d) para levar a termos todos os atos, o que, necessariamente, deve ocorrer por escritura.
e) para expedir cópias fidedignas de seu conteúdo.

06. (Consulplan – Outorga das Delegações de Notas e de Registros – Provimento – TJ – MG/2018) Coteje a Lei nº 8.935/1994 (Lei dos Notários e Registradores) com os trechos transcritos da obra citada e assinale a alternativa que contém algum princípio, norma, função ou competência do tabelião brasileiro consagrado na Lei e NÃO mencionado nos trechos da obra.
a) Compete ao tabelião de notas autenticar cópias.
b) Compete ao tabelião de notas autenticar fatos e lavrar atas notariais.
c) Compete ao tabelião de notas lavrar escrituras públicas e testamentos públicos.
d) É dever do tabelião de notas proceder de forma a dignificar a função exercida, tanto nas atividades profissionais quanto na vida privada.

GAB	1	D	2	A	3	A
	4	B	5	E	6	A

§ 1º É facultado aos tabeliães de notas realizar todas as gestões e diligências necessárias ou convenientes ao preparo dos atos notariais, requerendo o que couber, sem ônus maiores que os emolumentos devidos pelo ato.

§ 2º É vedada a exigência de testemunhas apenas em razão de o ato envolver pessoa com deficiência, salvo disposição em contrário. *(Parágrafo acrescido pela Lei nº 14.382, de 27/6/2022)*

§ 3º *(VETADO na Lei nº 14.382, de 27/6/2022)*

§ 4º *(VETADO na Lei nº 14.382, de 27/6/2022)*

§ 5º Os tabeliães de notas estão autorizados a prestar outros serviços remunerados, na forma prevista em convênio com órgãos públicos, entidades e empresas interessadas, respeitados os requisitos de forma previstos na Lei nº 10.406, de 10 de janeiro de 2002 (Código Civil). *(Parágrafo acrescido pela Lei nº 14.382, de 27/6/2022)*

§ 6º (VETADO). (Incluído pela Lei nº 14.711, de 2023)

§ 7º (VETADO). (Incluído pela Lei nº 14.711, de 2023)

1. COMENTÁRIOS

A Lei 14.382, de 2022 (Lei do SERP) renumerou o antigo parágrafo único, passando a ser o atual § 1º. Para viabilizar a realização do ato notarial, é bastante comum que os tabeliães realizem gestões e diligências diretamente vinculadas a ato notarial preciso e determinado, sem extrapolar a atividade tabelioa.

Assim, por exemplo, podem providenciar as certidões atualizadas dos imóveis, das partes no Registro Civil das Pessoas Naturais, bem como certidões negativas tributárias e trabalhistas, dentre outras.

No § 2º, explicita-se a vedação de exigir testemunhas apenas pelo fato da deficiência. O principal objetivo desta inclusão é garantir e oportunizar o exercício dos direitos e das liberdades fundamentais por pessoas com deficiência. O fundamento vem da Lei 13.146/2015 (Estatuto da Pessoa com Deficiência), notadamente o art. 4º, que prescreve que toda pessoa com deficiência tem direito à igualdade de oportunidades com as demais pessoas e não sofrerá nenhuma espécie de discriminação.

Nos ensinamentos de Carlos Elias e Flávio Tartuce, "antes da Lei do SERP, existiam notícias de serventias que exigiam duas testemunhas da pessoa com deficiência visual não teriam condições de, sozinhas, manifestar a sua vontade perante um tabelião de notas. Tratava-se, na nossa opinião, de restrição indevida. Além de inexistir lei que amparasse essa prática, o fato é que o tabelião de notas tem fé pública para atestar a manifestação de vontade da pessoa com deficiência visual. Ademais, o Estatuto da Pessoa com Deficiência (Lei n. 13.146/2015) passou a tratar a pessoa com deficiência como pessoa capaz, como regra, havendo conflito da regra anterior com essa última legislação, que tem força de Emenda à Constituição. Além disso, o § 2.º do art. 7.º da Lei n. 8.935/1994 expressamente proíbe impor a presença de testemunhas apenas pelo fato de qualquer dos interessados ser pessoa com deficiência visual. Logo, pessoas com deficiência visual, sem necessidade de testemunhas, podem abrir fichas de reconhecimento de firma e fazer parte de negócios formalizados por escrituras públicas. Por fim, destacamos que a exigência de testemunhas só é legítima quando houver lei expressa nesse sentido. É o caso, por exemplo, do testamento público, para o qual o art. 1.868, II, do CC impõe a presença de duas testemunhas instrumentárias" (Lei do Sistema Eletrônico de Registros Públicos. Rio de Janeiro: Forense, 2023).

O § 5º do art. 7º em comento, introduzido pela Lei 14.382/2022, nos faz rememorar a disposição do art. 29, § 3º da Lei de Registros Públicos. Isso porque, tal como no Registro Civil das Pessoas Naturais, aproveitou-se da relevância e capilaridade dos Tabelionatos de Notas, autorizando assim a celebração de convênios com entidades públicas ou privadas para a prestação de serviços remunerados.

É certo que esses convênios devem ser conexos e ter relação com as atividades notariais, bem como ser homologados pela Corregedoria local, pois a fiscalização, regulamentação e estruturação dos serviços extrajudiciais competem aos Estados.

Para complementar os estudos, transcrevo os ensinamentos de Rafael Vitelli Depieri e Giovani Rômulo Baptistella:

> "Buscando a concretização do princípio da eficiência, a Lei 14.382/2022 estabeleceu nova atribuição aos tabeliães de notas, autorizando-os a realizar convênios com órgãos públicos, entidades e empresas interessadas para prestação de outros serviços remunerados correlatos às suas atividades. Esse convênio é um instrumento destinado à concretização do princípio da eficiência, viabilizando o exercício de atividades sociais relevantes por entidades privadas, tendo como escopo a consecução de objetivos comuns e o atendimento do interesse público. Isto é, o convênio funciona como mecanismo para viabilizar o exercício de atividades sociais relevantes por entidades privadas.
>
> Os notários, como é sabido, são profissionais de direito, devidamente concursados, cujos atos são dotados de fé pública, que detêm conhecimento técnico para formalizar juridicamente a vontade do cidadão. Além disso, eles têm atuação em todos os municípios do Brasil.
>
> Ressalta-se que a estrutura governamental nem sempre é apta ou está disponível para toda população, especialmente levando em consideração as dimensões continentais do Brasil. Em cidades menores, afastadas dos grandes centros, é reduzido o alcance de departamentos governamentais e de determinados serviços públicos.
>
> Assim, diante da capilaridade da atividade notarial e somada a necessidade de desburocratização da administração pública, andou bem o legislador pátrio ao autorizar a realização de convênio entre tabeliães de nota e órgãos públicos, entidades e empresas interessadas, para prestação de serviços que tenham aderência às funções notariais, atingindo o objetivo de agilizar o desempenho de certas atividades sociais e, por conseguinte satisfazendo o interesse social" (Lei do Sistema Eletrônico de Registros Públicos – Comentada e comparada. Rio de Janeiro: Forense, 2022).

1.1 TABELIÃES DE NOTAS E CORRESPONDENTES IMOBILIÁRIOS. UMA NOVA FUNÇÃO

O Parecer n. 140/2023 autoriza os tabeliães de notas do estado de São Paulo a atuarem como correspondentes imobiliários. A nova função de **"correspondentes imobiliários notariais"** permite a celebração de convênios para a contratação de crédito imobiliário por meio das serventias de Notas ou Registro Civil com atribuição de Notas, conforme a Lei 8.935/1994, **artigo 7º, § 5º**, e a Resolução CMN nº 4.935/2021, artigo 4º, II. Confira os detalhes:

> **PROCESSO Nº 2022/129100 – SÃO PAULO – CORREGEDORIA GERAL DA JUSTIÇA DO ESTADO DE SÃO PAULO**
> **PODER JUDICIÁRIO**
> **TRIBUNAL DE JUSTIÇA DO ESTADO DE SÃO PAULO**
> **CORREGEDORIA GERAL DA JUSTIÇA**
> **Autos nº 2022/129100**
> (228/2023-E)
> Função Extrajudicial – Tabelionatos de Notas e Ofícios de Registro Civil de Pessoas Naturais com atribuições Notariais – Parecer pela homologação do convênio celebrado entre o Colégio Notarial do Brasil – Seção São Paulo e o Banco Bradesco S. A., nos termos da Lei n. 8.935/1994, Art. 7º, § 5º, e da Resolução CMN nº 4.935/2021, Art 4º, II.

O parecer aprova o convênio celebrado entre o Colégio Notarial do Brasil – Seção São Paulo e o Banco Bradesco S.A., de acordo com a Lei nº 8.935/1994, Art. 7º, § 5º, e a Resolução CMN n. 4.935/2021, Art. 4º, II. Publicado no Diário de Justiça Eletrônico em 26 de julho de 2023, o parecer foi homologado pelo Corregedor Geral da Justiça, permitindo aos tabelionatos de notas desempenharem a **função de correspondentes bancários na contratação de crédito imobiliário.**

O Parecer CGJ n. 140/2023-E, elaborado pelo Juiz de Direito Assessor da CGJ/SP, Josué Modesto Passos, destacou dois aspectos principais. Primeiro, a conexão entre a atividade de correspondente bancário e a

Lei 8.935/1994

atividade notarial, visto que a formalização das manifestações notariais está intimamente ligada à função desempenhada. Segundo, o parecer detalhou a forma de remuneração do serviço, garantindo clareza na execução da nova função.

O convênio permite que o serviço de financiamento imobiliário seja oferecido em todos os municípios paulistas. O acordo foi formalizado entre o CNB/SP e o Banco Bradesco, e a minuta do contrato dos cartórios com o banco foi aprovada pela CGJ/SP.

2. QUESTÕES DE CONCURSOS

01. (IESES – Titular de Serviços de Notas e Registros – TJ – TO – Provimento/2022) Vários doutrinadores pátrios admitem que as atribuições exercidas pelos notários podem ser consideradas como uma importante ferramenta para a manutenção da paz social e à prevenção de litígios porque a Lei nº 8.935/94 atribui ao notário fé pública e ele é um profissional que detém a técnica do direito. Sobre a atividade do tabelião de notas, marque a sentença que é INCORRETA.

a) O tabelião de notas não poderá praticar atos de seu ofício fora do Município para o qual recebeu delegação.

b) Cada serviço notarial ou de registro funcionará em um só local, vedada a instalação de sucursal.

c)Aos tabeliães de notas e aos registradores de imóveis compete com exclusividade lavrar escrituras e procurações, públicas; lavrar testamentos públicos e aprovar os cerrados; lavrar atas notariais; reconhecer firmas; autenticar cópias.

d) É facultado aos tabeliães de notas realizar todas as gestões e diligências necessárias ou convenientes ao preparo dos atos notariais, requerendo o que couber, sem ônus maiores que os emolumentos devidos pelo ato.

02. (Vunesp – Outorga de Delegação de Notas e Registros – TJ – GO/2021) Assinale a alternativa correta.

a) Aos tabeliães de notas compete com exclusividade lavrar escrituras e procurações públicas, bem como os instrumentos do Sistema Financeiro da Habitação (SFH).

b) O tabelião de notas poderá praticar atos de seu ofício fora do Município para o qual recebeu delegação.

c) É livre a escolha do tabelião de notas, desde que seja o do domicílio das partes ou o do lugar de situação dos bens objeto do ato ou negócio.

d) É facultado aos tabeliães de notas realizar todas as gestões e diligências necessárias ou convenientes ao preparo dos atos notariais, requerendo o que couber, sem ônus maiores que os emolumentos devidos pelo ato.

03. (EJEF – Registro de Imóveis-MG/2005) É CORRETO afirmar que aos Tabeliães de Notas compete,

a) com exclusividade, lavrar escrituras, procurações e testamentos públicos.

b) com exclusividade, formalizar juridicamente a vontade das partes.

c) com exclusividade, intervir nos atos e negócios jurídicos a que as partes devam ou queiram dar forma legal.

d) simultaneamente com os Escreventes Substitutos, lavrar testamentos.

04. (EJEF – Notário-MG/2011) A respeito da Atividade Notarial, assinale a afirmativa INCORRETA.

a) Caberá ao Tabelião aconselhar, com imparcialidade e independência, os interessados, instruindo-os sobre a natureza e as consequências do ato que pretendem praticar.

b) O Tabelião, como autor do instrumento público, está vinculado a minutas que lhe sejam submetidas, podendo apenas revisá-las.

c) A competência territorial do Tabelião é limitada à circunscrição para a qual tiver sido nomeado.

d) O Tabelião guardará sigilo não só sobre os fatos referentes ao ato jurídico, mas também em relação a confidências dos interessados.

05. (FUMARC – Notário-MG/2012) Dentre as atribuições dos tabeliães de notas estão a lavratura de escrituras e procurações públicas e as atas notariais.

NÃO é correto o que se afirma em

a) A ata notarial pode registrar um fato jurídico natural.

b) O tabelião, na lavratura das escrituras, narrará a vontade das partes.

c) Nas atas notariais, o tabelião narra o fato que vê, porém o fato não pode ser ilícito.

d) O tabelião pode lavrar uma escritura de revogação de procuração em que o mandatário na procuração será notificado pelo outorgante da procuração.

06. (Vunesp – Cartório – TJ – SP/2012) Sobre autenticação de cópias, é lícito afirmar que

a) o Tabelião, ao autenticar cópias e para fornecer segurança jurídica ao ato praticado, deverá restringir-se à conferência do texto e do aspecto morfológico da escritura.

b) sempre que possível, o instrumento de autenticação deverá constar no verso da cópia, para não prejudicar a legibilidade do documento.

c) em cópias de diversas folhas, que constituam um único documento, o escrevente autorizado poderá apor seu carimbo individualizado apenas na primeira e na última cópias.

d) é excepcionalmente permitida cópia autenticada de conjunto de cópias, desde que estas constituam documento originário.

07. (Cespe – Cartório – TJ-DFT/2014) De acordo com o Provimento Geral da Corregedoria da Justiça do Distrito Federal e Territórios aplicado aos serviços notariais e de registro, o tabelião poderá autenticar um documento se

a) o documento apresentado como original for uma cópia autenticada pela própria serventia.

b) o documento apresentado como original for uma cópia autenticada por outra serventia.

c) a cópia a ser autenticada for de papel térmico para fac-símile.

d) o documento original contiver trechos ilegíveis.

e) o documento original estiver escrito em língua estrangeira.

08. (IESES – Cartório – TJ – PA/2016) A autenticação de cópia é o instrumento público mediante o qual o tabelião de notas, seu substituto ou escrevente declara, após conferência com o original, ser fiel e integral a cópia de documento original que o interessado lhe trouxer para esse fim. Quanto à autenticação de uma cópia de jornal, pode-se afirmar:

a) Não será possível autenticação de cópia de um jornal.

b) Será possível a autenticação apenas na data em que o jornal estiver circulando.

c) No caso de um jornal será autenticada a cópia da integralidade da edição, procedimento conhecido como autenticação de capa-a-capa.

d) Poderá ser autenticada parte de jornal se da cópia constar a data e o nome da publicação.

GAB	1	C	2	D	3	A	4	B
	5	C	6	D	7	E	8	D

3. UMA ANÁLISE SOBRE A CENSEC E OS ATOS NOTARIAIS ELETRÔNICOS

3.1. CENTRAL NOTARIAL DE SERVIÇOS ELETRÔNICOS COMPARTILHADOS – CENSEC

No dia 28 de agosto de 2012, o Conselho Nacional de Justiça (CNJ) editou o Provimento 18, que dispõe sobre a instituição e o funcionamento da Central Notarial de Serviços Eletrônicos Compartilhados (CENSEC). O objetivo primordial desse provimento é dar publicidade aos atos notariais lavrados.

O Provimento CNJ n. 18/2012 fo revogado e incorporado aos artigos 264 a 283 do Código Nacional de Normas. A CENSEC é um sistema administrado pelo Colégio Notarial do Brasil – Conselho Federal – CNB-CF – cuja finalidade é gerenciar banco de dados com informações sobre existência de testamentos, procurações e escrituras públicas de qualquer natureza, inclusive separações, divórcios e inventários lavradas em todos os cartórios do Brasil.

A CENSEC é integrada, obrigatoriamente, por **todos os Tabeliães de Notas e Oficiais de Registro que pratiquem atos notariais,** os quais deverão acessar o Portal da CENSEC na internet para incluir dados específicos e emitir informações para cada um dos módulos abaixo explicados, com observância dos procedimentos descritos no Provimento 18/2012.

O **objetivo** da CENSEC está previsto no art. 264 do Provimento CNJ n. 149/2023, conforme segue:

> Fica corroborada a instituição da Central Notarial de Serviços Eletrônicos Compartilhados (CENSEC), disponível por meio do Sistema de Informações e Gerenciamento Notarial (SIGNO) e publicada sob o domínio www.censec.org.br, desenvolvida, mantida e operada pelo Colégio Notarial do Brasil Conselho Federal (CNB/CF), sem nenhum ônus para o Conselho Nacional de Justiça (CNJ) ou qualquer outro órgão governamental, com objetivo de:
>
> I – interligar as serventias extrajudiciais brasileiras que praticam atos notariais,permitido o intercâmbio de documentos eletrônicos e o tráfego de informações e dados;
>
> II – aprimorar tecnologias com a finalidade de viabilizar os serviços notariais em meio eletrônico;
>
> III – implantar em âmbito nacional um sistema de gerenciamento de banco de dados, para pesquisa;
>
> IV – incentivar o desenvolvimento tecnológico do sistema notarial brasileiro, facilitando o acesso às informações, ressalvadas as hipóteses de acesso restrito nos casos de sigilo; e
>
> V – possibilitar o acesso direto de órgãos do Poder Público a informações e dados correspondentes ao serviço notarial.

Quatro módulos compõe a CENSEC. São eles:, o Registro Central de Testamentos On-Line (RCTO), a Central de Escrituras de Separações, Divórcios e Inventários (CESDI), a Central de Escrituras e Procurações (CEP) e a Central Nacional de Sinal Público (CNSIP) O **Registro Central de Testamentos On-Line – RCTO** é destinado à pesquisa de testamentos públicos e de instrumentos de aprovação de testamentos cerrados, lavrados no país. Já a **Central de Escrituras de Separações, Divórcios e Inventários – CESDI** é indicada à pesquisa de escrituras a que alude a Lei nº 11.441/2007. Por sua vez, a **Central de Escrituras e Procurações – CEP** fica encarregada à pesquisa de procurações e atos notariais diversos. Por fim, a **Central Nacional de Sinal Público – CNSIP** é destinada ao arquivamento digital de sinal público de notários e registradores e respectiva pesquisa.

Passemos à análise de cada um dos módulos mencionados.

As regulamentações sobre o **Registro Central de Testamentos "On-Line" (RCTO)** estão previstos nos arts. 267 a 269 do Código Nacional de Normas. Atente-se para os grifos:

> Art. 267. Os tabeliães de notas, com atribuição pura ou cumulativa dessa especialidade, e os oficiais de registro que detenham atribuição notarial para lavratura de testamentos remeterão ao Colégio Notarial do Brasil - Conselho Federal quinzenalmente, por meio da CENSEC, relação dos nomes constantes dos testamentos lavrados em seus livros e respectivas revogações, bem como dos instrumentos de aprovação de testamentos cerrados, ou informação negativa da prática de qualquer desses atos, nos seguintes termos:
>
> I – até o dia 5 de cada mês subsequente, quanto a atos praticados na segunda quinzena do mês anterior; e
>
> II – até o dia 20, quanto a atos praticados na primeira quinzena do próprio mês.
>
> § 1.º Nos meses em que os dias 5 e 20 não forem dias úteis, a informação deverá ser enviada no dia útil subsequente.
>
> § 2.º Constarão da informação:
>
> a) nome por extenso do testador, número do documento de identidade (RG ou documento equivalente) e CPF;
>
> b) espécie e data do ato; e
>
> c) livro e folhas em que o ato foi lavrado.
>
> § 3.º As informações positivas ou negativas serão enviadas, por meio da internet, ao Colégio Notarial do Brasil - Conselho Federal, arquivando-se digitalmente o comprovante do envio.
>
> § 4.º No prazo para envio da informação, os tabeliães de notas, com atribuição pura ou cumulativa dessa especialidade, e os oficiais de registro que detenham atribuição notarial para lavratura de testamentos remeterão ao Colégio Notarial do Brasil - Conselho Federal, na qualidade de operador do CENSEC, para cada ato comunicado, o valor previsto na legislação estadual, em que houver esta previsão.
>
> Art. 268. A informação sobre a existência ou não de testamento somente será fornecida pelo CNB/CF nos seguintes casos:
>
> I – mediante requisição judicial ou do Ministério Público, gratuitamente;
>
> II – de pessoa viva, a pedido do próprio testador, mediante apresentação da cópia do documento de identidade, observado o parágrafo único deste artigo; e

III – de pessoa falecida, a pedido de interessado, mediante apresentação da certidão de óbito expedida pelo Registro Civil de Pessoas Naturais, observado o parágrafo único deste artigo.

Parágrafo único. O recolhimento de quantia correspondente ao fornecimento da informação será devido na forma e pelo valor que for previsto na legislação da unidade da federação em que tenha ocorrido o óbito, se existir tal previsão.

Art. 269. As informações citadas no 5.º artigo anterior serão remetidas, no prazo de até 48 horas, por documento eletrônico assinado digitalmente, com base no padrão ICP-BRASIL, pelo Presidente do Conselho Federal do Colégio Notarial do Brasil, ou por pessoa por ele designada, sob sua responsabilidade.

Vale invocar aqui a regra do art. 110 do Código Nacional de Normas que prescreve sobre a proteção de dados e o Tabelionato de Notas:

Art. 110. A certidão de testamento somente poderá ser fornecida ao próprio testador ou mediante ordem judicial.

Parágrafo único. Após o falecimento, a certidão de testamento poderá ser fornecida ao solicitante que apresentar a certidão de óbito.

As regulamentações referentes à **Central de Escrituras de Separações, Divórcios e Inventários (CESDI)** possuem previsão nos artigos 270 e 271. Vejamos:

Art. 270. Os tabeliães de notas, com atribuição pura ou cumulativa dessa especialidade, e os oficiais de registro que detenham atribuição notarial remeterão ao Colégio Notarial do Brasil - Conselho Federal, quinzenalmente, por meio da CENSEC, informação sobre a lavratura de escrituras decorrentes da Lei n. 11.441/07 contendo os dados abaixo relacionados ou, na hipótese de ausência, informação negativa da prática desses atos no período, arquivando-se digitalmente o comprovante de remessa, nos seguintes termos:

I – até o dia 5 de cada mês subsequente, aos atos praticados na segunda quinzena do mês anterior; e

II – até o dia 20, os atos praticados na primeira quinzena do mesmo mês.

§ 1.º Nos meses em que os dias 5 e 20 não forem dias úteis, a informação deverá ser enviada no dia útil subsequente.

§ 2.º Constarão da informação:

a) tipo de escritura;

b) data da lavratura do ato;

c) livro e folhas em que o ato foi lavrado; e

d) nome por extenso das partes: separandos, divorciandos, "de cujus", cônjuge supérstite e herdeiros, bem como seus respectivos números de documento de identidade (RG ou equivalente) e CPF, e do advogado oficiante.

§ 3.º As informações positivas ou negativas serão enviadas, por meio da internet, ao Colégio Notarial do Brasil - Conselho Federal, arquivando-se digitalmente o comprovante do envio.

Art. 271. Poderá qualquer interessado acessar o sítio eletrônico para obter informação sobre a eventual existência dos atos referidos no artigo anterior e o sistema indicará, em caso positivo, o tipo de escritura, a serventia que a lavrou, a data do ato, o respectivo número do livro e das folhas, os nomes dos separandos, divorciandos, "de cujus", cônjuges supérstites e herdeiros, bem como seus respectivos números de documento de identidade (RG ou equivalente) e CPF e o advogado assistente.

Por sua vez, a **Central de Escrituras e Procurações (CEP)** está prevista nos artigos 272 e 273, nestes termos:

Art. 272. Os tabeliães de notas, com atribuição pura ou cumulativa dessa especialidade, e os oficiais de registro que detenham atribuição notarial remeterão ao Colégio Notarial do Brasil - Conselho Federal, quinzenalmente, por meio da CENSEC, informações constantes das escrituras públicas e procurações públicas ou informação negativa da prática destes atos, **exceto** quanto às escrituras de separação, divórcio e inventário (que deverão ser informadas à CESDI) e às de testamento (que deverão ser informadas ao RCTO), nos seguintes termos:

I – até o dia 5 do mês subsequente, os atos praticados na segunda quinzena do mês anterior; e

II – até o dia 20, os atos praticados na primeira quinzena do mesmo mês.

§ 1.º Nos meses em que os dias 5 e 20 não forem dias úteis, a informação deverá ser enviada no dia útil subsequente;

§ 2.º Constarão da informação:

a) nomes por extenso das partes;

b) número do documento de identidade (RG ou equivalente);

c) CPF;

d) valor do negócio jurídico (quando existente); e

e) número do livro e folhas.

§ 3.º As informações positivas ou negativas serão enviadas, por meio da internet, ao Colégio Notarial do Brasil - Conselho Federal, arquivando-se digitalmente o comprovante do envio.

§ 4.º Independentemente da prestação de informações à Central de Escrituras e Procurações - CEP, será obrigatória a comunicação da lavratura de escritura pública de revogação de procuração e de escritura pública de rerratificação, pelo notário que as lavrar, ao notário que houver lavrado a escritura de procuração revogada, ou a escritura pública do negócio jurídico objeto da rerratificação, com a realização das anotações remissivas correspondentes, em todas as escrituras, pelo remetente e pelo destinatário.

Art. 273. As informações constantes da CEP poderão ser acessadas, diretamente, por meio de certificado digital, pelos Tabeliães de Notas e Oficiais de Registro que detenham atribuição notarial e serão disponibilizadas, mediante solicitação, aos órgãos públicos, autoridades e outras pessoas indicadas neste Código de Normas ou em outro ato normativo.

Finalmente, as disposições relativas à **Central Nacional de Sinal Público (CNSIP)** encontram-se previstas nos artigos 274 a 275.

Art. 274. Os tabeliães de notas e oficiais de registro que detenham atribuição notarial remeterão ao Colégio Notarial do Brasil - Conselho Federal, por meio do CENSEC, cartões com seus autógrafos e os dos seus prepostos, autorizados a subscrever traslados e certidões, reconhecimentos de firmas e autenticações de documentos, para fim de confronto com as assinaturas lançadas nos instrumentos que forem apresentados.

Art. 275. A consulta à CNSIP poderá ser feita gratuitamente pelos tabeliães de notas e oficiais de registro que detenham atribuição notarial.

A seguir, apresento um quadro didático sobre os módulos da CENSEC e quem pode acessá-los:

Central	Quem pode acessar as informações?
CESDI – Central de Escrituras de Separações, Divórcios e Inventários	Qualquer interessado
RCTO – Registro Central de Testamentos Online	• Mediante requisição judicial ou do Ministério Público • O próprio testador, mediante comprovação de identidade • O interessado, mediante apresentação de documentos, e em especial a certidão de óbito do testador
CEP – Central de Escrituras e Procurações	Acesso restrito aos Tabeliães de Notas devidamente autorizados, aos órgãos públicos devidamente autorizados
CNISP – Central Notarial de Sinal Público	Acesso restrito aos Tabeliães de Notas e Oficiais de Registro com atribuição notaria

No que tange à **fiscalização** e ao **acesso da CENSEC**, é pertinente transcrever os dispositivos a seguir:

Art. 278. A Presidência do Conselho Nacional de Justiça (CNJ) e a Corregedoria Nacional de Justiça, que detêm o poder de fiscalização, terão acesso livre, integral e gratuito às informações referentes à RCTO, CESDI, CEP e CNSIP, independentemente da utilização de certificado digital, mediante informação do número do processo ou procedimento do qual originada a determinação.

Art. 279. Para transparência e segurança, todos os demais acessos às informações constantes da CENSEC somente serão feitos após prévia identificação, por meio de certificado digital emitido conforme a Infraestrutura de Chaves Públicas Brasileira (ICP-Brasil), devendo o sistema manter registros de "log" destes acessos.

§ 1.º Os conselheiros do Conselho Nacional de Justiça (CNJ), para o exercício de suas atribuições, terão acesso livre, integral e gratuito às informações referentes à RCTO, CESDI, CEP e CNSIP, mediante informação do número do processo ou procedimento do qual originada a solicitação.

§ 2.º Os demais órgãos do Poder Judiciário, do Ministério Público e os órgãos públicos indicados pela Presidência do Conselho Nacional de Justiça (CNJ) e pela Corregedoria Nacional de Justiça terão acesso livre, integral e gratuito às informações referentes à CESDI e CEP, mediante informação do número do processo ou procedimento do qual originada a solicitação.

§ 3.º Os tabeliães de notas e oficiais de registro que detenham atribuição notarial terão acesso livre, integral e gratuito às informações referentes à CESDI, CEP e CNSIP, para o exercício de suas atribuições.

Art. 280. Poderão se habilitar para o acesso às informações referentes à CESDI e CEP todos os órgãos do Poder Judiciário e do Ministério Público, bem como os órgãos públicos da União, dos estados, do Distrito Federal e dos municípios que delas necessitem para a prestação do serviço público de que incumbidos.

§ 1.º Os órgãos do Poder Judiciário, de qualquer instância, se habilitarão diretamente na Central Notarial de Serviços Eletrônicos Compartilhados (CENSEC), mediante atendimento dos requisitos técnicos pertinentes.

§ 2.º A habilitação dos órgãos públicos de que trata o *caput* deste artigo será solicitada diretamente ao Colégio Notarial do Brasil - Conselho Federal, em campo a ser disponibilizado no sítio www.censec.org.br, no qual será informado o nome, cargo, matrícula e número do CPF das pessoas autorizadas para acesso ao sistema.

§ 3.º O Colégio Notarial do Brasil - Conselho Federal consultará a Corregedoria Nacional de Justiça, antes de efetivar o acesso, sobre a solicitação de habilitação dos órgãos públicos, sempre que estiver ausente qualquer dos requisitos estabelecidos no *caput* deste artigo.

Por derradeiro, apresentam-se as regras sobre as definições técnicas da CENSEC:

Art. 281. A definição de padrões tecnológicos e o aprimoramento contínuo da prestação de informações dos serviços notariais por meio eletrônico ficarão a cargo do Colégio Notarial do Brasil - Conselho Federal, sob suas expensas, sem nenhum ônus para o Conselho Nacional de Justiça (CNJ) ou qualquer outro órgão governamental.

Art. 282. A CENSEC, sistema de informações homologado pelo LEA/ICP- Brasil (Laboratório de Ensaios e Auditorias), estará disponível 24 horas por dia, em todos os dias da semana, observadas as seguintes peculiaridades e características técnicas:

§ 1.º Ocorrendo a extinção da CNB-CF, que se apresenta como titular dos direitos autorais e de propriedade intelectual do sistema, do qual detém o conhecimento tecnológico, o código-fonte e o banco de dados, ou a paralisação pela citada entidade da prestação do serviço objeto desta Seção, sem substituição por associação ou entidade de classe que o assuma em idênticas condições mediante autorização do Conselho Nacional de Justiça (CNJ), será o banco de dados, em sua totalidade, transmitido ao CNJ, ou a ente ou órgão público que o CNJ indicar, com o código-fonte e as informações técnicas necessárias para o acesso e utilização de todos os seus dados, bem como para a continuação de seu funcionamento na forma prevista nesta Seção, sem ônus, custos ou despesas para o Poder Público e, notadamente, sem qualquer remuneração por direitos autorais e de propriedade intelectual, a fim de que a Central Notarial de Serviços Eletrônicos Compartilhados – CENSEC permaneça em integral funcionamento.

§ 2.º O sistema foi desenvolvido em plataforma WEB, com sua base de dados em SQL Server, em conformidade com a arquitetura e-Ping.

§ 3.º O acesso ao sistema, bem como as assinaturas de informações ou outros documentos emitidos por meio deste, deve ser feito mediante uso de certificado digital nos padrões da Infraestrutura de Chaves Públicas Brasileira (ICP- Brasil), ressalvado o disposto neste Código de Normas.

Art. 283. O Colégio Notarial do Brasil - Conselho Federal, ou quem o substituir na forma deste Código de Normas, se obriga a manter sigilo relativo à identificação

Lei 8.935/1994

dos órgãos públicos e dos respectivos servidores que acessarem a Central Notarial de Serviços Eletrônicos Compartilhados (CENSEC), ressalvada requisição judicial e fiscalização pela Corregedoria Nacional de Justiça.

Por derradeiro, dialoga com a temática em estudo, o Enunciado 214 da Jornada de Direito Processual Civl do Conselho da Justiça Federal, nesse sentido:

> Enunciado 214: A pesquisa judicial no módulo CEP (Central de Escrituras e Procurações) da CENSEC (Central Notarial de Serviços Eletrônicos Compartilhados) não pode ser indeferida sob o fundamento de que o credor pode ter acesso às informações do órgão de maneira extrajudicial.
>
> ⊙ Justificativa: A CENSEC unifica informações registrais de natureza diversa e disponibiliza esses dados para consulta em quatro módulos diversos: CESDI (Central de Escrituras de Separações, Divórcios e Inventários), CEP (Central de Escrituras e Procurações), CNSIP (Central Nacional de Sinal Público), RCTO (Registro Central de Testamentos On-line). Entretanto, de maneira diversa do que ocorre com os outros módulos, que permitem a realização de consulta pública, o acesso ao módulo CEP não pode ser feito extrajudicialmente pelo credor, que depende de deferimento judicial para consultar os negócios jurídicos públicos firmados por seus devedores (nos termos do Provimento n. 18/2012 do CNJ). Por muitas vezes, partindo da premissa equivocada de que todos os módulos podem ser consultados de maneira pública e extrajudicial pelo credor, os pedidos de pesquisa no módulo CEP têm sido indeferidos pelos juízes de primeira instância, o que exige do credor a necessidade de interposição de recurso para obter acesso a informações que podem ser essenciais na localização de patrimônio do devedor.

3.2. QUESTÃO DE CONCURSO

01. (TJ/SP – 2024 – VUNESP – Notário e Registrador/Provimento) A Central Notarial de Serviços Eletrônicos Compartilhados (CENSEC), disponível por meio do Sistema de Informações e Gerenciamento Notarial (SIGNO) é mantida e operada pelo Colégio Notarial do Brasil – Conselho Federal (CNB/CF), e deve ser alimentada com a inclusão de dados específicos por todos os tabeliães de notas e oficiais de registro que pratiquem atos notariais. Assinale a alternativa verdadeira sobre o referido assunto.

a) O envio dos dados para a Central de Escrituras de Separações, Divórcios e Inventários (CESDI) é realizado até o dia 10 de cada mês subsequente aos atos praticados na segunda quinzena do mês anterior. Caso o dia 10 não seja dia útil a informação deverá ser enviada no dia útil subsequente.

b) O envio dos dados para o Registro Central de Testamento (RCTO) deve ser realizado até o dia 20, quanto a atos praticados na primeira quinzena do próprio mês. Caso o dia 20 não seja dia útil, esta informação deverá ser enviada no dia útil subsequente.

c) O envio dos dados para a Central de Escrituras e Procurações (CEP) deve ser realizado uma vez por mês, até o último dia útil do mês subsequente à prática dos atos notariais.

d) É dispensado o envio de informações negativas às Centrais (RCTO, CESDI e CEP).

GAB	1	B

3.3. ATOS NOTARIAIS ELETRÔNICOS

No dia 26 de maio de 2020, a Corregedoria Nacional de Justiça do CNJ editou o Provimento 100, que dispunha sobre a prática de atos notariais eletrônicos utilizando o sistema e-Notariado, criou a Matrícula Notarial Eletrônica (MNE) e deu outras providências.

Podemos afirmar, sem hesitação, que o referido ato normativo foi um verdadeiro divisor de águas para a atividade notarial. Desde então, os atos notariais passaram a poder ser praticados por meios eletrônicos, eliminando a necessidade da presença física do usuário no cartório.

Para a elaboração do referido provimento, considerou-se, entre outras justificativas:

a) A prerrogativa do sistema notarial de atribuição de fé pública e a possibilidade de exercício dessa prerrogativa em meio eletrônico;

b) Que os atos notariais previstos no Código Civil e no art. 41, da Lei 8.935/1994, poderão ser prestados por meio eletrônico;

c) A necessidade de evitar a concorrência predatória por serviços prestados remotamente que podem ofender a fé pública notarial;

d) O estabelecido no § 8º do art. 2º-A da Lei n. 12.682/2012, que dispõe sobre a elaboração e o arquivamento em meio eletrônico de documentos públicos, com a utilização da certificação digital no padrão da Infraestrutura de Chaves Públicas Brasileira (ICP-Brasil);

e) As vantagens advindas da adoção de instrumentos tecnológicos que permitam a preservação das informações prestadas perante os notários;

f) A necessidade de regulamentar a implantação do sistema de atos notariais eletrônicos – e-Notariado, de modo a conferir uniformidade na prática de ato notarial eletrônico em todo o território nacional;

g) A necessidade de se manter a prestação dos serviços extrajudiciais, o fato de que os serviços notariais são essenciais ao exercício da cidadania e que devem ser prestados, de modo eficiente, adequado e contínuo;

h) A decisão proferida nos autos do Pedido de Providências n. 0001333-84.2018.2.00.0000.

O Provimento 100/2020 introduziu conceitos relevantes, requisitos, procedimentos e outras regulamentações para que o notário pudesse cumprir o ato normativo e atuar na lavratura do ato notarial eletrônico com a segurança jurídica e a fé pública inerentes à sua função. Referido ato normativo foi incorporado em sua integralidade aos artigos 284 a 319 do Código Nacional de Normas.

Os atos notariais eletrônicos são considerados autênticos e detentores de fé pública, conforme estabelecido na legislação processual, e produzirão os efeitos previstos no ordenamento jurídico, desde que observem os requisitos necessários para sua validade.

Para tanto, as partes comparecentes ao ato notarial eletrônico devem aceitar a utilização da videoconferência notarial, das assinaturas eletrônicas notariais, da assinatura do tabelião de notas e, se aplicável, biometria recíprocas.

Para a identificação, o reconhecimento e a qualificação das partes, de forma remota, será feita pela apresentação da via original de identidade eletrônica e pelo conjunto de informações a que o tabelião teve acesso, podendo utilizar-se, em especial, do sistema de identificação do e-Notariado (em breve estudado nesta exposição), de documentos digitalizados, cartões de assinatura abertos por outros notários, bases biométricas públicas ou próprias, bem como, a seu critério, de outros instrumentos de segurança.

Os atos notariais eletrônicos, cuja autenticidade seja conferida pela internet por meio do e-Notariado, constituem instrumentos públicos para todos os efeitos legais e são eficazes para os registros públicos, instituições financeiras, juntas comerciais, Detrans e para a produção de efeitos jurídicos perante a administração pública e entre particulares.

Por derradeiro, é importante destacar que, em razão da ampliação da prestação do serviço eletrônico, houve um aumento na eficiência e celeridade para o cidadão, mantendo a mesma garantia de segurança jurídica que o serviço presencial. Além disso, os benefícios já alcançados com a revolução tecnológica nos cartórios proporcionaram uma prestação célere, segura, eficiente e acessível. Considerando ainda a necessidade de ampliar o acesso ao serviço notarial eletrônico em todo o território nacional, o Provimento CNJ n. 181/2024 incluiu o parágrafo único no artigo 284 do Código Nacional de Normas, estabelecendo que todos os tabeliães de notas deverão prestar o serviço de atos notariais eletrônicos por meio do e-Notariado.

3.3.1 CONCEITOS

São conceitos relevantes para a efetivação dos atos notariais eletrônicos por meio do e-Notariado:

I – **assinatura eletrônica notarizada:** qualquer forma de verificação de autoria, integridade e autenticidade de um documento eletrônico realizada por um notário, atribuindo fé pública;

II – **certificado digital notarizado:** identidade digital de uma pessoa física ou jurídica, identificada presencialmente por um notário a quem se atribui fé pública;

III – **assinatura digital:** resumo matemático computacionalmente calculado a partir do uso de chave privada e que pode ser verificado com o uso de chave pública, cujo certificado seja conforme a Medida Provisória n. 2.200-2/2001 ou qualquer outra tecnologia autorizada pela lei;

IV – **biometria:** dado ou conjunto de informações biológicas de uma pessoa, que possibilita ao tabelião confirmar a identidade e a sua presença, em ato notarial ou autenticação em ato particular.

V – **videoconferência notarial:** ato realizado pelo notário para verificação da livre manifestação da vontade das partes em relação ao ato notarial lavrado eletronicamente;

VI – **ato notarial eletrônico:** conjunto de metadados, gravações de declarações de anuência das partes por videoconferência notarial e documento eletrônico, correspondentes a um ato notarial;

VII - **documento físico:** qualquer peça escrita ou impressa em qualquer suporte que ofereça prova ou informação sobre um ato, fato ou negócio, assinada ou não, e emitida na forma que lhe for própria.

VIII - **digitalização ou desmaterialização:** processo de reprodução ou conversão de fato, ato, documento, negócio ou coisa, produzidos ou representados originalmente em meio não digital, para o formato digital;

IX – **papelização ou materialização:** processo de reprodução ou conversão de fato, ato, documento, negócio ou coisa, produzidos ou representados originalmente em meio digital, para o formato em papel;

X – **documento eletrônico:** qualquer arquivo em formato digital que ofereça prova ou informação sobre um ato, fato ou negócio, emitido na forma que lhe for própria, inclusive aquele cuja autoria seja verificável pela internet.

XI - **documento digitalizado:** reprodução digital de documento originalmente em papel ou outro meio físico;

XII - **documento digital:** documento originalmente produzido em meio digital;

XIII - **meio eletrônico:** ambiente de armazenamento ou tráfego de informações digitais;

XIV - **transmissão eletrônica:** toda forma de comunicação a distância com a utilização de redes de comunicação, tal como os serviços de internet;

XV – **usuários internos:** tabeliães de notas, substitutos, interinos, interventores, escreventes e auxiliares com acesso às funcionalidades internas do sistema de processamento em meio eletrônico;

XVI - **usuários externos:** todos os demais usuários, incluídas partes, membros do Poder Judiciário, autoridades, órgãos governamentais e empresariais;

XVII -**CENAD:** Central Notarial de Autenticação Digital, que consiste em uma ferramenta para os notários autenticarem os documentos digitais, com

Lei 8.935/1994

base em seus originais, que podem ser em papel ou natos-digitais;

XVIII - **cliente do serviço notarial:** todo o usuário que comparecer perante um notário como parte direta ou indiretamente interessada em um ato notarial, ainda que por meio de representantes, independentemente de ter sido o notário escolhido pela parte outorgante, outorgada ou por um terceiro.

3.3.2 REQUISITOS

São requisitos da prática do ato notarial eletrônico:

1) Videoconferência notarial para captação do consentimento das partes sobre os termos do ato jurídico. O Tabelião de Notas deve ficar atento para que neste caso, esta gravação contenha, no mínimo: a) a identificação, a demonstração da capacidade e a livre manifestação das partes atestadas pelo tabelião de notas; b) o consentimento das partes e a concordância com a escritura pública; c) o objeto e o preço do negócio pactuado; d) a declaração da data e horário da prática do ato notarial; e e) a declaração acerca da indicação do livro, da página e do tabelionato onde será lavrado o ato notarial.
2) Concordância expressada pelas partes com os termos do ato notarial eletrônico. Esta concordância a ser obtida pelo Tabelião de Notas pode ser falada/oral ou, em se tratando de pessoas mudas, via sinais/gestos.
3) Assinatura digital pelas partes, exclusivamente através do e-Notariado;
4) Assinatura do Tabelião de Notas com a utilização de certificado digital ICP-Brasil;
5) Uso de formatos de documentos de longa duração com assinatura digital.

Segundo o artigo 287 do Provimento CNJ n. 149/2023, para a lavratura do ato notarial eletrônico, o notário utilizará a **plataforma e-Notariado,** através do link www.e-notariado.org.br, com a realização da videoconferência notarial para captação da vontade das partes e coleta das assinaturas digitais. Dialoga com este dispositivo, o art. 318 que frisa a necessidade de utilização exclusivamente da plataforma e-Notariado ao dispor que "fica vedada a prática de atos notariais eletrônicos ou remotos com recepção de assinaturas eletrônicas a distância sem a utilização do e-Notariado".

Em outras palavras, o provimento deixa claro que a videoconferência para a captação da vontade das partes e da coleta das assinaturas digitais não pode ser realizada por meio de outro sistema digital que não seja o e-Notariado.

3.3.3 DO SISTEMA DE ATOS NOTARIAIS ELETRÔNICO E-NOTARIADO

O Sistema de Atos Notariais Eletrônicos, e-Notariado é disponibilizado na internet pelo Colégio Notarial do Brasil – Conselho Federal, dotado de infraestrutura tecnológica necessária à atuação notarial eletrônica, e deve estar disponível 24 (vinte e quatro) horas por dia, ininterruptamente, ressalvados os períodos de manutenção do sistema. Sobre o acesso ao sistema, o leitor deve atentar para as regras dos arts. 296 a 298 do Provimento 1490/2023.

O e-Notariado tem como **objetivo:**

a) interligar os notários, permitindo a prática de atos notariais eletrônicos, o intercâmbio de documentos e o tráfego de informações e dados;
b) aprimorar tecnologias e processos para viabilizar o serviço notarial em meio eletrônico;
c) implantar, em âmbito nacional, um sistema padronizado de elaboração de atos notariais eletrônicos, possibilitando a solicitação de atos, certidões e a realização de convênios com interessados; e
d) implantar a Matrícula Notarial Eletrônica – MNE. A Matrícula Notarial Eletrônica consiste em um número único de identificação de cada ato notarial e integra o ato notarial eletrônico, devendo assim ser indicada em todas as cópias expedidas.

No tocante às **funcionalidades** do e-Notariado, são enumeradas:

a) matrícula notarial eletrônica. A MNE servirá como chave de identificação individualizada, facilitando a unicidade e rastreabilidade da operação eletrônica praticada e deve seguir as regras do art. 295 do Provimento CNJ 149/2023;
b) portal de apresentação dos notários;
c) fornecimento de certificados digitais notarizados e assinaturas eletrônicas notarizadas;
d) sistemas para realização de videoconferências notariais para gravação do consentimento das partes e da aceitação do ato notarial;
e) sistemas de identificação e de validação biométrica;
f) assinador digital e plataforma de gestão de assinaturas;
g) interconexão dos notários;
h) ferramentas operacionais para os serviços notariais eletrônicos;
i) Central Notarial de Autenticação Digital - CENAD;
j) Cadastro Único de Clientes do Notariado – CCN;
k) Cadastro Único de Beneficiários Finais – CBF;
l) Índice Único de Atos Notariais – IU.
j) Reconhecimento de Assinatura Eletrônica em Documento Digital por meio do módulo operacional e-Not Assina.

Vale mencionar que o Provimento CNJ n. 178/2024 alterou o art. 294 para regulamentar a **correição on-line.**

Assim, o sistema e-Notariado contará com módulo de **fiscalização e geração de relatórios (correição *on-line*)**, para efeito de contínuo acompanhamento, controle e fiscalização pelos juízes responsáveis pela atividade extrajudicial, pelas corregedorias de Justiça dos estados e do Distrito Federal e pela Corregedoria Nacional de Justiça.

O módulo de correição *on-line* deverá informar, por período de dia, mês e ano, no mínimo, os nomes das serventias extrajudiciais e respectivos Códigos Nacionais de Serventia (CNS), assim como os nomes e quantidades de atos produzidos relativamente a, no mínimo, os seguintes atos:

> I - **Autenticação Digital,** por meio do módulo da Central Notarial de Autenticação Digital – CENAD;
>
> II - **Reconhecimento de Assinatura Eletrônica em Documento Digital**, por meio do módulo e-Not Assina;
>
> III - **Autorização Eletrônica de Viagem – AEV**;
>
> IV - **Autorização Eletrônica de Doação de Órgãos, Tecidos e Partes do Corpo Humano – AEDO.**

O módulo de correição on-line poderá ser acessado por magistrados com competência correcional e por servidores autorizados.

No que diz respeito ao **selo de fiscalização do ato notarial eletrônico**, o Provimento CNJ n. 178 alterou a redação do caput do art. 319 e acrescentou parágrafo, conforme segue:

> **Art. 319**. Nos Tribunais de Justiça em que são exigidos selos de fiscalização, o ato notarial eletrônico deverá ser lavrado com a indicação do selo eletrônico ou físico exigido pelas normas estaduais ou distritais.
>
> Parágrafo único. São considerados nulos os atos eletrônicos lavrados em desconformidade com o disposto no *caput* deste artigo.
>
> § 2º Fica dispensada a exigência contida no *caput* deste artigo para os seguintes atos, cuja fiscalização ocorrerá na forma do art. 294 deste Código:
>
> I - Autenticação Digital, por meio do módulo da Central Notarial de Autenticação Digital (CENAD);
>
> II - Reconhecimento de Assinatura Eletrônica, por meio do módulo e-Not Assina;
>
> III - Autorização Eletrônica de Viagem - AEV;
>
> IV - Autorização Eletrônica de Doação de Órgãos, Tecidos e Partes do Corpo Humano - AEDO.

3.3.4 COMPETÊNCIA

Quando da edição do Provimento CNJ n. 100/2020, os dispositivos mais discutidos eram aqueles que tratavam da competência para os atos notariais eletrônicos.

Na dicção do antigo art. 6º, que equivale ao atual art. 289 do Provimento CNJ n. 149/2023 "a competência para a prática dos atos regulados nesta seção é absoluta e observará a circunscrição territorial em que o tabelião recebeu sua delegação, nos termos do art. 9º da Lei n. 8.935/1994".

Nesse contexto, observa-se que essa é também a normatização para o ato notarial realizado integralmente na forma física, ou seja, é vedado ao Tabelião de Notas lavrar atos no local de competência de outro, sob pena de procedimento disciplinar. O art. 289, Prov. CNJ n. 149/2023 deve ser lido em conjunto com o art. 302 (equivale ao art. 19 do Provimento 100/2020).

> **Art. 302.** Ao **tabelião de notas da circunscrição do imóvel ou do domicílio do adquirente compete,** de forma remota e com exclusividade, lavrar as **escrituras eletronicamente**, por meio do e-Notariado, com a realização de videoconferência e assinaturas digitais das partes.

Assim, será competente para lavrar a escritura eletrônica quando o imóvel (ex: compra e venda, permuta, doação) for ou o adquirente tiver domicílio no seu local (município) de delegação.

Escritura Publica Eletrônica – Imóvel	Local do imóvel ou Domicílio do adquirente

> § 1º Quando houver um ou mais imóveis de diferentes circunscrições no mesmo ato notarial, será competente para a prática de atos remotos o tabelião de quaisquer delas.

Se **houver mais de um imóvel**, poderá ser lavrado em quaisquer delas.

> § 2º Estando o imóvel localizado no mesmo estado da federação do domicílio do adquirente, este poderá escolher qualquer tabelionato de notas da unidade federativa para a lavratura do ato.

De acordo com este parágrafo, entende-se que se o domicílio do adquirente e o imóvel forem do mesmo Estado, o comprador poderá escolher qualquer Tabelião de Notas desta unidade federativa. De outro giro, caso seja de outro estado, a regra a ser obedecida é a do *caput* do art. 302 do Provimento CNJ n. 149/2023.

> § 3º Para os fins deste provimento, entende-se por adquirente, nesta ordem, o comprador, a parte que está adquirindo direito real ou a parte em relação à qual é reconhecido crédito.

Muito bem exemplifica Felipe Leonardo Rodrigues: "neste caso, em uma escritura de hipoteca, por exemplo, o notário competente pode ser o do imóvel, do domicílio do comprador ou da sede da instituição bancária" (*Pontos relevantes do Provimento CNJ nº 100/2020.* s.n.s.l).

Verificado o não cumprimento de qualquer dos cenários expostos no art. 302, o Registrador Imobiliário deve obstar o registro do ato notarial, uma vez que foi infringida a regra de competência.

Vale ilustrar que recentemente, o Tribunal de Justiça do Estado do Mato Grosso, decidiu, no Expediente nº 0046347-79.2021.8.11.0000 que:

EMENTA: Sentença – Negativa de registro de escritura lavrada pelo sistema e-notariado – Competência territorial – Interpretação contrária ao art. 19, § 2º, do Provimento CNJ nº 100/2020 – Escritura que deveria ter sido lavrada por notário da comarca da situação do imóvel – Descabimento – Melhor interpretação no sentido da competência de qualquer notário do Estado da situação do imóvel – Interpretação conjunta dos arts. 6º e 19 do Provimento – Escritura corretamente lavrada – Levantamento do óbice – Improcedência – Recomendação aos registradores de imóveis.

Trata-se de solicitação formulada pela Delegatária do Tabelionato e Registro Civil de Pessoas Naturais do Distrito de Bom Jardim Nobres/MT, para Corregedoria manifestar acerca da negativa de serventia de registro de imóvel em receber a escritura realizada pelo e-notário, em razão de interpretação contrária ao estabelecido no parágrafo segundo do artigo 19 do Provimento n.º 100/2020 do Conselho Nacional de Justiça.

É o Relatório.

Decido.

A matéria aqui tratada não diz respeito à suscitação de dúvida que tem procedimento próprio estabelecido no artigo 198 e seguintes da Lei n.º 6015/1973 e nos artigos 685 a 692 do Código de Normas Gerais da Corregedoria Geral da Justiça-CNGCE, mas trata de consulta de interesse e repercussão geral de abrangência estadual concernentes à matéria do foro extrajudicial prevista no artigo 12 da CNGCE.

O Conselho Nacional de Justiça, por meio do Provimento n.º 100/2020-CNJ de 26 de maio de 2020, autorizou a prática de atos notarias eletrônicos em todos os tabelionatos de Notas do Brasil. Torna-se possível lavrar escrituras públicas de forma eletrônica, com a mesma segurança jurídica dos atos realizados presencialmente, tudo por meio da plataforma do E-notariado, que foi implementada e mantida pelo Colégio Notarial do Brasil – Conselho Federal.

A questão aqui trazida, trata-se sobre a competência territorial para lavrar os atos eletrônicos nos tabelionatos. O Provimento n.º 100/2020-CNJ, estabeleceu competência territorial absoluta para a prática desses atos, mitigando o Princípio da Livre Escolha do Tabelião de notas pelas partes, previsto no artigo 8º da Lei n.º 8.935/1994, com o objetivo de evitar a concorrência predatória por serviços prestados remotamente que podem ofender a fé pública notarial, já que os emolumentos têm valores diferentes de Estado para Estado.

Nesse sentido, o artigo 19 do Provimento n.º 100/2020-CNJ, estabelece qual o tabelião competente para lavrar o ato quando a escritura eletrônica envolver imóvel será o notário do local (município ou circunscrição) de situação do imóvel ou do domicílio do adquirente, à escolha das partes, senão veja-se:

"Art. 19. Ao tabelião de notas da circunscrição do imóvel ou do domicílio do adquirente compete, de forma remota e com exclusividade, lavrar as escrituras eletronicamente, por meio do e-Notariado, com a realização de videoconferência." *(Grifo nosso).*

Na sequência, o § 1º do artigo 19 do Provimento n.º 100/2020-CNJ, complementando o *caput* do aludido dispositivo, determinou que *"[...] Quando houver um ou mais imóveis de diferentes circunscrições no mesmo ato notarial, será competente para a prática de atos remotos o tabelião de quaisquer delas [...]"*. O que significa dizer que, quando o ato envolver imóveis situados em diferentes circunscrições, será competente o notário de qualquer uma delas.

Contudo, o § 2º do mesmo artigo, **amplia** a interpretação no qual registra que:

"[...] § 2º Estando o imóvel localizado ***no mesmo estado da federação do domicílio do adquirente, este poderá escolher qualquer tabelionato de notas da unidade federativa*** *para a lavratura do ato. [...]." (Grifo nosso).*

Convém registrar que o livro de Tabelionato de Notas – 4ª Edição – Autores Paulo Roberto Giger Ferreira e Felipe Leonardo Rodrigues, Coordenado pelo Christiano Cassettari, ensina da seguinte forma:

"[...] Outra regra, amplia a competição, informando que estando o imóvel localizado no mesmo estado da federação do domicílio do adquirente (o comprador, a parte que está adquirindo o direito real ou a parte em relação à qual é reconhecido o crédito) este poderá escolher qualquer tabelionato de notas da unidade federativa para a lavratura do ato. A competência para lavratura de escrituras imobiliárias eletrônicas é, portanto, dirigida a qualquer tabelião do estado em que se localiza o imóvel [...]."

Ademais, no artigo – *Competência territorial para a prática de atos notariais eletrônicos* – por José Flávio Bueno Ficher, a regra do parágrafo segundo do artigo 19 do Provimento n.º 100/2020-CNJ, publicado no endereço eletrônico: *http://www.notariado.org.br/blog/notarial/artigo-competencia-territorial-para-pratica- de-atos-notariais-eletronicos-por-jose-flavio-bueno- fischer-e-carolina-edith-mosmam-dos-santos:*

"[...] Entendemos que a melhor interpretação é a que se o domicílio do comprador for no mesmo Estado de localização do imóvel, o ato eletrônico poderá ser lavrado em qualquer Tabelionato de Notas daquele Estado. Este entendimento vai ao encontro do objetivo do Provimento de se evitar a concorrência predatória entre notários, já que dentro do mesmo Estado, os emolumentos são idênticos, não havendo prejuízo na livre escolha do tabelião dentro da mesma Unidade Federativa."

Sobre o assunto, a Corregedoria do Tribunal de Justiça de Santa Catarina, já se posicionou acerca do parágrafo segundo do artigo 19 do Provimento n.º 100-CNJ, a saber:

"[...] Que a circunscrição para lavratura de escrituras eletrônicas é qualquer tabelionato de notas do Estado em que esteja localizado o imóvel, desde que esteja no mesmo Estado da Federação do domicílio do adquirente [...]." (Circular n.º 184 de 16/07/2021).

Ao caso em análise, nota-se que a nota devolutiva emitida no dia 10/09/2021 pelo 6º Serviço Notarial e Registral da Comarca de Cuiabá/MT, Protocolo n.º CEI/ANOREG #441021, alega a incompetência do Tabelionato de Paz e Notas do Distrito de Bom Jardim da Comarca de Nobres/MT para a lavratura de escritura pública pela plataforma e-notariado, por entender que, estando o imóvel localizado na mesma comarca do domicílio do adquirente, pela aplicação do artigo 6º do Provimento n.º 100/2020-CNJ, será competente apenas o Tabelião daquela comarca, senão veja-se:

"Art. 6º. A competência para a prática dos atos regulados neste Provimento é absoluta e observará a circunscrição territorial em que o tabelião recebeu sua delegação, nos termos do art. 9º da Lei n. 8.935/1994." (Grifo nosso).

A interpretação do Cartório do 6º Ofício da Comarca de Cuiabá/MT está equivocada, na medida em que distingue a competência de forma ilegal e desprestigia as excepcionalidades e os fundamentos trazidos pelo inovador Provimento n.º 100/2020-CNJ.

Assim, é importante entender o propósito do Provimento ao delimitar a territorialidade como parâmetro para estabelecimento da competência, o aludido Provimento objetiva essencialmente, coibir a concorrência predatória entre notários. O parágrafo 2º do artigo 19 reforça tal objetivo, visto que, **dentro da mesma unidade federativa, os emolumentos são idênticos** não havendo, portanto, nenhum óbice, tampouco qualquer prejuízo quando da livre escolha do Tabelião.

Nesse diapasão, registra-se que, embora em um primeiro momento pareçam antagônicos os artigos 6º e 19 do Provimento e o 8º da Lei n.º 8.935/94, em verdade, a ideia posta tem como finalidade apenas evitar a concorrência predatória em serviços prestados remotamente, não desprestigiando, por outro lado, a livre escolha do tabelião dentro do território estadual, quando for a hipótese de escritura de imóvel no mesmo domicilio do adquirente.

Outrossim, a recusa na prestação do serviço por ora questionado, vai de encontro ao proposto pelo Provimento n.º 100/2020-CNJ, dado que, a sua criação visa a manutenção dos serviços extrajudiciais, porquanto se tratam de atividades indispensáveis ao exercício da cidadania, que devem ser prestadas de forma **eficiente e contínua**.

Assim, frisa-se que o artigo 8º da Lei n.º 8.935/94 é a regra geral prevista para os atos presenciais, devendo ser aplicada também para os casos de escritura não presencial, via e-notariado.

Portanto, apesar das regras de hermenêutica e integração do direito serem suficientes para a correta interpretação do Provimento destacado, legitimando o ato notarial praticado pelo Tabelionato de Paz e Notas do Distrito de Bom Jardim da Comarca de Nobres/MT.

Dessa forma, em homenagem à segurança jurídica que norteia a atividade notarial, a qual deve ser prestada do forma contínua, eficiente e uniforme à sociedade, entendo que a norma é cristalina, não havendo margem a outro entendimento e, portanto, **determino** aos Registradores de Imóveis deste Estado que observem as regras contidas no artigo 19, especialmente, a que está prevista no § 2º, a qual prestigia a livre escolha do usuário, no sentido de que o imóvel localizado no mesmo Estado da Federação do domicílio do Adquirente, autoriza que a escritura eletrônica seja realizada por meio do e-notariado, podendo ser lavrada em quaisquer Tabelionatos de Notas do Estado de Mato Grosso.

Dê conhecimento da presente decisão aos Registradores de Imóveis, aos Tabeliães de Notas e aos Diretores do Foro.

Por medida de celeridade e economia processual, **a cópia do(a) presente despacho/decisão servirá como ofício**, nos termos da Ordem de Serviço n.º 01/2016-CGJ.

Cumpra-se.

Cuiabá/MT,26 de outubro de 2021.
(documento assinado digitalmente)

Desembargador JOSÉ ZUQUIM NOGUEIRA
(TJMT – Expediente nº 0046347-79.2021.8.11.0000 – Rel. Des. José Zuquim Nogueira – DJ 26.10.2021)

Ainda sobre a territorialidade, convém trazer a regra do art. 303 que trata das **atas notariais eletrônicas** e **da procuração pública eletrônica**. Frise-se que este dispositivo deve ser utilizado para atas e procurações eletrônicas e não físicas, neste sentido:

Art. 303. Ao tabelião de notas da **circunscrição do fato constatado ou, quando inaplicável este critério, ao tabelião do domicílio do requerente** compete lavrar as **atas notariais eletrônicas,** de forma remota e com exclusividade por meio do e-Notariado, com a realização de videoconferência e assinaturas digitais das partes.

Parágrafo único. A lavratura de **procuração pública eletrônica** caberá ao tabelião do **domicílio do outorgante ou do local do imóvel**, se for o caso.

Assim, no que tange às procurações públicas eletrônicas, será competente o Tabelião de Notas do **domicílio do outorgante.** De outro lado, em se tratando de imóveis, como por exemplo, uma procuração com poderes para compra e venda de imóveis ou em causa própria, o notário poderá ser aquele da situação do imóvel.

Para clarear, trago um quadro didático:

Ata Notarial (Eletrônica)	Procuração Pública (Eletrônica)
Fato Constatado (local do fato) ou	Domicílio do outorgante ou
Domicílio do requerente	Local do Imóvel

Quanto ao **testamento,** entende-se que, apesar de não citado especificamente no provimento, este não os proibiu.

Dessa maneira, oportuno trazer as três correntes que se formaram em relação à competência territorial para a prática do testamento público on-line nos ensinamentos de Arthur Del Guercio , Carolina Mossman e João Massoneto (https://ibdfam.org.br/artigos/1910/A+possibilidade+do+Testamento+P%C3%BAblico+eletr%C3%B4nico+e+a+compet%C3%AAncia+territorial+para+sua+lavratura):

1º) Corrente Restritiva: O Tabelionato competente para lavrar o Testamento Público por meio eletrônico será o do domicílio do Testador.

2º) Corrente Moderada: O Testador poderá escolher qualquer Tabelionato de sua confiança, desde que dentro do Estado onde tem seu domicílio.

3º) Corrente Liberal: O Testador poderá escolher o Tabelionato de Notas de sua confiança no Brasil, independentemente do seu domicílio.

A primeira corrente adota um dos critérios básicos de competência territorial eleitos pelo Provimento

Lei 8.935/1994

nº 100, o domicílio da parte, no caso, o domicílio do testador.

Já a terceira corrente entende que, na falta de regra específica no Provimento nº 100 sobre a competência territorial para a prática do testamento eletrônico, deve-se seguir a regra legal existente no artigo 8º, da Lei Federal nº 8.935/94, sendo livre a escolha do notário pelo testador, independentemente de seu domicílio. Isto porque, em tese, não se deve ampliar o alcance de uma norma restritiva. Se o Provimento nº 100 não estabeleceu expressamente competência para o testamento, é porque não quis fazê-lo, aplicando-se, como consequência, o princípio da livre escolha previsto na Lei Federal nº 8.935/94.

Além disto, por ser o testamento um ato tão solene e confidente, um ato de última vontade em que a confiança da parte no notário é ainda mais relevante que em outros atos notariais, o testador deveria ter essa liberdade preservada. E, se analisarmos de modo mais profundo, o testamento não parece ser um ato que geraria concorrência predatória, pois, por todo o contexto que envolve esse ato, e, também, pela forma de cobrança dos emolumentos correspondentes em todos os Estados, certamente o testador não irá se preocupar mais com o valor do que o conteúdo e tudo que ele significa.

A primeira corrente parece limitar ao extremo a competência territorial, fazendo com que o testador não tenha escolha alguma, sendo forçado a fazer o seu testamento on-line no tabelionato de seu domicílio. Tal corrente não nos parece a mais acertada por dois motivos: I) muitas pessoas preferem fazer seus testamentos em cidades distintas de sua residência para evitar especulações sobre o documento; e, II) alguns cartórios ainda não aderiram ao e-Notariado, o que prejudica as pessoas que querem ou precisam fazer seu testamento de forma on-line, mas são privadas desta possibilidade em razão de não existir tabelionato habilitado em seu domicílio.

A terceira corrente, por sua vez, que deixa completamente livre a escolha, acaba por esbarrar na preocupação do Conselho Nacional de Justiça em relação à prevenção de concorrência desleal ou predatória e todas as consequências danosas que esta acaba surtindo.

Assim, parece-nos que a imposição de um limite, por mínimo que seja, de competência territorial, seria algo a evitar problemas futuros, não retirando totalmente a liberdade de escolha do testador.

Mas então qual seria a regra de competência mais justa diante deste cenário?

Eis que chegamos na segunda corrente, no caminho do meio, a Corrente Moderada.

A segunda corrente defende que o testador pode escolher qualquer Tabelionato de sua confiança, desde que dentro do Estado onde tem seu domicílio.

Tal corrente parece combinar, como numa sinfonia harmoniosa, a liberdade de escolha tão importante no testamento – para preservar a confiança do testador no notário e a confiança do testador no sigilo do documento – com a preocupação com a concorrência predatória, já que dentro do mesmo Estado, o testamento público tem o mesmo valor, independentemente do Município onde for lavrado.

Desse modo, concluímos que a regra de competência menos gravosa ao Testador e que vai ao encontro do nosso ordenamento jurídico, sem ferir o Provimento nº 100, tampouco a Lei Federal nº 8.935/94, seria justamente esta segunda corrente: a livre escolha do notário de confiança do testador, desde que dentro do Estado em que tem seu domicílio. Este entendimento traz uma ampla possibilidade de escolha, mas com um limite mínimo que visa somente coibir problemas futuros no notariado, para que este possa continuar obtendo sucesso perante a sociedade, e cada vez mais possa evoluir, facilitando a vida de todos e mantendo a segurança jurídica de sempre.

Assim entendemos, respeitando as opiniões contrárias.

Uma vez mais, vale trazer as outras ponderações de Felipe Leonardo Rodrigues sobre a competência territorial dos atos eletrônicos (*Pontos relevantes do Provimento CNJ nº 100/2020.* s.n.s.l):

- E as pessoas físicas residentes ou domiciliadas fora do Brasil? O provimento não prevê tal hipótese, contudo, referidas pessoas podem receber atendimento no Brasil se assim desejarem, sendo o notário competente aquele do último domicílio da pessoa.
- Escrituras que não versarem sobre imóveis, será competente o notário do domicílio das partes.

Após analisados tais dispositivos sobre a territorialidade, pode-se questionar como se faria a comprovação do domicílio. Neste sentido, as diretrizes do art. 304 (equivale ao art. 21 do Provimento CNJ n. 100/2020):

> **Art. 304/Art. 21.** A comprovação do domicílio, em qualquer das hipóteses deste provimento, será realizada:
>
> I – em se tratando de pessoa jurídica ou ente equiparado: pela verificação da sede da matriz, ou da filial em relação a negócios praticados no local desta, conforme registrado nos órgãos de registro competentes.
>
> II – em se tratando de pessoa física: pela verificação do título de eleitor, ou outro domicílio comprovado.
>
> Parágrafo único. Na falta de comprovação do domicílio da pessoa física, será observado apenas o local do imóvel, podendo ser estabelecidos convênios com órgãos fiscais para que os notários identifiquem, de forma mais célere e segura, o domicílio das partes.

Assim, de forma esquematizada, estabeleceu-se as seguintes regras de competência, de acordo com o objeto, o território ou o tipo de pessoa:

Modalidade de Ato Notarial Eletrônico	Tabelionato/Tabelião Competente
Escrituras versando sobre imóveis	Do município do imóvel ou, facultativamente, do município do domicílio do adquirente (apenas se este município estiver no mesmo estado da federação em que estiver o imóvel)
Ata notarial	Do município do fato constatado, ou do domicílio do requerente interessado no ato, se o fato for exclusivamente virtual.
Procuração	Do domicílio do outorgante ou, facultativamente se houver, do imóvel.
Testamento	Domicílio do testador ou Tabelionato de confiança do testador desde que dentro do Estado onde tem seu domicílio ou o Tabelionato de Notas de sua confiança no Brasil, independentemente do seu domicílio.
Inventário e divórcio	Do local do domicílio ou do local em que haja imóvel
Escrituras declaratórias	Domicílio de um dos declarantes
Reconhecimento de firma em Documento único de Transferência – DUT)	Do domicílio do emplacamento do veículo ou dos adquirentes indicados no Certificado de Registro de Veículo – CRV ou na Autorização para Transferência de Propriedade de Veículo – ATPV (art. 23 § 1º)

Sobre a **competência exclusiva** do Tabelião de Notas referentes aos atos notariais eletrônicos, estas foram estudadas em conjunto com o art. 7º da Lei 8.935/1994, já exposto de maneira aprofundada nesta obra.

3.3.5 OUTROS ATOS NOTARIAIS ELETRÔNICOS

Em princípio, todos os atos notariais poderão ser feitos de forma eletrônica, desde que esteja este serviço disponível na plataforma e-notariado, incumbindo ao Colégio Notarial do Brasil padronizar a realização de determinados serviços.

Assim, não apenas escrituras, procurações e atas notariais podem ser lavradas de forma eletrônica, mas também testamentos, inventários, divórcios, reconhecimentos de firma eletrônicos (sendo que a maioria dos estudiosos entende que apenas o reconhecimento por autenticidade estaria abrangido, excluindo o por semelhança), autenticações eletrônicas, mediação, conciliação, entre outros. Tudo isso, ressalte-se, deve ser realizado por meio do sistema e-Notariado, em conformidade com as disposições gerais do Código Nacional de Normas.

No que se refere ao reconhecimento de firma por autenticidade, é necessário consignar no ato notarial eletrônico que a assinatura foi aposta no documento, perante o tabelião, seu substituto ou escrevente, durante um procedimento de videoconferência. Ou seja, o Tabelião de Notas deve mencionar no texto do reconhecimento que a assinatura foi realizada ou confirmada em procedimento de videoconferência.

Recentemente disponível na plataforma digital do notariado brasileiro, o procedimento é muito bem explicado pela Presidente do Colégio Notarial do Brasil, Giselle Oliveira de Barros: "este serviço agora pode passar a ser feito de maneira virtual, em um processo que envolve o envio do documento ao Cartório de Notas, uma videoconferência com o tabelião e assinatura eletrônica, que pode ser a de modelo notarizada – emitida gratuitamente e de forma virtual pelo Cartório de Notas –, ou ICP Brasil, a mesma exigida para a declaração de imposto de renda. Ou seja, o cidadão não precisa se deslocar ao Cartório, nem para reconhecer a firma autêntica, nem para emitir seu certificado.

Para realizar o Reconhecimento de Firma por Autenticidade pelo e-Notariado o usuário deverá ter firma aberta no cartório escolhido e um certificado digital notarizado ou ICP-Brasil. Após escolher o Cartório de Notas (que pode ser consultado no site www.e-notariado.org.br), o cidadão assina o documento original e o envia à unidade. Na sequência, é marcada uma videoconferência para confirmar a identidade e capacidade civil do solicitante. Em seguida, o usuário assina eletronicamente um termo de validação, o tabelião reconhece a firma autêntica no documento original, disponibilizando-o para retirada ou para que seja entregue ao destinatário.

A disponibilização de mais este módulo de serviço eletrônico ao cidadão é fruto de um trabalho hercúleo, que envolve o desenvolvimento e adequação do sistema à 27 diferentes regramentos estaduais, muitas vezes conflitantes, além de uma complexa teia legal na qual os serviços dos Cartórios de Notas estão inseridos. Conjugar todas estas normativas e transformá-las em um padrão nacional uniforme de prestação de serviço têm sido um dos maiores desafios que a atividade tem superado nos últimos tempos.

É importante frisar que o ato de reconhecimento de firma por autenticidade, assim como a maioria dos atos realizados em Cartório de Notas, é uma faculdade do usuário. Diante de uma importante transação patrimonial ou de um ato pessoal que envolve uma série de direitos, o usuário busca no ato praticado por um notário a autenticidade, a publicidade e a eficácia, que lhe conferem a segurança jurídica de que aquele ato dificilmente será contestado, cabendo a quem o fizer a responsabilidade de provar sua ilegalidade.

Outro ponto muito importante a se destacar é que, neste momento, apenas os **reconhecimentos de firma por autenticidade**, aqueles onde o cidadão deveria ir presencialmente ao Cartório de Notas assinar o documento diante de um tabelião, podem ser feitos de forma eletrônica. Já os **reconhecimentos de firma por**

Lei 8.935/1994

semelhança, que costumam ser feitos nos balcões dos Cartórios, onde a assinatura do usuário é confrontada com um padrão constante na ficha de firma armazenada na unidade, permanecem sendo realizados de forma física.

É tempestivo ainda deixar registrador o entendimento do recente Enunciado 50 editado na I Jornada de Direito Notarial e Registral:

> **Enunciado 50.** Os atos notariais de reconhecimento de firma e da assinatura eletrônica em documento digital se limitam à verificação da assinatura no documento com base naquela depositada em Tabelionato ou correspondente ao certificado digital notarizado, respectivamente, sem que haja análise da legalidade e conformidade jurídica do conteúdo do negócio ou ato jurídico no qual a assinatura física ou digital esteja inserida.
>
> ⊙ Justificativa: O reconhecimento de firma, previsto na Lei 8.935/94, art. 7º, inciso IV, tem como finalidade aumentar a segurança quanto à autoria da assinatura, por meio do cotejo dos elementos grafotécnicos semelhantes à assinatura constante no documento, com aquela depositada em tabelionato. Já o reconhecimento de assinatura eletrônica em documento digital, prevista no Provimento 100/2020, no artigo 23, inciso III, traz a mesma métrica, mas no suporte eletrônico. No caso do reconhecimento de firma físico utiliza-se como paradigma a ficha de firma, enquanto que no reconhecimento de assinatura eletrônica o paradigma é o certificado digital notarizado. Ocorre que é necessário distanciar os tipos de qualificações de atos notariais protocolares e extraprotocolares. Enquanto nos atos protocolares analisa-se o conteúdo das disposições declaradas pelas partes, nos extraprotocolares limita-se à observar a autenticidade do documento em si (no caso de cópia autenticada) ou a veracidade e autoria de assinatura, no caso do reconhecimento de firma, o que também ocorre nos atos em formato digital. Quando do reconhecimento de assinatura, seja físico ou digital, a verificação da legalidade e autenticidade dos demais elementos do ato jurídico não são examinados pelo Tabelião, pois se trata de uma extraprotocolar, que se destina tão somente a aferir a autoria e não outro elemento do conteúdo do ato. Nesse espeque a análise da capacidade das partes, objeto e a forma do ato são de responsabilidade dos autores do documento onde a firma foi aposta e não podem ser transferidas ao Tabelião, quando solicitado o reconhecimento de firma. Essa distinção é fundamental para que delimitar para o tabelião e para a sociedade os limites da fé pública atribuída ao ato, bem como a responsabilidade.

3.3.6. ATO NOTARIAL HÍBRIDO

O Provimento CNJ n. 100/2020 também autorizou e o Código Nacional de Normas incorporou a realização de ato notarial híbrido, com uma das partes assinando fisicamente o ato notarial e a outra, a distância.

Assim, é perfeitamente possível a parte assinar o **mesmo ato notarial** com assinatura manuscrita ou no formato digital. Ou ainda, em outras palavras, numa mesma escritura pública, por exemplo, é permitida à uma parte assinar fisicamente à caneta, outras usando certificado notarial e, ainda, outras usando certificados digitais padrão ICP Brasil.

4. QUESTÕES DE CONCURSO

01. (TJ/SP – 2024 – VUNESP – Notário e Registrador/Remoção) Ato notarial eletrônico é o conjunto de metadados, gravações de declarações de anuência das partes por videoconferência notarial e documento eletrônico, correspondentes a um ato notarial.

Com relação ao ato notarial eletrônico, é correto afirmar que

a) quando houver um ou mais imóveis de diferentes circunscrições no mesmo ato notarial, será competente para a prática de atos remotos o tabelião da circunscrição geográfica do imóvel com maior valor atribuído pelas partes no negócio entabulado ou com o maior valor venal atribuído pela municipalidade.

b) compete ao tabelião de notas do domicílio do transmitente, de forma remota e com exclusividade, lavrar as escrituras eletronicamente, por meio do Sistema de Atos Notariais Eletrônicos (e-Notariado), com a realização de videoconferência e assinaturas digitais das partes.

c) caso o imóvel esteja localizado no mesmo estado da federação do domicílio do adquirente, este poderá escolher qualquer tabelionato de notas daquela unidade federativa para a lavratura do ato.

d) é facultada a utilização, para a realização da videoconferência pelo notário, da plataforma e-Notariado ou qualquer outra que seja possível a gravação e o armazenamento dos dados, desde que obedecidos aos requisitos tecnológicos determinados na legislação própria.

02. (TJ/MA – 2023 – Consulplan – Notário e Registrador/Provimento) Os atos notariais eletrônicos, uma realidade em nosso país, foram regulamentados pelo Provimento nº 100/2020 do CNJ – Conselho Nacional de Justiça. Sobre o tema, assinale a alternativa que está em acordo com o referido provimento.

Nota da autora: O Provimento CNJ n. 100/2020 foi incorporado aos arts. 284 a 319 do Provimento CNJ n. 149/2023 (CNN). Não houve alterações legislativas, motivo pelo qual é útil trazer esta questão.

a) Impede ao tabelião de notas a lavratura de atos notariais híbridos.

b) Atende ao princípio da territorialidade para a prática dos atos notariais.

c) Permite que as partes comparecentes ao ato possam assiná-lo, eletronicamente, utilizando qualquer plataforma de assinatura, eis que expressamente autorizado pelo Provimento 100/ CNJ, de 2020.

d) O Sistema de Atos Notariais Eletrônicos e-Notariado é mantido pelo Colégio Notarial do Brasil – Conselho Federal, CNBCF, contando, nos casos definidos no seu regulamento, com ônus ou despesas para o Conselho Nacional de Justiça e demais órgãos ou entidades do Poder Público.

03. (VUNESP - 2023 - TJ-AL - Titular de Serviços de Notas e de Registros – Provimento) Segundo o Provimento nº 100/2020, do Conselho Nacional de Justiça, é correto afirmar:

a) O Sistema de Atos Notariais Eletrônicos, e-Notariado, será implementado e mantido pelo Colégio Notarial do Brasil - Conselho Federal, subsidiado, se necessário, pelo fundo criado pela Lei Federal nº 14.382/2022.

b) Os notários, pessoalmente ou por intermédio do e-Notariado, devem fornecer meios tecnológicos para o acesso das informações exclusivamente estatísticas e genéricas à Administração Pública Direta, sendo-lhes autorizado, inclusive, o envio e o repasse de dados, independentemente de disposição legal ou judicial específica.

c) Para a implementação e gestão do sistema e-Notariado, o Colégio Notarial do Brasil – Conselho Federal poderá, dentre outras, adotar as medidas operacionais próprias ou de outras entidades extrajudiciais, ficando responsável pela coordenação, implantação e funcionamento do sistema.

d) O e-Notariado deve oferecer acesso aos dados e às informações constantes de sua base de dados para o juízo competente responsável pela fiscalização da atividade extrajudicial, para as Corregedorias dos Estados e do Distrito Federal e para a Corregedoria Nacional de Justiça.

04. (VUNESP - 2023 - TJ-AL - Titular de Serviços de Notas e de Registros – Provimento) Segundo o Provimento nº 100/2020, do Conselho Nacional de Justiça, assinale a alternativa correta sobre a implementação e gestão do sistema e-Notariado.

a) O Colégio Notarial do Brasil – Conselho Federal deverá, entre outros, estabelecer critérios e normas técnicas para a seleção dos tabelionatos de notas autorizados a emitir certificados eletrônicos para a lavratura de atos notariais eletrônicos.

b) O Colégio Notarial do Brasil – Conselho Federal deverá agir diretamente na capacitação dos notários credenciados para a emissão de certificados eletrônicos, segundo diretrizes do Conselho Nacional de Justiça.

c) O Conselho Nacional de Justiça deverá, entre outros, estabelecer normas, padrões, critérios e procedimentos de segurança referentes a assinaturas eletrônicas, certificados digitais e emissão de atos notariais eletrônicos e outros aspectos tecnológicos atinentes ao seu bom funcionamento.

d) O Colégio Notarial do Brasil – Conselho Federal poderá ser ressarcido dos custos pelos usuários do serviço, na forma estabelecida pelas Corregedorias Estaduais.

05. (VUNESP - 2023 - TJ-AL - Titular de Serviços de Notas e de Registros – Provimento) Segundo o Provimento nº 100/2020, do Conselho Nacional de Justiça, é correto afirmar:

a) As autoridades judiciárias, desde que autorizadas por portaria do Conselho Nacional de Justiça, terão acesso às funcionalidades do e-Notariado, de acordo com o perfil que lhes for atribuído no sistema.

b) O acesso ao e-Notariado será feito com assinatura digital, por certificado digital notarizado, nos termos da MP nº 2.200-2/2001 ou, quando possível, por biometria.

c) Os usuários externos poderão acessar o e-Notariado mediante cadastro prévio, desde que o acesso seja feito com certificado digital expedido no âmbito da ICP-Brasil, para conferir a autenticidade de ato em que tenham interesse.

d) Para a assinatura de atos notariais eletrônicos, poderá, a critério do tabelião, ser realizada videoconferência notarial para captação do consentimento das partes sobre os termos do ato jurídico e sobre a concordância com o ato notarial.

06. (IESES – Titular de Serviços de Notas e Registros – TJ – TO – Provimento/2022) Considerando o poder de fiscalização e de normatização do Poder Judiciário dos atos praticados por seus órgãos, e ainda, a competência do Poder Judiciário de fiscalizar os serviços extrajudiciais, estabelecidos na Constituição Federal, o Conselho Nacional de Justiça – CNJ editou provimentos e outros atos normativos destinados ao aperfeiçoamento das atividades dos serviços extrajudiciais, levando em consideração a prerrogativa do sistema notarial de atribuição de fé pública e a possibilidade de exercício dessa prerrogativa em meio eletrônico. Tendo em mente a obrigação dos serviços extrajudiciais de cumprir as normas técnicas estabelecidas pelo Poder Judiciário leia as afirmações e assinale a INCORRETA:

a) Os atos notariais eletrônicos, cuja autenticidade seja conferida pela internet por meio do e-Notariado, constituem instrumentos públicos para todos os efeitos legais e são eficazes para os registros públicos, instituições financeiras, juntas comerciais, Detrans e para a produção de efeitos jurídicos perante a administração pública e entre particulares.

b) Ainda não é possível a realização de ato notarial híbrido, com uma das partes assinando fisicamente o ato notarial e a outra, a distância.

c) Deverá ser consignado em todo ato notarial eletrônico de reconhecimento de firma por autenticidade que a assinatura foi aposta no documento, perante o tabelião, seu substituto ou escrevente, em procedimento de videoconferência.

d) O notário fornecerá, gratuitamente, aos clientes do serviço notarial certificado digital notarizado, para uso exclusivo e por tempo determinado, na plataforma e- Notariado e demais plataformas autorizadas pelo Colégio Notarial Brasil-CF.

07. (IESES – Titular de Serviços de Notas e Registros – TJ – TO – Provimento/2022) Podemos considerar que a possibilidade de realização de ato notarial eletrônico reflete a relação dos serviços notarias e registrais com o impulso econômico, tendo em vista que agilizam o trâmite na documentação evitando o deslocamento do usuário até o cartório, culminando na redução de custos e de tempo. Sobre esta inovação e modernização dos serviços notariais, que garantem mais praticidade, mas sem colocar em risco a segurança jurídica, é INCORRETO afirmar:

a) Um dos requisitos da prática do ato notarial eletrônico é a realização de videoconferência notarial para captação do consentimento das partes sobre os termos do ato jurídico.

b) A gravação da videoconferência notarial deverá conter, no mínimo: a identificação, a demonstração da capacidade e a livre manifestação das partes atestadas pelo tabelião de notas; o consentimento das partes e a concordância com a escritura pública; o objeto e o preço do negócio pactuado; a declaração da data e horário da prática do ato notarial; e a declaração acerca da indicação do livro, da página e do tabelionato onde será lavrado o ato notarial.

c) A assinatura digital pelas partes, exclusivamente através do e-Notariado e a assinatura do Tabelião de Notas com a utilização de certificado digital ICP- Brasil, são alguns dos requisitos da prática do ato notarial eletrônico.

d) Para a lavratura do ato notarial eletrônico, o notário utilizará qualquer plataforma autorizada pela Anoreg do Estado a que pertencer o cartório responsável pela lavratura do ato, atendendo as peculiaridades locais.

08. (Vunesp – Outorga de Delegação de Notas e Registros – TJ – GO/2021) O que é assinatura eletrônica notarizada?

a) É qualquer forma de verificação de autoria, integridade e autenticidade de um documento eletrônico realizada por um notário, atribuindo fé pública.

b) É o reconhecimento de firma por autenticidade feito na presença do Tabelião em documento impresso da internet.

c) É um conjunto de metadados, gravações de declarações de anuência das partes por videoconferência notarial e documento eletrônico, correspondentes a um ato notarial.

d) É um conjunto de informações biológicas de uma pessoa que possibilite ao tabelião confirmar a identidade e a sua presença, em ato notarial.

09. (Vunesp – Outorga de Delegação de Notas e Registros – TJ – GO/2021) De acordo com o Provimento nº 100/2020 do Conselho Nacional de Justiça, a matrícula notarial eletrônica é

a) um dado ou conjunto de informações biológicas de uma pessoa, que possibilita ao tabelião confirmar a identidade e a sua presença, em ato notarial ou autenticação em ato particular.

b) um ambiente de armazenamento ou tráfego de informações digitais.

c) uma chave de identificação individualizada, facilitando a unicidade e rastreabilidade da operação eletrônica praticada.

Lei 8.935/1994

d) a identidade digital de uma pessoa física ou jurídica, identificada presencialmente por um notário a quem se atribui fé pública.

10. (Vunesp – Outorga de Delegação de Notas e Registros – TJ – GO/2021) De acordo com o Provimento nº 100 do Conselho Nacional de Justiça, é correto afirmar que

a) é facultativa a utilização do e-Notariado para a prática de atos notariais eletrônicos ou remotos com recepção de assinaturas eletrônicas a distância, podendo-se optar por plataforma diversa.

b) a lavratura de procuração pública eletrônica caberá ao tabelião do domicílio do outorgado ou do local do imóvel, se for o caso.

c) é vedada a realização de ato notarial híbrido.

d) estando o imóvel localizado no mesmo Estado da federação do domicílio do adquirente, este poderá escolher qualquer tabelionato de notas da unidade federativa para a lavratura do ato.

11. (UFPR – Outorga das Delegações – Remoção – TJ – PR/2019) A propósito da Central Notarial de Serviços Eletrônicos Compartilhados (CENSEC), assinale a alternativa INCORRETA.

a) Um dos objetivos da Central Notarial de Serviços Eletrônicos Compartilhados (CENSEC) é incentivar o desenvolvimento tecnológico do sistema notarial brasileiro, facilitando o acesso às informações, com o devido respeito às hipóteses de acesso restrito nos casos de sigilo.

b) Um dos módulos operacionais da CENSEC consiste na Central Nacional de Sinal Público (CNSIP), a qual tem por finalidade o arquivamento digital de sinal público de notários e registradores e respectiva pesquisa.

c) A Presidência do Conselho Nacional de Justiça e a Corregedoria Nacional de Justiça possuem livre acesso às informações referentes aos módulos operacionais da CENSEC.

d) Os Tabeliães de Notas e Oficiais de Registro que detenham atribuição notarial poderão consultar a Central Nacional de Sinal Público (CNSIP) mediante o pagamento de taxa fixada pela Corregedoria Nacional de Justiça.

e) Um dos módulos operacionais da CENSEC consiste no Registro Central de Testamentos On-Line (RCTO), que tem por finalidade servir para a pesquisa de testamentos públicos e de instrumentos de aprovação de testamentos cerrados, lavrados no país.

GAB								
	1	C	2	B	3	D	4	A
	5	B	6	B	7	D	8	A
	9	C	10	D	11	D		

5. A PROTEÇÃO DE DADOS E O TABELIONATO DE NOTAS

Inicialmente, informa-se que a análise geral da atividade notarial e registral em relação à proteção de dados, foi detalhada nos comentários do Tópico 1.11, no art. 1º da Lei n. 6.015/1973, nesta obra.

A seguir, exponho as prescrições direcionadas ao Tabelionato de Notas, previstas nos arts. 106 a 111 do Provimento CNJ n. 149/2023 (antigos artigos 28 a 33 do Provimento CNJ n. 134/2022), e destacarei algumas recomendações elaboradas pela Cartilha do Colégio Notarial do Brasil para facilitar a prática extrajudicial e o dia a dia dos cartórios:

Do Tabelionato de Notas e a Proteção de Dados

Art. 106. A emissão e o fornecimento de certidão de ficha de firma e dos documentos depositados por ocasião de sua abertura somente poderão ser realizados a pedido do titular referido nos documentos, seus representantes legais e mandatários com poderes especiais ou mediante decisão judicial.

Art. 107. O fornecimento de certidões para os solicitantes legitimados pode ocorrer por meio de cópia reprográfica.

Art. 108. O pedido de lavratura de ata notarial, realizado por um dos pais, ou pelo responsável legal, envolvendo dados pessoais de sujeito menor de 12 anos de idade, será considerado como consentimento específico e em destaque para o tratamento dos dados da criança.

Art. 109. Nos atos protocolares e nas escrituras públicas, não haverá necessidade de inserção da condição de pessoa exposta politicamente.

Art. 110. A certidão de testamento somente poderá ser fornecida ao próprio testador ou mediante ordem judicial.

Parágrafo único. Após o falecimento, a certidão de testamento poderá ser fornecida ao solicitante que apresentar a certidão de óbito.

Art. 111. No ato notarial, serão inseridos na qualificação dos sujeitos: o nome completo de todas as partes; o documento de identificação, ou, na sua falta, a filiação; o número de CPF; a nacionalidade; o estado civil; a existência de união estável; a profissão; e o domicílio, sendo dispensada a inserção de endereço eletrônico e de número de telefone.

Note-se que nos artigos 109 e 111 fica clara a dispensa de alguns dados pessoais para fins de realização do ato notarial.

O Colégio Notarial do Brasil elaborou uma cartilha explicativa sobre a LGPD, seguidas de um maior direcionamento às atividades cotidianamente exercidas pelos Notários.

Destacam-se alguns tópicos com maior enfoque nas certidões, mas para uma melhor compreensão do tema, recomenda-se a leitura dos comentários aos arts. 6º e 7º da Lei n. 8.935/1994, nesta obra, que aprofundam e detalham as funções notariais.

1) **Quais atividades são consideradas tratamento de dados pessoais?**

2) **O Notário trata dados pessoais?**

Tratamento de dados é o nome amplo utilizado pela LGPD para se referir a toda e qualquer atividade realizada com dados pessoais desde a sua coleta até a sua completa exclusão. Assim, tratamento envolve ações das mais diversas, incluindo coletar, armazenar, produzir, classificar, acessar, reproduzir, transmitir, distribuir, arquivar, analisar, modificar, transferir, eliminar, entre outras. Em termos práticos, isso significa que grande parte das atividades do dia a dia de uma Serventia Notarial são de tratamento de dados pessoais, visto que elas envolvem uma série de instrumentos de relações jurídicas que contêm informações que identificam as partes (especialmente quando há dados de pessoas físicas).

Algumas atividades Cartorárias que podem gerar tratamento de dados pessoais:

- Autenticações;
- Reconhecimentos de firma;
- Lavraturas de escrituras;
- Lavratura de Atas;
- Expedições de certidões;
- Emissão de Carta de Sentença; e
- Apostilamento

Algumas atividades Administrativas que podem gerar tratamento de dados pessoais:

- Contratação de Prepostos;
- Gerenciamento administrativo/financeiro;
- Emissão de Recibos e Notas Fiscais para emolumentos e custas;
- Prestação de esclarecimentos a órgãos públicos;
- Fornecimento de informações;
- Compartilhamento de dados com centrais de serviços eletrônicos para possibilitar a previstos em Provimentos do Poder Judiciário; e
- Outras atividades pertencentes à rotina das serventias

Vamos a um exemplo? Uma vez que o Notário necessite coletar dados pessoais como (i) nome completo, (ii) documento de identidade com foto, e (iii) comprovante de endereço, para o cumprimento de uma determinada obrigação decorrente de lei ou norma técnica, ele o faria sob a base legal "Cumprimento de obrigação legal ou regulatória". Mas não devemos parar a análise por aí! Ainda que ultrapassada a etapa da base legal, outra etapa deve segui-la. Não seria permitido ao Notário, por exemplo, para a mesma finalidade, coletar informações sobre filiação a sindicato ou sobre dados de saúde. Isso porque, coletar esses novos dados certamente feririam (i) o princípio da finalidade; (ii) o princípio adequação; (iii) o princípio da necessidade, dentre outros, que tornaria o tratamento desses novos dados ilegítimo.

Além das atividades-fim, o Notário também realiza outras atividades relacionadas a sua gestão e normal funcionamento. Nessas hipóteses, podem ser justificadas em quaisquer das bases legais previstas na LGPD.

Quer um exemplo? Os dados pessoais dos colaboradores da Serventia podem ser tratados justificados com base na execução de contratos (no caso do contrato de trabalho), assim como a contratação de fornecedores de papel, de técnicos para a manutenção das máquinas, de softwares, entre tantos outros.

Outro exemplo são os dados de navegação dos usuários do site da Serventia Notarial, que podem ser tratados com base no consentimento ou com base no legítimo interesse, a depender da finalidade. Dessa forma, é muito importante avaliar qual das bases legais que será aplicada em cada caso.

3) **Posso continuar emitindo certidões e traslados?**

Sim. A emissão de certidões e traslados é uma obrigação dos Registros Públicos como um todo. Como as certidões e traslados possuem dados pessoais, a sua emissão é uma atividade de tratamento que se justifica com a base legal do cumprimento de obrigação legal ou regulatória. Assim, não há qualquer mudança no funcionamento da emissão destes documentos.

4) **Se um indivíduo solicitar a emissão de certidão ou traslado contendo dados de terceiro, preciso obter o consentimento deste terceiro a quem se referem os dados?**

Não, não é necessário obter o consentimento do terceiro. Aqui prevalece a regra da publicidade, de modo que qualquer pessoa pode requerer uma certidão do registro sem precisar informar o motivo ou o interesse do pedido.

5) **Posso continuar compartilhando os dados com outras autoridades, como o COAF? Preciso obter o consentimento do Titular de Dados?**

Sim, pode-se continuar o compartilhamento de dados com outras autoridades, como o COAF. Aliás, esse compartilhamento deve continuar, pois é previsto como obrigação em diversas leis e normas regulatórias, como a Lei da "Lavagem" de Dinheiro (Lei nº 9.613/1998, art. 9º, par. único, incs. XIII e XIV, "a"), a própria Lei n. 8.935/1994, o Provimento CNJ n. 161/2024 e outras normas técnicas mencionadas no Provimento. Essa atividade se enquadra na base legal de cumprimento de obrigação legal ou regulatória. Por ser uma obrigação legal, não é necessário obter o consentimento do Titular de Dados. Aliás, em determinados casos, como em investigações criminais, uma tentativa de obtenção de consentimento poderia frustrar o objetivo do compartilhamento, comprometendo a aplicação da lei.

Sistemas Eletrônicos do Notariado: E-Notariado: Funcionalidade de escritura pública

6) **Para a fase de coleta de dados para o certificado digital notarizado, preciso obter o consentimento da parte, nos termos da LGPD?**

Não, não é necessário obter o consentimento da parte conforme a LGPD. Isso porque este tratamento de dados é, na verdade, uma obrigação legal ou regulatória do Notário ao gerar o certificado digital notarizado para o indivíduo. O consentimento enquanto base legal da LGPD é utilizado em outros contextos raramente aplicáveis ao universo dos Notários. O consentimento de que fala o Provimento 18 (incorporado aos artigos 264 a 284 do Código Nacional de Normas) diz respeito à vontade das partes de praticar o ato jurídico (do qual o tratamento dos dados é condição essencial).

7) **Como devo coletar as informações e os documentos na etapa preparatória para a realização do ato protocolar? É permitido receber essas informações por e-mail ou por aplicativos de mensageria do próprio Tabelião (ou seja, seu número particular)?**

Todas as informações e documentos devem ser coletados por meio de um canal oficial da Serventia Notarial. Caso a Serventia não tenha esse canal, existem várias alternativas de como criá-lo, como por exemplo uma conta de e-mail, um número comercial específico em aplicativos de mensagem (como a conta comercial em serviço como o WhatsApp ou semelhante), um formulário disponível online, entre outros. Contatos pelo e-mail ou número particular do Notário ou Tabelião (ou outros funcionários da Serventia) devem ser evitados por motivos de segurança e também de transparência. Sendo dotado de fé pública, o Notário ou Tabelião deve usar as medidas ao seu dispor para garantir que a obtenção da informação será por meios seguros e transparentes.

E-Notariado: Funcionalidades das Centrais

8) **Devo continuar a informar as Centrais descritas no Provimento n. 18/2012 (incorporados aos artigos 264 a 283 do CNN), mesmo quando tais informações envolvam dados pessoais?**

Sim. O compartilhamento dos dados com as diversas centrais mencionadas no Provimento – Registro Central de Testamentos Online (RCTO); Central de Escrituras de Separações, Divórcios e Inventários (CESDI); Central de Escrituras e Procurações (CEP); e Central Nacional de Sinal Público (CNISP) – é obrigatório e não há qualquer impedimento na LGPD para tanto. A exemplo de outras respostas acima, este é mais um caso de cumprimento de obrigação legal ou regulatória, em que não cabe o consentimento do Titular de Dados.

9) **É necessário obter o consentimento do indivíduo/Titular de dados antes de enviar seus dados para estas Centrais?**

Não, não é necessário. Como esse compartilhamento com as centrais é uma obrigação do Serviço Notarial, então essa atividade de tratamento é justificada pela base legal do cumprimento de obrigação legal ou regulatória. Assim, não há que se falar em obter o consentimento do Titular de Dados para esses compartilhamentos.

CENSEC – Central Notarial de Serviços Eletrônicos Compartilhados

10) **Devo continuar a fornecer as informações sobre os atos notariais à CENSEC, mesmo que eles contenham dados pessoais ou dados sensíveis?**

Sim. O fornecimento das informações sobre os atos notariais às centrais é uma obrigação regulatória aos Notários prevista em normativos como os Provimentos nº 18/2012, nº 88/2019 (art. 34, I) e nº 100/2020 (art. 28, § 2º) do CNJ (Todos eles incorporados ao Código de Normas).

Os Notários ou Tabeliães/e seus funcionários da Serventia Notarial responsáveis pelo cumprimento devem continuar a executá-la com a mesma diligência com que o faziam antes da LGPD entrar em vigor, incluindo informações relacionadas a dados sensíveis. É recomendado que esta comunicação seja sempre feita por redes seguras e de forma criptografada, para minimizar o risco de incidentes relacionados a dados pessoais.

11) **Se um indivíduo solicitar acesso a todas as informações que a Serventia possui sobre si, quais informações posso compartilhar? Qual o melhor modo de fazer isso?**

O primeiro ponto a se avaliar é a posição do Notário enquanto Agente de Tratamento. Em outras palavras, avaliar se no contexto em questão, o Notário ou Tabelião é de fato Controlador de Dados. Em caso positivo, cabe a ele responder à requisição do Titular de Dados. Na hipótese de figurar como Operador, cabe ao Notário ou Tabelião tão somente indicar ao Titular de Dados o Controlador naquela circunstância. Um dos direitos do Titular de Dados é, de fato, o acesso aos seus dados tratados. De acordo com a LGPD, a confirmação de existência ou o acesso a dados pessoais serão providenciados, mediante requisição do Titular de dados, imediatamente, se em formato simplificado, ou em até 15 dias, se em formato completo. O retorno ao Titular de dados poderá ser em meio físico ou em meio eletrônico, conforme a opção daquele. Portanto, o Serviço Notarial deve viabilizar a resposta por qualquer dos dois canais. Para facilitar o retorno do Serviço Notarial e ao mesmo tempo cumprir a lei, é recomendado confirmar a existência ou conceder o acesso aos dados pessoais, de acordo com a requisição do Titular, nos exatos limites da lei. Isso não quer dizer que ao Notário seja imposto o fornecimento de cópia dos documentos envolvendo os dados pessoais do Titular ou ainda, a emissão de Certidões, considerando a ausência de previsão legal para tanto na LGPD, bem como a existência de meios próprios por meio dos quais os cidadãos podem solicitar as certidões expressas em lei.

12) **Se um indivíduo solicita acesso a informações públicas de terceiro, deve o Serviço Notarial fornecê-las? É necessário pedir autorização do terceiro ou, de algum modo, comunicá-lo sobre esse acesso a seus dados pessoais?**

Ao contrário das Escrituras Públicas – com exceção dos Testamentos – que podem ser solicitadas por qualquer um, as informações contidas no CENSEC são de acesso limitado. O Provimento n. 18/2012 do CNJ estabelece diferentes níveis de permissão para cada uma das centrais, que devem ser respeitados.

Art. 7º-A Aos tabeliães de notas também compete, sem exclusividade, entre outras atividades:

I - certificar o implemento ou a frustração de condições e outros elementos negociais, respeitada a competência própria dos tabeliães de protesto;

II - atuar como mediador ou conciliador;

III - atuar como árbitro.

§ 1º O preço do negócio ou os valores conexos poderão ser recebidos ou consignados por meio do tabelião de notas, que repassará o montante à parte devida ao constatar a ocorrência ou a frustração das condições negociais aplicáveis, não podendo o depósito feito em conta vinculada ao negócio, nos termos de convênio firmado entre a entidade de classe de âmbito nacional e instituição financeira credenciada, que constituirá patrimônio segregado, ser constrito por autoridade judicial ou fiscal em razão de obrigação do depositante, de qualquer parte ou do tabelião de notas, por motivo estranho ao próprio negócio.

§ 2º O tabelião de notas lavrará, a pedido das partes, ata notarial para constatar a verificação da ocorrência ou da frustração das condições negociais aplicáveis e certificará o repasse dos valores devidos e a eficácia ou a rescisão do negócio celebrado, o que, quando aplicável, constituirá título para fins do art. 221 da Lei nº 6.015, de 31 de dezembro de 1973 (Lei de Registros Públicos), respeitada a competência própria dos tabeliães de protesto.

§ 3º A mediação e a conciliação extrajudicial serão remuneradas na forma estabelecida em convênio, nos termos dos §§ 5º e 7º do art. 7º desta Lei, ou, na falta ou na inaplicabilidade do convênio, pela tabela de emolumentos estadual aplicável para escrituras públicas com valor econômico.

1. COMENTÁRIOS

1.1 A EXTRAJUDICIALIZAÇÃO E O PAPEL DO TABELIÃO DE NOTAS NA LEI N. 14.711/2023

O art. 7º-A foi introduzido pela Lei das Garantias.

No processo de desjudicialização que estamos vivenciando no Brasil, busca-se efetivar as demandas da sociedade ao reservar ao Judiciário apenas os casos que realmente exigem um pronunciamento judicial. Nesse contexto, a Lei n. 14.711, de 2023, surge como um marco significativo ao conferir novas atribuições ao tabelião de notas, com o objetivo de proporcionar maior agilidade e eficácia nos negócios imobiliários.

A nova legislação promete trazer diversos benefícios para a sociedade ao possibilitar a resolução extrajudicial de conflitos no âmbito negocial. Ao permitir que questões relacionadas a precatórios e outros negócios imobiliários sejam tratadas diretamente pelos tabeliães de notas, o Marco Legal das Garantias reduz a necessidade de intervenção do Poder Judiciário, o que se traduz em uma diminuição de custos e em uma maior eficiência no processo.

O tabelião de notas, tradicionalmente responsável por garantir a manifestação da vontade das partes e assegurar a coincidência entre a vontade expressa e o ato negocial, passa a desempenhar, com a nova legislação, um papel ainda mais relevante. Além de suas funções tradicionais, o tabelião de notas assume agora um papel de agente com função jurisdicional e de garantia. Isso significa que, a partir da Lei n. 14.711/2023, o tabelião contribui para a fluidez do comércio ao permitir que a execução das condições e garantias negociais seja realizada de forma extrajudicial.

Com essa inovação, o tabelião de notas se torna um facilitador crucial na resolução de conflitos e na formalização de negócios, trazendo maior eficiência e agilidade aos processos imobiliários. A nova legislação não apenas fortalece a posição do tabelião de notas como um agente de garantias e de segurança jurídica, mas também promove uma significativa evolução na forma como os negócios são conduzidos no Brasil. Ao adotar essas mudanças, o sistema jurídico brasileiro avança na direção de uma maior praticidade e eficácia, beneficiando diretamente a sociedade e o mercado imobiliário.

Lei 8.935/1994

1.2 ATA NOTARIAL DE CERTIFICAÇÃO DE IMPLEMENTO OU DE FRUSTRAÇÃO DE CONDIÇÕES NEGOCIAIS

O **inciso I do art. 7º-A** estabelece que aos tabeliães de notas também compete, sem exclusividade, entre outras atividades, certificar o implemento ou a frustração de condições e outros elementos negociais, respeitada a competência própria dos tabeliães de protesto.

Relaciona-se com este inciso o **§ 2º do art. 7º-A** que prescreve que o tabelião de notas lavrará, a pedido das partes, ata notarial para constatar a verificação da ocorrência ou da frustração das condições negociais aplicáveis e certificará o repasse dos valores devidos e a eficácia ou a rescisão do negócio celebrado, o que, quando aplicável, constituirá título para fins do art. 221 da Lei nº 6.015, de 31 de dezembro de 1973 (Lei de Registros Públicos), respeitada a competência própria dos tabeliães de protesto.

A ata notarial de verificação contratual, estabelecida pela nova Lei de Garantias, oferece uma gama extensa de possibilidades probatórias para o mercado, especialmente nos setores imobiliário e jurídico. Essa inovação visa não apenas ampliar as opções para a coleta de provas, mas também aumentar a produtividade das atividades privadas e aliviar a carga sobre o Poder Judiciário. Com sua implementação, espera-se uma maior eficiência nas transações e um impacto positivo na redução da demanda por soluções judiciais, promovendo um ambiente de negócios mais ágil e eficaz.

Passemos à análise do inciso I.

Costumava-se considerar que a decisão judicial era o meio adequado para verificar o cumprimento de condições suspensivas ou resolutivas em negócios jurídicos, conforme a interpretação habitual do artigo 474 do Código Civil. Entretanto, com a atualização da legislação, o Tabelião de Notas agora também desempenha essa função. Em outras palavras, ele está legitimado a atuar nesse papel, refletindo a ideia de que a função de atestar o cumprimento das condições não é mais exclusiva do Judiciário, nem exclusiva do notário. Isso explica a expressão "sem exclusividade" mencionada no inciso.

Aqui, vale acrescentar as elucidações presentes no livro "O Novo Marco das Garantias: Aspectos Práticos e Teóricos da Lei n. 14.711/2023", coordenado por El Debs, Martha, e Chezzi, Bernardo (São Paulo: Juspodivm, 2024), no artigo "As Novas Atribuições do Tabelião de Notas", de autoria do ilustre tabelião José Flávio Bueno Fischer e Carolina Edith Mosman. Veja-se:

> "A condição é uma cláusula que, derivando exclusivamente da vontade das partes, subordina o efeito do negócio jurídico a evento futuro e incerto (CC, art. 121). Ela pode ser suspensiva ou resolutiva. Se subordinar-se a eficácia do negócio jurídico à condição suspensiva, enquanto esta não se verificar, não se terá adquirido o direito, a que ele visa (CC, art. 125). Já se for resolutiva a condição, enquanto esta não se realizar, vigorará o negócio jurídico, podendo exercer-se desde a conclusão deste o direito por ele estabelecido (CC, art. 127)."

Vamos a um exemplo trazido por Aline de Miranda em artigo sobre o tema: contrato de promessa de compra e venda de terreno por incorporadora que deseja ali desenvolver projeto imobiliário. No entanto, a incorporadora ainda não conhece plenamente os custos do empreendimento, de modo que não está segura quanto à sua viabilidade econômica neste momento.

Segundo Aline, a condição resolutiva seria aquela em que a incorporadora apõe cláusula no contrato, estipulando que se ficar constatado, após levantamento junto ao mercado, que o custo da obra será superior a certo valor, o contrato será automaticamente resolvido. Neste caso, o negócio produz desde já todos os seus efeitos, que são resolvidos uma vez verificada a condição.

Já a condição suspensiva, de acordo com Miranda, seria aquela em que as partes preveem no instrumento negocial que o negócio só produziria efeitos após o implemento da condição, ou seja, após constatar-se a viabilidade econômica do empreendimento; até este momento, as partes teriam apenas expectativa de direito.

Já o termo, diferente da condição, é aquela cláusula que, derivando exclusivamente da vontade das partes, subordina o efeito do negócio jurídico a evento futuro e certo (CC, arts. 131 e 135).

Seja condição ou termo, tais elementos negociais não precisam mais da chancela judicial para atestar seu implemento ou frustração. A partir da Lei 14.711/23, o tabelião de notas também passou a ter esta atribuição, que será instrumentalizada através da ata notarial, conforme previsto no §2º, do artigo 7º-A.

(...)

E como o tabelião de notas irá operacionalizar tal ata notarial? De que forma ele irá certificar o implemento ou a frustração de uma condição negocial?

Vamos imaginar uma escritura pública de compra e venda com cláusula resolutiva (CC, art. 474), em que se pactuou o pagamento do preço em 30 (trinta) parcelas. A escritura foi devidamente registrada no Ofício Imobiliário. Todavia, na décima parcela, o comprador deixa de pagar, tornando-se inadimplente.

Antes, o vendedor precisaria ingressar no Judiciário para executar a cláusula resolutiva, resolver o negócio e cancelar o registro da escritura no Ofício Imobiliário. Agora, ele pode requerer ao tabelião de notas uma ata notarial em que será certificado o não pagamento, o inadimplemento do comprador.

Tal ata, conforme prevê o §2º mencionado acima, é título para fins do art. 221 da Lei nº 6.015/73. Ou seja, será instrumento suficiente para operar o cancelamento do registro no Ofício Imobiliário.

Questionamos aqui se o §2º não deveria ter feito remissão ao artigo 250, da Lei nº 6.015/73, que traz as hipóteses de cancelamento do registro, uma vez que a ata notarial para certificar o implemento ou frustração de uma condição negocial não criará um novo negócio jurídico passível de registro, mas sim cancelará algum já existente ou terá o objetivo de inserir na matrícula o cumprimento de uma condição, como por exemplo, averbar o pagamento integral de uma compra e venda com cláusula resolutiva, operando a quitação e liberando o imóvel do ônus.

De qualquer forma, voltemos à pergunta inicial: de que modo o tabelião irá certificar o implemento ou a frustração de uma condição negocial?

No nosso exemplo, como ele irá certificar o não pagamento das parcelas pelo comprador?

Através de todos os meios de prova em direito admitidas: mensagens de texto, e-mails, extratos bancários, cambiais ainda em poder do credor (vendedor). Além disto, no exemplo trazido, uma forma efetiva de provar o inadimplemento é o protesto. O instrumento de protesto trazido na ata notarial será prova contundente do inadimplemento do comprador.

Ademais, o Professor Carlos Elias destaca que a outra parte (o comprador) deverá ser notificado pelo tabelião, em nome do princípio do contraditório e para evitar riscos de fraudes (como documentos falsos) ou divergências de interpretações contratuais.

Segundo Carlos Elias, à vista do silêncio legal ou de impugnação injustificada, deve-se aplicar, por analogia, o procedimento previsto para a adjudicação extrajudicial de que trata o art. 216-B da LRP e os arts. 440- A ao 440-AM do Código Nacional de Normas do CNJ (Provimento nº 149 do CNJ).

A ata notarial de certificação de implemento ou frustração de condições negociais, conforme já mencionamos, é título, por expressa previsão legal, diferentemente da ata notarial de adjudicação compulsória ou usucapião, que não constituem títulos, mas sim apenas um dos elementos que irá compô-lo.

Além disto, tal ata notarial não se resume à descrição de atos, como ocorre, por exemplo, na ata que descreve mensagens de aplicativos de texto.

De acordo com o Professor Carlos Elias, ela exige um juízo de qualificação tabelioa, própria de atividades jurídicas, numa verdadeira profilaxia jurídica dos atos jurídicos.

Aguardemos regulamentações do Conselho Nacional de Justiça.

1.3 MEDIAÇÃO E CONCILIAÇÃO

O **inciso II do art. 7º-A** estabelece que aos tabeliães de notas também compete, sem exclusividade, entre outras atividades, atuar como mediador ou conciliador.

Aqui é importante ressaltar que não se trata exatamente de uma nova função do tabelião, pois o Provimento CNJ n. 67/2018, atualmente incorporado aos artigos 18 a 57 do Código Nacional de Normas, já aborda essa questão.

Este tema foi exaustivamente analisado nos comentários ao art. 1º da Lei n. 6.015/1973, especificamente no tópico 1.13.

Assim, convido o leitor a revisitar este importante assunto.

Acrescenta-se apenas que nos termos do art. 7º-A, § 3º, mediação e a conciliação extrajudicial serão remuneradas na forma estabelecida em convênio, nos termos dos §§ 5º e 7º do art. 7º desta Lei, ou, na falta ou na inaplicabilidade do convênio, pela tabela de emolumentos estadual aplicável para escrituras públicas com valor econômico.

1.4 ARBITRAGEM NOTARIAL

O **inciso III do art. 7º-A** estabelece que aos tabeliães de notas também compete, sem exclusividade, entre outras atividades, atuar como árbitro. Trata-se de um avanço significativo na desjudicialização de conflitos no Brasil.

Diferentemente da mediação e da conciliação, métodos de resolução de conflitos que já eram autorizadas na atividade notarial e registral, a arbitragem foi uma inovação introduzida pelo legislador. A Lei das Garantias trouxe uma novidade significativa ao autorizar que notários atuem como árbitros. Essa mudança amplia o papel dos notários, permitindo-lhes exercer funções relacionadas à resolução de disputas, oferecendo uma alternativa adicional para a resolução de conflitos fora do âmbito judicial.

A arbitragem notarial, agora legitimada pela Lei 14.711/2023, tem o potencial de se popularizar e oferecer uma alternativa eficiente ao Judiciário, beneficiando especialmente causas de menor valor econômico, e reafirma a confiança na atuação dos notários, dado seu compromisso com a imparcialidade e a segurança jurídica.

Ainda será necessária a regulamentação pelo Conselho Nacional de Justiça ou pelas Corregedorias locais para estabelecer diretrizes e normas mais específicas, além de outros aspectos administrativos e operacionais, incluindo a definição dos emolumentos devidos para a arbitragem.

Neste momento, é oportuno e enriquecedor apresentar um resumo do excelente artigo "Arbitragem Notarial", escrito por Ygor Ramos Pinheiro e Marco Antônio Ribeiro Tura. Este artigo faz parte do livro *"O Novo Marco Das Garantias: Aspectos Práticos e Teóricos da Lei n. 14.711/2023"*, coordenado por Martha El Debs e Bernardo Chezzi e publicado pela Juspodivm em São

Lei 8.935/1994

Paulo, 2024. O artigo explora a nova função dos notários como árbitros, detalhando as implicações e oportunidades trazidas pela Lei das Garantias. Ele oferece uma análise aprofundada das mudanças introduzidas pela legislação e discute como essas alterações podem impactar o sistema jurídico e o mercado, destacando a importância da regulamentação futura para assegurar uma implementação eficaz e equitativa da arbitragem notarial.

1. **O Contexto e a Importância da Arbitragem Notarial:** A arbitragem notarial é contextualizada dentro do sistema jurídico brasileiro, destacando que, apesar de a arbitragem já ser permitida para qualquer pessoa de confiança das partes, a inclusão explícita dos notários como árbitros traz clareza e segurança jurídica. A arbitragem, enquanto método alternativo de resolução de conflitos, é valorizada por suas características de celeridade, confidencialidade e especialização, qualidades que são complementadas pela atuação dos notários, profissionais que já detêm a confiança pública e a imparcialidade necessária para garantir decisões justas.

2. **Comparativo Internacional:** Um dos aspectos centrais do artigo é a comparação da prática de arbitragem notarial em diferentes países. Os autores exploram como países com sistemas jurídicos baseados no notariado latino, como Espanha, Portugal, México e Alemanha, já adotaram amplamente a arbitragem conduzida por notários. Em particular, destacam-se a Fundación Notarial Signum na Espanha e o Centro de Informação, Mediação e Arbitragem da Ordem dos Notários (CIMA) em Portugal, que são exemplos de como os notários podem atuar eficientemente como árbitros, oferecendo soluções rápidas e seguras para conflitos. Esses exemplos internacionais reforçam a viabilidade e a potencialidade da arbitragem notarial no Brasil.

3. **Popularização e Democratização do Instituto:** A introdução da arbitragem notarial pode democratizar o acesso à justiça no Brasil, especialmente em causas de menor valor econômico que, até então, eram resolvidas exclusivamente pelo Judiciário. Com a ampla capilaridade dos cartórios de notas no país, presentes em praticamente todos os municípios, a arbitragem notarial tem o potencial de se tornar uma opção acessível e eficiente para a população em geral. Embora as grandes câmaras arbitrais tradicionais possam ser onerosas, a arbitragem notarial pode ser estruturada de forma a oferecer custos mais baixos, tornando-se uma alternativa viável para disputas menores.

4. **Custos da Arbitragem Notarial:** A questão dos custos associados à arbitragem notarial é abordada com a possibilidade de que os notários sejam remunerados por emolumentos, que possuem natureza jurídica de taxa, ou por preços estabelecidos livremente, dependendo da natureza do serviço prestado. A arbitragem notarial, ao adotar uma estrutura de custos mais acessível do que as grandes câmaras de arbitragem, pode facilitar a popularização do instituto no Brasil. Leis estaduais, como a do Rio de Janeiro, já previam a cobrança de emolumentos para arbitragem notarial antes mesmo da aprovação da Lei 14.711/2023.

5. **Imparcialidade e Conflito de Interesses:** A imparcialidade do notário é um ponto crucial, pois, embora os notários atuem em caráter privado, sua função pública delegada lhes confere um compromisso inerente com a imparcialidade e a preservação do interesse público. Essa imparcialidade é vista como um diferencial significativo, especialmente em comparação com outros árbitros, pois o notário não tem interesse direto no objeto do litígio, o que garante uma condução mais equilibrada do procedimento arbitral. Argumentos de possíveis conflitos de interesse, como o envolvimento do notário em escrituras públicas que contenham cláusulas compromissórias, são refutados pela confiança pública e a fé pública associadas aos notários.

6. **Irrecorribilidade da Sentença Arbitral e Poder Correcional:** A questão da irrecorribilidade das sentenças arbitrais proferidas por notários é enfatizada, considerando que essas decisões, uma vez emitidas, têm força de coisa julgada e não podem ser revisadas pelo Poder Judiciário, exceto em casos restritos previstos na Lei de Arbitragem. As implicações disso para a segurança jurídica e a confiança das partes no processo arbitral são consideráveis. Além disso, a relação entre o poder correcional do Judiciário e a atuação dos notários como árbitros é explorada, destacando que, embora os notários estejam sujeitos ao poder correcional em sua função pública, esse controle não se estende ao mérito das decisões arbitrais.

7. **A Criação da Câmara Arbitral Notarial:** A criação de uma Câmara Arbitral Notarial é sugerida como um passo fundamental para consolidar a arbitragem notarial no Brasil. Essa iniciativa é vista como uma forma de fortalecer a institucionalização da arbitragem conduzida por notários, oferecendo um regulamento claro e padronizado que aumentaria ainda mais a confiança das partes no processo.

8. **Conclusão:** A inclusão da arbitragem notarial no Brasil, conforme previsto pela Lei 14.711/2023, representa uma evolução importante no sistema de resolução de conflitos do país. Essa mudança alinha o Brasil às melhores práticas internacionais e amplia significativamente as possibilidades de acesso à justiça, especialmente em causas menores. Com

suas características de celeridade, imparcialidade e acessibilidade, a arbitragem notarial tem o potencial de se tornar uma ferramenta essencial na resolução de litígios no Brasil.

1.5. CONTA *ESCROW* OU CONTA GARANTIA OU *ESCROW ACCOUNT*

Nos termos do § 1º o preço do negócio ou os valores conexos poderão ser recebidos ou consignados por meio do tabelião de notas, que repassará o montante à parte devida ao constatar a ocorrência ou a frustração das condições negociais aplicáveis, não podendo o depósito feito em conta vinculada ao negócio, nos termos de convênio firmado entre a entidade de classe de âmbito nacional e instituição financeira credenciada, que constituirá patrimônio segregado, ser constrito por autoridade judicial ou fiscal em razão de obrigação do depositante, de qualquer parte ou do tabelião de notas, por motivo estranho ao próprio negócio.

Em outras palavras, a legislação permite que o tabelião de notas gerencie a figura da conta *escrow* ou conta-garantia, protegendo-a de possíveis constrições judiciais relacionadas a créditos não vinculados ao negócio, graças ao regime de patrimônio de afetação. O tabelião de notas será responsável por avaliar a vontade e os fatos para determinar se o evento futuro que autoriza o levantamento dos valores já ocorreu ou não, conforme os termos do negócio.

Esta conta gerida pelo tabelião para recebimento de valores está alinhada com as práticas de direito internacional e será utilizada para manejar as complexidades e o tempo nas relações contratuais sinalagmáticas, oferecendo uma forma de garantir o cumprimento de acordos e o adimplemento contratual.

Mas o que é uma conta *escrow*? Carlos Elias e João Costa-Neto ensinam que a *escrow account* (traduzido, "conta-garantia") é uma conta bancária em que se depositou uma quantia com finalidade de servir de garantia à satisfação de determinada obrigação. A ideia é segregar uma quantia pecuniária para ser liberada apenas para garantir o pagamento de uma obrigação. Os bancos atualmente disponibilizam um produto conhecido como "conta vinculada", na qual pode ser depositado um valor que só poderá ser levantado mediante autorização conjunta dos interessados ou ordem judicial. Essas contas vinculadas podem ser utilizadas como uma *escrow account*. Imagine, por exemplo, uma venda de um imóvel. O vendedor poderia depositar o preço em um *escrow account* sob a intermediação do tabelião de notas e autorizar o comprador a levantar esse valor só depois de o registro da transferência do imóvel ser concretizado no cartório de imóveis. O próprio tabelião avaliará se realmente esse registro ocorreu ou não por meio da certidão pertinente do registro de imóveis. E, em constando a ocorrência desse evento, autorizará o comprador a levantar o dinheiro (https://www.migalhas.com.br/arquivos/ 2023/11/B57BCE-F5E85D95_PDF2023-11-2-ContinuacaoLeidas.pdf)

A expertise do tabelião de notas, um profissional dotado de fé pública, fez com que o legislador confiasse plenamente na sua capacidade para avaliar a ocorrência do evento futuro que autoriza o levantamento dos valores em uma conta *escrow*. Assim, conforme o § 1º do art. 7º-A da Lei nº 8.935/1994, o tabelião deve autorizar o levantamento dos valores após "constatar a ocorrência ou a frustração das condições negociais aplicáveis". No entanto, para assegurar o princípio do contraditório e por precaução, é fundamental que a outra parte seja informada sobre a autorização. Esta comunicação pode ser feita por meio eletrônico, conforme previamente indicado pelo tabelião na abertura da conta *escrow*.

Carlos Elias sugere que após a autorização do tabelião, deve ser sujeita a um termo suspensivo de 5 dias úteis da notificação da outra parte, de modo que o levantamento do valor só poderá acontecer após esse prazo. O motivo é que, eventualmente, ao ser notificada, a outra parte pode comprovar que o tabelião acabou sendo induzido a erro ou sendo ludibriado por documentos falsos ou interpretações indevidas. Nessa hipótese, dentro do prazo supracitado, haveria ainda como impedir o levantamento dos valores e, assim, prevenir um prejuízo de difícil reparação. Se a outra parte mantiver o silêncio após o transcurso do prazo ou se ela não apresentar nenhuma impugnação justificada, o valor poderá ser levantado. Esse prazo poderá obviamente ser dispensado se ambas as partes expressamente consentirem com o levantamento dos valores (https://www.migalhas.com.br/arquivos/2023/11/B57B-CEF5E85D95_PDF2023-11-2-ContinuacaoLeidas.pdf)

Neste momento, é oportuno e enriquecedor apresentar um resumo do brilhante artigo "Escrow Notarial: Primeiras Impressões," da autoria de Alexandre Kassama. Este artigo faz parte do livro *"O Novo Marco Das Garantias: Aspectos Práticos e Teóricos da Lei n. 14.711/2023"*, coordenado por Martha El Debs e Bernardo Chezzi e publicado pela Juspodivm em São Paulo, 2024.

1. **Conceito e Fundamentos da Escrow Notarial:** A introdução da "escrow notarial" pela Lei nº 14.711/2023 traz uma inovação jurídica significativa, especialmente no contexto das transações imobiliárias e contratuais no Brasil. A "escrow notarial" permite que valores ou documentos essenciais para a concretização de um contrato sejam depositados com um notário, que atua como guardião desses recursos até que todas as condições estipuladas no contrato sejam integralmente cumpridas. Este mecanismo proporciona uma segurança adicional nas transações, assegurando que nenhuma das partes tenha acesso aos recursos ou bens antes do

Lei 8.935/1994

cumprimento das obrigações acordadas, o que é crucial para evitar fraudes e garantir o adimplemento.

2. **Gestão de Riscos nas Relações Contratuais:** Nas relações contratuais sinalagmáticas, onde as obrigações das partes dependem mutuamente do cumprimento por ambas, a "escrow notarial" funciona como um mitigador de riscos. A natureza dessas relações geralmente envolve um intervalo de tempo entre a promessa de cumprimento e a execução efetiva das obrigações, o que pode gerar incertezas e desconfiança. A "escrow notarial" se insere nesse contexto como um instrumento de segurança, uma vez que o notário certifica o cumprimento de todas as condições precedentes à liberação dos recursos. Esse processo contribui para a estabilidade das transações, reduzindo a probabilidade de litígios e garantindo que as expectativas das partes sejam satisfeitas conforme pactuado.
3. **Comparação com Institutos Internacionais:** A "escrow notarial" pode ser comparada a institutos internacionais como a "escrow account" nos países de Common Law e a "traditio chartae" no direito germânico medieval. A "escrow account" nos Estados Unidos, por exemplo, é amplamente utilizada em transações imobiliárias e comerciais para assegurar que os fundos ou documentos não sejam liberados até que todas as condições do contrato sejam atendidas. Similarmente, a "traditio chartae" no direito germânico medieval envolvia a entrega simbólica de um documento que representava a transferência de propriedade, assegurando que a transação só fosse considerada concluída quando todas as condições fossem verificadas. No Brasil, a adaptação da "escrow notarial" incorpora essas práticas consolidadas, promovendo maior segurança jurídica e alinhando o sistema nacional às melhores práticas globais.
4. **Criação e Proteção do Patrimônio Segregado:** A Lei nº 14.711/2023 introduz a criação de um "patrimônio segregado" no contexto da "escrow notarial", uma característica que diferencia este instituto de outros mecanismos de garantia. Esse patrimônio segregado consiste em valores ou bens depositados em uma conta vinculada ao contrato, que ficam isolados do patrimônio pessoal das partes e do próprio notário, e protegidos contra qualquer constrição judicial ou fiscal que não esteja diretamente relacionada ao objeto do contrato. Essa segregação garante que os recursos depositados na escrow sejam destinados exclusivamente ao cumprimento das obrigações contratuais, eliminando o risco de que sejam usados para satisfazer outras dívidas ou obrigações. Além disso, essa proteção legal oferece uma segurança adicional para as partes, que podem confiar que os recursos serão preservados até que todas as condições do contrato sejam cumpridas.
5. **Papel Ampliado do Notário na Certificação de Condições:** O notário desempenha um papel central na operação da "escrow notarial", atuando como um agente imparcial responsável pela certificação de que todas as condições do contrato foram cumpridas antes da liberação dos recursos ou bens depositados. Esse papel vai além do tradicional registro de atos e documentos, exigindo uma análise detalhada das condições contratuais e das circunstâncias específicas de cada transação. O notário verifica, por exemplo, se todas as autorizações necessárias foram obtidas, se os bens envolvidos na transação estão disponíveis e livres de impedimentos, e se as partes cumpriram todas as obrigações prévias. Essa verificação minuciosa evita que uma das partes seja prejudicada por eventuais falhas ou omissões no cumprimento das condições contratuais, e assegura que a transação seja concluída de maneira justa e conforme o acordado. Além disso, o notário pode atuar como um mediador nas fases finais da negociação, garantindo que qualquer divergência seja resolvida antes da liberação dos recursos.
6. **Potencial de Inovação com Smart Contracts:** Com o avanço das tecnologias digitais, a "escrow notarial" tem o potencial de se integrar com contratos inteligentes (*smart contracts*), que são programados para executar automaticamente as obrigações contratuais assim que determinadas condições sejam verificadas. A aplicação de *smart contracts* na "escrow notarial" poderia permitir que a verificação de condições e a liberação de recursos fossem automatizadas, utilizando sistemas baseados em *blockchain* para garantir a segurança e a integridade das transações. Por exemplo, em uma transação imobiliária, o notário poderia programar um *smart contract* para liberar os fundos de uma venda automaticamente quando o registro de transferência de propriedade fosse confirmado no sistema de registro de imóveis. Essa automação reduziria o tempo e os custos associados à verificação manual de condições, e aumentaria a confiança das partes na execução das obrigações contratuais.
7. **Expansão e Impacto da Escrow Notarial no Direito Brasileiro:** A "escrow notarial", conforme estabelecida pela Lei nº 14.711/2023, representa uma evolução significativa no direito brasileiro, trazendo novas possibilidades para a gestão de riscos em transações comerciais e contratuais. Além de fortalecer as garantias contratuais, a "escrow notarial" amplia o papel do notário, tornando-o um agente chave na condução de transações complexas e na proteção dos interesses das partes. A criação do patrimônio segregado, a certificação de condições e a potencial integração com *smart contracts* posicionam a

"escrow notarial" como uma ferramenta essencial para a modernização das transações comerciais no Brasil. No futuro, a aplicação deste instituto pode se expandir para outras áreas do direito, proporcionando uma alternativa eficiente e segura para a resolução de conflitos e a execução de contratos complexos.

Art. 8º. É livre a escolha do tabelião de notas, qualquer que seja o domicílio das partes ou o lugar de situação dos bens objeto do ato ou negócio.

Art. 9º. O tabelião de notas não poderá praticar atos de seu ofício fora do Município para o qual recebeu delegação.

1. COMENTÁRIOS

A Lei 8.935/1994, em seu art. 12, estabelece a **circunscrição territorial** para o exercício da atividade dos registradores, consagrando o **princípio da territorialidade**.

No que se refere ao notário, existe uma particularidade: embora ele deva praticar suas atividades na comarca em que recebeu a delegação, a escolha do tabelião de notas é livre, independentemente do domicílio das partes ou do local onde se situam os bens objeto do ato ou negócio.

O tabelião de notas, ao desenvolver uma atividade pública baseada na confiança tanto do Estado quanto dos particulares que o procuram, é escolhido **livremente pelas partes**, independentemente de sua residência, domicílio ou da localização dos bens objeto dos fatos, atos e negócios jurídicos. No entanto, apesar dessa liberdade de escolha, o tabelião não pode desempenhar funções notariais típicas fora da circunscrição territorial para a qual recebeu a delegação. Portanto, uma escritura pública lavrada por um tabelião fora do município para o qual foi delegado é nula de pleno direito.

Note-se que, conforme já estudado nos comentários do art. 216-A da Lei de Registros Públicos e Código Nacional de Normas, que estabelece diretrizes para o procedimento da usucapião extrajudicial nos serviços notariais e de registro de imóveis, foi excepcionada a regra do art. 8º da LNR ao prescrever que a ata notarial de usucapião extrajudicial será lavrada pelo **tabelião de notas do município em que estiver localizado o imóvel usucapiendo ou a maior parte dele,** a quem caberá alertar o requerente e as testemunhas de que a prestação de declaração falsa no referido instrumento configurará crime de falsidade, sujeito às penas da lei.

Dentro de sua circunscrição territorial, o tabelião pode lavrar o ato notarial em qualquer local, desde que consigne, no documento, o lugar onde o ato foi praticado.

A restrição territorial à atuação do Tabelião de Notas, ao limitar-se aos atos privativos, típicos da atividade notarial, não abrange outros que lhe são facultados, direcionados à consecução dos atos notariais e consistentes nas gestões e diligências necessárias ou convenientes ao seu preparo, então prestados sem ônus maiores que os emolumentos devidos.

A concorrência entre os tabeliães de notas deve ser leal, pautada pelo reconhecimento de seu preparo e de sua capacidade profissional e praticada de forma a não comprometer a dignidade e o prestígio das funções exercidas e das instituições notariais e de registro, sem utilização de publicidade individual, de estratégias mercadológicas de captação de clientela e da intermediação dos serviços e livre de expedientes próprios de uma economia de mercado, como, por exemplo, a redução de emolumentos.

Registre-se que esta liberdade de escolha do tabelião se estende para as hipóteses das escrituras públicas de inventário e partilha, separação, divórcio e extinção consensual de união estável, previstas na Resolução 35/2007 do Conselho Nacional de Justiça, com redação dada pela Resolução 326/2020, vejamos:

> **Art. 1º** Para a lavratura dos atos notariais relacionados a inventário, partilha, separação consensual, divórcio consensual e extinção consensual de união estável por via administrativa, é livre a escolha do tabelião de notas, não se aplicando as regras de competência do Código de Processo Civil.

Sobre a competência notarial para os atos eletrônicos, vide exposição já exposta nesta obra.

2. JURISPRUDÊNCIA COMPLEMENTAR

SUPERIOR TRIBUNAL DE JUSTIÇA

EMENTA: REGISTROS PÚBLICOS E DIREITO PROCESSUAL CIVIL. RECURSO ESPECIAL. EMBARGOS DE TERCEIRO. ESCRITURA PÚBLICA DE COMPRA E VENDA DESPROVIDA DE REGISTRO. INSTRUMENTO LAVRADO EM COMARCA DIVERSA DA SITUAÇÃO DO IMÓVEL. IRRELEVÂNCIA. ART. 8º DA LEI nº 8.935/94. NÃO COMPROVAÇÃO DE FRAUDE OU SIMULAÇÃO NA VENDA DO IMÓVEL PELO DEVEDOR AO EMBARGANTE. INCIDÊNCIA DA SÚMULA nº 84/STJ.

1. Nos termos do que dispõe o art. 108 do Código Civil, é a escritura pública o instrumento hábil para documentar compra e venda de bem imóvel de valor superior ao de alçada legal, formalizando o negócio jurídico que, em si, não transfere a propriedade do imóvel, e que antecede ao ato efetivamente translativo da propriedade, isto é, o registro.

2. O artigo 8º da Lei nº 8.935/94 (Lei dos Cartórios) franqueia ampla liberdade para escolha do tabelionato visando à celebração da venda do imóvel, formalizada em escritura pública, pois este é ato eminentemente negocial e do qual exsurgem apenas efeitos pessoais. É somente o registro do título que deve ser realizado no respectivo

Lei 8.935/1994

cartório de registro de imóveis no qual o bem se encontra matriculado, nos termos dos arts. 167 e 169 da Lei nº 6.015/73 (Lei dos Registros Públicos).

3. Com efeito, sendo irrelevante o fato de a escritura pública de compra e venda desprovida de registro não ter sido lavrada na comarca da situação do imóvel, somando-se ao fato de não ter havido reconhecimento de fraude, simulação ou falsificação, aplica-se a Súmula nº 84: "É admissível a oposição de embargos de terceiro fundados em alegação de posse advinda do compromisso de compra e venda de imóvel, ainda que desprovido do registro".

4. "Em embargos de terceiro, quem deu causa à constrição indevida deve arcar com os honorários advocatícios" (Súmula nº 303).

5. Recurso especial parcialmente conhecido e, na extensão, provido. (STJ – REsp nº 960.849 – AM – 4ª Turma – Rel. Min. Luis Felipe Salomão – DJ 02.08.2012)

EMENTA: TABELIÃO. ATO. OUTRA COMARCA. INVALIDADE. O ato do tabelião praticado na comarca na qual não tem delegação não tem validade, mesmo que a parte, por sua livre escolha, eleja-o para praticar o ato, tornando-se, assim, inoperante a constituição em moral. Desse modo, a Turma conheceu do recurso e deu provimento a ele (REsp nº 682.399/CE, rel. Min. Carlos Alberto Menezes Direito, j. 07.05.2007)

TRIBUNAL DE JUSTIÇA DO ESTADO DE MINAS GERAIS

EMENTA: TABELIÃO – AÇÃO DE INDENIZAÇÃO POR PERDAS E DANOS – COMPETÊNCIA DA COMARCA ONDE O ATO NOTARIAL SURTIU EFEITOS. Em tese, o artigo 8º da Lei nº 8935/94 estabelece liberdade de escolha do tabelião de notas, qualquer que seja o domicílio das partes ou o lugar de situação dos bens objeto do ato ou negócio. Contudo, se o tabelião lavra o ato notarial fora da sua circunscrição haverá infração ao artigo 9º da Lei nº 8.935/94, segundo o qual o tabelião de notas não poderá praticar atos de seu ofício fora do Município para o qual recebeu delegação. Mesmo na hipótese de lavratura do ato notarial nos limites da sua circunscrição, o tabelião assume o ônus de responder por eventuais demandas no foro do local onde o referido ato produziu efeitos. No caso sub judice é competente o foro da Comarca de Uberlândia-MG, onde se situam os imóveis cuja alienação para o agravado é apontada como fraudulenta. De mais a mais, o foro da situação dos imóveis em referência é mais propício à produção das eventuais provas das perdas e danos, inclusive morais, alegados pelo agravado. AGRAVO NÃO PROVIDO. (TJMG – Ag. Inst. 1.0702.08.447209-2/001 Relator: Des. Rogério Medeiros, 14ª C. Cível, Julgamento: 23/04/2009)

3. QUESTÕES DE CONCURSOS

01. (TJ/SP – 2024 – VUNESP – Notário e Registrador/Remoção) Um Tabelião de Notas da cidade de São Paulo/SP foi procurado para a lavratura de um inventário extrajudicial onde o proprietário de uma casa situada em Porto Alegre/RS e de um automóvel licenciado em Curitiba/PR faleceu em Salvador/BA. Neste caso, o imposto sobre transmissão causa mortis, competirá ao

a) estado do Rio Grande do Sul, relativamente ao bem imóvel.
b) estado da Bahia, relativamente ao bem imóvel e ao automóvel.
c) estado de São Paulo, relativamente ao bem imóvel.
d) estado do Rio Grande do Sul, relativamente ao bem imóvel e ao automóvel.

02. (IESES – Titular de Serviços de Notas e de Registro – Provimento – TJ – SC/2019) O Tabelião de Notas:

a) É de livre escolha para a lavratura de escrituras públicas, desde que dentro da mesma unidade da Federação.
b) Pode lavrar ata notarial para fins de usucapião administrativa de qualquer bem imóvel.
c) Tem suas diligências adstritas à comarca que recebeu a delegação.
d) Não responde disciplinarmente por atos de seus prepostos.

03. (Vunesp – Cartório – Remoção – TJ – SP/2018) Conforme a Lei Federal nº 8.935/94, é correto afirmar que

a) o Tabelião de Notas pode praticar atos de seu ofício fora do município para o qual recebeu a delegação.
b) é vedado ao Tabelião de Notas realizar gestões e diligências necessárias ou convenientes ao preparo dos atos notariais.
c) o Tabelião pode realizar todas as gestões e diligências necessárias ou convenientes ao preparo dos atos notariais, requerendo o que couber, e poderá cobrar por esses atos.
d) é livre a escolha do Tabelião de Notas, qualquer que seja o domicílio das partes ou o lugar de situação dos bens objeto do ato ou negócio.

04. (IESES – Notário-MA/2008) João Silveira, empresário no setor imobiliário em São Luís do Maranhão é primo de Nilo Silveira, Tabelião de Notas de uma cidade vizinha, e sob a justificativa de agilizar a prestação dos serviços direciona seus negócios para a serventia de seu primo, que autoriza seu substituto a praticar os atos notariais na empresa de João Silveira.

I. A atitude de Nilo está incorreta porque a lei estabelece que o tabelião de notas não poderá praticar atos de seu ofício fora do Município para o qual recebeu delegação.
II. A atitude de Nilo está correta porque se trata de mera diligência.
III. A atitude de Nilo está correta, pois as partes têm ampla liberdade de escolherem o Tabelião de sua confiança.
IV. A atitude de Nilo está correta, porque somente o Tabelião pessoalmente pode praticar atos fora de sua serventia.

a) Somente a alternativa II está correta.
b) Somente a alternativa I está correta.
c) As alternativas I, III e IV estão corretas.
d) As alternativas II e III estão corretas.

05. (Vunesp – Notário-SP/2012) Pretendendo lavrar escritura de compra e venda de imóvel, o interessado

a) pode escolher livremente o tabelião de notas, qualquer que seja o domicílio das partes ou o lugar de situação dos bens objetos do ato ou negócio.
b) deve dirigir-se ao tabelião de notas existente na comarca do domicílio do vendedor.
c) deve dirigir-se ao tabelião de notas da comarca da situação do imóvel.
d) deve dirigir-se ao tabelião de notas da comarca do domicílio do devedor, fixando-se a competência para eventual ação judicial.

06. (Cespe – Notário-RR/2013) Considere que Carlos pretenda adquirir de Vagner, de forma onerosa, com pagamento à vista e quitação plena do preço, a propriedade de determinado imóvel por R$ 35.000,00. Em face dessa situação, sabendo que o salário mínimo vigente no Brasil é de R$ 678,00, assinale a opção correta.

a) O negócio entre Carlos e Vagner não seria possível se o bem imóvel em questão tivesse sido dado em qualquer tipo de hipoteca como garantia de dívida, situação que deveria constar da certidão de ônus reais referente a tal bem.
b) Para a aquisição da propriedade, faz-se necessária a lavratura de escritura pública de compra e venda em tabelionato de notas de livre escolha das partes, bem como o registro do título aquisitivo em cartório de registro de imóveis competente.
c) Carlos pode adquirir a propriedade do bem por escritura pública lavrada em tabelionato de notas ou por contrato particular assinado por duas testemunhas com as respectivas firmas reconhecidas por autenticidade, desde que, em ambos os casos, seja feito registro do título aquisitivo do imóvel no cartório em que esteja matriculado o bem.
d) Se estiver no exterior, Carlos pode adquirir a propriedade do bem por meio da lavratura de escritura pública de compra e

venda no consulado brasileiro, desde que o título aquisitivo seja registrado em ofício de registro de títulos e documentos do domicílio do comprador.

e) É suficiente para a aquisição da propriedade do bem que a compra e venda se efetive por meio de escritura pública perante um tabelião, a quem cabe verificar a regularidade na manifestação de vontades de Carlos e Vagner, o aperfeiçoamento do pagamento do preço e a quitação de débitos tributários.

07. (FMP – Cartório – TJ – MT/2014) Sobre as atribuições e competências dos notários, a partir da Lei 8.935/94, assinale a afirmativa correta.

a) É livre a escolha do tabelião de notas pelas partes, e este poderá praticar atos de seu ofício dentro do Município para o qual recebeu a delegação, ainda que diverso do lugar de situação dos bens objeto do ato ou do negócio.

b) É livre a escolha do tabelião de notas pelas partes, razão pela qual este deverá praticar atos de seu ofício fora do Município para o qual recebeu delegação, sempre que solicitado, desde que no mesmo Estado da Federação.

c) Não é livre a escolha do tabelião de notas pelas partes, nas hipóteses em que haja vinculação do notário ao lugar de situação dos bens objeto do ato ou negócio, mas as partes não estão adstritas à escolha do tabelião que atue no seu domicilio.

d) Não é livre a escolha do tabelião de notas pelas partes, razão pela qual este não poderá praticar atos de seu ofício fora do Município para o qual recebeu delegação.

e) É livre a escolha do tabelião de notas pelas partes, podendo, no entanto, o notário praticar o ato solicitado apenas se o domicílio das partes ou o lugar de situação dos bens objeto do ato ou negócio seja o mesmo do Município para o qual recebeu a delegação.

08. (Cespe – Cartório – TJ-DFT/2014) Considere que José, domiciliado em Formosa – MG, adquira imóvel localizado em Brasília – DF, de propriedade de Rafael, domiciliado em São Paulo – SP, e que, em razão dos custos para a lavratura da escritura pública, os dois pretendam efetivar o ato em Valparaíso de Goiás. Nessa situação, de acordo com o disposto na Lei nº 6.015/1973, a escritura pública

a) somente poderá ser lavrada em ofício de notas localizado no domicílio dos contratantes, ou seja, em Formosa – MG ou em São Paulo – SP.

b) somente poderá ser lavrada em ofício de notas localizado no domicílio do vendedor ou em Brasília – DF, local do bem negociado.

c) poderá ser lavrada em qualquer localidade escolhida pelos contratantes.

d) somente poderá ser lavrada em ofício de notas localizado no domicílio do comprador ou em Brasília – DF, local do bem negociado.

e) somente poderá ser lavrada em ofício de notas localizado em Brasília – DF, onde o bem foi negociado.

09. (IESES – Cartório – TJ – PA/2016) Em relação à definição do tabelião de notas competente é correto afirmar:

a) Deve ser eleito o tabelião de notas do lugar de situação dos bens objeto do negócio jurídico, conforme prevê o Código de Normas dos Serviços Notariais e de Registro do Estado do Pará.

b) Será competente apenas o tabelião de notas do domicílio do comprador dos bens objeto do negócio jurídico.

c) Aos interessados é assegurada a livre escolha do tabelião de notas, qualquer que seja seu domicílio ou o lugar de situação dos bens objeto do negócio jurídico.

d) Deve ser eleito o tabelião de notas do domicílio do vendedor dos bens objeto do negócio jurídico, pois somente este poderá registrar o ato.

GAB	1	A	2	C	3	D	4	B	5	A
	6	B	7	A	8	C	9	C		

Lei 8.935/1994

Art. 10. Aos tabeliães e oficiais de registro de contratos marítimos compete:

I – lavrar os atos, contratos e instrumentos relativos a transações de embarcações a que as partes devam ou queiram dar forma legal de escritura pública;

II – registrar os documentos da mesma natureza;

III – reconhecer firmas em documentos destinados a fins de direito marítimo;

IV – expedir traslados e certidões.

1. COMENTÁRIOS

Os titulares dos serviços de contratos marítimos são tabeliães e registradores, responsáveis por lavrar atos, contratos e instrumentos relativos a transações de embarcações, aos quais as partes desejam ou precisam conferir a forma legal de escritura pública, além de registrar esses documentos.

O **Código Comercial (Lei 556/1850)** contém regras aplicáveis ao tabelião e registrador de contratos marítimos, especificamente nos arts. 468, 472 e 474 (registro de hipotecas e contratos de seguro marítimo), que devem ser examinadas em confronto com os diplomas legais posteriores, em razão da alteração de algumas normas.

Já o **Decreto 15.809/1922** tratava de um regulamento especial para a execução de hipotecas de navios, delimitando o território nacional em três distritos para o registro da hipoteca marítima e criando, na sede de cada distrito, um cartório privativo destinado ao registro. Tal decreto normatizou toda a atividade do registro, tratando no Capítulo I "Dos Cartórios e serventuários", no Capítulo II "Dos livros do cartório" (1 – protocolo; 2 – inscrição; 3 – indicador real; 4 – indicador pessoal), no Capítulo III "Da ordem de serviço e processo em cartório", no Capítulo IV "Da publicidade do registro", no Capítulo V "Da inscrição, averbação e cancelamento", e no Capítulo VI das "Disposições gerais".

Por sua vez, com o advento do **Decreto 5.372-B/1927**, foram criados os ofícios privativos de notas e registros de contratos marítimos. Assim, os ofícios privativos de hipotecas marítimas passaram-se a denominar "ofícios privativos de notas e registros de contratos marítimos", com atribuição ampliada para a lavratura e registro de todos os contratos de direito marítimo quando a escritura pública for substancialmente exigida para a validade dos mesmos contratos, conforme prevê o art. 1º. Criou ainda este Decreto, previsão de registro de instrumentos particulares de contratos de direito marítimo previstos no Código Comercial e de instalação de ofícios privativos de notas e registro de contratos marítimos onde ainda não houver e de acordo com as conveniências do serviço.

A normatização para os ofícios privativos de notas e registro de contratos marítimos foi aprovada pelo **Decreto 18.399/1928**. Este Decreto regulamentou toda a atividade, prevendo inclusive os livros dessa modalidade de serventia. Todas as disposições deste Decreto foram revigoradas pelo **Decreto 22.826/1933**.

Em 1988, foi editada a Lei 7.652, que dispõe sobre o registro da propriedade marítima e outras providências. O art. 1º da Lei 7.652/1988 define seu objetivo, que é regular o registro da propriedade marítima, dos direitos reais e demais ônus sobre embarcações, além do registro de armador. No artigo seguinte, a lei estipula que o registro da propriedade tem por finalidade estabelecer a nacionalidade, validade, segurança e publicidade da propriedade de embarcações.

A **Lei 7.652/1988**, em seu art. 3º, parágrafo único, e no art. 12, atribui ao Tribunal Marítimo a competência para o registro da propriedade de embarcações, obrigatório quando a arqueação bruta for superior a cem toneladas, bem como para o registro de direitos reais e outros ônus que gravem embarcações brasileiras. O art. 33 dispõe que as promessas, cessões, compra e venda e qualquer outra modalidade de transferência de propriedade de embarcações sujeitas a registro devem ser realizadas por **escritura pública**, lavrada por qualquer tabelião de notas (disposição alterada pela Lei 9.774/1998).

Anteriormente, a lavratura era permitida por qualquer tabelião de notas apenas se não houvesse tabelião privativo de contratos marítimos na comarca. O art. 4º da Lei 7.652/1988 prevê que, para as embarcações sujeitas a registro, a transmissão de sua propriedade só se consolida pelo registro no Tribunal Marítimo. Já o art. 12 estabelece que, para valer contra terceiros, os direitos reais e outros ônus devem estar registrados no mesmo Tribunal.

No ano de 1998, foi criada a **Lei 9.774**, que introduziu substanciais alterações. De acordo com seu art. 3º, as embarcações brasileiras, exceto as da Marinha de Guerra, serão inscritas na Capitania dos Portos ou órgão subordinado, em cuja jurisdição for domiciliado o proprietário ou armador ou onde for operar a embarcação. Será obrigatório o registro da propriedade no Tribunal Marítimo, se a embarcação possuir arqueação bruta superior a cem toneladas, para qualquer modalidade de navegação. O art. 6º da lei dá garantia de registrabilidade, estipulando que o registro de propriedade de embarcação será deferido, exceto nos casos previstos nesta Lei, a pessoa física residente e domiciliada no País ou a entidade pública ou privada sujeita às leis brasileiras. Ao estrangeiro que não seja residente e domiciliado no País poderá ser deferido o registro de embarcação classificada na atividade de esporte ou recreio (art. 8º).

Prevalece o entendimento de que não há conflito entre as regras da Lei 7.652/1988 (alteradas pela Lei 9.774/1998) e a Lei 8.935/1994, pelo seguinte argumento: a Lei dos Notários e dos Registradores, em seu art. 10, II, além de manter o registro da propriedade marítima a cargo do Tribunal Marítimo, criou o registro dos contratos marítimos, abrangendo todos eles, como compra e venda, hipoteca e afretamento de embarcações, independentemente de sua forma pública ou particular, conferindo essa atribuição, privativamente, aos tabeliães e oficiais de registro de contratos marítimos.

Assim, prevalece o entendimento de que as disposições da Lei 7.652/1988 não conflituam com as regras da Lei 8.935, cabendo ao Tribunal Marítimo o registro da propriedade marítima (obrigatório se a embarcação possuir arqueação bruta superior a cem toneladas) e ao serviço de registro de contratos marítimos, o registro fora do alcance do art. 3º da Lei 7.652/1988.

Dessa forma, os atos notariais previstos no art. 10, I e III, da Lei 8.935/1994, são privativos do tabelionato marítimo. Não havendo tabelião privativo, qualquer tabelião de notas praticará tais atos.

2. JURISPRUDÊNCIA COMPLEMENTAR

SUPERIOR TRIBUNAL DE JUSTIÇA

EMENTA: COMPETÊNCIA. TRIBUNAL MARÍTIMO E TABELIÃO E OFICIAL DE REGISTRO DE CONTRATO MARÍTIMO. VIOLAÇÃO AO ART. 535, I, DO CPC. INOCORRÊNCIA. IMPOSSIBILIDADE DE ANÁLISE, POR ESTA CORTE, DA SUPOSTA VIOLAÇÃO DE DISPOSITIVOS CONSTITUCIONAIS.
1. Inexiste ofensa ao artigo 535, incisos I, do Código de Processo Civil, porquanto ausente qualquer obscuridade ou contradição no acórdão guerreado.
2. O Tribunal Marítimo possui atribuição para o registro de propriedade marítima, de direitos reais e de outros ônus que gravem embarcações brasileiras. Ao Tabelião de Registro de Contratos Marítimos, por sua vez, cabe lavrar os atos, contratos e instrumentos relativos a transações de embarcações, registrando-os em sua própria serventia.
3. Embarcações com arqueação bruta inferior a cem toneladas não estão obrigadas a realizar o registro de propriedade, seja no Tribunal Marítimo, seja no Tabelião de Registro de Contrato Marítimo. Para essas embarcações, a inscrição junto à Capitania dos Portos, obrigatória para qualquer tipo ou tamanho de embarcação, é suficiente para comprovação de propriedade.
4. Descabe a esta Corte apreciar a alegada violação de dispositivos constitucionais em relação à abrangência territorial do Tabelião Marítimo, sob pena de usurpação da competência do Supremo Tribunal Federal. Recurso especial não conhecido. (STJ – Resp 864.409/RJ, Rel. Ministro LUIS FELIPE SALOMÃO, 4ª T., julgado em 23/06/2009, DJe 01/07/2009)

Art. 11. Aos tabeliães de protesto de título compete privativamente:

1. COMENTÁRIOS

Inicialmente, é importante ressaltar que o art. 53, parágrafo único, da Lei 8.935/1994 estabelece que, nos Estados cujas organizações judiciárias vigentes à época da publicação desta lei assim o prevejam, continuam em vigor as determinações relativas à fixação da área territorial de atuação dos tabeliães de protesto de títulos, a quem os títulos serão distribuídos em obediência às respectivas zonas.

Isso significa que, antes da edição da Lei dos Notários e dos Registradores, já existiam Estados onde os títulos sujeitos a protesto eram distribuídos, ou por circunscrições territoriais, ou por ordem de chegada na serventia distribuidora, nos mesmos moldes agora estabelecidos no art. 11 em comento. Esse sistema anterior é mantido apenas nos Estados em que os serviços de protesto recebiam títulos por **zona territorial.**

Dialoga com a temática o § 2º do art. 367 do Provimento CNJ n. 149/2023 (equivale ao art. 14 do Provimento CNJ n. 87/2019), que estabelece que os tribunais de Justiça dos Estados e do Distrito Federal deverão propor a extinção dos Ofícios de Distribuição de títulos e outros documentos de dívida para protesto que foram criados antes da promulgação da Lei Federal nº 9.492, de 10 de setembro de 1997 e que estejam vagos e que vierem a vagar.

O tabelião de protestos de títulos tem sua competência definida no art. 11 da Lei 8.935/1994, que é uma **norma geral** e, além disso, recebem a **regulamentação minuciosa** da Lei 9.492/1997, lei de regência do Tabelionato de Protesto.. Dessa maneira, na tutela dos interesses públicos e privados, cabe a ele, a protocolização, a intimação, o acolhimento da devolução ou do aceite, o recebimento do pagamento, do título e de outros documentos de dívida, bem como lavrar e registrar o protesto ou acatar a desistência do credor em relação ao mesmo, proceder às averbações, prestar informações e fornecer certidões relativas a todos os atos praticados, na forma da Lei 9.492/1997 (art. 3º da Lei n. 9.492/1997).

A expressão "compete privativamente", presente no caput do dispositivo em comento, significa que somente ele, e nenhum outro agente público ou particular, pode realizar tal ato.

Vicente Amadei, ao discorrer sobre o caráter privativo da atuação, preleciona: "Logo se vê que a testificação do protesto não pode ficar a cargo de qualquer um, mas sim de alguém que esteja em condições de imprimir ao seu testemunho a marca da fé pública, i. e, 'o caráter de autenticidade próprios dos actos de autoridade pública'. Afastar, pois o protesto de quem é delegado de serviço público investido no poder de certificar com o caráter da fé pública importa em abalo à segurança jurídica protestual" (Op. cit., p. 92)

I – protocolar de imediato os documentos de dívida, para prova do descumprimento da obrigação;

1. COMENTÁRIOS

Os arts. 9º ao 11 da Lei 9.492/1997 regulamentam a apresentação e protocolização dos títulos e outros documentos de dívida enviados a protesto.

O apresentante do título, após preencher o formulário e apresentar o documento ao Tabelionato ou ao distribuidor (onde houver), o próximo ato será a sua **protocolização**, que deverá ocorrer no prazo máximo de **24 (vinte e quatro) horas**, mas sempre antes de expedida a intimação do devedor.

Todos os títulos e documentos de dívida protocolizados serão examinados em seus caracteres formais e terão curso se não apresentarem vícios, não cabendo ao Tabelião de Protesto investigar a ocorrência de prescrição ou caducidade.

Qualquer irregularidade formal observada pelo Tabelião obstará o registro do protesto.

2. QUESTÃO DE CONCURSO

01. (CESPE / CEBRASPE - 2023 - TJ-SC - Titular de Serviços de Notas e de Registros – Remoção) De acordo com o disposto na Lei n.º 8.935/1994, é vedado aos tabeliães de protesto de título

a) postergar o protocolo dos documentos de dívida.
b) intimar os devedores dos títulos a aceitá-los, devolvê-los ou pagá-los, sob pena de protesto.
c) receber o pagamento dos títulos protocolizados e dar a devida quitação.
d) acatar o pedido de desistência do protesto formulado pelo apresentante.
e) lavrar o protesto, registrando em outro meio que não seja em livro próprio.

GAB	1	A

II – intimar os devedores dos títulos para aceitá-los, devolvê-los ou pagá-los, sob pena de protesto;

1. COMENTÁRIOS

A intimação está regulamentada nos arts. 14 e 15 da Lei 9.492/1997, no Provimento CNJ n. 149/2023, bem como nas normativas estaduais.

Sobre o tema, remeto o leitor aos comentários aos artigos 14 e 15 da Lei 9.492/1997, nesta obra, onde o assunto foi tratado de forma pormenorizada.

III – receber o pagamento dos títulos protocolizados, dando quitação;

1. COMENTÁRIOS

No que se refere ao pagamento dos títulos protocolizados, o tema está inserto no art. 19 da Lei 9.492/1997, no Provimento CNJ n. 149/2023, bem como nas normativas estaduais.

Sobre o tema, remeto o leitor aos comentários ao artigo 19 da Lei 9.492/1997, nesta obra, onde o assunto foi tratado de forma minuciosa.

IV – lavrar o protesto, registrando o ato em livro próprio, em microfilme ou sob outra forma de documentação;

1. COMENTÁRIOS

Nos arts. 20 a 24 da Lei 9.492/1997, no Provimento CNJ n. 149/2023, bem como nas normativas estaduais estão insertas as regras que tratam do protesto.

Sobre o tema, remeto o leitor aos comentários aos artigos 20 a 24 da Lei 9.492/1997, nesta obra, onde o assunto foi tratado de forma detalhada.

V – acatar o pedido de desistência do protesto formulado pelo apresentante;

VI – averbar:

a) o cancelamento do protesto;

b) as alterações necessárias para atualização dos registros efetuados;

1. COMENTÁRIOS

O tabelião deve fazer o **exame formal** de todos os títulos e documentos de dívida protocolizados, e se não eivados de vícios, serão recepcionados. Recebido regularmente o título, a primeira hipótese que pode ocorrer, antes ou após a intimação do devedor, é a **desistência do protesto**.

A desistência consiste no ato de retirada do título pelo apresentante (credor ou qualquer pessoa em seu nome), antes da lavratura do protesto. Nessa hipótese, o pagamento dos emolumentos cabe a ele, apresentante.

Outra possibilidade é a da chamada **sustação do protesto**, que, assim como a desistência, deixa prejudicado o procedimento do protesto, enquanto não existir decisão definitiva.

Sobre o tema, remeto o leitor aos comentários aos artigos 25 a 26 da Lei 9.492/1997, nesta obra, onde o assunto foi tratado de forma pormenorizada.

VII – expedir certidões de atos e documentos que constem de seus registros e papéis.

1. COMENTÁRIOS

Os arts. 27 ao 31 da Lei 9.492/1997 estabelecem o procedimento para a emissão de certidões. O Provimento CNJ n. 149/2023 e as normativas estaduais também dispõem sobre a emissão de certidões.

Sobre o tema, remeto o leitor aos comentários aos artigos 27 a 31 da Lei 9.492/1997, nesta obra, onde o assunto foi tratado de forma detalhada.

Parágrafo único. Havendo mais de um tabelião de protestos na mesma localidade, será obrigatória a prévia distribuição dos títulos.

1. COMENTÁRIOS

O texto deste parágrafo único é semelhante à regra prevista no art. 7º da Lei 9.492/1997. É importante frisar que o Provimento CNJ n. 149/2023 e as normativas estaduais também dispõem sobre a distribuição.

Sobre o tema, remeto o leitor aos comentários aos artigos 7º e 8º da Lei 9.492/1997, nesta obra, onde o assunto foi tratado de forma aprofundada.

2. QUESTÕES DE CONCURSO

01. (IESES – Notário-MA/2008) Assinale a alternativa INCORRETA de acordo com a Lei nº 8.935/94, em relação ao protesto de títulos.

a) Aos tabeliães de protesto de título compete privativamente receber o pagamento dos títulos protocolizados, dando quitação.
b) Havendo mais de um tabelião de protestos na mesma localidade, será facultada a prévia distribuição dos títulos.
c) Aos tabeliães de protesto de título compete privativamente protocolar de imediato os documentos de dívida, para prova do descumprimento da obrigação.
d) Aos tabeliães de protesto de título compete privativamente averbar o cancelamento do protesto.

02. (Cespe – Notário-MT/2005) Acerca da Lei nº 8.935/1994, julgue os itens seguintes.

I. Se comparecer ao serviço notarial o tio do tabelião, requerendo a lavratura de uma declaração pública, o tabelião não poderá proceder pessoalmente ao ato, uma vez que a lei proíbe que se lavre pessoalmente escritura de interesse próprio, ou do interesse de seus parentes em linha reta, ou colateral, consanguíneos ou afins, até o terceiro grau. No entanto, o ato poderá ser lavrado por um funcionário da serventia, desde que não o assine o titular do serviço.
II. Aos oficiais de registro de imóveis compete formalizar definitivamente a vontade das partes no que se refere às transações envolvendo bens imóveis, assim como os direitos reais sobre coisas alheias.
III. O protesto de títulos deverá, ser submetido a prévia distribuição quando houver mais de um tabelião de protestos na mesma localidade.
IV. Ao contrário dos médicos, psicólogos e advogados, os notários e registradores não estão adstritos a sigilo profissional, uma vez que suas notas e registros são essencialmente públicos.

Estão certos apenas os itens

a) I e III.
b) I e IV.
c) II e III.
d) II e IV.

GAB	1	B	2	A

▸ SEÇÃO III – DAS ATRIBUIÇÕES E COMPETÊNCIAS DOS OFICIAIS DE REGISTROS

Art. 12. Aos oficiais de registro de imóveis, de títulos e documentos e civis das pessoas jurídicas, civis das pessoas naturais e de interdições e tutelas compete a prática dos atos relacionados na legislação pertinente aos registros públicos, de que são incumbidos, independentemente de prévia distribuição, mas sujeitos os oficiais de registro de imóveis e civis das pessoas naturais às normas que definirem as circunscrições geográficas.

1. COMENTÁRIOS

O dispositivo em comento refere-se à circunscrição territorial para o exercício da atividade dos registradores, consagrando o **princípio da territorialidade.**

No que se refere ao notário, existe uma particularidade: embora ele deva praticar suas atividades na comarca em que recebeu a delegação, a escolha do tabelião de notas é livre, independentemente do domicílio das partes ou da localização dos bens objeto do ato ou negócio.

Sergio Jacomino ensina que a circunscrição corresponde à área abrangida pela competência territorial de cada oficial registrador pode ser composta de perímetros não confinantes, questão posta com precisão (ressalvada a referência a lei como modo de criação dos serviços), por Narciso Orlandi Neto: "A atribuição das serventias registrais é territorial. Cada serventia recebe os atos relativos a imóveis situados em seu território. Circunscrição é, exatamente, o território da atribuição de cada serventia. Uma comarca pode ter uma ou mais circunscrições, de acordo com o seu tamanho e o número de municípios que abrange. As divisas das circunscrições são definidas na mesma lei que cria os serviços registrais. As circunscrições podem não ser contínuas, como ocorre comumente nas grandes cidades. Por vezes, a circunscrição de um serviço registral abrange distritos não confinantes entre si e até distantes um do outro" (*Lei de Registros Públicos comentada.* Rio de Janeiro: Forense, 2019, p. 1062).

2. JURISPRUDÊNCIA COMPLEMENTAR

⊙ SUPERIOR TRIBUNAL DE JUSTIÇA

▸ **EMENTA:** REGISTRO PÚBLICO. REGISTRADOR IMOBILIÁRIO. DESMEMBRAMENTO DE CIRCUNSCRIÇÃO IMOBILIÁRIA POR LEI LOCAL. EQUIVALÊNCIA COM CIRCUNSCRIÇÃO JUDICIÁRIA. ART. 236 CF. ARTS.

12 E 47 DA LEI nº 8.935/94. AUSÊNCIA DE DIREITO LÍQUIDO E CERTO AO NÃO-DESMEMBRAMENTO. INEXISTÊNCIA DE MÁCULA DO ATO LOCAL FACE À DELEGAÇÃO DO PODER PÚBLICO.

1. Direito líquido e certo existe quanto à delegação do serviço notarial (registro de imóveis) pelo Poder Público, o que é diferente de suposto direito à manutenção desse serviço sobre cada imóvel da circunscrição onde atua.

2. Se a circunscrição é desmembrada, inclusive por iniciativa da população envolvida, não há falar em sobreposição dos interesses privados do oficial do registro aos interesses da coletividade.

3. Os oficiais de registro de imóveis e civis das pessoas naturais estão sujeitos às normas que definem a circunscrição geográfica (art. 12, Lei nº 8.935/94). Normas locais.

4. Desmembrando-se a área onde situados os imóveis, acompanham-na as respectivas circunscrições imobiliárias. Recurso ordinário conhecido e improvido. (STJ – RMS 200101775842, Ministro HUMBERTO MARTINS, DJ 28/02/2007)

3. QUESTÕES DE CONCURSOS

01. (CESPE / CEBRASPE - 2023 - TJ-SC - Titular de Serviços de Notas e de Registros – Provimento) Conforme disposição expressa da Lei n.º 8.935/1994, independentemente de outras disposições normativas, estão sujeitos à circunscrição geográfica

a) os tabeliães de notas e os tabeliães e oficiais de registro de distribuição.
b) os tabeliães de notas e os de protesto de títulos.
c) os oficiais de registro de imóveis e os de registro civil de pessoas naturais.
d) os oficiais de registro de imóveis e os de registro civil das pessoas jurídicas.
e) os oficiais de registro de títulos e documentos e os de registro civil das pessoas jurídicas.

02. (EJEF – Registro de Imóveis-MG/2005) É CORRETO afirmar que é atribuição dos Oficiais de Registros

a) expedir certidões de atos e documentos que constem de seus registros e papéis, desde que requeridas por escrito.
b) praticar os atos relacionados na legislação pertinente aos registros públicos, de que são incumbidos, independentemente de prévia distribuição, mas sujeitos os Oficiais de Registros de Imóveis e Civis das Pessoas Naturais às normas que definirem as circunscrições geográficas.
c) praticar os atos relacionados na legislação pertinente aos registros públicos, de que são incumbidos, independentemente de prévia distribuição, mas sujeitos os Oficiais de Registros de Imóveis e Civis das Pessoas Naturais e Jurídicas às normas que definirem as circunscrições geográficas.
d) receber o pagamento dos títulos protocolizados, dando quitação por escrito.

03. (EJEF Tabelionato e Registro-MG/2007) Em relação aos serviços notariais e de registro a que se refere o art. 236 da Constituição da República, é CORRETO afirmar:

a) Independem os oficiais de registros civis das pessoas naturais para a prática dos atos relacionados na legislação pertinente aos registros públicos, de que são incumbidos, de limites geográficos nas respectivas circunscrições em que atuam;
b) Independem de prévia distribuição os atos relacionados na legislação pertinente aos registros públicos, de que são incumbidos, os oficiais de registro de imóveis, de títulos e documentos e civis de pessoas jurídicas, civis de pessoas naturais e de interdições e tutelas.
c) Independe de nacionalidade brasileira a delegação para o exercício da atividade notarial e de registro.
d) Independentemente de prévia exigência, compete privativamente aos oficiais de registro de distribuição proceder à distribuição equitativa pelos serviços da mesma natureza, registrando os atos praticados ou registrar as comunicações recebidas, efetuar as averbações e cancelamentos e expedir as certidões de atos e documentos que constem de seus registros e papéis, de sua competência.

04. (Cespe – Notário-SE/2006) Com relação aos serviços notariais e de registro, julgue os itens subsequentes.

( ) Os registros de imóveis e os registros civis de pessoas naturais são submetidos às normas que definem as circunscrições geográficas, ao contrário do registro civil de pessoas jurídicas e de títulos e documentos, cuja escolha é livre. Assim, circunscrição, para efeitos registrários, é a área determinada em lei e atribuída ao registro de imóveis e ao registro civil de pessoas naturais.

GAB	1	C	2	B	3	B	4	CERTO

Art. 13. Aos oficiais de registro de distribuição compete privativamente:

I – quando previamente exigida, proceder à distribuição equitativa pelos serviços da mesma natureza, registrando os atos praticados; em caso contrário, registrar as comunicações recebidas dos órgãos e serviços competentes;

II – efetuar as averbações e os cancelamentos de sua competência;

III – expedir certidões de atos e documentos que constem de seus registros e papéis.

1. COMENTÁRIOS

O art. 13 em comento define a competência dos oficiais de registro de distribuição. Este dispositivo deve ser complementado com o art. 5º, inciso VII, desta Lei. Todavia, aqui também são acrescentados outros elementos.

O Cartório de Registro de Distribuição, ao contrário dos demais, não é tão conhecido pelo público em geral.

A função desta serventia é distribuir de forma igual os serviços cartoriais no âmbito judicial e realizar outros atos que são considerados complementares a essa atividade. Labora como uma central de informações sobre os atos realizados na Comarca.

Os oficiais de registro de distribuição têm sua competência definida no art. 13 da Lei 8.935/1994, qual seja:

a) quando previamente exigida, proceder à distribuição equitativa pelos serviços da mesma natureza, registrando os atos praticados;

b) em caso contrário, registrar as comunicações recebidas dos órgãos e serviços competentes; efetuar as averbações e os cancelamentos de sua competência e

c) expedir certidões de atos e documentos que constem de seus registros e papéis.

Como exemplo de certidões que podem ser emitidas por esse cartório, cito as de falência, as cíveis e criminais e do distribuidor, veja-se:

a) Certidão do juizado especial cível;
b) Certidão de fazenda;
c) Certidão de inventário;
d) Certidão de família;
e) Certidão criminal, com ou sem análise de juizado especial;
f) Certidão criminal específica para fins eleitorais;
g) Certidão de falência, concordata recuperação judicial e extrajudicial;
h) Certidão de outorgante;
i) Certidão de outorgado.

Via de regra, o Cartório Distribuidor tem um prazo de três dias úteis para emitir os documentos, após o pagamento da guia. Vale lembrar que é possível encontrar algumas destas certidões no Tribunal Regional do estado pertencente.

A interpretação do artigo em comento se faz em razão da edição da Lei 11.971/2009, que nos termos do art. 1º, dispõe sobre os requisitos obrigatórios que devem constar das certidões expedidas pelos Ofícios do Registro de Distribuição, Serviços Extrajudiciais, e pelos Distribuidores Judiciais.

Oportuna é a transcrição do art. 2º com a finalidade de elencar tais requisitos:

> Art. 2º Os Ofícios do Registro de Distribuição, **serviços extrajudiciais,** e os Distribuidores Judiciais farão constar em suas certidões, obrigatoriamente, a distribuição dos feitos ajuizados ao Poder Judiciário e o resumo de suas respectivas sentenças criminais condenatórias e, na forma da Lei, as baixas e as sentenças absolutórias, quando requeridas.
>
> Parágrafo único. Deverão constar das certidões referidas no *caput* deste artigo os seguintes dados de identificação, salvo aqueles que não forem disponibilizados pelo Poder Judiciário:
>
> I – nome completo do réu, pessoa natural ou jurídica, proibido o uso de abreviações;
>
> II – nacionalidade;
>
> III – estado civil;
>
> IV – número do documento de identidade e órgão expedidor;
>
> V – número de inscrição do CPF ou CNPJ;
>
> VI – filiação da pessoa natural;
>
> VII – residência ou domicílio, se pessoa natural, e sede, se pessoa jurídica;
>
> VIII – data da distribuição do feito;
>
> IX – tipo da ação;
>
> X – Ofício do Registro de Distribuição ou Distribuidor Judicial competente; e
>
> XI – resumo da sentença criminal absolutória ou condenatória, ou o seu arquivamento.

A Lei 11.971/2009 dispõe ainda sobre a responsabilidade civil e criminal dos Registradores de feitos ajuizados, na forma do disposto no inciso I do *caput* do art. 31 e no art. 32 da Lei dos Notários e Registradores (Lei n. 8.935/1994), por danos causados a terceiros, decorrentes da omissão em sua certificação das exigências contidas nesta Lei 11.971/2009.

TÍTULO II – DAS NORMAS COMUNS

CAPÍTULO I – DO INGRESSO NA ATIVIDADE NOTARIAL E DE REGISTRO

Art. 14. A delegação para o exercício da atividade notarial e de registro depende dos seguintes requisitos:

I – habilitação em concurso público de provas e títulos;

II – nacionalidade brasileira;

III – capacidade civil;

IV – quitação com as obrigações eleitorais e militares;

V – diploma de bacharel em direito;

VI – verificação de conduta condigna para o exercício da profissão.

Art. 15. Os concursos serão realizados pelo Poder Judiciário, com a participação, em todas as suas fases, da Ordem dos Advogados do Brasil, do Ministério Público, de um notário e de um registrador.

§ 1º O concurso será aberto com a publicação de edital, dele constando os critérios de desempate.

§ 2º Ao concurso público poderão concorrer candidatos não bacharéis em direito que tenham completado, até a data da primeira publicação do edital do concurso de provas e títulos, dez anos de exercício em serviço notarial ou de registro.

§ 3º (Vetado).

Art. 16. As vagas serão preenchidas alternadamente, duas terças partes por concurso público de provas e títulos e uma terça parte por meio de remoção, mediante concurso de títulos, não se permitindo que qualquer serventia notarial ou de registro fique vaga, sem abertura de concurso de provimento inicial ou de remoção, por mais de seis meses.

Parágrafo único. Para estabelecer o critério do preenchimento, tomar-se-á por base a data de vacância da titularidade ou, quando vagas na mesma data, aquela da criação do serviço.

1. COMENTÁRIOS

Os artigos em questão tratam do ingresso na atividade notarial e de registros públicos.

A Lei 8.935/1994 seguiu à risca o disposto no art. 236, § 3º da Constituição Federal, que estabelece que o ingresso na atividade notarial e de registro depende de concurso público de provas e títulos, não permitindo que qualquer serventia fique vaga, sem abertura de concurso de provimento ou de remoção, por mais de seis meses.

Em 2009, foi editada a Resolução CNJ n. 81 para regulamentar os concursos públicos de provas e títulos para a outorga das Delegações de Notas e de Registro, além de fornecer uma minuta de edital. Até então, os concursos de cartório não seguiam um padrão uniforme e eram alvo de inúmeros procedimentos administrativos junto ao Conselho Nacional de Justiça, bem como de diversas medidas judiciais no Supremo Tribunal Federal e no Superior Tribunal de Justiça. Ademais, contribuiu para a edição do referido ato normativo, a existência de grande número de unidades de serviço extrajudiciais, a natureza multitudinária das controvérsias sobre o tema e o interesse público de que o entendimento amplamente predominante seja aplicável de maneira uniforme para todas as questões envolvendo a mesma matéria, dando-se ao tema a natureza de processo objetivo e evitando-se contradições geradoras de insegurança jurídica.

Sobre os requisitos da delegação para atividade notarial e registral, estes encontram no art. 14 da Lei n. 8.935/1994 e no art. 7º da Resolução 81/2009. Aliás, a I Jornada de Direito Notarial e Registral esclarece que:

> **Enunciado 75.** A atividade do notário e do registrador, **bacharel em direito**, tem natureza jurídica para a contagem de tempo de serviço em concursos públicos.
>
> ⊙ Justificativa: A delegação para o exercício da atividade notarial e de registro depende dos seguintes requisitos: I – habilitação em concurso público de provas e títulos; II – nacionalidade brasileira; III – capacidade civil; IV – quitação com as obrigações eleitorais e militares; V – diploma de bacharel em direito; VI – verificação de conduta condigna para o exercício da profissão. Os concursos serão realizados pelo Poder Judiciário, com a participação, em todas as suas fases, da Ordem dos Advogados do Brasil, do Ministério Público, de um notário e de um registrador.

O Conselho Nacional de Justiça, o Supremo Tribunal Federal, assim como os Tribunais de Justiça estaduais, entendem que é necessário concurso de provas e títulos tanto para ingresso quanto para remoção. Esse entendimento já está consolidado, não havendo mais controvérsia sobre o assunto. Ressalte-se que não há obrigatoriedade de que os concursos de remoção e de provimento sejam realizados simultaneamente.

A jurisprudência do Supremo Tribunal Federal é no sentido de que o art. 236, *caput*, e o seu § 3º da CF/88 são normas **autoaplicáveis**, que incidiram imediatamente desde a sua vigência, produzindo efeitos, portanto, mesmo antes do advento da Lei 8.935/1994.

Assim, a partir de 5 de outubro de 1988, o concurso público tornou-se um pressuposto inafastável para a delegação de serventias extrajudiciais, inclusive nos casos de remoção, observando-se, para esta última hipótese, o disposto no art. 16 da referida lei, com a redação dada pela Lei 10.506/2002. As normas estaduais editadas anteriormente, que admitiam a remoção na atividade notarial e de registro independentemente de prévio concurso público, são incompatíveis com o art. 236, § 3º, da Constituição, razão pela qual não foram por esta recepcionadas.

A jurisprudência do STF também é firme ao estabelecer que a atividade notarial e de registro, embora sujeita a um regime jurídico de caráter privado, é essencialmente distinta da função exercida por servidores públicos, com cargos que não se confundem.

Exemplo disso é que o Plenário do STF, em reiterados julgamentos, assentou o entendimento de que o **prazo decadencial de 5 (cinco) anos, de que trata o art. 54 da Lei 9.784/1999, não se aplica à revisão de atos de delegação de serventias extrajudiciais editados após a Constituição de 1988, sem o atendimento das exigências prescritas no seu art. 236.**

Para determinar se uma serventia será destinada a concurso de ingresso por provimento ou por remoção, é necessário elaborar uma lista com base na data de vacância.

Em caso de empate, a data de criação do serviço será utilizada como critério de desempate. Persistindo o empate, será realizado um sorteio.

No que diz respeito às cotas raciais, num primeiro momento, o Conselho Nacional de Justiça, ao analisar o PCA 0005873-83.2015, que condenava a ausência destas em um concurso para serventias extrajudiciais, entendeu não haver possibilidade jurídica de aplicação da Resolução 203/2015 para esse tipo de concurso. A justificativa apontou que o artigo 2º, do dispositivo legal é muito específico, e fala em cargos de provimento efetivo, do quadro de pessoal dos órgãos do Poder Judiciário e de ingresso na magistratura. Assim, para os conselheiros, a não inclusão expressa dos concursos para outorga de delegação de serventias extrajudiciais consubstancia-se em silêncio eloquente, que tem por resultado excluir do alcance da resolução tais concursos.

Por sua vez, o Pleno do Conselho Nacional de Justiça (CNJ) decidiu que os **tribunais estaduais** têm autonomia para decidir aplicar, ou não, o sistema de cotas nos concursos para cartórios.

A decisão foi tomada com base em um questionamento sobre o Edital n. 003/2015 do Concurso Público de Provas e de Títulos para a outorga de delegação de Notas e de Registro do Estado do Tocantins que, por incluir as cotas, estava suspenso por liminar concedida pelo próprio CNJ. De acordo com o relator do processo, conselheiro André Godinho, há uma nova linha de entendimento no Supremo Tribunal Federal (STF) que deve ser seguida pelo CNJ. No entendimento dele: "Conheço do recurso administrativo para, reformando a decisão monocrática final anteriormente proferida, determinar a manutenção da regra disposta no item 4.1 do Edital n. 003/2015 do Concurso Público de Provas e de Títulos para a outorga de delegação de Notas e de Registro do Estado do Tocantins, que estabelece a reserva de 20% (vinte por cento) das vagas aos candidatos que se autodeclararam negros ou pardos no ato da inscrição".

Em 2015, o Tribunal de Justiça do Estado do Tocantins (TJ-TO) lançou edital de concurso para cartório de notas incluindo a reserva de vagas para negros, amparado na Resolução CNJ n. 203/2015. O concurso foi suspenso com diversos questionamentos, entre eles pela aplicação da resolução do CNJ.

Em 2016, Comissão Permanente de Eficiência Operacional e Gestão de Pessoas do CNJ (CEOGP), que se posicionou contraria à possibilidade de se conferir **interpretação extensiva** à Resolução CNJ n. 203/2015 sobre cotas para negros e pardos, por considerar que esta trata objetivamente das carreiras de magistrados e servidores do Poder Judiciário.

No parecer do CEOGP, o Conselheiro Norberto Campelo, então presidente da Comissão, considerou ser imprudente estender, "sem um estudo específico e prévio", os efeitos da Resolução CNJ a outras categorias não enumeradas na norma, restrita a servidores e membros do Poder Judiciário. Em abril, o Pleno do CNJ ratificou a liminar proferida pelo então conselheiro Carlos Eduardo Dias suspendendo o concurso.

A questão das cotas prevista no edital do concurso voltou a julgamento após questionamento de um terceiro interessado. Ao avaliar o caso, o conselheiro André Godinho considerou que se trata de uma escolha política de cada tribunal. Descreveu em seu voto. "a posição anterior do CNJ aparenta dissonância com a atual linha de entendimento da Corte Suprema sedimentada no julgamento da Ação Declaratória de Constitucionalidade (ADC) n. 41, a qual fora julgada procedente em 08/06/2017, declarando a constitucionalidade da Lei n. 12.990/2014".

O conselheiro afirmou ainda que "os precedentes anteriores deste Conselho Nacional definiram que não se pode determinar, com base na Resolução CNJ n. 203/2015, que determinado tribunal inclua cotas raciais em um concurso público para delegação de notas e registros".

Todavia, não há ilegalidade a ser controlada quando o Tribunal, como no presente caso, valendo-se de sua autonomia e com amparo na jurisprudência pátria, inclusive do STF, buscando garantir a efetividade material do princípio da igualdade, coloca regra específica em edital prestigiando a política de cotas", afirmou Godinho. Procedimento de Controle Administrativo – 0000058-71.2016.2.00.0000.

A questão foi pacificada na Resolução n. 382, de 16 de março de 2021, que alterou a Resolução CNJ n. 81/2009. Ficou estabelecido que será reservado aos negros o percentual mínimo de 20% das serventias vagas oferecidas no certame de provimento, em conformidade com a Resolução CNJ n. 203/2015.

No ano de 2022 e 2023 novas alterações e inclusões foram previstas na Resolução CNJ n. 81/2009, respectivamente pelas Resoluções 478/2022 e 509 e 526, de 2023, nestes termos. Veja-se:

> Art. 3º O preenchimento de 2/3 (dois terços) das delegações vagas far-se-á por concurso público, de provas e títulos, destinado à admissão dos candidatos que preencherem os requisitos legais previstos no artigo 14 da Lei Federal nº 8.935/94; e o preenchimento de 1/3 (um terço) das delegações vagas far-se-á por concurso de provas e títulos de remoção, com a participação exclusiva daqueles que já estiverem exercendo a titularidade de outra delegação, de notas ou de registro, em qualquer localidade da unidade da federação que realizará o concurso, por mais de dois anos, na forma do artigo 17 da Lei Federal nº 8.935/94, na data da publicação do primeiro edital de abertura do concurso.

§ 1º Serão **reservadas aos negros o percentual mínimo de 20% (vinte por cento) das serventias vagas** oferecidas no certame de provimento, aplicando-se a Resolução CNJ nº 203, de 23 de junho de 2015. (redação dada pela Resolução n. 382, de 16.03.2021)

§ 1º- A É vedado o estabelecimento de **nota de corte ou qualquer espécie de cláusula de barreira** para os candidatos negros na prova objetiva seletiva. (Redação dada pela Resolução n. 516, de 22.8.2023)

§ 2º A reserva de vagas aos negros será aplicada sempre que o número de serventias oferecido no concurso público for igual ou superior a 3 (três). (redação dada pela Resolução n. 382, de 16.03.2021)

§ 3º Caso a aplicação do percentual estabelecido nos parágrafos anteriores resulte em número fracionado, este será elevado para o primeiro número inteiro subsequente, em caso de fração igual ou maior que 0,5 (cinco décimos), ou diminuído para o número inteiro imediatamente inferior, em caso de fração menor que 0,5 (cinco décimos). (redação dada pela Resolução n. 382, de 16.03.2021)

§ 4º O critério de escolha das serventias reservadas aos candidatos negros e com deficiência será o sorteio, após a divisão das serventias vagas em 3 (três) classes, por faixa de faturamento, na forma do Anexo do Provimento n. 74/2018 da Corregedoria Nacional de Justiça. (incluído pela Resolução n. 478, de 27.10.2022)

§ 4º- A A regra do parágrafo antecedente só será aplicada caso haja a destinação de pelo menos 1 (uma) serventia aos candidatos com deficiência e aos cotistas negros, em cada uma das faixas de faturamento. (incluído pela Resolução n. 509, de 26.6.2023)

§ 5º Os tribunais instituirão, obrigatoriamente, **comissões de heteroidentificação,** formadas necessariamente por especialistas em questões raciais e direito da antidiscriminação, voltadas à confirmação da condição de negros dos candidatos que assim se identificarem no ato da inscrição. (incluído pela Resolução n. 478, de 27.10.2022)

§ 6º As comissões de que trata o parágrafo anterior deverão funcionar preferencialmente no ato da inscrição ou antes da publicação do resultado final do concurso, de acordo com os critérios de conveniência e oportunidade de cada tribunal. (Redação dada pela Resolução n. 516, de 22.8.2023)

Dialoga com o tema em questão, a **Resolução CNJ n. 80**, também do ano de 2009. Este ato normativo declara a vacância dos serviços notariais e de registro ocupados em desacordo com as normas constitucionais pertinentes à matéria, estabelecendo regras para a preservação da ampla defesa dos interessados, para o período de transição e para a organização das vagas do serviço de notas e registro que serão submetidas a concurso público.

Destacam-se algumas justificativas para a edição da Resolução CNJ n. 80/2009:

a) que nos termos do § 3º, do artigo 236 da Constituição Federal, o ingresso na atividade notarial e de registro depende de concurso de provas e títulos, não se permitindo que qualquer serventia fique vaga, sem abertura de concurso de provimento ou de remoção, por mais de seis meses;

b) ainda que para fins de delegação de serviço notarial e de registro inexiste a figura da remoção por permuta, nem a possibilidade de se tornar "estável" o delegado, bem como que não há Lei Complementar Federal delegando a Estados ou ao Distrito Federal poderes para legislar sobre ingresso por provimento (ingresso inicial) ou remoção no serviço de notas ou de registro (artigo 22, XXV, e parágrafo único da Constituição Federal);

c) que durante as inspeções realizadas pela Corregedoria Nacional de Justiça junto aos serviços extrajudiciais (e cujos relatórios já aprovados pelo plenário estão publicados no sítio do CNJ na internet) foram verificadas graves falhas nos serviços notariais e de registro, a exemplo de livros em péssimo estado de conservação e inservíveis, grande número de atos praticados de forma incorreta, inexistência de definição das competências territoriais até mesmo em relação aos cartórios imobiliários, descontrole quanto ao recolhimento das custas, falta de fiscalização sobre o regime de trabalho dos empregados contratados pelos responsáveis, livros notariais com folhas intermediárias em branco, escrituras faltando assinaturas, firmas reconhecidas sem os necessários cuidados com os cartões de assinatura (tanto na colheita do material gráfico, como no armazenamento dos cartões), títulos pendentes de protesto muito tempo após o decurso do tríduo legal para o pagamento, inexistência de normas mínimas de serviço editadas pelos Tribunais de Justiça, desconhecimento de regras legais sobre registros públicos e das regras do Código Civil de 2002 sobre as pessoas jurídicas, cartórios de registro civil que enfrentam falta de crédito até para a aquisição do papel necessário para a emissão de certidões de nascimento e de óbito, tudo a demonstrar a necessidade da urgente regulamentação dos trabalhos, de maneira uniforme;

d) os sucessivos precedentes monocráticos e colegiados do C. Supremo Tribunal Federal, no sentido de que a atual ordem constitucional estabelece que a investidura na titularidade de unidade do serviço, cuja vacância tenha ocorrido após a promulgação da Constituição Federal de 1988, depende da realização de concurso público para fins específicos de delegação, inexistindo direito adquirido ao que dispunha o artigo 208 da Constituição Federal de 1967, na redação da EC 22/1982, quando a vaga ocorreu já na vigência da Constituição Federal de 1988 (RE 182641, 378347 e 566314, MS 27118 e 27104, Agravos de Instrumento 516427 e 743906, ADI 417-4, 363-1 e ADI/MC 4140-1, dentre outros);

e) que a declaração de vacância de unidades dos serviços extrajudiciais de notas e de registro ocupados em desacordo com o artigo 236 da Constituição Federal, não se confunde com a desconstituição de delegações regularmente concedidas, procedimento sempre antecedido do devido contraditório;

f) que é no momento da vacância que devem ser efetivadas as acumulações e desacumulações, bem como anexações e desanexações, previstas nos artigos 26 e 49 da Lei nº 8.935/1994, inclusive para que se evite, sempre que possível, que uma mesma serventia elabore uma escritura e proceda depois ao registro imobiliário do mesmo documento, prestando ao mesmo tempo serviços notariais e de registro;

g) ainda que para fins de outorga da delegação de serviço notarial e de registro cumprirá organizar as vagas existentes segundo o critério estabelecido no artigo 16 da Lei Federal 8.935, de 11 de outubro de 1994, destinando-se dois terços das vagas ao concurso de provimento (ingresso na atividade); e uma terça parte ao concurso de remoção (para aqueles que já detenham a delegação constitucional, por período superior a dois anos, tudo de acordo com o disposto no art. 17 da mesma lei federal citada);

h) a necessidade de ser estabelecida uma disciplina padronizada e segura, em âmbito nacional, capaz de permitir a organização das vagas existentes, de modo permanente, com observância dos critérios legais estabelecidos na lei, inclusive aquele concernente à proporção referida acima para as vagas de provimento e remoção, cuja ordem deverá obedecer a rigorosa ordem de vacância das unidades do serviço de notas e de registro, desempatando-se, quando for o caso, pela data de criação das unidades cujas vacâncias tenham ocorrido na mesma data;

1.1 EXAME NACIONAL DOS CARTÓRIOS (ENAC)

No dia 28 de agosto de 2024, foi editada a Resolução 575 da Corregedoria Nacional de Justiça (CNJ), que altera a Resolução 81/2009 para instituir o Exame Nacional dos Cartórios. Para tanto, considerou-se a conveniência de estabelecer a habilitação nacional como pré-requisito para a inscrição nos concursos para os serviços notariais e de registro, com o objetivo de garantir um processo seletivo idôneo e com um mínimo de uniformidade. Além disso, buscou-se democratizar o acesso à titularidade dos serviços notariais e de registro, tornando-os mais diversos e representativos, e atender à necessidade de garantir a periodicidade máxima semestral para a abertura de concursos para as serventias vagas, conforme o art. 236, § 3º, da Constituição Federal.

O artigo 1º-A estabelece **diretrizes** para a inscrição preliminar nos concursos de provimento e remoção em cartórios, a partir da publicação de editais após a entrada em vigor da norma. A inscrição depende da apresentação de um comprovante de aprovação no Exame Nacional dos Cartórios, que será regulamentado pela Corregedoria Nacional de Justiça, a qual contará com um setor específico para essa finalidade. Para a realização do exame, será formada uma comissão composta por representantes do Poder Judiciário, do Ministério Público, um advogado, um registrador e um tabelião, todos escolhidos pelo Presidente do Conselho Nacional de Justiça, com a consulta ao Corregedor Nacional.

O Exame Nacional consistirá em uma prova objetiva com 100 questões, enfocando o raciocínio e a resolução de problemas em diversas áreas do conhecimento, incluindo registros públicos, direito constitucional, administrativo, tributário, civil, processual civil, penal, processual penal, comercial, conhecimentos gerais e língua portuguesa. O exame tem caráter eliminatório, sendo que candidatos em ampla concorrência devem acertar, no mínimo, 70% das questões para serem considerados aprovados, enquanto candidatos autodeclarados pessoas com deficiência, negras ou indígenas precisam atingir pelo menos 50%.

A validação da opção de concorrência dos candidatos negros ou indígenas deve ser feita pela comissão de heteroidentificação do tribunal de justiça do estado de residência, conforme os prazos e termos do edital, sob pena de serem considerados na ampla concorrência. O exame deverá ocorrer pelo menos duas vezes ao ano, simultaneamente nas capitais dos estados e no Distrito Federal, respeitando regras de publicidade e custeio.

A aprovação no Exame Nacional dos Cartórios terá validade de quatro anos a partir da divulgação do resultado. Os tribunais poderão adotar este exame como substituição à prova objetiva seletiva, desde que essa possibilidade esteja prevista no edital de abertura, sem que a nota do exame seja usada como critério de desempate. Além disso, a substituição poderá ser condicionada à não superação de um número máximo de candidatos com inscrição preliminar aprovada.

1.2 RESOLUÇÕES CNJ NS. 80/2009 E 81/2009 NA ÍNTEGRA

É de grande valia transcrever referidos atos normativos para complementação dos estudos (com grifos nossos):

- **Resolução CNJ nº 80, de 09 de junho de 2009**

O PRESIDENTE DO CONSELHO NACIONAL DE JUSTIÇA, no uso de suas atribuições constitucionais e regimentais, tendo em vista o decidido em Sessão Plenária de 09 de junho de 2009;

RESOLVE:

I – Da vacância das unidades dos serviços notariais e registrais

Art. 1º É declarada a **vacância** dos serviços notariais e de registro cujos atuais responsáveis não tenham sido investidos por meio de concurso público de provas e títulos específico para a outorga de delegações de notas e de registro, na forma da Constituição Federal de 1988;

§ 1º Cumprirá aos respectivos tribunais dos Estados, do Distrito Federal e Territórios elaborar lista das delegações vagas, inclusive aquelas decorrentes de desacumulações, encaminhando-a à Corregedoria Nacional de Justiça, acompanhada dos respectivos títulos de investidura dos atuais responsáveis por essas unidades tidas como vagas, com a respectiva data de criação da unidade, no prazo de quarenta e cinco dias.

§ 2º No mesmo prazo os tribunais elaborarão uma lista das delegações que estejam providas segundo o regime constitucional vigente, encaminhando-a, acompanhada dos títulos de investidura daqueles que estão atualmente respondendo por essas unidades como delegados titulares e as respectivas datas de suas criações.

Art. 2º Recebidas as listas encaminhadas pelos tribunais, na forma do artigo 1º e seus parágrafos, a Corregedoria Nacional de Justiça organizará a Relação Provisória de Vacâncias, das unidades vagas em cada unidade da federação, publicando-as oficialmente a fim de que essas unidades sejam submetidas a concurso público de provas e títulos para outorga de delegações.

Lei 8.935/1994

Parágrafo único. No prazo de 15 (quinze), a contar da sua ciência, poderá o interessado impugnar a inclusão da vaga na Relação Provisória de Vacâncias, cumprindo à Corregedoria Nacional de Justiça decidir as impugnações, publicando as decisões e a Relação Geral de Vacâncias de cada unidade da federação.

Art. 3º Fica preservada a situação dos atuais responsáveis pelas unidades declaradas vagas nesta resolução, que permanecerão respondendo pelas unidades dos serviços vagos, precária e interinamente, e sempre em confiança do Poder Público delegante, até a assunção da respectiva unidade pelo novo delegado, que tenha sido aprovado no concurso público de provas e títulos, promovido na forma da disposição constitucional que rege a matéria.

§ 1º A cessação da interinidade antes da assunção da respectiva unidade pelo atual delegado apenas será possível por decisão administrativa motivada e individualizada, que poderá ser proferida pelo Tribunal de Justiça dos Estados, ou do Distrito Federal e Territórios a que estiver afeta a unidade do serviço, ou, ainda, pela Corregedoria Nacional de Justiça.

§ 2º Não se deferirá a interinidade a quem não seja preposto do serviço notarial ou de registro na data da vacância, preferindo-se os prepostos da mesma unidade ao de outra, vedada a designação de parentes até o terceiro grau, por consanguinidade ou afinidade, de magistrados que estejam incumbidos da fiscalização dos serviços notariais e registrais, de Desembargador integrante do Tribunal de Justiça da unidade da federação que desempenha o respectivo serviço notarial ou de registro, ou em qualquer outra hipótese em que ficar constatado o nepotismo, ou o favorecimento de pessoas estranhas ao serviço notarial ou registral, ou designação ofensiva à moralidade administrativa;

§ 3º As designações feitas com ofensa ao § 1º deste artigo sujeitarão o infrator à responsabilidade civil, criminal e administrativa. Em caso de dúvida, fica facultado ao juízo competente pela designação consultar previamente a Corregedoria Nacional de Justiça.

§ 4º Aos responsáveis pelo serviço, que tenham sido designados interinamente, na forma deste artigo, é defeso contratar novos prepostos, aumentar salários dos prepostos já existentes na unidade, ou contratar novas locações de bens móveis ou imóveis, de equipamentos ou de serviços, que possam onerar a renda da unidade vaga de modo continuado, sem a prévia autorização do respectivo tribunal a que estiver afeta a unidade do serviço. Todos os investimentos que comprometam a renda da unidade vaga no futuro deverão ser objeto de projeto a ser encaminhado para a aprovação do respectivo tribunal de justiça;

Art. 4º **Estão incluídas nas disposições de vacância do caput do artigo 1º desta resolução todas as demais unidades cujos responsáveis estejam respondendo pelo serviço a qualquer outro título, que não o concurso público específico de provas e títulos para a delegação dos serviços notariais e de registro,** a exemplo daqueles que irregularmente foram declarados estáveis depois da Constituição Federal de 1988 e dos que chegaram à qualidade de responsável pela unidade por permuta ou por qualquer outra forma não prevista na Constituição Federal de 5 de outubro de 1988.

Parágrafo único. **Excluem-se** das disposições de vacância do *caput* do artigo 1º desta resolução as unidades dos serviços de notas e registro, cujos notários e oficiais de registro:

a) tenham sido legalmente nomeados, segundo o regime vigente até antes da Constituição de 1988, assim como está prescrito no artigo 47 da Lei Federal 8.935, de 18 de novembro de 1994, cuja norma deferiu a esses titulares, regularmente investidos sob as regras do regime anterior, a delegação constitucional prevista no art. 2º dessa mesma lei;

b) eram substitutos e foram efetivados, como titulares, com base artigo 208 da Constituição Federal de 1967 (na redação da EC 22/1982). Nesses casos, tanto o período de cinco anos de substituição, devidamente comprovado, como a vacância da antiga unidade, deverão ter ocorrido até a promulgação da Constituição Federal de 05 de outubro de 1988;

c) foram aprovados em concurso de títulos para remoção concluídos, com a publicação da relação dos aprovados, desde a vigência da Lei nº 10.506, de 09 de julho de 2002, que deu nova redação ao artigo 16 da Lei nº 8.935/1994, até a publicação desta Resolução em sessão plenária pública, ressalvando-se eventual modulação temporal em sentido diverso quando do julgamento da Ação Declaratória de Constitucionalidade nº 14 pelo C. Supremo Tribunal Federal;

Art. 5º São declaradas vagas também as unidades dos serviços notariais e de registro oficializadas cujos servidores titulares tenham tido sua investidura **extinta por qualquer causa, já na vigência do atual regime constitucional, salvo se já providas essas unidades por concurso público de provas e títulos específico para outorga de delegação de serviços notariais e de registro** na forma da Constituição Federal de 1988 (art. 32 do Ato das Disposições Constitucionais Transitórias da Constituição Federal de 1988 e artigos 39 e 50 da Lei nº 8.935/1994);

§ 1º Até que o serviço extrajudicial delegado entre em funcionamento, subsistirá a cumulação na forma ora existente, a fim de que se garanta a continuidade dos serviços notariais e de registro;

§ 2º Não se inclui nas disposições do *caput* deste artigo, até que ocorra a sua vacância, a unidade do serviço de notas e de registro que já estava oficializada até 05 de outubro de 1988 e cujos servidores titulares permanecem desde a vigência da Constituição Federal de 1967 no exercício de seus cargos.

Art. 6º Caso os serviços extrajudiciais declarados vagos ainda sejam cumulativamente responsáveis pelo processamento de feitos judiciários (art. 31 do ADCT), deve o Tribunal de Justiça, em 30 (trinta) dias, encaminhar as medidas necessárias para que a oficialização do serviço judiciário esteja efetivada a partir de 1º de janeiro de 2010.

§ 1º Até que o serviço judicial oficializado entre em funcionamento, subsistirá a cumulação na forma ora existente, a fim de que se garanta a continuidade dos serviços judiciários;

§ 2º A cumulação poderá cessar antes de o serviço judicial oficializado entrar em funcionamento, por meio de decisão administrativa individualizada proferida pelo Tribunal de Justiça dos Estados, ou do Distrito Federal e Territórios a que estiver afeta a unidade do serviço, ou, ainda, por decisão da Corregedoria Nacional de Justiça;

Art. 7º Os Tribunais de Justiça dos Estados e do Distrito Federal e Territórios formalizarão, no prazo de 30 dias a contar da publicação desta resolução, por decisão fundamentada, proposta de acumulações e desacumulações dos serviços notariais e de registro vagos (artigos 26 e 49 da Lei nº 8.935/1994), a qual deverá ser encaminhada à Corregedoria Nacional de Justiça;

§ 1º Sempre que necessário, e também por meio de decisão fundamentada, serão propostas as providências previstas no art. 26, parágrafo único, da Lei Federal 8.935/94.

§ 2º Serão observados os seguintes critérios objetivos para as **acumulações e desacumulações** que devam ser feitas nas unidades vagas do serviço de notas e de registro, assim como acima declaradas:

a) nas **Comarcas de pequeno movimento**, quando não estiver assegurada a autonomia financeira, poderão ser acumuladas, excepcionalmente, em decisão fundamentada, todas as especialidades do serviço de notas e de registro, em uma única unidade;

b) nas **demais Comarcas**, observado o movimento dos serviços de notas e de registro, sempre que possível serão criadas unidades especializadas, evitando-se a acumulação de mais de uma das competências deferidas a notários e registradores na Lei Federal 8.935/94;

c) nas **Comarcas que não comportem uma unidade para cada uma das especialidades**, os serviços serão organizados de modo que os tabelionatos (tabeliães de notas e tabeliães de protestos) sejam acumulados em uma ou mais unidades; enquanto os serviços de registro (imóveis, títulos e documentos, civil de pessoa natural e civil das pessoas jurídicas, e os outros previstos na lei) componham uma ou mais unidades diversas daquelas notariais;

d) **não serão acumulados**, salvo na exceção da alínea "a" deste § 2º, serviços de notas e de registro na mesma unidade do serviço notarial ou registral;

e) nos casos em que **houver excesso de unidades da mesma especialidade vagas**, comprometendo a autonomia financeira do serviço de notas e de registro, o acervo da mais nova poderá ser recolhido ao acervo da mais antiga da mesma especialidade, evitando-se o excesso de unidades de notas, ou de registro, funcionando na mesma comarca desnecessariamente;

f) a fim de garantir o fácil acesso da população ao serviço de registro civil das pessoas naturais, as unidades vagas existentes nos municípios devem ser mantidas e levadas a concurso público de provas e títulos. **No caso de não existir candidato, e for inconveniente para o interesse público a sua extinção, será designado para responder pela unidade do serviço vaga o titular da unidade de registro mais próxima**, podendo ser determinado o recolhimento do acervo para a sua sede e atendendo-se a comunidade interessada mediante serviço itinerante periódico, até que se viabilize o provimento da unidade vaga;

Art. 8º Não estão sujeitas aos efeitos desta resolução:

a) as unidades do serviço de notas e de registro cuja declaração de vacância, desconstituição de delegação, inserção ou manutenção em concurso público esteja sub judice junto ao C. Supremo Tribunal Federal na data da publicação desta Resolução em sessão plenária pública, enquanto persistir essa situação;

b) as unidades do serviço de notas e de registro cuja declaração de vacância, desconstituição de delegação, inserção ou manutenção em concurso público seja objeto, na data da publicação desta Resolução em sessão plenária pública, de decisão definitiva em sentido diverso na esfera judicial, de decisão definitiva em sentido diverso junto ao CNJ ou de procedimento administrativo em curso perante este Conselho, desde que já notificado o responsável atual da respectiva unidade.

II – Da organização das vagas do serviço de notas e registro, para fim de concurso público.

Art. 9º A Relação Geral de Vacância publicada pela Corregedoria Nacional de Justiça será organizada segundo a rigorosa ordem de vacância.

§ 1º As vagas serão numeradas na **forma ordinal, em ordem crescente, considerando-se as duas primeiras como vagas destinadas ao concurso de provimento, e a terceira vaga ao concurso de remoção**, e assim sucessivamente, **sempre duas vagas de provimento e uma de remoção**, até o infinito;

§ 2º A cada nova vacância que ocorrer o fato será reconhecido pelo juízo competente, que fará publicar o ato declaratório da vacância, **no prazo de 30 (trinta) dias**, mencionando ainda, na própria portaria, o número em que ela ingressará na relação geral de vagas e o critério que deverá ser observado para aquela vaga, quando levada a concurso;

Art. 10. A relação tratada no art. 1º, § 1º, desta resolução deverá conter, além da indicação da vaga, do número de ordem e do critério em que a vaga ingressou na lista de vacâncias, também a data da criação da serventia, o que servirá para determinar o desempate e a ordem em que a vaga ingressará na relação geral de vacâncias fixando-se assim o critério que deverá ser adotado ao tempo do concurso de provimento ou remoção.

Parágrafo único. Persistindo o empate, nos casos em que ambas as vacâncias tenham ocorrido na mesma data, e também forem da mesma data a criação ou a desacumulação dessas serventias, o desempate se dará por meio de sorteio público, com prévia publicação de editais para conhecimento geral dos interessados, a fim de que possam acompanhar o ato;

Art. 11. A Relação Geral de Vacâncias prevista nesta resolução é permanente e será atualizada, observados os critérios acima, a cada nova vacância.

§ 1º Sobrevindo as novas vacâncias de unidades do serviço extrajudicial de notas e de registro, o juízo competente a reconhecerá e fará publicar portaria declarando-a, indicando o número que a vaga tomará na Relação Geral de Vacâncias e o critério que deverá ser observado, de provimento ou de remoção, por ocasião de futuro concurso;

§ 2º Publicado o ato declaratório da vacância pelo juízo competente, poderão os interessados apresentar impugnação no prazo de 15 (quinze) dias, cumprindo que ela seja decidida no mesmo prazo, antes de ser incluída na Relação Geral de Vacâncias;

§ 3º Duas vezes por ano, sempre nos meses de janeiro e julho, os Tribunais dos Estados, e o do Distrito Federal e Territórios, publicarão a Relação Geral de Vacâncias das unidades do serviço de notas e de registro atualizada.

Art. 12. Esta resolução entrará em vigor na data de sua aprovação e publicação em sessão pública de julgamento pelo plenário do Conselho Nacional de Justiça, e não se aplica aos concursos em andamento.

• Resolução CNJ nº 81, de 9 de junho de 2009

O PRESIDENTE DO CONSELHO NACIONAL DE JUSTIÇA, no uso de suas atribuições legais,

CONSIDERANDO a existência de grande número de unidades de serviço extrajudiciais, a natureza multitudinária

Lei 8.935/1994

das controvérsias sobre o tema e o interesse público de que o entendimento amplamente predominante seja aplicável de maneira uniforme para todas as questões envolvendo a mesma matéria, dando-se ao tema a natureza de processo objetivo e evitando-se contradições geradoras de insegurança jurídica;

RESOLVE:

Art. 1º O ingresso, por provimento ou remoção, na titularidade dos serviços notariais e de registros declarados vagos, se dará por meio de concurso de provas e títulos realizado pelo **Poder Judiciário**, nos termos do § 3º do artigo 236 da Constituição Federal.

§ 1º A Comissão Examinadora será composta por um **Desembargador**, que será seu Presidente, por **três Juízes de Direito, um Membro do Ministério Público, um Advogado, um Registrador** e **um Tabelião** cujos nomes constarão do edital.

§ 2º O Desembargador, os Juízes e os respectivos Delegados do Serviço de Notas e de Registro serão designados pelo Presidente do Tribunal de Justiça, depois de aprovados os nomes pelo Pleno ou pelo órgão Especial do Tribunal de Justiça.

§ 3º O Membro do Ministério Público e o Advogado serão indicados, respectivamente, pelo Procurador Geral de Justiça e pelo Presidente da Ordem dos Advogados do Brasil, Secção local.

§ 4º É **vedada** mais de uma recondução consecutiva de membros da Comissão.

§ 5º-A Aplicam-se aos membros das comissões os seguintes motivos de suspeição e de impedimento: *(incluído pela Resolução n. 478, de 27.10.2022)*

I – os previstos nos artigos 134 e 135 do Código de Processo Civil quanto aos candidatos inscritos no concurso; *(incluído pela Resolução n. 478, de 27.10.2022)*

II – o exercício de magistério em cursos formais ou informais de preparação para concurso para a outorga das Delegações de Notas e de Registro, até 3 (três) anos após cessar a referida atividade; *(incluído pela Resolução n. 478, de 27.10.2022)*

III – a existência de servidores funcionalmente vinculados ao examinador ou de cônjuge, companheiro ou parente em linha reta, colateral ou por afinidade, até o terceiro grau, inclusive, cuja inscrição haja sido deferida; *(incluído pela Resolução n. 478, de 27.10.2022)*

IV – a participação societária, como administrador, ou não, em cursos formais ou informais de preparação para concurso público para a outorga das Delegações de Notas e de Registro, até 3 (três) anos após cessar a referida atividade, ou contar com parentes nessas condições, até terceiro grau, em linha reta ou colateral. *(incluído pela Resolução n. 478, de 27.10.2022)*

§ 5º-B Os motivos de suspeição e de impedimento deverão ser comunicados ao Presidente da Comissão de Concurso, por escrito, até 5 (cinco) dias úteis após a publicação da relação dos candidatos inscritos no Diário Oficial. *(incluído pela Resolução n. 478, de 27.10.2022)*

§ 6º Competem à Comissão Examinadora do Concurso a confecção, aplicação e correção das provas, a apreciação dos recursos, a classificação dos candidatos e demais tarefas para execução do concurso, facultada a delegação de tais atribuições, ou parte delas, assim como o auxílio operacional, à instituição especializada contratada ou conveniada. *(redação dada pela Resolução n. 478, de 27.10.2022)*§ 7º Constará do edital o nome dos integrantes da instituição especializada a quem forem delegadas as atribuições do parágrafo anterior, aplicadas as regras de suspeição e impedimento previstas no § 5º-A. *(redação dada pela Resolução n. 478, de 27.10.2022)*

§ 8º Deverá ser dada ciência à Corregedoria Nacional de Justiça acerca da delegação das atribuições do concurso à instituição especializada. *(incluído pela Resolução n. 478, de 27.10.2022)*

Art. 1º-A. A inscrição preliminar nos concursos de provimento e remoção, com edital de abertura publicado a partir da entrada em vigor desta norma, dependerá da apresentação de comprovante de aprovação no Exame Nacional dos Cartórios.

§ 1º O Exame Nacional dos Cartórios será regulamentado e organizado pela Corregedoria Nacional de Justiça, que terá, na sua estrutura, um setor competente para tanto.

§ 2º Para a realização do Exame Nacional dos Cartórios, será constituída comissão de concurso, composta por quatro integrantes do Poder Judiciário, um membro do Ministério Público, um advogado, um registrador e um tabelião, todos convidados pelo Presidente do Conselho Nacional de Justiça, ouvido o Corregedor Nacional de Justiça, possibilitada a aplicação do disposto no § 6º do art. 1º desta Resolução.

§ 3º O Exame Nacional dos Cartórios consistirá em prova objetiva com 100 (cem) questões, elaboradas de forma a privilegiar o raciocínio e a resolução de problemas, versando sobre os seguintes ramos do conhecimento:

I – registros públicos;

II – direito constitucional;

III – direito administrativo;

IV – direito tributário;

V – direito civil;

VI – direito processual civil;

VII – direito penal;

VIII – direito processual penal;

IX – direito comercial;

X – conhecimentos gerais; e

XI – língua portuguesa.

§ 4º O Exame Nacional dos Cartórios tem caráter apenas eliminatório, não classificatório, sendo considerados aprovados todos os candidatos em ampla concorrência que obtiverem ao menos 70% de acertos na prova objetiva, ou, no caso de candidatos autodeclarados pessoas com deficiência, negras ou indígenas, ao menos 50% de acertos.

§ 5º Os candidatos inscritos como negros ou indígenas devem ter sua opção de concorrência validada pela comissão de heteroidentificação do tribunal de justiça do estado de seu domicílio, instituída na forma da Resolução CNJ nº 203/2015, antes da realização da prova, nos termos e prazos previstos no edital do Exame Nacional dos Cartórios, sob pena de participarem em regime de ampla concorrência.

§ 6º O Exame Nacional dos Cartórios deve ser realizado ao menos duas vezes por ano, de forma simultânea nas capitais de todos os estados da Federação e no Distrito Federal, observadas as regras de publicidade e custeio previstas nesta Resolução.

§ 7º A aprovação no Exame Nacional dos Cartórios tem validade de quatro anos, a partir da divulgação do respectivo resultado definitivo.

§ 8º Os tribunais poderão adotar o Exame Nacional dos Cartórios em substituição à prova objetiva seletiva, desde que prevejam tal possibilidade no edital de abertura, hipótese em que a respectiva nota não poderá ser utilizada como critério de desempate (art. 10, § 3º, I).

§ 9º Na hipótese do § 8º, o tribunal pode condicionar a substituição da prova objetiva seletiva ao não atingimento de um número máximo de candidatos com inscrição preliminar deferida.

Art. 2º Os concursos serão realizados semestralmente ou, por conveniência da Administração, em prazo inferior, caso estiverem vagas ao menos três delegações de qualquer natureza.

§ 1º Os concursos serão **concluídos impreterivelmente no prazo de doze meses**, com a outorga das delegações. O prazo será contado da primeira publicação do respectivo edital de abertura do concurso, sob pena de apuração de responsabilidade funcional.

§ 2º **Duas vezes por ano**, sempre nos meses de janeiro e julho, os Tribunais dos Estados, e o do Distrito Federal e Territórios, publicarão a relação geral dos serviços vagos, especificada a data da morte, da aposentadoria, da invalidez, da apresentação da renúncia, inclusive para fins de remoção, ou da decisão final que impôs a perda da delegação (artigo 39, V e VI da Lei nº 8.935/1994).

§ 3º A critério dos tribunais, poderão ser realizadas até 3 (três) audiências de escolha. Só poderão participar da 2ª e 3ª audiências os candidatos que compareceram pessoalmente à 1ª audiência ou enviaram mandatário habilitado, e não tiveram oportunidade de escolher as serventias que permaneceram vagas. *(incluído pela Resolução n. 478, de 27.10.2022)*

§ 4º Nas audiências de re-escolha poderão ser ofertadas todas as serventias cujo exercício não tenha se aperfeiçoado, além das serventias renunciadas, restando excluídas somente as que vagaram após a publicação do edital. *(incluído pela Resolução n. 478, de 27.10.2022)*

Art. 2º-A A Escola Nacional de Formação e Aperfeiçoamento de Magistrados (Enfam) e o Centro de Formação e Aperfeiçoamento de Servidores do Poder Judiciário (CEAJud) anualmente elaborarão tabela com os valores mínimos e máximos de remuneração dos membros da Comissão Examinadora do Concurso, quando integrantes do Poder Judiciário, observados os princípios da proporcionalidade e da razoabilidade. *(incluído pela Resolução n. 478, de 27.10.2022)*

Parágrafo único. Na falta de divulgação da tabela pela Escola Nacional, prevalecerá aquela divulgada pelo CEAJud, quanto aos integrantes do Poder Judiciário, sendo a remuneração dos demais fixada em cada caso, segundo os princípios que regem a administração pública. *(incluído pela Resolução n. 478, de 27.10.2022)*

Art. 3º O preenchimento de **2/3 (dois terços)** das delegações vagas far-se-á por concurso público, de provas e títulos, destinado à admissão dos candidatos que preencherem os requisitos legais previstos no artigo 14 da Lei Federal nº 8.935/94; e o preenchimento de **1/3 (um terço)** das delegações vagas far-se-á por concurso de provas e títulos de remoção, com a participação exclusiva daqueles que já estiverem exercendo a titularidade de outra delegação, de notas ou de registro, em qualquer localidade da unidade da federação que realizará o concurso, por mais de dois anos, na forma do artigo 17 da Lei Federal nº 8.935/94, na data da publicação do primeiro edital de abertura do concurso.

§ 1º Serão reservadas aos negros o percentual mínimo de 20% (vinte por cento) das serventias vagas oferecidas no certame de provimento, aplicando-se a Resolução CNJ nº 203, de 23 de junho de 2015. *(redação dada pela Resolução n. 382, de 16.03.2021)*

§ 1º- A É vedado o estabelecimento de nota de corte ou qualquer espécie de cláusula de barreira para os candidatos negros na prova objetiva seletiva. (Redação dada pela Resolução n. 516, de 22.8.2023)

§ 1º-A É vedado o estabelecimento de nota de corte ou qualquer espécie de cláusula de barreira para os candidatos negros na prova objetiva seletiva, bastando o alcance da nota 6,0 (seis) para que o candidato seja admitido às fases subsequentes. *(incluído pela Resolução n. 478, de 27.10.2022)*

§ 2º A reserva de vagas aos negros será aplicada sempre que o número de serventias oferecido no concurso público for igual ou superior a 3 (três). *(redação dada pela Resolução n. 382, de 16.03.2021)*

§ 3º Caso a aplicação do percentual estabelecido nos parágrafos anteriores resulte em número fracionado, este será elevado para o primeiro número inteiro subsequente, em caso de fração igual ou maior que 0,5 (cinco décimos), ou diminuído para o número inteiro imediatamente inferior, em caso de fração menor que 0,5 (cinco décimos). (redação dada pela Resolução n. 382, de 16.03.2021)

§ 4º O critério de escolha das serventias reservadas aos candidatos negros e com deficiência será o sorteio, após a divisão das serventias vagas em 3 (três) classes, por faixa de faturamento, na forma do Anexo do Provimento n. 74/2018 da Corregedoria Nacional de Justiça. *(incluído pela Resolução n. 478, de 27.10.2022)*

§ 4º- A A regra do parágrafo antecedente só será aplicada caso haja a destinação de pelo menos 1 (uma) serventia aos candidatos com deficiência e aos cotistas negros, em cada uma das faixas de faturamento. (incluído pela Resolução n. 509, de 26.6.2023)

§ 5º Os tribunais instituirão, obrigatoriamente, comissões de heteroidentificação, formadas necessariamente por especialistas em questões raciais e direito da antidiscriminação, voltadas à confirmação da condição de negros dos candidatos que assim se identificarem no ato da inscrição. *(incluído pela Resolução n. 478, de 27.10.2022)*

§ 6º As comissões de que trata o parágrafo anterior deverão funcionar preferencialmente no ato da inscrição ou após a publicação do resultado final do concurso, de acordo com os critérios de conveniência e oportunidade de cada tribunal. *(incluído pela Resolução n. 478, de 27.10.2022)*

Art. 4º O edital do concurso será publicado por três vezes no Diário Oficial e disporá sobre a forma de realização das provas, que incluirão exame seletivo objetivo, exame escrito e prático, exame oral e análise dos títulos.

Parágrafo Único – O edital somente poderá ser impugnado no prazo de 15 dias da sua primeira publicação.

Art. 5º O edital indicará as matérias das provas a serem realizadas.

Art. 6º O Tribunal de Justiça disponibilizará para todos os candidatos os dados disponíveis sobre a receita, despesas, encargos e dívidas das serventias colocadas em concurso;

Art. 7º São **requisitos** para inscrição no concurso público, de provimento inicial ou de remoção, de provas e títulos, que preencha o candidato os seguintes requisitos:

I – nacionalidade brasileira;

II – capacidade civil;

III – quitação com as obrigações eleitorais e militares;

IV – ser bacharel em direito, com diploma registrado, ou ter exercido, por dez anos, completados antes da publicação do primeiro edital, função em serviços notariais ou de registros;

V – comprovar conduta condigna para o exercício da atividade delegada.

VI – apresentar comprovante de aprovação no Exame Nacional dos Cartórios, válido no dia do pedido de inscrição, para os concursos com edital de abertura publicado a partir da entrada em vigor desta norma.

§ 1º Constará do edital a relação dos documentos destinados à comprovação do preenchimento dos requisitos acima enumerados.

§ 2º Deverão obrigatoriamente ser apresentadas certidões dos distribuidores Cíveis e Criminais, da Justiça Estadual e Federal, bem como de protesto, emitidas nos locais em que o candidato manteve domicílio nos últimos 10 (dez) anos.

§ 3º A abertura do prazo – de no mínimo 30 dias – para o pedido de isenção total ou parcial da taxa de inscrição, assim como a decisão sobre o seu (in)deferimento, deve ocorrer antes da abertura do prazo da inscrição geral. *(incluído pela Resolução n. 478, de 27.10.2022)*

Art. 8º Os valores conferidos aos títulos serão especificados no edital, observado de modo obrigatório o teor da Minuta do Edital que integra esta Resolução. *(Alteração dada pela Resolução nº 187, de 24 de fevereiro de 2014)*

Art. 9º Os **títulos** deverão ser apresentados na oportunidade indicada no edital.

Art. 10. A **classificação** dos candidatos observará os seguintes critérios:

I – as provas terão peso 9 (nove) e os títulos peso 1 (um); (redação dada pela Resolução n. 478, de 27.10.2022)

II – os títulos terão valor máximo de 10 (dez) pontos;

§ 1º Será considerado habilitado o candidato que obtiver, no mínimo, nota final cinco;

§ 2º A nota final será obtida pela soma das notas e pontos, multiplicados por seus respectivos pesos e divididos por dez;

§ 3º Havendo empate na classificação, decidir-se-á pelos seguintes critérios:

I – a maior nota no conjunto das provas ou, sucessivamente, na prova escrita e prática, na prova objetiva e na prova oral;

II – exercício na função de jurado, e (Incluído pela Resolução nº 122, de 26.10.10)

III – mais idade. (Inciso renumerado conforme Resolução nº 122, de 26.10.10)

Art. 10-A. Somente serão considerados habilitados e convocados para a Prova Escrita e Prática os candidatos que alcançarem maior pontuação, incluídos os empatados na última colocação, dentro da proporção de até 12 (doze) candidatos por vaga, em cada opção de inscrição. *(incluído pela Resolução n. 478, de 27.10.2022)*

§ 1º Com antecedência mínima de quinze dias, as Comissões de Concurso devem comunicar ao Conselho Nacional de Justiça as datas programadas para cada etapa do concurso, vedada a indicação de data coincidente com etapa de outro concurso para serviços notariais ou de registro previamente comunicada ao CNJ. *(incluído pela Resolução n. 575, de 28.8.2024)*

§ 2º Todas as etapas devem ser organizadas de modo a exigir o comparecimento de cada candidato em, no máximo, um dia por etapa, salvo a segunda etapa, a ser realizada em até dois dias. *(incluído pela Resolução n. 575, de 28.8.2024)*

Art. 11. Publicado o resultado do concurso, os candidatos escolherão, pela ordem de classificação, as delegações vagas que constavam do respectivo edital, vedada a inclusão de novas vagas após a publicação do edital.

Art. 12. Das decisões que indeferirem inscrição ou classificarem candidatos caberá recurso ao pleno, órgão especial ou órgão por ele designado, no prazo de 05 (cinco) dias, contados da publicação do respectivo ato no Diário Oficial. Nos recursos referentes à classificação dos candidatos, será assegurado o sigilo da identificação destes.

Art. 13. Encerrado o concurso, o **Presidente do Tribunal de Justiça** expedirá ato outorgando a delegação.

Art. 14. A **investidura** na delegação, perante **a Corregedoria-Geral da Justiça,** dar-se-á em **30 (trinta) dias,** prorrogáveis por igual período, uma única vez.

Parágrafo único. Não ocorrendo a investidura no prazo marcado, será tornada sem efeito a outorga da delegação, por ato do Presidente do Tribunal de Justiça.

Art. 15. O **exercício** da atividade notarial ou de registro terá início dentro de **30 (trinta) dias**, contados da investidura.

§ 1º É competente para dar exercício ao delegado o Corregedor Geral de Justiça do Estado ou do Distrito Federal, ou magistrado por ele designado.

§ 2º Se o exercício não ocorrer no prazo legal, o ato de delegação do serviço será declarado sem efeito pelo Presidente do Tribunal de Justiça.

Art. 15-A. O saldo resultante do repasse decorrente da aplicação do teto remuneratório aos substitutos ou interinos designados para o exercício de função delegada, em conformidade com o entendimento firmado pelo STF no tema 779 da repercussão geral, não poderá ser usado pelos tribunais enquanto não cumprido o disposto no art. 2º e parágrafos desta Resolução. *(incluído pela Resolução n. 575, de 28.8.2024)*

Parágrafo único. Na hipótese do caput, sem prejuízo da responsabilização funcional cabível, o referido saldo deve permanecer em conta separada e sem movimentação, com prestação de contas à Corregedoria Nacional de Justiça. *(incluído pela Resolução n. 575, de 28.8.2024)*

Art. 16. Os concursos em andamento, na data da publicação da presente resolução, serão concluídos, com outorga das delegações, no prazo máximo de seis meses da data desta resolução, sob pena de apuração de responsabilidade funcional.

Art. 17. Esta resolução entrará em vigor na data de sua publicação em sessão pública de julgamento pelo plenário do Conselho Nacional de Justiça, e, ressalvado o disposto no artigo anterior, não se aplica aos concursos cujos editais de abertura já estavam publicados por ocasião de sua aprovação.

Ministro GILMAR MENDES

Não publicados o anexo.

Por fim, é pertinente apresentar dois enunciados administrativos do Conselho Nacional de Justiça no que tange ao tema:

1) Enunciado Administrativo do Conselho Nacional de Justiça (CNJ) nº 21, de 09.06.2020 – D.J.E.: 16.06.2020.

Determina regras para pontuação dos candidatos participantes dos Concursos de Provas e Títulos para a Outorga de Delegações de Notas e de Registro:

Em todos os concursos de provas e títulos para a outorga de delegação de notas e registro, em andamento ou futuros, serão computados:

a) os pontos previstos no item 7.1., I, da Minuta de Edital do Anexo à Resolução CNJ nº 81/2009, aos candidatos que, concomitantemente, na data da primeira publicação do edital do concurso, preencherem os requisitos de serem bacharéis em direito e houverem exercido, por três anos, titularidade de delegação de notas ou registro anterior;

b) os pontos previstos no item 7.1., II, da Minuta de Edital do Anexo à Resolução CNJ nº 81/2009, aos candidatos que, na data da primeira publicação do respectivo edital do concurso, não sendo bacharéis em direito, tiverem exercido, por dez anos, titularidade de delegação de notas ou registro anterior, ou atividade notarial ou de registro como substituto de titular de delegação, interino designado pela autoridade competente, ou escrevente autorizado pelo titular a praticar atos da fé pública.

(Precedente Procedimento de Controle Administrativo nº 0000360-61.2020.2.00.0000 – 65ª Sessão Virtual – julgado em 14 de maio de 2020).

Ministro DIAS TOFFOLI
Presidente
D.J.E-CNJ de 16.06.2020.

2) Enunciado Administrativo do Conselho Nacional de Justiça (CNJ) nº 22, de 09.06.2020 – D.J.E.: 16.06.2020.

Ementa: Determina a não aplicação do Enunciado Administrativo nº 21/2020 aos Concursos de Provas e Títulos para a Outorga de Delegação de Notas e de Registro já encerrados, com situação de fato consolidada.

Nos concursos de provas e títulos para a outorga de delegação de notas e registro, já encerrados, com situação de fato já consolidada pela efetiva outorga das respectivas delegações, o resultado será mantido, independentemente de sua conformidade ou não à interpretação ora adotada.

(Precedente Procedimento de Controle Administrativo nº 0000360-61.2020.2.00.0000 – 65ª Sessão Virtual – julgado em 14 de maio de 2020).

Ministro DIAS TOFFOLI
Presidente
D.J.E-CNJ de 16.06.2020.

2. JURISPRUDÊNCIA COMPLEMENTAR

CONSELHO NACIONAL DE JUSTIÇA

EMENTA: Administrativo E Processual Civil – Agravo Interno No Recurso Em Mandado De Segurança – Prova Oral De Concurso Público Para Outorga De Delegações De Serventias Extrajudiciais Do Distrito Federal – Questionamento Aos Critérios De Correção Adotados Pela Banca Examinadora – Inviabilidade Do Pedido – Tema 485/ STF – Inobservância Do Dever De Motivação Ou Motivação Ilegal – Afastamento.

1. O recurso foi interposto contra decisão publicada na vigência do Código de Processo Civil de 2015, devendo ser exigidos os requisitos de admissibilidade na forma nele previsto, conforme Enunciado Administrativo n. 3/2016/STJ.

2. Cuida-se na origem de mandado de segurança impetrado contra ato do Presidente do Tribunal de Justiça do Distrito Federal e Territórios, consistente na homologação da nota atribuída à Impetrante na prova oral de concurso público para outorga de delegações de serventias extrajudiciais de notas do Distrito Federal.

3. O Conselho Especial do Tribunal de Justiça do Distrito Federal e Territórios, à unanimidade, denegou a segurança sob os seguintes fundamentos: i) os critérios adotados pela Banca Examinadora de um concurso não podem ser revistos pelo Poder Judiciário, não se havendo falar em interpretação de doutrina para se avaliar o acerto das questões formuladas pela banca examinadora; ii) não há falar em erro grosseiro por parte da Banca Examinadora, senão divergência de interpretação quanto ao objeto do questionamento. Rejeitou, ainda, como fundamento da impetração, a ausência ou motivação ilegal do gabarito e da decisão que indeferiu o recurso administrativo.

4. O Plenário do Supremo Tribunal Federal, no julgamento do RE n. 632.853/CE, fixou a seguinte tese: "os critérios adotados por banca examinadora de um concurso não podem ser revistos pelo Poder Judiciário" (Tema 485), salvo quando houver cobrança de um tema que não esteja previsto no edital do concurso público, o que não é o caso e nem foi alegado pela impetrante. No âmbito dessa Corte superior, seguem diversas ementas ilustrativas da adesão à tese fixada pelo STF (Tema 485), ou seja, acerca da impossibilidade de o Poder Judiciário rever critério de avaliação de banca examinadora em concurso público.

5. No caso dos autos, a agravante em suas razões defende, em síntese, que "a resposta dada pela Agravante foi rigorosamente estrita à Lei, conforme gravado no vídeo juntado ao mandado de segurança", e que o gabarito "está errado, não condiz com a questão formulada e reiterada pela Banca Examinadora".

6. Nesse contexto, apesar de ela (agravante) insistir em afirmar que o recurso versa sobre o controle de legalidade das notas atribuídas à prova oral, pretende, na realidade, que o Poder Judiciário substitua a Banca Examinadora para reexaminar os critérios de correção utilizados, o que não se mostra possível. Dizer se a resposta padrão considerada pela referida Banca é ou não satisfatória, ou restringir a abrangência da questão submetida ao exame, ao asseverar que a pergunta somente poderia se referir às promessas de compra e venda, implicaria em indevida interferência no poder discricionário da Administração Pública.

7. Acerca da alegada inobservância do "dever de motivação" ou "motivação ilegal", tem-se, igualmente, que o recurso não merece êxito. Diz dessa forma porque a Banca Examinadora, ao indeferir o recurso administrativo da impetrante, concluiu que "Na articulação da resposta, a candidata não contemplou todos os pontos jurídicos do espelho, tampouco apresentou correta fundamentação jurídica.". Embora suscite a resposta que indeferiu o referido recurso, não há falar em ausência de motivação ou motivação ilegal, visto que nela consigna, expressamente, a insuficiência e incorreção da argumentação jurídica desenvolvida pela candidata.

8. Aplica-se, assim, ao caso o entendimento, já adotado em situação análoga, no sentido de que "não ofende a publicidade nem o dever de motivação a atuação da banca examinadora que expõe para o candidato o modelo de resposta-padrão adotado como gabarito de prova dissertativa discursiva previamente ao prazo para a impugnação por recurso administrativo, e que julga o respectivo recurso com fundamentação suficiente, embora sucinta" (RMS 61.995/RS, Rel. Ministro Mauro Campbell Marques, Segunda Turma, DJe: 01/06/2020. No mesmo sentido: AgInt no EDcl no RMS n. 68.933/PR, relatora Ministra Assusete Magalhães, Segunda Turma, julgado em 22/5/2023, DJe de 26/5/2023.

9. Agravo interno não provido.

EMENTA: Recurso administrativo – Procedimento de Controle Administrativo – TJSC – Concurso público – Atividade notarial e de registro – Edital nº 5/2020 – Dupla titulação – Contagem – Pontuação **– Resolução do CNJ Nº 81/09 – Valoração como título único – Precedentes do STF e do CNJ** – Recurso conhecido e desprovido

Lei 8.935/1994

1. Recurso administrativo interposto em face da decisão monocrática que conheceu o Procedimento de Controle Administrativo sob os argumentos de que qualquer entendimento que admita a valoração simultânea de dois ou mais diplomas relativos ao mesmo curso fere o princípio constitucional da isonomia, uma vez que, que a dupla ou múltipla titulação representa a conclusão de apenas um programa de estudos

2. O recorrente não trouxe aos autos nenhum elemento capaz de justificar a modificação do entendimento anteriormente firmado

3. Recurso administrativo conhecido e desprovido (CNJ – Procedimento de Controle Administrativo nº 0000920-32.2022.2.00.0000 – Santa Catarina – Rel. Cons. Luiz Fernando Bandeira de Mello – DJ 30.10.2023)

EMENTA: Recurso Administrativo Em Pedido De Controle Administrativo – Tribunal De Justiça Do Estado De São Paulo – 12º Concurso Público De Provas E Títulos Para Outorga De Delegações De Notas E De Registro Do Estado De São Paulo – Atribuição De Pontuação Como Título – Recurso Conhecido E Não Provido.

1. Não cabe ao Conselho Nacional de Justiça, como órgão de cúpula responsável pelo controle da atividade administrativa e financeira do Poder Judiciário, atuar como sucedâneo ou instancia recursal de toda e qualquer decisão das bancas examinadoras de concursos públicos organizados pelos tribunais. Precedentes do CNJ.

2. Não compete ao CNJ atribuir pontuação pelo exercício de magistério superior a candidato ou verificar os critérios para que os títulos apresentados sejam considerados válidos, tendo em vista o cunho eminentemente individual da pretensão.

3. Não se insere entre as atribuições do CNJ, salvo erro grosseiro ou de ilegalidade, substituir a banca examinadora a fim de atribuir pontuação individualizada a candidato, principalmente quando, após o exame da situação particular, o Tribunal Requerido não constatou o preenchimento dos requisitos exigidos no edital de abertura que rege o certame.

4.Recurso conhecido e não provido. (CNJ – Consulta nº 0004853-76.2023.2.00.0000 – São Paulo – Rel. Min. Luiz Philippe Vieira de Mello Filho – DJ 06.09.2023)

EMENTA: Recurso Administrativo – Procedimento de Controle Administrativo – Tribunal de Justiça do Estado do Rio Grande do Sul – Concurso de cartórios – Fase de títulos – Atribuição de pontuação a candidatos que atuaram na Justiça Eleitoral na condição de Promotor Eleitoral – Deliberação da comissão de concurso no sentido de indeferir a pontuação correspondente – Ausência de ilegalidades – Aplicação lógica de premissas fixadas em precedente deste Conselho às situações dos Promotores Eleitorais – Recurso conhecido e desprovido.

1. Recurso administrativo interposto contra decisão terminativa que não conheceu de pedidos relacionados a atos praticados no Concurso Público de Provas e Títulos para a Outorga de Delegação de Serviços Notariais e Registrais do Estado do Rio Grande do Sul (Edital nº 002/2019).

2. A controvérsia suscitada diz respeito, essencialmente, à atribuição de pontuação, na fase de títulos, a candidatos que atuaram na Justiça Eleitoral na condição de Promotor Eleitoral.

3. Quando da propositura do presente procedimento, constatou-se que o requerente interpôs recurso em face do resultado da prova de títulos no âmbito local, que ainda se encontrava pendente de julgamento. Desse modo, embora não fosse desconhecida a competência concorrente do CNJ, reconheceu-se, na esteira de precedentes do Conselho, a inconveniência de dar prosseguimento à análise da demanda no caso de as vias ordinárias administrativas ainda não restarem exauridas.

4. Não obstante esse cenário ter sido superado em razão do julgamento do recurso interposto na origem, avançando-se sobre o mérito da causa, não se vislumbra ilegalidades na atuação da Comissão do Concurso, que deliberou pela impossibilidade de atribuição de pontuação a Promotor Eleitoral quando no exercício do próprio cargo/função.

5. O Conselho, nos autos do PCA 0005933-90.2014.2.00.0000, sedimentou a orientação de que objetivo da Resolução CNJ nº 81/2009, ao conceder pontuação extra aos candidatos que tenham prestado serviços à Justiça Eleitoral, não foi beneficiar magistrados e servidores da Justiça Eleitoral, que nela atuam no cumprimento da sua obrigação legal e institucional, mas incentivar e valorizar o trabalho voluntário ou o atendimento às convocações dessa Justiça.

6. Conquanto a aludida deliberação colegiada tenha se limitado a analisar a situação dos magistrados e servidores da Justiça Eleitoral, é inegável que as premissas ali definidas se aplicam aos membros do Ministério Público que atuam perante a Justiça Eleitoral, no pleno cumprimento de sua obrigação legal e institucional, nos termos, sobretudo, da Lei Complementar nº 75/1993, que "dispõe sobre a organização, as atribuições e o estatuto do Ministério Público da União".

7. Recurso conhecido e, no mérito, desprovido (CNJ – Procedimento de Controle Administrativo nº 0003723-85.2022.2.00.0000 – Rio Grande do Sul – Rel. Cons. Mauro Pereira Martins – DJ 17.10.2022)

EMENTA: Recurso Em Procedimento De Controle Administrativo – Concurso Público De Provas E Títulos Para Outorga De Delegações De Notas E De Registro – Aplicação Da Resolução CNJ 81/2009 – Cômputo De Pontos Na Fase De Títulos – Exercício De Delegação De Notas Ou Registro Anterior – Candidato Bacharel Em Direito – Regra Expressa Da Minuta De Edital Integrante Da Resolução De Regência – Possibilidade – Precedentes Do Supremo Tribunal Federal – Proposta E Aprovação De Enunciados Administrativos.

1. O tema debatido neste procedimento é relacionado ao cômputo de pontos na fase de títulos do concurso público de provas e títulos para a outorga de delegação de notas e de registro. Envolve a pontuação a ser conferida para o candidato que tenha exercido a mesma atividade em razão de investidura em delegação de notas ou registro anterior, conforme o disposto no regulamento do certame e previsão do item 7.1, I, da minuta de edital anexa à Resolução CNJ nº 81/2009.

2. Ainda que precedentes tenham variado na interpretação dessa norma administrativa, o entendimento deste Conselho Nacional de Justiça evoluiu para reconhecer devido o cômputo dos pontos nela previstos aos candidatos que, ao tempo da primeira publicação do edital do concurso, houvessem exercido delegação de notas ou registro anterior por três anos e fossem concomitantemente bacharéis em Direito.

3. A possibilidade de participação no certame por candidato não bacharel em Direito, na forma do art. 15, § 2º, da Lei nº 8.935/1994, escapa ao mérito da questão discutida e não impede a pontuação aos que tenham exercido anteriormente a atividade delegada de notas ou de registro, tal como expressamente previsto na normativa de 2009, cumprindo que o exame da norma parta de perspectiva diversa, pena de ofensa ao princípio da isonomia inerente aos concursos públicos.

4. Deve ser assegurado o equilíbrio e a igualdade de tratamento entre os candidatos, o que não se conforma com a sobrevalorização de algumas carreiras jurídicas, ou profissionais do direito, em detrimento de outros, sem qualquer justificativa plausível para essa distinção.

5. Para o Supremo Tribunal Federal, a aprovação em concurso para atividade notarial e de registro pode ser valorada como título e isso não incorre em violação da norma constitucional, "desde que atribuída semelhante pontuação às demais carreiras jurídicas" (Rcl 6.748, AgR Ministro Ricardo Lewandowiski, Tribunal Pleno – RTJ vol. 220-01 PP-00246). No mesmo sentido, assentou a Suprema Corte que "o princípio constitucional da isonomia é atendido pela atribuição proporcional de pontos, revelando-se equivocada a decisão que determina a extirpação total de pontos referentes aos títulos obtidos pelo exercício daquela atividade" (AI 830.011 AgR., Relator Ministro Luiz Fux, j. 26.06.2012, 1ª Turma DJe de 14.08.2012).

6. No recente julgamento da RGD nº 0004751-93.2019.2.00.0000 inaugurou-se uma nova linha de pensamento no Plenário deste Conselho, que constituiu novo e verdadeiro leading case para a matéria, assentando-se que a pontuação tem cabimento se o candidato tiver exercido a atividade notarial ou de registro por três anos, na qualidade de agente delegado, desde que também seja portador de diploma de bacharel em Direito. Na oportunidade, conferiu-se interpretação

conforme à Resolução CNJ nº 81/2009, aplicando-se a norma administrativa na linha dos reiterados julgados da Suprema Corte, e assegurando-se a isonomia que norteou a interpretação adotada.

7. Entendimento que doravante fica consolidado, por meio dos enunciados aprovados, que visam uniformizar a interpretação dessa regra para todos os concursos públicos dessa natureza no país, em andamento ou futuros, mantidas as situações de fato já consolidadas pela efetiva outorga das respectivas delegações, quer sejam no sentido ou não deste julgado, o que busca preservar a segurança jurídica.

8. Recurso conhecido e provido com a aprovação de enunciados administrativos vinculantes. (CNJ – Procedimento de Controle Administrativo nº 0000360-61.2020.2.00.0000 – Minas Gerais – Rel. Cons. Humberto Martins – DJ 10.06.2020)

EMENTA: Recurso Administrativo – Procedimento de Controle Administrativo – Serventia extrajudicial – Efetivação de substituto sem concurso público – Cumprimento dos requisitos do art. 208 da Constituição Federal de 1969 – Vacância ocorrida após a promulgação da Constituição Federal de 1988 – Impossibilidade – Precedentes deste Conselho – Afastamento temporário do titular para o exercício de mandato eletivo no Poder Executivo – Inocorrência de vacância – Exigência de concurso público de provas e títulos – Artigo 236, § 3º, da Constituição Federal de 1988 – Recurso não provido – 1. Na vigência da Constituição Federal de 1988 (CF/88), a outorga de serventia extrajudicial depende de prévia aprovação em concurso público de provas e títulos (artigo 236, § 3º, CF/88) – 2. A obtenção do direito à efetivação na titularidade de serventia extrajudicial por substituto que tenha ocupado o cargo por 5 (cinco) anos, na forma prevista pelo artigo 208 da Constituição Federal de 1969, subordina-se à ocorrência de vacância antes da promulgação da Constituição de 1988. Resolução CNJ nº 80/2009. Precedentes – 3. Para os fins do disposto no artigo 208 da Constituição Federal de 1969, não configura vacância o afastamento temporário de titular de serventia extrajudicial para exercício de mandato eletivo no Poder Executivo – 4. Recurso não provido.

1. Na vigência da Constituição Federal de 1988 (CF/88), a outorga de serventia extrajudicial depende de prévia aprovação em concurso público de provas e títulos (artigo 236, § 3º, CF/88).

2. A obtenção do direito à efetivação na titularidade de serventia extrajudicial por substituto que tenha ocupado o cargo por 5 (cinco) anos, na forma prevista pelo artigo 208 da Constituição Federal de 1969, subordina-se à ocorrência de vacância antes da promulgação da Constituição de 1988. Resolução CNJ n. 80/2009. Precedentes.

3. Para os fins do disposto no artigo 208 da Constituição Federal de 1969, não configura vacância o afastamento temporário de titular de serventia extrajudicial para exercício de mandato eletivo no Poder Executivo.

4. Recurso não provido.(CNJ – Procedimento de Controle Administrativo nº 0002677-03.2018.2.00.0000 – Ceará – Rel. Cons. Daldice Santana – DJ 24.09.2018)

EMENTA: Recurso administrativo – Pedido de Providências – Titularização de substituto em serventia extrajudicial – Impossibilidade – Delegação concedida após a CF/88 sem a realização de concurso público – Violação do art. 236, § 3º, da CF/88 – Coisa julgada judicial e preclusão administrativa – 1. A questão da regularidade da investidura na titularidade do serviço extrajudicial já analisada pelo Conselho Nacional de Justiça (evento 1037) e pelo Supremo Tribunal Federal (MS nº 29.138/DF) prejudica nova análise do mérito por este Conselho – 2. Não pode a Corregedoria Nacional analisar novamente a questão sem que haja novos fatos que justifiquem a revisão da matéria ou a reabertura da discussão, sob pena de ofensa aos consectários da preclusão administrativa – 3. Recurso administrativo conhecido e improvido (CNJ – Pedido de Providências nº 0002804-72.2017.2.00.0000 – Pernambuco – Rel. Cons. João Otávio de Noronha – DJ 22.03.2018)

EMENTA: Recursos Administrativos Em Procedimento De Controle Administrativo – Concurso Para Outorga De Serviços Notariais E De Registro – Serventias Não Oferecidas No Edital De Abertura Do Certame Em Razão De Liminares Concedidas Pelo STF – Revogação Das Liminares – Impossibilidade De Sua Inclusão No Concurso Em Andamento – Resolução CNJ nº 81 – Recurso Desprovido. I. No julgamento do PCA nº 0002517-85.2012.2.00.0000, este Conselho considerou regular a decisão tomada pela Comissão do Concurso, à época de publicação do edital, de não incluir as serventias em relação às quais o STF havia suspendido a declaração de vacância. II. A recente revogação das liminares não autoriza a inclusão das serventias no certame em andamento, que já se encontra em fase adiantada (prova de títulos), sob pena de violação ao princípio da vinculação ao instrumento convocatório e ao disposto no art. 11 da Resolução CNJ nº 81. III. Ausência, nas razões recursais, de elementos novos capazes de alterar o entendimento adotado na decisão combatida. IV. Recursos conhecidos e desprovidos.(CNJ – Procedimento de Controle Administrativo nº 0006646-65.2014.2.00.0000 – Rio de Janeiro – Rel. Cons. Carlos Eduardo Oliveira Dias – DJ 27.11.2015)

EMENTA: RECURSO ADMINISTRATIVO – PROCEDIMENTO DE CONTROLE ADMINISTRATIVO – CONCURSO 1. O Requerente, de acordo com as regras previstas no Edital, teve oportunidade de impugnar tanto o conteúdo da questão, quanto sua correção, não havendo, assim, violação do Princípio do contraditório. 2. Não compete ao CNJ rever os critérios de elaboração ou correção da banca examinadora. Precedentes. 3. Recurso Administrativo a que se nega provimento. (CNJ – Procedimento de Controle Administrativo nº 0000614-10.2015.2.00.0000 – Rio de Janeiro – Rel. Cons. Lelio Bentes Corrêa – DJ 09.11.2015)

EMENTA: Recursos Administrativos – Concurso Público De Provas E Títulos Para A Outorga De Delegação De Serviços Notariais E Registrais – Edital nº 1/2013 – Tribunal De Justiça Do Estado Do Rio Grande Do Sul – Resolução CNJ nº 81 – Recursos Desprovidos. I – Diante da particularidade e complexidade do caso em análise, em especial as diversas pendências judiciais existentes, correta a decisão que autorizou o prosseguimento do certame e, concomitantemente, determinou a elaboração de estudo individualizado acerca da situação jurídica de cada uma das serventias vagas não incluídas no certame em andamento, com consequente deflagração de novo concurso no prazo de 6 (seis) meses; II – A instalação das serventias criadas pela Lei Estadual nº 6.968/75 depende de ato de desacumulação do Presidente do Tribunal, não justificado em razão da baixa rentabilidade dos serviços, conforme previsto nessa Lei e na Resolução CNJ nº 80; III – A decisão recorrida em momento algum autorizou o tribunal a descumprir lei estadual sobre percentual de vagas a candidatos com deficiência. Ao contrário, determinou expressamente a observância de todos os regramentos aplicáveis à espécie; IV – Deve ser considerada, como data de vacância, o dia do afastamento do titular, o que formalmente só se dá com a publicação do ato que desconstitui a efetivação realizada pelo Tribunal de Justiça, em razão do trânsito em julgado de decisão judicial; V – Recursos conhecidos e desprovidos. (CNJ – Procedimento de Controle Administrativo nº 0001862-79.2013.2.00.0000 – Rio Grande do Sul – Rel. Cons. Rubens Curado Silveira – DJ 19.02.2014)

EMENTA: RECURSOS ADMINISTRATIVOS. PEDIDO DE PROVIDÊNCIAS. CONCURSO PÚBLICO DE OUTORGA DE SERVIÇOS NOTARIAIS E DE REGISTRO. VIOLAÇÃO AO PRINCÍPIO DA ISONOMIA. NÃO OCORRÊNCIA. EXTENSÃO DOS EFEITOS DA DECISÃO RECORRIDA AO CONCURSO DE REMOÇÃO. IRREGULARIDADES NÃO DEMONSTRADAS. RECURSOS DESPROVIDOS. 1. Correta a decisão que determinou a recorreção das provas dos candidatos reprovados e dos aprovados que optem por renunciar à sua nota, ante a falta de critérios claros na correção das provas escritas e práticas aplicadas no critério de admissão, que implicou em erro na avaliação da média final dos candidatos que concorreram por esse critério de ingresso. 2. A recorreção determinada não viola o princípio da isonomia, especialmente porque foi conferida aos candidatos aprovados a opção pela manutenção de sua nota ou submissão da sua prova à nova correção, de modo que a aplicação ou não de idêntico procedimento dependia exclusivamente da manifestação da vontade daqueles que ora se insurgem. 3. As provas dos concursos de ingresso e remoção são distintas, razão pela qual o reconhecimento de irregularidades no tocante à correção da primeira, por si só, não pode impor a presunção de que as mesmas irregularidades se deram com relação à segunda. 4. Os interesses particulares dos candidatos não se sobrepõem ao interesse público de conclusão do certame e consequentemente preenchimento das serventias vagas, notadamente quando não demonstradas situações concretas de ilegalidade ou ofensa aos princípios constitucionais. 5. Recursos desprovidos. (CNJ – Pedidos de Providência nº 0006864-64.2012.2.00.0000 – Rio de Janeiro – Rel. Cons. Rubens Curado Silveira – DJ 19.02.2014)

EMENTA: RECURSO ADMINISTRATIVO. CONCURSO PÚBLICO. SERVENTIA EXTRAJUDICIAL. RELATOR PREVENTO. CONTROLE ADMINISTRATIVO DE ATO PRATICADO HÁ MAIS DE VINTE ANOS. QUESTÃO DE ÍNDOLE CONSTITUCIONAL. POSSIBILIDADE. NULIDADE DOS ATOS DE NOMEAÇÃO DOS DELEGATÁRIOS NÃO VERIFICADA. RECONHECIMENTO DE INCONSTITUCIONALIDADE DE LEI. IMPOSSIBILIDADE. EVENTUAL SUPRESSÃO DO ATO. CONSEQUÊNCIAS. PROTEÇÃO DO INTERESSE PÚBLICO. PREVALÊNCIA. AÇÕES CONTRA A ADMINISTRAÇÃO. PRESCRIÇAO OU DECADÊNCIA. SUPOSTA MÁ – FÉ DA COMISSÃO DE CONCURSO. PRESSUPOSIÇÃO DA PARTE. QUESTÃO JUDICIALIZADA. IMPOSSIBILIDADE DE REAPRECIAÇÃO. 1 – Confirma-se a prevenção (art. 44, § 5º, do RICNJ), em razão da identidade de edital de concurso e matéria, relativamente ao procedimento que primeiro foi distribuído a este Relator livremente. 2 – É possível o controle do ato administrativo por meio desta espécie procedimental, mesmo que se tenha passado mais de vinte anos desde a sua prática, na medida em que a requerente trouxe aos autos questão de índole constitucional (art. 91 do RICNJ).3 – Conforme assentado na decisão atacada, referidos atos administrativos não são nulos, pois foram praticados ao amparo das normas legais vigentes à época.4 – O edital do 1º concurso, objeto deste procedimento faz remissão a dispositivo da Lei Complementar estadual nº 539, de 1988 (art. 8º, II), onde está previsto que escreventes de serventias extrajudiciais do Estado de São Paulo podem participar do concurso de acesso para provimento das serventias de 2ª, 3ª e classe especial. No entender da requerente, escreventes nunca foram submetidos a concurso público para ingresso inicial na carreira, pois teriam sido admitidos originalmente por indicação, o que contraria a Constituição e tornaria nulos os atos administrativos de nomeação dos delegatários, derivados da citada norma legal. Ora, declarar a nulidade dos atos nestas circunstâncias significa reconhecer indiretamente a inconstitucionalidade da lei de regência do concurso público, o que escapa à competência deste órgão de controle administrativo. 5 – A ADPF nº 209, proposta pela Associação dos Notários e Registradores do Brasil (Anoreg) perante o Supremo Tribunal Federal discute, em última análise, a recepção da lei complementar estadual (LC nº 539, de 1988) pela Constituição Federal. 6 – Ainda que se admitisse a possibilidade de se reconhecer a nulidade do ato administrativo que se apóia em preceito não recepcionado pela nova ordem constitucional, a fulminação ou supressão dos atos administrativos de nomeação dos candidatos do concurso para a delegação das serventias extrajudiciais, praticados há mais de vinte anos, como pretende a requerente, traria efeitos mais devastadores, com repercussões inclusive sobre terceiros de boa – fé, do que a manutenção destes mesmos atos.7 – Não há como contornar a prescrição ou a decadência da pretensão daqueles que à época da publicação do edital sentiram-se prejudicados com a regra que permitia a participação de escreventes nos concursos de acesso, porque as ações contra a Administração Pública prescrevem ou decaem, como regra, em cinco 5 (cinco) anos, nos termos do Decreto 20.910, de 06.1.32. Decorridos mais de 20 (vinte) anos da data da publicação do edital, não há interesse individual lesionado à época que não se encontre privado do direito de ação. 8 – A suposta existência de um conluio entre alguns dos delegatários e dois membros da comissão de concurso, a macular o certame, afastar a possível boa – fé dos candidatos e, consequentemente, justificar a nulidade dos atos de nomeação dos delegatários, foi previamente judicializada em exceção de suspeição, o que impede a sua reapreciação por parte deste órgão de controle administrativo. 9 – Não há nada que vincule os três documentos citados pela parte que arguiu a exceção (ofício, petição e carta), nada que estabeleça um nexo que permita concluir, de forma cabal, a má – fé da Administração Pública.10 – Recurso improvido. (CNJ – Procedimento de Controle Administrativo nº 0005043 – 25.2012.2.00.0000 – São Paulo – Rel. Cons. Sílvio Luis Ferreira da Rocha – DJ 29.10.2012)

EMENTA: PROCEDIMENTO DE CONTROLE ADMINISTRATIVO. ATO DE DELEGAÇÃO DE SERVENTIA CUJA VACÂNCIA SE DEU APÓS O EXAURIMENTO DO CONCURSO EM QUE A CANDIDATA SE HABILITOU. VIOLAÇÃO AO ART. 236, § 3º, DA CONSTITUIÇÃO FEDERAL E DO ART. 16 DA LEI nº 8.935/1994. 1. A outorga de serventia extrajudicial somente pode se dar por meio de concurso público de provas e títulos, de provimento ou remoção, nos termos do art. 236, § 3º, da Constituição Federal. 2. Desse modo, a serventia oferecida em concurso público que foi preenchida por candidato habilitado e, após o exaurimento do certame, volta a vagar, deve ser oferecida em novo concurso público, seja de ingresso ou de remoção, a depender da aplicação da proporção prevista no art. 16 da Lei nº 8.935/1994. 3. Desconstituição do ato administrativo que outorgou à candidata, serventia outra que não remanescente do concurso para o qual se habilitou. 4. Pedido julgado procedente. (CNJ – Procedimento de Controle Administrativo nº 0000626-29.2012.2.00.0000 – Paraná – Rel. Cons. José Guilherme Vasi Werner – DJ 24.08.2012)

SUPREMO TRIBUNAL FEDERAL

Súmula 686. Só por lei se pode sujeitar a exame psicotécnico a habilitação de candidato a cargo público.

Súmula 685. É inconstitucional toda modalidade de provimento que propicie ao servidor investir-se, sem prévia aprovação em concurso público destinado ao seu provimento, em cargo que não integra a carreira na qual anteriormente investido.

Súmula 684. É inconstitucional o veto não motivado à participação de candidato a concurso público.

Súmula 683. O limite de idade para a inscrição em concurso público só se legitima em face do art. 7º, XXX, da Constituição, quando possa ser justificado pela natureza das atribuições do cargo a ser preenchido.

INFORMATIVO 808. Concurso público e suspeita de irregularidade de titulação – 1. A Primeira Turma iniciou julgamento de mandado de segurança impetrado contra ato do CNJ que invalidara critério estabelecido por comissão de concurso para aferir pontos de títulos de especialização em certame voltado à outorga de delegações de notas e registros. No caso, diversos candidatos teriam apresentado diplomas de pós-graduação, na modalidade especialização, que teriam sido inicialmente admitidos pela comissão do concurso. Diante da existência de suspeitas quanto à regularidade de muitas das titulações, a comissão interpretara o edital e a Resolução 81/2009/CNJ de modo a impedir que títulos inidôneos servissem à classificação, sem que antes fossem submetidos à avaliação no tocante à validade. Esse fato levara vários candidatos beneficiados pela contabilização de títulos a ingressarem com procedimentos de controle administrativo no CNJ para que fosse declarada a nulidade do ato da comissão, com a consequente divulgação do resultado definitivo do certame. Com o acolhimento parcial dos pedidos formulados, o CNJ afastara a orientação da comissão. O Ministro Marco Aurélio (relator) deferiu parcialmente a ordem para permitir, no âmbito do controle de legalidade, ante as condições específicas dos candidatos e das instituições de ensino, a desconsideração de certificados emitidos em contrariedade ao disposto na legislação educacional ou em situações de superposições e acúmulos desarrazoados, fraudulentos ou abusivos. Consignou que a criação de parâmetro de julgamento após iniciado o concurso seria ilegítima, pois abalaria a confiança depositada no tocante ao cumprimento das regras vigentes quando da abertura do procedimento. Ressaltou que a comissão, ao apreciar os certificados apresentados, deveria limitar-se a observar a Resolução 81/2009/CNJ e o edital. Porém, não estaria descartada, à luz do caso concreto, a possibilidade de afastamento dos certificados que, presente a disciplina jurídica em vigor, revelassem situações de irregularidade, fraude ou abuso de direito, ligadas às instituições ou aos candidatos. Estes deveriam arcar com as consequências das respectivas condutas. Salientou que não se poderia admitir que os responsáveis pela análise dos documentos fechassem os olhos para situações nas quais candidatos teriam frequentado elevadíssimo número de cursos de pós-graduação, com duração mínima de 360 horas, em curto espaço de tempo, de forma presencial e em diferentes unidades da Federação. Sublinhou, ainda, que não se estaria a assentar a legitimidade de restrição genérica relativamente à quantidade máxima de diplomas de pós-graduação, mas apenas o reconhecimento de que situações de evidente abuso devessem ser rechaçadas. A fase de apresentação de certificados não poderia dissociar-se das finalidades inerentes ao certame público, considerada a necessidade de recrutamento de pessoal qualificado e apto ao exercício de funções públicas. Seria ilegítimo o recebimento de diplomas em desrespeito a parâmetros de razoabilidade, cabendo ao tribunal de origem a correspondente análise, observadas as balizas objetivamente fixadas no momento da instauração do certame.

INFORMATIVO 808. Concurso público e suspeita de irregularidade de titulação – 2. O Ministro Edson Fachin divergiu parcialmente do relator. Acolheu o pleito sucessivo para julgar procedente o pedido e determinar a aplicação da Resolução 187/2014 do CNJ, publicada após o edital, ao presente concurso. Considerou que haveria omissão específica da Administração Pública consubstanciada na inércia frente ao desvirtuamento das condições de igualdade do certame para outorga de delegações. Ademais, uma análise comparativa com os demais certames integrados por provas de títulos demonstraria que o cômputo realizado pelo concurso em questão seria desproporcional, ao permitir atribuir mais pontos às especializações do que a títulos muito mais exigentes, como mestrados e doutorados. Enfatizou que a aplicação da nova Resolução do CNJ poderia solucionar a irregularidade identificada. Em seguida, pediu vista o Ministro Roberto Barroso. MS 33406/DF, rel. Min. Marco Aurélio, 17.112015. (MS-33406).

SUPERIOR TRIBUNAL DE JUSTIÇA

Súmula 377. O portador de visão monocular tem direito de concorrer, em concurso público, às vagas reservadas aos deficientes.

Súmula 266. O diploma ou habilitação legal para o exercício do cargo deve ser exigido na posse e não na inscrição para o concurso público.

EMENTA: Administrativo – Concurso público – Serventias extrajudiciais de notas e registros – Aquisição de títulos – Data limite – Omissão do edital – Comissão examinadora – Fixação – Possibilidade – Posterior alteração amparada em premissas equivocadas – Ilegalidade – Teoria dos motivos determinantes – Segunda deliberação – Anulação – Restabelecimento da data inicialmente fixada.

1. Cuida-se, na origem, de mandado de segurança impetrado pelo ora recorrente contra apontado ato ilegal atribuído ao Presidente da Comissão do Concurso Público para o ingresso na Atividade Notarial e Registral do Estado da Paraíba (Desembargador Vice-Presidente do Tribunal de Justiça daquele ente federado) e ao Presidente do mesmo Tribunal, no qual alega que o Edital 002/2019 e o Edital Consolidador, de 27/3/2020, violaram direito líquido e certo do Impetrante ao ampliar o prazo final para apresentação dos títulos para o dia 3/12/2019, ofendendo princípios basilares do direito, tendo em vista que o Edital 001/2019, de 3/11/2019, fixou como data final para a aquisição de "todos os títulos" o dia 3/12/2013.

2. O Tribunal de origem denegou a segurança sob o fundamento de que, ao contrário do alegado pelo impetrante, o Edital 002/2019 não ampliou a data limite para aquisição dos títulos oriundos de cursos de pós-graduação, porquanto, ainda que implicitamente, manteve como limitação para a validade da prova de títulos a primeira publicação do Edital 001/2013, ocorrida em dezembro de 2013. Ademais, a regra disposta no Edital 002/2019 ocorreu antes da publicação da nota da prova oral, sendo impossível falar em ofensa ao princípio da impessoalidade.

3. Sucede que, ao assim decidir, o Tribunal *a quo* se afastou das provas colacionadas aos autos. É certo que a omissão existente no Edital 001/2013, concernente ao termo final para aquisição dos títulos oriundos de cursos de pós-graduação, foi sanada por meio do Edital de Alteração 001/2019, cujo item 12.14 estabeleceu que *"o termo final para aquisição dos títulos é a data da primeira publicação deste Edital de Concurso Público – Edital 001/2013, dia 11 de dezembro de 2013"*. Nada obstante, houve a posterior publicação do Edital Complementar 002/2019, que, dentre outras modificações, tornou sem efeito o aludido Edital de Alteração 001/2019 quanto ao seu item 12, o qual especificamente definia as regras concernentes às provas de títulos, uma vez mais silenciando sobre o tema em comento.

4. Importante salientar que tal omissão se apresentou premeditada, como confessado pela autoridade impetrada em suas informações, por entender que, em respeito ao princípio da legalidade estrita, não poderia o edital do referido certame estabelecer uma data limite para aquisição dos títulos oriundos de cursos de pós-graduação, porquanto essa hipótese não estaria compreendida na Resolução 81/2009 do Conselho Nacional de Justiça.

5. Sucede que, ao contrário do afirmado pela autoridade impetrada, a Resolução/CNJ 81/2009 nada determinou quanto ao prazo para aquisição de títulos pelos candidatos – independentemente de quais sejam – eis que, em seu art. 7º, limitou-se a estabelecer os requisitos para inscrição nos concursos públicos para preenchimento das serventias extrajudiciais vagas, repisando, em parte, a regra contida no art. 15, § 2º, da Lei 8.935/1993. Tal compreensão, inclusive, foi admitida pelo próprio CNJ no julgamento do Procedimento de Controle Administrativo/PCA n. 0005199-08.2015.2.00.0000.

6. Nesse fio, conclui-se que, em decorrência do silêncio do CNJ sobre o tema, deve prevalecer a competência subsidiária concedida aos respectivos Tribunais de Justiça para fixarem as regras dos concursos de ingresso nos serviços notarial e de registro, na forma prevista no art. 15, *caput*, § 1º, da Lei 8.935/1994.

7. Com efeito, *"esta Corte já se manifestou no sentido de que, em concurso público, sendo silente o edital de lançamento acerca da data limite para a obtenção de títulos e havendo a previsão de que compete à Comissão Examinadora a solução dos casos omissos ou duvidosos contidos no instrumento convocatório, a estipulação da referida data no ato de convocação dos aprovados para a prova de títulos não ofende o princípio da legalidade ou da isonomia, já que a regra é fixada de forma geral, uniforme e imparcial, dirigida a todos os concorrentes"* (RMS 62.203/PI, Rel. Ministro GURGEL DE FARIA, PRIMEIRA TURMA, DJe 20/10/2020). Nesse mesmo sentido: AgRg no REsp 784.409/MG, Rel. Ministro FRANCISCO FALCÃO, PRIMEIRA TURMA, DJe 12/3/2008.

8. Na forma da jurisprudência desta Corte, *"de acordo com a teoria dos motivos determinantes, a razão exarada para fundamentar a prática de determinado ato administrativo deve sempre guardar compatibilidade com a situação de fato que gerou a manifestação da vontade. O administrador está vinculado ao motivo exarado na sua decisão, mesmo quando não está obrigado a fazê-lo"* (REsp 1.229.501/SP, Rel. Ministro OG FERNANDES, SEGUNDA TURMA, DJe 15/12/2016).

9. No caso concreto, em suas informações, a autoridade impetrada confessou que a alteração promovida pelo Edital Complementar n. 002/2019 tinha por premissa a necessidade de adequar o concurso em tela às apontadas regras estabelecidas pelo CNJ na Resolução n. 81/2009, que, como demonstrado, inexistem.

10. Recurso em mandado de segurança provido a fim de reformar o acórdão recorrido e, nesse diapasão, conceder a ordem para: (a) anular o Edital 002/2019 e o Edital Consolidador, de 27/3/2020, na parte em que tornou sem efeito o "item 12.14" do Edital de Alteração 001/2019; (b) restabelecer os parâmetros adotados no aludido "item 12.14" do Edital de Alteração 001/2019, que fixou como *"termo final para aquisição dos títulos* [...] *a data da primeira publicação* [do] *Edital 001/2013, dia 11 de dezembro de 2013"* (fl. 574). (STJ – RMS nº 67.654 – Paraíba – 1ª Turma – Rel. Min. Sérgio Kukina – DJ 23.09.2022)

EMENTA: Administrativo – Agravo Regimental No Recurso Ordinário Em Mandado De Segurança – Titular De Cartório Extrajudicial – Extinção Das Sucursais Das Serventias Extrajudiciais Do Estado Do Rio De Janeiro – Titularidade Ocorreu Após A CF/88 – Art. 37 Da Lei 8.935/94 C/C Art. 236 Da Constituição Federal – Ausência De Direito Líquido E Certo – Agravo Regimental Desprovido.

1. Cuida-se de Recurso Ordinário em Mandado de Segurança impetrado contra ato do Corregedor Geral da Justiça do Estado do Rio de Janeiro que, buscando dar cumprimento ao art. 43 da Lei 8.935/94, determinou a extinção das sucursais das serventias extrajudiciais do Estado do Rio de Janeiro.

Lei 8.935/1994

2. A esse respeito, esta Corte já consolidou o entendimento de que, a despeito da vedação legal de instalação de sucursais, é possível a manutenção da situação jurídica anterior da sucursal cartorária, criada antes da Constituição Federal, ressalvando que tal situação poderá ser alterada no caso de vacância da titularidade e da alteração da organização cartorária local.

3. Desta forma, ocorrida a vacância na titularidade da serventia extrajudicial na vigência da atual Constituição, cada unidade cartorária, qualquer que seja a denominação que receba (filial, sucursal, escritório ou posto de atendimento) deverá ser oferecida em concurso público, nos termos do art. 236, § 3º., da Constituição Federal.

4. No caso dos autos, houve mudança na titularidade, como afirma o próprio recorrente. A delegação do cartório só ocorreu em concurso de remoção realizado em dezembro de 1999, quando já vigente a vedação à existência de sucursais cartorárias, de tal forma, que não há como reconhecer o direito líquido e certo defendido pelo autor.

5. Quanto à alegação do transcurso de mais de 5 (cinco) anos que a Administração teria para rever o seu ato, vale registrar que em nenhum momento a Administração reconheceu a legalidade da situação da sucursal, tão somente cumpriu decisão liminar do STF, proferida na ADIN 1.583/DF, que suspendeu a eficácia dos atos administrativos que extinguiram as sucursais, a qual já foi extinta por perda superveniente de objeto. Desta forma, mostra-se inaplicável à hipótese do prazo decadencial previsto no art. 54 da Lei 9.784/99. 6. Agravo Regimental desprovido. (STJ – AgRg no RMS nº 37.851 – Rio de Janeiro – 1ª Turma – Rel. Min. Napoleão Nunes Maia Filho – DJ 16.10.2014)

▶ **EMENTA:** Administrativo – Processual Civil – Recurso Ordinário Em Mandado De Segurança – Concurso Público – Provimento – Serventia Extrajudicial – Publicação – Aviso – Lista De Vacâncias – Impossibilidade – Alegação De Decadência – Prescrição – Ato Administrativo – Investidura Precária – Direito Adquirido – Escrevente Juramentado – Nomeação Pretérita – Ordem Constitucional Atual – Inexistência De Direito Líquido E Certo – Surgimento Da Vacância Sob A Égide Da Constituição De 1988 – Jurisprudência Do STJ E STF – Recurso Ordinário Em Mandado De Segurança Ao Qual Se Nega Seguimento. (STJ – RMS nº 44.506 – Minas Gerais – 2ª Turma – Rel. Min. Mauro Campbell Marques – DJ 08.10.2014)

▶ **INFORMATIVO 567 STJ** – DIREITO ADMINISTRATIVO. DESISTÊNCIA DE CANDIDATO APROVADO EM CONCURSO PÚBLICO DENTRO DO NÚMERO DE VAGAS. O candidato aprovado fora do número de vagas previstas no edital de concurso público tem direito subjetivo à nomeação quando o candidato imediatamente anterior na ordem de classificação, aprovado dentro do número de vagas, for convocado e manifestar desistência. O posicionamento do STJ (RMS 33.875-MT, Primeira Turma, DJe 22/6/2015; e AgRg nos EDcl nos EDcl no Ag 1.398.319-ES, Segunda Turma, DJe 9/3/2012) induz à conclusão de que o candidato constante de cadastro de reserva, ou, naqueles concursos em que não se utiliza essa expressão, aprovado fora do número de vagas previsto no edital, só terá direito à nomeação nos casos de comprovada preterição, seja pela inobservância da ordem de classificação, seja por contratações irregulares. Contudo, deve-se acrescentar e destacar que a desistência de candidatos aprovados dentro do número de vagas previsto no edital do certame é hipótese diversa e resulta em direito do próximo classificado à convocação para a posse ou para a próxima fase do concurso, conforme o caso. É que, nessa hipótese, a necessidade e o interesse da Administração no preenchimento dos cargos ofertados estão estabelecidos no edital de abertura do concurso, e a convocação do candidato que, logo após, desiste, comprova a necessidade de convocação do próximo candidato na ordem de classificação. Precedentes do STF citados: ARE 866.016 AgR, Primeira Turma, DJe 29/10/2013; ARE 661.760 AgR, Primeira Turma, DJe 29/10/2013; RE 643.674 AgR, Segunda Turma, DJe 28/8/2013; ARE 675.202 AgR, Segunda Turma, DJe 22/8/2013. AgRg no ROMS 48.266-TO, Rel. Min. Benedito Gonçalves, julgado em 18/8/2015, DJe 27/8/2015

▶ **INFORMATIVO 567 STJ** – DIREITO ADMINISTRATIVO. DESISTÊNCIA DE CANDIDATO APROVADO EM CONCURSO PÚBLICO FORA DO NÚMERO DE VAGAS. O candidato aprovado fora do número de vagas previstas no edital de concurso público tem direito subjetivo à nomeação quando o candidato imediatamente anterior na ordem de classificação, embora aprovado fora do número de vagas, for convocado para vaga surgida posteriormente e manifestar desistência. O posicionamento do STJ (RMS 33.875-MT, Primeira Turma, DJe 22/6/2015; e AgRg nos EDcl nos EDcl no Ag 1.398.319-ES, Segunda Turma, DJe 9/3/2012) induz à conclusão de que o candidato constante de cadastro de reserva, ou, naqueles concursos em que não se utiliza essa expressão, aprovado fora do número de vagas previsto no edital, só terá direito à nomeação nos casos de comprovada preterição, seja pela inobservância da ordem de classificação, seja por contratações irregulares. Contudo, deve-se acrescentar e destacar que a desistência de candidatos aprovados dentro do número de vagas previsto no edital do certame é hipótese diversa e resulta em direito do próximo classificado à convocação para a posse ou para a próxima fase do concurso, conforme o caso. É que, nessa hipótese, a necessidade e o interesse da Administração no preenchimento dos cargos ofertados estão estabelecidos no edital de abertura do concurso, e a convocação do candidato que, logo após, desiste, comprova a necessidade de convocação do próximo candidato na ordem de classificação. Embora exista diferença entre as situações fático-jurídicas daqueles que se encontram classificados imediatamente após o candidato desistente de vaga disponibilizada no edital do concurso e daqueles classificados imediatamente após o candidato desistente classificado fora das vagas ofertadas, deve-se reconhecer que o ato administrativo que convoca candidato para preencher outras vagas, oferecidas após o preenchimento daquelas previstas pelo edital, gera o mesmo efeito do ato de convocação dos candidatos aprovados dentro de número de vagas quando há desistência. É que, também nessa hipótese, a Administração, por meio de ato formal, manifesta necessidade e interesse no preenchimento da vaga. O ato administrativo que prevê novas vagas para o certame adita o edital inaugural, necessitando preencher os mesmos requisitos de validade e produzindo os mesmos efeitos jurídicos com relação aos candidatos. Assim, se o ato de convocação, perfeito, válido e eficaz, encontra motivação nas novas vagas ofertadas, não há fundamento para se diferenciar o entendimento aplicável às mencionadas categorias de candidatos, à luz dos princípios constitucionais da isonomia, da moralidade e da legalidade. AgRg no RMS 41.031-PR, Rel. Min. Benedito Gonçalves, julgado em 18/8/2015, DJe 27/8/2015.

▶ **EMENTA**: ADMINISTRATIVO. PROCESSUAL CIVIL. AGRAVO REGIMENTAL NO RECURSO ORDINÁRIO EM MANDADO DE SEGURANÇA. CONCURSO PÚBLICO. SERVENTIA EXTRAJUDICIAL. LISTA DE VACÂNCIAS. PRETENSÃO. EXCLUSÃO. OFÍCIO DE REGISTRO DE IMÓVEIS. OBSERVÂNCIA OBRIGATÓRIA DO ART. 236, § 3º, DA CF. 1. A tese esposada pela agravante vai de encontro à normatividade inserta no art. 236, § 3º, da Constituição da República, de onde não se extrai haja exceção à compulsoriedade de concurso público para o provimento de serventias extrajudiciais. 2. É dizer, portanto, que a cogência da referida norma, uma vez que vige e tem eficácia desde a promulgação da lei fundamental, em 05/10/1988, não permite inferir que a agravante, apenas porque foi estabilizada na função de escrevente substituto, ou ostenta a condição de pessoa provida precariamente na serventia extrajudicial, possa, surgindo vaga no ofício no qual atua, ser titular dele sem passar pelo crivo do certame público, ou assegurar para si a exclusão da serventia de lista de vacância. 3. Agravo regimental não provido.(STJ – AgRg no RMS nº 46.745 – Santa Catarina – 2ª Turma – Rel. Min. Mauro Campbell Marques – DJ 04.11.2015)

▶ **EMENTA**: Administrativo – Processual Civil – Agravo Em Recurso Especial – Concurso De Provimento De Serventia Cartorária Extrajudicial – Fase De Investigação Social – Ausência De Entrega De Documento Comprobatório De Idoneidade – Ilegalidade Do Ato De Eliminação Do Candidato – Falta De Prestação Jurisdicional – Razões Genéricas – Súmula 284/STF – Violação A Norma Federal – Carência De Prequestionamento – Súmula 211/STJ – Fundamentação Inatacada – Súmula 283/STF – Violação A Norma Editalícia – Desconfiguração Como Lei Federal – Impossibilidade De Revisão Do Acervo Probatório – Súmula 07/STJ – Agravo Conhecido Para Negar Seguimento Ao

Recurso Especial..(STJ – AREsp nº 831.800 – Piauí – 2ª Turma – Rel. Min. Mauro Campbell Marques – DJ 10.02.2016)

EMENTA: Embargos De Declaração – Omissão – Inexistência – Tabelionato De Protesto De Títulos – Provimento – Concurso Público.1. O artigo 19 do Ato das Disposições Constitucionais Transitórias não se aplica aos serventuários de cartórios, cujas atividades são exercidas em regime de direito privado, em virtude de delegação do poder público. Precedentes. 2. É imprescindível a aprovação em concurso público para o preenchimento da vaga de Tabelião, não havendo que se falar em direito adquirido contra norma constitucional. Precedentes. 3. Embargos de declaração rejeitados. (STJ – EDROMS 200101533856, Minª. Alderida Ramos de Oliveira, 6ª T. DJE 14/03/2013).

EMENTA: Administrativo – Recurso Ordinário Em Mandado De Segurança – Tabelião Substituto De Serventia Cartorial – Ingresso Sem Concurso Público – Pleito Pela Permanência No Cargo Com Base No Art. 208 Da CF/67 – Vacância Do Cargo Ocorreu Após A Vigência Da CF/88 – Direito Líquido E Certo Não Demonstrado – Recurso Ordinário A Que Se Nega Seguimento, Em Consonância Com O Parecer Ministerial. (STJ – RMS nº 33.207 – Santa Catarina – 1ª Turma – Rel. Min. Napoleão Nunes Maia Filho – DJ 05.11.2015)

EMENTA: Direito Administrativo – Processual Civil – Recurso Ordinário Em Mandado De Segurança – Concurso Público – Provimento E Remoção – Serventias Extrajudiciais – Fase Oral – Reprovação – Candidato – Pretensão De Acesso A Gravações Audiovisuais E Anotações – Possibilidade – Direito À Publicidade.

1. O candidato a cargo ofertado em concurso público que, em exame oral, é considerado reprovado, tem o direito, em homenagem ao princípio constitucional da publicidade administrativa, a ter acesso às respectivas folha de correções, anotações e gravações audiovisuais, com o fim de aferir a regularidade da avaliação e da aplicação dos critérios de correção. 2. O seu prosseguimento no certame, contudo, deve ocorrer como consequência de afastamento liminar dessa conclusão pela reprovação, não se tendo essa quadra, contudo, no caso concreto. 3. Recurso ordinário em mandado de segurança provido parcialmente. (STJ – RMS nº 43.523 – Minas Gerais – 2ª Turma – Rel. Min. Mauro Campbell Marques – DJ 11.03.2014)

EMENTA: Recurso Em Mandado De Segurança – Escrevente Substituto – Cartório De Registro De Imóveis – Titular Falecido E Vacância Na Vigência Da Atual Constituição Federal – Titularização Do Substituto Vedada – Concurso Público Realizado – Dispensa Do Escrevente Substituto – Possibilidade – Estabilidade Do Art. 19 Do ADCT Não Aplicável.Precedentes. 1. O recorrente tomou posse no cargo de Escrevente Substituto em 12.5.1987, falecendo seu genitor, titular do cartório de registro de imóveis, em 1º.10.2000, caracterizando-se a respectiva vacância. 2. Verificada a vacância da serventia extrajudicial na vigência da atual Constituição Federal, exige-se a realização de concurso público para o preenchimento do cargo, nos termos do art. 236, § 3º, da CF/88, descabendo a titularização do substituto. Precedentes. 3. O art. 19 do ADCT, relativo à estabilidade dos servidores públicos, não se aplica aos serventuários de cartórios extrajudiciais, que podem ser dispensados sem a necessidade de prévio procedimento administrativo. No caso, simples ato administrativo anterior que declara, indevidamente, a estabilidade é absolutamente nulo, não produzindo qualquer efeito. 4. Recurso ordinário não provido. (STJ – RMS nº 30.871 – MG – 2ª Turma – Rel. Min. Castro Meira – DJ 24.05.2013)

EMENTA: Recurso Ordinário Em Mandado De Segurança – Cartório De Registro E De Notas – Ex-Titular Aposentado – Substituição Temporária Por Escrevente Mais Antiga – Sucessiva Contratação De Outra Escrevente, Respondente Em Substituição À Primeira Escrevente, Contratante – Regime Celetista – Compra E Venda De 50% Da Serventia – Alienação Pela Primeira Escrevente À Segunda Escrevente E Ao Seu Marido – Sindicância – Afastamento Daquela E, Por Entendimento Do Juiz Diretor Do Foro, Desta – Procedimento Administrativo Prévio Desnecessário.1. Aposentado o ex-titular de Cartório de Registro e Notas, abriu-se sindicância contra a primeira escrevente, substituta e respondente, para apurar a ilegal celebração de contrato de compra e venda, na qual a sindicada alienou para a segunda escrevente, substituta da primeira, 50% da serventia extrajudicial. 2. Determinado pelo Presidente do Tribunal de Justiça, por não ser necessário o procedimento administrativo prévio, o imediato afastamento da primeira escrevente, substituta e respondente, tem-se como legal a determinação do Juiz de Direito Diretor do Foro de afastamento também da segunda escrevente, substituta, cuja contratação também é regida pela CLT (art. 20, *caput*, da Lei nº 8.935/1994), não incidindo os direitos conferidos aos servidores públicos, dentre eles o de prévio procedimento administrativo. Precedente. 3. Ademais, não se pode dizer que, efetivamente, inexista procedimento envolvendo a ora recorrente. O próprio Despacho nº 2.262/2004 deixa claro que a ilegal venda de 50% da serventia se deu em favor XXX e da impetrante. Tal fato é confirmado nos "contratos particulares de compra e venda" celebrados em 19.10.1998 e em 15.9.2001, juntados aos autos. Em ambos aparece como adquirente, também, a impetrante, ora recorrente, estabelecendo-se que a administração financeira do cartório ficará a cargo dos adquirentes e que a vendedora [...] se obrigará a indicar a compradora", ora impetrante/recorrente, "para ser nomeada Escrevente Autorizada do Cartório". 4. Estando todas as escreventes substitutas impossibilitadas de permanecer à frente do cartório diante dessas irregularidades e ilegalidades, agiu corretamente a Juíza de Direito Diretora do Foro ao baixar a Portaria nº 39/2004, designando a "tabeliã substituta, e suboficial do Registro de Imóveis da Comarca de Caldas Novas, para responder pelo Cartório de Registro de Pessoas Jurídicas, Títulos, Documentos e Protestos e Tabelionato (2º) de Notas até o provimento". Aplicação analógica do § 1º do art. 36 da Lei nº 8.935/1994.5. Recurso ordinário não provido. (STJ – RMS nº 24.201 – GO – 2ª Turma – Rel. Min. Castro Meira – DJ 21.05.2013)

TRIBUNAL DE JUSTIÇA DO ESTADO DO PARANÁ

EMENTA: Agravo Regimental – Concurso Público Para Outorga De Delegações Notariais E Registrais – Inabilitação De Candidato Reconhecido Como Interino Na Função – Mandado De Segurança – Indeferimento Da Liminar – Agravante Legalmente Removido Para O Cargo De Titular Do Ofício De Registro De Imóveis De Icaraíma – Decreto Judiciário Nº 469, De 17/09/1993 – Cargo Exercido Por Mais De 20 (Vinte) Anos – Desconstituição Do Ato De Remoção – Resolução Nº 80 Do Conselho Nacional De Justiça – Impossibilidade De Retorno Ao Cargo De Origem – Designação Para Responder Interinamente Pelo Mesmo Cartório – Situação Híbrida Para A Qual Não Deu Causa – Ausência De Razoabilidade Em Desconsiderar A Condição De Titularidade – Agravo Provido Por Maioria.*Não se afigura razoável que o mesmo órgão que removeu legalmente o Agravante para o Cartório de Registro de Imóveis de Icaraíma, onde exerceu o cargo por mais de duas décadas, desconsidere a sua condição de agente delegado titular, em razão de declaração de vacância, ainda sub judice e, por se encontrar em situação híbrida para a qual não deu causa.* (TJPR – Agravo Regimental nº 1.454.050-0/01 – Curitiba – 4ª Câmara Cível – Rel. Des. Regina Afonso Portes – DJ 26.11.2015)

TRIBUNAL DE JUSTIÇA DO ESTADO DE SÃO PAULO

EMENTA: Apelação Cível – Ação declaratória – Pretensão ao reconhecimento do tempo de serviço prestado anteriormente à promulgação da CF/88 nos períodos de tempo compreendidos entre 21/08/1952 à 08/06/1959, na função de Auxiliar de cartório e de 09/06/1959 à 23/10/1965, na função de Escrevente, junto ao 24° Cartório de Notas da Capital de São Paulo e de 14/06/1969 à 17/06/1971, na função de escrevente, junto ao 26° Tabelião de Notas da Capital de São Paulo – Admissibilidade – Comprovação do serviço prestado – O tempo de serviço prestado em cartório extrajudicial antes do advento da Constituição Federal de 1988 pode ser contado para todos os fins, conforme dispunha as Leis Estaduais nos 2.888/54 e 7.487/62 – Ratificação dos fundamentos da r. sentença, cujos elementos de convicção não foram infirmados (art. 252 do RITJSP/2009) – Precedentes – Sentença de procedência – Recurso não provido. (TJSP – Apelação Cível nº 1002936-26.2015.8.26.0302 – Jaú – 8ª Câmara de Direito Público – Rel. Des. Ponte Neto – DJ 15.08.2017)

3. QUESTÕES DE CONCURSOS

01. (TJ/MA – 2023 – Consulplan – Notário e Registrador/Provimento) Considere que as pessoas a seguir indicadas submeteram-se a concurso de outorga de delegações de notas e registros do Estado do Maranhão, pelo critério de provimento. João é brasileiro, tendo como nível de escolaridade o segundo grau completo, e até a data da primeira publicação do edital de concurso de provas e títulos para outorga de delegações de notas e registros completou dez anos de exercício em serviço notarial. Elke é alemã, naturalizada brasileira, bacharel em direito, inscrita na Ordem dos Advogados do Brasil. Antônio é brasileiro, bacharel em Direito, sem inscrição na Ordem dos Advogados do Brasil e sem qualquer experiência ou atuação em serviço notarial ou registral. Júlio é tabelião no Estado daBahia, tendo ingressado na atividade notarial um ano antes da data da primeira publicação do edital. Os candidatos citados preenchem os demais requisitos que não se relacionam com os elementos fornecidos em relação a cada um deles, para obtenção da outorga da delegação no concurso mencionado. Diante da situação fática anteriormente relatada, considerando as disposições da Lei nº 8.935/1994 (Lei dos Cartórios), assinale a afirmativa correta.

a) Apenas Júlio não pode receber a outorga da delegação.
b) Apenas Elke e Júlio não podem receber a outorga da delegação.
c) Apenas João e Antônio não podem receber outorga da delegação.
d) Todos podem receber a delegação, pois atendem aos requisitos exigidos.

02. (VUNESP - 2023 - TJ-AL - Titular de Serviços de Notas e de Registros – Provimento) De acordo com a Lei Federal nº 8.935/1994, sobre o ingresso na atividade notarial e de registro, é correto afirmar:

a) Os concursos para o ingresso na atividade serão realizados pelo Poder Judiciário, com a participação, em todas as suas fases, da Ordem dos Advogados do Brasil, do Ministério Público, da Defensoria Pública Estadual, de um notário e de um registrador.
b) Depende dos seguintes requisitos: habilitação em concurso público de provas e títulos; nacionalidade brasileira; capacidade civil; quitação com as obrigações eleitorais e militares; diploma de bacharel em direito; verificação de conduta condigna para o exercício da profissão.
c) Ao concurso público poderão concorrer candidatos não bacharéis em Direito que tenham completado, até a data da primeira publicação do edital do concurso de provas e títulos, quinze anos de exercício em serviço notarial ou de registro.
d) Ao concurso de remoção somente serão admitidos titulares que exerçam a atividade por mais de três anos.

03. (IESES – Titular de Serviços de Notas e Registros – TJ – TO – Remoção/2022) Acerca do ingresso na atividade notarial e de registro, é correto afirmar, EXCETO:

a) Ao concurso público poderão concorrer candidatos não bacharéis em direito que tenham completado, até a data da primeira publicação do edital do concurso de provas e títulos, dez anos de exercício em serviço notarial ou de registro.
b) As vagas serão preenchidas alternadamente, duas terças partes por concurso público de provas e títulos e uma terça parte por meio de remoção, mediante concurso de títulos, não se permitindo que qualquer serventia notarial ou de registro fique vaga, sem abertura de concurso de provimento inicial ou de remoção, por mais de um ano.
c) Os concursos serão realizados pelo Poder Judiciário, com a participação, em todas as suas fases, da Ordem dos Advogados do Brasil, do Ministério Público, de um notário e de um registrador.
d) Ao concurso de remoção somente serão admitidos titulares que exerçam a atividade por mais de dois anos.

04. (Vunesp – Outorga de Delegação de Notas e Registros – TJ – GO/2021) Em relação à investidura na delegação, é correto afirmar que se dará no prazo de

a) 30 (trinta) dias, prorrogável uma vez, por igual período, por ato do Corregedor Geral da Justiça, a requerimento do interessado.
b) 60 (sessenta) dias, prorrogável uma vez, por igual período, por ato do Presidente do Tribunal de Justiça, a requerimento do interessado.
c) 30 (trinta) dias, prorrogável uma vez, por igual período, por ato do Presidente do Tribunal de Justiça, a requerimento do interessado.
d) 60 (sessenta) dias, prorrogável uma vez, por igual período, por ato do Corregedor Geral de Justiça, a requerimento do interessado.

05. (IESES –Cartório – Remoção – TJ – AM/2018)A delegação para o exercício da atividade notarial e de registro depende dos seguintes requisitos:

I. Diploma de bacharel em direito; habilitação em concurso público de provas e títulos.
II. Nacionalidade brasileira; capacidade civil.
III. Quitação com as obrigações eleitorais e militares.
IV. Verificação de conduta condigna para o exercício da profissão.

A sequência correta é:

a) Apenas as assertivas I, II e III estão corretas.
b) Apenas a assertiva II está incorreta.
c) Apenas as assertivas II e IV estão corretas.
d) As assertivas I, II, III e IV estão corretas.

06. (IESES –Cartório – Remoção – TJ – AM/2018) Os concursos para ingresso na atividade notarial e de registro serão realizados pelo Poder Judiciário, com a participação, em todas as suas fases dos seguintes representantes, EXCETO:

a) Ordem dos Advogados do Brasil.
b) Presidente do Tribunal de Justiça.
c) 1 (um) notário e de 1 (um) registrador.
d) Ministério Público.

07. (IESES –Cartório – Remoção – TJ – AM/2018) Ao concurso público poderão concorrer candidatos não bacharéis em direito que tenham completado, até a data da primeira publicação do edital do concurso de provas e títulos, quantos anos de exercício em serviço notarial ou de registro?

a) 25 (vinte e cinco) anos.
b) 15 (quinze) anos.
c) 20 (vinte) anos.
d) 10 (dez) anos.

08. (FCC – Cartório – TJ – PE/2013) A respeito do ingresso na atividade notarial e de registro, é correto afirmar que

a) os concursos serão realizados pelo Poder Executivo, com a participação, em todas as suas fases, da Ordem dos Advogados do Brasil, do Poder Judiciário, de um notário e de um registrador.
b) ao concurso público somente poderão concorrer candidatos bacharéis em direito.
c) as vagas serão preenchidas alternadamente, duas terças partes por provimento e uma terça parte por meio de remoção, não se permitindo que qualquer serventia notarial ou de registro fique vaga, sem abertura de concurso, por mais de seis meses.
d) ao concurso de remoção somente serão admitidos titulares que exerçam a atividade por mais de cinco anos.

e) a legislação federal disporá sobre as normas e os critérios para o concurso de remoção.

09. (Cespe – Cartório-PI/2013) Assinale a opção correta a respeito do ingresso na atividade notarial e de registro.

a) Ao concurso público poderão concorrer candidatos não bacharéis em direito que tenham completado, até a data da posse, dez anos de exercício em serviço notarial ou de registro.

b) Haverá ofensa ao princípio da isonomia em edital que preveja a possibilidade de disputa no certame para uma única serventia.

c) De acordo com jurisprudência firmada pelo STJ, o diploma ou habilitação legal para o exercício do cargo deve ser exigido no ato da inscrição no certame.

d) Podem ser titulares de delegação do exercício da atividade notarial e de registro os brasileiros natos e naturalizados, com idade mínima de dezoito anos, habilitados em concurso público de provas e títulos.

e) É necessária a participação nos concursos, em todas suas fases, da OAB, do MP, de um notário e de um registrador, até mesmo na elaboração do edital.

10. (Cespe – Cartório – TJ – BA/2014) Em relação aos cargos de notário e de registrador, assinale a opção correta com base na Lei dos Cartórios.

a) Não é dever dos notários e dos oficiais de registro fiscalizar o recolhimento dos impostos incidentes sobre os atos que praticam, sendo tal ato da competência exclusiva do auditor fiscal do juízo.

b) Os concursos para esses cargos devem ser realizados pelo Poder Judiciário, com a participação, em todas as suas fases, da defensoria pública do estado da Federação interessado.

c) Ao concurso público para esses cargos poderão concorrer candidatos não bacharéis em direito que tenham completado, até a data da primeira publicação do edital do certame, dez anos de exercício em serviço notarial ou de registro.

d) Ao concurso de remoção só serão admitidos titulares e substitutos que exerçam a atividade notarial ou de registro por mais de três anos.

e) O notário, assim como o registrador pode praticar, pessoalmente, no serviço de que seja titular, qualquer ato de seu interesse, se o fizer na presença de outro notário ou registrador que não seja seu parente na linha reta ou colateral até o terceiro grau.

11. (Vunesp – Cartório – SP – Remoção/2016) A Lei nº 8.935/94 estabelece os requisitos para a delegação do exercício da atividade notarial e registral. Assinale a alternativa que elenca corretamente alguns desses requisitos.

a) Verificação de conduta condigna para o exercício da profissão, quitação com as obrigações eleitorais e militares e diploma de bacharel em direito, salvo se já completos dez anos em serviço notarial ou de registro.

b) Aprovação em exame da Ordem dos Advogados do Brasil, nacionalidade brasileira e habilitação em concurso público de provas e títulos.

c) Habilitação em concurso público de provas e títulos, habilitação em curso de registros públicos homologado pelo Conselho Nacional de Justiça (CNJ) e diploma de bacharel em direito.

d) Habilitação em curso de registros públicos homologado pelo Conselho Nacional de Justiça (CNJ), verificação de conduta condigna para o exercício da profissão e diploma de bacharel em direito, salvo se já completos dez anos em serviço notarial ou de registro.

12. (IESES – Cartório – Remoção – TJ – RO/2017) A delegação para o exercício da atividade notarial e de registro depende dos seguintes requisitos:

I. Habilitação em concurso público de provas e títulos.
II. Nacionalidade brasileira e capacidade civil.
III. Quitação com as obrigações eleitorais e militares.
IV. Diploma de bacharel em direito ou em economia.

A sequência correta é:

a) Apenas as assertivas I e III estão corretas.

b) Apenas as assertivas I e II estão corretas.

c) As assertivas I, II, III e IV estão corretas.

d) A assertiva IV está incorreta.

GAB								
	1	D	2	B	3	B	4	C
	5	D	6	B	7	D	8	C
	9	D	10	C	11	A	12	D

Lei 8.935/1994

Art. 17. Ao concurso de remoção somente serão admitidos titulares que exerçam a atividade por mais de dois anos.

1. COMENTÁRIOS

Nos termos da Resolução CNJ n. 81/2009, os dois anos previstos neste artigo devem estar completos na data da primeira publicação do edital e devem ser em serventia do **mesmo Estado da** atuação dos titulares. Isso equivale a dizer que, para fins de remoção, não se pode aproveitar o tempo exercido como titular em outro Estado, o que, obviamente, não veda a pontuação na prova de títulos.

No que diz respeito ao prazo, parece-me que não foi observado o teor da Súmula 266 do Superior Tribunal de Justiça. Referida súmula diz que a habilitação somente será exigida **na ocasião da posse** e não quando da inscrição do concurso. Logo, os dois anos de exercício da atividade devem ser exigidos na ocasião da posse, ou, na boa observação de Aflaton Castanheira Maluf, no mínimo, na data de escolha das Serventias (Op. cit., p. 657).

É permitido que os dois anos sejam contados de **qualquer especialidade**, ou seja, a remoção poderá ser para qualquer espécie de serventia extrajudicial que possuem previsão no art. 5º desta lei

Importante anotar que a figura da **remoção por permuta** é vedada em nosso ordenamento jurídico, por violar o artigo 236, parágrafo 3º, da Constituição Federal (vide tópico "Jurisprudência complementar). Aliás, nas considerações da Resolução 80/2009 do CNJ, há uma expressa menção à inexistência jurídica do referido ato. Este entendimento também é pacificado na jurisprudência de todos os tribunais do país:

EMENTA: Recurso administrativo – Pedido de Providências – Oficial de serventia extrajudicial – Remoção por permuta – Provimento derivado sem concurso público – Extinção da serventia de origem – Manutenção na serventia atual até reativação da serventia anterior – Modulação – Impossibilidade

1. Visto que não foram recepcionadas as leis estaduais que dispensam oficiais de serventias notariais e de registro de prestarem concurso público para efetivação de remoção, é irregular a remoção por permuta, devendo ser mantida a declaração de vacância da serventia ocupada irregularmente

2. Reconhecida a irregularidade da permuta, resta ao removido retornar à serventia de origem ou, no caso de extinção desta, suportar os ônus do ato irregular do qual participou .

3. É descabida a modulação dos efeitos da decisão para permanência do removido na serventia atual até eventual reativação da serventia de origem, uma vez que tal solução perpetua situação reconhecida pelo STF como inconstitucional, viola os princípios da impessoalidade e da moralidade e afronta diretamente o mandamento constitucional acerca do ingresso na atividade cartorial por meio de concurso público, válido também para o provimento derivado .

4. Recurso administrativo desprovido. (CNJ – Pedido de Providências nº 0000791-37.2016.2.00.0000 – Paraná – Rel. Min. Carlos Levenhage – DJ 16.06.2017)

O Supremo Tribunal Federal também já bateu o martelo. O ministro Teori Zavascki negou seguimento ao Mandado de Segurança (MS) 29219, impetrado contra decisão do Conselho Nacional de Justiça (CNJ) que desconstituiu ato do Tribunal de Justiça do Rio Grande do Norte (TJ-RN) autorizando a permuta, sem concurso público, entre os titulares do 2º Ofício de Notas da Comarca de São José de Mipibú (RN) e do 2º Ofício de Notas da Comarca de São Paulo do Potengi (RN). De acordo com o ministro, **a remoção sem concurso viola o do artigo 236, parágrafo 3º, da Constituição Federal.**

O relator observou que o serviço notarial é exercido em caráter privado e por delegação do poder público, para cujo ingresso ou remoção exige-se concurso público de provas e títulos. Assinalou também que a atividade notarial e de registro é essencialmente distinta da atividade exercida pelos poderes de Estado e, embora prestado como serviço público, o titular da serventia extrajudicial **não é servidor e com este não se confunde.**

De acordo com os autos, os autores do MS ingressaram no cargo de titular das respectivas serventias por meio de concurso público e, após **sucessivas movimentações**, em 15/8/2002, foram reciprocamente removidos por permuta. As partes argumentam que, em respeito aos princípios constitucionais da segurança jurídica e da boa-fé, o ato do TJ-RN autorizando a permuta não seria passível de anulação passados oito anos (a decisão do CNJ ora atacada é de 2010), pois já teria sido consumada a decadência de que trata o artigo 54 da Lei 9.784/1999 (Lei de Processo Administrativo).

Alegam também que a permuta estava autorizada pela Lei Complementar estadual 122/94.

O relator salientou que a legislação estabelece limites ao poder de revisão dos atos do Poder público de que decorram efeitos favoráveis ao administrado, passado o prazo de cinco anos da vigência de lei ou ato normativo. Segundo ele, essa espécie de autolimitação instituída pelo legislador tem por razão a proteção da segurança jurídica do administrado e significa que, depois desse prazo, decai o direito de revisão, exceto quando verificada a má-fé do beneficiário. Destacou, no entanto, que a situação em exame no MS tem outra conformação, pois a decadência não se sobrepõe às exigências constitucionais.

> "A Constituição ordena a sujeição ao concurso público a quem não ostente essa condição de acesso à serventia ocupada, ordem essa que não está sujeita a prazo de qualquer natureza, não podendo cogitar de convalidação dos atos ou fatos que persistem em descumpri-la. Não há sentido algum, portanto, em se debater a respeito da decadência, nessas hipóteses. Em suma, o prazo decadencial de cinco anos para revisão de atos administrativos (artigo 54 da Lei 9.784/1999, e artigo 91, parágrafo único, do Regimento Interno do CNJ) não se aplica a situações inconstitucionais, como a dos autos, em que houve a delegação de serventia extrajudicial sem a prévia realização do devido concurso público", argumentou.

O relator elencou decisões precedentes do Plenário nas quais ficou assentado não haver direito adquirido à efetivação em serventia vaga depois da Constituição de 1988, citando entre elas o MS 28273, de relatoria do ministro Ricardo Lewandowski, em que o Plenário, por unanimidade, decidiu que **o exame da investidura na titularidade de cartório sem concurso público não está sujeito ao prazo decadencial previsto no artigo 54 da Lei 9.784/1999**. Citou também o MS 28279, de relatoria da ministra Ellen Gracie (aposentada), no qual foi fixado o entendimento de que **"situações flagrantemente inconstitucionais como o provimento de serventia extrajudicial sem a devida submissão a concurso público não podem e não devem ser superadas pela simples incidência do que dispõe o artigo 54 da Lei 9.784/1999, sob pena de subversão das determinações insertas na Constituição Federal".**

O ministro ressaltou que a alegação de que remoções foram efetivadas com amparo na Lei Complementar estadual 122/1994, que dispõe sobre "o regime jurídico único dos servidores públicos civis do Estado e das autarquias e fundações públicas estaduais" também é improcedente, pois a norma apresenta conteúdo direcionado aos servidores do Poder Judiciário, e não aos ocupantes das serventias extrajudiciais. Destacou que não ficou evidenciado nos autos que a remoção foi antecedida de procedimento administrativo que assegurasse a impessoalidade e a igualdade de condições entre os inscritos, o que representa violação do artigo 236, parágrafo 3º, da Constituição. Em suma, não se tem presente a alegada ilegitimidade do ato coator atribuído ao Conselho Nacional de Justiça nem a existência do direito líquido e certo afirmado pelos impetrantes, concluiu o ministro ao revogar a liminar deferida pelo relator anterior, ministro Ayres Britto (aposentado), e negar seguimento (julgar inviável) ao mandado de segurança.

Ainda sobre a remoção, diz o art. 18 que a legislação estadual disporá sobre as normas e os critérios para o concurso de remoção. Por óbvio, a Resolução 81/2009 deve ser obedecida.

2. JURISPRUDÊNCIA COMPLEMENTAR

CONSELHO NACIONAL DE JUSTIÇA

EMENTA: Procedimento de Controle Administrativo – Nulidade da remoção por permuta declarada em acórdão do CNJ – Entendimento firmado no sentido de que deve o delegatário arcar com o ônus do ato irregular que praticou – Impossibilidade de retorno ao cartório de origem – Decisão monocrática que designou o delegatário permutante como interino em contrariedade ao decidido pelo Corregedor Local – Provimento nº 77 da Corregedoria Nacional de Justiça – Inobservância – Procedência do pedido – I. O objeto do presente feito consiste na impugnação da decisão monocrática proferida nos autos do Recurso Administrativo nº 0012852-62-2020.8.08.0000, em trâmite no Tribunal de Justiça do Estado do Espírito Santo, que determinou, em sede de antecipação de tutela, a nomeação, para o exercício da interinidade do Tabelionato de Notas de Goiabeiras, de delegatário que tivera sua remoção por permuta declarada ilegal por este Conselho, há mais de 10 (dez) anos, em detrimento da designação da Requerente, previamente efetivada pela Corregedoria local – II. Do ato impugnado, extrai-se inobservância das decisões proferidas tanto no âmbito deste Conselho, quanto do Supremo Tribunal Federal, as quais declararam a nulidade da referida remoção, promovida, sem concurso público, já na vigência da Constituição Federal de 1988, com determinação de retorno do interessado à serventia de origem, sob pena de arcar com o ônus do ato irregular que praticou e que, por óbvio, se traduz na perda do vínculo com o Poder Judiciário – III. A designação do terceiro interessado para assumir interinamente o Tabelionato de Notas de Goiabeiras (CNS 15.338-7) afrontou o Provimento nº 77/2018, da Corregedoria Nacional de Justiça, segundo o qual a designação deve recair sobre o substituto mais antigo, no momento da declaração da vacância, ou, na ausência desse, de delegatário em exercício no mesmo município ou em município contíguo, que detenha uma das atribuições do serviço vago – IV. Nesse contexto, há de se reconhecer o direito subjetivo da Requerente à permanência no exercício da função para a qual foi previamente designada pela Corregedoria-Geral de Justiça do TJES, nos exatos termos da liminar concedida nestes autos, devidamente ratificada, à unanimidade, por este Plenário, na 79ª Sessão virtual, de 18 de dezembro de 2020 – V. Procedência do Procedimento de Controle Administrativo (CNJ – Procedimento de Controle Administrativo nº 0006047-19.2020.2.00.0000 – Espírito Santo – Rel. Cons. Emmanoel Pereira – DJ 15.02.2022).

EMENTA: Procedimento De Controle Administrativo – Nulidade Da Remoção Por Permuta Declarada Por Acórdão Do CNJ – Entendimento Firmado No Sentido De Que O Delegatário Deve Arcar Com O Ônus Do Ato Irregular Que Praticou – Impossibilidade De Retorno Ao Cartório De Origem – Inclusão Como Interino Em Serventia Diversa, Em Contraposição À Designação Do Corregedor Local – Provimento Nº 77/2018 Da Corregedoria Nacional De Justiça – Inobservância – Liminar Deferida – Ratificação.

I – Nos termos do artigo 25, XI, do Regimento Interno do Conselho Nacional de Justiça, a tutela de urgência é cabível nesta esfera administrativa quando haja fundado receio de prejuízo, dano irreparável ou risco de perecimento do direito invocado.

II – No caso, a plausibilidade do direito invocado refere-se à impossibilidade de haver nova designação de interino, por decisão monocrática, proferida em sede de tutela de urgência, em procedimento administrativo, quando constatado que a função já se encontra ocupada por delegatária designada pelo Corregedor-Geral, a quem incumbe esta atribuição, nos termos do artigo 2º do Provimento nº 77/2018, da Corregedoria Nacional de Justiça.

III – Igualmente caracterizado o perigo da demora, diante da iminência do cumprimento da decisão administrativa, ora impugnada.

IV – Medida liminar deferida para suspender os efeitos da tutela de urgência deferida nos autos do Recurso Administrativo nº 0012852-62-2020.8.08.00000, que tramita na origem, até o julgamento final deste procedimento de controle administrativo.

Após o voto do Conselheiro Henrique Ávila (vistor), o Conselho, por unanimidade, ratificou a liminar, nos termos do voto do Relator. Presidiu o julgamento o Ministro Luiz Fux. Plenário Virtual, 18 de dezembro de 2020. Votaram os Excelentíssimos Conselheiros Luiz Fux, Maria Thereza de Assis Moura, Emmanoel Pereira, Luiz Fernando Tomasi Keppen, Rubens Canuto, Tânia Regina Silva Reckziegel, Mário Guerreiro, Candice L. Galvão Jobim, Flávia Pessoa, Ivana Farina Navarrete Pena, Marcos Vinícius Jardim Rodrigues, André Godinho, Maria Tereza Uille Gomes e Henrique Ávila. Não votou, em razão da vacância do cargo, o representante do Ministério Público da União.

[...]Constitucional E Processual Civil – Impossibilidade De Remoção Por Permuta Após A CF/88, Sem Concurso Público (Art. 236, § 3º, Da CF/1988) – Legalidade Da Declaração De Vacância De Serventia Extrajudicial Ocupada Pelo Agravante Decidida Pelo Supremo Tribunal Federal No MS 29.265 (Rel. Min. Rosa Weber) – Impossibilidade De Ajuizamento Posterior De Ação Declaratória 0037.453–02.2016.8.08.0024 – TJES Para Obtenção De Nova Tutela Jurisdicional Absolutamente Contrária À Decisão Do Supremo Tribunal Federal – Obstrução Dos Efeitos Práticos Da Declaração De Vacância – Inaceitável Subsistência De Provimento Judicial Contrário À Autoridade Desta Corte – Agravo Regimental A Que Se Nega Provimento.1. A persistência de controvérsias em torno da ocupação irregular de serventias extrajudiciais, após 30 anos da promulgação da Constituição Federal de 1988, exige uma resposta firme desta CORTE, sobre a qual, o ponto de partida para qualquer análise deve seguir sempre a favor da garantia da autoridade das inúmeras decisões tomadas pelo SUPREMO TRIBUNAL FEDERAL, em mais de 600 casos relacionados ao Pedido de Providências 0000384-41.2010.2.00.0000 do CONSELHO NACIONAL DE JUSTIÇA, em sua maioria relatados pelo saudoso Ministro TEORI ZAVASCKI, em que esta CORTE reafirmou a orientação fixada pelo PLENÁRIO nos Mandado de Segurança 28.371 (Rel. Min. JOAQUIM BARBOSA, DJe de 27/2/2013) e Mandado de Segurança 28.279 (Rel. Min. ELLEN GRACIE, DJe de 29/4/2011), reconhecendo que o art. 236, *caput*, e o seu § 3º da CF/88 são normas autoaplicáveis, que incidiram imediatamente desde a sua vigência, produzindo efeitos, portanto, mesmo antes do advento da Lei 8.935/1994.

2. A partir de 5/10/1988, o requisito constitucional do concurso público é inafastável em ambas as hipóteses de delegação de serventias extrajudiciais: no ingresso, exige-se o concurso público de provas e títulos; na remoção (até a modificação da Lei 9.835/1994 pela Lei 10.506/2002), concurso público de provas e títulos. Essas exigências, aliás, excluiriam logicamente a possibilidade de permuta (dupla remoção simultânea) até mesmo entre titulares de serventias extrajudiciais e ainda que os permutantes tivessem, quando do ingresso, se submetido ao regular concurso público (MS 28.440 ED-AgR, Rel. Min. TEORI ZAVASCKI, Tribunal Pleno, DJe de 7/2/2014; MS 29.032 EDAgR, Rel. Min. TEORI ZAVASCKI, Segunda Turma, DJe de 7/6/2016; MS 29.500 AgR, Rel. Min. TEORI ZAVASCKI, Segunda Turma, DJe de 16/2/2016; MS 29.189 EDED-AgR, Rel. Min. TEORI ZAVASCKI, Segunda Turma, DJe de 4/8/2015; MS 28.060 ED-AgR, Rel. Min. TEORI ZAVASCKI, Segunda Turma, DJe de 20/8/2014; MS 29.698 AgR, Rel. Min. TEORI ZAVASCKI, Segunda Turma, DJe de 21/8/2014; MS 28.969 AgR, Rel. Min. TEORI ZAVASCKI, Segunda Turma, DJe de 21/8/2014).

3. No julgamento do Mandado de Segurança 29.265 (Rel. Min. ROSA WEBER, DJe de 11/5/2017), reconheceu-se a nulidade do ato de remoção por permuta por intermédio do qual o ora agravante foi investido no 1º Tabelionato de Protesto, Ofício do Registro de Imóveis, Títulos e Documentos e Pessoas Jurídicas, de Vila Velha/ES. E, como consequência, legitimou-se a declaração de vacância da referida serventia, providência adotada pelo CONSELHO NACIONAL DE JUSTIÇA.

4. Em tal contexto, obviamente, descabe nova tutela jurisdicional que venha a obstar os efeitos do quanto decidido por esta CORTE CONSTITUCIONAL, como se deu com a sentença proferida na ação declaratória em referência. Em outras palavras, a declaração de vacância da delegação, como consequência da invalidação do ato de remoção por permuta, deve produzir efeitos imediatos, como a viabilização do seu preenchimento por concurso público. Sequer se admite, por decorrência lógica, condicionar a declaração de vacância à reversibilidade dos efeitos gerados com a permuta desconstituída, como afirmado na sentença impugnada por esta reclamação. Daí por que reafirmo ser inaceitável a permanência, no cenário jurídico, de provimento judicial que contrarie o que foi decidido por esta CORTE no Mandado de Segurança 29.265, Rel. Min. ROSA WEBER, 1ª Turma, DJe de 11/5/2017).

5. É cabível a reclamação ajuizada por terceiro interessado, cuja participação em mandado de segurança é vedada, como na presente hipótese (Rel. Min. ROSA WEBER, 1ª Turma, DJe de 11/5/2017), em face de jurisprudência desta CORTE, que é firme no sentido de vedar ingresso de terceiro, por falta de previsão no art. 24, da lei 12.016/2009 (MS 29.058 MCAgR, decisão monocrática, Rel. Min. CELSO DE MELLO, DJe de 28/5/2013; MS 30.260, Pleno, Rel. Min. CÁRMEN LÚCIA, DJe de 29/8/2011; MS 26.552 AgR-AgR, Pleno, Rel. Min. CELSO DE MELLO, DJe de 15/10/2009; SS 3.273 AgRsegundo, Pleno, Rel. Min. ELLEN GRACIE, DJe de 20/6/2008).

6. O ora agravante trouxe o mesmo tema à análise desta CORTE, quando impetrou o Mandado de Segurança 27.739 (Rel. Ministra ROSA WEBER), ainda em 2008. Dessa forma, evidenciam-se, na presente hipótese, reiteradas tentativas de fazer prevalecer a remoção do impetrante do 2º Ofício de Notas de Vila Velha/ES para o 1º Tabelionato de Protesto, Ofício do Registro de Imóveis, Títulos e Documentos e Pessoas Jurídicas, de Vila Velha/ES, em clara afronta à ordem constitucional inaugurada em 1988, razão pela qual padece de razoabilidade a alegação de nulidade decorrente da ausência de citação, prevista no art. 989 do CPC/2015. Conforme consagrado pelo princípio *pas de nulitté sans grief*, é necessária demonstração de prejuízo acerca das nulidades suscitadas (RMS 28.490 AgR, Rel. Min. ROBERTO BARROSO, Tribunal Pleno, julgado em 8/8/2017) – o que não ocorreu no caso em exame, pois as razões que seriam eventualmente suscitadas em sede de contestação, a fim de influir no julgamento, foram devidamente apresentadas e, agora, detidamente apreciadas neste recurso de agravo. Não se justifica, portanto, a alegada nulidade.

7. Agravo regimental a que se nega provimento.

[...] **a situação do delegatário em questão é *sui generis*. É que, não obstante estivesse no rol dos delegatários alcançados pela deliberação plenária, sua serventia de origem foi estatizada em data anterior à prolação da referida Decisão** (a estatização ocorreu em 16 de março de 2009 e o PCA n. 1408-75 foi julgado na Sessão Ordinária realizada em 8 de setembro de 2009).

Note-se que não era do conhecimento do Plenário que a serventia de origem havia sido estatizada quase seis meses antes da prolação da referida Decisão.

Assim, **naquele momento, a modulação de efeitos já não seria aplicável ao delegatário, haja vista ser impossível postergar o retorno à sua serventia de origem.**

Nesse cenário, **diante da impossibilidade de retorno ao *status quo* ante e, considerando a invalidação do ato de permuta por afronta ao regramento do art. 236, § 3º, da Constituição Federal (decisão confirmada pelo STF e contra a qual não se insurge o delegatário), cujo efeito imediato foi a declaração de vacância da serventia de destino, outra solução não se apresenta ao caso concreto senão aquela apresentada pelo Conselheiro Rubens Curado, devendo o delegatário arcar com o ônus do ato irregular que praticou.**

Vale dizer: muito embora tenha ingressado por concurso público na serventia de origem, o delegatário [...] optou pela remoção por permuta, ciente de que tal provimento derivado não obedecia ao estabelecido na Constituição Federal. **Deve, portanto, arcar com os consequentes efeitos da nulidade do ato praticado, que ignorou o requisito constitucional do necessário concurso público. Caso haja responsabilidade a ser apurada e reparada, decorrente da invalidação da permuta e da impossibilidade de retorno ao estado anterior, poderá o delegatário recorrer às vias ordinárias.** Esse foi o **entendimento adotado recentemente pelo Plenário desta Casa no julgamento do Recurso Administrativo no Pedido de Providências n. 0001399-06.2014.2.00.0000, de relatoria do eminente Conselheiro Emmanoel Campelo** [...] Diante de todo o exposto, não vejo razão para reconsiderar, nesse ponto, a decisão proferida por meu antecessor, devendo o delegatário [...] arcar com o ônus do ato irregular que praticou e, se entender cabível e pertinente, recorrer às vias ordinárias para **buscar eventual reparação de dano**.' (Cumprdec n. 0000101– 47.2012.2.00.0000, Rel. Cons. Carlos Eduardo Oliveira Dias) (ID 2025925) (grifo nosso) [...].'

Assim, de acordo com o decidido pelo Conselho Nacional da Justiça, caberia ao Sr. P., arcar com o ônus do ato irregular praticado, que culminou com o rompimento do vínculo com o Poder Judiciário, em razão da inobservância à regra do concurso público." (Id. 4078568 – p. 1-4).

Extrai-se ainda das informações prestadas pela Corregedoria local que, justamente em razão dos fatos narrados, *"a pretensão do* Sr. P., *de ser designado como interino para responder por uma das serventias vagas da Grande Vitória, foi negada por esta Corregedoria Geral da Justiça, no âmbito do processo SEI n. 7000418– 19.2020.8.08.0000"*, em cuja decisão foi ressaltado que o interessado *"nunca ostentou a condição de substituto mais antigo da serventia, primeiro requisito para designação em caráter precário e interino, nos termos do Provimento CNJ n. 77/18, pois respondeu na condição de titular e depois como interino pelo Cartório do 1º Ofício"* (Id. 4078568 – p. 4).

Igualmente, depreende-se das informações prestadas pelo Corregedor local que a possibilidade defendida pelo Sr. P. quanto ao equacionamento da sua situação administrativa em serventia diversa da originalmente ocupada, foi expressamente refutada pela Corregedoria Geral do TJES. Entretanto, é justamente a tese que, uma vez acolhida pelo Desembargador Robson Luiz Albanez, relator do Recurso Administrativo nº 0012852-62.2020.8.08.0000, ampara a concessão da tutela de urgência lá requerida. A esse respeito, consigna o Corregedor:

"Um dos fundamentos reside no fato de que o Sr. P., foi titular do Cartório do 1º e 2º Ofícios do Juízo de Vila Velha, o que não lhe garante o exercício da interinidade no Cartório de Notas do Distrito de Goiabeiras, Vitória/ES, ante a necessidade de observância dos requisitos contidos no artigo 5º, do Provimento CNJ n. 77/2018.

A propósito, esse foi o critério utilizado para a designação da Sra. M, para responder pelo Cartório do Distrito de Goiabeiras, pois possui a mesma atribuição do serviço de tabelionato, é titular de serventia localizada em Vitória/ES e goza da confiança desta Corregedoria Geral da Justiça.

Ademais disso, compete à Corregedoria de Justiça dos Estados a designação de interino para responder por serventia vaga (art. 2º, Provimento CNJ nº 77/2018), eis que se trata de cargo de confiança e depende do preenchimento de requisitos que deverão ser analisados em relação a todos os delegatários titulares do mesmo município.

Inequívoco, portanto, que a designação de interino por medida liminar importa em verdadeira invasão de competência atribuída de forma expressa à Corregedoria Geral da Justiça, que possui, naturalmente, melhores condições técnicas de escolha vinculada à observância dos requisitos legais.

Destaco que o Sr. P., não possui os requisitos e, tampouco, a confiança necessária para ser designado como delegatário interino pelo Cartório de Notas do Distrito de Goiabeiras, Vitória/ES, ou qualquer outro no Estado do Espírito Santo.

Isto porque, o terceiro interessado deixou de recolher aos cofres públicos a Receita 221, relativa ao superávit extrajudicial enquanto respondia pelo Cartório do 1º Ofício de Vila Velha, o que foi apurado no processo SEI nº 7000827-92.2020.8.08.0000.

A ausência de repasse do superávit extrajudicial ao Fundo Especial do Poder Judiciário-FUNEPJ, por si só, configura fundamento para revogação da designação do interino, sendo inadmissível, por preservação do interesse público, a designação de pessoa reincidente nesse comportamento, notadamente, devedora de quantia vultosa.

Se isso não bastasse, tramitam nesta Corregedoria Geral da Justiça treze (13) processos administrativos, nos quais usuários dos serviços cartorários pediram a devolução de emolumentos adiantados para a prática de atos, que foram recebidos pelo Sr. P., quando respondia pelo Cartório do 1º Ofício de Vila Velha, e não foram ressarcidos. Em decorrência, a atual titular da referida serventia extrajudicial, Sra. R, por imposição judicial ou de forma amigável, está sendo obrigada a praticar os atos e devolver aos usuários os valores recebidos pelo Sr. P. Por todas esses fatos, resta nítida a impossibilidade de designação do terceiro interessado para responder em caráter precário e interinamente por quaisquer das serventias vagas do Estado do Espírito Santo." (Id. 4078568 – p. 5).

Pelo exposto, a Corregedoria Geral do TJES afirma que ***"permanece hígido o interesse de preservação da delegatária titular, Sra. M, à frente da serventia vaga, pois vem executando um trabalho exemplar no Cartório de Tabelionato de Notas do Distrito de Goiabeiras, Vitória/ES, com a organização da serventia e investimentos voltados a melhoria da prestação do serviço público*** " (Id. 4078568 – p. 5).

Em nova petição (Id. 4078127), a Requente reitera os pedidos formulados na inicial, ressaltando que nos autos do Recurso Administrativo nº 0012852-62.2020.8.08.0000, houve manifestação do Desembargador e Corregedor-Geral, Ney Batista Coutinho, no sentido da revogação da liminar concedida pelo Desembargador Robson Luiz Albanez.

Em seu arrazoado, a Requerente destaca que o Corregedor-Geral do TJES, na referida manifestação, salientou que *"não há condições de o Sr. P., assumir o cargo por delegação interina em face da designação de servidora para o referido cartório, seja por falta de amparo legal e por descumprimento da obrigação de recolhimento aos cofres públicos da importância de R$ 80.061.735,62 (oitenta milhões, sessenta e um mil, setecentos e trinta e cinco reais e sessenta e dois centavos), objeto de cálculo elaborado pelo setor competente da Corregedoria Geral de Justiça do ES e que se destinaria ao FUNEPJ; ou por não devolver aos usuários os valores deixados sob a sua responsabilidade e com a finalidade da prática de atos junto ao Cartório do 1º Ofício de Vila Velha, o que configura falta de boa-fé e confiança necessárias para exercer a interinidade, além da falta de credibilidade, requisito previsto no artigo 14, inciso VI, da Lei nº 8.935/94."* (Id. 4078127 – p. 5).

Em 12 de agosto de 2020, considerando presentes os pressupostos do artigo 25, XI, do RICNJ, foi deferida a liminar pleiteada, para suspender os efeitos da tutela de urgência deferida nos autos do Recurso Administrativo nº 0012852-62-2020.8.08.00000, até o julgamento final deste procedimento de controle administrativo (Id. 4079690).

É o relatório, em síntese.

VOTO

Do quanto relatado nestes autos, depreende-se que este Conselho Nacional de Justiça, em ocasião anterior, analisou a remoção por permuta do Sr. P., ocorrida em maio de 1999, sob a vigência da Constituição Federal atual, e ratificou a declaração de sua ilegalidade (CNJ – RA – Recurso Administrativo em PCA – Procedimento de Controle Administrativo – 0001176-77.2019.2.00.0000 – Rel. LUCIANO FROTA – 53ª Sessão Virtual – julgado em 04/10/2019).

Naquela oportunidade, em consonância com o entendimento firmado pelo Plenário desta Casa, consubstanciado no julgamento do PP-0001399-06.2014.2.00.0000, julgado em 14/06/2016, ressaltou-se que, uma vez ***"reconhecida a irregularidade da permuta resta ao removido o retorno à serventia de origem ou suportar os ônus do ato irregular do qual participou."***

Consoante as informações prestadas pela Corregedoria Geral do TJES, o **ato de desfazimento da permuta ocorrida em 1999, somente se concretizou pela publicação do Ato nº 396/2019, em 08.07.2019**, e, diante da impossibilidade de retorno à serventia original, já ocupada por novo titular, concursado, peticionou o interessado junto ao Conselho da Magistratura local, a fim de ser aproveitado, como interino, em outra serventia.

Em sede de tutela de urgência, deferida pelo Desembargador Robson Luiz Albanez, nos autos do Recurso Administrativo nº 0012852-62-2020.8.08.00000, foi, então, o Sr. P., designado para o exercício da interinidade do Cartório de Tabelionato de Notas do Distrito de Goiabeira em Vitória/ES, não obstante já estivesse a Sra. M no exercício deste encargo, porquanto regularmente designada meses antes para atuar como interina junto à referida serventia pelo Corregedor local.

Nesse contexto, considerando presentes os pressupostos do artigo 25, XI, do RICNJ, deferi a liminar pleiteada, para suspender os efeitos da tutela de urgência concedida nos autos do referido recurso administrativo, até o julgamento final deste procedimento de controle administrativo (Id. 4079690).

Em cumprimento ao disposto no art. 25, XI, do Regimento Interno do Conselho Nacional de Justiça, submeto à apreciação do Plenário a decisão liminar proferida, com os seguintes fundamentos:

"Nos termos do artigo 25, XI, do Regimento Interno do Conselho Nacional de Justiça, a tutela de urgência é cabível nesta esfera administrativa quando haja fundado receio de prejuízo, dano irreparável ou risco de perecimento do direito invocado.

Exige-se, assim, a **presença simultânea** da plausibilidade das alegações e do risco de dano irreparável ou de difícil reparação, com possibilidade do perecimento do bem jurídico objeto da pretensão resistida.

No caso, a Requerente pleiteia a concessão de medida cautelar com vistas a garantir a sua permanência na condição de interina do Cartório de Tabelionato de Notas do Distrito de Goiabeira em Vitória/ES, encargo assumido em 25/05/2020.

Em síntese, afirma que, em razão da tutela de urgência deferida nos autos do Recurso Administrativo nº. 0012852-62-2020.8.08.00000, em trâmite no TJES, está sob o risco de perder o encargo ocupado (*periculum in mora*), sendo que o indicado para sucedê-la na interinidade da serventia, Sr. P. não detém os requisitos mínimos para o exercício da atividade, nos termos do Provimento nº 77 da Corregedoria Nacional de Justiça (*fumus boni iuris*).

Em consulta formulada junto à Corregedoria Geral do TJES, órgão responsável pela fiscalização das serventias locais, constatou-se a existência de procedimentos apuratórios em relação ao Sr. P. R., o que motivou, inclusive, pronunciamento contrário daquela Corregedoria para que este assumisse a interinidade da serventia em questão.

De outro lado, observa-se que este Conselho Nacional de Justiça, em mais de uma oportunidade, declarou a nulidade da remoção por permuta realizada pelo referido interessado, afastando a ideia, por ele defendida, quanto à garantia do exercício, ainda que precário, em serventia diversa daquela originalmente ocupada.

Pelo contrário, o entendimento firmado pelo Plenário do CNJ, por ocasião do julgamento, em 4 de outubro de 2019, do PCA nº 0001176-77.2019.2.00.0000, da Relatoria do Conselheiro Luciano Frota, ao determinar o IMEDIATO AFASTAMENTO do Sr. P., da titularidade do **1º Tabelionato de Protesto, Ofício do Registro de Imóveis, Títulos e Documentos e Pessoas Jurídicas de Vila Velha/ES,** em observância à declaração de nulidade da remoção ocorrida em 1999, foi o de que, diante da impossibilidade de retorno à serventia original, deveria o **delegatário arcar com o ônus do ato irregular que praticou.**

Ademais, nos termos do Provimento nº 77, de 07 de novembro de 2018, incumbe às Corregedorias de Justiça dos Estados a designação de interinos (artigo 2º), de modo que escapa à competência administrativa do Relator do Recurso Administrativo nº. 0012852-62-2020.8.08.00000 a indicação, por decisão monocrática, de pessoa diversa daquela já designada pelo Corregedor local para o exercício dessa atividade.

Da análise dos elementos acima indicados, em exame perfunctório, há de se reconhecer, portanto, a caracterização do ***fumus boni iuris***.

Lei 8.935/1994

E, considerando a iminência do cumprimento da decisão proferida em sede de tutela de urgência, nos autos do referido recurso administrativo, tem-se por evidenciado também o ***periculum in mora***.

Por todo o exposto, **defiro a medida liminar** pretendida, a fim de suspender os efeitos da tutela de urgência deferida nos autos do Recurso Administrativo nº. 0012852-62-2020.8.08.00000, até julgamento final do presente expediente e, na forma do artigo 25, XI, do Regimento Interno do CNJ, **submeto a presente decisão ao referendo do Plenário**, com vistas a sua ratificação.

À Secretaria Processual para as providências cabíveis." (Id. 4079690).

Ante o exposto, submeto à apreciação do E. Plenário a presente Decisão, a fim de ratificá-la, pelos fundamentos nela apresentados.

Brasília, data registrada no sistema.

Ministro EMMANOEL PEREIRA

Conselheiro Relator

VOTO VISTA

Adoto o relatório lançado pelo eminente Conselheiro Relator que adequadamente retrata a situação fática analisada nestes autos.

Trata-se de ratificação de decisão liminar na qual o eminente Relator, Conselheiro Emmanoel Pereira, determinou a suspensão dos efeitos da tutela de urgência deferida nos autos do Recurso Administrativo nº. 0012852-62-2020.8.08.00000, do TJES, de modo que M. permaneça respondendo interinamente ao Cartório de Tabelionato de Notas do Distrito de Goiabeira em Vitória/ES.

Por meio da decisão monocrática proferida pelo Des. Robson Luiz Albanez, do TJES, impugnada nestes autos, conferiu-se a Sr. P., o exercício provisório do Cartório de Tabelionato de Notas do Distrito de Goiabeira em Vitória/ES, em detrimento de M. (ID 4068729).

Em síntese, a decisão impugnada sustenta que o fato de o CNJ reconhecer a ilegalidade remoção por permuta do Sr. P., para o ofício 1º Ofício de Registro de Imóveis de Vila Velha, confirmada pelo Supremo Tribunal Federal, não debela a condição de delegatário, especialmente considerando a impossibilidade de seu retorno para a serventia de origem para qual foi regularmente investido. Desse modo, foi determinada a nomeação do Sr. Sr. P., para ocupar provisoriamente Cartório de Tabelionato de Notas do Distrito de Goiabeira em decisão proferida em caráter de urgência (ID 4068729).

Vale anotar que M. atuava em caráter precário na serventia questão por determinação da própria Corregedoria local, haja vista que preenchia os requisitos objetivos do Provimento da Corregedoria Nacional nº 77/2018, porquanto titular regularmente investida de serventia localizada em Vitória/ES, com mesma atribuição do Tabelionato de Notas do Distrito de Goiabeira.

Outrossim, a situação particular do Sr. P., foi apreciada por este Conselho em ocasião pretérita, de modo que, s.m.j., a decisão proferida nestes autos, submetida para ratificação, coaduna-se à orientação Plenária já emanada nos PCAs n. 697-70.2008, 885-63.2008 e 1176-77.2019.

Ressalte-se, também, que segundo noticiado nos autos, o Sr. P., teria deixado de recolher aos cofres públicos a Receita 221, relativa ao superávit extrajudicial, no valor de R$ 80.061.735,62 (oitenta milhões, sessenta e um mil, setecentos e trinta e cinco reais e sessenta e dois centavos), enquanto respondia pelo Cartório do 1º Ofício de Vila Velha, cuja delegação foi considerada ilegal por este Conselho (ID 40785568).

Ante exposto, após detido exame dos autos, considerando presentes os requisitos do art. 25, XI, do RICNJ, alinho-me ao voto do eminente Relator, para que seja ratificada a liminar.

É como voto. HENRIQUE ÁVILA. Conselheiro Vistor – – / (CNJ – Procedimento de Controle Administrativo nº 0006047-19.2020.2.00.0000 – Espírito Santo – Rel. Cons. Emmanoel Pereira – DJ 15.01.2021).

SUPREMO TRIBUNAL FEDERAL

EMENTA: CONSTITUCIONAL. SERVENTIA EXTRAJUDICIAL. PROVIMENTO, MEDIANTE REMOÇÃO, SEM CONCURSO PÚBLICO. ILEGITIMIDADE. ARTIGO 236 E PARÁGRAFOS DA CONSTITUIÇÃO FEDERAL: NORMAS AUTOAPLICÁVEIS, COM EFEITOS IMEDIATOS, MESMO ANTES DA LEI 9.835/1994. INAPLICABILIDADE DO PRAZO DECADENCIAL DO ARTIGO 54 DA LEI 9.784/1999. PRECEDENTES DO PLENÁRIO. AGRAVO NÃO PROVIDO.

1. A jurisprudência do STF é no sentido de que o art. 236, *caput*, e o seu § 3º da CF/88 são normas autoaplicáveis, que incidiram imediatamente desde a sua vigência, produzindo efeitos, portanto, mesmo antes do advento da Lei 8.935/1994. Assim, a partir de 5/10/1988, o concurso público é pressuposto inafastável para a delegação de serventias extrajudiciais, inclusive em se tratando de remoção, observado, relativamente a essa última hipótese, o disposto no art. 16 da referida lei, com a redação que lhe deu a Lei 10.506/2002. As normas estaduais editadas anteriormente, que admitem a remoção na atividade notarial e de registro independentemente de prévio concurso público, são incompatíveis com o art. 236, § 3º, da Constituição, razão pela qual não foram por essa recepcionadas.

2. É igualmente firme a jurisprudência do STF no sentido de que a atividade notarial e de registro, sujeita a regime jurídico de caráter privado, é essencialmente distinta da exercida por servidores públicos, cujos cargos não se confundem.

3. O Plenário do STF, em reiterados julgamentos, assentou o entendimento de que o prazo decadencial de 5 (cinco) anos, de que trata o art. 54 da Lei 9.784/1999, não se aplica à revisão de atos de delegação de serventias extrajudiciais editados após a Constituição de 1988, sem o atendimento das exigências prescritas no seu art. 236.

4. É de ser mantida, portanto, a decisão da autoridade impetrada que interferiu na atuação irregular do Tribunal submetido ao seu controle e considerou ilegítimo o provimento de serventia extrajudicial, sem concurso público, decorrente de remoção, com ofensa ao art. 236, § 3º, da Constituição. Jurisprudência reafirmada no julgamento do MS 28.440 AgR, de minha relatoria, na Sessão do Plenário de 19/6/2013.

5. Agravo regimental desprovido. (STF – Ag. Reg. em Mandado de Segurança nº 29.551 – Amazonas – 2ª Turma – Rel. Min. Teori Zavascki – DJ 08.10.2015)

SUPERIOR TRIBUNAL DE JUSTIÇA

EMENTA: Processual civil – Agravo Interno no Agravo em Recurso Especial – Concurso público de remoção – Cartórios extrajudiciais – Reclassificação dos candidatos em virtude de decisão proferida pelo STF, na ADI nº 3522/RS – Inaplicabilidade do art. 54 da Lei nº 9.784/1999 – Precedentes – 1. O acórdão de origem encontra-se em consonância com o entendimento desta Corte, que é firme no sentido de que: i) não é ilegal a reclassificação dos candidatos em decorrência da exclusão dos critérios declarados inconstitucionais pelo STF no julgamento da ADI 3522; ii) tratando-se de ato absolutamente nulo, não há falar em decadência para a administração anulá-lo, em cumprimento ao comando da Suprema Corte, desimportando o tempo que o candidato passou à frente da serventia. Inaplicabilidade do art. 54 da Lei n. 9.784/1999 à hipótese dos autos. Precedentes: AgRg no RMS 35.158/RS, Rel. Min. Mauro Campbell Marques, Segunda Turma, DJe 11/6/2013; RMS 37.040/RS, Rel. Min. Benedito Gonçalves, Primeira Turma, DJe 18/3/2013; RMS 36.294/RS, Rel. Min. Benedito Gonçalves, Primeira Turma, DJe 19/8/2013; RMS 37.221/RS, Rel. Min. Herman Benjamin, Segunda Turma, DJe 8/3/2013 – 2. Agravo interno não provido. (STJ – AgInt no AREsp nº 374.641 – Rio Grande do Sul – 1ª Turma – Rel. Min. Benedito Gonçalves – DJ 24.08.2017).

3. QUESTÃO DE CONCURSO

01. (UFPR – Outorga das Delegações – Remoção – TJ – PR/2019) Rodrigo foi aprovado em concurso público para o exercício das funções de tabelião no ano de 2004, assumindo no dia 10.12.2004 a titularidade de cartório situado no interior do Estado. Vinícius era substituto num cartório situado na capital desde 1978 e, com o falecimento do tabelião em 1989, foi efetivado no cargo de titular. Em 2013, ao receber a notícia de que Vinícius iria se aposentar do cargo de titular do cartório da capital, Rodrigo propôs realizar uma permuta, para que Vinícius se aposentasse no cartório do interior e ele, Rodrigo, assumisse a titularidade do cartório na capital. Vinícius aceitou a proposta e a permuta foi realizada no dia 13.12.2013. A respeito dessa situação, assinale a alternativa correta.

a) Caso Vinícius, assim como Rodrigo, tivesse sido nomeado para o cargo de titular do cartório da capital após aprovação em concurso público, a permuta realizada posteriormente entre eles seria válida.
b) De acordo com a jurisprudência do Supremo Tribunal Federal, embora a permuta realizada entre Vinícius e Rodrigo seja contrária ao ordenamento jurídico, a partir 13.12.2018 ela não poderá ser anulada.
c) A efetivação de Vinícius no cargo de titular do cartório da capital é válida perante o ordenamento jurídico brasileiro, considerando que ele exercia as funções de substituto antes do advento da Constituição de 1988.
d) Embora a efetivação de Vinícius no cargo de titular do cartório da capital seja inválida, a permuta realizada com Rodrigo é válida.
e) No âmbito das atividades notariais e de registro, tanto o ato de ingresso quanto o ato de remoção dependem de prévia aprovação em concurso público, razão pela qual a permuta realizada entre Vinícius e Rodrigo é inválida.

02. (IESES –Cartório – Remoção – TJ – AM/2018) Ao concurso de remoção para outra serventia, somente serão admitidos titulares que exerçam a atividade por mais de:
a) 3 (três) anos.
b) 10 (dez) anos.
c) 5 (cinco) anos.
d) 2 (dois) anos.

GAB	1	E	2	D

Art. 18. A legislação estadual disporá sobre as normas e os critérios para o concurso de remoção.

Parágrafo único. Aos que ingressaram por concurso, nos termos do art. 236 da Constituição Federal, ficam preservadas todas as remoções reguladas por lei estadual ou do Distrito Federal, homologadas pelo respectivo Tribunal de Justiça, que ocorreram no período anterior à publicação desta Lei.

Art. 19. Os candidatos serão declarados habilitados na rigorosa ordem de classificação no concurso.

1. COMENTÁRIOS

A Carta Constitucional de 1988, em seu art. 236, concedeu tratamento igualitário aos serviços notariais e de registros, estabelecendo que "os serviços notariais e de registro são exercidos em caráter privado, por delegação do Poder Público".

No âmbito Constitucional, é **competência privativa** da União legislar sobre registros públicos, nos termos do art. 22, XXV. No ano de 1994, para cumprir a regra inserta no § 1º do art. 236, editou-se a Lei 8.935 regulando as atividades e disciplinando os direitos e a responsabilidade dos Notários e Registradores.

O ingresso na atividade notarial e de registro depende de concurso público de provas e títulos, não se permitindo que qualquer serventia fique vaga, sem abertura de concurso de provimento ou de remoção, por mais de seis meses (art. 236, § 3º da Constituição Federal), cujos requisitos estão previstos nos art. 14 da Lei n. 8.935/1994 e 7º da Resolução CNJ n. 81/2009, já comentados. O particular, profissional do direito, aprovado no concurso público receberá a outorga de uma delegação para exercer em caráter privado um serviço público.

Ao comentar o dispositivo em análise, Walter Ceneviva adverte que "a inexistência da mesma regra para o concurso de provimento não exclui a possibilidade de que a lei local suplemente a norma geral editada pela União, nos termos dos parágrafos do art. 24 da Carta, sendo constitucionalmente aceitável a legislação concorrente" (Op. cit., p. 183).

Assim, as leis estaduais podem estabelecer regras específicas para o ingresso na atividade notarial e de registros, desde que não violem o previsto na Lei Federal 8.935/1994 e na Resolução CNJ n. 81/2009. Não é demais lembrar que o Estatuto do Notário e Registrador exige o biênio de atividade notarial ou de registro como requisito para a remoção.

No dia 6 de outubro de 2017, foi publicada a Lei 13.489, que incluiu o parágrafo único no art. 18. A referida lei é **manifestamente inconstitucional**, pois, conforme vimos nos comentários aos artigos 16 e 17 desta obra, o Supremo Tribunal Federal e o Conselho Nacional de Justiça possuem entendimento de que a Constituição Federal de 1988, desde sua promulgação (05/10/1988), sempre exigiu concurso público para a realização de remoções. O § 3º do art. 236 é uma **norma autoaplicável** (norma de eficácia plena, que não depende de lei para produzir todos os seus efeitos). Portanto, todas as remoções realizadas após 05 de outubro de 1988, sem concurso público, seriam inconstitucionais. Sendo essas remoções inconstitucionais, uma lei federal não poderia, em tese, validar tais atos.

2. JURISPRUDÊNCIA COMPLEMENTAR

CONSELHO NACIONAL DE JUSTIÇA

EMENTA: Constitucional E Administrativo – Mandado De Segurança – Conselho Nacional De Justiça – Serventia Extrajudicial – Provimento, Mediante Remoção, Sem Concurso Público – Ilegitimidade – Art. 236, E Parágrafos, Da Constituição Federal: Normas Autoaplicáveis, Com Efeitos Imediatos, Mesmo Antes Da Lei 9.835/1994

Lei 8.935/1994

– Inaplicabilidade Do Prazo Decadencial Do Art. 54 Da Lei 9.784/1999 – Precedentes Do Plenário – Ordem Denegada.

1. A jurisprudência do STF é no sentido de que o art. 236, *caput*, e o seu § 3º da CF/88 são normas autoaplicáveis, que incidiram imediatamente desde a sua vigência, produzindo efeitos, portanto, mesmo antes do advento da Lei 8.935/1994. Assim, a partir de 5/10/1988, o concurso público é pressuposto inafastável para a delegação de serventias extrajudiciais, inclusive em se tratando de remoção, observado, relativamente a essa última hipótese, o disposto no art. 16 da referida lei, com a redação que lhe deu a Lei 10.506/2002. As normas estaduais editadas anteriormente, que admitem a remoção na atividade notarial e de registro independentemente de prévio concurso público, são incompatíveis com o art. 236, § 3º, da Constituição, razão pela qual não foram por essa recepcionadas.

2. É igualmente firme a jurisprudência do STF no sentido de que a atividade notarial e de registro, sujeita a regime jurídico de caráter privado, é essencialmente distinta da exercida por servidores públicos, cujos cargos não se confundem.

3. O Plenário do STF, em reiterados julgamentos, assentou o entendimento de que o prazo decadencial de 5 (cinco) anos, de que trata o art. 54 da Lei 9.784/1999, não se aplica à revisão de atos de delegação de serventias extrajudiciais editados após a Constituição de 1988, sem o atendimento das exigências prescritas no seu art. 236.

4. É legítima, portanto, a decisão da autoridade impetrada que considerou irregular o provimento de serventia extrajudicial, sem concurso público, decorrente de remoção, com ofensa ao art. 236, § 3º, da Constituição. Jurisprudência reafirmada no julgamento do MS 28.440 AgR, de minha relatoria, na Sessão do Plenário de 19/6/2013.

5. Ordem denegada. (MS n. 29.557/DF, relator Ministro Teori Zavascki, Segunda Turma, julgado em 15/12/2015, DJe de 12/5/2016). (CNJ – Pedido de Providências nº 0000670-09.2016.2.00.0000 – Rio Grande do Sul – Rel. Cons. João Otávio de Noronha – DJ 22.03.2018).

▶ **EMENTA:** Concurso Público Para Outorga De Delegação De Serventia Extrajudicial – Audiência De Escolha De Serventias – Escolha De Mais De Uma Opção – Impossibilidade – Reserva De Vaga – Impossibilidade – Renúncia À Atual Delegação Em Virtude De Nova Opção Em Concurso De Remoção – Inocorrência.

1. Não é possível fazer duas opções quando da audiência para escolha de serventias em concurso público de outorga, tampouco é possível fazer reserva de determinada vaga.

2. A vedação de nova escolha somente é excepcionada se houver vacância ao tempo da opção e se o interessado fizer constar a opção em ata. Precedentes.

3. Não houve por parte do requerido qualquer ato que contrariasse este entendimento, razão pela qual é válida a audiência de escolha.

4. A simples opção em concurso de remoção não equivale à renúncia da serventia originalmente preenchida. A renúncia a um direito deve ser sempre expressa e inequívoca, o que torna inviável a procedência do pedido inicial neste ponto. 5. Procedimento de Controle parcialmente procedente apenas para reconhecer a ilegalidade da reserva de serventias por meio de mais de uma opção por ocasião da audiência de escolha (PCA 0003474 – 23.2011.2.00.0000. Rel. Cons. Jose Roberto Neves Amorim. 135ª Sessão. j. 30.06.2011. DJU 28.09.2011)

⊙ **SUPREMO TRIBUNAL FEDERAL**

▶ (...) A Jurisprudência da Corte se consolidou no sentido da autoaplicabilidade do art. 236, § 3º, da CF/88, e, portanto, de que, após a promulgação da Constituição Federal de 1988, é inconstitucional o acesso a serviços notarial e de registro, inclusive por remoção ou permuta, sem prévia aprovação em concurso público.

3. O Plenário do STF, em reiterados julgamentos, assentou o entendimento de que o prazo decadencial de 5 (cinco) anos, de que trata o art. 54 da Lei 9.784/1999, não se aplica à revisão de atos de delegação de serventias extrajudiciais editados após a Constituição de 1988, sem o atendimento das exigências prescritas em seu art. 236.

4. Aplica-se a quem detém interinamente a serventia extrajudicial a limitação do teto prevista no art. 37, XI, da Constituição. Precedentes. (...)

(STF. 2ª Turma. MS 29083 ED-ED-AgR, Rel. Min. Teori Zavascki, Relator(a) p/ Acórdão: Min. Dias Toffoli, julgado em 16/05/2017

(...) Com o advento da Constituição de 1988, o concurso público é inafastável tanto para o ingresso nas serventias extrajudiciais quanto para a remoção e para a permuta (dupla remoção simultânea). Precedentes. 2. Reconhecida a ilegitimidade do ato, não é lícito que o agravante permaneça como titular da serventia para a qual se removeu por permuta. (...)

(STF. 1ª Turma. MS 32123 AgR, Rel. Min. Roberto Barroso, julgado em 24/02/2017).

(...) O concurso público é providência necessária tanto para o ingresso nas serventias extrajudiciais quanto para a remoção e para a permuta (art. 236, § 3º, do CRFB/88). (...)

(STF. Plenário. AR 2537 AgR, Rel. Min. Luiz Fux, julgado em 09/11/2016).

3. QUESTÕES DE CONCURSOS

01. (CETRO – Notário-RJ/2012) Em relação ao ingresso na atividade notarial ou de registro, marque V para verdadeiro ou F para falso e, em seguida, assinale a alternativa que apresenta a sequência correta.

( ) A delegação para o exercício da atividade notarial e de registro depende, entre outros requisitos, de registro na Ordem dos Advogados do Brasil – OAB.

( ) A Legislação Federal disporá sobre as normas e critérios para o concurso de remoção.

( ) Ao concurso de remoção somente serão admitidos titulares que exerçam a atividade por mais de um ano.

a) V/ V/ F
b) V/ F/ F
c) F/ F/ V
d) V/ V/ V
e) F/ F/ F

02. (Cespe – Notário-RR/2013) Ainda acerca dos serviços notariais e de registro, assinale a opção correta conforme a Lei nº 8.935/1994.

a) A participação em concurso público para o exercício de atividades notariais e de registro é restrita a brasileiros natos.
b) Para o preenchimento das serventias por meio de concurso público de ingresso ou por concurso de remoção, utiliza-se como critério a data de vacância da titularidade das serventias; caso ocorra vacância de mais de uma serventia na mesma data, observa-se a da criação do serviço.
c) É vedada a participação, em concurso de remoção, de titulares que não comprovem o exercício da atividade notarial e de registro por mais de três anos.
d) As vagas relacionadas às atividades notariais e de registro devem ser preenchidas alternadamente da seguinte forma: dois terços por concurso público de provas e títulos e um terço por concurso de remoção, em tempo hábil o suficiente para impedir que serventias notariais ou de registro fiquem vagas por mais de três meses.
e) É permitida a participação, no concurso público de provas e títulos para o exercício de atividades notariais e de registro, de candidatos com formação em nível superior em qualquer área do conhecimento, desde que comprovem terem completado, até a data da publicação do resultado final do concurso, no mínimo, cinco anos de exercício em serviço notarial ou de registro.

GAB	1	E	2	B

CAPÍTULO II – DOS PREPOSTOS

Art. 20. Os notários e os oficiais de registro poderão, para o desempenho de suas funções, contratar escreventes, dentre eles escolhendo os substitutos, e auxiliares como empregados, com remuneração livremente ajustada e sob o regime da legislação do trabalho.

§ 1º Em cada serviço notarial ou de registro haverá tantos substitutos, escreventes e auxiliares quantos forem necessários, a critério de cada notário ou oficial de registro.

§ 2º Os notários e os oficiais de registro encaminharão ao juízo competente os nomes dos substitutos.

§ 3º Os escreventes poderão praticar somente os atos que o notário ou o oficial de registro autorizar.

§ 4º Os substitutos poderão, simultaneamente com o notário ou o oficial de registro, praticar todos os atos que lhe sejam próprios exceto, nos tabelionatos de notas, lavrar testamentos.

§ 5º Dentre os substitutos, um deles será designado pelo notário ou oficial de registro para responder pelo respectivo serviço nas ausências e nos impedimentos do titular.

1. COMENTÁRIOS

No exercício da atividade, notários e registradores contam com a colaboração de **prepostos,** contratados atualmente, pelo **regime da Consolidação das Leis do Trabalho (CLT) e por meio do regime previdenciário comum (INSS).**

Todavia, em alguns ofícios existem ainda os chamados **funcionários estatutários**, equivale dizer, aqueles regidos por normas especiais, que não optaram pelo regime da CLT (parágrafo 2º, do artigo 48, da Lei nº 8935/94). A categoria desses prepostos são fragmentos do sistema anterior à Constituição Federal de 1988, quando as serventias eram normalmente exercidas com os serviços judiciais.

Vale lembrar que, nos termos do art. 9º do Decreto nº 3.048/1999, são segurados obrigatórios o escrevente e o auxiliar contratados por titular de serviços notariais e de registro a partir de 21 de novembro de 1994, bem como aqueles que optaram pelo Regime Geral de Previdência Social, em conformidade com a Lei nº 8.935, de 18 de novembro de 1994. Nos termos do art. 21, o gerenciamento administrativo e financeiro dos serviços notariais e de registro é da responsabilidade exclusiva do respectivo titular. Sendo assim, ele tem a opção de contratar quantos prepostos achar conveniente para a qualidade do serviço. Em outras palavras, o número de funcionários é livre.

Os prepostos são os substitutos, escreventes e auxiliares. Na lição de Walter Ceneviva, **escrevente substituto** é o empregado com capacitação técnica plena, a critério do oficial, habilitado a com ele praticar, simultaneamente, todos os atos da atividade tabelioa ou dos titulares de serviços previstos na Lei de Registros Públicos e na legislação extraordinária pertinente. **Escrevente** é o empregado com capacitação técnica para o serviço, habilitado, nos ofícios de registro, a examinar títulos, a autorizar o assentamento ou devolvê-los ao interessado, com exigências legais, dar buscas e promover ou certificar assentamentos existentes. Nos tabelionatos, é habilitado para a lavratura de instrumentos próprios da serventia, conforme designação pelo titular. **Auxiliar** é o empregado, com relação também submetida à lei trabalhista, contratado para serviços gerais, com ou sem capacitação técnica específica para a função registraria ou notarial, cumprindo as tarefas que lhe forem designadas pelo titular ou pelo escrevente substituto, sob cuja ordem trabalhe (Op. cit., p. 46-47).

Note-se que, o auxiliar não pratica atos notariais ou de registro ao passo que o escrevente pratica os atos para os quais está autorizado pelo titular da delegação.

Oportuno deixar consignado a norma antigo art. 3º do Provimento 12/2010 do Conselho Nacional de Justiça, que corresponde ao atual artigo 447 do Código Nacional de Normas, e estabelece que o profissional da Unidade Interligada que operar, nos estabelecimentos de saúde, os sistemas informatizados para transmissão dos dados necessários à lavratura do registro de nascimento e emissão da respectiva certidão será **escrevente preposto do registrador,** contratado nos termos do artigo 20 da Lei nº 8.935, de 18 de novembro de 1994. Caso os registradores interessados entendam possível a aplicação analógica do disposto no art. 25-A da Lei nº 8.212, de 24 de julho de 1991, o escrevente preposto poderá ser contratado por **consórcio simplificado**, formado pelos registradores civis interessados.

O(s) substituto(s) do parágrafo 4º, do artigo 20, da Lei nº 8.935/94, podem, simultaneamente, com o

Lei 8.935/1994

notário ou o oficial registrador, praticar os atos que lhes são próprios, exceto, no tabelionato de notas, lavrar testamentos.

Atualmente, o escrevente substituto pode lavrar testamentos, conforme dispõe o art. 1.864, I, do Código Civil. Nesse sentido:

> Art. 1.864. São requisitos essenciais do testamento público:
>
> I – ser escrito por tabelião ou por seu substituto legal em seu livro de notas, de acordo com as declarações do testador, podendo este servir-se de minuta, notas ou apontamentos.

Entretanto, há divergência na doutrina se o escrevente substituto pode lavrar testamento somente nas **ausências ou impedimento do titular, ou mesmo na presença do notário titular da delegação.**

Zeno Veloso sustenta a revogação de parte do § 4º do art. 20, admitindo a lavratura do testamento pelos substitutos do tabelião (*Novo Código Civil Comentado*, coordenação de Ricardo Fiúza, São Paulo, Saraiva, 2.003 – págs. 1.686/1.687).

Leonardo Brandelli defende que o escrevente substituto só poderia lavrar testamento nas ausências ou impedimento do titular (*Teoria Geral do Direito Notarial*, 2ª edição, São Paulo, Saraiva, 2007 – pág. 318)

As normas da Corregedoria de Justiça do Estado de São Paulo, por exemplo, possuem previsão expressa no sentido de que os substitutos podem praticar todos os atos próprios do tabelião de notas e, inclusive, independentemente da ausência e do impedimento do titular, lavrar testamentos (item 6.1, Capítulo XIV).

Assim também ocorre no Estado do Rio de Janeiro, em razão de seu novo Código de Normas:

> **Art. 273.** Aos tabeliães de notas compete com exclusividade:
>
> [...]
>
> § 2º. Os testamentos poderão ser lavrados pelo substituto legal independentemente da ausência ou do impedimento do titular (art. 1.864, I, do CC).

No Provimento 93/2020, que codifica os atos normativos da Corregedoria-Geral de Justiça do Estado de Minas Gerais relativos aos serviços notariais e de registro, por sua vez, estabelece no art. 22, § 6º que os substitutos poderão, simultaneamente com o tabelião ou o oficial de registro, praticar todos os atos que lhe sejam próprios, exceto, nos Tabelionatos de Notas, lavrar testamentos.

Entre os prepostos, o titular da delegação indicará quantos substitutos considerar necessários e, dentre eles, escolherá um que será o substituto mencionado no parágrafo 5º do artigo 20 da Lei nº 8.935/94. Esse substituto é quem efetivamente o substituirá em suas ausências ou impedimentos (anteriormente conhecido como oficial maior). Normalmente, é o substituto mencionado no parágrafo 5º que assumirá a delegação, em caráter precário, como oficial designado, no caso de vacância da delegação, até a conclusão do concurso público. Frise-se que o oficial designado não tem a mesma autonomia do titular da delegação, especialmente no tocante à contratação de prepostos e eventual aumento de salários, devendo, para tanto, colher a autorização do juízo corregedor permanente.

Os funcionários (prepostos) do delegatário não estão sujeitos a processo administrativo disciplinar perante os Corregedores, somente o titular do serviço. Explica-se. A atividade notarial e de registro é exercida em caráter privado, sob a fiscalização do Poder Judiciário, e ainda assim, os delegatários possuem autonomia no gerenciamento administrativo e financeiro do serviço, que é da responsabilidade exclusiva do respectivo titular, inclusive no que diz respeito às despesas de custeio, investimento e pessoal, cabendo-lhe estabelecer normas, condições e obrigações relativas à atribuição de funções e de remuneração de seus prepostos de modo a obter a melhor qualidade na prestação dos serviços.

O dispositivo em comento, bem como o artigo 41 da Lei 9.492/1997 (*para os serviços previstos nesta Lei os tabeliães poderão adotar, independentemente de autorização, sistemas de computação, microfilmagem, gravação eletrônica de imagem e quaisquer outros meios de reprodução*) vieram reforçar essa ideia de autonomia.

A finalidade da autonomia é garantir uma **melhor qualidade na prestação dos serviços**, que consiste também num dever do delegatário, conforme demonstra artigo 30 desta Lei.

Em cada Serventia, existe apenas um Tabelião, que recebeu a delegação e foi investido na função.

A expressão "Tabelião substituto" é imprópria e inexata, dado que o Tabelião possui um substituto para os casos de ausência ou impedimento, denominado "Escrevente substituto", que é o substituto do Tabelião e não Tabelião substituto.

Possui relação com o tema "preposto", o recente enunciado da I Jornada de Direito Notarial e Registral:

> **Enunciado 79.** O preposto do oficial de registro civil das pessoas naturais poderá, eventualmente, atuar como juiz de paz da respectiva circunscrição, mediante designação pela autoridade judiciária competente.
>
> ⊙ Justificativa: Em municípios do interior do Brasil é muito difícil encontrar profissionais qualificados para exercerem a função de juiz de paz. Não há nenhum óbice para que tal função seja exercida diretamente pelo Oficial Registrador ou preposto que preencha os requisitos exigidos para o exercício da função. Tal permissão também evitará que a Serventia Extrajudicial possa sofrer ações de indenização pela ausência do juiz de paz a cerimônias de casamentos agendados, fato que já foi submetido a julgamento em alguns Tribunais de Justiça estaduais. Além disso, evitará que os nubentes passem pelo dissabor de

terem frustradas as suas expectativas de celebração da cerimônia de casamento.

1.1. AÇÃO DIRETA DE INCONSTITUCIONALIDADE 1.183

O STF (Supremo Tribunal Federal), por maioria, declarou inconstitucional a interpretação dada ao artigo 20 da Lei 8.935/1994 que assegura os substitutos indicados por notários ou registradores exercerem as funções dos titulares ininterruptamente por período superior a seis meses.

Nas palavras do relator, ministro Nunes Marques, "a Lei n.º 8.935/1994, no artigo ora discutido (art. 20, *caput*), ao não estipular prazo máximo para a substituição, pode, de fato, passar a falsa impressão de que o preposto poderia assumir o serviço por tempo indefinido, em longas ausências do titular ou mesmo na falta de um titular, por conta e risco seus, aí, sim, violando a exigência de concurso público para a investidura na função (que deve ser aberto, no máximo, 6 meses após a vacância, conforme art. 236, §3º da CF)".

Desse modo, o entendimento do Plenário do STF foi no sentido de que "o art. 20 da Lei n.º 8.935/1994 é constitucional, sendo, todavia, inconstitucional a interpretação que extraia desse dispositivo a possibilidade de que prepostos, indicados pelo titular ou mesmo pelos tribunais de justiça, possam exercer substituições ininterruptas por períodos maiores de que 6 (seis) meses. Para essas longas substituições, a solução é mesmo aquela apontada pelo autor da ação: o "substituto" deve ser outro notário ou registrador, observadas as leis locais de organização do serviço notarial e registral, e sem prejuízo da abertura do concurso público respectivo. Apenas assim se pode compatibilizar o princípio da continuidade do serviço notarial e registral com a regra constitucional que impõe o concurso público como requisito indispensável para o ingresso na função (CF, art. 236, §3º). Fica ressalvada, no entanto, para casos em que não houver titulares interessados na substituição, a possibilidade de que os tribunais de justiça possam indicar substitutos "ad hoc", sem prejuízo da imediata abertura de concurso para o preenchimento da(s) vaga(s)".

Essa decisão refere-se a um julgamento no Supremo Tribunal Federal (STF) relacionado ao art. 20 da Lei n. 8.935/1994, que regulamenta os serviços notariais e de registro. O que se discutiu nesse caso foi a possibilidade de prepostos (substitutos não concursados) exercerem a titularidade de serventias extrajudiciais (como cartórios) por períodos superiores a seis meses em caso de vacância, ou seja, quando não há um titular regular.

Principais pontos da decisão:

1. **Retificação de Acórdão**: O Ministro Nunes Marques (Relator) propôs uma retificação na parte dispositiva do acórdão, que é a parte final e decisiva do julgamento. Foi decidido que a ação direta foi conhecida e parcialmente procedente.
2. **Limitação do Período de Interinidade**: Foi estabelecido que um substituto não concursado pode exercer a titularidade da serventia por até seis meses, apenas em caso de vacância da serventia, ou seja, durante o período em que o cartório estiver sem titular efetivo.
3. **Modulação dos Efeitos da Decisão**: A decisão teve seus efeitos modulados, o que significa que a aplicação da decisão foi ajustada no tempo. Os efeitos da decisão sobre o art. 20 da Lei n. 8.935/1994 só se aplicarão a partir da conclusão do julgamento. A decisão também ressalvou a validade dos atos praticados anteriormente pelos substitutos não concursados.
4. **Constitucionalidade dos Artigos 39, II, e 48 da Lei n. 8.935/1994**: A constitucionalidade desses artigos foi reconhecida.
5. **Divergência Parcial**: O Ministro Alexandre de Moraes divergiu parcialmente em relação à modulação dos efeitos da decisão, propondo que a modulação fosse aplicada somente em relação à validade dos atos praticados pelos substitutos. Ele também destacou que os substitutos não poderiam continuar no cargo além dos seis meses e que as remunerações recebidas de boa-fé não deveriam ser devolvidas.
6. **Pedido de Vista**: O Ministro Dias Toffoli pediu vista dos autos, o que significa que ele solicitou mais tempo para analisar o caso antes de dar seu voto.

Resumo Final:

O STF decidiu que prepostos não concursados não podem permanecer na titularidade de serventias extrajudiciais por mais de seis meses em caso de vacância, com exceção de situações específicas previstas. A decisão modulou os efeitos para aplicar a nova interpretação a partir do julgamento, preservando atos anteriores.

O Provimento CNJ n. 176/2024, que altera as regras do exercício da interinidade de serventias extrajudiciais vagas de acordo com o julgamento da ADI n. 1.183/DF pelo Supremo Tribunal Federal, e dá outras providências foi analisado de forma pormenorizada nesta obra, nos comentários do art. 39, **§ 2º, tópico 1.1**

1.2 NEPOTISMO

Inicialmente, cumpre conceituar nepotismo. Trata-se do favorecimento dos vínculos de parentesco nas relações de trabalho ou emprego. É prática que viola as garantias constitucionais de impessoalidade administrativa, na medida em que estabelece privilégios em função de relações de parentesco e desconsidera a capacidade técnica para o exercício do cargo público,

Lei 8.935/1994

substituindo a avaliação de mérito para o exercício da função pública pela valorização de laços de parentesco.

O fundamento das ações de combate ao nepotismo é o fortalecimento da República e a resistência a ações de concentração de poder que privatizam o espaço público.

Na dicção da Súmula Vinculante n. 13 do Supremo Tribunal Federal, "a nomeação de cônjuge, companheiro ou parente em linha reta, colateral ou por afinidade, até o terceiro grau, inclusive, da autoridade nomeante ou de servidor da mesma pessoa jurídica investido em cargo de direção, chefia ou assessoramento, para o exercício de cargo em comissão ou de confiança ou, ainda, de função gratificada na administração pública direta e indireta em qualquer dos Poderes da União, dos Estados, do Distrito Federal e dos Municípios, compreendido o ajuste mediante designações recíprocas, viola a Constituição Federal".

Por sua vez, o Conselho Nacional de Justiça já fixou entendimento de que a proibição da prática de nepotismo no âmbito do Poder Judiciário (Resolução CNJ nº 7/2005) **estende-se às serventias extrajudiciais.** A medida proíbe que os cartórios contratem **parentes de magistrados até o terceiro grau, que exerçam atividade de fiscalização dos serviços e parentes de qualquer desembargador do tribunal de justiça do estado onde se localizam os cartórios.**

Vale trazer o Enunciado Administrativo nº 1 de 15/12/2005 do CNJ que dispõe sobre as vedações constantes na Resolução CNJ nº 7, de 18 de outubro de 2005, relativas à prática de nepotismo, estendeu-se tal proibição aos cartórios extrajudiciais, nestes termos:

> **Enunciado Administrativo nº 1 – Nepotismo**
>
> **[...]**
>
> **O)** Aplica-se a Resolução 7 deste CNJ às nomeações não-concursadas para serventias extrajudiciais.

Para enriquecer o conteúdo, convido-os a leitura deste julgado proferido pelo mesmo órgão:

> *"PEDIDO DE PROVIDÊNCIAS. CONSULTA. NEPOTISMO. OBJETIVO DE ESCLARECER O ALCANCE E APLICAÇÃO DA RES. 7/2005 E DA SÚMULA VINCULANTE Nº 13 DO STF AOS SERVIÇOS NOTARIAIS E DE REGISTRO. CONSULTA RESPONDIDA NEGATIVAMENTE.*
>
> *I) "O Plenário do Supremo Tribunal Federal decidiu que os notários e os registradores exercem atividade estatal* ***mas não são titulares de cargo público efetivo, tampouco ocupam cargo público (ADI 2.602-0, Rel. Min. Eros Grau) de sorte que, não recebendo vencimentos do Estado e remunerando seus empregados com recursos próprios, nada impede que tenham parentes contratados pelo regime da CLT posto que estes só poderão ser titulares de serventias se aprovados em concurso de provas e títulos, desde que os contratantes sejam titulares concursados.***
>
> *II) – "A Res. 7/2005 do CNJ disciplina o exercício de cargos, empregos e funções por parentes, cônjuges e companheiros de magistrados e de servidores investidos em cargos de direção e assessoramento, no âmbito dos órgãos do Poder Judiciário, segundo a dicção do seu art. 1º, não tendo, portanto, incidência sobre a atividade exercida pelas serventias extrajudiciais, as quais não se caracterizam como órgãos desse Poder, que apenas exerce fiscalização sobre elas".* (g.n).

Em outras palavras, o CNJ, proibiu a contratação de parentes de magistrado que exerça função correicional sobre a respectiva serventia.

Recentemente, o art. 71-K foi inserido ao Código Nacional de Normas pelo Provimento CNJ n. 176/2024. Esse artigo estabelece que a regra de vedação ao nepotismo (STF, Súmula Vinculante nº 13) se aplica também às contratações promovidas pelos interinos, incluindo as contratações de escreventes autorizados ou substitutos.

Por sua vez, em recente julgado, o Superior Tribunal de Justiça deu uma nova e ampla interpretação à aplicação do nepotismo na atividade notarial e registral, abordando o conceito de "nepotismo póstumo". Explico: A Primeira Turma do STJ decidiu, no RMS 63160, que configura **nepotismo póstumo** a nomeação de responsável temporário pelo expediente de cartório após a morte de seu pai, anterior titular da serventia extrajudicial.

O relator fundamentou a decisão na regra prevista no Provimento CNJ 77/2018, que atualmente foi alterado pelo Código de Normas e recentemente alterado pelo Provimento CNJ n. 176/2024. Neste ato normativo veda-se a designação de interino com relação conjugal ou de parentesco com o antigo delegatário.

Baseando-se nesse entendimento, o colegiado rejeitou, por unanimidade, recurso interposto contra acórdão do Tribunal de Justiça do Rio de Janeiro (TJRJ) que negou mandado de segurança que buscava restabelecer a designação, como interino, do filho do falecido titular de cartório neste Estado. A nomeação foi anulada pela Corregedoria-Geral de Justiça do Rio de Janeiro.

No STJ, a defesa alegou que o ato da corregedoria violou a Lei dos Notários e Registradores e alegou o disposto no artigo 39, parágrafo 2º, que prevê a escolha do substituto mais antigo para responder pela serventia extrajudicial até a realização de concurso público e designação de novo titular.

Ademais, defendeu que a atividade notarial e registral tem caráter privado e em razão disso não seria possível a caracterização de nepotismo entre uma pessoa viva e outra falecida.

O relator rebateu todos os argumentos. Para ele:

a) o obstáculo imposto pela corregedoria fluminense está correto, pois a existência de parentesco para a nomeação de interinos em cartórios deve ser observada em consonância com o requisito legal da antiguidade, em "desenganada sintonia com o princípio constitucional da moralidade";

b) consoante o artigo 236 da Constituição Federal, a atividade cartorária é realizada por delegação do poder público. De acordo com o ministro, os cartórios estão sujeitos à "permanente fiscalização do Poder Judiciário e do próprio CNJ, além de se subordinarem aos princípios regentes da administração pública".

Convém expor o entendimento do Conselho Nacional de Justiça.

EMENTA: Consulta. Interinos responsáveis por serventias extrajudiciais. Contratação de familiares para as funções de escrevente autorizado ou substituto. Regime de direito público. Incidência direta dos princípios expressos no Artigo 37 da Constituição da República do Brasil (CRFB), em especial, o princípio da moralidade. Nepotismo. Vedação.

1. A Administração Pública direta e indireta de quaisquer dos Poderes da União, dos Estados, do Distrito Federal e dos Municípios deve obediência aos princípios expressos no artigo 37, *caput*, da CRFB, ou seja, à legalidade estrita, à impessoalidade, à moralidade, à publicidade e à eficiência administrativa.

2. A vedação ao nepotismo decorre diretamente do artigo 37, *caput*, da CRFB, de modo que não se exige a edição de lei formal para coibir essa prática nociva ao serviço público, conforme assentado pelo Plenário do Supremo Tribunal Federal (STF), no julgamento do RE 579.951-RG/RN, sob o rito da repercussão geral (Tema n. 66).

3. Distinção entre os titulares e interinos de serventia extrajudicial, nos termos em que firmada pelo STF a tese aprovada no julgamento do RE 808.202-RG/RS, também sob o rito da repercussão geral (Tema n. 779).

4. Os delegatários, ante a natureza privada do seus vínculos, têm liberdade na escolha de seus prepostos, seja na condição de escrevente, seja na de auxiliar, os quais, ao serem contratados, sujeitam-se ao regime de direito privado, com remuneração livremente ajustada e sob o regime da legislação do trabalho (artigo 20, da Lei 8.935/1994). Por tal razão, ao procederem à escolha de seus prepostos, os delegatários se responsabilizam pelos atos dos seus auxiliares autorizados ou substitutos e não se sujeitam às vedações relacionadas ao nepotismo (STF, ACO 2.720/TO).

5. O interino de serventia extrajudicial, por sua vez, é agente público que atua como preposto do Estado, presta serviço público em nome (e não por delegação) deste, submetendo-se diretamente aos princípios da Administração Pública, em especial, ao da moralidade administrativa e aos seus consectários, a exemplo da vedação do nepotismo, inclusive nas contratações de escreventes autorizados ou substitutos.

6. Resposta à consulta no sentido da plena aplicabilidade da vedação ao nepotismo, no que diz respeito à contratação de familiares para o exercício das funções de escreventes autorizados ou substitutos, por parte de interinos responsáveis precariamente por serventias extrajudiciais, na exata extensão do que dispõe o teor da Súmula Vinculante n. 13/STF.

7. Consulta conhecida, respondida e aprovada. CNJ – Consulta nº 0005002-09.2022.2.00.0000 – Rio Grande do Sul – Rel. Cons. Marcello Terto e Silva – DJ 28.02.2023.

2. JURISPRUDÊNCIA COMPLEMENTAR

⊙ CONSELHO NACIONAL DE JUSTIÇA

EMENTA: PROCEDIMENTO DE CONTROLE ADMINISTRATIVO. Provimento n. 14/2022/CGJCE, art. 12, § 4º. Provimento n. 04/2023/CGJCE, art. 73, § 4º. Portaria n. 01/2023 da CGJCE. Vedação ao 'nepotismo póstumo'. Ausência de nulidade. Atendimento ao art. 37, caput da CF. Concretização dos princípios da moralidade e da impessoalidade. Desnecessidade de lei formal. RE n. 579/951/RN. Arts. 96 e 99. Autonomia administrativa dos tribunais. Competência concorrente em matéria disciplinar. Efeitos ex nunc dos provimentos e da portaria. Ausência de retroatividade. Exigência de adequação da situação fática a partir da edição das normas. Inexistência de direito adquirido à contratação de empregado. Incidência da Súmula n. 473/STF. Pedido julgado improcedente.

1. Cuida-se de PCA proposto para afastar a "aplicação retroativa" do art. 12, § 4º do Provimento n. 14/2022/CGJCE, do art. 73, § 4º do Provimento n. 04/2023/CGJCE e da Portaria n. 01/2023 da Corregedoria Permanente das Serventias Extrajudiciais, os quais, em suma, proíbem o interino substituto de nomear como preposto cônjuge, companheiro ou parente em linha reta, colateral ou por afinidade, até o terceiro grau do antigo delegatário e determinam o desligamento de preposta que é filha da antiga titular de serventia.

2. O Supremo Tribunal Federal, por ocasião do julgamento do Recurso Extraordinário n. 579.951/RN, Relator o Ministro Ricardo Lewandowski assentou que a vedação ao nepotismo não exige a edição de lei formal para coibir a prática, vez que tal proibição decorre diretamente dos princípios contidos no art. 37, *caput* da CF.

3. Os atos atacados voltam-se a conferir concretude aos princípios da moralidade e da impessoalidade insculpidos no art. 37, *caput* da Constituição da República; (ii) como decidiu a Suprema Corte, a coibição ao nepotismo não depende de lei formal; (iii) encontra-se inserida no feixe de competências do Corregedor-Geral de Justiça, as quais emanam diretamente da autonomia administrativa garantida aos tribunais pelo arts. 96 e 99 da CF, a atribuição de fiscalizar o serviço notarial e de registro; (iv) o exercício dessa atribuição pode dar-se, validamente, por meio da edição de provimentos.

4. O Provimento CN n. 77/2018 não disciplina o tema de forma exauriente e/ou exaustiva. A atribuição correcional originária e autônoma do CNJ não é subsidiária à atribuição dos órgãos de correição local, mas sim concorrente (ADI n. 4.638 MC-Ref/DF, Rel. Min. Marco Aurélio, j. 8.2.2012, DJe de 29.10.2014), do que exsurge a possibilidade de também a Corregedoria local disciplinar o assunto em questão.

5. Os provimentos editados pela CGJCE possuem efeitos *ex nunc* e, portanto, não estão a invalidar a contratação da preposta *ab initio*, mas a determinar a adequação da situação fática à norma a partir do momento em que esta entrou em vigor.

6. Não é possível falar em direito adquirido à contratação de empregado, sobretudo quando envolvido o interesse da Administração Pública e quando considerado o caráter sempre precário do exercício da interinidade.

7. A par disso, os atos administrativos em questão não inovaram no mundo jurídico, mas apenas explicitaram a incidência da vedação ao nepotismo – proibição que, consoante assinalado anteriormente, decorre diretamente da própria Carta da República.

8. O Poder Judiciário, na condição de integrante da Administração Pública, tem o poder/dever de rever, de ofício, seus próprios atos quando eivados de irregularidade devendo anulá-los ou revogá-los, por motivo de conveniência ou oportunidade, respeitados os direitos adquiridos, e ressalvada, em todos os casos, a apreciação judicial (Súmula 473/STF).

9. Procedimento de controle administrativo julgado improcedente. (CNJ – Procedimento de Controle Administrativo nº 0000947-78.2023.2.00.0000 – Ceará – Rel. Cons. Richard Pae Kim – DJ 26.04.2023)

Lei 8.935/1994

⊙ **SUPERIOR TRIBUNAL DE JUSTIÇA**

JURISPRUDÊNCIA EM TESES – REGISTROS PÚBLICOS

▶ **TESE 2)** O substituto do titular de serventia extrajudicial não possui direito adquirido à efetivação na titularidade de cartório se a vacância do cargo ocorreu após a vigência da Constituição Federal de 1988, que passou a exigir a realização de concurso público para o ingresso na atividade notarial e de registro.

▶ **EMENTA:** Administrativo – Recurso em Mandado de Segurança – Serventia extrajudicial vaga – Substituto interino – Condição de preposto do poder público – Sujeição aos princípios da administração pública e ao teto remuneratório previsto no art. 37, XI, da Constituição Federal – Tema 779 da Repercussão Geral – RE 808.202/RS – Recurso em Mandado de Segurança improvido.

I. Recurso em Mandado de Segurança interposto contra acórdão publicado na vigência do CPC/2015.

II. No acórdão recorrido, o Tribunal de origem denegou o Mandado de Segurança impetrado pela ora recorrente, designada para responder interinamente pelo Terceiro Tabelionato de Protestos de Títulos e Documentos de Porto Alegre, no qual se insurge contra ato do Juiz Diretor do Foro Central da Comarca de Porto Alegre, que determinou à impetrante que recolha, até o dia 10 do mês subsequente ao de competência, com base na renda líquida da serventia, os valores excedentes ao limite do seu teto remuneratório, equivalente a 90,25% do subsídio dos Ministros do Supremo Tribunal Federal.

III. O acórdão recorrido está em conformidade com a jurisprudência do Supremo Tribunal Federal, no sentido de que ***"o titular interino não atua como delegado do serviço notarial e de registro porque não preenche os requisitos para tanto. Age, em verdade, como preposto do Poder Público e, nessa condição, deve submeter-se aos limites remuneratórios previstos para os agentes estatais, não se lhe aplicando o regime remuneratório previsto para os delegados do serviço público extrajudicial (art. 28 da Lei nº 8.935/94)"*** (STF, MS 29.192/DF, Rel. Ministro Dias Toffoli, Primeira Turma, DJe de 10/10/2014)

IV. Após a interposição do presente recurso, o Supremo Tribunal Federal, ao apreciar o Tema 779 da Repercussão Geral, reafirmou tal entendimento, fixando a seguinte tese: *"Os substitutos ou interinos designados para o exercício de função delegada não se equiparam aos titulares de serventias extrajudiciais, visto não atenderem aos requisitos estabelecidos nos arts. 37, inciso II, e 236, § 3º, da Constituição Federal para o provimento originário da função, inserindo-se na categoria dos agentes estatais, razão pela qual se aplica a eles o teto remuneratório do art. 37, inciso XI, da Carta da República"* (STF, RE 808.202/RS, Rel. Ministro Dias Toffoli, Pleno, DJe de 25/11/2020) – V. Recurso em Mandado de Segurança improvido. STJ – RMS nº 54.140 – Rio Grande do Sul – 2ª Turma – Rel. Min. Assusete Magalhães – DJ 26.10.2021).

▶ **EMENTA:** RECURSO EM PROCEDIMENTO DE CONTROLE ADMINISTRATIVO. CONTROLE ABSTRATO DE CONSTITUCIONALIDADE, INCOMPETÊNCIA DO CNJ. SERVENTIAS EXTRAJUDICIAIS. DESIGNAÇÃO DE SUBSTITUTO. PROVIMENTO 77 DA CORREGEDORIA NACIONAL DE JUSTIÇA.

1. O CNJ, Corte Administrativa, não exerce funções típicas jurisdicionais, não estando dentre suas atribuições o controle abstrato de constitucionalidade.

2. Os titulares de serventias extrajudiciais, no exercício da prerrogativa que lhes está assegurada pelo artigo 20 da Lei n. 8935/1994, podem contratar escreventes e designar, dentre os contratados, os substitutos que lhes sejam de confiança.

3. Caso concreto no qual, nos termos da legislação aplicável (integrada pelo Provimento n. 77 da Corregedoria Nacional de Justiça), a interinidade foi deferida ao substituto mais antigo de serventia vaga, em detrimento de delegatário em exercício na mesma comarca.

4. Recurso conhecido e não provido. (CNJ – Procedimento de Controle Administrativo nº 0004474-77.2019.2.00.0000 – Espírito Santo – Rel. Cons. Rubens Canuto – DJ 28.05.2020)

▶ **EMENTA:** Constitucional E Administrativo – Agravo Regimental No Agravo Em Recurso Especial – Cartório – Escrevente De Serventia Extrajudicial – Estabilidade Extraordinária No Serviço Público – Art. 19 Do ADCT Da CF/88 – Aplicabilidade Apenas Aos Servidores Públicos Stricto Sensu – Inaplicabilidade Aos Serventuários Não Remunerados Pelos Cofres Públicos – Precedentes Do STJ – Súmula 83/STJ – Omissão Não Configurada – Causa Decidida Com Fundamento Exclusivamente Constitucional – Agravo Regimental Improvido.

I. Como esclarecido na decisão agravada, não há omissão no acórdão recorrido, quando o Tribunal de origem pronuncia-se, de forma clara e precisa, sobre a questão posta nos autos, assentando-se em fundamentos suficientes para embasar a decisão. Ademais, o magistrado não está obrigado a rebater, um a um, os argumentos trazidos pela parte. Nesse sentido: STJ, REsp 739.711/MG, Rel. Ministro LUIZ FUX, PRIMEIRA TURMA, DJU de 14/12/2006.

II. A jurisprudência desta Corte firmou-se no sentido de que a estabilidade extraordinária, prevista no art. 19 do ADCT da CF/88, não pode ser estendida aos serventuários dos cartórios extrajudiciais, tendo em vista que seu exercício dá-se em regime de direito privado, mediante delegação do poder público, cuja remuneração não provém dos cofres públicos, incidindo, pois, na espécie, o comando da Súmula 83/STJ.

III. "Não têm direito à estabilidade extraordinária, prevista pelo art.19 do ADCT, os serventuários lotados nas serventias não oficializadas, cuja relação laboral não se refere à administração direta, autárquica ou fundacional do Estado mas, sim, a uma delegação do poder público, submetida ao regime privado, remunerada por particular. (Precedentes: RE 388.589/DF, Rel. Min. Ellen Gracie, DJ de 6/8/2004; RMS 17.448/MG, Rel. Min. Arnaldo Esteves Lima, DJ de 1/8/2006; RMS 14.568/MG; Rel. Min. Paulo Medina, DJ de 15/3/2004)" (STJ, RMS 23.418/CE, Rel. Ministro HERMAN BENJAMIN, SEGUNDA TURMA, DJU de 19/12/2007).

IV. Ademais, no caso, o Tribunal de origem, ao rejeitar a pretensão da parte agravante, escrevente de serventia extrajudicial, de obter a estabilidade extraordinária no serviço público, prevista no art. 19 do ADCT da CF/88, decidiu a causa com base em fundamento exclusivamente constitucional, de modo que é inviável o exame da questão, em Recurso Especial. Precedentes do STJ: AgRg no AREsp 383.060/MG, Rel. Ministro NAPOLEÃO NUNES MAIA FILHO, PRIMEIRA TURMA, DJe de 24/10/2013; AgRg no REsp 1.162.779/GO, Rel. Ministra MARIA THEREZA DE ASSIS MOURA, SEXTA TURMA, DJe de 18/06/2012. V. Agravo Regimental improvido. (STJ – AgRg no AREsp nº 187.442 – Minas Gerais – 2ª Turma – Rel. Min. Assusete Magalhães – DJ 05.05.2014)

3. QUESTÕES DE CONCURSOS

01. (VUNESP - 2023 - TJ-AL - Titular de Serviços de Notas e de Registros – Provimento) De acordo com a Lei Federal nº 8.935/1994, sobre os prepostos dos serviços notariais e de registro, é correto afirmar:

a) Os titulares dos serviços notariais e de registro poderão contratar substitutos, escreventes e auxiliares quantos forem necessários, desde que autorizado pelo Juízo competente.

b) Apenas na ausência do notário ou do oficial de registro, os substitutos poderão praticar todos os atos que sejam próprios da serventia.

c) Os notários e os oficiais de registro poderão, para o desempenho de suas funções, contratar escreventes, dentre eles escolhendo os substitutos, e auxiliares como empregados, com remuneração livremente ajustada e sob o regime da legislação do trabalho.

d) Os escreventes, após autorização do Juiz Corregedor Permanente, poderão praticar somente os atos que o notário ou o oficial de registro permitir.

02. (IESES – Titular de Serviços de Notas e Registros – TJ – TO – Remoção/2022) Os notários e os oficiais de registro poderão, para o desempenho de suas funções, contratar escreventes, dentre eles escolhendo os substitutos, e auxiliares como empregados, com remuneração livremente ajustada e sob o regime da legislação do trabalho. Quanto aos prepostos, é correto afirmar:

I. Os substitutos poderão, simultaneamente com o notário ou o oficial de registro, praticar todos os atos que lhe sejam próprios incluindo, nos tabelionatos de notas, lavrar testamentos.

II. Dentre os substitutos, dois deles serão designados pelo notário ou oficial de registro para responder pelo respectivo serviço nas ausências e nos impedimentos do titular.

III. Os notários e os oficiais de registro encaminharão ao juízo competente os nomes dos substitutos.

IV. Em cada serviço notarial ou de registro haverá tantos substitutos, escreventes e auxiliares quantos forem necessários, a critério de cada notário ou oficial de registro.

A sequência correta é:

a) Apenas as assertivas I e II estão incorretas.
b) As assertivas I, II, III e IV estão corretas.
c) Apenas a assertiva IV está correta.
d) Apenas as assertivas II, III e IV estão corretas.

03. (Vunesp – Outorga de Delegação de Notas e Registros – TJ – GO/2021) É possível a contratação, como preposto, de

a) cônjuge, companheiro ou parente, natural, civil ou afim, na linha reta ou colateral até terceiro grau, de magistrado de qualquer modo incumbido da atividade correicional dos serviços notariais e registrais, desde que não seja o substituto.
b) cônjuge, companheiro ou parente, natural, civil ou afim, na linha reta ou colateral até terceiro grau do notário ou do oficial de registro.
c) cônjuge, companheiro ou parente, natural, civil ou afim, na linha reta ou colateral até terceiro grau, de desembargador integrante do Tribunal de Justiça do Estado de Goiás.
d) cônjuge, companheiro ou parente, natural, civil ou afim, na linha reta ou colateral até terceiro grau, de magistrado de qualquer modo incumbido da atividade correicional dos serviços notariais e registrais, desde que como auxiliar.

04. (Cespe – Cartório – TJ – DF/2014) No que se refere à prática de nepotismo no âmbito dos cartórios, assinale a opção correta.

a) Segundo norma editada pelo CNJ, é proibida a contratação de parentes de magistrado que exerça função correicional sobre a respectiva serventia.
b) Conforme o Provimento Geral da Corregedoria da Justiça do Distrito Federal e dos Territórios aplicado aos serviços notariais e de registro, é proibida a contratação de parentes de magistrado com função correicional sobre o respectivo cartório.
c) A proibição da prática de nepotismo no âmbito do Poder Judiciário não se estende às serventias extrajudiciais, uma vez que inexiste deliberação normativa, jurisprudencial ou do CNJ nesse sentido.
d) É proibida a contratação de parentes de magistrado que exerça função correicional sobre o cartório contratante, conforme a Lei de Registros Públicos.
e) De acordo com o entendimento do STF, não configura nepotismo a contratação por cartório de parentes de magistrado com função correicional sobre a respectiva serventia.

05. (IESES –Cartório – Remoção – TJ – AM/2018) Os notários e os oficiais de registro poderão, para o desempenho de suas funções, contratar escreventes, dentre eles escolhendo os substitutos, e auxiliares como empregados. A respeito destes prepostos é correto afirmar:

I. Dentre os substitutos, um deles será designado pelo notário ou oficial de registro para responder pelo respectivo serviço nas ausências e nos impedimentos do titular.

II. Em cada serviço notarial ou de registro haverá tantos substitutos, escreventes e auxiliares quantos forem necessários, a critério de cada notário ou oficial de registro.

III. Os escreventes poderão praticar quaisquer atos, independente de autorização do notário ou o oficial de registro.

IV. Os notários e os oficiais de registro encaminharão ao juízo competente os nomes dos substitutos.

A sequência correta é:

a) Apenas as assertivas II e IV estão corretas.
b) Apenas as assertivas II, III e IV estão corretas.
c) As assertivas I, II, III e IV estão corretas.
d) Apenas a assertiva III está incorreta.

06. (IESES – Notário-MA/2008) Assinale a alternativa INCORRETA de acordo com a Lei n. 8.935/94, em relação aos prepostos.

a) Os notários e os oficiais de registro poderão, para o desempenho de suas funções, contratar escreventes, dentre eles escolhendo os substitutos, e auxiliares como empregados, com remuneração livremente ajustada e sob o regime da legislação do trabalho.
b) Os notários e os oficiais de registro encaminharão ao juízo competente os nomes dos substitutos e os escreventes poderão praticar somente os atos que o notário ou o oficial de registro autorizar.
c) O gerenciamento administrativo e financeiro dos serviços notariais e de registro é da responsabilidade exclusiva do respectivo titular, inclusive no que diz respeito às despesas de custeio, investimento e pessoal, cabendo-lhe estabelecer normas, condições e obrigações relativas à atribuição de funções e de remuneração de seus prepostos de modo a obter a melhor qualidade na prestação dos serviços.
d) Em cada serviço notarial ou de registro haverá tantos substitutos, escreventes e auxiliares quantos forem necessários, a critério da Corregedoria do Tribunal de Justiça.
e) Os notários e oficiais de registro responderão pelos danos que eles e seus prepostos causem a terceiros, na prática de atos próprios da serventia, assegurado aos primeiros direito de regresso no caso de dolo ou culpa dos prepostos.

07. (CETRO – Notário-RJ/2012) Os notários e os oficiais de registro poderão, para o desempenho de suas funções, contratar escreventes, escolhendo, entre eles, os substitutos e auxiliares como empregados, com remuneração livremente ajustada e sob o regime da legislação do trabalho. Assim, é incorreto afirmar que

a) em cada serviço notarial ou de registro, haverá tantos substitutos, escreventes e auxiliares quantos forem necessários, a critério de cada notário ou oficial de registro.
b) os notários e os oficiais de registro encaminharão ao juízo competente os nomes dos substitutos.
c) os escreventes poderão praticar somente os atos que o notário ou o oficial de registro autorizar.
d) os substitutos poderão, sem exceção, simultaneamente com o notário ou o oficial de registro, praticar todos os atos que lhe sejam próprios.
e) entre os substitutos, um deles será designado pelo notário ou oficial de registro para responder pelo respectivo serviço nas ausências e nos impedimentos do titular.

08. (IESES – Cartório – TJ – RO/2012) Assinale a afirmação INCORRETA:

a) Figura dentre os deveres dos notários, atender prioritariamente as requisições de papéis, documentos, informações ou providências que lhes forem solicitadas pelas autoridades judiciárias ou administrativas, para a defesa das pessoas jurídicas de direito público em juízo.
b) Os notários e os oficiais de registro poderão, para o desempenho de suas funções, contratar escreventes, dentre eles escolhendo os substitutos, e auxiliares como empregados, com remuneração livremente ajustada e sob o regime da legislação do trabalho, sendo que os substitutos poderão,

Lei 8.935/1994

simultaneamente com o notário ou o oficial de registro, praticar todos os atos que lhe sejam próprios.

c) Os notários e os oficiais de registro estão sujeitos, pelas infrações que praticarem às penas de repreensão; multa; suspensão por noventa dias, prorrogável por mais trinta; e perda da delegação.

d) A perda da delegação depende de sentença judicial transitada em julgado; ou de decisão decorrente de processo administrativo instaurado pelo juízo competente, assegurado amplo direito de defesa.

09. (Cespe – Cartório-PI/2013) Acerca dos prepostos dos notários e oficiais de registro, assinale a opção correta.

a) Os substitutos somente poderão praticar os atos que o notário ou oficial de registro lhes autorizar.

b) Se determinada serventia acumular as funções de notas, protesto de títulos, registro civil, títulos e documentos e pessoas jurídicas, seu titular deverá designar, no mínimo, cinco substitutos.

c) O escrevente pode, a depender da situação, praticar todos os atos próprios do notário ou registrador, exceto lavrar testamentos.

d) Os escreventes e demais auxiliares dos cartórios extrajudiciais, contratados pelo regime celetista, são considerados servidores públicos estatutários e possuem estabilidade.

e) Deverá ser designado para responder provisoriamente pelo serviço, até a realização de concurso público, o substituto mais antigo da serventia.

GAB	1	C	2	A	3	B	4	A	5	D
	6	E	7	D	8	B	9	E		

Art. 21. O gerenciamento administrativo e financeiro dos serviços notariais e de registro é da responsabilidade exclusiva do respectivo titular, inclusive no que diz respeito às despesas de custeio, investimento e pessoal, cabendo-lhe estabelecer normas, condições e obrigações relativas à atribuição de funções e de remuneração de seus prepostos de modo a obter a melhor qualidade na prestação dos serviços.

1. COMENTÁRIOS

Nas palavras de Walter Ceneviva, chama-se "gerenciamento financeiro, em sentido amplo, o controle das entradas e saídas de dinheiro, de responsabilidade exclusiva do respectivo titular. Corresponde à busca de equilíbrio entre a despesa, em senso estrito, e a receita, e, ainda, ao conjunto de medidas para combater o gasto desnecessário, o desperdício que consiste, com frequência, na má utilização de recursos materiais e humanos" (Op. cit., p. 204).

Cumpre informar que o tabelião, notário ou oficial de registro é um gestor, gerente e administrador da entidade, distinguindo-se claramente da entidade administrada. Ele não é a entidade, não se confunde com a entidade, e não é a pessoa jurídica; apenas administra e gerencia a entidade. Portanto, o "cartório" não possui personalidade jurídica, embora seja obrigado à inscrição no CNPJ, exclusivamente para o cumprimento das chamadas obrigações tributárias acessórias. Este entendimento está fixado na Tese n. 1 do Jurisprudência em Tese de Registros Públicos, Cartorários e Notariais:

> "1) Os serviços de registros públicos, cartorários e notariais não têm personalidade jurídica, de modo que o titular do cartório à época dos fatos é o responsável pelos atos decorrentes da atividade desempenhada".

Neste sentido, convém invocar ainda o recente Enunciado 77 da I Jornada de Direito Notarial e Registral:

> **Enunciado 77.** As atividades notariais e de registros públicos são desempenhadas em caráter privado, sendo pessoal a responsabilidade civil e criminal do tabelião e ou do registrador por seus atos e omissões, de modo que as serventias extrajudiciais não possuem capacidade processual e são desprovidas de personalidade jurídica.

⊙ Justificativa: O caráter pessoal com que os serviços de notas e de registro são prestados decorre, dentre outros, de conhecimento intelectual específico, uma vez que o ingresso nas serventias extrajudiciais se dá de forma originária via concurso público de provas e títulos ou por designação, no caso de vacância provisória, e, ainda, da forma pela qual se opera a delegação de tais atividades, em caráter pessoal, de modo que apenas os respectivos titulares possuem habilitação para praticar tais atos, dotados de fé pública. Tanto é pessoal o caráter que os serviços de notas e de registro são prestados, que os delegatários da função pública respondem, por força constitucional e legal, pelos atos praticados na serventia, responsabilizando-se por qualquer prejuízo decorrente de seus atos ou de seus propostos, conforme ditames pontuados pelo já transcrito artigo 236, §1º, CF, que dispõe expressamente que ¿lei regulará as atividades, disciplinará a responsabilidade civil e criminal dos notários, dos oficiais de registro e de seus prepostos, e definirá a fiscalização de seus atos pelo Poder Judiciário. Não há como se afastar o caráter pessoal com que o delegatário dos serviços extrajudiciais exerce sua função sob a singela argumentação de que este pode contratar prepostos, pois somente estes possuem a habilitação específica exigida por lei para prática de seu mister, sendo estes responsáveis pessoalmente, inclusive, pelos atos de seus prepostos, responsabilidade está devidamente prevista no artigo 22 da Lei 8.935/94, o qual prevê que os notários e registradores respondem pessoalmente pelos danos que eles e seus prepostos causem a terceiros, na prática dos atos próprios da serventia, reiterando, com isso, sua responsabilidade pessoal. Com efeito, como não poderia ser diferente, o Superior Tribunal de Justiça já se posicionou sobre a questão no seguinte sentido: (...) os tabelionatos são desprovidos de personalidade jurídica, pois são instituições administrativas, entes sem personalidade e desprovidos e patrimônio próprio, razão pela qual não se caracterizam como empresa ou entidade, sendo pessoal a responsabilidade do oficial de registros públicos por seus atos e omissões (AgRg no REsp 1526266 / CE,

T4, Quarta Turma, Relator Ministro Marco Buzzi, j. em 25.08.2015).

Para fins de imposto de renda, notários e registradores declaram seus rendimentos como pessoas físicas. No entanto, estão obrigados ao recolhimento do ISS. Havia dúvida quanto à **forma de recolhimento do ISS:** se deveria ser com base no trabalho pessoal, com alíquota fixa, ou com base em percentual sobre a renda. No entanto, o Superior Tribunal de Justiça decidiu que não se aplica aos serviços de registros públicos e notariais a sistemática de recolhimento de ISS prevista no art. 9º, § 1º, do Decreto-Lei 406/1968 (alíquota fixa). Este entendimento está fixado na Tese n. 4 do Jurisprudência em Tese de Registros Públicos, Cartorários e Notariais:

> "4) Não se aplica à prestação de serviços de registros públicos cartorários e notariais o regime especial de alíquota fixa do ISS previsto no § 1º do art. 9º do DL n. 406/1968".

Sobre o imposto de renda e o imposto sobre serviços devidos pelos notários e registradores, convido o leitor a consultar os comentários do item 1.5.1 (responsabilidade tributária) dos arts. 22, 23 e 24 da Lei nº 8.935/1994. Cabe ao delegado do serviço público organizar a prestação dos serviços, visando sempre à presteza, eficiência e urbanidade. O gerenciamento administrativo e financeiro dos serviços notariais e de registro inclui o controle dos bens, equipamentos e pessoal.

Revelante é a análise de Ricardo Dip: "uma indevida administrativização dos serviços notariais e registrais poderia resultar a perda da autonomia e da independência jurídicas destes tradicionais artífices da gestão pública dos interesses privados, para enclausurar sua atuação a peias mecânicas e padronizadas de um "funcionalismo estatocêntrico" (...) "destinado a restringir a gestão privada de notas e registros mediante regulamentos extralegislativos muitas vezes concorrentes..." ("O estatuto profissional do notário e do registrador", Revista de Direito Imobiliário, nº 56, ano 27).

As instalações, mobiliário e equipamentos existentes compreendem, entre outros, as máquinas copiadoras, os microcomputadores, impressoras, mesas, balcões, *scanners*, cadeiras, prateleiras, armários, arquivos. O tabelião ou registrador pode adquirir estes equipamentos ou mesmo locar.

A serventia extrajudicial deve ser instalada em um **local de fácil acesso**, especialmente servida por meios de transporte coletivo, bem como ser sinalizada, limpa, e disponibilizar assentos em quantidade adequada para o público. Assim, obedece aos padrões necessários de conforto, higiene e segurança.

É igualmente importante garantir o acesso aos portadores de necessidades especiais, o que deve ser adaptado na unidade extrajudicial.

Não é permitida a interrupção na prestação dos serviços.

A nomeação dos prepostos é geralmente feita mediante **portaria,** mas cada normativa estadual pode estabelecer sua forma.

O tabelião ou registrador deve ter o **controle de todos os atos praticados**, sejam eles gratuitos ou pagos, que pode ser feito por meio de um sistema de informática de banco de dados, sendo bastante proveitoso e conveniente para o serviço. Deve haver o lançamento diário dos atos praticados com seus respectivos fechamentos: diário, mensal e anual.

A escrituração de receitas e despesas é uma determinação presente nas atividades notariais e de registro há muito tempo.

Isso ocorre porque, por meio dessa medida, cumpre-se a obrigação tributária relacionada ao imposto de competência da União, que incide sobre os emolumentos. Demais disso, os órgãos públicos com atribuições correcionais fiscalizam o desempenho financeiro das serventias extrajudiciais, notadamente no que diz respeito à correta aplicação da lei de emolumentos.

O **Livro Diário Auxiliar** é atualmente obrigatório em todas as serventias, conforme estabelece o Provimento n. 45, de 15 de maio de 2015, do Conselho Nacional de Justiça, e que atualmente tem a maioria de suas normas incorporadas aos artigos 186 a 196 do Código Nacional de Normas.

O ato normativo disciplina a manutenção de **três livros** pelos titulares e designados dos serviços notariais e de registro, a saber:

a) Visitas e Correições;
b) Diário Auxiliar da Receita e da Despesa; e
c) Controle de Depósito Prévio.

Dentre as justificativas para a edição do Provimento CNJ 45, de 13 de maio de 2015, destaco:

a) A necessidade de aprimoramento e consolidação das normas relativas à escrituração dos livros administrativos obrigatórios mantidos pelo delegatários de serviços extrajudiciais, bem como por aqueles que a qualquer título respondam provisoriamente por tais serviços;
b) Que a fiscalização da prestação do serviço extrajudicial de notas e registros públicos abrange a verificação da regular observância das obrigações tributárias a que estão sujeitos seus titulares e os responsáveis interinamente por delegações vagas, no que tange ao lançamento de valores que compõem as bases de cálculo do Imposto de Renda (IR) e do Imposto Sobre Serviços (ISS), inclusive;
c) A obrigatoriedade de fiscalização da regular observância da limitação remuneratória dos responsáveis

interinamente por delegações vagas de notas e de registros públicos;

Os livros previstos neste Provimento serão abertos, numerados, autenticados e encerrados pelo **delegatário,** podendo ser utilizado, para esse fim, processo mecânico de autenticação previamente aprovado pela autoridade judiciária competente na esfera estadual ou distrital.

Tal regra está em conformidade com o art. 4º da Lei 6.015/1973. Atente-se para o fato de que a Lei 9.492/1997 não seguiu o disposto destes dispositivos e trouxe sua própria norma estabelecendo, no art. 33, que os livros de Registros de Protesto serão abertos e encerrados pelo **Tabelião de Protestos ou seus Substitutos, ou ainda por Escrevente autorizado**, com suas folhas numeradas e rubricadas.

No que diz respeito à **responsabilidade pela escrituração dos livros do Provimento CNJ 45/2015, esta é direta do delegatário** com exceção do Livro de Visitas e Correições. É que este livro será escriturado pelas **competentes autoridades judiciárias fiscalizadoras** e conterá cem páginas, respondendo o delegatário pela guarda e integridade do conjunto de atos nele praticados.

Os delegatários de unidades cujos serviços admitam o **depósito prévio** de emolumentos manterão livro próprio, especialmente aberto para o controle das importâncias recebidas a esse título, livro em que deverão indicar-se o número do protocolo, a data do depósito e o valor depositado, além da data de sua conversão em emolumentos resultante da prática do ato solicitado, ou, conforme o caso, da data da devolução do valor depositado, quando o ato não for praticado. Considerando a natureza dinâmica do Livro de Controle de Depósito Prévio, poderá este ser escriturado apenas eletronicamente, a critério do delegatário, livro esse que será impresso sempre que a autoridade judiciária competente assim o determinar, sem prejuízo da manutenção de cópia atualizada em sistema de *backup* ou outro método hábil para sua preservação.

Sobre o **Livro Diário Auxiliar**, este observará o modelo usual para a forma contábil e terá suas folhas divididas em colunas para anotação da data, da discriminação da receita e da despesa, além do valor respectivo, devendo, quando impresso em folhas soltas, encadernar-se tão logo encerrado.

Frise-se que o Livro Diário Auxiliar tem propósito diferente daquele Livro "Caixa" previsto em algumas normativas estaduais. Enquanto o primeiro pertence ao acervo da serventia extrajudicial, ou seja, ao Estado e é fiscalizado pelas corregedorias estaduais a fim de averiguar a saúde financeira e a arrecadação dos emolumentos, o segundo inspeciona, por meio das autoridades competentes, o cumprimento das obrigações tributárias devidas pelo delegado. É que o "Livro Caixa" pertence à pessoa física do responsável pelo serviço e serve essencialmente, para possibilitar a redução da base de cálculo do imposto de renda (IRPF).

Anote-se que a receita será lançada no Livro Diário Auxiliar separadamente, por especialidade, de forma individualizada, no dia da prática do ato, ainda que o delegatário não tenha recebido os emolumentos, devendo discriminar-se sucintamente, de modo a possibilitar-lhe identificação com a indicação, quando existente, do número do ato, ou do livro e da folha em que praticado, ou ainda o do protocolo.

O ato normativo considera como **dia da prática do ato** o da lavratura e encerramento do ato notarial, para o serviço de notas; o do registro, para os serviços de registros de imóveis, títulos e documentos e civil de pessoa jurídica; o do registro, para os atos não compensáveis do Registro Civil das Pessoas Naturais, e para seus atos gratuitos, o do momento do recebimento do pagamento efetuado por fundo de reembolso de atos gratuitos e fundo de renda mínima. Por outro lado, nos Estados em que o pagamento dos emolumentos para o serviço de protesto de título for diferido em virtude de previsão legal, será considerado como dia da prática do ato o da lavratura do termo de cancelamento, o do acatamento do pedido de desistência e o do pagamento do título, se outra data não decorrer de norma estadual específica.

Já os lançamentos relativos a **receitas** compreenderão os emolumentos previstos no regimento de custas estadual ou distrital exclusivamente na parte percebida como receita do próprio delegatário, em razão dos atos efetivamente praticados, excluídas as quantias recebidas em depósito para a prática futura de atos, os tributos recebidos a título de substituição tributária ou outro valor que constitua receita devida diretamente ao Estado, ao Distrito Federal, ao Tribunal de Justiça, a outras entidades de direito, e aos fundos de renda mínima e de custeio de atos gratuitos, conforme previsão legal específica.

Obedecendo a sistemática das regras sobre **emolumentos,** o ato normativo do CNJ também vedou a prática de cobrança parcial ou de não cobrança de emolumentos, ressalvadas as hipóteses de isenção, não incidência ou diferimento previstas na legislação específica.

Quanto às despesas, estas deverão ser lançadas no dia em que forem efetivadas e sempre deverão resultar da prestação do serviço delegado. Serão passíveis de lançamento no Livro Diário Auxiliar todas as despesas relacionadas a investimentos, custeio e pessoal, promovidas a critério do delegatário, entre outras:

a. locação de bens móveis e imóveis utilizados para a prestação do serviço, incluídos os destinados à guarda de livros, equipamentos e restante do acervo da serventia;

b. contratação de obras e serviços para a conservação, ampliação ou melhoria dos prédios utilizados para a prestação do serviço público;

c. contratação de serviços, os terceirizados inclusive, de limpeza e de segurança;

d. aquisição de móveis, utensílios, eletrodomésticos e equipamentos mantidos no local da prestação do serviço delegado, incluídos os destinados ao entretenimento dos usuários que aguardem a prestação do serviço e os de manutenção de refeitório;

e. aquisição ou locação de equipamentos (*hardware*), de programas (*software*) e de serviços de informática, incluídos os de manutenção prestados de forma terceirizada;

f. formação e manutenção de arquivo de segurança;

g. aquisição de materiais utilizados na prestação do serviço, incluídos os utilizados para a manutenção das instalações da serventia;

h. plano individual ou coletivo de assistência médica e odontológica contratado com entidade privada de saúde em favor dos prepostos e seus dependentes legais, assim como do titular da delegação e seus dependentes legais, caso se trate de plano coletivo em que também incluídos os prepostos do delegatário;

i. despesas trabalhistas com prepostos, incluídos FGTS, vale alimentação, vale transporte e quaisquer outros valores que lhes integrem a remuneração, além das contribuiçoes previdenciárias devidas ao Instituto Nacional do Seguro Social – INSS ou ao órgão previdenciário estadual;

j. custeio de cursos de aperfeiçoamento técnico ou formação jurídica fornecidos aos prepostos ou em que regularmente inscrito o titular da delegação, desde que voltados exclusivamente ao aprimoramento dos conhecimentos jurídicos, ou, em relação aos prepostos, à melhoria dos conhecimentos em sua área de atuação;

k. o valor que for recolhido a título de Imposto Sobre Serviço – ISS devido pela prestação do serviço extrajudicial, quando incidente sobre os emolumentos percebidos pelo delegatário;

l. o valor de despesas com assessoria jurídica para a prestação do serviço extrajudicial;

m. o valor de despesas com assessoria de engenharia para a regularização fundiária e a retificação de registro.

Ao **final de cada mês** serão somadas, em separado, as receitas e as despesas da unidade de serviço extrajudicial, com a apuração do saldo líquido positivo ou negativo do período. Por outro lado, ao **final de cada exercício,** será feito o balanço anual da unidade de serviço extrajudicial, com a indicação da receita, da despesa e do líquido mês a mês, e apuração do saldo positivo ou negativo do período.

Anualmente, até o décimo dia útil do mês de fevereiro, o Livro Diário Auxiliar será visado pela autoridade judiciária competente, que determinará, sendo o caso, as glosas necessárias, podendo, ainda, ordenar sua apresentação sempre que entender conveniente.

O Provimento 45/2015 facultou a utilização do Livro Diário Auxiliar também para fins de recolhimento do Imposto de Renda (IR), ressalvada nesta hipótese a obrigação de o delegatário indicar quais as despesas não dedutíveis para essa última finalidade e também o saldo mensal específico para fins de imposto de renda. A mesma faculdade aplica-se para os fins de cálculo de Imposto Sobre Serviços (ISS), hipótese em que deverá ser observada a legislação municipal.

A regra do antigo art. 13 foi incorporada ao art. 194 do Código Nacional de Normas e é direcionada aos interinos. Merece transcrição:

> Art. 194. As normas impostas por este Capítulo aos delegatários de serviços notariais e registrais aplicam-se aos designados para responder interinamente por serventias vagas, observadas as seguintes peculiaridades:
>
> I – os responsáveis interinamente por delegações vagas de notas e de registro lançarão, no Livro Diário Auxiliar, o valor da renda líquida excedente a 90,25% dos subsídios de ministro do Supremo Tribunal Federal (STF) que depositarem à disposição do Tribunal de Justiça correspondente, indicando a data do depósito e a conta em que foi realizado, observadas as normas editadas para esse depósito pelo respectivo Tribunal;
>
> II – ao responsável interinamente por delegação vaga é defeso contratar novos prepostos, aumentar salários dos prepostos já existentes na unidade, ou contratar novas locações de bens móveis ou imóveis, de equipamentos ou de serviços, que possam onerar a renda da unidade vaga de modo continuado, sem a prévia autorização do Tribunal a que estiver afeta a unidade do serviço;
>
> III – todos os investimentos que comprometam a renda da unidade vaga deverão ser objeto de projeto a ser encaminhado para a aprovação do Tribunal de Justiça competente;
>
> IV – respeitado o disposto no inciso anterior, para apuração do valor excedente a 90,25% dos subsídios de ministro do Supremo Tribunal Federal (STF), deve abater-se, como despesas do responsável interinamente pela unidade vaga, as previstas em disposição legal ou infralegal;
>
> V – nos prazos previstos no art. 2.º do Provimento n. 24/2012 desta Corregedoria Nacional de Justiça, os responsáveis interinamente pelas unidades vagas lançarão no sistema "Justiça Aberta", em campos específicos criados para essa finalidade, os valores que, nos termos do inciso anterior, depositarem na conta indicada pelo respectivo Tribunal de Justiça; e
>
> VI – a periodicidade de recolhimento do valor da renda líquida excedente a 90,25% dos subsídios de ministro do Supremo Tribunal Federal (STF) é trimestral, considerando-se as receitas e as despesas do trimestre, não havendo lei estadual que estabeleça periodicidade diversa.

Sobre o artigo 13 do Provimento CNJ n. 45/2015 (incorporado ao artigo 194 do CNN), é relevante mencionar a consulta formulada para esclarecer se deve ou não ser observado o limite constitucional do teto remuneratório nas prestações de contas mensais das serventias, nos seguintes termos:

> **Ementa:** Consulta – Prestação de contas dos responsáveis interinos – Teto constitucional – Incidência ao final do trimestre – Provimento CN nº 45/2015 – Superveniente alteração pelo artigo 21 do Provimento CN nº 76/2018 – Norma específica – Prevalência sobre a norma geral – Consulta conhecida e respondida.
>
> **II** – O artigo 13, VI, do Provimento-CN nº 45/2015, incluído pelo Provimento-CN nº 76/2018, preceitua que *"a periodicidade de recolhimento do valor da renda líquida excedente a 90,25% dos subsídios de Ministro do Supremo Tribunal Federal é trimestral"*.
>
> **III** – Por sua vez, o artigo 9º da mesma norma dispõe que *"ao final de cada mês serão somadas, em separado, as receitas e as despesas da unidade de serviço extrajudicial, com a apuração do saldo líquido positivo ou negativo do período"*.
>
> **IV** – Extrai-se da leitura do normativo que o artigo 13 trata especificamente da remuneração dos responsáveis interinos e nesse aspecto deve prevalecer sobre a norma geral.
>
> **V** – Assim, na prestação de contas mensais dos responsáveis interinos não poderá ser considerado o valor do limite constitucional de 90,25% dos subsídios dos Ministros do Supremo Tribunal Federal, apenas ao final do trimestre.
>
> **VI** – Consulta conhecida e respondida (CNJ – Consulta nº 0001653-32.2021.2.00.0000 – Rio de Janeiro – Rel. Min. Emmanoel Pereira – DJ 14.09.2021)

Possui relação com este assunto, o Tema 779 do Supremo Tribunal Federal ,que trata da aplicabilidade do teto constitucional à remuneração de substitutos (interinos) designados para o exercício de função notarial e registral em serventias extrajudiciais.

Entendeu-se que o interino da serventia extrajudicial é similar a um preposto, ele administra em nome do Tribunal, mas o cartório não tem um titular – então nessa condição estaria sujeito ao teto constitucional dos servidores públicos. Esse limite se aplica à arrecadação líquida, depois de uma conta que calcula a arrecadação da serventia e o que é gasto com a manutenção do serviço. Em outras palavras, o líquido não fica em sua integralidade com o interino. Assim, o valor não pode ultrapassar o equivalente a 90,25% dos subsídios dos Ministros do STF.

Recomenda-se a leitura do tópico "Jurisprudência Complementar" para melhor compreensão do tema.

O ato normativo do CNJ delegou às Corregedorias dos Estados o disposto no art. 195, a saber:

> **Art. 195 (corresponde ao antigo art. 14 do Prov. CNJ n. 45/2015).** Será disciplinado por norma editada pela competente Corregedoria-Geral da Justiça local:
>
> a) o controle dos recolhimentos relativos à taxa de fiscalização, ao selo ou a outro valor que constituir receita devida ao Estado, ao Distrito Federal, ao Tribunal de Justiça, ao Município, a outras entidades de direito, e aos fundos de renda mínima e de custeio de atos gratuitos;
>
> b) o dia da prática do ato notarial ou registral, quanto aos serviços de Registro de Distribuição e de Registro de Contratos Marítimos, eventualmente existentes.

Por fim, vale apresentar a consulta sobre dúvida do tabelião à respeito da dedução do imposto de renda. Abordou-se a possibilidade de dedução das despesas relacionadas ao pagamento de aluguel de bens móveis e utensílios utilizados por titulares de serviços notariais e de registro na apuração do Imposto sobre a Renda da Pessoa Física (IRPF). Especificamente, trata-se da situação em que um tabelião, na condição de locatário, aluga esses bens de uma empresa da qual ele é sócio. A dedução é permitida desde que o pagamento esteja de acordo com os valores de mercado, seja necessário para a percepção de receitas e manutenção da fonte produtora, e esteja devidamente escriturado em livro-caixa, com a devida comprovação documental. Veja-se:

> **EMENTA:** Rendimento Do Trabalho Não Assalariado – Titulares De Serviços Notariais E De Registro – Livro Caixa – Despesas Dedutíveis – Pagamento Referente A Aluguel De Bens Móveis E De Utensílios Em Geral, Feito A Empresa Da Qual O Tabelião É Sócio. O pagamento de aluguel dos móveis e utensílios em geral, inclusive, computadores, periféricos e software, feito pelo tabelião, dentro da sua atividade de serventuário da justiça, na situação de locatário, por conta de um contrato de locação com empresa, na qual possui quotas de capital, pode ser deduzido da na apuração do Imposto sobre a Renda da Pessoa Física (IRPF) desde que o pagamento seja condizente com os valores praticados pelo mercado, seja necessário à percepção das receitas à manutenção da fonte produtora, e que esteja devidamente escriturado em livro-caixa e comprovado mediante documentação hábil e idônea.

2. JURISPRUDÊNCIA COMPLEMENTAR

CONSELHO NACIONAL DE JUSTIÇA

EMENTA: Consulta – Provimento CNJ 45/2015 – Lançamento De Despesas – Locação De Bens Móveis E Imóveis Utilizados Na Prestação Dos Serviços Cartorários – Propriedade Do Próprio Interino – Inexistência De Vedação Na Norma De Regência – Possibilidade De Remuneração Do Interino Mediante Recursos Públicos – Observância Das Condições Em Que A Relação Entre Custo E Benefício Esteja Devidamente Parametrizada Pelos Preços De Mercado E Por Regulamentação Adequada.

1. Consulta acerca da interpretação do art. 8º, letra "a", do Provimento CNJ 45/2015, no que tange à autorização de que os preços correspondentes às locações de bens móveis e imóveis, de propriedade do próprio interino e utilizados na prestação de serviços notariais e de registro, sejam lançados como despesas das serventias extrajudiciais.

2. O Provimento CNJ 45/2015 consolidou as normas relativas à manutenção e escrituração dos livros Diário Auxiliar, Visitas e Correições e Controle de Depósito Prévio, normas estas aplicáveis tanto aos delegatários quanto aos responsáveis interinos do serviço notarial e de registro.

3. À luz de sua sistemática normativa, não há vedação para que o responsável interino seja remunerado pela locação, paga com recursos públicos, previamente autorizada pela Corregedoria local, de bens móveis e imóveis de sua propriedade necessários e úteis postos à disposição da serventia extrajudicial vaga, em condições nas quais a relação entre custo e benefício esteja devidamente parametrizada pelos preços de mercado e por regulamentação adequada.

4. Relativamente às serventias extrajudiciais vagas, na ausência de norma federal, compete ao Estado, no exercício de sua autonomia, decidir sobre as melhores condições para a prestação do serviço público que retornou à sua esfera de atribuições, de sorte que, a partir da extinção da delegação, lhe cabe avaliar se irá preservar as condições sob as quais o serviço outrora delegado era prestado, bem como se irá introduzir (ou não) novos critérios para definição e execução de despesas.

5. Por fim, a assunção do encargo de interino implica na submissão do interessado à legislação vigente e, nesta perspectiva, estabelece a impossibilidade de ressarcimento para quaisquer despesas continuadas (com locações, inclusive), pretéritas ou atuais, que não tenham sido previamente autorizadas pelo Poder Judiciário.

6. Consulta respondida.

Ante o exposto, voto no sentido de CONHECER a consulta, para que, no mérito, seja respondida no sentido de que:

a) o Provimento CNJ 45/2015 não veda que o responsável interino seja remunerado pela locação, paga com recursos públicos, previamente autorizada pela Corregedoria local, de bens móveis e imóveis de sua propriedade necessários e úteis postos à disposição da serventia extrajudicial vaga, em condições nas quais a relação entre custo e benefício esteja devidamente parametrizada pelos preços de mercado e por regulamentação adequada.

b) relativamente às serventias extrajudiciais vagas, na ausência de norma federal, compete ao Estado, no exercício de sua autonomia, decidir sobre as melhores condições para a prestação do serviço público que retornou à sua esfera de atribuições, de sorte que, a partir da extinção da delegação, lhe cabe avaliar se irá preservar as condições sob as quais o serviço outrora delegado era prestado, bem como se irá introduzir (ou não) novos critérios para definição e execução de despesas.

c) a assunção do encargo de interino implica na submissão do interessado à legislação vigente e, nesta perspectiva, estabelece a impossibilidade de ressarcimento para quaisquer despesas continuadas (com locações, inclusive), pretéritas ou atuais, que não tenham sido previamente autorizadas pelo Poder Judiciário.

Cumpridas as comunicações de praxe, arquive-se o presente feito independentemente de nova conclusão.

Brasília, data registrada no sistema.

MAURO PEREIRA MARTINS. Conselheiro Relator / (CNJ – Consulta nº 0007639-30.2022.2.00.0000 – Paraná – Rel. Cons. Mauro Pereira Martins – DJ 22.08.2023)

EMENTA: Recurso Administrativo em Procedimento de Controle Administrativo – Interinos submetidos ao teto constitucional – Tema 779 do STF – Recolhimento dos valores excedentes ao teto constitucional – Questionamento das decisões administrativas dos tribunais – Matéria que é alvo de decisão definitiva do STF – Coisa julgada – Ausência de elementos novos – Recurso desprovido.

1. Trata-se de recurso administrativo contra decisão monocrática que não conheceu do pedido formulado, visto questionar o conteúdo de decisão judicial.

2. O recorrente contesta conteúdo de decisão judicial que determinou o recolhimento dos valores excedentes ao teto constitucional recebidos pelos interinos, bem como a cobrança ou devolução dos valores que eventualmente não foram recolhidos.

3. Este Conselho não possui competência para interferir em decisões judiciais, nem tampouco revisá-las. Nos termos do art. 103-B, §4° da Constituição Federal, ao CNJ competem tão somente o controle da atuação administrativa e financeira do Poder Judiciário e a fiscalização do cumprimento dos deveres funcionais dos juízes, não lhe cabendo intervir em decisão judicial com o intuito de cassá-la, reformá-la ou invalidá-la. Precedentes do CNJ.

4. Em que pese o recorrente defenda que o questionamento dos autos se refere ao conteúdo de decisões administrativas que impediram a cobrança dos interinos dos valores excedentes ao teto constitucional, o fato é que não cabe a este Conselho intervir em matéria que já foi apreciada pelo Supremo Tribunal Federal ao proceder à modulação de efeitos no julgamento dos embargos de declaração no RE 808.202/RS e que encontra-se coberta pela coisa julgada. Precedentes do CNJ.

5. Recurso conhecido a que se nega provimento. (CNJ – Procedimento de Controle Administrativo nº 0005598-56.2023.2.00.0000 – Espírito Santo e Rio Grande do Sul – Rel. Cons. Richard Pae Kim – DJ 14.02.2024)

SUPERIOR TRIBUNAL DE JUSTIÇA

EMENTA: PROCESSUAL CIVIL E ADMINISTRATIVO. RECURSO ESPECIAL. MANDADO DE SEGURANÇA IMPETRADO CONTRA DEMISSÃO DE ESCREVENTE DE CARTÓRIO EXTRAJUDICIAL. OFENSA AOS ARTS. 20 E 21 DA LEI 8.935/1994. AUSÊNCIA DE PREQUESTIONAMENTO. SÚMULA 211/STJ. SERVIDOR NÃO OPTANTE PELO REGIME CELETISTA. COMPETÊNCIA DA JUSTIÇA COMUM ESTADUAL. ALÍNEA "C". NÃO DEMONSTRAÇÃO DA DIVERGÊNCIA. 1. É inadmissível Recurso Especial quanto a questão que, a despeito da oposição de Embargos Declaratórios, não foi apreciada pelo Tribunal de origem. Incidência da Súmula 211/STJ. 2. *In casu*, o Tribunal *a quo* nem sequer de modo implícito emitiu juízo de valor acerca dos arts. 20 e 21 da Lei 8.935/1994, tidos por violados. 3. Consoante a jurisprudência do STJ, compete à Justiça Comum Estadual apreciar e julgar os feitos referentes aos agentes de cartórios extrajudiciais que não tenham optado pelo regime celetista, nos termos do § 2º do art. 48 da Lei 8.935/1994. 4. A divergência jurisprudencial deve ser comprovada, cabendo a quem recorre demonstrar as circunstâncias que identificam ou assemelham os casos confrontados, com indicação da similitude fático-jurídica entre eles. Indispensável a transcrição de trechos do relatório e do voto dos acórdãos recorrido e paradigma, realizando-se o cotejo analítico entre ambos, com o intuito de bem caracterizar a interpretação legal divergente. O desrespeito a esses requisitos legais e regimentais (art. 541, parágrafo único, do CPC e art. 255 do RI/STJ) impede o conhecimento do Recurso Especial, com base na alínea "c" do inciso III do art. 105 da Constituição Federal. 5. Agravo Regimental não provido. (STJ – AgRg no AREsp nº 235.078 – SP – 2ª Turma – Rel. Min. Herman Benjamin – DJ 18.12.2012)

TRIBUNAL SUPERIOR DO TRABALHO

EMENTA: RECURSO ORDINÁRIO EM AÇÃO RESCISÓRIA. 1. PRELIMINAR. NEGATIVA DE PRESTAÇÃO JURISDICIONAL. AUSÊNCIA. O recurso ordinário em ação rescisória, por se tratar de faculdade processual exercida em instância ordinária, é dotado de devolutividade ampla, incumbindo ao Tribunal competente para a sua análise apreciar todas as questões da demanda suscitadas, ainda que não tenham sido decididas no Órgão julgador de origem, consoante art. 515, *"caput"* e § 1º, do CPC. Assim, mesmo que se pudesse cogitar de negativa de prestação jurisdicional no acórdão recorrido, não há que se pronunciar a nulidade pretendida, pois ela em nada aproveita à recorrente, já que a matéria é totalmente devolvida ao TST, cujo acórdão substituirá a decisão vergastada. Nessa esteira, impõe-se a dicção do art. 249, § 1º, do CPC, segundo o qual, diante da ausência de prejuízo, não se pronunciará a nulidade. Preliminar rejeitada. 2. ART. 485, V, DO CPC. SERVENTUÁRIO DE CARTÓRIO. REGIME DA CLT. OFENSA AO ART. 236, "CAPUT", DA CARTA MAGNA CARACTERIZADA. De acordo com o "caput" do art. 236 da Carta Magna, os serviços notariais e de registro são exercidos em caráter privado, por delegação do Poder Público. Neste contexto, o titular do cartório, no exercício de delegação estatal, contrata, assalaria e dirige a prestação do trabalho, equiparando-se ao empregador comum. Inafastável, assim, a aplicação dos termos do art. 114 da Lei Maior para se reconhecer a competência desta Justiça Especializada, uma vez que a relação foi estabelecida entre trabalhador e empregador. Por outro lado, a jurisprudência nesta Corte é firme no sentido de que os trabalhadores de cartórios extrajudiciais estão sujeitos ao regime da CLT mesmo antes do advento da Lei nº 8.935/1994. Recurso ordinário conhecido e provido. (TST – Recurso Ordinário nº 6093-17.2011.5.02.0000 – Subseção II Especializada em Dissídios Individuais – Rel. Min. Alberto Luiz Bresciani de Fontan Pereira – DJ 16.05.2014)

⊙ **TRIBUNAL REGIONAL DO TRABALHO DA 2ª REGIÃO**

▶ **EMENTA:** AGRAVO DE PETIÇÃO. CARTÓRIO. SUCESSÃO. O Tabelião exerce atividade delegada pelo Poder Público (artigo 236 da Constituição Federal), sendo o responsável pelo custeio e administração do cartório, inclusive quanto à contratação de pessoal (Lei 8.935/94). Por se tratar, portanto, de delegação de caráter pessoal, a jurisprudência trabalhista firmou entendimento de que a sucessão de empregadores, no serviço notarial, é caracterizada quando ocorrer a alteração da titularidade, com a transferência da unidade econômico-jurídica e com a continuidade da prestação dos serviços. Nesse contexto, o novo Tabelião titular, não responde pelas obrigações trabalhistas anteriores. Agravo de Petição da exequente a que se nega provimento. (TRT 2ª Região – Agravo de Petição nº 0000001-13.2019.5.02.0042 – São Paulo – 17ª Turma – Rel. Des. Ivete Bernardes Vieira de Souza – DJ 28.10.2019)

▶ **EMENTA:** CARTÓRIOS – PERSONALIDADE JURÍDICA PRÓPRIA. O artigo 21 da Lei nº 8.935/94 não deixa margem a dúvidas ao tratar o notário ou oficial como um gestor, um gerente, um administrador da entidade, distinguindo-o da entidade administrada. O tabelião, ou notário, ou oficial de registro não é a entidade, não se confunde com a entidade, não é a pessoa jurídica, apenas administra, gerencia a entidade. Diz o *parágrafo único do art.41 do CCB que, "Salvo disposição em contrário, as pessoas jurídicas de direito público, a que se tenha dado estrutura de direito privado,regem-se, no que couber, quanto ao seu funcionamento, pelas normas deste Código.* Essa entidade, o Cartório, por vezes é proprietária do imóvel que ocupa, ou o loca em nome próprio. Possui livros e registros que não pertencem ao notário mas à própria entidade Cartório. Firma contratos em nome próprio. Movimenta contas bancárias em nome próprio. Possui inscrição junto à fazenda, com CNPJ próprio. Possui inscrição Estadual e Municipal. E paga impostos. Personalidade jurídica nada mais é que a aptidão genérica para adquirir direitos e contrair obrigações. Os entendimentos relativos à existência ou não de personalidade jurídica dos cartórios, não se sobrepõem à realidade. No presente caso, o Cartório existe como entidade registrada em órgãos públicos, como Ministério da Fazenda e Ministério do Trabalho, anotou o contrato de trabalho e efetuou transferências bancárias em seu nome. Em razão dessas circunstâncias, ouso discordar da ideia comum, para afirmar que os Cartórios são pessoas jurídicas e têm personalidade jurídica, desde que inscritos nos órgãos fazendários com matrícula própria, mantenham contas bancárias em nome próprio e contratem empregados anotando o contrato de trabalho em nome próprio. Recurso provido. (TRT 2ª Região – Recurso Ordinário nº 0179300-57.2002.5.02.0005 – São Paulo – 14ª Turma – Rel. Des. Manoel Antonio Ariano – DJ 17.04.2015)

⊙ **TRIBUNAL DE JUSTIÇA DO ESTADO DE SÃO PAULO**

▶ **EMENTA:** Apelação – Serventia extrajudicial – Pretensão ao recebimento de horas extraordinárias, FGTS e multas previstas nos arts. 467 e 477, § 8º, da CLT, e na cláusula 17 de Convenção Coletiva de Trabalho – Pedido cumulado de recolhimento de verbas previdenciárias correspondente ao alegado tempo de serviço sem registro – Sentença de improcedência, com o reconhecimento de ilegitimidade passiva quanto a suposto pedido declaratório de reconhecimento de tempo de serviço – Inconformismo – Inovação recursal quanto aos pedidos de recebimento de adicional noturno e adicional por tempo de serviço formulados no apelo – Apelo não conhecido nesta parte – Pleito de pagamento das verbas previdenciárias sem a comprovação do formal reconhecimento do tempo de serviço prestado pela Corregedoria--Geral de Justiça – De toda forma, o recolhimento é referente aos anos de 1980 a 1988, razão pela qual restaria prescrita a pretensão – Autor que não se vinculava à Consolidação das Leis do Trabalho, pois não fez a opção prevista no art. 48 da Lei Federal nº 8.935/94 – Verbas pleiteadas que são atreladas à CLT e a Convenção Coletiva de Trabalho, inaplicáveis em favor do autor – Recurso parcialmente não conhecido e, na parte conhecida, desprovido. (TJSP – Apelação Cível nº 0011249-90.2013.8.26.0066 – Barretos – 13ª Câmara de Direito Público – Rel. Des. Souza Meirelles – DJ 21.03.2016)

▶ **EMENTA:** Administrativo E Processual Civil – Cartório Extrajudicial – Servidor – Admissão Anterior À Constituição De 1988 – Delegação Do Serviço – Dispensa Ou Demissão – Regime Híbrido Ou Especial – Cobrança De Indenização – Passivo Trabalhista – Legitimidade Passiva Do Notário Ou Registrador – Extinção Do Processo Afastada – Indenização Devida.. 1. É da responsabilidade exclusiva do respectivo titular o gerenciamento administrativo e financeiro dos serviços notariais e de registro, inclusive no que diz respeito às despesas de custeio, investimento e pessoal, especialmente os passivos trabalhistas. Inteligência dos artigos 21 da Lei nº 8.935 e 58, § 2º, da Lei Estadual nº 12.227/06. Extinção do processo, sem resolução de mérito, afastada. 2. Servidor admitido como auxiliar de cartório anteriormente à Constituição Federal de 1988 e não optante pelo regime celetista. Regime híbrido ou especial. Inexistência de estabilidade. Dispensa ou demissão cabível a critério do titular da delegação do serviço de Notas ou Registro. Direito do servidor a quinquênios, licenças-prêmio em pecúnia, aviso prévio, indenização e férias proporcionais. Sentença reformada. Pedido procedente, em parte. Recurso provido. (TJSP – Apelação Cível nº 0045380-04.2011.8.26.0053 – São Paulo – 9ª Câmara de Direito Público – Rel. Des. Décio Notarangeli – DJ 20.08.2014)

3. QUESTÕES DE CONCURSOS

01. (VUNESP - 2023 - TJ-AL - Titular de Serviços de Notas e de Registros – Provimento) De acordo com a Lei Federal nº 8.935/1994, é correto afirmar:

a) Os notários e oficiais de registro são civilmente responsáveis por todos os prejuízos que causarem a terceiros, por culpa ou dolo, pessoalmente, pelos substitutos que designarem ou escreventes que autorizarem, sem direito de regresso.

b) A responsabilidade civil depende da criminal e esta será individualizada, aplicando-se, no que couber, a legislação relativa aos crimes contra a fé pública.

c) Prescreve em dois anos a pretensão de reparação civil em face do notário ou oficial, contado o prazo da data de lavratura do ato registral ou notarial.

d) O gerenciamento administrativo e financeiro dos serviços notariais e de registro é da responsabilidade exclusiva do respectivo titular, inclusive no que diz respeito às despesas de custeio, investimento e pessoal, cabendo-lhe estabelecer normas, condições e obrigações relativas à atribuição de funções e de remuneração de seus prepostos de modo a obter a melhor qualidade na prestação dos serviços.

02. (VUNESP - 2023 - TJ-AL - Titular de Serviços de Notas e de Registros – Provimento) De acordo com a Consolidação Normativa Notarial e Registral da Corregedoria Geral de Justiça do Estado de Alagoas (CNNR-CGJ/AL), sobre os livros administrativos dos serviços notariais e de registro públicos, é correto afirmar:

Nota da autora: Embora a questão envolva normativas estaduais, é possível respondê-la com base na legislação federal, pois trata-se de uma reprodução desta.

a) Com exceção do Livro de Visitas e Correições, a responsabilidade pela escrituração dos demais livros é exclusiva e direta do delegatário, vedada a escrituração por um preposto.

b) Salvo os livros previstos em lei especial, os serviços notariais e de registros públicos deverão possuir os livros de Visitas e Correições, Diário Auxiliar da Receita e da Despesa e Controle de Depósito Prévio.

c) O Livro de Visitas e Correições será escriturado pelas competentes autoridades judiciárias fiscalizadoras, as quais ficarão responsáveis por sua guarda.

d) O Livro de Controle de Depósito Prévio observará o modelo usual para a forma contábil, vedada a escrituração de forma eletrônica.

03. (IESES – Titular de Serviços de Notas e Registros – TJ – TO – Provimento/2022) A Lei de Notários e Registradores, Lei n. 8935/94 estabelece que o gerenciamento administrativo e financeiro dos serviços notariais e de registro é da responsabilidade exclusiva do respectivo titular, inclusive no que diz respeito às despesas de custeio, investimento e pessoal, cabendo-lhe estabelecer normas, condições e obrigações relativas à atribuição de funções e de remuneração de seus prepostos de modo a obter a melhor qualidade na prestação dos serviços. Sobre estes serviços, é correto afirmar:

a) Serviços notariais e de registro são os de organização técnica e administrativa destinados a garantir a publicidade, autenticidade, segurança e eficácia dos atos jurídicos, com atendimento ao público de, no mínimo, de oito horas diárias, atendendo a legislação trabalhista.
b) Os serviços notariais e de registro serão prestados, de modo eficiente e adequado, em dias e horários estabelecidos a critério do titular da serventia, atendidas as peculiaridades locais, em local de fácil acesso ao público e que ofereça segurança para o arquivamento de livros e documentos.
c) Os notários e oficiais de registro são civilmente responsáveis por todos os prejuízos que causarem a terceiros, por culpa ou dolo, pessoalmente, pelos substitutos que designarem ou escreventes que autorizarem, assegurado o direito de regresso e a responsabilidade civil independe da criminal.
d) Notário ou registrador, são profissionais do direito, dotados de fé pública, a quem é delegado o exercício da atividade notarial e de registro, considerados servidores públicos em razão da forma de ingresso na atividade por meio de concurso público.

04. (Vunesp – Outorga de Delegação de Notas e Registros – TJ – GO/2021) Em relação ao Livro Diário Auxiliar, é correto afirmar que a receita será nele

a) lançada no dia do efetivo recebimento dos emolumentos, somando-se aos valores recebidos a título de depósito prévio, discriminada sucintamente, de modo a possibilitar a identificação mediante a indicação, quando existente, do número do ato, livro ou folha em que praticado, ou ainda o do protocolo.
b) lançada no montante total recebido no dia da prática do ato, ou ainda que não tenha recebido os emolumentos, sem necessidade de discriminar individualmente os atos, de modo a possibilitar a identificação mediante a indicação, quando existente, do número do ato, livro ou folha em que praticado, ou ainda o do protocolo.
c) lançada separadamente, por especialidade, de forma individualizada, no dia da prática do ato, ou ainda que não tenha recebido os emolumentos, discriminada sucintamente, de modo a possibilitar a identificação mediante a indicação, quando existente, do número do ato, livro ou folha em que praticado, ou ainda o do protocolo.
d) discriminada sucintamente no dia do efetivo recebimento dos emolumentos, de modo a possibilitar a identificação mediante a indicação, quando existente, do número do ato, livro ou folha em que praticado, ou ainda o do protocolo.

05. (Cespe – Notário-AC/2006) Acerca dos serviços notariais e de registro, segundo a Lei nº 8.935/1994, julgue os seguintes itens.

– O controle de bens e de pessoal, a orientação de todo o trabalho da serventia e o gerenciamento administrativo e financeiro dos serviços notariais e de registro são responsabilidade do respectivo titular ou de um de seus substitutos.

GAB	1	D	2	B	3	C
	4	C	5	ERRADO		

Lei 8.935/1994

CAPÍTULO III – RESPONSABILIDADE CIVIL E CRIMINAL

Art. 22. Os notários e oficiais de registro são civilmente responsáveis por todos os prejuízos que causarem a terceiros, por culpa ou dolo, pessoalmente, pelos substitutos que designarem ou escreventes que autorizarem, assegurado o direito de regresso. *(Redação dada pela Lei nº 13.286, de 2016).*

Parágrafo único. Prescreve em três anos a pretensão de reparação civil, contado o prazo da data de lavratura do ato registral ou notarial.

Art. 23. A responsabilidade civil independe da criminal.

Art. 24. A responsabilidade criminal será individualizada, aplicando-se, no que couber, a legislação relativa aos crimes contra a administração pública.

Parágrafo único. A individualização prevista no *caput* não exime os notários e os oficiais de registro de sua responsabilidade civil.

1. COMENTÁRIOS

Os dispositivos referentes à responsabilidade dos tabeliães e registradores podem ser encontrados nos arts. 22 a 24, desta Lei n. 8.935/1994, bem como no artigo 38 da Lei 9.492/1997 da Lei de Protesto e no art. 28 da Lei de Registros Públicos.

Antes de analisarmos a responsabilidade do tabelião e do registrador, convém destacar uma inovação do novo Código de Processo Civil (Lei 13.105/2015), que estabelece, no art. 53, III, "f", o **foro de competência para as ações de reparação de dano causado por ato praticado em razão do ofício pelas serventias notariais ou registrais.** Nos termos desse dispositivo, o foro competente é o da sede do cartório.

1.1 AUSÊNCIA DE PERSONALIDADE JURÍDICA DAS SERVENTIAS EXTRAJUDICIAIS

O artigo 21 da Lei nº 8.935/1994 já foi analisado e não deixa margem para dúvidas ao tratar o notário ou oficial como **gestor, gerente e administrador** de uma entidade, distinguindo-o claramente da entidade administrada.

O tabelião, notário ou oficial de registro não é a entidade, não se confunde com ela, e não é a pessoa jurídica; ele apenas administra e gerencia a entidade. Noutro dizer, o cartório não possui personalidade jurídica. Trata-se de uma instituição administrativa, sem qualquer capacidade para ser demandada em juízo, sendo um ente despersonalizado e desprovido de patrimônio próprio. Essa situação, no entanto, não se aplica à pessoa do notário ou registrador, que é um particular em colaboração com o Poder Público.

Assim, a personalidade jurídica pertence ao próprio Oficial, e não à serventia que lhe foi outorgada pelo Poder Público. Isso ocorre porque, como já mencionado, a delegação é feita de forma direta e pessoal ao tabelião ou registrador, não sendo necessária a existência de uma pessoa jurídica para que o titular exerça sua atividade.

Essa entidade, o Cartório, por vezes é proprietária do imóvel que ocupa, ou o loca em nome próprio. Firma contratos em nome próprio. Movimenta contas bancárias em nome próprio. Possui inscrição junto à fazenda, com CNPJ próprio. Possui inscrição Estadual e Municipal. E paga impostos.

E é por essa razão que existem alguns poucos entendimentos jurisprudenciais no sentido de que, embora os Cartórios de fato não possuam personalidade jurídica, mas tão somente os Oficiais, as serventias teriam **personalidade judiciária**. Isso significa que poderiam figurar no polo passivo de demandas judiciais, assim como ocorre com o espólio, a massa falida e o condomínio. Frise-se que essa corrente é minoritária e não prevalece.

Por fim, o "Jurisprudência em Teses" do Superior Tribunal de Justiça, uma publicação periódica que apresenta um conjunto de teses sobre determinada matéria, com os julgados mais recentes do Tribunal sobre o tema, trouxe, no contexto dos Registros Públicos, a "Tese 1", que afirma: Os serviços de registros públicos, cartorários e notariais, não detêm personalidade jurídica, de modo que o titular do cartório à época dos fatos é o responsável pelos atos decorrentes da atividade desempenhada.

1.2 DA RESPONSABILIDADE CIVIL

Não há dúvida sobre a natureza da atividade exercida junto aos serviços notariais e de registros.

Os registros públicos e notariais são atividades que constituem **funções públicas** e, que por força do disposto no art. 236 da Constituição Federal, **não são executadas diretamente pelo Estado**, mas sim, por meio de **delegação a particulares**. Dessa forma, a titularidade dessas funções pertence ao Estado, não embora a execução e a prestação seja realizada por particulares.

Apesar de o art. 236, § 1º da Constituição Federal ter estabelecido que os Tabeliães e Oficiais de Registro estão sujeitos à responsabilidade civil e criminal por seus atos, o legislador constituinte decidiu deixar ao legislador infraconstitucional a definição dos termos dessa responsabilização.

Para esse fim, foi editada a Lei n. 8.935/1994, que, em seus artigos 22 a 24, trata dessa responsabilidade. Assim, a responsabilidade civil desses profissionais do direito foi abordada nos artigos 22 e 23, enquanto o art. 24 trata da responsabilidade penal.

Em 10 de maio de 2016, foi publicada a Lei n. 13.286, que alterou a redação do art. 22 da Lei n. 8.935/1994 (já anteriormente modificado pela Lei nº 13.137/2015) para tratar da responsabilidade de tabeliães e registradores. A partir dessa alteração, o art. 22 passou a vigorar com a seguinte redação:

> **Art. 22.** Os notários e oficiais de registro são civilmente responsáveis por todos os prejuízos que causarem a terceiros, por culpa ou dolo, pessoalmente, pelos substitutos que designarem ou escreventes que autorizarem, assegurado o direito de regresso.
>
> Parágrafo único. Prescreve em três anos a pretensão de reparação civil, contado o prazo da data de lavratura do ato registral ou notarial.

Este dispositivo pôs fim à discussão sobre a responsabilidade de tabeliães e registradores, ao estabelecer que a **responsabilidade agora é subjetiva**, equiparando-se à dos tabeliães de protesto prevista no art. 38 da Lei nº 9.492/1997, que será abordada mais adiante nesta obra.

Aliás, esta foi a justificativa da Lei 13.286/2016, conforme segue: *"O projeto de lei ora apresentado tem, pois, o objetivo de altear o art. 22 da Lei nº 8.935/94, para definir a responsabilidade civil de notários e registradores nos mesmos termos em que foi delimitada a responsabilidade civil dos tabeliães de protestos".*

Assim, os delegatários só podem ser diretamente responsabilizados em casos de **abuso, excesso, desídia, imprudência** ou **negligência.** Esses elementos são precisamente os componentes da culpa "lato sensu", que será necessária para sua responsabilização.

Até a edição da Lei n. 13.286, não havia consenso na **doutrina** sobre a responsabilidade civil do tabelião e do registrador; entretanto, a maioria entendia que essa **responsabilidade era objetiva**.

A responsabilidade objetiva é aquela que **independe da prova de culpa ou dolo**, sendo suficiente a demonstração do simples nexo causal entre a conduta do agente e o resultado danoso para sua configuração.

Essa corrente doutrinária se baseava no § 6º do art. 37 da Constituição Federal, que estabelece a responsabilidade civil objetiva da Administração. Ela adota a teoria do risco administrativo, segundo a qual o Estado pode afastar sua responsabilidade em casos de exclusão do nexo causal, como em situações de fato exclusivo da vítima ou de terceiro, caso fortuito ou força maior.

Segundo a norma constitucional, as pessoas jurídicas de direito público e as de direito privado prestadoras de serviços públicos responderão pelos danos que seus agentes, nessa qualidade, causarem a terceiros, assegurado o direito de regresso contra o responsável nos casos de dolo ou culpa.

Ao pesquisar a jurisprudência do Superior Tribunal de Justiça, observava-se que, até aproximadamente o ano de 2009, as decisões eram mais favoráveis à responsabilidade subjetiva dos Notários e Registradores.

A partir de 2009, houve uma mudança de posicionamento, passando a prevalecer a responsabilização objetiva dos Notários e Registradores.

Com a alteração da Lei n. 8.935/1994, a jurisprudência do Superior Tribunal de Justiça, que anteriormente reconhecia a responsabilidade objetiva dos tabeliães de notas e oficiais, também foi superada. A lei atualmente em vigor deixou claro que a responsabilidade civil dos delegatários passou a ser subjetiva.

Questiona-se qual seria a solução se o **fato ocorreu sob a vigência da lei** que previa a responsabilidade objetiva (antiga redação do art. 22 da Lei n. 8.835).

Neste caso específico, a Terceira Turma do Superior Tribunal de Justiça, no Resp 1.849.994 entendeu que o tabelião deve responder objetivamente pelos danos decorrentes da má prestação de serviço cartorário.

No caso dos autos, foi ajuizada ação de indenização contra um tabelião de ofício de notas que visava a reparação dos danos morais e materiais causados pela alienação fraudulenta de seu imóvel, por meio de procuração com assinatura falsa aceita pelo cartório.

O autor informou que em outra ação, já transitada em julgado, foi reconhecida a nulidade da escritura. Nesse mesmo processo, também estariam caracterizados danos morais e patrimoniais, tendo em vista que o imóvel sofreu deterioração excessiva e o proprietário deixou de auferir rendimentos naquele período.

O juízo de primeiro grau condenou o tabelião a pagar lucros cessantes mais danos morais. O Tribunal de Justiça do Distrito Federal e dos Territórios aumentou o valor da condenação.

No recurso dirigido ao STJ, o réu sustentou que a responsabilidade civil dos tabeliães seria subjetiva, isto é, dependeria da demonstração de culpa ou dolo.

O ministro relator do processo, Moura Ribeiro destacou que tanto a ação declaratória quanto a indenizatória foram propostas quando estava em vigor a **Lei 8.935/1994** e antes da vigência da **Lei 13.286/2016**, a qual passou a considerar que a obrigação de reparar os prejuízos causados a terceiros por tabeliães e registradores é fixada mediante dolo ou culpa – portanto, responsabilidade subjetiva. Ele ressaltou que "antes da Lei 13.286/2016, a responsabilidade dos tabeliães e registradores era objetiva, ou seja, prescindia da comprovação de culpa ou dolo de tais servidores".

Quanto à prescrição, Moura Ribeiro ressaltou que o STJ entende que o prazo para ajuizar ação de indenização por danos morais e materiais por falha na prestação de serviço notarial é de três anos, e que, no caso, tal prazo deve ser contado do trânsito em julgado da decisão que confirmou a nulidade da escritura e do registro do imóvel.

Era também entendimento dominante que a **responsabilidade objetiva** só poderia ser aplicada aos **titulares delegados do serviço**, e **não aos designados interinos**, uma vez que a responsabilidade prevista no antigo art. 22 da Lei n. 8.935/1994 tratava especificamente dos delegados.

O interino é o sujeito nomeado pelo Estado a título precário, com o objetivo de evitar a descontinuidade do serviço público. Quando responsável pelos trabalhos de uma serventia que não está classificada entre as regularmente providas, o interino atua como um preposto do Estado delegante. Doutrina e jurisprudência concordam que, nessa condição, ele não pode se apropriar da renda de um serviço público cuja delegação reverteu para o Estado, permanecendo com este até que uma nova delegação seja efetivada.

Este entendimento foi ratificada na ADI 2602-MG, que elucidou que o interino não se confunde com o notário ou com o registrador. Ele recebe delegação estatal e não é considerado servidor público.

Acerca da responsabilidade do interino, tínhamos duas posições a respeito:

a) A primeira corrente defendia a aplicação da responsabilidade prevista na Lei n. 8.935/1994 ou na Lei n. 9.492/1997, conforme o caso, especialmente durante o período em que prevalecia o entendimento dominante de que a responsabilidade do notário e do registrador era objetiva.

b) A segunda posição argumentava que a responsabilidade era direta do Estado e indireta do interino. Em outras palavras, o processo era movido contra quem nomeou, e o Estado poderia buscar ressarcimento contra o interino mediante ação de regresso, em casos de dolo ou culpa. Esse entendimento era dominante, reforçado pelo fato de o Conselho Nacional de Justiça estabelecer um teto remuneratório

Lei 8.935/1994

para os interinos, determinando que nenhum responsável por serviço extrajudicial que não esteja classificado entre os regularmente providos poderia receber remuneração superior a 90,25% dos subsídios dos Ministros do Supremo Tribunal Federal, em conformidade com o artigo 37, inciso XI, da Constituição Federal. A discussão foi encerrada em 19 de agosto de 2014, quando a Advocacia-Geral da União (AGU), seguida pela 1ª Turma do STF no julgamento do Mandado de Segurança nº 29.192/DF, estabeleceu que a remuneração dos interinos de cartório deve se submeter ao teto salarial dos servidores públicos, que corresponde a 90,25% dos subsídios dos Ministros do Supremo Tribunal Federal (STF), em respeito ao artigo 37, da Constituição Federal.

Essa divergência já não se sustenta, pois agora a responsabilidade de todos é subjetiva. No que se refere à **responsabilidade do Estado**, recentemente, o Plenário do Supremo Tribunal Federal reafirmou a jurisprudência da Corte, segundo a qual o Estado possui responsabilidade civil objetiva para reparar danos causados a terceiros por tabeliães e oficiais de registro no exercício de suas funções notariais e registrais. Por maioria de votos, o colegiado negou provimento ao Recurso Extraordinário (RE) 842846 (vide tópico "Jurisprudência Complementar"), com repercussão geral reconhecida, e decidiu que o Estado deve ajuizar ação de regresso contra o responsável pelo dano, nos casos de dolo ou culpa, sob pena de improbidade administrativa. Veja-se:

> **Tema 777/STF - Tese firmada:** "O Estado responde, objetivamente, pelos atos dos tabeliães e registradores oficiais que, no exercício de suas funções, causem dano a terceiros, assentado o dever de regresso contra o responsável, nos casos de dolo ou culpa, sob pena de improbidade administrativa." RE 842846/SC

Ainda sobre a responsabilidade civil, a Lei de Protestos (Lei nº 9.492/1997) também estabelece essa responsabilidade ao dispor, no art. 38, que os Tabeliães de Protesto de Títulos são civilmente responsáveis por todos os prejuízos que causarem, seja por culpa ou dolo, tanto pessoalmente quanto pelos substitutos que designarem ou escreventes que autorizarem, assegurado o direito de regresso.

Luiz Emydio F. da Rosa Jr, ao interpretar o art. 38 da referida lei, conclui que "a responsabilidade do oficial decorre, portanto, de sua culpa ou dolo na execução do protesto, quando não o tenha lavrado no prazo legal ou por ter deixado de observar a forma prescrita em lei" (Títulos de Crédito, 4ª ed., Rio de Janeiro: Renovar, 2006, p. 402).Para a doutrina majoritária, a responsabilidade civil dos Tabeliães de Protesto nunca seguiu a antiga regra aplicável aos Notários e Registradores, que, antes da Lei n. 13.286, era objetiva. Segundo essa visão, a responsabilidade dos Tabeliães de Protesto sempre esteve alinhada com a prevista no art. 38 da Lei nº 9.492/1997, por ser uma lei específica que estabelece a responsabilidade subjetiva. Em outras palavras, além do dano e do nexo de causalidade, é necessário comprovar a existência de dolo ou culpa.

Outro argumento utilizado por essa corrente enfatizava a posterioridade da Lei n. 9.492/1997 em relação à Lei n. 8.935/1994. Dessa forma, concluíram que a responsabilidade subjetiva estabelecida na lei mais recente prevalecia para os tabeliães de protesto.

Além disso, seria inaceitável que o tabelião fosse responsabilizado pela má-fé do apresentante do título ou pelos abusos que este pudesse cometer.

Cabe ao tabelião realizar o exame formal do título ou documento, limitando-se à análise dos elementos formais e extrínsecos, sem adentrar nos aspectos intrínsecos, como prescrição e decadência. Ao analisar os dispositivos da Lei n. 9.492/1997, observamos que a própria lei atribui a responsabilidade pelo abuso ou má-fé ao apresentante do título ou documento.

Essa responsabilidade está explicitada no § 2º do artigo 15, que dispõe: "Aquele que fornecer endereço incorreto, agindo de má-fé, responderá por perdas e danos, sem prejuízo de outras sanções civis, administrativas ou penais." Além disso, o parágrafo único do artigo 5º determina que "ao apresentante será entregue recibo com as características essenciais do título ou documento de dívida, sendo de sua responsabilidade os dados fornecidos."

1.2.1 A RESPONSABILIDADE CIVIL DOS TITULARES DAS SERVENTIAS EXTRAJUDICIAIS E A LEI GERAL DE PROTEÇÃO DE DADO (LGPD)

Conforme abordado no tópico anterior, a Lei n. 8.935/1994 regulamentou a responsabilidade civil dos delegatários e foi alterada em 2016, estabelecendo de forma enfática a responsabilidade civil subjetiva dos notários e registradores, ou seja, dependente da comprovação de culpa ou dolo.

Além disso, a pretensão à reparação civil prescreve em três anos, contados a partir da data de lavratura do ato registral ou notarial. Quanto à responsabilidade do Estado, o Supremo Tribunal Federal fixou a seguinte tese: "o Estado responde, objetivamente, pelos atos dos Tabeliães e Registradores oficiais que, no exercício de suas funções, causem dano a terceiros, assentado o dever de regresso contra o responsável, nos casos de dolo ou culpa, sob pena de improbidade administrativa" (RE 842846/SC, Relator Ministro Luiz Fux).

Ocorre que, em 14 de agosto de 2018, foi editada a Lei Geral de Proteção de Dados (LGPD), que regulamenta o tratamento de dados pessoais, inclusive nos meios digitais, tanto por pessoas naturais quanto por pessoas jurídicas de direito público ou privado.

O objetivo da lei é de proteger os direitos fundamentais de liberdade e de privacidade, bem como o livre desenvolvimento da personalidade da pessoa natural. Note-se assim que a essência da legislação é principiológica.

Nos exatos termos do art. 42 da LGPD, os titulares das serventias extrajudiciais, na qualidade de agentes de tratamento, são solidariamente responsáveis por danos patrimoniais ou morais que causarem a terceiros no exercício de atividade de tratamento de dados em desacordo com a legislação.

Todavia, é de se registrar que não existe disposição expressa na LGPD quanto ao elemento subjetivo da responsabilidade civil, qual seja, culpa ou dolo, de modo que os notários e registradores poderiam ser responsabilizados por eventuais danos de forma objetiva, o que claramente contraria as disposições do alterado artigo 22 da LNR e o novo posicionamento do STF, acarretando-se assim uma **aparente antinomia de normas.**

O fato é que, indubitavelmente, a legislação notarial e registral contém normas muito específicas e adequadas ao **microssistema das serventias extrajudiciais.**

Dessa forma, a Lei n. 8.935, tema de nossa análise e que regulamenta o artigo 236 da Constituição Federal, é claramente uma lei especial em matéria notarial e registral. Por outro lado, a LGPD é uma lei geral que estabelece diretrizes para o tratamento de dados pessoais.

É oportuno invocar a Lei de Introdução às Normas do Direito Brasileiro (LINDB), em especial seu artigo 2º, §§ 1º e 2º, que estabelece que a lei posterior revoga a anterior quando expressamente o declare, quando seja com ela incompatível ou quando regule inteiramente a matéria tratada pela lei anterior. No caso em questão, a responsabilidade dos delegatários do serviço permanece imutável.

Em outras palavras, a LGPD não revogou o art. 22 da Lei n. 8.935/1994, que possui caráter especial em matéria registral e notarial.

1.3 DA RESPONSABILIDADE PENAL

Dispõe o art. 24 da Lei 8.935/1994:

> **Art. 24.** A responsabilidade criminal será individualizada, aplicando-se, no que couber, a legislação relativa aos crimes contra a administração pública.
>
> Parágrafo único. A individualização prevista no caput não exime os notários e os oficiais de registro de sua responsabilidade civil.

Já discutimos que os notários e registradores não são considerados funcionários públicos, mas, para fins penais, são **equiparados** a funcionários públicos.

Conforme artigo 327 do Código Penal "considera-se funcionário público, para os efeitos penais, quem, embora transitoriamente ou sem remuneração, exerce cargo, emprego ou função pública". Assim, pode o notário e o registrador praticar **crimes contra a administração pública** (arts. 312 a 326), bem como **infrações em outras normas penais incriminadoras.**

Por se tratar de responsabilidade penal, sua natureza é de **responsabilidade pessoal.**

O princípio da responsabilidade no direito penal está prevista no art. 5º, XLV da Constituição Federal. Também denominado **princípio da intranscendência** ou **da pessoalidade** ou, ainda, **personalidade da pena,** preconiza que somente o condenado, e mais ninguém, poderá responder pelo fato praticado, pois a pena não pode passar da pessoa do condenado. Dessa forma, se algum preposto pratica crime ao realizar atividade notarial/registral, sem que para ele tenha concorrido com o tabelião ou o oficial registrador, não responde este penalmente pelo fato.

A individualização da responsabilidade penal, **não exime** os notários e registradores de sua **responsabilidade civil e administrativa.**

Registre-se que a regra prevista no art. 23 da Lei dos Notários e Registradores, que trata da independência das esferas cível e criminal, está em **plena consonância com o art. 935 do Código Civil** de 2002. Este artigo estabelece que a **responsabilidade civil é independente da criminal**, não sendo possível questionar a existência do fato ou a identidade do autor quando essas questões já tiverem sido decididas no juízo criminal.

Consigna-se, ademais, que o **art. 92, I, do Código Penal** estabelece, como **efeito extrapenal** da condenação, a perda do cargo, função pública ou mandato eletivo. Consequentemente, o titular que cometer uma infração penal e for condenado por decisão transitada em julgado poderá perder a delegação, como efeito secundário da sentença penal, desde que tal perda seja expressa e motivadamente declarada pelo magistrado que proferiu a decisão. A perda da delegação ocorre em decorrência de condenação criminal, quando a pena privativa de liberdade aplicada é igual ou superior a um ano, nos casos de crimes envolvendo abuso de poder ou violação de deveres para com a administração pública, ou superior a quatro anos nos demais casos.

1.4 DA RESPONSABILIDADE ADMINISTRATIVA OU DISCIPLINAR

O art. 30 da Lei 8.935/1994 elenca os **deveres** dos notários e registradores, um rol que vai de **regras de conduta na sociedade até obrigações inerentes ao exercício profissional**, ao passo que o art. 31 traz o rol das **infrações disciplinares.**

A infração disciplinar ocorre quando a conduta do agente público **não obedece norma hierárquica ou de comportamento**, determinada na legislação, para garantir a regularidade dos serviços administrativos e das relações funcionais.

Os deveres estabelecidos no art. 30 são fiscalizados pelo Poder Judiciário.

O usuário do serviço, sempre que for prejudicado e sofrer algum prejuízo, pode comunicar às autoridades para que seja solucionado o seu caso, cooperando assim para o correto e adequado exercício da atividade notarial e de registros públicos.

Os delegados dessa função pública devem sempre basear suas ações pautados **na ética**. Ricardo Henry Marques Dip, no artigo "Os profissionais do direito e a extinção dos serviços notariais e de registro como serviços públicos delegados", pondera acerca do dever de ética:

> "O caminho para a segurança jurídica permite traçar a dinâmica da profissão em sua face concreta e vivente, na qual o registrador e o notário assumem funções transcendentes jurídico-sociais, justificando sua existência ante a sociedade e projetando sua imagem ante a opinião pública. A população, por sinal, tem manifestado sempre uma atitude favorável positiva a grande instituição do notariado e dos registros. De caráter objetivo, tem ocorrido críticas que se fazem necessárias contemplar com a sã intenção de zelar pelo prestígio das suas altas funções, cujos valores têm sido reconhecidos e estimados por toda a sociedade. De toda forma, há muitos anos vem se falando em crise profunda. A sociedade tem reservado ao notariado e aos registros a missão de satisfazer necessidades de elevada transcendência social, sem o que não estaria assegurada uma peremptória necessidade do homem em sua relação com os demais: a certeza e segurança jurídicas. Seus atos têm uma aptidão intrínseca e presunção genérica de legalidade, não só pela capacidade jurídica de seu autor, senão também, em especial, por respeito que ele inspira. A paz social garantida pela profissão em sua missão de segurança jurídica e a carga de deveres e obrigações exigidos no respectivo cumprimento merecem, como consequência, a justa retribuição com a percepção dos emolumentos e que lhes proporcione satisfação e incentivo. A própria sociedade reconhece a necessidade de justa compensação para um serviço profissional que contribui altamente para o bem comum e, para tanto, depreciá-lo significa não apenas menoscabo ao esforço pessoal, mas um imoral ataque aos altos valores da profissão. As críticas pecam pela generalização e são impensáveis as consequências de seu sucateamento ou substituição por profissionais não qualificados."

As **infrações disciplinares** elencadas no art. 31 da Lei nº 8.935/1994 sujeitam os Notários e Oficiais de Registro às penalidades previstas nesta lei. São elas:

a) a inobservância das prescrições legais ou normativas;

b) a conduta atentatória às instituições notariais e de registro;

c) a cobrança indevida ou excessiva de emolumentos, ainda que sob a alegação de urgência;

d) a violação do sigilo profissional;

e) o descumprimento de quaisquer dos deveres descritos no art. 30.

No tocante às **penas**, os notários e os oficiais de registro estão sujeitos, pelas infrações que praticarem, assegurado amplo direito de defesa, às seguintes:

a) repreensão;

b) multa;

c) suspensão por noventa dias, prorrogável por mais trinta;

d) perda da delegação.

É pertinente mencionar que a legislação complementar também faz referência às penas. Como exemplo, destaco alguns dispositivos:

→ **Art. 6º, Lei 11.882/2008.** Em operação de arrendamento mercantil ou qualquer outra modalidade de crédito ou financiamento a anotação da alienação fiduciária de veículo automotor no certificado de registro a que se refere a Lei nº 9.503, de 23 de setembro de 1997, *produz plenos efeitos probatórios contra terceiros, dispensado qualquer outro registro público.*

> § 2º O descumprimento do disposto neste artigo sujeita as entidades e as pessoas de que tratam, respectivamente, as Leis nºs 6.015, de 31 de dezembro de 1973, e 8.935, de 18 de novembro de 1994, ao disposto no art. 56 e seguintes da Lei nº 8.078, de 11 de setembro de 1990, e às penalidades previstas no art. 32 da Lei nº 8.935, de 18 de novembro de 1994.

→ **Art. 4º, Lei 11.971/2009.** Os Registradores de feitos ajuizados responderão civil e criminalmente, na forma do disposto no inciso I do *caput* do art. 31 e no art. 32 da Lei nº 8.935, de 18 de novembro de 1994, por danos causados a terceiros, decorrentes da omissão em sua certificação das exigências contidas nesta Lei.

→ **Art. 41, Lei 11.977/2009.** *A partir da implementação do sistema de registro eletrônico de que trata o art. 37, os serviços de registros públicos disponibilizarão ao Poder Judiciário e ao Poder Executivo federal, por meio eletrônico e sem ônus, o acesso às informações constantes de seus bancos de dados, conforme regulamento. (Redação dada pela Lei nº 13.097, de 2015)*

> Parágrafo único. *O descumprimento do disposto no caput* ensejará a aplicação das ***penas previstas nos incisos II a IV do caput*** do art. 32 da Lei nº 8.935, *de 18 de novembro de 1994. (Redação dada pela Lei nº 13.097, de 2015)*

→ **Art. 257, parágrafo único, Provimento CNJ n. 149/2023.** *Os tabeliães de protesto de títulos de todo território nacional instituirão, no prazo de 30 (trinta dias), a CENPROT – Central Nacional de Serviços Eletrônicos dos Tabeliães de Protesto, para prestação de serviços eletrônicos.*

> Parágrafo único. *É obrigatória a adesão de todos os tabeliães de protesto do País ou responsáveis interinos pelo expediente à CENPROT de que trata o caput deste artigo, à qual ficarão vinculados, sob pena de responsabilização disciplinar nos termos do* ***inciso I do caput do art. 31 da Lei nº 8.935****, de 18 de novembro de 1994.*

As penas serão impostas pelo juízo competente, **independentemente da ordem de gradação,** conforme a gravidade do fato.

O titular poderá ser **suspenso**, preventivamente pelo prazo de noventa dias, prorrogável por mais trinta. Neste caso, o substituto assumirá a "titularidade".

O juízo competente designará **interventor** para responder pela serventia quando o substituto também for acusado das faltas ou quando a medida se revelar conveniente para os serviços.

Durante o período de afastamento, o titular perceberá **metade da renda líquida da serventia**; **outra metade** será depositada em conta bancária especial, com correção monetária. Absolvido o titular, receberá ele o montante dessa conta; condenado, caberá esse montante ao interventor.

Cumpre ressaltar que os artigos 31 a 36 da Lei 8.935/1994 estabelecem, para o procedimento disciplinar administrativo referente às infrações de serviço, o amplo direito de defesa, em consonância com o **artigo 5º, inciso LV, da Constituição Federal**, que preceitua que aos litigantes, também em processo administrativo, são assegurados o contraditório e a ampla defesa, com os meios e recursos a ela inerentes. Ademais, no que concerne às decisões do Poder Judiciário, inclusive as de caráter administrativo, estas devem ser fundamentadas (inciso IX, art. 93 da Constituição Federal), sob pena de nulidade.

A defesa em processo administrativo disciplinar **independe do patrocínio de advogado**, salvo no caso de recurso, que deve ser dirigido à Corregedoria-Geral da Justiça. É o que dispõe a **Súmula Vinculante 5 do STF**: *"A falta de defesa técnica por advogado no processo administrativo disciplinar não ofende a Constituição"*.

Vimos que o regime disciplinar é estabelecido nos arts. 31 a 36 da Lei 8.935/1994. A pergunta que se faz é se seria possível a **aplicação supletiva** das normas referentes ao regime disciplinar dos funcionários públicos, na ausência de normas específicas. O assunto é bastante controverso, e aqueles que defendem essa possibilidade fazem uma ressalva quanto à tipificação das infrações, ou seja, elas devem ser específicas à atividade notarial.

Outra questão: admite-se para a aplicação de sanção disciplinar, a denominada "Teoria da Verdade Sabida"? Nas palavras de Luiz Guilherme Loureiro, é aquela segundo a qual não há necessidade de prova do ato infracional quando a inobservância do dever é conhecida diretamente pela autoridade dotada de poder disciplinar (*Manual de Direito Notarial.* Salvador: Juspodivm, 2016, p. 248). Ou seja, verdade sabida consiste na possibilidade da autoridade competente impor uma pena administrativa, autuar diretamente o agente público, quando presencia uma irregularidade. Deixou de existir no nosso ordenamento jurídico desde a Constituição Federal de 1988, que garante o direito ao contraditório, ampla defesa e devido processo legal também no processo administrativo.

Restou evidente pela lei, que só o **titular do serviço é destinatário das penas desses dispositivos.** Os **escreventes e auxiliares** são subordinados aos termos da **legislação trabalhista.** Assim, cometida infração administrativa, sujeita-se **o titular** (e somente ele, pois os prepostos são submetidos ao poder de comando dos titulares) às penas de **repreensão, multa, suspensão** e **perda da delegação, impostas pelo Poder Judiciário.**

Advindo dano ao usuário do serviço, o dever de indenizar se imporá.

Se a conduta sancionada estiver prevista pela lei penal, o delegatário responderá criminalmente.

1.5 DA RESPONSABILIDADE TRIBUTÁRIA

O art. 289 da Lei 6.015/1973 determina que no exercício de suas funções, cumpre aos oficiais de registro fazer **rigorosa fiscalização** do pagamento dos impostos devidos por força dos atos que lhes forem apresentados em razão do ofício.

A Lei 8.935/1994, por sua vez, estabelece, nos artigos 30 e 31, a fiscalização do recolhimento dos impostos incidentes sobre os atos que os Notários e Registradores realizarem. Vejamos:

> **Art. 30** São deveres dos notários e dos oficiais de registro:
>
> (...)
>
> XI – fiscalizar o recolhimento dos impostos incidentes sobre os atos que devem praticar.
>
> **Art. 31.** São infrações disciplinares que sujeitam os notários e os oficiais de registro às penalidades previstas nesta lei:
>
> I – a inobservância das prescrições legais ou normativas;
>
> (...)
>
> V – o descumprimento de quaisquer dos deveres descritos no art. 30.

Note-se que a Lei 8.935/1994 impôs aos notários e registradores a árdua tarefa de **fiscalizar** um grande volume de tributo, sob pena de infringir a lei e incorrer em infração disciplinar.

Demais disso, o Código Tributário Nacional (Lei 5.172/1966), no art. 134, prevê que nos casos de impossibilidade de exigência do cumprimento da obrigação principal pelo contribuinte, responde solidariamente com este nos atos em que intervierem ou pelas omissões de que forem responsáveis, os tabeliães, escrivães e demais serventuários de ofício, pelos tributos devidos sobre os atos praticados por eles, ou perante eles, em razão do seu ofício.

Importa ressaltar que, apesar de o aludido código mencionar impropriamente responsabilidade solidária, a maioria da doutrina entende que a **responsabilidade é subsidiária.**

Dessa forma, é essencial que o tabelião compreenda as normas relativas à competência dos entes tributantes

Lei 8.935/1994

nas operações imobiliárias, pois é seu dever fiscalizar o recolhimento do tributo para a lavratura do ato. Indubitavelmente, ele atua como um colaborador fiscal.

Assim, por exemplo, o oficial registrador deve estar atento ao art. 21 da Lei nº 9.393/1996, que prescreve a obrigação de comprovação do pagamento do ITR (Imposto Territorial Rural) referente aos cinco últimos exercícios, para que sejam praticados quaisquer dos atos previstos nos arts. 167 e 168 da Lei nº 6.015/1973.

No entanto, é pacífico na doutrina e a jurisprudência, que o registrador deve **fiscalizar apenas o pagamento dos tributos gerados pelos negócios jurídicos que lhe são submetidos para registro ou averbação.** Em outras palavras, Flávio Gonzaga Bellegarde Nunes elucida que não é atribuição do registrador verificar se o montante do imposto recolhido está ou não exato. Aos órgãos fazendários competentes é que cabe essa verificação. Portanto, não é lícita a recusa da prática do ato de registro ou averbação sob a alegação de que o imposto teria sido pago a menor (*Lei de Registros Públicos comentada*. Rio de Janeiro: Forense, 2019, p. 1485).

É oportuno transcrever alguns trechos de importantes decisões do Conselho Superior da Magistratura do Estado de São Paulo sobre o tema:

> "Ao Oficial, cabe fiscalizar, sob pena de responsabilização pessoal, a existência da arrecadação do imposto previsto e a oportunidade em que foi efetuada. O montante, desde que não seja flagrantemente equivocado, extrapola a sua função" (Apelação Cível CSM 0002604-73.2011.8.0025 (j. 20/09/2012, Rel. Des. Renato Nalini).

No mesmo sentido, o julgamento da Apelação Cível CSM 996-6/6:

> "Registro de Imóveis. Dúvida julgada procedente em primeiro grau. Formal de partilha. ITCMD tido por insuficiente pelo Registrador. **Dever de fiscalização do pagamento pelo Oficial que se limita à averiguação do recolhimento do tributo devido, mas não de seu valor.** Recurso provido".

A temática 'Responsabilidade Tributária do Tabelião e do Registrador' foi exaustivamente analisada e detalhada nos comentários e nos tópicos do artigo 289 da Lei de Registros Públicos. Convidamos o leitor a revisitar o tema.

1.5.1 RESPONSABILIDADE TRIBUTÁRIA DO OFICIAL REGISTRADOR E TABELIÃO COMO CONTRIBUINTE

O registrador e o notário são contribuintes do **imposto de renda (IR)** e do **imposto sobre serviço (ISS).**

O Livro Diário De Receitas e Despesas deve ser obrigatoriamente mantido pelo delegatário conforme determina o **Provimento CNJ 45/2015**, cujos dispositivos, em sua maioria, forma incorporados aos artigos 186 a 196 do Código Nacional de Normas. Este tema foi analisado nos comentários do artigo 21 desta Lei dos Notários e Registradores. Frise-se que este livro independe da existência do livro fiscal e que nele devem ser efetuados os lançamentos referentes apenas aos emolumentos recebidos como **receita** do titular do serviço, pelos atos praticados conforme a lei e a tabela de emolumentos."O Supremo Tribunal Federal já decidiu que o delegatário também é contribuinte do **ISS.** O assunto foi objeto de diversos julgados no STF, tanto em controle concentrado, na Ação Direta de Inconstitucionalidade (ADI) 3.089, como em recursos extraordinários. Ficou estabelecida a posição segundo a qual **a atividade em questão não se enquadra na imunidade recíproca entre os entes federativos,** prevista no artigo 150, inciso VI, alínea 'a', da Constituição Federal. 'Ainda que os serviços notariais e de registro sejam prestados, na forma do artigo 236 da Constituição, por delegação do poder público, essa condição não é suficiente para resguardá-los da possibilidade de sofrer tributação', afirmou o relator, Ministro Gilmar Mendes.

Segundo a decisão do STF na ADI 3.089, a atividade notarial, cartorial e de registros é tributável porque, ainda que exercida por delegação, tem **caráter lucrativo.** Também foi fundamento que "a imunidade recíproca é uma garantia ou prerrogativa imediata **de entidades políticas federativas**, e não de particulares que executem, com inequívoco intuito lucrativo, serviços públicos mediante concessão ou delegação, devidamente remunerados".

Havia dúvida quanto à **forma de recolhimento do ISS:** se deveria ser com base no trabalho pessoal, com alíquota fixa, ou com base em percentual sobre a renda. No entanto, o Superior Tribunal de Justiça decidiu que não se aplica aos serviços de registros públicos e notariais a sistemática de recolhimento de ISS prevista no art. 9º, § 1º, do Decreto-Lei 406/1968 (alíquota fixa). Este entendimento está fixado na Tese n. 4 do Jurisprudência em Tese de Registros Públicos, Cartorários e Notariais:

"**4) Não se aplica à prestação de serviços de registros públicos cartorários e notariais o regime especial de alíquota fixa do ISS previsto no § 1º do art. 9º do DL n. 406/1968**". A maioria da doutrina não concorda com esse posicionamento. Luiz Guilherme Loureiro rebate: "a atividade notarial é pessoal, já que o notário não pode ceder à delegação que recebe do Estado. Ao contrário do empresário, o notário não pode exercer a atividade em sociedade, realiza um serviço intelectual em nome e sob responsabilidade pessoal, ainda que auxiliado por prepostos e não tem intuito de lucro, já que não pode expandir sua atividade, seja mediante abertura de filial, seja pelo oferecimento de outros serviços não autorizados em lei e tampouco fixar o preço do serviço, captar clientela".

Ao contrário da empresa, onde se aplica o princípio da livre iniciativa, a atividade notarial é fiscalizada e regulamentada pelo Estado, através do Judiciário, as unidades de serviço são criadas por lei e inexiste a figura do trespasse ou outros institutos tipicamente empresariais. Destarte, o fundamento de que a atividade notarial é similar à atividade empresarial, baseado apenas no argumento de "intuito lucrativo incompatível com a noção de simples remuneração do próprio trabalho" (REsp 1.187.464/RS), não está de acordo com o nosso ordenamento jurídico. Ao contrário de mero organizador de capital, mão de obra e matéria-prima, o notário é um profissional do direito, a quem o Estado delega fé pública para garantir a autenticidade, validade e eficácia de atos e negócios jurídicos (arts. 1º e 3º da Lei n. 8.935/94) (Op. Cit. p. 73).

Além do Imposto de Renda (IR) e do ISS, cabe aos notários e registradores o repasse de parte dos emolumentos para outros poderes e órgãos administrativos. Caberá ao Estado e ao Distrito Federal tal regulamentação (vide comentários na Lei n. 10.169/2000)

Oportuno lembrar que os emolumentos têm natureza jurídica de taxa e, portanto, constituem tributo. Luiz Guilherme Loureiro explica que a natureza jurídica dos repasses é a de "prestações pecuniárias compulsórias, em moeda ou cujo valor nela se possa exprimir, criadas por lei, e que não constituem sanção de ato ilícito. Em outras palavras, são tributos (art. 3º CTN) de responsabilidade do notário. Como os tributos têm sua natureza jurídica definida pela respectiva obrigação, sendo irrelevante para qualificá-la a denominação adotada por lei e a destinação legal do produto de sua arrecadação (art. 4º CTN) é preciso examinar cada uma das obrigações supracitadas para definir sua natureza e sua validade" (Op. cit., p. 224).

1.5.2 O NOTÁRIO E O REGISTRADOR SÃO CONTRIBUINTES DO SALÁRIO-EDUCAÇÃO?

No REsp nº 2.072.830, o Superior Tribunal de Justiça reafirmou o entendimento consolidado de que **notários e registradores não são contribuintes do Salário-Educação**. A controvérsia surgiu a partir de um recurso especial interposto pela Fazenda Nacional contra decisão do Tribunal Regional Federal da 4ª Região, que havia reconhecido a inexistência de sujeição passiva dos serviços notariais e de registro quanto à contribuição ao Salário-Educação.

Os principais argumentos que sustentam essa decisão são os seguintes:

1. **Natureza dos Serviços Notariais e Registrais**: Os notários e registradores exercem uma função pública delegada, desempenhando atividades típicas do Estado, o que os diferencia de empresas privadas. Assim, eles não podem ser equiparados às empresas comerciais, industriais ou agrícolas, que são os sujeitos passivos da contribuição ao Salário-Educação, conforme estabelecido pela legislação aplicável e pela jurisprudência do STJ.
2. **Precedentes Jurisprudenciais**: A decisão menciona precedentes do STJ que firmaram a orientação de que a contribuição para o Salário-Educação incide sobre empresas, e não sobre pessoas físicas que exercem atividades notariais e registrais. A jurisprudência também destaca que as serventias extrajudiciais, embora possam apresentar algumas semelhanças com empresas prestadoras de serviços, mantêm uma vinculação com o Estado que as exclui da condição de sujeitos passivos da referida contribuição.
3. **Interpretação Legal**: O STJ reitera que, mesmo considerando a possibilidade de equiparação de contribuintes individuais a empresas para fins previdenciários, conforme previsto na Lei 8.212/1991, essa equiparação não se aplica à contribuição ao Salário-Educação. Isso ocorre porque há uma legislação específica e regulamentos próprios que delimitam claramente o sujeito passivo dessa contribuição, excluindo os titulares de cartórios dessa obrigação.

Em conclusão, o STJ decidiu não conhecer do recurso especial, confirmando que notários e registradores não estão sujeitos à contribuição ao Salário-Educação, fundamentando sua decisão na ausência de previsão legal e na orientação pacífica da jurisprudência.

Para complementação do tema, vide julgado em "Jurisprudência Complementar".

1.6 DA RESPONSABILIDADE TRABALHISTA

Como se sabe, a atividade notarial e registral possui regramento especial no ordenamento jurídico brasileiro.

Trata-se de um serviço público, obrigatoriamente delegado pelo Estado a um particular aprovado em concurso público, que poderá contratar empregados para desempenhar suas funções, uma vez que o gerenciamento administrativo e financeiro dos serviços notariais e de registro é de responsabilidade exclusiva do respectivo titular. A responsabilidade dos notários e registradores quanto aos efeitos da sucessão trabalhista é um tema polêmico e recorrente, merecendo estudo em razão das crescentes demandas judiciais que têm sido ajuizadas na Justiça do Trabalho. Isso ocorre em virtude do ingresso de delegatários na atividade notarial e registral por meio de concursos públicos, nos quais nem sempre os escreventes e prepostos são aproveitados por esses novos delegatários.

A maioria dos tribunais tem se manifestado no sentido de que **não há continuidade da relação de trabalho na serventia após a delegação,** cabendo a cada titular responsabilizar-se pelas respectivas contratações. Registre-se que ocorre uma **quebra na cadeia sucessória** quando há extinção da delegação a um titular, sendo esta retomada pelo Estado, que realiza o concurso público para proceder à nova delegação.

O Tribunal Superior do Trabalho (TST) analisando notadamente a alteração da titularidade dos serviços notariais e registrais, inclina pela **irresponsabilização trabalhista do delegatário sucessor quando não há continuidade na relação laboral,** vale dizer, quando não há efetiva prestação de serviços ao sucessor. O TST considerou as peculiaridades dos serviços notariais e de registros dentro do ordenamento jurídico brasileiro, constatando as **diferenças entre a sucessão de empresas e a sucessão na titularidade das serventias.**

Vejamos:

> *"TITULARIDADE DE CARTÓRIO. CONFIGURA SUCESSÃO TRABALHISTA DESDE QUE HAJA CONTINUIDADE DA PRESTAÇÃO LABORAL*
>
> *Os cartórios extrajudiciais, destinados à exploração de uma serventia, não possuem personalidade jurídica, a teor do que dispõe o caput artigo 236 da Constituição Federal. Nesse caso, a qualidade de empregador é assumida pelo próprio titular do Serviço Registral, que, no exercício de delegação estatal, é quem contrata, assalaria e dirige a prestação laboral, equiparando-se, assim, à figura do empregador, para fins trabalhistas. Nesse contexto, configura-se a sucessão trabalhista desde que haja continuidade da prestação de serviços para o novo titular do Cartório (Recurso de Revista nº TST-AIRR-320-82.2012.5.12.0030, Relatora KÁTIA MAGALHÃES ARRUDA, DJ 18/09/2013)."*

Prevalece assim que, no tocante aos serviços extrajudiciais, **não se pode aplicar analogicamente a tese da sucessão empresarial,** na qual ocorre a imediata transferência de direitos e obrigações entre o antigo empregador e seu sucessor. Na delegação dos serviços notariais e de registros, percebe-se que **não há transferência de um direito entre o antigo e o novo titular,** e sim, **aquisição originária de um direito,** pois há **investidura em concurso público,** recebendo os delegatários somente os **livros de escrituração (acervo público),** o que, por si só, não caracteriza a sucessão trabalhista. Dessa forma, constata-se que não há a continuidade inerente à sucessão, muito menos a imediata transferência de direitos e obrigações entre os delegados, e tão-somente da **função pública para qual prestou concurso público.**

Os contratos de trabalho realizados pelo titular da serventia **extinguem-se com a extinção da delegação,** devendo ser quitadas as **obrigações trabalhistas e previdenciárias** decorrentes desses contratos de trabalho. Ora, se assim não fosse haveria **enriquecimento sem causa** do antigo titular se o novo delegatário tivesse que responder pelos direitos trabalhistas de alguém que não lhe prestou qualquer serviço.

Dessa forma, é bastante evidente que, não havendo continuidade na prestação dos serviços pelo empregado ao novo titular, ou seja, efetivo labor, não se pode falar em sucessão trabalhista.

Com a vacância, o Estado 'recupera' a delegação e, somente após a aprovação no concurso público, outro é designado para assumir a titularidade da serventia, havendo uma ruptura no contrato entre a vacância e a assunção do novo titular.

> PROCESSO Nº TST-AIRR-199000-70.2008.5.01.0511, Relator JOÃO PEDRO SILVESTRIN, DJ 13/11/2013) AGRAVO DE INSTRUMENTO – EXECUÇÃO – Cartório – INEXISTÊNCIA DE SUCESSÃO TRABALHISTA – AUSÊNCIA DE PRESTAÇÃO DE SERVIÇOS AO SUCESSOR
>
> (...)
>
> Tornando-se incontroverso nos autos que o empregado jamais prestou serviços ao novo titular que foi investido no cargo, mas apenas ao anterior, deve ser tida como não configurada a sucessão reconhecida em face do posterior.
>
> Com efeito, não se pode responsabilizar o novo titular como se se tratasse de uma empresa, porque aqui se trata de delegação do Poder Público, não se aplicando as normas estatuídas nos artigos 10 e 448, da CLT, até mesmo porque um cartório não tem sequer pessoa jurídica ou bens de sua propriedade.
>
> O que diferencia o "cartório" de uma "empresa", como empregador comum, é a "forma de sucessão"; nas segundas, o sucessor assume o ativo e o passivo trabalhista, em razão de haver entre os proprietários, o antigo e o novo, "um negócio jurídico", criador de direitos e obrigações recíprocas, que pressupõe a transferência de titularidade da empresa e de todos os elementos que a integram; entretanto, o mesmo fenômeno não ocorre nos primeiros, visto que os novos titulares são nomeados para o cargo através de concurso público; não há alienação ou cessão de empresa, nem de capital social entre os titulares, mas mera delegação do Estado.
>
> O tabelião anterior fica responsável pessoalmente por todos os atos praticados durante o exercício de sua delegação, mas não ocorre sucessão, como na legislação trabalhista.
>
> O novo titular do cartório não responde pelas obrigações legais anteriores à sua nomeação, constituindo a causa para tanto na qualificação do delegatário notarial e registral; quem nele vislumbra um "agente público", enquadra-o na amplitude do § 6º do art. 37 da Constituição Federal; entendemos, entretanto, que o melhor posicionamento é que o art. 236 da Constituição estabeleceu um especial regime privado de prestação dos serviços notariais e de registros.
>
> Concluímos, assim, que com a exigência de concurso público feita pelo art. 236 da Constituição Federal, o titular que ingressa na atividade cartorária oficial assume a delegação, e não o patrimônio do antigo empregador e, como nenhum crédito lhe é transferido, não dele ele ser responsabilizado por débitos anteriores, por receber, a concessão de forma originária, inexistindo qualquer transação contratual entre o titular anterior e o novo ou a transferência de patrimônio.

Despicienda, portanto, a discussão sobre a configuração ou não de sucessão trabalhista, na troca do titular da serventia notarial, quando demonstrada a ausência de prestação de trabalho para o novo titular.

Para o oficial de cartório não vale a teoria do risco administrativo, mas, sim, a do risco profissional; nem vale confundir a fiscalização judiciária, nos aspectos técnico e disciplinar, com subordinação e dependência hierárquica.

Ressalte-se que, quando o antigo titular deixa o cargo, o Estado retoma a delegação da atividade e, apenas posteriormente, quando outro é nomeado para assumir a titularidade do cartório, retoma-se a delegação. Configura-se aqui, nessa situação, uma "quebra na cadeia sucessória" em virtude da ocorrência de concurso público.

(...)"

Além disso, a despeito de o novo titular aprovado no concurso público saber que a atividade é pública, mas exercida em caráter privado, e que o regime de contratação dos prepostos é o celetista, não há apuração dos débitos antes da posse e da outorga da delegação, como ocorre nas relações empresariais.

Assim, havendo a extinção do contrato de trabalho e, consequentemente, uma **quebra na cadeia sucessória** em virtude do concurso público, não se pode falar em sucessão trabalhista, nem em responsabilidade pelos débitos contraídos anteriormente à posse.

Ao revés, caso haja continuidade da prestação de serviços pelo trabalhador, o atual titular assume as responsabilidades dos contratos empregatícios, ocorrendo a sucessão trabalhista. Essa é a orientação que vem sendo adotada pela jurisprudência.

1.7. O CÓDIGO DE DEFESA DO CONSUMIDOR E A ATIVIDADE NOTARIAL E REGISTRAL

O Código Brasileiro de Defesa do Consumidor (CDC), é um microssistema jurídico que objetiva equilibrar as relações de consumo e oferecer segurança e proteção aos consumidores hipossuficientes.

Prevalece que não se aplica o Código de Defesa do Consumidor **nas atividades notariais e registrais.** Todavia, há quem defenda a aplicação subsidiária no que se refere a questões que não tratam de vícios do serviço em si. Porém, não há previsão legal e a jurisprudência não tem admitido sua aplicação de forma direta sobre a responsabilidade, em razão de diversos argumentos a seguir expostos (Ac. 3 Turma do STJ, no REsp. 625.144, rel. Min. Nancy Andrighi, j. 14-03-06, DJU 29-05-06, p. 232).

Estabelece o § 2º do art. 3º do Código de Defesa do Consumidor (CDC) que serviço é qualquer atividade fornecida no mercado de consumo, mediante remuneração, inclusive as de natureza bancária, financeira, de crédito e securitária, exceto as decorrentes das relações de caráter trabalhista.

Note-se que o dispositivo fala em **remuneração.** Entretanto, no que tange à atividade notarial e registral, os titulares recebem, diretamente da parte interessada e de forma integral, os respectivos **emolumentos** como pagamento dos serviços prestados. É importante lembrar que os emolumentos são devidos como contraprestação do serviço público que o Estado, por intermédio de seus agentes, presta aos particulares que o necessitam e deverá corresponder ao efetivo custo e à adequada e suficiente remuneração dos serviços prestados.

A natureza jurídica dos emolumentos dos atos praticados pelos serviços notariais e de registro encontra-se pacificada no Supremo Tribunal Federal, que decidiu que os emolumentos têm **natureza tributária,** qualificando-se como **taxas remuneratórias de serviços públicos**.

Logo, sendo espécie de tributo que é, os emolumentos reger-se-ão pelas regras do Direito Público.

Ademais, o serviço prestado é típico serviço público, o que permite concluir que a relação jurídica existente entre o titular da serventia notarial e de registro e os usuários de tais serviços é de Direito Público, de natureza tributária.

Anote-se também que o Supremo Tribunal Federal, no Re nº 178.236, já decidiu que a relação entre o titular da serventia notarial ou de registro e o usuário do serviço **não é de clientela e sim formada pelo caráter de autoridade**, revestida pelo Estado.

Nesse sentido, o entendimento de Sonia Marilda Péres Alves: "A simples essência dos serviços notariais e de registro exclui qualquer possibilidade jurídica de identificá-los como relação de consumo, uma vez que tais atividades, diretamente ligadas à Administração Pública, são reconhecidas como o poder certificante dos órgãos da fé pública. A natureza pública dos atos notariais e registrais impõe permanente fiscalização pelo Poder Judiciário e subordinação à disciplina e instruções da Corregedoria de Justiça de cada Estado. A atípica atividade notarial e registral subordina-se à legislação especial, algumas promulgadas após o Código de Defesa do Consumidor, não podendo com ele coexistir em face da incompatibilidade de seus preceitos" (Responsabilidade Civil de Notário e Registradores: a aplicação do Código de Defesa do Consumidor em suas atividades e a sucessão trabalhista na delegação, Revista de Direito Imobiliário, IRIB, nº 53, ano 25, julho-dezembro de 2002, Ed. Revista dos Tribunais, pág. 99).

Walter Ceneviva corrobora tal entendimento: "Apesar do amplo espectro abarcado pela lei do consumo, meu entendimento é o de que não se aplica aos registradores. Sendo embora delegados do Poder Público e prestadores de serviço, sua relação não os vincula ao "mercado de consumo" ao qual se destinam os serviços definidos pelo Código do Consumidor (art. 3º, § 2º). Mercado de consumo é o complexo de negócios realizados no País com vistas ao fornecimento de produtos e serviços adquiridos voluntariamente por quem os considere úteis ou necessários. O serviço registrário, sendo em maior parte compulsório e sempre de predominante interesse geral, de toda sociedade, não se confunde com as condições próprias do contrato de consumo e a natureza do mercado que lhe corresponde." (Lei dos Registros Públicos Comentada. Ed. Saraiva, 2003, 15 edição, pág. 57).

Assim, é indubitável que a atividade notarial e de registro tem seu regramento estabelecido em leis específicas, com previsão especial contida na Constituição Federal (art. 236), na Lei 6.015/1973 (art. 28), na Lei 8.935/1994 (arts. 22 a 24) e posteriormente, na Lei 9.492/97 (art. 38), não se sujeitando ao Código de Defesa do Consumidor.

Apresento aqui conteúdo abordado, em formato de quadro didático, para facilitar a compreensão:

Ponto	Descrição
1. Natureza Jurídica dos Emolumentos	A natureza dos emolumentos cobrados pelos serviços notariais e de registro é definida como "taxas remuneratórias de serviços públicos", tendo natureza tributária, conforme decisões do Supremo Tribunal Federal.
2. Função Pública dos Notários e Registradores	Notários e oficiais registradores exercem funções públicas como agentes públicos delegados, com atividades ligadas à Administração Pública e sujeitas à fiscalização do Poder Judiciário.
3. Serviço Notarial e Registral	O serviço notarial e registral atende a interesses coletivos e gerais, configurando-se como um serviço público.
4. Relação Jurídica	A relação entre o titular da serventia e os usuários dos serviços é de Direito Público e natureza tributária, pois os emolumentos são considerados "taxas" e o serviço é um típico serviço público.
5. Relação de Autoridade	A relação entre o titular da serventia e o usuário do serviço é de autoridade, conforme a decisão do Superior Tribunal Federal (RE n.º 178.236), e não de clientela.
6. Natureza Pública da Relação Jurídica	A relação entre cartórios extrajudiciais e usuários dos serviços é de ordem pública e interesse coletivo, não se aplicando as normas do Código Brasileiro de Defesa do Consumidor. O serviço prestado não gera vínculo contratual.
7. Exclusão do CDC	O parágrafo único do art. 22 do CDC não se aplica ao serviço público delegado a notários ou registradores, aplicando-se apenas às empresas públicas com personalidade jurídica própria.
8. Responsabilidade Regida por Legislação Especial	A responsabilidade dos titulares dos serviços notariais e de registro é regulada por legislações específicas, como as Leis 8.935/94, 6.015/73 e 9.492/97.

2. JURISPRUDÊNCIA COMPLEMENTAR

CONSELHO NACIONAL DE JUSTIÇA

EMENTA: Procedimento De Controle Administrativo – Tribunal De Justiça Do Estado Do Maranhão – PAD – Titular Serventual Extrajudicial – Prazo Prescricional Penal – Não Cabimento No Caso Concreto – Flagrante Ilegalidade Configurada – Pedido Julgado Procedente.

1. A admissibilidade de um PCA que tenha como objeto procedimento disciplinar contra titulares de serventias extrajudiciais é bastante restrita, posto que este Conselho não pode ser utilizado como instância recursal das decisões administrativas proferidas pelos tribunais, na qual seria possível apreciar-se toda a matéria devolvida. Em tais casos, somente é admissível o PCA em casos de flagrante ilegalidade ou teratologia.

2. Pelo que consta dos autos, verifica-se que o requerente foi acusado por negligência e leniência em relação a possíveis irregularidades praticadas no âmbito da serventia extrajudicial. O TJMA, todavia, ao analisar a prescrição da pretensão punitiva suscitada pela defesa do requerente, aplicou o **prazo previsto na legislação penal por considerar que a conduta apurada se assemelhava ao tipo do art. 317 do Código Penal (corrupção passiva).** Ao final, o requerente foi condenado na infração disciplinar de **conduta atentatória à dignidade das instituições notariais e de registro,** prevista no inciso II do artigo 31 da Lei nº 8.935/94, tendo em vista sua **negligência em cumprir o dever de fiscalizar** os escreventes da serventia na qual era titular.

3 - Conquanto exista previsão legal para que os prazos de prescrição previstos na lei penal sejam aplicados nas infrações disciplinares também capituladas como crime, o TJMA não processou ou condenou o requerente pela conduta descrita no caput do art. 317 do Código Penal (corrupção passiva). Na verdade, quem supostamente cometeu os citados atos foram os prepostos da serventia extrajudicial, sem a participação do requerente, titular da serventia, que sequer foi alvo da investigação ou indiciado no Inquérito Policial instaurado contra os funcionários do cartório. Portanto, restou evidente que o Tribunal apurou a culpabilidade do requerente em relação à omissão e negligência na fiscalização dos atos cometidos dos seus escreventes, e não na conduta tipifica no art. 317 do Código Penal (corrupção passiva),

4 - **Inexiste o tipo penal de corrupção culposa**, de modo que não é possível, nem mesmo em tese, imputar a alguém a prática do tipo penal de corrupção passiva em virtude de uma conduta negligente ou imprudente, de forma que o prazo prescricional penal não poderia ser utilizado. **Desse modo, configura-se caso ilegalidade apta a justificar a intervenção deste CNJ.**

5 - No que tange à análise da **prescrição** no caso concreto, **cabe rememorar o recente julgamento deste CNJ em que foi definido a aplicação dos prazos prescricionais do art. 142 da Lei nº 8.112/1990, bem como da regra prevista no §1º do mesmo diploma legal que fixa o termo inicial da prescrição punitiva na data do conhecimento do fato pela autoridade competente.**

6 - A pena de suspensão prescreve em dois anos contados da data em que a autoridade competente toma ciência dos fatos até a instauração do PAD, oportunidade em que o prazo será interrompido. Assim, considerando que o prazo prescricional da pena de suspensão é dois anos e considerando ainda que a Corregedoria local tomou conhecimento dos fatos na data de **23/10/2018** e o PAD foi instaurado pela PORTARIACGJ-37672020 de **4/12/2020, verifica-se a ocorrência da prescrição da pretensão punitiva administrativa.**

7 – Pedido julgado **procedente (CNJ – Procedimento de Controle Administrativo nº 0007403-78.2022.2.00.0000 – Maranhão – Rel. Cons. Marcio Luiz Freitas – DJ 23.02.2023)**

SUPREMO TRIBUNAL FEDERAL

EMENTA: O Estado responde, objetivamente, pelos atos dos tabeliães e registradores oficiais que, no exercício de suas funções, causem dano a terceiros, assentado o dever de regresso contra o responsável, nos casos de dolo ou culpa, sob pena de improbidade administrativa. Essa foi a tese fixada pelo Plenário, ao negar provimento, por votação majoritária, a recurso extraordinário, com repercussão geral reconhecida (tema 777), interposto pelo estado de Santa Catarina contra acórdão que o condenou ao pagamento de indenização por danos decorrentes de erro na elaboração de certidão de óbito, que impediu viúvo de obter benefício previdenciário. (...) A maioria dos ministros reafirmou entendimento jurisprudencial do Supremo Tribunal Federal (STF) quanto à responsabilidade direta, primária e objetiva do Estado, contida na regra prevista no art. 37, § 6º, da Constituição Federal (CF/1988), pelos danos que tabeliães e oficiais de registro, no exercício de serviço público por delegação, causem a terceiros. Também fixou orientação no sentido do dever estatal de acionar regressivamente o agente público causador do dano, por dolo ou culpa, considerado o fato de a indenização ser paga com dinheiro público. Prevaleceu o voto do ministro Luiz Fux (relator), que rememorou a jurisprudência da Corte sobre a matéria e afastou a possibilidade de se extrair a responsabilidade objetiva dos notários e registradores do art. 37, § 6º, da CF/1988. Salientou a natureza estatal das atividades exercidas pelos tabeliães e registradores oficiais. Essas atividades são munidas de fé pública e se destinam a conferir autenticidade, publicidade, segurança e eficácia às declarações de vontade. Ademais, consoante expressa determinação constitucional, o ingresso na atividade notarial e de registro depende de concurso público, e os atos de seus agentes estão sujeitos à fiscalização estatal (CF/1988, art. 236). Segundo o ministro Fux, não obstante os serviços notariais e de registro sejam exercidos em caráter privado, por delegação do poder público, a responsabilidade civil desses agentes públicos está disciplinada, de forma expressa, em norma de eficácia limitada, na qual definida a competência do legislador ordinário para regular a matéria (CF/1988, art. 236, § 1º). Isto é, a própria Constituição Federal retirou o assento constitucional da regulação da responsabilidade civil e criminal dos notários, relegando-a à autoridade legislativa. Frisou, no ponto, que o art. 22 da Lei 8.935/1994, na redação dada pela Lei 13.286/2016, regulamenta o art. 236 da CF/1988 e prevê que os notários e oficiais de registro são civilmente responsáveis por todos os prejuízos que causarem a terceiros, por culpa ou dolo, pessoalmente, pelos substitutos que designarem ou escreventes que autorizarem, assegurado o direito de regresso. A disciplina conferida à matéria pelo legislador consagra a responsabilidade civil subjetiva dos notários e oficiais de registro. Portanto, não compete ao STF fazer interpretação analógica e extensiva, a fim de equiparar o regime jurídico da responsabilidade civil de notários ao das pessoas jurídicas de direito privado prestadoras de serviços públicos (CF, art. 37, § 6º). Ademais, ressaltou que o art. 37, § 6º, da CF/1988 se refere a 'pessoas jurídicas' prestadoras de serviços públicos, ao passo que notários e tabeliães respondem civilmente como 'pessoas naturais' delegatárias de serviço público, nos termos do referido dispositivo legal.

[RE 842.846, rel. min. Luiz Fux, j. 27-2-2019, P, *Informativo* 932, Tema 777.]

SUPERIOR TRIBUNAL DE JUSTIÇA

EMENTA: Processual Civil e Tributário – Recurso Especial – Mandado de Segurança – Contribuição ao Salário-Educação – Serventias Extrajudiciais – Sujeição Passiva Tributária – Inexistência de Previsão Legal – Pacífica Orientação Jurisprudencial do Superior Tribunal De Justiça – Recurso Não Conhecido.

1. Na origem, a titular do cartório impetrou Mandado de Segurança, com escopo de que o Poder Judiciário reconheça "a inexistência de relação tributária que a obrigue ao recolhimento da contribuição ao salário-educação" e declare o "seu direito à compensação/restituição dos valores recolhidos a tais títulos no quinquênio que antecede o ajuizamento" deste writ, bem como daqueles que, eventualmente, vierem a ser recolhidos no curso da demanda.

2. O Tribunal a quo, seguindo precedente formado no julgamento do Incidente de Assunção de Competência - IAC, assentou que "a pessoa física que exerce serviço notarial ou registral não é contribuinte da contribuição social salárioeducação prevista no § 5° do artigo 212 da Constituição e instituída pelo art. 15 da Lei 9.424/1996."

3. O STJ, no julgamento do REsp 1.162.307/RJ, da relatoria do Ministro Luiz Fux, sob o rito dos Recursos Repetitivos, firmou a orientação de que "a contribuição para o salário-educação tem como sujeito passivo as empresas, assim entendidas as firmas individuais ou sociedades que assumam o risco de atividade econômica, urbana ou rural, com fins lucrativos ou não, em consonância com o art. 15 da Lei 9.424/96, regulamentado pelo Decreto 3.142/99, sucedido pelo Decreto 6.003/2006".

4. Nos termos, ainda, da jurisprudência desta Corte, "a definição do sujeito passivo da obrigação tributária referente à contribuição ao salário-educação foi realizada pelo art. 1º, § 3º, da Lei 9.766/1998, pelo art. 2º, § 1º, do Decreto 3.142/1999 e, posteriormente, pelo art. 2º, do Decreto 6.003/2006. Sendo assim, em havendo lei específica e regulamento específico, não se aplica à contribuição ao salário-educação o disposto no parágrafo único, do art. 15, da Lei 8.212/1991, que estabelece a equiparação de contribuintes individuais e pessoas físicas a empresas no que diz respeito às contribuições previdenciárias" (REsp 1.812.828/SP, Rel. Ministro Mauro Campbell Marques, Segunda Turma, DJe de 31.8.2022).

5. Com relação às pessoas físicas titulares de serviços notariais e de registro, este Tribunal já proclamou que elas não se enquadram na definição de sujeito passivo da contribuição para o salário-educação, ao fundamento de que "o art. 178 da CF/69 indica como sujeito passivo da contribuição para o salárioeducação as empresas comerciais, industriais e agrícolas. O Tabelionato de Notas é uma serventia judicial, que desenvolve atividade estatal típica, não se enquadrando como empresa" (REsp 262.972/RS, Rel. Ministra Eliana Calmon, Segunda Turma, DJU de 27.5.2002).

6. Agravo Interno não provido. (AgInt no REsp n. 2.068.187/RS, relator Ministro Herman Benjamin, Segunda Turma, julgado em 26/6/2023, DJe de 30/6/2023)

EMENTA: Indenização por Danos Morais e Materiais. Construtora que adquiriu imóveis localizados em Ubatuba, cujos titulares foram representados, no ato de lavratura da escritura de compra e venda, por advogado militante na Comarca de Ubatuba, por procuração pública lavrada pelo Tabelionato de Cachoeira de São José/PR, a qual fora submetida à conferência pelo Tabelionato de Ubatuba. Escritura de compra e venda posteriormente declarada nula, após apurada a falsidade da procuração pública utilizada na transação. Autora que imputa a responsabilidade pelos danos experimentados ao Tabelião de Ubatuba, ao mandatário que representou as proprietárias dos imóveis, e ao Estado de São Paulo, pela falha na prestação de serviço público delegado. Sentença que condenou apenas o Tabelião, e unicamente ao ressarcimento dos danos materiais. Recurso da autora e do Tabelião. Responsabilidade subsidiária do Estado pelos danos causados por tabeliães e registradores oficiais que somente pode ser invocada se demonstrada a insolvência do titular da serventia extrajudicial. Procurador e Tabelião que respondem subjetivamente por eventuais danos causados a terceiros, respectivamente, no exercício do mandato e em decorrência dos atos notariais praticados. Inteligência do art. 667 do Código Civil e do art. 22 da Lei federal nº 8.935/94. Ausência de prova de culpa ou dolo tanto do Procurador, como do Tabelião. Precedentes desta Corte e dos Tribunais Superiores, com destaque para o julgamento pelo STF do Tema nº 777 de Repercussão Geral. Recurso do Tabelião provido para julgar improcedente a ação também em relação a ele, restando improvido o recurso da autora (TJSP – Apelação Cível nº 1001279-96.2015.8.26.0642 – Ubatuba – 11ª Câmara de Direito Público – Rel. Des. Aroldo Viotti – DJ 29.09.2020)

EMENTA: Responsabilidade civil – Ação de indenização por danos morais – Certidão de óbito dando o autor como morto, quando vivo se encontrava – Clara hipótese de homonímia entre o requerente e seu irmão – Não configurada a conduta omissiva da apelada, tampouco o nexo causal entre esta e o alegado dano – Inexistência de sofrimento, vexame ou humilhação que foge à normalidade – Ação julgada improcedente na 1ª Instância – Sentença mantida – Recurso não provido. (TJSP – Apelação Cível nº 3013270-10.2013.8.26.0576 – São José do Rio Preto – 6ª Câmara de Direito Público – Rel. Des. Leme de Campos – DJ 13.09.2017).

EMENTA: Recurso Especial – Responsabilidade civil – Tabelionato de notas – Ação de indenização por danos materiais e morais – Reconhecimento de firma mediante assinatura falsificada – Ilegitimidade

Lei 8.935/1994

passiva – Ausência de personalidade jurídica e judiciária – Dissídio jurisprudencial evidenciado – 1. Consoante o art. 22 da Lei 8.935/94, a responsabilidade civil por dano decorrente da má prestação de serviço notarial é pessoal do titular do cartório à época do fato, em razão da delegação do serviço que lhe é conferida pelo Poder Público em seu nome – 2. Os cartórios ou serventias não possuem legitimidade para figurar no polo passivo de demanda indenizatória, pois são desprovidos de personalidade jurídica e judiciária, representando, apenas, o espaço físico onde é exercida a função pública delegada consistente na atividade notarial ou registral – 3. Doutrina e jurisprudência acerca do tema, especialmente precedentes específicos desta Corte – 4. Recurso especial provido. (STJ – REsp nº 1.463.734 – Paraná – 3ª Turma – Rel. Min. Paulo De Tarso Sanseverino – DJ 27.06.2017)

EMENTA: RECURSO ESPECIAL. RESPONSABILIDADE PESSOAL DO TABELIÃO PELO ATO ILÍCITO. CARTÓRIO DE NOTAS SEM PERSONALIDADE JURÍDICA. ILEGITIMIDADE *AD CAUSAM*. AFASTADA APLICAÇÃO DO CDC. NÃO VIOLAÇÃO AO ART. 535, II, DO CPC. ANÁLISE DE TODAS AS QUESTÕES POSTAS. ACÓRDÃO RECORRIDO EM CONSONÂNCIA COM A JURISPRUDÊNCIA DO STJ. SÚMULA 83/STJ. RECURSO ESPECIAL NÃO PROVIDO. 1. A orientação pacífica desta Corte Superior, portanto, é firme no sentido de que os cartórios ou serventias não possuem legitimidade para figurar no polo passivo de demanda indenizatória, visto que desprovidos de personalidade jurídica e judiciária, representando, apenas, o espaço físico onde é exercida a função pública delegada consistente na atividade notarial ou registral. 2. Acórdão recorrido de acordo com a jurisprudência desta Corte Superior. Súmula 83/STJ. 3. Recurso especial não provido.(STJ – REsp nº 1.335.815 – Rio de Janeiro – 4ª Turma – Rel. Min. Luis Felipe Salomão – DJ 24.11.2015)

TRIBUNAL SUPERIOR DO TRABALHO

EMENTA: Recurso de Revista – Apelo submetido à Lei nº 13.467/2017 – Cartório extrajudicial – Responsabilidade – Sucessão trabalhista – Transcendência política reconhecida – Cinge-se a controvérsia a respeito do reconhecimento da sucessão trabalhista quando há a transferência de titularidade de cartórios extrajudiciais – A Corte Regional concluiu que há particularidades que permitem fazer a distinção (*distinguishing*) para o concreto, com isso afastando entendimento desta Corte e, de consequência, reconhecendo sucessão trabalhista, mesmo sem que a reclamante tenha prestado serviços para a Reclamada – Todavia, o entendimento pacificado nesta Corte Superior é de que só pode haver sucessão trabalhista nos cartórios extrajudiciais quando houver transferência de titularidade do cartório e a efetiva prestação de serviços ao novo titular – De fato, a reclamante prestou serviços até o dia 31/01/2017 e a reclamada somente assumiu a titularidade do cartório extrajudicial em 01/02/2017 – Dessa forma, o Regional decidiu de maneira contrária ao entendimento deste Tribunal – Nesse quadro, a decisão regional dissente desta Corte uniformizadora, daí porque, reconhecida transcendência política, há de ser provido o apelo – Recurso de revista conhecido e provido.

[...]

Este magistrado tem seguido fielmente a Jurisprudência acima por comungar plenamente deste entendimento.

Porém, no caso em análise há particularidades que permitem fazer a distinção (distinguishing) de que trata o art. 896-A, § 16, da CLT.

O distinguishing é uma distinção na qual o precedente é afastado em razão de uma circunstância fundamental que o diferencia do caso anteriormente decidido. Quando reconhecida tal distinção, estabelece-se uma determinada circunstância fundamental para o caso sob análise, que não permita incidir a aplicação de determinado precedente original.

Importante lembrar que, quando consagrada a distinção, não significa que o precedente esteja sendo abandonado. Poderia ser comparada tal figura ao caso de uma Súmula que não é revogada, nem abandonada, mas que continua válida apenas para determinadas situações fáticas. Um excelente exemplo é a não aplicabilidade da Orientação Jurisprudencial nº 235 do Tribunal Superior do Trabalho nos casos de trabalho no corte de cana. O distinguishing pode ser aplicado de duas formas distintas: restrictive distinguishing ou ampliative distinguishing. Segundo Fredie Didier Jr., Paula Braga Sarno e Rafael Oliveira o distinguishing permite seguir um desses dois caminhos: (i) dar à ratio decidendi uma interpretação restritiva, por entender que as peculiaridades do caso concreto impedem a aplicação da mesma tese jurídica outrora firmada (restrictive distinguishing), caso em que julgará o processo livremente, sem vinculação ao precedente; (ii) ou estender ao caso em exame a mesma solução conferida a casos anteriores assemelhados, por entender que, a despeito das peculiaridades concretas do caso anterior em discussão, aquela tese jurídica lhe é aplicável a outras situações também (ampliative distinguishing).

"(...)

A jurisprudência desta Corte tem entendimento no sentido de que para a caracterização da sucessão de empregadores são necessárias a alteração da titularidade do serviço notarial e a continuidade na prestação dos serviços."

(...)

Há **transcendência política** quando se constata que o acórdão recorrido está em dissonância com o entendimento desta Corte (art. 896-A, § 1º, II, da CLT).

II - MÉRITO

CARTÓRIO EXTRAJUDICIAL. RESPONSABILIDADE. SUCESSÃO TRABALHISTA. TRANSCENDÊNCIA POLÍTICA RECONHECIDA.

Conhecido o recurso de revista por violação dos arts. 10 e 448 da CLT, a consequência lógica é o seu provimento para afastar o reconhecimento da sucessão trabalhista em relação à recorrente, julgando improcedentes os pedidos formulados na petição inicial, em relação a ela.

José Pedro de Camargo Rodrigues de Souza. Desembargador Convocado Relator - - / (TST – Recurso de Revista nº 10326-48.2017.5.15.0012 – São Paulo – 6ª Turma – Rel. Des. José Pedro de Camargo Rodrigues de Souza – DJ 08.09.2023)

EMENTA: I – AGRAVO DE INSTRUMENTO EM RECURSO DE REVISTA. PROCESSO POSTERIOR À LEI 13.467/2017. TRANSCENDÊNCIA. SUCESSÃO TRABALHISTA. TITULAR DE CARTÓRIO EXTRAJUDICIAL. POSSIBILIDADE. RESPONSABILIDADE DO SUCESSOR. AUSÊNCIA DE PRESTAÇÃO DE SERVIÇOS AO NOVO DELEGATÁRIO. Na hipótese dos autos, nota-se do trecho do v. acórdão recorrido transcrito no recurso de revista, em atenção aos termos da Lei nº 13.015/14, que a Corte Regional reconheceu a sucessão trabalhista do titular do cartório extrajudicial sem a continuidade na prestação dos serviços pelo reclamante ao novo delegatário. Nessa esteira, a decisão regional desrespeita a jurisprudência do c. TST. Logo, a demanda oferece transcendência com relação aos reflexos gerais de natureza política, nos termos do artigo 896-A, § 1º, II, da CLT.**SUCESSÃO TRABALHISTA. TITULAR DE CARTÓRIO EXTRAJUDICIAL. POSSIBILIDADE. RESPONSABILIDADE DO SUCESSOR. AUSÊNCIA DE PRESTAÇÃO DE SERVIÇOS AO NOVO DELEGATÁRIO.** Diante de possível ofensa aos arts. 10 e 448 da CLT, deve-se dar provimento ao agravo de instrumento para melhor exame do recurso de revista. **Agravo de instrumento conhecido e provido.**

II – RECURSO DE REVISTA. SUCESSÃO TRABALHISTA. TITULAR DE CARTÓRIO EXTRAJUDICIAL. POSSIBILIDADE. RESPONSABILIDADE DO SUCESSOR. AUSÊNCIA DE PRESTAÇÃO DE SERVIÇOS AO NOVO DELEGATÁRIO. Cinge-se a controvérsia a se perquirir sobre a sucessão trabalhista – titular de cartório extrajudicial – possibilidade – responsabilidade do sucessor. O Tribunal Regional concluiu que *"ao contratar empregados pelo regime da CLT, os titulares dos cartórios extrajudiciais, embora empossados no cargo por concurso público de provas e títulos, são equiparados a empregadores nos moldes do art. 2º da CLT, e estão sujeitos às normas trabalhistas, inclusive para fins de configuração da sucessão de que tratam os art. 10 e art. 448 da CLT,* ***independentemente da continuidade da prestação de serviços por parte do empregado para o novo titular****, ou de assunção formal por este do passivo trabalhista."*. Note-se que esta Corte sedimentou o entendimento de que não caracteriza sucessão trabalhista quando o empregado do titular anterior não prestou serviços ao novo titular do cartório. Assim, a decisão regional, ao entender que houve sucessão trabalhista sem que o trabalhador tenha prestado serviços ao novo notário, violou os artigos 10 e 448 da CLT. **Recurso de revista conhecido por violação dos artigos 10 e 448 da CLT e provido.**

CONCLUSÃO. Agravo de instrumento conhecido e provido e recurso de revista conhecido e provido. Vistos, relatados e discutidos estes autos de Recurso de Revista nº **TST-RR-1001539-11.2015.5.02.0314**, em que é Recorrente P.A e são Recorridos Rodrigo e Odecio. Trata-se de agravo de instrumento interposto pelo réu, em face da decisão monocrática por meio da qual foi denegado seguimento ao seu recurso de revista.

Contraminuta e contrarrazões do autor às págs. 972/979.

Dispensada a remessa dos autos ao MPT, na forma regimental.

É o relatório.

VOTO

I – AGRAVO DE INSTRUMENTO

1 – CONHECIMENTO

O agravo de instrumento é tempestivo, a representação processual é regular. Conheço.

2 – MÉRITO

2.1 – RECURSO DE REVISTA INTERPOSTO NA VIGÊNCIA DA LEI Nº 13.467/2017 – TRANSCENDÊNCIA

Considerando que o acórdão do Tribunal Regional foi publicado na vigência da Lei nº 13.467/2017, o recurso de revista submete-se ao crivo da transcendência, que deve ser analisada de ofício e previamente, independentemente de alegação pela parte.

O artigo 896-A da CLT, inserido pela Lei nº 13.467/2017, com vigência a partir de 11/11/2017, estabelece em seu § 1º, como indicadores de transcendência: I – econômica, o elevado valor da causa; II – política, o desrespeito da instância recorrida à jurisprudência sumulada do Tribunal Superior do Trabalho ou do Supremo Tribunal Federal; III – social, a postulação, por reclamante-recorrente, de direito social constitucionalmente assegurado; IV – jurídica, a existência de questão nova em torno da interpretação da legislação trabalhista.

Por sua vez, o Tribunal Superior do Trabalho ao editar o seu Regimento Interno, dispôs expressamente sobre a transcendência nos artigos 246, 247, 248 e 249.

Pois bem.

Na hipótese dos autos, nota-se dos trechos do v. acórdão recorrido transcritos no recurso de revista, em atenção aos termos da Lei nº 13.015/14, que a Corte Regional reconheceu a sucessão trabalhista do titular do cartório extrajudicial sem a continuidade na prestação dos serviços pelo reclamante ao novo delegatário. Nessa esteira, a decisão regional desrespeita a jurisprudência do c. TST. Logo, a demanda oferece transcendência com relação aos reflexos gerais de natureza política, nos termos do artigo 896-A, § 1º, II, da CLT.

2.2 – SUCESSÃO TRABALHISTA – TITULAR DE CARTÓRIO EXTRAJUDICIAL – POSSIBILIDADE – RESPONSABILIDADE DO SUCESSOR. AUSÊNCIA DE PRESTAÇÃO DE SERVIÇOS AO NOVO DELEGATÁRIO.

Alega o agravante que *"o Agravante não deu continuidade ao contrato de trabalho do Agravado, até porque assumiu o exercício do Serviço Público um dia após o último dia de trabalho dele, inexistindo, pois, continuidade na prestação dos serviços"* (pág. 962).

Afirma que *"Segundo a SDI do C. TST, a continuidade na prestação dos serviços para a pessoa natural do novo delegatário do Serviço Público é condição "sine qua non" para configurar a sucessão trabalhista nos moldes do artigo 10 e 448, ambos da CLT."* (fl. 963).

Indica violação dos artigos 1º, IV, da Constituição Federal; 10, 448, da CLT e 10 e 21, da Lei 8935/94 e divergência jurisprudencial.

Na decisão ora agravada, adotaram-se os seguintes fundamentos para denegar seguimento ao agravo de instrumento:

PRESSUPOSTOS EXTRÍNSECOS

Tramitação na forma da Lei n.º 13.467/2017.

Tempestivo o recurso (decisão publicada no DEJT em 23/02/2018 – Aba de Movimentações; recurso apresentado em 07/03/2018 – id. dfe6ac0).

Regular a representação processual, id. 7ca646e – Pág. 1.

Satisfeito o preparo (id(s). e4135d0 – Pág. 1, c26122d – Pág. 1 e 0a1a30d – Pág. 1).

PRESSUPOSTOS INTRÍNSECOS

RESPONSABILIDADE SOLIDÁRIA/SUBSIDIÁRIA / SUCESSÃO DE EMPREGADORES.

Alegação(ões):

– violação do(a) Consolidação das Leis do Trabalho, artigo 10º; artigo 448; Lei nº 8935/94, artigo 20; artigo 21; Código Civil, artigo 265.

– divergência jurisprudencial.

Como se vê, a matéria é interpretativa, combatível nessa fase recursal mediante apresentação de tese oposta, mas os arestos transcritos para essa finalidade são inservíveis para caracterizar o conflito pretoriano que propicia o recebimento do Recurso de Revista, porquanto não atendem todos os ditames autorizadores da reapreciação(alínea "a"/"b" e § 8º do art. 896 da CLT e Súmula 333/TST).

DENEGO seguimento.

CONCLUSÃO

DENEGO seguimento ao Recurso de Revista.

Vejamos.

Com efeito, do cotejo da tese exposta no acórdão regional, diante de possível ofensa aos art. 10 e 448 da CLT, mostra-se prudente o provimento do agravo de instrumento para melhor análise do recurso de revista.

Em face do exposto, **DOU PROVIMENTO** ao agravo de instrumento para determinar a conversão prevista nos §§ 5º e 7º do artigo 897 da CLT.

II – RECURSO DE REVISTA

Atendidos os pressupostos gerais do recurso, passo à análise dos específicos.

1 – CONHECIMENTO

1.1 – SUCESSÃO TRABALHISTA – TITULAR DE CARTÓRIO EXTRAJUDICIAL – POSSIBILIDADE – RESPONSABILIDADE DO SUCESSOR. AUSÊNCIA DE PRESTAÇÃO DE SERVIÇOS AO NOVO DELEGATÁRIO.

O réu sustenta que não contratou o autor para trabalhar, portanto, não houve continuidade na prestação do serviço.

Aduz que *"Não houve continuidade na prestação dos serviços porque o Recorrido nunca trabalhou para o Recorrente, conforme reconhecido em sentença e no próprio acórdão Recorrido"* (pág. 797).

Aponta violação dos artigos 1º, IV , da Constituição Federal; 10 e 448 da CLT e 20 e 21 da Lei 8.935/94 e divergência jurisprudencial.

Eis o trecho do acórdão transcrito pelo recorrente:

"(...) Com efeito, ao contratar empregados pelo regime da CLT, os titulares dos cartórios extrajudiciais, embora empossados no cargo por concurso público de provas e títulos, são equiparados a empregadores nos moldes do art. 2º da CLT, e estão sujeitos às normas trabalhistas, inclusive para fins de configuração da sucessão de que tratam os art. 10 e art. 448 da CLT, **independentemente da continuidade da prestação de serviços por parte do empregado para o novo titular**, ou de assunção formal por este do passivo trabalhista. O novo titular, delegado dos serviços públicos (Notário, Tabelião ou Oficial de Registro) por aprovação em concurso público, recebe do Poder Público a unidade de serviço, definida pelo art. 1º da Lei nº 8.935/1994, como a "organização técnica e administrativa destinada a garantir a publicidade, autenticidade, segurança e eficácia dos atos jurídicos", além do estabelecimento, mobiliário, empregados e a competência territorial e material, elementos esses configuradores da sucessão trabalhista (...)".

Vejamos.

De início, registro que arestos oriundos do mesmo Tribunal prolator do acórdão recorrido não se prestam ao confronto de teses por falta de previsibilidade no art. 896, "a", da CLT.

A jurisprudência dominante nesta Corte Superior estabeleceu que a mudança de titularidade de cartório extrajudicial somente pode ocasionar a sucessão trabalhista quando haja continuidade na prestação de serviços em prol do titular sucessor, o que não ocorreu no caso, conforme se extrai do seguinte trecho do acórdão:

Na hipótese dos autos, é incontroverso que o reclamante laborou de **12.02.1998 a 10.07.2015**, inicialmente sob a titularidade de Mario, em seguida sob as ordens do 2º réu Odecio que assumira interinamente o cartório de 01.12.2013 a 07.07.2015. Não foi reaproveitado quando da transferência de titularidade em **13.07.2015** para o 3º réu Paulo que preferiu dispensar todos os empregados ali lotados, como admitido em sua defesa.

No presente caso, a decisão regional diverge da jurisprudência iterativa desta Corte, senão vejamos:

"RECURSO DE REVISTA INTERPOSTO NA VIGÊNCIA DA LEI Nº 13.015/2014. CARTÓRIO EXTRAJUDICIAL. TRANSFERÊNCIA DE TITULARIDADE. AUSÊNCIA DE PRESTAÇÃO DE SERVIÇOS AO NOVO TITULAR. SUCESSÃO TRABALHISTA NÃO CONFIGURADA. Na hipótese, o Tribunal Regional registra ser incontroverso que o reclamante prestou serviços ao cartório até o término da delegação interina do Sr. Gerson Francisco Olegário da Costa, sendo dispensado no dia 7/7/2015, ou seja, um dia antes da assunção da delegação do novo titular, ora recorrente. A jurisprudência desta Corte Superior é firme no sentido de que o reconhecimento de sucessão trabalhista, em se tratando de cartório extrajudicial, pressupõe a continuidade da prestação de serviços em favor do novo titular, o que não ocorreu na espécie. Assim, o entendimento do Tribunal Regional encontra-se em dissonância com a jurisprudência desta Corte. Precedentes da SBDI-1/TST. Recurso de revista conhecido e provido" (RR-1818-87.2015.5.02.0031, 1ª Turma, Relator Ministro Walmir Oliveira da Costa, DEJT 23/08/2019).

"I – AGRAVO EM RECURSO DE REVISTA COM AGRAVO DA RECLAMADA. LEI 13.015/2014. CARTÓRIO EXTRAJUDICIAL. SUCESSÃO DE EMPREGADORES. AUSÊNCIA DE CONTINUIDADE DA PRESTAÇÃO DOS SERVIÇOS AO NOVO TITULAR. No caso, observa-se que o último dia de trabalho da reclamante foi 20/2/2008, quando foi demitida pelo titular do Cartório do 1º. Registro de Imóveis de Belo Horizonte, 3º reclamado, que assumiu a titularidade do referido cartório no dia anterior, 19/02/2008. Conforme consta no acórdão regional, o novo titular do cartório (Fernando) não deixou a reclamante trabalhar sob sua responsabilidade, tendo a demitido no dia seguinte a sua entrada em exercício. Logo, não houve a continuidade da relação de emprego com o novo titular, o que impede a configuração, na espécie, da sucessão de empregadores e, por conseguinte, na responsabilização daquele pelas verbas trabalhistas devidas a reclamante . Agravo não provido. II – AGRAVO EM RECURSO DE REVISTA COM AGRAVO DO RECLAMADO. LEI 13.015/2014. CARTÓRIO EXTRAJUDICIAL. SUCESSÃO DE EMPREGADORES. AUSÊNCIA DE CONTINUIDADE DA PRESTAÇÃO DOS SERVIÇOS AO NOVO TITULAR. Constatada possível violação dos arts. 10 e 448 da CLT, é de se prover o agravo . Agravo provido. III – AGRAVO DE INSTRUMENTO EM RECURSO DE REVISTA DO RECLAMADO. LEI 13.015/2014. CARTÓRIO EXTRAJUDICIAL. SUCESSÃO DE EMPREGADORES. AUSÊNCIA DE CONTINUIDADE DA PRESTAÇÃO DOS SERVIÇOS AO NOVO TITULAR. Demonstrada possível violação dos arts. 10 e 448 da CLT, impõe-se o provimento do agravo de instrumento para determinar o processamento do recurso de revista . Agravo de instrumento provido. IV – RECURSO DE REVISTA DO RECLAMADO. LEI 13.015/2014. CARTÓRIO EXTRAJUDICIAL. SUCESSÃO DE EMPREGADORES. AUSÊNCIA DE CONTINUIDADE DA PRESTAÇÃO DOS SERVIÇOS AO NOVO TITULAR. A alteração na titularidade do cartório extrajudicial, desde que não haja solução de continuidade na prestação dos serviços, atrai a incidência dos art. 10 e 448 da CLT. No caso, conforme consignado no acórdão regional, a reclamante não prestou serviços ao novo titular do cartório. Logo, houve solução de continuidade da relação de emprego. Desta forma, não se configura, na espécie, sucessão de empregadores. Assim, apenas a anterior titular do cartório, ainda que a título precário, por ter se beneficiado da mão de obra da reclamante, é a única responsável pelas verbas devidas a reclamante. Recurso de revista conhecido e provido" (ARR-93500-13.2008.5.03.0138, 2ª Turma, Relatora Ministra Delaíde Miranda Arantes, DEJT 14/12/2018).

AGRAVO DE INSTRUMENTO. RECURSO DE REVISTA. NÃO PROVIMENTO. CARTÓRIO. SUCESSÃO NÃO RECONHECIDA. AUSÊNCIA DE PRESTAÇÃO DE SERVIÇOS AO SUCESSOR. A decisão recorrida está em consonância com a jurisprudência iterativa desta Corte, no sentido de que a mudança de titularidade de cartório extrajudicial somente pode ocasionar a sucessão trabalhista, quando haja continuidade na prestação de serviços em prol do titular sucessor, o que não ocorreu no caso. Precedentes. Nega-se provimento a agravo de instrumento pelo qual o recorrente não consegue infirmar os fundamentos do despacho denegatório do recurso de revista. (AIRR-3100-06.2010.5.17.0101, Relatora Ministra: Kátia Magalhães Arruda, 6ª Turma, DEJT 08/11/2013)

1. EMBARGOS À SDI INTERPOSTOS NA VIGÊNCIA DO INC. II DO ART. 894 DA CLT. (...) 2. CARTÓRIO. SUCESSÃO TRABALHISTA. AUSÊNCIA DE PRESTAÇÃO DE SERVIÇOS AO TITULAR SUCESSOR. Sendo certo que a relação de emprego nos serviços notariais se dá com o titular da serventia, em caso de sucessão na titularidade do cartório, **somente se reconhece a sucessão trabalhista na hipótese da continuidade da prestação de serviços em favor do novo titular.** Com efeito, não caracteriza sucessão trabalhista quando o empregado do titular anterior não prestou serviços ao novo titular do cartório. Recurso de Embargos de que conhece em parte e a que se nega provimento. (E-ED-RR-AIRR e RR-6613200-94.2002.5.09.0900, Relator Ministro: João Batista Brito Pereira, Data de Julgamento: 16/09/2010, Subseção I Especializada em Dissídios Individuais, Data de Publicação: DEJT 08/10/2010)

CARTÓRIO. SUCESSÃO TRABALHISTA. AUSÊNCIA DE PRESTAÇÃO DE SERVIÇOS AO TITULAR SUCESSOR. Sendo certo que a relação de emprego nos serviços notariais se dá com o titular da serventia, em caso de sucessão na titularidade do cartório somente se reconhece a sucessão trabalhista na hipótese da continuidade da prestação de serviços em favor do novo titular. Com efeito, não caracteriza sucessão trabalhista quando o empregado do titular anterior não prestou serviços ao novo titular do cartório. Recurso de Embargos de que se conhece e a que se dá provimento. TST-E-RR-76200-16.2004.5.01.0047, Relator Ministro João Batista Brito Pereira, SDI-1, DEJT 24/8/2012.

CARTÓRIO. SUCESSÃO. TRABALHISTA. CONTINUIDADE DA PRESTAÇÃO DOS SERVIÇOS. In casu, o Tribunal de origem consignou que ficou incontroversa a ocorrência de novação subjetiva em relação à titularidade do serviço notarial, com a correspondente transferência da unidade econômico-jurídica que integra o estabelecimento. Na hipótese, ao contrário do que sustenta o recorrente, o Tribunal de origem consignou, expressamente, que não houve solução do vínculo contratual firmado com o reclamante. Importante ressaltar que não consta do acórdão regional informação acerca da existência de contratos de trabalho distintos, como afirma o recorrente. Além disso, o reclamado não interpôs os competentes embargos de declaração para provocar a instância ordinária a se manifestar expressamente sobre essa circunstância fática invocada. Rever a conclusão do Tribunal de origem demandaria o revolvimento de fatos e provas, inviável nesta instância recursal extraordinária, ante o óbice previsto na Súmula nº 126 do Tribunal Superior do Trabalho. Diante disso, concluiu que, para fins trabalhistas, foi caracterizada a sucessão de empregadores. Verifica-se, portanto, que a decisão regional foi proferida em consonância com a jurisprudência desta Corte no sentido de que, em se tratando de cartório, a sucessão de empregadores pressupõe não só a transferência da unidade econômica de um titular para outro, mas que a prestação de serviço pelo empregado do primeiro prossiga com o segundo. Portanto, somente quando o sucessor no cartório aproveitar os empregados do titular sucedido se poderá reconhecer a sucessão. Registra-se que a Lei nº 8.935/94, ao regulamentar o artigo 236 da Constituição Federal, em seu art. 21, dispõe expressamente acerca da responsabilidade exclusiva do titular do cartório pelo custeio com o gerenciamento e o pessoal contratado. Desse modo, não prospera o pedido de responsabilização solidária do tabelião sucedido. Contudo, mantém-se a responsabilidade subsidiária do tabelião sucedido, porquanto já imposta pelo Tribunal Regional. Recurso de revista não conhecido. (RR-1384-04.2011.5.12.0050, Relator Ministro: José Roberto Freire Pimenta, 2ª Turma, DEJT 11/10/2013).

RECURSO DE REVISTA. SUCESSÃO DE EMPREGADORES – CARTÓRIO – MUDANÇA DA TITULARIDADE – POSSIBILIDADE. A sucessão trabalhista ocorre quando há alteração na estrutura empresarial com modificação dos empregadores e continuidade da prestação dos serviços, respondendo o sucessor pelos débitos trabalhistas havidos antes ou após a sucessão, de modo a evitar prejuízos aos contratos de trabalho existentes. No caso dos cartórios extrajudiciais, a solução deve ser a mesma, considerando que a mudança do titular não implica alteração na estrutura do cartório. Ademais, seus titulares são equiparados aos empregadores comuns, tendo em vista a ausência de personalidade jurídica própria dos estabelecimentos, e em face do titular ser responsável pela direção da prestação dos serviços. Desse modo, há sucessão trabalhista entre titulares de cartórios. Recurso de revista conhecido e desprovido." (RR-56400-05.2008.5.03.0015, Relator Min. Renato de Lacerda Paiva, 2ª Turma, DEJT 21/09/2012).

RECURSO DE REVISTA – CARTÓRIO DE SERVIÇOS NOTARIAIS E DE REGISTRO – SUCESSÃO DE EMPREGADORES – POSSIBILIDADE (violação aos artigos 10 e 448 da Consolidação das Leis do Trabalho e 39 da Lei nº 8.935/94 e divergência jurisprudencial). A sucessão trabalhista ocorre quando há alteração na estrutura empresarial e modificação dos empregadores, porém com a continuidade da prestação dos serviços, passando o sucessor a responder integralmente pelos débitos trabalhistas havidos antes ou após a sucessão, evitando-se desta forma prejuízos aos contratos de trabalho existentes. No caso dos cartórios extrajudiciais, o mesmo entendimento deve ser aplicado na hipótese em que o contrato não tenha sofrido solução de continuidade com a sucessão na titularidade da serventia, como ocorreu no presente caso. Ademais, os titulares de cartórios extrajudiciais são equiparados aos empregadores comuns, tendo em vista a ausência de personalidade jurídica própria dos estabelecimentos, e em face daquele ser responsável pela direção da prestação dos serviços. Assim, alterado o titular da serventia, e não havendo solução de continuidade no contrato de trabalho, ocorre a sucessão trabalhista nos mesmos moldes em que operados em qualquer relação de emprego. Recurso de revista conhecido e provido. (RR-35300-88.2004.5.06.0002. Relator Min. Renato de Lacerda Paiva, 2ª Turma, DEJT 07/10/2011).

RECURSO DE REVISTA – MUDANÇA DE TITULARIDADE DE CARTÓRIO EXTRAJUDICIAL. SUCESSÃO TRABALHISTA. REQUISITOS. O Regional, adotando a tese de que para a caracterização da sucessão trabalhista no caso específico de alteração de titularidade de cartório extrajudicial é necessário que haja continuidade na prestação de serviços, refutou a pretensão da Reclamante, seja porque ela não prestou serviços ao novo titular do Cartório, seja porque mesmo antes da mudança de titularidade já não era possível vislumbrar na sua prestação de serviços os requisitos da relação empregatícia, porquanto a Reclamante se confundia com a figura do próprio empregador. As alegações da Recorrente, quanto ao contexto fático delineado pelo Regional, esbarram no óbice da Súmula 126 do TST, que impede o revolvimento de fatos e provas nesta instância extraordinária. E, analisando o contexto fático delimitado pelo acórdão, não se divisa na tese regional, que entendeu não configurada a sucessão trabalhista na mudança de titularidade de serventia de Cartório, porque ausente a continuidade na prestação de serviços, violação dos dispositivos legais e constitucionais invocados, estando a decisão recorrida de acordo com o entendimento assentado por esta Corte. Precedentes. Incidente o óbice do art. 896, § 4º, da CLT e da Súmula 333 do TST. Recurso de Revista não conhecido." (RR- 102200-64.2005.5.02.0411. Relator Min. Márcio Eurico Vitral Amaro, 8ª Turma, DEJT 19/04/2011).

CARTÓRIO. SUCESSÃO TRABALHISTA. AUSÊNCIA DE PRESTAÇÃO DE SERVIÇOS AO TITULAR SUCESSOR. Sendo certo que a relação de emprego nos serviços notariais se dá com o titular da serventia, em caso de sucessão na titularidade do cartório somente se reconhece a sucessão trabalhista na hipótese da continuidade da prestação de serviços em favor do novo titular. Com efeito, não caracteriza sucessão trabalhista quando o empregado do titular anterior não prestou serviços ao novo titular do cartório. Recurso de Embargos de que se conhece e a que se dá provimento. (E-RR-76200-16.2004.5.01.0047, Relator Min. João Batista Brito Pereira, Subseção I Especializada em Dissídios Individuais, DEJT 24/08/2012).

RECURSO DE REVISTA. CARTÓRIO. SUCESSÃO POR CONCURSO PÚBLICO. VIABILIDADE JURÍDICA, DESDE QUE PRESENTES OS REQUISITOS DA FIGURA SUCESSÓRIA. A sucessão de empregadores, figura regulada pelos arts. 10 e 448 da CLT, consiste no instituto em que há transferência interempresarial de créditos e assunção de dívidas trabalhistas entre alienante e adquirente envolvidos, sendo indiferente à ordem justrabalhista a modalidade de título jurídico utilizada para o trespasse efetuado. No caso de cartório extrajudicial, não possuindo este personalidade jurídica própria, seu titular equipara-se ao empregador comum, sobretudo porque aufere renda proveniente da exploração das atividades do cartório. O fato de a delegação para o exercício da atividade notarial e de registro estar submetida à habilitação em concurso público não desnatura essa condição, uma vez que se trata de imposição legal apenas para o provimento do cargo de Escrivão, não tendo relação com os vínculos de emprego existentes na Serventia (art. 21, Lei nº 8.935, de 1994). Sob esse enfoque, nada obsta a que o novo titular do Cartório extrajudicial, ingressado via concurso público, ao assumir o acervo do anterior ou mantendo parte das relações jurídicas por ele contratadas, submeta-se às regras atinentes à sucessão trabalhista prescritas nos artigos 10 e 448 da CLT. Desse modo, responde o novo empregador por todos os efeitos jurídicos dos contratos mantidos ou extintos após a sucessão, sem prejuízo, evidentemente, da responsabilidade do antigo empregador (antigo Escrivão) pelos valores pertinentes até a data da sucessão trabalhista havida. Entretanto, dois são os requisitos para a ocorrência da sucessão: a) transferência de unidade econômico-jurídica; b) continuidade na prestação laborativa. Na hipótese dos autos, verifica-se que não ocorreu a sucessão de empregadores pela ausência de continuidade na prestação laborativa, pois se extrai do acórdão regional que o Reclamante prestou serviços em prol do Tabelionato apenas até o ano de 2005 e a designação do Reclamado para responder pelo 12º Tabelionato de Notas de Curitiba ocorreu em 06.11.2009. Recurso de revista conhecido e provido." (RR-1604600-36.2005.5.09.0005. Relator Min. Mauricio Godinho Delgado, 3ª Turma, DEJT 14/12/2012).

Nesse sentido, assiste razão ao recorrente. De fato, a jurisprudência desta Corte é no sentido de que a alteração da titularidade do serviço notarial, com a correspondente transferência da unidade econômico-jurídica que integra o estabelecimento, além da continuidade na prestação dos serviços, caracteriza a sucessão de empregadores. Todavia, na hipótese o Tribunal Regional consignou que a ausência de contratação da embargante não afasta a sua responsabilidade na lide, porquanto assentada a sucessão do empregador.

Assim, a decisão regional viola os artigos 10 e 448 da CLT.

Conheço, pois, do recurso de revista por violação dos artigos 10 e 448 da CLT.

2 – MÉRITO

A decorrência lógica do conhecimento do recurso de revista por violação dos artigos 10 e 448, da CLT é o seu provimento para, afastando a sucessão de empregadores quanto ao reclamado Paulo Angelo, julgar improcedente a reclamação quanto a este e excluí-lo da lide.

ISTO POSTO

ACORDAM os Ministros da Terceira Turma do Tribunal Superior do Trabalho, por unanimidade, **I)** conhecer e dar provimento ao agravo de instrumento para determinar o processamento do recurso de revista; **II)** conhecer do recurso de revista por violação dos artigos 10 e 448 da CLT e, no mérito, dar-lhe provimento para, afastando a sucessão de empregadores quanto ao reclamado Paulo Angelo, julgar improcedente a reclamação quanto a este e excluí-lo da lide. Custas inalteradas.

Brasília, 4 de dezembro de 2019.

ALEXANDRE AGRA BELMONTE

Ministro Relator

TST – Recurso de Revista nº 1001539-11.2015.5.02.0314 – 3ª Turma – Rel. Des. Alexandre Agra Belmonte – DJ 06.12.2019

▶ **EMENTA:** (...) – Incompetência da justiça do trabalho – Pedido de reconhecimento de vínculo empregatício entre serventuário e cartório de notas – A jurisprudência majoritária desta Corte superior firma-se no sentido de que os empregados de cartório estão necessariamente sujeitos ao regime jurídico da CLT, ainda que contratados em período anterior à vigência da Lei 8.935/94, pois o artigo 236 da Constituição Federal de 1988 já previa o caráter privado do exercício dos serviços notariais e de registro, tratando-se de norma constitucional autoaplicável, que dispensa regulamentação por lei ordinária – Contudo, na hipótese dos autos, é incontroverso que os autores optaram pela permanência no antigo regime e não há alegação de vício de consentimento, o que afasta a aplicação ao caso em exame do entendimento que se expôs e atrai a aplicação do § 2º do artigo 48 da Lei nº 8.935/94, segundo o qual, não ocorrendo opção expressa pelo regime trabalhista, os escreventes e auxiliares de investidura estatutária ou em regime especial continuarão regidos pelas normas aplicáveis aos funcionários públicos ou pelas editadas pelo Tribunal de Justiça respectivo – Logo, não compete a esta Justiça especializada processar e julgar o feito, porquanto a natureza da relação jurídica deduzida não é empregatícia – Embargos conhecidos e providos.

(...)

2. **MÉRITO**

2.1. INCOMPETÊNCIA DA JUSTIÇA DO TRABALHO E RECONHECIMENTO DE VÍNCULO DE EMPREGO. RELAÇÃO JURÍDICA ENTRE CARTÓRIO DE SERVENTIA NÃO OFICIALIZADO E SERVENTUÁRIOS

A jurisprudência do TST, seguindo a diretriz dos julgados do STF, evoluiu para o entendimento de que, **em face do art. 236 da CF/88, mesmo antes da vigência da Lei nº 8.935/94, os trabalhadores de cartórios não oficializados não estavam sujeitos a regime jurídico estatutário ou especial, daí a competência da Justiça do Trabalho para examinar e decidir a lide**.

Cita-se, do STF, o Precedente Conflito de Jurisdição-6964/DF, Ministro Néri da Silveira, DJ-10/4/1992:

EMENTA: – Conflito de Jurisdição. **Competência. Reclamação trabalhista movida por empregado de Ofício extrajudicial, não oficializado**, do Distrito Federal **contra o respectivo titular**. Lei nº 6.750/1979 (Lei de Organização Judiciária do Distrito Federal e Territórios), arts. 81 e 82. **A remuneração dos empregados das serventias não-oficializadas** do Distrito Federal **deve ser paga pelos titulares, únicos responsáveis pelas obrigações trabalhistas. Os direitos dos empregados não-remunerados pelos cofres públicos, vinculados ao titular da serventia, são os previstos na legislação do trabalho.** A intervenção da Corregedoria-Geral da Justiça do Distrito Federal, nos referidos contratos de trabalho (Lei nº 6.750/1979, art. 81, § 3º), e meramente de natureza fiscalizadora e disciplinar. **Constituição, arts. 114 e 236. Competência da Justiça do Trabalho e não da Justiça Comum** do Distrito Federal. Conflito de Jurisdição conhecido, declarando-se, no caso, a competência do Tribunal Superior do Trabalho.'

(grifamos)

Cita-se, da SBDI-1 do TST, que uniformiza a jurisprudência das Turmas, o Precedente E-RR-474069/1998, DJ-1/4/2005, Ministro Carlos Alberto Reis de Paula:

'(...) COMPETÊNCIA DA JUSTIÇA DO TRABALHO. EMPREGADO DE CARTÓRIO EXTRAJUDICIAL. (...) O *caput* do art. 236 da Carta Constitucional contém norma auto-aplicável ou auto-executável quanto ao exercício privado dos serviços notariais e registrais, dispensando regulamentação por lei ordinária. A expressão 'caráter privado' expressa no texto da Carta Mandamental revela a exclusão do Estado como empregador e não deixa dúvidas quanto à adoção do regime celetista, pelo titular do Cartório, quando contrata seus auxiliares e escreventes antes mesmo da vigência da Lei Regulamentadora nº 8.935/94. Ocorre que, como pessoa física que é, o titular do Cartório equipara-se ao empregador comum, ainda mais quando é notório que a entidade cartorial não é ente dotado de personalidade jurídica. Assim, no exercício de uma delegação do Estado, porque executa serviços públicos, é o titular quem contrata, assalaria e dirige a prestação dos serviços cartoriais, como representante que é da serventia pública. Convém destacar que o titular desenvolve também uma atividade econômica, uma vez que aufere a renda decorrente da exploração do cartório. Competente, pois, a Justiça do Trabalho para apreciar e julgar o presente feito, nos termos do art. 114 da Carta Magna (...).'

Das Turmas desta Corte Superior, cita-se o Precedente RR-794049/2001, DJ-27/3/2009, Ministro Horacio Senna Pires:

'A jurisprudência do Tribunal Superior do Trabalho, na esteira do entendimento consagrado pelo excelso STF, vem se inclinando no sentido de reconhecer a competência da Justiça do Trabalho para conhecer os litígios entre cartórios extrajudiciais e os respectivos empregados, mesmo se a contratação ocorreu antes da vigência da Lei nº 8.935/94. Isso porque o *caput* do art. 236 da Carta Constitucional contém norma auto-aplicável ou auto-executável quanto ao exercício privado dos serviços notariais e registrais, dispensando regulamentação por lei ordinária. A expressão caráter privado expressa no texto da Carta Mandamental revela a exclusão do Estado como empregador e não deixa dúvidas quanto à adoção do regime celetista, pelo titular do Cartório, quando contrata seus auxiliares e escreventes antes mesmo da vigência da Lei Regulamentadora nº 8.935/94 (...).'

Cita-se ainda o Precedente AIRR-3102/2004-242-01-40, DJ-6/6/2008, Ministro Ives Gandra Filho:

'EMPREGADO DE CARTÓRIO EXTRAJUDICIAL VÍNCULO DE EMPREGO PERÍODO ANTERIOR À LEI 8.935/94 – ART. 236 DA CONSTITUIÇÃO FEDERAL. 1. In casu , o Regional reconheceu o vínculo empregatício do Reclamante com o titular de cartório extrajudicial, deferindo as verbas trabalhistas pertinentes. 2. A tese esposada pelo Tribunal de origem guarda consonância com o entendimento desta Corte, segundo o qual os empregados de cartório estão sujeitos ao regime jurídico da CLT, ainda que contratados em período anterior à vigência da Lei 8.935/94, pois o art. 236 da CF já previa o caráter privado dos serviços notariais e de registro, tratando-se de norma constitucional auto-aplicável (...).'

Por outro lado, vale ressaltar que **a ocorrência ou não da opção de que trata a Lei n.º 8.935/94 não é importante para o deslinde da controvérsia**. Verifica-se que, **mesmo antes da vigência da Lei n.º 8.935/1994,** que regulamentou o artigo 236 da Constituição da República de 1988, a jurisprudência já havia consagrado o entendimento de que **os trabalhadores de cartório extrajudicial estão sujeitos ao regime celetista**. É o que se extrai, por exemplo, da seguinte ementa:

'**RECURSO DE REVISTA COMPETÊNCIA DA JUSTIÇA DO TRABALHO EMPREGADO DE CARTÓRIO EXTRAJUDICIAL.** O regime adotado pelos cartórios para a contratação de auxiliares e escreventes, mesmo antes da Lei n.º 8935/94, era o Celetista, o que atrai a competência da Justiça do Trabalho para apreciar o feito. Revista parcialmente conhecida e provida (TST-RR-474.069/1998, Relator Ministro Rider Nogueira de Brito, DJU de 16/8/2002).'

Assim, o artigo 236 da Constituição da República, ao confirmar o caráter privado dos serviços notoriais e de registro, afasta qualquer possibilidade de vinculação dos empregados de cartórios extrajudiciais ao regime administrativo que, por óbvio, restringe-se aos entes públicos.

O fato de os reclamantes terem sido contratados antes da promulgação da Constituição de 1988, não altera a conclusão acima defendida. **Competente, portanto, esta Justiça do Trabalho para processar e julgar o litígio em questão.**

Reconhecida a competência desta Justiça para examinar o feito, porque os reclamantes encontravam-se regidos pela CLT, a consequência lógico-jurídica é de que o reclamado é parte legítima para figurar no polo passivo da demanda. Prejudicado, portanto, o exame das alegações do reclamado de ilegitimidade e carência de ação, não ficando demonstrada nenhuma violação do texto da Constituição, sob esse aspecto.

Nego provimento ao recurso de revista do reclamado" (fls. 2.022-2.028).

Nas razões de embargos, o reclamado argumenta que a decisão da Turma diverge de julgados desta Subseção e de outras Turmas desta Corte, conforme arestos trazidos à colação.

Aduz que os reclamantes foram contratados sob a égide da Constituição de 1967, com redação dada pela Emenda Constitucional de 1969. Alega, então, que os reclamantes estavam sujeitos ao regime próprio dos funcionários públicos civis do Estado, e não pela CLT.

Conclui, assim, que esta Justiça do Trabalho é incompetente para processar e julgar o feito.

Indica violação dos artigos 5º, inciso XXXVI, e 114 da Constituição Federal. Colaciona arestos para confronto de teses.

Inicialmente, cumpre esclarecer que o inteiro teor dos acórdãos transcritos desserve ao cotejo de teses, porquanto a parte, em que pese pretender demonstrar o conflito pretoriano mediante a transcrição de trechos que integram a fundamentação dos acórdãos divergentes, apenas indica as respectivas datas de sua publicação e as correspondentes fontes oficiais, o que não atende a exigência do item III da Súmula nº 337 desta Corte.

Ressalta-se, ainda, que, apesar de o embargante colacionar aos autos o inteiro teor dos acórdãos paradigmas, não junta a respectiva certidão nem declara sua autenticidade, o que não atende às exigências dos itens I e III da Súmula nº 337 desta Corte.

Assim, apenas as ementas dos julgados paradigmas são válidas para o cotejo de tese.

A Turma assentou que, em face do artigo 236 da Constituição Federal, mesmo antes da vigência da Lei nº 8.935/94, os trabalhadores de cartórios não oficializados não estavam sujeitos a regime jurídico estatutário ou especial, daí a competência da Justiça do Trabalho para examinar e decidir a lide.

Acrescentou que a ocorrência ou não da opção de que trata a Lei nº 8.935/94 não é importante para o deslinde da controvérsia, pois, mesmo antes da vigência da Lei nº 8.935/1994, que regulamentou o artigo 236 da Constituição da República de 1988, a jurisprudência já havia consagrado o entendimento de que os trabalhadores de cartório extrajudicial estão sujeitos ao regime celetista.

Concluiu, portanto, que é competente esta Justiça do Trabalho para processar e julgar o litígio em questão.

Nesse contexto, verifica-se que a ementa do aresto colacionado às fls. 2.112 e 2.113, oriundo da Primeira Turma, realmente revela divergência jurisprudencial específica, pois adota a tese de que "o Tribunal Regional do Trabalho concluiu, em decisão devidamente fundamentada, por manter a sentença de improcedência do pedido de reconhecimento de vínculo empregatício com o Cartório reclamado, em face da confissão real da reclamante e da prova documental produzida terem confirmado que **a autora não fez a opção pelo regime celetista**, conforme previsão do art. 48 da Lei nº 8.935/94, que regulamentou o art. 236 da Constituição Federal de 1988, **preferindo manter sua condição de servidora estatutária**, admitida mediante concurso público, com todas as garantias assegurada *(sic)* pelo estatuto dos servidores públicos estaduais, quais sejam a estabilidade no serviço público e a aposentadoria por tempo de serviço. Logo, não se configuram as indicadas violação dos dispositivos de lei federal e constitucionais indicados e dissenso pretoriano" (grifou-se).

Com efeito, percebe-se que, enquanto a Turma entendeu que a ocorrência ou não da opção dos reclamantes pelo regime da CLT de que trata a Lei nº 8.935/94 não é importante para o deslinde da controvérsia, concluindo pelo caráter celetista da relação jurídica, o julgado paradigma manteve a decisão regional no aspecto em que reconheceu a condição de estatutária da autora em decorrência da ausência de comprovação da existência de opção do autor pelo regime celetista.

Conheço, pois, do recurso de embargos por divergência jurisprudencial.

II – MÉRITO

A controvérsia cinge-se, antes de mais nada, em definir a competência desta Justiça do Trabalho para processar e julgar pedido de reconhecimento de vínculo empregatício entre os autores e o respectivo titular do cartório extrajudicial onde laboraram e pagamento de verbas de natureza salarial, tais como, férias, 13º, FTGS e outras.

Contudo, antes de definir a competência jurisdicional para processar e julgar o feito, é imprescindível resolver a questão relativa ao regime jurídico a que se submeteram os reclamantes.

Infere-se dos autos que os reclamantes ajuizaram esta ação trabalhista com pedido de reconhecimento de vínculo de emprego com o Primeiro Cartório de Notas de Campinas bem como o pagamento de parcelas salariais e rescisórias correspondentes.

Segundo relatado pelo acórdão regional, os autores foram contratados antes da Constituição Federal de 1988 (Milton Carlos Gazzoto em 1º/9/80 e José Wilson de Souza em 17/11/70), por meio de "contrato de locação de serviços", e dispensados em dezembro de 1999.

Registrou, também, que os reclamantes formalizaram opção pelo regime estatutário em 20/12/94 (fl. 1.710).

Pois bem.

A partir da entrada em vigor da Constituição Federal de 1988, proclamou-se, expressamente, em seu artigo 236, o exercício em caráter privado dos serviços notariais e de registros, bem como, ainda que de forma implícita, a adoção do regime celetista pelos empregados do cartório.

Com efeito, o *caput* do artigo 236 da Constituição Federal, ao preconizar que "os serviços notariais e de registro são exercidos em caráter privado, por delegação do Poder Público", demonstra a intenção do poder constituinte originário de excluir o Estado da condição de empregador, a qual passou a ser exercida pelo titular do cartório, que, tratando-se de empregador comum, nos moldes do artigo 2º da CLT, só pode contratar seus auxiliares e escreventes pelo regime celetista.

Esse preceito constitucional, por ser de eficácia plena e, portanto, autoaplicável, dispensa regulamentação por lei ordinária. Por consequência lógica, tem-se que, a partir da égide da Constituição Federal de 1988, os trabalhadores contratados pelos cartórios extrajudiciais, para fins de prestação de serviços, encontram-se sujeitos ao regime jurídico da CLT, pois mantêm vínculo profissional diretamente com o tabelião, e não com o Estado.

Com o advento da Lei 8.935 de 18/11/1994, foi estatuído pelo seu artigo 48:

"Art. 48. Os notários e os oficiais de registro poderão contratar, segundo a legislação trabalhista, seus atuais escreventes e auxiliares de investidura estatutária ou em regime especial desde que estes aceitem a transformação de seu regime jurídico, em opção expressa, no prazo improrrogável de trinta dias, contados da publicação desta lei.

§ 1º Ocorrendo opção, o tempo de serviço prestado será integralmente considerado, para todos os efeitos de direito.

§ 2º **Não ocorrendo opção, os escreventes e auxiliares de investidura estatutária ou em regime especial continuarão regidos pelas normas aplicáveis aos funcionários públicos ou pelas editadas pelo Tribunal de Justiça respectivo, vedadas novas admissões por qualquer desses regimes, a partir da publicação desta lei" (grifou-se).**

Dessume-se desse dispositivo que, em nenhum momento, ficou estabelecido a qual regime estavam submetidos os serventuários dos cartórios extrajudiciais contratados antes da edição dessa lei. Apenas se definiu que os notários e os oficiais de registro poderiam, a partir da edição da norma, contratar, sob o regime celetista, seus escreventes e auxiliares que tivessem sido contratados sob regime estatutário ou especial, desde que esses fizessem opção expressa no prazo de trinta dias.

Ora, se anteriormente à promulgação da Lei 8.935/94, o entendimento sempre foi de que o vínculo havido entre o titular do cartório e o serventuário já era de emprego, não há por que se cogitar da necessidade de mudança de regime diante do disposto no artigo 48 da Lei 8.935/94. Assim, o fato de o empregado ter deixado de fazer sua opção que, no caso, é meramente facultativa, não é suficiente para afastar o reconhecimento do regime celetista.

Com efeito, a jurisprudência majoritária desta Corte superior é de que os empregados de cartório estão necessariamente sujeitos ao regime jurídico da CLT, ainda que contratados em período anterior à vigência da Lei 8.935/94, pois o artigo 236 da Constituição Federal de 1988 já previa o caráter privado do exercício dos serviços notariais e de registro, tratando-se de norma constitucional autoaplicável, que dispensa sua regulamentação por lei ordinária.

Nesse sentido, os seguintes precedentes desta Corte:

"RECURSO DE REVISTA DOS RECLAMADOS – COMPETÊNCIA DA JUSTIÇA DO TRABALHO – EMPREGADO DE CARTÓRIO DE REGISTRO – CONTRATADO ANTES DA VIGÊNCIA DA LEI Nº 8.935/94 – CELETISTA. A tese esposada pelo Tribunal de origem guarda consonância com o entendimento desta Corte, segundo o qual os empregados de cartório estão sujeitos ao regime jurídico da CLT, ainda que contratados em período anterior à vigência da Lei 8.935/94, pois o art. 236 da Constituição Federal já previa o caráter privado dos serviços notariais e de registro, tratando-se de norma constitucional autoaplicável. Recurso de revista não conhecido." (ARR – 119400-72.2009.5.12.0021, Relator Ministro: Luiz Philippe Vieira de Mello Filho, data de julgamento: 19/3/2014, 7ª Turma, data de publicação: DEJT 21/3/2014)

Lei 8.935/1994

"RECURSO DE EMBARGOS INTERPOSTO ANTERIORMENTE À VIGÊNCIA DA LEI N.º 11.496/2007. REGIME ESTATUÁRIO OU CELESTISTA. UNICIDADE CONTRATUAL. ART. 236 DA CONSTITUIÇÃO FEDERAL. 1. De acordo com os fatos incontroversos dos autos, o Reclamante começou a laborar para o Reclamado em 1958, sob o regime estatutário. Em 1994, ante o advento da Lei n.º 8.935/1994, fez a opção por continuar sujeito ao regime estatutário, nos moldes do art. 48 da referida lei. No ano de 1997, aposentou-se e passou a perceber aposentadoria pelo regime estatutário, nos termos do art. 51 da retromencionada lei e, após a jubilação, firmou contrato de trabalho com o Embargado. **2. Esta Corte tem o entendimento pacífico de que o art. 236, *caput*, da Constituição Federal é auto-aplicável, razão pela qual os empregados dos cartórios não oficializados são considerados empregados sujeitos ao regime celetista.** 3. Todavia, *in casu*, o não reconhecimento da sujeição ao regime celetista não implica, de forma alguma, afronta ao art. 236, *caput*, da Constituição Federal, tendo em vista as particularidades presentes na hipótese dos autos. 4. De fato, entende essa Corte que o art. 48 da Lei n.º 8.934/1994, que estatui a opção, é meramente facultativa, razão pela qual não seria suficiente para afastar o reconhecimento do regime celetista. Entretanto, no caso dos autos, o Reclamante firmou expressamente a opção, nos moldes do referido artigo, para que continuasse a ser regido pelo regime especial estatutário e igualmente aposentou-se pelo regime estatutário, percebendo proventos do Instituto de Previdência do Estado de São Paulo. 5. Ora, não pode o ora Embargante, com o argumento de ser o art. 236 da Carta Magna autoaplicável, requerer o reconhecimento da sua condição de celetista se percebe, em virtude do mesmo período de prestação de serviços, todas as vantagens como se servidor estatutário fosse, inclusive no que concerne aos proventos da inatividade. 6. Correta, portanto, a decisão turmária que não conheceu do Recurso de Revista do Reclamante. Afronta ao art. 896 da CLT não configurada. Recurso de Embargos não conhecido." (Processo: ED-RR – 121200-47.2000.5.15.0093, data de julgamento: 16/4/2009, Relatora Ministra: Maria de Assis Calsing, Subseção I Especializada em Dissídios Individuais, data de publicação: DEJT 24/4/2009 – grifou-se)

"EMPREGADO DE CARTÓRIO EXTRAJUDICIAL – REGIME JURÍDICO APLICÁVEL – PERÍODO ANTERIOR À LEI Nº 8.935/94 – PRESCRIÇÃO (alegação de violação dos artigos 7º, XXIX, e 114 da Constituição Federal, 7º, -d-, da Consolidação das Leis do Trabalho e 48 da Lei nº 8.935/94, contrariedade às Súmulas/TST nºs 362 e 382 e divergência jurisprudencial). A expressão – caráter privado – contida no referido preceito constitucional demonstra a intenção do poder constituinte originário em excluir o Estado da condição de empregador, não deixando dúvidas quanto à aplicação do regime celetista, pelo titular do cartório, quando contrata seus auxiliares e escreventes. Tais empregados, portanto, mantém vínculo profissional com o titular do cartório e não com o Estado, visto que aquele, pessoa física, no exercício de uma delegação do Poder Público, é quem contrata, assalaria e dirige a prestação dos serviços cartoriais, equiparando-se ao empregador comum, até porque, além de desenvolver serviços públicos, realiza também uma atividade econômica, na medida em que obtém a renda advinda da exploração do cartório. O entendimento desta Corte aponta no sentido de que tal sujeição dos empregados de cartório ao regime jurídico da Consolidação das Leis do Trabalho é aplicável, inclusive, em período anterior à vigência da Lei nº 8.935/94, hipótese dos autos, porquanto o referido artigo 236 da Constituição Federal de 1988 já previa o – caráter privado – do exercício dos serviços notariais e de registro, tratando-se de norma auto-aplicável ou auto-executável, dispensando regulamentação por lei ordinária. Ademais, na presente hipótese o próprio reclamado reconheceu esta situação, tanto que anotou a CTPS do reclamante no ano de 1992, portanto, antes do advento da mencionada lei federal. Recurso de revista não conhecido." (RR – 80900-95.2002.5.15.0053 , Relator Ministro: Renato de Lacerda Paiva, Data de Julgamento: 31/10/2012, 2ª Turma, Data de Publicação: DEJT 30/11/2012)

"RECURSO DE REVISTA. EMPREGADOS AUXILIARES E ESCREVENTES DE CARTÓRIO. REGIME JURÍDICO CELETISTA. ARTIGO 236 DA CONSTITUIÇÃO FEDERAL DE 1988. NORMA AUTO APLICÁVEL. A jurisprudência majoritária desta Corte superior é de que os empregados de cartório estão sujeitos ao regime jurídico da CLT, ainda que contratados em período anterior à vigência da Lei nº 8.935/94. A partir da vigência da Constituição Federal de 1988, ficou implicitamente determinado, em seu artigo 236, que os trabalhadores contratados pelos cartórios extrajudiciais, para fins de prestação de serviços, encontram-se sujeitos ao regime jurídico da CLT, pois mantêm vínculo profissional diretamente com o tabelião, e não com o Estado. Esse preceito constitucional, por ser de eficácia plena e, portanto, auto aplicável, dispensa regulamentação por lei ordinária. Logo, reconhece-se, na hipótese, a natureza trabalhista da relação firmada entre as partes, também no período por ele trabalhado sob o errôneo rótulo de servidor estatutário (de 08/03/1994 a 30/10/2004), e a unicidade de seu contrato de trabalho desde a data da admissão do autor, em 1º/09/1992, até a data de sua dispensa sem justa causa, em 05/12/2005. Recurso de revista conhecido e provido." (RR-10800-53.2006.5.12.0023, Relator Ministro: José Roberto Freire Pimenta, data de julgamento: 2/2/2011, 2ª Turma, data de publicação: DEJT 11/2/2011)

"RECURSO DE REVISTA. SERVENTUÁRIO DE CARTÓRIO. CONTRATO ANTERIOR À EDIÇÃO DA LEI Nº 8.935/94. CONVERSÃO DO REGIME ESTATUTÁRIO PARA CELETISTA. RECONHECIMENTO DO VÍNCULO. NATUREZA. Recurso calcado em violação do artigo 236 da Constituição da República. A jurisprudência do Tribunal Superior do Trabalho, na esteira do entendimento consagrado pelo excelso STF, é no sentido de reconhecer a natureza celetista dos contratos de trabalho celebrados entre cartórios extrajudiciais e os respectivos empregados, mesmo se a contratação ocorreu antes da vigência da Lei nº 8.935/94. Isso porque -o *caput* do art. 236 da Carta Constitucional é norma auto-aplicável quanto ao exercício privado dos serviços notariais e registrais, dispensando regulamentação por lei ordinária. A expressão 'caráter privado' expressa no texto da Carta Mandamental revela a exclusão do Estado como empregador e não deixa dúvidas quanto à adoção do regime celetista, pelo titular do Cartório, quando contrata seus auxiliares e escreventes antes mesmo da vigência da Lei Regulamentadora nº 8.935/94-. (Processo: E-RR – 474069/1998.0, SBDI-1, Relator Ministro Carlos Alberto Reis de Paula, DJU 1º/04/2005). Recurso de revista conhecido por violação do art. 236 da Constituição Federal e provido. CONCLUSÃO: Recurso de revista parcialmente conhecido e provido." (RR – 32000-67.2006.5.15.0077, Relator Ministro: Alexandre de Souza Agra Belmonte, data de julgamento: 14/11/2012, 3ª Turma, data de publicação: DEJT 23/11/2012)

"NATUREZA JURÍDICA DA RELAÇÃO DE TRABALHO – EMPREGADO DE CARTÓRIO EXTRAJUDICIAL – REGIME CONTRATUAL. O art. 236 da Constituição da República de 1988 encerra norma auto-aplicável, determinando que os serviços notariais e de registro sejam exercidos em caráter privado. Assim, com a entrada em vigor da Constituição de 1988, os trabalhadores contratados passaram a vincular-se ao titular da serventia, estando a relação laboral respectiva submetida às normas da Consolidação das Leis do Trabalho. Embargos parcialmente conhecidos e providos." (Processo: E-ED-RR – 795653-94.2001.5.02.5555, data de julgamento: 10/12/2009, Relatora Ministra: Maria Cristina Irigoyen Peduzzi, Subseção I Especializada em Dissídios Individuais, data de publicação: DEJT 18/12/2009)

Contudo, na hipótese dos autos, é incontroverso que os autores optaram pela permanência no antigo regime (fl. 1.754) e não há alegação de vício de consentimento, o que afasta a aplicação ao caso em exame do entendimento que se expôs e atrai a aplicação do § 2º do artigo 48 da Lei nº 8.935/94, segundo o qual, não ocorrendo opção expressa pelo regime trabalhista, os escreventes e auxiliares de investidura estatutária ou em regime especial continuarão regidos pelas normas aplicáveis aos funcionários públicos ou pelas editadas pelo Tribunal de Justiça respectivo.

Em casos assim, esta Corte tem decidido no sentido de não se reconhecer a existência de vínculo de emprego entre as partes, sob o fundamento de que não pode o trabalhador se beneficiar do regime estatutário e do empregatício nas hipóteses em que ele optou expressamente pelo primeiro, sob pena de afronta ao postulado da proibição do *venire contra factum proprium*.

Transcrevam-se os seguintes precedentes que demonstram esse entendimento:

"EMBARGOS – SERVIDOR DE CARTÓRIO CONTRATADO ANTES DA CONSTITUIÇÃO DE 1988 – OPÇÃO PELO REGIME ESTATUTÁRIO OU ESPECIAL – LEI Nº 8.935/94 – NATUREZA DO VÍNCULO Não obstante o entendimento pacificado no Eg. TST e no E. STF seja o de que o artigo 236 da Constituição da República, ao preceituar que os serviços notariais e de registro são exercidos em caráter privado, encerra norma auto-aplicável, não há como se reconhecer o vínculo de emprego celetista na hipótese em que o trabalhador, em atenção ao disposto no artigo 48 da Lei nº 8.935/94, manifestou expressamente o interesse na manutenção do antigo regime jurídico, com os direitos e vantagens a ele inerentes. Precedentes. Embargos conhecidos e providos" (E-ED-RR – 146000-37.2006.5.15.0059, Relatora Ministra: Maria Cristina Irigoyen Peduzzi, Data de Julgamento: 09/09/2010, Subseção I Especializada em Dissídios Individuais, Data de Publicação: DEJT 17/09/2010).

"RECURSO DE REVISTA. NEGATIVA DE PRESTAÇÃO JURISDICIONAL. (...) VÍNCULO DE EMPREGO – CARTÓRIO EXTRAJUDICIAL – LEI Nº 8.935/94 – ARTIGO 236 DA CONSTITUIÇÃO FEDERAL Após a Constituição Federal de 1988, os servidores de cartórios extrajudiciais passaram a, regra geral, vincular-se ao titular da serventia sob o manto do regime celetista, ante o teor do artigo 236 da Constituição. Apesar disso, em 1994, a Lei nº 8.935/94, através do artigo 48, §§ 1º e 2º, regulamentou a questão e previu a possibilidade de os empregados com contratos em curso optarem pela permanência no regime estatutário ou pela adesão ao celetista. **Na hipótese dos autos, é certo que houve opção expressa do reclamante pela permanência no regime estatutário e é certo, ainda, que não há prova de vício de consentimento. Nesse contexto, não é razoável que se impute a parte, ao mesmo tempo, os benefícios do regime estatutário e os do regime celetista, antes refutado, pois, se optou expressamente, não há como, agora, requerer seja lhe aplicado o outro regime**. Com efeito, entendimento contrário acabaria por privilegiar o benefício da própria torpeza, o que vedado pelo ordenamento jurídico. Precedentes. Recurso de revista não conhecido. (...)" (RR – 143600-55.2000.5.15.0093, Redatora Ministra: Maria Helena Mallmann, Data de Julgamento: 30/08/2017, 2ª Turma, Data de Publicação: DEJT 15/12/2017).

"AGRAVO. AGRAVO DE INSTRUMENTO EM RECURSO DE REVISTA. 1. NULIDADE. NEGATIVA DE PRESTAÇÃO JURISDICIONAL. INOCORRÊNCIA. 2. CARTÓRIO EXTRAJUDICIAL. CONTRATAÇÃO ANTERIOR À LEI 8.935/94. OPÇÃO EXPRESSA PELA MANUTENÇÃO DO REGIME ESTATUTÁRIO. DECISÃO DO STJ EM SEDE DE CONFLITO DE COMPETÊNCIA EM QUE RECONHECIDA A COMPETÊNCIA MATERIAL DA VARA DO TRABALHO. IMPOSSIBILIDADE DE RECONHECIMENTO DO DIREITO A VERBAS TÍPICAS DA RELAÇÃO DE EMPREGO. 1. Impõe-se confirmar a decisão agravada, mediante a qual afastado o reconhecimento da natureza celetista do contrato de trabalho e, por conseguinte, do direito a parcelas decorrentes da relação de emprego, porquanto admitido o trabalhador falecido antes do advento da Lei 8.935/94, tendo feito expressa opção pela manutenção do vínculo estatutário, havendo notícia, inclusive, de que a viúva pleiteia o pagamento de pensão pelo antigo IPERJ. Incólume o art. 3º da CLT. 2. Não se cogita de ofensa ao art. 105, I, "d", que trata tão somente da competência funcional do STJ para processar e julgar os conflitos de competência, revelando-se impertinente a discussão acerca do reconhecimento do vínculo empregatício. Agravo conhecido e não provido" (Ag-AIRR – 41-28.2011.5.01.0066, Relator Ministro: Hugo Carlos Scheuermann, Data de Julgamento: 20/04/2016, 1ª Turma, Data de Publicação: DEJT 25/04/2016).

"AGRAVO DE INSTRUMENTO EM RECURSO DE REVISTA. 1. VÍNCULO EMPREGATÍCIO. APLICAÇÃO DO REGIME CELETISTA A EMPREGADO DE CARTÓRIO EXTRAJUDICIAL. Segundo o TRT de origem, o reclamante fez a opção pelo regime especial, nos moldes do artigo 48, § 2º, da Lei 8.935/94, não fazendo jus, portanto, aos direitos previstos na CLT. Decidir de maneira diversa implicaria o revolvimento de fatos e provas, intento vedado nesta instância extraordinária de acordo com a Súmula 126 do TST. Agravo de instrumento conhecido e não provido. 2. DANOS MORAIS. O Regional, instância soberana na análise do acervo probatório, consignou que não houve, no presente caso, violação dos direitos fundamentais do reclamante em razão de sua dispensa imotivada. Incidência da Súmula 126 desta Corte. Agravo de instrumento conhecido e não provido" (AIRR – 246500-96.2003.5.02.0312, Relatora Ministra: Dora Maria da Costa, Data de Julgamento: 08/05/2013, 8ª Turma, Data de Publicação: DEJT 10/05/2013).

"RECURSO DE REVISTA. EMPREGADO DE CARTÓRIO EXTRAJUDICIAL. NATUREZA DO VÍNCULO. ESTATUTÁRIO. OPÇÃO. Incontroverso que o reclamante foi admitido em 1963, sob o regime estatutário nos termos do Decreto Estadual nº 5.123/31 e da Portaria nº 54/67 e que, em 20/12/1994, em face do advento da Lei n.º 8.935/94, manifestou a opção por continuar sujeito ao referido regime, na forma do preceituado no artigo 48 do mencionado diploma legal, bem como que se aposentou pelo IPESP – Instituto de Previdência do Estado de São Paulo, contando o tempo de serviço como servidor público estatutário e, ainda, que declarou em depoimento ter conhecimento dos documentos que serviram de amparo para sua jubilação. Ficou assinalado, também, que a natureza jurídica estatutária entre os ora litigantes foi registrada na fundamentação do pedido de providências julgado pela Vara Cível de Campinas. Não obstante esta Corte venha se posicionando no sentido de que o artigo 236, *caput*, da Constituição Federal é autoaplicável, motivo pelo qual os empregados dos cartórios extrajudiciais são considerados empregados sujeitos ao regime celetista, no caso vertente, o não reconhecimento da sujeição ao regime celetista não implica, necessariamente, afronta ao artigo 236, *caput*, da Constituição Federal, tendo em vista as particularidades presentes. In casu, o reclamante firmou expressamente opção para que continuasse a ser regido pelo regime estatutário e igualmente aposentou-se pelo mesmo regime, percebendo proventos do Instituto de Previdência do Estado de São Paulo. Precedente da SBDI-1 desta Corte. Recurso de revista não conhecido" (RR – 196600-36.2001.5.15.0092, Relatora Ministra: Dora Maria da Costa, Data de Julgamento: 05/05/2010, 8ª Turma, Data de Publicação: DEJT 07/05/2010).

Desse modo, o regime jurídico a que estavam submetidos no caso em exame os autores continuou a ser de natureza estatutária ou de regime especial, mas não celetista, nos termos em que dispõe o artigo 48, § 2º, da Lei nº 8.935/94, tendo em vista a opção expressa pela manutenção no regime anterior.

Logo, não compete a esta Justiça especializada processar e julgar o feito, porquanto a natureza da relação jurídica deduzida não é empregatícia.

Diante do exposto, **dou provimento** ao recurso de embargos para restabelecer a sentença de fls. 238 e 239, no aspecto em que declarou a incompetência da Justiça do Trabalho para processar e julgar o feito e determinou a remessa dos autos a uma das Varas da Justiça Comum.

ISTO POSTO

ACORDAM os Ministros da Subseção I Especializada em Dissídios Individuais do Tribunal Superior do Trabalho, por unanimidade, conhecer do recurso de embargos por divergência jurisprudencial e, no mérito, dar-lhe provimento para restabelecer a sentença de fls. 238 e 239, em que se declarou a incompetência da Justiça do Trabalho para processar e julgar o feito e se determinou a remessa dos autos a uma das Varas da Justiça Comum.

Brasília, 05 de abril de 2018.

Firmado por assinatura digital (MP 2.200-2/2001)

JOSÉ ROBERTO FREIRE PIMENTA

Ministro Relator

TST – Embargos em Embargos de Declaração em Recurso de Revista nº 129385-59.2000.5.15.0001 – Campinas – 5ª Turma – Rel. Des. José Roberto Freire Pimenta – DJ 13.04.2018.

▶ **EMENTA:** (...) Cartório – Sucessão trabalhista – Ausência de continuidade da prestação dos serviços – Responsabilidade do novo titular – A partir da égide da Constituição Federal de 1988, os trabalhadores contratados pelos cartórios extrajudiciais, para fins de prestação de serviços, encontram-se sujeitos ao regime jurídico da CLT, pois mantêm vínculo profissional diretamente com o tabelião, e não com o Estado – Diante do exposto, não há falar que é impossível a ocorrência de sucessão trabalhista no âmbito das atividades registrais e notariais, porque o titular do cartório não recebe o cartório do titular anterior, mas sim do Estado – Por outro lado, a jurisprudência desta Corte orienta-se no sentido de que, em se tratando de cartório, a sucessão de empregadores pressupõe não só a transferência da unidade econômica de um titular para outro mas também que a prestação de serviço pelo empregado do primeiro prossiga com o segundo – Assim, somente quando o sucessor no cartório aproveitar os empregados do titular sucedido, poder-se-á reconhecer a sucessão (TST – Agravo em Recurso de Revista nº 192000-88.2009.5.15.0092 – 2ª Turma – Rel. Min. José Roberto Freire Pimenta – DJ 21.09.2017).

TRIBUNAL REGIONAL DO TRABALHO DA 2ª REGIÃO

EMENTA: RECURSO ORDINÁRIO DO RECLAMANTE. ALTERAÇÃO DE TITULARIDADE DO SERVIÇO NOTARIAL. SUCESSÃO TRABALHISTA. NECESSIDADE DA CONTINUIDADE DA PRESTAÇÃO DOS SERVIÇOS PELO EMPREGADO. Em se tratando da alteração de titularidade do serviço notarial, a sucessão de empregadores pressupõe não apenas a transferência da unidade econômico-jurídica de um Tabelião para outro, mas também a continuidade da prestação de serviços para o novo titular. In casu, em face da prova inequívoca de ausência da prestação de serviços pelo autor ao 3º reclamado, Oficial responsável pelo 2º Tabelionato de Notas e Protestos de Letras e de Títulos, a partir de 01/02/2017, não há que se falar em sucessão trabalhista, tampouco em sua responsabilidade patrimonial pelos títulos postulados na presente reclamação. Recurso ordinário do autor ao qual se nega provimento. (TRT 2ª Região – Recurso Ordinário nº 1000333-72.2017.5.02.0481 – São Vicente – 12ª Turma – Rel. Des. Benedito Valentini – DJ 07.07.2018)

EMENTA: SUCESSÃO: TABELIÃO DE NOTAS: Diante do previsto na Lei 8.935/1994, que no art. 21 dispõe que o "gerenciamento administrativo e financeiro dos serviços notariais e de registro é da responsabilidade exclusiva do respectivo titular, inclusive no que diz respeito às despesas de custeio, investimento e pessoal", não há falar em sucessão ou responsabilidade de um Tabelião por encargos trabalhistas de empregados relativos a períodos anteriores, ainda haja continuidade na prestação de serviços. Cada Tabelião responde pessoalmente pelos débitos relativos aos períodos de respectiva prestação de serviços. **(**TRT 2ª Região – Recurso Ordinário em Rito Ordinário nº 0001518-50.2013.5.02.0014 – Diadema – 6ª Turma – Rel. Des. Regina Maria Vasconcelos Dubugras – DJ 21.03.2015)

TRIBUNAL DE JUSTIÇA DO ESTADO DE SÃO PAULO

EMENTA: APELAÇÕES – Indenizatória – Responsabilidade civil por ato de tabelião – Autor que comprou veículo de estelionatário – Assinatura no documento de transferência do veículo e no de autorização de pagamento pelo estelionatário, que se passou pelo verdadeiro proprietário do bem e que teve a firma reconhecida por autenticidade pelo serviço notarial – Legislação vigente à época dos fatos que preconizava a responsabilidade objetiva dos tabeliões e notários dos registros pelos atos praticados, conforme o artigo 22 da Lei nº 8.935/1994, posteriormente alterada pela Lei nº 13.286/2016 – Ocorrência também de responsabilidade objetiva do Estado pelos atos praticados pelos tabeliões e registradores, conforme tese fixada no julgamento do Tema nº 777/STF – Nexo de causalidade entre o ato praticado pelo tabelião e os danos suportados pelo autor Danos materiais configurados – Ausência de responsabilização do verdadeiro proprietário do veículo, também vítima do estelionatário em questão – Danos morais não configurados, ante a ausência de dano à honra objetiva e imagem da autora, que é pessoa jurídica – Juros de mora desde o evento danoso (Súmula 54 do STJ) – Sentença mantida – Recursos desprovidos.

[...]

Como preleciona YUSSEF SAID CAHALI:

"Em resumo: na linha do princípio inovador inserto no art. 37, § 6º, da Constituição e da legislação ordinária ajustada aos seus enunciados, a responsabilidade civil dos notários e oficiais de registro define-se como sendo igualmente objetiva, a prescindir de qualquer perquirição a respeito do elemento subjetivo do dolo ou culpa sua ou de seus prepostos, bastando para o seu reconhecimento a demonstração do nexo de causalidade entre o ato (ou omissão) cartorário e o dano sofrido pelo particular. Portanto a símile da parte final do art. 37, § 6º, da Carta Magna –, o dolo ou a culpa dos prepostos passam a interessar apenas para o efeito de assegurar aos notários e oficiais de registro direito de regresso contra o causador do dano ilícito." (Responsabilidade Civil do Estado, 3ª ed. rev. atual. e ampl., São Paulo: Editora Revista dos Tribunais, 2007, p. 264).

À época, o art. 22 da Lei nº 8.935/1994 tinha a seguinte redação:

Art. 22. Os notários e oficiais de registro responderão pelos danos que eles e seus prepostos causem a terceiros, na prática de atos próprios da serventia, assegurado aos primeiros direito de regresso no caso de dolo ou culpa dos prepostos.

Ulteriormente, a Lei nº 13.286/2016 alterou o artigo 22 da Lei nº 8.935/1994, conferindo-lhe a seguinte redação:

*"Os notários e oficiais de registro são civilmente responsáveis por todos os prejuízos que causarem a terceiros, **por culpa ou dolo**, pessoalmente, pelos substitutos que designarem ou escreventes que autorizarem, assegurado o direito de regresso".* (Negritei).

A nova redação da norma consagrou a responsabilidade **subjetiva** dos notários e registradores, colocando fim às celeumas até então existentes em torno da matéria.

Em suma: como no caso dos autos o ato de reconhecimento de firma foi realizado **antes** do advento da novel legislação, a responsabilidade do corréu M.L. deve ser encarada sob a ótica da teoria **objetiva**.

E, sob a mesma lente, há de ser analisada a existência de obrigação de indenizar por parte do corréu Estado de São Paulo pelos atos perpetrados pelos tabeliães, delegatários de serviço público.

É verdade que grassava funda controvérsia doutrinária e jurisprudencial também nesse tocante, diante do disposto no artigo 236 da CF (*"Os serviços notariais e de registro são exercidos em caráter privado, por delegação do Poder Público"*).

Sucede que, em decisão recente, proferida em 27.02.2019, no RE 842.846, o Supremo Tribunal firmou a seguinte tese, em sede de repercussão geral (Tema 777):

*"O Estado **responde, objetivamente**, pelos atos dos tabeliães e registradores oficiais que, no exercício de suas funções, causem dano a terceiros, assentado o dever de regresso contra o responsável, nos casos de dolo ou culpa, sob pena de improbidade administrativa."* (Negritei).

Conforme destacado no Informativo 932 da Corte Suprema:

"O Estado responde, objetivamente, pelos atos dos tabeliães e registradores oficiais que, no exercício de suas funções, causem dano a terceiros, assentado o dever de regresso contra o responsável, nos casos de dolo ou culpa, sob pena de improbidade administrativa.

Essa foi a tese fixada pelo Plenário, ao negar provimento, por votação majoritária, a recurso extraordinário, com repercussão geral reconhecida (tema 777), interposto pelo Estado de Santa Catarina contra acórdão que o condenou ao pagamento de indenização por danos decorrentes de erro na elaboração de certidão de óbito, que impediu viúvo de obter benefício previdenciário. O ministro Marco Aurélio foi o único a votar contra a tese.

***A maioria dos ministros reafirmou entendimento jurisprudencial do Supremo Tribunal Federal (STF) quanto à responsabilidade direta, primária e objetiva do Estado, contida na regra prevista no art. 37, § 6º, da Constituição Federal (CF/1988), pelos danos que tabeliães e oficiais de registro, no exercício de serviço público por delegação, causem a terceiros.** Também fixou orientação no sentido do dever estatal de acionar regressivamente o agente público causador do dano, por dolo ou culpa, considerando o fato de a indenização ser paga com dinheiro público.*

Prevaleceu o voto do ministro Luiz Fux (relator), que rememorou a jurisprudência da Corte sobre a matéria e afastou a possibilidade de se extrair a responsabilidade objetiva dos notários e registradores do art. 37, § 6º, da CF/1988.

Salientou a natureza estatal das atividades exercidas pelos tabeliães e registradores oficiais. Essas atividades são munidas

de fé pública e se destinam a conferir autenticidade, publicidade, segurança e eficácia às declarações de vontade. Ademais, consoante expressa determinação constitucional, o ingresso na atividade notarial e de registro depende de concurso público, e os atos de seus agentes estão sujeitos à fiscalização estatal (CF/1988, art. 236). *Segundo o ministro Fux, não obstante os serviços notariais e de registro sejam exercidos em caráter privado, por delegação do poder público, a responsabilidade civil desses agentes públicos está disciplinada, de forma expressa, em norma de eficácia limitada, na qual ficou definida a competência do legislador ordinário para regular a matéria (CF/1988, art. 236, §1º). Isto é, a própria Constituição Federal retirou o assento constitucional da regulação da responsabilidade civil e criminal dos notários, relegando-a à autoridade legislativa.*

Frisou, no ponto, que o art. 22 da Lei 8.935/1994, na redação dada pela Lei 13.286/2016, regulamenta o art. 236 da CF/1988 e prevê que os notários e oficiais de registro são civilmente responsáveis por todos os prejuízos que causarem a terceiros, por culpa ou dolo, pessoalmente, pelos substitutos que designarem ou escreventes que autorizarem, assegurado o direito de regresso. A disciplina conferida à matéria pelo legislador consagra a responsabilidade civil subjetiva dos notários e oficiais de registro. Portanto, não compete ao STF fazer interpretação analógica e extensiva, a fim de equiparar o regime jurídico da responsabilidade civil de notários ao das pessoas jurídicas de direito privado prestadoras de serviços públicos (CF, art. 37, § 6º). Ademais, ressaltou que o art. 37, § 6º, da CF/1988 se refere a "pessoas jurídicas" prestadoras de serviços públicos, ao passo que notários e tabeliães respondem civilmente como "pessoas naturais" delegatárias de serviço público, nos termos do referido dispositivo legal." (Negritei).

Ante o exposto, voto pelo **NÃO PROVIMENTO** dos recursos interpostos, nos termos acima delineados.

MARCOS PIMENTEL TAMASSIA. Relator

Nota:

[1] EDROMS 18205/SP, Ministro Felix Fischer, DJ. 08.05.2006, P. 240. – – /

TJSP – Apelação Cível nº 1013593-95.2015.8.26.0053 – São Paulo – 1ª Câmara de Direito Público – Rel. Des. Marcos Pimentel Tamassia – DJ 26.11.2020

EMENTA: Responsabilidade civil – Ação de indenização por danos morais – Certidão de óbito dando o autor como morto, quando vivo se encontrava – Clara hipótese de homonímia entre o requerente e seu irmão – Não configurada a conduta omissiva da apelada, tampouco o nexo causal entre esta e o alegado dano – Inexistência de sofrimento, vexame ou humilhação que foge à normalidade – Ação julgada improcedente na 1ª Instância – Sentença mantida – Recurso não provido. (TJSP – Apelação Cível nº 3013270-10.2013.8.26.0576 – São José do Rio Preto – 6ª Câmara de Direito Público – Rel. Des. Leme de Campos – DJ 13.09.2017).

EMENTA: RECURSO DE APELAÇÃO – Escrevente de serventia extrajudicial – Licença-prêmio – Legitimidade passiva "ad causam" do atual titular do cartório de registro civil reconhecida – Sucessão configurada – Direito ao benefício reconhecido pela Corregedoria-Geral de Justiça – Pagamento em pecúnia – Cabimento – Sentença mantida – Recurso de apelação não provido. (TJSP – Apelação Cível nº 0016898-27.2013.8.26.0554 – Santo André – 1ª Câmara de Direito Público – Rel. Des. Luís Francisco Aguilar Cortez – DJ 19.04.2016)

EMENTA: RESPONSABILIDADE CIVIL. TABELIÃO DE NOTAS. ILEGITIMIDADE PASSIVA. Sentença terminativa sem julgamento do mérito, reconhecida ilegitimidade passiva do tabelionato de notas e do notário titular sucessor. Irresignação dos autores. Ratificação dos termos da sentença (art. 252, RITJSP). Ato culposo, de reconhecimento de firma falsa, realizado antes de o notário assumir a delegação extrajudicial. Responsabilidade pessoal do notário titular no momento do ato danoso. Inteligência do artigo 22 da Lei 8.935/1994. Direito de regresso que diz respeito à responsabilização do preposto, por ato que tenha o notário respondido anteriormente. Sucessão da delegação extrajudicial que não importa em transmissão de responsabilidade civil por atos realizados anteriormente, naquele tabelionato. Ademais, ato alegadamente culposo que foi firmado por delegado substituto, de cujo nome os apelantes possuíam ciência. Impossibilidade de responsabilização do notário sucessor. Precedentes. Ilegitimidade passiva mantida. Condenação sucumbencial dos apelantes. Justiça Gratuita que não importa em isenção da condenação sucumbencial. Mera suspensão de sua execução, por cinco anos (art. 12, L. 1.060/1950). Sentença mantida. Recurso desprovido. (TJSP – Apelação Cível nº 0102423-13.2004.8.26.0547 – Santa Rita do Passa Quatro – 3ª Câmara de Direito Privado – Rel. Des. Carlos Alberto de Salles – DJ 11.03.2016)

EMENTA: Responsabilidade civil – Danos morais – Erro nos dados da segunda via da certidão de nascimento da autora – Dificuldade para obter os documentos solicitados pelo cartório para a correção – Conduta culposa do cartório não evidenciada – Danos morais inocorrentes – Sentença mantida – Aplicação do art. 252 do RITJSP/2009 – Recurso improvido. (TJSP – Apelação Cível nº 0010732-83.2013.8.26.0196 – Franca – 6ª Câmara de Direito Privado – Rel. Des. Eduardo Sá Pinto Sandeville – DJ 10.02.2016)

3. QUESTÕES DE CONCURSOS

01. (TJ/MA – 2023 – Consulplan – Notário e Registrador/ Provimento) Dispõe o Art. 236 da Constituição Federal: "Os serviços notariais e de registro são exercidos em caráter privado, por delegação do Poder Público". Sobre a delegação mencionada e sobre aspectos de seu exercício, considerando as disposições da Lei nº 8.935/1994 (Lei dos Cartórios), além do posicionamento do Supremo Tribunal Federal sobre o tema em exame, assinale a afirmativa correta.

a) Embora notários e registradores sejam ocupantes de cargo público efetivo, não se sujeitam à aposentadoria compulsória por idade, como decidiu o Supremo Tribunal Federal.

b) Nos termos da Lei nº 8.935/1994 (Lei dos Cartórios), pelos prejuízos que seus escreventes causarem a terceiros, sujeitam-se à responsabilidade civil objetiva. Sua responsabilidade, contudo, será subjetiva pelos danos que causarem pessoalmente.

c) Tendo em vista que, como dispõe o artigo transcrito, é o Poder Público quem delega o serviço notarial e registral, os atos de delegação respectivos são expedidos pelo governador do Estado. A investidura e a posse dar-se-ão perante o Corregedor-Geral da Justiça.

d) Conforme decidiu o Supremo Tribunal Federal, o Estado responde, objetivamente, pelos atos dos tabeliães e registradores que, no exercício de suas funções, causem dano a terceiros, assentado o dever de regresso contra o responsável, nos casos de dolo ou culpa, sob pena de Improbidade Administrativa.

02. (CESPE / CEBRASPE - 2023 - TJ-SC - Titular de Serviços de Notas e de Registros – Provimento) Consoante instrução normativa da Secretaria da Receita Federal do Brasil acerca da declaração do imposto sobre a renda retido na fonte (DIRF), assinale a opção correta no que se refere às serventias notariais.

a) O tabelião não é obrigado a apresentar DIRF.

b) O tabelião tem o dever de apresentar DIRF com o seu cadastro de pessoa física (CPF).

c) No caso de serventia mantida diretamente pelo Estado, é dispensada a apresentação da DIRF.

d) O tabelião tem o dever de apresentar DIRF com o cadastro nacional de pessoa jurídica (CNPJ) da serventia.

Lei 8.935/1994

e) No caso de serventia mantida diretamente pelo Estado, a DIRF deve ser apresentada pela fonte pagadora, mediante o número do cadastro de pessoa física (CPF) do responsável.

03. (IESES – Titular de Serviços de Notas e Registros – TJ – TO – Provimento/2022) Nas palavras de Sergio Cavalieri Filho, a responsabilidade é um dever jurídico sucessivo que se originou da violação de dever jurídico originário. Notários e oficiais de registro possuem esse dever originário fixado na Lei nº 8935/94 são civilmente responsáveis por todos os prejuízos que causarem a terceiros, no exercício das atribuições que lhe forem designadas. Sobre a responsabilidade de notários, registradores e seus prepostos, analise os itens I a IV, se possuem afirmações (I a IV) verdadeiras (V) ou falsas (F) e assinale a alternativa correta.

I. A responsabilidade civil independe da criminal e a criminal será individualizada, aplicando-se, no que couber, a legislação relativa aos crimes contra a administração pública.

II. A individualização da responsabilidade criminal não exime os notários e os oficiais de registro de sua responsabilidade civil.

III. Os notários e oficiais de registro não são civilmente responsáveis pelos prejuízos que seus substitutos causarem a terceiros, por culpa ou dolo.

IV. Não há prescrição para a pretensão de reparação civil, contado o prazo da data de lavratura do ato registral ou notarial.

a) Todos os itens contêm afirmações verdadeiras.
b) Os itens III e IV contém afirmações falsas.
c) Os itens I e IV contém afirmações falsas.
d) Todos os itens contêm afirmações falsas.

04. (IESES – Titular de Serviços de Notas e Registros – TJ – TO – Provimento/2022) Os notários e os oficiais de registro são profissionais do direito, dotados de fé pública, a quem é delegado o exercício da atividade notarial e de registro e poderão, para o desempenho de suas funções, contratar escreventes, dentre eles escolhendo os substitutos, e auxiliares. Sobre o assunto, leia as afirmativas (I a IV) e as considere cada uma delas como Verdadeiras (V) ou Falsas (F).

I. Ao concurso público poderão concorrer candidatos não bacharéis em direito que tenham completado, até a data da primeira publicação do edital do concurso de provas e títulos, dez anos de exercício em serviço notarial ou de registro, na qualidade de substitutos.

II. Os prepostos da atividade registral ou notarial são contratados pelo titular da serventia, com remuneração livremente ajustada por ele e sob o regime da legislação do trabalho.

III. Dentre os substitutos, um deles será designado pelo notário ou oficial de registro para responder pelo respectivo serviço nas ausências e nos impedimentos do titular.

IV. Os notários e oficiais de registro são civilmente responsáveis por todos os prejuízos que causarem a terceiros, por culpa ou dolo, pessoalmente, pelos substitutos que designarem ou escreventes que autorizarem, assegurado o direito de regresso.

a) I. F; II. F; III. F; IV. V.
b) I. F; II. F; III. F; IV. V.
c) I. V; II. V; III. V; IV. F.
d) I. F; II. V; III. V; IV. V.

05. (Vunesp – Outorga de Delegação de Notas e Registros – TJ – GO/2021) Em relação à responsabilidade Civil e Criminal dos Notários e Registradores, é correto afirmar que:

a) prescreve em cinco anos a pretensão de reparação civil, contado o prazo da data de lavratura do ato registral ou notarial.
b) os notários e oficiais de registro são civilmente responsáveis por todos os prejuízos que causarem a terceiros, por culpa ou dolo, pessoalmente, pelos substitutos que designarem ou escreventes que autorizarem, assegurado o direito de regresso.
c) a responsabilidade civil depende da criminal.
d) a responsabilização criminal do preposto exime os notários e os oficiais de registro de sua responsabilidade civil.

06. (FGV – Titular de Serviço de Notas e Registros – TJ – SC/2021) Pedro ajuizou ação de reparação de danos em face do Estado Alfa, argumentando que o oficial do Registro de Imóveis teria averbado um gravame na matrícula de imóvel de sua propriedade, que não encontrava ressonância na realidade, o que teria inviabilizado a concretização de uma compra e venda, além de ter causado graves máculas à sua imagem. A petição não descreveu o elemento subjetivo da ação do oficial, o qual também não figurava no polo passivo da demanda. Em sua defesa, o Estado Alfa argumentou que a ação, nos moldes em que foi proposta, deveria ser ajuizada em face do oficial. Essa última linha argumentativa está:

a) correta, já que somente o oficial pode ser responsabilizado pelos danos decorrentes de atos praticados na serventia;
b) incorreta, pois o oficial não é pessoalmente responsabilizado pelos atos da serventia, apenas em caráter regressivo;
c) correta, pois, apesar de o Estado poder ser responsabilizado pelos atos do oficial, o é de modo subsidiário;
d) incorreta, pois tanto o Estado como o oficial deveriam integrar o polo passivo;
e) incorreta, já que o oficial não pode ser responsabilizado em caráter objetivo.

07. (FGV – Titular de Serviço de Notas e Registros – TJ – SC/2021) Marcelo é escrevente no Tabelionato de Notas e de Protesto, escolhido como substituto pelo notário titular Mário. No exercício de suas funções, Marcelo, agindo de forma culposa, ao reconhecer firma em um documento no dia 01/06/2017, cometeu um erro que causou danos e prejuízos ao cidadão Carlos, usuário do serviço.

Ao procurar advogado para ajuizar ação indenizatória, em novembro de 2020, Carlos foi informado de que, de acordo com a Lei nº 8.935/1994:

a) deve figurar como réu o escrevente Marcelo, por sua responsabilidade civil objetiva, e ainda não ocorreu a prescrição da pretensão de reparação civil, cujo prazo é de cinco anos contados da data da prática do ato ilícito;
b) deveria figurar como réu o escrevente Marcelo, por sua responsabilidade civil subjetiva, mas já ocorreu a prescrição da pretensão de reparação civil, pois se passaram mais de dois anos contados da data da lavratura do ato notarial;
c) deveria figurar como réu o notário Mário, por sua responsabilidade civil subjetiva, mas já ocorreu a prescrição da pretensão de reparação civil, pois se passaram mais de três anos contados da data da lavratura do ato notarial;
d) deve figurar como réu o notário Mário, por sua responsabilidade civil objetiva, e ainda não ocorreu a prescrição da pretensão de reparação civil, cujo prazo é de cinco anos contados da data da prática do ato ilícito;
e) deveria figurar como réu o Tabelionato de Notas e de Protesto, por sua responsabilidade civil objetiva, mas já ocorreu a prescrição da pretensão de reparação civil, pois se

passaram mais de dois anos contados da data da prática do ato ilícito.

08. (Cespe – Notários e Oficiais de Registro – Provimento – TJ – DFT/2019) De acordo com o entendimento do STJ, no caso de notários e oficiais de registro, nessa qualidade, causarem danos a um terceiro,

a) a responsabilidade civil do respectivo ente federativo estatal será regressiva, nos casos de dolo ou culpa dos agentes.

b) a responsabilidade civil do respectivo ente federativo estatal será objetiva, fundada na teoria do risco integral.

c) a responsabilidade civil do respectivo ente federativo estatal será subsidiária, porque tais agentes se responsabilizam diretamente pelos seus atos.

d) a responsabilidade civil do respectivo ente federativo estatal será solidária, porque o terceiro terá direito a exigir e receber do estado ou dos agentes o ressarcimento pelos danos sofridos.

e) não haverá responsabilidade civil do respectivo ente federativo estatal, pois o exercício das atividades desses agentes é feito por própria conta e risco.

09. (IESES – Titular de Serviços de Notas e de Registro – Provimento – TJ – SC/2019) Quanto a Responsabilidade Civil dos Notários e Registradores e as normas de competência pública, não há dúvida sobre a natureza da atividade exercida junto aos serviços notariais e de registro. Apesar da Constituição Federal asseverar que são exercidos em caráter privado antes o são por delegação do Poder Público, o que significa dizer que se trata de função pública, cuida-se de serviço público, de atividade cuja titularidade pertence ao Estado não obstante a prestação (a execução) deva ser realizada por particulares. Neste sentido, se o Notário ou o Registrador causar prejuízo a terceiros, de acordo com a legislação brasileira e jurisprudência dos tribunais como é tratada esta questão?

a) A responsabilidade civil dos notários e registradores nem sempre vai depender da responsabilidade no âmbito criminal.

b) A responsabilidade criminal não será individualizada, aplicando-se, no que couber, a legislação relativa aos crimes contra a administração pública.

c) Os notários e oficiais de registro são civilmente responsáveis por todos os prejuízos que causarem a terceiros, por culpa ou dolo, pessoalmente, pelos substitutos que designarem ou escreventes que autorizarem, assegurado o direito de regresso. Prescreve em três anos a pretensão de reparação civil, contado o prazo da data de lavratura do ato registral ou notarial.

d) Quanto a responsabilidade civil a jurisprudência do Supremo Tribunal Federal é pacífica no reconhecimento da responsabilidade objetiva, de quem pratica o ato.

10. (Cespe – Notários e Oficiais de Registro – Provimento – TJ – DFT/2019) Um tabelião lavrou escritura pública de doação de bens, mesmo ciente de que nela constavam informações falsas, o que causou prejuízos a Pedro.

À luz da Lei n.º 8.935/1994, o prazo para que Pedro exerça a sua pretensão de responsabilização cível do tabelião é de

a) três anos, a contar da data de lavratura da escritura pública.

b) cinco anos, a contar da data de lavratura da escritura pública.

c) três anos, a contar da data da configuração do dano.

d) cinco anos, a contar da data do trânsito em julgado do processo criminal que responsabilizar o tabelião.

e) três anos, a contar da data do trânsito em julgado do processo criminal que responsabilizar o tabelião.

11. (Cespe – Notários e Oficiais de Registro – Remoção – TJ – DFT/2019) Pedro, tabelião, realizou, em sua serventia, um ato notarial que causou danos a terceiro e, por isso, foi condenado.

Acerca da responsabilidade civil e criminal do tabelião, assinale a opção correta.

a) A responsabilidade criminal de Pedro, caso seja verificada, será estendida aos notários e aos oficiais de registro que prestem serviços na mesma serventia.

b) Prescreve em cinco anos a pretensão de reparação civil em desfavor de Pedro, contado o prazo a partir da data de lavratura do ato registral ou notarial.

c) A responsabilidade civil de Pedro estará configurada se for verificado que ele agiu com dolo, mas não com culpa.

d) A responsabilidade civil de Pedro é personalíssima, razão pela qual ele não responderá por ato realizado por substituto que tiver designado.

e) A responsabilidade criminal de Pedro deverá ser apurada em juízo próprio e não decorre automaticamente de condenação na esfera cível.

12. (Cespe – Notário-RR/2013) Acerca da responsabilidade jurídica decorrente das atividades notariais e de registro, assinale a opção correta.

a) Conforme jurisprudência pacificada no STJ, a vítima de atos notariais e de registro pode optar por ajuizar ação diretamente contra o agente público (tabelião ou registrador) ou contra o ente estatal delegante.

b) Por serem entidades dotadas de personalidade jurídica, os cartórios extrajudiciais devem figurar, nas ações de perdas e danos ajuizadas por usuários do serviço, no polo passivo da relação processual.

c) Notários e registradores são diretamente responsáveis por danos que eles e seus prepostos causem a terceiros na prática de atos próprios da serventia, desde que a vítima prove culpa grave do prestador do serviço.

d) A absolvição de notário ou de registrador na esfera criminal implica, necessariamente, a impossibilidade de sua condenação na esfera civil.

e) Os notários e oficiais de registro respondem por danos que eles e seus prepostos causem a terceiros, na prática de atos próprios da serventia, assegurado a eles o direito de regresso no caso de dolo ou culpa dos prepostos.

13. (Cespe – Cartório-PI/2013) Acerca da responsabilidade civil e criminal dos notários e oficiais de registro e seus prepostos, assinale a opção correta com base na Lei nº 8.935/1994.

a) Em caso de dolo ou culpa do preposto, o notário responderá pelos danos causados a terceiros, assegurado seu direito de regresso.

b) A responsabilidade civil dependerá da criminal.

c) A individualização da responsabilidade do preposto isentará o notário da responsabilidade civil.

d) A responsabilidade criminal deve ser individualizada, aplicando-se, no que couber, a Lei de Improbidade Administrativa.

GAB	1	D	2	B	3	B	4	D	5	B
	6	E	7	C	8	C	9	C	10	A
	11	E	12	E	13	A				

Lei 8.935/1994

CAPÍTULO IV – DAS INCOMPATIBILIDADES E DOS IMPEDIMENTOS

Art. 25. O exercício da atividade notarial e de registro é incompatível com o da advocacia, o da intermediação de seus serviços ou o de qualquer cargo, emprego ou função públicos, ainda que em comissão.

§ 1º (Vetado).

§ 2º A diplomação, na hipótese de mandato eletivo, e a posse, nos demais casos, implicará no afastamento da atividade.

1. COMENTÁRIOS

A lei elenca hipóteses de incompatibilidade, estabelecendo limitações profissionais ao titular, relativas à advocacia, à intermediação de serviços e à acumulação de cargos e funções.

Incompatibilidade significa a impossibilidade de o servidor conciliar o exercício de direitos e deveres atribuídos por lei, ao passo que impedimento consiste na proibição da prática de ato jurídico determinado. De fato, no serviço de que é titular, o notário e o registrador não poderão praticar, **pessoalmente,** qualquer ato de seu interesse, ou de interesse de seu cônjuge ou de parentes, na linha reta, ou na colateral, consanguíneos ou afins, até o terceiro grau.

A lei não impõe que qualquer ato de interesse do oficial seja praticado em outra serventia. Apenas veda-lhe a atuação **pessoal** no serviço da qual é delegado, posto que **inexiste fé pública** no ato que o notário ou registrador pratique em seu próprio benefício. Logo, essa limitação diz respeito, exclusivamente ao oficial, não alcançando o seu substituto, nem escreventes e auxiliares.

O momento de aplicação da regra mencionada no artigo 26 é o da posse, e o fundamento dessa regra é a imparcialidade do notário ou registrador. O delegatário, sendo um profissional independente e imparcial, não pode privilegiar ou se valer de interesses profissionais durante o exercício da delegação.

1.1 AÇÃO DIRETA DE INCONSTITUCIONALIDADE N. 1.531-1, PROVIMENTOS E HISTÓRICO DAS INCOMPATIBILIDADES E IMPEDIMENTOS

Na Ação Direta de Inconstitucionalidade n. 1.531-1, o Supremo Tribunal Federal, por seu Tribunal Pleno e por maioria, utilizando-se do **princípio da interpretação conforme a Constituição** deferiu em parte o **pedido de liminar** para "sem redução de texto, dar interpretação conforme a Constituição Federal ao § 2º do art. 25 da Lei nº 8.935, de 18.11.94, para excluir de sua incidência a hipótese do art. 38, III, primeira parte, da Carta Magna".

Assim, no que se refere à parte final do art. 25, § 2º, da Lei nº 8.935/1994 *(implicará no afastamento da atividade)* a interpretação do STF foi no sentido de **possibilitar** aos delegatários o exercício dos mandatos eletivos em geral, **desde que** se afastassem de sua atividade, **mas no tocante ao mandato eletivo para vereador, não haveria necessidade do afastamento de sua atividade, desde que houvesse compatibilidade de horários**. A Corregedoria-Geral da Justiça do Estado de SP agasalhou a tese do STF e deu parecer em caráter normativo nos autos do Processo CG 3115/2000, que foi aprovado em 22/10/2001.

Considerando esta decisão cautelar tomada pelo Tribunal Pleno do Supremo Tribunal Federal nos autos da ADI 1.531; os princípios da supremacia do interesse público, da eficiência, da continuidade do serviço público e da segurança jurídica e a necessidade de se garantir o pleno exercício dos direitos políticos e aqueles inerentes à cidadania de notários e registradores foi publicado, em novembro de 2018, o **Provimento 78/2018 do Conselho Nacional de Justiça**, para dispor **sobre a compatibilidade da atividade notarial e de registro com o exercício simultâneo de mandato eletivo, nestes termos:**

> **Art. 1º** – O notário e/ou registrador que desejarem exercer mandato eletivo deverão se afastar do exercício do serviço público delegado desde a sua diplomação.
>
> § 1º O notário e/ou registrador poderão exercer, cumulativamente, a vereança com a atividade notarial e/ou de registro, havendo compatibilidade de horários, e nos demais tipos de mandatos eletivos deverão se afastar da atividade segundo os termos do *caput*.
>
> § 2º No caso de haver a necessidade de o notário e/ou registrador se afastarem para o exercício de mandato eletivo, a atividade será conduzida pelo escrevente substituto com a designação contemplada pelo art. 20, § 5º, da Lei Federal nº 8.935/1994.
>
> § 3º O notário e/ou o registrador que exercerem mandato eletivo terão o direito à percepção integral dos emolumentos gerados em decorrência da atividade notarial e/ou registrai que lhe foi delegada.
>
> **Art. 2º** Este provimento entra em vigor na data de sua publicação, permanecendo válidos os atos editados pelas corregedorias de justiça no que forem compatíveis.

Ocorre que, no dia 20 de março de 2020, a citada ADI 1.531 foi julgada **improcedente.** É importante lembrar que o referido acórdão, em medida cautelar, permitia o exercício da vereança, desde que respeitada a compatibilidade de horários. Com o julgamento final da ADI, isso não é mais permitido. Todavia, quem já era vereador pôde concluir a legislatura que terminou em 2020, pois houve modulação dos efeitos.

A fim de adequar o Provimento 78/2018 ao recente entendimento do Supremo Tribunal Federal, o Plenário do Conselho Nacional de Justiça aprovou alteração feita ao texto do aludido Provimento, suprimindo o parágrafo que admitia o **exercício simultâneo** da atividade cartorária com o mandato de vereador. Para complementação, sugiro a leitura do tópico "Jurisprudência Complementar".

Em abril de 2020, o referido provimento foi **republicado** em decorrência de decisão Plenária do CNJ, realizada no dia 28/4/2020, por videoconferência no PP nº 0009976-31.2018.2.00.000, para dispor sobre a **incompatibilidade da atividade notarial e de registro com o exercício simultâneo de mandato eletivo** e dar outras providências.

Neste sentido, transcrevo a redação dada ao Provimento CNJ n. 78/2018, em 2020:

PROVIMENTO Nº 78 de 30/04/2020

*Dispõe sobre a **incompatibilidade** da atividade notarial e de registro com o exercício simultâneo de mandato eletivo e dá outras providencias.*

Art. 1º O notário e/ou registrador que desejarem exercer mandato eletivo deverão se afastar do exercício do serviço público delegado desde a sua diplomação.

§ 1º Quando do afastamento do delegatário para o exercício do mandato eletivo, a atividade será conduzida pelo escrevente substituto com a designação contemplada pelo art. 20, § 5º, da Lei Federal nº 8.935/1994.

§ 2º O notário e/ou o registrador que exercerem mandato eletivo terão o direito à percepção integral dos emolumentos gerados em decorrência da atividade notarial e/ou registral que lhe foi delegada.

Art. 2º Este provimento entra em vigor na data de sua publicação, permanecendo válidos os atos editados pelas corregedorias de justiça no que forem compatíveis.

MINISTRO HUMBERTO MARTINS
Corregedor Nacional de Justiça
D.J.E-CNJ de 30.04.2020.

Em 2023, o **Código Nacional de Normas (Provimento CNJ n. 149/2023)** incorporou o Provimento CNJ 78 em suas normas no art. 72. Todavia, por algum equívoco, foi trazido o entendimento antigo do STF (aquele de 2018) e não o do Provimento retificado em 2020.

Por sua vez, o **Provimento CNJ n. 161/2024**, que alterou o Código Nacional de Normas, revogou o § 1.º do art. 72 e deu renumerou os §§ seus parágrafos. Assim, o entendimento atual do Conselho Nacional de Justiça é:

Art. 72. O notário e/ou registrador que desejarem exercer mandato eletivo deverão se afastar do exercício do serviço público delegado desde a sua diplomação.

§ 1.º (revogado pelo Provimento CN n. 161, de 11.3.2024)

§ 2.º Quando do afastamento do delegatário para o exercício do mandato eletivo, a atividade será conduzida pelo escrevente substituto com a designação contemplada pelo art. 20, § 5º, da Lei Federal nº 8.935/1994. (redação dada pelo Provimento CN n. 161, de 11.3.2024)

§ 3.º O notário e/ou o registrador que exercerem mandato eletivo terão o direito à percepção integral dos emolumentos gerados em decorrência da atividade notarial e/ou registral que lhe foi delegada

Apresento a seguir, um resumo esquematizado sobre o histórico da compatibilidade/incompatibilidade da atividade notarial e de registro com mandato eletivo.

Provimento CNJ	Ano	Conteúdo Principal
78/2018 (Redação Original)	2018	Dispôs sobre a **compatibilidade** da atividade notarial e de registro com o exercício simultâneo de mandato eletivo.
78/2018 (Revisado)	Abril/2020	Alterou para **incompatibilidade** da atividade notarial e de registro com o exercício simultâneo de mandato eletivo.
149/2023	2023	Incorporou (certamente por equívoco), o entendimento antigo (2018) ao Código Nacional de Normas (art. 72), tratando da **compatibilidade**, indo de encontro (contrário) ao entendimento do STJ na ADI 1.531.
161/2024	2024	Correção: Revogou § 1.º do art. 72
Resultado Final		O notário e/ou registrador que desejarem exercer qualquer mandato eletivo, s deverão se afastar do exercício do serviço público delegado desde a sua diplomação.

Esse quadro resume as principais mudanças e o posicionamento atual sobre a questão da compatibilidade/incompatibilidade entre atividades notariais/registro e mandatos eletivos, conforme os Provimentos do CNJ.

Lei 8.935/1994

1.2 CARGO PÚBLICO X DELEGAÇÃO – REITERAÇÃO DO POSICIONAMENTO DO SUPREMO TRIBUNAL FEDERAL

O ministro Roberto Barroso, do Supremo Tribunal Federal, negou o Mandado de Segurança (MS) 27955 e manteve decisão do Conselho Nacional de Justiça (CNJ) que vetou a possibilidade de uma **técnica judiciária acumular o cargo público com a titularidade de serventia extrajudicial**. Na decisão, o CNJ determinou que a servidora optasse pelo cargo do Tribunal de Justiça de Pernambuco (TJ-PE) ou pela outorga da delegação do 1º Ofício da Comarca de Bezerros.

No mandado de segurança impetrado no Supremo, a servidora alegou, entre outros argumentos, que lhe foi concedida licença para interesse particular, não remunerada, e tal fato interrompe o exercício do cargo, não se caracterizando, portanto o impedimento observado pelo CNJ. Liminar deferida parcialmente pelo relator anterior do processo, ministro Joaquim Barbosa (aposentado), suspendeu os efeitos da decisão do Conselho de forma que a técnica não fosse compelida a realizar a opção.

Ao analisar o mérito da ação, o relator explicou que o titular de serviço cartorário exerce efetiva função pública, devendo ser respeitada a regra constitucional que veda a cumulação de cargos, empregos e funções públicas. Apesar de o Supremo já ter firmado jurisprudência segundo a qual os notários e registradores não são titulares de cargo público, Barroso ressaltou que a função exercida pelos titulares de serventias extrajudiciais possui inegável natureza pública. No entendimento dele "os serviços de registros públicos, cartorários e notariais são delegações de uma atividade cuja titularidade é do Estado, havendo, assim, uma intrínseca natureza pública em suas atividades". Dessa forma, para o relator, aplica-se ao caso a vedação contida no inciso XVII do artigo 37 da Constituição Federal, que estende a proibição de cumulação também para as funções públicas.

O ministro Barroso esclareceu ainda que a impossibilidade de acumulação de cargos se mantém mesmo tendo sido concedida licença não remunerada à servidora em relação ao seu cargo de técnico judiciário. De acordo com o relator, a concessão de qualquer licença, ainda que não remunerada, não descaracteriza o vínculo jurídico do servidor com a administração. Na explicação dele, "seria ilógico que todos os servidores públicos pudessem assumir outros cargos, empregos ou funções públicas simplesmente requerendo uma licença não remunerada no cargo antecedente".

1.3 CARGO PÚBLICO X DELEGAÇÃO - REITERAÇÃO DO POSICIONAMENTO DO SUPERIOR TRIBUNAL DE JUSTIÇA

A 2ª Turma do Superior Tribunal de Justiça, no **RMS 57.573**, entendeu não ser possível acumular o exercício de atividade cartorária com o **cargo de analista do Poder Judiciário, mesmo que o servidor tenha pedido licença sem vencimentos das suas funções**. Assim, negou pedido de um servidor que queria assumir uma delegação de serventia em uma cidade da Bahia sem pedir exoneração do cargo que exercia anteriormente.

O Tribunal de Justiça da Bahia negou o mandado de segurança sob o argumento de que havia previsão expressa no edital de que, para assumir a serventia, seria necessário apresentar uma declaração de desincompatibilização de cargo público, além do cumprimento das exigências da Lei 8.935/94.

No recurso ao STJ, o servidor alegou que o artigo 25 da Lei 8.935/94 prevê a incompatibilidade do exercício da delegação com o exercício de outro cargo público. Pediu então que o enfoque da análise se desse sobre o significado de "exercício", argumentando que o pedido de licença para o tratamento de assuntos particulares, no cargo de analista judiciário, faria com que ele não estivesse em exercício efetivamente.

Segundo o ministro relator, Mauro Campbell Marques, a lei estabelece claramente a **incompatibilidade entre a atividade notarial e de registro com qualquer outra função pública e com o exercício da advocacia.**

O ministro explicou **que a licença para tratar de interesses particulares prevista nos artigos 81, inciso VI, e 91 da Lei 8.112/90 não é suficiente para suprimir a previsão de incompatibilidade entre as funções expressa no artigo 25 da Lei 8.935/94.**

Ao negar provimento ao recurso, o relator disse que o pedido de afastamento temporário ou o pedido de licença para tratamento de assuntos particulares do cargo público não podem se sobrepor às exigências da norma legal. Para ele, a vedação expressa na lei implica a necessidade de opção entre a delegação ou o cargo público, com a respectiva exoneração do cargo ou a recusa à delegação.

Nas palavras do relator, "o preceito é muito claro ao estabelecer a incompatibilidade entre a atividade notarial e de registro com qualquer outra função pública, ainda que exercida em comissão, propugnando uma vedação absoluta a que um servidor público possa desempenhar as atividades inerentes à delegação cartorária, ainda que essa função seja temporária e sem vínculo efetivo, como na hipótese dos cargos comissionados".

2. JURISPRUDÊNCIA COMPLEMENTAR

CONSELHO NACIONAL DE JUSTIÇA

EMENTA: CONSULTA. TRIBUNAL DE JUSTIÇA DO ESTADO DO PARANÁ. DELEGATÁRIO ELEITO PARA CARGO PÚBLICO ELETIVO. AFASTAMENTO TEMPORÁRIO. ADEQUAÇÃO DO PROVIMENTO DA CORREGEDORIA Nº 78/2018. JULGAMENTO DA AÇÃO DIRETA DE INCONSTITUCIONALIDADE Nº 1.531. CONSULTA PREJUDICADA.

1. As questões a serem respondidas nestes autos cingem-se em saber se (a) seria aplicável a regra da exoneração da delegação aos registradores e notários que optarem por exercer cargo público eletivo, exceto o de vereador; (a.1) se positiva, se haveria necessidade de exoneração do registrador ou notário afastado para o exercício de mandato eletivo; ou (a.2) se negativa, se seria possível a designação de terceiro para responder pelo serviço extrajudicial, exclusivamente durante o período do exercício do mandato eletivo pelo notário ou registrador.

2. O Provimento da Corregedoria nº 78, de 7/11/2018, que dispôs sobre a compatibilidade da atividade notarial e de registro com o exercício simultâneo de mandato eletivo, foi ajustado ao resultado do julgamento da Ação Direta de Inconstitucionalidade nº 1.531, da Suprema Corte, por decisão da maioria dos membros deste Conselho quando do exame do Pedido de Providências nº 0009976-31.2018.2.00.0000, na 309ª Sessão Ordinária, e acarretou na perda de objeto desta Consulta.

3. Consulta prejudicada.

O Conselho, por unanimidade, julgou prejudicada a consulta por perda de objeto, nos termos do voto ajustado pela Relatora. Votou o Presidente. Presidiu o julgamento o Ministro Dias Toffoli. Plenário, 28 de abril de 2020. Presentes à sessão os Excelentíssimos Senhores Conselheiros Dias Toffoli, Humberto Martins, Emmanoel Pereira, Luiz Fernando Tomasi Keppen, Rubens Canuto, Tânia Regina Silva Reckziegel, Mário Guerreiro, Candice L. Galvão Jobim, Flávia Pessoa, Maria Cristiana Ziouva, Ivana Farina Navarrete Pena, Marcos Vinícius Jardim Rodrigues, André Godinho, Maria Tereza Uille Gomes e Henrique Ávila.

RELATÓRIO

Trata-se de Consulta encaminhada pela CORREGEDORIA-GERAL DA JUSTIÇA DO ESTADO DO PARANÁ, que manifesta as seguintes dúvidas:

I – É aplicável a regra da exoneração da delegação aos registradores e notários que optarem por exercer cargo público eletivo, exceto o de vereador, porquanto existe regra específica no §2º, do art. 25, da Lei Federal n. 8.935/1994 (Lei dos Notários e Registradores – LNR), acerca da necessidade do afastamento da atividade delegada?

II – se positiva a necessidade de exoneração do registrador ou notário afastado para o exercício de mandato eletivo, com a consequente extinção da delegação, ter-se-ia a vacância do serviço extrajudicial?

III – se negativa a necessidade de exoneração do agente, é possível a designação de terceiro para responder pelo serviço extrajudicial, exclusivamente durante o período do exercício do mandato eletivo pelo notário ou registrador?

Dada a relevância da matéria e considerando o permissivo do art. 89, §2º, do RICNJ, no sentido de que a consulta se respondida pela maioria do absoluta do Plenário terá caráter normativo geral, meu antecessor determinou a intimação de todos os Tribunais de Justiça para: *a) se manifestarem sobre o objeto da consulta, no prazo de 30 (trinta) dias; e b) informarem se, no respectivo estado da federação, existe(m) caso(s) de afastamento(s) de titulares de serventias extrajudiciais por motivo de posse em mandato eletivo e se os seus substitutos guardam relação de parentesco com aqueles* (Id 3217738).

A maioria dos tribunais respondeu aos termos da consulta e os seguintes destaques foram feitos.

O TJCE (Id 3262868) externou o entendimento de que o ocupante de cargo eletivo deve se afastar (art. 25, § 2ª, da Lei 8.935/94) e deve designar o substituto para exercer a atividade notarial durante o afastamento (art. 20, §5 º, da Lei 8.935/94). No caso específico do vereador, não haverá o afastamento do delegatário em havendo compatibilidade de horários. No mesmo sentido: TJSP (Id 326950); TJRR (Id 3266316); TJDFT (Id 3321630); TJRJ (Id 323868); TJAP (Id 3335869); TJPA (Id 3335877); TJAM (Id 3337726); TJAL (Id 3338006); TJRS (Id 3339370); TJTO (Id 3339807); TJCE (Id 3340528); TJES (Id 3341109).

O TJSP (Id 3263950) entende que (a) o afastamento por cargo eletivo não acarreta a extinção da delegação, porquanto o art. 39 da Lei 8.935/94 não elenca esta hipótese. No que pertine à indicação do substituto, defende que a nomeação deve atender ao interesse público, não podendo recair sobre indivíduo que tenha praticado falta disciplinar e que não tenha capacidade técnica suficiente para promover a gestão financeira e administrativa da unidade; (b) nesta específica nomeação, não incide as normas antindespóticas, tendo em vista que *"os arts. 20, 21 e 22 da Lei nº 8.935/94 conferem ao titular da delegação liberdade para contratar prepostos e indicar substitutos, imputando-lhes, em contrapartida, a responsabilidade civil pelos danos que seus prepostos causarem a terceiros, por culpa ou dolo"*; (c) *afastado o titular em decorrência de diplomação e posse em razão de mandato eletivo, durante o período do afastamento deve o responsável pela delegação submeter-se às regras que vigoram para os interinos no que se refere à vedação de contratação de despesas não justificadas (art. 3º, § 4º, da Resolução CNJ nº 80/2009) e de limite de remuneração, pois também nesse período é de se considerar a existência de situação análoga ao retorno do serviço ao Poder Público delegante (Pedido de Providências nº 000384-41.2010.2.00.0000, Rel. Ministro Gilson Dipp).*

O TJSE (Id 3329181) aduz *"que o afastamento para fins exercício de ocupação de cargo eletivo, por ser transitório, não exige a extinção da delegação. Todavia, melhor reflexão merece o tema nas hipóteses em que o ocupante do cargo eletivo opta por permanecer indefinidamente nesta atividade (reeleições, por exemplo), pois neste caso o afastamento, ainda que temporário mas sem marco final definido, causaria indesejável insegurança aos serviços notariais, que inevitavelmente estariam sendo conduzidos por delegatários interinos"*. Na mesma linha de pensamento, o TJAM (Id 3337726) entende que quando o titular do cargo ficasse por mais de 2 anos afastado, o tribunal poderia ter a opção de escolher a pessoa que iria o ocupar o cargo durante o impedimento.

O TJMA (Id 3334636) defende que *"considerando a interpretação dada pelo Supremo Tribunal Federal no julgamento do MS n. 27955 e a condição do titular das serventias extrajudiciais como agente particular colaborador (e não servidor público), estaria confirmado o entendimento da proibição de cumulação também para as funções públicas, bem como a ausência de previsão da Constituição Federal de afastamento para exercício de mandato eletivo, sem necessidade de desvinculação"*.

Demais disso, o TJMA (Id 3334636) sugere que *"durante a vigência do mandato eletivo, a serventia seja gerida por um terceiro interino designado pelo Poder Judiciário, aplicando-se as mesmas regras pertinentes a uma serventia em situação de vacância, notadamente em relação à remuneração do interino e recolhimento aos cofres públicos do valor excedente da arrecadação dos emolumentos."* No mesmo sentido: TJMT (Id 3337692); TJRO (Id 3337898); TJMS (Id 3340747); TJBA (Id 3341354); TJPB (Id 3482867). O TJAL (Id 3338006) entende que, em casos tais, *"os emolumentos devem ser percebidos pelo terceiro designado para responder interinamente pelo serviço extrajudicial, com observância do limite remuneratório previsto no art. 37, XI, da Constituição Federal"*. No mesmo sentido: TJPE (Id 3339280).

O TJPI (Id 3484597) entende que o exercício de atividade legislativa pelo delegatário importa na extinção do vínculo com o Poder Público.

Informaram que não há atualmente titulares de delegação extrajudicial outorgada pelo Tribunal em exercício de mandato eletivo: TJSP (Id 3263950); TJRR (Id 3266316); TJDFT (Id 3321630); TJSC (Id 3322208); TJSE (Id 3329181); TJMA (Id 3334636); TJPA (Id 3335877).

Noticiaram que há agentes delegatários afastados em virtude de cargo eletivo: 4 no TJPR (Id 3323211); 3 no TJPB (Id 3482868); 1 no TJRJ (Id 3323868), 1 no TJRO (Id 3337897); 1 no TJTO (Id 3339807), 1 no TJAP (Id 3335869), 1 no TJAL (Id 3338007), 1 no TJAM (Id 3565353) e 1 TJMT (Id 3337692), todos deixando parentes no cargo. O TJMG identificou 7 delegatários afastados, sendo que em 4 oportunidades o titular designou parente para atuar à frente da unidade extrajudicial (Id 3478043).

É o relatório.

Lei 8.935/1994

VOTO

A questão a ser respondida nestes autos cinge-se em saber se (a) seria aplicável a regra da exoneração da delegação aos registradores e notários que optarem por exercer cargo público eletivo, exceto o de vereador; (a.1) se positiva, se haveria necessidade de exoneração do registrador ou notário afastado para o exercício de mandato eletivo; ou (a.2) se negativa, se seria possível a designação de terceiro para responder pelo serviço extrajudicial, exclusivamente durante o período do exercício do mandato eletivo pelo notário ou registrador.

Diante da similitude de objetos entre este feito e o Pedido de Providências nº 0009976-31.2018.2.00.0000, da Corregedoria, meu antecessor, o então Conselheiro Valtércio de Oliveira, sugeriu o julgamento conjuntos de ambos (Id 3596806).

De antemão, esclareça-se que no processo apontado, a proposta era a de referendar o Provimento nº 78/2018, que dispôs sobre a compatibilidade da atividade notarial e de registro com o exercício simultâneo de mandato eletivo.

Nesta quadra, os procedimentos foram pautados para julgamento conjunto e na 309ª Sessão Ordinária, realizada no dia 28/4/2020, o PP mencionado foi apregoado em primeiro lugar e o resultado da deliberação acarretou na perda de objeto deste feito.

É que, conforme esclarecido pelo relator no voto do PP nº 0009971-31.2018.2.00.0000, após o início da votação, sobreveio informação sobre o julgamento do mérito da Ação Direta de Inconstitucionalidade nº 1.531, com efeitos incidentes sobre a questão em exame.

A ação de controle abstrato foi assim ementada:

Ação direta de inconstitucionalidade. 2. Artigo 25, § 2º, da Lei 8.935, de 18.11.1994. Afastamento das atividades notariais e de registro em virtude de diplomação em mandato eletivo. **Pretensão de que seja conferida interpretação conforme à Constituição ao dispositivo para que se admita o exercício do mandato de vereador municipal. Impossibilidade. 3. O art. 54 da Constituição Federal estabelece como regra a incompatibilidade da atividade legiferante com o exercício de função ou cargo em entidades públicas ou privadas que utilizem, gerenciem ou administrem dinheiros, bens e valores públicos. Exceções expressamente previstas no texto constitucional** (arts. 38, III; e 56, I). 4. Princípio da simetria. Aplicação aos mandatos de deputado estadual e vereador. Art. 27, § 1º, e art. 29, IX, da Constituição. 5. Art. 5º, XIII, c/c 22, XVI, da Constituição. Exigência de lei de competência da União para o estabelecimento de restrição ao livre exercício de qualquer trabalho, ofício ou profissão. 6. Art. 236, § 1º, c/c art. 22, XXV, da Constituição. Atribuição ao legislador ordinário federal para regular as atividades dos notários e dos oficiais de registro. **7. Previsão, por meio de lei federal, da incompatibilidade do exercício simultâneo da atividade estatal de notários e registradores, exercida por meio de delegação, com a atividade legiferante.** Possibilidade. 8. Revogação da medida cautelar concedida. 9. Ação direta de inconstitucionalidade julgada improcedente. (ADI 1531, Relator(a): Min. GILMAR MENDES, Tribunal Pleno, julgado em 03/10/2019, PROCESSO ELETRÔNICO DJe-065 DIVULG 19-03-2020 PUBLIC 20-03-2020) **(destaquei)**

Assim, o relator do PP nº 0009976-31.208.2.0000 vislumbrou a necessidade de adequar o Provimento, a ser referendado pelo Plenário deste Conselho, nos seguintes termos:

PROVIMENTO CNJ N. 78/2018. ATIVIDADE NOTARIAL E DE REGISTRO. QUESTÃO DE ORDEM. ADEQUAÇÃO AO JULGAMENTO DA ADI 1.531. EXERCÍCIO SIMULTÂNEO. INCOMPATIBILIDADAE. REFERENDO.

1. O Provimento CNJ n. 78, de 7 de novembro de 2018, dispõe sobre a compatibilidade da atividade notarial e de registro com o exercício simultâneo de mandato eletivo e dá outras providências.

2. Questão de ordem. Início da votação do Provimento n 78/2018, pelo Plenário do Conselho Nacional de Justiça. Posteriormente, o Supremo Tribunal Federal, por unanimidade, julgou improcedente a ADI 1531.

3. Mudança de paradigma, necessária adequação do Provimento 78/2018, sobretudo o § 1º do art. 1º, ao julgamento Ação Direta de Inconstitucionalidade.

4. O exercício de mandato eletivo não se constitui em um dos motivos ensejadores para a perda da delegação, consoante a inteligência dos arts. 31, 35 e 39, da Lei Federal n. 8.935/1994.

5. Art. 25 da Lei n. 8.935/1994, que expressa, em seu § 2º a obrigatoriedade do afastamento da atividade do notário ou registradores, diante da diplomação, na hipótese de mandato eletivo.

Provimento referendado pelo plenário do Conselho Nacional de Justiça.

Cabe registrar a seguinte passagem do voto:

Nesses termos, proponho ao colegiado as seguintes alterações ao Provimento 78:

1) Supressão do "6º Considerando" (CONSIDERANDO a decisão cautelar tomada pelo Tribunal Pleno do Supremo Tribunal Federal nos autos da ADI 1.531).

2) Supressão integral do § 1º do art. 1º (O notário e/ou registrador poderão exercer, cumulativamente, a vereança com a atividade notarial e/ou de registro, havendo compatibilidade de horários, e nos demais tipos de mandatos eletivos deverão se afastar da atividade segundo os termos do *caput*).

3) Transformação do § 2º em §1º, com alteração parcial do texto: "Quando do afastamento do delegatário para o exercício do mandato eletivo, a atividade será conduzida pelo escrevente substituto com a designação contemplada pelo art. 20, § 5º, da Lei Federal nº 8.935/1994."

São estas as propostas de alterações ao Provimento 78/2019.

Pela exposição, depreende-se que a prejudicialidade do presente pedido encontra-se nessa citação do voto, a qual normatiza o objeto desta consulta.

Pelo exposto, julgo prejudicada a presente consulta por perda de objeto.

Intimem-se. Após as comunicações de *praxe*, arquivem-se os autos.

Brasília, data registrada no sistema.

TÂNIA REGINA SILVA RECKZIEGEL

Conselheira relatora – – /(CNJ – Consulta nº 0006527-65.2018.2.00.0000 – Paraná – Rel. Cons. Tânia Regina Silva Reckziegel – DJ 05.05.2020)

EMENTA

PROVIMENTO CNJ N. 78/2018. ATIVIDADE NOTARIAL E DE REGISTRO. QUESTÃO DE ORDEM. ADEQUAÇÃO AO JULGAMENTO DA ADI 1.531. EXERCÍCIO SIMULTÂNEO. INCOMPATIBILIDADAE. REFERENDO.

1. O Provimento CNJ n. 78, de 7 de novembro de 2018, dispõe sobre a compatibilidade da atividade notarial e de registro com o exercício simultâneo de mandato eletivo e dá outras providências.

2. Questão de ordem. Início da votação do Provimento n. 78/2018 pelo Plenário do Conselho Nacional de Justiça. Posteriormente, o Supremo Tribunal Federal, por unanimidade, julgou improcedente a ADI 1531.

3. Mudança de paradigma, necessária adequação do Provimento 78/2018, sobretudo do § 1º do art. 1º, ao julgamento Ação Direta de Inconstitucionalidade.

4. O exercício *de mandato eletivo* não se constitui em um dos motivos ensejadores para a perda da delegação, consoante a inteligência dos arts. 31, 35 e 39 da Lei Federal n. 8.935/1994.

5. Art. 25 da Lei n. 8.935/1994, que expressa, em seu § 2º a obrigatoriedade do afastamento da atividade do notário ou registradores, diante da diplomação, na hipótese de mandato eletivo. Provimento referendado pelo plenário do Conselho Nacional de Justiça.

Após o voto da Conselheira Candice L. Galvão Jobim (vistora), o Conselho, por maioria, acatou a proposta da Conselheira Maria Tereza Uille Gomes, aceita pelo Relator, para adequar o Provimento n. 78/CNJ à decisão do STF. Vencidos os Conselheiros Candice L. Galvão Jobim, Mário Guerreiro, Maria Cristiana Ziouva, Ivana Farina Navarrete Pena e Marcos Vinícius Jardim Rodrigues. Votou o Presidente. Presidiu o julgamento o Ministro Dias Toffoli. Plenário, 28 de abril de 2020. Presentes à sessão os Excelentíssimos Senhores Conselheiros Dias Toffoli, Humberto Martins, Emmanoel Pereira, Luiz Fernando Tomasi Keppen, Rubens Canuto, Tânia Regina Silva Reckziegel, Mário Guerreiro, Candice L. Galvão Jobim, Flávia Pessoa, Maria Cristiana Ziouva, Ivana Farina Navarrete Pena, Marcos Vinícius Jardim Rodrigues, André Godinho, Maria Tereza Uille Gomes e Henrique Ávila.

RELATÓRIO

O EXMO. SR. MINISTRO HUMBERTO MARTINS, CORREGEDOR NACIONAL DE JUSTIÇA (Relator):

Cuida-se de pedido de providências instaurado de ofício pela Corregedoria Nacional de Justiça em decorrência do despacho proferido pelo Exmo. Sr. Juiz Alexandre Chini, Juiz Auxiliar da Corregedoria Nacional de Justiça (Id. 3481498).

O presente procedimento objetiva compatibilizar a atividade notarial e de registro com o exercício simultâneo de mandato eletivo.

É, no essencial, o relatório.

VOTO

O EXMO. SR. MINISTRO HUMBERTO MARTINS, CORREGEDOR NACIONAL DE JUSTIÇA (Relator):

Cuida-se de pedido de providências instaurado de ofício pela Corregedoria Nacional de Justiça, objetivando compatibilizar a atividade notarial e de registro com o exercício simultâneo de mandato eletivo.

QUESTÃO DE ORDEM:

Posteriormente ao início da votação, veio a informação sobre o julgamento do mérito da ADI 1.531, cuja decisão liminar fundamentou a redação do Provimento em análise.

Considerando que o Plenário decidiu o mérito da questão, necessária se faz a adequação do Provimento ao julgamento final da matéria, pelo que, já tendo iniciado este julgamento, proponho a seguinte questão de ordem, que deverá ser submetida ao Plenário:

ADEQUAÇÃO NECESSÁRIA DO PROVIMENTO 78/2018 AO JULGAMENTO DA ADI 1.531

O Provimento 78/2018, em seu art. 1º, § 1º, dispõe que o notário e/ou registrador poderão exercer, cumulativamente, a vereança com a atividade notarial e/ou de registro, havendo compatibilidade de horários, e, nos demais tipos de mandatos eletivos, deverão se afastar da atividade segundo os termos do *caput*.

A redação do referido dispositivo teve como fundamento a decisão proferida pelo Plenário do Supremo Tribunal Federal, que, ao analisar, em sede cautelar, em 24/6/1999, a constitucionalidade do art. 25, § 2º, da Constituição Federal no âmbito da ADI 1.531, assim decidiu:

"PROSSEGUINDO NO JULGAMENTO, O TRIBUNAL, POR MAIORIA, DEFERIU, EM PARTE, O PEDIDO DE MEDIDA LIMINAR, PARA, SEM REDUÇÃO DE TEXTO, DAR INTERPRETAÇÃO CONFORME À CONSTITUIÇÃO FEDERAL AO § 2º DO ART. 25, DA LEI Nº 8.935, DE 18/11/1994, PARA EXCLUIR DE SUA INCIDÊNCIA A HIPÓTESE DO ART. 38, III, PRIMEIRO PARTE, DA CARTA MAGNA, VENCIDOS OS SRS. MINISTROS SYDNEY SANCHES (RELATOR), NELSON JOBIM, ILMAR GALVÃO E SEPÚLVEDA PERTENCE. VOTOU O PRESIDENTE. AUSENTE, JUSTIFICADAMENTE, O SR. MINISTRO CARLOS VELLOSO (PRESIDENTE). PRESIDIU O JULGAMENTO O SR. MINISTRO MARCO AURÉLIO (VICEPRESIDENTE)."

Ocorre que o Supremo Tribunal Federal, por unanimidade, julgou improcedente a ADI 1531 no dia 3/10/2019 (publicação do acordão 20/3/2020). Assim, diante da mudança de paradigma, necessário se faz adequar o Provimento 78/2018, sobretudo o § 1º do art. 1º, ao julgamento da referida Ação Direta de Inconstitucionalidade, assim ementada:

AÇÃO DIRETA DE INCONSTITUCIONALIDADE. 2. ARTIGO 25, § 2º, DA LEI 8.935, DE 18.11.1994. AFASTAMENTO DAS ATIVIDADES NOTARIAIS E DE REGISTRO EM VIRTUDE DE DIPLOMAÇÃO EM MANDATO ELETIVO. PRETENSÃO DE QUE SEJA CONFERIDA INTERPRETAÇÃO CONFORME À CONSTITUIÇÃO AO DISPOSITIVO PARA QUE SE ADMITA O EXERCÍCIO DO MANDATO DE VEREADOR MUNICIPAL. IMPOSSIBILIDADE. 3. O ART. 54 DA CONSTITUIÇÃO FEDERAL ESTABELECE COMO REGRA A INCOMPATIBILIDADE DA ATIVIDADE LEGIFERANTE COM O EXERCÍCIO DE FUNÇÃO OU CARGO EM ENTIDADES PÚBLICAS OU PRIVADAS QUE UTILIZEM, GERENCIEM OU ADMINISTREM DINHEIROS, BENS E VALORES PÚBLICOS. EXCEÇÕES EXPRESSAMENTE PREVISTAS NO TEXTO CONSTITUCIONAL (ARTS. 38, III; E 56, I). 4. PRINCÍPIO DA SIMETRIA. APLICAÇÃO AOS MANDATOS DE DEPUTADO ESTADUAL E VEREADOR. ART. 27, § 1º, E ART. 29, IX, DA CONSTITUIÇÃO. 5. ART. 5º, XIII, C/C 22, XVI, DA CONSTITUIÇÃO. EXIGÊNCIA DE LEI DE COMPETÊNCIA DA UNIÃO PARA O ESTABELECIMENTO DE RESTRIÇÃO AO LIVRE EXERCÍCIO DE QUALQUER TRABALHO, OFÍCIO OU PROFISSÃO. 6. ART. 236, § 1º, C/C ART. 22, XXV, DA CONSTITUIÇÃO. ATRIBUIÇÃO AO LEGISLADOR ORDINÁRIO FEDERAL PARA REGULAR AS ATIVIDADES DOS NOTÁRIOS E DOS OFICIAIS DE REGISTRO. 7. PREVISÃO, POR MEIO DE LEI FEDERAL, DA INCOMPATIBILIDADE DO EXERCÍCIO SIMULTÂNEO DA ATIVIDADE ESTATAL DE NOTÁRIOS E REGISTRADORES, EXERCIDA POR MEIO DE DELEGAÇÃO, COM A ATIVIDADE LEGIFERANTE. POSSIBILIDADE. 8. REVOGAÇÃO DA MEDIDA CAUTELAR CONCEDIDA. 9. AÇÃO DIRETA DE INCONSTITUCIONALIDADE JULGADA IMPROCEDENTE.

Nesses termos, proponho ao colegiado as seguintes alterações ao Provimento 78/2018:

1) Supressão do "6º Considerando" (CONSIDERANDO a decisão cautelar tomada pelo Tribunal Pleno do Supremo Tribunal Federal nos autos da ADI 1.531).

2) Supressão integral do § 1º do art. 1º (O notário e/ou registrador poderão exercer, cumulativamente, a vereança com a atividade notarial e/ou de registro, havendo compatibilidade de horários, e, nos demais tipos de mandatos eletivos, deverão se afastar da atividade segundo os termos do *caput*).

3) Transformação do § 2º em § 1º, com alteração parcial do texto:

"Quando do afastamento do delegatário para o exercício do mandato eletivo, a atividade será conduzida pelo escrevente substituto com a designação contemplada pelo art. 20, § 5º, da Lei Federal n. 8.935/1994."

São estas as propostas de alteração ao Provimento 78/2018.

Não sendo acatada pelo Plenário a Questão de Ordem ora levantada, no mérito permanece o voto nos seguintes termos:

É mister destacar que as serventias extrajudiciais são, *lato sensu*, órgãos públicos, podendo ser definidos como centros de competência estatal instituídos para o desempenho de funções garantidoras da autenticidade, publicidade, segurança e eficácia dos atos jurídicos, mediante a prática de atos revestidos de fé pública, por meio de agentes públicos delegados, cuja atuação é imposta indiretamente à pessoa jurídica a que estão vinculados, no caso os estados e o Distrito Federal.

O tema foi incorporado à Constituição Federal, quando define a competência do Conselho Nacional de Justiça no art. 103-B, § 4º, inciso III, *in verbis*:

"Poderá receber e conhecer de reclamações contra membros ou Órgãos do Poder Judiciário, inclusive contra seus Serviços Auxiliares, Serventias e Órgãos prestadores de serviços notariais e de registro que atuem por delegação do poder público ou oficializados (...) A delegação, geralmente, é uma forma de repasse da execução de determinado serviço de utilidade pública a uma pessoa estranha ao organismo estatal. O que em doutrina modernamente se tem denominado de "técnica administrativa de descentralização". Ocorre, porém, que os delegatários de serviços notariais e de registro não oficializados são chamados a executar um serviço de utilidade pública dentro do organismo estatal, titularizando Serventias criadas por lei, mediante a "técnica administrativa de desconcentração." (OLIVEIRA, CLÁUDIO BRANDÃO DE. *Consolidação Normativa da Corregedoria Geral da Justiça – RJ*, Rio de Janeiro, DP&A, 2001, pág. 122.)

O festejado Professor Celso Antônio Bandeira de Mello já teve a oportunidade de se manifestar sobre o tema:

"Deveras: a delegação – justamente por sê-lo – não se confunde com uma simples habilitação, ou seja, com um ato meramente recognitivo de atributos pessoais para o desempenho de funções de tal gênero. Dita habilitação (aferida no concurso público que a precede, cf. § 3º do art. 236 da CF e que, demais disto, aponta o melhor dos candidatos) é apenas um pressuposto da investidura nas funções em causa. A delegação, propriamente dita, é ato sucessivo ao concurso e seu alcance, seu significado, é precisamente o de adjudicar um determinado "serviço" (em rigor, o exercício dele) – ou seja, aquela unidade que o substancia – à cura de um dado sujeito. ***Aliás, uma vez efetuada, "os notários e oficiais de registro (...) só perderão a delegação nas hipóteses previstas em lei" (art. 28 da lei), isto é, por "I – sentença judicial transitada em julgado; ou II – decisão decorrente de processo administrativo assegurada ampla defesa" (art. 35), bem como nos casos de morte, aposentadoria facultativa, invalidez, renúncia (art. 39).***

(...)

Com efeito, as serventias não são criadas pelo ato de delegação, nem são suprimidas nas hipóteses em que esta se extingue.

Pelo contrário: as serventias antecedem a possibilidade de delegação e persistem existindo mesmo depois de cessada uma dada delegação feita a alguém para exercer a titularidade da serventia, pois têm de haver sido antes regularmente criadas tal como em Direito se criam os centros públicos de atribuições – e nesta mesma conformidade se extinguem, por igual processo, segundo o princípio geral da correlatividade de forma. Aliás, isto está claríssimo na Lei 8.935, tanto que esta distingue hipóteses de extinção da delegação e extinção da serventia. Assim, o art. 39 arrola os casos de extinção da delegação, prevendo que, neste caso, enquanto "vago" o "serviço" e não implementado o concurso para preenchê-lo, será designado substituto para responder por ele." (https://www.irib.org.br/obras/a-competencia-para-criacao-e- extincao-de-servicos-notariais- -e-de-registros-e- para-provimento-desses-servicos). (Grifo meu.)

O art. 25 da Lei Federal n. 8.935/1994 preconiza:

"Art. 25. O exercício da atividade notarial e de registro é incompatível com o da advocacia, o da intermediação de seus serviços ou o de qualquer cargo, emprego ou função públicos, ainda que em comissão.

§ 1º (Vetado).

§ 2º A diplomação, na hipótese de mandato eletivo, e a posse, nos demais casos, implicará no afastamento da atividade."

Constata-se, de pronto, que o exercício *de mandato eletivo* não se constitui em um dos motivos ensejadores para a perda da delegação, consoante a inteligência dos arts. 31, 35 e 39 da Lei Federal n. 8.935/1994.

O indigitado art. 25 da Lei n. 8.935/1994 expressa, em seu § 2º, a possibilidade de afastamento da atividade, diante da diplomação, na hipótese de mandato eletivo, pois, de um modo geral, os cidadãos – consideradas as condições de elegibilidade e as inelegibilidades previstas na Constituição Federal e em lei complementar – estão habilitados a credenciar-se ao sufrágio universal, quer como eleitores, quer como candidatos.

A doutrina autorizada já teve a oportunidade de analisar o dispositivo em comento, *in verbis:*

"A incompatibilidade das funções indicadas no art. 25 proíbe ao titular da serventia a nomeação, o exercício (ainda que suspenso por licença ou afastamento sem vencimento) ou o comissionamento para qualquer cargo, emprego ou função públicos, e tem caráter absoluto.

A formalização da conquista do mandato eletivo se faz, na conformidade do que determina a lei eleitoral, pela entrega, ao candidato do diploma, que assim o caracteriza como representante do povo, em face da comunidade que o escolheu. O momento no qual o serventuário é automaticamente afastado do exercício de suas funções é o da expedição do diploma, cujas características são indicadas nos arts. 215 a 218 do Código Eleitoral." (Ceneviva, WALTER. LEI DOS NOTÁRIOS E DOS REGISTRADORES COMENTADA, LEI N. 8.935/94-6.ed.rev.e atual. – São Paulo: Saraiva, 2007.págs. 152 e 155.)

Nesse sentido, o Tribunal Superior Eleitoral já pontificou que o titular de serventia extrajudicial deve desincompatibilizar-se:

"CONSULTA. DEPUTADO FEDERAL. DESINCOMPATIBILIZAÇÃO. TITULAR DE SERVENTIA EXTRAJUDICIAL. APLICAÇÃO DO ART. 1º, II, I, DA LEI COMPLEMENTAR Nº 64/1990. 1. O titular de serventia extrajudicial por ser, no exercício de suas atividades, servidor público em sentido amplo, deve se afastar de suas funções até três meses antes das eleições, conforme o disposto no art. 1º, II, I, da Lei Complementar n. 64/1990 (AREsp n. 23.696/MG, Rel. Min. Gilmar Ferreira Mendes, Sessão de 11.10.2004; AREsp n. 22.668/GO, Rel. Min. Carlos Mário da Silva Velloso, Sessão de 19.9.2004; REsp n. 22.060/PR, Rel. Min. Francisco Peçanha Martins, Sessão de 2.9.2004; Cta 14.239/DF, Rel. Min. Antônio de Pádua Ribeiro, DJ de 16.9.1994). 2. Consulta conhecida e respondida nos termos do art. 1º, II, I, da Lei nº 64/1990." (Cta n. 304-44/DF, Rel. Min. Aldir Passarinho Junior, DJE de 24/5/2010 – Resolução n. 23.257.)

O egrégio Supremo Tribunal Federal já fixou a distinção jurídica dos notários e registradores em relação aos demais ocupantes de cargos e funções públicas:

"AÇÃO DIRETA DE INCONSTITUCIONALIDADE. PROVIMENTO N. 055/2001 DO CORREGEDOR-GERAL DE JUSTIÇA DO ESTADO DE MINAS GERAIS. NOTÁRIOS E REGISTRADORES. REGIME JURÍDICO DOS SERVIDORES PÚBLICOS. INAPLICABILIDADE. EMENDA CONSTITUCIONAL N. 20/98. EXERCÍCIO DE ATIVIDADE EM CARÁTER PRIVADO POR DELEGAÇÃO DO PODER PÚBLICO. INAPLICABILIDADE DA APOSENTADORIA COMPULSÓRIA AOS SETENTA ANOS. INCONSTITUCIONALIDADE. *1. O artigo 40, § 1º, inciso II, da Constituição do Brasil, na Redação que lhe foi conferida pela EC 20/98, está restrito aos cargos efetivos da União, dos Estadosmembros, do Distrito Federal e dos Municípios – incluídas as autarquias e fundações. 2. Os serviços de registros públicos, cartorários e notariais são exercidos em caráter privado por delegação do Poder Público – serviço público não-privativo. 3. Os notários e os registradores exercem atividade estatal, entretanto não são titulares de cargo público efetivo, tampouco ocupam cargo público.* ***Não são servidores públicos****, não lhes alcançando a compulsoriedade imposta pelo mencionado artigo 40 da CB/88 – aposentadoria compulsória aos setenta anos de idade. 4. Ação direta de inconstitucionalidade julgada procedente."* (ADI – 2602, Rel. Joaquim Barbosa, Redator para o acórdão Min. Eros Grau, Pleno, maioria, DJ 31.3.2006 – grifo meu.)

O Plenário do Supremo Tribunal Federal já teve a oportunidade de analisar, em sede cautelar, em 24/6/1999, a constitucionalidade do art. 25, § 2º, da Constituição Federal no âmbito da ADI 1.531, atualmente sob a Relatoria do Ministro Gilmar Mendes, *in verbis:*

"PROSSEGUINDO NO JULGAMENTO, O TRIBUNAL, POR MAIORIA, DEFERIU, EM PARTE, O PEDIDO DE MEDIDA LIMINAR, PARA, SEM REDUÇÃO DE TEXTO, DAR INTERPRETAÇÃO CONFORME À CONSTITUIÇÃO FEDERAL AO § 2º DO ART. 25, DA LEI Nº 8.935, DE 18/11/1994, PARA EXCLUIR DE SUA INCIDÊNCIA A HIPÓTESE DO ART. 38, III, PRIMEIRO PARTE, DA CARTA MAGNA, VENCIDOS OS SRS MINISTROS SYDNEY SANCHES (RELATOR), NELSON JOBIM, ILMAR GALVÃO E SEPÚLVEDA PERTENCE. VOTOU O PRESIDENTE. AUSENTE, JUSTIFICADAMENTE, O SR. MINISTRO CARLOS VELLOSO (PRESIDENTE). PRESIDIU O JULGAMENTO O SR. MINISTRO MARCO AURÉLIO (VICEPRESIDENTE)."

Assim sendo, invocando a técnica da interpretação conforme a Constituição, recomendou o Pretório Excelso, notadamente quanto à parte final do art. 25, § 2º, da Lei n. 8.935/1994 – cuja redação parecia inafastável: *"implicará o afastamento da atividade"* – que o sentido a ser observado para essa norma, que a torna constitucional, é o seguinte: a) é possível que notários e registradores exerçam mandatos eletivos em geral, desde que se afastem de sua atividade; b) quanto ao caso específico de mandato eletivo para vereador, é possível seu exercício, sem a necessidade de afastamento de sua atividade, desde que haja compatibilidade de horários.

No Estado de São Paulo, a egrégia Corregedoria-Geral da Justiça aprovou parecer com caráter normativo – *nos autos do Processo CG n. 115/2000, parecer aprovado em 22/10/2001* – encampando, em síntese, o entendimento do Supremo Tribunal Federal e destacando a possibilidade de notários e registradores investirem-se no mandato de vereador, bastando que haja compatibilidade de horários e que tal investidura não importe na obrigatoriedade de afastamento das atividades delegadas.

Em 2004, o "Tribunal da Cidadania", ratificando que vereador pode acumular atividades públicas (inclusive a de notário e registrador), desde que haja compatibilidade de horários, proferiu a seguinte decisão:

"Em primeiro lugar, entendo que os preceitos limitadores do exercício dos direitos políticos merecem somente interpretação estrita. *De um modo geral, os cidadãos, consideradas as condições de elegibilidade e as de inelegibilidade previstas na Carta da República e em lei complementar, estão habilitados a credenciar-se ao sufrágio universal, quer como eleitores, quer como candidatos. Ora, de acordo com o artigo 236 da Constituição Federal, os serviços notariais e de registro são exercidos em caráter privado por delegação do poder público.* ***Já aqui não exsurge com a indispensável razoabilidade dispositivo de lei ordinária que restrinja, em face do desenvolvimento de atividade em caráter privado, o direito político de, sem quebra da continuidade do exercício notarial, vir o titular a exercer função política.*** *Todavia, conforme salientado por aqueles que concluíram no sentido da concessão da liminar, esta Corte, no campo da ficção jurídica e a meu ver, com a devida vênia, à margem do texto do caput do artigo 236 referido, enquadrou os notários como servidores públicos lato sensu. Fê-lo relativamente a uma limitação constitucional, isto é, a aposentadoria compulsória aos setenta anos. Como, então, a esta altura,* *afastar a pertinência de regra constitucional que encerra o benefício da continuidade nos serviços notariais, uma vez assentada a compatibilidade de horário, quando investido o oficial em mandato de vereador? O conflito de enfoques foi bem apanhado pelos Ministros Maurício Corrêa, Octavio Gallotti, Néri da Silveira e Carlos Velloso. Tenderia a perfilhar com o Ministro Sepúlveda Pertence, que, de forma absolutamente coerente, apontou não se aplicar ao notário a regra do inciso III do artigo 38 da Constituição Federal. Não obstante, basta-me, no caso, considerar a ausência de razoabilidade constitucional, no que o § 2º do artigo 25 da Lei Federal nº 8.935, de 18 de novembro de 1994, impôs o afastamento da atividade na hipótese de acesso, pelo oficial, a mandato eletivo." **Ao que se tem afastado o óbice legal, inserto no artigo 25, parágrafo 2º, da Lei dos Cartórios, da pretensão de cumular atividade notarial com a função de vereador, induvidoso o direito líquido e certo do recorrente à pretendida acumulação, à luz dos artigos 37, inciso XVI e 38, inciso III da Constituição Federal.** Pelo exposto, dou provimento ao recurso para autorizar a permanência do recorrente na titularidade do Tabelionato, no período em que exercer o mandato eletivo de vereador do Município de Sarandi. É O VOTO."* (RECURSO ORDINÁRIO EM MS N. 15.161, Sexta Turma, Rel. Min. HAMILTON CARVALHIDO, DJ de 21/6/2004 – grifo meu.)

Assim sendo, conclui-se que, quando o notário e/ou registrador desejar exercer mandato eletivo (considerando o pressuposto do exercício pleno da sua cidadania, dos seus direitos políticos e da supremacia do interesse público), poderá exercer, cumulativamente, a vereança com a atividade notarial e/ou de registro, havendo compatibilidade de horários, e, nos demais mandatos, desde a diplomação, deverá se afastar da atividade (nesse caso, a atividade será conduzida pelo escrevente substituto com a designação contemplada pelo art. 20, § 5º, da Lei Federal n. 8.935/1994: *"Dentre os substitutos, um deles será designado pelo notário ou oficial de registro para responder pelo respectivo serviço nas ausências e nos impedimentos do titular"*).

Contudo, em todas as hipóteses, deve-se garantir ao notário e registrador exercente de mandato eletivo o direito à percepção integral dos emolumentos gerados em decorrência da atividade notarial e/ou registral delegada, sob pena de sofrer injusto agravamento de sua situação econômica pessoal por desempenhar mandato determinado pela soberania popular.

Ressalte-se que tais iniciativas não acarretam a perda nem renúncia de sua delegação, apenas afastamento, com retorno imediato às funções originais quando do fim do fato gerador do impedimento.

Dessarte, é de bom alvitre que a Corregedoria Nacional de Justiça possa regular a matéria segundo o seu poder discricionário. O grande administrativista brasileiro Hely Lopes Meirelles já pontificava que *"a atividade discricionária encontra plena justificativa na impossibilidade de o legislador catalogar na lei todos os atos que a prática administrativa exige. O ideal seria que a lei regulasse minuciosamente a ação administrativa, modelando cada um dos atos a serem praticados pelo administrador; mas, como isto não é possível, dadas a multiplicidade e diversidade dos fatos que pedem pronta solução ao Poder Público, o legislador somente regula a prática de alguns atos administrativos que reputa de maior relevância, deixando o cometimento dos demais ao prudente critério do administrador"*. (MEIRELLES, HELY LOPES, *Direito Administrativo Brasileiro*, 25ª edição, São Paulo, Malheiros, 2000, págs. 110 e 111.)

Por isso tudo, é inequívoca e, de resto, altamente recomendável a edição de provimento, na forma do art. 14, inciso I, do Regulamento Geral da Corregedoria Nacional de Justiça (aprovado pela Portaria n. 21, de 10 de agosto de 2009, alterada pela Portaria n. 121, de 6 de setembro de 2012), que disponha sobre a compatibilidade da atividade notarial e de registro com o exercício simultâneo de mandato eletivo

MINISTRO HUMBERTO MARTINS

Corregedor Nacional de Justiça

VOTO DIVERGENTE

Trata-se de Pedido de Providências instaurado de ofício pela Corregedoria Nacional de Justiça, o qual culminou com a edição do Provimento 78/2018 que regulamenta as consequências da assunção de mandato eletivo por delegatário de serviço extrajudicial. Iniciada a apreciação da matéria pelo Plenário, adveio decisão de mérito na ADI 1531, de relatoria do Min. Gilmar Mendes, razão pela qual o Relator apresenta Questão de Ordem, a fim de adequar o Provimento 78/2018 aos termos da referida decisão.

A matéria objeto do Provimento está disciplinada pelo art. 25, §2º, da Lei nº 8.935/94, de seguinte teor:

Art. 25. O exercício da atividade notarial e de registro é incompatível com o da advocacia, o da intermediação de seus serviços ou o de qualquer cargo, emprego ou função públicos, ainda que em comissão.

§ 1º (Vetado).

§ 2º **A diplomação, na hipótese de mandato eletivo**, e a posse, nos demais casos, **implicará no afastamento da atividade.**

Após as alterações promovidas pelo Corregedor no Provimento 78/2018, verifico que, enquanto a norma do art. 1º do referido Provimento determina o afastamento do notário eleito da atividade notarial desde a diplomação, como já previsto no art. 25, §2º, da Lei 8935/94, os seus parágrafos inovam.

A norma do § 1º do art. 1º do Provimento 78/2018 prevê que, em tal hipótese de afastamento, a atividade será conduzida por escrevente substituto nos termos do art. 20, § 5º, da Lei Federal nº 8.935/1994 e a do § 2º permite que o notário afastado tenha direito à percepção integral dos emolumentos gerados em decorrência da atividade notarial e/ou registral que lhe foi delegada.

No entanto, pedindo vênia ao Relator, entendo que, para a adequação do Provimento aos termos do decidido na ADI 1531, as normas insertas nos §§ 1º e 2º do art. 1º do Provimento merecem disciplina diversa.

Explico.

Por meio da ADI 1531, o Partido Progressista Brasileiro,sob alegação de violação à norma do art. 38, III, da Constituição Federal, pretendia a declaração de inconstitucionalidade da norma do art. 25, §2º, da Lei 8935/94, a fim de estender aos notários a disciplina do art. 38 da Constituição Federal, de forma a aplicar a estes as mesmas exceções quanto à acumulação/opção de remuneração prevista para os servidores públicos.

Transcrevo, por oportuno, o art. 38 da Constituição Federal:

Art. 38. Ao servidor público da administração direta, autárquica e fundacional, no exercício de mandato eletivo, aplicam-se as seguintes disposições: (Redação dada pela Emenda Constitucional nº 19, de 1998)

I – tratando-se de mandato eletivo federal, estadual ou distrital, ficará afastado de seu cargo, emprego ou função;

II – investido no mandato de Prefeito, será afastado do cargo, emprego ou função, sendo-lhe facultado optar pela sua remuneração;

III – investido no mandato de Vereador, havendo compatibilidade de horários, perceberá as vantagens de seu cargo, emprego ou função, sem prejuízo da remuneração do cargo eletivo, e, não havendo compatibilidade, será aplicada a norma do inciso anterior;

IV – em qualquer caso que exija o afastamento para o exercício de mandato eletivo, seu tempo de serviço será contado para todos os efeitos legais, exceto para promoção por merecimento;

V – para efeito de benefício previdenciário, no caso de afastamento, os valores serão determinados como se no exercício estivesse.

V – na hipótese de ser segurado de regime próprio de previdência social, permanecerá filiado a esse regime, no ente federativo de origem. (grifei)

Conquanto ao apreciar a liminar o STF tenha conferido à norma do art. 25, §2º, da Lei 8935/94 interpretação que exclui de sua área de incidência a hipótese do inciso III do art. 38, ao examinar o mérito da ADI a Corte Suprema concluiu em sentido oposto.

Sob a relatoria do Min. Gilmar Mendes, consignou o STF pela improcedência da ADI, sob o fundamento de que os serventuários de cartório praticam atos que são da competência do Estado, prestando tais serviços sob a fiscalização do Poder Judiciário, mas em nome próprio e segundo normas específicas. E esta norma específica (Lei 8.935/94), por autorização do art. 236 da Constituição Federal, de acordo com o STF, pode estabelecer limitações distintas daquelas estabelecidas a quem exerce o cargo de servidor público.

Lei 8.935/1994

Na dicção do Ministro Gilmar Mendes, no voto condutor do acórdão "a disposição de lei ora analisada nada mais faz do que dispor sobre as condições para exercício da profissão de notário e registrador, estabelecendo cláusula de incompatibilidade de exercício simultâneo dessa atividade com mandato eletivo, por entendê-lo prejudicial ao desempenho de ambas as atividades".

Assim, concluiu o STF pela constitucionalidade do art. 25, §2º, da Lei 8935/94, editado no exercício da competência legislativa da União, porque a disciplina do art. 38 da CF não é aplicável aos notários, não havendo, assim, a alegada mácula na norma impugnada.

Ao assim decidir, o STF entendeu pela possibilidade de que a lei específica (8.935/94) não estendesse aos notários a possibilidade de opção da remuneração, facultada aos servidores públicos pelo inciso II do art. 38, no caso de eleição para cargo de prefeito, nem tampouco a possibilidade de acumulação de vencimentos, permitida pelo art. 38, III, da CF aos servidores públicos eleitos para o cargo de vereador, inicialmente deferida na decisão liminar.

A respeito, transcrevo trecho do voto do Min. Gilmar Mendes, relator da ADI 1531, em que se refere à atividade notarial e de registro:

Assim, referida atividade, sujeita a regime jurídico de caráter privado, é essencialmente distinta da atividade exercida por servidores públicos ocupantes de cargo efetivo e com ela não se confunde.

Nesses termos, **não incidem sobre a atividade notarial e de registro as restrições impostas – com suas respectivas exceções – aos servidores públicos da administração direta, autárquica e fundacional, conforme previsão do art. 38 e incisos da Constituição**, que assim dispõe:

"Art. 38. Ao servidor público da administração direta, autárquica e fundacional, no exercício de mandato eletivo, aplicam-se as seguintes disposições:

I – tratando-se de mandato eletivo federal, estadual ou distrital, ficará afastado do seu cargo, emprego ou função;

II – investido em mandato de Prefeito, será afastado do cargo, emprego ou função, sendo-lhe facultado optar pela sua remuneração;

III – investido no mandato de Vereador, havendo compatibilidade de horários, perceberá a vantagem de seu cargo, emprego ou função, sem prejuízo da remuneração do cargo eletivo, e, não havendo compatibilidade, será aplicada a norma do incido anterior;

IV – em qualquer caso que exija o afastamento para o exercício de mandato eletivo, seu tempo de serviço será contado para todos os efeitos legais, exceto para promoção por merecimento;

V – para efeito de benefício previdenciário, no caso de afastamento, os valores serão determinados como se no exercício estivesse."

Assim, **sendo a norma destinada apenas aos servidores públicos da Administração direta e de autarquias e fundações, não se aplica o parâmetro constitucional apontado como violado aos titulares de cartórios de notas e registros.**

(...) (grifei)

Também o voto do Ministro vistor, Alexandre de Moraes, é claro ao afastar a aplicação do art. 38 da CF aos notários e registradores, consignando "que o citado dispositivo não tem aplicação no caso dos notários e registradores, uma vez que estes não são abarcados pelo conceito de servidor público" e que " a União exerceu amplamente a competência legislativa prevista no art. 236, § 1º, da CF ao editar a Lei 8.935/1994, que prevê, em seu art. 25, § 2º, o afastamento do delegatário da atividade se for diplomado em cargo público eletivo."

Se, conforme expressamente assentado pelo STF, aos notários não se aplica a disciplina do art. 38 da CF, que em seu inciso II permite **a opção de remuneração**, no caso de eleição para prefeito, e em seu inciso III, no tocante ao cargo de vereador, permite o acúmulo das funções **sem prejuízo da remuneração**, se houver compatibilidade de horário, não há como se entender possível a acumulação de vencimentos e emolumentos no caso de exercício dos demais cargos eletivos pelo notário ou registrador ou sequer a opção remuneratória, sobretudo diante da inexistência de norma infraconstitucional que preveja tal acumulação/opção remuneratória.

Ademais, ainda da leitura dos votos proferidos no julgamento da ADI 1531, extrai-se haver o STF consignado expressamente que o exercício da atividade notarial atrai as incompatibilidades previstas no art. 54, da Constituição Federal, considerada a natureza jurídica tributária, na modalidade taxa, dos emolumentos.

Transcrevo, a respeito trecho do voto do Ministro Gilmar Mendes:

"Note-se que a regra geral prevista na Constituição Federal é o afastamento do exercente do mandato eletivo de qualquer relação funcional, empregatícia ou contratual com a Administração Pública direta e indireta, e que o próprio texto constitucional prevê expressamente as exceções que admite. Tais restrições devem ser interpretadas restritivamente, sob pena de desvirtuamento dos objetivos buscados pelo constituinte originário quando do estabelecimento dos impedimentos mencionados.

Conforme já ressaltado, a natureza jurídica dos serviços de registros públicos, cartorários e notariais é de atividade jurídica própria do Poder Público, delegada a pessoa natural para seu exercício, após aprovação em concurso público de provas e títulos. É, então, função pública lato sensu, não privativa do Estado, destinada a práticas de atos imbuídos de fé pública e exercida sob exclusiva fiscalização do Poder Judiciário.

Sua atividade, portanto, acarreta o aproveitamento de particularidades dos setores público e privado, uma vez que as serventias extrajudiciais, além de atuarem de forma independente, sem relação hierárquica, podem auferir lucros pela percepção de emolumentos fixados em lei. No entanto, seus atos são passíveis de impugnação na esfera administrativa, e o desvio de atribuições pode ocasionar, inclusive, a suspensão ou extinção da delegação.

Nesses termos, embora o titular de cartório extrajudicial não ocupe cargo público, exerce atividade típica de Estado por delegação. Ademais, sua remuneração é decorrente da percepção de emolumentos, os quais possuem natureza jurídica tributária de taxa, conforme assente jurisprudência desta Corte (ADI 1.148, de minha relatoria, Dje 2.11.2015).

Conclui-se assim, que o titular de cartório extrajudicial exerce atividade estatal e é remunerado por receita pública, atraindo a incidência das incompatibilidades previstas no art. 54 da Constituição.

Ademais, note-se que eventual exercício de mandato parlamentar poderia infringir até mesmo o princípio da separação de poderes insculpido no art. 2º da Constituição, porquanto o notário ou registrador, além de exercer a atividade legiferante, estaria submetido, simultaneamente, ao controle e fiscalização do Poder Judiciário quanto às atividades desempenhadas no cartório extrajudicial".

Verifica-se, ainda, que o voto do Ministro vistor, Alexandre de Moraes, também menciona esta incompatibilidade ao afirmar:

Como bem observado pelo eminente Relator, **o mandamento legal se compatibiliza perfeitamente com a diretriz normativa insculpida no art. 54 da CF, cujo conteúdo material revela uma nítida intenção do Legislador Constituinte de vedar, como regra, o exercício de atividade parlamentar e o desempenho de funções, de natureza pública ou particular, que envolvam a administração ou o gerenciamento de bens e valores públicos.**

No caso, as atividades notariais e de registro são remuneradas por meio de emolumentos, os quais possuem natureza jurídica tributária de taxa (ADI 3694, Min. SEPÚLVEDA PERTENCE, DJ de 6/11/2006; ADI 2653, Min. CARLOS VELLOSO, DJ de 31/10/2003; ADI 2129 MC, Min. EROS GRAU, DJ de 11/3/2005). **Trata-se, em rigor, de indiscutível receita pública.**

Portanto, não há dúvida de que a incompatibilidade prevista na norma impugnada encontra pleno amparo no texto Constitucional.

Portanto, outra interpretação não se pode extrair do decidido na ADI 1531 senão a de que ao notário, a partir da diplomação, **são vedados o exercício cumulativo das atividades notarial e parlamentar** e **a acumulação da remuneração do cargo eletivo com os emolumentos da atividade notarial**, pois não pode o parlamentar receber outra receita pública, que não a referente à remuneração pelo exercício do seu mandato.

Ademais, além do que decidido pelo STF, entendo que ainda que se analise a questão sob perspectiva diversa, que não a de afronta à

Constituição, outro não pode ser o entendimento senão o de que os emolumentos não cabem ao titular enquanto durar o afastamento.

De plano, consigno que em possuindo os emolumentos natureza jurídica de taxa, cujo fato gerador é a prestação de serviço, estes não poderão ser recebidos por aquele que não está no efetivo exercício do serviço, como ocorre com o notário que se afasta da Serventia, desde a diplomação, em razão de mandato eletivo, e que, assim, não é mais o prestador do serviço a ser remunerado por meio dos emolumentos.

Além disso, a título de interpretação do termo "afastamento" utilizado pela norma do art. 25, §2º, da Lei nº 8.935/94, importante consignar que quando a Constituição trata do afastamento dos servidores públicos ao exercer mandato eletivo federal, estadual ou distrital, no art. 38, I, ela inclui no termo "afastamento" não apenas o efetivo exercício da atividade como também a percepção da remuneração. Tanto é assim que quando pretende inserir exceção a essa regra do não recebimento da remuneração, ela o faz expressamente nos incisos II e III, para os cargos de Prefeito e Vereador.

Da mesma forma, entendo que quando o legislador insere o termo "afastamento" no art. 25, §2º, da Lei nº 8.935/94 ela o faz considerando tanto o efetivo exercício da delegação quanto o recebimento dos emolumentos.

Assim, entendo que a norma do §2º do art. 1º do Provimento 78/2018, proposta pelo Corregedor, ao permitir que o titular afastado da serventia receba os emolumentos enquanto durar seu afastamento, vai de encontro ao que decidido pelo STF na ADI 1531, à lógica remuneratória dos emolumentos (em face de sua natureza jurídica de taxa) e à *mens legis* do art. 25, §2º, da Lei nº 8.935/94, pelo que exige nova redação.

No que se refere à norma do §1º do art. 1º do Provimento 78/2018 proposta pelo Corregedor, verifico que esta prevê que a atividade será conduzida por escrevente substituto nos termos do art. 20, §5º, da Lei Federal nº 8.935/1994.

A respeito do escrevente substituto, assim dispõe o art. 20 da Lei 8.935/94:

Art. 20. Os notários e os oficiais de registro poderão, para o desempenho de suas funções, contratar escreventes, dentre eles escolhendo os substitutos, e auxiliares **como empregados, com remuneração livremente ajustada e sob o regime da legislação do trabalho.**

(...)

§ 5º Dentre os substitutos, um deles será designado pelo notário ou oficial de registro para responder pelo respectivo serviço nas ausências e nos impedimentos do titular.

Percebe-se, portanto, pela dicção da transcrita norma do *caput* do art. 20 que os escreventes substitutos são contratados como empregados, com remuneração livremente ajustada e sob o regime da legislação do trabalho, não sendo, portanto, remunerados por meio dos emolumentos.

Então caso se permita que venha o substituto a exercer as funções do titular afastado estaríamos diante do quanto foi vedado expressamente no julgamento da ADI 1531/DF. É que, na realidade, o parlamentar continuaria a receber a remuneração, decorrente da percepção de emolumentos, os quais possuem natureza jurídica de taxa, incidindo, pois nas incompatibilidades previstas no art. 54 da Constituição, enquanto o substituto permaneceria, de fato, a ser remunerado sob o regime da legislação trabalhista.

O afastamento do delegatário, ainda que temporário, para exercício de mandato eletivo, não pode viabilizar o recebimento dos emolumentos pelo titular afastado, mesmo que por meio de seu substituto, sob pena de violação do que decidido na ADI 1531, repita-se.

Ademais, a Lei 8.935/1994 prevê, em seu art. 22, que "os notários e oficiais de registro são civilmente responsáveis por todos os prejuízos que causarem a terceiros, por culpa ou dolo, pessoalmente, pelos substitutos que designarem ou escreventes que autorizarem".

Neste ponto, importante ressaltar que permitir que o substituto designado pelo titular atuasse na serventia no seu afastamento faria com que o parlamentar continuasse a responder pelos atos que seu substituto praticasse no exercício da delegação e acarretaria o que salientado pelo ministro Gilmar em seu voto, ou seja, "o notário ou registrador, além de exercer atividade legiferante, estaria submetido, simultaneamente, ao controle e fiscalização do Poder Judiciário quanto às atividades desempenhadas no cartório extrajudicial", em violação ao principio da separação dos poderes.

Portanto, e também por esse fundamento, fica patente que o escrevente substituto não poderia exercer as funções do titular durante seu afastamento para exercer o mandato de parlamentar, sob pena de violação ao que decidido pelo STF.

Perquire-se, então, quem conduziria a serventia no caso de afastamento do titular para exercício de mandato eletivo.

Também não me parece que deva ser o interventor a que se refere a norma do art. 36, §1º, da Lei 8.935/94, como sugerido pelo então Conselheiro Márcio Schiefler em seu voto. É que a medida somente está prevista para a hipótese de afastamento do titular para a apuração de faltas imputadas ao notário "quando o substituto também for acusado das faltas ou quando a medida se revelar conveniente para os serviços".

Assente-se que no caso de exercício de mandato eletivo o titular fica afastado da serventia por longo período de tempo, no mínimo quatro anos, que corresponde à duração de um mandato, podendo ser ainda superior, na hipótese de eleição para senador ou de reeleição para os demais cargos.

Assim, considerando que, no caso de exercício de mandato eletivo, o delegatário titular está afastado de suas atividades na serventia, na dicção do art. 25, §2º, da Lei nº 8.935/94, que tal afastamento perdura por longo período de tempo (ao menos um mandato de 4 anos) e que tem como consequência a impossibilidade de sua responsabilização pelos atos praticados por quem o substituir na atividade e a vedação ao recebimento dos emolumentos, entendo, que, na verdade, ocorre uma outra hipótese de designação de interino, além da prevista para a extinção da delegação (art. 39, §2º , da Lei 8.935/94), ou seja, interino por afastamento para exercer mandato parlamentar.

Ou seja, apesar de na hipótese de assunção de mandato eletivo não haver a perda da delegação, o afastamento do titular possui tamanha dimensão e perdura por tanto tempo, que a substituição tem a mesma feição da interinidade por extinção de delegação, devendo ser, por analogia, regida pelas mesmas normas que disciplinam aquela, tais como o art. 39, §2º , da Lei 8.935/94, §2º do art. 3º da Resolução CNJ nº 80/2009 e o Provimento nº77/2018 da Corregedoria Nacional de Justiça, que traz normas objetivas para a designação do interino e a vedação ao nepotismo.

Desta forma, cabe ao interino que vier a substituir o titular afastado para exercício de mandato eletivo o recebimento da remuneração, submetida ao teto remuneratório constitucional, revertendo ao Poder Judiciário o excedente, conforme reiteradamente já se manifestou este Conselho.

Ainda a respeito do interino, tenho que o Poder Judiciário, ao designá-lo para ocupar a serventia em razão do afastamento do titular eleito deve obedecer ao art. 39, §2º, da Lei 8.935/97, aos critérios objetivos para a designação de interinos previstos no Provimento nº 77/2018 da Corregedoria Nacional de Justiça e ao §2º do art. 3º da Resolução CNJ nº 80/2009, observada a vedação ao nepotismo.

Em conclusão, feitas tais considerações, entendo que o Provimento 78/2018, nos termos em que sugeridos pelo Corregedor na presente Questão de Ordem, pelas razões acima aduzidas, ainda está em dissonância com o teor da decisão proferida na ADI 1531, pois prevê que a atividade será conduzida por escrevente substituto nos termos do art. 20, § 5º, da Lei Federal n. 8.935/94 (§1º) e permite que o notário afastado tenha direito à percepção integral dos emolumentos gerados em decorrência da atividade notarial e/ou registral que lhe foi delegada (§2º).

Portanto, para que haja a adequação do Provimento aos termos da decisão da ADI 1531, sugiro redação similar àquela já proposta pelo então Conselheiro Márcio Schiefler, com as alterações que ora entendo necessárias, nos termos acima consignados.

Tendo em vista que a norma ora proposta diverge da disposta no Provimento nº 78/2018 já em vigor, entendo ser o caso de modular os efeitos da presente decisão com vista a manter os efeitos do

Lei 8.935/1994

provimento até o final da legislatura em curso, preservando no exercício do mandato os titulares de cartórios de notas e registro já eleitos e em exercício quando do presente julgamento com a indicação do substituto e o recebimento dos emolumentos, em observância aos princípios da segurança jurídica e da confiança legítima.

Assim, proponho norma com a seguinte redação:

O CORREGEDOR NACIONAL DA JUSTIÇA, usando de suas atribuições constitucionais, legais e regimentais e

CONSIDERANDO o poder de fiscalização e de normatização do Poder Judiciário dos atos praticados por seus órgãos (art. 103-B, § 4º, I, II e III, da Constituição Federal de 1988);

CONSIDERANDO a competência do Poder Judiciário de fiscalizar os serviços extrajudiciais (arts. 103-B, § 4º, I e III, e 236, § 1º, da Constituição Federal);

CONSIDERANDO a competência da Corregedoria Nacional de Justiça de expedir provimentos e outros atos normativos destinados ao aperfeiçoamento das atividades dos serviços extrajudiciais (art. 8º, X, do Regimento Interno do Conselho Nacional de Justiça);

CONSIDERANDO a obrigação dos serviços extrajudiciais de cumprir as normas técnicas estabelecidas pelo Poder Judiciário (arts. 37 e 38 da Lei n. 8.935, de 18 de novembro de 1994);

CONSIDERANDO os princípios da supremacia do interesse público, da eficiência, da continuidade do serviço público e da segurança jurídica;

CONSIDERANDO a decisão de mérito tomada pelo Tribunal Pleno do Supremo Tribunal Federal nos autos da ADI 1.531;

RESOLVE:

Art. 1º – O notário e/ou registrador que desejarem exercer mandato eletivo deverão se afastar do exercício do serviço público delegado desde a sua diplomação.

§ 1º O notário ou o registrador, uma vez afastados para o exercício de mandato eletivo, não terão direito à percepção dos emolumentos gerados em decorrência da atividade notarial ou registral que lhe foi delegada.

§ 2º Compete ao Poder Judiciário, por aplicação analógica ao art. 39, §2º, da Lei 8.935/94, a designação de interino durante o afastamento do titular do exercício da atividade notarial ou registral, observados os termos do §2º do art. 3º da Resolução CNJ nº 80/2009 e do Provimento nº 77/2018 da Corregedoria Nacional de Justiça.

§ 3º À remuneração do interino se aplica o teto remuneratório constitucional, revertendo o excedente ao erário, na forma da lei local, à qual cabe a fixação dos emolumentos e a distribuição da receita deles advinda, observados os parâmetros da Lei 10.169/2000.

Art. 2º Este provimento entra em vigor na data de sua publicação, ficando preservado, até o final da legislatura em curso, o exercício do mandato dos titulares de cartórios de notas e registro já eleitos e em exercício quando da publicação deste Provimento com a indicação do substituto e o recebimento dos emolumentos.

É como voto.

Candice Lavocat Galvão Jobim

Conselheira

Adoto o bem lançado relatório do e. Corregedor Nacional. Vejo-me, no entanto, na contingência de divergir em parte.

Antes de adentrar o mérito, é importante relembrar as previsões normativas acerca das competências e atribuições do Conselho Nacional de Justiça, particularmente quanto aos serviços notariais e de registro.

O art. 103-B, § 4º, da Constituição da República dispõe sobre a linha-mestra da atuação do CNJ:

Compete ao Conselho o controle da atuação administrativa e financeira do Poder Judiciário e do cumprimento dos deveres funcionais dos juízes, cabendo-lhe, além de outras atribuições que lhe forem conferidas pelo Estatuto da Magistratura.

Os dispositivos seguintes dispõem, em pormenores, sobre outras atribuições, ainda quanto ao Conselho Nacional de Justiça como um todo. Em relação ao objeto do presente procedimento, o inciso III prevê o recebimento e conhecimento de reclamações contra "órgãos prestadores de serviços notariais e de registro que atuem por delegação do poder público ou oficializados":

III – receber e conhecer das reclamações contra membros ou órgãos do Poder Judiciário, inclusive contra seus serviços auxiliares, serventias e órgãos prestadores de serviços notariais e de registro que atuem por delegação do poder público ou oficializados, sem prejuízo da competência disciplinar e correicional dos tribunais, podendo avocar processos disciplinares em curso e determinar a remoção, a disponibilidade ou a aposentadoria com subsídios ou proventos proporcionais ao tempo de serviço e aplicar outras sanções administrativas, assegurada ampla defesa; (Incluído pela Emenda Constitucional nº 45, de 2004)

A competência constitucional da Corregedoria Nacional de Justiça foi disciplinada mais adiante, no § 5º e incisos do referido art. 103-B, assim delimitada:

§ 5º O Ministro do Superior Tribunal de Justiça exercerá a função de Ministro-Corregedor e ficará excluído da distribuição de processos no Tribunal, competindo-lhe, além das atribuições que lhe forem conferidas pelo Estatuto da Magistratura, as seguintes: (Incluído pela Emenda Constitucional nº 45, de 2004)

I – receber as reclamações e denúncias, de qualquer interessado, relativas aos magistrados e aos serviços judiciários; (Incluído pela Emenda Constitucional nº 45, de 2004)

II – exercer funções executivas do Conselho, de inspeção e de correição geral; (Incluído pela Emenda Constitucional nº 45, de 2004)

III – requisitar e designar magistrados, delegando-lhes atribuições, e requisitar servidores de juízos ou tribunais, inclusive nos Estados, Distrito Federal e Territórios. (Incluído pela Emenda Constitucional nº 45, de 2004)

A competência da Corregedoria para editar atos regulamentares pertinentes aos serviços extrajudiciais veio à luz apenas com a superveniência do Regimento Interno desta Casa, em 2005, substituído pelo atual, de 2009.

Com efeito, consta do art. 8º, X, do atual RICNJ competir ao Corregedor Nacional de Justiça, além de outras atribuições que lhe forem conferidas pelo Estatuto da Magistratura:

X – expedir Recomendações, Provimentos, Instruções, Orientações e outros atos normativos **destinados ao aperfeiçoamento das atividades dos órgãos do Poder Judiciário e de seus serviços auxiliares e dos serviços notariais e de registro**, bem como dos demais órgãos correicionais, sobre matéria relacionada com a competência da Corregedoria Nacional de Justiça;

(grifei)

Como se vê, os atos a serem expedidos pela Corregedoria devem possuir fundamento de validade no "aperfeiçoamento das atividades dos órgãos do Poder Judiciário e de seus serviços auxiliares e dos serviços notariais e de registro".

O exercício da relevante atribuição cominada à Corregedoria pelo Regimento Interno possui exemplos dignos de nota, mas não exclui, tampouco vincula a atuação constitucional de todo o CNJ, especialmente a de seu órgão soberano, o Plenário.

Por todos, citem-se o Provimento 79, de 8-11-2018, que dispõe sobre a política institucional de metas nacionais do serviço extrajudicial, e o Provimento 69, de 12-6-2018, que disciplina o teletrabalho no âmbito dos serviços notariais e de registro do Brasil, vedando a execução do serviço por meio desta modalidade pelo titular da serventia.

Nem poderia ser diferente. Ao dispor sobre metas nacionais às serventias e ao disciplinar o teletrabalho nos cartórios, com normas de prevenção a eventuais abusos por parte dos prestadores do serviço, verifica-se o claro propósito de aperfeiçoamento das atividades dos serviços notariais e de registro.

Ainda que se identifique norma voltada ao aperfeiçoamento das atividades das serventias extrajudiciais no presente Provimento, que, em rigor, apenas disciplina as condições para o titular do tabelionato candidatar-se a cargo eletivo, assim como sua particular condição remuneratória durante o período, tenho que o regulamento merece alguns reparos.

Consta do *caput* do primeiro artigo da proposta de Provimento que "o notário e/ou registrador que desejarem exercer mandato eletivo deverão se afastar do exercício do serviço público delegado desde a sua diplomação".

O teor da norma, aparentemente, indica reverência ao disposto na Lei 8.935/1994 (art. 25, § 2º), *in verbis*: "a diplomação, na hipótese de mandato eletivo, e a posse, nos demais casos, implicará no [sic] afastamento da atividade".

Porém, o Tribunal Superior Eleitoral, órgão máximo daquela Justiça Especializada, possui, mais do que precedentes judiciais, jurisprudência consolidada sobre a questão, ou seja, sobre afastamento de tabeliães que desejam concorrer a cargos eletivos – citada, a propósito, no voto do Relator. E, como afirma e reafirma o Plenário do CNJ, recentemente inclusive, o Conselho não tem competência para desconstituir atos do Tribunal Superior Eleitoral "quando praticados [...] no estrito cumprimento de sua competência especializada" (CNJ – PCA 0009262-08.2017.2.00.0000 – Rel. Cons. Luciano Frota – 276ª Sessão Ordinária – j. 21-8-2018).

Leitura dos precedentes do TSE revela imediatamente que o Provimento ora em análise não contempla o concernente às regras para afastamento dos notários e registradores. Transcrevo ementa de um dos julgados, que também consta do voto do Relator e que faz remissão a vários outros daquela Corte:

CONSULTA. DEPUTADO FEDERAL. DESINCOMPATIBILIZAÇÃO. TITULAR DE SERVENTIA EXTRAJUDICIAL. APLICAÇÃO DO ART. 1º, II, I, DA LEI COMPLEMENTAR Nº 64/1990.

1. O titular de serventia extrajudicial, por ser, no exercício de suas atividades, servidor público em sentido amplo, deve se afastar de suas funções até três meses antes das eleições, conforme o disposto no art. 1º, II, I, da Lei Complementar nº 64/1990 (AREspe nº 23.696/MG, Rel. Min. Gilmar Ferreira Mendes, Sessão de 11.10.2004; AREspe nº 22.668/GO, Rel. Min. Carlos Mário da Silva Velloso, Sessão de 19.9.2004; REspe nº 22.060/PR, Rel. Min. Francisco Peçanha Martins, Sessão de 2.9.2004; Cta 14.239/DF, Rel. Min. Antônio de Pádua Ribeiro, DJ de 16.9.1994).

2. Consulta conhecida e respondida nos termos do art. 1º, II, I, da Lei nº 64/1990.

(Consulta 304-44, Rel. Min. Aldir Passarinho Junior, DJe de 24-5-2010)

Como se vê, a jurisprudência do TSE determina o afastamento – a denominada desincompatibilização, na terminologia jurídico-eleitoral – três meses antes da votação, bem antes, portanto, da diplomação.

Chamo atenção para o fato de que o TSE somente fixara o prazo de afastamento das funções em três meses porque não foi possível impor prazo maior à época do julgamento, realizado muito próximo ao pleito daquele ano, o que poderia implicar eventual violação à segurança jurídica que deve orientar as alterações jurisprudenciais.

Cito trecho do acórdão a revelar que o entendimento emanado pelo TSE fora, em rigor, no sentido de que os tabeliães deveriam obedecer a prazo não apenas de três, mas de seis meses de afastamento antes do pleito, sob pena de inelegibilidade, conforme disposto no art. 1º, II, *d*, da referida lei complementar:

Entretanto, mais do que servidor público em sentido amplo, o titular de serventia extrajudicial administra e arrecada emolumentos, além de fiscalizar o recolhimento de impostos, conforme o disposto no art. 236, § 2º, da Constituição Federal e no art. 30, VIII e XI da Lei nº 8.935/1994.

Também, a jurisprudência do Supremo Tribunal Federal firmou orientação no sentido de que os emolumentos concernentes aos serviços notariais e registrais possuem natureza tributária, qualificando-se como taxas remuneratórias de serviços públicos (ADI nº 1378 MC/ES, Rel. Min. Celso de Mello, DJ de 30.5.1997; ADI nº 1444 MC/PR, Rel. Min. Sidney Sanches, DJ de 29.8.1997).

Consequentemente, em razão de o titular de serventia extrajudicial ter por atribuição a administração e arrecadação de emolumentos de caráter obrigatório para a realização dos serviços notariais e de registro, além de fiscalizar o recolhimento de impostos, conforme o disposto na Lei nº 8.935/1994, o melhor enquadramento para o prazo de desincompatibilização deverá ser o disposto no art. 1º, II, d, da Lei Complementar nº 64/1990, verbis:

"Art. 1º São inelegíveis:

(...)

d) os que, até 6 (seis) meses antes da eleição tiverem competência ou interesse, direta, indireta ou eventual, no lançamento, arrecadação ou fiscalização de impostos, taxas e contribuições de caráter obrigatório, inclusive parafiscais, ou para aplicar multas relacionadas com essas atividades;"

Ocorre que, em razão da proximidade das eleições deste ano, menos de seis meses, não haveria prazo exequível para a desincompatibilização. Neste momento, tal mudança no entendimento jurisprudencial do TSE poderá gerar insegurança jurídica. Entretanto, esta Corte poderá rever seu entendimento para as próximas eleições. (grifei)

É verdade que não consta ter o TSE deliberado posteriormente sobre aplicação do prazo de seis meses de afastamento, de modo que não tem cabimento o Conselho estabelecer prazo diverso daquele definido judicialmente pela Corte competente: nem para mais, nem para menos, até por força do disposto na Resolução CNJ 216/2016.

Deve, pois, prevalecer o prazo de três meses do art. 1º, II, *l*, da LC 64/1990 até que aquela Corte ou eventualmente o Supremo Tribunal Federal pronuncie diversamente.

Como síntese do exposto, o quadro normativo e jurisprudencial revela que os notários e registradores devem obedecer a dois afastamentos: o primeiro, obrigatório a todos os candidatos, de três meses antes da eleição para participar da campanha (art. 1º, II, *l*, da LC 64/90 e jurisprudência do TSE), e o segundo apenas para os eleitos, quando da diplomação (art. 25, § 2º, da Lei 8.935/1994).

Tem-se aqui, insisto, uma questão de suma relevância.

É notória a autoridade, perante os destinatários, dos atos emanados da Corregedoria Nacional. Nos termos em que redigido o art. 1º do Provimento – *O notário e/ou registrador que desejarem exercer mandato eletivo deverão se afastar do exercício do serviço público delegado desde a sua diplomação* –, temo haver indução a erro, porquanto o dispositivo não contempla o também indispensável afastamento antes da eleição.

Eventual má interpretação do dispositivo, conforme proposto, pode implicar a indesejada judicialização da matéria já no próximo pleito. Tabelião ou registrador que não se afastar das funções três meses antes vai contrapor a eventual pedido de sua inelegibilidade o presente Provimento, enquanto outros invocarão a autoridade judicial do TSE.

Nem se diga da desnecessidade de inclusão no texto do dispositivo do prazo de afastamento (desincompatibilização), porquanto de jurisprudência já conhecida.

A seguir essa linha de raciocínio, o *caput* do art. 1º, nos termos em que proposto, revelar-se-ia ainda mais despiciendo, porquanto paráfrase de texto legal (art. 25, § 2º, da Lei 8.935/1994), a que não é dado a ninguém descumprir sob alegação de desconhecimento (art. 3º da Lei de Introdução às Normas do Direito Brasileiro)

No ponto, portanto, voto pela alteração da redação do dispositivo para o seguinte:

Art. 1º O notário e o registrador que desejarem concorrer a cargos eletivos legislativos ou executivos deverão se afastar do exercício do serviço público delegado três meses antes da eleição.

O segundo ponto da proposta de Provimento que merece revisão é o § 3º do mesmo art. 1º. Dele consta a percepção de emolumentos integrais pelo notário ou registrador na hipótese de afastamento das funções para exercício de mandato eletivo.

Sabe-se que a natureza jurídica tributária dos emolumentos das serventias extrajudiciais se acha resolvida pelo Supremo Tribunal Federal:

DIREITO CONSTITUCIONAL E TRIBUTÁRIO. CUSTAS E EMOLUMENTOS: SERVENTIAS JUDICIAIS E EXTRAJUDICIAIS. AÇÃO DIRETA DE INCONSTITUCIONALIDADE DA RESOLUÇÃO Nº 7, DE 30 DE JUNHO DE 1995, DO TRIBUNAL DE JUSTIÇA DO ESTADO DO PARANÁ: ATO NORMATIVO.

1. Já ao tempo da Emenda Constitucional nº 1/69, julgando a Representação nº 1.094-SP, o Plenário do Supremo Tribunal Federal firmou entendimento no sentido de que 'as custas e os emolumentos judiciais ou extrajudiciais', por não serem preços públicos, 'mas, sim, taxas, não podem ter seus valores fixados por decreto, sujeitos

Lei 8.935/1994

que estão ao princípio constitucional da legalidade (parágrafo 29 do artigo 153 da Emenda Constitucional nº 1/69), garantia essa que não pode ser ladeada mediante delegação legislativa' (RTJ 141/430, julgamento ocorrido a 08/08/1984).

2. Orientação que reiterou, a 20/04/1990, no julgamento do RE nº 116.208-MG.

3. Esse entendimento persiste, sob a vigência da Constituição atual (de 1988), cujo art. 24 estabelece a competência concorrente da União, dos Estados e do Distrito Federal, para legislar sobre custas dos serviços forenses (inciso IV) e cujo art. 150, no inciso I, veda à União, aos Estados, ao Distrito Federal e aos Municípios, a exigência ou aumento de tributo, sem lei que o estabeleça.

4. O art. 145 admite a cobrança de 'taxas, em razão do exercício do poder de polícia ou pela utilização, efetiva ou potencial, de serviços públicos específicos e divisíveis, prestados ao contribuinte ou postos a sua disposição. Tal conceito abrange não só custas judiciais, mas, também, as extrajudiciais (emolumentos), pois estas resultam, igualmente, de serviço público, ainda que prestado em caráter particular (art. 236). Mas sempre fixadas por lei. No caso presente, a majoração de custas judiciais e extrajudiciais resultou de Resolução – do Tribunal de Justiça – e não de Lei formal, como exigido pela Constituição Federal.

5. Aqui não se trata de 'simples correção monetária dos valores anteriormente fixados', mas de aumento do valor de custas judiciais e extrajudiciais, sem lei a respeito.

6. Ação Direta julgada procedente, para declaração de inconstitucionalidade da Resolução nº 07, de 30 de junho de 1995, do Tribunal de Justiça do Estado do Paraná."

(ADI 1444/PR, Tribunal Pleno, Rel. Min. Sydney Sanches, j. 12-2-2003, DJ de 11-4-2003, p. 25)

No mesmo sentido, a Suprema Corte consignou, por ocasião do julgamento da ADI 3694-AP, que "as custas e os emolumentos judiciais ou extrajudiciais têm caráter tributário de taxa" (ADI 3694/AP, Tribunal Pleno, Rel. Min. Sepúlveda Pertence, j. 20-9-2006, DJ de 6-11-2006, p. 30).

Outra não poderia ser a conclusão a respeito do assunto, visto que os serviços notariais e de registro, conquanto exercidos por pessoas de direito privado, decorrem de delegação do Poder Público, sujeitando-se, por conseguinte, ao regime de direito público.

Ademais, tratando-se de prestação compulsória, não está presente qualquer caráter contratual. Trata-se de remuneração a serviço público específico e divisível, configurando "taxa".

No sentido da adequada e suficiente remuneração dos serviços notariais e de registro, a Constituição da República sabidamente dispõe:

Art. 236. Os serviços notariais e de registro são exercidos em caráter privado, por delegação do Poder Público.

§ 1º. Lei regulará as atividades, disciplinará a responsabilidade civil e criminal dos notários, dos ofícios de registro e de seus prepostos, e definirá a fiscalização de seus atos pelo Poder Judiciário.

§ 2º. Lei federal estabelecerá normas gerais para a fixação de emolumentos relativos aos atos praticados pelos serviços notariais e de registro.

Para regulamentar o assunto, estabelecendo normas gerais para a fixação de emolumentos relativos aos atos praticados pelos serviços notariais e de registro, foi editada a Lei 10.169/2000, nos seguintes termos:

Art. 1º. Os Estados e o Distrito Federal fixarão o valor dos emolumentos relativos aos atos praticados pelos respectivos serviços notariais e de registro, observadas as normas desta Lei.

Parágrafo único. O valor fixado para os emolumentos deverá corresponder ao efetivo custo e à adequada e suficiente remuneração dos serviços prestados.

Isso significa que a taxa, paga pelo usuário dos serviços notariais e de registro, deve ser suficiente para cobrir todos os custos da atuação estatal, inclusive a justa remuneração do titular da serventia. Essa remuneração, por sua vez, será adequada se proporcional ao risco que a atividade envolve, especialmente em face da responsabilidade atribuída aos notários e registradores.

Em julgados mais antigos, não se pode esquecer, tem-se realçada a possibilidade de aproveitamento de parte dos emolumentos pelo Estado (Poder Judiciário), no exercício do poder de polícia sobre a atividade cartorária (taxa). Assim, no julgamento da ADI 3643/RJ, em 8-11-2006, disse o Ministro Ayres Britto:

[...] anoto que esta nossa Corte Suprema vem admitindo a incidência de taxa sobre as atividades notariais e de registro, tendo por base de cálculo os emolumentos que são cobrados pelos titulares das serventias como pagamento do trabalho que eles prestam aos tomadores dos serviços cartorários. Taxa, agregue-se, gerada em razão do exercício do poder de polícia que assiste aos Estados membros, mediante atuação pelos órgãos diretivos do Poder Judiciário, notadamente no plano da vigilância, orientação e correição da atividade em causa, a teor do § 1º do art. 236 da Constituição Federal.

[...] o fato gerador da taxa é sempre uma concreta e específica atividade estatal perante o contribuinte.

No caso, atividade que o Estado-delegante desempenha frente ao agente delegatário, em prol da segurança e presteza das relações por este mantida com os destinatários da serventia (que são, já foi dito, os eventuais tomadores dos serviços registrais e de notas). Restando claro que o fundamento lógico e ético da exação mediante taxa é financiar as despesas estatais com o desempenho de uma necessária atividade de vigilância, orientação e correição sobre o modo pelo qual o agente-delegado operacionaliza a serventia sob os seus imediatos cuidados.

[...] Não é por outro motivo que esta excelsa Corte de Justiça vem admitindo a destinação de parte da arrecadação dos emolumentos ao Poder Judiciário, conforme se extrai da seguinte passagem do voto proferido pelo Min. Carlos Velloso na ADI 1.145:

'(...) Na ADI 2.059-PR, Relator o Ministro Nelson Jobim, ficou esclarecido que é possível a destinação do produto da arrecadação da taxa para órgão público não estranho aos serviços notariais. Se essa destinação 'é para o próprio Poder Judiciário', esclareceu o Ministro Moreira Alves, 'não há dúvida de que é possível', pois não se trata, como ocorre, por exemplo, com a Caixa de Assistência da OAB, de pessoa jurídica de direito privado'. O Supremo Tribunal Federal, no julgamento da mencionada ADI 2.059-PR, decidiu pela regularidade da destinação do produto da arrecadação da taxa a órgão público. Naquele caso, ao próprio Poder Judiciário. (...)'

[...] Taxa que se institui em função das atividades ínsitas à serventia e que tem como base de cálculo os multicitados emolumentos, com o fito de custear as despesas que o efetivo exercício dessa atividade administrativa de poder de polícia acarreta; pois que, se não se ressarcisse de tais despesas, ele, Estado, terminaria por subsidiar o próprio agente delegatário para o desempenho de uma atividade que já é remunerada mediante a cobrança e percepção desses valores."

(ADI 3643/RJ, Tribunal Pleno, Rel. Min. Ayres Britto, j. 8-11-2006, DJ de 16-2-2007)

O art. 28 da Lei Federal 8.935/1994 confere "independência no exercício de suas atribuições [e] direito à percepção dos emolumentos integrais pelos atos praticados na serventia."

Por sua vez, o parágrafo único do art. 1º da Lei 10.169/2000 vai no sentido de delimitar essa remuneração/ retribuição pela atividade desempenhada, ao estipular, entre outros parâmetros, que "o valor fixado para os emolumentos deverá corresponder ao efetivo custo e à adequada e suficiente remuneração dos serviços prestados".

No quadro, a competência para mensurar essa adequação e suficiência só pode ser dos Estados membros, já autorizados a fixar os emolumentos e a distribuição da receita obtida com a prestação do serviço registral e de notas (ARE 1.128.561-AgR, Segunda Turma, Rel. Min. Ricardo Lewandowski, j. 17-8-2018, DJe de 31-8-2018).

No julgamento da ADI 3.401/SP, o STF definiu que a modificação na destinação da receita auferida com essa cobrança é matéria sujeita a estrita reserva legal nos Estados, nos termos dos arts. 167, VI, e 168 da Constituição da República (ADI 3.401/SP, Tribunal Pleno, Rel. Min. Gilmar Mendes, j. 26-4-2006, DJ de 23-2-2007).

Como visto, seja pela regência normativa remuneratória, seja pelo exercício de poder de polícia, os Estados federados têm ampla autonomia constitucional para disciplinar a destinação da arrecadação dos cartorários extrajudiciais (ADI 2.129/MS, Tribunal Pleno, Rel. Min. Eros Grau, j. 26-4-2006, DJ de 16-6-2006, p. 4; ADI 2.059/PR, Tribunal Pleno, Rel. Min. Eros Grau, j. 26-4-2006, DJ de 9-6-2006, p. 3; ADI 3151/MT, Tribunal Pleno, Rel. Min. Ayres Britto, j. 8-6-2005, DJ de 28-4-2006, p. 4; ARE 1.128.561-AgR, Segunda Turma, Rel. Min. Ricardo Lewandowski, j. 17-8-2018, DJe de 31-8-2018).

Se não bastasse, o quadro jurisprudencial do Supremo Tribunal Federal, no ponto, é denso, a começar por linhas bem conhecidas.

Em 15-2-2017, o STF aprovou a seguinte tese de repercussão geral: "Não se aplica a aposentadoria compulsória prevista no artigo 40, parágrafo 1º, inciso II, da Constituição Federal aos titulares de serventias judiciais não estatizadas, desde que não sejam ocupantes de cargo público efetivo e não recebem remuneração proveniente dos cofres públicos" (RE 647.827, Tribunal Pleno, Rel. Min. Gilmar Mendes, j. 15-2-2017, DJe de 1º-2-2018).

Em 13-11-2018, a Segunda Turma reafirmou entendimento sobre aplicação do teto à remuneração de interino de serventia extrajudicial (MS 29.039-AgR, Segunda Turma, Rel. Min. Gilmar Mendes, j. 13-11-2018, DJe de 26-6-2019).

Está na pauta plenária de 14-8-2019 o julgamento de mérito do Recurso Extraordinário com Repercussão Geral n. 808.202/RS, cujo tema (n. 779) é: "Aplicabilidade do teto constitucional à remuneração de substitutos (interinos) designados para o exercício de função notarial e registral em serventias extrajudiciais".

Não se desconhece, pois, que titulares de serventias extrajudiciais, embora prestadores de serviço público, "não são servidores públicos", nos termos da atual jurisprudência da Suprema Corte (ADI 2.602/MG, Rel. para o acórdão Min. Eros Grau, Plenário, DJ de 31-2006).

Sabe toda a gente, entretanto, que em referido julgamento o STF enfrentou a questão sob a óptica previdenciária, objeto da ação direta, e assentou ainda que "os serviços de registros públicos, cartorários e notariais são exercidos em caráter privado por delegação do Poder Público – serviço público não-privativo", conforme consta da ementa do julgado.

A zona onde se situam os titulares dessas serventias, em razão do regime atípico fixado pela Constituição de 1988, tem levado os Tribunais Superiores, em especial a Suprema Corte, a frequentes questionamentos sobre alguns aspectos do regime jurídico a que estão submetidos.

Assim, se não estão jungidos ao regime próprio dos servidores públicos, por outro lado não estão isentos de submissão às normas de regência (STF, RE 842.846, rel. Ministro Luiz Fux, j. 27-2-2019, Informativo 932, Tema 777).

Foi nessa linha de raciocínio que o Conselho aprovou Provimento proposto pela Corregedoria Nacional de Justiça, para limitar a remuneração dos interinos em tabelionatos vagos a 90,25% dos subsídios de Ministro do Supremo Tribunal Federal (Provimento 34, de 9-7-2013, alterado pelo Provimento 45, de 13-5-2015).

Ainda a revelar a atipicidade do regime jurídico dos serviços notariais e de registro, cite-se julgado do Tribunal Superior Eleitoral, em que o Ministro Sepúlveda Pertence proferiu o seguinte voto, em recurso especial eleitoral que versou sobre desincompatibilização de interino da titularidade:

Havendo matéria com implicações constitucionais, tenho voto.

No início do julgamento, parece que se cogitou da questão, ainda fluida na jurisprudência do Supremo Tribunal Federal, da aposentadoria do serventuário de registro de notas. Creio que o problema é diverso. **O grande argumento contra a aposentadoria compulsória do titular de serventia é que ele não ocupa cargo público efetivo, hoje marco definidor do regime previdenciário do servidor público. Mas é absolutamente tranquilo que exerce função pública para outros efeitos.** (REspe 22.060, Rel. Min. Francisco Peçanha Martins, j. 2-9-2004, grifei)

Eixo inapelável, todavia, é que são aplicáveis aos titulares de serventias extrajudiciais, tanto quanto possível a depender da compatibilidade, as normas do art. 38 da Constituição da República (STF, ADI 1531-MC, Rel. Min. Sydney Sanches, Tribunal Pleno, j. 24-6-1999, DJ de 14-12-2001, p. 22 Ement Vol-02053-01 PP-00196):

Art. 38. Ao servidor público da administração direta, autárquica e fundacional, no exercício de mandato eletivo, aplicam-se as seguintes disposições: (Redação dada pela Emenda Constitucional nº 19, de 1998)

I – tratando-se de mandato eletivo federal, estadual ou distrital, ficará afastado de seu cargo, emprego ou função;

II – investido no mandato de Prefeito, será afastado do cargo, emprego ou função, sendo-lhe facultado optar pela sua remuneração;

III – investido no mandato de Vereador, havendo compatibilidade de horários, perceberá as vantagens de seu cargo, emprego ou função, sem prejuízo da remuneração do cargo eletivo, e, não havendo compatibilidade, será aplicada a norma do inciso anterior.

Nem se diga, a propósito, que referido art. 38 se aplicaria apenas aos servidores públicos *stricto sensu*, não aos titulares de serventias. Como visto, na ADI 1.531 a Suprema Corte deferiu em parte medida liminar para, "sem redução de texto, dar interpretação conforme à Constituição Federal ao § 2º do art. 25, da Lei nº 8.935, de 18/11/1994, para excluir de sua incidência a hipótese do art. 38, III, primeira parte, da Carta Magna".

Em outras palavras: o STF julgou constitucional o art. 25, § 2º da Lei 8.935/1994, desde que lido à luz do comando normativo do art. 38, III, da Constituição da República.

Nessa linha de raciocínio, decidiu, justo em razão do permissivo do art. 38, III, que os titulares de serventias podem exercer de forma simultânea a função cartorária e o mandato eletivo de vereador, "havendo compatibilidade de horários".

Uma vez consagrada pelo Supremo a regência do art. 38 da Constituição aos notários e registradores, só pode incidir o dispositivo, a disciplinar as questões remuneratórias e de afastamento das funções de forma que apenas aos eleitos para exercício de vereança, "havendo compatibilidade de horários", caberá a manutenção do exercício (e consequente remuneração).

Salta aos olhos, a partir do quadro normativo, a diferença de tratamento, pela Constituição, quanto às possibilidades de opção ou cumulação remuneratória nos cargos eletivos do art. 38.

Com efeito, quando o constituinte originário caminhou por permitir a opção pela remuneração de um dos cargos, o fez expressamente (inciso II), sem descurar da imprescindível compatibilidade (inciso III), que mais grava no caso dos notários e registradores, cuja remuneração exige o exercício (salvo hipóteses excepcionais legalmente previstas).

Logo, dadas as características atividade notarial e registral, e a natureza jurídica da remuneração, só ao vereador (como na hipótese da ADI 1.531) é possível, havendo compatibilidade de horários, manter o exercício. Presente o afastamento, a designação recairá sobre interino, cuja ordem legal de preferência "encontra-se estabelecida no § 2° do art. 39 da Lei n° 8.935/94, bem como na Resolução 80/2009 CNJ" (CNJ – RA – Recurso Administrativo em PCA – Procedimento de Controle Administrativo – 0003954-59.2015.2.00.0000 – Rel. ARNALDO HOSSEPIAN – 273ª Sessão Ordinária – j. 05/06/2018), ou seja, "será designado o substituto mais antigo para responder pelo expediente, desde que esse ato não viole a aplicação dos princípios constitucionais previstos no artigo 37 c/c a Súmula Vinculante 13 do STF. Inteligência do artigo art. 39, § 2º, da Lei 8.935/1994" (CNJ – RA – Recurso Administrativo em PCA – Procedimento de Controle Administrativo – 0004821-47.2018.2.00.0000 – Rel. ANDRÉ LUIZ GUIMARÃES GODINHO – 39ª Sessão Virtual – j. 16/11/2018), observado que "não é possível aos interinos o recebimento de remuneração superior ao teto constitucional mesmo em serventias que acumulem mais de um serviço previsto no art. 5º da Lei n. 8.935/1994" (CNJ – CONS – Consulta – 0010011-25.2017.2.00.0000 – Rel. JOÃO OTÁVIO DE NORONHA – 49ª Sessão Extraordinária – j. 14/08/2018).

No quadro, proponho alteração do § 3º do art. 1º, para a disciplinar nos seguintes acréscimos:

§ 3º O notário ou o registrador, para exercerem mandato eletivo, uma vez afastados, não terão direito à percepção dos emolumentos gerados em decorrência da atividade notarial ou registral que lhe foi delegada, salvo no caso de mandato de vereador, havendo compatibilidade de horários.

§ 4º Compete ao Poder Judiciário, à luz do art. 36, § 1º, da Lei 8.935/94, c/c, art. 3º, § 2º, da Resolução CNJ 80/2009, a designação de interino durante o afastamento do exercício da atividade notarial ou registral.

§ 5º A interinidade deverá recair sobre o substituto mais antigo designado pelo delegatário afastado, desde que o indicado não incorra em nenhuma relação de parentesco com o titular, que possa caracterizar hipótese de nepotismo.

§ 6º A remuneração do interino se aplica o teto remuneratório constitucional, revertendo o excedente ao erário, na forma da lei local, à qual cabe a fixação dos emolumentos e a distribuição da receita deles advinda, observados os parâmetros da Lei 10.169/2000.

Ante o exposto, voto pelo referendo do Provimento com as alterações que venho de propor.

DECLARAÇÃO DE VOTO

No caso em apreço, o ilustre Corregedor Nacional de Justiça submete a referendo do Plenário do CNJ o Provimento 78, de 7 de novembro de 2018, que dispõe sobre a compatibilidade da atividade notarial e de registro com o exercício simultâneo de mandato eletivo e dá outras providências.

Na 294ª Sessão Ordinária, realizada em **6.8.2019**, pedi vista dos autos para melhor exame (Id 3710717). Após fazê-lo, penso que o recente julgado proferido pelo Supremo Tribunal Federal na Ação Direta de Inconstitucionalidade 1.531 – proposta pelo Partido Progressista Brasileiro (PPB) contra o artigo 25, § 2º, da Lei 8.935, de 18 de novembro de 1994 – enseja o aperfeiçoamento do Provimento 78/2018.

Preliminarmente, vejamos a ementa do Acórdão prolatado pelo STF na ADI 1.531:

Ação direta de inconstitucionalidade. 2. Artigo 25, § 2º, da Lei 8.935, de 18.11.1994. **Afastamento das atividades notariais e de registro em virtude de diplomação em mandato eletivo.** Pretensão de que seja conferida interpretação conforme à Constituição ao dispositivo para que se admita o exercício do mandato de vereador municipal. Impossibilidade. **3. O art. 54 da Constituição Federal estabelece como regra a incompatibilidade da atividade legiferante com o exercício de função ou cargo em entidades públicas ou privadas que utilizem, gerenciem ou administrem dinheiros, bens e valores públicos. Exceções expressamente previstas no texto constitucional (arts. 38, III; e 56, I). 4. Princípio da simetria. Aplicação aos mandatos de deputado estadual e vereador.** Art. 27, § 1º, e art. 29, IX, da Constituição. 5. Art. 5º, XIII, c/c 22, XVI, da Constituição. Exigência de lei de competência da União para o estabelecimento de restrição ao livre exercício de qualquer trabalho, ofício ou profissão. 6. Art. 236, § 1º, c/c art. 22, XXV, da Constituição. Atribuição ao legislador ordinário federal para regular as atividades dos notários e dos oficiais de registro. **7. Previsão, por meio de lei federal, da incompatibilidade do exercício simultâneo da atividade estatal de notários e registradores, exercida por meio de delegação, com a atividade legiferante. Possibilidade. 8. Revogação da medida cautelar concedida. 9. Ação direta de inconstitucionalidade julgada improcedente.** (ADI 1531, Relator(a): Min. GILMAR MENDES, Tribunal Pleno, julgado em 03/10/2019, PROCESSO ELETRÔNICO DJe-065 DIVULG 19-03-2020 PUBLIC 20-03-2020 – Grifo nosso)

Como se pode observar, o artigo 25, § 2º, da Lei. 8.935/1994 (Lei dos cartórios) permanece hígido e irretocável. O exercício da atividade notarial e de registro é incompatível com o da advocacia, o da intermediação de seus serviços ou o de qualquer cargo, emprego ou função públicos, ainda que em comissão.

Logo, a diplomação, na hipótese de mandato eletivo, implica o afastamento da atividade cartorária, inclusive no caso da vereança – circunstância admitida por ocasião da concessão da liminar na ADI 1.531 nos idos de 1999, mas revogada quando do julgamento do mérito, com modulação de efeitos (extensão de seus efeitos até o final da legislatura, a se encerrar em 2020).

Confira-se excerto do voto condutor do Acórdão, na ADI 1.531.

[...]

Assim, diante da mudança de entendimento desta Corte sobre a matéria – sobretudo em relação à natureza jurídica da atividade cartorária e das custas e emolumentos que a remuneram –, entendo ser o caso de modular os efeitos da decisão concessiva da medida cautelar para preservar as situações consolidadas com base no entendimento nela firmado.

Assim, **é caso de extensão dos efeitos da medida cautelar até o final da legislatura em curso, com vistas a manter no exercício do mandato de vereador os titulares de cartórios de notas e de registro já eleitos e em exercício quando do julgamento desta ação.**

Ante o exposto, julgo improcedente a presente ação direta de inconstitucionalidade, para declarar a constitucionalidade do artigo 25, § 2º, da Lei 8.935, de novembro de 1994. **Em observância aos princípios da segurança jurídica e da confiança legítima, mantenho os efeitos da medida liminar até o final da legislatura ora em curso, a se encerrar em 2020.** (grifo nosso)

Nesse contexto, proponho aos ilustres Conselheiros as seguintes alterações ao Provimento 78:

1. Supressão do "6º Considerando" (CONSIDERANDO a decisão cautelar tomada pelo Tribunal Pleno do Supremo Tribunal Federal nos autos da ADI 1.531).

2. Supressão integral do § 1º do art. 1º (O notário e/ou registrador poderão exercer, cumulativamente, a vereança com a atividade notarial e/ou de registro, havendo compatibilidade de horários, e nos demais tipos de mandatos eletivos deverão se afastar da atividade segundo os termos do *caput*).

3. Transformação do § 2º em §1º, com alteração parcial do texto: "Quando do afastamento do delegatário para o exercício do mandato eletivo, a atividade será conduzida pelo escrevente substituto com a designação contemplada pelo art. 20, § 5º, da Lei Federal nº 8.935/1994."

É como voto.

Brasília, data registrada no sistema.

Maria Tereza Uille Gomes

Conselheira – /(CNJ – Pedido de Providências nº 0009976-31.2018.2.00.0000 – Rel. Cons. Maria Tereza Uille Gomes – DJ 04.05.2020)

SUPERIOR TRIBUNAL DE JUSTIÇA

EMENTA: Processual Civil. Mandado de segurança. Serventia judicial e extrajudicial. Nomeação para titularidade antes da Constituição de 1988. Opção feita após a CF/88. Continuidade da acumulação de cargos públicos. Incompatibilidade ilegal. Nulidade do ato de demissão do impetrante do cargo público de escrivão cível judicial. Não verificação. Ato motivado. Ausência de má-fé. Caráter ilegal do ato não afastado. Cessação da interinidade. Nomeação precária. Preclusão administrativa. Inocorrência. Autotutela da administração pública. Violação ao contraditório e à ampla defesa. Inexistência. Ausência de demonstração do direito líquido e certo. Segurança denegada.

1. A incompatibilidade das atividades de serventia judicial e extrajudicial decorre dos termos da Constituição de 1988, que desautorizou a acumulação dos serviços judiciais e extrajudiciais (Precedente do STF).

2. No caso, o impetrante foi investido no cargo de escrivão antes da promulgação da CF/1988, acumulando as atribuições judiciais e extrajudiciais. Diante da impossibilidade de cumulação das funções sobrevinda com a nova ordem constitucional, e com a edição da Lei Estadual nº 5.656/1991 foi estabelecido prazo para exercer seu direito de opção por um deles, tendo o impetrante optado pelo cargo de Escrivão Cível, renunciando a titularidade da função de Oficial de Cartório Extrajudicial.

3. Não se pode falar em direito adquirido com base em ordenamento jurídico anterior, tendo em vista que a opção do recorrente foi realizada já sob a égide da Constituição Federal de 1988 (Precedente do STF).

4. Extrai-se dos autos que o próprio impetrante admite que acumulou por anos as funções de Oficial de Registro com o cargo de Escrivão Cível, e o fato de ter continuado a cumular os cargos, ainda que, com possível chancela deste Tribunal, não retira o caráter ilegal da incompatibilidade exercida por ele, de modo que não há como afastar a má-fé que lhe foi imputado, bem como os efeitos dela decorrentes.

5. A aplicação da penalidade de cessação da interinidade no Processo Administrativo Disciplinar nº 0003130- 10.2020.2.00.0814 não se vislumbra ilegal, considerando que o impetrante, que havia feito a opção pelo cargo de Escrivão Judicial, exercia de maneira precária a função de Oficial da serventia extrajudicial, não havendo que falar em retorno às funções notariais.

6. Verifica-se a legalidade do Processo Administrativo Disciplinar, que seguiu todas as regras procedimentais e princípio lógicos acerca da ampla de defesa e do contraditório, e suas conclusões.

7. A Administração Pública, detentora da autotutela, tem a possibilidade de anular seus atos quando eivados de vícios, conforme a Súmula 473/STF.

8. Segurança denegada (STJ – RMS nº 70.944 – Pará – 2ª Turma – Rel. Min. Mauro Campbell Marques – DJ 29.03.2023)

EMENTA: PROCESSUAL CIVIL. ADMINISTRATIVO. TABELIÃO SUBSTITUTO. INCOMPATIBILIDADE COM A ADVOCACIA. AGRAVO REGIMENTAL NÃO PROVIDO.

1. Cuida-se, na origem, de Mandado de Segurança impetrado pelo ora recorrente, Tabelião/Registrador Substituto do Serviço de Registros Especiais da Comarca de Passo Fundo, contra a Ordem dos Advogados do Brasil – Seção do Rio Grande do Sul.

2. A impetrada indeferiu a inscrição do recorrente como advogado na OAB/RS, por entender que o cargo de Tabelião Substituto é incompatível com a advocacia, nos termos do artigo 28, inciso IV, da Lei 8.906/94.

3. O Juiz de 1º Grau denegou a segurança.

4. O Tribunal *a quo* negou provimento à Apelação do ora recorrente e assim consignou na sua decisão: *"Dessa forma, ao contrário do alegado pelo impetrante, não importa o fato de ser contratado de forma privada pelo regime celetista, e, pois, não possuir estabilidade ou garantia, pois este não é o critério elegido pela lei para regrar a incompatibilidade, mas sim, deforma objetiva, a atividade desempenhada pelo bacharel em direito que almeja a inscrição como advogado. "* (fl. 242, grifo acrescentado).

5. O Tribunal de origem entendeu que, estando o Tabelião Substituto apto a praticar os mesmos atos da alçada do Tabelião Titular, a restrição imposta no Estatuto da OAB também o alcança, e que não importa o fato de ser o recorrente contratado pelo regime celetista, pois este não foi o critério adotado pela Lei. 6. Enfim, o cargo de Tabelião Substituto, ainda que contratado pelo regime celetista, é incompatível com a advocacia, nos termos do artigo 28, inciso IV, da Lei 8.906/94. 7. Ademais, o artigo 25 da Lei 8.935/94 afirma que a atividade notarial e de registro é incompatível com a advocacia. 8. Agravo Regimental não provido. (STJ – AgRg no REsp nº 1.539.833 – Rio Grande do Sul – 2ª Turma – Rel. Min. Herman Benjamin – DJ 09.11.2015)

TRIBUNAL REGIONAL DA 1ª REGIÃO

EMENTA: MANDADO DE SEGURANÇA. OAB. CARTÓRIOS EXTRAJUDICIAIS. ATIVIDADE DELEGADA PELO PODER PÚBLICO. ESCREVENTE. EXERCÍCIO DE FUNÇÃO INDIRETAMENTE VINCULADA AO TRIBUNAL DE JUSTIÇA DO DISTRITO FEDERAL E TERRITÓRIOS. ATIVIDADE INCOMPATÍVEL COM A ADVOCACIA (ART. 28, IV DA LEI nº 8.906/94). PROIBIÇÃO TOTAL PARA ADVOGAR. 1. A atividade notarial e de registro é uma atividade delegada pelo Poder Público, exercida pelo Tabelião ou o Registrador aprovado em concurso público de provas e títulos (art. 236 da CF/1988), que estão proibidos de exercerem a advocacia (arts. 28, IV da Lei nº 8.906/94 e 25 da Lei nº 8.935/94). 2. O impetrante é escrevente cartorário de Registro de Imóveis e desempenha uma função indiretamente vinculada ao Tribunal de Justiça do Distrito Federal e Territórios, órgão estatal delegante, fiscalizador e integrante do Poder Judiciário, o que gera para o desempenho de suas atividades proibição total para o exercício da advocacia (arts. 27 e 28, IV da Lei nº 8.906/94). 3. O exercício de atividade incompatível com a advocacia (escrevente cartorário) impossibilita a inscrição nos quadros da impetrada (art. 8º, V da Lei nº 8.906/94). 4. Apelação do impetrante desprovida. 5. Apelação da OAB/DF e remessa oficial, tida por interposta, providas para denegar a segurança. (TRF 1ª Reg. MAS 200934000394510, JUIZ FEDERAL CLEBERSON JOSÉ ROCHA (CONV.) 8ª T. e-DJF1: 13/01/2012, p: 678).

EMENTA: RECURSO ESPECIAL. VIOLAÇÃO AOS ARTS. 295, PARÁGRAFO ÚNICO, III, 459 E 460, TODOS DO CPC. AÇÃO ANULATÓRIA DE ATO ADMINISTRATIVO DISCIPLINAR. SANÇÃO DE PERDA DE DELEGAÇÃO CARTORÁRIA POR ALEGADA IRREGULARIDADE DA INVESTIDURA. RETORNO AO STATUS QUO ANTE. IMPOSSIBILIDADE JURÍDICA DO PEDIDO. EFETIVAÇÃO NO CARGO DE TITULAR DA SERVENTIA. NECESSIDADE DE CONCURSO PÚBLICO DE PROVAS E TÍTULOS. INTELIGÊNCIA DO ART. 236, § 3º., DA CF. PRINCÍPIOS CONSTITUCIONAIS INERENTES AO DIREITO SANCIONADOR. VALORES PERSONALÍSSIMOS QUE MERECEM PROTEÇÃO JURÍDICA. RECURSO ESPECIAL PROVIDO, APENAS PARA DETERMINAR O RETORNO DOS AUTOS À ORIGEM A FIM DE DAR PROSSEGUIMENTO NO JULGAMENTO DA AÇÃO, AFASTADA A IMPOSSIBILIDADE DE ACESSO À JURISDIÇÃO. 1. O Tribunal a quo indeferiu liminarmente a inicial da ação, sob o fundamento de que estaria ausente o interesse de agir, calcado na impossibilidade jurídica do pedido de ver discutida a legalidade da pena que lhe foi aplicada, porquanto, ainda que esta fosse desconstituída, a Recorrente não poderia ser reintegrada na delegação cartorária, tendo em vista a exegese do art. 236, § 3º., da Carta Magna. 2. Recurso Especial que aponta violação aos arts. 295, parágrafo único, III, 459 e 460, todos do CPC, sob o argumento de que uma coisa é a discussão acerca da nulidade do processo administrativo disciplinar e da punição por ele imposta à Recorrente e outra, totalmente distinta, é a validade ou não do ato que a nomeou para a Serventia Cartorial. 3. O interesse precípuo, neste caso, cinge-se aos princípios constitucionais inerentes ao Direito Sancionador, que devem ser assegurados também na esfera administrativa. 4. A intenção de preservar o bom nome também pode ser entendida como objeto imediato do pedido judicial, tendo-se presente que a auto-estima, a boa fama, a imagem ou a reputação são valores que merecem proteção jurídica. 5. A persistência de uma sanção aplicada ao arrepio das garantias – se este for o caso – é outro ponto que serve para apoiar o conhecimento do pleito e o seu julgamento meritório, positivo ou negativo. 6. Recurso Especial provido. (STJ – REsp nº 1.485.806 – Mato Grosso – 1ª Turma – Rel. Min. Napoleão Nunes Maia Filho – DJ 12.11.2014)

EMENTA: ADMINISTRATIVO. PROCESSUAL CIVIL. CARTÓRIO EXTRAJUDICIAL. CORREGEDORIA. PERDA DA DELEGAÇÃO. INCOMPATIBILIDADE COM CARGO PÚBLICO FEDERAL. ART. 25 DA LEI nº 8.935/94. PROCESSO ADMINISTRATIVO DISCIPLINAR. VÍCIOS FORMAIS INEXISTENTES. VIOLAÇÕES SUBSTANTIVAS. NÃO OCORRÊNCIA. IMPOSSIBILIDADE DE OUTORGAR DIREITO DE OPÇÃO. ART. 172 DA LEI nº 8.112/90. 1. Cuida-se de recurso ordinário interposto contra acórdão que denegou a segurança em *mandamus* impetrado, com o objetivo de anular processo administrativo disciplinar que culminou com a atribuição da penalidade de perda da delegação, nos termos do art. 35 da Lei nº 8.935/94, combinado com o art. 13, XV, da Lei Complementar Estadual nº 221/2010. 2. Os autos informam ser o impetrante delegatário de cartório extrajudicial no Estado do Acre, ao mesmo tempo em que ocupava cargo público federal no Estado de Goiás. Após ciência do fato por ofício da autoridade federal, o Tribunal iniciou procedimento administrativo para averiguação e, eventualmente, punição. 3. O processo administrativo disciplinar não incorreu em quaisquer vícios formais, tendo sido instaurado de forma clara, por autoridade competente que facultou o contraditório e a ampla defesa, bem como que determinou o correto afastamento cautelar, com base no art. 35, § 1º da Lei nº 8.935/94 e remeteu o feito instruído para deliberação pelo Tribunal Pleno Administrativo, competente nos termos da Lei Complementar Estadual nº 221/2010. 4. O art. 25 da Lei nº 8.935/94 é claro ao indicar que a atividade dos notários e registradores não é acumulável com *"qualquer cargo, emprego ou função públicos, ainda que em comissão"*; no caso concreto, a ocorrência de férias ou, ainda, de licença-prêmio não afasta a incidência da vedação. Recurso ordinário improvido. (STJ – RMS nº 38.867 – AC – 2ª Turma – Rel. Min. Humberto Martins – DJ 25.10.2012)

Lei 8.935/1994

TRIBUNAL DE JUSTIÇA DO ESTADO DO PARANÁ

EMENTA: AÇÃO DE MANDADO DE SEGURANÇA CONCURSO PÚBLICO ATIVIDADE NOTARIAL E DE REGISTROS EXERCÍCIO DA FUNÇÃO CUMULADO COM CARGO PÚBLICO INCOMPATIBILIDADE INTELIGÊNCIA DO ART. 25 DA LEI nº 8.935/94 VINCULAÇÃO AO EDITAL SEGURANÇA DENEGADA. O exercício da atividade notarial e de registro é incompatível com o da advocacia, o da intermediação de seus serviços ou o de qualquer cargo, emprego ou função públicos, ainda que em comissão.. (art. 25 da Lei 8.935/94). O edital de concurso, desde que consentâneo com a lei de regência em sentido formal e material, obriga candidatos e Administração Pública. (STF RE 480129). Segurança denegada. (TJPR – MS. 56566166-5, Rel: Jorge Wagih Massad, Órgão Especial, Publicação: 23/05/2011)

3. QUESTÕES DE CONCURSOS

01. (TJ/SP – 2024 – VUNESP – Notário e Registrador/Provimento) É correto afirmar que o notário ou registrador eleito para ocupar cargo no executivo ou legislativo

a) deverá se afastar da delegação, com direito a percepção de 50% dos emolumentos.

b) se o cargo for de vereador, poderá exercê-lo cumulativamente com a delegação, desde que os horários sejam compatíveis.

c) não precisará se afastar da delegação, mantida a percepção integral dos emolumentos.

d) deverá se afastar da delegação, mantida a percepção integral dos emolumentos.

02. (TJ/MA – 2023 – Consulplan – Notário e Registrador/Remoção)

Paulo, tabelião de protesto e Pedro, oficial de registro civil de pessoas naturais foram eleitos, respectivamente, vereador e prefeito em determinado município. Sobre as incompatibilidades e os impedimentos relativos à atividade notarial e registral, considerando a situação fática exposta, o disposto na Lei nº 8.935/1994 (Lei dos Cartórios) e os atos normativos e decisões do Conselho Nacional de Justiça, assinale a afirmativa correta.

a) Paulo e Pedro devem se afastar da atividade notarial/registral, desde a diplomação, enquanto exercerem o mandato, deixando de receber, durante tal exercício, os emolumentos a que teriam direito

b) Paulo e Pedro devem se afastar da atividade notarial/registral, desde a diplomação, enquanto exercerem o mandato, mas terão direito à percepção integral dos emolumentos gerados em decorrência da atividade notarial e/ou registral que lhes foi delegada.

c) Como decidido pelo Conselho Nacional de Justiça, em se tratando de eleição para o cargo de vereador, Paulo pode exercer, concomitantemente, a vereança e a atividade notarial. Pedro, por sua vez, deve se afastar da atividade registral, desde a diplomação, enquanto exercer o mandato, deixando de receber, durante tal exercício, os emolumentos a que teria direito

d) Em face da incompatibilidade expressamente prevista em lei e nos atos normativos vigentes, para que Pedro possa exercer o mandato, deve renunciar à delegação. Paulo, por sua vez, deve se afastar da atividade notarial, desde a diplomação, enquanto exercer o mandato, mas terá direito à percepção integral dos emolumentos gerados em decorrência da atividade notarial que lhe foi delegada.

03. (IESES – Titular de Serviços de Notas e Registros – TJ – TO – Remoção/2022) O exercício da atividade notarial e de registro é incompatível:

I. Com o exercício da advocacia.

II. Com o exercício da intermediação de seus serviços.

III. Com o exercício de qualquer cargo, emprego ou função públicos, ainda que em comissão.

IV. Com o exercício de qualquer função pública, exceto em comissão.

A sequência correta é:

a) Apenas as assertivas I e IV estão corretas.

b) Apenas as assertivas I e II estão corretas.

c) Apenas a assertiva IV está incorreta.

d) As assertivas I, II, III e IV estão corretas.

04. (IESES – Titular de Serviços de Notas e de Registro – Provimento – TJ – SC/2019) Sobre notários e registradores, tendo como base o texto da Lei nº 8935/94, analise as alternativas e assinale a opção correta:

I. O exercício da atividade notarial e de registro é incompatível com o da advocacia, o da intermediação de seus serviços ou o de qualquer cargo, emprego ou função públicos, ainda que em comissão.

II. A diplomação, na hipótese de mandato eletivo, e a posse, nos demais casos, implicará no afastamento da atividade notarial ou registral.

III. No serviço de que é titular, o notário e o registrador não poderão praticar, pessoalmente, qualquer ato de seu interesse, ou de interesse de seu cônjuge ou de parentes, na linha reta, ou na colateral, consanguíneos ou afins, até o terceiro grau.

IV. Os notários e oficiais de registro são civilmente responsáveis por todos os prejuízos que causarem a terceiros, pessoalmente, pelos substitutos que designarem ou escreventes que autorizarem, assegurado o direito de regresso, quando os prepostos agirem com culpa ou dolo.

A sequência correta é:

a) As assertivas I, II, III e IV estão incorretas.

b) Apenas a assertiva I está correta.

c) Apenas as assertivas I, II e IV estão incorretas.

d) Apenas a assertiva IV está incorreta.

05. (Vunesp – Outorga de delegação de serviços notariais e registrais – Remoção – TJ – RS/2019) No exercício das atividades notariais e de registro, e de acordo com a Lei Federal nº 8.935/94, é correto afirmar:

a) A delegação para o exercício da atividade notarial e de registro depende dos seguintes requisitos: habilitação em concurso público de provas e títulos; ser brasileiro nato; capacidade civil; quitação com as obrigações eleitorais e militares; diploma de bacharel em direito; e verificação de conduta condigna para o exercício da produção.

b) Os notários e registradores estão sujeitos, pelas infrações que praticarem, assegurado amplo direito de defesa, às penas de advertência; repreensão; multa; suspensão por cento e vinte dias, prorrogáveis por mais trinta; e perda da delegação.

c) Extinguir-se-á a delegação a notário ou oficial de registro por: morte; aposentadoria facultativa; aposentadoria compulsória; invalidez; renúncia; perda nos termos do artigo 35 da Lei Federal nº 8.925/94; e descumprimento comprovado da gratuidade dos atos necessários ao exercício da cidadania – registro civil de nascimento e óbito, bem como a primeira certidão desses atos.

d) Em cada serviço notarial ou de registro haverá tantos substitutos, escreventes e auxiliares quanto forem necessários, a critério de cada notário ou oficial de registro. Os substitutos e os escreventes poderão, simultaneamente com o notário ou oficial de registro, praticar todos os atos que lhes sejam próprios, exceto, nos tabelionatos de notas, lavrar testamentos.

e) O exercício da atividade notarial e de registro é incompatível com a advocacia; o exercício da intermediação de seus serviços; ou o exercício de qualquer cargo, emprego ou função pública, ainda que em comissão. A diplomação, na hipótese de mandato eletivo, e a posse, nos demais casos, implicará o afastamento da atividade.

06. (IESES –Cartório – Provimento – TJ – AM/2018) Leia atentamente as proposições abaixo e assinale a que se apresentar INCORRETA:

a) O gerenciamento administrativo e financeiro dos serviços notariais e de registro é da responsabilidade exclusiva do respectivo titular, inclusive no que diz respeito às despesas de custeio, investimento e pessoal, cabendo-lhe estabelecer normas, condições e obrigações relativas à atribuição de funções e de remuneração de seus prepostos de modo a obter a melhor qualidade na prestação dos serviços.

b) No concurso público para ingresso na atividade notarial e de registro, as vagas serão preenchidas alternadamente, duas terças partes por concurso público de provas e títulos e uma terça parte por meio de remoção, mediante concurso de títulos, não se permitindo que qualquer serventia notarial ou de registro fique vaga, sem abertura de concurso de provimento inicial ou de remoção, por mais de seis meses.

c) Os notários e oficiais de registro são civilmente responsáveis por todos os prejuízos que causarem a terceiros, por culpa ou dolo, pessoalmente, pelos substitutos que designarem ou escreventes que autorizarem, assegurado o direito de regresso.

d) O exercício da atividade notarial e de registro é compatível com o exercício de outro cargo, emprego ou função pública, desde que seja de provimento em comissão.

07. (FUMARC – Notário-MG/2012) O exercício da atividade notarial e de registro é compatível com

a) advocacia.

b) mandato eletivo.

c) emprego ou funções públicos.

d) intermediação de seus serviços.

GAB	1	D	2	B	3	C	4	D
	5	E	6	D	7	B		

Art. 26. Não são acumuláveis os serviços enumerados no art. 5º.

Parágrafo único. Poderão, contudo, ser acumulados nos Municípios que não comportarem, em razão do volume dos serviços ou da receita, a instalação de mais de um dos serviços.

1. COMENTÁRIOS

O art. 5º, mencionado no dispositivo em comento, estabelece que os titulares de serviços notariais e de registro são os seguintes:

a) Tabeliães de Notas;

b) Tabeliães e Oficiais de Registro de Contratos Marítimos;

c) Tabeliães de Protesto de Títulos;

d) Oficiais de Registro de Imóveis;

e) Oficiais de Registro de Títulos e Documentos e Civis das Pessoas Jurídicas;

f) Oficiais de Registro Civis das Pessoas Naturais e de Interdições e Tutelas;

g) Oficiais de Registro de Distribuição.

Como regra geral, os serviços acima **não são acumuláveis**. Excepcionalmente, poderão ser acumulados nos Municípios que não comportarem, em razão do volume dos serviços ou da receita, a instalação de mais de um dos serviços.

Além dessa hipótese, o art. 52 da Lei 8.935/1994 prescreve que, nas unidades federativas onde já existia uma lei estadual específica, em vigor na data de publicação desta lei, são competentes para a lavratura de instrumentos traslativos de direitos reais, procurações, reconhecimento de firmas e autenticação de cópias reprográficas os serviços de Registro Civil das Pessoas Naturais.

Frise-se que a Lei Paulista 4.225/1984 c/c o art. 52 da Lei 8.935/1994, expressamente permite que os oficiais do Registro Civil das Pessoas Naturais poderão praticar atos notariais referentes à lavratura de procurações, substabelecimento e revogação de procurações públicas, além de reconhecimentos de firma e autenticações de cópias reprográficas.

Existe também a hipótese de anexação do serviço em razão do **desinteresse ou inexistência de candidatos**, prevista no art. 44 da Lei 8.935/1994.

Oportuno retratar que, para a reorganização dos serviços notariais e registrais, ou seja, para que sejam realizadas acumulações e desacumulações de serviços, há necessidade de lei estadual, de iniciativa privativa do respectivo Tribunal de Justiça, de acordo com precedentes do Supremo Tribunal Federal (ADI 2.350, rel. Min. Maurício Corrêa, *DJ* de 30-4-2004; ADI 3.773, Rel. Min. Menezes Direito, *DJe* de 4-9-2009; ADI 4140, Rel. Min. Ellen Gracie, *DJe*-180).

Sobre o tema, convém trazermos alguns conceitos essenciais para uma melhor compreensão. Assim, considera-se:

a) **Criação:** é a constituição de uma nova serventia extrajudicial, notarial ou registral, em virtude da instituição de novo município ou comarca, de desmembramento da circunscrição ou de desdobramento da competência de serventia existente;

b) **Desmembramento:** resulta de nova divisão territorial da circunscrição sobre um município ou distrito, para que no mesmo espaço territorial passem a funcionar duas ou mais serventias registrais;

c) **Desdobramento:** consiste no aumento do número de serventias com competência sobre um mesmo tipo de serviço não vinculado à circunscrição

Lei 8.935/1994

territorial específica, de natureza notarial, para incentivar a competitividade, descentralizar os locais de execução das atividades extrajudiciais e ampliar as opções de atendimento ao público, observada a viabilidade econômica de cada serventia;

d) **Anexação/Acumulação:** compreende a fusão de uma serventia vaga com outra existente, ainda que de atribuições distintas, de natureza notarial ou registral, quando se demonstre economicamente inviável a existência de serventias separadas, especialmente, em cartórios situados em municípios do interior e distritos que não possuam volume de serviços e receita suficientes para a manutenção da serventia;

e) **Desacumulação/Desanexação:** ocorre em virtude de nova distribuição de funções notariais ou de registro, entre delegatários situados em uma mesma circunscrição territorial, sempre que as funções exercidas por uma serventia venham a ser atribuídas a outro cartório já existente e localizado no mesmo município;

f) **Extinção:** é o desaparecimento ou desmobilização definitiva de uma serventia considerada inviável economicamente, cujas funções serão anexadas à de outro cartório.

g) **Desativação temporária:** consiste na inativação provisória de serventia, vaga e deficitária, de Registro Civil das Pessoas Naturais de distrito municipal, ante a inviabilidade de seu funcionamento, caso em que os seus serviços serão anexados, transitoriamente, ao cartório mais próximo que detenha as atribuições do serviço vago, ainda que localizado em município contíguo.

Por derradeiro, cumpre observar que os oficiais de registro ou tabeliães, cujas serventias eram anexas a mais de um dos serviços previstos na Lei 6.015/1973, possuem direito adquirido a permanecerem na mesma situação até a vacância.

2. JURISPRUDÊNCIA COMPLEMENTAR

⊙ CONSELHO NACIONAL DE JUSTIÇA

EMENTA: RECURSO EM PROCEDIMENTO DE CONTROLE ADMINISTRATIVO. Criação, alteração e reorganização de serventias extrajudiciais. Matéria submetida a reserva de lei formal. Iniciativa do Poder Judiciário. Jurisprudência do STF. Acumulação de serventia extrajudicial. Determinação imposta pela legislação local. Prescindibilidade da realização de estudos prévios. Reiteração dos argumentos expostos na petição inicial. Ausência de elementos novos. Recurso desprovido.

1. A criação, alteração ou supressão de serventias extrajudiciais é matéria submetida à reserva de lei formal, de iniciativa do Poder Judiciário, conforme decidiu o Plenário do Supremo Tribunal Federal na ADI nº 4.223/SP.

2. O Tribunal de Justiça do Estado de Minas Gerais procedeu à acumulação do Registro Civil das Pessoas Naturais ao Tabelionato de Notas, pois restaram preenchidos os requisitos objetivos previstos no art. 300-L, da LC nº 59/2001, quais sejam: serventia vaga e de primeira entrância.

3. No presente caso, a acumulação é decorrência de imposição legal, pelo que não se há de falar em necessidade de realização de estudos prévios.

4. O art. 300-M da LC estadual n. 166/2022 não traz qualquer palavra ou expressão que denote obrigatoriedade de estudos prévios para unificação de serventias. Além disso, trata-se claramente de um comando dotado de natureza genérica, o qual cede perante uma norma específica, como a do art. 300-L desse mesmo diploma normativo.

5. A peça recursal possui natureza heterotópica, constituindo mera reprodução das razões expostas na exordial, já refutadas na decisão monocrática.

6. O recurso que tem redação idêntica à da petição inicial desautoriza a reforma do julgado e impõe a manutenção da decisão pelos próprios fundamentos. Precedentes.

7. Recurso desprovido (Relator/(CNJ – Procedimento de Controle Administrativo n. 0007328-39.2022.2.00.0000 – Minas Gerais – Rel. Cons. Richard Pae Kim – DJ 28.03.2023)

EMENTA: Recurso em Procedimento de Controle Administrativo – Direito notarial e registral – Desacumulação de serventias extrajudiciais – Trâmite legislativo que não impede a realização de concurso público – Precedentes – Inexistência de edital de concurso que disponibilize a serventia questionada – Impossibilidade de controle prévio de violação hipotética – Recurso desprovido.

I – O Conselho Nacional de Justiça possui firme entendimento de que os trâmites legislativos para desacumulação de competências de serventias, que depende de lei formal, não devem servir de óbice para realização do concurso público de delegação. Precedentes.

II – Na hipótese, o Tribunal logrou êxito em comprovar que vem empreendendo esforços no intuito de viabilizar a reestruturação das serventias extrajudiciais do Estado de Goiás, tendo, inclusive, encaminhado projeto de lei à Assembleia Legislativa local, contemplando o objeto do presente procedimento.

III – Ausente, assim, indícios que justifiquem a argumentação recursal quanto à suposta pretensão de não serem observadas as diretrizes da legislação pertinente e o comando das resoluções e dos precedentes administrativos deste Conselho, quando da abertura de eventual concurso público. Impossibilidade de controle prévio de violação hipotética.

IV – Recurso em Procedimento de Controle Administrativo conhecido, uma vez que tempestivo, e, no mérito, desprovido (CNJ – Procedimento de Controle Administrativo nº 0003534-78.2020.2.00.0000 – Goiás – Rel. Min. Emmanoel Pereira – DJ 01.09.2021)

EMENTA: Recurso Administrativo em Procedimento de Controle Administrativo – Desanexação de serventias – Fato superveniente – Matéria julgada em sede de Ação Direta de Inconstitucionalidade pelo Supremo Tribunal Federal – Prejudicialidade.

I – Recurso em sede de Procedimento de Controle Administrativo interposto em face da decisão monocrática, que não conheceu dos pedidos, dada a judicialização prévia da matéria e a ausência de repercussão geral quanto à manutenção do acervo de serventia.

II – Fato superveniente, consubstanciado no julgamento da matéria pelo Supremo Tribunal Federal.

III – Perda superveniente do interesse recursal (CNJ – Procedimento de Controle Administrativo nº 0003059-25.2020.2.00.0000 – Espírito Santo – Rel. Cons. Emmanoel Pereira – DJ 17.08.2021)

EMENTA: PROCEDIMENTO DE CONTROLE ADMINISTRATIVO. NECESSIDADE DE LEI EM SENTIDO FORMAL PARA A CRIAÇÃO DE SERVENTIAS. DESANEXAÇÃO DE SERVENTIAS. AUSÊNCIA DE ESTUDOS DE VIABILIDADE ECONÔMICA. ILEGALIDADE. DESIGNAÇÃO DE INTERINOS. IMPOSSIBILIDADE. NECESSÁRIA SUBMISSÃO A CONCURSO PÚBLICO.

I – É firme a jurisprudência do Supremo Tribunal Federal no sentido da necessidade de lei formal, de iniciativa privativa dos Tribunais de Justiça, para a criação de serventias, devendo o TJSC adotar medidas imediatas para o envio de anteprojeto de lei para criação do Ofício de Registros Civis das Pessoas Naturais e de Interdições e Tutelas, Títulos e Documentos da Comarca de Jaguaruna/SC.

II – A desanexação de serventia que sequer chegou a ser criada por lei, a ausência de comprovação de viabilidade econômica e a assunção dos serviços por interina pura são condutas ilegais, sendo imperiosa a devolução do acervo ao delegatário original.

III – O CNJ tem entendimento recente, direcionado ao próprio TJSC, no sentido da obrigatoriedade de submissão prévia de nova serventia a concurso público, de modo que a instalação da serventia por interina cria um cenário de precariedade desnecessário, problemático e diametralmente oposto ao processo de regularização da outorga das serventias extrajudiciais inaugurado por este Conselho.

IV – O provimento de Ofícios de Registro de Imóveis por escrivães de paz no Estado de Santa Catarina, mediante o exercício de direito de opção, é matéria que merece especial atenção por parte da Corregedoria Nacional de Justiça.

V – Procedimento de Controle Administrativo que se julga procedente.

...

PROCEDIMENTOS DE CONTROLE ADMINISTRATIVO. INSTALAÇÃO DE SERVENTIAS RECÉM-CRIADAS. DESIGNAÇÃO DE INTERINOS. IMPOSSIBILIDADE. NECESSÁRIA SUBMISSÃO A CONCURSO.

I – A imediata instalação de serventias recém-criadas que não tenham sido submetidas a concurso público e não possam ser titularizadas por candidatos devidamente aprovados afronta o arcabouço constitucional e legal acerca da matéria.

II – Os procedimentos de desdobro ou desmembramento, inaugurados pela criação legislativa das serventias, não têm o condão de autorizar sua imediata instalação e funcionamento, dada a inexistência de substrato humano e material para a execução das atividades, a teor do art. 236, §3º, da CF/88 e do art. 14, inciso I, da Lei n. 8.935/94.

III – O ato de instalação de serventias depende da existência de dois requisitos basilares: a) o estabelecimento físico com as estruturas necessárias à prestação do serviço; e b) o delegatário habilitado em concurso público.

IV – Os delegatários que até então executavam os serviços desdobrados deverão continuar a prestá-los no hiato entre a criação da serventia e a investidura do novo titular concursado.

V – Não há, todavia, direito subjetivo do então titular da serventia desdobrada ou desmembrada à manutenção da integralidade dos serviços, que, a teor do art. 29, inciso I, da Lei n. 8.935/94, poderá mantê-la ou, se for de seu interesse, optar pela delegação criada, como forma de reduzir-lhe os potenciais prejuízos decorrentes do ato de império.

VI – Os Tribunais de Justiça devem adotar todas as providências necessárias para que a instalação de serventias recém-criadas seja levada a efeito por titulares devidamente aprovados em concurso público, devendo incluí-las em certame para ingresso na atividade notarial e registral daquele Estado, observada a regra contida no art. 236, §3º, da CF/88.

VII – Muito embora seja relevante dar prévio conhecimento aos candidatos acerca de dados que tenham potencial e iminente efeito sobre a receita das serventias, tal como acontece nos procedimentos de desdobro e desmembramento de serventias, a alteração da Resolução CNJ n. 81 ou a expedição de outro ato normativo não pode ser levada a efeito nos autos de Procedimento de Controle Administrativo.

VIII – PCA n. 0002032-46.2016.2.00.0000 julgado procedente e PCA n. 0002394-48.2016.2.00.0000 julgado parcialmente procedente. (PCA n. 0002032-46.2016.2.00.0000 e 0002394-48.2016.2.00.0000, Rel. Conselheiro Luciano Frota, 33ª Sessão Virtual, j. 20/4/2018) (grifei) (CNJ – Procedimento de Controle Administrativo nº 0008289-53.2017.2.00.0000 – Santa Catarina – Rel. Cons. Luciano Frota – DJ 06.09.2018)

Art. 27. No serviço de que é titular, o notário e o registrador não poderão praticar, pessoalmente, qualquer ato de seu interesse, ou de interesse de seu cônjuge ou de parentes, na linha reta, ou na colateral, consanguíneos ou afins, até o terceiro grau.

1. COMENTÁRIOS

A norma do art. 27 em comento é complementada pelo art. 15 da Lei 6.015/1973, que prescreve que, quando o interessado no registro for o oficial encarregado de realizá-lo, ou algum parente seu em grau que determine impedimento, o ato incumbe ao substituto legal do oficial.

O artigo em questão apenas veda a atuação **pessoal** do delegado no serviço do qual é responsável, pois **inexiste fé pública** no ato que o notário ou registrador pratique em seu próprio benefício. A limitação diz respeito exclusivamente ao oficial, não alcançando seu substituto, escreventes ou auxiliares.

O fundamento do art. 27 consiste na **imparcialidade**, que é inerente à função do delegado.

Atente-se que o parágrafo 5º do art. 20 da Lei n. 8.935/1994 faz uma ressalva, prescrevendo que, dentre os substitutos, um deles será designado pelo notário ou oficial de registro para responder pelo respectivo serviço nas ausências e nos impedimentos do titular. Esse impedimento justifica-se para evitar conflitos de interesse e, consequentemente, preservar a higidez vital dos registros, bem como ressaltar a moralidade administrativa, pois um ato público confeccionado diretamente por quem possivelmente teria interesse no mesmo obviamente lesiona tal moralidade.

2. QUESTÕES DE CONCURSOS

01. (EJEF – Tabelionato e Registro-MG/2007) O tabelião, em seu próprio Tabelionato, poderá promover a lavratura de atos de interesse de seu cônjuge ou de parentes, na linha reta ou na colateral, consanguíneos ou afins, até o terceiro grau, desde que:

a) ele exija representação dessas pessoas, por procuração pública.
b) os atos notariais sejam firmados por seu substituto legal.
c) ela seja precedida de autorização judicial expressa.
d) os atos notariais sejam subscritos por colega tabelião da mesma cidade.

02. (Vunesp – Notário – SP/2008) A vedação para o titular, notário e registrador, quanto à prática de ato de seu interesse, ou de interesse de seu cônjuge ou parentes, constitui impedimento que

a) obsta a prática do ato naquela serventia.
b) obsta a prática do ato pessoalmente pelo delegado.
c) diz respeito exclusivamente a cônjuge e parentes consanguíneos.

Lei 8.935/1994

d) diz respeito exclusivamente a cônjuge e não se aplica ao companheiro/companheira, mas se estende aos parentes por afinidade.

03. (EJEF Tabelionato e Registro-MG/2007) O Oficial do registro, em sua própria Serventia, poderá autorizar a prática de atos de seu interesse, cônjuge ou de parentes, na linha reta ou na colateral, consanguíneos ou afins, até o terceiro grau, desde que:

a) ele exija representação dessas pessoas, por procuração pública.
b) os atos sejam praticados por seu substituto legal.
c) ela seja precedida de autorização judicial expressa.
d) os atos sejam subscritos por colega registrador da mesma cidade.

04. (IESES - Cartório - TJ - PB/2014) Tabelião de Notas adquiriu bem imóvel e pretende lavrar a escritura de compra e venda em sua própria Serventia. É possível?

a) Não, por expressa vedação legal.
b) Sim, desde que a escritura seja confeccionada e subscrita pelo próprio notário.
c) Sim, mas dependerá de autorização do juiz corregedor competente.
d) Sim, desde que a escritura não seja confeccionada e subscrita pelo próprio Tabelião de Notas, mas por qualquer de seus prepostos desimpedidos.

05. (IESES - Cartório - TJ - PA/2016) Consoante disposição da Lei 8935/1994, os delegatários dos serviços extrajudiciais:

a) Estão impedidos de praticar pessoalmente atos de seu interesse, ou de interesse de seu cônjuge ou seus parentes, em linha reta ou colateral, consanguíneos ou afins, até o terceiro grau.
b) O gerenciamento administrativo e financeiros dos serviços notariais e de registro é de responsabilidade exclusiva do respectivo titular, salvo no que diz respeito às custas de custeio e remuneração de seus prepostos.
c) Os substitutos indicados poderão, simultaneamente com o notário ou o oficial de registro, praticar todo e qualquer ato que lhes sejam próprios.
d) Não podem assumir cargo público, salvo se em comissão.

GAB	1	B	2	B	3	B	4	D	5	A

CAPÍTULO V – DOS DIREITOS E DEVERES

Art. 28. Os notários e oficiais de registro gozam de independência no exercício de suas atribuições, têm direito à percepção dos emolumentos integrais pelos atos praticados na serventia e só perderão a delegação nas hipóteses previstas em lei.

1. COMENTÁRIOS

1.1. INDEPENDÊNCIA NO EXERCÍCIO DAS ATRIBUIÇÕES

Na função notarial, é consagrado o **princípio da imparcialidade e independência**. O tabelião de notas é um profissional independente e deve proceder de forma a honrar e tornar efetiva essa independência que lhe é conferida pelo art. 28 da Lei 8.935/1994 no desempenho de suas atribuições.

A função notarial possui caráter imparcial. De acordo com esse princípio, que veio para assegurar os princípios da rogação e da liberdade de escolha, o notário tem o dever de assessorar ambas as partes e refletir a vontade das mesmas, sendo-lhe vedado tomar para si o interesse de uma das partes, vale dizer, deve atuar de forma a dignificar e tornar efetiva a independência e imparcialidade que lhe é conferida pela Lei 8.935/1994. Ao contrário do advogado, é mister que o notário trate ambas as partes de forma imparcial, ainda que escolhido por uma delas.

1.2 EMOLUMENTOS

⊙ "Sobre o tema 'emolumentos', convido o leitor a consultar o capítulo referente à Lei 10.169/2000, nesta obra."

Faço uma ressalva quanto à impropriedade do termo 'emolumentos integrais', pois, além de serem contribuintes do Imposto de Renda e do Imposto sobre Serviços, compete aos notários e registradores o repasse de parte dos emolumentos para outros poderes e órgãos administrativos. Caberá ao Estado e ao Distrito Federal essa regulamentação.

Sandro Maciel Carvalho, no artigo "Os emolumentos e o equilíbrio econômico-financeiro", citando Emanuel Costa Santos esclarece que os emolumentos podem ser **puros ou não puros**. No primeiro caso, as somas são **integralmente destinadas e pertencentes ao delegatário**, para o remunerarem e cobrirem os custos da sua profissão. No segundo, há **repasses obrigatórios**, ou seja, importâncias que não lhe pertencem, mas são por ele necessariamente recolhidas e transferidas a entes, órgãos, pessoas ou atividades diversas (*Direito Notarial e Registral avançado*. São Paulo: Revista dos Tribunais, 2014, p. 95).

No aludido artigo ele ainda defende a **natureza híbrida** dos emolumentos. Ou seja, **tributária**, naquilo que corresponde ao custeio das expensas do serviço, e **remuneratória**, naquilo que diz respeito ao lucro. É dúplice, assim, a sua essência, o seu fim último. Bem assim prescreve o parágrafo único do art. 1º da Lei Federal 10.169/2000: o valor fixado para os emolumentos deverá corresponder ao efetivo custo e à adequada e suficiente remuneração dos serviços prestados. E conclui: importa registrar que a essência dúplice dos emolumentos diz respeito à parte **pura** dessas prestações. Já no que concerne aos **repasses obrigatórios,** parcelas emolumentares **não puras,** a sua **natureza jurídica** pode ensejar alguma **dúvida,** porque eles variam de uma unidade para outra. Apesar disso, pode-se asseverar que, salvas as importâncias destinadas à **manutenção e à fiscalização** da atividade notarial e registral (fiscalização essa que constitucionalmente compete apenas ao Poder Judiciário, como manifestação de seu poder de polícia), esses repasses não são taxas nem remuneração (*Direito Notarial e Registral avançado*. São Paulo: Revista dos Tribunais, 2014, p. 97-98).

1.3 PERDA DA DELEGAÇÃO

As hipóteses de perda da delegação encontram-se previstas no art. 32, inciso IV, e no art. 35 da Lei 8.935/1994.

É de grande valia a explanação do Dr. Ricardo Dip acerca do tema: "uma indevida administrativização dos serviços notariais e registrais poderia resultar a perda da autonomia e da independência jurídicas destes tradicionais artífices da gestão pública dos interesses privados, para enclausurar sua atuação a peias mecânicas e padronizadas de um "funcionarismo estatocêntrico" (...) "destinado a restringir a gestão privada de notas e registros mediante regulamentos extralegislativos muitas vezes concorrentes... ". ("O estatuto profissional do notário e do registrador", *Revista de Direito Imobiliário,* nº 56, ano 27, RT).

O autor desenvolve: "Aqui se insinua um intrincado problema de compreensão da lei. Ressaltou-se em seu artigo 28 que a perda de delegação corresponde a "hipóteses previstas em lei". Pareceria, de começo, que não se quer dizer que as demais alistadas punições disciplinares (repreensão, multa e suspensão) poderiam impor-se em hipóteses não-previstas em lei. De conseguinte, caberia inferir que o artigo 28 da Lei nº 8.395, de 1994, estaria a impor a correspondência da pena de perda de delegação a hipóteses **tipológicas** previstas em lei, pois, de não ser assim, irrelevante seria dizer que essa pena se impõe segundo a lei, quando todas se hão de impor segundo a lei. Essa primeira compreensão do significado normativo do artigo 28 da Lei nº 8. 395, entretanto, esbarra na falta de definição de tipos a que cominável a perda de delegação. Com efeito, no artigo 31 da mesma Lei se arrolam indicações **abertas** de ilícitos suscetíveis das **penas** previstas nesse diploma (ou seja, não há referência específica à pena de perda de delegação): "São infrações disciplinares que sujeitam os notários e os oficiais de registro às penalidades previstas nesta Lei: "I – a inobservância das prescrições legais ou normativas; "II – a conduta atentatória às instituições notariais e de registro; "III – a cobrança indevida ou excessiva de emolumentos, ainda que sob a alegação de urgência; "IV – a violação do sigilo profissional; "V – o descumprimento de quaisquer dos deveres descritos no art. 30". Para mais problematizar a questão, calha que o artigo 33 da mesma Lei, dispondo sobre as hipóteses de imposição das diversas penas disciplinares, **não** somente deixou de referir-se à perda de delegação, mas, indo além, versou de tal modo as hipóteses de imposição da multa e da suspensão, que pouco teria deixado ou nada a justificar a imposição do perdimento da delegação: "As penas serão aplicadas: "I – a de repreensão, no caso de falta leve; "II – a de multa, em caso de reincidência ou de infração que não configure falta mais grave; "III – a de suspensão, em caso de reiterado descumprimento dos deveres ou de falta grave". Do expendido, tem-se que **ou** o legislador, depois de prever o cabimento da perda de delegação a hipóteses **tipológicas**, não as enunciou; **ou**, irrelevante, a referência do artigo 28 ("hipóteses previstas em lei") não concerne a tipos fechados. Restaria saber, em todo caso, quando se poderia impor a perda da delegação, se à pena de suspensão correspondem as hipóteses previstas no item III do artigo 33 da Lei 8.935, de 1994, quais sejam a de **reiterado descumprimento dos deveres** e a de **falta grave**. Em boa lógica, remanesceria para a perda de delegação o efeito secundário de uma condenação penal (art. 92 – I, Cód. Pen.). E, acaso, suposta a condenação criminal, a imposição do referido efeito (não admitido "I – a de repreensão, no caso de falta leve; "II – a de multa, em caso de reincidência ou de infração que não configure falta mais grave; "III – a de suspensão, em caso de reiterado descumprimento dos deveres ou de falta grave". Do expendido, tem-se que **ou** o legislador, depois de prever o cabimento da perda de delegação a hipóteses **tipológicas**, não as enunciou; **ou**, irrelevante, a referência do artigo 28 ("hipóteses previstas em lei") não concerne a tipos fechados. Restaria saber, em todo caso, quando se poderia impor a perda da delegação, se à pena de suspensão correspondem as hipóteses previstas no item III do artigo 33 da Lei 8.935, de 1994, quais sejam a de **reiterado descumprimento dos deveres** e a de **falta grave**. Parece-me que é pouco e é muito. É **pouco** reservar a perda de delegação para a hipótese de uma condenação penal relativa a crimes praticados com abuso de poder ou violação de dever para com a Administração Pública ou cuja pena for superior a quatro anos (art. 92 – I, Cód. Pen.). É **muito** se, sendo mais que apenas isso, não se limita, mediante uma tipificação legal fechada. Impende que se estabeleçam os **tipos** de infração que, com precisão descritiva, justifiquem a imposição da perda de delegação notarial e registrária, assegurando sempre o interesse do **serviço público** – que não pode ficar à mercê de uma hipótese restrita de condenação criminal do tabelião ou registrador, mas tampouco pode sujeitar-se à onímoda interferência estatal, que frustre a independência do notário e do oficial de registro, independência que, antes de ser predicado a eles referível, é qualidade que

Lei 8.935/1994

interessa ao bem comum. As experiências regionais, ao largo da história dos registros e das notas, dariam suporte idôneo à tarefa de tipificar os ilícitos a que cominável a pena de perda de delegação. Ganharia a certeza jurídica, ganharia a justiça; ganharia o Poder Judiciário, ganhariam os tabeliães e os registradores. São as vantagens adicionais de achar um verdadeiro justo médio".

2. QUESTÕES DE CONCURSOS

01. (Cespe – Cartório – TJ – BA/2014) Com base nas disposições da Lei dos Cartórios, assinale a opção correta.

a) Os notários e os oficiais de registro estão sujeitos, pelas infrações que praticarem, à pena de suspensão por sessenta dias, prorrogável por mais sessenta.

b) O gerenciamento administrativo e financeiro dos serviços notariais e de registro é de responsabilidade concorrente do titular e do substituto do cartório.

c) Os notários e oficiais de registro gozam de independência no exercício de suas atribuições, têm direito à percepção dos emolumentos integrais pelos atos praticados na serventia e só perderão a delegação nas hipóteses legalmente previstas.

d) O exercício da atividade notarial e de registro é incompatível com o da advocacia, o da intermediação de seus serviços ou o de qualquer cargo, emprego ou função públicos, exceto os em comissão.

e) A responsabilidade criminal dos notários e dos oficiais de registro será individualizada, aplicando-se, no que couber, a legislação relativa aos crimes contra o patrimônio.

02. (FMP – Cartório – TJ – MT/2014) Sobre os direitos e os deveres dos notários e registradores, com base na Lei 8.935/94, assinale a afirmativa correta.

a) Os notários e oficiais de registro não gozam de independência financeira no exercício de suas atribuições; assim, embora tenham direito à percepção dos emolumentos integrais pelos atos praticados na serventia, só poderão cobrar adicional do usuário havendo solicitação de urgência para a realização do serviço.

b) Os notários e oficiais de registro gozam de independência no exercício de suas atribuições, tendo direito à percepção dos emolumentos integrais pelos atos praticados na serventia, e o dever de dar recibo dos emolumentos percebidos, mesmo que já afixada, em local visível, a tabela de emolumentos vigente.

c) Os notários e oficiais de registro não gozam de qualquer espécie de independência no exercício de suas atribuições, razão pela qual devem observar as normas técnicas estabelecidas pelo juízo competente.

d) Os notários e oficiais de registro gozam de independência no exercício de suas atribuições, tendo direito à percepção dos emolumentos integrais pelos atos praticados na serventia, e só perderão a delegação nas hipóteses expressamente previstas na Constituição Federal.

e) Os notários e oficiais de registro gozam de independência no exercício de suas atribuições, sendo seu dever funcional organizar e participar das associações de classe, a fim de dignificar a função exercida, tanto nas atividades profissionais como na vida privada.

GAB	1	C	2	B

Art. 29. São direitos do notário e do registrador:

I – exercer opção, nos casos de desmembramento ou desdobramento de sua serventia;

II – organizar associações ou sindicatos de classe e deles participar.

1. COMENTÁRIOS

Opção consiste na escolha, certificada por lei, entre permanecer no mesmo serviço ou passar para a serventia desmembrada ou desdobrada. No **desmembramento** nova Unidade de Serviço é criada quando a comarca é dividida, ao passo que no **desdobramento** cria-se nova serventia da mesma espécie, na comarca.

A liberdade associativa, estabelecida no inciso II, é garantida constitucionalmente pelo art. 9º da Carta Magna, que determina que é livre a associação profissional ou sindical.

A título de complementação e conexão com o tema, o Supremo Tribunal Federal declarou a constitucionalidade do fim da contribuição sindical obrigatória (que nada impede a facultativa). A decisão foi tomada na análise de 20 ações que discutiam dispositivo da Lei 13.467/2017 (Reforma Trabalhista) que acabou com a obrigatoriedade da contribuição.

O dispositivo foi questionado na Ação Direta de Inconstitucionalidade (ADI) 5794, em outras 18 ADIs ajuizadas contra a nova regra e na Ação Declaratória de constitucionalidade (ADC) 55, que buscava o reconhecimento da validade da mudança na legislação. Como as ações tramitaram de forma conjunta, a decisão aplica-se a todos os processos.

Entre os argumentos apresentados pelos ministros Luiz Fux, Alexandre de Moraes, Luís Roberto Barroso, Gilmar Mendes, Marco Aurélio e Cármen Lúcia, está o de não se poder admitir que a contribuição sindical seja imposta a trabalhadores e empregadores quando a Constituição determina que ninguém é obrigado a se filiar ou a se manter filiado a uma entidade sindical. Além disso, eles concordaram que o fim da obrigatoriedade da contribuição sindical não ofende a Constituição.

Os ministros Edson Fachin, Rosa Weber e Dias Toffoli, argumentaram no sentido de o fim da obrigatoriedade do tributo impedirá os sindicatos de buscar formas de organização mais eficazes para defender os direitos dos trabalhadores perante os interesses patronais.

2. JURISPRUDÊNCIA COMPLEMENTAR

SUPERIOR TRIBUNAL DE JUSTIÇA

EMENTA: CONSTITUCIONAL E ADMINISTRATIVO. Cartório. Desmembramento de ofício. Direito de opção do titular pela serventia recém-criada. Titularidade interina do ofício vago. Nomeação de terceiro como interventor. Segurança anterior que extinguiu o vínculo do antigo titular com a substituta. Pretensão de assumir a titularidade em writ posterior. Ausência de litispendência. Tríplice identidade não evidenciada. Coisa julgada. Efeitos subjetivos limitados. Preterição de substituto mais antigo. Possibilidade. Ato discricionário. Princípio da impessoalidade e da moralidade. Processo administrativo. Desnecessidade. Ato precário. Interesse público.

1. A inviabilidade de rediscussão da matéria relacionada à segurança anterior só poderia fundamentar-se na preliminar de litispendência, que pressupõe a tríplice identidade de elementos das demandas pendentes, nos termos do art. 301, § 2º, do CPC, o que não ocorre na espécie.

2. Conquanto a sentença anterior possa ter eficácia perante a substituta, a impetrante não se sujeita à autoridade da coisa julgada, que somente abrange as partes entre as quais é dada – art. 472 do CPC –, podendo impugnar a sentença sempre que tiver interesse jurídico, bem como repelir o efeito danoso que lhe possa acarretar.

3. A solução para a ocupação interina de serventia encontra previsão apenas no preceito contido no § 2º do art. 39 da Lei nº 8.935/94, o qual, por sua topologia e, por razões de técnica legislativa, deve estar relacionado à cabeça do mesmo dispositivo, que trata apenas dos casos em que se tem a vacância por extinção da delegação.

4. Inviabilidade de aplicar a analogia para abranger a hipótese de vacância em caso de opção do antigo titular do Ofício pela serventia recém-criada, que tem os direitos pessoais preservados, mantendo-se os vínculos de emprego, inclusive o de substituto.

5. A assunção da titularidade temporária da serventia desmembrada por filha do antigo titular é vedada, ante a incidência da Súmula Vinculante 13 do STF e do Enunciado Normativo nº 1 do CNJ, que estendeu a vedação de nepotismo aos cartórios extrajudiciais.

6. Possibilidade de destituição do substituto sem prévio processo administrativo, ante a natureza precária do ato discricionário e do interesse público envolvido. Precedentes. 7. Recurso especial provido, em parte, para denegar a segurança. (STJ – REsp nº 1.213.226 – Santa Catarina – 2ª Turma – Rel. Min. Og Fernandes – DJ 12.03.2014)

EMENTA: DIREITO CONSTITUCIONAL E ADMINISTRATIVO. DESMEMBRAMENTO DE SERVENTIAS. Na hipótese de desmembramento de serventias, não há necessidade de consulta prévia aos titulares atingidos pela medida. Não há direito adquirido ao não desmembramento de serviços notariais e de registro, conforme consolidado na Súmula 46 do STF. Diante disso, outorgado o direito de opção – previsto no art. 29, I, da Lei 8.935/1994 – e atendidos os demais ditames legais, não há cogitar violação do direito de defesa, do contraditório ou de outro princípio constitucional. RMS 41.465-RO, Rel. Min. Humberto Martins, julgado em 3/9/2013.

TRIBUNAL REGIONAL DO TRABALHO

EMENTA: Mandado de Segurança – Lei nº 13.467/17 – Contribuição Sindical – Conforme dicção do art. 149 da Constituição da República, não se exige lei complementar para instituir contribuições (sociais, de intervenção no domínio econômico e de interesse das categorias profissionais ou econômicas), mas somente a sujeição de seus elementos (normas gerais) ao regime tributário definido no Código Tributário Nacional (CTN) ou em outro diploma normativo – Portanto, a legislação ordinária pode criar, ou alterar o tributo, observando-se as normas gerais estabelecidas em lei complementar – Daí ser possível concluir pela validade e, sobretudo, constitucionalidade da alteração material promovida pela Lei Ordinária n° 13.467/2017 ao abstrair a natureza compulsória da contribuição sindical(TRT 12ª Região – Agravo Regimental nº 0000094-60.2018.5.12.0000 – Santa Catarina – Seção Especializada 2 – Rel. Des. Marcos Vinicios Zanchetta – DJ 25.06.2018)

TRIBUNAL DE JUSTIÇA DO ESTADO DE MINAS GERAIS

EMENTA: AGRAVO INTERNO. TITULAR DE TABELIONATO. SERVENTIA EXTRAJUDICIAL. DESMEMBRAMENTO/DESDOBRAMENTO. DIREITO DE OPÇÃO. INEXISTÊNCIA. RECURSO NÃO PROVIDO. 1. A transferência de uma base territorial integrante de uma comarca para outra não caracteriza desmembramento e/ou desdobramento de serventia, não havendo que se falar em exercício do direito de opção inserto no artigo 29, inciso i, da lei nº 8.935/94. (TJMG – Agravo de Instrumento nº 1.0024.09.689227-8/005 – Belo Horizonte – 8ª Câmara Cível – Rel. Des. Bitencourt Marcondes – DJ 17.07.2012)

3. QUESTÕES DE CONCURSOS

01. (VUNESP - 2023 - TJ-AL - Titular de Serviços de Notas e de Registros – Provimento) De acordo com a Lei Federal nº 8.935/1994, sobre os direitos e deveres do notário e do oficial de registro, é correto afirmar:

a) É direito do notário e do oficial de registro exercer opção, nos casos de desmembramento ou desdobramento de sua serventia.
b) É direito do notário e do oficial de registro admitir pagamento dos emolumentos, das custas e das despesas por meio eletrônico.
c) É direito do notário e do oficial de registro delegar a terceiros, contratados com autorização da Corregedoria Permanente, a manutenção em ordem dos livros, papéis e documentos de sua serventia.
d) É dever do notário e do oficial de registro manter exclusivamente em papel o arquivo das leis, dos regulamentos, das resoluções, dos provimentos, dos regimentos, das ordens de serviço e quaisquer outros atos que digam respeito à sua atividade.

02. (Vunesp – Outorga de delegação de serviços notariais e registrais – Remoção – TJ – RS/2019) A Lei Federal nº 8.935 de 1994 prevê que são direitos dos notários e registradores:

a) proceder de forma a dignificar a função exercida, tanto nas atividades profissionais como na vida privada; e atender as partes com eficiência, urbanidade e presteza.
b) exercer opção, nos casos de desmembramento ou desdobramento de sua serventia; e organizar associações ou sindicatos de classe e deles participar.
c) exercer opção, nos casos de desmembramento e desdobramento de sua serventia; e guardar sigilo sobre a documentação e os assuntos de natureza reservada de que tenham conhecimento em razão de exercício de sua profissão.
d) guardar sigilo sobre a documentação e os assuntos de natureza reservada de que tenham conhecimento em razão de exercício de sua profissão; e facilitar, por todos os meios, o acesso à documentação existente às pessoas legalmente habilitadas.
e) organizar associações ou sindicatos de classe e deles participar; e encaminhar ao juízo competente as dúvidas levantadas pelos interessados, obedecida a sistemática processual fixada pela legislação respectiva.

03. (IESES –Cartório – Provimento – TJ – AM/2018) NÃO constitui dever do notário ou registrador:

a) Atender prioritariamente as requisições de papéis, documentos, informações ou providências que lhes forem solicitadas pelas autoridades judiciárias ou administrativas para a defesa das pessoas jurídicas de direito público em juízo.
b) Guardar sigilo sobre a documentação e os assuntos de natureza reservada de que tenham conhecimento em razão do exercício de sua profissão.
c) Exercer opção, nos casos de desmembramento ou desdobramento de sua serventia.
d) Fiscalizar o recolhimento dos impostos incidentes sobre os atos que devem praticar.

Lei 8.935/1994

04. (IESES – Notário-MA/2011) De acordo com a lei 8.935/1994, é correto afirmar que são direitos do notário e registrador:

a) Exercer opção, nos casos de desmembramento ou desdobramento de sua serventia, bem como organizar associações ou sindicatos de classe e deles participar.

b) Observar os emolumentos fixados para a prática dos atos do seu ofício.

c) Fiscalizar o recolhimento dos tributos incidentes sobre os atos que praticarem.

d) Atender às partes com urbanidade e presteza.

05. (IESES – Cartório – TJ – RO/2012) Assinale a afirmação correta, quanto ao previsto na Lei 8.935/94:

a) É vedado ao notário e ao registrador a organização sindical.

b) O exercício da atividade notarial e de registro é incompatível com cargo público, exceto em comissão.

c) Extinguir-se-á a delegação a notário ou oficial de registro, entre outros casos, por descumprimento, comprovado, da gratuidade estabelecida por lei.

d) O gerenciamento administrativo e financeiro dos serviços notariais e de registro é da responsabilidade do respectivo titular, cabendo-lhe estabelecer normas, condições e obrigações relativas à atribuição de funções e de remuneração de seus prepostos, de modo a obter a melhor qualidade na prestação dos serviços, sendo o custeio das despesas da serventia, nas comarcas de menor movimento, compartilhadas com o estado.

06. (IESES – Cartório – TJ – RS/2013) São deveres dos notários, EXCETO:

a) proceder de forma a dignificar a função exercida, tanto nas atividades profissionais como na vida privada.

b) atender as partes com eficiência, urbanidade e presteza.

c) manter em ordem os livros, papéis e documentos de sua serventia, guardando-os em locais seguros.

d) organizar associações ou sindicatos de classe e deles participar.

07. (IESES – Cartório – Remoção – TJ – RO/2017) São deveres dos notários e dos oficiais de registro, EXCETO:

a) Organizar associações ou sindicatos de classe e deles participar.

b) Dar recibo dos emolumentos percebidos.

c) Manter em ordem os livros, papéis e documentos de sua serventia, guardando-os em locais seguros.

d) Atender as partes com eficiência, urbanidade e presteza.

GAB	1	A	2	B	3	C	4	A
	5	C	6	D	7	A		

Art. 30. São deveres dos notários e dos oficiais de registro:

1. COMENTÁRIOS

O fato de ser titular de um serviço notarial impõe ao tabelião uma série de deveres funcionais, alguns explicitados em leis, outros implícitos na natureza da função por ele exercida.

O art. 30 elenca os deveres dos notários e registradores, um rol que vai de regras de conduta na sociedade até obrigações inerentes ao exercício profissional, ao passo que o art. 31 elenca as infrações disciplinares.

A infração disciplinar ocorre quando a conduta do agente público não obedece a normas hierárquicas ou de comportamento estabelecidas na legislação, destinadas a garantir a regularidade dos serviços administrativos e das relações funcionais.

Os deveres estabelecidos no artigo 30 são fiscalizados pelo Poder Judiciário.

Os delegados dessa função pública devem sempre basear suas ações na ética. Ricardo Henry Marques Dip, no artigo 'Os profissionais do direito e a extinção dos serviços notariais e de registro como serviços públicos delegados,' pondera sobre o dever de ética:

> "O caminho para a segurança jurídica permite traçar a dinâmica da profissão em sua face concreta e vivente, na qual o registrador e o notário assumem funções transcendentes jurídico-sociais, justificando sua existência ante a sociedade e projetando sua imagem ante a opinião pública. A população, por sinal, tem manifestado sempre uma atitude favorável positiva a grande instituição do notariado e dos registros. De caráter objetivo, tem ocorrido críticas que se fazem necessárias contemplar com a sã intenção de zelar pelo prestígio das suas altas funções, cujos valores têm sido reconhecidos e estimados por toda a sociedade. De toda forma, há muitos anos vem se falando em crise profunda. A sociedade tem reservado ao notariado e aos registros a missão de satisfazer necessidades de elevada transcendência social, sem o que não estaria assegurada uma peremptória necessidade do homem em sua relação com os demais: a certeza e segurança jurídicas. Seus atos têm uma aptidão intrínseca e presunção genérica de legalidade, não só pela capacidade jurídica de seu autor, senão também, em especial, por respeito que ele inspira. A paz social garantida pela profissão em sua missão de segurança jurídica e a carga de deveres e obrigações exigidos no respectivo cumprimento merecem, como consequência, a justa retribuição com a percepção dos emolumentos e que lhes proporcione satisfação e incentivo. A própria sociedade reconhece a necessidade de justa compensação para um serviço profissional que contribui altamente para o bem comum e, para tanto, depreciá-lo significa não apenas menoscabo ao esforço pessoal, mas um imoral ataque aos altos valores da profissão. As críticas pecam pela generalização e são impensáveis as consequências de seu sucateamento ou substituição por profissionais não qualificados".

Por derradeiro e para complementar os estudos, apresento as disposições acerca dos deveres dos notários e registradores estabelecidas no Código de Ética da Anoreg-Br (EL DEBS, Martha. *Vade Mecum Notarial e Registral– Coletânea de Leis para Cartório.* São Paulo: Editora Juspodivm, 2024), a saber:

CAPÍTULO II –DEVERES FUNDAMENTAIS

Art. 3º. Os deveres fundamentais de notários e registradores abrangem os inerentes aos atos de seus ofícios, além dos previstos em legislação específica e dos elencados no Estatuto da Associação dos Notários e Registradores do Brasil – ANOREG-BR e mais os seguintes:

I – dignificar o exercício de suas funções;

II – zelar pelo prestígio da classe e pela dignidade da função de notário e registrador;

III – zelar pela observância da ética profissional de notários e registradores;

IV – conduzir-se, no exercício de sua função e em sua vida particular, com honorabilidade e honestidade;

V – cumprir e fazer cumprir as normas constitucionais, legais, regulamentares, administrativas e quaisquer outras que regulem os serviços notariais e de registro;

VI – pugnar pelo aperfeiçoamento das instituições e normas notariais e de registro;

VII – cumprir e fazer cumprir a tabela de emolumentos em vigor, que deve ser afixada em local visível, de fácil leitura e acesso ao público;

VIII – manter o sigilo de seus registros, salvo as exceções legais ou regulamentares e as decorrentes de ordem judicial;

IX – cumprir, com exatidão, as obrigações fiscais e sociais decorrentes de sua atividade notarial ou registral, recolhendo em dia impostos, taxas e contribuições sociais, inclusive as previdenciárias, de sua responsabilidade;

X – exigir, para a prática de ato notarial ou registral, a apresentação, pelo interessado, de toda a documentação exigida por lei e, se por ela não exigida, dos documentos indispensáveis à segurança jurídica do ato a praticar;

XI – prestar gratuitamente, e nos prazos legais, os serviços notariais ou de registro nos casos em que a lei assim determinar;

XII – anunciar seus serviços moderadamente, sem menção comparativa ou desairosa aos serviços de outros notários ou registradores;

XIII – não colocar em sua serventia letreiros, painéis, placas ou outros anúncios afins que visem, ainda que moderadamente, captar clientela e

XIV – não se pronunciar publicamente, de qualquer forma e por qualquer meio:

a) sobre a má conduta profissional de outro notário ou registrador ou

b) em defesa de interesse contrário à categoria dos notários e dos registradores.

I – manter em ordem os livros, papéis e documentos de sua serventia, guardando-os em locais seguros;

1. COMENTÁRIOS

O notário não é titular dos livros e papéis sob sua guarda, pois atua como delegado de uma função pública, ainda que em caráter privado, conforme já analisado anteriormente.

Os artigos 22 a 24 da Lei dos Registros Públicos também abordam a conservação dos livros, tema que foi exaustivamente tratado nos comentários a esses artigos. A seguir, apresento apenas os dispositivos:

Art. 22. Os livros de registro, bem como as fichas que os substituam, somente sairão do respectivo cartório mediante autorização judicial.

Art. 23. Todas as diligências judiciais e extrajudiciais que exigirem a apresentação de qualquer livro, ficha substitutiva de livro ou documento, realizar-se-ão no próprio cartório.

Art. 24. Os oficiais devem manter em segurança, permanentemente, os livros e documentos, sendo responsáveis pela sua ordem e conservação.

Dialoga com a temática, o conteúdo da Recomendação CNJ n. 9/2013:

RECOMENDAÇÃO N. 09, DE 07 DE MARÇO DE 2013 DA CORREGEDORIA-GERAL DA JUSTIÇA – CNJ

Dispõe sobre a formação e manutenção de arquivo de segurança pelos responsáveis pelas serventias do serviço extrajudicial de notas e de registro.

O CORREGEDOR NACIONAL DE JUSTIÇA, Ministro Francisco Falcão, no uso de suas atribuições legais e constitucionais;

CONSIDERANDO as notícias de destruição de acervos em decorrência de acidentes naturais, acarretando a necessidade de restauração de livros;

CONSIDERANDO a necessidade de manutenção de arquivo de segurança, para melhor preservação dos livros e documentos que compõem o acervo da serventia;

CONSIDERANDO a existência de sistemas de informatização que possibilitam a formação e manutenção de arquivo de segurança em formato eletrônico ou em mídia digital, com custos inferiores ao tradicional sistema de microfilmagem;

RESOLVE:

Art. 1º. Recomendar aos titulares e aos responsáveis pelas delegações do serviço extrajudicial de notas e de registro que **mantenham cópias de segurança** em microfilme, ou arquivo em mídia digital formado por imagens extraídas por meio de "scanner", ou fotografia, ou arquivo de dados assinado eletronicamente com certificado digital emitido em consonância com as normas do ICP-Brasil, ou qualquer outro método hábil, que, em sua fase inicial, deverá abranger os livros obrigatórios previstos em lei para as suas respectivas especialidades.

Parágrafo 1º. Mediante opção do Tabelião ou do Oficial de Registro, a formação de arquivo de segurança dos Livros de Notas poderá abranger os livros escriturados a partir do ano de 1980. O arquivo de segurança dos Livros de Protesto poderá abranger os livros escriturados nos últimos cinco anos (Redação dada pela Rec. CNJ 11/2013)

Parágrafo 2º. O arquivo de segurança dos livros de protocolo de todas as especialidades do serviço de notas e de registro poderá ser formado por meio informatizado, dispensada a assinatura digital e a reprodução de imagem.

Parágrafo 3º. O arquivo de segurança dos índices do Registro Civil de Pessoas Jurídicas, do indicador pessoal do Registro de Títulos e Documentos (Livro D) e dos indicadores real e pessoal do Registro de Imóveis (Livros nºs 4 e 5) poderá ser formado por meio exclusivamente informatizado, dispensada a assinatura digital e a reprodução de imagem.

Lei 8.935/1994

Parágrafo 4º. Poderá ser dispensada, a critério do Oficial de Registro, a formação de arquivo de segurança do Livro "D – de registro de proclama" do Registro Civil das Pessoas Naturais.

Art. 2º. Recomendar que o arquivo de segurança seja atualizado com periodicidade não superior a um mês e que ao menos uma de suas vias seja arquivada em local distinto da serventia, facultado o uso de servidores externos ou qualquer espécie de sistema de mídia eletrônica ou digital.

Art. 3º. Alertar que deverá ser formado e mantido arquivo de segurança dos documentos eletrônicos que integrarem o acervo da delegação do serviço extrajudicial, mediante "backup" em mídia eletrônica, digital ou outro método hábil à sua preservação.

Art. 4º. Alertar que o arquivo de segurança integrará o acervo da respectiva serventia e deverá ser transmitido ao novo titular da delegação em caso de extinção da delegação anterior, ou ao novo responsável pela delegação, em conjunto com os softwares que permitam o seu pleno uso e atualização.

Art. 5º. Esclarecer que prevalecerão as normas e determinações das Corregedorias Gerais da Justiça, dos Juízes Corregedores ou Juízes competentes na forma da organização local, sobre a formação e guarda de arquivo de segurança, caso existentes.

Art. 6º. Determinar que, em 120 dias, os titulares e responsáveis pelas delegações do serviço extrajudicial informem se possuem, ou não, arquivo de segurança e, se não o possuírem, quais as providências que estão adotando para formá-lo e a previsão do tempo que estimam para sua realização (Redação dada pela Rec. CNJ 11/2013).

Parágrafo único. As informações previstas no *caput* deste artigo deverão ser encaminhadas à Corregedoria Nacional de Justiça, diretamente pelos Oficiais e Tabeliães, por meio de resposta eletrônica em questionário disponível no Sistema de Serventias Extrajudiciais, que pode ser acessado pelo link *http: //www.cnj.jus.br/corregedoria* (Redação dada pela Rec. CNJ 11/2013)

Art. 7º. Determinar o encaminhamento de cópia desta Recomendação às Corregedorias Gerais da Justiça, inclusive para ciência aos responsáveis pelas unidades do serviço extrajudicial de notas e de registro e aos Juízes Corregedores, ou Juízes competentes na forma da organização local para a fiscalização dos serviços extrajudiciais de notas e de registro.

Brasília – DF,
MINISTRO FRANCISCO FALCÃO
Corregedor Nacional de Justiça
(D.O.U. de 07.03.2013).

Não é demais rememorar que o Provimento CNJ n. 50/2015 dispõe sobre a **conservação de documentos nos cartórios extrajudiciais.** Este ato normativo foi estudado ao longo desta obra.

Percebe-se, assim, que é dever do oficial registrador assegurar a perpetuidade dos livros e documentos sob sua guarda, bem como garantir a facilidade de acesso às informações que eles contêm.

Considera-se o não cumprimento do inciso I do art. 30 uma infração disciplinar que sujeita os notários e os oficiais de registro às penalidades previstas no art. 32 da Lei 8.935/1994.

A temática 'conservação' foi amplamente explorada nesta obra, especificamente nos comentários aos artigos 22 a 27 da Lei 6.015/1973.

2. JURISPRUDÊNCIA COMPLEMENTAR

TRIBUNAL DE JUSTIÇA DO ESTADO DE SÃO PAULO CORREGEDORIA-GERAL DA JUSTIÇA

EMENTA: Serventias Extrajudiciais – Formação e manutenção de arquivo de segurança pelos responsáveis pelas Serventias Extrajudiciais – Dever de guarda dos acervos – Recomendação nº 09 do Conselho Nacional de Justiça – Obrigatoriedade (PROCESSO Nº 2012/117706 – SÃO PAULO. Parecer (293/13-E). Excelentíssimo Senhor Corregedor Geral da Justiça: O presente expediente foi iniciado para realizar estudos de medidas técnicas e normativas possíveis de serem adotadas no âmbito desta Corregedoria-Geral da Justiça voltadas à preservação dos acervos das Serventias Extrajudiciais por meio de arquivos de segurança (backup). Durante o curso deste expediente, sobreveio a Recomendação nº 09, da Corregedoria Nacional de Justiça, que dispõe sobre a formação e manutenção de arquivo de segurança pelos responsáveis pelas Serventias Extrajudiciais de notas e de registro. A Recomendação nº 09 deu ensejo à formação do Proc. CG 2013/35270, ao qual o presente feito foi apensado. Foram ouvidas as entidades de classe ANOREG-SP, ARPEN-SP, CNB-SP, ARISP, IRTDPJ e IEPTB-SP. É o relatório. Opino. Em 28.08.12, o prédio em que se encontra instalado o Registro de Imóveis e Títulos e Documentos e Civil de Pessoa Jurídica de (...) foi alvo de incêndio que danificou parte de seu acervo ainda não recuperado a despeito dos esforços até o momento empreendidos. É notória a catástrofe que atingiu, em 2010, a Comarca de (...), cujo acervo registral até hoje encontra-se em fase de restauração, contando, para isso, com o apoio moral e material das entidades de classe. Os acervos das Serventias Extrajudiciais têm valores histórico, material e moral inestimáveis e devem ser mantidos em locais seguros pelos notários e registradores na forma dos arts. 30, I e 46, ambos da Lei nº 8.935/94: *Art. 30. São deveres dos notários e dos oficiais de registro: I – manter em ordem os livros, papéis e documentos de sua serventia, guardando-os em locais seguros; Art. 46. Os livros, fichas, documentos, papéis, microfilmes e sistemas de computação deverão permanecer sempre sob a guarda e responsabilidade do titular de serviço notarial ou de registro, que zelará por sua ordem, segurança e conservação.* Em 30.08.12, dois dias após o incêndio em (...) V. Exa. determinou a abertura do presente expediente com o objetivo de encontrar formas de se assegurar, por meio de cópias de segurança, os acervos das Serventias Extrajudiciais. Pouco tempo depois, mais precisamente em 05.03.13, a Corregedoria Nacional de Justiça encaminhou a esta Corregedoria-Geral a Recomendação nº 09, que dispõe sobre a formação e manutenção de arquivo de segurança pelos responsáveis pelas Serventias Extrajudiciais de notas e de registro. A Recomendação nº 09 foi autuada nos autos do processo CG nº 2013/352790, ao qual os presentes autos foram anexados. Depois de dar cumprimento às providências nela contidas, como a ampla divulgação de seu teor (publicação por três vezes no DJE e disponibilização no Portal do Extrajudicial), facultou-se, em virtude da identidade de propósitos do presente expediente e da Recomendação nº 09, a oitiva das entidades de classe dos notários e registradores. A ARPEN/SP e o Colégio Notarial do Brasil-SP entendem que o regramento do Conselho Nacional de Justiça é suficiente para os fins ora perseguidos (fls. 99/100 e 106/108). A ANOREG-SP argumenta ser necessário realizar um estudo para a fixação de prazos para que ocorra a migração dos arquivos físicos para os eletrônicos e se coloca à disposição desta Corregedoria-Geral (fl. 117). O IEPTB-SP fez duas observações em relação ao § 1º, do art. 1º, da Recomendação nº 9, do Conselho Nacional de Justiça, para que a Corregedoria-Geral determine que o arquivo de segurança seja mantido de forma obrigatória e por prazo mínimo de dez anos para os livros de protesto e de três anos para os de protocolo, em conformidade com o art. 36, da Lei nº 9.492/97 (fls. 102/104). A ARISP-SP sustenta que: a) as cópias de segurança devem abranger todos os livros de registro, inclusive os de transcrições, e não apenas os escriturados a partir de 1980; b) é importante deixar claro que as cópias de segurança não objetivam a substituição dos livros em seus originais, mas que servirão apenas como backup a ser utilizado em caso de desastres; e c) disponibilizou espaço para armazenamento de dados em data center, o que permite o cumprimento do art. 2º, da Recomendação nº 9, do Conselho Nacional de Justiça (fls. 120). Por fim, o IRTDPJ-SP requereu a dispensa dos Oficiais de Registro de Títulos e Documentos e Civil de Pessoas Jurídicas de fazer cópia de segurança dos registros assentados nos livros A e B de Pessoas Jurídicas e A, B e C do Títulos e Documentos efetuados anteriormente a 1981 (fl. 127). Embora a Recomendação nº 09 permita, em seu art. 5º, que as Corregedorias Gerais de Justiça regulamentem a formação e manutenção dos arquivos de segurança das Serventias Extrajudiciais, o regramento contido em referida Recomendação mostra se, ao menos nesta primeira fase, suficiente para os fins perseguidos. É claro que o ideal seria que todas as Serventias providenciassem, desde já, arquivo de segurança de todos os seus acervos. Contudo, é preciso observar que a iniciativa é inédita e demanda certo tempo – que não deve e não pode ser grande – para que todos os responsáveis pelas Unidades Extrajudiciais – titulares ou não – consigam pessoal, material e até mesmo recursos para tanto. Deste modo, e considerando a amplitude do regramento inserido na Recomendação nº 09, parece não haver motivo, ao menos nesta fase inicial, para que esta Corregedoria-Geral faça uso da ressalva do art. 5º e regulamente a questão da formação e da manutenção dos arquivos de segurança dos acervos das Serventias Extrajudiciais. De outro lado, em prol da segurança dos acervos, esta Corregedoria-Geral pode, em cumprimento aos deveres de orientar e fiscalizar os serviços notariais e de registro no Estado de São Paulo(1), adotar desde já medida administrativa efetiva, qual seja, tornar obrigatória a observância da Recomendação nº 09, da Corregedoria Nacional de Justiça por todos os responsáveis pelas Serventias Extrajudiciais do Estado de São Paulo. Isto porque, conquanto emanada do C. Conselho Nacional de Justiça, por meio de sua Corregedoria Nacional de Justiça, o ato normativo em questão, por se tratar de recomendação, não traz providência de caráter compulsório, de modo que não há certeza de que todas as Serventias adotarão as precauções nela previstas. Adotada a medida ora sugerida, todos os livros obrigatórios previstos em lei e os documentos eletrônicos que integram o acervo das Serventias estarão livres de fortuitos como os que atingiram o Registro de Imóveis e Títulos e Documentos e Civil de Pessoa Jurídica de (...). Cabe aqui lembrar que a Recomendação nº 09 permite que as cópias de segurança sejam feitas em diversas formas, como microfilme, arquivo de mídia digital (imagens extraídas por meio de scanner ou fotografia), arquivo de dados assinado eletronicamente com certificado digital emitido nos termos do ICP--Brasil, ou qualquer outro método hábil, o que possibilita a todas as Serventias, mesmo as menos rentáveis, atender ao seu propósito que, nesta fase inicial, é proteger o acervo independentemente de forma específica. Exige, em contrapartida, que o arquivo de segurança seja atualizado com periodicidade não superior a um mês e que uma de suas vias seja arquivada em local distinto da Serventia, facultado o uso de servidores externos. Frisa, ainda, que o arquivo de segurança passa a integrar o acervo da Serventia de modo que deverá ser transmitido ao novo titular da delegação ou ao novo responsável em conjunto com os softwares que permitam seu pleno uso e atualização. A Recomendação nº 9, ao prever diversos meios de se criar o arquivo de segurança, ao mesmo tempo em que assegura desde já o acervo fundamental das Serventias, permite que os estudos sobre o tema sejam aprofundados a fim de que, oportunamente, sobrevenha regulamentação específica com critérios técnicos uniformes. Embora a Recomendação nº 09 date de março de 2013, só agora sua observância deixará de ser facultativa. Razoável, por isso, conceder um prazo de 120 dias, a partir da publicação da decisão de V. Exa. que eventualmente aprovar este parecer, para que os responsáveis, a qualquer título, das Serventias Extrajudiciais adotem as providências nela previstas, as quais deverão ser comunicadas e acompanhadas pelas Corregedorias Permanentes, na forma do item 20.1, "d", do Capítulo XIII, das Normas de Serviço da Corregedoria-Geral da Justiça(2). Decorrido o prazo de 120 dias sem que o responsável pela Serventia tenha adotado as providências e comunicado o Juízo Corregedor Permanente, a este caberá, em expediente próprio, verificar ocorrência de eventual falta disciplinar. É importante ponderar, por fim, que a formação do arquivo de segurança aqui tratada não tem por objetivo substituir os livros originais das Serventias, de modo que, ao menos por ora e neste expediente, não se examinará a migração sugerida pela ANOREG-SP. Diante do exposto, o parecer que respeitosamente submeto à elevada apreciação de V. Exa. é no sentido de: a) tornar compulsória a observância da Recomendação nº 09, da Corregedoria Nacional de Justiça, pelos responsáveis, a qualquer título, pelas Serventias Extrajudiciais do Estado de São Paulo; e b) conceder prazo de 120 dias, a contar da primeira publicação no DJE da decisão de V. Exa. que eventualmente aprovar este parecer, para que as medidas contidas na Resolução nº 09 sejam implementadas e comunicadas aos respectivos Corregedores Permanentes, sob pena de responsabilidade. Em caso de aprovação, sugiro a publicação do presente parecer no DJE por três dias alternados para conhecimento geral, atribuindo-se força normativa à respeitável decisão. Sub censura. São Paulo, 22 de agosto de 2013. Gustavo Henrique Bretas Marzagão. Juiz Assessor da Corregedoria (fls. 130/136). NOTAS DE RODAPÉ. (1) Art. 236. Os serviços notariais e de registro são exercidos em caráter privado, por delegação do Poder Público. § 1º – Lei regulará as atividades, disciplinará a responsabilidade civil e criminal dos notários, dos oficiais de registro e de seus prepostos, e definirá a fiscalização de seus atos pelo Poder Judiciário. (2) Observadas as peculiaridades locais, ao Juiz Corregedor Permanente caberá a verificação dos padrões necessários ao atendimento deste item, em especial quanto a: ... d) adequação e segurança de "softwares", sistemas de cópias de segurança e de recuperação de dados eletrônicos, bem como de procedimentos de trabalho adotados, fixando, se for o caso, prazo para a regularização ou a implantação; DECISÃO: Aprovo o parecer do MM. Juiz Assessor da Corregedoria e, por seus fundamentos, que adoto: a) torno compulsória a observância da Recomendação nº 09, da Corregedoria Nacional de Justiça, pelos responsáveis, a qualquer título, pelas Serventias Extrajudiciais do Estado de São Paulo; e b) concedo prazo de 120 dias, a contar da primeira publicação desta decisão no DJE para que as medidas contidas na Resolução nº 09 sejam implementadas e comunicadas aos respectivos Corregedores Permanentes, sob pena de responsabilidade. Atribuo força normativa a esta decisão. Para conhecimento geral, publique-se o parecer e a presente decisão por três dias alternados no DJE. São Paulo, 26 de agosto de 2013. (a) JOSÉ RENATO NALINI, Corregedor Geral da Justiça. (D.J.E. de 03.09.2013 – SP)

II – atender as partes com eficiência, urbanidade e presteza;

1. COMENTÁRIOS

Para atender ao princípio da eficiência na prestação do serviço público delegado, o oficial deve encontrar soluções que proporcionem celeridade e rapidez ao trâmite da documentação sob sua responsabilidade, além de garantir a prestação de um serviço de qualidade.

A **eficiência** refere-se à capacidade de realizar tarefas ou alcançar objetivos utilizando o mínimo de recursos possível, seja em termos de tempo, esforço ou custos. Em um contexto organizacional ou profissional, eficiência implica a obtenção de resultados com o menor desperdício de recursos, maximizando a produtividade e minimizando a redundância. Trata-se de princípio expresso da administração pública no artigo 37 da Constituição Federal.

A **urbanidade** refere-se ao comportamento cortês, educado e respeitoso no trato com os outros. É a prática de boas maneiras e polidez, especialmente em ambientes sociais ou profissionais, demonstrando consideração e respeito pelos sentimentos e direitos alheios.

Por sua vez, a **presteza** significa prontidão e rapidez na execução de tarefas ou no atendimento de demandas. É a qualidade de agir de forma rápida e eficaz, demonstrando agilidade e disposição para atender às necessidades de outrem sem demoras desnecessárias.

Esses conceitos – eficiência, urbanidade e presteza – devem se confundir com a própria essência do serviço público, pois são pilares fundamentais que garantem que o atendimento às necessidades da população seja realizado de maneira eficaz, respeitosa e ágil. Quando esses conceitos se entrelaçam na prática do serviço público, eles transcendem sua definição isolada e se tornam a própria manifestação da qualidade e da eficácia que o serviço público deve oferecer.

Walter Ceneviva, ao conceituar a eficiência, urbanidade e presteza, ensina que eficiência relaciona-se com atendimento pronto, plenitude do esclarecimento compatível com os fins visados pelo serviço. Tem tal importância, a ponto de vir indicada no rol dos princípios essenciais de Administração Pública no *caput* do art. 37 da Constituição. Urbanidade é qualidade de toda pessoa civilizada. Em se tratando do profissional do direito é mais do que isso, pois lhe impõe tratamento educado, mesmo para aquele que mostre incompreensão com os procedimentos inerentes ao correto exercício profissional. O núcleo do vocábulo *presteza* está na agilidade do serviço. Nenhuma presteza pode ser exigida além da que resulta dos prazos legais. O profissional competente buscará diminuir tais prazos, exigindo de seus funcionários não apenas a rapidez, como também a aclaração das dúvidas, enunciando as exigências a serem satisfeitas para que o ato desejado seja possível (Op. cit., p. 243).

Enumeramos alguns exemplos de eficiência na prestação do serviço notarial e registral, a saber:

a) Os notários e registradores manterão na serventia uma versão da tabela de emolumentos em Alfabeto Braille ou em arquivo sonoro (áudio-arquivo);

b) Na prestação dos serviços, os notários e registradores devem atender por ordem de chegada, assegurada prioridade a pessoas idosas, grávidas e portadores de necessidades especiais, exceto no que se refere à prioridade de registro prevista em lei;

c) A consultoria e o assessoramento jurídicos devem ser prestados por meio de informações e de esclarecimentos objetivos, particularmente sobre o melhor meio jurídico de alcançar os fins desejados pelas partes, os efeitos e consequências dos fatos, atos e negócios jurídicos a serem documentados, e visar à tutela da autonomia privada e ao equilíbrio substancial da relação jurídica, de modo a minimizar as desigualdades materiais e a proteger os hipossuficientes e os vulneráveis, tais como as crianças e os adolescentes, as pessoas idosas, os consumidores, os portadores de necessidades especiais e as futuras gerações;

d) Digitalização de Documentos. A implementação de sistemas de digitalização para o armazenamento e consulta de documentos, facilitando o acesso e reduzindo o tempo necessário para localizar registros.

III – atender prioritariamente as requisições de papéis, documentos, informações ou providências que lhes forem solicitadas pelas autoridades judiciárias ou administrativas para a defesa das pessoas jurídicas de direito público em juízo;

1. COMENTÁRIOS

Neste caso, as autoridades judiciárias ou administrativas, no que se refere às requisições de papéis, documentos, informações ou providências para a defesa das pessoas jurídicas de direito público em juízo tem a prerrogativa de um atendimento prioritário, equivale dizer, gozam de um "privilégio" legal.

2. QUESTÃO DE CONCURSO

01. (IESES – Titular de Serviços de Notas e Registros – TJ – TO – Remoção/2022) São deveres dos notários e dos oficiais de registro:

I. Fiscalizar o recolhimento dos impostos incidentes sobre os atos que devem praticar.

II. Atender prioritariamente as requisições de papéis, documentos, informações ou providências que lhes forem solicitadas pelas autoridades judiciárias ou administrativas para a defesa das pessoas jurídicas de direito público em juízo.

III. Organizar associações ou sindicatos de classe e deles participar.

IV. Proceder de forma a dignificar a função exercida, tanto nas atividades profissionais como na vida privada.

A sequência correta é:

a) Apenas as assertivas I e IV estão corretas.
b) Apenas as assertivas I e II estão corretas.
c) As assertivas I, II, III e IV estão corretas.
d) Apenas a assertiva III está incorreta.

GAB	1	D

IV – manter em arquivo as leis, regulamentos, resoluções, provimentos, regimentos, ordens de serviço e quaisquer outros atos que digam respeito à sua atividade;

1. COMENTÁRIOS

A atividade notarial e de registros envolve o conhecimento, além dos livros, de um aglomerado normativo que rege sua atividade, integrado também por regulamentos, resoluções, provimentos, regimentos, ordens de serviço e quaisquer outros atos que digam respeito a seu ofício. Assim, é imprescindível que o delegado do serviço mantenha-se sempre atualizado com a legislação, a fim de prestar o serviço com maior eficiência.

Em razão disso, é importante que tal legislação esteja arquivada, e bem organizada, para que a consulta seja facilitada.

V – proceder de forma a dignificar a função exercida, tanto nas atividades profissionais como na vida privada;

1. COMENTÁRIOS

O delegatário exerce uma posição de relevo na sociedade, pois atua como conselheiro nos negócios jurídicos realizados pelas partes, inclusive pelo Poder Público. Ele presta orientações em diversos atos da vida civil, como casamentos, separações, inventários e questões familiares. Em resumo, é um verdadeiro consultor jurídico, um conselheiro, e até um psicólogo, em quem tanto o mais politizado quanto o mais humilde do povo depositam confiança e respeito.

Assim, é raro quando a atividade notarial e de registro se pauta **somente** na letra fria da lei.

Dessa forma, o relacionamento do delegatário com os usuários do serviço não se restringe apenas ao exercício de suas funções. A probidade, lealdade e honestidade devem estar presentes em suas relações pessoais dentro da comunidade, para que a confiança e o respeito em relação a ele permaneçam intactos.

Walter Ceneviva corrobora esse entendimento ao preconizar que "mesmo no comportamento individual estranho à função pública, em seus negócios, na vida social, no convívio com seus iguais e com terceiros, o notário e o registrador atuam de modo a receberem o respeito da sociedade em que trabalhem" (Op. cit., p. 246).

O notário e o registrador devem estar comprometidos com o bem-estar da sociedade.

VI – guardar sigilo sobre a documentação e os assuntos de natureza reservada de que tenham conhecimento em razão do exercício de sua profissão;

1. COMENTÁRIOS

Se o notário ou registrador tomar conhecimento de fato que deva ser mantido em sigilo, é sua obrigação guardá-lo, sob pena de incorrer nas sanções administrativas previstas no art. 32 da Lei 8.935/1994, uma vez que isso constitui infração disciplinar prevista no art. 31, inciso IV, da mesma lei.

Esse ilícito também configura um fato típico punível na esfera criminal, previsto nos **artigos 154 e 325 do Código Penal**. Vejamos:

> **Art. 154.** Revelar alguém, sem justa causa, segredo, de que tem ciência em razão de função, ministério, ofício ou profissão, e cuja revelação possa produzir dano a outrem:
>
> Pena – detenção, de três meses a um ano, ou multa.
>
> Parágrafo único – Somente se procede mediante representação.
>
> **Art. 325.** Revelar fato de que tem ciência em razão do cargo e que deva permanecer em segredo, ou facilitar-lhe a revelação:
>
> Pena – detenção, de seis meses a dois anos, ou multa, se o fato não constitui crime mais grave.
>
> § 1º Nas mesmas penas deste artigo incorre quem:
>
> I – permite ou facilita, mediante atribuição, fornecimento e empréstimo de senha ou qualquer outra forma, o acesso de pessoas não autorizadas a sistemas de informações ou banco de dados da Administração Pública;
>
> II – se utiliza, indevidamente, do acesso restrito.
>
> § 2º Se da ação ou omissão resulta dano à Administração Pública ou a outrem:
>
> Pena – reclusão, de 2 (dois) a 6 (seis) anos, e multa.

De igual modo, pode ser objeto de condenação cível, mediante responsabilidade civil, caso cause dano, que deverá ser indenizado.

É importante deixar claro que o sigilo não depende de pedido do titular. Sua manutenção decorre da **lei**. Assim, por força de seu dever profissional, fica o notário desobrigado de depor sobre os fatos que tenha tomado conhecimento em função de sua profissão e aos quais deva guardar sigilo.

Também encontramos exemplos de sigilo previstos em lei nos seguintes artigos:

- **Art. 230 do Código Penal Militar:** Revelar, sem justa causa, segredo de que tem ciência, em razão de função ou profissão, exercida em local sob administração militar, desde que da revelação possa resultar dano a outrem: Pena – detenção, de três meses a um ano;
- **Art. 207 do Código de Processo Penal:** São proibidas de depor as pessoas que, em razão de função, ministério, ofício ou profissão, devam guardar segredo, salvo se, desobrigadas pela parte interessada, quiserem dar o seu testemunho;
- **Art. 482 da Consolidação das Leis do Trabalho:** Constituem justa causa para rescisão do contrato de trabalho pelo empregador: g) violação de segredo da empresa;
- **Arts. 7º, XIX e 34 do Estatuto da Ordem dos Advogados do Brasil**

> **Art. 7º** São direitos do advogado:
>
> XIX – recusar-se a depor como testemunha em processo no qual funcionou ou deva funcionar, ou sobre fato relacionado com pessoa de quem seja ou foi advogado, mesmo quando autorizado ou solicitado pelo constituinte, bem como sobre fato que constitua sigilo profissional;
>
> **Art. 34.** Constitui infração disciplinar:
>
> VII – violar, sem justa causa, sigilo profissional; art. 197, parágrafo único (Mediante intimação escrita, são obrigados a prestar à autoridade administrativa todas as informações de que disponham com relação aos bens, negócios ou atividades de terceiros.
>
> Parágrafo único. A obrigação prevista neste artigo não abrange a prestação de informações quanto a fatos sobre os quais o informante esteja legalmente obrigado a observar segredo em razão de cargo, ofício, função, ministério, atividade ou profissão.

2. QUESTÃO DE CONCURSO

01. (Cespe – Notário-ES/2013) Assinale a opção correta no que diz respeito à divulgação, pelos profissionais que atuam no registro público, de informações de caráter sigiloso.

a) O tabelião ou registrador, ao divulgar a informação de caráter reservado, está atentando contra a ética profissional, mas não desrespeitando a lei.

b) A violação do sigilo de informações reservadas configura descumprimento de dever legal, mas não está sujeita a qualquer punição.

c) O sigilo violado de informações reservadas configura fato sujeito à punição, apesar de não configurar expresso descumprimento de dever imposto aos notários e aos registradores.

d) A violação do sigilo de informações reservadas configura descumprimento de dever imposto aos notários e aos registradores, estando sujeita a punição.

e) A informação dada ao tabelião ou registrador, apesar de ser reservada, ainda que de modo informal e sem ter de constar de ato notarial ou registral, passa a ter natureza pública.

02. EJEF Tabelionato e Registro-MG/2007) Assinale a alternativa INCORRETA.

a) Os notários não estão adstritos a sigilo profissional, uma vez que suas notas e registros são essencialmente públicos.

b) A serventia deverá fornecer recibo, relativo ao pagamento pelo ato de reconhecimento de firma, autenticação de documento, e demais emolumentos incidentes sobre as escriturações realizadas.

c) Constitui infração disciplinar do notário a cobrança indevida ou excessiva de emolumentos, ainda que sob a alegação de urgência.

d) É dever dos notários afixar em local visível, de fácil leitura e acesso ao público, as tabelas de emolumentos em vigor.

GAB	1	D	2	A

VII – afixar em local visível, de fácil leitura e acesso ao público, as tabelas de emolumentos em vigor;

VIII – observar os emolumentos fixados para a prática dos atos do seu ofício;

IX – dar recibo dos emolumentos percebidos;

1. COMENTÁRIOS

Sobre o tema "emolumentos", convido o leitor a consultar o capítulo referente à Lei 10.169/2000, nesta obra.

X – observar os prazos legais fixados para a prática dos atos do seu ofício;

XI – fiscalizar o recolhimento dos impostos incidentes sobre os atos que devem praticar;

1. COMENTÁRIOS

O inciso XI em comento deve ser lido em conjunto com o art. 289 da Lei 6.015/1973, que reza:

> **Art. 289.** No exercício de suas funções, cumpre aos oficiais de registro fazer rigorosa fiscalização do pagamento dos impostos devidos por força dos atos que lhes forem apresentados em razão do ofício.

Assim, note-se que a Lei 8.935/1994 também impôs aos notários e registradores a árdua tarefa de **fiscalizar** um grande volume de tributo, sob pena de infringir a lei e incorrer em infração disciplinar, prevista no art. 31 desta Lei. Vejamos:

Art. 31. São infrações disciplinares que sujeitam os notários e os oficiais de registro às penalidades previstas nesta lei:

I – a inobservância das prescrições legais ou normativas;

(...)

V – o descumprimento de quaisquer dos deveres descritos no art. 30.

Ademais, o Código Tributário Nacional (Lei 5.172/1966), no art. 134, prevê que, nos casos de impossibilidade de exigência do cumprimento da obrigação principal pelo contribuinte, respondem solidariamente com este, nos atos em que intervierem ou pelas omissões de que forem responsáveis, os tabeliães, escrivães e demais serventuários de ofício, pelos tributos devidos sobre os atos praticados por eles ou perante eles, em razão do seu ofício. Ressalte-se que, apesar de o referido código mencionar impropriamente a responsabilidade solidária, a maioria da doutrina entende que a responsabilidade é subsidiária.

A temática 'Responsabilidade Tributária do Tabelião e do Registrador' foi exaustivamente analisada e detalhada nos comentários e nos tópicos do artigo 289 da Lei de Registros Públicos, bem como no item 1.5 nas anotações do art. 22 desta Lei n. 8.935/1994. Convidamos o leitor a revisitar o tema.

2. JURISPRUDÊNCIA COMPLEMENTAR

TRIBUNAL DE JUSTIÇA DO ESTADO DE SÃO PAULO

EMENTA: MANDADO DE SEGURANÇA – EXIGÊNCIA DE COMPROVAÇÃO DO PAGAMENTO DE TRIBUTO – Dever do Tabelião fiscalizar o recolhimento de tributos – Imunidade não incide na hipótese de aquisiçao de ativos pela sociedade empresária – SENTENÇA DENEGOU A SEGURANÇA – RECURSO IMPROVIDO (TJSP – Apelação Cível nº 0004727-59.2011.8.26.0505 – Ribeirão Pires – 2ª Câmara de Direito Privado – Rel. Des. Flavio Abramovici – DJ 28.05.2012).

3. QUESTÕES DE CONCURSOS

01. (IESES – Titular de Serviços de Notas e de Registro – Provimento – TJ – SC/2019) Sobre a atividade notarial e registral, marque a alternativa correta:

I. Os notários e oficiais de registro gozam de independência no exercício de suas atribuições, têm direito à percepção dos emolumentos integrais pelos atos praticados na serventia e só perderão a delegação nas hipóteses previstas em lei.

II. São direitos do notário e do registrador exercer opção, nos casos de desmembramento ou desdobramento de sua serventia e organizar associações ou sindicatos de classe e deles participar.

III. Os agentes fazendários têm o dever de fiscalizar o recolhimento dos impostos, não recaindo tal obrigação aos notários, referente aos tributos incidentes sobre os atos que devem praticar, sendo tal dever exclusivo dos registradores.

IV. Manter em ordem os livros, papéis e documentos de sua serventia, guardando-os em locais seguros e atender as partes com eficiência, urbanidade e presteza, são alguns dos deveres dos notários e dos oficiais de registro

A sequência correta é:

a) Apenas a assertiva I está correta.

b) Apenas as assertivas I, II e IV estão incorretas.

c) As assertivas I, II, III e IV estão incorretas.

d) Apenas a assertiva III está incorreta.

02. (Cespe – Cartório – ES/2013) No que se refere ao imposto sobre a transmissão onerosa de bens imóveis (ITBI), assinale a opção correta.

a) O ITBI não incide sobre a transmissão de bens ou direitos incorporados ao patrimônio de empresa industrial como realização do capital.

b) Não constitui fato gerador do ITBI a transmissão de imóveis por acessão física.

c) Todos os direitos reais sobre bens imóveis constituem fato gerador do ITBI.

d) O ITBI não incide sobre a cessão do direito de aquisição de um bem imóvel.

e) A receita advinda do ITBI cabe ao estado onde o bem esteja situado.

GAB	1	D	2	A

XII – facilitar, por todos os meios, o acesso à documentação existente às pessoas legalmente habilitadas;

1. COMENTÁRIOS

Este inciso busca simplificar o processo e não eximir das formalidades impostas por lei.

Como já dito alhures, a publicidade é mais do que um atributo da atividade notarial e registral; trata-se de um dos próprios fins desse serviço delegado.

Dessa forma, a acessibilidade da documentação a quem tenha interesse jurídico, compõe a atividade notarial e de registros.

XIII – encaminhar ao juízo competente as dúvidas levantadas pelos interessados, obedecida a sistemática processual fixada pela legislação respectiva;

1. COMENTÁRIOS

Ressalta-se que a Lei dos Registros Públicos (Lei 6.015/1973) regulamentou, nos arts. 198 a 204, a questão da dúvida relativa aos registradores imobiliários, aplicando-se também aos titulares de registro civil de pessoas naturais, civil de pessoas jurídicas e de títulos e documentos, conforme previsto no art. 296 da LRP.

A regra do inciso XIII do art. 30 é posterior à do art. 198 da Lei 6.015/1973, permitindo que notários e tabeliães de protesto também suscitem dúvidas, uma vez que a dúvida é declarada pelo Oficial, e não pela parte.

A dúvida consiste em um procedimento administrativo destinado a **dirimir o dissenso** entre o usuário do serviço e o delegatário. Na impossibilidade de realizar o registro, por qualquer motivo, o registrador ou tabelião deve fornecer ao interessado uma nota explicativa por escrito, indicando todos os motivos da recusa e as eventuais exigências necessárias para que o assento possa ser efetuado. Se o interessado não concordar com a recusa, poderá suscitar dúvida ao Juiz competente.

É unânime na doutrina e na jurisprudência que o procedimento de dúvida **não se aplica à resolução de 'dúvidas doutrinárias' ou consultas.** Para que a dúvida seja cabível, é imprescindível que haja um dissenso efetivo e concreto entre o interessado e o registrador.

Ressalte-se que o procedimento de dúvida tem natureza puramente administrativa, o que não impede a utilização do processo judicial para resolver eventual lide entre o notário ou registrador e o apresentante de um documento (art. 204). Disso conclui-se que:

a) Não há contraditório entre partes interessadas, apenas dissenso entre o requerente e o registrador;
b) Não há lide;
c) Não enseja coisa julgada material, apenas mera preclusão administrativa (coisa julgada formal);
d) Não se aplicam totalmente as formas e institutos do Código de Processo Civil, que é utilizado apenas subsidiariamente. Assim, por exemplo, o agravo de instrumento é admitido excepcionalmente na hipótese de não recebimento do recurso de apelação, mas perícia, intervenções de terceiros, recurso especial e recurso extraordinário não são cabíveis no procedimento de dúvida. No entanto, embargos de declaração e alguns dos requisitos da petição inicial são aceitos. Além disso, tanto para impugnar a dúvida quanto para interpor recurso, é necessária a constituição de advogado, conforme disposto no art. 1º da Lei 8.906/94 e no Código de Processo Civil.

Em relação ao procedimento de dúvida, recomendo ao leitor consultar as análises detalhadas no art. 198 da Lei 6.015/1973 para um aprofundamento no tema.

XIV – observar as normas técnicas estabelecidas pelo juízo competente.

1. COMENTÁRIOS

As normas técnicas a que o dispositivo se refere são aquelas relativas à atividade notarial e de registros públicos.

Tal inciso é perfeitamente compatível com a independência administrativa e econômica dos notários e registradores.

O juízo competente é aquele estabelecido na lei estadual ou distrital. Luís Paulo Aliende Ribeiro, elucida que a Lei 8.935/1994 utiliza expressões *juízo competente* e *autoridade competente* ao definir, de forma geral, atribuições que não se limitam à fase de fiscalização, mas abrangem todas as fases do processo de regulação: o estabelecimento de regras de conduta para os regulados, a garantia de aplicação e execução das normas, a fiscalização do seu cumprimento e a aplicação das sanções. Tratam da atribuição do Poder Judiciário das tarefas de formulação, definição, operacionalização, implementação e aplicação de regras e orientações, correspondentes ao poder regulamentar do regulador, as disposições dos artigos 4, 30, XII e XIV, 38, 39, § 2º e 44 da lei, que, em cumprimento ao disposto no § 1º do art. 236 da Constituição da República, define a fiscalização da atividade (*Regulação da Função Pública Notarial e de Registro.* Saraiva: São Paulo, 2009).

2. JURISPRUDÊNCIA COMPLEMENTAR

SUPERIOR TRIBUNAL DE JUSTIÇA

EMENTA: ADMINISTRATIVO. Ofício de Registro. Distrito Federal. Penalidade. Multa. Lei 8.935/94. Alegação de prescrição. Não ocorrência. Portaria inaugural. Ausência de capitulação legal. Inexistente violação da ampla defesa. Precedente. Existência da infração disciplinar. Ausência de direito líquido e certo. 1. Cuida-se de *writ* impetrado com o fito de declarar a nulidade de processo administrativo que ensejou a aplicação da penalidade de multa, por infração disciplinar, a oficial de registro de imóveis, com base nos arts. 30, XIV e 31, V, ambos da Lei nº 8.935/94. 2. Ante a ausência de previsão normativa específica na Lei nº 8.934/95, devem ser utilizados dispositivos do regime jurídico aplicável (Precedente: (RMS 23.587/RJ, Rel. Min. Francisco Falcão, Rel. p/ Acórdão Min. Luiz Fux, Primeira Turma, DJe 3.11.2008); no caso do Distrito Federal, os prazos para sindicância e para processo administrativo são aqueles prescritos pela Lei nº 8.112/90. 3. A alegada prescrição não se verifica no caso concreto, já que a penalidade de multa possui equivalência com a de suspensão e deve ser observado o prazo bienal, como dispõem os arts. 130, § 2º, e 142, II, ambos do Regime Jurídico Único dos servidores públicos civis da União. 4. A jurisprudência do STJ está assentada em considerar que não é necessária a descrição minuciosa dos fatos, tampouco de eventual capitulação legal na portaria de instauração e, logo, sua ausência não viola a amplitude de defesa. Precedente: MS 15.786/DF, Rel. Min. Castro Meira, Primeira Seção, julgado em 13.4.2011, DJe 11.5.2011. 5. A alegação de ausência da violação disciplinar não encontra amparo nos autos, já que comprovado que, após serem dirigidas exigências ao juízo cível, sobre o título cujo registro foi determinado, tais exigências foram expressamente afastadas e o ato registral determinado por meio de mandado; havendo ordem judicial de registro, não poderia o oficial negar cumprimento. Ademais, é sabido que o *writ* não constitui o meio processual adequado para efetivar novo julgamento de decisão administrativa, servindo tão somente para proteger direito líquido, certo e, por conseguinte, claro e incontroverso. Precedente: RMS 22.228/PR, Rel. Ministro Luiz Fux, Primeira Turma, DJe 2.3.2009. Recurso ordinário improvido. (STJ – RMS nº 35.208 – DF – 2ª Turma – Rel. Min. Humberto Martins – DJ 27.02.2012)

3. QUESTÕES DE CONCURSOS

01. (IESES – Notário-MA/2008) Assinale a alternativa INCORRETA de acordo com a Lei nº 8.935/94.

a) Os notários e oficiais de registro gozam de independência no exercício de suas atribuições, têm direito à percepção dos emolumentos integrais pelos atos praticados na serventia e só perderão a delegação na aposentadoria.
b) São deveres dos notários e dos oficiais de registro, dentre outros: (i) manter em ordem os livros, papéis e documentos de sua serventia, guardando-os em locais seguros; (ii) atender as partes com eficiência, urbanidade e presteza e (iii) fiscalizar o recolhimento dos impostos incidentes sobre os atos que devem praticar.
c) Devem os notários e oficiais de registro facilitar, por todos os meios, o acesso à documentação existente às pessoas legalmente habilitadas.
d) São direitos do notário e do registrador, dentre outros: (i) exercer opção, nos casos de desmembramento ou desdobramento de sua serventia; (ii) organizar associações ou sindicatos de classe e deles participar.

02. (Vunesp – Oficial de Registro-SP/2002) Assinale a alternativa que não corresponde a um dever dos Notários e dos Oficiais de Registro.

a) Exercer opção, nos casos de desmembramento ou desdobramento de sua serventia.
b) Observar os emolumentos fixados para a prática dos atos do seu ofício.
c) Proceder de forma a dignificar a função exercida, tanto nas atividades profissionais como na vida privada.
d) Encaminhar ao juízo competente as dúvidas levantadas pelos interessados, obedecida a sistemática processual fixada pela legislação respectiva.

GAB	1	A	2	A

XV – admitir pagamento dos emolumentos, das custas e das despesas por meio eletrônico, a critério do usuário, inclusive mediante parcelamento.

1. COMENTÁRIOS

É cada vez mais comum a introdução de recursos tecnológicos na atividade extrajudicial, somada às inovações legislativas ocorridas ao longo do tempo, que alteraram as regras aplicáveis às mais diversas atribuições notariais e registrais, sendo a mais recente a Lei n. 14.382/2022.

Este inciso foi incluído pela Medida Provisória n. 1.085, de 27/12/2021, convertida na Lei n. 14.382, de 27/6/2022.

Trata-se da bem-vinda possibilidade de uso de meios eletrônicos e do pagamento parcelado, não só dos emolumentos, mas também das despesas, pelo interessado e a seu critério.

Anote-se que a flexibilização do pagamento dos emolumentos já vinha sendo contemplada na legislação. O Provimento CNJ n. 86/2019, que nacionalizou a postergação no Tabelionato de Protesto, introduziu a regra de parcelamento, que inclusive foi incorporada ao Código Nacional de Normas, a saber: "Ficam os tabeliães de protesto ou os responsáveis interinos pelo expediente da serventia autorizados a conceder parcelamento de emolumentos e demais acréscimos legais aos interessados, por meio de cartão de débito ou de crédito, desde que sejam cobrados na primeira parcela os acréscimos legais que estão contemplados no art. 373".

Falando em flexibilização, é oportuno mencionar ainda o Provimento CNJ n. 98/2020, editado em tempos de pandemia, que dispunha sobre o pagamento dos emolumentos, acréscimos legais, dívidas e demais despesas através de meios eletrônicos, como boleto bancário, cartão de débito e crédito, inclusive mediante parcelamento, a critério do usuário. Essa medida foi implementada como uma ação preventiva de saúde pública nas serventias extrajudiciais, visando à redução dos riscos de contaminação pelo novo coronavírus, causador da COVID-19, entre outras providências.

Neste ato normativo, ressalta-se o § 1º do art. 1º: "os custos administrativos decorrentes da utilização dos **meios eletrônicos para pagamento** de emolumentos, acréscimos legais e demais despesas são de responsabilidade dos notários, registradores e responsáveis interinos pelo expediente".

Trata-se de um ato normativo que foi revogado pelo Provimento CNJ n. 136/2022, mas que pode ser utilizado como exemplo e referência histórica no que diz respeito ao pagamento por meios eletrônicos.

Em 09.02.2022, o Conselho Nacional de Justiça publicou o Provimento n. 127, que disciplina a Plataforma do **Sistema Integrado de Pagamentos Eletrônicos – SIPE** para os serviços notariais e de registro, e dá outras providências.

Considerou-se, para a edição desse ato normativo, que várias unidades da federação já admitem o pagamento de emolumentos, custas e despesas por meios eletrônicos, a critério do usuário, inclusive mediante parcelamento.

O provimento elenca como meios de pagamento o PIX; cartão de crédito, emitido por operadoras ou administradoras autorizadas a funcionar pelo Banco Central do Brasil, de livre escolha do usuário; boleto bancário; faturamento; e outras modalidades de pagamento, crédito ou financiamento, autorizadas pelo Banco Central do Brasil, contratadas para que sejam oferecidas aos interessados na plataforma.

Importante alertar que as normas deste Provimento aplicam-se, no que couber, às demais especialidades previstas no artigo 5º da Lei 8.935, de 18 de novembro de 1994, podendo ser implementadas pelos gestores:

> I – da Central de Informações de Registro Civil das Pessoas Naturais – CRC, instituída pelo Provimento 46, de 16 de junho de 2015, da Corregedoria Nacional de Justiça;
>
> II – do Sistema de Registro Eletrônico de Títulos e Documentos e Civil de Pessoa Jurídica – SRTDPJ, instituído pelo Provimento 48, de 16 de março de 2016, da Corregedoria Nacional de Justiça;
>
> III – da Central Notarial de Serviços Eletrônicos Compartilhados – CENSEC e ao Sistema de Atos Notariais Eletrônicos – e-Notariado, regulados, respectivamente, pelos Provimentos 18, de 28 de agosto de 2012, e 100, de 26 de maio de 2020, da Corregedoria Nacional de Justiça; e
>
> IV – da Central Nacional de Serviços Eletrônicos dos Tabeliães de Protestos de Títulos – CENPROT, criada pela Lei 9.492, de 10 de setembro de 1997 e regulamentada pelo Provimento 87, de 11 de setembro de 2019, da Corregedoria Nacional de Justiça.

Finalizo os comentários deste inciso com os ensinamentos de Karin Rick Rosa, "a possibilidade de parcelamento dos emolumentos é medida salutar que contribui com o objetivo de regularizar as transmissões imobiliárias, incentivando a formalização dos instrumentos adequados ao registro, tanto dos atos onerosos quanto dos gratuitos seja pela aquisição derivada ou a título originário, para que os direitos reais sejam efetivados, não permanecendo apenas no campo obrigacional" (ABELHA, André; CHALHUB Melhim e outros. Sistema Eletrônico de Registros Públicos Rio de Janeiro: Forense 2022).

CAPÍTULO VI – DAS INFRAÇÕES DISCIPLINARES E DAS PENALIDADES

Art. 31. São infrações disciplinares que sujeitam os notários e os oficiais de registro às penalidades previstas nesta lei:

1. COMENTÁRIOS

Os notários e registradores são delegados do Poder Público e, embora sua atividade seja pública, é exercida em caráter privado. Compete à lei federal regular suas atividades, disciplinar a responsabilidade civil e criminal dos titulares das delegações e seus prepostos, definir a fiscalização de seus atos pelo Poder Judiciário Estadual e estabelecer normas gerais para a fixação de emolumentos, sendo admitido o ingresso na atividade apenas por concurso público de provas e títulos.

O art. 30 elenca os deveres dos notários e registradores, um rol que vai de regras de conduta na sociedade até obrigações inerentes ao exercício profissional, ao passo que o art. 31 elenca as infrações disciplinares.

A infração disciplinar ocorre quando a conduta do agente público não obedece a uma norma hierárquica ou de comportamento determinada na legislação, visando garantir a regularidade dos serviços administrativos e das relações funcionais. Restou evidente pela lei, que só o **delegado é destinatário das penas desses dispositivos**. Os **escreventes e auxiliares** são subordinados aos termos da **legislação trabalhista**.

Logo, cometida infração administrativa, sujeita-se o titular (e somente ele, pois os prepostos são submetidos ao poder de comando dos titulares) às penas de repreensão, multa, suspensão e perda da delegação, impostas pelo Poder Judiciário.

Advindo dano ao usuário do serviço, o dever de indenizar se imporá. Se a conduta sancionada estiver prevista na lei penal, o delegatário responderá criminalmente.

Cumpre ressaltar que os artigos 32 e 35 da Lei 8.935/1994 estabelecem, para o procedimento disciplinar administrativo referente às infrações de serviço, o amplo direito de defesa, em consonância com o artigo 5º, inciso LV, da Constituição Federal, que preceitua que aos litigantes, inclusive em processo administrativo, são assegurados o contraditório e a ampla defesa, com os meios e recursos a ela inerentes. Ademais, no que concerne às decisões do Poder Judiciário, inclusive as de caráter administrativo, estas devem ser fundamentadas (inciso IX, art. 93 da Constituição Federal), sob pena de nulidade.

Sobre o tema, vale acrescentar que no dia 24 de março de 2024, foi editado o Provimento CNJ n. 162 que regulamenta o art. 47-A do Regimento Interno do Conselho Nacional de Justiça (RICNJ), acerca da celebração de Termo de Ajustamento de Conduta (TAC) entre a Corregedoria Nacional de Justiça e magistrados, servidores e serventuários do Poder Judiciário ou delegatários de serventias extrajudiciais, e dá outras providências.

Uma das justificativas para a edição do ato normativo foi que o art. 47-A, § 5º, do Regimento Interno do Conselho Nacional de Justiça (RICNJ) delegou à Corregedoria Nacional de Justiça a regulamentação do Termo de Ajustamento de Conduta (TAC), como instrumento de resolução consensual de conflitos de ordem disciplinar e alternativa à abertura de Processo Administrativo Disciplinar (PAD) ou à aplicação de sanções a magistrados, servidores e serventuários do Poder Judiciário ou delegatários de serviços notariais e de registro.

Nos termos do art. 18, aplica-se este Provimento, no que couber, à(s) falta(s) cometida(s) por delegatários de serviços notariais e de registro, desde que se trate de **infração disciplinar de reduzido potencial de lesividade aos deveres de conduta elencados no art. 31 da Lei n. 8.935/1994, dos quais se anteveja a aplicação de penalidade de repreensão ou multa.**

O órgão julgador ou a autoridade julgadora que entender conveniente celebrar TAC com o delegatário deverá buscar **solução proporcional, equânime, eficiente e compatível** com os interesses gerais e com a irregularidade constatada.

Na análise da adequação e da conveniência do TAC, a autoridade considerará, entre outros elementos:

a) o objetivo de eliminar irregularidades,
b) incerteza jurídica,
c) situações potencialmente contenciosas ou atentatórias às instituições notariais e de registro,
d) bem como de estabelecer a compensação por benefícios indevidos ou prejuízos, públicos ou privados, resultantes das condutas praticadas.

Por sua vez, o instrumento do TAC deverá conter:

a) as obrigações do delegatário, que podem envolver, a partir do exame ponderado da autoridade competente, à luz da infração disciplinar e circunstâncias em que cometida, da realidade local e da capacidade econômica da serventia, dentre outras possíveis soluções, melhorias na prestação dos serviços ou instalações da serventia, qualificação do celebrante, estabelecimento de participação e aproveitamento em curso que tenha utilidade para as atividades cartorárias e/ou oferecimento de curso de qualificação aos empregados;
b) o prazo e o modo para cumprimento;
c) a forma de fiscalização quanto à sua observância; e
d) os fundamentos de fato e de direito.

> Art. 18. Aplica-se este Provimento, no que couber, à(s) falta(s) cometida(s) por delegatários de serviços notariais e de registro, desde que se trate de infração disciplinar de reduzido potencial de lesividade aos deveres de conduta elencados no art. 31 da Lei n. 8.935/1994, dos quais se anteveja a aplicação de penalidade de repreensão ou multa.
>
> § 1º O órgão julgador ou a autoridade julgadora que entender conveniente celebrar TAC com o delegatário deverá buscar solução proporcional, equânime, eficiente e compatível com os interesses gerais e com a irregularidade constatada.
>
> § 2º Na análise da adequação e da conveniência do TAC, a autoridade considerará, entre outros elementos, o objetivo de eliminar irregularidades, incerteza jurídica, situações potencialmente contenciosas ou atentatórias às instituições notariais e de registro, bem como de estabelecer a compensação por benefícios indevidos ou prejuízos, públicos ou privados, resultantes das condutas praticadas.
>
> § 3º O instrumento do TAC deverá conter:
>
> a) as obrigações do delegatário, que podem envolver, a partir do exame ponderado da autoridade competente, à luz da infração disciplinar e circunstâncias em que cometida, da realidade local e da capacidade econômica da serventia, dentre outras possíveis soluções, melhorias na prestação dos serviços ou instalações da serventia, qualificação do celebrante, estabelecimento de participação e aproveitamento em curso que tenha utilidade para as atividades cartorárias e/ou oferecimento de curso de qualificação aos empregados;
>
> b) o prazo e o modo para cumprimento;
>
> c) a forma de fiscalização quanto à sua observância; e
>
> d) os fundamentos de fato e de direito.

O Provimento também estabelece que aplicam-se, no que couber, a faltas disciplinares cometidas por magistrados e por **delegatários de serviços notariais e de registro**, as disposições referentes a instrumentos de solução adequada de conflitos previstas na **Lei dos Juizados Especiais Cíveis e Criminais**, no **Código de Processo Penal**, no **Código de Processo Civil**, na **Lei de Improbidade Administrativa** e na **Lei da Mediação.**

Por fim, o Provimento CNJ n. 162/2024 incluiu o art. 135-A no Código Nacional de Normas, estabelecendo que os delegatários de serviços notariais e de registro estão sujeitos às disposições do referido provimento, que trata da celebração de Termo de Ajustamento de Conduta (TAC).

2. QUESTÃO DE CONCURSO

01. (IESES –Cartório – Remoção – TJ – AM/2018) Segundo a lei nº 8.935/94, são consideradas infrações disciplinares as seguintes condutas praticadas por notários e os oficiais de registro:

I. A violação do sigilo profissional.
II. A inobservância das prescrições legais ou normativas.
III. A cobrança indevida ou excessiva de emolumentos, ainda que sob a alegação de urgência.
IV. A conduta atentatória às instituições notariais e de registro.

A sequência correta é:

a) Apenas as assertivas II, III e IV estão corretas.
b) As assertivas I, II, III e IV estão corretas.
c) Apenas as assertivas I e IV estão corretas.
d) Apenas a assertiva III está incorreta.

GAB	1	B

Lei 8.935/1994

I – a inobservância das prescrições legais ou normativas;

1. COMENTÁRIOS

Inobservância das prescrições legais ou normativas significa que o tabelião ou registrador não cumpriu as leis, os regulamentos, as resoluções, provimentos, portarias, e qualquer outra legislação na qual ele esteja submetido.

2. QUESTÕES DE CONCURSOS

01. (IESES – Titular de Serviços de Notas e de Registros – Remoção – TJ – SC – 2019) Sobre infrações disciplinares e penalidades impostas aos titulares da atividade notarial e registral, previstas na Lei nº 8.935/94, marque a alternativa correta:

I. São infrações disciplinares que sujeitam os notários e os oficiais de registro às penalidades previstas na Lei 8.935/94: a inobservância das prescrições legais ou normativas; a conduta atentatória às instituições notariais e de registro; a cobrança indevida ou excessiva de emolumentos, ainda que sob a alegação de urgência; a violação do sigilo profissional; o descumprimento de quaisquer dos deveres descritos na referida Lei.

II. São infrações disciplinares que sujeitam os notários e os oficiais de registro às penalidades previstas na Lei 8.935/94, organizar associações ou sindicatos de classe e deles participar.

III. As penas disciplinares que poderão ser aplicadas no caso de infrações cometidas pelos notários e registradores serão de repreensão, de multa, suspensão e perda da delegação.

IV. As penas serão impostas pelo juízo competente, independentemente da ordem de gradação, conforme a gravidade do fato.

A sequência correta é:

a) As assertivas I, II, III e IV estão incorretas.
b) Apenas a assertiva I está correta.
c) Apenas as assertivas I, II e IV estão incorretas.
d) Apenas a assertiva II está incorreta.

02. (IESES – Cartório – TJ – PB/2014) Todas as assertivas abaixo estão relacionadas, com exceção de uma, a infrações disciplinares, sujeitando os notários e oficiais de registro à imposição de penalidades. Assinale a alternativa INCORRETA:

a) Cobrança indevida ou excessiva de emolumentos, exceto no caso de urgência declarada pela parte interessada.
b) Inobservância das prescrições legais e normativas.
c) Praticar conduta atentatória às instituições notariais e de registro.
d) Deixar de fiscalizar o recolhimento de impostos incidentes sobre os atos de sua responsabilidade.

GAB	1	D	2	A

II – a conduta atentatória às instituições notariais e de registro;

1. COMENTÁRIOS

Atentar significa afrontar, desrespeitar, ofender, violar, praticar atos deliberadamente contra os princípios essenciais da atividade notarial e de registros.

Assim, a conduta não é culposa, mas dolosa, ou seja, ocorre quando o delegatário intenciona alcançar o resultado ilegal.

2. JURISPRUDÊNCIA COMPLEMENTAR

CONSELHO DA MAGISTRATURA DO ESTADO DO PARANÁ

EMENTA: 1. PROCESSO ADMINISTRATIVO DISCIPLINAR – FORO EXTRAJUDICIAL – AGENTE DELEGADO DO SERVIÇO DISTRITAL – CERCEAMENTO DE DEFESA – INOCORRÊNCIA – PRESCRIÇÃO NÃO VERIFICADA NA ESPÉCIE – PRELIMINARES REJEITADAS. 1.1 Tendo sido assegurado o direito à ampla defesa quanto à prova emprestada, **dentro do processo administrativo**, inexiste irregularidade. Precedentes das Cortes Superiores. 1.2 Ao acusado foi garantido o contraditório e a ampla defesa, não se verificando qualquer mácula no processo administrativo e consoante precedente do col. Superior Tribunal de Justiça, a comissão processante pode interferir motivadamente o pedido de produção de prova do indiciado, quando o conjunto probatório se mostrar suficiente para a comprovação dos fatos, sem que isso implique em cerceamento de defesa capaz de inquinar o processo administrativo disciplinar de nulidade (MS 200401492124, rel. Min. Laurita Vaz). 1.3 O poder-dever da Administração punir a falta cometida por um de seus funcionários não é absoluto, de sorte que encontra limite temporal no princípio da segurança jurídica, de hierarquia constitucional, pela evidente razão de que os administrados não podem ficar indefinidamente sujeitos à instabilidade originada do poder disciplinar do Estado. 1.4 Como é de elementar conhecimento, o termo inicial do prazo prescricional para a ação disciplinar conta-se não da data da prática do fato, mas sim da data em que o fato se tornou conhecido pela administração, sendo que ao ser instaurado o procedimento para a apuração da infração, resta interrompida a prescrição. PRELIMINARES AFASTADAS. 2. VIOLAÇÃO AOS PRINCÍPIOS REGENTES DA ATIVIDADE NOTARIAL – CONDUTA ATENTATÓRIA ÀS INSTITUIÇÕES NOTARIAIS – LAVRATURA DE ESCRITURA PÚBLICA DE COMPRA E VENDA COM DATA RETROATIVA – DESENCADERNAMENTO DO LIVRO DE ESCRITURAS PÚBLICAS DE COMPRA E VENDA PARA A INCLUSÃO DO NOVO DOCUMENTO – IMPUTAÇÕES PROCEDENTES – DOLO DA TRANSGRESSÃO CABALMENTE COMPROVADO – APLICAÇÃO DE PENA DE PERDA DA DELEGAÇÃO. 2.1 Da análise do conjunto probatório, depreende-se que o ilícito administrativo descrito na portaria inicial foi perpetrado pelo ora acusado, que lavrou escritura pública de compra e venda do imóvel matriculado sob nº, do Serviço de Registro de Imóveis, inserindo no documento datada diferente da que foi efetivamente elaborado (Livro 26, fls. 175v – fls. 08 e verso). 2.2 A versão apresentada pelo acusado, além de não ser crível tem o nítido propósito de esquivá-lo do ilícito administrativo perpetrado, pois que inegavelmente inseriu em documento público declaração falsa alterando a verdade de fato relevante, agindo com dolo inconteste. 2.3 A aplicação de sanções administrativas pressupõe, sempre, a incidência do princípio da proporcionalidade, para que a pena seja aplicada em sua justa medida, servindo para bem reprimir a conduta praticada, atendendo-se ao interesse público, sem que seja arbitrária ou exorbitante. 2.4 A conduta de acusado, de natureza gravíssima, impõe a aplicação de penalidade de perda da delegação, não se podendo tutelar o comportamento do agente delegado que se utiliza de artifícios com o evidente desiderato de se furtar à vedação legal. (CMPR – Processo Administrativo nº 2008.0214625-2/002 – Curitiba – Rel. Des. Lauro Augusto Fabrício de Melo – DJ 13.07.2011)

III – a cobrança indevida ou excessiva de emolumentos, ainda que sob a alegação de urgência;

1. COMENTÁRIOS

A **cobrança indevida** é aquela inadequada, incorreta, que não está prevista em lei para o ato praticado.

De outro giro, a **cobrança excessiva** é a imoderada, descomedida, que afronta os regulamentos estaduais e as tabelas oficiais e impõe ao usuário um valor a maior pela prática do serviço.

Um exemplo de cobrança indevida é a do registro de nascimento ou da certidão de óbito de pessoas reconhecidamente pobres, realizada pelo registrador civil das pessoas naturais. Lembre-se que pela legislação federal, são gratuitos todos os registros e primeiras certidões de nascimento e de óbito e, para os reconhecidamente pobres, as demais certidões e o processo de habilitação, registro e primeira certidão de casamento.

2. JURISPRUDÊNCIA COMPLEMENTAR

⊙ TRIBUNAL DE JUSTIÇA DO ESTADO DE SÃO PAULO CORREGEDORIA-GERAL DA JUSTIÇA

EMENTA: PROCESSO ADMINISTRATIVO DISCIPLINAR – OFICIAL DO REGISTRO CIVIL – COBRANÇA INDEVIDA DE EMOLUMENTOS – EXPEDIENTE COMPLEXO – CERTIDÃO DE ÓBITO EXPEDIDA SEM INFORMAÇÕES RELATIVAS A HERDEIROS E BENS – NECESSIDADE DA EXPEDIÇÃO DE SEGUNDA VIA MEDIANTE PAGAMENTO – COMPORTAMENTO DOLOSO DEMONSTRADO ILÍCITO ADMINISTRATIVO CONFIGURADO RAZOABILIDADE E PROPORCIONALIDADE NA APLICAÇÃO DA PENALIDADE DE PERDA DA DELEGAÇÃO – NÃO PROVIMENTO DO RECURSO (Processo CG nº [Omitido]). Excelentíssimo Senhor Desembargador Corregedor Geral da Justiça: Trata-se de recurso interposto pelo (...), Oficial de Registro Civil das Pessoas Naturais e de Interdições e Tutelas da Sede da (...) contra a r. sentença de fls. 400/419 oriunda da Corregedoria Permanente do Oficial de Registro Civil das Pessoas Naturais e de Interdições e Tutelas da Sede da Comarca (...) que lhe aplicou a pena de perda da delegação com fundamento no art. 32, inc. IV da lei nº 8.935/94 em virtude da cobrança indevida ou excessiva de emolumentos na forma do art. 31, inc. III, da lei nº 8.935/94. Sustenta o recorrente a não ocorrência de cobrança indevida, ausência de ilícito administrativo, a correção do procedimento de expedição das certidões e a possibilidade de expedição da primeira certidão somente com dados essenciais. Impossibilidade de se invocar condenação em outro procedimento administrativo disciplinar para fins de perda da delegação e, prejudicialmente, a violação do princípio da proporcionalidade na aplicação da pena. Desse modo, pugnou pela reforma da decisão (a fls. 425/441). É o breve relatório. Passo a opinar. A Portaria imputou ao recorrente os seguintes comportamentos: (i) informação equivocada acerca da necessidade da entrega da certidão de óbito à funerária para o sepultamento, (ii) informação equivocada no sentido da necessidade do requerimento de segunda via da certidão de óbito para fins de inventário e cobrança daquela, (iii) expedição de certidão de óbito incompleta objetivando cobrança pela segunda via. Na imputação constou a ocorrência dos fatos, em duas oportunidades distintas, quando o Sr. (...) prestava as informações necessárias ao registro do óbito de seu genitor e, pouco depois, de sua genitora. Ouvido no processo administrativo (a fls. 106/107), o Sr. (...) ratificou os fatos contidos na exordial, ressaltando que no momento do registro do óbito de seu pai foi expedida certidão sem indicação da informação relativa aos bens do falecido e, por força de reclamação, aquela foi rasgada e expedida nos termos requeridos. Quarenta dias depois, ao registrar o óbito de sua mãe o procedimento foi repetido e, por não haver reclamado, foi-lhe cobrado pela expedição da segunda via com a indicação da presença de bens para fins de inventário. De outra parte, os documentos de fls. 17/20 são conformes as declarações do denunciante. Além disso, o processado confirmou a expedição das certidões, todavia, negou a finalidade da cobrança excessiva de emolumentos (a fls. 289/290). Desse modo, está juridicamente demonstrado a situação da expedição das três certidões, as duas primeiras sem cobrança de emolumentos na forma do art. 30 da Lei nº 6.015/73 e a última mediante pagamento (a fls. 20). Passemos à contextualização dessa situação para o exame da presença de culpabilidade do Sr. Oficial e a consequente configuração do ilícito administrativo. A Portaria nº (...) oriunda da Corregedoria Permanente (a fls. 29) é conforme à previsão contida no item 97 e ss., do Capítulo XVII, do Tomo II, das NSCGJ, bem como os fatos controvertidos não envolvem a entrega e retirada pelo interessado da certidão de óbito, mas sim a atuação do Sr. Oficial ao expedir a primeira via (isenta de emolumentos) sem a totalidade das informações constantes do assento de óbito (Lei nº 6.015/73, art. 80) objetivando requerimento posterior de segunda via mediante pagamento de emolumentos. Diversamente do afirmado pelo nobre Defensor, a certidão de óbito deve sempre conter as informações relevantes para finalidade de registro público, assim, a informação relativa à existência de bens do falecido, obviamente, deve constar na certidão não sendo conforme ao Direito (ilícito) a expedição de certidão com informações parciais, isso contraria o fim social da norma, como é evidente. Acrescente-se ainda que em momento algum foi requerido a expedição da certidão com informações parciais. Evidentemente, é melhor ao interessado a expedição da primeira via da certidão (isenta de emolumentos) com todas as informações, pois, do contrário, como ocorria na Comarca (...), haveria a necessidade de maiores custos (expedição de segunda via com o pagamento de emolumentos) para fins da abertura do inventário ou outra necessidade no âmbito administrativo ou judicial. A atuação do processado era contrária ao espírito da regra de direito em comento, cuja finalidade encerra redução de custos e facilitação de acesso ao registro de óbito e respectiva primeira certidão. A prova constante dos autos é apta para fundamentar a conclusão contida na r. sentença, ou seja, a atuação dolosa do processado ao expedir a primeira via isenta de emolumentos com informações parciais, obrigando os interessados a requerer a segunda certidão de óbito, agora completa, mediante o pagamento de emolumentos. Esse procedimento complexo atentava contra a finalidade pública do serviço público delegado, permitindo cobrança indevida de emolumentos em flagrante desafio ao princípio da moralidade pública e a própria cidadania. De outra parte, as provas existentes não favorecem o processado em razão da ausência de justificativa fática e jurídica para seu proceder, senão a cobrança indevida de emolumentos com resultou evidenciado, com riqueza de detalhes, por meio da prova produzida nos autos. Não obstante ao apuro técnico e esmero do Dr. Advogado suas alegações não merecem guarida, pelas seguintes razões: a. a decisão recorrida se ateve aos fatos constantes na Portaria, outras eventuais irregularidades apuradas pela Interventora e referias pela prova testemunhal foram mencionadas como elementos circunstanciais, jamais como ilícitos para fundar procedência do processo administrativo; b. o fato descrito na Portaria encerra a expedição da primeira certidão de óbito com informações parciais objetivando a necessidade da segunda via mediante pagamento, assim a imputação funda-se na atuação dolosa do processado objetivando a cobrança de emolumentos indevidos; o procedimento empregado, complexo, é voltado à cobrança indevida de emolumentos; c. o procedimento previsto na Portaria CP (...) não trata do cerne da questão em exame, ou seja, comportamento intencional do Delegado ao expedir a certidão isenta de emolumentos (1ª via) sem

Lei 8.935/1994

todas as informações, notadamente a existência de bens e herdeiros, obrigando o interessado ao requerimento de segunda via mediante pagamento. Desse modo, o problema não é o regramento do ato administrativo mencionado e sim a atuação do Sr. Oficial; d. a certidão era expedida de forma parcial com a finalidade da expedição da segunda via mediante pagamento. (Provimento nº 03/2009 da Corregedoria Nacional de Justiça) objetiva viabilizar o registro do óbito com um número mínimo de informações, jamais legitimar atuações contrárias ao interesse social como a descrita na Portaria; e. a imputação refere-se ao fato do Oficial com seu comportamento forçar a expedição de segunda via da certidão de óbito, pretendendo aumento de receita mediante expediente contrário ao regramento legal; f. nada há nos autos no sentido do denunciante pretender prejudicar o processado, pelo contrário apenas externou seu inconformismo com o procedimento adotado que sofreu em duas oportunidades, voltado à cobrança indevida de emolumentos; g. as provas existentes nos autos não autorizam a conclusão do comportamento do Oficial ser destinado à facilitar a retirada da primeira via na funerária, mas sim a finalidade ilícita descrita na Portaria. Examinemos a gradação da pena aplicada. O ilícito administrativo demonstrado juridicamente nos autos é de inegável gravidade por afrontar o acesso ao registro civil gratuito da primeira certidão de óbito em desrespeito à cidadania e descrédito no serviço estatal. O fato em si é dotado de gravidade objetiva por atingir o cerne do espírito da norma jurídica em exame. Além disso, consta nos assentamentos do processado sua condenação em ilícitos administrativos envolvendo cobrança ilegal de emolumentos em duas oportunidades (1987 e 1996). Nesse quadro, era conforme ao interesse público e as finalidades da atividade correcional a aplicação da maior penalidade, como ocorreu, também por critérios de razoabilidade e proporcionalidade. Ante o exposto, o parecer que, respeitosamente, submete-se à elevada apreciação de Vossa Excelência é no sentido do de que seja negado provimento ao presente recurso administrativo. *Sub censura*. São Paulo, 25 de abril de 2.011. MARCELO BENACCHIO. Juiz Auxiliar da Corregedoria. DECISÃO: Como consta do parecer do MM Juiz Auxiliar, as provas existentes nos autos são aptas a demonstra juridicamente o fato do processado dolosamente expedir a primeira certidão de óbito, isenta de emolumentos, com informações parciais, obrigando o interessado a novo requerimento de certidão de óbito, agora mediante o pagamento de emolumentos. Essa situação caracterizou ilícito administrativo de cobrança indevida ou excessiva de emolumentos, sendo proporcional e razoável a aplicação da pena de perda da delegação. Nestes termos, aprovo o parecer do MM. Juiz Auxiliar da Corregedoria e, por seus fundamentos, que adoto, nego provimento ao recurso do (...), Oficial de Registro Civil das Pessoas Naturais e de Interdições e Tutelas da Sede da Comarca (...), mantendo a pena de perda de delegação aplicada com fundamento no art. 32, inciso IV da Lei nº 8395/94. Publique-se. São Paulo, 10.05.2011. – (a) – MAURICIO VIDIGAL – Corregedor Geral da Justiça.

IV – a violação do sigilo profissional;

1. COMENTÁRIOS

A matéria já foi analisada nos comentários do art. 30, inciso VI, desta Lei n. 8.935/1994.

2. QUESTÃO DE CONCURSO

01. (Cespe – Cartório – ES/2013) Assinale a opção correta no que diz respeito à divulgação, pelos profissionais que atuam no registro púbico, de informações de caráter sigiloso.

a) O tabelião ou registrador, ao divulgar a informação de caráter reservado, está atentando contra a ética profissional, mas não desrespeitando a lei.

b) A violação do sigilo de informações reservadas configura descumprimento de dever legal, mas não está sujeita a qualquer punição.

c) O sigilo violado de informações reservadas configura fato sujeito à punição, apesar de não configurar expresso descumprimento de dever imposto aos notários e aos registradores.

d) A violação do sigilo de informações reservadas configura descumprimento de dever imposto aos notários e aos registradores, estando sujeita a punição.

e) A informação dada ao tabelião ou registrador, apesar de ser reservada, ainda que de modo informal e sem ter de constar de ato notarial ou registral, passa a ter natureza pública.

GAB	1	D

V – o descumprimento de quaisquer dos deveres descritos no art. 30.

1. COMENTÁRIOS

Essa infração disciplinar já está prevista no art. 31, inciso I, que trata da inobservância. Na verdade, o referido inciso I abrange todas as possibilidades ao prescrever que constitui infração disciplinar a inobservância das prescrições legais e normativas.

2. JURISPRUDÊNCIA COMPLEMENTAR

SUPERIOR TRIBUNAL DE JUSTIÇA

EMENTA: ADMINISTRATIVO. Improbidade administrativa. Recurso especial interposto pela ré. Ação movida contra tabeliã de ofício de notas, por alegada ausência de repasse, a tempo e modo, de quantia referente à taxa de fiscalização judiciária devida à Fazenda Estadual. Procedência do pedido autoral em primeira instância e confirmação em grau de apelação. Divergência pretoriana indemonstrada. Notários e registradores de serventias não oficializadas. Submissão à Lei nº 8.429/1992. Simultânea caracterização, na espécie, das condutas ímprobas de enriquecimento ilícito, de dano ao erário e de violação a princípios da administração pública. Fundamento do acórdão não impugnado no recurso especial, o que atrai a Súmula 283/STF. Independência das esferas cível, penal e administrativa. Dosimetria. Proporcionalidade e razoabilidade. Manutenção das sanções impostas em primeira instância e confirmadas em apelação. Recurso desprovido.

1. O dissídio jurisprudencial não foi comprovado na forma exigida pelos arts. 541, parágrafo único, do CPC e 255, §§ 1º e 2º, do RISTJ, pois o paradigma colacionado refere-se a julgado que não guarda similitude fática com o tema em exame.

2. Consoante a jurisprudência do STJ e a doutrina pátria, notários e registradores estão abrangidos no amplo conceito de "agentes públicos", na categoria dos "particulares em colaboração com a Administração".

3. A Lei nº 8.935/1994 (Lei dos Cartórios), que regulamentou o art. 236 da CF, dentre outros aspectos, reforça a indispensabilidade da habilitação em concurso público de provas e títulos para o ingresso na atividade (art. 14, I); assenta a incompatibilidade das funções notariais e de registro com a advocacia, a intermediação de seus serviços e o exercício de qualquer cargo, emprego ou função públicos, ainda que em comissão (art. 25); bem como dispõe que a perda da delegação dependerá de sentença judicial transitada em julgado ou de decisão decorrente de processo administrativo instaurado pelo juízo competente, assegurado amplo direito de defesa (art. 35, I e II).
4. A partir do art. 236 da CF e de sua regulamentação pela Lei nº 8.935/1994, a jurisprudência pátria tem consignado a legalidade da ampla fiscalização e controle das atividades cartoriais pelo Poder Judiciário (RMS 23.945/PB, Rel. Ministro Herman Benjamin, Segunda Turma, julgado em 20/8/2009, DJe 27/8/2009), bem como a natureza pública dessas atividades, apesar de exercidas em caráter privado, por delegação do Poder Público (ADI 1.378-MC, Rel. Ministro Celso de Mello, Tribunal Pleno, julgada em 30/11/1995; ADI 3.151, Rel. Ministro Ayres Britto, Tribunal Pleno, julgada em 8/6/2005).
5. Ainda na esteira da jurisprudência pátria, os emolumentos percebidos pelos serviços notariais e registrais se qualificam como tributos, na modalidade de taxas remuneratórias de serviços públicos (ADI 2.129-MC, Rel. Ministro Eros Grau, Tribunal Pleno, julgada em 10/5/2000; ADI 1378-MC, Rel. Ministro Celso de Mello, Tribunal Pleno, julgada em 30/11/1995; REsp 1.181.417/SC, Rel. Ministro Humberto Martins, Segunda Turma, julgado em 19/8/2010, DJe 3/9/2010).
6. Os aspectos acima elencados revelam-se suficientes a justificar a inclusão dos notários e registradores, como "agentes públicos" que são, no campo de incidência da Lei nº 8.429/1992.
7. Consoante desponta do arcabouço fático delineado no acórdão, sobre o qual não há controvérsia, restou claramente demonstrado que a *"a ré, na qualidade de Tabeliã do 7º ofício de Notas da Comarca de Belo Horizonte, indevidamente, deixou de recolher os valores referentes à Taxa de Fiscalização Judiciária, devidos à Fazenda Pública Estadual, descumprindo o preceito contido no artigo 8º, § 3º, da Lei Estadual 12.727/97, com redação dada pela Lei nº 13.438/99"*. Esse proceder, que resultou na apropriação indevida de R$ 926.429,71, configurou, a um só tempo, *"violação dos deveres de moralidade e legalidade, bem como [...] lesão ao erário e [...] enriquecimento ilícito"*. Entendimento que não merece reparos.
8. Demais disso, o recurso especial não impugnou fundamento que ampara o acórdão recorrido, qual seja, o de que a conduta da insurgente implicou violação aos deveres de moralidade e legalidade, o que deu ensejo à sua condenação com base no art. 11 da LIA. Súmula 283/STF.
9. O Superior Tribunal de Justiça firmou a compreensão de que as esferas cível, administrativa e penal são independentes, com exceção dos casos de absolvição, no processo criminal, por afirmada inexistência do fato ou inocorrência de autoria.
10. As razões do recurso especial não lograram demonstrar que, na espécie, as sanções aplicadas, no patamar mínimo estabelecido no art. 12, I, da Lei nº 8.429/1992, devessem ser decotadas porque desproporcionais ou irrazoáveis.
11. Recurso especial desprovido, mantidas as reprimendas já fixadas na sentença e confirmadas em apelação. (STJ – REsp nº 1.186.787 – Minas Gerais – 1ª Turma – Rel. Min. Sérgio Kukina – DJ 05.05.2014)

EMENTA: ADMINISTRATIVO. Ofício de Registro. Distrito Federal. Penalidade. Multa. Lei 8.935/94. Alegação de prescrição. Não ocorrência. Portaria inaugural. Ausência de capitulação legal. Inexistente violação da ampla defesa. Precedente. Existência da infração disciplinar. Ausência de direito líquido e certo.
1. Cuida-se de *writ* impetrado com o fito de declarar a nulidade de processo administrativo que ensejou a aplicação da penalidade de multa, por infração disciplinar, a oficial de registro de imóveis, com base nos arts. 30, XIV e 31, V, ambos da Lei nº 8.935/94.
2. Ante a ausência de previsão normativa específica na Lei nº 8.934/95, devem ser utilizados dispositivos do regime jurídico aplicável (Precedente: (RMS 23.587/RJ, Rel. Min. Francisco Falcão, Rel. p/Acórdão Min. Luiz Fux, Primeira Turma, DJe 3.11.2008); no caso do Distrito Federal, os prazos para sindicância e para processo administrativo são aqueles prescritos pela Lei nº 8.112/90.
3. A alegada prescrição não se verifica no caso concreto, já que a penalidade de multa possui equivalência com a de suspensão e deve ser observado o prazo bienal, como dispõem os arts. 130, § 2º, e 142, II, ambos do Regime Jurídico Único dos servidores públicos civis da União.
4. A jurisprudência do STJ está assentada em considerar que não é necessária a descrição minuciosa dos fatos, tampouco de eventual capitulação legal na portaria de instauração e, logo, sua ausência não viola a amplitude de defesa. Precedente: MS 15.786/DF, Rel. Min. Castro Meira, Primeira Seção, julgado em 13.4.2011, DJe 11.5.2011.
5. A alegação de ausência da violação disciplinar não encontra amparo nos autos, já que comprovado que, após serem dirigidas exigências ao juízo cível, sobre o título cujo registro foi determinado, tais exigências foram expressamente afastadas e o ato registral determinado por meio de mandado; havendo ordem judicial de registro, não poderia o oficial negar cumprimento. Ademais, é sabido que o *writ* não constitui o meio processual adequado para efetivar novo julgamento de decisão administrativa, servindo tão somente para proteger direito líquido, certo e, por conseguinte, claro e incontroverso. Precedente: RMS 22.228/PR, Rel. Ministro Luiz Fux, Primeira Turma, DJe 2.3.2009. Recurso ordinário improvido. (STJ – RMS nº 35.208 – DF – 2ª Turma – Rel. Min. Humberto Martins – DJ 27.02.2012)

EMENTA: DIREITO ADMINISTRATIVO. PROCESSUAL CIVIL. Recurso Ordinário em Mandado de Segurança. Cartório. Titular. Sanção disciplinar. Atividade de preposto subordinado. Cobrança excessiva de emolumentos. Falta de dever de fiscalização. Pagamento de tributos. Multa. Prejuízo ao usuário.
1. Os notários e oficiais de registro responderão pelos danos que eles e seus prepostos causem a terceiros, na prática de atos próprios da serventia, assegurado aos primeiros direito de regresso no caso de dolo ou culpa dos prepostos.
2. A inteligência do art. 22 da Lei 8.935/1994 estabelece que o titular da serventia extrajudicial somente responde objetivamente pelos atos de seus prepostos quando forem eles próprios, isto é, quando tiverem tais atos relação com a atividade cartorária.
3. O recorrente não foi sancionado com pena de multa, contudo, pela prática executada por seu subalterno, mas por infringência a seus próprios deveres funcionais – falta de fiscalização do recolhimento de tributos e cobrança indevida ou excessiva de emolumentos –, na forma dos arts. 30, incisos V e XI, 31, incisos III e V, e 33, inciso II, todos da Lei 8.935/1994.
4. Confirma ainda a lisura do processo administrativo disciplinar ter havido a oportunização ao processado do direito ao contraditório e ampla defesa. 5. Recurso ordinário em mandado de segurança não provido. (STJ – RMS nº 38.985 – São Paulo – 2ª Turma – Rel. Min. Mauro Campbell Marques – DJ 18.02.2014)

TRIBUNAL DE JUSTIÇA DE SÃO PAULO
CORREGEDORIA-GERAL DA JUSTIÇA

EMENTA: Pessoal – Consulta – Inviabilidade – Corregedoria-Geral da Justiça não é órgão consultivo – Precedentes – Peculiaridade, no caso, que revelou existência de situação concreta – Corregedoria Permanente – Intervenção – Suspensão das atividades do substituto e proibição, sob pena de desobediência, de frequentar a Serventia – Impossibilidade – Poder censório disciplinar que recai apenas sobre o titular da Serventia – Processo disciplinar já findo – Cassação da restrição prejudicada (Processo CG nº 2012/144868 (205/2013-E). Excelentíssimo Senhor Corregedor Geral da Justiça: Trata-se de consulta formulada por José Fernando Silveira Quilos por meio da qual formula as seguintes indagações: a) se os prepostos contratados no regime CLT pelos titulares de Serventia podem sofrer medidas de caráter sancionatório das Corregedorias Permanentes; b) se os prepostos, exercendo ou não a função de substituto, podem sofrer alguma pena prevista no art. 32 da Lei nº 8.935/94 pela Corregedoria Permanente: e c) se os prepostos estatutários admitidos antes da Constituição de 1988

Lei 8.935/1994

seriam a única exceção a essa regra, sujeitando-se ao Poder Censório Disciplinar da Corregedoria Permanente da mesma forma que os titulares. A interina do Tabelião de Notas e Protesto de Itapevi prestou informações esclarecendo que o requerente solicitou sua dispensa em 21.06.2012, mas que, antes disso, por determinação do MM. Juiz Corregedor Permanente, foi suspenso de suas funções de 2º substituto da então titular quando decretada a intervenção em referida Unidade. O MM. Juiz Corregedor Permanente prestou informações às fls. 41/43 esclarecendo que, com base no poder geral de cautela, afastou o requerente ao decretar a intervenção na Serventia, haja vista que contra ele também eram imputadas inúmeras irregularidades. O interessado manifestou-se às fls. 48/50 esclarecendo que era locador do imóvel em que situada a Serventia e que lá esteve, na qualidade de locador, para cuidar das questões relativas à renovação do alvará de funcionamento. É o relatório. Opino. É certo que, de acordo com precedentes desta Corregedoria-Geral, este órgão, salvo em hipóteses excepcionais, não atua como órgão consultivo. Contudo, no caso em exame, é possível verificar – a partir da documentação juntada – que não se trata de consulta, mas de questionamento contra medida concreta adotada pelo MM. Juiz Corregedor Permanente e que o interesse público contido da matéria recomenda seu exame. Ao instaurar processo administrativo disciplinar contra a então titular da Serventia, o MM. Juiz Corregedor Permanente houve por bem suspender o interessado de suas funções e impedi-lo de frequentar a Unidade durante a intervenção sob pena de desobediência (v. portaria 02/2012. fls. 06/18). O item 1. do Capítulo V, das Normas do Pessoal dos Serviços extrajudiciais da Corregedoria-Geral da Justiça, diz que: *Somente os titulares da delegação estão sujeitos ao poder censório – disciplinar das Corregedorias Permanentes e da Corregedoria-Geral da Justiça.* Ao interpretar o alcance da Lei nº 8.935/94 logo no início de sua vigência, o então Corregedor Geral da Justiça, Des. Antônio Carlos Alves Braga, destacou que: *O advento da lei 8.935 de 19 de novembro de 1944 importou em profunda alteração de disciplina dos cartórios não oficializados, ao regulamentar o preceito contido no art. 236 da Constituição da República. Optou o constituinte por reconhecer o caráter privado do exercício da delegação pública dos serviços notariais e de registro, instituindo regime novo e desconhecendo longeva tradição do desempenho cartorial pátrio. Incumbe ao titular da serventia a gestão administrativa e financeira do cartório (art. 21), compreendendo toda a disciplina de relação com os seus empregados, descabendo, por isso mesmo, instauração de processo administrativo por autoridade judicial, ante infrações cometidas por qualquer preposto, à execução do titular da delegação. Quanto a este, persiste o vínculo censório, podendo até responder por faltas de seus prepostos, a contar da edição da lei referida 8.935. A preservação do regime híbrido não ressalvou a atribuição disciplinar da Corregedoria permanente e da Corregedoria-Geral da Justiça, conforme pode parecer. E isso em virtude de três razões, ao menos. Primeiro, vulneraria o princípio da isonomia ao estabelecer tratamento diverso para servidores do mesmo cartório, reservando aos não optantes o regime especial e aos optantes – e a todos aqueles admitidos após a vigência da Lei – o regime da Consolidação das Leis do Trabalho – CLT. Depois, a preservação do sistema especial para os não optantes e medida transitória, pois não haverá possibilidade de admissão por esse regime especial após a vigência da nova lei. O único sistema por ela contemplado para a contratação de novos servidores é o da CLT. Por último, incide na espécie o princípio da reserva legal aplicado ao Direito Administrativo.* ***A lei 8.935/94, ao tempo em que dispôs sobre as infrações disciplinares e respectivas penalidades a que estão sujeitos os notários e oficiais de registro (Capítulo VI, artigos 31 a 36), nada estabeleceu com relação às infrações suscetíveis de serem praticadas por servidores do cartório e administrativamente sancionadas.*** *Admitir o contrário seria o mesmo que aplicar, por analogia, os preceitos sancionadores anteriores à lei, o que é vedado também em tema de direito penal administrativo. Instaurou-se uma nova realidade em matéria de cartórios extrajudiciais. A gestão interna das serventias é atribuição exclusiva de seus titulares. As faltas verificadas após a vigência de nova lei poderão ensejar procedimento administrativo disciplinar contra o titular da delegação, sejam por ele ou por subalternos praticadas, como decorrência natural da responsabilidade objetiva que a lei comete, já as infrações ocorridas anteriormente à promulgação da lei 8.935, atribuídas aos escreventes e auxiliares ficam fora do âmbito de atuação das Corregedorias permanentes e da própria Corregedoria-Geral, o que implica por via de consequência, na inviabilidade da instauração de novos procedimentos contra os servidores (optantes ou não optantes) e imediata cessação da tramitação dos procedimentos administrativos em andamento. Nesse caso deverão os M. M. Juízes extrair cópias dos processos e sindicâncias e encaminhá-las aos respectivos notários e oficiais de registro para as providências que entenderem necessárias. Processos com decisões já proferidas anteriormente à vigência da lei 8.935 de 18 de novembro de 1994 e pendentes de recurso, porque inexequíveis, terão as penalidades impostas tão somente anotadas nos prontuários.* (Processo CG nº 100.09.148742 – 8 – grifei). Desde então, esta vem sendo a jurisprudência desta Corregedoria-Geral: *DISCIPLINAR – PROCESSO ADMINISTRATIVO – Inadmissível sua instauração, pelo Juízo Corregedor Permanente, em relação a preposto de serventia extrajudicial pois somente os titulares de delegação estão sujeitos ao seu poder censório – disciplinar (item 1, Capítulo V, do Provimento CG nº 5/96) – Decretação de nulidade, de ofício, de todo o processo disciplinar.* (Processo CG nº 19.819/2007). Recentemente, V. Exa. nos autos do processo CG 2011/157621, adotou idêntica compreensão sobre o tema: *Procedimento administrativo censório disciplinar contra Oficial interino – impossibilidade – item 1, do Capítulo V, das Normas do Pessoal dos Serviços Extrajudiciais, reservado apenas aos titulares de delegação.* Outros precedentes ainda podem ser citados no mesmo sentido: processos CG nºs 17.432/07, 64/07 e 34.126/05. Ao decretar a intervenção, o Juiz Corregedor Permanente não se torna gestor da Serventia: apenas designa pessoa de sua confiança para ficar à frente dela durante o curso do processo disciplinar administrativo. O Corregedor Permanente atua, portanto, como órgão fiscalizador e orientador do gestor, sem assumir essa função. A propósito do disposto no § 1º, do art. 35, c.c. o § 1º, do art. 36, ambos da Lei nº 8.935/94 [1], note-se que a Lei diz que se o substituto também for acusado das faltas ou cm caso de conveniência para os serviços, o Juiz Corregedor Permanente designará outra pessoa em seu lugar para figurar como interventor, sem fazer qualquer consideração quanto a seu afastamento. E o motivo de a Lei nº 8.935/94 assim dispor é que, de acordo com o seu art. 20, § 5º, em caso de ausência ou impedimento do titular, é o substituto quem responde pela Serventia. Com isso, a Lei criou mecanismos para impedir que o substituto assuma a gestão da Unidade quando tiver participado das infrações ou quando a medida for necessária, salvaguardando o interesse público na boa prestação e administração do serviço extrajudicial. Observe-se que o item 13, das Normas do Pessoal dos Serviços Extrajudiciais, ao tratar da intervenção, também prevê o afastamento apenas do titular: *A Corregedoria-Geral da Justiça ou o Corregedor Permanente poderão, em processo administrativo, determinar intervenção em serviço, designando interventor, com afastamento do delegado, quando se configurar a hipótese de perda da delegação.* Portanto, parece não prosperar a interpretação exposta na Portaria nº 02/2012, da Corregedoria Permanente, quanto ao afastamento do substituto e de sua proibição de frequentar a Unidade. É certo que o processo disciplinar que deu ensejo à intervenção terminou em virtude da renúncia da titular, de modo que, desde então, a Portaria nº 02/2012 já não está produzindo os efeitos ora questionados, o que prejudica o presente requerimento. [2] Contudo, se o processo disciplinar administrativo estivesse em curso, seria o caso de V. Exa. cassar tais determinações. Ante o exposto, o parecer que, respeitosamente, submeto à elevada apreciação de Vossa Excelência é no sentido de se reconhecer a prejudicialidade do feito em virtude do fim do processo disciplinar que, de pleno direito, extinguiu os efeitos contestados da Portaria nº 02/2012, do MM. Juiz Corregedor Permanente de Tabelião de Notas e Protesto de Itapevi. *Sub censura.* São Paulo. 27 de junho de 2.013. Gustavo Henrique Bretas Marzagão. Juiz Assessor da Corregedoria. DECISÃO: Aprovo o parecer do MM. Juiz Assessor da Corregedoria e, por seus fundamentos, que adoto, julgo prejudicado o requerimento em virtude do fim do processo disciplinar que, de pleno direito, extinguiu os eleitos contestados da Portaria nº 02/2012, do MM. Juiz Corregedor Permanente de Tabelião de Notas e Protesto de Itapevi. São Paulo, 27.06.2013. – (a) – JOSÉ RENATO NALINI

– Corregedor Geral da Justiça. Notas: [1] Processo CG 2010 86461 [2] Art. 35, § 1º. Quando o caso configurar a perda da delegação, o juízo competente suspenderá o notário ou oficial de registro, até a decisão final, e designará interventor, observando-se o disposto no art. 36. Art. 36. Quando, para a apuração de faltas imputadas a notários ou a oficiais de registro, for necessário o afastamento do titular do serviço, poderá ele ser suspenso, preventivamente, pelo prazo de noventa dias, prorrogável por mais trinta. § 1º Na hipótese do *caput*, o juízo competente designará interventor para responder pela serventia, quando o substituto também for acusado das faltas ou quando a medida se revelar conveniente para os serviços.

EMENTA: Processo administrativo disciplinar – Inevitabilidade do fato descrito na portaria quanto a comportamentos da alçada do processado – Exclusão da culpabilidade – Não provimento do recurso (Processo CG nº 2011/131510 (80/2012 – E). Trata-se de recurso interposto por (...) Sério, em face da r. sentença de fls. 165/167, que absolveu o (...) Tabelião de Notas (...) da imputação de conduta irregular na lavratura de escritura de venda e compra com pacto adjeto de alienação fiduciária. Sustentam os recorrentes a insuficiência de fundamentação da decisão exarada pela MM Juíza Corregedora Permanente, que não examinou todas as faltas apontadas, e que o Tabelião realizou o ato baseado em documento falso, sem tomar as cautelas necessárias para a verificação deste fato, acarretando prejuízo às partes, o que caracterizaria infração administrativa, competindo sua condenação. Em preliminar arguiram o cerceamento de defesa (fls. 170/182). A Procuradoria de Justiça manifestou-se pelo não provimento do apelo (fls. 188/189). É o relatório. Não vislumbro qualquer deficiência na fundamentação da sentença atacada. Os fatos foram bem descritos e a conduta imputada ao Oficial devidamente analisada. O cerceamento de defesa também não se configurou, sendo que os recorrentes tiveram preservada a garantia do contraditório e todas as oportunidades de produção de provas lhes foi franqueada. Ressalto que não se questiona a ocorrência do fato, ou seja, a utilização de procuração falsa na lavratura de escritura de Venda e Compra com Pacto Adjeto de Alienação Fiduciária envolvendo a pessoa jurídica relacionada aos recorrentes. Também é certa a ausência dos recorrentes, representantes legais da empresa (...) no ato da lavratura da escritura, tendo sido aceita a procuração apresentada pelas partes. Todavia, verifico que o Tabelião não agiu com incúria e realizou o ato com os cuidados usuais e de acordo com as normas específicas, o que infelizmente não impediu que fosse induzido a acreditar na higidez da procuração utilizada pelos solicitantes da escritura. Ponderam os recorrentes que o Tabelião está adstrito às normas e princípios constitucionais aplicáveis à Administração Pública, por exercer função delegada do Poder Público. Sustentam que não teria o Tabelião se pautado de forma adequada, pela inobservância das formalidades e cautelas para a lavratura da escritura pública, e que a conduta dele, anterior ao ato, merece os mesmos rigores e coerência legal a ela direcionados. Como é cediço, o direito administrativo sancionador exige a presença de culpabilidade do sujeito para caracterização da infração administrativa. No caso em julgamento, não vislumbro falha no procedimento seguido pelo Oficial, que pessoalmente lavrou e subscreveu a escritura pública impugnada. Como bem ponderou a MM. Juíza Corregedora Permanente, ao tempo do ato os documentos estavam regulares, inclusive no tocante à representação legal da pessoa jurídica. Em razão da natureza inevitável do ato, não havia comportamento diferente a ser exigido do processado; por conseguinte está configurada a exclusão da sua culpabilidade com a consequente impossibilidade da aplicação de pena disciplinar. Por fim, apenas ressalto a independência da esfera administrativa e civil, cujos regramentos são diversos, de forma que a presente decisão não tem reflexos na ação de responsabilidade civil por danos morais e materiais. As questões referentes à questão societária e à indenização de dano deverão ser apreciadas em ação judicial própria. Ante o exposto, o parecer que levo à consideração de Vossa Excelência, é para que se negue provimento do recurso. São Paulo, 23 de março de 2012. TÂNIA MARA AHUALLI. Juíza Assessora da Corregedoria DECISÃO: Aprovo o parecer da MM. Juíza Assessora da Corregedoria e, por seus fundamentos, que adoto, nego provimento ao recurso. Publique. São Paulo, 12.04.2012. – (a) – JOSÉ RENATO NALINI – Corregedor Geral da Justiça.

Art. 32. Os notários e os oficiais de registro estão sujeitos, pelas infrações que praticarem, assegurado amplo direito de defesa, às seguintes penas:

I – repreensão;

II – multa;

III – suspensão por noventa dias, prorrogável por mais trinta;

IV – perda da delegação.

Art. 33. As penas serão aplicadas:

I – a de repreensão, no caso de falta leve;

II – a de multa, em caso de reincidência ou de infração que não configure falta mais grave;

III – a de suspensão, em caso de reiterado descumprimento dos deveres ou de falta grave.

1. COMENTÁRIOS

O art. 32 da Lei 8.935/1994 consiste em um **rol taxativo**. Note-se que tal artigo não elencou como pena a **advertência** (os concursos frequentemente questionam isso), que se caracteriza pela menor gravidade, tratando-se de mera **censura verbal ao comportamento praticado.**

A responsabilidade a que se refere este dispositivo é a **responsabilidade administrativa**. Violando alguns desses deveres determinados ao titular da Serventia, lhe é imposto penalidades, sempre respeitado o devido processo legal e assegurada ampla defesa como pressupostos para a condenação.

O processo administrativo disciplinar (PAD) é um procedimento formal utilizado para investigar e apurar a responsabilidade de tabeliães e oficiais de registro por eventuais infrações às suas obrigações e deveres funcionais. O PAD tem o objetivo de verificar

Lei 8.935/1994

o descumprimento das normas e assegurar a aplicação das penalidades previstas por lei. Durante o processo, são garantidos os princípios do contraditório e da ampla defesa, permitindo que os envolvidos apresentem suas argumentações e provas. Além disso, é assegurado o duplo grau de julgamento, proporcionando uma revisão das decisões, conforme os meios e recursos estabelecidos.

O processo administrativo disciplinar será regido, sem prejuízo de outros critérios, pelos princípios da legalidade, da reserva legal, da publicidade, da anterioridade da norma definidora da ilicitude, da finalidade, da motivação suficiente, da proporcionalidade, da eficiência, da moralidade, do contraditório e da ampla defesa e do respeito à segurança jurídica, visando à realização do interesse público e à tutela aos direitos e garantias fundamentais.

A **repreensão** é mais grave do que a advertência, pois, de forma geral, é aplicada por escrito e se refere à ofensa aos mandamentos legais. Caso essas ofensas sejam repetidas, podem justificar a aplicação de uma pena mais severa.

No que se refere à **multa**, trata-se de imposição pecuniária sem expressar os critérios que possam determinar o *quantum*. Por ser norma aberta, as normativas estaduais podem estabelecer determinado valor.

A pena de multa é aplicada no caso de reincidência ou de infração que não configure falta mais grave. O dispositivo não determinou critérios de valoração, nem elementos de proporcionalidade entre a falta e a sanção econômica. Desse modo, a lei estadual pode preencher o vazio desta norma aberta. Recomenda-se que na fixação da pena de multa, a autoridade administrativa leve em consideração a situação econômica do processado.

A **suspensão**, por sua vez, tem o fito de afastar o titular da serventia, dentro dos prazos previstos, de suas funções e deixando de receber a remuneração correspondente. Walter Ceneviva explica que "o vínculo entre o Estado e seu agente público mantém-se no curso do prazo suspensivo, mas a autoridade da qual o delegado foi investido tem sustados os seus efeitos. É nulo qualquer ato registrário ou notarial por ele praticado no período, próprio do exercício da delegação, demais de constituir outra falta disciplinar cometida, autônoma. A executoriedade dos atos inerentes à delegação decorre da legitimidade de seu praticante. Suspenso este, interrompe-se a legitimidade. Cessa a executoriedade, insuscetível de desrespeito e de produzir eficácia jurídica" (Op. cit., p. 263).

Por fim, a pena da **perda da delegação** tem como destinatário somente o delegado, excluindo os escreventes e auxiliares.

Conforme entendimento do Superior Tribunal de Justiça, o Poder Judiciário só poderá aplicar a pena de perda de delegação **em caso de grave violação da legislação pelo titular** desde que se observe o **princípio da proporcionalidade**.

Quando o caso configurar hipótese de perda da delegação, o juízo competente suspenderá o tabelião ou oficial de registro até a decisão final e designará um interventor.

A aplicação da pena de perda da delegação dependerá de:

a) sentença judicial transitada em julgado; ou

b) decisão decorrente de processo administrativo instaurado pela autoridade competente, assegurado amplo direito de defesa.

Registre-se que à exceção da perda da delegação, as demais penas poderão ser aplicadas cumulativamente, desde que se refiram a fatos distintos.

Por derradeiro, é oportuno consignar que a Lei 13.097/2015 deu nova redação ao art. 41 da Lei 11.977/2009, estabelecendo em seu parágrafo único que o descumprimento do referido dispositivo ensejará a aplicação das penas previstas nos incisos II a IV do *caput* do art. 32. Vejamos:

> **Art. 41.** A partir da implementação do sistema de registro eletrônico de que trata o art. 37, os serviços de registros públicos disponibilizarão ao Poder Judiciário e ao Poder Executivo federal, por meio eletrônico e sem ônus, o acesso às informações constantes de seus bancos de dados, conforme regulamento. *(Redação dada pela Lei nº 13.097, de 2015)*
>
> Parágrafo único. O descumprimento do disposto no *caput* ensejará a aplicação das penas previstas nos incisos II a IV do *caput* do art. 32 da Lei nº 8.935, de 18 de novembro de 1994. *(Redação dada pela Lei nº 13.097, de 2015)*

2. JURISPRUDÊNCIA COMPLEMENTAR

SUPREMO TRIBUNAL FEDERAL

Súmula Vinculante 21. É inconstitucional a exigência de depósito ou arrolamento prévios de dinheiro ou bens para admissibilidade de recurso administrativo.

Súmula Vinculante 5. A falta de defesa técnica por advogado no processo administrativo disciplinar não ofende a Constituição.

CONSELHO NACIONAL DE JUSTIÇA

EMENTA: PROCEDIMENTO DE CONTROLE ADMINISTRATIVO. SERVIÇO NOTARIAL E DE REGISTRO PÚBLICO. TRIBUNAL DE JUSTIÇA DO ESPÍRITO SANTO. SANÇÃO DISCIPLINAR. PROCEDÊNCIA. PENA DE MULTA. REVISÃO. IMPOSSIBILIDADE. REVISÃO DISCIPLINAR. AUSÊNCIA DE PREVISÃO CONSTITUCIONAL. INEXISTÊNCIA DE ILEGALIDADE. RECURSO CONHECIDO E DESPROVIDO. A Constituição da República não outorgou ao Conselho Nacional de Justiça competência para a revisão ampla de julgados administrativo-disciplinares contra titulares de serviço notarial e de registros públicos.(CNJ – Procedimento de Controle Administrativo nº 0004746-47.2014.2.00.0000 – Espírito Santo – Rel. Cons. Gisela Gondin Ramos – DJ 10.08.2015)

⊙ **SUPERIOR TRIBUNAL DE JUSTIÇA**

▶ **EMENTA:** Processual civil – Recurso Ordinário em Mandado de Segurança – Servidor público – Cartorário – Aplicação de pena de advertência – Tese recursal arguida apenas em sede de embargos de declaração e, posteriormente, no próprio recurso ordinário – Inovação recursal – Impossibilidade – Alega ofensa ao princípio da reserva legal – Fundamento autônomo não impugnado – Súmula 283/STF – Deficiência de fundamentação – Súmula 284/STF – Recurso não conhecido. (STJ – RMS nº 47.952 – Goiás – 1ª Turma – Rel. Min. Benedito Gonçalves – DJ 23.08.2017).

▶ **EMENTA**: ADMINISTRATIVO. RECURSO EM MANDADO DE SEGURANÇA. TITULAR DE CARTÓRIO. PROCEDIMENTO ADMINISTRATIVO. PERDA DA DELEGAÇÃO. IMPEDIMENTO. DESEMBARGADORES. NÃO OCORRÊNCIA. PREJUÍZO NÃO COMPROVADO. AUSÊNCIA DE NULIDADE. PERÍCIA. NECESSIDADE NÃO COMPROVADA. PERDA DE DELEGAÇÃO. PREVISÃO LEGAL. EXISTÊNCIA. OFENSA AO PRINCÍPIO DA PROPORCIONALIDADE. NÃO OCORRÊNCIA. 1. Não há que se cogitar de impedimento dos desembargadores citados no caso em comento, na medida em que estavam no estrito cumprimento de seu mister, não havendo qualquer pré-julgamento ou juízo de valor por parte deles a ponto de tornar inviável a participação no julgamento realizado pelo órgão colegiado. 2. Constatada a total ausência de prejuízo ao recorrente, não prospera a alegação de nulidade do julgado, em decorrência do suposto impedimento de alguns dos desembargadores. Princípio do *pas nullittésans grief.* 3. A decisão a que chegou o Órgão Especial do Tribunal de origem foi amparada em amplo arcabouço probatório, não havendo, por parte do recorrente, demonstração de que a realização da perícia, tal qual requerida, levaria à modificação do resultado do julgamento. 4. Não cabe a esta Corte de Justiça, na presente via, rever a decisão do Tribunal *a quo* no que tange à prescindibilidade ou não do meio de prova referido, notadamente se o recorrente sequer demonstra ter ocorrido ausência de motivação na decisão do Tribunal estadual, ao indeferir a realização da prova referida. 5. A penalidade aplicada está largamente amparada na legislação nacional e estadual, havendo previsão acerca da autoridade competente para sua imposição, no caso, o Conselho Disciplinar da Magistratura, tal qual ocorrido. 6. O controle jurisdicional dos processos administrativos restringe-se à regularidade do procedimento, à luz dos princípios do contraditório, da ampla defesa e do devido processo legal, não podendo adentrar na análise do mérito administrativo, tampouco na consistência das provas utilizadas na conclusão adotada pela comissão processante. 7. As alegações formuladas não têm o condão de desconfigurar as faltas praticadas pelo impetrante no Tabelionato, tampouco atenuar a sua pena, que se mostra proporcional, em razão das inúmeras irregularidades cometidas, de forma reiterada, pelo recorrente. 8. Recurso ordinário a que se nega provimento. (STJ – RMS nº 38.934 – Santa Catarina – 2ª Turma – Rel. Min. Og Fernandes – DJ 12.02.2016)

▶ **EMENTA**: ADMINISTRATIVO. PROCESSUAL CIVIL. RECURSO ORDINÁRIO EM MANDADO DE SEGURANÇA. PROCESSO ADMINISTRATIVO DISCIPLINAR. TITULAR DE SERVENTIA CARTORÁRIA EXTRAJUDICIAL. EXPEDIÇÃO DE NOTIFICAÇÃO EXTRAJUDICIAL POR VIA POSTAL. INOBSERVÂNCIA DOS LIMITES DA CIRCUNSCRIÇÃO. APLICAÇÃO DE PENA DE REPREENSÃO. INOCORRÊNCIA DO PRAZO PRESCRICIONAL. MOTIVAÇÃO ININTELIGÍVEL. AUSÊNCIA DE EXAME DA REGULAÇÃO APLICÁVEL. PRESTAÇÃO JURISDICIONAL INCOMPLETA. IMPOSSIBILIDADE DE JULGAMENTO IMEDIATO. INAPLICAÇÃO DA TEORIA DA CAUSA MADURA. RECURSO ORDINÁRIO EM MANDADO DE SEGURANÇA PROVIDO.(STJ – RMS nº 32.772 – Minas Gerais – 2ª Turma – Rel. Min. Mauro Campbell Marques – DJ 21.10.2015)

▶ **EMENTA**: ADMINISTRATIVO. PROCESSUAL CIVIL. RECURSO ORDINÁRIO EM MANDADO DE SEGURANÇA. SERVENTIA CARTORÁRIA EXTRAJUDICIAL. PROCESSO ADMINISTRATIVO DISCIPLINAR. TITULAR DA SERVENTIA. PENALIDADE DE PERDA DA DELEGAÇÃO. INEXISTÊNCIA DE PRESCRIÇÃO. OBSERVÂNCIA DO DEVIDO PROCESSO LEGAL. PETIÇÃO RECURSAL. MERA REITERAÇÃO DA CAUSA DE PEDIR E DO PEDIDO INICIAIS MANDAMENTAIS. AUSÊNCIA DE IMPUGNAÇÃO À MOTIVAÇÃO DO ACÓRDÃO. DESATENDIMENTO DO ÔNUS DA DIALETICIDADE. RECURSO ORDINÁRIO EM MANDADO DE SEGURANÇA AO QUAL SE NEGA SEGUIMENTO. (STJ – RMS nº 48.308 – Santa Catarina – 2ª Turma – Rel. Min. Mauro Campbell Marques – DJ 22.10.2015)

⊙ **TRIBUNAL DE JUSTIÇA DO ESTADO DE SÃO PAULO**

▶ **EMENTA:** Apelação Cível – Direito administrativo e processual civil – Serventia extrajudicial – Escrevente submetido ao regime administrativo especial dispensado sem regular processo administrativo disciplinar – Pretensão voltada ao reconhecimento de vínculo empregatício desde 20.09.1971, bem como ao recebimento de diferenças salariais, licença-prêmio, indenização na forma do Provimento 14/91 da CGJESP e indenização por danos morais e materiais – Razões recursais que vertem tão somente à licença-prêmio e à indenização prevista no Provimento 14/91, da CGJESP – Incidência do princípio geral dos recursos *tantum devolutum quantum appellatum* – Indenização – Capítulo I, artigo 49, do Provimento nº 14/91 da Corregedoria-Geral da Justiça do Estado de São Paulo, que assegura indenização correspondente a um mês de salário para cada ano de serviço – Licença-prêmio – Art. 209 da L. 10.261/68 – Benefício concedido a cada cinco anos de exercício ininterrupto sem nenhuma penalidade administrativa – Faltas injustificadas nos anos de 1973, 1974, 1975, 1976, 1977, 1978, 1980, 1981e 1982 – Períodos aquisitivos interrompidos – Inviabilidade de concessão do prêmio de assiduidade – Honorários advocatícios – Pedido julgado improcedente, com honorários fixados em R$ 2.5000,00 – Razões recursais voltadas à majoração da verba honorária – Acolhimento parcial do apelo do requerente que implica em modificação da sucumbência – Recurso prejudicado – Dá-se parcial provimento ao recurso do requerente, prejudicado o recurso do requerido. (TJSP – Apelação Cível nº 0035653-35.2015.8.26.0100 – São Paulo – 13ª Câmara de Direito Público – Rel. Des. Ricardo Anafe – DJ 06.06.2018)

▶ **EMENTA**: Mandado de Segurança. Perda da delegação. Tabelião de Notas e de Protestos. Penalidade haurida de processo administrativo disciplinar. Compra superfaturada de artefatos de papelaria. Notas fiscais espúrias. Razoabilidade e proporcionalidade. Portaria suficientemente fundamentada. Perícia satisfatória. Assistente técnico. Contraditório e ampla defesa implementados. Ausência de comprovação de prejuízo padecido. Competência do Juiz Corregedor Permanente ou do Corregedor Geral da Justiça para instrução e julgamento de procedimentos administrativos (artigo 77 da CE e artigo 37 do Provimento 16/15 da Corregedoria-Geral da Justiça). Inexistência de direito líquido e certo. Segurança denegada. (TJSP – Mandado de Segurança nº 2095114-10.2015.8.26.0000 – São Paulo – Órgão Especial – Rel. Des. Sérgio Rui – DJ 20.08.2015)

3. QUESTÕES DE CONCURSOS

01. (TJ/MA – 2023 – Consulplan – Notário e Registrador/Remoção) Ana é tabeliã de notas e, em razão da prática de falta leve, respondeu ao processo administrativo de número 01. Pouco depois do julgamento do último recurso cabível, que manteve a pena imposta no processo citado, a referida tabeliã praticou falta grave, sendo instaurado o processo administrativo número 02. Diante da situação fática apresentada e considerando as disposições contidas na Lei nº 8.935/1994 (Lei dos Cartórios), inexistindo outros processos administrativos contra Ana, assinale a afirmativa correta, pressupondo que, findos os procedimentos com tramitação regular, restaram comprovadas as faltas.

a) No processo 01, pode ser imposta a pena de repreensão, e no processo 02 deve ser imposta a pena de multa, não se podendo impor, neste último, a pena de suspensão, pois deve ser respeitada a gradação imposta por lei.

b) No processo 02, configurada hipótese de aplicação final da pena de suspensão se, para a apuração de faltas imputadas for necessário o afastamento de Ana, poderá ela ser suspensa preventivamente até a decisão final.

c) No processo 01, pode ser imposta pena de repreensão, e no processo 02 pode ser imposta a pena de suspensão por noventa dias, prorrogável por mais trinta, mas a imposição das penas há de considerar a gravidade dos fatos.

Lei 8.935/1994

d) Caso a gravidade da segunda falta, justificasse a aplicação da pena de perda da delegação, não haveria necessidade de observância da gradação legal e deveria tal penalidade ser imposta, necessariamente, em sentença judicial transitada em julgado.

02. (IESES – Titular de Serviços de Notas e Registros – TJ – TO – Remoção/2022) Os notários e os oficiais de registro estão sujeitos, pelas infrações que praticarem, assegurado amplo direito de defesa, às seguintes penas:

I. Repreensão.
II. Multa.
III. Suspensão por 90 (noventa) dias, prorrogável por mais 30 (trinta).
IV. Perda da delegação.

A sequência correta é:

a) Apenas as assertivas I e IV estão corretas.
b) As assertivas I, II, III e IV estão corretas.
c) Apenas as assertivas I e II estão corretas.
d) Apenas a assertiva III está incorreta.

03. (FGV – Titular de Serviço de Notas e Registros – TJ – SC/2021) Fernando, notário de determinado Ofício de Registros Civis de Pessoas Jurídicas e de Protesto de Títulos no Estado Alfa, em conluio com seu substituto, praticou ato tipificado como infração disciplinar. A autoridade judiciária competente responsável pela condução da apuração constatou ser necessário o afastamento de Fernando do tabelionato onde é titular, a fim de que provas materiais do ilícito não sejam destruídas.

No caso em tela, consoante dispõe a Lei nº 8.935/1994, Fernando poderá ser:

a) removido, provisoriamente, para a serventia vaga mais próxima, até o término do processo administrativo, e a autoridade judiciária competente designará interventor para responder pela serventia;
b) removido, provisoriamente, para a serventia vaga mais próxima, pelo prazo de até noventa dias, e a autoridade judiciária competente designará substituto para responder pela serventia;
c) afastado, provisoriamente, até o término do processo administrativo, e a autoridade judiciária competente designará o notário tabelar para responder pela serventia;
d) suspenso, preventivamente, pelo prazo de noventa dias, prorrogável por mais trinta, e a autoridade judiciária competente designará interventor para responder pela serventia;
e) suspenso, preventivamente, até o término do processo administrativo, e a autoridade judiciária competente designará o notário tabelar para responder pela serventia.

04. (FGV – Titular de Serviço de Notas e Registros – TJ – SC/2021) No âmbito do Estado Alfa, o juízo competente recebeu representação de um popular, informando que Mário, oficial do Registro Civil das Pessoas Naturais da Circunscrição XX, vinha cobrando emolumentos de modo excessivo nos últimos dois anos. A representação veio instruída com farta prova documental, sendo evidente, pela sua análise, que Mário contava com o apoio de todos os seus empregados, bem como que o caso deveria ensejar a perda da delegação.

À luz da sistemática legal vigente, o juízo competente, ao instaurar o processo administrativo para apurar a conduta dos envolvidos, no qual será assegurado o contraditório e a ampla defesa, deve:

a) suspender Mário preventivamente, pelo prazo de noventa dias, prorrogável por mais trinta, assumindo o seu substituto imediato;
b) suspender Mário preventivamente, até a decisão final do processo administrativo, com a correlata designação de interventor;
c) suspender Mário preventivamente, pelo prazo de noventa dias, prorrogável por igual período, com a correlata designação de interventor;
d) ouvir Mário no prazo de quinze dias e, sendo possível a reiteração na conduta ou a coação de testemunhas, afastá-lo até a decisão final, assumindo o seu substituto;
e) ouvir Mário no prazo de quinze dias e, sendo possível a reiteração na conduta ou a coação de testemunhas, afastá-lo até a decisão final, com a nomeação de interventor.

05. (Cespe – Notários e Oficiais de Registro – Provimento – TJ – DFT/2019) Oficial de registro que praticar infração de natureza leve e que, posteriormente, for reincidente em infração de mesma gravidade estará sujeito à penalidade de

a) suspensão e multa.
b) repreensão e multa.
c) repreensão.
d) suspensão.
e) multa.

06. (IESES –Cartório – Provimento – TJ – AM/2018) Leia atentamente as proposições abaixo e assinale a que se apresentar correta:

a) Nos termos da Lei de Regência, é quinquenal o prazo para deduzir pretensão ressarcitória em juízo, contra o notário ou oficial de registro.
b) No que concerne às infrações disciplinares e penalidades aplicáveis aos notários e oficiais de registro, a pena de multa tem lugar em caso de reincidência ou de infração que não configure falta mais grave.
c) Os substitutos dos oficiais poderão, simultaneamente com o notário ou o oficial de registro, praticar todos os atos que lhe sejam próprios, inclusive, nos tabelionatos de notas, lavrar testamentos.
d) Os oficiais de registro poderão, para o desempenho de suas funções, contratar escreventes, dentre eles escolhendo os substitutos, e auxiliares como empregados, com remuneração estipulada pelos órgãos competentes e sob o regime da legislação do trabalho.

07. (IESES –Cartório – Remoção – TJ – AM/2018) Segundo a Lei 8.935/94, que dispõe sobre serviços notariais e de registro, os notários e os oficiais de registro estão sujeitos, pelas infrações que praticarem, assegurado amplo direito de defesa, às seguintes penas, EXCETO:

a) Repreensão; multa.
b) Prisão.
c) Suspensão por noventa dias, prorrogável por mais trinta.
d) Perda da delegação.

08. (FGV – Notário-AM /2005) Os Notários e os Oficiais de Registro estão sujeitos, pelas infrações que praticarem, assegurado amplo direito de defesa, às seguintes penas, com exceção de:

a) multa.
b) repreensão.
c) suspensão por noventa dias, prorrogáveis por mais trinta.
d) advertência.
e) perda da delegação.

09. (IESES – Cartório – TJ – RO/2012) Assinale a alternativa incorreta.

a) São deveres dos notários e dos oficiais de registro: manter em ordem os livros, papéis e documentos de sua serventia, guardando-os em locais seguros; atender as partes com eficiência, urbanidade e presteza; atender prioritariamente as requisições de papéis, documentos, informações ou providências que lhes forem solicitadas pelas autoridades judiciárias ou administrativas para a defesa das pessoas jurídicas de direito público em juízo; manter em arquivo as leis, regulamentos, resoluções, provimentos, regimentos, ordens de serviço e quaisquer outros atos que digam respeito à sua atividade;

proceder de forma a dignificar a função exercida, tanto nas atividades profissionais como na vida privada; guardar sigilo sobre a documentação e os assuntos de natureza reservada de que tenham conhecimento em razão do exercício de sua profissão; afixar em local visível, de fácil leitura e acesso ao público, as tabelas de emolumentos em vigor; observar os emolumentos fixados para a prática dos atos do seu ofício; dar recibo dos emolumentos percebidos; observar os prazos legais fixados para a prática dos atos do seu ofício; fiscalizar o recolhimento dos impostos incidentes sobre os atos que devem praticar; facilitar, por todos os meios, o acesso à documentação existente às pessoas legalmente habilitadas; encaminhar ao juízo competente as dúvidas levantadas pelos interessados, obedecida a sistemática processual fixada pela legislação respectiva; observar as normas técnicas estabelecidas pelo juízo competente.

b) O notário e o registrador titular não poderão praticar, pessoalmente, qualquer ato de seu interesse, ou de interesse de seu cônjuge ou de parentes, na linha reta, ou na colateral, consanguíneos ou afins, até o terceiro grau.

c) O exercício da atividade notarial e de registro é incompatível com o da advocacia, o da intermediação de seus serviços ou o de qualquer cargo, emprego ou função públicos, ainda que em comissão, admitindo-se, excepcionalmente, dos serviços de tabeliães e oficiais de registro nos municípios que não comportarem a instalação de mais de um dos serviços, ante a demanda ali existente.

d) Os notários e os oficiais de registro estão sujeitos, pelas infrações que praticarem, assegurado amplo direito de defesa, às seguintes penas impostas pelo juízo competente, independentemente da ordem de gradação: repreensão, no caso de falta leve; multa, no caso de reincidência ou infração que não configure falta mais grave; suspensão por 60 dias, prorrogável por mais 30 dias, em caso reiterado de descumprimento dos deveres ou de falta grave; e perda da delegação.

10. (Cespe – Cartório – TJ – BA/2014) De acordo com a Lei nº 8.935/1994, os notários e os oficiais de registro estão sujeitos, pelas infrações que praticarem, à pena de

a) detenção por dez dias, prorrogável por mais dez.
b) perda da delegação.
c) impedimento de contratar com o poder público.
d) advertência por escrito.
e) prestação de serviços à comunidade local.

11. (Cespe – Notário-RR/2013) Acerca das infrações disciplinares e das penalidades a que estão sujeitos notários e registradores, assinale a opção correta.

a) Quando for necessário, para a apuração de faltas imputadas a notário ou registrador, o afastamento do titular do serviço, poderá ele ser suspenso, preventivamente; caso o juízo competente designe interventor para responder pela serventia durante o período de afastamento do titular, este perceberá dez por cento da renda líquida da serventia, devendo o restante ser depositado em conta bancária especial, com correção monetária. Absolvido o titular, receberá ele o montante dessa conta; se condenado, caberá esse montante ao interventor.

b) As penas relativas a infração disciplinar cometida na titularidade da serventia serão impostas pelo juízo competente, independentemente da ordem de gradação, conforme a gravidade do fato e o tempo de serviço do notário ou do registrador.

c) Constitui infração disciplinar sujeita a pena de perda de delegação a inobservância do dever de o notário ou o oficial comunicar, previamente, à corregedoria de justiça os períodos de afastamento do titular da serventia.

d) No caso de perda de delegação decorrente de processo administrativo, estando a decisão administrativa sub judice, a abertura de concurso para o preenchimento da vaga relativa à respectiva serventia deve ficar suspensa até o trânsito em julgado da sentença.

e) Os notários e os oficiais de registro estão sujeitos, assegurado o amplo direito de defesa, às seguintes penas pelas infrações que praticarem: repreensão, multa, suspensão por noventa dias, prorrogável por mais trinta, e perda da delegação.

12. (EJEF – Tabelionato e Registro-MG/2007) No exercício de suas atribuições, os notários e oficiais de registro estão sujeitos, pelas infrações que praticarem, assegurado amplo direito de defesa, às seguintes penas, independentemente da ordem de gradação, conforme a gravidade do fato:

a) repreensão; multa; suspensão por 90 dias, prorrogável por mais 30; perda da delegação.
b) advertência; multa; suspensão por 60 dias, prorrogável por mais 30; perda da delegação.
c) repreensão; multa; suspensão por até 120 dias; demissão; perda da delegação; cassação de aposentadoria e de disponibilidade.
d) repreensão; multa; suspensão por até 120 dias improrrogáveis; demissão; cassação de aposentadoria e de disponibilidade.

GAB	1	C	2	B	3	D	4	B
	5	E	6	B	7	B	8	D
	9	D	10	B	11	E	12	A

Art. 34. As penas serão impostas pelo juízo competente, independentemente da ordem de gradação, conforme a gravidade do fato.

1. COMENTÁRIOS

O juízo competente a que alude o dispositivo em comento é o Juiz Corregedor ou Juiz Competente na forma da legislação estadual.

A pena disciplinar será aplicada por escrito, em processo judicial ou procedimento administrativo, devendo ser dosada quanto à espécie e à mensuração, considerando-se os antecedentes do faltoso e a gravidade da falta.

Assim, ao juiz competente, ao aplicar as penas, não é obrigatório obedecer a um critério gradativo estabelecido na lei. O juiz pode, observando os critérios para avaliação da conduta em face das regras disciplinares, aplicar a pena mais severa ou mais branda, fundamentando sua decisão com base nas provas produzidas e nas alegações da defesa.

Walter Ceneviva bem observa que o art. 32 define as infrações disciplinares, indica as penas às quais estão sujeitos notários e oficiais de registro. O art. 33 refere três penas aplicáveis, vindo a indicação da autoridade no art. 34. Só depois de haver esgotado o referencial de tal pena mais branda, ingressa a lei no dispor sobre a mais grave (Op. cit., p. 285).

Art. 35. A perda da delegação dependerá:

I – de sentença judicial transitada em julgado; ou

II – de decisão decorrente de processo administrativo instaurado pelo juízo competente, assegurado amplo direito de defesa.

§ 1º Quando o caso configurar a perda da delegação, o juízo competente suspenderá o notário ou oficial de registro, até a decisão final, e designará interventor, observando-se o disposto no art. 36.

§ 2º (Vetado).

1. COMENTÁRIOS

Restou evidente pela lei, que só o **delegado** é destinatário das penas dos artigos estudados, equivale dizer, somente os titulares da delegação estão sujeitos ao **poder censório-disciplinar** das Corregedorias Permanentes e da Corregedoria-Geral da Justiça. Os escreventes e auxiliares são subordinados aos termos da legislação trabalhista.

Cumpre ressaltar que os artigos 32 e 35 da Lei 8.935/1994 estabelecem, para o procedimento disciplinar administrativo referente às infrações de serviço, o amplo direito de defesa, em consonância com o artigo 5º, inciso LV, da Constituição Federal, que preceitua que aos litigantes, inclusive em processo administrativo, são assegurados o contraditório e a ampla defesa, com os meios e recursos a ela inerentes. Ademais, no que concerne às decisões do Poder Judiciário, inclusive as de caráter administrativo, estas devem ser fundamentadas (inciso IX, art. 93 da Constituição Federal), sob pena de nulidade.

É competente para aplicar sanção disciplinar o atual juiz corregedor permanente, ainda que a falta tenha sido praticada quando o delegado estava subordinado a outro magistrado.

A perda da delegação só ocorre por decisão judicial, aplicada como pena em processo de cunho jurisdicional, ou por decisão decorrente de processo administrativo, expedida pelo poder delegante, e apenas nas situações previstas em lei. Walter Ceneviva explica que no primeiro caso, é pena autônoma restritiva de direitos com caráter definitivo, que consiste em proibição do exercício do cargo, por sentença que, após o devido processo legal, transitou em julgado. No segundo, decorre de decisão em processo administrativo, sob o Poder Judiciário, adotada pela autoridade competente do Poder Executivo na forma da lei local, no qual tenham sido assegurados o contraditório e a ampla defesa (Op. cit., p. 287).

É interessante notar que o art. 39, V e VI desta Lei relaciona a **perda da delegação com a extinção**, quando prevê que:

> **Art. 39.** Extinguir-se-á a delegação a notário ou a oficial de registro:
>
> V – perda
>
> VI – descumprimento, comprovado, da gratuidade estabelecida na Lei nº 9.534, de 10 de dezembro de 1997.

A perda da delegação é uma das **penas** elencadas no art. 32 da Lei dos Notários e Registradores (art. 32, I) e consiste na penalidade mais grave imposta aos delegatários.

Conforme o Superior Tribunal de Justiça, o **Poder Judiciário** só poderá aplicar a pena de perda de delegação **em caso de grave violação da legislação pelo titular** desde que observe o **princípio da proporcionalidade**.

Consigna-se, ademais, que **o art. 92, inciso I, do Código Penal** estabelece como **efeito extrapenal** da condenação a **perda do cargo, função pública** ou **mandato eletivo**. Consequentemente, o titular que praticar uma infração penal e for condenado por decisão transitada em julgado poderá perder a delegação como efeito secundário da sentença penal, o que deverá ser expressa e motivadamente declarado pelo magistrado prolator da decisão.

A perda da delegação ocorre em decorrência de condenação criminal com pena privativa de liberdade igual ou superior a um ano, na prática de crimes com abuso de poder ou violação de dever para com a administração pública, ou superior a quatro anos nos demais casos.

Caracterizada a perda da delegação, o mesmo juízo competente mencionado anteriormente (aquele determinado pela competência local), em razão de fortes evidências, suspenderá o notário ou oficial de registros, afastando-o do controle da serventia até a decisão final.

A lei não estipulou prazo para esses processos, razão pela qual Walter Ceneviva, com indignação articula que "a pena da suspensão, por prazo indeterminado, ao sabor do desenvolvimento do processo, com os azares próprios da lenta atividade judicial, administrativa ou contenciosa, constitui, por si mesma, além da inconstitucionalidade, grave injustiça, a ser mitigada pelo cuidado do condutor do processo, de modo a encerrá-la em breve prazo". (Op. cit., p. 291).

Suspenso e afastado o notário ou o oficial de registros, o juízo competente designa um interventor para tomar conta da serventia, que assume o controle do serviço pelo prazo das apurações.

Mais uma vez, Ceneviva, com total razão, elucida que "a lei federal não determina qualquer exigência para qualificar o interventor, que assume o controle do serviço sem prazo determinado, sem concurso, subordinado apenas ao critério do juízo. Trata-se, como é bem de ver, de solução em desacordo com o sistema geral adotado pela lei e, assim, digna de ser interpretada restritivamente" (Op. cit., p. 292).

Estudaremos a figura do interventor no próximo artigo.

2. JURISPRUDÊNCIA COMPLEMENTAR

CONSELHO NACIONAL DE JUSTIÇA

EMENTA: PROCEDIMENTO DE CONTROLE ADMINISTRATIVO. TRIBUNAL DE JUSTIÇA DO ESTADO DE SÃO PAULO. TITULAR DE SERVENTIA EXTRAJUDICIAL. PROCESSO ADMINISTRATIVO DISCIPLINAR. INTERVENÇÃO. EXCEPCIONALIDADE PENA. PERDA DA DELEGAÇÃO. REFORMA. IMPOSSIBILIDADE. AUSÊNCIA DE ILEGALIDADE.

1. Recurso contra decisão que julgou improcedente pedido para reforma de decisão de Tribunal que aplicou a pena de perda da delegação a titular de serventia extrajudicial.

2. A intervenção deste Conselho em processo disciplinar instaurado contra ex-delegatário de serventia extrajudicial é excepcional e está circunscrita ao controle de legalidade dos atos praticados pelo Tribunal. Precedente PCA 0005970-15.2017.2.00.0000.

3. O Tribunal paulista instaurou dois procedimentos disciplinares contra a requerente. No primeiro foram apuradas condutas praticadas no ano de 2017 e aplicada a pena de suspensão por 90 (noventa) dias. No segundo, foram examinados fatos ocorridos nos anos de 2014, 2015 e 2016, tendo sido aplicada a pena de perda da delegação.

4. O exame dos autos revela que o Tribunal fundamentou a aplicação da pena mais gravosa exclusivamente em razão da reiteração das condutas ao longo dos anos 2014, 2015 e 2016. Portanto, descabe acolher a alegação de que a decisão do TJSP foi indevidamente fundamentada na reincidência e, por isso, deveria ser anulada.

5. Recurso a que se nega provimento. (CNJ – Procedimento de Controle Administrativo nº 0010933-32.2018.2.00.0000 – São Paulo – Rel. Cons. Fernando Cesar Baptista de Mattos – DJ 04.07.2019)

SUPERIOR TRIBUNAL DE JUSTIÇA

EMENTA: Administrativo – Recurso Ordinário em Mandado de Segurança – Titular de serventia judicial – Afastamento preventivo de suas funções, em face de irregularidades constatadas – Legalidade – Arts. 35 e 36 da Lei nº 8.935/94 – Precedentes – Ausência de direito líquido e certo – Precedente desta Corte – Recurso não provido. (STJ – RMS nº 39.369 – Minas Gerais – 1ª Turma – Rel. Min. Benedito Gonçalves – DJ 25.08.2017)

EMENTA: ADMINISTRATIVO. RECURSO EM MANDADO DE SEGURANÇA. TITULAR DE CARTÓRIO. PROCEDIMENTO ADMINISTRATIVO. PERDA DA DELEGAÇÃO. IMPEDIMENTO. DESEMBARGADORES. NÃO OCORRÊNCIA. PREJUÍZO NÃO COMPROVADO. AUSÊNCIA DE NULIDADE. PERÍCIA. NECESSIDADE NÃO COMPROVADA. PERDA DE DELEGAÇÃO. PREVISÃO LEGAL. EXISTÊNCIA. OFENSA AO PRINCÍPIO DA PROPORCIONALIDADE. NÃO OCORRÊNCIA.

1. Não há que se cogitar de impedimento dos desembargadores citados no caso em comento, na medida em que estavam no estrito cumprimento de seu mister, não havendo qualquer pré-julgamento ou juízo de valor por parte deles a ponto de tornar inviável a participação no julgamento realizado pelo órgão colegiado.

2. Constatada a total ausência de prejuízo ao recorrente, não prospera a alegação de nulidade do julgado, em decorrência do suposto impedimento de alguns dos desembargadores. Princípio do *pas nullittésans grief.*

3. A decisão a que chegou o Órgão Especial do Tribunal de origem foi amparada em amplo arcabouço probatório, não havendo, por parte do recorrente, demonstração de que a realização da perícia, tal qual requerida, levaria à modificação do resultado do julgamento.

4. Não cabe a esta Corte de Justiça, na presente via, rever a decisão do Tribunal *a quo* no que tange à prescindibilidade ou não do meio de prova referido, notadamente se o recorrente sequer demonstra ter ocorrido ausência de motivação na decisão do Tribunal estadual, ao indeferir a realização da prova referida.

5. A penalidade aplicada está largamente amparada na legislação nacional e estadual, havendo previsão acerca da autoridade competente para sua imposição, no caso, o Conselho Disciplinar da Magistratura, tal qual ocorrido.

6. O controle jurisdicional dos processos administrativos restringe-se à regularidade do procedimento, à luz dos princípios do contraditório, da ampla defesa e do devido processo legal, não podendo adentrar na análise do mérito administrativo, tampouco na consistência das provas utilizadas na conclusão adotada pela comissão processante.

7. As alegações formuladas não têm o condão de desconfigurar as faltas praticadas pelo impetrante no Tabelionato, tampouco atenuar a sua pena, que se mostra proporcional, em razão das inúmeras irregularidades cometidas, de forma reiterada, pelo recorrente. 8. Recurso ordinário a que se nega provimento. (STJ – RMS nº 38.934 – Santa Catarina – 2ª Turma – Rel. Min. Og Fernandes – DJ 12.02.2016)

EMENTA: ADMINISTRATIVO. PROCESSUAL CIVIL. CARTÓRIO EXTRAJUDICIAL. CORREGEDORIA. PERDA DA DELEGAÇÃO. INCOMPATIBILIDADE COM CARGO PÚBLICO FEDERAL. ART. 25 DA LEI nº 8.935/94. PROCESSO ADMINISTRATIVO DISCIPLINAR. VÍCIOS FORMAIS INEXISTENTES. VIOLAÇÕES SUBSTANTIVAS. NÃO OCORRÊNCIA. IMPOSSIBILIDADE DE OUTORGAR DIREITO DE OPÇÃO. ART. 172 DA LEI nº 8.112/90. 1. Cuida-se de recurso ordinário interposto contra acórdão que denegou a segurança em *mandamus* impetrado, com o objetivo de anular processo administrativo disciplinar que culminou com a atribuição da penalidade de perda da delegação, nos termos do art. 35 da Lei nº 8.935/94, combinado com o art. 13, XV, da Lei Complementar Estadual nº 221/2010. 2. Os autos informam ser o impetrante delegatário de cartório extrajudicial no Estado do Acre, ao mesmo tempo em que ocupava cargo público federal no Estado de Goiás. Após ciência do fato por ofício da autoridade federal, o Tribunal iniciou procedimento administrativo para averiguação e, eventualmente, punição. 3. O processo administrativo disciplinar não incorreu em quaisquer vícios formais, tendo sido instaurado de forma clara, por autoridade competente que facultou o contraditório e a ampla defesa, bem como que determinou o correto afastamento cautelar, com base no art. 35, § 1º da Lei nº 8.935/94 e remeteu o feito instruído para deliberação pelo Tribunal Pleno Administrativo, competente nos termos da Lei Complementar Estadual nº 221/2010. 4. O art. 25 da Lei nº 8.935/94 é claro ao indicar que a atividade dos notários e registradores não é acumulável com *"qualquer cargo, emprego ou função públicos, ainda que em comissão"*; no caso concreto, a ocorrência de férias ou, ainda, de licença-prêmio não afasta a incidência da vedação. Recurso ordinário improvido. (STJ – RMS nº 38.867 – AC – 2ª Turma – Rel. Min. Humberto Martins – DJ 25.10.2012)

EMENTA: ADMINISTRATIVO. RECURSO ORDINÁRIO EM MANDADO DE SEGURANÇA. APLICAÇÃO DA PENA DE PERDA DE DELEGAÇÃO DE TABELIONATO DE NOTAS. PLEITO DE RECONHECIMENTO DE VÍCIOS NO PROCESSO ADMINISTRATIVO. AUSÊNCIA DE DIREITO LÍQUIDO E CERTO. 1. Mandado de segurança impetrado na origem, visando a anulação do processo administrativo disciplinar que culminou na cassação da delegação do impetrante em relação ao 2º Cartório de Notas da Comarca de São José do Rio Preto. 2. A matéria fática dos autos noticia que o referido processo administrativo teve origem em Correição Ordinária realizada no Cartório em que o recorrente era Tabelião, tendo constatado indícios de diversas falhas e irregularidades

Lei 8.935/1994

nos livros, papéis e documentos da serventia, notadamente no que concerne ao recolhimento de verbas devidas ao Estado, ao Ipesp e à Santa Casa (atraso ou falta de recolhimento de emolumentos e pagamento de remuneração a funcionários sem o devido recolhimento do imposto de renda), bem como em relação às notas fiscais arquivadas para justificar despesas (contabilização de despesas não operacionais ou inexistentes). 3. É ressabido que o controle jurisdicional dos processos administrativos restringe-se à regularidade do procedimento, à luz dos princípios do contraditório, da ampla defesa e do devido processo legal, não podendo adentrar na análise do mérito administrativo, tampouco na consistência das provas utilizadas na conclusão adotada pela comissão processante. Precedentes: MS 16.530/DF, Rel. Min. Castro Meira, Primeira Seção, DJe 30/06/2011; RMS 22.567/MT, Rel. Min. Og Fernandes, Sexta Turma, DJe 11/05/2011; AgRg no MS 15.603/DF, Rel. Min. Cesar Asfor Rocha, Primeira Seção, DJe 04/05/2011. 4. Da análise dos autos verifica-se que inexistem os vícios apontados pelo recorrente no aludido procedimento disciplinar, na medida em que a ata de correição ordinária não enseja contraditório; a decisão que determinou o afastamento do recorrente encontra-se devidamente fundamentada; não houve extrapolação do prazo de intervenção previsto na Lei nº 8.935/94, tampouco descumprimento dos artigos 20, §§ 2º e 4º, 26, 36 e 39, § 2º, da Lei 8.935/94; não houve parcialidade do juiz que proferiu o parecer embasador do ato coator; e todas as teses levantadas foram devidamente analisadas na esfera administrativa, que entendeu pela impossibilidade de desconfigurar as faltas praticadas pelo impetrante no Tabelionato, tampouco atenuar a sua pena, que se mostra proporcional, em razão das inúmeras irregularidades por ele cometidas, de forma reiterada. 5. Recurso ordinário em mandado de segurança não provido. (STJ – RMS nº 32.910 – SP – 1ª Turma – Rel. Min. Benedito Gonçalves – DJ 28.02.2012)

⊙ TRIBUNAL DE JUSTIÇA DO ESTADO DE GOIÁS

EMENTA: PROCESSO ADMINISTRATIVO DISCIPLINAR. INOBSERVÂNCIA DAS NORMAS LEGAIS E REGULAMENTARES DITADAS PARA OS NOTÁRIOS E REGISTRADORES. ATO ATENTATÓRIO À DIGNIDADE DA FUNÇÃO NOTARIAL. PERDA DE DELEGAÇÃO.

I – A apuração das faltas funcionais dos delegados de função notarial e de registros deve observar o disposto na Lei Estadual nº 10.460/88, quanto ao procedimento aplicável, fazendo-se a subsunção material das condutas no art. 31 da Lei nº 8.935/94 (Lei dos Notários e Registradores).

II – De acordo com o artigo 34 da Lei dos Notários e Registradores, as penalidades cabíveis diante de infrações disciplinares serão impostas pelo juízo competente, independentemente da ordem de gradação, conforme a gravidade do fato.

III – Cabível a aplicação da pena de perda da delegação dentro dos limites tratados na Lei 8.935/94, via de regular processo administrativo, em que assegurado o contraditório e ampla defesa, diante do reiterado cometimento de faltas graves pelo delegado de serviços notariais e de registros, assim consideradas aquelas que atentam contra a dignidade da função notarial. Precedentes do STJ e deste Tribunal.

IV – O recolhimento aos cofres públicos estaduais de valor relativo à taxa judiciária e seu repasse ao FUNDESP constitui obrigação inerente à delegação conferida pelo Poder Público, cujo preterimento, também, constitui falta grave punível com perda da delegação, sem prejuízo do dever de restituir os valores sonegados até o triplo, nos termos do art. 39 do Regimento de Custas e Emolumentos da Justiça do Estado de Goiás.

V – Persistindo os fundamentos que leva à aplicação da penalidade disciplinar máxima a titular de serventia extrajudicial, deve-se afastá-la das atividades ou manter a medida cautelar caso já determinada, por força do § 1º do art. 35, da Lei nº 8.935/94. Processo administrativo disciplinar julgado procedente. Perda da delegação imposta. (TJGO – PAD. 518299-30.2009.8.09.0000, Rel. DES. CARLOS ALBERTO FRANCA, CONSELHO SUPERIOR DA MAGISTRATURA, DJ de 11/08/2011)

⊙ TRIBUNAL DE JUSTIÇA DO ESTADO DE SÃO PAULO CORREGEDORIA-GERAL DA JUSTIÇA

EMENTA: Processo Administrativo Disciplinar – Perda de delegação – Recurso administrativo recebimento no efeito meramente devolutivo – Decisão conforme a regra legal (Lei nº 8.935/94, art. 35, § 1º, Normas do Pessoal dos Serviços; Extrajudiciais, Capítulo V, subitem 2.6) – Interposição de outro recurso administrativo a fim de atribuir eficácia suspensiva – Superveniência de provimento parcial para aplicação de multa, retomando o recorrente o exercício da delegação – Perda de objeto – Recurso administrativo não conhecido (Processo CG nº [Omitido]). Excelentíssimo Senhor Corregedor Geral da Justiça: Trata-se de recurso administrativo interposto por (...) contra decisão da Meritíssima Juíza Corregedora Permanente do Registro Civil das Pessoas Naturais e de Interdições e Tutelas do (...) Subdistrito da Comarca de (...), visando à atribuição de efeito suspensivo a recurso administrativo anterior, interposto contra a sentença de perda da delegação (fls. 4-19). Alegou-se, em suma, desproporcionalidade entre a sanção e a infração, ilegalidade da intervenção na unidade e que não foi ordenada a cessação das irregularidades nos atos de registro. Esse o relatório. Passo a opinar. Conforme a decisão exarada em 3 de fevereiro de 2011, foi proposta a aplicação de perda de delegação ao recorrente, designando-se de imediato interventor (fls. 440-460). O oficial de registro interpôs recurso administrativo, recebido somente no efeito devolutivo (fls. 510-511). Ressalvado o melhor juízo de Vossa Excelência, não se verificou ilegalidade ou arbitrariedade, porquanto o efeito suspensivo e medida excepcional. A regra é a eficácia meramente devolutiva da impugnação à decisão (Lei nº 8.935/94, art. 35, § 1º; Normas do pessoal dos Serviços Extrajudiciais, Capítulo V, subitem 2.6). Também não se vislumbra, a *priori*, manifesta inconveniência na designação de interventor (Lei nº 8.935/94, art. 36, § 1º), considerando a informação, expressa no *decisum*, de que a substituta e esposa do recorrente admitiu ter rasurado o livro de registro de nascimento (fl. 453). De qualquer forma, nos autos do Processo CG nº (...) sobreveio o provimento parcial do recurso administrativo contra a perda de delegação, para aplicação de multa. Em consequência, retomando o exercício da delegação, esvaiu-se o objeto recursal. Posto isso, o parecer que respeitosamente submeto à elevada apreciação de Vossa Excelência é no sentido de não conhecer deste recurso administrativo. *Sub censura*. São Paulo, 4 de maio de 2011. JOMAR JUAREZ AMORIM. Juiz Auxiliar da Corregedoria. DECISÃO: Aprovo o parecer do MM. Juiz Auxiliar da Corregedoria e, por seus fundamentos, que adoto, não conheço do recurso interposto. São Paulo, 10.05.2011 – (a) – MAURÍCIO DA COSTA CARVALHO VIDIGAL – Corregedor Geral da Justiça.

EMENTA: Processo administrativo disciplinar. Infrações. Perda de delegação. Recolhimento. Firma – abertura – ficha. Analfabeto. PROCESSO ADMINISTRATIVO DISCIPLINAR – Serviço de Registro Civil e Notas – Infrações graves e que revelam desorganização do serviço e inaptidão ao exercício da prestação do serviço público delegado – ofensa aos princípios que regem a administração pública – pena de perda da delegação aplicada adequadamente – Recurso não provido. Processo 19.516/2014, Macaubal, Monte Aprazível, dec. 27/02/2014, DJe 12/03/2014, des. Elliot Akel. Legislação: LNR – Lei de Notários e Registradores | 8.935/1994, ART: 30, INC: I, V, VII, IX e XIV.

EMENTA: Processo disciplinar administrativo. Infração disciplinar – perda da delegação. Improbidade administrativa. Prioridade. Desapropriação amigável. Processo Disciplinar Administrativo – Oficial de Registro de Imóveis, Títulos e Documentos, Civil de Pessoa Jurídica e Protesto de Letras e Títulos da Comarca de Monte Azul Paulista – Recurso contra sentença que aplicou ao delegado pena de perda da delegação – Infrações disciplinares não comprovadas – Recurso provido. Processo 23.312/2014, Monte Azul, dec. 05/03/2014, DJe 12/03/2014, des. Elliot Akel.

3. QUESTÕES DE CONCURSOS

01. (Vunesp – Outorga de Delegação de Notas e Registros – TJ – GO/2021) Em relação às infrações disciplinares, verificadas por ocasião das correições ou visitas, é correto afirmar que

a) serão objeto de Sindicância ou Procedimento Administrativo Disciplinar, assegurado amplo direito de defesa apenas se houver indícios de responsabilização criminal.

b) serão objeto de Sindicância ou Procedimento Administrativo Disciplinar, sem amplo direito de defesa por não se tratar de processo judicial.
c) serão objeto de Sindicância ou Procedimento Administrativo Disciplinar, assegurado amplo direito de defesa, sem prejuízo da responsabilização civil e criminal.
d) serão objeto de Sindicância ou Procedimento Administrativo Disciplinar, com direito à ampla defesa apenas se houver responsabilização civil e criminal.

02. Cespe – Cartório – TJ – BA/2014) Acerca das penalidades aplicáveis aos notários e registradores, assinale a opção correta.
a) Somente por meio de abertura de sindicância é possível a perda da delegação.
b) Um notário que descumpra reiteradamente seus deveres deverá ser punido com suspensão.
c) Um notário deve perceber dois terços da sua remuneração durante o período de afastamento para a apuração da falta que lhe seja imputada.
d) A pena de multa é aplicável em casos de falta grave.
e) A pena de repreensão deve ser aplicada em caso de reincidência de falta leve.

03. (Vunesp – Cartório – SP – Provimento/2016) O poder censório-disciplinar das Corregedorias Permanentes e da Corregedoria-Geral da Justiça, por meio do qual as penas de repreensão, multa, suspensão e perda da delegação são aplicadas, incide
a) sobre o titular da delegação e o substituto designado para responder pelo respectivo serviço nas ausências e impedimentos dele.
b) sobre o titular da delegação e todos os seus substitutos, salvo, quanto a estes, a pena de perda de delegação, porque restrita aos titulares.
c) sobre o titular da delegação e o responsável pelo serviço vago (interino).
d) somente sobre o titular da delegação.

04. (Vunesp – Cartório – SP – Provimento/2016) De acordo com as Normas de Serviço da Corregedoria-Geral da Justiça de São Paulo, os recursos das decisões disciplinares do Juiz Corregedor Permanente serão recebidos
a) apenas no efeito devolutivo, exceto nas hipóteses de multa e de suspensão.
b) apenas no efeito devolutivo, exceto na hipótese de perda de delegação.
c) nos efeitos devolutivo e suspensivo.
d) apenas no efeito devolutivo, exceto nas hipóteses de perda de delegação e de suspensão.

GAB	1	C	2	B	3	D	4	B

Art. 36. Quando, para a apuração de faltas imputadas a notários ou a oficiais de registro, for necessário o afastamento do titular do serviço, poderá ele ser suspenso, preventivamente, pelo prazo de noventa dias, prorrogável por mais trinta.

§ 1º Na hipótese do *caput*, o juízo competente designará interventor para responder pela serventia, quando o substituto também for acusado das faltas ou quando a medida se revelar conveniente para os serviços.

§ 2º Durante o período de afastamento, o titular perceberá metade da renda líquida da serventia; outra metade será depositada em conta bancária especial, com correção monetária.

§ 3º Absolvido o titular, receberá ele o montante dessa conta; condenado, caberá esse montante ao interventor.

1. COMENTÁRIOS

Para que sejam verificadas as faltas graves imputadas ao tabelião ou registrador, o delegatário poderá ficar afastado da serventia, no prazo de noventa dias, prorrogável por mais trinta. Assim, o **prazo máximo da suspensão é de 120 dias**, não podendo ser ultrapassado, sob pena de violar direito líquido e certo do titular.

Note-se que esse afastamento é mera faculdade da autoridade competente e não necessariamente uma obrigatoriedade.

A verificação das faltas graves é incumbência da autoridade do processo administrativo, que examinará a conveniência de impor ou não a suspensão preventiva. Desse modo, não é qualquer hipótese que justifica a suspensão.

A suspensão, como já dito alhures, é uma medida aplicada em caso de infração disciplinar por falta grave. No entanto, isso não significa que resultará necessariamente na perda da outorga do titular. Essa suspensão tem por finalidade impedir a interferência do tabelião ou registrador na coleta de provas.

Sobre a figura do interventor mencionada no dispositivo em questão, Ceneviva ensina que se trata de um agente público, escolhido pela confiança da autoridade que o nomeia, que, em caráter emergencial e provisório, recebe o encargo de manter em boa ordem o serviço para o qual é designado. (...). O interventor *responde pela serventia* (...). A missão do interventor não se confunde com aquela, mais comum na prática administrativa brasileira, que consiste na nomeação de alguém para responder pelo expediente. Nesta, o nomeado despacha os papéis próprios da repartição, conforme cabe ao substituto mais antigo designado na forma do § 2º do art. 39, em caso de extinção da delegação, cumprindo a rotina do trabalho diário. Responder pela serventia tem significado mais amplo, abarcando todos os assuntos administrativos, fiscais, trabalhistas, previdenciários, organizacionais dos serviços notariais ou registrários. (...) A designação de interventor constitui a primeira alternativa da espécie prevista em lei. Na segunda, constante do § 1º do art. 36, existe avaliação subjetiva do órgão judiciário encarregado da apuração, ao ponderar sobre se a questão disciplinar pode conter elementos indicadores de futura perda de delegação. A possibilidade de intervenção se desdobra em dois caminhos. No primeiro, o critério é objetivo: depende de o escrevente substituto estar (ou não) sob acusação de ter incorrido nas mesmas faltas disciplinares atribuídas ao titular. A providência decorre da existência de acusação fundada contra o substituto. O segundo dos caminhos envolve apreciação subjetiva: a conveniência da medida para a qualidade dos serviços. Nesse caso – e excepcionalmente – a lei estende seus efeitos ao substituto, garantindo a este o mesmo limite de prazo (noventa mais trinta dias) (Op. cit., p. 295).

Os encargos trabalhistas gerados pelo interventor são de responsabilidade do Estado e não do titular suspenso, mesmo em caso de condenação. Afinal, o interventor não é preposto ou substituto legal do registrador ou tabelião.

No período em que o titular estiver afastado do serviço, ele não ficará sem remuneração, mas receberá metade da **renda líquida** da serventia e a outra metade será depositada em conta bancária especial, com correção monetária.

O delegado do serviço poderá contestar o interventor se entender que este não estaria repassando os valores corretos ou sob a justificativa de que seriam utilizados para o pagamento de "débitos diversos", sem, no entanto, descrevê-los ou prestar contas do destino do dinheiro.

Absolvido o titular, receberá ele o montante depositado na conta bancária especial a que se refere o § 2º do dispositivo em análise. Ao revés, se condenado, caberá esse montante ao interventor. Funciona assim: o juiz competente expede mandado contra o banco da referida conta, autorizando o oficial registrador ou tabelião a retirar o montante. Não pode o titular sacar este montante por conta própria. Nem ele, nem o banco possuem autonomia para este ato.

2. JURISPRUDÊNCIA COMPLEMENTAR

SUPERIOR TRIBUNAL DE JUSTIÇA

EMENTA: PROCESSUAL CIVIL. ADMINISTRATIVO. PROCESSO ADMINISTRATIVO DISCIPLINAR. AFASTAMENTO DE NOTÁRIO DE SUAS FUNÇÕES. EXCESSO DE PRAZO DE CONCLUSÃO DO PROCEDIMENTO. LEI 8.935/94. VIOLAÇÃO AO PRINCÍPIO DA RAZOÁVEL DURAÇÃO DO PROCESSO. SEGURANÇA CONCEDIDA.

1. Por determinação do Corregedor-Geral da Justiça do Estado do Espírito Santo, e sem o desfecho do Processo Administrativo Disciplinar, encontra-se o impetrante afastado do exercício das suas funções (Cartório de Registro Civil de Pessoas Naturais e Tabelionato de Notas do Distrito Judiciário de Ibes, Vila Velha/ES) desde 10/07/2010, em evidente maltrato aos princípios da razoável duração do processo (arts. 5º, LXXVIII – CF), da eficiência e do impulso oficial (art. 2º, parágrafo único, XII, Lei 8.784/1999).

2. A suspensão preventiva do notário ou do oficial de registro, em razão de falta que possa configurar perda da delegação, não pode, sem ofensa à lei, ultrapassar o prazo de 120 (cento e vinte) dias (arts. 35, § 1º, e 36 – Lei 8.935, de 18/11/1994). Hipótese em que o afastamento já ultrapassa o prazo de 5 (cinco) anos.

3. "É dever da Administração Pública pautar seus atos dentro dos princípios constitucionais, notadamente pelo princípio da eficiência, que se concretiza também pelo cumprimento dos prazos legalmente determinados (REsp 687.947/MS, Rel. Ministro CASTRO MEIRA, 2ª Turma DJ 21/08/2006).

4. "Não é lícito à Administração Pública prorrogar indefinidamente a duração de seus processos, pois é direito do administrado ter seus requerimentos apreciados em tempo razoável, ex vi dos arts. 5º, LXXIII, da Constituição Federal e 2º da Lei nº 9.784/99. " (MS 13.584/DF, Rel. Ministro JORGE MUSSI, 3ª Seção DJe 26/06/2009). 5. Recurso ordinário provido. Concessão da segurança. Retorno do impetrante às suas funções, sem prejuízo da conclusão do processo administrativo disciplinar.(STJ – RMS nº 48.536 – Espírito Santo – 1ª Turma – Rel. Min. Olindo Menezes (Desembargador Convocado do TRF 1ª Região) – DJ 22.02.2016)

EMENTA: PROCESSUAL CIVIL E ADMINISTRATIVO. RECURSO EM MANDADO DE SEGURANÇA. REGISTRADOR DE IMÓVEIS. PROCESSO ADMINISTRATIVO DISCIPLINAR. DESCUMPRIMENTO REITERADO DE REQUISIÇÕES JUDICIAIS. RESPONSABILIDADE DO TITULAR. APLICAÇÃO DA PENALIDADE DE SUSPENSÃO POR 90 DIAS. CONJUNTO PROBATÓRIO SUFICIENTE. COMPETÊNCIA DA AUTORIDADE PROCESSANTE. OBSERVÂNCIA À LEI 11.183/98. CERCEAMENTO DE DEFESA. AUSÊNCIA DE COMPROVAÇÃO DE PREJUÍZO. PRESCRIÇÃO. INOCORRÊNCIA. RECURSO ORDINÁRIO A QUE SE NEGA SEGUIMENTO. (STJ – RMS nº 33.351 – RS – 1ª Turma – Rel. Min. Benedito Gonçalves – DJ 11.10.2012)

EMENTA: Processual civil e administrativo – recurso especial – mandado de segurança contra ato judicial – terceiro prejudicado – Legitimidade – titular de tabelionato afastado para apuração de infrações disciplinares graves – substituição – nomeação de interventor não integrante do quadro da serventia – possibilidade – recurso especial a que se nega seguimento. (STJ – REsp nº 1.190.368 – Rio Grande do Norte – 1ª Turma – Rel. Min. Napoleão Nunes Maia Filho – DJ 06.09.2013)

EMENTA: PROCESSUAL CIVIL. RECURSO ESPECIAL. SERVENTIA EXTRAJUDICIAL. ESCREVENTE SUBSTITUTO NÃO CONCURSADO. ESTABILIDADE PREVISTA NO ART. 19 DO ADCT. APLICABILIDADE TÃO SOMENTE AOS SERVIDORES PÚBLICOS *'STRICTO SENSU'*. INAPLICABILIDADE AOS SERVENTUÁRIOS NÃO REMUNERADOS PELOS COFRES PÚBLICOS. RECURSO ESPECIAL PROVIDO. (STJ – REsp nº 1.215.099 – Minas Gerais – 2ª Turma – Rel. Min. Mauro Campbell Marques – DJ 21.08.2013)

TRIBUNAL DE JUSTIÇA DO ESTADO DE SÃO PAULO

EMENTA: Agravo de Instrumento. Ação Civil Pública por Ato de Improbidade Administrativa movida pelo Ministério Público contra o Oficial do 2º Cartório de Registro de Imóveis, afastado de sua função pelo Juiz Corregedor. Decisão agravada que recebeu a petição inicial e determinou o prosseguimento do feito, ao tempo em que indeferiu pedido de revogação da decisão que obstou o recebimento da metade líquida dos rendimentos da Serventia durante o período de afastamento, nos termos do artigo 36, § 2º, da Lei nº 8.935/94. Superveniência de sentença de procedência. Recurso prejudicado naquilo em que se voltava contra o recebimento da inicial. Na parte conhecida, o agravo é provido para determinar que o agravante tem direito ao recebimento da metade da renda líquida da serventia durante o período em que esteve afastado preventivamente da função, nos termos do artigo 36, § 2º, da Lei nº 8.935/94.

I. Agravo de Instrumento interposto por A. J., Oficial do 2º Cartório de Registro de Imóveis, afastado de sua função pelo Juiz Corregedor, contra r. decisão do D. Juízo de Direito da 3ª Vara da Fazenda Pública, que, em autos de Ação Civil Pública movida pelo órgão do MINISTÉRIO PÚBLICO contra o ora agravante (processo nº 1000678-90.2017.8.26.0587), recebeu a petição inicial, nos termos da Lei de Improbidade Administrativa (Lei federal 8.429, de 1992), e determinou o prosseguimento do feito, com a citação do réu, ao tempo em que indeferiu pedido de revogação da decisão que obstou o recebimento da metade líquida dos rendimentos da Serventia durante o período de afastamento, nos termos do artigo 36, §2º, da Lei nº 8.935/94. A demanda foi ajuizada para persecução de apontado ato de improbidade administrativa, em virtude do não recolhimento de tributos à Receita Estadual e à Carteira de Previdência do Estado de São Paulo pelo requerido (fls. 1544 e 1571 destes autos, fls. 1580 e 1607 dos autos principais).

Nas razões, assinala em resumo: a) a decisão é nula por negativa de prestação jurisdicional, tendo em vista que o D. Juízo sequer apreciou com especificidade o pedido formulado em defesa prévia (fls. 1344/1355 dos autos principais); b) no processo administrativo em que se optou por decretar a perda da delegação do agravante, ainda não há decisão com trânsito em julgado, fazendo jus, portanto, ao recebimento da metade da renda líquida da serventia, nos termos do § 2º do artigo 36 da Lei nº 8.935/94, para a subsistência própria e de sua família, uma vez que se trata de sua única fonte de renda, destacando que seus bens imóveis tornaram-se indisponíveis pela decisão de fls. 1176/1183 dos autos principais. Pede a antecipação de tutela recursal, para que *"se determine de imediato ao R. Juízo a quo a liberação – enquanto perdure a suspensão de suas atividades junto ao 2.º Cartório de Registro de Imóveis–, de parte dos rendimentos da serventia que lhe são assegurados por lei (art. 36, § 2.º, da Lei 8.935/94)"*, no valor *"equivalente a 90,25% dos subsídios dos Senhores Ministros do Supremo Tribunal Federal, tendo-se como parâmetro a remuneração dos 'interinos responsáveis por serviços extrajudiciais', nos termos da decisão preferida pela Corregedoria Nacional de Justiça' (Diário da Justiça n.º 124, de 12 de julho de 2010)"* (fls. 21/22). Em relação ao restante, *"admite o recorrente que se vincule ou se direcione à recomposição do erário público, ao Estado e à Carteira de Previdência, esclarecendo-se que ele já busca este acerto (por meio de regular parcelamento)."* (fls. 22). Busca, assim, a revogação parcial da decisão de fls. 1181/1182, item "G", e o final provimento do recurso.

O recurso processou-se sem liminar (fls. 1817/1818), sobrevindo contraminuta do Ministério Público (fls. 1824/1837) e manifestação da Procuradoria Geral de Justiça (fls. 1840/1851), que, preliminarmente, sustenta que o agravo é intempestivo, uma vez que a decisão impugnada foi disponibilizada no D.O.E. em 11.05.2017, enquanto o recurso foi protocolizado em 20.06.2017. (fls. 1840/1851). Assim, o parecer *"é no sentido do não conhecimento do recurso diante da intempestividade e, se outro for o entendimento do Tribunal então pelo desprovimento do recurso, admitindo-se somente é possível avaliar o recebimento da inicial – que está correto. Em última hipótese, pela manutenção da liminar concedida visto que, por sua feita, também está adequada ao caso concreto, conforme os fundamentos apresentados pelo julgador monocrático."* (fls. 1851). Este, em síntese, o relatório.

II. O agravo acha-se em parte prejudicado, e deve ser provido na parte ainda susceptível de conhecimento.

Por primeiro, afasta-se a alegação de intempestividade. Contra a decisão de fls. 1544 destes autos, foram interpostos embargos de declaração (fls. 1560/1564), rejeitados a fls. 1571. Essa decisão foi publicada no dia 26.05.2017, contando-se a partir de 29.05.2017, o prazo para a interposição do recurso, com término em 20.06.2017.

É pelo Ministério Público do Estado de São Paulo movida Ação Civil Pública para persecução de apontado ato de improbidade administrativa, em decorrência do não recolhimento de tributos à Receita Estadual e à Carteira de Previdência do Estado de São Paulo pelo requerido no exercício de atividade notarial. Pediu a condenação do requerido às penas previstas no art. 12, da Lei nº 8.429/92, pela prática dos atos de improbidade previstos no artigo 9º, XI e XII e no artigo 10, *"caput"* e inciso X.

O requerido apresentou defesa preliminar a fls. 1344/1355 dos autos principais, requerendo a extinção do feito, ou, caso recebida a inicial, a revogação da determinação contida no item "G" de fls. 1181 dos autos de origem, sobrevindo a decisão de fls. 1544 destes autos (fls. 1580 dos autos de origem), mantida em sede de embargos de declaração (fls. 1571 destes autos, fls. 1607 dos autos principais).

Ao exame dos autos principais digitais, verifica-se que em 27 de abril de 2018 foi proferida r. sentença que julgou *"PROCEDENTE a ação civil pública para condenar o requerido por atos de improbidade administrativa previstos nos artigos 9º, XI e XII e art. 10, "caput", da Lei 8.429/92, aplicando-lhe as seguintes sanções previstas no art. 12 da mesma lei: a) Perda da função pública; b) Ressarcimento integral do dano, fixado provisoriamente em R$ 31.319.653,07 e cujo montante exato será calculado em sede de liquidação, após o término dos trabalhos de apuração fiscal do total do débito; c) Pagamento de multa civil correspondente ao valor do dano; d) Proibição de contratar com o Poder Público ou receber benefícios ou incentivos fiscais ou creditícios, direta ou indiretamente, ainda que por intermédio de pessoa jurídica da qual seja sócio majoritário, pelo prazo de dez anos; e) Suspensão dos direitos políticos pelo prazo de oito anos;"* (fls. 2056/2063 dos autos principais).

Voltava-se o presente recurso contra a decisão que havia recebido a petição inicial, dando prosseguimento à ação, ao tempo em que manteve a vedação de recebimento da metade da renda líquida da Serventia durante o período de afastamento, nos termos do artigo 36, §2º, da Lei nº 8.935/94. Com a superveniência da sentença, resta desprovido de objeto o recurso naquilo em que se voltava contra o recebimento da inicial.

Todavia, remanesce o pedido no que tange à vedação de recebimento da metade da renda líquida da Serventia durante o período de afastamento, nos termos do artigo 36, §2º, da Lei nº 8.935/94 ("Lei dos Cartórios"), dispositivo do seguinte teor:

"Art. 36. Quando, para a apuração de faltas imputadas a notários ou a oficiais de registro, for necessário o afastamento do titular do serviço, poderá ele ser suspenso, preventivamente, pelo prazo de noventa dias, prorrogável por mais trinta.

(...)

§ 2º Durante o período de afastamento, o titular perceberá metade da renda líquida da serventia; outra metade será depositada em conta bancária especial, com correção monetária.".

Foi inicialmente instaurado procedimento administrativo para apurar violação de deveres funcionais que teria sido praticada pelo ora agravante, com o seu afastamento preventivo da função nos termos do artigo 35, § 1º, da Lei nº 8.935/94, nomeando-se interventor (fls. 47/55 dos autos principais). Culminou o procedimento com a perda da delegação do 2º Cartório de Registro de Imóveis, com fundamento no artigo 32, IV, combinado com artigo 35, II, ambos da Lei nº 8.935/94, conforme a sentença de fls. 1377/1399 destes autos, proferida pelo D. Juízo de Direito da 10ª Vara Cível, Corregedoria Permanente Registro de Imóveis.

O agravante foi afastado preventivamente de suas funções em janeiro de 2017, enquanto a sentença que aplicou a pena de perda da delegação foi proferida em abril de 2017.

Com efeito, nos termos do artigo 36, § 2º, da Lei nº 8.935/94, acima reproduzido, o titular faz jus ao recebimento da metade da renda líquida da serventia durante o período em que estiver afastado preventivamente da função. Somente a partir do momento em que for apenado com a perda da delegação, deixará de ter direito ao recebimento do valor mencionado.

A perda da delegação dependerá, conforme o disposto no artigo 35 da Lei nº 8.935/94: ***"I – de sentença judicial transitada em julgado; ou II – de decisão decorrente de processo administrativo instaurado pelo juízo competente, assegurado amplo direito de defesa.".***

Assim, quanto ao ponto, o recurso é de ser provido para determinar que o agravante tem direito ao recebimento de metade da renda líquida da serventia durante o período em que esteve afastado preventivamente da função, nos termos do artigo 36, §2º, da Lei nº 8.935/94.

III. Por todo o exposto, conhecem em parte do recurso, e dão-lhe provimento na parte conhecida, nos termos acima explicitados.

Eventual inconformismo em relação à presente decisão será objeto de julgamento virtual, ficando cientes as partes de que discordância quanto a essa modalidade de julgamento deverá ser manifestada quando da interposição do recurso. AROLDO VIOTTI. Relator (TJSP – Agravo de Instrumento nº 2114410-47.2017.8.26.0000 – Santos – 11ª Câmara de Direito Público – Rel. Des. Aroldo Viotti – DJ 13.11.2019)

3. QUESTÕES DE CONCURSOS

01. (CESPE / CEBRASPE - 2023 - TJ-SC - Titular de Serviços de Notas e de Registros – Provimento) Ao apurar falta imputada a um notário, o juiz competente poderá decretar, caso entenda necessário,

a) o afastamento do titular do serviço, por suspensão, devendo nomear um interventor principal e um adjunto.
b) a perda temporária da delegação, mantido o recebimento da renda da serventia por até três meses, devendo a perda ser revertida caso se constate que não ocorreu a falta.
c) a perda temporária da delegação, devendo nomear como tabelião temporário aquele que seja apontado pelo titular como o que responde em suas ausências e impedimentos.
d) a perda temporária da delegação, mantido o recebimento de metade da renda líquida da serventia enquanto durar a apuração, devendo a perda ser revertida caso se constate que não ocorreu a falta.
e) o afastamento do titular do serviço, por suspensão, mantido o recebimento de metade da renda líquida da serventia enquanto durar a apuração.

02. (Cespe – Notários e Oficiais de Registro – Remoção – TJ – DFT/2019) À luz da Lei n. 8.935/1994, a perda de delegação do oficial de registro de imóveis

a) ocorrerá nos casos de morte, invalidez ou renúncia.
b) poderá decorrer de sentença judicial transitada em julgado.
c) poderá decorrer da extinção da delegação por meio de processo administrativo instaurado pelo juízo competente.
d) ocorrerá somente na hipótese de imposição dessa penalidade pelo juízo competente.
e) poderá ser decretada de forma preventiva para a apuração de faltas imputadas.

03. (IESES –Cartório – Provimento – TJ – AM/2018) NÃO ocorre a perda da delegação do notário ou oficial de registro por:

a) Sentença judicial recorrível.
b) Invalidez.
c) Aposentadoria facultativa.
d) Descumprimento, comprovado, da gratuidade estabelecida na Lei nº 9.534, de 10 de dezembro de 1997.

04. (IESES – Notário-MA/2008) Os notários e oficiais de registro estão sujeitos às infrações disciplinares e penalidades previstas na Lei nº 8.935/94 e quando o caso configurar a perda da delegação, o juízo competente suspenderá o notário ou oficial de registro, até a decisão final, e designará interventor. Com fundamento na assertiva responda.

I. No caso de afastamento do titular do serviço, o juízo competente designará interventor para responder pela serventia, quando o substituto também for acusado das faltas ou quando a medida se revelar conveniente para os serviços.
II. Durante o período de afastamento, o titular perceberá um terço da renda líquida da serventia; o restante será depositado em conta bancária especial, com correção monetária.
III. Absolvido o titular, receberá ele o montante dessa conta; condenado, caberá a metade do montante ao interventor.

a) Somente a alternativa I está correta.
b) Somente as alternativas I e II estão corretas.
c) Somente as alternativas II e III estão corretas.
d) Somente a alternativa III está correta.

05. (FCC – Cartório – TJ – PE/2013) A respeito das sanções previstas na Lei nº 8.935/94, é correto afirmar:

a) Tendo em vista o princípio da vitaliciedade, a perda da delegação dependerá de sentença judicial transitada em julgado, sendo ineficaz decisão decorrente de processo administrativo instaurado pelo juízo competente.
b) Quando o caso configurar falta grave ou perda de delegação, o juízo competente suspenderá o notário ou oficial de registro por prazo não superior a noventa dias, designando um servidor da serventia para substituir o delegado suspenso.
c) O notário ou o oficial de registro perceberá integralmente as rendas da serventia durante seu afastamento para responder procedimento disciplinar.
d) Durante o período de afastamento para apuração de faltas, o titular perceberá metade da renda líquida da serventia; outra metade será depositada em conta bancária especial, com correção monetária.
e) Se o titular afastado da serventia for absolvido, perceberá a quantia depositada em conta bancária especial, mas, se for condenado, a referida quantia será convertida em renda da Fazenda Pública do Estado da circunscrição territorial da serventia.

06. (Cespe – Cartório – TJ-DFT/2014) Em relação ao afastamento do titular de serviço notarial e de registro, em decorrência da constatação de irregularidades na prestação do serviço, assinale a opção correta.

a) A remuneração do interventor designado para responder pela serventia durante o afastamento do titular do serviço notarial e de registro independe da condenação deste, devendo corresponder à metade da renda líquida da serventia.
b) Segundo entendimento do STJ, nada obsta a suspensão preventiva do titular de serviço notarial e de registro até a decisão final do processo administrativo instaurado para a aplicação da penalidade de perda da delegação.
c) A suspensão preventiva do titular de serviço notarial e de registro poderá ser realizada sem a observância prévia do contraditório e da ampla defesa, devendo ser decretada quando aplicáveis as penas de suspensão por noventa dias, prorrogáveis por mais trinta, e de perda da delegação.
d) Nos termos do Provimento Geral da Corregedoria da Justiça do Distrito Federal, a competência para a suspensão do notário ou do oficial é do juiz de direito designado para dirigir os trabalhos da Coordenadoria de Correição e Inspeção Extrajudicial.
e) Segundo entendimento do STJ, a suspensão preventiva do titular de serviço notarial e de registro tem caráter punitivo.

07. (Vunesp – Cartório – SP – Remoção/2016) Segundo as Normas de Serviço da Corregedoria-Geral da Justiça de São Paulo, das decisões disciplinares originárias do Corregedor Geral da Justiça relativas a delegados dos serviços notariais e registrais caberá recurso para

a) o Órgão Especial do Tribunal de Justiça do Estado de São Paulo.
b) a Câmara Especial do Tribunal de Justiça do Estado de São Paulo.
c) o Conselho Superior da Magistratura.
d) o Superior Tribunal de Justiça.

08. (Vunesp – Cartório – SP – Remoção/2016) A revisão administrativa da punição disciplinar de que não caiba mais recurso

a) deve, sob pena de extinção, ser proposta dentro do prazo de dois anos contados da decisão que aplicou, em definitivo, a pena disciplinar.

b) é cabível contra todas as penas disciplinares, exceto a de perda de delegação.
c) é cabível a qualquer tempo se surgirem fatos ou circunstâncias ainda não apreciados, ou vícios insanáveis de procedimento, que possam justificar a redução ou a anulação da pena aplicada.
d) pode ter como fundamento a simples alegação da injustiça da decisão.

09. (TJ-SC – Notário-SC/2012) A respeito das Infrações Disciplinares e das Penalidades previstas na Lei nº 8.935/1994, assinale a alternativa INCORRETA:

a) A conduta atentatória às instituições notariais e de registro é uma infração disciplinar que sujeita os notários e os oficiais de registro às penalidades nela cominadas.
b) A perda da delegação dependerá de sentença judicial transitada em julgado ou de decisão decorrente de processo administrativo instaurado pelo juízo competente, assegurado amplo direito de defesa.
c) Quando, para a apuração de faltas imputadas a notários ou a oficiais de registro, for necessário o afastamento do titular do serviço, poderá ele ser suspenso, preventivamente, pelo prazo de trinta dias, prorrogável por mais trinta.
d) As penas serão impostas pelo juízo competente, independentemente da ordem de gradação, conforme a gravidade do fato.
e) A pena de repreensão será aplicada no caso de falta leve.

GAB	1	E	2	B	3	A	4	A	5	D
	6	B	7	B	8	C	9	C		

CAPÍTULO VII – DA FISCALIZAÇÃO PELO PODER JUDICIÁRIO

Art. 37. A fiscalização judiciária dos atos notariais e de registro, mencionados nos arts. 6º a 13, será exercida pelo juízo competente, assim definido na órbita estadual e do Distrito Federal, sempre que necessário, ou mediante representação de qualquer interessado, quando da inobservância de obrigação legal por parte de notário ou de oficial de registro, ou de seus prepostos.

Parágrafo único. Quando, em autos ou papéis de que conhecer, o Juiz verificar a existência de crime de ação pública, remeterá ao Ministério Público as cópias e os documentos necessários ao oferecimento da denúncia.

Art. 38. O juízo competente zelará para que os serviços notariais e de registro sejam prestados com rapidez, qualidade satisfatória e de modo eficiente, podendo sugerir à autoridade competente a elaboração de planos de adequada e melhor prestação desses serviços, observados, também, critérios populacionais e sócio-econômicos, publicados regularmente pela Fundação Instituto Brasileiro de Geografia e Estatística.

1. COMENTÁRIOS

A função do Poder Judiciário é de **fiscalização** dos atos notariais e de registros, sendo-lhe vedado atuar como órgão de consulta ou de autorização. O juiz não tem ingerência sobre aspectos de gestão, pois os notários e registradores possuem independência funcional.

Assim, o Poder Judiciário deve atuar no que se refere aos aspectos estruturais dos serviços, sempre respeitando a esfera privada e a atuação do tabelião e do registrador como profissionais de direito, dotados de fé pública. A esses profissionais é delegado o exercício da atividade notarial e de registro, com liberdade e competência para a qualificação dos registros.

A atividade é fiscalizada pelo Poder Judiciário, por meio das Corregedorias Geral e Permanente. Essa fiscalização também pode ser exercida, atualmente, pelo Conselho Nacional de Justiça (artigo 103-B da Constituição Federal).Nos termos do art. 103-B, § 4º da CF, com redação dada pela EC 45/2004, compete ao Conselho Nacional de Justiça, o controle da atuação administrativa e financeira do Poder Judiciário e do cumprimento dos deveres funcionais dos juízes, cabendo-lhe, além de outras atribuições que lhe forem conferidas pelo Estatuto da Magistratura receber e conhecer das reclamações contra membros ou órgãos do Poder Judiciário, **inclusive contra seus serviços auxiliares, serventias e órgãos prestadores de serviços notariais e de registro que atuem por delegação do poder público ou oficializados, sem prejuízo da competência disciplinar e correicional dos tribunais,** podendo avocar processos disciplinares em curso, determinar a remoção ou a disponibilidade e aplicar outras sanções administrativas, assegurada ampla defesa.

Assim, pode-se dizer que o Conselho Nacional de Justiça tem o poder de fiscalização e de normatização do Poder Judiciário dos atos praticados por seus órgãos (art. 103-B, § 4º, I, II e III, da Constituição Federal); a competência de fiscalizar os serviços notariais e de registro (arts. 103-B, § 4º, I e III, e 236, § 1º, da Constituição Federal) e a competência, por meio de sua Corregedoria Nacional, de expedir provimentos e outros atos normativos destinados ao aperfeiçoamento das atividades dos serviços notariais e de registro (art. 8º, X, do Regimento Interno do Conselho Nacional de Justiça);

Em resumo, o Conselho Nacional de Justiça é um órgão do Poder Judiciário com sede em Brasília/DF e

Lei 8.935/1994

atuação em todo o território nacional, que visa, mediante ações de planejamento, à coordenação, ao controle administrativo e ao aperfeiçoamento do serviço público na prestação da Justiça.

Assim, apresento alguns conceitos relevantes de atos das Corregedorias tanto gerais quanto nacionais do CNJ:

a) Provimento: veicula regras de caráter geral e abstrato;
b) Orientação: forma de interpretação e execução da norma;
c) Portaria: formaliza medidas administrativas;
d) Circular: divulga matéria normativa ou administrativa para conhecimento geral;
e) Ofício: ato de comunicação externa; e
f) Ordem de serviço: transmite determinação interna quanto à maneira de conduzir serviços.

A fiscalização da atividade notarial e registral ocorre por meio de correições – permanentes, ordinárias e extraordinárias. Essas correições não exigem portaria e podem ser totais ou parciais, dependendo de abrangerem todas as unidades da comarca ou apenas algumas delas.

Adiciona-se ainda a chamada correição on-line. Para ilustrar, podemos citar o sistema e-Notariado, uma ferramenta digital que moderniza os serviços notariais ao incluir um módulo específico de fiscalização e geração de relatórios, conhecido como correição online. Esse recurso possibilita um acompanhamento contínuo, controle rigoroso e fiscalização das atividades extrajudiciais realizadas pelos cartórios, o que facilita o trabalho dos juízes responsáveis e das corregedorias de Justiça dos estados, do Distrito Federal e da Corregedoria Nacional de Justiça. Através da correição online, é viável monitorar de maneira eficaz e em tempo real as práticas e procedimentos adotados pelos serviços notariais, garantindo assim maior transparência e conformidade com a legislação vigente.

Os delegatários estão sujeitos a punições decorrentes da prática de infrações disciplinares, previstas no artigo 31 da Lei n. 8.935/94, especialmente pelo descumprimento dos deveres a que estão vinculados, conforme elencado no artigo 30 da mesma lei. As punições variam desde uma simples repreensão, passando por multa e suspensão, até a perda da delegação, sendo esta última, inclusive, uma causa de extinção da delegação.

O juízo competente para a aplicação das penas é aquele estabelecido na lei estadual ou distrital. Luís Paulo Aliende Ribeiro pontifica que a Lei 8.935/1994 utiliza expressões *juízo competente* e *autoridade competente* ao definir, de forma geral, atribuições que não se limitam à fase de fiscalização, mas abrangem todas as fases do processo de regulação: o estabelecimento de regras de conduta para os regulados, a garantia de aplicação e execução das normas, a fiscalização do seu cumprimento e a aplicação das sanções. Tratam da atribuição do Poder Judiciário das tarefas de formulação, definição, operacionalização, implementação e aplicação de regras e orientações, correspondentes ao poder regulamentar do regulador, as disposições dos artigos 4, 30, XII e XIV, 38, 39, § 2º e 44 da lei, que, em cumprimento ao disposto no § 1º do art. 236 da Constituição da República, define a fiscalização da atividade (*Regulação da Função Pública Notarial e de Registro*. Saraiva: São Paulo, 2009).

Ainda sobre o juízo competente, observe que a Lei n. 8.935/1994 autoriza que uma **norma regulamentar** discipline como se dará a fiscalização judiciária dos atos notariais e de registro. Esse entendimento é extraído da leitura dos artigos 37 e 38, atualmente em análise. Destaco as expressões que justificam essa conclusão:

> Art. 37. **A fiscalização judiciária dos atos notariais e de registro,** mencionados nos arts. 6º a 13, **será exercida pelo juízo competente, assim definido na órbita estadual** e do Distrito Federal, sempre que necessário, ou mediante representação de qualquer interessado, quando da inobservância de obrigação legal por parte de notário ou de oficial de registro, ou de seus prepostos.
>
> Parágrafo único. Quando, em autos ou papéis de que conhecer, o Juiz verificar a existência de crime de ação pública, remeterá ao Ministério Público as cópias e os documentos necessários ao oferecimento da denúncia.
>
> Art. 38. **O juízo competente zelará para que os serviços notariais e de registro sejam prestados com rapidez, qualidade satisfatória e de modo eficiente,** podendo sugerir à autoridade competente a elaboração de planos de adequada e melhor prestação desses serviços, observados, também, critérios populacionais e sócio-econômicos, publicados regularmente pela Fundação Instituto Brasileiro de Geografia e Estatística.

1.1 AS SERVENTIAS E O ALVARÁ MUNICIPAL

Alguns municípios começaram a cobrar a chamada 'taxa de licença', uma espécie de alvará de funcionamento para as serventias extrajudiciais.

Nas palavras de Hely Lopes Meirelles, *"alvará é o instrumento de licença ou da autorização para a prática de ato, realização de atividade ou exercício de direito dependente de policiamento administrativo. É o consentimento formal da Administração à pretensão do administrado, quando manifestada em forma legal"* (*Direito Administrativo Brasileiro*. Malheiros Editores, 22ª edição. p. 122 e 123).

Como se sabe, os serviços notariais e de registros tem natureza de **serviço público** exercido em caráter privado (remunerados por meio de emolumentos), por delegação, não podendo ser equiparados às atividades comerciais e empresariais que possuem regramento próprio.

Moacyr Petrocelli de Ávila Ribeiro aborda o tema com clareza e elucida que "não parece correto admitir que o funcionamento da unidade de serviço extrajudicial – que presta serviço público à população e cuja existência decorre de Lei, havendo regras definidas nas Leis Federais 6.015/73, 8.935/94. 9.492/97 e 10.169/00, entre outras – possa estar condicionado à concessão de alvará por parte da municipalidade. Ora, se como adrede examinado, a atividade do notário e do registrador é considerada serviço público disciplinado por lei, não há outra conclusão a se chegar. **Falta aos municípios legitimidade para autorizar a prestação ou o funcionamento dos serviços notariais e de registros**. Entender noutro sentido, com a devida vênia, leva ao absurdo de se permitir, por exemplo, a exigência de alvará municipal para a instalação e funcionamento do fórum de determinada comarca, ou de qualquer outro órgão público seja do Estado, seja da União"... E complementa: "Completando o preceito constitucional, a Lei nº 8.935/1994 **disciplinou detalhadamente o regime jurídico a ser aplicado aos notários e registradores e em capítulo específico** (Capítulo VII) esmiuçou como deve ser a **fiscalização do Poder Judiciário frente às serventias extrajudiciais**. Observe-se em detalhe a polida redação do art. 37, que para sua intelecção dispensa outras ponderações: "*A fiscalização judiciária dos atos notariais e de registro, mencionados nos arts. 6º a 13, será exercida pelo juízo competente, assim definido na órbita estadual e do Distrito Federal, sempre que necessário, ou mediante representação de qualquer interessado, quando da inobservância de obrigação legal por parte de notário ou de oficial de registro, ou de seus prepostos*". Coloca-se em evidência que não é outro o objetivo dessa zelosa fiscalização a ser materializada pelo Judiciário Estadual senão para que os serviços notariais e de registros "*sejam prestados com rapidez, qualidade satisfatória e de modo eficiente, podendo sugerir à autoridade competente a elaboração de planos de adequada e melhor prestação desses serviços, observados, também, critérios populacionais e sócio-econômicos, publicados regularmente pela Fundação Instituto Brasileiro de Geografia e Estatística*" (art. 38 da Lei nº 8.935/1994). Com efeito, considerando-se o alvará como instrumento que materializa uma fiscalização positiva em relação à determinada atividade, é de rigor advertir que na hipótese dos serviços notariais e de registros, **essa fiscalização é incumbência exclusiva do Poder Judiciário**. Nessa ampla moldura, eventual interferência do Poder Executivo Municipal na fiscalização dos cartórios extrajudiciais mostra-se juridicamente inoportuna e incabível, capaz inclusive de balançar a harmoniosa convivência dos Poderes da República, comprometendo-se o pacto federativo" (grifo nosso) (http://www.notariado.org.br/blog/?link=visualizaArtigo&cod=356).

2. JURISPRUDÊNCIA COMPLEMENTAR

SUPREMO TRIBUNAL FEDERAL

EMENTA: Taxa em razão do poder de polícia. A Lei matogrossense nº 8.033/2003 instituiu taxa em razão do exercício do poder de polícia. Poder que assiste aos órgãos diretivos do Judiciário, notadamente no plano da vigilância, orientação e correição da atividade em causa, a teor do § 1º do art.236 da Carta-cidadã (STF – ADI nº 3151, julgado 08/06/2005, Rel. Min. Carlos Ayres Brito, DJ de 28/04/2006).

SUPERIOR TRIBUNAL DE JUSTIÇA

EMENTA: ADMINISTRATIVO. MANDADO DE SEGURANÇA. PODER JUDICIÁRIO. FISCALIZAÇÃO. SERVIÇO EXTRAJUDICIAL. PROCESSO ADMINISTRATIVO. LEGALIDADE. MULTA. NORMA SECUNDÁRIA. POSSIBILIDADE. LEI MATERIAL. AUTORIZAÇÃO.

1. O STJ possui o entendimento de que: a) não há, na Constituição de 1988, garantia de duplo grau de jurisdição administrativa; e b) o oferecimento de denúncia criminal por autoridade que, em razão de suas atribuições legais, seja obrigada a fazê-lo, não a inabilita, só por isso, a desempenhar suas funções como autoridade julgadora no processo administrativo.

2. No caso, na linha das orientações acima, a) não houve violação do devido processo legal quanto ao não conhecimento do recurso administrativo interposto pelo recorrente; e b) não se pode considerar nulo, por si só, o julgamento administrativo realizado pela autoridade que tenha tido contato prévio com os fatos por ter ratificado a lavratura do auto de infração contra o impetrante.

3. A ausência de "impedimento" da autoridade julgadora, na espécie, é ainda mais evidente, porque a fiscalização e identificação da infração em si, o auto de constatação e o parecer que fundamentou o julgamento administrativo foram operados por pessoas distintas daquela primeira.

4. A Lei n. 8.935/1994, ao regulamentar o art. 236 da CF, autoriza que norma secundária discipline como se dará a fiscalização judiciária dos atos notariais e de registro (art. 37 e 38).

5. Hipótese em que: a) lei estadual dispunha que os atos extrajudiciais praticados pelo impetrante estariam vinculados ao Tribunal de Justiça do Rio de Janeiro; b) leis estaduais autorizavam os órgãos daquela Corte a editar normas secundárias tratando da fiscalização daqueles atos (extrajudiciais); e c) norma de caráter geral/nacional dispõe expressamente sobre o poder geral de fiscalização do Poder Judiciário a respeito dos serviços notariais e de registro, prevendo, ainda, que essa fiscalização será regulada na órbita local.

6. Diante desse cenário, os atos normativos secundários praticados pelos órgãos do Tribunal de Justiça do Rio de Janeiro, no âmbito do seu poder de regulamentar e fiscalizar o serviço extrajudicial (notarial e de registro), inserem-se dentro dos limites (dos poderes implícitos) autorizados pela Constituição e pela lei material, razão pela qual devem ser considerados hígidos.

7. "Esta Corte possui entendimento de que o mandado de segurança não é meio adequado para a análise da proporcionalidade e razoabilidade da penalidade administrativa imposta a servidores públicos, por não admitir dilação probatória." (AgInt no MS 25.618/DF, relatora Ministra Regina Helena Costa, Primeira Seção, julgado em 29/11/2022, DJe de 1/12/2022).

8. Recurso ordinário não provido (STJ – RMS nº 63.272 – Rio de Janeiro – 1ª Turma – Rel. Min. Gurgel de Faria – DJ 20.10.2023)

EMENTA: Processual civil e administrativo – Agravo em Recurso Especial – Enunciado Administrativo 2/STJ – Serventias extrajudiciais – Alvará de funcionamento – Exigência municipal – Acórdão com fundamentação eminentemente constitucional – Inviabilidade de análise na via recursal eleita – Agravo conhecido para não conhecer do recurso especial. (STJ – AREsp nº 1.140.019 – São Paulo – 2ª Turma – Rel. Min. Mauro Campbell Marques – DJ 15.09.2017).

Lei 8.935/1994

⊙ **TRIBUNAL DE JUSTIÇA DO ESTADO DO MATO GROSSO**

▶ **EMENTA:** Reexame Necessário de Sentença. Mandado de Segurança. Fechamento de cartório de registro civil como meio coercitivo no recebimento pela prefeitura municipal de taxa de alvará e localização dessa entidade judicial. Ilegalidade do ato. Ordem concedida. Sentença reexaminada confirmada. Traduz-se em ato ilegal e abusivo o Decreto Legislativo Municipal que determina o fechamento de Cartório de Registro Civil como meio coercitivo no recebimento dos tributos devidos por essa entidade judicial" (TJMT – RN 1.002, 2ª Câmara Cível, Rel. Des. José Ferreira Leite, julgado 26.11.1996)

⊙ **TRIBUNAL DE JUSTIÇA DO DISTRITO FEDERAL**

▶ **EMENTA:** O poder de policia a ser exercido por serviços desta natureza, ainda que relacionado à questão urbanística, é da competência exclusiva da Corregedoria do Tribunal de Justiça, de forma que a exigência pelo Distrito Federal de Alvará de Funcionamento é indevida.(...) Avaliar se o imóvel é ou não seguro para a atividade, se está de acordo com as normas urbanísticas e ambientais, com o zoneamento, com os padrões legalmente estabelecidos para o funcionamento dos prédios", para efeito de exigência de expedição de alvará de funcionamento, é rigorosamente providência desnecessária, uma vez que esse exame é feito quando da construção do prédio pela Emissão do Alvará de construção, depois, pela expedição de carta de Habite-se. Manifesto o desvio de finalidade com que se houve a autoridade coatora (TJDFT – 2ª T. Cível, Apelação Cível e Remessa de Ofício nº 2000.01.1 081982-9, Rel. Des. Edson Alfredo Smaniotto, julgado em 01/12/2003).

⊙ **TRIBUNAL DE JUSTIÇA DO ESTADO DO RIO GRANDE DO SUL**

▶ **EMENTA:** Trata-se de matéria incontroversa, havendo expressas disposições legais a disciplíná-la no sentido de que compete ao Poder Judiciário fiscalizar as atividades realizadas pelos notários, oficiais de registros e respectivos delegados, não podendo, pois, o Município exercer poder de polícia com relação a estes serviços. Nos termos do art. 236, § 1º, da CF/88 e art. 37 da Lei nº 8.935/84, compete ao Poder Judiciário estadual fiscalizar as atividades realizadas pelos notários, oficiais de registros e seus respectivos prepostos, sendo indevida a exigência, pelo ente municipal, de licença prévia de funcionamento e cobrança de taxa de fiscalização ou vistoria (TJRS – Apelação Cível 70042273854, 2ª Câmara Cível, Rel. Des. Arno Werlang, DJ 13.12.2012)

3. QUESTÕES DE CONCURSOS

01. (VUNESP - 2023 - TJ-AL - Titular de Serviços de Notas e de Registros – Provimento) De acordo com a Consolidação Normativa Notarial e Registral da Corregedoria Geral de Justiça do Estado de Alagoas (CNNR-CGJ/AL), sobre a fiscalização das serventias notariais e de registro, é correto afirmar:

a) Caberá aos Juízes Corregedores Permanentes instaurar processo administrativo pela prática de infrações disciplinares pelos notários e registradores e impor as penas previstas no artigo 32 da Lei nº 8.935/1994, exceto a de perda da delegação.

b) Caberá aos Juízes Corregedores Permanentes instaurar processo administrativo pela prática de infrações disciplinares pelos notários e registradores e impor as penas previstas no artigo 32 da Lei nº 8.935/1994, exceto as de perda da delegação e de suspensão.

c) A fiscalização será exercida pelo Corregedor-Geral da Justiça, nos termos do art. 41 do Código de Organização Judiciária do Estado de Alagoas, que delegará poderes aos Juízes Corregedores Permanentes para exercer a atividade fiscalizadora em esfera preventiva e repressiva, nos termos dos artigos 37 e 38 da Lei nº 8.935/1994.

d) O Juiz Corregedor Permanente fiscalizará os serviços extrajudiciais situados na comarca, de ofício ou atendendo à reclamação escrita dos usuários, não se admitindo reclamação verbal.

02. (Cespe – Notários e Oficiais de Registro – Provimento – TJ – DFT/2019) Atividades notariais e de registro estão sujeitas à fiscalização do

a) Poder Judiciário, que se vale do seu poder hierárquico para estipular taxas de fiscalização dessas funções.

b) Poder Judiciário, que se vale do seu poder regulamentar para estipular taxas de fiscalização dessas funções.

c) Poder Judiciário, que se vale do seu poder de polícia administrativo para estipular taxas de fiscalização dessas funções.

d) Poder Executivo, que se vale do seu poder regulamentar para estipular taxas de fiscalização dessas funções.

e) Poder Executivo, que se vale do seu poder de polícia administrativo para estipular taxas de fiscalização dessas funções.

03. (Cespe – Notário-SE/2006) Com relação aos serviços notariais e de registro, julgue os itens subsequentes

( ) A fiscalização judiciária incide sobre o exercício das atribuições e competência dos notários e registradores e, se o juiz verificar a existência de crime de ação pública, remeterá ao Ministério Público as cópias e os documentos necessários ao oferecimento da denúncia.

04. (Cespe – Cartório-PI/2013) De acordo com a Lei nº 8.935/1994, que dispõe sobre serviços notariais e de registro, assinale a opção correta.

a) Quando, em termos ou papéis de que conhecer, o juiz verificar a existência da prática de crime de ação pública por notário ou registrador, ele deverá remeter a delegado de polícia as cópias e os documentos necessários para a instauração do inquérito policial.

b) Os serviços de registros públicos serão prestados, também, nos sábados, domingos e feriados pelo sistema de plantão.

c) Os chamados serviços extrajudiciais se dividem em dois grupos básicos, desdobrados em especialidades: serviços notariais, desempenhados por oficiais, e serviços de registro, exercidos por tabeliães.

d) A atividade de fiscalização do Poder Judiciário não se restringe à hipótese de apuração pertinente a notícia de irregularidade concreta.

e) Não se admite procedimento apuratório precedente ao processo administrativo disciplinar, com vistas à colheita de esclarecimentos acerca de determinado fato ou imputação.

GAB	1	C	2	C	3	CERTO	4	D

▶ CAPÍTULO VIII – DA EXTINÇÃO DA DELEGAÇÃO

Art. 39. Extinguir-se-á a delegação a notário ou a oficial de registro por:

1. COMENTÁRIOS

Para iniciar, faz-se oportuno transcrever as palavras de Celso Antônio Bandeira de Mello, que no parecer "A Competência para Criação e Extinção de Serviços Notariais e de Registros e para Provimento desses Serviços" (http://www.irib.org.br/obras/a-competencia-para-criacao-e-extincao-de-servicos-notariais-e-de-registros-e-para-provimento-desses-servicos), distingue as hipóteses de **extinção da delegação e de extinção da serventia**. Vejamos:

> "Assim, o art. 39 arrola os casos de extinção da delegação, prevendo que, neste caso, enquanto "vago" o "serviço" e não implementado o concurso para preenchê-lo, será designado substituto para responder por ele. Já o art. 44, perante o caso de "impossibilidade absoluta" de preenchê-lo, por desinteresse ou inexistência de candidatos ao concurso público a tanto destinado, estabelece que, em tal hipótese, "o juízo competente proporá à autoridade competente a extinção do serviço e anexação de suas atribuições ao serviço da mesma natureza mais próximo ou... ". E continua: "Finalmente, é certo também que a lei distingue claramente entre extinção da "delegação" e extinção da "serventia" ou "serviço", no que se revela, ainda outra vez e de modo inconfutável, que se trata de coisas diversas. Com efeito, no art. 32, IV, no 35 e no 39 a lei trata da "perda" ou "extinção da "delegação" e no art. 44 cogita da "extinção do serviço" propriamente dito, ambos concebidos, à toda evidência, como realidades jurídicas diferentes, tanto que, "extinta a delegação a notário ou a oficial de registro a autoridade competente declarará vago o respectivo serviço, designará o substituto mais antigo para responder pelo expediente e abrirá concurso" (art. 39, § 2º precitado)".

I – morte;

1. COMENTÁRIOS

Falecido o titular, é necessário que a Corregedoria seja imediatamente comunicada para que seja declarada a vacância da serventia, a qual será incluída na lista de serventias vagas a serem providas por concurso público. O mesmo procedimento se aplica às demais hipóteses de extinção, como aposentadoria facultativa ou por invalidez, renúncia, perda nos termos do art. 35 desta Lei, e descumprimento comprovado da gratuidade estabelecida na Lei 9.534/1997.

2. JURISPRUDÊNCIA COMPLEMENTAR

CONSELHO NACIONAL DE JUSTIÇA

EMENTA: PROCEDIMENTO DE CONTROLE ADMINISTRATIVO. Provimento n. 14/2022/CGJCE, art. 12, § 4º. Provimento n. 04/2023/CGJCE, art. 73, § 4º. Portaria n. 01/2023 da CGJCE. Vedação ao 'nepotismo póstumo'. Ausência de nulidade. Atendimento ao art. 37, caput da CF. Concretização dos princípios da moralidade e da impessoalidade. Desnecessidade de lei formal. RE n. 579/951/RN. Arts. 96 e 99. Autonomia administrativa dos tribunais. Competência concorrente em matéria disciplinar. Efeitos ex nunc dos provimentos e da portaria. Ausência de retroatividade. Exigência de adequação da situação fática a partir da edição das normas. Inexistência de direito adquirido à contratação de empregado. Incidência da Súmula n. 473/STF. Pedido julgado improcedente.

1. Cuida-se de PCA proposto para afastar a "aplicação retroativa" do art. 12, § 4º do Provimento n. 14/2022/CGJCE, do art. 73, § 4º do Provimento n. 04/2023/CGJCE e da Portaria n. 01/2023 da Corregedoria Permanente das Serventias Extrajudiciais, os quais, em suma, proíbem o interino substituto de nomear como preposto cônjuge, companheiro ou parente em linha reta, colateral ou por afinidade, até o terceiro grau do antigo delegatário e determinam o desligamento de preposta que é filha da antiga titular de serventia.

2. O Supremo Tribunal Federal, por ocasião do julgamento do Recurso Extraordinário n. 579.951/RN, Relator o Ministro Ricardo Lewandowski assentou que a vedação ao nepotismo não exige a edição de lei formal para coibir a prática, vez que tal proibição decorre diretamente dos princípios contidos no art. 37, *caput* da CF.

3. Os atos atacados voltam-se a conferir concretude aos princípios da moralidade e da impessoalidade insculpidos no art. 37, *caput* da Constituição da República; (ii) como decidiu a Suprema Corte, a coibição ao nepotismo não depende de lei formal; (iii) encontra-se inserida no feixe de competências do Corregedor-Geral de Justiça, as quais emanam diretamente da autonomia administrativa garantida aos tribunais pelo arts. 96 e 99 da CF, a atribuição de fiscalizar o serviço notarial e de registro; (iv) o exercício dessa atribuição pode dar-se, validamente, por meio da edição de provimentos.

4. O Provimento CN n. 77/2018 não disciplina o tema de forma exauriente e/ou exaustiva. A atribuição correcional originária e autônoma do CNJ não é subsidiária à atribuição dos órgãos de correição local, mas sim concorrente (ADI n. 4.638 MC-Ref/DF, Rel. Min. Marco Aurélio, j. 8.2.2012, DJe de 29.10.2014), do que exsurge a possibilidade de também a Corregedoria local disciplinar o assunto em questão.

5. Os provimentos editados pela CGJCE possuem efeitos *ex nunc* e, portanto, não estão a invalidar a contratação da preposta *ab initio*, mas a determinar a adequação da situação fática à norma a partir do momento em que esta entrou em vigor.

6. Não é possível falar em direito adquirido à contratação de empregado, sobretudo quando envolvido o interesse da Administração Pública e quando considerado o caráter sempre precário do exercício da interinidade.

7. A par disso, os atos administrativos em questão não inovaram no mundo jurídico, mas apenas explicitaram a incidência da vedação ao nepotismo – proibição que, consoante assinalado anteriormente, decorre diretamente da própria Carta da República.

8. O Poder Judiciário, na condição de integrante da Administração Pública, tem o poder/dever de rever, de ofício, seus próprios atos quando eivados de irregularidade devendo anulá-los ou revogá-los, por motivo de conveniência ou oportunidade, respeitados os direitos adquiridos, e ressalvada, em todos os casos, a apreciação judicial (Súmula 473/STF).

9. Procedimento de controle administrativo julgado improcedente. (CNJ – Procedimento de Controle Administrativo nº 0000947-78.2023.2.00.0000 – Ceará – Rel. Cons. Richard Pae Kim – DJ 26.04.2023)

SUPREMO TRIBUNAL FEDERAL

EMENTA: RECURSO ADMINISTRATIVO EM PROCEDIMENTO DE CONTROLE ADMINISTRATIVO. TRIBUNAL DE JUSTIÇA DO ESTADO DO PARANÁ. EXTINÇÃO DE DELEGAÇÃO. FALECIMENTO DO TITULAR. LEI 8.935/1994. ART. 39, § 2º. DESIGNAÇÃO DE PARENTE PARA O EXERCÍCIO PRECÁRIO DOS SERVIÇOS. NÃO REFERENDO DO ATO. PREVALÊNCIA DOS PRINCÍPIOS CONSTITUCIONAIS DA MORALIDADE E IMPESSOALIDADE. NÃO INDICAÇÃO DA SEGUNDA SUBSTITUTA MAIS ANTIGA DE FORMA FUNDAMENTADA, DADA AUSÊNCIA DE CONFIANÇA. POSSIBILIDADE. RECURSO CONHECIDO E, NO MÉRITO, NEGADO PROVIMENTO.

1. "Sendo os interinos das serventias notarias e de registro verdadeiros prepostos do poder público e sendo-lhes aplicável o regime de direito público, em especial do teto remuneratório, não se mostra adequado afastar a sua designação dos princípios constitucionais do

Lei 8.935/1994

art. 37 da CF/88, notadamente a impessoalidade, a vedar a prática do nepotismo" (ML em PCA 0007449-43.2017.2.00.0000)

2. Extinta a delegação a notário ou a oficial de registro, será designado o substituto mais antigo para responder pelo expediente, desde que esse ato não viole a aplicação dos princípios constitucionais previstos no artigo 37 c/c a Súmula Vinculante 13 do STF. Inteligência do artigo art. 39, § 2º, da Lei 8.935/1994.

3. Recurso administrativo conhecido e a que se nega provimento. (RE 570392, Relator(a): Min. CÁRMEN LÚCIA, Tribunal Pleno, julgado em 11/12/2014, ACÓRDÃO ELETRÔNICO REPERCUSSÃO GERAL – MÉRITO DJe-032 DIVULG 18-02-2015 PUBLIC 19-02-2015)

SUPERIOR TRIBUNAL DE JUSTIÇA

EMENTA: DIREITO CONSTITUCIONAL E ADMINISTRATIVO. RECURSO ORDINÁRIO EM MANDADO DE SEGURANÇA. NEGATIVA DE PRESTAÇÃO JURISDICIONAL. NÃO OCORRÊNCIA. ATIVIDADE NOTARIAL E DE REGISTRO. REVOGAÇÃO DE ANTERIOR DESIGNAÇÃO DE FILHO DO FALECIDO DELEGATÁRIO PARA RESPONDER INTERINAMENTE PELA SERVENTIA. NEPOTISMO PÓSTUMO. PRINCÍPIO DA MORALIDADE ADMINISTRATIVA. ATO DO CORREGEDOR-GERAL DO TJ/RJ QUE SE ACHA EM CONSONÂNCIA COM A META 15 E COM O PROVIMENTO 77 DA CORREGEDORIA NACIONAL DE JUSTIÇA DO CNJ. RETROATIVIDADE NÃO CONFIGURADA. AUSÊNCIA DE ILEGALIDADE OU DE ABUSO DE PODER DO CORREGEDOR ESTADUAL. MANUTENÇÃO DO ACÓRDÃO QUE DENEGOU A SEGURANÇA.

1. Não se vislumbra padeça o acórdão estadual de qualquer dos vícios descritos no art. 489, § 1º, do CPC/2015, na medida em que o órgão julgador, embora denegando a ordem, apreciou com suficiente motivação as teses suscitadas pelo autor, concluindo, no entanto, por desacolhê-las.

2. Cuida-se, na origem, de mandado de segurança impetrado pelo recorrente contra alegado ato ilegal do Corregedor-Geral da Justiça do TJ/RJ, consistente na Portaria 1.092, de 9/5/2019, editada com fundamento na Meta 15 e no Provimento 77, ambos da Corregedoria Nacional de Justiça, por meio da qual se revogou a Portaria 1.938, de 9/9/2016, da mesma Corregedoria fluminense, que havia nomeado o impetrante como responsável interino pelo expediente do Cartório do 1º Ofício de Justiça de Campos dos Goytacazes/RJ, após o falecimento de seu genitor, ex-delegatário da serventia.

3. Com efeito, a Corregedoria Nacional de Justiça do CNJ, em sua Meta 15, adotada no I Encontro de Corregedores do Serviço Extrajudicial, realizado em 07 de dezembro de 2017, deliberou por *"Realizar levantamento detalhado da existência de nepotismo na nomeação de interinos no serviço extrajudicial, revogando os atos de nomeação em afronta ao princípio da moralidade"*.

4. Em desdobramento, a mesma Corregedoria Nacional fez editar o Provimento n. 77, de 7/11/2018 (referendado pelo Plenário do CNJ em 9/4/2019), que passou a dispor *"sobre a designação de responsável interino pelo expediente de serventias extrajudicias vagas"* (art. 1º), prevendo o seu artigo 2º, parágrafo 2º, o seguinte: *"A designação de substituto para responder interinamente pelo expediente não poderá recair sobre cônjuge, companheiro ou parente em linha reta, colateral ou por afinidade, até o terceiro grau do antigo delegatório ou de magistrados do tribunal local"*.

5. A teor das informações prestadas pela apontada autoridade coatora (fls. 34/55), constata-se que a revogação da designação do recorrente se deveu à conclusão de que sua manutenção, como interino, à frente de serventia antes titularizada por seu falecido pai, importaria em nepotismo, ainda que em modo póstumo, com afronta ao princípio da moralidade, na linha de orientação ditada pelo CNJ, conclusão chancelada pelo acórdão local.

6. Nada obstante os serviços notariais e de registro sejam exercidos em caráter privado, assim o são por delegação do Poder Público (art. 236 da CF), atraindo, por isso, a permanente fiscalização do Poder Judiciário e do próprio CNJ (art. 103-B, § 4º, III, da CF), além de subordinarem-se aos princípios regentes da administração pública (art. 37 da CF).

7. No tocante ao princípio da moralidade administrativa, EDILSON PEREIRA NOBRE JÚNIOR assim leciona: "Com vistas ao propósito de instituir um Estado de Direito, ornamentado por um semblante democrático e social, o constituinte de 1988 resolveu erigir a moralidade a princípio cardeal da Administração Pública (art. 37, *caput*), sem prejuízo de que, no rol dos direitos individuais (art. 5º, LXXIII), aquela tenha sido arrolada como causa justificadora do ajuizamento de ação popular, agora com a adjetivação de administrativa" (*Direito administrativo contemporâneo – temas fundamentais*. Salvador: JusPodivm, 2016, p. 68).

8. Ainda em solo doutrinário, exsurge especificamente realçada a incompatibilidade entre a prática do nepotismo e o postulado da moralidade. Nesse sentido, SÍLVIO LUÍS FERREIRA DA ROCHA refere como "exemplo da efetividade do princípio da moralidade nas relações administrativas a Súmula vinculante 13 do STF" (*Manual de direito administrativo*. São Paulo: Malheiros, 2013, p. 77). Do mesmo modo, RAFAEL CARVALHO REZENDE OLIVEIRA dá como exemplo de reverência ao axioma constitucional da moralidade administrativa a *"vedação do nepotismo constante da Súmula Vinculante 13 do STF"* (*Curso de direito administrativo*. 7. ed. Rio de Janeiro: Forense, 2019, p. 41).

9. Para a designação de interino, o requisito legal da antiguidade ainda se encontra vigente, a teor do aludido art. 39, § 2º, da Lei nº 8.935/94. No entanto, por meio de posterior exegese da Corregedoria Nacional do CNJ, em acréscimo ao requisito legal da antiguidade, passou-se a exigir do interessado um concomitante pressuposto negativo, consistente na ausência de nepotismo em relação ao anterior delegatário, em desenganada sintonia com o princípio constitucional da moralidade. Essa inovação, advinda da interpretação feita pela Corregedoria Nacional, é que acarretou na revogação da anterior designação do impetrante para responder interinamente pelo cartório outrora delegado a seu pai, pois embora fosse ele o substituto mais antigo, guardava parentesco imediato com tal delegatário.

10. Por derradeiro, diversamente do sustentado pelo autor recorrente, não há falar em indevida aplicação retroativa das novas restrições emanadas do CNJ, eis que não se tratou, na espécie, de invalidar sua atuação pretérita como interino. Ao invés, por intermédio do ato administrativo impetrado, dotado de eficácia *ex nunc*, apenas se promoveu a necessária correção de hipótese que passou a ser tida por irregular pela Corregedoria Nacional de Justiça (com o aval, repita-se, do Plenário do CNJ), não se podendo, por certo, invocar direito adquirido fundado em ato administrativo (Portaria nº 1.938/2016) posteriormente tido por afrontoso à letra constitucional.

11. Nesse panorama, pois, não se descortina qualquer traço de ilegalidade ou de abuso de poder na atitude do Corregedor-Geral de Justiça do Estado do Rio de Janeiro, cuja autoridade, ao revogar a interinidade até então exercida pelo impetrante, nada mais fez senão dar fiel cumprimento às novas diretrizes positivadas pela Corregedoria Nacional de Justiça, às quais se acha hierarquicamente vinculada.

12. Recurso ordinário a que se nega provimento. (STJ – RMS nº 63.160 – Rio de Janeiro – 1ª Turma – Rel. Min. Sérgio Kukina – DJ 17.02.2021)

EMENTA: ADMINISTRATIVO. Processual Civil. Recurso Ordinário em Mandado de Segurança. Serventia Cartorária Extrajudicial. Extinção da delegação por falecimento do titular. Substituição por critério de antiguidade na serventia. Excepcionalidade. Nomeação de terceiro interventor. Verificação de prática de irregularidades pelo substituto. Jurisprudência do STJ. Pedido mandamental exclusivamente declaratório. Inadequação da via eleita. Falta de congruência com o ato coator. Impossibilidade jurídica. Recurso Ordinário em Mandado de Segurança ao qual se nega seguimento..(STJ – RMS nº 38.102 – Rio de Janeiro – 2ª Turma – Rel. Min. Mauro Campbell Marques – DJ 05.02.2016)

II – aposentadoria facultativa;

III – invalidez;

1. COMENTÁRIOS

Existem três tipos de aposentadoria: a voluntária, a compulsória e a por invalidez. Todas são previstas no artigo 40 da Constituição Federal de 1988, com as alterações das emendas posteriores, incluindo a Emenda Constitucional 103/2019, que trouxe a nova reforma da previdência. A **aposentadoria voluntária**, após a EC 103/2019, está prevista no art. 40, § 1º, III da CF:

> **Art. 40.** O regime próprio de previdência social dos servidores titulares de cargos efetivos terá caráter contributivo e solidário, mediante contribuição do respectivo ente federativo, de servidores ativos, de aposentados e de pensionistas, observados critérios que preservem o equilíbrio financeiro e atuarial.
>
> § 1º O servidor abrangido por regime próprio de previdência social será aposentado:
>
> III – no âmbito da União, aos 62 (sessenta e dois) anos de idade, se mulher, e aos 65 (sessenta e cinco) anos de idade, se homem, e, no âmbito dos Estados, do Distrito Federal e dos Municípios, na idade mínima estabelecida mediante emenda às respectivas Constituições e Leis Orgânicas, observados o tempo de contribuição e os demais requisitos estabelecidos em lei complementar do respectivo ente federativo.

A **aposentadoria por invalidez** é concedida àqueles que, devido a doença ou acidente, forem considerados pela perícia médica da Previdência Social incapazes de exercer suas atividades ou qualquer outro tipo de serviço que lhes garanta o sustento.

Por sua vez, a **aposentadoria compulsória** está disposta no art. 40, § 1º, inciso II, da Constituição Federal, nos seguintes termos:

> **Art. 40.** O regime próprio de previdência social dos servidores titulares de cargos efetivos terá caráter contributivo e solidário, mediante contribuição do respectivo ente federativo, de servidores ativos, de aposentados e de pensionistas, observados critérios que preservem o equilíbrio financeiro e atuarial.
>
> § 1º O servidor abrangido por regime próprio de previdência social será aposentado:
>
> II- compulsoriamente, com proventos proporcionais ao tempo de contribuição, aos 70 (setenta) anos de idade, ou aos 75 (setenta e cinco) anos de idade, na forma de lei complementar.

É oportuno consignar que o Supremo Tribunal Federal entendia que, para notários e oficiais de registro, aplicava-se a aposentadoria compulsória aos 70 anos. Naquela época, a aposentadoria compulsória era estabelecida aos 70 anos. A regra constitucional atualmente vigente prevê a aposentadoria compulsória aos 70 ou 75 anos de idade, cabendo à lei essa definição. Nesse sentido, a Lei Complementar 152/2015 definiu que os servidores federais, estaduais, distritais e municipais seriam aposentados compulsoriamente aos 75 anos de idade, salvo os integrantes do serviço exterior, onde essa idade será estabelecida gradualmente.

Ocorre que o Supremo Tribunal Federal alterou seu posicionamento na Ação Declaratória de Inconstitucionalidade 2.602/MG, encerrando a discussão e pacificando o entendimento de que os notários e registradores não são titulares de cargos efetivos. Sendo assim, não se submetem ao regime especial de previdência destinado aos servidores públicos e **não estão sujeitos à aposentadoria compulsória.**

O fundamento da aludida ADI baseou-se no fato de que os notários e registradores são agentes públicos, mas não são considerados funcionários públicos em sentido estrito. São particulares em colaboração com a Administração, compondo uma terceira categoria de agentes públicos, ao lado dos agentes políticos e dos funcionários públicos. Para fins penais, entretanto, esses profissionais do direito são considerados funcionários públicos em sentido amplo.

Em resumo, o Supremo Tribunal Federal fixou o entendimento de que somente os ocupantes de cargos efetivos da União, dos Estados, dos Municípios, e de suas respectivas autarquias e fundações são considerados funcionários públicos. Os serviços registrais e notariais, por sua vez, são exercidos em caráter privado por delegação do Poder Público. Nesse contexto, embora os notários e registradores desempenhem atividades estatais, não são titulares de cargos públicos efetivos. Não são servidores públicos e, portanto, **não estão sujeitos à aposentadoria compulsória** imposta pelo art. 40, § 1º, inciso II, da Constituição Federal. Destarte, os notários e registradores não integram a estrutura do funcionalismo público e não são remunerados pelos cofres públicos; sua remuneração provém dos particulares.

Recentemente, o STF aprovou a **tese** que veda a aposentadoria compulsória para titulares de serventias não estatizadas. Ressaltou-se que a aposentadoria compulsória prevista no artigo 40, § 1º, inciso II, da Constituição Federal não se aplica aos titulares de serventias judiciais não estatizadas, desde que não sejam ocupantes de cargo público efetivo e não recebam remuneração proveniente dos cofres públicos. A tese foi aprovada por unanimidade no julgamento do Recurso Extraordinário (RE) 647827, que teve repercussão geral reconhecida.

Para facilitar a compreensão, esclareço que os titulares de serventias podem ser atualmente classificados em três categorias:

Lei 8.935/1994

a) **Titulares de serventias oficializadas, que ocupam cargo ou função pública e são remunerados exclusivamente pelos cofres públicos:**

- Esses são titulares nomeados antes da Constituição Federal de 1988 (CF/88). Eles ocupam cargos em serventias que foram oficializadas e são servidores públicos, recebendo sua remuneração diretamente dos cofres públicos.

b) **Titulares de serventias não estatizadas, remunerados exclusivamente por custas e emolumentos:**

- Esses são os titulares que ingressaram no cargo por meio de concurso público, conforme estabelecido no artigo 236 da CF. Eles não são servidores públicos, e sua remuneração vem exclusivamente dos emolumentos pagas pelos usuários dos serviços prestados pelo cartório.

c) **Titulares também de serventias não estatizadas, mas que são remunerados em parte pelos cofres públicos e em parte por custas e emolumentos:**

- Esses são ilustrados como sendo os interinos, ou seja, aqueles que estão exercendo temporariamente a titularidade de uma serventia enquanto não é realizado concurso público para o preenchimento definitivo do cargo.

Frise-se que a aposentadoria compulsória não se aplica aos delegatários expressos na letra b.

Melhor explicando, o julgado decidiu que foram resguardados direitos adquiridos e que a regra da aposentadoria compulsória depende da situação jurídica em que se encontre o titular da serventia: a) se ele for titular de serventia judicial oficializada e ocupar cargo público, com remuneração exclusiva dos cofres públicos, deve observar a regra da aposentadoria compulsória; todavia, b) se ele for titular de serventia não estatizada com parte da remuneração por custas e emolumentos e parte oriunda dos cofres públicos, aplica-se a aposentadoria compulsória; c) se ele for titular de serventia não estatizada, com remuneração exclusiva por custas e emolumentos, incogitável aposentadoria compulsória.

Por fim, vale a pena transcrever o recente e interessante caso concreto sobre a temática da aposentadoria. Vejamos:

EMENTA: Delegação de serventia – Recorrente que ocupava por concurso público, mas foi retirado em função de cancelamento de aposentadoria do titular anterior – Pretensão de reingresso após a morte do titular que teve a aposentadoria cancelada – Impossibilidade – Investidura anterior revogada tacitamente após a recondução do antigo titular – Inexistência da vaga na época da opção – Nova investidura ocupada pelo recorrente – Inexistência do direito líquido e certo à recondução – I. Pouco antes de ocupar a Serventia do Registro de Imóveis, Títulos e Documentos e Civil de Pessoa Jurídica da Comarca de Pirassununga, o recorrente teve ciência da existência de pendência judicial, circunstância pela qual ele assumiu o risco da reversão dessa delegação, o que acabou por acontecer com o cancelamento da aposentadoria do titular anterior em função de decisão do Supremo Tribunal Federal – II. A recondução do titular anterior e assunção posterior do recorrente em serventia diversa – Ofício de Registro de Imóveis e Anexos de Altinópolis – Importaram no cancelamento tácito da delegação dele para serventia de Pirassununga, situação que afasta o alegado direito líquido e certo à retomada da serventia anterior – III. A tentativa do recorrente de demonstrar a suspensão da sua delegação para a serventia de Pirassununga importaria, inclusive, em dilação probatória, incompatível com o procedimento da ação mandamental – IV. Recurso em mandado de segurança improvido. (STJ – RMS nº 51.922 – São Paulo – Rel. Min. Francisco Falcão – DJ 09.08.2017).

2. JURISPRUDÊNCIA COMPLEMENTAR

SUPREMO TRIBUNAL FEDERAL

EMENTA: Ação Direta de Inconstitucionalidade – Arts. 20; 39, II; 48 da Lei 8.935/94 – Oficiais registradores e notários – Indicação de substitutos – Continuidade do serviço – Concurso público – Compatibilização – Aposentadoria compulsória – Cartórios oficializados – Regime jurídico – Ação conhecida e julgada parcialmente procedente.

1. A Lei n.º 8.935/94, na qual estão os dispositivos ora impugnados, veio para regulamentar a atividade notarial e registral, como norma geral exigida pelo art. 236, §§1º e 2º da Constituição.

2. Quando o art. 20 da Lei n.º 8.935/94 admite a substituição do notário ou registrador por preposto indicado pelo titular, naturalmente o faz para ajustar as situações de fato que normalmente ocorrem, sem ofensa à exigência de concurso público para ingresso na carreira. O Oficial do Registro ou Notário, como qualquer ser humano, pode precisar afastar-se do trabalho, **por breves períodos**, seja por motivo de saúde, ou para realizar uma diligência fora da sede do cartório, ou mesmo para resolver algum problema particular inadiável. E **o serviço registral ou notarial não pode ser descontinuado**, daí a necessidade de que exista um agente que, atuando por conta e risco do titular e sob a orientação deste, possa **assumir precariamente a função nessas contingências, até que este último retome a sua função.**

3. Porém, a Lei n.º 8.935/94, no artigo ora discutido (art. 20, *caput*), ao não estipular prazo máximo para a substituição, pode, de fato, passar a **falsa impressão** de que o preposto poderia assumir o serviço **por tempo indefinido**, em longas ausências do titular ou mesmo na falta de um titular, por conta e risco seus, aí, sim, violando a exigência de concurso público para a investidura na função (que deve ser aberto, **no máximo, 6 meses após a vacância, conforme art. 236, §3º da CF).**

4. O art. 20 da Lei n.º 8.935/94 é constitucional, sendo, todavia, inconstitucional a interpretação que extraia desse dispositivo a possibilidade de que prepostos, **indicados pelo titular ou mesmo pelos tribunais de justiça**, possam exercer substituições ininterruptas por períodos maiores de que 6 (seis) meses. Para essas **longas substituições**, a solução é mesmo aquela apontada pelo autor da ação: **o "substituto" deve ser outro notário ou registrador**, observadas as leis locais de organização do serviço notarial e registral, e sem prejuízo da abertura do concurso público respectivo. Apenas assim se pode compatibilizar o **princípio da continuidade do serviço notarial e registral** com a regra constitucional que impõe o **concurso público** como requisito indispensável para o ingresso na função (CF, art. 236, §3º). Fica ressalvada, no entanto, para **casos em que não houver titulares interessados na substituição**, a possibilidade de que os tribunais de justiça possam indicar substitutos "ad hoc", **sem prejuízo da imediata abertura de concurso para o preenchimento da(s) vaga(s).**

5. A Lei n.º 8.935/94 não tem qualquer relevância para a aplicabilidade ou não da **aposentadoria compulsória** aos notários e registradores, pois tal **disciplina decorre diretamente da Constituição**. A jurisprudência do Supremo Tribunal Federal considera que, a partir da publicação da EC 20/98, não se aplica mais aos notários e registradores a aposentadoria compulsória (ADI 2602-MG, Red. p/ acórdão Min. EROS GRAU).

6. O art. 48 da Lei n.º 8.935/94 é norma de direito intertemporal, cujo objetivo foi harmonizar os diferentes regimes jurídicos que remanesceram para os cartórios a partir de 1988, conforme art. 32 do ADCT. Ao reconhecer essa diversidade de regimes e criar opção para que servidores públicos que trabalhavam em cartórios privados pudessem ser contratados, pelo regime trabalhista comum (CLT), cessando o vínculo com o Estado, a norma em nada ofende a Constituição.

7. A eventual **aplicação abusiva do dispositivo legal deve se resolver pelos meios ordinários** de fiscalização e controle da Administração Pública, não por controle abstrato de constitucionalidade.

8. Ação conhecida e julgada parcialmente procedente, apenas para dar interpretação conforme ao art. 20 da Lei n.º 8.935/94 (STF – Ação Direta de Inconstitucionalidade nº 1.183 – Distrito Federal – Rel. Min. Nunes Marques – DJ 21.06.2021)

SUPERIOR TRIBUNAL DE JUSTIÇA

EMENTA: Recurso em Mandado de Segurança – Escrivão de serventia não oficializada – Remuneração por verbas oriundas do poder público, além de custas e emolumentos – Aposentadoria compulsória – Acórdão recorrido em conformidade com decisão do Supremo Tribunal Federal sobre o tema em repercussão geral –

1. Trata-se, na origem, de Mandado de Segurança preventivo impetrado por escrivão titular do 5º Ofício Cível da Comarca de Goiânia/GO contra o Presidente do Tribunal de Justiça do Estado de Goiás para impedir que a alegada autoridade coatora promova a aposentadoria compulsória do impetrante quando ele completar 75 anos de idade

2. O Tribunal de Justiça do Estado de Goiás denegou a segurança.

3. O tema relativo à aposentadoria compulsória foi pacificado pelo STF no julgamento do RE 647.827/PR, em que fixada esta tese: ***"Não se aplica a aposentadoria compulsória prevista no art.40,§ 1º, II da CF aos titulares de serventias judiciais não estatizadas, desde que não sejam ocupantes de cargo público efetivo e não recebam remuneração proveniente dos cofres públicos."***

4. No referido julgamento, esclareceu-se que a situação jurídica dos titulares das serventias não é uniforme: há quem ocupe cargos efetivos, recebendo parte de sua remuneração diretamente dos cofres públicos e parte de custas e emolumentos; e há quem não ocupe cargo efetivo com remuneração exclusiva por custas e emolumentos. O julgado decidiu que foram resguardados direitos adquiridos e que a regra da aposentadoria compulsória depende da situação jurídica em que se encontre o titular da serventia: a) se ele for titular de serventia judicial oficializada e ocupar cargo público, com remuneração exclusiva dos cofres públicos, deve observar a regra da aposentadoria compulsória; todavia, b) se ele for titular de serventia não estatizada com parte da remuneração por custas e emolumentos e parte oriunda dos cofres públicos, aplica-se a aposentadoria compulsória; c) se ele for titular de serventia não estatizada, com remuneração exclusiva por custas e emolumentos, **incogitável aposentadoria compulsória.**

5. No caso dos autos, o impetrante está sujeito à aposentadoria compulsória prevista pelo art. 40, § 1º, II, da CF.

6. Apesar de ele ser titular de serventia não estatizada, recebe remuneração dos cofres públicos, pois os documentos de fls. 157-207 atestam que ele percebe vencimentos de cargo público, adicionais, auxílio-alimentação, licenças-prêmio, salários-famílias, férias.

7. Diversamente do alegado pela parte recorrente, os documentos não estão restritos à décadas de 70 e 80, constando o pagamento de férias para períodos posteriores a 1990, havendo menção ao ano 2009, bem como anotação de concessão de adicionais em 2015. No demonstrativo de pagamento mensal do ano de 2016, há registro de pagamento de valores oriundos dos cofres públicos como adicionais, auxílio-alimentação, vencimentos e recolhimentos para previdência (fls. 182-190).

8. O próprio recorrente confirma, nas razões recursais, que recebe remuneração do poder público: ***"Observa-se, quanto a esse ponto, que o simples fato de o TJ/GO dedicar verbas públicas ao Recorrente não o transforma automaticamente em um servidor público, sob pena de subverter não só a legislação estadual, que expressamente a veda (artigo 7º, caput, da Lei n. 10.459/88), como também a Constituição da República (artigos 37, 39 e 40)".***

9. Embora o art. 7º da Lei Estadual 10.459/1988 tenha restringido a remuneração dos titulares das serventias não oficializadas às custas e emolumentos pagos, vedando o recebimento de vencimentos ou salários, tal dispositivo não foi aplicado ao caso do ora recorrente em virtude de sua situação peculiar: ingresso em cargo público, após aprovação em concurso público no ano de 1968, submetido a regime jurídico híbrido, a partir da interpretação da interpretação conjunta da EC 22/82, CF/88 e sucessivas alterações da legislação estadual.

10. A autoridade coatora esclareceu nas informações de fls. 134-155: ***"É certo que o art. 7º da Lei Estadual nº 10.459/88 proibiu o pagamento de vencimento ou salário do Poder Público aos titulares de serventias não oficializadas e seus substitutos como se vê abaixo: Ocorre que o dispositivo acima transcrito deve ser interpretado conforme o texto constitucional da época dos fatos, e não o contrário. Por certo, a vedação instituída pelo art. 7º, caput, da Lei Estadual nº 10.459/88 não poderia suplantar garantia concedida pelo texto constitucional (EC 22/82). Noutras palavras, a referida norma goiana não alterou o regime jurídico da parte autora, incluindo a sua forma de remuneração, considerando que o art. 206 da Constituição Federal de 1967 (CF 67), hierarquicamente superior à norma estadual garantiu ao impetrante a manutenção de todos os seus direitos (servidor o ocupante de cargo público com regime remuneratório diferenciado). (...) Com o advento da Emenda Constitucional nº 22 de 1982, o direitos da parte autora foram preservados (lembre-se ocupante de cargo público submetido ao regime estatutário com remuneração mista). A redação do texto constitucional foi clara no sentido de oficializar as serventias do foro judicial, ressalvada a situação ‹dos atuais titulares1, conforme se vê abaixo: CF 67 Art. 206 – Ficam oficializadas as serventias do foro judicial mediante remuneração de seus servidores exclusivamente pelos cofres públicos, ressalvada a situação dos atuais titulares vitalícios ou nomeados em caráter efetivo ou que tenham sido revertidos a titulares (Redação dada pela Emenda Constitucional nº 22 de 1982). Importante observar que os titulares de serventias judiciais não oficializadas não foram arrolados nos serviços privados do art. 236 da CF/88. A situação da parte autora foi tratada pelo art. 31. do ADCT da CF/88 que determinou a estatização das serventias do foro judicial respeitadas os direitos dos atuais titulares. A propósito, o art. 31 do ADCT tem a seguinte redação; Serão estatizadas as serventias do for judicial assim definidos em lei respeitados os direitos adquiridos dos atuais titulares (destacamos). Diante de uma opção do constituinte originário, os escrivães de serventias judiciais não oficializadas do Poder Judiciário foram mantidos nos seus quadros, tendo em vista que o ar. 236 da CF/88, ao tratar dos notários e registradores não faz menção à atividade do foro judicial não oficializadas traduzindo o conhecido preceito doutrinário consubstanciado no ‹silêncio eloquente›. O mesmo ‹silêncio eloquente› também foi adotado pelo art. 31 do ADCT, que poderia ter equiparado, ainda que transitoriamente, a situação da parte autora aos notários e registradores do art. 236 da CR/88. Contudo, o art. 31 do ADCT da CF/88 também foi silente quanto à aproximação dos titulares de serventias judiciais não oficializadas com as atividades dos notários e registradores do art. 236 da CF/88, com clara opção do constituinte. (...) Concluímos dessa forma que a parte autora foi mantida nos quadros do Poder Judiciário do Estado de Goiás por força do silêncio eloquente do constituinte originário de 1988, garantindo-se apenas os direitos dos atuais titulares (art. 206 da CF/67 c/c art. 31 do ADCT-CF-88), in casu, servidor ocupante de cargo público, remunerado mediante vencimento e emolumentos, ou apenas custas e emolumentos, a depender da opção do servidor".***

11. Descabe a alegação da parte recorrente de ausência de boa-fé e lealdade da Administração. Inconcebível é a parte autora receber

Lei 8.935/1994

gratificações e auxílios do poder público, computar período para licença-prêmio, gozar férias, desde a década de 70, mas não querer sujeitar-se à aposentadoria compulsória – 12. Não questionou a parte impetrante o recebimento de tais verbas, nem se opôs à suposta interpretação equivocada do art. 7º da Lei Estadual 10.459/1988 por todo esse tempo, insurgindo-se somente quando prestes a ser obrigada a respeitar o disposto no art. 40, § 1º, II, da CF. Extrai-se que a parte impetrante optou por ser remunerada por vencimento e emolumentos, em vez de exclusivamente por custas e emolumentos – 13. Verifica-se, assim, que o aresto recorrido decidiu em conformidade com a orientação adotada pelo STF em repercussão geral sobre o tema, razão pela qual deve ser mantido – 14. Recurso Ordinário não provido. Prejudicado o Agravo Interno de fls. 737-746 (STJ – RMS nº 57.258 – Goiás – 2ª Turma – Rel. Min. Herman Benjamin – DJ 16.12.2021).

▶ **EMENTA:** PROCESSUAL CIVIL. RECURSO ESPECIAL. A EQUIPARAÇÃO DOS NOTÁRIOS E REGISTRADORES A SERVIDORES PÚBLICOS SOMENTE OCORREU NA VIGÊNCIA DA REDAÇÃO ORIGINAL DA CARTA POLÍTICA DE 1988 (ANTES DA EC 20/1998) E SOMENTE PARA FINS DE INCIDÊNCIA DA REGRA DE APOSENTADORIA COMPULSÓRIA, NÃO HAVENDO DIREITO ADQUIRIDO À MANUTENÇÃO EM REGIME DE PREVIDÊNCIA PRÓPRIO DOS SERVIDORES PÚBLICOS. PRECEDENTES. RECURSO ESPECIAL DO IPERGS PROVIDO.

1. Trata-se de Recurso Especial interposto com fundamento nas alíneas *a* e *c* do art. 105, III da Constituição Federal, interposto contra Acórdão do Tribunal de Justiça do Estado do Rio Grande do Sul, assim ementado:

APELAÇÃO CÍVEL. PREVIDÊNCIA PÚBLICA. REGIME JURÍDICO DOS REGISTRADORES E NOTARIAIS. PERMANÊNCIA RESTABELECIMENTO DO VÍNCULO JUNTO À AUTARQUIA DE PREVIDÊNCIA ESTADUAL. PRELIMINAR DE INADEQUAÇÃO DA VIA ELEITA. AÇÃO DE CONSIGNAÇÃO EM PAGAMENTO. PRELIMINAR REJEITADA.

1. Preliminar. Possibilidade de a matéria ser discutida pela via da ação de consignação em pagamento. Precedentes.

2. Mérito. Antes da Emenda Constitucional n. 20/98 todos os servidores públicos tinham regime previdenciário único. Com a EC n. 20/98 foi feita a chamada 'reforma previdenciária' (a primeira delas), passando a existir duas modalidades distintas:

Sujeição ao regime geral de previdência social (INSS) e sujeição a regime previdenciário próprio (art. 40 da CF). Portanto, os demais servidores, que não aqueles regidos pelo regime estatutário, passaram a contribuir para o INSS – regime geral de previdência social; e não mais para o IPERGS – regime próprio de previdência dos servidores públicos desse Estado.

Ocorre que, como não há retroatividade, por não haver expressa manifestação do legislador nesse sentido, a disposição do §13 do art. 40 da Constituição Federal, introduzido pela Emenda Constitucional n. 20/98, não poderia – e não pode – atingir relações jurídicas anteriores.

Especificamente quanto aos registradores e notariais, com a Constituição Federal/88, os serviços que antes eram públicos, exercidos em caráter público; continuaram a ser serviço público, mas exercidos em caráter privado. Todavia, em termos de vínculo previdenciário, a Constituição Federal de 1988 nada modificou, de sorte que foi a Lei n. 8.935/94 que assegurou o vínculo previdenciário dos tabeliães, registradores e/ou notariais, assegurando aos mesmos a opção pelo regime previdenciário.

Está-se diante, com efeito, dos institutos do ato jurídico perfeito e do direito adquirido.

Sentença de procedência confirmada.

RECURSO DESPROVIDO. VOTO VENCIDO (fls. 600).

2. Em seu Apelo Especial inadmitido, defende o recorrente que o acórdão recorrido viola os arts. 40 e 51 da Lei 8.935/1994, ao argumento de que *o novo regramento constitucional imposto pela EC n 20/98, que alterou a redação do artigo 40 da CF/88 e limitou a abrangência do Regime Próprio dos Servidores Públicos aos titulares de cargos públicos efetivos* (fls. 657).

3. É o relatório. Decido.

4. A jurisprudência desta Corte assentou o entendimento de que *a equiparação dos notários e registradores a servidores públicos somente ocorreu na vigência da redação original da Carta Política de 1988 (antes da EC 20/1998) e somente para fins de incidência da regra de aposentadoria compulsória, não havendo direito adquirido à manutenção em regime de previdência próprio dos servidores públicos* (AgRg no AREsp 52.613/RS, Rel. Min. HUMBERTO MARTINS, DJe 28.08.2012). Nesse sentido:

PROCESSUAL CIVIL E ADMINISTRATIVO. RECURSO ESPECIAL. NOTÁRIOS E REGISTRADORES. ATIVIDADE DESENVOLVIDA EM CARÁTER PRIVADO APÓS A CF/88. VINCULAÇÃO DE TABELIÃES A REGIME PREVIDENCIÁRIO PRÓPRIO DOS SERVIDORES PÚBLICOS. IMPOSSIBILIDADE. DIREITO ADQUIRIDO NÃO CONFIGURADO.

1. A equiparação dos notários e registradores a servidores públicos somente ocorreu na vigência da EC n. 20/1998 e somente para fins de incidência da regra de aposentadoria compulsória, não havendo falar em direito adquirido à manutenção em regime de previdência próprio dos servidores públicos. Precedentes: AgRg no REsp 1.439.998/SC, Rel. Ministro Humberto Martins, Segunda Turma, DJe 19/5/2014; AgRg no REsp 1.430.365/SC, Rel. Ministro Og Fernandes, Segunda Turma, DJe 20/5/2014; AgRg no REsp 1.331.893/RS, Rel. Ministro Benedito Gonçalves, Primeira Turma, DJe 21/10/2014; AgRg no AREsp 545.071/RS, Rel. Ministro Mauro Campbell Marques, Segunda Turma, DJe 20/10/2014.

2. Recurso especial provido. (REsp. 1.352.996/RS, Rel. Min. BENEDITO GONÇALVES, DJe 11.3.2015).

CONSTITUCIONAL E ADMINISTRATIVO. SERVIÇOS NOTARIAIS E DE REGISTRO. ATIVIDADE DESENVOLVIDA EM CARÁTER PRIVADO APÓS A CF/88. VINCULAÇÃO DE TABELIÃES A REGIME PREVIDENCIÁRIO PRÓPRIO DOS SERVIDORES PÚBLICOS E PERCEPÇÃO DE VENCIMENTOS E VANTAGENS PAGAS PELOS COFRES PÚBLICOS. IMPOSSIBILIDADE. DIREITO ADQUIRIDO NÃO CONFIGURADO. ENTENDIMENTO DO STF.

1. O entendimento que atualmente prevalece no Supremo Tribunal Federal é no sentido de que a equiparação dos notários e registradores a servidores públicos somente ocorreu na vigência da redação original da Constituição Federal de 1988 (antes da EC 20/98), e, ainda assim, somente para fins de incidência da regra da aposentadoria compulsória. Não há direito adquirido, portanto, à manutenção em regime de previdência próprio dos servidores públicos, bem como à percepção de vantagens e vencimentos pagos pelos cofres públicos.

2. A Constituição garante a notários e registradores o direito à manutenção do regime anterior, mas não assegura a sua cumulação com outro regime. É o que decorre do art. 32 da ADCT.

3. Recurso ordinário a que se nega provimento (RMS 28.286/RS, Rel. Min. TEORI ALBINO ZAVASCKI, DJe 19.9.2011).

ADMINISTRATIVO E CONSTITUCIONAL. SERVIDOR DO PODER JUDICIÁRIO QUE RECEBEU DELEGAÇÃO DE SERVENTIA EXTRAJUDICIAL. TRANSIÇÃO DO REGIME JURÍDICO ESTATAL PARA O PRIVADO. MANUTENÇÃO DO VÍNCULO PREVIDENCIÁRIO COM A UNIDADE FEDERADA E RECEBIMENTO DE VENCIMENTOS CUMULADOS COM EMOLUMENTOS. INCOMPATIBILIDADE. AUSÊNCIA DE DIREITO ADQUIRIDO A REGIME JURÍDICO ANTERIOR.

1. Caso em que servidor do Poder Judiciário recebe delegação de serviços cartorários em época de regime estatal. Com o advento da CF/88, apesar da privatização da serventia extrajudicial, o delegatário não define expressamente se deseja continuar sendo servidor ou delegatário de função privada. Situação que perdurou por anos, até o Tribunal de origem, diante do silêncio do interessado após consulta e oportunização de escolha, passar a não mais pagar seus vencimentos e encerrar o liame previdenciário especial, ao entendimento de que houve opção tácita pelo regime privado.

2. É vedada a fruição das benesses de um sistema sem a sujeição aos seus ônus. Não há como manter o vínculo previdenciário ou conceder aposentadoria com proventos integrais, por contrariedade ao regime atual de previdência (art. 40 da Constituição) e falta de implementação de requisitos normativos (EC 20/98). Ausência de direito adquirido a regime jurídico anterior. Precedentes do STF.

3. Inexiste previsão legal para o pagamento com recursos do Estado e a título de remuneração aos delegatários, pois já percebem diretamente as custas e os emolumentos referentes ao serviço cartorário. Os serviços notariais e registrais são, após o advento da Constituição de 1988, exercidos em caráter privado, por delegação do poder público, não se considerando o delegatário como servidor stricto sensu. Precedentes do STF.

4. Deve o delegatário estar sujeito ao sistema geral de aposentadoria da Previdência Social, assegurando-se a contagem recíproca de tempo de serviço e resolvendo-se atuarialmente a compensação ou complementação dos recolhimentos já efetuados entre o INSS e o órgão gestor previdenciário da unidade federada.

5. Recurso Ordinário em Mandado de Segurança não provido (RMS 28.650/RS, Rel. Min. HERMAN BENJAMIN, DJe 5.8.2010).

6. Ante o exposto, com fundamento no art. 557, § 1º.-A do CPC, dá-se provimento ao Recurso Especial, para reformar o acórdão recorrido e julgar improcedente a demanda, com inversão dos ônus de sucumbência.

7. Publique-se.

8. Intimações necessárias.

Brasília (DF), 06 de setembro de 2018.

NAPOLEÃO NUNES MAIA FILHO

MINISTRO RELATOR

STJ – REsp nº 1.460.277 – Rio Grande do Sul – 1ª Turma – Rel. Min. Napoleão Nunes Maia Filho – DJ 24.09.2018

EMENTA: PROCESSUAL CIVIL E ADMINISTRATIVO. MANDADO DE SEGURANÇA. CARTÓRIO EXTRAJUDICIAL. SERVIÇO NOTARIAL E DE REGISTRO. PERDA SUPERVENIENTE DE OBJETO DO *MANDAMUS*. APOSENTADORIA VOLUNTÁRIA. EXTINÇÃO DA DELEGAÇÃO

1. O entendimento da Corte *a quo* está em consonância com a orientação desta Corte Superior de que a aposentação voluntária enseja, na forma do inciso II do artigo 39 da Lei 8.935/1994, a extinção da delegação, constatando-se, por via de consequência, na hipótese dos autos, a perda superveniente do interesse processual. Precedentes.

2. O acórdão recorrido está em sintonia com o atual entendimento do Superior Tribunal de Justiça, razão pela qual não merece prosperar a irresignação. Incide, *in casu*, o princípio estabelecido na Súmula 83/STJ: "Não se conhece do Recurso Especial pela divergência, quando a orientação do Tribunal se firmou no mesmo sentido da decisão recorrida. "

3. Agravo Regimental não provido. (STJ – AgRg no RMS nº 47.215 – São Paulo – 2ª Turma – Rel. Min. Herman Benjamin – DJ 05.08.2015)

EMENTA: RECURSO ORDINÁRIO EM MANDADO DE SEGURANÇA. ADMINISTRATIVO. TITULAR DE CARTÓRIO. APURAÇÃO DE INVALIDEZ. ART. 39, INCISO III, DA LEI Nº 8935/94. PROCESSO ADMINISTRATIVO. AUSÊNCIA DE PROCEDIMENTO ESPECÍFICO. APLICAÇÃO DO REGIME JURÍDICO. LEI Nº 68/92, QUE REGULAMENTA O REGIME JURÍDICO DOS SERVIDORES PÚBLICOS CIVIS DO ESTADO DE RONDÔNIA. (STJ – RMS nº 39.001 – RO – 2ª Turma – Rel. Min. Mauro Campbell Marques – DJ 20.03.2013); *Mandado segurança. Processo administrativo. Ausência norma regulamentar. Princípios do Contraditório e Ampla defesa. Ausência direito líquido e certo.* Conquanto os oficiais e notários exerçam seu mister em regime de direito privado, as suas atividades à frente da Serventia, em razão da supremacia do interesse público, são submetidas à fiscalização do Poder Judiciário, que procede ao exame da conformação dos atos praticados com a lei. A falta de norma com procedimento administrativo específico que indique rito próprio para instauração de processo administrativo não é óbice para a instauração de processo administrativo, desde que respeitados os princípios constitucionais do contraditório e da ampla defesa. A Lei nº 8.935/94, que regulamenta o art. 236 da Constituição Federal, dispondo sobre serviços notariais e de registro, em seu art. 39, inciso III, apesar de afirmar que a delegação a notário ou a oficial de registro será extinta por invalidez, foi silente quanto ao procedimento adequado para a sua apuração. Assim, em atenção ao art. 4º da Lei de Introdução às Normas do Direito Brasileiro e ao art. 126 do CPC, como a Lei 8935/94 foi omissa, devem ser utilizados os dispositivos referentes ao procedimento administrativo do regime jurídico aplicável no caso de Rondônia (Lei nº 68/92, que regulamenta o regime jurídico dos servidores públicos civis do Estado de Rondônia). Esse é o entendimento aplicado por esta Corte Superior. A propósito, os seguintes precedentes: ADMINISTRATIVO. OFÍCIO DE REGISTRO. DISTRITO FEDERAL. PENALIDADE. MULTA. LEI 8.935/94. ALEGAÇÃO DE PRESCRIÇÃO. NÃO OCORRÊNCIA. PORTARIA INAUGURAL. AUSÊNCIA DE CAPITULAÇÃO LEGAL INEXISTENTE VIOLAÇÃO DA AMPLA DEFESA. PRECEDENTE. EXISTÊNCIA DA INFRAÇÃO DISCIPLINAR. AUSÊNCIA DE DIREITO LÍQUIDO E CERTO. 1. Cuida-se de writ impetrado com o fito de declarar a nulidade de processo administrativo que ensejou a aplicação da penalidade de multa, por infração disciplinar, a oficial de registro de imóveis, com base nos arts. 30, XIV e 31, V, ambos da Lei nº 8.935/94.2. Ante a ausência de previsão normativa específica na Lei nº 8.934/95, devem ser utilizados dispositivos do regime jurídico aplicável (Precedente: (RMS 23.587/RJ, Rel. Min. Francisco Falcão, Rel. p/ Acórdão Min. Luiz Fux, Primeira Turma, DJe 3.11.2008); no caso do Distrito Federal, os prazos para sindicância e para processo administrativo são aqueles prescritos pela Lei nº 8.112/90.[...] Recurso ordinário improvido. (RMS 35208/DF, Rel. Ministro HUMBERTO MARTINS, SEGUNDA TURMA, julgado em 16/02/2012, DJe 27/02/2012)

EMENTA: ADMINISTRATIVO. APOSENTADORIA COMPULSÓRIA DE TABELIÃO POR ATO ADMINISTRATIVO ANULADO JUDICIALMENTE PELO STF. AÇÃO DE INDENIZAÇÃO. PRAZO PRESCRICIONAL. TERMO INICIAL. DATA DO ATO OU FATO LESIVO. PRINCÍPIO DA *ACTIO NATA*. INTERRUPÇÃO DO PRAZO PRESCRICIONAL PELO AJUIZAMENTO DE DEMANDA QUESTIONANDO A ILICITUDE DA CONDUTA. 1. Conforme consignado na decisão recorrida, o instituto da prescrição é regido pelo princípio da *actio nata*, ou seja, o curso do prazo prescricional tem início com a efetiva lesão do direito tutelado, pois nesse momento nasce a pretensão a ser deduzida em juízo, caso resistida, como preceitua o art. 189 do Código Civil/2002. Relativamente às ações contra a Fazenda Pública, o princípio é o mesmo, conforme se pode verificar no art. 1º do Decreto 20.910/32, que regula a matéria. 2. Com efeito, enquanto pendente a ação judicial que objetivava a declaração de nulidade do ato que determinou a aposentadoria compulsória do agravante, ficou interrompido o prazo de prescrição, como estabelecem o art. 172, I, do Código Civil de 1916 (reproduzido pelo art. 202, I, do Código de 2002) e o art. 219 do CPC. Assim, a ação indenizatória teve como lastro inicial o trânsito em julgado da decisão proferida pelo Supremo Tribunal Federal (fevereiro de 2005), que reconheceu a nulidade do ato de aposentadoria compulsória do agravante. 3. Agravo Regimental não provido. (STJ – AgRg no AgRg no AREsp nº 161.565 – SP – 2ª Turma – Rel. Min. Herman Benjamin – DJ 23.08.2012)

TRIBUNAL DE JUSTIÇA DO ESTADO DE SÃO PAULO

EMENTA: APELAÇÃO – Aposentadoria de escrevente notarial – Carteira de Previdência das Serventias não Oficializadas – Pretensão de manutenção do regime jurídico fixado pela Lei nº 10.393/70, com alíquota de contribuição previdenciária limitada a 5% e reajuste pelo salário mínimo – Sentença de improcedência – Irresignação – Descabimento – Impossibilidade de reajuste indexado com base no salário mínimo – Inteligência do art. 7º, IV, da Constituição Federal e da Súmula Vinculante nº 04 – Lei Estadual nº 14.016/10 que alterou o índice de reajuste, fixando o IPC-FIPE – Julgamento da ADI nº 4.420/SP que não discutiu os dispositivos relacionados ao índice de reajuste do benefício, nem à limitação da contribuição previdenciária – Ausência de direito adquirido a regime jurídico – Precedentes desta Corte e do STF – SENTENÇA MANTIDA – RECURSO DESPROVIDO. MARCOS PIMENTEL TAMASSIA. Relator Nota: [1] EDROMS 18205/SP, Ministro Felix Fischer, DJ. 08.05.2006, P. 240. –-/ (TJSP – Apelação Cível nº 1009755-71.2020.8.26.0053 – São Paulo – 1ª Câmara de Direito Público – Rel. Des. Marcos Pimentel Tamassia – DJ 16.12.2020)

EMENTA: APELAÇÃO CÍVEL – VERBAS RESCISÓRIAS NÃO ADIMPLIDAS A FUNCIONÁRIO DE SERVENTIA EXTRAJUDICIAL POR OCASIÃO DE SUA APOSENTADORIA POR INVALIDEZ.

1. PRESCRIÇÃO – Inocorrência, uma vez que o prazo foi interrompido com a propositura anterior de ação perante a Justiça do Trabalho.

2. COISA JULGADA – O pedido inicial foi julgado improcedente na Justiça do Trabalho, mas sob o fundamento de que não havia vínculo empregatício entre as partes, uma vez que o funcionário não era regido pela CLT – Não houve, naquela esfera, análise da pertinência ou não das verbas postuladas pelo reclamante.

3. ILEGITIMIDADE PASSIVA *AD CAUSAM* do atual Oficial de Registro de Imóveis, Títulos e Documentos e Civil de Pessoa Jurídica da Comarca de Itapecerica da Serra – O apelante assumiu a delegação após a aposentadoria do apelado, de modo que não deve responder pelo passivo existente, mormente porque não teve nenhum vínculo com o funcionário – Pedido inicial julgado procedente – Reforma da sentença, a fim de se extinguir o processo, sem resolução de mérito, em virtude da ilegitimidade passiva – Recurso provido.

[...]

Nesse sentido, já decidiu esta Corte de Justiça:

Serventia extrajudicial – Ofício de Registro de Imóveis, Títulos e Documentos e Civil de Pessoa Jurídica da Comarca de Lorena – Pretensão à reintegração, percepção de indenização, verbas salariais e danos morais em razão de não-recepção pelo novo titular delegatário – Ausência de direito à estabilidade – Delegação do serviço notarial ou registral que se dá de forma originária e personalíssima, mediante concurso público, sem qualquer vínculo com o anterior responsável – Novo delegatário que não possui dever de assumir os antigos empregados da serventia, sendo lícito o desligamento/dispensa de forma imotivada – Precedentes – Sentença de improcedência mantida – Recurso não provido.

(TJSP; Apelação Cível 1000570-77.2017.8.26.0323; Relator (a): Souza Meirelles; Órgão Julgador: 12.ª Câmara de Direito Público; Foro de Lorena 1.ª Vara Judicial; Data do Julgamento: 12/06/2019);

AÇÃO DE RITO COMUM. SERVENTIA EXTRAJUDICIAL. Dispensa de Escrevente. Interesse na reintegração e em receber quinquênios (adicional por tempo de serviço), licenças-prêmios não usufruídas, férias, terço constitucional de férias e décimo-terceiro, e indenização por tempo de serviço. Responsabilidade constituída no momento da dispensa. Inteligência do artigo 21 da Lei 8.534/94 e artigo 58, § 2.º, da Lei Estadual 12.227/06. Precedentes. Obrigação do delegado titular quando houver transferência da unidade econômico-jurídica e a continuidade da prestação de serviço ao novo titular. Sucessão trabalhista não caracterizada no caso. Sentença de improcedência. Manutenção. Recurso não provido.

(TJSP; Apelação Cível 1031044-08.2015.8.26.0224; Relator (a): Paulo Galizia; Órgão Julgador: 10.ª Câmara de Direito Público; Guarulhos Data do Julgamento: 06/03/2017; Data de Registro: 07/03/2017);

RECURSO DE APELAÇÃO – Escrevente de serventia extrajudicial – Licença-prêmio – Legitimidade passiva "ad causam" do atual titular do cartório de registro civil reconhecida – Sucessão configurada – Direito ao benefício reconhecido pela Corregedoria-Geral de Justiça – Pagamento em pecúnia – Cabimento – Sentença mantida – Recurso de apelação não provido.

(TJSP; Apelação Cível 0016898-27.2013.8.26.0554; Relator (a): Luís Francisco Aguilar Cortez; Órgão Julgador: 1.ª Câmara de Direito Público; Santo André; Data do Julgamento: 02/02/2016; Data de Registro: 15/04/2016). OSVALDO DE OLIVEIRA. Relator (TJSP – Apelação Cível nº 0010211-82.2014.8.26.0268 – Itapecerica da Serra – 12ª Câmara de Direito Público – Rel. Des. Osvaldo de Oliveira – DJ 16.08.2019)

CORREGEDORIA-GERAL DA JUSTIÇA

EMENTA: Titular de delegação – Obtenção de benefício da renda continuada na Carteira de Previdência das Serventias Não Oficializadas em virtude de recolhimentos feitos como preposto – Inocorrência de extinção de delegação por aposentadoria na forma do art. 39, II, da Lei nº 8.935/94.

3. QUESTÃO DE CONCURSO

01. (TJ/SP – 2024 – VUNESP – Notário e Registrador/Remoção) A delegação poderá ser extinta na seguinte hipótese:

a) aposentadoria facultativa.
b) aposentadoria compulsória.
c) decisão liminar em processo judicial.
d) incompatibilidade de horários relativos a demais atividades exercida pelo titular da delegação sendo, nesta hipótese, necessária à notificação do oficial pela Corregedoria Geral de Justiça.

02. (FCC – Cartório – TJ – PE/2013) A Lei Federal nº 8.935/94 NÃO dispõe expressamente que a delegação a notário ou a oficial de registro se extingue por

a) morte ou invalidez.
b) aposentadoria facultativa.
c) aposentadoria compulsória.
d) renúncia ou perda da delegação, nos termos da lei.
e) descumprimento, comprovado, da gratuidade estabelecida em lei.

GAB	1	A	2	C

IV – renúncia;

1. COMENTÁRIOS

A renúncia da delegação é o ato pelo qual o titular de uma serventia extrajudicial (cartório) abdica voluntariamente de sua função pública delegada. Em outras palavras, é quando o tabelião ou registrador, que foi investido na função, decide desistir de continuar exercendo suas atividades no cartório.

Se houver arrependimento pelo titular do ato de renúncia, ele deve se submeter a novo concurso de outorga de delegações de notas e de registros para provimento e/ou remoção (se já exerce a atividade há mais de dois anos), nos termos do art. 14 desta Lei 8.935/1994.

Ressalte-se que a renúncia à delegação não impede o prosseguimento do procedimento administrativo, contanto que as faltas disciplinares apuradas tenham sido, em tese, praticadas ao tempo em que o investigado era titular da serventia.

Nas palavras de Walter Ceneviva, "a renúncia é ato unilateral, insuscetível de apreciação pela autoridade, salvo para confirmá-la ou, havendo causa para processo disciplinar, instaurá-lo de imediato, antes de decretar o ato extintivo" (Op. cit., 2010, p. 311).

Registre-se que a serventia não pode ser transferida ou alienada a terceiro.

Assim, os principais aspectos da renúncia da delegação são:

1. **Natureza Voluntária**: A renúncia é um ato voluntário do titular da serventia, não decorrente de sanção disciplinar ou de qualquer outra imposição externa.
2. **Formalização**: Para que a renúncia seja válida, ela deve ser formalizada por escrito e apresentada à autoridade competente.
3. **Efeitos da Renúncia**: Com a renúncia, o cargo de titular do cartório se torna vago, e o Tribunal de Justiça deve abrir concurso público para o

preenchimento da vaga, conforme as regras previstas na Constituição Federal e na legislação específica (Lei n. 8.935/1994).

4. **Interinidade**: Até que um novo titular seja escolhido por meio de concurso público, o cartório pode ser administrado por um interino, que normalmente é alguém que já atua na serventia e foi designado para essa função. Esse substituto pode exercer a titularidade temporariamente, dentro das limitações impostas pela legislação, conforme discutido na decisão que mencionamos anteriormente.
5. **Impactos Financeiros**: O titular que renuncia à delegação deixa os emolumentos.

A renúncia é uma forma de desligamento da função, diferenciando-se, por exemplo, da remoção ou da perda da delegação por decisão judicial em casos de faltas graves ou descumprimento das obrigações legais.

2. JURISPRUDÊNCIA COMPLEMENTAR

⊙ CONSELHO NACIONAL DE JUSTIÇA

EMENTA: Liminar em Procedimento de Controle Administrativo – Serventia extrajudicial – Titular – Renúncia – Substituto mais antigo – Artigo 39, §2º, da Lei 8.935/94 – Liminar ratificada – 1. Legalidade/regularidade do procedimento adotado pelo Tribunal quanto à impossibilidade da substituição da titular pelo seu indicado/substituto em razão do parentesco – 2. Dispõe o artigo 39, §2º, da Lei nº 8.935/94 que, "extinta a delegação a notário ou a oficial de registro, a autoridade competente declarará vago o respectivo serviço, designará o substituto mais antigo para responder pelo expediente e abrirá concurso" – 3. A então titular da serventia questionada fora regularmente aprovada em concurso de remoção, sem qualquer notícia de que lhe fora imputada a prática de infração disciplinar, que pudesse resultar no afastamento de seu substituto legal – 4. Liminar deferida para suspender a eficácia do Acórdão Administrativo nº 2017.0009473-4/000 da Corregedoria-Geral de Justiça do Estado do Paraná e da Portaria nº 14/2017, até a decisão deste procedimento. (CNJ – Procedimento de Controle Administrativo nº 0005082-46.2017.2.00.0000 – Paraná – Rel. Cons. Carlos Levenhagen – DJ 04.08.2017)

V – perda, nos termos do art. 35.

1. COMENTÁRIOS

Como já dito alhures, a perda da delegação constitui uma sanção disciplinar e depende de sentença judicial transitada em julgado ou de decisão decorrente de processo administrativo instaurado pelo juízo competente, com assegurado amplo direito à defesa (art. 5º, inciso LV, da Constituição Federal).

Quando o caso configurar a perda da delegação, o juízo competente suspenderá o notário ou oficial de registro, até a decisão final, e designará interventor, observando-se o disposto no art. 36.

VI – descumprimento, comprovado, da gratuidade estabelecida na Lei nº 9.534, de 10 de dezembro de 1997.

1. COMENTÁRIOS

Sobre o tema "gratuidade", remetemos o leitor aos comentários do art. 45 desta Lei 8.935/1994.

O descumprimento comprovado da gratuidade gera a perda da delegação, que ocorrerá, nesse caso, após a aplicação das demais penalidades, como repreensão, multa e suspensão, e na ocorrência de novo descumprimento, conforme prevê o art. 30, § 3º, alíneas 'a' e 'b', da Lei 6.015/1973.

2. QUESTÃO DE CONCURSO

01. (CESPE / CEBRASPE - 2023 - TJ-SC - Titular de Serviços de Notas e de Registros – Remoção) Caso um oficial de registro exija do cidadão emolumentos que, em conformidade com a Lei n.º 9.534/1997, devam ser gratuitos, será ele punido com

a) repreensão severa, que será mantida em seus apontamentos por cinco anos.
b) suspensão da delegação pelo período de 90 dias.
c) extinção da delegação.
d) aposentadoria compulsória.
e) multa.

GAB	1	C

§ 1º Dar-se-á aposentadoria facultativa ou por invalidez nos termos da legislação previdenciária federal.

1. COMENTÁRIOS

A legislação previdenciária mencionada no dispositivo em comento refere-se ao art. 40 da Constituição Federal (agora com a nova redação dada pela EC 103/2019) e à Lei 8.112/1990.

Analisamos a temática da 'aposentadoria' nos comentários ao inciso II deste artigo. Para complementar os estudos, remeto o leitor aos comentários do art. 40, também desta lei.

§ 2º Extinta a delegação a notário ou a oficial de registro, a autoridade competente declarará vago o respectivo serviço, designará o substituto mais antigo para responder pelo expediente e abrirá concurso.

1. COMENTÁRIOS

A autoridade competente para declarar vago o respectivo serviço é o Poder Judiciário, conforme a legislação estadual ou distrital. Essa autoridade é a destinatária do § 2º, pois é ela quem declara extinta a delegação e deve estabelecer as demais regras fundamentais para a regular continuidade do serviço.

Luís Paulo Aliende Ribeiro pontifica que a Lei 8.935/1994 utiliza expressões *juízo competente* e *autoridade competente* ao definir, de forma geral, atribuições que não se limitam à fase de fiscalização, mas abrangem todas as fases do processo de regulação: o estabelecimento de regras de conduta para os regulados, a garantia de aplicação e execução das normas, a fiscalização do seu cumprimento e a aplicação das sanções. Tratam da atribuição do Poder Judiciário das tarefas de formulação, definição, operacionalização, implementação e aplicação de regras e orientações, correspondentes ao poder regulamentar do regulador, as disposições dos artigos 4º, 30, XII e XIV, 38, 39, § 2º e 44 da lei, que, em cumprimento ao disposto no § 1º do art. 236 da Constituição da República, define a fiscalização da atividade (*Regulação da Função Pública Notarial e de Registro*. Saraiva: São Paulo, 2009).

Conforme a legislação aplicável e precedentes do Conselho Nacional de Justiça, não se exige do substituto mais antigo da serventia extrajudicial vaga os requisitos de graduação em curso superior, Direito ou experiência de 10 (dez) anos, por exemplo, para que possa responder provisoriamente. A designação de interino para assumir temporariamente serventias vagas deverá observar as novas regras do Provimento CNJ n. 176/2024, incorporadas aos artigos 66 a 71-T do Código Nacional de Normas, as quais são estudadas em tópico separado neste capítulo.

O concurso mencionado no dispositivo em comento é de provimento ou de remoção, conforme a ordem de vacância e observado o critério de preenchimento alternado, ou seja, duas terças partes por concurso de provimento e uma terça parte por concurso de remoção.

Uma questão bastante complexa e não abordada pela Lei dos Notários e Registradores é como ficariam os encargos, direitos e deveres daquele que teve sua delegação perdida ou extinta.

Atento ao assunto, Walter Ceneviva utiliza os princípios gerais do direito e nos sugere algumas propostas, vejamos (Op. cit., p. 313-314):

> Quanto aos bens essenciais à natureza do serviço, tais como livros, discos rígidos, CDs ou suportes materiais de qualquer natureza, pertencem a seu proprietário, seja ele o delegado ou terceiro. O conteúdo do apoio material, próprio do serviço, é, contudo, bem público, inalienável por sua natureza (...)
>
> Quanto aos bens e direitos não essenciais à natureza do serviço, tais como mobiliário usual, computadores, máquinas de escrever, locação de imóveis ou serviços gerais, quando pertencentes ou controlados pelo substituído, este não os pode impor ao substituto. De igual, o substituto não os pode considerar incorporados ao serviço, sem ônus ou livre pagamento.
>
> Quanto às dívidas ou encargos assumidos pelos sucedidos quando relativos a bens ou serviços do cartório, contratados em nome do substituído, continuarão de sua responsabilidade, mas serão indenizadas, em proporção, pelo substituto.

1.1 REGRAS SOBRE A INTERINIDADE NOS ATOS NORMATIVOS DO CNJ

O parágrafo 2º do artigo 39 da Lei n. 8.935/1994 dialoga com o Provimento CNJ n. 77/2018 e o recente Provimento CNJ n. 176/2024, que altera as regras para o exercício da interinidade em serventias extrajudiciais vagas, em conformidade com o julgamento da ADI n. 1.183/DF pelo Supremo Tribunal Federal, além de outras providências.

Antes de desdobrarmos as normas, vale a pena traçar um breve histórico.

O Provimento CNJ n. 77/2018, que dispõe sobre a designação de responsável interino pelo expediente, foi profundamente alterado, e a maioria de suas regras foi revogada pelo Código Nacional de Normas (Provimento CNJ n. 149/2023).

Destaco algumas das justificativas que foram utilizadas para a edição do provimento:

a) A necessidade de proporcionar a melhor prestação de serviço e corrigir as distorções em busca da modicidade dos emolumentos, da produtividade, da economicidade, da moralidade e da proporcionalidade na prestação dos serviços extrajudiciais;

b) Que os princípios constitucionais da moralidade, da legalidade e da probidade devem orientar todos os atos administrativos, em especial aqueles que emanam do Poder Judiciário, bem como o disposto na Resolução n.º 156, de 08 de agosto de 2012, do Conselho Nacional de Justiça.

c) A decisão tomada pelo Supremo Tribunal Federal na ADI nº 4140 e pelo Plenário do Conselho Nacional de Justiça no Pedido de Providências nº 0005387-69.2013.2.00.0000;

d) O que consta do Pedido de Providencias nº 0006070-33.2018.2.00.0000.

e) Os princípios da supremacia do interesse público, da eficiência, da continuidade do serviço público e da segurança jurídica,

Pois bem, no dia 23 de julho de 2024, foi editado o Provimento CNJ n. 176, com o objetivo de **alterar as regras do exercício da interinidade** em serventias extrajudiciais vagas, em conformidade com o julgamento da ADI n. 1.183/DF pelo Supremo Tribunal Federal. Para tanto, foram considerados os seguintes pontos:

a) Os fundamentos dispostos no julgamento da **Ação Direta de Inconstitucionalidade n. 1.183/DF** e respectivos embargos declaratórios, quando o Supremo Tribunal Federal definiu a necessidade, a contar da conclusão do julgamento, da troca progressiva dos interinos substitutos não concursados, no prazo de até 6 (seis) meses, por outros titulares concursados de serventia extrajudicial, sem prejuízo da imediata abertura de concurso público para o preenchimento da(s) serventia(s) vaga(s), respeitando-se a remuneração do interino ao teto constitucional;

b) Os fundamentos dispostos no julgamento do RE n. 808.202-RG/R, pelo Supremo Tribunal Federal, e fundamentos da Consulta n. 0008406-10.2018.2.00.0000, pelo Plenário do CNJ, que estabeleceram o teto remuneratório dos responsáveis interinos, mesmo no exercício cumulativo de interinidades;

c) Os precedentes do Supremo Tribunal Federal contidos nos REs n. 105.073, n. 115.582 e n. 106.125, e nos AgRs no MS n. 30.652 e AgR no RE n. 413.082, reconhecendo que, na vigência da CF/1967, assegurou-se a titularidade aos substitutos das serventias que cumprissem os requisitos do art. 208, incluído pela Emenda Constitucional n. 22/1982, bem como o disposto no art. 47 da Lei n. 8.935, de 18 de novembro de 1994;

d) Os fundamentos contidos no precedente do Plenário do CNJ, no julgamento do PCA n. 0004291-77.2017.2.00.0000, no qual se definiu que a revogação da designação de interino dispensa a necessidade de instauração de processo administrativo prévio, uma vez que não tem caráter de sanção;

e) Os fundamentos contidos nos precedentes do Plenário do CNJ, no julgamento dos PCAs ns.0009201-11.2021.2.00.0000, 0007848-96.2022.2.00.0000 e 0001761-27.2022.2.00.0000, nos quais se privilegia ao menos uma especialidade do serviço vago no mesmo município e também a menor distância nos municípios contíguos, bem como o disposto na Resolução CNJ n. 80/2009, art. 7º, § 2º, para definição dos critérios do exercício da interinidade por delegatário titular;

f) Os fundamentos contidos no precedente do Plenário do CNJ, no julgamento da Consulta n. 0005002-09.2022.2.00.0000, através da qual definiu-se a vedação ao nepotismo às contratações dos interinos;

g) Os fundamentos contidos no precedente do Plenário do CNJ, no julgamento das Consultas ns. 0003863-56.2021.2.00.0000 e 0007458-29.2022.2.00.0000, nas quais, respectivamente, definiu-se que os interinos são prepostos do Estado e se submetem ao regime de direito público;

h) Os precedentes fixados pelo Tribunal Superior do Trabalho no julgamento dos Recursos de Revista n. 10260-21.2019.5.03.113 e 20136-86.2018.5.04.0701, que atribuem ao Estado a responsabilidade de contratos trabalhistas de serventias extrajudiciais geridas por interinos;

i) A positiva experiência das regras dispostas no Código de Normas da Corregedoria-Geral da Justiça do Estado do Rio de Janeiro (Provimento CGJ n. 87/2022) acerca do exercício da interinidade (art. 133 e ss.);

j as análises contidas nos autos do Pedido de Providências n. 0008068-60.2023.2.00.0000,

Dito isso, passemos à análise das novas regras sobre a interinidade, agora previstas nos artigos 66 a 71-T do Código Nacional de Normas (Provimento CNJ n. 149/2023), com a redação dada pelo Provimento CNJ n. 176/2024.

Lei 8.935/1994

1.1.1 DA DESIGNAÇÃO DO INTERINO

A critério da Corregedoria-Geral das Justiças dos Estados e do Distrito Federal, é possível a **cumulação do exercício da interinidade pela mesma pessoa**, desde que não haja prejuízo à eficiência da prestação do serviço público e desde que tenham sido observadas as regras dos artigos 66 a 71-T do Provimento CNJ n. 149/2024.

Declarada a vacância de serventia extrajudicial, a CGJ dos Estados e do Distrito Federal, ou, se assim dispuser os atos normativos locais, o juiz competente designará o **substituto mais antigo para responder interinamente** pelo expediente pelo prazo máximo e improrrogável de 6 (seis) meses.

Note-se que, em conformidade com a regra do art. 39, § 2º, da Lei n. 8.935/1994, a designação do substituto para o exercício da interinidade deverá recair exclusivamente sobre o mais antigo que esteja exercendo a substituição no momento da declaração de vacância.

Havendo **coincidência**, na data de nomeação de dois ou mais substitutos, para o exercício da interinidade, será dada **preferência àquele que atua há mais tempo como escrevente** e, se ainda houver empate, àquele de **maior idade**.

O art. 67, § 3º, do Código Nacional de Normas estabelece uma **vedação,** estipulando que a designação do substituto mais antigo para responder interinamente pelo expediente não poderá recair sobre cônjuge, companheiro ou parente em linha reta, colateral ou por afinidade, até o terceiro grau, do antigo delegatário ou de magistrados do tribunal local. Essa regra também estava expressa no Provimento CNJ n. 77/2018.

Até passado recente, essa norma contrariava antigas decisões dos tribunais. O Conselho Nacional de Justiça, por sua vez, estendia a proibição do nepotismo, prevista na Resolução nº 7/2005 (que proíbe a prática de nepotismo no Poder Judiciário), à contratação de parentes até o terceiro grau nos serviços notariais e de registro.

O Conselho Nacional de Justiça classifica como nepotismo o exercício de cargo em comissão ou de função gratificada por cônjuge, companheiro ou parente em linha reta, colateral ou por afinidade, até o terceiro grau, de magistrados ou de servidores com atribuições de direção ou assessoramento. Ademais, a Súmula Vinculante 13 do STF e o Enunciado Normativo nº 1 do CNJ estenderam a vedação do nepotismo aos cartórios extrajudiciais.

Ocorre que o que a medida sempre proibiu foi que os cartórios contratem **parentes de magistrados que exerçam atividades de fiscalização dos serviços e parentes de qualquer desembargador do tribunal de justiça do estado onde se localizam os cartórios.** Frise-se: o que não era permitido era que o cartório contratasse **parentes de magistrados que exerciam funções de fiscalização dos serviços (juiz corregedor) e não parentes do titular**.

Vale mencionar que atualmente existe um Projeto de Decreto Legislativo (PDL 204/2019) que visa suspender os efeitos do Provimento 77 do CNJ. Para os autores do projeto, o ato normativo constitui uma ofensa direta aos arts. 44 e 236 da Constituição Federal e à Lei n. 8.935/1994. A justificativa do projeto afirma: 'A decisão administrativa tomada pelo egrégio Conselho Nacional de Justiça [...] viola as atribuições do Congresso Nacional (CF, art. 44), interfere nas atribuições dos delegatários exercidas em caráter privado (CF, art. 236) e retira direitos subjetivos de notários e oficiais de registro previstos na Lei n. 8.935/94 (art. 20, § 1º).

Os deputados argumentam que a Constituição garante que os serviços extrajudiciais são exercidos em caráter privado, sem vínculo empregatício dos auxiliares ou substitutos com a administração pública, sendo a subordinação destes diretamente aos oficiais. Acrescentam ainda que a Carta Maior assegura que lei específica deve regular as atividades extrajudiciais, definir a responsabilidade civil e criminal dos notários e registradores, bem como de seus prepostos, e estabelecer a fiscalização de seus atos.

E questionam: que relação esses temas têm com a designação de substituto, conforme as disposições do Provimento 77/2018? Argumentam que não há qualquer relação. Na justificativa, Denis Bezerra (PSB/CE) e Rogério Peninha Mendonça (MDB/SC) concluem que cabe aos notários e oficiais de registro a contratação de escreventes e a designação de substitutos, conforme o critério desses profissionais, sob o regime da Consolidação das Leis do Trabalho (CLT). Eles questionam: como pode o CNJ estabelecer critérios de contratação e designação em evidente contraste com a lei? Segundo eles, a função do Conselho é a fiscalização dos serviços e o recebimento de reclamações contra notários e registradores.

Ocorre que as atuais decisões dos tribunais superiores têm se alinhado à regra do art. 67, § 3º, do Código Nacional de Normas, que estabelece a vedação ao nepotismo nas contratações de interinos.

No que diz respeito aos impedimentos para a designação do substituto mais antigo para responder interinamente pelo expediente, esta **não poderá** recair sobre **pessoa condenada em decisão com trânsito em julgado** ou **proferida por órgão jurisdicional colegiado**, nas seguintes hipóteses:

i) Atos de improbidade administrativa;

ii) Crimes dolosos e que não sejam de menor potencial ofensivo:

a) contra a administração pública;
b) contra a incolumidade pública;
c) contra a fé pública;
d) hediondos;
e) praticados por organização criminosa, quadrilha ou bando;
f) de redução de pessoa à condição análoga à de escravo;
g) eleitorais, para os quais a lei comine pena privativa de liberdade;
h) de lavagem ou ocultação de bens, direitos e valores.

Enfatiza-se que, para os crimes elencados acima, é necessário que tenham sido praticados com dolo. Caso sejam praticados culposamente ou sejam considerados de menor potencial ofensivo, a designação do substituto pode ser mantida.

iii) Punição disciplinar aplicada por decisão administrativa ou judicial e que acarretou:

a) a perda de cargo ou emprego públicos;
b) a exclusão de órgão de fiscalização profissional;
c) a perda delegação de serviços notariais ou registrais.

iv) Rejeição de contas relativas ao exercício de cargos ou funções públicas em razão de irregularidade insanável que configure ato doloso de improbidade administrativa, desde que a rejeição tenha decorrido de decisão irrecorrível do órgão administrativo competente;

Não havendo substituto que atenda aos requisitos acima (antiguidade ou ausência de conduta criminosa) e, ultrapassado o prazo máximo de 6 (seis) meses, havendo falta de interesse ou renúncia à designação pelo substituto mais antigo, a autoridade competente designará interinamente, como responsável pelo expediente, um **delegatário titular de outra serventia do mesmo município** ou, não sendo possível, de um **município contíguo**, desde que, em ambos os casos, detenha pelo menos uma das especialidades do serviço vago.

Se houver **concorrência entre delegatários do mesmo município**, será designado aquele com o maior número de especialidades do serviço vago e, mantida a concorrência, o mais antigo em atividade no município.

De outro giro, havendo **concorrência entre delegatários de municípios contíguos**, será designado o titular de cartório de menor distância da serventia vaga.

Nos municípios contíguos em que o deslocamento se dê exclusivamente através de embarcações, para a designação do interino, deverá ser observado o menor tempo de deslocamento entre o terminal hidroviário do local da serventia vaga e aquele da serventia do delegatário titular.

Não sendo possível a escolha de delegatário para exercer a interinidade nos casos acima, inclusive por ausência de interesse, a autoridade competente lançará **edital** para a inscrição de outros delegatários interessados, ao qual será conferida a mais ampla divulgação, inclusive com publicação no Diário da Justiça. Na escolha dos inscritos, será dada **prioridade ao delegatário que tenha melhores condições de assumir a interinidade,** levando em conta os seguintes critérios:

a) deter pelo menos uma das especialidades do serviço vago;

b) menor distância da serventia do delegatário em relação à serventia vaga. O limite desta distância deverá ser considerado diante das peculiaridades de cada unidade da Federação e de forma a viabilizar a boa prestação do serviço público.

O artigo 71 do Código Nacional de Normas estabelece outras regras de impedimento, conforme segue:

> Art. 71. É impedido a assumir a interinidade de serventia vaga o delegatário que, em relação à própria delegação:
>
> I - tenha pendência junto ao fundo especial do tribunal respectivo;
>
> II - possua, nos últimos cinco anos, penalidade administrativa anotada em sua ficha funcional;
>
> III - possua apontamentos negativos relevantes e reiterações de itens em suas atas de inspeções e correições;
>
> IV - esteja em atraso com prazos de saneamento de faltas ou irregularidades fixados nas inspeções ou correições;
>
> V - possua pendências na alimentação dos dados dos sistemas eletrônicos nacionais de notas e de registro, já exigidas pelas autoridades competentes.
>
> Parágrafo único. A designação também não poderá recair sobre cônjuge, companheiro ou parente em linha reta, colateral ou por afinidade, até o terceiro grau, de magistrado com função correcional na região da serventia vaga, com inclusão de integrantes da respectiva Corregedoria-Geral da Justiça.

Frustradas as tentativas de escolha de interinos entre os delegatários para suceder o substituto mais antigo na forma dos artigos anteriores, poderá ser **excluída a exigência de a serventia do titular ter ao menos uma das especialidades do serviço vago,** mantida a observância da menor distância entre elas, devendo, neste caso, ser preferencialmente do mesmo município.

Não sendo possível a designação de titular de serventia para suceder o substituto mais antigo, a autoridade competente poderá nomear **quem não seja delegatário.**

Nesta hipótese, dar-se-á preferência à renovação da designação do substituto mais antigo pelo prazo de 6 (seis) meses, admitida a recondução, pelo mesmo prazo, somente diante da impossibilidade de sua substituição por delegatário titular de outra serventia.

Não sendo possível concretizar a designação, a interinidade deverá, **excepcionalmente, recair sobre outro substituto**, sucessivamente:

i) da mesma serventia, observada a ordem de antiguidade; ou

ii) de outra serventia, observados estes critérios de desempate, nesta ordem:

   a) maior número de especialidades da outra serventia;

   b) antiguidade no cargo de substituto;

   c) idade.

Se, ainda assim, não for possível escolher um substituto conforme as hipóteses anteriores, a interinidade poderá ser exercida por um **escrevente bacharel em direito** ou que **exerça a função há, no mínimo, dez anos**, observados os critérios de desempate mencionados.

É importante enfatizar que a designação de interino, quando não for o substituto mais antigo, será precedida de consulta ao juiz competente pela fiscalização da serventia extrajudicial vaga, com o objetivo

Lei 8.935/1994

de identificar qualquer fato desabonador em relação ao candidato.

Assim, pode-se concluir que a interinidade deve recair, **ordinariamente**, na pessoa do escrevente substituto mais antigo no momento da vacância e que tenha sido designado pelo outrora delegatário titular da unidade. **Excepcionalmente**, nas situações de impedimento do escrevente substituto mais antigo, poderá a interinidade ser deferida conforme as hipóteses previstas e estudadas neste tópico.

O Provimento também é enfático ao estabelecer que, em nenhuma hipótese, a interinidade será deferida **a quem não seja preposto** de serviços notariais ou de registro na data da vacância.

Para melhor assimilação e organização do tema, apresento um quadro didático sobre a designação dos interinos e seus impedimentos:

QUADRO DIDÁTICO:
DESIGNAÇÃO DOS INTERINOS E IMPEDIMENTOS

Aspecto	Detalhes
Autoridade Competente	Corregedoria Geral de Justiça dos Estados e do Distrito Federal, ou juiz competente, conforme atos normativos locais.
Substituto Designado	Substituto mais antigo em exercício na data da vacância.
Prazo de Interinidade	Máximo e improrrogável de 6 meses.

Critérios para Designação	Detalhes
Antiguidade	O substituto mais antigo no momento da vacância é designado.
Empate entre Substitutos	Preferência ao que atua há mais tempo como escrevente. Persistindo o empate, o de maior idade é escolhido.

Impedimentos para Designação	Detalhes
Relação de Parentesco	Não pode ser designado cônjuge, companheiro ou parente até o terceiro grau do antigo delegatário ou de magistrados do tribunal local.
Condenações Judiciais	Atos de improbidade administrativa, crimes dolosos graves contra administração pública, incolumidade pública, fé pública, entre outros.
Punições Disciplinares	Perda de cargo ou emprego público, exclusão de órgão de fiscalização profissional, perda de delegação de serviços notariais ou registrais.
Rejeição de Contas Públicas	Decisão irrecorrível por ato doloso de improbidade administrativa.
Outros Impedimentos	Pendências junto ao fundo especial do tribunal, penalidades administrativas nos últimos 5 anos, apontamentos negativos em inspeções, atraso no saneamento de faltas, pendências em sistemas eletrônicos nacionais.

Designação Excepcional	Detalhes
Ausência de Substituto Elegível	Delegatário titular de outra serventia no mesmo município ou de município contíguo.
Critérios de Escolha	Maior número de especialidades do serviço vago, menor distância entre serventias, preferência por delegatário em municípios contíguos acessíveis por embarcações.
Nomeação de Não Delegatário	Preferência pela renovação do substituto mais antigo por mais 6 meses. Consultar juiz competente sobre o candidato.

Outras Considerações	Detalhes
Consulta ao Juiz Competente	Verificação de fatos desabonadores.
Escrevente Substituto	Preferência ao mais antigo ou, excepcionalmente, a um escrevente bacharel em direito com no mínimo 10 anos de experiência.

No que diz respeito ao **processo seletivo de candidatos entre os substitutos ou escreventes de outras serventias**, este somente ocorrerá após a tentativa de seleção entre os substitutos ou escreventes da serventia vaga, conforme indicado neste capítulo, ter sido frustrada. Esse processo deverá ser divulgado mediante edital com a mais ampla divulgação, inclusive com publicação no Diário da Justiça.

Os editais de seleção de candidatos podem ser substituídos por listas de inscrição permanentes de delegatários, substitutos ou escreventes, a depender de cada situação, que se proponham a exercer a interinidade, devendo ser dada a ela a mais ampla divulgação, inclusive com publicação no Diário da Justiça.

Os casos omissos serão decididos pela Corregedoria-Geral das Justiças dos Estados e do Distrito Federal e devem ser comunicados à Corregedoria Nacional de Justiça no prazo de 30 (trinta) dias.

1.2 DO EXERCÍCIO DA INTERINIDADE

Já foi mencionado diversas vezes nesta obra que o interino, substituto ou delegatário atua como preposto do Estado, prestando serviço público em nome deste. Ele se submete diretamente aos princípios da Administração Pública e ao regime de direito público, devendo prestar contas da regularidade dos atos praticados, sob pena de caracterização de **quebra de confiança**. Esse é um entendimento consolidado nos Tribunais Superiores.

O Código Nacional de Normas estabelece que devem ser observadas, no exercício da interinidade, as vedações dispostas na Resolução CNJ n. 80, de 9 de junho de 2009. Assim, não se deferirá a interinidade a quem não seja preposto do serviço notarial ou de registro na data da vacância, preferindo-se os prepostos da mesma unidade ao de outra, vedada a designação de parentes até o terceiro grau, por consanguinidade ou afinidade, de magistrados que estejam incumbidos da fiscalização dos serviços notariais e registrais, de Desembargador integrante do Tribunal de Justiça da unidade da federação que desempenha o respectivo serviço notarial ou de registro, ou em qualquer outra hipótese em que ficar constatado o nepotismo, ou o favorecimento de pessoas estranhas ao serviço notarial ou registral, ou designação ofensiva à moralidade administrativa. Se estas designações ocorrerem, o infrator sujeitará à responsabilidade civil, criminal e administrativa.

Para melhor regular o exercício da interinidade, as Corregedorias-Gerais das Justiças dos Estados e do Distrito Federal devem elaborar Plano de Gestão que envolva análise completa da estrutura em funcionamento da serventia vaga, identificando falhas e distorções para correção, balanço de transmissão de acervo, gerenciamento administrativo e financeiro, estabelecendo as metas e diretrizes relativas às despesas de custeio, investimento e pessoal, de forma a garantira a melhor prestação do serviço público.

Durante o exercício da interinidade, o interino será **remunerado como agente do Estado e preposto do Poder Judiciário** e fará jus apenas ao **recebimento da remuneração correspondente, no máximo, a 90,25%** (noventa inteiros e vinte e cinco centésimos por cento) dos subsídios de ministro do Supremo Tribunal Federal, ainda que esteja no exercício de múltiplas interinidades. Este entendimento também já está pacificado na jurisprudência.

É admitido ainda que normativas estaduais podem **limitar a remuneração do interino em valor inferior a esse limite,** levando em consideração a renda da serventia e a natureza do serviço, contudo, em valor **nunca inferior** àquele fixado para o Programa de Renda Mínima na respectiva unidade da federação.

A designação do interino deverá ser **revogada,** por quebra de confiança, se for constatado o **não repasse** ao Tribunal de Justiça do excedente ao limite imposto para a sua remuneração.

O interino, independentemente de autorização prévia da autoridade competente, e observadas as regras deste Capítulo e da Resolução CNJ n. 80/2009, poderá **contratar os empregados** que trabalhavam para o anterior delegatário que sejam considerados necessários à continuidade e melhor prestação do serviço público.

Anote-se que a extinção da delegação por qualquer motivo também importa na extinção de todos os contratos de trabalho firmados pelo anterior delegatário, sendo da responsabilidade deste, do seu espólio ou herdeiros o pagamento de todas as verbas legais pertinentes. Considerando o **caráter personalíssimo** da contratação realizada pelo anterior delegatário (Lei n. 8.935/94, art. 20) e o retorno do serviço delegado para o Estado (CF, art. 236), a contratação mencionada neste paragrafo deverá ser formalizada mediante **novo contrato de trabalho diante da modificação da situação jurídica inicial,** com adequações do patamar remuneratório, se necessário.

Ademais, é importante que o interino identifique os empregados do antigo delegatário que não forem contratados, cerificando seu tempo de trabalho de acordo com as informações que constarem do acervo da serventia.

Havendo troca de interinos durante a vacância da serventia, não se faz necessária nova contratação, mas apenas a recepção do empregado, mantendo-se o vínculo trabalhista anterior, apenas com a substituição do empregador.

Deverá ser mantido o **regime especial dos empregados que não formularem a opção prevista no art. 48 da Lei n. 8.935/94,** a ser estudado em breve nesta obra.

Nas serventias geridas por interino, a manutenção ou designação de substituto(s) dependerá da aprovação da Corregedoria-Geral das Justiças dos Estados e do Distrito Federal, ou, conforme norma local, do juiz competente, em número razoável, de acordo com a necessidade do serviço e com a arrecadação mensal da serventia.

Aplica-se a regra da vedação ao nepotismo (STF, Súmula vinculante n. 13) às contratações promovidas pelos interinos, inclusive nas contratações de escreventes autorizados ou substitutos.

Na hipótese excepcional e previamente autorizada pela Corregedoria-Geral das Justiças dos Estados e do Distrito Federal ou, conforme norma local, pelo juiz competente de utilização, pelo interino, da renda da serventia para o pagamento de passivo contratual, indenizatório ou de outra natureza do titular anterior da delegação, deverá a Corregedoria local comunicar o fato à Procuradoria-Geral do Estado ou do Distrito Federal a fim de garantir eventual direito de regresso.

Durante o exercício da interinidade, o interino deverá realizar o **provisionamento de valores,** em conta bancária específica para este fim, que visem a assegurar o futuro adimplemento dos encargos trabalhistas, limitados ao período da interinidade, relativos à concessão de férias, com o acréscimo do 1/3 (terço) constitucional, 13º salário, multa do Fundo de Garantia por Tempo de Serviço - FGTS por dispensa sem justa causa e o aviso prévio indenizado, bem como a incidência dos respectivos encargos previdenciários e FGTS.

Ressalte-se que, quanto ao valor do provisionamento, este integra as despesas mensais de funcionamento da serventia vaga, devendo tanto o seu depósito quanto a sua utilização, exclusiva para as verbas indicadas, constar na prestação de contas mensal, inclusive com o envio do extrato da conta destinada a esse fim.

Finalizado o período da interinidade e pagas todas as verbas trabalhistas, eventual saldo na conta do provisionamento será depositada da mesma forma que realizado o depósito do excedente do teto remuneratório.

Havendo **demissão de empregado no curso da interinidade**, a autoridade competente poderá autorizar a liberação proporcional da verba provisionada para o pagamento das verbas rescisórias.

Provida a serventia extrajudicial por concurso, caberá ao interino rescindir todos os contratos de trabalho vigentes até a data exata da assunção do novo delegatário, pagando as verbas rescisórias com as receitas da serventia provisionadas nos termos do artigo anterior ou, se insuficientes, mediante prévia autorização da Corregedoria-Geral das Justiças dos Estados e do Distrito Federal, com os recursos de fundo do Poder Judiciário, independentemente dos valores que tenha recolhido ao Tribunal de Justiça durante sua gestão, preferencialmente provenientes da arrecadação do excesso do limite remuneratório dos interinos.

Registre-se que as **rescisões** deverão ser feitas sob a modalidade de demissão sem justa causa, salvo o cometimento de ato que implique em demissão por justa causa ou celebração de acordo entre empregador e empregado, na forma da legislação trabalhista.

Em relação às **verbas rescisórias**, estas serão objeto de prestação de contas pelo interino à Corregedoria-Geral das Justiças dos Estados e do Distrito Federal ou, conforme norma local, ao juiz competente.

Qualquer ação judicial que venha a ser proposta contra o interino, em razão da atividade meio ou fim da serventia vaga, deverá ser comunicada à Corregedoria-Geral da Justiça no prazo máximo de 5 (cinco) dias para que possa ser avaliada a adoção das medidas cabíveis, incluindo a comunicação do fato à Procuradoria-Geral do Estado ou do Distrito Federal.

Observe-se que nenhuma ação judicial que envolva as atividades meio ou fim da serventia vaga poderá ser proposta pelo interino. Esta regra não se aplica aos procedimentos nos quais o interino atuar perante os juízos de Registros Públicos.

Para possibilitar ao Estado analisar a viabilidade de agir em regresso contra o interino pelos danos que, nessa qualidade, causar a terceiros por dolo ou culpa, deverá a Corregedoria-Geral da Justiça provocar a Procuradoria-Geral do Estado ou do Distrito Federal.

Os **danos** causados pelos funcionários da serventia são considerados **parte dos riscos inerentes à atividade de notarial e registral.** Por isso, devem ser cobertos pelas receitas geradas pela própria serventia. Se essas receitas forem insuficientes, é possível recorrer, com autorização prévia da Corregedoria-Geral da Justiça dos Estados e do Distrito Federal, aos recursos do fundo do Poder Judiciário, independentemente dos valores que foram recolhidos ao Tribunal de Justiça durante a gestão. Nessa situação, é preferível utilizar a arrecadação proveniente do excesso do limite remuneratório dos interinos.

Caso a Procuradoria-Geral do Estado ou do Distrito Federal não assuma a defesa extrajudicial ou judicial do interino, as despesas com a contratação de advogados deverão ser cobertas da mesma forma.

No entanto, se houver prova clara de que o interino agiu com culpa ou dolo na prática do ato danoso, essa responsabilidade não será aplicada da mesma maneira.

1.3 DA REVOGAÇÃO DA DESIGNAÇÃO DO INTERINO

Havendo **quebra de confiança**, a mesma autoridade com competência para a designação, **discricionariamente,** em decisão motivada e individualizada, revogará a designação do interino, **prescindindo de**

processo administrativo com ampla defesa e contraditório. Isso se justifica em razão do caráter precário da designação de interino.

Dentre outras situações, ocasionam a quebra de confiança:

a) a rejeição da prestação de contas do interino,

b) a queda injustificada de arrecadação da serventia vaga,

c) a contratação de empresas que detenham entre seus sócios cônjuge, companheiro ou parente em linha reta, colateral ou por afinidade, até o terceiro grau do interino.

Frise-se que a ocorrência da quebra de confiança **não dispensa o saneamento das irregularidades imputadas pela autoridade correcional,** independentemente da responsabilização cível, tributária, trabalhista e criminal cabíveis à espécie.

2. JURISPRUDÊNCIA COMPLEMENTAR

CONSELHO NACIONAL DE JUSTIÇA

EMENTA: Procedimento de Controle Administrativo – Serventia extrajudicial – Interinidade – Liminar deferida – Manutenção de delegatário – Provimento 77 da Corregedoria Nacional de Justiça – ADI 1183 STF.(...) Esclarece que o CNJ editou os Provimentos nº 77/2018 e 149, que regulamentam a situação da interinidade na hipótese de não haver substituto mais antigo, em conformidade com a Lei de nº 8.935/94. Sustenta que a interinidade deve recair sobre um titular de serventia do mesmo município ou município contíguo em casa de inexistência de substituto legal, o que não ocorreu no Cartório do 1º Ofício de Notas de São Miguel/RN. Relembra que a jurisprudência do CNJ confirma o mesmo entendimento. Em segundo lugar, mesmo ponderando a possibilidade de manutenção da decisão atacada, importa resgatar a orientação do Supremo Tribunal Federal nos autos da ADI 1183, que fixou prazo de 06(seis) meses para que os interinos não concursados respondam pelas serventias declaradas vagas. Na decisão na ADI acima referida, o Supremo Tribunal Federal entendeu que o substituto não concursado deve responder interinamente pelo cartório declarado vago pelo prazo não superior a 06(seis) meses. Diante disso, a lógica da ADI advoga no sentido da manutenção do notário que atualmente responde pela serventia. A não concessão da liminar pretendida incorpora o oposto do decido pelo STF, invertendo completamente seu sentido. Não é possível admitir a expulsão do notário em favor de uma interina que já se manteve por vários anos precariamente quando o STF determinou a substituição desses vínculos após seis meses. (CNJ – Procedimento de Controle Administrativo nº 0007115-96.2023.2.00.0000 – Rio Grande do Norte – Rel. Cons. Jane Granzoto – DJ 12.01.2024)

EMENTA: PROCEDIMENTO DE CONTROLE ADMINISTRATIVO. Corregedoria das Comarcas do Interior do Tribunal de Justiça do Estado da Bahia. Provimento nº 77/2018. Substituição de interinos. Ilegalidade. Inexistência. Ausência de elementos. Desnecessidade de processo administrativo. Precariedade da designação. Improcedência. (CNJ – Procedimento de Controle Administrativo nº 0003320-19.2022.2.00.0000 – Bahia – Rel. Cons. Mário Goulart Maia – DJ 14.08.2023)

EMENTA: Procedimento de Controle Administrativo – Corregedoria-Geral de Justiça do Estado do Mato Grosso – Serventia extrajudicial – Vacância – Interinidade – Designação de substituto mais antigo – Revogação – Provimento CN 77/2018 – Requisitos – Exigência cumulativa de formação em direito e tempo mínimo de atividade – Impossibilidade – Lei dos Cartórios – Entendimentos recentes do SJT e CNJ sobre o tema – Procedência do pedido. (CNJ – Procedimento de Controle Administrativo nº 0000528-92.2022.2.00.0000 – Mato Grosso – Rel. Cons. Mário Goulart Maia – DJ 16.05.2022)

EMENTA: RECURSO ADMINISTRATIVO EM PROCEDIMENTO DE CONTROLE ADMINISTRATIVO. Ato do Conselho da Magistratura do TJRN. Recurso Administrativo nº 2017.100006-5. Ofensa ao art. 39, § 2º, Lei 8.935/1994. Concurso interno para interinidade. Impossibilidade. Princípio da legalidade. Ofício Único de Jaçanã/RN. Vacância mesmo após concursos públicos (art. 236, § 3º, CF/88). Desinteresse dos aprovados. Designação de substituta mais antiga. Provimento do recurso e determinação de instauração de procedimento pelo TJRN. Estudo sobre extinção ou anexação de serventia (art. 44 da Lei 8.935/1994).

EMENTA: PEDIDO DE PROVIDÊNCIAS. RATIFICAÇÃO DA TUTELA DE URGÊNCIA DEFERIDA. SERVENTIA EXTRAJUDICIAL VAGA. NEPOTISMO. SUSPENSÃO CAUTELAR.

1. O Conselho Nacional de Justiça consolidou o entendimento de que, em caso de vacância ou extinção da delegação, é vedada a nomeação de cônjuge, companheiro ou parente em linha reta, colateral ou por afinidade, até o terceiro grau de titulares para a função de interino (PCA 5414-13.2017)

2. Pedido liminar acolhido diante da presença dos pressupostos do artigo 25, inciso XI, do Regimento Interno do Conselho Nacional de Justiça.

(...)**DECISÃO**

(...)

É a síntese do necessário. DECIDO. (...)

O Conselho Nacional de Justiça consolidou o entendimento de que, em caso de vacância ou extinção da delegação, **é vedada a nomeação de cônjuge, companheiro ou parente em linha reta, colateral ou por afinidade, até o terceiro grau de titulares para a função de interino** (PCA 5414-13.2017).

A decisão do Corregedor-Geral de Justiça de Alagoas foi categórica em demonstrar que tanto L.P.F (designado como interino) e D.P (designado como substituto legal do interino) são parentes do antigo delegatário titular do Cartório do 4. Ofício de Notas e 1º. Registro de Títulos e Documentos e Pessoas Jurídicas da Comarca de Maceió/AL. L.P.F e D.P são filho e sobrinho, respectivamente, de L. F, antigo titular da serventia.

Com a vacância do serviço, a atividade notarial e/ou registral deixa de ser privada e o exercício da função pública retorna ao Poder Judiciário, que deverá escolher o novo interino até a definitiva delegação proveniente de concurso público, conforme seus juízos de conveniência e oportunidade.

Os interinos das serventias notariais e de registro são verdadeiros prepostos do Poder Público e, sendo-lhes aplicável o regime de direito público, não se mostra adequado afastar as suas designações dos princípios constitucionais do art. 37 da CF/88.

A propósito:

"RECURSO ADMINISTRATIVO. REGULARIDADE DE CORREIÇÃO EXTRAORDINÁRIA. POSSIBILIDADE DE FIM DE DELEGAÇÃO PROVISÓRIA DE SERVENTIA EXTRAJUDICIAL AUSENTE PROCESSO ADMINISTRATIVO. DECISÃO INDIVIDUAL E FUNDAMENTADA. EXTENSÃO DO NEPOTISMO ÀS SERVENTIAS EXTRAJUDICIAIS.

1. A constatação de possíveis irregularidades relacionadas à prestação de contas junto ao Sistema de Arrecadação de Cartórios Extrajudiciais é hipótese apta a ensejar instauração de correição extraordinária.

2. **Após a identificação de práticas que configurem a quebra da relação de confiança entre Corregedoria local e Delegatário Interino, a medida que se revela apta é o fim da delegação provisória.**

3. Nada obstante a prescindível instauração de processo administrativo para a aplicação da medida tendente a fazer cessar a delegação provisória, a decisão que aplica a medida deve ser individualizada e fundamentada; e

4. **Sendo os interinos das serventias notarias e de registro verdadeiros prepostos do poder público e sendo-lhes aplicável o regime de direito público, em especial do teto remuneratório, não se mostra adequado afastar a sua designação dos princípios**

Lei 8.935/1994

constitucionais do art. 37 da CF/88, notadamente a impessoalidade, a vedar a prática do nepotismo.

5. Recurso conhecido e denegado." (CNJ – RA – Recurso Administrativo em PCA – Procedimento de Controle Administrativo – 0007585-40.2017.2.00.0000 – Rel. JOÃO OTÁVIO DE NORONHA – 271ª Sessão Ordinária – j. 8/5/2018.) (grifo nosso)

Como dito, o Conselho Nacional de Justiça, reiteradamente, vem decidindo pela impossibilidade de designação de parentes do antigo delegatário para o exercício da interinidade dos cartórios vagos, medida que atende ao interesse da moralidade e impessoalidade na Administração Pública.

O Supremo Tribunal Federal, sobre o tema, assim vem decidindo:

"DIREITO CONSTITUCIONAL. MANDADO DE SEGURANÇA. ATO DO CNJ. SERVENTIA EXTRAJUDICIAL. NOMEAÇÃO DE FILHA DE TABELIÃ FALECIDA COMO INTERINA. NEPOTISMO.

1. Mandado de segurança impetrado por filha de tabeliã falecida contra ato do CNJ que determinou a observância de decisão que vedava o nepotismo na nomeação de interinos de serventias extrajudiciais.

2. Como regra geral, o controle dos atos do CNJ pelo STF somente se justifica nas hipóteses de (i) inobservância do devido processo legal; (ii) exorbitância das atribuições do Conselho; e (iii) injuridicidade ou manifesta irrazoabilidade do ato impugnado. No caso, não se identifica qualquer dessas situações.

3. A decisão do CNJ que, ao afastar a impetrante da função de interina, nomeia outra pessoa para o seu lugar não viola o devido processo legal. O Conselho, como órgão administrativo, não está adstrito aos limites do pedido. O princípio da congruência se destina a resguardar a imparcialidade no exercício da atividade jurisdicional.

4. É certo que o CNJ, por ter natureza administrativa, não está autorizado a rever o conteúdo de atos jurisdicionais. Não obstante isso, no caso, não exorbitou de suas competências, por duas razões: (i) a decisão do Tribunal local foi proferida em mandado de segurança impetrado após o exame da matéria pelo Conselho; e (ii) tal pronunciamento jurisdicional afrontou diretamente ordem clara e expressa do órgão de controle, sobre a qual não existia nenhuma dúvida razoável. O CNJ pode exigir dos Tribunais submetidos à sua fiscalização o cumprimento imediato de suas próprias decisões, de modo a impedir o esvaziamento das competências que lhe foram dadas pelo art. 103-B, § 4º, da Constituição.

5. **Não há injuridicidade ou manifesta irrazoabilidade no ato impugnado. O art. 39, § 2º, da Lei nº 8.935/1994 foi adequadamente interpretado à luz do princípio da moralidade, vedando-se o nepotismo na designação de substituto interino. Não houve violação à segurança jurídica, pois o ato coator teve efeitos prospectivos, não implicando a restituição das remunerações já recebidas pela impetrante.**

6. Segurança denegada." (MS 36.215/DF, Min. Roberto Barroso, Dje 03/08/17) (grifo nosso) Brasília/DF, data registrada em sistema. Ministro DIAS TOFFOLI Presidente – – /(CNJ – Pedido de Providências nº 0002553-49.2020.2.00.0000 – Alagoas – Rel. Cons. Dias Toffoli – DJ 07.05.2020)

(...)

EMENTA: Procedimento de Controle Administrativo – Serventia extrajudicial – Interinidade – Substituto mais antigo – Art. 39, §2º da Lei 8.935/1994 – Parentesco – Ato não referendado pelo Tribunal – Aplicação da Súmula Vinculante nº 13 – Entendimento do Plenário do CNJ – 1. A questão cinge-se à designação de interino, na qualidade de substituto mais antigo, para responder por serventia extrajudicial vaga, até seu regular provimento por concurso público, na hipótese em que guardar vínculo de parentesco com o antigo titular – 2. O requerente foi designado para responder pela serventia, nos termos do artigo 39, §2º da Lei 8.935/1994, contudo o ato não foi referendado pelo Tribunal, ao verificar afronta aos princípios da moralidade e da impessoalidade, por ser esposo da antiga titular – 3. O Plenário do Conselho Nacional de Justiça, diante da reiteração de casos e do relevo da matéria, reviu entendimento para fixar que será designado o substituto mais antigo, desde que não configurada afronta à aplicação da Súmula Vinculante nº 13 – 4. Revogada a liminar concedida e julgado improcedente o Procedimento de Controle Administrativo, por considerar hígidos os atos impugnados (CNJ – Procedimento de Controle Administrativo nº 0005082-46.2017.2.00.0000 – Paraná – Rel. Cons. Iracema Vale – DJ 11.05.2018)

SUPREMO TRIBUNAL FEDERAL

EMENTA: AÇÃO DIRETA DE INCONSTITUCIONALIDADE. ARTS. 20; 39, II; 48 DA LEI 8.935/94. OFICIAIS REGISTRADORES E NOTÁRIOS. INDICAÇÃO DE SUBSTITUTOS. CONTINUIDADE DO SERVIÇO. CONCURSO PÚBLICO. COMPATIBILIZAÇÃO. APOSENTADORIA COMPULSÓRIA. CARTÓRIOS OFICIALIZADOS. REGIME JURÍDICO. AÇÃO CONHECIDA E JULGADA PARCIALMENTE PROCEDENTE.

1. A Lei n.º 8.935/94, na qual estão os dispositivos ora impugnados, veio para regulamentar a atividade notarial e registral, como norma geral exigida pelo art. 236, §§ 1º e 2º da Constituição.

2. Quando o art. 20 da Lei n.º 8.935/94 admite a substituição do notário ou registrador por preposto indicado pelo titular, naturalmente o faz para ajustar as situações de fato que normalmente ocorrem, sem ofensa à exigência de concurso público para ingresso na carreira. O Oficial do Registro ou Notário, como qualquer ser humano, pode precisar afastar-se do trabalho, por breves períodos, seja por motivo de saúde, ou para realizar uma diligência fora da sede do cartório, ou mesmo para resolver algum problema particular inadiável. E o serviço registral ou notarial não pode ser descontinuado, daí a necessidade de que exista um agente que, atuando por conta e risco do titular e sob a orientação deste, possa assumir precariamente a função nessas contingências, até que este último retome a sua função.

3. Porém, a Lei n.º 8.935/94, no artigo ora discutido (art. 20, caput), ao não estipular prazo máximo para a substituição, pode, de fato, passar a falsa impressão de que o preposto poderia assumir o serviço por tempo indefinido, em longas ausências do titular ou mesmo na falta de um titular, por conta e risco seus, aí, sim, violando a exigência de concurso público para a investidura na função (que deve ser aberto, no máximo, 6 meses após a vacância, conforme art. 236, § 3º da CF).

4. O art. 20 da Lei n.º 8.935/94 é constitucional, sendo, todavia, inconstitucional a interpretação que extraia desse dispositivo a possibilidade de que prepostos, indicados pelo titular ou mesmo pelos tribunais de justiça, possam exercer substituições ininterruptas por períodos maiores de que 6 (seis) meses. Para essas longas substituições, a solução é mesmo aquela apontada pelo autor da ação: o "substituto" deve ser outro notário ou registrador, observadas as leis locais de organização do serviço notarial e registral, e sem prejuízo da abertura do concurso público respectivo. Apenas assim se pode compatibilizar o princípio da continuidade do serviço notarial e registral com a regra constitucional que impõe o concurso público como requisito indispensável para o ingresso na função (CF, art. 236, § 3º). Fica ressalvada, no entanto, para casos em que não houver titulares interessados na substituição, a possibilidade de que os tribunais de justiça possam indicar substitutos "ad hoc", sem prejuízo da imediata abertura de concurso para o preenchimento da (s) vaga (s).

5. A Lei n.º 8.935/94 não tem qualquer relevância para a aplicabilidade ou não da aposentadoria compulsória aos notários e registradores, pois tal disciplina decorre diretamente da Constituição. A jurisprudência do Supremo Tribunal Federal considera que, a partir da publicação da EC 20/98, não se aplica mais aos notários e registradores a aposentadoria compulsória (ADI 2602-MG, Red. p/ acórdão Min. EROS GRAU).

6. O art. 48 da Lei n.º 8.935/94 é norma de direito intertemporal, cujo objetivo foi harmonizar os diferentes regimes jurídicos que remanesceram para os cartórios a partir de 1988, conforme art. 32 do ADCT. Ao reconhecer essa diversidade de regimes e criar opção para que servidores públicos que trabalhavam em cartórios privados pudessem ser contratados, pelo regime trabalhista comum (CLT), cessando o vínculo com o Estado, a norma em nada ofende a Constituição.

7. A eventual aplicação abusiva do dispositivo legal deve se resolver pelos meios ordinários de fiscalização e controle da Administração Pública, não por controle abstrato de constitucionalidade.

8. Ação conhecida e julgada parcialmente procedente, apenas para dar interpretação conforme ao art. 20 da Lei n.º 8.935/94. (STF - ADI:

1183 DF, Relator: NUNES MARQUES, Data de Julgamento: 08/06/2021, Tribunal Pleno, Data de Publicação: 21/06/2021)

SUPERIOR TRIBUNAL DE JUSTIÇA

EMENTA: PROCESSUAL CIVIL. Recurso Especial. Serventia extrajudicial. Escrevente substituto não concursado. Estabilidade prevista no art. 19 do ADCT. Aplicabilidade tão somente aos servidores públicos 'stricto sensu'. Inaplicabilidade aos serventuários não remunerados pelos cofres públicos. Recurso Especial provido. (STJ – REsp nº 1.215.099 – Minas Gerais – 2ª Turma – Rel. Min. Mauro Campbell Marques – DJ 21.08.2013)

3. QUESTÕES DE CONCURSOS

01. (Cespe – Notários e Oficiais de Registro – Remoção – TJ – DFT/2019) No caso de ser extinta delegação a notário ou a oficial de registro, a autoridade competente deverá declarar vago o respectivo serviço, designar o substituto mais antigo para responder pelo expediente e abrir concurso. Nesse caso, segundo entendimento do STF, os substitutos interinos das serventias extrajudiciais

a) deverão submeter-se ao teto remuneratório constitucional, porque o interino não atua como delegado do serviço notarial e de registro, mas como preposto do poder público.

b) deverão submeter-se ao teto remuneratório constitucional, porque as receitas auferidas pela serventia, permanentes ou interinas são públicas e decorrem do caráter público dos serviços prestados.

c) não deverão se submeter ao teto remuneratório constitucional, porque as categorias de agentes delegados, permanentes ou interinos são particulares em colaboração com a administração pública.

d) não deverão se submeter ao teto remuneratório constitucional, porque os serviços prestados pelas serventias extrajudiciais são remunerados pelos particulares.

e) não deverão se submeter ao teto remuneratório constitucional, porque não é possível transpor a categoria de particulares em colaboração com o poder público para a de agentes públicos.

02. (FUMARC – Notário-MG/2012) A delegação do notário ou do oficial registrador NÃO se extingue pela

a) renúncia.

b) invalidez.

c) Lei 8.935/94, art. 35.

d) aposentadoria compulsória aos 70 anos.

03. (Cespe – Cartório – TJ-DFT/2014) Com relação aos escreventes, auxiliares e prepostos, assinale a opção correta.

a) Os auxiliares, contratados em conformidade com a legislação do trabalho, poderão, quando designados pelo notário ou oficial de registro, responder pelo respectivo serviço, nas ausências e impedimentos do titular.

b) Conforme recente entendimento do STJ, são assegurados ao escrevente substituto e responsável pelo ofício em decorrência de aposentadoria do titular os direitos conferidos aos servidores públicos, incluindo-se o de prévio procedimento administrativo na aplicação de sanções disciplinares.

c) Para que os escreventes substitutos possam praticar atos próprios do titular da serventia, os seus nomes devem ser previamente aprovados pelo juízo competente.

d) Dada a relação de subordinação decorrente do vínculo trabalhista entre o titular da serventia e o seu substituto legal, a lei proíbe que este lavre os atos que aquele esteja impedido de lavrar.

e) Conforme entendimento do STJ, ocorrendo a vacância do cargo do titular da serventia notarial ou de registro, deverá a autoridade judiciária competente designar, até o provimento do cargo vago por concurso público, o substituto mais antigo para responder temporariamente pelo serviço do expediente.

GAB	1	A	2	D	3	E

Lei 8.935/1994

CAPÍTULO IX – DA SEGURIDADE SOCIAL

Art. 40. Os notários, oficiais de registro, escreventes e auxiliares são vinculados à previdência social, de âmbito federal, e têm assegurada a contagem recíproca de tempo de serviço em sistemas diversos.

Parágrafo único. Ficam assegurados, aos notários, oficiais de registro, escreventes e auxiliares os direitos e vantagens previdenciários adquiridos até a data da publicação desta lei.

1. COMENTÁRIOS

A seguridade social compreende um conjunto integrado de ações, de iniciativa dos Poderes Públicos e da sociedade, destinadas a assegurar os direitos relativos à saúde, à previdência e à assistência social.

A organização da seguridade social é de competência do Poder Público, nos termos da lei, que deve estruturá-la com base nos seguintes objetivos:

- Universalidade da cobertura e do atendimento;
- Uniformidade e equivalência dos benefícios e serviços às populações urbanas e rurais;
- Seletividade e distributividade na prestação dos benefícios e serviços;
- Irredutibilidade do valor dos benefícios;
- Equidade na forma de participação no custeio;
- Diversidade da base de financiamento, identificando-se, em rubricas contábeis específicas para cada área, as receitas e as despesas vinculadas a ações de saúde, previdência e assistência social, preservado o caráter contributivo da previdência social;
- Caráter democrático e descentralizado da administração, mediante gestão quadripartite, com participação dos trabalhadores, dos empregadores, dos aposentados e do Governo nos órgãos colegiados

A seguridade social é financiada por toda a sociedade, de forma direta e indireta, nos termos da lei, mediante recursos provenientes dos orçamentos da União, dos Estados, do Distrito Federal e dos Municípios, e de mais algumas contribuições sociais estipuladas no rol do art. 195 da Constituição Federal.

Os notários e registradores não são considerados servidores públicos em sentido estrito, dessa forma, **não são vinculados ao regime de previdência próprio** desses servidores.

Por esta razão, o regime previdenciário é o **regime geral**, de caráter contributivo. Logo, esses delegados do serviço público devem contribuir para o Instituto Nacional de Seguridade Social com o fito de alcançar benefícios previdenciários como qualquer cidadão da iniciativa privada. A mesma regra vale para os escreventes e auxiliares.

Veja que de acordo com a redação do inciso VII, do § 15, do artigo 9º do Decreto Federal n. 3.048/1999 (Lei da Previdência Social), são **segurados obrigatórios** do Regime Geral de Previdência Social (INSS), os notários e os registradores, titulares de "cartório", que detêm a delegação do exercício da atividade notarial e de registro, não remunerados pelos cofres públicos. Veja-se o excerto:

> "Art. 9º São segurados obrigatórios da previdência social as seguintes pessoas físicas:
>
> (...)
>
> V – **como contribuinte individual**:
>
> (...)
>
> j) quem presta serviço de natureza urbana ou rural, em caráter eventual, a uma ou mais empresas, sem relação de emprego;
>
> l) a pessoa física que exerce, por conta própria, atividade econômica de natureza urbana, com fins lucrativos ou não;
>
> §15. Enquadram-se nas situações previstas nas alíneas "j" e "l" do inciso V do caput, entre outros:
>
> (...)
>
> VII – o notário ou tabelião e o oficial de registros ou registrador, titular de cartório, que detêm a delegação do exercício da atividade notarial e de registro, não remunerados pelos cofres públicos (...)"

Com o advento da Lei 8.935/1994, não mais se admitiu a contratação de prepostos sob o regime estatutário. Os notários e oficiais de registro passaram a poder contratar seus escreventes e auxiliares exclusivamente segundo a legislação trabalhista, regida pela CLT, com exceção daqueles que optaram expressamente por permanecer sob o regime estatutário após a vigência da referida lei. Assim, é facultado aos prepostos optar por continuar sob o regime estatutário ou escolher o regime trabalhista.

Frise-se que o entendimento dominante no Superior Tribunal de Justiça é no sentido de que **não há direito adquirido** por parte dos notários e registradores à manutenção em regime de previdência próprio dos servidores públicos, pois sua equiparação a servidores públicos ocorreu apenas durante a vigência da EC nº 20/1998 e, mesmo assim, apenas para fins de aplicação da regra da aposentadoria compulsória.

Na mesma direção, o entendimento que atualmente prevalece no Supremo Tribunal Federal é no sentido de que a equiparação dos notários e registradores a servidores públicos somente ocorreu na vigência da redação original da Constituição Federal de 1988 (antes da EC 20/98), e, ainda assim, somente para fins de incidência da regra da aposentadoria compulsória. Não há direito adquirido, portanto, à manutenção em regime de previdência próprio dos servidores públicos, bem como à percepção de vantagens e vencimentos pagos pelos cofres públicos. A Constituição garante a notários e registradores o direito à manutenção do regime anterior, mas não assegura a sua cumulação com outro regime. É o que decorre do art. 32 da ADCT (excerto da ementa do RMS 28.286/RS, 1ª Turma, Rel. Min. Teori Albino Zavascki, DJe de 19.9.2011).

2. JURISPRUDÊNCIA COMPLEMENTAR

SUPERIOR TRIBUNAL DE JUSTIÇA

EMENTA: ADMINISTRATIVO E PROCESSUAL CIVIL. AGRAVO REGIMENTAL NO RECURSO ORDINÁRIO EM MANDADO DE SEGURANÇA. NOTÁRIOS E REGISTRADORES. VINCULAÇÃO A REGIME PREVIDENCIÁRIO PRÓPRIO DOS SERVIDORES PÚBLICOS. IMPOSSIBILIDADE. PRECEDENTES.

1. O Superior Tribunal de Justiça tem firme entendimento de que não é possível a vinculação dos notários e registradores a regime previdenciário próprio dos servidores públicos, porquanto a equiparação a servidores públicos, ocorrida antes da EC 20/1998, diz respeito, apenas, às regras para a aposentadoria compulsória, não havendo falar em direito adquirido. Precedentes.
2. Agravo regimental não provido.

Vistos, relatados e discutidos estes autos, acordam os Ministros da Primeira TURMA do Superior Tribunal de Justiça, por unanimidade, negar provimento ao agravo regimental, nos termos do voto do Sr. Ministro Relator. Os Srs. Ministros Regina Helena Costa (Presidente), Gurgel de Faria, Napoleão Nunes Maia Filho e Benedito Gonçalves votaram com o Sr. Ministro Relator.

Brasília (DF), 11 de abril de 2019(Data do Julgamento)

MINISTRO SÉRGIO KUKINA

Relator

RELATÓRIO

O EXMO. SR. MINISTRO SÉRGIO KUKINA (Relator): Trata-se de agravo regimental interposto por Ayrton Bernardes Carvalho, desafiando decisão que negou provimento ao recurso ordinário em mandado de segurança, sob o fundamento de que não encontra amparo na jurisprudência do Superior Tribunal de Justiça a pretensão de reconhecimento do direito ao regime jurídico misto, com abrangência de vantagens do caráter privado dos notários e registradores e do regime jurídico dos servidores públicos.

Inconformada, a parte agravante, em suas razões, sustenta que *"foram implementadas as condições legais para o recebimento do seu direito, antes do advento da Emenda Constitucional nº 20/98, que deu nova redação ao art. 40, §1º, inciso II da Carta Política."* (fl. 433). Tece, ainda, considerações sobre a impossibilidade de se presumir a manifestação de renúncia quanto a regime jurídico anterior e sobre ao malferimento do princípio da legalidade no que diz respeito à opção feita pelo agravante.

Requer a reconsideração do *decisum*, ou a submissão do feito ao julgamento colegiado.

A parte agravada não apresentou impugnação.

É o relatório.

VOTO

O EXMO. SR. MINISTRO SÉRGIO KUKINA (Relator): A insurgência não merece prosperar.

No caso, a decisão agravada concluiu que o acórdão proferido pelo Tribunal de origem está em consonância com o entendimento deste Superior Tribunal de Justiça, segundo o qual, *"A equiparação dos notários e registradores a servidores públicos somente ocorreu na vigência da EC n. 20/1998 e somente para fins de incidência da regra de aposentadoria compulsória, não havendo falar em direito adquirido à manutenção em regime de previdência próprio dos servidores públicos."* (REsp 1352996/RS, Rel. Ministro BENEDITO GONÇALVES, PRIMEIRA TURMA, julgado em 05/03/2015, DJe 11/03/2015).

No mesmo sentido, colhem-se os seguintes precedentes:

ADMINISTRATIVO. AGRAVO INTERNO NO AGRAVO EM RECURSO ESPECIAL. EQUIPARAÇÃO DOS NOTÁRIOS E REGISTRADORES A SERVIDORES PÚBLICOS SOMENTE OCORREU NA VIGÊNCIA DA REDAÇÃO ORIGINAL DA CARTA POLÍTICA DE 1988 (ANTES DA EC 20/1998) E SOMENTE PARA FINS DE INCIDÊNCIA DA REGRA DE APOSENTADORIA COMPULSÓRIA, NÃO HAVENDO DIREITO ADQUIRIDO À MANUTENÇÃO EM REGIME DE PREVIDÊNCIA PRÓPRIO DOS SERVIDORES PÚBLICOS. PREENCHIMENTO DOS REQUISITOS NÃO RECONHECIDO PELA CORTE DE ORIGEM. IMPOSSIBILIDADE DE REVISÃO DE TAL PREMISSA. SÚMULA 7/STJ. AGRAVO INTERNO DO PARTICULAR A QUE SE NEGA PROVIMENTO.

1. A jurisprudência desta Corte assentou o entendimento de que a equiparação dos notários e registradores a Servidores Públicos somente ocorreu na vigência da redação original da Carta Política de 1988 (antes da EC 20/1998) e somente para fins de incidência da regra de aposentadoria compulsória, não havendo direito adquirido à manutenção em Regime de Previdência Próprio dos Servidores Públicos.

2. Não basta o preenchimento dos requisitos para a aposentadoria antes da EC 20/1998, sendo necessária, também, a opção pela permanência no regime próprio, o que implica na submissão às suas regras, inclusive quanto à aposentadoria compulsória aos 70 (setenta) anos de idade.

3. No caso dos autos, a Corte de origem é categórica ao afirmar que o autor não implementou os requisitos para a inativação pelas regras anteriores e/ou pela EC 20/1998, até 31.12.2003, data da publicação da EC 41/2003. Nesse cenário, inviável a revisão de tal premissa, ante a incidência da Súmula 7/STJ.

4. Agravo Interno do Particular a que se nega provimento.

(AgInt no AREsp 525.844/RS, Rel. Ministro NAPOLEÃO NUNES MAIA FILHO, PRIMEIRA TURMA, julgado em 12/02/2019, DJe 20/02/2019)

PROCESSUAL CIVIL. ADMINISTRATIVO. SERVIÇOS NOTARIAIS E REGISTRAIS. VINCULAÇÃO DE TABELIÃES A REGIME PREVIDENCIÁRIO PRÓPRIO DOS SERVIDORES PÚBLICOS. IMPOSSIBILIDADE. DIREITO ADQUIRIDO NÃO CONFIGURADO. AGRAVO CONHECIDO. RECURSO ESPECIAL IMPROVIDO.

I – O entendimento que atualmente prevalece no Supremo Tribunal Federal é no sentido de que a equiparação dos notários e registradores a servidores públicos somente ocorreu na vigência da redação original da Constituição Federal de 1988 (antes da EC 20/98), e, ainda assim, somente para fins de incidência da regra da aposentadoria compulsória.

II – Não há direito adquirido, portanto, à manutenção em regime de previdência próprio dos servidores públicos, bem como à percepção de vantagens e vencimentos pagos pelos cofres públicos. A Constituição garante a notários e registradores o direito à manutenção do regime anterior, mas não assegura a sua cumulação com outro regime. É o que decorre do art. 32 da ADCT. Precedentes: RMS 28.362/RS, Rel. Ministro Mauro Campbell Marques, Segunda Turma, julgado em 26/6/2012, DJe 6/8/2012; RMS 28.286/RS, 1ª Turma, Rel. Min. Teori Albino Zavascki, DJe de 19.9.2011; AgRg no AREsp 30.030/RS, Rel. Ministro Mauro Campbell Marques, Segunda Turma, julgado em 3.11.2011, DJe 11.11.2011.

III – Agravo interno improvido.

(AgInt no AREsp 940.972/SE, Rel. Ministro FRANCISCO FALCÃO, SEGUNDA TURMA, julgado em 16/08/2018, DJe 27/08/2018)

PROCESSUAL CIVIL. ADMINISTRATIVO. AGRAVO REGIMENTAL NO RECURSO ESPECIAL. ARGUMENTOS INSUFICIENTES PARA DESCONSTITUIR A DECISÃO ATACADA. CÓDIGO DE PROCESSO CIVIL DE 1973. APLICABILIDADE. NOTÁRIOS E REGISTRADORES. ATIVIDADE DESENVOLVIDA EM CARÁTER PRIVADO APÓS CF/88. VINCULAÇÃO DE TABELIÃES A REGIME PREVIDENCIÁRIO PRÓPRIO DOS SERVIDORES PÚBLICOS. IMPOSSIBILIDADE. DIREITO ADQUIRIDO NÃO CONFIGURADO. RECURSO ESPECIAL PROVIDO.

[...]

II – O acórdão recorrido está em confronto com a orientação desta Corte, segundo a qual a equiparação dos notários e registradores a servidores públicos somente ocorreu na vigência da redação original da Carta Política de 1988 (antes da EC 20/1998) e somente para fins de incidência da regra de aposentadoria compulsória, não havendo direito adquirido à manutenção em regime de previdência próprio dos servidores públicos.

III – O Agravante não apresenta, no regimental, argumentos suficientes para desconstituir a decisão agravada.

IV – Agravo Regimental improvido.

(AgRg no REsp 1553998/RS, Rel. Ministra REGINA HELENA COSTA, PRIMEIRA TURMA, julgado em 26/04/2016, DJe 16/05/2016)

Assim, não há razão para a reforma da decisão agravada, devendo ser confirmada pelo Colegiado.

ANTE O EXPOSTO, nega-se provimento ao agravo regimental.

É o voto. (STJ – AgRg no RMS nº 32.206 – Rio Grande do Sul – 1ª Turma – Rel. Min. Sérgio Kukina – DJ 22.04.2019)

EMENTA: PROCESSUAL CIVIL E ADMINISTRATIVO. SERVIÇOS NOTARIAIS E REGISTRAIS. VINCULAÇÃO DE TABELIÃES A REGIME PREVIDENCIÁRIO PRÓPRIO DOS SERVIDORES PÚBLICOS. IMPOSSIBILIDADE.

1. O Superior Tribunal de Justiça possui jurisprudência no sentido de que a equiparação dos notários e registradores a servidores públicos somente ocorreu na vigência da EC 20/1998 e para fins de incidência da regra de aposentadoria compulsória, não havendo direito adquirido à manutenção em regime de previdência próprio dos servidores públicos.

2. Agravo Regimental não provido.(STJ – AgRg no REsp nº 1.488.567 – Rio Grande do Sul – 2ª Turma – Rel. Min. Herman Benjamin – DJ 11.02.2015)

EMENTA: CONSTITUCIONAL. ADMINISTRATIVO. CARTÓRIO. REGIME PREVIDENCIÁRIO. POSTULAÇÃO DE MANUTENÇÃO NO REGIME PRÓPRIO. IMPOSSIBILIDADE. ART. 40 DA CONSTITUIÇÃO FEDERAL. PRECEDENTES. AUSÊNCIA DE DIREITO ADQUIRIDO A REGIME JURÍDICO. INEXISTÊNCIA DE DIREITO LÍQUIDO E CERTO.

1. Cuida-se de recurso ordinário em mandado de segurança no qual delegatários – notários e registradores – de cartório pleiteiam a sua manutenção de vínculo previdenciário ao regime estatal próprio e se insurgem contra sua migração ao regime geral de previdência social; alegam violação do direito adquirido e à segurança jurídica.

2. O advento da Emenda Constitucional nº 20/1998, ao modificar o teor da redação do art. 40 da Constituição Federal, passou a restringir o regime próprio de previdência somente aos titulares de cargos efetivos, tendo sido esta redação mantida pela Emenda Constitucional nº 41/2003, com a indicação, no seu art. 3º, de que deveriam ser preservados somente os direitos daqueles que já estivessem em condição de fruição destes.

3. A modificação jurídica evidenciou que os notários e registradores, por força de alteração do texto constitucional, tiveram efetivada uma mudança no seu regime previdenciário; se tivessem atingido os requisitos para aposentadoria compulsória, poderiam requerê-la com base no regime anterior e, em caso contrário, haveria a sua migração ao regime geral de previdência social. Precedentes: RMS 28.394/RS, Rel. Min. Ari Pargendler, Primeira Turma, DJe 8.10.2013; RMS 28.362/RS, Rel. Min. Mauro Campbell Marques, Segunda Turma, DJe 6.8.2012; e RMS 30.378/RS, Rel. Min. Teori Albino Zavascki, Primeira Turma, DJe 30.8.2011.

4. *"Deve o delegatário estar sujeito ao sistema geral de aposentadoria da Previdência Social, assegurando-se a contagem recíproca de tempo*

Lei 8.935/1994

de serviço e resolvendo-se atuarialmente a compensação ou complementação dos recolhimentos já efetuados entre o INSS e o órgão gestor previdenciário da unidade federada" (RMS 28.650/RS, Rel. Min. Eliana Calmon, Rel. p/ acórdão Min. Herman Benjamin, Segunda Turma, DJe 5.8.2010). Recurso ordinário improvido.(STJ – RMS nº 44.328 – Ceará – 2ª Turma – Rel. Min. Humberto Martins – DJ 13.08.2014)

EMENTA: TRIBUTÁRIO. AÇÃO ANULATÓRIA. CONTRIBUIÇÃO PREVIDENCIÁRIA. OFICIAIS DE REGISTRO, NOTÁRIOS E TABELIÃES. ART. 236 DA CONSTUIÇÃO. LEI 8.935/94. NATUREZA JURÍDICA DO VÍNCULO. FILIAÇÃO OBRIGATÓRIA AO REGIME GERAL DA PREVIDÊNCIA SOCIAL. ADI 2791 DO STF. LEGISLAÇÃO ESTADUAL DE REGÊNCIA INAPTA A DESCARACTERIZAR A EXIGÊNCIA DE CONTRIBUIÇÃO AO RGPS. INVERSÃO DA SUCUMBÊNCIA.

1. Controvérsia consistente em definir a natureza jurídica do vínculo mantido entre o Estado e os agentes cartorários (tabeliães e oficiais de registro, notários e registradores), para efeito de determinar a obrigatoriedade de filiação ao Regime Geral da Previdência Social.

2. A atividade notarial e de registro é exercida em caráter privado, por delegação do Poder Público, nos termos do art. 236 da Constituição. Qualificam-se tais delegatários, portanto, como agentes particulares colaboradores, os quais, ainda que possam ser em agrupados na categoria de servidores públicos *lato sensu*, não recebem remuneração pelo Estado, estando sujeitos a regime jurídico singular, em colaboração com o Poder Público.

3. Nos termos da Lei 8.935/94, os notários, oficiais de registro, escreventes e auxiliares são vinculados à previdência social, de âmbito federal.

4. O Supremo Tribunal Federal, nos autos da ADI 2791, julgou inconstitucional ato normativo estadual que incluía indevidamente os oficiais de registro no plano especial de previdência, reafirmando o entendimento predominante da Corte no sentido de que estado membro não pode conceder a serventuários da Justiça aposentadoria de servidor público, pois para esse efeito não o são. Precedentes.

5. Afronta do acórdão do TJPR ao julgamento proferido pelo STF, razão pela qual não se considera o julgado, para fins da discussão veiculada na presente ação declaratória, como paradigma válido a produzir o efeito de declarar a inexistência de relação jurídico tributária sob o argumento do ato jurídico perfeito.

6. A manutenção da autora em regime próprio de previdência dos servidores públicos produziu-se em descompasso com a legislação e com a decisão do STF. Por tal razão, nenhuma aptidão possui para alijar a apelante da filiação obrigatória ao Regime Geral da Previdência Social.

7. Invertido o ônus da sucumbência, cabendo a autora o pagamento de custas e honorários advocatícios em Favor da União, no percentual fixado na sentença. (TRF 4ª Região – Apelação/Reexame Necessário nº 5000703-81.2012.404.7013 – Paraná – 2ª Turma – Rel. Des. Otávio Roberto Pamplona – DJ 05.05.2014)

EMENTA: AGRAVO EM RECURSO ESPECIAL NOTÁRIOS E REGISTRADORES. DESFAZIMENTO DE VÍNCULO FUNCIONAL COM O ESTADO. CESSAÇÃO DA RELAÇÃO PREVIDENCIÁRIA. DUPLICIDADE DE REGIME PREVIDENCIÁRIO. IMPOSSIBILIDADE. PRECEDENTES DESTE SUPERIOR TRIBUNAL. AGRAVO CONHECIDO PARA NEGAR SEGUIMENTO AO RECURSO ESPECIAL. (STJ – AREsp nº 263.781 – RS – 2ª Turma – Rel. Min. Mauro Campbell Marques – DJ 06.12.2012)"[...] Então, como desde a Carta de 88 os tabeliães e registradores não mais são considerados servidores públicos, e por conta da EC nº 20, passaram os Tribunais e mesmo a Corte Suprema a entender que a eles não se aplica a regra da aposentadoria compulsória por implemento de idade. Por conta disso sobreveio decisão da Egrégia Presidência do Tribunal que, acolhendo parecer conjunto dos Juízes-Assessores, determinou a imediata cessação do pagamento de vantagens e/ou vencimentos até então percebidas pelos notários e registradores e sua desvinculação do regime previdenciário estadual, o que também se deu com relação à Apelante. Todavia, o Colendo Conselho da Magistratura assegurou a vinculação dos Notários e Registradores ao regime estadual de previdência (IPERGS). (Processo SPI nº 012423-0300/06-9 – fls. 26/133). Leio a parte dispositiva dessa decisão: "Em sessão do CONSELHO DA MAGISTRATURA, realizada em 29 de janeiro de 2008, prosseguindo no julgamento, votou o Des. Jorge Luís Dall'Agnol, acompanhando o Relator. Os demais também o acompanharam. Resultou assim a decisão: "Rejeitadas as preliminares, à unanimidade, no mérito, por maioria, deram provimento em parte ao recurso para modificar a decisão quanto à desvinculação junto ao IPERGS, ficando a encargo do recorrente o recolhimento das contribuições previdenciárias, vencido o Des. Vasco Della Giustina, que provia integralmente o recurso. " (fl. 132). **Então, como assegurado aos notários e registradores todos os direitos e vantagens previdenciárias adquiridas até a data da publicação da lei 8.935/94, por decisão do Colendo Conselho da Magistratura**, tenho sobejam razões para acolher a pretensão e dar provimento à apelação. Deveras, tanto que mantido o vínculo previdenciário com o IPERGS, ao contrário do que sustenta a d. sentença, cuja manutenção supõe a regular contribuição, pena de perda da qualidade de segurada, e não se dispondo a Autarquia a receber, correto o proceder da Apelante com vistas a forrar-se dos direitos e vantagens previdenciárias já incorporadas a seu patrimônio jurídico. A consignação, sabe-se, é modo de extinção da dívida com efeito de pagamento; no caso, dívida por contribuições previdenciárias que o "Credor" confessadamente recusa receber. Recusa imotivada, por certo. E desimporta a natureza da dívida ou da obrigação, aqui previdenciária; basta a recusa, a mais típica das hipóteses, para ensejar a consignação em pagamento, posto que o Código de Processo (art. 890) não arrolou as situações que a tornam cabível, tanto menos contemplou hipóteses de descabimento. [...]. "Quanto ao mérito, este Superior Tribunal de Justiça pacificou o entendimento de que *"a Constituição garante a notários e registradores o direito à manutenção do regime anterior, mas não assegura a sua cumulação com outro regime"*. Nesse diapasão: CONSTITUCIONAL E ADMINISTRATIVO. SERVIÇOS NOTARIAIS E DE REGISTRO. ATIVIDADE DESENVOLVIDA EM CARÁTER PRIVADO APÓS A CF/88. VINCULAÇÃO DE TABELIÃES A REGIME PREVIDENCIÁRIO PRÓPRIO DOS SERVIDORES PÚBLICOS E PERCEPÇÃO DE VENCIMENTOS E VANTAGENS PAGAS PELOS COFRES PÚBLICOS. IMPOSSIBILIDADE. DIREITO ADQUIRIDO NÃO CONFIGURADO. ENTENDIMENTO DO STF. 1. O entendimento que atualmente prevalece no Supremo Tribunal Federal é no sentido de que a equiparação dos notários e registradores a servidores públicos somente ocorreu na vigência da redação original da Constituição Federal de 1988 (antes da EC 20/98), e, ainda assim, somente para fins de incidência da regra da aposentadoria compulsória. Não há direito adquirido, portanto, à manutenção em regime de previdência próprio dos servidores públicos, bem como à percepção de vantagens e vencimentos pagos pelos cofres públicos. 2. A Constituição garante a notários e registradores o direito à manutenção do regime anterior, mas não assegura a sua cumulação com outro regime. É o que decorre do art. 32 da ADCT. 3. Recurso ordinário a que se nega provimento. (RMS 28.286/RS, Rel. Ministro TEORI ZAVASCKI, DJ de 19/09/2011). No tocante à alínea "c" do permissivo constitucional, o dissídio pretoriano não restou caracterizado na forma exigida pelos arts. 541, parágrafo único, do CPC e 255, §§ 1º e 2º, do RISTJ, diante da ausência de similitude fática entre os acórdãos cotejados (cf. AgRg no Ag 1.077.358/RS, Rel. Min. SIDNEI BENETI, DJe 10.02.2009 e AgRg no Ag 1.007.956/SP, Rel. Min. FERNANDO GONÇALVES, DJe 09.03.2009). Nesse diapasão confira-se, ainda, o seguinte precedente: AGRAVO REGIMENTAL. PREVIDÊNCIA PRIVADA. REDISTRIBUIÇÃO DOS ÔNUS SUCUMBENCIAIS. AUSÊNCIA DE INDICAÇÃO DO DISPOSITIVO LEGAL REPUTADO VIOLADO. SÚMULA 284/STF. FALTA DE COMPROVAÇÃO ANALÍTICA DO DISSÍDIO. I – Estando o recurso especial fundado em violação à lei federal, faz-se indispensável a indicação do dispositivo tido por afrontado. Tal deficiência, com sede na própria fundamentação da insurgência recursal, impede a abertura desta instância excepcional, a teor do enunciado 284 da Súmula do Supremo Tribunal Federal, aplicável por analogia. II – Inviável o conhecimento do recurso especial pelo dissídio, se o recorrente limita-se a transcrever as ementas dos acórdãos paradigmas, sem proceder, contudo, ao devido cotejo analítico, mencionando as circunstâncias que identifiquem ou assemelhem os casos confrontados. Agravo improvido. (AgRg no Ag 974878/DF, Rel. Ministro SIDNEI BENETI, TERCEIRA TURMA, julgado em 06/05/2008, DJe 23/05/2008)

3. QUESTÕES DE CONCURSOS

01. (UFPR – Outorga das Delegações – Remoção – TJ – PR/2019) Marcos foi contratado sob o regime celetista como auxiliar de cartório extrajudicial em 1982, permanecendo no exercício de suas funções sob esse mesmo regime até o dia de hoje. O Ato das Disposições Constitucionais Transitórias (ADCT), em seu artigo 19, prevê que "os servidores públicos civis da União, dos Estados, do Distrito Federal e dos Municípios, da administração direta, autárquica e das fundações públicas, em exercício na data da promulgação da Constituição, há pelo menos cinco anos continuados, e que não tenham sido admitidos na forma regulada no artigo 37 da Constituição, são considerados estáveis no serviço público". Levando em consideração os dados apresentados, assinale a alternativa correta.

a) Marcos goza da estabilidade prevista no artigo 19 do ADCT.

b) De acordo com a jurisprudência do Supremo Tribunal Federal, Marcos pode ser considerado como servidor público em sentido estrito.

c) Marcos pode ser considerado como servidor público em sentido estrito, porém não goza da estabilidade prevista no artigo 19 do ADCT.

d) Marcos não pode ser considerado como servidor público em sentido estrito e não goza da estabilidade prevista no artigo 19 do ADCT.

e) O regime jurídico dos auxiliares de cartório é necessariamente estatutário, não se admitindo a sua contratação sob o regime celetista.

02. (UFPR – Outorga das Delegações – Remoção – TJ – PR/2019) Joana trabalhou numa empresa privada desde 18 de dezembro de 1988 e contribuiu para o Regime Geral da Previdência Social durante o período em que esteve ligada à empresa. Desde janeiro de 1995, após ter sido aprovada em concurso público, exerce a função de oficial de registro de imóveis. Em 18 de dezembro de 2018, Joana reunia os requisitos constitucionais de idade e tempo de contribuição exigidos para a aposentadoria de servidores públicos. Paulo é escrevente juramentado contratado por Joana sob o regime celetista desde que assumiu as funções no cartório. Ambos têm interesse em aposentar-se pelo Regime Próprio de Previdência Social. Levando em consideração a situação relatada, assinale a alternativa correta.

a) Mesmo cumprindo os requisitos de idade e tempo de contribuição exigidos pela Constituição para a aposentadoria dos servidores públicos, Joana não tem o direito de aposentar-se pelo Regime Próprio de Previdência Social, devendo aposentar-se pelo Regime Geral da Previdência Social.

b) Joana se encontra sujeita à aposentadoria compulsória por idade imposta pela Constituição aos servidores públicos.

c) Joana possui o direito de aposentar-se pelo Regime Próprio de Previdência Social pelo fato de ser oficial de registro de imóveis, ao passo que Paulo, por ser escrevente juramentado, só poderá se aposentar pelo Regime Geral da Previdência Social.

d) Se Paulo reunir tanto os requisitos de tempo de contribuição e idade exigidos para a aposentadoria dos servidores públicos quanto aqueles exigidos para a aposentadoria dos trabalhadores celetistas, ele poderá optar entre o Regime Próprio de Previdência Social ou o Regime Geral da Previdência Social.

e) Tanto Paulo quanto Joana terão de se aposentar, uma vez cumpridos os requisitos legais, pelo Regime Próprio da Previdência Social.

03. (Cespe – Cartório – TJ – DF/2014) A respeito das obrigações tributárias das serventias extrajudiciais perante o Instituto Nacional do Seguro Social (INSS) e a Receita Federal do Brasil, assinale a opção correta conforme as instruções normativas desses órgãos.

a) Ainda que não aufira renda em determinado mês, a serventia deve contribuir para a previdência social relativamente à contribuição do tabelião.

b) As serventias, embora não tenham personalidade jurídica, são cadastradas no INSS com número próprio de CNPJ.

c) A regularidade de obra com acréscimo de área exige, entre outros requisitos, a averbação da obra no Cartório de Registro de Imóveis.

d) O tabelião é contribuinte do INSS, dado ter prepostos cuja natureza previdenciária é de empregado.

e) Os tabeliães substitutos, por exercerem cargo de confiança na serventia, são contribuintes especiais da previdência.

GAB	1	D	2	A	3	C

TÍTULO III – DAS DISPOSIÇÕES GERAIS

Art. 41. Incumbe aos notários e aos oficiais de registro praticar, independentemente de autorização, todos os atos previstos em lei necessários à organização e execução dos serviços, podendo, ainda, adotar sistemas de computação, microfilmagem, disco ótico e outros meios de reprodução.

1. COMENTÁRIOS

O dispositivo em comento refere-se à **organização e execução dos serviços**, cabendo ao delegado do serviço público organizar a prestação e executar os serviços, sempre buscando a presteza, a eficiência e a urbanidade.

O legislador também reafirma o **princípio da legalidade** ao dispor que os atos que os notários e registradores devem praticar precisam estar previstos em lei, para serem executados e cumpridos conforme a mesma.

Também é importante consignar que o art. 41, assim como o art. 28 desta lei, reflete a independência funcional e administrativa dos notários e registradores, cabendo ao Poder Judiciário a função de fiscalização, e não de órgão consultivo ou autorizador.

Outra importante consideração a ser feita diz respeito à possível derrogação do art. 134 da Lei 6.015/1973. Esse dispositivo estabelece que 'o Juiz, em caso de afluência de serviço, poderá autorizar o desdobramento dos livros de registro para a escrituração das várias espécies

Lei 8.935/1994

de atos, sem prejuízo da unidade do protocolo e de sua numeração em ordem rigorosa.

Prevalece que o art. 134 foi derrogado pelo art. 41 da Lei dos Notários e dos Registradores. Assim, fica claro que a autorização judicial prevista no dispositivo da lei registrária não se faz mais necessária. Nesse sentido, Reinaldo Velloso dos Santos ensina que "o artigo 41 da Lei 8.935/1994, ao incumbir os registradores da pratica de todos os atos necessários à organização e execução dos serviços, independentemente de autorização, revogou a necessidade de aprovação pelo Juízo Corregedor Permanente do modelo do livro de escrituração e da utilização de processo mecânico de autenticação" (*Registro Civil das Pessoas Naturais*. Porto Alegre: Sergio Antônio Fabris Editor, 2006, p. 29).

O dispositivo em comento também reforça a ideia de **autonomia** no que tange à adoção dos sistemas de computação, microfilmagem, disco ótico e outros meios de reprodução. A finalidade da autonomia é garantir uma melhor qualidade na prestação dos serviços, o que consiste também num dever do delegatário, conforme demonstra artigo 30 desta Lei.

Ainda sobre o tema, o art. 41 da Lei de Protestos (Lei 9.492/1997) traz dispositivo semelhante ao estabelecer que "para os serviços previstos nesta Lei os Tabeliães poderão adotar, independentemente de autorização, sistemas de computação, microfilmagem, gravação eletrônica de imagem e quaisquer outros meios de reprodução".

O avanço tecnológico é imprescindível para a rápida e eficaz prestação do serviço.

O tema foi analisado de forma detalhada nos comentários dos artigos 3º ao 7º-A, item 1.1 ("Do Registro Eletrônico") da Lei 6.015/1973.

2. QUESTÃO DE CONCURSOS

01. (IESES – Titular de Serviços de Notas e Registros – TJ – TO – Provimento/2022) A Lei nº 8.935/94 estabelece algumas diretrizes relacionadas à prestação serviços notariais e de registro, os quais devem ser prestados, de modo eficiente e adequado, em dias e horários estabelecidos pelo juízo competente, atendidas as peculiaridades locais, em local de fácil acesso ao público e que ofereça segurança para o arquivamento de livros e documentos. Tendo em mente as normas estabelecidas no referido diploma legal, assinale a alternativa correta sobre a prestação dos serviços.

a) É facultado ao juízo competente realizar todas as gestões e diligências necessárias ou convenientes ao preparo dos atos notariais, requerendo o que couber, devendo os requerentes arcarem como todos os ônus, inclusive os que forem provenientes de solicitação de urgência, além dos emolumentos devidos pelo ato.

b) Incumbe aos notários e aos oficiais de registro praticar, independentemente de autorização, todos os atos previstos em lei necessários à organização e execução dos serviços, podendo, ainda, adotar sistemas de computação, microfilmagem, disco ótico e outros meios de reprodução.

c) Verificada a absoluta impossibilidade de se prover, através de concurso público, a titularidade de serviço notarial ou de registro, por desinteresse ou inexistência de candidatos, o governado do estado poderá propor a extinção do serviço e a anexação de suas atribuições ao serviço mesmo que de natureza diversa, desde que seja o mais próximo, não podendo ser anexado ao localizado na sede do respectivo Município ou de Município contíguo.

d) É notória a necessidade de aplicação do Princípio da Eficiência à prestação dos serviços notariais e de registro o que fundamenta a possibilidade de uma mesma serventia prestar os serviços a ela delegados em diversas localidades, devendo o titular arcar com todas as despesas de funcionamento das sucursais que ele instalar.

GAB	1	B

Art. 42. Os papéis referentes aos serviços dos notários e dos oficiais de registro serão arquivados mediante utilização de processos que facilitem as buscas.

1. COMENTÁRIOS

Na Lei de Registros Públicos (Lei 6.015/1973), encontramos uma regra semelhante à do artigo em análise. Vejamos:

> "**Art. 25.** Os papéis referentes ao serviço do registro serão arquivados em cartório mediante a utilização de processos racionais que facilitem as buscas, facultada a utilização de microfilmagem e de outros meios de reprodução autorizados em lei".

Walter Ceneviva faz uma importante observação ao defender uma interpretação ampliada deste dispositivo: "*papéis*, tem, neste artigo, significado genérico, pois todos os documentos, livros, fichas e anotações submetidos à conservação do titular devem ser mantidos de modo ordenado (...) A interpretação ampliada é cabível, tendo em vista a pluralidade de denominações adotadas. Cabem três exemplos: neste artigo há referência única a *papéis*. No art. 46, a alusão é mais ampla: *livros, fichas, documentos, papéis, microfilmes e sistemas de computação*. O parágrafo único do art. 37 alude a *autos ou papéis*, em tratamento heterogêneo, a demonstrar a falta de cuidado do legislador, sob esse aspecto" (Op. cit., p. 326).

Art. 42-A. As centrais de serviços eletrônicos, geridas por entidade representativa da atividade notarial e de registro para acessibilidade digital a serviços e maior publicidade, sistematização e tratamento digital de dados e informações inerentes às atribuições delegadas, poderão fixar preços e gratuidades pelos serviços de natureza complementar que prestam e disponibilizam aos seus usuários de forma facultativa.

1. COMENTÁRIOS

Trata-se de um artigo acrescido pela Lei n. 14.206, em setembro de 2021, e revogado em dezembro do mesmo ano pela Medida Provisória nº 1.085. No entanto, a revogação não foi mantida na conversão que resultou na promulgação da Lei 14.382/2022 (Lei do SERP). Noutro dizer, a redação original do art. 42-A está conservada.

Vale destacar que, em 24 de junho de 2020, o Conselho Nacional de Justiça editou o Provimento n. 107, que dispõe sobre a proibição de cobrança de quaisquer valores dos consumidores finais pelos serviços prestados pelas centrais cartorárias em todo o território nacional.

À vista da inclusão e mantença do art. 42-A da Lei 8.935/1994, claramente o Provimento CNJ 107/2020 perde o objeto.

Recentemente, o Conselho Nacional de Justiça decidiu que:

> Ementa: Pedido de Providências – CEF – Centrais de Serviços Eletrônicos Compartilhados – ONR – Implementação do SREI com assunção das centrais – Ausência de risco de descontinuidade na prestação dos serviços – Liminar prejudicada – Provimento CNJ nº 107/2020 – Impossibilidade de cobrança sobre atos típicos de notários e registradores – Pedidos acolhidos em parte – Decisão revestida de caráter normativo (CNJ – Pedido de Providências nº 0005483-40.2020.2.00.0000 – Goiás – Rel. Cons. Maria Thereza de Assis Moura – DJ 09.01.2023)

Quanto às 'Centrais' mencionadas no dispositivo, a Corregedoria Nacional de Justiça regulamentou a criação de diversas centrais de serviços cartorários com o objetivo, entre outros, de facilitar a interligação entre oficiais de registro e tabeliães na execução de suas atividades. Essas centrais são dirigidas pelas entidades associativas dos notários e registradores brasileiros, para a prática de atos inerentes às suas funções. Como exemplo, podemos citar a CRC (Central de Informação do Registro Civil), a CENPROT (Central Nacional de Protesto) e a CENSEC (Central Notarial de Serviços Eletrônicos Compartilhados). Este tema foi abordado nos comentários aos arts. 3º a 7º-A da Lei 6.015/1973, no tópico 'Registro Eletrônico,' e é tratado ao longo de toda a obra em capítulos específicos.

Por fim, registre-se que a natureza do preço a que se refere o dispositivo é de **preço público ou tarifa**, pois, diferentemente da taxa, não é compulsório, não possui natureza tributária, mas sim contratual, oriunda da contraprestação por um serviço efetivamente prestado. Seu fundamento está no 'jus gestionis,' e, portanto, pode ser instituído por Decreto. Embora se sujeitem ao regime jurídico de direito público, esses preços possuem natureza de direito privado, sob supervisão governamental.

Art. 43. Cada serviço notarial ou de registro funcionará em um só local, vedada a instalação de sucursal.

1. COMENTÁRIOS

A delegação é exercida em caráter pessoal e o serviço deve ser executado num único local em cumprimento ao **princípio da unicidade da delegação.**

É imprescindível para o funcionamento do serviço o respeito à norma do art. 43 da Lei 8.935/1994. Este dispositivo está em consonância com o princípio da unicidade das serventias extrajudiciais, bem como com a regra da **pessoalidade da delegação.** A expressão 'em um só local' deve ser entendida como a exigência de que o serviço possua uma única sede, sem que essa expressão seja ampliada para abranger um único município, comarca ou circunscrição.

Num conceito mais técnico, considera-se filial, agência ou sucursal o funcionamento ou atendimento ao público em local diverso do determinado no ato de delegação, com o armazenamento dos livros e selos, mesmo que digitais, para a prática de ato do seu ofício, salvo as exceções legais e normativas

Uma observação importante e pertinente diz respeito à regra do art. 1º, § 1º, do Provimento CNJ n 13/2010 que foi incorporada ao art. 445, § 1º do Código Nacional de Norma, que define o conceito de 'Unidade Interligada':

> "O posto de remessa, recepção de dados e impressão de certidão de nascimento que funciona em estabelecimentos de saúde que realizam partos e que está conectado pela rede mundial de computadores às serventias de registro civil das pessoas naturais é denominado "Unidade Interligada".

Frise-se que a Unidade Interligada que conecta estabelecimento de saúde aos serviços de registro civil **não**

Lei 8.935/1994

é considerada sucursal e não infringe o art. 43 da Lei 8.935/1994, pois relaciona-se com diversos cartórios.

Vale mencionar que o Conselho Nacional de Justiça também fixou entendimento no sentido de que não há ofensa ao art. 43, da Lei n.º 8.935/94, quando o tribunal toma medidas para a instalação de postos avançados com a finalidade de praticar **atos meramente judiciais (unidades judiciárias) e garantir um maior acesso à justiça,** garantindo que referido dispositivo se restringe à vedação da criação de sucursais de serviços notariais e de registro.

1.1 MANUTENÇÃO DE SUCURSAL CARTORÁRIA PRÉ-CONSTITUIÇÃO DE 1988. ANÁLISE DE CASO

No MC n. 21.598 tratou-se da manutenção de uma sucursal de cartório instalada antes da Constituição Federal de 1988. O caso específico envolvia o fechamento de uma sucursal de um cartório instalada em 1972, que foi determinado pela Corregedoria-Geral da Justiça através de um provimento. A parte interessada recorreu, argumentando que o artigo 43 da Lei n.º 8.935/94, que proíbe a instalação de novas sucursais, não se aplicaria ao seu caso, pois a sucursal foi criada antes da Constituição de 1988 e da lei de regência (Lei n. 8.935/1994).

O Superior Tribunal de Justiça reconheceu o direito líquido e certo de manter a situação jurídica anterior da sucursal, determinando que ela só poderia ser fechada em caso de vacância da titularidade ou alteração na organização cartorária local. A decisão também destacou que, apesar de a Administração Pública poder revisar seus atos administrativos, isso deve ocorrer dentro do prazo de cinco anos e com a devida instauração de processo administrativo, o que não foi respeitado no caso.

Assim, o STJ concedeu a liminar para impedir o fechamento da sucursal, preservando a sua existência até que ocorra uma das condições mencionadas (vacância ou reorganização cartorária).

1.2 DO TELETRABALHO

Neste momento, dois pontos merecem ser enfatizados:

a) O teletrabalho **não implica a criação de sucursais** e não autoriza ao notário e ao registrador a prática de atos de seu ofício fora do âmbito de sua delegação;

b) Os afastamentos justificados do titular delegatário do serviço notarial e de registro não são considerados teletrabalho.

O tema foi analisado de forma pormenorizada no tópico 1.1, nos comentários ao artigo 9º da Lei de Registros Públicos. Convido o leitor a revisitar o assunto.

2. JURISPRUDÊNCIA COMPLEMENTAR

CONSELHO NACIONAL DE JUSTIÇA

EMENTA: RECURSO ADMINISTRATIVO. Pedido de providências. Impugnação de suposta criação de sucursais de serventias extrajudiciais. Ofensa ao art. 43 da Lei 8.935/94. Inocorrência. Instalação de postos avançados para prática de atos judiciais. Acesso à justiça. Recurso improvido.

1. Não há ofensa ao art. 43, da Lei n.º 8.935/94, quando o tribunal toma medidas para a instalação de postos avançados com a finalidade de praticar atos meramente judiciais e garantir um maior acesso à justiça. O referido dispositivo se restringe à vedação da criação de sucursais de serviços notariais e de registro, o que não é o caso dos autos.

2. Recurso administrativo a que se nega provimento.

RELATÓRIO. Trata-se de Recurso Administrativo (Id 4963816) interposto pela Associação dos Notários e Registradores do Estado de Goiás – ANOREG/GO em face da Decisão de Id 4941669, que julgou improcedentes os pedidos formulados no presente Pedido de Providências sob o fundamento de que houve, por parte do Requerente, equivocada interpretação dos programas adotados pelo Tribunal de Justiça do Estado de Goiás (TJGO). Sustentou, porém, que a suscitada deliberação viola o princípio da unicidade das serventias extrajudiciais, consignado no artigo 43 da Lei n.º 8.935/1994 (Lei dos Cartórios), que expressamente veda a instalação de sucursais de serviço notarial ou de registro. Aduziu que o Plenário do Conselho Nacional de Justiça (CNJ), no julgamento do Procedimento de Controle Administrativo (PCA) n.º 2008100000855, de relatoria do então Conselheiro Rui Stoco, considerou que "caracteriza burla ao sistema de delegação de serventia por concurso público a criação e instalação, através de desdobramento de uma mesma serventia, em 'sucursais' funcionando em vários pontos do município". Solicitou, assim, a cassação dos efeitos da decisão proferida pelo TJGO no PROAD nº 202206000341829. No presente recurso, a Requerente reitera suas alegações e afirma que não interpretou equivocadamente os programas adotados pelo TJGO, e que, em verdade, o termo "postos avançados" visou burlar a lei. Dessa forma, reafirma que o intuito do TJGO é instalar sucursais de serventias extrajudiciais.

VOTO. Presentes os requisitos, conheço do recurso. De plano, denota-se uma equivocada interpretação dos programas adotados pela Corte para o desenvolvimento da sua política de ampliação do acesso à Justiça. Apesar da requerente se insurgir contra uma possível determinação para instalação de postos avançados de serventias extrajudiciais, em verdade, conforme devidamente esclarecido pelo TJGO, o Ofício Circular n.º 163/2022, expedido pela Corregedoria-Geral da Justiça de Goiás "apenas levou ao conhecimento das associações do foro extrajudicial, bem como dos notários e registradores goianos, a possibilidade de instalação de Postos Avançados nas sedes das serventias extrajudiciais, caso houvesse interesse dos delegatárias" (Id 4940057). A proposta suscitada, como se observa, **visa a instalação de unidades judiciárias**, e não de "sucursais" de serventias extrajudiciais como arguido pela parte requerente. Cuida-se de projeto formalizado na Resolução TJGO n.º 132/2021, com a finalidade de ampliar e facilitar o acesso à Justiça mediante a instalação de estruturas físicas e tecnológicas para a realização de atos processuais judiciais por videoconferência (audiências, depoimentos de partes e testemunhas e outros). De acordo com o TJGO, constitui "importante apoio aos denominados 'excluídos digitais' que podem, por meio deles, ter acesso aos serviços digitais do Poder Judiciário". No âmbito deste Conselho, a mencionada política de ampliação do acesso à Justiça está assinalada na Recomendação CNJ n.º 130/2022, que direciona orientação aos Tribunais acerca da necessidade de envidarem esforços para a instalação de Pontos de Inclusão Digital (PID), podendo, para tanto, celebrarem acordos de cooperação com outras instituições, na área territorial situada dentro dos limites de sua jurisdição, especialmente nos municípios que não sejam sede de unidade judiciária [1].

(...)

Por derradeiro, relevante registrar que essas parcerias são realizadas de forma voluntária, ocorrendo apenas "quando os delegatários demonstram interesse" e capacidade para colaborar com a tratada política pública, conforme esclareceu o próprio Tribunal requerido. Apesar da recorrente alegar que o termo "postos avançados" foi utilizado para burlar a lei, não traz qualquer comprovação de que isto tenha acontecido. Ademais, diante das informações prestadas pelo tribunal e reforçadas nas contrarrazões, observa-se que, de fato, se tratam de postos cuja finalidade é a realização de atos meramente judiciais. Conforme consignou o Presidente do TJGO, "a previsão estampada pela Resolução TJGO nº 143/2021 visa apenas a ampliação do acesso à justiça, mediante a instalação de estruturas físicas e tecnológicas para a realização de atos processuais por videoconferência, tais como audiências, depoimentos de partes e testemunhas e atendimentos eletrônicos ou presenciais, quando for da vontade de representantes dos Municípios ou delegatários de Cartórios Extrajudiciais".**(CNJ – Pedido de Providências nº 0006533-33.2022.2.00.0000 – Goiás – Rel. Cons. João Paulo Schoucair – DJ 29.03.2023)**

SUPERIOR TRIBUNAL DE JUSTIÇA

EMENTA: ADMINISTRATIVO. CARTÓRIO. SUCURSAL. PROVIMENTO DETERMINANDO FECHAMENTO. PREENCHIMENTO DOS PRESSUPOSTOS AUTORIZADORES DA TUTELA DE URGÊNCIA CARACTERIZADOS. LIMINAR DEFERIDA. (STJ – MC nº 21.598 – Rio de Janeiro – 2ª Turma – Rel. Min. Eliana Calmon – DJ 06.09.2013). O art. 43 da Lei nº 8.935/94 claramente determinou a proibição de que fossem instaladas novas sucursais. Entretanto, nada tratou sobre o fechamento das anteriormente existentes, especialmente as que advêm de **período anterior** à Constituição Federal de 1988, como é o caso em tela. Ressalto ter sido o tema debatido na ADI 1583-4/RJ, na qual houve o deferimento de cautelar, pelo Pretório Excelso que perdeu o seu objeto em razão da alteração na interpretação administrativa da Corregedoria-Geral da Justiça, tendo anteriormente deferido medida cautelar para suspender a execução do ato da Corregedoria. Neste sentido, a Segunda Turma desta Corte Superior, decidiu pela manutenção da situação jurídica anterior da sucursal cartorária, a qual somente poderá ser alterada no caso de vacância da titularidade e da alteração da organização cartorária local, *verbis:* ADMINISTRATIVO. CONSTITUCIONAL. PROCESSO CIVIL. CARTÓRIO. SUCURSAL. INSTALAÇÃO EM 1972. ANTERIORIDADE. PRELIMINAR. ERRO DE JULGAMENTO. AUSÊNCIA DE PREJUÍZO À DEFESA. ART. 43 DA LEI 8.935/94. NÃO APLICAÇÃO AO CASO CONCRETO. SUCURSAL ANTERIOR À CONSTITUIÇÃO FEDERAL DE 1988 E A LEI DE REGÊNCIA. ADI 1583-4/RJ. REVISÃO ADMINISTRATIVA. TRANSCURSO DO PRAZO QUINQUENAL. INEXISTÊNCIA DE PROCESSO ADMINISTRATIVO. VIOLAÇÃO AO DIREITO LÍQUIDO E CERTO. PRECEDENTE. 1. Cuida-se de recurso ordinário interposto contra acórdão que denegou a segurança em mandamus impetrado contra o provimento 38/2009 da Corregedoria-Geral da Justiça pelo qual se determinou o fechamento da sucursal de ofício de notas que havia sido instalada em 1972; a parte recorrente traz preliminar de nulidade no julgamento da origem, bem como postula – no mérito – que no caso da serventia em questão não deve ter incidência o art. 43 da Lei nº 8.395/94, além de defender que o ato coator não respeitou o prazo quinquenal para revisão dos atos administrativos, nem ao devido processo legal. 2. Não deve ser acolhida a preliminar de violação ao rito de julgamento na origem, porquanto não foi demonstrado eventual prejuízo à defesa ou à atuação dos advogados. Precedente: EDcl no RMS 18.318/RS, Rel. Ministro Og Fernandes, Sexta Turma, DJe 29.6.2012. 3. O art. 43 da Lei nº 8.935/94 claramente determinou a proibição de que fossem instaladas novas sucursais, nada tratando do fechamento das anteriormente existentes, especialmente as que advêm de período anterior à Constituição Federal de 1988, como é o caso em tela; o tema foi debatido na ADI 1583-4/RJ, na qual houve o deferimento de cautelar, pelo Pretório Excelso que, como consta dos autos, perdeu o seu objeto em razão da alteração na interpretação administrativa da Corregedoria-Geral da Justiça. 4. A súmula 473/STF determina que a revisão dos atos administrativos pode ser realizada de ofício pela Administração Pública; porém, sua aplicação demanda a observância do prazo de cinco anos, tal como previsto no art. 54 da Lei nº 9.784/99, sendo necessária a instauração de processo administrativo. Precedente: RMS 37.508/RO, Rel. Ministro Herman Benjamin, Segunda Turma, DJe 8.5.2013. 5. Pelos fundamentos acima indicados, é localizado o direito líquido e certo à manutenção da situação jurídica anterior, que somente poderá ser alterada no caso de vacância da titularidade e da alteração da organização cartorária local. Recurso ordinário provido. (RMS 36821/RJ, Rel. Ministro HUMBERTO MARTINS, SEGUNDA TURMA, julgado em 20/06/2013, DJe 28/06/2013)

EMENTA: ADMINISTRATIVO. Recurso Ordinário em Mandado de Segurança. Titular de cartório extrajudicial. Extinção das sucursais das serventias extrajudiciais do Estado do Rio de Janeiro. Titularidade ocorrida **após a CF/88.** Art. 37 da Lei 8.935/94 c/c art. 236 da Constituição Federal. Ausência de direito líquido e certo. Recurso desprovido. (STJ – RMS nº 37.851 – Rio de Janeiro – 1ª Turma – Rel. Min. Napoleão Nunes Maia Filho – DJ 29.08.2014)

3. QUESTÕES DE CONCURSOS

01. (EJEF Tabelionato e Registro-MG/2007) Assinale a afirmativa INCORRETA.

a) O exercício da atividade notarial é incompatível com o da advocacia, o da intermediação de seus serviços ou o de qualquer cargo, emprego ou função públicos, ainda que em comissão.
b) A diplomação, na hipótese de mandato eletivo, e a posse, nos demais casos, implicarão o afastamento da atividade notarial.
c) Aos notários é vedada a participação em associações ou sindicatos de classe.
d) Cada serviço notarial funcionará em um só local, vedada a instalação de sucursal.

02. (IESES – Cartório – TJ – PB/2014) A respeito da Lei Federal nº 8.935/94, examine as seguintes proposições:

I. Cada serviço notarial ou de registro funcionará em um só local, vedada a instalação de sucursal.
II. Verificada a absoluta impossibilidade de provimento, por meio de concurso público, a titularidade de serviço notarial ou de registro, por desinteresse ou inexistência de candidatos, o juízo competente poderá propor à respectiva autoridade a extinção do serviço e a anexação de suas atribuições a outro da mesma natureza mais próximo ou àquele localizado na sede do respectivo Município ou de Município contíguo.
III. São gratuitos os assentos do registro civil de nascimento e o de óbito, bem como, a primeira certidão respectiva.
IV. Aos reconhecidamente pobres não serão cobrados emolumentos pelas certidões de registros de nascimento e óbito.

a) Somente os itens I, II e III estão corretos.
b) Somente os itens I, II e IV estão corretos.
c) Somente os itens II e IV estão corretos.
d) Os itens I, II, III e IV estão corretos.

GAB	1	C	2	D

Lei 8.935/1994

Art. 44. Verificada a absoluta impossibilidade de se prover, através de concurso público, a titularidade de serviço notarial ou de registro, por desinteresse ou inexistência de candidatos, o juízo competente proporá à autoridade competente a extinção do serviço e a anexação de suas atribuições ao serviço da mesma natureza mais próximo ou àquele localizado na sede do respectivo Município ou de Município contíguo.

§ 1º (Vetado).

§ 2º Em cada sede municipal haverá no mínimo um registrador civil das pessoas naturais.

§ 3º Nos municípios de significativa extensão territorial, a juízo do respectivo Estado, cada sede distrital disporá no mínimo de um registrador civil das pessoas naturais.

1. COMENTÁRIOS

Como já dito alhures, o ingresso na atividade notarial e de registro depende de concurso público de provas e títulos, não se permitindo que qualquer serventia fique vaga, sem abertura de concurso de provimento ou de remoção, por mais de seis meses. A regra está expressa no art. 236, § 3º, da Constituição Federal, regulada pelos arts. 14 a 19 da Lei 8.935/1994 e pela Resolução CNJ n. 81/2009. Assim, a única forma atualmente de ingressar na atividade notarial e registral é por meio de concurso público.

Entretanto, pode haver casos de **desinteresse ou inexistência de candidatos**, resultando na absoluta impossibilidade de prover a titularidade do serviço notarial ou de registro.

O **desinteresse** ocorre quando o candidato habilitado em concurso de provas e títulos para a outorga de delegação de notas e de registros não toma posse e não assume o serviço.

A **inexistência**, por sua vez, ocorre quando, após a abertura do concurso e a expedição do edital, ninguém se interessa ou não consegue satisfazer os requisitos legais estabelecidos no art. 14 da Lei dos Notários e dos Registradores.

É importante ressaltar que a impossibilidade deve ser absoluta, ou seja, uma ausência total de interessados em preencher a vaga por meio de concurso público.

O **juízo competente é aquele estabelecido na lei estadual ou distrital**. Luís Paulo Aliende Ribeiro, pontifica que a Lei 8.935/1994 utiliza expressões *juízo competente* e *autoridade competente* ao definir, de forma geral, atribuições que não se limitam à fase de fiscalização, mas abrangem todas as fases do processo de regulação: o estabelecimento de regras de conduta para os regulados, a garantia de aplicação e execução das normas, a fiscalização do seu cumprimento e a aplicação das sanções. Tratam da atribuição do Poder Judiciário das tarefas de formulação, definição, operacionalização, implementação e aplicação de regras e orientações, correspondentes ao poder regulamentar do regulador, as disposições dos artigos 4, 30, XIII e XIV, 38, 39, § 2º e 44 da lei, que, em cumprimento ao disposto no § 1º do art. 236 da Constituição da República, define a fiscalização da atividade (*Regulação da Função Pública Notarial e de Registro*. Saraiva: São Paulo, 2009).

Celso Antônio Bandeira de Mello, no parecer "A Competência para Criação e Extinção de Serviços Notariais e de Registros e para Provimento desses Serviços" distingue hipóteses de **extinção da delegação e extinção da serventia**, vejamos:

> "Assim, o art. 39 arrola os casos de extinção da delegação, prevendo que, neste caso, enquanto "vago" o "serviço" e não implementado o concurso para preenchê-lo, será designado substituto para responder por ele. Já o art. 44, perante o caso de "impossibilidade absoluta" de preenchê-lo, por desinteresse ou inexistência de candidatos ao concurso público a tanto destinado, estabelece que, em tal hipótese, "o juízo competente proporá à autoridade competente a extinção do serviço e anexação de suas atribuições ao serviço da mesma natureza mais próximo ou...". E continua: "Finalmente, é certo também que a lei distingue claramente entre extinção da "delegação" e extinção da "serventia" ou "serviço", no que se revela, ainda outra vez e de modo inconfutável, que se trata de coisas diversas. Com efeito, no art. 32, IV, no 35 e no 39 a lei trata da "perda" ou "extinção da "delegação" e no art. 44 cogita da "extinção do serviço" propriamente dito, ambos concebidos, à toda evidência, como realidades jurídicas diferentes, tanto que, "extinta a delegação a notário ou a oficial de registro a autoridade competente declarará vago o respectivo serviço, designará o substituto mais antigo para responder pelo expediente e abrirá concurso" (art. 39, § 2º precitado)".

Dessa forma, a extinção referida no dispositivo em comento se refere à extinção da delegação, tornando **inexequível a continuidade do serviço** sob a disposição de um novo titular. Neste caso, com a extinção da serventia, suas atribuições são incorporadas ao serviço de natureza similar mais próximo ou àquele localizado na sede do respectivo município.

Em cada sede municipal, que equivale ao espaço urbano de acordo com o estabelecido na respectiva lei orgânica do município, haverá no mínimo um registrador civil das pessoas naturais. Mario de Carvalho Camargo Neto e Marcelo Salaroli de Oliveira atentam para o fato de que "as regras sobre acumulação são de grande importância para a viabilidade econômica do Registro Civil das Pessoas Naturais, pois são muitos atos praticados gratuitamente por essa especialidade e há o comando legal estabelecendo a necessidade de prestação de serviço de registro civil das pessoas naturais em todos os municípios do Brasil (art. 44, § 2º, da Lei nº 8.935/1994) (*Registro Civil das Pessoas Naturais I*. São Paulo: Saraiva, 2014, p. 101).

Em relação à sede distrital prevista no § 3º, assegura Eduardo Pacheco Ribeiro de Souza que "os distritos são divisões administrativas dos municípios, estes pessoas jurídicas de direito público integrantes da federação. Reconheceu o legislador a relevância do registro civil das pessoas naturais." (*Noções Fundamentais de Direito Registral de Notarial.* São Paulo: Saraiva, 2011, p. 44).

Ressalte-se que a exigência legal de existência de, no mínimo, um registrador civil de pessoas naturais em cada sede municipal, e, nos municípios de significativa extensão territorial, ao menos um registrador civil de pessoas naturais em cada sede distrital, conforme estabelecido no art. 44, §§ 2º e 3º da Lei 8.935/1994, foi uma das justificativas para a edição do Provimento CNJ 81/2018, que dispõe sobre a Renda Mínima do Registrador Civil. Trataremos desse tema de forma aprofundada no capítulo dedicado à Lei 10.169/2000.

2. QUESTÃO DE CONCURSO

01. (FGV – Notário-AM /2005) Verificada a absoluta impossibilidade de se prover, por meio de concurso público, a titularidade de serviço notarial ou de registro por desinteresse ou inexistência de candidatos, é correto afirmar que:

a) o juízo competente proporá à autoridade competente a extinção do serviço e a anexação de suas atribuições ao serviço da mesma natureza mais próximo ou àquele localizado na sede do respectivo Município ou de Município contíguo.

b) serão os serviços notarial ou de registro automaticamente oficializados, passando a sua gestão definitivamente para o Poder Público.

c) serão automaticamente extintos os serviços notarial ou de registro.

d) será o serviço notarial, automaticamente, extinto, mas o serviço de registro será anexado ao serviço da mesma natureza mais próximo.

e) existindo na mesma localidade serviço notarial e de registro, serão eles fundidos em um só serviço, que será, então, automaticamente, oficializado com a gestão exclusiva e definitiva feita pelo Poder Público.

GAB	1	A

Art. 45. São gratuitos os assentos do registro civil de nascimento e o de óbito, bem como a primeira certidão respectiva.

§ 1º Para os reconhecidamente pobres não serão cobrados emolumentos pelas certidões a que se refere este artigo.

§ 2º É proibida a inserção nas certidões de que trata o § 1º deste artigo de expressões que indiquem condição de pobreza ou semelhantes.

1. COMENTÁRIOS

A Lei 9.534/1997, que modificou a redação do caput do dispositivo em comento e foi considerada constitucional pelo Supremo Tribunal Federal na Ação Direta de Inconstitucionalidade 1.800-1-DF, também alterou o artigo 30 da Lei 6.015/1973, passando a prever a gratuidade do registro civil de nascimento, do assento de óbito, bem como da primeira certidão de cada um desses atos.

Já os parágrafos do artigo 45 foram incluídos pela Lei n. 11.789/2008, que proíbe a inserção nas certidões de nascimento e de óbito de expressões que indiquem condição de pobreza ou semelhantes e altera as Leis nºs 6.015/1973 e 8.935/1994.

Esta temática foi analisada de forma minuciosa nos comentários do art. 30 da Lei n. 6.015/1973 e da Lei n. 10.169/2000. Convido o leitor a revisitar o assunto.

2. QUESTÕES DE CONCURSOS

01. (Cespe – Notários e Oficiais de Registro – Remoção – TJ – DFT/2019) A lei que isenta as pessoas reconhecidamente pobres do pagamento dos emolumentos devidos para a expedição de registro civil de nascimento foi declarada constitucional pelo Poder Judiciário com fundamento

a) no princípio da progressividade tributária.

b) no fato de que a atividade notarial decorre de uma delegação.

c) no fato de os serviços de natureza notarial atenderem a um regime de direito público.

d) na aplicação do princípio da proporcionalidade.

e) na função social da norma jurídica.

02. (Cespe – Tabelião-BA/2005) Acerca do registro civil das pessoas naturais, julgue os itens a seguir.

( ) À pessoa que se declarar pobre para efeitos legais será assegurada a gratuidade dos registros de óbito e nascimento ou eventuais averbações, tais como adoção, emancipação, interdição e tutela, bem como as respectivas certidões.

03. (EJEF Tabelionato e Registro-MG/2007) Quanto à ordem do serviço para o registro de pessoas naturais, assinale a opção INCORRETA.

a) O serviço de registro civil das pessoas naturais será prestado todos os dias, sem exceção.

b) No caso de ter a criança nascido morta, será o registro feito no livro "C Auxiliar", com os elementos que couberem.

c) No caso de a criança morrer na ocasião do parto, tendo, entretanto, respirado, serão feitos os dois assentos, o de nascimento e o de óbito, com os elementos cabíveis e com remissões recíprocas.

d) Para os reconhecidamente pobres não serão cobrados emolumentos pelas certidões de nascimento e casamento, contudo, far-se-á a inserção nas certidões, da condição de pobreza, a fim de justificar a gratuidade do serviço.

GAB	1	C	2	ERRADO	3	D

Lei 8.935/1994

Art. 46. Os livros, fichas, documentos, papéis, microfilmes e sistemas de computação deverão permanecer sempre sob a guarda e responsabilidade do titular de serviço notarial ou de registro, que zelará por sua ordem, segurança e conservação.

Parágrafo único. Se houver necessidade de serem periciados, o exame deverá ocorrer na própria sede do serviço, em dia e hora adrede designados, com ciência do titular e autorização do juízo competente.

1. COMENTÁRIOS

A **Lei 6.015/1973** prevê a conservação do acervo da serventia nos artigos 22 ao 26.

A responsabilidade pela guarda dos livros é também um dos **deveres** elencados aos notários e registradores no art. 30, inciso I, da Lei 8.935/1994, que exige que mantenham em ordem os livros, papéis e documentos de sua serventia, guardando-os em locais seguros. Isso se deve ao fato de que o notário e o registrador não são proprietários dos livros e papéis sob sua guarda.

Os registradores e notários, via de regra, não podem permitir o acesso direto do interessado aos livros, pois isso representaria **riscos à conservação** desses arquivos, comprometendo a segurança jurídica almejada pela publicidade. No entanto, há exceções previstas em lei, como, por exemplo, o disposto no Decreto-Lei nº 58/37, art. 1º, § 5º (que determina que o memorial, o plano de loteamento e os documentos depositados sejam franqueados ao exame de qualquer interessado, independentemente do pagamento de emolumentos, ainda que a título de busca) e na Lei Federal nº 6.766/79, art. 24 (que estabelece que o processo de loteamento e os contratos depositados em Cartório poderão ser examinados por qualquer pessoa, a qualquer tempo, independentemente do pagamento de custas ou emolumentos, ainda que a título de busca).

Todas as providências que exijam a apresentação de qualquer livro, ficha substitutiva ou documento, e mesmo as diligências judiciais, devem ser realizadas no próprio serviço. Os livros e documentos somente podem ser retirados do serviço mediante autorização judicial. Assim, prevalece que a publicidade registral no direito brasileiro é indireta ou formal, sendo realizada mediante pedidos de certidão.

Sobre o tema da segurança e conservação do acervo cartorário, ressalta-se que o Conselho Nacional de Justiça editou a **Recomendação n. 9/2013**, alterada pela Recomendação n. 11/2013, que dispõe sobre a formação e manutenção de arquivo de segurança pelos responsáveis pelas serventias do serviço extrajudicial de notas e de registro, recomendando aos notários e registradores de todo o Brasil que criem uma cópia de segurança dos livros de registro.

Os meios estabelecidos na Recomendação para elaborar e manter essa cópia são diversos. A escolha do método cabe ao notário ou registrador, desde que seja eficaz na preservação da informação registral e na sua restauração, quando necessário.

O **Provimento 50/2015** do Conselho Nacional de Justiça também estabelece regras sobre a conservação, as quais já foram expostas nesta obra.

Walter Ceneviva define que "conservação, em sentido amplo, significa a segurança do registro, a rapidez das buscas, o adequado atendimento das partes. Não há necessidade de luxo, mas de instalações apropriadas, funcionais, cuja manutenção deve ser controlada pelo Juiz Corregedor. (Op. cit., p. 101). Ao comentar o art. 42 da Lei 8.935/1994, faz uma importante observação ao defender uma interpretação ampliada deste dispositivo: "*papéis,* tem, neste artigo, significado genérico, pois todos os documentos, livros, fichas e anotações submetidos à conservação do titular devem ser mantidos de modo ordenado (...) A interpretação ampliada é cabível, tendo em vista a pluralidade de denominações adotadas. Cabem três exemplos: neste artigo há referência única a *papéis.* No art. 46, a alusão é mais ampla: *livros, fichas, documentos, papéis, microfilmes e sistemas de computação.* O parágrafo único do art. 37 alude a *autos ou papéis*, em tratamento heterogêneo, a demonstrar a falta de cuidado do legislador, sob esse aspecto" (Op. cit., p. 326).

O empenho na conservação de todos os documentos que fundamentam os registros exige uma atenção imprescindível a um sistema de arquivamento moderno. Os sistemas antigos de conservação, diante do crescimento físico dos arquivos, indicam a dificuldade de cumprir rigorosamente as exigências legais.

O avanço tecnológico é imprescindível para a **rápida e eficaz prestação do serviço**. No entanto, a modernização dos serviços deve ser acompanhada de cuidados rigorosos com a segurança eletrônica.

2. JURISPRUDÊNCIA COMPLEMENTAR

SUPERIOR TRIBUNAL DE JUSTIÇA

EMENTA: PROCESSUAL CIVIL E TRIBUTÁRIO. Agravo em Recurso Especial. Violação do art. 46 da Lei 8.935/94. Incidência da Súmula 211/STJ. ISS. Atividade notarial e de registro público. Regime de tributação fixa. Artigo 9º, § 1º, do Decreto-Lei nº 406/68. Ausência de pessoalidade na atividade. Precedentes. Acórdão recorrido em sintonia com a jurisprudência do STJ. Aplicação da Súmula 83/STJ. Agravo não provido. (STJ – AREsp nº 105.282 – RS – 1ª Turma – Rel. Min. Benedito Gonçalves – DJ 30.10.2012)

EMENTA: APELAÇÃO CÍVEL. DIREITO TRIBUTÁRIO. MANDADO DE SEGURANÇA. LIVROS E DOCUMENTOS. EXAME. ADMINISTRAÇÃO.

POSSIBILIDADE. Impõe-se ao contribuinte o dever de exibição dos livros, documentos, arquivos e papéis à autoridade administrativa, inexistindo qualquer irregularidade na exigência pelo Fisco Municipal de apresentação de declarações de rendimento e de livros diários pelo tabelião, observado o disposto no artigo 195 do CTN ISS. SERVIÇOS DE REGISTROS PÚBLICOS, CARTORÁRIOS E NOTARIAIS. EXIGIBILIDADE. INCIDÊNCIA SOBRE A RECEITA BRUTA. POSSIBILIDADE. Conforme decisão do Órgão Especial desta Corte, é assegurada aos agentes delegados somente parcela dos emolumentos e custas adimplidos pelos usuários dos serviços de cartório e de registro, remuneração esta que configura o preço do serviço, servindo de base para a incidência do ISS. Com isso, fica afastada a hipótese de recolhimento privilegiado ou por trabalho pessoal do ISS nas atividades de Serviços Notariais e Registrais. Precedentes do STF e deste Tribunal. Apelo desprovido. Do ISS sobre serviços de registros públicos, cartorários e notariais. No mérito, não vejo como dar guarida às pretensões recursais, considerando que as Turmas que integram a Primeira Seção do Superior Tribunal de Justiça firmaram compreensão no sentido de que os serviços notariais não ostentam natureza pessoal, aspecto este que interdita a cobrança do ISS sob a forma de f. Confira-se o precedente de minha relatoria: TRIBUTÁRIO. RECURSO ESPECIAL. ISS. ATIVIDADE NOTARIAL E DE REGISTRO PÚBLICO. REGIME DE TRIBUTAÇÃO FIXA. ARTIGO 9º, § 1º, DO DECRETO-LEI nº 406/68. AUSÊNCIA DE PESSOALIDADE NA ATIVIDADE. INAPLICABILIDADE. 1. A controvérsia do recurso especial cinge-se ao enquadramento dos cartórios no regime de tributação fixa, conforme disposição do artigo 9º, § 1º, do Decreto-Lei 406/68, cuja vigência é reconhecida pela jurisprudência deste Tribunal Superior. Precedentes: REsp 1.016.688/RS, Primeira Turma, Rel. Min. José Delgado, DJe de 5.6.2008; REsp 897.471/ES, Segunda Turma, Rel. Min. Humberto Martins, DJ de 30.3.2007. 2. Os serviços notariais e de registro público, de acordo com o artigo 236 da Constituição Federal, são exercidos em caráter privado por delegação do Poder Público. 3. Ainda que essa delegação seja feita em caráter pessoal, intransferível e haja responsabilidade pessoal dos titulares de serviços notariais e de registro, tais fatores, por si só, não permitem concluir as atividades cartoriais sejam prestadas pessoalmente pelo titular do cartório. 4. O artigo 20 da Lei nº 8.935/94 autoriza os notários e os oficiais de registro a contratarem, para o desempenho de suas funções, escreventes, dentre eles escolhendo os substitutos, e auxiliares como empregados. Essa faculdade legal revela que a consecução dos serviços cartoriais não importa em necessária intervenção pessoal do tabelião, visto que possibilita empreender capital e pessoas para a realização da atividade, não se enquadrando, por conseguinte, em prestação de serviços sob a forma de trabalho pessoal do próprio contribuinte, nos moldes do § 1º do artigo 9º do Decreto-Lei nº 406/68. 5. Recurso especial não provido. (REsp 1.185.119/SP, Rel. Min. Benedito Gonçalves, DJ de 20/8/2010). Assim, considerando que o entendimento firmado pelo Tribunal de origem está em sintonia com a jurisprudência do STJ, o acórdão não merece reparos, incidindo, na espécie, a Súmula 83/STJ. Dos livros e documentos – exame – administração – possibilidade. Confiram-se os fundamentos do voto condutor (fl. 440): Impõe-se ao contribuinte o dever de exibição dos livros, documentos, arquivos e papéis à autoridade administrativa, inexistindo qualquer irregularidade na exigência pelo Fisco Municipal de apresentação de declarações de rendimento e de livros diários pelo tabelião, observado o disposto no artigo 195 do CTN: Art. 195. *Para os efeitos da legislação tributária, não têm aplicação quaisquer disposições legais excludentes ou limitativas do direito de examinar mercadorias, livros, arquivos, documentos, papéis e efeitos comerciais ou fiscais, dos comerciantes industriais ou produtores, ou da obrigação destes de exibi-los. Parágrafo único.* Os livros obrigatórios de escrituração comercial e fiscal e os comprovantes dos lançamentos neles efetuados serão conservados até que ocorra a prescrição dos créditos tributários decorrentes das operações a que se refiram.

⊙ TRIBUNAL DE JUSTIÇA DO ESTADO DE SÃO PAULO CORREGEDORIA-GERAL DA JUSTIÇA

EMENTA: Serventias Extrajudiciais – Formação e manutenção de arquivo de segurança pelos responsáveis pelas Serventias Extrajudiciais – Dever de guarda dos acervos – Recomendação nº 09 do Conselho Nacional de Justiça – Obrigatoriedade (PROCESSO Nº 2012/117706. Parecer (293/13-E)

3. QUESTÃO DE CONCURSO

01. (Vunesp – Cartório – TJ – SP/2014) Os livros, fichas, documentos, papéis, microfilmes e sistemas de computação deverão permanecer sempre sob a guarda e responsabilidade do titular de serviço notarial ou de registro, que zelará por sua ordem, segurança e conservação. Se houver necessidade de serem periciados:

a) o perito poderá retirar os documentos para a necessária perícia, mediante carga e termo de responsabilidade a ser assinado perante o titular da serventia.
b) o exame deverá ocorrer no presença do juiz corregedor permanente, em dia e hora adrede designados, com ciência do titular da serventia.
c) o exame deverá ocorrer na própria sede do serviço, em dia e hora adrede designados, com ciência do titular e autorização do juízo competente.
d) os documentos deverão ser encaminhados para a autoridade competente, a quem será transferida a guarda e a responsabilidade, que cessarão com a restituição dos originais ao titular de serviço notarial ou de registro.

GAB	1	C

TÍTULO IV – DAS DISPOSIÇÕES TRANSITÓRIAS

Art. 47. O notário e o oficial de registro, legalmente nomeados até 5 de outubro de 1988, detêm a delegação constitucional de que trata o art. 2º.

1. COMENTÁRIOS

É entendimento majoritário na jurisprudência do Supremo Tribunal Federal que o art. 236, *caput*, e o seu § 3º da CF/88 são **normas autoaplicáveis**, que incidiram imediatamente desde a sua vigência, produzindo efeitos, portanto, mesmo antes do advento da Lei 8.935/1994.

Assim, a partir de 5/10/1988, o concurso público tornou-se um pressuposto inafastável para a delegação de serventias extrajudiciais, inclusive no caso de remoção.

Walter Ceneviva entende que "tendo a jurisprudência entendido que o art. 236 dependia de regulamentação, houve dúvida quanto à lacuna provocada pela suspensão da efetiva aplicabilidade da delegação aos serventuários, enquanto a lei específica não surgisse. A lei supriu a lacuna, ao determinar que notário e registrador, legalmente nomeados até 5 de outubro de 1988, data em que foi editada a Constituição vigente,

Lei 8.935/1994

passaram a delegado do Poder Público, deixando a antiga condição, sem necessidade de sua manifestação expressa a respeito, pois não têm como se oporem à outorga" (Op. cit., p. 334).

2. JURISPRUDÊNCIA COMPLEMENTAR

SUPERIOR TRIBUNAL DE JUSTIÇA

EMENTA: CONSTITUCIONAL. ADMINISTRATIVO. CARTÓRIO. SERVENTUÁRIO SUBSTITUTO. DIREITO ADQUIRIDO À SERVENTIA. ART. 208 DA CF/67, COM A REDAÇÃO DA EC 22/82. VACÂNCIA DO CARGO DO TITULAR APÓS A CONSTITUIÇÃO FEDERAL DE 1988. INEXISTÊNCIA DE DIREITO ADQUIRIDO. NULIDADE DO EDITAL DO CONCURSO. INOCORRÊNCIA. LITISCONSÓRCIO NECESSÁRIO. INEXISTÊNCIA.

1. Não se aplica o disposto no art. 47 do CPC no presente caso, porquanto os concursandos inscritos no certame, ainda que aprovados, não detêm direito líquido e certo à nomeação.

2. A participação da Ordem dos Advogados do Brasil, do Ministério Público, de notário e registrador indicado pela ANOREG não inclui a fase de elaboração do edital do concurso para ingresso na atividade notarial e de registro, porque constitui ato preparatório (artigo 15 da Lei 8.935/94). (...).

3. Sendo precária a situação jurídica de substituto que é designado titular de serventia, a desídia do Poder Público em realizar concurso no prazo determinado pelo artigo 236, parágrafo 3º, da Constituição da República, não tem o condão de consolidar tal situação.

4. Esta Corte Superior de Justiça, na esteira da orientação traçada pelo Excelso Pretório, firmou entendimento no mesmo sentido do acórdão recorrido, segundo o qual o Substituto de Serventia não possui direito adquirido à efetivação na titularidade, nos termos do art. 208 da Constituição de 1967, com a redação da EC nº 22/82, se a vacância do cargo tiver ocorrido após o advento da atual Carta Constitucional, que previu, em seu art. 236, § 3º, a necessidade de prévia aprovação em concurso público para o ingresso na atividade notarial e de registro. Precedentes. (...).

5. Recurso ordinário desprovido. (STJ – RMS 13636 / MG, Ministro TEORI ALBINO ZAVASCKI, DJ 22/02/ 2007 p. 164)

Art. 48. Os notários e os oficiais de registro poderão contratar, segundo a legislação trabalhista, seus atuais escreventes e auxiliares de investidura estatutária ou em regime especial desde que estes aceitem a transformação de seu regime jurídico, em opção expressa, no prazo improrrogável de trinta dias, contados da publicação desta lei.

§ 1º Ocorrendo opção, o tempo de serviço prestado será integralmente considerado, para todos os efeitos de direito.

§ 2º Não ocorrendo opção, os escreventes e auxiliares de investidura estatutária ou em regime especial continuarão regidos pelas normas aplicáveis aos funcionários públicos ou pelas editadas pelo Tribunal de Justiça respectivo, vedadas novas admissões por qualquer desses regimes, a partir da publicação desta lei.

1. COMENTÁRIOS

Com o advento da Lei 8.935/1994, não mais se admite mais a contratação de prepostos sob o regime estatutário. Os notários e oficiais de registro só podem contratar seus escreventes e auxiliares segundo a legislação trabalhista, regida pela CLT, com exceção daqueles que optaram expressamente por permanecer sob o regime estatutário após a vigência da referida lei.

Noutro dizer, facultou-se aos prepostos a opção de continuar sob o regime estatutário ou optar pelo regime trabalhista. Dessa forma, os que não fizeram a opção permaneceriam subordinados ao regime estatutário, e não ao trabalhista. Esses prepostos continuariam a ser regidos pelas normas aplicáveis aos funcionários públicos ou pelas editadas pelo respectivo Tribunal de Justiça, sendo vedadas novas admissões em qualquer desses regimes a partir da publicação da Lei 8.935/1994. Os optantes são regidos pela Consolidação das Leis do Trabalho (CLT) e sujeitos à seguridade social, sendo vedada sua submissão ao regime estatutário. No caso de opção, o tempo de serviço prestado será integralmente considerado para todos os efeitos legais.

Registre-se que o prazo de trinta dias para a opção mencionada no dispositivo encerrou-se em dezembro de 1994. Dessa forma, nos termos do art. 48, § 2º, da Lei 8.935/1994, não havendo opção expressa da demandante pelo regime celetista, ela continua a ser regida pelas normas aplicáveis aos servidores com investidura estatutária.

Há uma grande discussão sobre esse tema, e até o momento não existe uma resposta definitiva. Prevalece, no entanto, que para os servidores estatutários, o regime é considerado um bônus e não um ônus, o que implica a possibilidade de migração de um regime para outro. No entanto, surgem questionamentos: se o servidor migrar para o regime celetista, como ficaria o FGTS? Certamente, por respeito à boa-fé, não seria possível solicitar o retroativo.

Em relação à dispensa, no regime celetista, é possível dispensar sem justa causa. Já no regime estatutário, a dispensa só é permitida por justa causa e mediante um procedimento de sindicância. Em alguns estados, admite-se a dispensa sem justa causa, desde que acompanhada de uma indenização equivalente a um salário por ano trabalhado. No entanto, essa regra varia conforme o estatuto de cada estado.

Quanto à questão trabalhista, o tema foi amplamente aprofundado nos comentários aos arts. 22, 23 e 24 desta Lei. Convido o leitor a revisitar o assunto.

É oportuno lembrar que, no Estado de São Paulo, onde o regime estatutário tem sua previdência social vinculada ao IPESP – Instituto de Pagamentos Especiais de São Paulo, foi aprovada a Lei 14.016/2010, com o objetivo de preservar os benefícios sociais dos notários e registradores. Essa lei declara em extinção a Carteira de Previdência das Serventias não Oficializadas da Justiça do Estado, altera as leis pertinentes e adota outras providências correlatas, conforme segue:

Artigo. 1º Lei 14.016/2010 – Fica declarada em extinção, nos termos desta lei, a Carteira de Previdência das Serventias não Oficializadas da Justiça do Estado a que se refere a Lei nº 10.393, de 16 de dezembro de 1970.

Artigo 2º Lei 14.016/2010 – A Carteira de Previdência das Serventias não Oficializadas da Justiça do Estado, financeiramente autônoma e com patrimônio próprio, por não se enquadrar no regime de previdência complementar e demais normas previdenciárias, passa a denominar-se Carteira de Previdência das Serventias Notariais e de Registro – Carteira das Serventias, e a reger-se, em regime de extinção, pelo disposto nesta lei.

§ 1º – Em consequência do disposto no "caput" deste artigo, fica vedada, a partir da data da publicação desta lei, a inclusão de contribuinte facultativo na Carteira das Serventias, salvo aqueles eventualmente desligados após o advento da Lei nº 8.935, de 18 de novembro de 1994.

§ 2º – Fica assegurado o direito de permanência na Carteira das Serventias aos contribuintes facultativos nela incluídos até a data da publicação desta lei.

A título de atualização, a Lei 16.877/2018, que alterou a Lei 14.016/2010 estabelece em seu artigo 2º que:

Artigo 2º A Carteira de Previdência dos Advogados de São Paulo – Carteira dos Advogados, declarada em regime de extinção pela Lei nº 13.549, de 26 de maio de 2009, e a Carteira de Previdência das Serventias Notariais e de Registro – Carteira das Serventias, declarada em regime de extinção pela Lei nº 14.016, de 12 de abril de 2010, à vista do disposto no artigo 1º desta lei, serão administradas pela Secretaria da Fazenda, ficando extintos, na data da publicação desta lei, seus respectivos Conselhos.

2. JURISPRUDÊNCIA COMPLEMENTAR

SUPERIOR TRIBUNAL DE JUSTIÇA

EMENTA: ADMINISTRATIVO E PROCESSUAL CIVIL. Ações referentes aos agentes de cartórios extrajudiciais que não tenham optado pelo regime celetista, nos termos do § 2º, do art. 48, da Lei 8.935/94, mantêm vínculo estatutário, cuja competência está fincada na Justiça Comum Estadual. Necessidade de instauração de PAD para exoneração do servidor. Acórdão em consonância com a jurisprudência desta Corte. Agravo desprovido. (STJ – AREsp nº 277.329 – São Paulo – 1ª Turma – Rel. Min. Napoleão Nunes Maia Filho – DJ 30.05.2016)

EMENTA: ADMINISTRATIVO. PROCESSUAL CIVIL. Agravo Regimental no Recurso Especial. Serventia cartorária extrajudicial. Provimento por concurso público. Oficial substituto. Designação sob o regime constitucional anterior. Regime jurídico estatutário. Estabilização. ADCT de 1988. Desligamento das funções pelo novo titular da delegação. Impossibilidade. Violação a normativos federais. Teses recursais decididas sob enfoque eminentemente constitucional. Súmula 284/STF.. 1. No caso, verifica-se que o direito em discussão foi reconhecido a partir de parâmetros normativos constitucionais e não dos preceptivos federais apontados como violados, isso induzindo a conclusão de que a motivação do acórdão há de ser atacada, nesse ponto, apenas e unicamente pelo recurso extraordinário já interposto pela parte. 2. A fundamentação eminentemente constitucional do acórdão obsta, no ponto, o seguimento do especial pelo óbice da Súmula 284/STF. 3. Agravo regimental não provido.(STJ – AgRg no REsp nº 1.215.099 – Minas Gerais – 2ª Turma – Rel. Min. Mauro Campbell Marques – DJ 12.11.2015)

EMENTA: ADMINISTRATIVO. PROCESSUAL CIVIL. Recurso Especial. Serventia cartorária extrajudicial. Provimento por concurso público. Oficial substituto. Designação sob o regime constitucional anterior. Regime jurídico estatutário. Estabilização. ADCT de 1988. Desligamento das funções pelo novo titular da delegação. Impossibilidade. Violação a normativos federais. Teses recursais decididas sob enfoque eminentemente constitucional. Súmula 284/STF. Fundamentação legal estadual. Súmula 280/STF. Recurso Especial ao qual se nega seguimento. (STJ – REsp nº 1.215.099 – Minas Gerais – 2ª Turma – Rel. Min. Mauro Campbell Marques – DJ 06.10.2015)

EMENTA: ADMINISTRATIVO. Agravo Regimental no Agravo em Recurso Especial. Inexistência de omissão e de contradição no acórdão. Serventuários do foro extrajudicial que permaneceram no regime estatutário até a publicação da EC 20/98. Estatuto do Servidor Público do Estado de Minas Gerais. A verificação se determinados direitos e vantagens eram previstos apenas para os servidores ocupantes de cargo público efetivo é providência vedada em Recurso Especial, pela Súmula 280/STF. Agravo improvido. I. Na forma da jurisprudência, "inexiste violação ao art. 535, II, do CPC, quando não se vislumbra omissão, obscuridade ou contradição no acórdão recorrido capaz de torná-lo nulo, especialmente se o Tribunal a quo apreciou a demanda de forma clara e precisa, estando bem delineados os motivos e fundamentos que a embasam" (STJ, AgRg no REsp 1.303.516/RS, Rel. Ministro MAURO CAMPBELL MARQUES, SEGUNDA TURMA, DJe de 18/11/2014). II. Conforme entendimento desta Corte, "a contradição que autoriza o manejo dos embargos de declaração é a contradição interna, verificada entre os elementos que compõem a estrutura da decisão judicial, e não entre a solução alcançada e a solução que almejava o jurisdicionado" (STJ, REsp 1.250.367/RJ, Rel. Ministra ELIANA CALMON, SEGUNDA TURMA, DJe de 22/08/2013), hipótese inocorrente, in casu. III. No caso concreto, a Corte a quo destacou que os serventuários de foro extrajudicial que reunissem condições para a aposentadoria, em 18/11/1994, data da publicação da Lei Federal 8.935/94, poderiam aposentar-se, pelo regime previdenciário próprio dos servidores públicos, e os demais, desde que contratados antes daquela data, poderiam permanecer vinculados ao regime próprio, auferindo suas vantagens e direitos, bastando que não manifestassem intenção de mudar para o regime celetista (a exemplo da impetrante) e que essa situação permaneceu até a EC 20/98, que limitou o regime próprio de previdência aos servidores titulares de cargos efetivos. IV. A partir dessas premissas, o Tribunal de origem concluiu que a impetrante não teria direito à aposentadoria, porque, mesmo contando o período do exercício de atividades notariais, ela, em 16/12/1998 – data da publicação da EC 20/98 – só contaria com 24 anos e 284 dias de serviço, tempo insuficiente para aposentar-se pelo regime estatutário, quando isso ainda era possível. O tempo seria insuficiente porque, analisando a Lei Estadual 869/52, entendeu que os direitos de arredondamento de dias, para fins de aposentadoria, e de contagem, em dobro, das férias-prêmio, seriam inaplicáveis aos serventuários do foro extrajudicial, porque não ocupantes, como exige a lei local, de cargo público efetivo. V. Diante desse quadro, aferir se a Lei Estadual 869/52 – no período em que podia ser aplicada, ou seja, antes da EC 20/98 – exigia que o servidor fosse ocupante de cargo público efetivo, para fazer jus ao arredondamento de dias, para fins de aposentadoria, e à contagem, em dobro, das férias-prêmio, constitui providência obstada, em sede de Recurso Especial, ante o óbice da Súmula 280/STF. VI. Agravo Regimental improvido. (STJ – AgRg no AREsp nº 632.554 – Minas Gerais – 2ª Turma – Rel. Min. Assusete Magalhães – DJ 20.08.2015)

EMENTA: CONFLITO DE COMPETÊNCIA. Tabelionato não optante pelo regime celetista. Demissão. Ação de reintegração movida contra

Lei 8.935/1994

o titular da serventia. Competência do juízo comum.(STJ – Conflito de Competência nº 135.989 – Goiás – 1ª Seção – Rel. Min. Benedito Gonçalves – DJ 07.08.2015)

TRIBUNAL REGIONAL DO TRABALHO DA 2ª REGIÃO

EMENTA: Vínculo de emprego. Ofício de Registro de Títulos e Documentos. Os empregados que trabalham em cartório de registro estão sujeitos ao regime jurídico da CLT, inclusive aqueles contratados em período anterior à vigência da Lei 8.935/94. Jurisprudência do Tribunal Superior do Trabalho. Auto-aplicabilidade do art. 236 da Constituição Federal. Recurso Ordinário do réu a que se nega provimento, nesse ponto.(TRT 2ª Região – Recurso Ordinário nº 0130400-92.2003.5.02.0042 – São Paulo – 11ª Turma – Rel. Des. Eduardo de Azevedo Silva – DJ 17.03.2015)

EMENTA: CARTÓRIO. REGIME JURÍDICO. RECONHECIMENTO DO VÍNCULO EMPREGATÍCIO EM PERÍODO ANTERIOR À OPÇÃO PREVISTA NA LEI nº 8.935/1994. INVIABILIDADE. O artigo 236, da Constituição Federal, não é autoaplicável. Esposar a interpretação de o "caput" impor uma conduta positiva, de eficácia plena, implicaria não só admitir a ele não se atrelar o seu § 1º, mas a delineação de inconstitucionalidade do artigo 48, da Lei nº 8.935/1994, na medida em que, ao se reportar aos "seus atuais escreventes e auxiliares de investidura estatutária ou em regime especial desde que estes aceitem a transformação", acabaria por tolerar a contratação de trabalhadores, após a promulgação da Carta Magna, em regime diverso do privado, em afronta, pois, à regra que visa regulamentar. Por outro lado, dada a circunstância de a relação havida entre a serventia extrajudicial e o serventuário anteceder a vigência da Lei Maior de 1988, mesmo que se considerasse o preceito coercitivo no dimensionamento da natureza privada dos serviços notariais e de registro, subordinando a ordem jurídica, subsistiria que não tem aptidão para produzir efeitos "ex tunc", tampouco normatiza para alcançar situação pretérita em consonância com a Constituição anterior, até porque albergada pelo seu artigo 5º, inciso XXXVI. Destarte, também sob tal perspectiva, advém a indispensabilidade do ajuste, que se deu por intermédio da prerrogativa de exercer a opção, posteriormente disciplinada. (TRT 2ª Região – Recurso Ordinário nº 000112515.2010.5.02.0020 – São Paulo – 2ª Turma – Rel. Des. Mariangela de Campos Argento Muraro – DJ 13.04.2012). O artigo 236, da Constituição Federal, não encerra norma autoaplicável. Esposar a linha de interpretação de o *caput* impor uma conduta positiva (*"Os serviços notariais e de registro são exercidos em caráter privado, por delegação do Poder Público. "*), de eficácia plena, implicaria não só admitir a ele não se atrelar o seu § 1º (*"Lei regulará as atividades, disciplinará a responsabilidade civil e criminal dos notários, dos oficiais de registro e de seus prepostos, e definirá a fiscalização de seus atos pelo Poder Judiciário. "*), mas, de forma inexorável, a declaração de inconstitucionalidade da supracitada legislação de competência exclusiva do Pleno, na conformidade do artigo 58, do Regimento Interno deste Egrégio Tribunal Regional do Trabalho da 2ª Região, na medida em que, ao se reportar aos *"seus atuais escreventes e auxiliares de investidura estatutária ou em regime especial desde que estes aceitem a transformação"*, acabaria por tolerar a contratação de trabalhadores, após a promulgação da Carta Magna, em regime diverso do privado, em afronta à regra que visa regulamentar. Ademais, a celeuma sequer reverbera no caso concreto, dada a circunstância de a relação sob foco anteceder a vigência da Lei Maior de 1988. Ainda que se considerasse o novo preceito coercitivo no dimensionamento da natureza privada dos serviços notariais e de registro, subordinando a ordem jurídica, subsistiria que não tem aptidão para produzir efeitos *ex tunc*, tampouco normatiza para alcançar situação pretérita em consonância com a Constituição anterior, até porque albergada pelo seu artigo 5º, inciso XXXVI. E, também sob tal perspectiva, advém a indispensabilidade do ajuste, que se deu por intermédio da prerrogativa de exercer a opção, posteriormente disciplinada.

TRIBUNAL DE JUSTIÇA DO ESTADO DE SÃO PAULO

EMENTA: Apelação – Ato administrativo – Serventia extrajudicial – Contrato verbal para o exercício de função pública como Auxiliar no Registro de Imóveis, Títulos e Documentos e Civil das Pessoas Jurídicas da Comarca de Avaré – Tempo de serviço prestado em Cartório Extrajudicial em período anterior à CF/88 – Submissão às condições de trabalho e às ordens do superior hierárquico, mediante remuneração – Prova documental confirmando que o autor prestou efetivo serviço ao cartório extrajudicial – Ausência de recolhimento das contribuições previdenciárias que não é imputável ao autor, não podendo prejudicá-lo – Sentença mantida – Recursos desprovidos. (Nota da Redação INR: ementa oficial) (TJSP – Apelação / Remessa Necessária nº 1000276-91.2020.8.26.0073 – Avaré – 1ª Câmara de Direito Público – Rel. Des. Danilo Panizza – DJ 18.05.2023)

EMENTA: APELAÇÃO E REEXAME NECESSÁRIO – AÇÃO DE OBRIGAÇÃO DE FAZER – Carteira de Previdência das Serventias Notariais e de Registro – Servidora aposentada de cartório extrajudicial – Insurgência contra a aplicação da Lei Estadual nº 14.016/2010, que alterou os critérios de reajuste dos benefícios, para utilização do IPC/FIPE – Pretensão de revisão do reajuste dos proventos de aposentadoria, consoante o sistema estabelecido na Lei Estadual nº 10.393/1970, vigente à época da aposentadoria, com base no salário mínimo – Descabimento – Norma não recepcionada pelo art. 7º, inc. IV, da Constituição Federal, que vedou a vinculação do salário mínimo para qualquer fim – Súmula Vinculante nº 04 do E. STF – As questões atinentes à fixação de renda inicial da aposentadoria e os reajustes de proventos não foram objeto de discussão nos autos da ADI nº 4220/SP pelo E. STF – Inexistência de direito adquirido a regime jurídico – Precedentes do E. STF e desta Corte – PRESCRIÇÃO QUINQUENAL da pretensão ao recebimento das diferenças de proventos vencidas entre os anos de 2008 até o advento da Lei Estadual nº 14.016/2010 – Sentença reformada para decretar a improcedência dos pedidos – Recursos voluntário e oficial providos (TJSP – Apelação Cível nº 1002668-80.2019.8.26.0156 – Cruzeiro – 9ª Câmara de Direito Público – Rel. Des. Rebouças de Carvalho – DJ 08.07.2022)

EMENTA: Apelação – Pensão por morte – Carteira de Previdência das Serventias Notariais e de Registro – Pedido para manutenção da fórmula de pagamento constante na Lei Estadual nº 10.393/70 – Possibilidade – Observância da interpretação conforme dada pelo Col. STF no julgamento da ADI nº 4.420/SP – Nova regra que não se aplica a quem, na data da publicação da Lei n.º 16.016/2010, já estava em gozo do benefício ou havia cumprido os requisitos necessários à sua concessão pela Lei anterior – Sentença de improcedência reformada – Recurso provido (TJSP – Apelação Cível nº 1048330-17.2021.8.26.0053 – São Paulo – 7ª Câmara de Direito Público – Rel. Des. Fernão Borba Franco – DJ 14.06.2022)

EMENTA: Ação de procedimento comum – Auxiliar e, posteriormente, escrevente de serventia extrajudicial – Admissão posterior à Constituição Federal de 1988 e anterior à entrada em vigor da Lei Federal nº 8.935/1994 (Lei dos Cartórios) – Regime especial ou híbrido – Não optante pelo regime celetista – Pleito de pagamento de indenização, aviso prévio e 13º salário proporcional, bem como de pagamento de licença-prêmio – R. sentença de improcedência dos pedidos – Apelo do autor – Rejeição da alegação de ilegitimidade passiva e da alegação de prescrição trienal alegadas pela Ré em contrarrazões – Legitimidade passiva do titular atual da delegação (pessoa física) e aplicação, no caso, da Súmula nº 85 do E. STJ (prescrição quinquenal) – Aplicação das regras do regime especial ou híbrido, disciplinado por normas internas deste Tribunal de Justiça, os Provimentos da E. Corregedoria Geral da Justiça, bem como dos Provimentos nº 18/1984 e 14/1991 vigentes na época de sua admissão e dispensa – Indenização – Aviso prévio e 13º salário proporcional – Descabimento – Autor que não comprovou um dos requisitos do Capítulo I, Subseção IV, art. 49 a 49.4 do Provimento nº 14/91 da E. Corregedoria Geral da Justiça, qual seja: sensível diminuição da renda – Manutenção da improcedência, ainda que por fundamento diverso – Licença-prêmio – Autor que faz jus à licença-prêmio, nos termos do Capítulo V, Subseção VIII, art. 48 ao 52 do Provimento nº 14/91 da E. Corregedoria Geral da Justiça, desde que comprovado que não gozou da licença quando em atividade e desde que comprovada a inexistência de faltas injustificadas que interrompam o exercício para fins da referida licença – Precedentes deste E. Tribunal de Justiça

– Reforma da r. sentença neste tocante – Ônus de sucumbência – Inversão – Condenação da Ré ao pagamento das custas, despesas processuais e honorários advocatícios sucumbenciais – Recurso de apelação do autor parcialmente provido.

EMENTA: SERVENTIA NOTARIAL. VACÂNCIA DA DELEGAÇÃO. SUSPENSÃO DAS ATIVIDADES DO CARTÓRIO POR DETERMINAÇÃO DA CORREGEDORIA, COM CONSEQUENTE EXTINÇÃO DO CONTRATO DE TRABALHO DOS SERVENTUÁRIOS. AUSÊNCIA DE PAGAMENTO DAS VERBAS RESCISÓRIAS. O autor trabalhava no Cartório desde o ano de 1991 e se viu repentinamente sem meio de subsistência e sem o recebimento de qualquer verba por ocasião da extinção do contrato de trabalho. Serventuário sujeito ao regime especial a que se refere o art. 48, §2º, da Lei Federal nº 8.935/94. Aplicabilidade das disposições contidas no Provimento nº 14/91 da CGJ desta Corte.

RESPONSABILIDADE DO ESTADO. A suspensão das atividades do Cartório ocorreu após a vacância da delegação. As verbas cujo adimplemento têm origem no término da relação de trabalho são devidas pelo Estado. Aquelas devidas pela inobservância da legislação na composição do salário são devidas unicamente pelo delegatário. O Estado deve arcar com as verbas de rescisão, na forma da fundamentação. Sentença reformada, no ponto.

QUINQUÊNIO E LICENÇA-PRÊMIO. A controvérsia reside no próprio direito aos benefícios, e não na extensão da vantagem ou no valor de eventual indenização. A prescrição alcança, nesse contexto, o próprio fundo de direito, motivo pelo qual o autor faz mesmo jus a apenas um quinquênio e a um bloco de licença-prêmio, a serem pagos pelo antigo titular da delegação. Sentença mantida, no ponto.

(...)Dado que a admissão do autor ocorreu no ano de 1991, a ele se aplicaram as regras de transição previstas na Lei Federal nº 8.935/94, que, neste ponto, estabelece o seguinte:

Art. 48. Os notários e os oficiais de registro poderão contratar, segundo a legislação trabalhista, seus atuais escreventes e auxiliares de investidura estatutária ou em regime especial desde que estes aceitem a transformação de seu regime jurídico, em opção expressa, no prazo improrrogável de trinta dias, contados da publicação desta lei.

§ 1º Ocorrendo opção, o tempo de serviço prestado será integralmente considerado, para todos os efeitos de direito.

*§ 2º **Não ocorrendo opção, os escreventes e auxiliares de investidura estatutária ou em regime especial continuarão regidos pelas normas aplicáveis aos funcionários públicos ou pelas editadas pelo Tribunal de Justiça respectivo, vedadas novas admissões por qualquer desses regimes, a partir da publicação desta lei.***

Como se nota, a ausência de opção expressa do autor pela migração do regime em proposição de fato que não foi impugnada por qualquer das partes determina a preservação do regime jurídico estabelecido por norma deste Tribunal, notadamente o Provimento CGJ nº 14/91.

Nesse quadro, diferentemente do que considera a sentença, a parte não pretende a estruturação, somente para si, de um regime jurídico híbrido. A pretensão está escorada em regime jurídico inteiramente disciplinado por ato normativo desta Corte, aplicável ao autor por força da norma de transição estabelecida na lei federal acima mencionada.

De outro lado, há responsabilidade do Estado pelo pagamento de ao menos uma parte das verbas reclamadas.

Como se depreende do desencadeamento dos fatos, a ordem de suspensão das atividades, ensejando a cessação do vínculo, é ato emanado diretamente do Estado, praticado quando estava vaga a delegação. É dizer, o ato que efetivamente rompeu o vínculo de trabalho que o autor inegavelmente tinha com a Serventia foi praticado pelo próprio Estado em período no qual não havia titular responsável pela Serventia.

É de se destacar que a assunção de responsabilidade pelo substituto designado pela mesma decisão da Corregedoria é ato subsequente ao rompimento desse vínculo, e não poderia ser diferente. Não fosse assim, o substituto eventual assumiria a tarefa de sanear o serviço assumindo, a título pessoal, todo o passivo trabalhista decorrente do ato do Estado a suspensão das atividades sem ter meios para suportar as despesas, já que, com a suspensão, não haveria serviços prestados e emolumentos recebidos.

A única conclusão possível é a de que o Estado responde pela repercussão do ato por ele, Estado, praticado, e deve arcar com as verbas rescisórias previstas no ato normativo a que o serventuário estava sujeito.

A exoneração dos serventuários está disciplinada no item 49 do Capítulo I do referido Provimento, assim redigido:

49. Os escreventes e os auxiliares poderão ser dispensados pelo serventuário sem declaração de motivo, se contarem com menos de 5 (cinco) anos de exercício no cargo, assegurada a indenização correspondente a aviso prévio e um mês de salário por ano de serviço ou fração superior a 06 meses e décimo terceiro salário proporcional.

49.1. após 5 (cinco) anos a dispensa poderá ser feita, assegurada a mesma indenização, por motivo de sensível diminuição de renda, comprovada perante o Juiz Corregedor Permanente.

(...) Diversamente do que ocorre em relação aos servidores estatutários, em que a licença é concedida expressamente, no caso dos autos a licença prêmio, ao que consta, jamais esteve em discussão.

O que a parte pretende, portanto, é o reconhecimento do direito ao próprio período de descanso e, apenas consequentemente, a indenização.

A prescrição, nesse aspecto, afeta o próprio fundo do direito porque não se refere apenas à indenização.

O mesmo raciocínio se aplica em relação ao adicional por tempo de serviço, que não foi jamais concedido ao autor e agora somente pode repercutir nos cinco anos que antecedem o ajuizamento da ação.

EDSON LUIZ DE QUEIROZ. RELATOR (*documento assinado digitalmente*) – – /(TJSP – Apelação Cível nº 1121865-37.2018.8.26.0100 – São Paulo – 9ª Câmara de Direito Privado – Rel. Des. Edson Luiz de Queiroz – DJ 21.05.2020)

EMENTA: APELAÇÃO. Reclamação trabalhista, posteriormente distribuída à Justiça Estadual. Funcionário de serventia extrajudicial. Pretensão do autor de que lhe fossem pagas verbas celetistas e estatutárias que enumera. Sentença que julga a ação improcedente. Reforma. Verbas trabalhistas que são indevidas, uma vez se tratar de regime estatutário. Ilegitimidade passiva. Inocorrência. Sucessão da gestão que abrange eventual passivo trabalhista. Prescrição que é quinquenal, uma vez que serviço notarial e de registro tem natureza pública. Autor admitido antes da CR/88 e que não fez opção pelo regime celetista. Aplicação do Estatuto dos Funcionários Públicos do Estado de São Paulo (Lei nº 10.261/68). Verbas do regime estatutário pleiteadas (quinquênio, sexta parte e licenças prêmio não usufruídas) que são devidas. Precedentes. Correção monetária a ser calculada de acordo com Tabela Prática deste TJSP, que aplica o IPCA-E e juros de mora, de acordo com a Lei n.º 11.960/09. Sentença reformada. Recurso parcialmente provido.

(...)

*APELAÇÃO CÍVEL – **SERVENTIA EXTRAJUDICIAL – Escrevente aposentado com pretensão de receber quinquênios, sexta-parte e licenças-prêmios não usufruídas** – O art. 48 da Lei nº 8.935/94, com fundamento no art. 236 da CF/88, concedeu aos funcionários que já trabalhavam em serventia extrajudicial a opção de migrar ou não para o regime celetista, desde que fizessem opção expressa nesse sentido nos trinta dias contados da publicação – **Autor admitido antes da CF/88 e que não fez opção pelo regime celetista – Aplicação do Estatuto dos Funcionários Públicos do Estado de São Paulo (Lei nº 10.261/68) – Benefícios previstos em lei – Preenchimento dos requisitos** – Sentença de procedência parcial mantida e ratificada (art. 252 do RITJ). Recurso não provido"* (Apelação n.º 1003043-61.2018.8.26.0368, Rel. Ponte Neto, 8ª. Câmara de Direito Público, j. 16.10.2019, g.n.).

MARCELO SEMER. Relator – – /(TJSP – Apelação Cível nº 0003224-45.2019.8.26.0562 – Santos – 10ª Câmara de Direito Público – Rel. Des. Marcelo Semer – DJ 11.05.2020)

EMENTA: FUNCIONÁRIO DE SERVENTIA EXTRAJUDICIAL. Pretensão ao pagamento de licenças-prêmio, quinquênios, indenização prevista no item 49 do Capítulo I do Provimento nº 14/91, diferenças

Lei 8.935/1994

salariais e devolução de valores subtraídos da base de cálculo de sua comissão. Inadmissibilidade. Autor desligado dois dias antes de o réu entrar em efetivo exercício da delegação. Vínculo de trabalho rompido. Inexistência de dever de assumir obrigações trabalhistas do antigo titular. Delegação do serviço que se opera de forma originária e personalíssima. Recurso não provido.

(...)

Estabelece o art. 236, *caput*, da Constituição Federal: *Os serviços notariais e de registro são exercidos em caráter privado, por delegação do Poder Público.*

O exercício da atividade notarial e de registro é exercido por meio de delegação do Poder Público, e o gerenciamento administrativo e financeiro da serventia pertencem ao seu titular. Por essa razão, detém o apelado a faculdade de contratar, remunerar e demitir seus prepostos, nos termos da Lei nº 8.935/94.

É certo, ainda, que o titular do cartório, devidamente nomeado após regular concurso público (f. 418/9), recebe a delegação do serviço notarial ou registral de forma originária, sem qualquer vínculo com o anterior responsável.

Nesse sentido, vale transcrever, por relevantes, algumas das considerações expendidas no voto da lavra do Desembargador José Habice, à guisa de *ratio decidendi*:

"Ademais, a referida delegação tem caráter originário e personalíssimo, pois, se dá mediante aprovação em concurso público, e o novo delegatário notarial e de registros públicos ingressa no serviço de forma originária, recebendo a delegação do próprio Estado e não do anterior titular, de forma derivada, portanto, sem qualquer vínculo com o antigo oficial, afastando a responsabilidade por obrigações pretéritas.

"A propósito, o entendimento doutrinário de Jairo Vasconcelos Rodrigues Carmo, in: 'Responsabilidade Civil do delegatário notarial e de registros públicos', pág. 75-76 *'titulares de função pública, todavia em nome próprio e risco deles, não integrando quaisquer dos organismos da hierarquia estatal'*.

No tocante a responsabilidade civil e trabalhista, há regulamentação na Lei Federal nº 8.935 (Lei dos Notários e Registradores), este dispositivo impôs aos notários e registradores uma obrigação de resultado, de natureza contratual, ainda que se trate de serviço público.

"A norma em comento traz como diferencial entre cartórios e empregadoras comuns, a forma de sucessão, sendo que nestas o sucessor assume o ativo e passivo, incluindo o trabalhista, em razão do negócio jurídico entabulado entre as partes. Entretanto, o mesmo fenômeno não ocorre nos cartórios, uma vez que os novos titulares são nomeados para o cargo mediante concurso público, ocorrendo a mera outorga de delegação pelo Estado.

"Deste modo, o tabelião anterior (titular da delegação em exercício ou o substituto designado) será responsabilizado pessoalmente por todos os atos praticados durante o exercício de sua delegação, assim, não ocorre sucessão como na legislação trabalhista, não respondendo o oficial titular, pelas obrigações legais anteriores à sua nomeação.

"Para que se configure a sucessão de empregadores nos moldes dos artigos 10 e 448 da CLT, é necessária a transferência de unidade econômicojurídica e a ausência de solução de continuidade na prestação de serviços do trabalhador, o que não se vislumbra nestes autos.

"Ressaltando que a teoria do risco administrativo não se aplica ao notário-registrador, e sim, a do risco profissional.[1]

(...)

No mesmo sentido:

RECLAMAÇÃO TRABALHISTA – FUNCIONÁRIO DE CARTÓRIO EXTRAJUDICIAL – VERBAS TRABALHISTAS – Competência da Justiça Estadual – Precedentes – Legitimidade passiva da autora – Cartório que não detém personalidade jurídica – **Responsabilidade pessoal da titular da serventia** – Demandada que não comprovou o pagamento dos salários mencionados e dos reajustes salariais – Exclusão das gratificações, férias referentes ao período de 2006/2007 e pagamento em dobro de férias de 2007/2008 – Sucumbência recíproca. Agravo retido improvido. Apelo parcialmente provido. (Apelação Cível nº 0103949-26.2010.8.26.0346, Rel. Des. Moacir Peres, j. 12/12/2014, g.m.)

Serventia extrajudicial – Ofício de Registro de Imóveis, Títulos e Documentos e Civil de Pessoa Jurídica da Comarca de Lorena – Pretensão à reintegração, percepção de indenização, verbas salariais e danos morais em razão de não-recepção pelo novo titular delegatário – Ausência de direito à estabilidade – **Delegação do serviço notarial ou registral que se dá de forma originária e personalíssima, mediante concurso público, sem qualquer vínculo com o anterior responsável – Novo delegatário que não possui dever de assumir os antigos empregados da serventia, sendo lícito o desligamento/dispensa de forma imotivada** – Precedentes – Sentença de improcedência mantida – Recurso não provido. (Apelação Cível nº 1000570-77.2017.8.26.0323; Rel. Des. Souza Meirelles; j. 12/06/2019; g.m.)

APELAÇÃO. AÇÃO INDENIZATÓRIA. SERVENTIA EXTRAJUDICIAL. AUXILIAR/ ESCREVENTE EM REGIME ESPECIAL. PEDIDO DE CONVERSÃO EM PECÚNIA DE 360 DIAS RELATIVOS A BLOCOS DE LICENÇAS-PRÊMIO NÃO GOZADOS. **Serventuário admitido antes da CF/88 e não optante pelo regime celetista quando da vigência da Lei nº 8.935/1994, que busca receber indenização do atual titular da delegação. Inadmissibilidade. Delegação do serviço notarial ou registral originária e personalíssima, mediante concurso público, sem qualquer vínculo com o anterior responsável. Inexistência do dever de assumir as obrigações trabalhistas do antigo titular. Doutrina firme no sentido da ausência de sucessão da responsabilidade fiscal e trabalhista pelo novo titular de serventia extrajudicial**. Precedentes. RECURSO NÃO PROVIDO. (Apelação Cível nº 1047340-71.2016.8.26.0224; Rel. Des. Alves Braga Junior; j. 09/10/2018; g.m.)

PROCESSUAL CIVIL E ADMINISTRATIVO – CARTÓRIO EXTRAJUDICIAL – SERVIDOR – ADMISSÃO ANTERIORMENTE À CONSTITUIÇÃO DE 1988 – NOMEAÇÃO PARA RESPONDER INTERINAMENTE PELA SERVENTIA – PRETENDIDA REINTEGRAÇÃO NA FUNÇÃO DE ESCREVENTE – INDENIZAÇÃO POR DANOS MORAIS OU EM DOBRO – INADMISSIBILIDADE. 1. Serventia Extrajudicial. Escrevente. Reintegração. Descabimento. Serventuário sujeito ao regime especial ou híbrido. Estabilidade inexistente. **Possibilidade de dispensa ou não recepção imotivada. Delegação do serviço notarial ou registral é feita de forma originária e personalíssima, mediante concurso público, sem qualquer vínculo com o anterior responsável. Inexistência de vínculo laboral com a nova titular. Solução de continuidade verificada. Serventuário nomeado para responder interinamente pela serventia. Precariedade da investidura no período anterior à nova titular. Inteligência dos arts. 37 e 236 da CF e 19 do ADCT. 2. Indenização. Descabimento. Provimento nº 14/91 que, além de superada pela posterior edição da Lei Federal nº 8.935/94 e outras normas internas do Tribunal editadas sobre a matéria, extrapolou o âmbito de atuação da Corregedoria Geral de Justiça, a quem não compete fixar indenização por rompimento de vínculo entre serventuário e serventia extrajudicial. Inteligência do Parecer da Corregedoria no Processo nº 2012/41.723, de 02/07/2012**. Precedentes. 3. Danos morais. Inocorrência. Redução dos honorários advocatícios. Admissibilidade. Recurso provido, em parte. (Apelação Cível nº 0016792-43.2011.8.26.0196; Rel. Des. Décio Notarangeli; j. 28/03/2018; g.m.)

APELAÇÃO – SERVENTIA EXTRAJUDICIAL – ESCREVENTES E AUXILIARES EM REGIME ESPECIAL – VERBAS RESCISÓRIAS E INDENIZAÇÃO – Serventuário admitido na serventia antes da CF/88 e não optante pelo regime celetista – Art. 48, § 2º, da Lei nº 8.935/1994 – Não recepção pela atual titular da delegação – Ausência de vínculo laboral com a nova titular – Sentença de improcedência. CERCEAMENTO DE DEFESA – Inocorrência – Provas suficientes para a solução da lide. PRESCRIÇÃO – Inocorrência – Não transcurso de três anos entre a dispensa e o ajuizamento – Aplicação do art. 206, § 3º, do CC, por não se tratar de demanda contra a Fazenda Pública. **VERBAS RESCISÓRIAS – Descabimento – Serventuário sujeito ao regime especial ou híbrido – Estabilidade inexistente – Possibilidade de dispensa ou não recepção imotivada – Delegação do serviço notarial ou registral é feita de forma originária e personalíssima, mediante concurso público, sem qualquer vínculo com o anterior responsável Inexistência de vínculo laboral com o novo titular – Solução de continuidade verificada – Inexistência de dever de assumir as obrigações trabalhistas do antigo titular** – Serventuário que, aliás, assumiu interinamente a delegação, de forma precária, nos dois anos anteriores à investidura da nova titular – Inteligência dos arts. 37 e 236 da CF e 19 do ADCT. INDENIZAÇÃO – Descabimento – Provimento nº 14/91 que, além de superada pela posterior edição da Lei Federal nº 8.935/94 e outras normas internas do Tribunal editadas sobre a matéria, extrapolou o âmbito de atuação da Corregedoria Geral de Justiça, a quem não compete fixar indenização por rompimento de vínculo entre serventuário e serventia extrajudicial Inteligência do Parecer da Corregedoria no Processo nº 2012/41723, de 02/07/2012 Precedentes. DANOS MORAIS – Inocorrência – HONORÁRIOS – Majoração para 10% do valor da causa, nos termos do art. 20 do CPC. Sentença de improcedência reforma, em pequena parte, tão somente para majorar a verba honorária – Recurso de apelação do autor improvido e recurso adesivo do patrono da ré provido. (Apelação Cível nº 0010048-11.2014.8.26.0266; Rel. Des. Maurício Fiorito; j. 14/06/2016; g.m.)

COIMBRA SCHMIDT. Relator (TJSP – Apelação Cível nº 1016404-05.2016.8.26.0405 – Osasco – 7ª Câmara de Direito Público – Rel. Des. Coimbra Schmidt – DJ 29.04.2020)

EMENTA: APOSENTADORIA. INATIVOS DE SERVENTIAS NÃO OFICIALIZADAS DO ESTADO DE SÃO PAULO. Afastamento do autor devido à nova designação da titularidade do cartório. Objeto da ação. Reconhecimento das contribuições recolhidas no período após a perda da delegação e a concessão do benefício de aposentadoria. Configuração do direito. Ato administrativo não concedeu a aposentadoria considerando a ausência de requerimento formulado pelo autor para manutenção de sua inscrição na Carteira de Previdência das Serventias Notariais e de Registro, nos termos da norma contida no artigo 5º da Lei Estadual nº 10.393/10. Expressa revogação do referido artigo com o advento da Lei nº 14.016/2010, anteriormente à data em que o autor foi desligado das funções. A responsabilidade pela comunicação da Carteira de Previdência quanto às modificações de função e de exercício compete ao titular da serventia. Inteligência do artigo 11 da Lei nº 10.393/70, com redação dada pela Lei 14.016/10. Inexistência do dever do segurado, ora autor, de informar a Carteira de Previdência sobre a sua intenção de manter-se no regime e tampouco de comunicá-la a respeito das modificações de função e exercício. Manutenção da sentença. JUROS E CORREÇÃO MONETÁRIA. RECURSO EXTRAORDINÁRIO nº 870.947/SE. Reconhecimento da inconstitucionalidade do artigo 5º da Lei n. 11.960/09. Incidência de correção monetária e juros de mora de acordo com a Tese n. 810 da repercussão geral. Correção monetária pelo IPCA-E e juros de mora da caderneta de poupança. Inocorrência de modulação dos efeitos em recente julgamento dos Embargos de Declaração no RE n. 870.947/SE.

RECURSO NÃO PROVIDO. JOSÉ MARIA CÂMARA JUNIOR. Relator (TJSP – Remessa Necessária Cível nº 1027021-08.2019.8.26.0053 – São Paulo – 8ª Câmara de Direito Público – Rel. Des. José Maria Câmara Junior – DJ 31.03.2020)

EMENTA: APELAÇÃO. AÇÃO ORDINÁRIA. SERVENTIA EXTRAJUDICIAL. Auxiliar de escrevente, posteriormente escrevente admitido em 1990, não optante. Pretensão ao recebimento de quinquênios e licença-prêmio convertida em pecúnia. Possibilidade. Regime híbrido do Provimento CGJ 14/1991, que não foi revogado expressamente pelo Provimento CGJ 05/1996 na parte dos benefícios pretendidos. Configurada a responsabilidade patrimonial do réu (atual titular da serventia), uma vez que o funcionário continuou a trabalhar para ele quando assumiu o Tabelionato. Precedentes. Parcial procedência mantida. Recurso provido em parte, somente para determinar que seja observada a prescrição quinquenal no pagamento dos atrasados. MARCELO SEMER. Relator (TJSP – Apelação Cível nº 1006228-48.2017.8.26.0302 – Jaú – 10ª Câmara de Direito Público – Rel. Des. Marcelo Semer – DJ 14.03.2019)

EMENTA: Ação de indenização proposta por ex-servidor de cartório extrajudicial, não optante pelo regime celetista, sob fundamento de injusta ruptura de seu contrato de trabalho – Pretensão de responsabilização do atual oficial de registro pelo passivo trabalhista – Competência da Justiça Comum Estadual – Inexistência de nulidade do ato de citação, bem como de cerceamento de defesa – Legitimidade passiva do atual oficial de registro – Descabimento de denunciação da lide aos anteriores oficiais de registro (titular e interino) da serventia – Autor que não faz jus, no entanto, às verbas remuneratórias e indenizatórias pleiteadas (licenças-prêmio; quinquênios sobre os vencimentos integrais e indenização com base no Provimento CG nº 14/91) – Sentença de procedência parcial da ação – Preliminares afastadas – Desprovimento do recurso do autor – Provimento do recurso do réu para o decreto de improcedência da ação. (TJSP – Apelação Cível nº 0207868-56.2011.8.26.0100 – São Paulo – 4ª Câmara de Direito Público – Rel. Des. Osvaldo Magalhães – DJ 15.09.2017)

EMENTA: Competência recursal – Ação de indenização por danos morais e materiais – Assédio moral – Ex-funcionário de cartório extrajudicial – Ausência de opção expressa pelo vínculo celetista, art. 48, § 2º, da Lei 8.935/94 – Aplicação das normas dos servidores com investidura estatutária – Competência disciplinada no art. 3º, I, da Resolução nº 623/2013 com a redação dada pela Resolução nº 648/14 do Egrégio Tribunal de Justiça – Remessa dos autos a uma das Colendas 1ª a 13ª Câmaras da Seção de Direito Público – Recurso não conhecido. (TJSP – Agravo de Instrumento nº 2156244-98.2015.8.26.0000 – Jundiaí – 38ª Câmara de Direito Privado – Rel. Des. César Peixoto – DJ 28.09.2015)

EMENTA: APELAÇÃO CÍVEL – SERVIÇOS NOTARIAIS E DE REGISTRO – Serventuário admitido antes da promulgação da Constituição Federal de 1988 – Pretensão de reconhecimento da nulidade do ato de dispensa imotivada e reintegração ao cargo ou indenização. Inocorrência de cerceamento de defesa – Legítima a dispensa de produção de prova – Art. 130 do Código de Processo Civil. Apelante que não optou pela transformação de seu regime de trabalho em celetista (art. 48, da Lei nº 8.935/194) – Inexistência de estabilidade, todavia – Inaplicabilidade do art. 19 ADCT – Reintegração ao cargo descabida – Pedido alternativo procedente – Obrigação de indenizar um mês por ano trabalhado, além das férias e 13º proporcional – Aplicabilidade do art. 49 do Provimento 14/91 da Corregedoria-Geral de Justiça – Danos materiais não comprovados – Sentença reformada, preliminar afastada e recurso parcialmente provido. "(TJSP – Apelação Cível nº 0005094 – 28.2011.8.26.0103 – Caconde – 9ª Câmara de Direito Público – Rel. Des. Jeferson Moreira de Carvalho – DJ 23.07.2014)

Art. 49. Quando da primeira vacância da titularidade de serviço notarial ou de registro, será procedida a desacumulação, nos termos do art. 26.

1. COMENTÁRIOS

A desacumulação deverá ocorrer em razão da nova distribuição de funções notariais ou de registro entre delegatários situados em uma mesma jurisdição territorial, sempre que as funções exercidas por uma serventia sejam atribuídas a outro cartório já existente e localizado no mesmo município.

O art. 26 mencionado no art. 49 desta Lei estabelece que os serviços enumerados no art. 5º não são acumuláveis. Este último preceitua que os titulares de serviços notariais e de registro são: tabeliães de notas; tabeliães e oficiais de registro de contratos marítimos; tabeliães de protesto de títulos; oficiais de registro de imóveis; oficiais de registro de títulos e documentos e civis das pessoas jurídicas; oficiais de registro civis das pessoas

Lei 8.935/1994

naturais e de interdições e tutelas; e oficiais de registro de distribuição.

Assim, por exemplo, não poderá haver acumulação entre um tabelionato de notas e um ofício de imóveis, salvo nos casos já instalados em alguns Estados, como no Rio de Janeiro.

Contudo, o parágrafo único do art. 26 traz uma exceção, permitindo a acumulação nos municípios que, em razão do volume de serviços ou da receita, não comportarem a instalação de mais de um desses serviços

Discorrendo sobre o registro de imóveis, Sergio Jacomino preleciona que "a organização dos serviços, seja em razão de alteração na organização judiciária ou em cumprimento ao disposto no art. 49 da Lei nº 8.935/1994, implica a modificação das circunscrições que definem a competência territorial dos oficiais de registro de imóveis, do que resulta a possibilidade de que imóveis que antes se encontravam sujeitos a um determinado oficial (e respectivo cartório) passem a ser de atribuição de outro registrador (ou seja, de outro cartório)". E continua; "a circunscrição corresponde à área abrangida pela competência territorial de cada oficial registrador e pode ser composta de perímetros não confinantes, questão posta com precisão (ressalvada a referência a lei como modo de criação dos serviços), por Narciso Orlandi Neto: "A atribuição das serventias registrais é territorial. Cada serventia recebe os atos relativos a imóveis situados em seu território. Circunscrição é, exatamente, o território da atribuição de cada serventia. Uma comarca pode ter uma ou mais circunscrições, de acordo com o seu tamanho e o número de municípios que abrange. As divisas das circunscrições são definidas na mesma lei que cria os serviços registrais. As circunscrições podem não ser contínuas, como ocorre comumente nas grandes cidades. Por vezes, a circunscrição de um serviço registral abrange distritos não confinantes entre si e até distantes um do outro" (*Lei de Registros Públicos comentada.* Rio de Janeiro: Forense, 2019, p. 1062).

2. JURISPRUDÊNCIA COMPLEMENTAR

SUPERIOR TRIBUNAL DE JUSTIÇA

EMENTA: ADMINISTRATIVO. PROCESSUAL CIVIL. AGRAVO REGIMENTAL NA MEDIDA CAUTELAR. SERVENTIA EXTRAJUDICIAL. DESACUMULAÇÃO DE SERVIÇOS. TABELIONATO DE NOTAS. REGISTRO CIVIL DE PESSOAS NATURAIS. OFENSA. SEGURANÇA JURÍDICA. ATO JURÍDICO PERFEITO. CARÊNCIA DE PLAUSIBILIDADE JURÍDICA DO PEDIDO RECURSAL.

1. A jurisprudência deste Tribunal Superior orienta-se majoritariamente pela possibilidade de desmembramento de serviços notariais e de registro e de isso não causar ofensa à vitaliciedade do serventuário tampouco às garantias do ato jurídico perfeito e do direito adquirido. 2. Ausente, portanto, a plausibilidade jurídica da tese, indefere-se a medida cautelar. 3. Agravo regimental não provido.(STJ – AgRg na MC nº 24.556 – Rio de Janeiro – 2ª Turma – Rel. Min. Mauro Campbell Marques – DJ 28.09.2015)

EMENTA: ADMINISTRATIVO. PROCESSUAL CIVIL. Recurso Ordinário em Mandado de Segurança. Cartórios extrajudiciais. Desmembramento de serventias. Previsão normativa expressa. Ciência do delegatário sobre a precariedade da situação de acumulação de serviços. Inexistência de direito adquirido "contra legem". Súmula 46/STF. Jurisprudência do STJ. Recurso Ordinário em Mandado de Segurança ao qual se nega seguimento.(STJ – RMS nº 49.085 – Rio de Janeiro – 2ª Turma – Rel. Min. Mauro Campbell Marques – DJ 17.09.2015)

Art. 50. Em caso de vacância, os serviços notariais e de registro estatizados passarão automaticamente ao regime desta lei.

1. COMENTÁRIOS

Com a vacância, o Estado "recupera" a delegação, e somente após a aprovação em concurso público outro é designado para assumir a titularidade da serventia.

Desde a edição da Lei 8.935/1994, nenhum serviço notarial ou de registro pode ser criado em regime diferente do estabelecido por essa lei.

Walter Ceneviva ensina que a norma transitória propõe um problema exegético, provocado pelo advérbio de modo *automaticamente.* Este significa que a passagem de um sistema para o outro independe de ato da autoridade. Todavia, há que distinguir: a vacância se vincula à pessoa do titular, mas não pode alterar o direito adquirido dos servidores, que, em se tratando de serviços estatizados, são subordinados ao regime estatutário, especial, ou mesmo único. Tais funcionários manterão o inviolável direito adquirido de preservar sua condição funcional, em face da administração a que estejam servindo, não sendo atingidos pelos efeitos da vacância. A interpretação razoável é a de que ocorrida a vacância, deve ser-lhes aberto, mediante ato da autoridade competente, o direito de optarem, nos mesmos moldes previstos pelo art. 48. Os que preferirem o regime anterior passarão por um dos processos comuns do Direito Administrativo, para hipóteses como a que aqui se considera, como, por exemplo, a transferência e a disponibilidade (Op. cit., p. 336).

2. QUESTÃO DE CONCURSO

01. (Cespe – Notário-RR/2013) Ainda acerca dos serviços notariais e de registro, assinale a opção correta conforme a Lei nº 8.935/1994.

a) A participação em concurso público para o exercício de atividades notariais e de registro é restrita a brasileiros natos.

b) Para o preenchimento das serventias por meio de concurso público de ingresso ou por concurso de remoção, utiliza-se como critério a data de vacância da titularidade das serventias; caso ocorra vacância de mais de uma serventia na mesma data, observa-se a da criação do serviço.

c) É vedada a participação, em concurso de remoção, de titulares que não comprovem o exercício da atividade notarial e de registro por mais de três anos.

d) As vagas relacionadas às atividades notariais e de registro devem ser preenchidas alternadamente da seguinte forma: dois terços por concurso público de provas e títulos e um terço por concurso de remoção, em tempo hábil o suficiente para impedir que serventias notariais ou de registro fiquem vagas por mais de três meses.

e) É permitida a participação, no concurso público de provas e títulos para o exercício de atividades notariais e de registro, de candidatos com formação em nível superior em qualquer área do conhecimento, desde que comprovem terem completado, até a data da publicação do resultado final do concurso, no mínimo, cinco anos de exercício em serviço notarial ou de registro.

GAB	1	B

Art. 51. Aos atuais notários e oficiais de registro, quando da aposentadoria, fica assegurado o direito de percepção de proventos de acordo com a legislação que anteriormente os regia, desde que tenham mantido as contribuições nela estipuladas até a data do deferimento do pedido ou de sua concessão.

§ 1º O disposto neste artigo aplica-se aos escreventes e auxiliares de investidura estatutária ou em regime especial que vierem a ser contratados em virtude da opção de que trata o art. 48.

§ 2º Os proventos de que trata este artigo serão os fixados pela legislação previdenciária aludida no *caput*.

§ 3º O disposto neste artigo aplica-se também às pensões deixadas, por morte, pelos notários, oficiais de registro, escreventes e auxiliares.

1. COMENTÁRIOS

O artigo 51 da Lei 8.935/1994 trata dos direitos previdenciários dos notários e oficiais de registro, bem como dos escreventes e auxiliares que estejam em situação similar, no momento de sua aposentadoria.

Trata-se de garantia de que os notários, oficiais de registro, escreventes e auxiliares que contribuem para a previdência terão seus direitos de aposentadoria preservados de acordo com a legislação anterior, evitando prejuízos causados por mudanças legais posteriores. Além disso, esses direitos são estendidos às pensões deixadas para seus dependentes em caso de morte.

O tema direito previdenciário aplicado foi analisado nos artigos 39, II, 40 e 48 desta lei.

Art. 52. Nas unidades federativas onde já existia lei estadual específica, em vigor na data de publicação desta lei, são competentes para a lavratura de instrumentos translatícios de direitos reais, procurações, reconhecimento de firmas e autenticação de cópia reprográfica os serviços de Registro Civil das Pessoas Naturais.

1. COMENTÁRIOS

O art. 26 desta Lei em comento estabelece que, como regra geral, os Serviços de Notas, Registro de Contratos Marítimos, Protesto de Títulos, Registro de Imóveis, Registro de Títulos e Documentos e Civis das Pessoas Jurídicas, Registro Civil das Pessoas Naturais e de Interdições e Tutelas, e Registro de Distribuição não são acumuláveis. Excepcionalmente, poderão ser acumulados nos municípios que, em razão do volume de serviços ou da receita, não comportarem a instalação de mais de um desses serviços.

O dispositivo em questão também constitui uma exceção à regra geral do art. 26, ao prescrever que, nas unidades federativas onde já existia uma lei estadual específica em vigor na data de publicação desta lei, os serviços de Registro Civil das Pessoas Naturais são competentes para a lavratura de instrumentos translativos de direitos reais, procurações, reconhecimento de firmas e autenticação de cópias reprográficas.

Ressalte-se que a Lei Paulista 4.225/1984, em conjunto com o art. 52 da Lei 8.935/1994, expressamente permite que os oficiais do Registro Civil das Pessoas Naturais possam praticar atos notariais referentes à lavratura de procurações, substabelecimentos e revogações de procurações públicas, além do reconhecimento de firmas e da autenticação de cópias reprográficas.

Em Alagoas, a Resolução n. 13/99 define a competência dos Oficiais de Registro Civil das Pessoas Naturais dos Distritos Judiciários da capital e do interior para a prática de atos notariais.

2. JURISPRUDÊNCIA COMPLEMENTAR

⊙ SUPERIOR TRIBUNAL DE JUSTIÇA

▶ **EMENTA**: ART. 51 DA LEI 8.935/94. REGRA TRANSITÓRIA. AUSÊNCIA DE PREQUESTIONAMENTO. AGRAVO NÃO PROVIDO. 1. A tese de existência de direito à aposentadoria em face da norma transitória do art. 51 da Lei 8.935/94, cerne do recurso especial, não foi objeto de análise pelo acórdão recorrido, tampouco foram opostos embargos de declaração a fim de provocar o prequestionamento da matéria. Incide, na espécie, o óbice da Súmula 282/STF.

2. Ainda que se considerasse o prequestionamento implícito do tema, a controvérsia foi solvida nas instâncias ordinárias sob fundamento constitucional, sendo incabível de modificação na via do recurso especial, sob pena de usurpação da competência do Supremo Tribunal Federal.

3. O acórdão do Tribunal de origem não destoou da jurisprudência do Superior Tribunal de Justiça e do Supremo Tribunal Federal segundo a qual a Constituição garante a notários e registradores o direito à manutenção do regime anterior, mas não assegura a sua cumulação com outro regime. (RMS 30.378/ RS, Rel. Min. TEORI ALBINO ZAVASCKI, Primeira Turma, DJe 30/8/11). 4. Agravo regimental não provido. (STJ – AgRg no Ag 1409250 / RS, Ministro ARNALDO ESTEVES LIMA, 1ª T. DJe 02/02/2012)

⊙ TRIBUNAL DE JUSTIÇA DO ESTADO DE MINAS GERAIS

▶ **EMENTA:** OFICIAL DE REGISTRO CIVIL DAS PESSOAS NATURAIS. LAVRATURA DE ATOS NOTARIAIS ELENCADOS NO ART. 52, DA LEI FEDERAL nº 8.935/94. POSSIBILIDADE. DIREITO LÍQUIDO E CERTO. CONCESSÃO DA SEGURANÇA.

1. Admite-se o manejo do mandado de segurança para desconstituição de ato judicial, reconhecidamente absurdo ou teratológico, ou para conferir efeito suspensivo a recurso que não o possua, desde que da decisão impugnada advenha perigo de dano grave e de difícil reparação para o impetrante.

2. Nos termos do art. 52, da Lei Federal nº 8.935/94, inexistindo proibição expressa acerca da lavratura de escrituras declaratórias pelo Oficial de Registro Civil das Pessoas Naturais. Lado outro, imperioso ressaltar que o referido Oficial foi investido na delegação há mais de 20 anos e, desde então, exerce as funções de Tabelião consistentes na lavratura de escrituras públicas declaratórias.

3. Concede-se a ordem. (TJMG. M. S. 1.0000 .06.4482 25-0/000 Rel. Des. CÉLIO CÉSAR PADUANI. Publicação: 12/09/2007)

Art. 53. Nos Estados cujas organizações judiciárias, vigentes à época da publicação desta lei, assim previrem, continuam em vigor as determinações relativas à fixação da área territorial de atuação dos tabeliães de protesto de títulos, a quem os títulos serão distribuídos em obediência às respectivas zonas.

Parágrafo único. Quando da primeira vacância, aplicar-se-á à espécie o disposto no parágrafo único do art. 11.

1. COMENTÁRIOS

Esse tema já foi detalhadamente analisado nos comentários ao parágrafo único do art. 11 desta Lei.

Art. 54. Esta Lei entra em vigor na data da sua publicação.

Art. 55. Revogam-se as disposições em contrário.

1. COMENTÁRIOS

A Lei 8.935, publicada em 21 de novembro de 1994, passou a reger toda a atividade notarial e de registros, regulamentando o parágrafo 1º do art. 236 da Constituição Federal. Conhecida como "Estatuto dos Notários e Registradores", "Lei dos Cartórios", "Lei dos Notários e Registradores", essa lei regulamentou integralmente a matéria relativa aos notários, registradores e seus serviços, revogando todos os preceitos que sejam com ela incompatíveis, ainda que de forma tácita, ou seja, sem a necessidade de revogação expressa.

Brasília, 18 de novembro de 1994; 173º da Independência e 106º da República.

ITAMAR FRANCO

(DOU de 21.11.1994)

Lei nº 10.169,
de 29 de dezembro de 2000

Regula o § 2º do art. 236 da Constituição Federal, mediante o estabelecimento de normas gerais para a fixação de emolumentos relativos aos atos praticados pelos serviços notariais e de registro.

O PRESIDENTE DA REPÚBLICA

Faço saber que o Congresso Nacional decreta e eu sanciono a seguinte Lei:

Art. 1º Os Estados e o Distrito Federal fixarão o valor dos emolumentos relativos aos atos praticados pelos respectivos serviços notariais e de registro, observadas as normas desta Lei.

Parágrafo único. O valor fixado para os emolumentos deverá corresponder ao efetivo custo e à adequada e suficiente remuneração dos serviços prestados.

Art. 2º Para a fixação do valor dos emolumentos, a Lei dos Estados e do Distrito Federal levará em conta a natureza pública e o caráter social dos serviços notariais e de registro, atendidas ainda as seguintes regras:

I – os valores dos emolumentos constarão de tabelas e serão expressos em moeda corrente do País;

II – os atos comuns aos vários tipos de serviços notariais e de registro serão remunerados por emolumentos específicos, fixados para cada espécie de ato;

III – os atos específicos de cada serviço serão classificados em:

a) atos relativos a situações jurídicas, sem conteúdo financeiro, cujos emolumentos atenderão às peculiaridades socioeconômicas de cada região;

b) atos relativos a situações jurídicas, com conteúdo financeiro, cujos emolumentos serão fixados mediante a observância de faixas que estabeleçam valores mínimos e máximos, nas quais enquadrar-se-á o valor constante do documento apresentado aos serviços notariais e de registro.

§ 1º Nos casos em que, por força de lei, devam ser utilizados valores decorrentes de avaliação judicial ou fiscal, esses serão os valores considerados para os fins do disposto na alínea "b" do inciso III do *caput* deste artigo.

§ 2º Os emolumentos devidos pela constituição de direitos reais de garantia mobiliária ou imobiliária destinados ao crédito rural não poderão exceder o menor dos seguintes valores:

I – 0,3% (zero vírgula três por cento) do valor do crédito concedido, incluída a taxa de fiscalização judicial, limitada a 5% (cinco por cento) do valor pago pelo usuário, vedados quaisquer outros acréscimos a título de taxas, custas e contribuições para o Estado ou Distrito Federal, carteira de previdência ou para associação de classe, criados ou que venham a ser criados sob qualquer título ou denominação; e

II – o valor respectivo previsto na tabela estadual definida em lei, observado que:

a) nos registros, quando 2 (dois) ou mais imóveis forem dados em garantia, situados ou não na mesma circunscrição imobiliária, tenham ou não igual valor, a base de cálculo dos atos será o resultado da divisão do valor do mútuo pelo número de imóveis, limitada ao potencial econômico de cada bem;

b) a averbação de aditivo de garantia real com liberação de crédito suplementar será cobrada conforme o disposto neste artigo e terá como base de cálculo o valor do referido crédito;

c) a averbação de aditivo que contenha outras alterações que não importem mudança no valor do crédito concedido é considerada ato sem conteúdo econômico;

d) os valores de cancelamento dos atos de que trata o *caput* deste parágrafo obedecerão ao previsto nas tabelas estaduais, até o limite máximo de 0,1% (zero vírgula um por cento) do valor do crédito concedido;

e) a prenotação, as indicações e os arquivamentos estão incluídos nos emolumentos devidos pelos registros de garantias reais previstas nesta Lei;

f) os emolumentos devidos pelo registro auxiliar de cédula ou nota de crédito e de produto rural, não garantida por hipoteca ou alienação fiduciária de bens imóveis, obedecerão ao previsto nas tabelas estaduais e não poderão exceder 0,3% (zero vírgula três por cento) do valor do crédito concedido, incluída a taxa de fiscalização judicial, limitada a 5% (cinco por cento) do valor pago pelo usuário, observadas as vedações estipuladas no inciso I deste parágrafo.

Art. 3º É vedado:

I – (VETADO)

II – fixar emolumentos em percentual incidente sobre o valor do negócio jurídico objeto dos serviços notariais e de registro;

III – cobrar das partes interessadas quaisquer outras quantias não expressamente previstas nas tabelas de emolumentos;

IV – cobrar emolumentos em decorrência da prática de ato de retificação ou que teve de ser refeito ou renovado em razão de erro imputável aos respectivos serviços notariais e de registro;

V – (VETADO)

VI – impor ao registro e averbação de situações jurídicas em que haja a interveniência de produtor rural quaisquer acréscimos a título de taxas, custas e contribuições para o Estado ou Distrito Federal, carteira de previdência, fundo de custeio de atos gratuitos e fundos especiais do Tribunal de Justiça, bem como de associação de classe, ou outros que venham a ser criados.

Art. 4º As tabelas de emolumentos serão publicadas nos órgãos oficiais das respectivas unidades da Federação, cabendo às autoridades competentes determinar a fiscalização do seu cumprimento e sua afixação obrigatória em local visível em cada serviço notarial e de registro.

Art. 5º Quando for o caso, o valor dos emolumentos poderá sofrer reajuste, publicando-se as respectivas tabelas, até o último dia do ano, observado o princípio da anterioridade.

Art. 6º Os notários e os registradores darão recibo dos emolumentos percebidos, sem prejuízo da indicação definitiva e obrigatória dos respectivos valores à margem do documento entregue ao interessado, em conformidade com a tabela vigente ao tempo da prática do ato.

Art. 7º O descumprimento, pelos notários e registradores, do disposto nesta Lei sujeitá-los-á às penalidades previstas na Lei nº 8.935, de 18 de novembro de 1994, sem prejuízo da aplicação de outras sanções legais.

Art. 8º Os Estados e o Distrito Federal, no âmbito de sua competência, respeitado o prazo estabelecido no art. 9º desta Lei, estabelecerão forma de compensação aos registradores civis das pessoas naturais pelos atos gratuitos, por eles praticados, conforme estabelecido em lei federal.

Parágrafo único. O disposto no *caput* não poderá gerar ônus para o Poder Público.

Art. 9º Os Estados e o Distrito Federal deverão proceder à revisão das tabelas de emolumentos atualmente em vigor, a fim de adaptá-las ao disposto nesta Lei, no prazo de noventa dias contado da data de sua vigência.

Parágrafo único. Até a publicação das novas tabelas de emolumentos, revistas e adaptadas conforme estabelece este artigo, os atos praticados pelos serviços notariais e de registro continuarão a ser remunerados na forma da legislação em vigor nos Estados e no Distrito Federal, observadas, desde logo, as vedações estabelecidas no art. 3º desta Lei.

Art. 10. Esta Lei entra em vigor na data de sua publicação.

Brasília, 29 de dezembro de 2000;
179º da Independência e 112º da República.
FERNANDO HENRIQUE CARDOSO
José Gregori
Amaury Guilherme Bier
Benjamin Benzaquen Sicsú

1. COMENTÁRIOS[1]

Os serviços notariais e de registro são **serviços públicos** exercidos em **caráter privado**, sendo remunerados pelos **usuários** por meio do pagamento dos respectivos **emolumentos.**

Emolumentos são as taxas devidas pelos usuários dos serviços ou utentes aos notários e registradores, pelos atos que vierem a ser praticados no âmbito de suas serventias, dentro de sua competência legal, de acordo com os valores previstos para cada um deles, na conformidade das tabelas de emolumentos dos Estados.

A **Lei 10.169/2000** regulamenta o parágrafo 2º do art. 236 da Constituição Federal, mediante o estabelecimento de **normas gerais** para a fixação de emolumentos relativos aos atos praticados pelos serviços notariais e de registro.

Cabe aos **Estados e ao Distrito Federal,** já que não existem mais Territórios, estabelecer o valor dos emolumentos, que deverá **corresponder ao efetivo custo e à adequada e suficiente remuneração dos serviços prestados**.

Para a fixação do **valor** dos emolumentos são considerados a natureza pública e o caráter social dos serviços notariais e de registro, sendo os valores constantes de tabelas e expressos em moeda corrente do país, atendidas ainda as seguintes regras:

I – os valores dos emolumentos constarão de tabelas e serão expressos em moeda corrente do País;

II – os atos comuns aos vários tipos de serviços notariais e de registro serão remunerados por emolumentos específicos, fixados para cada espécie de ato;

III – os atos específicos de cada serviço serão classificados em:

a) atos relativos a situações jurídicas, sem conteúdo financeiro, cujos emolumentos atenderão às peculiaridades socioeconômicas de cada região;

b) atos relativos a situações jurídicas, com conteúdo financeiro, cujos emolumentos serão fixados mediante a observância de faixas que estabeleçam valores mínimos e máximos, nas quais enquadrar-se-á o valor constante do documento apresentado aos serviços notariais e de registro.

Assim, os emolumentos destinam-se ao custeio material da serventia, ao custeio do pessoal, à remuneração do oficial e notário, bem como à compensação pela responsabilidade civil. A utilização dos emolumentos como **contraprestação por um serviço prestado**, além de possuir alicerce constitucional, é claramente percebida pela sistemática da Lei 8.935/1994, que proíbe a imposição de novas despesas ao usuário em decorrência da realização das diligências necessárias ao preparo dos atos notariais; veda a cobrança de emolumentos aos reconhecidamente pobres pelas certidões de nascimento e de óbito; e impõe aos notários e oficiais do Registro o dever de observar os emolumentos fixados para a prática dos atos do seu ofício.

A cobrança excessiva de emolumentos pode acarretar punição ao delegado do serviço, sem prejuízo da responsabilidade disciplinar, incluindo a aplicação de multa, conforme os limites previstos em lei. A multa pode ser imposta de ofício ou a pedido de qualquer interessado pelo Juiz Corregedor Permanente ou Juiz Diretor do Foro. Além disso, o delegado deverá restituir o valor cobrado em excesso, conforme estipulado por cada lei estadual.

1. Toda a legislação citada nos comentários desta obra está disponível em EL DEBS, Martha. *Vade Mecum Notarial e Registral*. 11ª ed. São Paulo: Juspodivm, 2024.

Lei 10.169/2000

Sandro Maciel Carvalho, no artigo "Os emolumentos e o equilíbrio econômico-financeiro", citando Emanuel Costa Santos esclarece que os emolumentos podem ser **puros ou não puros**. No primeiro caso, as somas são **integralmente destinadas e pertencentes ao delegatário**, para o remunerarem e cobrirem os custos da sua profissão. No segundo, há **repasses obrigatórios**, ou seja, importâncias que não lhe pertencem, mas são por ele necessariamente recolhidas e transferidas a entes, órgãos, pessoas ou atividades diversas (*Direito Notarial e Registral avançado.* São Paulo: Revista dos Tribunais, 2014, p. 95).

No que tange aos **repasses** da taxa de fiscalização, vale enfatizar que o Superior Tribunal de Justiça entendeu que a sua falta configura ato de **improbidade administrativa.**

O Supremo Tribunal Federal já decidiu reiteradamente que os emolumentos possuem **natureza jurídica de taxa,** sujeitando-se, portanto, aos princípios constitucionais tributários, caracterizando-se como uma **espécie tributária**. Rememorando o conceito de taxa, trata-se do tributo que tem como fato gerador o exercício regular do poder de polícia ou a utilização, efetiva ou potencial, de serviço público específico e divisível, prestado ao contribuinte.

A taxa é classificada como um tributo vinculado, o que significa que há uma **contraprestação específica** por parte do Estado. Noutro dizer, o particular paga o tributo porque recebe algo. Dessa forma, o STF possui entendimento no sentido de que não é possível a destinação do produto da arrecadação, ou de parte dele, a instituições privadas, entidades de classe e à Caixa de Assistência dos Advogados. Permitir isso importaria em ofensa ao princípio da igualdade. Precedentes do STF. (ADI 1.145, Rel. Min. Carlos Velloso, julgamento em 3-10-2002, Plenário, DJ de 8-11-2002). Vide: MS 28.141, Rel. Min. Ricardo Lewandowski, julgamento em 10-2-2011, Plenário, DJE de 1º-7-2011; RE 233.843, Rel. Min. Joaquim Barbosa, julgamento em 1º-12-2009, Segunda Turma, DJE de 18-12-2009).

Uma vez mais, Sandro Maciel Carvalho, no aludido artigo, defende a **natureza híbrida** dos emolumentos, "ou seja, **tributária**, naquilo que corresponde ao custeio das expensas do serviço, e **remuneratória**, naquilo que diz respeito ao lucro. É dúplice, assim, a sua essência, o seu fim último. Bem assim prescreve o parágrafo único do art. 1º da Lei Federal 10.169/2000: "o valor fixado para os emolumentos deverá corresponder ao efetivo custo e à adequada e suficiente remuneração dos serviços prestados". E conclui: "importa registrar que a essência dúplice dos emolumentos diz respeito à parte **pura** dessas prestações. Já no que concerne aos **repasses obrigatórios,** parcelas emolumentares **não puras,** a sua **natureza jurídica** pode ensejar alguma **dúvida,** porque eles variam de uma unidade para outra. Apesar disso, pode-se asseverar que, salvas as importâncias destinadas à **manutenção e à fiscalização** da atividade notarial e registral (fiscalização essa que constitucionalmente compete apenas ao Poder Judiciário, como manifestação de seu poder de polícia), esses repasses não são taxas nem remuneração (*Direito Notarial e Registral avançado.* São Paulo: Revista dos Tribunais, 2014, p. 97-98).

1.1 OS EMOLUMENTOS E A LEI 13.986/2020

Como já mencionado nesta obra, a Lei 13.986/2020, que resultou da conversão da MP 897/2019, impactou diretamente os títulos relacionados ao crédito rural que passam pelo Registro de Imóveis e, consequentemente, os emolumentos correspondentes. Além disso, houve mudanças na Lei 10.169/2000 e nas tabelas de emolumentos estabelecidas pelas leis estaduais. Para rememorar as alterações do procedimento de registro das cédulas, apresento um breve resumo:

- Diante da alteração do art. 178, II da Lei n. 6.015/1973 e da Lei n 8.929/1994, bem como da revogação dos arts. 30 ao 40 do Decreto-lei n. 167/1967 e do art. 167, I, 13 da Lei n. 6.015/1973, **não se registram** mais as Cédulas de Crédito Rural, nem as Cédulas de Produto Rural propriamente ditas.
- As **garantias reais** decorrentes de Cédulas de Crédito Rural e de Cédula de Produto Rural continuam sendo registradas. A consequência da alteração é a adaptação do crédito rural ao mesmo sistema que vigora para a Cédula de Crédito Bancário, não se registrando esta, apenas as garantias reais pactuadas. Portanto, conforme a espécie de garantia prestada, poderá haver registro no Livro 2 (Registro Geral), no Livro 3 (Registro Auxiliar) e/ou no Registro de Títulos e Documentos.
- Os registros das Cédulas de Crédito Industrial e Comercial permaneceram **inalterados**. Quanto à Cédula de Crédito à Exportação, em face do art. 4º da Lei n. 6.313/1975, por acordo entre as partes, o qual precisará ser apresentado ao Registro de Imóveis, poderá dispensar o registro da Cédula, não da(s) garantia(s).
- Criou-se a figura do **patrimônio rural em afetação**, destinado a prestar garantias por meio da emissão de Cédula de Produto Rural (CPR), de que trata a Lei n. 8.929/1994, ou em operações financeiras contratadas pelo proprietário por meio de Cédula Imobiliária Rural (CIR).

- **O art. 12 da Lei n. 8.929/1994 passou novamente por alterações, agora dada pela Lei n. 14.421, de 2022, a saber:**

  Art. 12. A CPR, bem como seus aditamentos, para não perder validade e eficácia, deverá:

  I – se emitida até 10 de agosto de 2022, ser registrada ou depositada em até 10 (dez) dias úteis da data de emissão ou aditamento, em entidade autorizada pelo Banco Central do Brasil a exercer a atividade de registro ou de depósito centralizado de ativos financeiros ou de valores mobiliários;

  II – se emitida a partir de 11 de agosto de 2022, ser registrada ou depositada em até 30 (trinta) dias úteis da data de emissão ou aditamento, em entidade autorizada pelo Banco Central do Brasil a exercer a atividade de registro ou de depósito centralizado de ativos financeiros ou de valores mobiliários.

  § 1º Sem prejuízo do disposto no *caput* deste artigo, a hipoteca, o penhor rural e a alienação fiduciária sobre bem imóvel garantidores da CPR serão levados a registro no cartório de registro de imóveis em que estiverem localizados os bens dados em garantia.

  § 2º A validade e eficácia da CPR não dependem de registro em cartório, que fica dispensado, mas as garantias reais a ela vinculadas ficam sujeitas, para valer contra terceiros, à averbação no cartório de registro de imóveis em que estiverem localizados os bens dados em garantia, devendo ser efetuada no prazo de 3 (três) dias úteis, contado da apresentação do título ou certidão de inteiro teor, sob pena de responsabilidade funcional do oficial encarregado de promover os atos necessários.

  § 3º A **cobrança de emolumentos e custas cartorárias relacionada ao registro de garantias vinculadas à CPR** será regida pelas normas aplicáveis ao registro de garantias vinculadas à Cédula de Crédito Rural, de que trata o Decreto-Lei nº 167, de 14 de fevereiro de 1967.

  4º A alienação fiduciária em garantia de produtos agropecuários e de seus subprodutos, nos termos do art. 8º desta Lei, será registrada no cartório de registro de imóveis em que estiverem localizados os bens dados em garantia, **aplicando-se ao registro o disposto no § 2º do art. 2º da Lei nº 10.169, de 29 de dezembro de 2000.**

- No que tange, pois, à CPR (com prévia constituição de patrimônio rural em afetação) e CIR, as garantias reais serão realizadas através de entidades registradoras autorizadas pelo Banco Central do Brasil ou pela Comissão de Valores Mobiliários, no âmbito de suas competências, a exercer a atividade de registro de ativos financeiros e de valores mobiliários de que trata a Lei n. 12.810/2013.

  O art. 7º da Lei n. 14.421/2022 estabelece que o proprietário de imóvel rural, pessoa natural ou jurídica, poderá submeter seu imóvel rural ou fração dele ao regime de afetação.

Dito isto, a cobrança/base de cálculo será feita conforme o valor do documento apresentado – garantias ou cédulas (estas, quando ainda for possível) –, com enquadramento na faixa estipulada nas Tabelas de Emolumentos dos Estados (o leitor deve verificar).

A Lei Estadual de Emolumentos deve observar as diretrizes da legislação federal nos termos do § 2º do art. 2º, bem como do inciso VI, do art. 3º da Lei 10.169/2000.

1.2 INFRAÇÕES DISCIPLINARES

Em relação às **infrações disciplinares** cometidas pelo oficial registrador e tabelião e suas penalidades, remetemos o leitor aos comentários dos artigos 31 a 36 e 39 da Lei 8.935/1994.

Os emolumentos são tabelados por **lei** e devem ser **uniformes** dentro de um mesmo Estado. É ilegal a cobrança tanto para mais quanto para menos (art. 30, X, e art. 31, III da Lei 8.935/1994).

Caso haja cobrança em **excesso,** cabe restituição à parte que arcou com o pagamento. Por outro lado, no caso de cobrança **insuficiente,** é dever do tabelião pagar o valor faltante às entidades, pois deveria ter repassado as parcelas dos emolumentos que foram cobrados a menor, o que não ocorreu. As tabelas de emolumentos devem ser afixadas obrigatoriamente em cada unidade de serviço notarial e de registro, sendo publicadas pelos órgãos oficiais de cada unidade da Federação.

O parágrafo único do art. 14 da Lei 6.015, prevê que "o valor correspondente às custas de escrituras, certidões, buscas, averbações, registros de qualquer natureza, emolumentos e despesas legais constará, obrigatoriamente, do próprio documento, independentemente da expedição do recibo, quando solicitado". Porém, conforme o art. 30, IX, da Lei dos Notários e dos Registradores, é **dever** dos notários e oficiais de registro dar recibo dos emolumentos percebidos. **Logo, independe de solicitação.** Ademais, o valor dos emolumentos deverá constar do próprio ato praticado.

1.3 PRESCRIÇÃO

Preceitua o Código Civil no **art. 206, § 1º, III**, que prescreve em **um ano,** a pretensão dos **tabeliães**, auxiliares da justiça, serventuários judiciais, árbitros e peritos, pela percepção de emolumentos, custas e honorários. É cristalino que a expressão *tabeliães* foi utilizada de forma genérica, de modo que a referida regra sobre a prescrição também se estende aos **registradores.**

1.4 GRATUIDADE E SUB-REGISTRO

A Lei 10.169/2000, em seu art. 8º, estabelece que os **Estados e o Distrito Federal** devem prever uma **forma de compensação** aos registradores civis das pessoas

Lei 10.169/2000

naturais pelos atos praticados gratuitamente em decorrência da lei federal.

A Lei 9.534/1997, considerada constitucional pelo Supremo Tribunal Federal (Ação Direta de Inconstitucionalidade 1.800-1-DF), alterou o artigo 30 da Lei 6.015/1973, prevendo a gratuidade do registro civil de nascimento, do assento de óbito e da primeira certidão de cada um desses atos. Dessa forma, foi cumprida a previsão constitucional de que 'são gratuitos (...), na forma da lei, os atos necessários ao exercício da cidadania' (artigo 5º, inciso LXXVI, da Constituição Federal de 1988). Essa gratuidade, concedida a todas as pessoas sem distinção, decorre da necessidade dos registros de nascimento e de óbito para garantir o **exercício da cidadania**. Pela **legislação federal** (Lei 9.534/1997), são gratuitos **todos** os registros e primeiras certidões de nascimento e de óbito e **para os reconhecidamente pobres**, as demais certidões e o processo de habilitação, o registro e primeira certidão de casamento.

Percebe-se que a aludida lei **estendeu** a gratuidade à emissão de certidões e à prática de registros de nascimento a **todos os cidadãos, independentemente de sua condição econômica**.

O artigo 5º, inciso LXXVI, da Constituição Federal, previa a gratuidade de um modo **mais restrito**, em consonância com a disposição revogada do art. 30 da Lei 6.015/1973 e com a redação do art. 45 da Lei 8.935/1994.

Não é demais lembrar que o Provimento CNJ N. 63/2017 (modelos de certidões, reconhecimento voluntário e a averbação da paternidade e maternidade socioafetiva e registro de nascimento e emissão da respectiva certidão dos filhos havidos por reprodução assistida), já minuciosamente examinado nesta obra, também traz regra sobre a gratuidade ao dispor, no art. 19, que os registradores, para os fins daquele provimento, deverão observar as normas legais referentes à gratuidade de atos. O artigo 19 do referido ato normativo foi incorporado ao artigo 504 do Código Nacional de Normas (Provimento CNJ n. 149/2023).

É oportuno mencionar ainda que o STF já decidiu que a atividade desenvolvida pelos titulares das serventias de notas e registros, embora seja análoga à atividade empresarial, sujeita-se a um regime de direito público e por isso **não ofende o princípio da proporcionalidade** lei que isenta os "reconhecidamente pobres" do pagamento dos emolumentos devidos pela expedição de registro civil de nascimento e de óbito, bem como a primeira certidão respectiva (STF, ADC5, Rela. Min. Nelson Jobim, DJe-117, DIVULG 04-10-2007, p. 05-10-2007).

O parágrafo 4º do art. 30 da Lei de Registros Publicos, que textualiza a proibição da inserção nas certidões de expressões que indiquem condição de pobreza ou semelhantes foi acrescido por força da Lei 11.789/2008 e vai ao encontro do **princípio da dignidade da pessoa humana**, previsto no art. 1º, inciso III, da Constituição Federal.

Outrossim, a Lei n. 9.534/1997 é um excelente meio de combate ao **sub-registro** (falta de registro). Por sub-registro de nascimento "entende-se o conjunto de nascimentos ocorridos no ano (...) e não registrados no próprio ano ou até o fim do primeiro trimestre do ano subsequente" (IBGE. *Estatísticas do Registro Civil de 2007.* Disponível em: http: //www.ibge.gov.br/home/estatistica/população/registrocivil/2007/default.shtm).

O tema é clássico e está em voga. Em 2021, foi abordado na dissertação do ENEM sob o título: 'Invisibilidade e registro civil: garantia de acesso à cidadania no Brasil'. "O combate ao sub-registro é fundamental para o exercício da cidadania. As pessoas sem registro "não podem trabalhar com carteira assinada, não recebem nenhum benefício do Estado, não têm acesso à educação, à saúde ou a qualquer serviço público indispensável, não têm acesso à Justiça, não votam nem são votados, não podem contrair matrimônio. A certidão de nascimento abre as portas ao exercício de todos esses direitos" (Conselho Nacional de Justiça. Pedido de providências nº 200810000017182. Voto da relatora Andréa Maciel Pachá. Disponível em www.cnj.jus.br. 05 de Maio de 2016).

Como exemplos das **principais ações de combate ao sub-registro**, posso citar as seguintes:

A) **Provimento CNJ n. 140/2023.** *Estabelece, no âmbito do Poder Judiciário, o Programa de Enfrentamento ao Sub-registro Civil e de Ampliação ao Acesso à Documentação Básica por Pessoas Vulneráveis; institui a Semana Nacional do Registro Civil e dá outras providências.*

B) **Recomendação CNJ n. 50/2022** .Dispõe sobre a prevalência do direito fundamental ao nome sobre exigências não estabelecidas na Lei de Registros Públicos, para fins de registro de nascimento ou de óbito de crianças.

C) **Provimento CNJ n. 104/2020**, que dispõe sobre o envio de dados registrais, das pessoas em estado de vulnerabilidade socioeconômica, pelo Cartórios de Registro Civil de Pessoas Naturais, diretamente ou por intermédio da Central de Informações de Registro Civil de Pessoas Naturais – CRC, aos Institutos de Identificação dos Estados e do Distrito Federal, para fins exclusivos de emissão de registro geral de identidade. *Provimento CNJ n. 104, de 9 de junho de 2020 foi incorporado aos arts. 182 a 183 do Provimento CNJ n. 149/2023 (CNN).*

D) **Provimento CNJ n. 13/2010**. Dispõe sobre a emissão de certidão de nascimento nos estabelecimentos de saúde que realizam partos. *Provimento CNJ n.*

13, de 3 de setembro de 2010 foi incorporado aos arts. 445 a 460 do Provimento CNJ n. 149/2023 (CNN).

E) **Leis 9.534/1997** e **10.169/2000** (que prevê a compensação aos registradores civis das pessoas naturais pelos atos gratuitos por eles praticados, viabilizando o desempenho desta essencial atividade.

F) **Decreto Federal 6.289/2007**, que estabelecia o Compromisso Nacional pela erradicação do Sub-registro Civil de Nascimento e Ampliação do Acesso à Documentação Básica, com o objetivo de conjugar esforços da União, Estados, Distrito Federal e Municípios visando erradicar o sub-registro de nascimento no País e ampliar o acesso à documentação civil básica a todos os brasileiros e que **foi revogado** pelo **Decreto 10.063/2019**, que atualmente é o que dispõe sobre a matéria.

G) **Decreto Federal 7.037/2009** que aprova o Programa Nacional de Direitos Humanos – PNDH-3 e na Diretriz 7 estabelece a Garantia dos Direitos Humanos de forma universal, indivisível e interdependente, assegurando a cidadania plena.

H) **Portaria 938/GM, de 20 de maio de 2002, do Ministério da Saúde** que institui gratificações para as unidades de assistência à saúde que estimulem as famílias a registrarem seus filhos antes da alta hospital da mãe.

Por derradeiro, é importante destacar a notícia e as justificativas para a revogação do Provimento CNJ n. 19/2012, que garantiu aos comprovadamente pobres a gratuidade da averbação do reconhecimento de paternidade e da respectiva certidão. Para uma compreensão detalhada do tema, remeto o leitor ao item 'Jurisprudência Complementar' deste capítulo, onde o assunto é abordado no Pedido de Providências nº 0004451-05.2017.2.00.0000.

1.4.1 RENDA MÍNIMA DO REGISTRADOR CIVIL DAS PESSOAS NATURAIS

No dia 6 de dezembro de 2018, a Corregedoria Nacional de Justiça do CNJ editou o Provimento 81, dispondo sobre a renda mínima do Registrador Civil de Pessoas Naturais.

Considerou-se para a edição do Provimento, dentre outras justificativas:

a) A exigência legal de existência de, no mínimo, um registrador civil de pessoas naturais em cada sede municipal, sendo que naqueles municípios de significativa extensão territorial, em cada sede distrital deve existir também ao menos um registrador civil das pessoas naturais. (art. 44, §§ 2º e 3º da Lei n. 8.935/1994).

b) A necessidade de proporcionar a melhor prestação de serviço à população, de garantir a presença do serviço registral de pessoas naturais em todos os locais exigidos por lei, bem como de garantir a economicidade, a moralidade e a proporcionalidade na remuneração dos registradores civis de pessoas naturais, considerando a existência de delegatários e de interinos no exercício da titularidade das Serventias Extrajudiciais de Registro de Pessoas Naturais.

c) A existência de fundos financeiros criados nos Estados e vinculados aos Tribunais de Justiça que realizam a complementação de renda dos registradores de pessoas naturais, garantindo uma renda mínima para viabilizar a manutenção do serviço à população em todos os locais exigidos legalmente.

d) A necessidade de preservação do equilíbrio atuarial, econômico e financeiro dos fundos financeiros que garantem a complementação de renda dos registradores de pessoas naturais.

e) O que foi decidido no âmbito do Pedido de Providencias nº 0002006-77.2018.2.00.0000.

f) Os princípios da supremacia do interesse público, da eficiência, da continuidade do serviço público e da segurança jurídica.

A **competência** para estabelecer uma renda mínima para os registradores de pessoas naturais com a finalidade de garantir a presença do respectivo serviço registral em toda sede de municipal e nas sedes distritais dos municípios de significativa extensão territorial assim considerado pelo poder delegante, em obediência ao art. 44, §§ 2º e 3º da Lei 8.935/1994, é destinada aos Tribunais de Justiça.

A renda mínima é garantida através do pagamento, ao delegatário ou ao interino que exerce a titularidade da serventia, do valor necessário para que a receita do serviço registral de pessoas naturais atinja o valor mínimo da receita estipulado por ato próprio do tribunal.

Registra-se que, além de outras fontes de recursos, devem ser utilizadas para o pagamento da renda mínima, as receitas originadas do recolhimento, efetuado pelos interinos de qualquer serventia extrajudicial, aos tribunais ou aos respectivos fundos financeiros, relativamente aos valores excedentes a 90,25% do teto constitucional.

De outra sorte, o valor da renda mínima do interino que exerce a titularidade da serventia de Registro de Pessoas Naturais não poderá ser inferior à 50% da renda mínima do delegatário, que poderá ser majorado ou reduzido para manter o equilíbrio financeiro do fundo responsável pelo seu pagamento.

Demais disso, não é permitido ao delegatário ou interino que exerce a titularidade da serventia de Registro de Pessoas Naturais, quando estiver exercendo a titularidade de mais de uma serventia, receber renda mínima que exceda, globalmente, 90,25% do teto constitucional. Para rememorar o RE n. 808.202-RG/R, pelo

Lei 10.169/2000

Supremo Tribunal Federal, e fundamentos da Consulta n. 0008406-10.2018.2.00.0000, pelo Plenário do CNJ, estabeleceram o teto remuneratório dos responsáveis interinos, mesmo no exercício cumulativo de interinidades. Sobre o tema, este foi analisado de forma detalhada na Lei dos Notários e Registradores, nesta obra.

Pode haver dúvida sobre quem seria encarregado de gerenciar a compensação dos atos gratuitos e a complementação da renda mínima. A resposta é dada pela lei estadual. No Estado de São Paulo, por exemplo, o artigo único da Disposição Transitória da Lei de Emolumentos Estadual n. 11.331/2002, estabelece que a gestão dos recursos destinados à compensação dos atos gratuitos do registro civil das pessoas naturais e à complementação da receita mínima continuará a ser exercida pelo Sindicato dos Notários e Registradores do Estado de São Paulo – SINOREG/SP, enquanto o Poder Executivo não indicar a entidade gestora a que se refere o artigo 21, "caput", desta lei.

1.5 EMOLUMENTOS, ISENÇÕES E GRATUIDADE – PROVIMENTO CNJ N. 44/2015 E LEI 13.465/2017

Em 18 de março de 2015, a fim de regulamentar o registro da regularização fundiária, a Corregedoria Nacional de Justiça do CNJ editou o Provimento 44, estabelecendo normas gerais para o registro da regularização fundiária. Transcrevo as normativas referentes aos emolumentos para o conhecimento do leitor, alertando que, diante das novas regras da regularização fundiária urbana (inclusive as emolumentares), trazidas pela Lei 13.465/2017 e vistas nos comentários do art. 288-A da Lei 6.015/1973, o Provimento deverá ser revisto, pois ainda não foi expressamente revogado. Regularização Fundiária Urbana (Reurb) considera duas modalidades: a de interesse social e a de interesse específico. A Regularização de Interesse Social possui várias isenções de emolumentos. Dessa maneira, os investimentos são realizados pelo Poder Público, enquanto a de interesse específico não apresenta isenção de emolumentos, devendo, nesses casos, ser executados pelo interessado na regularização.

Provimento 44/2015	Lei 13.465/2017 (Proveniente da Medida Provisória 759/2016)
Estabelece normas gerais para o registro da regularização fundiária urbana **Art. 30** Não serão cobradas custas e emolumentos para os atos de registro decorrentes de regularização fundiária de interesse social a cargo da administração pública. **Art. 31** Devem ser realizados independentemente do recolhimento de custas e emolumentos: I – o primeiro registro de direito real constituído em favor de beneficiário de regularização fundiária de interesse social em áreas urbanas; II – a primeira averbação de construção residencial de até 70 m² (setenta metros quadrados) de edificação em áreas urbanas objeto de regularização fundiária de interesse social; III – o registro de título de legitimação de posse, concedido pelo poder público, de que trata o art. 59 da Lei nº 11.977, de 7 de julho de 2009, e de sua conversão em propriedade em imóvel. MP 759/2016 revogou (arts. 46 a 71) *O artigo 59 da Lei 11.977/09 foi revogado.* Parágrafo único. O registro e a averbação de que tratam os incisos I, II e III independem da comprovação do pagamento de tributos, previdenciários inclusive. **Art. 32** A averbação da construção civil localizada em área objeto de regularização fundiária urbana de interesse social, na forma da Lei nº 11.977/09, independe da apresentação da Certidão Negativa de Débito para com a Previdência Social, nos termos da alínea "e" do § 6º do art. 47 da Lei n. 8.212, de 24 de julho de 1991.	*Dispõe sobre a regularização fundiária rural e urbana, sobre a liquidação de créditos concedidos aos assentados da reforma agrária e sobre a regularização fundiária no âmbito da Amazônia Legal, institui mecanismos para aprimorar a eficiência dos procedimentos de alienação de imóveis da União, e dá outras providências.* **Art. 13** (...) § 1º Serão isentos de custas e emolumentos os seguintes atos registrais relacionados à Reurb-S, entre outros: I – o primeiro registro da Reurb-S, o qual confere direitos reais aos seus beneficiários; II – oregistro da legitimação fundiária; III – o registro do título de legitimação de posse e a sua conversão em título de propriedade; IV – o registro da CRF e do projeto de regularização fundiária, com abertura de matrícula para cada unidade imobiliária urbana regularizada; V – a primeira averbação de construção residencial, desde que respeitado o limite de até setenta metros quadrados; VI – a aquisição do primeiro direito real sobre unidade imobiliária derivada da Reurb-S; VII – o primeiro registro do direito real de laje no âmbito da Reurb-S; e VIII – o fornecimento de certidões de registro para os atos previstos neste artigo.

1.6 A EXTENSÃO DO BENEFÍCIO DA JUSTIÇA GRATUITA AOS EMOLUMENTOS DEVIDOS AOS NOTÁRIOS E REGISTRADORES NO NOVO CÓDIGO DE PROCESSO CIVIL

Inicialmente, é oportuno transcrever norma recente a respeito da gratuidade dos emolumentos, prevista na Lei 13.105/2015 (NCPC), que entrou em vigor no dia 18 de março de 2016, um ano após sua publicação oficial. Vejamos:

> **Art. 98.** A pessoa natural ou jurídica, brasileira ou estrangeira, com **insuficiência** de recursos para pagar as custas, as despesas processuais e os honorários advocatícios tem direito à gratuidade da justiça, na forma da lei.
>
> § 1º A gratuidade da justiça compreende: (...)
>
> IX – os **emolumentos** devidos a notários ou registradores em decorrência da prática de **registro, averbação ou qualquer outro ato notarial necessário à efetivação** de decisão judicial ou à continuidade de processo judicial no qual o benefício tenha sido concedido. (...)
>
> § 6º Conforme o caso, o juiz poderá conceder direito ao parcelamento de despesas processuais que o beneficiário tiver de adiantar no curso do procedimento.
>
> § 8º Na hipótese do § 1º, inciso IX, havendo **dúvida fundada** quanto ao preenchimento atual dos pressupostos para a concessão de gratuidade, o notário ou registrador, após praticar o ato, pode requerer, ao juízo competente para decidir questões notariais ou registrais, a **revogação total ou parcial** do benefício ou a sua substituição pelo parcelamento de que trata o § 6º deste artigo, caso em que o beneficiário será citado para, em 15 (quinze) dias, manifestar-se sobre esse requerimento.

Nota-se que o inciso IX do § 1º estende ao âmbito extrajudicial o benefício da gratuidade concedido judicialmente. Como exemplos, podemos citar a averbação de sentença de divórcio, o registro do formal de partilha decorrente de inventário judicial, o registro de sentença declaratória de ausência, de adoção, ou de interdição, entre muitos outros. O dispositivo expõe os atos alcançados pela gratuidade e ainda traz uma condicionante ao prever que **o registro, averbação ou qualquer outro ato notarial, desde que necessário à efetivação de decisão judicial ou à continuidade de processo judicial no qual o benefício tenha sido concedido,** são passíveis de gratuidade. Logo, a gratuidade no novo CPC ficou restrita exclusivamente à hipótese prevista no artigo 98, § 1º, IX, desde que, frise-se, "necessário à efetivação de decisão judicial".

O dispositivo detalha os atos abrangidos pela gratuidade e inclui uma condição, estabelecendo que o registro, a averbação ou qualquer outro ato notarial, desde que indispensável para a efetivação de uma decisão judicial ou para a continuidade de um processo judicial no qual o benefício foi concedido, estão sujeitos à gratuidade. Assim, **a gratuidade no novo CPC está restrita exclusivamente à situação prevista no artigo 98, § 1º, IX, desde que,** é importante destacar, seja 'necessária à efetivação de decisão judicial'.

Importante ressaltar que a gratuidade **não alcança despesas**. É o que se depreende do art. 98, § 2º:

> A concessão de gratuidade não afasta a responsabilidade do beneficiário pelas despesas processuais e pelos honorários advocatícios decorrentes de sua sucumbência.

Ademais, nos termos do art. 98, § 3º, conclui-se que a gratuidade é condicional em relação à **situação pessoal do beneficiário**. Assim, o beneficiário da gratuidade deve ter sido vencido na causa e o beneficiário da gratuidade deve ser o beneficiário do ato registral a ser praticado. A gratuidade é condicional pelo prazo de 5 anos, contados do trânsito em julgado da sentença.

E quem são as partes alcançadas pela gratuidade? Reza o art. 98, § 6º, que o direito à gratuidade da justiça é **pessoal,** não se estendendo a litisconsorte ou a sucessor do beneficiário.

Importante também frisar que a gratuidade de taxas e emolumentos deve observar a tabela e a lei estadual de emolumentos. O art. 98, § 8º, traz mecanismos de controle para evitar abusos que possam surgir na prática por parte dos beneficiários da justiça gratuita, ao prescrever que, havendo **dúvida fundada** quanto ao preenchimento atual dos pressupostos para a concessão da gratuidade, o notário ou registrador, após praticar o ato, pode requerer ao juízo competente para decidir questões notariais ou registrais a revogação total ou parcial do benefício ou a sua substituição pelo parcelamento de que trata o § 6º deste artigo, caso em que o beneficiário será citado para, em 15 (quinze) dias, manifestar-se sobre esse requerimento.

Parece-me que o art. 98, § 1º, do novo CPC é inconstitucional, pois os emolumentos têm natureza jurídica de taxa. Assim, uma lei federal (NCPC) não poderia conceder **isenção** do seu pagamento ao beneficiário. O fundamento para essa inconstitucionalidade encontra-se no art. 151, III, da Constituição Federal, que estabelece a vedação à União de instituir isenções de tributos de competência dos Estados, do Distrito Federal e dos Municípios. São as chamadas **isenções heterônomas**, proibidas no direito tributário brasileiro.

Contudo, essa não é uma polêmica recente. Por exemplo, os artigos 3º, II, da Lei 1.060/1950, 6º da Lei 6.969/1981 e 12, § 2º, da Lei 10.257/2001 já previam a extensão do benefício da gratuidade aos emolumentos. O Superior Tribunal de Justiça, ao examinar a extensão dos benefícios da gratuidade concedidos judicialmente para o âmbito extrajudicial, incluindo serventias extrajudiciais e serviços de notas e registro, já decidiu que:

> "A gratuidade de justiça concedida em processo judicial deve ser estendida, para efeito de viabilizar o cumprimento de decisão do Poder Judiciário e garantir a prestação jurisdicional plena, aos atos extrajudiciais de notários e de registradores respectivos, indispensáveis à materialização do julgado. Essa orientação é a que melhor se ajusta ao conjunto de princípios e normas constitucionais voltados a garantir ao cidadão a possibilidade de

Lei 10.169/2000

requerer aos poderes públicos, além do reconhecimento, a indispensável efetividade dos seus direitos (art. 5º, XXXIV, XXXV, LXXIV, LXXVI e LXXVII, da CF/88), cabendo ressaltar que a abstrata declaração judicial do direito nada valerá sem a viabilidade da sua execução, do seu cumprimento. "

O Supremo Tribunal Federal também já analisou a matéria quando decidiu sobre a Lei 9.534/1997. Um dos fundamentos usado pelo Pretório foi que "não ofende o princípio da proporcionalidade lei que isenta os reconhecidamente pobres do pagamento dos emolumentos devidos pela expedição de registro civil de nascimento e de óbito, bem como a primeira certidão respectiva" (STF, Pleno, ADC 5, rel. Min. Nelson Jobim, rel. p/ acórdão Min. Ricardo Lewandowski, v. m., julgado em 11/06/2007).

Por fim, é importante registrar que o novo CPC suprimiu o § 3º do art. 1.124-A (incluído pela Lei 11.441/2007), que previa gratuidade para escrituras e outros atos notariais a quem se declarasse pobre sob as penas da lei. Entendeu-se em um primeiro momento que não havia mais gratuidade nas escrituras referentes aos atos previstos por essa lei, exceto nos casos em que os atos sejam praticados em cumprimento de mandados judiciais emitidos em favor da parte beneficiária da justiça gratuita, conforme expressamente determinado pelo Juízo (art. 98, § 1º, IX, do Novo Código de Processo Civil).Explicando: a gratuidade nas escrituras públicas referentes aos atos previstos na Lei 11.441/2007 estava fundamentada no § 3º do art. 1.124-A do CPC. No entanto, com a entrada em vigor do NCPC, o diploma normativo anterior foi ab-rogado, e um novo arcabouço jurídico foi estabelecido para a matéria, que passou a ser assim disciplinada:

> **Art. 733** O divórcio consensual, a separação consensual e a extinção consensual de união estável, não havendo nascituro ou filhos incapazes e observados os requisitos legais, poderão ser realizados por escritura pública, da qual constarão as disposições de que trata o art. 731.
>
> § 1º A escritura não depende de homologação judicial e constitui título hábil para qualquer ato de registro, bem como para levantamento de importância depositada em instituições financeiras.
>
> § 2º O tabelião somente lavrará a escritura se os interessados estiverem assistidos por advogado ou por defensor público, cuja qualificação e assinatura constarão do ato notarial.

Pela leitura do dispositivo acima transcrito, conclui-se que a nova legislação não contemplou nenhuma hipótese de concessão de gratuidade para as escrituras de separação e divórcio. E, diante da ausência de previsão legal expressa que imponha a gratuidade no atual ordenamento pátrio, deve o tabelião exigir o pagamento dos emolumentos devidos pelos atos, bem como promover os repasses aos entes respectivos, exceto nos casos de atos praticados em cumprimento de mandados judiciais expedidos em favor da parte beneficiária da justiça gratuita, sempre que assim for expressamente determinado pelo Juízo. Contudo, recentemente, o Conselho Nacional de Justiça (CNJ) **confirmou a gratuidade para separação e divórcio consensual extrajudicial.** Após consulta feita pelo TJ-PB (Consulta 0006042-02.2017.2.00.0000), o CNJ reafirmou a obrigatoriedade de os cartórios oferecerem gratuitamente o serviço de homologação das escrituras de separação e divórcio, mesmo com a vigência do NCPC. O relator do processo entendeu que, mesmo sem a declaração explícita do benefício em lei, a gratuidade de justiça deve ser estendida para viabilizar o cumprimento da previsão constitucional de acesso à jurisdição e à prestação plena dos atos extrajudiciais de notários e registradores. Nas palavras dele: 'é inafastável a conclusão de que a assistência jurídica é integral e, mais do que isso, a assistência gratuita àqueles que dela necessitam deve ser vista como um direito fundamental a ser concretizado, envolvendo também as vias extrajudiciais de efetivação do acesso à ordem jurídica. Qualquer lacuna ou regramento em contrário configura um inadmissível retrocesso, vedado por princípios constitucionais' (...), e completou: 'não é possível frustrar expectativas criadas pelo Estado, destinadas a concretizar direitos fundamentais'.

Em junho de 2020, a Resolução CNJ n. 326 alterou a Resolução 35/2007 para regulamentar esta questão. Assim, ficou estabelecido que:

> **Art. 6º** A **gratuidade** prevista na norma adjetiva compreende as escrituras de inventário, partilha, separação e divórcio consensuais. (*Redação dada pela Resolução nº 326, de 26.6.2020*)
>
> **Art. 7º** Para a obtenção da **gratuidade** pontuada nesta norma, basta a simples declaração dos interessados de que não possuem condições de arcar com os emolumentos, ainda que as partes estejam assistidas por advogado constituído (*Redação dada pela Resolução nº 326, de 26.6.2020*)

Recentemente, a redação do artigo 6º foi novamente alterada pela Resolução CNJ n. 571/2024, para dispor que:

> Art. 6º A gratuidade prevista na norma adjetiva compreende as escrituras de inventário, partilha, divórcio, separação de fato e extinção da união estável consensuais.

Por fim, é relevante citar o recente Enunciado 78 da I Jornada de Direito Notarial e Registral, que corrobora e normatiza o entendimento majoritário da doutrina sobre a gratuidade da justiça. Veja-se:

> **Enunciado 78.** A gratuidade de justiça concedida a uma das partes do processo judicial não é extensível a outras não beneficiadas, para os fins de pagamento de emolumentos extrajudiciais.
>
> ⊙ Justificativa: O enunciado proposto tem por objetivo esclarecer os efeitos da gratuidade de justiça no âmbito registral, sobretudo, no que se refere a sua extensão. Esta busca dirimir eventuais divergências sobre o pagamento dos emolumentos pela prática de atos registrais em decorrência de processos judiciais em que uma das partes é beneficiária da justiça gratuita. A remuneração

do Registrador que, nos termos do art. 236 da CF, é um particular exercendo uma atividade de interesse público, é feita exclusivamente através do pagamento dos emolumentos, sendo o seu recebimento um importante direito dos delegatários previsto na Lei Federal n. 8.935/1994 e na Lei Federal n. 6.015/1973. É a única forma de remuneração da atividade, que impõe altos custos para o seu exercício. Sendo assim, não havendo previsão legal expressa de isenção ou não incidência, é devido o pagamento dos emolumentos. A gratuidade de justiça, prevista no artigo 98 do Código de Processo Civil, consiste em benefício concedido à parte hipossuficiente da relação processual, possibilitando a realização de atos processuais sem o adiantamento das custas e demais gastos. A partir do Código de Processo Civil de 2015, a gratuidade foi estendida ao pagamento dos emolumentos, permitindo a prática de atos registrais em detrimento da parte beneficiária da gratuidade sem o adiantamento do valor devido [1]. Nesse sentido, vejamos: Art. 98. A pessoa natural ou jurídica, brasileira ou estrangeira, com insuficiência de recursos para pagar as custas, as despesas processuais e os honorários advocatícios têm direito à gratuidade da justiça, na forma da lei. IX - os emolumentos devidos a notários ou registradores em decorrência da prática de registro, averbação ou qualquer outro ato notarial necessário à efetivação de decisão judicial ou à continuidade de processo judicial no qual o benefício tenha sido concedido. Os efeitos da gratuidade se restringem apenas a parte que goza deste benefício, não se estendendo para os demais atores do processo. Nesse sentido, o art. 99, § 6º do CPC expressamente estabelece que o benefício da gratuidade é pessoal, não se estendendo aos demais, salvo por meio de expresso requerimento e deferimento. No mesmo sentido o art. 10 da Lei Federal n. 1.060/1950. Assim, no que se refere aos emolumentos, a parte que goza de gratuidade de justiça poderá requerer a prática dos atos registrais em seu interesse sem o pagamento dos emolumentos devidos. Entretanto, isso não significa que todos os atos registrais a serem praticados ao longo do processo serão gratuitos. A isenção do pagamento dos emolumentos conferida a uma das partes apenas se refere aos atos realizados em seu interesse.

[1] Nesse sentido, destacou João Pedro Lamana Paiva: A gratuidade da justiça sofreu alterações com impacto direto nas atividades notarial e registral, conforme art. 98 da moderna norma processual. A assistência judiciária gratuita, deferida pelo juiz.

1.6.1 A GRATUIDADE E SEUS LIMITES NO ÂMBITO DOS ATOS REGISTRAIS E NOTARIAIS. ANÁLISE DA RESOLUÇÃO CNJ N. 35/2007

Neste tópico abordaremos as recentes interpretações e decisões emanadas pelo Conselho Nacional de Justiça.

Na Consulta CNJ n. 0004203-63.2022.2.00.0000, entendeu-se que gratuidade concedida para os atos notariais não pode ser estendida a atos registrais não previstos nos artigos 6º e 7º da Resolução CNJ n. 35/2007, alterada pela Resolução CNJ n. 326/2020.

Os emolumentos extrajudiciais, conforme entendimento consolidado pelo Supremo Tribunal Federal (STF), possuem natureza jurídica de taxa, o que os classifica como uma espécie de tributo. Essa classificação traz implicações significativas, especialmente no que tange ao princípio da reserva legal. Esse princípio determina que a criação, majoração ou isenção de tributos só pode ser realizada por meio de lei específica, aprovada pelo ente federado competente, seja ele a União, os Estados ou o Distrito Federal.

1.6.1.1 A RESOLUÇÃO CNJ N. 35/2007 E A LIMITAÇÃO DA GRATUIDADE

A Resolução CNJ n. 35/2007, alterada pela Resolução CNJ n. 326/2020 e posteriormente pela 571/2024, regulamenta a gratuidade de determinados atos notariais, como inventário, partilha, divórcio, separação de fato e extinção da união estável consensuais, quando realizados administrativamente. No entanto, a mesma resolução não prevê expressamente a extensão dessa gratuidade para os atos registrais decorrentes dessas escrituras. Isso significa que, mesmo que a gratuidade seja concedida para a lavratura da escritura pública, ela não se aplica automaticamente aos registros subsequentes que formalizam esses atos.

1.6.1.2 O PRINCÍPIO DA RESERVA LEGAL E A INTERPRETAÇÃO RESTRITIVA DAS NORMAS

O princípio da reserva legal impõe que a isenção de tributos, como os emolumentos, deve ser expressamente prevista em lei. Qualquer tentativa de estender a gratuidade prevista para atos notariais aos atos registrais, sem uma base legal específica, violaria esse princípio. A jurisprudência do STF é clara ao afirmar que a interpretação das normas que concedem isenções deve ser feita de forma restritiva, não admitindo interpretações extensivas que ampliem o alcance da gratuidade além do que foi explicitamente estabelecido pelo legislador.

1.6.1.3 A COMPETÊNCIA DOS ESTADOS E DO DISTRITO FEDERAL NA FIXAÇÃO DE EMOLUMENTOS

A Constituição Federal, em seu art. 236, §2º, atribui aos Estados e ao Distrito Federal a competência para fixar o valor dos emolumentos relativos aos atos praticados pelos serviços notariais e de registro. A Lei Federal n. 10.169/2000, que estabelece normas gerais sobre a matéria, reforça essa competência. Portanto, é necessário que cada unidade federativa, ao legislar sobre a matéria, determine se e em que condições concederá isenções ou gratuidades para os atos notariais e registrais.

1.6.1.4 O CASO ESPECÍFICO DO ESTADO DE SANTA CATARINA

No âmbito do Estado de Santa Catarina, a isenção dos atos registrais decorrentes de escrituras públicas de inventário, partilha, separação consensual, divórcio consensual e extinção consensual de união estável está restrita aos assistidos pela Defensoria Pública que declararem hipossuficiência financeira, conforme estabelecido no art. 7º, inc. VII, da Lei Complementar Estadual n. 755/2019. Essa disposição legal é um exemplo claro de como a legislação estadual pode prever, dentro de sua competência, situações específicas em que a gratuidade pode ser aplicada a atos registrais.

1.6.1.4 CONCLUSÃO

Este capítulo demonstrou a importância de uma interpretação cuidadosa e restritiva das normas que tratam da gratuidade nos atos notariais e registrais. A extensão indevida da gratuidade, sem respaldo em lei específica, pode comprometer o princípio da reserva legal e resultar em uma arrecadação inadequada dos tributos devidos. Portanto, a aplicação da gratuidade deve ser feita dentro dos limites estabelecidos pela legislação federal e estadual, respeitando sempre a competência dos entes federados na fixação dos emolumentos (CNJ – Consulta nº 0004203-63.2022.2.00.0000 – Santa Catarina – Rel. Cons. Marcello Terto – DJ 24.08.2023).

1.7 A GRATUIDADE DA PROCURAÇÃO PÚBLICA PARA OS SEGURADOS DO INSS

Em setembro de 2021, foi publicada a Lei n. 14.199/2021, que inseriu o art. 68-A na Lei n. 8.212/1991, estabelecendo que, se o cidadão necessitar de uma procuração pública (art. 7º, Lei 8.935/1994) para receber um benefício previdenciário ou assistencial do INSS, ele pode solicitar essa procuração no Tabelionato de Notas de forma gratuita, ou seja, sem pagar as custas e emolumentos, nos seguintes termos:

> **Art. 68-A.** A lavratura de procuração pública e a emissão de sua primeira via para fins exclusivos de recebimento de benefícios previdenciários ou assistenciais administrados pelo INSS são isentas do pagamento das custas e dos emolumentos.

A doutrina apresenta divergências quanto à interpretação da expressão 'fins exclusivos de **recebimento de benefícios previdenciários** ou assistenciais administrados pelo INSS'. Uma corrente argumenta que essa isenção deve se estender a todos os fins previdenciários, e não apenas ao recebimento dos benefícios. Isso incluiria, por exemplo, providências importantes como o requerimento, cadastramento e recadastramento, atuação em processos administrativos e judiciais, além de outras questões relacionadas exclusivamente aos benefícios previdenciários ou de assistência social junto ao INSS, especialmente em favor da pessoa idosa.

Por outro lado, essa ideia é refutada com o argumento de que a interpretação de normas isentivas não deve ser ampliada. Nesse sentido, o Colégio Notarial do Brasil – Seção Minas Gerais (CNB/MG), com o objetivo de uniformizar o entendimento sobre os emolumentos, orienta que a isenção prevista no artigo mencionado se aplicará exclusivamente às procurações previdenciárias destinadas ao recebimento de benefícios previdenciários ou assistenciais.

Assim, não serão isentas as procurações que versem sobre movimentação bancária, indicação da instituição financeira para recebimento de valores, poderes advocatícios, poderes de representação perante outros órgãos etc.

Frisa-se que permanece o enquadramento no item 4, alínea "f.2", Tabela 1 da Lei Estadual n. 15.424/2004 para procurações "para fins de previdência e assistência social" com os poderes constantes do art. 295 do Provimento Conjunto n. 93/2020, bem como serão consideradas procurações "relativa a situação jurídica com conteúdo financeiro" aquelas que possuam qualquer outro poder estranho aos mencionados no art. 295 e tenham repercussão econômica central e imediata, conforme art. 297 do Provimento Conjunto n. 93/2020.

Ademais, apresenta-se sugestão de minuta para procuração para fins exclusivos de recebimento de benefícios previdenciários ou assistenciais administrados pelo INSS, nestes termos:

> MODELO DE PROCURAÇÃO:
>
> Ao(s) xx (xxxxxxxxxxx) dias do mês xxxxx do ano de 2021 (dois mil e vinte e um) nesta cidade e comarca de xxxx, no Estado de Minas Gerais, neste X Tabelionato de Notas, perante mim Tabelião, compareceu como Outorgante: XXXXXXXXXXXXXXX. parte que se identificou ser a própria, conforme documentação apresentada, do que dou fé. E, pelo outorgante me foi dito que, nomeia e constitui seu bastante procurador: XXXXXXXXXXXXXXXXXX; *A quem confere poderes para representá-lo perante o INSS – Instituto Nacional de Seguridade Social, exclusivamente, nos termos do art. 68-A da Lei n. 14.199/2021, para recebimento de benefícios previdenciários ou assistenciais administrados pelo INSS, praticando todos os atos necessários ao fiel cumprimento deste mandato, comprometendo-se o outorgante a dar tudo por bom, firme e valioso. Foram apresentados os documentos e as certidões necessárias para lavratura deste ato, ficando tais documentos arquivados nesta serventia. Assim o disse e me pediu este instrumento, que lhe lavrei nas minhas notas, lendo-o à parte e, tendo achado conforme, outorgou, aceitou e assinou, do que dou fé.
>
> A diretoria
> CNB-MG

1.8 OUTRAS GRATUIDADES

Em auxílio às pessoas que enfrentaram grande vulnerabilidade social e econômica, devido as enchentes no Rio Grande do Sul, a Corregedoria-Geral da Justiça publicou o Provimento CGJ n. 30/2023- CGJ que possibilita a gratuidade de emolumentos nos Serviços Notariais e de Registro, a partir do dia 19 de setembro de 2023.

O EQLG, "Enquadramento Legal para Atos Ressarcíveis" número 25 é voltado exclusivamente para o ressarcimento de delegatários e interinos pelos serviços prestados a pessoas economicamente vulneráveis, afetadas por tragédias ou desastres naturais, em regiões onde foi decretada calamidade pública estadual ou municipal.

Para utilizar o selo EQLG-25 é exigido um requerimento individual, acompanhado de uma declaração específica de hipossuficiência, conforme modelo disponibilizado no Provimento, para instruir a solicitação dos atos notariais e registrais. Excepcionalmente, durante a vigência de um decreto de calamidade pública estadual ou municipal, os Tabeliães e Registradores estão autorizados a realizar os atos e aplicar o selo EQLG-25 com base em listas de pessoas fornecidas por órgãos públicos e entidades representativas, devendo arquivar esses documentos na serventia para eventual fiscalização futura.

1.9 EXECUÇÃO E PROTESTO DO CRÉDITO DE EMOLUMENTOS

Preceituam os arts. 515, V e 784, XI do NCPC, respectivamente:

São **títulos executivos judiciais**, cujo cumprimento dar-se-á de acordo com os artigos previstos neste Título:

> Art. 515, CPC
>
> [...]
>
> V – o crédito de auxiliar da justiça, quando as custas, **emolumentos** ou honorários tiverem sido aprovados por decisão judicial

São **títulos executivos extrajudiciais:**

> Art. 784, CPC
>
> [...]
>
> XI – a **certidão expedida por serventia notarial ou de registro relativa a valores de emolumentos e demais despesas devidas pelos atos por ela praticados,** fixados nas tabelas estabelecidas em lei.

Sobre a **execução do crédito de emolumentos**, Rafael Alexandria explicita que "por se tratar de crédito de terceiro, cabe ao delegatário-credor deflagrar o cumprimento de sentença, que, nesse caso, será instaurado por meio de processo autônomo de execução, deduzindo-se a demanda numa petição inicial (art. 798 c/c art. 513, CPC). Não obstante exigir a instauração de processo autônomo, todo o rito a ser seguido é aquele do *cumprimento de sentença*. O executado será aquele que, nos termos da decisão transitada em julgado, deu causa ao processo – normalmente, o vencido. Se o vencido foi o beneficiário da gratuidade, o delegatário-credor deve então observar a condição de exigibilidade disposta no art. 98, § 3º, do CPC (art. 95, § 4º, c/c art. 98, § 7º, CPC)..." (Op. cit., p. 120-121).

O **protesto** dos emolumentos também é possível e deve seguir o rito da Lei 9.492/1997, já estudado nesta obra.

Convém fazermos importantes considerações sobre o protesto da certidão notarial ou de registros.

Essa certidão pode ser emitida diretamente pelo notário ou registrador quando eles não receberem os emolumentos devidos. É importante destacar que, nesse caso, não se trata de um título de emissão unilateral. A **unilateralidade está presente apenas na forma, e não no conteúdo**, já que o valor devido é estabelecido por lei, especificamente na tabela de emolumentos. Isso significa que o delegatário não pode cobrar mais nem menos do que está previsto na tabela, apenas os valores exatos. Esse tipo de crédito se assemelha muito ao da certidão da dívida ativa (CDA), pois, em ambos os casos, só é possível cobrar o que está previsto em lei – tratando-se, portanto, de um tributo. Assim, não se justifica a crítica baseada na unilateralidade da formação do crédito da certidão notarial e registral, uma vez que esses créditos são estabelecidos pela lei e nos limites da lei. E é justamente dentro desses limites que reside sua liquidez. O título, portanto, é certo, líquido e exigível, representando uma obrigação pecuniária e, por isso, um legítimo documento de dívida.

No entanto, para que a certidão notarial e registral seja considerada válida, é necessário que alguns requisitos sejam atendidos, como a inclusão do nome e qualificação do devedor, os dados da serventia, a descrição detalhada do ato praticado, além do valor da dívida e do quantum devido. Para facilitar a compreensão do tema, apresento a seguir um quadro esquemático e remeto o leitor aos comentários mais detalhados sobre o assunto na Lei 9.492/1997:

Especificação subjetiva	Especificação objetiva
Nome e qualificação do devedor	Dados da serventia Discriminação do ato praticado Valor da dívida, do *quantum* devido

1.10 EMOLUMENTOS NO TABELIONATO DE PROTESTO

O tema foi explorado de forma minuciosa nos comentários do art. 37 da Lei 9.492/1997, nesta obra.

1.11 EMOLUMENTOS, EXECUTIVO FISCAL E PENHORA

O Superior Tribunal de Justiça tem reiteradamente decidido que a determinação do registro (ou da averbação) da penhora decorrente de executivos fiscais não representa uma típica isenção de emolumentos. Vejamos:

Lei 10.169/2000

EMOLUMENTOS. EXECUÇÃO FISCAL. PENHOR- PAGAMENTO A FINAL.

STJ – RESP: 573.784 – RS

LOCALIDADE: Rio Grande do Sul DATA DE JULGAMENTO: 16/08/2005 DATA DJ: 17/10/2005

RELATOR: Francisco Falcão

PROCESSUAL CIVIL. REGISTRO DE PENHORA. FORNECIMENTO DE DOCUMENTOS. FAZENDA PÚBLICA. CUSTAS E EMOLUMENTOS. DISPENSA DE DEPÓSITO PRÉVIO. ARTS. 27, DO CPC E 7º, IV E 39, DA LEI Nº 6.830/80. PAGAMENTO AO FINAL.

I – A legislação mencionada não está a regulamentar uma isenção à Fazenda Pública, mas sim dispondo que esta fica dispensada do depósito antecipado, ficando obrigada a pagar o montante referente a custas e emolumentos ao final da lide, acaso reste vencida. Precedentes: RMS nº 12.073/RS, Rel. Min. JOSÉ DELGADO, DJ de 02/04/2001 e RMS nº 10.349/RS, Rel. Min. MILTON LUIZ PEREIRA, DJ de 20/11/2000.

II – Recurso especial provido.

EMOLUMENTOS – PAGAMENTO A FINAL. PENHORA. INSS.

STJ – RMS: 12.073-RS

LOCALIDADE: Rio Grande do Sul DATA DE JULGAMENTO: 01/03/2001 DATA DJ: 02/04/2001

RELATOR: José Delgado

LEI: LO – Cobrança da dívida ativa da Fazenda Pública – 6.830/80 ART: 7 INC: IV

LEI: LO – Cobrança da dívida ativa da Fazenda Pública – 6.830/80 ART: 39

PROCESSUAL CIVIL. RECURSO ORDINÁRIO EM MANDADO DE SEGURANÇA. ATO JUDICIAL. PENHORA. INSCRIÇÃO. INSS. EMOLUMENTOS E DESPESAS DEVIDAS. PAGAMENTO PRÉVIO. AUSÊNCIA. ARTS. 7°, IV, E 39, DA LEI N° 6.830/80. RESSARCIMENTO POSTERIOR.

1. Recurso Ordinário em Mandado de Segurança interposto contra acórdão proferido pelo Egrégio Tribunal *a quo* que julgou extinto mandado de segurança impetrado contra decisão judicial que determinou o registro de penhora em favor do Instituto Nacional do Seguro Social, sem o prévio pagamento de emolumentos.

2. Inexiste ilegalidade no despacho judicial que determina registro da penhora, independentemente do pagamento de emolumentos, eis que tal comando se funda no conteúdo do art. 7°, IV, da Lei nº 6.830/80, o qual é expresso ao consignar que o despacho do juiz que deferir a inicial importa em ordem para registro da penhora ou do arresto, independentemente do pagamento de custas ou outras despesas.

3. A Fazenda Pública não está sujeita ao pagamento de custas e emolumentos (art. 39, da Lei nº 6.830/80). Tal privilégio, contudo, não a exime do ressarcimento do valor respectivo na hipótese de se tornar vencida na demanda (parágrafo único). Não há, desse modo, qualquer isenção de pagamento dos emolumentos, mas apenas dispensa de prévio depósito, postergando para o final da ação o ressarcimento respectivo. 4. Recurso desprovido

CUSTAS E EMOLUMENTOS. EXECUÇÃO FISCAL – PENHORA – FAZENDA NACIONAL.

STJ – RECURSO ESPECIAL: 413.980

LOCALIDADE: Santa Catarina DATA DE JULGAMENTO: 04/05/2006

RELATOR: João Otávio de Noronha

LEGISLAÇÃO: Art. 39, da Lei nº 6.830/80; art. 105, inciso III, alínea 'a', da Constituição Federal; entre outras.

PROCESSUAL CIVIL. EXECUÇÃO FISCAL. REGISTRO DE PENHORA. JUSTIÇA ESTADUAL. PAGAMENTO DE CUSTAS PELA FAZENDA NACIONAL. CABIMENTO.

1. O STJ firmou o entendimento de que a Fazenda Pública está obrigada ao pagamento de custas e emolumentos dos serviços cartorários, porquanto não se pode exigir que o registrador público financie as despesas com atos processuais requeridos no interesse da União, como é o caso do registro da penhora.

2. Recurso especial não-provido.

EMENTA NÃO OFICIAL: A Fazenda Pública está obrigada ao pagamento de custas e emolumentos dos serviços registrais.; O registrador imobiliário não pode ser obrigado a financiar as despesas com atos processuais requeridos no interesse da União.

Além disso, é fundamental destacar que o novo Código de Processo Civil não contém qualquer disposição que autorize a dispensa do pagamento das despesas processuais realizadas a pedido da Fazenda Pública, do Ministério Público ou da Defensoria Pública, as quais deverão ser pagas ao final pela parte vencida.

1.12 EMOLUMENTOS REFERIDOS NA RESOLUÇÃO CNJ 228/2016 E NO PROVIMENTO CNJ 62/2017

Foi publicada no dia 23 de junho de 2016 a **Resolução CNJ 228/2016**, que regulamenta a aplicação, no âmbito do Poder Judiciário, da **Convenção de Haia sobre a Eliminação da Exigência de Legalização de Documentos Públicos Estrangeiros**, de 1961. Esta resolução estabelece procedimentos e normas para a implementação da convenção, visando facilitar a aceitação e o reconhecimento de documentos públicos estrangeiros no Brasil, sem a necessidade de legalização adicional. A resolução é um passo importante para promover a eficiência e a agilidade na tramitação de documentos internacionais, alinhando o Brasil com as diretrizes da Convenção de Haia.

A **Resolução CNJ 228/2016**, no seu **art. 18**, trata dos emolumentos e estabelece diretrizes para a cobrança desses valores no contexto da Convenção de Haia. O dispositivo preceitua:

> **Art. 18**. Os emolumentos corresponderão, para cada apostila emitida, ao custo de Procuração Sem Valor Declarado, segundo os valores vigentes em cada Estado da Federação.
>
> Parágrafo único. Será **isenta da cobrança de emolumentos** a emissão de apostila em documentos requeridos por órgãos do Poder Executivo Federal para utilização no exterior, no interesse do serviço público.

No mesmo caminho, o Provimento CNJ 62/2017, também já tratado nesta obra, dispõe sobre a uniformização dos procedimentos para a aposição de apostila, no âmbito do Poder Judiciário, da Convenção sobre a Eliminação da Exigência de Legalização de

Documentos Públicos Estrangeiros, celebrada na Haia, em 5 de outubro de 1961 (Convenção da Apostila). A maioria das normas deste ato normativo foi incorporada aos artigos 1º a 17 do Código Nacional de Normas (Provimento CNJ n. 149/2024),

O art. 17 estabelece regras emolumentares, a saber:

> **Art. 17.** Os emolumentos serão cobrados por apostila, nos termos do art. 18 da Resolução CNJ n. 228/2016, enquanto não for editada legislação específica no âmbito dos Estados e do Distrito Federal.
>
> 1º É dispensada a cobrança de emolumentos para emissão de apostila em documentos requeridos por órgãos da administração direta do Poder Executivo federal, estadual ou municipal para utilização no exterior, no interesse do serviço público.
>
> 2º Os órgãos da administração direta do Poder Executivo federal, estadual ou municipal solicitarão o apostilamento do documento público produzido no território nacional mediante ofício endereçado ao serviço de notas ou de registro.
>
> 3º O Poder Judiciário dos Estados e do Distrito Federal, no âmbito de sua competência, estabelecerá forma de compensação para a emissão de apostila em documentos requeridos por órgãos da administração direta do Poder Executivo federal, estadual ou municipal.
>
> 4º É vedada a prática de cobrança parcial ou de não cobrança de emolumentos, ressalvadas as hipóteses de isenção, não incidência ou diferimento previstas na legislação específica.

1.13 EMOLUMENTOS E ENERGIA EÓLICA

No dia 10 de agosto de 2017, a Corregedoria Nacional de Justiça editou o Provimento CNJ 60/2017, publicado em 15 de agosto de 2017. Este provimento estabelecia regras para a cobrança de emolumentos pelos cartórios relacionados ao registro de projetos de exploração de **energia eólica.** O objetivo foi o de uniformizar e regulamentar os procedimentos para a prática dos atos notariais e registrais vinculados a esses projetos, assegurando transparência e previsibilidade na arrecadação de emolumentos. Atualmente o Provimento CNJ n. 60/2017 foi incorporado aos artigos 345 a 352 do Código Nacional de Normas.

Funciona da seguinte forma: os contratos são registrados em cartório na fase inicial do projeto. Nessa etapa são medidos os índices de vento nas áreas prospectadas. Após o registro e se os testes forem positivos, os parques são construídos e explorados comercialmente.

Enquanto não editadas normas específicas relativas à fixação de emolumentos no âmbito dos Estados e do Distrito Federal, cabe ao aludido provimento estabelecer diretrizes gerais para a cobrança de emolumentos sobre os contratos de exploração de energia eólica.

Os emolumentos sobre os contratos celebrados para a exploração de energia eólica têm como parâmetro o **valor total bruto descrito no contrato.** Tal valor corresponde à remuneração percebida pelos contratantes **durante a vigência do contrato.**

Nos contratos com previsão de remuneração para a **etapa de estudo e para a fase operacional,** o parâmetro de cobrança dos emolumentos será o valor total bruto presente no contrato, somadas as duas etapas.

Por sua vez, nos contratos com previsão de remuneração **apenas para a etapa de estudo**, o parâmetro de cobrança dos emolumentos deve ser o valor total bruto da referida etapa. Da mesma forma, nos contratos com previsão de remuneração **apenas para a etapa operacional**, o parâmetro de cobrança deve ser o mesmo.

Incidindo a remuneração em percentual da receita operacional, a parte estimará o valor bruto para a cobrança dos emolumentos.

Todavia, nos **contratos que não tenham valor expresso**, deverão os emolumentos incidir sobre o **valor estimado pelas partes**, observado o estabelecido nas tabelas de emolumentos das respectivas unidades da Federação.

O ato normativo também traz regra caso não exista prazo de vigência do contrato, conforme segue:

> **Art. 350, Provimento CNJ n. 149/2023 (equivale ao antigo artigo 6º do Provimento CNJ n. 60/2017)** Inexistindo prazo de vigência do contrato, mas subsistindo remuneração correspondente a determinado período de tempo, entender-se-á que a vigência corresponde a esse período.
>
> § 1º Se o período contratual ultrapassar o disposto no *caput* deste artigo, deverá ser averbado o aditivo do contrato a fim de que sejam resguardados os direitos dos contratantes.
>
> § 2º Se não constarem do contrato o prazo de vigência e o prazo de remuneração, entender-se-á que a vigência é anual.

Havendo **a prorrogação do contrato ou futura fixação de remuneração para a fase operacional**, o respectivo termo aditivo é **averbado no registro de imóvel**, incidindo os respectivos emolumentos sobre o valor total bruto do contrato averbado.

Por fim, cumpre ressaltar que o valor declarado em contrato como parâmetro de cobrança de emolumentos é de inteira responsabilidade das partes contratantes, estando sujeitas às consequências advindas de eventual má-fé.

1.14 EMOLUMENTOS PARA O PROCEDIMENTO DA USUCAPIÃO EXTRAJUDICIAL

Nos termos do art. 423 do Provimento CNJ n. 149/2023, que incorporou o artigo 26 do Provimento CNJ n. 65/2017, enquanto não for editada legislação específica sobre a fixação de emolumentos para o procedimento de usucapião extrajudicial, no âmbito dos Estados e do Distrito Federal, serão adotadas as seguintes regras:

Lei 10.169/2000

I – no **tabelionato de notas**, a ata notarial será considerada ato de conteúdo econômico, devendo-se tomar por base para a cobrança de **emolumentos** o valor venal do imóvel relativo ao último lançamento do imposto predial e territorial urbano ou ao imposto territorial rural ou, quando não estipulado, o valor de mercado aproximado;

II – no **registro de imóveis**, pelo processamento da usucapião, serão devidos **emolumentos** equivalentes a 50% do valor previsto na tabela de emolumentos para o registro e, caso o pedido seja deferido, também serão devidos emolumentos pela aquisição da propriedade equivalentes a 50% do valor previsto na tabela de emolumentos para o registro, tomando-se por base o valor venal do imóvel relativo ao último lançamento do imposto predial e territorial urbano ou ao imposto territorial rural ou, quando não estipulado, o valor de mercado aproximado.

Parágrafo único. Diligências, reconhecimento de firmas, escrituras declaratórias, notificações e atos preparatórios e instrutórios para a lavratura da ata notarial, certidões, buscas, averbações, notificações e editais relacionados ao processamento do pedido da usucapião serão considerados atos autônomos para efeito de cobrança de emolumentos nos termos da legislação local, devendo as despesas ser adiantadas pelo requerente.

1.15 EMOLUMENTOS REFERENTES À CONCILIAÇÃO E MEDIAÇÃO NOS SERVIÇOS NOTARIAIS E DE REGISTROS

No dia 23 de março de 2018 foi editado o Provimento 67, que dispunha sobre os procedimentos de conciliação e de mediação nos serviços notariais e de registro do Brasil, já bastante aprofundado nesta obra. Referido ato normativo foi incorporado aos artigos 18 a 57 do Código Nacional de Normas.

O Provimento traz uma sessão especificamente sobre emolumentos, a saber:

Dos Emolumentos

Art. 52. Enquanto não editadas, no âmbito dos estados e do Distrito Federal, normas específicas relativas aos emolumentos, observadas as diretrizes previstas pela Lei n. 10.169, de 29 de dezembro de 2000, aplicar-se-á às conciliações e às mediações extrajudiciais a tabela referente ao menor valor cobrado na lavratura de escritura pública sem valor econômico.

§ 1.º Os emolumentos previstos no *caput* deste artigo referem-se a uma sessão de até 60 minutos e neles será incluído o valor de uma via do termo de conciliação e de mediação para cada uma das partes.

§ 2.º Se excedidos os 60 minutos mencionados no parágrafo anterior ou se forem necessárias sessões extraordinárias para a obtenção de acordo, serão cobrados emolumentos proporcionais ao tempo excedido, na primeira hipótese, e relativos a cada nova sessão de conciliação ou de mediação, na segunda hipótese, mas, em todo caso, poderá o custo ser repartido *pro rata* entre as partes, salvo se transigirem de forma diversa.

§ 3.º Será considerada sessão extraordinária aquela não prevista no agendamento.

Art. 53. É vedado aos serviços notariais e de registro receber das partes qualquer vantagem referente à sessão de conciliação ou de mediação, exceto os valores relativos aos emolumentos e às despesas de notificação.

Art. 54. Na hipótese de o arquivamento do requerimento ocorrer antes da sessão de conciliação ou de mediação, 75% do valor recebido a título emolumentos será restituído ao requerente. Parágrafo único. As despesas de notificação não serão restituídas, salvo se ocorrer desistência do pedido antes da realização do ato.

Art. 55. Com base no art. 169, § 2.º, do CPC, os serviços notariais e de registro realizarão sessões não remuneradas de conciliação e de mediação para atender demandas de gratuidade, como contrapartida da autorização para prestar o serviço.

Parágrafo único. Os tribunais determinarão o percentual de audiências não remuneradas, que não poderá ser inferior a 10% da média semestral das sessões realizadas pelo serviço extrajudicial nem inferior ao percentual fixado para as câmaras privadas.

De outro modo, o antigo Provimento CGJSP n. 17/2013 preconizava o pagamento de emolumentos com base no valor econômico. Quanto à restituição dos valores, estabelecia as seguintes percentagens:

- **90%** do total recebido, se o arquivamento ou o pedido ocorresse antes da sessão de mediação ou conciliação;
- **50%**, se a sessao de mediação ou conciliação fosse infrutífera;
- **40%**, se a sessão de mediação ou conciliação, depois de iniciada, precisasse ser continuada em outra data.

Compartilhamos do posicionamento de Ygor Ramos C. Pinheiro. Nas palavras dele, não se concorda totalmente com nenhum dos dois critérios que foram criados. Entende-se que o critério de cobrança deve ser *com valor econômico*, poiso mediador ou conciliador atuará na tentativa de se chegar a um acordo sobre direito patrimonial representativo de certo montante, o que leva à necessidade de adequada remuneração, além de levar em consideração o risco a que se submete. Sobre a devolução, concorda-se com o critério de devolução de 50%do valor já pago em quaisquer dos casos em que não se chegue ao termo de acordo. Além disso, deve-se aplicar analogicamente o que previu o Conselho Nacional de Justiça, por meio do artigo 26, do Provimento n. 65/2017, sobre a cobrança pelo procedimento de usucapião extrajudicial, ou seja, o mediador ou conciliador recebem um ato pelo processamento da mediação ou conciliação e um ato pela formalização do termo de acordo. O risco enfrentado, o preparo exigido e o custo de mandado, quando comparados à remuneração ajustada pelo CNJ, vem tirando de tabeliães o interesse em qualificar-se e a seus prepostos, tendo em vista o baixo número de cadastros efetuados desde a edição do provimento. Talvez uma revisão na questão da remuneração pudesse fazer com que mais notários cadastrem-se e, assim, todo o potencial de diminuir o número de demandas que chegam ao Poder

Judiciário seja alcançado. Por oportuno, embora não haja disposição semelhante no provimento nacional, nota-se que o artigo 17, do Provimento n. 17/2013 da Corregedoria-Geral da Justiça de São Paulo, previu desconto nos emolumentos, pelo fato de supostamente o termo de mediação também poder ser feito por instrumento particular. Não se concorda com isto, tendo em vista que, apesar de poderem optar por qualquer mediador de confiança, as partes optaram pelo tabelião, optando, portanto, pela atuação do detentor de fé pública na solução de seu conflito, não havendo que se falar em possibilidade de lavratura do termo por instrumento particular. Neste ponto, cabe tecer duas considerações fundamentais. Primeiramente, como já se afirmou, discorda-se da forma de cobrança estabelecida pelo Provimento n. 67/2018 do Conselho Nacional de Justiça, já que, ao praticar a heterocomposição do conflito, não está o tabelião praticando um ato sem valor declarado, mas, ao contrário, pondo fim a um conflito patrimonial envolvendo direito disponível, razão pela qual deve a cobrança ser feita pelo critério "com valor econômico". Destaca-se, portanto, que deve a contraprestação pelo serviço preservar o equilíbrio econômico-financeiro da delegação constitucional recebida pelo notário, suportando o efetivo custo do serviço e remunerando o notário, conforme o risco da atividade. Em segundo lugar, como também já fora observado, cabe analogia ao artigo 26, do provimento n. 65/2017 do Conselho Nacional de Justiça, que regulamentou a forma de cobrança, pelo Oficial de Registro de Imóveis, do procedimento de registro da usucapião extrajudicial. Desta maneira, deve o tabelião de notas ser remunerado em um ato pela condução do procedimento, e mais um ato de igual valor pela decisão arbitral a ser proferida. Francisco José Cahali assim já afirmou, em participação no XVII Congresso Notarial Brasileiro, em 2012, ao comentar sobre os emolumentos devidos por ocasião da mediação notarial: "A questão de emolumentos teria que ser equalizada, pois o custo da mediação e algumas adaptações jurídicas teriam que ser feitas" (*Arbitragem Notarial.* Editora Juspodivm, São Paulo, 2020).

1.16 EMOLUMENTOS REFERENTES À AVERBAÇÃO DA ALTERAÇÃO DE PRENOME E SEXO DE PESSOA TRANSGÊNERO

Em 28 de junho de 2018, foi publicado o Provimento 73, que dispunha sobre a averbação da alteração do prenome e do gênero nos assentos de nascimento e casamento de pessoa *transgênero* no Registro Civil das Pessoas Naturais (RCPN). A maioria das normas foi incorporada ao Código Nacional de Normas, que, por sua vez, foi alterado pelo Provimento CNJ n. 152/2023. O anexo do Provimento CNJ n. 73 foi mantido. Assim, o Provimento CNJ n. 149/2023 passa a prever novas regras sobre os emolumentos. Veja-se:

> Art. 523. Enquanto não for editada legislação específica no âmbito dos Estados e do Distrito Federal, o valor dos emolumentos para o procedimento de alteração do prenome e/ou do gênero da pessoa transgênero será o correspondente ao procedimento de retificação administrativa ou, em caso de inexistência dessa previsão específica em legislação estadual, de 50% (cinquenta por cento) do valor previsto para o procedimento de habilitação de casamento.

1.17 EMOLUMENTOS E O PROVIMENTO CNJ N. 82/2019

Editado em 3 de julho de 2019 pelo Conselho Nacional de Justiça, o Provimento CNJ n. 82 dispõe, entre outras providências, sobre o procedimento de averbação da alteração do nome do genitor nos registros de nascimento e casamento dos filhos.

Embora o Provimento já tenha sido analisado por completo nesta obra, neste capítulo abordaremos especificamente as regras relativas aos emolumentos para tais procedimentos.

O art. 3º do Provimento estabelece que, para os fins do Provimento CNJ nº 82/2019, devem ser respeitadas as tabelas estaduais de emolumentos, bem como as normas referentes à gratuidade de atos, quando aplicável.

1.18 EMOLUMENTOS E O PROVIMENTO CNJ N. 122/2021

O Provimento CNJ n. 122, de 13/08/2021, dispõe sobre o assento de nascimento no Registro Civil das Pessoas Naturais nos casos em que o campo sexo da Declaração de Nascido Vivo (DNV) ou da Declaração de Óbito (DO) fetal tenha sido preenchido como "ignorado". Este provimento já foi analisado nesta obra. A maioria das normas foi incorporada ao Código Nacional de Normas, nos artigos 524 a 530. O anexo do Provimento CNJ n. 122 foi mantido.

Neste espaço, abordaremos apenas a regra sobre emolumentos prevista no art. 530 do Provimento CNJ n. 149/2023. Veja-se:

> Art. 530. A designação do sexo é parte do assento de nascimento e a lavratura do termo de opção, sua averbação e a expedição da primeira certidão subsequente são gratuitas, na forma do art. 30 da Lei n. 6.015, de 31 de dezembro de 1973.

1.19 OS EMOLUMENTOS E O SISTEMA INTEGRADO DE PAGAMENTOS ELETRÔNICOS – SIPE (PROVIMENTO CNJ N. 127/2022)

É cada vez mais comum a introdução de recursos tecnológicos na atividade extrajudicial, juntamente com inovações legislativas ao longo do tempo que

Lei 10.169/2000

alteraram as regras aplicáveis às diversas atribuições notariais e registrais.

No dia 9 de fevereiro de 2022, a Corregedoria Nacional de Justiça (CNJ) editou o Provimento n. 127, que disciplina a Plataforma do Sistema Integrado de Pagamentos Eletrônicos (SIPE) para os serviços notariais e de registro, além de outras providências. Referido ato normativo, já analisado nesta obra em outras oportunidades, dispõe também de um capítulo sobre os emolumentos, a saber:

DOS EMOLUMENTOS DE SERVIÇOS ELETRÔNICOS NÃO PREVISTOS NAS TABELAS DE CUSTAS E EMOLUMENTOS

Art. 3º Enquanto não for editada, no âmbito dos Estados e do Distrito Federal, legislação específica acerca da fixação de custas e emolumentos para os procedimentos registrais eletrônicos, fica padronizada a cobrança dos atos a seguir, adotadas as seguintes regras:

I – a certidão digital de inteiro teor de matrícula corresponderá ao valor dos emolumentos da certidão de inteiro teor da matrícula, vintenária, com seis (6) páginas ou seis (6) atos;

II – o valor a que se refere o inciso I será atribuído aos emolumentos para a certidão digital da situação jurídica do imóvel, para a certidão digital da transcrição com menção a ônus, ações e alienações, bem como para todas as demais certidões digitais, como disposto no Provimento 124/2022, da Corregedoria Nacional de Justiça;

III – na hipótese de visualização de matrícula, será cobrado o correspondente a 1/3 (um terço) do valor dos emolumentos da certidão digital;

IV – para a Pesquisa Prévia de Bens:

a) será cobrado para cada grupo de cem (100) serventias pesquisadas, ou fração, o valor correspondente a 1/3 (um terço) dos emolumentos da certidão digital; e

b) a soma mensal recebida por todas as pesquisas prévias realizadas será rateada entre todos os oficiais de Registro de Imóveis do respectivo estado ou do Distrito Federal, em partes iguais;

V – no caso de Pesquisa Qualificada, será cobrado o valor correspondente a um pedido de busca ou informação, constante da tabela de custas e emolumentos, ou a 1/3 (um terço) dos emolumentos da certidão digital, prevalecendo o menor valor; e

VI – no Monitor Registral, os emolumentos corresponderão, mensalmente, ao valor de emolumentos de uma certidão digital de inteiro teor de matrícula.

Parágrafo único. Todos os valores previstos nos incisos deste artigo ficam limitados ao teto que corresponderá ao valor resultante da média aritmética calculada a partir dos valores praticados para a certidão prevista no inciso I, em cada uma das unidades federativas, segundo os critérios estabelecidos neste dispositivo.

Art. 4º Para o fim da disposição contida no parágrafo único do art. 3º deste Provimento, o Operador Nacional do Sistema de Registro Eletrônico de Imóveis – ONR, no prazo de cinco (5) dias, apresentará memória de cálculo com o demonstrativo dos valores das certidões referidas no art. 2º e incisos, bem como do valor médio nacional da certidão de inteiro teor da matrícula, para ciência da Corregedoria Nacional de Justiça.

E no capítulo "Das Disposições Finais" traz mais duas disposições sobre o tema:

Art. 7º As disposições deste Provimento aplicam-se aos Tribunais das unidades federativas que adotam o documento de arrecadação como forma de pagamento de custas, emolumentos, e outros valores devidos pelos serviços de notas e registro.

Art. 8º Nos casos de diferimento do pagamento, o lançamento dos emolumentos no Livro Diário da Receita e Despesa, e a emissão da Nota Fiscal de Serviços, quando for o caso, bem como o recolhimento das custas e contribuições devidas, serão realizados com base no dia do efetivo recebimento dos valores pelo titular ou responsável pela serventia.

1.20 EMOLUMENTOS E ADJUDICAÇÃO COMPULSÓRIA EXTRAJUDICIAL

No dia 11 de setembro de 2023, foi editado o Provimento CNJ n. 150, que estabelece regras para o processo de adjudicação compulsória pela via extrajudicial, nos termos do art. 216-B da Lei de Registros Públicos, e altera o Código Nacional de Normas.

O tema foi tratado de forma pormenorizada nos comentários do art. 216-B. Neste momento, peço licença para focar nas questões relativas aos emolumentos.

Assim, nos termos do art. 440-AM do Provimento CNJ n. 149/2023, enquanto não for editada, no âmbito dos Estados e do Distrito Federal, legislação acerca de emolumentos para o processo de adjudicação compulsória extrajudicial, a elaboração da ata notarial com valor econômico e o processamento do pedido pelo oficial de registro de imóveis serão feitos na forma de cobrança da usucapião pela via extrajudicial, ressalvados os atos de notificação e de registro.

1.21 EMOLUMENTOS E A ALTERAÇÃO DE NOME

No dia 26 de setembro de 2023, foi editado o Provimento CNJ n. 153 para dispor sobre o procedimento de alteração extrajudicial do nome perante o Registro Civil das Pessoas Naturais e alterar o Código Nacional de Normas.

O tema foi exaustivamente analisado nos comentários dos artigos 55 a 58 da Lei n. 6.015/1973.

Agora, gostaria de dedicar atenção às questões relacionadas aos emolumentos. Para isso, apresento a regra do art. 515-T do Provimento CNJ n. 149/2023. Veja-se:

Art. 515-T. Enquanto não for editada legislação específica no âmbito dos Estados e do Distrito Federal, o valor dos emolumentos para o procedimento de alteração de prenome e/ou sobrenome será o correspondente ao procedimento de retificação administrativa, ou, em caso de inexistência desta previsão específica em legislação estadual, de 50% (cinquenta por cento) do valor previsto para o procedimento de habilitação de casamento.

1.22 EMOLUMENTOS E A UNIÃO ESTÁVEL

O Código Nacional de Normas traz duas regras sobre o tema. O primeiro se refere aos emolumentos o **registro da união estável**, conforme segue.

> Art. 538. § 6.º Enquanto não for editada legislação específica no âmbito dos estados e do Distrito Federal, o valor dos emolumentos para:
>
> I - os termos declaratórios de reconhecimento ou de dissolução da união estável será de 50% do valor previsto para o procedimento de habilitação de casamento; e
>
> II — o procedimento de certificação eletrônica da união estável será de 50% do valor previsto para o procedimento de habilitação de casamento.

Já o art. 547, § 7.º estabelece a forma de cobrança da **alteração do regime de bens na união estável**. Veja-se

> Art. 547, § 7º Enquanto não for editada legislação específica no âmbito dos estados e do Distrito Federal, o valor dos emolumentos para o processamento do requerimento de alteração de regime de bens no registro da união estável corresponderá ao valor previsto para o procedimento de habilitação de casamento.

1.23 EMOLUMENTOS E RESTAURAÇÃO E SUPRIMENTO DO REGISTRO CIVIL

No dia 15 de agosto de 2024, foi editado o Provimento CNJ n. 177 para regulamentar o procedimento para restauração e suprimento de registro civil diretamente nos Cartórios de Registro Civil de Pessoas Naturais. Este ato normativo altera do Código Nacional de Normas.

Em continuidade, concentro a análise nas questões relacionadas aos emolumentos. Dessa forma, invoco o art. 205-B do Provimento CNJ n. 149/2023.

> **Art. 205-B.** Enquanto não for editada legislação específica no âmbito dos Estados e do Distrito Federal, o valor dos emolumentos para os procedimentos de restauração ou suprimento será o correspondente ao procedimento de retificação administrativa ou, em caso de inexistência desta previsão específica em legislação estadual, de 50% (cinquenta por cento) do valor previsto para o procedimento de habilitação de casamento.

1.24 EMOLUMENTOS E PROVIMENTOS DO CONSELHO NACIONAL DE JUSTIÇA DE CARÁTER TRANSITÓRIO

Inicialmente, é importante frisar que os provimentos discutidos neste tópico tinham caráter transitório, mas considero válido incluí-los para fins históricos.

1.24.1 EMOLUMENTOS E O PROVIMENTO CNJ 94/2020

Considerando que o serviço extrajudicial de registro de imóveis é essencial para o exercício do direito fundamental à propriedade imóvel, o qual tem importância direta para assegurar a implementação do crédito com garantia real; que os atos e contratos celebrados no âmbito do Sistema Financeiro de Habitação (SFH) e do Sistema de Financiamento Imobiliário (SFI) produzem efeitos de escritura pública, nos termos do art. 61 e parágrafos da Lei 4.380/1964; e considerando também a Recomendação CNJ nº 45/2020, que dispõe sobre medidas preventivas para a redução dos riscos de contaminação com o novo coronavírus, causador da COVID-19, no âmbito das serventias extrajudiciais, visando assegurar a continuidade e execução dos serviços notariais e de registro, foi editado o Provimento CNJ nº 94/2020.

Este provimento estabelecia normas sobre o funcionamento das unidades de registro de imóveis nas localidades onde foi decretado regime de quarentena, incluindo o sistema de plantão presencial e à distância, e regulava procedimentos especiais.

No art. 10, estabeleceu-se a regra relativa aos emolumentos, a saber:

> **Art. 10.** O valor do serviço de protocolo eletrônico de títulos é definido pelo valor da prenotação constante da Tabela de Custas e Emolumentos de cada unidade da Federação, que será pago no ato da remessa do título.
>
> **§ 1º.** Após a prenotação o oficial do Registro de Imóveis promoverá a qualificação da documentação e procederá da seguinte forma:
>
> **I** – Quando o título estiver apto para registro e/ou averbação os emolumentos serão calculados e informados ao apresentante, para fins de depósito prévio. Efetuado o depósito os procedimentos registrais serão finalizados, com realização dos registros/averbações solicitados e a remessa da respectiva certidão contendo os atos registrais efetivados.
>
> **II** – Quando o título não estiver apto para registro e/ou averbação será expedida a Nota de Devolução contendo as exigências formuladas pelo oficial do Registro de Imóveis, que será encaminhada ao apresentante, vedadas exigências que versem sobre assentamentos da serventia ou certidões que são expedidas gratuitamente pela Internet.
>
> **III** – Cumpridas as exigências de forma satisfatória proceder-se-á de conformidade com o inciso anterior. Não se conformando o apresentante com as exigências ou não as podendo satisfazer, poderá encaminhar, na mesma plataforma, pedido de suscitação de dúvida, para os fins do art. 198 e seguintes da Lei de Registros Públicos.

1.24.2 EMOLUMENTOS E O PROVIMENTO CNJ 98/2020

Anote-se que o Provimento CNJ n. 98/2020 foi revogado pelo Provimento CNJ n. 136/2022, mas é relevante incluí-lo para fins de conhecimento histórico sobre o tema.

O referido ato normativo dispunha sobre o pagamento dos emolumentos, acréscimos legais, dívidas e demais despesas através de meios eletrônicos, como boleto bancário, cartão de débito e crédito, inclusive mediante parcelamento, a critério do usuário. Esta medida foi adotada como uma prevenção de saúde pública nas serventias extrajudiciais, com o objetivo de reduzir os riscos de contaminação com o novo coronavírus, causador da COVID-19, e estabelecer outras providências.

A edição deste provimento foi justificada por várias considerações, incluindo:

a) A necessidade premente de se estimular formas alternativas de acesso e utilização das atividades notariais e de registro, notadamente através do meio eletrônico, de modo a evitar o contato físico entre as pessoas e, assim, prevenir a disseminação da COVID-19, na forma da Recomendação CNJ n. 45/2020;

b) Sendo o uso das plataformas digitais, como as que já possibilitam a remessa e registro de títulos, pesquisa de bens, pedido e remessa de certidões, acompanhamento de andamento de registro de títulos, um modo alternativo, seguro e eficiente de atender a população e que deve, portanto, ser estimulado e priorizado;

c) A necessidade de manter-se o equilíbrio econômico financeiro dos serviços notariais e de registro, preservando-se a correlação entre custo das atividades desempenhadas e o valor dos emolumentos percebidos;

d) Que a recepção de dinheiro em espécie impõe riscos para a segurança dos usuários, delegatários e suas equipes de colaboradores, sendo, inclusive, tal circunstância desaconselhável ante a estratégia nacional de prevenção e combate à lavagem de dinheiro;

e) Que o art. 5º do Provimento CNJ n. 86/2019 já autoriza a utilização de cartão de débito e crédito no âmbito dos tabelionatos de protesto.

Acerca dos emolumentos, estabeleceu o art. 1º:

> **Art. 1º** Ficam os notários, registradores e responsáveis interinos pelo expediente autorizados a admitir o pagamento dos emolumentos, acréscimos legais, dívidas e demais despesas através dos meios eletrônicos, dentre os quais boleto bancário, cartão de débito e crédito, inclusive mediante parcelamento, a critério do usuário.
>
> § 1º Os custos administrativos decorrentes da utilização dos meios eletrônicos para pagamento de emolumentos, acréscimos legais e demais despesas são de responsabilidade dos notários, registradores e responsáveis interinos pelo expediente.
>
> § 2º Em caso de pagamento de dívida protestada e seu parcelamento mediante meio eletrônico, os custos administrativos desta operação poderão ser imputados ao interessado.
>
> § 3º A concessão de parcelamento contemplada no *caput*, por meios eletrônicos, não altera os prazos de repasse obrigatório dos acréscimos a título de imposto sobre serviços, taxas, custas e contribuições para o Estado ou Distrito Federal, carteira de previdência, fundo de custeio de atos gratuitos e fundos especiais do Tribunal de Justiça fixados na legislação municipal e estadual respectivas.
>
> § 4º O parcelamento de dívidas só é aplicável aos tabelionatos de protesto, desde que o valor integral da dívida seja antecipado e disponibilizado ao apresentante na forma do **art. 19 da Lei n. 9.492, de 10 de setembro de 1997**, salvo autorização expressa do mesmo em sentido contrário.
>
> §5º O Tabelião de Protesto poderá utilizar o meio eletrônico ou aplicativo multiplataforma de mensagens instantâneas e chamadas de voz para enviar as intimações, quando disponível o endereço eletrônico do devedor, caso em que a intimação será considerada cumprida quando comprovada por esse mesmo meio a entrega no referido endereço.
>
> § 6º Os notários e registradores deverão providenciar por meio de suas entidades representativas a divulgação ampla da relação das serventias que admitem o pagamento dos emolumentos, acréscimos legais, dívidas e demais despesas por meio de boleto bancário, cartão de débito e de crédito, que deverá ser atualizada, diariamente, até que todas as unidades integrem tal relação.

1.25 ENUNCIADOS SOBRE COBRANÇA DE EMOLUMENTOS DO COLÉGIO NOTARIAL DO ESTADO DE SÃO PAULO

O Colégio Notarial do Brasil – Seção São Paulo (CNB/SP) publicou no dia 17 de junho de 2016, enunciados relativos à cobrança de emolumentos pelos **tabeliães de notas** com o **objetivo de padronizar os procedimentos notariais**.

ATA NOTARIAL

Enunciado nº 1 Faculta-se ao tabelião no momento da solicitação da Ata Notarial exigir requerimento escrito do solicitante e depósito prévio equivalente ao valor estimado dos emolumentos do ato. § 1º O depósito prévio deverá ser devolvido na integralidade se a desistência ocorrer antes do início da diligência. § 2º Iniciada a diligência, mas por culpa ou a pedido da parte, está não for concluída, lavrar-se-á uma ata notarial relatando a solicitação e o momento da desistência, sem o conteúdo constatado, sendo devido 1/3 dos emolumentos que seriam cobrados pela conclusão do ato solicitado, acrescido das despesas com as diligências.

Justificativa: aplicação irrestrita do item 9.1 das Notas Explicativas da Tabela de Custas.

Enunciado nº 2. A ata notarial para fins de usucapião tem conteúdo econômico.

Justificativa: a ata notarial para usucapião extrajudicial possui reflexo econômico e valor quantificável, representado pelo valor venal aplicável ou atribuído pelo possuidor ao bem imóvel, o que for maior, aplicando-se a Tabela 1 dos emolumentos notariais, previsto na Lei 11.331/2002.

SEPARAÇÃO E DIVÓRCIO

Enunciado nº 3. Nas escrituras de divórcio ou separação, quando houver fixação de pensão alimentícia, a base de cálculo dos emolumentos deverá considerar o valor da soma das prestações. Caso a obrigação alimentícia seja por prazo indeterminado, os emolumentos serão cobrados pelo valor equivalente a 12 prestações. Parágrafo único: Quando houver bens a partilhar e fixação de pensão alimentícia, somam-se os valores dos bens e das pensões, cobrando-se um único ato notarial.

Justificativa: diretriz traçada na consulta do CNB/SP – Parecer 280/2014-E, Processo nº 2014/123740 – Corregedoria-Geral da Justiça do Estado de São Paulo.

CLÁUSULAS RESTRITIVAS

Enunciado nº 4. Não incide sobre a inserção das cláusulas restritivas (incomunicabilidade, inalienabilidade ou impenhorabilidade) qualquer emolumento além da cobrança do ato notarial realizado.

Justificativa: a inserção de cláusulas não constitui ato principal ou acessório, mas tão somente a aposição de uma vontade do doador.

DOAÇÃO

Enunciado nº 5. Na doação com reserva de usufruto o cálculo dos emolumentos deve considerar dois atos: (a) um ato relativo à doação, com base de cálculo equivalente a 2/3 do valor do imóvel; e (b) um ato relativo à reserva de usufruto, com base de cálculo equivalente a 1/3 do valor do imóvel, aplicando-se a redução de 75% neste último ato.

Justificativa: vide Parecer 386/2009-E, processos nº 2007/39743 e 2008/59448 – Corregedoria-Geral da Justiça do Estado de São Paulo.

Enunciado nº 6. Nas escrituras de compra e venda com doação modal de numerário serão cobrados dois atos: um ato integral pela compra e venda e um ato com 40% de desconto referente à doação de numerário.

Justificativa: aplicação do item 1.6 das Notas Explicativas, uma vez que a doação de bem móvel pode ser instrumentalizada por escrito particular. Vide Parecer 113/2013-E, Processo nº 2012/108699 – Corregedoria-Geral da Justiça do Estado de São Paulo.

INVENTÁRIO E PARTILHA

Enunciado nº 7. Nas escrituras de inventário e partilha prevalecerá como base para o cálculo dos emolumentos, o maior valor dentre aquele atribuído pelas partes e o venal, considerado este na data da prática do ato notarial.

Justificativa: o critério temporal da regra matriz de incidência do ITCMD é a data do óbito, enquanto que os emolumentos é a data da lavratura da escritura, nos termos dos 7º da Lei 11.331/02.

Enunciado nº 8. Pela Renúncia de Direitos Hereditários cobrar-se-á um ato sem valor declarado, por cada herdeiro que renunciar, mesmo que a renúncia seja feita no mesmo instrumento do inventário. Já a chamada renúncia translativa ou "in favorem" os emolumentos serão cobrados segundo a Tabela 1.

Justificativa: na renúncia pura e simples ou abdicativa não há transferência de direitos, sendo o renunciante considerado como se nunca existisse. Tratamento diverso recebe a renúncia dirigida ou translativa, em que o herdeiro aceita seu quinhão e depois o transfere a beneficiário determinado. Nessa hipótese, a cobrança da transferência deve ser feita sobre o valor do quinhão transferido, sem prejuízo da cobrança pela escritura de inventário.

Enunciado nº 9. Nos inventários, divórcios e separações, quando houver excesso de quinhão ou meação, cobra-se um ato integral por cessão, sem prejuízo da cobrança pela partilha.

Justificativa: o critério utilizado para cobrança dos emolumentos se baseia na quantidade de negócios jurídicos celebrados.

Enunciado nº 10. Não há gratuidade nas escrituras relativas aos atos decorrentes da Lei 11.441/2007, salvo para os casos de atos praticados em cumprimento de mandados judiciais expedidos em favor da parte beneficiária da justiça gratuita, sempre que assim for expressamente determinado pelo Juízo (art. 98, § 1º IX do Novo Código de Processo Civil c/c Item 76 do Capítulo XIII das NSCGJ/SP).

Justificativa: a gratuidade nas escrituras públicas relativas aos atos decorrentes da Lei 11.441/2007 encontrava amparo legal no § 3º, do art. 1.124-A, do Código de Processo Civil de 1973. Todavia, com a edição do atual Código de Processo Civil, Lei nº 13.105, de 16 de março de 2015, que entrou em vigor no dia 18 de março de 2016, houve a ab-rogação do diploma normativo anterior e a fixação de novo arcabouço jurídico para a matéria, que passou a ser assim disciplinada: "Art. 733 O divórcio consensual, a separação consensual e a extinção consensual de união estável, não havendo nascituro ou filhos incapazes e observados os requisitos legais, poderão ser realizados por escritura pública, da qual constarão as disposições de que trata o art. 731. § 1º A escritura não depende de homologação judicial e constitui título hábil para qualquer ato de registro, bem como para levantamento de importância depositada em instituições financeiras. § 2º O tabelião somente lavrará a escritura se os interessados estiverem assistidos por advogado ou por defensor público, cuja qualificação e assinatura constarão do ato notarial." Pela leitura do dispositivo acima transcrito podemos concluir que a nova legislação não contemplou qualquer hipótese de concessão de gratuidade para as escrituras de separação e divórcio. E, diante da ausência de previsão legal expressa que imponha a gratuidade no atual ordenamento pátrio, deve o Tabelião exigir o pagamento dos emolumentos devidos pelos atos, bem como promover os repasses aos entes respectivos, exceto para os casos de atos praticados em cumprimento de mandados judiciais expedidos em favor da parte beneficiária da justiça gratuita, sempre que assim for expressamente determinado pelo Juízo, conforme o artigo 98, § 1º IX do Novo Código de Processo Civil c/c Item 76 do Capítulo XIII das NSCGJ/SP, respectivamente abaixo reproduzidos: Novo Código de Processo Civil (Lei 13.105/2015) Art. 98. A pessoa natural ou jurídica, brasileira ou estrangeira, com insuficiência de recursos para pagar as custas, as despesas processuais e os honorários advocatícios têm direito à gratuidade da justiça, na forma da lei. § 1º A gratuidade da justiça compreende: IX – os emolumentos devidos a notários ou registradores em decorrência da prática de registro, averbação ou qualquer outro ato notarial necessário à efetivação de decisão judicial ou à continuidade de processo judicial no qual o benefício tenha sido concedido. Capítulo XIII – Das NSCGJ/SP 76. São gratuitos os atos previstos em lei e os praticados em cumprimento de mandados judiciais expedidos em favor da parte beneficiária da justiça gratuita, sempre que assim for expressamente determinado pelo Juízo. 76.1. A assistência judiciária gratuita é benefício de cunho eminentemente pessoal que não abrange outras partes para as quais não tenha havido expressa concessão de gratuidade pela Autoridade Judiciária.

Vide explicações do item 1.5 deste capítulo (entendimento do CNJ).

PROCURAÇÃO

Enunciado nº 11. No caso de procuração para fins previdenciários, a isenção prevista na Tabela 2.1, somente alcança os poderes conferidos para atuação circunscrita à Previdência Social. Parágrafo único: a isenção prevista na Tabela 2.1 acima abrange a emissão de certidão de procuração para fins previdenciários.

Justificativa: na outorga de isenção, o Código Tributário Nacional aponta como meio de se extrair as mensagens da legislação tributária, a interpretação literal, de acordo com o art. 111, inc. II do CTN. Além disso, quando há outorga de poderes que excedam a atuação junto a Previdência Social, o legislador previu Tabela específica, como ocorre com o mandato outorgado com cláusula "ad judicia", cuja hipótese é tratada na Tabela 2.2 – procuração com poderes para o foro em geral.

Enunciado nº 12. Nas escrituras de renúncia feita pelo mandatário de procuração aplica-se a Tabela 2.

Justificativa: A Tabela 2 é prevista para os atos de procuração, substabelecimento ou revogação. A inserção da renúncia nesta Tabela se dá por interpretação integrativa, não havendo criação de direito novo, mas tão somente um ato declaratório do direito existente.

RECONHECIMENTO DE FIRMA

Enunciado nº 13. Na prática de ato de reconhecimento de firma os emolumentos serão aferidos pelo número de atos praticados, ainda que relativamente a assinaturas de uma mesma pessoa, utilizando-se os selos notariais correspondentes.

Justificativa: cada reconhecimento de firma corresponde a um ato notarial (Tabela 4).

TRASLADO/CERTIDÃO

Enunciado nº 14. O traslado gratuito pode ser oferecido a cada uma das partes que participa da escritura, não caracterizando tal conduta ato atentatório à livre concorrência. No dia seguinte a conclusão da prática do ato notarial somente será fornecida certidão, obedecida a Tabela 5.

Justificativa: nos emolumentos das escrituras se compreende o traslado do ato para cada uma das partes envolvidas, de acordo com a item 4.1 das notas explicativas de emolumentos notariais. A partir disto aplica-se a Tabela 5.

ESCRITURA COM VALOR DECLARADO

Enunciado nº 15. Para atos notariais com valor declarado, deve-se utilizar o valor venal de referência como base de cálculo dos emolumentos, desde que seja o maior.

Justificativa: em atenção ao o artigo 7º, inc. III, da lei 11.331/02 o valor da base de cálculo a ser considerado para fins de enquadramento nas Tabelas é aquele declarado pelas partes ou o utilizado para recolhimento do imposto de transmissão 'inter vivos' de bens imóveis, prevalecendo o que for maior. Dessa forma, tal base também é a referência para cobrança de emolumentos. Vide, ainda, artigo 9º, § 1º da lei 10.705/01, artigo 12, § 1º, do decreto 46.655/2002 e item 78.3 do Capítulo XIV das Normas de Serviço da CGJ.

HIPOTECA

Enunciado nº 16. Nas escrituras de instituição de hipoteca os emolumentos são calculados sobre o débito confessado ou estimado, não sendo cobrado o ato acessório pela especificação da dívida. Se forem dados vários imóveis em garantia de uma dívida e não for atribuído o valor a que cada imóvel garante, divide-se o valor da dívida pela quantidade de imóveis e cobram-se tantos atos quantos forem os imóveis ofertados. Por outro lado, se for especificado qual valor cada imóvel garante a dívida, cobra-se de acordo com a atribuição de valor dada pelas partes. § 1º Nos casos em que o mútuo e/ou a dívida são formalizados na escritura juntamente com a hipoteca, cobra-se o mútuo/confissão de dívida com 40% de desconto e a hipoteca conforme o enunciado acima.

Justificativa: de acordo com o artigo 1.424 do Código Civil o contrato de hipoteca pressupõe a confissão de dívida, sendo, portanto, necessário declarar o valor do crédito, de modo a não justificar a cobrança da simples especificação da dívida (vide item 1.1 e 1.1.1 das Notas Explicativas). Ex.: dívida de 100 mil e dois imóveis dados em hipoteca (sem dizer quanto cada um garante) serão cobrados dois atos de 50. Ex.: dívida de 100 mil. Dois imóveis dados em garantia: um garante 60 mil e outro 40 mil. São cobrados dois atos: um de 60 e outro de 40. Obs.: O item 3.4 das notas explicativas da tabela de emolumentos notariais aplica-se especificamente para os atos de compra e venda com mútuo e hipoteca.

CONSTITUIÇÃO DE RENDA

Enunciado nº 17. Nas escrituras de constituição de renda os emolumentos devem ter como base de cálculo o valor global quando se tratar de prazo definido, ou, sendo por prazo indefinido, o valor equivalente ao período de doze meses.

Justificativa: aplica-se o mesmo critério utilizado para apuração dos emolumentos nas obrigações de trato sucessivo (vide item 1.2 das Notas Explicativas e Enunciado nº 3).

ENFITEUSE

Enunciado nº 18. Não se aplica o item 1.4 das Notas Explicativas nas transmissões que tem por objeto bem imóvel já gravado com enfiteuse, devendo ser feita a cobrança integral dos emolumentos.

Justificativa: item 1.4 das Notas Explicativas regulamenta a hipótese de enfiteuse, cuja constituição está proibida de acordo com o artigo 2.038 do Código Civil.

POSSE

Enunciado nº 19. Nas escrituras de constituição, transferência, modificação ou renúncia de direitos possessórios aplica-se o desconto de 40%, previsto no item 1.6 das Notas Explicativas da tabela de emolumentos notariais.

Justificativa: prevalece o posicionamento majoritário da doutrina de que a posse não é direito real, sendo a escritura pública não essencial à validade dos negócios jurídicos que visem à constituição, transferência, modificação ou renúncia de direitos possessórios. Vide Parecer 82/2016-E, Processo nº 2016/8730 – Corregedoria-Geral da Justiça do Estado de São Paulo.

ISENÇÃO

Enunciado nº 20. Para cálculo dos emolumentos consideram-se dois imóveis quando o negócio jurídico envolver conjunto comercial e garagem/box/depósito, desde que haja matrículas distintas.

Justificativa: não se aplica a isenção prevista no item 1.7 das Notas Explicativas, pois trata exclusivamente de apartamento e vaga, uma vez que na outorga de isenção aplica-se a regra de interpretação literal da norma, de acordo com o art. 111, inc. II do CTN.

Enunciado nº 21. Havendo acessão sobre terrenos urbanos, matriculados distintamente, mas inscritos sob o mesmo cadastro de contribuinte Municipal, estes não serão considerados como único imóvel para fins de apuração de Emolumentos.

Justificativa: não se aplica a isenção prevista no item 1.7.1 das Notas Explicativas, pois trata exclusivamente de terreno urbano não edificado, uma vez que na outorga de isenção aplica-se a regra de interpretação literal da norma, de acordo com o art. 111, inc. II do CTN.

DAÇÃO EM PAGAMENTO

Enunciado nº 22. Na escritura de venda e compra com parte do pagamento do preço em imóvel, cobrar-se-á um ato com base no valor total, mais tantos atos quantos forem os imóveis dados em pagamento.

Justificativa: sendo a coisa dada em pagamento um bem imóvel, as relações entre as partes regular-se-ão pelas normas do contrato de compra e venda, de acordo com o artigo 357 do Código Civil. Portanto, o adimplemento, com a consequente extinção das obrigações decorrentes da transmissão da propriedade, deverá observar a regra do artigo 108 do Código Civil c/c item 3.1 das Notas Explicativas.

PERMUTA

Enunciado nº 23. Nas escrituras de permuta o cálculo dos emolumentos deverá ser feito por imóvel permutado.

Justificativa: o item 3.1.1 que disciplina a cobrança de emolumentos nas escrituras de permuta, divisão de imóvel e partilha preconiza que o cálculo deva ser feito "por pagamento", considerando este, na permuta, cada obrigação contratada.

COMPRA E VENDA COM CESSÃO

Enunciado nº 24. Na escritura de venda e compra com cessão dos direitos de compromissário comprador os emolumentos serão calculados sobre dois atos: um ato integral pela compra e venda e um ato com 40% de desconto referente à cessão.

Justificativa: o item 3.2 não é uma regra excepcionadora, devendo ser aplicado o item 1.6 nos casos em que o negócio jurídico admita forma particular. Vide precedente Processo 100.09.124349-4 da 2º VRP/SP.

ATO ACESSÓRIO

Enunciado nº 25. A fração de ¼ prevista no item 3.3 das Notas Explicativas deve ser aplicada sobre o valor dos emolumentos e não sobre valor do negócio jurídico do ato acessório.

Justificativa: aplicou-se o critério mais econômico ao usuário na interpretação do item 3.3 das Notas Explicativas. Ex.: doação com reserva de usufruto, imóvel de 300 mil. Cobra-se um ato integral com a base de cálculo de 2/3 – nua propriedade – (200 mil) + 1 ato com base de cálculo de 1/3 – usufruto – (R$ 100 mil) e este ato tem redutor de 75% na tabela (isto é, do valor dos EMOLUMENTOS da tabela cobra-se 1/4).

ALIENAÇÃO FIDUCIÁRIA

Enunciado nº 26. Nas escrituras de venda e compra com alienação fiduciária, o ato de compra e venda será cobrado sobre o valor do negócio, com desconto de 40% e a alienação fiduciária será cobrada sobre o valor do débito, com 40% de desconto.

Justificativa: em razão de a Corregedoria do Estado de São Paulo entender possível a instrumentalização por escrito particular de alienações fiduciárias, mesmo fora do Sistema Financeiro Imobiliário, deve-se conceder o desconto de 40% nos termos do item 1.6 das Notas Explicativas da Tabela de Emolumentos para ambos os atos.

DILIGÊNCIA – ATO SEM VALOR DECLARADO

Enunciado nº 27. Todos os atos que não estão subordinados ao item 1 da tabela de emolumentos (escrituras com valor declarado), por exemplo: atas notariais sem reflexo econômico, procurações com ou sem valor econômico e testamentos com ou sem conteúdo patrimonial, feitas em diligência ou fora do horário normal, deverão ser cobrados nos termos do item 8.1 das notas explicativas.

Justificativa: o item 8.1 das notas explicativas da tabela de emolumentos notariais refere-se a ato sem valor declarado, portanto exceto nos Itens elencados na Tabela 1, que possuem valor expressamente declarado, todos os demais devem ser cobrados em dobro se em diligencia ou fora do horário normal.

RETIFICAÇÃO – ERRO TABELIÃO

Enunciado nº 28. Nas escrituras de retificação para correção de erro ou equívoco da serventia (tabelião, preposto ou antecessores), não serão cobrados emolumentos, inexistindo, portanto, repasse de qualquer valor aos demais destinatários das parcelas em que subdivididos aqueles.

Justificativa: item 9.3 das Notas Explicativas e art. 3º, inc. IV da Lei Federal nº 10.169/00.

COMPRA E VENDA BIPARTIDA / DOAÇÃO COM INSTITUIÇÃO DE USUFRUTO

Enunciado nº 29. Na Compra e Venda bipartida e na doação com instituição de usufruto, o cálculo dos emolumentos deve considerar dois atos: a) um ato relativo à transmissão da nua propriedade (2/3) e b) um ato relativo à instituição do usufruto (1/3). § 1º Na renúncia ou instituição do usufruto a base de cálculo dos emolumentos deve ser equivalente a 1/3 do valor do imóvel.

Justificativa: nesses casos há duas transmissões de direitos reais: uma relativa à nua propriedade e outra relacionada à instituição do usufruto, aplicando-se o item 3.1 das Notas Explicativas.

CONSTRUÇÃO POR EMPREITADA

Enunciado nº 30. A lavratura de escritura de venda e compra de fração ideal de terreno, cuja construção foi feita a preço de custo, os emolumentos deverão ser calculados da seguinte forma: um ato pelo valor da fração ideal e um ato pelo valor da quitação da construção, aplicando-se a este último a fração de 1/5 sobre os emolumentos.

Justificativa: aplicação do item 2.2 das Notas Explicativas da tabela de emolumentos notariais.

COMODATO

Enunciado nº 31. A escritura de comodato deve ser cobrada pela Tabela 6.2 (escritura sem valor declarado).

Justificativa: o comodato é empréstimo gratuito e não tem valor declarado.

SERVIDÃO

Enunciado nº 32. Na escritura de instituição de servidão a base de cálculo dos emolumentos corresponde a 20% do valor total do imóvel serviente, independentemente da fração ideal que ocupa.

Justificativa: Regra corresponde ao disposto no item 1.5 das Notas Explicativas da tabela de emolumentos notariais.

2. JURISPRUDÊNCIA COMPLEMENTAR

CONSELHO NACIONAL DE JUSTIÇA

EMENTA: Consulta. Corregedoria Geral da Justiça do Estado de Santa Catarina (CGJSC). Extensão da gratuidade aos atos registrais decorrentes dos atos notariais previstos nos artigos Arts. 6º e 7º da Resolução CNJ n. 35/2007. Impossibilidade. Natureza jurídica de taxa dos emolumentos extrajudiciais. Princípio da reserva legal. Art. 236, §2º da CRFB e Art. 1º da Lei nº10.169/2000. Precedentes.

1. A gratuidade concedida para os atos notariais não pode ser estendida a atos registrais não previstos nos artigos 6º e 7º da Resolução CNJ n. 35/2007, alterada pela Resolução CNJ n. 326/2020.

2. Assim, não se admite interpretação extensiva da norma para conceder isenção aos atos registrais decorrentes de atos notariais de inventário, partilha, separação consensual, divórcio consensual e extinção consensual de união estável por via administrativa, mesmo em caso de prévio deferimento da gratuidade pelo cartório que lavrou a escritura pública.

3. Os emolumentos extrajudiciais possuem natureza jurídica de taxa (ADI 1624, Relator Min. CARLOS VELLOSO, STF, Tribunal Pleno, DJ 13-06-2003) e, portanto, são espécies do gênero tributo, sujeitando-se, dessa forma, ao princípio da reserva legal.

4. A concessão de isenção deve ocorrer mediante lei oriunda do ente federado competente para a instituição do tributo, conforme o art. 236, §2º, da Constituição da República Federativa do Brasil (CRFB), bem como o art. 1º da Lei federal n. 10.169/2000.

5. No âmbito do Estado de Santa Catarina, a isenção dos atos registrais decorrentes das situações descritas é restrita aos assistidos pela Defensoria Pública do Estado de Santa Catarina que declaram hipossuficiência financeira, conforme dispõe o art. 7º, inc. VII, da Lei Complementar estadual n. 755/2019.

6. Resposta à consulta no sentido de que, sendo competência dos Estados e do Distrito Federal a fixação do valor dos emolumentos relativos aos atos praticados pelos respectivos serviços notariais e de registro, não é possível a interpretação extensiva dos artigos 6º e 7º da Resolução CNJ n. 35/2007, alterada pela Resolução CNJ n. 326/2020, para estender a gratuidade dos atos notariais de escrituras públicas de inventário, partilha, separação consensual, divórcio consensual e extinção consensual de união estável aos atos registrais decorrentes, ressalvado o direito aos assistidos da Defensoria Pública do Estado de Santa Catarina que declararem hipossuficiência financeira, consoante autorizado pelo art. 7º, VII, da Lei Complementar estadual n. 755/2019.

7. Consulta conhecida e respondida com caráter normativo geral. (CNJ – Consulta nº 0004203-63.2022.2.00.0000 – Santa Catarina – Rel. Cons. Marcello Terto – DJ 24.08.2023)

EMENTA: Procedimento de Controle Administrativo – Atos cartorários – Gratuidade de emolumentos – Resolução CNJ nº 35/2007, alterada pela Resolução CNJ nº 326/2020 – Adequação das novas disposições do Novo Código de Processo Civil – Gratuidade apenas da escritura pública de inventário, partilha, divórcio consensual, e separação consensual – Atos referentes à dissolução consensual de união estável e respectivas averbações e pelo registro do reconhecimento extrajudicial de usucapião necessitam de iniciativa legislativa para a concessão da isenção – Entendimento do Supremo Tribunal Federal – Procedência parcial.

I – Procedimento de Controle Administrativo em que se objetiva a alteração de atos do Tribunal Requerido quanto à não isenção de emolumentos cartorários pela lavratura de escrituras públicas de inventário, partilha, divórcio, separação consensual, dissolução consensual de união estável, e respectivas averbações, assim como pelo registro do reconhecimento extrajudicial de usucapião, quando os atos forem praticados por pessoa que se auto declare hipossuficiente, condicionando tal gratuidade à comprovação do reconhecimento dessa condição, por decisão judicial.

II – Dúvidas não há quanto à gratuidade de emolumentos para lavratura de escritura pública de inventário, partilha, separação e divórcio consensuais, sem decisão judicial que declare a hipossuficiência do interessado em razão das novas disposições do Novo Código de Processo Civil.

III – Todavia, em relação aos atos cartorários de dissolução consensual de união estável e reconhecimento extrajudicial de usucapião, vê-se que inexiste norma que conceda a mencionada gratuidade e, tendo o Supremo Tribunal Federal reconhecido a natureza tributária dos emolumentos cartorários, falece atribuição deste Conselho para regulamentar o tema.

IV – Procedimento de Controle Administrativo que se julga parcialmente procedente.

EMENTA: Pedido de Providências. Ato Normativo. Provimento CNJ n. 19/2012. Lei n. 13.257/2016. Superveniência de lei em sentido contrário. Revogação de ato normativo do CNJ contrário à lei em tese.1. A superveniência de lei em sentido estrito implica na revogação dos atos normativos editados pelo Conselho Nacional de Justiça que lhe são contrários.

2. A gratuidade da averbação destinada ao reconhecimento de paternidade no assento de nascimento, bem como da certidão decorrente do registro, nos termos da Lei n. 13.257/2016, não permite restrição por ato normativo cronologicamente anterior e de grau hierárquico inferior.

3. Pedido de revogação do Provimento CNJ n. 19/2012 provido.

ACÓRDÃO

O Conselho, por unanimidade, ratificou a revogação do Provimento CNJ n.19/2012, nos termos do voto do Relator. Plenário Virtual, 20 de abril de 2018. Votaram os Excelentíssimos Conselheiros João Otávio de Noronha, Aloysio Corrêa da Veiga, Iracema do Vale, Daldice Santana, Valtércio de Oliveira, Márcio Schiefler Fontes, Fernando Mattos, Luciano Frota, Arnaldo Hossepian, Valdetário Andrade Monteiro, André Godinho, Maria Tereza Uille Gomes e Henrique Ávila. Não votaram a Excelentíssima Conselheira Presidente Cármen Lúcia e, em razão da vacância do cargo, o representante do Ministério Público Federal.

RELATÓRIO

O EXMO. SR. MINISTRO JOÃO OTÁVIO DE NORONHA, CORREGEDOR NACIONAL DE JUSTIÇA:

Trata-se de pedido de providências instaurado de ofício pela Corregedoria Nacional de Justiça em vista de expediente físico encaminhado pela Corregedoria-Geral de Justiça do Estado do Rio Grande do Sul (Id 2188128).

No expediente encaminhado a esta Corregedoria Nacional foram solicitadas informações acerca da aplicabilidade do Provimento CNJ n. 19/2012, em relação a entrada em vigor da Lei n. 13.257/16.

Afirma que o ato normativo emanado do CNJ assegura tão somente aos comprovadamente pobres a gratuidade da averbação do reconhecimento de paternidade e a respectiva certidão, enquanto a novel legislação estende o benefício da gratuidade daqueles atos a toda e qualquer pessoa.

As Corregedorias Gerais de Justiça dos Estados e do Distrito Federal foram oficiadas para que se manifestarem sobre a matéria (Id 2196346).

Os órgãos censores se manifestaram dentro do prazo estipulado (Ids 2204414, 2205802, 2205967, 2205993, 2206815, 2206847, 2207197, 2207314, 2207379, 2207971, 2208005, 2208018, 2208406, 2209289, 2209407, 2210057, 2210335, 2211100, 2211545, 2213988, 2214090, 2214133, 2214206 e 2219066).

Proferi decisão revogando o provimento diante da edição de lei posterior tratando do tema.

É o relatório.

VOTO

O EXMO. SR. MINISTRO JOÃO OTÁVIO DE NORONHA, CORREGEDOR NACIONAL DE JUSTIÇA:

De acordo com o documento inicial que instruiu este pedido de providências (Id 2188128), o art. 33 da Lei n. 13.257/2016 alterou os parágrafos 5º e 6º do art. 122 do ECA, os quais passaram a ter a seguinte redação:

§ 5º Os registros e certidões necessários à inclusão, a qualquer tempo, do nome do pai no assento de nascimento são isentos de multas, custas e emolumentos, gozando de absoluta prioridade.

§ 6º São gratuitas, a qualquer tempo, a averbação requerida do reconhecimento de paternidade no assento de nascimento e a certidão correspondente.

O Provimento CNJ n. 19/2012, por sua vez, assegura aos comprovadamente pobres a gratuidade da averbação do reconhecimento de paternidade e a respectiva certidão.

Nota-se, que nesse caso, o provimento estabelece restrição desamparada da lei regulatória, de modo a condicionar a gratuidade do referido registro à comprovação de hipossuficiência.

O fato da Lei n. 13.257/2016 ser espécie legislativa estrito senso, por si só, exige o cumprimento do princípio da estrita legalidade. Por esse motivo, todo e qualquer ato de hierarquia inferior, como é o caso de provimentos emanados do Conselho Nacional de Justiça, devem obediência aos limites impostos pelo legislador infraconstitucional, não podendo criar ou restringir situações fora dos parâmetros descritos na lei em tese.

Tem-se, portanto, que a novel legislação estabeleceu como gratuita toda e qualquer averbação referente ao reconhecimento de paternidade no assento de nascimento, bem como a certidão decorrente do registro.

Assim, pelo critério cronológico, retira-se que o disposto na Lei n. 13.257/2016 revogou as restrições decorrentes do Provimento CNJ n. 19/2012, posição esta referendada pelas Corregedorias Gerais de Justiça dos Estados nestes autos.

A revogação do Provimento CNJ n. 19/2012 é medida que se impõe, visto que o referido ato normativo impõe restrição desemparada de lei posterior que regula o tema. De outro lado, a unidades federativas devem atentar para o ressarcimento dos atos gratuitos praticados pelos registradores.

Ante o exposto, **diante do previsto no art. 33 da Lei n. 13.257/2016, voto pela ratificação da revogação do Provimento CNJ n. 19/2012.**

É como voto.

Brasília, 2018-05-03.

CNJ – Pedido de Providências nº 0004451-05.2017.2.00.0000 – Rio Grande do Sul – Rel. Cons. João Otávio de Noronha – DJ 07.05.2018

SUPREMO TRIBUNAL FEDERAL

EMENTA: A idoneidade em tese da disciplina de matéria tributária em medida provisória é firme na jurisprudência do Tribunal, de que decorre a validade de sua utilização para editar norma geral sobre fixação de emolumentos cartorários, que são taxas. Afirmada em decisão recente (ADI 1.800 MC) a validade em princípio da isenção de emolumentos relativos a determinados registros por lei federal fundada no art. 236, § 2º, da Constituição, com mais razão parece legítima a norma legal da União que, em relação a determinados protestos, não isenta, mas submete a um limite os respectivos emolumentos, mormente quando o consequente benefício às microempresas tem o respaldo do art. 170, IX, da Lei Fundamental. [ADI 1.790 MC, rel. min. Sepúlveda Pertence, j. 23-4-1999, P, *DJ* de 8-9-2000.]

EMENTA: A jurisprudência do STF firmou orientação no sentido de que as custas judiciais e os emolumentos concernentes aos serviços notariais e registrais possuem natureza tributária, qualificando-se como taxas remuneratórias de serviços públicos, sujeitando-se, em consequência, quer no que concerne à sua instituição e majoração, quer no que se refere à sua exigibilidade, ao regime jurídico-constitucional pertinente a essa especial modalidade de tributo vinculado, notadamente aos princípios fundamentais que proclamam, entre outras, as garantias essenciais (a) da reserva de competência impositiva, (b) da legalidade, (c) da isonomia e (d) da anterioridade. [ADI 1.378 MC, rel. min. Celso de Mello, j. 30-11-1995, P, *DJ* de 30-5-1997 = ADI 3.826, rel. min. Eros Grau, j. 12-5-2010, P, *DJE* de 20-8-2010]

EMENTA: DIREITO PROCESSUAL CIVIL. GRATUIDADE DE JUSTIÇA. EXTENSÃO A ATOS NOTARIAIS E DE REGISTRO. REQUERIMENTO QUE DEVE SER PROVIDENCIADO DIRETAMENTE PELA PARTE INTERESSADA. RECURSO PARCIALMENTE PROVIDO. I. A assistência judiciária gratuita contempla atos notariais e de registro indispensáveis ao desenvolvimento da relação processual. II. O juiz da causa não está adstrito à requisição direta de documento ou ato notarial ou de registro. III. Cabe à parte interessada, munida de certidão da serventia judicial, requerer ao serviço de notas ou de registro imobiliário o documento que reputa essencial à defesa dos seus interesses em Juízo. IV. Recurso conhecido e parcialmente provido. "TJDF, (Acórdão n.858855, 20150020013680AGI, Relator: JAMES EDUARDO OLIVEIRA, 4ª Turma Cível, Data de Julgamento: 18/03/2015, Publicado no DJE: 10/04/2015. Pág.: 187)

EMENTA: Emolumentos. Serviços notariais e de registro. Art. 145, § 2º, da CF. Não há inconstitucionalidade quando a regra impugnada utiliza, pura e simplesmente, parâmetros que não provocam a identidade vedada pelo art. 145, § 2º, da CF. No caso, os valores são utilizados apenas como padrão para determinar o valor dos emolumentos. Ação direta de inconstitucionalidade julgada improcedente. (ADI 3.887, Rel. Min. Menezes Direito, julgamento em 15-10-2008, Plenário, *DJE* de 19-12-2008).

EMENTA: Lei Estadual 12.986/1996. Violação do art. 167, IV, da CF. Não ocorrência. Preceito de lei estadual que destina 5% [cinco por cento] dos emolumentos cobrados pelas serventias extrajudiciais e não oficializadas ao Fundo Estadual de Reaparelhamento e Modernização do Poder Judiciário – FUNDESP não ofende o disposto no art. 167, IV, da CF. Precedentes. A norma constitucional veda a vinculação da receita dos impostos, não existindo, na Constituição, preceito análogo pertinente às taxas. (RE 570.513-AgR, Rel. Min. Eros Grau, julgamento em 16-12-2008, Segunda Turma, *DJE* de 27-2-2009.)

EMENTA: As custas, a taxa judiciária e os emolumentos constituem espécie tributária, são taxas, segundo a jurisprudência iterativa do Supremo Tribunal Federal. (...) Impossibilidade da destinação do produto da arrecadação, ou de parte deste, a instituições privadas, entidades de classe e Caixa de Assistência dos Advogados. Permiti-lo, importaria ofensa ao princípio da igualdade. Precedentes do STF. (ADI 1.145, Rel. Min. Carlos Velloso, julgamento em 3-10-2002, Plenário, *DJ* de 8-11-2002). Vide: MS 28.141, Rel. Min. Ricardo Lewandowski, julgamento em 10-2-2011, Plenário, *DJE* de 1º-7-2011; RE 233.843, Rel. Min. Joaquim Barbosa, julgamento em 1º-12-2009, Segunda Turma, *DJE* de 18-12-2009).

EMENTA: CONSTITUCIONAL. DECLARAÇÃO DE CONSTITUCIONALIDADE. ATIVIDADE NOTARIAL. NATUREZA. LEI 9.534/97. REGISTROS PÚBLICOS. ATOS RELACIONADOS AO EXERCÍCIO DA CIDADANIA. GRATUIDADE. PRINCÍPIO DA PROPORCIONALIDADE. VIOLAÇÃO NÃO OBSERVADA. PRECEDENTES. PROCEDÊNCIA DA AÇÃO. I – A atividade desenvolvida pelos titulares das serventias de notas e registros, embora seja análoga à atividade empresarial, sujeita-se a um regime de direito público. II – Não ofende o princípio da proporcionalidade lei que isenta os "reconhecidamente pobres" do pagamento dos emolumentos devidos pela expedição de registro civil de nascimento e de óbito, bem como a primeira certidão respectiva. III – Precedentes. IV – Ação julgada procedente. STF, ADC5, Rela. Min. Nelson Jobim, DJe-117, DIVULG 04-10-2007, p. 05-10-2007.

SUPERIOR TRIBUNAL DE JUSTIÇA

EMENTA: Processual Civil e Administrativo. Recurso Ordinário em Mandado de Segurança. Emolumentos Cartorários. Alegação de nulidade procedimental por ausência de intimação do advogado para a sessão administrativa de julgamento da consulta no Conselho da Magistratura. Aplicação da sistemática processual do Código Fux, que privilegia a análise meritória, a qual, neste caso, se revela parcialmente procedente. Inviabilidade de cobrança automática dos emolumentos referentes à microfilmagem. Necessidade de requerimento por parte do usuário. Correta interpretação da Lei Complementar Estadual Catarinense 219/2001. Recurso Ordinário da ANOREG/SC provido em parte, para conceder parcialmente a segurança.

1. Trata-se de Recurso Ordinário em Mandado de Segurança interposto pela ASSOCIAÇÃO DOS NOTÁRIOS E REGISTRADORES DE SANTA CATARINA-ANOREG/SC, com fundamento no art. 105, II, *b* da CF/1988, no qual se insurge contra acórdão do egrégio TJ/SC que denegou a Segurança, assim ementado:

MANDADO DE SEGURANÇA. PRELIMINARES. ATO ILEGAL ATRIBUÍDO AO PRESIDENTE DO CONSELHO DA MAGISTRATURA. COMPETÊNCIA. ÓRGÃO ESPECIAL. DECISÃO DO CONSELHO DA MAGISTRATURA. NULIDADE DO JULGAMETNO POR AUSÊNCIA DE INTIMAÇÃO DO IMPETRANTE. DESNECESSIDADE. TERCEIRO INTERESSADO. OBSERVÂNCIA DAS DISPOSIÇÃOES PREVISTAS NO REGIMENTO INTERNO DO ÓRGÃO JULGADOR. VÍCIO INEXISTENTE. PREFACIAIS AFASTADAS. MÉRITO. COBRANÇA DE MICROFILMAGEM DE DOCUMENTOS. NATUREZA TRIBUTÁRIA. FATO GERADOR NÃO CONFIGURADO. ORDEM DENEGADA (fls. 296).

2. Não foram opostos Embargos de Declaração.

3. A parte recorrente aduz, em síntese, que existiria nulidade no julgamento porquanto, apesar de ser parte no procedimento administrativo, **não foi intimada da pauta da sessão de julgamentos, tendo o acórdão recorrido entendido ser dispensável tal providência, por se tratar de *simples consulta*.**

4. No mérito, argumenta que a Lei Complementar Estadual Catarinense 219/2001 (que instituiu o Regime de Custas e Emolumentos no Estado de Santa Catarina) **permite a cobrança da microfilmagem de títulos.** Defende que, sendo a microfilmagem o **único procedimento que atribui valor legal à cópia do título,** os usuários dos serviços notariais devem pagar por ela, mesmo que não solicitem sua utilização. Como fundamento adicional, aponta a natureza tributária dos emolumentos cartorários.

4. Com as contrarrazões de fls. 334/341), os autos foram remetidos a esta Corte Superior (fls. 488) e distribuídos ao eminente Ministro FRANCISCO FALCÃO, integrante da egrégia 2ª. Turma.

5. Sobreveio Parecer do douto MPF, opinando pelo desprovimento do presente Recurso Ordinário (fls. 357/364).

6. A parte recorrente apresentou petição (fls. 372/376), suscitando a minha prevenção para o julgamento do presente Apelo, dada a anterioridade da distribuição do RMS 53.646/SC, **oriundo do mesmo procedimento administrativo e, portanto, conexo ao presente.**

7. O eminente Ministro Relator FRANCISCO FALCÃO, proferiu o despacho de fls. 378, encaminhando consulta acerca da alegada prevenção.

8. É o relatório.

9. Preliminarmente, aceito a prevenção. Verifico que está presente a conexão apontada do presente Apelo Ordinário para com o RMS 53.646/SC, de minha relatoria e, distribuído anteriormente.

10. Tendo em vista que já apreciei meritoriamente o caso paradigmático, passo desde logo, a também fazê-lo, no presente RMS.

11. De início, é importante ressaltar que o presente Apelo atrai a incidência do Enunciado Administrativo no. 3/STJ, segundo o qual, aos recursos interpostos com fundamento no Código Fux (relativos a decisões publicadas a partir de 18 de março de 2016), serão exigidos os requisitos de admissibilidade recursal na forma do novo Código.

12. Deixo de apreciar a apontada nulidade procedimental de ausência de intimação do advogado para a pauta de julgamento do Conselho da Magistratura Catarinense, porquanto, verifico de antemão que a alegação meritória da parte recorrente é pertinente e, sob a sistemática processual do Código Fux, que privilegia sempre a decisão de mérito, **entendo ser sua argumentação recursal parcialmente procedente.**

13. A parte recorrente pleiteia que, a cada título por ela registrado, sejam cobrados os emolumentos referentes à microfilmagem, mesmo que este procedimento não tenha sido solicitado pelo usuário dos serviços notariais. Ocorre que a adoção da microfilmagem, quando não requerida pelo usuário, é uma mera *faculdade* do Cartório, destinada a organizar seu próprio funcionamento.

13. Ao contrário do que se afirma no Recurso Ordinário, a microfilmagem **não é a única forma de preservação do acervo da serventia.** Como se depreende da Recomendação 9/2013 do CNJ (fls. 215/218), tal procedimento **é apenas um dentre os vários que se admitem para a conservação do acervo documental em *back-up*.** O art. 1º. da referida Recomendação, que elenca os múltiplos meios para tanto, tem a seguinte redação:

Art. 1º. – Recomendar aos titulares e aos responsáveis pelas delegações do serviço extrajudicial de notas e de registro que mantenham cópias de segurança em microfilme, ou arquivo em mídia digital formado por imagens extraídas por meio de scanner, ou fotografia, ou arquivo de dados assinado eletronicamente com certificado digital emitido em consonância com as normas do ICP-Brasil, ou qualquer outro método hábil, que, em sua fase inicial, deverá abranger os livros obrigatórios previstos em lei para as suas respectivas especialidades.

14. Portanto, se o Cartório **opta livremente por empregar a microfilmagem para a conservação dos documentos,** deve arcar com o

Lei 10.169/2000

ônus deste procedimento, cujo custo é inerente à sua atividade. Não se ignora que existe permissão legal para a cobrança; todavia, a Lei Complementar Estadual Catarinense 219/2001 **não autoriza concluir que os procedimentos nela listados poderiam ser cobrados de maneira indistinta e universal, sem a solicitação de sua realização pelo usuário dos serviços notariais.**

15. Por outro lado, havendo requerimento específico do usuário pela utilização da microfilmagem, será plenamente possível a cobrança dos emolumentos respectivos, pois esta hipótese amolda-se à autorização legal. Este argumento inclusive foi adotado pelo acórdão recorrido (fls. 440), que deixou, contudo, de conceder parcialmente a Segurança, para permitir a incidência dos emolumentos em tais casos.

16. Não se deve imaginar – e muito menos exigir – que a guarda e conservação de documentos registrados em Cartórios **continuem sendo feitas pelo vetusto sistema-fichário cartonado ou pelo método tradicional praticado pelas Serventias de 10 ou 20 anos atrás.** Como todos certamente reconhecem, hoje em dia as técnicas contemporâneas para tal serviço empregam intensamente meios tecnológicos e informáticos de indiscutíveis eficiência e confiabilidade. Entretanto, os custos dessa tecnologia **não devem ser carregados aos usuários dos serviços,** porque constituem necessária adequação dos Cartórios à modernização de suas práticas, coisa que constitui o próprio objeto da atividade cartorária, tão essencial à garantia e à validade de atos relevantes da vida social.

17. No entanto, quando o usuário dos serviços pretender que arquivamento, guarda e conservação documental se façam mediante o uso tecnológico dos meios dantes referidos, não haverá dúvida de que os custos respectivos serão pelo mesmo usuário suportados.

18. Ante o exposto, dá-se parcial provimento ao Recurso Ordinário da ANOREG/SC, a fim de conceder parcialmente a Segurança, para permitir a cobrança dos emolumentos da microfilmagem quando este procedimento for expressamente requerido pelo usuário dos serviços e no período de vigência da Lei autorizativa, em harmonia com o apreciado no paradigma RMS 53.646/SC.

19. Publique-se.

20. Intimações necessárias.

Brasília, 02 de dezembro de 2020. NAPOLEÃO NUNES MAIA FILHO Ministro Relator – – /(STJ – RMS nº 53.647 – Santa Catarina – 2ª Turma – Rel. Min. Francisco Falcão – DJ 07.12.2020)

EMENTA: PROCESSUAL CIVIL. ADMINISTRATIVO. AÇÃO CIVIL PÚBLICA POR IMPROBIDADE ADMINISTRATIVA. QUESTÃO FÁTICA BEM DELIMITADA NO ACÓRDÃO RECORRIDO. AFASTAMENTO DA SÚMULA N. 7. COBRANÇA A MENOR DOS EMOLUMENTOS. FATO INCONTROVERSO NO ACÓRDÃO RECORRIDO. EMOLUMENTOS. NATUREZA TRIBUTÁRIA. VIOLAÇÃO DOS PRINCÍPIOS DA ADMINISTRAÇÃO PÚBLICA. ATOS ÍMPROBOS CARACTERIZADOS. AGRAVO INTERNO IMPROVIDO.

I – Trata-se, na origem, de ação civil por ato de improbidade administrativa ajuizada pelo Ministério Público do Estado do Rio de Janeiro, contra os réus, então responsável pelo expediente e escrevente substituta do Ofício de Notas. Por sentença, os pedidos foram julgados improcedentes. No Tribunal de origem, a sentença foi mantida.

II – Nesta Corte, foi dado provimento ao recurso especial do Ministério Público para condenar os réus às sanções do art. 12, III, da Lei n. 8.429/1992, sendo determinada a remessa dos autos à origem para a fixação das correspondentes sanções.

III – *Pima facie*, cabe ressaltar que a situação descrita nos presentes autos não encontra óbice na Súmula n. 7 desta Corte, porque a análise do recurso independe do revolvimento de matéria fático-probatória, reclamando apenas a *revaloração dos fatos constatados* pelas instâncias anteriores. Em outras palavras, o fato cobrança a menor dos emolumentos é certo e provado. Basta avaliar se ele implica comportamento censurável pela Lei de Improbidade Administrativa e a proporcionalidade das sanções com a gravidade da conduta.

IV – Com efeito, o Tribunal de origem entendeu que (fl. 385): "[...] *in casu*, o Delegatário, pautado em princípios constitucionais da livre concorrência, da menor onerosidade do serviço público prestado, da efetividade, da razoabilidade, finalidade, continuidade do serviço público, dentre outros, está se utilizando de seus próprios recursos econômicos, para prestar o serviço proposto e contratado, ao mesmo tempo em que, na situação apresentada, dá um melhor retorno ao usuário que, dessa forma, também se beneficia da situação."

V – A propósito da não incidência do óbice da Súmula n. 7 pela necessidade de revaloração dos fatos, vejam-se os seguintes precedentes desta Corte Superior: AgInt no REsp 1.715.046/SP, Rel. Ministra Maria Isabel Galloti, Quarta Turma, julgado em 6/11/2018, DJe 14/11/2018; AgInt no AREsp 1.122.596/MS, Rel. Ministro Francisco Falcão, Segunda Turma, DJe 17/8/2018 e AgInt no AREsp 463.633/SE, Rel. Ministro Sérgio Kukina, Primeira Turma, DJe 9/4/2018.

VI – Por outro lado, assiste razão à parte ora agravada, em seu recurso especial, quanto à violação dos arts. 28 e 30, VIII, ambos da Lei n. 8.935/1994, e 11, I, e 12, III, ambos da Lei n. 8.429/1992.

VII – É consenso da Corte Suprema e desta Corte Especial que custas e emolumentos de serviços notariais e registrais possuem natureza tributária, na qualidade de taxas remuneratórias de serviços públicos. Correspondem à contraprestação do serviço público que o Estado, por intermédio dos serventuários, presta aos particulares que necessitam dos serviços públicos. A propósito: ADI 3694, Relator(a): Min. Sepúlveda Pertence, Tribunal Pleno, julgado em 20/9/2006, DJ 6-11-2006 PP-00030 Ement vol-02254-01 PP-00182 RTJ vol-00201-03 pp-00942 rddt n. 136, 2007, p. 221 e REsp 1.181.417/SC, Rel. Ministro Humberto Martins, Segunda Turma, julgado em 19/8/2010, DJe 3/9/2010.

VIII – Por isso, diversamente do defendido pelo acórdão recorrido de que a atividade notarial possui natureza privada, é cediço que "As serventias exercem atividade por delegação do poder público, motivo pelo qual, embora seja análoga à atividade empresarial, sujeita-se, na verdade, a um regime de direito público". (REsp 1.181.417/SC, Rel. Ministro Humberto Martins, Segunda Turma, julgado em 19/8/2010, DJe 3/9/2010.)

IX – Assim, enquadram-se os notários e registradores no amplo conceito de "agentes públicos", na categoria dos "particulares em colaboração com a Administração". No mesmo sentido: REsp 1.186.787/MG, Rel. Ministro Sérgio Kukina, Primeira Turma, julgado em 24/4/2014, DJe 5/5/2014.

X – Nessa perspectiva, não dispõe o serventuário de livre arbítrio para dispor dos emolumentos, estando adstrito às hipóteses legais de isenção, logo, a conduta praticada pelos réus de não cobrar pelos serviços notariais prestados por mera vontade amolda-se ao ato de improbidade que importa em atentado aos princípios da administração pública.

XI – Correta, portanto, a decisão monocrática que deu provimento ao recurso especial.

XII – Agravo interno improvido (STJ – AgInt no AREsp nº 1.610.181 – Rio de Janeiro – 2ª Turma – Rel. Min. Francisco Falcão – DJ 22.10.2020)

EMENTA: TRIBUTÁRIO. RECURSO ESPECIAL. EMOLUMENTOS. CARTÓRIO DE REGISTRO DE IMÓVEIS. ISENÇÃO DO PAGAMENTO PELA UNIÃO. DECRETO-LEI 1.537/1977. EXTENSÃO ÀS AUTARQUIAS FEDERAIS. ACÓRDÃO RECORRIDO EM DESCONFORMIDADE COM A JURISPRUDÊNCIA DO STJ. RECURSO ESPECIAL DO DNIT PROVIDO.

1. Trata-se de Recurso Especial interposto pelo DEPARTAMENTO NACIONAL DE INFRAESTRUTURA DE TRANSPORTES – DNIT, com fundamento na alínea *a* do art. 105, III da Constituição Federal, em face de acórdão do TRF da 3a. Região, assim ementado:

MANDADO DE SEGURANÇA. TRIBUTÁRIO. TAXA. EMOLUMENTOS. ISENÇÃO. COMPETÊNCIA ESTADUAL. NÃO RECEPÇÃO DE NORMA ISENTIVA FEDERAL. AUSÊNCIA DE VIOLAÇÃO DO ART. 236 DA CF. COMPETÊNCIA PARA EDIÇÃO DE NORMAS GERAIS. ART. 111 DO CTN. AMPLIAÇÃO DE ISENÇÃO PELO PODER JUDICIÁRIO. IMPOSSIBILIDADE.

1. A autorização constitucional conferida pelo art. 236, § 2º, da CF para fixação de normas gerais sobre emolumentos não exclui a competência tributária dos Estados e do Distrito Federal na regulamentação das questões relacionadas às suas competências. Precedentes do STF.

2. Ademais, a forma federativa do Estado Brasileiro e a Separação dos Poderes impedem a intervenção do Poder Judiciário na competência legislativa dos estados-membros a fim de estender a isenção parcial não concedida pelo legislador paulista.

3. Apelação desprovida (fls. 666).

2. Aponta ofensa aos arts. 1º. e 2º. do Decreto-Lei 1.533/1977, ao fundamento de que os dispositivos indicados determinam expressamente que a União é isenta do pagamento de custas e emolumentos referentes ao fornecimento de certidões pelos Cartórios de Notas e que essa isenção se estende às Autarquias e Fundações Federais (fls. 713/714).

3. Parecer do Ministério Público Federal às fls. 752/758 pelo *conhecimento e provimento do Recurso Especial*.

4. É o relatório.

5. A irresignação merece prosperar.

6. Com efeito, a jurisprudência deste Sodalício firmou-se no sentido de que a UNIÃO e as Autarquias Federais, no caso o DNIT, são isentas do pagamento de custas e emolumentos aos Ofícios e Cartórios de Registro de Imóveis, nos termos do art. 1º. do Decreto-Lei 1.537/1977. Confira-se:

ADMINISTRATIVO. TRIBUTOS. TAXAS. PRETENSÃO DE REEXAME DE LEI LOCAL. IMPOSSIBILIDADE. INCIDÊNCIA, POR ANALOGIA, DO ENUNCIADO N. 280 DA SÚMULA DO STF. ALEGAÇÃO DE VIOLAÇÃO DO ART. 111, II, DO CTN, E DO ART. 1º DA LEI N. 10.169/00. ACÓRDÃO EM CONFORMIDADE COM A JURISPRUDÊNCIA DESTA CORTE.

I – Na origem, cuida-se de mandado de segurança impetrado pelo Instituto Nacional do Seguro Social – INSS contra ato do Oficial do Registro de Imóveis da Comarca de Dionísio Cerqueira – SC objetivando afastar a exigência de pagamento de emolumentos para fornecimento de certidões e matrículas de imóveis de propriedade da Autarquia Previdenciária, e ainda, ver reconhecido o direito de obter as certidões atualizadas dos imóveis de sua propriedade, com isenção de pagamento.

II – No Tribunal Regional da 4ª Região, negou-se provimento ao recurso de apelação do Estado de Santa Catarina, mantendo incólume a decisão monocrática de procedência da ação.

(...)

IV – No que trata da alegação de violação do art. 111, II, do CTN, e do art. 1º da Lei n. 10.169/00, sem razão o recorrente, visto que o Tribunal a quo decidiu a questão em consonância com o entendimento firmado nesta Corte, segundo o qual a União e as Autarquias Federais, neste caso o INSS, são isentas do pagamento de custas e emolumentos aos Ofícios e Cartórios de Registro de Imóveis, nos termos do art. 1º do Decreto Lei n. 1.537/1977. Nesse sentido: AgInt no RMS n. 49.361 / CE, Segunda Turma, Rel. Min. Francisco Falcão, julgado em 16/2/2017; REsp n. 1.334.830 / CE, Segunda Turma, Rel. Min. Eliana Calmon, julgado em 1º/10/2013.

V – Agravo interno improvido (AgInt no REsp. 1.701.188/RS, Rel. Min. FRANCISCO FALCÃO, DJe 24.9.2019).

PROCESSUAL CIVIL E TRIBUTÁRIO. AGRAVO INTERNO NO RECURSO ESPECIAL. EMOLUMENTOS. CARTÓRIO DE REGISTRO DE IMÓVEIS. ISENÇÃO DO PAGAMENTO PELA UNIÃO. DECRETO-LEI 1.537/1977. ACÓRDÃO RECORRIDO EM CONFORMIDADE COM A JURISPRUDÊNCIA DO STJ. AGRAVO INTERNO DO ESTADO DE SANTA CATARINA A QUE SE NEGA PROVIMENTO.

1. O Tribunal a quo decidiu em consonância com a jurisprudência consolidada nesta Corte, segundo a qual a UNIÃO e as Autarquias Federais, no caso o INSS, são isentas do pagamento de custas e emolumentos aos Ofícios e Cartórios de Registro de Imóveis, nos termos do art. 1º. do Decreto-Lei 1.537/1977.

2. Agravo Interno do ESTADO DE SANTA CATARINA a que se nega provimento (AgInt no REsp. 1.511.570/SC, Rel. Min. NAPOLEÃO NUNES MAIA FILHO, DJe 24.8.2018).

ADMINISTRATIVO. AÇÃO DE DESAPROPRIAÇÃO. REGISTRO DA SENTENÇA NO CARTÓRIO DE REGISTRO DE IMÓVEIS. ISENÇÃO DE EMOLUMENTOS. EXTENSÃO DA PRERROGATIVA DA UNIÃO AO DNOCS (DEPARTAMENTO NACIONAL DE OBRAS CONTRA AS SECAS). POSSIBILIDADE. PRECEDENTES.

I – De acordo com o art. 1º do Decreto-Lei n. 1.537/77, a União é isenta "do pagamento de custas e emolumentos aos Ofícios e Cartórios de Registro de Imóveis, com relação às transcrições, inscrições, averbações e fornecimento de certidões relativas a quaisquer imóveis de sua propriedade ou de seu interesse, ou que por ela venham a ser adquiridos".

II – Conforme estipula o art. 31 da Lei n. 4.229/63, ao DNOCS "serão extensivos a imunidade tributária, impenhorabilidade de bens, rendas ou serviços e os privilégios de que goza a Fazenda Pública, inclusive o uso de ações especiais, prazo de prescrição e regime de custas correndo os processos de seu interesse perante o Juiz de Feitos da Fazenda Pública, sob o patrocínio dos procuradores da autarquia".

III – A isenção do pagamento de custas e emolumentos relativas a quaisquer imóveis de propriedade da União ou de seu interesse, ou que por ela venham a ser adquiridos, prevista no art. 1º do Decreto-Lei n. 1.537/77 é extensiva às autarquias federais.

IV – Agravo interno improvido (AgInt no RMS 49.361/CE, Rel. Min. FRANCISCO FALCÃO, DJe 8.3.2017).

7. Ante o exposto, dá-se provimento ao Recurso Especial do DNIT, nos termos da fundamentação.

8. Publique-se. Intimações necessárias.

Brasília (DF), 16 de março de 2020.

NAPOLEÃO NUNES MAIA FILHO

MINISTRO RELATOR

STJ – REsp nº 1.861.010 – São Paulo – 1ª Turma – Rel. Min. Napoleão Nunes Maia Filho – DJ 18.03.2020

EMENTA: PROCESSUAL CIVIL E ADMINISTRATIVO. RECURSO ESPECIAL. DESAPROPRIAÇÃO. DNOCS. ISENÇÃO DE CUSTAS E EMOLUMENTOS CARTORÁRIOS DECORRENTES DA TRANSFERÊNCIA DE PROPRIEDADE EM AÇÃO DE DESAPROPRIAÇÃO. ENTENDIMENTO DESTA CORTE SUPERIOR. RECURSO ESPECIAL DA AUTARQUIA FEDERAL A QUE SE DÁ PROVIMENTO, EM CONFORMIDADE COM O PARECER MINISTERIAL.

1. Trata-se de Recurso Especial interposto pelo DEPARTAMENTO NACIONAL DE OBRAS CONTRA AS SECAS – DNOCS, com fundamento nas alíneas *a* e *c* do art. 105, III da CF/1988, no qual se insurge contra acórdão proferido pelo egrégio TRF da 5a. Região, assim ementado:

CONSTITUCIONAL. ADMINISTRATIVO E PROCESSUAL CIVIL. AGRAVO DE INSTRUMENTO. DESAPROPRIAÇÃO POR UTILIDADE PÚBLICA. CUMPRIMENTO DA SENTENÇA. EXIGÊNCIAS CARTORÁRIAS PARA A TRANSCRIÇÃO DO IMÓVEL. ISENÇÃO DE CUSTAS E EMOLUMENTOS. MATÉRIA ESTRANHA AO OBJETO DA AÇÃO DE DESAPROPRIAÇÃO. NECESSIDADE DE OBSERVÂNCIA DO ART. 198 DA LEI 6.015/1973.

1. Agravo de instrumento, com pedido de efeito suspensivo ativo, interposto pelo DEPARTAMENTO NACIONAL DE OBRAS CONTRA SECAS – DNOCS contra decisão do Juízo da 15a. Seção Judiciária do Ceará, que, nos autos da Ação de Desapropriação 0000394-55.2012.4.058101, indeferiu pedido para que fosse determinado ao Oficial do Registro de Imóveis da Comarca dc Russas/CE o cumprimento do Mandado Translativo dc domínio independentemente do pagamento dc custas c emolumentos.

2. O STJ, no julgamento do REsp 1.334.830/CE, Rei. Min. ELIANA CALMON, Segunda Turma, julgado em 1.10.2013, DJe 9.10.2013, decidiu que na transcrição do título de propriedade representado por sentença proferida em ação de desapropriação no ofício de registro de imóveis competente, o DNOCS é isento do pagamento de emolumentos.

3. O Supremo Tribunal Federal, na ADI 3401, firmou o entendimento de que os emolumentos devidos em contrapartida aos serviços notariais e registrais têm natureza jurídica de taxa, e como tal devem observar as normas constitucionais pertinentes ao Sistema Tributário Nacional. Sendo assim, cuidando de tributo estadual, a União não pode conceder isenção, diante da vedação do art. 151, III da Constituição Federal.

4. A despeito da controvérsia existente, a decisão atacada via este recurso, constatou que [...] encontrando-se o ente expropriante, na posse do título, seja este carta de sentença ou mandato translativo de domínio (Lei 6.015/1973, art. 221, inc. IV), diante de exigências formuladas pelos Cartórios de Registros de Imóveis e não concordando o interessado, cabe-lhe manejar o incidente cabível, qual seja, a Suscitação de Dúvida, previsto no art. 198 da Lei 6.015/1973.

5. Em sede de cumprimento de sentença, passou-se a discutir questões diversas, relacionadas a exigências dos Cartórios para fins de efetivação do registro, estranhas, ao objeto da ação de desapropriação. Tal fato, como bem entendeu o julgador singular, extrapola a esfera de competência daquele Juízo executivo, na medida em que a discussão não está relacionada ao título em si expedido, seja este carta de sentença ou mandado translativo de domínio (Lei 6.015/1973, art. 221, inc. IV).

6. Nesta análise primeira acerca da matéria, deve prevalecer o entendimento pelo qual, não sendo a isenção de emolumentos para fins de

Lei 10.169/2000

transcrição da sentença no ofício de registro de imóveis, matéria objeto da ação de desapropriação, já em sede de cumprimento de sentença, tal questão deve ser dirimida à luz do art. 198, da Lei 6.015/1973 e, seu resultado, poderá ser passível de objeto de ação própria, na qual será dirimida a questão da isenção de emolumentos pretendida pelo Agravante.

7. Agravo de instrumento improvido (fls. 131/140).

2. Opostos Embargos de Declaração, estes foram rejeitados (fls. 160/166).

3. Nas razões de seu Recurso Especial, a parte recorrente aponta violação dos arts. 535, II do CPC/1973; 1º. e 2º. do DL 1.537/1977; e 31 da Lei 4.229/1963. Aduz para tanto, em suma, que: (a) o acórdão recorrido teria permanecido omisso, a despeito da oposição dos Aclaratórios; e (b) o DNOCS, enquanto autarquia federal, gozaria de isenção das custas e emolumentos cartorários, em razão do registro de título aquisitivo da propriedade em processo de desapropriação por utilidade pública.

4. Sem contrarrazões (fls. 212), o Apelo Nobre foi admitido na origem (fls. 213).

5. Ouvido, o Ministério Público Federal manifestou-se pelo provimento do Recurso Especial, em parecer com a seguinte ementa:

Processo Civil. Taxas e emolumentos. Transcrição de imóvel para o DENOCS. Isenção. Matéria já analisada pela e. Corte Superior. Pelo provimento da iniciativa e do recurso subjacente (fls. 246/251).

6. É o breve relatório.

7. Inicialmente, nos termos do que decidido pelo Plenário do STJ, aos recursos interpostos com fundamento no CPC/1973 (relativos a decisões publicadas até 17 de março de 2016) devem ser exigidos os requisitos de admissibilidade na forma nele prevista, com as interpretações dadas até então pela jurisprudência do Superior Tribunal de Justiça (Enunciado Administrativo 2).

8. No mais, inexiste a alegada violação do art. 535, II do CPC/1973, pois a prestação jurisdicional foi dada na medida da pretensão deduzida, conforme se depreende da análise do acórdão recorrido. O Tribunal de origem apreciou fundamentadamente a controvérsia, não padecendo o acórdão recorrido de qualquer omissão, contradição ou obscuridade. Observe-se, ademais, que julgamento diverso do pretendido, como na espécie, não implica ofensa à norma ora invocada.

9. Quanto ao mérito, contudo, procede a irresignação da parte recorrente. Consoante a jurisprudência desta Corte Superior, *o DNOCS possui isenção em relação ao pagamento das custas e emolumentos cartorários*, referentes ao registro do mandado translativo de propriedade em Ação de Desapropriação. Confiram-se, a propósito, os julgados a seguir:

ADMINISTRATIVO. AÇÃO DE DESAPROPRIAÇÃO. REGISTRO DA SENTENÇA NO CARTÓRIO DE REGISTRO DE IMÓVEIS. ISENÇÃO DE EMOLUMENTOS. EXTENSÃO DA PRERROGATIVA DA UNIÃO AO DNOCS (DEPARTAMENTO NACIONAL DE OBRAS CONTRA AS SECAS). POSSIBILIDADE. PRECEDENTES.

1. De acordo com o art. 1º. do Decreto-Lei 1.537/1977, a União é isenta do pagamento de custas e emolumentos aos Ofícios e Cartórios de Registro de Imóveis, com relação às transcrições, inscrições, averbações e fornecimento de certidões relativas a quaisquer imóveis de sua propriedade ou de seu interesse, ou que por ela venham a ser adquiridos.

2. Conforme estipula o art. 31 da Lei 4.229/1963, ao DNOCS serão extensivos a imunidade tributária, impenhorabilidade de bens, rendas ou serviços e os privilégios de que goza a Fazenda Pública, inclusive o uso de ações especiais, prazo de prescrição e regime de custas correndo os processos de seu interesse perante o Juiz de Feitos da Fazenda Pública, sob o patrocínio dos procuradores da autarquia.

3. A isenção do pagamento de custas e emolumentos relativas a quaisquer imóveis de propriedade da União ou de seu interesse, ou que por ela venham a ser adquiridos, prevista no art. 1º. do Decreto-Lei 1.537/1977 é extensiva às autarquias federais.

4. Agravo interno improvido (AgInt no RMS 49.361/CE, Rel. Min. FRANCISCO FALCÃO, DJe 8.3.2017).

PROCESSUAL CIVIL. ADMINISTRATIVO. AGRAVO REGIMENTAL NO RECURSO ESPECIAL. CÓDIGO DE PROCESSO CIVIL DE 1973. APLICABILIDADE. ARGUMENTOS INSUFICIENTES PARA DESCONSTITUIR A DECISÃO ATACADA. AÇÃO DE DESAPROPRIAÇÃO. REGISTRO DA SENTENÇA NO CARTÓRIO DE IMÓVEIS. ISENÇÃO DE EMOLUMENTOS. EXTENSÃO DA PRERROGATIVA DA UNIÃO AO DNOCS (DEPARTAMENTO NACIONAL DE OBRAS CONTRA AS SECAS). POSSIBILIDADE. RECURSO ESPECIAL PARCIALMENTE PROVIDO.

1. Consoante o decidido pelo Plenário desta Corte na sessão realizada em 9.3.2016, o regime recursal será determinado pela data da publicação do provimento jurisdicional impugnado. Assim sendo, in casu, aplica-se o Código de Processo Civil de 1973.

2. O acórdão recorrido está em confronto com a orientação desta Corte, segundo a qual ao Departamento Nacional de Obras Contra as Secas serão extensivos a imunidade tributária, impenhorabilidade de bens, rendas ou serviços e os privilégios de que goza a Fazenda Pública, inclusive o uso de ações especiais, prazo de prescrição e regime de custas.

3. A Agravante não apresenta, no regimental, argumentos suficientes para desconstituir a decisão agravada.

4. Agravo Regimental improvido (AgRg no REsp. 1.519.791/CE, Rel. Min. REGINA HELENA COSTA, DJe 1º.7.2016).

PROCESSUAL CIVIL. DNOCS. ISENÇÃO DE PAGAMENTO DE CUSTAS E EMOLUMENTOS. REGISTRO DE TÍTULOS TRANSLATIVOS DE DOMÍNIO DE IMÓVEIS OBJETO DE EXPROPRIAÇÃO. PRECEDENTES. REEXAME DOS FATOS. SÚMULA 7/STJ. AGRAVO REGIMENTAL NÃO PROVIDO.

1. Cuida-se, na origem, de Mandado de Segurança impetrado por M. S. L. , ora agravante, titular de Ofício de Notas e Registro, contra ato do MM. Juiz da 15a. Vara Federal do Ceará, que determinou que ela proceda à transcrição de sentença proferida em ação expropriatória movida pelo Dnocs, sem a cobrança dos emolumentos relativos ao serviço a ser prestado.

2. O Tribunal a quo concedeu parcialmente a segurança, para reconhecer à impetrante o direito ao recebimento dos emolumentos.

3. Adotado como razão de decidir o parecer do Parquet Federal exarado pelo Subprocurador-Geral da República Dr. José Bonifácio Borges de Andrada, que bem analisou a questão: 4. o cerne da lide cinge-se a exigência ou não de isenção do DNOCS quanto ao pagamento de custas e emolumentos aos Ofícios e Cartórios para o registro de imóveis desapropriados. 5. Com efeito, o art. 1º. do Decreto-Lei 1.537/1977 isenta a União do pagamento de custas e emolumentos aos Ofícios e Cartórios de Registro de Imóveis, com relação às transcrições, inscrições, averbações e fornecimento de certidões relativas a quaisquer imóveis de sua propriedade ou de seu interesse, ou que por ela venham a ser adquiridos. 6. A jurisprudência do Superior Tribunal de Justiça entende que esta isenção e extensiva as autarquias, como se verifica no seguinte julgado (fls. 202/205, grifo acrescentado).

4. Enfim, a jurisprudência do STJ entende que ***o Dnocs é isento de pagamento de custas e emolumentos para registro de títulos translativos de domínio de imóveis objeto de expropriação****.*

5. No mais, acolher a tese da recorrente, demandaria reexame do acervo fático-probatório dos autos, o que é inviável em Recurso Especial, sob pena de violação da Súmula 7 do STJ.

6. Agravo Regimental não provido (AgRg no REsp. 1.519.793/CE, Rel. Min. HERMAN BENJAMIN, DJe 5.8.2015).

10. E, referindo-se à jurisprudência desta Corte Superior, justamente, à hipótese de registro do título formado em ação de desapropriação, não há sentido em impor à autarquia a suscitação de dúvida registral, em um prolongamento burocrático, custoso e desnecessário da discussão.

11. Ante o exposto, e em conformidade com o parecer ministerial, dá-se provimento ao Recurso Especial da Autarquia Federal, a fim de lhe assegurar a isenção do pagamento de custas e emolumentos no registro do mandado de desapropriação objeto desta lide.

12. Publique-se. Intimações necessárias.

Brasília (DF), 1º de agosto de 2019.

NAPOLEÃO NUNES MAIA FILHO

MINISTRO RELATOR

STJ – REsp nº 1.526.399 – Ceará – 1ª Turma – Rel. Min. Napoleão Nunes Maia Filho – DJ 06.08.2019

EMENTA: AGRAVO DE INSTRUMENTO – PENHORA SOBRE O FATURAMENTO DE CARTÓRIO – MEDIDA EXCEPCIONAL – PRINCÍPIO DA MENOR ONEROSIDADE DO DEVEDOR.- A penhora de faturamento líquido do cartório, por equivaler à penhora de faturamento de empresa, é apenas admitida em situações excepcionais, como acontece no presente caso.- Tendo o percentual da renda a ser penhorado, fixado pelo i. Juiz a quo se mostrado razoável, incapaz de inviabilizar o exercício atividade cartorária, a decisão agravada deve prevalecer. Recurso desprovido. Opostos embargos declaratórios, foram rejeitados ante a inexistência dos vícios elencados no art. 535 do CPC/73. A parte recorrente aponta violação aos arts. 128, 165, 458, II, 535, II, 591, 620 e 649, IV, do CPC/73. Sustenta, em síntese, a negativa de prestação jurisdicional e a existência de bens passíveis de penhora, configurando como medida extrema a constrição de 33% da arrecadação, pois a sentença condenatória ainda não havia transitado em julgado. É o relatório. Registre-se, de logo, que o acórdão recorrido foi publicado na vigência do CPC/73; por isso, no exame dos pressupostos de admissibilidade do recurso, será observada a diretriz contida no Enunciado Administrativo n. 2/STJ, aprovado pelo Plenário do STJ na Sessão de 9 de março de 2016 (Aos recursos interpostos com fundamento no CPC/73 (relativos a decisões publicadas até 17 de março de 2016) devem ser exigidos os requisitos de admissibilidade na forma nele prevista, com as interpretações dadas, até então, pela jurisprudência do Superior Tribunal de Justiça). Feita essa observação, verifica-se não ter ocorrido ofensa ao art. 535 do CPC/73, na medida em que o Tribunal de origem dirimiu, fundamentadamente, as questões que lhe foram submetidas, apreciando integralmente a controvérsia posta nos autos, não se podendo, ademais, confundir julgamento desfavorável ao interesse da parte com negativa ou ausência de prestação jurisdicional. Ademais, o acórdão recorrido, analisando as provas dos autos, entendeu pela possibilidade de aplicação da medida excepcional de penhora do faturamento, nos seguintes termos (fls. 519/523): A meu juízo, tal medida constritiva é apenas admitida em situações excepcionais, que devem ser avaliadas à luz das circunstâncias fáticas apresentadas no curso do processo de execução, sempre se tendo em mira o princípio da menor onerosidade para o devedor (art. 620 do CPC). (...) No caso dos autos, todos os requisitos para a concretização da penhora de faturamento se fazem presentes de forma cumulativa, não merecendo guarida a pretensão do agravante. Conforme se evidencia dos documentos de f. 324, 325, 326, 329, 330, 331, 346/347, TJ, restaram infrutíferas as diversas tentativas de localização de bens em nome do executado, passíveis de constrição, junto a cartórios de registros de imóveis, instituições financeiras e DETRAN. Registre-se que o único bem indicado à penhora pelo agravante (f.337,TJ) não deve ser objeto de constrição judicial, a uma porque não é de propriedade exclusiva deste, a duas porque não há nos autos provas de que o mesmo se encontra livre e desembaraçado, a três porque se localiza em comarca diversa da que se processa a execução, o que poderá retardar a satisfação do crédito exequendo. Não bastasse isso, é de se notar o grande número de ações ajuizadas em desfavor do executado/agravante (f.456/460,TJ). Com relação ao percentual de 33% (trinta e três por cento) fixado pelo magistrado a quo, entendo que o mesmo se mostra adequado, já que não inviabilizará o exercício da atividade cartorária. Verifico, ainda, que o agravante insurge-se contra a nomeação de administrador para exercício do encargo. Todavia, razão não lhe assiste uma vez que a indicação deste profissional é condição essencial para que a penhora de faturamento possa se efetivar, nos termos dos arts. 677 e 678 do CPC. Além do mais, a obrigação do administrador da penhora de faturamento em nada interfere na atividade do Tabelião. Destarte, à míngua de bens passíveis de constrição judicial em nome do executado/agravante, tendo o percentual da renda a ser penhorado, fixado pelo i. Juiz a quo, se mostrado razoável, incapaz de inviabilizar o exercício atividade cartorária e havendo administrador para exercício do encargo, a decisão que determinou a penhora do faturamento do cartório em primeiro grau deve ser mantida. Por fim, atento à sustentação oral feita pelo douto advogado, é de se dizer que, como tem reiteradamente decidido o C. STF, o agravante, como Tabelião Titular, não é funcionário público. Como se vê, a alteração das conclusões adotadas pela Corte de origem quanto à possibilidade da medida constritiva, em face da inexistência de outros bens passíveis de penhora, tal como colocada a questão nas razões recursais, demandaria, necessariamente, novo exame do acervo fático-probatório constante dos autos, providência vedada em recurso especial, conforme o óbice previsto na Súmula 7/STJ. Nesse sentido: PROCESSUAL CIVIL E TRIBUTÁRIO. AGRAVO REGIMENTAL EM AGRAVO EM RECURSO ESPECIAL. VIOLAÇÃO AO ART. 535 DO CPC. INOCORRÊNCIA. ARTIGO 333, I, DO CPC. FALTA DE PREQUESTIONAMENTO. SÚMULA 211/STJ. PENHORA SOBRE O FATURAMENTO. ATENDIMENTO AOS REQUISITOS. NECESSIDADE DO REEXAME DE PROVAS. IMPOSSIBILIDADE. SÚMULA 7/STJ. 1. Não ocorre violação ao art. 535 do CPC quando o Tribunal de origem dirime, fundamentadamente, as questões que lhe foram submetidas, apreciando integralmente a controvérsia apresentada nos autos. (...) 3. A verificação do cumprimento dos requisitos aptos a justificarem a excepcional penhora sobre o faturamento, demandaria o revolvimento das circunstâncias fático-probatórias dos autos, encontrando óbice na Súmula 7/STJ, procedimento vedado em recurso especial. (grifei) 4. Agravo regimental a que se nega provimento. (AgRg no AREsp 365.471/PE, Rel. Ministro SÉRGIO KUKINA, PRIMEIRA TURMA, julgado em 10/03/2015, DJe 13/03/2015) AGRAVO INTERNO NO RECURSO ESPECIAL. PROCESSUAL CIVIL. EXECUÇÃO FISCAL. PENHORA SOBRE O FATURAMENTO DA EMPRESA. SITUAÇÕES EXCEPCIONAIS. MATÉRIA FÁTICA. INCIDÊNCIA DA SÚMULA 7/STJ. 1. A jurisprudência desta Corte Superior é assente quanto à possibilidade de a penhora recair, em caráter excepcional, sobre o faturamento da empresa, desde que observadas, cumulativamente, as condições previstas na legislação processual (art. 655-A, § 3º, do CPC) e que o percentual fixado não torne inviável o exercício da atividade empresarial. 2. A ausência de imposição de limite legal no dispositivo que permite a penhora do faturamento da empresa executada não pode conduzir à conclusão de que se deva penhorar a integralidade dos numerários de que dispõe, pois figura também como interesse público o livre exercício da atividade econômica no território brasileiro, de onde advém a geração de empregos, receita e riqueza, em nada interessando, nem mesmo ao FISCO, o fechamento das empresas, ainda que para adimplir o Erário. 3. O Tribunal de origem, soberano na apreciação das circunstâncias fáticas, deferiu a penhora limitando-a à fração de 10% dos valores depositados na conta-corrente da empresa executada, com vistas à função social da empresa e à continuidade de suas atividades, levando em consideração sua precária situação financeira. 4. Nesse contexto, para rediscutir as premissas fáticas firmadas pela Corte de origem, faz-se necessário o reexame dos elementos probatórios da lide, tarefa essa soberana às instâncias ordinárias, o que impede o reexame na via especial, ante o óbice da Súmula 7. 5. Agravo interno a que se nega provimento. (AgInt no REsp 1588496/SP, Rel. Ministro OG FERNANDES, SEGUNDA TURMA, julgado em 15/12/2016, DJe 19/12/2016) Ante o exposto, conheço em parte do recurso especial e, na parte conhecida, nego-lhe provimento. Publique-se. Brasília, 07 de fevereiro de 2017. MINISTRO SÉRGIO KUKINA Relator. (STJ – REsp: 1318528 MG 2011/0286066-0, Relator: Ministro SÉRGIO KUKINA, Data de Publicação: DJ 14/02/2017)

▶ **EMENTA**: PROCESSUAL CIVIL E ADMINISTRATIVO. RECURSO ESPECIAL. INEXISTÊNCIA DE VIOLAÇÃO DO ART. 535 DO CPC. TRANSCRIÇÃO DA SENTENÇA NO OFÍCIO DE REGISTRO DE IMÓVEIS. ISENÇÃO DE EMOLUMENTOS. DECRETO – LEI nº 1.537/77. EXTENSÃO DA PRERROGATIVA ÀS AUTARQUIAS. 1. Não ocorre ofensa ao art. 535 do CPC, se o Tribunal de origem decide, fundamentadamente, as questões essenciais ao julgamento da lide. 2. O art. 1º do Decreto -Lei nº 1.537/77[2] isenta a União do pagamento de custas e emolumentos aos Ofícios e Cartórios de Registro de Imóveis, com relação às transcrições, inscrições, averbações e fornecimento de certidões relativas a quaisquer imóveis de sua propriedade ou de seu interesse, ou que por ela venham a ser adquiridos. 3. Na transcrição do título de propriedade representado por sentença proferida em ação de desapropriação no ofício de registro de imóveis competente, o DNOCS é isento do pagamento de emolumentos, sobretudo prevendo o art. 31 da Lei nº 4.229/63 que *"ao Departamento serão extensivos a imunidade tributária, impenhorabilidade de bens, rendas ou serviços e os privilégios*

2 . A ADPF nº foi julgada procedente no dia 05 de agosto de 2020, para reconhecer que o Decreto Lei nº 1.537/77 foi recepcionado pela Constituição Federal.

Lei 10.169/2000

de que goza a Fazenda Pública, inclusive o uso de ações especiais, prazo de prescrição e regime de custas correndo os processos de seu interesse perante o Juiz de Feitos da Fazenda Pública, sob o patrocínio dos procuradores da autarquia". 4. Recurso especial provido. (STJ – REsp nº 1.334.830 – Ceará – 2ª Turma – Rel. Min. Eliana Calmon – DJ 09.10.2013)

⊙ TRIBUNAL REGIONAL DO TRABALHO 1ª REGIÃO

▶ **EMENTA:** MANDADO DE SEGURANÇA – RETENÇÃO (11%) DA CONTRIBUIÇÃO PREVIDENCIÁRIA – EMOLUMENTOS (PRESTAÇÃO DE SERVIÇOS CARTORÁRIOS). 1 – O ato do gestor do serviço cartório de condicionar a prestação de sua atividade ao pagamento dos emolumentos sem retenção, pelo usuário, da contribuição previdenciária (11%) é, consoante a CF/88 (art. 5º, LXIX), passível de combate pela via do mandamus. 2 – A legislação de regência (art. 40 da Lei nº 9.935/1994, c/c art. 9º, V, e VI, do Decreto nº 3.048/99) alça notários, oficiais de registro, escreventes e auxiliares. de cartórios à condição de segurados obrigatórios. (contribuintes individuais), e o art. 4º da Lei nº 10.666/ 2003 obriga as empresas a que prestados os serviços a reter do pagamento a contribuição (11%). 3 – O tema emolumentos. segue diretriz da Corregedoria do respectivo TJ (a Portaria TJMG nº 639/ CGJ/2008, aliás, afirma não lhe caber definir ou redefinir elementos da estrutura tributária e tributos.), não estando autorizado, pois, que oficiala interprete a questão, definindo o que sejam emolumentos integrais., tanto menos pretendendo que tal expressão signifique valor líquido, livre de tributos. 4 – Precedente (mutatis mutandis.): STJ, RMS nº 23.945/PB. 5 – Remessa oficial não provida. [TRF 1ª Reg. REO 200838030048310, JUIZ FEDERAL RAFAEL PAULO SOARES PINTO (CONV.), e-DJF1, 15/01/2010, p. 169]

⊙ TRIBUNAL DE JUSTIÇA DO ESTADO DO RIO DE JANEIRO

▶ **EMENTA:** CARTÓRIO DE REGISTRO DE IMÓVEIS. PENHORA ON LINE. PENHORA DE RENDA. SUBSTITUIÇÃO. 1. A questão posta nos autos diz respeito à natureza jurídica dos pagamentos recebidos pelo cartório de registro de imóveis e a possibilidade de sua penhora para satisfação do direito materializado em decisão judicial transitada em julgado. 2. Os serviços notariais e registrais, exercidos em caráter privado, por delegação do Poder Público, tal como assentado no artigo 236 da CRFB, percebem emolumentos, cuja natureza jurídica é a de taxa. 3. As rendas, percebidas pelos serviços notariais, além de cobrir as despesas administrativas do cartório, tal como pagamento de servidores, integram os cofres públicos como fonte de renda, com gerenciamento financeiro sob responsabilidade exclusiva do titular do cartório extrajudicial, segundo preceitua o artigo 21 da Lei 8935/94. 4. Todavia, a alegação acerca da natureza tributária dos emolumentos não inviabiliza a penhora de receita do cartório, pois se assim o fosse, não se admitiria o bloqueio de verbas públicas para satisfação de créditos reconhecidos em sentença transitada em julgado. O ente federado, que é uma pessoa jurídica de direito público interno, sofre o sequestro de verba pública quando preterida a ordem de preferência no pagamento dos precatórios. Ora, se admissível tal invasão no orçamento de ente estatal, que além das receitas originárias aufere também receitas derivadas, com muito mais razão admite-se a penhora de numerário percebido por cartório, que é tão-somente delegatário do serviço público e nem ao menos integra a administração pública indireta. 5. Outrossim, se o constituinte trata da responsabilidade civil do Estado no artigo 37, § 6º da CRFB, não se pode afastar o dever de ressarcimento pelos danos causados àquele a quem o Estado delegou o exercício do serviço notarial. Sendo o cartório responsável pelos danos sofridos pela agravada, por direito declarado em sentença transitada em julgado, tem o dever de ressarcir os prejuízos decorrentes de sua atuação, respondendo, para tanto, com seus bens presentes e futuros, considerando a responsabilidade patrimonial do artigo 591 do CPC. (TJRJ – Ag. Inst. 0020924-81.2010.8.19.0000, DES. JOSE CARLOS PAES – j. 26/05/2010)

⊙ TRIBUNAL DE JUSTIÇA DO ESTADO DE SÃO PAULO

▶ **EMENTA:** Gratuidade Judiciária – Benesse concedida apenas para dispensar a parte do recolhimento do preparo recursal, nos termos do art. 98, § 5º, do CPC, considerando o elevado valor do preparo, que representaria quantia equivalente a mais de três vezes a renda mensal do recorrente, sendo que não há evidências de que ele poderia dispor de tal importância sem prejuízo de sua própria mantença – Prejudiciais de mérito – Preliminar de indeferimento da inicial por falta de pressupostos de constituição e de desenvolvimento válido e regular do processo não merece acolhida, pois, ainda que tenha juntado os comprovantes de pagamento das guias iniciais posteriormente, a apelada demonstrou ter quitado referidas guias antes mesmo do protocolo da petição em que foram juntadas – Se o pagamento ocorreu dentro da data correta, seria uma ofensa à economia processual extinguir o feito sem resolução do mérito sob tal justificativa – Não configurada inépcia da inicial – A juntada do pacto antenupcial não era fundamental para julgamento da lide, até porque não existe qualquer controvérsia a respeito do regime de bens eleito pelas partes – Descabida, ainda, a alegação de que a autora sequer pleiteou o divórcio, sendo certo que o art. 322, § 2º, do CPC, preconiza que o pedido deve ser interpretado considerando o conjunto da postulação e com observância do princípio da boa-fé – Além disso, sendo ou não sendo despropositadas e inverídicas as acusações lançadas pela apelada contra o apelante, fato é que não há mais cabimento qualquer discussão sobre as razões que levaram as partes a manifestarem o desejo de não mais permanecerem casadas – Sobre o valor da causa, este deve corresponder à soma dos bens partilháveis – Na espécie, considerando que alguns dos bens arrolados pela autora para partilha eram ilíquidos ou dotados de expressão econômica ainda não conhecida, como, por exemplo, as empresas e os saldos das contas bancárias, o valor da causa foi atribuído com base em mera estimativa, inexistindo qualquer desacerto – Se os bens arrolados seriam ou não partilháveis, a questão seria resolvida com a decisão definitiva da ação – Mérito – Discussão sobre partilha da *"Associação Brasileira de Desenvolvimento de Projetos Culturais"* – Ausência de controvérsia sobre o fato de ser o apelante integrante da associação, constituída na vigência do casamento das partes – Porém, as associações são pessoas jurídicas de direito privado de fins não econômicos, não se confundindo com entidades societárias – Não há falar em partilha, porque a Associação não representa patrimônio comunicável – Patrimônio da pessoa jurídica não se confunde com o patrimônio de seus associados – O veículo adquirido em nome da Associação só poderia ser partilhado se a apelada, que arrolou este bem como patrimônio comunicável, comprovasse que o contrato ou recibo de compra e venda tivesse sido firmado em nome das partes, ou mesmo que foram utilizados recursos comunicáveis para quitação do preço desse bem ou para pagamento de tributos sobre ele incidentes, ônus do qual não se desvencilhou – De rigor afastar o decreto de partilha sobre a *"Associação Brasileira de Desenvolvimento de Projetos Culturais"* e sobre o automóvel *Fiat Weekend Attractive*, placas PUT-4141, adquirido em nome da pessoa jurídica, ficando ressalvada a possibilidade de se exigir eventual indenização da pessoa jurídica proprietária do bem, por meio da ação própria e perante o juízo competente – Quanto aos pedidos reconvencionais, o apelante pretendeu a condenação da apelada no pagamento de indenização por danos materiais, pois despendeu recursos financeiros próprios para regularizar a situação registral de um imóvel do casal, e danos morais, porque a apelada o teria injuriado e caluniado – Acertado o entendimento do d. magistrado a quo de que a discussão sobre eventuais danos extrapatrimoniais incutidos ao apelante em razão de alegada ofensa à honra deveriam ser objeto de ação autônoma – A despeito da regra de independência entre as esferas cível e criminal, prevista no art. 935, do Código Civil, pelo entendimento do art. 327, § 1º, do CPC, conclui-se que não seria possível a cumulação do pedido indenizatório nos autos da ação de divórcio, considerando que a discussão sobre a suposta ofensa à honra demanda instrução própria, os pedidos não são compatíveis entre si e o Juízo da Família e das Sucessões não seria competente para análise e julgamento – Descabido cogitar da remessa dos autos para o juízo competente, já que o pedido em comento foi deduzido em reconvenção, processada junto com o pedido principal segundo as novas regras do CPC vigente – Alegados danos materiais diretamente relacionados a bem objeto de partilha, sendo possível a análise e julgamento do pedido indenizatório – Cabível a condenação da apelada no pagamento de metade dos valores gastos pelo apelante para regularização de imóvel comum, com correção monetária pelos índices da tabela prática do TJSP e juros moratórios de 1% ao mês a partir do desembolso (Súmulas 43 e 54, do STJ) – Recurso parcialmente provido. (TJSP – Apelação Cível nº 1000015-49.2020.8.26.0228 – São Paulo – 5ª Câmara de Direito Privado – Rel. Des. Rodolfo Pellizari – DJ 27.05.2021)

▶ **EMENTA:** Apelação – Improbidade administrativa – Tabelião interino – Falta de repasses de emolumentos pertencentes ao Estado de São Paulo, IPESP, TJSP e Fundo de Despesas do Ministério Público – Preliminares de inadequação da via eleita e de cerceamento de defesa afastadas – Fatos incontestes e admitidos expressamente pelo réu em depoimento prestado nos autos de pedido de providências administrativas instaurado pelo MM. Juízo Corregedor Permanente da 2ª Vara de Registros Públicos da Capital – Prejuízo ao erário incontroverso, decorrente de omissão deliberada do requerido em efetuar os repasses dos emolumentos decorrentes dos atos praticados pelos serviços notariais e de registro previstos na Lei nº 11.331/2002, sob a frágil premissa de que empregou tais valores para pagamento dos funcionários do Tabelionato de Notas de São Paulo/SP, mais precisamente entre 31.10.2016 e 16.02.2017, época em que era o responsável interino daquela Serventia Extrajudicial – Devida condenação do réu nas penas previstas no artigo 12, inciso II, da LIA – Ação julgada procedente em 1º grau – Sentença mantida, devendo-se apurar o exato montante do valor a ser ressarcido aos cofres públicos e da correspondente multa civil por ocasião da fase de liquidação do julgado – Recurso não provido, com observação. (TJSP – Apelação Cível nº 1018791-11.2018.8.26.0053 – São Paulo – 12ª Câmara de Direito Público – Rel. Des. José Orestes de Souza Nery – DJ 06.05.2021)

▶ **EMENTA**: MANDADO DE SEGURANÇA – ALVARÁ JUDICIAL – BENEFÍCIO DA ASSISTÊNCIA JUDICIÁRIA GRATUITA – CUSTAS E EMOLUMENTOS EXTRAJUDICIAIS – Liminar indeferida – Necessidade de conferir provimento favorável a titular de direito verossímil, sem que a demora da duração do processo atue em seu desfavor – Possibilidade de expedição de ofício ao tabelionato para comunicação da concessão dos benefícios da assistência judiciária gratuita, que abrange taxas e emolumentos extrajudiciais necessárias a prática de ato a garantir a efetividade de provimento judicia – Art. 3º, II, da Lei 1060/50 – Precedentes Jurisprudenciais – Concessão da liminar nesse ponto – OUTORGA DA ESCRITURA – Indispensabilidade da presença do inventariante no ato – Alvará que autoriza o inventariante a outorgar a escritura, mas não supre sua presença – Pretensão afastada – Recurso parcialmente provido. (TJSP – Agravo de Instrumento nº 2020548-56.2016.8.26.0000 – São Paulo – 6ª Câmara de Direito Privado – Rel. Des. Percival Nogueira – DJ 13.04.2016)

▶ **EMENTA**: Prestação de serviços notariais – Lavratura de escritura pública – Ação de cobrança de emolumentos – Tabelião investido de função pública por delegação – Natureza tributária da cobrança – Matéria que se insere na competência de uma das Colendas Câmaras de Direito Público do TJSP – Redistribuição – Necessidade. Recurso não conhecido. (TJSP – Apelação Cível nº 0002512-81.2008.8.26.0484 – Promissão – 30ª Câmara de Direito Privado – Rel. Des. Marcos Ramos – DJ 18.06.2013)

▶ **EMENTA**: REPETIÇÃO DE INDÉBITO CUMULADA COM DANOS MORAIS – Tabelião – Recolhimento de custas e emolumentos referentes à averbação de construção – Autora que fazia jus à redução prevista na Lei nº 11.977/2009, eis que era beneficiária de financiamento residencial pelo Programa Minha Casa Minha Vida – Cabimento – Inexistência de danos morais – Mero aborrecimento ou dissabor, tendo em vista as circunstâncias do caso concreto – Sentença de procedência parcial confirmada por seus próprios e jurídicos fundamentos. Recursos desprovidos. (TJSP – Apelação Cível nº 0005349-05.2011.8.26.0032 – Araçatuba – 11ª Câmara de Direito Público – Rel. Des. Oscild de Lima Júnior – DJ 10.06.2013)

⊙ TRIBUNAL DE JUSTIÇA DO ESTADO DE MINAS GERAIS

▶ **EMENTA:** AÇÃO DE OBRIGAÇÃO DE FAZER. SENTENÇAS PROFERIDAS EM AÇÃO DE USUCAPIÃO. NEGATIVA DO TITULAR DO CARTÓRIO DE IMÓVEIS EM PROCEDER AO REGISTRO. ILEGITIMIDADE PASSIVA DO OFICIAL. REJEIÇÃO. APLICAÇÃO DO ARTIGO 515, § 3º DO CPC. JUSTIÇA GRATUITA. EXTENSÃO DO BENEFÍCIO AOS ATOS EXTRAJUDICIAIS. EMOLUMENTOS CARTORÁRIOS ABRANGIDOS. PROCEDÊNCIA DO PEDIDO. RECURSO PROVIDO. a) O procedimento previsto no art. 198 da Lei nº 6.015/73 é apenas um dos caminhos legais para se submeter à apreciação judicial a exigência formulada pelo Oficial de Registro, admitindo-se a utilização de outros meios ou ações judiciais para dirimirem conflitos existentes nesta seara, pois nada obsta a que o interessado provoque o pronunciamento do Poder Judiciário por outra via. b) O Oficial da Serventia, por ser o responsável pelo registro e sua negativa deve figurar no pólo passivo do feito. c) A assistência judiciária abrange todos os atos judiciais e extrajudiciais necessários à realização das decisões, aí incluídos as despesas das taxas judiciárias, custas e emolumentos cartorários, consoante expressamente autoriza o art. 3º da Lei 1060/50. d) Apelação a que se dá provimento. (TJMG – Ap. Civ. nº 1.0534.09.018519-8/001 Des. SEBASTIÃO PEREIRA DE SOUZA, Publicação 22/11/2011)

3. QUESTÕES DE CONCURSOS

01. (TJ/AM – 2023 – TJ/AM - Titular de Notas e Serviços de Registros) Acerca dos emolumentos é INCORRETO afirmar, de acordo com a Lei nº 10.169/2000:

a) Nos registros, quando 2 (dois) ou mais imóveis forem dados em garantia, situados ou não na mesma circunscrição imobiliária, tenham ou não igual valor, a base de cálculo dos atos será o resultado da soma do valor venal dos imóveis, limitada ao potencial econômico de cada bem.

b) A averbação de aditivo de garantia real com liberação de crédito suplementar terá como base de cálculo o valor do referido crédito.

c) O valor fixado para os emolumentos deverá corresponder ao efetivo custo e à adequada e suficiente remuneração dos serviços prestados.

d) A averbação de aditivo que contenha outras alterações que não importem mudança no valor do crédito concedido é considerada ato sem conteúdo econômico.

02. (TJ/AM – 2023 – TJ/AM - Titular de Notas e Serviços de Registros) Acerca dos emolumentos, assinale a alternativa correta de acordo com a Lei nº 10.169/2000:

a) O reajuste do valor dos emolumentos independe da publicação das respectivas tabelas, bastando a observância do princípio da anterioridade.

b) É cabível, excepcionalmente, a fixação de emolumentos em percentual incidente sobre o valor do negócio jurídico objeto dos serviços notariais e de registro.

c) O notário ou registrador que fornecer o recibo dos emolumentos percebidos, fica dispensado da indicação dos respectivos valores à margem do documento entregue ao interessado.

d) É vedado impor ao registro e averbação de situações jurídicas em que haja a interveniência de produtor rural quaisquer acréscimos a título de taxas, custas e contribuições para o Estado ou Distrito Federal, carteira de previdência, fundo de custeio de atos gratuitos e fundos especiais do Tribunal de Justiça, bem como de associação de classe, ou outros que venham a ser criados.

03. (TJ/AM – 2023 – TJ/AM - Titular de Notas e Serviços de Registros) Os Estados e o Distrito Federal fixarão o valor dos emolumentos relativos aos atos praticados pelos respectivos serviços notariais e de registro, observadas as normas da Lei nº 10.169/2000. Sobre os emolumentos, assinale a alternativa INCORRETA, ou seja, a afirmação que não encontra amparo na citada lei.

a) Os emolumentos deverão ser fixados com base em percentual incidente sobre o valor do negócio jurídico objeto dos serviços notariais e de registro.

b) É vedado cobrar das partes interessadas quaisquer outras quantias não expressamente previstas nas tabelas de emolumentos.
c) O valor fixado para os emolumentos deverá corresponder ao efetivo custo e à adequada e suficiente remuneração dos serviços prestados.
d) Os valores dos emolumentos constarão de tabelas e serão expressos em moeda corrente do País.

04. (IESES – Titular de Serviços de Notas e Registros – TJ – TO – Remoção/2022) No tocante à fixação de emolumentos relativos aos atos praticados pelos serviços notariais e de registro, é correto afirmar:

I. Os Estados e o Distrito Federal fixarão o valor dos emolumentos relativos aos atos praticados pelos respectivos serviços notariais e de registro, observadas as normas desta Lei.
II. Os Estados e o Distrito Federal deverão proceder à revisão das tabelas de emolumentos atualmente em vigor, a fim de adaptá-las ao disposto nesta Lei, no prazo de 60 (sessenta) dias contados da data de sua vigência.
III. É permitido fixar emolumentos em percentual incidente sobre o valor do negócio jurídico objeto dos serviços notariais e de registro.
IV. As tabelas de emolumentos serão publicadas nos órgãos oficiais das respectivas unidades da Federação, cabendo às autoridades competentes determinar a fiscalização do seu cumprimento e sua afixação obrigatória em local visível em cada serviço notarial e de registro.

A sequência correta é:

a) Apenas as assertivas II e III estão incorretas.
b) Apenas a assertiva III está incorreta.
c) Apenas as assertivas I e II estão corretas.
d) As assertivas I, II, III e IV estão corretas.

05. (IESES – Titular de Serviços de Notas e Registros – TJ – TO – Provimento/2022) Em relação à Lei nº 10.169/00 (que estabelece normas gerais para fixação de emolumentos) assinale a alternativa correta:

a) É possível cobrar emolumentos em decorrência da prática de ato de retificação ou que teve de ser refeito ou renovado em razão de erro imputável aos respectivos serviços notariais e de registro.
b) As tabelas de emolumentos serão publicadas nos órgãos oficiais da União, cabendo às autoridades competentes determinar a fiscalização do seu cumprimento e sua afixação obrigatória em local visível em cada serviço notarial e de registro.
c) É vedado fixar emolumentos em percentual incidente sobre o valor do negócio jurídico objeto dos serviços notariais e de registro.
d) Os valores dos emolumentos constarão de tabelas e serão expressos em moeda corrente do País ou moeda estrangeira.

06. (FGV – Titular de Serviço de Notas e Registros – TJ – SC/2021) Sensível à defasagem dos emolumentos cartorários, o Tribunal de Justiça do Estado Alfa editou ato normativo, logo no início do ano, reajustando os respectivos valores conforme a inflação, os quais deveriam ser imediatamente observados. Além disso, com o objetivo de prestigiar a capacidade econômica dos contribuintes, fixou-os em percentual incidente sobre o valor do respectivo negócio jurídico, em se tratando de escrituras de compra e venda.

Considerando a sistemática vigente, o referido ato normativo é:

a) totalmente inválido, já que os emolumentos só podem ser reajustados por lei, devem observar a anterioridade e é vedado o seu cálculo com base em percentual do negócio;
b) totalmente válido, pois os reajustes podem ser realizados por ato do Tribunal, por se tratar de preço público não incide a anterioridade, e podem ser calculados em percentual;
c) parcialmente inválido, já que os emolumentos podem ser reajustados pelo Tribunal, por serem preço público não incide a anterioridade, mas não podem ser calculados em percentual;
d) parcialmente inválido, já que, por se tratar de taxa, embora os emolumentos possam ser reajustados pelo Tribunal, incide a anterioridade e não podem ser calculados em percentual;
e) parcialmente inválido, já que, por se tratar de taxa, incide a anterioridade, e os emolumentos não podem ser reajustados pelo Tribunal, mas podem ser calculados em percentual.

07. (Vunesp – Titular de Serviços de Notas e Registros – TJ – SP – Provimento/2022) Segundo a Lei Estadual nº 11.331, de 26 de dezembro de 2002, os emolumentos correspondem aos custos dos serviços notariais e de registro na seguinte conformidade: relativamente aos atos de Notas, de Registro de Imóveis, de Registro de Títulos e Documentos e Registro Civil das Pessoas Jurídicas e de Protesto de Títulos e Outros Documentos de Dívidas,

Nota da autora: esta questão exige do candidato conhecimento da Lei Estadual Paulista n. 11.331/2002 que dispõe sobre os emolumentos.

a) 10,157894% (dez inteiros, cento e cinquenta e sete mil, oitocentos e noventa e quatro centésimos de milésimos percentuais) são contribuição à Secretaria da Fazenda;
b) 4,289473% (quatro inteiros, duzentos e oitenta e nove mil, quatrocentos e setenta e três centésimos de milésimos percentuais) são destinados à compensação dos atos gratuitos do registro civil das pessoas naturais e à complementação da receita mínima das serventias deficitárias.
c) 62,5% (sessenta e dois inteiros e meio por cento) são receitas dos Notários e Registradores;
d) 18,763160% (dezoito inteiros, setecentos e sessenta e três mil, cento e sessenta centésimos e milésimos percentuais) são receita do Estado, em decorrência do processamento da arrecadação e respectiva fiscalização.

08. (IESES – Titular de Serviços de Notas e de Registro – Provimento – TJ – SC/2019) A Lei Federal 10.169/2000, que estabelece normas gerais para a fixação de emolumentos relativos aos atos praticados pelos serviços notariais e de registro, dispõe que:

a) Os notários e registradores passarão recibo dos emolumentos percebidos, sem prejuízo da indicação definitiva e obrigatória dos respectivos valores à margem do documento entregue ao interessado, em conformidade com a tabela vigente ao tempo da prática do ato.
b) Deverão os Estados e o Distrito Federal, no âmbito de sua competência, estabelecer forma de compensação aos Registros Civis das Pessoas Naturais pelos atos gratuitos por eles praticados, destinando parte da verba pública para este fim.
c) O valor dos emolumentos pode sofrer reajustes periódicos, para a recomposição de sua expressão econômica, sendo que a nova Tabela deverá obedecer uma antecedência mínimo de 30 (trinta) dias, a partir de sua publicação, para adquirir validade.
d) Os atos relativos a situações jurídicas sem conteúdo financeiro deverão ser remunerados de maneira uniforme pelos Estados e o Distrito Federal, evitando-se variações decorrentes de peculiaridades regionais.

09. (Consulplan – Outorga das Delegações de Notas e de Registros – TJ – MG/2018) A Lei Estadual Mineira nº 15.424/04 dispõe sobre a fixação, a contagem, a cobrança e o pagamento de emolumentos relativos aos atos praticados pelos serviços notariais e de registro, o recolhimento da Taxa de Fiscalização Judiciária e a compensação dos atos sujeitos à gratuidade estabelecida em lei federal e dá outras providências. De acordo com o exposto, analise as afirmativas a seguir.

Nota da autora: esta questão exige do candidato conhecimento da Lei Estadual Mineira de emolumentos, Lei n. 15.424/2004.

I. As averbações feitas de ofício e as concernentes ao transporte de ônus da matrícula e aquelas relacionadas ao encerramento de uma matrícula em virtude da abertura de outra não estão sujeitas a pagamento de emolumentos.

II. Para fins de enquadramento nas tabelas de emolumentos, relativamente aos atos classificados como situações jurídicas com conteúdo financeiro, será considerado como parâmetro o resultado da divisão do valor do contrato pelo número de imóveis, nos registros e escrituras de direitos reais de garantia, quando dois ou mais imóveis forem dados em garantia, estejam ou não situados na mesma circunscrição imobiliária, tenham ou não igual valor.

III. Em aditivo de contrato de crédito para substituição de garantia ou para prorrogação de prazo de pagamento sem liberação de crédito suplementar, os atos são considerados com conteúdo financeiro.

IV. A averbação será considerada com conteúdo financeiro quando implicar majoração do valor do contrato ou da dívida constante no registro, em virtude da liberação de um crédito, ou quando houver constituição, transferência, modificação ou renúncia de direito real, reversão da propriedade, cessão de direito, caução, cessão fiduciária de direitos relativos a imóveis, termo de securitização de créditos imobiliários, cessão de crédito imobiliário ou sub-rogação de dívida.

Estão corretas apenas as afirmativas

a) II e III.
b) I, II e III.
c) I, II e IV.
d) II, III e IV.

10. (UFPR – Outorga das Delegações – Remoção – TJ – PR/2019) A respeito da cobrança de emolumentos por notários e registradores, assinale a alternativa correta.

a) No caso de atos relativos à primeira compra de imóvel para fins de residência, adquirido por meio de financiamento do Sistema Financeiro da Habitação, o valor dos emolumentos devidos será reduzido em 50% (cinquenta por cento).
b) A competência legislativa para fixar os valores dos emolumentos pertence à União Federal.
c) Os valores dos emolumentos relativos aos atos praticados pelos serviços notariais e de registro do Distrito Federal são definidos por meio de lei federal.
d) Em caso de reajuste dos valores dos emolumentos, não se aplica o princípio da anterioridade, podendo-se publicar as novas tabelas e cobrar os respectivos valores no mesmo ano de sua publicação.
e) No caso da prática de atos gratuitos por notários e registradores em razão de exigência legal, como é o caso dos assentos do registro civil de nascimento e de óbito, não cabe ao Poder Público prover compensação aos agentes delegados, competindo a estes últimos arcar integralmente com os custos de tais atos.

11. (IESES – Cartório – Remoção – TJ – CE/2018) Os emolumentos devidos pelos atos relacionados com a primeira aquisição imobiliária para fins residenciais, financiada pelo Sistema Financeiro da Habitação, serão reduzidos em:

a) 40% (quarenta por cento).
b) 25% (vinte e cinco por cento).
c) 20% (vinte por cento).
d) 50% (cinquenta por cento).

12. (Vunesp – Cartório – Provimento – TJ – SP/2018) Nos termos da Lei Estadual nº 11.331/2002, o limite de receita bruta para fins de suplementação da receita mínima das serventias deficitárias é equivalente a

a) 12 (doze) salários-mínimos mensais.
b) 10 (dez) salários-mínimos mensais.
c) 15 (quinze) salários-mínimos mensais.
d) 13 (treze) salários-mínimos mensais.

13. (Vunesp – Cartório – Provimento – TJ – SP/2018) De acordo com as Notas Explicativas da Tabela de Emolumentos relativa ao Registro de Títulos e Documentos, anexa à Lei Estadual nº 11.331/2002, a base de cálculo do registro de contrato de locação de imóvel com duração de 30 (trinta) meses será equivalente

a) à soma dos 12 (doze) primeiros alugueres.
b) ao valor total do contrato, calculado com base no valor do primeiro aluguel.
c) ao valor do imóvel.
d) a um terço do valor do imóvel.

14. (Vunesp – Cartório – Remoção – TJ – SP/2018) A Lei Estadual nº 11.331/2002 define a repartição da receita do Estado sobre os emolumentos, prevista na alínea "b" do inciso I do art. 19, sendo a maior parte destinada

a) ao Fundo de Assistência Judiciária.
b) ao custeio das diligências dos oficiais de justiça incluídas na taxa judiciária.
c) ao Fundo Social de Solidariedade.
d) à Fazenda do Estado.

15. (Cespe – Cartório – ES/2013) De acordo com a Lei nº 10.169/2000, para a fixação de emolumentos a serem cobrados pela prática de atos específicos de cada serviço, relativos a situações jurídicas sem conteúdo financeiro, deverá ser levada em consideração a

a) situação socioeconômica da região.
b) despesa que o cartório terá ao praticar o ato.
c) quantidade de atos praticados para o serviço anualmente no estado.
d) quantidade de atos praticados para o serviço anualmente em cada município.
e) situação demográfica da região.

16. (Cespe – Cartório-PI/2013) Os emolumentos extrajudiciais de serviços notariais e de registro público podem ser criados ou alterados, a qualquer tempo, pelos tribunais de justiça. Acerca desse assunto, assinale a opção correta.

a) Incidem imposto sobre operações relativas à circulação de mercadorias e prestação de serviço de transporte interestadual e intermunicipal e de comunicação e contribuições parafiscais nos serviços notariais prestados e cobrados aos cidadãos.
b) As custas e os emolumentos extrajudiciais têm natureza tributária de taxas cobradas em razão do poder de polícia.
c) Os emolumentos extrajudiciais podem ser criados pelos tribunais de justiça por provimentos gerais, independentemente da existência de lei que assim os defina.
d) Para a criação e cobrança de emolumentos extrajudiciais, é necessário observar os princípios da anterioridade e da reserva legal.
e) A corregedoria dos tribunais tem a função de fiscalizar os serviços notariais e pode, por provimento, determinar e atualizar os valores dos serviços, independentemente de lei.

17. (Cespe – Cartório-PI/2013) À luz da Lei nº 10.169/2000, que estabelece normas gerais para a fixação de emolumentos relativos aos atos praticados pelos serviços notariais e de registro, assinale a opção correta.

a) Se, por mera hipótese, uma norma válida, publicada em 5 de janeiro de 2012, tivesse estabelecido nova tabela para elevar os valores dos emolumentos, os cartórios somente poderiam cobrar os novos valores a partir de 2013.
b) O STJ possui firme entendimento de que a fazenda pública é isenta do pagamento de emolumentos cartorários.
c) Os notários e registradores devem entregar recibo aos usuários dos serviços prestados, ou indicarem os respectivos valores dos emolumentos pagos, em conformidade com a tabela vigente ao tempo da prática do ato.
d) Segundo o STF, os emolumentos possuem a natureza jurídica de tarifa.
e) O STF já decidiu que tanto a simples correção monetária dos valores anteriormente fixados a título de emolumentos, quanto o aumento das custas extrajudiciais, podem resultar de resolução do respectivo tribunal de justiça.

18. (FMP – Cartório – TJ – MT/2014) Acerca dos emolumentos relativos aos serviços notarias e de registro, assinale a afirmativa correta.

a) De acordo com a Constituição Federal, a lei estadual estabelecerá as normas gerais para fixação de emolumentos relativos aos atos praticados pelos serviços notariais e de registro, bem como o valor dos respectivos emolumentos.
b) O valor fixado para os emolumentos deverá corresponder ao efetivo custo e à adequada e suficiente remuneração dos serviços prestados.
c) Os notários e os registradores darão recibo dos emolumentos percebidos, sem prejuízo da indicação facultativa dos respectivos valores à margem do documento entregue ao interessado.
d) Para a fixação do valor dos emolumentos, a lei levará em conta a natureza privada e o caráter social dos serviços notariais e de registro e, nos atos com conteúdo financeiro, as peculiaridades socioeconômicas de cada região.
e) Os valores dos emolumentos constarão de tabelas e serão expressos em moeda corrente do País; os atos específicos dos vários tipos de serviços notariais e de registro serão remunerados por emolumentos comuns, fixados de modo uniforme.

19. (Cespe – Cartório – TJ-DFT/2014) Assinale a opção correta a respeito dos emolumentos pelos atos de notários e registradores.

a) Serão reduzidos pela metade os valores dos emolumentos relativos à renovação de atos ou às escrituras de rerratificação, em decorrência de erros atribuíveis à serventia, sejam materiais, sejam resultantes de exigência legal.
b) Os atos que, praticados pela serventia, não constem da tabela de emolumentos devem ser cobrados com base em preços compatíveis com seu efetivo custo e na suficiente remuneração dos serviços prestados.
c) A lei estadual ou distrital poderá fixar emolumentos em percentual incidente sobre o valor do negócio jurídico objeto dos serviços notariais e de registro.
d) Segundo entendimento do STJ, é indevida a cobrança de emolumentos indispensáveis ao cumprimento de decisão proferida em processo judicial no qual se tenha concedido à parte o benefício da gratuidade de justiça.
e) Os atos gratuitos praticados pelos notários e registradores serão compensados conforme lei criada no âmbito de competência dos estados e do DF.

20. (Consulplan – Cartório – MG – Remoção/2016) Nos termos da legislação mineira, Lei nº 15.424, de 30/12/2004, que dispõe sobre a fixação, a contagem, a cobrança e o pagamento de emolumentos relativos aos atos praticados pelos serviços notariais e de registro, avalie as seguintes assertivas abaixo:

I. Para realizar o desmembramento urbano ou rural o registrador de imóveis praticará um ato de averbação sem conteúdo financeiro.
II. É vedado ao Notário e ao Registrador, entre outras, conceder desconto remuneratório de emolumentos ou de valores da Taxa de Fiscalização Judiciária.
III. O Notário e o Registrador fornecerão recibo circunstanciado dos emolumentos cobrados e cotarão os respectivos valores à margem do documento a ser entregue ao interessado.
IV. Para o registro de contrato de alienação fiduciária de imóvel os emolumentos serão cobrados levando-se em consideração o saldo devedor.

Está correto o que se afirma em:

a) II, III e IV, apenas.
b) III e IV, apenas.
c) I, II, III e IV.
d) I e IV, apenas.

21. Consulplan – Cartório – MG – Remoção/2016) Para fins de enquadramento nas tabelas de emolumentos, a Lei nº 15.424/2004, inciso XII, parágrafo 3º, do art. 10, estabelece os critérios para cobrança de emolumentos quanto ao registro de contrato de locação. A esse respeito, julgue as seguintes asserções:

I. A base de cálculo no registro de contrato de locação com prazo determinado será o valor da soma dos aluguéis mensais.
II. No registro de contrato de locação com prazo indeterminado, a base de cálculo recairá sobre a soma de doze aluguéis mensais.
III. No registro de contrato de locação, a base de cálculo incidirá sobre o valor do imóvel estabelecido no último lançamento efetuado pelo Município, para efeito de cobrança de imposto sobre a propriedade predial e territorial urbana, ou pelo órgão federal competente, para efeito de cobrança de imposto sobre a propriedade territorial rural.
IV. No registro de contrato de locação que contiver cláusula de reajuste, considerar-se-á o resultado da multiplicação do índice de reajuste sobre o número de meses.

Está correto apenas o que se afirma em:

a) I e IV
b) III e IV
c) I, II e IV
d) II e III

GAB								
	1	A	2	D	3	A	4	A
	5	C	6	D	7	C	8	A
	9	C	10	A	11	D	12	D
	13	A	14	A	15	A	16	C
	17	A	18	B	19	D	20	C
	21	C						

Lei nº 7.433, de 18 de dezembro de 1985 e Decreto nº 93.240, de 9 de setembro de 1986

▸ LEI Nº 7.433, DE 18 DE DEZEMBRO DE 1985

Dispõe sobre os requisitos para a lavratura de escrituras públicas e dá outras providências.

Art. 1º Na lavratura de atos notariais, inclusive os relativos a imóveis, além dos documentos de identificação das partes, somente serão apresentados os documentos expressamente determinados nesta Lei.

§ 1º O disposto nesta Lei se estende, onde couber, ao instrumento particular a que se refere o art. 61, da Lei nº 4.380, de 21 de agosto de 1964, modificada pela Lei nº 5.049, de 29 de Junho de 1966.

§ 2º O Tabelião consignará no ato notarial a apresentação do documento comprobatório do pagamento do Imposto de Transmissão *inter vivos*, as certidões fiscais e as certidões de propriedade e de ônus reais, ficando dispensada sua transcrição.

§ 3º – Obriga-se o Tabelião a manter, em Cartório, os documentos e certidões de que trata o parágrafo anterior, no original ou em cópias autenticadas.

Art. 2º Ficam dispensados, na escritura pública de imóveis urbanos, sua descrição e caracterização, desde que constem, estes elementos, da certidão do Cartório do Registro de Imóveis.

§ 1º – Na hipótese prevista neste artigo, o instrumento consignará exclusivamente o número do registro ou matrícula no Registro de Imóveis, sua completa localização, logradouro, número, bairro, cidade, Estado e os documentos e certidões constantes do § 2º do art. 1º desta mesma Lei.

§ 2º – Para os fins do disposto no parágrafo único do art. 4º da Lei nº 4.591, de 16 de dezembro de 1964, modificada pela Lei nº 7.182, de 27 de março de 1984, considerar-se-á prova de quitação a declaração feita pelo alienante ou seu procurador, sob as penas da Lei, a ser expressamente consignada nos instrumentos de alienação ou de transferência de direitos.

Art. 3º Esta Lei será aplicada, no que couber, aos casos em que o instrumento público recair sobre coisas ou bens cuja aquisição haja sido feita através de documento não sujeito a matrícula no Registro de Imóveis.

Art. 4º Esta Lei entra em vigor na data de sua publicação.

Art. 5º Revogam-se as disposições em contrário.

Brasília, em 18 de dezembro de 1985;
164º da Independência e 97º da República.

JOSÉ SARNEY
Fernando Lyra
Paulo Lustosa

DECRETO Nº 93.240, DE 9 DE SETEMBRO DE 1986

Regulamenta a Lei nº 7.433, de 18 de dezembro de 1985, que "dispõe sobre os requisitos para a lavratura de escrituras públicas, e dá outras providências".

O PRESIDENTE DA REPÚBLICA , no uso das atribuições que lhe confere o artigo 81, item III, da Constituição,

DECRETA:

Art. 1º Para a lavratura de atos notariais, relativos a imóveis, serão apresentados os seguintes documentos e certidões:

I – os documentos de identificação das partes e das demais pessoas que comparecerem na escritura pública, quando julgados necessários pelo Tabelião;

II – o comprovante do pagamento do Imposto sobre a Transmissão de Bens Imóveis e de Direitos a eles relativos, quando incidente sobre o ato, ressalvadas as hipóteses em que a lei autorize a efetivação do pagamento após a sua lavratura;

III – as certidões fiscais, assim entendidas:

a) em relação aos imóveis urbanos, as certidões referentes aos tributos que incidam sobre o imóvel, observado o disposto no § 2º, deste artigo;

b) em relação aos imóveis rurais, o Certificado de Cadastro emitido pelo Instituto Nacional de Colonização e Reforma Agrária – INCRA, com a prova de quitação do último Imposto Territorial Rural lançado ou, quando o prazo para o seu pagamento ainda não tenha vencido, do Imposto Territorial Rural correspondente ao exercício imediatamente anterior;

IV – a certidão de ações reais e pessoais reipersecutórias, relativas ao imóvel, e a de ônus reais, expedidas pelo Registro de Imóveis competente, cujo prazo de validade, para este fim, será de 30 (trinta) dias;

V – os demais documentos e certidões, cuja apresentação seja exigida por lei.

§ 1º O Tabelião consignará na escritura pública a apresentação dos documentos e das certidões mencionadas nos incisos II, III, IV e V, deste artigo.

§ 2º As certidões referidas na letra *a* , do inciso III, deste artigo, somente serão exigidas para a lavratura das escrituras públicas que impliquem a transferência de domínio e a sua apresentação poderá ser dispensada pelo adquirente que, neste caso, responderá, nos termos da lei, pelo pagamento dos débitos fiscais existentes.

§ 3º A apresentação das certidões previstas no inciso IV, deste artigo, não eximirá o outorgante da obrigação de declarar na escritura pública, sob pena de responsabilidade civil e penal, a existência de outras ações reais e pessoais reipersecutórias, relativas ao imóvel, e de outros ônus reais incidentes sobre o mesmo.

Art. 2º O Tabelião fica desobrigado de manter, em cartório, o original ou cópias autenticadas das certidões mencionadas nos incisos III e IV, do artigo 1º, desde que transcreva na escritura pública os elementos necessários à sua identificação, devendo, neste caso, as certidões acompanharem o traslado da escritura.

Art. 3º Na escritura pública relativa a imóvel urbano cuja descrição e caracterização conste da certidão do Registro de Imóveis, o instrumento poderá consignar, a critério do Tabelião, exclusivamente o número do registro ou matrícula no Registro de Imóveis, sua completa localização, logradouro, número, bairro, cidade, Estado e os documentos e certidões mencionados nos incisos II, III, IV e V, do artigo 1º.

Art. 4º As disposições deste decreto aplicam-se, no que couberem, ao instrumento particular previsto no artigo 61, da Lei nº 4.380, de 21 de agosto de 1964, modificada pela Lei nº 5.049, de 29 de junho de 1966, ao qual se anexarão os documentos e as certidões apresentadas.

Art. 5º Este decreto entrará em vigor na data de sua publicação.

Art. 6º Revogam-se as disposições em contrário.

Brasília, 9 de setembro de 1986;
165º da Independência e 98º da República.
JOSÉ SARNEY
Paulo Brossard

1. COMENTÁRIOS[1]

O art. 7º, I, da Lei 8.935/1994 preceitua que aos tabeliães de notas compete **exclusivamente** lavrar escrituras e procurações públicas.

Na lição de Walter Ceneviva, "a exclusividade corresponde a um efeito ativo (reservar apenas para o tabelião de notas os serviços mencionados no dispositivo, enquanto exercente de função delegada, na forma preconizada pela Constituição e a um outro negativo (excluir de igual possibilidade todos os demais)" (*Lei dos Notários e dos Registradores Comentada*. 8ª ed. São Paulo: Saraiva, 2010, p. 75).

1.1 CONCEITO

Título de origem extrajudicial, a escritura pública é um instrumento público notarial dotado de fé pública e força probante plena. Nela são acolhidas declarações sobre atos jurídicos ou declarações de vontade referentes a negócios jurídicos para os quais os participantes desejam ou necessitam conferir essa forma legal.

1.2 OBJETO

O objeto da escritura pública pode ser um bem móvel, um bem imóvel, ou ainda uma declaração de vontade.

1.3 REQUISITOS

A escritura pública deve conter, além dos requisitos previstos no art. 215 do Código Civil, os requisitos estabelecidos em legislação especial, como, por exemplo, o que consta na Lei n. 7.433/1985, no Decreto n. 93.240/1986, na Resolução n. 35/2007, nas normativas estaduais, entre outras. Além disso, a escritura pública deve abranger, subsidiariamente, as leis específicas de cada tipo de negócio jurídico objeto das escrituras.

O Código Civil expõe em seu art. 215 os **requisitos gerais**. São eles:

> **Art. 215.** A escritura pública, lavrada em notas de tabelião, é documento dotado de fé pública, fazendo prova plena.
>
> § 1º Salvo quando exigidos por lei outros requisitos, a escritura pública deve conter:
>
> I – data e local de sua realização;
>
> II – reconhecimento da identidade e capacidade das partes e de quantos hajam comparecido ao ato, por si, como representantes, intervenientes ou testemunhas;
>
> III – nome, nacionalidade, estado civil, profissão, domicílio e residência das partes e demais comparecentes, com a indicação, quando necessário, do regime de bens do casamento, nome do outro cônjuge e filiação;
>
> IV – manifestação clara da vontade das partes e dos intervenientes;
>
> V – referência ao cumprimento das exigências legais e fiscais inerentes à legitimidade do ato;
>
> VI – declaração de ter sido lida na presença das partes e demais comparecentes, ou de que todos a leram;
>
> VII – assinatura das partes e dos demais comparecentes, bem como a do tabelião ou seu substituto legal, encerrando o ato.
>
> § 2º Se algum comparecente não puder ou não souber escrever, outra pessoa capaz assinará por ele, a seu rogo.
>
> § 3º A escritura será redigida na língua nacional.
>
> § 4º Se qualquer dos comparecentes não souber a língua nacional e o tabelião não entender o idioma em que se expressa, deverá comparecer tradutor público para servir de intérprete, ou, não o havendo na localidade, outra pessoa capaz que, a juízo do tabelião, tenha idoneidade e conhecimento bastantes.
>
> § 5º Se algum dos comparecentes não for conhecido do tabelião, nem puder identificar-se por documento, deverão participar do ato pelo menos duas testemunhas que o conheçam e atestem sua identidade.

Por sua vez, as normativas estaduais também estabelecem requisitos gerais que devem ser observados pelo Tabelião antes de lavrar a escritura, a saber:

a) As partes e interessados apresentaram documento de identidade e CPF ou, no caso de pessoa jurídica, documento comprobatório da representação, devidamente registrado no Registro Civil de Empresas Mercantis ou no Serviço de Registro Civil das Pessoas Jurídicas, e CNPJ, no original. Quando o documento de identidade for antigo e de difícil reconhecimento, poderá ser exigida a apresentação de um documento com fotografia mais recente, se disponível, ou o comparecimento de testemunhas instrumentárias.

b) Se estão em ordem os documentos comprobatórios da titularidade do direito, quando exigíveis, e, tratando-se de imóvel, se está registrado, fazendo menção do fato e da respectiva matrícula no Registro de Imóveis;

1. Toda a legislação citada nos comentários desta obra está disponível em EL DEBS, Martha. *Vade Mecum Notarial e Registral*. 11ª ed. Salvador: Juspodivm, 2024.

c) Havendo procuração, se os necessários poderes foram outorgados e se os nomes das partes coincidem com os correspondentes no ato a ser lavrado;

d) Procedendo a procuração de outra Comarca, se têm as firmas reconhecidas e o sinal público do Tabelião que a lavrou, e, caso passada no estrangeiro, se atende às exigências legais;

e) Se estão em ordem as certidões exigidas por lei ou prescrições normativas;

f) Se estão regulares a autorização de transferência de direitos relativos a bem público; o comprovante de pagamento do laudêmio, quando for o caso; a guia quitada do recolhimento dos impostos e da contribuição devida, sendo rural o imóvel; a prova do pagamento do imposto de transmissão e de quitação dos vendedores, em face da Previdência Social, se necessária;

g) Se foi cumprido o disposto nos artigos 244 e 245 da Lei 6.015/73, nas hipóteses de registro ou averbação da escritura de pacto antenupcial ou de regime de bens,

h) Na escritura lavrada para instituição de bem de família, na forma prevista no art. 1.711 do Código Civil, a certidão do imóvel objeto da instituição, devidamente atualizada, bem como declaração do (s) instituidor (es) sobre a existência de dívidas de qualquer natureza.

Frise-se que os requisitos da escritura pública podem variar de Estado para Estado, conforme suas normativas estaduais.

Apresento alguns exemplos de Códigos de Normas Extrajudiciais dos Estados que elencam elementos adicionais de ordem geral e específica.

Normas de Serviço da Corregedoria-Geral da Justiça do Estado de São Paulo (NSCGJSP)

Item 45. Cap. XIV. A escritura pública, salvo quando exigidos por lei outros requisitos, deve conter:

a) dia, mês, ano e local em que lavrada, lida e assinada;

b) nome, nacionalidade, estado civil, profissão, número do registro de identidade com menção ao órgão público expedidor ou do documento equivalente, número de inscrição no CPF ou CNPJ, domicílio e residência das partes e dos demais comparecentes, com a indicação, quando necessário, do regime de bens do casamento, nome do outro cônjuge e filiação, e expressa referência à eventual representação por procurador;

c) manifestação clara da vontade das partes e dos intervenientes;

d) referência ao cumprimento das exigências legais e fiscais inerentes à legitimidade do ato;

e) declaração de ter sido lida na presença das partes e dos demais comparecentes, ou de que todos a leram;

f) assinatura das partes e dos demais comparecentes ou, caso não possam ou não saibam escrever, de outras pessoas capazes, que assinarão a rogo e no lugar daqueles, cujas impressões digitais, no entanto, deverão ser colhidas mediante emprego de coletores de impressões digitais, vedada a utilização de tinta para carimbo;

g) assinatura do Tabelião de Notas ou a de seu substituto legal;

h) menção à data, ao livro e à folha da serventia em que foi lavrada a procuração, bem como à data da certidão correspondente, para comprovar que foi expedida nos noventa dias que antecederam a prática do ato notarial;

i) quando se tratar de pessoa jurídica, a data do contrato social ou de outro ato constitutivo, o seu número na Junta Comercial ou no Registro Civil das Pessoas Jurídicas, referência à cláusula do contrato ou do estatuto social que versa sobre as pessoas incumbidas da sua administração, seus poderes e atribuições, a autorização para a prática do ato, se exigível, e a ata da assembleia geral que elegeu a diretoria;

j) na escritura de doação, o grau de parentesco entre os doadores e os donatários;

k) se de interesse de incapaz, menção expressa à idade, se menor, e, sempre, à pessoa por quem representado ou assistido, ressalvados os casos de aceitação futura pelo donatário;

l) indicação clara e precisa da natureza do negócio jurídico e seu objeto;

m) a declaração, se o caso, da forma do pagamento, se em dinheiro ou em cheque, com identificação deste pelo seu número e pelo banco sacado, ou mediante outra forma estipulada pelas partes;

n) declaração de que é dada quitação da quantia recebida, quando for o caso;

o) indicação dos documentos apresentados nos respectivos originais, entre os quais, obrigatoriamente, em relação às pessoas físicas, documento de identidade ou equivalente, CPF e, se o caso, certidão de casamento;

p) o código de consulta gerado (hash) pela Central de Indisponibilidade, quando o caso;

q) cota-recibo das custas e dos emolumentos devidos pela prática do ato, com observação do disposto no Capítulo XIII das NSCGJ;

r) termo de encerramento;

s) referência, quando for o caso, ao cumprimento do item 42 deste capítulo das NSCGJ;

t) alusão à emissão da DOI;

u) menção aos documentos apresentados e ao seu arquivamento.

Código de Normas da Parte Extrajudicial do Estado do Rio de Janeiro

Art. 352. Feita a qualificação notarial e presentes os requisitos necessários, proceder-se-á à sua lavratura, em idioma nacional, consignando-se, além de outras informações porventura exigidas por lei:

I – data e local de sua realização, com menção do endereço completo no qual foi lavrada, quando fora da sede do serviço;

II – reconhecimento da identidade e capacidade das partes e de quantos hajam comparecido ao ato, por si, como representantes, intervenientes ou testemunhas;

III – quanto às pessoas físicas presentes ao ato, por si, como representantes, intervenientes ou testemunhas:

a) qualidade com que comparece ao ato, se como parte, representante, interveniente ou testemunha;

b) nome completo, vedadas abreviações;

c) nacionalidade;

d) filiação;

e) estado civil, com menção à existência ou não de união estável;

f) regime de bens do casamento e o seu estatuto legal, ou da união estável, quando for o caso, com menção aos elementos identificadores do pacto nupcial ou da escritura pública declaratória de união estável, se houver;

g) profissão;

h) documento de identidade, se houver, com indicação do tipo de documento, o número, a autoridade expedidora e a data da expedição;

i) número de inscrição no CPF, imprescindível à prática de atos notariais envolvendo a transmissão ou oneração de direitos reais sobre bens imóveis;

j) domicílio e residência;

k) nome completo, nacionalidade, profissão, documento de identidade, CPF e domicílio do outro cônjuge ou companheiro não presente ao ato, se houver, observadas as disposições das alíneas anteriores;

IV – quanto às pessoas jurídicas presentes ao ato, por si, como representantes ou intervenientes:

a) qualidade com que comparece ao ato, se como parte, representante ou interveniente;

b) nome completo, vedadas abreviações, ressalvadas aquelas próprias do direito empresarial;

c) número de inscrição no CNPJ, imprescindível à prática de atos notariais envolvendo a transmissão ou oneração de direitos reais sobre bens imóveis;

d) a apresentação de certidão dos seus atos constitutivos, mencionando-se o número de sua versão, a data de seu arquivamento ou registro, e o número de identificação do registro de empresa (NIRE), conforme o caso;

e) referência às cláusulas do contrato ou do estatuto social que estabelecem a representatividade da pessoa jurídica, seus poderes e limitações;

f) a apresentação da ata de eleição da diretoria, ou de termo avulso de nomeação de administradores, se for o caso;

g) a qualificação do seu representante, na forma do inciso III deste artigo;

V – quanto às pessoas presentes ao ato na qualidade de representantes legais de incapazes:

a) menção aos elementos identificadores do alvará de autorização para a prática do ato, quando for o caso;

b) declaração de que a validade e eficácia do alvará foram confirmados, com indicação das providências adotadas para tanto;

VI – quanto às pessoas presentes ao ato na qualidade de representantes convencionais de parte ou interveniente:

a) menção aos elementos identificadores da procuração ou substabelecimento;

b) declaração de que a procedência, validade e eficácia do mandato foram confirmados, com indicação das providências adotadas para tanto;

VII – menção quanto ao registro do ato junto ao serviço do registro de títulos e documentos, em se tratando de procuração outorgada fora do País;

VIII – manifestação clara da vontade das partes e dos intervenientes, com expressa indicação da natureza do ato ou negócio jurídico e de seu objeto, com informações sobre o seu conteúdo econômico, especificando-se:

a) os valores declarados pelas partes, para os bens e direitos versados no negócio jurídico;

b) o valor venal dos bens e direitos versados no negócio jurídico, quando for o caso;

c) a avaliação, pela autoridade tributária, dos bens e direitos versados no negócio jurídico, quando for o caso; d) o meio, forma e datas dos pagamentos realizados e por se realizar, com indicação das contas bancárias de origem e de destino, quando for o caso;

IX – referência ao cumprimento das exigências legais e fiscais inerentes à legitimidade do ato;

X – declaração de ter sido lida na presença das partes e demais comparecentes, ou de que todos a leram;

XI – a cotação discriminada das custas e emolumentos devidos pela prática do ato, com menção às normas definidoras dos seus respectivos fatos geradores;

XII – assinaturas das partes e dos demais comparecentes, a do responsável pela lavratura, bem como a do tabelião de notas ou seu substituto legal, todas devidamente identificadas e apostas ao final do documento, encerrando o ato; e

XIII – o selo eletrônico de fiscalização;

§ 1º. A qualificação do cônjuge ou companheiro do participante não é necessária nos atos notariais em que o estado civil e o regime de bens não sejam relevantes, bastando a informação de que é casado ou convivente em união estável.

§ 2º. Se alguma das partes ou demais comparecentes não puder ou não souber assinar, outra pessoa capaz, devidamente identificada e qualificada, assinará por ela, a seu rogo, devendo ser colhida a sua impressão digital na presença de duas testemunhas igualmente qualificadas e identificadas.

§ 3º. Ao se referir ao cumprimento das exigências legais e fiscais inerentes à legitimidade do ato, o responsável pela lavratura do ato deverá fazer consignar:

I – que as certidões, declarações e consultas exigidas por lei para a prática do ato foram apresentadas, dispensada qualquer indicação dos órgãos expedidores;

II – que as partes e comparecentes se encontram cientes acerca das ocorrências constantes das certidões e consultas apresentadas e de seus efeitos;

III – que o imposto de transmissão devido foi recolhido, informando-se o número da guia, seu valor e data de pagamento ou que as partes se comprometem ao seu recolhimento antes da apresentação do ato notarial a registro, quando for o caso e a lei tributária assim o admitir;

IV – os elementos identificadores do certificado declaratório de imunidade, isenção, não incidência ou dispensa do pagamento do imposto de transmissão, quando for o caso.

Código de Normas dos Serviços Notariais e de Registros do Estado de Pernambuco

Art. 291. A escritura pública, para a sua validade e solenidade, além dos requisitos exigidos em lei especial, deverá conter a precisa identificação do tabelião responsável pela sua lavratura, bem como:

I – data do ato, com indicação do local, dia, mês e ano de sua lavratura;

II – o endereço completo da serventia, ou o local de leitura do ato, se não se tratar da sede da serventia;

III – o nome e qualificação completa das partes e demais comparecentes, com expressa referência à nacionalidade, estado civil, profissão, domicílio, endereço e lugar de domicílio, menção ao número do CPF;

IV – quando o estado civil for essencial para legitimar o ato, como nas escrituras que tenham por objeto transferência, constituição e extinção de direitos reais ou cessão de direitos sobre imóveis, renúncia de direitos sobre imóveis ou heranças, escrituras de inventários, estremação, entre outras, deve constar: se casado, data do matrimônio, serventia onde foi expedida a certidão, livro, folha e termo da certidão de casamento, regime de bens adotado, menção expressa à serventia, ao livro e à folha onde foi lavrado o pacto antenupcial, se houver, e ao nome do cônjuge, com sua qualificação completa;

V – declaração de que é solteiro e, no caso de conviver em união estável, sendo está formalizada em escritura pública deve mencionar o tabelionato que fez a sua lavratura, livro e folha, quando for essencial para lavratura do ato, deve ser mencionado o regime de bens e o nome do companheiro, com sua qualificação completa;

VI – o reconhecimento da identidade e capacidade das partes e de quantos hajam comparecido ao ato, por si, como representantes, intervenientes ou testemunhas;

VII – nome e qualificação completa, na forma do inciso III deste artigo, de representante ou assistente em caso de incapacidade plena ou capacidade apenas relativa de participante, transcrevendo data de nascimento, o alvará de autorização judicial ou mencionando-o em breve relatório com todas as minúcias que permitam identificá-lo, o que também se aplica, no que couber, ao suprimento judicial de consentimento;

VIII – nome, endereço e lugar da sede, número do CNPJ, menção ao registro mercantil ou civil das pessoas jurídicas e indicação da representação de participante que seja pessoa jurídica, ainda com os dados constantes no inciso III deste artigo, no que couber, em relação à pessoa natural representante;

IX – nome e qualificação completa de procurador, se houver, com menção à data, ao livro, à folha e à serventia em que tenha sido lavrado o instrumento público de procuração e, se houver, de substabelecimento, assim como a data da certidão de seu inteiro teor quando não se tratar do traslado;

X – a manifestação clara da vontade das partes e dos intervenientes;

XI – a referência ao cumprimento das exigências legais e fiscais inerentes à legitimidade do ato;

XII – a declaração, quando for o caso, da forma de pagamento, se em dinheiro, títulos de crédito ou cheque, esse identificado pelo seu número e nome do banco sacado, ou outra forma estipulada pelas partes;

XIII – a indicação da documentação apresentada, transcrevendo-se, de forma resumida, os documentos exigidos em lei;

XIV – no termo de encerramento devem ser indicados:

a) a guia de recolhimento dos emolumentos e taxas emitida pelo sistema SICASE;

b) informação quanto a emissão da DOI, número do selo eletrônico de autenticidade emitido pelo sistema do Tribunal de Justiça de Pernambuco;

c) código de consulta da Central Nacional de Indisponibilidade de Bens;

d) as assinaturas das partes e dos demais comparecentes, bem como a do tabelião ou seu substituto legal, encerrando o ato.

Consolidação Normativa e Registral da Corregedoria-Geral da Justiça do Estado de Alagoas – Provimento n 16/2019-CGJ

Art. 21. Além de outros requisitos previstos em lei especial, a escritura pública conterá:

a) a data e lugar de sua realização;

b) reconhecimento da identidade e capacidade das partes e de quantos hajam comparecido ao ato;

c) nome, nacionalidade, estado civil, profissão, domicílio e residência das partes e demais comparecentes, com a indicação, quando necessário, do regime de bens do casamento, nome do cônjuge e filiação;

d) manifestação de vontade das partes e dos intervenientes;

e) declaração de haver sido lida às partes e demais comparecentes, ou de que todos a leram. Se a leitura não for em voz alta, o Tabelião só poderá registrar quem declarou lê-la;

f) assinatura das partes, dos demais comparecentes, e do Tabelião, encerrando o ato.

Provimento 93/2020 – Institui o Código de Normas da Corregedoria-Geral de Justiça do Estado de Minas Gerais, que regulamenta os procedimentos e complementa os atos legislativos e normativos referentes aos serviços notariais e de registro do Estado de Minas Gerais.

Art. 183. A escritura pública deve conter os seguintes requisitos, além de outros exigidos por lei:

I – data e lugar de sua realização, indicando a serventia em que foi lavrada e o respectivo endereço eletrônico;

II – nome e qualificação completa de participante que seja pessoa natural, indicando nacionalidade, estado civil, profissão, endereço e lugar de domicílio, menção ao número do CPF e do documento de identidade, ainda com a indicação, se casado, da data e da serventia, do livro, da folha e do termo do casamento, do regime de bens adotado, menção expressa à serventia, ao livro e à folha onde foi lavrado o pacto antenupcial, se houver, e ao nome do cônjuge, com sua qualificação completa;

III – nome, endereço e lugar da sede, número do CNPJ, menção ao registro mercantil ou civil das pessoas jurídicas e indicação da representação de participante que seja pessoa jurídica, ainda com os dados constantes no inciso II deste artigo, no que couber, em relação à pessoa natural representante;

IV – nome e qualificação completa de procurador, se houver, com menção à data, ao livro, à folha e à serventia em que tenha sido lavrado o instrumento público de procuração e, se houver, de substabelecimento, assim como a data da certidão de seu inteiro teor quando não se tratar do traslado;

V – nome e qualificação completa, na forma do inciso II deste artigo, de representante ou assistente em caso de incapacidade plena ou capacidade apenas relativa de participante, transcrevendo o alvará de autorização judicial ou mencionando-o em breve relatório com todas as minúcias que permitam identificá-lo, o que também se aplica, no que couber, ao suprimento judicial de consentimento;

VI – reconhecimento de identidade e capacidade dos comparecentes, incluída a legitimidade da representação, se for o caso;

VII – declaração de vontade dos participantes;

VIII – referência ao cumprimento de exigências legais e fiscais inerentes à legitimidade do ato;

IX – declaração de ter sido lida em presença dos comparecentes ou de que todos a leram;

X – assinatura de todos os comparecentes e do tabelião de notas, seu substituto ou escrevente, encerrando o ato.

§ 1º Se algum comparecente não puder ou não souber escrever, outra pessoa capaz assinará por ele, a seu rogo, devendo constar o motivo da assinatura a rogo, podendo a pessoa capaz firmá-la por mais de um comparecente se não forem conflitantes seus interesses.

§ 2º A pessoa que assinar a rogo deverá, preferencialmente, ser conhecida e de confiança daquele que não puder ou não souber assinar e ser alheia à estrutura da serventia.

§ 3º É recomendável colher, se possível, a impressão digital no polegar direito de quem não puder ou não souber assinar, com os cuidados técnicos necessários à obtenção de traços nítidos; impossibilitada a colheita no polegar direito, poderá ser colhida no esquerdo ou em outro dedo da mão ou ainda do pé, fazendo-se constar referência ao dedo sucedâneo.

§ 4º Se algum dos comparecentes não souber a língua nacional e o tabelião não entender o idioma em que se expressa, participará do ato tradutor público como intérprete, ou, não havendo na localidade tal profissional, outra pessoa capaz que, a juízo do tabelião, tenha idoneidade e conhecimentos bastantes.

§ 5º Não podem ser admitidos como testemunhas na escritura pública:

I – os menores de 16 (dezesseis) anos;

II – os analfabetos;

III – os que não tiverem discernimento para os atos da vida civil, nos termos do art. 228 do Código Civil;

IV – os cegos e surdos, quando a ciência do fato que será testemunhado dependa dos sentidos que lhes faltam;

V – o cônjuge, os ascendentes, os descendentes e os colaterais até o terceiro grau, por consanguinidade ou afinidade, de algum dos participantes, salvo em se tratando de signatário a rogo ou nos casos afetos ao direito de família.

§ 6º Caso a escritura pública seja passada ou recebida por procurador, é obrigatória a apresentação do original do instrumento de mandato, não sendo necessário, todavia, o reconhecimento da firma do tabelião ou escrevente que assinou a procuração por tabelião da comarca.

§ 7º A procuração, salvo cláusula expressa, não tem prazo de validade. Passados, entretanto, 30 (trinta) dias da sua outorga ou da expedição do traslado, deverá a serventia em que esteja sendo lavrado o ato exigir certidão da serventia em que tenha sido lavrado o instrumento público do mandato dando conta de que não foi ele revogado ou anulado.

§ 8º Quando o estado civil for inerente à legitimação das partes para o ato, como nas escrituras que tenham por objeto transferência de bens imóveis, instituição de direitos reais ou cessão de direitos sobre imóveis, renúncia de direitos sobre imóveis ou heranças, escrituras de inventários, estremação, entre outras, será necessária, se for o caso, a indicação:

I – da data do casamento e respectivos livro, folha e termo e regime de bens adotado, com menção expressa à serventia, livro e folha onde foi lavrado o pacto antenupcial, se houver, e ao nome do cônjuge com qualificação completa;

II – da data da separação ou do divórcio.

§ 9º Por ocasião da lavratura de escrituras e procurações com conteúdo econômico, deverá ser aberto cartão de autógrafo para fins de cadastro dos envolvidos ou, se necessário, atualização do cartão de autógrafo já existente.

§ 10. Para a lavratura de escrituras e procurações em meio eletrônico, deverá ser utilizada obrigatoriamente a plataforma e-Notariado, com a realização de videoconferência notarial para a captação da vontade das partes e coleta das assinaturas digitais, nos termos do Provimento da Corregedoria Nacional de Justiça nº 100, de 2020, não sendo considerada diligência a realização de videoconferência para lavratura dos atos eletrônicos.

Consolidação Normativa Notarial e Registral do Estado do Rio Grande do Sul – CNNNR/RS

Art. 868. Além de outros requisitos previstos em lei especial, a escritura pública conterá:

I – a data e lugar de sua realização;

II – reconhecimento da identidade e capacidade das partes e de quantos hajam comparecido ao ato;

III – qualificação de todas as partes, contendo: nome completo (vedada a utilização de abreviaturas), número do CPF ou do CNPJ, nacionalidade, estado civil, existência de união estável, indicação do regime de bens (quando pertinente), filiação, profissão, domicílio e residência;

IV – manifestação de vontade das partes e dos intervenientes;

V – declaração de haver sido lida às partes e demais comparecentes, ou de que todos a leram. Se a leitura não for em voz alta, o Tabelião só poderá registrar quem declarou lê-la;

VI – assinatura das partes, dos demais comparecentes, e do Tabelião, encerrando o ato. *Código Civil, art. 215, § 1º e incisos.*

Parágrafo único – o endereço eletrônico somente será exigido no requerimento e no cadastro;

Há também **requisitos específicos** para a lavratura de escrituras públicas referentes a bens imóveis e **direitos reais.** Apresento a seguir alguns exemplos desses requisitos. Recomenda-se que o leitor consulte as normativas estaduais para obter informações detalhadas e completas sobre o tema.

a) a.1) para **imóveis rurais georreferenciados**, o número do registro ou matrícula no Registro de Imóveis, sua localização, denominação, área total, o número do cadastro no INCRA constante do Certificado de Cadastro de Imóvel Rural (CCIR) e o Número de Imóvel Rural na Receita Federal (NIRF), enquanto para os demais imóveis rurais, particularmente os não georreferenciados e os objeto de transcrição, a descrição deve ser integral e pormenorizada, com referência precisa, inclusive, aos seus característicos e confrontações;

a.2) para **imóveis urbanos** cujas descrições e caracterizações constem da certidão do Registro de

Imóveis, o número do registro ou da matrícula no Registro de Imóveis, sua completa localização, logradouro, número, bairro, cidade e Estado, enquanto para os demais imóveis urbanos, principalmente aqueles objeto de transcrição, a descrição deve ser integral e pormenorizada, com referência precisa, inclusive, aos seus característicos e confrontações;

b) título de aquisição do alienante, com referência à natureza do negócio jurídico, ao instrumento que o documenta, à matrícula e ao registro anterior, ao seu número e ao Registro de Imóveis;

c) exame da documentação da propriedade do imóvel, obrigando a apresentação de certidão atualizada do Registro de Imóveis competente, bem como a de ações reais e pessoais reipersecutórias e de ônus reais, com prazo de validade de 30 (trinta) dias;

d) indicação dos alvarás ou mandados, nas escrituras lavradas em decorrência de autorização judicial;

e) apresentação das certidões dos distribuidores do foro das Justiças Estadual, Federal e Trabalhista, ou a expressa dispensa pelo adquirente e declaração do alienante, sob pena de responsabilidade civil e penal, de que o imóvel encontra-se livre e desembaraçado de quaisquer ônus reais, judiciais ou extrajudiciais, e sobre a existência de outras ações reais e pessoais reipersecutórias, relativas ao imóvel, e de outros ônus reais incidentes sobre o mesmo;

f) prova da quitação de tributos municipais, ou a dispensa expressa pelo adquirente, que, neste caso, deverá declarar que se responsabiliza pelo pagamento dos débitos fiscais existentes;

g) quando se tratar de bem imóvel urbano, a indicação do número de contribuinte dado ao imóvel pela Prefeitura Municipal, se feito o lançamento;

h) indicação das certidões do INSS, da Secretaria da Receita Federal e de órgãos públicos, quando exigidas por lei, ou, se as partes não estiverem sujeitas às contribuições devidas à Seguridade Social ou forem dispensadas por lei, a declaração desta circunstância, sob as penas da lei;

i) a indicação do valor do negócio jurídico, do atribuído pela Fazenda e do recolhimento do imposto de transmissão, ou menção à imunidade e isenção, se o caso, e com ressalva das hipóteses nas quais a lei autoriza a efetivação do pagamento após a sua lavratura;

j) nas escrituras relativas à transferência do domínio útil, a referência ao comprovante de pagamento dos três últimos foros anuais, se a enfiteuse recair sobre propriedade privada;

k) nas escrituras relativas à transferência do domínio útil de terrenos da União, de direitos sobre benfeitorias neles construídas e nas relacionadas com a cessão de direitos a eles relativos, a referência à apresentação da certidão da Secretaria de Patrimônio da União – SPU (artigo 3.º, § 2.º, I, do Decreto-Lei n.º 2.398, de 21 de dezembro de 1987);

l) a alusão ao pacto antenupcial e aos seus correspondentes ajustes, ao número de seu registro no Registro de Imóveis, quando o ato disser respeito a objeto de convenção antenupcial, e, caso o pacto antenupcial não tenha sido registrado, a expressa menção à necessidade do seu registro antes do relativo à alienação ou à oneração.

Para complementar os estudos, é necessário considerar o recente Enunciado n. 13 da I Jornada de Direito Notarial e Registral, que dispõe:

> **Enunciado 13.** As certidões fiscais a que alude o art. 1°, § 2°, da Lei n. 7.433/1985, que dispõe sobre os requisitos da escritura pública, referem-se exclusivamente aos tributos relativos ao imóvel (IPTU/ITR), conforme Decreto n. 93.240/1986, sendo indevida a exigência de certidões fiscais de outra natureza na qualificação registral.
>
> ⊙ Justificativa: Muitos registradores tem, equivocadamente, estendido a abrangência da apresentação das certidões fiscais pessoais previstas na Lei 7.433/85, exigindo para registro dos títulos a apresentação de certidões referentes a tributos municipais, estaduais e federais, em nome do alienante. Entretanto, da dicção do Art. 1°, III, a e b, do Decreto 93.240/86, cuja função regulamentadora consiste justamente em ditar a interpretação da lei regulada (7.433/85), evidencia-se que, pelo menos quanto às certidões fiscais previstas no referido diploma, sejam assim entendidas somente as relativas aos tributos imobiliários (IPTU/ITR).

1.3.1 ENTENDIMENTO DA ANOREG-BR SOBRE APRESENTAÇÃO DE CERTIDÕES DE FEITOS AJUIZADOS EM ESCRITURAS PÚBLICAS RELATIVAS A BEM IMÓVEL

Buscando adotar entendimento uniforme sobre a apresentação de certidões quando da lavratura de escrituras públicas relacionados a bem imóvel, a Anoreg-Br recomenda aos Tabeliães de Notas especial atenção para as considerações abaixo expostas.

Recente decisão do Conselho Nacional de Justiça autorizou a dispensa da apresentação de certidões de registro de feitos ajuizados cíveis para atos nos quais, anteriormente, eram exigidas. Embora a Lei n. 13.097/2015 contemple previsão de ser considerado apenas o que constasse averbado na matrícula do bem imóvel, a realidade dos fatos demonstrou que, para acautelar legitimo interesse do comprador de boa-fé, é de suma relevância que o Tabelião, ao lavrar a escritura, alerte o comprador sobre a importância de verificar as certidões de feitos de jurisdição contenciosa ajuizados (ações reais e pessoais reipersecutórias) em nome do proprietário, relativas à Comarca de seu domicílio e à Comarca da situação do imóvel. E, por conseguinte, sobre as consequências da não apresentação de certidões de registro de distribuição quando da lavratura da escritura.

Os tabeliães atuam como conselheiros jurídicos dos cidadãos e devem zelar para que a realização de negócios jurídicos e patrimoniais não viole direitos ou prejudique pessoas. O trabalho exercido diariamente pelos cartórios impede fraudes, descongestiona o Judiciário e dá segurança jurídica às partes. Por isso mesmo, é dever do Tabelião de Notas recomendar ao comprador de bem imóvel que exija do vendedor a apresentação das certidões de registro de distribuição de feitos ajuizados, bem como fazer constar do ato notarial que semelhante advertência foi feita. Certo, outrossim, que a apresentação das certidões fiscais permanece obrigatória de acordo com o Código Tributário Nacional.

A segurança jurídica sempre foi marca indelével da atividade notarial e de registro. Por isso mesmo, a apresentação dessas certidões é de suma importância, tanto por propiciar segurança jurídica ao comprador do imóvel quanto porque, diante do Código de Processo Civil (art. 792), permanece o entendimento de que apenas pode ser considerado de boa fé o comprador que exigiu do vendedor a apresentação dessas certidões. Ainda que não obste a lavratura da escritura e a realização do negócio, caso assim o entenda o comprador, este terá tido ciência, inequívoca, da situação financeira e jurídica do vendedor do imóvel. Não poderá, depois, recorrer à sua omissão para evitar efeitos decorrentes de pendências judiciais relativas ao proprietário, tampouco poderá o comprador dizer que agiu de boa-fé, se não foi diligente, tal como recomendado e alertado pelo Tabelião, solicitando referidas certidões de feitos ajuizados.

Importante relembrar que, nos Cartórios de Registro de Imóveis são contempladas na matrícula, averbações determinadas pelo Poder Judiciário em decorrência de ações já ajuizadas e, em geral, quando da efetivação de penhoras. Já a certidão de feitos ajuizados contempla todos os processos judiciais em que o proprietário do imóvel figura como parte, independentemente da fase processual em que se encontrem ou do rito processual que seguem.

Esta questão repercute na própria imagem e confiança dos cidadãos nos serviços notariais e de registro quando da compra e venda de bem imóvel e, por conseguinte, na própria segurança jurídica.

Assim, recomenda-se aos notários a fim de prevenir que sejam responsabilizados judicialmente por compradores, quando da realização de negócios jurídicos que envolvam bem imóvel, que aconselhem o comprador exigir apresentação, pelo vendedor, das certidões do registro de feitos ajuizados como forma de garantir sua boa fé ao realizar a transação. E que façam constar essa advertência do ato notarial, até mesmo para afastar eventual responsabilização.

1.4. REQUISITOS ESPECÍFICOS DAS ESCRITURAS RELATIVAS A IMÓVEIS RURAIS

A seguir, apresento alguns requisitos específicos que as escrituras relativas a imóveis rurais devem conter, a saber:

a) a apresentação e a menção aos dados do Certificado de Cadastro do Imóvel Rural – CCIR, emitido pelo Instituto Nacional de Colonização e Reforma Agrária – INCRA, e o número fornecido pela Receita Federal do Brasil – RFB, com a prova de quitação do Imposto sobre a Propriedade Territorial Rural – ITR correspondente aos últimos cinco anos;

b) o interior teor da autorização emitida pelo INCRA para fins de desmembramento de bem imóvel rural, quando exigível, observadas as normas legais referentes à fração mínima de parcelamento (FMP) e à reserva legal. A fração mínima para o parcelamento de um imóvel rural é igual ao módulo fiscal do município. Ou seja, para saber a FMP, você precisa saber o tamanho do módulo fiscal do município.

Uma regra importante para o Tabelião de Notas é a proibição, sob pena de responsabilidade, de lavrar escrituras de desmembramento de bem imóvel rural se a área a ser desmembrada e a área remanescente não forem iguais ou superiores à fração mínima de parcelamento (FMP) estabelecida no CCIR correspondente.

No entanto, essa proibição não se aplica nos casos em que a alienação se destine, comprovadamente, à anexação a outro imóvel rural confinante, desde que a área remanescente seja igual ou superior à fração mínima de parcelamento.

Ademais, os desmembramentos de bem imóvel, nas situações previstas no art. 2.º do Decreto 62.504/1968, também não estão sujeitos à restrição.

O Tabelião de Notas, nas situações mencionadas, deverá consignar no instrumento o inteiro teor da autorização emitida pelo INCRA, a qual deverá ser averbada à margem do registro do título no Registro de Imóveis.

No tocante à **aquisição de bem imóvel rural por estrangeiro**, vale lembrar que a Lei 5.709/1971 e o Decreto 74.965/1974 disciplinam e regulamentam a matéria, nestes termos:

> Art. 1º – O estrangeiro residente no País e a pessoa jurídica estrangeira autorizada a funcionar no Brasil só poderão adquirir imóvel rural na forma prevista nesta Lei.
>
> § 1º – Fica, todavia, sujeita ao regime estabelecido por esta Lei a pessoa jurídica brasileira da qual participem, a qualquer título, pessoas estrangeiras físicas ou jurídicas que tenham a maioria do seu capital social e residam ou tenham sede no Exterior.

É importante destacar a nova redação dada ao referido dispositivo pela Lei 13.986/2020 (conversão da MP 897/2019) no que se refere às restrições:

> § 2º As restrições estabelecidas nesta Lei não se aplicam:
>
> I – aos casos de sucessão legítima, ressalvado o disposto no art. 7º desta Lei;
>
> II – às hipóteses de constituição de garantia real, inclusive a transmissão da propriedade fiduciária em favor de pessoa jurídica, nacional ou estrangeira;
>
> III – aos casos de recebimento de imóvel em liquidação de transação com pessoa jurídica, nacional ou estrangeira, ou pessoa jurídica nacional da qual participem, a qualquer título, pessoas estrangeiras físicas ou jurídicas que tenham a maioria do seu capital social e que residam ou tenham sede no exterior, por meio de realização de garantia real, de dação em pagamento ou de qualquer outra forma.

Todavia, a inaplicabilidade das restrições não dispensa os Oficiais de Registro de Imóveis do cadastramento especial e das comunicações referidos nos arts. 10 e 11 da Lei 5.709/1971 e arts. 15 e 16 do Decreto 74.965/1974.

A **pessoa física estrangeira residente no país** (portadora de RNE) pode adquirir imóvel rural, mas **somente** se a área não excedera **50 (cinquenta) módulos de exploração indefinida, em área contínua ou descontínua.**

Contudo, a aquisição será livre, independente de autorização ou licença, se o imóvel contiver área não superior a **3 (três) módulos (MEI)**, ressalvados, no entanto, os imóveis situados em área considerada indispensável à segurança nacional, cuja aquisição dependerá de assentimento prévio da Secretaria Geral do Conselho de Segurança Nacional.

À vista disso, a aquisição de imóvel rural com área **entre 3 (três) e 50 (cinquenta) módulos** por **pessoa física estrangeira residente no país** dependerá de autorização do INCRA e, se a área territorial exceder a 20 (vinte) módulos, de aprovação do projeto de exploração correspondente.

De outra sorte, a aquisição de **mais de um imóvel rural com área não superior a 3 (três) módulos por pessoa física estrangeira** residente no país dependerá de autorização do INCRA, apenas se a soma das áreas dos imóveis pertencentes ao estrangeiro exceder a 3 módulos.

A declaração do adquirente estrangeiro residente no país, no sentido de não ser proprietário de outros bens imóveis rurais, deve constar da escritura pública e ser emitida sob sua responsabilidade civil e penal.

Demais disso, a aquisição de bem imóvel rural por **pessoa física estrangeira não residente no país**, cuja área **não poderá exceder a 50 (cinquenta) módulos de exploração indefinida, em área contínua ou descontínua, dependerá, sempre, de autorização do INCRA**, sem prejuízo de outras exigências determinadas em lei, ainda que sua área não exceda a 3 (três) módulos e esteja situado fora de área considerada indispensável à segurança do território nacional.

No tocante à **pessoa jurídica estrangeira autorizada a funcionar no Brasil**, esta somente pode adquirir bens imóveis rurais, seja qual for a extensão, mediante a prévia aprovação do **Ministério da Agricultura.**

Registre-se que a **pessoa jurídica brasileira** – constituída sob as leis brasileiras, com sede e administração no Brasil –, não se sujeita ao regime estabelecido pela Lei 5.709/1971 e pelo Decreto 74.965/1974, ainda que a maioria de seu capital social e o poder de controle, em qualquer uma de suas manifestações, pertença a estrangeiros residentes fora do Brasil ou a pessoas jurídicas estrangeiras sediadas no Exterior.

Quanto à **soma das áreas rurais** pertencentes a **pessoas estrangeiras, físicas ou jurídicas,** não pode ultrapassar a **1/4 (um quarto) da superfície dos Municípios** onde se situem, comprovada por certidão do Registro de Imóveis.

Ademais, as **pessoas de mesma nacionalidade** não podem ser proprietárias, em cada Município, de **mais de 10%** (dez por cento) da superfície do Município.

No entanto, a restrição acima para se aplica às aquisições de áreas rurais:

a) inferiores a 3 (três) módulos;
b) que tiverem sido objeto de compra e venda, de promessa de compra e venda, de cessão ou de promessa de cessão, mediante escritura pública ou instrumento particular devidamente protocolado no registro competente, e que tiverem sido cadastradas no INCRA, em nome do promitente comprador, antes de 10 de março de 1969;
c) quando o adquirente tiver filho brasileiro ou casado com pessoa brasileira, sob o regime de comunhão de bens.

É importante ressaltar que ter um filho brasileiro ou ser casado com brasileira sob o regime de comunhão de bens só será relevante para o adquirente para fins de exclusão das restrições previstas no art. 12, caput e § 1.º, da Lei 5.709/1971, e no art. 5.º, caput e § 1.º, do Decreto 74.965/1974. Da **escritura** relativa à aquisição de imóvel rural por **pessoa física estrangeira** constará o **documento de identidade do adquirente**, a **prova de sua residência no território nacional,** e, quando for o caso, a **autorização do INCRA**. O prazo de validade da autorização é de 30 (trinta) dias, dentro do qual deverá ser lavrada a escritura.

No tocante à **pessoa jurídica estrangeira**, quando esta for adquirente de imóvel rural, da **escritura pública** correspondente à aquisição constará, obrigatoriamente, a **aprovação pelo Ministério da Agricultura**, os **documentos comprobatórios de sua constituição** e **de licença para seu funcionamento no Brasil** e, nos casos previstos no § 3.º do art. 12 da Lei 5.709/1971, e no § 3.º do art. 5.º do Decreto 74.965/1974, a autorização do Presidente da República. O prazo de validade do deferimento do pedido é de 30 (trinta) dias, dentro do qual deverá ser lavrada a escritura.

É imprescindível que o Tabelião de Notas lave essas escrituras em conformidade com a legislação, ou seja, observando rigorosamente as prescrições legais relativas à aquisição de imóvel rural por pessoa estrangeira. O descumprimento pode implicar responsabilidade civil e criminal para o Tabelião. Esta regra também se aplica ao Oficial de Registro de Imóveis competente que a registrar.

No que tange às escrituras públicas de imóvel rural, é relevante mencionar o recente Enunciado 43 da I Jornada de Direito Notarial e Registral, que estabelece:

> **Enunciado 43.** A existência de débitos junto ao IBAMA em relação ao imóvel rural não é óbice à lavratura de escritura pública de sua transferência ou constituição de ônus real.
>
> ⊙ Justificativa: No antigo Código Florestal revogado, Lei 4.771/65, existia disposição expressa no artigo 37, no sentido da impossibilidade de se realizarem registros de aquisições de imóveis rurais bem como de constituições de ônus reais, sem apresentação de certidões negativas referentes a multas ambientais em nome do proprietário ou alienante. Rezava o revogado artigo 37 da Lei 4771/65: Não serão transcritos ou averbados no Registro Geral de Imóveis os atos de transmissão "inter-vivos" ou "causa mortis", bem como a constituição de ônus reais, sobre imóveis da zona rural, sem a apresentação de certidão negativa de dívidas referentes a multas previstas nesta Lei ou nas leis estaduais supletivas, por decisão transitada em julgado. Apesar do artigo nos trazer a ideia de que, à época da lei revogada, seria dirigida a norma apenas para os casos dos registros das aquisições, existiam entendimentos doutrinários de que para lavratura de Escrituras também deveriam ser exigidas. Acontece que sobreveio a Lei 12651/12, revogando o antigo Código Florestal, não trazendo mais essa exigência como condição para aquisição ou constituição de ônus real sobre imóvel rural. O atual Código Florestal silenciou-se a respeito. Nesse diapasão, não temos mais normas prevendo a certidão negativa do IBAMA como condicionante para aquisições de imóveis rurais, Mesmo que eventuais Códigos de Normas Extrajudiciais Estaduais tragam a previsão de exigibilidade por parte do Notário, a apresentação de Certidão Positiva de Débitos junto ao IBAMA em nome do proprietário ou alienante, ante a revogação do citado artigo 37 da Lei 4771/65 e a não reprodução desta norma na Lei 12.651/12, não pode impedir a lavratura da Escritura e consequente registro de aquisição ou constituição de direito real junto ao Registro de Imóveis competente.

Por fim, apresenta-se a novidade recente instituída pelo Decreto n. 11.995/2024, que cria o Programa Terra da Gente e dispõe sobre a incorporação de imóveis rurais no âmbito da Política Nacional de Reforma Agrária. O artigo 4º do decreto estabelece as **modalidades de obtenção de imóveis rurais**, conforme segue:

> **Art. 4º** São modalidades de obtenção de imóveis rurais, para fins do disposto neste Decreto:
>
> I - desapropriação por interesse social para fins de reforma agrária, nos termos do disposto no art. 184 da Constituição e na Lei nº 8.629, de 1993;
>
> II - desapropriação por interesse social, nos termos do disposto na Lei nº 4.132, de 10 de setembro de 1962;
>
> III - doação;
>
> IV - compra e venda;
>
> V - destinação de imóveis rurais objeto de perdimento;
>
> VI - expropriação de imóveis rurais em que forem localizadas culturas ilegais de plantas psicotrópicas ou exploração de trabalho em condições análogas à escravidão;
>
> VII - arrematação judicial de imóveis rurais penhorados em execuções;
>
> VIII - aquisição mediante autorização judicial de imóveis rurais penhorados em execuções em trâmite na Justiça do Trabalho;
>
> IX - dação em pagamento;
>
> X - adjudicação;
>
> XI - aquisição onerosa de imóveis rurais pertencentes a empresas públicas, sociedades de economia mista e serviços sociais autônomos;
>
> XII - discriminação e arrecadação de terras devolutas da União, nos termos do disposto no art. 188 da Constituição e na Lei nº 6.383, de 7 de dezembro de 1976;
>
> XIII - transferência de domínio, nos termos do disposto na Lei nº 4.504, de 1964;
>
> XIV - arrecadação de bens vagos;
>
> XV - reversão à posse da União de terras rurais de sua propriedade, indevidamente ocupadas e exploradas por terceiros, a qualquer título;
>
> XVI - herança e legado; e
>
> XVII - permuta.

1.4.1 STF DEFINE APLICABILIDADE DE DECISÃO SOBRE REGISTROS DE TERRAS DE FRONTEIRA

Entendimento não alcançará pequenos e médios imóveis rurais com títulos ratificados até a data da publicação da ata do julgamento da matéria.

O Supremo Tribunal Federal modulou a decisão na Ação Direta de Inconstitucionalidade (ADI) 5623, que aborda a ratificação dos registros de terras de fronteira. Ao acatar parcialmente os embargos de declaração apresentados pela Advocacia-Geral da União (AGU), o Tribunal estabeleceu que a decisão **não se aplica a pequenos e médios imóveis rurais cujos títulos tenham sido oficialmente ratificados pelos cartórios de imóveis na data de publicação da ata do julgamento da ADI (1º/12/2022).**

A decisão unânime considerou as circunstâncias fáticas e as potenciais repercussões sociais, jurídicas e econômicas da decisão do STF em novembro de 2022. Naquela ocasião, ao examinar a Lei 13.178/2015, o Tribunal determinou que **a ratificação, pela União, dos registros imobiliários de terras públicas localizadas**

em faixas de fronteira, resultantes de alienações e concessões realizadas pelos estados a particulares, deve observar a política agrícola e o plano nacional de reforma agrária.

Conforme a decisão anterior, **a ratificação não prevalece sobre os direitos originários dos povos indígenas nas áreas que tradicionalmente habitam**, e os atos jurídicos relacionados à disposição de imóveis que envolvam domínio e posse dessas terras são considerados nulos.

Na solicitação de modulação, a AGU argumentou, entre outros pontos, que o Instituto Nacional de Colonização e Reforma Agrária (Incra) não possui estrutura ou recursos administrativos adequados para lidar com a demanda de ratificação dos registros imobiliários referentes às pequenas e médias propriedades rurais.

Ao acatar parcialmente os embargos, a relatora da ação, ministra Cármen Lúcia, considerou a modulação apropriada, em razão da segurança jurídica e do excepcional interesse público. Ela explicou que revisar todos os atos de ratificação realizados antes do julgamento da ADI 5623 criaria um "cenário de impedimento" para a atuação adequada do Incra, dificultando o cumprimento da decisão do STF.

1.5. ELEMENTOS DA ESCRITURA PÚBLICA

Luiz Guilherme Loureiro classifica os elementos da escritura pública em três espécies: subjetivo, objetivo e formal.

O **elemento subjetivo** diz respeito à pessoa que, de qualquer forma, participa da escritura pública. Dependendo da posição do sujeito, podemos distinguir três modalidades distintas: a) o titular de um direito subjetivo (*v.g.*, proprietário de um imóvel) é sujeito do negócio jurídico (*v.g.*, compra e venda), ou seja, parte, e também comparecente na escritura e, portanto, sujeito instrumental. Em toda escritura pública a parte ou sujeito negocial é também sujeito instrumental, uma vez que deve comparecer fisicamente ao ato de lavratura do ato notarial. Salvo tratando-se de representação legal ou convencional, em que o comparecente ou sujeito instrumental é o procurador ou mandatário, ou seja, ele é sujeito instrumental, mas não é parte, e sim atua em nome e no interesse dela. Por outro lado, há pessoas que não são partes ou sujeitos negociais nem seus representantes, mas tão somente sujeitos instrumentais: é o caso do cônjuge, das testemunhas, do perito, do tradutor, firmantes a rogo, etc.

O **elemento objetivo**, por sua vez, consiste em fatos, atos ou negócios jurídicos. Fatos jurídicos são os eventos naturais ou humanos que, de qualquer forma, produzem efeitos jurídicos. Ato jurídico é aquele cuja consequência é prevista e desejada pela lei. Negócios jurídicos são os acordos de vontade que produzem efeitos jurídicos desejados e modulados pelas partes, porque assim permite a ordem normativa.

Finalmente, o **elemento formal** é representado pelo comparecimento físico das partes e demais sujeitos instrumentais perante o notário, para que seja lida em voz alta a escritura, colhidas as firmas do sujeito e a autorização ou subscrição do oficial público. Esses elementos devem ser produzidos em uma mesma unidade de tempo e espaço, o que se denomina unidade do ato ou audiência notarial. A reunião de todos esses elementos compõe o corpo da escritura pública, integra a sua estrutura, de modo que se obtêm a forma pública, validade e eficácia probatória do ato ou negócio jurídico instrumentalizado. Nem o instrumento particular nem os instrumentos públicos judiciais e administrativos (aí incluídos os registrais) têm a mesma força da escritura pública, no que diz respeito aos fatos percebidos pelo notário e narrados no instrumento notarial (Op. cit., 1175).

1.6 IDIOMA

As escrituras públicas devem ser redigidas em **idioma nacional.** Quando a parte não conhecer o idioma nacional, um tradutor público juramentado deverá participar do ato, e caso não haja esse tradutor público, uma pessoa conhecida do tabelião poderá traduzir o ato, prestando o compromisso de fielmente traduzir a escritura pública, devendo o tabelião consignar essa circunstância no ato notarial.

1.7 PARTES

As partes envolvidas na escritura pública são todas as pessoas que participam do ato, cuja qualificação deve ser detalhada conforme o tipo de escritura. Essa qualificação deve incluir: nome, nacionalidade, profissão, estado civil, número do documento de identificação, número de inscrição no Cadastro de Pessoas Físicas (CPF) e endereço.

Se a pessoa não puder ou não souber assinar, outra pessoa poderá assinar a escritura pública "a seu rogo", sendo, nesse caso, colhida a impressão digital do signatário. Esses atos devem ser devidamente declarados na escritura.

Em relação à qualificação da pessoa jurídica, é necessário apresentar os atos constitutivos devidamente registrados e atualizados, bem como os documentos que comprovem a representação legal da entidade.

Se a pessoa jurídica for parte na escritura, devem constar: seu nome, o número de inscrição no Cadastro Nacional de Pessoas Jurídicas (CNPJ), o número de inscrição estadual, sua sede e o nome do seu representante legal.

As partes podem ser representadas por procurador. É imperativo verificar se a procuração confere os poderes necessários para a prática do ato e se está em vigor.

1.8 EXIGÊNCIA E DISPENSA DE ESCRITURA PÚBLICA

O art. 221 da Lei de Registros Públicos estabelece que, dentre outros títulos, somente são admitidos para registro as escrituras públicas, inclusive as lavradas em consulados brasileiros. É relevante também o texto do art. 108 do Código Civil, que preceitua: "Não dispondo a lei em contrário, a escritura pública é essencial à validade dos negócios jurídicos que visem à constituição, transferência, modificação ou renúncia de direitos reais sobre imóveis de valor superior a trinta vezes o maior salário mínimo vigente no País."

Excepcionalmente, a escritura pública pode ser dispensada. A seguir, apresento um quadro didático com alguns exemplos de dispensa do documento público:

a) Valor do imóvel **igual ou inferior** a 30 (trinta) vezes o salário mínimo

Art. 108 CC. *Não dispondo a lei em contrário, a escritura pública é essencial à validade dos negócios jurídicos que visem à constituição, transferência, modificação ou renúncia de direitos reais sobre imóveis de valor superior a trinta vezes o maior salário mínimo vigente no País.*

b) Operações do Sistema Financeiro de Habitação (art. 61, § 5º da Lei 4.380/1964)

Art. 61. *Para plena consecução do disposto no artigo anterior, as escrituras deverão consignar exclusivamente as cláusulas, termos ou condições variáveis ou específicas.*

§ 5º *Os contratos de que forem parte o Banco Nacional de Habitação ou entidades que integrem o Sistema Financeiro da Habitação, bem como as operações efetuadas por determinação da presente Lei, poderão ser celebrados por instrumento particular, os quais poderão ser impressos, não se aplicando aos mesmos as disposições do art. 134, II, do Código Civil, atribuindo-se o caráter de escritura pública, para todos os fins de direito, aos contratos particulares firmados pelas entidades acima citados até a data da publicação desta Lei.*

c) Atos e contratos de alienação fiduciária (art. 38 da Lei 9.514/1997)

Art. 38. *Os atos e contratos referidos nesta Lei ou resultantes da sua aplicação, mesmo aqueles que visem à constituição, transferência, modificação ou renúncia de direitos reais sobre imóveis, poderão ser celebrados por escritura pública ou por instrumento particular com efeitos de escritura pública.*

ATENÇÃO!

O Provimento CNJ 175/2024, que modificou o Código Nacional de Normas, estabeleceu que o art. 38 da Lei de Alienação Fiduciária de Imóveis não tem um alcance amplo. De acordo com essa norma, a permissão do art. 38 da Lei 9.514/1997 para a formalização, por meio de instrumento particular com efeitos de escritura pública, de alienação fiduciária em garantia sobre imóveis e de atos conexos é restrita às entidades autorizadas a operar no Sistema de Financiamento Imobiliário (SFI). Para melhor compreensão, transcreve-se o dispositivo incluído no Provimento CNJ n. 149/2023:

Art. 440-AO. A permissão de que trata o art. 38 da 9.514/1997 para a formalização, por instrumento particular, com efeitos de escritura pública, de alienação fiduciária em garantia sobre imóveis e de atos conexos, é restrita a entidades autorizadas a operar no âmbito do Sistema de Financiamento Imobiliário - SFI (art. 2º da Lei n. 9.514/1997), incluindo: *(incluído pelo Provimento CN n. 172, de 5.6.2024) (redação dada pelo Provimento n. 175, de 15.7.2024)*

I - as cooperativas de crédito; *(incluído pelo Provimento n. 175, de 15.7.2024)*

II – as companhias securitizadoras, os agentes fiduciários e outros entes sujeitos a regulamentação da Comissão de Valores Mobiliários ou do Banco Central do Brasil relativamente a atos de transmissão dos recebíveis imobiliários lastreados em operações de crédito no âmbito do SFI. *(incluído pelo Provimento n. 175, de 15.7.2024)*

§ 1º O disposto neste artigo não exclui outras exceções legais à exigência de escritura pública prevista no art. 108 do Código Civil, como os atos envolvendo: (incluído pelo Provimento CN n. 172, de 5.6.2024) *(renumerado pelo Provimento n. 175, de 15.7.2024) (redação dada pelo Provimento n. 177, de 15.8.2024)*

I - administradoras de Consórcio de Imóveis (art. 45 da Lei n. 11.795, de 8 de outubro de 2008); *(incluído pelo Provimento CN n. 172, de 5.6.2024)*

II - entidades integrantes do Sistema Financeira de Habitação (art. 61, § 5º, da Lei n. 4.380, de 21 de agosto de 1964. *(incluído pelo Provimento CN n. 172, de 5.6.2024)*

§ 2º São considerados regulares os instrumentos particulares envolvendo alienação fiduciária em garantia sobre imóveis e os atos conexos celebrados por sujeitos de direito não integrantes do Sistema de Financiamento Imobiliário – SFI, desde que tenham sido lavrados antes de 11 de junho de 2024 (data da entrada em vigor do Provimento CN n. 172) *(incluído pelo Provimento n. 175, de 15.7.2024)*

d) Compromisso de compra e venda (art. 1.417 do Código Civil)

Art. 1.417. *Mediante promessa de compra e venda, em que se não pactuou arrependimento, celebrada por instrumento público ou particular, e registrada no Cartório de Registro de Imóveis, adquire o promitente comprador direito real à aquisição do imóvel.*

e) Programa de arrendamento residencial – PAR da Lei 10.188/2001

Art. 8º *O contrato de aquisição de imóveis pelo arrendador, as cessões de posse e as promessas de cessão, bem como o contrato de transferência do direito de propriedade ou do domínio útil ao arrendatário, serão celebrados por instrumento particular com força de escritura pública e registrados em Cartório de Registro de Imóveis competente.*

f) Atos relativos à aquisição, alienação, cessão, aforamento, locação, entrega e outros concernentes a imóveis do patrimônio da União (art. 13, VI, do Decreto-lei 147/67)

Art. 13. *Às Procuradorias da Fazenda Nacional, sob a imediata autoridade da respectiva chefia, compete, no âmbito da sua jurisdição:*

VI – Fazer lavrar, no livro próprio da repartição competente, os atos relativos à aquisição, alienação, cessão, aforamento, locação, entrega e outros concernentes a imóveis do patrimônio da União, que terão força de escritura pública.

ATENÇÃO! Este artigo estava em vigor até a promulgação da Lei n. 14.711/2023 (Lei das Garantias). No entanto, foi revogado por esta nova lei. Ainda assim, é relevante citá-lo como exemplo para fins históricos.

g) Cartas de arrematação do art. 37 do Decreto-lei 70/66

Art. 37. *Uma vez efetivada a alienação do imóvel, de acordo com o artigo 32, será emitida a respectiva carta de arrematação, assinada pelo leiloeiro, pelo credor, pelo agente fiduciário, e por cinco pessoas físicas idôneas, absolutamente capazes, como testemunhas, documento que servirá como titulo para a transcrição no Registro Geral de Imóveis.*

h) Conferência de bens do art. 64 da Lei 8.934/1994

Art. 64. *A certidão dos atos de constituição e de alteração de empresários individuais e de sociedades mercantis, fornecida pelas juntas comerciais em que foram arquivados, será o documento hábil para a transferência, por transcrição no registro público competente, dos bens com que o subscritor tiver contribuído para a formação ou para o aumento do capital.*

i) Fusão, cisão e incorporação de sociedades anônimas conforme estabelece art. 234 da Lei 6.404/1976

Art. 234. *A certidão, passada pelo registro do comércio, da incorporação, fusão ou cisão, é documento hábil para a averbação, nos registros públicos competentes, da sucessão, decorrente da operação, em bens, direitos e obrigações.*

j) Incorporação, convenção, instituição e especificação de condomínio edilício, pois nelas não há a constituição ou transmissão de direitos reais (art. 1.334, § 1º, CC)

Art. 1.334. *Além das cláusulas referidas no art. 1.332 e das que os interessados houverem por bem estipular, a convenção determinará:*

I – a quota proporcional e o modo de pagamento das contribuições dos condôminos para atender às despesas ordinárias e extraordinárias do condomínio;

II – sua forma de administração;

III – a competência das assembléias, forma de sua convocação e quorum exigido para as deliberações;

IV – as sanções a que estão sujeitos os condôminos, ou possuidores;

V – o regimento interno.

***§ 1º** A convenção poderá ser feita por escritura pública ou por instrumento particular.*

k) Contrato de compra e venda de imóvel por meio do Sistema de Consórcios, nos termos do parágrafo único do art. 45 da Lei 11.795/2008

Art. 45. *O registro e a averbação referentes à aquisição de imóvel por meio do Sistema de Consórcios serão considerados, para efeito de cálculo de taxas, emolumentos e custas, como um único ato.*

Parágrafo único. *O contrato de compra e venda de imóvel por meio do Sistema de Consórcios poderá ser celebrado por instrumento particular.*

l) Os compromissos de compra e venda, as cessões ou promessas de cessão conforme o art. 26 da Lei 6.766/1979 (Loteamento)

Art. 26. *Os compromissos de compra e venda, as cessões ou promessas de cessão poderão ser feitos por escritura pública ou por instrumento particular, de acordo com o modelo depositado na forma do inciso VI do art. 18 e conterão, pelo menos, as seguintes indicações:*

I – nome, registro civil, cadastro fiscal no Ministério da Fazenda, nacionalidade, estado civil e residência dos contratantes;

II – denominação e situação do loteamento, número e data da inscrição;

III – descrição do lote ou dos lotes que forem objeto de compromissos, confrontações, área e outras características;

IV – preço, prazo, forma e local de pagamento bem como a importância do sinal;

V – taxa de juros incidentes sobre o débito em aberto e sobre as prestações vencidas e não pagas, bem como a cláusula penal, nunca excedente a 10% (dez por cento) do débito e só exigível nos casos de intervenção judicial ou de mora superior a 3 (três) meses;

VI – indicação sobre a quem incumbe o pagamento dos impostos e taxas incidentes sobre o lote compromissado;

VII – declaração das restrições urbanísticas convencionais do loteamento, supletivas da legislação pertinente.

m) Os termos, contratos e títulos, expedidos pela União, pelos Estados, Municípios, Territórios, ou entes de sua administração descentralizada, nos termos do art. 7º do Decreto-lei n. 2.375/1987.

Art. 7.º *Os termos, contratos e títulos, expedidos pela União, pelos Estados, Municípios, Territórios, ou entes de sua administração descentralizada, que se destinem a instrumentalizar a alienação, concessão, arrecadação ou o reconhecimento de domínio sobre **terras públicas rurais**, terão, para todos os efeitos, valor e eficácia de escritura pública.*

n) Os termos, ajustes ou contratos, relativos a União, nos termos do art. 74 do Decreto-lei n. 9.760/1946
Art. 74. *Os termos, ajustes ou contratos relativos a imóveis da União, serão lavrados na repartição local ao S. P. U. e terão, para qualquer efeito, força de escritura pública, sendo isentos de publicação, para fins de seu registro pelo Tribunal de Contas.*
o) Os contratos gerados no Módulo de Gestão de Atos e Contratos de Destinação de Imóveis (MGC) terão força de escritura pública nos termos da Portaria SPU/MGI n. 2.948/2024
Art. 7º Portaria SPU/MGI n. 2.948/2024. Os contratos gerados no MGC terão força de escritura pública, nos termos do art. 74 do Decreto-Lei nº 9.760, de 5 de setembro de 1946, e serão armazenados, consultados e recuperados no próprio sistema, dispensando a formação de livros físicos. Parágrafo único Os contratos que versem sobre direitos reais, bem como os respectivos atos de alteração, deverão ser obrigatoriamente registrados ou averbados no Cartório de Registro de Imóveis da circunscrição imobiliária competente, após a assinatura no MGC.

Por outro lado, a lei exige a escritura pública, independentemente das disposições do art. 108 do Código Civil. A seguir, apresento alguns casos em que a forma pública do ato é imprescindível:

Pacto antenupcial	**Art. 1.653 do Código Civil:** *É nulo o pacto antenupcial se não for feito por escritura pública, e ineficaz se não lhe seguir o casamento.*
Bem de família instituído *inter vivos*	**Art. 1.711 do Código Civil:** *Podem os cônjuges, ou a entidade familiar, mediante escritura pública ou testamento, destinar parte de seu patrimônio para instituir bem de família, desde que não ultrapasse um terço do patrimônio líquido existente ao tempo da instituição, mantidas as regras sobre a impenhorabilidade do imóvel residencial estabelecida em lei especial.*
Constituição de Direito de Superfície	**Art. 1.369 do Código Civil:** *O proprietário pode conceder a outrem o direito de construir ou de plantar em seu terreno, por tempo determinado, mediante escritura pública devidamente registrada no Cartório de Registro de Imóveis.*
Constituição de renda	**Art. 807 do Código Civil:** *O contrato de constituição de renda requer escritura pública.*
Cessão de direitos hereditários	**Art. 1.793 do Código Civil:** *O direito à sucessão aberta, bem como o quinhão de que disponha o coherdeiro, pode ser objeto de cessão por escritura pública.*
Aquisição de imóvel rural por estrangeiro	**Art. 8º da Lei 5.709/1971:** *Na aquisição de imóvel rural por pessoa estrangeira, física ou jurídica, e da essência do ato a escritura pública.*
Se o ato praticado exige escritura pública, eventual procuração outorgada também deverá ser por instrumento público.	**É o que se extrai do princípio do paralelismo das formas.**
No negócio jurídico celebrado com cláusula de não valer sem instrumento público, este é da substância do ato.	**Art. 109 do Código Civil:** *No negócio jurídico celebrado com a cláusula de não valer sem instrumento público, este e da substancia do ato.*
Nos atos de interesse de analfabeto.	**Trata-se da combinação dos arts. 215, § 2º; 221 e 654 do Código Civil.**
Contratos Administrativos previstos no art. 91, § 2º da Lei 14.133/2021 (Nova Lei de Licitações e Contratos)	**Art. 91, § 2º da Lei 14.133/2021.** **Art. 91.** *Os contratos e seus aditamentos terão forma escrita e serão juntados ao processo que tiver dado origem à contratação, divulgados e mantidos à disposição do público em sítio eletrônico oficial.* **(...)** **§ 2º** *Contratos relativos a direitos reais sobre imóveis serão formalizados por escritura pública lavrada em notas de tabelião, cujo teor deverá ser divulgado e mantido à disposição do público em sítio eletrônico oficial.*

As escrituras lavradas em consulados brasileiros a que o art. 221 da Lei 6.015/1973 faz alusão, não são consideradas documentos estrangeiros, apesar de produzidas fora do país, possuindo o mesmo alcance das escrituras lavradas nos tabelionatos brasileiros.

1.9 CERTIDÃO NEGATIVA DE DÉBITOS – CND E DECLARAÇÃO DE OPERAÇÃO IMOBILIÁRIA – DOI

Este tema foi exaustivamente analisado nos comentários ao artigo 289 da Lei n. 6.015/1973. Convido o leitor a revisitar essa análise para uma compreensão mais aprofundada.

1.10 RERRATIFICAÇÃO DA ESCRITURA PÚBLICA

Os erros, as inexatidões materiais e as irregularidades, constatáveis documentalmente e **desde que não modificada a declaração de vontade das partes nem a substância do negócio jurídico realizado**, podem ser corrigidos de ofício ou a requerimento das partes, ou de seus procuradores, mediante **ata retificativa** lavrada no livro de notas e subscrita pelo tabelião, a respeito da qual se fará remissão no ato retificado.

São considerados erros, inexatidões materiais e irregularidades:

a) omissões e erros cometidos na transposição de dados constantes dos documentos exibidos para lavratura do ato notarial, desde que arquivados na serventia, em papel, microfilme ou documento eletrônico;
b) erros de cálculo matemático;
c) omissões e erros referentes à descrição e à caracterização de bens individuados no ato notarial;
d) omissões e erros relativos aos dados de qualificação pessoal das partes e das demais pessoas que compareceram ao ato notarial, se provados por documentos oficiais.

Destarte, nos casos em que a retificação decorre de **mero erro material**, perceptível pela simples confrontação de documentos ou outras provas com o erro alegado, excepcionalmente se admite a retificação.

Nesse sentido são os precedentes da E. Corregedoria-Geral da Justiça do Estado de São Paulo, a exemplo do Processo CG nº 2011/95458 no qual o parecer da lavra do MMº Juiz Auxiliar da Corregedoria Jomar Juarez Amorim foi aprovado pelo Corregedor Geral da Justiça Maurício Vidigal, e dispõe que "...a retificação de escritura pública pelo próprio notário é cabível em situações excepcionais, de erro material evidente" e, em seguida, faz menção ao parecer no mesmo sentido da lavra do MMº Juiz Auxiliar da Corregedoria Walter Rocha Barone, no Processo CG nº 26.445/2010, o qual cita como precedentes os Processos CG nºs 129/87, 114/89, 178/96, 398/00.

Por outro lado, se o erro não for materialmente evidente, é necessária a retificação por meio de uma nova escritura pública. **Os erros, as inexatidões materiais e as irregularidades, quando insuscetíveis de saneamento mediante ata retificativa**, podem ser remediados por meio **de escritura de retificação-ratificação**, que deve ser assinada pelas partes e pelos demais comparecentes do ato rerratificado e subscrita pelo Tabelião de Notas ou pelo substituto legal.

É importante ressaltar que a retificação e a ratificação de uma escritura pública só podem ser realizadas por meio de uma **nova escritura pública**. A correção de erros na escritura não pode ser efetuada pelo próprio tabelionato de notas, nem no âmbito da atividade administrativa do juiz corregedor, nem por determinação judicial. Em qualquer caso, é necessária a elaboração de uma nova escritura pública.

Nas palavras de Pontes de Miranda: "falta competência aos juízes para decretar sanções e, até para retificar erros das escrituras públicas: escritura pública somente se retifica por outra escritura pública, e não por mandamento judicial" (RT 182/754 – Tratado de Direito Privado – Tomo III, 338 – pág. 361). No mesmo sentido é a lição de Washington de Barros Monteiro, na obra "Curso de Direito Civil, vol. I, pág. 263.

Importante consignar que devem ser feitas remissões na escritura de retificação-ratificação e no ato rerratificado. Se praticados os atos em serventias distintas, o Tabelião de Notas que lavrou a escritura de retificação-ratificação comunicará o evento, para a remissão devida, ao que realizou o ato rerratificado.

1.11 ESCRITURA PÚBLICA OBJETO DE DESQUALIFICAÇÃO REGISTRAL

A doutrina majoritária defende que no procedimento de dúvida registral, quando o título objeto de desqualificação registral tiver sido escritura pública, poderá, eventualmente, revelar-se útil, a depender da situação, oportunizar a manifestação do tabelião que instrumentalizara o negócio jurídico. Esta regra já se encontra presente em alguns Códigos de Normas (v.g.: Item 39.4.1. do Capítulo XX das Normas de Serviço da Corregedoria-Geral da Justiça do Estado de São Paulo) e agora tem previsão no Enunciado 76 da I Jornada e Direito Notarial e Registral, nestes termos:

> **Enunciado 76.** O juízo competente poderá, diante do procedimento de dúvida e da finalidade da função pública notarial, admitir a intervenção espontânea do tabelião de notas que lavrou a escritura pública objeto da desqualificação registral. Poderá, ainda, solicitar, de ofício ou a requerimento do interessado, a sua manifestação facultativa.

⊙ Justificativa: No procedimento de dúvida registral, quando o título objeto de desqualificação registral tiver sido escritura pública, poderá, eventualmente, revelar-se útil, a depender da situação, oportunizar a manifestação do tabelião que instrumentalizara o negócio jurídico. Regra, como a ora proposta, já se encontra presente em alguns Códigos de Normas (*v.g.*: Item 39.4.1. do Capítulo XX DAS NORMAS DE SERVIÇO DA CORREGEDORIA-GERAL DA JUSTIÇA DO ESTADO DE SÃO PAULO SERVIÇOS EXTRAJUDICIAIS DE NOTAS E DE REGISTRO).

1.12 DE 2007 A 2024: A EVOLUÇÃO DOS PROCEDIMENTOS EXTRAJUDICIAIS PREVISTOS NA LEI 11.441

1.12.1 EVOLUÇÕES

Em 2007, a Lei 11.441 trouxe inovações significativas ao permitir a realização de inventário, partilha, separação consensual e divórcio consensual por via administrativa no Tabelionato de Notas. Essa "via administrativa" ou "extrajudicial" oferece maior celeridade aos procedimentos, sem comprometer a segurança jurídica, e ainda contribui para desafogar o Poder Judiciário. Trata-se de um divisor de águas no processo de desjudicialização do país.

No mesmo ano, o Conselho Nacional de Justiça editou a Resolução n. 35 para regulamentar a aplicação da Lei 11.441/2007 pelos serviços notariais e de registro.

No dia 18 de março de 2016, entrou em vigor o novo Código de Processo Civil, que incentivou a conciliação e a utilização de meios voltados à desjudicialização, sugerindo ao Poder Judiciário apenas os casos que realmente exigem sua intervenção. O novo código considerou os serviços notariais e de registro como as melhores ferramentas para a desjudicialização, atuando de maneira rápida, eficaz e célere.

A Lei n. 11.441/2007 foi revogada pelo novo Código de Processo Civil, que reforçou as disposições da referida lei, além de introduzir uma inovação significativa ao disciplinar a extinção consensual da união estável de forma extrajudicial, desde que sejam atendidos os requisitos legais. Esta possibilidade está prevista no artigo 733 do Código.

Assim, para adequar a Resolução CNJ 35/2007 à nova legislação, a Resolução 326, de 26 de junho de 2020, modificou a ementa do ato normativo de 2007. A partir de então, a Resolução passa a disciplinar a lavratura dos atos notariais relacionados a inventário, partilha, separação consensual, divórcio consensual e extinção consensual de união estável por via administrativa.

Em agosto de 2024, o Conselho Nacional de Justiça editou a Resolução n. 571, que altera, uma vez mais, a Resolução 35/2007. Veja-se:

Art. 1º. Para a lavratura dos atos notariais relacionados a **inventário**, **partilha**, **divórcio**, **declaração de separação de fato** e **extinção de união estável consensuais** por via administrativa, é livre a escolha do tabelião de notas, não se aplicando as regras de competência do Código de Processo Civil.

Por sua vez, foi abordada pelo art. 733 do CPC a questão da existência de nascituro na esfera notarial, esclarecendo se isso impede a lavratura da escritura de separação ou divórcio. Venceslau Tavares Costa Filho elucida que "a menção do nascituro põe fim à polêmica doutrinária a este respeito, de modo que a existência de gestação em curso exclui a via extrajudicial. Diante disso, o Tabelião poderá exigir a apresentação de exame para a comprovação da ausência de gestação como um dos pressupostos legais de validade do ato" (Repercussões do Novo CPC. Direito Notarial e Registral. Salvador: Juspodivm, 2016, p. 174).

Mais tarde, a Resolução CNJ 220/2016, de 26 de abril de 2016, alterou dispositivos da Resolução CNJ 35/2007 para contemplar expressamente a obrigação das partes em revelar se a cônjuge se encontra em estado gravídico, conforme segue:

Art. 34. (...)

§ 1º As partes devem, ainda, declarar ao tabelião, na mesma ocasião, **que o cônjuge virago não se encontra em estado gravídico, ou ao menos, que não tenha conhecimento sobre esta condição.**

(...)

Art. 47. São requisitos para lavratura da escritura pública de separação consensual: a) um ano de casamento; b) manifestação de vontade espontânea e isenta de vícios em não mais manter a sociedade conjugal e desejar a separação conforme as cláusulas ajustadas; c) ausência de filhos menores não emancipados ou incapazes do casal; d) inexistência de gravidez do cônjuge virago ou desconhecimento acerca desta circunstância; e e) assistência das partes por advogado, que poderá ser comum."

A Recomendação CNJ n. 22, do mesmo ano, sugere que os tabelionatos de notas dos Estados e do Distrito Federal realizem inventário, partilha, separação consensual, divórcio consensual e extinção consensual de união estável por escritura pública, desde que não haja nascituro ou filhos incapazes envolvidos. Contudo, a presença de filhos ou herdeiros **emancipados** não impede a realização desses atos por escritura pública.

Por outro lado, em 2022, o recente **Enunciado 53 da I Jornada de Direito Notarial e Registral** preceitua que é admissível a **escritura de restabelecimento da sociedade conjugal**, ainda que haja filhos incapazes ou nascituros.

⊙ Justificativa: A Lei nº 11.441/2007, possibilitou a realização de separações e divórcios pela via extrajudicial, em tabelionato de notas, desde que consensuais e que inexistam filhos menores ou incapazes do casal. Possibilitou, ainda, a realização de inventário e partilhas amigáveis, desde que todos os herdeiros sejam capazes e concordes, e que o autor da herança não tenha deixado testamento. O procedimento em cartório representa um grande avanço para o Direito pátrio, sendo, por vezes, muito mais célere, acessível e menos oneroso às partes, garantindo-se, inclusive, aos reconhecidamente pobres, a gratuidade dos atos. Apesar de a Resolução 35/2007 do CNJ não prever expressamente a possibilidade de realização do procedimento de restabelecimento da sociedade conjugal, pela via extrajudicial, em tais casos (existência de filhos menores, incapazes ou nascituros), este não pode ser negado às partes, por constituir instrumento deveras importante à proteção da família, com fulcro nos Princípios do Melhor Interesse da Criança e do Adolescente (CF, art. 227), da Proteção Integral à Criança e ao Adolescente (CF, art. 227), Princípio da Paternidade Responsável (CF, art. 226, parágrafo sétimo), Princípio da Especial Proteção do Estado à Família (CF, art. 226) e demais princípios norteadores do Direito de Família Contemporâneo, os quais, por sua natureza constitucional, autorizam o restabelecimento da sociedade conjugal pela via extrajudicial ainda que existam filhos menores ou incapazes do casal, assim como nascituros.

Além disso, traz dois outros importantes enunciados, pautados no entendimento majoritário da doutrina. São eles:

> **Enunciado 52.** O divórcio consensual, a separação consensual e a extinção consensual de união estável, **mesmo havendo filhos incapazes**, poderão ser realizados por escritura pública, **nas hipóteses em que as questões relativas à guarda, ao regime de convivência e aos alimentos dos filhos incapazes já estiverem previamente resolvidas na esfera judicial.**
>
> ⊙ Justificativa: A intervenção judicial em divórcios consensuais decorre da necessidade da tutela dos interesses dos incapazes, das crianças e dos adolescentes. Nas hipóteses em que as questões relativas à guarda, à visitação e aos alimentos dos filhos incapazes já estiverem previamente resolvidas na esfera judicial, deve ser permitida a lavratura de escritura de divórcio e partilha dos bens do casal. Tal regra deve ser aplicada às separações e dissoluções de uniões estáveis consensuais.
>
> **Enunciado 74.** O divórcio extrajudicial, por escritura pública, é cabível **mesmo quando houver filhos menores**, vedadas previsões relativas a guarda e a alimentos aos filhos.
>
> ⊙ Justificativa: A legislação tem de ser interpretada restritivamente: só cláusulas relativas aos incapazes ficam de fora do divórcio extrajudicial.

Em agosto de 2024, o Conselho Nacional de Justiça editou a Resolução n. 571, que altera mais uma vez a Resolução 35/2007, autorizando que inventários, partilhas de bens e divórcios consensuais possam ser realizados em cartório, **mesmo quando envolvem herdeiros menores de 18 anos ou incapazes.**

Noutro dizer, a nova regra simplifica o trâmite desses atos, dispensando a necessidade de homologação judicial, o que acelera o processo. Agora, para que o inventário seja registrado em cartório, é necessário apenas que haja consenso entre os herdeiros. No caso de menores de idade ou incapazes, a resolução estabelece que o procedimento extrajudicial pode ser realizado desde que a parte ideal de cada bem a que têm direito seja garantida.

Quando o inventário ou a partilha envolver menores de 18 anos ou pessoas incapazes, os cartórios devem encaminhar a escritura pública de inventário ao Ministério Público. Caso o MP considere a divisão injusta ou haja contestação de terceiros, a escritura deverá ser submetida ao Judiciário. Adicionalmente, se o tabelião tiver dúvidas quanto à validade da escritura, ele também deverá remetê-la ao juízo competente.

Convém transcrever, com destaques, os novos dispositivos incluídos pela Resolução 571/2024 na Resolução 35/2007:

> **Art. 12-A.** O inventário poderá ser realizado por escritura pública, **ainda que inclua interessado menor ou incapaz**, desde que o pagamento do seu quinhão hereditário ou de sua meação ocorra em parte ideal em cada um dos bens inventariados e haja manifestação favorável do Ministério Público.
>
> § 1º Na hipótese do caput deste artigo é vedada a prática de atos de disposição relativos aos bens ou direitos do interessado menor ou incapaz.
>
> § 2º Havendo **nascituro** do autor da herança, para a lavratura nos termos do caput, aguardar-se-á o registro de seu nascimento com a indicação da parentalidade, ou a comprovação de não ter nascido com vida.
>
> § 3º A **eficácia** da escritura pública do inventário com interessado menor ou incapaz dependerá da manifestação favorável do Ministério Público, devendo o tabelião de notas encaminhar o expediente ao respectivo representante.
>
> § 4º Em caso de **impugnação** pelo Ministério Público ou terceiro interessado, o procedimento deverá ser submetido à apreciação do juízo competente.

No caso de divórcios consensuais realizados extrajudicialmente, se houver filhos menores de idade ou incapazes envolvidos, as questões relacionadas à guarda, visitação e pensão alimentícia devem ser resolvidas previamente na esfera judicial, o que deverá ficar consignado no corpo da escritura.

É oportuno mencionar a inclusão expressa da disposição no art. 733, § 1º, do Código de Processo Civil que visa esclarecer e resolver controvérsias com as instituições bancárias. Esse artigo estabelece que as Escrituras Públicas de Inventário e Divórcio são títulos válidos para **o levantamento de valores depositados** em instituições financeiras. O § 1º do art. 733 determina que a escritura não depende de homologação judicial e é um título hábil para qualquer ato de registro, bem como para o levantamento de importância depositada em instituições financeiras.

A Resolução CNJ n. 571/2024, corroborando esse entendimento e de algumas normativas extrajudiciais, como as do Estado do Rio de Janeiro, alterou o art. 3º da Resolução CNJ n. 35/2007, passando a dispor que:

> **Art. 3º** As escrituras públicas de inventário e partilha, divórcio, declaração de separação de fato e extinção da união estável consensuais não dependem de homologação judicial e são títulos hábeis para o registro civil

e o registro imobiliário, para a transferência de bens e direitos, bem como para promoção de todos os atos necessários à materialização das transferências de bens e **levantamento de valores (DETRAN, Junta Comercial, Registro Civil das Pessoas Jurídicas, instituições financeiras, companhias telefônicas etc.)**

Parágrafo único: A pedido das partes da escritura pública, pode o tabelião de notas emitir certidão ou traslado por quesitos, especificando apenas os bens, direitos e obrigações a que pretendam dar publicidade.

Convém registrar ainda o entendimento recente do **Superior Tribunal de Justiça** no que diz respeito à existência de testamento.

Indo ao encontro do que prega a maioria da doutrina e várias normativas estaduais, é possível atualmente fazer inventário e partilha extrajudiciais **ainda que exista testamento**, o que não era viável quando da edição da Lei 11.441/2007 e Resolução CNJ n. 35/2007.

Recentemente, a Terceira Turma do Superior Tribunal de Justiça, no **REsp 1.951.456,** decidiu que, mesmo havendo testamento, é admissível a realização de inventário e partilha por escritura pública, na hipótese em que todos os herdeiros são capazes e concordes.

O órgão destacou que a legislação contemporânea tem reservado a via judicial apenas para hipóteses em que há litígio entre os herdeiros ou algum deles é incapaz.

Neste julgado, foi requerida a homologação judicial de uma partilha realizada extrajudicialmente, com a concordância de todas as herdeiras. Nessa ocasião, foi informado que o testamento havia sido registrado judicialmente.

Baseando-se na dicção literal do artigo 610, *caput*, do CPC (havendo testamento, deve ser feito o inventário judicial), o juízo de primeira instância (TJRS), negou o pedido de homologação.

Por sua vez, o recurso impetrado no STJ, teve como fundamento a capacidade e a concordância das herdeiras, por isso o inventário e a partilha poderiam ser feitos por escritura pública, nos moldes do **artigo 610, parágrafo 1º, do CPC**. Também foi assinalado que existem precedentes do próprio STJ e de outros tribunais que autorizam o inventário extrajudicial.

A ministra Nancy Andrighi, relatora do processo alegou em sua decisão que o caso exige uma interpretação teleológica e sistemática dos dispositivos legais, a fim de se chegar a uma solução mais adequada, ou seja, seria necessário dar uma interpretação moderna que visasse a desjudicialização. Nesses moldes, trouxe precedente da Quarta Turma que autorizou a realização de inventário extrajudicial em situação semelhante (**REsp 1.808.767**).

Como argumento, a relatora ainda enfatizou que a exposição de motivos do projeto de lei que criou a possibilidade de inventários extrajudiciais no Brasil revela que o legislador teve a preocupação de impedir a sua prática quando houvesse testamento em razão da potencial existência de conflitos. Mas observou que "a exposição de motivos reforça a tese de que haverá a necessidade de inventário judicial sempre que houver testamento, salvo quando os herdeiros sejam capazes e concordes, justamente porque a capacidade para transigir e a inexistência de conflito entre os herdeiros derruem inteiramente as razões expostas pelo legislador".

A tendência contemporânea da legislação é estimular a autonomia da vontade, a desjudicialização dos conflitos e a adoção de métodos adequados de resolução das controvérsias, ficando reservada a via judicial apenas para os casos de conflito entre os herdeiros. Sendo assim, a ministro destacou ainda os **artigos 2.015 e 2.016 do Código Civil** como exemplos dessa tendência.

A Resolução CNJ n. 571/2024, corroborando o entendimento doutrinário e jurisprudencial majoritário, incluiu o art. 12-B na Resolução CNJ n. 35/2007, conforme segue:

Art. 12-B. É autorizado o inventário e a partilha consensuais promovidos extrajudicialmente por escritura pública, **ainda que o autor da herança tenha deixando testamento,** desde que obedecidos os seguintes requisitos:

I – os interessados estejam todos representados por advogado devidamente habilitado;

II – exista expressa autorização do juízo sucessório competente em ação de abertura e cumprimento de testamento válido e eficaz, em sentença transitada em julgado;

III – todos os interessados sejam capazes e concordes;

IV – no caso de haver interessados menores ou incapazes, sejam também observadas as exigências do art. 12-A desta Resolução;

V – nos casos de testamento invalidado, revogado, rompido ou caduco, a invalidade ou ineficácia tenha sido reconhecida por sentença judicial transitada em julgado na ação de abertura e cumprimento de testamento.

§1º Formulado o pedido de escritura pública de inventário e partilha nas hipóteses deste artigo, deve ser apresentada, junto com o pedido, a certidão do testamento e, constatada a existência de disposição reconhecendo filho ou qualquer outra declaração irrevogável, a lavratura de escritura pública de inventário e partilha ficará vedada e o inventário deverá ser feito obrigatoriamente pela via judicial.

§2º Sempre que o tabelião tiver dúvidas quanto ao cabimento da escritura de inventário e partilha consensual, deverá suscitá-la ao juízo competente em matéria de registros públicos.

Ainda com relação ao inventário extrajudicial, o **convivente sobrevivente é herdeiro quando reconhecida a união estável pelos demais sucessores**, ou **quando for o único sucessor e a união estável estiver previamente reconhecida por sentença judicial, escritura pública ou termo declaratório**, desde que devidamente registrados, nos termos dos arts. 537 e 538 do Código Nacional de Normas.

A meação do convivente pode ser reconhecida na escritura pública, **desde que** todos os herdeiros e interessados na herança, absolutamente capazes estejam de acordo ou, havendo menor ou incapaz, estejam cumpridos os requisitos da Resolução. Havendo um só herdeiro com direito à totalidade da herança, não haverá partilha, lavrando-se a escritura de inventário e adjudicação dos bens, respeitadas as disposições do art. 12-A quando se tratar de herdeiro menor ou incapaz.

Por fim, vale mencionar que novo Código de Processo Civil (Lei 13.105/2015) introduziu, no art. 48, a possibilidade de impugnação ou anulação de partilha extrajudicial, uma previsão que não constava no Código anterior. O artigo estabelece:

> **Art. 48.** O foro de domicílio do autor da herança, no Brasil, é o competente para o inventário, a partilha, a arrecadação, o cumprimento de disposições de última vontade, a impugnação ou anulação de partilha extrajudicial e para todas as ações em que o espólio for réu, ainda que o óbito tenha ocorrido no estrangeiro.
>
> Parágrafo único. Se o autor da herança não possuía domicílio certo, é competente:
>
> I – o foro da situação dos bens imóveis;
>
> II – havendo bens imóveis em foros diferentes, qualquer destes;
>
> III – não havendo bens imóveis, o foro do local de qualquer dos bens do espólio.

Portanto, se o autor da herança não possuir domicílio certo, a competência será conforme estabelecido no art. 48 do NCPC.

1.12.2 REQUISITOS GERAIS COMUNS AOS ATOS DE INVENTÁRIO, PARTILHA E DIVÓRCIO

São **requisitos comuns** para a prática destes atos por escritura pública.

a) Consenso entre as partes;

b) Até recentemente, a legislação exigia que as partes fossem maiores e capazes e que não houvesse filhos ou herdeiros menores ou incapazes para a realização de atos notariais como inventário, partilha, separação consensual, divórcio consensual e extinção consensual de união estável. Contudo, o Conselho Nacional de Justiça autorizou que inventários, partilhas e divórcios consensuais possam ser realizados em cartório mesmo com a presença de herdeiros menores ou incapazes, desde que a divisão dos bens seja garantida e o procedimento seja acompanhado pelo Ministério Público quando necessário.

c) que as partes estejam assistidas por um advogado.

A escritura pública **substitui** a sentença judicial como ato de homologação da vontade das partes e confere eficácia ao vínculo conjugal, independentemente de homologação judicial. Essa escritura deve ser registrada no Registro Civil das Pessoas Naturais e no Registro de Imóveis, quando existirem direitos reais sobre bens imobiliários.

É importante destacar que a escolha do notário pelas partes é **livre**, não se aplicando as regras de direito processual referentes ao domicílio do casal ou ao último domicílio do de cujus, no caso da escritura de partilha. Contudo, o tabelião não pode praticar o ato fora do município para o qual recebeu a delegação.

No que se refere à **gratuidade dos emolumentos** destas escrituras, referida matéria foi explorada nesta obra, especificamente no capítulo da Lei 10.169/2000.

1.12.3 BREVE ANÁLISE DA RESOLUÇÃO CNJ N. 35/2007

A Resolução 35/2007, que foi alterada diversas vezes e recentemente pela Resolução CNJ n. 571/2024 estabelece as normas para a lavratura dos atos notariais relacionados a inventário, partilha, separação consensual, divórcio consensual e extinção consensual de união estável por via administrativa, em conformidade com o Código de Processo Civil.

Referido ato normativo foi editado por vários motivos, entre eles: a necessidade de resolver divergências geradas pela Lei 11.441/2007, tornar os atos mais ágeis e menos onerosos, e descongestionar o Poder Judiciário. Além disso, a Resolução surgiu para estabelecer medidas uniformes na aplicação da referida lei.Vale registrar que em 2022, a Resolução 452 alterou a redação da Resolução 35, para introduzir alguns parágrafos ao art. 11, permitindo não só que os herdeiros e o meeiro nomeiem inventariante em escritura anterior à partilha ou à adjudicação, mas que a este sejam concedidos poderes inclusive para o levantamento de quantias para pagamento do imposto devido e dos emolumentos do inventário.

Os autores José Luiz Germano, José Renato Nalini e Thomas Nosch Gonçalves em artigo escrito no site "migalhas", esmiúçam o tema (https://www.migalhas.com.br/coluna/migalhas-notariais-e-registrais/367136/cnj-permite-o-alvara-consensual):

> "Em regra, o levantamento de quantias antes da conclusão do inventário depende de um alvará judicial. Trata-se de ato judicial de cognição sumária para análise da viabilidade ou não de sua concessão. Os próprios autores tiveram essa experiência, atuando em varas de família, ao deferir tais pedidos.
>
> Agora, com a desjudicialização dos divórcios e dos inventários, nada mais natural que seja permitido também que tais levantamentos sejam feitos sem necessidade de intervenção judicial, mediante escritura pública feita por tabelião de notas, que tem fé pública, é selecionado por concurso e fiscalizado pelo Poder Judiciário, que lhe atribui e exige severas responsabilidades.

Alguns podem dizer que estamos agora diante de um alvará extrajudicial. Mas por opção semântica, propomos diversa denominação, tendo em vista as repercussões que podem levar essa adoção. Assim, esse ato notarial é de escritura pública de nomeação de inventariante com autorização notarial para pagamento de tributos.

Pela própria origem etimológica da palavra alvará, esta indica a confirmação de direitos de alguém ou a concessão de privilégios particulares. E o juiz, ainda que no desempenho de uma atividade administrativa, é sem dúvida uma autoridade que pode deferir ou indeferir os requerimentos formulados.

Já o tabelião, ainda que dotado de imparcialidade jurídica e com determinada carga criativa, não tem poderes análogos ao do juiz e não lhe cabe deferir ou indeferir qualquer pedido de levantamento, como se fosse um alvará judicial. Essa nova modalidade de alvará deve ser considerada consensual porque é fruto da vontade unânime dos herdeiros maiores e capazes. A função do tabelião nesse caso é de instrumentalizar a vontade das partes e elaborar uma escritura, a qual permitirá que o inventariante consiga levantar os valores do de cujus destinados ao pagamento de dois tipos de tributos: o ITCMD (ITCD em alguns Estados) e os emolumentos do inventário.

É louvável que sejam ampliadas as atribuições das competências extrajudiciais, o que já defendemos em outro artigo – um passo adiante –, principalmente por acumularmos a experiência de quem trabalhou no âmbito judicial e agora atua no extrajudicial.

Porém, é preciso que essas novas atribuições sejam pautadas por um juízo prudencial – inerente à atividade extrajudicial –, merecendo uma decantação por parte das Corregedorias dos Estados.

Uma sugestão que fazemos que parece profilática é que os valores destinados aos pagamentos dos referidos tributos não sejam literalmente levantados (sacados) pelo inventariante – que deverá prestar contas aos demais herdeiros -. Em vez disso, basta que o inventariante apresente as próprias guias do ITCMD devidamente mencionadas na escritura para fazer seus recolhimentos nos bancos onde os valores já estivessem depositados ou a cargo destes. Assim, somente o valor exato do ITCMD sairia da conta da pessoa falecida, o que é mais seguro para os herdeiros, para as instituições financeiras e até para o inventariante. Naturalmente que, para a emissão das guias, será necessária a prévia feitura das declarações à apuração do valor devido a título desse tributo. Tudo isso de forma a evitar que houvesse retirada de valores em montante superior ao efetivamente devido.

Já com relação aos emolumentos do tabelião escolhido para lavrar o inventário, o pagamento será realizado de forma análoga e segura, mediante transferência bancária, com toda publicidade e segurança inerente do ato, sob sua responsabilidade, de acordo com a tabela vigente, ficando esse valor sob a guarda do notário, a título de depósito prévio, até a finalização do inventário.

As cautelas acima fazem com que o inventariante não precise sacar ou transferir para sua conta pessoal nenhum valor que não seja seu, liberando-o de depois ter que prestar contas. Adicionalmente, essa forma mostra preocupação com a segurança pública, já que em muitas cidades são grandes os riscos de roubos nas saídas dos bancos, além de golpes diversos com o "pix".

Os valores do ITCMD por vezes são elevados e é grande a responsabilidade de qualquer pessoa que recebe em sua conta o total destinado a esse pagamento, em vez de simplesmente o valor ser direta e imediatamente pago aos cofres estaduais, o que também é mais seguro para a própria Fazenda Pública, evitando inadimplências.

Não raro os tabeliães recebem de seus clientes os valores do ITCMD para em seguida efetuar o pagamento das guias, com toda a responsabilidade que isso envolve. O pagamento direto, como acima propugnado, evitaria essa desnecessária guarda de valores de terceiros.

Já os emolumentos, que se destinam ao tabelião, acrescidos dos devidos repasses aos órgãos de direito, devem sim ficar sob a custódia do notário escolhido pelos herdeiros, evitando-se que o inventariante faça qualquer uso indevido dessa quantia, que não lhe pertence e cuja inadimplência poderia prejudicar os demais herdeiros.

A forma acima defendida tende a acelerar o término do inventário, que certamente é uma das finalidades da alteração promovida pelo Conselho Nacional de Justiça. Até aqui, quem precisava dos recursos do próprio de cujus para fazer os pagamentos desses tributos, se via compelido a procurar a via judicial. Agora na via extrajudicial pode ser feito o mesmo com maior velocidade, ante a desnecessidade de alvará judicial.

Com a alteração salutar feita pelo Provimento 452, há mais estímulo para que seja procurada a via extrajudicial, com menos sobrecarga para o Poder Judiciário. Mas, para que sejam preservados os objetivos visados pela nova regra, convém que sejam tomadas as cautelas acima, para a proteção do próprio inventariante, dos herdeiros, das instituições financeiras, da Fazenda Pública e dos próprios notários, evitando assim possíveis litígios que poderiam estimular algum retrocesso nos avanços desjudicializantes até aqui obtidos.

A utilização do inventário feito em cartório desde o início, apenas para nomear o inventariante e pagar os tributos, deve ser estimulada e preservada, para que atenda bem a população e à advocacia, previna qualquer ilicitude e realize justiça rápida e eficaz, mantendo-se distintas as funções judiciais e extrajudiciais, que se complementam por dialética platônica".

Convém anotar que, recentemente, outra inovação foi feita no artigo 11, § 2º. A Resolução CNJ n. 571/2024 traz uma mudança ao substituir a expressão "imposto devido e dos emolumentos do inventário" por "suas despesas". A nova versão simplifica o texto ao se referir genericamente a "despesas", em vez de especificar "imposto devido e emolumentos do inventário". Isso implica uma abordagem mais ampla, englobando diferentes tipos de custos relacionados ao inventário.

A Resolução CNJ n. 571/2024, que alterou a 35/2007, traz outra inovação: a autorização para venda de bens do espólio por escritura pública. Vejamos:

Art. 11-A. O inventariante poderá ser autorizado, através de escritura pública, a **alienar móveis e imóveis de propriedade do espólio, independentemente de autorização judicial**, observado o seguinte:

I – discriminação das despesas do inventário com o pagamento dos impostos de transmissão, honorários advocatícios, emolumentos notariais e registrais e outros

Lei 7.433/1985 e Decreto 93.240/1986

tributos e despesas devidos pela lavratura da escritura de inventário;

II – vinculação de parte ou todo o preço ao pagamento das despesas discriminadas na forma do inciso anterior;

III – não constar indisponibilidade de bens de quaisquer dos herdeiros ou do cônjuge ou convivente sobrevivente;

IV – a menção de que as guias de todos os impostos de transmissão foram apresentadas e o seus respectivos valores;

V – a consignação no texto da escritura dos valores dos emolumentos notariais e registrais estimados e a indicação das serventias extrajudiciais que expedirem os respectivos orçamentos; e

VI – prestação de garantia, real ou fidejussória, pelo inventariante quanto à destinação do produto da venda para o pagamento das despesas discriminadas na forma do inciso I deste artigo.

§ 1º O prazo para o pagamento das despesas do inventário **não poderá ser superior a 1 (um) ano a contar da venda do bem**, autorizada a estipulação de prazo inferior pelas partes.

§ 2º Cumprida a obrigação do inventariante de pagar as despesas discriminadas, fica **extinta a garantia** por ele prestada.

§ 3º O bem alienado será relacionado no acervo hereditário para fins de apuração dos emolumentos do inventário, cálculo dos quinhões hereditários, apuração do imposto de transmissão causa mortis, mas **não será objeto de partilha**, consignando-se a sua venda prévia na escritura do inventário.

A transcrição da Resolução CNJ n. 35/2007 é necessária, por ser frequentemente cobrada em concursos para outorga de delegações de notas e registros (cartórios), além de ser de uso comum no dia a dia do serviço notarial. No entanto, uma análise detalhada da resolução foge ao escopo deste trabalho, que se concentra em fornecer uma visão geral sobre o tema. Grifei para facilitar a compreensão do assunto.

SEÇÃO I – DISPOSIÇÕES DE CARÁTER GERAL

Art. 1º Para a lavratura dos atos notariais relacionados a **inventário, partilha, divórcio, declaração de separação de fato e extinção de união estável consensuais** por via administrativa, é livre a escolha do tabelião de notas, não se aplicando as regras de competência do Código de Processo Civil.

Art. 2º. É **facultada** aos interessados a opção pela via judicial ou extrajudicial; podendo ser solicitada, a qualquer momento, a suspensão, pelo prazo de **30 dias**, ou a desistência da via judicial, para promoção da via extrajudicial.

Art. 3º. As escrituras públicas de inventário e partilha, divórcio, declaração de separação de fato e extinção da união estável consensuais **não dependem de homologação judicial** e são títulos hábeis para o registro civil e o registro imobiliário, para a transferência de bens e direitos, bem como para promoção de todos os atos necessários à materialização das transferências de bens e levantamento de valores (DETRAN, Junta Comercial, Registro Civil das Pessoas Jurídicas, instituições financeiras, companhias telefônicas etc.)

Parágrafo único: A pedido das partes da escritura pública, pode o tabelião de notas emitir certidão ou traslado por quesitos, especificando apenas os bens, direitos e obrigações a que pretendam dar publicidade.

Art. 4º. O valor dos emolumentos deverá corresponder ao efetivo custo e à adequada e suficiente remuneração dos serviços prestados, conforme estabelecido no parágrafo único do art. 1º da Lei nº 10.169/2000, observando-se, quanto a sua fixação, as regras previstas no art. 2º da citada lei.

Art. 5º. É **vedada** a fixação de emolumentos em percentual incidente sobre o valor do negócio jurídico objeto dos serviços notariais e de registro (Lei nº 10.169, de 2000, art. 3º, inciso II).

Art. 6º A gratuidade prevista na norma adjetiva compreende as escrituras de inventário, partilha, divórcio, separação de fato e extinção da união estável consensuais.

Art. 7º Para a obtenção da gratuidade pontuada nesta norma, basta a simples declaração dos interessados de que não possuem condições de arcar com os emolumentos, ainda que as partes estejam assistidas por advogado constituído

Art. 8º É necessária a presença do advogado, dispensada a procuração, ou do defensor público, na lavratura das escrituras aqui referidas, nelas constando seu nome e registro na OAB.

Art. 9º. É **vedada ao tabelião a indicação de advogado às partes**, que deverão comparecer para o ato notarial acompanhadas de profissional de sua confiança. Se as partes não dispuserem de condições econômicas para contratar advogado, o tabelião deverá recomendar-lhes a Defensoria Pública, onde houver, ou, na sua falta, a Seccional da Ordem dos Advogados do Brasil.

Art. 10. É desnecessário o registro de escritura pública nas hipóteses aqui abordadas no Livro "E" de Ofício de Registro Civil das Pessoas Naturais, entretanto, o Tribunal de Justiça deverá promover, no prazo de 180 dias, medidas adequadas para a unificação dos dados que concentrem as informações dessas escrituras no âmbito estadual, possibilitando as buscas, preferencialmente, sem ônus para o interessado.

SEÇÃO II – DISPOSIÇÕES REFERENTES AO INVENTÁRIO E À PARTILHA

Art. 11. É obrigatória a nomeação de interessado, na escritura pública de inventário e partilha, para representar o espólio, com poderes de inventariante, no cumprimento de obrigações ativas ou passivas pendentes, sem necessidade de seguir a ordem prevista no art. 617 do Código de Processo Civil.

§ 1º O meeiro e os herdeiros poderão, em escritura pública anterior à partilha ou à adjudicação, nomear inventariante. *(incluído pela Resolução n. 452, de 22.4.2022)*

§ 2º O inventariante nomeado nos termos do §1º poderá representar o espólio na busca de informações bancárias e fiscais necessárias à conclusão de negócios essenciais à realização do inventário e no levantamento de quantias para pagamento das suas despesas.

§ 3º A nomeação de inventariante será considerada o termo inicial do procedimento de inventário extrajudicial. *(incluído pela Resolução n. 452, de 22.4.2022)*

Art. 11-A. O inventariante poderá ser autorizado, através de escritura pública, a alienar móveis e imóveis de propriedade do espólio, independentemente de autorização judicial, observado o seguinte:

I – discriminação das despesas do inventário com o pagamento dos impostos de transmissão, honorários advocatícios, emolumentos notariais e registrais e outros tributos e despesas devidos pela lavratura da escritura de inventário;

II – vinculação de parte ou todo o preço ao pagamento das despesas discriminadas na forma do inciso anterior;

III – não constar indisponibilidade de bens de quaisquer dos herdeiros ou do cônjuge ou convivente sobrevivente;

IV – a menção de que as guias de todos os impostos de transmissão foram apresentadas e o seus respectivos valores;

V – a consignação no texto da escritura dos valores dos emolumentos notariais e registrais estimados e a indicação das serventias extrajudiciais que expedirem os respectivos orçamentos; e

VI – prestação de garantia, real ou fidejussória, pelo inventariante quanto à destinação do produto da venda para o pagamento das despesas discriminadas na forma do inciso I deste artigo.

§ 1º O prazo para o pagamento das despesas do inventário não poderá ser superior a 1 (um) ano a contar da venda do bem, autorizada a estipulação de prazo inferior pelas partes.

§ 2º Cumprida a obrigação do inventariante de pagar as despesas discriminadas, fica extinta a garantia por ele prestada.

§ 3º O bem alienado será relacionado no acervo hereditário para fins de apuração dos emolumentos do inventário, cálculo dos quinhões hereditários, apuração do imposto de transmissão causa mortis, mas não será objeto de partilha, consignando-se a sua venda prévia na escritura do inventário.

Art. 12. Admitem-se inventário e partilha extrajudiciais com viúvo(a) ou herdeiro(s) capazes, inclusive por **emancipação**, representado(s) por procuração formalizada por instrumento público com poderes especiais *(Resolução, 179, de 3 de Outubro de 2013).*

Art. 12-A. O inventário poderá ser realizado por escritura pública, ainda que inclua interessado menor ou incapaz, desde que o pagamento do seu quinhão hereditário ou de sua meação ocorra em parte ideal em cada um dos bens inventariados e haja manifestação favorável do Ministério Público.

§ 1º Na hipótese do caput deste artigo é vedada a prática de atos de disposição relativos aos bens ou direitos do interessado menor ou incapaz.

§ 2º Havendo nascituro do autor da herança, para a lavratura nos termos do caput, aguardar-se-á o registro de seu nascimento com a indicação da parentalidade, ou a comprovação de não ter nascido com vida.

§ 3º A eficácia da escritura pública do inventário com interessado menor ou incapaz dependerá da manifestação favorável do Ministério Público, devendo o tabelião de notas encaminhar o expediente ao respectivo representante.

§ 4º Em caso de impugnação pelo Ministério Público ou terceiro interessado, o procedimento deverá ser submetido à apreciação do juízo competente.

Art. 12-B. É autorizado o inventário e a partilha consensuais promovidos extrajudicialmente por escritura pública, ainda que o autor da herança tenha deixando testamento, desde que obedecidos os seguintes requisitos:

I – os interessados estejam todos representados por advogado devidamente habilitado;

II – exista expressa autorização do juízo sucessório competente em ação de abertura e cumprimento de testamento válido e eficaz, em sentença transitada em julgado;

III – todos os interessados sejam capazes e concordes;

IV – no caso de haver interessados menores ou incapazes, sejam também observadas as exigências do art. 12-A desta Resolução;

V – nos casos de testamento invalidado, revogado, rompido ou caduco, a invalidade ou ineficácia tenha sido reconhecida por sentença judicial transitada em julgado na ação de abertura e cumprimento de testamento.

§1º Formulado o pedido de escritura pública de inventário e partilha nas hipóteses deste artigo, deve ser apresentada, junto com o pedido, a certidão do testamento e, constatada a existência de disposição reconhecendo filho ou qualquer outra declaração irrevogável, a lavratura de escritura pública de inventário e partilha ficará vedada e o inventário deverá ser feito obrigatoriamente pela via judicial.

§2º Sempre que o tabelião tiver dúvidas quanto ao cabimento da escritura de inventário e partilha consensual, deverá suscitá-la ao juízo competente em matéria de registros públicos.

Art. 13. A escritura pública pode ser retificada desde que haja o consentimento de todos os interessados. Os erros materiais poderão ser corrigidos, de ofício ou mediante requerimento de qualquer das partes, ou de seu procurador, por averbação à margem do ato notarial ou, não havendo espaço, por escrituração própria lançada no livro das escrituras públicas e anotação remissiva.

Art. 14. Para as verbas previstas na Lei nº 6.858/80, é também admissível a escritura pública de inventário e partilha.

Art. 15. O recolhimento dos tributos incidentes deve **anteceder** a lavratura da escritura.

Art. 16. É possível a promoção de inventário extrajudicial por **cessionário de direitos hereditários**, mesmo na hipótese de cessão de parte do acervo, desde que todos os herdeiros estejam presentes e concordes.

Art. 17. Os cônjuges dos herdeiros deverão comparecer ao ato de lavratura da escritura pública de inventário e partilha quando houver **renúncia ou algum tipo de partilha que importe em transmissão**, exceto se o casamento se der sob o regime da separação absoluta.

Art. 18. No inventário extrajudicial, o convivente sobrevivente é herdeiro quando reconhecida a união estável pelos demais sucessores, ou quando for o único sucessor e a união estável estiver previamente reconhecida por sentença judicial, escritura pública ou termo declaratório, desde que devidamente registrados, nos termos dos arts. 537 e 538 do CNN/CN/CNJ-Extra (Provimento CNJ nº 149/2023).

Art. 19. A meação do convivente pode ser reconhecida na escritura pública, desde que todos os herdeiros e interessados na herança, absolutamente capazes estejam de acordo ou, havendo menor ou incapaz, estejam cumpridos os requisitos do art. 12-A.

Art. 20. As partes e respectivos cônjuges devem estar, na escritura, nomeados e qualificados (nacionalidade; profissão; idade; estado civil; regime de bens; data do casamento; pacto antenupcial e seu registro imobiliário, se houver; número do documento de identidade; número de inscrição no CPF/MF; domicílio e residência).

Art. 21. A escritura pública de inventário e partilha conterá a **qualificação completa** do autor da herança; o regime de bens do casamento; pacto antenupcial e seu registro imobiliário, se houver; dia e lugar em que faleceu o autor da herança; data da expedição da certidão de óbito; livro, folha, número do termo e unidade de serviço em que consta o registro do óbito; e a menção ou declaração dos herdeiros de que o autor da herança não deixou testamento e outros herdeiros, sob as penas da lei.

Art. 22. Na lavratura da escritura deverão ser apresentados os seguintes **documentos:** a) certidão de óbito do autor da herança; b) documento de identidade oficial e CPF das partes e do autor da herança; c) certidão comprobatória do vínculo de parentesco dos herdeiros; d) certidão de casamento do cônjuge sobrevivente e dos herdeiros casados e pacto antenupcial, se houver; e) certidão de propriedade de bens imóveis e direitos a eles relativos; f) documentos necessários à comprovação da titularidade dos bens móveis e direitos, se houver; g) certidão negativa de tributos; e h) Certificado de Cadastro de Imóvel Rural – CCIR, se houver imóvel rural a ser partilhado.

Art. 23. Os documentos apresentados no ato da lavratura da escritura devem ser **originais ou em cópias autenticadas**, salvo os de identidade das partes, que sempre serão originais.

Art. 24. A escritura pública deverá fazer menção aos documentos apresentados.

Art. 25. É admissível a **sobrepartilha** por escritura pública, ainda que referente a inventário e partilha judiciais já findos, mesmo que o herdeiro, hoje maior e capaz, fosse menor ou incapaz ao tempo do óbito ou do processo judicial.

Art. 26. Havendo **um só herdeiro com direito à totalidade da herança, não haverá partilha**, lavrando-se a escritura de inventário e adjudicação dos bens, respeitadas as disposições do art. 12-A quando se tratar de herdeiro menor ou incapaz.

Art. 27. A **existência de credores do espólio não impedirá** a realização do inventário e partilha, ou adjudicação, por escritura pública.

Art. 28. É admissível **inventário negativo** por escritura pública.

Art. 29. É **vedada** a lavratura de escritura pública de inventário e partilha referente a bens localizados no exterior.

Art. 30. Aplica-se a Lei nº 11.441/07 aos casos de óbitos ocorridos antes de sua vigência.

Art. 31. A escritura pública de inventário e partilha pode ser lavrada a qualquer tempo, **cabendo ao tabelião fiscalizar o recolhimento de eventual multa**, conforme previsão em legislação tributária estadual e distrital específicas.

Art. 32. É de **responsabilidade do inventariante** declarar o valor dos bens do espólio para que constem da escritura pública de inventário e partilha regidos por esta Resolução.

§1º Em caso de discordância manifestada pela Fazenda Pública, o tabelião tem legitimidade para efetuar a cobrança do valor adicional devida pelos serviços prestados.

§2º O tabelião poderá se negar a lavrar a escritura de inventário ou partilha se houver fundados indícios de fraude, simulação ou em caso de dúvidas sobre a declaração de vontade de algum dos herdeiros e/ou inventariante, fundamentando a recusa por escrito.

SEÇÃO III – DISPOSIÇÕES COMUNS À SEPARAÇÃO E DIVÓRCIO CONSENSUAIS

Art. 33. Para a lavratura da escritura pública de divórcio consensual, deverão ser apresentados:

a) certidão de casamento;

b) documento de identidade oficial e CPF/MF;

c) pacto antenupcial, se houver;

d)certidão de nascimento ou outro documento de identidade oficial dos filhos, se houver;

e) certidão de propriedade de bens imóveis e direitos a eles relativos; e

f) documentos necessários à comprovação da titularidade dos bens móveis e direitos, se houver.

Art. 34. As partes devem declarar ao tabelião, no ato da lavratura da escritura, **que não têm filhos comuns** ou, havendo, indicar seus nomes, as datas de nascimento e se existem incapazes.

§ 1º As partes devem, ainda, declarar ao tabelião, na mesma ocasião, que o cônjuge virago **não se encontra em estado gravídico**, ou ao menos, que não tenha conhecimento sobre esta condição.

§ 2º Havendo filhos comuns do casal **menores ou incapazes**, será permitida a lavratura da escritura pública de divórcio, **desde que** devidamente comprovada a prévia resolução judicial de todas as questões referentes à guarda, visitação e alimentos deles, o que deverá ficar consignado no corpo da escritura.

§ 3º Na dúvida quanto às questões de interesse do menor ou do incapaz, o tabelião submeterá a questão à apreciação do juiz prolator da decisão.

Art. 35. Da escritura, deve constar declaração das partes de que estão cientes das consequências do divórcio, firmes no propósito de pôr fim à sociedade conjugal ou ao vínculo matrimonial, respectivamente, sem hesitação, com recusa de reconciliação e concordância com a regulamentação da guarda, da convivência familiar e dos alimentos dos filhos menores e/ou incapazes realizada em juízo.

Art. 36. O **comparecimento pessoal** das partes é **dispensável** à lavratura de escritura pública de divórcio consensual, sendo admissível ao(s) divorciando(s) se fazer representar por mandatário constituído, desde que por instrumento público com poderes especiais, descrição das cláusulas essenciais e prazo de validade de trinta dias.

Art. 37. Havendo bens a serem partilhados na escritura, distinguir-se-á o que é do **patrimônio individual** de cada cônjuge, se houver, do que é do **patrimônio comum** do casal, conforme o regime de bens, constando isso do corpo da escritura.

Art. 38. Na partilha em que houver transmissão de propriedade do patrimônio individual de um cônjuge ao outro, ou a partilha desigual do patrimônio comum, deverá ser comprovado o recolhimento do tributo devido sobre a fração transferida.

Art. 39. A partilha em escritura pública de divórcio consensual far-se-á conforme as regras da partilha em inventário extrajudicial, no que couber.

Art. 40. O traslado da escritura pública de divórcio consensual será apresentado ao Oficial de Registro Civil do respectivo assento de casamento, para a averbação necessária, **independente de autorização judicial e de audiência do Ministério Público.**

Art. 41. Havendo alteração do nome de algum cônjuge em razão de escritura de restabelecimento da sociedade conjugal ou do divórcio consensual, o Oficial de Registro Civil que **averbar** o ato no assento de casamento também **anotará** a alteração no respectivo assento de nascimento, se de sua unidade, ou, se de outra, comunicará ao Oficial competente para a necessária anotação.

Art. 42. Não há sigilo na escritura pública de divórcio consensual.

Art. 43. Na escritura pública deve constar que as partes foram orientadas sobre a necessidade de apresentação de seu traslado no registro civil do assento de casamento, para a averbação devida.

Art. 44. É admissível, por consenso das partes, escritura pública de retificação das cláusulas de obrigações alimentares ajustadas no divórcio consensual.

Art. 45. *(revogado pela Resolução n. 571, de 26.8.2024)*

Art. 46. O tabelião poderá se negar a lavrar a escritura de divórcio se houver **fundados indícios** de prejuízo a um dos cônjuges ou em caso de dúvidas sobre a declaração de vontade, fundamentando a recusa por escrito.

Art. 46-A. As disposições desta Seção aplicam-se, no que couber, à extinção consensual da união estável.

SEÇÃO IV – DISPOSIÇÕES REFERENTES À SEPARAÇÃO CONSENSUAL

Art. 47. *(revogado pela Resolução n. 571, de 26.8.2024)*

Art. 48. O restabelecimento de sociedade conjugal pode ser feito por escritura pública, ainda que a separação tenha sido judicial. Neste caso, é necessária e suficiente a apresentação de certidão da sentença de separação ou da averbação da separação no assento de casamento.

Art. 49. Em escritura pública de **restabelecimento de sociedade conjugal**, o tabelião deve:

a) fazer constar que as partes foram orientadas sobre a necessidade de apresentação de seu traslado no registro civil do assento de casamento, para a averbação devida;

b) anotar o restabelecimento à margem da escritura pública de separação consensual, quando esta for de sua serventia, ou, quando de outra, comunicar o restabelecimento, para a anotação necessária na serventia competente; e

c) comunicar o restabelecimento ao juízo da separação judicial, se for o caso.

Art. 50. A sociedade conjugal não pode ser restabelecida com modificações.

Art. 51. A averbação do restabelecimento da sociedade conjugal somente poderá ser efetivada depois da averbação da separação no registro civil, podendo ser simultâneas.

SEÇÃO V – DISPOSIÇÕES REFERENTES AO DIVÓRCIO CONSENSUAL

Art. 52. Os cônjuges separados judicialmente, podem, mediante escritura pública, converter a separação judicial ou extrajudicial em divórcio, mantendo as mesmas condições ou alterando-as. Nesse caso, é dispensável a apresentação de certidão atualizada do processo judicial, bastando a certidão da averbação da separação no assento do casamento.

SEÇÃO V – DISPOSIÇÕES REFERENTES À SEPARAÇÃO DE FATO

Art. 52-A. A escritura pública de declaração de separação de fato consensual deverá se ater exclusivamente ao fato de que cessou a comunhão plena de vida entre o casal.

Art. 52-B. Para a lavratura da escritura pública de declaração de separação de fato consensual, deverão ser apresentados:

a) certidão de casamento;

b) documento de identidade oficial e CPF/MF;

c) manifestação de vontade espontânea e isenta de vícios de não mais manter a convivência marital e de desejar a separação de fato;

d)pacto antenupcial, se houver;

e) certidão de nascimento ou outro documento de identidade oficial dos filhos, se houver;

f) certidão de propriedade de bens imóveis e direitos a eles relativos;

g) documentos necessários à comprovação da titularidade dos bens móveis e direitos, se houver;

h) inexistência de gravidez do cônjuge virago ou desconhecimento acerca desta circunstância.

Art. 52-C. O restabelecimento da comunhão plena de vida entre o casal pode ser feito por escritura pública, ainda que a separação de fato tenha sido judicial.

Art. 52-D. Na escritura pública de restabelecimento da comunhão plena de vida entre o casal, o tabelião deve:

a) anotar o restabelecimento à margem da escritura pública de separação de fato consensual, quando esta for de sua serventia, ou, quando de outra, comunicar o restabelecimento, para a anotação necessária na serventia competente; e

b) comunicar o restabelecimento ao juízo da separação de fato judicial, se for o caso.

Art. 52-E. O retorno da comunhão plena de vida entre o casal não altera os termos da sociedade conjugal, que se reestabelece sem modificações.

Art. 53. *(Revogado pela Resolução nº 120, de 30.09.2010)*

Art. 54. Esta Resolução entra em vigor na data de sua publicação.

CORREGEDORIA-GERAL

Por fim, dialogam com o tema dois recentes Enunciados da I Jornada de Direito:

Enunciado 47. Nas escrituras relativas a fatos, atos ou negócios relativos a imóveis, inclusive o inventário, separação, divórcio e dissolução de união estável, é cabível a menção à consulta feita ao sítio eletrônico da Receita Federal. A existência de débitos tributários será consignada na escritura, com a advertência das partes sobre os riscos relativos à realização do ato notarial.

⊙ Justificativa: Diante da dificuldade na obtenção desta certidão, a ocorrência positiva será consignada pelo tabelião a partir da tela impressa extraída do site da RF. Ao assinar a escritura, a finalidade é o cumprimento da obrigação principal assumida pelas partes e, portanto, esta formalização independe da existência de créditos tributários, contribuições sociais e outras imposições pecuniárias. Ainda, à luz da decisão proferida em sede de Arguição de Inconstitucionalidade nº 0139256-75.2011.8.26.0000, calcada ainda nas súmulas 70, 323 e 547, todas do Supremo Tribunal Federal, a exigência da apresentação da CND em nome da sociedade alienante, para lavratura de escritura pública, foi considerada ilegal e indevida de acordo com os artigos 47 e 48 da Lei nº 8.212/91 e artigo 134, inciso IV, e artigo 135 do Código Tributário Nacional. Para fins de inventário e partilha, o inciso II do art. 17, Portaria Conjunta RFB/PGFN n. 1751/2014 dispensa a comprovação da regularidade fiscal.

Enunciado 48. O inventariante nomeado pelos interessados poderá, desde que autorizado expressamente na escritura de nomeação, formalizar obrigações pendentes do falecido, a exemplo das escrituras de rerratificação, estremação e, especialmente, transmissão e aquisição de bens móveis e imóveis contratados e quitados em vida, mediante prova ao tabelião.

⊙ Justificativa: Art. 11 da Resolução n. 35/CNJ/2007. Arts. 610 (§ 1º), 618 e 619 do Código de Processo Civil. TJSP: Autos n. 0011976-78.2012.8.26.0100 e n. 0000228-62.2014.8.26.0073. Diante da possibilidade de opção do inventário pela via extrajudicial, os interessados podem, além dos atos de simples administração, especificar atos especiais na escritura de nomeação de inventariante, com o fim de cumprir obrigações pendentes do falecido, analisadas criteriosamente pelo tabelião. Tal solução evitará o arrolamento de patrimônio que não pertence mais ao falecido e possibilitará a concretização de aquisições para posterior partilha. No mesmo sentido a Consolidação Normativa Notarial e Registral do Rio Grande do Sul (Provimento n. 001/2020-CGJ) que, no art. 553, admite a efetivação do contrato definitivo de compra e venda pelo Espólio (outorgante vendedor), independentemente de Alvará Judicial, para cumprir obrigação contratada e liquidada em vida, mediante prova a ser feita ao Tabelião¿ e, também, o parágrafo único do art. 902: O inventariante nomeado na forma do *caput* deste artigo poderá representar o espólio para dar cumprimento às obrigações assumidas e quitadas em vida pelo *de cujus*, em especial assinar escrituras públicas de efetivação de promessa de compra e venda.

1.12.4 ALIENAÇÃO DE BENS INTEGRANTES DE ACERVO HEREDITÁRIO E O INVENTÁRIO EXTRAJUDICIAL

O Código de Normas da Corregedoria Geral da Justiça do Estado do Rio de Janeiro – Parte Extrajudicial, atualizada com o Provimento CGJ n. 77/2022 disciplinou a alienação de bens integrantes de acervo hereditário.

Esta disciplina dialoga com o tema "inventário extrajudicial", à medida que facilita a sua lavratura solucionando uma antiga discussão. Ainda que o espólio possuísse bens partilháveis, os herdeiros não gozavam de recursos para o adiantamento dos emolumentos e do imposto de transmissão. A consequência disso era que o acervo hereditário permanecia não partilhado ou o inventário era judicializado na tentativa de os herdeiros obterem alvará judicial autorizando a venda de parte do patrimônio para fazer frente a essas despesas.

De acordo com o site da Corregedoria do Estado do Rio de Janeiro, "pela sistemática instituída, será possível a alienação, por escritura pública, de bens integrantes do acervo hereditário, independentemente de autorização judicial, desde que dela conste e se comprove o pagamento pelo comprador, como parte do preço, da totalidade do imposto de transmissão causa mortis sobre a integralidade da herança e o depósito prévio dos emolumentos devidos para a lavratura do inventário extrajudicial. Significa dizer que ao invés de entregar essa parte do preço ao vendedor, o comprador fará a quitação direta dessas despesas do espólio. Assim, os interesses da Fazenda ficarão resguardados pelo pagamento do ITCMD, como também a oportuna lavratura do inventário extrajudicial, cujos emolumentos já terão sido depositados em favor do tabelião pelo adquirente do bem integrante do acervo hereditário. Por sua vez, os herdeiros poderão dar seguimento à partilha extrajudicial dos bens, ao mesmo tempo em que o comprador ganha segurança jurídica com a regulamentação da operação".

A iniciativa foi vista como excelente instrumento de desjudicialização, além de promover o incremento da arrecadação do imposto de transmissão causa mortis e de emolumentos.

1.13 A EMENDA CONSTITUCIONAL Nº 66/2010

Este tema foi exaustivamente tratado nos comentários do artigo 29, § 1º, "a" da Lei nº 6.015/1973. Inclui-se, também, a análise da tese de repercussão geral fixada para o Tema 1.053:

> "Após a promulgação da Emenda Constitucional 66/2010, a separação judicial não é mais requisito para o divórcio, nem subsiste como figura autônoma no ordenamento jurídico. Contudo, preserva-se o estado civil das pessoas que já estão separadas por decisão judicial ou escritura pública, por se tratar de um ato jurídico perfeito."

1.14 UNIÃO ESTÁVEL POLIAFETIVA E A ESCRITURA DO POLIAMOR

O Plenário do Conselho Nacional de Justiça (CNJ), no PP 0001459-08.2016.2.00.0000, recentemente decidiu que os Tabelionatos não podem registrar uniões poliafetivas, compostas por três ou mais pessoas, em escrituras públicas.

No entendimento da maioria dos conselheiros, este documento atesta um ato de fé pública e portanto, implica o reconhecimento de direitos garantidos a casais ligados por casamento ou união estável – herança ou previdenciários, por exemplo.

Na decisão, o CNJ determinou que as corregedorias-gerais de Justiça proíbam os cartórios de seus respectivos estados de lavrar escrituras públicas para registrar uniões poliafetivas.

A decisão atendeu a pedido da Associação de Direito de Família e das Sucessões, que acionou o CNJ contra dois cartórios de comarcas paulistas, em São Vicente e em Tupã, que teriam lavrados escrituras de uniões estáveis poliafetivas.

De acordo com o relator do processo, ministro João Otávio de Noronha, as competências do CNJ se limitam ao controle administrativo, não jurisdicional, conforme estabelecidas na Constituição Federal.

A emissão desse tipo de documento, de acordo com o ministro Noronha, não tem respaldo na legislação nem na jurisprudência do Supremo Tribunal Federal (STF), que reconhece direitos a benefícios previdenciários, como pensões, e a herdeiros apenas em casos de associação por casamento ou união estável. Nas palavras dele: "(Nesse julgamento) eu não discuto se é possível uma união poliafetiva ou não. O corregedor normatiza os atos dos cartórios. Os atos cartorários devem estar em consonância com o sistema jurídico, está dito na lei. As escrituras públicas servem para representar as manifestações de vontade consideradas lícitas. Um cartório não pode lavrar em escritura um ato ilícito como um assassinato, por exemplo".

A então presidente do CNJ e do STF, ministra Cármen Lúcia, entendeu que "o desempenho das serventias (cartórios) está sujeito à fiscalização e ao controle da Corregedoria Nacional de Justiça. Por isso exatamente que o pedido foi assim formulado. Não é atribuição do CNJ tratar da relação entre as pessoas, mas do dever e do poder dos cartórios de lavrar escrituras. Não temos nada com a vida de ninguém. A liberdade de conviver não está sob a competência do CNJ. Todos somos livres, de acordo com a constituição".

Ao final da votação, oito conselheiros votaram pela proibição do registro do poliamor em escritura pública. A divergência parcial, aberta pelo conselheiro Aloysio Corrêa da Veiga, teve cinco votos. Para Corrêa da Veiga, escrituras públicas podem ser lavradas para registrar a convivência de três ou mais pessoas por coabitação **sem, no entanto, equiparar esse tipo de associação à união estável e à família.**

Houve ainda uma divergência aberta pelo conselheiro Luciano Frota, que não obteve adesões no Plenário. Frota votou pela improcedência do pedido e, portanto, para permitir que os cartórios lavrassem escrituras de união estável poliafetiva.

1.15 ESCRITURA PÚBLICA E CNDT

Em razão da instituição da Certidão Negativa de Débitos Trabalhistas (CNDT) pela Lei n. 12.440/2011, que comprova a inexistência de débitos inadimplidos perante a Justiça do Trabalho, e visando aumentar a transparência sobre a real situação jurídica dos alienantes, a fim de evitar discussões sobre eventual fraude à execução, foi editada a Recomendação CNJ n. 3/2012. Essa recomendação dispõe sobre a **cientificação prévia das partes**, nos atos notariais que especifica, quanto à possibilidade de obterem a CNDT. A referida certidão possui amplitude nacional e é expedida de forma gratuita e eletrônica no sítio do Tribunal Superior do Trabalho.

Assim, são os termos da recomendação:

Art. 1º. Recomendar aos tabeliães de notas que cientifiquem as partes envolvidas da possibilidade de obtenção prévia de Certidão Negativa de Débitos Trabalhistas (CNDT), nos termos do art. 642-A da CLT, com a redação dada pela Lei nº 12.440/2011, nas seguintes hipóteses:

I - alienação ou oneração, a qualquer título, de bem imóvel ou direito a ele relativo;

II - partilha de bens imóveis em razão de separação, divórcio ou dissolução de união estável;

Art. 2º. Deverá constar da escritura lavrada que a cientificação referida no artigo anterior foi previamente realizada.

Art. 3º. O atendimento à presente recomendação não esgota ou substitui outras providências necessárias à segurança jurídica do negócio.

Art. 4º. As Corregedorias Gerais de Justiça dos Estados serão cientificadas do teor desta recomendação, para divulgação e fiscalização de seu cumprimento.

Art. 5º. A presente recomendação entrará em vigor na data de sua publicação.

2. JURISPRUDÊNCIA COMPLEMENTAR

⊙ ENUNCIADOS DO IBDFAM APROVADOS NO XI CONGRESSO BRASILEIRO DE DIREITO DE FAMÍLIA

▶ **ENUNCIADO 22.** É possível a utilização da via extrajudicial para o divórcio e dissolução da união estável, nos termos do artigo 733, do CPC/15 se, havendo consenso entre as partes, inexistir nascituro e as questões relativas às crianças e adolescentes e aos filhos não emancipados e curatelados (como guarda, convivência familiar e alimento) já tiverem definição na via judicial.

▶ **ENUNCIADO 24.** Em pacto antenupcial ou contrato de convivência podem ser celebrados negócios jurídicos processuais.

⊙ ENUNCIADOS DO IBDFAM APROVADOS NO X CONGRESSO BRASILEIRO DE DIREITO DE FAMÍLIA

▶ **ENUNCIADO 3.** É possível a nomeação de inventariante para todos os atos preparatórios à realização do inventário, inclusive o levantamento de valores para pagamento de tributos e emolumentos. Com base neste documento, as instituições financeiras poderão debitar os valores da conta corrente do falecido para permitir a quitação dos tributos do autor da herança e incidentes sobre a sucessão.

▶ **ENUNCIADO 22.** É possível a utilização da via extrajudicial para o divórcio e dissolução da união estável, nos termos do artigo 733, do CPC/15 se, havendo consenso entre as partes, inexistir nascituro e as questões relativas às crianças e adolescentes e aos filhos não emancipados e curatelados (como guarda, convivência familiar e alimento) já tiverem definição na via judicial.

⊙ ENUNCIADOS DO COLÉGIO NOTARIAL DO BRASIL – CONSELHO FEDERAL – CNB/CF – APROVADOS NO XXIII CONGRESSO NOTARIAL BRASILEIRO REALIZADO NO MÊS DE AGOSTO DE 2019, NA BAHIA

▶ **NOTÁRIO AGENTE DA DESBUROCRATIZAÇÃO**

O tabelião de notas deve colaborar com a administração brasileira para que a população tenha acesso à certificação digital e possa assinar documentos eletrônicos com plena validade jurídica.**NOTÁRIO E LEI GERAL DE PROTEÇÃO DE DADOS – LGPD**

O tabelião de notas deve se capacitar para atender aos requisitos da LGPD (Lei 13.709/18) que entrará em vigor em 16.8.2020. Deve atentar especialmente para a captação, guarda e conservação das informações das pessoas, em especial com a proteção dos dados sensíveis, e intimidade e vida privada.

▶ **ESCRITURAS FAMILIARES**

Nas Escrituras públicas de inventário conjunto (art. 672 CPC), sem comoriência, é necessária a realização de partilhas distintas e sucessivas. É inadmissível uma só partilha unificada (partilha per saltum).

É possível a lavratura de escritura pública na qual os cônjuges ou companheiros submetidos ao regime de separação obrigatória de bens declaram que os bens adquiridos após o casamento ou união estável são fruto de esforço individual e não se comunicam.

É possível a lavratura de pacto antenupcial e contrato de convivência para as pessoas submetidas ao regime de bens obrigatório indicando que os bens adquiridos durante o casamento ou convivência não se comunicam, afastando os efeitos da Súmula 377 do STF. (Jornada de Direito Civil 634 – enunciado, art. 1.641, CC).

⊙ ENUNCIADOS DO COLÉGIO NOTARIAL DO BRASIL – CONSELHO FEDERAL – CNB/CF – APROVADOS NO XXII CONGRESSO NOTARIAL BRASILEIRO REALIZADO NO MÊS DE JUNHO DE 2017, EM JOÃO PESSOA.

▶ **ENUNCIADO 4.** A recomendação do CNJ aos tabeliães para que se abstenham de lavrar escrituras de convivência entre mais de duas pessoas não impede a lavratura das escrituras declaratórias de união poliafetiva em respeito à independência jurídica do tabelião.

⊙ ENUNCIADOS DO COLÉGIO NOTARIAL DO BRASIL – CONSELHO FEDERAL – CNB/CF – APROVADOS NO XX CONGRESSO NOTARIAL BRASILEIRO REALIZADO NO MÊS DE OUTUBRO DE 2015, NO RIO DE JANEIRO.

▶ **ENUNCIADO 3.** Os notários devem fornecer as informações para a CENSEC, nos termos do Provimento 18/2012 do CNJ, com a finalidade de contribuir com a prevenção da lavagem de dinheiro e da corrupção.

⊙ ENUNCIADOS DO COLÉGIO NOTARIAL DO BRASIL – CONSELHO FEDERAL – CNB/CF – APROVADOS NO XIX CONGRESSO NOTARIAL BRASILEIRO REALIZADO NO MÊS DE MAIO DE 2014, NA BAHIA.

▶ **ENUNCIADO 1.** É possível o inventário extrajudicial ainda que haja testamento, desde que previamente registrado em Juízo ou homologado posteriormente pelo Juízo competente.

▶ **ENUNCIADO 2.** Nas escrituras de doação não é necessário justificar a imposição de cláusulas restritivas sobre a legítima. A necessidade de indicação de justa causa (CC art. 1.848) limita-se ao testamento, não se estendendo às doações.

▶ **ENUNCIADO 3.** É possível a lavratura de Escritura Pública de nomeação de inventariante para cumprir obrigações de fazer deixadas pelo falecido.

▶ **ENUNCIADO 4.** Os artigos 982 do CPC e 3º da resolução 35 do CNJ referem-se inclusive aos bens móveis, de forma que as instituições financeiras devem acatar as escrituras públicas para fins de levantamento de valores, bem como a solicitação dos tabeliães de notas para expedir extrato de contas correntes de titularidade do "de cujus".

▶ **ENUNCIADO 5.** É possível a nomeação de inventariante para o fim de pagamento do Imposto "Causa-Mortis" e com base nesse documento as instituições financeiras poderão debitar o valor do referido imposto da conta corrente do falecido.

⊙ ORIENTAÇÕES SOBRE PRÁTICAS NOTARIAIS E DE REGISTRO DA ESCOLA NACIONAL DE DIREITO NOTARIAL E DE REGISTRO – ENNOR

▶ **ORIENTAÇÃO DE NÚMERO 1:** O Notário pode retificar erros materiais evidentes sem a necessidade da anuência e assinatura das partes, mediante aditamento retificativo desde que não sejam afetadas as declarações dos contratantes e elementos essenciais do ato jurídico.

⊙ SUPERIOR TRIBUNAL DE JUSTIÇA

▶ **EMENTA:** RECURSO ESPECIAL. CIVIL E PROCESSO CIVIL. SUCESSÕES. EXISTÊNCIA DE TESTAMENTO. INVENTÁRIO EXTRAJUDICIAL. POSSIBILIDADE, DESDE QUE OS INTERESSADOS SEJAM MAIORES, CAPAZES E CONCORDES, DEVIDAMENTE ACOMPANHADOS DE SEUS ADVOGADOS. ENTENDIMENTO DOS ENUNCIADOS 600 DA VII JORNADA DE DIREITO CIVIL DO CJF; 77 DA I JORNADA SOBRE PREVENÇÃO E SOLUÇÃO EXTRAJUDICIAL DE LITÍGIOS; 51 DA I JORNADA DE DIREITO PROCESSUAL CIVIL DO CJF; E 16 DO IBDFAM.

1. Segundo o art. 610 do CPC/2015 (art. 982 do CPC/73), em havendo testamento ou interessado incapaz, proceder-se-á ao inventário judicial. Em exceção ao *caput*, o § 1° estabelece, sem restrição, que, se todos os interessados forem capazes e concordes, o inventário e a partilha poderão ser feitos por escritura pública, a qual constituirá documento hábil para qualquer ato de registro, bem como para levantamento de importância depositada em instituições financeiras.

2. O Código Civil, por sua vez, autoriza expressamente, independentemente da existência de testamento, que, "se os herdeiros forem capazes, poderão fazer partilha amigável, por escritura pública, termo nos autos do inventário, ou escrito particular, homologado pelo juiz" (art. 2.015). Por outro lado, determina que "será sempre judicial a partilha, se os herdeiros divergirem, assim como se algum deles for incapaz" (art. 2.016) – bastará, nesses casos, a homologação judicial posterior do acordado, nos termos do art. 659 do CPC.

3. Assim, de uma leitura sistemática do *caput* e do § 1° do art. 610 do CPC/2015, c/c os arts. 2.015 e 2.016 do CC/2002, mostra-se possível o inventário extrajudicial, ainda que exista testamento, se os interessados forem capazes e concordes e estiverem assistidos por advogado, desde que o testamento tenha sido previamente registrado judicialmente ou haja a expressa autorização do juízo competente.

4. A *mens legis* que autorizou o inventário extrajudicial foi justamente a de desafogar o Judiciário, afastando a via judicial de processos nos quais não se necessita da chancela judicial, assegurando solução mais célere e efetiva em relação ao interesse das partes. Deveras, o processo deve ser um meio, e não um entrave, para a realização do direito. Se a via judicial é prescindível, não há razoabilidade em proibir, na ausência de conflito de interesses, que herdeiros, maiores e capazes, socorram-se da via administrativa para dar efetividade a um testamento já tido como válido pela Justiça.

5. Na hipótese, quanto à parte disponível da herança, verifica-se que todos os herdeiros são maiores, com interesses harmoniosos e concordes, devidamente representados por advogado. Ademais, não há maiores complexidades decorrentes do testamento. Tanto a Fazenda estadual como o Ministério Público atuante junto ao Tribunal local concordaram com a medida. Somado a isso, o testamento público, outorgado em 2/3/2010 e lavrado no 18° Ofício de Notas da Comarca da Capital, foi devidamente aberto, processado e concluído perante a 2ª Vara de Órfãos e Sucessões.

6. Recurso especial provido.

Vistos, relatados e discutidos estes autos, os Ministros da Quarta Turma do Superior Tribunal de Justiça acordam, por unanimidade, dar provimento ao recurso especial, nos termos do voto do Sr. Ministro Relator. Os Srs. Ministros Raul Araújo, Antonio Carlos Ferreira e Marco Buzzi (Presidente) votaram com o Sr. Ministro Relator.

Ausente, justificadamente, a Sra. Ministra Maria Isabel Gallotti.

Brasília (DF), 15 de outubro de 2019 (Data do Julgamento)

MINISTRO LUIS FELIPE SALOMÃO

Relator

RELATÓRIO

O SENHOR MINISTRO LUIS FELIPE SALOMÃO (Relator):

1. Lea Cukierman faleceu em 1°/2/2015, deixando em favor do marido, Samuel Cukierman, e dos dois filhos maiores Mauro Cukierman e Rogério Cukierman, testamento público, devidamente processado e concluído perante a 2ª Vara de Órfãos e Sucessões do Rio de Janeiro, com total concordância dos herdeiros e da Procuradoria do Estado, ficando estabelecido que toda a parte disponível da herança seria destinada ao viúvo.

Em sequência, deu-se início ao inventário judicial, no qual foi requerida a partilha de bens – um imóvel e cotas sociais de três empresas –, tendo aquele juízo determinado o processamento da apuração de haveres em três novos processos (distribuídos por dependência).

No entanto, por se tratar de sucessão simples, envolvendo herdeiros maiores, capazes e concordes, diante das novas diretrizes da Corregedoria-Geral do Estado, a despeito de existir testamento já cumprido, requereram os interessados a extinção do feito e a autorização para que o processamento do inventário e da partilha de bens ocorresse de forma extrajudicial.

O magistrado de piso indeferiu o pleito, pelos seguintes fundamentos:

A pretensão deduzida encontra sólido obstáculo no comando contido no artigo 610 do novo CPC, dispositivo esse que repete integralmente o disposto no artigo 982 do CPC revogado, e **determina a abertura de inventário judicial em havendo testamento, não contrariado por qualquer norma processual.** Outrossim, ainda que se empreste equivocada interpretação aquela norma, data venia, é de se observar que **a lei determina que é o juiz que 'deve dar a interpretação da cláusula testamentária que melhor assegure a observância da vontade do testador' (artigo 1899); que trata da 'escolha do legado' (artigo 1930); que declara a 'caducidade' (artigo 1930); que decide sobre o 'direito de acrescer' (artigo 1941); que decide acerca da 'redução das disposições testamentárias' (artigo 1966); sobre o 'registro (artigo 1979); que é o juiz que 'nomeia o testamenteiro, na falta de indicado ou cônjuge' (artigo 1984); e que é o juiz que fixa o prêmio ou vintena' (artigo 1987). E todas essas questões são próprias do processo de inventário judicial, empeço a que se adote o inventário extrajudicial.** Por esses motivos, indefiro a pretensão deduzida, e determino o prosseguimento do feito.

Interposto agravo de instrumento, a Segunda Câmara Cível do Tribunal de Justiça do Rio de Janeiro negou provimento ao recurso, nos termos da seguinte ementa:

AGRAVO DE INSTRUMENTO. DECISÃO QUE INDEFERIU O PROCEDIMENTO EXTRAJUDICIAL PARA O PROCESSAMENTO DO INVENTÁRIO ANTE A EXISTÊNCIA DE TESTAMENTO. DECISÃO QUE NÃO MERECE SER REFORMADA. INTELIGÊNCIA DO ART. 610 DO CPC. IMPOSSIBILIDADE DE APLICAÇÃO DO § 1°, ANTE A EXISTÊNCIA DE TESTAMENTO. DESPROVIMENTO DO RECURSO.

(fls. 43-51)

Irresignados, interpõem recurso especial com fundamento nas alíneas *a* e *c* do permissivo constitucional, por negativa de vigência ao art. 610 e § 1°, do CPC/15, além de dissídio jurisprudencial.

Sustentam que, "apesar do teor do *caput* do artigo 610 do novo CPC, o § 1° expressamente permite o processamento do inventário pela via extrajudicial, desde que sejam os herdeiros capazes e concordes"; em verdade "o único impedimento para a aplicação do referido parágrafo primeiro é a existência de incapaz e não a de testamento".

Destacam que o Tribunais pátrios, por meio de provimento de suas Corregedorias de Justiça, têm admitido o inventário extrajudicial, ainda que envolva testamento, haja vista a celeridade alcançada e a garantia de liberdade de escolha dos herdeiros, considerando, na espécie, que o viúvo-meeiro conta com 85 anos de idade.

Argumentam que "este procedimento torna mais rápido o cumprimento do testamento, trazendo visíveis benefícios aos interessados, evitando desnecessárias formalidades e desafogando a enormidade de ações que assoberbam o Poder Judiciário, que ficará responsável por processar apenas aqueles inventários em que houver menores e/ou conflitos entre os herdeiros".

O recurso recebeu crivo de admissibilidade positivo na origem (fls. 105-109).

É o relatório.

VOTO

O SENHOR MINISTRO LUIS FELIPE SALOMÃO (Relator):

2. Cinge-se a controvérsia em definir se é possível o processamento do inventário extrajudicial quando há testamento do falecido, notadamente em se tratando de interessados maiores, capazes e concordes, devidamente acompanhados de seus patronos.

O Tribunal de origem, por maioria, seguindo a interlocutória de piso, decidiu pela impossibilidade do inventário administrativo, pelos seguintes fundamentos:

Inicialmente, destaco ter sido designado como Relator no presente recurso, restado vencido o Des. Jessé Torres. Outrossim, destaco que os requisitos de admissibilidade já foram apreciados pelo Des. Relator, dispensando-se nova análise.

No caso em tela os recorrentes almejam dar cumprimento à ultima vontade da testadora quanto à partilha dos bens, procedendo os herdeiros a juntada da certidão do RGI do imóvel e dos contratos sociais das três empresas, não tendo havido até a presente data a nomeação de inventariante. Destacaram que ante a demora no trâmite judicial dos inventários referentes a apuração de haveres das cotas sociais das empresas inventariadas optaram por promover o inventário e a partilha dos bens pela via extrajudicial, com a finalidade de tornar mais célere o cumprimento de última vontade da testadora.

Entendo, em dissonância com o aduzido pelo Relator originário que resta inviável a pretensão dos recorrentes no sentido de procederem ao inventário pela via extrajudicial, haja vista a existência de disposição de última vontade do *de cujus* o que implica na aplicação do disposto no art. 610 do CPC, sendo certo que o § 1° do referido art. 610 não incide nos casos em que exista testamento, sendo esta a *mens legis*.

Diante do exposto, VOTO NO SENTIDO DE CONHECER O RECURSO E NEGAR-LHE PROVIMENTO, MANTENDO-SE A R. DECISÃO VERGASTADA, NOS TERMOS DA FUNDAMENTAÇÃO SUPRA.

O voto vencido, por sua vez, asseverou que:

Cuida-se de agravo de instrumento deduzido nos autos de inventário em trâmite perante o Juízo da 2ª Vara de Órfãos e Sucessões da Comarca da Capital, contra decisão que indeferiu o processamento do inventário e da partilha de bens pela via extrajudicial, como requerido pelos herdeiros, ora agravantes.

A interlocutória hostilizada (pasta 29, anexo 1) rejeitou a pretensão nos seguintes termos:

[...]

Narram os agravantes que, no inventário judicial em trâmite, pretendem dar cumprimento à ultima vontade da testadora quanto à partilha dos bens, tendo procedido à juntada da certidão do RGI do imóvel e dos contratos sociais das três empresas, não tendo havido a nomeação de inventariante até a presente data.

Requereram a apuração de haveres das cotas sociais das empresas inventariadas, tendo o Juízo a quo determinado o processamento de cada qual separadamente, em três novos processos, distribuídos por dependência ao do inventário. Tendo em vista a demora no processamento de todas as demandas, e de serem os herdeiros maiores, capazes, representados pelos mesmos patronos, com interesses harmoniosos e concordes, postularam o processamento do inventário e da partilha de bens pela via extrajudicial, com a finalidade de tornar mais célere o cumprimento da última vontade da testadora. A decisão ora agravada indeferiu tal pleito e determinou o prosseguimento do inventário em sede judicial.

A Procuradoria de Justiça em atuação perante esta Corte opina pelo conhecimento e provimento do recurso (pasta 33), verbis:

"Agravo de Instrumento. Inventário. Testamento. Decisão agravada que indeferiu o pedido de realização do inventário e da partilha por instrumento público. Possibilidade de inventário pela via extrajudicial quando existir testamento. Interpretação do art. 610, §1°, do Código de Processo Civil. Enunciado 600 do CJF. Enunciado 16 do IBDF. Art. 297, §1°, da Consolidação Normativa da CGJ.

Parecer pelo conhecimento e provimento do recurso."

Com razão os agravantes.

O testamento público, outorgado aos 02.03.2010, foi aberto, processado e concluído perante o Juízo de Direito da 2ª Vara de Órfãos e Sucessões sob o n° 0132492-26.2015.8.19.0001 (pasta 106 do anexo 01). O inventário judicial (processo n° 0168997-16.2015.8.19.0001) encontra-se em fase de avaliação de bens e apuração de haveres.

Dispõe o artigo 610, § 1°, do CPC /15:

Art. 610. Havendo testamento ou interessado incapaz, proceder-se-á ao inventário judicial.

§ 1° Se todos forem capazes e concordes, o inventário e a partilha poderão ser feitos por escritura pública, a qual constituirá documento hábil para qualquer ato de registro, bem como para levantamento de importância depositada em instituições financeiras.

O Provimento n° 21/2017, da Corregedoria-Geral de Justiça deste Estado, alterou o art. 297 da respectiva Consolidação Normativa, que passou à seguinte redação, verbis:

"Art. 297. A escritura pública de inventário e partilha conterá a qualificação completa do autor da herança; o regime de bens do casamento; pacto antenupcial e seu registro imobiliário se houver; dia e lugar em que faleceu o autor da herança; data da expedição da certidão de óbito; livro, folha, número do termo e unidade de serviço em que consta o registro do óbito, além da menção ou declaração dos herdeiros de que o autor da herança não deixou testamento e outros herdeiros, sob as penas da lei.

§ 1. Diante da expressa autorização do juízo sucessório competente nos autos da apresentação e cumprimento de testamento, sendo todos os interessados capazes e concordes, poderá fazer-se o inventário e a partilha por escritura pública, a qua constituirá título hábil para o registro."

No mesmo sentido estabelecem o Enunciado n° 600, aprovado na VIII Jornada de Direito Civil, bem como o Enunciado n° 16, do Instituto Brasileiro de Direito da Família, ambos de 2015:

"Enunciado 600: Após registrado judicialmente o testamento e sendo todos os interessados capazes e concordes com os seus termos, não havendo conflitos de interesses, é possível que se faça o inventário extrajudicial".

"Enunciado 16: Mesmo quando houver testamento, sendo todos os interessados capazes e concordes com os seus termos, não havendo conflitos de interesses, é possível que se faça o inventário extrajudicial".

No caso em testilha, sendo todos os herdeiros maiores, capazes, representados pelos mesmos patronos, com interesses harmoniosos e concordes, a partilha de bens poderá ser feita por escritura pública em cartório extrajudicial, mediante acordo e expressa autorização do juízo sucessório. Averbem-se precedentes deste TJRJ, em casos de idêntico teor, de todo aqui aplicáveis, vg:

[...]

Daí votar por que se dê provimento ao recurso, para que seja autorizada a realização do inventário pela via extrajudicial, nos termos do art. 610, § 1°, do CPC/15.

3. Nesse passo, observo que o testamento é um negócio jurídico pelo qual a pessoa capaz faz disposições de caráter patrimonial ou extrapatrimonial, para depois de sua morte (CC, art. 1857), fazendo o testador amplo exercício de sua autonomia de vontade, seja quanto ao patrimônio seja em relação às questões existenciais, respeitados os limites da norma.

Com a morte, por meio da *saisine*, transmite-se a herança aos sucessores legítimos e testamentários, momento em que a universalidade de bens é definida em sua composição, por meio do **inventário**, bem como há a individualização da cota hereditária em relação a cada sucessor, por intermédio da **partilha**.

Nessa ordem de ideias, a Lei n. 11.441/2007, em normativo inovador, seguindo a linha da desjudicialização que atinge diversos países do mundo, autorizou a realização de alguns atos de jurisdição voluntária pela forma extrajudicial. A Resolução n. 35/2007, do CNJ, disciplinou especificamente o inventário e a partilha pela via administrativa, sem afastar, por óbvio, a via judicial, haja vista não se tratar de procedimento obrigatório.

Deveras, a partilha extrajudicial é instituto crescente e cada vez mais consagrado no direito comparado:

O Código Civil francês, artigo 819, prevê: "Si tous les héritiers sont présents et capables, le partage peut être fait dans la forme et par tel acte que les parties jugent convenables" ("Se todos os herdeiros estão presentes e são capazes, a partilha pode ser feita na forma e pelo ato que as partes julguem conveniente"). O Código Civil português, artigo 2.102,1, afirma que a partilha pode fazer-se extrajudicialmente, quando houver acordo de todos os interessados, ou por inventário judicial, nos termos previstos na lei do processo; a partilha extrajudicial deve ser feita por escritura pública se na herança existirem bens imóveis, como exige o Código do Notariado. O Código Civil espanhol, artigo 1.058, permite que a partilha da herança seja feita extrajudicialmente, se os herdeiros forem maiores, tiverem a livre administração de seus bens e houver acordo unanime {nemim discrepante) de todos eles. O artigo 3.462 do Código Civil argentino, reformado pela Lei n° 17.711/68, admite a partilha extrajudicial ou privada, que pode ser feita pelos herdeiros presentes e capazes, desde que haja acordo entre eles. Na Suíça, o artigo 607, 2, do Código Civil, estabelece o princípio da liberdade da convenção em matéria de partilha. No mesmo sentido: artigo 2.530 do Código Civil paraguaio; artigo 853 do Código Civil peruano; artigo 907,1, do Código Civil japonês; artigo 838, al. 1, do Código Civil de Québec. O artigo 2.048 do Código Civil alemão (BGB) e o artigo 733, II, do Código Civil italiano afirmam que o testador pode determinar que a partilha seja feita segundo o critério (que deve ser equitativo, justo) de um terceiro.

(VELOSO, ZENO. *Lei n° 11.441, de 04.01.2007 – Aspectos práticos da separação, divórcio, inventário e partilha consensuais*. In: Família e responsabilidade. Coord. Rodrigo da Cunha Pereira. Porto Alegre: Magister/ IBDFAM, 2010, p. 115)

O advento do novo Código de Processo Civil trouxe consigo a concretização de importantes mecanismos de pacificação, inclusive em relação às serventias extrajudiciais, enfatizando a desjudicialização da contenda.

Com relação especificamente ao inventário extrajudicial, o Código cristalizou o tema sem exauri-lo, definindo a escritura pública como o meio formal adequado ao seu processamento, equiparando-a "à sentença judicial quanto à sua eficácia executiva" (NEVES, Daniel Amorim Assumpção. *Novo Código de Processo Civil Comentado*. Salvador: Juspodivm, 2016, p. 1025).

4. A dicção do art. 610 do CPC/2015 (art. 982 do CPC/73) é a seguinte:

Art. 610. **Havendo testamento** ou interessado incapaz, **proceder-se-á ao inventário judicial**.

§ 1º **Se todos forem capazes e concordes, o inventário e a partilha poderão ser feitos por escritura pública, a qual constituirá documento hábil para qualquer ato de registro, bem como para levantamento de importância depositada em instituições financeiras.**

§ 2º O tabelião somente lavrará a escritura pública se todas as partes interessadas estiverem assistidas por advogado ou por defensor público, cuja qualificação e assinatura constarão do ato notarial.

Em relação ao contexto da norma, ainda quando da entrada em vigor da Lei n. 11.441/2007, pontuou Zeno Veloso que:

Não há nenhum exagero ao afirmar que **a Lei n° 11.441/07 é de extrema importância, introduziu um avanço notável, representa verdadeiro marco no Direito brasileiro, porque faculta aos interessados adotar um procedimento abreviado, simplificado, fora do Poder Judiciário, sem burocracia, sem intermináveis idas e vindas. O cidadão passou a ter razoável certeza do momento em**

que começa e da hora em que acaba o procedimento, a solução de seu problema. E isso é fundamental, sobretudo quando se trata de superar a crise dolorosa e aduda na relação familiar.

(*Lei nº 11.441, de 04.01.2007 – Aspectos práticos da separação, divórcio, inventário e partilha consensuais*. In: Família e responsabilidade. Coord. Rodrigo da Cunha Pereira. Porto Alegre: Magister/IBDFAM, 2010, p. 103)

De fato, deve-se ter em mente que o norte interpretativo de todos os diplomas citados foi o de fomentar a utilização dos procedimentos com reflexos na ordem social, econômica e jurídica, diante das "reduções de burocracias e de formalidades para os atos de transmissão hereditária, bem como a celeridade, na linha da tendência atual de *desjudicialização* das contendas e pleitos" (TARTUCE, Flávio. *Direito Civil: direito das sucessões*, Vol. 6, Rio de Janeiro: Forense, 2018, p. 589).

Ademais, na linha do art. 5° da LINDB e dos arts. 3°, § 2°, 4° e 8° do novo CPC, os fins sociais e as exigências do bem comum em relação à norma autorizativa de inventário extrajudicial são a redução de formalidades e burocracias, com o incremento do maior número de procedimentos e de solução de controvérsias por meios alternativos ao aparato estatal.

Nesse contexto, havendo a morte e estando todos os herdeiros e interessados, maiores e capazes, de pleno e comum acordo quanto à destinação e partilha dos bens, não haverá necessidade de judicialização do inventário, podendo a partilha ser definida e formalizada conforme a livre vontade das partes no âmbito extrajudicial.

Foi autorizada, assim, a via extrajudicial do inventário mediante a lavratura de escritura pública, cujo pressuposto-base é a ausência de litigiosidade e que os envolvidos sejam capazes e estejam de acordo com a vontade manifestada pelo testador.

No entanto – e aqui reside a polêmica – a redação do dispositivo deixa margem à dúvida, que, no limite, pode inviabilizar o processamento do inventário extrajudicial quando há disposição de última vontade do *de cujus*. Penso que o só fato de existir testamento não pode ser impeditivo para que o inventário siga pela via administrativa.

Data venia, não parece razoável obstar a realização do inventário e da partilha por escritura pública quando há registro judicial do testamento (já que haverá definição precisa dos seus termos) ou autorização do juízo sucessório (ao constatar que inexistem discussões incidentais que não possam ser dirimidas na via administrativa), sob pena de violação a princípios caros de justiça, como a efetividade da tutela jurisdicional e a razoável duração do processo.

Decorrente da própria técnica legislativa, o *caput* do dispositivo de lei deve ser tido como o responsável pela ideia central do artigo, cabendo aos parágrafos a definição dos seus desdobramentos, explicações, complementações, condições e exceções à cabeça do dispositivo.

Com efeito, "os parágrafos têm por finalidade explicar ou modificar a regra constante do artigo ao qual se submetem. Possuem função de escrita secundária e não devem estabelecer regra geral. As alíneas, incisos e itens devem ter apenas uma função esclarecedora ou enunciativa" (VENOSA, Sílvio de Salvo. *Introdução ao estudo do direito: primeiras linhas*. São Paulo: Atlas, 2006, p. 209).

Nessa ordem de ideias, o *caput* do art. 610 estabelece a regra: em havendo testamento ou interessado incapaz, o inventário se dará pela via judicial. Não obstante, conforme exceção à regra disposta no § 1°, o inventário e a partilha poderão ser feitos por escritura pública sempre que os herdeiros forem capazes e concordes e não façam nenhuma restrição, o que engloba, por óbvio, a situação em que exista testamento.

Ademais, o Código Civil autoriza expressamente, independentemente da existência de testamento, que, "se os herdeiros forem capazes, poderão fazer partilha amigável, por escritura pública, termo nos autos do inventário, ou escrito particular, homologado pelo juiz" (art. 2.015). Por outro lado, determina que "será sempre judicial a partilha, se os herdeiros divergirem, assim como se algum deles for incapaz" (art. 2.016). Bastará, nesses casos, a homologação judicial posterior do acordado, nos termos do art. 659 do CPC.

Aliás, importante destacar que, antes mesmo da Lei n. 11.441/2007, o notário já lavrava escrituras públicas de partilha amigável, ainda que houvesse testamento, desde que a escritura fosse submetida à homologação do juiz.

É o destaque da doutrina:

De modo que, se antes da vigência da lei era possível a prática do ato notarial, não há razão para sustentar que desde o dia 5 de janeiro de 2007 não é mais possível a realização de inventário e partilha por escritura pública quando houver testamento, devendo ficar a ressalva de que, nesses casos, a escritura precisa ser homologada judicialmente. Interpretar de outro modo seria até mesmo absurdo, pois, nesse caso, o notário teria competência legal exclusiva para elaborar o testamento público e não poderia elaborar a escritura pública de partilha.

(CAHALI, Francisco José [et al.]. *Escrituras públicas: separação, divórcio, inventário e partilha consensuais*. São Paulo: RT, 2008, p. 66).

Assim, a *mens legis* que autorizou o inventário extrajudicial foi justamente a de desafogar o Judiciário, afastando a via judicial de processos nos quais não se necessita da chancela judicial, assegurando solução mais célere e efetiva em relação ao interesse das partes.

Realmente, "entre maiores e capazes que se acham em pleno acordo quanto ao modo de partilhar o acervo hereditário, nada recomenda ou justifica o recurso ao processo judicial e a submissão a seus custos, sua complexidade e sua inevitável demora. Por outro lado, a retirada do inventário da esfera judicial contribui para aliviar a justiça de uma sobrecarga significativa de processos. Essa sistemática, portanto, só merece aplausos" (THEODORO JÚNIOR, Humberto. *Curso de direito processual civil*, v. 2, Rio de Janeiro: Forense, 2018, p. 257).

Por óbvio, sempre será possível a discussão judicial de eventuais controvérsias a respeito da validade do testamento ou de alguma de suas cláusulas. Da mesma forma, "a existência de débitos do autor da herança, bem como de eventual direito de terceiros, não impedem a lavratura da escritura pública amigável de inventário e partilha. Contudo, ficam ressalvados esses eventuais direitos porque o sistema jurídico brasileiro não admite sejam realizados negócios jurídicos em fraude contra credores, que ficam sujeitos à anulação (CC 158), nem em fraude de execução, que são ineficazes relativamente à ação judicial pendente quando da alienação ou oneração do bem (CPC, 792)" (NERY JR. Nelson. *Comentários ao Código de Processo Civil*. São Paulo: RT, 2015, p. 1.432).

Nessa esteira, "todo testamento, para o seu cumprimento, deve, antes de mais nada, ser registrado em juízo, ou seja, em processo judicial específico, regulado pelos arts. 1.225 a 1.129 do Código de Processo Civil de 1973 (arts. 735 a 737 do CPC de 2015)".

Deveras, o inventário extrajudicial com testamento exige o provimento judicial para o ato de abertura, registro e cumprimento de testamento. "Nesse ato de abertura e registro de testamento, que é judicial, possíveis vícios formais serão apreciados e o testamento somente será executado se atender os requisitos formais. Assim, de um modo ou de outro, o inventário extrajudicial somente poderá ser iniciado após o registro do testamento e da ordem de cumprimento em processo judicial específico" (FIGUEIREDO, Ivanildo. *Inventário extrajudicial na sucessão testamentária: possibilidade, legalidade, alcance e eficácia*. Revista Nacional de Direito de Família e Sucessões n. 8 – set./out./2015, pp. 97-98).

No mesmo sentido, é a lição de Cristiano Chaves:

Todavia, em proibição pouco coerente, a legislação não admite o uso da via administrativa de inventário se o falecido deixou testamento. Nesse caso, imperativo o manejo de inventário em juízo, por conta da necessidade de prévia homologação do testamento. O argumento não convence. **Ora, o que se mostra necessário proceder em juízo é a homologação do testamento. Assim, se o testamento já foi homologado judicialmente, garantida está a sua idoneidade, não se vislumbra qualquer óbice a impedir a partilha amigável, entre capazes, pela via cartorária. Injustificável, portanto, a vedação.** (*Curso de direito civil: sucessões*. Salvador: Juspodivm, 2016, p. 518)

De outra parte, o processamento do inventário extrajudicial sempre exigirá a assistência e o acompanhamento de advogado ou defensor público. Com efeito, não obstante o testamento, "o inventário extrajudicial exige a concordância de todos os interessados com os termos da partilha dos bens, os quais devem ser assistidos pelos seus advogados, garantia de segurança quanto ao conhecimento dos direitos e obrigações de cada um" (ARAÚJO, Luciano Vianna. *Comentários ao Código de Processo Civil*. Coord. Cassio Scarpinella Bueno. São Paulo: Saraiva, 2017, p. 178).

Em se tratando de direitos disponíveis, não há razão de ordem pública para proibir o inventário extrajudicial quando o testamento já tiver sido homologado judicialmente, até porque o herdeiro maior e capaz nem sequer é obrigado a receber o seu quinhão hereditário estipulado pelo testador.

Ainda porque, ao lavrar o testamento – ato solene por natureza –, o notário o faz com a observância de todas as suas formalidades, sendo efetivado na presença do testador e de duas testemunhas, discutido, lido, escrito e assinado no livro de notas, com a certeza e a segurança de assim representar a vontade manifestada pelo testador (CC, art. 1.864), além do absoluto cuidado e elevado grau de segurança na qualificação do testador, na aferição da sua capacidade e do seu discernimento, na limitação do seu poder de disposição, com respeito, inclusive, à legítima dos herdeiros necessários (CC, art. 1.857, § 1º).

A doutrina bem destaca a atuação do referido profissional:

O tabelião, ao colher a declaração de vontade e lavrar o testamento, representa o principal agente formalizador do ato, como titular da fé pública. Não serão as testemunhas instrumentárias que poderão, futuramente, comprovar ou afirmar a existência real do ato de testamento lavrado no cartório de notas, perante o tabelião. Tampouco o Juiz ou o representante do Ministério Público poderão expressar a vontade do testador em vida, visto que sequer conheceram a pessoa do testador. **A responsabilidade pela certeza e pela perfeição jurídica do testamento é do tabelião, cujo instrumento lavrado vai assegurar a perpetuação da vontade do testador após a sua morte.**

Todavia, o tabelião conheceu e teve contato direto com o testador, quando este expressou sua vontade testamentária para dispor dos seus bens e interesses, instituindo condições especiais e particulares para o processamento da sua sucessão. Coube ao tabelião, nesse contato personalíssimo com o testador, conversar, discutir e esclarecer os requisitos estabelecidos em lei para o ato de testar, explicando sobre a limitação do poder de disposição, esclarecendo a respeito da intangibilidade da legítima dos herdeiros necessários. Assim, ainda que o inventário extrajudicial venha a ser processado, no futuro, por outro tabelião que não tenha lavrado o testamento, os critérios de elaboração e formalização do testamento adotados foram os mesmos, o grau de segurança jurídica esteve garantido pelo cumprimento de todas as solenidades definidas e exigidas no art. 1.864 do Código Civil.

(FIGUEIREDO, Ivanildo. *ob.cit.*, p. 95-96).

5. Assim, de uma leitura sistemática do *caput* e do § 1° do art. 610, do CPC/2015, penso ser possível o inventário extrajudicial, ainda que exista testamento, se os interessados forem capazes e concordes e estiverem assistidos por advogado, desde que o testamento tenha sido previamente registrado judicialmente ou haja a expressa autorização do juízo competente.

Com efeito, penso que a só existência de testamento não pode servir de motivo para impedir que o inventário seja levado a efeito administrativamente. "Não existindo litígio ou conflito de interesses, sendo todas as partes maiores e capazes, nada mais justifica, pois, que tais questões continuem a ser levadas ao Poder Judiciário, que, na maioria desses casos, terá sua função limitada a mero papel homologatório, de chancelar aquilo que já foi decidido pela livre-vontade das partes" (FIGUEIREDO, Ivanildo. *ob.cit.*, p. 90).

Ora, o processo deve ser um meio, e não um entrave, para a realização do direito. Se a via judicial é prescindível, não há razoabilidade em proibir, na ausência de conflito de interesses, que herdeiros, maiores e capazes, socorram-se da via administrativa para dar efetividade a um testamento já tido como válido pela Justiça.

Trata-se, aliás, do posicionamento amplamente aceito pela doutrina e pela jurisprudência, na dicção de diversos enunciados e provimentos das Corregedorias dos Tribunais. Confira-se:

– **Enunciado n. 600 da VII Jornada de Direito Civil do CJF:** "Após registrado judicialmente o testamento e sendo todos os interessados capazes e concordes com os seus termos, não havendo conflito de interesses, é possível que se faça o inventário extrajudicial."

– **Enunciado n. 77 da I Jornada sobre Prevenção e Solução Extrajudicial de Litígios:** "Havendo registro ou expressa autorização do juízo sucessório competente, nos autos do procedimento de abertura e cumprimento de testamento, sendo todos os interessados capazes e concordes, o inventário e partilha poderão ser feitos por escritura pública, mediante acordo dos interessados, como forma de pôr fim ao procedimento judicial."

– **Enunciado n. 51 da I Jornada de Direito Processual Civil do CJF:** "Havendo registro judicial ou autorização expressa do juízo sucessório competente, nos autos do procedimento de abertura, registro e cumprimento de testamento, sendo todos os interessados capazes e concordes, poderão ser feitos o inventário e a partilha por escritura pública."

– **Enunciado n. 16 do IBDFAM:** "Mesmo quando houver testamento, sendo todos os interessados capazes e concordes com os seus termos, não havendo conflito de interesses, é possível que se faça o inventário extrajudicial."

Ademais, já é a realidade adotada pelas Corregedorias dos Tribunais do país, que vêm autorizando o inventário extrajudicial, ainda que presente disposição de última vontade (testamento), desde que os interessados sejam capazes e concordes, como soem, por exemplo, as determinações do TJSP (Provimento n. 37 da Corregedoria-Geral), do TJRJ (nova redação do art. 297, § 1°, da Consolidação Normativa da Corregedoria-Geral – Provimento n. 21/2017), do TJPB (art. 310 do Código Geral de Normas Judicial e Extrajudicial da Corregedoria-Geral do Tribunal de Justiça do Estado da Paraíba) e do TJPR (Ofício-circular 155/2018 da Corregedoria da Justiça do Paraná).

Também é o entendimento da doutrina especializada:

Se houver testamento com conteúdo patrimonial, pode-se fazer partilha por escritura pública se herdeiros forem capazes, seguida de homologação judicial. É possível o inventário extrajudicial ainda que haja testamento, desde que previamente registrado em juízo ou homologado posteriormente pelo juízo competente (Enunciado n. 1 do Colégio Notarial do Brasil) [...] Realmente, a existência de testamento não deveria coibir inventário extrajudicial, desde que haja: a) homologação judicial do ato de última vontade; b) plena capacidade dos herdeiros; c) ausência de conflito entre os interessados; e d) invocação da cláusula geral de negócios processuais atípicos (CPC, art. 190).

(DINIZ, Maria Helena. *Curso de direito civil: vol. 6: direito das sucessões*. São Paulo: Saraiva, 2019, p. 446)

Com o devido respeito, os diplomas legais que exigem a inexistência de testamento para que a via administrativa do inventário seja possível devem ser mitigados, especialmente nos casos em que os herdeiros são maiores, capazes e concordam com esse caminho facilitado. Nos termos do art. 5° da Lei de Introdução, o fim social da Lei 11.441/2007 foi a redução de formalidades, devendo essa sua finalidade sempre guiar o intérprete do Direito. O mesmo deve ser dito quanto ao Novo CPC, inspirado pelas máximas de *desjudicialização* e de celeridade.

(TARTUCE, Flávio. *Direito Civil: direito das sucessões*, Vol. 6, Rio de Janeiro: Forense, 2018, p. 548)

Nos termos da Lei n° 11.441/07, o inventário e partilha por escritura pública só podem ser feitos se todos os interessados forem capazes e concordes, devendo estar assistidos por advogado. Mas a utilização deste expediente, extrajudicial, não pode ocorrer se o falecido deixou testamento. Não importa a forma do testamento – ordinário ou especial – ou da natureza das disposições testamentárias, ou de o testamento já ter sido registrado ou confirmado em juízo e com o 'cumpra-se' do juiz (CPC, arts. 1.125 a 1.134). **Dada a expressa vedação legal, não há como fugir à conclusão de que a existência do testamento impede a utilização da partilha extrajudicial. Mas, se os herdeiros forem capazes, poderão fazer partilha amigável, por escritura pública, na forma do art. 2.015 do Código Civil, mesmo que o autor da herança tenha deixado testamento, todavia, como prevê o art. 1.0131 do CPC [art. 659 do novo CPC] – com a redação dada pelo art. 2° da Lei n° 11.441/07 –, a partilha, neste**

caso, tem de ser homologada pelo juiz. Entretanto, o falecido pode ter morrido sem testamento, mas ter deixado um codicilo (Código Civil, art. 1.881), que é disposição de última vontade, de conteúdo e objeto limitados, e testamento não é. Penso que, neste caso, é possível fazer-se a partilha extrajudicial, por escritura pública.

(cf. Juliana da Fonseca Bonates, Separação, divórcio, partilhas e inventários extrajudiciais, coordenadores Antônio Carlos Mathias Coltro e Mário Luiz Delgado, São Paulo: Editora Método, 007, p. 318).

(VELOSO, ZENO. *Lei nº 11.441, de 04.01.2007 – Aspectos práticos da separação, divórcio, inventário e partilha consensuais*. In: Família e responsabilidade. Coord. Rodrigo da Cunha Pereira. Porto Alegre: Magister/ IBDFAM, 2010, p. 114)

Unicamente quando da existência de testamento, ou de incapazes, ou de falta de acordo, é obrigatória a via judicial. **Na existência de testamento, entretanto, passou a entender-se a possibilidade da escritura pública, bastando, em passo posterior, a mera homologação do juiz.**

(RIZZARDO, Arnaldo. *Direito das sucessões*. Rio de Janeiro: Forense, 2018, p. 604)

Não se pode olvidar que a partilha amigável feita pelos serviços notariais e registrais, além de aprimorar a justiça colaborativa, permite que o jurisdicionado e os advogados tenham "um ambiente com acessibilidade e segurança jurídica, além de baixo custo e celeridade" (SILVA, Érica Barbosa e. *O novo CPC e o inventário extrajudicial – uma análise crítica*. Revista Nacional de Direito de Família e Sucessões n. 10 – jan./fev./2016, p. 201).

6. No caso dos autos, quanto à parte disponível da herança, verifica-se que todos os herdeiros são maiores, com interesses harmoniosos e concordes, devidamente representados por advogado. De resto, não há maiores complexidades decorrentes do testamento, já que, "conforme disposto no testamento de fls. 101/103 do anexo, é importante destacar que a falecida legou a parte disponível de todos os bens que possui ou venha possuir para seu marido Samuel Cukierman, incluindo nesta parte, as ações do Centro de Correção Ocular Ltda., dos Serviços Médicos Oftalmológicos Ltda., e as ações do Pro-Oftalmo MicroCirurgia Ocular, e que a legítima de seus filhos Rogério e Mauro deverá recair na parte que a testadora possui no imóvel na Rua Marechal Taumaturgo nº 205 casa 1, Teresópolis" (fl. 39).

Tanto a Fazenda Estadual como o Ministério Público atuante junto ao Tribunal local concordaram com a medida.

Somado a isso, o testamento público, outorgado em 2/3/2010, lavrado no 18º Ofício de Notas da Comarca da Capital, folhas 199/200, Livro 76T, foi devidamente aberto, processado e concluído perante a 2ª Vara de Órfãos e Sucessões sob o n. 0132492-26.2015.8.19.0001. Portanto, segundo penso, não há razão para indeferir o processamento do inventário extrajudicial.

7. Ante o exposto, dou provimento ao recurso especial para autorizar que o inventário dos recorrentes ocorra pela via extrajudicial.

É o voto.

STJ – REsp nº 1.808.767 – Rio de Janeiro – 4ª Turma – Rel. Min. Luis Felipe Salomão – DJ 03.12.2019

EMENTA: RECURSO ESPECIAL. DIREITO DAS SUCESSÕES. INVENTÁRIO. REGIME DE BENS. SEPARAÇÃO TOTAL. PACTO ANTENUPCIAL POR ESCRITURA PÚBLICA. CÔNJUGE SOBREVIVENTE. CONCORRÊNCIA NA SUCESSÃO HEREDITÁRIA COM DESCENDENTES. INEXISTÊNCIA. CONDIÇÃO DE HERDEIRO NECESSÁRIO. RECONHECIMENTO. EXEGESE DOS ARTS. 1.829, III, 1.838 E 1.845 DO CC/02. NEGATIVA DE PRESTAÇÃO JURISDICIONAL. NÃO CONFIGURAÇÃO. PREQUESTIONAMENTO. APLICAÇÃO DA SÚMULA Nº 282/STF. DISSÍDIO NÃO DEMONSTRADO. AUSÊNCIA DE SIMILITUDE FÁTICA. 1. Cinge-se a controvérsia a saber se o regime de separação total dos bens, estabelecido em pacto antenupcial, retira do cônjuge sobrevivente a condição de herdeiro necessário, prevista nos arts. 1.829, III, 1.838 e 1.845 do Código Civil, ou seja, quando não há concorrência com descendentes ou ascendentes do autor da herança. 2. Na hipótese do art. 1.829, III, do Código Civil de 2002, o cônjuge sobrevivente é considerado herdeiro necessário independentemente do regime de bens de seu casamento com o falecido. 3. O cônjuge herdeiro necessário é aquele que, quando da morte do autor da herança, mantinha o vínculo de casamento, não estava separado judicialmente ou não estava separado de fato há mais de 2 (dois) anos, salvo, nesta última hipótese, se comprovar que a separação de fato se deu por impossibilidade de convivência, sem culpa do cônjuge sobrevivente. 4. O pacto antenupcial que estabelece o regime de separação total somente dispõe acerca da incomunicabilidade de bens e o seu modo de administração no curso do casamento, não produzindo efeitos após a morte por inexistir no ordenamento pátrio previsão de ultratividade do regime patrimonial apta a emprestar eficácia póstuma ao regime matrimonial. 5. O fato gerador no direito sucessório é a morte de um dos cônjuges e não, como cediço no direito de família, a vida em comum. As situações, porquanto distintas, não comportam tratamento homogêneo, à luz do princípio da especificidade, motivo pelo qual a intransmissibilidade patrimonial não se perpetua *post mortem*. 6. Recurso especial parcialmente conhecido e não provido.(STJ – REsp nº 1.294.404 – Rio Grande do Sul – 3ª Turma – Rel. Min. Ricardo Villas Bôas Cueva – DJ 29.10.2015)

EMENTA: CIVIL E PROCESSO CIVIL. JULGAMENTO *EXTRA PETITA*. INOCORRÊNCIA. QUITAÇÃO DADA EM ESCRITURA PÚBLICA DE COMPRA E VENDA DE IMÓVEL. PRESUNÇÃO RELATIVA DE PAGAMENTO. ARTS. ANALISADOS: 460, CPC; 215, CC/02. 1. Ação declaratória de nulidade de negócio jurídico c/c reivindicatória, distribuída em 09/08/2007, da qual foi extraído o presente recurso especial, concluso ao Gabinete em 28/11/2013. 2. Discute-se se o julgamento proferido pelo Tribunal de origem é *extra petita*, bem como se a quitação dada em escritura pública de compra e venda de imóvel gera presunção absoluta do pagamento. 3. A conclusão do Tribunal de origem – de que o negócio jurídico é anulável por vício resultante de erro e dolo – decorreu dos fatos que fundamentaram o pedido inicial, de modo que não há falar em julgamento *extra petita*. 4. A presunção do art. 215 do CC/02 implica, de um lado, a desnecessidade de se provar os fatos contidos na escritura pública, à luz do que dispõe o art. 334, IV, do CPC, e, de outro, a inversão do ônus da prova, em desfavor de quem, eventualmente, suscite a sua invalidade. 5. A quitação dada em escritura pública gera a presunção relativa do pagamento, admitindo a prova em contrário que evidencie, ao fim e ao cabo, a invalidade do instrumento em si, porque eivado de vício que o torna falso. 6. Recurso especial conhecido e desprovido.(STJ – REsp nº 1.438.432 – Goiás – 3ª Turma – Rel. Min. Nancy Andrighi – DJ 19.05.2020)

EMENTA: RECURSO ORDINÁRIO EM MANDADO DE SEGURANÇA. ADMINISTRATIVO E PROCESSUAL CIVIL. CARTÓRIO. IRREGULARIDADE EM LAVRATURA DE PROCURAÇÃO. PROMESSA DE COMPRA E VENDA. PROCEDIMENTO ADMINISTRATIVO REGULAR. ATENÇÃO AOS PRINCÍPIOS DE AMPLA DEFESA E CONTRADITÓRIO. A DILAÇÃO DO PRAZO POR SI SÓ NÃO É CAUSA DE NULIDADE. É ADMISSÍVEL A SINDICÂNCIA COM EFEITOS PUNITIVOS, DESDE QUE RESGUARDADOS OS DIREITOS DE DEFESA. ART. 22 DA LEI 8.935/94. RESPONSABILIDADE OBJETIVA DOS NOTÁRIOS E OFICIAIS DE REGISTRO. MULTA DEVIDA. RECURSO A QUE SE NEGA SEGUIMENTO. (STJ – RMS nº 29.243 – Rio de Janeiro – 1ª Turma – Rel. Min. Napoleão Nunes Maia Filho – DJ 23.04.2014)

TRIBUNAL DE JUSTIÇA DO ESTADO DE SÃO PAULO

EMENTA: Apelação Cível – Ação de retificação de escritura pública de compra e venda de imóvel, para fins de excluir um dos adquirentes – Sentença de improcedência – Cerceamento de defesa – Inocorrência – Matéria discutida eminentemente de direito ou de prova documental – Prescindibilidade de dilação probatória – Princípio do convencimento motivado ou da persuasão racional (art. 371, do CPC) – Via eleita – Inadequação – Pedido de retificação dos nomes dos contratantes na escritura pública – Inviabilidade – A pretensão da recorrente não se enquadra nas hipóteses do art. 110 ou 213 da Lei de Registros Públicos, pois não pretende a correção de erro material, mas a alteração da vontade declarada, o que exige nova manifestação dos participantes do ato ou de seus legítimos sucessores – É defeso ao juiz substituir a diretiva do notário ou determinar alteração do próprio conteúdo da avença, suprindo, ainda, a manifestação de vontade dos participantes do negócio – A escritura pública

é ato notarial que reflete a vontade das partes na realização de negócio jurídico, observados os parâmetros fixados pela Lei e pelas Normas de Serviço da Corregedoria Geral da Justiça, reproduzindo exatamente aquilo que outorgantes e outorgados declararam ao Escrivão ou ao Escrevente – Qualquer falha ou erro em escritura pública só pode ser emendado mediante a lavratura de novo ato com a participação das mesmas partes ou de seus sucessores – Precedentes – Caso de extinção do feito, sem resolução de mérito, com fulcro no Art. 485, VI, do CPC – Recurso provido. (TJSP – Apelação Cível nº 1005461-81.2020.8.26.0309 – Jundiaí – 6ª Câmara de Direito Privado – Rel. Des. Rodolfo Pellizari – DJ 04.12.2023)

EMENTA: Ação de retificação de registro no cartório de registro de imóveis – Suposto erro nas porcentagens relativa à venda da propriedade à autora – Escritura pública – Documento que exprime a vontade das partes, perante o oficial, de modo que somente pode ser retificada por meio de outra escritura pública – Inexistência de indicativo de erro material – Dúvida acerca da real parcela transmitida – Sentença mantida – Recurso improvido (TJSP – Apelação Cível nº 1028308-70.2022.8.26.0224 – Guarulhos – 5ª Câmara de Direito Privado – Rel. Des. João Francisco Moreira Viegas – DJ 13.09.2022)

EMENTA: REMESSA NECESSÁRIA – MANDADO DE SEGURANÇA DE SEGURANÇA – Tabelião de Notas – Lavratura de escritura pública de compra e venda de bem imóvel – Exigência de Certidão Negativa de Débitos federal Impossibilidade – Sentença de concessão da segurança mantida – Recurso oficial desprovido (TJSP – Remessa Necessária Cível nº 1020171-63.2021.8.26.0506 – Ribeirão Preto – 1ª Câmara de Direito Público – Rel. Des. Danilo Panizza – DJ 16.08.2022)

EMENTA: APELAÇÃO: Mandado de Segurança – ITBI – PARTILHA DE BENS EM DIVÓRCIO – Possibilidade de registrar a transferência dos imóveis, objetos da partilha do divórcio, sem necessidade de recolhimento do ITBI – Sentença concedendo a segurança – Precedentes – Insurgência da Municipalidade – Impossibilidade – Partilha igualitária da totalidade dos bens – Excesso de meação inocorrente – Precedentes, Imposto indevido – Sentença mantida – Recurso voluntário e reexame necessário improvidos. (TJSP – Apelação / Remessa Necessária nº 1003639-42.2021.8.26.0529 – Santana de Parnaíba – 18ª Câmara de Direito Público – Rel. Des. Luiz Burza Neto – DJ 04.08.2022)

EMENTA: Inventário – Insurgência contra deliberação que determina ser necessária a formalização extrajudicial com escritura pública para instituição de usufruto vitalício em favor da cônjuge supérstite e da nuapropriedade do imóvel aos herdeiros descendentes – Ausência de impedimento legal para que cessão ou doação da meação, deixando a viúva meeira com usufruto vitalício sobre a totalidade do bem, nos autos do inventário, dispensando sua instrumentalização por negócio jurídico para posterior averbação – Proteção dos direitos da meeira incapaz que fica bem atendida nos autos judiciais através de participação do Ministério Público e análise do juízo – Incapacidade, porém, que enseja prévia análise judicial e ministerial do benefício da partilha para a interditada em razão de ela ter como atual moradia uma instituição de repouso para idosos e não o imóvel, devendo ser demonstrada ausência de prejuízo com a fixação do usufruto sobre o bem com a perda de 50% (cinquenta por cento) da propriedade – Eventuais divergências entre interessados e caracterização de questão de alta indagação que podem ser posteriormente examinadas pelo juízo de origem – Aspectos referentes a tributos que não ficam afetados e serão apreciados pela autoridade tributária – Recurso parcialmente provido. (TJSP – Agravo de Instrumento nº 2244426-50.2021.8.26.0000 – Sorocaba – 2ª Câmara de Direito Privado – Rel. Des. Alvaro Passos – DJ 28.01.2022)

EMENTA: Agravo de Instrumento – Incidente processual em inventário – Pedido de alvará – Decisão de extinção sem apreciação do mérito – Inconformismo dos demandantes, herdeiros do *de cujus* cujo patrimônio é objeto do processo sucessório – Alegação de que ante o recrudescimento das medidas restritivas decorrentes da piora do quadro pandêmico, estão impossibilitados de ver apreciado pedido de desistência/suspensão do inventário judicial, que entendem necessário para viabilizar o perfazimento de inventário judicial conjunto do *'de cujus'* (genitor dos demandantes) e de sua esposa (genitora), falecida ulteriormente – Não acolhimento – Com a retomada do sistema escalonado de retorno ao serviço presencial em todo o estado de São Paulo, por força do Provimento CSM nº 2618/2021, foram parcialmente retomadas as atividades cartorárias, havendo informação de que o inventário judicial já foi desarquivado e recentemente juntada petição para análise do magistrado – De qualquer forma, entende-se plenamente possível a lavratura da escritura pública de partilha mesmo na pendência de inventário judicial, desde que atendidos os requisitos legais (herdeiros todos capazes, concordes, patrocinados por advogado, quitados débitos fiscais e recolhido o ITCMD) – Não demonstrado eventual óbice perante o tabelião, na forma do art. 32 da Resolução CNJ 35/07 – Decisão mantida – Recurso não provido (TJSP – Agravo de Instrumento nº 2102825-56.2021.8.26.0000 – Santos – 7ª Câmara de Direito Privado – Rel. Des. Maria de Lourdes Lopez Gil – DJ 30.09.2021)

EMENTA: Apelação – Ação de nulidade de cláusula de eleição de regime de bens adotado em escritura pública de declaração de união estável – Sentença que reconheceu a decadência do pleito autoral, fundamentada no decurso de prazo para reclamar vício de consentimento na modalidade erro. Inconformismo da parte autora – Acolhimento – Escritura pública na qual as partes declararam viver em união estável desde há seis anos antes da lavratura do documento – Regime de separação total de bens adotado no momento da celebração, perante o Tabelião, da escritura de declaração de união estável – Nulidade da cláusula de regime patrimonial reconhecida – Forma prescrita em lei não observada – Necessidade de contrato apartado (TJSP – Apelação Cível nº 1019978-36.2016.8.26.0114 – Campinas – 9ª Câmara de Direito Privado – Rel. Des. Rogério Murillo Pereira Cimino – DJ 11.06.2021)

EMENTA: INVENTÁRIO. Decisão que reduziu as disposições testamentárias da herdeira Clara, em 50%, preservando-se a legítima da companheira. AGRAVO DE INSTRUMENTO. Agravante que alega a inexistência de comprovação da união estável entre o falecido e a herdeira Catarina. Falecido que deixou testamento público, constando, expressamente, a existência de união estável por mais de trinta anos. Óbito que foi declarado pela companheira. Impossibilidade de produção de prova negativa pela companheira. União estável que foi equiparado ao casamento pelo E. STF. Companheira que se classifica como herdeira necessária. Disposição testamentária que não observou a legítima. Necessidade de redução das disposições testamentarias. Decisão mantida. RECURSO DESPROVIDO (TJSP – Agravo de Instrumento nº 2124317-41.2020.8.26.0000 – São Paulo – 2ª Câmara de Direito Privado – Rel. Des. Maria Salete Corrêa Dias – DJ 25.02.2021).

EMENTA: RESPONSABILIDADE DA ADMINISTRAÇÃO. REPARAÇÃO DE DANOS. Escritura de venda e compra de imóvel. Vendedor do imóvel que compareceu em cartório, mas não era mais o verdadeiro proprietário do bem. Escritura lavrada. Indicação de falha no serviço notarial. Prejuízos alegados pelo comprador. Pleito de indenização. Demanda ajuizada contra o cartório de notas e o Estado de São Paulo. Ação julgada improcedente, com a exclusão do cartório de notas. Ilegitimidade "ad causam". O ofício extrajudicial não ostenta personalidade jurídica, cabendo apenas aos tabeliães ou titulares de cartório responder pelos atos do serviço. Posicionamento do STJ. Quanto ao Estado de São Paulo, não se pode, no presente caso, ingressar no mérito da responsabilidade do Estado por eventual falha do serviço notarial, pois é indiscutível que o autor deixou transcorrer o prazo prescricional para reclamar quaisquer prejuízos, tendo ajuizado o presente feito depois de mais de 27 anos do evento danoso. Incidência do art. 1º do Decreto 20.910/32. Contagem do prazo prescricional que se iniciou na data da lavratura da escritura (evento danoso), pois já havia um ato público (registro do imóvel) revelando que o bem pertencia a terceiro. Informação pública e de fácil acesso. Desconhecimento que não pode ser alegado. Ação julgada improcedente, com a exclusão do cartório de notas. Sentença mantida. Honorários advocatícios majorados em grau recursal, ressalvada a gratuidade judiciária. RECURSO DESPROVIDO.

▶ **EMENTA:** APELAÇÃO AÇÃO ANULATÓRIA – ITCMD MEAÇÃO E DIREITOS HEREDITÁRIOS SOBRE BENS PARTILHÁVEIS ATRIBUIÇÃO DE FRAÇÕES IDEAIS À VIÚVA-MEEIRA (USUFRUTO VITALÍCIO) E AOS HERDEIROS (NUA PROPRIEDADE) Pretensão inicial voltada à desconstituição de crédito de ITCMD lançado pela administração tributária lançamento operado em razão de suposta doação de bens ("renúncia translativa") havida entre a viúva-meeira e os herdeiros do de cujus no processo de partilha dos bens integrantes do acervo hereditário desacerto da autoridade tributária "de cujus" que era casado sob o regime da comunhão universal de bens, de modo que, à viúva, remanesce o singelo direito de meação (art. 1.667, do CC/2002), não figurando ela como herdeira (art. 1.829, inciso I, do CC/2002) até a data da partilha, tanto a meação como o acervo hereditário são representados por frações ideais do patrimônio do casal (universalidade de direito, correspondente a 50% do monte partilhável) validade jurídica da atribuição de direitos específicos, como é o caso do usufruto e da nua-propriedade sobre os bens partilháveis, a título de pagamento da meação e da herança, desde que sejam respeitadas as forças de uma e outra precedentes deste E. Tribunal de Justiça no entanto, caso o direito específico atribuído à viúva-meeira ou aos herdeiros supere, respectivamente, a fração ideal da meação ou da herança, o aperfeiçoamento da transmissão daquele direito somente ocorrerá se precedido da cessão (gratuita ou onerosa) da parte faltante, seja em prejuízo dos herdeiros (na hipótese de o valor do usufruto vitalício superar o valor da fração ideal correspondente à meação), seja em prejuízo da viúva meeira (se o valor da nua propriedade resguardada aos herdeiros superar o valor da fração ideal correspondente ao acervo hereditário) "renúncia" da parte excedente, tanto pela viúva-meeira quanto pelos herdeiros, a fim de aperfeiçoarem a transmissão do direito específico atribuído na partilha, que não representa a abdicação pura e simples em prol do mesmo monte partilhável meação e herança que representam direitos próprios e inconfundíveis, não havendo que se falar em "renúncia abdicativa" caso haja a efetiva transferência de direitos entre os herdeiros e a viúva meeira entendimento encampado pelo C. Superior Tribunal de Justiça – hipótese dos autos em que a própria escritura pública de inventário e partilha reconhece o excesso do direito adquirido pelos herdeiros (nua propriedade dos bens, correspondente a 66,66% do monte partilhável), razão pela qual o aperfeiçoamento do ato de transmissão pressupõe a cessão de parte do direito próprio da viúva-meeira negócio jurídico sucessivo à partilha que se apresenta como fato gerador do Imposto sobre Doações de Bens ou Direitos inteligência do art. 5º, inciso I, da LE nº 10.705/2000, que trata sobre o referido tributo no âmbito do Estado de São Paulo sentença de procedência reformada, para julgar a demanda improcedente inversão dos ônus sucumbenciais. Recurso da Fazenda Estadual provido.

Vistos.

Trata-se de recurso de apelação interposto pela FAZENDA DO ESTADO DE SÃO PAULO, nos autos da "ação declaratória de inexistência de obrigação tributária" promovida pelos apelados, R. C. B. P. F., S.C.B.P., C. e G.A.P., e julgada procedente pelo Juízo "a quo", sob o fundamento de os autores, na qualidade de únicos herdeiros necessários do *de cujus*, C.M.P., terem comprovado a inocorrência de efetivo fato gerador do Imposto sobre Doações de Bens e Direitos durante o processo de partilha de bens ocorrido entre eles e a cônjuge supérstite, pelo que de rigor a desconstituição das CDAs representativas do crédito tributário, consoante r. sentença de *e*-fls. 258/261, cujo relatório se adota.

Inconformada, a Fazenda Estadual, em suas razões de apelação (*e*-fls. 263/267), limitou-se a reiterar os argumentos deduzidos em sua peça de defesa, sustentando que o plano de partilha de bens ocorrido entre os autores e a viúva-meeira teria desbordado dos limites a que sujeitos a *meação* (pertencente à cônjuge virago) e o acervo hereditário (pertencente unicamente aos herdeiros necessários). Nesta linha, defendeu que, ao disporem que a nua propriedade de todos os bens integrantes do patrimônio partilhável seria destinado ao pagamento do acervo hereditário, enquanto que o usufruto vitalício sobre os mesmo bens serviria de pagamento da meação, os envolvidos acabaram por desrespeitar as forças de suas frações ideais, de modo que o aperfeiçoamento das transmissões de direitos somente poderia ter ocorrido se, após o pagamento da meação e da herança, a viúva-meeira tivesse cedido parte de seu patrimônio particular aos herdeiros, hipótese esta que impõe a incidência do Imposto sobre Doações de Bens e Direitos. Ressalvou, ao fim, que a cessão de direitos havida entre cônjuge supérstite e herdeiros não se amoldaria ao conceito de "renúncia pura e simples", mas ao de verdadeira "renúncia translativa", pelo que de rigor o provimento do recurso, julgando-se integralmente improcedente a pretensão inicial.

Recurso regularmente processado, livre de preparo, por força da isenção legal conferida à Administração Pública, nos termos do art. 1.007, §1º, do CPC/2015, desafiando contrarrazões dos autores/apelados às *e*-fls. 277/292.

Este é, em síntese, o relatório.

VOTO

Insurge a Fazenda Estadual contra a r. sentença de primeiro grau que julgou procedente a pretensão inicial, sob o fundamento de os autores, na qualidade de únicos herdeiros necessários do *de cujus*, C.M., terem comprovado a inocorrência de efetivo fato gerador do Imposto sobre Doações de Bens e Direitos durante o processo de partilha de bens ocorrido entre eles e a cônjuge supérstite, pelo que de rigor a desconstituição das CDAs representativas do crédito tributário.

E, pelo que se depreende do acervo fático-probatório coligido aos autos, o apelo **comporta acolhimento**.

In casu, colhe-se que C.M. foi casado, **sob o regime da comunhão universal de bens**, com C.A.B.P., vindo o primeiro a óbito aos 14.09.2014.

Em razão da morte do cônjuge varão, observou-se a formação de um **acervo partilhável** (universalidade de direito) entre a cônjuge virago e os herdeiros necessários do *de cujus* (sucessão *ab intestato*), compreendendo apenas os seus filhos, R.C.B.P.F., S.C.B.P.C. e G.A.P.

Para a cônjuge supérstite caberia a reserva de metade dos bens e direitos pertencentes ao casal em vida, chamada **meação**; já para os herdeiros necessários, por força da sucessão *causa mortis*, caberia o aquinhoamento da **massa hereditária**.

Neste diapasão, com o intento de formalizarem o plano de partilha consensual havido entre os interessados, levaram a respectiva escritura pública para registro junto ao Cartório da Comarca de Santa Adélia, oportunidade em que o oficial recusou o pedido formulado (25.02.2015), sob o seguinte fundamento: *"(...) A partilha e o pagamento dos quinhões foram feitas em desacordo com o previsto na lei sucessória, já que atribuiu-se à meação o usufruto do imóvel e ao pagamento da herança a nua-propriedade do imóvel, superando as forças da herança (...). Inclusive, há contraditória indicação de que a partilha é feita sobre o patrimônio total e o pagamento é feito sobre a nua-propriedade/usufruto."* (e-fl. 45).

Não concordantes com a exigência feita, os interessados requereram a instauração de *procedimento administrativo* (**suscitação de dúvida art. 198 e ss., da LF nº 6.015/73 Lei de Registros Públicos**), para que o Juízo competente deliberasse a respeito (**Processo nº 0000964-30.2015.8.26.0531**).

Na ocasião, colhidas as manifestações das partes, concluiu-se (e-fls. 193/196): *"No caso em tela, a viúva meeira renuncia sua metade ideal em favor dos herdeiros, reservando para si o usufruto vitalício dos bens. De fato, é perfeitamente possível que isto se concretize na partilha. O Código Civil autoriza a renúncia à herança e a cessão de direitos hereditários (artigos 1.793 e 1.806). Portanto, nesta linha de pensamento, não se justifica impedir que, no caso de partilha amigável, a viúva não possa renunciar à meação de que é titular para, em contrapartida, receber o usufruto dos bens do espólio. (...) Desta forma, bastou atribuir a nua propriedade dos imóveis no pagamento dos quinhões dos herdeiros e o usufruto vitalício na meação da viúva, independentemente de qualquer outro negócio jurídico. Em verdade, o direito real de usufruto vitalício reflete expressivo valor econômico, de tal modo que pode caber e se amoldar à meação da viúva, com a atribuição do valor do usufruto semelhante ao da nua propriedade. E são diversos os precedentes jurisprudenciais autorizando, na hipótese de partilha amigável, a instituição do usufruto vitalício em favor da viúva e a atribuição da nua-propriedade em benefício dos herdeiros, na medida em que o direito real de usufruto vitalício reflete expressivo valor econômico (TJSP, Agravo de Instrumento nº 2072203-72.2013.8.26.0000, 6ª Câmara de Direito Privado, Rel. Paulo Alcides, j. 18/02/2014). (...) Ademais, a atribuição, em partilha amigável, da nua propriedade dos bens inventariados aos herdeiros, com reserva de usufruto vitalício, não caracteriza doação e, portanto, inexigível o recolhimento do imposto de transmissão inter vivos. Como os imóveis já pertenciam à viúva em comunhão com o falecido, ela apenas se desfez da nua propriedade permanecendo com o direito de usar e gozar da coisa, nada adquiriu. Por essa simples razão, inexistente o ato de aquisição ou "outros negócios estranhos à simples sucessão", conforme alegado pela Oficial de Registro de Imóveis. Assim, não há que se falar em tributo por ausência do fato gerador. (...) Em relação à manifestação da Fazenda Pública, na qual levanta a possibilidade de eventual sonegação fiscal, tal fato, por si só, não tem o condão de impedir o ingresso da partilha no fólio real.* ***Além disso, a via eleita não é sede para discutir eventuais divergências de tributos, devendo para tanto, caso entenda a Fazenda Estadual, ser credora de algum valor, cobrar o mesmo na esfera administrativa ou judicial, mas em processo próprio.*** *(...). Ante o exposto,* ***JULGO IMPROCEDENTE*** *a* ***dúvida suscitada****, para, em consequência, determinar à Oficial de Registro de Imóveis, Títulos e Documentos e Civil de Pessoa Jurídica da Comarca de Santa Adélia, a proceder ao registro da escritura de inventário e partilha do espólio de C.M.P., lavrada pelo Tabelião de Notas do Município de Santa Adélia, no Livro 076, páginas 101/107, de 12/12/2014 e escritura de re-ratificação, lavrada pelo mesmo tabelião, no Livro 076, páginas 197/199, de 07/01/2015.".*

A FESP, de seu turno, atenta aos limites cognitivos do procedimento registrário (*regularidade formal do instrumento levado a registro, independentemente de eventuais inconsistências tributárias*), insistiu na tese de que: "(...) *De acordo com a documentação juntada ao expediente, apurou-se que o 'de cujus' era casado no regime da Comunhão Universal de Bens com C.A.B.P e deixou os filhos S., R. e G., que possuía em comum com a viúva meeira. Conforme disposto na Escritura Pública de Inventário e Partilha e sua respectiva Escritura de Re-Ratificação, (...) coube à viúva meeira os Direitos Reais de usufruto Vitalício sobre a totalidade dos bens objeto de partilha, enquanto os filhos receberam em pagamento, em partes iguais, o total correspondente à nua-propriedade. Entretanto, ao se interpretar o Art. 1.667, cc. Art. 1.829, ambos do Código Civil (Lei 10.406/2002), conclui-se que, em função do regime de casamento adotado, cabe à viúva, a título de meação, o correspondente a 50% do patrimônio que o casal possuía em comum. (...), enquanto a parte correspondente à herança de cada um dos filhos é de 16,66% [equivalente aos outros 50% do todo partilhável].* ***Porém, ao se analisar a partilha em consonância com o Art. 9º, da Lei 10.705/2000 [Lei que rege o ITCMD no Estado de São Paulo], verifica-se que foi atribuído à viúva o correspondente a 33,33% (1/3 usufruto) e, a cada um dos três filhos, 22,22% (totalizando 66,66%, ou seja, 2/3 nua propriedade).*** *Portanto, tendo em vista que houve a atribuição de valores acima do respectivo quinhão a cada um dos herdeiros, pode-se afirmar que, de acordo com o Art. 2º e §5º, da Lei 10.705/2000, além da incidência do ITCMD Causa Mortis,* ***há também a incidência do ITCMD Doação, em função de se considerar tal atribuição equiparada à doação.***" (efls. 171/173).

E, ato contínuo, procedeu ao lançamento do ITCMD considerado devido no ato de cessão de direitos específicos (*renúncia translativa*) em favor de cada um dos envolvidos.

Diante de tais acontecimentos, os aqui autores, indicados como *contribuintes* do Imposto sobre Doações de Bens e Direitos lançado pela autoridade fazendária, ajuizaram presente ação declaratória de inexigibilidade de débito, pugnando pela desconstituição dos créditos tributários exigidos pelo Fisco (e-fls. 01/18).

Pois bem.

A Constituição Federal, de 05 de outubro de 1988, inaugura a **Seção IV**, do Capítulo I (*sistema tributário nacional*), Título VI (*da tributação e do orçamento*), disciplinando a respeito dos **impostos dos estados e do distrito federal**, dentre os quais se insere o *Imposto sobre a Transmissão Causa Mortis e Doações de Quaisquer Bens e Direitos* (art. 155, I e §1º, da CF/88).

Art. 155. Compete aos Estados e ao Distrito Federal instituir impostos sobre:

I – transmissão causa mortis e doação, de quaisquer bens ou direitos;

(...)

§ 1.º O imposto previsto no inciso I:

I – relativamente a bens imóveis e respectivos direitos, compete ao Estado da situação do bem, ou ao Distrito Federal

II – relativamente a bens móveis, títulos e créditos, compete ao Estado onde se processar o inventário ou arrolamento, ou tiver domicílio o doador, ou ao Distrito Federal;

III – terá competência para sua instituição regulada por lei complementar:

a) se o doador tiver domicilio ou residência no exterior;

b) se o de cujus possuía bens, era residente ou domiciliado ou teve o seu inventário processado no exterior;

IV – terá suas alíquotas máximas fixadas pelo Senado Federal;

A respeito do ITCMD, o jurista RICARDO ALEXANDRE leciona que:

"Segundo o art. 155, I, da CF/1988, os Estados e o Distrito Federal podem instituir imposto sobre a transmissão *causa mortis* e doação **de quaisquer bens ou direitos**. O tributo possui natureza eminentemente arrecadatória (**fiscal**) e não incide sobre as transmissões originárias, como por usucapião (art. 1.238 do Código Civil) ou por acessão (art. 1.248 do Código Civil). O Código Tributário Nacional disciplina o imposto nos arts. 35 a 42 e deve ser interpretado à luz da atual Constituição, visto que a redação original do CTN trata de um único imposto de transmissão, de competência estadual, incidente exclusivamente sobre a transmissão de bens imóveis e de direitos a eles relativos. Com a Constituição Federal de 1988, previu-se a instituição de dois impostos de transmissão, um **estadual (ITCMD)** e outro **municipal (ITBI)**, sujeitando à incidência do primeiro as transmissões a **título gratuito** (*causa mortis* e doação) e do segundo as transmissões a **título oneroso**."[1].

No âmbito paulista, a regulamentação do referido tributo vem consignada na Lei nº 10.705, de 29 de dezembro de 2000, sendo que, quanto à situação considerada pela lei como necessária e suficiente para ocorrência do **fato gerador** (hipótese de incidência), os arts. 2º e 3º, da legislação estadual prelecionam:

Artigo 2.º – O imposto incide sobre a transmissão de qualquer bem ou direito havido:

I – por sucessão legitima ou testamentária, inclusive a sucessão provisória;

II – por doação.

(...)

Artigo 3.º – Também sujeita-se ao imposto a transmissão de:

I – qualquer título ou direito representativo do patrimônio ou capital de sociedade e companhia, tais como ação, quota, quinhão, participação civil ou comercial, nacional ou estrangeira, bem como, direito societário, debênture, dividendo e crédito de qualquer natureza;

II – dinheiro, haver monetário em moeda nacional ou estrangeira e título que o represente, depósito bancário e crédito em conta corrente, depósito em caderneta de poupança e a prazo fixo, quota ou participação em fundo mútuo de ações, de renda fixa, de curto prazo, e qualquer outra aplicação financeira e de risco, seja qual for o prazo e a forma de garantia;

III – bem incorpóreo em geral, inclusive título e crédito que o represente, qualquer direito ou ação que tenha de ser exercido e direitos autorais.

(...)

Nesta linha, ressalvado que à legislação tributária é vedada alteração da definição, do conteúdo e do alcance dos institutos de direito privado (**art. 110, do CTN**), conclui-se que a hipótese de incidência suficiente e necessária para legitimar o lançamento do ITCMD, segundo a legislação paulista, consiste na transmissão de bens e/ou direitos por meio de negócio jurídico em que "*uma pessoa, por liberalidade, transfere do seu patrimônio bens ou vantagens para o de outra*" (**art. 538, do CC/2002**).

Com esteio nestas premissas, verifica-se que, na hipótese *sub examine*, o Fisco paulista procedeu à exação do **ITCMD** em desfavor dos aqui autores, por considerar que, para aperfeiçoar as transmissões de direitos descritas no plano de partilha amigável levado a registro por eles e pela viúva-meeira, teria ocorrido inarredável divisão do acervo partilhável em *meação* e *acervo hereditário* (este último sujeito à incidência do **ITCMD *Mortis Causa***), seguida de *cessão gratuita de parte ideal* dos direitos integrantes do patrimônio exclusivo da viúva-meeira em favor dos herdeiros (negócio jurídico sujeito à incidência do **ITCMD *Doação***), a fim de que estes obtivessem a integralidade da nua propriedade dos bens integrantes do monte partilhável (correspondente a 2/3 do todo e, portanto, superior aos limites do acervo hereditário isoladamente considerado 50% do todo).

Acertada a compreensão da FESP, conforme se passa a expor.

Considerado o *regime da comunhão universal de bens*, importa consignar que, quando do óbito de um dos cônjuges, o conjunto de bens e direitos representativo do ***patrimônio comum*** do casal segrega-se em **duas frações ideais e iguais**: ***(i)*** a *meação* reservada como direito próprio do cônjuge supérstite e ***(ii)*** a *meação* reservada ao espólio do *de cujus*, a partir de então representada pelo *acervo hereditário*, direito próprio dos herdeiros.

Por corresponderem a "frações ideais" de um todo indiviso, entende-se que tanto a *meação* como o *acervo hereditário* não precisam ser integrados necessariamente por **bens** específicos; ao revés, revelasse juridicamente possível que o pagamento destas frações ideais se dê a partir da transferência de **direitos** específicos (e não por meio dos bens).

Estes direitos, por óbvio, devem representar conteúdo econômico aferível, tendo em vista que somente assim se poderá averiguar se houve, ou não, o respeito às forças da meação (limitada a 50% do todo partilhável) e do acervo hereditário (limitado, igualmente, a 50% do todo partilhável).

Daí porque ter-se consolidado na jurisprudência e na doutrina, a **validade** e **eficácia** da partilha realizada a partir da atribuição do direito à nua-propriedade sobre bens integrantes do acervo partilhável como pagamento da fração ideal correspondente ao acervo hereditário e, de outro lado, a atribuição do direito real de usufruto vitalício destes mesmos bens como pagamento da meação devida ao cônjuge supérstite.

A validade e eficácia da partilha, observada exclusivamente sob o aspecto formal (possibilidade jurídica), não impede, porém, eventuais consequências prejudicais à forma inicialmente imaginada para divisão dos bens e direitos.

Imagine-se, por exemplo, a superveniente notícia de um herdeiro necessário cujos direitos não foram observados na partilha originalmente planejada (art. 1.824, do CC/2002 ***petição de herança***). Neste caso, pode o herdeiro pleitear o reconhecimento de seu direito sucessório e, em caso de procedência do pedido, vir a receber a quota-parte que lhe seria devida quando da abertura da sucessão.

Para tanto, no cálculo de seu quinhão hereditário, dever-se-á levar em consideração o conteúdo econômico do direito específico que compôs a massa hereditária, extraindo-se daí o valor de cada quota parte. Poderá ocorrer de o cálculo demonstrar que o valor do direito à nua-propriedade herdada representa, *in concreto*, fração superior ao idealmente considerado para fins de viabilizar a partilha (mais de 50% do todo partilhável).

Isto é, que a despeito da intenção original de se atribuírem direitos específicos como pagamento das frações ideais representativas da *meação* e do *acervo hereditário*, este último acabou, no plano dos fatos, por superar as forças a que estava sujeito.

Em consequência, no cálculo do quinhão devido ao herdeiro peticionário **não se levará em conta o valor real da nua propriedade transferida aos herdeiros**, mas sim o conteúdo econômico inerente ao acervo hereditário (50% do monte partilhável), de modo que o pagamento de sua fração ideal ficará aquém dos montantes efetivamente recebidos pelos demais herdeiros.

E, isso, **não por desrespeito à equivalência dos quinhões** (art. 1.835, do CC/2002), mas por conta de os herdeiros, no plano de partilha, terem sido beneficiados pela cessão de direitos (pertencentes à viúva-meeira) que, ao abdicar de parte da força de sua fração ideal, garantiu aos herdeiros o alcance necessário para viabilizar a transferência do específico direito por eles adquirido.

Sendo assim, saliente-se: embora não haja óbice, **em tese**, à praxe de atribuição do *usufruto vitalício* e da *nua propriedade* sobre os bens partilháveis como pagamento, respectivamente, da meação do cônjuge supérstite e da herança cabível aos herdeiros do *de cujus*, tal ato não implica a irresponsabilidade integral dos envolvidos. Se, **no plano concreto**, verificar-se que um ou outro direito específico superou as forças da meação ou do acervo hereditário, nada obsta que os eventuais prejudicados promovam a responsabilização dos envolvidos no plano de partilha pelas consequências materiais daí decorrentes.

Foi exatamente o que se observou no caso concreto destes autos, tendo em vista o prejuízo provocado em detrimento da Administração Pública.

De fato, quando da origem dos acontecimentos que culminaram no presente processo, o juízo registrário, ao examinar a suscitação de dúvida (Processo nº 0000964-30.2015.8.26.0531), afirmou que, a despeito da validade **formal** do plano de partilha, resguardava-se à Administração Pública a possibilidade de, uma vez demonstrado *in concreto* o desacerto dos tributos recolhidos, perquirir o que de direito pelas vias adequadas.

Veja-se, *in verbis*: "*(...) Em relação à manifestação da Fazenda Pública, na qual levanta a possibilidade de eventual sonegação fiscal, tal fato, por si só, não tem o condão de impedir o ingresso da partilha no fólio real. Além disso, a via eleita não é sede para discutir eventuais divergências de tributos, devendo para tanto, caso entenda a Fazenda Estadual, ser credora de algum valor, cobrar o mesmo na esfera administrativa ou judicial, mas em processo próprio.*" (e-fl. 195).

Tal precaução decorre, de um lado, da natureza meramente *administrativa* da decisão que venha a ser proferida no processo de suscitação de dúvida registrária, que, por conseguinte, não obsta a utilização do procedimento jurisdicional contencioso por parte dos interessados (art. 204, da LRP **[2]**).

Se não bastasse, ainda que admitida a validade e eficácia da partilha extrajudicial (sob o prisma *formal*), tal qual promovida entre a cônjuge supérstite e os herdeiros do *de cujus*, o **art. 116, parágrafo único, do Código Tributário Nacional**, permite à autoridade tributária desconsiderar os atos jurídicos praticados com a finalidade de dissimular a ocorrência do fato gerador de tributos ou a natureza dos elementos constitutivos da obrigação tributária (**prisma *material***).

Num primeiro momento, herdeiros e cônjuge supérstite dividiram entre si o acervo partilhável, atribuindo para cada qual, respectivamente e **de forma ideal**, a nua propriedade e o usufruto sobre todos os bens. Para tanto e a fim de que fossem respeitadas as forças da meação e da herança, assumiram o ônus de que, **no plano concreto**, o valor de avaliação daqueles específicos direitos respeitava o limite quantitativo a que sujeitos (cada qual correspondente a 50% do todo partilhável).

Ato contínuo, no ato de recolhimento do Imposto sobre a Transmissão *Mortis Causa* de bens e direitos, os herdeiros, **sem impugnar o critério adotado pelo Fisco Estadual**, utilizaram como base de cálculo aquele previsto em Lei para o caso de "***transmissão não onerosa da nua-propriedade***", que corresponde, na forma do art. 9º, §2º, item '4', da LE nº 10.705/2000, a 2/3 do valor dos bens por eles recebidos.

Diante desta informação, frise-se, prestada pelos próprios contribuintes, o Fisco compreendeu que os herdeiros, **no plano concreto**, teriam recebido no momento da partilha o equivalente a 2/3 do montante partilhável, superando, assim, as forças do acervo hereditário (limitado a 50%).

Neste diapasão, a meação assegurada à cônjuge-supérstite só teria sido respeitada em uma única hipótese: caso, depois de aperfeiçoada a partilha das frações ideias (50% do acervo partilhável para os herdeiros e 50% para a viúva-meeira), aquela tenha cedido parte de sua fração ideal, permitindo, assim, que se chegasse no correspondente a 2/3 do valor total do acervo partilhável em favor dos herdeiros.

Houve, portanto, **dois atos jurídicos** (sentido lato) sucessivos neste procedimento de transmissão de direitos:

1. A *partilha* **ideal** das frações entre viúva-meeira e herdeiros, assumindo-se, por conta e risco dos envolvidos, que essas frações ideais (50% do todo partilhável) correspondiam exatamente ao *conteúdo*

econômico da nua propriedade (herdeiros) e do usufruto vitalício (viúva meeira);

2. Verificado, **no plano concreto**, que a base de cálculo utilizada pelos herdeiros para o recolhimento do ITCMD *Mortis Causa* – correspondeu à fração de 2/3 do valor total dos bens partilháveis, considerou-se que houve a transmissão em favor deles do quanto necessário para que o acervo hereditário alcançasse aquela, o que somente poderia se admitir a partir da *cessão gratuita* em favor dos herdeiros de parte da fração ideal atribuível à viúva-meeira.

Se os contribuintes pretendiam ilidir a compreensão do Fisco Estadual, **incumbia-lhes o ônus** (art. 373, inciso I, do CPC/2015) de comprovar que, a despeito da presunção legal (que preestabelece o conteúdo econômico da nua propriedade como correspondente a 2/3 do valor do imóvel), o real conteúdo econômico do direito por eles herdado correspondia efetivamente a 50% do valor do montante partilhável.

Ao quedarem inertes, acabaram por assumir que o conteúdo econômico do direito específico a eles atribuído extravasou as forças próprias do acervo hereditário, revelando-se imprescindível para a efetivação da partilha, nos termos em que proposta, que fosse acrescida à herança parte da fração ideal atribuível à viúva-meeira e, isso, por meio de cessão gratuita de direitos.

Importante considerar que os próprios herdeiros não negam que o direito específico a eles atribuído no plano de partilha acabou, *in concreto*, por superar as forças da herança.

Tanto que, a fim de sustentarem a versão apresentada na peça vestibular**[3]**, sustentaram que a cessão de direitos realizada pela viúva-meeira representaria mera *"renúncia abdicatória (pura e simples em favor do monte)"* (*e*-fl. 288), o que atrairia a regra de não incidência prevista no art. 5º, inciso I, da LE nº 10.705/2000.

Artigo 5º – O imposto não incide:

I – na renúncia pura e simples de herança ou legado;

II – sobre o fruto e rendimento do bem do espólio havidos apos o falecimento do autor da herança ou legado;

III – sobre a importância deixada ao testamenteiro, a título de prêmio ou remuneração, até o limite legal.

Contudo, respeitados os entendimentos em sentido diverso**[4]**, tem-se que os direitos da viúva-meeira e dos herdeiros são próprios, não se confundindo em absoluto, razão pela qual a renúncia pura operada por um ou por outro não leva jamais ao acréscimo no "todo partilhável" da parte renunciada.

Ora, ainda que provenientes de um mesmo acervo patrimonial indiviso (*universalidade de direito* **[6]**), a meação corresponde a um direito próprio de cada um dos cônjuges em caso de extinção da sociedade conjugal **e** equivale à fração ideal de metade (50%) dos bens integrantes do patrimônio do casal, observadas algumas exceções (arts. 1.667 e 1.668, do CC/2002).

Art. 1.667. O regime de comunhão universal importa a comunicação de todos os bens presentes e futuros dos cônjuges e suas dívidas passivas, com as exceções do artigo seguinte.

Art. 1.668. São excluídos da comunhão:

I – os bens doados ou herdados com a cláusula de incomunicabilidade e os sub-rogados em seu lugar;

II – os bens gravados de fideicomisso e o direito do herdeiro fideicomissário, antes de realizada a condição suspensiva;

III – as dívidas anteriores ao casamento, salvo se provierem de despesas com seus aprestos, ou reverterem em proveito comum;

IV – as doações antenupciais feitas por um dos cônjuges ao outro com a cláusula de incomunicabilidade;

V – Os bens referidos nos incisos V a VII do art. 1.659.

Cediço que, dentre as hipóteses que implicam a extinção da sociedade conjugal, encontra-se justamente a **morte de um dos cônjuges** (art. 1.571, inciso I, do CC/2002). E, neste caso, a universalidade de direito (patrimônio comum), aferível economicamente no momento do óbito de um dos cônjuges, dividir-se-á, em partes iguais: ***(i)*** na *meação* – direito próprio do cônjuge supérstite e ***(ii)*** no *acervo hereditário* – direito próprio daqueles que venham ser chamados a suceder o *de cujus*, titular da outra metade ideal (art. 1.829, do CC/2002).

Por representarem ***direitos próprios***, isto é, titularizados por diferentes sujeitos (viúva meeira x herdeiros) e constituídos a partir de fatos geradores distintos (extinção da sociedade conjugal x sucessão hereditária), a renúncia pura e simples operada pela viúva-meeira não aproveita ao acervo hereditário e, da mesma forma, a renúncia pura e simples realizada pelos herdeiros não pode beneficiar a cônjuge supérstite.

Antes, em caso de ***renúncia pura e simples à herança*** (art. 1.810, do CC/2002 **[7]**), o conteúdo econômico renunciado é devolvido exclusivamente à fração ideal representativa do acervo hereditário, beneficiando apenas a classe dos herdeiros e sem gerar interferência no conteúdo pecuniário reservado à meação.

Igualmente, eventual ***renúncia pura e simples aos direitos integrantes da meação***, à vista da inexistência de outros sujeitos integrantes da mesma classe de beneficiários, acabaria por implicar verdadeira causa de extinção do direito meado, sem beneficiar em qualquer medida o acervo hereditário.

À luz destas premissas, para que a viúva meeira reverta validamente parte do conteúdo pecuniário integrante de sua meação em favor da classe dos herdeiros (e vice-versa), deverá observar a forma da ***cessão de direitos***, que pode ocorrer tanto da forma gratuita ("renúncia translativa" ou doação) quanto da forma onerosa.

Sobre o tema, o ilustre civilista CRISTIANO CHAVES DE FARIAS leciona que:

"A consequência lógica e natural da renúncia de uma herança, portanto, é a inexistência de transmissão e, por conseguinte, a não incidência tributária.

Aliás, por conta disso, exige-se que o ato de renúncia seja puro e simples, não podendo ser equiparado à renúncia o ato pelo qual o titular abre mão da herança em favor de alguém (indevidamente rotulado como *renúncia translativa, translatícia* ou *in favorem*). Em tal hipótese, verdadeiramente, ocorre uma aceitação da herança, com posterior cessão gratuita de direitos, e não uma renúncia."**[8]**.

Na mesma linha, o professor FLÁVIO TARTUCE ratifica:

"(...) conforme se extrai da melhor doutrina, duas são as modalidades de renúncia à herança:

a) **Renúncia abdicativa** o herdeiro diz simplesmente que não quer a herança, havendo cessão pura e simples a todos os coerdeiros, o que equivale à renúncia. Em casos tais, não há incidência de *Imposto de Transmissão Inter Vivos* contra o renunciante.

b) **Renúncia translativa** quando o herdeiro cede os seus direitos a favor de determinada pessoa (*in favorem*). Como há um negócio jurídico de transmissão, incide o *Imposto de Transmissão Inter Vivos*, conforme entende a jurisprudência (TJSP, Agravo de Instrumento 218.709-4, São Paulo, 1.ª Câmara de Direito Privado, Rel. Des. Elliot Akel, j. 25.09.2001; TJSP, Agravo de Instrumento 208.959-1, São Paulo, Rel. Des. Márcio Martins Bonilha, j. 14.10.1993)."

Por estas razões, renovada a vênia aos respeitáveis entendimentos em sentido diverso, tem-se que, **nos estritos termos do caso apresentado a este Tribunal "ad quem"**, a renúncia à fração ideal de parte da meação própria da cônjuge supérstite operada em favor dos herdeiros e com o fim específico de viabilizar a eficácia da transmissão da nua propriedade dos bens partilháveis (cujo conteúdo econômico superava as forças exclusivas do acervo hereditário), caracteriza situação de "renúncia translativa" de direito, isto é, cessão gratuita/doação apta a ensejar o lançamento do Imposto de Transmissão *Inter Vivos*, na forma do art. 2º, inciso II, da LE nº 10.705/2000.

Aliás, esta mesma conclusão foi acolhida pelo C. Superior Tribunal de Justiça no julgamento do **REsp nº 1.196.992/MS** (***persuasive precedent***), sob a Relatoria da eminente Ministra NANCY ANDRIGHI. Confira-se:

SUCESSÕES. RECURSO ESPECIAL. MEAÇÃO. ATO DE DISPOSIÇÃO EM FAVOR DOS HERDEIROS. DOAÇÃO. ATO INTER VIVOS. FORMA. ESCRITURA PÚBLICA.

1. Discussão relativa à necessidade de lavratura de escritura pública para prática de ato de disposição da meação da viúva em favor dos herdeiros.

2. O ato para dispor da meação não se equipara à cessão de direitos hereditários, prevista no art. 1.793 do Código Civil, porque esta pressupõe a condição de herdeiro para que possa ser efetivada.

3. Embora o art. 1.806 do Código Civil admita que a renúncia à herança possa ser efetivada por instrumento público ou termo judicial, a meação não se confunde com a herança.

4. A renúncia da herança pressupõe a abertura da sucessão e só pode ser realizada por aqueles que ostentam a condição de herdeiro.

5. O ato de disposição patrimonial representado pela cessão gratuita da meação em favor dos herdeiros configura uma verdadeira doação, a qual, nos termos do art. 541 do Código Civil, far-se-á por Escritura Pública ou instrumento particular, sendo que, na hipótese, deve ser adotado o instrumento público, por conta do disposto no art. 108 do Código Civil.

6. Recurso especial desprovido.

Guardadas as peculiaridades dos objetos da presente demanda e do mencionado precedente jurisprudencial, de rigor a transcrição de excerto extraído do voto condutor, com o escopo de revelar as razões de decidir utilizadas pela Corte Superior:

"(...) O acórdão recorrido afirma a necessidade de escritura pública porque a 'disposição da meação do cônjuge supérstite é ato de iniciativa *inter vivos* e não se confunde com a sucessão *causa mortis*. Ademais, a escritura pública é a forma prescrita pela lei como condição essencial para validade de alguns atos, e para tais, torna-se ele imprescindível, nos termos do art. 108 do CC' (e-STJ fl. 90).

Aduz a recorrente, todavia, que não tem condições de arcar com o pagamento dos emolumentos cartorários necessários à lavratura de instrumento público para dispor da meação em favor dos herdeiros, e que há jurisprudência do TJ/SP admitindo a cessão da meação por termo judicial nos autos do inventário.

O acórdão paradigma apontado pela recorrente, de fato, reconheceu a possibilidade da cessão da meação se dar por termo nos autos, ao equipará-la, de certa maneira, à renúncia da herança.

Para corroborar sua conclusão, o TJ/SP faz remissão à lição de Euclides Benedito de Oliveira e Sebastião Luiz Amorim, no sentido de que 'embora inconfundível com a renúncia à herança, dela se aproxima ao ponto em que implica efetiva cessão de direitos, de modo que utilizáveis os mesmos instrumentos para sua formalização. Com efeito, o direito de cada herdeiro, a título de posse ou propriedade, sobre sua parte ideal na herança, antes da partilha é juridicamente equivalente ao do cônjuge sobrevivo sobre a metade ideal do patrimônio a partilhar' (*Inventários e Partilhas Direito das Sucessões*, 16ªed., Leud: São Paulo, 2003, p. 64/65) (e-STJ fl. 19) (sem destaque no original).

Embora o art. 1.806 do Código Civil, de fato, admita que a renúncia à herança possa ser efetivada por instrumento público *ou termo judicial*, é relevante apontar uma sensível **diferença entre os institutos**: enquanto na herança, a posse ou propriedade dos bens do de cujus transmite-se aos herdeiros quando e porque aberta a sucessão (princípio do *saisine*), na meação, o patrimônio é de propriedade da viúva em decorrência do regime de bens do casamento, independe da abertura da sucessão, e pode ser objeto de ato de disposição pela viúva a qualquer tempo, seja em favor dos herdeiros ou de terceiros.

Em síntese, a renúncia da herança pressupõe a abertura da sucessão e a condição de herdeiro, situações que não se aplicam à viúva-meeira.

Nas palavras de Francisco José Cahali e Giselda Maria Fernandes Novaes Hironaka:

Representando abdicação do direito à herança, só se admite a renúncia quando da abertura da sucessão, oportunidade em que nasce o direito hereditário. O repúdio prematuro, ou promessa de renúncia, ainda que formal, promovidos antes do falecimento, não tem validade jurídica, até porque implicariam em ilegal pacto sucessório" (Direito das Sucessões, 4ªed., São Paulo: RT, 2012, p. 89).

Assim, na hipótese, o ato de disposição patrimonial da recorrente, caracterizado como a renúncia da sua meação em favor dos herdeiros, não pode ser equiparada renúncia da herança.

Da mesma forma, ele não se confunde com a cessão de direitos hereditários, prevista no art. 1.793 do Código Civil, porque esta também pressupõe a condição de herdeiro do cedente. Note-se, por oportuno, que a própria cessão de direitos hereditários exige a lavratura de escritura pública para sua efetivação, não havendo porque se prescindir dessa formalidade no que tange à cessão da meação.

Com efeito, verifica-se que ato de disposição patrimonial pretendido pela recorrente, representado pela cessão gratuita da sua meação em favor dos herdeiros do falecido, configura uma verdadeira doação, inclusive para fins tributários, como, aliás, já foi consignado por esta Corte, no Ag 1165370, Rel. Min. Luiz Fux, DJe de 18.09.2009.

E a doação, por sua vez, nos termos do art. 541 do Código Civil, far-se-á por Escritura Pública ou instrumento particular, sendo que, na hipótese, deve ser adotado o instrumento público, por conta do disposto no art. 108 do Código Civil.

Embora seja compreensível a dificuldade da recorrente em arcar com o pagamento dos custos necessários à lavratura de uma escritura pública, perante o Tabelião, para poder transferir aos seus filhos a propriedade da metade do imóvel inventariado, que lhe pertence em razão da meação, não há possibilidade de se prescindir das formalidades expressamente previstas na legislação civil.".

Por conseguinte, evidenciada a higidez do crédito tributário aqui impugnado (ITCMD, tendo por fato gerador a cessão gratuita de direitos operada pela viúva meeira em favor dos herdeiros), o caso é de provimento do apelo da FESP e de consequente reforma da r. sentença de primeiro grau para se julgar integralmente improcedente a demanda.

Diante da inversão da sucumbência, caberá à autora arcar com as despesas e custas do processo, bem como com os honorários advocatícios devidos ao Procurador Estadual, ora arbitrados, nos termos do art. 85, §3º, do CPC/2015, em **15% sobre o valor atribuído à causa**, devidamente atualizado, respeitando-se os critérios de ponderação estatuídos nas alíneas do §2º, do art. 85, do CPC/2015, e já considerados os trabalhos desenvolvidos nesta fase cognitiva recursal (§11, do art. 85, do CPC/2015).

Ante o exposto, **DOU PROVIMENTO** ao recurso da FESP, de modo a **reformar** a r. sentença de primeiro grau, **JULGANDO-SE INTEGRALMENTE IMPROCEDENTE** a pretensão inicial da servidora, nos termos da fundamentação. Diante da inversão da sucumbência na demanda, caberá à autora arcar com as despesas e custas do processo, bem como com os honorários advocatícios devidos ao Procurador Estadual, ora arbitrados, nos termos do art. 85, §3º, do CPC/2015, em **15% sobre o valor atribuído à causa**, devidamente atualizado, respeitando-se os critérios de ponderação estatuídos nas alíneas do §2º, do art. 85, do CPC/2015, e já considerados os trabalhos desenvolvidos nesta fase cognitiva recursal (§11, do art. 85, do CPC/2015).

PAULO BARCELLOS GATTI

RELATOR

Notas:

[1] ALEXANDRE, Ricardo, *Direito Tributário Esquematizado*, 7ª Ed., São Paulo: Método, 2013, pp. 573-574.

[2] (LF nº 6.015/73) **Art. 204** – A decisão da dúvida tem natureza administrativa e não impede o uso do processo contencioso competente.

[3] Extrai-se da petição inicial: "*Conforme as mesmas escrituras os requerentes nessa ação judicial estão identificados como herdeiros descendentes (filhos) do falecido C.M.P., este no caso autor da herança, e finalmente a pessoa de C.A.B.P. na condição de viúva inventariante. Nas citadas escrituras* ***foi renunciado pela viúva meeira e inventariante sua metade ideal em favor dos herdeiros*** *e em contrapartida lhe foi reservado usufruto vitalício dos bens.*" (e-fl. 02).

[4] Conferir, no sentido de se admitir como ***renúncia abdicatória*** aquela realizada pela viúva-meeira e não herdeira em favor do acervo hereditário, os seguintes julgamentos oriundos deste Tribunal de Justiça Estadual: ***(i)*** Agravo de Instrumento nº 2245929-14.2018.8.26.0000, 5ª Câmara da Seção de Direito Público, Rel. Des. FRANCISCO BIANCO, j. 04.02.2019; ***(ii)*** Agravo de Instrumento nº 2150913-38.2015.8.26.0000, 8ª Câmara da Seção de Direito Privado, Rel. Des. SALLES ROSSI, j. 17.08.2016 e ***(iii)*** Agravo de Instrumento nº 2026891-68.2016.8.26.0000, 2ª Câmara da Seção de Direito Público, Rel. Des. ALVARO PASSOS, j. 31.05.2016.

[6] (CC/2002) **Art. 91**. Constitui universalidade de direito o complexo de relações jurídicas, de uma pessoa, dotadas de valor econômico.

[7] **Art. 1.810**. Na sucessão legítima, a parte do renunciante acresce à dos outros herdeiros da mesma classe e, sendo ele o único desta, devolve-se aos da subsequente.

[8] FARIAS, Cristiano Chaves de. ***Sucessões***. Coleção curso de direito civil; v. 7, São Paulo: Atlas, 2015, p. 170. – – /

TJSP – Apelação Cível nº 1001122-63.2018.8.26.0531 – Santa Adélia – 4ª Câmara de Direito Público – Rel. Des. Paulo Barcellos Gatti – DJ 16.12.2019

EMENTA: Direito tributário – Anulatória – ITCMD – Doação feita da mãe para o filho – Cobrança do tributo realizada pelo Estado do Rio Grande do Sul, segundo o que determina o art. 155, § 1º, inciso II, da Constituição Federal – Alegação do Fisco Paulista de que houve divergências entre as declarações da doadora e do donatário que autorizariam a autuação realizada – Inadmissibilidade – Eventual divergência que não faz nascer nenhuma receita tributária para o Estado do donatário – 'Recurso improvido.

Trata-se de ação anulatória de débito fiscal, ajuizada por I.A.N. Junior contra a Fazenda Pública do Estado de São Paulo. Diz a inicial que o autor recebeu doação, no valor de R$ 2.600.000,00, de sua mãe, residente no Rio Grande do Sul. Alegou que mesmo a doadora residindo em outro estado e lá tendo recolhido o imposto, a Fazenda de São Paulo lavrou auto de infração, determinando o recolhimento do imposto e de multa de 100%, sob o argumento de haver divergências nos valores declarados e pela legislação estadual atribuir o imposto ao estado do donatário. Requereu, liminarmente, a suspensão da exigibilidade do crédito, nos termos do art. 151, V, do Código Tributário Nacional e, ao final, a anulação do débito representado pelo auto de infração e imposição de multa, ou, subsidiariamente, a redução da multa.

Tutela provisória deferida, a fls. 159.

Citada, a ré contestou (fls.170), alegando que os R$ 2.600.000,00 doados ao autor pela mãe estão em divergência com o valor declarado pela própria na sua declaração de rendas (R$ 3.000.000,00), que diverge com o valor declarado pelo autor. Afirmou que a Fazenda lavrou auto de infração corretamente, determinando o recolhimento do imposto e de multa de 100%, pois, além de haver divergência nos valores declarados, a legislação estadual atribui o imposto ao estado do donatário. Sustentou a legitimidade do percentual previsto a título de multa.

Réplica a fls.179.

A ação foi julgada procedente (fls.198) pelo juiz *Jaime Henriques da Costa*, para anular o débito fiscal representado pelo auto de infração e imposição de multa nº 4.053.015 ou, subsidiariamente, a redução da multa.

Insatisfeita, apela a Fazenda, insistindo na legalidade da autuação realizada.

Recurso tempestivo e contrariado.

É o relatório.

Insiste a Fazenda no fato de que há divergências nas declarações da doadora (mãe) e do donatário (autor) que justificam a autuação por ela realizada. E, ainda, que o Fisco do Estado de São Paulo atribui a si a competência de recolher o ITCMD da doação realizada, que cabe à unidade federativa do domicílio do donatário.

A solução da questão encontra-se nas diretrizes traçadas pela própria Constituição Federal, ao dispor sobre a atribuição de competências tributárias e de repartição de receitas oriundas de tributos estaduais, com o propósito de evitar as guerras fiscais.

Em seu art. 155, diz que compete aos Estados e ao Distrito Federal instituir impostos sobre a transmissão causa mortis e doação, de quaisquer bens ou direitos (inciso I).

Em seguida, no § 1º, afirma que o imposto acima indicado, relativamente a bens imóveis e seus direitos, compete ao Estado onde esteja situação o imóvel ou ao Distrito Federal (inc. I), e relativamente a bens móveis, títulos e créditos, compete ao Estado onde se processar o inventário ou arrolamento, ou tiver domicílio o doador, ou o Distrito Federal (inciso II).

Assim, não há dúvida de que, no caso dos autos, em que houve uma doação de dinheiro da mãe para o filho, o imposto deveria ser mesmo cobrado no domicílio da doadora, como determina a Lei Maior.

Portanto, a previsão da Lei Estadual nº 10.705/00, que estabelece que, na doação, o contribuinte do imposto é o donatário conflita com o que estabelece a Constituição Federal, não podendo evidentemente tal lei coexistir, como fica evidenciado, ainda, nos precedentes transcritos pelo julgador.

A divergência nas declarações de rendas da doadora e do donatário não faz nascer uma nova receita tributária, como afirma a Fazenda do Estado do donatário.

Ainda, tendo havido equívoco, esse acabou gerando um recolhimento maior do imposto, e caberia somente ao Fisco do Estado da doadora analisar referida divergência e autuá-la.

Mantém-se, pois, a decisão de primeiro grau, em seus exatos termos e por seus próprios fundamentos.

Dessarte nega-se provimento ao recurso.

JOSÉ LUIZ GAVIÃO DE ALMEIDA
RELATOR

(TJSP – Apelação Cível nº 1006758-57.2016.8.26.0053 – São Paulo – 3ª Câmara de Direito Público – Rel. Des. José Luiz Gavião de Almeida – DJ 28.11.2019)

▶ **EMENTA:** Sobrepartilha – Valores relativos à previdência privada (VGBL e PGBL) – Autores sobrinhos do falecido (herdeiros colaterais), que não deixou herdeiros necessários – Beneficiária é irmã do falecido – Demais bens objeto de escritura pública de inventário e partilha – Indeferimento da tutela de urgência – Sentença de improcedência

Apelam os autores, alegando que na época de adesao aos planos, o falecido contava com mais de 80 anos de idade e recebia uma excelente aposentadoria, o que afasta a necessidade de previdência privada; pela proposta, o falecido seria indenizado somente aos 99 anos de idade; os planos, na verdade, representaram investimento financeiro, e não contribuição previdenciária, justificando sua inclusão no acervo hereditário; a sentença viola o art. 1.829, IV, CC; a proposta de contratação de previdência privada não pode ser equiparada a testamento; necessidade de redução dos honorários de sucumbência – Cabimento em parte – Sobrepartilha – Inviabilidade – Reconhecimento de que previdência privada deve ser equiparada a seguro de vida, até em função da ausência de risco, e não a investimento financeiro – Valores que não devem integrar a herança – Inteligência do art. 794, CC – Os autores são herdeiros colaterais, bastando ao falecido livremente dispor de seu patrimônio, como o fez, para excluí-lo da partilha, nos termos do art. 1.850, CC – Honorários advocatícios sucumbenciais – Reconhecimento de que a fixação de honorários contida na sentença se mostrou excessiva – Demanda proposta em dezembro/18 e sentenciada em junho/19, que não demandou dilação probatória tampouco providência apta a justificar honorários advocatícios tão elevados – Pertinência da fixação dos honorários com base na analogia e por apreciação equitativa em R$ 10.000,00 – Inteligência do art. 85, § 8º, CPC – Recurso parcialmente provido, apenas para adequar os honorários advocatícios sucumbenciais.(TJSP – Apelação Cível nº 1027192-42.2018.8.26.0071 – Bauru – 5ª Câmara de Direito Privado – Rel. Des. James Siano – DJ 25.09.2019)

▶ **EMENTA:** AGRAVO DE INSTRUMENTO. INVENTÁRIO. Regime de bens vigente na constância da união matrimonial entre a inventariante e o 'de cujus' era o da separação obrigatória de bens, previsto no inciso I do artigo 1641 do Código Civil. Elementos existentes nos autos que sinalizam a não concorrência do cônjuge com os descendentes em relação à herança do falecido. Ordem de apresentação de um novo plano de partilha que, 'a priori', está em consonância com o disposto no artigo 1829, inciso I, do Estatuto Substantivo. Decisão mantida.

RECURSO DESPROVIDO.

F.C.R. (INVENTARIANTE) interpõe o presente recurso de agravo de instrumento, nos autos do inventário dos bens deixados por A.R., por não se conformar com a r. decisão que determinou a apresentação de novo plano de partilha (fls. 143/144).

Sustenta, em síntese, que os valores existentes na conta bancária do *de cujus* e as importâncias depositadas judicialmente são provenientes de indenização trabalhista. Argumenta que figura como dependente do falecido junto à Previdência Social, e que nos termos do artigo 1º da Lei n.º 6858/90, possui legitimidade para receber parte dos créditos trabalhistas. Por tal razão, entende que ostenta a condição de herdeira, razão pela qual entende que deve ser homologado o plano de partilha apresentado. Requer, afinal, o provimento do recurso.

Ausente pedido de liminar.

Dispensada a intimação da parte adversa para apresentação de contraminuta, ante a ausência de prejuízo.

É o relatório.

Cuida-se de inventário dos bens deixados por A.R., proposto pela viúva F.C.R.

Pesem os argumentos apresentados, o recurso não comporta provimento.

Da análise sumária dos autos infere-se que o d. Magistrado reconheceu que a recorrente não possui direito de concorrer com os descendentes do falecido em relação à herança de todos os bens indicados às fls. 33/40, dado que o casamento foi celebrado sob o regime da separação obrigatória de bens.

Por tal razão, determinou que a agravante apresentasse um novo plano de partilha, nos termos do artigo 653 do Código de Processo Civil, sendo este o cerne da controvérsia recursal.

A documentação juntada sinaliza que os valores existentes nas contas bancárias do falecido e os depósitos judiciais correspondem à indenização recebida em razão de acordo celebrado em ação trabalhista, logo, não se trata das verbas previstas no artigo 1º da Lei 6858/90.

Anote-se que a demanda da justiça laboral foi proposta no ano de 2009 (fls. 54/56), ou seja, cerca de oito anos antes do início do casamento.

Como bem observado no r. *decisum "tais valores foram constituídos em virtude de trabalho e esforço único do autor da herança, muito antes do estabelecimento da sociedade conjugal com a inventariante, o que permite concluir que se tratam de direitos exclusivos dos herdeiros-filhos e não devem ser partilhados ao cônjuge supérstite."* (fl. 153).

O artigo 1829 inciso I do Código Civil estabelece que o cônjuge pode figurar como herdeiro, todavia, em algumas situações específicas, somente serão herdeiros os descendentes do falecido:

"Art. 1.829. A sucessão legítima defere-se na ordem seguinte:

I – aos descendentes, em concorrência com o cônjuge sobrevivente, ***salvo se casado este com o falecido*** *no regime da comunhão universal,* ***ou no da separação obrigatória de bens (art. 1.640, parágrafo único);*** *ou se, no regime da comunhão parcial, o autor da herança não houver deixado bens particulares;"* grifei.

Nesse contexto, levando-se em consideração que o matrimônio foi celebrado sob o regime da separação obrigatória de bens, ao menos à primeira vista tem-se que a situação em exame se amolda exatamente a uma das exceções supramencionadas, na qual o cônjuge não possui direito à herança, logo, andou bem a d. Magistrada ao determinar a apresentação de um novo plano de partilha.

Finalmente, com base nos fundamentos apresentados, mantém-se a r. decisão impugnada.

Ante tais fundamentos, **nega-se provimento ao recurso.**

PAULO ALCIDES AMARAL SALLE
RELATOR

(TJSP – Agravo de Instrumento nº 2171540-24.2019.8.26.0000 – São José dos Campos – 6ª Câmara de Direito Privado – Rel. Des. Paulo Alcides Amaral Salle – DJ 16.08.2019)

EMENTA: Agravo de Instrumento – Inventário – Falecimento do *de cujus* no estado de casado, mas em separação de fato – Monte mor integrado apenas pelas verbas do FGTS – Decisão que reconheceu o direito do cônjuge supérstite em razão do regime de bens (meação) e excluiu o direito sucessório dele – Considerando o entendimento jurisprudencial de que se comunicam as verbas do FGTS recolhidas no período da sociedade conjugal, o fato de sobrevir separação de fato do casal e posterior óbito do varão, que fez as contribuições fundiárias, implica a meação de sua ex-mulher e a exclusão dela na lista de herdeiros – Decisão mantida – Negaram provimento ao recurso, com observação.TJSP – Agravo de Instrumento nº 2265972-69.2018.8.26.0000 – São Paulo – 8ª Câmara de Direito Privado – Rel. Des. Alexandre Coelho – DJ 04.04.2019.

EMENTA: Agravo de Instrumento – Inventário – Inventário processado e concluído, com a devida homologação do formal de partilha – Pedido de registro do título – Nota de devolução expedida pelo oficial do registro de imóveis – Insurgência contra cumprimento de exigência imposta – Questão de caráter eminentemente administrativo-registrário – Solução da celeuma que deve se dar pela via da suscitação de dúvida, apresentada perante o Juiz Corregedor Permanente – Inteligência do artigo 198 da Lei nº 6.015/73 – Precedentes desta Câmara e do E. Tribunal – Decisão preservada – Agravo desprovido (TJSP – Agravo de Instrumento nº 2104699-18.2017.8.26.0000 – Santo André – 3ª Câmara de Direito Privado – Rel. Des. Donegá Morandini – DJ 29.08.2017).

EMENTA: Apelação – Responsabilidade civil – Preliminares – Nulidade por cerceamento de defesa – Inocorrência – Pedido formulado de forma genérica, sem indicação expressa dos fatos ou provas a ser produzidas – Ilegitimidade passiva do Estado do Paraná – Matéria que integra o mérito da lide – Declaração de nulidade da procuração lavrada por tabelião e da escritura de compra e venda do imóvel adquirido pelo autor – Responsabilidade objetiva do delegatário de serviço público reconhecida – Irrelevância da discussão acerca da culpa do agente em relação à fraude ocorrida – Estado que responde solidariamente pelos danos causados por seus agentes, nos termos do art. 37, § 6º, da CF – Danos materiais – Ressarcimento dos danos emergentes relativos ao negócio desfeito – Restituição dos valores pagos pelo autor que se impõe – Danos morais – Hipótese que ultrapassou o mero dissabor cotidiano – Autor que perdeu o imóvel adquirido por meio de procuração pública declarada nula após longo e desgastante processo judicial – Valor indenizatório mantido – Correção monetária e juros de mora – Necessidade de observância ao disposto no art. 1º-F da Lei 9.494/97, alterado pela Lei nº 11.960/09 – Recurso do Estado do Paraná parcialmente provido e recurso adesivo do tabelião improvido (TJSP – Apelação Cível nº 1005934 80.2015.8.26.0038 – Araras – 4ª Câmara de Direito Privado – Rel. Des. Hamid Bdine – DJ 14.09.2017)

EMENTA: INVENTÁRIO – Renúncia da viúva de sua meação em prol do monte mor – Ausência de indicação de beneficiária – Caracterização de renúncia abdicativa – Não incidência do ITCMD na hipótese em exame – Decisão reformada – Recurso provido. (TJSP – Agravo de Instrumento nº 2026891-68.2016.8.26.0000 – São Paulo – 2ª Câmara de Direito Privado – Rel. Des. Alvaro Passos – DJ 03.06.2016)

EMENTA: AÇÃO ANULATÓRIA – Sentença que declarou a inexistência da procuração e do substabelecimento falsos, utilizados por correqueridos que se apresentavam como corretores, para venda de imóveis de propriedade da genitora dos autores a terceiros de boa-fé – Escrituras de venda e compra dos imóveis declaradas nulas, em decorrência – Insurgência do correquerido Jair, que atuou como corretor substabelecido – Arguição de prescrição – Prazo decenal aplicável ao caso – Inteligência do art. 205 do CC – Ato de lavratura da procuração falsa, do qual decorreu toda a cadeia de atos e negócios jurídicos impugnados na ação, ocorrido em outubro de 1997 – Ajuizamento da ação em dezembro de 2006, antes, portanto, do termo final para fazê-lo – Prejudicial de mérito afastada – Provas testemunhal e documental que demonstraram a participação consciente e voluntaria do corretor substabelecido, junto ao correquerido Paulo Roberto, que detinha a procuração falsa e o substabeleceu, na venda dos imóveis – Reconhecimento de sua atuação que não se pode afastar – Insurgência dos autores – Reconhecimento da usucapião especial urbana do imóvel vendido ao correquerido Odair José, em seu favor, que se mantém, por estarem preenchidos os requisitos do art. 1.240 do CC – Entendimento de que o imóvel vendido a Antonio Carlos deve ser reintegrado na posse dos autores, desde que indenizado pelas construções e benfeitorias, que se mantém, porquanto o fez de boa-fé – Inteligência do art. 1.255 do CC – Tabelião interino que lavrou a procuração falsa devidamente responsabilizado – Inexistência de demonstração de dano moral causado por este aos autores, os quais, diante de sua inércia para regularização dos imóveis, acabaram contribuindo para os aborrecimentos experimentados – Indenização indevida – Recursos desprovidos. (TJSP – Apelação Cível nº 0064253-27.2006.8.26.0506 – Ribeirão Preto – 7ª Câmara de Direito Privado – Rel. Des. Miguel Brandi – DJ 28.10.2015)

EMENTA: ESCRITURA PÚBLICA. Venda. Imóvel. Nulidade. Reconhecimento. Falsificação. Fraude. Ilicitude. Incidência do art. 166, II do Código Civil. Revenda para terceiros de boa-fé igualmente nula. Feita por quem não seja proprietário, o registro do título translativo não aliena a propriedade (artigos 1.245 e 1.268 do Código Civil). O registro do título translativo não transfere a propriedade quando tiver por título um negócio jurídico nulo (art. 1.268, § 2º do Código Civil). Invalidade dos registros imobiliários das escrituras de venda e revenda com seus correlatos cancelamentos. Adquirentes de boa-fé que não podem ser havidos como donos do imóvel (art. 1.245, § 2º do Código Civil). REIVINDICATÓRIA. O dono, após o cancelamento do registro, pode reivindicar o imóvel, independentemente da boa-fé ou do título do terceiro adquirente (art. 1.247, parágrafo único do Código Civil). A posse de boa-fé não prejudica a pretensão reivindicatória. O registro imobiliário é constitutivo dos direitos reais e tem presunção relativa de veracidade, até que seja cancelado, por ser causal. Nulidade do título aquisitivo dos terceiros de boa-fé que contamina de nulidade o registro constitutivo da sua propriedade. Embora a presunção de legitimidade do registro, associada à boa-fé do adquirente, excepcione a regra geral de que o negócio jurídico nulo não é suscetível de confirmação, tampouco convalesce pelo decurso do tempo, no caso os adquirentes não puderam invocar usucapião em defesa por falta de lapso temporal (art. 214, *caput* e § 5º da Lei de Registros Públicos). Impossibilidade de, por analogia, ressalvar direitos de terceiros de boa-fé segundo o art. 167, § 2º do Código Civil por não terem os proprietários nenhuma relação com os negócios nulos, como ocorreria na nulidade por simulação. EVICÇÃO. Benfeitorias. Indenização. Responsabilidade da ré alienante reconhecida em denunciação da lide pelos réus adquirentes. Pretensão destes últimos de estender a responsabilidade para os proprietários com direito de retenção. Improcedência. Autores vítimas de fraude, sem responsabilidade pelo vício. RESPONSABILIDADE CIVIL. Oficial de registro de imóveis. Registro de título falso sem aferição da sua veracidade e validade. Denunciação da lide pelos réus adquirentes. Improcedência. Correção. Exame formal do título. Inexistência de falsidade grosseira ou perceptível, má-fé, erro ou vício no processo de registro. Títulos formalmente em ordem. Fraude sofisticada. Identidade das partes da qual tabelião deu fé pública. Inexistência de obrigação legal de o registrador aferir veracidade e validade substancial de título formalmente perfeito. Fato de terceiro. Rompimento do nexo de causalidade entre a conduta do registrador e o dano. Ausência de requisito da responsabilidade civil, objetiva ou subjetiva, matéria constitucional cuja repercussão geral o Supremo Tribunal Federal recentemente reconheceu (RE 842.846 RG/SC). Aplicação dos artigos 215, *caput*, § 1º, II e § 5º e 217 do Código Civil e 365, II do Código de Processo Civil, Lei 7.433/85 e artigos 157, 193, 196, 197, 198, 205 e 225, § 2º da Lei de Registros Públicos. HONORÁRIOS ADVOCATÍCIOS. Regramento correto na ação principal. Nulidade reconhecida sem relação com a boa-fé dos adquirentes que, então, decaíram em dois dos três pedidos deduzidos. Denunciação da lide não obrigatória do oficial registrador para sua seguradora, a qual se opôs à denunciação. Improcedência da demanda contra o oficial denunciante. Denunciação prejudicada. Honorários advocatícios e despesas da lide secundária devidos pelo denunciante. Sentença correta. Recursos não providos. (TJSP – Apelação Cível nº 0133623-16.2007.8.26.0100 – São Paulo – 2ª Câmara de Direito Privado – Rel. Des. Guilherme Santini Teodoro – DJ 11.08.2015)

EMENTA: AGRAVO DE INSTRUMENTO – Ação anulatória de procuração pública e escritura pública de compra e venda de imóvel c. c. reparação de danos – Ilegitimidade passiva ad causam dos cartórios extrajudiciais, que não possuem personalidade jurídica – A responsabilidade é pessoal, dos notários ou oficiais de registro, que respondem pelos atos próprios e de seus prepostos – Extinção do feito, sem resolução do mérito, em relação aos cartórios e à escrevente mantida – Decisão reformada, para que a ação prossiga em face do tabelião interventor dos atos reputados nulos – Recurso parcialmente provido.(TJSP – Agravo de Instrumento nº 0027968-54.2013.8.26.0000 – São Paulo – 2ª Câmara de Direito Privado – Rel. Des. José Carlos Ferreira Alves – DJ 26.03.2013)

EMENTA: COMPRA E VENDA – Negócio jurídico entabulado por meio de procuração – Mandante morto antes da lavratura do instrumento – Pedido de nulidade dos atos (procuração e compra e venda) – Procedência da demanda – Inconformismo – Inadmissibilidade – Prescrição inaplicável aos casos de nulidade absoluta – Regras sobre os defeitos dos atos jurídicos incabíveis nos casos de nulidade do ato – Sentença mantida – Recurso desprovido.(TJSP – Apelação Cível nº 9071185-09.2004.8.26.0000 – Guarulhos – 5ª Câmara de Direito Privado – Rel. Des. J. L. Mônaco da Silva – DJ 13.02.2012)

⊙ CORREGEDORIA-GERAL DA JUSTIÇA

EMENTA: REGISTRO DE IMÓVEIS – Escritura pública de compra e venda – Lote destacado de outro imóvel – Ofensa ao princípio da disponibilidade qualitativa – Desmembramento desautorizado – Aprovação do ente municipal não suprível por mero lançamento fiscal – Erros pretéritos não justificam outros – Desqualificação mantida – Dúvida procedente – Recurso não provido (APELAÇÃO CÍVEL Nº 0020164-94.2011.8.26.0100, da Comarca da CAPITAL). O 16º Oficial de Registro de Imóveis da Capital, diante do requerimento formulado pelos interessados, apelantes (fls. 07/09), suscitou dúvida ao MM Juiz Corregedor Permanente, mantendo as exigências impugnadas e a desqualificação dos títulos apresentados, porquanto nenhum elemento permite filiar o lote 4 à transcrição nº 49.630 do 3º Registro de Imóveis da Capital: segundo afirmou, a inviabilidade dos registros decorre da impossibilidade de aferição da disponibilidade qualitativa (fls. 02/04). Uma vez notificados (fls. 06), os interessados não apresentaram impugnação (fls. 50). Todavia, ao requererem a suscitação da dúvida, argumentaram: o imóvel em foco está localizado na área descrita na transcrição nº 49.630 do 3º Registro de Imóveis da Capital e integra a quadra M, localizada no perímetro da área maior referida; os imóveis confinantes, com origem na mesma transcrição, têm matrículas próprias, o que, inclusive, revela a viabilidade do desdobro; enfim, a dúvida é improcedente (fls. 07/09). Após o parecer do Ministério Público (fls. 51/52), a dúvida foi julgada procedente (fls. 54/56). Ato contínuo, interposta apelação, com reiteração das razões determinantes da suscitação da dúvida (fls. 58/60), o recurso foi recebido nos seus regulares efeitos (fls. 61), o Ministério Público se manifestou em primeira instâncias (fls. 62), os autos foram remetidos ao Conselho Superior da Magistratura e Procuradoria Geral de Justiça propôs o desprovimento do recurso (fls. 67/68). É o relatório. A falta de impugnação, a despeito de formalizada a notificação imposta pelo inciso III do artigo 198 da Lei nº 6.015/1973 (fls. 06), não impede o conhecimento da dúvida (artigo 199 da Lei nº 6.015/1973). Porém, a desqualificação dos títulos apresentados para registro se mostrou acertada. Por meio da *escritura pública de venda e compra lavrada no dia 05 de abril de 1966*, José Caetano dos Santos Mascarenhas e Hercília Leite Mascarenhas venderam a Manoel Ferreira *o lote nº 4 da quadra M, com área total de 340 m², situado na Vila Matilde, subúrbio da Estrada de Ferro Central do Brasil* (fls. 14/15). De acordo com tal escritura pública, os vendedores adquiriram o imóvel acima descrito mediante a *transcrição nº 49.630 do 3º Registro de Imóveis da Capital*, que, porém, *refere-se a uma área maior, com 140.250 m²* (fls. 21/22 e 23/24). Ocorre que não há elementos a provar que a área objeto da escritura pública de venda e compra está contemplada no imóvel identificado na transcrição nº 49.630 do 3º Registro de Imóveis da Capital. Também não há notícia da existência do *lote nº 4 da quadra M* no 7º, 12º, 9º e 16º Registros de Imóveis da Capital, por cujas circunscrições sucessivamente o bem imóvel objeto da transcrição nº 49.630 passou (fls. 25, 26/27, 28/29 e 02/04). Enfim, é particularmente impossível afirmar que o *lote nº 4 da quadra M*, formando nova unidade imobiliária, perfeitamente localizada no perímetro da área mais extensa, caracterizada na transcrição nº 49.630, foi desta destacada. Na realidade, não se sabe a exata localização da parcela segregada em relação ao todo. Ou seja, se autorizados fossem os registros – o da escritura pública acima referida e o daquela, igualmente lavrada em 05 de abril de 1966, mediante a qual Manoel Ferreira e sua mulher Rosa Azevedo Ferreira venderam o *lote nº 4 da quadra M* a Giuseppe e Francesco D'Agosto (fls. 33/34) –, o princípio da disponibilidade e, por conseguinte, o da especialidade restariam vulnerados. Consoante parecer do atualmente Desembargador Ricardo Dip, que precedeu ao julgamento da Apelação Cível nº 6.838-0 pelo Conselho Superior da Magistratura, ocorrido em 30 de março de 1987, relator Desembargador Sylvio do Amaral: a aferição da disponibilidade não é só aritmética ou quantitativa, mas também qualitativa ou geodésica, impondo a situação da parte dentro do todo de que se destaca, de modo a permitir conhecimento seguro quer da base imobiliária que se separa com a fragmentação, quer da que permanece no registro de origem, evitando sobreposições atuais ou futuras. Na mesma linha, os julgamentos das Apelações Cíveis nº 11.447-0/5 e nº 25.179-0/9, realizados pelo Conselho Superior da Magistratura em 03.09.1990 e 31.08.1995, relatores Desembargadores Onei Raphael e Antônio Carlos Alves Braga, respectivamente. Por sua vez, o imóvel objeto das duas escrituras públicas de venda e compra não consta do loteamento denominado *Parte da 3ª Seção da Vila Matilde* – em nome de José Caetano dos Santos Mascarenhas e Hercília Leite Mascarenhas, *com origem na transcrição nº 49.630* do 3º Registro de Imóveis da Capital e inscrito sob o nº 52 no 7º Registro de Imóveis da Capital –, decuja planta não figura a quadra M (fls. 25). Ademais, o fracionamento intencionado não conta com aprovação da entidade municipal, exigível em quaisquer das hipóteses de desmembramentos não subordinados ao registro especial do artigo 18 da Lei nº 6.766/1979 (subitem 150.5 do capítulo XX das NSCGJ). A propósito, o lançamento fiscal não equivale à aprovação urbanística, não supre a sua falta: conforme a jurisprudência do Conselho Superior da Magistratura, o interesse tributário não se confunde com o de natureza urbanística, tanto que o lançamento fiscal não implica aprovação do destaque. Por fim, quanto às matrículas dos bens confinantes (fls. 44-A/45-A e 47/48), foram abertas – ao contrário do arguido pelos apelantes –, com base em outras transcrições, as de nº 44.978 e 32.291 do 9º Registro de Imóveis da Capital (fls. 46-A e 49), e não à luz da transcrição nº *49.630*, motivo pelo qual não servem de parâmetro para o caso vertente. De todo modo, malgrado aqui não caiba tratar da legalidade das segregações atreladas às matrículas dos imóveis confrontantes, é conhecido o histórico entendimento do Conselho Superior da Magistratura, segundo o qual "a existência de pretéritas anomalias no registro predial não pode servir de justificativa ou de pretexto para que outras e novas se pratiquem. "Eventual "erro pretérito não justifica nem legitima outros. " Pelo exposto, porque pertinente a nota devolutiva (fls. 11), nego provimento à apelação. (a) JOSÉ RENATO NALINI, Corregedor Geral da Justiça e Relator (D.J.E. de 04.02.2013 – SP).

▶ **EMENTA**: REGISTRO DE IMÓVEIS – Retificações de escrituras e de registros – Inviabilidade – Lavratura de nova escritura – Necessidade – Princípios e regras registrais observados – Pedido indeferido – Recurso desprovido (Processo CG nº 2012/130602 (472/2012-E). Excelentíssimo Senhor Corregedor Geral da Justiça,(...) e (...) pedem a retificação de registro de imóvel, porquanto, embora tenham adquirido o bem imóvel objeto da matrícula nº (...) do (...)º Registro de Imóveis da Capital, constou outro imóvel da escritura pública de venda e compra, o descrito na matrícula nº (...) do (...)º Registro de Imóveis da Capital, na qual registrado o título (fls. 02/05). Após a manifestação do Oficial do (...)º Registro de Imóveis da Capital – para quem a retificação é inviável, pois os registros foram realizados com observação dos princípios e das regras registrais (fls. 27/28) –, e os novos esclarecimentos prestados pelos interessados (fls. 37/39), o Ministério Público opinou pelo julgamento improcedente do pedido (fls. 41/43). Indeferido o pedido (fls. 46/47), os interessados, com reiteração das alegações anteriores, interpuseram apelação (fls. 51/57), recebida, nos seus regulares efeitos, como recurso administrativo(fls. 58), e, com a remessa dos autos ao Corregedoria-Geral da Justiça, a Procuradoria Geral da Justiça propôs o desprovimento do recurso (fls. 65/67). *É o relatório. OPINO.* Conforme a escritura pública de venda e compra de fls. 14/16, lavrada no dia 17 de outubro de 1985, (...) e (...), proprietários do bem imóvel descrito na matrícula nº (...) do (...)º Registro de Imóveis desta Capital – oriunda da transcrição nº (...) da mesma serventia extrajudicial –, alienaram-no a (...). Este, por sua vez, consoante a escritura pública de venda e compra de fls. 21/23, lavrada no dia 09 de novembro de 1988, alienou o imóvel acima identificado – ou seja, o apartamento nº 06 do Edifício (...), Bloco B, integrante do Conjunto Residencial (...), localizado na rua (...), nº (...), antigo nº (...) (fls. 17/18) –, aos ora interessados (...) e (...). Ambas as escrituras foram registradas na matrícula nº (...) do (...)º Registro de Imóveis desta Capital (r. 1 e r. 3 – fls. 17/18). E foram registradas com observação dos princípios registrais, particularmente os da continuidade e da especialidade. Portanto, não há o que ser retificado na via administrativa. O pleito, aliás, não encontra respaldo no artigo 213 da Lei nº 6.015/1973. Sob outro prisma, a retificação dos atos notariais exige, é certo, a lavratura de novas escrituras, especialmente se considerado que as alterações pretendidas afetam a substância dos negócios jurídicos. Assim, o parecer que, respeitosamente, submeto à elevada apreciação de Vossa Excelência propõe o desprovimento do recurso. *Sub censura.* São Paulo, 11 de dezembro de 2012. Luciano Gonçalves Paes Leme. Juiz Assessor da Corregedoria. DECISÃO: Aprovo o parecer do MM. Juiz Assessor da Corregedoria e, por seus fundamentos, que adoto, nego provimento ao recurso administrativo. Publique-se. São Paulo, 13.12.2012. – (a) – JOSÉ RENATO NALINI – Corregedor Geral da Justiça.

⊙ TRIBUNAL DE JUSTIÇA DO ESTADO DO PARANÁ

▶ **EMENTA:** APELAÇÃO CÍVEL – ALVARÁ JUDICIAL PARA RETIFICAÇÃO DE ESCRITURA PÚBLICA DE VENDA E COMPRA DE IMÓVEL E ESCRITURA DE REGISTRO DE IMÓVEL – INICIAL INDEFERIDA – EMENDA QUE NÃO ATENDEU AO COMANDO JUDICIAL – RETIFICAÇÃO DE ESCRITURA PÚBLICA DEPENDE DE EXPRESSA MANIFESTAÇÃO DE VONTADE DOS PARTICIPANTES DO NEGÓCIO POR ELAS REPRESENTADAS PERANTE UM NOTÁRIO – IMPOSSIBILIDADE DE FAZÊ-LO ATRAVÉS DE ALVARÁ JUDICIAL – SENTENÇA MANTIDA – APELO CONHECIDO, PORÉM DESPROVIDO. (TJPR – Apelação Cível nº 978.534-2 – Cornélio Procópio – 11ª Câmara Cível – Juiz de Direito Substituto em 2º Grau José Roberto Pinto Júnior – DJ 30.07.2013)

▶ **EMENTA**: APELAÇÃO CÍVEL – AÇÃO ANULATÓRIA DE ESCRITURA PÚBLICA DE DECLARAÇÃO DE VONTADE – INCLUSÃO DO IRMÃO DO DECLARANTE COMO SEGUNDO BENEFICIÁRIO DE SEGURO DE VIDA. ERRO FORMAL NO INSTRUMENTO PÚBLICO – DESCUMPRIMENTO DOS REQUISITOS DO ART. 134, § 1º, DO CÓDIGO CIVIL DE 1916 – AVERBAÇÃO QUE NÃO SE REALIZOU EM CARTÓRIO E TAMPOUCO PERANTE O TABELIÃO DE NOTAS SIGNATÁRIO – AUSÊNCIA DE RECONHECIMENTO DA CAPACIDADE CIVIL DAS PARTES. VÍCIO NA DECLARAÇÃO DE VONTADE – PROVA DOCUMENTAL E TESTEMUNHAL QUE EVIDENCIA INCAPACIDADE ABSOLUTA DO DECLARANTE, INTERNADO EM ESTADO GRAVE E TERMINAL – ASSINATURA COLHIDA EM UTI, COM O DECLARANTE SOB O EFEITO DE SEDATIVOS E PERÍODOS DE DELÍRIO – INSTRUMENTO PÚBLICO NULO – ARTIGOS 82 E 145, I, DO CC/1916 – RECURSO DESPROVIDO. (TJPR – Apelação Cível nº 1.197.157-2 – Curitiba – 11ª Câmara Cível – Rel. Des. Mario Nini Azzolini – DJ 27.08.2015)

▶ **EMENTA**: APELAÇÃO CÍVEL – AÇÃO ORDINÁRIA DE INEXISTÊNCIA DE ATO JURÍDICO C/C DECLARAÇÃO DE NULIDADE DE ESCRITURAS PÚBLICAS E PROCURAÇÕES – SENTENÇA QUE JULGOU IMPROCEDENTE O PEDIDO INICIAL – 1. APELO DA PARTE AUTORA – 1.1. CERCEAMENTO DE DEFESA ANTE A NEGATIVA DE PRODUÇÃO DE NOVA PROVA TESTEMUNHAL – INOCORRÊNCIA – PROVA DESTINADA AO MAGISTRADO SENTENCIANTE – PARTE AUTORA QUE NÃO DEMONSTROU A IMPORTÂNCIA DA OITIVA – 1.2. APLICAÇÃO DOS EFEITOS DA REVELIA DOS RÉUS – IMPOSSIBILIDADE – MATÉRIA DE DIREITO QUE NÃO SE SUBMETE À PRESUNÇÃO DE VERACIDADE – DIREITO MATERIAL QUE DEVE SER MINIMAMENTE COMPROVADO PELA PARTE AUTORA – 1.3. PROCEDÊNCIA DA AÇÃO – NÃO ACOLHIMENTO – AUSÊNCIA DE PROVA CABAL ACERCA DA EXISTÊNCIA DE FRAUDE NA ELABORAÇÃO DAS PROCURAÇÕES OUTORGADAS PELOS AUTORES AO RÉU – OUTORGA DE PODERES REALIZADA ATRAVÉS DE

INSTRUMENTO PÚBLICO – PRESUNÇÃO DE VERACIDADE DAS DECLARAÇÕES DO TABELIÃO – SITUAÇÃO CONSOLIDADA HÁ ANOS QUE DEVE SER PROTEGIDA – 1.4. REPARAÇÃO DOS DANOS PATRIMONIAIS – INOVAÇÃO RECURSAL – 1.5. NEGADO PROVIMENTO AO RECURSO. 2. RECURSO ADESIVO DA PARTE RÉ – QUESTÕES PROCESSUAIS E JULGAMENTO DOS AGRAVOS RETIDOS – NÃO CONHECIMENTO – AUSÊNCIA DE SUCUMBÊNCIA RECÍPROCA – ARTIGO 500, CÓDIGO DE PROCESSO CIVIL – RECURSO NÃO CONHECIDO. (TJPR – Apelação Cível nº 1194289-7 – Cascavel – 17ª Câmara Cível – Rel. Des. Tito Campos de Paula – DJ 18.08.2015)

EMENTA: APELAÇÃO CÍVEL. AÇÃO ANULATÓRIA DE ATO JURÍDICO. ESCRITURA PÚBLICA FRAUDULENTA. ALIENAÇÃO DE IMÓVEL POR QUEM NÃO ERA PROPRIETÁRIO. CARTEIRAS DE IDENTIDADES FALSAS. ATO NOTARIAL. DESÍDIA VERIFICADA. NEGLIGÊNCIA SOBRE A VERACIDADE DOS DOCUMENTOS DE IDENTIFICAÇÃO. RESPONSABILIDADE OBJETIVA. ATO ILÍCITO CARACTERIZADO. DEVER DE INDENIZAR. DANOS MORAIS CONFIGURADOS. BINÔMIO RAZOABILIDADE/PROPORCIONALIDADE. QUANTUM ARBITRADO PELO MAGISTRADO SINGULAR SE MOSTRA CORRETO. DECISÃO MANTIDA. APELO DESPROVIDO. (TJPR – Apelação Cível nº 1019130-3 – Curitiba – 11ª Câmara Cível – Rel. Des. Augusto Lopes Cortes – DJ 23.07.2013)

TRIBUNAL DE JUSTIÇA DO ESTADO DO RIO GRANDE DO SUL

EMENTA: APELAÇÃO CÍVEL. REGISTRO DE IMÓVEIS. DÚVIDA. EXIGÊNCIA DE ESCRITURA PÚBLICA. VALOR DO IMÓVEL. Nos termos do art. 108 do CC, a escritura pública é essencial à validade de negócios jurídicos relativos a direitos reais sobre imóveis de valor superior a 30 (trinta) salários mínimos. O valor a balizar a dispensa do instrumento público é o do imóvel, e não o do negócio realizado entre as partes. Na hipótese em tela, ainda que a alienação tenha se dado em relação à fração do imóvel, não se pode admitir a utilização de instrumento particular, uma vez que o limite legal de dispensa de escritura pública deve ser balizado pelo valor da totalidade do bem. APELAÇÃO DESPROVIDA.(TJRS – Apelação Cível nº 70063561674 – São Luiz Gonzaga – 19ª Câmara Cível – Rel. Des. Marco Antonio Angelo – DJ 10.11.2015)

EMENTA: PROCESSO Nº 70066736398. APELAÇÃO CÍVEL. REGISTROS PÚBLICOS. SUSCITAÇÃO DE DÚVIDA. MANDATO MEDIANTE PROCURAÇÃO. EXTINÇÃO COM A MORTE. ART. 682, INCISO II, DO CCB/2002. Hipótese em que deve ser mantida a sentença que acolheu a dúvida suscitada pelo Oficial do Registro. O mandato outorgado em análise se extinguiu com a morte do mandante, consoante dispõe o inciso II do art. 682 do CCB/2002. APELO DESPROVIDO

EMENTA: PROCESSO Nº 70046377719. APELAÇÃO CÍVEL. REGISTRO DE IMÓVEIS. AÇÃO ANULATÓRIA. PROCURAÇÃO OUTORGADA PELO AUTOR A SEU GENITOR PARA VENDA DE IMÓVEIS RECEBIDOS POR HERANÇA. INTERDIÇÃO DO AUTOR RECONHECIDA EM SENTENÇA. INCAPACIDADE CIVIL ANTERIOR À INTERDIÇÃO NÃO DEMONSTRADA. SENTENÇA MANTIDA. Para a validade do negócio jurídico é necessária a presença dos três requisitos elencados no artigo 104, do CC, a saber: agente capaz, objeto lícito, possível, determinado ou determinável e forma prescrita ou não defesa ou lei. Ausente qualquer dos elementos acima indicados, nulo será o negócio jurídico. Uma vez decretada a interdição da parte, seus efeitos passam a se produzir imediatamente, ainda que a sentença esteja sujeita a recurso, de modo que todos os negócios jurídicos praticados, posteriormente à sua declaração, são nulos de pleno direito. Os efeitos da sentença de interdição não retroagem, embora possa, eventualmente, ser reconhecida a nulidade dos negócios jurídicos celebrados em momento anterior à sua decretação, desde que comprovado que, à época em que realizados, o agente não possuía capacidade para a prática dos atos. No caso em comento, o autor não comprovou a sua incapacidade anterior e, ainda que sua doença fosse congênita, não houve demonstração de avanço evolutivo da patologia, a ponto de comprometer o seu discernimento. Improcedência mantida. APELAÇÃO DESPROVIDA. UNÂNIME

EMENTA: PROCESSO Nº 70048428122. Apelação cível. Compra e venda. Ação de nulidade da escritura pública de compra e venda. Evidente desacerto na contratação. Fragilidade da promitente vendedora. Fundamentos insuficientes para o decreto de nulidade da escritura pública de compra e venda.**1.** O exame dos autos denuncia que não há elementos a embasar decreto de procedência do pedido, até porque o fundamento contido na inicial refoge do pedido de nulidade da escritura pública de compra e venda. Não comporta análise as questões extrínsecas ao contrato, tal como desacertos nos valores do preço. **2.** A alegada fragilidade da vendedora é insuficiente para demonstrar a incapacidade para a prática de atos da vida cível que antecederam a sentença de interdição, prolatada sem efeito retroativo. Sentença mantida. Apelação desprovida.

EMENTA: PROCESSO Nº 70051584787. Apelação cível. Ação ordinária de anulação de escritura pública de cessão de direitos possessórios. Ato praticado por ex-sócio em favor do seu genitor. Conhecimento da nulidade da liberalidade. Ausência de boa fé do cessionário. Do exame do conjunto probatório do feito, resulta a conclusão inarredável de que, já no momento da celebração da cessão de direitos possessórios, o cessionário tinha conhecimento da nulidade da liberalidade realizada pelo ex-sócio em seu favor, a título gratuito. Com efeito, não se verifica boa-fé do cessionário capaz de manter a validade do ato jurídico. Sentença mantida. Apelação desprovida.

EMENTA: ANULATÓRIA DE ESCRITURA PÚBLICA DE CESSÃO DE DIREITOS HEREDITÁRIOS. PROCEDÊNCIA. ADEQUAÇÃO. Restou demonstrada a total incapacidade mental de um dos cedentes, e o desconhecimento total do negócio por parte do outro cedente, a respeito do negócio que entabularam. Sendo assim, mostra-se adequada a sentença que julgou procedente a pretensão de anular cessão de direitos hereditários, pela evidente manifestação de vontade viciada. NEGARAM PROVIMENTO. (TJRS – Ap. Cív. 70038047114, Relator: Rui Portanova, 8ª Câmara Cível, j. em 16/09/2010)

3. QUESTÕES DE CONCURSOS

01. (TJ/SP – 2024 – VUNESP – Notário e Registrador/Remoção). A escritura pública, salvo quando exigido por lei outros requisitos, deve conter sempre

a) a escrituração em língua portuguesa ou, quando os comparecentes não souberem a língua nacional, o idioma que os comparecentes se expressarem devendo, neste caso, o notário ser fluente no referido idioma.
b) a assinatura a rogo das pessoas que não puderem comparecer na serventia no dia agendado para a assinatura da escritura.
c) declaração de ter sido lida na presença das partes e demais comparecentes, ou de que todos a leram.
d) a qualificação completa e assinatura dos cônjuges das partes.

02. (TJ/SP – 2024 – VUNESP – Notário e Registrador/Remoção). Nas escrituras relativas a bens imóveis e direitos a eles relativos, é correto afirmar que devem conter sempre

a) referência ao comprovante de pagamento dos cinco últimos foros anuais na hipótese de enfiteuse.
b) quando se tratar de bem imóvel urbano, a indicação do número de contribuinte dado ao imóvel pela Prefeitura Municipal, se feito o lançamento.
c) a apresentação das certidões dos distribuidores do foro das Justiças Estadual, Federal e Trabalhista, assim como a prova da quitação dos tributos municipais.
d) a apresentação e a menção aos dados do Certificado de Cadastro do Imóvel Rural – CCIR, emitido pelo Instituto Nacional de Colonização e Reforma Agrária – INCRA, e o número fornecido pela Receita Federal do Brasil – RFB, com a prova de quitação do Imposto sobre a Propriedade Territorial Rural – ITR correspondente aos últimos dois anos.

03. (VUNESP - 2023 - TJ-AL - Titular de Serviços de Notas e de Registros – Provimento) De acordo com a Consolidação Normativa Notarial e Registral da Corregedoria Geral da Justiça do

Estado de Alagoas (CNNR-CGJ/AL), sobre lavratura de escritura de inventário e partilha, assinale a alternativa correta.

Nota da autora: Embora a questão envolva normativas estaduais, é possível respondê-la com base na legislação federal (Resolução CNJ n. 35/2007)

a) A renúncia de herdeiro não poderá constar na própria escritura de partilha, devendo ser formalizada em apartado, judicialmente ou por outra escritura pública.
b) O tabelião de notas poderá lavrar escritura de inventário e partilha de bens cujas partes estejam representadas por procuração lavrada por instrumento público ou particular, desde que constem poderes específicos.
c) Quando se tratar de partilha por direito de representação ou contemplar herdeiros da classe posterior na ordem da vocação hereditária, o tabelião de notas deverá exigir a certidão de óbito do representado ou declaração das partes, feita sob as penas da lei, informando a data e o local em que ocorreu o óbito do representado e dos herdeiros pré-mortos.
d) A escritura pública deverá conter declaração expressa das partes e do advogado assistente ou defensor público, sob as penas da lei, de que não tramita inventário e partilha na via judicial ou, se for o caso, de que o processo está suspenso para a promoção do inventário e partilha na via extrajudicial.

04. (VUNESP - 2023 - TJ-AL - Titular de Serviços de Notas e de Registros – Provimento) De acordo com a Consolidação Normativa Notarial e Registral da Corregedoria Geral da Justiça do Estado de Alagoas (CNNR-CGJ/AL), sobre a escritura pública de separação e divórcio, é correto afirmar:

Nota da autora: Embora a questão envolva normativas estaduais, é possível respondê-la com base na legislação federal (Resolução CNJ n. 35/2007)

a) Por ocasião da lavratura da escritura de separação ou divórcio com partilha de bens imóveis, não compete ao tabelião de notas a exigência do comprovante do pagamento do imposto de transmissão, que será exigido por ocasião da apresentação da escritura ao registro de imóveis.
b) Havendo filhos menores ou incapazes do casal, é vedada, em qualquer hipótese, a lavratura da escritura de conversão da separação judicial em divórcio consensual, com ou sem partilha de bens.
c) Havendo fundados indícios de prejuízo a um dos cônjuges ou existindo dúvida sobre a declaração de vontade, impõe-se ao tabelião de notas, após a lavratura da escritura, comunicação imediata ao Ministério Público Estadual e ao Juiz Corregedor Permanente.
d) A escritura especificará, além de outros requisitos legais, o regime matrimonial de bens, os bens comuns e a partilha, quando esta não for ressalvada para momento posterior à dissolução da sociedade conjugal ou do casamento; sobre qual das partes recairá a responsabilidade por obrigações pendentes e será atribuída a titularidade de direitos e ações, nome e data de nascimento dos filhos; o prazo de duração da obrigação alimentar; condições e critérios de atualização, e, se for o caso, a sua dispensa provisória.

05. (VUNESP - 2023 - TJ-AL - Titular de Serviços de Notas e de Registros – Provimento) De acordo com a Consolidação Normativa Notarial e Registral da Corregedoria Geral da Justiça do Estado de Alagoas (CNNR – CGJ/AL), sobre a averbação no assento de casamento do divórcio consensual, decorrente de escritura pública lavrada na forma da Lei nº 11.441/2007, assinale a alternativa correta.

Nota da autora: Embora a questão envolva normativas estaduais, é possível respondê-la com base na legislação federal (Resolução CNJ n. 35/2007)

a) O traslado da escritura pública de divórcio consensual, contendo o "visto" do Juiz de Direito da Comarca onde o casamento foi celebrado, será apresentado ao oficial de registro civil das pessoas naturais do respectivo assento de casamento, para a averbação necessária.
b) O traslado da escritura pública de divórcio consensual deverá ser primeiramente registrado no Livro "E" do Ofício do Registro Civil das Pessoas Naturais do domicílio conjugal, e depois será apresentado ao oficial de registro civil das pessoas naturais do respectivo assento de casamento, para a averbação necessária, independentemente de autorização judicial e de audiência do Ministério Público.
c) O traslado da escritura pública de divórcio consensual, contendo o "visto" do Juiz de Direito da Comarca onde os cônjuges são domiciliados, será apresentado ao oficial de registro civil das pessoas naturais do respectivo assento de casamento, para a averbação necessária.
d) O traslado da escritura pública de divórcio consensual será apresentado ao oficial de registro civil das pessoas naturais do respectivo assento de casamento, para a averbação necessária, independentemente de autorização judicial e de audiência do Ministério Público.

06. (IESES – Titular de Serviços de Notas e Registros – TJ – TO – Provimento/2022) De acordo com a Lei nº 7.433/85 assinale a alternativa correta:

a) É vedado ao tabelião manter os documentos necessários para lavratura de escrituras em forma de cópia autenticada, devendo sempre utilizar os originais.
b) O Tabelião consignará no ato notarial a apresentação do documento comprobatório do pagamento do Imposto de Transmissão "inter vivos", as certidões fiscais e as certidões de propriedade e de ônus reais, ficando dispensada sua transcrição.
c) Ficam dispensados, na escritura pública de imóveis urbanos e rurais, sua descrição e caracterização, desde que constem estes elementos da certidão do Cartório do Registro de Títulos e documentos.
d) Na lavratura de atos notariais, inclusive os relativos a imóveis, além dos documentos de identificação das partes, serão apresentados os documentos que o titular da serventia entender por necessários para prática do ato, mesmo que não previsto em lei.

07. (IESES – Titular de Serviços de Notas e Registros – TJ – TO – Provimento/2022) Sobre a Lei nº 5.709/71, assinale a alternativa correta:

a) Nos loteamentos rurais efetuados por empresas particulares de colonização, a aquisição e ocupação de, no mínimo, 20% (vinte por cento) da área total serão feitas obrigatoriamente por brasileiros natos.
b) A aquisição de imóvel rural por pessoa física estrangeira não poderá exceder a 30 (trinta) módulos de exploração indefinida, em área contínua ou descontínua.
c) A aquisição de imóvel situado em área considerada indispensável à segurança nacional por pessoa estrangeira, física ou jurídica, depende de sentença judicial transitada em julgado.
d) Na aquisição de imóvel rural por pessoa estrangeira, física ou jurídica, é da essência do ato a escritura pública.

08. (IESES – Titular de Serviços de Notas e Registros – TJ – TO – Remoção/2022) A Lei 5.709/71, a qual regula a aquisição de imóvel rural por estrangeiro residente no país, determina que a aquisição de imóvel rural por pessoa física estrangeira não poderá exceder a:

a) 50 (cinquenta) módulos de exploração indefinida, em área contínua ou descontínua.
b) 100 (cem) módulos de exploração indefinida, em área contínua ou descontínua.

c) 40 (quarenta) módulos de exploração indefinida, em área contínua ou descontínua.
d) 20 (vinte) módulos de exploração indefinida, em área contínua ou descontínua.

09. (Vunesp – Outorga de Delegação de Notas e Registros – TJ – GO/2021) Assinale a alternativa correta, no tocante às escrituras de inventário e partilha.
a) Não é possível a escolha do tabelião de notas, aplicando-se as regras de competência do Código de Processo Civil.
b) É vedada a simultaneidade da via judicial e administrativa.
c) O inventário negativo pode ser realizado somente na via judicial.
d) A lavratura de escritura é compulsória, se preenchidos os requisitos para tanto, não sendo possível aos interessados optar pela via judicial.

10. (Vunesp – Outorga de Delegação de Notas e Registros – TJ – GO/2021) A Lei nº 5.709/71 regula a aquisição de imóvel rural por estrangeiro, sujeitando-lhe a um regime próprio com direitos, deveres e restrições. Nesse sentido, é correto afirmar que
a) não fica sujeita ao regime legal a pessoa jurídica brasileira da qual participem, a qualquer título, pessoas estrangeiras físicas ou jurídicas que tenham a totalidade do seu capital social e residam ou tenham sede no exterior.
b) as restrições estabelecidas na lei não se aplicam à transmissão da propriedade fiduciária em favor de pessoa jurídica, nacional ou estrangeira.
c) a soma das áreas rurais pertencentes a pessoas estrangeiras, físicas ou jurídicas, não poderá ultrapassar um terço da superfície dos municípios onde se situem.
d) a aquisição de imóvel rural por pessoa física estrangeira não poderá exceder a 3 módulos de exploração indefinida, em área contínua ou descontínua.

11. (FGV – Titular de Serviço de Notas e Registros – TJ – SC/2021) Em divórcio judicial, Maria e Antônio acordaram, perante o juízo competente, que os dois bens imóveis do casal, de valor superior a cem salários mínimos, ficariam com os seus filhos, Pedro e Joana, com usufruto dos pais. Após o trânsito em julgado da decisão, foi expedido alvará judicial e, ao tentar registrar o formal de partilha no Registro de Imóveis, Maria foi informada sobre a impossibilidade. Ao fundamentar o seu ato, o oficial argumentou que seria necessária a lavratura da escritura pública de doação, com o pagamento dos emolumentos correspondentes. Ato contínuo, a partir de provocação de Maria, suscitou dúvida perante o juízo competente. O entendimento do oficial do Registro de Imóveis está:
a) correto, pois o deliberado no divórcio tem a natureza de promessa de doação, sendo o formal de partilha insuscetível de ser registrado;
b) incorreto, pois a sentença de homologação do divórcio e da partilha de bens tem a eficácia de escritura pública, suscetível de ser registrada;
c) correto, pois a escritura pública é da essência do ato, não podendo ser substituída por um acordo dos proprietários, ainda que homologado em juízo;
d) incorreto, desde que a sentença de homologação do divórcio e da partilha de bens tenha sido previamente registrada no Registro de Títulos e Documentos;
e) correto, porque a previsão de usufruto constitui gravame, o que exige que a doação seja aceita pelos beneficiários, os quais não participaram da partilha dos bens.

12. (FGV – Titular de Serviço de Notas e Registros – TJ – SC/2021) Antônio e Maria, casados, decidiram celebrar o divórcio consensual. Para tanto, procuraram um tabelião de notas de circunscrição diversa daquela em que residiam. No respectivo ato notarial, também decidiram partilhar os dois imóveis de sua propriedade, ficando cada qual com um deles, título esse que pretendiam levar a registro no Registro de Imóveis. Embora tenham sido assistidos por advogado constituído, declararam que não possuíam condições de arcar com os emolumentos, entendendo fazer jus à gratuidade da escritura. À luz da ordem jurídica vigente, a narrativa acima:
a) não apresenta qualquer incorreção;
b) apresenta incorreção apenas em relação ao tabelião escolhido e à gratuidade, que não poderia ser deferida;
c) mostra-se incorreta quanto à escolha do tabelião, não podendo ser registrado o título ou deferida a gratuidade;
d) só apresenta incorreção quanto aos objetivos de registro do título e de gratuidade, que não poderiam ser alcançados;
e) apresenta incorreção apenas em relação ao tabelião escolhido e quanto ao título, que não pode ser registrado.

13. (FGV – Titular de Serviço de Notas e Registros – TJ – SC/2021) Inácio e Érica, casados pelo regime da comunhão universal de bens, compareceram a um Tabelionato de Notas e informaram que desejavam lavrar uma escritura pública de divórcio. O casal tem dois filhos menores, os quais permaneceriam com Érica, sendo definido o regime de visitação e o valor dos alimentos devidos por Inácio.

À luz da sistemática vigente, nesse caso:
a) não pode ser lavrada a escritura de divórcio, já que a presença dos menores exige que toda a matéria, incluindo a dissolução do vínculo, seja apreciada pelo juízo competente;
b) pode ser lavrada a escritura de divórcio em momento futuro, desde que Inácio e Érica venham a comprovar a prévia resolução judicial das questões referentes aos menores;
c) pode ser lavrada a escritura de divórcio, remetendo-se Inácio e Érica para a via judicial para que sejam decididas as questões afetas aos menores;
d) pode ser lavrada a escritura de divórcio, desde que ouvido o Ministério Público, com posterior homologação pelo juízo competente;
e) pode ser lavrada a escritura de divórcio, desde que ouvido o Ministério Público em relação às questões afetas aos menores.

14. (FGV – Titular de Serviço de Notas e Registros – TJ – SC/2021) Os herdeiros de João, que fizera testamento quando em vida, dando destinação aos seus bens com estrita observância dos balizamentos legais, procuraram determinado Tabelionato de Notas e informaram que desejavam realizar o inventário por escritura pública na via extrajudicial. À luz da sistemática vigente, nesse caso:
a) não há óbice à realização do inventário, devendo o tabelião zelar pelo cumprimento das disposições testamentárias;
b) o inventário somente pode ser realizado caso tenha sido esta a vontade do de cujus, expressa de modo inequívoco no testamento;
c) o inventário pode ser realizado caso tenha ocorrido a abertura do testamento em juízo e o cumprimento de todas as disposições testamentárias;
d) só será possível a realização do inventário se o testamento tiver sido revogado por expressa manifestação de vontade de João, sendo apresentada prova nesse sentido;
e) só será possível a realização do inventário se o testamento tiver sido invalidado por decisão judicial transitada em julgado, sendo apresentada certidão do testamento.

15. (FGV – Titular de Serviço de Notas e Registros – TJ – SC/2021) João pretendia vender um imóvel rural a Antônio, já tendo negociado o preço e as condições de pagamento e imissão na posse. Ao comparecerem ao Tabelionato de Notas, foram informados de que, para a lavratura da escritura, por se tratar de imóvel rural, seria preciso apresentar, por determinação legal, um documento específico, cujos dados seriam inseridos no ato a ser lavrado.

O documento referido, que NÃO é exigido em relação aos imóveis urbanos, é:

a) a Certidão de Aprovação do Incra, reconhecendo que o imóvel e o seu uso observam os balizamentos do direito agrário;
b) o Certificado de Cadastro de Imóvel Rural, acompanhado do comprovante de quitação do imposto de transmissão de bens imóveis inter vivos;
c) o Certificado de Cadastro de Imóvel Rural, que deve estar acompanhado de quitação do imposto sobre a propriedade territorial rural dos últimos cinco anos, salvo as exceções legais;
d) a Certidão de Regularidade de Colonização Agrária, emitida pelo Ibra, com o nada a opor do Incra, informando que a propriedade não integra projetos de reforma agrária;
e) a Certidão de Aprovação do Incra, acompanhada do comprovante de quitação dos impostos sobre a propriedade territorial rural e de transmissão inter vivos do exercício.

16. (FGV – Titular de Serviço de Notas e Registros – TJ – SC/2021) Mara, tabeliã de notas, foi procurada por Pedro e André, com o objetivo de lavrar uma escritura de compra e venda de determinado imóvel urbano, que se encontrava individualizado, em detalhes, nas certidões atualizadas do Registro de Imóveis que foram apresentadas, dispondo sobre propriedade e ônus reais. Por tal razão, Mara lhes explicou que a escritura poderia ser lavrada, sendo necessária (I) a descrição e a caracterização do imóvel e a apresentação, além das referidas certidões, (II) do comprovante de pagamento do imposto de transmissão inter vivos, (III) das certidões fiscais e (IV) da certidão de feitos ajuizados.

As observações corretas de Mara são aquelas referidas em:

a) somente II e III;
b) somente II e IV;
c) somente I, II e III;
d) somente I, III e IV;
e) I, II, III e IV.

17. (FGV – Titular de Serviço de Notas e Registros – TJ – SC/2021) Os herdeiros de João, falecido há pouco menos de um ano, todos maiores e capazes, sendo um deles emancipado, compareceram perante o Tabelionato da circunscrição em que residiam e requereram a lavratura de escritura pública de inventário e partilha. Os bens deixados pelo de cujus foram divididos igualmente, incluindo o valor da restituição relativa ao imposto sobre a renda que recolhera a maior. Além disso, como a escritura pública foi simultaneamente assinada por todos e inexistiam obrigações futuras a serem cumpridas, não foi nomeado inventariante. O tributo devido pela transmissão de bens foi recolhido nos dez dias subsequentes à lavratura da escritura, sendo o comprovante arquivado pelo tabelião.

À luz da ordem jurídica vigente, a narrativa acima:

a) não apresenta qualquer incorreção;
b) somente apresenta incorreção em relação à inserção, na escritura, do valor referente à restituição do imposto de renda;
c) somente apresenta incorreção em relação à não nomeação de inventariante e ao momento de recolhimento do tributo;
d) somente apresenta incorreção em relação à celebração do ato por herdeiro emancipado e à ausência de inventariante;
e) somente apresenta incorreção quanto à partilha da restituição relativa ao imposto de renda e ao momento de recolhimento do tributo.

18. (Cespe – Notários e Oficiais de Registro – Provimento – TJ – DFT/2019) Mauro e Israel pretendem realizar escrituração pública de compra e venda de bem imóvel urbano no valor de trezentos salários mínimos.

À luz do Decreto n.° 93.240/1986, é correto afirmar que

a) será necessário apresentar, entre outros documentos e certidões, certificado de cadastro emitido pelo Instituto Nacional de Colonização e Reforma Agrária (INCRA).
b) será necessário apresentar, entre outros documentos, certidão de ações reais e pessoais reipersecutórias, relativas ao imóvel, e certidão de ônus reais, ambas expedidas pelo Poder Judiciário e com prazo de validade de sessenta dias.
c) o tabelião ficará desobrigado de manter em cartório as cópias autenticadas das certidões entregues, que devem ser transcritas na escritura pública e depois devolvidas por ele aos órgãos emissores.
d) a apresentação das certidões fiscais referentes aos tributos que incidam sobre o imóvel poderá ser dispensada pelo adquirente que, nesse caso, responderá, nos termos da lei, pelo pagamento dos débitos fiscais existentes.
e) os documentos de identificação das partes e das demais pessoas que comparecerem à escritura pública são todos de apresentação obrigatória, não podendo ser dispensados pelo tabelião.

19. (UFPR – Outorga das Delegações – Remoção – TJ – PR/2019) No que diz respeito à realização de inventário, partilha, separação consensual e divórcio consensual por via administrativa, assinale a alternativa correta.

a) Para fins de realização de inventário e partilha, é vedada a escolha do tabelionato pelos interessados, devendo-se aplicar a essas situações as regras de competência do Código de Processo Civil.
b) Havendo interessado incapaz, o inventário poderá ser feito pela via administrativa se houver autorização do tutor ou curador.
c) A validade das escrituras públicas de inventário e partilha, separação e divórcio consensuais está sujeita à prévia homologação judicial, não constituindo títulos hábeis para o registro civil e o registro imobiliário.
d) As escrituras públicas de inventário e partilha, separação e divórcio consensuais não necessitam de homologação judicial para produzirem seus efeitos, porém não podem ser utilizadas como títulos para a transferência de bens e direitos.
e) Quando há filhos menores ou incapazes, o divórcio, ainda que consensual, não poderá ser feito por escritura pública.

20. (Cespe – Notários e Oficiais de Registro – Provimento – TJ – DFT/2019) Paulo e Maria, pais de um jovem de 22 anos de idade e de outro de 10 anos de idade, decidiram se divorciar consensualmente. Para tanto, eles pretendem realizar o procedimento pela via administrativa. Paulo irá acompanhado pelo seu advogado, ao passo que Maria não será assistida por um patrono, por ter sido orientada para o fato de que, por ser o procedimento extrajudicial, não haveria a necessidade de assistência jurídica.

De acordo com a legislação pertinente, nessa situação hipotética,

a) é cabível o divórcio consensual pela via administrativa, e constará na escritura a pensão alimentícia e a partilha de bens.
b) não é cabível o divórcio consensual pela via administrativa porque o casal tem um filho menor.
c) é cabível o divórcio consensual pela via administrativa, mas não é possível que na escritura pública Maria retome seu nome de solteira.
d) não é cabível o divórcio consensual pela via administrativa porque Paulo e Maria devem necessariamente estar assistidos por advogados distintos.
e) é cabível o divórcio consensual pela via administrativa, embora a escritura pública não constitua título hábil para o registro civil.

21. (Vunesp – Outorga de delegação de serviços notariais e registrais – Remoção – TJ – RS/2019) Na escrituração dos atos notariais, observando as regras da Consolidação Normativa Notarial e Registral da Corregedoria-Geral da Justiça do Estado do Rio Grande do Sul, é correto afirmar:

Nota da autora: a questão aborda comando estadual, por isso, recomenda-se a leitura das normativas extrajudiciais do Estado do Rio Grande do Sul

a) Para a lavratura da escritura de cessão de direitos hereditários, relativos a bem imóvel certo e determinado, é dispensado o prévio recolhimento do imposto de transmissão.

b) Se algum dos comparecentes não for conhecido do tabelião, nem puder identificar-se através de documentos, participarão, atestando sua identidade, pelo menos duas testemunhas, devidamente identificadas pelo tabelião e assinarão por ele, a rogo.

c) Nas escrituras relativas a bens imóveis rurais, o tabelião não poderá lavrar escrituras de desmembramento se as áreas resultantes não forem iguais ou superiores à fração mínima de parcelamento ou módulo, o que for menor. Essa proibição se aplica mesmo se a área desmembrada se destinar à anexação a outro imóvel rural confinante, e ainda que a área remanescente seja igual ou superior à fração mínima de parcelamento ou módulo, o que for menor.

d) Na ausência da assinatura de uma das partes, o Tabelião declarará incompleta a escritura e consignará individualmente as assinaturas faltantes; vedado o fornecimento de certidão ou traslado, mesmo com ordem judicial.

e) Nas escrituras públicas declaradas sem efeito, o tabelião certificará as causas e os motivos, datará e assinará o ato, sendo exigíveis os emolumentos respectivos se atribuível a culpa às partes.

22. (IESES – Titular de Serviços de Notas e de Registro – Provimento – TJ – SC/2019) Quanto à escritura de inventário e partilha extrajudicial:

a) A existência de testamento, mesmo caduco ou inválido, exclui a opção extrajudicial do inventário.

b) O Tabelião pode deixar de lavrar a escritura de inventário se entender presentes fundados indícios de fraude ou dúvida em relação à capacidade jurídica ou declaração de vontade dos herdeiros.

c) A partilha, que envolva bem imóvel, feita por escritura pública, depende de homologação judicial para a transmissão da propriedade e ingresso no registro imobiliário.

d) Em atenção ao movimento de "desjudicialização", a via extrajudicial é obrigatória para a realização de inventários que envolvam herdeiros concordes, maiores e capazes, sem testamento.

23. (IESES – Titular de Serviços de Notas e de Registros – Remoção – TJ – SC – 2019) A Lei nº 7433/85, dispõe sobre os requisitos para a lavratura de escrituras públicas. Sobre o assunto, assinale a alternativa correta:

a) Não existe possibilidade de serem dispensados, na escritura pública de imóveis urbanos, sua descrição e caracterização.

b) Ficam dispensados, na escritura pública de imóveis urbanos, sua descrição e caracterização, desde que constem, estes elementos, da certidão do Cartório do Registro de Imóveis. Nesta hipótese, o instrumento consignará exclusivamente o número do registro ou matrícula no Registro de Imóveis, sua completa localização, logradouro, número, bairro, cidade, Estado.

c) Ficam dispensados, na escritura pública de imóveis urbanos, sua descrição e caracterização, desde que constem, estes elementos, da certidão do Cartório do Registro de Imóveis. Nesta hipótese, o instrumento consignará exclusivamente sua completa localização, logradouro, número, bairro, cidade, Estado.

d) Ficam dispensados, na escritura pública de imóveis urbanos, sua descrição e caracterização, desde que constem, estes elementos, da certidão do Cartório do Registro de Imóveis. Nesta hipótese, o instrumento consignará exclusivamente o número do registro ou matrícula no Registro de Imóveis.

24. (UFPR – Outorga das Delegações – Provimento – TJ – PR/2019) A lavratura, registro, arquivamento e publicidade de documentos são requisitos para a conclusão válida de negócios jurídicos. São todos requisitos de segurança jurídica, princípio básico do Estado de Direito. A escritura pública é exemplo de tal espécie documental, obrigatória para negócios jurídicos que visem à constituição, transferência, modificação ou renúncia de direitos reais sobre certos bens imóveis. Levando em consideração as informações apresentadas, assinale a alternativa correta.

a) Estão dispensadas, na escritura pública de imóveis urbanos, a descrição e a caracterização do bem, desde que tais elementos constem da certidão do Cartório do Registro de Imóveis, hipótese em que constará da escritura o número do registro ou matrícula no Registro de Imóveis e sua completa localização.

b) Ao lavrar a escritura pública para transmissão de imóveis, o tabelião é obrigado a consignar no ato notarial a apresentação do documento comprobatório do pagamento do imposto de transmissão intervivos, as certidões fiscais e as certidões de propriedade e de ônus reais, sendo obrigatória sua transcrição.

c) O tabelião é desobrigado de consignar na escritura pública relativa a imóveis urbanos aquelas certidões referentes aos tributos que incidam sobre a coisa.

d) Os tabeliães são responsáveis por fazer com que nas escrituras as partes indiquem, com precisão, os característicos, as confrontações e as localizações dos imóveis, mencionando os nomes dos confrontantes, sendo que, quando se tratar só de terreno, não demandará dos interessados certidão do registro imobiliário, salvo por ordem judicial.

e) A instituição de imóvel urbano como bem de família para isentá-lo de execução por dívida pode ser feita por instrumento particular ou por escritura pública, e de bens imóveis rurais exclusivamente por escritura pública.

25. (IESES – Titular de Serviços de Notas e de Registros – Remoção – TJ – SC – 2019) Quanto à escritura de inventário e partilha extrajudicial:

a) O prazo de 60 dias para a realização do inventário, contados da abertura da sucessão, não é considerado no âmbito extrajudicial, possuindo, neste caso, apenas relevância na órbita fiscal.

b) Não existe a necessidade de nomeação de inventariante no inventário e partilha extrajudicial, já que se perfaz em um só ato.

c) Não há necessidade de constituição de advogado para a lavratura de escritura de inventário e partilha extrajudicial, diante da função de aconselhamento jurídico e fé pública do tabelião.

d) A meação de companheiro, sem prévio reconhecimento judicial, não pode ser considerada se o inventário se der na via extrajudicial.

26. (IESES –Cartório – Provimento – TJ – AM/2018) Em relação a escritura pública é correto afirmar:

a) As escrituras públicas não são passíveis da cobrança de emolumentos, sendo assim gratuitas na sua totalidade de atos.

b) A escritura pública pode ser redigida em língua nacional ou em idioma estrangeiro, conforme escolha do Tabelião e as peculiaridades do caso concreto.

c) A escritura pública é o meio jurídico capaz de gerar prova válida no processo das imagens e dos documentos que são colocados na Internet.

d) Dentre os requisitos que deve conter a escritura pública estão o nome, nacionalidade, estado civil, profissão, domicílio e residência das partes e demais comparecentes, com a indicação, quando necessário, do regime de bens do casamento, nome do outro cônjuge e filiação.

27. (Vunesp – Cartório – Provimento – TJ – SP/2018) De acordo com as Normas de Serviço da Corregedoria-Geral da Justiça do Estado de São Paulo, leia as afirmações a seguir com relação ao inventário extrajudicial:

Nota da autora: a questão aborda comando estadual, por isso, recomenda-se a leitura das normativas extrajudiciais do Estado de São Paulo.

I - é possível a sua promoção por cessionários de direitos hereditários, mesmo na hipótese de cessão de parte do acervo, desde que todos os herdeiros estejam presentes e concordes.

II - é obrigatória a nomeação de inventariante extrajudicial na escritura pública de inventário e partilha, para representar o espólio com poderes de inventariante, no cumprimento das obrigações ativas ou passivas pendentes, observando-se a ordem prevista na legislação processual civil.

III - para a lavratura de escritura de nomeação de inventariante, será obrigatória a apresentação dos documentos previstos no item 114, do Capítulo XIV, das Normas de Serviço da Corregedoria-Geral da Justiça do Estado de São Paulo (partes e respectivos cônjuges devem estar nomeados e qualificados: nacionalidade, profissão, idade, estado civil, regime de bens, data do casamento, pacto antenupcial e seu registro imobiliário, se houver, número do documento de identidade; número de inscrição no CPF/MF, domicílio e residência).

A partir da análise, assinale a alternativa com afirmações corretas.

a) I e II estão corretas.
b) I e III estão corretas.
c) II e III estão corretas.
d) Todas as afirmativas estão corretas.

28. (Vunesp – Cartório – Provimento – TJ – SP/2018) Não dispondo a lei em contrário, a escritura pública é essencial à validade dos negócios jurídicos que visem à constituição, transferência, modificação ou renúncia de direitos reais sobre imóveis

a) de valor superior a 20 (vinte) vezes o maior salário-mínimo vigente no país.
b) quando o valor da transação for superior a 30 (trinta) vezes o maior salário-mínimo vigente no país.
c) de valor superior a 30 (trinta) vezes o maior salário-mínimo vigente no país.
d) quando o valor da transação for superior a 20 (vinte) vezes o maior salário-mínimo vigente no país.

29. (Vunesp – Cartório – Provimento – TJ – SP/2018) Sobre a lavratura de escrituras públicas de separação e divórcio consensuais, e de acordo com as Normas de Serviço da Corregedoria-Geral da Justiça do Estado de São Paulo, é correto afirmar:

Nota da autora: a questão aborda comando estadual, por isso, recomenda-se a leitura das normativas extrajudiciais do Estado de São Paulo.

a) na partilha em que houver transmissão de propriedade individual de um cônjuge ao outro, ou a partilha desigual de patrimônio comum, está dispensada a comprovação do recolhimento de tributo eventualmente devido sobre a fração transferida.
b) as partes devem declarar ao Tabelião que o cônjuge virago não se encontra em estado gravídico, ou, ao menos, que não tenham conhecimento sobre essa condição.
c) as escrituras públicas serão levadas a registro no Livro "E" do Registro Civil das Pessoas Naturais.
d) não é necessário constar que as partes foram orientadas sobre a necessidade de apresentação de seu traslado no Registro Civil do assento de casamento, para a averbação devida.

30. (Cespe – Notário-ES/2013) No que se refere à lavratura de uma escritura, é facultada a coleta de assinatura fora da serventia do tabelionato de notas

a) em qualquer situação, desde que dentro do limite territorial da serventia.
b) excepcionalmente, desde que se alegue motivo de força maior.
c) excepcionalmente, desde que por motivo justificado.
d) em qualquer situação, desde que apenas o próprio tabelião a promova.
e) em qualquer situação, desde que o próprio tabelião ou seu substituto a promovam.

31. (Cespe – Notário-ES/2013) Assinale a opção correta acerca da escritura pública de inventário e partilha.

a) Essa espécie de escritura não é aplicável ao caso em que exista um único herdeiro maior e capaz.
b) Exige-se, para a lavratura desse documento, a assistência de advogado indicado por instrumento público específico.
c) O advogado que figurar, na escritura, como assistente pode, também, comparecer como procurador, desde que de uma única parte.
d) Dado o caráter simplificado dessa espécie de escritura, a descrição dos imóveis urbanos e rurais pode ser feita de forma resumida, não se fazendo, portanto, distinção entre as descrições dos dois tipos de imóveis.
e) Esse tipo de escritura dispensa a indicação de herdeiro com os poderes de inventariante.

32. (FUMARC – Notário-MG/2012) O Conselho Nacional de Justiça, no uso de suas atribuições, visando à segurança jurídica, fez a recomendação nº 03 em 2012, publicada pela Corregedoria-Geral de Justiça – MG, para que os agentes dos serviços notariais, em atos em que ocorressem alienação ou oneração de bem imóvel, também cientificassem as partes envolvidas. Essa recomendação se refere à certidão negativa de

a) tributos federais.
b) débitos trabalhistas.
c) feitos ajuizados federais.
d) débitos relativos às contribuições previdenciárias.

33. (EJEF – Notário-MG/2011) Assinale a alternativa que apresenta corretamente a legislação que institui o prazo de validade de 30 dias para as certidões emitidas pelos Cartórios de Registros de Imóveis, relativas às ações reais, ações pessoais reipersecutórias e de ônus reais, para lavratura do escrito publico.

a) Lei nº 6.015, de 1973
b) Lei nº 7.433, de 1985
c) Decreto nº 93.240, de 1986
d) Lei nº 4.380, de 1964

34. (EJEF – Notário-MG/2011) Recolhe-se ITBI nas seguintes escrituras:

a) compra e venda e divisão.
b) cessão de direitos hereditários e venda da meação.
c) incorporação e desmembramentos.
d) compra e venda e doação.

35. (FUMARC – Notário-MG/2012) São requisitos formais essenciais do instrumento público notarial, EXCETO

a) a assinatura do tabelião.
b) a nomeação das partes.

c) a redação em língua nacional.

d) a declaração de ter sido lida em presença dos comparecentes ou de que todos a leram.

36. (Vunesp – Notário-SP/2012) Sobre a escritura de divórcio consensual, é correto afirmar que

a) qualquer disposição da escritura somente pode ser retificada com a presença das duas partes, ou de seus representantes, e do advogado.

b) a partilha dos bens comuns deve ser realizada quando da lavratura do ato.

c) as partes podem ser representadas por procuração lavrada por notário estrangeiro, desde que utilizada no prazo de cento e vinte dias.

d) admite-se, na partilha dessa escritura, a aplicação subsidiária das normas relativas à partilha em inventário extrajudicial.

37. (TJ-SC – Notário-SC/2008) Na Escritura Pública de Venda e Compra de imóvel urbano em que caso poderá o Notário fazer constar somente o número da matrícula do Registro Imobiliário, a completa localização do bem imóvel, logradouro, número, bairro, cidade e Estado?

a) Quando houver concordância das partes contratantes.

b) Somente com autorização judicial.

c) Quando o traslado da escritura de venda e compra for entregue a parte adquirente acompanhado do traslado da escritura relativa a aquisição anterior feita pelo vendedor.

d) Em nenhuma hipótese, uma vez que é compulsória a descrição e caracterização do imóvel transacionado.

e) Quando sua descrição e caracterização constam de certidão expedida pelo Serviço Registral Imobiliário competente.

38. (Vunesp – Notário-SP/2009) Dentre os requisitos da escritura pública de venda e compra a seguir, quais são os essenciais?

a) Local, qualificação das partes, identificação do objeto, preço e forma de pagamento.

b) Data, qualificação das partes, identificação do objeto e preço.

c) Data, local, qualificação das partes, identificação do objeto e quitação.

d) Data, local, qualificação das partes, preço e transmissão da posse.

39. (Vunesp – Notário-SP/2012) Para a lavratura do ato notarial, considera-se atualizada a certidão do Registro de Imóveis expedida há

a) 5 (cinco) dias.

b) 10 (dez) dias.

c) 30 (trinta) dias.

d) 90 (noventa) dias.

40. (Cespe – Cartório – ES/2013) Ainda que, em regra, para se lavrar a escritura de compra e venda de imóvel situado em um condomínio, seja necessário que não haja, sob o bem, dívidas de natureza tributária ou condominial atrasadas, a escritura poderá ser lavrada caso

a) o vendedor assuma expressamente na escritura a obrigação de pagar as taxas condominiais atrasadas.

b) o vendedor assuma expressamente na escritura a obrigação de pagar as taxas condominiais e o IPTU atrasados.

c) o comprador assuma expressamente na escritura a obrigação de pagar as taxas condominiais e o IPTU atrasados.

d) o comprador assuma expressamente na escritura a obrigação de pagar o IPTU atrasado, não sendo necessária a assunção expressa em relação ao pagamento das taxas condominiais.

e) o vendedor assuma expressamente na escritura a obrigação de pagar o imposto predial e territorial urbano (IPTU) atrasado.

41. (Cespe – Cartório-PI/2013) À luz do disposto no Código Civil, assinale a opção correta.

a) A cópia fotográfica de documento, conferida por tabelião de notas, valerá como prova de declaração da vontade, se exibido o original.

b) A escritura pública, lavrada em notas de tabelião, apesar de ser documento dotado de fé pública, não faz prova plena.

c) Se algum comparecente não puder ou não souber escrever, nenhuma outra pessoa, ainda que capaz, poderá assinar, a rogo, a escritura pública.

d) Se qualquer dos comparecentes não souber a língua nacional e o tabelião não entender o idioma em que o referido comparecente se expressa, deverá ser solicitado o comparecimento de tradutor público para servir de intérprete, ou, não o havendo na localidade, de outra pessoa capaz que, a juízo do tabelião, tenha idoneidade e conhecimento bastantes.

e) Se algum dos comparecentes não puder identificar-se por documento nem for conhecido do tabelião, o ato não poderá ser praticado, até que seja possível a identificação ou a apresentação de documento idôneo.

42. (Vunesp – Cartório – TJ – SP/2014) Assinale a alternativa incorreta.

São considerados erros, inexatidões materiais e irregularidades, exclusivamente:

a) omissões e erros relativos aos dados de qualificação pessoal das partes e das demais pessoas que compareceram ao ato notarial, se provados por documentos oficiais.

b) omissões e erros cometidos na transposição de dados constantes dos documentos exibidos para lavratura do ato notarial, em papel, microfilme ou documento eletrônico, independentemente de arquivamento.

c) erros de cálculo matemático.

d) omissões e erros referentes à descrição e à caracterização de bens individuados no ato notarial.

43. (Vunesp – Cartório – TJ – SP/2014) Ressalvadas as inexatidões materiais e as irregularidades constatáveis documentalmente, uma escritura pública somente pode ser retificada

a) mediante uma ordem judicial, tanto no âmbito administrativo quanto no âmbito jurisdicional.

b) por outra escritura, com o comparecimento das mesmas partes que, na primeira, manifestaram sua vontade e participaram do negócio jurídico instrumentalizado.

c) a escritura pública é um ato jurídico perfeito e acabado e, portanto, não admite retificação.

d) mediante uma ordem judicial, desde que no âmbito jurisdicional.

44. (Vunesp – Cartório – TJ – SP/2014) Não dispondo a lei de modo contrário, a escritura pública é da substância do ato:

a) na cessão dos direitos à sucessão aberta, assim como do quinhão de que disponha o coerdeiro.

b) nas convenções de condomínio edilício, em que haja atribuições de frações ideais do terreno.

c) no compromisso de compra e venda relativo a imóveis loteados urbanos.

d) nos contratos de compra e venda de imóveis com alienação fiduciária.

45. (IESES – Cartório – TJ – PA/2016) Quanto às escrituras públicas de inventário:

a) O ato notarial produz efeito desde logo, inclusive com relação a terceiros, independentemente dos registros em órgãos competentes, como Registro de Imóveis, Registro Civil, Junta Comercial, entre outros.

b) Não cabe a nomeação de inventariante nesta modalidade administrativa.

c) Tendo o falecimento ocorrido antes do advento da Lei 11.441/2007, não podem ser lavradas.
d) Podem ser lavradas pelo notário de livre escolha da parte interessada, independentemente do domicílio do autor da herança, do local dos bens ou mesmo do local do óbito.

46. (IESES – Cartório – TJ – PA/2016) Instrumento público mediante o qual é expedida a primeira cópia integral e fiel do teor de escritura pública, com a mesma data. O presente conceito refere-se à (ao):

a) Traslado.
b) Declaração.
c) Certidão.
d) Registro de Correição.

47. (IESES – Cartório – TJ – PA/2016) Podem ser admitidos como testemunhas na escritura pública:

I. Os menores de 16 (dezesseis) anos.
II. Os cegos e surdos, quando a ciência do fato que será testemunhado dependa dos sentidos que lhes faltam.
III. Os maiores de 60 (sessenta) anos.
IV. O cônjuge, os ascendentes, os descendentes e os colaterais até o terceiro grau, por consanguinidade ou afinidade, de algum dos participantes, salvo em se tratando de signatário a rogo ou nos casos afetos ao direito de família.

A sequência correta é:

a) Apenas as assertivas I, III e IV estão corretas.
b) As assertivas I, II, III e IV estão corretas.
c) Apenas a assertiva III está correta.
d) Apenas as assertivas II e III estão corretas.

48. (IESES – Cartório – TJ – PA/2016) As escrituras públicas de inventário e partilha, de separação e de divórcio consensuais não dependem de homologação judicial e são títulos hábeis para o registro civil e o registro imobiliário, para a transferência de bens e direitos, bem como para promoção de todos os atos necessários à materialização das transferências de bens e levantamento de valores (junto ao DETRAN, Junta Comercial, Ofício de Registro Civil de Pessoas Jurídicas, instituições financeiras, companhias telefônicas e outros). Sobre a presença do advogado nestes casos pode-se afirmar:

I. É necessária a presença do advogado ou defensor público.
II. O advogado pode ser comum ou de cada uma das partes.
III. Não poderá o advogado atuar em causa própria.
IV. O advogado que seja herdeiro ou legatário pode assistir o meeiro e os demais herdeiros ou legatários.

A sequência correta é:

a) Apenas as assertivas I, II e IV estão corretas.
b) Apenas as assertivas I, II e III estão corretas.
c) Apenas a assertiva III está correta.
d) As assertivas I, II, III e IV estão corretas.

49. (Vunesp – Cartório – SP – Provimento/2016) Assinale a alternativa correta.

a) Aos cidadãos portugueses aplicam-se as restrições à aquisição de imóvel rural por estrangeiro, salvo se tiver sido declarado em igualdade de condições com os brasileiros, mediante comprovação da carteira de identidade.
b) A pessoa física estrangeira, casada com brasileiro, está dispensada das restrições à aquisição de imóvel rural por estrangeiro.
c) O negócio jurídico de compra e venda em que um estrangeiro adquire imóvel rural deve ser instrumentalizado por escritura pública se o valor do imóvel ultrapassar 30 salários-mínimos.
d) As restrições à aquisição de imóvel rural por estrangeiro não se aplicam em caso de fusão de uma pessoa jurídica brasileira e uma pessoa jurídica estrangeira.

50. (Vunesp – Cartório – SP – Remoção/2016) O tabelião de notas, o registrador de imóveis e o registrador civil de pessoas jurídicas têm, respectivamente, atribuições para

a) reconhecer firmas, registrar a alienação fiduciária em garantia de coisa imóvel e registrar o penhor comum sobre coisas móveis.
b) lavrar ata notarial, registrar loteamento e transcrever instrumento particular para a prova das obrigações convencionais de qualquer valor.
c) lavrar escritura pública, registrar o ato constitutivo dos partidos políticos e registrar o contrato de parceria agrícola.
d) lavrar escritura pública, registrar cédula de crédito rural e matricular jornal.

51. (Consulplan – Cartório – MG – Provimento/2016) Paolo, italiano casado no Brasil, amigo do tabelião, com quem se reúne semanalmente em grupo de estudos de língua italiana, comparece ao cartório e solicita a lavratura de uma procuração no idioma italiano, justificando que o ato terá eficácia na Itália, mais precisamente para que o mandatário celebre contratos de locação de seus bens, todos eles situados em território italiano. Diante disso, o tabelião

a) lavrará a procuração, pois é conhecedor do idioma italiano e qualifica como legítima a rogação de Paolo, visto inexistir óbice normativo para essa lavratura.
b) lavrará a procuração, pois é conhecedor do idioma italiano e do próprio direito italiano, sabendo que os atos notariais na Itália somente têm eficácia se lavrados no idioma italiano e diante da inexistência de óbice normativo no Brasil para a sua lavratura.
c) lavrará a procuração, mas pede a Paolo que aguarde uma semana para que faça a adequação do idioma italiano, não configurando atentado ao princípio de unicidade do ato notarial e visto inexistir qualquer óbice normativo para a sua lavratura.
d) qualificará negativamente o pedido, pois a pretensão de lavratura de escritura em idioma diverso do nacional encontra óbice no Código Civil e no Provimento 260/CGJ/2013 da Egrégia Corregedoria-Geral de Justiça de Minas Gerais.

GAB										
	1	C	2	B	3	D	4	D	5	D
	6	B	7	D	8	A	9	B	10	B
	11	B	12	A	13	B	14	C	15	C
	16	A	17	C	18	D	19	E	20	B
	21	E	22	B	23	B	24	A	25	A
	26	D	27	B	28	C	29	B	30	C
	31	A	32	B	33	C	34	B	35	D
	36	D	37	E	38	C	39	B	40	C
	41	D	42	B	43	B	44	A	45	D
	46	A	47	C	48	A	49	A	50	D
	51	D	–							

Resumo dos prazos
das serventias extrajudiciais

1) REGISTRO CIVIL DAS PESSOAS NATURAIS		
Instantaneamente	**LRP 65 e LRP 65 p. único**	nos nascimentos ocorridos a bordo de navio, pelo comandante, ao aportar na capitania do porto e nos nascimentos ocorridos em quaisquer aeronaves e navios estrangeiros, pelos pais brasileiros, no cartório ou consulado do local de desembarque.
A qualquer hora	**LRP 61, p. único**	em que foi encontrado o menor exposto.
24 horas	**LRP 47, § 1º**	lavrar registro/averbação/anotação/certidão mediante ordem judicial.
	LRP 67, § 5º	produção de provas em juízo dos opoente(s) e nubentes.
	LRP 68, § 1º	manifestar nos autos de justificação, pelo MP e Juiz (salvo dispensa).
	LRP 69	para a dispensa da publicação eletrônica dos proclamas, nos casos previstos em lei, os contraentes, em petição dirigida ao oficial de registro, deduzirão os motivos de urgência do casamento, provando o alegado, com documentos.
	LRP 69 § 2º	dispensa ou não a publicação eletrônica, pelo Oficial de Registro.
	LRP 73 § 2º	lavrar o assento de conversão do casamento religioso.
	LRP 78	lavrar o registro de óbito.
48 horas	**LRP 100, § 4º**	comunicar a averbação ao juízo competente.
3 dias	**LRP 67, § 5º**	se houver impedimento ou arguição de causa suspensiva, o oficial de registro dará ciência do fato aos nubentes, para que indiquem, em 24 (vinte e quatro) horas, prova que pretendam produzir, e remeterá os autos a juízo, e, produzidas as provas pelo oponente e pelos nubentes, no prazo de 3 (três) dias, com ciência do Ministério Público, e ouvidos os interessados e o órgão do Ministério Público em 5 (cinco) dias, decidirá o juiz em igual prazo.
	LRP 109, § 1º	Juiz ouvir sucessivamente interessados e MP em processos de retificações, restaurações e suprimentos.
5 dias	**LRP 106, *caput***	efetuar anotações nos atos anteriores sobre registros e averbações.
	LRP 106, *caput* e p. único	efetuar comunicações, com resumo do assento, a outros registros.
	LRP 47, *caput*	decisão de Juiz a não favor do Oficial do Registro Civil.
	LRP 67, § 1º	Se estiver em ordem a documentação, o oficial de registro dará publicidade, em meio eletrônico, à habilitação e extrairá, no prazo de até 5 (cinco) dias, o certificado de habilitação, podendo os nubentes contrair matrimônio perante qualquer serventia de registro civil de pessoas naturais, de sua livre escolha, observado o prazo de eficácia do art. 1.532 da Lei nº 10.406, de 10 de janeiro de 2002 (Código Civil).
	LRP 67, § 5º	decisão de Juiz em apresentação de impedimento.
	LRP 68, § 1º	Juiz ouvir testemunhas em justificação de habilitação de casamento.
	LRP 76, § 3º	Juiz ouvir testemunhas e MP em justificação de casamento em iminente risco de vida.
	LRP 76, § 3º	Juiz decidir sobre processo de justificação de casamento em iminente risco de vida.
	LRP 109, *caput*	Juiz ouvir interessados e MP em processos de retificações, restaurações e suprimentos.
	LRP 109, § 2º	Juiz decidir em processos de retificações, restaurações e suprimentos.

5 dias	**LRP 51**	registrar nascimentos ocorridos a bordo de navios/aeronaves quando não registrados imediatamente.
	LRP 76, *caput*	apresentação de testemunhas do casamento em iminente risco de vida a autoridade judiciária competente.
8 dias	**LRP 49, *caput***	enviar informações ao IBGE (de janeiro/abril/julho/outubro)
	LRP 91	Juiz comunicar, de ofício, ao RCPN sobre emancipação judicial.
10 dias	**LRP 109, § 1º**	produção de prova em processos de retificações, restaurações e suprimentos.
15 dias	**LRP, 50**	registrar nascimento (regra geral).
	LRP 78	lavrar assento de óbito na impossibilidade de efetuar em 24 horas.
+ 45 dias (60 dias)	**LRP 52, § 2º**	prorrogação por mais 45 dias para o registro de nascimento feito pela mãe ou pelo pai (Lei 13.112/2015)
3 meses	**LRP 50**	registrar nascimento ocorrido em lugares situados a mais de 30 km da sede do cartório.
	LRP 78	lavrar assento de óbito ocorrido em lugares situados a mais de 30 km da sede do cartório.
	2) REGISTRO CIVIL DE PESSOAS JURÍDICAS	
8 dias	**LRP 123, § 1º**	averbar na matrícula das alterações sobre declarações ou documentos.
	3) REGISTRO DE TÍTULOS E DOCUMENTOS	
Instantaneamente	**LRP 153**	registrar ou averbar registro/averbação
A partir da data do registro	**LRP 130**	registrar os atos elencados nos arts. 127 e 129 .
	4) REGISTRO DE IMÓVEIS	
5 dias	**LRP 213, § 5º**	manifestação sobre impugnações em procedimento de retificação administrativa.
	LRP 188, § 1º	registrar o título, contados do dia do protocolo (exceções)
10 dias	**LRP 200**	Ministério Público se pronunciar em procedimento de dúvida após manifestações do apresentante.
	LRP 188	registrar o título, contados do dia do protocolo.
15 dias	**LRP 201**	decisão sobre procedimento de dúvida pelo Juiz.
	LRP 195-A, II	informação dos confrontantes a respeito se os limites definidos na planta e no memorial descritivo do imóvel público a ser matriculado se sobrepõem às suas respectivas áreas.
	LRP 198, § 1º, III	impugnação da dúvida.
	LRP 213, § 2º	manifestação do confrontante em procedimento de retificação administrativa.
	LRP 213, § 17	Manifestação por Edital Eletrônico
	LRP 237-A, § 2º	fornecimento pelo Oficial do número do registro ao interessado ou a indicação das pendências a serem satisfeitas para sua efetivação nos procedimentos de registro de parcelamento do solo ou de incorporação imobiliária.
	LRP 285	contestação da solicitação de Registro Torrens.
20 dias	**LRP 205**	cessação dos efeitos da prenotação se o título não tiver sido registrado, contados do lançamento no protocolo.
30 dias	**LRP 189**	O oficial, depois de prenotar o título deve aguardar durante 30 (trinta) dias que os interessados na primeira promovam a inscrição.
	LRP 246, § 4º	registrar/averbação terras indígenas
	LRP 262, II	reclamação por escrito no procedimento do bem de família
	LRP 280	regularização do registro torrens se o oficial considerar irregular o pedido ou a documentação.
40 dias	**LRP 205, p. único**	cessação dos efeitos da prenotação nos procedimentos de regularização fundiária de interesse social, contados do lançamento no protocolo.
30 anos	**LRP 238**	perempção da hipoteca.

5) PROTESTO DE TÍTULOS E DOCUMENTOS DE DÍVIDA – LEI N. 9.492/1997		
24 horas	**LP 5º**	protocolização dos documentos apresentados ou distribuídos no horário regulamentar.
1º dia útil subsequente	**LP 13**	registro do protesto quando a intimação ocorrer no último dia do prazo ou além dele.
	LP 17, § 2º	lavratura e registro do protesto cuja ordem de sustação foi revogada.
	LP 19, § 2º	quando recebido o pagamento, para o Tabelionato colocar o valor recebido à disposição do apresentante.
3 dias úteis	**LP 12**	contados da protocolização ou da intimação para registrar protesto (ver normativas estaduais).
	Art. 14, § 4º	Intimação sem comprovação de recebimento
5 dias úteis	**LP 27**	expedição das certidões solicitadas.
7 dias úteis	**LP 14, § 5º**	Intimação por Edital em Caso de Ausência de Retorno
Até 30 dias	**LP 11-A, Inciso I**	prazo de resposta para proposta de Solução Negocial Prévia ao protesto
30 dias	**LP 17, § 3º**	entrega ao Juízo do respectivo o título ou documento de dívida sustado definitivamente.
	LP 35, § 1º, III	conservação dos arquivos dos comprovantes de entrega de pagamento aos credores, solicitações de retirada dos apresentantes e comprovantes de devolução, por irregularidade, dos títulos e documentos de dívidas.
Entre 31 a 120 dias	**LP 11-A, § 4º**	apresentação de Medidas de Solução Negocial Prévia
Após 120 dias	**LP 11-A, § 5º**	apresentação de Medidas de Solução Negocial Prévia
6 meses	**LP 35 § 1º, II**	conservação dos arquivos de intimações e editais correspondentes a documentos pagos ou retirados além do tríduo legal.
1 ano	**LP 35, § 1º, I**	conservação dos arquivos de intimações e editais correspondentes a documentos protestados e ordens de cancelamento.
5 anos	**LP 35, § 1º**	período mínimo de abrangência das certidões.

6) LEI DOS NOTÁRIOS E REGISTRADORES – LEI N. 8.935/1994		
Até 3 dias úteis após Assinatura da Escritura Pública	**LNR, 6º-A, § 1º**	Prazo para Comunicação de Cessão ao Juízo
15 dias corridos	**LNR, 6º-A**	Prazo para Lavratura de Escritura Pública de Cessão de Crédito
90 dias, prorrogável por mais 30	**LNR, 32, III**	Pena de Suspensão para Notários e Oficiais de Registro:
6 meses	**LNR 16**	Prazo para Abertura de Concurso
Mais de 2 anos de atividade	**LNR , 17**	Requisito de Tempo para Concurso de Remoção
3 anos	**LNR, 22**	Prescrição da Responsabilidade Civil de Notários e Oficiais de Registro
10 anos de Serviço Notarial ou de Registro	**LNR 15, § 2**	Requisitos para Concursos Públicos para não bacharéis em Direito

Bibliografia

ABELHA, André; CHALHUB Melhim e outros. *Sistema Eletrônico de Registros Públicos.* Rio de Janeiro: Forense 2022.

ALFONSIN, Betânia de Moraes. *Direito urbanístico e política urbana no Brasil. Políticas de regularização fundiária: justificação, impactos e sustentabilidade.* Belo Horizonte: Del Rey, 2001.

ALIENDE, Luís Paulo. *Regulação da Função Pública Notarial e de Registro.* São Paulo: Saraiva, 2009.

ALMEIDA, Carlos Ferreira de. *Publicidade e teoria dos registros.* Coimbra: Almedina, 1966.

ALVES, José Carlos. *O protesto de títulos e outros documentos de dívida: problemas e perspectivas,* 2014.

ALVES, Sonia Marilda Péres. *Responsabilidade Civil de Notário e Registradores: a aplicação do Código de Defesa do Consumidor em suas atividades e a sucessão trabalhista na delegação,* Revista de Direito Imobiliário, IRIB, nº 53, ano 25, julho-dezembro de 2002, Ed. Revista dos Tribunais.

ALVIM, Agostinho. *Da doação.* 2. ed. São Paulo: Saraiva, 1972.

ALVIM, José Eduardo Carreira. Ação monitória. *Revista de Processo,* São Paulo, v. 20, nº 79, p. 77-103, jul./set. 1995.

ALVIM NETO, José Manuel de Arruda; CLÁPIS, Alexandre Laizo; CAMBLER, Everaldo Augusto. *Lei de Registros Públicos comentada.* Rio de Janeiro: Forense, 2014.

ALVIM NETO, José Manuel de Arruda; CLÁPIS, Alexandre Laizo; CAMBLER, Everaldo Augusto. *Lei de Registros Públicos comentada.* Rio de Janeiro: Forense, 2019.

AMADEI, Vicente Celeste; AMADEI, Vicente de Abreu. *Como Lotear Uma Gleba – O Parcelamento do Solo Urbano em todos os seus aspectos Loteamento e Desmembramento.* 3 ed, revista e ampliada. Campinas: Millennium Editora, 2012.

AMADEI, Vicente de Abreu. *Introdução ao Direito Notarial e Registral.* Porto Alegre: Fabris Editor IRIB, 2004.

________.*A Lei 13.465/2017 – Visão panorâmica e reflexão pontual no trato do loteamento fechado e do condomínio de lotes.* http://iregistradores.org.br/a-lei-13-4652017-visao-panoramica-e-reflexao-pontual-no-trato-do-loteamento-fechado-e-do-condominio-de-lotes/)

AMORIM, José Roberto Neve. *Direito ao nome da pessoa física.* Niterói: Ímpetus, 2010.

ARAÚJO, Luiz Alberto David. *A proteção constitucional do transexual.* São Paulo: Saraiva, 2000.

ASCENSÃO, José de Oliveira. *Direito Civil:* reais. 5 ed. Coimbra: Coimbra Ed., 1993.

ASSUMPÇÃO, Letícia Franco Maculan (https://www.anoreg.org.br/site/2019/03/21/artigo-o-novo-cpc-e-o-penhor-legal-em-cartorio-de-notas-por-leticia-assumpcao-e-gustavo-de-faria/).

AZEVEDO, Alvaro Villaça. *Bem de família.* 4. ed. São Paulo: RT. 2000.

BALBINO, Nicolau. *Direito Imobiliário Registral.* São Paulo: Saraiva, 2001.

________. *Registro de imóveis:* doutrina, prática e jurisprudência. 12. ed. São Paulo: Saraiva, 2007.

BANDEIRA DE MELLO, Celso Antônio. *Curso de Direito Administrativo.* 13 ed. São Paulo: Malheiros Editores, 2001.

BARBOSA, Marcelo Fortes. *O registro de imóveis, os títulos judiciais e as ordens judiciais.* Revista de Direito Imobiliário (RDI), vol. 49, jul.-dez. 2000.

BARROS MONTEIRO, Washington de. *Curso de Direito Civil, Direito das Coisas,* 24. ed. São Paulo: Saraiva, 1985.

________. *Curso de Direito Civil.* 33 ed. São Paulo: Saraiva, 1995.

BARROSO, Luís Roberto. *O Direito Constitucional e a Efetividade de suas Normas.* 9ª ed. revista e atualizada. Rio de Janeiro: Renovar, 2009.

BATALHA, Wilson de Souza Campos. *Comentários à Lei de Registros Públicos.* 2. ed. Rio de Janeiro: Forense, 1979. vol. I.

________. *Comentários à Lei de Registros Públicos.* 4. ed. Rio de Janeiro: Forense, 1979. vol. I.

BESSONE, Darcy. *Da compra e venda: promessa & reserva de domínio.* 3. ed. São Paulo: Saraiva, 1988.

BEVILÁQUA, Clovis. *Código Civil dos Estados Unidos do Brasil comentado.* Rio de Janeiro: Ed. Rio 1984.

BORGES, Marcos Afonso. *Jurisdição Voluntária. Direito Processual Civil. Conferências. Revista de Processo.* São Paulo: RT. Vol. 11-12.

BRANDELLI, Leonardo. *A função econômica e social do registro de imóveis.* São Paulo: Método, 2007.

_______. Ata Notarial. In: BRANDELLI, Leonardo (coord.). Ata notarial. Porto Alegre: Sergio Antonio Fabris Editor, 2004.

_______. *Nome Civil da Pessoa Natural.* São Paulo: Saraiva, 2012.

_______. *Teoria Geral do Direito Notarial.* 2. ed. São Paulo: Saraiva, 2007.

BUENO, Sérgio Luiz José. *O Protesto de Título e Outros Documentos de Dívidas: Aspectos Práticos.* 1ª ed. Porto Alegre: Editora Sergio Antônio Fabris, 2011.

_______. *Tabelionato de Protesto.* São Paulo: Saraiva 2013.

BUFULIN, Augusto Passamani. *Hipoteca – Constituição, Eficácia e Extinção.* São Paulo: Revista dos Tribunais, 2011.

BUSSO, Sérgio. Cédulas de crédito rural, comercial, industrial e à exportação. *Jus Navigandi,* Teresina, ano 8, nº 249, 13.03.2004. Disponível em: http: //jus2.uol.com.br/doutrina/texto.asp?id=4917.

CAMARGO NETO, Mario de Carvalho Camargo; OLIVEIRA, Marcelo Salaroli de. *Registro Civil das Pessoas Naturais.* São Paulo: Saraiva, 2014, vol. I.

_____. *Registro Civil das Pessoas Naturais.* São Paulo: Saraiva, 2014, vol. II.

CAPILONGO, Celso Fernandes. *Função social do notariado: eficiência, confiança e imparcialidade.* São Paulo: Saraiva, 2014.

CARNEIRO, Athos Gusmão. *Jurisdição e Competência.* 4 ed., rev. e ampl. São Paulo: Saraiva, 1991.

CARVALHO, Afrânio de. *Registro de Imóveis.* 2. ed. Rio de Janeiro, Forense, 1976.

_______. *Registro de Imóveis.* 4. ed, Rio de Janeiro, Forense, 1998.

CARVALHO FILHO, José dos Santos. *Manual de Direito Administrativo.* 9 ed., Rio de Janeiro, Lumen Juris, 2002.

CARVALHO SANTOS, J. M. *Código Civil brasileiro interpretado.* 11. ed. Rio de Janeiro: Freitas Bastos, 1986.

CASTRO, Amilcar de. *Do Procedimento de execução.* Rio de Janeiro: Forense, 1999.

CAVALCANTE. Márcio André Lopes. *Vade Mecum de Jurisprudência. Dizer o Direito.* São Paulo: Juspodivm, 2020.

CENEVIVA, Walter. *Lei dos Registros Públicos comentada.* 17. ed. São Paulo: Saraiva, 2006.

_______. *Lei dos Notários e dos Registradores Comentada.* 8. ed. São Paulo: Saraiva, 2010.

CHALHUB, Melhim Namem. *Da Incorporação Imobiliária.* Rio de Janeiro. Editora: Renovar, 2010.

CHAVES, Carlos Fernando Brasil; REZENDE, Afonso Celso F. *Tabelionato de Notas e o Notário Perfeito.* São Paulo. 7ª Edição, 2013, Editora Saraiva.

COELHO, Fabio Ulhoa. *Curso de Direito Comercial.* 9. ed. São Paulo: Saraiva, 2005.

CYRINO, Rodrigo Reis. Modelo de Ata Notarial de Usucapião Extrajudicial e aspectos práticos. http://www.notariado.org.br/index. php?pG=X19leGliZV9ub3RpY2lhcw==&in=NTgzOA. DALLARI, Adilson Abreu; FERRAZ, Sérgio. *Estatuto da Cidade (*Comentários à Lei Federal 10.257/2001). 3. ed. São Paulo: Malheiros, 2010.

CUNHA, Michely Freire Fonseca. *Manual de Regularização Fundiária Urbana – REURB.* São Paulo: Juspodivm, 2022.

DAROLD, Ermínio Amarildo. *Protesto cambial:* duplicata x boleto. Curitiba: Juruá, 1998.

DE PLÁCIDO E SILVA. *Vocabulário jurídico.* 2. ed. Rio de Janeiro: Forense, 1967.

DI PIETRO, Maria Sylvia Zanella. *Direito administrativo.* 15. ed. São Paulo: Atlas, 2003.

DINIZ, Maria Helena. Código Civil anotado. 3. ed. São Paulo: Saraiva, 1997.

_______. *Curso de Direito Civil Brasileiro.* 26 ed. São Paulo: Saraiva, 2009, vol. 1.

_______. *Lei de Introdução ao Código Civil brasileiro interpretada.* 7. ed. São Paulo: Saraiva, 2001.

_______. *Sistemas de Registros de Imóveis.* 8 ed. São Paulo: Saraiva, 2009.

DIP, Ricardo Henry Marques. *Da Unitariedade Matricial,* Revista de Direito Imobiliário nº 17/18 – Jan/Dez. de 1986.

_______. *Sobre a qualificação no registro de imóveis In* Revista de Direito Imobiliário, 29. São Paulo: RT, 1992.

EL DEBS, Martha. *Vade Mecum Notarial e Registral.* 11ª ed. São Paulo: Juspodivm, 2024.

_______.*Concurso Cartório São Paulo. Normas da Corregedoria, Jurisprudência, Enunciados, Lei Estadual e questões.* São Paulo: Juspodivm, 2020.

_______.*Jurisprudência de Cartório.* São Paulo: Juspodivm, 2019.

_______. *Legislação notarial e de Registros Públicos.* Coletânea de Leis para Cartórios. 8ª ed. São Paulo: Juspodivm, 2021.

_______.*O Registro Civil na Atualidade.* A importância dos Ofícios da Cidadania na construção da sociedade atual. 1ª ed. São Paulo: Juspodivm, 2021.

_______. *Revisaço Direito Notarial e Registral.* 2ª ed. São Paulo: Juspodivm, 2019.

_______. *Sistema Multiportas. A Mediação e a Conciliação nos Cartórios.* São Paulo: Juspodivm, 2020.

_______; FARIAS, Cristiano Chaves de; DIAS, Wagner Inácio. *Direito de Laje.* São Paulo: Juspodivm, 2019.

_______. CHEZZI, Bernardo. *O Novo Marco Das Garantias. Aspectos práticos e teóricos da Lei n. 14.711/2023.* São Paulo: Juspodivm, 2024.

_______. CHINI, Alexandre; GOMES NETTO, André; BELMIRO, Celso; CHAGAS, Dilson. SÓCRATES, Eduardo. *O Protesto de Títulos e Outros Documentos de Dívida.* São Paulo: Juspodivm, 2023.

._______; FERRO JUNIOR, Izaias. *O Registro Civil das Pessoas Naturais.* Reflexões sobre temas atuais. São Paulo: Juspodivm, 2020.

_______; FERRO JUNIOR, Izaías. *Registro Civil das Pessoas Naturais. Temas Aprofundados.* São Paulo: Juspodivm, 2019.

________; FERRO JUNIOR, Izaías. *O Novo Protesto de Títulos e Documentos de Dívida. Os Cartórios de Protesto na era dos serviços digitais.* São Paulo: Juspodivm, 2024.

________; FERRO JUNIOR, Izaias. *Tabelionato de Notas. Temas Aprofundados.* São Paulo: Juspodivm, 2019.

________; SARDINHA, Cristiano de Lima Vaz. *Cartórios e Acesso à Justiça.* São Paulo: Juspodivm, 2019.

FABRI, Andréa Queiroz; BARROS, Rodrigo Borges; REIS, Alexandre Magrineli; PEREIRA, Edilaine Aparecida Rodrigues. *Pagamento Por Serviços Ambientais: contribuições para o debate sobre sua aplicação no contexto brasileiro Pós -Constituição Federal de 1988. Revista de Direito da Cidade.* vol. 10, nº 4. 2018. ISSN 2317-7721. Disponível em DOI: https://doi.org/10.12957/rdc.2018.31885.

FACHIN, Luiz Edson. *Estatuto jurídico do patrimônio mínimo.* Rio de Janeiro: Renovar, 2001.

FARIAS, Cristiano Chaves de; ROSENVALD, Nelson. *Direito Civil – Teoria Geral.* 4 ed. Lumen Iuris. Rio de Janeiro: 2006.

________. *Direito Civil. Reais.* 5. ed. Salvador: Juspodivm, 2014.

________; DIAS, Wagner Ignácio Freitas, e outros. *Código Civil para concursos.* Salvador: Juspodivm, 2016.

FERREIRA, José Roberto. *Notas sobre a prenotação. Boletim do IRIB,* São Paulo, nº 179, abr. 1994.

FERREIRA, Paulo Roberto Gaiber. *O testamento vital no Brasil: realidade e prática notarial.* I. Simpósio Notarial Mineiro. Belo Horizonte, 2012) (http://www notariado.org.br/index.php?pG=X19leGliZV9ub3RpY2lhcw==&in=NjYyNA==).

________; RODRIGUES, Felipe Leonardo. *Tabelionato de Notas.* São Paulo: Saraiva, 2013.

FIORANELLI, Ademar. *Bem de família no novo Código Civil e o registro de imóveis.* Disponível em: http: //www.irib.org.br/html/biblioteca/biblioteca-detalhe. php?obr=69

________. *Compra e venda no registro imobiliário.* Direito Registral Imobiliário. Porto Alegre: Fabris, 2001.

________. *Das cláusulas de inalienabilidade, impenhorabilidade e incomunicabilidade* – Série Direito Registral e Notarial". 1 ed – 2ª tiragem, Saraiva, São Paulo, 2010.

________. *O usufruto e o novo código civil.* Disponível em: *http: //www.irib.org.br/html/biblioteca/biblioteca-detalhe. php?obr=17.*

FIÚZA, Ricardo. *Novo Código Civil comentado.* São Paulo: Saraiva, 2002.

FRANÇA, Limongi. *Doutrinas Essenciais de Direito Registral.* Editora: Revista dos Tribunais, 2012, vol. I.

FRANCISCO, Caramuru Afonso. *Do registro de imóveis e seu cancelamento.* Juarez de Oliveira, 1999.

GALHARDO, João Baptista. *O registro do parcelamento do solo para fins urbanos.* Porto Alegre: Fabris, 2004.

GANDOLFO, Maria Helena. *Matrícula – uma abordagem prática.* Publicações do IRIB, nº 301, jul. 2002.

GARCIA, Raquel Duarte. *Protesto de títulos de créditos e documentos de dívida como solução extrajudicial para recuperação e execução de crédito.* Disponível em http://b18ec21fbf7fa524f0e3-6f8fd4aca708f48ad6efe1a-02a104d04. r52. cf2. rackcdn. com/uploads/tabelionatos--protesto. pdf.

GOMES, Orlando. *Direitos Reais.* 19 ed. São Paulo: Forense, 2007.

GOMES JUNIOR, Luiz Manoel. *A penhora – necessidade de registro. Um novo direito real? A preferência na hipótese de duas constrições sobre um mesmo bem.Revista de Direito Privado* nº 8, out-dez 2001. São Paulo: RT, 2001.

GONÇALVES, Carlos Roberto. *Direito Civil brasileiro. Direito das Coisas.* 5. ed. Saraiva. São Paulo. 2010.

________. *Direito Civil Brasileiro. Direito de família.* 7 ed. São Paulo: Saraiva, 2010.

________. *Direito Civil brasileiro. Direito das sucessões.* São Paulo: Saraiva, 2006, vol. VII.

GONÇALVES, Marcus Vinicius Rios. *Direito Processual Civil Esquematizado,* 8ª ed., Saraiva, São Paulo, 2017.

GOUVEIA, José Roberto Ferreira. *Considerações sobre a prioridade no registro de imóveis.* Boletim do IRIB, São Paulo, nº 203, abr. 1994.

________. *Notas sobre a hipoteca no registro de imóveis, Revista de Direito Imobiliário,* nº 30, nº 46.

GUERRA, Alexandre; BENACCHIO, Marcelo. *Direito imobiliário brasileiro:* novas fronteiras da legalidade constitucional. São Paulo: Quartier Latin, 2011.

HOUAISS, Antonio. *Dicionário Houaiss de língua portuguesa.* Rio de Janeiro: Objetiva, 2001.

JACOMINO, Sergio. *Indisponibilidade de bens.* https://cartorios. org/2015/09/19/indisponibilidade-de-bens-um-virus sua latencia-e-potencia/

________. *Registro Público de Imóveis Eletrônico.* Riscos e Desafios. São Paulo: Quinta Editorial, 2012.

________. *Publicidade Registral* https://circuloregistral.com.br/2016/05/03/publicidade-registral-informacao-por--telefone/:

KONNO, Alyne Yumi. *Registro de Imóveis. Teoria e Prática.* São Paulo: Memória Jurídica, 2010.

LAGO, Ivan Jacopetti do. *Direito real de laje.* http://www.irib.org.br/pessoas/ivan-jacopetti-do-lago.

LOUREIRO, Francisco Eduardo. Direito real de laje e superfície. http://iregistradores.org.br/direito-de-laje-e--superficie/

LOUREIRO, Luiz Guilherme. *Registros Públicos. Teoria e Prática.* 7. ed. Salvador: Juspodivm, 2016.

LOUREIRO, Luiz Guilherme. *Registros Públicos. Teoria e Prática.* 10. ed. São Paulo: Juspodivm, 2019.

MACEDO, Paola de Castro Ribeiro. *Procedimento de Regularização Fundiária.* http://www.irib.org.br/pessoas/paola-de-castro-ribeiro-macedo.

MALUF, Aflaton Castanheira. *Registros Públicos, Notas e Protestos.* 2. ed. Leme: BH Editora, 2013.

MAMEDE, Gladston. *Títulos de Crédito.* 6. ed. São Paulo: Saraiva, 2011.

MEIRELLES, Hely Lopes Meirelles. *Direito Administrativo Brasileiro.* 25. ed. São Paulo: Malheiros, 2005.

_______. *Direito Administrativo Brasileiro.* Malheiros Editores, 22ª Edição.

MELO, Marcelo Augusto Santana de. *A reserva legal e o registro de imóveis: aspectos práticos. Boletim Eletrônico – IRIB, nº 327,* jul.-ago.2006. Disponível em: <http://www.irib.org.br/birib/birib327j.asp>.

_______. *Breves anotações sobre o Registro de Imóveis. Jus Navigandi,* Teresina, ano 8, nº 429, 9 set. 2004. Disponível em: http//jus2.uol.com.br/doutrina/texto.asp?id=5669.

_______. *Legitimação Fundiária. Natureza jurídica.* https://marcelommmelo.com/2017/11/21/legitimacao-fundiaria-natureza-juridica/

_______. *Meio ambiente e o Registro de Imóveis.* Coordenadores. Marcelo Augusto Santana de Melo, Francisco de Asis Palácios Criado e Sérgio Jacomino. São Paulo: Saraiva, 2010.

_______.Multipropriedade Imobiliária. https://marcelommmelo.com/2018/12/21/multipropriedade-imobiliaria-time-sharing-e-criada-no-direito-civil-brasileiro/.

_______. O procedimento do art. 216-A não configura uma usucapião. http://iregistradores.org.br/noticias/o-procedimento-do-art-216-a-da-lei-6-01573-nao-configura-uma-usucapiao/

MELO, Marco Aurélio Bezerra de. *Legitimação de posse dos imóveis urbanos e o direito à moradia.* Rio de Janeiro: Lumen Juris, 2008.

MIRANDA, Pontes de. *Tratado de direito privado.* V. LX, §5981, Revista dos Tribunais, 2012.

MONTEIRO DE BARROS, Flavio Augusto. *Manual de Direito Civil. Lei de Introdução e Parte Geral.* São Paulo: Método, 2006, vol. 1.

_______. *Manual de Direito Civil. Direito das coisas.* São Paulo: Método, 2006, vol. 3.

MONTEMOR, Luiz Gustavo. *Usucapião Extrajudicial.* http://www.irib.org.br/palestras/view/usucapiao-extrajudicial-36-regional-irib.

MORAES, Emanuel Macabu. *Protesto Notarial.* São Paulo: Saraiva, 2014.

NARCISO, Orlandi. *Usucapião Extrajudicial.* https://issuu.com/uniregistral/docs/cartilha_usucapiaoadministrativa.

NASCIMENTO, Tupinambá Miguel Castro do. *Hipoteca.* Rio de Janeiro: Aide, 1996.

NEVES, Daniel Amorim Assumpção. *Novo Código de Processo Civil Comentado.* Salvador: Juspodivm, 2016.

OLIVEIRA, Carlos Eduardo Elias de. *Análise Detalhada da Multipropriedade no Brasil após a Lei nº 13.777/2018: Pontos Polêmicos e Aspectos de Registros Públicos.*http://genjuridico.com.br/2019/03/21/analise-detalhada-da-multipropriedade-no-brasil-apos-a-lei-no-13-777-2018-pontos-polemicos-e-aspectos-de-registros-publicos/

_______. *Direito real de laje à luz da Lei n. 13.465, de 2017: nova lei, nova hermenêutica.* Brasília: Núcleo de Estudos e Pesquisas/CONLEG/Senado, julho 2017 (Texto para discussão n. 238). Disponível em www.senado.leg.br/estudos.

_______. TARTUCE, Flávio. *Lei do Sistema Eletrônico de Registros Públicos.* Rio de Janeiro: Forense, 2023.

OLIVEIRA, Eversio Donizete de Oliveira; BARBOSA, Magno Luiz. *Manual Prático do Protesto Extrajudicial.* 2 ed. Editora Lemos & Cruz, 2009.

ORLANDI NETO, Narciso. *Reservas Florestais. Revista do Instituto de Direito Imobiliário do Brasil* – IRIB, nº 42, set. – dez. 1997.

_______. *Retificação do Registro de Imóveis.* São Paulo: Editora Oliveira Mendes, 1997.

PAGLIUCA. Thiago. 'O princípio da imutabilidade do nome ainda existe?' (https://www.migalhas.com.br/depeso/389370/o-principio-da-imutabilidade-do-nome-ainda-existe).

PAIVA, João Pedro Lamana; ALVARES, Pércio Brasil. *Registro Civil de Pessoas Jurídicas.* São Paulo: Saraiva, 2013.

_______. Aplicação da Lei nº 13.460/17 nos Serviços Notariais e Registrais. http://registrodeimoveis1zona.com.br/wp-content/uploads/2017/07/Lei-n13.460-17.pdf.

PARIZZATO, José Roberto. *Execução e Protesto de Títulos de Crédito.* São Paulo: 2012.

PASSARELLI, Luciano Lopes. Os *livros 4 e 5 do registro imobiliário: os indicadores real e pessoal.* Disponível em: http: //www.irib.org.br/html/boletim/boletim-iframe.php?be=524.

_______. *Protocolo eletrônico – primeiras reflexões.* Disponível em http://registradores.org.br/protocolo-eletronico-primeiras-reflexoes.

PAULINO, Roberto. *Repercussões do Novo CPC. Direito Notarial e Registral.* Salvador: Juspodivm, 2016.

PELUSO, CEZAR. *Código Civil comentado.* Barueri: Manole, 2014.

PEREIRA, Antonio Albergaria. *Ata Notarial* – Boletim Cartorário da Edição 6 – 1996.

PEREIRA, Caio Mário da Silva. *Instituições do Direito Civil.* 12 ed. São Paulo. Forense, 1990, vol. IV.

_______. *Instituições do Direito Civil.* 5ª ed. Rio de Janeiro: Forense, 1980.

_______. Obrigações e Contratos. Pareceres. Rio de Janeiro, 2010.

PINHEIRO, Ygor Ramos Cunha. *Arbitragem Notarial.* São Paulo: Juspodivm, 2020.

PONTES DE MIRANDA, Francisco. *Comentários ao Código de Processo Civil,* tomo XVI. 1 ed. Rio de Janeiro: Forense, 1977.

_______. *Tratado de Direito de Família.* Vol. 2. São Paulo: Max Limonad, 1947.

_______. *Tratado de Privado.* 4. ed. São Paulo: RT, 1977, v. XI.

REALE, Miguel. Exposição de Motivos do Supervisor da Comissão Revisora e Elaboradora do Código Civil. São Paulo, 1975. Disponível em: <http: //www.rcpj-rj.com.br/rcpjrj/conteudo/rcpj_miguel_reale. doc>.

_______. *Lições preliminares de direito.* 24ª ed., São Paulo: Saraiva, 1998.

REQUIÃO, Rubens. *Curso de direito comercial.* 23. ed. São Paulo: Saraiva, 2003, v. 2.

RIBEIRO, Moacyr Petrocelli de Ávila. *O Alvará Municipal e as Serventias Extrajudiciais.* http://www.notariado.org.br/blog/?link=visualizaArtigo&cod=356.

RITONDO, Domingo Pietrangelo. *Protesto Extrajudicial.* 1ª Ed. Rio de Janeiro: Elsevier, 2015.

RODRIGUES, Felipe Leonardo. *Imbróglios notariais e as novas normas.* http://www.notariado.org.br/blog/?link=visualizaArtigo&cod=442.

RODRIGUES, Marcelo. *Tratado de Registros Públicos e Direito Notarial.* São Paulo: Editora Atlas, 2014.

_______. *Tratado de Registros Públicos e Direito Notarial.* 2 ed, São Paulo: Atlas, 2016.

RODRIGUES JUNIOR. *A prática da mediação e o acesso à justiça.* Belo Horizonte: Del Rey, 2007.

ROSA JR., Luiz Emydio F. da. *Títulos de crédito.* 4. ed. Rio de Janeiro: Renovar, 2006.

ROSENVALD, Nelson e outros. *Manual de Direito Civil.* Volume único. Salvador: Juspodivm, 2017.

ROSENVALD, Nelson; BRAGA NETTO, Felipe. Código Civil Comentado artigo por artigo. 5.ed. São Paulo: Editora Juspodvm, 2024

SALOMÃO, Wendell; JACOB, Cristiane Basse. *Testamento Vital – instrumento jurídico para resguardo da vontade pertinente a situações existenciais e de saúde. (h*ttp://www.notariado.org.br/index. php?pG=X19leGliZV9ub3RpY2lhcw==&in=NjYyNA==

SANTOS, Flauzilino Araújo dos. *Algumas linhas sobre a prenotação.* In: Sérgio Jacomino, coord. *Registro de Imóveis* – Estudos de Direito Registral Imobiliário. Porto Alegre: Safe/Irib, 2000.

_______. *Condomínios e Incorporações Imobiliárias no Registro de Imóveis.* São Paulo: Editora Mirante, 2012.

_______. *Sobre a qualificação de títulos judiciais no Brasil. Revista de Direito Imobiliário.* São Paulo: RT, nº 56, 2004.

SANTOS, Marcione Pereira. *Bem de Família.* São Paulo: Saraiva, 2003.

SANTOS, Moacyr Amaral dos. *Primeiras Linhas de Direito Processual Civil.* 3. ed. São Paulo: Saraiva, 1979, vol. III.

SANTOS, Reinaldo Velloso dos. *Apontamentos sobre o Protesto Notarial.* Dissertação de Mestrado apresentada à Faculdade de Direito da Universidade de São Paulo. Mestrado em Direito. Direito Comercial. São Paulo. 2012.

_______. *Conservação dos livros notariais antigos.* http://reinaldovelloso.blog.br/?p=306.

_______.*Registro Civil das Pessoas Naturais.* Porto Alegre: Sergio Antônio Fabris Editor, 2006.

SARAIVA, José A. *A cambial.* Rio de Janeiro: José Konfino Editor, 1947.

SARDINHA, Cristiano de Lima Vaz e EL DEBS, Martha. *Cartórios e Acesso à Justiça.* Salvador, Editora Juspodivm, 2019.

SARMENTO FILHO, Eduardo Sócrates Castanheira, em publicação do IRIB intitulada "Coleção Cadernos IRIB – O Direito de Superfície", Vol. 2.

SCAVONE JUNIOR, Luiz Antonio. *Direito imobiliário:* teoria e prática. Rio de Janeiro: Gen Forense, 2008.

SERPA LOPES, Miguel Maria de. *Curso de direito civil.* Rio de Janeiro: Freitas Bastos, 1962.

_______. *Tratado dos registros públicos.* Brasília: Brasília Jurídica, 1997. vol. III.

SERRA, Marcio Guerra; SERRA, Monete Hipólito. *Registro de Imóveis.* São Paulo: Saraiva, 2013, vol I.

_______. *Registro de Imóveis.* São Paulo: Saraiva, 2013, vol II.

_______. *Registro de Imóveis.* São Paulo: Saraiva, 2013, vol III.

SILVA, João Teodoro. *Ata Notarial.* Boletim Cartorário. Edição 1 – Ano 2002.

SILVA, Placido. *Vocábulo jurídico.* 7 ed. Rio de Janeiro: Forense, 1984, vol. I.

SILVA FILHO, Elvino. *Efeitos da doação no registro de imóveis. IRIB Revista de Direito Imobiliário,* São Paulo: RT, n.19/20, 1987.

SIVIERA, José Maria. *Títulos e documentos e pessoa jurídica:* seus registros na prática. Editora: do Autor, 1983.

SORIANO NETO. *Publicidade material do registro de imobiliário (efeitos da transcrição).* Recife: Off. Graf. da Tribuna, 1940.

SOUZA, Eduardo Pacheco Ribeiro de. *Noções Fundamentais de Direito Registral e Notarial.* São Paulo: Saraiva, 2011.

_______. *Os serviços notariais e registrais no Brasil.* Disponível em: http: //www.irib.org.br/html/biblioteca/biblioteca-detalhe. php?obr=140.

STOLZE, Pablo. Direito real de laje: primeiras impressões. Revista Jus Navigandi, ISSN 1518-4862, Teresina, ano 22, n. 4936, 5 jan. 2017. Disponível em: <https://jus.com.br/artigos/54931>.

_______; VIANA, Salomão. Direito real de laje: finalmente, a lei!. *Revista Jus Navigandi,* ISSN 1518-4862, Teresina, ano 22, n. 5125, 13 jul. 2017. Disponível em: <https://jus.com.br/artigos/59131>.

VARGAS, Denise. http://www.migalhas.com.br/dePeso/16,MI233237,31047-Atas+notariais+no+Direito+de+Familia.

VELOSO, Zeno. *Novo Código Civil Comentado,* coordenação de Ricardo Fiúza, São Paulo, Saraiva, 2.003 – págs. 1.686/1.687.

VENOSA, Sílvio de Salvo. *Direito Civil.* São Paulo: Atlas, 2005. v. 6.

VOLPI NETO. *Ata Notarial de Documento Eletrônico.* Disponível em: http://jus.com.br/artigos/5431/ata-notarial-de-documentos-eletronicos.

YOSHIDA, Consuelo Yatsuda M; FIGUEIREDO Marcelo; AMADEI, Vicente de Abreu. *Direito Notarial e Registral avançado.* São Paulo: Revista dos Tribunais, 2014.

http://portal.stf.jus.br/

http://www.stj.jus.br/sites/portalp/

https://irtdpjbrasil.org.br/

EDITORA JusPODIVM

www.editorajuspodivm.com.br

JUS3760